ANTONÍN KUČERA

# DICTIONARY

# OF EXACT SCIENCE AND TECHNOLOGY

### VOLUME I

### ENGLISH - GERMAN

Third edition, completely revised and considerably enlarged

Including a paper by professor Gunter Neubert, Dresden:
A short comparative study of English and German word-formation principles
in science and technology

OSCAR BRANDSTETTER VERLAG · WIESBADEN

ANTONÍN KUČERA

# WÖRTERBUCH

# DER EXAKTEN NATURWISSENSCHAFTEN

# UND DER TECHNIK

## BAND I

### ENGLISCH - DEUTSCH

Dritte, vollkommen überarbeitete und erheblich erweiterte Auflage

Mit einem Aufsatz von Prof. Gunter Neubert, Dresden:
Kurzgefaßte Gegenüberstellung der Fachwortbildung im
Englischen und Deutschen

OSCAR BRANDSTETTER VERLAG · WIESBADEN

Die Deutsche Bibliothek - CIP-Einheitsaufnahme

Ein Titeldatensatz für diese Publikation ist bei
der Deutschen Bibliothek erhältlich

In this dictionary, as in reference works in general, no mention is made of patents, trademark rights, or other proprietary rights which may attach to certain words or entries. The absence of such mention, however, in no way implies that the words or entries in question are exempt from such rights.

In diesem Wörterbuch werden, wie in allgemeinen Nachschlagewerken üblich, etwa bestehende Patente, Gebrauchsmuster oder Warenzeichen nicht erwähnt. Wenn ein solcher Hinweis fehlt, heißt das also nicht, dass eine Ware oder ein Warenname frei ist.

All rights reserved. No part of this book may be translated, reproduced, stored in information retrieval systems, or transmitted, in any form or by any means - electronic, mechanical, photocopying, recording, or otherwise - without the prior written permission of the publishers.

Dieses Werk ist urheberrechtlich geschützt. Die dadurch begründeten Rechte, insbesondere die der Übersetzung, des Nachdruckes, der Funksendung, der Wiedergabe auf fotomechanischem oder ähnlichem Wege und der Speicherung in Datenverarbeitungsanlagen bleiben, auch bei nur auszugsweiser Verwertung, vorbehalten.

3. Auflage 2005

Copyright © 1980, 1989, 2005
OSCAR BRANDSTETTER VERLAG GMBH & CO. KG, WIESBADEN

Datentechnische Verarbeitung: Acolada GmbH, Nürnberg
Gesamtherstellung: Offizin Andersen Nexö Leipzig GmbH

ISBN 3-87097-210-6

Printed in Germany

# Preface

As I was writing these lines I realised it was exactly 54 years ago in Prague that I signed my first contract for the compilation of a specialized dictionary.

The third edition of my English-German Dictionary of Exact Science and Technology has grown out of the COMPACT dictionary series:

>English-German, 1st edition 1980
>German-English, 1st edition 1982
>English-German, 2nd edition 1989
>German-French, 1st edition 1991
>French-German, 1st edition 1996
>German-English, 2nd edition 2002

In 1985, a Japanese version of this dictionary was published under the title *Dictionary of Science and Technology*. Both the material collected for all my COMPACT dictionaries and my handwritten corrections served as a kind of lexicographic quarry in the compilation of the English-German and German-English *Dictionary of Chemistry* (1997), which has been well received by specialist users.

The lexical material compiled for the English-German edition (1989) has been fully revised and updated. The number of entries has almost doubled, rising from 117,000 to about 213,000. The dictionary has thus outgrown its original "Compact" size which is why this word has been dropped from the title.

Work on the new edition is based on original material in the source and target languages (see the extensive bibliography for the literature consulted). The hundreds of company brochures and instruction manuals, however, from which an enormous amount of lexical raw data has been extracted, have not been listed.

The following two reference works have served as a basis for the systematic revision of this dictionary:

BROCKHAUS Enzyklopädie in 24 volumes, 20th edition (1996-1999), the technical and scientific entries of which I summarized in my review published in *Mitteilungen für Dolmetscher und Übersetzer* (N° 3/2000) as follows: "Nowhere else have I ever found fundamental information being presented in such a compact, reliable, up-to-date and well-structured manner."

OXFORD DICTIONARY OF ENGLISH, 2nd edition 2003.

In the preparation of this dictionary my overriding aim has been to make the different meanings of a term as clear as possible by adding subject labels, concise definitions, usage notes and DIN standards, bearing in mind the scholastic principle: "Qui bene distinguit, bene docet."

In an article published in *Lebende Sprachen* N°3/2004, I set out my general attitude towards the current practice of specialist lexicography in the areas of science and technology.

Unfortunately, the compilation of this dictionary coincided with the hotly debated reform of German spelling rules. A great many spelling variants are now tolerated. For the sake of consistency, this dictionary takes a conservative approach and follows the new rules only where there is no alternative.

Dictionary work is drudgery. Although self-imposed, in time the work tends to become increasingly demanding, even occasionally unbearable. Holding out until the end requires the continual encouragement and support of friends and acquaintances. Therefore, I would like to thank in particular:

KARL-HEINZ TROJANUS (Saarbrücken), who checked meticulously the German and English texts of all entries, made corrections and suggested additions. His excellent specialized knowledge, coupled with his profound knowledge of the English language, has helped me to polish many entries and to eliminate errors.

UDO AMM, reader at the Brandstetter publishing house. Mr. Amm has been so kind as to let me draw on his extensive lexicographic and computer knowledge for the benefit of this dictionary.

J. V. DRAŽIL, a friend of mine, who lives in Little Chalfont near London: He wrote me many letters, often of several pages, with valuable information and suggestions which have influenced the final wording of many entries.

*My sincere gratitude goes out to these three experts.*

Information on selected subjects was kindly provided by D. Hucke (Jena) and Dipl.-Ing. A. Radvanovský (Prague). The latter was co-author of my first specialized dictionary 54 years ago.

As I said at the beginning, I am anything but a computer freak. Mr. Anschütz of the Acolada company (Nuremberg) and his colleagues have developed the dictionary authoring and management system called *Dictionary Workbench* into a foolproof tool which even I could use successfully without crashing it too many times.

I am grateful to my wife who sustained me with food and drink while I was toiling at the computer. She has patiently put up with me when I was in that singular frame of mind induced by 54 years of seeing the world through the eyes of a lexicographer. She has become a "dictionary widow" and my 20-year-old son Marc-Anton a "dictionary orphan". I should therefore like to take this opportunity to thank them both for the support they have given me. Dictionary-making is not rewarding in a worldly sense. Only in heaven will lexicographers find the rewards due to them.

D-65232 Taunusstein-Hahn  
June 2005

Antonín Kučera

# Vorwort

Während ich diese Zeilen niederschreibe, blicke ich auf eine Zeitspanne von 54 Jahren zurück: genau vor 54 Jahren habe ich in Prag meinen ersten Fachwörterbuchvertrag unterschrieben.

Diese dritte Auflage des englisch-deutschen Wörterbuchs geht aus der COMPACT-Serie hervor:

> Englisch-Deutsch, 1. Auflage 1980
> Deutsch-Englisch, 1. Auflage 1982
> Englisch-Deutsch, 2. Auflage 1989
> Deutsch-Französisch, 1. Auflage 1991
> Französisch-Deutsch, 1. Auflage 1996
> Deutsch-Englisch, 2. Auflage 2002

Als DICTIONARY of SCIENCE AND TECHNOLOGY erschien 1985 auch eine Version auf Japanisch. Dem vom Fachpublikum gut aufgenommenen WÖRTERBUCH DER CHEMIE E-D und D-E (1997) dienten die Materialien und handschriftlichen Korrekturen zu allen meinen COMPACT-Wörterbüchern als eine Art lexikalischer Steinbruch.

Das lexikalische Material der zweiten Auflage des englisch-deutschen Bandes (1989) wurde Wort für Wort überprüft und modernisiert. Die Anzahl der Einträge wurde von 117.000 auf etwa 213.000 erhöht und somit fast verdoppelt. Das Wörterbuch ist damit über den ursprünglich mit „Compact" bezeichneten Umfang hinausgewachsen, weshalb das Wort im neuen Titel weggelassen wurde.

Die Neubearbeitung stützt sich auf Quellen in der Ausgangs- und Zielsprache (siehe den ausführlichen Literaturnachweis). Nicht erwähnt werden dabei Hunderte von Firmenprospekten und Bedienungsanleitungen, deren Auswertung mir sehr viel Rohmaterial geliefert hat.

Ganz grundlegend für die systematische Neubearbeitung waren folgende Werke:

BROCKHAUS Enzyklopädie in 24 Bänden, 20. Auflage (1996-1999), über deren technische und naturwissenschaftliche Partien ich in meiner Besprechung in den *Mitteilungen für Dolmetscher und Übersetzer* 3/2000 geschrieben habe: „Bisher habe ich nirgendwo so kompakte, verlässliche, moderne und dabei gut gegliederte Grundinformation gefunden", und

OXFORD DICTIONARY OF ENGLISH, 2. Auflage 2003.

Bei allen meinen Arbeiten an diesem Werk ging es mir darum, die Eintragungen weitestgehend durch Fachzuordnungen, Definitionen, pragmatische Hinweise und DIN-Zuordnungen nach dem alten scholastischen Denkspruch »qui bene distinguit, bene docet« zu disambiguieren.

Meine allgemeine Einstellung zur heutigen Fachlexikografie in den Bereichen Technik und Naturwissenschaften habe ich in meinem Aufsatz in der Zeitschrift *Lebende Sprachen* 3/2004 formuliert.

Leider entstand dieses Wörterbuch in der „kaiserlosen, der schrecklichen Zeit" (Schiller) der permanenten Reform der deutschen Rechtschreibung, die wieder einmal zeigt, dass es besser ist, wenn ein Sachproblem unter die Räuber fällt als unter die Politiker.

Wörterbucharbeit ist Fronarbeit. Auch wenn sie frei gewählt ist, wird sie mit der Zeit immer anstrengender, zuweilen sogar unerträglich. Um durchzuhalten, bedarf es immer wieder der Aufmunterung und Unterstützung durch Freunde und Bekannte. Es waren dies folgende Herren:

KARL-HEINZ TROJANUS (Saarbrücken), der das gesamte Werk in beiden Sprachen genauestens überprüft, korrigiert und ergänzt hat. Seine hervorragenden Fach- und Sprachkenntnisse haben mir geholfen, viele Unebenheiten abzuschleifen und Irrtümer bzw. Versehen zu beseitigen.

UDO AMM, Lektor des Hauses Brandstetter. Wenn ich nämlich am Computer sitze, läuft nur der Chronos, der Kairos kommt nicht. Herr Amm hat freundlicherweise seine umfangreichen lexikografischen und EDV-Kenntnisse in den Dienst dieses Werkes gestellt.

J. V. DRAŽIL, mein Landsmann, der jetzt in Little Chalfont bei London lebt, hat mir seitenlange Briefe mit wertvollen Materialien und Anregungen zukommen lassen, welche die Darstellung vieler Eintragungen beeinflusst haben.

*Diesen drei Fachleuten gebührt mein herzlichster Dank.*

Punktuelle Hilfe haben mir freundlicherweise folgende Herren geleistet:

D. Hucke (Jena) und Dipl.-Ing. A. Radvanovský (Prag), mit dem ich vor 54 Jahren die Erarbeitung meines ersten Fachwörterbuchs in Angriff nahm.

Wie oben erwähnt, bin ich alles andere als ein Computerfreak. Herr Anschütz von der Firma Acolada (Nürnberg) und seine Kollegen haben das Programm *Dictionary Workbench* so idiotensicher gestaltet, dass auch ich es nur einige Male zum Absturz gebracht habe.

Wie gesagt, mache ich seit 54 Jahren Fachwörterbücher für Übersetzer. Dies ist inzwischen eine anerzogene Art der geistigen Abnormität geworden, die von meiner Frau als „Wörterbuchwitwe" und meinem 20-jährigen Sohn Marc-Anton als „Wörterbuchwaisen" tapfer ertragen wurde. Ich bedanke mich an dieser Stelle dafür, dass sie beide trotzdem zu mir halten. Meine Frau hat mir dabei sogar das Essen und Trinken gereicht, was immer das Höchste war, was sich ein Fröner wünschen konnte. Denn bezahlt wird – wie bei allen Wörterbüchern – erst im Himmel.

D-65232 Taunusstein-Hahn  
Juni 2005

Antonín Kučera

## Layout of the dictionary

The presentation of lexicographic data follows the layout adopted for all my Brandstetter dictionaries. British English spelling is given preference. Part-of-speech labels are provided for all English entries and their German translations. In addition, irregular morphological structures are indicated where applicable.

An asterisk following an English entry refers the user to a definition of the term in the
CHAMBERS DICTIONARY OF SCIENCE AND TECHNOLOGY
1999 edition, Edinburgh.

German Standards (DIN) are quoted as follows:
DIN 1319, T 1  or  DIN 1319-1.

## Bemerkungen zum Aufbau des Wörterbuchs

Die lexikografische Darstellung folgt der Darstellung in allen meinen Brandstetter-Wörterbüchern. Es wurde die im britischen Englisch übliche Schreibweise vorgezogen. Die Wortklassen sind in den beiden Sprachen ausgezeichnet, ebenso die punktuellen Unregelmäßigkeiten in der Morphologie.

Ein Stern * kennzeichnet englische Eintragungen, zu denen Definitionen in
CHAMBERS DICTIONARY OF SCIENCE AND TECHNOLOGY
Ausgabe 1999, Edinburgh
zu finden sind.

Deutsche Normen (DIN) werden wie folgt zitiert:
DIN 1319, T 1 oder DIN 1319-1.

# LITERATURNACHWEIS
(nach aufsteigenden Erscheinungsjahren)

aufrecht: deutsch                                                                                                              kursiv: englisch

### Allgemein

DER GROSSE HEIMWERKER, Wiesbaden 1976
H. E. WIEGAND – A. KUČERA: Brockhaus-Wahrig. Deutsches Wörterbuch auf dem Prüfstand der praktischen Lexikologie / 1. Teil in: Kopenhagener Beiträge zur Germanistischen Linguistik, 18, Kopenhagen 1981, 2. Teil in: Germanistische Linguistik 3-6/80. Hildesheim-New York 1982
J.V. DRAŽIL: *Quantities and Units of Measurement. A Dictionary and Handbook. London-Wiesbaden 1983*
LEXIKON TECHNOLOGIE Metallverarbeitende Industrie. Haan 1989
ALBERT JACKSON – D. DAY COLLINS: *Complete Do It Yourself Manual. London 1989*
*McGraw-Hill Concise Encyclopedia of Science and Technology. Second Edition. New York-St. Louis-San Francisco 1989*
*ESHBACH'S Handbook of Engineering Fundamentals, Fourth Edition. New York 1990*
E.B. UVAROV – A. ISAACS: *The Penguin Dictionary of Science. Seventh Edition. London-New York 1993*
*M. P. GROOVER: Fundamentals of Modern Manufacturing. Upper Saddle River 1996*
*M.J. CLUGSTON (Ed.): The New Penguin Dictionary of Science. London-New York 1998*
H.F. EBEL – C. BLIEFERT: Schreiben und Publizieren in den Naturwissenschaften , 4. Auflage. Weinheim 1998
EINHEITEN UND BEGRIFFE FÜR PHYSIKALISCHE GRÖSSEN, DIN-Taschenbuch 22, 8. Auflage. Berlin-Wien-Zürich 1999
*Chambers Dictionary of Science and Technology. Edinburgh 1999*
*ASTM Dictionary of Engineering Science and Technology, Ninth Edition. West Conshohocken 2000*
M. KLEIN: Einführung in die DIN-Normen, 13. Auflage. Wiesbaden 2001
P. KURZWEIL: Das Vieweg Formel-Lexikon. Wiesbaden 2002
*McGraw-Hill Dictionary of Scientific and Technical Terms. Sixth Edition. New York-St. Louis-San Francisco 2002*
DUDEN Das Große Fremdwörterbuch, Herkunft und Bedeutung der Fremdwörter, 3. Auflage. Mannheim-Leipzig 2003
DER BROCKHAUS Naturwissenschaft und Technik, Band 1-3, Mannheim-Leipzig 2003
LEXICOGRAPHICA Internationales Jahrbuch für Lexikographie, Band 1-19. Tübingen 1985-2004
Versandkatalog der Firma Quelle 2000

### Anstrichtechnik und Oberflächenbehandlung

*J.H. GOODIER: Dictionary of Painting and Decorating. London 1974*
K. SPONSEL – W.O. WALLENFANG – I. WALDAU: Lexikon der Anstrichtechnik, 2 Bände. 5. Auflage. München 1978
RÖMPP Lexikon LACKE UND DRUCKFARBEN. Stuttgart-New York 1998
K.-P. MÜLLER: Praktische Oberflächentechnik, 4. Auflage. Wiesbaden 2003
Materialien der Firma Galvanik-Fischer, Taunusstein

### Astronomie

T. WEICKMANN: Reiseführer Astronomie. Heidelberg 2003

### Bauwesen und Architektur

H. KOEPF: Bildwörterbuch der Architektur, 2. Auflage. Stuttgart 1974
F. ECKMANN: Grundbau, 5. Auflage. Berlin 1977
F.W. KÜHLMANN: Bauklempnerarbeiten, 3. Auflage. Berlin 1977
R. AHNERT: Maurerarbeiten. Berlin 1977
*J.S. SCOTT: A Dictionary of Building, Second Edition, Penguin Books. Harmondsworth 1977*
W. SCHOLZ – H. KNOBLAUCH et al.: Baustoffkenntnis, 10. Auflage. Düsseldorf 1984
J. BÖDDECKER: Die deutsche Schloß- und Beschlagindustrie, 10. Ausgabe. Mannheim 1985
H. WILCKE: Stuck- und Gipsarbeiten, 7. Auflage 1985
*J.S. SCOTT: The Penguin Dictionary of Civil Engineering, Third Edition. London 1987*
V.N. PEVSNER – H. HONOUR – J. FLEMING: Lexikon der Weltarchitektur, 2. Auflage. München 1987
BETON Lexikon. Düsseldorf 1990
H.G. OLSHAUSEN (Hrsg.): VDI-Lexikon BAUINGENIEURWESEN, Düsseldorf 1991
H. DECKER – K. WEBER: Ratgeber für den Tiefbau , 5. Auflage. Düsseldorf 1988
G. PETERS – K. WEBER: Ratgeber für den Hochbau, 12. Auflage. Düsseldorf 1998
*J.S. CURL: Dictionary of Architecture. Oxford 1999*
N. PETER: Lexikon der Bautechnik. Heidelberg 2001
R. BENEDIX: Bauchemie, 2. Auflage. Wiesbaden 2003

### Bergbau

DAS KLEINE BERGBAULEXIKON, 8. Auflage. Essen 1998

### Bierbrauerei

L. NARZISS: Abriß der Bierbrauerei, 6. Auflage. Stuttgart 1994

### Biochemie und Biotechnologie

*Concise Encyclopedia Biochemistry, Second Edition. Berlin-New York 1988*
RÖMPP Lexikon BIOTECHNOLOGIE. Stuttgart-New York 1992

## Chemie

B. PHILIPP – P. STEVENS: Grundzüge der industriellen Chemie. Weinheim 1987
E. HENGLEIN: Lexikon Chemische Technik. Weinheim 1988
H. BEYER – W. WALTER: Lehrbuch der organischen Chemie, 21. Auflage. Stuttgart 1988
G.J. SHUGAR – J. T. BALLINGER: *Chemical technician's ready reference book. New York 1990*
Concise Encyclopedia Chemistry. Berlin-New York 1994
M. HESSE – H. MEIER – B. ZEEH: Spektroskopische Methoden in der organischen Chemie, 5. Auflage. Stuttgart-New York 1995
*P.W. ATKINS: Concepts in Physical Chemistry. Oxford – Melbourne – Tokyo 1995*
P.W. ATKINS: Physikalische Chemie, 2. Auflage. Weinheim 1996
H. NAUMER, W. HELLER (Hrsg): Untersuchungsmethoden in der Chemie, 3. Auflage, Stuttgart-New York 1997
*McGraw-Hill Dictionary of Chemistry (Ed. S.P. Parker). New York 1997*
RÖMPP Lexikon NATURSTOFFE. Stuttgart – New York 1997
RÖMPP Lexikon CHEMIE, 10. Auflage, Band 1-6. Stuttgart - New York 1996 – 1999
K.P.V. VOLLHARDT – N. E. SCHORE: Organische Chemie, 3. Auflage. Weinheim 2000
E. LINDNER – J. HOINKIS: Chemie für Ingenieure, 12. Auflage. Weinheim 2001
K.-H. HELLWICH: Stereochemie Grundbegriffe. Berlin-Heidelberg-New York 2002
E.-A. REINSCH: Mathematik für Chemiker. Wiesbaden 2004

## Datenverarbeitung

*A Dictionary of Computing, Fourth Edition. Oxford 1996*
H. ERNST: Grundlagen und Konzepte der Informatik, 2. Auflage. Wiesbaden 2000
N. KLUSSMANN: Lexikon der Kommunikations- und Informationstechnik, 3. Auflage. Heidelberg 2001
K. LIPINSKI: mitp-Lexikon Netzwerktechnik, 3. Auflage, Band 1-5. Bonn 2001
K.-H. BRINKMANN – H.F. BLAHA: Wörterbuch der Daten- und Kommunikationstechnik, Deutsch-Englisch, Englisch-Deutsch, 6. Auflage. Wiesbaden 2002
C. VOGT: Informatik. Heidelberg 2003
*D. INCE: A Dictionary of Internet. Oxford 2003*

## Elektrotechnik und Elektronik

*IEEE Standard Dictionary of Electrical and Electronics Terms. New York 1988*
A. MÖSCHWITZER: Halbleiterelektronik. Ein Wissensspeicher. Weinheim 1993
J. WANKE – M. HAVLÍČEK: Englisch für Elektrotechniker und Elektroniker, 4. Auflage. Wiesbaden 1993
D. ZASTROW: Elektronik, 6. Auflage. Wiesbaden 2002
H. FROHNE – K.-H. LÖCHERER – H. MÜLLER MOELLER: Grundlagen der Elektrotechnik, 19. Auflage. Wiesbaden 2002
R. BUSCH: Elektrotechnik und Elektronik, 3. Auflage. Wiesbaden 2003
*A.C. FISCHER-CRIPPS: The Electronics Companion. Bristol 2004*

## Energietechnik

H. SCHAEFFER (Hrsg.): VDI-Lexikon ENERGIETECHNIK, Düsseldorf 1994
P. BAUMGARTNER: Wörterbuch der Energietechnik mit Anwendungsbeispielen, Deutsch-Englisch und Englisch-Deutsch. Wiesbaden 2001

## Erdöl

K. KRAMER: Erdöl-Lexikon, 5. Auflage. Heidelberg 1972

## Film und Video

VIDEO von „A bis Z", Wörterbuch und Lexikon Film & Video Englisch-Deutsch und Deutsch-Englisch. Köln 1990
W. SCHILD – T. PEHLE: Videofilmen wie ein Profi. Niedernhausen 1991

## Forstwirtschaft und Holz

LUEGER Lexikon der Fertigungstechnik und Arbeitsmaschinen, Band 8 und 9. Stuttgart 1963
LEXIKON DER HOLZTECHNIK, 4. Auflage. Leipzig 1990
IVO VICENA: Wörterbuch der Holzindustrie und Forstwirtschaft, Deutsch-Tschechisch und Tschechisch-Deutsch. Plzeň 1999
ZANDER Handwörterbuch der Pflanzennamen, 16. Auflage. Stuttgart 2000
PROHOLZ Österreich Holzbau. Leopoldsdorf 2000

## Fotografie

T. KISSELBACH – H. WINDISCH: Neue Foto-Schule. München 1977
H. SCHÖTTLE: DuMont's Lexikon der Fotografie. Köln 1978
A.B. FEININGER: Feiningers große Fotolehre. Düsseldorf-Wien 1979
TOM ANG: Digitale Fotografie für Einsteiger. Starnberg 2004
Prospekte der Firma Minolta

## Geologie

*R.L. BATES, J.A. JACKSON (Hrsg.): Dictionary of Geological Terms, Third Edition. New York-London 1984*
H. MURAWSKI: Geologisches Wörterbuch, 9. Auflage. Stuttgart 1992
M. MATTAUER: Strukturgeologie. Stuttgart 1993
F. PRESS – R. SIEVER: Allgemeine Geologie. Heidelberg-Berlin-Oxford 1993

## Glas

W. SCHNAUCK: Glaslexikon. Ein Handbuch für Handwerk, Handel und Industrie. München 1959

K. HERKOMMER: Verglasungsarbeiten, 5. Auflage. Berlin 1986
H.-J. ILLIG (Hrsg.): ABC Glas, 2. Auflage. Leipzig 1991

**Hütten- und Gießereitechnik**

LUEGER Lexikon der Fertigungstechnik und Arbeitsmaschinen, Band 8 und 9. Stuttgart 1963
K. STÖTZEL (Hrsg.): Metallurgie und Gießereitechnik, Deutsch-Englisch. Wiesbaden 1987
Elektroofentechnik in der Metallurgie. Weinheim 1988
K. TAUBE: Stahlerzeugung kompakt. Wiesbaden 1988
*A.R. BURKIN: Chemical Hydrometallurgy. New York-London 2001*
C.I.R.P. Wörterbuch der Fertigungstechnik, 2. Auflage, Umformtechnik. Berlin-Heidelberg 2002

**Keramik**

H. HEUSCHEL – K. MUCHE: ABC Keramik. Leipzig 1977
*L.S. O'BANNON: Dictionary of Ceramic Science and Engineering. New York-London 1984*
Technische Keramik. Aufbau, Eigenschaften, Herstellung. Düsseldorf 1994
*G. BICKLEY REMMEY, JR: Firing Ceramics. New York-London 2004*

**Kernphysik**

T. MAYER-KUCKUK: Kernphysik, 7. Auflage. Wiesbaden 2002
*K. HEYDE: Basic Ideas and Concepts in Nuclear Physics, Third Edition. Bristol 2004*

**Kraftfahrzeuge**

B. PIERBURG: Gleichlaufgelenkwellen für Personenkraftfahrzeuge. Landsberg/Lech 1998
R. BOSCH GmbH: Kraftfahrtechnisches Taschenbuch, 23. Auflage 1999
*J. ERJAVEC : Automotive Technology. Third Edition. Albany – New York 2000*
R. VAN BASSHUYSEN – F. SCHÄFER (Hrsg.): Lexikon Motorentechnik. Wiesbaden 2004
Prospekte der Firmen FORD und MAZDA

**Künstliche Intelligenz**

H. HELBIG: Künstliche Intelligenz und automatische Wissensverarbeitung. Berlin 1991
O. VOLLNHALS: A Multilingual Dictionary of Artificial Intelligence, English, German, French, Spanish, Italian. London-New York 1992
U. MENZEL – J. LÖSCHNER: Künstliche Intelligenz. Düsseldorf 1993

**Kunststoffe**

K. STOECKHERT, W. WOEBCKEN (Hrsg.): Kunststoff-Lexikon, 9. Auflage. München 1998
G. MENGES: Werkstoffkunde Kunststoffe, 5. Auflage. München 2000

**Leder verarbeitende Industrie**

*INTERNATIONAL GLOSSARY OF LEATHER TERMS, Second Edition. London 1975*
Werkstoffe und Werkstoffprüfung für die lederverarbeitende Industrie, 4. Auflage. Leipzig 1976
K. PAULIGK – R. HAGEN: Lederherstellung, 2. Auflage. Leipzig 1983

**Luftfahrt**

transpress Lexikon LUFTFAHRT, 4. Auflage. Berlin 1979
*J.L. TOMSIC: SAE Dictionary of Aerospace Engineering, Second Edition. Warrendale 1998*
E. GÖTSCH Luftfahrzeug-Technik. Stuttgart 2000

**Maschinenbau**

C.I.R.P. Wörterbuch der Fertigungstechnik, 9 Bände. Essen 1962-1984
*J.L. NAYLER –G.H.F. NAYLER: Dictionary of Mechanical Engineering. London 1975*
Mechanische Verbindungselemente 5, Grundnormen, DIN Taschenbuch 193, 2. Auflage. Berlin-Köln 1991
M. HIERSIG (Hrsg.): Lexikon MASCHINENBAU, Düsseldorf 1994
*DUBBEL Handbook of Mechanical Engineering. London-Berlin-Heidelberg 1994*
DUBBEL Taschenbuch für den Maschinenbau, 21. Auflage. Berlin-Heidelberg-New York 2003
A.BÖGE: Vieweg Handbuch Maschinenbau, 17. Auflage. Wiesbaden 2004
ARIACUTTY JAYENDRAN: Englisch für Maschinenbauer, 5. Auflage. Wiesbaden 2004

**Mathematik und Statistik**

*COLM O'MUIRCHEARTAIGH – D. P. FRANCIS: Statistics – a dictionary of terms and ideas. London 1981*
I.N. BRONSTEIN – K.A. SEMENDJAJEW: Taschenbuch der Mathematik, 25. Auflage. Leipzig 1991
U. BEHRENDS: Überall Zufall. Mannheim-Leipzig 1994
*CH. CLAPHAM: The Concise Oxford Dictionary of Mathematics, Second Edition. Oxford 1996*
G. CHRISTOPH – H. HACKEL: Starthilfe Stochastik. Wiesbaden 2002
K. FRITZSCHE: Mathematik für Einsteiger, 3. Auflage. Heidelberg-Berlin-Oxford 2003
W. BRAUCH – H.J. DREYER – W. HAACKE: Mathematik für Ingenieure, 10. Auflage. Wiesbaden 2003
T. BUTZ: Fouriertransformationen für Fußgänger, 3. Auflage. Wiesbaden 2003

**Medizin und Pharmazie**

ROCHE Lexikon Medizin, 3. Auflage. München-Wien-Baltimore 1993

### Messtechnik

P. PROFOS – H. DOMEISEN: Lexikon und Wörterbuch der industriellen Meßtechnik, Wörterbuchteil Englisch-Deutsch, 3. Auflage. München – Wien 1993
W.J. BECKER – W. BONFIG – K. HÖING: Elektrische Messtechnik, 2. Auflage. Heidelberg 2000

### Meteorologie

Meyers Kleines Lexikon METEOROLOGIE. Mannheim – Wien – Zürich 1987

### Mineralogie und Kristallographie

H. LÜSCHER: Die Namen der Steine. Das Mineralreich im Spiegel der Sprache. Thun und München 1968
G. ELS: Handlexikon der Schmucksteine, Edelmetalle, Perlen. Frankfurt/Main 1978
P. RAMDOHR, H. STRUNZ (Hrsg.): Klockmanns Lehrbuch der Mineralogie, 16 Auflage. Stuttgart 1978
M. DIETRICH: Grauspießglanz, Coelestin, Goethit - Mineralien und ihre Namen (in: Muttersprache 1978, 4)

### Nahrungsmittelindustrie

LEBENSMITTELLEXIKON, 2. Auflage. Leipzig 1981
E. LÜCK (Hrsg.): Lexikon LEBENSMITTELZUSATZSTOFFE, Hamburg 1992
RÖMPP Lexikon LEBENSMITTELCHEMIE. Stuttgart – New York 1995
E. LÜCK: Großwörterbuch des Lebensmittelwesens Englisch – Deutsch, 4. Auflage, Hamburg 2002

### Papier

DIN 6730

### Physik

F.K. KNEUBÜHL: Repetitorium der Physik, 5. Auflage. Stuttgart – Leipzig 1994
P. DOBRINSKI – G. KRAKAU – A. VOGEL: Physik für Ingenieure, 10. Auflage. Wiesbaden 2003

### Radar

J. GÖBEL: Radartechnik. Berlin – Offenbach 2001
P. LACOMME – J.C. MARCHAIS – J.P. HARDANGE – E. NORMANT: *Air and spaceborne radar systems. Stevenage 2001*
E. HANLE: Radar und allgemeine Funkortung. Glossar der Begriffe und Definitionen in Deutsch, Englisch und Französisch. Berlin – Offenbach 2002

### Schiffbau und Schifffahrt

W. CLAVIEZ: Seemännisches Wörterbuch. Bielefeld – Berlin 1973
transpress Lexikon SEEFAHRT, 5. Auflage. Berlin 1988

### Schweißen

O. SCHULZE – H. KRAFKA – P. NEUMANN: Schweißtechnik. Düsseldorf 1992
H.J. FAHRENWALDT – V. SCHULER: Praxiswissen Schweißtechnik. Wiesbaden 2003

### Textilindustrie

J. LÖSCH: Fachwörterbuch Textil. Lexikon für die gesamte Textilindustrie. Frankfurt/Main 1975
A. HOFER: Textil- und Mode-Lexikon, 4. Auflage. Frankfurt/Main 1979
Kleines Textilwaren-Lexikon. Leipzig 1985
P. HOHENADEL – J. RELTON: Textil-Wörterbuch, Englisch-Deutsch, 2. Auflage. Wiesbaden 1991

### Tribologie

I.V. KRAGELSKY – V. ALISIN: *Tribology – Lubrication, Friction and Wear. London 2001*
H. CZICHOS – K.-H. HABIG: Tribologie-Handbuch. 2. Auflage. Wiesbaden 2003
F. WUNSCH: Wörterbuch Maschinenbau und Tribologie, Deutsch-Englisch und Englisch-Deutsch. Berlin-Heidelberg 2004

### Umwelttechnik

English-Czech and Czech-English Environmental Dictionary. Prague 1998
RÖMPP Lexikon UMWELT, 2. Auflage. Stuttgart – New York 2000
M. BAHADIR – H. PARLAR und M. SPITELLER (Hrsg.): Springer Umweltlexikon, 2. Auflage. Berlin – Heidelberg – New York 2000

### Wasserwirtschaft

A. NELSON – K.D. NELSON: *Dictionary of Water and Water Engineering. London 1973*
H. BAUMANN – U. SCHENDEL – G. MANN: Wasserwirtschaft in Stichworten, Wasserhaushalt und seine Regelung. Kiel 1974
VKW Handbuch Wasser, 5. Auflage. Essen 1979
Lexikon der Abwassertechnik, 4. Auflage 1990

### Werkstofftechnik

H. GRÄFEN (Hrsg.): VDI-Lexikon WERKSTOFFTECHNIK, Düsseldorf 1991
H.J. BARGEL u.a.: Werkstoffkunde, 6. Auflage. Düsseldorf 1994
W. WEISSBACH: Werkstoffkunde und Werkstoffprüfung, 15. Auflage. Wiesbaden 2004

### Zimmerei

W. MÖNCK et al.: Zimmererarbeiten, 5. Auflage. Berlin 1986

# ABBREVIATIONS USED IN THIS DICTIONARY
# LISTE DER VERWENDETEN ABKÜRZUNGEN

| | | |
|---|---|---|
| *A* | Österreich | Austria |
| *adj* | Adjektiv | Adjective |
| *adv* | Adverb | Adverb |
| *attr* | attributiver Gebrauch | Attributive |
| d. h. | das heißt | That is, i. e. |
| *f* | Femininum | Feminine noun |
| *GB* | britisches Englisch | British usage |
| i. e. | das heißt, d. h. | That is |
| *m* | Maskulinum | Masculine noun |
| *n* | (Deutsch:) Neutrum | (German:) Neuter noun |
| | (Englisch:) Substantiv | (English:) Noun |
| *pl* | Plural | Plural |
| *S* | Schweiz | Switzerland |
| *s.* | siehe | See |
| *US* | amerikanisches Englisch | American usage |
| *v* | Verb | Verb |
| *vi* | intransitives Verb | Intransitive verb |
| *vt* | transitives Verb | Transitive verb |
| ~̊ | großer Anfangsbuchstabe | Capital letter |

# SUBJECTS AND ABBREVIATIONS
# FACHGEBIETSZUORDNUNGEN

| | | | |
|---|---|---|---|
| *Acous* | Acoustics | *Med* | Medicine |
| *Aero* | Aeronautics | *Met* | Metallurgy |
| *Agric* | Agriculture | *Meteor* | Meteorology |
| *Arch* | Architecture | *Micros* | Microscopy |
| *Astron* | Astronomy | *Mil* | Military Technology |
| *Automation* | | *Min* | Mineralogy |
| *Autos* | Automobiles | *Mining* | |
| | | *Min Proc* | Mineral Processing |
| *Bacteriol* | Bacteriology | | |
| *Bind* | Bookbinding | *Nav* | Navigation |
| *Biochem* | Biochemistry | *Nuc* | Nucleonics |
| *Biol* | Biology | *Nuc Eng* | Nuclear Engineering |
| *Bot* | Botany | | |
| *Brew* | Brewing | *Nut* | Nutrition |
| *Build* | Building | | |
| | | *Ocean* | Oceanography |
| *Cables* | | *Oils* | |
| *Carp* | Carpentry | *Optics* | |
| *Cartography* | | | |
| *Ceramics* | | *Paint* | Painting |
| *Chem* | Chemistry | *Paper* | Papermaking |
| *Chem Eng* | Chemical Engineering | *Pharm* | Pharmacology |
| *Cinema* | Cinematography | *Photog* | Photography |
| *Civ Eng* | Civil Engineering | *Phys* | Physics |
| *Comp* | Computers | *Physiol* | Physiology |
| *Crystal* | Crystallography | *Plasma Phys* | Plasma Physics |
| *Cyt* | Cytology | *Plastics* | |
| | | *Plumb* | Plumbing |
| | | *Powder Met* | Powder Metallurgy |
| *Ecol* | Ecology | *Powder Tech* | Powder Technology |
| *Elec* | Electricity | *Print* | Printing |
| *Elec Eng* | Electrical Engineering | *Psychol* | Psychology |
| *Electronics* | | | |
| *Eng* | Engineering | *Radar* | |
| | | *Radio* | |
| *For* | Forestry | *Radiol* | Radiology |
| *Foundry* | Foundry Practice | *Rail* | Railways |
| *Fuels* | | | |
| | | *San Eng* | Sanitary Engineering |
| *Gen* | Genetics | *Ships* | |
| *Geog* | Geography | *Space* | |
| *Geol* | Geology | *Spectr* | Spectroscopy |
| *Geophys* | Geophysics | *Spinning* | |
| *Glass* | | *Stats* | Statistics |
| | | *Surf* | Surface Treatment |
| *Heat* | Heat, Heating | *Surv* | Surveying |
| *Horol* | Horology | | |
| *Hyd* | Hydraulics | *Telecomm* | Telecommunications |
| *Hyd Eng* | Hydraulic Engineering | *Teleg* | Telegraphy |
| | | *Teleph* | Telephony |
| *I C Engs* | Internal-Combustion Engines | *Textiles* | |
| *Instr* | Instruments | *Tools* | |
| | | *TV* | Television |
| *Join* | Joinery | *Typog* | Typography |
| | | | |
| *Leather* | | *Vac Tech* | Vacuum Technology |
| *Light* | | | |
| | | *Weaving* | |
| *Mag* | Magnetism | *Welding* | |
| *Materials* | Materials Science and Testing | *Work Study* | |
| *Maths* | Mathematics | | |
| *Mech* | Mechanics | *Zool* | Zoology |

# A

**A** (acidity) / m-Wert m (alte Bezeichnung für die im Wasser vorhandenen Mengen an Laugen, Karbonaten und Hydrogenkarbonaten, sowie bei Entkarbonisierungsanlagen ein Maß für den Kalkzusatz)
**AA** (arithmetic average) (Maths, Stats) / arithmetisches Mittel ‖ ~ (author's alterations) (Print) / Autorenkorrektur f (meistens Ergänzungen und Änderungen), Autorkorrektur f (das Lesen des Abzuges von Satz sowie das Anzeichnen der Satzfehler und die Angabe von gewünschten Änderungen durch den Autor) ‖ ~ (average audience) (Radio, TV) / durchschnittliche Hörer- oder Zuschauerzahl
**aa*** n (basaltic lava forming very rough, jagged masses with a light frothy texture) (Geol) / Brockenlava f, aa-Lava f
**AA height** (Eng) / $R_a$, (arithmetischer) Mittenrauwert m
**aa lava** (Geol) / Brockenlava f, aa-Lava f
**AAM** (air-to-air missile) (Mil) / Luft-Luft-Flugkörper m, Bord-Bord-Flugkörper m
**AAR** (antigen-antibody reaction) (Biochem) / Antigen-Antikörper-Reaktion f, AAR (Antigen-Antikörper-Reaktion)
**A-arm** n (US) (Autos) / Dreiecksquerlenker m, Dreieckslenker m (Radaufhängung)
**AAR tripod joint** (angular adjusted roller) (Autos) / AAR-Gelenk n (ein Tripodegelenk), Tripodegelenk n AAR
**AAU** (alpha acid unit) (Chem, Nut) / Alphasäurewert m (Hopfen)
**ab-** (an old prefix denoting a CGS unit in the USA)* / Ab- (Vorsatz für die Einheiten im elektromagnetischen CGS-System)
**Ab** (antibody) (Biochem, Physiol) / Ak (Antikörper), Antikörper m, Immunkörper m
**ABA*** (abscisic acid) (Biochem) / Abscisinsäure f (ein Phytohormon), ABA, Abscisin n II
**abaca** n (Bot, Textiles) / Abakafaser f (eine Hartfaser), Manilafaser f, Musafaser f, Abacá m, Abaka m (Spinnfaser der Faserbanane), Manilahanffaser f (Faserbündel aus den Blattscheiden der Musa textilis), Pisanghanffaser f
**abacaxi fibre** (Textiles) / Ananasfaser f
**abacus*** n (pl. abacuses or abaci) (Arch) / Kapitelldeckplatte f (quadratische), Abakus m (pl. Abakus) ‖ ~ (pl. abacuses or abaci) (Maths) / Rechenbrett n, Abakus m (Rechenbrett)
**abaft** adv (in the stern half) (Ships) / achterlich adj, nach achtern zu
**Abalyn** n (Chem, Paint) / Abalyn n (Warenzeichen für einen Harzester - als Lackrohstoff benutzt)
**abamurus*** n (Build, Civ Eng) / Versteifungsmauerwerk n (eine Stützwand)
**abandon** v / fallen lassen v (z.B. ein Projekt) ‖ ~ (Mining) / auflassen v (eine Grube), einstellen v (den Betrieb in einer Grube), aufgeben v (eine Grube) ‖ ~ (Mining, Ships) / abandonnieren v, aufgeben v, preisgeben v ‖ ~ (Oils) / aufgeben v, einstellen v (eine Bohrung) ‖ ~ **call** (Teleph) / Wahl erfolglos (Schnittstellenleitung)
**abandoned disposal site** (Ecol) / Altlast f (Sammelbezeichnung für alte Ablagerungen umweltgefährdender Abfälle aus der Zeit ungeordneter Abfallbeseitigung - Paragraph 1, Absatz 5 des Bundesbodengesetzes vom 17. März 1998) ‖ ~ **dyke** (Hyd Eng) / Schlafdeich m (durch den Bau eines Außendeiches unwirksam gewordener Deich, der jedoch aus Sicherheitsgründen erhalten bleibt)
**abandonment** n / Aufgabe f (des Geschäfts) ‖ ~* (Mining) / Auflassung f (Stillegung) ‖ ~ (Ships) / Abandon m (Verzicht auf ein Recht zugunsten einer Gegenleistung - in der See- oder Transportversicherung), Abandonnement n ‖ ~ **of farmland** (Agric, Ecol) / Aufgabe f der landwirtschaftlichen Nutzfläche ‖ ~ **of nuclear energy** (Nuc Eng) / Ausstieg m aus der Atomenergie, Atomausstieg m ‖ ~ n **of tilled land** (Agric, Ecol) / Aufgabe f der landwirtschaftlichen Nutzfläche
**abandon nuclear power** (Nuc Eng) / den Ausstieg aus der Kernenergie vollziehen
**abaric** adj (Astron, Phys) / abarisch adj
**abassi cotton** (a fine, almost white, silklike cotton from Egypt) (Textiles) / Abassibaumwolle f, Abassi f
**abate** v / herabsetzen v (senken), verringern v, vermindern v, reduzieren v, senken v, mindern v
**abatement** n / Herabsetzung f, Verringerung f, Verminderung f, Minderung f (Herabsetzung), Reduktion f, Reduzierung f, Senkung f ‖ ~ / Beseitigung f (z.B. der Lärmbelästigung) ‖ ~ (For) / Schnittholzabfall m ‖ ~ (For) / anfallende Späne
**abat-jour*** n (anything that serves to throw daylight downward, or in a given direction, such as a sloped or bevelled cill, or splayed jambs) (Arch) / Deckenoberlicht n ‖ ~* (skylight, set in a sloping aperture) (Build) / Dachfenster n (liegendes), Dachliegefenster n (in der Dachfläche liegendes Klappfenster), Mansardendachfenster n, Atelierfenster n, Abatjour m (Fenster mit abgeschrägter Leibung)
**abattoir** n (Nut) / Schlachthof m, Schlachthaus n ‖ ~ **by-products plant** / Tierkörperverwertungsanlage f
**abat-vent** n (louvre in an external wall) (Build) / jalousienartige Abdeckung
**abaxial*** adj (Optics) / achsenentfernt adj, abaxial adj, achsfern adj ‖ ~ **ray*** (Optics) / außeraxialer Strahl
**abb** n (Textiles) / geringwertige Steiß- und Schwanzwolle
**Abbe condenser** (an optical condenser used in microscopes, consisting of two or three lenses having a wide aperture) (Micros, Optics) / Abbe'scher Kondensor ‖ ~ **constant** (Optics) / Abbe'sche Zahl (für die Kennzeichnung eines optischen Mediums) ‖ ~ **error** / Kippfehler m (systematischer Fehler, der durch Kippbewegungen in den Führungsbahnen von Messgeräten entsteht) ‖ ~ **number** (a measure of reciprocal dispersion for optical materials) (Optics) / Abbe'sche Zahl (für die Kennzeichnung eines optischen Mediums) ‖ ~ **number** (Optics) s. also constringence ‖ ~ **offset error** / Kippfehler m (systematischer Fehler, der durch Kippbewegungen in den Führungsbahnen von Messgeräten entsteht) ‖ ~ **principle** / Abbe'scher Grundsatz (in der Längenprüftechnik nach DIN 2257-1), Abbe-Regel f ‖ ~ **prism** (Optics) / Abbe-Prisma n (aus zwei Halbprismen und einem Reflexionsprisma zusammengesetztes Dispersionsprisma) ‖ ~ **prism** (Optics) / Abbe-Prisma n (aus einem doppelbrechenden gleichseitigen Kalkspatprisma und zwei rechtwinkligen Glasprismen zusammengesetztes Polarisationsprisma) ‖ ~ **prism** (Optics) / Abbe-Prisma n (ein geradsichtiges Umkehrprisma mit Dachkantfläche - nach E. Abbe, 1840 - 1905) ‖ ~ **refractometer*** (Optics) / Abbe-Refraktometer n (zur refraktometrischen Brechzahlmessung - DIN 51423) ‖ ~ **spectrometer** (Spectr) / Abbe-Spektrometer n (das durch einfache Bauart und bequeme Handhabung gekennzeichnet ist)
**Abbe's sine condition** (Optics) / Abbe'sche Sinusbedingung
**Abbott bearing curve** (Eng) / Abbott-Tragkurve f, Tragflächenkurve nach Abbott und Firestone (die als Funktion des Abstandes verschiedener paralleler Schnittlinien durch das Istprofil aufgetragene Summe aller innerhalb des Istprofils liegender Strecken)
**abbreviated addressing** (Comp) / Kurzadressierung f ‖ ~ **calling** (Teleph) / Kurzwahl f (Leistungsmerkmal bei Nebenstellenanlagen) ‖ ~ **dialling** (Teleph) / Kurzwahl f (Leistungsmerkmal bei Nebenstellenanlagen) ‖ ~ **dialling processor** (Teleph) / Kurzwahlprozessor m ‖ ~ **dialling translator** (Teleph) / Kurzwahlzuordner m ‖ ~ **spinning process** (Spinning) / Kurzspinnverfahren n ‖ ~ **title** (Print) / Kurztitel m
**abb wool** (Textiles) / geringwertige Steiß- und Schwanzwolle
**ABC** (active body control) (Autos) / aktive Federung ‖ ~ (automatic brightness control) (TV) / automatische Helligkeitsregelung, Helligkeitsautomatik f ‖ ~ **analysis** (Work Study) / ABC-Analyse f (Einteilungskriterium für das Mengen-Wert-Verhältnis von Materialien) ‖ ~ **charter** (Aero) / ABC-Charter m f (mit ABC-Flügen)
**abcd parameter** (Telecomm) / Kettenparameter m (Vierpolparameter der Kettengleichungen)
**abc soil** (Agric, Geol) / A-B-C-Boden m (mit gut ausgestalteten A-, B- und C-Horizonten)
**ABD** (abbreviated dialling) (Teleph) / Kurzwahl f (Leistungsmerkmal bei Nebenstellenanlagen)
**Abderhalden drying pistol** (Chem) / Trockenapparat m nach Abderhalden (E. Abderhalden, 1877 - 1950) ‖ ~ **vacuum-drying apparatus** (Chem) / Trockenapparat m nach Abderhalden (E. Abderhalden, 1877 - 1950)
**ABD transistor** (Electronics) / ABD-Transistor m
**abduction** n (AI) / Abduktion f (ein deduktiver Wahrscheinlichkeitsschluss)
**abductive** adj (AI) / abduktiv adj
**abeam** adv (Ships) / dwars adv (Richtung querab zur Längsschiffebene des Schiffs)
**AB effect** (Spectr) / Dacheffekt m, AB-Effekt m
**Abegg's rule** (Chem) / Abegg-Valenzregel f (nach R. Abegg, 1869-1910) ‖ ~ **rule of eight*** (Chem) / Abegg-Valenzregel f (nach R. Abegg, 1869-1910)
**abele** n (For) / Silberpappel f (Populus alba L.), Weißpappel f
**Abel flash-point apparatus*** (Chem) / Flammpunktprüfer m nach Abel (F.A. Abel, 1827-1902)

**Abelian** *adj* (Maths) / abelsch *adj*, Abel'sch *adj* ‖ ~ *adj* (Maths) / abelsch *adj*, Abel'sch *adj* ‖ ~ **differential** (Maths) / Abel'sches (gewöhnliches) Differenzial, Abel'sches (gewöhnliches) Differential ‖ ~ **domain** (Maths) / Abel'scher Körper ‖ ~ **field** (Maths) / Abel'scher Körper ‖ ≃ **gauge theory** (Phys) / Abel'sche Eichfeldtheorie ‖ ~ **gauge theory** (Phys) / Abel'sche Eichfeldtheorie ‖ ~ **group**\* (Maths) / Abel'sche Gruppe (nach N.H. Abel, 1802 - 1829) ‖ ~ **groupoid** (Maths) / Abel'sches Gruppoid, kommutatives Gruppoid

**Abel's identity** / Abel'sche partielle Summation, Abel'sche Transformation ‖ ≃ **integral equation** (a particular type of Volterra equation) (Maths) / Abel'sche Integralgleichung ‖ ≃ **test** (for convergence) (Maths) / Abel'sches Kriterium (ein Konvergenzkriterium) ‖ ≃ **theorem** (Maths) / Theorem *n* von Abel, Abel'sches Theorem

**abend** *n* (Comp) / Zusammenbruch *m*, Absturz *m* (eine fehler- oder störungsbedingte Beendigung eines Rechnerlaufs), Crash *m* (Absturz)

**aberrant** *adj* (Optics) / fehlerbehaftet *adj*, mit Abbildungsfehlern behaftet ‖ ~ **chromosome** (Gen) / aberrantes Chromosom

**aberrated** *adj* (Optics) / fehlerbehaftet *adj*, mit Abbildungsfehlern behaftet

**aberration**\* *n* (Astron) / Aberration *f* (scheinbare Ortsveränderung) ‖ ~ (Biol, Gen) / Aberration *f* (der Chromosomen) ‖ ~\* (the difference between the actual behaviour of the optical system and the ideal behaviour) (Optics) / Aberration *f*, Abbildungsfehler *m*, Bildfehler *m* (von Linsen)

**aberrational** *adj* (Optics) / bildfehlerbedingt *adj* ‖ ~ **bearing** (Aero, Nav) / missweisende Peilung, magnetischer Azimut, missweisender Peilwinkel

**aberration angle** (Astron) / Aberrationswinkel *m*

**aberration-free** *adj* (Optics) / fehlerfrei *adj* (optisches System)

**aberrationless** *adj* (Optics) / fehlerfrei *adj* (optisches System)

**aberration theory** (Optics) / Aberrationstheorie *f*, Bildfehlertheorie *f*

**abherent** *n* / abhäsives Mittel, Abhäsivmittel *n*, Abhäsionsmittel *n*, Trennmittel *n* (im Allgemeinen) ‖ ~ s. also mould release agent ‖ ~ *adj* / abhäsiv *adj*, adhäsionsfeindlich *adj*, antiadhäsiv *adj*

**abhesive**\* *n* / abhäsives Mittel, Abhäsivmittel *n*, Abhäsionsmittel *n*, Trennmittel *n* (im Allgemeinen)

**ABI** (application binary interface) (Comp) / Application-Binary-Interface *n*, ABI (Application-Binary-Interface)

**abietane** *n* (Chem) / Abietan *n* (Strukturtyp der Diterpene)

**abietate** *n* (Chem) / Abietat *n* (Salz oder Ester der Abietinsäure)

**abietic acid** (Chem) / Abietinsäure *f*

**ability** *n* (AI) / Können *n*, Fähigkeit *f*, Ability *f* ‖ ~ **of foam formation** (Chem, Phys) / Schaumbildungsvermögen *n*, Schaumvermögen *n*, Schaumkraft *f*, Schaumbildungsfähigkeit *f* ‖ ~ **to absorb water** (Phys) / Wasseraufnahmevermögen *n*, Wasseraufnahmefähigkeit *f*, Saugfähigkeit *f* (für Wasser) ‖ ~ **to support edge loads** (Eng, Materials) / Kantenbelastbarkeit *f* (z.B. infolge von Fluchtungsfehlern) ‖ ~ **to withstand short-circuit** (Elec Eng) / Kurzschlussfestigkeit *f*

**ab initio computation** (Chem) / Ab-initio-Rechnung *f* (in der Quantenchemie)

**abiogenesis**\* *n* (pl. -geneses) (Biol) / Abiogenese *f*

**abiotic**\* *adj* (Biol) / abiotisch *adj* (unbelebt)

**ABL**\* (atmospheric boundary layer) (Meteor) / planetarische Grenzschicht, atmosphärische Grenzschicht (die unterste Schicht im Aufbau der Atmosphäre, in der aufgrund der Rauigkeit der Erdoberfläche und der daraus resultierenden Reibung eine ungeordnete turbulente Strömung vorherrscht)

**ablactation** *n* (Bot) / Ablaktation *f* (ein Veredelungsverfahren), Ablaktieren *n*

**ablation** *n* / nichtthermische Abtragung (bei der Laserbearbeitung), Ablation *f* (bei der Laserbearbeitung) ‖ ~ (Geol) / Ablation *f* (Abschmelzen von Schnee und Gletscher oder Inlandeis) ‖ ~ (Space) / Oberflächenabtragung *f*, Ablation *f* ‖ ~ **cooling** (Space) / Ablationskühlung *f*, Schmelzkühlung *f* ‖ ~ **moraine** (Geol) / Rückenmoräne *f* ‖ ~ **shield**\* (Space) / Ablationsschild *m*, Ablationshitzeschild *m*, Abschmelzschutzschild *m*

**ablative** *adj* (Materials, Space) / ablativ *adj* ‖ ~ **agent** (Space) / Ablationswerkstoff *m* (Beryllium, Graphit, faserverstärkte Kunststoffe) ‖ ~ **coating** (Space) / Ablationsbeschichtung *f*, Abschmelzschutzschicht *f* ‖ ~ **cooling** (Aero, Space) / Ablationskühlung *f*, Schmelzkühlung *f* ‖ ~ **material** (Space) / Ablationswerkstoff *m* (Beryllium, Graphit, faserverstärkte Kunststoffe)

**ablator** *n* (Space) / Ablationswerkstoff *m* (Beryllium, Graphit, faserverstärkte Kunststoffe)

**able to be screened** (Chem) / screenbar *adj*, abfragbar *adj* (durch Screening), durchmusterbar *adj* (durch Screening) ‖ ~ **to cut** / schneidfähig *adj*

**ablimation** *n* (Chem, Phys) / Solidensation *f*, Desublimation *f*, Solidensieren *n*, Kondensation *f* eines Dampfes zu einem Feststoff

**ABM** (Mil) / Antiraketenrakete *f*, Abfangrakete *f*, Abwehrflugkörper *m* gegen ballistische Flugkörper, Abfangflugkörper *m*, Antirakete *f* (zur Abwehr von ballistischen Flugkörpern)

**AB-method** *n* (Electronics) / AB-Betrieb *m* (einer Elektronenröhre - Betrieb auf einem Arbeitspunkt, welcher bei kleiner Aussteuerung A-Betrieb und bei größerer Aussteuerung B-Betrieb ergibt)

**Abney level**\* (a hand level used for taking levels up steep slopes and as a clinometer) (Surv) / Abney'scher Neigungsmesser (nach Sir William de Wiveleslie, 1843 - 1920) ‖ ≃ **mounting** (Spectr) / Abney-Aufstellung *f*

**abnormal-condition money** (Work Study) / Erschwerniszulage *f*

**abnormal curve** (any frequency curve which differs from the normal curve) (Stats) / nicht normale Kurve, abnormale Kurve ‖ ~ **end** (Comp) / fehlerbedingte Beendigung, Abbruch *m* (beim Auftrag), vorzeitige Beendigung (des Programmlaufs) ‖ ~ **glow** (Electronics) / anormale Glimmentladung ‖ ~ **glow discharge**\* (Electronics) / anormale Glimmentladung ‖ ~ **program behaviour** (Comp) / anomales Programmverhalten ‖ ~ **system end** (Comp) / Systemcrash *m*, Systemzusammenbruch *m*, Systemabsturz *m* (eine abnormale Beendigung des Systemablaufs), Systemausfall *m* ‖ ~ **termination** (Comp) / fehlerbedingte Beendigung, Abbruch *m* (beim Auftrag), vorzeitige Beendigung (des Programmlaufs)

**A-board** *n* / Klappplakat *n* (doppelseitig), Klappschild *n* (doppelseitig)

**A-bomb**\* *n* (Mil) / Atombombe *f*, A-Bombe *f*

**abopon** *n* (a viscous, liquid sodium borophosphate complex used in porcelain enamels and glazes as a suspension agent and binder) / Natriumborphosphat *n*

**abort** *v* (Comp) / vorzeitig abbrechen, vorzeitig beenden (laufendes Programm), abbrechen *v* (einen Programmlauf) ‖ ~\* *n* (Aero, Space) / Abbruch *m* des Fluges oder des Starts)

**aborted take-off** (Aero) / Startabbruch *m* ‖ ~ **take-off** (of a rocket) (Space) / Fehlstart *m* einer Rakete

**abort flag** (Comp) / Abbruchflag *f*

**abortion** *n* (of program execution) (Comp) / fehlerbedingte Beendigung, Abbruch *m* (beim Auftrag), vorzeitige Beendigung (des Programmlaufs)

**abortive call** (Teleph) / abgebrochener Anruf

**abort of dialling** (Teleph) / Wahlabbruch *m* (eines Modems) ‖ ~ **routine** (Comp) / Abbruchroutine *f*

**aboundikro** *n* (For) / Sapelli *n* (ein Ausstattungs- und Möbelholz aus dem westafrikanischen Zedrachgewächs Entandrophragma cylindricum Sprague), Sapelemahagoni *n*

**abounding in water** (Geol, Hyd Eng) / wasserreich *adj*

**aboutsledge**\* *n* (Eng) / schwerer Vorschlaghammer, Zuschlaghammer *m* (bis 15 kg Masse, mit zwei Händen bedient)

**above-ground** *attr* (Mining) / oberirdisch *adj*, Oberflächen-, oberirdig *adj*, über Tage ‖ ~ (Mining) s. also sunken ‖ ~ **silo** (Agric) / Hochsilo *m* *n*, Turmsilo *m* ‖ ~ **storage tank** / oberirdischer Behälter, Oberflächenbehälter *m*

**above mean sea level** (Surv) / über Normalnull, üNN (über Normalnull)

**above-sill height** (Hyd Eng) / Drempeltiefe *f* (die geringste Tiefe einer Schleuse)

**above-surface handling** (Mining) / Oberflächenverkehr *m*

**ABR** (airborne radar) (Aero) / Bordradar(gerät) *n*, Luftfahrzeugradar *m*, Flugzeugradar *m* ‖ ~ (available bit rate) (Comp, Telecomm) / verfügbare Bitrate, verfügbare Übertragungsrate

**abradability** *n* / Zerreiblichkeit *f* (des Kokses, der Kohle) ‖ ~ (Eng) / Abreibbarkeit *f*

**abradant**\* *n* (Eng) / Schleifmittel *n* (Hauptbestandteil eines Schleifkörpers nach DIN 69100), Schleifstoff *m*

**abrade** *v* / verschleißen *v* ‖ ~ / abschaben *v* ‖ ~\* (Eng) / abreiben *v* (verschleißen), abtragen *v*, abschleifen *v* ‖ ~ s. also gall and scrub off

**abraded particles** / Abrieb *m* (Produkt) ‖ ~ **surface** (left by glacial action) (Geol) / Schliff *m* (durch Eisbewegung glatt geschliffene Gesteinsfläche) ‖ ~ **yarn** (Spinning) / angeriebenes Garn, Texturgarn *n*, durch Aufscheuern angekräuseltes Garn

**abrader** *n* (Materials, Textiles) / Scheuerprüfgerät *n*, Scheuerapparat *m* (für die Scheuerprüfung)

**Abrams' law**\* (Civ Eng) / Wasserzementwertgesetz *n* nach Abrams

**abrasion** *n* / Abrasion *f* (ein allgemeiner Verschleißmechanismus) ‖ ~ (Cinema, Mag) / Kratzer *m*, Schramme *f* ‖ ~ (Eng, Phys) / Abrieb *m* (bei Reibungspartner auftretender Verschleiß), Reibverschleiß *m*, Reibungsverschleiß *m* ‖ ~ (Geol) / Abrieb *m* ‖ ~ (Geol) s. also corrasion ‖ ~ **blasting** (Foundry) / Strahlen *n* (mit Strahlmitteln nach DIN 50902), Strahlverfahren *n*, Putzstrahlen *n* (Druckluft-), Strahlreinigung *f*, Strahlspritzen *n*, Abstrahlen *n* ‖ ~ **hardness**\* / Abriebfestigkeit *f* (als ermittelter Wert) ‖ ~ **machine** (Materials, Textiles) / Scheuerprüfgerät *n*, Scheuerapparat *m* (für die Scheuerprüfung) ‖ ~ **mark** (Textiles) / Scheuerstelle *f* ‖ ~ **pattern** (Autos) / Abriebbild *n* (Verschleißmuster der Reifenlauffläche) ‖ ~

**pH** (Geol) / Abrasions-pH-Wert $m$ ‖ **~ platform** (wave-cut platform) (Geol) / Abrasionsplatte $f$, Brandungsplatte $f$, Brandungsplattform $f$, Brandungsterrasse $f$, Schorre $f$ ‖ **~ resistance** (Eng) / Abriebfestigkeit $f$ (als allgemeine Eigenschaft des Werkstoffs) ‖ **~ resistance** (Materials, Textiles) / Scheuerfestigkeit $f$, Scheuerwiderstandsvermögen $n$ (Verschleißfestigkeit), Scheuerbeständigkeit $f$
**abrasion-resistant** *adj* / abriebfest *adj*
**abrasion test** (Materials) / Abriebversuch $m$ ‖ **~ test** (Materials, Textiles) / Scheuerversuch $m$, Scheuerprüfung $f$ ‖ **~ tester** (Materials, Textiles) / Scheuerprüfgerät $n$, Scheuerapparat $m$ (für die Scheuerprüfung)
**abrasive*** $n$ (Eng) / Schleifmittel $n$ (Hauptbestandteil eines Schleifkörpers nach DIN 69100), Schleifstoff $m$ ‖ **~** (Foundry) / Strahlmittel $n$ (Teilchen zum Strahlen) ‖ **~** *adj* / abrasiv *adj*, abreibend *adj*, abschleifend *adj*, Schleif- ‖ **~ belt** / Schleifband $n$ (endloses Papier- oder Gewebeband mit aufgeklebten Schleifmitteln für Band- und Breitbandschleifmaschinen) ‖ **~ blast cleaning*** (Foundry) / Strahlen $n$ (mit Strahlmitteln nach DIN 50902), Strahlverfahren $n$, Putzstrahlen $n$ (Druckluft-), Strahlreinigung $f$, Strahlspritzen $n$, Abstrahlen $n$ ‖ **~ blasting** (Foundry) / Strahlen $n$ (mit Strahlmitteln nach DIN 50902), Strahlverfahren $n$, Putzstrahlen $n$ (Druckluft-), Strahlreinigung $f$, Strahlspritzen $n$, Abstrahlen $n$ ‖ **~ cleaner** / Scheuermittel $n$ (feinste Körner enthaltendes Reinigungsmittel) ‖ **~ cleaning** / Schleifreinigung $f$ ‖ **~ compound** / Schleifcompound $m$ $n$ ‖ **~ device** (Eng) / Schleifkörper $m$ (DIN 69100) ‖ **~ fibre** / abrasive (Vulkan)Fiber (für Schleifscheiben) ‖ **~ grain** / abrasiv Schleifkorn $n$ (zerkleinerte und gesiebte Schleifmittel natürlicher oder künstlicher Herkunft für biegbare und feste Schleifkörper), Schleifmittelkorn $n$ ‖ **~ hardness** / Abriebfestigkeit $f$ (als ermittelter Wert)
**abrasiveness** $n$ (Materials, Min) / Schleifeigenschaft(en) $f$ *(pl)* (z.B. eines Minerals), Ritzeigenschaften $f$ *pl*, Schleifwirkung $f$ (aktive), Ritzfähigkeit $f$ (aktive), Abriebeigenschaften $f$ *pl*
**abrasive paper*** (Paper) / Schleifpapier $n$ (ein biegbarer Schleifkörper, wie z.B. Sand- oder Schmirgelpapier) ‖ **~ performance** (Eng) / Schleifleistung $f$ ‖ **~ powder** / Schleifpulver $n$, Pulverschleifmittel $n$ ‖ **~ ring** (in the drawing tool) (Met) / Verschleißring $m$ (im Ziehwerkzeug) ‖ **~ sawing** / Schlitzsägen $n$ (meistens mit bakelitgebundenen Schleifscheiben) ‖ **~ segment** (Eng) / Schleifsegment $n$ (ein Einzelschleifkörper) ‖ **~ stick** (Eng) / Schleifleiste $f$ ‖ **~ surface** (Eng) / Schleiffläche $f$ (die arbeitende Fläche des Schleifkörpers) ‖ **~ tool** (Tools) / Schleifwerkzeug $n$ ‖ **~ trimming** (a film resistor to its nominal value by machining it with a finely adjusted stream of abrasive material) (Electronics) / Schleiftrimmen $n$ ‖ **~ wear** (Eng) / abrasiver Verschleiß (durch harte Partikel oder harte Rauheitshügel), Abrasionsverschleiß $m$, Mikrozerspanung $f$, Schleifabnutzung $f$, Strahlverschleiß $m$ (ein mechanischer Verschleißprozess) ‖ **~ wheel** (Eng) / Schleifscheibe $f$, (umlaufender) Schleifkörper $m$ ‖ **~ wheel** (for cutting-off machines) (Eng) / Trennschleifscheibe $f$, Trennscheibe $f$
**abrasive-wheel cutting-off machine** (Eng, Plumb) / Trennschleifmaschine $f$
**abreast milling** (Eng) / paralleles Simultanfräsen
**abreuvoir** $n$ (Build) / Stoßfuge $f$, Fuge $f$ (beabsichtigter oder toleranzbedingter Raum zwischen zwei Bauteilen nach DIN 52 460), Mörtelfuge $f$
**abrevoir** $n$ (Build) / Stoßfuge $f$, Fuge $f$ (beabsichtigter oder toleranzbedingter Raum zwischen zwei Bauteilen nach DIN 52 460), Mörtelfuge $f$
**abridged** *adj* (Cinema, Print) / gekürzt *adj*
**Abrikosov-Suhl resonance** (Phys) / Abrikossow-Suhl-Resonanz $f$ (nach A.A. Abrikossow, geb. 1928)
**abrin** $n$ (Chem) / Abrin $n$ (ein Glykoproteid der Paternostererbse)
**abrine** $n$ (Chem) / Abrin $n$ (N-Methyl-(L)-tryptophan)
**α-bromoxylene** $n$ (Chem) / Xylylbromid $n$ (α-Bromxylol), Methylbenzylbromid $n$
**abrupt** *adj* / plötzlich *adj* (Übergang) ‖ **~** / hart *adj*, scharf *adj* (Kontrast, Trennung) ‖ **~ cut** (Cinema) / harter Schnitt, Cutschnitt $m$
**ABS** (American Bureau of Shipping) / US-amerikanische Klassifikationsgesellschaft (dem Germanischen Lloyd ähnlich) ‖ **≙** (antiblocking system) (Autos) / Antiblockiersystem $n$, ABS (Antiblockiersystem), Brems-Antiblockiersystem $n$ ‖ **≙*** (acrylonitrile butadiene styrene) (Chem) / Akrylnitril-Butadien-Styrol $n$, Acrylnitril-Butadien-Styrol $n$, ABS (Acrylnitril-Butadien-Styrol) ‖ **≙** (alkyl benzene sulphonate) (Chem) / Alkylbenzolsulfonat $n$ (mengenmäßig wichtigstes anionisches Tensid), ABS (Alkylbenzolsulfonat) ‖ **≙** (asynchronous balanced mode) (Comp) / Mischbetrieb $m$ (eine Betriebsart bei bitorientierten Steuerungsverfahren)
**absarokite** $n$ (Geol) / Absarokit $m$ (basisches Ergussgestein)
**ABS brake*** (Autos) / Antiblockiervorrichtung $f$ (für Bremsen), Blockierschutz $m$, Blockierregler $m$, Bremsschlupfregler $m$, Antiblockiereinrichtung $f$, Blockierschutzeinrichtung $f$, automatischer Blockierverhinderer, ABV (Antiblockiervorrichtung)
**abscisic acid*** (Biochem) / Abscisinsäure $f$ (ein Phytohormon), ABA, Abscisin $n$ II
**abscisin** $n$ (Biochem) / Abscisinsäure $f$ (ein Phytohormon), ABA, Abscisin $n$ II
**abscissa*** $n$ (in a Cartesian coordinate system in the plane) (pl. abscissae or abscissas) (Maths) / Abszisse $f$ (parallel zur Abszissenachse abgemessener Linienabschnitt in kartesischen Koordinaten)
**abscissa of convergence** (Maths) / Konvergenzabszisse $f$
**absence of correlation** (Maths, Stats) / Nichtkorreliertheit $f$ (Alienation), Unkorreliertheit $f$ ‖ **~ of current** (Elec Eng) / Stromlosigkeit $f$ ‖ **~ of moving parts** / Fehlen $n$ beweglicher Teile ‖ **~ of sources** (Phys) / Quellenfreiheit $f$ (Eigenschaft eines Vektorfeldes), Quellfreiheit $f$ ‖ **~ time** (Work Study) / Abwesenheitszeit $f$
**absent-subscriber service** (Teleph) / Fernsprechauftragsdienst $m$, Abwesenheitsdienst $m$
**absinth oil** (Med, Nut) / Wermutöl $n$, Absinthöl $n$
**absolute** $n$ (Chem) / absolutes Öl (aus dem "konkreten" Öl gewonnen), Absolue $n$ ‖ **~** s. also concrete ‖ **~*** *adj* / Absolut-, absolut *adj* ‖ **~ address*** (a unique member that specifies a unique location within the address space where an operand is to be found/deposited, or where an instruction is located) (Comp) / echte Adresse, absolute Adresse, Maschinenadresse $f$ ‖ **~ aerodynamic ceiling** (Aero) / statische Gipfelhöhe ‖ **~ age*** (Geol, Nuc) / absolutes Alter ‖ **~ alcohol*** (containing not less than 99% pure ethanol by weight) (Chem) / wasserfreier Alkohol, absoluter Alkohol ‖ **~ altimeter** (Aero) / Höhenmesser $m$ (zum Messen des Abstandes über dem momentan überflogenen Gelände) ‖ **~ altitude** (Surv) / absolute Höhe ‖ **~ atomic mass** (Chem, Phys) / absolute Atommasse ‖ **~ block system*** (Rail) / unbedingter Block (lässt nur einen Zug auf dem Blockabschnitt zu) ‖ **~ Cartesian coordinates** (Eng) / Weltkoordinaten $f$ *pl* (eines Roboters) ‖ **~ ceiling*** (Aero) / Gipfelhöhe $f$ ‖ **~ code*** (Comp) / absoluter Kode (Maschinenkode) ‖ **~ code*** (Comp) s. also machine code ‖ **~ coil** (Elec Eng) / absolut messende Spule, absolute Spule ‖ **~ command** (Comp) / absolutes Kommando ‖ **~ configuration*** (Chem) / absolute Konfiguration (die tatsächliche räumliche Anordnung der Atome einer chiralen Verbindung/oder Gruppe) um die jeweilige stereogene Einheit) ‖ **~ convergence** (Maths) / absolute Konvergenz ‖ **~ dating** (Geol, Nuc) / absolute Altersbestimmung ‖ **~ density** (Phys) / Reindichte $f$ (stoffabhängige Größe, angegeben als Quotient aus Masse und Volumen des porenfreien Stoffes) ‖ **~ deviation** (the difference between any given value of a variate and a fixed value or constant irrespective of sign) (Automation, Stats) / absolute Abweichung ‖ **~ differential calculus** (Maths) / Ricci-Kalkül $m$ (der absolute Differentialkalkül nach G. Ricci-Curbastro, 1853-1925) ‖ **~ dimensioning** (Eng) / Absolutbemaßung $f$ (in der CNC-Technik) ‖ **~ drought** (Ecol, Meteor) / Dürreperiode $f$ (mit weniger als 0,2 mm Niederschlag in 14 aufeinander folgenden Tagen) ‖ **~ elevation** (Surv) / absolute Höhe ‖ **~ error** (Instr, Maths) / Absolutfehler $m$ (z.B. eines Messgeräts), absoluter Fehler ‖ **~ frequency** (Stats) / absolute Häufigkeit ‖ **~ geometry*** (derjenige Teil der euklidischen Geometrie, der vom Parallelenaxiom unabhängig ist und nur durch die Axiome der Verknüpfung, Anordnung, Kongruenz und Stetigkeit festgelegt wird) (Maths) / Pangeometrie $f$, absolute Geometrie, innere Geometrie ‖ **~ horizon** (Phys) / absoluter Horizont ‖ **~ humidity*** (Meteor) / absolute Feuchte, absolute Feuchtigkeit (die Dampfmenge in g in 1cm$^3$ feuchter Luft), absolute Luftfeuchtigkeit ‖ **~ instruction** (Comp) / absolutes Kommando ‖ **~ instruction** (Comp) / endgültiger Maschinenbefehl, vollständiger Maschinenbefehl ‖ **~ loader** (Comp) / Absolutlader $m$, Ladeprogramm $n$ für absolute Programme
**absolutely continuous measure** (Stats) / absolut stetiges Maß ‖ **~ convergent series** (Maths) / absolut konvergente Reihe ‖ **~ dry** / absoluttrocken *adj*, atro, absolut trocken ‖ **~ dry** s. also oven-dry ‖ **~ integrable** (Maths) / absolut integrierbar ‖ **~ level** (Mining) / totsöhlig *adj* ‖ **~ mint** (Autos) / tadellos (Zustand des Wagens), Top- (Zustand des Wagens) ‖ **~ summable sequence** (Maths) / absolut summierbare Folge
**absolute magnitude*** (Astron) / absolute Helligkeit (symbol M) ‖ **~ maximum** (Maths) / globales Maximum ‖ **~ measurement** / Absolutmessung $f$ (des absoluten Wertes der Messgröße) ‖ **~ method** (Chem) / absolute Methode (in der Analytik), Absolutmethode $f$ ‖ **~ minimum** (Maths) / globales Minimum ‖ **~ motion** (Mech) / absolute Bewegung, Absolutbewegung $f$ ‖ **~ number** (the sign being omitted) (Maths) / absolute Zahl ‖ **~ parallax** (Optics) / stereoskopische Parallaxe ‖ **~ path** (Comp) / absoluter Pfad ‖ **~ peak** (in a year) (Elec Eng) / Jahresspitze $f$ (ein Kraftwerkkennwert) ‖ **~ permeability*** (Mag) / Permeabilität $f$ (bei magnetischen

3

**absolute**

Werkstoffen nach DIN 1324, T 2) ‖ ~ **permittivity of free space** (Elec) / elektrische Feldkonstante (im materiefreien Raum nach DIN 1324-1), Permittivität $f$ im leeren Raum ‖ ~ **pitch** (Acous, Physiol) / absolutes Gehör (die Fähigkeit, Töne und Tonarten ohne vorgegebenen Vergleichston zu bestimmen oder durch Singen anzugeben) ‖ ~ **pressure*** (Phys) / Absolutdruck $m$, absoluter Druck (DIN 1314) ‖ ~ **programming** (Comp) / absolute Programmierung, Programmierung $f$ mit absoluten Adressen, Programmierung $f$ im Maschinenkode ‖ ~ **rate theory** (Chem) / Eyring'sche Theorie $f$ (des Reaktionsablaufs - nach H. Eyring, 1901 - 1981), Theorie $f$ des Übergangszustands, TÜZ (Theorie des Übergangszustands), Theorie $f$ des aktivierten Komplexes ‖ ~ **rest** (Phys) / absolute Ruhe
**absolutes** pl / Absolues pl (die alkoholöslichen Anteile aus Pflanzenteilen extrahierten Blütenöle; für Duftstoffe verwendet)
**absolute stereoscopic parallax** (Optics) / stereoskopische Parallaxe ‖ ~ **stop** (signal) (Rail) / absolutes Halt (unbedingtes Haltsignal für alle Zug- und Rangierfahrten) ‖ ~ **stop signal** (Rail) / absolutes Haltsignal ‖ ~ **structure** (Crystal) / absolute Struktur ‖ ~ **system** (of units) / Gauß'sches Maßsystem, absolutes Maßsystem (das bis 1954 galt) ‖ ~ **temperature*** (Phys) / absolute Temperatur (DIN 1345), Kelvin-Temperatur $f$, thermodynamische Temperatur (DIN 1345 und 5498) ‖ ~ **temperature scale** (Phys) / thermodynamische Temperaturskale, absolute Temperaturskala, thermodynamische Kelvin-Temperaturskale (mit der Einheit Kelvin), TKTS (thermodynamische Temperaturskale) ‖ ~ **term** (Maths) / absolutes Glied (dasjenige Glied in einer Gleichung oder in einem Polynom, das keine Veränderlichen enthält), Absolutglied $n$, konstantes Glied ‖ ~ **vacuum** (Vac Tech) / absolutes Vakuum ‖ ~ **value*** (Maths) / Absolutbetrag $m$, Absolutwert $m$ (einer reellen oder komplexen Zahl), absoluter Wert, Betrag $m$ (einer Zahl) ‖ ~ **variation** (Maths) / totale Variation, absolute Variation ‖ ~ **velocity** (Phys) / absolute Geschwindigkeit, Absolutgeschwindigkeit $f$ (die auf ein festes Koordinatensystem bezogen ist) ‖ ~ **vorticity** (Meteor) / absolute Vorticity ‖ ~ **zero*** (Phys) / absoluter Nullpunkt (-273,16 ° C)
**absorb** $v$ (into) / eindringen $v$ (meistens in die Oberflächenschicht) ‖ ~ (Acous) / schlucken $v$ (Schall) ‖ ~ (Chem, Phys) / absorbieren $v$, aufsaugen $v$, einziehen $v$, aufnehmen $v$ (in sich), binden $v$ (absorbieren) ‖ ~ (Eng) / verzehren $v$ (Stöße) ‖ ~ (Textiles) / aufziehen $v$ (Farbstoff), aufnehmen $v$ (Farbstoff, Schlichte)
**absorbability** $n$ (Chem, Phys) / Absorbierbarkeit $f$, Aufnahmefähigkeit $f$
**absorbance*** $n$ (Chem) / innere Transmissionsdichte, [spektrales] Absorptionsmaß $n$, Extinktion $f$ (DIN 1349, T 1) ‖ ~ [Light] / dekadische Extinktion (in der Fotometrie)
**absorbancy** $n$ (Chem) / innere Transmissionsdichte, [spektrales] Absorptionsmaß $n$, Extinktion $f$ (DIN 1349, T 1)
**absorbant** $n$ (Chem) / Absorbens $n$ (pl. Absorbenzien), Absorptionsmittel $n$
**absorbate*** $n$ (Chem, Phys) / absorbierter Stoff, Absorptiv $n$, Absorbat $n$
**absorbed dose*** (Nuc, Radiol) / Energiedosis $f$ (in Gy) (DIN 6814, T 3 und 4) ‖ ~ **dose** (Radiol) / absorbierte Dosis ‖ ~ **dose rate** (Radiol) / Energiedosisrate $f$ (DIN 1304), Energiedosisleistung $f$ (in Gy/s)
**absorbency** $n$ (Eng) / Schluckvermögen $n$ (der Federung) ‖ ~ (Paper) / Saugfähigkeit $f$ ‖ ~ (Phys) / Absorptionsvermögen $n$, Aufnahmevermögen $n$ ‖ ~ (Textiles) / Saugfähigkeit $f$ (eines textilen Flächengebildes nach DIN 53924) ‖ ~ **test*** (Paper) / Prüfung $f$ auf Saugfähigkeit (eine physikalische Papierprüfung)
**absorbent** $n$ (Chem) / Absorbens $n$ (pl. Absorbenzien), Absorptionsmittel $n$ ‖ ~ *adj* / absorptiv *adj*, absorbierend *adj* ‖ ~ (Paint) / saugfähig *adj*, saugend *adj* (Oberfläche) ‖ ~ **clay** (Chem, San Eng) / Ton $m$ (als Klärmittel), Klärerde $f$, Klärton $m$ ‖ ~ **cotton** (Med) / Verbandwatte $f$, Watte $f$ (für medizinische Zwecke) ‖ ~ **gauze** (Textiles) / Verbandmull $m$ (als Verbandmaterial dienender Mull), Verbandsmull $m$ ‖ ~ **material** (Chem) / Absorbens $n$ (pl. Absorbenzien), Absorptionsmittel $n$ ‖ ~ **paper** (Paper) / Saugpapier $n$ (z.B. Lösch- oder Filterpapier) ‖ ~ **shutter** (Build, Civ Eng) / Saugschalung ‖ ~ **surface** (Paint) / saugende Oberfläche
**absorber** $n$ (Chem) / Absorbens $n$ (pl. Absorbenzien), Absorptionsmittel $n$ ‖ ~ (Chem Eng) / Absorptionsapparat $m$, Absorber $m$ (ein Apparat) ‖ ~* (Nuc Eng) / Absorber $m$ (neutronenabsorbierendes Material) ‖ ~ (Phys) / Tilger $m$ (schwingende Gegenmasse zur Reduzierung der Schwingungsspitzen) ‖ ~ **control** (Nuc Eng) / Absorbersteuerung $f$ (des Reaktors), Steuerung $f$ durch Absorption, Absorptionssteuerung $f$ ‖ ~ **element** (Nuc Eng) / Absorberelement $n$ (z.B. Trimm-, Regel- oder Abschaltelement) ‖ ~ **finger** (Nuc Eng) / Absorberfinger $m$ (ein DWR-Steuerelement) ‖ ~ **rod*** (Nuc Eng) / Absorberstab $m$ (aus neutronenabsorbierendem Material), Absorber $m$ (Stab)
**absorbing clamp** (Radio) / Absorberzange $f$ (mit der die Störfähigkeit des Gerätes bei einer gegebenen Frequenz beurteilt werden kann) ‖ ~ **material*** (Nuc Eng) / Absorber $m$ (neutronenabsorbierendes Material) ‖ ~ **state** (Stats) / absorbierender Zustand (einer Markowschen Kette) ‖ ~ **well*** (Hyd Eng) / Sickerschacht $m$ (für Grundwasser)
**absorptance*** $n$ (Phys) / Absorptionsgrad $m$ (nach dem Kirchhoffschen Strahlungsgesetz - DIN 5496)
**absorptiometer*** $n$ (Chem) / Absorptiometer $n$
**absorptiometric analysis** (Chem) / Absorptiometrie $f$ (eine Methode der instrumentellen chemischen Analyse - kolorimetrische oder fotometrische)
**absorptiometry** $n$ (Chem) / Absorptiometrie $f$ (eine Methode der instrumentellen chemischen Analyse - kolorimetrische oder fotometrische)
**absorption*** $n$ (Chem, Phys) / Absorption $f$ ‖ ~ (Eng) / Verzehrung $f$ (z.B. von Stößen) ‖ ~ **band*** (Phys, Spectr) / Absorptionsbande $f$ (Wellenlängenbereich, in dem Absorption erfolgt) ‖ ~ **basin** (Hyd Eng) / Tosbecken $n$ (mit Schikanen), Sturzbecken $n$, Absturzbecken $n$, Beruhigungsbecken $n$ ‖ ~ **capacity** (Eng) / Schluckfähigkeit $f$ (einer Wasserturbine) ‖ ~ **cell** (Chem) / Absorptionsküvette $f$ ‖ ~ **coefficient*** (Phys) / Absorptionskoeffizient $m$ (bei Strahlung) ‖ ~ **column** (Chem Eng) / Absorptionsturm $m$ ‖ ~ **control** (Nuc Eng) / Absorbersteuerung $f$ (des Reaktors), Steuerung $f$ durch Absorption, Absorptionssteuerung $f$ ‖ ~ **control** (Radio) / Absorptionsmodulation $f$ ‖ ~ **cross-section** (Nuc) / Absorptionsquerschnitt $m$ (Wirkungsquerschnitt für die Absorption, z.B. von Neutronen) ‖ ~ **discontinuity*** (Spectr) / Absorptionskante $f$ (Wellenlänge im Absorptionsspektrum eines Stoffes) ‖ ~ **dynamometer*** (Phys) / Absorptionsdynamometer $n$ ‖ ~ **edge*** (Phys, Spectr) / Absorptionskante $f$ (Wellenlänge im Absorptionsspektrum eines Stoffes) ‖ ~ **filter** (Optics, Photog) / Absorptionsfilter $n$ (ein Lichtfilter) ‖ ~ **frequency meter** (Elec Eng) / Absorptionsfrequenzmesser $m$ ‖ ~ **heat** (Phys) / Absorptionswärme $f$
**absorption-heat pump** (Eng, Heat) / Absorptionswärmepumpe $f$
**absorption hygrometer** (Meteor) / Absorptionshygrometer $n$ ‖ ~ **inductor*** (Elec Eng) / Saugdrossel $f$ ‖ ~ **laws** (Maths) / Absorptionsgesetze $n$ pl (in einem Verband) ‖ ~ **limit** (Spectr) / Absorptionskante $f$ (Wellenlänge im Absorptionsspektrum eines Stoffes) ‖ ~ **line*** (Phys, Spectr) / Absorptionslinie $f$ (scharfer Übergang zwischen Energiezuständen des absorbierenden Zentrums) ‖ ~ **maximum** (Phys) / Absorptionsmaximum $n$ ‖ ~ **meter*** / Absorptionsmesser $m$ ‖ ~ **modulation** (Radio) / Absorptionsmodulation $f$ ‖ ~ **nebula*** (Astron) / Dunkelnebel $m$ (Gebiet erhöhter Dichte der interstellaren Materie, die das Licht der dahinter befindlichen Sterne absorbiert), Dunkelwolke $f$ ‖ ~ **oil** (Oils) / Waschöl $n$ (Absorptionsöl), Absorptionsöl $n$ ‖ ~ **rate** (Build) / Saugfähigkeit $f$ (des Ziegels) ‖ ~ **refrigeration process** (Eng) / Absorptionskälteverfahren $n$ (ein kältetechnisches Verfahren) ‖ ~ **refrigerator*** (Eng) / Absorptionskältemaschine $f$ (eine Bauart der Kältemaschine) ‖ ~ **spectrum*** (Phys, Spectr) / Absorptionsspektrum $n$ ‖ ~ **tower** (Chem Eng) / Absorptionsturm $m$ ‖ ~ **tube*** (Chem) / Absorptionsrohr $n$, Absorptionsröhrchen $n$
**absorption-type muffler** (Autos) / Absorptionsschalldämpfer $m$ (ein Auspuffschalldämpfer)
**absorption vessel** (Chem Eng) / Absorptionsgefäß $n$ ‖ ~ **water chiller** (Eng) / Absorptionswasserkühlsatz $m$
**absorptive** *adj* / absorptiv *adj*, absorbierend *adj* ‖ ~ **ability** (Autos) / Schluckvermögen $n$ (der Reifen) ‖ ~ **capacity** (Phys) / Absorptionsvermögen $n$, Aufnahmevermögen $n$ ‖ ~ **capacity** (Textiles) / Ziehvermögen $n$ (des Farbstoffs oder des Hilfsmittels) ‖ ~ **ointment base** (Chem, Pharm) / Absorptionsgrundlage $f$, Absorptionsbase $f$ (eine Salbengrundlage) ‖ ~ **power** (Phys) / Absorptionsvermögen $n$, Aufnahmevermögen $n$ ‖ ~ **power*** (Phys) / Absorptionsgrad $m$ (nach dem Kirchhoffschen Strahlungsgesetz - DIN 5496)
**absorptivity*** $n$ (Phys) / Absorptionsgrad $m$ (nach dem Kirchhoffschen Strahlungsgesetz - DIN 5496)
**ABS override button** (Autos) / ABS-Ausschalttaste $f$
**AB spin system** (Spectr) / AB-System $n$
**ABS polymerisate** (Chem) / ABS-Polymerisat $n$ (DIN 7728, T 1), ABS-Polymer $n$, ABS-Copolymer $n$ ‖ ~ **resin** (Chem) / Akrylnitril-Butadien-Styrol-Harz $n$, Acrylnitril-Butadien-Styrol-Harz $n$, ABS-Harz $n$
**abstract** $v$ (Chem) / abspalten $v$ ‖ ~ $n$ / Abstract $m$ (Zusammenfassung des Inhalts einer wissenschaftlichen Veröffentlichung) ‖ ~ *adj* / abstrakt *adj*, Abstrakt- ‖ ~ **algebra** (Maths) / universelle Algebra (in der allgemeine Eigenschaften algebraischer Strukturen insbesondere mit Hilfe der Kategorientheorie untersucht werden), abstrakte Algebra ‖ ~ **automata theory** (Maths) / abstrakte Automatentheorie (zur mathematischen Beschreibung von Systemen und Prozessen) ‖ ~ **automaton** (Maths) / abstrakter Automat ‖ ~ **data type** (Comp) / abstrakter Datentyp
**abstraction** $n$ / Abstraktion $f$ ‖ ~ (Chem) / Abspaltung $f$ ‖ ~ (Chem Eng, Eng) / Entziehen $n$ (z.B. von Wasser), Entzug $m$ ‖ ~ (Geol) / Flussanzapfung $f$ (durch rückschreitende Erosion bewirktes

Eingreifen eines Flusses in das Tal eines anderen Flusses), Anzapfung *f* || **~ level** (AI) / Abstraktionsebene *f* || **~ space** (AI) / Abstraktionsraum *m*
**abstractor** *n* (Hyd Eng) / Wasserentnahmeberechtigter *m*
**abstract space** (Maths) / abstrakter Raum (in der Funktionalanalyse) || **~ symbol** (Comp, Maths) / reines Symbol, unbenanntes Symbol || **~ syntax** (Comp) / abstrakte Syntax (analysierende Syntax bei von einer konkreten Notation unabhängigen Sprachen)
**ABS warning light** (Autos) / ABS-Warnleuchte *f* (die eine Störung im ABS-System anzeigt)
**AB0 system** (of blood groups) / AB0-System *n* (mit vier Hauptgruppen - 0, A, B und AB)
**AB system** (Spectr) / AB-System *n*
**Abt rack** (for Abt tracks) (Rail) / Abt'sche Lamellenzahnstange (mit verschränkter Zahnstellung - nach R. Abt, 1850 - 1933)
**abtragung** *n* (Geol) / Abtragung *f*
**Abt system** (Rail) / Abt-System *n* (mit der Abt'schen Lamellen-Zahnstange)
**abundance*** (Ecol) / Abundanz *f* (Individuenmenge pro Volumen- bzw. Flächeneinheit eines Ökosystems), Populationsdichte *f*, Artdichte *f*, Besiedlungsdichte *f*, Bestandsdichte *f* (Individuenmenge pro Volumen- bzw. Flächeneinheit eines Ökosystems) || **~*** *n* (Chem, Nuc) / Häufigkeit *f* (z.B. Isotopen-) || **~ ratio*** (Ecol) / Abundanz *f* (Individuenmenge pro Volumen- bzw. Flächeneinheit eines Ökosystems), Populationsdichte *f*, Artdichte *f*, Besiedlungsdichte *f*, Bestandsdichte *f* (Individuenmenge pro Volumen- bzw. Flächeneinheit eines Ökosystems) || **~ ratio*** (Nuc) / Isotopenhäufigkeitsverhältnis *n*, Häufigkeitsverhältnis *n* (zweier Isotope)
**abundant** *adj* (Maths) / abundant *adj* (Zahl) || **~ in water** (Geol, Hyd Eng) / wasserreich *adj*
**abuse** *n* / unsachgemäße Handhabung, unsachgerechte Handhabung || **~** (Pharm) / Missbrauch *m* (z.B. von Arzneimitteln), Abusus *m* (Missbrauch, übermäßiger Gebrauch) || **~ of data** (Comp) / Datenmissbrauch *m*
**abusive** *adj* (Pharm) / abusiv *adj*, missbräuchlich *adj*
**abut** *v* / stumpf stoßen, aneinander stoßen *v* (mit der Stirnfläche), stumpf aneinander fügen, stumpf aneinander stoßen || **~** (on/against) / anstoßen *v* (an), angrenzen *v*
**abutment*** *n* (Civ Eng, Eng, Hyd Eng) / Widerlager *n* (Massivkörper aus Mauerwerk oder Beton, auf dem sich ein Tragwerk abstützt), Lager *n* (Widerlager) || **~** (Eng) / Anlage *f* (wenn ein Objekt an einem anderen anliegt, z.B. Anlage eines beweglichen Teils an einem Anschlag) || **~ gallery** (Hyd Eng) / Widerlagerstollen *m* (in der Staumauer) || **~ joint** (Carp, Join) / Längsstoß *m*, Stoß *m* (ein Längsverband) || **~ piece** (Build, Join) / Fenstersohlbank *f*, Fensterbank *f*, Sohlbank *f* (unterer waagerechter Abschluss der Fensteröffnung) || **~ wall** (Civ Eng) / Widerlagerwand *f*, Flügelmauer *f* (flügelartiger Fortsatz der Widerlager einer Brücke, eines Tunnels usw.)
**abutting edge** (Welding) / Stoßkante *f* || **~ end** (Eng) / Stoßfläche *f* || **~ face** (Eng) / Stoßfläche *f* || **~ joint*** (Carp, Join) / Stumpfstoß *m* (eine Längsverbindung), Stumpfverbindung *f* || **~ joint** (Welding) / Stumpfstoß *m* (DIN 1912, T 1) (die Teile liegen in einer Ebene) || **~ surface** (Eng) / Stoßfläche *f*
**ABV** (absolute value) (Maths) / Absolutbetrag *m*, Absolutwert *m* (einer reellen oder komplexen Zahl), absoluter Wert, Betrag *m* (einer Zahl) || **~*** (alcohol by volume) (Nut) / Alkoholgehalt *m* in Vol.%
**ABWR** (Nuc Eng) / fortgeschrittener Siedewasserreaktor
**abyssal*** *adj* (Geol) / plutonisch *adj* || **~** (Geol, Ocean) / abyssal *adj* || **~ hill** (Geol, Ocean) / Tiefseehügel *m* || **~ plain** (Geol) / Tiefsee-Ebene *f* || **~ zone*** (Geol, Ocean) / abyssaler Bereich
**Abyssinian tube well** / abessinischer Brunnen, Abessinierbrunnen *m* (der einfachste Bohrbrunnen) || **~ well** / abessinischer Brunnen, Abessinierbrunnen *m* (der einfachste Bohrbrunnen)
**abyssopelagic** *adj* (Geol) / abyssopelagisch *adj*
**abzyme** *n* (Biochem, Physiol) / Abzym *n*, katalytischer Antikörper
**A/C** (air conditioning) / Air-Conditioning *n*, Klimatechnik *f*, Klimatisierung *f*
**a/c** (aircraft) (Aero) / Luftfahrzeug *n* (jeder Art), Flugzeug *n* (im Allgemeinen)
**AC** (aerodynamic centre) (Aero, Phys) / aerodynamisches Zentrum || **~*** (Automation) / adaptive Regelung, Anpassregelung *f*, anpassungsfähige Regelung, adaptive Steuerung, Adaptivregelung *f*, Adaptivsteuerung *f* || **~*** (affinity chromatography) (Biol, Chem) / biospezifische Chromatografie, Affinitätschromatografie *f*
**Ac** (actinium) (Chem) / Actinium *n*, Ac (Actinium), Aktinium *n*
**a-c** (alternating current) (Elec Eng) / Wechselstrom *m* (der periodisch Richtung und Betrag ändert)
**a.c.** (alternating current) (Elec Eng) / Wechselstrom *m* (der periodisch Richtung und Betrag ändert)
**AC** (alternating current) (Elec Eng) / Wechselstrom *m* (der periodisch Richtung und Betrag ändert)
**ac*** (Elec Eng) / Wechselstrom *m* (der periodisch Richtung und Betrag ändert) || **~*** (Meteor) / Altokumulus *m* (pl. -li), Ac
**AC-3** *n* (Acous) / AC-3 *n* (Dolby Digital)
**acacia gum*** (Bot, Chem, Nut) / Mimosengummi *n*, Arabisches Gummi, Arabingummi *n*, Akaziengummi *n*, Gummiarabikum *n* (als Verdickungsmittel, E 414) (Gummi arabicum, Gummi acaciae)
**Academy leader** (US) (Cinema) / Startband *n*, Filmstarband *n* || **~ ratio** (Cinema) / Bildformat *n* (für Kinofilm, 17 x 22 mm)
**acanthite*** *n* (Min) / Akanthit *m* (monokliner Silberglanz)
**acanthus** *n* (Arch) / Akanthus *m* (pl. -) (Ornament)
**acapau** *n* (For) / Brownheart *n*, Wacapou *n* (Holz aus Vouacapoua americana Aubl., Vouacapoua macropetala Sandw. oder Vouacapoua pallidior Ducke), Acapu *n*
$\alpha$ **capture** (Nuc) / Alpha-Einfang *m*, $\alpha$-Einfang *m*
**acapu** *n* (For) / Brownheart *n*, Wacapou *n* (Holz aus Vouacapoua americana Aubl., Vouacapoua macropetala Sandw. oder Vouacapoua pallidior Ducke), Acapu *n*
**acaricide** *n* (used to kill mites and ticks) (Agric, Chem) / Mitizid *n*, milbentötendes Mittel, Akarizid *n* (Mittel zur Bekämpfung von Milben)
**acaroid resin** / Grasbaumharz *n*, Akaroidharz *n* (aus Xanthorrhoea-Arten), Acaroidharz *n* || **~ resin** s. also blackboy gum
**acaustobiolith** *n* (Geol) / Akaustobiolith *m* (nichtbrennbarer Biolith, wie z.B. Kieselgur, Kalkstein, See- und Sumpferz usw.)
**ac balancer*** (Elec Eng) / Ausgleichstransformator *m* || **~ bridge** (Elec Eng) / Wechselstrommessbrücke *f* (zur Bestimmung von charakteristischen Größen von Wechselstromwiderständen)
**ACC** (adaptive-control constraint) (Automation) / Grenzwertregelung *f*, adaptive Regelung (mit Einhaltung vorgegebener Grenzwerte) || **~*** (adaptive-control constraint) (Automation) / Einhaltung *f* vorgegebener Grenzwerte (bei der adaptiven Regelung) || **~*** (adaptive cruise control) (Autos) / dynamische Tempo- und Abstandsregelung, intelligente Geschwindigkeitsregelung, Intelligent Cruise Control *f* || **~*** (accumulator) (Comp) / Akkumulator *m*, akkumulatives (Schiebe)Register, Akkumulatorregister *n* (ein Arbeitsregister)
**accelerate** *v* / beschleunigen *v* || **~** *vi* / sich beschleunigen *v*
**accelerated ageing test*** (Materials) / Schnellalterungsversuch *m*, Schnellalterungsprobe *f*, Schnellalterungsprüfung *f* || **~ drying** (Paint) / forcierte Trocknung (DIN EN 971-1), beschleunigte Trocknung || **~ electron** (Nuc) / beschleunigtes Elektron || **~ Graphics Port** (Comp) / Accelerated Graphics Port *m* (ein Buskonzept für PCs, im Hause Intel entwickelt) || **~ motion** (Cinema) / Zeitraffer *m* (Unterdrehen während der Aufnahme) || **~ motion** (Phys) / beschleunigte Bewegung || **~ movement** (Phys) / beschleunigte Bewegung || **~ particle** (Nuc Eng) / beschleunigtes Teilchen || **~ phosphate treatment** (thin coating) (Surf) / Kurzzeitverfahren *n* (Phosphatieren von Metallen) || **~ salt spray and air pollution test** (Surf) / ASAP-Test *m* (ein Freiluftbewitterungsverfahren, bei dem in drei Wochen eine Aussage über das Verhalten in drei Monaten gewonnen wird) || **~ tannage** (Leather) / beschleunigte Gerbung (meistens eine Fassgerbung), Schnellgerbung *f* || **~ tanning** (Leather) / beschleunigte Gerbung (meistens eine Fassgerbung), Schnellgerbung *f* || **~ tanning process** (Leather) / Schnellgerbverfahren *n* || **~ test** (Eng, Stats) / zeitraffende Prüfung || **~ test** (Materials) / Kurzzeitversuch *m*, Kurzprüfung *f*, Schnellversuch *m*, zeitgeraffte Prüfung || **~ test** (Materials) / Kurzzeitprüfung *f*, beschleunigte Prüfung, Abkürzungsverfahren *n* (beim Werkstoffprüfen) || **~ weathering** / Kurzbewitterung *f* (in Geräten, nach DIN 53384 und DIN 53387), KB (Kurzbewitterung) || **~ weathering** (Paint) / Kurzbewitterung *f*, Schnellbewitterung *f*, künstliche Bewitterung (eine Kurzprüfung)
**accelerating admixture** (Build, Civ Eng) / Erstarrungsbeschleuniger *m* (ein Betonzusatzmittel), Abbindebeschleuniger *m*, BE || **~ agent** (Chem Eng) / Beschleuniger *m* (chemischer Stoff, der die Reaktionsgeschwindigkeit zwischen Schwefel und Kautschuk erhöht oder die Vulkanisationstemperatur herabsetzt), Vulkanisationsbeschleuniger *m* || **~ anode** (Electronics) / Beschleunigungsanode *f* || **~ electrode*** (Electronics) / Beschleunigungselektrode *f* || **~ field** (Elec Eng, Nuc) / beschleunigendes Feld, Beschleunigungsfeld *n* || **~ machine*** (Nuc Eng) / Teilchenbeschleuniger *m*, Beschleuniger *m* || **~ potential*** (Electronics) / Beschleunigungsspannung *f* || **~ pump** (Autos, I C Engs) / Beschleunigungspumpe *f*, Beschleunigerpumpe *f* || **~ ratio** (Eng) / Beschleunigungsverhältnis *n* (das die Effizienz einer Zentrifuge charakterisiert)
**acceleration*** *n* / Beschleunigung *f*, Geschwindigkeitszunahme *f* (in m/s²), Akzeleration *f* || **~ build-up** (Aero) / Beschleunigungszunahme *f* || **~ centre** (Mech) / Beschleunigungspol *m* || **~ due to gravity*** (Phys) / Schwerebeschleunigung *f*, Gravitationsbeschleunigung *f* || **~ due to**

**acceleration**

**gravity** (in the Earth's gravitational field) (Geophys) / Erdbeschleunigung *f* (Beschleunigung im Schwerefeld der Erde - Maß für die Gravitation an der Oberfläche) ‖ **~ error coefficient** (Phys) / Koeffizient *m* der Beschleunigungsabweichung ‖ **~ factor** (Chem) / Raffungsfaktor *m* (in der Arrhenius-Gleichung), Beschleunigungsfaktor *m* (in der Arrhenius-Gleichung) ‖ **~ field** (Elec Eng, Nuc) / beschleunigendes Feld, Beschleunigungsfeld *n* ‖ **~ from rest** (Phys) / Beschleunigung *f* aus dem Stillstand ‖ **~ lane** (Autos) / Beschleunigungsspur *f*, Beschleunigungsstreifen *m* ‖ **~ of deformation** (Mech) / Formänderungsbeschleunigung *f* ‖ **~ of free fall** (Phys) / Schwerebeschleunigung *f*, Gravitationsbeschleunigung *f* ‖ **~ of free fall** (Geophys) / Fallbeschleunigung *f* (Erdbeschleunigung + Coriolisbeschleunigung) ‖ **~ of gravity** (Phys) / Schwerebeschleunigung *f*, Gravitationsbeschleunigung *f* ‖ **~ pole** (Mech) / Beschleunigungspol *m* ‖ **~ potential** (Phys) / Beschleunigungspotential *n* ‖ **~ skid** (Autos) / Antriebsschlupf *m* (beim Beschleunigen) ‖ **~ skid control** (Autos) / Antriebsschlupfregelung *f*, Antischlupfregelung *f*, ASR ‖ **~ time** (Comp) / Startzeit *f* (DIN 66010) ‖ **~ time** (Comp) / Beschleunigungszeit *f* (Magnetbandtechnik) ‖ **~ tolerance*** (Space) / Beschleunigungstoleranz *f* ‖ **~ work** (Mech) / Beschleunigungsarbeit *f*

**accelerator** *n* / Terminüberwacher *m* (in einer Werbeagentur) ‖ **~*** (a foot pedal) (Autos) / Fahrpedal *n* (DIN 70023), Gaspedal *n*, Gasfußhebel *m*, Fahrfußhebel *m* ‖ **~*** (Build, Civ Eng) / Erstarrungsbeschleuniger *m* (ein Betonzusatzmittel), Abbindebeschleuniger *m*, BE ‖ **~*** (Chem Eng) / Beschleuniger *m* (chemischer Stoff, der die Reaktionsgeschwindigkeit zwischen Schwefel und Kautschuk erhöht oder die Vulkanisationstemperatur herabsetzt), Vulkanisationsbeschleuniger *m* ‖ **~** (Comp) / Hot Key *m*, Schnelltaste *f*, heiße Taste ‖ **~*** (Nuc Eng) / Teilchenbeschleuniger *m*, Beschleuniger *m* ‖ **~** (Photog) / Beschleuniger *m* (Bestandteil des Entwicklers) ‖ **~ cable** (Autos) / Gaszug *m* (ein Bowdenzug) ‖ **~ pedal** (GB)* (Autos) / Fahrpedal *n* (DIN 70023), Gaspedal *n*, Gasfußhebel *m*, Fahrfußhebel *m* ‖ **~ physics** (Nuc) / Beschleunigerphysik *f* ‖ **~ pump*** (Autos, I C Engs) / Beschleunigungspumpe *f*, Beschleunigerpumpe *f*

**accelerograph** *n* (Instr, Phys) / Beschleunigungsaufzeichnungsgerät *n*, Beschleunigungsschreiber *m*

**accelerometer*** *n* (Instr) / Beschleunigungsmesser *m*

**accelofilter** *n* (Chem) / Schnellfilter *n* (zur Vakuum- oder Druckfiltration)

**accent** *n* (Acous) / Betonung *f*, Akzent *m* ‖ **~** (Print, Typog) / Akzent *m*, Akzentzeichen *n* (das über oder unter einem Buchstaben stehende Ton- oder Lesezeichen) . ‖ **~** (Print, Typog) / Akzentbuchstabe *m*, Akzent *m*

**accent-bearing letter** (Print, Typog) / Akzentbuchstabe *m*, Akzent *m*

**accented** *adj* (Acous) / betont *adj* ‖ **~ character** (Print, Typog) / Akzentbuchstabe *m*, Akzent *m* ‖ **~ letter** (Print, Typog) / Akzentbuchstabe *m*, Akzent *m*

**accent lighting** (Light) / Effektbeleuchtung *f*

**accentuate** *v* (Leather) / markieren *v* (Narben betonen)

**accentuation*** *n* (Acous, Electronics) / Vorverzerrung *f*, Preemphasis *f* (ein zur Nachentzerrung komplementärer Vorgang am Eingang eines Übertragungssystems), Akzentuierung *f*

**accept** *n* / annehmen *v*, entgegennehmen *v*, akzeptieren *v* ‖ **~** *n* (Paper) / Gutstoff *m* (Teil der Pulpe, der beim Reinigen und/oder Sortieren akzeptiert wird)

**acceptable daily intake** (Agric, Nut) / ADI-Wert *m* (höchste duldbare Tagesdosis für einen Pflanzenschutzmittelrückstand) ‖ **~ daily intake** (Agric, Chem) / duldbare tägliche Aufnahme, DTA-Wert *m* ‖ **~ daily intake** (Nut) / vertretbare tägliche Aufnahme ‖ **~ quality level** (Stats) / Gutgrenze *f*, Annahmegrenze *f*, annehmbare Qualitätsgrenzlage (bei der statistischen Qualitätskontrolle) ‖ **~ set** (Comp, Maths) / akzeptierbare Menge ‖ **~ weld** (Welding) / Schweißnaht *f* abnahmefähiger Qualität, Schweißnaht *f* annehmbarer Qualität

**acceptance** *n* / Akzeptanz *f* (subjektive Bewertung der Annehmbarkeit von Geräten, Systemen, Dienstleistungen, Energiearten usw. durch den Benutzer) ‖ **~** (Materials) / Abnahme *f* (der gelieferten Ware), Annahme *f* (DIN 55 350, T 31) ‖ **~** (Nuc) / Akzeptanz *f* (eines Beschleunigers) ‖ **~ angle** (Telecomm) / Akzeptanzwinkel *m*, Öffnungswinkel *m* (der halbe Scheitelwinkel des Kegels, innerhalb dessen die in einem Lichtwellenleiter eingekoppelte Energie gleich einem spezifizierten Bruchteil der gesamten in einem Lichtwellenleiter eingekoppelten Energie ist) ‖ **~ certificate** / Abnahmeprotokoll *n* (bei der Übergabe einer Anlage) ‖ **~ conditions** / Abnahmebedingungen *f pl* ‖ **~ drawing** / Abnahmezeichnung *f* ‖ **~ flight** (Aero) / Abnahmeflug *m* ‖ **~ gate** (Radar) / Annahmetor *n* ‖ **~ inspection** / Abnahmeprüfung *f* (meistens im Beisein eines unabhängigen Sachverständigen), Annahmeprüfung *f* ‖ **~ inspector** / Abnahmebeamter *m* (einer internationalen Klassifikationsgesellschaft) ‖ **~ number** (Stats) / Annahmezahl *f* (die Anzahl der in einer Stichprobe maximal zugelassenen fehlerhaften Teile) ‖ **~ one-half angle** / halber Öffnungswinkel (DIN 58140) ‖ **~ quality level** (Stats) / Gutgrenze *f*, Annahmegrenze *f*, annehmbare Qualitätsgrenzlage (bei der statistischen Qualitätskontrolle) ‖ **~ region** (in hypothesis testing) (Stats) / Annahmebereich *m* (in der Testtheorie) ‖ **~ report** / Abnahmeprüfprotokoll *n*, Abnahmebericht *m*, Abnahmeprotokoll *n* ‖ **~ sampling** (used both in production control and in the control of the accuracy of clerical work) (Stats) / Annahmestichprobenverfahren *n* ‖ **~ sampling** (Work Study) / Stichprobenverfahren *n* für Abnahme (von Losen nach qualitativen und quantitativen Kriterien) ‖ **~ specification** (Work Study) / Abnahmevorschrift *f* ‖ **~ test** / Abnahmeprüfung *f* (meistens im Beisein eines unabhängigen Sachverständigen), Annahmeprüfung *f* ‖ **~ test** / Abnahmeprüfung *f* ‖ **~ trial trip** (Ships) / Abnahmeprobefahrt *f* (Schiff)

**acceptor*** *n* (Chem) / Akzeptor *m* (Stoff oder Körper, der einen anderen bindet) ‖ **~** (Cyt) / Akzeptor *m* (bei der Aggregation von Zellen) ‖ **~*** (Electronics) / Akzeptor *m* (in der Halbleiterphysik nach DIN 41852) ‖ **~ atom** (Electronics) / Akzeptoratom *n* (dem Haltleitermaterial eingelagertes Fremdatom) ‖ **~ density** (Electronics) / Akzeptordichte *f* ‖ **~ impurity** (Electronics) / Akzeptor *m* (in der Halbleiterphysik nach DIN 41852) ‖ **~ ion** (Electronics) / Akzeptorion *n* (Akzeptoratom, das durch Aufnahme eines Elektrons zu einem negativen Ion geworden ist) ‖ **~ laminate** (Surf) / Akzeptorfolie *f* (mit speziell behandelter Oberfläche, die feinste Kavernen zur chemischen Kupferabscheidung aufweist) ‖ **~ level** (Phys) / Akzeptorniveau *n* ‖ **~ number** (Chem) / Akzeptorzahl *f*, Akzeptizität *f* (Maßzahl zur Charakterisierung der elektrophilen Eigenschaften eines Lösungsmittels)

**accept sheet** (Paper) / Gutbogen *m*

**access** *n* (Comp) / Zugriff *m* (Methode oder System zum Wiederauffinden einer gespeicherten Information) ‖ **~** (Comp, Telecomm) / Zugang *m* (zum Internet) ‖ **~** (Eng) / Zutritt *m*, Zugang *m* ‖ **~** (Telecomm) / Anschluss *m* ‖ **~ arm** (Comp) / Zugriffsarm *m* (beim Magnetplattenspeicher) ‖ **~ authorization** (Comp) / Zugriffsberechtigung *f* (das Vorhandensein des Zugriffsrechts) ‖ **~ channel** (Telecomm) / Anschlusskanal *m* (ISDN) ‖ **~ charge** (US) (Comp, Teleph) / Zugangsgebühr *f* (die der lokale Betreiber des Ortsnetzes von dem Fernnetzbetreiber bekommt) ‖ **~ circuit for subscriber lines** (Telecomm) / Zugangssatz *m* für Teilnehmerleitungen ‖ **~ code** (Teleph) / Zugangszahl *f* (zum Ansteuern bestimmter Einrichtungen einer Vermittlungsstelle) ‖ **~ contention** (Telecomm) / Zugangskonflikt *m*, Zugriffskonkurrenz *f* ‖ **~ control** (the process of ensuring that only authorized users are allowed access to a computer network) (Comp) / Zugriffskontrolle *f* ‖ **~ control** (Eng) / Zutrittskontrolle *f*, Zugangskontrolle *f* (zu einem bewachten Raum) ‖ **~ control list** (an object property that stores information about who or what can access that object) (Comp) / Zugriffssteuerungsliste *f*, Zugriffskontrollliste *f* ‖ **~ control lock** (Comp) / Zugriffssperre *f* ‖ **~ control register** (Comp) / Zugriffskontrollregister *n* ‖ **~ door** / Schachtdeckel *m* (z.B. des Kabelschachts), Schachttür *f* (im Allgemeinen) ‖ **~ door** (Build, Eng) / Zugangsöffnung *f* (für Unterhaltungsarbeiten an Ausrüstungen), Reinigungsklappe *f* (für Unterhaltungsarbeiten), Zugangstür *f* (kleine - für Unterhaltungsarbeiten) ‖ **~ eye*** (San Eng) / Reinigungsöffnung *f* ‖ **~ hatch** (Eng) / Einsteigluke *f* ‖ **~ hole** (Comp) / Schreib-Lese-Öffnung *f* (bei Disketten), Öffnung *f* für Lese-Schreib-Zugriff ‖ **~ hole** (Electronics) / Zugangsloch *n* ‖ **~ hole** (Eng) / Einsteigöffnung *f*, Einsteigöffnung *f*, Einsteigluke *f*, Mannloch *n*

**accessibility*** *n* / Erreichbarkeit *f*, Zugänglichkeit *f* ‖ / Begehbarkeit *f* ‖ **~** (Comp) / Zugriffsmöglichkeit *f* (auf Dateien) ‖ **~ to the hazardous area** / Möglichkeit *f* des Hineingreifens in den Gefahrenbereich

**accessible** *adj* / zugänglich *adj*, (leicht) erreichbar *adj* ‖ **~** (Civ Eng) / begehbar *adj* (z.B. Kanal) ‖ **~ interface** (Comp) / benutzbare Schnittstelle

**access ladder** / Einsteigleiter *f* (im Schwimmbecken), Abstiegsleiter *f* (im Schwimmbecken) ‖ **~ level** (Comp) / Zugriffsebene *f*, Zugriffsstufe *f* ‖ **~ lock** (Comp) / Zugriffssperre *f* ‖ **~ method** (Comp) / Zugriffsmethode *f*, Dateizugriffsmethode *f*, Datenzugriffsmethode *f* ‖ **~ module** (Comp) / Anschlussmodul *n* ‖ **~ network** (Teleph) / Zugangsnetz *n*, Teilnehmerzugangsnetz *n*, Teilnehmernetz *n*, Anschlussnetz *n* (AN), Anschaltenetz *n*, Access-Netz *n* ‖ **~ number** (the telephone number that is used when the user of a network employs dial-up access to access the facilities of that network) (Comp, Teleph) / Zugangsnummer *f* ‖ **~ of air** / Luftzutritt *m* ‖ **~ only!** (Autos) / Nur für Anlieger!, Anliegerverkehr frei! ‖ **~ opening** (Eng) / Einsteigöffnung *f*, Einsteigöffnung *f*, Einsteigluke *f*, Mannloch *n*

**accessories** pl / Zubehör n (die Gesamtheit aller von einem Gerät getrennten Zusatzeinrichtungen, die zur Erfüllung der in den technischen Daten angegebenen Funktionen des Gerätes notwendig sind) ‖ **~ of limited interchangeability** (Elec Eng) / begrenzt austauschbares Zubehör

**accessory** n / Zubehörteil n ‖ **~** / Zusatzgerät n, Anbaugerät n ‖ **~ element** (Min) / Spurenelement n ‖ **~ metal** (Mining) / Nebenmetall n ‖ **~ mineral**\* (Geol, Min) / akzessorisches Mineral (z.B. Hornblende in Granit beim Hornblendegranit), akzessorischer Gemengteil (der an der Zusammensetzung eines Gesteins mit weniger als 5% beteiligt, ggf. aber wichtig für dessen Bestimmung ist), mineralischer Übergemengteil, Akzessorium n (pl. -ien) ‖ **~ nutrients** (Nut) / Ergänzungsnährstoffe m pl ‖ **~ shoe**\* (Photog) / Steckschuh m

**access path** (Comp) / Zugriffspfad m (die Folge von Knoten in einer Datenstruktur, auf die zum Auffinden der gewünschten Information im Einzelnen zurückgegriffen werden muss) ‖ **~ permission level** (Comp) / Zugriffsberechtigungsstufe f ‖ **~ point** (Autos, Civ Eng) / Knotenpunkt m, Autobahnknoten m, Anschlussstelle f (ein Verkehrsknoten in mehreren Eb enen, der die Verbindung einer kreuzungsfrei geführten Straße mit dem übrigen Straßennetz herstellt - z.B. Kleeblatt) ‖ **~ point** (Telecomm) / Zugangspunkt m ‖ **~ port** (Eng) / Einstiegöffnung f, Einsteigluke f, Mannloch n ‖ **~ priority** (Comp) / Zugriffspriorität f ‖ **~ protection** (Comp) / Zugriffsschutz m, Zugriffssicherung f ‖ **~ protocol** (the rules by which a station gains the use of the network) (Comp) / Zugangsprotokoll n (ISDN), D-Kanal-Protokoll n ‖ **~ provider** (Comp) / Zugangsanbieter m, Access Provider m, Dienstleistungsanbieter m ‖ **~ ramp** (Autos, Civ Eng) / Zufahrtsrampe f ‖ **~ rate** (Comp) / Zugriffsrate f (die Anzahl an Zugriffen pro Zeiteinheit etwa pro Sekunde) ‖ **~ restriction** (Comp) / Zugriffsbeschränkung f ‖ **~ right** (Comp) / Zugriffsrecht n ‖ **~ road** (Autos, Civ Eng) / Zufahrtsstraße f ‖ **~ server** (Comp, Telecomm) / Einwahlrouter m ‖ **~ strategy** (Comp) / Zugriffsstrategie f ‖ **~ television** (TV) / Privatfernsehen n (kein Gegensatz zu öffentlich-rechtlich) ‖ **~ television** (GB) (TV) / Fernsehprogramme n pl der kommunalen Körperschaften ‖ **~ television** (US) (TV) / privates Kabelfernsehen ‖ **~ time**\* (Comp) / Zugriffszeit f (die nach dem Anlegen der Adresse eines Speichers vergeht, bis gültige Daten auf dem Datenbus anliegen - DIN 44 300) ‖ **~ token** (a security device) (Comp) / Zugriffssymbol n, Zugriffstoken n ‖ **~ to public exchange** (Teleph) / Amtszugriff m ‖ **~ tree** / Suchbaum m (eine hierarchische Struktur) (Struktur der im Btx-System befindlichen Information)

**accessware** n (Comp) / Zugriffs-Software f

**access zone** (Civ Eng) / Annäherungsstrecke f (z.B. vor der Tunneleinfahrt nach DIN 67 524-1)

**accident** n / Unfall m (DIN 14011, T 4) ‖ **~** (Nuc Eng) / Unfall m (ein Ereignisablauf, der nicht mehr beherrscht werden kann) ‖ **~** (Nuc Eng) / Störfall m (Ereignisablauf, bei dessen Eintreten der Betrieb der Anlage oder auch die Tätigkeit von Personen an ihr aus Sicherheitsgründen nicht fortgesetzt werden darf, für dessen sicherheitstechnische Beherrschung die Anlage jedoch ausgelegt ist und vorsorgliche Schutzvorkehrungen getroffen sind), Schadensfall m, Zwischenfall m

**accidental** adj / unfallmäßig adj (Auslösung) ‖ **~** / akzidentell adj, zufällig adj, unbeabsichtigt adj ‖ **~ disclosure** (Comp) / unbeabsichtigte Weitergabe, unbeabsichtigte Offenlegung (von Daten) ‖ **~ earth** (Elec Eng, Radio) / Erdschluss m, Erdfehler m ‖ **~ error** (Stats) / zufälliger Fehler (DIN 1319, T 3), Zufallsfehler m, zufallsbedingter Fehler ‖ **~ host** (Agric, Biol) / Gelegenheitswirt m, Zufallswirt m ‖ **~ inclusion** (Geol) / xenogener Einschluss, Xenolith m (Fremdgesteinseinschluss in magmatischen Gesteinen)

**accidentally degenerated** (function) (Chem) / zufällig entartet

**accidental release** (Nuc Eng) / störfallbedingte Freisetzung (von Schadstoffen)

**accident control** (Work Study) / Unfallverhütung f ‖ **~ crane** (Eng) / Bergungskran m, Unfallkran m ‖ **~ damage** / Unfallschaden m ‖ **~ dosimetry** (Nuc Eng) / Störfalldosimetrie f, Unfalldosimetrie f

**accident-free** adj / unfallfrei (Fahren)

**accident management** (measures) / Notfallmaßnahmen f pl, Notfallschutzmaßnahmen f pl (z.B. in einem Kraftwerk) ‖ **~ management** (Nuc Eng) / Unfallmaßnahmen f pl, Accident Management m, Gegenmaßnahmen f pl bei Auslegungsstörfällen und bei auslegungsüberschreitenden Ereignisabläufen ‖ **~ notification** / Unfallanzeige f, Unfallmeldung f ‖ **~ notification procedure** (Aero) / Unfallmeldeverfahren n ‖ **~ prevention** (Work Study) / Unfallverhütung f ‖ **~-prone** adj / unfallanfällig adj ‖ **~ report** / Unfallbericht m ‖ **~ risk** (Work Study) / Unfallrisiko n

**ac circuit** (Elec Eng) / Wechselstromkreis m

**acclimation**\* n / Akklimatisierung f

**acclimatization**\* n / Akklimatisierung f ‖ **~** s. also tropicalization

**acclivity** n (Geol) / ansteigender Hang, Böschung f (ansteigende), Böschungsanstieg m

**accommodate** v / anpassen v, adaptieren v

**accommodation** n (Optics, Physiol) / Akkommodation f (Scharfstellung des Auges) ‖ **~ address** / Briefkastenfirma f ‖ **~ coefficient** (Phys) / Akkomodationskoeffizient m (Kennzeichnung des Energieaustausches beim Stoß von Gas- oder Dampfmolekülen gegen feste und flüssige Oberflächen) ‖ **~ ladder** (Ships) / Fallreepstreppe f ‖ **~ ladder** (Ships) s. also gangway and shore gangway ‖ **~ rig**\* (Oils) / Unterkünfte f pl (und Freizeitanlagen) ‖ **~ road** (Autos, Civ Eng) / Verbindungsstraße f, Zubringer m, Anschlussstraße f

**ac commutator motor**\* (Elec Eng) / Wechselstromkommutatormotor m

**accompanied fuse** (Elec Eng) / Teilbereichsicherung f

**accompanying element** (Met) / Begleiter m, Erzbegleiter m, Begleitelement n (in Rohstoffen zur Metallgewinnung, z.B. P, S, N, H) ‖ **~ element** (Mining) / Eisenbegleiter m ‖ **~ heating** (Chem Eng) / Begleitheizung f (ein Heizsystem, das ein in einer Rohrleitung zu transportierendes Medium auf einer bestimmten vorgegebenen Temperatur hält - z.B. in Produktleitungen von Tanklagern), Begleitung f (Begleitheizung)

**a.c. conductivity** (Elec) / Wechselstromleitfähigkeit f

**accordance** n (Geol) / Akkordanz f (Pseudokonkordanz)

**accordant** adj (Geol) / akkordant adj (angepasst an vorhandene Strukturelemente, z.B. an die Schichtung) ‖ **~ summit level** / Gipfelflur f (wenn die höchsten Gipfel auf größere Erstreckung hin ungefähr gleiche Höhe zeigen) ‖ **~ summits** (Geol) / gleichhohe Gipfel, Gipfelflur f

**according to requirements** / nach Bedarf ‖ **~ to schedule** (US) (Rail) / fahrplanmäßig adj ‖ **~ to weight** / je nach Gewicht

**accordion** n (US) (Bind) / Leporellobruchfalz m, Leporellofalz m, Zickzackfalz m ‖ **~**\* (Build) / Faltwand f ‖ **~**\* (Build) / Harmonikatür f, Falttür f, Scherengittertür f ‖ **~** (Electronics) / Ziehharmonikakontakt m (ein Leiterplattensteckverbinder) ‖ **~ contact** (Electronics) / Ziehharmonikakontakt m (ein Leiterplattensteckverbinder) ‖ **~ door** (Build) / Harmonikatür f, Falttür f, Scherengittertür f ‖ **~ fold** (Bind) / Leporellobruchfalz m, Leporellofalz m, Zickzackfalz m ‖ **~ folding** (Bind) / Leporellobruchfalzung f, Leporellofalzung f ‖ **~ pleat** (Textiles) / Akkordeonfalte f ‖ **~ wall** (Build) / Faltwand f

**account** v / buchmäßig nachweisen ‖ **~** n / Konto n (in der Buchführung) ‖ **~** (Comp) / Account n (Zugangsrecht eines Teilnehmers und die Festlegung aller seiner Rechte im Netz sowie alle Parameter, die dies ermöglichen /Passwort, Benutzername, Benutzergruppe/), Benutzerkonto n (User ID), Benutzerkennung f

**accountability** n (Chem) / Nachweispflicht f (nach dem Chemikaliengesetz) ‖ **~** (Nuc Eng) / Buchungssystem n (für Kernbrennstoffe)

**account book paper**\* (Paper) / Kontokartenpapier n, Geschäftsbücherpapier n

**accounted stock** / buchmäßiger Lagerbestand

**account file** (Comp) / Account-Datei f (Speicherdatei, die die von der Abrechnungsroutine gesammelten Informationen enthält)

**accounting** n / Rechnungslegung f, Buchführung f ‖ **~** / kaufmännischer Bereich (im Betrieb) ‖ **~** (Comp, Telecomm) / Accounting n (die Registrierung der Inanspruchnahme von knappen Ressourcen in einem Netz, Kontoführung f ‖ **~ machine** / Abrechnungsmaschine f (DIN 9763) ‖ **~ machine** (Comp) / Buchungsmaschine f ‖ **~ management** (Telecomm) / Abrechnungsmanagement n (eine von der ISO definierte Kategorie für die Netzwerkverwaltung) ‖ **~ month** / Abrechnungsmonat m (z.B. bei Gebühren) ‖ **~ paper** (Paper) / Buchungspapier n ‖ **~ routine** (Comp) / Abrechnungsroutine f ‖ **~ services** (NetWare feature set that enables developers to create servers that can charge for their services) / Kontoführungs-Services m pl

**account suspension flag** (Teleph) / Gebührensperrkennzeichen n (bei Mobiltelefonen)

**accoupled** adj (Arch) / gekuppelt adj (Säulen, Fenster, Portale)

**accouplement** n (Arch) / Kupplung f (von Säulen) ‖ **~**\* (Carp) / Balkenband n

**accreditation** n (of a laboratory) (Chem) / Akkreditierung f (eines Prüflabors nach DIN EN 45 000)

**accrediting authority** / Zulassungsstelle f

**accreting bank** (Hyd Eng) / Gleithang m (des Flusses) ‖ **~ plate boundary** (Geol) / divergierende (Krusten produzierende) Plattengrenze f ‖ **~ plate boundary** (Geol) / Divergenzzone f

**accretion**\* n / Zuwachs m, Anwachsen n ‖ **~**\* (Astron) / Akkretion f (bei Sternen die gravitationsbedingte Massenzunahme durch Aufsammeln der Materie) ‖ **~** (Crystal) / Akkretion f (z.B. eines Kristalls) ‖ **~** (For) / Holzzuwachs m, Zuwachs m ‖ **~** (the gradual addition of new land to old by the deposition of sediment carried by the water of a stream) (Geol) / Anschwemmung f

**accretion**
(Feststoffansammlung in Gewässern), Anlandung *f*, Akkumulation *f* || ~ (Met) / Ofenansatz *m*, Ofenanwuchs *m*
**accretionary limestone** (Geol) / organogener Kalk in situ || ~ **prism** (Geol) / Akkretionskeil *m* || ~ **wedge** (Geol) / Akkretionskeil *m*
**accretion borer** (For) / Zuwachsbohrer *m*, Baumuntersuchungsbohrer *m*, Prüfbohrer *m* (zur Ermittlung des Alters und des Zuwachses am stehenden Baumstamm) || ~ **disk** (Astron) / Akkretionsscheibe *f* || ~ **felling** (For) / Lichtungsbetrieb *m* (die Ausnutzung des Lichtungswachstums im verbleibenden Bestand), Lichtwuchsbetrieb *m*
**accroides gum** / Grasbaumharz *n*, Akaroidharz *n* (aus Xanthorrhoea-Arten), Acaroidharz *n*
**accrual year** / Entstehungsjahr *n* (bei Kostenrechnung)
**accrued** *adj* / aufgelaufen *adj* (Kosten, Schulden)
**accumulate** *v* / sich ansammeln *v* (Staub) || ~ / akkumulieren *v*, anhäufen *v*
**accumulated** *adj* / aufgelaufen *adj* (Kosten, Schulden) || ~ **error** (Comp) / akkumulierter Fehler
**accumulating conveyor** (Eng) / Staubahn *f* || ~ **roller conveyor** / Staurollenförderer *m*, Stauförderer *m* || ~ **table** (Nut) / Sammeltisch *m* (bei der Flaschenabfüllung), Stautisch *m* (bei der Flaschenabfüllung)
**accumulation** *n* / Akkumulation *f*, Anhäufung *f* || ~ (Bot) / Akkumulation *f* (Anreicherung der durch Wurzeln oder Blätter aufgenommenen Nährsalze in den Vakuolen der Zellen entgegen einem Konzentrationsgefälle) || ~ (Geol, Hyd Eng) / Akkumulation *f* (Ablagerung) || ~ (San Eng) / Anreicherung *f* (Aufkonzentrierung von Schad/Stoffen in Organismen, Sedimenten und Klärschlamm) || ~ **clock** (Geol, Nuc) / Anreicherungsuhr *f* (in der Geochronologie) || ~ **factor** (Chem) / Akkumulationsfaktor *m* (Quotient aus der Konzentration bzw. dem Massenanteil eines Stoffes im betrachteten Bereich zu der Konzentration bzw. dem Massenanteil in der Umgebung) || ~ **of heat** (Textiles) / Hitzestau *m* (in Kleidern) || ~ **of water** (Build, Hyd Eng) / Wasseransammlung *f* || ~ **point*** (Maths) / Häufungspunkt *m*
**accumulative** *adj* / akkumulativ *adj* || ~ **error** (Civ Eng, Maths) / Summenfehler *m*, integrierender Fehler || ~ **timing** (Work Study) / Fortschrittszeitverfahren *n* (bei der Stoppuhrzeitmessung)
**accumulator** *n* (Autos) / Kältemittelsammler *m* (in der Saugdruckleitung) || ~ (Autos) / Aufnehmer *m* (in der Automatikgetriebesteuerung), Druckspeicher *m* || ~* (Comp) / Akkumulator *m*, akkumulatives (Schiebe)Register, Akkumulatorregister *n* (ein Arbeitsregister) || ~* (Elec Eng) / Akkumulator *m* (DIN 40729), Akku *m*, Akkumulatorenbatterie *f*, Sammelbatterie *f* (galvanisches Sekundärelement), Batterie *f* (Sekundärzelle nach DIN 40729) || ~ (Eng) / Druckspeicher *m* (z.B. Druckölspeicher, Druckwasserspeicher), Hydraulikspeicher *m*, Hydrospeicher *m*, Druckakkumulator *m* (Ölhydraulik, Pressen) || ~ (Plastics) / Akkumulator *m*, Materialspeicher *m* || ~ **box*** (Elec Eng) / Akkumulatorkasten *m*, Batteriekasten *m*
**accumulator-dehydrator system** (Autos) / Klimaanlage *f* mit Kapillarrohr
**accumulator-drier** *n* (Autos) / Kältemittelsammler *m* (in der Saugdruckleitung) || ~ **system** (Autos) / Klimaanlage *f* mit Kapillarrohr
**accumulator drive** (Eng) / Speicherantrieb *m* (hydraulisches Antriebssystem, z.B. bei einer Strangpresse) || ~ **grid*** (Elec Eng) / Gitterplatte *f* (einer Batterie) || ~ **hammer-drill** (Eng) / Akku-Bohrhammer *m* || ~ **head** (Plastics) / Staukopf *m*, Speicherkopf *m*, Akkukopf *m* (der Hohlkörperblasmaschine) || ~ **latch** (Comp) / Akkumulator-Signalspeicher *m* || ~ **rail car** (Rail) / Speichertriebfahrzeug *n*, Speichertriebwagen *m*, Akkumulatortriebwagen *m* || ~ **register** (Comp) / Akkumulator *m*, akkumulatives (Schiebe)Register, Akkumulatorregister *n* (ein Arbeitsregister) || ~ **system** (US) (Plastics) / Speichersystem *n* (beim Blasformverfahren) || ~ **table** (Nut) / Sammeltisch *m* (bei der Flaschenabfüllung), Stautisch *m* (bei der Flaschenabfüllung) || ~ **traction*** (Elec Eng) / Batterieantrieb *m*, Batteriebetrieb *m*, Batteriefahrbetrieb *m*, Akkumulatorenantrieb *m* || ~ **vehicle*** (Elec Eng) / Akkumulatorenfahrzeug *n*
**accuracy** *n* (Eng) / Maßstabgenauigkeit *f* || ~ (Instr, Maths) / Genauigkeit *f* (Differenz zwischen einem Ergebnis oder einem Mittelwert und dem wahren Wert der zu bestimmenden Größe - DIN 55350, T 13), Messunsicherheit *f* (ein quantitatives Maß nach DIN 1319, T 3 und DIN 1345) || ~ (Stats) / Gesamtgenauigkeit *f* || ~ s. also precision and repeatability || ~ **class** (Instr) / Genauigkeitsklasse *f* (eines Messinstruments) || ~ **level** (Eng) / Genauigkeitsgrad *m* || ~ **limit current** / Fehlergrenzstrom *m* (in der Messtechnik) || ~ **of fire** (Mil) / Treffgenauigkeit *f* || ~ **of form** / Formgenauigkeit *f* || ~ **of position** / Lagegenauigkeit *f* || ~ **of shape** / Formgenauigkeit *f* || ~ **of the mean** / Richtigkeit *f* (qualitative Bezeichnung für das Ausmaß der Annäherung des Erwartungswertes des Ermittlungsergebnisses an den Bezugswert - DIN 55350, T 13) || ~ **rating** (Instr) / Messbereichsendwert *m*, Endwert *m* (eines Messgeräts)
**accurate** *adj* / sauber *adj* (Schnitt)
**ACD** (automatic call distributor) (Teleph) / automatischer Anrufverteiler || ~ (automatic call distribution) (Teleph) / automatische Anrufverteilung, ACD (automatische Anrufverteilung)
**a.c./d.c. adapter** (Elec Eng) / Universalnetzteil *n* || ~ **locomotive** (Rail) / Wechselstrom-Gleichstrom-Lokomotive *f*
**ac/dc receiver** (Radio) / Allstromempfangsgerät *n*, Allstromempfänger *m* (für den Anschluss an Gleich- und/oder Wechselstrom)
**ACE** (antenna coupling element) (Teleph) / Antennenkopplereinrichtung *f*, ACE (Antennenkopplereinrichtung)
**AcEm** (Chem) (Pharm) / Aktiniumemanation *f*, Actinon *n*, An (Actinon), AcEm (Radonisotop 219)
**acenaphthene** *n* (Chem) / Acenaphthen *n*
**acenes** *pl* (Chem) / Acene *n pl* (linear kondensierte Reihe der aromatischen Kohlenwasserstoffe), Azene *n pl*
**acentric** *adj* (Biol, Crystal, Gen) / nichtzentrosymmetrisch *adj*, azentrisch *adj*
**acephate** *n* (Chem) / Acephat *n* (ein Insektizid)
**acerbic** *adj* (Nut) / streng *adj* (Geschmack), scharf *adj* (Geschmack)
**acescence** *n* (Nut) / Essigstich *m* (bei Wein)
**acescency** *n* (Nut) / Essigstich *m* (bei Wein)
**acesulfame K** (Nut) / Acesulfam-K *n* (ein moderner Süßstoff - E 950) || ~ **potassium** (Nut) / Acesulfam-K *n* (ein moderner Süßstoff - E 950)
**acetal*** *n* (Chem) / Azetal *n*, Acetal *n*
**acetaldehyde*** *n* (Chem) / Ethanal *n*, Azetaldehyd *m*, Acetaldehyd *m*, Essigsäurealdehyd *m* || ~ **cyanohydrin** (Chem) / Acetaldehydcyanohydrin *n*, Azetaldehydcyanohydrin *n* || ~ **cyanohydrin** (Chem) s.also lactonitrile
**acetaldol** *n* (Chem) / Aldol *n*, Azetaldol *n*, Acetaldol *n*
**acetal resins*** (Chem, Plastics) / Acetalharze *n pl*, Azetalharze *n pl* || ~ **resins*** (Chem, Plastics) s. also polyoxymethylene
**acetamidation** *n* (Chem) / Acetamidierung *f*
**acetamide*** *n* (the amide with two carbon atoms, which forms colourless crystals which smell of mice) (Chem) / Azetamid *n*, Acetamid *n*, Ethanamid *n*, Essigsäureamid *n*
**acetaminophen** *n* (US) (Pharm) / Paracetamol *n* (antipyretisch und schwach analgetisch wirkendes 4-Hydroxyacetanilid)
**acetanilide** *n* (Pharm, Plastics, Textiles) / Acetanilid *n*, Azetanilid *n*, Essigsäureanilid *n*, Antifebrin *n* (ein altes Pharmakon)
**acetate*** *n* (Chem) / Azetat *n*, Acetat *n*, Ethanoat *n* (Salz oder Ester der Essigsäure) || ~ (Plastics, Textiles) / Acetat *n* (Sammelbezeichnung für aus acetonlöslicher Acetylzellulose hergestellte Chemiefäden oder Chemiefasern), Azetat *n* || ~ **cloth** (Plastics, Textiles) / Acetatgewebe *n*, Azetatgewebe *n* || ~ **fibres*** (Plastics, Textiles) / Acetatfasern *f pl*, Azetatfasern *f pl* || ~ **film*** (Photog) / Azetatfilm *m*, Acetatfilm *m* || ~ **foil** (Bind) / Plastikfolie *f* (Acetat) || ~ **plastics** (Plastics, Textiles) / Acetat *n* (Sammelbezeichnung für aus acetonlöslicher Acetylzellulose hergestellte Chemiefäden oder Chemiefasern), Azetat *n* || ~ **rayon** (Plastics, Textiles) / Azetat-Viskosefilamentfasern *f pl*, Azetatviskose *f*, Acetatkunstseide *f* || ~ **rayon** (Plastics, Textiles) / Acetat *n* (Sammelbezeichnung für aus acetonlöslicher Acetylzellulose hergestellte Chemiefäden oder Chemiefasern), Azetat *n* || ~ **ribbon** / Karbonfarbband *n*, Karbonband *n* (der Schreibmaschine) || ~ **silk** (Plastics, Textiles) / Azetat-Viskosefilamentfasern *f pl*, Azetatviskose *f*, Acetatkunstseide *f*
**acetenyl** *n* (Chem) / Ethinyl *n* (eine Atomgruppierung)
**acetic acid*** (Chem, Nut) / Essigsäure *f* (E 250), Ethansäure *f*
**acetic-acid bacteria** (Bacteriol) / Essigbakterien *f pl*, Essigsäurebakterien *f pl* || ~ **ester** (Chem) / Essigsäureester *m* || ~ **lignin** (Bot) / Essigsäurelignin *n*
**acetic acid methyl ester** (Chem) / Methylacetat *n*, Essigsäuremethylester *m*, Methylazetat *n*
**acetic-acid phenyl ester** (Chem) / Phenylacetat *n*, Phenylazetat *n*, Phenylessigsäureester *m* || ~ **rinse** (Chem Eng) / Essigsäurewässerung *f* || ~ **salt-spray test(ing)** (Surf) / Essigsäure-Salzsprühnebelprüfung *f*, ESS
**acetic anhydride*** (Chem) / Essigsäureanhydrid *n*, Azetanhydrid *n*, Acetanhydrid *n* || ~ **fermentation*** (Biochem) / Essigsäurefermentation *f*, Essiggärung *f*
**acetification** *n* (Chem) / Essigsäurebildung *f*
**acetin*** *n* (Chem) / Glyzerinmonoazetat *n*, Glycerinmonoacetat *n*, Azetin *n*, Acetin *n*
**acetoacetate** *n* (Chem) / Azetoazetat *n*, Acetoacetat *n*
**acetoacetic acid** (Chem) / Azetessigsäure *f*, Acetessigsäure *f*, 3-Oxobutansäure *f* || ~ **ester*** (Chem) / Azetessigester *m*, Acetessigester *m* (3-Oxobutansäureester)

**Acetobacter aceti** (Chem Eng) / Acetobacter aceti (ein Essigssäurebakterium)
**acetocell pulping** (Paper) / Acetocell-Verfahren n
**acetogenic bacteria** (Bacteriol) / säurebildende Bakterien, Säurebakterien f pl, azetogene Bakterien, acetogene Bakterien
**acetoin** n (Chem) / Azetoin n, Acetoin n (Dimethylketol)
**acetolysis** n (pl. acetolyses) (Chem) / Azetolyse f, Acetolyse f
**acetone*** n (Chem) / Azeton n, Aceton n (2-Propanon), Dimethylketon n ‖ ~ **body** (Biochem) / Ketonkörper m ‖ **cyanhydrin*** (Chem) / Azetonzyanhydrin n, Acetoncyanhydrin n (Ausgangsprodukt für Methakrylsäure, Insektizid) ‖ ~ **cyanohydrin** (Chem) / Acetoncyanhydrin n, Azetonzyanhydrin n ‖ ~ **extract** (Chem Eng) / Azetonextrakt m n (Kautschukverarbeitung), Acetonextrakt m n ‖ ~ **resin*** (Chem) / Acetonharz n, Azetonharz n
**acetone-sodium bisulphite** (Chem, Photog) / Aceton-Natriumhydrogensulfit n, Azeton-Natriumhydrogensulfit n
**acetone-soluble** adj (Chem) / acetonlöslich adj, azetonlöslich adj
**acetonitrile*** n (Chem) / Essigsäurenitril n, Azetonitril n, Acetonitril n
**acetophenetidin** n (Pharm) / Phenazetin n (4-Ethoxyacetanilid), Phenacetin n (ein altes Arzneimittel, das wegen seiner beträchtlichen Nebenwirkungen in Deutschland verboten ist)
**acetophenone*** n (Chem, Paint, Pharm) / Azetophenon n, Acetylbenzol n, Azetylbenzol n, Acetophenon n, Methylphenylketon n
**acetous** adj (Chem) / Essigsäure-
**acetoxylation** n (Chem) / Acetoxylierung f, Azetoxylierung f, Oxyacetylierung f, Oxyazetylierung f
**acetyl*** n (Chem) / Ethanoyl n, Azetyl n, Acetyl n
**acetylacetone** n (Chem) / Azetylazeton n (2,4-Pentandion), Acetylaceton n
**acetylaminophenol** n ($C_8H_9NO_2$) / Acetylaminophenol n, Azetylaminophenol n, Hydroxyacetylenid n, Hydroxyazetylenid n
**acetylated starch** (Nut) / azetylierte Stärke (ein Stärkeester), acetylierte Stärke, Stärkeacetat n (E 1420), Stärkeazetat n
**acetylating agent** (Chem) / Acetylierungsmittel n, Acetylierungsmittel n
**acetylation*** n (Chem) / Acetylierung f, Azetylieren n, Acetylierung f, Acetylieren n
**acetylcellulose*** n (Chem) / Zelluloseazetat (CA - DIN 7728-1) n, Azetylzellulose f, Celluloseacetat n, Acetylcellulose f, CA - DIN 7728-1
**acetyl chloride*** (Chem) / Azetylchlorid n, Acetylchlorid n ($CH_3COCl$)
**acetylcholine*** (Biochem, Med, Physiol) / Acetylcholin n (ein Neurotransmitter), Azetylcholin n (eine quaternäre Ammoniumbase von physiologischer Bedeutung), ACh (Acetylcholin)
**acetylcholinesterase** n (Biochem) / Acetylcholin-Esterase f (eine Hydrolase), ACE (Acetylcholin-Esterase)
**acetyl** n **CoA*** (Biochem) / Acetyl n CoA, Azetyl n CoA, Acetylcoenzym n A, Azetylkoenzym n A, aktivierte Essigsäure ‖ ~ **coenzyme A** (Biochem) / Acetyl n CoA, Azetyl n CoA, Acetylcoenzym n A, Azetylkoenzym n A, aktivierte Essigsäure ‖ ~ **cysteine** (Pharm) / Acetylcystein n (internationaler Freiname für N-Acetyl-L-cystein)
**acetylene*** n (Chem) / Acetylen n, Azetylen n, Ethin n ‖ ~ **black** / Acetylenschwarz n, Acetylenruß m, Azetylenruß m (bei der sauerstoffarmen Verbrennung von Azetylen erhaltener Ruß), Azetylenschwarz n
**acetylenecarboxylic acid** (Chem) / Propiolsäure f, Propinsäure f, Acetylencarbonsäure f, Azetylenkarbonsäure f
**acetylene cutting** (Welding) / Brennschneiden n mit Azetylen-Sauerstoff ‖ ~ **feather** (Welding) / Azetylenschleier m (um den Flammkegel beim Azetylenschweißen) ‖ ~ **linkage** (Chem) / Acetylenbindung f, Azetylenbindung f
**acetylene-rich flame** (Welding) / Flamme f mit Azetylenüberschuss
**acetylene series** (Chem) / Alkine n pl, Acetylene n pl ‖ ~ **tetrachloride** (Chem) / 1,1,2,2-Tetrachlorethan n, Acetylentetrachlorid n, Azetylentetrachlorid n (nicht brennbares technisches Lösungsmittel) ‖ ~ **torch** (Eng) / Schneidbrenner m (das Arbeitsgerät zum autogenen Brennschneiden) ‖ ~ **welding** (Welding) / Acetylenschweißen n, Azetylenschweißen n, Schweißen n mit Azetylen
**acetylenyl** n (Chem) / Ethinyl n (eine Atomgruppierung)
**acetyl group*** (Chem) / Acetylrest m, Acetylgruppe f, Azetylrest m, Azetylgruppe f
**acetylide*** n (Chem) / Acetylenid n, Azetylenid n, Acetylid n, Azetylid n
**acetyl number** (Chem) / Azetylzahl f, Acetylzahl f, AZ (Azetylzahl)
**acetylsalicylic acid*** (Chem) / Azetylsalizylsäure f, Acetylsalicylsäure f (2-Acetoxybenzoesäure)
**acetyl tributyl citrate** (Chem) / Acetyltributylzitrat n (ein Weichmacher, der u.a. zur Herstellung von Nagellacken verwendet wird), Acetyltributylcitrat n ‖ ~ **value** (Chem) / Azetylzahl f, Acetylzahl f, AZ (Azetylzahl)
**A.C. extension cord** (Elec Eng) / Netzschnur f

**ACF** (activated-carbon fibre) / Aktivkohlefaser f (als Adsorbens) ‖ ~ (autocorrelation function) (Stats) / Autokorrelationsfunktion f (DIN 1311, T 1)
**ACFT** (aircraft) (Aero) / Luftfahrzeug n (jeder Art), Flugzeug n (im Allgemeinen)
**AC generator** (Elec Eng) / Wechselstromgenerator m
**ac generator*** (Elec Eng) / Wechselstromgenerator m
**a-c girdle** (Geol) / ac-Gürtel m
**ACh** (acetylcholine) (Biochem, Med, Physiol) / Acetylcholin n (ein Neurotransmitter), Azetylcholin n (eine quaternäre Ammoniumbase von physiologischer Bedeutung), ACh (Acetylcholin)
**Acheson graphite*** / Acheson-Graphit m (synthetisch gewonnener Graphit - nach E.G. Acheson, 1856-1931) ‖ ~ **graphite*** s. also electrographite
**achieved reliability** (Eng) / Gebrauchszuverlässigkeit f
**Achilles group** (Astron) / die vorangehenden Trojaner (die nach den griechischen Kriegern vor Troja benannt sind)
**achiral** adj (Chem, Nuc) / achiral adj ‖ ~ **molecule** (Chem) / achirales Molekül ‖ ~ **symmetry** (Chem) / achirale Symmetrie
**achira starch** (Nut) / Neusüdwales-Arrowroot n, Cannastärke f, Achirastärke f, Kannastärke f, Tolomanstärke f, Tous-les-Mois n, Queensland-Arrowroot n (aus dem Rhizom der Canna edulis Ker-Gawl.)
**achondrite*** n (Geol) / Achondrit m (eisenarmer chondrenfreier Steinmeteorit)
**achrodextrin** n (Chem) / Achroodextrin n (ein niedermolekulares Dextrin)
**achroite*** n (Min) / Achroit m (ein farbloser oder ganz zart grüner Turmalin)
**achromat** n (Optics) / Achromat m (DIN 19040)
**achromatic*** adj (Optics, Physiol) / achromatisch adj, farblos adj ‖ ~ (TV) / unbunt adj (Farbe)
**achromaticity** n (Optics, Physiol) / Farblosigkeit f, Achromasie f ‖ ~ (Optics) / Achromasie f (nach der Beseitigung der chromatischen Aberration)
**achromatic lens*** (Optics) / Achromat m (DIN 19040) ‖ ~ **locus** (Optics, TV) / Unbuntbereich m, Unbuntgebiet n ‖ ~ **objective** (Optics) / Achromat m (DIN 19040) ‖ ~ **point** (Optics) / Unbuntpunkt m (in der Farbmetrik) ‖ ~ **point** (Optics) / Weißpunkt m, Farbort m des Unbunt ‖ ~ **prism*** (Optics) / achromatisches Prisma ‖ ~ **region** (Optics, TV) / Unbuntbereich m, Unbuntgebiet n ‖ ~ **sensation*** (Phys) / achromatische Empfindung ‖ ~ **triplet** (Optics) / achromatisches Triplet(t)
**achromic** adj / farblos adj, nichtfarbig adj
**achromous** adj / farblos adj, nichtfarbig adj
**achroodextrin** n (Chem) / Achroodextrin n (ein niedermolekulares Dextrin)
**ACI** (acoustic comfort index) (Acous) / akustischer Akzeptanzpegel, AAP (akustischer Akzeptanzpegel) ‖ ~ (automatic channel installation) (TV) / automatische Kanalwahl, ACI (automatische Kanalwahl)
**acicular*** adj / nadelförmig adj, nadelartig adj, azikulär adj ‖ ~* (Crystal) / nadelig adj (Habitus) ‖ ~ **ice** (Geol, Meteor) / Kammeis n, Nadeleis n (nadelförmige Eiskristalle der obersten Bodenschicht)
**aciculate** adj / nadelförmig adj, nadelartig adj, azikulär adj
**acid*** n (Chem) / Säurebad n ‖ ~ f ‖ ~ (Pharm) / Acidum n (pl. Acida) ‖ ~ adj (Chem) / Säure-, sauer adj, acid adj, azid adj
**acid-absorption tower** (Chem Eng) / Säureabsorptionsturm m
**acid acceptor** (a stabilizer compound added to plastic and resin polymers to combine with trace amounts of acids formed by decomposition of the polymers) (Chem) / Säureakzeptor m ‖ ~ **alum** (Paper) / technisches (handelsübliches) Aluminiumsulfat (Hydrat) ‖ ~ **amide*** (Chem) / Säureamid n ‖ ~ **anhydride*** (Chem) / Säureanhydrid n (funktionelles Derivat von Säuren) ‖ ~ **attack** (Chem, Surf) / Säureangriff m ‖ ~ **azide*** (Chem) / Säureazid n (R-CO-N=N=N)
**acid-base balance** (Biochem, Physiol) / Säure-Base-Gleichgewicht n (im Säure-Basen-Haushalt) ‖ ~ **equilibrium** (Biochem, Chem, Physiol) / Säure-Base-Gleichgewicht n (im Säure-Basen-Haushalt) ‖ ~ **indicator** (Chem) / Säure-Base-Indikator m (der bei seiner Protolyse oder Deprotolyse einen Farbumschlag zeigt), pH-Indikator m, Neutralisationsindikator m ‖ ~ **pair** (Chem) / Säure-Base-Paar n ‖ ~ **theory** (Chem) / Säure-Base-Theorie f (Lewis, Brønsted und Bjerrum) ‖ ~ **titration** (Chem) / Säure-Base-Titration f, Neutralisationsanalyse f, Neutralisationstitration f
**acid bath** (Surf) / Säurebad n, saurer Elektrolyt ‖ ~ **bath treatment** (Textiles) / Säurebehandlung f ‖ ~ **Bessemer steel** (Met) / Bessemerstahl m (enthält neben Eisen noch 0,4 bis 3,5% Mn, 0,03 bis 0,06% P, 0,02 bis 0,05 S - er ist härt- und schmiedbar) ‖ ~ **blowcase** (Chem Eng) / Säuredruckvorlage f, Druckfass n (für Säuren), Montejus n (für Säuren) ‖ ~ **boiling test** (Textiles) /

**acid**

Säurekochtest m ‖ ~ **bottom and walls** (Met) / saure Zustellung (bei Konvertern), saure Ausmauerung ‖ ~ **brittleness*** (Met) / Beizsprödigkeit f (Zähigkeitsabfall von Metallen und Legierungen durch eindiffundierten Wasserstoff, der beim Beizen entsteht - nach DIN 50900) ‖ ~ **bronze** (Met) / Blei-Nickel-Bronze f, Kupfer-Zinn-Blei-Legierung f mit Nickel ‖ ~ **brown** (Chem) / Säurebraun n ‖ ~ **capacity** (Chem) / Säurekapazität f (von Wasser nach DIN EN 29963, T 1) ‖ ~ **carboy** (Chem) / Säureglasballon m
**acid-catalysed cure** (Chem Eng) / Säurehärtung f (von Resolen od. Aminoplasten) ‖ ~ **degradation** (Chem Eng) / säurekatalysierter Abbau (bei der Stärkegewinnung)
**acid catalysis** (Chem) / Reaktionsbeschleunigung f durch Säure(n), Säurekatalyse f ‖ ~ **chimney** (Build) / Säureschornstein m (in dem neben chemisch angreifenden Abgasen zugleich Feuchtigkeit auftritt oder in dem die Temperatur der Abgase mindestens zeitweilig unter dem Taupunkt liegt oder bei dem von Abgasen berührte korrosionsempfindliche Bauteile Temperaturen abnehmen können, die unter dem Taupunkt des jeweiligen Abgases liegen) ‖ ~ **chloride*** (Chem) / Säurechlorid n ‖ ~ **clay** (Chem) / säureaktivierte Tonerde (Bleicherde) ‖ ~ **cleaning** (Eng) / Beizen n, Beizung f (von Dampferzeugeranlagen) ‖ ~ **coating** (Welding) / erzsaure Umhüllung, Es-Umhüllung f (der Elektrode - Erze und Quarz) ‖ ~ **component** (Chem) / saure Komponente, saurer Bestandteil ‖ ~ **content** (Chem) / Säuregehalt m ‖ ~ **converter slag** (Met) / Bessemerschlacke f ‖ ~ **cooling tower** (Chem Eng) / Säurekühlturm m
**acid-copper bath** (Surf) / saures Kupferbad
**acid corrosion** (Chem) / Korrosion f in Säuren bzw. sauren Lösungen, Säurekorrosion f ‖ ~ **corrosion** (Surf) / Wasserstoffkorrosion f ‖ ~ **covering** (Welding) / erzsaure Umhüllung, Es-Umhüllung f (der Elektrode - Erze und Quarz) ‖ ~ **cracking** (Chem Eng, Textiles) / Wollfettgewinnung durch Säureverfahren f (aus den Wollwaschabwässern) ‖ ~ **curing** (Chem Eng) / Säurehärtung f (von Resolen od. Aminoplasten)
**acid-curing** adj (Chem Eng) / säurehärtend adj, SH (säurehärtend) ‖ ~ **varnish** (Paint) / säurehärtender Lack, kalthärtender Lack, SH-Lack m, SH-Lackfarbe f
**acid degradation** (Chem) / Abbau m durch Säure ‖ ~ **deposition** (Ecol) / saurer Niederschlag
**acid(ic) detergent** (Met, Surf) / Beizenfetter m (eine Reinigungslösung)
**acid dew-point** (Ecol) / Säuretaupunkt m ‖ ~ **dextrin** (Chem, Nut) / Säuredextrin n ‖ ~ **dip** (for pickling brass) / Metallbrenne f (Säuregemisch zum Beizen von Messing) ‖ ~ **dip** (Met) / Beize f (zum Entfernen von Rost und Zunder), Beizmittellösung f, Säurebeize f ‖ ~ **dissociation constant** (Chem) / Säuredissoziationskonstante f ‖ ~ **dyes*** (Photog, Textiles) / anionische Farbstoffe, Säurefarbstoffe m pl ‖ ~ **egg*** (Chem Eng) / Säuredruckvorlage f, Druckfass n (für Säuren), Montejus n (für Säuren) ‖ ~ **electrolyte** (Surf) / Säurebad n, saurer Elektrolyt ‖ ~ **equilibrium** (Chem) / Säuregleichgewicht n ‖ ~ **error** / Säurefehler m (bei Glaselektroden - der einen höheren pH-Wert vortäuscht)
**acid-etched glass** (Glass) / Mattglas n (mattgeätztes)
**acid etching** f (Eng) / Säureätzung f, Säuremattieren n (im Allgemeinen) ‖ ~ **etching** (Glass) / Ätzen n (Abtragen der Oberfläche von Silicatgläsern unter Einwirkung von Säuren, insbesondere von Flusssäure)
**acid-extractable** adj (Chem Eng) / mit Säure extrahierbar
**acid fading** (Textiles) / Acid-Fading n (bestimmter Farbstoffe unter dem Einfluss sauer reagierender Chemikalien) ‖ ~ **fastness** (Textiles) / Säureechtheit f (DIN 54028) ‖ ~ **fixer*** (Photog) / saures Fixierbad, saures Fixiersalz ‖ ~ **formation** (Chem) / Säurebildung f ‖ ~ **forming** (Chem) / Säurebildung f
**acid-forming** adj (Chem) / säurebildend adj
**acid fraction** (Chem) / Säurefraktion f
**acid-free** adj (Chem) / säurefrei adj ‖ ~ **paper** (Paper) / säurefreies Papier (absolut säurefrei oder mit nur einem sehr begrenzten Säuregehalt - DIN 6730) ‖ ~ **paper** (an antirust paper) (Paper) / rostschützendes Papier, Korrosionsschutzpapier n, Rostschutzpapier n
**acid frosting** (Glass) / Mattätzen n (wenn der Flusssäure Fluoride zugesetzt werden), Mattätzung f, Mattierung f, Säuremattieren n ‖ ~ **fuchsine** / Säurefuchsin f (ein Indikator), Fuchsin n S, Rubin m S ‖ ~ **fuel cell** / saure Brennstoffzelle ‖ ~ **gas** (Chem) / säurebildendes Gas (z.B. bei der Korrosion) ‖ ~ **gas** (Chem) / (Kohlendioxid und Schwefelwasserstoff) ‖ ~ **gas** (Oils) / Sauergas n (schwefelreiches Erdgas mit über 1 Vol-% Schwefelwasserstoff) ‖ ~ **gold** (a decoration of gold applied to the surface of a glaze which previously was etched with hydrofluoric acid or other fluoride to improve adherence) (Ceramics) / Golddekoration f auf geätzter Oberfläche ‖ ~ **hardening** (Chem Eng) / Säurehärtung f (von Resolen od. Aminoplasten)
**acid-hardening** adj (Chem Eng) / säurehärtend adj, SH (säurehärtend) adj, SH (säurehärtend)

**acid heat test** (Paper) / Säureerhitzungsprobe f ‖ ~ **hydrazide*** (Chem) / Säurehydrazid n ‖ ~ **hydrolysis** (Chem) / Säurehydrolyse f, saure Hydrlyse
**acidic** adj (Chem) / Säure-, sauer adj, acid adj, azid adj ‖ ~ **attack** (Chem, Surf) / Säureangriff m ‖ ~ **character** (Chem) / Säurecharakter m ‖ ~ **hydrogen** (Chem) / Säurewasserstoff m ‖ ~ **igneous rock** (Geol) / saures Erstarrungsgestein (z.B. Granit oder Syenit) ‖ ~ **ore** (Min) / saures (kieselreiches) Erz ‖ ~ **oxide** (Chem) / saures Oxid ‖ ~ **rock** (Geol) / saures Erstarrungsgestein (z.B. Granit oder Syenit) ‖ ~ **staining** (Biochem, Micros) / saures Färbeverfahren (mit sauren Farbstoffen)
**acidification** n (Chem) / Azidifizierung f, Ansäuern n, Ansäuerung f, Absäuern n, Absäuerung f, Säuerung f ‖ ~ **of waters** (Ecol) / Gewässerversauerung f
**acidifier** n (Chem, Nut) / Säuerungsmittel n (organische Säure, die man zum Ansäuern von Lebensmitteln benutzt)
**acidify** v / absäuern v (Wasserglaskitt, Zementmörtel) ‖ ~ (Chem) / sauer einstellen ‖ ~ (Chem) / ansäuern v, absäuern v ‖ ~ vt (Agric) / versauern vt (Boden)
**acidimetry*** n (Chem) / Azidimetrie f, Acidimetrie f
**acid immersion test** (Textiles) / Säurelagertest m
**acid-insoluble** adj (Chem) / säureunlöslich adj ‖ ~ **ash** (Paper) / säureunlösliche Asche
**acid ionization constant** (Chem) / Säuredissoziationskonstante f
**acidity*** n (Chem) / Azidität f (Fähigkeit einer Verbindung, Wasserstoffionen zu bilden; Maß für Säurestärke bzw. Säurestärke; Anzahl der Hydroxylgruppen von Basen), Acidität f ‖ ~ (acid capacity) (Chem) / Säurekapazität f (von Wasser nach DIN EN 29963, T 1) ‖ ~ (Nut) / saurer (saurer Geschmacksbestandteil) f ‖ ~ (Paper) / Säuregrad n ‖ ~ **constant** (Chem) / Säuredissoziationskonstante f
**acidity-indicator species** (Bot) / Säurezeiger m (Pflanzenart, die sauren Boden anzeigt - z.B. Sauerklee und Heidelbeere)
**acidity regulator** (Nut) / Säureregulator m
**acidization** n (Oils) / Injizierung f der Säure in einen säurelöslichen Bereich (um die Durchlässigkeit zu erhöhen), Säuerung f (von Bohrlöchern zur Steigerung des Entölungsgrades)
**acidizing*** n (an oil well) (Oils) / Injizierung f der Säure in einen säurelöslichen Bereich (um die Durchlässigkeit zu erhöhen), Säuerung f (von Bohrlöchern zur Steigerung des Entölungsgrades)
**acid leaching** (Met) / saure Laugung f ‖ ~ **lignin** (Bot, For) / Säurelignin n ‖ ~ **lining** (Met) / saure Zustellung (bei Konvertern), saure Ausmauerung ‖ ~ **migration** (Chem) / Säurewanderung f ‖ ~ **mine water** (Mining) / saure Grubenwässer
**acidness** n (Chem) / Säurecharakter m, saure Beschaffenheit
**acid neutralization capacity** (Agric, Ecol) / Säureneutralisationskapazität f (kapazitiver Parameter zur Kennzeichnung des potenziellen Puffervermögens von Böden gegenüber Säuren, SNK (Säureneutralisationskapazität)) ‖ ~ **number** (US) (Chem, Nut) / Säurezahl f (DIN 54302), SZ (Säurezahl)
**acidogenic** adj (Biochem) / acidogen adj (Phase)
**acid oil** / Säureöl n
**acidoligand** n (Chem) / Acidoligand m
**acidolysis** n (pl. acidolyses) (Chem) / Säurehydrolyse f, saure Hydrlyse
**acid open-hearth steel** (Met) / nach dem sauren SM-Verfahren hergestellter Stahl ‖ ~ **open-hearth steel-making process** (Met) / Stahlherstellung f in sauren SM-Öfen
**acidophilic** adj / acidophil adj, azidophil adj (durch saure Farbstoffe leicht färbbar) ‖ ~ **plant** (Bot) / azidophile Pflanze (eine bodenanzeigende Pflanze) (z.B. Sauerklee), säureliebende Pflanze
**acidophilous plant** (Bot) / azidophile Pflanze (eine bodenanzeigende Pflanze) (z.B. Sauerklee), säureliebende Pflanze
**acidosis*** n (pl. acidoses) (Med, Pharm) / Azidose f, Acidose f
**acid oxide** (Chem) / saures Oxid ‖ ~ **paste** / Beizpaste f (von einem Trägerstoff aufgenommene Beizlösung, die auf die zu beizenden Teile aufgestrichen werden kann) ‖ ~ **phosphatase** (Biochem, Med) / saure Phosphatase ‖ ~ **pickle** (Met) / Beize f (zum Entfernen von Rost und Zunder), Beizmittellösung f, Säurebeize f ‖ ~ **pickle** (Met) / Dekapierlösung f (zum Entfernen sehr dünner Oxid- und Flugrostschichten) ‖ ~ **pickling** (Met) / Dekapieren n (DIN 50902), Säuredekapieren n (zum Entfernen sehr dünner Oxid- und Flugrostschichten) ‖ ~ **plumping** (Leather) / Säureschwellung f ‖ ~ **poisoning** (Chem, Med) / Säurevergiftung f ‖ ~ **polishing*** (Glass) / Säurepolieren n (Verfahren zur Verbesserung der Oberflächenqualität, insbesondere von Blei- und Kristallgläsern, durch Ätzen), Blankätzen n (insbesondere von Blei- und Kristallgläsern im Säurebad) ‖ ~ **potassium fluoride** (Chem) / Kaliumhydrogenfluorid n (manchmal jedoch auch $NO(SO_3K)_2$), Frémys Salz ‖ ~ **potassium sulphate** (Chem) / Kaliumhydrogensulfat n ($KHSO_4$) ‖ ~ **precipitation** (Ecol) / saurer Niederschlag ‖ ~ **precipitation** (Ecol) / Säureregen m, saurer Niederschlag, saurer Regen ‖ ~ **process*** (Paper) / Sulfitverfahren n, Sulfitaufschluss m (saures Aufschlussverfahren zur Gewinnung von Zellstoff) ‖

~-producers pl (Bacteriol) / säurebildende Bakterien, Säurebakterien f pl, azetogene Bakterien, acetogene Bakterien
**acid-proof** adj (Chem) / säurefest adj, säurebeständig adj ‖ ~ **clothing** / Säureschutzkleidung f (DIN 4846) ‖ ~ **grease** (Elec Eng) / Säureschutzfett n (zum Schutz der Endpole und Batterieklemmen gegen die Einwirkung der Batteriesäure)
**acid protection** (Chem Eng) / Säureschutz m ‖ ~ **proton** (Chem) / acides Proton (bei einer H/D-Austauschreaktion) ‖ ~ **pump** (Chem Eng) / Säurepumpe f ‖ ~ **radical*** (Chem) / Säurerest m, Säureradikal n ‖ ~ **rain*** (Ecol) / Säureregen m, saurer Niederschlag, saurer Regen ‖ ~ **reaction** (Chem) / saure Reaktion
**acid-recovery plant** (Oils) / Säurerückgewinnungsanlage f
**acid red 27** (Chem) / Amarant m n, Naphtholrot S n (roter Azofarbstoff - als Lebensmittelfarbstoff in den Vereinigten Staaten verboten - E 123) ‖ ~ **refining** (Oils) / Säureraffination f (von Schmierölen) ‖ ~ **refractory*** (material) (Ceramics, Met) / saures feuerfestes Material (SiO$_2$-Anteil etwa 78- 93 %) ‖ ~ **resistance** (Chem) / Säurefestigkeit f, Säurebeständigkeit f ‖ ~ **resistance** (Textiles) / Säureechtheit f (DIN 54028)
**acid-resistant** adj (Chem) / säurefest adj, säurebeständig adj ‖ ~ **lining** (Build) / Säurefutter n (z.B. im Schornstein)
**acid-resisting** adj (Chem) / säurefest adj, säurebeständig adj ‖ ~ **brick** (Build, Ceramics) / säurefester Stein, säurefester Ziegel, säurebeständiger Stein, säureresistenter Stein
**acid retardation** / Säureretardation f (bei der Standzeitverlängerung von Wirkbädern), Acid-Retardation f ‖ ~ **rock*** (Geol) / saures Erstarrungsgestein (z.B. Granit oder Syenit) ‖ ~ **salts*** (Chem) / Hydrogensalze n pl (die den Säurewasserstoff enthalten), Hydrosalze n pl ‖ ~ **scrubbing tower** (Chem Eng) / Säurekolonne f (eine Waschkolonne) ‖ ~ **separator** (Chem Eng) / Säureabscheider m
**acid-shock dyeing** (Textiles) / Säureschockfärben n
**acid siphon** (Chem) / Säureheber m ‖ ~ **site** (Chem) / saures Zentrum, Säurezentrum n (an Molekülen, Katalysatoren) ‖ ~ **size** (Paper) / Freiharzleim m ‖ ~ **slag** (Met) / saure Schlacke ‖ ~ **slag*** (Met) / Bessemerschlacke f (saure Schlacke im engeren Sinne) ‖ ~ **sludge*** (Chem Eng) / Säureteer m, Säureschlamm m, Säureharz m, Säuregoudron m ‖ ~ **smut** (Ecol) / schwefeloxidhaltige, durch Luftfeuchtigkeit zusammengeballte schwebende Kohleteilchen (Luftverunreinigung) ‖ ~ **soil** (Agric) / saurer Boden
**acid-soluble** adj (Chem) / säurelöslich adj
**acid solution*** (Chem) / Säurelösung f ‖ ~ **soot** (Ecol) / schwefeloxidhaltige, durch Luftfeuchtigkeit zusammengeballte schwebende Kohleteilchen (Luftverunreinigung) ‖ ~ **spar** (Min) / Säurespat m (mit etwa 98% Calciumfluorid) ‖ ~ **staining** (Biochem, Micros) / saures Färbeverfahren (mit sauren Farbstoffen) ‖ ~ **steel*** (Met) / Bessemerstahl m, sauer erschmolzener Stahl ‖ ~ **steeping** (Textiles) / Säurebehandlung f ‖ ~ **stop*** (Photog) / Unterbrecherbad n, Stoppbad n (mit Essigsäurelösung) ‖ ~ **sweetening** (Oils) / Schwefelsäuresüßung f ‖ ~ **swelling** (Leather) / Säureschwellung f ‖ ~ **tank** (Chem Eng) / Säurebehälter m ‖ ~ **tar** (Chem Eng) / Säureteer m, Säureschlamm m, Säureharz m, Säuregoudron m ‖ ~ **tartrate** (Chem) / Hydrogentartrat n ‖ ~ **to water** (Chem) / Säure ins Wasser (um Unfälle zu vermeiden - niemals Wasser in die Säure, sonst geschieht das Ungeheure) ‖ ~ **tower** (Paper) / Säureturm m (bei der Zellstoffherstellung) ‖ ~ **treating** (Chem) / Säurebehandlung f ‖ ~ **treatment** (Chem) / Säurebehandlung f ‖ ~ **treatment** (Oils) / Schwefelsäureraffination f (von Erdöldestillaten), Säureraffination f ‖ ~ **treatment** (Oils) / Injizierung f der Säure in einen säurelöslichen Bereich (um die Durchlässigkeit zu erhöhen), Säuerung f (von Bohrlöchern zur Steigerung des Entölungsgrades)
**acidulant** n (US) (Chem, Nut) / Säuerungsmittel n (organische Säure, die man zum Ansäuern von Lebensmitteln benutzt)
**acidulate** v (Chem) / ansäuern v, absäuern v
**acidulation** n (Chem) / Azidifizierung f, Ansäuern n, Ansäuerung f, Absäuern n, Absäuerung f, Säuerung f
**acidulous water** / angesäuertes Wasser, Sauerbrunnen f
**aciduric** adj (Biol) / säuretolerant adj (Mikroorganismen)
**acid value*** (Chem, Nut) / Säurezahl f (DIN 54302), SZ (Säurezahl) ‖ ~ **valve** (Chem Eng) / säurefestes Ventil, Säureventil n ‖ ~ **violet** (Chem) / Säureviolett n ‖ ~ **washing** (Build, Civ Eng) / Abbeizen n (des Betonwerksteines), Absäuern n (des Betonwerksteines) ‖ ~ **washing** (Chem Eng, Textiles) / Säurewäsche f ‖ ~ **wax** (Chem Eng) / Säurewachs m ‖ ~ **whey** (Nut) / Sauermolke f ‖ ≙ **Yellow 23** (Chem, Nut, Textiles) / Tartrazin n (saurer Pyrazolonfarbstoff - E 102), Hydrazingelb n O, Echtwollgelb n, Echtlichtgelb n ‖ ~ **yellow 3** (Chem, Nut, Textiles) / Chinolingelb n (E 104 - in den USA ist jedoch das Färben der Lebensmittel mit Chinolingelb nicht erlaubt), Brillantgelb n, L-Gelb n (Chinophthalondisulfonsäure)
**acieration** n / Verstählen n (Beschichten mit Stahl), Verstählung f
**ac-joint** n (Geol) / ac-Kluft f
**ac Josephson effect** (Electronics) / Wechselstrom-Josephson-Effekt m

**ACK** (Telecomm) / positive Rückmeldung (ein CCITT-Steuerzeichen für Datenübertragung), ACK ‖ ≙ (positive acknowledgement) (Telecomm) / positive Rückmeldung (Tätigkeit), positive Quittung
**ack-ack missile** (Mil) / Fla-Flugkörper m, Fla-Rakete f, Flugabwehrlenkwaffe f
**Ackeret-Keller cycle** (Eng, Phys) / Ackeret-Keller-Prozess m (ein Vergleichsprozess für Gasturbinen, wobei die Zustandsänderungen dieselben wie beim Ericsson-Prozess sind) ‖ ≙ **process** (Eng, Phys) / Ackeret-Keller-Prozess m (ein Vergleichsprozess für Gasturbinen, wobei die Zustandsänderungen dieselben wie beim Ericsson-Prozess sind)
**Ackeret method** (Aero, Phys) / Ackeret-Methode f (für die Ermittlung des Profilverhaltens in Ultraschallströmungen - nach J. Ackeret, 1898 - 1981)
**Ackermann function** (Maths) / Ackermann'sche Funktion ‖ ≙ **linkage** (Autos) / Lenktrapez n ‖ ≙ **steering*** (Autos) / Achsschenkellenkung f, Ackermann-Lenkung f, A-Lenkung f ‖ ≙ **steering gear** (Autos) / Lenktrapez n
**acknowledge** (an international transmission control code) (Telecomm, Teleg) / positive Rückmeldung (ein CCITT-Steuerzeichen für Datenübertragung), ACK ‖ ~ **character** (Telecomm) / positive Rückmeldung (ein CCITT-Steuerzeichen für Datenübertragung), ACK
**acknowledged interaction** (Comp) / Dialog m mit Quittierung
**acknowledgement** n (Comp) / Quittungssignal n, Quittungsmeldung f, Quittung f (Signal) ‖ ~ (Telecomm) / Bestätigung f (des Erhalts der Mitteilung) ‖ ~ (Telecomm) / positive Rückmeldung (ein CCITT-Steuerzeichen für Datenübertragung), ACK ‖ ~ **signal*** (Comp) / Quittungssignal n, Quittungsmeldung f, Quittung f (Signal)
**acknowledger** n (Rail) / Quittungsschalter m
**acknowledging switch** (Rail) / Quittungsschalter m
**ACL** (access control list) (Comp) / Zugriffssteuerungsliste f, Zugriffskontrollliste f ‖ ≙ (Telecomm) / Zugangssatz m für Teilnehmerleitungen
**acle** n (For) / Pyinkado n (Xylia sp.), Irul n
**aclinal** adj (Mining) / söhlig adj (ohne Einfallen), horizontal adj (verlaufend)
**aclinic** adj (Mining) / söhlig adj (ohne Einfallen), horizontal adj (verlaufend) ‖ ~ **line** (Geophys) / erdmagnetischer Äquator, Akline f (Linie, die alle Punkte verbindet, in denen die magnetische Inklination null beträgt)
**ACM** (acrylate rubber) (Chem Eng) / Acrylatkautschuk m, Akrylatkautschuk m, Akrylkautschuk m, Acrylkautschuk m, ACM (Acrylatkautschuk)
**ac machine** (Elec Eng) / Wechselstrommaschine f ‖ ~ **mains** (Elec Eng) / Wechselstromnetz n
**acme screw-thread*** (Eng) / [Acme-]Trapezgewinde n (ein amerikanisches Bewegungsgewinde)
**ac meter** (Elec Eng) / Wechselstromzähler m (der Wirkarbeit W in kWh misst)
**acme zone** (Ecol, Geol) / biostratigrafische Einheit, gekennzeichnet durch die maximale Häufigkeit einer Art, Gattung bzw. eines anderen Taxons
**acmite*** n (Min) / Akmit m (brauner Natronaugit)
**AC motor** (Elec Eng) / Wechselstrommotor m
**ac motor*** (Elec Eng) / Wechselstrommotor m ‖ ~ **network** (Elec Eng) / Wechselstromnetz n
**acnode*** n (Maths) / Einsiedlerpunkt m (in der Kurvendiskussion), isolierter Kurvenpunkt
**ACO** (adaptive-control optimization) (Automation) / Optimierregelung f, adaptive Regelung (mit Erreichen vorgegebener Gütekriterien) ‖ ≙ (adaptive-control optimization) (Automation) / Erreichen n vorgegebener Gütekriterien (bei der adaptiven Regelung)
**aconitase** n (Biochem) / Aconitase f (Enzym des Citronensäurezyklus), Aconitat-Hydratase f
**aconitic acid** (Chem) / Pyrocitronensäure f, Akonitsäure f, Aconitsäure f (Propen-1,2,3-tricarbonsäure), Equisetinsäure f
**aconitine** n (Chem, Pharm) / Akonitin n (Alkaloid aus dem Sturmhut), Aconitin n
**"a" contact** (Elec Eng) / Schließer m (ein Relaiskontakt, der dann geschlossen ist, wenn die Relaisspule erregt ist - DIN 40713), Schließkontakt m, Arbeitskontakt m
**acorn** n (Bot, For, Leather) / Eichel f (eine Baumfrucht) ‖ ~ **hexagon head bolt** (Eng) / Hutschraube f (DIN 25197)
**acorn-hinge** (Join) / Nussband n (für Möbel)
**acorn nut** (Eng) / Hutmutter f (hohe Form = DIN 1587, niedrige Form = DIN 917; s. auch DIN ISO 1891) ‖ ~ **sugar** (Chem) / Querzit m, Querzitin n (Cyclohexanpentol), Eichelzucker m, Quercit m, Quercitol n ‖ ~ **valve*** (Electronics) / Knopfröhre f, Eichelröhre f, Acornröhre f (Kleinströhre)
**Acosta's disease** (Med) / Bergkrankheit f, Höhenkrankheit f, Ballonkrankheit f, Fliegerkrankheit f, Bergkoller m

**acoustextile**

**acoustextile*** n (Build, Textiles) / schallschluckende textile Wandbespannung
**acoustic** adj (Acous) / schallschluckend adj (Material, Putz), schallabsorbierend adj ‖ ~ (energy, feedback, impedance, inertance, load, memory, output, resistance, signal, transducer, wave) (Acous) / akustisch adj ‖ ~ **absorber** (Acous) / Schallabsorber m, Schallschlucker m ‖ ~ **absorption*** (Acous) / Schallabsorption f (Entzug von Schallenergie durch Schallableitung oder Umwandlung in eine andere Energieform - DIN 1320 und DIN 4109), Schallschluckung f ‖ ~ **admittance** (Acous) / Admittanz f (DIN 1320)
**acoustical** adj (device, engineer, glossary, measurement, method, school, society, stiffness, symbol, unit) (Acous) / akustisch adj ‖ ~ **absorptive treatment** (Acous, Build) / Schalldämmung f, Geräuschdämpfung f (als Baumaßnahme) ‖ ~ **board** (Build) / Akustikplatte f (den Nachhall regelnde Platte) ‖ ~ **ceiling** (Acous, Build) / Schalldecke f ‖ ~ **Doppler effect** (Acous, Phys) / akustischer Dopplereffekt ‖ ~ **engineering** (Civ Eng) / Akustikbau m ‖ ~ **event** (Acous) / Schallereignis n ‖ ~ **holography** (Phys) / Ultraschallholografie f, akustische Holografie, Schallwellenholografie f ‖ ~ **insulation** (Acous) / Schalldämmung f (Behinderung der Schallausbreitung)
**acoustically effective porosity** (Acous, Build) / akustisch wirksame Porosität (DIN 1320)
**acoustical mass*** (Acous) / akustische Masse, akustische Trägheit ‖ ~ (insulation) **material** (Acous, Build) / Schalldämmstoff m, schalldämmendes Material ‖ ~ **microscopy** (Materials, Micros) / akustische Mikroskopie ‖ ~ **stiffness*** (Acous) / akustische Steife ‖ ~ **tile** (Build, Ceramics) / Schallschutzfliese f, Schallschluckfliese f, Akustikfliese f
**acoustic baffle** (Acous) / Schallwand f, Reflexionsplatte f ‖ ~ **beam** (Acous) / Schallbündel n ‖ ~ **box** (Acous, Build) / Schallschutzkabine f ‖ ~ **branch*** (Crystal, Phys) / akustischer Zweig ‖ ~ **brick** (Build) / Schallschutzziegel m (z.B. Poroton), Schallschluckziegel m ‖ ~ **bridge** (Acous, Build) / akustische Brücke (zur Messung akustischer Impedanzen), Schuster-Brücke f ‖ ~ **comfort index** (Acous) / akustischer Akzeptanzpegel, AAP (akustischer Akzeptanzpegel) ‖ ~ **compliance** (Acous) / akustische Federung ‖ ~ **construction** (Build) / schalldichte Bauweise ‖ ~ **contour control** (Acous) / Regler m (bei Hi-Fi-Studioboxen) ‖ ~ **coupler** (Comp) / akustischer Koppler (DIN 44302), Akustikkoppler m (ein alter Modem zur Datenfernübertragung), Koppler m ‖ ~ **delay line** / akustische Verzögerungsleitung ‖ ~ **diffraction** (Acous) / Schallbeugung f ‖ ~ **dispersion** (Acous) / Dispersion f von Schallwellen, akustische Dispersion ‖ ~ **efficiency** (Acous) / akustischer Wirkungsgrad (Verhältnis der akustischen zur mechanischen Leistung) ‖ ~ **emission** (Acous) / Schallemission f (DIN 1320), akustische Emission ‖ ~ **energy** (Acous) / Schallenergie f (von der Schallquelle in das Schallfeld abgegeben - DIN 1320) ‖ ~ **engineering** (Acous) / Elektroakustik f, Tontechnik f, Akustik f (als technische Disziplin) ‖ ~ **excitation** (Acous) / akustische Erregung, akustische Anregung ‖ ~ **fatigue** (Phys) / akustische Ermüdung ‖ ~ **feedback*** (Telecomm) / akustische Rückkopplung ‖ ~ **filter*** (Acous) / akustisches Filter ‖ ~ **generator** (Acous) / Schallerzeuger m ‖ ~ **grating*** (Acous) / akustisches Gitter (zur spektralen Zerlegung eines aus mehreren Teiltönen bestehenden Schallsignals) ‖ ~ **holography** (Phys) / Ultraschallholografie f, akustische Holografie, Schallwellenholografie f ‖ ~ **hood** (Acous, Eng) / Schallverkleidung (DIN ISO 7967)
**acoustician** n (Acous) / Akustiker m (Fachmann für Akustik)
**acoustic image** (Acous, Materials) / Abbildung f durch Ultraschall (Produkt) ‖ ~ **imaging** (Phys) / Ultraschallsichtverfahren n, Sonografie f, Abbildung f durch Ultraschall (Vorgang) ‖ ~ **impedance*** (Acous) / akustische Impedanz (DIN 1320), Flussimpedanz f, Schallimpedanz f ‖ ~ **inertance** (Acous) / akustische Masse, akustische Trägheit ‖ ~ **intensity level** (Acous) / Lautstärkepegel m, $L_N$ (quantitatives Maß für die Stärke der Schallempfindung nach DIN 45630, T 1) ‖ ~ **lens*** (Acous) / akustische Linse (Anordnung zur Streuung der Schallwellen bei höheren Tonfrequenzen) ‖ ~ **log** (Oils) / Akustiklog n (Gerät zur Schichtgrenzenbestimmung in Bohrlöchern durch Messung der Laufzeit elastischer Wellen unter Einsatz einer Ultraschallquelle und eines Seismografen) ‖ ~ **measurement** (Acous) / Schallmessung f, akustische Messung ‖ ~ **measuring** (Acous) / Schallmessung f, akustische Messung ‖ ~ **memory** (Comp) / akustischer Speicher, akustischer Laufzeitspeicher, Schallspeicher m ‖ ~ **microscope** (Materials, Micros) / Ultraschallmikroskop n, U-Schall-Mikroskop n, akustisches Mikroskop, Akustomikroskop n (mit Eindringtiefen bis 10 mm unter die Oberfläche) ‖ ~ **nerve** (Acous) / Akustikus m (pl. -tizi), Nervus vestibulocochlearis, Nervus statoacusticus ‖ ~ **ohm*** (Acous) / veraltete Einheit der Schallimpedanz ($10^5$ Pa.s/m$^3$)
**acousticophobia** n (Acous, Med) / Akustikophobie f, Geräuschangst f

**acoustic oscillation** (Acous) / Schallschwingung f, akustische Schwingung ‖ ~ **phase coefficient** (Acous) / Schallphasenkoeffizient m (Imaginärteil des Schallausbreitungskoeffizienten nach DIN 1320) ‖ ~ **plaster*** (Acous, Build) / Akustikputz m, Schalldämmputz m ‖ ~ **plaster** (Build) / schallschluckender Putz ‖ ~ **plenum** (Oils) / schalltoter Raum ‖ ~ **power** (Acous) / Schallleistung f (Schallenergie pro Zeiteinheit, die durch eine bestimmte Fläche geht - DIN 1320) ‖ ~ **pressure** (Acous) / Schalldruck m (DIN 1320), Schallwechseldruck m (in einem Volumenelement)
**acoustic-pressure level** (Acous, Build) / Schalldruckpegel m (DIN 1320)
**acoustic processor** (Comp) / Akustikprozessor m ‖ ~ **properties** (Acous) / Hörsamkeit f (ein Wert, der die Eignung eines Raumes für Schalldarbietungen kennzeichnet - DIN 1320) ‖ ~ **quality** (Acous) / Hörsamkeit f (ein Wert, der die Eignung eines Raumes für Schalldarbietungen kennzeichnet - DIN 1320) ‖ ~ **radiation** (Acous) / Schallstrahlung f, Schallabstrahlung f ‖ ~ **radiation impedance** (Acous) / Schallstrahlungsimpedanz f (DIN 1320) ‖ ~ **radiator*** (Acous) / akustischer Strahler, Schallstrahler m, Schallsender m ‖ ~ **ratio*** (Acous) / Verhältnis n der direkten zur indirekten Lautstärke ‖ ~ **reactance** (Acous) / akustischer Blindwiderstand, akustische Reaktanz ‖ ~ **receiver** (Acous) / Schallaufnehmer m (Sensor für Schall), Schallempfänger m ‖ ~ **reflection** (Acous) / Schallreflexion f ‖ ~ **resistance** (Acous) / akustische Resistanz, akustischer Wirkwiderstand ‖ ~ **room monitoring** (Telecomm) / akustische Raumüberwachung (mit Babysitter-Funktion), Babyphon n
**acoustics*** n (Acous, Build) / Akustik f (DIN 1320)
**acoustic sensitivity** (Acous) / Schallempfindlichkeit f, Empfindlichkeit f für Schall ‖ ~ **shield** (Acous) / Schallschirm m (im Allgemeinen nach DIN 18 005, T 1), akustischer Schirm ‖ ~ **shielding** (Acous) / akustische Abschirmung ‖ ~ **shock** (Acous) / akustischer Schock
**acoustic-shock absorber diode** (Acous, Electronics, Teleph) / Gehörschutzdiode f
**acoustic short circuit** (Acous) / akustischer Kurzschluss (bei einem frei aufgestellten Lautsprecher) ‖ ~ **signal** (Acous) / akustisches Signal, Tonsignal n
**acoustics in mechanical engineering** (Acous, Eng) / Maschinenakustik f
**acoustic spectrum*** (Acous) / Schallspektrum n (in der Schallanalyse) ‖ ~ **stimulus** (Acous) / Schallreiz m ‖ ~ **store** (Comp) / akustischer Speicher, akustischer Laufzeitspeicher, Schallspeicher m ‖ ~ **streaming** (Acous) / akustische Strömung ‖ ~ **surface wave** (Acous, Radar) / akustische Oberflächenwelle ‖ ~ **tile*** (Build, Ceramics) / Schallschutzfliese f, Schallschluckfliese f, Akustikfliese f ‖ ~ **torpedo** (Mil) / akustischer Torpedo (aktiver oder passiver) ‖ ~ **trauma** (Acous, Med) / akustisches Trauma (Gehörschaden durch Schallüberlastung) ‖ ~ **velocity** (Acous, Aero) / Schallgeschwindigkeit f (Ausbreitungsgeschwindigkeit einer Schallwelle nach DIN 1320) ‖ ~ **wallpaper** (Build) / schallschluckende Tapete ‖ ~ **wave** (Acous) / Schallwelle f (DIN 1320)
**acoustic-wave device** (Electronics) / akustoelektronisches Bauelement, Akustoelektronikelement n, AW-Bauelement n
**acoustochemistry** n (Chem) / Sonochemie f, Ultraschallchemie f (Sonochemie, die sich ausschließlich mit den chemischen Wirkungen des Ultraschalls befasst ), Akustochemie f (ein Teilgebiet der physikalischen Chemie, das sich mit der Erzeugung von Schall durch chemische Reaktionen und mit der Beeinflussung chemischer Reaktionen durch Schall- und Ultraschallschwingungen befasst)
**acoustoelectric** adj / akustoelektrisch adj ‖ ~ s. also electroacoustic
**acoustoelectronics** n (Electronics) / Akustoelektronik f (ein Teilgebiet der Elektronik)
**acoustooptic** adj (Acous, Optics) / akustooptisch adj ‖ ~ **effect** (Acous, Optics) / akustooptischer Effekt ‖ ~ **modulator** (Acous, Optics) / akustooptischer (Licht)Modulator (der ein Lichtbündel ohne Schallfeld ungehindert passieren lässt, mit Feld dagegen einen Teil des Lichtbündels um einen bestimmten Winkel ablenkt)
**acoustooptics** n (Acous, Optics) / Akustooptik f (Wechselwirkungen zwischen hochfrequenten Ultra- und Hyperschallwellen mit elektromagnetischen Wellen)
**ACP** (acyl-carrier protein) (Biochem) / Acyl-Carrier-Protein n (Proteinkomponente des Fettsäure-Synthetase-Komplexes)
**ACPI** (Advanced Configuration and Power Interface) (Comp) / ACPI-Schnittstelle f
**ac-plane** n (Geol) / ac-Ebene f, Deformationsebene f
**ACQR** (acquisition radar) (Radar) / Zielerfassungsradar m n, Akquisitionsradar m
**acquire** v / erwerben v (Kenntnisse)
**acquired immunodeficiency syndrome*** (Med) / Aids n
**acquisition** n (Comp, Radar) / Erfassung f, Akquisition f (Auswahl eines während Suche entdeckten Ziels mit Übernahme in die Verfolgung, und Beseitigung von Falschzielen) ‖ ~ (Eng) / Erfassung f (eines Werkstücks durch einen Roboter) ‖ ~ **and tracking radar** (Radar) / Erfassungs- und Verfolgungsradar m n ‖ ~ **cost** /

Anschaffungskosten *pl* ‖ ~ **radar** (Radar) / Zielerfassungsradar *m n*, Akquisitionsradar *m*
**ACR**\* (approach control radar) (Aero, Radar) / Anflugradar *m n*, Radarlandegerät *n*
**ac resistance** (Elec Eng) / Wechselstromwiderstand *m* (der in einem Wechselstromkreis auftretende Wirkwiderstand, induktiver Widerstand von Spulen und kapazitiver Widerstand von Kondensatoren)
**acrid** *adj* / beißend *adj* (Qualm, Geruch ), stechend *adj* (Geruch), ätzend *adj* ‖ ~ (Nut) / sauer *adj*, herb *adj*, streng *adj*, scharf *adj* (im Geschmack) ‖ ~ (Nut) / bissig *adj* (Wein)
**acridine**\* *n* (Chem) / Akridin *n*, Acridin *n* ‖ ~ **dye** (Chem) / Akridinfarbstoff *m* (basischer Beizenfarbstoff), Acridinfarbstoff *m* ‖ ~ **orange** (Chem) / Akridinorange *n*, Acridinorange *n* (3,6-Bis(dimethylamino)-acridin)
**acriflavine**\* *n* (Med) / Akriflavin *n*, Acriflavin *n* (ein Antiseptikum)
**ac ringing current** (Teleph) / Rufwechselstrom *m*
**acrisol** *n* (Agric, Geol) / Ultisol *m*, Acrisol *m*, Akrisol *m*
**acrobatic flight** (Aero) / Kunstflug *m*
**acrobatics** *n* (US) (Aero) / Kunstfliegen *n*, Luftakrobatik *f*, Aerobatik *f*
**acrolein**\* *n* (Chem) / Propenal *n*, Akrylaldehyd *m*, Acrylaldedyhd *m*, Acrolein *n*, Akrolein *n*, Allylaldehyd *m* ‖ ~ **cyanohydrin** (Chem, Plastics) / Acroleincyanohydrin *n*
**acromelic acid** (Chem, Med) / Acromelsäure *f*, Acromelinsäure *f*
**acrometer** *n* / Öldichtemesser *m*
**acromorph** *n* (Geol) / Salzdom *m* (steilwandiger Salzkörper, der sein Aufdringen Faltungsvorgängen oder der Aufwärtsbewegung des Salzes auf tektonischen Spalten verdankt), Salzstock *m*, Salzhorst *m*, Salzdiapir *m* (spezielle Struktur des Salzgebirges), Salzhut *m*
**across-corner dimension** (Eng) / Übereckmaß *n*
**across-flats dimension(s)** (Eng) / Schlüsselweite *f* (DIN 475, T 1), SW (Schlüsselweite)
**across-machine direction** (Eng) / Querrichtung *f* (quer zur Laufrichtung der Maschine)
**across the fibre** (Met) / quer zur Faserrichtung ‖ ~ **the grain** (For) / quer zur Faser(richtung)
**across-the-line starting** (Elec Eng) / Anlauf *m* mit direktem Einschalten, direktes Einschalten, direktes Anlassen
**across-track direction** (Radar) / Seitenrichtung *f*
**acroter** *n* (Arch) / Akroter *m* (pl. -e), Akroterion *n* (pl. -ien)
**acroterion** *n* (pl. -ria) (Arch) / Akroter *m* (pl. -e), Akroterion *n* (pl. -ien)
**acroterium**\* *n* (pl. -ria) (Arch) / Akroter *m* (pl. -e), Akroterion *n* (pl. -ien)
**AC rubber** / AC-Kautschuk *m*, arktischer Kautschuk
**acrylaldehyde**\* *n* (Chem) / Propenal *n*, Akrylaldehyd *m*, Acrylaldedyhd *m*, Acrolein *n*, Akrolein *n*, Allylaldehyd *m*
**acryl amide** (Chem) / Akrylsäureamid *n*, Acrylsäureamid *n*, Akrylamid *n*, Propenamid *n*, Acrylamid *n*
**acrylate** *n* (Chem) / Acrylat *n*, Akrylat *n* (Salz oder Ester der Akrylsäure) ‖ ~ **rubber**\* (Chem Eng) / Acrylatkautschuk *m*, Akrylatkautschuk *m*, Akrylkautschuk *m*, Acrylkautschuk *m*, ACM (Acrylatkautschuk)
**acrylic** *n* (Paint) / Akrylharzlack *m* (mit Polyakrylatharzen als Bindemittel), Acrylharzlack *m* ‖ ~ **acid**\* (Chem) / Acrylsäure *f* (einfach ungesättigte, unverzweigte Fettsäure), Akrylsäure *f*, Propensäure *f*, Vinylcarbonsäure *f*, Vinylkarbonsäure *f*, Ethencarbonsäure *f*, Ethenkarbonsäure *f* ‖ ~ **adhesive**\* / Akrylatklebstoff *m*, Acrylatklebstoff *m* ‖ ~ **ester**\* (ester of acrylic acid) (Chem) / Akrylsäureester *m*, Acrylsäureester *m* ‖ ~ **fibres**\* (Textiles) / Akrylfasern *f pl* (die aus mindestens 85% Polyakrylnitril bestehen) ‖ ~ **glass** / Akrylglas *n*, Acrylglas *n* (Kunststoff aus Methacrylaten) ‖ ~ **glass** (Plastics) / organisches Kunstglas, organisches Glas (durchsichtiges Kunstharz aus Polymethakrylsäure und Polystyrol) ‖ ~ **nitrile** / Acrylnitril *n*, Acrylsäurenitril *n*, Akrylnitril *n*, Akrylsäurenitril *n*, Propennitril *n*, Vinylzyanid *n* ‖ ~ **resin paint**\* (Paint) / Akrylharzlack *m* (mit Polyakrylatharzen als Bindemittel), Acrylharzlack *m* ‖ ~ **resins**\* (synthetic resins) (Chem, Plastics) / Akrylatharze *n pl*, Acrylatharze *n pl*, Akrylharze *n pl* (zu den Akrylharzen werden im weiteren Sinne auch Polymethakrylate gezählt), Acrylharze *n pl*, AY ‖ ~ **rubber** (Chem Eng) / Acrylatkautschuk *m*, Akrylatkautschuk *m*, Akrylkautschuk *m*, Acrylkautschuk *m*, ACM (Acrylatkautschuk)
**acrylics** *pl* (Textiles) / Akrylfasern *f pl* (die aus mindestens 85% Polyakrylnitril bestehen)
**acrylonitrile**\* *n* / Acrylnitril *n*, Acrylsäurenitril *n*, Akrylnitril *n*, Akrylsäurenitril *n*, Propennitril *n*, Vinylzyanid *n*
**acrylonitrile-butadiene rubber** (Plastics) / Butadien-Acrylnitril-Kautschuk *m*, Butadien-Akrylnitril-Kautschuk *m*, Nitrilkautschuk *m* (ein Synthesekautschuk), NBR (Butadien-Acrylnitril-Kautschuk)
**acrylonitrile butadiene styrene**\* (Chem) / Acrylnitril-Butadien-Styrol *n*, Acrylnitril-Butadien-Styrol *n*, ABS (Acrylnitril-Butadien-Styrol)

**acrylonitrile-methylmethacrylate copolymer** (Chem) / Akrylnitril-Methylmethakrylat-Kopolymer *n*, Acrylnitril-Methylmethakrylat-Copolymer *n*, A/MMA
**ACS**\* (Aero) / aktive Steuerungstechnik
**ac servomotor** (Elec Eng) / Wechselstrom-Servomotor *m* ‖ ~ (power) **source** (Elec Eng) / Wechselstromquelle *f*
**ACSR** (aluminium cable, steel-reinforced) (Cables) / Aluminium-Stahl-Kabel *n*
**ac system** (Elec Eng) / Wechselstromsystem *n* (DIN 40 108)
**ACT** (activated-complex theory) (Chem) / Eyring'sche Theorie *f* (des Reaktionsablaufs - nach H. Eyring, 1901 - 1981), Theorie *f* des Übergangszustands, TÜZ (Theorie des Übergangszustands), Theorie *f* des aktivierten Komplexes
**act** *v* (on) / wirken *v* (auf), einwirken *v* (auf) ‖ ~ (Eng) / funktionieren *v*, gehen *v*, in Betrieb sein, in Gang sein, laufen *v* ‖ ~ **at a point** (Mech) / in einem Punkt angreifen
**ACTH**\* (adrenocorticotrophic hormone) (Biochem) / adrenokortikotropes Hormon, Corticotropin *n*, Kortikotropin *n*, Adrenokortikotropin *n*, kortikotropes Hormon, ACTH
**actin**\* *n* (Biochem, Physiol) / Actin *n* (neben Myosin eines der beiden wichtigsten Proteine im Muskel)
**acting** *adj* / tätig *adj*
**actinic** *adj* (Chem, Phys) / fotochemisch wirksam, aktinisch *adj* (durch Strahlen hervorgerufen) ‖ ~ **glass** (Glass) / aktinisches Glas
**actinic-green glass** (Glass) / aktinisches Grünglas
**actinic light** / wirksames Licht, aktinisches Licht ‖ ~ **radiation**\* (Radiol) / aktinische Strahlung
**actinides**\* *pl* (Chem) / Aktinoidenelemente *n pl*, Aktiniumreihe *f*, Actinoide *n pl*, Aktinoide *n pl*
**actinide series** (Chem) / Aktinoidenelemente *n pl*, Aktiniumreihe *f*, Actinoide *n pl*, Aktinoide *n pl*
**actinium**\* *n* (Chem) / Actinium *n*, Ac (Actinium), Aktinium *n* ‖ ~ **decay series** (Chem) / Aktiniumzerfallsreihe *f* ‖ ~ **emanation** (Chem) / Aktiniumemanation *f*, Actinon *n*, An (Actinon), AcEm (Radonisotop 219)
**actinoid contraction** (Chem, Nuc) / Aktinoidenkontraktion *f*, Actinoidenkontraktion *f* ‖ ~ **elements** (Chem) / Aktinoidenelemente *n pl*, Aktiniumreihe *f*, Actinoide *n pl*, Aktinoide *n pl*
**actinoids** *pl* (Chem) / Aktinoidenelemente *n pl*, Aktiniumreihe *f*, Actinoide *n pl*, Aktinoide *n pl*
**actinolite**\* *n* (Min) / Aktinolith *m*, Strahlstein *m* ‖ ~\* (Min) s. also amphibole asbestos
**actinometer** *n* (Astron, Chem) / Aktinometer *n* (ein Radiometer)
**actinometry** *n* (Astron, Chem) / Aktinometrie *f*
**actinomorphic** *adj* (Biol) / radiär *adj*, multilateral *adj*, polysymmetrisch *adj*, aktinomorph *adj*, strahlig *adj*
**Actinomycetales**\* *pl* (Bacteriol) / Actinomycetales *pl* (eine Bakterienordnung)
**actinomycetes** *pl* (Bacteriol) / Strahlpilze *m pl*, Actinomyceten *pl* (zu den Bakterien der Ordnung Actinomycetales gehörende unregelmäßig geformte Kurzstäbchen, hyphenartig fragmentierende Formen sowie Mycelbildner), Actinomycetes *pl*
**actinomycin** *n* (Pharm) / Actinomycin *n*
**actinon** *n* (Chem) / Aktiniumemanation *f*, Actinon *n*, An (Actinon), AcEm (Radonisotop 219)
**actinotherapy**\* *n* (Med) / Aktinotherapie *f*, Strahlentherapie *f* (Bestrahlung des Körpers oder einzelner Körperteile), Strahlenbehandlung *f* (Oberbegriff)
**actino-uranium** *n* (Chem) / Actinouran *n*, AcU (das Uranisotop 235U)
**action**\* ! (Cinem) / Achtung, Aufnahme !
**action**\* *n* / Auswirkung *f*, Wirkung *f*, Einwirkung *f*, Folge *f* (Auswirkung) ‖ ~ / Aktion *f* (z.B. des Spielers in der Spieltheorie) ‖ ~ (AI) / Aktion *f* (in der Entscheidungstabelle) ‖ ~ (Comp) / Verhalten *n* ‖ ~ (Chem) / Einwirkung *f* (z.B. einer Verbindung auf eine andere - DIN 1991-1) ‖ ~ (Comp) / Maßnahme *f* des Operators, Bedienungsmaßnahme *f*, Bedienungsvorgang *m* ‖ **out of** ~ / außer Betrieb, aus *adv* ‖ ~ **at a distance** (Phys) / Fernwirkung *f* ‖ ~ **flow** (in a program) (Comp) / Steuerfluss *m* (in einem Programm) ‖ ~ **frame** (AI) / Handlungsrahmen *m*, Handlungsframe *m*, Aktionsframe *m* ‖ ~ **integral** (Mech) / Hamilton'sche Wirkungsfunktion, Wirkungsintegral *n* (das zwischen zwei festen Zeitpunkten genommene Zeitintegral der Lagrange-Funktion eines physikalischen Systems), Wirkungsfunktion *f* ‖ ~ **interface** (Elec Eng) / Wirkfuge *f* (DIN 8580) ‖ ~ **key** (Comp) / Auslösetaste *f* (deren Betätigung eine Funktion bewirkt; Gegensatz: Schreibtaste) ‖ ~ **limit** (Automation) / Eingriffsgrenze *f* (DIN 55350-33) ‖ ~ **line** (Mech) / Angriffslinie *f*, Wirkungslinie *f* (der angreifenden Kräfte) ‖ ~ **of frost** / Frostwirkung *f*, Frosteinwirkung *f* (Produkt aus Lufttemperatur und Zeitdauer des Frostes), Frosteinfluss *m* ‖ ~ **of light** (Optics, Photog) / Lichteinwirkung *f* ‖ ~ **pair** (tool and workpiece) (Eng, Tools) / Wirkpaar *n* ‖ ~ **pattern** (Eng) / Verhaltensmuster *n* (z.B. eines IR), Wirkungsweise *f* ‖ ~ **plan** (AI) /

**action**

Aktionsplan m || ~ **potential*** (Physiol) / Aktionspotential n || ~ **quantity** (Automation) / Wirkungsgröße f || ~ **space** (Work Study) / Wirkraum m (der Arme, der Beine) || ~ **still** (Cinema) / Still n, Standfoto m (bei Filmaufnahmen eine Fotografie, die Einrichtung, Kostümierung und Arrangement jeder Kameraeinstellung für die weiteren Dreharbeiten und für Werbezwecke festhält), Standbild n, Werkfoto n, Einzelbildvergrößerung f
"**action taken" notice** (Comp) / Vollzugsmeldung f (Änderungsauftrag)
**action variable** (Mech) / Wirkungsvariable f || ~ **viewer** (Cinema) / Filmbetrachter m (von Hand oder motorisch betrieben), Filmbetrachtungsgerät n, Bildbetrachter m (ein Filmbetrachtungsgerät), Laufbildbetrachter m || ~ **window** (Comp) / Arbeitsfenster n (in der Mehrfenstertechnik)
**activate** v / aktivieren v || ~ (a routine) (Comp) / anspringen vt (eine Routine) || ~ (Elec, Nuc, Phys) / anregen v || ~ (by pickling prior to plating) (Surf) / aktivieren v, aufrauen v
**activated alumina** (Chem) / aktivierte (künstlich) Tonerde, Aktivtonerde f || ~ **bleaching agent** (Chem) / Bleichaktivator m, Bleichaktivierungsmittel n, Bleichmittelaktivator m || ~ **carbon*** (Chem) / Aktivkohle f, aktivierter Kohlenstoff, aktiver Kohlenstoff || ~ **carbon*** (Chem) s. also activated charcoal
**activated-carbon fibre** / Aktivkohlefaser f (als Adsorbens) || ~ **filter** (Chem Eng) / Aktivkohlefilter n (z.B. zur Entölung des Wassers), AKF (Aktivkohlefilter)
**activated cathode*** (Electronics) / aktivierte Katode (eine Glühkatode, z.B. Barium- oder Oxidkatode) || ~ **cathode*** s. also coated cathode || ~ **charcoal*** (Chem, Pharm) / aktivierte Holzkohle, aktivierte Kohle, Aktivkohle f, A-Kohle f, carbo m activatus || ~ **charcoal canister** (Autos) / Aktivkohlebehälter m (in dem die Kohlenwasserstoffe adsorbiert werden), Aktivkohlefilter-Behälter m || ~ **clay** (a clay, such as bentonite, which is treated with acid to improve its bleaching and adsorptive properties) (Ceramics) / aktivierter Ton || ~ **complex** (Chem) / Übergangszustand m (eine transiente Spezies in der Reaktionstechnik), aktivierter Komplex, Begegnungskomplex m
**activated-complex theory** (Chem) / Eyring'sche Theorie f (des Reaktionsablaufs - nach H. Eyring, 1901 - 1981), Theorie f des Übergangszustands, TÜZ (Theorie des Übergangszustands), Theorie f des aktivierten Komplexes
**activated resin** (Plastics) / Kunstharzansatz m, Kunstharz n mit Härtezusatz || ~ **sintering** (Powder Met) / aktiviertes Sintern
**activated-slip system** (Crystal) / aktiviertes Gleitsystem
**activated sludge*** (San Eng) / aktivierter Schlamm, Belebtschlamm m, belebter Schlamm (DIN 4045), A-Schlamm m || ~ **sludge*** (San Eng) s. also bio-aeration and returned sludge || ~ -**sludge process** (a biological treatment of sewage) (San Eng) / Belebungsverfahren n (aerobe Abwasserreinigung), Belebtschlammverfahren n
**activated-sludge tank** (Ecol, San Eng) / Belebtschlammbecken n, Belebungsbecken n (im Belebtschlammverfahren - DIN 4045), Lüftungsbecken n, Belüftungsbecken n
**activated soil pressure** (Civ Eng) / aktiver Erddruck (DIN 4085)
**activating agent*** (Chem) / Aktivator m (unspezifische Bezeichnung für Stoffe, die eine chemische Reaktion aktivieren, sich im Gegensatz zu Katalysatoren dabei jedoch verändern), Aktivierungsmittel n || ~ **agent*** (Min Proc) / belebendes Mittel, Beleber m (regelndes Schwimm-Mittel), Aktivator m, aktivierendes Mittel (bei der Schwimmaufbereitung)
**activation*** n / Aktivierung f, Aktivation f || ~* (Electronics, Nuc, Phys) / Anregung f || ~ (Phys) / Anfachung f (Verstärkung der Phosphoreszenz bei Phosphoren) || ~* (Surf) / Aktivierung f, Aufrauung f (von Oberflächen) || ~ (Telecomm) / Aktivierung f (der Telekommunikationsleistungen beim Endkunden) || ~ **analysis** (Nuc) / Aktivierungsanalyse f (kernphysikalische Messmethode zur chemischen Analyse) || ~ **by touching** / Touchbetätigung f
**activation-controlled** / aktivierungsgesteuert adj, aktivierungsbestimmt adj
**activation cross section*** (Nuc) / Aktivierungsquerschnitt m (Wirkungsquerschnitt eines Atomkerns für eine bestimmte, zu seiner Aktivierung führende Reaktion) || ~ **energy** (Chem) / Arrhenius'sche Aktivationsenergie (in der Arrhenius-Gleichung) || ~ **energy*** (Chem, Phys) / Aktivierungsenergie f (DIN 41852) || ~ **enthalpy** (Chem) / Aktivierungsenthalpie f (die thermodynamische Grenze zwischen dem Ausgangszustand und dem Zwischenzustand, der bei der chemischen Reaktion durchlaufen wird) || ~ **entropy** (Chem) / Aktivierungsentropie f || ~ **of sludge** (San Eng) / Schlammbelebung f || ~ **polarization** (Phys) / Durchtrittsüberspannung f (die durch einen gehemmten Ladungsdurchtritt an einer Elektrode entsteht), Durchtrittspolarisation f (ein Elektrodenvorgang), Aktivierungspolarisation f (ein Elektrodenvorgang)
**activation-polarization resistance** / Durchtrittswiderstand m (Quotient aus Durchtrittsüberspannung und dem zugehörigen Teilstrom einer Elektrodenreaktion)

**activation potential** (Elec) / Aktivierungspotential n, Fladepotential n (das bei dem Übergang vom aktiven in den passiven Zustand und umgekehrt entsteht - nach Friedrich Flade, 1880-1916) || ~ **volume** (Phys) / Aktivierungsvolumen n (bei allseitiger Dilatation/Kompression durch Druckeinwirkung)
**activator** n (Biochem) / Aktivator m (Effektor, der die Enzymaktivität erhöht) || ~* (Chem) / Aktivator m (unspezifische Bezeichnung für Stoffe, die eine chemische Reaktion aktivieren, sich im Gegensatz zu Katalysatoren dabei jedoch verändern), Aktivierungsmittel n || ~* (Crystal) / Aktivator m (eingelagertes Fremdatom) || ~ (Light) / Aktivator m (ein in geringen Mengen einer nicht leuchtfähigen Grundsubstanz zugesetzter Stoff /meist eine Schwermetallverbindung/, durch den diese zum Leuchtstoff wird), Luminogen n (Aktivator) || ~* (Min Proc) / belebendes Mittel, Beleber m (regelndes Schwimm-Mittel), Aktivator m, aktivierendes Mittel (bei der Schwimmaufbereitung) || ~ (Photog) / Beschleuniger m (Bestandteil des Entwicklers) || ~ (Surf) / Adhäsionsaktivator m (zur Verbesserung der Haftfestigkeit von Schutzschichten) || ~ **atom** (Phys) / Aktivatoratom n
**active** n (Electronics) / aktives Bauelement (mit Verstärker- und/oder Gleichrichtereigenschaften) || ~ adj / aktiv adj, wirksam adj || ~ / tätig adj || ~ (Eng) / in Betrieb, arbeitend adj || ~ **aerial** (Radio) / aktiver Strahler, aktive Antenne, gespeiste Antenne || ~ **agent** (Biol, Pharm) / Wirksubstanz f, Wirkstoff m || ~ **anode** (Surf) / Aktivanode f (eine Art Schutzanode) || ~ **antenna** (Radio) / aktiver Strahler, aktive Antenne, gespeiste Antenne || ~ **area** (Radar) / aktive Fläche || ~ **array** (Radar) / aktive Gruppenantenne (mit Einzelzugriff zu jedem Antennenelement durch ein aktives Antennenmodul) || ~ **barrier** (Nuc Eng) / Aktivitätsbarriere f (z.B. Brennstoffmatrix) || ~ **body control** (Autos) / aktive Federung
**active-carbon process** / Aktivkohleverfahren n (Reinigungsverfahren in der Gasaufbereitung bei der Aktivkohle als Adsorptionsmittel dient)
**active centre** (of an enzyme or other protein) (Biochem) / aktives Zentrum || ~ **centre*** (Biochem, Chem) / aktives Zentrum (z.B. einer Katalysatoroberfläche) || ~ **chlorine** (Chem) / Aktivchlor n, aktives Chlor, Bleichchlor n (aus Hypochloriten), verfügbares Chlor, wirksames Chlor || ~ **circuit** (Elec Eng) / aktive Schaltung || ~ **communications satellite** (Space) / aktiver Kommunikationssatellit || ~ **component*** (Elec) / Wirkkomponente f, Wattkomponente f, Wirkanteil m || ~ **component** (Electronics) / aktives Bauelement (mit Verstärker- und/oder Gleichrichtereigenschaften) || ~ **control** (Aero) / aktive Steuerungstechnik || ~ **control** (Aero) s. also control-configured vehicle || ~ **control system*** (Aero) / aktive Steuerungstechnik || ~ **countermeasure** (Mil, Radar) / aktive Gegenmaßnahme (z.B. durch einen Wiederholstörer, durch ein Düppelecho oder durch ein Täuschziel) || ~ **current*** (Elec) / Wirkstrom m (eine Wechselstromgröße) || ~ **device*** (Electronics) / aktives Bauelement (mit Verstärker- und/oder Gleichrichtereigenschaften) || ~ **door** (Build, Join) / Türflügel m (mit Öffnungsmechanismen) || ~ **earth pressure** (Civ Eng) / aktiver Erddruck (DIN 4085) || ~ **electrode*** / Sprühelektrode f (des Elektrofilters) || ~ **electronic countermeasures** (Mil) / aktive elektronische Gegenmaßnahmen || ~ **element** (Elec Eng) / aktives Schaltelement (Akkumulator, Generator) || ~ **energy** (Phys) / Wirkenergie f || ~ **engine brake** (Autos) / Motorbremse f mit Konstantdrossel (zusätzlich zur Abgasklappe) || ~ **explosion vent closure** / Explosionsentlastungseinrichtung f mit aktiv betätigtem Verschluss (direkt vor Ankunft der Explosionswelle) || ~ **face** (US) (Eng) / aktive Flanke (Teil der Zahnflanke, der mit den Gegenflanken eines bestimmten Gegenrades in Eingriff kommt) || ~ **fibre** (Optics) / aktive Faser (lichtemittierende Faser) || ~ **field** (Comp) / Beschriftungsfeld n (DIN 66 154) || ~ **filter*** (Electronics) / aktives Filter (das aktive Elemente zur Realisierung einer vorgegebenen Dämpfungscharakteristik verwendet) || ~ **flank** (Eng) / aktive Flanke (Teil der Zahnflanke, der mit den Gegenflanken eines bestimmten Gegenrades in Eingriff kommt) || ~ **force** (Mech) / eingeprägte Kraft, Aktionskraft f (auf einen Körper einwirkende Kraft) || ~ **front** (Meteor) / aktive Front || ~ **galaxy*** (Astron) / aktive Galaxie (z.B. Seyfert-Galaxie) || ~ **graphics** (Comp) / aktive grafische Datenverarbeitung || ~ **homing** (Mil) / Aktivlenkung f || ~ **homing*** (Mil, Radar) / aktive Zielsuchlenkung || ~ **homing guidance** (Mil, Radar) / aktive Zielsuchlenkung || ~ **hub** (a device that amplifies transmission signals in networks) (Telecomm) / aktiver Verteiler || ~ **hydrogen*** (Chem) / aktiver Wasserstoff, atomarer Wasserstoff (ein Quantengas), Monowasserstoff m || ~ **hydrogen*** (Chem) / aktiver Wasserstoff || ~ **input** (Elec Eng) / aufgenommene Wirkleistung || ~ **jamming** (Radio) / Jamming n (durch Störsignale, (böswillige) Störung f || ~ **laser medium** (Phys) / laseraktives Material, aktives Medium (für Laser), verstärkendes Medium (für Laser), Lasermedium n, Lasermaterial n || ~ **lattice** (Nuc Eng) / aktives Gitter (Reaktorgitter) || ~ **layer** (Electronics) / aktive Schicht || ~

**layer** (Geol) / Auftauschicht *f* (im Permafrost) ‖ **~ leaf** (Build, Join) / Türflügel *m* (mit Öffnungsmechanismen) ‖ **~ line*** (TV) / Bildzeile *f* ‖ **~ load** (Elec Eng) / Wirklast *f* ‖ **~ loop** (Nuc Eng) / Hot-Loop *m* (im Kühlkreislauf), heißer Loop (wenn der Kreislauf durch den Reaktorbereich geht) ‖ **~ loss** (Elec Eng) / Wirkverlust *m* ‖ **~ mass*** (Chem) / aktive Masse ‖ **~ material*** (Nuc) / radioaktiver Stoff, radioaktive Substanz ‖ **~ materials*** (the materials of the plates that react chemically to produce electric energy when the cell discharges and that are restored to their original composition, in the charged condition, by oxidation and reduction processes produced by the charging current) (Elec Eng) / wirksame Masse (bei Batterien), aktive Masse (bei Batterien) ‖ **~ medium** (for lasers) (Phys) / laseraktives Material, aktives Medium (für Laser), verstärkendes Medium (für Laser), Lasermedium *n*, Lasermaterial *n* ‖ **~ network** (Telecomm) / aktives Netzwerk ‖ **~ nitrogen** (Chem) / aktiver Stickstoff ‖ **~ noise control** (Acous) / Gegensteuerung *f* (in der akustischen Regelungstechnik) ‖ **~ nucleus** (Phys) / Blasenkeim *m* (durch statistische Fluktuation entstehender Mikrobereich geringer Dichte an überhitzten Flüssigkeiten) ‖ **~ optics** (Astron, Optics) / aktive Optik ‖ **~ output** (Elec Eng) / Wirkausgangsleistung *f* ‖ **~ oxygen** (Chem) / aktiver Sauerstoff ‖ **~ partition** (Comp) / aktive Partition ‖ **~ pigment** (Paint) / aktives Pigment (das mit ölhaltigen und ölmodifizierten Bindemitteln Metallseifen bilden kann) ‖ **~ power*** (Elec Eng) / Wirkleistung *f* (die von einem Wirkwiderstand aufgenommene und von einem Leistungsmesser angezeigte elektrische Leistung - DIN 40110, T 1)
**active-power meter** (Elec Eng) / Wirkleistungsmesser *m*
**active program** (Comp) / laufendes Programm ‖ **~ radar** (Radar) / aktives Radar, Aktivradar *m n* ‖ **~ radar calibrator** (Radar) / aktiver Radarreflektor (als Transponder) ‖ **~ redundancy** (Stats) / heiße Reserve (Reserveelemente werden wie das eigentliche Element belastet und haben dieselbe Zuverlässigkeit) ‖ **~ region of a robot** / Roboterwirkzone *f* ‖ **~ resistance** (Elec Eng) / Wirkwiderstand *m*, Resistanz *f* (DIN 40110) (der Quotient aus Wirkleistung und dem Quadrat des Effektivwertes des Wechselstromes) ‖ **~ safety** (Autos) / aktive Sicherheit ‖ **~ satellite*** (Space) / aktiver Kommunikationssatellit ‖ **~ shielding gas** (Welding) / aktives Schutzgas ‖ **~ site** (Biochem) / aktives Zentrum, Aktivzentrum *n* ‖ **~ site** (actual corrosion site - CASS testing) (Surf) / Aktivstelle *f*, Aktivzentrum *n* ‖ **~ sludge simulation test** (San Eng) / Bestätigungstest *m* ‖ **~ sonar** (Acous) / Aktivsonar *n* (DIN 1320) ‖ **~ station** (Comp) / aktive Datenstation ‖ **~ storage** (Comp) / Aktivspeicher *m*, aktiver Speicher ‖ **~ structural acoustic control** (Acous) / Unterdrückung *f* der Schallstrahlung (mit Hilfe adaptiver Struktursysteme) ‖ **~ subscribers file** (Teleph) / Aktivdatei *f* (im Mobilfunk) ‖ **~ substance** (Biol, Pharm) / Wirksubstanz *f*, Wirkstoff *m*
**active-substance concentration** (Chem) / Wirkstoffkonzentration *f*
**active sulphur** (that can be converted to hydrogen sulphide on treatment with a metal such as aluminium and an acid) (Paper) / aktiver Schwefel ‖ **~ suspension** (Autos) / elektronisches Fahrwerk, aktives Fahrwerk (rechnergesteuertes) ‖ **~ transducer*** (Automation, Telecomm) / aktiver Wandler ‖ **~ transport*** (Cyt) / aktiver Transport (Mechanismus des Stofftransports durch eine Membran aus einem die Zelle umgebenden Medium in die Zelle oder aus einem Kompartiment in ein anderes, der gegen einen Konzentrationsgradienten verlaufen kann) ‖ **~ transport*** (Cyt) s. also passive transport ‖ **~ turn** (Eng) / federnde Windung (z.B. bei Schraubenfedern) ‖ **~ vibration control** (Mech) / Unterdrückung *f* von Schwingungen (mit Hilfe adaptiver Struktursysteme) ‖ **~ volcano** (Geol) / tätiger Vulkan, aktiver Vulkan ‖ **~ voltage*** (Elec Eng) / Wirkspannung *f* (eine Wechselstromgröße) ‖ **~ volt-amperes*** (Elec Eng) / Wirkleistung *f* (die von einem Wirkwiderstand aufgenommene und von einem Leistungsmesser angezeigte elektrische Leistung - DIN 40110, T 1) ‖ **~ window** (Comp) / aktives Fenster ‖ **~ workings** (Mining) / regelmäßig bewetterte und inspizierte Grubenbaue
**activity** *n* (Chem) / Aktivität *f* (wirksame Konzentration) ‖ **~*** *n* / Aktivität *f* (auch in der Netzplantechnik) ‖ **~** (Biochem) / Aktivität *f* (Wirksamkeit des Stoffes in biologischen Systemen) ‖ **~*** (Radiol) / Aktivität *f* (Größe zur Kennzeichnung der Umwandlungsrate eines radioaktiven Nuklids in Bq) ‖ **~ coefficient*** (Chem) / Aktivitätskoeffizient *m* ‖ **~ concentration** (Ecol, Nuc Eng, Radiol) / Aktivitätskonzentration *f* (Quotient aus der Aktivität eines Stoffes und dem Volumen dieses Stoffes) ‖ **~ file** (Comp) / Änderungsdatei *f*, Bewegungsdatei *f* ‖ **~ filter** (Nuc Eng) / Aktivitätsfilter *n* ‖ **~ of water** (Nut) / Wasseraktivität *f* (auch im Allgemeinen) ‖ **~ ratio** (Comp) / Bewegungshäufigkeit *f* (in den Dateien) ‖ **~ sampling** (Work Study) / Multimomentaufnahme *f*, Multimomentmethode *f*, Multimomentverfahren *n* (ein Verfahren der Arbeitszeitermittlung) ‖ **~ series** (Chem, Elec) / elektrochemische Spannungsreihe (geordnete Zusammenstellung der chemischen Elemente nach der zunehmenden Größe ihres Normalpotentials)
**actomyosin** *n* (Biochem) / Actomyosin *n*

**actor** *n* (Chem) / Donor *m*, Donator *m* ‖ **~** (Telecomm) / Aktor *m* (Objekt, das über Nachrichten kommuniziert) ‖ **~ formalism** (AI) / Aktorformalismus *m*, Aktorenformalismus *m*
**actorics** *n* (Automation) / Aktorik *f* (diejenigen Komponenten im Feld, die den ausgangsseitigen Informationsfluss eines Leitsystems in einen Materialfluss umformen)
**ac transformer*** (Elec Eng) / Wechselstromtransformator *m*
**actual** *adj* (amount, cost, earnings, loss, value, wage) / tatsächlich *adj* (z.B. Gehalt, Leistung, Wert) ‖ **~ address** (Comp) / echte Adresse, absolute Adresse, Maschinenadresse *f* ‖ **~ allowance** (Instr) / Ist-Abmaß *n* (Unterschied zwischen Ist- und Nennmaß), vorhandene Maßabweichung ‖ **~ argument** (Comp) / Aktualparameter *m*, aktueller Parameter (der zur Übergabe von Werten aus dem aufzurufenden Programm an ein Programm verwendet wird) ‖ **~ code** (Comp) / absoluter Kode (Maschinenkode) ‖ **~ cost** / Ist-Kosten *pl* ‖ **~ decimal point** (Comp) / Druckdezimalkomma *n*, Druckdezimalpunkt *m* ‖ **~ deviation** (Instr) / Ist-Abmaß *n* (Unterschied zwischen Ist- und Nennmaß), vorhandene Maßabweichung ‖ **~ earnings** (Work Study) / Effektivlohn *m* ‖ **~ grading curve** (Civ Eng) / Ist-Sieblinie *f* (der Zuschlagstoffe) ‖ **~ infinity** (Maths, Phys) / Aktualunendlich *n*, aktuelles Unendliches ‖ **~ instruction** (Comp) / effektiver Befehl
**actualism** *n* (Geol) / Aktualismus *m* (eine Arbeitshypothese der Geologie), Uniformitarianismus *m*
**actual load** / tatsächliche Belastung ‖ **~ parameter** (Comp) / Aktualparameter *m*, aktueller Parameter (der zur Übergabe von Werten aus dem aufzurufenden Programm an ein Programm verwendet wird) ‖ **~ physical pendulum** (Phys) / physikalisches Pendel, physisches Pendel ‖ **~ picture field** (Photog) / Realbildfeld *n* ‖ **~ plate** (Chem Eng) / praktischer Boden (der Destillationskolonne) ‖ **~ power** (Elec Eng) / Wirkleistung *f* (die von einem Wirkwiderstand aufgenommene und von einem Leistungsmesser angezeigte elektrische Leistung - DIN 40110, T 1)
**actuals** *pl* (Aero, Meteor) / letzter Wetterbericht
**actual size** / Ist-Größe *f*, natürliche Größe (Ist-Größe), Originalgröße *f*, volle Größe ‖ **~ size** (Eng, Instr) / Ist-Maß *n* (Ergebnis einer Messung nach DIN 7182, T 1), Fertigmaß *n* ‖ **~ stock** / Ist-Bestand *m* ‖ **~ value** / Ist-Wert *m* ‖ **~ value** (Comp) / Direktwert *m* (bei Operanden) ‖ **~ velocity** (Hyd Eng) / Momentangeschwindigkeit *f* (z.B. des Grundwassers)
**actuarial statistics** (Stats) / Versicherungsstatistik *f*
**actuary** *n* (Stats) / Aktuar *m* (Versicherungs- und Wirtschaftsmathematiker), Versicherungsmathematiker *m*, Versicherungsstatistiker *m*
**actuate** *v* / betätigen *v*, in Betrieb setzen ‖ **~** / bedienen *v* (eine Maschine)
**actuated by hand** (Eng) / handbetrieben *adj*, handbetätigt *adj*, Hand-, mit Handantrieb, manuell *adj*, handbedient *adj*
**actuating cam** (Eng) / Antriebsnocken *m* ‖ **~ cycle** (Automation) / Betätigungsspiel *n* (eines Bedienteils nach VDE 0660, T 200) ‖ **~ element** (Automation) / Stellglied *n* (Teil einer Steuer- oder Regelstrecke nach DIN 1926), Steller *m* (Stellglied), Stellorgan *n* ‖ **~ element** (Automation) / Betätigungselement *n*, Bedienteil *n* (z.B. Hebel, Griff) ‖ **~ series** (Elec Eng) / Betätigungsreihe *f* (eine Folge von Betätigungen, die kein Schaltspiel bilden) ‖ **~ signal** (Automation) / Stellsignal *n* ‖ **~ stem** (Eng) / Betätigungsspindel *f* (bei Armaturen) ‖ **~ system** (Automation) / Stellgerät *n* (Stellantrieb + Stellglied) ‖ **~ variable** (Automation) / Stellgröße *f* (DIN 19226) ‖ **~ variable** (Automation) / Einflussgröße *f* (DIN 1319, T 1)
**actuation** *n* (Eng) / Betätigung *f* (z.B. der Bremse) ‖ **~ delay** (Automation) / Betätigungszeit *f*, Stellzeit *f* ‖ **~ time** (Automation) / Betätigungszeit *f*, Stellzeit *f*
**actuator** *n* (Automation) / Stellglied *n* (Teil einer Steuer- oder Regelstrecke nach DIN 1926), Steller *m* (Stellglied), Stellorgan *n* ‖ **~** (Automation, Electronics) / Aktor *m* (ein Gerät, das auf Grund von elektronischen Steuerungsbefehlen mechanische Arbeiten verrichten kann), Aktuator *m* (Einrichtung, über welche eine Bewegung der Industrieroboters ausgeführt wird) ‖ **~** (Electronics) / Actuator *m* (bistabiles elektromechanisches Antriebselement) ‖ **~** (Eng) / Bedienungsperson *f* (an der Maschine) ‖ **~** (Eng) / Betätigungselement *n*, Bedienteil *n* (z.B. Hebel, Griff) ‖ **~** (Automation) s. also operator ‖ **90° ~** (Eng) / Schwenkantrieb *m* (ein Stellantrieb)
**actuator-sensor interface** (Automation) / Aktuator-Sensor-Interface *n*, AS-Interface *n*
**ACU** (automatic calling unit) (Comp, Teleph) / automatische Anrufeinrichtung, AAE (automatische Anrufeinrichtung)
**acuity** *n* (Physiol) / Schärfe *f* (der Wahrnehmung) ‖ **~ chart** (Med, Optics) / Sehtesttafel *f*, Testtafel *f* (zur Prüfung des Sehvermögens) ‖ **~ of vision** (Med, Optics) / Sehschärfe *f* (Visus)

**acutance** *n* (Optics) / Kantenschärfe *f* ‖ ~* (Photog) / Acutance *f* (Maß für die Schärfeleistung eines fotografischen Aufnahmematerials), Konturenschärfe *f*
**acute** *adj* / fein *adj* (Geruchssinn) ‖ ~ (Maths) / spitz *adj* (Winkel) ‖ ~* (Med) / akut *adj* (Erkrankung, Toxizität) ‖ ~ **angle*** (Maths) / spitzer Winkel
**acute-angled triangle** (Maths) / spitzwinkliges Dreieck (dessen drei Innenwinkel spitz sind)
**acute arch** / Spitzbogen *m* (im Allgemeinen) ‖ ~ **arch** (Arch) s. also lancet arch ‖ ~ **bisectrix** (Crystal, Maths, Optics) / spitze Bisektrix, erste Bisektrix ‖ ~ **mercury poisoning** (Med) / Hydrargyrismus *m*, Hydrargyrie *f*, Hydrargyrose *f* ‖ ~ **toxicity** (Chem, Med, Pharm) / akute Toxizität ‖ ~ **toxicity test** / Test *m* auf akute Toxizität ‖ ~ **triangle** (Maths) / spitzwinkliges Dreieck (dessen drei Innenwinkel spitz sind)
**ACV*** (air-cushion vehicle) / Luftkissenfahrzeug *n*, Bodeneffektfluggerät *n*, Bodeneffektgerät *n*, Hovercraft *n* (bei dem ein Gebläse ein gegen die Umgebung abgedichtetes Gebiet höheren Drucks bildet) ‖ ~ (alternating voltage) (Elec Eng) / Wechselspannung *f* (die periodisch Richtung und Betrag wechselt)
**ac voltage** (Elec Eng) / Wechselspannung *f* (die periodisch Richtung und Betrag wechselt)
**AC voltage amplifier** (Electronics) / Wechselspannungsverstärker *m* (elektronische Schaltung zur Verstärkung von Wechselspannungssignalen /auch zur Strom- und Leistungsverstärkung/)
**ac voltage amplifier** (Electronics) / Wechselspannungsverstärker *m* (elektronische Schaltung zur Verstärkung von Wechselspannungssignalen /auch zur Strom- und Leistungsverstärkung/) ‖ ~ **welding** (Welding) / Wechselstromschweißung *f*
**acyclic** (Chem) / acyclisch *adj*, azyklisch *adj* ‖ ~ **machine** (Elec Eng) / Homopolarmaschine *f*, Unipolarmaschine *f*, Gleichpolmaschine *f* ‖ ~ **terpene** (Chem) / acyclisches Terpen, azyklisches Terpen
**acyl anhydride** (Chem) / Säureanhydrid *n* (funktionelles Derivat von Säuren)
**acylate** *v* (Chem) / azylieren *v*, acylieren *v*
**acylation*** *n* (Chem) / Azylierung *f*, Acylierung *f*
**acyl azide** (Chem) / Säureazid *n* (R-CO-N=N=N)
**acyl-carrier protein** (Biochem) / Acyl-Carrier-Protein *n* (Proteinkomponente des Fettsäure-Synthetase-Komplexes)
**acyl chloride** (Chem) / Säurechlorid *n*
**acylglycerol** *n* (Chem) / Glyzerinether *m*, Glycerinester *m*, Acylglycerin *n*, Glyzerid *n* (Ester des Glyzerins), Glycerid *n*
**acyl group*** (Chem) / Acylrest *m*, Acylgruppe *f*, Azylgruppe *f*, Azylrest *m* ‖ ~ **halide** (Chem) / Acylhalogenid *n*, Azylhalogenid *n* (Säurehalogenid von Karbonsäuren)
**acyloin*** *n* (Chem) / Acyloin *n* ‖ ~ **addition** (Chem) / Acyloinkondensation *f* ‖ ~ **condensation** (Chem) / Acyloinkondensation *f*
**a.d.** (air-dry) / luftgetrocknet *adj*, lufttrocken *adj*, lutro (lufttrocken)
**AD** (average deviation) (Maths, Stats) / durchschnittliche Abweichung
**ad** *n* (Print) / Anzeige *f* (in der Zeitung, in der Zeitschrift)
**ADA*** *n* (Comp) / ADA *f* (auf Pascal basierende Programmiersprache für mikroprozessorgesteuerte Systeme, nach Augusta Ada Byron, 1815-1852, einer Mitarbeiterin von Ch. Babbage, benannt)
**Adam** *attr* (Arch) / neoklassizistisch *adj* (Architektur im Sinne der Gebrüder Robert / 1728-1792 / und James - /Adam / 1732-1794/)
**adamantane** *n* (a saturated hydrocarbon forming colourless crystals with a camphor-like smell) (Chem) / Adamantan *n* (mit Brückenkopf-C)
**adamantine lustre** (Min) / Diamantglanz *m* ‖ ~ **spar** (Min) / Diamantspat *m*
**adamellite*** *n* (Geol) / Adamellit *m*, Quarzmonzonit *m*
**adamite** *n* (Min) / Adamin *m* (ein Mineral der Oxidationszone)
**Adams-Bashforth process** (Maths) / Adams-Bashforth-Verfahren *n* (ein lineares Mehrschrittverfahren zur numerischen Behandlung eines Anfangswertproblems), Adams'sches Interpolationsverfahren
**Adam's catalyst** (Chem) / Adams-Katalysator *m* (aus Platinoxid, zu Hydrierung organischer Verbindungen in flüssiger Phase - $PtO_2 \cdot nH_2O$)
**adamsite** *n* (Chem, Mil) / Adamsit *m* (ein alter Kampfstoff)
**Adam's needle** (Textiles) / Yuccafaser *f* (für die Seilerei)
**Adams' projection** (Cartography) / Adams'sche Abbildung
**adapt** *v* / anpassen *v*, adaptieren *v*
**adaptability** *n* / Adaptabilität *f*, Anpassungsfähigkeit *f*
**adaptable** *adj* / anpassungsfähig *adj* ‖ ~ / adaptiv *adj*, anpassungsfähig *adj*, adaptionsfähig
**adaptation*** *n* / Anpassung *f* ‖ ~* (Optics) / Adaptation *f* ‖ ~ **phase** / Anpassungsphase *f* ‖ ~ **time** (Med) / Adaptationszeit *f*, Anpassungszeit *f*
**adapted private car for disabled** (Autos) / (adaptierter) PKW für Behinderte (die selbst lenken)

**adapter** *n* (Autos) / Halter *m* (bei Scheibenbremsen), Bremsträger *m* (bei Scheibenbremsen - ein mit der Radaufhängung fest verschraubtes Gussteil) ‖ ~ (an accessory appliance so that objects of different sizes can be interchanged) (Chem) / Passstück *n*, Anpassstück *n*, Zwischenstück *n* ‖ ~ (Chem) / Vorstoß *m* (z.B. "Euter" oder "Spinne") ‖ ~* (Elec Eng) / Adapter *m* (Steckverbinder oder Zwischenstück, um nicht zueinander passende Stecker und Buchsen oder Geräte und Baugruppen miteinander zu verbinden), Zwischenstecker *m*, Anpassstecker *m*, Übergangsstecker *m*, Kopplungsstecker *m* ‖ ~ (Eng) / Zwischenhülse *f* ‖ ~* (Photog) / Vorsatz *m*, Adapter *m*, Kassette *f* (für Platten oder Filme) ‖ ~ **card*** (Comp) / Erweiterungskarte *f* (bei Mikrocomputern), Erweiterungsplatine *f*, Adapterkarte *f* ‖ ~ **kit** / Einbausatz *m* für nachträglichen Einbau ‖ ~ **plug** (Elec Eng) / Adapter *m* (Steckverbinder oder Zwischenstück, um nicht zueinander passende Stecker und Buchsen oder Geräte und Baugruppen miteinander zu verbinden), Zwischenstecker *m*, Anpassstecker *m*, Übergangsstecker *m*, Kopplungsstecker *m* ‖ ~ **sleeve** (Eng) / Spannhülse *f* (bei Kugellagern)
**adaption phase** / Anpassungsphase *f*
**adaptive** *adj* / adaptiv *adj*, anpassungsfähig *adj*, adaptionsfähig *adj* ‖ ~ (Comp) / lernfähig *adj* ‖ ~ **antenna** (Radio) / adaptive Antenne (z.B. mit versetztem Phasenzentrum) ‖ ~ **antenna** (Radio) / adaptive Antenne (die Antenneneigenschaften optimieren kann) ‖ ~ **antenna system** (Radio) / adaptives Antennensystem (das z.B. durch Überlagerung der Empfangssignale von Teilantennen Nebenzipfelsignale auslöscht oder andere Antenneneigenschaften optimiert) ‖ ~ **array*** (Radar) / adaptive Antenne (z.B. mit versetztem Phasenzentrum) ‖ ~ **control*** (Automation) / adaptive Regelung, Anpassregelung *f*, anpassungsfähige Regelung, adaptive Steuerung, Adaptivregelung *f*, Adaptivsteuerung *f*
**adaptive-control constraint** (Automation) / Einhaltung *f* vorgegebener Grenzwerte (bei der adaptiven Regelung) ‖ ~ **constraint** (Automation) / Grenzwertregelung *f*, adaptive Regelung (mit Einhaltung vorgegebener Grenzwerte) ‖ ~ **optimization** (Automation) / Erreichen *n* vorgegebener Gütekriterien (bei der adaptiven Regelung) ‖ ~ **optimization** (Automation) / Optimierregelung *f*, adaptive Regelung (mit Erreichen vorgegebener Gütekriterien)
**adaptive cruise control** (Autos) / dynamische Tempo- und Abstandsregelung, intelligente Geschwindigkeitsregelung, Intelligent Cruise Control *f* ‖ ~ **delta modulation** (Telecomm) / adaptive Deltamodulation, ADM (adaptive Deltamodulation) ‖ ~ **delta modulation** (Comp) / adaptive Deltamodulation (zur Digitalisierung von Analogdaten, zur Übertragung, Speicherung, Erkennung oder Verarbeitung gesprochener Sprache) ‖ ~ **differential pulse-code modulation** (Telecomm) / adaptive differentielle PCM ‖ ~ **echo cancellation** (Telecomm) / Zweidrahtübertragungsverfahren *n* mit Richtungstrennung durch Echokompensation, Echokompensationsverfahren *n* (bei Videokonferenzen), Gleichlageverfahren *n* mit Echokompensation ‖ ~ **equalizer** (Comp) / adaptiver Entzerrer (Filter, das das Nebensprechen auf Datenleitungen verhindern soll) ‖ ~ **filter** (Radar) / Adaptivfilter *n*, adaptives Filter ‖ ~ **logic** / adaptive Logik ‖ ~ **moving-target indicator** (Radar) / adaptives Bewegtzielfilter ‖ ~ **optics** (Astron, Optics) / adaptive Optik (mit Rechnereinsatz bei Spiegelsystemen) ‖ ~ **robot** / adaptiver Roboter ‖ ~ **structure** (AI) / adaptives Struktursystem, intelligente Struktur (in der Mechatronik und Adaptronik) ‖ ~ **tracking** (Radar) / adaptive Verfolgung
**adaptogen** *n* (Pharm) / Adaptogen *n* (Wirkstoff, der die allgemeine Fähigkeit des Organismus erhöht, äußere Belastungen durch Anpassung zu überwinden)
**adaptometer** *n* (Optics) / Adaptometer *n* (zur Untersuchung der Anpassung des Lichtsinnes an die Umweltleuchtdichte)
**adaptor** *n* (Chem) / Passstück *n*, Anpassstück *n*, Zwischenstück *n* ‖ ~ (Eng) / Verringerungshülse *f* (für Bohrer), Reduzierhülse *f* (für Bohrer) ‖ ~ (Eng) / Adapter *m*
**adaptronics** *n* (Automation) / Adaptronik *f* (die mechatronische Systeme beschreibt, welche sich vorgegebenen Zielgrößen trotz Störungen selbst anpassen)
**ADAS** (angular-dependent Auger spectroscopy) (Spectr) / winkelaufgelöste Auger-Elektronenspektroskopie
**adatom** *n* (Phys) / adsorbiertes Atom, Adatom *n*
**adaxial*** (Optics) / adaxial *adj*, achsengerecht *adj*
**ADB** (address bus) (Comp) / Adressbus *m* (Anzahl von Leitungen eines Rechners, die Adressinformationen übertragen)
**Adcock direction-finder** (Radar, Radio) / Adcock-Peiler *m* (zum ausschließlichen Empfang der vertikalen Feldstärke) ‖ ~ **direction-finding system** (Telecomm) / Adcock-Peilverfahren *n*
**A-D converter** (Comp, Electronics) / A/D-Umsetzer *m*, Analog-Digital-Umsetzer *m*, A/D-Wandler *m*, ADU (Analog-Digital-Umsetzer)

**A/D converter*** (Comp, Electronics) / A/D-Umsetzer *m*, Analog-Digital-Umsetzer *m*, A/D-Wandler *m*, ADU (Analog-Digital-Umsetzer)
**add** *v* (Eng) / hinzufügen *v*, beimischen *v*, versetzen *v* (mit) ‖ **~** (Maths) / zusammenrechnen *v*, hinzuaddieren *v*, addieren *v*, zusammenzählen *v* ‖ **~ a soundtrack** (Acous, Cinema) / vertonen *v* ‖ **~ a storey** (Build) / aufstocken *v*
**add-drop multiplexer** (Telecomm) / Abzweigmultiplexer *m* (bei SDH-Netzen), Add-Drop-Multiplexer *m* ‖ **~ traffic** (Telecomm) / abgezweigter Verkehr, Abzweigverkehr *m*
**added costs** / Mehrkosten *pl*
**added-feature telephone** (Teleph) / Komforttelefon *n* (ein Endgerät mit vielen zusätzlichen Leistungsmerkmalen)
**added metal** (US) (Eng, Welding) / Zusatzwerkstoff *m* (zum Füllen von Schweißfugen, Lötfugen oder Lötspalten verwendeter Werkstoff - Drähte, Bänder, Stäbe, Platten, Folien und Pulver nach DIN 8571 bis 8575), Zusatzgut *n*, Zusatzmaterial *n*, Schweißzusatzwerkstoff *m*, Schweißzusatz *m* (DIN 8571) ‖ **~ take** (Cinema) / Zusatzeinstellung *f* ‖ **~ water** (Nut) / Fremdwasser *n* (in Milch)
**addend*** *n* (Maths) / Addend *m* (pl. -en), Summand *m* (zweiter)
**addendum** *n* (pl. addenda)* (Eng) / Kopfhöhe *f* (des Zahnrads), Zahnkopfhöhe *f* (DIN 3998) ‖ **~ circle** (Eng) / Kopfkreis *m* (DIN 3960) ‖ **~ circle diameter** (Eng) / Kopfkreisdurchmesser *m*
**addendum-corrected gearing** (Eng) / kopfkorrigierte Verzahnung
**addendum cylinder** (Eng) / Kopfzylinder *m* (Hüllzylinder der Verzahnung) ‖ **~ shortening** (Eng) / Kopfkürzung *f* (bei Zahnrädern nach DIN 3960)
**adder*** *n* (Comp) / Addierwerk *n*, Addiereinrichtung *f* ‖ **~*** (Comp) / Adder *m*, Addierglied *n*
**adder-subtracter** *n* (Comp) / Addierer-Subtrahierer *m*, Addier-Subtrahierwerk *n*
**addicted** *adj* (Pharm) / süchtig *adj*
**addiction** *n* (Pharm) / Sucht *f* (der zwanghafte Missbrauch von Rauschmitteln) ‖ **~ counselling** (Med) / Suchthilfe *f*
**addictive** *adj* (Pharm) / Sucht-
**add-in** *n* (Comp) / Zusatzprogramm *n* (als Erweiterung)
**adding a soundtrack** (Acous, Cinema) / Vertonung *f* ‖ **~ circuit** (Automation) / Additionsschaltung *f* ‖ **~ machine** / Addiermaschine *f*, Additionsmaschine *f* ‖ **~ network** (Elec Eng) / summierende Schaltung, Summationsschaltung *f*
**add-in memory** (Comp) / Erweiterungsspeicher *m* (interner)
**addition** *n* / Zugabe *f* ‖ **~** / Beimischung *f* (Tätigkeit), Zusatz *m* (Tätigkeit) ‖ **~** (Build) / Erweiterung *f* ‖ **~** (Chem) / Additionsreaktion *f*, Anlagerungsreaktion *f*, Addition *f* (ein Reaktionstyp in der organischen Chemie) ‖ **~** (Heat) / Zufuhr *f*, Zuführung *f* (von Wärme) ‖ **~** (Leather) / Angebot *n* (eingesetzte Menge, z.B. Chromoxidangebot) ‖ **~*** (Maths) / Addition *f* (eine Grundrechenart), Addieren *n* ‖ **~ agent** (Chem Eng) / Zusatzstoff *m*, Zusatzmittel *n* ‖ **~ agent*** (Surf) / Zusatzstoff *m* (im Galvanisierbad)
**additional** *adj* / Zusatz-, hinzukommend *adj*, zusätzlich *adj*, nachträglich *adj* ‖ **~ addressing** (Comp) / erweiterte Adressierung ‖ **~ bit** (Comp) / Zusatzbit *n* ‖ **~ cathode** (Surf) / Reinigungskatode *f*, Blindkatode *f* (zum Abfangen von Verunreinigungen beim Galvanisieren) ‖ **~ characters** (Typog) / Sonderzeichen *n pl* (Klasse grafischer Zeichen, die weder als Buchstaben, Dezimalziffern oder Blanks angesprochen werden können) ‖ **~ charge** / Preisaufschlag *m* ‖ **~ disorder** (Crystal) / Additionsbaufehler *m* ‖ **~ logic** (Comp) / Zusatzlogik *f* ‖ **~ pulse** (Elec Eng, Telecomm) / Zusatzimpuls *m* ‖ **~ service attribute** (Telecomm) / Zusatzdienstmerkmal *n* ‖ **~ sheet** / Zusatzblatt *n* (bei Patentunterlagen) ‖ **~ survey** (to bring the survey data up to date) (Mining) / Nachtragsmessung *f* (nachträgliche markscheiderische Messung zum Ergänzen des Grubenbildes nach dem neuesten Stand des Grubenbetriebes) ‖ **~ train** (Rail) / Verstärkungszug *m* ‖ **~ twist** (Spinning) / Nachdrehung *f*
**addition calculation** (Work Study) / Zuschlagkalkulation *f* ‖ **~ complex** (Chem) / Anlagerungskomplex *m* ‖ **~ compounds** (Chem) / Additionsverbindungen *f pl* ‖ **~ formula** (Maths, Stats) / Additionssatz *m* (der Wahrscheinlichkeiten), Additionstheorem *n* ‖ **~ method** / Additionsverfahren *f* (zur Lösung eines linearen Gleichungssystems mit zwei Gleichungen und zwei Variablen) ‖ **~ of forces** (Mech) / Kräfteaddition *f* ‖ **~ of sound levels** (Acous) / Pegeladdition *f* ‖ **~ of sugar** (Nut) / Zuckerung *f* (Zusatz von Zucker zum Most oder zum Jungwein) ‖ **~ of text** (Comp) / Textergänzung *f* ‖ **~ polymer** (Chem) / Additionspolymer *n* (durch Polyaddition hergestelltes Polymer), Polyaddukt *n* ‖ **~ polymerization** (Chem) / Additionspolymerisation *f* ‖ **~ principle** (Stats) / Additionssatz *m* (der Wahrscheinlichkeiten), Additionstheorem *n* ‖ **~ reaction** (Chem) / Additionsreaktion *f*, Anlagerungsreaktion *f*, Addition *f* (ein Reaktionstyp in der organischen Chemie) ‖ **~ record** (Comp) / Zusatzdatensatz *m*, Zusatz *m* ‖ **~ resin** (Chem) / Additionspolymer *n* (durch Polyaddition hergestelltes Polymer), Polyaddukt *n* ‖ **~ table** (Comp) / Additionstabelle *f* ‖ **~ theorem** (Stats) / Additionssatz *m* (der Wahrscheinlichkeiten), Additionstheorem *n* ‖ **~ water** (Build, Civ Eng) / Zugabewasser *n* (+ Oberflächenfeuchte des Zuschlags = Anmachwasser)
**additive** *n* / Hilfsstoff *m* ‖ **~** (Build, Materials) / Stellmittel *n* (Stoff, der die Eigenschaften eines Materials in der gewünschten Weise beeinflusst) ‖ **~** (Chem Eng) / Stellmittel *n* (in Farb- und Waschmitteln) ‖ **~** (Oils) / Additiv *n* (qualitätsverbessernder Zusatzstoff in Mineralölprodukten, der in Mengen von über 1 bis 10% eingesetzt wird) ‖ **~** (Oils) / Zusatzstoff *m*, Wirkstoff *m*, Additiv *n*, Zusatzmittel *n*, Zusatz *m* (in Mineralölprodukten, meistens unter 1%) ‖ **~** s. also dope ‖ **~** *adj* / additiv *adj* (Größe, Gruppe, Quantenzahl, Quarkmodell, Verfärbung) ‖ **~ changeable direction sign** (Autos) / additiver Wechselwegweiser (als Wechselverkehrszeichen ausgebildeter orangefarbener Pfeil zur wegweisenden Beschilderung) ‖ **~ colour mixture** (Light, Optics) / additive Farbmischung (Kombination mehrerer Farbvalenzen zu einer neuen, von denen der Komponenten verschiedenen Farbempfindung) ‖ **~ colour viewer** / Multispektralprojektor *m* ‖ **~ composition** (Maths) / additive Verknüpfung, additive Komposition ‖ **~ compound** (Chem) / additive Verbindung ‖ **~ compounds** (Chem) / Additionsverbindungen *f pl* ‖ **~ effect** / additive Wirkung (Summation von Einzelwirkungen)
**additive-free** *adj* (Fuels) / zusatzfrei *adj* (Ottokraftstoff)
**additive function*** (Maths) / additive Funktion ‖ **~ group** (Maths) / additive Gruppe ‖ **~ identity** (Maths) / Nullelement *n* (in einem Körper oder Ring das neutrale Element bezüglich der Addition), Null *f* ‖ **~ inverse** (Maths) / negativ *adj* (Element der Gruppe) ‖ **~ inverse element** (Maths) / entgegengesetztes Element ‖ **~ method** (Electronics) / Additivverfahren *n* (zur Herstellung von Leiterplatten), additives Verfahren ‖ **~ name** (Chem) / Additionsname *m* (z.B. Hydro-) ‖ **~ oil** (Oils) / wirkstoffhaltiges Öl, additiviertes Öl, Öl *n* mit Wirkstoffzusätzen ‖ **~ package** / Zusatzpaket *n*, Additivpaket *n* (Mischung verschiedener Zusätze zu einem Schmierstoff) ‖ **~ polymerization** (Chem) / Polymerisation *f* (ein chemischer Reaktionstyp) ‖ **~ primaries** (Light) / additive Grundfarben ‖ **~ process** (Electronics) / Additivverfahren *n* (zur Herstellung von Leiterplatten), additives Verfahren ‖ **~ process*** (Photog) / additives Verfahren (z.B. Kornrasterverfahren, Linsenrasterverfahren - ein veraltendes Verfahren der Farbfotografie), additive Dreifarbenmethode
**additive-treated oil** (Oils) / wirkstoffhaltiges Öl, additiviertes Öl, Öl *n* mit Wirkstoffzusätzen
**additive variable direction sign** (Autos) / additiver Wechselwegweiser (als Wechselverkehrszeichen ausgebildeter orangefarbener Pfeil zur wegweisenden Beschilderung)
**add key** (Comp) / Additionstaste *f*
**addle** *v* (Nut) / faul werden (Eier)
**add-on** *n* (Comp) / Add-On *n* (Zusatztools zur Erweiterung der Leistungsfähigkeit einer Programmierumgebung), Toolkit *n* ‖ **~** (Comp) / Erweiterungskarte *f* (bei Mikrocomputern), Erweiterungsplatine *f*, Adapterkarte *f* ‖ **~ conference** (Teleph) / Dreierkonferenz *f* (ISDN-Leistungsmerkmal) ‖ **~ device** / zusätzlich eingebaute Vorrichtung, Zusatzeinrichtung *f* ‖ **~ equipment** / Zusatzgerät *n*, Anbaugerät *n* ‖ **~ kit** (Comp) / Nachrüstsatz *m*
**address** *v* (Comp) / adressieren *v* ‖ **~*** *n* (Comp) / Adresse *f* (DIN 44300) ‖ **my listen ~** (Telecomm) / eigene Höreradresse (Nachricht) ‖ **my talk ~** (Telecomm) / eigene Spreceradresse (Nachricht)
**addressability** *n* (Comp) / Adressierbarkeit *f*
**addressable** *adj* (Comp) / adressierbar *adj*, aufrufbar *adj* (gespeicherte Information) ‖ **~ cursor*** (Comp) / adressierbarer Cursor ‖ **~ location** (Comp) / aufrufbarer Speicherplatz ‖ **~ memory** (Comp) / adressierbarer Speicher *m* ‖ **~ pixel** (Comp) / adressierbarer Bildpunkt ‖ **~ point** (Comp) / adressierbare Position, adressierbarer Punkt (in der grafischen Datenverarbeitung)
**address administration** (Comp) / Adressenverwaltung *f*, Adressverwaltung *f* ‖ **~ array** (Comp) / Adressenfeld *n*, Adressfeld *n* ‖ **~ assignment** (Comp) / Adressenzuordnung *f* (symbolische Zuweisung von Adressen in einem in einer Programmiersprache geschriebenen Programm) ‖ **~ buffer** (Comp) / Adressenpuffer *m* ‖ **~ bus** (Comp) / Adressbus *m* (Anzahl von Leitungen eines Rechners, die Adressinformationen übertragen) ‖ **~ calculation*** (Comp) / Adressenberechnung *f*, Adressrechnung *f* ‖ **~ chaining** (Comp) / Adressverkettung *f* ‖ **~ computation** (Comp) / Adressenberechnung *f*, Adressrechnung *f* ‖ **~ constant** (Comp) / Adresskonstante *f* (eine numerische Adresse, die als Maschinenadresse in einem Wort des Speichers zum Zeitpunkt des Ladens steht, sobald sie in ein Register übertragen ist, als Basisadresse für einen Programm- oder Datenbereich dienen kann) ‖ **~ conversion** (Comp) / Adressenumwandlung *f*, Adressenübersetzung *f* ‖ **~ counter** (Comp) / Adresszähler *m*, Adressenzähler *m* ‖ **~ field*** (Comp) / Adressenfeld *n*, Adressfeld *n* ‖ **~ field*** s. also operand field ‖ **~ format** (Comp) /

**address**

Adressformat n ‖ **~ generation** (Comp) / Adressenbildung f ‖ **~ handling** (Comp) / Adressenverwaltung f, Adressverwaltung f
**addressing** n (Comp) / Adressierung f ‖ **~ computer** (Comp) / Adresscomputer m, Adressrechner m ‖ **~ machine** / Adressiermaschine f ‖ **~ mode** (Comp) / Adressierungsart f
**address latch** (Comp) / Adressen-Signalspeicher m
**addressless** adj (Comp) / adresslos adj, adressenlos adj
**address-line buffer** (Comp) / Adressenpuffer m
**address mapping** (Comp, Telecomm) / Adressabbildung f, Adresszuordnung f ‖ **~ mask** (Comp, Telecomm) / Adressmaske f (Bitkombination, die beschreibt, welcher Teil einer Adresse sich auf das Netzwerk oder das Subnetz und welcher Teil sich auf den Host bezieht) ‖ **~ master** / Druckmatrize f für Adressiermaschinen, Schablone f für Adressiermaschinen ‖ **~ modification*** (Comp) / Adressmodifikation f, Adressenmodifikation f ‖ **~ part** (Comp) / Adressteil m (in der Befehlsstruktur) ‖ **~ pattern** (Comp) / Adressenform f ‖ **~ plate** / Druckmatrize f für Adressiermaschinen, Schablone f für Adressiermaschinen ‖ **~ register*** (Comp) / AR (address register), Adressregister n (zur Aufnahme einer Adresse), Adressenregister n
**address-signal generator** (Comp) / Adresssignalgeber m
**address space*** (set of all addresses that can be generated by CPU) (Comp) / Adressraum m, Adressierungsbereich m ‖ **~ track** (Comp) / Adressspur f ‖ **~ translation** (Comp) / Adressübersetzung f (Umsetzung virtueller Adressen in reale Primärspeicheradressen) ‖ **~ translation** (Comp) / Adressenumwandlung f, Adressenübersetzung f ‖ **~ translation memory** (Comp) / Adressumsetzspeicher m ‖ **~ value** (Eng) / Adresswert m (in der CNC-Steuerung)
**add slack** (Autos) / lockern v (Sicherheitsgurt) ‖ **~ sound** (Acous, Cinema) / vertonen v ‖ **~ time** (Comp) / Additionszeit f
**adduct*** n (Chem) / Addukt n, EDA-Komplex m, Elektronen-Donator-Akzeptor-Komplex m
**add up** v (Maths) / summieren v (eine Summe bilden), aufsummieren v
**ADE** (automated design engineering) / automatische Konstruktionstechnik ‖ ≙ (audible Doppler enhancer) (Radar) / akustisches Doppler-Gerät
**Adelaide wool** (Textiles) / Adelaidewolle f (eine australische Wollsorte)
**adenine*** n (6-aminopurine) (Biochem) / Adenin n (heterodicyclische Purinbase), Ade (Adenin)
**adenosine** n (Chem) / Adenosin n, Ado ‖ **~ diphosphate** (Biochem) / Adenosin-5'-diphosphat n, ADP (Adenosin-5'-diphosphat), Adenosin-5'-diphosphorsäure f ‖ **~ monophosphate** (Biochem) / Adenosin-5'-monophosphat n, AMP (Adenosin-5'-monophosphat), Adenylat n ‖ **~ triphosphatase*** (Biochem) / Adenosintriphosphatase f, ATPase f ‖ **~ triphosphate*** (Biochem) / Adenosin-5'-triphosphat n, ATP (Adenosin-5'-triphosphat)
**adenovirus** n (Biochem) / Adenovirus n
**adenylate cyclase** (Biochem) / Adenylatcyclase f (ein Enzym), Adenylcyclase f
**adenylic acid*** (Biochem) / Adenylsäure f
**adequate** adj / angemessen adj (z.B. Temperatur), adäquat adj ‖ **~ visibility** (Autos) / ausreichende Sichtverhältnisse
**ader wax** (Min) / Ozokerit m, Erdwachs n, Riechwachs n
**ADES** (angle-dispersed photoelectron spectroscopy) (Spectr) / winkelaufgelöste Fotoelektronenspektroskopie
**ADF** (automatic direction-finder) (Aero) / automatisches Peilgerät ‖ ≙* (automatic direction-finding) (Aero, Ships) / Eigenpeilung f
**adfreeze strength** (Phys) / Haftfestigkeit f gegenüber gefrorenem Material (bei Eis)
**adfreezing** n / Zusammenfrieren n
**ADH** (antidiuretic hormone) (Biochem, Physiol) / Vasopressin n, antidiuretisches Hormon, Antidiuretin n, Adiuretin n, ADH (antidiuretisches Hormon), VP (Vasopressin - ein Neurohormon des Hypophysenhinterlappens)
**adhere** v (Eng) / erfassen und halten v (stoffpaarig - ein HHO) ‖ **~** (Phys) / haften v, anhaften v, adhärieren v
**adhered glass** (Glass) / angeklebtes Glas, angeklebte Glasteilchen
**adherence** n (adhesive force) (Phys) / Adhäsionskraft f, Haftvermögen n (im Allgemeinen) ‖ **~** (Phys) / Adhäsion f (als Phänomen), Haften n, Haftung f ‖ **~ to deadlines** / Termintreue f
**adherency** n (Phys) / Adhäsion f (als Phänomen), Haften n, Haftung f
**adherend** n / Klebling m ‖ **~** (Eng) / Klebfügeteil n, zu klebendes Teil ‖ **~** (Eng) / zu klebende Fläche ‖ **~** (For) / Klebling m, Fügeteil n (fester Körper, der mit einem anderen durch Kleben verbunden wird) ‖ **~** (Materials) / zu klebender Werkstoff, zu klebender Körper
**adherent junction** (Biochem) / Adhärenzverbindung f (zwischen den Außenseiten der Plasmamembranen) ‖ **~ lubricant** / Haftschmierfett n
**adhering joint** (Join) / Leimfuge f, Klebfuge f ‖ **~ liquid** / Anlösemittel n (für Schneidefilme)

**adherometer** n / Adhärometer n, Haftfähigkeitsmesser m (zur Schmierfettprüfung)
**adhesion** n (by caking) / Anbacken n ‖ **~*** (Build) / Verbundwirkung f ‖ **~** (Ceramics) / Sitz m (der Glasur) ‖ **~** (Eng, Mech) / Kraftschluss m (z.B. zweier Getriebeglieder), Reibschluss m ‖ **~** (adhesive force) (Phys) / Adhäsionskraft f, Haftvermögen n (im Allgemeinen) ‖ **~*** (Phys) / Adhäsion f (als Phänomen), Haften n, Haftung f ‖ **~** (Rail) / Haftreibung f (Rad/Schiene) ‖ **~ agent** / Klebstoff m (nach DIN 16920 entweder chemisch oder physikalisch abbindend), Klebemittel n, Kleber m
**adhesional work** (Phys) / Adhäsionsarbeit f, Haftarbeit f
**adhesion area** / Haftfläche f (z.B. in m²) ‖ **~ chip** (Glass) / Ausmuschelung f (Unregelmäßigkeit der Scheibenkante, hervorgerufen durch Ausbrechen von Splittern) ‖ **~ failure** (Build, Paint) / mangelhafte Haftung (an Voranstrich oder Untergrund), mangelnde Haftfestigkeit (bis zum Abplatzen), mangelndes Haftvermögen ‖ **~ promoter** (Phys) / Adhäsionsbeschleuniger m (eine Substanz, die, ohne Klebstoff zu sein, die Verbindung zweier verschiedenartiger Materialien fördert) ‖ **~ promotor** (Phys) / Adhäsionsbeschleuniger m (eine Substanz, die, ohne Klebstoff zu sein, die Verbindung zweier verschiedenartiger Materialien fördert), Haftvermittler m ‖ **~ railway** (Rail) / Reibungsbahn f, Adhäsionsbahn f ‖ **~ testing** (Paint) / Haftungsprüfung f, Haftfestigkeitsprüfung f (organischer Beschichtungen auf dem Substrat) ‖ **~ weight** (Rail) / Reibungsmasse f
**adhesive** n / Klebstoff m (nach DIN 16920 entweder chemisch oder physikalisch abbindend), Klebemittel n, Kleber m ‖ **~** adj / klebrig adj, klebend adj ‖ **~** (Chem, Phys) / haftfest, adhäsiv adj, haftend adj, anhaftend adj ‖ **~ additive** / Klebstoffzusatz m (z.B. Füll- oder Streckmittel, Weichmacher oder Härter) ‖ **~ agent** / Klebstoff m (nach DIN 16920 entweder chemisch oder physikalisch abbindend), Klebemittel n, Kleber m ‖ **~ application** (For) / Klebstoffauftrag m, Kleberauftrag m ‖ **~ applying machine** (For) / Klebstoffauftragmaschine f ‖ **~ binding** (Bind) / Klebebindung f ‖ **~ binding machine** (Bind) / Klebebindemaschine f
**adhesive-bonded joint** / Klebverbindung f, Klebeverbindung f ‖ **~ joint** s. also glued joint ‖ **~ non-woven fabric*** (Textiles) / Faserverbundstoff m (mit adhäsiver Verfestigung)
**adhesive bonding** / Klebverbund m (bei Klebstoffen), Klebverbindung f (als Vorgang), Zusammenkleben n, Kleben n (DIN 16920), Verbindung f durch Kleben, Verkleben n (Zukleben, Festkleben) ‖ **~ bonding** (Plastics, Textiles) / Klebeverfahren n (Kaschieren mit Hilfe von Klebern oder Schaumstoff), Klebbondierung f ‖ **~ bonding** (Textiles) / adhäsive Vliesverfestigung ‖ **~ capacity** / Klebvermögen n (Bindekraft), Klebekraft f, Klebkraft f, Klebfähigkeit f
**adhesive-coated bolt** (Eng) / Schraube f mit mikroverkapseltem Kleber
**adhesive dispersion** (Chem) / Klebedispersion f (wässrige Dispersion von Polymeren mit klebefähigen Eigenschaften), Klebdispersion f ‖ **~ film** / Klebstoff-Flm n (DIN 53276), Leimfilm m, Klebfolie f, Klebfilm m, Haftfolie f, Klebefolie f (Klebstoff in Folienform), Kontaktfolie f ‖ **~ force** / Klebvermögen n (Bindekraft), Klebekraft f, Klebkraft f, Klebfähigkeit f ‖ **~ force** (Phys) / Adhäsionskraft f, Haftvermögen n (im Allgemeinen) ‖ **~ formulation** (suitable for coating) / Klebstoffansatz m (verarbeitungsfertig angesetzte Mischung oder Lösung der Bestandteile des Klebstoffes, wenn der Klebstoff nicht im verarbeitungsfertigen Zustand geliefert wird) ‖ **~ for soles** (shoe-cementing agent) / Sohlenkleber m, Sohlenklebstoff m ‖ **~ gypsum** / Klebegips m ‖ **~ joint** / Klebverbindung f, Klebeverbindung f ‖ **~ laminating** (Textiles) / Klebekaschierung f, Klebebondieren n ‖ **~ layer** / Haftschicht f, Klebeschicht f ‖ **~ mask** (Electronics) / Haftmaske f (die fest mit der Kristallscheibe verbunden ist)
**adhesiveness** n / Klebvermögen n (Bindekraft), Klebekraft f, Klebkraft f, Klebfähigkeit f
**adhesive oil** / Haftöl n ‖ **~ paper** (Paper) / Selbstklebepapier n, selbstklebendes Papier, Haftpapier n ‖ **~ promotor** (Phys) / Adhäsionsbeschleuniger m (eine Substanz, die, ohne Klebstoff zu sein, die Verbindung zweier verschiedenartiger Materialien fördert), Haftvermittler m ‖ **~ sealer** / Klebedichtstoff m ‖ **~ spreader** (For) / Klebstoffauftragmaschine f ‖ **~ strength** (Phys) / Haftfestigkeit f (DIN 53232, 53357 und 55945), Haftvermögen n ‖ **~ surface** / Klebfläche f (einer Klebverbindung) ‖ **~ tape** / Klebeband n, Haftklebeband n ‖ **~ tape pull test** (Paint) / Klebebandprüfung f, Klebebandmethode f, Klebstreifentest m (zur Prüfung der Haftfestigkeit) ‖ **~ tape test** (Paint) / Klebebandprüfung f, Klebebandmethode f, Klebstreifentest m (zur Prüfung der Haftfestigkeit) ‖ **~ tensile strength** (Build) / Haftzugfestigkeit f (z.B. des Mörtels) ‖ **~ test** (Plastics) / Trennversuch m (DIN 53357) ‖ **~ testing** / Klebstoffprüfung f (zur Ermittlung der Eigenschaften der Klebstoffe) ‖ **~ thermometer** / Haftthermometer n ‖ **~ water** (Geol) / Haftwasser n (das den Böden Bergfeuchtigkeit verleiht) ‖ **~ wear***

(Eng) / Adhäsionsverschleiß m (bei dem in der Kontaktfläche der Reibpartner Haftverbindungen in Form von Mikroverschweißungen entstehen), Reibverschleiß m (Adhäsionsverschleiß), adhäsiver Verschleiß, Gleitverschleiß m (mechanischer Verschleißprozess, hervorgerufen durch Adhäsion)

**ad hoc inquiry** (a single request for a piece of information) (Comp) / Ad-hoc-Anfrage f

**ADI** (acceptable daily intake) (Agric, Nut) / ADI-Wert m (höchste duldbare Tagesdosis für einen Pflanzenschutzmittelrückstand)

**adiabat** n (Meteor, Phys) / Adiabate f

**adiabatic*** adj (Phys) / adiabatisch adj, Adiabaten... ‖ ~ **change*** (Phys) / adiabatische Zustandsänderung (Änderung des physikalischen Zustandes eines eingeschlossenen Gases ohne Wärmeaustausch mit der Umgebung) ‖ ~ **compression** (Phys) / adiabatische Verdichtung (im Carnot-Prozess), adiabatische Kompression ‖ ~ **cooling** (Phys) / adiabatische Abkühlung ‖ ~ **curve*** (Phys) / Adiabate f ‖ ~ **curve*** (Phys) s. also isentrope ‖ ~ **demagnetization*** (Phys) / adiabatische Entmagnetisierung (zur Erzeugung sehr tiefer Temperaturen), magnetische Kühlung ‖ ~ **equation** (Phys) / Adiabatengleichung f (für ideale Gase), Poisson-Gleichung f (für ideale Gase) ‖ ~ **equilibrium** (Phys) / adiabatisches Gleichgewicht ‖ ~ **expansion*** (Phys) / adiabatische Ausdehnung (im Carnot-Prozess) ‖ ~ **extrusion** / adiabatisches Fließpressen (bei dem in der Umformzone erzeugte Wärme nicht abgeleitet wird) ‖ ~ **gas law** (Phys) / Adiabatengleichung f (für ideale Gase), Poisson-Gleichung f (für ideale Gase) ‖ ~ **invariant** (Phys) / adiabatische Invariante ‖ ~ **lapse rate*** (Meteor) / adiabatischer Temperaturgradient ‖ ~ **process*** (Phys) / adiabatischer Prozess (bei dem kein Wärmeaustausch mit der Umgebung stattfindet) ‖ ~ **rate** (Meteor) / adiabatischer Temperaturgradient ‖ ~ **wall** (Phys) / adiabatische Wand (Trennung durch einen idealen Wärmeisolator), adiabate Wand

**adiactinic*** adj (Phys) / adiaktinisch adj, nicht durchlässig für aktinische Strahlung

**adiathermanous** adj / adiatherman adj (Wärmestrahlen nicht hindurchlassend), atherman adj

**adiathermic** adj / adiatherman adj (Wärmestrahlen nicht hindurchlassend), atherman adj

**ad impression** (Comp) / Adimpression f (pl. -s) (die Anzahl der Sichtkontakte mit einer Site, die ein Banner aufweist - verbindliche Maßeinheit zur Ermittlung der Werbeträgerleistung)

**adipate** n (Chem, Nut) / Adipat n (Salz oder Ester der Adipinsäure - E 356 bis E 359)

**adipic acid*** (Chem, Nut) / Adipinsäure f (E 355), Hexandisäure f, Butan-1,4-carbonsäure f, Butan-1,4-karbonsäure f

**adipiodone** n / Adipiodon n (ein Röntgenkontrastmittel), Iodipamid n

**adipocerite** n (Min) / Bergtalg m (talgige erdwachsartige Substanz), Hatchettin m

**adipocire** n (Min) / Bergtalg m (talgige erdwachsartige Substanz), Hatchettin m

**adiponitrile** n (Chem) / Adipinsäuredinitril n, Adiponitril n, ADN (Adiponitril)

**adipose** adj (Biol, Med) / adipös adj, Fett-, verfettet adj ‖ ~ **cell** (Biol) / Fettzelle f

**A-display*** n (Radar) / A-Darstellung f (Entfernung des Zieles und seine Echoamplitude werden durch Auslenkung der Leuchtspur oder Zeitlinie angezeigt)

**adit*** n (Mining) / Stollen m (Grubenbau, der in hügeligem Gelände von der Tagesoberfläche aus in die Lagerstätte führt)

**adjab butter** (Nut) / Djavefett n (aus den Samenkörnern des Baumes Mimusops elengi L.), Djavebutter f, Adjabbutter f

**adjacency** n (Comp, Telecomm) / Angrenzen n (Beziehung zwischen benachbarten Routern und Knoten) ‖ ~ **effect** (Photog) / Nachbareffekt m (Wechselwirkung zwischen benachbarten Partien stark unterschiedlicher Belichtung) ‖ ~ **effect** (Photog) s. also border effect and Eberhard effect ‖ ~ **matrix** (a matrix used as a means of representing an adjacency structure, which in turn represents a graph) (Comp) / Adjazenzmatrix f, Knotenmatrix f, Matrix f benachbarter Knoten (für Grafen)

**adjacent** adj / angrenzend adj, anstoßend adj, eine gemeinsame Grenze habend, benachbart adj, anliegend adj, aneinander grenzend) adj ‖ ~ (Maths) / adjazent adj, benachbart adj (von Knotenpunkten eines Grafen) ‖ ~ (supplementary) **angle** (Maths) / Nebenwinkel m (an zwei sich schneidenden Geraden) ‖ ~ **angle** (Maths) / anliegender Winkel ‖ ~ **atom** (Nuc) / Nachbaratom n, benachbartes Atom ‖ ~ **building** (Build) / Nachbargebäude n ‖ ~ **buildings** (Build) / Nachbarbebauung f (als Sammelbegriff) ‖ ~ **channel*** (Telecomm) / Nachbarkanal m, benachbarter Nachrichtenkanal

**adjacent-channel interference** (Telecomm) / Störung f durch Nachbarkanal ‖ ~ **selection** (Radio) / Nachbarkanalentkopplung f, Nachbarkanalselektion f

**adjacent fabric** (Textiles) / Begleitgewebe n ‖ ~ **frequency** (Telecomm) / Nachbarfrequenz f ‖ ~ **nodes** (Comp, Telecomm) / direkt benachbarte Knoten ‖ ~ **part** / benachbartes Teil (technisches Zeichnen) ‖ ~ **region** / Nachbarbereich m ‖ ~ **sheet** (Cartography, Surv) / Anschlussblatt n (Nachbarblatt in der gleichen Abbildungseinheit) ‖ ~ (small) **side** (Maths) / Ankathete f (des rechtwinkligen Dreiecks)

**adjective dye*** (Chem, Textiles) / adjektiver Farbstoff, Beizenfarbstoff m ‖ ~ **dyestuff** (Chem, Textiles) / adjektiver Farbstoff, Beizenfarbstoff m

**adjoin** v (something) / anstoßen v (an), angrenzen v

**adjoining** adj / angrenzend adj, anstoßend adj, eine gemeinsame Grenze habend, benachbart adj, anliegend adj, aneinander grenzend) adj ‖ ~ **rock** (Geol) / Nachbargestein n ‖ ~ **sheet** (Cartography, Surv) / Anschlussblatt n (Nachbarblatt in der gleichen Abbildungseinheit)

**adjoint*** adj (Maths) / Hermite'sch konjugiert, hermitesch konjugiert, adjungiert adj ‖ ~ **of a matrix** (Maths) / adjungierte Matrix

**adjugate*** adj (Maths) / Hermite'sch konjugiert, hermitesch konjugiert, adjungiert adj ‖ ~ **of a matrix** (Maths) / adjungierte Matrix

**adjust** v / anpassen v, adaptieren v ‖ ~ (Chem) / einstellen v (z.B. Ionenstärke) ‖ ~ (Instr) / einstellen v (genau), justieren v (z.B. ein Messsystem nach DIN 1319, T 1 einstellen), nachstellen v, adjustieren v (ein Messinstrument), verstellen v, regulieren v

**adjustable** adj (Eng, Instr) / einstellbar adj, verstellbar adj ‖ **non-~** (Eng) / unverstellbar adj ‖ ~ **bearing** (Eng) / nachstellbares Lager

**adjustable-blade Kaplan-type turbine** (Eng) / Kaplan-Turbine f mit verstellbaren Schaufeln ‖ ~ **propeller** (hydraulic) **turbine** (Eng) / Kaplan-Turbine f mit verstellbaren Schaufeln

**adjustable capacitor** (Elec Eng) / Regelkondensator m, Stellkondensator m ‖ ~ **delay** (Elec Eng) / einstellbare Verzögerung (eines Stadtgliedes) ‖ ~ **die-stock** (Tools) / Gewindeschneidkluppe f, Schneidkluppe f (für das Herstellen größerer Gewinde aus dem Vollen) ‖ ~ **fork** / Verstellgabel f (des Gabelstaplers) ‖ ~ **frequency** (Telecomm) / einstellbare Frequenz ‖ ~ **grooving tool** (Eng) / Spreizmeißel m ‖ ~ **inductor** (Elec Eng) / Drossel f mit einstellbarer Induktivität ‖ ~ **in height** (Eng) / höhenverstellbar adj

**adjustable-pitch airscrew*** (Aero) / Einstellschraube f (am Boden), Einstellpropeller m, einstellbare Luftschraube ‖ ~ **propeller** (Aero) / Einstellschraube f (am Boden), Einstellpropeller m, einstellbare Luftschraube

**adjustable point** (Comp) / einstellbares Komma

**adjustable-range thermometer** (Phys) / Einstellthermometer n

**adjustable set square** (Eng) / Winkellineal n, Zeichenstäbe m pl (der Zeichenmaschine)

**adjustable-size aggregate** (Comp) / Aggregatparameter m mit veränderbarer Länge

**adjustable spanner** (Eng, Tools) / verstellbarer Schraubenschlüssel, Rollgabelschlüssel m, verstellbarer Einmaulschlüssel, Franzose m

**adjustable-speed motor** (Automation, Elec Eng) / drehzahlveränderlicher Motor, drehzahlgeregelter Motor, Regelmotor m, drehzahlumschaltbarer Motor mit regelbarer Drehzahl

**adjustable threshold MOS** (Electronics) / Feldeffekttransistor m mit einstellbarer Isolierschicht ‖ ~ **wrench** (Eng, Tools) / verstellbarer Schraubenschlüssel, Rollgabelschlüssel m, verstellbarer Einmaulschlüssel, Franzose m

**adjusted bearing** (Eng) / angestellte Lagerung (üblicherweise mit Schräglagern - eine Wälzlagerung) ‖ ~ **retention time** (Chem) / Nettoretentionszeit f

**adjusting nut** (Eng) / Stellmutter f, Einstellmutter f ‖ ~ **pin** (Eng) / Stellstift m ‖ ~ **resistor** (Elec Eng) / Justierwiderstand m (ein Bauteil) ‖ ~ **ring** (Eng) / Stellring m, Einstellring m ‖ ~ **screw** (Eng) / Einstellschraube f (zum Ausrichten von Geräten und Nachstellen von Spielen), Stellschraube f ‖ ~ **screw** (Met) / Druckspindel f (zur Walzenanstellung) ‖ ~ **spindle** (Eng, Met) / Stellspindel f ‖ ~ **wedge** (Eng) / Stellkeil m

**adjustment** n / Anpassung f ‖ ~ (Electronics, Instr, Optics) / Justierung f (eines Systems) ‖ ~ **calculus** (Surv) / Ausgleichsrechnung f (eine Fehlerrechnung), Regressionsrechnung f ‖ ~ **capability** / Einstellmöglichkeit f ‖ ~ **error** (Comp) / Einstellfehler m ‖ ~ **knob** (Instr) / Justierknopf m ‖ ~ **of observations** (Surv) / Ausgleichsrechnung f (eine Fehlerrechnung), Regressionsrechnung f ‖ ~ **of tinting strength** (Paint) / Farbstärkeangleich m (auf der Grundlage der Kubelka-Munk-Theorie)

**adjutage** (Hyd) / Auslaufrohr n, Wasserabflussrohr n

**adjuvant*** n (Pharm) / Adjuvans n (pl. -anzien oder -antia)

**adlayer** n / Adsorptionsschicht f (Bestandteil der äußeren Grenzschichten von Werkstoffen)

**ADM** (asynchronous disconnected mode) (Comp) / unabhängiger Wartebetrieb (DIN 44 302) ‖ ~ (adaptive delta modulation) (Telecomm) / adaptive Deltamodulation, ADM (adaptive Deltamodulation)

**admass** n / Werbeträgerpublikum n der Massenmedien

**administer**

**administer** v / verwalten v ‖ ~ (Pharm) / verabreichen v, verabfolgen v, applizieren v
**administration** n (Pharm) / Verabreichung(sart) f, Verabfolgung f, Applikation f ‖ ~ **costs** / Regiekosten pl (A), Verwaltungskosten pl
**administrator** n (Comp) / Datenerfassungsüberwacher m (Person), DE-Überwacher m, Administrator m
**admiralty anchor** (Ships) / Admiralitätsanker m (mit beiklappbarem Stahlstock) ‖ ~ **brass** (Met) / Kupfer-Zink-Legierung f (mit etwa 71% Cu, 28% Zn und 1% Sn), Kondensationsrohrmessing n, Admiralitätsmetall n, Admiralitätsmessing n, Admiralty-Metal n ‖ ~ **chart** (Ships) / Admiralitätskarte f ‖ ~ **coefficient** (Ships) / Admiralitätskonstante f (Kennzahl für die Qualität der Antriebsverhältnisse eines Schiffes) ‖ ~ **constant** (Ships) / Admiralitätskonstante f (Kennzahl für die Qualität der Antriebsverhältnisse eines Schiffes) ‖ ~ **metal** (Met) / Kupfer-Zink-Legierung f (mit etwa 71% Cu, 28% Zn und 1% Sn), Kondensationsrohrmessing n, Admiralitätsmetall n, Admiralitätsmessing n, Admiralty-Metal n
**admissible** adj / zulässig adj
**admission*** n (Eng) / Füllung f (Dampfmaschine) ‖ ~* (Eng) / Beaufschlagung f (der Turbine) ‖ ~ (Eng) / Einlass m, Eintritt m, Einlauf m ‖ ~ **lead** (Eng) / Voreinströmung f (bei der Turbine), Voreintritt m (bei der Turbine) ‖ ~ **line** (Autos, Eng) / Ansauglinie f (des Indikatordiagramms)
**admittance*** n (Elec) / Scheinleitwert m (in S), Admittanz f (der Kehrwert der Impedanz - DIN 40 110) ‖ ~ **matrix** (Elec Eng) / Admittanzmatrix f (DIN 13321), Leitwertmatrix f ‖ ~ **parameter** (Electronics) / y-Kenngröße f, y-Vierpolparameter m, Leitwertparameter m (Kenngröße bei der Vierpolersatzschaltbilddarstellung von Transistoren)
**admix** v / zusetzen v (beimischen), beimischen v, beimengen v
**admixture** n / Zusatzstoff m, Beimischung f, Begleitstoff m ‖ ~ / Beimischung f (Tätigkeit), Zusatz m (Tätigkeit)
**A-DNA** n (Biochem) / A-DNA f (eine rechtsgängige Doppelhelix, bei der jedoch die "Stufen der Wendeltreppe" beim "Aufwärts-Steigen" nach rechts geneigt sind)
**adobe** n (clay)* (Geol) / Adobe m (in tropischen Ländern vorkommende Lehmart zur Herstellung luftgetrockneter Ziegel) ‖ ~ **fonts metrics format** (Comp) / AFM-Format n (systemunabhängiger Quasistandard für Metrikdaten von PostScript-Fonts)
**adonite** n (Chem) / Ribit n, Ribitol n, Adonit n
**adonitol** n (Chem) / Ribit n, Ribitol n, Adonit n
**adopted street** (GB) (Civ Eng) / Straße, die f von einer Kommunalbehörde ("local authority") unterhalten wird
**ADP** (adenosine diphosphate) (Biochem) / Adenosin-5'-diphosphat n, ADP (Adenosin-5'-diphosphat), Adenosin-5'-diphosphorsäure f ‖ ~ (automatic data processing) (Comp) / automatische Datenverarbeitung f, ADV (automatische Datenverarbeitung)
**ADPCM** (adaptive differential pulse-code modulation) (Telecom) / adaptive differentielle PCM
**ADPES** (angle-dispersed photoelectron spectroscopy) (Spectr) / winkelaufgelöste Fotoelektronenspektroskopie
**adrenal cortex hormone** (Biochem, Med) / Corticosteroid n (Steroidhormon der Nebennierenrinde), Kortikosteroid n, Nebennierenrindenhormon n, Corticoid n, Kortikoid n ‖ ~ **corticosteroid** (Biochem, Med) / Corticosteroid n (Steroidhormon der Nebennierenrinde), Kortikosteroid n, Nebennierenrindenhormon n, Corticoid n, Kortikoid n
**adrenaline*** n (Biochem, Physiol) / Adrenalin n, Epinephrin n (ein Hormon des Nebennierenmarks)
**adrenocortical hormone** (Biochem, Med) / Corticosteroid n (Steroidhormon der Nebennierenrinde), Kortikosteroid n, Nebennierenrindenhormon n, Corticoid n, Kortikoid n
**adrenocorticoid** n (Biochem, Med) / Corticosteroid n (Steroidhormon der Nebennierenrinde), Kortikosteroid n, Nebennierenrindenhormon n, Corticoid n, Kortikoid n
**adrenocorticotrophic hormone*** (Biochem) / adrenokortikotropes Hormon, Corticotropin n, Kortikotropin n, Adrenokortikotropin n, kortikotropes Hormon, ACTH
**adrenoreceptor** n (Physiol) / Adrenorezeptor m (z.B. Alpha- oder Betablocker), adrenerger Rezeptor
**adrenotropic hormone** (Biochem) / adrenokortikotropes Hormon, Corticotropin n, Kortikotropin n, Adrenokortikotropin n, kortikotropes Hormon, ACTH
**adret** n (Geog, Geol) / Sonnenseite f (eines Berges) ‖ ~ s. also schattenseite
**adriamycin** n (Pharm) / Adriamycin n (ein Anthracyclin), Doxorubicin n
**Adrianople red** (Paint) / Türkischrot n
**Adriatic oak** (For) / Zerreiche f (Quercus cerris L.)
**ADS*** (air data system) (Aero) / Flugwerterechner m, Luftdatenrechner m, Luftwerterechner m

**ADSL** (asymmetrical digital subscriber line) (Comp, Telecomm, Teleph) / ADSL n (Verfahren, um über 2-Draht-Cu-Leitungen im Hinkanal breitbandig, im Rückkanal schmalbandig zu übertragen), ADSL-Verfahren n
**ad slogan** / Werbeslogan m
**adsorb** v (Chem, Phys) / adsorbieren v, binden v (adsorbieren)
**adsorbable** adj / adsorbierbar adj ‖ ~ **organic halides** (Chem) / adsorbierbare organische Halogenverbindungen (in einer Wasserprobe), AOX (die Summe der Konzentration aller aus einer Wasserprobe an Aktivkohle adsorbierbaren organischen Halogenverbindungen der Elemente Chrom, Brom und Iod, ausgedrückt als mg/l Chlorid) ‖ ~ **organic sulphur** (Chem, San Eng) / adsorbierbarer organisch gebundener Schwefel, AOS (adsorbierbarer organisch gebundener Schwefel)
**adsorbate*** n (Chem, Phys) / adsorbierter Stoff, Adsorptiv n, Adsorbat n
**adsorbed layer** / Adsorptionsschicht f (Bestandteil der äußeren Grenzschichten von Werkstoffen) ‖ ~ **water** (Chem, Hyd Eng) / hygroskopisches Wasser, Saugwasser n ‖ ~ **water** (Geol) / Haftwasser n (das den Böden Bergfeuchtigkeit verleiht)
**adsorbent*** n (Chem, Phys) / Adsorbens n (pl. Adsorbenzien), Adsorptionsmittel n
**adsorption*** n (Chem, Phys) / Adsorption f (DIN 13 310) ‖ ~ **ability** (Chem, Phys) / Adsorptionsvermögen n, Adsorptionsfähigkeit f ‖ ~ **analysis** (Chem) / Adsorptionsanalyse f ‖ ~ **capacity** (Chem, Phys) / Adsorptionsvermögen n, Adsorptionsfähigkeit f ‖ ~ **chromatography*** (Chem) / Adsorptionschromatografie f (die auf dem Prinzip der unterschiedlichen Adsorption der zu trennenden Verbindung an der stationären Phase beruht) ‖ ~ **energy** (Chem, Phys) / Adsorptionsenergie f ‖ ~ **equilibrium** (Phys) / Adsorptionsgleichgewicht n ‖ ~ **indicator** (Chem) / Adsorptionsindikator m (z.B. Eosin bei Adsorption an Silberbromid) ‖ ~ **isostere** (Chem, Phys) / Adsorptionsisostere f (Abhängigkeit der adsorbierten Menge des Gases über dem Adsorbat bei konstanter Temperatur) ‖ ~ **isotherm*** (Chem) / Adsorptionsisotherme f ‖ ~ **layer** (Chem, Phys) / Adsorptionsschicht f (aus adsorbierten Teilchen) ‖ ~ **mixed crystal** (Crystal) / anomaler Mischkristall, Adsorptionsmischkristall m (festes Stoffgemisch, das sich nicht auf ein einheitliches Translationsgitter beziehen läßt, in dem jedoch die einzelnen Komponenten in submikroskopischen Bereichen in gesetzmäßiger Weise verwachsen sind) ‖ ~ **pump** (Vac Tech) / Adsorptionspumpe f
**adsorptive** adj / adsorptiv adj, adsorptionsfähig adj ‖ ~ **separation** (Phys) / Trennung f aufgrund von Adsorptionsvorgängen
**ad-tech** n / fortschrittliche Technik, moderne Technik
**ADU** (ammonium diuranate) (Chem, Nuc Eng) / Ammoniumdiuranat n (z.B. im Yellow cake), ADU (Ammoniumdiuranat)
**adularia*** n (Min) / Adular m, Ceylonopal m (ein farbloser Schmuckstein - eine Kalifeldspatvarietät)
**adulterate** v (Nut) / verfälschen v ‖ ~ (Nut) / pantschen v, panschen v (Wein, Milch, Bier)
**advance** v (in a smooth motion, usually slowly) / vorschieben v ‖ ~ / aufstellen v, entwickeln v (eine Theorie) ‖ ~ / fördern v, voranbringen v (ein Projekt) ‖ ~ (Elec Eng) / vorverschieben v (bei der Phasenverschiebung) ‖ ~ (Eng) / ausfahren v (z.B. einen Ausleger) ‖ ~ (Eng) / vorlaufen v, voreilen v ‖ ~ (Eng) / fortschalten v (Zähler) ‖ ~ (Mining) / rücken v (Fördermittel im Rhythmus des Abbau-, Vortriebs- oder Verkippungsfortschritts) ‖ ~ (Photog) / weitertransportieren v (Film) ‖ ~ (step by step) / vorrücken v ‖ ~ (step by step) / Vorrücken n ‖ ~ (excavation of a tunnel section) (Civ Eng) / Ausbruch n ‖ ~* (Civ Eng, Rail) / Signalabstand m ‖ ~ (Eng) / Voreilung f, Vorlauf m (Voreilung) ‖ ~ (Eng) / Vorlauf m (des Werkzeugs) ‖ ~ **angle** (I C Engs) / Zündverstellwinkel m, Verstellwinkel m (Winkel der Kurbelwelle vom Zündzeitpunkt bis zum oberen Totpunkt) ‖ ~ **ball** (Acous) / Führungskugel f für Schneidkopf (Schallplattenherstellung)
**advance-booking charter** (Aero) / ABC-Charter m f (mit ABC-Flügen)
**advance capsule** (Autos) / Unterdruckdose f der Zündzeitpunkt-Vorverstellung, Frühdose f, Unterdruckversteller m für Frühzündung ‖ ~ **copy** (Print) / Vorausexemplar n (vor Auslieferung des Werkes zu Besprechungs- und ähnlichen Zwecken versandtes Exemplar), Signalband m, Vorausband m
**advanced airfield** (Mil) / Feldflugplatz m (unbefestigt, minimale Flugsicherungsanlagen, frontnahe Lage - für Propellerflugzeuge und Hubschrauber) ‖ ~ **base** (Mil) / Feldflugplatz m (unbefestigt, minimale Flugsicherungsanlagen, frontnahe Lage - für Propellerflugzeuge und Hubschrauber) ‖ ~ **boiling-water reactor** (Nuc Eng) / fortgeschrittener Siedewasserreaktor ‖ ~ **Configuration and Power Interface** (BIOS interface specification for power saving) (Comp) / ACPI-Schnittstelle f ‖ ~ **decay** (For) / fortgeschrittener Anbruch (ein Holzfehler) ‖ ~ **Feature Connector** (an extension of the current VESA specification) (Comp) / Advanced Feature Connector m ‖ ~ **gallery** (Mining) / vorgesetzte Strecke, vorgeführte

Strecke || ~ **gas-cooled reactor**\* (Nuc Eng) / fortgeschrittener gasgekühlter Reaktor, FGR (fortgeschrittener gasgekühlter Reaktor) || ~ **manufacturing technology** (Work Study) / intelligente Fertigungstechnik, fortgeschrittene Fertigungstechnik ≙ **Micro Devices** (Comp) / Advanced Micro Devices, AMD (ein amerikanischer Chiphersteller) || ≙ **Mobile Phone System** (Teleph) / AMPS *n* (analoges zellulares Mobilfunksystem in den Vereinigten Staaten) || ~ **passenger train** (GB) (Rail) / fortgeschrittener Personenzug (mit einer Rolls-Royce-Turbine, z.B. auf der Strecke London-Glasgow) || ~ **polysilicon self-aligned technology** (Electronics) / APSA-Technologie *f* (Herstellung von Feldeffekttransistoren mit selbstjustierendem Polysiliciumgate) || ~ **potential** (Phys) / avanciertes Potential (Lösung der inhomogenen Wellengleichung) || ~ **reasoning** (AI) / höheres Inferieren
**advance drift** (Civ Eng, Mining) / Vortrieb *m*
**advanced rim** (Autos) / Schrägschulterfelge *f* ||
~**-standard-buried-collector technology** (Electronics) / eine Technologie der integrierten Bipolarschaltungen || ~ **technology** / fortschrittliche Technik, moderne Technik || ~ **waste-water treatment** (San Eng) / weitergehende Abwasserreinigung (Verfahren oder Verfahrenskombinationen, welche in ihrer Reinigungswirkung über die herkömmliche, in der Regel mechanisch-biologische Abwasserreinigung hinausgehend und insbesondere solche Stoffe eliminieren, die im Ablauf einer mechanisch-biologischen Kläranlage noch enthalten sind - DIN 4045), dritte Reinigungsstufe
**advance-feed tape** (Comp) / Lochstreifen *m* mit vorgezogenen Transportlochungen
**advance metal**\* (Met) / Cu-Ni-Legierung (mit 45% Ni) mit geringem temperaturabhängigem elektrischem Widerstand || ~ **per round** (Mining) / Abschlaglänge *f* (Länge des Abschnitts, um den der Ortsbrust nach der Sprengarbeit in Streckenrichtung vorrückt) || ~ **sheets** (Print) / Aushängebogen *m pl* (während des Fortdruckes der Auflage entnommene Bogen, die dem Auftraggeber zugestellt werden) || ~ **sign** (Autos) / Vorankündigungszeichen *n* || ~ **warning triangle** (GB) (Autos) / Warndreieck *n* (tragbare Warneinrichtung zur Sicherung liegen gebliebener Fahrzeuge) || ~ **workings**\* (Civ Eng, Mining) / Vortrieb *m* || ~ **workings**\* (Mining) s. also driving
**advancing** *n* (Mining) / Vorbau *m* || ~**-blade concept helicopter** (Aero) / A.B.C.-Hubschrauber *m* (Sikorsky) || ~ **colour**\* (Build) / Farbe, die den Raum kleiner, näher erscheinen lässt || ~ **key** (Comp) / schreibende Taste mit Vorschub
**advantage ratio**\* (Nuc Eng) / Vorteilfaktor *m*, Advantage-Faktor *m*
**advect** *v* (Meteor, Ocean) / advektieren *v*
**advection**\* *n* (Meteor) / Advektion *f* (horizontale Verlagerung von Luftmassen und ihren Eigenschaften in der Atmosphäre) || ~ **fog**\* (Meteor) / Advektionsnebel *m* (wenn feuchtwarme Luftmassen über eine kalte Unterlage geführt werden)
**advective** (Meteor) / Advektions-, advektiv *adj* || ~ **frost** (Meteor) / Advektivfrost *m*, Advektionsfrost *m* (infolge Heranführung von Kaltluft, deren Temperatur unter dem Gefrierpunkt liegt) || ~ **frost** (Meteor) s. also radiation frost
**adventure game** / Adventure-Spiel *n* (interaktives Computerspiel) || ~ **playground** (Arch) / Abenteuerspielplatz *m* (auf dem die Kinder mit dem zur Verfügung gestellten Material selbständig bauend usw. sich betätigen können)
**adverse** *adj* / nachteilig *adj* (Auswirkung), ungünstig *adj* (Bedingungen im Lager, Entwicklung) || ~ **weather** (Meteor) / Schlechtwetter *n*
**adverse-weather lamp** (Autos) / Nebelscheinwerfer *m*
**advertisement** *n* (Print) / Anzeige *f* (in der Zeitung, in der Zeitschrift) || ~ **page** (Print) / Anzeigenseite *f*, Seite *f* mit Anzeigen
**advertising** *n* / Anzeigenwerbung *f*, Advertising *n* || ~ / Werbung *f*, Reklame *f* || ~ **analysis** / Werbeanalyse *f* (Untersuchung der Verbrauchergewohnheiten, der Marktlücken und der möglichen Werbemittel auf ihre Brauchbarkeit) || ~ **appropriation** / bewilligte Werbemittel, Werbeetat *m*, Werbefonds *m* || ~ **art** (Print) / Werbegrafik *f* || ~ **campaign** / Werbekampagne *f*, Werbefeldzug *m* || ~ **column** / Anschlagsäule *f* || ~ **conception** / Werbekonzeption *f* || ~ **drive** (an organized effort) / verstärkter Werbeeinsatz || ~ **portfolio** (Print) / Werbemappe *f* || ~ **psychology** / Werbepsychologie *f* (ein Teilgebiet der angewandten Psychologie) || ~ **space** (Print) / Anzeigenraum *m*, Anzeigenfläche *f* (in einer Zeitung) || ~ **strategy** / Werbestrategie *f* (übergreifendes Konzept einer Werbekampagne) || ~ **success** / Werbeerfolg *m* || ~ **tracking** / Wiederholungsbefragung *f* zur Messung der Werbewirkung, Anzeigenwirkung *f* (die nach einer bestimmten Periode abgefragt wird) || ~ **value** / Gegenwartswert *m*, Zeitwert *m*, Marktzeitwert *m*, Tageswert *m*
**advisory airspace** (Aero) / Flugverkehrsberatungsluftraum *m*, Beratungsluftraum *m* || ~ **body** / Beratungsgremium *n* || ~ **service** / Beratungsdienst *m* || ~ **system** (AI) / Beratungssystem *n*
**advocate** *n* / Befürworter *m* (der Kernenergie, der Windenergie)
**adz** *n* (Carp) / Texel *f*, Dachsbeil *n*, Dechsel *f*

**adze**\* *n* (Carp) / Texel *f*, Dachsbeil *n*, Dechsel *f* || ~ **block**\* (Carp) / Meißelhalter *m* || ~**-eye hammer**\* (Tools) / Hammer *m* mit stark gekrümmter Klaue
**AE** (auxiliary electrode) (Electronics) / Hilfselektrode *f* || ≙ \* (auto-exposure) (Photog) / Belichtungsautomatik *f* || ≙ (aerial) (Radio) / Antenne *f* (Teil der Antennenanlage)
**AEA** (Association of European Airlines) / am 14.9.1973 zustande gekommener Zusammenschluss von 20 europäischen Luftverkehrsgesellschaften (Sitz: Brüssel) || ≙ (air-entraining agent) (Build) / Luftporenbildner *m* (Stoff, der in den Frischbeton eine große Anzahl sehr kleiner Luftporen einführt), LP-Mittel *n*, Luftporenzusatzstoff *m*, LP-Zusatzstoff *m* (DIN 1045)
**AEB** (active engine brake) (Autos) / Motorbremse *f* mit Konstantdrossel (zusätzlich zur Abgasklappe)
**a.e.c.** (anion-exchange capacity) (Chem) / Anionenaustauschkapazität *f*
**AED** *n* (atom emission detector) (Chem) / AED *m* (Atomemissionsdetektor in der Gaschromatografie)
**aegirine**\* *n* (Min) / Ägirin *m* (grüner Natronaugit)
**aenigmatite**\* *n* (Min) / Aenigmatit *m* (ein orthorhombischer Amphibol mit verzweigten Ketten)
**aeolian** *adj* (Geol) / äolisch *adj* || ~ **accumulation** (Geol) / Windaufschüttung *f* || ~ **deposit**\* (Geol) / Windablagerung *f* || ~ **deposits**\* (Geol) / Aolinite *mpl* (äolische Ablagerungen) || ~ **placer** (Mining) / äolische Seife *f* || ~ **soil** (Civ Eng, Geol) / Windabsatzboden *m*, angewehter Boden, äolischer Boden
**aeolipile** *n* (Phys) / Heronsball *m* (z.B. beim Parfümzerstäuber), Äolsball *m*
**aeolotropic**\* *adj* (Bot, Crystal, Min, Phys) / anisotropisch *adj*, anisotrop *adj* (richtungsabhängig)
**aeolotropy** *n* (Bot, Mag, Phys) / Anisotropie *f* (DIN 13316)
**aeon** *n* (Geol) / Äon *m* (pl. -en) (größter chronologischer Abschnitt)
**aerate** *v* (Agric) / belüften *v* (Boden), aerifizieren *v* || ~ (Eng) / lüften *v*, belüften *v*, ventilieren *v* || ~ (Foundry) / auflockern *v* (Formsand) || ~ (Mining) / bewettern *v* (eine Grube) || ~ (Nut) / lockern *v*, säuern *v*, sauer werden lassen (Teig) || ~ (Nut) / karbonisieren *v*, imprägnieren mit $CO_2$ (Getränke) || ~ s. also de-aerate
**aerated** *adj* (Nut) / kohlensäurehaltig *adj* (Getränk) || ~ **concrete** (a type of gas concrete) (Build, Civ Eng) / Gasbeton *m* (ein Porenbeton nach DIN 4166) || ~ **concrete block** (Build, Civ Eng) / Gasbetonstein *m* (Block- oder Planstein nach DIN 4165) || ~ **gypsum** / Porengips *m* || ~ **lagoon** (San Eng) / belüfteter Abwasserteich (Erdbecken zur biologischen Abwasserreinigung, in das Sauerstoff künstlich eingetragen wird) || ~ **mud** (Oils) / lufterleichterte Spülung
**aerating** *n* (Agric) / Aerifizieren *n*, Durchlüften *n* (des Rasens mit einem Vertikutierroller) || ~ **agent** (Nut) / Treibmittel *n*, Teiglockerungsmittel *n*, Triebmittel *n* (z.B. Hefe, Sauerteig oder Backpulver), Teigtriebmittel *n*, Backtriebmittel *n*, Lockerungsmittel *n* (meistens Kalium- oder Natriumhydrogenkarbonat)
**aeration** *n* (Eng) / Lüftung *f*, Belüftung *f* || ~ (Foundry) / Auflockerung *f* (z.B. des Formsandes) || ~ (Nut) / Karbonisieren *n*, Imprägnieren *n* mit $CO_2$ (der Getränke) || ~ (San Eng) / Belüftung *f* (DIN 4045 und 4046) || ~ (Ships) / Aeration *f* (bei Tragflügelbooten durch Seegang, Stampfen oder Sogwirkung hervorgerufener Lufteinbruch in das Unterdruckgebiet an der Profiloberseite des Auftrieb liefernden Tragflügels) || ~ **cell** (Surf) / Sauerstoffkonzentrationszelle *f*, Belüftungszelle *f*, Belüftungselement *n* (ein durch unterschiedliche Belüftung entstehendes Korrosionselement, in dem die stärker belüfteten Stellen die Katode und die schwächer belüfteten die Anode bilden) || ~ **dome** (San Eng) / Filterdom *m* (kuppelförmiger Körper aus keramischem Material zur feinen Verteilung von Luft in Wasser, meist am Boden von Belüftungsbecken angebracht) || ~ **element** (Chem, Elec Eng) / Evans-Element *n* (ein Konzentrationselement, das durch unterschiedliche Belüftung des Elektrolyten gebildet wird) || ~ **element** (Surf) / Sauerstoffkonzentrationszelle *f*, Belüftungszelle *f*, Belüftungselement *n* (ein durch unterschiedliche Belüftung entstehendes Korrosionselement, in dem die stärker belüfteten Stellen die Katode und die schwächer belüfteten die Anode bilden) || ~ **of soil** (Agric) / Bodendurchlüftung *f*, Bodenbelüftung *f* || ~ **of waters** (Ecol, San Eng) / Gewässerbelüftung *f* || ~ **system** (San Eng) / Lüftungssystem *n* (auch beim Belebungsverfahren) || ~ **tank** (Ecol, San Eng) / Belebtschlammbecken *n*, Belebungsbecken *n* (im Belebtschlammverfahren - DIN 4045), Lüftungsbecken *n*, Belüftungsbecken *n* || ~ **test burner**\* (Eng) / ATB-Prüfbrenner *m* || ~ **valve** (Eng) / Belüftungsventil *n*
**aerator** *n* (Agric) / Gerät *n* zur Lüftung und Krümelung des Erdreichs (z.B. ein Hackwerkzeug, Vertikutierer, Kultivator) || ~ (Ecol, San Eng) / Belebtschlammbecken *n*, Belebungsbecken *n* (im Belebtschlammverfahren - DIN 4045), Lüftungsbecken *n*, Belüftungsbecken *n* || ~ (Foundry) / Sandauflockerungsmaschine *f*, Formstoffschleuder *f*, Sandlockerer *m* || ~ (San Eng) / Belüfter *m*,

**aerator**

Belüftungsanlage f (z.B. zur Wasseraufbereitung) ‖ ~ **rake** (Agric) / Rasenlüfter m, Rasenlüfterrechen m
**aerial** n (Biol) / Aerial n (die Luft als Lebensraum)
**aerial*** n (GB) (Radio) / Antenne f (Teil der Antennenanlage)
**aerial** adj (Geophys) / Luft-, atmosphärisch adj ‖ ~ **advertising** / Luftwerbung f ‖ ~ **array** (Radio) / Richtantennenkombination f, Richtantennensystem n, Richtstrahlfeld n ‖ ~ **array** (Radio) / Antennenanordnung f, Antennenkombination f, Antennengruppe f, Antennensystem n, Antennenarray n, Array n (eine Antennenanordnung) ‖ ~ **cable*** (Cables) / Luftkabel n, Freileitungskabel n ‖ ~ **cableway** / Luftseilbahn f (zur Beförderung von Einzellasten, Schüttgütern und auch Personen), Seilschwebebahn f ‖ ~ **camera** (Photog, Surv) / Luftbildkammer f (z.B. Reihenmesskammer), Luftbildkamera f, Luftbildaufnahmekammer f ‖ ~ **collision** (Aero) / Zusammenstoß m im Fluge, Zusammenstoß m in der Luft, Kollision f während des Fluges ‖ ~ **delivery parachute** (Aero) / Lastenfallschirm m ‖ ~ **dusting** (Aero) / Stäuben n von der Luft aus, Stäuben n mittels Flugzeug, Stäuben n aus der Luft ‖ ~ **funicular** / Standseilbahn f (mit Oberleitung) ‖ ~ **mapping camera** (Surv) / Luftbildmesskammer f ‖ ~ **mine** (Mil) / Luftmine f ‖ ~ **perspective** (the technique of representing more distant objects as fainter and more blue) / Luftperspektive f ‖ ~ **photo** (Photog, Surv) / Luftbild n, Luftaufnahme f (einzelnes Luftbild), Flugaufnahme f ‖ ~ **photograph** (Photog, Surv) / Luftbild n, Luftaufnahme f (einzelnes Luftbild), Flugaufnahme f ‖ ~ **photography** (Photog, Surv) / Aerofotografie f (Tätigkeit), Luftbildfotografie f, Luftbildaufnahme f (Tätigkeit) ‖ ~ **picket aircraft** (Aero) / Picket-Luftfahrzeug n (z.B. AWACS) ‖ ~ **polarization** (Radio) / Antennenpolarisation f (relative Lage des von einer Antenne abgestrahlten oder aufgenommenen elektromagnetischen Feldes zur Erdoberfläche) ‖ ~ **reconnaissance** (Mil) / Luftaufklärung f ‖ ~ **refuelling** (Aero) / Luftbetankung f, Flugbetankung f, Betankung f in der Luft, Lufttanken n ‖ ~ **ropeway*** / Luftseilbahn f (zur Beförderung von Einzellasten, Schüttgütern und auch Personen), Seilschwebebahn f ‖ ~ **search** (Aero) / Suche f durch Luftfahrzeuge, Suche f aus der Luft, Suche f mit Luftfahrzeugen ‖ ~ **seeding** (Aero, Agric) / Flugzeugaussaat f ‖ ~ **shortening** (Radio) / Antennenverkürzung f ‖ ~ **skidder** (For) / Seilbringungsanlage f ‖ ~ **skidding** (For) / Schweberücken n ‖ ~ **skidding** (For) / Rücken n mit Seilkran ‖ ~ **spraying** (Agric) / Besprühen n (mit Schädlingsbekämpfungs- und Unkrautvernichtungsmitteln aus der Luft), Absprühen n (aus Arbeitsflugzeugen) ‖ ~ **survey** (Surv) / Luftbildmessung f, Aerofotogrammetrie f, Luftbildvermessung f ‖ ~ **survey craft** (Aero, Surv) / Vermessungsflugzeug n ‖ ~ **surveying*** (Surv) / Luftbildmessung f, Aerofotogrammetrie f, Luftbildvermessung f ‖ ~ **system** (Radio) / Antennenanlage f (Antenne + Antennenzuleitung + Antennenträger + Erdungsanlage) ‖ ~ **tramway** (US) / Luftseilbahn f (zur Beförderung von Einzellasten, Schüttgütern und auch Personen), Seilschwebebahn f ‖ ~ **transportation** (Aero) / Lufttransport m ‖ ~ **two-way splitter** (Radio) / Antennenverteiler m, Antennenweiche f (Trennfilter an der Antenne) ‖ ~ **view** (Photog, Surv) / Luftbild n, Luftaufnahme f (einzelnes Luftbild), Flugaufnahme f ‖ ~ **work** (Aero) / Arbeitsluftfahrt f (meistens Einsatz von Arbeitsflugzeugen) ‖ ~ **work** (Aero) / Wirtschaftsflug m (Teil der kommerziellen zivilen Luftfahrt), Arbeitsflug m (eines Arbeitsflugzeugs) ‖ ~ **yarding** (For) / Rücken n mit Seilkran
**aeroacoustics*** n (Acous) / Luftschalltechnik f
**aeroallergens** pl (Med) / Inhalationsallergene n pl
**aeroballistics** n (Aero, Mil, Space) / Aeroballistik f
**aerobatic manoeuvre** (Aero) / Kunstflugfigur f
**aerobatics** n (Aero) / Kunstfliegen n, Luftakrobatik f, Aerobatik f ‖ ~ **routine** (Aero) / Kunstflugprogramm n
**aerobe*** n (Biochem, Biol) / Aerobier m, Aerobiont m (pl. Aerobionten)
**aerobic** adj (Biol) / aerob adj, aerobisch adj ‖ ~ **biology** (Biol) / aerobe Biologie ‖ ~ **degradation** (San Eng) / aerober (biologischer) Abbau (ein biotischer Abbau nach DIN 4045) ‖ ~ **digestion** (San Eng) / aerober (biologischer) Abbau (ein biotischer Abbau nach DIN 4045) ‖ ~ **lagoon** (San Eng) / aerober Teich ‖ ~ **pond** (San Eng) / aerober Teich
**aerobiology** n (Biol) / Aerobiologie f (die sich mit der Erforschung in der Luft schwebender Organismen befasst)
**aerobiosis** n (pl. -bioses) (Biol) / Aerobiose f, Oxibiose f (das Leben in Gegenwart von Sauerstoff), Oxybiose f
**aerobrake** n (Aero, Space) / Luftbremse f, Flugbremse f, aerodynamische Bremse, Luftwiderstandsbremse f, Landehilfe f, Bremsklappe f, Auftriebshilfe f, Starthilfe f
**aerobus** n (Aero) / Airbus m (ein Großraumflugzeug)
**aerocamera** n (Photog, Surv) / Luftbildkammer f (z.B. Reihenmesskammer), Luftbildkamera f, Luftbildaufnahmekammer f
**Aero-caster** n / luftkissengetragenes Flurfördermittel (ein Warenzeichen)

**aerocyclone** n (Chem Eng, Min Proc) / Aerozyklon m (zum Abtrennen von Feststoffen aus Gasen)
**aerodrome** n (Aero) / Flugplatz m (im Allgemeinen) ‖ ~ (Aero) s. also airport ‖ ~ **circuit** (Aero) / Platzrunde f (meistens als Bestandteil der Landung) ‖ ~ **control** (Aero) / Flugplatzverkehrsleitung f (S), Flugplatzkontrolle f, Platzkontrolle f ‖ ~ **control radar** (Aero, Radar) / Flugplatzkontrollradar m n, Flughafenkontrollradar m n ‖ ~ **control van** (Aero) / Pistenwagen m ‖ ~ **forecast** (Aero, Meteor) / Flugplatzwettervorhersage f, Flughafenwettervorhersage f ‖ ~ **manual** (Aero) / Flughafenhandbuch n (herausgegeben von der International Civil Aviation Organization) ‖ ~ **markers*** (Aero) / Platzmarker m pl ‖ ~ **meteorological minima** (Aero) / Flugplatz-Wettermindestbedingungen f pl ‖ ~ **of intended landing** (Aero) / Zielflughafen m, Zielflugplatz m, DEST (Zielflughafen) ‖ ~ **traffic** (Aero) / Flugplatzverkehr m, Platzverkehr m
**aerodynamic** adj (Aero, Phys) / aerodynamisch adj ‖ ~ (Aero, Phys) s. also streamlined
**aerodynamically clean** (Eng) / Stromlinien-, stromlinienförmig adj, windschlüpfig adj, windschnittig adj (z.B. Karosserie), strömungsgünstig adj ‖ ~ **lubricated** / mit Gas geschmiert, gasgeschmiert adj (aerodynamisch)
**aerodynamic balance*** (Aero) / aerodynamische Waage (in einem Windkanal), Windkanalwaage f, Komponentenwaage f ‖ ~ **balance*** (Aero) / aerodynamisches Gleichgewicht ‖ ~ **brake** (Aero, Space) / Luftbremse f, Flugbremse f, aerodynamische Bremse, Luftwiderstandsbremse f, Landehilfe f, Bremsklappe f, Auftriebshilfe f, Starthilfe f ‖ ~ **braking*** (Aero, Space) / Widerstandsabbremsung f (aerodynamische) ‖ ~ **centre*** (Aero) / Neutralpunkt m (aerodynamischer Fokus des Flügelprofils) ‖ ~ **centre** (Aero, Phys) / aerodynamisches Zentrum ‖ ~ **controller** (Aero) / aerodynamisches Ruder (bei Raketen) ‖ ~ **damping*** (Aero, Space) / Dämpfung f durch Luftwiderstand ‖ ~ **deck** (Civ Eng) / aerodynamische Fahrbahn (einer Hängebrücke), aerodynamisches Brückendeck (Fahrbahn einer Hängebrücke mit flacher, windschnittiger Form) ‖ ~ **drag** (Phys) / Luftwiderstand m (im Allgemeinen) ‖ ~ **drag** (Phys) / aerodynamischer Widerstand ‖ ~ **drag** (Space) / Luftwiderstand m (bei erdnahem Verlauf der Bahn oder eines Bahnteils des künstlichen Erdsatelliten), aerodynamische Bremsung ‖ ~ **efficiency** (Phys) / aerodynamische Güte (Kehrwert der Gleitzahl), Gleitverhältnis n ‖ ~ **force** (Phys) / aerodynamische Kraft ‖ ~ **heating*** (Aero, Space) / aerodynamische Aufheizung
**aerodynamicist** n / Aerodynamiker m
**aerodynamic lift** (Aero, Phys) / [dynamischer, aerodynamischer] Auftrieb m ‖ ~ **lubrication** / aerodynamische Schmierung (Trennung von Kontaktpartnern durch einen Luft- bzw. Gasfilm, der durch ihre Relativbewegung erzeugt wird) ‖ ~ **mean chord** (Aero) / mittlere aerodynamische Sehne, MAS (mittlere aerodynamische Sehne) ‖ ~ **mean chord** (Aero) s. also mean chord ‖ ~ **resistance** (Phys) / aerodynamischer Widerstand ‖ ~ **resistance** (Space) / Luftwiderstand m (bei erdnahem Verlauf der Bahn oder eines Bahnteils des künstlichen Erdsatelliten), aerodynamische Bremsung ‖ ~ **roughness** (Aero) / aerodynamische Rauigkeit (des Profils)
**aerodynamics*** n (Aero, Phys) / Aerodynamik f (als Lehre und Strömungsverhältnisse im Allgemeinen - Teilgebiet der Aeromechanik)
**aerodynamic skip** (Space) / Abprall m (von den obersten Schichten der Atmosphäre - beim missglückten Anflug in den Eintrittskorridor) ‖ ~ **smoothness** (Aero) / aerodynamische Glätte (des Profils) ‖ ~ **stability** (Civ Eng) / aerodynamische Stabilität (z.B. einer Hängebrücke) ‖ ~ **surface** (Phys) / aerodynamisch wirksame Fläche, aerodynamische Fläche ‖ ~ **twist** (Aero) / aerodynamische Torsion, aerodynamische Schränkung ‖ ~ **vehicle** (Aero) / Luftfahrzeug n schwerer als Luft (mit Tragflächen), Aerodyn n (strömungsgetragenes Luftfahrzeug) ‖ ~ **vehicle** (Aero) / Luftfahrzeug n
**aerodyne** n (heavier-than-air craft)* (Aero) / Luftfahrzeug n schwerer als Luft (mit Tragflächen), Aerodyn n (strömungsgetragenes Luftfahrzeug)
**aeroelasticity*** n (Aero, Mech) / Aeroelastizität f (ein Spezialgebiet der Flugmechanik), Aeroelastik f
**aeroembolism*** n (Med) / Aeroembolie f, Aerämie f (Ursache der Caissonkrankheit), Luftembolie f, Aeroembolismus m (durch Druckabfall oder -erhöhung)
**aero-engine*** n (Aero) / Flugtriebwerk n, Flugmotor m, Flugzeugtriebwerk n
**Aerofall mill*** / Aerofall-Mühle f (für autogenes Mahlen)
**aeroflight mode** (Space) / Flug m in der Erdatmosphäre (eines Raumfahrzeugs)
**aerofoil*** n (Aero) / aerodynamische Fläche (Tragfläche), Tragfläche f (als aerodynamische Fläche) ‖ ~* (Aero) / Profil n (aerodynamische

Querschnittsform) || ~ (Aero, Phys) / umströmter Körper (in der Strömungslehre), angeströmter (strömungsgünstig geformter) Körper, aerodynamischer Körper (strömungsgünstiger) || ~ **boat** (Aero) / Airfoil-Fluggerät n (bei dem der Bodeneffekt durch den Fahrluftstrom selbst bewirkt wird), Aerofoil-Fluggerät n || ~ **chord** (Aero) / Profiltiefe f || ~ **deck** (Civ Eng) / aerodynamische Fahrbahn (einer Hängebrücke), aerodynamisches Brückendeck (Fahrbahn einer Hängebrücke mit flacher, windschnittiger Form) || ~ **geometry** (Aero) / Profilgeometrie f || ~ **section** (Aero) / Tragflügelprofil n || ~ **section\*** (Aero, Phys) / Profil n (in der Strömungslehre), Flügelschnitt m || ~ **thickness** (Aero) / Profildicke f
**aerogel** n (Chem) / Aerogel n (hochporöses Xerogel mit gasförmigem Dispersionsmittel)
**aerogenerator** n (Elec Eng) / Windgenerator m, Windkraftmaschine f, Windkraftgenerator m
**aerogenic microorganisms** (Ecol) / Luftkeime m pl (keimhaltige Aerosole)
**aerogeophysics** n (Geophys) / Aerogeophysik f
**aeroglide** n / Luftkissentransportrinne f || ~ **system** / Luftrinnensystem n (abgewandeltes Luftkissensystem)
**aerogram** n (US) (Aero) / Aerogramm n, Luftpostleichtbrief m
**aerogramme** n (Aero) / Aerogramm n, Luftpostleichtbrief m
**aerograph** n (Print) / Spritzpistole f, Spritzapparat m, Aerograf m, Luftpinsel m, Luftschreiber m (in der Reproduktionstechnik)
**aerogravimetry** n (Geophys) / Aerogravimetrie f (ein Teil der Aerogeophysik)
**aero-isoclinic wing\*** (Aero) / Tragflügel m (der bei Anströmung einen konstanten Anstellwinkel aufweist)
**aerolite\*** n (Astron) / Steinmeteorit m, Meteorstein m, Aerolith m
**aerological** adj (Meteor) / aerologisch adj
**aerology\*** n (Meteor) / Aerologie f (Meteorologie, die sich mit der reinen Atmosphäre befasst)
**aeromagnetic surveying** (Surv) / aeromagnetische Vermessung, Aeromagnetik f || ~ **train** (Rail) / aeromagnetischer Zug
**aeromechanics** n (Aero, Phys) / Aeromechanik f (ein Teilgebiet der Mechanik, Lehre vom Gleichgewicht und von der Bewegung der Gase)
**aeromedicine** n (Med) / Luftfahrtmedizin f, Flugmedizin f (Luftfahrtmedizin der Bundeswehr), Aeromedizin f
**aero-metal** n (Aero, Met) / eine Al-Zn-Cu-Gusslegierung
**aerometer** n (Phys) / Aerometer n (zum Wägen von Luft oder zur Bestimmung der Luftdichte), Luftdichtemesser m
**aeronaut** n (Aero) / Ballonfahrer m || ~ (Aero) / Luftschiffer m
**aeronautical and astronautical engineering** (Space) / Luft- und Raumfahrt(technik) f || ~ **chart** (Aero, Mil) / Fliegerkarte f, Flugnavigationskarte f, Luftfahrtkarte f || ~ **electronics** (Aero, Electronics) / Avionik f (Sammelbezeichnung für elektronische Geräte und Ausrüstungen der Luftfahrt), Luftfahrtelektronik f || ~ **engineering\*** (Aero) / Luftfahrttechnik f || ~ **fixed services\*** (Aero) / fester Flugfernmeldedienst || ~ **ground light** (Aero) / Luftfahrtbodenfeuer n || ~ **light** (Aero) / Leuchtfeuer n, Feuer n, Luftfahrtleuchtfeuer n || ~ **meteorological station** (Aero) / Flugwetterstation f || ~ **meteorology** (Meteor) / Flugmeteorologie f || ~ **mile** (Aero) / Luftmeile f (1852 m - heute obsolet) || ~ **mobile services** (Aero) / beweglicher Flugfernmeldedienst || ~ **rubber** (Aero) / Gummi m für die Luftfahrtindustrie
**aeronautics\*** n (Aero) / Luftfahrt f, Flugtechnik f, Fliegerei f
**aeronomy** n (Meteor) / Aeronomie f (Physik und Chemie der oberen Erdatmosphäre)
**aerophare\*** n (Aero, Radar) / Funkfeuer n (ortsfester Sender zur Funkortung, beispielsweise durch Eignerung), Funkbake f
**aerophotography** n (Photog, Surv) / Aerofotografie f (Tätigkeit), Luftbildfotografie f, Luftbildaufnahme f (Tätigkeit)
**aeroplane\*** n (BS 185) (Aero) / Flugzeug n (Starrflügler) || ~ **cloth** (Aero, Textiles) / Flugzeugbespannstoff m || ~ **engine** (Aero) / Flugtriebwerk n, Flugmotor m, Flugzeugtriebwerk n || ~ **manufacturer** (Aero) / Flugzeughersteller m || ~ **manufacturing** (Aero) / Flugzeugherstellung f, Flugzeugbau m (Herstellung)
**aeropulse** n (Aero) / Verpuffungstriebwerk n, Pulsationsstrahltriebwerk n (bei Versuchsflugkörpern), intermittierendes Luftstrahltriebwerk, Pulsotriebwerk n, Argus-Schmidt-Rohr n, Schmidt-Argus-Rohr n, Pulsstrahltriebwerk n
**aeropulsive force** (Acous) / aeropulsive Quelle (die die sie umgebende Luft pulsierend verdrängt, z.B. Ansaug- oder Auspuffgeräusch)
**aeroresonator** n (Aero) / Verpuffungstriebwerk n (ohne einseitig öffnende Klappventile)
**aerosiderite** n (Geol) / Holosiderit m, Eisenmeteorit m, Siderit m
**aerosinusitis** n (Aero, Med) / Fliegersinusitis f, Barosinusitis f, Aerosinusitis f
**aerosol\*** n (Chem) / Aerosol n (Sol mit gasförmigem Dispersionsmittel) || ~ **can** / Spraydose f, Druckgasdose f, Aerosoldruckdose f, Aerosolbehälter m, Aerosoldose f || ~ **concentration** (Chem) /

Aerosolkonzentration f || ~ **container** / Spraydose f, Druckgasdose f, Aerosoldruckdose f, Aerosolbehälter m, Aerosoldose f
**aerosolise** v (GB) / aerosolieren v, vernebeln vt
**aerosolize** v / aerosolieren v, vernebeln vt
**aerosol lubricator** (Eng) / Ölnebelanlage f (eine Schmieranlage), Ölnebelgerät n || ~ **propellant** (Chem) / Treibgas n (in der Aerosolpackung - früher Chlorfluorkohlenstoffe) || ~ **tear-gas projector** / Reizstoffsprühgerät n
**aerospace** n / Aerospace m (Luft- und Weltraum) || ~ **engineering** (Space) / Luft- und Raumfahrt(technik) f || ~ **medicine** (Med) / Raumfahrtmedizin f, Luft- und Raumfahrtmedizin f || ~ **vehicle** (Space) / Luftfahrzeug und Raumfahrzeug n (z.B. ein Raumtransporter)
**aerosphere** n (Geophys) / Atmosphäre f, Erdatmosphäre f, Lufthülle f (der Erde)
**aerostat\*** n (Aero) / Luftfahrzeug n leichter als Luft, gasgetragenes Luftfahrzeug, Aerostat m (gasgetragenes Luftfahrzeug)
**aerostatic lift** (Hyd Eng, Phys) / statischer Auftrieb, hydrostatischer Auftrieb || ~ **lubrication** (Eng) / aerostatische Schmierung (Trennung von Kontaktpartnern durch einen Luft- bzw. Gasfilm, der durch einen von außen aufgebrachten Luft- bzw. Gasdruck erzeugt wird)
**aerostatics** n (Aero, Phys) / Aerostatik f (Zweig der Aeromechanik)
**aerothermodynamic duct** (Aero) / Lorin-Triebwerk n, Lorin-Rohr n, Staustrahlrohr n, Staustrahltriebwerk n (mit Unterschallverbrennung), Ramjet m
**aerothermodynamics\*** n (Space) / Aerothermodynamik f
**aerothermoelasticity** n (Aero) / Aerothermoelastizität f
**aero-thread insert** (Eng) / Gewindeeinsatz m (z.B. Helicoil)
**aerotow\*** n (Aero) / Schleppflug m (Starthilfe für ein Segelflugzeug) || ~ **flight** (Aero) / Schleppflug m (Starthilfe für ein Segelflugzeug)
**aerotriangulation** n (Surv) / Aerotriangulation f (in der Fotogrammetrie)
**aeroturbine** n (Elec Eng, Eng) / Windturbine f (eine Windkraftmaschine zum Antrieb von Arbeitsmaschinen, welche die in bewegter Luft enthaltene Energie ausnutzt)
**aerozine** n (Chem) / Aerozin-50 n (50% Hydrazin + 50% unsymmetrisches Dimethylhydrazin)
**aeruginous\*** adj / grünspanfarbig adj, grünspanfarben adj, kupfergrün adj, Grünspan-
**aerugo** n (Chem) / Grünspan m (Gemisch aus basischen Kupfer(II)-azetaten - je nach Arbeitsbedingungen entweder grün oder blau), Kugelgrünspan m, spanisches Grün (früher eine Malerfarbe), Aerugo m (auf Kupfer oder Messing)
**AES** (Auger electron spectroscopy) (Spectr) / Auger-Spektroskopie f, Auger-Elektronenspektroskopie f, AES (Auger-Spektroskopie) || ≙ (atomic emission spectroscopy) (Spectr) / Atomemissionsspektroskopie f, optische Emissionsspektroskopie, OES (optische Emissionsspektroskopie), AES (Atomemissionsspektroskopie)
**aestivation\*** n (Agric, Bot, Zool) / Ästivation f, Sommerschlaf m
**aether\*** n / Ether m (1. Licht-, Weltether (heute obsolet); 2. organische Verbindung der Struktur ROR'), Äther m
**aetiology\*** n (Med) / Ätiologie f (Lehre von den Krankheitsursachen; Gesamtheit der ursächlichen Faktoren, die zu einer bestehenden Krankheit geführt haben)
**AF** (Acous) / Tonfrequenz f, Hörfrequenz f || ≙\* (autofocus) (Photog) / Autofocus m, Autofokus m, automatische Scharfeinstellung
**afara\*** n (For) / Limba n (aus Terminalia superba Engl. et Diels)
**AFB** (air force base) (Aero, Mil) / Luftwaffenstützpunkt m
**AFC** (alkaline fuel cell) / alkalische Brennstoffzelle || ≙\* (automatic frequency control) (Radio) / automatische Frequenzregelung, automatische Frequenzabstimmung (bei FM-Empfang), AFC (automatische Frequenzregelung)
**AF coating** / AF-Coating n (Dauerschmierfilm) || ≙ **code** (Autos, Radio) / AF-Code m (Funktion im RDS)
**A/F control** (Autos) / Lambda-Regelung f (im Allgemeinen) || ≙ **control** (I C Engs) / Regelung f der Gemischbildung
**AFCS\*** (automatic flight control system) (Aero, Comp) / Flugregler m, Flugregelanlage f
**affect** v (Bot, Med) / befallen v
**affected area** / Gefahrenbereich m (bei Vergiftungsgefahren) || ~ **area** / Einwirkungsbereich m, Einflussbereich m || ~ **area** / betroffene Stelle, betroffener Bereich || ~ **timber** (For) / befallenes Holz
**affection** n / Beeinflussung f
**AFFF** (aqueous film-forming foam) / filmbildender Schaum (ein schaumbildendes Feuerlöschmittel auf der Basis von Fluortensiden), Feuerlöschmittel n auf der Basis von Fluortensiden
**affiliated, not ~ with a specific system** / systemunabhängig adj
**affiliation** n (Teleph) / funktionelle Anschaltung an das System
**affination** n (Nut) / Affination f (Zuckerreinigungsverfahren) || ~ **syrup** (Nut) / Deckkläre f (Zuckergewinnung)

**affine**\* *adj* / affin *adj* ‖ **which preserves ~ ratios** (Maths) / teilverhältnistreu *adj* (Abbildung) ‖ **~ function** (Maths) / affin-lineare Funktion, affine Funktion ‖ **~ geometry** (Maths) / affine Geometrie (Geometrie des affinen Raumes), Affingeometrie *f* (die durch die Affinität charakterisierte Geometrie in affinen Räumen, wobei die Teilverhältnisse je dreier auf einer Geraden liegender Punkte invariant sind) ‖ **~ group** (Maths) / affine Gruppe ‖ **~ independence** (Maths) / affine Unabhängigkeit (von Punkten) ‖ **~ line** (Maths) / affine Gerade ‖ **~ mapping** (Maths) / Affinität *f* (parallelentreu, teilverhältnistreu), affine Abbildung (eine eineindeutige Abbildung der Ebene auf sich, bei welcher Geraden wieder auf Geraden abgebildet werden) ‖ **~ plane** (Maths) / affine Ebene ‖ **~ ratio** (Maths) / Teilverhältnis *n*, Abstandverhältnis *n* ‖ **~ space** (Maths) / affiner Raum ‖ **~ surface** (Maths) / Affinoberfläche *f* ‖ **~ transformation** (Maths) / affine Transformation (die auf affine Gleichungssysteme führt) ‖ **~ transformation**\* (Maths) / Affinität *f* (parallelentreu, teilverhältnistreu), affine Abbildung (eine eineindeutige Abbildung der Ebene auf sich, bei welcher Geraden wieder auf Geraden abgebildet werden)

**affinity** *n* (Bot) / Affinität *f* (Verträglichkeit zwischen zwei Veredlungspartnern) ‖ **~**\* (Chem) / Affinität *f* (Triebkraft einer Reaktion), Reaktionsaffinität *f* ‖ **~**\* (Textiles) / Affinität *f* (eines Farbstoffes oder Textilhilfsmittels zur Faser bzw. zum Gewebe), Aufziehvermögen *n* ‖ **~ axis** (Maths) / Affinitätsachse *f* ‖ **~ chromatography** (a special form of adsorption chromatography) (Biol, Chem) / biospezifische Chromatografie, Affinitätschromatografie *f* ‖ **~ electrophoresis** (Chem) / Affinoelektrophorese *f* ‖ **~ labelling** (Biochem) / Affinitätsmarkierung *f* (in der biochemischen Forschung) ‖ **~ to the fibre** (Textiles) / Faseraffinität *f*

**affirmation** *n* (Electronics) / Affirmation *f* (eine Geradeausschaltung, die nur zur Verstärkung schwacher Impulse dient) ‖ **~** (Telecomm) / Bestätigung *f* (des Erhalts der Mitteilung)

**affluent** *n* (Geog, Geol) / Nebenfluss *m*

**afflux** *n* (the variation between high-flood levels) (Hyd Eng) / Wasserspiegelunterschied *m* (am Wehr)

**affording a firm grip** / griffsicher *adj*, griffgünstig *adj*, gut in der Hand liegend, griffig *adj*

**afforest** *v* (For) / aufforsten *v*, bewalden *v*

**afforestation** *n* (For) / Aufforstung *f*, Bewaldung *f* ‖ **~ of dumps** (Ecol) / Haldenaufforstung *f*

**afforested** *adj* (For) / aufgeforstet *adj*, bewaldet *adj* (aufgeforstet), waldig *adj*

**afgalaine** *n* (Textiles) / Afghalaine *m* (in Leinwandbindung aus Wolle und/oder Chemiefasergemisch hergestelltes Gewebe mit körnigem oder gestreiftem Aussehen und kreppigem Griff)

**afghalaine** *n* (Textiles) / Afghalaine *m* (in Leinwandbindung aus Wolle und/oder Chemiefasergemisch hergestelltes Gewebe mit körnigem oder gestreiftem Aussehen und kreppigem Griff)

**AFID** (alkali flame (ionization) detector) (Chem) / Alkali-Flammenionisationsdetektor, AFID *m* (Alkali-Flammenionisationsdetektor), Alkalisalz-FID *m*

**aflatoxin**\* *n* (Biochem, Bot, Nut) / Aflatoxin *n* (ein krebserregendes Pilzgift, besonders der Schimmelpilzart Aspergillus flavus)

**afloat** *adj* / flott *adj*, schwimmend *adj*

**A-flute** *n* (Paper) / Grobwelle *f* (bei Wellpappen - Riffelteilung etwa 8-10 mm), A-Welle *f* (bei Wellpappen)

**AFM** (atomic force microscope) (Micros) / AF-Mikroskop *n* (Elektronenmikroskop, bei dem die Kraft zwischen der Prüfspitze und der zu untersuchenden Oberfläche gemessen wird - ähnlicher Aufbau wie beim Tunnelmikroskop), AFM (AF-Mikroskop), Atomkraftmikroskop *n*, Rasterkraftmikroskop *n*, Kraftmikroskop *n*

**A/F mixture** (I C Engs) / Kraftstoff-Luft-Gemisch *n*, Luft-Kraftstoff-Gemisch *n*

**afocal** *adj* (Optics) / afokal *adj* (System, bei dem Parallelstrahlenbündel, die aus dem Unendlichen kommen, auch nach dem Durchgang parallel bleiben) ‖ **~ system** (Optics) / teleskopisches System, afokales System (mehrgliedriges)

**AFR** (air-fuel ratio) (I C Engs) / Luft-Kraftstoff-Verhältnis *n*, Mischungsverhältnis *n* Luft/Kraftstoff

**A-frame** *n* / Klappplakat *n* (doppelseitig), Klappschild *n* (doppelseitig)

**AF ratio** (air-fuel ratio) (I C Engs) / Luft-Kraftstoff-Verhältnis *n*, Mischungsverhältnis *n* Luft/Kraftstoff

**African blackwood**\* (For) / Afrikanische Grenadilla, Grenadill *n*, Grenadillholz *n*, Senegalebenholz *n* (aus Dalbergia melanoxylon Guill. et Perr.) ‖ **~ boxwood** (For) / Kap-Buchsbaum *m*, Südafrikanischer Buchsbaum (Buxus macowani Oliv.) ‖ **~ cedar** (For) / Afrikanische Bleistiftzeder (Juniperus procera Hochst. ex Endl.) ‖ **~ juniper** (For) / Afrikanische Bleistiftzeder (Juniperus procera Hochst. ex Endl.) ‖ **~ mahogany**\* (For) / Afrikanisches Mahagoni (meistens aus Khaya ivorensis A. Chev.), Khaya *n* (rötliche bis rotbraune Holzart aus dem tropischen afrikanischen Regenwald), Acajou Afrique *n* ‖ **~ oil palm** (For) / Ölpalme *f* (Elaeis guineensis Jacq. - eine westafrikanische Fiederpalme) ‖ **~ padauk** (For) / Afrikanisches Sandelholz (aus Pterocarpus soyauxii Taub.), Afrikanisches Padouk, PAF (Afrikanisches Sandelholz) ‖ **~ pencil cedar** (For) / Afrikanische Bleistiftzeder (Juniperus procera Hochst. ex Endl.) ‖ **~ satinwood** (For) / Bongo *n*, Olonvogo *n* (Holz der Fagara macrophylla Engl. oder Fagara tessmannii Engl.), Bahé *n*, African satinwood *n* ‖ **~ scented mahogany** (For) / Sapelli *n* (ein Ausstattungs- und Möbelholz aus dem westafrikanischen Zedrachgewächs Entandrophragma cylindricum Sprague), Sapelemahagoni *n* ‖ **~ thuja** (For) / Sandarakbaum *m* (Tetraclinis articulata (Vahl) Mast.) ‖ **~ walnut**\* (For) / Afrikanischer Nussbaum (ein Ausstattungs- und Konstruktionsholz), Dibétou *n* (Lovoa sp.), Eyan *n* (Afrikanischer Nussbaum) ‖ **~ whitewood**\* (For) / Abachi *n* (hellgelbes, leichtes Holz des Sterkuliengewächses Triplochiton scleroxylon K. Schum. aus dem Äquatorialwald W-Afrikas), Samba *n*, Wava *n*, Obeche *n* ‖ **~ zebrawood** (For) / Zingana *n*, Zebrano *n* (dunkel gestreiftes Holz einiger westafrikanischer Bäume der Gattung Microberlinia)

**A-fritting** *n* (Elec Eng) / A-Frittung *f* (Frittung im engeren Sinne)

**afrormosia**\* *n* (For) / Afrormosia *n* (Afrormosia elata Harms - mit dauerhaftem dunkelbraunem Holz), Kokrodua *n* (falsches Gold-Teak), Obang *n*

**AFS**\* (aeronautical fixed services) (Aero) / fester Flugfernmeldedienst ‖ **~** (Bot) / freier Raum (bei der passiven Aufnahme der Nährelemente) ‖ **~** (atomic fluorescence) (Chem) / Atomfluoreszenz *f* ‖ **~** (atomic fluorescence spectroscopy) (Spectr) / Atomfluoreszenzspektroskopie *f* (eine Methode der Atomabsorptionsspektroskopie)

**aft** *adv* (Ships) / achtern *adv*, hinter dem Schiff

**aftbody** *n* (Space) / Schleppkörper *m*, Restkörper *m*, Heckteil *n*

**afterage** *v* / nachaltern *v*

**afterbake** *v* (Plastics) / nachhärten *v*

**afterblow**\* *n* (Met) / Nachblasen *n* (beim Windfrischen)

**afterbody** *n* (Space) / Schleppkörper *m*, Restkörper *m*, Heckteil *n* ‖ **~** (sections or pieces of rockets or spacecraft that enter the atmosphere unprotected behind nose cones or other bodies that are not protected for entry) (Space) / ungeschützter Körper *m* (der durch den Ablationsschild nicht geschützte Teil des Rückkehrkörpers), der nicht durch den Ablationsschild geschützte Teil des Rückkehrkörpers ‖ **~** (Space) s. also companion body

**afterburner**\* *n* (Aero) / Nachverbrennungssystem *n* ‖ **~**\* (Aero) / Nachbrenner *m* (für Zusatzschub bei TL), Afterburner *m*

**afterburning**\* *n* (Aero, I C Engs) / Nachverbrennung *f* (z.B. der Kohlenwasserstoffe oder des Kohlenmonoxids - bei TL)

**afterburst**\* *n* (Mining) / nachbrechendes Gestein (nach einem Gebirgsschlag)

**after-chroming** *n* (Textiles) / Nachchromierung *f*

**aftercontraction** *n* / Nachschwinden *n*, Nachschwindung *f* ‖ **~** (as a percentage of the original length) (Ceramics) / Nachschwinden *n* (zusätzliche Schrumpfung feuerfester Baustoffe bei Gebrauchstemperatur)

**aftercooling** *n* (I C Engs, Nuc Eng) / Nachkühlung *f*

**aftercoppering dye(stuff)** (Textiles) / Nachkupferungsfarbstoff *m*

**aftercosts** *pl* / Folgekosten *pl*

**aftercrystallization** *n* (Crystal) / Nachkristallisation *f*

**aftercure** *n* / Nachvulkanisation *f* (bei längerer Lagerung)

**afterdamp**\* *n* (Mining) / Stickwetter *n pl*, erstickende oder matte Wetter *n pl*

**after-effect** *n* / Nachwirkung *f*, Folgewirkung *f* ‖ **~** s. also relaxation

**afterexpansion** *n* (as a percentage of the original length) (Ceramics) / Nachwachsen *n* (irreversible Ausdehnung feuerfester Stoffe beim Gebrauch), NW (Nachwachsen)

**afterfermentation** *n* (Nut) / Nachgärung *f*

**afterfinished goods** (Textiles) / Appreturware *f*

**afterflight** *attr* (Aero) / nach dem Flug

**aftergases** *pl* (Mining) / Nachschwaden *m pl*, Schwaden *m pl*

**afterglow** *n* / Nachglimmen *n* (nach Feuereinwirkung), Nachglühen *n* (nach Feuereinwirkung) ‖ **~** (Astron) / Nachleuchten *n* ‖ **~**\* (Electronics, TV) / Nachleuchten *n*, Nachglühen *n*

**afterharden** *v* (Civ Eng) / nacherhärten *v* (beim Beton nach dem 28. Tag)

**afterheat**\* *n* (Nuc Eng) / Nachwärme *f*, Abschaltwärme *f* (die durch den Zerfall der radioaktiven Spalt- und Aktivierungsprodukte in einem Kernreaktor nach Abschalten des Reaktors auch weiterhin erzeugt wird), Nachzerfallswärme *f* (der verzögerte Anteil der bei der Kernspaltung frei werdenden Gesamtenergie, die sich auf einen prompten und einen verzögerten Anteil verteilt) ‖ **~ removal** (Nuc Eng) / Nachwärmeabfuhr *f* (Abkühlung) ‖ **~ removal pump** (Nuc Eng) / Nachkühlpumpe *f* ‖ **~ removal system** (Nuc Eng) / Nachwärmeabfuhrsystem *n*, Abkühlanlage *f*

**after-image*** *n* (in colour complementary to the stimulus) (Optics) / Nachbild *n*
**afterirradiation** *n* (Nuc Eng) / Nachbestrahlung *f*
**afteriteration** *n* (Maths) / Nachiteration *f* (beim Rechnen mit Gleitkomma-Arithmetik)
**after-launch climb** (Aero, Mil) / Steigflug *m* nach dem Start
**afterloading** *n* (Radiol) / Afterloading-Technik *f*, Nachladeverfahren *n* (in der Radionuklidtherapie)
**aftermarket equipment** (Autos) / Zubehör *n* (Nachrüstteile)
**aftermath** *n* (Agric) / Nachmahd *f*, Grummet *n*, Grumt *n*, Öhmd *n*
**after-painting** *n* (Paint) / Nachlackierung *f*, Nachlackieren *n*
**after-passivation** *n* (Surf) / Nachpassivierung *f*
**afterpeak*** *n* (Ships) / Hinterpiek *f*, Achterpiek *f* (Raum hinter dem Stopfbuchsenschott) ‖ ~ **tank** (Ships) / Hinterpiektank *m*, Achterpiektank *m*
**after perpendicular** (Ships) / hinteres Lot
**after-press** *v* (Eng) / nachdrücken *v* (im Gesenk)
**afterretting** *n* (of flax, hemp, jute) (Agric, Textiles) / Nachröste *f*, Nachrotte *f*
**after-rinse** *v* / nachspülen *v*
**after-ripening** *n* (Photog) / Nachreifung *f* (einer Emulsion)
**afterrunning** *n* (I C Engs) / Nachlaufen *n*, Nachdieseln *n*, Dieseln *n* (bei Ottomotoren)
**after-sales service** / Kundendienst *m*, Service *m n*
**aftersensation** *n* (Physiol) / Nachwirkung *f* nach dem Wegfall des Reizes (in den Sinnesorganen)
**aftershock** *n* (Geol) / Nachbeben *n* (beim Erdbeben)
**aftershrinkage** *n* / Nachschwinden *n*, Nachschwindung *f*
**after-soaping** *n* (Textiles) / Nachseifen *n*
**after-start enrichment** (Autos) / Nachstartanhebung *f* (eine Anreicherungsphase)
**aftertack*** *n* (Paint) / Nachkleben *n* (bleibende Klebrigkeit des abgebundenen Lackfilms)
**aftertaste** *n* (Nut) / Nachgeschmack *m*
**aftertreating** *n* / Nachbehandlung *f*, Nachbearbeitung *f*
**aftertreatment** *n* / Nachbehandlung *f*, Nachbearbeitung *f*
**aftertwist** *n* (Spinning) / Nachdrehung *f*
**afterwash** *v* / nachwaschen *v*
**afterwort** *n* (Brew) / Nachwürze *f*
**aft fan*** (Aero) / Aft-Fan-Triebwerk *n* (ein ZTL-Triebwerk ohne gemeinsamen Lufteinlauf)
**aft-fan jet engine** (Aero) / Aft-Fan-Triebwerk *n* (ein ZTL-Triebwerk ohne gemeinsamen Lufteinlauf)
**aft overhang** (Autos) / hinterer Überhang
**AFTP*** (anonymous FTP) (Comp) / Anonymous FTP *n*, AFTP *n* (anonymous FTP)
**afwillite*** *n* (Min) / Afwillit *m* (ein Silikat mit Kationen in höherer Koordination als 6)
**Ag** (silver) (Chem) / Silber *n*, Ag (Silber)
**against-the-light** *attr* (Photog) / Gegenlicht- ‖ ~ **photograph** (Photog) / Gegenlichtaufnahme *f* ‖ ~ **shot** (Photog) / Gegenlichtaufnahme *f*
**agalmatolite*** *n* (Min) / Bildstein *m*, Agalmatolith *m*, Pagodit *m*, Pagodenstein *m* (eine Abart des Pyrophyllits)
**agar** *n* (Biochem, Nut) / Agar-Agar *m n* (gelbildendes Heteropolysaccharid aus der Zellwand zahlreicher Rotalgen - E 406), Gelose *f* ‖ **~-agar*** *n* (Biochem, Nut) / Agar-Agar *m n* (gelbildendes Heteropolysaccharid aus der Zellwand zahlreicher Rotalgen - E 406), Gelose *f* ‖ ~ **attar** (Pharm) / Aloeholzöl *n* (aus Aquilaria agallocha (Lour.) Roxb.) ‖ ~ **diffusion test** (Pharm) / Agardiffusionstest *m* (zur Prüfung der Wirksamkeit von Antibiotika), Plattendiffusionstest *m*
**agaric acid** (Chem) / Agaricinsäure *f* (2-Hydroxy-nonadecan-1,2,3-tricarbonsäure), Agarizinsäure *f*
**agarics** *pl* (Bot) / Blätterpilze *m pl* (viele Pilze dieser Art sind Holzzerstörer), Lamellenpilze *m pl*
**agarinic acid** (Chem) / Agaricinsäure *f* (2-Hydroxy-nonadecan-1,2,3-tricarbonsäure), Agarizinsäure *f*
**agarofuran** *n* (Pharm) / Agarofuran *n*
**agaropectin** *n* (Chem) / Agaropektin *n* (ein Bestandteil des Agar-Agars)
**agarose** *n* (Chem) / Agarose *f* (ein lineares Polysaccharid, das besonders in der Gel- und Affinitätschromatografie Verwendung findet) ‖ ~ **gel electrophoresis*** (Biol) / Agargel-Elektrophorese *f* (unter Verwendung von Agarose als Trägermaterial)
**agar overlay test** (ISO 9363-1) (Med) / Agarüberschichtungs-Prüfung *f* ‖ ~ **plate** (Chem) / Agarplatte *f* ‖ ~ **slant tube** (Bacteriol) / Schrägagarröhrchen *n*
**agate*** *n* (Min) / Achat *m* (ein verschiedenfarbig aufgebauter Chalzedon) ‖ ~ (Print, Typog) / Schriftgröße *f* von 5 1/2 points ‖ ~ **line** (Print) / Agate-Zeile *f* (1/14-Zoll-Zeile in Zeitungen) ‖ ~ **marble paper** (Paper) / Achatmarmorpapier *n* ‖ ~ **mortar** (Chem) / Achatmörser *m*

**agateware** *n* (Ceramics) / Achatware *f*, marmorierte Ware
**agba** *n* (For) / Agba *n* (ein wertvolles Laubholz von Gossweilerodendron balsamiferum Vermoesen/Harms), Tola branca *n*, Tola *n*
**AGC*** (Radio) / automatischer Schwundausgleich, automatische Verstärkungsregelung
**age** *v* (Textiles) / dämpfen *v* ‖ ~ *vt* (Met) / auslagern *v* (z.B. spannungsbehaftete Gussteile) ‖ ~ (Nut) / ablagern *vt* (Wein, Käse, altern lassen ‖ ~ (Nut) / ausbauen *v* (Wein) ‖ ~ (Nut) / abhängen *v* (Fleisch) ‖ ~ *n* (Geol, Nuc) / Alter *n* (auch als chronologischer Abschnitt in der Geologie) ‖ ~ **coating** (Elec Eng) / Innenschwärzung *f* (der Glühlampe)
**aged** *adj* (Comp) / veraltet *adj* (Daten) ‖ ~ **catalyst** (Autos) / gealterter Katalysator ‖ ~ **flour** (Nut) / gealtertes Mehl ‖ ~ **viscose** (Textiles) / reife Viskose
**age equation*** (Nuc) / Fermi'sche Differentialgleichung, Bremsgleichung *f*, Age-Gleichung *f*, Fermi-Alter-Gleichung *f*
**age-hardenable** *adj* / aushärtbar *adj* (Legierung) ‖ ~ **alloy** (Met) / aushärtbare Legierung (Knet- und Gusslegierung)
**age hardening*** (Met) / Alterung *f* (des Leichtmetalls), Veredlung *f* ‖ ~ **hardening*** (Met) / Aushärtung *f* (bei Raumtemperatur) und Auslagern ‖ ~ **hardening** (Met) / Aushärtung *f* (DIN EN 10 052)
**ageing** = **Aging** *n* (die Reifung bestimmter Tabaksorten durch eine ein bis zwei Jahre dauernde Lagerung in Ballen oder Fässern) ‖ ~ (Ceramics) / Mauken *n* (in Mauk- oder Massekellern), Faulen *n*, Rotten *n* ‖ ~* (Materials) / Altern *n* (natürliches), Alterung *f* (DIN EN 10 052 und DIN 50 035-1) ‖ ~ (Met) / Auslagern *n* (z.B. spannungsbehafteter Gussteile) ‖ ~ (Nut) / Ablagerung *f* (von Lebensmitteln) ‖ ~* (Textiles) / Dämpfung *f* (von Geweben)
**ageing-resistant steel** (Met) / alterungsbeständiger Stahl (DIN 17135)
**agel fibre** (Textiles) / Faser *f* der Schopfpalme (Corypha utan Lam.), Buripalmenfaser *f*, Faser *f* der Gebangpalme
**agency ordering the work and services** / Besteller *m* (Werkbesteller), Werkbesteller *m* (bei dem Werkvertrag)
**agenda** *n* (AI) / Aktionsliste, Agenda *f* (pl. Agenden) ‖ ~ (Comp) / geordnete Anweisungsliste
**agenda-based system** (AI) / agendagesteuertes System
**agent** *n* (Chem, Med) / Wirkstoff *m*, Agens *n* (pl. Agenzien), [wirksames] Mittel *n*, Medium *n*, Reaktionsmittel *n* ‖ ~ (Comp) / Agent *m* (Software, die auf Anfrage einer anderen Partei bestimmte Informationen zurück liefert, die sie selbständig bei dritten Einheiten gesammelt hat) ‖ ~ (Mil) / Kampfstoff *m* (biologischer, chemischer) ‖ ~ (Telecomm) / Agent *m* (Software in einem Netzelement, die für die Verwaltung dieses Elements und die Kommunikation mit anderen Netzelementen zu verwaltungstechnischen Zwecken zuständig ist) ‖ ~ (Telecomm) / Systemteil *m* (Mitteilungsübermittlung) ‖ ~ (call-centre representative) (Teleph) / Agent *m* (Mitarbeiter in einem Callcenter)
**agent's set** (Comp) / Buchungsplatz *m*
**ageostrophic wind** (Meteor) / ageostrophischer Wind (der vom geostrophischen Wind abweicht), nichtgeostrophischer Wind
**age pigment** (Physiol) / Lipofuszin *n* (Alterspigment), Lipofuscin *n*
**ager** *n* (US) (Textiles) / Dämpfer *m*, Dämpfapparat *m*
**age-resistant** *adj* / alterungsbeständig *adj* ‖ ~ **steel** (Met) / alterungsbeständiger Stahl (DIN 17135)
**age-resistor** *n* / Alterungsschutzmittel *n*, Alterungsstabilisator *m*
**age-specific** *adj* / altersspezifisch *adj*
**age structure** (Biol) / Altersstruktur *f*, Altersaufbau *m* (altersmäßige Zusammensetzung), Altersgliederung *f* ‖ ~ **theory*** (Nuc) / Age-Theorie *f*, Alterstheorie *f* nach Fermi (die das räumliche, energetische und zeitliche Verhalten von Neutronen bei der Neutronenbremsung behandelt)
**ageusia** *n* (Nut, Physiol) / Ageusie *f*, Geschmacksverlust *m*, Geschmackslähmung *f*
**AG focusing** (Nuc Eng) / starke Fokussierung, Prinzip *n* des alternierenden Gradienten, AG-Prinzip *n*, AG-Fokussierung *f*
**agglomerate** *v* (Met) / agglomerieren *v* ‖ ~ *n* (Geol) / Agglomerat *n* (vulkanisches Auswurfsprodukt) ‖ ~* (Met) / Agglomerat *n* (ein Vorprodukt aus oberflächlich zusammengeschmolzenen feinkörnigen Erzen)
**agglomerated cork** / Presskork *m*, agglomerierter Kork
**agglomeration** *n* (Met) / Agglomeration *f*, Agglomerieren *n*, Agglomerierung *f*
**agglutination** *n* (von Antigene tragenden Körpern mit Antikörpern) (Biochem) / Agglutination *f* ‖ ~* (Paint) / Verklebung *f*, Agglutination *f*
**agglutinin*** *n* (Biochem) / Agglutinin *n* (spezifischer Antikörper)
**agglutinogen** *n* (Biochem) / Agglutinogen *n* (Stoff, der die Bildung von Agglutininen anregt)
**aggradation** *n* (the process of building up of a surface by deposition) (Geol) / Anschwemmung *f* (Feststoffansammlung in Gewässern), Anlandung *f*, Akkumulation *f* ‖ ~ (Hyd Eng) / Auffüllung *f* der

**aggregate**

Flusssohle, Aufhöhung f der Wasserlaufsohle, Sedimentzuwachs m (z.B. durch Anschwemmung und Aufschüttung - eines Flusses in seinem Tal), Aggradation f
**aggregate** v (Chem, Geol, Nuc) / aggregieren v ‖ ~ n / Aggregat n (mehrgliedriges Verknüpfungsgebilde) ‖ ~ (Build) / Bestreuungsgut n (für Dachpappen), Bestreuungsmaterial n, Beschieferungsmaterial n (DIN 52 143) ‖ ~* (Civ Eng) / Zuschlagstoff m, Zuschlag m (DIN 4226), Betonzuschlag m (ein Gemenge oder Haufwerk von ungebrochenen und/oder gebrochenen Körpern aus natürlichen und/oder künstlichen mineralischen Stoffen und dichtem oder porigem Gefüge) ‖ ~* (Civ Eng) / Korngemisch n (im Straßenbau) ‖ ~ (Comp) / Datenverbund m (PL/I), Aggregat n (eine benannte Zusammenfassung von Datenfeldern in einem Satz) ‖ ~* (Geol) / Aggregat n, Gesteinsaggregat n ‖ ~* n (of powder) (Powder Met) / Pulverhaufen m, Pulverhaufwerk n ‖ ~ attr (For) / gedrängt adj, gehäuft adj (Holzstrahlen) ‖ ~ **bit rate** (Comp) / Gesamtbitfluss m ‖ ~ **bit rate** (Comp) / Sammelbitrate f, Summenbitrate f ‖ ~ **content** (Civ Eng) / Splittgehalt m (des Asphaltbetons) ‖ ~ **of machines** (Eng) / Maschinenaggregat n, Maschinensatz m ‖ ~ **ray*** (For) / Scheinmarkstrahl m (z.B. bei Walnussbaum und Erle) ‖ ~ **structure** (Agric) / Aggregatgefüge n, Aggregatstruktur f (des Bodens)
**aggregation** n / Aggregation f, Aggregierung f ‖ ~ (Comp, Stats) / Gruppierung f (von Daten) ‖ ~ **behaviour** (Chem) / Aggregationsverhalten n (von Tensiden) ‖ ~ **centre** (Crystal, Electronics) / Aggregatzentrum n (mit eingefangenen Elektronen)
**aggressive** adj / aggressiv adj
**aggressive-tack** attr / klebend adj (Klebstoff auf Kautschukbasis, Anstrich)
**aggressive water** / Schadwasser n ‖ ~ **water** / aggressives Wasser, Aggressivwasser n
**aging** n / Aging n (die Reifung bestimmter Tabaksorten durch eine ein bis zwei Jahre dauernde Lagerung in Ballen oder Fässern) ‖ ~ (Materials) / Altern n (natürliches), Alterung f (DIN EN 10 052 und DIN 50 035-1) ‖ ~ (Met) / Auslagern n (z.B. spannungsbehafteter Gussteile) ‖ ~ (Textiles) / Dämpfung f (von Geweben)
**agist** v (Agric) / Vieh oder Jungvieh gegen Entgelt in Pensionsweide nehmen
**agitate** v / umrühren v, rühren v, durchrühren v
**agitated crystallizer** (Chem) / Rührkristallisator m
**agitating lorry** (Build, Civ Eng) / Transportbetonmischer m, Transportmischer m, Mischerfahrzeug n (Beton), Mischfahrzeug n (Beton) ‖ ~ **lorry** (Build, Civ Eng) / Fahrmischer m ‖ ~ **nozzle** / Strömungsdüse f ‖ ~ **shaft** (Agric) / Rührwelle f (der Drillmaschine) ‖ ~ **truck** (Build, Civ Eng) / Transportbetonmischer m, Transportmischer m, Mischerfahrzeug n (Beton), Mischfahrzeug n (Beton) ‖ ~ **truck** (Build, Civ Eng) / Fahrmischer m
**agitation*** n (Photog) / Bewegung f (bei der Verarbeitung fotografischer Materialien, damit sie ständig mit frischer Lösung in Kontakt kommen), Agitation f (des Bades) ‖ ~ (Phys) s. also turbulence ‖ ~ **cup** (Paint) / Rührwerkbehälter m (der Spritzpistole) ‖ ~ **leaching** (Met) / Rührlaugung f (ein Laugeverfahren der Nassmetallurgie)
**agitator** n (Build, Civ Eng) / Transportbetonmischer m, Transportmischer m, Mischerfahrzeug n (Beton), Mischfahrzeug n (Beton) ‖ ~ (Chem) / Agitator m (des Vakuumtrommelfilters) ‖ ~* (Eng) / Rührer m (DIN 28131), Rührwerk n (schnell- oder langsamlaufendes) ‖ ~* s. also mixer and shaker ‖ ~ **arm** (Eng) / Rührschaufel f, Rührarm m ‖ ~ **beads** (Paint) / Mischkugeln f pl (in einer Lackdose) ‖ ~ **blade** / Mischflügel m
**A-glass*** n (Glass) / Alkaliglas n mit etwa 10-15% Na₂O
**aglucon** n (Chem) / Aglucon n (glucosefreier Bestandteil der Glucoside)
**aglycon** n (Chem) / Aglykon n (zuckerfreier Bestandteil eines Glykosids)
**aglycone** n (Chem) / Aglykon n (zuckerfreier Bestandteil eines Glykosids)
**agmatite*** n (Geol) / Agmatit m (ein Migmatit)
**Agnesi's versiera** (Maths) / Versiera f (der Agnesi), Agnesi'sche Kurve (eine glockenförmige höhere Kurve nach Maria Gaetana Agnesi, 1718-1799)
**agonic line*** (Geol, Geophys) / Nulllinie f, Agone f (die die Punkte mit der Deklination Null des erdmagnetischen Feldes verbindet)
**Ago press** (Leather) / Ago-Presse f (zur Sohlenklebung)
**AGP** (Accelerated Graphics Port) (Comp) / Accelerated Graphics Port m (ein Buskonzept für PCs, im Hause Intel entwickelt)
**AGR*** (advanced gas-cooled reactor) (Nuc Eng) / fortgeschrittener gasgekühlter Reaktor, FGR (fortgeschrittener gasgekühlter Reaktor)
**agrafe** n (Arch) / Agraffe f (klammerförmige Verzierung am Schlussstein eines Rundbogens, die dessen Scheitel mit dem Gesims darüber verbindet)

**agraffe** n (Arch) / Agraffe f (klammerförmige Verzierung am Schlussstein eines Rundbogens, die dessen Scheitel mit dem Gesims darüber verbindet)
**agrarian measurement** (Surv) / Vermessung f von landwirtschaftlichen Flächen, Feldmessung f
**agravic** adj (Astron, Phys) / abarisch adj ‖ ~ (Phys, Space) / schwerelos adj
**agribusiness** n (Agric) / Agrobusiness n, Agribusiness n (Gesamtheit aller für die Versorgung der Bevölkerung mit Nahrungsmitteln ablaufenden Wirtschaftsprozesse - meistens von großen privaten Unternehmen getätigt)
**agrichemical** n (Agric, Chem) / Agrochemikalie f (in der Pflanzen- und der Tierernährungslehre)
**agricultural** adj (Agric) / landwirtschaftlich adj ‖ ~ **aircraft** (light aircraft specially equipped for agricultural applications such as crop dusting) (Aero, Agric) / Agrarflugzeug n, Landwirtschaftsflugzeug n ‖ ~ **alcohol** (Chem) / Agraralkohol m (aus Agrarprodukten) ‖ ~ **aviation** (Aero, Agric) / Landwirtschaftsfliegerei f ‖ ~ **biocide** (Agric, Chem, Leather) / Pflanzenschutzmittel n (nach dem Pflanzenschutzgesetz vom 15.IX.1986 bzw. vom 27.VII.1971), PSM (Pflanzenschutzmittel) ‖ ~ **biology** (Agric, Biol) / Agrobiologie f, Agrarbiologie f ‖ ~ **biomass** (Ecol) / Agrarbiomasse f ‖ ~ **chemical** (Agric, Chem) / Agrochemikalie f (in der Pflanzen- und der Tierernährungslehre) ‖ ~ **chemistry** (Agric, Chem) / Agrikulturchemie f (Teilgebiet der angewandten Chemie, das sich besonders mit Bodenanalyse und der Entwicklung von Dünge- und Schädlingsbekämpfungsmitteln befasst), Agrochemie f, Agrarchemie f, Landwirtschaftschemie f ‖ ~ **control chemical** (Agric) / Pflanzenschutzmittel n (nach dem Pflanzenschutzgesetz vom 15.IX.1986 bzw. vom 27.VII.1971), PSM (Pflanzenschutzmittel) ‖ ~ **country** (Agric) / Agrarland n (dessen Wirtschaftsstruktur im Ggs. zu den Industrieländern, noch weitgehend von der Landwirtschaft geprägt ist) ‖ ~ **drain** (US) (Agric) / Dränagerohr n, Dränrohr n (DIN 1180 und DIN 4047, T 1), Röhrendrän m ‖ ~ **drainage** (Agric) / Feldränung f, Feldentwässerung f ‖ ~ **ecology** (Agric, Ecol) / Agrarökologie f, Landwirtschaftsökologie f ‖ ~ **engineering** (Agric) / Landtechnik f (als Fach) ‖ ~ **geology** (Geol) / Agrargeologie f, Landwirtschaftsgeologie f ‖ ~ **land** (Agric) / landwirtschaftlich genutzte Fläche ‖ ~ **land** (Agric) / anbaufähiges Land, landwirtschaftlich bebaubarer Boden, Ackerland n (DIN 4047), Ackerboden m, Kulturboden m (Ackerland), Kultsol m, Flur f (landwirtschaftliche Nutzfläche) ‖ ~ **lime** (Agric) / Düngekalk m ‖ ~ **machinery** (Agric) / Landmaschinenpark m, Landmaschinen und -geräte pl (DIN 11085), Landtechnik f (Maschinen und Geräte) ‖ ~ **meteorology** (Agric, Meteor) / Agrarmeteorologie f ‖ ~ **pilot** (Aero, Agric) / Pilot m der Agrarluftfahrt, Agrarpilot m (Pilot der Agrarluftfahrt) ‖ ~ **pipe** (Agric) / Dränagerohr n, Dränrohr n (DIN 1180 und DIN 4047, T 1), Röhrendrän m ‖ ~ **residues** (Agric, Ecol) / landwirtschaftliche Rückstände, Rückstände aus der Landwirtschaft m pl ‖ ~ **statistics** (Agric, Stats) / Landwirtschaftsstatistik f, Agrarstatistik f ‖ ~ **tile** (Agric) / Dränagerohr n, Dränrohr n (DIN 1180 und DIN 4047, T 1), Röhrendrän m ‖ ~ **tractor** (Agric, Autos) / Ackerschlepper m (DIN 11085 und 70010)
**agriculture** n (Agric) / Agrikultur f, Landwirtschaft f, Ackerbau m (im weiteren Sinne, auch mit Viehhaltung usw. [ohne Plural]), Agrarwirtschaft f, Landbau m (ohne Plural), Feldbau m (ohne Plural)
**agrochemical** n (Agric, Chem) / Agrochemikalie f (in der Pflanzen- und der Tierernährungslehre)
**agroecological** adj (Agric, Ecol) / agrarökologisch adj, landwirtschaftsökologisch adj
**agroecology** n (Agric, Ecol) / Agrarökologie f, Landwirtschaftsökologie f
**agroecosystem** n (Agric) / Agrar-Ökosystem n
**agro-food** attr (Agric) / agrar- und ernährungswirtschaftlich adj
**agroforestry** n (Agric, For) / Agroforstwirtschaft f (Form der Landnutzung, meistens in Entwicklungsländern der Tropen und Subtropen), Bauernforstwirtschaft f
**agrometeorology** (Agric, Meteor) / Agrarmeteorologie f
**agronomy** n (science of land cultivation, crop production and soil management) (Agric) / Agronomie f, Ackerbaulehre f, Landwirtschaftswissenschaft f
**aground** adj (Ships) / gestrandet adj ‖ **go** ~ (Ships) / festkommen v, auf Grund geraten, auf Grund laufen, auf Grund kommen, auflaufen v
**AG synchrotron** (Nuc Eng) / Synchrotron n mit alternierendem Gradienten, AG-Synchrotron n
**AH** (artificial horizon) (Aero) / künstlicher Horizont, Kreiselhorizont m ‖ ~ (alternant hydrocarbons) (Chem) / alternierende Kohlenwasserstoffe
**AHA** (alpha-hydroxy acid) (Chem) / α-Hydroxysäure f
**Aharonov-Bohm effect** (Nuc) / Aharonov-Bohm-Effekt m, Bohm-Aharonov-Effekt m
**ahead** adv (Ships) / nach vorn zu

**A₂ horizon** (Agric, Geol) / Eluvialhorizont *m*, E-Horizont *m* (ein Bodenhorizont)
**A horizon** (the uppermost layer of a soil profile from which inorganic colloids and other soluble materials have been leached - usually contains remnants of organic life ) (Agric, Geol) / Auslaugungszone *f*, A-Horizont *m*, Krume *f*, mineralischer Oberbodenhorizont (humushaltiger)
**AHR** (aqueous homogeneous reactor) (Nuc Eng) / wässerig-homogener Reaktor
**Ahrens prism** (Optics) / Ahrens'sches Prisma (zweiteiliges Polarisationsprisma mit zwei Kittflächen), Ahrens-Prisma *n*
**AH rim** (Autos) / AH-Felge *f*, Felge *f* mit asymmetrischem Hump
**AH-salt** *n* (Chem) / AH-Salz *n* (Salz der Adipinsäure mit 1,6-Hexandiamin), Hexamethylendiammoniumadipat *n* (Rohstoff für die Nylonherstellung)
**ahypergol** *n* (Fuels, Space) / Ahypergol *n* (Raketentreibstoff, der erst nach äußerer Energiezufuhr reagiert)
**AI*** (artificial intelligence) (AI) / künstliche Intelligenz, maschinelle Intelligenz, KI (künstliche Intelligenz), MI (kognitive Informatik)
**AIAD** (air interface adapter) (Telecomm) / Nachbildung *f* der Luftschnittstelle (passive, leitergebundene, um im Prüffeld oder Labor reproduzierbare Verhältnisse simulieren zu können)
**aid** *n* / Hilfsstoff *m*
**aida canvas** (Textiles) / Aida *n* (ein Stickereigrundstoff)
**aided tracking** (Radar) / Nachlaufsteuerung *f*
**AIDS*** *n* (Med) / Aids *n*
**aid to landing** (Aero) / Landehilfe *f* (bord- oder bodenseitige) ‖ **~ to navigation** (Aero) / Navigationshilfe *f* (außerhalb des Flugzeugs)
**aieli** *n* (For) / Aiélé *n* (Canarium schweinfurthii Engl.), Afrikanisches Canarium, CAF (Canarium schweinfurthii Engl.)
**aiguille** *n* (Geol) / Aiguille *f* (im französischen Sprachgebiet der Alpen ein steiler, zugespitzter Berggipfel)
**Aiken code** (Comp) / Reflexkode *m*, Aiken-Kode *m* (ein vierstelliger Binärkode zur Darstellung von Dezimalziffern - nach H.H.Aiken, 1900-1973), Aiken-Code *m*
**ailanthus silkworm** (Zool) / Japanischer Seidenspinner, Ailanthusspinner *m* (Philosamia cynthia)
**aileron** *n* / Bremsklappe *f* (in der Windtechnik) ‖ **~ angle** (Aero) / Querruderausschlagwinkel *m* ‖ **~ roll** (US) (Aero) / langsame, gesteuerte Rolle
**ailerons*** *pl* (control surfaces) (Aero) / Querruder *n pl* (an der Tragflügelhinterkante)
**AIM** (avalanche-induced migration) (Comp, Electronics) / Avalanche-induced-Migration *f* (ein Verfahren zur Programmierung von bestimmten bipolaren PROMs, AIM (ein Verfahren zur Programmierung von Festwertspeichern)
**aim** *v* / zielen *v* (eine Waffe auf etwas richten), visieren *v* ‖ **~** (Autos) / einstellen *v* (Scheinwerfer) ‖ **~** *n* (AI) / Ziel *n* (einer bewussten Handlung)
**aimer** *n* (Autos) / Scheinwerfereinstellgerät *n*
**aiming** (Autos) / Einstellen *n* (der Scheinwerfer) ‖ **~** (Comp, Mil) / Zielen *n* ‖ **~ circle** (Comp) / Zielkreis *m* (Markierungskreis auf dem Bildschirm als Cursor) ‖ **~ field** (Comp) / Zielsymbol *n*, Zielfeld *n*, Zielzeichen *n* (in der grafischen Datenverarbeitung) ‖ **~ symbol** (Comp) / Zielsymbol *n*, Zielfeld *n*, Zielzeichen *n* (in der grafischen Datenverarbeitung)
**air** *v* / an die (frische) Luft hängen, auslüften *v* (Kleidung, Zimmer) ‖ **~** (Autos) / Luft auffüllen ‖ **~** (Mining) / bewettern *v* (eine Grube) ‖ **~** *n* (Geophys) / Luft *f* ‖ **~** (Met) / Blaswind *m*, Gebläseluft *f*, Gebläsewind *m*, Wind *m* ‖ **~** (Mining) / Wetter *pl* (Grubenluft) ‖ **go off the ~** (Radio) / die Sendung beenden ‖ **go on the ~** (Radio) / über den Sender gehen, auf Antenne kommen ‖ **in the absence of ~** / unter Luftabschluss ‖ **~ access** / Luftzutritt *m* ‖ **~ accident** (Aero) / Flugunfall *m*, Flugvorkommnis *n*, Unfall *m* im Flugverkehr
**air-acetylene welding** (Welding) / Acetylen-Luft-Schweißen *n*, Azetylen-Luft-Schweißen *n*
**air-activated gravity conveying** / Fließförderung *f*, Fließrinnenförderung *f*
**air-activity monitor** (Ecol) / Luftüberwachungsgerät *n* (zur Messung der Radioaktivität)
**air-agitated bath** (Surf) / luftbewegter Elektrolyt
**air-air cooling** (Elec Eng) / Luftselbstkühlung *f* ‖ **~ heat pump** / Luft-Luft-Wärmepumpe *f*
**air analysis** (Ecol) / Luftanalyse *f*
**air-arc furnace** (Aero) / Lichtbogenofen als Luftvorwärmer *m* (in einem Windkanal)
**air-assisted shock absorber** (Autos) / luftunterstützter Stoßdämpfer, Stoßdämpfer *m* mit Luftunterstützung, Stoßdämpfer *m* mit Niveauregulierung
**air baffle** (Elec Eng) / Luftleitblech *n* ‖ **~ bag** (Autos) / Airbag *m* (Luftkissen als passives Rückhaltesystem), Luftsack *m* (passives Rückhaltesystem)

**air-bag generator** (Autos) / Airbag-Gasgenerator *m* (pyrotechnischer)
**airband** *n* (Aero, Radio) / Frequenzbereich *m* für die Luftfahrt
**airbase** *n* (Aero, Mil) / Militärflughafen *m*, Airbase *f*, Luftstützpunkt *m*, Luftwaffenstützpunkt *m*, Flugstützpunkt *m*, Fliegerhorst *m*
**air bath** (Chem) / Luftbad *n* (ein Heizbad - nach Babo oder Junghans) ‖ **~ bearing** (gas bearing using air as working fluid) (Eng) / Luftlager *n*
**air-bearinged** *adj* (Eng) / luftgelagert *adj*
**air bell*** (Glass, Optics, Photog) / Luftblase *f* ‖ **~ belt** (Foundry) / Windring *m*, Windmantel *m* (z.B. des Kupolofens) ‖ **~ bending** (Eng) / freies Biegen (mit freiem Ausbilden der Werkstücksform nach DIN 8584) ‖ **~ bends** (Med) / Bergkrankheit *f*, Höhenkrankheit *f*, Ballonkrankheit *f*, Fliegerkrankheit *f*, Bergkoller *m* ‖ **~ blast** / Druckluftstrom *m*
**air-blast circuit breaker*** (Elec Eng) / Druckluftschalter *m*, Druckluftleistungsschalter *m*, Schalter *m* mit Luftstromunterbrechung, Luftstromschalter *m*, Druckgasschalter *m*
**air•-blast switch*** (Elec Eng) / Druckluftschalter *m*, Druckluftleistungsschalter *m*, Schalter *m* mit Luftstromunterbrechung, Luftstromschalter *m*, Druckgasschalter *m* ‖ **~ bleeding** (Autos, Eng) / Entlüften *n* (der Bremsübertragungseinrichtung)
**air-bleed passage** (Autos) / Zusatzluftbohrung *f*, Luftzumischbohrung *f* (im Vergaser)
**air-blending heating** (Autos) / Mischluftheizung *f*
**air blower** (Foundry, Met) / Windgebläse *n*, Gebläse *n* (zur Luftlieferung bei Kupol- und Hochöfen) ‖ **~-blowing*** *n* (Paint) / Blasen *n* (von Ölen)
**airbond** *n* (Foundry) / kalthärtender Binder
**airborne** *adj* / in der Luft schwebend, durch die Luft übertragen ‖ **~** / luftgestützt *adj* (Trägerflugzeug) ‖ **~** (Aero) / mit Flugzeug transportiert, auf dem Luftwege transportiert ‖ **~ disease** (Med) / Airborne disease *f* (Infektionskrankheit, deren Keime durch die Luft verbreitet werden), luftbürtige Krankheit ‖ **~ dust measuring instrument** (Ecol) / Luftstaubmessgerät *n* ‖ **~ firing** (Mil) / Start *m* durch Luftfahrzeug (eines Flugkörpers) ‖ **~ magnetometer** (Aero, Geophys) / Flugmagnetometer *n* ‖ **~ microbe** / Luftkeim *m* (im keimhaltigen Aerosol) ‖ **~ microorganism** / Luftkeim *m* (im keimhaltigen Aerosol) ‖ **~ pollutant** (Ecol, Meteor) / Luftschadstoff *m* ‖ **~ radar** (Aero) / Bordradar(gerät) *n*, Luftfahrzeugradar *n*, Flugzeugradar *n* ‖ **~ radioactivity** (Ecol) / Luftradioaktivität *f* ‖ **~ sound** (Acous) / Luftschall *m* (DIN 1320), LS (Luftschall)
**airborne-sound bridge** (Acous, Build) / Luftschallbrücke *f* (wo sich Spalten und Risse gebildet haben oder wo sich nicht abgedichtete Zwischenräume befinden) ‖ **~ insulation margin** (Acous) / Luftschallschutzmaß *n* (ein Diagramm, in dem man den Verlauf der Schalldämmkurve mit dem Verlauf der Bewertungskurve nach DIN 52210 vergleicht), LSM (Luftschallschutzmaß)
**air bottle** (a container suitable for storing a quantity of air under pressure) / Druckluftflasche *f*, Pressluftflasche *f*
**air-bound** *adj* / mit Lufttaschen (eine Saugleitung)
**air box** (Met) / Windkammer *f* (bei Konvertern), Windkasten *m* (bei Stahlwerkskonvertern) ‖ **~ brake*** (Aero, Space) / Luftbremse *f*, Flugbremse *f*, aerodynamische Bremse, Luftwiderstandsbremse *f*, Landehilfe *f*, Bremsklappe *f*, Auftriebshilfe *f*, Starthilfe *f* ‖ **~ brake*** (Eng) / Druckluftbremse *f*, pneumatische Bremse ‖ **~ brake*** (Rail) / Luftbremse *f* (Saugluft- oder Druckluftbremse) ‖ **~ brake*** (Aero, Space) s. also flap ‖ **~ brake*** (Elec Eng) / Luftschalter *m*
**air-break circuit breaker** (Elec Eng) / Luftschalter *m* ‖ **~ contactor** (Elec Eng) / Luftschütz *n* (bei dem der Schaltlichtbogen zwischen Schaltstücken in Luft gezogen und gelöscht wird) ‖ **~ gap** (Elec Eng) / Luftschaltstrecke *f*
**air break switch** (Elec Eng) / Luftschalter *m*
**air-breather** *n* (Aero) / luftatmendes Triebwerk (z.B. Kolben-, Gasturbinen- und Strahltriebwerk), von der Erdatmosphäre abhängiges Triebwerk, Höhenatmer *m*
**air-breathing engine** (Aero) / luftatmendes Triebwerk (z.B. Kolben-, Gasturbinen- und Strahltriebwerk), von der Erdatmosphäre abhängiges Triebwerk, Höhenatmer *m*
**air•brick*** *n* / Luftöffnungsstein *m*, Lüftungsziegel *m*, Lüftungsstein *m* ‖ **~ bridge** (Aero) / Jetway *m* (Markenname der ABEX Corporation, USA, für eine teleskopartig ausfahrbare, schwenkbare und überdachte Fluggastbrücke auf Flughäfen), ausfahrbare Gangway für strahlgetriebene Flugzeuge ‖ **~ bridge** (Aero) / Fluggastbrücke *f* ‖ **~ bridge** (Mining) / Wetterbrücke *f* (meist bei flözgeführter Ausrichtung), Wetterkreuz *n* ‖ **~ bridge** (Aero) s. also gangway and jetway
**airbrush** *v* (Paint) / airbrushen *v* (grafische Arbeiten in Airbrushtechnik ausführen) ‖ **~*** (Print) / Spritzpistole *f*, Spritzapparat *m*, Aerograf *m*, Luftpinsel *m*, Luftschreiber *m* (in der Reproduktionstechnik) ‖ **~** *n* (Paint) / Airbrush *m* (eine leichte Spritzpistole), Retuschierpistole *f*, Dekorpistole *f* ‖ **~ (Paper)** / Luftbürste *f*
**airbrush-coated** *adj* (Paper) / luftbürstengestrichen *adj*

**air bubble**

**air bubble** / Luftblase f, Luftbläschen n
**air-bulk texturing** (Spinning) / Luftdüsenbauschverfahren n, Taslan-Verfahren n, Düsenblasverfahren n (ein Bauschverfahren mit Pressluft), Luftdüsenbauschung f || ~ **texturing** (Spinning) / LB-Texturierung f, Luftbauschtexturierung f
**airburst** n / Explosion f in der Luft (in der Atmosphäre)
**airbus*** n (Aero) / Airbus m (ein Großraumflugzeug)
**air cap*** (Paint) / Luftzufuhrkanal m, Luftdüse f (der Spritzpistole) || ~ **capacitor*** (Elec Eng) / Luftkondensator m, Kondensator m mit Luftkühlung
**air-capacitor dosemeter** (Radiol) / Füllhalterdosimeter n (ein luftgefülltes Personendosimeter), Stabdosimeter n
**air cargo** (Aero) / Luftfracht f || ~ **carrier** (Aero) / Carrier m (Luftverkehrsgesellschaft, die Passagiere, Luftfracht und Luftpost gewerblich befördert) || ~ **case** (Foundry) / Windring m, Windmantel m (z.B. des Kupolofens) || ~ **cell** (a gas cell in which depolarization is accomplished by atmospheric oxygen) (Elec Eng) / Luftsauerstoffelement n (DIN 40853) || ~ **cell*** (I C Engs) / Luftspeicher m (Dieselmotor)
**air-cell diesel engine** (I C Engs) / Dieselmotor m mit Luftspeicherkammer, Luftspeichermotor m
**air chamber** (a pressure vessel) (Eng) / Windkessel m (zum Ausgleich des pulsierenden Volumenstromes in Kolbenpumpen) || ~ **chamber** (I C Engs) / Luftspeicher m (Dieselmotor) || ~ **chamber** (Textiles) / Luftkammer f
**air-chamber surge tank** (Hyd Eng) / Wasserschloss f mit Druckluftdämpfung
**air chart** (Aero, Mil) / Fliegerkarte f, Flugnavigationskarte f, Luftfahrtkarte f || ~ **chemistry** (Chem) / Luftchemie f || ~ **chuck** (Eng) / Druckluftspannfutter n, Druckluftfutter n || ~ **circuit-breaker** (Elec Eng) / Luftschalter m || ~ **circulation** / Luftumwälzung f, Luftumlauf m, Luftzirkulation f || ~ **classification** (the separation and grading of solid particles of a material by density or size by a technique of progressive suspension or settling as in a rising stream of air of controlled velocity, each grading being reported as a percentage of the original sample) (Min Proc) / Windsichten n, Sichten n, Luftstromsichtung f || ~ **classifier*** (Min Proc) / Windsichter m (maschinelle Anlage zur Klassierung eines Körnergemisches im Luftstrom), Sichter m || ~ **cleaner*** / Luftfilter n, Luftreiniger m || ~ **cleaning** / Luftreinigung f
**air-clean plan** (Ecol) / Luftreinhalteplan m (nach dem Bundesimmissionsschutzgesetz)
**air coil** (Elec Eng) / Luftspule f (eine selbsttragende Spule ohne Spulenkörper) || ~ **column** / Luftsäule f
**air-combat manoeuvre** (Aero) / Luftkampfmanöver n
**air composition** (Ecol) / Luftzusammensetzung f || ~ **compressor*** (Eng) / Luftkompressor m, Luftpresser m, Luftverdichter m || ~ **con** (air conditioning) / Air-Conditioning n, Klimatechnik f, Klimatisierung f
**air-condition** v / klimatisieren v
**air• conditioner** / Klimaanlage f, Air-Conditioner m, Airconditioner m || ~ **conditioning** / Air-Conditioning n, Klimatechnik f, Klimatisierung f
**air-conditioning cabinet** (Textiles) / Klimaschrank m || ~ **equipment** / Klimaanlage f, Air-Conditioner m, Airconditioner m || ~ **plant** / Klimaanlage f, Air-Conditioner m, Airconditioner m
**air conduction*** (Acous) / Luftleitung f (DIN 1320) || ~ **consumption** / Luftverbrauch m, Luftbedarf m (Verbrauch) || ~ **contamination** (Ecol, Meteor) / Luftverunreinigung f, Luftverschmutzung f, Luftkontamination f, Airpollution f || ~ **contamination control** (Ecol) / Luftüberwachung f (Prüfung und Messung möglicher Luftverschmutzungen)
**air-contamination meter** (Ecol) / Luftüberwachungsgerät n (zur Messung der Luftverschmutzung) || ~ **monitor** (Ecol) / Luftüberwachungsgerät n (zur Messung der Luftverschmutzung)
**air content** (the volume of voids) (Build) / Luftporengehalt m (Gesamtmenge der verbleibenden Luft), Luftgehalt m, Gesamtluftgehalt m || ~ **content** (Textiles) / Porenvolumen n (der Textilien) || ~ **converting** (Met) / Verblasen n (im Konverter), Windfrischen n, Windfrischverfahren n || ~ **conveyer** (Eng) / pneumatischer Förderer (ein Stetigförderer), Druckluftförderer m || ~ **cooking** (Nut) / Luftkochung f (von Fleisch und Fleischerzeugnissen) || ~**-cooled condenser** (Eng) / luftgekühler Kondensator m || ~**-cooled engine*** (I C Engs) / luftgekühlter Motor || ~**-cooled machine*** (Elec Eng) / luftgekühlte Maschine || ~ **cooler** (Mining) / Wetterkühler m || ~ **cooler** (Phys) / Luftkühler m || ~ **cooling*** (Eng) / Luftkühlung f || ~**-core cable** (Cables) / Papier-Luftraumkabel n, Kabel n mit Luftraumisolierung
**air-core(d) choke** (Elec Eng) / Luftdrossel f (ohne Eisenkern), eisenlose Drossel
**air• -cored** adj (Elec) / Luft-, eisenfrei adj || ~**-core reactor** (Elec Eng) / Luftdrossel f (ohne Eisenkern), eisenlose Drossel || ~ **correction jet** (I C Engs) / Luftkorrekturdüse f (des Vergasers) || ~ **corridor** (Aero) / Luftkorridor m (festgelegte Luftstraße, die Flugzeuge /beim Überqueren eines fremden Staates/ benutzen müssen)
**air-covered yarn** (Spinning) / luftverwirbeltes Garn
**aircraft*** n (pl. aircraft) (Aero) / Luftfahrzeug n (jeder Art), Flugzeug n (im Allgemeinen) || ~ (pl. aircraft) (Aero) / Flugzeug n (Starrflügler + Drehflügler) || ~ **approach** (Aero) / Anflug m, Landeanflug m (auf...), Approach m || ~ **axes** (Aero) / Achsen fpl des Flugzeugs (Längs-, Quer- und Hochachse) || ~ **block hours** (Aero) / Blockzeit f (die Zeit vom Abrollen des Flugzeuges vom Startflughafen bis zum Stillstand am Zielflughafen) || ~ **carrier** (Aero, Mil, Ships) / Flugzeugträger m (ein Überwasserkriegsschiff)
**aircraft-carrier elevator** (Aero, Mil) / Flugzeugaufzug m (des Flugzeugträgers), Flugzeuglift m (des Flugzeugträgers)
**aircraft construction** (Aero) / Flugzeugherstellung f, Flugzeugbau m (Herstellung) || ~ **designer** (Aero) / Flugzeugkonstrukteur m || ~ **distress signal** (Aero) / Fliegernotsignal n || ~ **elevator** (US) (Aero, Mil) / Flugzeugaufzug m (des Flugzeugträgers), Flugzeuglift m (des Flugzeugträgers) || ~ **engine*** (Aero) / Flugtriebwerk n, Flugmotor m, Flugzeugtriebwerk n || ~ **engineering** (Aero, Eng) / Flugzeugbau m (als Fach) || ~ **engineering** (Aero) / Luftfahrzeugtechnik f || ~ **fabric** (Aero, Textiles) / Flugzeugbespannstoff m || ~ **flutter*** (Telecomm) / Flugzeugstörung f || ~ **fuel** (Fuels) / Flugkraftstoff m, Flugzeugkraftstoff m, Flugbrennstoff m, Flugzeugtreibstoff m || ~ **ground equipment** (Aero) / Bodendienstgerät n || ~ **homing device** (Aero) / Bordzielanfluggerät n || ~ **in distress** (Aero) / Luftfahrzeug n in Not || ~ **industry** (Aero) / Luftfahrtindustrie f || ~ **lift** (Aero, Mil) / Flugzeugaufzug m (des Flugzeugträgers), Flugzeuglift m (des Flugzeugträgers) || ~ **manufacturer** (Aero) / Flugzeughersteller m || ~ **manufacturing** (Aero) / Flugzeugherstellung f, Flugzeugbau m (Herstellung) || ~ **mechanic** (Aero) / Flugzeugmechaniker m (Mitglied des Bodenpersonals) || ~ **missile** (Aero, Mil) / Flugzeugrakete f (gelenkte oder ungelenkte) || ~ **mover** (Aero, Autos) / Flugzeugschlepper m (auf dem Flughafen) || ~ **navigation** (Aero, Mil) / Flugnavigation f, Aeronavigation f || ~ **noise*** (Acous, Aero) / Fluglärm m (im Frequenzbereich von etwa 300 bis 5000 Hz) || ~ **nose** / Luftfahrzeugbug m || ~ **owner** (Aero) / Flugzeugeigner m || ~ **passenger** (Aero) / Fluggast m, Passagier m, Flugreisender m || ~ **passenger insurance** (Aero) / Fluggastversicherung f || ~ **propeller** (Aero) / Luftschraube f, Propeller m || ~ **shed** (Aero) / Flugzeughalle f, Halle f (Hangar), Hangar m || ~ **tail** (Aero) / Luftfahrzeugheck n || ~ **tractor** (Aero, Autos) / Flugzeugschlepper m (auf dem Flughafen) || ~ **tug** (Aero, Autos) / Flugzeugschlepper m (auf dem Flughafen)
**aircraft-type hose clamp** (Autos) / Schlauchklemme f (mit Schneckenschraube)
**aircraft warning lights** (Aero) / Befeuerung f (z.B. als Schornstein-Flugsicherung)
**air crash** (Aero) / Flugzeugabsturz m
**aircrew** n (pl. aircrew) (Aero) / Besatzungsmitglied n
**air crossing** (Mining) / Wetterbrücke f (meist bei flözgeführter Ausrichtung), Wetterkreuz n || ~ **curing** / Lufttrocknung f (von Tabak) || ~ **current** (Mining) / Wetterstrom m (Volumenstrom an jedem beliebigen Punkt des bewetterten Grubengebäudes)
**air-current probe** (Aero, Phys) / Wollfaden m (als Sonde), Fadensonde f (an einem dünnen Drahtbügel befestigter Wollfaden zur Untersuchung der Strömungsrichtung und des Strömungscharakters), Wollfadensonde f
**air curtain** / Luftschleier m (Gebläsestrom der Luftschleieranlage - z.B. in Kaufhäusern)
**air-curtain installation** / Luftschleieranlage f, Lufttür f || ~ **plant** / Luftschleieranlage f, Lufttür f
**air cushion** / Luftkissen n, Luftpolster n || ~ **cushion** (Eng, Met) / Luftzielkissen n || ~**-cushioned** adj (Eng) / luftgelagert adj || ~**-cushion landing system** (Aero) / Luftkissen-Landesystem n || ~**-cushion pallet** / Luftkissenpalette f || ~**-cushion vehicle** (Aero) / Luftkissenfahrzeug n, Bodeneffektfluggerät n, Bodeneffektgerät n, Hovercraft m (ein im Gebläse ein gegen die Umgebung abgedichtetes Gebiet höheren Drucks bildet) || ~ **dam** (Autos) / Spoiler m (ein die Aerodynamik beeinflussendes Element der Karosserie), Windleitblech n || ~ **damper** (Autos) / Luftklappe f, Regelklappe f (eines Luftfilters)
**air-damping** n / Luftdämpfung f (z.B. bei Feinwaagen)
**air dampness** / Luftfeuchte f (im Freien), Luftfeuchtigkeit f (im Freien) || ~ **data computer** (Aero) / Flugwerterechner m, Luftdatenrechner m, Luftwerterechner m || ~ **data system*** (Aero) / Flugwerterechner m, Luftdatenrechner m, Luftwerterechner m || ~ **deckle** (Paper) / Randbegrenzung f, Formatbegrenzung f (der Stoffbahn auf dem Sieb mittels Luftstrahlen)
**air-deficient** adj / luftarm adj || ~ / mit mangelhafter Luftzufuhr
**air deflector** / Windabweiser m
**air-delivery end** (of the air-lift pump) (Eng) / Lufteinblasestelle f (ein Mammutpumpe)

**air demand** / Luftbedarf *m* (erforderlicher) ‖ **~ density** (Phys) / Luftdichte *f* ‖ **~ dielectric** (Elec) / Luftdielektrikum *n*
**air-diffusion aeration** (San Eng) / Drucklüftung *f*
**air disaster** (Aero) / Flugzeugkatastrophe *f* ‖ **~ display** (Aero) / Schaufliegen *n* ‖ **~ doctor blade** (Textiles) / Luftrakel *f* (zur Beschichtung) ‖ **~ door*** (Mining) / Wettertür *f* (der Wetterschleuse) ‖ **~ dose*** (Radiol) / Luftdosis *f*
**airdox*** *n* (Mining) / Armstrong-Verfahren *n* (Sprengverfahren mit hochgespannter Luft), Airdoxverfahren *n* (Verfahren zur Gewinnung von Kohle), Druckluftschießen *n* nach dem Airdoxverfahren (Variante des Strebbaus), Stahlrohrschießverfahren *n*, Hydrox-Verfahren *n*
**air drag** (Phys) / Luftwiderstand *m* (im Allgemeinen) ‖ **~ drag*** (Space) / Luftwiderstand *m* (bei erdnahem Verlauf der Bahn oder eines Bahnteils des künstlichen Erdsatelliten), aerodynamische Bremsung *f* ‖ **~ drain** / Luftabzug *m*
**air-dried brick** (Build) / Luftstein *m* (an der Luft getrockneter Mauerstein), Luftziegel *m* ‖ **~ sheet** / luftgetrockneter Sheetkautschuk
**air drier** / Lufttrockner *m* ‖ **~ drift** (Mining) / Wetterstrecke *f* (im Allgemeinen)
**air-drilling** *n* (Oils) / Bohren *n* mit Luftspülung
**air-driver** *n* (Mining) / Lüftungsgerät *n*
**airdrome** *n* (Aero) / Flugplatz *m* (im Allgemeinen)
**airdrop** *n* (Aero, Mil) / Absetzen *n* (mit Fallschirm) ‖ **~** (Aero, Mil) / Abwerfen *n* (ohne Fallschirm)
**air-dry*** *adj* / luftgetrocknet *adj*, lufttrocken *adj*, lutro (lufttrocken)
**air drying** / Lufttrocknung *f*, Lufttrocknen *n* ‖ **~ drying*** (the removal of moisture from a product by naturally occurring evaporation to air) / Freilufttrocknung *f*, Trocknen *n* an der Luft ‖ **~ drying*** (For) / natürliche Trocknung (Lufttrocknung) ‖ **~ drying** (For) / Lufttrocknung *f*, natürliche Holztrocknung
**air-drying** *adj* (Paint) / lufttrocknend *adj* ‖ **~ plant** / Lufttrocknungsanlage *f*
**air duct*** / Luftkanal *m* ‖ **~ duct** (Mining) / Wetterkanal *m* (Verbindung zwischen Ausziehschacht und neben dem Schacht stehendem Hauptgrubenlüfter)
**air-duct system** (Eng) / Luftführungssystem *n*
**aired ware** (defective ceramic ware on which the glaze has become partially devitrified or some volatilization of glaze ingredients has occurred) (Ceramics) / mit Glasurfehlern behaftete Töpferware (durch Verdampfen von Bestandteilen)
**air ejector*** (Eng) / Luftstrahlsauger *m* ‖ **~ elutriator*** (Min Proc) / Windsichter *m* (maschinelle Anlage zur Klassierung eines Körnergemisches im Luftstrom), Sichter *m* ‖ **~ embolism** (Med) / Aeroembolie *f*, Aerämie *f* (Ursache der Caissonkrankheit), Luftembolie *f*, Aeroembolismus *m* (durch Druckabfall oder -erhöhung) ‖ **~ engine*** (Eng) / Pneumatikmotor *m*, Druckluftmotor *m* ‖ **~ engine*** s. also hot-air engine
**air-entangled yarn** (Spinning) / luftverwirbeltes Garn
**air-entrained concrete** (a concrete containing purposefully introduced air bubbles of minute sizes as a means of improving its durability and other properties) (Civ Eng) / LP-Beton *m* (Luftporenbeton), Luftporenbeton *m* (konstruktiver - für den Straßenbau)
**air entrainement** (in lubricating oil) / Luft *f* im Schmieröl ‖ **~ entraining** / Luftporenbildung *f* (im Frischbeton) ‖ **~-entraining admixture** (Build) / Luftporenbildner *m* (Stoff, der in den Frischbeton eine große Anzahl sehr kleiner Luftporen einführt), LP-Mittel *n*, Luftporenzusatzstoff *m*, LP-Zusatzstoff *m* (DIN 1045) ‖ **~-entraining agent*** (Build) / Luftporenbildner *m* (Stoff, der in den Frischbeton eine große Anzahl sehr kleiner Luftporen einführt), LP-Mittel *n*, Luftporenzusatzstoff *m*, LP-Zusatzstoff *m* (DIN 1045) ‖ **~ environment** (Biol) / Aerial *n* (die Luft als Lebensraum)
**AIREPT** (air report) (Aero) / Luftfahrermeldung *f*, AIREPT (Luftfahrermeldung)
**air equivalent*** (Nuc, Radiol) / Luftäquivalent *n*
**air-equivalent** *adj* (Nuc, Radiol) / luftäquivalent *adj* (Stoff) ‖ **~ ionization chamber** (Nuc Eng) / Luftwändekammer *f* (eine Ionisationskammer)
**air eraser** (for airbrushing) (Print) / Spritzradierer *m*, Strahlradierer *m* ‖ **~ escape*** (Plumb) / Luftauslass *m*, Luftaustritt *m* ‖ **~ excess** (Build) / überschüssige Luft, Luftüberschuss *m* ‖ **~ exchange** (Build) / Luftaustausch *m* (z.B. in den Innenräumen) ‖ **~ exchange** (Textiles) / Luftaustausch *m* (Luftzirkulation durch die flächenförmigen Textilien und durch die Kleidungsöffnungen) ‖ **~ exposure** (Materials, Paint, Surf) / Freiluftbewitterung *f* (Außenbewitterung), Freiluftbewitterung *f*, Freibewitterung *f* (DIN 53 166), FB (Freibewitterung), Außenbewitterung *f*, Außenbewitterung *f*, Freiluftauslagerung *f*, natürliche Bewitterung (Freiluftauslagerung) ‖ **~ face** (Hyd Eng) / Luftseite *f* (der Staumauer)
**air-fall tuff** (Geol) / Airfall-Tuff *m* (eine Fallablagerung)
**air fare** (Aero) / Flugpreis *m*

**air-fed hydrofoil** (Ships) / luftgespeister Tragflügel
**air felting** (For) / pneumatische Verfilzung, Luftverfilzungsverfahren *n* (Bildung von Faservliesen bei der Herstellung von Faserplatten) ‖ **~ felting process** (For) / pneumatische Verfilzung, Luftverfilzungsverfahren *n* (Bildung von Faservliesen bei der Herstellung von Faserplatten)
**air-ferry** *n* (Aero) / Autoluftfähre *f*
**airfield** *n* (Aero) / Flugfeld *n* ‖ **~ equipment** (Aero, Mil) / Flugfeldgerät *n* ‖ **~ surface detection equipment** (Aero, Radar) / Flugplatzradar *m n*, Rollfeldradar *m n* ‖ **~ surface movement indicator** (Aero, Radar) / Flugplatzradar *m n*, Rollfeldradar *m n* ‖ **~ surveillance radar** (Aero, Radar) / Flugplatzradar *m n*, Rollfeldradar *m n*
**air-filled** *adj* / luftgefüllt *adj*
**air-film system** / Luftfilmsystem *n* (des statischen Bodeneffektgeräts) ‖ **~ train** / Luftfilm-Spurfahrzeug *n* (ein fahrbahnabhängiges Bodeneffektgerät, wie z.B. Aérotrain oder Levapad)
**air filter*** / Luftfilter *n*, Luftreiniger *m*
**air-filter element** (Autos) / Luftfiltereinsatz *m*, Luftfilterelement *n*
**air-fin heat exchanger** (Eng, Heat) / luftgekühlter Wärmeaustauscher
**air-float drier** (Paper) / Schwebetrockner *m*
**air floating** (Min Proc) / Windsichten *n*, Sichten *n*, Luftstromsichtung *f*
**air-float table*** (Min Proc) / Luftherd *m*
**air flotation drier** (For) / Schwebetrockner *m* (ein Konvektionstrockner)
**airflow** *n* (Aero, Meteor) / Luftströmung *f* ‖ **~** (Mining) / Wetterstrom *m* (Volumenstrom an jedem beliebigen Punkt des bewetterten Grubengebäudes) ‖ **~ duct** / Luftkanal *m* ‖ **~ method** (Textiles) / Airflowmethode *f* (zur Bewertung der mittleren Feinheit von Baumwollfasern und Wollhaaren), Pfropfenströmungsmessung *f* ‖ **~ velocity** / Luftströmungsgeschwindigkeit *f*
**air flue*** (Build) / Lüftungsschacht *m*, Entlüftungsschacht *m* (bei der freien Lüftung) ‖ **~ flute** (Elec Eng) / Luftnut *f* (des Rotors) ‖ **~-foam** *n* / Luftschaum *m*, mechanischer Schaum (als Löschmittel)
**air-foam extinguisher** / Luftschaumlöscher *m*
**airfoil** *n* (US) (Aero) / aerodynamische Fläche (Tragfläche), Tragfläche *f* (als aerodynamische Fläche) ‖ **~** (US) (Aero) / Profil *n* (aerodynamische Querschnittsform) ‖ **~** (US) (Aero, Phys) / umströmter Körper (in der Strömungslehre), angeströmter (strömungsgünstig geformter) Körper, aerodynamischer Körper (strömungsgünstiger) ‖ **~ the ~ is stalled** (US) (Aero, Phys) / die Strömung reißt am Flügel ab, der Flügel ist überzogen ‖ **~ section** (US) (Aero, Phys) / Profil *n* (in der Strömungslehre), Flügelschnitt *m*
**air force base** (Aero, Mil) / Luftwaffenstützpunkt *m*
**air-force blue** *adj* (Textiles) / fliegerblau *adj*, airblue *adj*
**air for combustion** (Eng, Heat) / Verbrennungsluft *f*, Brennluft *f*
**airframe*** *n* (the body of an aircraft as distinct from its engine) (Aero) / Zelle *f* (alle Teile des Flugzeugs mit Ausnahme von Triebwerk und Ausrüstung), Flugwerk *n*
**air-free** *adj* / blasenfrei *adj* (Öl) ‖ **~** / luftfrei *adj* ‖ **~ water** / entlüftetes Wasser
**airfreight** *n* (Aero) / Luftfracht *f*
**airfreighter** *n* (Aero) / Frachtflugzeug *n*, Transportflugzeug *n*, Nur-Fracht-Flugzeug *n*
**air-fuel control** (I C Engs) / Regelung *f* der Gemischbildung ‖ **~ mixture** (I C Engs) / Kraftstoff-Luft-Gemisch *n*, Luft-Kraftstoff-Gemisch *n* ‖ **~ ratio*** (I C Engs) / Luft-Kraftstoff-Verhältnis *n*, Mischungsverhältnis *n* Luft/Kraftstoff
**air furnace** / Industrieofen *m* mit natürlicher Luftumwälzung ‖ **~ furnace** (Met) / Flammofen *m* ‖ **~ gap** (Autos) / Luftspiel *n* (in Trommel- und Scheibenbremsen) ‖ **~ gap** (Build) / Luftschicht *f* (z.B. in einem zweischaligen Mauerwerk) ‖ **~ gap*** (Elec Eng) / Luftstrecke *f* (die kürzeste, als Fadenmaß gemessene Strecke in Luft zwischen zwei Bezugspunkten) ‖ **~ gap*** (Elec Eng, Mag) / Luftspalt *m* (Unterbrechung in einem magnetischen Kreis) ‖ **~ gap** (I C Engs) / Luftspalt *m* (des Zündimpulsgebers)
**air-gap** *n* (Geol) / trockenes Durchbruchstal ‖ **~ induction** (Elec Eng) / Luftspaltinduktion *f* ‖ **~ magnetizing force** (Elec Eng) / Luftspaltinduktion *f*
**air gate*** (Foundry) / Luftabfuhrkanal *m*, Luftabführungskanal *m* ‖ **~ gate** (Mining) / Wetterklappe *f* ‖ **~ gate*** (Foundry) s. also feeder
**airglow*** *n* (Astron) / Luftleuchten *n*, Himmelsstrahlung *f* (des Nachthimmels), Airglow *n*
**air grating** (Build, San Eng) / Lüftungsgitter *n*, Luftgitter *n* ‖ **~ grinder** (Eng) / Druckluftschleifer *m* (eine Maschine), Druckluftschleifmaschine *f*
**air-ground communication** (Aero) / Flugfunkverkehr *m*
**air guide** (Elec Eng) / Luftführungseinrichtung *f*, Luftleiteinrichtung *f* (z.B. Luftleitblech, Luftkanal)
**air-gulp system** (Autos, I C Engs) / Air-Gulp-System *n*, Abmagerungssystem *n*, Luftaufnahmesystem *n* (in Fahrzeugen mit Sekundärluftzufuhr - gegen das Vergaserknallen)

**air**

**air gun** (Geol) / Luftpulser *m* (Energiequelle für die Reflexionsseismik auf See), Luftkanone *f* ‖ ~ **gun** (Paint, Tools) / Heißluftgebläse *n* ‖ ~ **hammer** (Eng) / Drucklufthammer *m*, Presslufthammer *m*
**air-handling process** / raumlufttechnisches Verfahren (in der Klimatechnik), RLT-Verfahren *n*
**air-hardening lime** (Build) / Luftkalk *m* (der an freier Luft allmählich erstarrt - Kalziumoxid)
**air•-hardening steel*** (Met) / lufthärtender Stahl, Luftharter *m* ‖ ~ **heater*** / Lufterhitzer *m* ‖ ~ **heater** (Eng) / Luftvorwärmer *m*, Luvo *m* ‖ ~ **heater*** (Eng) / Warmlufterzeuger *m* ‖ ~ **heater*** s. also air preheater ‖ ~ **hoist*** (Eng) / Druckluftthebezug *n*, Drucklufttheber *m*
**air-hole** *n* / Luftloch *n* (falsche Bezeichnung für eine nach unten gerichtete Vertikalwindbö)
**air horn** (Autos) / Kompressorfanfare *f* ‖ ~ **horn** (Paint) / Horn *n* (Kopf einer Lackspritzpistole) ‖ ~ **hostess** (Aero) / Flugbegleiterin *f*, Airhostess *f* (weibliches Bedienungspersonal in Flugzeugen), Stewardess *f* (pl. -dessen), Flughostess *f* (pl. -tessen) (A) ‖ ~ **house** (Build) / pneumatisches Haus (nach F.W. Lanchester, 1868-1946) ‖ ~ **house** (Build) / Lufthaus *n* (zusammenfassende Bezeichnung für Traglufthallen und Schlauchstützkonstruktionen) ‖ ~ **humidity** / Luftfeuchte *f* (im Freien), Luftfeuchtigkeit *f* (im Freien)
**air-hydrogen flame** / Luft-Wasserstoff-Flamme *f*
**air inclusion** / Lufteinschluss (im Allgemeinen) ‖ ~ **infiltration** / Falschlufteinbruch *m* ‖ ~ **infiltration rate** (Build) / Fugendurchlasskoeffizient *m* (bei Fenstern) ‖ ~ **-inflated** *adj* (Build) / luftgefüllt *adj* (pneumatische Konstruktion)
**air-inflated structure** (Arch) / Stützschlauchkonstruktion *f* (mit prall aufgepumpten luftdichten Gummirippen)
**airing** *n* (Eng) / Lüftung *f*, Belüftung *f* ‖ ~* (Met) / Verblasen *n* des Kupfersteins
**air•-injection reactor** / Reaktor *m* mit Lufteinblasung ‖ ~ **inlet** (Aero) / Lufteinlauf *m*, Lufteinlass *m*
**air-inlet cock** (Eng) / Lufteinlasshahn *m*
**air inlet louvres** / Lufteintrittsleitwände *f pl* (am Lufteintritt von Querstromkühltürmen), Lufteintrittsjalousien *f*
**air-insulated substation** (Elec Eng) / luftisolierte Station ‖ ~ **terminal box** (Elec Eng) / Klemmkasten *m* mit Luftisolation
**air insulation*** (Elec Eng) / Luftisolierung *f*, Luftisolation *f* ‖ ~ **intake** (Aero) / Lufteinlauf *m*, Lufteinlass *m*
**air-intake duct** (Aero) / Luftein laufkanal *m*, Lufteinlasskanal *m* ‖ ~ **hose** / Luftansaugschlauch *m* ‖ ~ **pipe** / Luftansaugrohr *n*
**air interface** (Radio, Teleph) / Luftschnittstelle *f*, Funkschnittstelle *f* ‖ ~ **interface adapter** (Telecomm) / Nachbildung *f* der Luftschnittstelle (passive, leitergebundene, um im Prüffeld oder Labor reproduzierbare Verhältnisse simulieren zu können) ‖ ~ **ionization** (Geophys) / Luftionisation *f* (Strahlung) ‖ ~ **jet** (Paper) / Luftmesser *n* (zum Entfernen von überflüssiger Feuchtigkeit oder von überschüssiger Farbe), Luftbürste *f*, Luftrakel *f*
**air-jet crimping** (Spinning) / Luftdüsentexturierung *f* (ein Bauschverfahren), Luftstromtexturieren *n*, Luftdrucktexturierung *f*, Düsenblasverfahren *n*, Air-Jet-Verfahren *n*, Luftblastexturierung *f* ‖ ~ **freezing** / Luftstromgefrieren *n* ‖ ~ **knives** (Surf) / Abstreifdüsen *f pl* (beim kontinuierlichen Feuerverzinken), Air-Knives *n pl* ‖ ~ **loom** (Weaving) / pneumatische Düsenwebmaschine, Luftdüsenwebmaschine *f*, Luftdüsenstuhl *m* ‖ ~ **process** (Spinning) / Luftdüsentexturierung *f* (ein Bauschverfahren), Luftstromtexturieren *n*, Luftdrucktexturierung *f*, Düsenblasverfahren *n*, Air-Jet-Verfahren *n*, Luftblastexturierung *f* ‖ ~ **spinning*** (Textiles) / Düsenspinnen *n* ‖ ~ **textured yarn** (Spinning) / luftdüsengebauschtes Garn, im Düsenblasverfahren texturiertes Garn, luftdüsentexturiertes Garn ‖ ~ **texturing** (Spinning) / Luftdüsenbauschverfahren *n*, Taslan-Verfahren *n*, Düsenblasverfahren *n* (ein Bauschverfahren mit Pressluft), Luftdüsenbauschung *f* ‖ ~ **texturing*** (Spinning) / Luftdüsentexturierung *f* (ein Bauschverfahren), Luftstromtexturieren *n*, Luftdrucktexturierung *f*, Düsenblasverfahren *n*, Air-Jet-Verfahren *n*, Luftblastexturierung *f* ‖ ~ **weaving** (Weaving) / Luftdüsenweben *n* ‖ ~ **weaving machine** (Weaving) / pneumatische Düsenwebmaschine, Luftdüsenwebmaschine *f*, Luftdüsenstuhl *m* ‖ ~ **yarn** (Spinning) / Blasgarn *n*
**air jig*** (Min Proc) / Luftsetzmaschine *f* ‖ ~ **kerma** (Nuc) / Luftkerma *f* ‖ ~ **knife** (Paper) / Luftmesser *n* (zum Entfernen von überflüssiger Feuchtigkeit oder von überschüssiger Farbe), Luftbürste *f*, Luftrakel *f*
**air-knife coating** (Paper) / Luftmesserstreichverfahren *n*, Luftrakelstreichverfahren *n* (DIN 6730) ‖ ~ **process** (Surf) / Düsenabstreifverfahren *n* (bei der Feuerverzinkung)
**air knives** (Surf) / Abstreifdüsen *f pl* (beim kontinuierlichen Feuerverzinken), Air-Knives *n pl*
**airlance*** *n* (Civ Eng, Plumb) / Blaslanze *f* (mit der man die verstopften Rohre freiblasen kann)

**air-lane** *n* (Aero) / Flugschneise *f*, Flugtrasse *f*
**air-launched** *adj* (Mil) / luftfahrzeuggestützt *adj* (z.B. ein Marschflugkörper) ‖ ~ **antiship missile** (Mil) / luftfahrzeuggestützter Seezielflugkörper
**air-launched ballistic missile** (Mil) / luftfahrzeuggestützter ballistischer Flugkörper
**air-launched cruise missile** (Mil) / luftfahrzeuggestützter Marschflugkörper
**air-launch platform** (Mil) / fliegende Startplattform
**air laying*** (Textiles) / Blasverfahren *n* (bei Non-wovens)
**air-lead level** (Ecol) / Bleigehalt *m* der Luft
**air leakage** (Mining) / Wetterkurzschluss (Verlustwetterstrom durch mangelhafte Trennung der Wetterwege) ‖ ~ **leg*** (Mining) / Bohrhammerstütze *f*, Bohrknecht *m*, Bohrstütze *f* (pneumatische)
**airless** *adj* / luftlos *adj*, luftleer *adj* ‖ ~ **end** (Mining) / schlecht bewettertes Ort ‖ ~ **glaze** (For, Paint) / Airless-Lasur *f* (Lasur auf der Grundlage lösungsmittelgelöster Alkydharze bzw. wasserverdünnbarer Acrylharze mit Einstellung für eine Spritzverarbeitung) ‖ ~ **injection** (Eng, I C Engs) / luftlose Einspritzung (bei einer kompressorlosen Dieselmaschine), direkte Einspritzung ‖ ~ **injection diesel engine** (I C Engs) / Dieselmotor *m* mit Strahleinspritzung, Dieselmotor *m* mit Direkteinspritzung, Direkteinspritzer *m* ‖ ~ **spraying*** (Paint) / Höchstdruckspritzen *n* (eine Applikationstechnik nach DIN 55 928, T 1), druckluftloses Spritzen, Airless-Spritzsystem *n*, hydraulisches Spritzen, luftloses Spritzen (das heute vorherrschende Spritzverfahren)
**air letter** (Aero) / Aerogramm *n*, Luftpostleichtbrief *m* ‖ ~ **level** (Mining) / Wettersohle *f* (meist obere in Betrieb befindliche Sohle eines Grubengebäudes, auf der der Abwetterstrom zum Ausziehschacht geführt wird)
**airlift** *n* (Aero) / Airlift *m* (Beförderung, Versorgung auf dem Luftwege), Luftbrücke *f* ‖ ~* (Nuc Eng) / Airlift *m*, Gaseinblasung *f* ‖ ~ **fermenter** (Biol, Chem) / Airlift-Reaktor *m*, Airlift-Fermenter *m* (ein Bioreaktor) ‖ ~ **process** (Oils) / Druckluftförderung *f* (ein Erdölförderverfahren), Airlift *m*, Airliftförderung *f*, Liften *n* mit Druckluft ‖ ~ **pump*** (Hyd) / Mammutpumpe *f* (Druckluftheber), Mischluftwasserheber *m*, Druckluftheber *m*
**air line** (a route which forms part of a system regularly used by aircraft) (Aero) / Flugstrecke *f*, Flugroute *f*, Strecke *f* ‖ ~ **line** (Eng) / Luftleitung *f*, Druckluftleitung *f* ‖ ~ **line** (Glass) / lang gestreckte Schliere (aus Luftbläschen), lang gestreckte Blase
**airline** *n* (Aero) / Luftverkehrslinie *f* ‖ ~ (an organization providing a regular public service of air transport on one or more routes) (Aero) / Luftverkehrsgesellschaft *f*, Fluglinienunternehmen *n*, Fluggesellschaft *f*, Liniengesellschaft *f*, Luftverkehrsunternehmen *n*, Airline *f* (Luftverkehrsgesellschaft) ‖ ~* (Elec Eng) / Luftspaltgerade *f* (Tangente an den linearen Anfangsteil der Leerlaufkennlinie)
**airliner** (Aero) / Linienflugzeug *n*, Verkehrsflugzeug *n* (im Linienflugverkehr), Kursflugzeug *n*, Airliner *m*, Liner *m*
**air liquefaction** (Phys) / Luftverflüssigung *f* ‖ ~ **liquefier*** (Phys) / Luftverflüssiger *m*, Luftverflüssigungsmaschine *f*
**airlock** *n* (US) (Build) / Dichtung *f* für Fenster und Türen (z.B. Tesamoll) ‖ ~ (Build) / Windfang *m* ‖ ~* (Civ Eng) / Luftschleuse *f* (des Senkkastens) ‖ ~* (Eng) / Luftblase *f*, Lufteinschluss *m* (in einer Leitung) ‖ ~ (Mining) / Wetterschleuse *f* (die mindestens aus zwei Wettertüren besteht) ‖ ~ **module** (Space) / Luftschleuse *f*
**air machine** (Mining) / Wettermaschine *f*, WM Wettermaschine *f* ‖ ~ **machine** (Mining) / Grubenlüfter *m*, Grubenventilator *m*
**airmail** *n* (Aero) / Luftpost *f*, Flugpost *f* (A) ‖ ~ **paper** (Paper) / Luftpostpapier *n*
**air mass*** (Meteor) / Luftmasse *f*
**air-mass boundary** (Meteor) / Luftmassengrenze *f*
**air mass flow*** (Aero) / Massendurchsatz *m* (des Verdichters des Gasturbinentriebwerks)
**air-measuring device** (Mining) / Wetteranzeiger *m* (Messgerät zur Feststellung des Prozentgehaltes verschiedener Gase im Wetterstrom) ‖ ~ **station** (Mining) / Wettermessstelle *f* (im Grubengebäude besonders markierte Punkte für Wettermessungen)
**air micrometer** (Paint) / Pressluftmikrometer *n* (zur Luftmengeregulierung an der Spritzpistole), Luftmikrometer *n* (der Spritzpistole) ‖ ~ **mile** (Aero) / Luftmeile *f* (1852 m - heute obsolet)
**airmiss** *n* (Aero) / Beinahezusammenstoß *m* (von Flugzeugen), Beinahekollision *f*, gefährliche Begegnung zwischen Luftfahrzeugen
**air moistening** (Ecol) / Luftfeuchtung *f*, Luftbefeuchtung *f* ‖ ~ **moisture** / Luftfeuchte *f* (im Freien), Luftfeuchtigkeit *f* (im Freien) ‖ ~ **monitor*** (Ecol) / Luftmessstation *f* (ein Gerät) ‖ ~ **monitor** (Radiol) / Luftmonitor *m*, Luftüberwachungsgerät *n* ‖ ~ **monitoring** (Ecol) / Luftüberwachung *f* (Prüfung und Messung möglicher Luftverschmutzungen) ‖ ~ **motor** (Eng) / Pneumatikmotor *m*, Druckluftmotor *m* ‖ ~ **motor** (Eng) / drehend arbeitende Druckluftmaschine ‖ ~ **movement** (Meteor) / Luftbewegung *f*

~-mover n (Mining) / Lüftungsgerät n ‖ ~ navigation (Aero, Mil) / Flugnavigation f, Aeronavigation f
air-navigation chart (Aero, Mil) / Fliegerkarte f, Flugnavigationskarte f, Luftfahrtkarte f
air observation / Beobachtung f aus der Luft, Luftbeobachtung f ‖ ~ off v (Leather) / abrichten v (Zurichtfilm)
air-oil shock strut (Aero) / Öl-Luft-Federbein n, Ölfederbein n
air•-operated adj (Eng) / Druckluft-, druckluftbetätigt adj, pneumatisch adj, luftbetrieben adj ‖ ~ outlet (Autos) / Ausströmer m, Luftaustrittsdüse f ‖ ~ oxidation (Chem) / Oxidation f durch Luftsauerstoff, Luftoxidation f, Oxidation f in Luft ‖ ~ pallet / Luftkissenpalette f ‖ ~ passage / Luftkanal m ‖ ~ patenting (Met) / Luftpatentieren n (ein Durchlaufpatentieren nach DIN 17014, T 1) ‖ ~ permeability / Luftdurchlässigkeit f ‖ ~ permeability of joints (Build) / Fugendurchlässigkeit f
air-permeable adj / luftdurchlässig adj
air photo (Photog, Surv) / Luftbild n, Luftaufnahme f (einzelnes Luftbild), Flugaufnahme f ‖ ~ photograph (Photog, Surv) / Luftbild n, Luftaufnahme f (einzelnes Luftbild), Flugaufnahme f
air-photo interpretation (Surv) / Luftbildauswertung f
air pipe (Eng) / Druckluftrohr n (der Mammutpumpe)
air-placed concrete (Build) / Torkretbeton m (nach der Firma Torkret GmbH, Essen), Spritzbeton m (DIN 18551), Torkret m
airplane n (Aero) / Flugzeug n (Starrflügler)
air plant* (Bot) / Epiphyt m (Pflanze, die auf anderen Pflanzen wächst, sich aber selbständig ernährt) ‖ ~-plasma cutting unit / Luft-Plasma-Schneidanlage f ‖ ~ pocket* / Luftloch n (falsche Bezeichnung für eine nach unten gerichtete Vertikalwindbö) ‖ ~ pocket (Eng) / Lufttasche f (in der Saugleitung) ‖ ~ pollutant (Ecol, Meteor) / Luftschadstoff m ‖ ~ pollution (Ecol, Meteor) / Luftverunreinigung f, Luftverschmutzung f, Luftkontamination f, Airpollution f
air-pollution analysis (Ecol) / Luftreinheitsanalyse f ‖ ~ control (Ecol) / Luftüberwachung f (Prüfung und Messung möglicher Luftverschmutzungen)
airport n (Aero) / Verkehrsflughafen m, Airport m (Flughafen), Flughafen m
air-port n (Eng) / Entlüftungsöffnung f, Luftloch n, Lüftungsöffnung f, Belüftungsloch n
airport charge (Aero) / Flughafengebühr f (von Luftfahrzeughaltern bezahlt), Flughafentarif m ‖ ~ control radar (Aero, Radar) / Flugplatzkontrollradar m n, Flughafenkontrollradar m n ‖ ~ expansion (Aero) / Flughafenerweiterung f ‖ ~ facilities and services (Aero) / Flughafeneinrichtungen f pl ‖ ~ fire-fighting service (Aero) / Flughafenfeuerwehr f ‖ ~ fire service (Aero) / Flughafenfeuerwehr f ‖ ~ markers* (Aero) / Platzmarker m pl ‖ ~ meteorological minima* (Aero) / Flugplatz-Wettermindestbedingungen f pl ‖ ~ noise (Acous, Aero) / Flughafenlärm m
airport-surface control system (Aero, Radar) / Rollfeldkontrollsystem n
airport surface detection equipment (Aero, Radar) / Flughafenradar n (Rollfeldradar) ‖ ~ surveillance radar (Aero, Radar) / Flugplatzüberwachungsradar m, Flughafenrundsichtradaranlage f (mit einer Reichweite von über 100 km), Flughafenrundsichtradar m n ‖ ~ tax / Flughafengebühr f (vom Fluggast bezahlt) ‖ ~ traffic control tower (Aero) / Kontrollturm m (des Flughafens), Tower m (des Flughafens), Controltower m (zur Überwachung des Flugverkehrs)
air position* (Aero, Meteor) / Windstillepunkt m ‖ ~-position indicator* (Aero) / Luftstandort-Anzeiger m, Lagebestimmungsgerät n
air-powered adj (Eng) / Druckluft-, druckluftbetätigt adj, pneumatisch adj, luftbetrieben adj
air preheater* (Eng) / Luftvorwärmer m, Luvo m ‖ ~ press (Eng) / pneumatische Presse (eine kraftgebundene Pressmaschine), Druckluftpresse f ‖ ~ pressure (Eng) / Luftdruck m (in Druckluftleitungen) ‖ ~ pressure (Meteor) / Luftdruck m (DIN 1358), atmosphärischer Druck (vom Barometer abgelesen), Barometerdruck m
air-pressure shield (Civ Eng) / Druckluftschild m (bei dem die Grundwasserstützung mittels Druckluft erfolgt und der dadurch auch unter offenen Gewässern oder unterhalb des Grundwasserspiegels eingesetzt werden kann)
air pump* (Eng) / Luftpumpe f ‖ ~ purification / Luftreinigung f
air-quality analysis (Ecol) / Luftreinheitsanalyse f ‖ ~ management (Ecol) / Luftreinhaltung f (als systematische Tätigkeit)
air quench chamber (Spinning) / Blasschacht m ‖ ~ quench duct (Spinning) / Blasschacht m ‖ ~ quenching (Met) / Luftabschreckung f (in einem Luftstrom)
air-raid shelter (Mil) / Luftschutzraum m, Luftschutzbunker m
air raise (Mining) / Wetteraufhauen n ‖ ~ rate (volume or mass unit per unit of time) (Eng) / Luftdurchsatz m ‖ ~ ratio (I C Engs) / Luftverhältnis n (Quotient aus zugeführter Luftmenge und zur vollständigen Verbrennung theoretisch erforderlicher Luftmenge), Luftzahl f (ein Mass für das Kraftstoff-Luft-Verhältnis) ‖ ~ register (Build, San Eng) / Lüftungsgitter n, Luftgitter n ‖ ~ register (Eng) / Geschränk n (Brenner), Luftgeschränk n (Brenner) ‖ ~ regulator (Mining) / Wettertür f mit Durchlassöffnung, Drosseltür f ‖ ~ report (Aero) / Flugwettermeldung f, AIREPT (Luftfahrermeldung) ‖ ~ requirement / Luftbedarf m (z.B. zur Verbrennung von Heizstoffen) ‖ ~ resistance (Paper) / Luftundurchlässigkeit f, Luftwiderstand m ‖ ~ route* (in organized flying) (Aero) / Flugstrecke f, Flugroute f, Strecke f ‖ ~-route controller (Aero) / Flugverkehrslotse m, Flugverkehrsleiter m (S), Flugverkehrskontrollor m (A), Flugsicherungslotse m, Flugleiter m, Fluglotse m
air-route surveillance radar (Aero, Radar) / Flugstreckenüberwachungsradar m, Flugroutenüberwachungsradar m
air safety (Aero) / Flugsicherheit f
air-saturated adj / luftgesättigt adj
air scoop (Aero) / Lufthutze f ‖ ~ scoop (Autos) / Lufthutze f (welche die über die Haube streichende Luft direkt in den Motorraum leitet), Lufthaube f ‖ ~ scout (Aero, Mil) / Aufklärungsflugzeug n, Aufklärer m
airscrew* n (Aero) / Luftschraube f, Propeller m ‖ ~-thrust n (Aero) / Luftschraubenzugkraft f, Luftschraubenschub m
air seasoning (For) / Lufttrocknung f, natürliche Holztrocknung ‖ ~ segmentation / Luftsegmentierung f (bei der Durchflussanalyse) ‖ ~ sensor / Luftsensor m, Luftfühler m ‖ ~ separation (Chem Eng) / Luftzerlegung f ‖ ~ separation (Min Proc) / Windsichten n, Sichten n, Luftstromsichtung f ‖ ~ separation unit (Chem Eng) / Luftzerlegungsanlage f ‖ ~ separator (Min Proc) / Windsichter m (maschinelle Anlage zur Klassierung eines Körnergemisches im Luftstrom), Sichter m ‖ ~-setting mortar (Build) / Luftmörtel m, shaft* (Civ Eng, Mining) / Luftschacht m ‖ ~ shaft* (Mining) / Wetterschacht m ‖ ~ shield (Elec Eng) / Luftführungsschild m
airship* n (BS 185) (Aero) / Luftschiff n, LS (Luftschiff)
air shock absorber (Autos) / luftunterstützter Stoßdämpfer, Stoßdämpfer m mit Luftunterstützung, Stoßdämpfer m mit Niveauregulierung ‖ ~ shooting* (Geophys) / Oberflächenschießen n (in der Sprengseismik) ‖ ~ show (Aero) / Flugschau f, Flugveranstaltung f ‖ ~ sickness (Med) / Luftkrankheit f (eine Kinetose)
airside n (Aero) / Raum m hinter der Pass- und Zollkontrolle (des Flughafens) ‖ ~ (transfer) bus (Aero) / Zubringerbus m (auf dem Flugfeld) ‖ ~ face (Hyd Eng) / Luftseite f (der Staumauer)
air-slaked lime (Build) / Luftkalk m (der an freier Luft allmählich erstarrt - Kalziumoxid)
air slit (Mining) / Wetterdurchhieb m, Durchhieb m ‖ ~ slope (Hyd Eng) / Innenböschung f (der Luftseite) ‖ ~-sluice n (Build, Civ Eng) / Luftschleuse f ‖ ~ sollar (Mining) / Wetterrösche f (ein Wetterweg), Rösche f (Wetterrösche) ‖ ~ sovereignty (Aero) / Lufthoheit f
airspace (Autos) / Luftspiel n (in der Reibungskupplung) ‖ ~* n / Luftraum m (eines Staates)
air-spaced coil* (Elec Eng) / freitragende Spule großer Ganghöhe
air spark gap (Autos) / Luftfunkenstrecke f
airspeed* n (Aero) / Fluggeschwindigkeit f ‖ ~ indicator* (Aero) / Fahrtmesser m ‖ ~ indicator reading (Aero) / unkorrigierte angezeigte Fluggeschwindigkeit
air split (Mining) / Teilwetterstrom m, Wetterteilstrom m
airsport n / Flugsport m, Luftsport m
air spraying (Paint) / pneumatisches Spritzlackieren, Druckluftspritzen n, Druckluftzerstäuben n, Spritzen n mit Druckluft
air-spring assembly (Autos) / Luftfeder f
air squeegee (Paper) / Luftmesser n (zum Entfernen von überflüssiger Feuchtigkeit oder von überschüssiger Farbe), Luftbürste f, Luftrakel f
airstairs n (Aero) / Bordtreppe f, bordeigene Treppe (zum Aus- und Einsteigen)
air standard cycle* (I C Engs) / Idealprozess m, theoretischer Kreisprozess ‖ ~ start (Aero) / Wiederzündung f (des Luftstrahltriebwerks) ‖ ~ start (Aero) / Luftstart m ‖ ~ start unit (Aero) / Luftstartgerät n
airstat n / Airstat m (ein Thermostat)
air station (GB) (Mil) / Militärflughafen m, Airbase f, Luftstützpunkt m, Luftwaffenstützpunkt m, Flugstützpunkt m, Fliegerhorst m ‖ ~ stewardess (Aero) / Flugbegleiterin f, Airhostess f (weibliches Bedienungspersonal in Flugzeugen), Stewardess f (pl. -dessen), Flughostess f (pl. -tessen) (A)
airstream n (Aero) / Luftstrom m ‖ ~ (Aero) / Fahrtwind m ‖ ~ strainer (Min Proc) / Luftstrahlsieb n (zur schonenden und wirkungsvollen Klassierung von fein dispersem Trockengut)
airstrip* n (Aero) / Start- und Landebahn f (behelfsmäßige), Fluggelände n (provisorisches)

air superiority

**air superiority** (Aero, Mil) / Luftherrschaft f ‖ ~ **superiority fighter*** (Aero, Mil) / Luftüberlegenheitsjäger m ‖ ~ **supply** / Luftzufuhr f, Luftzuführung f ‖ ~ **supply** (Foundry, Met) / Windzufuhr f
**air-supply inlet damper** (Civ Eng) / Frischluftdrossel f (an Zuluftöffnungen installierte Klappe, die ein konstantes Einströmen von Luft gewährleisten soll), Frischluftblech n (in Zuluftöffnungen)
**air-supported** adj (Civ Eng) / luftgestützt adj (pneumatische Konstruktion)
**air-supported hall** (e.g. Krupp Air-house) (Build, Civ Eng) / Traglufthalle f (eine Tragluftkonstruktion, wie z.B. eine Sport- oder Ausstellungshalle)
**air surveillance** (Aero) / Luftraumüberwachung f, Luftüberwachung f
**air-surveillance radar** (Aero, Radar) / Luftraumüberwachungsradar m n
**air surveying*** (Surv) / Luftbildmessung f, Aerofotogrammetrie f, Luftbildvermessung f ‖ ~-**suspension system** (Autos) / Luftfederung f, pneumatische Federung (mit pneumatisch regulierbaren Luftfedern) ‖ ~ **sweeping** (Min Proc) / Windsichten n, Sichten n, Luftstromsichtung f
**air-swept classifier** (Min Proc) / Windsichter m (maschinelle Anlage zur Klassierung eines Körnergemisches im Luftstrom), Sichter m ‖ ~ **grinding plant** (Eng) / Luftstrommahlanlage f
**air table*** (Min Proc) / Luftherd m ‖ ~ **task force** (Aero, Mil) / Luftwaffeneinsatzverband m ‖ ~ **taxi** (Aero) / Flugtaxi n, Aerotaxi n, Lufttaxi n ‖ ~ **taxiing** (Aero) / Bewegungsschwebeflug m ‖ ~ **temperature** / Lufttemperatur f
**air-temperature control lever** (Autos) / Heizungshebel m
**air texturing** (Spinning) / Luftdüsentexturierung f (ein Bauschverfahren), Luftstromtexturieren n, Luftdrucktexturierung f, Düsenblasverfahren n, Air-Jet-Verfahren n, Luftblastexturierung f
**airtight** adj / luftdicht adj, hermetisch adj ‖ ~ (Elec Eng) / druckfest gekapselt
**airtime** n (Radio) / Sendezeit f ‖ ~ (Teleph) / Gesprächszeit f (bei Handys), Sprechzeit f (bei Handys)
**air-to-air heat-transmission coefficient** (Phys) / Wärmedurchlässigkeit f, Wärmedurchlasszahl f, Wärmedurchgangszahl f (DIN 4108)
**air-to-air missile** (Mil) / Luft-Luft-Flugkörper m, Bord-Bord-Flugkörper m
**air-to-air resistance** (Build) / Wärmeundurchlässigkeit f (einer Wand)
**air tools** (Eng, Tools) / Druckluftwerkzeuge n pl (handgeführte), Pressluftwerkzeuge n pl, Pressluftmaschinen f pl
**air-to-ship missile** (Mil) / Luft-Schiff-Flugkörper m
**air-to-surface aerodynamic missile** (Mil) / aerodynamischer Luft-Boden-Flugkörper
**air track** (Aero) / Flugweg m ‖ ~ **traffic** (Aero) / Luftverkehr m, Flugverkehr m (im Allgemeinen)
**air-traffic advisory service** (Aero) / Flugverkehrsberatungsdienst m
**air-traffic control*** (Aero) / Flugsicherung f, FS (Flugsicherung), Flugverkehrskontrolle f (im Allgemeinen), Luftverkehrsüberwachung f
**air-traffic controller*** (Aero) / Flugverkehrslotse m, Flugverkehrsleiter m (S), Flugverkehrskontrollor m (A), Flugsicherungslotse m, Fluglotse m, Fluglotse m ‖ ~ **control radar beacon system*** (US) (Radar) / Sekundärflugsicherungsradar m n ‖ ~ **management** / Luftverkehrssteuerung f ‖ ~ **pilot licence** (Aero) / Luftfahrerschein m für Linienflugzeugführer
**air transport** (Aero) / Luftverkehr m (ein Teil der kommerziellen Luftfahrt) ‖ ~ **transportation** (Aero) / Luftverkehr m (ein Teil der kommerziellen Luftfahrt) ‖ ~ **transportation** (Aero) / Lufttransport m ‖ ~ **transport engineering** (Aero, Eng) / Flugzeugbau m (als Fach) ‖ ~ **transport engineering** / Luftverkehrstechnik f ‖ ~ **transport pilot licence** (Aero) / Luftfahrerschein m für Linienflugzeugführer ‖ ~ **trap*** (San Eng) / Trap m, Geruchverschluss m, Geruchsverschluss m, Siphon m, U-Verschluss m ‖ ~ **treatment** / Luftbehandlung f (z.B. Be- und Entfeuchtung) ‖ ~ **trumpet** (Autos) / Kompressorfanfare f
**air-tube breathing apparatus** (Mining) / Schlauchgerät n (Druckschlauchgerät, Saugschlauchgerät), Frischluftgerät n
**air tuck stitch** (Textiles) / Biesenstich m, Kederstich m ‖ ~ **tumbler** (Ecol) / Air tumbler m (Wäscherkonstruktion, bei der das zu reinigende Abgas in einer gewendelten Bahn strömt) ‖ ~ **valve** (Eng) / Belüftungsventil n ‖ ~ **valve** (Aero) / Entlüftungsventil n ‖ ~ **vehicle** (Aero) / Luftfahrzeug n (jeder Art), Flugzeug n (im Allgemeinen) ‖ ~ **void** / Luftpore f ‖ ~ **volume** / Luftmenge f ‖ ~ **volume** (Foundry) / Windmenge f (neben dem Koksatz die wichtigste Einflussgröße in Kupolofenschmelzbetrieb) ‖ ~ **volume spraying*** (Paint) / luftzerstäubendes Spritzen, Niederdruckspritzen n, Niederdruck-Spritzverfahren n ‖ ~ **wall** (Nuc Eng) / Luftwand f (einer Ionisationskammer)
**air-wall ionization chamber** (Nuc Eng) / Luftwändekammer f (eine Ionisationskammer)
**airway*** n (an air route provided with ground organization) (Aero) / Flugverkehrsstrecke f, Luftstraße f ‖ ~ n (Build) /

Luftzirkulationsraum m (bei Kaltdächern) ‖ ~* (Mining) / Wetterweg m (von Wettern durchströmter Grubenbau)
**air waybill tax** (Aero) / Luftfrachtbriefgebühr f
**airways forecast** (Aero, Meteor) / Flugwettervorhersage f
**air well** (Build) / Luftbrunnen m (in Klimaanlagen) ‖ ~ **wicking** (Autos, Cables, Textiles) / Dochtwirkung f (z.B. beim Reifenkord) ‖ ~ **wing** (Autos) / Windleitflügel m
**airwoman** n (pl. airwomen) (Aero) / Fliegerin f
**airworthy*** adj (safe to fly - an aircraft) (Aero) / flugfähig adj, flugtüchtig adj, lufttüchtig adj (Flugzeug), lufttauglich adj (Flugzeug)
**Airy disk*** (Optics, Photog) / Airy-Scheibchen n (ein Beugungsscheibchen) ‖ ~ **ring** (Optics, Photog) / Airy-Scheibchen n (ein Beugungsscheibchen)
**Airy's integral*** (Light) / Airy'sches Integral (in der Theorie der Beugung)
**Airy spirals*** (Crystal, Light) / Airy'sche Spiralen f pl (kristalloptische Interferenzfiguren, Isogyren - nach Sir G.B.Airy, 1801-1892) ‖ ~ **stress function** (Mech) / Airy'sche Spannungsfunktion
**aisle** n (Aero) / Gang m, Gangreihe f ‖ ~* (Arch) / Seitenschiff n (einer Kirche), Nebenschiff n, Seitenchor m, Abseite f (eines Langhauses) ‖ ~* (Arch) / [seitlicher] Hallenteil m (einer Fabrik) ‖ ~ (of a parking lot) (Autos) / Fahrgasse f (eines Parkplatzes) ‖ ~* (Build) / Gang m (zwischen Sitzbänken im Zuschauerraum) ‖ ~ (Build, Civ Eng) / Stützfeld n (zwischen zwei Stützen) ‖ ~* (Eng) / Gang m (zwischen Maschinen) ‖ ~ (For) / Schneise f, Gestell n (schneisenartig ausgehauenes Waldstück), Jagenlinie f
**aisled, three-~ basilica** (Arch) / dreischiffige Basilika
**aisle width** / Gangbreite f (des Bedienungsgangs, des Flurförderzeugs)
**ait** n (GB) (Geog, Hyd Eng) / Flussinsel f, Werder m
**Aitken nuclei** (Geophys) / Aitken-Kerne n pl (im atmosphärischen Aerosol - nach J.Aitken, 1839-1919)
**Ajax-Wyatt furnace** (Met) / Ajax-Wyatt-Niederfrequenzinduktionsofen m, Ajax-Wyatt-Ofen m
**ajmaline** n (Pharm) / Ajmalin n (ein Rauwolfia-Alkaloid), Rauwolfin n
**ajonjoli** n (Nut) / Sesamöl n (von Sesamum indicum L.), Gergeliöl n, Gingelyöl n
**ajowan oil** / Ajowanöl n (etherisches Öl aus Trachyspermum ammi (L.) Sprague)
**ajutage** n (Hyd) / Auslaufrohr n, Wasserabflussrohr n
**akermanite*** n (Met, Min) / Akermanit m (einer der Hauptbestandteile der Hochofenschlacke)
**AKO** (a kind of) **relation** (AI) / Ist-Ein-Beziehung f, Generalisierungsbeziehung f
**Al** (aluminium) (Chem) / Aluminium n, Al (Aluminium)
**ALA** (alighting area) (Aero) / Wasserlandefläche f
**Ala*** n (Biochem) / 2-Aminopropionsäure f, Alanin n (eine Aminosäure), Ala (Alanin)
**alabandite*** n (Min) / Alabandin m, Manganblende f
**alabaster*** n (Min) / Alabaster m (dichter, durchscheinender Gips) ‖ ~ **cardboard** (Paper) / Alabasterkarton m ‖ ~ **glass** (a glass containing inclusions of materials having different indices of refraction, and which shows no colour reaction to light; resembles alabaster or onyx in appearance) (Glass) / Alabasterglas n (entglastes Trübglas nach DIN 1259, T 1)
**alabaster-white** adj / alabasterweiß adj
**alanate** n (Chem) / Alanat n (ein gemischtes Metallhydrid, z.B. Aluminium-tris(tetrahydridoaluminat))
**alanine*** n (eine der wichtigsten Aminosäuren) (Biochem, Chem) / 2-Aminopropionsäure f, Alanin n (eine Aminosäure), Ala (Alanin)
**alaninol** n (Chem) / Alaninol n (2-Amino-1-propanol)
**alantolactone** n (Chem) / Alantolakton n, Alantolacton n, Helenin n, Inulakampfer m
**ALARA** (as low as reasonably achievable) (Ecol, Nuc Eng, Radiol) / so gering wie vernünftigerweise erreichbar (Konzept der Internationalen Strahlenschutzkommission zur Dosisbegrenzung)
**alarm call** (Teleph) / Weckruf m (ein Leistungsmerkmal einer Nebenstellenanlage) ‖ ~ **clock radio** / Radiouhr f, Uhrenradio n, Radiowecker m ‖ ~ **collector** (Telecomm) / Alarmsammler m ‖ ~ **dosimeter** (Nuc) / Warndosimeter n ‖ ~ **flag** (Aero, Elec Eng, Instr, Nav) / Warnschauzeichen n (auf Instrumententafeln) ‖ ~ **fuse** (Elec Eng) / Schmelzsicherung f mit Signalgabe ‖ ~ **gas** / Stinkgas n (zur Gasodorierung, z.B. Mercaptane oder organische Schwefelverbindungen) ‖ ~ **indication** / Warnanzeige f
**alarming** adj / bedenklich adj (bedrohlich) ‖ ~ **substance** (Chem, Zool) / Alarmsubstanz f, Alarmstoff m, Warnstoff m (z.B. bei Gasodorierung), Alarmstoff m, Schreckstoff m
**alarm relay** (Elec Eng) / Melderelais n (ein Schaltrelais)
**alarm-signalling system** / Alarmgeber m
**alarm-signal processing routine** (Comp) / Alarmbearbeitungsprogramm n
**alarm system** / Alarmeinrichtung f, Warnsystem n

**Alaska cedar** (For) / Holz *n* der Nutka-Scheinzypresse Chamaecyparis nootkatensis (D. Don) Spach
**Alaskan band** (Geol) / Ogive *f* (bogenartige Texturform im Bereich der Gletscherzunge)
**alaska yarn** (Spinning, Textiles) / Alaskagarn *n*
**alazane** *n* (Chem) / Alazan *n* (eine Aluminium-Stickstoff-Verbindung)
**Albada viewfinder*** (Photog) / Albada-Sucher *m* (nach L.E.W. van Albada), Sportsucher *m* (ein alter Leuchtsucher)
**Albany clay** (Ceramics) / ein Ton aus angeschwemmten Ablagerungen des Hudson-Flusses der Region Albany im Staate New York, Albany-Ton *m* (stark verunreinigter Glazialton aus der Nähe von Albany / N.Y.) || ≃ **slip** (a clay of high-flux content and fine particle-size found in the vicinity of Albany, New York) (Ceramics) / ein Ton aus angeschwemmten Ablagerungen des Hudson-Flusses der Region Albany im Staate New York, Albany-Ton *m* (stark verunreinigter Glazialton aus der Nähe von Albany / N.Y.) || ≃ **slip** (Ceramics) / Lehmglasur *f* aus Albany-Ton
**albarco** *n* (For) / Albarco *n* (Holz der Cariniana pyriformis Miers), Jequitiba *n*
**albata** *n* (Met) / Neusilber *n* (silberähnliche Kupfer-Nickel-Zink-Legierung - früher als Alpaka, Argentan, Packfong, Chinasilber, Nickelmessing und Kunstsilber bekannt)
**albedo** *n* (Bot, Nut) / Albedo *f* (ungefärbte innere Schicht der Zitrusfruchtschale) || ~* (Light, Optics) / Albedo *f* (das Verhältnis der von einer Fläche zurückgeworfenen Strahlung zu der gesamten auf sie fallenden Strahlung, Reflexionsgrad *m* (DIN 1349-1) || ~* (Nuc) / Albedo *f* (die Wahrscheinlichkeit, dass ein Neutron, welches durch eine Fläche in einen Bereich unter bestimmten Bedingungen eindringt, durch diese Fläche wieder zurückkehrt - DIN 25 401)
**albedometer** *n* (Light, Optics) / Albedometer *n* (zur Messung der Albedo)
**Albers projection** (Cartography) / Albers flächentreue Schnittkegelrumpfabbildung *f* ein Kartennetzentwurf), Albers-Projektion *f* (mit zwei längentreuen Breitenkreisen)
**Alberta spruce** (For) / Kanadische Fichte, Schimmelfichte *f* (Picea glauca (Moench) Voss), Weißfichte *f*
**albertite*** *n* (Min) / Albertit *m* (natürlich vorkommende feste Bitumensorte)
**Albert's lay** (Eng) / Längsschlag *m*, Albertschlag *m* (nach J. Albert, 1787-1846 - eine Seilmacherart), Gleichschlag *m* (bei dem die einzelnen Drähte und Litzen und die Litzen selbst in der gleichen Richtung gewunden sind)
**albite*** *n* (Min) / Albit *m* (ein Natronfeldspat - Anfangsglied der Plagioklas-Reihe) || ~ **law** (Crystal) / Albitgesetz *n*
**ALBM** (air-launched ballistic missile) (Mil) / luftfahrzeuggestützter ballistischer Flugkörper
**album cardboard** (Paper) / Albumkarton *n*
**albumen** (Biochem) / Ovalbumin *n* (Hauptprotein des Eiklars), Eialbumin *n*, Eieralbumin *n* || ~ (egg white or the protein found in egg white) (Biol) / Albumen *n* (pl. -s) (das Eiklar des Vogeleis) || ~* (Nut) / Eiweiß *n*, Eiklar *n* (A) (das Weiße im Ei)
**album fold** (Bind) / Querformatfalz *m*, Albumfalz *m*
**albumin*** *n* (Biochem, Chem) / Albumin *n* (zu den Sphäroproteinen gehörender Eiweißstoff)
**albuminate** *n* (Chem) / Albuminat *n* (Alkalisalz der Albumine)
**albumin glue** (Physiol) / Albuminleim *m*, Blutalbuminleim *m*
**albuminoid** *adj* (Chem) / albuminoid *adj* (eiweißähnlich), albuminartig *adj*
**albuminous** *adj* (Biochem) / proteinhaltig *adj*, eiweißhaltig *adj*, albuminös *adj* || ~* s. also proteinaceous
**albumose** *n* (Chem, Micros) / Proteose *f*, Albumose *f* (Spaltprodukt aus hochmolekularen Eiweißstoffen)
**alburnum*** *n* (For) / Splintholz *n*, Splint *m*
**ALC** (automatic level control) (Radio) / Sendeleistungsregelung *f* gegen Übersteuerung
**Alcantara** *n* (a trade name of the company Toray) (Textiles) / Alcantara *n* (Kunstleder, das besonders für die Verwendung als Rock-, Jackenoder Mantelstoff geeignet ist - besteht aus einem mit Polyurethan verfestigten Faservlies aus Polyestermikrofasern, hat Wildledercharakter, ist sehr haltbar, knitterarm und pflegeleicht)
**Alclad*** (Met) / Alclad *n* (mit Al beschichtetes Duralumin)
**ALCM** (air-launched cruise missile) (Mil) / luftfahrzeuggestützter Marschflugkörper
**alcogel** *n* / Alkogel *n* (Gel mit Alkohol als Dispersionsmittel)
**alcohol*** *n* (Chem) / Alkohol *m*
**alcoholate** *n* (formed by the reaction of an alcohol with an alkali metal) (Chem) / Alkoholat *n*, Alkoxid *n*, Metall-Alkoxid *n*
**alcohol by volume** (Nut) / Alkoholgehalt *m* in Vol.% || ~ **content** (Nut) / Alkoholgehalt *m* || ~ **dehydrogenase** (Biochem) / Alkoholdehydrogenase *f*, ADH (Alkoholdehydrogenase)
**alcohol-free** *adj* (Nut) / alkoholfrei *adj*
**alcohol fuel*** (Fuels) / Alkoholkraftstoff *m*

**alcoholic** *adj* (Chem, Nut) / alkoholisch *adj* || ~ **content** (Nut) / Alkoholgehalt *m* || ~ **fermentation*** (Biochem, Nut) / alkoholische Gärung
**alcoholimeter** *n* (Chem) / Alkoholometer *n*, Alkoholmesser *m*
**alcoholize** *v* (Chem) / in Alkohol überführen || ~ (Nut) / alkoholisieren *v*, mit Alkohol versetzen
**alcohol lignin** (Bot) / Alkohollignin *n*
**alcoholmeter** *n* (Chem) / Alkoholometer *n*, Alkoholmesser *m*
**alcoholometer** *n* (Chem) / Alkoholometer *n*, Alkoholmesser *m*
**alcoholometry*** *n* (Chem) / Alkoholometrie *f*
**alcohol-soluble** *adj* (Chem) / alkohollöslich *adj*
**alcoholysis** *n* (pl. alcoholyses) (Chem) / Alkoholyse *f* (eine der Hydrolyse analoge Reaktion)
**Alcomax*** *n* (GB) / Alnico *n* (ein hartmagnetischer Stoff), Alnico-Legierung *f*, AlNiCo *n*
**ALCOR code** (Comp) / ALCOR-Kode *m* (ALgol COnverteR Code), ALCOR-Code *m*
**alcosol** *n* (Chem) / Alkosol *n* (Sol mit Alkohol als Dispersionsmittel)
**alcove** *n* (Arch, Build) / Alkoven *m* (Bettnische, fensterloser Schlafraum) || ~ (Geol) / schichtparallele Erosionsnische (eines Flusses) || ~ (Glass) / Speiserkanal *m* (z.B. bei der Owens-Maschine) || ~ **lands** (terraced slopes in badlands) (Geol) / Schichtstufenlandschaft *f*
**aldaric acid** (Chem) / Aldarsäure *f* (eine Zuckersäure)
**aldehyde*** *n* (Chem) / Aldehyd *m* || ~ (**carboxylic**) **acid*** (Chem) / Aldehydsäure *f*, Aldehydcarbonsäure *f*, Aldehydkarbonsäure *f* (eine Oxocarbonsäure)
**aldehyde-free** *adj* (Chem) / aldehydfrei *adj*
**aldehyde leather** (Leather) / Aldehydleder *n* (mit Formaldehyd gegerbtes) || ~ **resins*** (Chem, Plastics) / Aldehydharze *n pl* || ~ **tanning** (Leather) / Aldehydgerbung *f*
**aldehydic** *adj* (Chem) / aldehydisch *adj* || ~ (Nut) / mit Deckengeschmack (Wein), kahmig *adj* (Wein)
**alder*** *n* (For) / Erle *f* (Alnus Mill.) || ~ **buckthorn** (For) / Faulbaum *m* (Frangula alnus Mill.), Pulverholz *n* (aus dem Zeichenkohle hergestellt wird)
**aldicarb** *n* (a systemic agricultural pesticide used particularly against some mites, insects, and nematode worms) (Agric, Chem) / Aldicarb *n* (Insektizid, Nematizid)
**aldimines*** *pl* (Chem) / Aldimine *n pl* (organische Verbindungen mit der allgemeinen Formel R-CH=NH)
**Aldine** *adj* (Typog) / in Aldine gesetzt (Aldine ist eine halbfette Antiquaschrift, nach dem venezianischen Drucker Aldus Manutius /1449 - 1515/ benannt)
**alditol** *n* (Chem) / Aldit *m* (natürliches oder synthetisches Polyol)
**ALDL** (assembly line diagnostic link) (Autos) / Diagnoseanschluss *m*
**aldohexose*** *n* (Chem) / Aldohexose *f* (ein Monosaccharid)
**aldoketene*** *n* (Chem) / Aldoketen *n*
**aldol*** *n* (Chem) / Aldol *n*, Azetaldol *n*, Acetaldol *n* || ~ **addition** (Chem) / Aldolisation *f*, Aldoladdition *f*, Aldolkondensation *f*
**aldolase*** *n* (Biochem) / Aldolase *f* (eine Lyase), Aldehydlyase *f*
**aldol condensation*** (Chem) / Aldolisation *f*, Aldoladdition *f*, Aldolkondensation *f* || ~ **reaction** (Chem) / Aldolisation *f*, Aldoladdition *f*, Aldolkondensation *f*
**aldonic acid** (monocarboxylic acid formed by oxidation of aldehyde groups on aldoses) (Biochem) / Aldonsäure *f* (eine Zuckersäure)
**aldopentose** *n* (Chem) / Aldopentose *f* (ein Monosaccharid)
**aldose*** *n* (Chem) / Aldose *f* (ein Monosaccharid), Polyhydroxyaldehyd *m*
**aldosterone*** *n* (Biochem) / Aldosteron *n* (ein hochwirksames Nebennierenrindenhormon)
**aldotetrose** *n* (Chem) / Aldotetrose *f* (ein Monosaccharid)
**aldoxime*** *n* (Chem) / Aldoxim *n* (Oxim der Aldehyde)
**aldrin*** *n* (Chem) / Aldrin *n* (ein Cyclodien-Insektizid, zu Ehren von K. Alder benannt - in Deutschland verboten)
**aleatoric** *adj* / aleatorisch *adj* (vom Zufall abhängig, auf Zufall beruhend, dem Zufall überlassen)
**aleatory** *adj* / aleatorisch *adj* (vom Zufall abhängig, auf Zufall beruhend, dem Zufall überlassen)
**alee** *adv* / leewärts *adv*
**Alembertian, d'**≃ (Maths) / d'Alembert-Operator *m*
**Alembert's, d'**≃ **ancillary force** (Phys) / d'Alemberts Hilfskraft || d'≃ **paradox** / d'Alembert-Paradoxon *n* || d'≃ **principle*** (Mech) / d'Alembert'sches Prinzip (nach J. Le Rond d'Alembert, 1717-1783, Prinzip *n* von d'Alembert || **d-**≃ **ratio test*** (Maths) / Quotientenkriterium *n* (ein Konvergenzkriterium für Reihen reeller oder komplexer Zahlen)
**alembic** *n* (Chem Eng) / Blase *f* (zum Verdampfen oder zur diskontinuierlichen Destillation), Destillationsblase *f*, Destillationsgefäß *n*, Destillierblase *f*
**alençon** *n* (Textiles) / Alençonspitze *f* || ≃ **lace** (Textiles) / Alençonspitze *f*

**aleph**

**aleph** *n* (Maths) / Aleph *n* (Formelzeichen für die Mächtigkeit einer wohl geordneten Menge)
**aleph-0**\* *n* (Maths) / Aleph Null (DIN 5473)
**aleph null** (Maths) / Aleph Null (DIN 5473)
**Aleppo combings** (Textiles) / Aleppo-Kammwolle *f* ‖ ≃ **combing wool** (Textiles) / Aleppo-Kammwolle *f* ‖ ≃ **galls** (Chem, Leather) / Aleppo-Gallen *f pl*, Aleppo-Galläpfel *m pl* (Gerbstoff - meistens von der Sumpfeiche) ‖ ≃ **pine** (For) / Aleppokiefer *f* (eine im Mittelmeerraum heimische harzreiche Kiefer), Seekiefer *f* (Pinus halepensis Mill.)
**alerce** *n* (For) / Alerceholz *n* (aus Fitzroya cupressoides (Molina) I.M. Johnst.), ALR, Lahuan *n*
**alerse** *n* (For) / Alerceholz *n* (aus Fitzroya cupressoides (Molina) I.M. Johnst.), ALR, Lahuan *n*
**alert box** (Comp) / Alarmkasten *m* (der bei grafischen Benutzeroberflächen Alarm- und Fehlermeldungen auf dem Bildschirm anzeigt)
**alerter** *n* (Comp) / Warnsignalgerät *n*, Warngerät *n*
**alerting device** (Comp) / Warnsignalgerät *n*, Warngerät *n* ‖ ~ **tone** (Teleph) / W-Ton *m*, Wählzeichen *n*, Wählton *m* (Hörton, der dem anrufenden Teilnehmer signalisiert, dass er nun wählen kann), WT (Wählton)
**alert radar** (Radar) / Warnradar *m n* ‖ ~ **system** / Raumschutzanlage *f*
**aleuritic acid** (Chem) / Aleuritinsäure (die im Schellack enthalten ist), Trihydroxypalmitinsäure *f*
**aleurone**\* *n* (reserve protein material) (Bot, Nut) / Aleuron *n* (Reserveeiweiß pflanzlicher Gewebe) ‖ ~ **layer** (Bot, Nut) / Aleuronschicht *f*
**Alexandrian laurel** (For) / Calophyllum inophyllum L. (Bitangor)
**alexandrite**\* *n* (Min) / Alexandrit *m* (grüne Varietät des Chrysoberylls) ‖ ~ **laser** (Phys) / Alexandritlaser *m* (ein abstimmbarer Festkörperlaser)
**alexin**\* *n* (Biochem) / Alexin *n* (natürlicher Schutzstoff des Blutserums)
**alfa** *n* (Bot) / Alfagras *n*, Halfagras *n*, Espartogras *n*, Spart *m n*, Fadengras *n* (aus der Stipa tenacissima L.) ‖ ~ **grass** (Bot) / Alfagras *n*, Halfagras *n*, Espartogras *n*, Spart *m n*, Fadengras *n* (aus der Stipa tenacissima L.)
**ALFA language** (Comp, Eng) / eine Programmiersprache für Industrieroboter
**alfalfa** *n* (Agric, Bot) / Luzerne *f* (Blaue - Medicago sativa L.)
**alfin polymerization** (Chem) / Alfin-Polymerisation *f* (zur Darstellung extrem hochmolekularer Polybutadiene)
**alfisol** *n* (Agric) / Alfisol *m* (durch einen Tonanreicherungshorizont gekennzeichneter Bodentyp in niederschlagsreichen Gebieten)
**Alfol heat insulation** (Build, Heat) / Alfol-Isolierung *f* (eine Wärmedämmung mit blanken Aluminiumfolien) ‖ ≃ **process** (Chem Eng) / Alfol-Prozess *m* (Verfahren zur Herstellung geradkettiger Fettalkohole, bei dem Ethylen und Triethylaluminium zunächst zu höheren Trialkylaluminiumverbindungen umgesetzt werden - aus diesen entstehen durch Oxidation die entsprechenden Trialkoxyverbindungen, die dann bei Hydrolyse die Fettalkohole ergeben)
**Alford loop antenna** (Radio) / Alford-Rahmenantenne *f*
**Alfvén layer** (Phys) / Alfvén-Schicht *f* (Ladungstrennungsschicht in einem inhomogenen Magnetfeld mit überlagertem elektrischem Feld) ‖ ≃ **number** (Phys) / Alfvén'sche Zahl ‖ ≃ **speed** (Phys) / Alfvén-Geschwindigkeit *f* (Ausbreitungsgeschwindigkeit der Alfvén-Wellen) ‖ ≃ **wave** (Phys) / Alfvén-Welle *f* (eine transversale magnetohydrodynamische Welle - nach dem schwedischen Physiker Hannes Alfvén, 1908-1995 benannt)
**Algae**\* *pl* (Bot) / Algen *f pl* (Pflanzenabteilung) ‖ ~ **biomass** (Ecol) / Algenbiomasse *f*, Algenmasse *f*
**algaecidal substance** (Chem, Ecol) / Algenbekämpfungsmittel *n*, Algizid *n*
**algae control** (Hyd Eng) / Algenbekämpfung *f* ‖ ~ **farm** (Agric, Bot) / Algenfarm *f*, Algenweide *f* ‖ ~ (growth) **pond** (San Eng) / Algenteich *m* (der der Algenzucht dient und mit biologisch gereinigtem Abwasser zur Nährstoffzufuhr beschickt wird und damit gleichzeitig als 3. Reinigungsstufe zur Stickstoff- und Phosphatbeseitigung aus dem Abwasser wirkt) ‖ ~ **toxin** (Chem) / Algentoxin *n*
**algal biomass** (Ecol) / Algenbiomasse *f*, Algenmasse *f* ‖ ~ **bloom**\* (Ecol) / Wasserblüte *f* (kurzfristiges verstärktes Algenwachstum, vorwiegend in stehenden Gewässern durch Eutrophierung), Algenblüte *f* ‖ ~ **bloom**\* (Ecol, Hyd Eng) s. also red tide ‖ ~ **control** (Hyd Eng) / Algenbekämpfung *f* ‖ ~ **corrosion**\* (Aero, Space) / durch Algen verursachte Korrosion
**algal-culture installation** (Ecol) / Algenkulturanlage *f*
**algal-growth pond** (Ecol) / Algenkulturanlage *f*
**algal inhibition test** (Ecol) / Algentest *m* ‖ ~ **pond** (San Eng) / Algenteich *m* (der der Algenzucht dient und mit biologisch gereinigtem Abwasser zur Nährstoffzufuhr beschickt wird und damit gleichzeitig als 3. Reinigungsstufe zur Stickstoff- und Phosphatbeseitigung aus dem Abwasser wirkt) ‖ ~ **toxin** (Chem) / Algentoxin *n*
**algarovilla** *n* (Leather) / Algarobilla *n f* (gerbstoffreiche Schoten von Caesalpinia-Arten, als Gerbmittel verwendet)
**algarroba** *n* (Leather) / Algarobilla *n f* (gerbstoffreiche Schoten von Caesalpinia-Arten, als Gerbmittel verwendet)
**algarrobilla** *n* (Leather) / Algarobilla *n f* (gerbstoffreiche Schoten von Caesalpinia-Arten, als Gerbmittel verwendet)
**algebra**\* *n* (Maths) / Algebra *f*
**algebraic** *adj* (Maths) / algebraisch *adj* ‖ ~ **branch point** (Maths) / algebraische Singularität ‖ ~ **equation** (Maths) / algebraische Gleichung ‖ ~ **extension** (of a field) (Maths) / algebraische Körpererweiterung, algebraischer Körper über einem Körper ‖ ~ **field** (Maths) / algebraischer Körper ‖ ~ **function**\* (Maths) / algebraische Funktion ‖ ~ **geometry** (Maths) / algebraische Geometrie ‖ ~ **hypersurface** (Maths) / algebraische Hyperfläche ‖ ~ **irrational** (Maths) / algebraisch irrational (z.B. Zahl) ‖ ~ **language** (Comp) / kontextfreie Sprache, Chomsky-Sprache *f*, kontextunabhängige Sprache, algebraische Sprache, CF-Sprache *f* ‖ ~ **manifold** (Maths) / algebraische Mannigfaltigkeit ‖ ~ **number**\* / algebraische Zahl (wenn sie Lösung einer algebraischen Gleichung mit ganzzahligen Koeffizienten ist) ‖ ~ **singularity** (Maths) / algebraische Singularität ‖ ~ **solution** (of a cubic equation) (Maths) / algebraische Lösung ‖ ~ **structure** (Maths) / Verknüpfungsgebilde *n* (algebraische Struktur), algebraische Struktur ‖ ~ **sum** (Maths) / algebraische Summe ‖ ~ **surface** (Maths) / algebraische Fläche ‖ ~ **topology** (Maths) / algebraische Topologie ‖ ~ **variety** (Maths) / algebraische Mannigfaltigkeit
**algebraization** *n* (Maths) / Algebraisierung *f*
**algebra of events** (Stats) / Ereignisfeld *n*, Ereignisalgebra *f* ‖ ~ **of quaternions** (Maths) / Quaternionenalgebra *f* ‖ ~ **of relations** (Comp, Maths) / Relationenalgebra *f* (ein System, das aus einer nichtleeren Menge von Relationen und einer Familie von Operationen in dieser Menge besteht), relationale Algebra ‖ ~ **of sets** (Maths) / Mengealgebra *f*, Algebra *f* der Mengen ‖ ~ **of switching circuits** (Electronics) / Schaltalgebra *f* (Boole'sche Algebra für binäre Schaltungen), Schaltungsalgebra *f* ‖ ~ **of tensors** (Maths) / Tensoralgebra *f* (ein Teil des Tensorkalküls) ‖ ~ *n* **over K** (Maths) / Algebra *f* (über einen Körper) K
**algebroid** *adj* (Maths) / algebroid *adj*
**Algerian onyx**\* (Min) / Orientalischer Alabaster, Onyxmarmor *m* (gestreifter zartfarbiger alabasterartiger Kalksinter)
**algicide** *n* (Chem, Ecol) / Algenbekämpfungsmittel *n*, Algizid *n*
**algin** *n* (Chem) / Alginsäure *f* (ein Polysaccharid) ‖ ~ (Nut, Pharm, Textiles) / Algin *n* (ein Inhaltsstoff der Braunalgen)
**alginate**\* *n* (Chem, Nut) / Alginat *n* (Salz oder Ester der Alginsäure - E 401 bis 405) ‖ ~ **fibre** (Plastics) / Alginatfaser *f* (auf der Basis der Alginsäure oder deren Metallsalzen hergestellt), AL (Alginatfaser)
**alginic acid**\* (Chem) / Alginsäure *f* (ein Polysaccharid)
**alginic-acid sodium salt** (Chem, Nut, Paint) / Natriumalginat *n* (E 401)
**alginic ester** (Chem) / Alginsäureester *m*
**alginite** *n* (Min, Mining) / Alginit *m* (ein Mazeral)
**algodonite** *n* (Min) / Algodonit *m* (legierungsartige Verbindung von As und Cu)
**Algol**\* *n* (Astron) / Algol *m* (β Persei) ‖ ≃\* (Comp) / ALGOL *n* (eine problemorientierte Programmiersprache nach DIN 66026)
**algology**\* *n* (Bot, Ecol) / Algologie *f* (Lehre von den Algen), Algenkunde *f*
**algorithm**\* *n* (Comp, Maths) / Algorithmus *m* (effektives Berechnungsverfahren)
**algorithmic** *adj* (Comp, Maths) / algorithmisch *adj* ‖ ~ **language** (a language or notation used to express clearly an algorithm) (Comp) / algorithmische Sprache, algorithmische Formelsprache
**algorithmize** *v* (Comp, Maths) / algorithmisieren *v*
**algorithm theory** (Comp, Maths) / Algorithmentheorie *f*, Theorie *f* der Algorithmen
**ALI** (annual limit of intake) (Radiol) / Grenzwerte *m pl* der Jahresaktivitätszufuhr
**alias** *v* (Telecomm) / verfälschen *v* (Frequenzgang, Spektrum) ‖ ~ *n* (Comp) / Alias *n*, Parallelbezeichnung *f* ‖ ~ **entry** (Telecomm) / Aliaseintrag *m* ‖ ~ **frequency** (Electronics) / Aliasfrequenz *f*
**aliasing** *n* (Acous) / Rückspiegelung *f* ‖ ~ (Aero, Radar) / Überdeckung *f* (bei der Radialgeschwindigkeit jenseits der Blindgeschwindigkeit) ‖ ~\* (Comp) / Aliasing *n* (Ersetzen der geraden durchgehenden Linie durch eine Treppenlinie aus Pixeln), Treppeneffekt *m* ‖ ~\* (Electronics) / Aliasing *n*, Aliasingeffekt *m* (ein Störeffekt bei der regelmäßigen Entnahme von Proben aus einem kontinuierlichen analogen Signal) ‖ ~\* (Telecomm) / Verfälschung *f* (Frequenzgang, Spektrum) ‖ ~ **effect** (Comp) / Aliasingeffekt *m*, Unschärfephänomen *n* ‖ ~ **frequency** (Telecomm) / Aliasingfrequenz *f*

**alicyclic*** adj (Chem) / alicyclisch adj, alizyklisch adj, cycloaliphatisch adj, zykloaliphatisch adj
**alidade*** n (Surv) / Alhidade f (bei Winkelmessinstrumenten)
**alien** adj (to a given discipline, to a subject field) / fachfremd adv
**alienation** n (the extent of non-correlation as distinguished from negative correlation - alienation is perfect if there is zero correlation) (Maths, Stats) / Nichtkorreliertheit f (Alienation), Unkorreliertheit f
**alien inclusion** (For) / Fremdkörpereinschluss m || **~ tones*** (Acous) / Fremdgeräusche n pl
**alighting area** (Aero) / Wasserlandefläche f || **~ gear** (Aero) / Landeeinrichtung f (z.B. Radfahrwerk, Schwimmer) || **~ gear** (of a seaplane) (Aero) / Schwimmwerk n || **~ on water** (Aero) / Wasserung f, Landung f auf dem Wasser
**align** v / abfluchten v, einfluchten v || **~** (Eng) / fluchten v, ausrichten v || **~** (Surv) / abstecken v (eine Fluchtlinie) || **~** (Telecomm) / abstimmen v (Sende-/Empfangsdatensynchronisation)
**aligned, be ~** (Eng) / fluchten v, ausrichten v
**aligner** n (Comp) / Rüttler m (zum Ausrichten von Papierstapeln), Papierrüttler m, Papierblattschüttelmaschine f
**aligning instrument** (Surv) / Fluchtgerät n || **~ instrument** (Surv) / Alignierinstrument n (DIN 18718)
**alignment** n (Astron) / Alignement n (zu einem gesuchten Stern führende Verlängerung der Verbindungslinie auffälliger Sterne) || **~** (Autos) / Passung f (Türen, Hauben) || **~*** (Build, Civ Eng) / Baufluchtf, Flucht f || **~** (vertical, horizontal) (Civ Eng) / Linienführung f (einer Straße - im Aufriss, im Grundriss) || **~** (Comp) / Geradertteln n, Glattrütteln n, Rütteln n (von Papierstapeln) || **~*** (Elec Eng, Telecomm) / Abgleichen n (Feineinstellung von Kapazität, Induktivität oder Widerstand) || **~** (Electronics, Instr, Optics) / Justierung f (eines Systems) || **~*** (Eng) / Fluchten f (z.B. von Wellen bei starren Kupplungen), Ausrichten n || **~** (Mining) / Stundenangabe f (markscheiderisch festgelegte Richtung) || **~*** (Nuc) / Ausrichtung f, Orientierung f, [regelmäßige] Anordnung f || **~** (Radar) / Ausrichtung f (z.B. Nord- oder Elevationsausrichtung) || **~*** (Surv) / Absteckungf, Abstecken n (einer Fluchtlinie) || **in true ~** / genau fluchtend || **run in proper ~** (Textiles) / Rapport halten, in Rapport laufen || **~ angle error** (Build, Eng) / Fluchtungsfehler m, Nichtfluchten n || **~ bit** (Comp) / Synchronisierbit n || **~ chart*** (Maths) / Fluchtlinientafel f, Fluchtliniennomogramm n, Fluchtentafel f, Leitertafel f || **~ mark** (Elec Eng, Eng, Instr) / Justiermarke f, Bezugspunkt m, Kontrollpunkt m, Bezugsmarke f || **~ pin** (Eng) / Passstift n || **~ tool** (Comp) / Alignment-Tool n
**alimentary*** (Nut) / Speise..., ernährungsbedingt adj, alimentär adj, Nahrungs... || **~ alcohol** (Nut) / Genussalkohol m || **~ allergy** (Med, Nut) / Lebensmittelallergie f (immunologisch bedingte Überempfindlichkeit gegen Lebensmittel bzw. Lebensmittelinhaltsstoffe), Nahrungsmittelallergie f || **~ paste** (Nut) / Teigware n, Pastaware f
**alinement** n (Nuc) / Ausrichtung f, Orientierung f, [regelmäßige] Anordnung f
**aliphatic** adj (Chem) / aliphatisch adj || **~ acid** (Chem, Nut) / Fettsäure f (unverzweigte aliphatische Monokarbonsäure - E 570) || **~ alcohols** (Chem) / aliphatische Alkohole m pl || **~ aldehyde** (Chem) / aliphatischer Aldehyd, Alkanal n (aliphatischer Aldehyd) || **~ amine** (Chem) / aliphatisches Amin || **~ chemistry** (Chem) / Chemie f der aliphatischen Verbindungen || **~ compound*** (Chem) / aliphatische Verbindung
**aliphatic-cyclic** adj (Chem) / alicyclisch adj, alizyklisch adj, cycloaliphatisch adj, zykloaliphatisch adj
**aliphatic hydrocarbon** (Chem) / kettenförmiger Kohlenwasserstoff || **~ hydrocarbon** (Chem) / azyklischer Kohlenwasserstoff, aliphatischer Kohlenwasserstoff, acyclischer Kohlenwasserstoff
**aliquot** n (Chem, Maths) / aliquoter Teil, Aliquote f (Teiler, der ganzzahligen Quotienten gibt) || **~ part*** (Chem, Maths) / aliquoter Teil, Aliquote f (Teiler, der ganzzahligen Quotienten gibt) || **~ part*** (Min Proc) / Stichprobe f || **~ string*** (Acous) / Sympathiesaite f, Resonanzsaite f, Aliquotsaite f || **~ tone** (Acous) / Aliquotton m (der mit dem Grundton mitklingende Oberton)
**alite*** n (tricalcium silicate) (Build) / Alit m (eine Klinkerphase)
**alitizing** n (Surf) / Alitieren n (DIN 50 902), Calorisieren n
**alive** adj / knisternd adj (Kohle) || **~** (Elec Eng) / unter Spannung (stehend), spannungsführend adj || **~** (Elec Eng) / unter Strom (stehend), stromdurchflossen adj, Strom führend adj, stromführend adj || **~** (For) / waldfrisch adj (nass), grün adj (Holz, meistens mit hohem Feuchtegehalt - bis 50%) || **~** (Mining) / erzführend adj, produktiv adj (Mineralgang)
**alizarin*** n (1,2-dihydroxyanthraquinone) (Chem) / Alizarin n (ein Farbstoff) || **~ cyanine green** (Chem, Textiles) / Alizarincyaningrün n, Alizarinzyaningrün n, Alizarinbrillantgrün n || **~ dyestuff** (Chem, Textiles) / Alizarinfarbstoff m (ein Beizenfarbstoff) || **~ oil** (Chem) / Alizarinöl n

**alk** (Chem) / Alkali-, alkalin adj, alkalisch adj, basisch adj
**alkalescence** n (Chem) / Alkalität f, Basizität f, alkalische Beschaffenheit, basische Beschaffenheit
**alkali*** n (pl. alkalis or alkalies) (Chem) / Alkali n, Laugensalz n || **~ blue** (Chem) / Alkaliblau n (Na-Salz der Monosulfonsäure des Triphenylrosanilins)
**alkalic** adj (Chem) / Alkali-, alkalin adj, alkalisch adj, basisch adj
**alkali canister** / Alkalipatrone f (eine Regenerationspatrone nach DIN 3183) || **~ cell** (Elec Eng) / Alkalizelle f (Brennstoffzelle mit höchstem elektrochemischem Wirkungsgrad) || **~ cellulose** (Chem) / Alkalizellulose f, Alkalicellulose f (Natroncellulose) || **~ content** (Chem) / Alkaligehalt m || **~ corrosion** (Chem) / Korrosion f in Alkalien bzw. alkalischen Lösungen, Laugenkorrosion f
**alkalic rock** (Geol) / Alkaligestein n
**alkali degreasing** (Paint) / alkalische Entfettung || **~ error** / Alkalifehler m (der bei Glaselektroden einen niedrigeren pH-Wert vortäuscht) || **~ fastness** (Textiles) / Alkaliechtheit f (DIN 54030) || **~ felspar** (Min) / Alkalifeldspat m (Sanidin, Orthoklas, Mikroklin, Adular, Albit) || **~ flame** (ionization) **detector** (Chem) / Alkali-Flammenionisationsdetektor, AFID m (Alkali-Flammenionisationsdetektor), Alkalisalz-FID m || **~ flat** (Geol) / Salztonebene f || **~ fusion** (Chem) / Alkalischmelze f
**alkalify** vi (Chem) / alkalisch werden || **~** vt (Chem) / alkalisieren v, alkalisch machen
**alkaligenous** adj (Chem) / alkalibildend adj
**alkali glaze** (Ceramics) / alkalireiche Glasur, Alkaliglasur f || **~ granite*** (Geol) / Alkaligranit m || **~ hydroxide** (Chem) / Alkalimetallhydroxid n, Alkalihydroxid n
**alkali-insoluble** adj (Chem) / alkaliunlöslich adj
**alkali lake** (Geol) / Natronsee m (mit NaCl und $Na_2SO_4$) || **~ lignin** (Bot, For) / Kraftlignin n, Alkalilignin n, Sodalignin n || **~ melt** (Chem) / Alkalischmelze f (zur Einführung von Hydroxylgruppen in aromatische Verbindungen) || **~ metal*** (Chem) / Alkalimetall n (Li bis Fr) || **~ metal thermoelectric converter** (Elec Eng) / Amtec-Konverter m (zur direkten Umwandlung von Wärme in elektrischen Strom)
**alkalimetric** adj (Chem) / alkalimetrisch adj
**alkalimetry*** n (Chem) / Alkalimetrie f (ein Verfahren der Maßanalyse)
**alkaline** adj (Chem) / Alkali-, alkalin adj, alkalisch adj, basisch adj || **~ blackening treatment** (Met, Surf) / Schwarzoxidation f || **~ cell** (Elec Eng) / Alkalizelle f (Brennstoffzelle mit höchstem elektrochemischem Wirkungsgrad) || **~ cleaning** (Chem Eng) / Reinigung f mit alkalischen Lösungsmitteln, Reinigung f mit alkalischen Reinigungsmitteln (wie z.B. Ammoniak oder Schmierseife) || **~ cooking liquor** (Paper) / Kochlauge f (alkalisches Verfahren) || **~ discharge** (Textiles) / Laugenätzung f || **~ earth** (Chem) / Erdalkali n, alkalische Erde
**alkaline-earth metal*** (Chem) / Erdalkalimetall n (Ca bis Mg)
**alkaline electrolyte** / alkalischer Elektrolyt (z.B. in einer Brennstoffzelle) || **~ fuel cell** / alkalische Brennstoffzelle || **~ fusion** (Chem) / Alkalischmelze f || **~ glaze** (Ceramics) / alkalireiche Glasur, Alkaliglasur f || **~ manganese battery** (Elec Eng) / Alkali-Mangan-Batterie f, alkalische Zink-Braunstein-Batterie || **~ metal-vapour lamp** (Electronics) / Alkalidampflampe f || **~ phosphatase** (Biochem, Biol) / alkalische Phosphatase (z.B. die Dünndarmschleimhautphosphatase) || **~ potassium effluent** (San Eng) / Kaliendlauge f (bei der Verarbeitung von Carnallit und anderen Mineralien zu Düngemitteln und verschiedenen Nebenprodukten anfallendes Abwasser) || **~ reaction** (Chem) / alkalische Reaktion, basische Reaktion || **~ rock** (Geol) / Alkaligestein n || **~ soil** (Agric) / Alkaliboden m (dessen pH-Wert oberhalb von 7 liegt) || **~ solution*** (Chem) / alkalische Lösung || **~ storage battery** (Autos, Elec Eng) / alkalische Batterie, alkalische Akkumulatorenbatterie
**alkalinity*** n (Chem) / Alkalität f, Basizität f, alkalische Beschaffenheit, basische Beschaffenheit || **~ (M-acidity) to methyl orange** / m-Wert m (alte Bezeichnung für die im Wasser vorhandenen Mengen an Laugen, Karbonaten und Hydrogenkarbonaten, sowie bei Entkarbonisierungsanlagen ein Maß für den Kalkzusatz) || **~ to phenolphthalein** (Ecol) / p-Wert m (ein Maß für die im Wasser vorhandenen Mengen an Laugen, Karbonaten und Hydrogenkarbonaten, sowie bei Entkarbonisierungsanlagen ein Maß für den Kalkzusatz)
**alkali** (sulphate) **process** (Paper) / Sulfatverfahren n (alkalisches Aufschlussverfahren zur Gewinnung von Zellstoff)
**alkali-proof** adj (Chem) / laugenbeständig adj
**alkali reserve** (Physiol) / Alkalireserve f (Standardbicarbonat)
**alkali-resistant** adj (Chem) / laugenbeständig adj || **~ glass** (Glass) / laugenbeständiges Glas
**alkali-resisting paint*** (Paint) / alkalibeständiger Anstrichstoff
**alkali** (metal) **salt** (Chem) / Alkalisalz n (Salz der Alkalimetalle)
**alkalise** v (GB) (Chem) / alkalisieren v, alkalisch machen

35

**alkali-silica**

**alkali-silica reactivity** (Civ Eng) / Alkalireaktion *f* im Beton (schädigende)
**alkali silicate glass** / Alkalisilicatglas *n* (DIN 1259, T 1), Alkalisilikatglas *n*
**alkali-soluble** *adj* (Chem) / alkalilöslich *adj*
**alkali source** (Chem) / Alkalisalzquelle *f* (z.B. eines thermionischen Detektors) ‖ ~ **suspension feed tank** (Chem Eng) / Alkalisuspensionsvorlage *f* (Rauchgasentschwefelung)
**alkalize** *v* (Chem) / alkalisieren *v*, alkalisch machen
**alkaloid*** *n* (Chem, Pharm) / Alkaloid *n* (überwiegend in Pflanzen vorkommender alkalisch reagierender stickstoffhaltiger Naturstoff, häufig mit ausgeprägter Giftwirkung)
**alkaloidal** *adj* (Chem) / alkaloidisch *adj*, alkaloid *adj*
**alkamine** *n* (Chem) / Alkanolamin *n*, Aminoalkohol *m*
**alkanal** *n* (Chem) / aliphatischer Aldehyd, Alkanal *n* (aliphatischer Aldehyd)
**alkane*** *n* (Chem) / Alkan *n* ‖ ~ **hydocarbon*** (Chem) / Alkan *n*
**alkanet** *n* (Bot) / Alkannawurzel *f* (Alkanna tuberculata (Forssk.) Meikle), Schminkwurz *f*
**alkanization** *n* (Chem) / Überführung *f* eines ungesättigten Kohlenwasserstoffs in ein Alkan
**alkanna paper** (Chem) / Alkannin-Papier *n*, Böttger's-Papier *n* (nach W. Böttger, 1871 - 1949) ‖ ~ **red** (Chem) / Alkannarot *n*, Alkannin *n*, Anchusasäure *f*
**alkannin** *n* (Chem) / Alkannarot *n*, Alkannin *n*, Anchusasäure *f*
**alkanolamine** *n* (Chem) / Alkanolamin *n*, Aminoalkohol *m* ‖ ~ **soap** (Chem) / Fettsäurealkanolamid *n*, FAA (Fettsäurealkanolamid)
**alkanolide** *n* (Chem) / Alkanolid *n* (Hydroxyalkansäurelacton)
**alkanols** *pl* (Chem) / Alkanole *n pl* (von Alkanen abgeleitete Alkohole, wie z.B. die Fettalkohole)
**alkarsine** *n* (Chem) / Kakodyloxid *n* (Oxybis-dimethylarsin), Cadet'sche Flüssigkeit (nach L. C. Cadet de Gassicourt, 1731 - 1799), Cadet-Flüssigkeit *f*
**Alkathene*** *n* (Chem, Plastics) / Polyethylen *n* (teilkristalliner Thermoplast nach DIN 7728 und DIN EN ISO 1872-1), PE (Polyethylen)
**alkenal** *n* (Chem, Nut) / Alkenal *n*
**alkene oxide** (Chem) / Epoxid *n* (eine heterozyklische Verbindung, die die Epoxidgruppierung enthält)
**alkenes*** *pl* (Chem) / Olefine *n pl*, Ethene *n pl*, Alkene *n pl*, Ethenkohlenwasserstoffe *m pl*
**alkenoic acid** (Chem) / Alkensäure *f* (einfach ungesättigte Fettsäure)
**alkenyl compound** (Chem) / Alkenylverbindung *f*
**alkoxide** *n* (Chem) / Alkoholat *n*, Alkoxid *n*, Metall-Alkoxid *n*
**alkoxy group** (Chem) / Alkoxy-Gruppe *f*
**alkyd** *n* (a synthetic resin) (Chem, Plastics) / Alkydharz *n* (DIN 53 183 und 55 945), AK (Alkydharz) ‖ ~ **resin*** (a synthetic resin) (Chem, Plastics) / Alkydharz *n* (DIN 53 183 und 55 945), AK (Alkydharz) ‖ ~ **resin*** (Chem, Plastics) s. auch glyptal resin
**alkyl*** *n* (Chem) / Alkyl *n*, Alkylrest *m*
**alkylamine** *n* (Chem) / Alkylamin *n*, Alkanamin *n*
**alkylaryl sulphonate** (Chem) / Alkylarylsulfonat *n* (ein Waschrohstoff), Alkylarensulfonat *n*
**alkylate** *v* (Chem) / alkylieren *v*
**alkylated gasoline** (US) (Fuels, Oils) / Alkylatbenzin *n*
**alkylating agent** (Chem) / Alkylans *n* (pl. -anzien), Alkylierungsmittel *n*
**alkylation** *n* (Chem) / Alkylierung *f*, Alkylation *f* ‖ ~ **gasoline** (US) (Fuels, Oils) / Alkylatbenzin *n*
**alkyl benzene** (Chem) / Alkylbenzol *n* (am Benzolring durch Alkylgruppen substituierter aromatischer Kohlenwasserstoff) ‖ ~ **benzene sulphonate** (Chem) / Alkylbenzolsulfonat *n* (mengenmäßig wichtigstes anionisches Tensid), ABS (Alkylbenzolsulfonat) ‖ ~ **bromide** (Chem) / Alkylbromid *n*
**alkylene*** *n* (Chem) / Alkylen *n*
**alkyl ether sulphate** (Chem) / Alkylethersulfat *n* (ein anionisches Tensid) ‖ ~ **halide** (Chem) / Alkylhalogenid *n*, Halogenalkan *n*, Halogenalkyl *n*
**alkylidene phosphorane** (Chem) / Alkylidenphosphoran *n* (z.B. bei der Wittig-Reaktion)
**alkylidine** *n* (Chem) / Alkylidin *n*
**alkyloamine** *n* (Chem) / Alkanolamin *n*, Aminoalkohol *m*
**alkylphenol** *n* (Chem) / Alkylphenol *n* (Derivat des Phenols) ‖ ~ **ethoxylate** (Chem) / Alkylphenolethoxylat *n* (ein nicht ionogenes Tensid), APE (Alkylphenolethoxylat) ‖ ~ **resin** (Chem, Plastics) / Alkylphenolharz *n* (ein Phenoplast)
**alkyl polyglucoside** (Chem) / Alkylpolyglucosid *n* (ein nicht ionogenes Tensid), Alkylpolyglukosid *n*, APG (Alkylpolyglucosid) ‖ ~ **sulphate** (Chem) / Alkylsulfat *n* (ein Aniontensid) ‖ ~ **sulphonate** (Chem) / Paraffinsulfonat *n*, Alkansulfonat *n*, Alkylsulfonat *n* (grenzflächenaktive Substanz, Salz der Alkylsulfonsäure)
**alkylsulphuric acid** (Chem) / Alkansulfonsäure *f*, Alkylschwefelsäure *f*, Alkylsulfonsäure *f*

**alkyne*** *n* (Chem) / Alkin *n* (Gruppenbezeichnung für ungesättigte aliphatische Kohlenwasserstoffe der allgemeinen Formel $C_nH_{2n-2}$) ‖ ~* s. also acetylene ‖ ~ **series** (Chem) / Alkine *n pl*, Acetylene *n pl*
**all-alloy engine** (Autos) / Leichtmetallmotor *m*
**all-aluminium body** (Autos) / Ganzaluminiumkarosserie *f*
**Allan cell** (Elec Eng) / Wasserstoffzelle *f*
**allanite*** *n* (Min) / Allanit *m*, Orthit *m*, Cerepidot *m*, Zerepidot *m*
**allantoic acid** (Biochem) / Allantoinsäure *f* (Diureidoessigsäure)
**allantoin*** *n* (Biochem) / Allantoin *n* (ein Produkt des Purinabbaus - 5-Ureidohydantoin)
**Allan valve*** (Eng) / Trickschieber *m* (in der Allan-Steuerung der alten Kolbendampfmaschinen)
**all-around search radar** (Radar) / Weitwinkelradar *m n*
**all-aspect weapon** (Mil) / Rundumeinsatzwaffe *f*
**all-band receiver** (Radio) / Allwellenempfänger *m*
**all-burnt*** *n* (Space) / Brennschluss *m*, Burn-out *m*, BNT (Burn-out)
**all-burnt time** (Space) / Brennschluss *m*, Burn-out *m*, BNT (Burn-out)
**all-call** *n* (Radar) / nicht adressierte Abfrage, All-call *m*
**all calls barred** (Teleph) / Vollsperre *f*
**all-caps mode** (Comp) / Dauerumschaltung *f* auf Großbuchstaben ‖ ~ **setting** (Comp, Typog) / Versaliensatz *m*
**all-channel antenna** (Radio) / Mehrkanalantenne *f* ‖ ~ **antenna** (Radio) s. also aperiodic antenna
**all-cotton** *attr* (Textiles) / reinbaumwollen *adj*, aus reiner Baumwolle
**allège** *n* (thinner part of a wall, e.g.between a window-cill and the floor) (Build) / Fensterbrüstung *f*, Brüstung *f* (ein Teil der Außenwand)
**allele*** *n* (Gen) / Allel *n* (eine von mindestens zwei einander entsprechenden Erbanlagen homologer Chromosomen ), Genallel *n* (bestimmte Konfiguration eines Gens)
**all-electric** *adj* (Elec) / vollelektrisch *adj* ‖ ~ **aircraft** (Aero) / vollelektrisches Flugzeug (z.B. Helios) ‖ ~ **car** (Autos, Elec Eng) / Elektrofahrzeug *n*, Elektromobil *n*, Elektroauto *n*, E-Mobil *n* ‖ ~ **furnace** (Glass) / voll elektrisch beheizter Schmelzofen ‖ ~ **melting** (Glass) / vollelektrische Schmelze (Glasschmelzverfahren unter ausschließlicher Nutzung des Energieträgers Elektroenergie und deren Umwandlung in Joule'sche Wärme bei ausreichender elektrischer Leitfähigkeit des Glases) ‖ ~ **melting** (Glass) / vollelektrische Schmelze, VES (vollelektrische Schmelze)
**all-electronic car** (Autos) / vollelektronischer Wagen
**allelochemical** *n* (a semiochemical) (Chem, Physiol, Zool) / Ökomon *n*, Allelochemikalie *f* (interspezifisch wirkender Insektensignalstoff)
**allelopathy*** *n* (Bot) / Allelopathie *f* (gegenseitige biochemische Beeinflussung)
**allelotropism** *n* (Biol, Chem) / Allelotropie *f*
**Allen cone classifier** (Min Proc) / Allen-Kegel *m*
**allene*** *n* (1,2-diene) (Chem) / Allen *n*, Propadien *n*
**Allen key** (Eng, Tools) / Inbusschlüssel *m*, (allgemein für Innensechskantschrauben), Sechskant-Stiftschlüssel *m*, Stiftschlüssel *m* (Sechskant-Stiftschlüssel) ‖ ≃ **key** (Eng, Tools) / Sechskantsteckschlüssel *m* ‖ ≃ **screw** (Eng, Tools) / Innensechskantschraube *f*, Inbusschraube *f* (Markenname)
**Allen's method** (a method to determine water velocity by introducing concentrated salt brine at a station and recording the time it takes to travel a known distance downstream) (Hyd Eng) / Salzgeschwindigkeitsverfahren *n* von Allen ‖ ≃ **method** (by introducing concentrated salt brine at a station and recording the time it takes to travel a known distance downstream) (Hyd Eng) / Salzgeschwindigkeitsverfahren *n* nach Allen ‖ ≃ **rule** (Ecol, Physiol) / Allen'sche Proportionsregel (innerhalb eines Verwandschaftskreises von Säugern sind dem Klima ausgesetzte Körperteile wie Ohren in kalten Regionen meist kleiner ausgebildet als in warmen), Allen'sche Regel (eine ökogeografische Klimaregel)
**all-enveloping body** (Autos) / Pontonkarosserie *f*
**Allen wrench** (Eng, Tools) / Sechskantsteckschlüssel *m* ‖ ≃ **wrench** (Eng, Tools) / Inbusschlüssel *m* (einseitig abgewinkelt), Winkelschraubendreher *m* für Innensechskantschrauben
**allergen*** *n* (Med) / Allergen *n*
**allergenic** *adj* (Med, Nut, Pharm, Textiles) / allergen *adj* (eine Allergie hervorrufend), allergieauslösend *adj*
**allergic** *adj* (to)* (Med) / allergisch *adj* (gegen) ‖ ~ **person** / Allergiker *m*, Allergikerin *f*
**allergy** *n* (Med) / Allergie *f* (Krankheitszustand nach Antigen-Antikörper-Reaktion) ‖ ~ **sufferer** / Allergiker *m*, Allergikerin *f*
**allergy-tested** *adj* (Pharm) / allergiegetestet *adj*, allergiegeprüft *adj*
**allevardite** *n* (Min) / Allevardit *m* (ein Tonmineral, das sich aus Silikatdoppelschichten aufbaut, die vorwiegend durch Na-Ionen zusammengehalten werden)
**alleviation of pain** (Pharm) / Schmerzlinderung *f*
**alley** *n* (a narrow passageway between or behind buildings) (Build) / Gasse *f*, Durchgang *m* (Gasse)

**alleyway** *n* (Build) / Gasse *f*, Durchgang *m* (Gasse)
**all-flanged cross** (Eng) / Flanschkreuzstück *n* ‖ ~ **cross** (Eng) / TT-Stück *n*, Flanschstück *n* mit zwei Flanschstutzen ‖ ~ **tee** (Eng) / T-Stück *n* (Flanschstück mit Flanschstutzen)
**all-freight ship** (Ships) / Mehrzweckfrachtschiff *n*, Mehrzweckfrachter *m*
**all-frosted** *adj* / ganzmattiert *adj* (Glühbirne)
**all-glass door** (Build, Glass) / Ganzglastür *f* (ein Türblatt, das aus einer einzigen, rahmenlosen und biegezugfesten Glasscheibe - in der Regel aus Einscheibensicherheitsglas - hergestellt ist) ‖ ~ **double-glazing unit** (Build) / Ganzglasdoppelscheibe *f* ‖ ~ **paper** (Glass, Paper) / Glasfaserpapier *n* (Folien aus feinen Glasfasern für Filtration, Chromatografie und Elektrophorese), Glaspapier (nur aus Glasfasern)
**all-hatch ship** (Ships) / offenes Schiff (ein Stückgut- oder Schüttgutfrachtschiff)
**all-heart** *attr* (For) / vollkernig *adj* (Kernholzbaum)
**all-heart** *attr* (For) / Kernholz-
**allicin** *n* (Pharm) / Allizin *n*, Allicin *n* (ein Inhaltsstoff des Knoblauchs)
**allied** *adj* (Chem) / verwandt *adj* (Stoff)
**alligation** *n* (Met) / Vermischung *f* (von Erzen)
**alligator clamp** / Krokodilklemme *f*, Abgreifklemme *f* ‖ ~ **clip** (US) / Krokodilklemme *f*, Abgreifklemme *f* ‖ ~ **connector** (Build) / Alligator-Zahnring-Dübel *m* (ein Einpressdübel), Alligator-Ring *m* ‖ ~ **effect** (Paint) / Borkenbildung *f* (bei Anstrichen auf Ölbasis), Schollenbildung *f* (bei Anstrichen auf Ölbasis)
**alligator-grained leather** (Leather) / Leder *n* mit künstlichem Krokodilschuppenbild (auf der Narbenseite)
**alligator hide** (Ceramics) / Glasurrisse *m pl* (ein Glasurfehler)
**alligatoring** *n* (Build) / Rissbildung *f* (in der Dachpappe) ‖ ~ (Met) / Aufspleißen *n*, Aufplatzen *n* (der Blechenden) ‖ ~* (Paint) / Borkenbildung *f* (bei Anstrichen auf Ölbasis), Schollenbildung *f* (bei Anstrichen auf Ölbasis)
**alligator jaw** (of a chuck) (Eng) / Zahnfederbacke *f*
**alligator-pear oil** (Chem, Nut) / Avocadoöl *n* (aus dem Fruchtfleisch der Avocadobirne)
**alligator shears** (Eng) / Kurbelschere *f* (mit Kurbelantrieb und Schwungrad) ‖ ~ **shears** (Eng) / Hebelschere *f* mit Handantrieb, Handhebelschere *f*, Hebelblechschere *f*, Blechschere *f* mit Übersetzung ‖ ~ **skin** (Paint) / Apfelsinenhauteffekt *m* (eine Oberflächenstörung des Anstrichfilms, die unter ungünstigen Bedingungen bei Spritzlackierungen auftritt), Orangenschaleneffekt *m* ‖ ~ **wrench** (Eng) / gezahnter Rohrschlüssel
**Allihn condenser** (Chem) / Allihnscher Kühler, Kugelkühler *m*
**alliin** *n* (Pharm) / Alliin *n* (ein Inhaltsstoff des Knoblauchs)
**all-in aggregate** (Build, Civ Eng) / Zuschlaggemisch *n*
**all-independent suspension** (Autos) / Einzelradaufhängung *f* (unabhängige Führung der Räder einer Achse oder beider Achsen eines Kraftfahrzeugs)
**all-in-one search engine** (Comp) / Meta-Suchmaschine *f* (die mit einem Suchstring parallel mehrere Suchen in verschiedenen Suchdiensten startet)
**all-in price** / Inklusivpreis *m*
**all-insulated switch*** (Elec Eng) / berührungssicherer Schalter
**allithium*** *n* (Aero, Met) / Al-Li-Legierung *f*
**all-levels sample** / Probe, die aus verschiedenen Tiefen der untersuchten Flüssigkeit (im Behälter) entnommen wurde
**all-loss lubrication** / verlorene Schmierung
**all-magnetic** *adj* / vollmagnetisch *adj*
**all-mains appliance** (Elec Eng) / Allstromgerät *n*
**all-mains receiver** (Radio) / Allstromempfangsgerät *n*, Allstromempfänger *m* (für den Anschluss an Gleich- und/oder Wechselstrom)
**all-malt wort** (Brew) / Vollmalzwürze *f*
**all-metal** *adj* / Ganzmetall- ‖ ~ **aircraft** (Aero) / Ganzmetallflugzeug *n* ‖ ~ **body** (Autos) / Ganzstahlkarosserie *f* ‖ ~ **construction** (Build, Eng) / Ganzmetallkonstruktion *f*, Ganzmetallbauweise *f* ‖ ~ **timber drier** (For) / Ganzmetalltrockner *m*, Ganzmetallholztrockner *m*
**all-mine** *attr* (Met) / ohne Schrottzusatz
**all-moving tail*** (Aero) / vollbewegliche Höhenflosse, Stabilator *m*, Taileron *n* (wenn die gesamte Höhenflosse bewegt wird)
**allobar*** *n* (Nuc) / Allobar *n* (ein chemisches Element mit anderer als der natürlichen Isotopenzusammensetzung)
**allocatable** *adj* (memory space) (Comp) / belegbar *adj*
**allocate** *v* / belegen *v* (ein Gerät) ‖ ~ (Build) / vergeben *v* (Bauleistungen) ‖ ~ (memory area, peripheral unit) (Comp) / zuweisen *v* (allokieren), allozieren *v*, allokieren *v*
**allocation** *n* / Zuwendung *f* (von Geldmitteln), Zuteilung *f* (von Geldmitteln) ‖ ~ / Allokation *f* (Verteilung der begrenzten Produktionsfaktoren einer Volkswirtschaft auf unterschiedliche Verwendungszwecke) ‖ ~ / Verteilung *f* (von Kosten auf einzelne Kostenträger), Zurechnung *f* (der Kosten zu den einzelnen Kostenträgern) ‖ ~ (Build) / Vergabe *f* (von Bauleistungen) ‖ ~ (of store space) (Comp) / Allozierung *f*, Allokation *f*, Zuweisung *f*, Zuordnung *f* ‖ ~ (Telecomm) / Zuweisung *f* (z.B. von Frequenzen an einzelne Funkdienste - Flughäfen, Polizei usw.) ‖ ~ (Work Study) / Umlage *f* (der Kosten) ‖ ~ **of roughness depth** (Eng) / Zuordnung *f* von Rautiefen (nach DIN ISO 1302)
**allocator** *n* (Comp) / Zuordner *m* ‖ ~ **routine** (Comp) / Zuordnungsroutine *f*
**allochromatic*** *adj* (Crystal, Electronics) / fremdfarbig *adj*, allochromatisch *adj*
**allochthonous*** *adj* (Ecol, Geol) / allochthon *adj*
**allogamy*** *n* (Bot) / Allogamie *f*, Fremdbestäubung *f*, Xenogamie *f*
**allogen** *adj* (Biol, Med) / homolog *adj* (bei Transplantation bei Individuen gleicher Art)
**allogeneic** *adj* (Biol, Med) / homolog *adj* (bei Transplantation bei Individuen gleicher Art)
**allogenic** *adj* (Biol, Med) / homolog *adj* (bei Transplantation bei Individuen gleicher Art) ‖ ~ (Geol) / allogen *adj* (in anderen Gesteinsmassen entstanden)
**allograft*** *n* (Med) / artgleiches Transplantat, homologes Transplantat, Allotransplantat *n*, Homotransplantat *n*
**allomerism** *n* (Crystal) / Allomerie *f* (Übereinstimmung in der Kristallform bei verschiedener chemischer Zusammensetzung)
**allomone** *n* (Chem, Physiol, Zool) / Allomon *n* (Insektensignalstoff)
**allomorphous** *adj* (Chem) / allotrop *adj*, allomorph *adj*, allotropisch *adj*
**all "ones"** (Comp) / durchgehend "Eins"
**allopatry** *n* (Ecol) / Allopatrie *f* (Tierverbreitung ohne Überlappung von Arten)
**all-open convertible** (Autos) / bügelfreies Kabrio
**allophane*** *n* (a phyllosilicate) (Min) / Allophan *m*
**allopolarization principle** (Chem) / Allopolarisierungsprinzip *n* (um Selektivitäten bei Reaktionen ambidenter Anionen vorhersagen zu können)
**all or none** / Alternativreaktion *f*, Alles *n* oder Nichts
**all-or-none law** (Biol) / Alles-oder-nichts-Gesetz *n*, ANG (Alles-oder-nichts-Gesetz)
**all-or-nothing relay** (Elec Eng) / Hilfsrelais *n* (dessen Arbeitswert weitgehend unkritisch ist) ‖ ~ **response*** (Biochem, Cyt, Zool) / Alles-oder-nichts-Antwort *f*
**allosteric** *adj* (Biochem) / allosterisch *adj*, kooperativ oligomer (Enzym mit sigmoider Kinetik) ‖ ~ **enzyme** (Biochem) / allosterisches Enzym
**allostery** *n* (Biochem) / Allosterie *f* (besondere Art und Weise, wie niedermolekulare Substanzen in die Regulation biochemischer Reaktionsketten eingreifen, wenn sie als Effektoren auf die Aktivität eines Enzyms einwirken)
**alloter*** *n* (Teleph) / Anrufordner *m* ‖ ~* (Teleph) s. also call distributor
**allothigenous** *adj* (Geol) / allogen *adj* (in anderen Gesteinsmassen entstanden) ‖ ~ (Geol) / allothigen *adj* (Komponente in Gesteinen, die ihren Ursprung in anderen Bildungsräumen hat)
**allotment** *n* (Radio) / Verteilung *f* (von Frequenzen auf Gebiete und Länder)
**allotriomorphic*** *adj* (Geol, Min) / allotriomorph *adj* (Minerale, die bei der Erstarrung von Gesteinsschmelzen infolge gegenseitiger Störung beim Wachstum nicht die ihnen zukommende Eigengestalt entwickeln können), xenomorph *adj*
**allotrope** *n* (Min) / allotrope Form, allotrope Modifikation, Allotrop *n*
**allotrophic** *adj* (Bot) / allotroph *adj* (in der Ernährung auf andere organische Stoffe angewiesen)
**allotropic form** (Min) / allotrope Form, allotrope Modifikation, Allotrop *n*
**allotropism** *n* (Chem) / Allomorphie *f*, Allotropie *f* (Polymorphie von chemischen Elementen)
**allotropy*** *n* (Chem) / Allomorphie *f*, Allotropie *f* (Polymorphie von chemischen Elementen)
**all-out braking** (Autos) / Vollbremsung *f*
**allover** *n* (Textiles) / Allover-Spitze *f* (Meterware) ‖ ~ **lace** (Textiles) / Allover-Spitze *f* (Meterware) ‖ ~ **pattern** (Textiles) / Allover-Muster *n* (das eine Warenfläche ganz bedeckt)
**allow** (for) / berücksichtigen *v* (einberechnen)
**allowable limit** (Eng) / zulässiges Abmaß ‖ ~ **load** (Civ Eng, Mech) / zulässige Belastung, zulässige Grenzlast ‖ ~ **load** (Mech) / Gebrauchslast *f* (die ein Tragwerk im normalen Gebrauch belastet und die ohne Beeinträchtigung der Gebrauchsfähigkeit ertragen werden muss - DIN 1045) ‖ ~ **stress** (the maximum stress officially allowed to be applied to a given material in service) (Materials, Mech) / zulässige Spannung, zulässige Grenzspannung (Festigkeitswert des verwendeten Werkstoffes dividiert durch einen Sicherheitsbeiwert) ‖ ~ **wear rate** (Eng) / zulässige Verschleißgröße
**allowance** *n* / Beanstandungsabzug *m*, Preisnachlass *m* (bei mangelhaften Waren) ‖ ~ (Eng) / Toleranz *f* (Differenz zwischen den zugelassenen Größt- und Kleinstwerten einer messbaren Eigenschaft) ‖ ~ (Eng) / Spiel *n* (bei Toleranzen und Passungen) ‖ ~

**allowance**
(for machining) (Eng) / Zugabe f ‖ ~ (Radiol) / Freigrenze f (bei radioaktiven Stoffen) ‖ ~ (Work Study) / Zuschlag m, Zeitzuschlag m ‖ ~ (Eng) s. also deviation and machining allowance ‖ ~ **above nominal size** (Eng) / oberes Abmaß (algebraische Differenz zwischen Größtmaß und Nennmaß) ‖ ~ **below nominal size** (Eng) / unteres Abmaß (algebraische Differenz zwischen Kleinstmaß und Nennmaß) ‖ ~ **coal** (Mining) / Deputatkohle f
**allowances*** pl (Aero) / Kraftstoffvorräte m pl, Kraftstoffreserven f pl
**allowed band*** (Electronics, Nuc) / erlaubtes Energieband, erlaubtes Band, zugelassener Energiebereich ‖ ~ **time** (Work Study) / Zeit f für natürliche Bedürfnisse und arbeitsbedingte Erholungspausen ‖ ~ **transition*** (Phys, Spectr) / erlaubter Übergang (zwischen Energieniveaus), zulässiger Übergang
**alloxan** n (Chem) / Alloxan n, Pyrimidintetron n
**alloxazine** n (Chem) / Alloxazin n
**alloy** v (Met) / eine Legierung bilden, legieren vt ‖ ~ (Met) / sich legieren lassen ‖ ~ (Met) / zulegieren v, legieren v ‖ ~ n (Autos) / Leichtmetallfelge f, LM-Felge f ‖ ~* (Met) / Legierung f (ein Gemenge aus dem Grundmetall und dem Legierungselement) ‖ ~ n 600 (Met) / Inconel n (eine hitzebeständige Ni-Legierung) ‖ ~ **agent** (Met) / Legierungszusatz m ‖ ~ **bulk-diffused-base transistor** (Electronics) / ABD-Transistor m ‖ ~ **carbide** (Met) / Karbid n des Legierungselements, Sonderkarbid n
**alloy-coated electrode** (Welding) / hüllenlegierte Elektrode
**alloy coating** (Surf) / Legierungsschutzschicht f (aus verschiedenen Legierungselementen), Legierungsschicht f
**alloy-diffused** adj (Electronics) / legierungsdiffundiert adj
**alloy diode** / Legierungsdiode f (eine Halbleiterdiode)
**alloyed, partially** ~ (Powder Met) / anlegiert adj, teillegiert adj
**alloyed-core electrode** (Welding) / kerndrahtlegierte Elektrode
**alloyed transistor** / legierter Transistor, Legierungstransistor m (ein im Legierungsverfahren hergestellter Bipolartransistor)
**alloy electrogalvanizing** (Surf) / elektrolytisches Legierungsverzinken ‖ ~ **element** (Met) / Legierungselement n (Si, Mn, Cr, Ni, Cu, Al usw.) ‖ ~ **for casting** (Foundry) / Gusslegierung f (metallische Legierung, die sich gut zur Herstellung von Formguss eignet)
**alloying** n (Electronics) / Legierungstechnik f, Legierungstechnologie f, Legierungsverfahren n ‖ ~ (Met) / Zulegieren n, Legieren n ‖ ~ **constituent** (Met) / Legierungsbestandteil m, Legierungskomponente f ‖ ~ **content** (Met) / Legierungsgehalt m (in Stählen) ‖ ~ **element** (Met) / Legierungselement n (Si, Mn, Cr, Ni, Cu, Al usw.) ‖ ~ **metal** (Met) / Legierungsmetall n (z.B. W, Mo, Ta und Cr) ‖ ~ **range** (Met) / Legierungsbereich m
**alloy junction*** (Electronics) / Legierungsübergang m, legierter Zonenübergang, legierter Übergang ‖ ~-**junction transistor** (Electronics) / legierter Transistor, Legierungstransistor m (ein im Legierungsverfahren hergestellter Bipolartransistor) ‖ ~ **matrix** (Met) / Legierungsgrundgefüge n, Legierungsgrundmasse f ‖ ~ **melt** (Met) / Legierungsschmelze f ‖ ~ **metal** (Met) / Legierungsmetall n (z.B. W, Mo, Ta und Cr) ‖ ~ **plating** (Surf) / Abscheidung f (von Legierungen - als Oberflächenschutz) ‖ ~ **powder** (Met) / Legierungspulver n ‖ ~ **road wheel** (Autos) / Leichtmetallscheibenrad n, Leichtmetallrad n, LM-Rad n ‖ ~ **steel*** (Met) / legierter Stahl (DIN EN 10020) ‖ ~ **system** (Met) / Legierungssystem n, Metallsystem n ‖ ~ **wheel** (Autos) / Leichtmetallscheibenrad n, Leichtmetallrad n, LM-Rad n ‖ ~ **wheel** (Autos) / Aufelge f, Aluminiumfelge f (eine Leichtmetallfelge)
**all-pass network*** (Telecomm) / Allpass m (Übertragungsglied, das Schwingungen theoretisch jeder Frequenz überträgt, dessen Amplitudengang somit bei keiner Frequenz verschwindet)
**all-plastic engine** (I C Engs) / Kunststoffmotor m, Plastikmotor m (bei dem die meisten Teile aus Kunststoff bestehen) ‖ ~ **wheel** (Autos) / Vollkunststoffrad n
**all-platform production** (Oils) / Gesamtinstallation f an der Oberfläche (ein Verfahren zur Erschließung eines Erdölvorkommens bei Offshore-Bohrungen)
**all-position motor** / All-Lage-Motor m
**all-purpose** attr / Universal-, Allzweck-, universal adj
**all-purpose adhesive** / Universalkleber m, Allzweckkleber m, Alleskleber m ‖ ~ **cleaner** (Chem) / Allesreiniger m, Allzweckreiniger m, Universalreiniger m
**all-purpose computer** (Comp) / Universalrechner m, Universalrechenanlage f
**all-purpose flour** (Nut) / Haushaltsmehl n
**all-radiant furnace** / Strahlungsofen m (ein Industrieofen)
**all-rag paper** (Paper) / Reinhadernpapier n (DIN 6730)
**all-round fastness to weathering** (Textiles) / Allwetterechtheit f ‖ ~ **lens** (Photog) / Normalobjektiv n, Standardobjektiv n (mit einem maximal genutzten Bildwinkel zwischen 40° und 55°)
**all-round-view indication** (display) (Radar) / Rundsichtdarstellung f, Polarkoordinatendarstellung f

**all-round weld** (Welding) / Rundnaht f ‖ ~ **weld** (Welding) / ringsum geschweißte Naht
**all-season tyre** (Autos) / Ganzjahresreifen m
**all-silica fibre** / AS-Faser f, Quarzfaser f, Quarzglasfaser f
**all-sliming process** (Mining) / All-Sliming-Verfahren n (Goldgewinnung)
**all-socket cross** (Eng) / MMBB-Stück n (ein Formstück) ‖ ~ **tee** (Eng) / MMB-Stück n, Doppelmuffenstück n mit Muffenstutzen ‖ ~ **tee** (Eng, Plumb) / Muffenstück n mit Muffenabzweig
**all-solid-state** attr (Electronics) / voll halbleiterbestückt ‖ ~ **electrode** / Allsolid-State ionenselektive Elektrode, Allsolid-State-Elektrode f (eine ionenselektive Elektrode) ‖ ~ **ion-selection electrode** / Allsolid-State ionenselektive Elektrode, Allsolid-State-Elektrode f (eine ionenselektive Elektrode) ‖ ~ **ion-selective electrode** (Chem) / festkörperionenselektive Elektrode
**all-speed aileron** (Aero) / Allgeschwindigkeits-Querruder n, inneres Querruder
**allspice oil** (Nut) / Pimentöl n, Neugewürzöl n (A) (das etherische Öl aus den Samen der Pimenta dioica (L.) Merr.), Oleum n Amomi seu Pimentae
**all-station address** (Telecomm) / Generaladresse f, weltweite Adresse
**all-surface tyre** (Autos) / Allroundreifen m, Mehrzweckreifen m
**all systems go** (Space) / alles in Ordnung, alles i.O.
**all-terrain** attr (Autos) / geländegängig adj ‖ ~ **car** (Autos) / Geländewagen m, geländegängiger Wagen, Offroadfahrzeug n, Offroader m ‖ ~ **crane** (Civ Eng) / All-Terrain-Kran m, AT-Kran m ‖ ~ **vehicle** (Autos) / Geländefahrzeug m (eine Sonderbauart), Geländewagen m, geländegängiger Wagen, Offroadfahrzeug n, Offroader m ‖ ~ **vehicle tyre** (Autos) / Allzweck-Geländereifen m, ATV-Reifen m
**all-transistor** attr (Electronics) / volltransistoriert adj, volltransistorisiert adj
**all trunks busy** (Teleph) / gassenbesetzt adj
**all-trunks-busy state** (Telecomm, Teleph) / Überlastung f, Gassenbesetztzustand m
**all-up** n (Aero) / Abflugmasse f, Gesamtflugmasse f (minus verbrauchter Kraft- und Schmierstoff)
**all-up weight** (Aero) / Abflugmasse f, Gesamtflugmasse f (minus verbrauchter Kraft- und Schmierstoff)
**alluvial** adj (Geol) / alluvial adj ‖ ~ **clay** (Geol) / Auelehm m ‖ ~ **cone** (Geog) / Schwemmkegel m, Schwemmfächer m ‖ ~ **deposit** (Geol) / Schwemmlandboden m (neu angeschwommenes Land), Alluvialboden m (junger Schwemmlandboden in Niederungen, in Tälern und an der Küste), Alluvion f, Auenboden m ‖ ~ **deposits*** (Geol, Hyd Eng) / fluviatile Ablagerungen ‖ ~ **fan** (Geog) / Schwemmkegel m, Schwemmfächer m ‖ ~ **gold** (Mining) / Seifengold n (auf sekundärer Lagerstätte) ‖ ~ **mining** (Mining) / Seifenbau m, Gewinnung f auf Seifenlagerstätten, Seifenabbau m ‖ ~ **placer** (Geol, Mining) / alluviale Seife(nlagerstätte) ‖ ~ **plain** (Geol) / Alluvialebene f ‖ ~ **soil** (Geol) / Schwemmlandboden m (neu angeschwommenes Land), Alluvialboden m (junger Schwemmlandboden in Niederungen, in Tälern und an der Küste), Alluvion f, Auenboden m ‖ ~ **terrace** (Geol) / Aufschüttungsterrasse f
**alluviation** n (the deposition of alluvium along stream courses) (Geol) / Anschwemmung f (Feststoffansammlung in Gewässern), Anlandung f, Akkumulation f
**alluvion** n (Geol) / Anschwemmung f (Feststoffansammlung in Gewässern), Anlandung f, Akkumulation f
**alluvium*** n (pl. -via or -viums) (Geol) / Schwemmlandboden m (neu angeschwommenes Land), Alluvialboden m (junger Schwemmlandboden in Niederungen, in Tälern und an der Küste), Alluvion f, Auenboden m
**all-watt motor** (Elec Eng) / phasenkompensierter Asynchronmotor
**all-wave filter** (Telecomm) / Allwellenfilter n ‖ ~ **receiver** (Radio) / Allwellenempfänger m
**all-weather** attr / vom Wetter unabhängig
**all-weather fighter** (Aero, Mil) / allwetterkampffähiger Jäger, Allwetterjäger m (bei jedem Wetter und nachts einsatzfähiger Jäger)
**all-weather landing** (Aero) / Blindlandung f, Allwetterlandung f (Landung ohne Bodensicht) ‖ ~ **top** (Autos) / Wetterdach n
**all-welded** adj (Welding) / ganz geschweißt
**all-weld-metal test specimen** (Welding) / Prüfstück n für die Schweißgutprüfung
**all-wheel drive** (Autos) / Allradantrieb m
**all-wool** attr (Textiles) / reinwollen adj, ganzwollen adj
**allyl** n (Chem) / Allyl n ‖ ~ **alcohol*** (Chem) / Allylalkohol m (2-Propen-1-ol)
**allylamine** n (Chem) / Allylamin n (3-Aminopropen)
**allyl bromide** (3-bromopropene) (Chem) / Allylbromid n ‖ ~ **chloride*** (3-chloroprene) (Chem) / Allylchlorid n (einer der giftigsten

Halogenkohlenwasserstoffe), 3-Chlorpropen n ‖ ~ **derivatives of metals** (Chem) / π-Allyl-Übergangsmetallverbindungen f pl
**allylene**\* n (Chem) / Propin n (ein stark reaktionsfähiges Gas der Alkin-Reihe)
**allylic** adj (Chem) / allylisch adj ‖ ~ **rearrangement** (Chem) / Allylumlagerung f
**allyl isothiocyanate** (Chem) / Allylisothiozyanat n (Hauptbestandteil des etherischen Senföls), Allylisothiocyanat n, Allylsenföl n ‖ ~ **mustard oil** (Chem) / Allylisothiocyanat n (Hauptbestandteil des etherischen Senföls), Allylisothiocyanat n, Allylsenföl n ‖ ~ **rearrangement** (Chem) / Allylumlagerung f ‖ ~ **resin**\* (Chem, Plastics) / Allylharz n
**allylthiourea** n (Chem) / Allylthioharnstoff m, ATH, Thiosinamin n (Allylthioharnstoff)
**almandine**\* n (Min) / Almandin m (ein Eisentongranat) ‖ ~ **spinel**\* (Min) / Funkenstein m (roter Spinell), Rubinspinell m
**almandite** n (Min) / Almandin m (ein Eisentongranat)
**almond oil**\* / Mandelöl n (aus den Samen des Mandelbaumes)
**almost algebraic operator** (Maths) / fast algebraischer Operator ‖ ~ **all** (Maths) / fast alle (Elemente einer Menge) ‖ ~ **closed set** (Maths) / fast abgeschlossene Menge ‖ ~ **everywhere** (Maths) / fast überall (Elemente einer Menge) ‖ ~ **impossible event** (Stats) / fast unmögliches Ereignis
**almost-periodic function** (Maths) / fastperiodische Funktion
**almost sure** (Stats) / fast sicher
**almucantar** n (Surv) / Almukantarat n, Höhenkreis m, Azimutalkreis m, Azimutkreis m
**Alnico**\* n / Alnico n (ein hartmagnetischer Stoff), Alnico-Legierung f, AlNiCo n
**aloe wood oil** (Pharm) / Aloeholzöl n (aus Aquilaria agallocha (Lour.) Roxb.)
**aloha system** (a multiple random-access communications scheme in which there is a non-fixed allocation of channel capacity, so that the channel is available to any terminal whenever it has a packet ready for transmission) (Comp, Telecomm) / ALOHA-Verfahren n
**along the grain** (For) / faserparallel adj
**along-track direction** (Radar) / Vorwärtsrichtung f
**alpaca**\* n (Textiles) / Alpaka n (die Wollhaare des Alpakas, Bestandteil des Alpakagarns), Alpakahaar n, Alpakawolle f, Ap, Pakowolle f (die Wollhaare des Alpakas), WP (DIN 60001, T 4) (Wolle des Schafkamels Alpaka) ‖ ~ (Textiles) / Alpaka n (Reißwolle aus Wollmischgeweben), Extraktwolle f ‖ ~ (Textiles) / Alpaka m (dichtes glänzendes Gewebe in Tuch- oder Köperbindung), Alpaca m (ein Oberkleidungsgewebe)
**Alpax** n (Met) / Silumin n, Alpax n (Al-Si-Legierung mit etwa 13% Si)
**alpenglow** n (Geophys) / Alpenglühen n
**Alpex cable** (Cables) / Ceanderkabel n (mit einem Ceanderleiter)
**alpha acid unit** (Chem, Nut) / Alphasäurewert m (Hopfen)
**alphabet** n / Alphabet n (in vereinbarter Reihenfolge geordneter Zeichenvorrat - DIN 44300) ‖ ~ **acid** (Chem) / Buchstabensäure f (eine Gruppe von Sulfonsäuren der Naphthalin-Reihe, deren Trivialnamen aus einem Buchstaben als Präfix und -säure gebildet werden) ‖ ~ **flag** (Ships) / Alphabetflagge f (eine Signalflagge)
**alphabetic** adj / alphabetisch adj, abecelich adj
**alphabetical** adj / alphabetisch adj, abecelich adj ‖ ~ **arrangement** / alphabetisches Ordnen (DIN 5007) ‖ ~ **ordering** / alphabetisches Ordnen (DIN 5007)
**alphabetic character set** (Comp) / alphabetischer Zeichenvorrat (ein Buchstaben enthaltender Zeichenvorrat, der auch Steuerzeichen und Sonderzeichen, jedoch keine Ziffern beinhalten kann), Alphazeichenvorrat m ‖ ~ **code** (Comp) / alphabetischer Kode, Alphakode m ‖ ~ **information** (Comp) / alphabetische Information ‖ ~ **word** (Comp) / Alphawort n (bestehend aus Alphazeichen), alphabetisches Wort
**alphabet of lines** / Linienarten f pl (in einer Tabelle dargestellt)
**alpha blocker** (Physiol) / Alphablocker m (ein Adrenozeptor), Alpharezeptorenblocker m ‖ ~ **brass**\* (Met) / Alphamessing n, α-Messing n ‖ ~ **capture** (Nuc) / Alpha-Einfang m, α-Einfang m
**alpha-cellulose** n (Chem) / Alphazellulose f, α-Zellulose f ‖ ~ **paper** (Paper) / Dekorpapier n
**alpha component** (Elec Eng) / Alpha-Komponente f (in Drehstromnetzen) ‖ ~ **cut-off** (AI) / Alpha-Abschneiden n (der Bäume beim Spielen), Alpha-Abbruch m ‖ ~ **cut-off** (Electronics) / Alpha-Grenzfrequenz f ‖ ~ **decay**\* (Nuc) / Alphazerfall m ‖ ~ **detector** (Nuc) / Alphastrahlendetektor m, Alphadetektor m, Detektor m für Alphastrahlung ‖ ~ **disintegration**\* (Nuc) / Alphazerfall m ‖ ~ **emitter**\* (Nuc) / Alphastrahlungsquelle f, Alphaquelle f
**alpha-furildioxime** n (Chem) / α-Furildioxim n
**alpha geek** (Comp) / Wizard m (ein /meistens/ älterer Experte)
**alphageometric mode** (TV) / alphageometrisches Verfahren (ein Bildschirmdarstellungsverfahren, z.B. das kanadische Télidon)

**alpha-hydroxy acid** (Chem) / α-Hydroxysäure f
**alpha-hydroxypropionic acid** (Bot, Chem) / Milchsäure f (2-Hydroxypropionsäure - E 270)
**alpha-iron**\* n (Met) / Alphaeisen n, α-Eisen n ‖ ~\* (Met) s. also ferrite
**alphameric**\* adj (Comp) / alphanumerisch adj, alphamerisch adj
**alphamosaic mode** (TV) / Alphamosaik-Verfahren n (ein Bildschirmdarstellungsverfahren wie Antiope oder Prestel)
**alpha-naphthol test** (Biochem) / Molisch-Reaktion f (zum Nachweis von Kohlehydraten oder Zucker in Lösungen - nach dem österreichischen Botaniker H. Molisch, 1856-1937)
**alphanumeric**\* adj (Comp) / alphanumerisch adj, alphamerisch adj ‖ ~ **display** (Instr) / Klartextanzeige f (bei Instrumenten)
**alpha paper** (Paper) / Alfapapier n, Espartopapier n
**alpha-particle**\* n (Nuc) / Alphateilchen n, Heliumkern m, α-Teilchen n ‖ ~ **mass** (Nuc) / Alphateilchenmasse f ‖ ~ **molar mass** (Chem, Nuc) / molare Masse des Alphateilchens
**alphaphotographic mode** (TV) / alphafotografisches Verfahren (ein Bildschirmdarstellungsverfahren, z.B. das britische Picture Prestel)
**alpha prime** (martensite) (Met) / Martensit m (Alphaphase bei Titanlegierungen) ‖ ~ **prompt** (Comp) / alphanumerische Meldung (bei programmierbaren Taschenrechnern) ‖ ~ **pulp**\* (Paper) / Zellstoff m mit über 90 % Alphazellulose ‖ ~ **quartz** (Min) / Tiefquarz m, α-Quarz m, Niederquarz m (< 573 °C) ‖ ~ **radiation** (Nuc) / Alphastrahlung f (eine Korpuskularstrahlung), α-Strahlung f ‖ ~ **ray**\* (Nuc) / Alphastrahl m, α-Strahl m
**alpha-ray decay** (Nuc) / Alphazerfall m ‖ ~ **detector** (Nuc) / Alphastrahlendetektor m, Alphadetektor m, Detektor m für Alphastrahlung ‖ ~ **vacuum gauge** (Phys) / Alphatron n (Ionisationsvakuummeter zum Messen von niedrigen Gasdrücken)
**alpha resin** (Brew) / α-Lupulinsäure f, α-Hopfenbittersäure f, α-Bittersäure f, Humulon n (ein Bitterstoff aus dem Harz des reifen Hopfens) ‖ ~ **source** (Nuc) / Alphastrahlungsquelle f, Alphaquelle f ‖ ~ **test** (test of a product with selected people inside the developing company) (Comp) / Alpha-Test m
**alphatron** n (Phys) / Alphatron n (Ionisationsvakuummeter zum Messen von niedrigen Gasdrücken)
**alpha version** (Comp) / Alphaversion f (die erste, öffentlich zugängliche Version einer Software weit vor dem Verkaufsstart, welche die grundlegende Funktionalität und Konzeption demonstriert)
**Alpine fir** (For) / Westamerikanische Balsamtanne, Felsengebirgstanne f (Abies lasiocarpa (Hook.) Nutt.) ‖ ~ **glacier** (Geol) / Hochgebirgsgletscher m, Gebirgsgletscher m ‖ ~ **glow** (Geophys) / Alpenglühen n
**ALR** (artillery-location radar) (Mil, Radar) / Artillerieortungsradar m n
**ALS** (approach light system) (Aero) / Anflugbefeuerungssystem n, Näherungsleuchten f pl
**alsbachite** n (Geol) / Alsbachit m (ein Aplit)
**ALS technology** (Electronics) / ALS-Technik f, ALSTTL-Technik f (verbesserte Bipolartechnik mit sehr niedriger Verlustleistung)
**alstonite**\* n (Min) / Alstonit m (Mischkristall Aragonit-Witherit)
**ALT** (key) (Comp) / Alt-Taste f ‖ ≃ (alternate access provider) (Comp, Telecomm) / Alternate-Access-Provider m (in den USA Bezeichnung für alternative Dienstanbieter, die Kunden durch Service Bypassing direkten Zugriff auf ein Fernnetz unter Umgehung des Ortsnetzbetreibers ermöglichen)
**altaite** n (Min) / Altait m (Bleitellurid)
**altar** n (Arch) / Altar n (Stätte des eucharistischen Mahles) ‖ ~ (Ships) / Dockstufe f (im Mittelteil eines Trockendocks)
**altar-facing** n (Arch) / Antependium n (des Altars), Frontale n (des Altars)
**altar-frontal** n (Arch) / Antependium n (des Altars), Frontale n (des Altars)
**altar tomb**\* (Arch) / Altargrab n
**Alta Vista** f (Comp) / Alta Vista f (eine Suchmaschine)
**altazimuth**\* n (Astron, Instr, Surv) / Altazimut n m, Universalinstrument n
**alter** v / abändern v, modifizieren v, ändern v
**alterable** adj (Comp) / änderbar adj (Speicher) ‖ ~ **read-only memory** (Comp) / änderbarer Festwertspeicher
**alterant** n (Pharm) / Alterans n (pl. -ranzien od. -tia) (Mittel zur Umstimmungstherapie bei chronischen Krankheiten, die spezifisch nicht zu beeinflussen sind)
**alteration** n (Automation, Comp) / einschließendes ODER, inklusives ODER ‖ ~ **searcher** (Comp) / Änderungssuchprogramm n
**alternant**\* n (Maths) / Alternante f ‖ ~ **hydrocarbons** (Chem) / alternierende Kohlenwasserstoffe
**alternate** adj / abwechselnd adj, wechselnd adj (periodisch) ‖ ~ (US) / alternativ adj (Energie, Brennstoff) ‖ ~ **access provider** (Comp, Telecomm) / Alternate-Access-Provider m (in den USA Bezeichnung für alternative Dienstanbieter, die Kunden durch Service Bypassing direkten Zugriff auf ein Fernnetz unter Umgehung des Ortsnetzbetreibers ermöglichen) ‖ ~ **aerodrome** (Aero) /

**alternate**

Ausweichflugplatz m, AFPL (Ausweichflugplatz) ‖ ~ **airfield**\* (Aero) / Ausweichflugplatz m, AFPL (Ausweichflugplatz) ‖ ~ **angles**\* (Maths) / Wechselwinkel m pl (an geschnittenen Parallelen) ‖ ~ **computer** (Comp) / Ersatzrechner m

**alternated stratification** (Geol) / Repetitionsschichtung f, Wechsellagerung f

**alternate frequency** (Radio) / Ausweichfrequenz f ‖ ~ **fuel** (Fuels) / alternativer Brennstoff ‖ ~ **immersion test** (Surf) / Wechseltauchversuch m (eine Korrosionsprüfung nach DIN 50 905) ‖ ~-**mark inversion code** (Telecomm) / AMI-Kode m (ein Leitungskode zur Signalumsetzung), Bipolarkode m (erster Ordnung), bipolarer Kode ‖ ~ **material** (Eng) / Austauschwerkstoff m, Austauschstoff m, Alternativmaterial n ‖ ~ **operation** (Comp, Telecomm) / Wechselbetrieb m (DIN 44302), Halbduplexbetrieb m, Halbduplexübertragung f ‖ ~ **pitting** (For) / wechselständige Tüpfelung ‖ ~ **plough** (Agric) / Wechselpflug m ‖ ~ **position** / Wechselstellung f

**alternate-route** v (Comp, Telecomm) / umsteuern v (die Verkehrsrichtung)

**alternate routing** (Teleph) / Leitweglenkung f ‖ ~ **sourcing** / wechselseitiges Auftreten als Zweitlieferant ‖ ~ **structure** (Geol) / Repetitionsschichtung f, Wechsellagerung f ‖ ~ **track** (Comp) / Ersatzspur f ‖ ~ **usage** / Weiterverwertung f ‖ ~ **voice/data** (Comp) / abwechselnd Sprache und Daten

**alternating** adj / abwechselnd adj, wechselnd adj (periodisch) ‖ ~ (Maths) / alternierend adj ‖ ~ **bending test** (Materials) / Wechselbiegeprüfung f ‖ ~ (**oscillating**) **component** (Elec) / Wechselanteil m (DIN 40110), Wechselkomponente f ‖ ~ **copolymer**\* (Chem) / alternierendes Copolymer, alternierendes Kopolymer ‖ ~ **cross-sum** (Maths) / alternierende Quersumme (wenn die Ziffern, die an geraden Stellen stehen, negativ gerechnet werden), Wechselquersumme f ‖ ~ **current**\* (Elec Eng) / Wechselstrom m (der periodisch Richtung und Betrag ändert)

**alternating-current** (measuring) **bridge** (Elec Eng) / Wechselstrommessbrücke f (zur Bestimmung von charakteristischen Größen von Wechselstromwiderständen) ‖ ~ **generator** (Elec Eng) / Wechselstromgenerator m ‖ ~ **machine** (Elec Eng) / Wechselstrommaschine f ‖ ~ **motor** (Elec Eng) / Wechselstrommotor m ‖ ~ **relay** (Elec Eng) / Wechselstromrelais n ‖ ~ **servomotor** (Elec Eng) / Wechselstrom-Servomotor m ‖ ~ **source** (Elec Eng) / Wechselstromquelle f

**alternating field** (Elec) / Wechselfeld n ‖ ~ **field** (Phys) / nicht statisches Feld (wenn zeitliche Änderungen auftreten), Wechselfeld n ‖ ~ **function**\* (Maths) / schiefsymmetrische Funktion, antisymmetrische Funktion, alternierende Funktion

**alternating-gradient accelerator** (Nuc Eng) / AG-Beschleuniger m

**alternating-gradient focusing**\* (Nuc Eng) / starke Fokussierung, Prinzip n des alternierenden Gradienten, AG-Prinzip n, AG-Fokussierung f

**alternating-gradient synchrotron**\* (Nuc Eng) / Synchrotron n mit alternierendem Gradienten, AG-Synchrotron n

**alternating group** (Maths) / alternierende Gruppe (von n Elementen) ‖ ~ **immersion test** (Surf) / Wechseltauchversuch m (eine Korrosionsprüfung nach DIN 50 905) ‖ ~ **load** (Materials) / Wechsellast f ‖ ~ **magnetization** (Elec Eng) / Wechselmagnetisierung f ‖ ~ **potential** (Elec Eng) / Wechselpotential n

**alternating-pressure process** (For) / Wechseldruckverfahren n (ein Kesseldruckverfahren)

**alternating quantity** (Elec Eng) / Wechselstromgröße f (z.B. Wirkspannung, Wirkstrom, Wirkleitwert usw.), Wechselgröße f (zeitlich veränderliche elektromagnetische Größe, deren Mittelwert Null ist) ‖ ~ **series**\* (Maths) / alternierende Reihe (wenn die Vorzeichen der Summanden wechseln) ‖ ~ **series test** (for convergence) (Maths) / Leibniz-Kriterium n ‖ ~ **stress**\* (Mech) / Wechselbeanspruchung f, wechselnde Spannung, Wechselspannung f

**alternating-temperature test** (Materials) / Temperaturwechselprüfung f

**alternating tension and compression test** (Materials) / Zug-Druck-Wechselprüfung f ‖ ~ **tensor** (Maths) / Levi-Civita-Tensor m, Epsilontensor m ‖ ~ **tensor** (Maths) / antisymmetrischer Tensor, antimetrischer Tensor, alternierender Tensor, Antitensor m ‖ ~ **tensor** (Phys) / Multivektor m, p-Vektor m, vollständig alternierender Tensor ‖ ~ **voltage** (Elec Eng) / Wechselspannung f (die periodisch Richtung und Betrag wechselt)

**alternation** n (Phys) / Halbwelle f ‖ ~ **of load** (Mech) / Lastwechsel m ‖ ~ **of multiplicities laws** (Chem) / spektroskopischer Wechselsatz (Wechsel von gerad- und ungeradzahliger Multiplizität)

**alternative** adv (available as another possibility or choice) / alternativ adj (Energie, Brennstoff) ‖ ~ **airport** (Aero) / Ausweichflugplatz m, AFPL (Ausweichflugplatz) ‖ ~ **collating sequence** (Comp) / wechselnde Sortierfolge ‖ ~ **denial gate** (Comp) / NAND-Gate n (Torschaltung, bei der das Ausgangssignal mit umgekehrter Polarität erscheint, wenn alle Eingänge mit positiven Impulsen beaufschlagt werden) ‖ ~ **energy** (Ecol) / Alternativenergie f (z.B. Sonne, Wind, Wasser) ‖ ~ **fuel** (Fuels) / alternativer Kraftstoff (z.B. Wasserstoff oder Ethanol), Alternativkraftstoff m, Ausweichkraftstoff m, Ersatzkraftstoff m ‖ ~ **hypothesis** (Maths) / Alternativhypothese f, alternative Hypothese ‖ ~ **material** (Eng) / Austauschwerkstoff m, Austauschstoff m, Alternativmaterial n ‖ ~ **path** (Telecomm) / Ersatzweg m ‖ ~ **route** (Telecomm) / Ersatzweg m

**alternative-route guidance** (Autos) / Wechselwegweisung f (bei der Verkehrslenkung), WW (Wechselwegweisung)

**alternative routing**\* (Teleph) / Umwegschaltung f ‖ ~ **switching** (Comp) / Wechselbandschaltung f ‖ ~ **track** (Comp) / Ersatzspur f

**alternator**\* n (Autos) / Drehstromgenerator m, Drehstromlichtmaschine f ‖ ~ (Elec Eng) / Wechselstromgenerator m ‖ ~\* (Elec Eng) / Drehstromgenerator m ‖ ~ **charging light** (Autos) / Batterieladekontrollleuchte f, Ladekontrollleuchte f, Ladekontrolle f (eine Warnleuchte)

**altigraph** n (Aero) / Höhenschreiber m

**altimeter**\* n (Aero, Phys) / Altimeter n, [barometrischer] Höhenmesser m

**altimetry** n / Höhenmessung f, Hypsometrie f

**altiplano** n (Geog) / Altiplano m (in Südperu und Bolivien)

**altitude**\* n / [absolute] Höhe f ‖ ~ (Aero) / Flughöhe f (über Normalnull) ‖ ~\* (Maths, Nav, Space) / Höhe f ‖ ~ (Surv) / Höhe f über dem Meeresspiegel ‖ ~\* (Surv) / Höhenzahl f, Höhenkote f, Kote f (Höhenzahl) ‖ ~ **assignment** (Aero) / Höhenzuweisung f ‖ ~ **chamber** (Aero) / Höhenkammer f ‖ ~ **circle** (Surv) / Almukantarat m, Höhenkreis m, Azimutalkreis m, Azimutkreis m ‖ ~ **compensation** / Höhenkorrektur f ‖ ~ **computer** (Aero) / Höhenrechner m ‖ ~ **datum** (Surv) / Höhenbezugspunkt m (Punkt, durch den die Niveaufläche festgelegt wird, auf die sich die Höhenangaben beziehen) ‖ ~ **difference** (Geog, Surv) / Höhenunterschied m ‖ ~ **engine** (Aero) / Höhenmotor m ‖ ~ **hold** (Aero) / Höhenhaltung f ‖ ~ **indication** (Aero, Surv) / Höhenanzeige f ‖ ~ **recorder** (Aero) / Höhenschreiber m ‖ ~ **sickness** (Med, Physiol) / Bergkrankheit f, Höhenkrankheit f, Ballonkrankheit f, Fliegerkrankheit f, Bergkoller m ‖ ~ **sickness** (Physiol) s. also mountain sickness ‖ ~ **theorem** (Maths) / Höhensatz m (im rechtwinkligen Dreieck), Euklids Höhensatz ‖ ~ **tint** (Cartography) / hypsometrische Farbe, Höhenschichtenfarbe f (in der Höhenschichtfarbskale)

**ALT key**\* (Comp) / Alt-Taste f (erzeugt in Verbindung mit einer anderen, gleichzeitig gedrückten Taste eines Rechners ein Sonderzeichen, das in Abhängigkeit vom Anwenderprogramm definiert werden kann), ALT-Taste f

**alt key**\* (Comp) / Alt-Taste f (erzeugt in Verbindung mit einer anderen, gleichzeitig gedrückten Taste eines Rechners ein Sonderzeichen, das in Abhängigkeit vom Anwenderprogramm definiert werden kann), ALT-Taste f

**altocumulus**\* n (pl. altocumuli) (Meteor) / Altokumulus m (pl. -li), Ac

**altocumulus cloud** (Meteor) / Altokumulus m (pl. -li), Ac

**altostratus**\* n (pl. altostrati) (Meteor) / Altostratus m (pl. -strati), As (Altostratus)

**altostratus cloud** (Meteor) / Altostratus m (pl. -strati), As (Altostratus)

**altrose**\* n (Chem) / Altrose f (eine Aldohexose)

**ALU** (arithmetic logic unit) (Comp) / arithmetisch-logische Einheit (ein Schaltnetz, das zweistellige arithmetische und logische Operationen ausführt), Arithmetik-Logik-Einheit f, ALU f

**alucoating** n (Surf) / Alucoating n (Herstellung von Korrosionsschutzüberzügen hoher Haftfestigkeit aus Aluminium auf Stahl durch Lichtbogen- oder Plasmaspritzen)

**alum**\* n (Chem) / Alaun m (ein Doppelsalz) ‖ ~ (Paper) / technisches (handelsübliches) Aluminiumsulfat (Hydrat)

**alum-dressed** adj (Leather) / alaungar adj (Leder)

**Alumel**\* n (Hoskins Manufacturing Company) (Met) / Alumel n (Legierung mit etwa 94% Ni, 2% Al, 2% Mn und 1% Si)

**alumen ustum** (pl. alumina usta) / gebrannter Alaun (Alumen ustum)

**alumetize** v (Surf) / spritzalitieren v (nur Infinitiv und Partizip), alumetieren v, spritzaluminieren v (nur Infinitiv und Partizip Perfekt)

**Alumilite hard coating** (Surf) / A.H.C.-Verfahren n, Alumilite Hard Coating n (Hart-Eloxalverfahren mit 10-15%iger Schwefelsäure und 1%iger Oxalsäure) ‖ ~ **process** (US) (Surf) / Alumilite-Verfahren n (elektrolytische Oxidation des Aluminiums in Schwefelsäure verschiedener Konzentration, das im Wesentlichen dem Eloxal-(GS)-Verfahren entspricht)

**alumina**\* n (Chem) / Aluminiumoxid n, Tonerde f ‖ ~ **brick** (Ceramics) / hoch tonerdehaltiger Stein (Aluminiumoxidkeramik) ‖ ~ **cement** (a hydraulic cementitious product formed by sintering mixtures of bauxite with limestone - employed in applications where a cement resistant to elevated temperatures is required) (Build, Civ Eng) / Tonerdezement m, Tonerdeschmelzzement m, TSZ (für tragende Bauteile nicht zugelassen) ‖ ~ **cement** s. also high-alumina cement ‖ ~

**ceramics** (Ceramics) / Aluminiumoxidkeramik *f* (mit hohem Anteil an Al$_2$O$_3$) ‖ **~ *n* G** (Chem) / Aluminiumoxid *n* G (mit Gips als Bindemittel) ‖ **~ gel** (Chem) / Tonerdegel *n*, Aluminiumoxidgel *n*, Alugel *n* ‖ **~ paste** (Chem) / Tonerdepaste *f* ‖ **~ porcelain** (Ceramics) / Aluminiumoxidkeramik *f* (mit hohem Anteil an Al$_2$O$_3$)
**aluminate*** *n* (Chem) / Aluminat *n*
**alumina trihydrate** (Chem) / hydratisiertes Aluminiumhydroxid ‖ **~ whiteware** (any ceramic product with an essentially white body, such as artware, dinnerware, wall tiles, sanitary ware, spark plugs, and other products in which the major crystalline phase is aluminium oxide) (Ceramics) / Tonerdeweißware *f*
**aluminide** *n* (Chem) / Aluminid *n* (intermetallische Verbindung zwischen Aluminium und einem oder mehreren anderen Metallen)
**aluminium** *n* (GB)* (Chem) / Aluminium *n*, Al (Aluminium) ‖ **~ acetate** (Chem) / Aluminiumacetat *n*, Aluminiumazetat *n*, Aluminiumethanoat *n*, essigsaure Tonerde ‖ **~ alloy*** (Met) / Aluminiumlegierung *f* (DIN EN 12 258) ‖ **~ anodizing** (Chem Eng) / Eloxalverfahren *n*, anodische Oxidation von Aluminium ‖ **~ antimonide*** (Chem) / Aluminiumantimonid *n* ‖ **~ body** (Autos) / Aluminiumkarosserie *f* ‖ **~ borohydride** (Chem) / Aluminiumboranat *n* ‖ **~ brass*** (Met) / Kupfer-Zink-Knetlegierung *f* mit 2% Al, Aluminiummessing *n* ‖ **~ bromide** (Chem) / Aluminiumbromid *n* (AlBr$_3$) ‖ **~ bronze*** (Met) / Aluminiumbronze *f* (ein Knet- od. Gusswerkstoff aus mindestens 70% Cu sowie Al als Hauptlegierungszusatz mit 3 - 14%), Kupfer-Aluminium-Legierung *f* (70% Cu sowie Al als Hauptlegierungszusatz) ‖ **~ cable, steel-reinforced** (Cables) / Aluminium-Stahl-Kabel *n* ‖ **~ chlorhydrate** (Chem) / Aluminiumhydroxychlorid *n*, basisches Aluminiumchlorid, Aluminiumchloridhydroxid *n* ‖ **~ chloride** (Chem) / Aluminiumtrichlorid *n*, Aluminiumchlorid *n* (AlCl$_3$)
**aluminium-clad** *adj* / aluminiumplattiert *adj*, aluminiumummantelt *adj*
**aluminium-coated mirror** (Optics) / aluminiumbeschichteter Spiegel
**aluminium coating** / Aluminiumüberzug *m*, Aluminiumbeschichtung *f*
**aluminium-dip coat** (Surf) / feueraluminieren *v*, tauchaluminieren *v*, tauchveraluminieren *v*, tauchalitieren *v* (nur Infinitiv und Partizip Perfekt) ‖ **~ coating** (Surf) / Tauchaluminieren *n*, Feueraluminieren *n*, Tauchalitieren *n*
**aluminium electrolytic capacitor** (Elec Eng) / Aluminium-Elektrolytkondensator *m* (aus Aluminiumoxid), Al-Elko *m* (Aluminium-Elektrolytkondensator) ‖ **~ enamel** (a relatively low-melting porcelain enamel formulated specifically for application to aluminium and aluminium alloys) (Chem) / Aluminiumemail *n* (zum Schutz und Schmuck der Oberfläche von Aluminiumlegierungen) ‖ **~ ethanoate** (Chem) / Aluminiumacetat *n*, Aluminiumazetat *n*, Aluminiumethanoat *n*, essigsaure Tonerde ‖ **~ fluoride** (Chem) / Aluminiumfluorid *n*, Aluminiumtrifluorid *n* (AlF$_3$) ‖ **~ foil*** (Build, Nut) / Aluminiumfolie *f*, Alufolie *f* (auch für Verpackungs-, Back- und Kochzwecke) ‖ **~ formate** (Chem) / Aluminiumformiat *n* ‖ **~ hydride** (Chem) / Aluminiumhydrid *n*, Aluminiumwasserstoff *m* ‖ **~ hydroxide** (Chem) / Aluminiumhydroxid *n*, Tonerdehydrat *n* ‖ **~ hydroxychloride** (Chem) / Aluminiumhydroxychlorid *n*, basisches Aluminiumchlorid, Aluminiumchloridhydroxid *n* ‖ **~ isopropoxide** (Chem) / Aluminiumisopropylat *n* ‖ **~ isopropylate** (Chem) / Aluminiumisopropylat *n* ‖ **~ lactate** (Chem) / Aluminiumlaktat *n*, Aluminiumlactat *n* ‖ **~ leaf*** (Build) / Blattaluminium *n* (reines gewalztes Aluminium; Lieferform Bücher wie bei Blattgold oder unregelmäßige Blätter in Schlägen) ‖ **~ mordant** (Textiles) / Aluminiumbeize *f* (z.B. Aluminiumsulfat, basisches Aluminiumazetat) ‖ **~ oxide** (Chem) / Aluminiumoxid *n*, Tonerde *f* ‖ **~ oxide** s. also bauxite and corundum ‖ **~ oxide and hydroxide** (Chem, Min) / Aluminiummetahydroxid *n* (z.B. Diaspor oder Böhmit) ‖ **~ oxide coating** (Surf) / Aluminiumoxidschicht *f* ‖ **~ oxide fibre** / Aluminiumoxidfaser *f* (zur Verstärkung der Konstruktionen und zur Wärmedämmung) ‖ **~ oxide film** (if thin) (Surf) / Aluminiumoxidschicht *f* ‖ **~ oxide paper** / Aluminiumoxid-Schleifpapier *n* (mit Aluminiumoxid als Bestreuungsmittel), wertvolles Schleifpapier mit Aluminiumoxid als Bestreuungsmittel ‖ **~ paint** (aluminium paste or powder mixed with a suitable medium - the most widely used medium is varnish) (Paint) / Aluminiumfarbe *f* (Aluminiumbronze) ‖ **~ paint*** (Paint) / Aluminiumlackfarbe *f* (Kunstharzlack, mit Aluminiumpulver pigmentiert) ‖ **~ palmitate** (Chem, Mil, Paint, Textiles) / Aluminiumpalmitat *n* ‖ **~ paste** (aluminium powder mixed with sufficient liquid) (Paint) / Aluminiumpaste *f* ‖ **~ phosphate** (Chem) / Aluminiumphosphat *n* ‖ **~ pigment** (Paint) / Aluminiumpigment *n*, Aluminiumbronze *f* ‖ **~ pigment lake** (Paint) / aluminiumverlacktes Pigment
**aluminium-plate setter** (Comp, Print) / Aluplattenbelichter *m* (in der elektronischen Vorstufe), Aluplate-Setter *m*

**aluminium potassium sulphate** s. also potassium alum ‖ **~ powder*** (Met) / Aluminiumpulver *n* ‖ **~ sheath** (Cables) / Aluminiummantel *m*
**aluminium-sheet wheel** (Autos) / Aluminiumblechrad *n*, Bandrad *n*
**aluminium soap** (Chem) / Aluminiumseife *f* (eine Metallseife) ‖ **~ sodium sulphate** (porous alum) (Chem) / Natriumaluminiumsulfat *n* ‖ **~ spot** / Aluminiumfolie *f* (für einen Kronkorken) ‖ **~ stearate** (Chem) / Aluminiumstearat *n* ‖ **~ steel** (Met) / Aluminiumstahl *m* ‖ **~ sulphate** (Chem, Nut) / Aluminiumsulfat *n* (E 520) ‖ **~ titanate** (Ceramics, Chem) / Aluminiumtitanat *n* ‖ **~ trichloride** (Chem) / Aluminiumtrichlorid *n*, Aluminiumchlorid *n* (AlCl$_3$) ‖ **~ trihydrate** (Chem) / Aluminiumtrihydroxid *n* ‖ **~ trihydroxide** (Chem) / Aluminiumtrihydroxid *n* ‖ **~ trimethyl** (Chem) / Trimethylaluminium *n*, Aluminiumtrimethyl *n* (ein Ziegler-Natta-Katalysator) ‖ **~ wheel** (Autos) / Alufelge *f*, Aluminiumfelge *f* (eine Leichtmetallfelge) ‖ **~ window** (Build) / Aluminiumfenster *n* (dessen Profil im Strangpressverfahren hergestellt wird und hohe Korrosionsbeständigkeit bei geringem Gewicht aufweist) ‖ **~ wrap** / Aluminiumfolie *f* (als Einwickelfolie)
**aluminize** *v* / aluminisieren *v*, aluminieren *v*, veraluminieren *v*
**aluminized screen** (Comp, Electronics) / aluminiumschichthinterlegter Bildschirm, aluminisierter Bildschirm, Schirm *m* mit Aluminiumhaut
**aluminoferric** *n* (Chem Eng) / technisches Aluminiumsulfat (mit Fe$^{II}$ und Fe$^{III}$)
**aluminon*** *n* (Chem) / Aluminon *n*, Aurintrikarbonsäure-Ammoniumsalz *n* (ein Nachweisreagens für bestimmte Metalle)
**alumino-silicate*** *n* (Min) / Aluminiumsilikat *n* (mit SiO$_4$-Tetraeder-Struktur), Alumosilikat *n*, Aluminiumsilicat *n*, Alumosilicat *n*
**aluminosis** *n* (pl. aluminoses) (Med) / Aluminosis *f*, Aluminose *f* (eine Staublungenerkrankung), Aluminiumlunge *f*
**aluminothermic process*** (Met) / Goldschmidt-Verfahren *n* (zur Herstellung von Ferrolegierungen - nach H. Goldschmidt, 1861 - 1923), aluminothermisches Verfahren, Aluminothermie *f* ‖ **~ welding** (Welding) / aluminothermisches Schweißen, Thermitschweißen *n*
**aluminothermy** *n* (Met) / Goldschmidt-Verfahren *n* (zur Herstellung von Ferrolegierungen - nach H. Goldschmidt, 1861 - 1923), aluminothermisches Verfahren, Aluminothermie *f*
**aluminous cement*** (Build, Civ Eng) / Tonerdezement *m*, Tonerdeschmelzzement *m*, TSZ (für tragende Bauteile nicht zugelassen) ‖ **~ rocks** (Geol) / aluminiumreiche Gesteine (Aluminiumhydrate oder Aluminiumhydrosilikate)
**aluminum*** *n* (US) (Chem) / Aluminium *n*, Al (Aluminium)
**alumite** *n* (Min) / Alaunstein *m*, Alunit *m* (Kaliumaluminiumhexahydroxiddisulfat)
**alum leather** (Leather) / Alaunleder *n*
**alumogel** *n* (Min) / Alumogel *n*, Sporogelit *m*
**alum schist** (Geol) / Alaunschiefer *m* (durch organische Stoffe und feinverteilten Schwefelkies dunkelgraues bis schwarzes, feinkörniges Sedimentgestein) ‖ **~ shale** (Geol) / Alaunschiefer *m* (durch organische Stoffe und feinverteilten Schwefelkies dunkelgraues bis schwarzes, feinkörniges Sedimentgestein) ‖ **~ slate** (Geol) / Alaunschiefer *m* (durch organische Stoffe und feinverteilten Schwefelkies dunkelgraues bis schwarzes, feinkörniges Sedimentgestein)
**alum-soaked gypsum** (Build) / Alaungips *m*
**alumstone*** *n* (Min) / Alaunstein *m*, Alunit *m* (Kaliumaluminiumhexahydroxiddisulfat)
**Alundum** *n* (Norton Company) / Alundum *n* (reines kristallisiertes Aluminiumoxid als Schleifmittel oder feuerfester Stoff)
**alunite*** *n* (Min) / Alaunstein *m*, Alunit *m* (Kaliumaluminiumhexahydroxiddisulfat)
**alunogen*** *n* (Min) / Alunogen *m* (Aluminiumsulfat-18-Wasser), Keramohalit *m*, Haarsalz *n* (wasserhaltiges Tonerdesulfat)
**α-lupulinic acid** (Brew) / α-Lupulinsäure *f*, α-Hopfenbittersäure *f*, α-Bittersäure *f*, Humulon *n* (ein Bitterstoff aus dem Harz des reifen Hopfens)
**Alweg monorail system** (Rail) / Alweg-Bahn *f* (der bekannteste Vertreter der Sattelbahn)
**alychne** *n* (Optics) / Alychne *f* (Ebene mit der Helligkeit Null im Vektorraum der Farben)
**AM** (actomyosin) (Biochem) / Actomyosin *n*
**Am** (americium) (Chem) / Americium *n*, Am (Americium)
**AM** (access module) (Comp) / Anschlussmodul *n* ‖ **≏** (amplifier) (Elec Eng, Electronics, Telecomm) / Verstärker *m* (Funktionseinheit, deren Ausgangsgröße ein höheres Energieniveau als die Eingangsgröße besitzt) ‖ **≏** (arithmetic mean) (Maths, Stats) / arithmetisches Mittel ‖ **≏** (air mass) (Meteor) / Luftmasse *f* ‖ **≏** (amplitude modulation) (Radio) / Amplitudenmodulation *f* (bei der die Amplitude als Signalparameter verändert wird), AM (Amplitudenmodulation)

**amabilis**

**amabilis fir** (For) / Purpurtanne *f* (Abies amabilis (Douglas ex Loudon) Douglas ex Forbes)
**Amadori reaction** (Chem) / Amadori-Umlagerung *f* (säurekatalysierte Umlagerung eines Aldose-N-Glucosids in ein Isoglucosamin) ‖ ≏ **rearrangement** (Chem) / Amadori-Umlagerung *f* (säurekatalysierte Umlagerung eines Aldose-N-Glucosids in ein Isoglucosamin)
**amagat**\* *n* (Phys) / Amagat *n*, Amagat-Einheit *f* (Molvolumen von Gasen bei 0 °C und 1 at)
**amalgam**\* *n* (Met) / Amalgam *n*
**amalgamate** *v* / amalgamieren *v*
**amalgamated plate**\* (Min Proc) / Amalgamationstisch *m* (beim Goldwaschen)
**amalgamating table**\* (Met) / Amalgamationsplatte *f* ‖ ~ **table**\* (Min Proc) / Amalgamationstisch *m* (beim Goldwaschen)
**amalgamation** *n* / Fusionierung *f*, Fusion *f*, Vereinigung *f*, Zusammenschluss *m* (der Unternehmen) (der Betriebe) ‖ ~ (Met, Min Proc) / Amalgamation *f* (Anreicherungsverfahren bei der Gewinnung von Metallen, besonders von Gold und Silber, aus Erzen durch Auflösen in Quecksilber), Amalgamieren *n*, Amalgamierung *f* ‖ ~ **pan**\* (Min Proc) / Amalgamierpfanne *f* ‖ ~ **process** (Min Proc) / Amalgamation *f* (Anreicherungsverfahren bei der Gewinnung von Metallen, besonders von Gold und Silber, aus Erzen durch Auflösen in Quecksilber), Amalgamieren *n*, Amalgamierung *f*
**amalgam decomposer** / Amalgamzersetzer *m* (Chloralkalielektrolyse) ‖ ~ **electrode** / Amalgamelektrode *f* ‖ ~ **process** / Amalgamverfahren *n* (der Chloralkalielektrolyse), Quecksilberverfahren *n* (der Chloralkalielektrolyse)
**amanitin** *n* (Chem) / Amanitin *n* (Giftstoff des Knollenblätterpilzes), Amatoxin *n*
**amanitine** *n* (Chem) / Amanitin *n* (Giftstoff des Knollenblätterpilzes), Amatoxin *n*
**amanori** *n* (Nut) / Nori *n* (Sammelname für Lebensmittel, die in Ost- und Südostasien aus kultivierten Rotalgen [Porphyra] bereitet werden)
**amaranth** *n* (Chem) / Amarant *m n*, Naphtholrot S *n* (roter Azofarbstoff - als Lebensmittelfarbstoff in den Vereinigten Staaten verboten - E 123) ‖ ~\* (For) / Bischofsholz *n* (von der Peltogyne sp. - ein Ausstattungs- und Drechslerholz), Violettholz *n*, Amarantholz *n*, AMA (Amarantholz), Purpurholz *n*, Purpleheart *n*
**Amaryllidaceae alkaloids** (Pharm) / Amaryllidaceen-Alkaloide *n pl* (z.B. Galanthamin oder Lycorin)
**amateur band** (Radio) / Amateurfunkfrequenzband *n* (das für den Amateurfunkverkehr freigegeben wurde) ‖ ~ **radio operator** (Radio) / Amateurfunker *m*, Funkamateur *m*, Radioamateur *m* ‖ ~ **radio service** (communications) (Radio) / Amateurfunkverkehr *m* ‖ ~ **station** (Radio) / Amateurfunkstelle *f* ‖ ~ **television** (TV) / Amateurfernsehen *n*, ATV
**amatol** *n* / Amatol *n* (ein alter Sicherheitssprengstoff; Ammoniumnitrat + Glyzerintrinitrat)
**amazonite**\* *n* (Min) / Amazonit *m*, Amazonenstein *m* (ein grüner Kalifeldspat)
**amazonstone**\* *n* (Min) / Amazonit *m*, Amazonenstein *m* (ein grüner Kalifeldspat)
**ambari hemp** (Bot) / Gambohanf *m*, Bimlipatamjute *f*, Bimlijute *f*, Kenaf *n* (Hibiscus cannabinus L.), Ambari *m*, Dekkanhanf *m*, Hanfeibisch *m*
**ambatch** *n* (For) / Ambatsch *n* (Aeschynomene elaphroxylon (Guill. et Perr.) Taub.)
**amber**\* *n* / Bernstein *m* (ein fossiles Harz), Sukzinit *m*, Succinit *m* (baltischer Bernstein) ‖ ~ (a yellow light used as a cautionary signal between green for 'go' and red for 'stop') (Autos) / Gelb *n*, gelbes Licht, Gelbphase *f* (der Verkehrsampel) ‖ ~ *attr* / bernsteingelb *adj*, bernsteinfarben *adj*, bernsteinfarbig *adj* ‖ ~ **codon** (Gen) / Ambercodon *n* ‖ ~ **glass** (Glass) / Kohlegelbglas *n*, Braunglas *n*, Amberglas *n*
**ambergris**\* *n* (Chem, Zool) / Graue Ambra (aus dem Pottwal), [natürliche, graue] Ambra *f*
**amber malt** (Brew) / länger erhitztes Darrmalz ‖ ~ **mica** (Min) / Amberglimmer *m* (eine Sonderform des Phlogopits mit einer Kalzinierungstemperatur von etwa 80° C)
**amberoi** *n* (For) / Amberoi *n* (Pterocymbium beccarii)
**amber oil** / Bernsteinöl *n* ‖ ~ **seed** / Ambrettekörner *n pl*, Moschuskörner *n pl* (aus Abelmoschus moschatus Medik.), Bisamkörner *n pl*
**amber-yellow** *adj* / bernsteingelb *adj*, bernsteinfarben *adj*, bernsteinfarbig *adj*
**ambident** *adj* (Chem) / ambivalent *adj* (Ligand), ambident *adj* (Ligand)
**ambient air** / Umgebungsluft *f* ‖ ~ **dose** (Radiol) / Ortsdosis *f*
**ambient-dose rate** (Radiol) / Ortsdosisleistung *f*, ODL (Ortsdosisleistung)

**ambient illumination**\* (Cinema, Photog) / Grundlicht *n*, Raumlicht *n* ‖ ~ **illumination**\* (Light) / Umgebungsbeleuchtung *f* ‖ ~ **light** (Cinema, Photog) / Grundlicht *n*, Raumlicht *n* ‖ ~ **light** (Photog) / Umgebungslicht *n* ‖ ~ **light** (TV) / Vorlicht *n* (die aus der Raumbeleuchtung herrührende Beleuchtungsstärke auf dem Bildschirm eines Fernsehempfängers) ‖ ~ **noise**\* (Acous) / Raumgeräusch *n*, Schallpegel *m* (mittlerer, in einem Raum) ‖ ~ **pressure** / Umgebungsdruck *m*
**ambient-pressure operation** / Betrieb *m* bei Umgebungsdruck
**ambient temperature**\* / Umgebungstemperatur *f* ‖ ~ **temperature**\* s. also room temperature ‖ ~ **thermostat** / Raumthermostat *m* (der die eingestellte Temperatur regelt), Thermostat *m* (der Zentralheizung in den Räumen)
**ambiguity** *n* (AI, Automation) / Mehrdeutigkeit *f* (Ambiguität), Zweideutigkeit *f*, Vieldeutigkeit *f* ‖ ~ **error** (Comp) / Übergangsfehler *m* ‖ ~ **function** (Maths, Radar) / Mehrdeutigkeitsfunktion *f* ‖ ~ **function** (Radar) / Mehrdeutigkeitsfunktion *f* (welche die Auflösung in Entfernung und Radialgeschwindigkeit und Dopplerfrequenz für eine bestimmte Signalform und Filterung bei Mehrdeutigkeit beschreibt)
**ambinocular** *adj* / beidäugig *adj*
**ambiophony**\* *n* (Acous) / Ambiophonie *f* (Stereophonie mit zusätzlichen Raummikrofonen)
**ambipolar**\* *adj* / ambipolar *adj* (Diffusion, Drift)
**ambisonic** *adj* (Acous) / Raumschall-
**Ambler superdraft** (Spinning) / Ambler-Streckwerk *n* (für das Ambler-Hochverzugsspinnverfahren)
**amblygonite**\* *n* (Min) / Amblygonit *m* (ein Lithiummineral)
**amblyope** *n* (Med, Optics) / sehschwache Person
**amblyopia** *n* (Med, Optics) / Schwachsichtigkeit *f*, Amblyopie *f*
**amboyna** *n* (For) / Manila-Padouk *n* (Holz des Pterocarpus indicus Willd.), Amboyna *n* ‖ ~ **wood** (For) / Manila-Padouk *n* (Holz des Pterocarpus indicus Willd.), Amboyna *n*
**ambrein** *n* (Chem) / Ambrein *n* (Hauptinhaltsstoff der Grauen Ambra)
**ambrette** *n* / Ambrettekörner *n pl*, Moschuskörner *n pl* (aus Abelmoschus moschatus Medik.), Bisamkörner *n pl* ‖ ~ / Ambrettebutter *f*, Moschuskörneröl *n* (aus Abelmoschus moschatus Medik.)
**ambrette-seed oil** / Ambrettebutter *f*, Moschuskörneröl *n* (aus Abelmoschus moschatus Medik.)
**ambrettolide** *n* (Chem) / Ambrettolid *n* (ungesättigtes Lacton mit moschusartigem Geruch, das im Moschuskörneröl enthalten ist und als Moschusersatz dient)
**ambroid** *n* / Pressbernstein *m*
**ambrosia beetles**\* (For) / Ambrosiakäfer *m pl*, Holzschädlinge (Käfer), die sich von Ambrosiapilzen ernähren
**ambrosia-beetle tunnel** (For) / Bohrgang *m* (des Ambrosiakäfers), Fraßgang *m* (des Ambrosiakäfers)
**ambulance** *n* (Autos) / Krankenwagen *m* ‖ ~ (a specially equipped vehicle) (Autos, Med) / Rettungswagen *m*, RTW ‖ ~ **aircraft** (Aero) / Sanitätsluftfahrzeug *n*
**ambulator** *n* (Surv) / Messrad *n*
**ambulatory**\* *n* (Arch) / Ambitus *m* (Chorumgang)
**Ambursen dam** (Hyd Eng) / Plattenpfeilermauer *f*, Pfeilerplattenstaumauer *f*, Plattenstaumauer *f*, Ambursenstaumauer *f* (aufgelöste Staumauer mit Pfeilern in kleinem Abstand, an denen Stahlbetonplatten befestigt sind)
**AMC** (aerodynamic mean chord) (Aero) / mittlere aerodynamische Sehne, MAS (mittlere aerodynamische Sehne)
**A.M.C.** (available moisture capacity) (Agric) / Nutzwasservorrat *m* im Boden
**AMD** (automated multiple development) (Chem) / Automated-Multiple-Development *n* (Verbindung der Mehrfachentwicklung mit der Stufen- und Gradientenentwicklung), Mehrfachentwicklung *f* (mit der Stufen- oder Gradientenentwicklung - in der Dünnschichtchromatografie) ‖ ≏ (Advanced Micro Devices) (Comp) / Advanced Micro Devices, AMD (ein amerikanischer Chiphersteller)
**amebicide** *n* (US) (Chem) / Amöbizid *n* (Chemotherapeutikum gegen Amöben)
**ameliorate** *v* (Agric) / meliorieren *v*
**amelioration** *n* (Agric) / Melioration *f*, Bodenmelioration *f* (DIN 4047-10), Bodenverbesserung *f* (Melioration) ‖ ~ **injector** (Agric) / Meliorationslanze *f* (für flüssige Düngemittel)
**amend** *v* (Agric) / verbessern *v*
**amendment** *n* (to) / Änderungsantrag *m* (z.B. bei Verträgen) ‖ ~ **file** (a file of change records) (Comp) / Änderungsdatei *f*, Bewegungsdatei *f* ‖ ~ **of the soil** (Agric) / Bodenverbesserung *f* (durch Erhöhung des Nährstoffgehalts)
**amenity planting** (Arch, Ecol) / Grünanlage *f*

**American basswood** (For) / Amerikanische Linde (meistens Tilia americana) || ~ **beech** (For) / Amerikanische Buche (Fagus grandifolia Ehrh.) || ~ **bond**\* (Build) / amerikanischer Mauersteinverband, Amerikanischer Verband (ein spezieller Verband mit erhöhter Zahl von Läuferschichten) || ~ **Bureau of Shipping** / US-amerikanische Klassifikationsgesellschaft (dem Germanischen Lloyd ähnlich) || ~ **caisson**\* (Civ Eng) / Schwimmkasten $m$ || ~ **carpet wash** (Textiles) / Antikisierung $f$ (der Teppiche), amerikanische Teppichwäsche || ~ **cloth** (Textiles) / Wichsleinwand $f$ (A), Öltuch $n$, Wachstuch $n$ (wasserdichte Packleinwand, Tischtuch), Wachsleinen $n$ || ~ **cockroach** (Med, Nut, Zool) / Amerikanische Schabe (Periplaneta americana L.) || ~ **dillweed oil** / Dillöl $n$ (gewonnen durch Wasserdampfdestillation aus dem Kraut des Dills vor der Reife der Früchte), Oleum $n$ Anethi, Dillkrautöl $n$ || ~ **elm** (For) / Weißulme $f$ (Ulmus americana L.) || ~ **filter**\* (Met, Min Proc) / Scheibenfilter $n$ (ein kontinuierliches Filter) || ~ **football** (Chem) / Form $f$ des $C_{70}$-Fullerens || ~ **hemp** (Bot) / Amerikanischer Hanf (Apocynum cannabinum L.) || ~ **hornbeam** (For) / Amerikanische Hainbuche (Carpinus caroliniana Walter) || ~ **lime** (For) / Amerikanische Linde (meistens Tilia americana) || ~ **pennyroyal oil** / Amerikanisches Poleiöl, Pennyroyalöl $n$ (aus der Hedeoma pulegioides (L.) Pers.) || ~ **persimmon** (For) / Persimone $f$ (Diospyros virginiana L.), Virginische Dattelpflaume || ~ **planetree** (For) / Nordamerikanische Platane (Platanus occidentalis L.), Abendländische Platane, Morgenländische Platane || ~ **red gum**\* (For) / Amerikanischer Amberbaum (Liquidambar styraciflua L.), Satinnussbaum $m$, Sweetgum $m$ || ~ **red oak** (For) / Amerikanische Roteiche (Quercus rubra L.) || ~ **red pine** (For) / Amerikanische Rotkiefer (Pinus resinosa Aiton), PIR (Amerikanische Rotkiefer nach DIN 4076) || ~ **standard pipe thread** (a series of specified sizes for tapered, straight, and dryseal pipe threads, established as a standard in the United States) (Eng) / genormtes amerikanisches Rohrgewinde || ~ **Standard Wire Gage**\* (Eng, Met) / Brown & Sharpe-Drahtlehre $f$, B & S-Drahtlehre $f$ (US-Normlehre für Drähte und Bleche aus Buntmetallen) || ~ **sycamore** (For) / Bastardplatane $f$, Gewöhnliche Platane (Platanus x hispanica Münchh.), Ahornblättrige Platane || ~ **transit** (Surv) / Repetitionstheodolit $m$, zweiachsiger Theodolit || ~ **vermilion** (Paint) / Molybdatrot $n$ (mit etwa 20% Bleimolybdat), Molybdänrot $n$ || ~ **water turbine**\* / amerikanische Wasserturbine (eine Reaktionsturbine mit radial eintretendem Wasser und einem axialen Austritt) || ~ **water turbine**\* s. also Francis water turbine || ~ **whitewood** (For) / Holz $n$ des Amerikanischen Tulpenbaumes, Whitewood $n$, Tulpenbaumholz $n$ (von Liriodendron tulipifera L.) || ~ **Wire Gage** (a standard system for identifying the physical size of a wire) (Met) / genormte US-amerikanische Drahtlehre || ~ **wormseed oil** (Pharm) / Wurmsamenöl $n$, Chenopodiumöl $n$ (aus Chenopodium ambrosioides var. anthelminticum (L.) A. Gray)
**America Online** (Comp) / AOL (ein Online-Dienst), America Online
**americium**\* $n$ (Chem) / Americium $n$, Am (Americium)
**amesite** $n$ (Min) / Amesit $m$ (ein Blätterserpentin)
**Ames test** (a test to determine mutagenic activity of chemicals by observing whether they cause mutations in simple bacteria) (Gen) / Ames-Test $m$ (zur Bestimmung der Mutagenität chemischer Verbindungen)
**amethyst**\* $n$ (Min) / Amethyst $m$ (violett gefärbte Varietät des Quarzes)
**ametropia** $n$ (Med, Optics, Physiol) / Fehlsichtigkeit $f$, Ametropie $f$
**amianthus**\* $n$ (Min) / Amiant $m$ (ein Hornblendenasbest)
**amiantus** $n$ (Min) / Amiant $n$ (ein Hornblendenasbest)
**amicable numbers**\* (Maths) / befreundete Zahlen (zwei natürliche Zahlen a, b, deren Teilersummen $\sigma$ (a), $\sigma$ (b) die Gleichung $\sigma$ (a) = $\sigma$ (b) = a + b erfüllen), verwandte Zahlen
**Amici prism** (a right-angle prism in which the hypotenuse has been replaced by a roof, in which two flat faces meet at a 90° angle) (Optics) / Amici-Prisma $n$ (ein Reversionsprisma nach G.B.Amici, 1786-1863) || ~ **roof prism** (Optics) / Amici-Prisma $n$ (ein Reversionsprisma nach G.B.Amici, 1786-1863)
**AMI-code** $n$ (Telecomm) / AMI-Kode $m$ (ein Leitungskode zur Signalumsetzung), Bipolarkode $m$ (erster Ordnung), bipolarer Kode
**amicron**\* $n$ / Amikron $n$ (mikroskopisch unsichtbares Schwebeteilchen)
**amictic** $adv$ (Geol) / amiktisch $adj$ (See)
**amidase** $n$ (Biochem) / Amidohydrolase $f$, Amidase $f$ (eine Hydrolase)
**amidate** $v$ (Chem) / amidieren $v$
**amide**\* $n$ (Chem) / Amid $n$ (Säure- oder Metallamid)
**amidine** $n$ (Chem) / Amidin $n$ (Carbimidsäureamid)
**amido group**\* (Chem) / Amidogruppe $f$
**amidol** $n$ (Photog) / Amidol $n$ (Reduktionsmittel bei der Entwicklung und Reagens - Diaminophenol-Dihydrochlorid)
**amidophosphoric acid** (Chem) / Amidophosphorsäure $f$

**amidosulphate** $n$ (Chem) / Sulfamat $n$ (Salz oder Ester der Sulfamidsäure), Amidosulfat $n$
**aminase** $n$ (Biochem) / Aminase $f$
**aminate** $v$ (Chem) / aminieren $v$
**amination** $n$ (Chem) / Aminierung $f$
**amine**\* $n$ (Chem) / Amin $n$ (primäres, sekundäres, tertiäres) || ~ **bath** (Surf) / Aminelektrolyt $m$ || ~ **liming liquor** (Leather) / Aminäscher $m$ || ~ **number** (US) (Chem) / Aminwert $m$, Aminzahl $f$ || ~ **odour** (on finished goods) (Textiles) / Amingeruch $m$ || ~ **oxide** (Chem) / Aminoxid $n$ || ~ **value** (Chem) / Aminwert $m$, Aminzahl $f$
**aminoacetaldehyde dimethylacetal** (Chem) / Aminoazetaldehyddimethylazetal $n$ (2,2-Dimethoxyethylamin), Aminoacetaldehyddimethylacetal $n$
**aminoacetic acid** (Biochem) / Aminoethansäure $f$, Glycin $n$ (eine nicht essentielle Aminosäure), Glyzin $n$, Aminoessigsäure $f$, Gly $n$ (Glycin), Glykokoll $n$
**amino acid**\* (Biochem, Chem) / Aminosäure $f$
**amino-acid dating** (Biochem, Geol) / Razematmethode $f$ (zur absoluten Altersbestimmung von fossilen Knochen), Aminosäuredatierung $f$, Eiweißuhr $f$ || ~ **exchange** (Biochem) / Aminosäureaustausch $m$ (in einem Protein)
**amino-acid(s) letter code** (Biochem) / Buchstabenkode $m$ der (von) Aminosäuren
**amino alcohol** (Chem) / Alkanolamin $n$, Aminoalkohol $m$
**aminoanthraquinone** $n$ (Chem) / Aminoanthrachinon $n$
**aminobenzene**\* $n$ (Chem) / Anilin $n$ (das wichtigste aromatische Amin), Aminobenzol $n$, Phenylamin $n$
**aminobenzoic acid** (Chem) / Aminobenzoesäure $f$
**aminobutyric acid** (Chem) / Aminobuttersäure $f$
**aminodithioformic acid** (Chem) / Dithiokarbamidsäure $f$, Dithiocarbamidsäure $f$ (der Grundkörper der Dithiocarbamate und der Thiurame)
**aminoethane** $n$ (the amine with two carbon atoms, which is a colourless liquid with a characteristic fishy smell) (Chem) / Aminoethan $n$, Ethylamin $n$ (primäres, sekundäres und tertiäres Ethylderivat des Ammoniaks)
**aminoethanoic acid** (Biochem) / Aminoethansäure $f$, Glycin $n$ (eine nicht essentielle Aminosäure), Glyzin $n$, Aminoessigsäure $f$, Gly $n$ (Glycin), Glykokoll $n$
**aminoethanol** $n$ (Chem) / Aminoethanol $n$
**aminoformic acid** (Chem) / Karbamidsäure $f$, Carbamidsäure $f$, Aminoameisensäure $f$
**aminoglycosides** $pl$ (Pharm) / Aminoglykoside $n$ $pl$ (eine Gruppe der Oligosaccharid-Antibiotika, wie z.B. Streptomycin)
**amino group**\* (Chem) / Aminogruppe $f$
**aminoguanidine** $n$ (Chem) / Aminoguanidin $n$, Guanylhydrazin $n$
**aminomethane** $n$ (Chem) / Aminomethan $n$, Methylamin $n$
**aminomethylation** $n$ (Chem) / Mannich-Reaktion $f$ (eine Aminoalkylierung von Karbonylverbindungen und anderen CH-aciden Verbindungen durch Kondensation - nach C.F.U. Mannich, 1877-1947)
**aminonaphtholdisulphonic acid** (Chem) / Aminonaphtholdisulfo(n)säure $f$
**aminonaphtholsulphonic acid** (Chem) / Aminonaphtholsulfo(n)säure $f$
**amino nitrogen** (Chem) / Ammoniakstickstoff $m$, Ammoniumstickstoff $m$
**aminopeptidase** $n$ (Biochem) / Aminopeptidase $f$ (eine Exopeptidase)
**aminophenol** $n$ (Chem) / Aminophenol $n$ (Phenol, bei dem ein oder mehrere Wasserstoffatome des Kerns durch eine Aminogruppe ersetzt sind) || ~ **ethyl ether** (Pharm, Textiles) / Phenetidin $n$, Aminophenolethylether $m$, Aminophenetol $n$ (Ethylether der Aminophenole), Ethoxyanilin $n$
**aminophenylarsonic, p-~ acid** (Chem) / Arsanilsäure $f$, 4-Aminophenylarsonsäure $f$
**aminoplastic resin**\* (Chem, Plastics) / Aminoplast $m$ (ein Duroplast), Aminoharz $n$, Aminoplastharz $n$, Amidharz $n$
**aminopropanol** $n$ (Chem) / Aminopropanol $n$
**aminopyridine** $n$ (Chem) / Aminopyridin $n$ (Aminoderivat des Pyridins)
**amino resin** (Chem, Plastics) / Aminoplast $m$ (ein Duroplast), Aminoharz $n$, Aminoplastharz $n$, Amidharz $n$
**aminosalicylic, para(4)-~ acid**\* (Pharm) / para-Aminosalicylsäure $f$, para-Aminosalizylsäure $f$, PAS $f$ (para-Aminosalicylsäure), p-Aminosalizylsäure $f$, p-Aminosalicylsäure $f$
**aminosuccinamic acid** (Biochem) / Asparagin $f$ (eine nicht essentielle Aminosäure), Asn (AspNH$_2$)
**aminosuccinic acid**\* (Biochem, Nut) / Aminobernsteinsäure $f$, Asparaginsäure $f$ (L-Asparaginsäure) (eine nicht essentielle Aminosäure), Aminobutandisäure $f$, Asp (Asparaginsäure)
**amino sugar** (Chem) / Aminodesoxyzucker $m$, Aminozucker $m$
**amino-terminal amino acid** (Biochem) / N-terminale Aminosäure, Aminoende $n$

43

**aminotransferase** n (Biochem) / Transaminase f (eine Transferase), Aminotransferase f
**amiodarone*** n (Pharm) / Amiodaron n
**amitosis** n (pl. amitoses) (Cyt) / direkte Kernteilung (ein Kernteilungsmechanismus), Amitose f ‖ ~ (Cyt) s. also mitosis
**amitriptyline** n (an antidepressant drug of the tricyclic group, with a mild tranquillizing action) (Pharm) / Amitriptylin n (ein Antidepressivum)
**AMM** (accident management measures) / Notfallmaßnahmen f pl, Notfallschutzmaßnahmen f pl (z.B. in einem Kraftwerk) ‖ ~ (antimissile missile) (Mil) / Flugkörperabwehrflugkörper m
**ammeter*** n (Elec Eng) / Strommesser m, Amperemeter n
**ammine** n (Chem) / Ammoniakat n, Amminsalz n, Ammin n (Anlagerung von Ammoniak an Metallionen)
**ammonate** n (Chem) / Ammoniakat n, Amminsalz n, Ammin n (Anlagerung von Ammoniak an Metallionen)
**ammonia*** n (Chem) / Ammoniak n ($NH_3$) ‖ ~ **alum** (aluminium ammonium sulphate) (Chem, Med) / Ammonium-Aluminiumalaun m, Ammoniumalaun m ‖ ~ **beam maser** (Phys) / Ammoniakmolekülstrahl-Maser m
**ammoniac** n (Bot, Chem) / Ammoniakgummi n, Ammoniakum n (pl. -aka), Ammoniakharz n, Ammoniacum n (pl. -aca), Ammoniak-Gummiharz n (natürliches Harz des Dorema ammoniacum D.Don) ‖ ~ adj (Chem) / ammoniakalisch adj, ammoniakhaltig adj, Ammoniak enthaltend
**ammoniacal** adj (Chem) / ammoniakalisch adj, ammoniakhaltig adj, Ammoniak enthaltend ‖ ~ **liquor** (Chem Eng) / Ammoniakwasser n (in Kokereien und Gaswerken anfallendes Kühl- und Waschwasser), Gaswasser n (aus Kokereien und Gaswerken), $NH_3$-Wasser n ‖ ~ **nitrogen** (Chem) / Ammoniakstickstoff m, Ammoniumstickstoff m
**ammonia caramel** (Nut) / AC (Ammoniakulör), Ammoniakkulör f (hergestellt durch kontrollierte Hitzeeinwirkung auf Kohlenhydrate mit Ammoniumverbindungen), Ammoniakzuckerkulör f ‖ ~ **clock*** / Ammoniakuhr f, Ammoniakmoleküluhr f (eine Atomuhr) ‖ ~ **compressor** / Ammoniak-Kompressionskältemaschine f
**ammoniacum** n (a gum resin) (Bot, Chem) / Ammoniakgummi n, Ammoniakum n (pl. -aka), Ammoniakharz n, Ammoniacum n (pl. -aca), Ammoniak-Gummiharz n (natürliches Harz des Dorema ammoniacum D.Don)
**ammonia dynamite** / Ammonsalpetersprengstoff m, Ammoniumnitratsprengstoff m ‖ ~ **liquor** (Chem Eng) / Ammoniakwasser n (in Kokereien und Gaswerken anfallendes Kühl- und Waschwasser), Gaswasser n (aus Kokereien und Gaswerken), $NH_3$-Wasser n ‖ ~ **maser** (Phys) / Ammoniakmolekülstrahl-Maser m ‖ ~ **nitriding** (Met) / Gasnitrieren n in Ammoniak, Gasnitrierung f in Ammoniak ‖ ~ **nitrogen** (Chem) / Ammoniakstickstoff m, Ammoniumstickstoff m ‖ ~ **oxidation process*** (Chem Eng) / Ammoniakverbrennung f (die katalytische Oxidation von Ammoniak, zumeist zur Gewinnung von Salpetersäure) ‖ ~ **plant** (Chem Eng) / Ammoniakanlage f, Ammoniakfabrik f ‖ ~ **resin** (Bot, Chem) / Ammoniakgummi n, Ammoniakum n (pl. -aka), Ammoniakharz n, Ammoniacum n (pl. -aca), Ammoniak-Gummiharz n (natürliches Harz des Dorema ammoniacum D.Don) ‖ ~ **sensing probe** (Chem) / Ammoniumsonde f
**ammonia-soda process*** (Chem) / Solvay-Verfahren n (das wichtigste großtechnische Verfahren zur Gewinnung von Soda - nach E. Solvay, 1838-1922), Solvay-Soda-Verfahren n
**ammonia solution** (Pharm) / Hirschhorngeist m, Ammoniaklösung f (wässrige), Salmiakgeist m, Ammoniakflüssigkeit f (Liquor Ammonii caustici nach DAB 10) ‖ ~ **solution** (Photog) / Ammoniaklösung f (zur Entwicklung von belichtetem Diazomaterial) ‖ ~ **stripping** (Chem Eng, San Eng) / Strippen n von Ammoniak, $NH_3$-Abtrieb m ‖ ~ **sulphite caramel** (Nut) / Ammoniaksulfitzuckerkulör f (hergestellt durch kontrollierte Hitzeeinwirkung auf Kohlenhydrate mit ammonium- und sulfithaltigen Verbindungen), Ammoniumsulfitkulör f, SAC ‖ ~ **synthesis** (Chem Eng) / Ammoniaksynthese f
**ammoniate** n (Chem) / Ammoniakat n, Amminsalz n, Ammin n (Anlagerung von Ammoniak an Metallionen)
**ammoniated ruthenium oxychloride** (Chem, Textiles) / Hydroxoamminrutheniumchlorid n, Rutheniumrot n, Ruthenrot n
**ammonia water** (Chem Eng) / Ammoniakwasser n (in Kokereien und Gaswerken anfallendes Kühl- und Waschwasser), Gaswasser n (aus Kokereien und Gaswerken), $NH_3$-Wasser n ‖ ~ **water** (Pharm) / Hirschhorngeist m, Ammoniaklösung f (wässrige), Salmiakgeist m, Ammoniakflüssigkeit f (Liquor Ammonii caustici nach DAB 10)
**ammonification*** n (Bacteriol, Bot) / Ammonifizierung f (Ammoniakbildung durch bakterielle Zersetzung organischer Stoffe im Boden), Ammonifikation f
**ammonite*** n (Geol) / Ammonshorn n, Ammonit m

**ammonium*** n (Chem) / Ammonium n ‖ ~ **acetate** (Chem) / Ammoniumazetat n, Ammoniumacetat n ‖ ~ **alginate** (Chem, Nut) / Ammoniumalginat n (E 403) ‖ ~ **alum*** (Chem, Med) / Ammonium-Aluminiumalaun m, Ammoniumalaun m ‖ ~ **aurine-tricarboxylate*** (Chem) / Aluminon n, Aurintrikarbonsäure-Ammoniumsalz n (ein Nachweisreagens für bestimmte Metalle) ‖ ~ **benzoate** (Chem) / Ammoniumbenzoat n ‖ ~ **bicarbonate** (Chem) / Ammoniumhydrogenkarbonat n, Ammoniumbikarbonat n ‖ ~ **bicarbonate** (Nut) / Ammoniumbikarbonat n (als Backpulver), ABC-Trieb m (Warenzeichen für ein Backpulver für trockenes Flachgebäck) ‖ ~ **bromide** (Chem) / Ammoniumbromid n ‖ ~ **carbamate** (Autos, Chem) / Ammoniumcarbamat n, Ammoniumkarbamat n ‖ ~ **carbonate** (Chem) / Ammoniumkarbonat n, Ammoniumcarbonat n ‖ ~ **chloride*** (Chem) / Ammoniumchlorid n, Ammonchlorid n ‖ ~ **chromate** (Chem, Photog, Textiles) / Ammoniumchromat n ‖ ~ **citrate** (Agric, Chem) / Ammoniumzitrat n (zur Bestimmung der Phosphate in Düngemitteln), Ammoniumcitrat n ‖ ~ **cyanate** (Chem) / Ammoniumcyanat n, Ammoniumzyanat n ‖ ~ **dichromate** (Chem) / Ammoniumdichromat n ‖ ~ **dihydrogen phosphate*** (Chem) / Ammoniumdihydrogen[ortho]phosphat n ‖ ~ **dihydroxide phosphate*** (Chem) / Ammoniumdihydrogen[ortho]phosphat n ‖ ~ **diuranate** (Chem, Nuc Eng) / Ammoniumdiuranat n (z.B. im Yellow cake), ADU (Ammoniumdiuranat) ‖ ~ **ferric sulphate** (Chem) / Ammoniumeisen(III)-sulfat n (Ammoniumeisenalaun), Ferriammoniumsulfat n ‖ ~ **ferrous sulphate** (Chem) / Ammoniumeisen(II)-sulfat n, Ferroammoniumsulfat n ‖ ~ **fluoride** (Chem, Glass) / Ammoniumfluorid n (neutrales oder Ammoniumhydrogenfluorid) ‖ ~ **fluosilicate** (Chem) / Ammoniumhexafluorosilikat n, Ammoniumhexafluorosilicat n ‖ ~ **hexachlorostannate** (Chem) / Ammoniumhexachlorostannat n ‖ ~ **hexachlorostannate(IV)** (pink salt) (Chem, Textiles) / Ammoniumhexachlorostannat(IV) n ‖ ~ **hydrogen carbonate** (Nut) / Ammoniumbikarbonat n (als Backpulver), ABC-Trieb m (Warenzeichen für ein Backpulver für trockenes Flachgebäck) ‖ ~ **hydrogen carbonate** (Chem) / Ammoniumhydrogenkarbonat n, Ammoniumbikarbonat n ‖ ~ **hydrogen sulphide** (Chem) / Ammoniumhydrogensulfid n, Ammoniumhydrosulfid n, Ammoniumsulfhydrat n ‖ ~ **hydroxide*** (Chem) / Ammoniumhydroxid n ‖ ~ **iodide** (Chem) / Ammoniumiodid n ‖ ~ **leavening agent** (e.g. ammonium bicarbonate) / Ammoniumtriebmittel n (ein Gemisch verschiedener Ammoniumsalze) ‖ ~ **mandelate** (Chem) / Ammoniummandelat n ‖ ~ **molybdate** (Chem) / Ammoniummolybdat n ‖ ~ **nickel sulphate** (Chem, Surf) / Ammoniumnickel(II)-sulfat-6-Wasser n, Nickel(II)-ammoniumsulfat n ‖ ~ **nitrate** (Chem) / Ammoniumnitrat n (Stickstoffdünger, Sicherheitssprengstoff), Ammoniaksalpeter m, Ammonnitrat n
**ammonium-nitrate-carbon explosive** / ANC-Sprengstoff m
**ammonium nitrate lime** (Agric, Chem) / Kalkammonsalpeter m, KAS (Kalkammonsalpeter) ‖ ~ **nitrate sulphate** (Agric, Chem) / Montansalpeter m, Ammonsulfatsalpeter m, Leunasalpeter m ‖ ~ **octamolybdate** (Chem) / Ammoniumoctamolybdat n, Ammoniumoktamolybdat n ‖ ~ **oxalate** (Chem, Textiles) / Ammoniumoxalat n ‖ ~ **paratungstate** (Chem) / Ammoniumparawolframat n ‖ ~ **perchlorate** (Chem, Space) / Ammoniumperchlorat n (für Sicherheitssprengstoffe und Raketentreibstoffe) ‖ ~ **peroxodisulphate** (Chem) / Ammoniumperoxodisulfat n (ein Oxidationsmittel) ‖ ~ **phosphate** (Chem) / Ammoniumphosphat n ‖ ~ **silicofluoride** (Chem) / Ammoniumhexafluorosilikat n, Ammoniumhexafluorosilicat n ‖ ~ **soap** (Chem) / Ammoniumseife f, Ammoniakseife f ‖ ~ **sodium hydrogen orthophosphate** (Chem) / Phosphorsalz n, Natriumammoniumhydrogenphosphat-4-Wasser n ‖ ~ **sulphamate** (Chem, Paper, Textiles) / Ammoniumsulfamat n ‖ ~ **sulphate** (Chem) / Ammoniumsulfat n ‖ ~ **sulphydrate** (Chem) / Ammoniumhydrogensulfid n, Ammoniumhydrosulfid n, Ammoniumsulfhydrat n ‖ ~ **thiocyanate** (Chem) / Ammoniumthiocyanat n, Ammoniumthiozyanat n, Ammoniumrhodanid n
**ammonization*** n (Bacteriol, Bot) / Ammonifizierung f (Ammoniakbildung durch bakterielle Zersetzung organischer Stoffe im Boden), Ammonifikation f
**ammonolysis*** n (pl.-lyses) (Chem) / Ammonolyse f
**ammoxidation** n (Chem Eng) / Ammonoxidation f, Ammoxidation f (technisches Verfahren zur Herstellung von Nitrilen)
**ammunition** n (Mil) / Munition f ‖ ~ **paper** (Mil, Paper) / Kartuschenpapier n, Patronenhülsenpapier n, Patronenpapier n
**A mobile subscriber** (Teleph) / A-Teilnehmer m (der angerufene Mobilteilnehmer), A-Party f
**A- mode** n (Materials, Med) / Amplitudenmodus m (in der Sonografie)

**amoebicide** *n* (Chem) / Amöbizid *n* (Chemotherapeutikum gegen Amöben)
**amorphous*** *adj* (Crystal) / nichtkristallisch *adj*, nichtkristallin *adj*, amorph *adj* (als Gegensatz zu kristallin), formlos *adj*, ohne Kristallform ‖ ~ **metal*** (Glass) / Metallglas *n*, Glasmetall *n*, metallisches Glas (metallischer Werkstoff), amorphes Metall (z.B. METGLAS oder VITROVAC), glasiges Metall ‖ ~ **semiconductor** (e.g. a-Si:H) (Electronics) / amorpher Halbleiter ‖ ~ **silicon** (Chem) / amorphes Silizium, amorphes Silicium, a-Si (amorphes Silicium) ‖ ~ **solid** (Phys) / nicht kristalliner Festkörper, amorpher Festkörper, amorpher Feststoff ‖ ~ **state** (Chem, Phys) / amorpher Zustand ‖ ~ **sulphur*** (Chem) / elastischer Schwefel, amorpher Schwefel, μ-Schwefel *m*
**amortisseur*** *n* (Elec Eng) / Dämpfer *m* (z.B. Dämpfungskäfig, Dämpferwicklung oder sonstiges Bauelement) ‖ ~ **bar** (Elec Eng) / Dämpferstab *m* ‖ ~ **winding** (Elec Eng) / Dämpferwicklung *f* (eine in sich kurzgeschlossene Wicklung zur Dämpfung von magnetischen Feldern) ‖ ~ **winding** (Elec Eng, Ships) / Anlaufwicklung *f* (bei Synchronmaschinen)
**amosite*** *n* (a commercial term for an iron-rich, asbestiform variety of amphibole occurring in long fibres) (Min) / Amosit *m*
**amount of feedback** (Automation) / Rückkopplungsgrad *m* ‖ ~ **of light** (Light) / Lichtmenge *f* (das Produkt aus Lichtstrom und Zeit; SI-Einheit Lumensekunde - DIN 5031, T 3) ‖ ~ **of mass** (Chem) / Stoffmenge *f* (in mol gemessen - nach DIN 32625), Molzahl *f*
**amount-of-mass concentration** (Chem) / Stoffmengenkonzentration *f* (DIN 1310 und DIN 32625), Molarität *f*
**amount of originating traffic** (Teleph) / Ursprungsverkehrsaufkommen *n* (bei Mobiltelefonen) ‖ ~ **of precipitation** (Meteor) / Niederschlagsmenge *f* ‖ ~ **of settling** (Civ Eng) / Sackmaß *n* (Höhenverlust einer Dammaufschüttung als Folge der Eigensetzung) ‖ ~ **of sludge produced** (sewage treatment) (San Eng) / Schlammanfall *m* ‖ ~ **of steam** (Eng) / Dampfmenge *f* ‖ ~ **of substance** (Chem) / Stoffmenge *f* (in mol gemessen - nach DIN 32625), Molzahl *f*
**amount-of-substance concentration** (Chem) / Stoffmengenkonzentration *f* (DIN 1310 und DIN 32625), Molarität *f* ‖ ~ **fraction** (Chem) / Stoffmengenanteil *m* (einer Stoffportion), Molenbruch *m* (eine Zusammensetzungsgröße), Stoffmengenbruch *m*
**amount of waste** (San Eng) / Abfallaufkommen *n*
**AMP** (adenosine monophosphate) (Biochem) / Adenosin-5'-monophosphat *n*, AMP (Adenosin-5'-monophosphat), Adenylat *n*
**amp** (Elec Eng, Electronics, Telecomm) / Verstärker *m* (Funktionseinheit, deren Ausgangsgröße ein höheres Energieniveau als die Eingangsgröße besitzt)
**ampacity** *n* (Elec Eng) / Strombelastbarkeit *f* (in Ampere)
**amperage*** *n* (Elec) / elektrische Stromstärke (in Ampere)
**ampere*** *n* (Elec) / Ampere *n* (SI-Basiseinheit der elektrischen Stromstärke - nach A.M.Ampère, 1775-1836), A (Ampere - SI-Basiseinheit - DIN 1301, T 1) ‖ ~**-conductor** *n* (Elec) / Ampereleiter *m*, Amperestab *m* ‖ ~ **hour*** (Elec) / Amperestunde *f*, Ah (SI-fremde Einheit der elektrischen Ladung) ‖ ~**-hour capacity*** (Elec) / Kapazität *f* in Ah (einer Batterie) ‖ ~**-hour efficiency*** (Elec) / Wirkungsgrad *m* in Ah, Ah-Wirkungsgrad *m*
**amperemeter** *n* (Elec Eng) / Strommesser *m*, Amperemeter *n*
**Ampère's law*** (Elec) / Ampère'sches Verkettungsgesetz, Ampère-Verkettungsgesetz *n*, Durchflutungsgesetz *n* (allgemeine Formulierung für den Zusammenhang der Stärke eines magnetischen Feldes und des erzeugenden Stroms) ‖ ~ **law** (Elec) / Ampère'sches Gesetz (das Elementargesetz über die Kraft zwischen elektrischen Strömen) ‖ ~ **rule*** (Elec) / Ampère'sche Schwimmerregel, Schwimmregel *f* (zur Richtungsbestimmung des von einem elektrischen Strom auf eine Magnetnadel ausgeübten Drehmoments)
**ampere-turn*** *n* (Elec) / Amperewindung *f* (DIN 42 005)
**amperometric analysis** (Chem) / amperometrische Titration (ein Verfahren der Elektroanalyse), Amperometrie *f* ‖ ~ **detector** (Chem) / amperometrischer Detektor ‖ ~ **method** (Chem) / amperometrische Titration (ein Verfahren der Elektroanalyse), Amperometrie *f* ‖ ~ **titration with two indicator electrodes** (Chem) / Polarisationsspannungstitration *f* (Spannungsmessung bei konstantem Strom)
**amperometry** *n* (Chem) / amperometrische Titration (ein Verfahren der Elektroanalyse), Amperometrie *f*
**ampersand** *n* (Typog) / Und-Zeichen *n* (&), kaufmännisches Und, kommerzielles Und, Et-Zeichen *n*, Kaufmanns-Und *n*
**Ampex** *n* (TV) / Ampex-Verfahren *n* (ein elektromagnetisches Bild- und Tonaufzeichnungsverfahren), magnetische Bild- und Tonaufzeichnung mit der Ampex-Maschine ‖ ~ **recording** (TV) / Ampex-Verfahren *n* (ein elektromagnetisches Bild- und Tonaufzeichnungsverfahren), magnetische Bild- und Tonaufzeichnung mit der Ampex-Maschine
**amphetamine*** *n* (Pharm) / Weckamin *n* (ein Sympathikomimetikum), Amphetamin *n* (internationaler Freiname für 1-Phenyl-2-propanamin, z.B. Benzedrin oder Pervitin)
**amphibian*** *n* (Aero) / Wasser-Land-Flugzeug *n*, Amphibienflugzeug *n* ‖ ~ (Autos) / Amphibienfahrzeug *n* (Sammelbegriff für schwimmfähige motorisierte Landfahrzeuge) ‖ ~ **helicopter** (Aero) / Amphibienhubschrauber *m* ‖ ~ **toxin** / Amphibiengift *n* (z.B. von Fröschen, Kröten und Lurchen) ‖ ~ **venom** / Amphibiengift *n* (z.B. von Fröschen, Kröten und Lurchen)
**amphibious** *adj* (Mil) / amphibisch *adj* (Operation) ‖ ~ **vehicle** (Autos) / Amphibienfahrzeug *n* (Sammelbegriff für schwimmfähige motorisierte Landfahrzeuge)
**amphibole asbestos** (grunerite, riebeckite, anthophyllite, tremolite and actinolite) (Geol) / Hornblendeasbest *m*, Amphibolasbest *m*
**amphiboles*** *pl* (Min) / Amphibolgruppe *f* (z.B. Hornblenden), Amphibole *m pl*
**amphibolite*** *n* (Geol) / Amphibolfels *m*, Amphibolit *m*
**amphidromic point** (Ocean) / Amphidromie *f* (Drehpunkt bei der Überlagerung von Gezeiten)
**amphigene** *n* (Min) / Leuzit *m* (Kaliumalumodisilikat), Leucit *m* (ein Feldspatvertreter)
**amphimixis** *n* (Bot) / Allogamie *f*, Fremdbestäubung *f*, Xenogamie *f*
**amphipathic** *adj* (of a molecule, especially a protein, having both hydrophilic and hydrophobic parts) (Biochem) / amphipathisch *adj*
**amphiphilic** *adj* (Chem) / amphiphil *adj*
**amphiprotic*** *adj* (Chem) / amphiprotisch *adj*, amphoter *adj*
**amphitheatre*** *n* (Arch) / Amphitheater *n*
**ampholyte*** *n* (Mil) / Ampholyt *m* (nach Brönsted) ‖ ~ **ion** (Chem) / Zwitterion *n* (Ion, das Ladungen entgegengesetzten Vorzeichens im gleichen Molekül trägt)
**ampholytic detergents** (Chem) / Amphotenside *n pl*, ampholytische Tenside, amphotere Tenside
**amphoteric*** *adj* (Chem) / amphiprotisch *adj*, amphoter *adj* ‖ ~ **detergents** (Chem) / Amphotenside *n pl*, ampholytische Tenside, amphotere Tenside ‖ ~ **electrolyte** (Chem) / Ampholyt *m* (nach Brönsted) ‖ ~ **ion** (Chem) / Zwitterion *n* (Ion, das Ladungen entgegengesetzten Vorzeichens im gleichen Molekül trägt) ‖ ~ **oxide** (Chem) / amphoteres Oxid ‖ ~ **tensides** (Chem) / Amphotenside *n pl*, ampholytische Tenside, amphotere Tenside
**amphoterism** *n* (Chem) / Amphoterie *f* (als Erscheinung)
**ampicillin** *n* (a semi-synthetic form of penicillin) (Pharm) / Ampicillin *n*
**AMPL** (amplifier) (Elec Eng, Electronics, Telecomm) / Verstärker *m* (Funktionseinheit, deren Ausgangsgröße ein höheres Energieniveau als die Eingangsgröße besitzt)
**amplidyne*** *n* (Elec Eng) / Amplidyne *f* (spezielle Erreger- oder Verstärkermaschine)
**amplification** *n* (Electronics) / Verstärkung *f*, Leistungsverstärkung *f* ‖ ~ (Gen) / Amplifikation *f* (Erhöhung der Genodosis in Zellen durch Produktion zusätzlicher Kopien von Gensequenzen oder Plasmiden) ‖ ~ **cut-off** (Electronics) / Grenzfrequenz *f* der Verstärkung ‖ ~ **factor** (Electronics) / Verstärkungsfaktor *m* (Verhältnis der Ausgangsgröße zur Eingangsgröße) ‖ ~ **gain** (Electronics) / Verstärkungsfaktor *m* (Verhältnis der Ausgangsgröße zur Eingangsgröße), Verstärkung *f* (Verstärkungsfaktor) ‖ ~ **reaction** (Gen) / Amplifikationsreaktion *f* ‖ ~ **stage** (Electronics, Radio) / Verstärkungsstufe *f*
**amplified distillation** (Chem) / Kodestillation *f*, Verstärkungsdestillation *f* ‖ ~ **spontaneous emission** (ASE) (Electronics, Phys) / verstärkte spontane Emission (z.B. bei Farbstofflasern)
**amplifier*** *n* (Elec Eng, Electronics, Telecomm) / Verstärker *m* (Funktionseinheit, deren Ausgangsgröße ein höheres Energieniveau als die Eingangsgröße besitzt) ‖ ~ **module** (Electronics) / Verstärkermodul *n* ‖ ~ **noise** (Electronics) / Verstärkerrauschen *n* ‖ ~ **stage** (Electronics) / Verstärkerstufe *f*
**amplify** *v* (Elec Eng, Electronics, Telecomm) / verstärken *v*
**amplifying circuit** (Electronics) / Verstärkerschaltung *f* ‖ ~ **medium** / verstärkendes Medium (z.B. bei einem Laserverstärker) ‖ ~ **stage** (Electronics) / Verstärkerstufe *f*
**amplitron** (Electronics) / Amplitron *n* (Variante des Magnetrons zur Mikrowellenverstärkung)
**amplitude** *n* (Ecol) / Amplitude *f* (Grenzen, zwischen denen die Stabilität eines Ökosystems erreicht werden kann) ‖ ~* (Elec Eng, Phys) / Scheitelwert *m* (Amplitude bei Sinusgrößen - die Hälfte der Schwingungsbreite nach DIN 1311, T 1) ‖ ~* (Phys) / Amplitude *f* (der maximale Augenblickswert einer Sinusgröße nach DIN 1311, T 1), AM (Amplitude) ‖ ~ **analyzer** (US) (Electronics) / Impulshöhenanalysator *m* ‖ ~ **characteristic** (Telecomm) / Amplitudengang *m* (Betrag der Amplitude in Abhängigkeit von der Frequenz)

**amplitude-comparison**

**amplitude-comparison monopulse** (Radar, Radio) / Amplitudenmonopuls *m*
**amplitude condition** (Phys) / Amplitudenbedingung *f* (bei Oszillatoren) ‖ **~ correction** (Elec Eng) / Amplitudenkorrektur *f*, Amplitudenentzerrung *f* ‖ **~ crest** (Phys) / Amplitude *f* (der maximale Augenblickswert einer Sinusgröße nach DIN 1311, T 1), AM (Amplitude)
**amplitude-density spectrum** (Acous) / Amplitudendichtespektrum *n* (DIN 13 320)
**amplitude direction finding** (Nav, Radar) / Amplitudenpeilung *m* ‖ **~ discriminator*** (Telecomm) / Amplitudendiskriminator *m* (Schaltung, die einen Impuls abgibt, wenn das Eingangssignal eine bestimmte, einstellbare Amplitude über- oder unterschreitet, Impulsamplitudendiskriminator *m*, Impulshöhendiskriminator *m* ‖ **~ distortion*** (Elec Eng) / Amplitudenverzerrung *f* ‖ **~ distribution** (Stats) / Amplitudenverteilung *f* (bei Signalen) ‖ **~ error** (Elec Eng, Telecomm) / Amplitudenfehler *m* ‖ **~ fading** / Amplitudenschwund *m* ‖ **~ fluctuation** (Radar) / Amplitudenfluktuation *f* (die durch Swerling-Modelle beschrieben werden kann) ‖ **~ limiter*** (Electronics, Telecomm) / Amplitudenbegrenzer *m* (ein Amplitudenfilter nach DIN 40146, T 1) ‖ **~ mode** (Materials, Med) / Amplitudenmodus *m* (in der Sonografie)
**amplitude-modulated pulse train** (Telecomm) / amplitudenmodulierter Puls (DIN 5483, T 1)
**amplitude modulation** (Radio) / Amplitudenmodulation *f* (bei der die Amplitude als Signalparameter verändert wird), AM (Amplitudenmodulation) ‖ **~ optimum** / Betragsoptimum *n* des Frequenzganges ‖ **~ peak*** (Phys) / Amplitude *f* (der maximale Augenblickswert einer Sinusgröße nach DIN 1311, T 1), AM (Amplitude) ‖ **~ permeability** (Elec Eng) / Amplitudenpermeabilität *f* ‖ **~ quantization** (Phys) / Amplitudenquantisierung *f* ‖ **~ range** (Phys) / Amplitudenbereich *m* ‖ **~ ratio** (Telecomm) / Amplitudenverhältnis *n* ‖ **~ response** (Telecomm) / Amplitudengang *m* (Betrag der Amplitude in Abhängigkeit von der Frequenz) ‖ **~ separator** (Telecomm, TV) / Amplitudensieb *n* (eine Impulsabtrennstufe) ‖ **~ shift keying** (Telecomm) / Amplitudenumtastung *f* (eine Art Trägerumtastung - Trägersignal: Sinus, modulierter Parameter: Amplitude) ‖ **~ spectrum** (Acous) / Amplitudenspektrum *n* (DIN 13320) ‖ **~ sweep** (Phys) / gleitende Amplitudenveränderung ‖ **~ swing** (Radio) / Amplitudenhub *m* (eine Größe der Amplitudenmodulation) ‖ **~ tapering** (Radar, Radio) / Amplitudenbelegung *f* ‖ **~ term** (Elec Eng, Telecomm) / Amplitudenglied *n* (z.B. in einer Gleichung)
**ampoule** *n* (Glass) / Ampulle *f* (Glasbehälter mit engem Hals, der nach dem Füllen zugeschmolzen wird) ‖ **~ tubing*** (Glass) / Ampullenglas *n*
**AMPS** *n* (Advanced Mobile Phone System) (Teleph) / AMPS *n* (analoges zellulares Mobilfunksystem in den Vereinigten Staaten)
**ampul** *n* (US) (Glass) / Ampulle *f* (Glasbehälter mit engem Hals, der nach dem Füllen zugeschmolzen wird)
**ampule** *n* (US) (Glass) / Ampulle *f* (Glasbehälter mit engem Hals, der nach dem Füllen zugeschmolzen wird)
**AM range** (Radio) / AM-Bereich *m* (Kurzwelle + Mittelwelle + Langwelle)
**AMS** (aeronautical mobile services) (Aero) / beweglicher Flugfernmeldedienst
**a.m.s.l.** (above mean sea level) (Surv) / über Normalnull, üNN (über Normalnull)
**AM suppression** (Radio) / AM-Unterdrückung *f*
**AMT** (advanced manufacturing technology) (Work Study) / intelligente Fertigungstechnik, fortgeschrittene Fertigungstechnik
**Amtec converter** (Elec Eng) / Amtec-Konverter *m* (zur direkten Umwandlung von Wärme in elektrischen Strom)
**amu*** (Nuc) / atomare Masseeinheit, u (atomare Masseeinheit), AME (der zwölfte Teil der Masse eines Atoms des Nuklids $^{12}$C)
**amygdale*** *n* (Geol) / Mandel *f* (kleine Geode)
**amygdalin*** *n* (Chem) / Mandelsäurenitril-Gentiobiosid *n*, Amygdalin *n* (ein zyanogenes Glykosid in bitteren Mandeln und Obstkernen)
**amygdaloid** *n* (Geol) / Mandelstein *m* (vulkanisches oder subvulkanisches Gestein mit zahlreichen Blasenhohlräumen) ‖ **~ texture** (Geol) / Mandelsteintextur *f*, Amygdaloidtextur *f*
**amygdule*** *n* (Geol) / Mandel *f* (kleine Geode)
**amylaceous** *adj* (Chem, Nut) / stärkehaltig *adj*, stärkeführend *adj*, stärkeartig *adj*
**amyl acetate*** (Chem) / Essigsäureamylester *m*, Pentylacetat *n*, Pentylazetat *n*, Essigsäurepentylester *m* ‖ **~ alcohol** (normal)* (Chem) / Pentylalkohol *m*, Pentanol *n*, Amylalkohol *m*
**amylase*** *n* (one of a group of enzymes that digest starch and other polymeric carbohydrates by hydrolysing the bonds between adjacent monomeric units) (Biochem, Chem) / Amylase *f* (stärkespaltendes Enzym), Diastase *f*

**amyl butyrate** (Chem) / Buttersäureamylester *m*, Pentylbutyrat *n*, Amylbutyrat *n* ‖ **~ chloride** (Chem) / Pentylchlorid *n*, n-Amylchlorid *n*
**amylene** *n* (2-methyl-2-butene) (Chem) / Penten *n*, Amylen *n* (isomerer Kohlenwasserstoff der Alkenreihe)
**amyl ether** (Chem) / Amylether *m*, Di-n-pentylether *m* ‖ **~ group*** (Chem) / Amylgruppe *f*, Amylrest *m* ‖ **~ group*** (Chem) s. also pentyl radical
**amylin** *n* (Biochem) / Amylin *n*, Insel-Amyloid-Peptid *n*, IAPP (Insel-Amyloid-Peptid)
**amyl nitrite** (Chem) / Amylnitrit *n* (3-Methylbutylnitrit)
**amylodextrin** *n* (Chem) / Amylodextrin *n* (ein hochmolekulares Dextrin)
**amylo fermentation process** (Chem) / Amyloverfahren *n*, Pilzmaischverfahren *n* (Stärkeverzuckerung und Vergärung ohne diastatische Enzyme)
**amyloglucosidase** *n* (Biochem) / Amyloglukosidase *f*, Amyloglucosidase *f* (eine Amylase)
**amyloid*** *n* (Biochem, Med) / Amyloid *n* (ein faseriges Glykoprotein) ‖ **~*** (Chem) / Amyloid *n* (mit konzentrierter Schwefelsäure behandelte Zellulose) ‖ **~ adj** / amyloid *adj* (stärkehaltig)
**amylolytic*** *adj* (Chem, Nut) / stärkespaltend *adj*, stärkeabbauend *adj*, amylolytisch *adj*
**amylopectin*** *n* (Chem) / Stärkegranulose *f*, Amylopektin *n* (wasserunlösliche Hülle der Stärkekörner - ein stark verzweigtes Polysaccharid)
**amylose*** *n* (Chem) / Amylose *f* (Stärkezellulose)
**amyl salicylate** (Chem) / Salizylsäurepentylester *m*, Salicylsäurepentylester *m*, Isoamylsalizylat *n*, Isoamylsalicylat *n*
**amylum*** *n* (Nut, Pharm) / Amylum *n*
**amyrin** *n* (Bot, Chem) / Amyrin *n* (pentacyclisches Triterpen, das im Latex von Gummibäumen vorkommt)
**amyris oil** / Westindisches Sandelholzöl (ein etherisches Öl aus dem Balsambaum - Amyris balsamifera L.) ‖ **~ oil** s. also sandalwood oil
**A/N** (alphanumeric) (Comp) / alphanumerisch *adj*, alphanumerisch *adj*
**AN** (access network) (Teleph) / Zugangsnetz *n*, Teilnehmerzugangsnetz *n*, Teilnehmernetz *n*, Anschlussnetz *n* (AN), Anschaltenetz *n*, Access-Netz *n*
**anabasine** *n* (Agric, Chem) / Neonikotin *n*, Neonicotin *n*, Anabasin *n* (ein Insektizid)
**anabatic*** *adj* (Meteor) / anabatisch *adj* (mit aufwärts gerichteter Bewegungskomponente), ‖ **~ wind** (a localized wind which flows up valley slopes ) (Meteor) / anabatischer Wind (mit aufwärts gerichteter Bewegungskomponente), Aufwind *m*
**anabolic** *adj* (Pharm) / anabolisch *adj*, anabol *adj* ‖ **~ steroid** (Pharm) / anabolisches Steroid, Anabolikum *n* (pl. - lika)
**anabolism*** *n* (Biochem) / Baustoffwechsel *m*, Anabolismus *m* (die Gesamtheit der aufbauenden Stoffwechselreaktionen)
**anabranch** *n* (a small interlacing stream) (Geog) / Seitenarm *m* (eines Flusses) ‖ **~** (Geog, Hyd Eng) / inselformender Nebenarm (bei Mäandern)
**anacardic acid** (Chem) / Anacardsäure *f* (Inhaltsstoff der Cashewnuss)
**anacidity** *n* (Med, Pharm) / Anacidität *f*, Anazidität *f*
**anaerobe*** *n* (Biochem, Biol) / Anaerobiont *m* (pl. Anaerobionten), Anaerobier *m*, Anaerobe *f*
**anaerobic*** *adj* (Biol) / anaerob *adj*, anaerobisch *adj* ‖ **~ adhesive** / anaerob härtender Anaerobklebstoff, unter Luftabschluss härtender Einkomponentenkleber ‖ **~ degradation** (San Eng) / anaerober (biologischer) Abbau ‖ **~ digestion** (San Eng) / anaerober (biologischer) Abbau ‖ **~ lagoon** (San Eng) / durchflossenes Erdfaulbecken (Abwasserbehandlung), anaerober Teich, Faulteich *m* ‖ **~ metabolism** (Physiol) / Gärungsstoffwechsel *m* ‖ **~ pond** (San Eng) / durchflossenes Erdfaulbecken (Abwasserbehandlung), anaerober Teich, Faulteich *m* ‖ **~ process** (San Eng) / anaerobe Abwasserreinigung
**anaerobiont** *n* (Biochem, Biol) / Anaerobiont *m* (pl. Anaerobionten), Anaerobier *m*, Anaerobe *f*
**anaerobiosis*** *n* (pl. anaerobioses) (Biol) / Anaerobiose *f*, Anoxibiose *f*, Anoxybiose *f* (Leben ohne Sauerstoff)
**anaesthesia*** *n* (Med, Pharm) / Anästhesie *f* (DIN ISO 4135)
**anaesthetic*** *n* (Med, Pharm) / Anästhetikum *n* (pl. -ka)
**anafront*** *n* (Meteor) / Anafront *f*, Aufgleitfront *f*
**anaglyph*** *n* (Photog) / Anaglyphe *f* ‖ **~** (Print) / Anaglyphendruck *m*
**Anaglypta** *n* (Build) / Anaglypta *f* (eine faserhaltige Strukturtapete, die in einem Spezialverfahren mit einer dauerhaften und anstrichbeständigen Musterprägung ausgestattet ist)
**analcime*** *n* (Min) / Analzim *m*, Analcim *m*
**analcite*** *n* (Min) / Analzim *m*, Analcim *m*
**analeptic*** *n* (Med, Pharm) / Anregungsmittel *n*, Analeptikum *n* (pl. -tika) (anregendes, belebendes Mittel)

46

**analgesic*** n (Med, Pharm) / schmerzlinderndes Mittel, Analgetikum n (pl. -tika) ǁ Schmerzkiller m ǁ **~** adj (Med, Pharm) / schmerzlindernd adj, schmerzstillend adj, betäubend adj, analgetisch adj
**analgetic** n (Med, Pharm) / schmerzlinderndes Mittel, Analgetikum n (pl. -tika) ǁ Schmerzkiller m ǁ **~** adj (Med, Pharm) / schmerzlindernd adj, schmerzstillend adj, betäubend adj, analgetisch adj
**anallactic telescope*** (Optics) / anallaktisches Fernrohr (früher bei Entfernungsmessungen gebraucht)
**analog** adj (US) / analog adj
**analogical inference** (AI) / analoges Schließen ǁ **~ reasoning** (AI) / analoges Schließen
**analogue** n (Maths, Phys) / Ähnlichkeit f, Analogon n ǁ **~*** adj (to) / analog adj ǁ **~ adder** (Comp) / Summator m, Summierer m ǁ **~ circuit** / analoge Schaltung (in der Schwingungslehre nach DIN 1311, T 3) ǁ **~ circuit** (Elec) / Analogschaltkreis m, Analogschaltung f, analoger Schaltkreis ǁ **~ computer*** (Comp) / Analogcomputer m, Analogrechner m, Analogie-Rechengerät n ǁ **~ controller** (Automation) / Analogregler m ǁ **~ data** (Comp) / analoge Daten (die nach DIN 44300 nur aus kontinuierlichen Funktionen bestehen) ǁ **~ data logging** / analoge Messwerterfassung ǁ **~-digital converter** (Chem, Comp, Electronics) / A/D-Umsetzer m, Analog-Digital-Umsetzer m, A/D-Wandler m, ADU (Analog-Digital-Umsetzer) ǁ **~ filter** (Electronics) / Analogfilter n ǁ **~ IC** (Electronics) / analoge integrierte Schaltung, analoge integrierte Mikroschaltung ǁ **~ integrated circuit** (Electronics) / analoge integrierte Schaltung, analoge integrierte Mikroschaltung ǁ **~ memory** (Comp) / Analogspeicher m ǁ **~ phase shifter** (Radar, Radio) / analoger Phasenschieber ǁ **~ signal** (Comp, Telecomm) / Analogsignal n, analoges Signal (DIN 40146, T 1) ǁ **~ state** (Nuc) / Isobaranalogzustand m, Analogzustand m ǁ **~ storage** (Comp) / Analogspeicher m ǁ **~ telephone** (Teleph) / analoger Fernsprechapparat
**analogue-to-digital converter*** (Comp, Electronics) / A/D-Umsetzer m, Analog-Digital-Umsetzer m, A/D-Wandler m, ADU (Analog-Digital-Umsetzer)
**analogue voice terminal** (Comp) / analoges Sprachendgerät
**analogy*** n / Analogie f ǁ **~ method** (Eng) / Analogiemethode f (in der Konstruktionstechnik), Synektik f (Analogiemethode)
**analysand** n (Chem) / Analysensubstanz f (im Allgemeinen)
**analyse** v / analysieren v
**analyser*** n / Analysiergerät n, Analysator m ǁ **~*** (Chem) / Analysator m (des Polarimeters) ǁ **~ crystal** (Spectr) / Analysatorkristall m
**analyses test sieve** (Chem) / Analysensieb n
**analysis** n (pl. analyses) (Chem) / Analyse f, Untersuchung f ǁ **~*** n (pl. analyses) (Maths) / Analysis f (Teilgebiet der Mathematik, das als grundlegende Begriffe die Funktion, den Grenzwert und die Stetigkeit hat) ǁ **~ by boiling** (Chem) / Siedeanalyse f ǁ **~ by elutriation** (Min Proc) / Schlämmanalyse f ǁ **~ error** (Chem) / Analysenfehler m (Standardabweichung, die aus den Einzelfehlern berechnet wird) ǁ **~ funnel** (Chem) / Analysenfilter n (für Schnellfiltration) ǁ **~ line** (Spectr) / Analysenlinie f, Hauptlinie f ǁ **~ of communication content** (AI, Telecomm) / Inhaltsanalyse f (Verfahren zur Analyse von Formen oder Inhalten sprachlicher, nicht sprachlicher oder symbolischer Kommunikation mit dem Ziel, anhand von objektiven Merkmalen inhaltliche Schlüsse zu ziehen) ǁ **~ of the atmosphere** (Ecol) / Luftanalyse f ǁ **~ of thickening agents** (Nut) / Dickungsmittelanalyse f ǁ **~ of time series** (Maths, Stats) / Zeitreihenanalyse f ǁ **~ of variance** (Stats) / Varianzanalyse f (statistisches Analyseverfahren zur quantitativen Untersuchung der Einflüsse eines oder mehrerer Faktoren auf Versuchsergebnisse), Streuungsanalyse f, ANOVA (Varianzanalyse) ǁ **~ result** (Chem) / Analysenbefund m, Analysenergebnis n
**analyst*** n (Chem) / Analytiker m ǁ **~ programmer** (Comp) / Systemanalytiker m
**analyte** n (Chem, Met) / Analyt m, zu bestimmender Stoff
**analytic** adj / analytisch adj
**analytical** adj / analytisch adj ǁ **~ balance*** (Chem) / [analytische] Waage f, Analysenwaage f ǁ **~ chemist** (Chem) / Analytiker m ǁ **~ chemistry** (Chem) / analytische Chemie, Analytik f (Ganzheit der Methoden, Verfahren und Substanzen zur Bestimmung von Zusammensetzung, Struktur und gegenseitig möglicher Beeinflussbarkeit stofflicher Systeme) ǁ **~ column** (Chem) / analytische Säule (in der Gaschromatografie) ǁ **~ function generator** (Comp) / Funktionsgeber m für analytische Funktionen, Geber m für analytische Funktionen ǁ **~ funnel** (Chem) / Analysentrichter m, Rippentrichter m ǁ **~ geometry*** (Maths) / analytische Geometrie (Teilgebiet der Mathematik, in dem man sich mit der zahlenmäßigen Beschreibung von Eigenschaften geometrischer Figuren beschäftigt) ǁ **~ line** (Spectr) / Analysenlinie f, Hauptlinie f ǁ **~ quality control** (Chem) / analytische Qualitätssicherung, AQS ǁ **~ reagent*** (Chem) / Pro-analysi-Reagens n, p.a.-Präparat n ǁ **~ reagent grade** (Chem) /

analysenrein adj, zur Analyse (p.a.), p.a. ǁ **~ result** (Chem) / Analysenbefund m, Analysenergebnis n ǁ **~ separation procedure** (Chem) / Trennungsgang m (bei der anorganisch-chemischen qualitativen Analyse) ǁ **~ solution** (Mech) / analytische Lösung (in der technischen Mechanik)
**analytic continuation*** (Maths) / analytische Fortsetzung ǁ **~ function*** (Maths) / holomorphe Funktion, analytische Funktion ǁ **~ geometry** (US) (Maths) / analytische Geometrie (Teilgebiet der Mathematik, in dem man sich mit der zahlenmäßigen Beschreibung von Eigenschaften geometrischer Figuren beschäftigt) ǁ **~ knowledge** (AI) / analytisches Wissen ǁ **~ mechanics** (Mech) / analytische Mechanik ǁ **~ S-matrix** (Phys) / analytische S-Matrix ǁ **~ S-matrix theory** (Phys) / analytische S-Matrix-Theorie
**analyze** v (US) / analysieren v
**analyzer** n (US) / Analysiergerät n, Analysator m ǁ **~** (US) (Chem) / Analysator m (des Polarimeters) ǁ **~ crystal** (US) (Spectr) / Analysatorkristall m
**anamorphic** n (US) (Cinema) / Vorsatzanamorphot m (am Objektiv) ǁ **~** adj (Cinema, Optics) / anamorphotisch adj, anamorph adj ǁ **~ attachment** (Cinema) / Vorsatzanamorphot m (am Objektiv) ǁ **~ lens*** (Cinema, Optics) / Anamorphot m (ein Abbildungssystem)
**anamorphosis** n (pl. -oses) (Optics) / Anamorphose f (optische Abbildung)
**anamorphotic** n (Cinema) / Vorsatzanamorphot m (am Objektiv) ǁ **~** adj (Cinema, Optics) / anamorphotisch adj, anamorph adj
**anaphase*** n (Biol) / Anaphase f (eine charakteristische Phase der Mitose)
**anaphoresis*** n (pl. anaphoreses) (Chem, Phys) / Anaphorese f (bei der Elektrophorese)
**anaphoretic** adj (Chem, Phys) / anaphoretisch adj
**anaphylactic shock*** (Med) / anaphylaktischer Schock, Anaphylaxie f (schockartige allergische Überempfindlichkeitsreaktion)
**anaphylaxis*** n (pl. -axes) (Med) / anaphylaktischer Schock, Anaphylaxie f (schockartige allergische Überempfindlichkeitsreaktion)
**anaplerotic** adj (Chem) / anaplerotisch adj
**anastigmat** n (Optics, Photog) / Anastigmat m (DIN 19040)
**anastigmatic** adj (Optics) / anastigmatisch adj
**anastigmat lens*** (Optics, Photog) / Anastigmat m (DIN 19040)
**anastomosing stream** (Geol, Hyd Eng) / verzweigtes, pendelndes Flussbett
**anatase*** n (Min) / Anatas m (ein $TiO_2$-Mineral) ǁ **~ pigment** (Paint) / Anataspigment m (Titandioxidpigment mit Anatasstruktur)
**anatectite** n (Geol) / Anatexit m
**anatexis** n (melting of pre-existing rock) (Geol) / Anatexis f (teilweises Aufschmelzen von Gesteinen)
**anatexite** n (Geol) / Anatexit m
**anatoxin** n (Biochem) / Anatoxin n (aus Blaualgen) ǁ **~** (Med) / Anatoxin n (das durch Wärmeeinwirkung und Formolzusatz gewonnene Toxoid), Toxoid n (entgiftetes Toxin)
**anatto** (Bot, For) / Annatto m (Bixa orellana L.), Anatto m ǁ **~** (used for colouring foods) (Chem, Nut) / Annatto m n (E 160b) (Farbstoff aus dem Orleansstrauch = Bixa orellana L. - mit bis zu 30% Bixin)
**anaxial** adj (Biol) / anaxial adj
**ANC** (at no extra cost) / ohne Aufpreis ǁ **~** (active noise control) (Acous) / Gegensteuerung f (in der akustischen Regelungstechnik) ǁ **~** (acid neutralization capacity) (Agric, Ecol) / Säureneutralisationskapazität f (kapazitiver Parameter zur Kennzeichnung des potenziellen Puffervermögens von Böden gegenüber Säuren), SNK (Säureneutralisationskapazität)
**ancestor** n (AI, Comp) / Vorgänger m (in einem Baum)
**anchimeric assistance** (Chem) / Nachbargruppenmechanismus m, anchimere Beschleunigung, anchimere Hilfe (wenn bestimmte nukleophile Substitutionen schneller als erwartet und unter Erhalt der Konfiguration ablaufen)
**anchor** v (Civ Eng, Eng) / verankern v ǁ **~** n (Build, Plastics) / Dübel m ǁ **~** (Civ Eng, Horol, Ships) / Anker m
**anchorage** n / feste Haftung (auf einer Unterlage) ǁ **~** (Civ Eng, Eng) / Verankerung f ǁ **~** (Ships) / Ankerplatz m ǁ **~** (Ships) / Ankergeschirr n (Gesamtheit aller Ankereinrichtungen) ǁ **~ block** (Civ Eng) / Ankerblock m (für die Tragkabelverankerung) ǁ **~ pier** (Civ Eng) / Ankerpfeiler m (der Brücke) ǁ **~ spud** (Civ Eng, Ships) / Ankerpfahl m, Haltepfahl m, fester Pfahl (ein Ankerpfahl)
**anchor agitator** (Chem) / U-Rührer m, Ankerrührer m ǁ **~ ball** (Ships) / Ankerball m (kugelförmiger schwarzer Signalkörper mit einem Durchmesser von mindestens 0,6 m, der als Tagessignal im Vorschiff gesetzt, ein ankerndes Schiff bezeichnet) ǁ **~ block** (Civ Eng) / Ankerelement n (Bodenverankerung) ǁ **~ bolt*** (Civ Eng) / Ankerschraube f, Fundamentschraube f, Fundamentbolzen m ǁ **~ buoy** (Ships) / Ankerboje f (zur Kennzeichnung des Ortes eines unter Wasser befindlichen Ankers), Ankerflott n ǁ **~ cable** (Ships) / Ankerkette f ǁ **~ chain** (Ships) /

**anchor**

Ankerkette f ‖ ~ **clamp**\* (Elec Eng) / Spannklemme f, Abspannklemme f ‖ ~ **drill** (Civ Eng) / Ankerbohrgerät n
**anchored dune** (Geol) / befestigte Düne (ingenieurbiologisch) ‖ ~ **mine** (Mil, Ships) / Ankertaumine f (Art der Seeminen, die mittels einer speziellen Ankereinrichtung am Wurfort in einem bestimmten eingestellten Abstand unter der Wasseroberfläche gehalten wird)
**anchor element** (Civ Eng) / Ankerelement n (Bodenverankerung), Anker m, Verankerung f ‖ ~ **escapement**\* (Horol) / Ankerhemmung f ‖ ~ **ground** (Ships) / Ankergrund m (in den sich der Anker eingraben bzw. festhaken soll) ‖ ~ **ice** / Grundeis n
**anchoring** n (Civ Eng, Eng) / Verankerung f ‖ ~ **block** (Build) / Dübelstein m (aus Holz), eingemauerter Holzklotz für Befestigungszwecke, Nagelblock m ‖ ~ **group** (Chem) / Haftgruppe f (eines Polymermoleküls) ‖ ~ **manoeuvre** (Ships) / Ankermanöver n (Handlung, die erforderlich ist, um mit einem Schiff zu ankern)
**anchor log** (Civ Eng) / Ankerelement n (Bodenverankerung), Anker m, Verankerung f
**anchorman** n (pl. -men) (Radio, TV) / Moderator m
**anchor plate** (Civ Eng) / Ankerplatte f (die den Druck verteilt) ‖ ~ **point** (Comp) / Ankerpunkt m (im Datennetz) ‖ ~ **ring**\* (Maths) / Torus m, Kreiswulst m f, Kreistorus m, Ringfläche f ‖ ~ **string**\* (Oils) / Ankerrohrfahrt f, Ankertour f ‖ ~ **tower** (Elec Eng) / Abspanngittermast m, Abspannmast m ‖ ~ **tower** (Eng) / Stützmast m (einer der zwei Masten in dem Stützgerüst des Derricks) ‖ ~ **windlass** (Ships) / Ankerwinde f
**ancillary** (Eng) / Hilfsausrüstung f (zusätzliche), Hilfsaggregat n, Zusatzausrüstung f ‖ ~ adj / Zusatz- (Hilfs-), Hilfs- ‖ ~ **devices** (Eng) / Hilfsausrüstung f (zusätzliche), Hilfsaggregat n, Zusatzausrüstung f ‖ ~ **equipment** (Eng) / Hilfsausrüstung f (zusätzliche), Hilfsaggregat n, Zusatzausrüstung f ‖ ~ **equipment** (Eng) s. also auxiliary equipment ‖ ~ **facility** / Nebenanlage f ‖ ~ **optics** (Photog) / Zusatzoptik f ‖ ~ **work** (Work Study) / mittelbare Arbeiten (im Zusammenhang mit einem Fertigungsverfahren)
**ancylostomiasis** n (pl. -ases) (Med) / Grubenwurmkrankheit f, Ankylostomiasis f (pl. -asen), Ankylostomiase f, Hakenwurmkrankheit f (eine Bergmannskrankheit), Bergarbeiteranämie f, Tunnelkrankheit f
**andalusite**\* n (Min) / Andalusit m (ein Neso-Subsilikat)
**AND circuit** (Comp) / UND-Schaltung f, UND-Glied n, Tor n, Konjunktionsschaltung f ‖ ~ **element** (Comp) / UND-Schaltung f, UND-Glied n, Tor n, Konjunktionsschaltung f
**Anderson bridge** (Elec) / Anderson'sche Brückenschaltung f (eine Induktivitätsmessbrücke - nach A. Anderson, 1858-1936)
**Anderson-Dayem bridge** (Elec) / Anderson-Dayem-Brücke f (eine Mikrobrücke)
**Anderson localization** (for understanding the theory of electrons in certain non-crystalline media) (Phys) / Anderson-Lokalisierung f
**andesine**\* n (Min) / Andesin m (ein Glied der Plagioklas-Reihe)
**andesite**\* n (Geol) / Andesit m (ein junges Ergussgestein) ‖ ~ **line** (Geol) / Andesitlinie f
**AND gate**\* (Comp) / UND-Schaltung f, UND-Glied n, Tor n, Konjunktionsschaltung f
**andiroba** n (For) / Crabholz n, Andirobaholz n, Crabwood n (meistens aus Carapa guianensis Aubl.)
**AND-NOT operation** (Comp) / Inhibition f (eine zweistellige Boole'sche Funktion)
**and operation** / UND-Verknüpfung f, Konjunktion f (DIN 5474)
**andorite** n (Min) / Andorit m
**andradite**\* n (Min) / Kalkeisengranat m, Andradit m (ein Granat)
**Andreasen sedimentation pipette** (Chem, Phys) / Andreasen-Pipette f (zur Messung der Sedimentation von Schwebestoffen in Flüssigkeiten im Schwerefeld)
**Andrews titration** (Chem) / Titration f nach Andrews (mit Kaliumiodat)
**androgen**\* n (Biochem, Med, Physiol) / androgener Stoff (männliches Keimdrüsenhormon), Androgen n
**androgenic**\* adj (Biochem, Med, Physiol) / androgen adj ‖ ~ **hormone** (Biochem, Med, Physiol) / androgener Stoff (männliches Keimdrüsenhormon), Androgen n
**androsterone** n (Biochem, Med, Physiol) / Androsteron n (ein Androgen)
**Andrussow process** (Chem Eng) / Andrussow-Verfahren n (zur Herstellung von Blausäure)
**and so on to...** / und so weiter bis ... ‖ ~ **so on to infinity** (Maths) / und so weiter unbegrenzt
**anechoic** adj (Acous) / schalltot adj ‖ ~ **chamber** (Acous) / schalltoter Raum, reflexionsarmer Raum (DIN 1320), reflexionsfreier Raum ‖ ~ **room**\* (Acous) / schalltoter Raum, reflexionsarmer Raum (DIN 1320), reflexionsfreier Raum
**anelastic** adj / unelastisch adj, inelastisch adj
**anelectric**\* adj (Elec) / unelektrisch adj, nichtelektrisch adj
**anellated ring** (Chem) / kondensierter Ring, anellierter Ring
**anellation** n (Chem) / Anellierung f (Angliederung weiterer Ringe an einen oder mehrere schon vorhandene)

**anemogram** n (Meteor) / Anemogramm n (von einem Anemografen aufgezeichnetes Schaubild)
**anemograph**\* n (Meteor) / Anemograf m, Windschreiber m, Windregistriergerät n
**anemometer**\* n (Eng) / Gasdurchflussmesser m ‖ ~\* (an instrument for measuring wind velocity) (Meteor) / Anemometer n
**anergy** n (the proportion of a form of energy that is not converted into exergy) (Phys) / Anergie f (der nicht in Exergie umgewandelte Anteil einer Energie)
**aneroid** n (Meteor, Surv) / Aneroidbarometer n (Dosen-, Kapselbarometer), Aneroid n, Dosenbarometer n ‖ ~ **altimeter** (Surv) / barometrischer Höhenmesser, mechanischer Höhenmesser, Luftdruckhöhenmesser m ‖ ~ **barograph** (Instr, Meteor) / Barograf m (mit einer Schreibvorrichtung versehenes Barometer) ‖ ~ **barometer**\* (Meteor, Surv) / Aneroidbarometer n (Dosen-, Kapselbarometer), Aneroid n, Dosenbarometer n ‖ ~ **capsule** (Meteor) / Aneroiddose f, Vidie-Dose f (meistens aus Kupfer-Beryllium gefertigtes flaches dünnwandiges dosenförmiges Gefäß von 3 - 15 mm Höhe und 30 - 200 mm Durchmesser, aus dem die Luft teilweise ausgepumpt wurde - nach L.Vidie, 1805 - 1866), Druckdose f, Aneroidkapsel f
**anesthesia**\* n (US) (Med, Pharm) / Anästhesie f (DIN ISO 4135)
**anesthetic**\* n (US) (Med, Pharm) / Anästhetikum n (pl. -ka)
**anethole**\* n (Chem) / Anethol n, Aniskampfer m
**anethum oil** / Dillöl n (gewonnen durch Wasserdampfdestillation aus dem Kraut der Dills vor der Reife der Früchte), Oleum n Anethi, Dillkrautöl n
**aneurin** (Biochem, Pharm) / Thiamin n, Vitamin n $B_1$, Aneurin n ‖ ~ **diphosphate** (Biochem, Pharm) / Aneurinpyrophosphat n, APP (Aneurinpyrophosphat), Thiamipyrophosphat n, TPP (Thiamipyrophosphat), Thiamindiphosphat n, Cocarboxylase f, Kokarboxylase f (Diphosphorsäureester von Thiamin)
**angel**\* n (Radar) / Engelecho n (Echoimpulse, die ohne Geräteursache und ohne Doppelreflexionen auf dem Anzeigegerät erscheinen - z.B. Insektenschwärme, Vögel) ‖ ~ **dust** (clenbuterol) (Pharm) / Clenbuterol n (auch Dopingmittel) ‖ ~ **echo** (Radar) / Engelecho n (Echoimpulse, die ohne Geräteursache und ohne Doppelreflexionen auf dem Anzeigegerät erscheinen - z.B. Insektenschwärme, Vögel)
**angelic acid** (Chem) / Angelikasäure f, Angelicasäure f (eine Methyl-2-butensäure)
**angelica oil** / Angelikaöl n (Wurzel- oder Samenöl der Angelica archangelica L.)
**angelicin** n / Angelicin n (ein Furocumarin), Angelizin n
**angelique** n (For) / Angelique n (Holz aus Dicorynia paraensis)
**angels** pl (Aero, Mil) / Flughöhe f (in 1000 Fuß)
**angiography**\* n (Med, Radiol) / Angiografie n, Vasografie f
**Angiospermae** pl (Bot) / Bedecktsamige pl (Abteilung der Samenpflanzen), bedecktsamige Pflanzen, Bedecktsamer pl, Angiospermen pl
**angiosperms**\* pl (flowering plants) (Bot) / Bedecktsamige pl (Abteilung der Samenpflanzen), bedecktsamige Pflanzen, Bedecktsamer pl, Angiospermen pl
**angiotensin** n (Biochem) / Hypertensin n (ein Peptidhormon), Angiotensin n, Angiotonin n
**angiotonin** n (Biochem) / Hypertensin n (ein Peptidhormon), Angiotensin n, Angiotonin n
**angle** v (Civ Eng) / schwenken v (Planierschild) ‖ ~\* n (Maths) / Winkel m (ebener, räumlicher nach DIN 1315) ‖ ~\* (Maths) / Winkelfeld n (Winkel als Gebiet der Ebene) ‖ ~\* (Mil) / Winkelstahl m (DIN 1022), Winkel m, Winkelprofil n ‖ ~ **at centre** (Maths) / Zentriwinkel m (der von zwei Radien eines Kreises gebildet wird), Mittelpunktswinkel m, Mittenwinkel m (am Kreis) ‖ ~ **at the circumference** (Maths) / Umfangswinkel m, Peripheriewinkel m (dessen Scheitelpunkt ein Punkt eines Kreises ist und dessen Schenkel Sekanten des Kreises sind) ‖ ~ **bars**\* (on rotary presses) (Print) / Wendestangen f pl ‖ ~ **bead**\* (Build) / abgerundete Eckenschutzleiste ‖ ~ **bender** (Eng, Tools) / Winkelbiegewerkzeug n, Winkelbiegestanze f ‖ ~ **bending** (Eng) / Winkligbiegen n ‖ ~ **bisection** (Maths) / Winkelhalbierung f ‖ ~ **brace**\* (Carp) / Winkelband n, Querband n (bei abgewalmten Dächern) ‖ ~ **brace**\* (Carp) / Bugband n, Bandholz n, Kopfband n (z.B. zwischen Pfetten und Stuhlsäulen), Bug m, Kopfbug m, Kopfstrebe f ‖ ~ **bracket**\* (Eng) / Winkelkonsole f ‖ ~ **brackets** (Maths, Typog) / spitze Klammern ‖ ~ **brick** (any brick shaped to an oblique angle to fit a corner) (Build) / Eckenziegel m, Eckstein m (abgeschrägter) [zur Ausbildung des Eckverbandes], Winkelstein m ‖ ~ **cleat** (Build) / Winkeleisen n ‖ ~ **closer**\* (Build) / Eckenziegel m, Eckstein m (abgeschrägter) [zur Ausbildung des Eckverbandes], Winkelstein m ‖ ~ **cock** (Eng) / Eckhahn m (meistens Kugelhahn mit Gehäuse in Eckform) ‖ ~ **conduit box** (Elec Eng) / Winkelabzweigdose f ‖ ~ **connector** (Carp, Join) / Winkelverbinder m (zur Verbindung sich

kreuzender oder winkelrecht stoßender Hölzer) ‖ ~ **correlation** (Maths) / Winkelkorrelation f ‖ ~ **cut** / Winkelschnitt m ‖ ~ **cutter** (a form cutter) (Eng) / Winkelfräser m (ein Formfräser mit winklig zueinander stehenden Schneiden - nach DIN 1823 und 1833) ‖ ~ **cutter*** (Paper) / Diagonalschneidemaschine f

**angled** adj / winklig adj, winkelig adj, verwinkelt adj, winkelförmig adj, Winkel- ‖ ~ **deck*** (Aero, Ships) / Winkeldeck n (Landedeck eines Flugzeugträgers) ‖ ~ **extrusion-die head** (Plastics) / Schrägspritzkopf m

**angle-dispersed photoelectron spectroscopy** (Spectr) / winkelaufgelöste Fotoelektronenspektroskopie

**angle displacement** (Phys) / Winkelverschiebung f ‖ ~ **diversity** (Radio) / Winkel-Diversity f, Winkeldiversität f ‖ ~ **division** (Maths) / Winkelteilung f

**angledozer*** n (Civ Eng) / Planierraupe f mit Schwenkschild, Seitenräumer m, Schwenkschildplanierraupe f, Planierraupe f mit Winkelschild

**angled pin** (Eng) / Querstift m

**angle drilling*** (Oils) / Schrägbohren n ‖ ~ **eikonal** (Optics) / Winkeleikonal n ‖ ~ **equation** (Maths) / Winkelgleichung f ‖ ~ **error** / Winkelfehler m ‖ ~ **fillet** (Join) / Winkelleiste f ‖ ~ **flange** (Eng) / Winkelflansch m ‖ ~ **flash** (Photog) / Blitzneiger m ‖ ~ **float*** (Build) / Eckspachtel m f ‖ ~ **gauge*** (Build, Carp) / Winkelmaß n ‖ ~ **gauge** (Eng) / Winkelendmaß n (ein keilförmiges Endmaß) ‖ ~ **grinder** (Tools) / Winkelschleifer m, Flex f ‖ ~ **iron** (metal section)* (Met) / Winkelstahl m (DIN 1022), Winkel m, Winkelprofil n ‖ ~ **joint** (Carp, Join) / Winkelverband m (Verbindung sich kreuzender Hölzer) ‖ ~ **joint** (Eng) / Winkelgelenk n ‖ ~ **leg** (Maths) / Winkelschenkel m ‖ ~ **meter** / Winkelmesser m (im Allgemeinen) ‖ ~ **milling cutter** (Eng) / Winkelfräser m (ein Formfräser mit winklig zueinander stehenden Schneiden - nach DIN 1823 und 1833) ‖ ~ **modulation*** (Radio) / Winkelmodulation f (FM+PM) ‖ ~ **of aberration** (Astron) / Aberrationswinkel m ‖ ~ **of action** / Eingriffslänge f (vom Beginn bis Ende des Eingriffs durchlaufener Drehweg auf Wälzkreis) ‖ ~ **of action** (US) (Eng) / Profilüberdeckungswinkel m (bei Zahnrädern) ‖ ~ **of a cutting tool** (Eng, Tools) / Schneidwerkzeugwinkel m ‖ ~ **of advance** (I C Engs) / Zündverstellwinkel m, Verstellwinkel m (Winkel der Kurbelwelle vom Zündzeitpunkt bis zum oberen Totpunkt) ‖ ~ **of approach** (Aero) / Anflugwinkel m ‖ ~ **of attack*** (Aero) / Anstellwinkel m (Winkel zwischen der Flügelprofilsehne und der Anblasrichtung), Anströmwinkel m ‖ ~ **of attack** (Autos) / Anstellwinkel m (des Heckspoilers) ‖ ~ **of attack*** (Mil) / Angriffswinkel m (Anflugwinkel eines Flugkörpers) ‖ ~ **of bend** (Eng) / Biegewinkel m (DIN 13316), Abbiegewinkel m, Biegungswinkel m ‖ ~ **of bevel** (of a vee weld) / Flankenwinkel m ‖ ~ **of bite*** (Eng, Met) / Greifwinkel m, Einzugswinkel m, Fassungswinkel m (bei Walzen) ‖ ~ **of brush lag** (Elec Eng) / Bürstenrückschubwinkel m ‖ ~ **of climb** (Aero) / Steigwinkel m (Abweichung von der Horizontalen) ‖ ~ **of contact** (Eng) / Profilüberdeckungswinkel m (bei Zahnrädern) ‖ ~ **of contact*** (Eng) / Umspannungswinkel m, umschlungener Winkel (bei Treibriemen), Umschlingungswinkel m ‖ ~ **of contact** (Eng, Met) / Greifwinkel m, Einzugswinkel m, Fassungswinkel m (bei Walzen) ‖ ~ **of contact*** (Phys) / Kontaktwinkel m (Phasengrenzfläche flüssig (gasförmig)), Randwinkel m ‖ ~ **of coverage** (Optics) / Bildwinkel m eines Objektivs (Größe des Lichtfeldes in Grad) ‖ ~ **of deflection*** (Electronics) / Auslenkwinkel m, Auslenkungswinkel m ‖ ~ **of depression*** (Surv) / Depressionswinkel m, Tiefenwinkel m, negative Höhe ‖ ~ **of deviation*** (Optics) / Ablenkungswinkel m ‖ ~ **of dip*** (Geol) / Fallwinkel m ‖ ~ **of elevation** (Radar) / Elevationswinkel m (bezogen auf die Horizontebene), Höhenwinkel m (des Zieles) ‖ ~ **of friction*** (between solid bodies) (Eng) / Reibungswinkel m, Reibwinkel m, Grenzwinkel m (der Reibung) ‖ ~ **of groove** / Flankenwinkel m ‖ ~ **of half-tone screen lines** (Photog, Print) / Rasterwinkelung f (Stellung der Rasterlineatur für die Herstellung von Rasternegativen und -diapositiven) ‖ ~ **of impact** (Phys) / Auftreffwinkel m ‖ ~ **of incidence*** (Aero) / Einstellwinkel m (zwischen der Flügelprofilsehne und der Luftfahrzeuglängsachse) ‖ ~ **of incidence** (Mil) / Auftreffwinkel m ‖ ~ **of incidence*** (Phys) / Einfallswinkel m (zwischen dem auf eine Ebene einfallenden Strahl und dem Einfallslot), Inzidenzwinkel m ‖ ~ **of incidence** (Telecomm) / Einfallswinkel m (unter dem die Lichtstrahlen in den LWL eintreten), Einkoppelungswinkel m (in einem LWL) ‖ ~ **of inclination** / Neigungswinkel m ‖ ~ **of intersection** (Maths) / Schnittwinkel m (den zwei sich schneidende Geraden miteinander bilden) ‖ ~ **of lag*** (Elec Eng, Telecomm) / Nacheilungswinkel m, Verzögerungswinkel m ‖ ~ **of lead*** (Elec Eng) / Voreilungswinkel m, Voreilwinkel m ‖ ~ **of lens** (Optics) / Bildwinkel m eines Objektivs (Größe des Lichtfeldes in Grad) ‖ ~ **of minimum deviation*** (Optics) / Winkel m bei einem Minimum von Ablenkung, geringster Ablenkwinkel ‖ ~ **of nip*** (Chem Eng) / Einzugswinkel m (am Walzenbrecher) ‖ ~ **of nip*** (Eng, Met) / Greifwinkel m, Einzugswinkel m, Fassungswinkel m (bei Walzen) ‖ ~ **of obliquity*** (Eng) / Eingriffswinkel m (Winkel zwischen Tangente am Wälzkreis und jeweiliger Eingriffsnormalen), Flankenwinkel m (der Zahnräder) ‖ ~ **of opening** (Autos) / Öffnungswinkel m (Steuerdiagramm) ‖ ~ **of parallax** / parallaktischer Winkel (im nautischen Dreieck) ‖ ~ **of pitch** (Aero) / Nickwinkel m, Längsneigungswinkel m ‖ ~ **of polarization** (Optics, Radio) / Polarisationswinkel m, Brewster-Winkel m (nach Sir David Brewster, 1781-1868) ‖ ~ **of pressure*** (Eng) / Eingriffswinkel m (Winkel zwischen Tangente am Wälzkreis und jeweiliger Eingriffsnormalen), Flankenwinkel m (der Zahnräder) ‖ ~ **of reflection*** (Phys) / Reflexionswinkel m ‖ ~ **of refraction*** (Phys) / brechender Winkel (z.B. bei Prismen), Brechungswinkel m, Refraktionswinkel m ‖ ~ **of relief*** (Eng) / Hinterschleifwinkel m, Hinterwetzwinkel m (bei Fräsern) ‖ ~ **of relief*** (Eng) / Freiwinkel m (zwischen der Freifläche des Schneidkeils eines Zerspanwerkzeuges und der Schneidebene im Werkzeug-Bezugssystem - DIN 6581) ‖ ~ **of repose*** (Civ Eng) / natürlicher Böschungswinkel m, Ruhewinkel m ‖ ~ **of repose** (Ships) / Schüttwinkel m (bei frei geschüttetem Schüttgut) ‖ ~ **of roll*** (Aero) / Rollwinkel m ‖ ~ **of rotation** (Maths, Mech) / Drehwinkel m ‖ ~ **of ruling** (Cartography) / Rasterwinkelung f, Rasterwinklung f ‖ ~ **of slide*** (Civ Eng, Phys) / Böschungswinkel m (unter dem sich der Boden normalerweise abböscht) ‖ ~ **of stall*** (Aero) / Höchstauftriebswinkel m, kritischer Anstellwinkel, Strömungsabreißwinkel m, Abreißwinkel m ‖ ~ **of strike** (Geol, Mining) / Streichwinkel m (zwischen der Streichlinie einer Lagerstätte und der magnetischen Nordrichtung) ‖ ~ **of the chamfer** (Eng) / Fasenwinkel m ‖ ~ **of the seat back** (Autos) / Neigung f der Rückenlehne ‖ ~ **of thread** (Eng) / Flankenwinkel m (der die verschiedenen Gewindearten unterscheiden kann - DIN 2244) ‖ ~ **of torsion** (Eng) / Torsionswinkel m, Verdrehwinkel m ‖ ~ **of twist*** (Eng) / Torsionswinkel m, Verdrehwinkel m ‖ ~ **of view*** (Optics) / Bildwinkel m eines Objektivs (Größe des Lichtfeldes in Grad) ‖ ~ **of view** (Optics) / Gesichtswinkel m (der Linse) ‖ ~ **of vision** (Optics, Physiol) / Blickwinkel m ‖ ~ **of wrap** / Umspannungswinkel m, umschlungener Winkel (bei Treibriemen), Umschlingungswinkel m ‖ ~ **of yaw** (Aero, Ships) / Gierwinkel m ‖ ~ **of yaw** (Autos) / Gierwinkelfehler m (Abweichung zwischen der Fahrzeuglängsachse und der Längsachse eines idealen Fahrzeugs, das den vorgegebenen Kreisbogen ohne Abweichung weiter befährt), Gierwinkel m

**angle-only tracking** (Radar) / Richtungsverfolgung f (einer Strahlungsquelle oder eines Ziels beim Ausfall der Information über die Entfernung, zum Beispiel bei einem unmodulierten Dauerstrichradar)

**angle parking** (Autos) / Schrägparken n, schräges Parken, schräges Einparken, schräge Aufstellung der Fahrzeuge (auf dem Parkplatz) ‖ ~ **pass** (Met) / Winkelkaliber n ‖ ~ **plate*** (Eng) / Spannwinkel m, Aufspannwinkel m ‖ ~ **plug** (Elec Eng) / Winkelstecker m

**angle-preserving** adj / winkeltreu adj

**angle probe** (Acous, Eng, Materials) / Winkelprüfkopf m (Materialprüfung mit Ultraschall mit Schrägeinschallung) ‖ ~ **rafter*** (Build, Carp) / Gratsparren m (beim Walmdach)

**angle-resolved Auger electron spectroscopy** (Spectr) / winkelaufgelöste Auger-Elektronenspektroskopie ‖ ~ **photoelectron spectroscopy** (Spectr) / winkelaufgelöste Fotoelektronenspektroskopie

**angle ridge*** (Build, Carp) / Gratsparren m (beim Walmdach) ‖ ~ **ridge tile** (Build) / Firstziegel m (dreieckiger) ‖ ~ **screwdriver** (Eng, Tools) / Winkelschraubendreher m (beidseitig abgewinkelt), Winkelschraubenzieher m ‖ ~ **section** (Met) / Winkelstahl m (DIN 1022), Winkel m, Winkelprofil n ‖ ~ **shears** (Plumb) / Winkelschere f ‖ ~ **side** (Maths) / Winkelschenkel m

**anglesite*** n (Min) / Anglesit m, Bleiglas n

**angle staff*** (Build) / Putzkantenschutzleiste f (winkelförmiges Profil, bestehend aus der Regel aus verzinktem Stahlblech oder Kunststoff zum Einbau in den Putz als Schutz von Außenecken), Eckschutzleiste f, Eckschutzschiene f, Eckschutzprofil n ‖ ~ **steel*** (Met) / Winkelstahl m (DIN 1022), Winkel m, Winkelprofil n ‖ ~ **sub** (Oils) / Krümmer m (bei Richtbohrungen) ‖ ~ **tie*** (Carp) / Winkelband n, Querband n (bei abgewalmten Dächern) ‖ ~ **tie** (Carp) / Bugband n, Bandholz n, Kopfband n (z.B. zwischen Pfetten und Stuhlsäulen), Bug m, Kopfbug m, Kopfstrebe f ‖ ~ **transmission** (Eng) / Winkelgetriebe n ‖ ~ **trowel** (Build) / Eckspachtel m f ‖ ~ **valve** (Eng) / Eckventil n ‖ ~ **with equal legs** (Met) / gleichschenkliges Winkelprofil, gleichschenkliger Winkelstahl ‖ ~ **with unequal legs** (Met) / ungleichschenkliges Winkelprofil, ungleichschenkliger Winkelstahl

**angling** adj / winklig adj, winkelig adj, verwinkelt adj, winkelförmig adj, Winkel- ‖ ~ **blade** (Civ Eng) / Schwenkschild m (an einem U-förmigen Schubrahmen)

**Anglo-Continental**

**Anglo-Continental drawing** (Spinning) / anglo-kontinentales System (eine Kombination des französischen Systems mit dem Bradford-System)
**angora** n (Textiles) / Angora f (im Allgemeinen: Haartyp bestimmter Haustiere, der durch Verlängerung der Unterwolle gegenüber dem Deckhaar gekennzeichnet ist) || ~ (Textiles) / Angorawolle f (Wolle der Angoraziege und die Haare der Angorakaninchen) || ~* (Textiles) / Angorakaninwolle f, Angorakaninchenwolle f, AK (Angorakaninchenwolle) || ~ **rabbit hair** (Textiles) / Angorakaninwolle f, Angorakaninchenwolle f, AK (Angorakaninchenwolle) || ~ **wool** (Textiles) / Angorawolle f (Wolle der Angoraziege und die Haare der Angorakaninchen)
**angostura** n (Nut, Pharm) / Angosturarinde f (Rinde der Cusparia febrifuga Humb. ex DC.) || ~ **bark** (Nut, Pharm) / Angosturarinde f (Rinde der Cusparia febrifuga Humb. ex DC.)
**Angoumois grain moth** (Nut) / Getreidemotte (Sitotroga cerealella - ein Vorratsschädling, besonders an Mais und Weizen)
**Ångström** n / Ångström n (nicht mehr zugelassene Längeneinheit = $10^{-10}$ m)
**Angstrom unit** / Ångström n (nicht mehr zugelassene Längeneinheit = $10^{-10}$ m)
**angular** adj / kantig adj (z.B. Stein) || ~ / winklig adj, winkelig adj, verwinkelt adj, winkelförmig adj, Winkel- || ~ (Chem) / angulär adj (Methylgruppe) || ~ **acceleration** (Phys) / Winkelbeschleunigung f, Zirkularbeschleunigung f, Azimutalbeschleunigung f (Einheit = Radiant durch Sekundenquadrat) || ~ **accuracy** / Winkelgenauigkeit f || ~ **advance** (Elec Eng) / Winkelvoreilung f || ~ **alignment** (Eng) / Winkelfluchtung f || ~ **aperture**\* (Optics) / Öffnungswinkel m || ~ (contact) **ball bearing** (Eng) / Schrägkugellager n || ~ **bending** (Eng) / Winkligbiegen n || ~ **coefficient** (Maths) / Steigung f (einer Kurve, einer Kennlinie) || ~ **contact bearing**\* (Eng) / Schräglager n || ~ **contraction** (Welding) / Winkelschrumpfung f (nach einem Schweißprozess eingetretene Änderung des Winkels zwischen zwei durch die Schweißnaht miteinander verbundenen Teilen gegenüber deren Ausgangslage)
**angular-dependent Auger spectroscopy** (Spectr) / winkelaufgelöste Auger-Elektronenspektroskopie
**angular discordance** (Geol) / ungleichförmige Lagerung, Winkeldiskordanz f || ~ **displacement**\* (Phys) / Winkelverschiebung f || ~ **displacement per step** (Elec Eng) / Schrittwinkel m (des Schrittmotors) || ~ **distance**\* (of stars) (Astron) / Winkelabstand m (geozentrisches Äquatorialsystem) || ~ **distribution** (Phys) / Winkelverteilung f (die Verteilung einer Wellen- oder Teilchenstrahlung in Abhängigkeit vom Winkel, den die Verbindungslinie zwischen Entstehungsort der Strahlung und Messpunkt mit einer fest vorgegebenen Richtung bildet) || ~ **division** (Maths) / Winkelteilung f || ~ **domain** (Maths) / Winkelraum m, Winkelfläche f || ~ **error** / Winkelfehler m || ~ **flash bracket** (Photog) / Blitz-Winkelschiene f || ~ **frequency**\* (the frequency of a sinusoidal quantity multiplied by 2 π) (Phys) / Kreisfrequenz f (DIN 1311-1), Winkelfrequenz f || ~ **grinding** (Eng) / Schrägschleifen n || ~ **height** (Radio) / Höhenwinkel m
**angularity** n / Winkellage f || ~ / Winkligkeit f (DIN 7184, T 1), Neigung f || ~ (Geol) / Move-out n (in der angewandten Seismik), Differenz f in der Ankunftszeit einer seismischen Reflexion zwischen zwei benachbarten Spuren || ~ (Phys) / Winkelabweichung f (des Anströmwinkels) || ~ **correction** (Phys) / Korrekturfaktor m des Anströmwinkels
**angular magnification**\* (Optics) / Winkelverhältnis n (das Verhältnis des Sehwinkels, unter dem man einen Gegenstand mit Hilfe eines optischen Instruments sieht, zu dem, unter welchem er mit bloßem Auge erscheint) || ~ **measure** (Maths) / Winkelmaß n (Wert der physikalischen Größe "ebener Winkel" nach DIN 7182, T 1) || ~ **measurement** / Winkelmessung f (im Allgemeinen) || ~ **mirror** (Autos) / Winkelspiegel m (ein Rückspiegel) || ~ **misalignment** (Eng) / Winkelverlagerung f (von zwei Wellen zueinander), Winkelversatz m || ~ **misalignment** (Telecomm) / Winkelfehler m (bei den LWL) || ~ **moment equation** (Mech) / Impulsmomentensatz m || ~ **momentum**\* (Phys) / Drehimpuls m (DIN 13317), Drall m (DIN 13317), Impulsmoment n (DIN 13317)
**angular-momentum conservation law** (Phys) / Drallsatz m, Drehimpulssatz m
**angular momentum operator** (Phys) / Drehimpulsoperator m (der dem Drehimpuls zugeordnete hermitesche Operator) || ~ **momentum quantum number** (Phys) / Drehimpulsquantenzahl f, azimutale Quantenzahl, Nebenquantenzahl f, Bahndrehimpulsquantenzahl f (DIN 1304)
**angular-motion transducer** (shaft encoder) / Drehgeber m (Sensor zum Drehbewegungserfassen, der mechanische Stellgrößen in elektrische Größen wandelt), Winkelkodierer m
**angular parallax** (Photog) / parallaktischer Winkel || ~ **perspective** (Maths) / Perspektive f mit zwei Fluchtpunkten || ~ **position** / Winkellage f || ~ **position** / Schräglage f, Schrägstellung f, Schiefstellung f || ~ **resolution** (Optics, Radar, Spectr) / Winkelauflösung f || ~ **resolving power** (Optics, Radar, Spectr) / Winkelauflösungsvermögen n, angulares Auflösungsvermögen || ~ **speed** (Phys) / Winkelgeschwindigkeit f (bei einer gleichmäßigen Drehbewegung), Zirkulargeschwindigkeit f || ~ **sum** (Maths) / Winkelsumme f (z.B. 360° in einem Viereck) || ~ **thread**\* (Eng) / Spitzgewinde n (ein metrisches ISO-Gewinde nach DIN 13 und 14) || ~ **transformation** (Maths) / Winkeltransformation f || ~ **unconformity** (Geol) / ungleichförmige Lagerung, Winkeldiskordanz f || ~ **velocity**\* (Phys) / Winkelgeschwindigkeit f (bei einer gleichmäßigen Drehbewegung), Zirkulargeschwindigkeit f
**Angus-Smith process**\* (when iron ist heated to about 370 °C and then immersed in a solution of coal-tar in oil and paranaphthalene, an anticorrosive layer is formed) (Build, Surf) / Angus-Smith-Verfahren n (eine alte Korrosionsschutzbehandlung mit einer speziellen Lösung /4 Teile Steinkohlenteer, 3 Teile Öl und 1 Teil Paranaphthalin/)
**anhaline** n (Brew, Pharm) / Hordenin n, Anhalin n
**anhalonidine** n (Chem, Pharm) / Anhalonidin n (ein Anhalonium-Alkaloid)
**anhalonium alkaloids** (Pharm) / Anhalonium-Alkaloide n pl, Kaktusalkaloide n pl (eine Gruppe von Isochinolinalkaloiden)
**anharmonic**\* adj (Phys) / unharmonisch adj, anharmonisch adj, nicht harmonisch
**anharmonicity** n (Electronics, Phys) / Anharmonizität f
**anharmonic oscillator** (Electronics, Phys) / unharmonischer Oszillator, anharmonischer Oszillator || ~ **ratio**\* (Maths) / anharmonisches Verhältnis, Doppelverhältnis n (für 4 Punkte auf einer Geraden)
**anhedral**\* adj (Aero) / mit negativer V-Form (die Tragflächen steigen nach den Enden zu an) || ~\* (Geol, Min) / allotriomorph adj (Minerale, die bei der Erstarrung von Gesteinsschmelzen infolge gegenseitiger Störung beim Wachstum nicht die ihnen zukommende Eigengestalt entwickeln können), xenomorph adj
**anhydride**\* n (Chem) / Anhydrid n
**anhydrite**\* n (Min) / Anhydrit m ($CaSO_4$) || ~\* (Min) s. also cube spar || ~ **mortar** (Build) / Anhydritmörtel m (Mörtel mit Anhydritbinder als Bindemittel) || ~ **plaster** (Build) / Anhydritbinder m (DIN 4208) || ~ **process**\* (Chem Eng) / Kontaktverfahren n mit Anhydrit als Ausgangsmaterial
**anhydro sugar** (Chem) / Anhydrozucker m
**anhydrous**\* adj (Chem) / wasserfrei adj, nichtwässrig adj, nicht wässrig, kristallwasserfrei adj || ~ **alcohol** (Chem) / wasserfreier Alkohol, absoluter Alkohol || ~ **gypsum plaster** (Build) / wasserfreier Plaster (Estrichgips, Marmorgips) || ~ **lanolin** (US) (Pharm) / Wollwachs n (Adeps lanae anhydricus) || ~ **lime**\* (Build, Chem) / Branntkalk m (Calciumoxid - DIN 1060), Ätzkalk m, gebrannter Kalk || ~ **phosphoric acid** (Chem) / Phosphorpentoxid n, Phosphor(V)-oxid n
**anilide**\* n (Chem) / Anilid n (Säureamidderivat des Anilins)
**aniline**\* n (traditional name for phenylamine) (Chem) / Anilin n (das wichtigste aromatische Amin), Aminobenzol n, Phenylamin n || ~ **black** (Chem, Textiles) / Anilinschwarz n (ein Entwicklungsfarbstoff) || ~ **blue** (Chem) / Anilinblau n, Spritblau n (Triphenylparafuchsin)
**aniline-dyed** adj (Leather) / anilingefärbt adj
**aniline dyes**\* (Chem, Leather) / Anilinfarbstoffe m pl, Anilinfarben f pl || ~ **formaldehyde**\* (resin) / Anilinformaldehydharz n || ~ **hydrochloride** (Chem) / Anilinsalz n, Anilinhydrochlorid n (Anilin + HCl) || ~ **leather** (Leather) / Anilinleder n (das nur mit wasserlöslichen synthetischen Farbstoffen gefärbt ist) || ~ **oil**\* (commercial grade of aniline) (Chem) / Anilinöl n, technisches Anilin (mit etwa 99% Reinheit) || ~ **point** (Chem, Oils) / Anilinpunkt m, AP (Anilinpunkt) || ~ **printing**\* (Print) / Flexodruck m (ein Hochdruckverfahren mit flexibler Druckform und dünnflüssigen, spirituslöslichen Druckfarben), Flexografie f, Anilingummidruck m || ~ **resin** (Plastics) / Anilinharz n (ein thermoplastischer Kunststoff von geringer Bedeutung) || ~ **yellow** (4-aminoazobenzene) (Chem) / Anilingelb n
**anilinium chloride**\* (Chem) / Anilinsalz n, Anilinhydrochlorid n (Anilin + HCl)
**Anilox roller** (Print) / Anilox-Roller m (eine gravierte Stahlwalze, chrombeschichtet oder mit einer Oberfläche aus Chromoxid), Anilox-Walze f (für den Aniloxhochdruck oder -offsetdruck)
**animal** adj / tierisch adj || ~ **balance** / Tierwaage f || ~ **black** / Schwarz n aus tierischen Substanzen (z.B. Knochen- oder Elfenbeinschwarz) || ~ **black** s. also bone black and ivory black || ~ **breeding** (Agric) / Tierzucht f, Tierzüchten n || ~ **cell culture** (Biochem) / Tierzellkultur f || ~ **charcoal**\* (Chem) / Tierkohle f (Blutkohle oder Knochenkohle)
**animal-drawn** adj / Gespann-, gespanngezogen adj || ~ **plough** (Agric) / Gespannpflug m
**animal experiment** (Med) / Tierversuch, Tierexperiment n || ~ **fat** (Nut) / tierisches Fett, Tierfett n || ~ **feed** (Agric) / Futtermittel n, Futter n (Nahrung für /Haus/Tiere), Viehfutter n || ~ **fibre** (Textiles) / Tierfaser f (z.B. Wolle oder Seide), tierische Faser || ~ **glue** /

tierischer Leim (z.B. Knochen-, Leder- und Hautleim), Tierleim *m*, tierischer Klebstoff (DIN EN ISO 9665) ‖ ~ **hair** (Textiles) / Tierhaare *n pl* (DIN 60001, T 1) ‖ ~ **husbandry** (Agric) / Viehwirtschaft *f*, Viehhaltung *f*, Viehzucht *f* ‖ ~ **husbandry** (Agric) / Tierhaltung *f*
**animalize** *v* (Textiles) / animalisieren *v* (Zellulosefasern durch Zusatz von natürlichen Eiweißkörpern)
**animal kingdom** (Zool) / Tierreich *n*, Tierwelt *f* ‖ ~ **nutrition** (Agric) / Tierernährung *f* ‖ ~ **oil** (Agric) / Tieröl *n* (gewonnen durch trockene Destillation tierischer Stoffe, wie Klauen, Horn, Knorpel, Haut, Wolle usw.) ‖ ~ **product** (Agric, Nut) / Tierprodukt *n*, tierisches Produkt ‖ ~ **protein** (Biochem) / tierisches Eiweiß, tierisches Protein, Tiereiweiß *n* ‖ ~ **protein factor** (Agric) / APF-Faktor *m*, tierischer Eiweißfaktor ‖ ~ **protein factor** (Agric) s. also vitamin B$_{12}$ ‖ ~ **rendering** (San Eng) / Tierkörperbeseitigung *f*, Kadaverbeseitigung *f*, Abdeckerei *f*
**animals for slaughter** (Agric) / Schlachtvieh *n*
**animal size** (Paper) / tierischer Leim, Tierleim *m* ‖ ~ **starch** (Biochem) / Glycogen *n*, Glykogen *n* (Leberstärke - der Pflanzenstärke sehr ähnliches Polysaccharid), tierische Stärke ‖ ~ **test** (Med) / Tierversuch *m*, Tierexperiment *n* ‖ ~ **waste** (San Eng) / Abfälle tierischer Herkunft *pl* ‖ ~ **wax** / tierisches Wachs (z.B. Walrat und Bienenwachs)
**animated cartoon** (Cinema) / Zeichentrickfilm *m* ‖ ~ **cartoon** (Cinema, TV) / Animationsfilm *m* (Zeichen- und Trickfilm) ‖ ~ **film** (Cinema) / Trickfilm *m* ‖ ~ **GIF** (Comp) / animiertes GIF (GIF-Datei, welche eine Serie von GIF-Bildern enthält, die, vom Browser abgespielt, einen filmähnlichen Eindruck erzeugen) ‖ ~ **graphics** (Cinema, Comp) / Animationsgrafik *f*, Trickfilmgrafik *f* ‖ ~ **viewer*** (Cinema) / Filmbetrachter *m* (von Hand oder motorisch betrieben), Filmbetrachtungsgerät *n*, Bildbetrachter *m* (ein Filmbetrachtungsgerät), Laufbildbetrachter *m*
**animation** *n* (Cinema, Comp, TV) / Animation *f* (mit Rechnerhilfe generierte Videosequenz, Prozessvisualisierung) ‖ ~* (Cinema, TV) / [figürlicher] Trick *m* ‖ ~ **bench** (Cinema, TV) / Trickbank *f*, Tricktisch *m* ‖ ~ **cell** (Cinema) / Phasenzeichnung *f* (für einen Zeichentrickfilm) ‖ ~ **graphics** (Cinema, Comp) / Animationsgrafik *f*, Trickfilmgrafik *f* ‖ ~ **program** (Comp) / Animationsprogramm *n* ‖ ~ **puppet** (Cinema) / Animationspuppe *f* ‖ ~ **sequence** (Cinema, Comp) / Animationssequenz *f*, CA-Sequenz *f* ‖ ~ **software** (Comp) / Animationssoftware *f* ‖ ~ **stand** (Cinema, TV) / Trickbank *f*, Tricktisch *m* ‖ ~ **superimposition** (Cinema, TV) / Tricküberblendung *f*
**animator** *n* (Cinema) / Phasentrickzeichner *m*, Trickzeichner *m* ‖ ~ (Cinema) / Animator *m* (in Trickfilmen), Animationsspezialist *m*
**animatronics** *n* (Cinema, Comp) / elektronische Animationen
**animé** *n* / Sansibar-Kopal *m* (die wertvollste Kopalsorte), Zanzibar-Kopal *m*, Ostafrikanischer Kopal, Madagaskar-Kopal *m* (aus Trachylobium verrucosum (Gaertn.) Oliv.) ‖ ~ **copal** (Chem) / Animé-Kopal *m* (von Hymenaea courbaril L. oder Trachylobium hornemannianum Hayne)
**anion*** *n* (ion with one or more negative charges) (Chem, Phys) / Anion *n* (negativ geladenes Ion) ‖ ~ **column** (Chem) / Anionenaustauschsäule *f* ‖ ~ **exchange** (Chem) / Anionenaustausch *m*
**anion-exchange capacity** (Chem) / Anionenaustauschkapazität *f* ‖ ~ **column** (Chem) / Anionenaustauschsäule *f*
**anion exchanger** (Chem) / Anionenaustauscher *m*
**anionic** *adj* (Chem) / anionisch *adj*, anionaktiv *adj*, anionenaktiv *adj* ‖ ~ **detergents** (Chem, Textiles) / anion(en)aktive Stoffe, anionische Tenside, Aniontenside *n pl* ‖ ~ **exchanger** (Chem) / Anionenaustauscher *m* ‖ ~ **ligand** (Chem) / Acidoligand *m* ‖ ~ **polymerization** (a type of polymerization in which Lewis bases, such as alkali metals and metallic alkyls, act as catalysts) (Chem) / anionische Polymerisation
**anionics** *pl* (anionic surfactants) (Chem, Textiles) / anion(en)aktive Stoffe, anionische Tenside, Aniontenside *n pl*
**anionic surfactants** (Chem, Textiles) / anion(en)aktive Stoffe, anionische Tenside, Aniontenside *n pl* ‖ ~ **tensides** (Chem, Textiles) / anion(en)aktive Stoffe, anionische Tenside, Aniontenside *n pl*
**anionotropic** *adj* (Chem) / anionotrop *adj*, anionotropisch *adj* ‖ ~ **rearrangement** (Chem) / anionotropische Umlagerung
**anionotropy** *n* (Chem) / Anionotropie *f*
**anisalcohol** *n* (Chem, Pharm) / Anisalkohol *m* (ein Riechstoff)
**anisaldehyde*** *n* (Chem, Pharm, Surf) / Anisaldehyd *m* (4-Methoxybenzaldehyd), Aubépine *n*
**anise alcohol** (Chem, Pharm) / Anisalkohol *m* (ein Riechstoff) ‖ ~ **camphor** (Chem) / Anethol *n*, Aniskampfer *m*
**anisic alcohol** (Chem, Pharm) / Anisalkohol *m* (ein Riechstoff)
**anisidine*** *n* (Chem) / Anisidin *n*, Aminophenylmethylether *m*, Aminoanisol *n*, Methoxyanilin *n*
**anisobaric** *adj* (Meteor) / anisobar *adj* (Massenfluss)

**anisochronous nucleus** (Spectr) / anisochroner Kern ‖ ~ **signal** (Telecomm) / anisochrones Signal (wenn die Abstände nicht zeitlich konstant sind) ‖ ~ **transmission** (Comp) / anisochrone Übertragung
**anisodesmic** *adj* (Crystal) / anisodesmisch *adj* ‖ ~ **structure*** (Crystal) / anisodesmische Kristallstruktur
**anisole*** *n* (Chem) / Anisol *n*, Methylphenylether *m*, Methoxybenzol *n*
**anisomeric*** *adj* (Chem) / anisomer *adj*
**anisometric** *adj* (Crystal) / anisometrisch *adj*
**anisotonic*** *adj* (Biol, Chem) / anisotonisch *adj*
**anisotopic element** (Chem, Nuc) / Reinelement *n*, anisotopes Element, mononuklidisches Element
**anisotropic*** *adj* (exhibiting different values of a property in different crystallographic directions) (Bot, Crystal, Min, Phys) / anisotropisch *adj*, anisotrop *adj* (richtungsabhängig) ‖ ~ **conductivity*** (Phys) / anisotrope Leitfähigkeit ‖ ~ **continuum** (Phys) / anisotropisches Kontinuum (DIN 1311, T 4) ‖ ~ **crystal** (Crystal) / anisotroper Kristall ‖ ~ **substance** (Phys) / anisotroper Stoff (DIN EN ISO 9251) ‖ ~ **turbulence** (Phys) / anisotrope Turbulenz
**anisotropy** (Met) / Anisotropie *f* (bei Walzerzeugnissen nach DIN 8528-2) ‖ ~* *n* (Bot, Mag, Phys) / Anisotropie *f* (DIN 13316)
**anisyl alcohol** (Chem, Pharm) / Anisalkohol *m* (ein Riechstoff)
**ankerite*** *n* (a ferroan variety of dolomite) (Min) / Ankerit *m*, Eisendolomit *m*, Braunspat *m*
**ankle-deep** *adj* / knöcheltief *adj*, fußtief *adj* (Schnee), bis zu den Knöcheln (knöcheltief)
**ankylostomiasis*** *n* (pl. -ases) (a hookworm infection of the small intestine) (Med) / Grubenwurmkrankheit *f*, Ankylostomiasis *f* (pl. -asen), Ankylostomiase *f*, Hakenwurmkrankheit *f* (eine Bergmannskrankheit), Bergarbeiteranämie *f*, Tunnelkrankheit *f*
**ANMC** = American National Metric Council
**ANN** (artificial neural net) (AI) / künstliches neuronales Netz, KNN (künstliches neuronales Netz)
**annabergite*** *n* (Min) / Annabergit *m* (Verwitterungsprodukt arsenhaltiger Nickelerze), Nickelblüte *f*
**annato** *n* (Bot, For) / Annatto *m* (Bixa orellana L.), Anatto *m*
**annatto** *n* (Chem, Nut) / Annatto *m* *n* (E 160b) (Farbstoff aus dem Orleansstrauch = Bixa orellana L. - mit bis zu 30% Bixin) ‖ ~ (Nut) / Orlean *m* (Rohkonzentrat von Annatto als Lebensmittelfarbstoff - E 160b)
**anneal** *v* (Biochem) / aufschmelzen (Desoxyribonucleinsäure), schmelzen *v* ‖ ~ (Met) / glühen *vt*
**annealed copper** (Elec Eng, Met) / weichgeglühtes Kupfer, Weichkupfer *n*
**annealed-in-process** *adj* (Met) / zwischengeglüht *adj*
**annealed wire** (Elec Eng) / weichgeglühter Draht
**annealing** *n* (Electronics) / Ausheilen *n* (von Strahlenschäden in der Halbleitertechnologie) ‖ ~* (Glass) / Entspannung *f*, Kühlung *f*, Kühlen *n* ‖ ~ (Met) / Hochglühen *n* (bei Eisenlegierungen) ‖ ~* (Met) / Glühung *f*, Glühen *n* (Wärmebehandlung) ‖ ~ (Optics, Space) / Verblassen *n* der reparierten Stelle (z.B. nach einem Strahlenschaden) ‖ ~ (US) (Plastics) / Temperung *f*, Tempern *n* ‖ ~ **box** (Met) / Glühtopf *m*, Tempertopf *m* ‖ ~ **cycle** (Met) / Glühzyklus *m* ‖ ~ **defect** (Glass) / Entspannungsfehler *m*, Kühlfehler *m* ‖ ~ **defect** (Met) / Glühfehler *m* ‖ ~ **free from scale** (Met) / Zunderarmglühen *n*, Zunderfreiglühen *n* ‖ ~ **furnace** (Glass) / Entspannungsofen *m*, Kühlofen *m* (zur Entspannung von Glas) ‖ ~ **furnace** (Met) / Glühofen *m*, Temperofen *m* ‖ ~ **line** (Met) / Glühlinie *f* (eine Bandbehandlungsanlage) ‖ ~ **oven** (Met) / Glühofen *m*, Temperofen *m* ‖ ~ **point** (Glass) / oberer Entspannungspunkt (ein Viskositätsfixpunkt), obere Entspannungstemperatur ‖ ~ **point** (Glass) / Entspannungstemperatur *f* (im Allgemeinen) ‖ ~ **pot** (Met) / Glühtopf *m*, Tempertopf *m* ‖ ~ **range** (Glass) / Kühlbereich *m*, Entspannungsbereich *m* ‖ ~ **temperature** (Glass) / Entspannungstemperatur *f* (im Allgemeinen) ‖ ~ **twins** (Met) / Glühzwillinge *m pl* ‖ ~ **zone** (Glass) / Entspannungszone *f*, Kühlzone *f*
**annex(e)** *n* (Build) / Zubau *m*, Nebengebäude *n*, Anbau *m*
**annidation** *n* (Ecol) / Einnischung *f*, Annidation *f*
**annihilate** *v* (Nuc) / zerstrahlen *v*, annihilieren *v*
**annihilation** *n* (Automation) / Beseitigung *f* (der Störung), Ausgleich *m* (der Störung) ‖ ~ (Maths) / Annullierung *f* ‖ ~* (Nuc) / Annihilation *f*, Paarvernichtung *f*, Zerstrahlung *f*, Paarzerstrahlung *f* (Umkehrprozess der Paarbildung) ‖ ~ **operator** (Nuc) / Vernichtungsoperator *m* (in der Quantentheorie) ‖ ~ **radiation*** (Nuc) / Vernichtungsstrahlung *f*, Annihilationsstrahlung *f*
**annihilator** *n* (Maths) / Annulator *m*
**annivite** *n* (Min) / Bismutfahlerz *m*, Annivit *m*
**annotation** *n* / Annotation *f* (kurze Inhaltsangabe) ‖ ~ (Comp) / Bemerkung *f* (Angabe zu einem Befehl, die keinen Einfluss auf das Programm hat, jedoch das Lesen des Programmprotokolls erleichtert)

**announcement**

**announcement, closing ~** (Radio, TV) / Absage *f* (am Ende einer Sendung) ‖ **~ system** (Teleph) / Fernsprechansage *f*
**announcer** *n* (Comp) / Ankündigungszeichen *n* ‖ **~** (Radio, TV) / Ansager *m* ‖ **~** (TV) / Fernsehansagerin *f*, Fernsehansager *m*
**annoyance*** *n* (Ecol) / [subjektive] Störung *f*, Belästigung *f* (individuell bewertete Beeinträchtigung) ‖ **~ caused by** (excessive) **noise** (Ecol) / Lästigkeit *f* (von Lärm), Lärmlästigkeit *f*, Lärmbelästigung *f*
**annual** *n* (Bot) / Einjahrspflanze *f*, Einjährige *f*, einjährige Pflanze, Annuelle *f*, Therophyt *m* (pl. -en) ‖ **~ aberration** (Astron) / jährliche Aberration ‖ **~ balance sheet as at 31st December, 2007** / Jahresbilanz *f* zum 31. Dezember 2007
**annual-contract quantity** / Jahresvertragsmenge *f* (ein Lieferungsvertrag)
**annual-discharge coefficient** (Hyd Eng) / Jahresabflussbeiwert *m* (DIN 4045)
**annual equation*** (Astron) / jährliche Gleichung ‖ **~ flood** (Hyd Eng) / höchstes jährliches Hochwasser (in einem hydrologischen Jahr) ‖ **~ growth** (For) / Zuwachs *m* eines Jahres, jährlicher Zuwachs, Jahreszuwachs *m* (durch einen auf dem Querschnitt erscheinenden konzentrischen Ring dargestellt) ‖ **~ increment** (For) / Zuwachs *m* eines Jahres, jährlicher Zuwachs, Jahreszuwachs *m* (durch einen auf dem Querschnitt erscheinenden konzentrischen Ring dargestellt) ‖ **~ inequality** (Ocean) / jährliche zeitlicher Unterschied ‖ **~ inventory** (Work Study) / Jahresabschlussinventur *f* ‖ **~ limit of intake** (Radiol) / Grenzwerte *m pl* der Jahresaktivitätszufuhr ‖ **~ load factor*** (Elec Eng) / Jahresbelastungskoeffizient *m*, Jahresbenutzungskoeffizient *m* ‖ **~ parallax*** (Astron) / jährliche Parallaxe ‖ **~ plant** (Bot) / Einjahrspflanze *f*, Einjährige *f*, einjährige Pflanze, Annuelle *f*, Therophyt *m* (pl. -en) ‖ **~ precipitation** (Hyd Eng, Meteor) / jährliche Niederschlagshöhe (DIN 4045), Jahresniederschlag *m* ‖ **~ ring*** (For) / Jahrring *m*, Jahresring *m*
**annual-ring width** (For) / Jahrringbreite *f*, Jahresringbreite *f*
**annual storage** (Hyd Eng) / Jahresspeicher *m* ‖ **~ variation** (Mag) / Jahresmittel *n* (der Säkularvariation), Jahresvariation *f*
**annular** *adj* / ringförmig *adj*, Ring- ‖ **~ auger** (Mining) / Kernbohrer *m*, Hohlbohrer *m* (mit dem der Kern gewonnen wird) ‖ **~ bit*** (Build, Eng) / Kronenbohrer *m* ‖ **~ borer*** (Mining) / Kernbohrer *m*, Hohlbohrer *m* (mit dem der Kern gewonnen wird) ‖ **~ coil** (Elec Eng) / Ringspule *f*, Toroid *n*, Toroidspule *f* ‖ **~ combustion chamber*** (in which the perforated flame tube forms a continuous annulus within a cylindrical outer casing) (Aero) / Ringbrennkammer *f* (bei Gasturbinentriebwerken) ‖ **~ combustion chamber*** (with individual flame tubes inside an annular casing) (Aero) / Ringbrennkammer *f* (der Gasturbine) ‖ **~ contact** (Elec Eng) / Ringkontakt *m* ‖ **~ delamination** (For) / Ringschäle *f* ‖ **~ diaphragm** (Micros) / ringförmige Blende (bei Phasenkontrastmikroskopen), Ringblende *f* ‖ **~ disk** (Mech) / ringförmige Scheibe ‖ **~ drainage pattern** (Agric) / Ringentwässerung *f* ‖ **~ flow** / Ringströmung *f* ‖ **~ fuel element** (Nuc Eng) / ringförmiges Brennelement ‖ **~ gap** (Eng) / Ringraum *m*, Ringspalt *m* ‖ **~ gear*** (Eng) / Zahnring *m*, verzahnter Ring ‖ **~ gear colloid mill** (Chem Eng) / Zahnringmühle *f* (eine Kolloidmühle), Zahnkolloidmühle *f* ‖ **~ kiln** (Ceramics) / Ringofen *m* (in der Ziegelei) ‖ **~ lens** (Nuc Eng) / Kreisringlinse *f*, Ringlinse *f* ‖ **~ nozzle** (Space) / Ringdüse *f* ‖ **~ preventer** (Oils) / Annularpreventer *m* (ringförmig wirkender) ‖ **~ ring** (Eng) / Zahnring *m*, verzahnter Ring ‖ **~ ring** (Eng) / Schließring *m* (des Schließringbolzens) ‖ **~ space** (Oils) / ringförmiger Raum (zwischen Steigrohren und Innenwand der Verrohrung) ‖ **~ transistor** (Electronics) / Transistor, bei *m* dem die Halbleiterbereiche ringförmig um den Emitterbereich angeordnet sind ‖ **~ vault*** (Arch) / Ringgewölbe *n* (barrel vault springing from two concentric walls)
**annulated column*** (Arch) / Bündelpfeiler *m* (mit Diensten)
**annulene** *n* (Chem) / Annulen *n* (monozyklisches Polyen mit maximaler Anzahl durchlaufend konjugierter Doppelbindungen)
**annulet** *n* (under the echinus of a Greek Doric capital) (Arch) / Anulus *m* (pl. -li)
**annulus** *n* (pl. -li or -luses) (Eng) / Ringraum *m*, Ringspalt *m* ‖ **~** (pl. -li or -luses) (Eng) / Innenzahnrad *n* (geradverzahntes) ‖ **~** *n* (pl. -li or -luses) (the region between two concentric circles) (Maths) / Kreisring *m* ‖ **~** *n* (pl. -li or -luses) (Nuc Eng) / Ringspalt *m* (zwischen den beiden Teilen des Doppelcontainments) ‖ **~** (Eng) / Ringrad *n*, Hohlrad *n* ‖ **~ gear** (Eng) / Innenzahnrad *n* (geradverzahntes) ‖ **~ spur gear** (Eng) / Innenzahnrad *n* (geradverzahntes)
**annunciator*** *n* (Elec Eng, Teleph) / Fallklappenanlage *f*, Fallklappentafel *f*, Signaltafel *f* ‖ **~** (Instr) / Anzeigetableau *n*, Meldetableau *n* ‖ **~** (Rail) / akustisches Meldegerät
**anobiidae** *pl* (For) / Pochkäfer *m pl*, Klopfkäfer *m pl*, Nagekäfer *m pl*, Anobien *pl*
**anobium beetle** (For) / Gewöhnlicher Nagekäfer (ein tierischer Holzschädling) ‖ **~ pertinax** (For) / Trotzkopf *m*, Werkholzkäfer *m*, Werkholzbohrer *m* (ein Klopfkäfer)

**anode*** *n* (Electronics) / Anode *f* (die positive Elektrode nach DIN EN ISO 8044) ‖ **~** (Surf) / Anode *f* (eine Elektrode oder der Bereich einer heterogenen Mischelektrode, wenn an ihr ein positiver Gleichstrom in die ionenleitende Phase austritt) ‖ **~ angle** (Electronics) / Anodenwinkel *m* ‖ **~ angle** (Radiol) / Anodenwinkel *m*, Anodenneigungswinkel *m* (zwischen der Anodenfläche im Brennfleck und dem Zentralstrahl) ‖ **~ aperture** (Electronics) / Blendenloch *n*, Lochblende *f* (bei Katodenstrahlröhren) ‖ **~ bag** (Surf) / Anodentasche *f* ‖ **~ bar** (Surf) / Anodenstange *f* ‖ **~ basket** (Surf) / Anodensparhalter *m* (Metallhalter, an dessen Plattenanoden mittels eines Gewindebolzens durch ein in der Anode befindliches Loch Werkstücke an der Anodenstange befestigt werden können) ‖ **~ battery** (Electronics) / Anodenbatterie *f* ‖ **~ bend** (Electronics) / Anodenknick *m* (der Anodenstrom-Anodenspannungskennlinie) ‖ **~-bend rectification** (Electronics) / Anodengleichrichtung *f* ‖ **~ bracelet** (Surf) / Anodenkette *f*, Bracelet *n* (Kette aus Anodensegmenten) ‖ **~ breakdown voltage*** (Electronics) / Anodenzündspannung *f* ‖ **~ brightening*** (Eng) / elektrolytisches Glänzen, elektrochemisches Polieren, elektrolytisches Polieren (Erzeugung einer mikroskopisch glatten Metalloberfläche mit Hilfe elektrochemischer Verfahren), Elektropolieren *n*, anodisches Polieren ‖ **~ butt** (Surf) / Anodenstumpf *m* ‖ **~ cap** (Electronics) / Anodenkappe *f* ‖ **~ characteristic** (Electronics) / Anodenkennlinie *f*, Strom-Spannung-Kennlinie *f* (einer Röhre) ‖ **~ choke modulation** (Electronics) / Parallelröhrenmodulation *f*, Anodenspannungsmodulation *f*, Heising-Modulation *f* (mit Parallelröhre) ‖ **~ circuit** (Electronics) / Anodenkreis *m* ‖ **~ connection** (Elec Eng) / Anodenanschluss *m* ‖ **~ corrosion** / anodische Korrosion, Stromkorrosion *f*, Korrosion *f* durch Strom ‖ **~ corrosion** (Surf) / Anodenkorrosion *f*, Anodenauflösung *f* (Oberflächenzerstörung der Anode durch Korrosion) ‖ **~ current** (Electronics) / Anodenstrom *m*
**anode-current density** (Electronics) / Anodenstromdichte *f*
**anode dark space*** (Phys) / Anodendunkelraum *m* ‖ **~ dissipation*** (Electronics) / Anodenverlustleistung *f*, Anodenverluste *m pl* ‖ **~ drop*** (Electronics) / Anodenfall *m* ‖ **~ effect** (Electronics) / Anodeneffekt *m* ‖ **~ efficiency*** (Electronics) / Stromausbeute *f* an der Anode, anodische Stromausbeute
**anode-end** *attr* / anodenseitig *adj*
**anode fall*** (Electronics) / Anodenfall *m* ‖ **~ film** (Chem) / Anodenbelag *m*, Anodenfilm *m* (aus Reaktionsprodukten des Anodenmaterials) ‖ **~ film** (Surf) / Oberflächenfilm *m* auf der Anode, dünne Schicht des Anolyten, Anodenfilm *m* (aus der die Anode unmittelbar umgebenden Flüssigkeit) ‖ **~ furnace** (Met) / Anodenofen *m* ‖ **~ gate** (Electronics) / Anodentor *n*, Anodengate *n* ‖ **~ glow*** (Electronics) / Anodenglimmen *n*, Anodenglimmlicht *n* ‖ **~ impedance** (Electronics) / Anodenwiderstand *m* ‖ **~ material** (Elec Eng) / Anodenmaterial *n*, Anodenwerkstoff *m* ‖ **~ metal** / Anodenmetall *n* ‖ **~ modulation*** (Electronics) / Anodenmodulation *f* (eine Art Amplitudenmodulation) ‖ **~ mud*** (Surf) / Anodenschlamm *m* ‖ **~ polishing*** (Eng) / elektrolytisches Glänzen, elektrochemisches Polieren, elektrolytisches Polieren (Erzeugung einer mikroskopisch glatten Metalloberfläche mit Hilfe elektrochemischer Verfahren), Elektropolieren *n*, anodisches Polieren ‖ **~ potential** (Electronics) / Anodenpotential *n* ‖ **~ rack** (Surf) / Anodenschiene *f* ‖ **~ rail** (Surf) / Anodenschiene *f* ‖ **~ rays** (Phys) / Anodenstrahlen *m pl* ‖ **~ resistance** (Electronics) / Innenwiderstand *m* (einer Röhre) ‖ **~ ring** (Electronics) / Anodenring *m* (z.B. eines Magnetrons) ‖ **~ ring** (Electronics) / Anodenzylinder *m* (des Magnetrons) ‖ **~ rod** (Surf) / Anodenstange *f* ‖ **~ saturation*** (Electronics) / Anodensättigung *f* ‖ **~ scrap** (Surf) / Anodenreste *m pl*, Anodenabfall *m* ‖ **~ sheath** (Electronics) / Anodenglimmhaut *f* ‖ **~ shield** (Electronics) / Anodenschirm *m*, Anodenschutzrohr *n* ‖ **~ slime*** (Surf) / Anodenschlamm *m* ‖ **~ sludge** (Surf) / Anodenschlamm *m* ‖ **~ spacing** (Electronics) / Anodenabstand *m* ‖ **~ spot** (Electronics) / Anodenfleck *m* (Stelle, an der die Elektronen auf die Anode treffen) ‖ **~ strap*** (Electronics) / leitende Brücke (bei den Anodensegmenten des Vielschlitzmagnetrons) ‖ **~** (plating) **support rod** (Surf) / Anodensparhalter *m* (Metallhalter, an dessen Plattenanoden mittels eines Gewindebolzens durch in der Anode befindliches Loch Werkstücke an der Anodenstange befestigt werden können) ‖ **~ surface** (Electronics) / Anodenoberfläche *f* ‖ **~ terminal** (Elec Eng) / Anodenanschluss *m*
**anode-tuned circuit** (Electronics) / Anodenabstimmkreis *m*
**anode vane** (Electronics) / Wand *f* des Anodensegments (des Magnetrons)
**anodic** *adj* / Anoden-, anodisch *adj* ‖ **~ + cathodic protection** (against corrosion) (Surf) / elektrochemischer Korrosionsschutz (von Metallen - durch elektrochemische Polarisation) ‖ **~ cleaning** / anodische Reinigung ‖ **~ coating** (Surf) / anodisch hergestellte Schicht, anodischer Überzug, Anodisierschicht *f* ‖ **~ connection** (Elec Eng) / Anodenanschluss *m* ‖ **~ corrosion** / anodische Korrosion,

Stromkorrosion f, Korrosion f durch Strom ‖ ~ **(corrosion) reaction** (Surf) / Anodenreaktion f, anodische Reaktion ‖ ~ **etching**\* (Elec Eng) / elektrolytisches Ätzen, anodisches Ätzen ‖ ~ **film** (Surf) / Oberflächenfilm m auf der Anode, dünne Schicht des Anolyten, Anodenfilm m (aus der die Anode unmittelbar umgebenden Flüssigkeit) ‖ ~ **oxidation**\* (Chem, Surf) / anodische Oxidation ‖ ~ **oxidation of aluminium** (Chem Eng) / Eloxalverfahren n, anodische Oxidation von Aluminium ‖ ~ **pickling** (Surf) / anodisches Beizen ‖ ~ **polarization** (polarization of an anode) (Elec Eng) / Anodenpolarisation f, anodische Polarisation ‖ ~ **protection**\* (Met, Surf) / anodischer Schutz, anodischer Korrosionsschutz, Anodenschutz m (eine aktive Schutzmaßnahme) ‖ ~ **region** (Surf) / Anodenbereich m ‖ ~ **solution** (Surf) / Anodenkorrosion f, Anodenauflösung f (Oberflächenzerstörung der Anode durch Korrosion) ‖ ~ **stripping** (Chem) / anodische Auflösung (Abnahme des anodischen Stromes in der inversen Polarografie), Anodic Stripping n ‖ ~ **treatment**\* (Surf) / anodische Behandlung (Umwandlung von Oberflächenschichten von Metallen in oxidische Deckschichten durch anodische Oxidation), Anodisieren n
**anodization** n (Surf) / anodische Behandlung (Umwandlung von Oberflächenschichten von Metallen in oxidische Deckschichten durch anodische Oxidation), Anodisieren n
**anodizing**\* n (Chem Eng, Surf) / anodische Behandlung (Umwandlung von Oberflächenschichten von Metallen in oxidische Deckschichten durch anodische Oxidation), Anodisieren n
**anodyne** n (Med, Pharm) / schmerzlinderndes Mittel, Analgetikum n (pl. -tika), Schmerzkiller m
**anolyte** n (Chem, Elec Eng, Surf) / Anolyt m (Elektrolytlösung im Bereich der Anode), Anodenlösung f ‖ ~ **circuit** (Paint) / Anolytkreislauf m (bei der Elektrotauchlackierung)
**anomalistic month**\* (Astron) / anomalistischer Monat (die Zeit zwischen zwei Erdnähen des Mondes) ‖ ~ **year**\* (Astron) / anomalistisches Jahr (365 d 6 h 13 min 53 s)
**anomaloscope**\* n (Light, Optics) / Anomaloskop n (Gerät zur Prüfung auf Farbfehlsichtigkeit)
**anomalous** adj / anomal adj, regelwidrig adj, abnormal adj ‖ ~ **dispersion**\* (Light) / anomale Dispersion (meistens in den im Ultraviolett und im Infrarot gelegenen Wellenlängenbereichen) ‖ ~ **growth** (For) / Misswuchs m ‖ ~ **magnetic moment** (Mag) / anomales magnetisches Moment ‖ ~ **magnetization**\* (Elec Eng) / magnetische Nachwirkung ‖ ~ **propagation** (Phys) / Ausbreitungsanomalie f ‖ ~ **skin effect** (Electronics) / Azbel-Kaner-Effekt m, anomaler Skineffekt ‖ ~ **viscosity**\* (Phys) / scheinbare Viskosität (DIN 1342-1), Scheinviskosität f (bei nicht Newton'schen Flüssigkeiten) ‖ ~ **viscosity behaviour** (Phys) / Viskositätsanomalie f ("Wasserberg") ‖ ~ **Zeeman effect** (Phys, Spectr) / anomaler Zeeman-Effekt
**anomaly**\* n / Anomalie f, Regelwidrigkeit f, Abnormität f ‖ ~ \* (Astron) / Anomalie f (Winkel zur mathematischen Beschreibung der Stellung eines Planeten in seiner Bahn um die Sonne)
**anomer**\* n (Chem) / Anomer n (besondere Art von Epimeren, die bei Kohlenhydraten und analogen Verbindungen auftreten und sich nur in der Konfiguration am so genannten anomeren Zentrum unterscheiden)
**anomeric centre** (Chem) / anomeres Zentrum ‖ ~ **effect** (Chem) / anomerer Effekt (die thermodynamische Bevorzugung der axialen Position polarer Substituenten am anomeren Zentrum einer Pyranose) ‖ ~ **effect** (Chem) s. also gauche effect
**anonymous browsing** (Comp) / anonymes Browsen (Browsen, bei dem die eigene Netzadresse durch Zwischenschaltung eines dafür spezialisierten Service verschleiert wird, um die Ausspähung persönlicher Nutzungsgewohnheiten zu verhindern) ‖ ~ **FTP**\* (with anonymous FTP, an Internet user connects to a remote machine which supports the protocol, logs on as "anonymous", and gives his or her own Internet E-Mail address when prompted for a password) (Comp) / Anonymous FTP n, AFTP n (anonymous FTP) ‖ ~ **Internet account** (Comp, Telecomm) / anonymes Internetkonto ‖ ~ **pipe** (Comp) / anonyme Pipe (unidirektional arbeitende Pipe, die u.a. zur Umlenkung von Datenflüssen verwenden lässt) ‖ ~ **remailer** (Comp) / Remailer m (ein Dienst, der E-Mails anonymisiert)
**anorectic**\* n (Pharm) / Appetitzügler m, anorexigenes Mittel, Anorektikum n (pl. -tika), Anorexigen n ‖ ~ adj (Pharm) / appetitzügelnd adj, anorektisch adj
**anorexic** n (Pharm) / Appetitzügler m, anorexigenes Mittel, Anorektikum n (pl. -tika), Anorexigen n ‖ ~ adj (Pharm) / appetitzügelnd adj, anorektisch adj
**anormal steel** (Met) / anomaler Stahl (mit anomalem Gefüge in der Randschicht)
**anorogenic** adj (Geol) / anorogen adj
**anorthic system**\* (Crystal) / triklines System (Kristallsystem)
**anorthite**\* n (Min) / Anorthit m (Endglied der Plagioklas-Reihe)
**anorthoclase**\* n (Min) / Anorthoklas m (trikliner Kali-Natronfeldspat), Mikroklinalbit m (ein Alkalifeldspat)

**anorthose** n (Min) / Anorthoklas m (trikliner Kali-Natronfeldspat), Mikroklinalbit m (ein Alkalifeldspat)
**anorthosite**\* n (Geol) / Anorthosit m (ein Tiefengestein), Plagioklasit m
**anorthositization** n (a process of anorthosite formation by replacement or metasomatism) (Geol) / Anorthositierung f
**ANOVA** (analysis of variance) (Stats) / Varianzanalyse f (statistisches Analyseverfahren zur quantitativen Untersuchung der Einflüsse eines oder mehrerer Faktoren auf Versuchsergebnisse), Streuungsanalyse f, ANOVA (Varianzanalyse)
**anovulant** n (Pharm) / Kontrazeptivum n (pl. -tiva), Antifertilitätspräparat n, Ovulationshemmer m, Empfängnisverhütungsmittel n (meistens hormonales)
**anoxaemia**\* n (Med) / Anoxämie f (totaler Sauerstoffmangel im Blut)
**anoxia**\* n (Med) / Anoxie f (völliger Mangel an Sauerstoff in den Geweben)
**ansa compound** (Chem) / Ansaverbindung f (organische Verbindung, in der ein aromatisches Ringsystem durch einen henkelförmigen aliphatischen Molekülbestandteil überbrückt ist)
**ansamycin** n (Pharm) / Ansamycin n (antibiotisch wirksame makrocyclische Verbindung)
**ansatz** n (an assumption about the form of an unknown function which is made in order to facilitate solution of an equation or other problem) (Maths) / Ansatz m
**anse de panier** (a three-centred arch) (Arch) / Korbbogen m
**anserine** n (Biochem) / Anserin n
**ANSI** = American National Standards Institute
**ANSI-Cobol** (American National Standards Institute Common Business Oriented Language) (Comp) / ANSI-Cobol n (von ANSI normierte Sprachmenge aus COBOL)
**Anstett test** (Civ Eng) / Anstett-Probe f (zur Prüfung der Sulfatbeständigkeit des Zementes)
**answer** v (the telephone) (Teleph) / entgegennehmen v (einen Anruf)
**answer-back** n (Telecomm) / Kennung f (eines Fernschreibpartners) ‖ ~ **code request** (Telecomm) / Kennungsabfrage f ‖ ~ **unit**\* (Teleg) / Kennungsgeber m
**answering** n (Teleph) / Anrufbeantwortung f, Rufbeantwortung f ‖ ~ (Teleph) / Melden n (Einschalten der gerufenen Endstelle) ‖ ~ **button** (Teleph) / Abfragetaste f ‖ ~ **equipment** (Telecomm) / Abfrageeinrichtung f ‖ ~ **jack**\* (Telecomm) / Antwortklinke f, Teilnehmerklinke f ‖ ~ **key** (Teleph) / Abfragetaste f ‖ ~ **machine** (Teleph) / Anrufbeantworter m (eigenes Zusatzgerät oder als Kombigerät, AB (Anrufbeantworter)) ‖ ~ **service** (Teleph) / Fernsprechauftragsdienst m, Telefonauftragsdienst m, Auftragsdienst m ‖ ~ **set** (Teleph) / Abfragesatz m
**answer mode** (Comp, Telecomm) / Antwort-Modus m ‖ ~ **print**\* (Cinema) / Erstkopie f, Abnahmekopie f ‖ ~ **signal** (Teleph) / Beginnzeichen n (von gerufener Station)
**anta** n (pl. -ae) (Arch) / Ante f (bei griechischen Tempeln)
**antacid**\* n (Pharm) / Antazidum n (pl. -azida) (Mittel gegen Übersäuerung), säureabstumpfendes Mittel, Antacidum n (pl. -acida) (magensäurehemmendes Arzneimittel)
**antagonism**\* n (Biochem, Pharm) / Antagonismus m
**antagonist**\* n (Biochem, Pharm) / Antagonist m (pl. -en) (Stoff, der die Wirkung eines anderen aufhebt), Gegenspieler n
**antagonistic** adj (Biochem, Pharm) / antagonistisch adj ‖ ~ (Eng) / gegenwirkend adj (Feder)
**antagonizing screws**\* (Surv) / Feinstellschrauben f pl (eines Theodolits), gegeneinander wirkende Justierschrauben (eines Theodolits)
**antapex**\* n (pl. -es or -apices) (Astron) / Antapex m (pl. -apizes), Antiapex m (pl. -apizes) der Sonnenbewegung (der entgegengesetzte Punkt zu Apex)
**antarafacial** adj (Chem) / antarafacial adj (Prozess - bei sigmatroper Wanderung eines H-Atoms)
**antarctic** adj (Geog) / antarktisch adj ‖ ~ **Circle** (Geog) / Südlicher Polarkreis ‖ ~ **ozone hole** (Ecol, Geophys) / antarktisches Ozonloch
**antecedence** n (Geol) / Antezedenz f (Talbildung durch einen Fluss, der in einem von ihm durchflossenen aufsteigenden Gebirge seine allgemeine Laufrichtung beibehält, z.B. Rheintal bei Bingen)
**antecedent**\* n / Obersatz m (erste Prämisse), Major m (im Syllogismus), Antezedens n (pl. -enzien) ‖ ~ (Maths) / Urbild n, inverses Bild ‖ ~ \* (Maths) / Vorderglied n (eines Verhältnisses) ‖ ~ adj (Geol) / antezedent adj ‖ ~ **moisture** (Meteor) / Vorfeuchte f (des Bodens), Bodenfeuchte f vor der Regenperiode ‖ ~ **stream** (Hyd Eng) / beständiger Fluss (der trotz geografischer Veränderungen seinen Lauf beibehalten hat), antezedenter Fluss ‖ ~ **valley** (Geol) / antezedentes Tal ‖ ~ **wetness** (Meteor) / Vorfeuchte f (des Bodens), Bodenfeuchte f vor der Regenperiode
**antechamber**\* n (I C Engs) / Vorkammer f (bei Dieselmotoren) ‖ ~ (Plastics) / Vorkammer f (beim Spritzgießen)

**anteclise** *n* (Geol) / Anteklise *f* (weiträumige Aufwölbung in Tafelgebieten)
**antenna** *n* (US) (pl. antennas) (Radio) / Antenne *f* (Teil der Antennenanlage) ‖ **~ amplifier** (Radio) / Antennenverstärker *m* (in Gemeinschaftsantennenanlagen) ‖ **~ array** (Radio) / Richtantennenkombination *f*, Richtantennensystem *n*, Richtstrahlfeld *n* ‖ **~ array** (Radio) / Antennenanordnung *f*, Antennenkombination *f*, Antennengruppe *f*, Antennensystem *n*, Antennenarray *n*, Array *n* (eine Antennenanordnung) ‖ **~ base** (Radio) / Antennenfußpunkt *m* ‖ **~ beam** (Radar, Radio) / Antennenkeule *f* ‖ **~ boresight** (Radar, Radio) / Antennenreferenzachse *f* ‖ **~ broadside** (Radio) / Antennennormale *f* ‖ **~ cable** (Radio) / Antennenkabel *n* ‖ **~ changeover switch** (Radar, Radio) / Sende-Empfangs-Weiche *f*, Duplexer *m*, Duplexgerät *n* ‖ **~ changeover switch** (Radio) / Antennenumschalter *m* ‖ **~ circuit** (Radio) / Antennenkreis *m* ‖ **~ complex** (Chem) / Antennenkomplex *m*, Lichtsammelkomplex *m* ‖ **~ construction** (Elec Eng, Radio) / Antennenbau *m* ‖ **~ coupling equipment** (Teleph) / Antennenkopplereinrichtung *f*, ACE (Antennenkopplereinrichtung) ‖ **~ diplexer** (Radio) / Antennenverteiler *m*, Antennenweiche *f* (Trennfilter an der Antenne) ‖ **~ diversity** (Radar) / Antennenwechselbetrieb *m* ‖ **~ download** (Radio) / Antennenableitung *f*, Antennenniederführung *f* ‖ **~ effect** (Radio) / Antenneneffekt *m* (meist unerwünscht) ‖ **~ element** (Radar, Radio) / Antennenelement *n* ‖ **~ feeder*** (Radio) / Antennenzuleitung *f*, Antennenspeiseleitung *f*, Antennenspeisekabel *n* ‖ **~ field*** (Radio) / Richtdiagramm *n* (grafische Bildschirmanzeige der Antennencharakteristik), Strahlungsdiagramm *n* (einer Antenne) ‖ **~ field*** (Radio) / Antennenfeld *n* ‖ **~ gain*** (Radio) / Antennengewinn *m* (im Sendefall, im Empfangsfall), Leistungsgewinn *m* (das Verhältnis der einer Vergleichsantenne zugeführten Leistung zu der der untersuchten Antenne zugeführten Leistung) ‖ **~ gallery** (Telecomm) / Antennenplattform *f* (des Fernmeldeturms) ‖ **~ impedance*** (Radio) / Antennenscheinwiderstand *m*, Antennenimpedanz *f* ‖ **~ inclination** (Radar) / Antennenneigung *f* (bezogen auf den Horizont) ‖ **~ lead-in** (Radio) / Antenneneinführung *f* ‖ **~ length** (Radio) / Antennenlänge *f* ‖ **~ load*** (Radio) / Blindlast *f*, Dummy-Load *f* (Lastwiderstand als künstliche Antenne) ‖ **~ lobe** (part of the antenna pattern, limited by neighbouring directions of minimum field strength) (Radar, Radio) / Antennenkeule *f* ‖ **~ loss** (Radio) / Antennenverlust *m* ‖ **~ mast** (Autos) / Antennenstab *m* ‖ **~ mast** (Radio) / Antennenmast *m* ‖ **~ noise** (Radio) / Antennenrauschen *n* (Rauschen des Antennenwirkwiderstandes und des aufgenommenen galaktischen Rauschens) ‖ **~ pattern** (Radio) / Antennencharakteristik *f*, Strahlungscharakteristik *f* ‖ **~ pick-up** (Radio) / Antennenrauschen *n* (Rauschen des Antennenwirkwiderstandes und des aufgenommenen galaktischen Rauschens) ‖ **~ platform** (Telecomm) / Antennenplattform *f* (des Fernmeldeturms) ‖ **~ polarization** (Radio) / Antennenpolarisation *f* (relative Lage des von einer Antenne abgestrahlten oder aufgenommenen elektromagnetischen Feldes zur Erdoberfläche) ‖ **~ positioner** (Radio, TV) / Antennenpositioner *m* ‖ **~ power** (Radio) / Antennenleistung *f* ‖ **~ reflector** (Radio) / Antennenreflektor *m* (ein parasitäres Antennenelement) ‖ **~ resistance*** (Radio) / Antennenwirkwiderstand *m* ‖ **~ rod** (Autos) / Antennenstab *m* ‖ **~ rotator** (Radio) / Antennenrotor *m* (zum Einstellen einer UKW- oder Fernsehantenne in die Empfangsrichtung) ‖ **~ rotor** (Radio) / Antennenrotor *m* (zum Einstellen einer UKW- oder Fernsehantenne in die Empfangsrichtung) ‖ **~ shortening** (Radio) / Antennenverkürzung *f*
**antenna-shortening capacitor*** (Radio) / Antennenverkürzungskondensator *m*
**antenna support** / Antennenträger *m* (jene Teile der Antennenanlage, die zum Befestigen der Antenne errichtet sind) ‖ **~ temperature** (Radio) / Antennentemperatur *f* ‖ **~ theory** (Radar, Radio) / Theorie *f* der Antennen ‖ **~ tilt** (Radar) / Antennenneigung *f* (bezogen auf den Horizont) ‖ **~ tower** (Radio) / Funkturm *m*, Antennentragwerk *n* (DIN 4131), Antennenturm *m* ‖ **~ trunk** (Radio) / Antennenschacht *m* ‖ **~ voltage** (Radio) / Antennenspannung *f*
**antependium** *n* (Arch) / Antependium *n* (des Altars), Frontale *n* (des Altars)
**antepenultimate** *adj* / vorvorletzt *adj*
**anteport** *n* (Arch) / Anteportikus *f* (pl. -oder -ken) (der frühchristlichen Basilika), Propylon *n* (pl. Propyla)
**anthelion*** *n* (pl. -helia or -helions) (Meteor) / Gegensonne *f* (eine Haloerscheinung)
**anthelmintic*** *n* (Pharm) / Wurmmittel *n*, Anthelmintikum *n* (pl. -tika), Helminthagogum *n* (pl. -goga), Vermifugum *n* (pl. -fuga)
**anthemion** *n* (pl. anthemia) (Arch) / Anthemion *n* (pl. -ien) (Schmuckfries mit stilisierten Palmblättern und Lotosblüten)
**anther** *n* (Bot) / Staubbeutel *m*, Anthere *f*

**anthocyan** *n* (Bot, Chem) / Anthozyan *n*, Anthocyan *n* (blauer und roter glykosidischer Pflanzenfarbstoff)
**anthocyanidin** *n* (Bot, Chem) / Anthozyanidin *n* (Aglykon der Anthozyane), Anthocyanidin *n* (natürlicher Pflanzenfarbstoff)
**anthocyanin*** *n* (Bot, Chem) / Anthozyan *n*, Anthocyan *n* (blauer und roter glykosidischer Pflanzenfarbstoff)
**anthophyllite*** *n* (Min) / Anthophyllit *m* (ein orthorhombischer Amphibol) ‖ **~*** (Min) s. also amphibole asbestos
**anthracene*** *n* (Chem) / Anthracen *n*, Anthrazen *n* ‖ **~ oil*** (Chem) / Anthrazenöl *n* (der höchstsiedende Anteil des Steinkohlenteers), Anthracenöl *n* ‖ **~ violet** (Biochem) / Gallein *n*, Pyrogallolphthalein *n*
**anthracite*** *n* (Mining) / Anthrazitkohle *f*, Anthrazit *m* (Handelsbezeichnung für hochwertige, gasarme Steinkohle im Allgemeinen) ‖ **~ attr** / anthrazit *adj*, anthrazitfarben *adj* ‖ **~ coal** (Mining) / Anthrazitkohle *f*, Anthrazit *m* (Handelsbezeichnung für hochwertige, gasarme Steinkohle im Allgemeinen) ‖ **~ coal** (4-10 %)* (Mining) / Magerkohle *f* (Steinkohle mit 6-14 % flüchtigen Bestandteilen) ‖ **~ duff** (Mining) / Anthrazitfein *n*, Feinanthrazit *m* ‖ **~ dust** (Mining) / Anthrazitfein *n*, Feinanthrazit *m* ‖ **~ grey** / Eisengrau *n*, Anthrazitgrau *n*
**anthracitic** *adj* (Geol) / anthrazitisch *adj*
**anthracitization** *n* (Geol) / Anthrazitierung *f* (Umwandlung in Anthrazit)
**anthracnose*** *n* (Bot) / Anthraknose *f* (Sammelbezeichnung für bestimmte Pflanzenkrankheiten), Brennfleckenkrankheit *f*
**anthracosilicosis** *n* (pl. -silicoses) (Med, Mining) / Anthrakosilikose *f*
**anthracosis*** *n* (pl. -coses) (Med, Mining) / Kohlenstaublunge *f* (eine Staublungenerkrankung), Anthrakose *f* (eine Kohlenstaubinhalationskrankheit), Anthracosis *f* (pl. -coses)
**anthracycline** *n* (Pharm) / Anthracyclin *n* (z.B. Doxorubicin oder Daunomycin), Anthrazyklin *n*
**anthraflavine*** *n* (Chem) / Anthraflavin *n*
**anthranil*** *n* (Chem) / Anthranil *n*
**anthranilate** *n* (Chem) / Anthranilat *n*
**anthranilic acid*** (Chem) / Anthranilsäure *f* (eine Aminobenzoesäure), 2-Aminobenzoesäure *f*
**anthrapurpurin** *n* (Chem) / Anthrapurpurin *n* (1,2,7-Trihydroxy-9,10-anthrachinon), Isopurpurin *n*
**anthraquinone*** *n* (Chem) / Anthrachinon *n* (9,10-Anthracendion) ‖ **~ dye** (Chem, Print) / Anthrachinonfarbstoff *m* (ein sehr lichtechter synthetischer Farbstoff) ‖ **~ dyestuff** (Chem, Print) / Anthrachinonfarbstoff *m* (ein sehr lichtechter synthetischer Farbstoff)
**anthraquinone-type dyestuff** (Textiles) / anthrachinoider Farbstoff
**anthrax*** *n* (Med) / Anthrax *m*, Milzbrand *m*
**anthraxylon*** *n* (Geol) / Anthraxylon *n* (glänzende Bestandteile der Kohle) ‖ **~** (Mining) / glänzende Bestandteile (der Kohle)
**anthrone** *n* (Chem) / Anthron *n*
**anthropic cosmological principle** (Astron) / anthropisches kosmologisches Prinzip (nach Brandon Carter, geb. 1942)
**anthropodeoxycholic acid** (Physiol) / Chenodesoxycholsäure *f*, Chenodiol *n*
**anthropogenic*** *adj* / anthropogen *adj* (vom Menschen beeinflusst oder hergestellt)
**anthropogeology** *n* (Geol) / Anthropogeologie *f* (die sich mit der Prognose der durch menschliche Tätigkeit ausgelösten Prozesse und Veränderungen geologischer Art befasst)
**anthropomorph*** *adj* / anthropomorph *adj* (Bezeichnung in der Kybernetik - z.B. "Befehl", "Nachricht", "Rückmeldung")
**anthropomorphic** *adj* / anthropomorph *adj* (Bezeichnung in der Kybernetik - z.B. "Befehl", "Nachricht", "Rückmeldung")
**anthrosol** *n* (Agric, Ecol) / anthropogener Boden (der über das in der Landwirtschaft übliche Maß der Bodenbearbeitung hinaus vom Menschen umgestaltet wurde)
**anti-abrasion layer** / Verschleißschutzschicht *f*
**anti-acid grease** (Elec Eng) / Säureschutzfett *n* (zum Schutz der Endpole und Batterieklemmen gegen die Einwirkung der Batteriesäure)
**anti-adhesive** *n* / Antikleber *m* (adhäsionshemmender Stoff)
**anti-adhesive** *adj* / abweisend *adj* (gegen klebrige Stoffe), Antihaft-, Antikleb-, adhäsionshemmend *adj*, mit antiadhäsiver Beschichtung ‖ **~ paper** (Paper) / Trennpapier *n* (allgemeiner Ausdruck für nichtklebendes Papier nach DIN 6730), Trennschichtpapier *n* ‖ **~ paper** s. also release paper
**anti-ageing agent** / Alterungsschutzmittel *n*, Alterungsstabilisator *m*
**anti-ager** *n* / Alterungsschutzmittel *n*, Alterungsstabilisator *m*
**anti-AIDS gloves** / Anti-Aids-Handschuhe *m pl*
**anti-aircraft defence** (Mil) / Flugabwehr *f*, Fliegerabwehr *f* ‖ **~ defence** (Mil) / Flak *f* (bodengebundene Verteidigung gegen feindliche Flugzeuge) ‖ **~ fire** (Mil) / Flakfeuer *n* ‖ **~ missile** (Mil) / Fla-Flugkörper *m*, Fla-Rakete *f*, Flugabwehrlenkwaffe *f* ‖ **~ tank** (Mil) / Flugabwehrpanzer *m*, Fla-Panzer *m*

**antialiasing** n (a technique for giving the appearance of smooth lines and edges in an image on a display) (Comp) / Antialiasing n (Ersetzen der Treppenlinie durch eine durchgehende Linie mit Hilfe von Mischfarben und überhaupt bei runden Grafikelementen), Kantenglätten n, Anti-Treppenkurveneffekt m || ~* (Electronics) / Antialiasing n (zur Verhinderung des Alias-Effektes) || ~ **tool** (Comp) / Randschärfer m
**anti-allergic agent** (Pharm) / Antiallergikum n (pl. -gika)
**anti-ar(r)hythmic agent** (Pharm) / Antiarrhythmikum n (pl.-mika)
**antiaris** n (For) / Bonkonko n (Antiaris africana Engl. oder Antiaris welwitschii Engl.), Antiaris n, Ako n (Bonkonko)
**anti-aromatic** adj (Chem) / antiaromatisch adj
**anti-aromaticity** n (Chem) / Möbius-Aromatizität f, Antiaromatizität f
**anti-asthmatic drug** (Pharm) / Antiasthmatikum n (pl. -tika)
**anti-atom** n (Nuc) / Antiatom n (ein Atom, das aus lauter Antiteilchen zusammengesetzt ist)
**antibacterial** (Pharm) / antibakteriell adj || ~ **spectrum** (Pharm) / antibakterielles Spektrum (Gruppe experimentell ermittelter Testkeime, gegen die ein Antibiotikum wirksam ist)
**antiballistic missile** (Mil) / Antiraketenrakete f, Abfangrakete f, Abwehrflugkörper m gegen ballistische Flugkörper, Abfangflugkörper m, Antirakete f (zur Abwehr von ballistischen Flugkörpern) || ~ **missile system** (Mil) / ABM-System n
**antibandit glazing** (Glass) / Sicherheitsverglasung f (z.B. in der Bankhalle) || ~ **glazing** s. also antiburglary glazing
**antibaryon*** n (Nuc) / Antibaryon n
**antibiosis*** n (pl. antibioses) (Biol) / Antibiose f (hemmende oder abtötende Wirkung der Stoffwechselprodukte bestimmter Mikroorganismen auf andere Mikroorganismen)
**antibiotic** adj (Pharm) / antibiotisch adj || ~ **resistance** (Med, Pharm) / Resistenz f gegen Antibiotika
**antibiotics*** pl (Pharm) / antibiotische Heilmittel, Antibiotika n pl || ~ **of the beta-lactam group** (Pharm) / β-Laktamantibiotika n pl (z.B. Penizillin)
**antiblocking agent** / Antiblockmittel n, Antiblockingmittel n, Antihaftmittel n (bei Folien und Papieren) || ~ **agent** (Nut) / Schlupfmittel n || ~ **device** (Autos) / Antiblockiervorrichtung f (für Bremsen), Blockierschutz m, Blockierregler m, Bremsschlupfregler m, Antiblockiereinrichtung f, Blockierschutzeinrichtung f, automatischer Blockierverhinderer, ABV (Antiblockiervorrichtung) || ~ **system** (Autos) / Antiblockiersystem n, ABS (Antiblockiersystem), Brems-Antiblockiersystem n || ~ **system with electronic braking force distribution** (Autos) / Antblockiersystem n mit EBD
**antibody*** n (Bacteriol, Biochem, Physiol) / Ak (Antikörper), Antikörper m, Immunkörper m
**antibonding** adj (Chem, Nuc) / antibindend adj, bindungslockernd adj || ~ **orbital*** (Chem, Nuc) / antibindendes Orbital (π- oder σ-Orbital)
**antibrowning agent** (Nut) / bräunungsverhütendes Mittel, enzymatische Bräunung verhinderndes Mittel
**antibrushing fittings** (Elec Eng) / Sprühschutz m (als konkrete Einrichtung)
**antibuffet screen** (Autos) / Windblocker m (bei Kabrios), Windschott n
**antibumping granule** / Siedesteinchen n (zur Vermeidung des Siedeverzugs)
**antiburglary** adj (Electronics) / einbruchsicher adj, einbruchsicher adj, einbruchhemmend adj || ~ **door** (Build) / einbruchhemmende Tür (DIN 18103) || ~ **glazing** (Build) / einbruchhemmende Verglasung
**anticaking agent** / Antibackmittel n (das das Zusammenbacken von Stoffen verhindern soll), Anticakingmittel n || ~ **agent** (Chem) / Antibackmittel n (für Schüttgüter)
**anticapacitance switch*** (Elec Eng) / kapazitätsarmer Schalter, kapazitätsloser Schalter
**anticapillary groove*** (Build) / Wassernasenrinne f (z.B. eines Fensterbretts)
**anticatalysis** n (pl. anticatalyses) (Chem) / negative Katalyse, Antikatalyse f (mit negativem Katalysator)
**anticatalyst** n (Chem) / Antikatalysator m, negativer Katalysator
**anticatalytic** adj (Chem) / antikatalytisch adj
**anticathode*** n (Electronics) / Antikatode f, Anode f, Target n, Auftreffplatte f (der Röntgenröhre)
**antichain** n (Maths) / Antikette f, total antigeordnete Menge
**antichip coating** (Autos, Paint) / Steinschlagschutzgrund m, Steinschlagzwischengrund m (eine Schutzschicht)
**antichlor** n (Textiles) / Antichlor n (zur Chlorentfernung nach der Chlorbleiche, z.B. Natriumthiosulfat)
**anticholinergic** adj (Pharm) / anticholinerg adj, parasympatholytisch adj
**anticipated transient without scram** (Nuc Eng) / unkontrollierte Leistungssteigerung ohne Schnellabschaltung, ATWS-Störfall m, ATWS (ein Störfall), Leistungsexkursion f (ein Störfall)

**anticipating control** (Automation) / Regelung f mit Aufschaltung einer im Verlauf des Prozesses vor dem Prozessausgang gemessenen Größe
**anticipation** n / Antizipation f
**anticipative** adj / antizipativ adj (vorwegnehmend)
**anticipatory** adj / antizipativ adj (vorwegnehmend) || ~ **control** (Automation) / Regelung f mit Aufschaltung einer im Verlauf des Prozesses vor dem Prozessausgang gemessenen Größe
**anticircular chromatography** (Chem) / Antizirkularchromatografie f, Anticircularchromatografie f
**anticlimb scheme*** (to deter vandals) (Paint) / Anstrichfarbe, die mutwillige Beschädigungen (des Objekts) erschweren soll
**anticlinal conformation** (Chem) / antiklinale Konformation || ~ **trap*** (Geol) / Antiklinalfalle f || ~ **valley** (Geol) / Antiklinaltal n, Satteltal n
**anticline*** n (Geol) / Antiklinale f, Antikline f, Sattel m (einer geologischen Falte)
**anticlinorium** n (pl. -noria) (Geol) / Antiklinorium n (pl. Antiklinorien)
**anticlockwise** adj adv (GB) / im Gegenuhrzeigersinn, linksdrehend adj, entgegen dem Uhrzeigersinn || ~ **rotation** (Phys) / Linksdrehung f, Drehung f entgegen dem Uhrzeigersinn || ~ **spiral grain** (For) / sonniger Drehwuchs (bei linksgedrehten Stämmen)
**anticlotting agent** (Paint) / Klumpenverhütungsmittel n
**anticlutter*** n (Radar) / Nahechodämpfung f, Enttrübung f (bei der Funkpeilung und beim Radarverfahren) || ~ **gain control** (Radar) / Nahechodämpfung f, Enttrübung f (bei der Funkpeilung und beim Radarverfahren) || ~ **rain** (Radar) / Regendämpfung f, Regenenttrübungsschaltung f, Niederschlagsdämpfung f, Regenenttrübung f
**anticoagulant*** n (Med) / gerinnungshemmendes Mittel, Antikoagulationsmittel n, Antikoagulans n (pl. -tia oder -zien)
**anticodon*** n (Biochem, Gen) / Anticodon n, Antikodon n
**anticoincidence** n (Automation, Comp) / Antivalenz f (wenn von zwei Eingängen nur der eine oder nur der andere ein Signal führt - DIN 44300, T 5), exklusives ODER, ausschließendes ODER, XOR (exklusives ODER), Kontravalenz f, EXOR (Exklusiv-Oder), Exklusiv-Oder n || ~ (Comp, Nuc, Telecomm) / Antikoinzidenz f || ~ **circuit*** (Comp, Nuc, Telecomm) / Antikoinzidenzschaltung f || ~ **counter*** (Nuc) / Antikoinzidenzzähler m
**anticollision beacon*** (Aero) / Zusammenstoßwarnlicht n || ~ **radar** (Aero, Radar) / Abstandswarnradar m, Kollisionsschutzradar m n, Abstandsradaranlage f (zur Kollisionsverhütung)
**anticommutation relation** (Maths, Phys) / Vertauschungsrelation f (mit dem Antikommutator gebildete)
**anticommutative** adj (Maths) / antikommutativ adj
**anticommutator** n (Phys) / Antikommutator m (in der Quantentheorie)
**anticondensation paint*** (Paint) / kondensationsmindernder Anstrichstoff
**anti-coning** n (Aero) / Schwenkbegrenzung f (bei Hubschraubern)
**anticorrosion additive** (Chem) / Antikorrosionsadditiv n (Zusatz, der die Korrosion an geschmierten metallischen Oberflächen verhindert, verzögert oder begrenzt), chemischer Korrosionsinhibitor || ~ **grease** (Met, Surf) / Korrosionsschutzfett n, Konservierungsfett n (gegen Korrosion) || ~ **oil** (Eng, Surf) / Korrosionsschutzschutzöl n || ~ **treatment** (Surf) / Korrosionsschutzbehandlung f
**anticorrosive** adj (Surf) / Korrosionsschutz-, korrosionsschützend adj, korrosionshemmend adj || ~ **agent** / Korrosionshemmstoff m, Korrosionsinhibitor m (Stoff, der die Korrosionsgeschwindigkeit verringert) || ~ **grease** (Met, Surf) / Korrosionsschutzfett n, Konservierungsfett n (gegen Korrosion) || ~ **oil** (Eng, Surf) / Korrosionsschutzöl n || ~ **paper** (Paper) / rostschützendes Papier, Korrosionsschutzpapier n, Rostschutzpapier n || ~ **pigment** (Paint) / Korrosionsschutzpigment n, inhibierendes Pigment (Korrosionsschutz), aktives Pigment (ein Korrosionsschutzpigment in Grundbeschichtungsstoffen), inhibierendes Pigment || ~ **treatment** (Surf) / Korrosionsschutzbehandlung f || ~ **undercoat** (Paint, Surf) / Korrosionsschutzvoranstrich m
**anticounterfeit paper** (Paper) / verfälschungshemmendes Papier (DIN 6730), verfälschungssicheres Papier, fälschungssicheres Papier
**anticrack coating** (Paint) / Rissschutzbeschichtung f
**anticracking agent** (Oils) / Krackverhinderungsmittel n, Crackverhinderungsmittel n, Antikrackmittel n
**anticrack injection** (Build, Civ Eng) / Risssanierung f (mit Injektionen) || ~ **reinforcement** (Civ Eng) / Rissbewehrung f (Zusatzbewehrung zur Aufnahme von Zugspannungen, die durch Temperaturänderungen oder Schwinden hervorgerufen werden)
**anti-crease finish** (Textiles) / knitterfreie Ausrüstung, Knitterfreiausrüstung f, Knitterfestausrüstung f, Knitterechtausrüstung f
**anticreeper** n (Rail) / Wanderschutz m
**anticrop weapon** (Mil) / ernteschädigender Kampfstoff
**anticrystallizing rubber** / AC-Kautschuk m, arktischer Kautschuk

**anticyclone**

**anticyclone*** n (Meteor) / Antizyklone f (ein Hochdruckgebiet) ‖ ~*
(Meteor) s. also high
**anticyclonic** adj (Meteor) / antizyklonal adj
**anticyclotron tube*** (Electronics) / Antizyklotron n
**antidazzle** n (mirror) (Autos) / abblendbarer Innenspiegel,
Abblendspiegel m ‖ ~ **cowling** (Autos) / Blendschutzvorrichtung f
(über Instrumententrägern) ‖ ~ **mirror*** (Autos) / Rückblickspiegel
m mit automatischer Abblendung ‖ ~ **position** (Autos) /
Abblendstellung f (des Rückspiegels) ‖ ~ **strip** (Autos) /
Farbkeilband n (in Windschutzscheiben aus Verbundglas)
**antidepressant** n (Pharm) / depressionenbekämpfendes Mittel,
Antidepressivum n (pl. -depressiva)
**antiderivative** n (Maths) / unbestimmtes Integral (Newton'sches - die
Menge aller Stammfunktionen einer gegebenen Funktion)
**antidetonant** n (Fuels) / Gegenklopfmittel n, Klopfbremse f,
Antiklopfmittel n
**antideuteron** n (Nuc) / Antideuteron n (ein Antiteilchen)
**antidiabetic** adj (Pharm) / antidiabetisch adj
**antidiazo compound*** (Chem) / Antidiazotat n
**antidieseling device** (Autos) / Leerlaufabschaltventil n (als Oberbegriff)
‖ ~ **solenoid** (Autos) / Leerlaufabschaltmagnet m,
elektromagnetisches Leerlaufabschaltventil, elektromagnetisches
Abschaltventil für Kraftstoffdüse (zur Verhinderung des
Motornachlaufs nach Abschalten der Zündung)
**antidiffusion grid** (Radiol) / Bucky-Blende f (nach G. Bucky, 1880 -
1963), Streustrahlenraster m, Bucky-Raster m, Streustrahlenblende
f, Antiscattering-Blende f
**antidiuretic hormone** (Biochem, Physiol) / Vasopressin n,
antidiuretisches Hormon, Antidiuretin n, Adiuretin n, ADH
(antidiuretisches Hormon), VP (Vasopressin - ein Neurohormon
des Hypophysenhinterlappens)
**antidive** n (Autos) / Antidive m (Bremsnickausgleich durch
Radaufhängung gegen Tauchen der Vorderachse beim Bremsen),
Bremsnickausgleich m, Bremsnickabstützung f, Anti-dive-System n
(bei Motorrädern)
**antidote** n (Pharm) / Gegenmittel n, Gegengift n, Antidot n (pl. -dote),
Antidotum n (pl. -dota), Antidoton n (pl. -dota)
**antidrag wire** (Aero) / Innengegenverspannungsdraht m
**antidrain valve** (Autos) / Rücklaufsperrventil n (des Ölfilters)
**antidrip device** (Paint) / Tropfsperre f (der Spritzpistole)
**antidrum compound** (Eng, Paint) / Antidröhnmasse f
**antidrumming compound** (Eng, Paint) / Antidröhnmasse f ‖ ~
**treatment** (Eng, Paint) / Antidröhnbehandlung f
**antidust agent** (Paint) / staubbildungverhindernder Zusatz
**antidusting oil** / Haftöl n (in Kehrpulvern), staubbindendes Öl,
Stauböl n
**anti-environmental** adj (Ecol) / umweltfeindlich adj (Einstellung)
**anti-enzyme** n (Biochem) / Enzyminhibitor m, Enzymgift n,
Enzymblocker m, Antienzym n, Antiferment n, Antizym n
**anti-erosion net** (Agric, Geol) / Antierosionsnetz n
**antifading** adj (Radio) / schwundmindernd adj (Antenne) ‖ ~ **antenna***
(Radio) / schwundmindernde Antenne (eine Sendeantenne),
Antifading-Antenne f
**antifall device** (Civ Eng) / Absturzsicherung f (im Hochbau)
**antifalsification paper** (Paper) / verfälschungshemmendes Papier (DIN
6730), verfälschungssicheres Papier, fälschungssicheres Papier
**antifatigue agent** (Chem Eng) / Ermüdungsschutzmittel n (ein
Alterungsschutzmittel) ‖ ~ **shaft** (Eng) / Dehnschaft m (der
Schraube; Schaftdurchmesser < Kerndurchmesser)
**antifatigue-shaft bolt** (Eng) / Dehnschraube f, Dehnschaftschraube f
**antifebrin** n (Pharm, Plastics, Textiles) / Acetanilid n, Azetanilid n,
Essigsäureanilid n, Antifebrin n (ein altes Pharmakon)
**antifeedant** n (Agric) / fraßverhinderndes Mittel (zur Insektenabwehr),
Antifraßstoff m
**antifeeding compound** (Agric) / fraßverhinderndes Mittel (zur
Insektenabwehr), Antifraßstoff m
**antifelt finish** (Textiles) / Filzfreiausrüstung f (für Erzeugnisse aus
reiner Schurwolle oder wollreichen Mischungen),
Antifilzausrüstung f
**antiferroelectric** n (Elec Eng, Phys) / Antiferroelektrikum n (pl. -rika)
(z.B. Bleizirkonat) ‖ ~ **adj** (Elec Eng, Phys) / antiferroelektrisch adj ‖
~ **material** (Elec Eng, Phys) / Antiferroelektrikum n (pl. -rika) (z.B.
Bleizirkonat)
**antiferromagnetic** n (Elec Eng, Phys) / Antiferromagnetikum n (pl. -tika)
‖ ~ **adj** (Phys) / antiferromagnetisch adj ‖ ~ **domain** (Mag, Phys) /
antiferromagnetische Domäne ‖ ~ **material** (Elec Eng, Phys) /
Antiferromagnetikum n (pl. -tika) ‖ ~ **resonance** (Phys) /
antiferromagnetische Resonanz
**antiferromagnetism*** n (Phys) / Antiferromagnetismus m
**antifertility agent** (Pharm) / Kontrazeptivum n (pl. -tiva),
Antifertilitätspräparat n, Ovulationshemmer m,
Empfängnisverhütungsmittel n (meistens hormonales)

**antifibrinolytic agent** (Pharm) / Antifibrinolytikum n (pl. -lytika)
(fibrinolysehemmendes Mittel, z.B. Tranexamsäure)
**antiflashover insulator** (Autos, I C Engs) / Isolator m mit
Kriechstrombarriere
**antiflex cracking agent** (Chem Eng) / Ermüdungsschutzmittel n (ein
Alterungsschutzmittel)
**antiflicker blade** (Cinema) / Beruhigungsflügel m (eines
Umlaufverschlusses) ‖ ~ **blade** (Cinema) / Zwischenflügel m
(zusätzlicher Dunkelsektor eines Umlaufverschlusses) ‖ ~ **vane**
(Cinema) / Beruhigungsflügel m (eines Umlaufverschlusses)
**antifloating agent** (Paint) / Antiausschwimmittel n (DIN 55945),
Ausschwimmverhinderungsmittel m
**antiflood and tidal valve*** (Plumb) / Flutventil n
**antiflooding agent** (Paint) / Antiausschwimmittel n (DIN 55945),
Ausschwimmverhinderungsmittel m
**antifoam additive** / Antischäumadditiv n (das das Schäumen eines
flüssigen Schmierstoffs verhindert oder verringert)
**antifoaming additive** (Chem, Oils) / Schaumdämpfer m (ein Additiv) ‖
~ **agent** (Chem, Phys) / Schaumbekämpfungsmittel n, Entschäumer
m, Schaumbrecher m, Schaumbremser m, Schaumzerstörungsmittel
n, Schaumdämpfer m, Schaumgegenmittel n, Antischaummittel n,
Entschäumungsmittel n
**antifoam oil** (Min Proc) / Antischaumöl n, Schaumverhütungsöl n
**antifogging agent** (Optics) / Klarsichtmittel n, Antibeschlagmittel n,
Beschlagverhinderungsmittel n ‖ ~ **agent** (Photog) /
Antischleiermittel n ‖ ~ **compound** (Optics) / Klarsichtmittel n,
Antibeschlagmittel n, Beschlagverhinderungsmittel n
**antiform** n (a fold which closes upward) (Geol) / Antiform f
**antiformant** n (Acous) / Antiformant m (pl. -ten)
**antifoulant** n (Paint) / Antifoulingwirkstoff n, Antifoulant m
**antifouling** n (Paint) / Antifouling n, Antifoulinganstrichmittel n,
Antifoulingfarbe f (gifthaltige anwuchsverhindernde
Unterwasseranstrichfarbe) ‖ ~ **composition*** (Paint) / Antifouling n,
Antifoulinganstrichmittel n, Antifoulingfarbe f (gifthaltige
anwuchsverhindernde Unterwasseranstrichfarbe) ‖ ~ **paint*** (Paint)
/ Antifouling n, Antifoulinganstrichmittel n, Antifoulingfarbe f
(gifthaltige anwuchsverhindernde Unterwasseranstrichfarbe)
**antifreeze*** n (Chem Eng) / Frostschutzmittel n, Gefrierschutzmittel n
(z.B. Glykol) ‖ ~ (Chem, Glass) / Schlifflösemittel n (zum Lockern
von festsitzenden Schliffpaaren) ‖ ~ **agent** (Chem Eng) /
Frostschutzmittel n, Gefrierschutzmittel n (z.B. Glykol) ‖ ~ **agent**
(Chem, Glass) / Schlifflösemittel n (zum Lockern von festsitzenden
Schliffpaaren) ‖ ~ **glycoprotein** (Biochem, Zool) /
Gefrierschutzprotein n, Antigefrierprotein n ‖ ~ **protein** (Biochem,
Zool) / Gefrierschutzprotein n, Antigefrierprotein n ‖ ~ **pump** /
Frostschutzmittelpumpe f ‖ ~ **tester** (Autos) / Gerät n zur
Bestimmung der Frostempfindlichkeit von Kühlerflüssigkeiten (z.B.
ein Taschenrefraktometer)
**antifretting** adj (Eng) / Reibkorrosion verhindernd
**antifrictional property** (Eng) / Notlaufeigenschaft f (bei Lagern)
**antifriction bearing*** (Eng) / Wälzlager n (DIN 623-1 und DIN ISO
281) ‖ ~ **coating** (Eng) / AF-Coating n (Dauerschmierfilm) ‖ ~ **layer** (Eng)
/ Lagergleitschicht f, Gleitschicht f (der Gleitlagerschale),
Laufschicht f (des Lagers) ‖ ~ **metal*** (Eng, Met) / Weißmetall n (ein
Lagermetall nach DIN 1703) ‖ ~ **metal lining** (Eng, Met) /
Weißmetallausguss m (des Lagers)
**antifrost layer** (Civ Eng) / Frostschutzschicht f (erste Tragschicht unter
der Fahrbahndecke, zur Verhinderung von Frostschäden)
**antifroth oil** (Min Proc) / Antischaumöl n, Schaumverhütungsöl n
**antifume agent** (Chem) / Abgasschutzmittel n ‖ ~ **finish** (Textiles) /
Schutzausrüstung f gegen Abgase
**antifungal** adj (Agric, Chem) / pilzabtötend adj, pilztötend adj, fungizid
adj, Pilzbefall verhindernd ‖ ~ **agent** (Agric, Chem) / Fungizid n
(anorganische oder organische Chemikalien oder der Biochemie
zugehörende Substanzen, welche die Entwicklung von Pilzen
hemmen oder völlig unterbinden) ‖ ~ **agent** (Pharm) /
Antimykotikum n (pl. -ka) (gegen Hautpilze) ‖ ~ **reagent** (Agric,
Chem) / Fungizid n (anorganische oder organische Chemikalien oder
der Biochemie zugehörende Substanzen, welche die Entwicklung
von Pilzen hemmen oder völlig unterbinden)
**antigen*** n (Biochem, Med) / Antigen n (Antisomatogen)
**antigen-antibody reaction** (Biochem) / Antigen-Antikörper-Reaktion f,
AAR (Antigen-Antikörper-Reaktion)
**antigenic determinant** (Biochem, Med) / Antigendeterminante f, Epitop
m, antigene Determinante (an der Oberfläche eines Antigens)
**antigenicity** n (Biochem, Med) / Antigenität f (Voraussetzung für eine
Immunantwort)
**antighost** attr (TV) / mit Mehrfachempfangsunterdrückung
**antiglare** adj (Optics) / blendfrei adj, nichtblendend adj, blendungsfrei
adj ‖ ~ **fence** (Autos, Civ Eng) / Blendschutzzaun m ‖ ~ **filter** (Comp) /
Blendschutzfilter n für Bildschirme ‖ ~ **position** (Autos) /

Abblendstellung f (des Rückspiegels) ‖ ~ **shield** (Comp) / Blendschirm m
**antigorite*** n (Min) / Antigorit m, Blätterserpentin m
**antigraffiti** n (Build, Paint) / Antigraffiti-Anstrichfarbe f (gegen die Wandschmierereien)
**anti-gravity** n (Phys) / Antigravitation f
**anti-grease finish** (Textiles) / Fett abweisende Ausrüstung
**anti-g suit*** (Aero, Space) / Anti-g-Anzug m (Luft- und Raumfahrtanzug)
**antigumming agent** (Oils) / Guminhibitor m
**antihaemophilic** adj (Med) / antihämophil adj
**antihalation*** n (Photog) / Lichthofschutz m (Unterdrückung des Lichthofes)
**antihalo plate** (Photog) / lichthoffreie Platte
**antihemophilic** adj (US) (Med) / antihämophil adj
**anti-Hermitian** adj (Maths) / schief-Hermite'sch adj
**antihistamine*** n (Biochem, Pharm) / Antihistamin n (z.B. Alimemazin, Antazolin, Bamipin usw.), Antihistaminikum n (pl. -nika), Histaminantagonist m (pl. -sten)
**antihormone*** n (Biochem, Biol) / Gegenhormon n, Antihormon n
**anti-Hückel system** (Chem) / Möbius-Aromatizität f, Antiaromatizität f
**antihunting*** n (Telecomm) / Dämpfung f, Beruhigung f ‖ ~ **circuit** (Electronics, Telecomm) / Dämpfungsnetzwerk n, Dämpfungsschaltung f, Beruhigungskreis m
**antihyperlipidaemic drug** (Pharm) / Lipidsenker m, lipidblutspiegelsenkender Arzneistoff
**antihyperon** n (Nuc) / Antihyperon n
**antihypertensive** n (Pharm) / blutdrucksenkendes Mittel, Hypotensivum n (pl. -tensiva), Antihypertonikum n (pl. -tonika), Antihypertensivum n (pl. -tensiva) ‖ ~ **agent** (Pharm) / blutdrucksenkendes Mittel, Hypotensivum n (pl. -tensiva), Antihypertonikum n (pl. -tonika), Antihypertensivum n (pl. -tensiva)
**anti-hypothermia bag** (Textiles) / Blitz- und Biwaksack m, BB-Sack m
**anti•-icing*** n (Aero) / vorbeugende Maßnahme gegen Vereisung ‖ ~**-icing*** s. also defrosting
**anti-icing additive** (Autos) / Wirkstoff m gegen Vergaservereisung, Vereisungsschutzmittel n, Antiicing-Mittel n, Antiicing n, Vereisungsinhibitor m ‖ ~ **agent** (Autos) / Wirkstoff m gegen Vergaservereisung, Vereisungsschutzmittel n, Antiicing-Mittel n, Antiicing n, Vereisungsinhibitor m ‖ ~ **correction** (Aero) / Vereisungskorrektur f ‖ ~ **device** (Aero) / Vereisungsschutzanlage f (zur Vorbeugung) ‖ ~ **system** (Aero, Autos) / Vereisungsschutzeinrichtung f, Vergaservorwärmung f
**anti-incrustator*** n (Chem, Eng) / Kesselsteinverhütungsmittel n, Kesselsteingegenmittel n
**anti-induction cable** (Cables) / induktionsfreies Kabel
**anti-infection apparel** / Infektionsschutzkleidung f (DIN 61621)
**anti-infective** adj (Med, Pharm) / antiinfektiös adj, infektionsverhindernd adj ‖ ~ **vitamin** (Pharm) / antiinfektiöses Vitamin (Vitamin A)
**anti-interference capacitor** (Elec Eng) / Entstörkondensator m, Entstörungskondensator m
**antijamming** n (Mil, Radio) / Maßnahme(n) f pl gegen feindliche Störungen (im Rahmen der elektronischen Kampfführung)
**antikink sleeve** / Knickschutzhülle f
**antiknock** n (Fuels) / Gegenklopfmittel n, Klopfbremse f, Antiklopfmittel n ‖ ~ **additive** (Fuels) / Gegenklopfmittel n, Klopfbremse f, Antiklopfmittel n ‖ ~ **index** (Fuels) / Klopffestigkeitswert m, Klopfwert n, [konkreter Wert der Klopffestigkeit f (als Kennzahl)] ‖ ~ **quality** (Fuels) / Klopffestigkeit f (die Eigenschaft eines Ottokraftstoffs, ohne Klopfen zu verbrennen) ‖ ~ **substance*** (Fuels) / Gegenklopfmittel n, Klopfbremse f, Antiklopfmittel n ‖ ~ **value*** (Fuels) / Klopffestigkeitswert m, Klopfwert n, [konkreter Wert der Klopffestigkeit f (als Kennzahl)]
**antilepton*** n (Nuc) / Antilepton n
**antilock(ing) device** (Autos) / Antiblockiervorrichtung f (für Bremsen), Blockierschutz m, Blockierregler m, Bremsschlupfregler m, Antiblockiereinrichtung f, Blockierschutzeinrichtung f, automatischer Blockierverhinderer, ABV (Antiblockiervorrichtung)
**antilog** n (Maths) / Antilogarithmus m, Numerus m (pl. Numeri) ‖ ~ **amplifier** (Electronics) / Antilog-Verstärker m (analoge Rechenschaltung mit nichtlinearer, antilogarithmischer Übertragungskennlinie)
**antilogarithm*** n (Maths) / Antilogarithmus m, Numerus m (pl. Numeri)
**antilog converter** (Telecomm) / Delogarithmierschaltung f
**antilogous** adj / antilog adj, ungleichnamig adj (Pol)
**antimagnetic steel** (Met) / amagnetischer Stahl, antimagnetischer Stahl, unmagnetischer Stahl

**antimalarial** n (Pharm) / Malariamittel n, Malariabekämpfungsmittel n, Antimalariamittel n
**anti-Markownikoff addition** (Chem) / Anti-Markownikoff-Addition f
**antimatter** n (Nuc) / Antimaterie f (die ausschließlich aus Antiteilchen besteht) ‖ ~ **fuel** (Space) / Antimaterie-Treibstoff m
**antimetabolite*** n (Med, Pharm) / Stoffwechselantagonist m, Antimetabolit m (pl. -en)
**antimicrobial** adj (Bacteriol) / mikrobizid adj (Mikroben abtötend), antimikrobiell adj ‖ ~ **finish** (Textiles) / antimikrobielle Ausrüstung, hygienische Ausrüstung
**antimissile defence** (Mil) / Flugkörperabwehr f ‖ ~ **missile** (Mil) / Flugkörperabwehrflugkörper m
**antimitotic** n (Cyt) / Mitosehemmstoff m, Mitosegift n, Mitosehemmer m, Antimitotikum n (pl. -totika) ‖ ~ **agent** (Cyt) / Mitosehemmstoff m, Mitosegift n, Mitosehemmer m, Antimitotikum n (pl. -totika)
**antimode** n (Maths, Stats) / Antimodalwert m, Antimode m (Antimodalwert), Antimodus m (wenigst dichter Wert)
**antimonate** n (Chem) / Antimonat(V) n
**antimonial lead*** (Met) / Hartblei n (DIN 17640, T 1), Antimonialblei n, Antimonblei n (mit 0,5 - 13 Gew. % Antimon und manchmal mit Zinn) ‖ ~ **lead ore*** (Min) / Bournonit m, Rädelerz n ‖ ~ **saffron** / Goldschwcfcl m (orangegelbes Pulver)
**antimoniate*** n (Chem) / Antimonat(V) n
**antimonic*** adj (Chem) / Antimon(V)-
**antimonide** n (Chem) / Antimonid n (Metallverbindung des Antimons)
**antimonious** adj (Chem) / Antimon(III)-
**antimonite** (Chem) / Antimonat(III) n, Antimonit n (Salz der hypothetischen antimonigen Säure) ‖ ~* (Min) / Antimonit m (wichtigstes Erz zur Gewinnung von Antimon), Antimonglanz m, Stibnit m, Grauspießglanz m
**antimonous** adj (Chem) / Antimon(III)- ‖ ~ **acid** (Chem) / antimonige Säure
**antimony*** n (Chem) / Antimon n, Sb (Antimon) ‖ ~ (Chem) s. also antimony trioxide ‖ ~ **black*** (Chem) / Antimongrauschwarz n (eine Modifikation des Antimontrisulfids) ‖ ~ **butter** (Chem) / Antimon(III)-chlorid n, Antimontrichlorid n, Antimonbutter f ‖ ~ **(III) chloride** (Chem) / Antimon(III)-chlorid n, Antimontrichlorid n, Antimonbutter f
**antimony(V) chloride** (Chem) / Antimon(V)-chlorid n, Antimonpentachlorid n
**antimony cinnabar** (Paint) / Antimonkarmin n, Antimonzinnober m (Antimonoxidsulfid - heute nicht mehr verwendet) ‖ ~ **electrode** (an oxide electrode used as an indicator electrode in the measurement of pH) / Antimonelektrode f ‖ ~ **glance** (Min) / Antimonit m (wichtigstes Erz zur Gewinnung von Antimon), Antimonglanz m, Stibnit m, Grauspießglanz m ‖ ~ **halide** (Chem) / Antimonhalogenid n (Verbindung des Antimons mit den Elementen der Halogengruppe) ‖ ~ **hydride*** (Chem, Electronics) / Antimonwasserstoff m, Stibin n, Stiban n
**antimonyl chloride** (Chem) / Antimon(III)-oxidchlorid n
**antimony(V) oxide** (Chem) / Antimon(V)-oxid n, Antimonpentoxid n
**antimony(III) oxide** (Chem) / Diantimontrioxid n, Antimontrioxid n, Antimon(III)-oxid n
**antimony pentachloride** (Chem) / Antimon(V)-chlorid n, Antimonpentachlorid n ‖ ~ **pentasulphide** (Chem) / Antimonpentasulfid n, Antimon(V)-sulfid n ‖ ~ **pentoxide** (Chem) / Antimon(V)-oxid n, Antimonpentoxid n ‖ ~ **perchloride** (Chem) / Antimon(V)-chlorid n, Antimonpentachlorid n ‖ ~ **persulphide** (Chem) / Antimonpentasulfid n, Antimon(V)-sulfid n ‖ ~ **pigment** (Paint) / Antimonpigment n (z.B. Antimonweiß, Antimonzinnober oder Neapelgelb) ‖ ~ **point** (Phys) / Antimonpunkt m (sekundärer Fixpunkt, der der Temperatur von 903,7 K entspricht), Antimonerstarrungspunkt m ‖ ~ **potassium tartrate** (Chem) s. also tartar emetic ‖ ~ **potassium tartrate** (Chem) / Kaliumantimon(III)-oxidtartrat n, Kaliumantimonyltartrat n ‖ ~ **red** / Goldschwefel m (orangegelbes Pulver) ‖ ~ **sodiate** (Chem) / Natriumantimonat n ‖ ~ **(III) sulphide** (Chem) / Antimontrisulfid n, Antimon(III)-sulfid n --**(V) sulphide** (Chem) / Antimonpentasulfid n, Antimon(V)-sulfid n ‖ ~ **(V) sulphide** (Chem) s. also antimony red ‖ ~ **trichloride** (Chem) / Antimon(III)-chlorid n, Antimontrichlorid n, Antimonbutter f ‖ ~ **trioxide** (Chem) / Diantimontrioxid n, Antimontrioxid n, Antimon(III)-oxid n ‖ ~ **trioxide** s. also antimony white ‖ ~ **trisulphide** (Chem) / Antimontrisulfid n, Antimon(III)-sulfid n ‖ ~ **vermilion** (Paint) / Antimonkarmin n, Antimonzinnober m (Antimonoxidsulfid - heute nicht mehr verwendet) ‖ ~ **white** / Antimonweiß n (Antimon(III)-oxid - in Deutschland nicht mehr verwendet) ‖ ~ **yellow** (Ceramics, Glass, Paint) / Neapelgelb n (Bleiantimon(III)), Antimongelb n (alte, toxische Künstlermal- und Zementfarbe)
**antimoth** attr (Textiles) / mottensicher adj, mottenecht adj ‖ ~ **product** (Textiles) / Mottenschutzmittel n
**antimould agent** (Chem, Nut) / Schimmelverhütungsmittel n

**antimuon** n (Nuc) / Antimyon n (Positron), Antimüon n, positives Myon, My-plus-Meson n
**antimycotic agent** (Pharm) / Antimykotikum n (pl. -tika) (gegen Hautpilze) || ~ **finish** (Textiles) / antimykotische Ausrüstung
**antineutrino**\* n (Nuc) / Antineutrino n
**antineutron**\* n (Nuc) / Antineutron n
**anti-Newton glass** (Glass) / Anti-Newton-Glas n (das das Auftreten von Interferenzerscheinungen zwischen planen Flächen verhindert)
**antinodal point** (Optics) / negativer Knotenpunkt || ~ **point** (Phys) / Schwingungsbauch m, Bauch m (Schwingungsbauch nach DIN IEC 50) || ~ **region** (Phys) / Bereich m des Schwingungsbauchs (des Wellenbauchs)
**antinode** n (Aero) / Schwingungsbauch m (bei der Vibration der Flugzeugzelle) || ~ (Phys) / Schwingungsbauch m, Bauch m (Schwingungsbauch nach DIN IEC 50) || ~\* (Phys) / [Wellen-, Schwingungs-]Bauch m
**antinoise** n (Acous) / Antilärm m || ~ **capacitor** (Acous, Elec Eng, Electronics) / Störschutzkondensator m || ~ **compound** (Eng, Paint) / Antidröhnmasse f || ~ **microphone** (Acous) / störschallunterdrückendes Mikrofon || ~ **paint** (Eng, Paint) / Antidröhnmasse f || ~ **regulation** (Ecol) / Lärmschutzbestimmung f, Lärmschutzverordnung f
**antinomy** n (Maths) / Antinomie f (logische, semantische)
**antinous release** (Photog) / Drahtauslöser m (DIN 33401)
**anti-nuclear activist** (Nuc Eng) / Kernenergiegegner m, Kernkraftgegner m, Bekämpfer m der Kernenergie, Atomkraftgegner m || ~ **antibody** (Gen) / Antizellkern-Antikörper m || ~ **protester** (Nuc Eng) / Kernenergiegegner m, Kernkraftgegner m, Bekämpfer m der Kernenergie, Atomkraftgegner m
**antinucleon** n (Nuc) / Antinukleon n
**antinuker** n (US) (Nuc Eng) / Kernenergiegegner m, Kernkraftgegner m, Bekämpfer m der Kernenergie, Atomkraftgegner m
**Antioch process** (Foundry) / Antioch-Verfahren n (ein altes Gipsformverfahren mit etwa 50% Quarzsand, 40% Gips, 8% Talk und Spuren von Natronwasserglas, Portlandzement und Magnesiumoxid)
**anti-odour finish** (Textiles) / Geruchsveredlung f
**anti-oscillation** attr (Eng, Phys) / schwingungsdämpfend adj
**antioxidant**\* n (Chem, Nut) / Antioxidationsmittel n, Antioxidans n (pl. Antioxidanzien), Oxidationsverhinderer m, Antioxygen n, Oxidationsinhibitor m || ~ **additive** (Fuels) / Wirkstoff m zur Steigerung der Oxidationsbeständigkeit (von Kraftstoffen), Antioxidationsadditiv n
**antioxidation agent** (Chem, Nut) / Antioxidationsmittel n, Antioxidans n (pl. Antioxidanzien), Oxidationsverhinderer m, Antioxygen n, Oxidationsinhibitor m
**antioxygen** n (Chem, Nut) / Antioxidationsmittel n, Antioxidans n (pl. Antioxidanzien), Oxidationsverhinderer m, Antioxygen n, Oxidationsinhibitor m
**antiozonant** n (Chem Eng, Plastics) / Antiozonans n (pl. -tien), Ozonschutzmittel n
**antipaludian** n (Pharm) / Malariamittel n, Malariabekämpfungsmittel n, Antimalariamittel n
**antiparallax mirror**\* (Elec Eng, Instr) / Parallaxen ausgleichender Spiegel (an Messgeräten)
**antiparallel**\* adj (Maths) / antiparallel adj (parallel verlaufend, jedoch entgegengesetzt gerichtet) || ~ **connection** (Elec Eng) / Gegenschaltung f || ~ **connexion** (Elec Eng, Electronics) / Antiparallelschaltung f (z.B. Wechselstromsteller mit zwei Thyristoren), Gegenparallelschaltung f || ~ **forces** (Mech) / antiparallele Kräfte
**antiparallelogram** n (Maths) / Antiparallelogramm n (ein Viereck, in dem zwei Seiten parallel, aber ungleich, die anderen beiden Seiten gleich, aber nicht parallel sind)
**antiparallel spin** (Nuc) / antiparalleler Spin, entgegengesetzter Spin
**antiparticle**\* n (Nuc) / Antiteilchen n, Antipartikel f
**antipenetration cutting force** (US) (Eng) / Drangkraft f, Abdrängkraft f (Projektion der Zerspankraft auf eine Senkrechte zur Schneidenebene)
**antiperiplanar** adj (Chem) / antiperiplanar adj
**antiperspirant** n (Pharm) / Antitranspirant n, Antischweißmittel n, Antitranspirationsmittel n, schweißhemmendes Mittel, Antisudorifikum n (pl. -fika), Antihidrotikum n (pl. -tika) (schweißhemmendes Mittel), Anthidrotikum n (pl. -tika), Schweißverhütungsmittel n
**antiperthite**\* n (Geol) / Antiperthit m
**antiphase** n (Crystal) / Antiphase f || ~ **boundary** (Crystal) / Antiphasengrenze f (Phasensprung zwischen zwei Domänen), Antiphasenkorngrenze f || ~ **domain** (on both sides of the antiphase boundary) (Crystal) / Domäne f
**antiphlogistic** n (Pharm) / entzündungshemmendes Mittel, Antiphlogistikum n (pl. -tika)

**antipicking finish** (Textiles) / Antipicking-Ausrüstung f (die die Herauslösung einzelner Fäden aus dem Gewebeverband verhindern soll)
**antipilling finish** (Textiles) / Antipilling-Ausrüstung f (um die Pillbildung zu verhindern)
**antipipe powder** (Foundry) / Lunkerpulver n
**antipiping** adj (Foundry) / lunkerverhütend adj
**antipitting agent** (Surf) / Porenverhütungsmittel n
**antipodal points**\* (on a sphere) (Maths, Surv) / Antipodenpaar n (auf einer Kugel), Antipodenpunkte m pl
**antipode** n (Chem) / Antipode m (eines von zwei Isomeren, deren Moleküle sich wie Bild und Spiegelbild verhalten)
**antipolar** adj (Maths) / antipolar adj
**antipolarizing winding**\* (Elec Eng) / gegenmagnetisierende Wicklung
**antipollution costs** (Ecol) / Kosten pl des technischen Umweltschutzes || ~ **legislation** (Ecol) / Umweltschutzgesetzgebung f || ~ **technology** (Ecol) / Umweltschutztechnik f, Umweltschutztechnologie f
**antiport** n (Biol, Chem, Phys) / Antiport m (gekoppelter Transport von zwei verschiedenen Molekülen oder Ionen in Gegenrichtung durch eine biologische Membran)
**antiproton**\* n (Nuc) / Antiproton n (ein Antiteilchen)
**antipsoriatic drug** (Pharm) / Antipsoriaticum n (pl. -tica), Antipsoriatikum n (pl. -tika)
**antipumping device** (Elec Eng) / Antipumpeinrichtung f (die das Wiedereinschalten verhindert)
**antiputrefactive** adj / fäulnishindernd adj, fäulnisverhindernd adj
**antipyretic**\* n (Pharm) / Fiebermittel n, Antifebrile n, Antipyretikum n (pl. -tika), Antifebrilium n (pl. -ien), fiebersenkendes Mittel, antifebriles Mittel, Pyretikum n (pl. -tika) || ~ adj (Pharm) / antipyretisch adj, fiebersenkend adj
**antiqua**\* n (Typog) / runde Schrift, Antiqua f (DIN 16518)
**antiquark**\* n (Nuc) / Antiquark n (hypothetisches Teilchen im Quarkmodell)
**antique** v (Join) / patinieren v (Möbel) || ~ **effect** (Leather) / Antikeffekt m || ~ **grain** (Leather) / Antikleder (das durch Pressen ein Aussehen nach altem Stil erhält)
**antique-pink** attr / altrosa adj
**antirad** n (Chem Eng, Plastics) / Antirad n (Strahlungsschutzmittel) || ~ (Nuc Eng) / Strahlungsschutzstoff m
**antiradar coating** (Radar) / Antiradarbeschichtung f || ~ **missile** (Mil, Radar) / Radarbekämpfungsflugkörper m, Anti-Radar-Flugkörper m
**antiradiating** adj / abstrahlungshindernd adj, strahlungshindernd adj, Antireflex-
**antiradiation missile**\* (Mil, Radar) / Radarbekämpfungsflugkörper m, Anti-Radar-Flugkörper m
**anti-rattle spring** (Autos) / Belaghaltefeder f
**anti-redeposition agent** (Textiles) / Redepositionsgegenmittel n, Schmutzträger m (Bestandteil eines Waschmittels, der verhindern soll, dass der von der Faser abgelöste Schmutz aus der Flotte wieder auf die Faser aufzieht), Vergrauungsinhibitor m (z.B. Carboxymethylcellulose)
**anti-redeposition power** (Textiles) / Schmutztragevermögen n (Eigenschaft der Waschflotte)
**antireflection coating** (Optics) / Transparenzbelag m, reflexmindernder Belag, reflexmindernde Schicht, Entspiegelungsschicht f, Antireflexbelag m, T-Belag m
**antireflexive** adj (Maths) / antireflexiv adj
**antirepresentation** n (Maths) / Antidarstellung f
**antiresistant** n (Agric, Chem, Ecol) / Resistenzbrecher m (der die gesteigerte Resistenz der Schadorganismen verhindert oder rückgängig macht) || ~ (Biochem, Med) / Widerstandsabschwächer m (Stoff, der Entgiftungsenzyme hemmt und damit die Resistenz bricht), Antiresistant m
**antiresonance** n (Elec Eng) / Sperr-Resonanz f, Stromresonanz f, Parallelresonanz f, Antiresonanz f || ~ **frequency**\* (Elec Eng) / Stromresonanzfrequenz f, Eigenfrequenz f des Stromresonanzkreises || ~ **peak** (Elec Eng) / Stromresonanzpunkt m (bei Filtern)
**antiresonant circuit** (Elec Eng) / Parallelschwingkreis m, Parallelresonanzkreis m
**antirheumatic** n (Pharm) / Antirheumatikum n (pl. -tika)
**anti-roll bar**\* (Autos) / Stabilisator m, Querstabilisator m || ~ **bar** (Rail) / Wankstabilisator m || ~ **device** (Ships) / Schlingerdämpfungsanlage f
**anti-rolling mechanism** (Radio) / Anti-Rolling-Mechanismus m (um die Gleichlaufschwankungen bei starken Bewegungen zu unterdrücken) || ~ **tank** (Ships) / Schlingertank m (eine Stabilisierungseinrichtung)
**anti-roll tank** (Ships) / Schlingertank m (eine Stabilisierungseinrichtung)
**antirot** adj / fäulnishindernd adj, fäulnisverhindernd adj
**anti-run-on valve** (Autos) / Leerlaufabschaltventil n (als Oberbegriff)

**antirust additive** (Fuels, Surf) / Antirostadditiv n (das das Rosten der Oberflächen von Eisenlegierungen verhindert, verzögert oder begrenzt) ‖ ~ **paper** (Paper) / rostschützendes Papier, Korrosionsschutzpapier n, Rostschutzpapier n ‖ ~ **paper** s. also anti-tarnish paper, needle paper and silver wrapping paper ‖ ~ **solution** / rostlösende Flüssigkeit, Entrostungsflüssigkeit f
**antisagging agent** (Paint) / Antiablaufmittel n
**antiscale compound** (a preparation applied to alloy burning tools to protect them from oxidizing and scaling during the firing of porcelain enamels) (Ceramics) / zunderverhütende Mischung
**antiscorbutic acid** (Biochem) / Vitamin n C (Askorbinsäure)
**antiscorcher** n (Chem Eng) / Vulkanisationsverzögerer m (bei der Kautschukvulkanisation), Antiscorcher m
**antiscorching agent** (Chem Eng) / Vulkanisationsverzögerer m (bei der Kautschukvulkanisation), Antiscorcher m
**antiscoring additive** / Antiscoring-Additiv n (Zusatz, der die Riefenbildung in den Reibflächen verhindert, verringert oder begrenzt) ‖ ~ **additive** s. also extreme-pressure additive
**antiseize** n (Eng, Met) / Rostlöser m (meist als Spray) ‖ ~ **agent** (Eng, Plastics) / Mittel n gegen Festfressen, Gleitmittel n
**antiseizure property** (Eng) / Notlaufeigenschaft f (bei Lagern) ‖ ~ **property** (Plastics) / Schmierfähigkeit f (Antihaftwirkung gegen das Festkleben in der Pressform)
**antisense RNA** (Biochem) / Antisense-RNS f ‖ ~ **sequence** (Biochem) / Antisense-Sequenz f
**antiseptic*** n (Med) / antiseptisches Mittel, Antiseptikum n (pl. -tika) ‖ ~* adj (Med) / antiseptisch adj (Wundinfektion verhindernd) ‖ ~ **agent** (Med) / antiseptisches Mittel, Antiseptikum n (pl. -tika) ‖ ~ **dressing** (Med, Textiles) / Verbandmaterial n ‖ ~ (fungicidal) **ground wash** (Paint) / Untergrundsanierung f (nach dem mikrobiellen Befall)
**antiserum** n (pl. -rums or -ra) (Med, Pharm) / Antiserum n (pl. -seren oder -sera), Immunserum n (pl. -seren oder -sera)
**anti-set-off dusting** (Print) / Bestäuben n zum Abliegen zu verhindern) ‖ ~ **powder** (Print) / Druckbestäubungspuder m
**anti-set-off spray*** (Print) / Spritzemulsion f (die ein Abliegen verhindert), Druckbestäubungsemulsion f
**antisettling agent** (Nut) / Trubstabilisator m ‖ ~ **agent** (Paint) / absetzverhinderndes Mittel, Absetzverhütungsmittel n, Absetzverhinderungsmittel n, Antiabsetzmittel n, Schwebemittel n
**antiship capability** (Mil) / Seezielpotential n (eines Waffenträgers) ‖ ~ **capability** (Mil) / Seezielfähigkeit f (einer Waffe oder eines Waffensystems) ‖ ~ **missile** (Mil) / Seezielflugkörper m
**anti-sidetone** n (Teleph) / Rückhördämpfung f ‖ ~ **induction coil** (Teleph) / Rückhördämpfspule f
**antisiphon passage** (Autos) / Belüftungsbohrungen f pl, Korrekturluftbohrungen f pl (im Vergaser)
**antisite defect** (Electronics) / Antisitedefekt n
**antiskating device** / Antiskating-Einrichtung f, Antiskating-Vorrichtung f (des Tonarms), Antiskating-Kompensationseinrichtung f
**antiskid** adj / gleitsicher adj, rutschsicher adj, rutschfest adj, Gleitschutz-, rutschhemmend adj, mit Gleitschutz, Antirutsch- ‖ ~ **chain** (Autos) / Gleitschutzkette f (z.B. eine Schneekette) ‖ ~ **device** (Rail) / Gleitschutzregler m ‖ ~ **paint** (Autos) / Streumittel n (gegen Schnee- oder Eisglätte auf Autostraßen, Gehsteigen und anderen Verkehrswegen) ‖ ~ (**brake**) **system** (Autos) / Antiblockiereinrichtung f (für Bremsen), Blockierschutz m, Blockierregler m, Bremsschlupfregler m, Antiblockiereinrichtung f, Blockierschutzeinrichtung f, automatischer Blockierverhinderer, ABV (Antiblockiervorrichtung)
**antiskinning agent** (Paint) / Antihautmittel n, Lackhautverhinderer m, Hautverhütungsmittel n, Hautverhinderungsmittel n (bei oxidativ trocknenden Lacken und Druckfarben)
**antislide device** (Autos) / Antiabgleitleisten f pl (bei den Crashtests)
**antislip** adj / gleitsicher adj, rutschsicher adj, rutschfest adj, Gleitschutz-, rutschhemmend adj, mit Gleitschutz, Antirutsch- ‖ ~ **agent** (Textiles) / Schiebefestmittel n ‖ ~ **devices** (Autos) / Antischlupfzubehör n (z.B. Schneeketten) ‖ ~ **finish** (Textiles) / schiebefeste Ausrüstung, Schiebefestausrüstung f, Schiebefestappretur f, Schiebefestausrüstung f (z.B. bei Chemieseidengeweben, Baumwollstramin usw.) ‖ ~ **lining** (Textiles) / rutschfestes Futter ‖ ~ **paste** (Print) / Antirutschpaste f (ein Druckhilfsmittel) ‖ ~ **properties** (of the seams in fabrics) (Textiles) / Nahtschiebefestigkeit f (von Geweben) ‖ ~ **property** / rutschhemmende Eigenschaft (im Allgemeinen)
**anti-smog circuit** (Autos) / Antismog-Schaltung f, Smogschaltung f (bei Heizung und Lüftung)
**antismudge ring** (Build) / Schmutzschutzblende f (an Luftaustrittsöffnungen)
**anti-snag finish** (Textiles) / laufmaschensichere Ausrüstung, Antisnagging-Ausrüstung f (die die Herauslösung einzelner Garnschlaufen aus dem Gewebeverband verhindern soll)

**anti-snakebite serum** (Pharm) / Schlangenserum n (Antiserum gegen Schlangenbisse)
**antisoil agent** (Textiles) / Antisoil-Mittel n
**antisolar glass*** (Glass) / Sonnenschutzglas n (ein Schutzglas) ‖ ~ **point** (Astron) / Gegenpunkt m der Sonne
**antisoliton** n (Phys) / Antisoliton n (das durch Spiegelung an der Mittelpunktsebene des Solitons entsteht)
**antisound*** n (used in active control) (Acous) / Antischall m (für ausgewählte Lärmsituationen)
**antispattering agent** (Nut) / Antispritzmittel n, Mittel n zur Verhinderung des (unerwünschten) Spritzens
**antispin device** (Aero) / Drallstabilisator m (Drallrakete, Dralldüse) ‖ ~ **device** (Rail) / Schleuderschutzgerät n ‖ ~ **parachute*** (Aero) / Trudelfallschirm m ‖ ~ **regulation** (Autos) / Antriebsschlupfregelung f, Antischlupfregelung f, ASR
**antispray film*** (Elec Eng) / Säureschutzüberzug m (der Batterie)
**antisquat** n (Autos) / Anfahrnickabstützung f, Anti-Squat n (Anfahrnickausgleich), Anfahrmomentausgleich m
**antisquawk agent** (Elec Eng, Eng) / Wirkstoffzusatz, der das Quietschen der Reibpartner mindert (in legierten Ölen)
**antistaling agent** (Nut) / Frischhaltemittel n (z.B. bei Brot)
**antistat** n / antistatisches Mittel, Antistatikum n (pl. Antistatika), Antistatikmittel n
**antistatic** n / antistatisches Mittel, Antistatikum n (pl. Antistatika), Antistatikmittel n ‖ ~ adj / antistatisch adj ‖ ~ **agent** / antistatisches Mittel, Antistatikum n (pl. Antistatika), Antistatikmittel n ‖ ~ **coating** / Antistatikbelag m ‖ ~ **device** (Elec Eng) / Entelektrisator m (zum Neutralisieren der elektrostatischen Auflagung an nicht leitenden Stoffen) ‖ ~ **envelope** (Comp) / Antistatikhülle f (für Disketten) ‖ ~ **finish** (Textiles) / antistatische Ausrüstung ‖ ~ **fluid*** / Antistatikflüssigkeit f, Antistatikspray m ‖ ~ **wrist strap** (Elec Eng) / antistatisches Armband
**anti-stealth radar** (Mil, Radar) / Anti-Stealth-Radar n
**anti-stick** attr / abweisend adj (gegen klebrige Stoffe), Antihaft-, Antikleb-, adhäsionshemmend adj, antihaftbeschichtet adj, mit antiadhäsiver Beschichtung ‖ ~ **agent** / Antikleber m (adhäsionshemmender Stoff)
**anti-Stokes lines*** (Phys) / Anti-Stokes'sche Linien f pl (mit höherer Frequenz), Anti-Stokes-Linien f pl ‖ ~ **scattering** (Phys) / Anti-Stokes-Streuung f (Brillouin-Streuung, bei der das einfallende Phonon ein Phonon vernichtet)
**antistorm** attr / sturmfest adj (z.B. Waldbestand), sturmsicher adj
**antistress mineral** (Min) / Antistressmineral n (das im Stressfeld gegen Druck und Hitzespannungen unbeständig ist - z.B. Andalusit)
**antisubmarine rocket** (Mil) / U-Jagdrakete f, U-Boot-Bekämpfungsrakete f ‖ ~ **submarine** (Mil) / U-Jagd-U-Boot n ‖ ~ **warfare aircraft** (Aero, Mil) / ASW-Flugzeug n (zur Bekämpfung von U-Booten) ‖ ~ **weapon** (Mil) / U-Jagdwaffe f
**antisun** n (Meteor) / Gegensonne f (eine Haloerscheinung)
**antisurge control** (Eng) / Pumpgrenzregelung f (die instabile Betriebszustände ausschließt)
**antisway bar** (Autos) / Stabilisator m, Querstabilisator m ‖ ~ **bar** (Autos) / Panhardstab m (bei der De-Dion-Achse, bei der starren Hinterachse - nach R. Panhard, 1841-1908)
**antisymmetric** adj (Maths) / antisymmetrisch adj (Relation), identitiv adj (eine zweistellige Relation) ‖ ~ (Maths) / schiefsymmetrisch adj, antisymmetrisch adj, antimetrisch adj ‖ ~* (Phys) / antisymmetrisch adj (z.B. Wellenfunktion)
**antisymmetrical** (Maths) / schiefsymmetrisch adj, antisymmetrisch adj, antimetrisch adj
**antisymmetric function*** (Maths) / schiefsymmetrische Funktion, antisymmetrische Funktion, alternierende Funktion ‖ ~ **matrix** (Maths) / schiefsymmetrische Matrix, antimetrische Matrix ‖ ~ **relation** / antisymmetrische Relation (logische)
**antisymmetry** n (Crystal, Phys) / Antisymmetrie f, Schwarzweißsymmetrie f
**anti-tack agent** / Antikleber m (adhäsionshemmender Stoff)
**antitank guided weapon** (Mil) / Panzerabwehrlenkwaffe f ‖ ~ **helicopter** (Mil) / Panzerabwehrhubschrauber m, PAH ‖ ~ **missile** (Mil) / Panzerabwehrflugkörper m
**antitarnish** attr / mit Anlaufschutz (ein Putzmittel) ‖ ~ / anlaufbeständig adj (z.B. Silberwaren) ‖ ~ **paper** (Paper) / metallschonendes Papier (DIN 6730), Papier n zum Schutz gegen Trübung (glänzender Metalloberflächen)
**antitartaric** adj (Chem) / weinsteinverhindernd adj (Zusatz)
**antitelescoping device** (Rail) / Rammschutz m
**antitheft** attr / diebstahlsicher adj (Verschluss)
**antitheft device** / Diebstahlsicherung f (als Vorrichtung)
**antitheft security system** / Diebstahlsicherung f (als ein Maßnahmenbündel) ‖ ~ **steering column lock** (Autos) / Lenkradschloss n, Lenkschloss n (Lenkungsverriegelung) ‖ ~ **wheel**

**antithetic**

**locking** (Autos) / Lenkradschloss n, Lenkschloss n (Lenkungsverriegelung)
**antithetic** adj (fault) (Geol) / antithetisch adj, gegensinnig adj, widersinnig adj (Verwerfung)
**antithixotropy** n (Phys) / Rheopexie f (DIN 1342, T 1), Fließverfestigung f, negative Thixotropie, Antithixotropie f (DIN 1342, T 1) (Zunahme der Scherviskosität bei zunehmender Beanspruchung)
**antithyroid drug** (Pharm) / Thyreostatikum n (pl. -tika) (das die Schilddrüsenfunktion hemmt)
**antitickle** attr (Textiles) / kratzfest adj (Kleidung)
**antitonic function** (Maths) / antitone Funktion, fallende Funktion
**antitorque rotor** (Aero) / Steuerschraube f (des Hubschraubers), Heckrotor m, Heckschraube f, Ausgleichsschraube f (des Hubschraubers)
**antitoxin**\* n (Med) / Antitoxin n (spezifischer Antikörper des Blutserums)
**antitrack paint** (Autos, Elec Eng, Paint) / Isolierlack m für Verteilerkappen
**antitrades**\* pl (Meteor) / Antipassate m pl, Gegenpassate m pl
**anti-transmit-receive box** (Radar) / Sendersperrschalter m ‖ ~ **switch** (Radar) / Sendersperrschalter m
**anti-transmit-receive tube**\* (Electronics) / Sendersperrröhre f (die den Sender von der Antenne trennt)
**antitrigonometrical function** (Maths) / Arcusfunktion f (Umkehrfunktion der trigonometrischen Funktion), zyklometrische Funktion, Kreisbogenfunktion f, Arkusfunktion f
**antitriptic wind** (Meteor) / antitriptischer Wind (bei dem der Luftdruckgradient nur durch die Reibungskraft kompensiert wird und die Coriolis-Kraft nicht zur Geltung kommt)
**antituberculosis compound** (Pharm) / Tuberkulostatikum n (pl. -tika) (Arzneimittel gegen Tuberkulose, das hemmend auf das Wachstum von Tuberkelbakterien einwirkt)
**antitumor agent** (US) (Biochem, Cyt, Pharm) / Antitumormittel n
**antitumour agent** (Biochem, Cyt, Pharm) / Antitumormittel n ‖ ~ **agent** (Biochem, Cyt, Pharm) s. also cytostatic agent
**antiturn-type washer** (Eng) / Federring m (eine Schraubensicherung nach DIN 127)
**antiturn washer** (Eng) / Zahnscheibe f (eine Schraubensicherung nach DIN 6797)
**anti-vacuum device** / Rohrbelüfter m
**antivalence** n (Automation, Comp) / Antivalenz f (wenn von zwei Eingängen nur der eine oder nur der andere ein Signal führt - DIN 44300, T 5), exklusives ODER, ausschließendes ODER, XOR (exklusives ODER), Kontravalenz f, EXOR (Exklusiv-Oder), Exklusiv-Oder n
**antivandalism measure** / Schutzmaßnahme f gegen mutwillige Zerstörung
**antivenin** n (Pharm) / Antivenin n, Gegenmittel n, Gegengift n (meistens gegen Schlangenbiss)
**antivenom** n (Pharm) / Antivenin n, Gegenmittel n, Gegengift n (meistens gegen Schlangenbiss)
**antivibration hydraulic mounting** / Hydrolager n (hydraulisch gedämpftes Aggregatelager)
**antiviral agent** (Pharm) / antivirales Chemotherapeutikum, Virostatikum n (pl. -statika) ‖ ~ **disk** (Comp) / Virenschutzdiskette f ‖ ~ **expert system** (Comp) / Antivirenexpertensystem n, Virenschutzexpertensystem n ‖ ~ **program** (Comp) / Antivirenprogramm n ‖ ~ **software** (Comp) / Antivirensoftware f ‖ ~ **utility** (Comp) / Virenschutzprogramm n
**antivirus** n (Comp) / Antivirus n m (pl. -viren)
**antivitamin** n (Biochem) / Antivitamin n (Antimetabolit eines Vitamins), Vitaminantagonist m (z.B. Avidin gegen Biotin usw.)
**antiwear ability** (Eng, Materials) / Verschleißwiderstand m (Verschleißmessgröße, die durch den Reziprokwert des Verschleißbetrages gegeben ist), Verschleißbeständigkeit f, Verschleißfestigkeit f (Eigenschaft eines Werkstoffs, einem verschleißenden Angriff zu widerstehen) ‖ ~ **additive** (Oils) / fressverhindernder Zusatz (bei Schmierölen), Verschleißschutzadditiv n (bei Schmierölen), Verschleißschutzzusatz m, verschleißhemmender Zusatz, Antiverschleißadditiv n, Antiverschleißwirkstoff m ‖ ~ **layer** / Verschleißschutzschicht f ‖ ~ **properties** / Verschleißschutzeigenschaften f pl
**antiwelding characteristics** (Elec Eng) / geringe Schweißneigung (der Kontaktwerkstoffe)
**antixerophthalmic vitamin** s. also vitamin A ‖ ~ **vitamin** (Biochem) / Axerophthol n (Vitamin A)
**antlerite** n (Min) / Antlerit m (Kupfer(II)-tetrahydroxidsulfat)
**Antoine equation** / Antoine-Gleichung f (Konstante eines Stoffes)
**Antonoff's rule**\* (Chem, Phys) / Antonow'sche Regel, Grenzflächenspannung zwischen zwei Flüssigkeiten ist gleich der Differenz der Grenzflächenspannungen der beiden Flüssigkeiten gegen Luft
**anvil** n (a piece of wood, a pebble, or other hard substance) (Ceramics) / Gegenhalter m, Amboss m (zum Ausformen von Gefäßen) ‖ ~\* (Eng) / Amboss m (Schmiedeunterlage) ‖ ~\* (Eng) / Schabotte f (ein Gussblock als Unterteil eines Schmiedehammers, der das Untergesenk trägt) ‖ ~ (Eng, Instr) / Fläche, auf der die Probe während des Härteprüfverfahrens aufgestellt wird ‖ ~ (Instr) / Amboss m (der Bügelmessschraube) ‖ ~ **block** (Eng) / Ambossklotz m (auf dem der Amboss steht - meistens Eiche, Ahorn oder Kiefer)
**anvil-block hammer** (Eng) / Schabottehammer m (Maschinenhammer zum Freiform- und Gesenkschmieden, ausgeführt als Fall- oder Oberdruckhammer, der die Schlagarbeit in Nutzarbeit zum Umformen des Werkstücks, Bärrücksprungsverlustarbeit und Schabotteverlustarbeit umsetzt)
**anvil cap** (Eng) / Schabotteeinsatz m, Gesenkhalter m ‖ ~ **chisel**\* (Eng) / Abschrot m (meißelförmiger Ambosseinsatz) ‖ ~ **cloud**\* (Meteor) / ambossähnliche Wolke (Cumulonimbus incus), Incus m, inc, Ambosswolke f (eine voll entwickelte Gewitterwolke) ‖ ~ **cutter**\* (Eng) / Abschrot m (meißelförmiger Ambosseinsatz)
**anxiolytic** adj (Med, Pharm) / anxiolytisch adj (geeignet für den Einsatz bei Angstzuständen)
**anyon** n (Nuc) / Anyon n (an eine zweidimensionale Fläche gebundenes Quasiteilchen, das einer verallgemeinerten Statistik genügt)
**anywhere call pickup** (Teleph) / netzweite Erreichbarkeit (von Teilnehmern am Mobilfunk)
**AO** (atomic orbital) (Nuc) / Atomorbital n (Aufenthaltswahrscheinlichkeit der Elektronen eines Atoms um den Atomkern), AO (Atomorbital)
**AOA** (angle of attack) (Aero) / Anstellwinkel m (Winkel zwischen der Flügelprofilsehne und der Anblasrichtung), Anströmwinkel m
**AOAC** (Association of Analytical Chemists) (Chem, Nut) / Association of Analytical Chemists (die bestimmte Analysenmethoden sanktioniert)
**AOC** (automatic overload control) (Radar) / Überabfrageregelung f
**AOD converter** (Met) / Argon-Sauerstoff-Konverter m, AOD-Konverter m
**AOL** n (America Online) (Comp) / AOL (ein Online-Dienst), America Online
**a-o modulator** (Acous, Optics) / akustooptischer (Licht)Modulator (der ein Lichtbündel ohne Schallfeld ungehindert passieren lässt, mit Feld dagegen einen Teil des Lichtbündels um einen bestimmten Winkel ablenkt)
**AONB** (a region in England and Wales which is not a national park, but which is considered sufficiently attractive to be preserved from overdevelopment) (Ecol) / Landschaftsschutzgebiet n
**AOQ** (average outgoing quality) / Durchschlupf m (erwartete Durchschnittsqualität der abgehenden Einheiten bei gegebener Qualität der eingehenden Einheiten)
**AOS** (adsorbable organic sulphur) (Chem, San Eng) / adsorbierbarer organisch gebundener Schwefel, AOS (adsorbierbarer organisch gebundener Schwefel)
**AOX** (adsorbable organic halides) (Chem) / adsorbierbare organische Halogenverbindungen (in einer Wasserprobe), AOX (die Summe der Konzentration aller aus einer Wasserprobe an Aktivkohle adsorbierbaren organischen Halogenverbindungen der Elemente Chrom, Brom und Iod, ausgedrückt als mg/l Chlorid)
$A_p$ (Agric) / durch Pflügen gelockerter, gewendeter und durchmischter A-Horizont, $A_p$, $A_p$-Horizont m
**AP**\* (alkaline phosphatase) (Biochem) / alkalische Phosphatase (z.B. die Dünndarmschleimhautphosphatase) ‖ ~ (appearance potential) (Chem, Spectr) / Auftrittspotential n, Auftrittsenergie f ‖ ~ (annealing point) (Glass) / oberer Entspannungspunkt (ein Viskositätsfixpunkt), obere Entspannungstemperatur
**ap** (apothecaries' weight) (Pharm) / angloamerikanisches System der Einheiten der Masse
**AP** (anomalous propagation) (Phys) / Ausbreitungsanomalie f ‖ ~ (Amsterdamsch Peil)\* (Surv) / A.P. (Amsterdamer Pegel - das Normalnull der Höhenmessung für Deutschland) ‖ ~ (access point) (Telecomm) / Zugangspunkt m
**α-particle** n (Nuc) / Alphateilchen n, Heliumkern m, α-Teilchen n
**apartment** n (US) (Build) / Wohnung f (im Stockwerk), Etagenwohnung f, Flat n (Etagenwohnung) ‖ ~ (US) (Build) / Mietwohnung f ‖ ~ **building** (US) (Build) / Wohngebäude n (Etagenhaus), Miethaus n ‖ ~ **house** (US) (Build) / Wohngebäude n (Etagenhaus), Miethaus n ‖ ~ **house** (US) s. also tenement ‖ ~ **house with access balconies** (US) (Arch) / Pawlatschen n (A), Laubenganghaus n, Außenganghaus n
**A-party** n (Teleph) / A-Teilnehmer m (der angerufene Mobilteilnehmer), A-Party f

**apastron** *n* (Astron) / Apastron *n* (pl. -stren) (Punkt der größten Entfernung des massearmen Sterns bei physischen Doppelsternen), Sternferne *f* (Apsiden)
**apathogenic** *adj* (Med) / apathogen *adj*
**apatite**\* *n* (Min) / Apatit *m*
**APC** (air-pollution control) (Ecol) / Luftüberwachung *f* (Prüfung und Messung möglicher Luftverschmutzungen) ‖ ≃\* (TV) / automatische Phasenregelung
**APD** (avalanche photodiode) (Electronics) / Lawinenfotodiode *f*, Lawineneffekt-Fotodiode *f*, Avalanche-Fotodiode *f*
**aperiodic**\* *adj* / nichtperiodisch *adj*, aperiodisch *adj* ‖ ~ **antenna**\* (Radio) / unabgestimmte Antenne, Breitbandantenne *f*, aperiodische Antenne ‖ ~ **component of short-circuit current** (Elec Eng) / Gleichstromanteil *m* des Stoßkurzschlussstromes ‖ ~ **damping** (Elec Eng, Instr, Phys) / aperiodische Dämpfung (z.B. eines Signals), starke Dämpfung, aperiodisches Abklingen (z.B. eines Signals) ‖ ~ **damping** s. also overdamping
**aperiodicity** *n* / Aperiodizität *f*, aperiodischer Verlauf
**aperiodic time constant** (Elec Eng) / aperiodische Zeitkonstante (bei umlaufenden Maschinen), Gleichstrom-Zeitkonstante *f*
**apertometer** *n* (Micros, Optics) / Apertometer *n* (zur Messung der numerischen Apertur eines Mikroskopobjektivs)
**aperture** *n* (Arch) / Öffnung *f*, Loch *n*, Durchbruch *m* ‖ ~ (Comp) / Maskenöffnung *f* ‖ ~\* (Optics, Photog) / Apertur *f* (DIN 19040), Blendendurchmesser *m*, Öffnung *f* ‖ ~\* (Radar, Radio, Radiol) / Apertur *f* (für Antennengewinn und Winkelauflösung wirksame Antennenfläche), Öffnungsfläche *f* (einer Antennenfläche), Öffnung *f* ‖ ~\* (Optics, Photog) s. also stop ‖ ~ **antenna** (Radar, Radio) / Flächenstrahler *m*, Aperturstrahler *m*, Aperturantenne *f* (bei dem die von einem Erreger ausgehende Strahlung durch Reflektor- oder Linsenanordnungen in eine ebene Welle verwandelt und dann von der Öffnungsebene abgestrahlt wird) ‖ ~ **blockage** (a condition resulting from objects lying in the path of rays arriving at or departing from the aperture of an antenna) (Radio) / Aperturbehinderung *f* ‖ ~ **blocking** (Radar) / Aperturabschattung *f* (z.B. bei der Reflektorantenne) ‖ ~ **blocking** (Radio) / Aperturbehinderung *f* ‖ ~ **card** (Optics, Photog) / Mikrofilmlochkarte *f* (DIN 19060), Filmlochkarte *f* ‖ ~ **card window** = Lochkartenfenster *n* (Ausstanzung in einer Lochkarte, die ein Mikrofilmstück aufnehmen soll) ‖ ~ **distortion**\* (Optics) / Öffnungsfehler *m* (ein Abbildungsfehler, der bei voller Öffnung eines Objektivs oder astronomischen Spiegels wirksam wird, z.B. Koma oder sphärische Aberration) ‖ ~ **grille** (of vertical wires) (TV) / Schlitzmaske *f* (der Inline-Farbbildröhre) ‖ ~ **illumination** (the field over the aperture as described by amplitude, phase, and polarization distributions) (Radio) / Ausleuchtung *f*, Aperturverteilung *f*
**aperture-mask tube** (TV) / Lochmaskenröhre *f* (mit dreieckigem Strahlsystem - heute veraltet), Deltafarbröhre *f* (mit dreieckigem Strahlsystem - heute veraltet), Schattenmaskenröhre *f*, Maskenröhre *f*
**aperture number**\* (Optics, Photog) / Öffnungszahl *f*, Blendenzahl *f k*, f-Blende *f*, Blendenstufe *f*, Blendenwert *m*, Öffnungsverhältnis *n* (der Kehrwert der relativen Öffnung nach DIN 4521) ‖ ~ **plate**\* (Cinema) / Bildfensterplatte *f* ‖ ~ **plate** (Comp) / Lochplatte *f*
**aperture-priority camera** (Photog) / Kamera *f* mit Verschlussautomatik, Kamera *f* mit Zeitautomatik, Zeitautomat *m*
**aperture ratio** (Optics, Photog) / Öffnungsverhältnis *n* (Verhältnis des Durchmessers der Eintrittspupille zur Brennweite des Systems; Kehrwert der Blendenzahl), relative Öffnung, Öffnungszahl *f* ‖ ~ **ring** (Optics, Photog) / Blendeneinstellring *m* ‖ ~ **setting ring** (Optics, Photog) / Blendeneinstellring *m* ‖ ~ **shading** (Radar) / Aperturabschattung *f* (z.B. bei der Reflektorantenne) ‖ ~ **slot** / Öffnungsspalt *m* ‖ ~ **stop** (Optics, Photog) / Aperturblende *f* (die die Bildhelligkeit regelt), Öffnungsblende *f* ‖ ~ **synthesis**\* (Astron, Radar) / Apertursynthese *f*, Antennensynthese *f* (interferometrisches Verfahren der Radioastronomie zur genaueren Positionsbestimmung und Beobachtung der Detailstruktur von kosmischen Radioquellen) ‖ ~ **time** (Automation) / Aperturzeit *f* (bei der Abtast-Halte-Schaltung die Zeit zwischen Umschaltbefehl von "Abtasten" auf "Halten" und dem Abklingen der Änderung des Ausgangssignals)
**ape-skin pattern** (Textiles) / Affenhautmuster *n*, Affenhaut *f* (Velveton)
**apex** *n* (pl. apexes or apices) (Astron) / Apex *m* (pl. Apizes) (Zielpunkt eines Gestirns) ‖ ~ (pl. apexes or apices) (Astron) / Apex *m* (pl. Apizes) der Sonnenbewegung (Punkt, auf den sich das Sonnensystem mit einer Geschwindigkeit von 20 km/s hin bewegt) ‖ ~ (pl. apexes or apices) (Build, Civ Eng) / Scheitelpunkt *m*, Scheitel *m* ‖ ~ (pl. apexes or apices) (Geol) / First *m*, Sattelfirst *m*, Sattelscheitel *m* ‖ ~\* *n* (pl. apexes or apices) (Maths) / Spitze *f* (des Dreiecks, der Pyramide, des Kegels), Scheitel *m* (des Kegels) ‖ ~\* (pl. apexes or apices) (Mining) / Ausbiss *m* eines Ganges, anstehende Ader

**apex angle** (Radio) / Öffnungswinkel *m* (der Antenne) ‖ ~ **distance** (Eng) / Spitzenentfernung *f* (Entfernung eines Profilpunktes von der Teilkegelspitze - DIN 3971)
**apex-driven antenna** (Radio) / Antenne *f* mit Mittelpunktspeisung (die Rhombusantenne oder eine andere in V-Form gestaltete Antenne)
**apex stone**\* (Arch, Build) / Schlussstein *m* des Giebels
**aphanite** *n* (Geol) / Aphanit *m*
**aphanitic** *adj* (Geol) / aphanitisch *adj*
**aphelion**\* *n* (pl. aphelia) (Astron, Space) / Aphelium *n*, Aphel *n*, Sonnenferne *f* (Apsiden)
**aphicide** *n* (Agric, Chem) / Aphizid *n* (Mittel zur Bekämpfung der Blattläuse, z.B. TEPP), Blattlausbekämpfungsmittel *n*
**aphonic** *adj* (Acous) / schalltot *adj*
**aphotic zone**\* (Ecol) / aphotischer Bereich (lichtloser Bereich in Gewässern)
**aphylactic projection** (Cartography) / vermittelnde Abbildung (die zwischen der konformen, der flächentreuen und der abstandstreuen Abbildung vermittelt)
**API** (air-position indicator) (Aero) / Luftstandort-Anzeiger *m*, Lagebestimmungsgerät *n* ‖ ≃\* (application programming interface) (Comp) / Application Programming Interface *n* (Schnittstelle zwischen Betriebssystem und Anwendungs- und Systemprogrammen), API (Application Programming Interface), Programmierschnittstelle *f* ‖ ≃ (atmospheric pressure ionization) (Spectr) / Atmosphärendruck-Ionisation *f*, API (Atmosphärendruck-Ionisation)
**API; A.P.I.** = American Petroleum Institute
**apiary network** (AI) / Bienenhaus-Netzwerk *n* (Aktorenformalismus)
**apical** *adj* / apikal *adj* (den Apex betreffend) ‖ ~ (Maths) / an der Spitze, im Scheitelpunkt ‖ ~ **meristem**\* (Bot) / Apikalmeristem *n*
**apiculture** *n* (Agric, Nut) / Bienenzucht *f*, Bienenhaltung *f*, Imkerei *f*, Zeidelwesen *n*
**apiece, ten Euros** ~ / zehn Euro pro Stück
**apiezon oil** (Vac Tech) / Apiezon-Fett *n*, Apiezon-Öl *n* (mit extrem geringer Flüchtigkeit)
**apigenin** *n* (Chem) / Apigenin *n* (ein Flavonoid)
**API gravity** (Phys) / API-Dichte *f*, Dichte *f* in API-Graden (bei 60° F)
**A-pillar** *n* (Autos) / A-Säule *f* (vor der Vordertür), vorderer Dachpfosten
**API long round thread casing** (US) (Oils) / kegeliges Rohrgewinde für Futterrohre (lange Ausführung)
**apiole** *n* (Pharm) / Apiol *n*, Petersilienkampfer *m*
**API scale**\* (scale of relative density) (Phys) / API-Skale *f* ‖ ≃ **sucker rod** (US) (Oils) / Gewinde *n* für Pumpgestänge ‖ ≃ **7-thread** (US) (Oils) / kegeliges Rohrgewinde
**APL**\* (applications programming language) (Comp) / anwendungsorientierte Programmiersprache, APS (anwendungsorientierte Programmiersprache)
**aplanatic**\* *adj* (Optics) / aplanatisch *adj* ‖ ~ **lens** (Optics) / Aplanat *m n* (DIN 19040)
**APLG** *n* (Comp) / APLG *n* (Erweiterung des APL für grafische Ein- und Ausgabe)
**aplite**\* *n* (Geol) / Aplit *m* (feinkörniges magmatisches Ganggestein)
**apoapsis point** (Astron) / Apoapside *f* (der Punkt der elliptischen Bahn eines Himmelskörpers, in dem dieser dem in einem der Brennpunkte stehenden Hauptkörper am fernsten ist)
**apochromatic** *adj* (Optics) / apochromatisch *adj* ‖ ~ **lens**\* (Optics) / Apochromat *m* (DIN 19040) ‖ ~ **objective**\* (Optics) / Apochromat *m* (DIN 19040)
**Apocynaceae alkaloids** (Pharm) / Apocynaceen-Steroidalkaloide *n pl*, Apocynaceen-Alkaloide *n pl*
**apocynthion** *n* (pl. -thions or -thia) (Astron, Space) / Apolun *n*, Aposelen *n*, Mondferne *f* (mondfernster Punkt einer Mondsatellitenbahn - bei den auf dem Mond gestarteten Satelliten)
**apodization** *n* (Optics) / Apodisation *f* (Maßnahme zur Verbesserung des Auflösungsvermögens durch Veränderung der Beugungsfiguren)
**apoenzyme** *n* (Biochem) / Apoferment *n*, Apoenzym *n*
**apogamy** *n* (Bot) / Apogamie *f* (bei Algen und Farnen)
**apogee**\* *n* (Astron, Space) / Apogäum *n* (pl. Apogäen), größte Erdferne ‖ ~\* (Mil) / Gipfelhöhe *f* (eines Flugkörpers am Ende der Startphase) ‖ ~ **kick** (Space) / Apogäumsimpuls *m*, Antriebsimpuls *m* im Apogäum, Kick *m* ‖ ~ **kick motor** (Space) / Apogäumstriebwerk *n* (ein Korrekturtriebwerk) ‖ ~ **motor** (Space) / Apogäumstriebwerk *n* (ein Korrekturtriebwerk) ‖ ~ **satellite** (Space) / Apogäumsatellit *m* (ein aus dem Apogäum einer vorläufigen Umlaufbahn in den endgültigen Orbit eingeschossener Satellit)
**A-point**\* *n* (Met) / Umwandlungspunkt *m* A
**apolar** *adj* (Maths, Phys) / nicht polar *adj*, apolar *adj* ‖ ~ **conic** (Maths) / Kegelschnitt *m* in konjugierter Lage, konjugierter Kegelschnitt
**Apollonius' circle**\* (Maths) / apollonischer Kreis, Kreis *m* des Apollonios (nach Apollonios von Perge) ‖ ≃ **problem** (Maths) /

apollonisches Berührungsproblem (die Aufgabe, alle Kreise zu konstruieren, die drei gegebene Kreise von innen oder außen /bzw. drei Punkte oder Geraden als deren Entartungen/ berühren), Taktionsproblem *n* (apollonisches Problem), apollonische Berührungsaufgabe || ~ **theorem*** (Maths) / Satz *m* von Apollonios (nach Apollonios von Perge, 262-191 v. Chr.)

**apolune** *n* (Astron, Space) / Apolun *n*, Aposelen *n*, Mondferne *f* (mondfernster Punkt einer Mondsatellitenbahn - bei den auf dem Mond gestarteten Satelliten)

**apomixis** *n* (Bot) / Apomixis *f* (z.B. Apogamie)

**apomorphine*** *n* (Pharm) / Apomorphin *n* (ein Morphinabkömmling) || ~ **alkaloids** (Pharm) / Apomorphinalkaloide *n pl* (mit dem wichtigsten Vertreter - Apomorphin)

**apophyge** *n* (Arch) / Ablauf *m* (konkav kurvierte Vermittlung zwischen einem vorspringenden oberen und einem zurücktretenden unteren Bauglied), Apophyge *f* (die bogenförmige Überleitung von überstehenden Gesims zum Säulenschaft) || ~ (Arch) / Anlauf *m* (konkav kurvierte Vermittlung zwischen einem vorspringenden unteren und einem zurücktretenden oberen Bauglied)

**apophyllite*** *n* (Min) / Fischaugenstein *m*, Apophyllit *m*, Ichthyophthalm *m*

**apophysis*** *n* (pl. -physes) (Geol) / Apophyse *f* (Abzweigung von einem Gang oder einem anderen Magmagesteinskörper)

**apoprotein*** *n* (Biochem) / Apoprotein *n*

**aporphine alkaloids** (Pharm) / Aporphinalkaloide *n pl* (z.B. Apomorphin)

**aposelene** *n* (Astron, Space) / Apolun *n*, Aposelen *n*, Mondferne *f* (mondfernster Punkt einer Mondsatellitenbahn - bei den auf dem Mond gestarteten Satelliten)

**aposematic coloration*** (Zool) / aposematische Färbung, Warnfärbung *f*, Aposematik *f*

**a posteriori distribution** (Stats) / Aposteriori-Verteilung *f*

**a posteriori probabilities** (Stats) / Aposteriori-Wahrscheinlichkeiten *f pl*

**apothecaries' weight*** (Pharm) / angloamerikanisches System der Einheiten der Masse

**apothem** *n* (Maths) / Inkreishalbmesser *m* (bei einem regelmäßigen Vieleck), Inkreisradius *m* || ~ (Maths) / Mittelsenkrechte *f* (eine Dreieckstransversale)

**apotracheal** *adj* (For) / apotracheal *adj* (Parenchym) || ~ (wood) **parenchyma** (For) / apotracheales Parenchym

**apparatus** *n* (pl. -tuses or -tus) (Instr) / Vorrichtung *f*, Apparat *m*, Gerät *n* || ~ **constant** (Instr) / Instrumentkonstante *f*, Apparatekonstante *f*, Gerätekonstante *f* (DIN 1319-2) || ~ **floors** (Telecomm) / Betriebskanzel *f* (des Fernmeldeturms), Kanzel *f* (des Fernmeldeturms) || ~ **glass** (Chem, Glass) / Geräteglas *n* (ein Silikatglas) || ~ **glass** s. also chemical glass || ~ **platinum** (Chem, Met) / Geräteplatin *n* || ~ **rooms** (Telecomm) / Betriebskanzel *f* (des Fernmeldeturms), Kanzel *f* (des Fernmeldeturms)

**apparel** *n* (Textiles) / Kleider *n pl*, Kleidung *f*, Bekleidung *f*, Wear *f* (Kleidung), Kleidungsstücke *n pl* || ~ **wool** (Textiles) / Kleiderwolle *f*

**apparent altitude** (Astron, Surv) / scheinbare Höhe (des Gestirns) || ~ **altitude** (Ships) / Kimmabstand *m* (Winkel am Auge des Beobachters, den seine Blickrichtungen zum Gestirn und zur Kimm miteinander bilden) || ~ **concentration** (Chem) / scheinbare Konzentration (ohne Berücksichtigung von Störionen) || ~ **density** / Fülldichte *f* (DIN 1306), Schüttdichte *f* (DIN 1306) || ~ **density** (Phys) / scheinbare Dichte, Rohdichte *f* (bei porösen Stoffen), Rohwichte *f* || ~ **density** s. also bulk density || ~ **depression of the horizon** (Ships) / Kimmtiefe *f* (Winkel am Auge des Beobachters, der vom Lichtstrahl Kimm - Auge mit der Ebene des wahren Horizonts gebildet wird) || ~ **dip** (Geol) / scheinbares Einfallen || ~ **efficiency** (Eng) / Scheinwirkungsgrad *m* || ~ **flaw** (Comp) / Pseudoschwachstelle *f* (die vorsätzlich eingebaut wird, um Eindringungsversuche aufzudecken oder Eindringlinge zu verunsichern) || ~ **free space** (Bot) / freier Raum (bei der passiven Aufnahme der Nährelemente) || ~ **horizon*** (Astron) / scheinbarer Horizont, natürlicher Horizont || ~ **inductivity** (Elec) / Scheininduktivität *f* || ~ **magnitude*** (Astron) / scheinbare Helligkeit (symbol m) || ~ **noon** (Astron) / wahrer Mittag (der tatsächliche Durchgang der Sonne durch den Meridian) || ~ **power*** (Elec Eng) / Scheinleistung *f* (U x I; DIN 40110, T 1) || ~ **solar time*** (Astron, Meteor) / wahre Sonnenzeit, wSZ (wahre Sonnenzeit) || ~ **specific gravity** (Phys) / scheinbare Dichte, Rohdichte *f* (bei porösen Stoffen), Rohwichte *f* || ~ **time** (Astron, Meteor) / wahre Sonnenzeit, wSZ (wahre Sonnenzeit) || ~ **viscosity** (Phys) / scheinbare Viskosität *f* (DIN 1342-1), Scheinviskosität *f* (bei nicht Newton'schen Flüssigkeiten)

**appealing design** / gefälliges Design, ansprechendes Design

**appear** *v* / erscheinen *v*

**appearance** *n* / Aussehen *n* || ~ **energy** (Chem, Spectr) / Auftrittspotential *n*, Auftrittsenergie *f* || ~ **of the goods** / Warenbild *n* || ~ **potential** (Chem, Spectr) / Auftrittspotential *n*, Auftrittsenergie *f* || ~ **potential spectroscopy** (Phys, Spectr) / Appearance Potential Spectroscopy *f* (Methode zur Untersuchung elektronischer Energieniveaus in Festkörpern), Auftrittspotentialspektroskopie *f* || ~ **property** (Materials) / visuell wahrnehmbare Eigenschaft (z.B. Glanz, Farbe, Deckvermögen) || ~ **retention** (Textiles) / Beständigkeit *f* des Aussehens, Erhaltung *f* des Aussehens

**appearing*** *n* (Print) / Satzspiegelhöhe *f*

**appendix** *n* (pl. appendices or appendixes) (Aero) / Füllansatz *m* (des Freiballons)

**apperception** *n* (Psychol) / Apperzeption *f* (bewusste Wahrnehmung eines Sinneseindruckes)

**appetite suppressant** (Pharm) / Appetitzügler *m*, anorexigenes Mittel, Anorektikum *n* (pl. -tika), Anorexigen *n*

**appetizing** *adj* (Nut) / appetitanregend *adj*

**apple flavour** (Nut) / Apfelaroma *n*

**apple-fruit moth** (Agric, Zool) / Ebereschenmotte *f*, Apfelmotte *f* (Argyrestia conjugella Tell.)

**Applegate diagram*** (Electronics) / Applegate-Diagramm *n* (Geschwindigkeitsmodulation)

**apple•-green** *adj* (Cables) / apfelgrün *adj* (z.B. Kennfaden 57 in den CENELEC-Ländern) || ~ **oil** (Chem) / Apfelether *m* (Hauptbestandteil Isopentylvalerianat)

**applet** *n* (a program, written in Java, that can be embedded in a Web page using special tags) (Comp) / Java-Applet *n*, Applet *n*

**Appleton layer*** (the uppermost layer of the ionosphere, between altitudes of 150 and 400 km) (Geophys, Meteor, Phys) / Appletonschicht *f* (der Ionosphäre - nach Sir V.E. Appleton, 1892-1965), F-Schicht *f*

**appliance** *n* (GB) (the action or process of bringing something in operation) / Anwendung *f*, Verwendung *f* || ~ (GB) / Feuerlöschfahrzeug *n*, Löschfahrzeug *n*, Feuerwehrfahrzeug *n* || ~ **Gerät** *n* (meistens Haushaltsgerät) || ~ **cord** (Elec Eng) / Geräteschnur *f*, Geräteanschlussschnur *f*, Gerätekabel *n* || ~ **coupler** (Elec Eng) / Gerätesteckvorrichtung *f* || ~ **for spray plastering** (Build) / Putzwerfer *m*

**applicable** *adj* / verwendbar *adj*, anwendbar *adj* || ~ **mathematics** (Maths) / angewandte Mathematik || ~ **surfaces** (Maths) / verbiegbare Flächen, isometrische Flächen, abbildbare Flächen, abwickelbare Flächen

**applicant** *n* / Anmelder *m* (des Patents) || ~ / Antragsteller *m* || ~ **for a patent** / Patentanmelder *m*

**applicate axis** (Maths) / z-Achse *f*, Applikatenachse *f*, Applikate *f* (in der analytischen Geometrie des Raumes die dritte Koordinate eines Punktes in einem kartesischen Koordinatensystem)

**application** *n* / Anwendung *f*, Verwendung *f* || ~ (Agric) / Ausbringung *f* (von Wirtschafts- und Handelsdüngern), Aufbringung *f* || ~ (Agric) / Applikation *f* (Zufuhr von Nährstoffen oder Pflanzenschutzmitteln auf bzw. in die Pflanze, vor allem durch Streuen, Stäuben, Sprühen oder Spritzen) || ~ (a program designed to assist in the performance of a specific task) (Comp) / Anwenderprogramm *n* (teils von den Herstellern geliefert, teils von den Anwendern selbst geschrieben für spezifische Aufgaben) || ~ (Eng) / Betätigung *f* (z.B. der Bremse) || ~ (Mech) / Angriff *m* (der Kraft) || ~ (Paint) / Aufbringen *n* (des Anstrichstoffes), Farbauftrag *m*, Auftrag *m*, Auftragen *n*, Auftragsverfahren *n*, Anstrich *m* (Tätigkeit), Applikation *f*, Applikationsverfahren *n* || ~ (Pharm) / Verabreichung(sart) *f*, Verabfolgung *f*, Applikation *f* || ~ (Textiles) / Direktdruck *m*, Aufdruck *m* || ~ **binary interface** (definition of the binary-level interface between application programs and the operating system, including the format of executable files) (Comp) / Application-Binary-Interface *n*, ABI (Application-Binary-Interface) || ~ **control menu** (Comp) / Systemmenü *n* || ~ **document** / Anmeldungsunterlage *f* (bei Patenten) || ~ **entity** (Telecomm) / Verarbeitungsinstanz *f*, Anwendungsinstanz *f* (OSI) || ~ **factor** (Autos) / Anpressdruck *m* (bei Bremsen) || ~ **field** / Anwendungsgebiet *n*, Einsatzgebiet *n* || ~ **for a patent** / Patentanmeldung *f* || ~ **generator** (Comp) / Programmiersprache für die vierten Generation, Anwendungsgenerator *m* || ~ **layer** (Comp, Telecomm) / Anwendungsschicht *f* (Schicht 7 im OSI-Referenzmodell, welche die Schnittstelle der Anwendung zum Benutzer bildet) || ~ **line** (Mech) / Angriffslinie *f*, Wirkungslinie *f* (der angreifenden Kräfte) || ~ **method** / Anwendungsverfahren *n*, Applikationsverfahren *n* || ~ **model** (AI) / Applikationsmodell *n*

**application-oriented** *adj* (Comp) / anwendungsbezogen *adj*

**application package** (Comp) / Anwendersoftware *f*, Software-Paket *n* (vom Anlagenhersteller dem Anwender zur Verfügung gestelltes Programmpaket) || ~ **printing** (Textiles) / Aufdruck *m* (z.B. von Mustern oder Texten) || ~ **program** (Comp) / Anwenderprogramm *n* (teils von den Herstellern geliefert, teils von den Anwendern selbst geschrieben für spezifische Aufgaben) || ~ **programming interface*** (an interface that is defined in terms of a set of functions and

procedures, and enables a program to gain access to facilities within an application) (Comp) / Application Programming Interface n (Schnittstelle zwischen Betriebssystem und Anwendungs- und Systemprogrammen), API (Application Programming Interface), Programmierschnittstelle f
**application-proven** adj / anwendungserprobt adj
**application report** / Anwendungsbericht m, Applikationsreport m ‖ **~ server** (server dedicated to specific tasks, as e.g. running a database) (Comp) / Anwendungsserver m (der den Arbeitsstationen Software-Applikationen zur Verfügung stellt) ‖ **~ service element** (Telecomm) / Anwendungsdienstelement n (bei Mobilkommunikationsnetzen) ‖ **~ service provider** (provides software to end users via the Internet, as, e.g., payroll, accounting, but also online calendars, virtual desktops) (Comp) / Application-Service-Provider m, ASP (Application-Service-Provider)
**applications laboratory** / Applikationslabor n
**application software** (Comp) / Anwendersoftware f, Software-Paket n (vom Anlagenhersteller dem Anwender zur Verfügung gestelltes Programmpaket)
**application-specific** adj / anwendungsspezifisch adj ‖ **~ integrated circuit** (Comp, Electronics) / anwendungsspezifischer Schaltkreis, Anwendungsschaltkreis m, ASIC-Schaltkreis m (anwenderspezifische integrierte Schaltung), ASIC m (ein Baustein aus der Halbleitertechnik, aber kein standardisiertes in großen Serien produziertes, sondern auf eine bestimmte Anwendung eines Kunden gebauter Mikrochip)
**applications program** (Comp) / Anwenderprogramm n (teils von den Herstellern geliefert, teils von den Anwendern selbst geschrieben für spezifische Aufgaben) ‖ **~ program** (Comp) / Anwendungsprogramm n, Applikationsprogramm n ‖ **~ programmer*** (a person who specializes in writing applications programs) (Comp) / Anwendungsprogrammierer m (z.B. zur Lagerkontrolle oder zur Lohnabrechnung) ‖ **~ programming language** (Comp) / anwendungsorientierte Programmiersprache, APS (anwendungsorientierte Programmiersprache) ‖ **~ research** / anwendungsorientierte Forschung ‖ **~ software*** (Comp) / Anwendersoftware f, Software-Paket n (vom Anlagenhersteller dem Anwender zur Verfügung gestelltes Programmpaket) ‖ **~ Technology Satellite** (US) (Space) / anwendungstechnischer Satellit der NASA (z.B. für Schulfernsehen)
**application(s) study** / Anwendungsstudie f
**application window** / Applikationsfenster n ‖ **~ window** (Paint) / Applikationsfenster n (einer Spritzkabine)
**applicative language** (Comp) / funktionsorientierte deklarative Programmiersprache, applikative Programmiersprache, funktionale Programmiersprache (höhere Programmiersprache, bei der alle Anweisungen die Form von mathematischen Funktionen aufweisen)
**applicator** n (Chem) / Applikator m, Auftraggerät n (für Proben in der Chromatografie) ‖ **~** (Chem, Paint) / Auftrag(s)gerät n, Auftragswerkzeug n (für die handwerkliche Verarbeitung) ‖ **~*** (Elec Eng) / Heizinduktor m ‖ **~*** (Elec Eng, Med) / Heizelektrode f ‖ **~** (Eng) / Zuführungsgerät n, Zuführungseinrichtung f ‖ **~** (Paint) / Lackhantel f ‖ **~** (Paper) / Auftragwerk n ‖ **~** (Pharm) / Applikator m (zum Verabreichen von Arzneimitteln) ‖ **~*** (Radiol) / Bestrahlungstubus m (zur Begrenzung des Nutzstrahlungsbündels)
**applied** adj (science) / angewandt adj ‖ **~ column** (Arch) / eingebundene Säule ‖ **~ computer science** (Comp) / angewandte Informatik ‖ **~ force** (Mech) / eingeprägte Kraft, Aktionskraft f (auf einen Körper einwirkende Kraft) ‖ **~ frequency** (Telecomm) / angelegte Frequenz ‖ **~ geology*** (Geol) / angewandte Geologie (z.B. Lagerstättenkunde oder Ingenieurgeologie) ‖ **~ load** (Mech) / aufgebrachte Last ‖ **~ magnetic field** (Mag) / angelegtes Magnetfeld, äußeres Magnetfeld ‖ **~ mathematics*** (Maths) / angewandte Mathematik ‖ **~ physics** (Phys) / angewandte Physik ‖ **~ stress*** (Arch, Mech) / äußere Spannung, Fremdspannung f, angelegte Spannung ‖ **~ torque** (Mech) / angelegtes Drehmoment ‖ **~ voltage** (Elec) / zugeführte Spannung, angelegte Spannung
**appliqué** n / Zeichenschablone f ‖ **~*** (Textiles) / Applikation f (aufgenähte Verzierung an Geweben), Applikationsarbeit f, Aufnäharbeit f
**apply** v / gelten v (vom Gesetz) ‖ **~** / anwenden v, verwenden v, einsetzen v (anwenden) ‖ **~** (for) / beantragen v (etwas), anfordern v (etwas) ‖ **~** (Agric) / ausbringen v (Düngemittel) ‖ **~** (Agric, Paint) / applizieren v ‖ **~** (Chem, Paint) / auftragen v (mit einem Auftraggerät) ‖ **~ (a voltage)** (Elec) / anlegen v (elektrische Spannung) ‖ **~** (Mech) / aufbringen v (Kraft), aufbieten v (Kraft) ‖ **~** (Paint) / aufbringen v, auftragen v (Anstrichstoffe), applizieren v ‖ **~** (Pharm) / verabreichen v, verabfolgen v, applizieren v ‖ **~** (Phys) / ausüben v (Druck) ‖ **~** (Teleph) / einblenden v (Aufschalteton) ‖ **~** (for a job)

(Work Study) / sich bewerben (um eine Stelle) ‖ **~** s. also application ‖ **~ a coat of fluosilicate** (Civ Eng) / fluatieren v (mit Härte-Fluat) ‖ **~ a primer** (Paint) / grundieren v ‖ **~ a priming coat** (Paint) / grundieren v ‖ **~ a zinc strike** (Surf) / vorverzinken v ‖ **~ by spraying** (Agric, Met, Paint) / verspritzen v, spritzen v ‖ **~ by spraying** (Paint) / aufspritzen v (eine Schutzschicht)
**appointed dealer** / Vertragshändler m ‖ **~ workshop** / Vertragswerkstatt f, Vertragswerkstätte f
**appointment** n (Teleph) / Termin m (Leistungsmerkmal)
**apposition** n (Bot, For) / Apposition f ‖ **~ dyeing** (Textiles) / Appositionsfärbung f ‖ **~ growth** (Bot, Crystal) / Appositionswachstum n
**appraisal drilling** (drilling undertaken to establish the quality, quantity, and other characteristics of oil or gas in a newly discovered field) (Oils) / Orientierungsbohrung f, Bewertungsbohrung f ‖ **~ well*** (Oils) / Orientierungsbohrung f, Bewertungsbohrung f
**apprentice** n (Work Study) / Auszubildender m, Lehrling m, Azubi m
**approach** v / anfahren v (sich nähern) ‖ **~** (Eng) / anfahren v (bei numerischer Steuerung) ‖ **~** (Ships) / aufkommen v (einem Schiff näher kommen) ‖ **~** n (Aero) / Anflug m, Landeanflug m (auf...), Approach m ‖ **~** (Autos) / Zufahrtsweg m, Zufahrt f, Garageneinfahrt f, Garagenzufahrt f ‖ **~** (Eng) / Vorlauf m (des Werkzeugs) ‖ **~** (Med) / Strategie f (bei der Drogenbekämpfung) ‖ **~ angle** (Autos) / Hanganfahrwinkel m, Böschungswinkel m (beim Angehen einer Böschung) ‖ **~ area** (Aero) / Anflugsektor m ‖ **~ channel** (Hyd Eng) / Zulaufkanal m, Zuleitungskanal m, Zulaufstrecke f ‖ **~ chart** (Aero) / Anflugkarte f ‖ **~ control** (a service established to provide air traffic control when an aircraft is arriving at, departing from, or operating in the vicinity of, the terminal area) (Aero) / Anflugkontrolle f, Anflugleitung f (S) ‖ **~ controller** (Aero) / Anfluglotse m, Anflugkontrollor m (A), Anflugverkehrsleiter m (S) ‖ **~ control radar*** (Aero, Radar) / Anflugradar m n, Radarlandegerät n ‖ **~ course** (Aero) / Anflugschneise f
**approach-flow system** (Paper) / Stoffverteiler m
**approach lane** (Aero) / Anflugschneise f ‖ **~ lighting** (Aero) / Anflugbefeuerung f ‖ **~ lights*** pl (Aero) / Anflugbefeuerungssystem n, Näherungsleuchten f pl ‖ **~ light system** (an airport lighting facility) (Aero) / Anflugbefeuerungssystem n, Näherungsleuchten f pl ‖ **~ marker** (Aero) / Einflugzeichen n ‖ **~ road** (Autos) / Zufahrtsweg m, Zufahrt f, Garageneinfahrt f, Garagenzufahrt f ‖ **~ road** (Autos, Civ Eng) / Zufahrtsstraße f ‖ **~ sector** (Aero) / Anflugsektor m ‖ **~ speed** (the velocity of an aircraft during an approach to landing) (Aero) / Anfluggeschwindigkeit f ‖ **~ time** (Aero) / Anflugzeit f, Anflugzeitpunkt m ‖ **~ velocity** (Hyd Eng) / Anströmgeschwindigkeit f ‖ **~ velocity** (Hyd Eng) / Zuflussgeschwindigkeit f, Zulaufgeschwindigkeit f ‖ **~ way** (Autos) / Zufahrtsweg m, Zufahrt f, Garageneinfahrt f, Garagenzufahrt f
**approval** n / Zulassung f, Genehmigung f, Gutbefund m ‖ **~** (Build) / Abnahme f ‖ **~ mark** / Prüfzeichen n ‖ **~ print** (Cinema) / Erstkopie f, Abnahmekopie f ‖ **~ process** / Genehmigungsverfahren n ‖ **~ symbol** / Prüfzeichen n
**approve** v (Pharm) / zulassen v (Arzneimittel)
**approved safety** / geprüfte Sicherheit, gs (geprüfte Sicherheit) ‖ **~ Type Certificate*** (US) (Aero) / Lufttauglichkeitszeugnis n (mit dem das Zulassungsverfahren schließt), Lufttüchtigkeitszeugnis n, Lufttüchtigkeitsausweis m
**approximate** v (Maths) / approximieren v ‖ **~** adj (Maths, Stats) / approximativ adj, angenähert adj ‖ **~ formula** / Näherungsformel f
**approximately equal** (Maths, Stats) / nahezu gleich
**approximate reasoning** (AI) / approximatives Schließen, näherungsweises Schließen ‖ **~ value** (Maths) / Näherungswert m
**approximation** n (Maths) / Approximation f (näherungsweise Darstellung einer komplizierten Funktion durch eine einfachere Funktion), Näherung f ‖ **~ calculus** (Maths) / Näherungsrechnung f ‖ **~ theory** (Maths) / Approximationstheorie f
**approximative** adj (Maths, Stats) / approximativ adj, angenähert adj
**appulse*** n (Astron) / Appulsum n, Zusammenschein m
**appurtenances** pl (Eng) / grobe Armatur (des Kessels)
**a priori distribution** (Stats) / Apriori-Verteilung f
**a priori probabilities** (Stats) / Apriori-Wahrscheinlichkeiten f pl
**apron*** n (Aero) / Vorfeld n, Hallenvorfeld n, Abfertigungsfeld n ‖ **~*** (Eng) / Schlossplatte f, Räderplatte f, Schlosskasten m (Getriebekasten auf der Vorderseite des Betts der Leit- und Zugspindeldrehmaschine), Schürze f ‖ **~** (Geol) / Sandr m (vor den Endmoränen der Gletscher), Sander m ‖ **~** (Hyd Eng) / Sturzsohle f, Sturzboden m, Wehrboden m ‖ **~*** (Paper) / Siebleder n, Schürze f, Brustleder n ‖ **~*** (Photog) / Correxband n ‖ **~** (Plumb) / Brustblech n, Schürze f (bei einer Blecheinfassung) ‖ **~** (Spinning) / Riemchen n (des Streckwerks nach DIN 64 050) ‖ **~ bus** (Aero) / Vorfeldbus m, Flugfeld-Zubringerbus m, Flugfeldbus m ‖ **~ cloth** (Textiles) / Schürzenstoff m ‖ **~ conveyor*** (Eng) / Plattenbandförderer m, Gliederbandförderer m

**apron-drive**

**apron-drive bridge** (Aero) / Jetway m (Markenname der ABEX Corporation, USA, für eine teleskopartig ausfahrbare, schwenkbare und überdachte Fluggastbrücke auf Flughäfen), ausfahrbare Gangway für strahlgetriebene Flugzeuge
**apron fabric** (Textiles) / Schürzenstoff m ‖ ~ **feeder**\* (Min Proc) / Plattenbandspeiser m ‖ ~ **flashing** (Plumb) / Brustblech n, Schürze f (bei einer Blecheinfassung) ‖ ~ **frame** (Spinning) / Nitschelstrecke f, Würgelstrecke f, Frotteur m, Frotteurstrecke f, Nadelwalzen-Nitschelstrecke f (für das französische Vorbereitungsverfahren) ‖ ~ **leather** (Textiles) / Laufleder n (das als endlose Riemenbänder an Kämmmaschinen und Strecken dient) ‖ ~ **piece**\* (Build, Carp) / Holzträger n (für hölzerne Treppenhäuser) ‖ ~ **plate** (Min Proc) / Amalgamationsplatte f (im Pochwerk) ‖ ~ **taxi-track** (Aero) / Vorfeldstraße f (z.B. für Vorfeldbusse) ‖ ~ **taxiway** (Aero) / Vorfeldstraße f (z.B. für Vorfeldbusse)
**aprotic**\* adj (Chem) / aprotisch adj (Lösungsmittel)
**aprotinin** n (Biochem, Pharm) / Aprotinin n
**APS** (aqueous phase system) (Biochem) / wässriges Phasensystem, APS ‖ ≙ (ammonium peroxodisulphate) (Chem) / Ammoniumperoxodisulfat n (ein Oxidationsmittel) ‖ ≙ (appearance potential spectroscopy) (Phys, Spectr) / Appearance Potential Spectroscopy f (Methode zur Untersuchung elektronischer Energieniveaus in Festkörpern), Auftrittspotentialspektroskopie f
**APSA** (advanced polysilicon self-aligned technology) (Electronics) / APSA-Technologie f (Herstellung von Feldeffekttransistoren mit selbstjustierendem Polysiliciumgate)
**apse**\* n (Arch) / Apsis f (pl. -siden), Apside f ‖ ~ (Astron) / Apside f (Punkt der elliptischen Bahn eines Himmelskörpers, in dem dieser dem in einem der Brennpunkte stehenden Hauptkörper am nächsten oder am fernsten ist) ‖ ~ **line**\* (Astron, Space) / Apsidenlinie f
**apsidiola** n (Arch) / Apsidiola f (kleine Apsis oder Kapelle des Kapellenkranzes)
**apsis** n (pl. -ides)\* (Arch) / Apsis f (pl. -siden), Apside f ‖ ~ (pl. -ides)\* (Astron) / Apside f (Punkt der elliptischen Bahn eines Himmelskörpers, in dem dieser dem in einem der Brennpunkte stehenden Hauptkörper am nächsten oder am fernsten ist)
**APT** (automatic programming for tools) (Comp) / APT f (eine problemorientierte Programmiersprache zur Werkzeugmaschinensteuerung)
**aptitude test** / Eignungsprüfung f
**APU**\* (auxiliary power unit) (Aero) / Hilfgasturbine f, Hilfstriebwerk n (kleines, vorwiegend im Rumpfheck oder im Fahrwerkschacht eingebautes Triebwerk, heute praktisch nur ein TL-Triebwerk) ‖ ≙ (arithmetic processing unit) (Comp) / Arithmetikprozessor m (ein Mikroprozessor)
**APV** (approval) (Build) / Abnahme f
**APW method** (Phys) / APW-Methode f (zur Berechnung der Bandstruktur)
**AQL** (acceptable quality level) (Stats) / Gutgrenze f, Annahmegrenze f, annehmbare Qualitätsgrenzlage (bei der statistischen Qualitätskontrolle)
**aq. reg.** (Chem, Met) / Königswasser n, Aqua f regia (Salzsäure-Salpetersäure-Gemisch)
**aqua ammonia** (pl. aquae ammoniae) (Pharm) / Hirschhorngeist m, Ammoniaklösung f (wässrige), Salmiakgeist m, Ammoniakflüssigkeit f (Liquor Ammonii caustici nach DAB 10) ‖ ~ **complex** (Chem) / Aquokomplex m (Anlagerungskomplex mit Wassermolekülen als Liganden), Aquakomplex m, Aquaverbindung f
**aquadag** n / Aquadag n (kolloidale Lösung aus Wasser und künstlichem kolloidalem Graphit, mit Zusatz von Tannin und Ammoniak)
**aqua fortis**\* (Chem, Min Proc) / Scheidewasser n, Aqua f fortis, Goldscheidewasser n
**aqualung** n / Aqualunge f (Tauchgerät)
**aquamarine**\* n (Min) / Aquamarin m (ein Edelberyll)
**aquametry** n (Chem) / Aquametrie f (Methode zur quantitativen Bestimmung von Wasser)
**aquanaut** / Aquanaut m (pl. -en) (in einem Unterwasserlabor)
**aquaplane** n (Ships) / Gleitboot n, Stufenboot n
**aquaplaning** n (Autos) / Wasserglätte f (das Rutschen, Gleiten der Reifen eines Kraftfahrzeugs auf Wasser, das sich auf einer regennassen Straße gesammelt hat), Aquaplaning n, Aufschwimmzustand m
**aqua regia**\* (Chem, Met) / Königswasser n, Aqua f regia (Salzsäure-Salpetersäure-Gemisch)
**aquasol** n (Chem, Textiles) / Türkischrotöl n (sulfoniertes Rizinusöl)
**aquastat** n / Aquastat n (ein Thermostat)
**aquatic** adj (Geol) / aquatisch adj (im Wasser befindlich, im Wasser entstanden) ‖ ~ **chemistry** (Chem) / Wasserchemie f, Chemie f des Wassers ‖ ~ **environment** (Ecol) / Gewässer n pl ‖ ~ **organisms** (Biol) / Wasserorganismen m pl ‖ ~ **plant** (Bot) / Hydrophyt m (pl. -en), Wasserpflanze f ‖ ~ **toxicology** (Med, San Eng) / Toxikologie f der wässrigen Medien
**aquatint**\* n (Print) / Aquatinta f (pl. Aquatinten) (ein grafisches Tiefdruckverfahren)
**aquation** n (Chem) / Aquotisierung f
**aqueous**\* adj (water-containing or water-based) / wässrig adj, wässerig adj ‖ ~ (Geol) / aquatisch adj (im Wasser befindlich, im Wasser entstanden) ‖ ~ **corrosion** (Surf) / Wasserkorrosion f, Korrosion f in wässrigen Medien, Korrosion f in wässrigen Lösungen ‖ ~ **electron** (Chem, Phys) / hydratisiertes Elektron ‖ ~ **film-forming foam** / filmbildender Schaum (ein schaumbildendes Feuerlöschmittel auf der Basis von Fluortensiden), Feuerlöschmittel n auf der Basis von Fluortensiden ‖ ~ **homogeneous reactor** (Nuc Eng) / wässerig-homogener Reaktor ‖ ~ **ion** (Chem, Phys) / Aquaion n, hydratisiertes Ion ‖ ~ **medium** / wässriges Medium ‖ ~ **phase** (Phys) / wässrige Phase ‖ ~ **phase system** (Biochem) / wässriges Phasensystem, APS ‖ ~ **powder suspension** (Paint) / Aqueous Powder Suspension f (wässrige Suspension von pulverförmigen Bindemittelkomponenten), APS ‖ ~ **pulp** (For) / Faserstoffsuspension f ‖ ~ **solution** (Chem) / wässrige Lösung ‖ ~ **solvent** (Chem) / wässriges Lösemittel, wässriges Lösungsmittel
**aquiclude** n (Geol) / Grundwassersohle f, poröse, wasserhaltende und praktisch undurchlässige Gesteinsschicht, Grundwassersperrschicht f, Grundwasserstauer m, Aquiclude m (ein Grundwassernichtleiter)
**aquifer**\* n (Geol) / Grundwasserleiter m (DIN 4049), Aquifer m (Grund- oder Mineralwasser enthaltende Erdschicht), Grundwasserträger m
**aquiferous** adj (Geol) / Wasser führend adj, aquiferisch adj
**aquifer storage** (Geol, Mining) / Aquiferspeicherung f (von Erdgas)
**aquifuge** n (Geol) / Aquifuge f (ein Grundwassernichtleiter), dichte, praktisch wasserfreie Gesteinsschicht, Grundwassernichtleiter m (DIN 4021)
**aquitard** n (Geol) / Aquitard m, Grundwasserhemmschicht f (bezogen auf den Grundwasserleiter relativ schwach durchlässige Schicht), Verzögerungsschicht f
**aquo complex** (Chem) / Aquokomplex m (Anlagerungskomplex mit Wassermolekülen als Liganden), Aquakomplex m, Aquaverbindung f ‖ ~ **ion** (Chem, Phys) / Aquaion n, hydratisiertes Ion
**aquoluminescence** n (Phys) / Aquolumineszenz f (beim Auflösen von Kristallen)
**aquoxide** n (Chem) / Aquoxid n (wasserhaltiges Oxid)
**AR** (air route) (Aero) / Flugstrecke f, Flugroute f, Strecke f ‖ ≙ \* (analytical reagent) (Chem) / Pro-analysi-Reagens n, p.a.-Präparat n
**Ar** (argon) (Chem) / Argon n, Ar (Argon)
**AR** (amplitude ratio) (Telecomm) / Amplitudenverhältnis ‖ ≙ (aspect ratio) (TV) / Bildformat n, Bildseitenverhältnis n (meistens 16 : 9), Seitenverhältnis n
**araban** n (Chem) / Araban n, Arabinan n (aus Arabinose zusammengesetzte Polyose, die im Gummiarabikum und anderen Pflanzengummis vorkommt)
**arabesque**\* n (Arch, Join) / Arabeske f (Dekoration oder Ornament)
**Arabian lustre** (Ceramics) / Arabischer Lüster (ein Transformationslüster)
**Arabic** adj (Maths) / arabisch adj (Ziffer)
**arabica** n (Bot) / Bergkaffee m (Coffea arabica), Arabischer Kaffee, Arabica-Kaffee m
**arabic gum** (Bot, Chem, Nut) / Mimosengummi n, Arabisches Gummi, Arabingummi n, Akaziengummi n, Gummiarabikum n (als Verdickungsmittel, E 414) (Gummi arabicum, Gummi acaciae) ‖ ≙ **numeral** (Maths) / arabische Ziffer
**arabinan** n (Chem) / Araban n, Arabinan n (aus Arabinose zusammengesetzte Polyose, die im Gummiarabikum und anderen Pflanzengummis vorkommt)
**arabine** n (Pharm) / Harmanalkaloid n (z.B. aus der Passionsblume), Harman n
**arabinogalactan** n (Chem) / Arabinogalaktan n (eine Hemizellulose)
**arabinopyranose** n (Chem) / Arabinopyranose f
**arabinose**\* n (Chem) / Arabinose f, Ara f (Arabinose)
**arabite** n (Chem) / Arabit m
**arabitol**\* n (Chem) / Arabit m
**arable** n (Agric) / anbaufähiges Land, landwirtschaftlich bebaubarer Boden, Ackerland n (DIN 4047), Ackerboden m, Kulturboden m (Ackerland), Kultosol m, Flur f (landwirtschaftliche Nutzfläche) ‖ ~ **crop** (Agric) / Ackerfrüchte f pl, Feldfrüchte f pl ‖ ~ **farming** (Agric) / Agrikultur f, Landwirtschaft f, Ackerbau m (im weiteren Sinne, auch mit Viehhaltung usw. [ohne Plural]), Agrarwirtschaft f, Landbau m (ohne Plural), Feldbau m (ohne Plural) ‖ ~ **land** (Agric) / anbaufähiges Land, landwirtschaftlich bebaubarer Boden, Ackerland n (DIN 4047), Ackerboden m, Kulturboden m (Ackerland), Kultosol m, Flur f (landwirtschaftliche Nutzfläche)

**arachic acid** (Biochem) / Arachinsäure *f* (Fettsäure, die als Bestandteil von Glyceriden in der Natur in geringer Konzentration weit verbreitet ist), n-Eikosansäure *f*, Eicosansäure *f*
**arachidic acid** (Biochem) / Arachinsäure *f* (Fettsäure, die als Bestandteil von Glyceriden in der Natur in geringer Konzentration weit verbreitet ist), n-Eikosansäure *f*, Eicosansäure *f*
**arachidonic acid** (Biochem) / Arachidonsäure *f* (vierfach ungesättigte, essentielle Fettsäure)
**arachis oil*** / Erdnussöl *n*, Arachisöl *n*
**arachno-borane*** *n* (Chem) / arachno-Boran *n*
**A.R.A.E.N.*** (Teleph) / Bezugsapparat *m* zur Bestimmung der Ersatzdämpfung
**ARAES** (angle-resolved Auger electron spectroscopy) (Spectr) / winkelaufgelöste Auger-Elektronenspektroskopie
**aragonite*** *n* (Min) / Aragonit *m* ‖ ~ (in a sinter deposit, e.g. in Karlsbad) (Min) / Sprudelstein *m* (ein Aragonit), Quellsinter *m*
**Arago point** (Astron, Meteor) / Arago'scher Punkt (zwischen Sonne und Horizont - auf der der Sonne abgewandten Seite), Arago-Punkt *m* (ein neutraler Punkt)
**Arago's disk** (Mag) / Wirbelstromscheibe *f*, Arago-Scheibe *f* (nach D.F.J. Arago, 1786-1853)
**aralkyl** *n* (Chem) / Aralkyl *n*, arylsubstituierter Alkylrest
**aramid fibre*** (Plastics) / Aramidfaser *f* (wie z.B. Kevlar, Twaron oder PPTA)
**aramids** *pl* (Chem) / Aramide *n pl* (aromatische Polyamide aus aromatischen Diaminen und Arylendikarbonsäuren - DIN 60001, T 3)
**arbitrarily small** (Maths) / beliebig klein
**arbitrary** *adj* / beliebig *adj*, arbiträr *adj* ‖ ~ **function generator** / Generator *m* zur Erzeugung beliebiger Funktionen, Mehrzweckfunktionsgeber *m* ‖ ~ **load** (Mech) / beliebige Belastung ‖ ~ **projection** (Cartography) / vermittelnde Abbildung (die zwischen der konformen, der flächentreuen und der abstandstreuen Abbildung vermittelt)
**arbitration** (Comp) / Arbitrierung *f* (wenn dem SCSI-Gerät mit der höchsten Priorität Vorrang für Operationen auf dem SCSI-Bus eingeräumt wird) ‖ ~ **analysis** (Chem) / Schiedsanalyse *f* (in der forensischen Chemie) ‖ ~ **bar*** (Foundry) / Gießprobe *f*, Probestück *n*
**arbor** *n* (US) (Arch) / Gartenlaube *f*, Laube *f* ‖ ~ (US) (Arch, Build) / Laubengang *m*, Pergola *f* (pl. Pergolen) (eine Laube aus Pfeilern oder Säulen, die eine offene Holzdecke mit Rankengewächsen tragen) ‖ ~ (pl. -es) (Bot, For) / Baum *m* (ein Holzgewächs) ‖ ~* (Eng) / Aufsteckhalter *m* (zur Aufnahme der Aufsteckreibahle) ‖ ~* (Eng) / Welle *f* (des Fliehkrafttachometers) ‖ ~* (Eng, For) / Welle *f* (auch der Kreissäge) ‖ ~ (US)* (Eng, Met) / Dorn *m* (pl. Dorne) ‖ ~ (Paint) / Haspel *f m* (z.B. der Breitbandbeschichtungsanlage)
**arborescent** *adj* / dendritisch *adj* ‖ ~ **crystal** (a many-branched crystal) (Met, Min) / Tannenbaumkristall *m*, Dendrit *m* (baumartiges Kristallskelett, Kristallbildung von zweig- oder moosartigem Aussehen) ‖ ~ **powder** (Met) / dendritisches Pulver
**arboricide** *n* (Chem, Ecol) / Arborizid *n* (Herbizid gegen Gehölze), Gehölzvernichtungsmittel *n*
**arbor-mounted counterbore** (Eng) / Aufstecksenker *m* (DIN 222) ‖ ~ **cutter** (Eng) / Bohrungsfräser *m* (ein Walzenfräser mit Bohrung)
**arbor press** (Eng) / Dornpresse *f*
**arborvitae** *n* (For) / Lebensbaum *m* (Thuja L. sp.) ‖ ~ **oil** / Zedernblätteröl *n* (meist von Thuja occidentalis L.), Thujaöl *n* (aus dem Abendländischen Zedernbaum)
**arbour** *n* (Arch) / Gartenlaube *f*, Laube *f* ‖ ~ (Arch, Build) / Laubengang *m*, Pergola *f* (pl. Pergolen) (eine Laube aus Pfeilern oder Säulen, die eine offene Holzdecke mit Rankengewächsen tragen)
**Arbusov reaction** (Chem) / Michaelis-Arbusow-Reaktion *f* ‖ ~ **rearrangement** (Chem) / Michaelis-Arbusow-Reaktion *f*
**arbutin** *n* (Chem, Photog) / Arbutin *n* (Hydrochinon-mono-D-glucopyranosid), Ericolin *n*
**ARC** (active radar calibrator) (Radar) / aktiver Radarreflektor (als Transponder)
**arc** *v* (Elec, Elec Eng) / einen Lichtbogen bilden, einen Bogen bilden ‖ ~* *n* (Elec Eng) / Bogen *m* (bei einer Entladung zwischen den Elektroden auftretende intensive Leuchterscheinung), Lichtbogen *m* ‖ ~* *n* (a circuit-breaker component) (Elec Eng) / Schaltlichtbogen *m*, Schaltbogen *m* ‖ ~* *n* (Math) / Bogen *m*, Kurvenbogen *m* (Teilstück einer Kurve) ‖ ~ (Maths) / Bogen *m* (gerichtete Kante eines Grafen), gerichtete Kante (eines Grafen) ‖ ~ **absorber*** (Elec Eng) / Funkenlöscher *m*
**arcade** *n* (Arch) / Passage *f* (eine Ladenstraße, die durch einen Häuserkomplex führt), Einkaufspassage *f*
**arc-air gouging** (Civ Eng) / Lichtbogen-Druckluft-Fugen *n*
**arcature** *n* (Arch) / Blendarkade *f*, Blendarkatur *f* ‖ ~ (Arch) s. also blind arch

**arc-back*** *n* (Electronics) / Rückzündung *f* (Versagen der Gleichrichterwirkung einer Ventilstrecke eines Quecksilberdampfstromrichters durch die Bildung eines Brennflecks auf der Anode)
**arc baffle*** (Electronics) / Ablenkplatte *f* (eines Quecksilberdampfgleichrichters) ‖ ~ **blow** (effect) (Elec Eng) / Blaswirkung *f* des Lichtbogens
**arc-boutant*** *n* (Arch) / Strebebogen *m* (im Strebewerk der gotischen Kathedralen) ‖ ~* (Arch) s. also flying buttress
**arc brake** (Elec Eng) / Lichtbogenabriss *m*, Chopping *n* ‖ ~ **brazing** / Lichtbogenlöten *n* ‖ ~ **carbon** (Elec Eng) / Lichtbogenkohle *f* ‖ ~ **cathode** (Elec Eng) / Bogenkatode *f* ‖ ~ **chamber** (Elec Eng) / Lichtbogenkammer *f* ‖ ~ **characteristic** (Elec Eng) / Lichtbogenkennlinie *f* (das Verhältnis der Lichtbogenspannung zu Lichtbogenstrom) ‖ ~ **chute** (US) (Elec Eng) / Lichtbogenlöschkammer *f*, Löschkammer *f* (zur räumlichen Begrenzung und Löschung von Schaltlöschbogen) ‖ ~ **chute with arc-resisting material** (Elec Eng) / Isolierstoffkammer *f* (eine Lichtbogenlöschkammer) ‖ ~ **column** (Welding) / Lichtbogensäule *f* ‖ ~ **control** (Welding) / Lichtbogenregelung *f* (Regelung des Abschmelzvorgangs von Zusatzwerkstoff beim mechanisierten und teilautomatisierten Lichtbogenschweißen) ‖ ~ **control device*** (Elec Eng) / Lichtbogenlöschvorrichtung *f* (bei einem Schaltlichtbogen) ‖ ~ **converter** / Lichtbogengenerator *m* ‖ ~ **core** (Cinema, Elec Eng) / Lichtbogenkern *m* ‖ ~ **cos*** (Maths) / Arkuskosinus *m*, Arc cos, arc cos ‖ ~ **cosec** (Maths) / Arkuskosekans *m*, Arc cosec ‖ ~ **cosine** (Maths) / Arkuskosinus *m*, Arc cos, arc cos ‖ ~ **cotangent** (Maths) / Arkuskotangens *m*, Arc cot ‖ ~ **crater*** (Elec Eng, Welding) / Endkrater *m*, Lichtbogenkrater *m* ‖ ~ **cutting** (Eng) / Lichtbogenschneiden *n*, Schneiden *n* mit Lichtbogen ‖ ~ **discharge** (Elec Eng) / Bogenentladung *f* ‖ ~ **drop** (Elec Eng) / Lichtbogenabfall *m*, Lichtbogenspannungsabfall *m*, Bogenspannungsabfall *m*
**arc-drop losses** (Elec Eng) / Lichtbogenverluste *m pl*
**arc duration*** (Elec Eng) / Lichtbogendauer *f* (vom Zünden bis zum Erlöschen des Lichtbogens), Brenndauer *f* (des Lichtbogens)
**arc-extinguishing chamber** (Elec Eng) / Lichtbogenlöschkammer *f*, Löschkammer *f* (zur räumlichen Begrenzung und Löschung von Schaltlöschbogen) ‖ ~ **medium** (of a fuse) (Elec Eng) / Löschmittel *n* (für Sicherungen)
**arc furnace** (Elec Eng, Met) / Lichtbogenschmelzofen *m*, Lichtbogenofen *m*, Elektrolichtbogenofen *m*
**arc-furnace transformer** (Elec Eng) / Ofentransformator *m* (zur Versorgung eines Lichtbogenofens)
**arc gap** (Welding) / Gasstrecke *f*
**arch** *v* (Arch) / überwölben *v*, wölben *v*, einwölben *v* ‖ ~ (Arch) / mit Bogen überspannen ‖ ~ (Glass) / (einen Hafen) im Temperofen wärmen ‖ ~ *vi* / einen Bogen bilden, sich bogenförmig ausformen ‖ ~* *n* (Build) / Gewölbebogen *m*, Bogen *m* ‖ ~ (Civ Eng, Hyd Eng) / Bogenscheibe *m* (z.B. einer Staumauer), Bogen *m* (einer Staumauer) ‖ ~ (Glass) / Arbeitsnische *f*
**archaeological chemistry** (Chem) / archäologische Chemie
**archaeomagnetism** *n* (Geophys) / Archäomagnetismus *m* (zur Altersbestimmung)
**arch axis** (Build, Civ Eng) / Bogenachse *f*
**arch-bound commutator** (Elec Eng) / Gewölbestromwender *m*, Schwalbenschwanzstromwender *m*, Gewölbedruckkommutator *m*
**arch brick*** (Build) / Gewölbestein *m*, Wölbstein *m*, Bogenstein *m*, Bogenkeilstein *m*, Wölber *m* (ein Gewölbestein) ‖ ~ **bridge*** (Civ Eng) / Bogenbrücke *f* ‖ ~ **buttress*** (Arch) / Strebebogen *m* (im Strebewerk der gotischen Kathedralen) ‖ ~ **chord** (Build) / Bogensehne *f* (Verbindungslinie der Kämpfer) ‖ ~ **dam*** (Civ Eng, Hyd Eng) / Gewölbestaumauer *f*, Bogenstaumauer *f*, Bogenstaudamm *m*
**arc heating** (Elec Eng) / Lichtbogenheizung *f*, Lichtbogenerwärmung *f*
**arched** *adj* / bogenförmig *adj*, Bogen- ‖ ~ / gewölbt *adj* (z.B. Kellerdecke) ‖ ~ (Arch, Civ Eng) / gekrümmt *adj* (Obergurt, Untergurt) ‖ ~ (Autos) / gewölbt *adj* (Windschutzscheibe) ‖ ~ **boom** (Arch, Civ Eng) / gekrümmter Gurt ‖ ~ **bridge** (Civ Eng) / Bogenbrücke *f* ‖ ~ **buttress*** (Arch) / Strebebogen *m* (im Strebewerk der gotischen Kathedralen) ‖ ~ **head** (Build) / Bogenabschluss *m* (z.B. der Laibungsbogen eines Fensters) ‖ ~ **structure** (Arch) / Bogenbauwerk *n*, Bogentragsystem *n* ‖ ~ **truss** (Arch, Build) / Bogenbinder *m*, Parabel-Fachwerkbinder *m* ‖ ~ **window** (Arch) / Bogenfenster *n* (Fensterform mit Bogenabschluss)
**archetype** *n* / Prototyp *m* (Inbegriff) ‖ ~ / Archetyp *m* (Urbild, Urform, Original)
**arch face** (Build) / Bogenstirn *f*, Bogenhaupt *n* ‖ ~ **falsework** (Build) / Bogenschalung *f* ‖ ~ **girder** (Arch, Build) / Bogenbinder *m*, Parabel-Fachwerkbinder *m* ‖ ~ **girder set** (Mining) / Bogenausbau *m* (Stahlausbau in Strecken und Großräumen)

**arch-gravity dam** (Civ Eng, Hyd Eng) / Bogengewichtsstaumauer $f$, Bogengewichtsmauer $f$
**archibenthic zone** (Ecol) / Archibenthal $n$ (Bereich des See- und Meeresbodens zwischen 200 und 1000 m Tiefe)
**archibenthos** $n$ (Ecol) / Archibenthal $n$ (Bereich des See- und Meeresbodens zwischen 200 und 1000 m Tiefe)
**Archie** $n$ (Comp) / Archie $m$ (Bezeichnung eines Systems, das /mindestens, üblicherweise/ einmal im Monat jeden dort registrierten FTP-Server anruft und von diesem die Namen seiner Verzeichnisse und Dateien erhält)
**archil** $n$ (Bot, Chem) / französischer Purpur, Orchilla $f$, Orseille $n$ (ein bläulich roter bis violetter Naturfarbstoff, aus verschiedenen Arten der Färberflechte gewonnen)
**Archimedean** adj (Maths, Phys) / archimedisch adj || ~ **absolute value** (Maths) / archimedische Bewertung || ~ **drill*** (Eng) / Drillbohrer $m$ || ~ **group** (Maths) / archimedisch geordnete Gruppe || ~ **polyhedron** (Maths) / archimedischer Körper || ~ **screw*** (Hyd Eng) / archimedische Schraube (ein altes Wasserhebegerät), ägyptische Schraube, Wasserschnecke $f$ (archimedische Schraube) || ~ **solid** (a semi-regular solid) (Maths) / archimedischer Körper || ~ **spiral** (Maths) / archimedische Spirale
**Archimedes' axiom** (Maths) / archimedisches Axiom, Axiom $n$ des Eudoxos (von Knidos), Axiom $n$ des Messens, Axiom $n$ der Messbarkeit, Stetigkeitsaxiom $n$ (Axiom des Eudoxos)
**Archimedes number** (Phys) / Archimedes-Zahl $f$ (DIN 1341), Ar (Archimedes-Zahl) || ~' **principle*** (Phys) / archimedisches Prinzip (des hydrostatischen Auftriebs)
**Archimedes' screw** (Hyd Eng) / archimedische Schraube (ein altes Wasserhebegerät), ägyptische Schraube, Wasserschnecke $f$ (archimedische Schraube)
**Archimedes' spiral*** (Maths) / archimedische Spirale
**arching** $n$ (Build) / Überwölbung $f$, Überwölben $n$, Einwölben $n$ || ~ (Civ Eng) / Lastpunktverschiebung $f$ || ~ (Mining) / Bogenausbau $m$ (Stahlausbau in Strecken und Großräumen) || ~ (Min Proc, Mining) / Verbrückung $f$ (bei Schüttgut), Brückenbildung $f$ (wenn die Charge hängen geblieben ist)
**archipelago*** $n$ (pl. -s or -es) (Ocean) / Archipel $m$
**architect** $n$ (Arch) / Architekt $m$
**architectonic** adj (Arch) / architektonisch adj
**architect's office** (Arch) / Architektenbüro $n$ || ~ **soft eraser** / Knetgummi $m$ (knetbarer Radiergummi), Knet-Radiergummi $m$
**architectural** adj (Arch) / architektonisch adj || ~ **acoustics*** (Acous) / Raumakustik $f$ (die sich mit Luftschall befasst), Bauakustik $f$ (Raum- und Gebäudeakustik, die sich vornehmlich mit Körperschall befasst) || ~ **camera** (Photog) / Architekturkamera $f$ || ~ **coating** (Build) / Beschichtungsstoff $m$ (für den Bau) || ~ **conservation** / Baudenkmalpflege $f$ || ~ **diagram** (Elec Eng) / Installationsplan $m$ (DIN ISO 10 209, T 4) || ~ **drawing** / Architekturzeichnung $f$ || ~ **engineering** (Arch) / Hochbau $m$ (als theoretische Disziplin) || ~ **glass** (Build, Glass) / Bauglas $n$, Glas $n$ im Bauwesen (DIN EN 572) || ~ **heritage** (Arch) / Baudenkmäler $n$ pl
**architecturally applied ceramics** (Build, Ceramics) / Baukeramik $f$
**architectural monument** (Arch) / Baudenkmal $n$ || ~ **paint** (Paint) / Malerlack $m$, Bautenfarbe $f$, Bautenlack $m$, Bautenschutzanstrichmittel $n$ || ~ **sculpture** (Arch) / Bauplastik $f$, Bildwerk $n$, Plastik $f$ (das einzelne Werk der Bildhauerkunst) || ~ **terracotta** (Build, Ceramics) / Terrakotta $f$ (als Baustoff)
**architecture** $n$ (Arch) / Architektur $f$ || ~ (Comp) / Architektur $f$ || ~ (Comp) s. also system architecture; || ~ **camera** (Photog) / Architekturkamera $f$
**architrave*** $n$ (Arch) / Epistyl $n$, Epistylion $n$, Architrav $m$ || ~* (Build, Join) / profilierte Bekleidung (meistens rechteckig - bei Türen und Fenstern)
**archival** adj (Paper) / archivierfähig adj (Papier) || ~ **file** (Comp) / Archivierungsdatei $f$, Archivdatei $f$ || ~ **quality** / gute Qualität (für die Archivierung)
**archive** v / archivieren v || ~ **file** (i.e., a file that contains sufficient data to enable another file from which it is derived to be reconstructed ) (Comp) / Archivierungsdatei $f$, Archivdatei $f$
**archiving** $n$ / Archivierung $f$ (von Belegen)
**archivolt*** $n$ (Arch) / Archivolte $f$ (profilierte Stirnseite eines Rundbogens), Stirnbogen $m$ (Archivolte), Bogenhaupt $n$ (Archivolte)
**arch key** (Arch) / Bogenscheitel $m$
**archless kiln** (un updraft kiln having no permanent parts which is constructed with walls of either burned or unburned brick; after loading, the kiln is covered with earth, brick, or ashes and fired with solid, liquid, or gaseous fuel) (Ceramics) / Meilerofen $m$, Ofen $m$ ohne Gewölbe
**arch piece*** (Ships) / Bogenschlussstück $n$ (am Oberteil des Hintersteven)
**arch-rib** $n$ (Arch) / Bogenrippe $f$

**arch-shaped** adj / bogenförmig adj, Bogen-
**arch springing** (Civ Eng) / Bogenkämpfer $m$ (Widerlager eines Bogens) || ~ **stone*** (Build) / Gewölbestein $m$, Wölbstein $m$, Bogenstein $m$, Bogenkeilstein $m$, Wölber $m$ (ein Gewölbestein) || ~ **stone*** (Build) s. also circle brick || ~ **support(s)** (Mining) / Bogenausbau $m$ (Stahlausbau in Strecken und Großräumen)
**arch(ed) truss** (Build, Civ Eng) / Fachwerkbogen $m$ (ein Bogen, der als Fachwerk ausgeführt wird)
**archway** $n$ (Arch) / Bogendurchgang $m$ || ~ (Arch) / Bogengang $m$ (auf einer Seite von einer Arkade begrenzter Gang), Bogenlaube $f$, Bogenstellung $f$
**arch window** (Arch) / Bogenfenster $n$ (Fensterform mit Bogenabschluss) || ~ **with elevated deck** (Civ Eng) / Bogen $m$ mit aufgeständerter Fahrbahn (die über dem Bogen liegt) || ~ **with suspended deck** (Civ Eng) / Bogen $m$ mit angehängter Fahrbahn (die unterhalb des Bogens liegt)
**arc hyperbolic function** (Maths) / Areafunktion $f$ (Umkehrfunktion der Hyperbelfunktion)
**Archytas curve** (Maths) / Kurve $f$ von Archytas (Raumkurve 4. Ordnung zur Würfelverdopplung)
**arcing** $n$ (Elec Eng) / Kontaktfeuer $n$ || ~ (Elec Eng) / Lichtbogenbildung $f$ || ~ (I C Engs) / Funkenüberschlag $m$ || ~ (Paint) / Schwenken $n$ der Pistole (ein Lackierfehler) || ~ **chamber** (the part of an expulsion-type arrester that permits the flow of discharge current to the ground and interrupts the follow current) (Elec Eng) / Löschkammer $f$ (bei Löschrohrableitern) || ~ **contact*** (Elec Eng) / Abreißkontakt $m$ (Schaltgerät), Abbrennkontakt $m$ (an dem sich der Lichtbogen bilden soll), Lichtbogenkontakt $m$, Abbrennstück $n$ (ein Schaltstück), Abbrennschaltstück $n$ || ~ **device** (Elec Eng) / Lichtbogenschutzarmatur $f$
**arcing-ground suppressor*** (Elec Eng) / Erdschlussspule $f$, Erdschlusslöschspule $f$, Petersen-Spule $f$, Löschdrossel $f$, Kompensationsdrossel $f$
**arcing horn** (Elec Eng) / Lichtbogenschutzhorn, Schutzhorn $n$ || ~ **ring*** (Elec Eng) / Lichtbogenschutzring $m$ || ~ **runner** (Elec Eng) / Lichtbogenschutzhorn $n$, Schutzhorn $n$ || ~ **shield*** (Elec Eng) / Steuerschirm $m$, Steuerring $m$ (zur Potentialsteuerung) || ~ **time** (Elec Eng) / Lichtbogendauer $f$ (vom Zünden bis zum Erlöschen des Lichtbogens), Brenndauer $f$ (des Lichtbogens) || ~ **time** (Welding) / Brennzeit $f$ (reine Schweißzeit beim Lichtbogenschweißen), Lastdauer $f$ || ~ **tip*** (Elec Eng) / Abreißkontakt $m$ (Schaltgerät), Abbrennkontakt $m$ (an dem sich der Lichtbogen bilden soll), Lichtbogenkontakt $m$, Abbrennstück $n$ (ein Schaltstück), Abbrennschaltstück $n$ || ~ **voltage*** (below which a current cannot be maintained between two electrodes) (Elec Eng) / Lichtbogenspannung $f$, Bogenspannung $f$
**arc jet engine** (Space) / elektromagnetisches Triebwerk, elektrodynamisches Triebwerk (mit Bogenentladung), elektrothermisches Triebwerk (in dem Treibstoff durch einen Lichtbogen aufgeheizt wird), Arcjet $n$ || ~ **jet engine** s. also Resistojet || ~ **labelling** (Maths) / Kantenmarkierung $f$ || ~ **lamp*** (Cinema, Elec Eng) / Bogenlampenscheinwerfer $m$, Bogenlichtscheinwerfer $m$ || ~ **lamp*** (Elec Eng, Light) / Bogenlampe $f$, Lichtbogenlampe $f$
**arc-lamp carbon*** (Elec Eng) / Lichtbogenkohle $f$, Bogenlampenkohle $f$
**arc length** (Maths) / Bogenlänge $f$ || ~ **light** (Light) / Bogenlicht $n$ || ~ **line** (Spectr) / Bogenlinie $f$
**arc-metal spraying** (Paint) / Lichtbogenspritzen $n$ (ein thermisches Spritzverfahren), Metallspritzen $n$ (mit einem elektrischen Lichtbogen als Wärmequelle)
**arc minute** (Maths) / Minute $f$ (Einheit des ebenen Winkels nach DIN 1315, Zeichen ')
**arcminute*** $n$ (Astron, Maths) / Bogenminute $f$
**arc of action** (US) (Eng) / Profilüberdeckungs-Wälzkreisbogen $m$ (bei Zahnrädern) || ~ **of approach*** (Eng) / Zahnfußflanken-Eingriffslänge $f$, Eintritteingriffsbogen $m$ (im Teilzylinder) von Eingriffsbeginn bis zum Wälzpunkt || ~ **of circle** (Maths) / Kreisbogen $m$, Arkus $m$ || ~ **of contact** (Eng) / Umschlingungsbogen $m$ (des Riemens) || ~ **of contact*** (Eng) / Profilüberdeckungs-Wälzkreisbogen $m$ (bei Zahnrädern) || ~ **of recess*** (Eng) / Zahnkopfflanken-Eingriffslänge $f$, Austritteingriffsbogen $m$ (im Teilzylinder) vom Wälzpunkt bis zum Eingriffsende
**arcology** $n$ (Arch, Ecol) / Arcologie $f$ (architektonische Entwürfe, die die Umweltfreundlichkeit herausstreichen - z.B. von P. Soleri)
**arc oscillation** / Lichtbogenschwingung $f$
**arcose** $n$ (Geol) / Arkose $f$ (über 25 % Feldspat enthaltender Sandstein)
**arcover** $n$ (Elec Eng) / Lichtbogenüberschlag $m$
**arc-oxygen cutting** (Eng) / Sauerstoff-Lichtbogen-Schneiden $n$, Sauerstoff-Lichtbogen-Trennen $n$, Oxyarc-Brennschneiden $n$
**arc plasma** (Welding) / Lichtbogenplasma $n$, Bogenplasma $n$ || ~ **plasma device** (for plasma spraying) (Surf) / Plasmaspritzgerät $n$ || ~ **plasma spraying** (Surf) / Plasmaspritzverfahren $n$ (ein thermisches

Spritzen), Plasmaspritzen *n* (Verspritzen schwerschmelzender Stoffe mittels Plasmapistolen unter Ausnutzung der hohen Temperaturen des Plasmas), Spritzen *n* nach dem Plasmaverfahren (mit Wolframkatode und Kupferanode), Plasmastrahlspritzen *n* || ~ **plasma welding** (Welding) / Lichtbogenplasmaschweißen *n*, Bogenplasmaschweißen *n* || ~ **power** (Welding) / Lichtbogenleistung *f* || ~ **pressure welding** (Welding) / Lichtbogenpressschweißen *n* (z.B. Cyc-Arc-Verfahren oder Nelson-Verfahren)
**arc-protection fitting** (Elec Eng) / Lichtbogenschutzarmatur *f*
**arc rectifier** (Elec Eng) / Lichtbogengleichrichter *m* || ~ **resistance** (Elec Eng) / Lichtbogenfestigkeit *f*, Lichtbogenwiderstand *m* || ~ **resistance heating** (Elec Eng) / Erwärmung *f* mit unterdrücktem Lichtbogen || ~ **rise** (Eng) / Bogenhöhe *f* (bei Blattfedern) || ~ **root** (Elec Eng) / Fußpunkt *m* des Lichtbogens || ~ **runner** (Elec Eng) / Lichtbogenführung *f* (in der Lichtbogenlöschkammer) || ~ **secant** (Maths) / Arkussekans *m*, Arc sec || ~ **sin** (Maths) / Arkussinus *m*, Arc sin, arc sin || ~ **sine** (Maths) / Arkussinus *m*, Arc sin, arc sin || ~ **space** (Elec Eng) / Lichtbogenraum *m* || ~ **spectrum**\* (Elec, Phys) / Bogenspektrum *n* (im Lichtbogen einer Bogenlampe erzeugtes reines Atomspektrum) || ~ **splice** (Telecomm) / Lichtbogenspleiß *m* (zweier LWL), LWL-Spleißverbindung *f*
**arc-spot welding** (Welding) / Lichtbogenpunktschweißen *n*, Lichtbogenpunkten *n*
**arc spraying**\* (Paint) / Lichtbogenspritzen *n* (ein thermisches Spritzverfahren), Metallspritzen *n* (mit einem elektrischen Lichtbogen als Wärmequelle) || ~ **stability** (Elec Eng, Welding) / Lichtbogenstabilität *f*, Lichtbogenbeständigkeit *f* || ~ **stabilization** (Welding) / Lichtbogenstabilisierung *f* (Sammelbegriff für alle Maßnahmen und Vorgänge zur Gewährleistung einer gleichmäßigen, schwankungsfreien Lichtbogensäule) || ~ **stator motor** (Elec Eng) / Segmentmotor *m*
**arc-stream voltage**\* (voltage drop along the arc stream) (Elec Eng) / Lichtbogenspannung *f*, Plasmaspannung *f*
**arc stud welding** (Welding) / Lichtbogenanschweißen *n*, Bolzenlichtbogenschweißen *n*
**arc-suppression coil**\* (Elec Eng) / Erdschlussspule *f*, Erdschlusslöschspule *f*, Petersen-Spule *f*, Löschdrossel *f*, Kompensationsdrossel *f*
**arc suppressor**\* (Elec Eng) / Erdschlussspule *f*, Erdschlusslöschspule *f*, Petersen-Spule *f*, Löschdrossel *f*, Kompensationsdrossel *f* || ~ **tan** (Maths) / Arkustangens *m*, Arc tan || ~ **therapy**\* (Radiol) / Bewegungsbestrahlung *f* (bei der sich die Strahlungsquelle während einer Bestrahlung um einen begrenzten Winkel zum Patienten bewegt)
**Arctic** *adj* (Geog) / arktisch *adj* || ~ **air** (Meteor) / Arktikluft *f* || ~ **Circle** (Geog) / Nördlicher Polarkreis || ~ **climate** (Meteor) / arktisches Klima, Polarklima *n* || ~ **smoke** (Meteor) / Seerauch *m* (ein Verdunstungsnebel)
**Arcton 12** (Chem) / Dichlordifluormethan *n* (Freon 12, Frigen 12, R 12) || ~ *n* / ein britisches Sicherheitskältemittel
**arc triangle** (Maths) / Kreisbogendreieck *n*
**arcuate**\* *adj* (Bot, Zool) / bogenförmig *adj*
**arcuated** *adj* (Bot, Zool) / bogenförmig *adj* || ~ **structure** (Arch) / Bogenbauwerk *n*, Bogentragsystem *n*
**arc voltage**\* (the total voltage across an electric arc) (Elec Eng) / Lichtbogenspannung *f*, Bogenspannung *f* || ~ **voltage** (Welding) / Lichtbogenspannung *f* || ~ **wattage** (Welding) / Lichtbogenleistung *f* || ~ **welder** (Eng, Welding) / Lichtbogenschweißmaschine *f* || ~ **welder** (Welding) / Lichtbogenschweißer *m* (Facharbeiter) || ~ **welder's disease** (Med) / Siderosis pulmonum, Schweißerlunge *f*, Siderose *f* (Lungensiderose), Siderosilikose *f*, Eisenlunge *f* ("Feilenhauerlunge") || ~ **welding** (Welding) / Lichtbogenschweißen *n*
**arcyria dye** (Bot, Chem) / Arcyria-Farbstoff *m* (Bisindolylmaleinimid)
**ardeine** (Chem) / Ardein *n* (Eiweiß der Erdnüsse)
**ardometer**\* *n* (Phys) / Ardometer *n* (ein spezielles Gesamtstrahlungspyrometer)
**arduous** *adj* / schwierig *adj*, schwer *adj* (Betriebsbedingung)
**are**\* *n* (Agric, Surv) / Ar *n* *m* (eine veraltende Einheit der Fläche = $10^2$ m$^2$), a
**area** *n* / Bereich *m*, Gebiet *n*, Zone *f* (Bereich), Region *f* || ~ / Landstrich *m*, Gebiet *n* (Landstrich) || ~ (Bot) / Areal *n* (Wohngebiet der Sippen mit allen ihren Populationen und Individuen) || ~\* (Build) / Souterrainvorplatz *m* || ~ (Build) / Gebiet *n* (z.B. Wohngebiet) || ~ (Comp) / Area *f* (pl. -s) (ein benannter Teil/Bereich des Adressraums einer Datenbank) || ~\* (Maths, Surv) / Flächeninhalt *m*, Fläche *f* || ~ (Mining) / Revier *n* (eine organisatorische Einheit) || ~ (Radio, Telecomm) / Versorgungsgebiet *n*, Versorgungsbereich *m*, Nutzungsgebiet *n* || **of equal** ~ (Maths) / inhaltsgleich *adj*, flächengleich *adj*, flächeninhaltsgleich *adj* || ~ **address** (Comp) / Bereichsadresse *f* || ~ **code** (US) (Teleph) / dreistellige Ortskennzahl für den Selbstwählferndienst || ~ **code** (Teleph) / Vorwahlnummer *f*, Ortsnetzkennzahl *f* || ~ **code number** (Teleph) / Vorwahlnummer *f*, Ortsnetzkennzahl *f* || ~ **control centre** (Aero) / Flugsicherungsbezirkszentrale *f* || ~ **coverage rate** (Electronics) / Flächenbedeckungsgrad *m*
**area-covering structural element** (Build, Civ Eng) / Flächentragwerk *n* (ein zweidimensionales Tragwerk) || ~ **structure** (Build, Civ Eng) / Flächentragwerk *n* (ein zweidimensionales Tragwerk) || ~ **support** (structural) **element** (Build, Civ Eng) / Flächenträger *m* (Platte, Schale, Scheibe)
**area cross section factor** (Radar) / Flächenrückstreufaktor *m* (vom Einfallswinkel abhängig) || ~ **definition** (Comp) / Bereichsdefinition *f*
**area-definition statement** (Comp) / Bereichsdefinition *f*
**area exposed to the wind** (Build) / Windangriffsfläche *f* (als rechnerische Größe) || ~ **filling** (Comp) / Bildfülloperation *f* || ~ **floodlighting** (Light) / Flächenanstrahlung *f* || ~ **forecast** (Meteor) / Gebietsvorhersage *f* || ~ **formula** (Maths) / Formel *f* für Flächeninhalt || ~ **gain** (Leather) / Maßgewinn *m* (beim Flächenleder)
**area-increasing flap** (Aero) / Landeklappe *f* (die die Flügelfläche vergrößert), ausfahrbare Landeklappe (z.B. Fowlerklappe)
**areal velocity** (Mech) / Flächengeschwindigkeit *f* (des Körpers oder des Massenpunktes)
**area measurement** / Flächenmessung *f* || ~-**moment method**\* (Civ Eng) / Momentenflächenverfahren *n* || ~ **normal to the direction of propagation** (Phys) / zur Ausbreitungsrichtung senkrechte Fläche || ~ **of adhesion** / Haftfläche *f* (z.B. in m$_2$) || ~ **of contact** / Berührungsfläche *f* || ~ **of load** (Mech) / Lastfeld *n* || ~ **of moments** / Momentenfläche *f* (zwischen der Momentenlinie und der Trägerachse) || ~ **of no return** (Optics) / rückstrahlungslose Fläche || ~ **of outstanding natural beauty** (Ecol) / Landschaftsschutzgebiet *n* || ~ **of the circle** (Maths) / offene Kreisscheibe, Innere *n* des Kreises, Kreisinhalt *m*, Kreisfläche *f* || ~ **of welding** (Welding) / Schweißbereich *m* || ~ **requirement** / Flächenbedarf *m*, Platzbedarf *m*, Bedarf *m* an Stellfläche (für die Aufstellung der Maschine) || ~ **rule**\* (Aero) / Flächenregel *f* (Entwurfsprinzip für den Querschnittsverlauf senkrecht zur Längsachse), Querschnittsregel *f* || ~ **sampling** (Stats) / Flächenstichprobenverfahren *n* || ~ **scanner** (Electronics) / Flächenabtaster *m* || ~ **searching** (Comp) / Grobrecherche *f* (Methode, aus Datenbeständen Dateneinheiten zu ermitteln, die mit einer Suchfrage grob übereinstimmen) || ~ **subjected to investigation** (Ecol) / Untersuchungsgebiet *n* || ~ **target** (Radar) / Flächenziel *n* (ein zweidimensionales Ziel) || ~ **theory** (Maths) / Flächentheorie *f* (ein Teilgebiet der Differentialgeometrie) || ~ **under cereals** (Agric) / Getreideanbaufläche *f* || ~ **under crop** (Agric) / Anbaufläche *f* || ~ **under cultivation** (Agric) / Anbaufläche *f* || ~ **under felling** (For) / Abtriebsfläche *f* || ~ **under vegetables** (Agric) / Gemüseanbaufläche *f* || ~ **yield** (Leather) / Flächenrendement *n*, Flächenausbeute *f*
**areca alkaloids** (Pharm) / Areca-Alkaloide *n pl* (aus der Betelnuss) || ~ **nut** (Bot) / Betelnuss *f* (aus Areca catechu L.), Arekanuss *f*
**arecoline** *n* (Pharm) / Arecolin *n* (Hauptalkaloid der Betelnuss), Arekolin *n*
**arenaceous**\* *adj* / sandig *adj*, sandhaltig *adj*, sandführend *adj* || ~ **marl** (Geol) / Pläner *m* (oberkretazisches Sedimentpaket), Plänerkalk *m* || ~ **rocks**\* (Geol) / Psammite *m pl*
**arene oxides** (Chem) / Arenoxide *n pl* (unsystematische Bezeichnung für Epoxide, die sich von aromatischen Verbindungen ableiten und die zu einer Reihe von Valenzisomerisierungen befähigt sind)
**arenes** *pl* (Chem) / Arene *n pl* (mono- und polyzyklische Kohlenwasserstoffe sowie kondensierte Ringsysteme) || ~ s. also aromatic compounds
**arene-transition metal complex** (Chem) / Aromaten-Übergangsmetallkomplex *m*
**arenite** *n* (Geol) / Arenit *n* (ein klastisches Karbonatsediment mit Korngrößen 0,63 bis 2 mm)
**areography** *n* (Astron, Geog) / Marsgeografie *f*
**areologist** *n* (Astron, Geol, Space) / Marsforscher *m*
**areology** *n* (Geol) / Marsgeologie *f*
**areometer** *n* (Phys) / Senkspindel *f*, Senkwaage *f*, Aräometer *n*, Spindel *f*, Flüssigkeitswaage *f*
**areometric** *adj* (Phys) / aräometrisch *adj*
**areopyknometer**\* *n* (Phys) / Äräopyknometer *n*
**arere** *n* (For) / Abachi *n* (hellgelbes, leichtes Holz des Sterkuliengewächses Triplochiton scleroxylon K. Schum. aus dem Äquatorialwald W-Afrikas), Samba *n*, Wava *n*, Obeche *n*
**Aresti catalogue** (Aero) / Aresti-Katalog *m* (Katalog der Kunstflugfiguren und deren Bewertung - nach J.L. de Aresti)
**arête** *n* (Geol) / Grat *m*, Kamm *m*
**arfvedsonite**\* *n* (Min) / Arfvedsonit *m* (eine Natronhornblende)
**Arg**\* (arginine) (Biochem, Nut) / Arginin *n* (eine essentielle Aminosäure), Arg (Arginin)
**argan** *n* (For) / Eisenholz *n* (der Argania spinosa L. Skeels)

**Argand**

**Argand diagram**\* (J.R. Argand, 1768 - 1822) (Maths) / Zahlenebene *f* (Gauß'sche), Gauß'sche Zahlenebene (Darstellung der komplexen Zahlen durch Vektoren in einer Ebene), komplexe Ebene
**argan oil** (Nut) / Arganienöl *n* (auch in der Kosmetikbranche verwendet), Speiseöl *n* aus dem Marokkanischen Arganbaum (Argania spinosa (L.) Skeels) || ~ **tree** (For) / Arganbaum *m*, Eisenholzbaum *m* (Argania spinosa (L.) Skeels)
**Argasidae** *pl* (Agric, Zool) / Lederzecken *f pl*, Argasidae *pl* (Familie der Zecken)
**argentic oxide**\* (Chem) / Silber(II)-oxid *n*
**argentiferous**\* *adj* / Silber-, silberhaltig *adj*, silberführend *adj* || ~ **galena**\* (Min) / Galenit *m* mit mehr als 1% Ag
**argentite**\* *n* (Min) / Argentit *m* (kubischer Silberglanz)
**argentometer** *n* (Chem) / Argentometer *f* (Aräometer für Silbersalze - Silbernitrat)
**argentometric** *adj* (Chem) / argentometrisch *adj*
**argentometry** *n* (Chem) / Argentometrie *f* (Fällungsanalyse, bei der Halogenide und Pseudohalogene durch Titration mit Silbernitratlösung bestimmt werden)
**argentous oxide**\* (Chem) / Silber(I)-oxid *n* ($Ag_2O$)
**argil** *n* (Ceramics, Geol) / Ton *m* (feinkörniges Sedimentgestein, das durch mechanische und chemische Verwitterung feldspathaltiger Gesteine entstanden ist, meistens mit der Korngröße unter 0,002 mm)
**argillaceous** *adj* (containing or consisting of clay or clay minerals such as Albany slip) (Ceramics, Geol) / Ton-, tonig *adj*, tonhaltig *adj*, argillitisch *adj*, pellitisch *adj* || ~ **haematite** (Min) / Toneisenstein *m*, Sphärosiderit *m* || ~ **rock** (Geol) / Tongestein *n* || ~ **sandstone** (Geol) / Tonsandstein *m*
**argillite**\* *n* (Geol) / Argillit *m* (stark verfestigtes Tongestein, teilbar parallel zur Schichtung, aber ohne echte Schieferung)
**argillization** *n* (Geol) / Tonbildung *f*
**argilloarenaceous** *adj* (Geol) / tonig-sandig *adj*
**arginase** *n* (Biochem) / Arginase *f* (Hydrolase aus der Leber harnstoffbildender Tiere)
**arginine**\* *n* (Biochem, Nut) / Arginin *n* (eine essentielle Aminosäure, Arg (Arginin)) || ~ **pyroglutamate** (Chem) / Argininpyroglutamat *n* (ein Moisturizer)
**AR glass** (resistant to corrosion by alkali) (Glass) / alkalibeständiges Glas
**argol** *n* (Chem) / roher Weinstein, Rohweinstein *m*
**argon**\* *n* (Chem) / Argon *n*, Ar (Argon)
**argon-arc** (welding) **process** (Welding) / Argonarc-Verfahren *n* (ein zum WIG-Schweißen zählendes Schweißverfahren)
**argon/carbon dioxide gas** (Welding) / Mischgas *n* (für das Schutzgasschweißen)
**argon detector** (Chem) / Argondetektor *m* (für die gaschromatografische Spurenanalyse)
**argon-hydrogen plasma** / Argon-Wasserstoff-Plasma *n*
**argon laser**\* (Phys) / Argon-Ionen-Laser *m* (ein Gaslaser)
**argon-oxygen converter** (Met) / Argon-Sauerstoff-Konverter *m*, AOD-Konverter *m*
**argument**\* *n* (Comp) / Aktualparameter *m*, aktueller Parameter (der zur Übergabe von Werten aus dem aufzurufenden Programm an ein Programm verwendet wird) || ~\* (of a complex number) (Maths) / Argument *n* (Winkel zwischen x-Achse reeller Zahlen und Ortsvektor bei der Darstellung einer komplexen Zahl in Gauß'scher Zahlenebene) || ~ (Maths) / Argumentwert *m* (einer Funktion), Argument *n* (unabhängige Variable einer Funktion)
**argumentative copy** / argumentativer Werbetext || ~ **copy** s. also suggestive copy
**argyle** *n* (Textiles) / Argyle-Muster *n*, rhombisches Muster
**argyll** *n* (Textiles) / Argyle-Muster *n*, rhombisches Muster
**argyria** *n* (Med) / Argyrie *f* (Blaugrauverfärbung der Haut und der inneren Organe bei längerem Gebrauch von Silberpräparaten, Argyrose *f*
**argyrite** *n* (Min) / Argentit *m* (kubischer Silberglanz)
**argyrodite**\* *n* (Min) / Argyrodit *m* (ein Silbererz)
**arid climate** (Meteor) / arides Klima (wenn die Verdunstung stärker ist als der Niederschlag)
**aridisol** *n* (Agric) / Aridisol *m* (Trockenbodentyp)
**aridity** *n* (Meteor) / Aridität *f* (ein Klimatyp) || ~ (Meteor) s. also drought
**aridophilous** *adj* (Bot) / aridophil *adj*, trockenheitsliebend *adj*
**arise** *v* (dust) / entstehen *v*
**arisings** *pl* / Altmaterial *n*, Ausschussmaterial *n*
**aristolochic acid** (Chem) / Aristolochiasäure *f* (3,4-Methylendioxy-8-methoxy-10-nitro-1-phenanthrencarbonsäure)
**Aristotelian logic** / aristotelische Logik, klassische Logik (nach Aristoteles, 384-322 v.Chr.)
**arith.** (Maths) / arithmetisch *adj*
**arithmetic**\* *n* (Maths) / Arithmetik *f* || ~ *adj* (Maths) / arithmetisch *adj*

**arithmetical** *adj* (Maths) / arithmetisch *adj* || ~ **average height** (US) (Eng) / $R_a$, (arithmetischer) Mittenrauwert *m* || ~ **continuum**\* (Maths) / Zahlengerade *f*, arithmetisches Kontinuum, Zahlenkontinuum *n* || ~ **instruction** (Comp) / Rechenbefehl *m*, arithmetischer Befehl *m* || ~ **operation**\* (Comp, Maths) / arithmetische Operation || ~ **operation**\* (Maths) / Rechenart *f*, Grundrechenart *f* (Addition, Subtraktion, Division, Multiplikation) || ~ **shift** (Comp) / arithmetische Verschiebung, Stellenverschiebung *f*, Stellenwertverschiebung *f* (arithmetische)
**arithmetic average** (Maths, Stats) / arithmetisches Mittel || ~ **check(ing)** / mathematische Prüfung || ~ **coprocessor** (Comp) / arithmetischer Koprozessor || ~ **instruction** (Comp) / Rechenbefehl *m*, arithmetischer Befehl *m* || ~ **logic unit**\* (Comp) / arithmetisch-logische Einheit (ein Schaltnetz, das zweistellige arithmetische und logische Operationen ausführt), Arithmetik-Logik-Einheit *f*, ALU *f* || ~ **mean**\* (Maths, Stats) / arithmetisches Mittel || ~ **operator**\* (Comp, Maths) / arithmetischer Operator || ~ **processing unit** (Comp) / Arithmetikprozessor *m* (ein Mikroprozessor) || ~ **processor** (Comp) / Arithmetikprozessor *m* (ein Mikroprozessor) || ~ **progression**\* (a sequence in which the difference d of any two consecutive terms is a constant) (Maths) / arithmetische Folge, arithmetische Zahlenfolge || ~ **sequence** (Maths) / arithmetische Folge, arithmetische Zahlenfolge || ~ **series** (Maths) / arithmetische Reihe || ~ **shift**\* (Comp) / arithmetische Verschiebung, Stellenverschiebung *f*, Stellenwertverschiebung *f* (arithmetische) || ~ **unit**\* (Comp) / Rechenwerk *n* (Funktionseinheit innerhalb eines digitalen Rechensystems, die Rechenoperationen ausführt - DIN 44300), Verarbeitungswerk *n*
**arithmetization** *n* (Maths) / Gödelisierung *f*, Gödel-Kodierung *f*, Arithmetisierung *f* (Kodierung der Symbole und Ausdrücke einer formalen Sprache durch natürliche Zahlen)
**arity** *n* (AI) / Anzahl *f* der Argumente (eines Prädikats) || ~ (Maths) / Stellenanzahl *f*, Stelligkeit *f*, Stellenzahl *f*, Arität *f*, Argumentanzahl *f*
**ark** *n* (Ceramics) / Lagertank *m* (für Glasur- und Tonschlicker)
**Arkansas stone** / Arkansasstein *m* (ein Wetzstein)
**arkose**\* *n* (Geol) / Arkose *f* (über 25 % Feldspat enthaltender Sandstein)
**ARM** (asynchronous response mode) (Comp) / Spontanbetrieb *m* (bei bitorientierten Steuerungsverfahren - DIN 44 302) || ~\* (antiradiation missile) (Mil, Radar) / Radarbekämpfungsflugkörper *m*, Anti-Radar-Flugkörper *m*
**arm** *v* / betriebsbereit machen (eine Maschine) || ~ (Mil) / bewaffnen *v* || ~ *n* (Chem) / Ansatzrohr *n* || ~ (of a bridge) (Elec Eng) / Brückenzweig *m* || ~ (Elec Eng) / Arm *m*, Abgriffarm *m*, Schleifer *m*, Schleifkontakt *m* (des Potentiometers) || ~ (Eng) / Flügel *m* (des Rührwerks) || ~ (Eng) / Arm *m* (eines Hebels, einer Maschine, eines IR) || ~ (Eng) / Ausleger *m* || ~ (Eng) / Speiche *f* (des Schwungrads) || ~ (Eng, Instr) / Zeiger *m* (bewegliches Organ eines anzeigenden Messgeräts) || ~ (Hyd Eng) / Arm *m* (eines Flusses) || ~ (Mech) / Querträger *m* (am Gestänge) || ~ (Mil) / Waffe *f* || ~\* (Telecomm) / Abzweigung *f*, Zweig *m*, Abzweigleitung *f*
**armalcolite** *n* (Min) / Armalcolit *m* (ein Mineral der Pseudobrookit-Reihe - nach den amerikanischen Raumfahrer Arm/strong/, Al/drin/ und Col/lins/)
**armament** *n* (Mil) / Rüstung *f*, Aufrüstung *f*
**armaments factory** / Rüstungsbetrieb *m* (als organisatorische Einheit), Rüstungsfabrik *f* || ~ **industry** (Mil) / Rüstungsindustrie *f*
**armature** *n* (Autos) / Rotor *m* (beweglicher Teil eines Impulsgebers), Impulsgeberrad *n*, Induktionsgeberrad *n* (in der elektromagnetischen Zündung) || ~ (Elec Eng) / Magnetanker *m* (z.B.beim Fahraddynamo) || ~\* (Elec Eng) / Läufer *m* (der rotierende Teil eines Synchrongenerators), Rotor *m* (bei Außenpolmaschinen), Polrad *m* || ~\* (Elec Eng) / Stator *m* (bei Innenpolmaschinen) || ~\* (Elec Eng) / Anker *m* (eines elektromagnetischen Relais) || ~ (Mag) / Rückschlussstück *n*, Magnetschlussstück *n* || ~ **band** (Elec Eng) / Ankerbandage *f* || ~ **bandage** (Elec Eng) / Ankerbandage *f* || ~ **bars**\* (Elec Eng) / Ankerstäbe *m pl* || ~ **body** (Elec Eng) / Ankerkörper *m* || ~ **brake** (Autos) / Läuferbremse *f* (Starter) || ~ **chatter** (Elec Eng) / Ankerprellung *f* || ~ **circuit** (Elec Eng) / Ankerkreis *m* || ~ **coil**\* (Elec Eng) / Ankerspule *f* || ~ **conductor**\* (Elec Eng) / Ankerleiter *m* || ~ **core**\* (Elec Eng) / Ankereisen *n*, Ankerkern *m* || ~ **current** (Elec Eng) / Ankerstrom *m* || ~ **end connections**\* (Elec Eng) / Ankerfahnen *f pl* || ~ **end plate**\* (Elec Eng) / Ankerdruckplatte *f*, Ankerpressplatte *f* || ~ **leakage** (Elec Eng) / Ankerstreuung *f*
**armature-position range** (Elec Eng) / Ankerstellbereich *m* (bei Elektromotoren)
**armature quill** (Elec Eng) / Ankerstern *m*, Ankernabenstern *m* || ~ **ratio** (Elec Eng) / Ankerverhältnis *n* || ~ **reaction**\* (Elec Eng, Mag) / Ankerrückwirkung *f*, Ankergegenwirkung *f*
**armature-reaction-excited machine** (Elec Eng) / Querfeldmaschine *f* (eine Kommutatormaschine)

**armature relay**\* (Elec Eng) / Ankerrelais *n* (bei dem eine stromdurchflossene Spule einen Anker betätigen kann) ‖ ~ **relay**\* (Elec Eng) s. also electromagnetic relay ‖ ~ **shaft** (Elec Eng) / Ankerwelle *f* ‖ ~ **sleeve** (Elec Eng) / Ankerstern *m*, Ankernabenstern *m* ‖ ~ **slot** (Elec Eng) / Ankernut *f* ‖ ~ **spider** (Elec Eng) / Ankerstern *m*, Ankernabenstern *m* ‖ ~ **winding**\* (Elec Eng) / Ankerwicklung *f*
**arm balance** / Balkenwaage *f*, Hebelwaage *f*
**Armco iron**\* (Met) / Armco-Eisen *n* (technisch reines Eisen)
**arm coordinates** (Eng) / Armkoordinaten *f pl* (die die Stellungen der Bewegungsachsen bei den IR beschreiben)
**Armenian bole** / Poliment *n*, armenischer Bolus (zum Vergolden), Bolus rubra
**armhole** *n* (Textiles) / Ärmelloch *n*, Ärmelausschnitt *m*
**armoise oil** (per) / Beifußöl *n* (für Parfümeriezwecke - "frisch-herbe Noten mit maskulinem Akzent")
**armor** *v* (US) / panzern *v*, aufpanzern *v* ‖ ~ *n* (US) / Schutz *m* (Bewehrung), Panzer *m* ‖ ~ (US) (Build, Civ Eng) / Bewehrung *f*, Armierung *f* (als Einrichtung) ‖ ~ (US) (Civ Eng) / Schutzwerk *n* (für Küstenschutz) ‖ ~ (US)**,n.** (Cables) / Bewehrung *f*
**armory** *n* (US) / Rüstungsbetrieb *m* (als organisatorische Einheit), Rüstungsfabrik *f*
**armour** *v* / panzern *v*, aufpanzern *v* ‖ ~ (Civ Eng) / bewehren *v*, armieren *v* ‖ ~ *n* / Schutz *m* (Bewehrung), Panzer *m* ‖ ~ (Build, Civ Eng) / Bewehrung *f*, Armierung *f* (als Einrichtung) ‖ ~ (Cables) / Bewehrung *f* ‖ ~ (Civ Eng) / Schutzwerk *n* (für Küstenschutz) ‖ ~ **clamp**\* (Cables) / Bewehrungsschelle *f*
**armoured cable** (Cables) / Panzerkabel *n* ‖ ~ **cable** (Cables) / Kabel *n* mit Bandage ‖ ~ **hose** / Panzerschlauch *m* ‖ ~ **personnel transporter** (Autos, Mil) / Mannschaftstransportwagen *m*, gepanzerter Truppentransporter ‖ ~ **plywood** (For, Join) / Panzerholz *n* (ein Markenzeichen), Verbundplatte *f* (Füllplatte Holz, Außenplatten Metall), Metallholz *n* (mit Blechen bewehrtes Lagenholz) ‖ ~ **troop carrier** (Autos, Mil) / Mannschaftstransportwagen *m*, gepanzerter Truppentransporter
**armour gland**\* (Cables) / Bewehrungsschelle *f* ‖ ~ **grip**\* (Cables) / Bewehrungsschelle *f*
**armouring**\* *n* (Build, Civ Eng) / Bewehrung *f*, Armierung *f* (als Tätigkeit)
**armour•-piercing** *adj* (Mil) / panzerbrechend *adj* (Waffe) ‖ ~ **plate**\* (Met) / Panzerplatte *f* (DIN 40729)
**armour-plate** *v* (Autos) / panzern *v* (z.B. Fahrzeug)
**armour-ply** *n* (For, Join) / Panzerholz *n* (ein Markenzeichen), Verbundplatte *f* (Füllplatte Holz, Außenplatten Metall), Metallholz *n* (mit Blechen bewehrtes Lagenholz)
**arm population** (Astron) / Population *f* I (die aus relativ jungen Objekten besteht, die in der Ebene des Milchstraßensystems in den Spiralarmen liegen) ‖ ~ **ratio** (Eng) / Lastarmverhältnis *n* (der Waage)
**armrest** *n* / Armlehne *f*, Armstütze *f*
**arms embargo** (Mil) / Waffenembargo *n* ‖ ~ **production** (Eng, Mil) / Rüstungsproduktion *f*
**Armstrong circuit** (Electronics) / Armstrong-Schaltung *f* ‖ ≃ **discriminator** (Elec Eng) / Riegger-Schaltung *f*, Riegger-Kreis *m* (ein Phasendiskriminator mit zwei induktiv miteinander gekoppelten Schwingkreisen - nach H. Riegger, 1883-1926)
**arm-type brush-holder** (Elec Eng) / Hebelbürstenhalter *m*, Schenkelbürstenhalter *m*
**armure** *n* (Weaving) / Armüre *f*, Armure *f* (klein gemustertes Schaftgewebe)
**army-green** *adj* (Textiles) / grün *adj* (wie Uniformen)
**Arndt-Eistert reaction**\* (Chem) / Arndt-Eistert-Reaktion *f* (zur Synthese homologer Säuren - nach F. Arndt, 1885-1969, und B. Eistert, 1902-1978), Arndt-Eistert-Synthese *f* ‖ ≃ **synthesis** (Chem) / Arndt-Eistert-Reaktion *f* (zur Synthese homologer Säuren - nach F. Arndt, 1885-1969, und B. Eistert, 1902-1978), Arndt-Eistert-Synthese *f*
**arnica** *n* (Pharm) / Arnikatinktur *f* ‖ ~ **tincture** (Pharm) / Arnikatinktur *f*
**arolla** *n* (For) / Zirbelkiefer *f*, Arve *f* (Pinus cembra L.) ‖ ~ **pine** (For) / Zirbelkiefer *f*, Arve *f* (Pinus cembra L.)
**AROM** (alterable read-only memory) (Comp) / änderbarer Festwertspeicher
**aroma constituent of mushrooms** (Bot, Nut) / Pilzgeruchsstoff *m* ‖ ~ **loss** (Nut) / Aromaverlust *m*
**aroma-sealed** *adj* (Nut) / aromaversiegelt *adj*
**aromatic** *n* (Chem) / aromatischer Kohlenwasserstoff, Aromat *m* ‖ ~ (Nut) / aromatisch *adj* ‖ ~ *adj* / duftend *adj*, wohlriechend *adj*, aromatisch *adj* (wohlriechend) ‖ ~ (Chem) / aromatisch *adj* (mit dem Benzolring) ‖ ~ **acid**\* (Chem) / aromatische Säure (z.B. Karbonsäure) ‖ ~ **alcohols**\* (Chem) / aromatische Alkohole ‖ ~ **amine** (Chem) / aromatisches Amin
**aromatic-base crude** (Oils) / aromatenbasisches Rohöl

**aromatic carbohydrate** (Chem) / aromatischer Kohlenwasserstoff, Aromat *m* ‖ ~ **chemistry** (Chem) / Chemie *f* der Aromaten, aromatische Chemie ‖ ~ **compounds**\* (Chem) / Aromaten *pl*, aromatische Verbindungen ‖ ~ **hydrocarbon** (Chem) / aromatischer Kohlenwasserstoff, Aromat *m*
**aromaticity** *n* (Chem) / Aromatizität *f*
**aromatic principle** (perfume technology) / Duftstoff *m* (als Substanz = Riechstoff + Duftkomplex) ‖ ~ **proton** (Chem) / aromatisches Proton (bei einer H/D-Austauschreaktion) ‖ ~ **ring** (Chem) / Benzolkern *m*, aromatischer Kern
**aromatics** *pl* (Chem) / Aromaten *pl*, aromatische Verbindungen
**aromatic•-solvent induced shift** (Chem) / ASIS-Effekt *m* (Verschiebung von NMR-Signalen bei Wechsel von einem unpolaren zu einem aromatischen Lösungsmittel) ‖ ~ **wine** (Nut) / Bukettwein *m*
**aromatization** *n* / Anreicherung *f* mit Duftstoffen ‖ ~ (Chem) / Aromatisierung *f* (Überführung in eine aromatische Verbindung) ‖ ~ (Nut) / Aromatisierung *f* (Anreicherung mit Aromastoffen)
**aromatize** *v* (Nut) / aromatisieren *v*
**Aron measuring circuit** (Elec Eng) / Aron-Schaltung *f* (Messschaltung mit zwei Wattmetern - nach H.Aron, 1845-1913) ‖ ≃ **meter** (Elec Eng) / Leistungsmesser *m* in Aron-Schaltung, Aron-Zähler *m*
**ARPA** (automated radar plotting aid) (Radar) / automatisches Radarbild-Auswertegerät
**ARPES** (angle-resolved photoelectron spectroscopy) (Spectr) / winkelaufgelöste Fotoelektronenspektroskopie
**ARQ** (automatic request for repeat) (Comp) / automatische Wiederholungsanforderung (tritt bei der Datenübertragung ein Fehler auf, wird die Übertragung automatisch wiederholt), ARQ *n* (automatische Wiederholungsanforderung), automatische Wiederholung bei Aufforderung
**arquerite**\* *n* (Min) / Arquerit *m* (bis 13% Hg)
**arrangement** *n* / Anordnung *f* (Disposition), Disposition *f* ‖ ~ **of lines** (Rail) / Gleisanordnung *f*
**arranger** *n* (music keyboard function) (Acous) / Arranger *m* (Akkordautomatik), Autochord-Funktion *f*
**array** *n* / regelmäßige Gruppierung, Gruppe *f*, Anordnung *f* (regelmäßige Gruppierung) ‖ ~ (Astron, Optics) / Array *m n* (mehrere unabhängige Teleskope in räumlicher Nachbarschaft, die zu einem Syntheseteleskop zusammengeschaltet sind) ‖ ~ (Comp) / Array *n m* (Datenfeld, das eine Zusammenfassung von untereinander gleichartigen Einzelkomponenten darstellt) ‖ ~\* (an arrangement of items of data each identified by a key or subscript) (Comp) / Matrix *f* (z.B. in Fortran oder Algol), Feldvariable *f*, Array *m n* ‖ ~\* (Comp) / Feld *n* (tabellen- oder matrixartig aufgebautes, meist zweidimensionales) ‖ ~ (Electronics) / Array *m n* (matrixförmige Anordnung gleichartiger elektronischer Bauelemente und logischer Schaltungen) ‖ ~ (Geol) / Netz *n* von Seismografen, Array *m n* ‖ ~ (Nuc Eng) / Anordnung *f* (von Brennstäben) ‖ ~ (Astron, Optics) s. also multimirror telescope ‖ ~ **antenna** (Radio) / Richtantennenkombination *f*, Richtantennensystem *n*, Richtstrahlfeld *n* ‖ ~ **antenna** (Radio) / Antennenanordnung *f*, Antennenkombination *f*, Antennengruppe *f*, Antennensystem *n*, Antennenarray *n*, Array *n* (eine Antennenanordnung) ‖ ~ **bounds** (Comp) / Indexgrenzen *f pl* (der minimale und der maximale Wert, den ein Index annehmen kann) ‖ ~ **of fuel rods** (Nuc Eng) / Brennstabanordnung *f*, Anordnung *f* von Brennstäben (als konkrete Anlage) ‖ ~ **of parallel dipoles** (Radar, Radio, Telecomm) / Dipolzeile *f* (lineare Gruppe von Dipolantennen, deren Achsen senkrecht zu einer geraden Linie gerichtet sind) ‖ ~ **of PV modules** / Solarfeld *n* (Zusammenschaltung von PV-Modulen), Solarzellenanordnung *f* (z.B. als Solargenerator) ‖ ~ **processor** (Comp) / Feldrechner *m* (eine Variante des Vektorrechners), Array-Prozessor *m*
**arrest** *v* (Eng) / arretieren *v*, verrasten *v*, einrasten *v*, verriegeln *v*, sperren *v* (arretieren) ‖ ~ *n* (Eng) / Verrastung *f*, Arretierung *f*, Verriegelung *f*, Sperrung *f* ‖ ~ (Eng) / Feststellvorrichtung *f*, Sperreinrichtung *f*, Sperre *f*, Sperrvorrichtung *f*, Feststelleinrichtung *f*, Arretiereinrichtung *f*, Festhalteeinrichtung *f* ‖ ~ (Met) / Haltezeit *f* (im Temperatur-Zeit-Diagramm), Haltedauer *f* ‖ ~ **device** (Eng) / Feststellvorrichtung *f*, Sperreinrichtung *f*, Sperre *f*, Sperrvorrichtung *f*, Feststelleinrichtung *f*, Arretiereinrichtung *f*, Festhalteeinrichtung *f*
**arrested crushing**\* (Min Proc) / Zerkleinerung *f* mit Korngrößenbegrenzung
**arrester**\* *n* (Elec Eng) / Blitzschutzanlage *f*, Blitzschutz *m* (innerer, äußerer) ‖ ~ (Eng) / Feststellvorrichtung *f*, Sperreinrichtung *f*, Sperre *f*, Sperrvorrichtung *f*, Feststelleinrichtung *f*, Arretiereinrichtung *f*, Festhalteeinrichtung *f* ‖ ~ **cable** (Aero, Mil) / Fangseil *n* (der Fanganlage) ‖ ~ **gear**\* (Aero) / Fanganlage *f*, Fangvorrichtung *f* (mit Fangseilen), Fangnetz *n*, Auffanganlage *f* (des Flugzeugträgers) ‖ ~ **hook**\* (Aero) / Fanghaken *m* (Teil von Flugzeugen, die zur Landung mit einer entsprechenden Fanganlage vorbereitet sind)

**arresting**

**arresting gear** (Aero) / Fanganlage f, Fangvorrichtung f (mit Fangseilen), Fangnetz n, Auffanganlage f (des Flugzeugträgers) || ~ **hook** (Aero) / Verriegelungshaken m (zur Verriegelung des eingefahrenen Fahrwerks) || ~ **hook** (Aero) / Fanghaken m (Teil von Flugzeugen, die zur Landung mit einer entsprechenden Fanganlage vorbereitet sind) || ~ **wire** (Acro, Mil) / Fangseil n (der Fanganlage)
**arrestment** n (Eng) / Verrastung f, Arretierung f, Verriegelung f, Sperrung f
**arrestor** n (Aero) / Fanganlage f, Fangvorrichtung f (mit Fangseilen), Fangnetz n, Auffanganlage f (des Flugzeugträgers)
**arrest point**\* (Met) / Umwandlungspunkt m, Haltepunkt m (Unstetigkeit auf der Erhitzungs- oder Abkühlungskurve bei reinen Metallen und eutektischen Legierungen)
**Arrhenius equation** (for reaction velocity) (Chem) / Arrhenius-Gleichung f (in der Reaktionskinetik - nach S. Arrhenius, 1859 - 1927) || ~ **parameter** (activation energy and pre-exponential factor) (Chem) / Arrhenius-Parameter m || ~ **plot** (Chem) / Arrhenius-Diagramm n (grafische Darstellung der Arrhenius-Gleichung)
**arris** n (Arch) / ausspringende Gebäudeecke, Gratanfall m || ~ n (Arch) / Steg m (zwischen zwei Einkehlungen einer kannelierten Säule) || ~\* (Arch, Build) / ausspringende Ecke, Grat m (Schnittkante) || ~\* (Build) / [scharfe] Kante f (des Quaders) || ~ **edge**\* (Glass) / flachgesäumte Kante, gebrochene Kante
**arrival** n (Aero) / ankommendes Flugzeug || ~ (Aero) / Arrival n || ~ (Aero, Autos, Rail) / Ankunft f || ~ (Geol, Geophys) / Einsatz m (der Erdbebenwelle bei den Seismografen), Ankunftszeit f (der Erdbebenwelle) || ~ (of diffusing ions or molecules) (Surf) / Herandiffusion f || ~ **curve**\* (Teleg) / Kurvenform f des Empfangszeichens || ~ **siding** (Rail) / Einfahrgleis n || ~ **time** (Geophys) / Laufzeit f (einer Reflexion) || ~ **time** (Geophys) / Einsatzzeit f, Zeitdauer f bis zum Anfangseinsatz (in der Seismik)
**arrive in** v (Ships) / anlaufen v (einen Hafen)
**arrogation of a patent** (or patent application) / Patentberühmung f
**arrow** n / Pfeil m || ~\* (Surv) / Markierstab m || ~ **diagram** (Maths) / Pfeildiagramm n
**arrowed broken line** / gestrichelte Linie mit Richtungspfeil(en) || ~ **line** / gepfeilte Linie (im Signalflussbild)
**arrow head** / Maßpfeil m (DIN 406, T 2)
**arrow-head direction** / Pfeilrichtung f
**arrow icon** (Comp) / Pfeilsymbol n || ~ **key** (Comp) / Pfeiltaste f (zur Bewegung des Cursors auf dem Bildschirm) || ~ **leader** (Eng) / Maßlinie f mit Maßpfeil || ~ **poison** (Chem) / Pfeilgift n (Pflanzen- und tierisches Gift)
**arrowroot**\* n / Marantastärke f, Westindisches Arrowroot, Westindisches Pfeilwurzmehl (die Stärke der Knolle der Maranta arundinacea L.) || ~\* (Chem, Nut) / Arrowroot n (Sammelbegriff für die aus tropischen und subtropischen Gewächsen, vorwiegend aus Knollen, gewonnene Stärke)
**arsanilic acid** (Chem) / Arsanilsäure f, 4-Aminophenylarsonsäure f
**arse leather** (Mining) / Arschleder n (halbrund geschnittenes, über dem Gesäß hängendes, als Schutz bei der Arbeit dienendes Leder), Bergleder n
**arsenate(III)**\* n (Chem) / Arsenat(III) n (Salz der arsenigen Säure)
**arsenic**\* n (Chem) / Arsen n, As (Arsen) || ~\* (Chem) s. also arsenic trioxide || ~ **acid**\* (Chem) / Arsen(V)-säure f ($H_3AsO_4$)
**arsenical copper**\* (Met) / Arsenkupfer n, arsenhaltiges Kupfer || ~ **nickel**\* (Min) / Kupfernickel n (Nickelarsenid), Rotnickelkies m, Arsennickel n, Nickelin m, Niccolit m || ~ **pyrites**\* (Min) / Arsenkies m, Arsenopyrit m, Misspickel m, Giftkies m (Eisenarsensulfid)
**arsenicate** v (Chem) / mit Arsen behandeln oder verbinden
**arsenic bloom** (Min) / Arsenblüte f (auf verwitternden As-Erzen), Arsenolith m || ~ **(III) chloride** (Chem) / Arsentrichlorid n ($AsCl_3$), Arsen(III)-chlorid n || ~ **(III) hydride**\* (Chem, Electronics) / Arsen(III)-Wasserstoff m ($AsH_3$), Arsin n, Arsan n || ~ **lime liquor** (Leather) / Arsenäscher m (mit Arsensulfid angeschärfte Ascherbrühe) || ~ **(III) oxide** (Chem) / Arsentrioxid n, Arsen(III)-oxid n, Arsenik n || ~ **pentasulphide** / Arsen(V)-sulfid n, Arsenpentasulfid n || ~ **poisoning** (Med) / Arsenvergiftung f, Arsenintoxikation f
**arsenic(V) sulphide** / Arsen(V)-sulfid n, Arsenpentasulfid n
**arsenic(II) sulphide** (Chem) / Arsensulfid n ($As_4S_4$)
**arsenic trichloride** (Chem) / Arsentrichlorid n ($AsCl_3$), Arsen(III)-chlorid n || ~ **trihydride** (Chem, Electronics) / Arsen(III)-Wasserstoff m ($AsH_3$), Arsin n, Arsan n || ~ **trioxide** (Chem) / Arsentrioxid n, Arsen(III)-oxid n, Arsenik n || ~ **trisulphide** (Chem) / Diarsentrisulfid n, Arsentrisulfid n, Arsen(III)-sulfid n
**arsenide** n (Chem) / Arsenid n (Verbindung des Arsens mit Metallen)
**arsenious acid**\* (Chem) / arsenige Säure (ortho-Form = $H_3AsO_3$)
**arsenite**\* n (Chem) / Arsenat(III) n (Salz der arsenigen Säure)
**arseniuretted hydrogen**\* (Chem, Electronics) / Arsen(III)-Wasserstoff m ($AsH_3$), Arsin n, Arsan n

**arsenobenzene** n (Chem) / Arsenobenzol n (Diphenyldiarsen)
**arsenolite**\* n (Min) / Arsenblüte f (auf verwitternden As-Erzen), Arsenolith m
**arsenopyrite**\* n (Min) / Arsenkies m, Arsenopyrit m, Misspickel m, Giftkies m (Eisenarsensulfid)
**arsine**\* n (Chem, Electronics) / Arsen(III)-Wasserstoff m ($AsH_3$), Arsin n, Arsan n
**arsines** pl (Chem) / Arsine n pl (Gruppenbezeichnung für die organischen Substitutionsprodukte des Arsenwasserstoffs mit den allgemeinen Formeln $RAsH_2$)
**arsonium salt** (Chem) / Arsoniumsalz n (z.B. Tetramethylarsoniumiodid)
**Arsonvalism, d'**~ (Med) / Arsonvalisation f (nach J.A. d'Arsonval, 1851-1940)
**arsphenamine** n (Pharm) / Arsphenamin n, Salvarsan n (heute nicht mehr angewandt - 1909 von Ehrlich und Hata synthetisiert und in die Therapie eingeführt)
**ARSR** (air-route surveillance radar) (Aero, Radar) / Flugstreckenüberwachungsradar m, Flugroutenüberwachungsradar m
**art** n (Comp, Print) / Grafikvorlage f || ~ **board** (Paper) / Kunstdruckkarton m || ~ **bronze** (Met) / Kunstbronze f || ~ **casting** (Foundry) / Kunstguss m || ~ **ceramics** (Ceramics) / keramische Kunstgegenstände || ~ **Deco**\* (Art) / Art déco\* f (dekorative künstlerische Tendenzen zwischen 1920 und 1930)
**artefact**\* n / Artefakt n (etwas von Menschenhand Geschaffenes) || ~ (Micros) / Artefakt n (durch den Untersuchungsmechanismus künstlich hervorgerufene Veränderung der wahren untersuchten Struktur) || ~ (Radar) / Geisterecho n (Zeichen an einer Stelle des Radarschirms, das von keinem Ziel an dem ihm entsprechendem Ort des Raumes stammt), Artefakt n (Echo, das keinem Echtziel zugeordnet werden kann), Geist m
**artemisia oil** / Beifußöl n (für Parfümeriezwecke - "frisch-herbe Noten mit maskulinem Akzent")
**arterial drainage** (Agric) / Hauptentwässerung f || ~ **drainage**\* (San Eng) / Sammelkanalisation f || ~ **road** (Autos, Civ Eng) / Bundesstraße f (Fernstraße, die in der BRD zusammen mit den Bundesautobahnen zum Netz der Bundesfernstraßen gehört) || ~ **road** (Autos, Civ Eng) / Verkehrsader f, Hauptverkehrsstraße f
**artery** n (Autos, Civ Eng) / Verkehrsader f, Hauptverkehrsstraße f || ~ **cure** (Nut) / Aderspritzpökelung f, Aderspritzung f || ~ **pumping** (Nut) / Aderspritzpökelung f, Aderspritzung f
**artesian head** (Geol, Hyd Eng) / artesische Druckhöhe || ~ **spring** (Geol, Hyd Eng) / artesische Quelle, Steigquelle f || ~ **water** (Geol) / artesisches Wasser, artesisches Grundwasser, Druckwasser n, gespanntes Grundwasser || ~ **well**\* (Geol, Hyd Eng) / artesischer Brunnen (bei dem das Wasser infolge eigenen Überdrucks aus einem gespannten Grundwasserhorizont zutage tritt)
**artic** n (GB) (Autos) / Lastzug m (LKW mit Anhänger)
**artichoke green** / Artischockengrün n
**article of clothing** (Textiles) / Kleidungsstück n
**articulate** vt (Eng) / durch Gelenke verbinden
**articulated (yielding) arch** (Mining) / Gelenkbogen m || ~ **assembly and rods** (Aero) / Pleuelanordnung f mit Nebenpleueln || ~ **blade**\* (Aero) / Rotorblatt m mit Schlag- und/oder Schwenkgelenk || ~ **bus** (Autos) / Gelenkomnibus m (DIN 70010), Gelenkbus m, Gelenk-Reisebus m || ~ **coach** (Autos) / Gelenkomnibus m (DIN 70010), Gelenkbus m, Gelenk-Reisebus m || ~ **connecting rods** (Aero) / Nebenpleuelstangen f pl, Anlenkpleuelstangen f pl (bei Sternmotoren) || ~ **cylinder** (Eng) / Nackenzylinder m (zum Auslegerobertei) || ~ **drive** (Eng) / Gelenkantrieb m || ~ **drop chute** (Build, Civ Eng) / Betonfallrohr n, Gießrohr n || ~ **joint spindle** (Met) / Gelenkspindel f (Kupplungselement zum Übertragen des Drehmoments auf die Walze) || ~ **locomotive** (Rail) / Garratlokomotive f, Gelenklokomotive f || ~ **lorry** (Autos) / Lastzug m (LKW mit Anhänger) || ~ **pipe** / Gelenkrohr n || ~ **platform** (Oils) / Gelenkplattform f || ~ **robot** (Eng) / Gelenkroboter m || ~ **rotor** (Aero) / Gelenkrotor m (mit Schlag- und/oder Schwenkgelenken) || ~ **sliding door** (Build) / Faltschiebetür f || ~ **spindle** (Eng) / Gelenkspindel f
**articulated-spindle drilling machine** (Eng) / Gelenkspindelbohrmaschine f (eine Mehrspindelbohrmaschine mit umstellbaren Gelenkspindeln)
**articulated tower** (Oils) / Gelenkturm m (für Offshore-Bohrungen) || ~ **train** (Rail) / Gelenkzug m, Gliederzug m (z.B. der spanische Tren Articulado Ligero Goicoechea Oriol) || ~ **unit train set** (Rail) / Gliedertriebzug m || ~ **vehicle** / Gelenkfahrzeug n (Schienen- oder Straßenfahrzeug) || ~ (road) **vehicle** (Autos, Civ Eng) / Sattelkraftfahrzeug n (Sattelzugmaschine + Sattelanhänger), Sattelzug m
**articulation** n (Acous, Physiol) / Phonation f, Artikulation f, Lautbildung f || ~\* (Eng) / Gelenkverbindung f || ~\* (Teleph) / Verständlichkeit f,

Sprachverständlichkeit f ‖ ~ **angle** (Autos, Eng) / Beugewinkel m (zwischen den sich kreuzenden Wellenachsen)
**articulatory compensator** / Gelenkkompensator m (zum Dehnungsausgleich bei Rohrleitungen)
**artifact**\* n / Artefakt n (etwas von Menschenhand Geschaffenes) ‖ ~\* (Micros) / Artefakt n (durch den Untersuchungsmechanismus künstlich hervorgerufene Veränderung der wahren untersuchten Struktur)
**artificial** adj / künstlich adj ‖ ~ **abrasive** (Eng) / künstliches Schleifmittel, synthetisches Schleifmittel (z.B. Bornitrid, Siliziumkarbid) ‖ ~ **ageing** / künstliches Altern (im Allgemeinen) ‖ ~ **ageing**\* (Met) / künstliches Altern (von Aluminiumlegierungen und niedriglegierten Öl- und Wasserhärtern), Warmauslagerung f ‖ ~ **ageing**\* (Met) s. also precipitation hardening ‖ ~ **antenna**\* (Radio) / künstliche Antenne (die strahlungsfreie elektrische Nachbildung einer Antenne durch einen Ersatzwiderstand, dessen Wert dem Wellenwiderstand der Antenne an ihrem Eingang entspricht) ‖ ~ **asphalt** (Civ Eng) / künstlicher Asphalt ‖ ~ **bitter-almond oil** s. also benzaldehyde ‖ ~ **bitter-almond oil** (Chem) / künstliches Bittermandelöl ‖ ~ **camphor** (Pharm) / Camphora f artificialis, Camphoricin n, künstlicher Kampfer ‖ ~ **camphor** (Pharm) s. also pinene hydrochloride ‖ ~ **casing** (Nut) / Kunstdarm m ‖ ~ **cementing** (Build, Civ Eng) / Verpressung f (von Zementsuspension), Zementeinspritzung f, Zementierung f, Versteinung f (des Bodens), Einspritzung f der Zementpaste ‖ ~ **coal** / Kunstkohle f (grüne Masse aus Petrolkoksen) ‖ ~ **daylight** (Light) / künstliches Tageslicht ‖ ~ **daylight lamp** / Tageslichtlampe f ‖ ~ **earth**\* (Radio) / künstliche Erde, Gegengewicht n (z.B. das Chassis bei Kraftwagen) ‖ ~ **echo** (Acous) / künstlicher Nachhall, künstlicher Hall ‖ ~ **feel**\* (Aero) / künstliches Gefühl, Flugbelaster m, Gefühlssimulationseinrichtung f, Gefühlssimulation f (Einrichtung, die dem Piloten das Gefühl des direkten Eingriffs in die Kraftsteuerung vermittelt) ‖ ~ **fibres** (Textiles) / Chemiefasern f pl (DIN 60001) ‖ ~ **flavour** (Nut) / künstlicher Aromastoff ‖ ~ **flavouring agent** (Nut) / künstlicher Aromastoff ‖ ~ **flavouring substance** (Nut) / künstlicher Aromastoff ‖ ~ **gravity** (Space) / simulierte Schwerkraft, künstliche Schwerkraft ‖ ~ **harbour** (Civ Eng, Ships) / künstlicher Hafen (Kunstbauten) ‖ ~ **head** (Acous) / Kopf- und Rumpfsimulator m (DIN 1320), Kunstkopf m (zur stereophonen Aufnahme von Klangereignissen) ‖ ~ **honey** (Chem, Nut) / Kunsthonig m, Invertzuckercreme f ‖ ~ **horizon**\* (Aero) / künstlicher Horizont, Kreiselhorizont m ‖ ~ **intelligence**\* (AI) / künstliche Intelligenz, maschinelle Intelligenz, KI (künstliche Intelligenz), MI (kognitive Informatik) ‖ ~ **island** / künstliche Insel ‖ ~ **language** / Welthilfssprache f (z.B. Esperanto), Plansprache f ‖ ~ **language** (Comp) s. also formal language ‖ ~ **leather** (Leather) / Kunstleder n (lederartiges Erzeugnis, bestehend aus Trägerbahn und Aufstrich - DIN 16922) ‖ ~ **leathercloth** (Textiles) / Gewebekunstleder n ‖ ~ **light** (Light) / Kunstlicht n (das Licht künstlicher Lichtquellen), künstliches Licht ‖ ~ **lighting** (Light) / künstliche Beleuchtung ‖ ~ **line**\* (Telecomm) / künstliche Leitung, Kunstleitung f, Leitungsnachbildung f ‖ ~ **mains network** (Elec Eng) / Netzwerknachbildung f ‖ ~ **network** (Elec Eng) / Netznachbildung f ‖ ~ **neural net(work)** (AI) / künstliches neuronales Netz, KNN (künstliches neuronales Netz) ‖ ~ **oxidation** (Chem) / künstliche Oxidation ‖ ~ **oxide** (Chem Eng) / künstliche Reinigungsmasse (zur chemischen Reinigung der Gase) ‖ ~ **polymer** (Chem) / synthetisches Polymer ‖ ~ **pozzolana** / künstliches Puzzolan ‖ ~ **radioactivity**\* (Nuc) / induzierte Radioaktivität, künstliche Radioaktivität ‖ ~ **rain** (Meteor) / künstlicher Regen ‖ ~ **retting** (Textiles) / chemische Röste, künstliche Röste (Oberbegriff für Röstverfahren mittels Heißwasser, Dampf und Zusatz von Chemikalien) ‖ ~ **rubber**\* (Chem Eng, Plastics) / Synthesekautschuk m, SK (Synthesekautschuk), synthetischer Kautschuk, Kunstkautschuk m ‖ ~ **sand** (Met) / künstlicher Sand (z.B. Hüttensand) ‖ ~ **satellite**\* (Astron) / künstlicher Satellit ‖ ~ **silk** (Spinning) / zellulosisches Endlosgarn, synthetisches Filamentgarn, Chemieseide f ‖ ~ **stability** (Aero) / künstliche Stabilität ‖ ~ **stone** (Build) / Kunststein m (Betonwerkstein, Gipsbetonstein, Schlackenstein, usw.) ‖ ~ **subgrade** (Civ Eng) / aufgeschüttetes Planum ‖ ~ **sun** (Astron) / Sonnensimulator m ‖ ~ **ventilation** (Mining) / künstliche Bewetterung ‖ ~ **voice**\* (Acous, Comp) / künstliche Stimme, synthetische Stimme ‖ ~ **waterway** (Hyd Eng, Ships) / künstliche Wasserstraße f ‖ ~ **weathering** / Kurzbewitterung f (in Geräten, nach DIN 53384 und DIN 53387), KB (Kurzbewitterung) ‖ ~ **wood** (For) / Kunstholz n (z.B. Werkstoffe aus Holzmehl als Füllstoff und Portlandzement als Bindemittel)
**artillery-location radar** (Mil, Radar) / Artillerieortungsradar m n
**Artinian module** (Maths) / Artin'scher Modul (nach E. Artin, 1898-1962)
**artinite** n (Min) / Artinit m (ein wasserhaltiges Magnesiumkarbonat
**artisan** n / Handwerker m

**artistic joinery** (Join) / Kunsttischlerei f, Ausstattungstischlerei f
**artist's canvas** (Textiles) / Malleinen n (zum Bespannen von Dekorationsteilen), Malerleinwand f (für Ölgemälde), Klötzelleinen n ‖ ~ **colour** / Künstlerfarbe f (Malfarbe für die Kunstmalerei)
**artists' material** / Künstlerbedarfsartikel m pl
**art nouveau** (Arch) / Jugendstil m, Art nouveau m, Sezession f (Jugendstil in Österreich) ‖ ~ **paper**\* (Paper) / Kunstdruckpapier n (DIN 6730) ‖ ~ **pottery** (Ceramics) / Kunsttöpferei f, Kunstkeramik f ‖ ~ **pull** (Print) / Abzug m auf Kunstdruckpapier, Kunstdruckabzug m
**artware** n (Ceramics) / keramische Kunstgegenstände ‖ ~ (Comp) / Artware f (Software für grafische Datenverarbeitung, Raum- und Klanginstallationen, elektronische Skulpturen usw.)
**artwork** n (Comp, Print) / Grafikvorlage f ‖ ~ (Electronics) / Vorlage f für gedruckte Schaltungen ‖ ~ **drawing** (Electronics) / Vorlage f für gedruckte Schaltungen ‖ ~ **master** (Electronics) / Druckvorlage f für gedruckte Schaltungen
**ARU** (audio-response unit) (Comp) / Sprachausgabeeinheit f
**arugula** n (Agric, Bot) / Saatölrauke f, Ölrauke f, Rauke f (Eruca sativa Mill.)
**arum** n (Nut) / Arumstärke f, Tarostärke f, Portland-Arrowroot n, Aronwurzelstärke f (aus Arum maculatum L.)
**aryl**\* n (Chem) / Aryl n
**arylate** v (Chem) / arylieren v
**arylation** n (Chem) / Arylierung f (Einführung eines Arylrestes in eine andere Verbindung)
**aryl halide** (Chem) / Arylhalogenid n, Halogenaren n ‖ ~ **hydrazone** (Chem) / Arylhydrazon n
**aryne** n (Chem) / Arin n (eine kurzlebige, nicht isolierbare aromatische Verbindung, deren aromatischer Ring eine Dreifachbindung enthält)
**Arzelà's-Ascoli theorem** (Maths) / Satz von Arzelà-Ascoli (nach G. Ascoli, 1843 - 1896), Auswahltheorem n für Funktionenfolgen
**As** (arsenic) (Chem) / Arsen n, As (Arsen)
**AS** (alteration searcher) (Comp) / Änderungssuchprogramm n ‖ ~ (arithmetic series) (Maths) / arithmetische Reihe
**As**\* (Meteor) / Altostratus m (pl. -strati), As (Altostratus)
**as-rolled** adj (Met) / walzhart adj
**A.S.A.** (Photog) / ASA f (alte Einheit für Lichtempfindlichkeit fotografischer Materialien nach American Standards Association; ASA 64 = 19 DIN)
**ASA** n (film-speed specification) (Photog) / ASA f (alte Einheit für Lichtempfindlichkeit fotografischer Materialien nach American Standards Association; ASA 64 = 19 DIN)
**ASAC** (active structural acoustic control) (Acous) / Unterdrückung f der Schallstrahlung (mit Hilfe adaptiver Struktursysteme)
**asafetida** n (US) (Bot, Chem, Pharm) / Teufelsdreck m, Stinkasant m (eingetrocknetes Gummiharz), Asa foetida f, Asant m
**asafoetida** n (a gum resin) (Bot, Chem, Pharm) / Teufelsdreck m, Stinkasant m (eingetrocknetes Gummiharz), Asa foetida f, Asant m
**Asahi process** (Glass) / Asahi-Verfahren n (eine Modifizierung des Fourcault-Verfahrens)
**ASAP test** (Surf) / ASAP-Test m (ein Freiluftbewitterungsverfahren, bei dem in drei Wochen eine Aussage über das Verhalten in drei Monaten gewonnen wird)
**asar** n (Geol) / Wallberg m, Esker m, Os m n (pl. Oser) (in Gebieten ehemaliger Vereisung als eisenbahndammartig lang gestreckte, wallartige, schmale Rücken ausgebildete Formen, die schwach gewunden verlaufen und auch seitliche Äste ausbilden können)
**ASA rating** (Photog) / Filmempfindlichkeitsangabe f (in ASA)
**asarone** n (found in plants of the genus Asarum; used as a constituent in essential oils such as oil of calamus) (Chem, Pharm) / Asaron n, Asarin n, Asarumkampfer m (aus Asarum europaeum L. = Gewöhnlicher Haselwurz)
**ASA speed**\* (film-speed specification) (Photog) / Filmempfindlichkeit f nach ASA
**Asbestine** n (Chem Eng, Paint, Paper) / Asbestine f (feinfaseriges Asbestpulver, hauptsächlich Magnesiumsilikat; verwendet als Füllstoff oder Absetzverhütungsmittel)
**asbestos**\* n (Min) / Asbest m (ein verfilztes, faseriges Silikatmineral) ‖ ~ **board** (Paper) / Asbestpappe f (DIN 6730), AP (Asbestpappe) ‖ ~ **cement** (Build) / Asbestzement m (Gemisch aus fein aufgeschlossenem Asbest und mit Portlandzement als Matrix), Eternit m n (ein Markenname)
**asbestos-cement corrugated sheet** (Build) / Asbestzementwellplatte f (DIN 274), Asbestzementwelltafel f ‖ ~ **pipe** (Build, Civ Eng) / Asbestzementrohr n (für Haustechnik und Tiefbau - DIN 19800 und 19850)
**asbestos-centred wire gauze** (Chem) / Hitzeverteilerplatte f mit einer Asbesteinlage in der Mitte (bei Laborbrennern)

**asbestos cloth**

**asbestos cloth** (Textiles) / Asbestgewebe n, Asbesttuch n || ~ **cord** (Textiles) / Asbestlitze f || ~ **fabric** (Textiles) / Asbestgewebe n, Asbesttuch n || ~ **felt** / Asbestfilz m || ~ **fibre** (Geol) / Asbestfaser f || ~ **filtre** / Asbestfilter n
**asbestos-free** adj / asbestfrei adj
**asbestosis*** n (pl. asbestoses) (Med) / Asbestose f, Asbestlunge f, Bergflachslunge f, Asbeststaublungenerkrankung f (eine Staublungenerkrankung durch anorganischen Staub)
**asbestos millboard** (Paper) / Asbestpappe f (DIN 6730), AP (Asbestpappe) || ~ **packing** (Eng) / Asbestpackung f || ~ **paper** (Paper) / Asbestpapier n || ~ **rope** / Asbestschnur f || ~ **sheeting** (Build, Civ Eng) / Asbestzementplatte f (glatt oder gewellt) || ~ **shingle** (Build) / Asbestzement-Dachplatte f, Asbestzementtafel f (DIN 274, T 3) || ~ **yarn** (Textiles) / Asbestgarn n
**asbolane*** n (Min) / Asbolan m, Erdkobalt m n
**asbolite*** n (Min) / Asbolan m, Erdkobalt m n
**ASBS** (advanced-standard-buried-collector technology) (Electronics) / eine Technologie der integrierten Bipolarschaltungen
**as-built curve** (Elec Eng) / Ist-Charakteristik f, Ist-Kurve f (der geprüften Maschine), Ist-Kennlinie f || ~ **map** / Bestandsplan m (Plan mit den wesentlichen für den Betrieb erforderlichen technischen Daten einer Gasleitung) || ~ **width** (Eng) / tatsächliche Breite (einer Maschine), Baubreite f
**ASC** (acceleration skid control) (Autos) / Antriebsschlupfregelung f, Antischlupfregelung f, ASR
**A-scan** f / A-Radarabtastung f || ≙ s. also A display
**ascaridole** n (Chem) / Ascaridol n (Monoterpenperoxid)
**as•-cast condition** (Met) / Gusszustand m || ~**-cast state** (Met) / Gusszustand m || ~**-cast structure** (Foundry) / Gussgefüge n
**ascend** v / aufsteigen v || ~ (Aero) / an Höhe gewinnen, steigen v || ~ (Mining) / ausfahren vi (Belegschaft)
**ascendant** adj (Geol) / aszendent adj
**ascendent** adj (Geol) / aszendent adj
**ascender** n (Comp, Typog) / Oberlänge f (bei Buchstaben)
**ascenders** pl (Typog) / Buchstaben m pl (des kleinen Alphabets) mit Oberlänge
**ascending** adj / aufsteigend adj (Luftstrom, Wasser) || ~ (Geol) / aszendent adj || ~ (Maths) / aufsteigend adj || ~ **difference** (Maths) / Rückwärtsdifferenz f, aufsteigende Differenz, rückwärts genommene Differenz || ~ **letters*** (Typog) / Buchstaben m pl (des kleinen Alphabets) mit Oberlänge || ~ **node*** (Space) / aufsteigender Knoten (Schnittpunkt, an dem der betreffende Körper die Grundebene von Süden nach Norden überschreitet) || ~ **order** (Maths) / aufsteigende Anordnung || ~ **paper chromatography** (Chem) / aufsteigende Papierchromatografie || ~ **path** (Telecomm) / aufsteigender Weg || ~ **spring** (Geol) / aufsteigende Quelle (Fanggebiet tiefer als die Quelle), Steigquelle f || ~ **spring** (Geol) / absteigende Quelle (Fanggebiet höher als die Quelle), Auslaufquelle f || ~ **stroke** (I C Engs) / Aufwärtshub m || ~ **water** (Geol) / aszendierendes Wasser
**ascensional ventilation** (Mining) / aufsteigende Bewetterung, Aufwärtsbewetterung f, steigende Wetterführung
**ascent** n (Aero) / Steigflug m, Steigen n || ~ (Aero) / Aufstieg m (eines Ballons) || ~ (Eng) / Auffahrt f, Aufstieg m, Steigung f (Rampe), Auffahrrampe f, Rampe f (eine schiefe Ebene zur stufenlosen Überbrückung von Höhenunterschieden) || ~ (Eng) / Hochgang m (des Kolbens) || ~ (Eng) / Auflaufen n (des Riemens) || ~ (Mining) / Ausfahren n (der Belegschaft) || ~ (Space) / Aufstieg m (eines Satelliten unter Antrieb) || ~ **angle** (Mil) / Steigwinkel m (eines Flugkörpers nach dem Start) || ~ **flight** (Aero) / Steigflug m, Steigen n || ~ **stage** (Space) / Aufstiegsstufe f, Startstufe f || ~ **trajectory** (Phys) / Aufstiegsbahn f (eine ballistische Flugbahn)
**aschistic** adj (Geol) / ungespalten adj, aschist adj
**ASCII*** (American Standard Code for Information Interchange) (Comp) / Amerikanischer Standard-Zeichensatz für den Informationsaustausch (kodierter Zeichenvorrat für den allgemeinen Informationsaustausch zwischen DV-Systemen, Datenübertragungssystemen und zugehörigen Geräten) || ≙ **conversion subroutine** (Comp) / ASCII-Umwandlungsprogramm n || ≙ **file** (Comp) / ASCII-Datei f
**asclepias cotton** (Textiles) / Asklepiasfaser f (seidenartig glänzende Pflanzenfaser aus den Samen der Seidenpflanze) || ~ **fibre** (Textiles) / Asklepiasfaser f (seidenartig glänzende Pflanzenfaser aus den Samen der Seidenpflanze)
**Ascoli theorem** (Maths) / Satz von Arzelà-Ascoli (nach G. Ascoli, 1843 - 1896), Auswahltheorem n für Funktionenfolgen
**ascomycetes** pl (Bot) / Schlauchpilze m pl, Ascomycetes pl
**ascorbate** n (Chem, Nut) / Askorbat n (Salz der Askorbinsäure), Ascorbat n (E 301 - E 302)
**ascorbic acid*** (an antiscorbutic water-soluble vitamin) (Nut, Pharm) / Ascorbinsäure f (E 300), Askorbinsäure f

**ascorbigen** n (Chem) / Askorbigen n, Ascorbigen n (eine Form der L-Ascorbinsäure, z.B. im Kohlgemüse)
**ascorbyl palmitate** (Chem, Nut) / Askorbylpalmitat n, Ascorbylpalmitat n (E 304)
**ASCS** (airport-surface control system) (Aero, Radar) / Rollfeldkontrollsystem n
**ASD** n (automatic slip-control differential) (Autos) / automatisches Sperrdifferential, ASD (automatisches Sperrdifferential)
**ASDE** (airport surface detection equipment) (Aero, Radar) / Flughafenradar n (Rollfeldradar) || ≙ (airfield surface movement indicator) (Aero, Radar) / Flugplatzradar m n, Rollfeldradar m n
**as-delivered condition** / Lieferzustand m (bei der Ablieferung), Ablieferungszustand m
**asdic*** n (Acous) / ASDIC-Methode f (Ultraschallecholotung)
**ASE** (application service element) (Telecomm) / Anwendungsdienstelement n (bei Mobilkommunikationsnetzen)
**aseismic** adj (Geophys) / erdbebensicher adj || ~ (free of seismic disturbances) (Geophys) / erdbebenfrei adj, aseismisch adj (Gebiet)
**aseptic** adj (Med) / aseptisch adj, keimfrei adj || ~ **filling** (Nut) / Sterilabfüllung f, aseptische Abfüllung || ~ **paper** (Paper) / Sterilisationspapier n
**asexual reproduction*** (Biol, Bot) / ungeschlechtliche Fortpflanzung
**as-grown crystal** (Crystal) / unbehandelter Kristall (bei der Kristallzüchtung)
**ash** vt / veraschen v || ~* n (Chem) / Asche f (auch Aschengehalt bei Mineralölprodukten) || ~* (For) / Esche f (Fraxinus sp.) || **with high ~ content** (Chem, Fuels) / hochaschehaltig adj, mit hohem Aschengehalt, aschereich adj, aschenreich adj, stark aschehaltig || ~ **bark beetle** (For) / Eschenbastkäfer m (Hylesinus fraxini Panzer)
**Ashby map** (Mech) / Ashby-Diagramm n (zweidimensionale Karte der Verformungsmechanismen)
**ash-coloured** adj / aschfarben adj, aschfarbig adj
**ash content** (Fuels, Pharm) / Aschengehalt m (Verbrennungsrückstand organischer Verbindungen und Drogen nach DAB), Aschegehalt m || ~ **content** (Paper) / Glührückstand m (DIN 6730)
**ash-conveying plant** / Aschentransportanlage f
**ash corrosion** (Surf) / Belagkorrosion f durch Verbrennungsrückstände || ~ **curve** (Chem, Fuels) / Aschegehaltskurve f, Aschengehaltskurve f || ~ **curve*** (Min Proc) / Verwachsungskurve f (bei der Dichte-Asche-Analyse) || ~ **deposit** / Aschenablagerung f || ~ **determination** (Chem, Fuels) / Aschengehaltsbestimmung f || ~ **door** (Eng) s. also soot door
**ashen light*** (Astron) / Erdschein m, Erdlicht n (aschgraues Mondlicht) || ~ **light*** (Astron) / aschgraues Licht (auf der dunklen Seite der Venus)
**ash fluid point** / Aschefließpunkt m
**ash-free** adj / aschenfrei adj, aschefrei adj, af || s. also mineral-matter free
**ash fusibility** / Ascheschmelzverhalten n || ~ **fusion** / Ascheschmelzen n || ~ **glaze** (Ceramics) / Asche-Glasur f (vorwiegend in China, Japan und Korea in Töpfereien verwendete Glasuren mit einem erheblichen Anteil von Aschen)
**ash-handling plant** / Aschentransportanlage f
**ash in fuel** (Fuels) / eingebrachte Asche (z.B. in der Kohle)
**ashing** n / Veraschen n, Veraschung f || ~ **test** (Textiles) / Veraschungsprobe f
**ashlar*** n (Build) / Werkstein m (regelmäßig bearbeiteter Naturstein), Haustein m, [als Parallelepiped] Quader m f || ~ (Build) / Natursteinmauerwerk n, Werksteinmauerwerk n || ~ **cladding** (Build) / Werksteinbekleidung f || ~ **facing** (Build) / Natursteinverblendung f, Werksteinverblendung f || ~ **masonry** (Build) / Mauerwerk n aus Quadersteinen, Quadermauerwerk n || ~ **masonry** (Build) / Natursteinmauerwerk n, Werksteinmauerwerk n
**ash-leaved maple** (For) / Eschenahorn m (Acer negundo L.)
**ashless** adj / aschenfrei adj, aschefrei adj, af || ~ **quantitative-grade paper** (Chem) / aschefreies Papier für quantitative Analysen
**ashore** adv (Ships) / an Land
**ashpit** n (Glass) / Aschenfall m (des Glasofens) || ~ **door** (US) (Build) / Aschenfalltür f (eine Reinigungsöffnung), Reinigungsklappe f (des Schornsteinsockels)
**ash receptacle** (Autos) / Ascher m, Aschenbecher m || ~ **removal** / Aschenaustrag m, Aschenabzug m || ~ **retention** / Ascheneinbindung f || ~ **softening point** / Ascheerweichungspunkt m
**ashtray** n (Autos) / Ascher m, Aschenbecher m
**ashy** adj / aschfarben adj, aschfarbig adj
**ASI** (airspeed indicator) (Aero) / Fahrtmesser m
**a-Si** (amorphous silicon) (Chem) / amorphes Silizium, amorphes Silicium, a-Si (amorphes Silicium)
**Asiatic cockroach** (Med, Nut) / Orientalische Schabe f, Bäckerschabe f, Kakerlak m (pl. -en), Küchenschabe f, Brotschabe f (Blatta

orientalis L.) ‖ ≏ **white pine** (For) / Tränenkiefer *f* (Pinus wallichiana A.B. Jacks.)
**ASIC** (application-specific integrated circuit) (Comp, Electronics) / anwendungsspezifischer Schaltkreis, Anwenderschaltkreis *m*, ASIC-Schaltkreis *m* (anwenderspezifische integrierte Schaltung), ASIC *m* (ein Baustein aus der Halbleitertechnik, aber kein standardisiertes in großen Serien produziertes, sondern ein auf eine bestimmte Anwendung eines Kunden gebauter Mikrochip) ‖ **mixed-mode** ≏ (Comp) / analog-digitale anwendungsspezifische integrierte Schaltung
**AS interface** (Automation) / Aktuator-Sensor-Interface *n*, AS-Interface *n*
**ASIR** (airspeed indicator reading) (Aero) / unkorrigierte angezeigte Fluggeschwindigkeit
**as-is twist** (Spinning) / Enddrehung *f*, Schlussdrehung *f*
**A site** (Crystal) / Tetraederlücke *f* (in kubischen Gittern)
**ASK** (amplitude shift keying) (Telecomm) / Amplitudenumtastung *f* (eine Art Trägerumtastung - Trägersignal: Sinus, modulierter Parameter: Amplitude)
**ASKA** (antiskinning agent) (Paint) / Antihautmittel *n*, Lackhautverhinderer *m*, Hautverhütungsmittel *n*, Hautverhinderungsmittel *n* (bei oxidativ trocknenden Lacken und Druckfarben)
**Askarel** *n* (Chem, Elec Eng) / Askarel *n*, Ascarel *n* (früher als Dielektrikum und als Flammschutzmittel genutztes Chlorbiphenyl)
**askew** *adj* / schief *adj* (nicht im rechten Winkel)
**asking price** / geforderter Preis (z.B. beim Verkauf von gebrauchten Gegenständen)
**as low as reasonably achievable*** (Ecol, Nuc Eng, Radiol) / so gering wie vernünftigerweise erreichbar (Konzept der Internationalen Strahlenschutzkommission zur Dosisbegrenzung)
**as-mined ore** (Mining) / Roherz *n* (gefördertes), Fördererz *n*, Rohhaufwerk *n* (im Erzbergbau)
**as of 1 1 2007** / Stand per 1.1.2007
**Asp*** (asparagine) (Biochem) / Asparagin *n* (eine nicht essentielle Aminosäure), Asn (AspNH₂) ‖ ≏ (aspartic acid) (Biochem, Nut) / Aminobernsteinsäure *f*, Asparaginsäure *f* (L-Asparaginsäure) (eine nicht essentielle Aminosäure), Aminobutandisäure *f*, Asp (Asparaginsäure)
**ASP** (application service provider) (Comp) / Application-Service-Provider *m*, ASP (Application-Service-Provider)
**asparaginase** *n* (Chem) / Asparaginase *f*
**asparagine*** *n* (Biochem, Chem) / Asparagin *n* (eine nicht essentielle Aminosäure), Asn (AspNH₂)
**asparaginic acid** (Biochem, Nut) / Aminobernsteinsäure *f*, Asparaginsäure *f* (L-Asparaginsäure) (eine nicht essentielle Aminosäure), Aminobutandisäure *f*, Asp (Asparaginsäure)
**asparagus stone*** (Min) / Spargelstein *m* (gelblich- bis ölgrüner Apatit)
**aspartame** *n* (Nut) / Aspartam *n* (ein moderner Süßstoff - E 951)
**aspartic acid*** (Biochem, Chem, Nut) / Aminobernsteinsäure *f*, Asparaginsäure *f* (L-Asparaginsäure) (eine nicht essentielle Aminosäure), Aminobutandisäure *f*, Asp (Asparaginsäure)
**aspect*** *n* (Aero) / Fluglage *f* ‖ ~ (Astron) / Aspekt *m* (Stellung der Planeten zueinander) ‖ ~ (Build) / Standrichtung *f* (eines Gebäudes), Lagerichtung *f* (eines Bauwerks) ‖ ~* (Rail) / Signalanzeige *f* eines Tageslichtsignals ‖ ~ **angle** (referred to an axis of the target) (Radar) / Aspektwinkel *m* ‖ ~ **of the damage** / Schadbild *n* (z.B. bei Forstschäden) ‖ ~ **ratio*** (Aero) / Flügelstreckung *f*, Streckung *f* (Verhältnis von Spannweite zu Flügeltiefe), Λ (Flügelstreckung) ‖ ~ **ratio** (Autos) / Höhen-/Breiten-Verhältnis *n* (bei Reifen), HB (Höhen-/Breiten-Verhältnis bei Reifen), Querschnittsverhältnis *n* (bei Reifen), Höhe/Breite-Verhältnis *n* ‖ ~ **ratio*** (TV) / Bildformat *n*, Bildseitenverhältnis *n* (meistens 16 : 9), Seitenverhältnis *n*
**as-peened** *adj* (Eng) / im kugelgestrahlten Zustand
**aspen** *n* (For) / Zitterpappel *f*, Espe *f* (Populus tremula L.), Aspe *f*
**Aspergillus** *n* (Bot, Chem Eng) / Aspergillus *m* (pl.: -llen) (Pilzgattung der Klasse Ascomyceten), Gießkannenschimmel *m*
**asperity*** *n* (Eng, Mech) / Erhebungen *f pl* (in der Tribologie), Oberflächenunebenheit *f*, wirkliche Berührungsfläche, Rauheitsspitze *f*, Raugebirge *n*, Rauigkeitsspitze *f*
**asperomagnetic** *adj* (Mag) / asperomagnetisch *adj*
**asphalt*** *n* (Civ Eng) / Asphalt *m* (ein Gemisch von Bitumen und Mineralstoffen nach DIN 55946) ‖ ~ (Geol, Min) / Asphalt *m* (ein Bitumen)
**asphalt-base crude** (Oils) / asphaltbasisches Rohöl
**asphalt cement** (American term for asphalt or bitumen being used as a binder) (Civ Eng) / Asphaltkitt *m*
**asphaltene*** *n* (Chem) / Asphalten *n*
**asphalt felt** (Build) / Asphaltfilz *m*

**asphaltic concrete** (American term for a road surfacing of rolled asphalt) / Asphaltbeton *m* (zum Heißeinbau) ‖ ~ **sand** (Geol) / Asphaltsand *m*, bituminöser Sand, Bitumensand *m*
**asphalting** *n* / Bituminierung *f*, Asphaltierung *f* ‖ ~ **paper** (Paper) / mit Asphalt zu imprägnierendes Papier, Asphaltrohpapier *n*
**asphaltite*** *n* (Min) / Asphaltit *m* (festes, natürliches Bitumen) ‖ ~ **coal** (Min) / Albertit *m* (natürlich vorkommende feste Bitumensorte)
**asphalt lake** (Geol) / Asphaltlager *n*, Asphaltsee *m* ‖ ~ **macadam** (with an asphaltic binder) (Civ Eng) / Asphaltmischmakadam *m n* ‖ ~ **mastic** (Civ Eng) / Asphaltmastix *m* (fabrikmäßig hergestelltes Gemisch aus Steinmehl und Bitumen mit genau eingestelltem Bitumengehalt) ‖ ~ **oil** / dunkles Öl, Dunkelöl *n*, asphaltisches Öl (für untergeordnete Schmierzwecke nach DIN 51505) ‖ ~ **paint** (Paint, Print) / Asphaltlack *m* (bitumenhaltiger Schwarzlack), Bitumenlackfarbe *f* ‖ ~ **paper** (Build, Paper) / Bitumenpapier *n*, Asphaltpapier *n* (bitumenbeschichtetes oder -imprägniertes Papier) ‖ ~ **paver** (Civ Eng) / Deckenfertiger *m* für bituminösen Straßenbau
**asphalt-prepared roofing** (Build) / Dachpappe *f* (Sammelbegriff für Teer- und Bitumendachbahnen), Teerdachpappe *f*
**asphalt rock** (Geol) / Asphaltgestein *n*, Kerogen-Gestein *n* (authigenes Bitumen) ‖ ~ **roofing** (Build) / Bedachung *f* mit Bitumenpappe (oder mit Hilfe von Asphaltmastix) ‖ ~ **stone** (Geol) / Asphaltgestein *n*, Kerogen-Gestein *n* (authigenes Bitumen) ‖ ~ **tile** (Build) / Asphaltplatte *f* (eine Bodenplatte)
**asphalt-treated fibreboard** (Build) / Asphaltplatte *f* (für Asphaltbelagarbeiten), Bitumenfaserplatte *f*
**asphalt varnish** (Paint, Print) / Asphaltlack *m* (bitumenhaltiger Schwarzlack), Bitumenlackfarbe *f*
**aspheric** *adj* (Maths, Optics) / nichtsphärisch *adj*, asphärisch *adj*
**aspherical** *adj* (Maths, Optics) / nichtsphärisch *adj*, asphärisch *adj*
**aspheric surface*** (Optics) / asphärische Fläche (brechende oder reflektierende Fläche einer Linse oder eines Spiegels, die von einer Kugelfläche abweicht)
**asphyxiant** *n* (Chem, Med) / Erstickungsgas *n* (z.B. Kohlenmonoxid oder Schwefelwasserstoff) ‖ ~ (Mil) / erstickender Kampfstoff, Atmungsgift *n*
**asphyxiating** *adj* (Mining) / stickend *adj* (Wetter)
**asphyxiation** *n* (Med) / Erstickung *f*, Ersticken *n* ‖ ~ **hazard** (Med) / Erstickungsgefahr *f*
**aspic** *n* (Nut) / Sülze *n*, Aspik *m n* (Gallert mit Fleisch- oder Fischeinlage)
**aspidosperma alkaloids** (Pharm) / Aspidosperma-Alkaloide *n pl* (eine Gruppe von monoterpenoiden Indolalkaloiden)
**aspirate** *v* / einsaugen *v*, saugen *v*, ansaugen *v*
**aspirated psychrometer*** (Meteor) / Aspirationspsychrometer *n* (Aßmann'sches), Aßmann-Aspirationspsychrometer *n* (nach R. Aßmann, 1845 -1918)
**aspiration** *n* / Einsaugen *n*, Einsaugung *f*, Saugen *n*, Saugung *f*, Ansaugen *n*, Ansaugung *f* ‖ ~ **psychrometer** (Meteor) / Aspirationspsychrometer *n* (Aßmann'sches), Aßmann-Aspirationspsychrometer *n* (nach R. Aßmann, 1845 -1918) ‖ ~ **search** (AI) / Aspirationssuche *f*, Erwartungssuche *f* (Suchmethode für Spielbäume)
**aspirator** *n* (Chem) / Saugapparat *m*, Absauggerät *n*, Aspirator *m* ‖ ~ (Eng) / Sauggebläse *n* (Aßmann'sches), Saugventilator *m*, Sauglüfter *m* ‖ ~ (Mining) / Staubmaske *f* (Atemschutzgerät mit einem am Maskenkörper angeschraubten mechanischen Filter) ‖ ~ **silencer** (Autos, I C Eng) / Ansaugluftgeräuschdämpfer *m* ‖ ~ **valve** (Autos) / selbstansaugendes Sekundärluftventil, SLS-Ventil *n*
**as plated** *adj* (Surf) / gleich aus dem Bad (Beschichtung)
**asplund** *n* (Paper) / mechanischer Holzschliff (nach dem Asplund-Defibrator-Verfahren gewonnen) ‖ ~ (Paper) s. also mechanical pulp ‖ ~ **grinder** (Paper) / Asplund-Defibrator *m* (mit vorgeschalteter Dämpfeinrichtung)
**as-quenched** *adj* (Met) / im abgeschreckten Zustand
**ASR** (airport surveillance radar) (Aero, Radar) / Flugplatzüberwachungsradar *m*, Flughafenrundsichtradaranlage *f* (mit einer Reichweite von über 100 km), Flughafenrundsichtradar *m n* ‖ ≏ (automatic speech recognition) (AI, Comp) / automatische Spracherkennung, ASE (automatische Spracherkennung) ‖ ≏ (antispin regulation) (Autos) / Antriebsschlupfregelung *f*, Antischlupfregelung *f*, ASR
**as-received** *adj* / im Anlieferungszustand (unbehandeltes Material) ‖ **~as-received condition** / Anlieferungszustand *m*, Lieferzustand *m* (bei der Anlieferung)
**as required** / nach Bedarf
**ASROC** (antisubmarine rocket) (Mil) / U-Jagdrakete *f*, U-Boot-Bekämpfungsrakete *f*
**as• rolled** (condition of a product after rolling, without heat treatment) (Met) / walzrau *adj* ‖ **~-rolled condition** (Met) / Walzzustand *m*, walzrauer Zustand
**as-rolled end** (Eng) / ohne Kuppe (Schraubenende)
**AS/RS** / automatisiertes Hochregallager

**AS/R system**

**AS/R system** / automatisiertes Hochregallager
**Assam rubber tree** (For) / Gummibaum *m* (Ficus elastica Roxb.)
**as-sawn** *adj* (For) / sägefallend *adj*, sägerau *adj*
**assay** *v* (Min Proc) / probieren *v* (Erz) ‖ ~* *n* (Chem, Met) / Analyse *f*, Bestimmung *f* ‖ ~* (Chem, Met) / Probe *f*, Versuch *m* ‖ ~ (Met) / Metallgehalt *m* (von Erzen) ‖ ~ (Met) / Erzprobe *f* (für Analyse) ‖ ~ (Min Proc, Mining) / Bemusterung *f*, Beprobung *f* ‖ ~ **balance*** (Met) / Analysenwaage *f* (meistens für Edelmetalle)
**assaying** *n* (Met) / Erzanalyse *f*, Metallanalyse *f*, Erzbestimmung *f*, Erzbemusterung *f*, Analyse *f* von Erzproben ‖ ~ (Min) / Dokimasie *f* (Analyse von Edelmetallen in Erzen), Dokimastik *f*, Probierkunst *f*
**assay ton*** (Met) / Probiertonne *f* ‖ ~ **value*** (Mining) / Durchschnittsgehalt *m* (der bei der Bemusterung ermittelt wird - in Gewichts-%) ‖ ~ **value*** (Mining) s. also value
**assegai** *n* (For) / Zagai *n* (Curtisia dentata (Burm. f.) N.E. Br.) ‖ ~ **wood** (For) / Zagai *n* (Curtisia dentata (Burm. f.) N.E. Br.)
**Assel** (rolling) **mill** (Met) / Dreiwalzenschrägwalzanlage *f* (Asselwalzwerk), Asselwalzwerk *n* (mit drei kegelförmigen Walzen, die symmetrisch, je 120 Grad versetzt um die Walzmitte angeordnet und gegen die Walzgutebene geneigt sind), Dreiwalzenschrägwalzwerk *n* (zur Herstellung nahtloser Stahlrohre)
**assemble** *v* (Comp) / Assemblersprache übersetzen ‖ ~ (Comp) / assemblieren *v* ‖ ~ (Eng) / zusammenlegen *v*, zusammenbauen *v*, montieren *v*, fügen *v*
**assembled floor** (Build) / Verbunddecke *f* ‖ ~ **for installation** (Eng) / einbaufertig montiert ‖ ~ **piece of carpentry** (Carp) / Zimmerwerksatz *m* ‖ ~ **printed circuit board** (Electronics) / bestückte Leiterplatte (auf der alle elektrischen und mechanischen Bauteile und gegebenenfalls weitere Leiterplatten montiert und bei der alle Fabrikationsgänge, wie Löten, Schutzlackierungen usw. abgeschlossen sind)
**assemble edit*** (Cinema, TV) / Assembleschnitt *m* (ein Videoschnitt - einzelne Szenen werden direkt hintereinander auf das endgültige Band kopiert) ‖ ~ **edit*** (Cinema) s. also insert edit
**assembler*** *n* (Comp) / Assemblierprogramm *n*, Assemblierer *m* (DIN 44300), Assembler *m* ‖ ~ (Eng) / Monteur *m* (in der Fabrikhalle) ‖ ~ (Eng) / Montagebetrieb *m*
**assembling** *n* / Assembling *n* (Zusammenschluss von Industriebetrieben zwecks Rationalisierung im weitesten Sinne) ‖ ~ (Comp) / Kombinierung *f* (von Textbausteinen) ‖ ~ (Comp) / Assemblieren *n* ‖ ~ (Eng) / Montage *f*, Fügen *n* (DIN 8593), Zusammenlegen *n*, Zusammenbau *m*, Zusammenstellung *f* ‖ ~ (Eng) / Verbindungstechnik *f*
**assembly** *n* (Chem Eng) / Konfektionierung *f* (Aufbau von vulkanisationsreifen Fertigprodukten aus Mischung, Textil, Metall usw.) ‖ ~ (Cinema, TV) / Assembleschnitt *m* (ein Videoschnitt - einzelne Szenen werden direkt hintereinander auf das endgültige Band kopiert) ‖ ~ (Comp) / bedeutungstreues Programm in der Maschinensprache, das von einem Assembler übersetzt wurde ‖ ~ (a number of basic parts or subassemblies, or any combination thereof, joined together to perform a specific function) (Electronics, Eng) / Baugruppe *f* (DIN 19226), Bauteilgruppe *f*, Montagegruppe *f* (aus mindestens zwei Bauelementen), Montagesatz *m*, Baueinheit *f*, Einheit *f* ‖ ~ (Eng) / Montage *f*, Fügen *n* (DIN 8593), Zusammenlegen *n*, Zusammenbau *m*, Zusammenstellung *f* ‖ ~ (Eng) / System *n*, Aggregat *n* ‖ ~ (Electronics, Eng) s. also unit ‖ ~ **adhesive** / Montageklebstoff *m* (für Ingenieurholzbau und Möbel) ‖ ~ **adhesive** (Carp, Join) / Klebstoff *m* für Holz oder Möbel ‖ ~ **bay** (Work Study) / Montageabschnitt *m* (in der Fertigungshalle), Montagefeld *n* ‖ ~ **drawing** / Zusammenbauzeichnung *f* (DIN 199, T 1), Zusammenstellungszeichnung *f* ‖ ~ **for underground installation** (Eng) / Einbaugarnitur *f* (zur Betätigung von Armaturen in unterirdischen Rohrleitungen) ‖ ~ **hall** (Eng) / Montagewerkstatt *f*, Montagehalle *f*, Montageabteilung *f*, Zusammenbauhalle *f*, Montagebereich *m* ‖ ~ **height** / Montagehöhe *f* ‖ ~ **instruction**(s) (Eng) / Montageanleitung *f*, Montageanweisung *f* ‖ ~ **kit** / Montagesatz *m*, Einbausatz *m* (Montagesatz) ‖ ~ **language*** (Comp) / Assemblersprache, Assemblierersprache *f* (eine Quellsprache, die symbolische Anweisungen in Maschinensprache enthält, die eine Eins-zu-Eins-Beziehung zu den Instruktions- und Datenformaten des Rechners herstellen) ‖ ~ **line** (Autos) / Verkettungsanlage *f* (z.B. im Automobilbau) ‖ ~ **line** (Eng) / Montagestraße *f* (meistens ein Fließband) ‖ ~ **line diagnostic link** (Autos) / Diagnoseanschluss *m* ‖ ~ **list** (Comp) / Assemblerprotokoll *n*, Übersetzungsprotokoll *n* ‖ ~ **machine** (Eng) / Montagegerät *n* ‖ ~ **mark** (Eng) / Montagekennzeichnung *f*, Montagemarke *f* ‖ ~ **of electrical equipment for power distribution on building sites** (Build, Elec Eng) / Baustromverteiler *m* ‖ ~ **of saw-blades of the gang saw** (For) / Sägenbund *m* (Gesamtheit der im Sägerahmen einer Vollgattersägemaschine eingehängten Sägeblätter) ‖ ~ **program** (Comp) / Assemblierprogramm *n*, Assemblierer *m* (DIN 44300), Assembler *m* ‖ ~ **robot** (Eng) / Montageroboter *m*, Industrieroboter *m* für Montagearbeiten, Montageindustrieroboter *m* ‖ ~ **room** (Eng) / Montagewerkstatt *f*, Montagehalle *f*, Montageabteilung *f*, Zusammenbauhalle *f*, Montagebereich *m* ‖ ~ **routine** (Comp) / Assemblierprogramm *n*, Assemblierer *m* (DIN 44300), Assembler *m* ‖ ~ **shop** (Eng) / Montagewerkstatt *f*, Montagehalle *f*, Montageabteilung *f*, Zusammenbauhalle *f*, Montagebereich *m* ‖ ~ **station** / Montagestation *f*, Montagestand *m*
**assertion** *n* (a Boolean formula whose value is claimed to be true) (AI, Comp) / Aussage *f*, Behauptung *f*
**assertional database** (Comp) / deklarative Datenbasis
**assertion database** (Comp) / deklarative Datenbasis ‖ ~ **logic** (AI) / Junktorenlogik *f*, Aussagenlogik *f*, Wahrheitswertelogik *f*
**assertivness** *n* / Durchsetzungsfähigkeit *f*
**assess** *v* / einschätzen *v* (bewerten, z.B. Schaden), schätzen *v* ‖ ~ / festsetzen *v*, ermitteln *v*, abschätzen *v* (z.B. Schweißfähigkeit)
**assessment** *n* / Festsetzung *f* (Ermittlung), Ermittlung *f* (z.B. der Schweißfähigkeit), Abschätzung *f* (z.B. der Schmiedefähigkeit) ‖ ~ / Bemessung *f* (der Beiträge) ‖ ~ **center** (US) (Work Study) / Assessment Center *n* (Testverfahren zur Personalauswahl) ‖ ~ **level** (Elec Eng) / Bewertungspegel *m* ‖ ~ **of the position** / Lagebeurteilung *f*
**asset** *n* / Vermögensgegenstand *m*, Wirtschaftsgut *n*
**assets and liabilities** / Aktiva *n pl* und Passiva
**as shot-peened** (Eng) / im kugelgestrahlten Zustand
**assign** *v* / zuordnen *v*, zuweisen *v* ‖ ~ (peripheral unit) (Comp) / reservieren *v*
**assigned frequency*** (Radio) / zugeteilte Frequenz, Verfügungsfrequenz *f*, Kennfrequenz *f* (für die jeweilige Funkstelle)
**assignment** *n* (of a device) (Comp) / Allozierung *f*, Allokation *f*, Zuweisung *f*, Zuordnung *f* ‖ ~ (Maths) / Zuschreiben *n* (eines Wertes), Zuordnung *f* (eines Wertes), Zuweisung *f* (eines Wertes) ‖ ~ (Maths) / Belegung *f* (Funktion, die jeder Variablen ein Individuum aus einem Individuenbereich zuordnet) ‖ ~ **problem** (AI, Comp) / Zuteilungsproblem *n*, Zuordnungsproblem *n*, Zuweisungsproblem *n* (das z.B. mit der ungarischen Methode gelöst wird) ‖ ~ **register** (Teleph) / Zuteilregister *n* ‖ ~ **statement** (a fundamental statement of all programming languages /except declarative languages/ that assigns a new value to a variable) (Comp) / Zuweisungsanweisung *f*
**assign priority** (to sth.) / Prioritäten setzen, Prioritäten bestimmen, priorisieren *v*
**assimilation*** *n* (Biol) / Assimilation *f* ‖ ~* (Geol) / Assimilation *f* ‖ ~* (Geol) s. also syntexis
**assimilatory power** (Bot, Chem) / Assimilatory Power *f* (bei der Fotosynthese)
**assist** *n* (Eng) / Hilfsvorrichtung *f*
**assistance to developing countries** / Entwicklungshilfe *f* (für Entwicklungsländer) ‖ ~ **traffic** (Teleph) / Verkehr *m* mit dem Hilfsplatz
**assistant driver** (Rail) / Beimann *m* (Triebfahrzeug) ‖ ~ **time study engineer** (Work Study) / Zeitnehmer *m*
**assisted biological coagulation** / ABC-Koagulation *f* (von Latex) ‖ ~ **circulation** / Zwangumlauf *m* (z.B. bei La-Mont-Kessel) ‖ ~ **take-off*** (Aero) / Starthilfe *f* ‖ ~ **take-off*** (Aero) / Abflug *m* mit Starthilfe
**assisting plug** (Plastics) / Vorstreckstempel *m*, Helfer *m* (für Blasfolien)
**assistor** *n* (Electronics) / Assistor *m* (Thermistor mit besonders großem Temperaturkoeffizienten)
**Assmann psychrometer** (Meteor) / Aspirationspsychrometer *n* (Aßmann'sches), Aßmann-Aspirationspsychrometer *n* (nach R. Aßmann, 1845 -1918)
**associate** *n* (Chem) / Assoziat *n* ‖ ~ **Bertrand curves*** (Maths) / Bertrand'sches Kurvenpaar (nach J. Bertrand, 1822 - 1900)
**associated** *adj* (Maths) / assoziiert *adj* ‖ ~ **gas** (Oils) / Ölbegleitgas *n*, Erdölgas *n*, Begleitgas *n*, assoziiertes Gas, Erdölbegleitgas *n* ‖ ~ **Legendre's polynomials** (Maths) / zugeordnete Legendre-Polynome
**association** *n* (AI) / Assoziation *f* (Beziehung zwischen zwei oder mehreren dichotomen Zufallsgrößen) ‖ ~ (Chem) / Assoziation *f* ‖ ~ (Chem) / Molekülassoziation *f* (ein Sonderfall der Assoziation), Assoziation *f* (Molekülassoziation) ‖ ~ (Geol) / Gesteinsstamm *m* ‖ ~ (Stats) / Assoziation *f* (zwischen zwei Kategorien)
**associational colloid** (Chem) / Assoziationskolloid *n*, Micellkolloid *m*, Mizellkolloid *n*
**association colloid** (Chem) / Assoziationskolloid *n*, Micellkolloid *m*, Mizellkolloid *n* ‖ ~ **of European Airlines** / am 14.9.1973 zustande gekommener Zusammenschluss von 20 europäischen Luftverkehrsgesellschaften (Sitz: Brüssel)
**associative*** *adj* / assoziativ *adj* ‖ ~ **detachment** (Phys) / assoziatives Detachment *n* ‖ ~ **law** (Maths) / Assoziativgesetz *n* (Verknüpfungsgesetz bei der Addition und Multiplikation) ‖ ~ **memory*** (Comp) / assoziativer Speicher (DIN 44 300), Assoziativspeicher *m* ‖ ~ **network** (AI) / semantisches Netz ‖ ~

**storage\*** (Comp) / assoziativer Speicher (DIN 44 300), Assoziativspeicher *m*
**associativity** *n* (Maths) / Assoziativität *f*
**ASS test** (Paint, Surf) / ASS-Test *m* (eine Korrosions-Kurzprüfung)
**as-struck concrete** (Arch, Build, Met) / Sichtbeton *m* (dessen Ansichtsfläche gestalterische Funktionen erfüllt und ein vorausbestimmtes Aussehen hat)
**assume** *v* (AI, Maths) / vermuten *v*, annehmen *v*, schließen *v* (aus), voraussetzen *v*
**assumed decimal point** (Comp) / Rechendezimalkomma *n*, Rechendezimalpunkt *m* || **~ position** (Nav) / angenommener Standort
**assumed-size aggregate** (Comp) / Aggregatparameter *m* mit übernommener Länge
**assumption** *n* (AI, Maths) / Präsumtion *f*, Annahme *f*
**assured mineral** (Mining) / gewinnbare (erschlossene, nachgewiesene) Erzvorräte
**assy** (assembly) (Electronics, Eng) / Baugruppe *f* (DIN 19226), Bauteilgruppe *f*, Montagegruppe *f* (aus mindestens zwei Bauelementen), Montagesatz *m*, Baueinheit *f*, Einheit *f*
**astable circuit\*** (Radio) / nicht stabile Schaltung || **~ multivibrator** (Telecomm) / astabiler Multivibrator, freischwingender Multivibrator
**A-stage\*** *n* (Plastics) / A-Zustand *m* (bei Phenolharzen) || **≃ (Plastics)** s. also resol || **≃ resin** (Chem) / Resol *n* (Phenolharz im A-Zustand)
**astatic** *adj* (Elec, Instr, Phys) / astatisch *adj* (gegen Beeinflussung durch äußere elektrische oder magnetische Felder geschützt) || **~ coil** (Elec) / astatische Spule || **~ microphone** (Acous) / Mikrofon *n* mit Kugelcharakteristik, Kugelmikrofon *n*, ungerichtetes Mikrofon, Allrichtungsmikrofon *n* || **~ system\*** (Mag) / astatisches System
**astatine\*** *n* (Chem) / Astat *n*, At (Astat)
**astatize** *v* (Phys) / astasieren *v* (störende Einflüsse bei Präzisionsmessinstrumenten ausschalten), astatisieren *v*
**astatizing** *n* (Elec Eng, Phys) / Astasierung *f*, Astatisierung *f* (bei Präzisionsmessinstrumenten)
**astaxanthine** *n* (Chem) / Astaxanthin *n* (als Farbstoff in Deutschland nicht zugelassen)
**asterane** *n* (Chem) / Asteran *n* (eine sternförmige Käfigverbindung)
**asterisk** *v* (Typog) / mit einem Stern(chen) auszeichnen || **~** *n* (Print, Typog) / Asteriskus *m* (pl. Asterisken), Sternchen *n*, Stern *m*
**asterism** *n* (Astron) / Sterngruppe *f* (kleine) || **~** Asterismus *m* (Eigenschaft verschiedener Kristalle, auffallendes Licht strahlenförmig zu reflektieren) || **~** (Crystal) / Asterismus *m* (radiale streifenförmige Schwärzungen, die durch Reflexion der Röntgenstrahlung an gebogenen Netzebenen zustande kommen) || **~\*** (Min) / Asterismus *m* (besonders bei den Korunden) || **~** (Typog) / drei Sternchen
**astern** *adv* (Ships) / achtern *adv*, hinter dem Schiff
**asteroid\*** *n* (Astron) / Planetoid *m* (pl. -en), Asteroid *m* (pl. -en), kleiner Planet, Kleinplanet *m*
**asthenosphere\*** *n* (Geol) / Asthenosphäre *f* (Fließzone des oberen Erdmantels unterhalb der Lithosphäre)
**asthma paper** (Paper) / Asthmapapier *n* (mit Kaliumnitrat getränkt) || **~ paper** s. also touch paper
**A.S.T.I.C. coil** (Teleph) / Rückhördämpfspule *f*
**astigmatic** (Optics, Spectr) / astigmatisch *adj* || **~ mounting** (Spectr) / astigmatische Aufstellung
**astigmatism\*** *n* (Light, Optics) / Zweischalenfehler *m*, Astigmatismus *m* (ein Abbildungsfehler mit schlechter Vereinigung sagittaler und meridionaler Lichtbündel) || **~\*** (Med) / Astigmatismus *m*
**Aston dark space\*** (Phys) / Aston'scher Dunkelraum *m* (der unmittelbar an der Katode liegt - nach F.W. Aston, 1877 - 1945) || **≃ process** (Met) / Aston-Prozess *m* (zur Herstellung von synthetischem Schmiedeeisen)
**astragal\*** *n* (Arch) / Astragal *m* (ein Rundprofil), Astragalus *m* (Perlstab, Rundstab) || **~** (Build, Glass) / Glashalteleiste *f*
**astrakanite** *n* (Min) / Astrakanit *m*, Blödit *m* (Magnesiumnatriumsulfat)
**astrakhan\*** *n* (Textiles) / Krimmer *m* (persianerähnliche Pelzimitation) || **~ cloth** (Textiles) / Krimmer *m* (persianerähnliche Pelzimitation)
**astrakhanite** *n* (Min) / Astrakanit *m*, Blödit *m* (Magnesiumnatriumsulfat)
**astral dome** (Aero) / Astrodom *m*, Astrokuppel *f*
**astreated** *adj* (decorated with stars) (Arch) / sternornamentiert *adj*, mit Sternornamenten dekoriert
**astringent** *n* (Med) / hämostyptisch *adj*, styptisch *adj*, adstringent *adj*, hämostatisch *adj*, blutstillend *adj* || **~** (Nut) / sauer *adj*, herb *adj*, streng *adj*, scharf *adj* (im Geschmack) || **~\*** (Pharm) / adstringent *adj*
**astrionics** *n* (Electronics, Space) / Astrionik *f* (elektronische Verfahren und Geräte der Raumfahrt)
**astrobiology** *n* (Biol) / Kosmobiologie *f*, Astrobiologie *f*, Ektobiologie *f*, Exobiologie *f*
**astrobleme\*** *n* (Geol) / Astroblem *n* (fossiler Meteoritenkrater)

**astrochemistry** *n* (Astron, Chem) / Kosmochemie *f* (Wissenschaftszweig, der sich mit dem Auftreten und der Verteilung der chemischen Elemente im Weltall befasst), Astrochemie *f*
**astrocompass\*** *n* (Aero) / Astrokompass *m* (für die Astronavigation)
**astrodome\*** *n* (Aero) / Astrodom *m*, Astrokuppel *f*
**astrodynamics** *n* (Astron, Phys, Space) / Astrodynamik *f*
**astro fix** (Aero) / Astrostandort *m*, astronomischer Standort, Astrofix *m*
**astrogation** *n* (Nav) / Astronavigation *f* (unter Verwendung von Messdaten angepeilter Himmelskörper), astronomische Navigation
**astrogeodetic** *adj* / astrogeodätisch *adj*
**astrogeology** *n* (Geol) / Astrogeologie *f* (Lunargeologie + Kosmogeologie)
**astrograph** *n* (Astron) / Astrograf *m*, fotografischer Refraktor, fotografisches Fernrohr, Astrokamera *f*
**astroid\*** *n* (hypocycloid of four cusps) (Maths) / Astroide *f* (eine spitze Hypozykloide), Sternkurve *f*
**astrometeorology** *n* (Meteor) / Astrometeorologie *f*
**astrometric binary star** (Astron) / astrometrischer Doppelstern
**astrometry\*** *n* (Astron) / Astrometrie *f*, Positionsastronomie *f*
**astron\*** *n* (Nuc Eng) / Astronmaschine *f*
**astronaut\*** *n* (Space) / Raumfahrer *m*, Astronaut *m* (pl. -en), Kosmonaut *m* (pl. -en), Weltraumfahrer *m*
**astronautics\*** *n* (Space) / Raumfahrt *f* (als Disziplin), Kosmonautik *f*, Astronautik *f*, Weltraumfahrt *f*, Raumschifffahrt *f*
**astronavigation** *n* (Nav) / Astronavigation *f* (unter Verwendung von Messdaten angepeilter Himmelskörper), astronomische Navigation
**astronomical** (Astron) / Stern-, astronomisch *adj* || **~ clock\*** (Arch, Horol) / astronomische Uhr (z.B. Straßburger Münster, Altstädter Rathaus in Prag) || **~ clock\*** (Astron, Horol) / astronomische Uhr (die die Sternzeit angibt) || **~ constants** (Astron) / astronomische Konstanten || **~ equator** (Geog) / Erdäquator *m* (der größte Breitenkreis des Erdellipsoids oder der Erdkugel) || **~ horizon** (Surv) / geozentrischer Horizont, wahrer Horizont, Horizont *m* (wahrer) || **~ observatory** (Astron) / Sternwarte *f* || **~ refraction** (Paint) / astronomische Refraktion (Ablenkung der Lichtstrahlen beim Durchgang durch die Erdatmosphäre) || **~ sign** (Astron) / astronomisches Zeichen (z.B. für die Planeten, Konstellationen und Tierkreissternbilder) || **~ spectroscopy** (Astron, Spectr) / astronomische Spektroskopie, Sternspektroskopie *f* || **~ symbol** (Astron) / astronomisches Zeichen (z.B. für die Planeten, Konstellationen und Tierkreissternbilder) || **~ telescope\*** (Astron, Optics) / astronomisches Fernrohr, Himmelsfernrohr *n* || **~ transit instrument** (Astron) / Durchgangsinstrument *n*, Passageinstrument *n* || **~ triangle\*** (Astron, Nav) / astronomisches Dreieck (das aus den Eckpunkten Himmelspol, Zenit, Stern bestehende sphärische Dreieck), sphärisch-astronomisches Grunddreieck, nautisches Dreieck || **~ twilight\*** (Astron) / astronomische Dämmerung *f* || **~ unit\*** (astronomical unit) (Astron) / astronomische Einheit, AE (astronomische Einheit = 149,000.000 km) || **~ year** (Astron) / tropisches Jahr (365 d 5 h 48 min 45,51 s), Sonnenjahr *n*, Solarjahr *n*
**astronomy\*** *n* (Astron) / Astronomie *f*
**astrophotography** *n* / Sternfotografie *f*, Himmelsfotografie *f*, Astrofotografie *f* (Anwendung der Fotografie zur Aufnahme von Himmelskörpern mit Fernrohren)
**astrophysical** *adj* / astrophysikalisch *adj*
**astrophysicist** *n* (Phys) / Astrophysiker *m*
**astrophysics** *n* (Phys) / Astrophysik *f*
**astroquartz fabric** (ablative fabric laminate) (Space) / Astroquarzgewebe *n*, Astroquarzlaminat *n*
**astrotracker** *n* (Astron) / Sternverfolger *m*, Sternpeiler *m*
**astylar** *adj* (with no columns or pilasters) (Arch) / säulenlos *adj*, pfeilerlos *adj*
**asulam\*** *n* (Agric, Chem) / Asulam *n* (Common name für ein Herbizid, das selektiv gegen Ampferarten wirksam ist)
**ASW** (antisubmarine weapon) (Mil) / U-Jagdwaffe *f* || **~ aircraft** (Aero, Mil) / ASW-Flugzeug *n* (zur Bekämpfung von U-Booten)
**asylum switch** (Elec Eng) / Schalter *m* unter Verschluss, Schalter *m* mit Sperrgehäuse, verschlossener Schalter
**asymmeter** *n* (Elec Eng) / Asymmeter *n*, Asymmetriemessgerät *n*
**asymmetric\*** *adj* / nichtsymmetrisch *adj*, asymmetrisch *adj*, unsymmetrisch *adj*
**asymmetrical\*** *adj* / nichtsymmetrisch *adj*, asymmetrisch *adj*, unsymmetrisch *adj* || **~ cable-stayed bridge** (Civ Eng) / einhüftige Schrägseilbrücke, asymmetrische Schrägseilbrücke || **~ digital subscriber line** (Comp, Telecomm, Teleph) / ADSL (Verfahren, um über 2-Draht-Cu-Leitungen im Hinkanal breitbandig, im Rückkanal schmalbandig zu übertragen), ADSL-Verfahren *n* || **~ fold** (Geol) / asymmetrische Falte (ungleichschenklige Falte) || **~ lighting** (Autos, Light) / asymmetrische Beleuchtung (bei der die Lichtstärkeverteilung der Leuchten asymmetrisch zur Fahrtrichtung erfolgt) || **~ thread** (Eng, Med) / asymmetrisches Gewinde (z.B. für Knochenschrauben nach DIN 58810)

**asymmetric bridge**

**asymmetric bridge** (Elec Eng) / asymmetrische Brückenschaltung || ~ **carbon atom**\* (Chem) / asymmetrisches Kohlenstoffatom || ~ **carbon atom**\* (Chem) s. also stereogenic centre || ~ **catalysis** (Chem) / asymmetrische Katalyse || ~ **distribution** (Stats) / asymmetrische Verteilung || ~ **double-hump rim** (Autos) / AH-Felge f, Felge f mit asymmetrischem Hump || ~ **membrane** / asymmetrische Membrane || ~ **power split** (Autos) / asymmetrische Antriebskraftverteilung || ~ **reflector**\* (Light) / Scheinwerfer m mit asymmetrischem Abblendlicht || ~ **rim** (Autos) / asymmetrische Felge || ~ **short circuit** (Elec Eng) / asymmetrischer Kurzschluss || ~ **speromagnetic** (Mag) / asperomagnetisch adj || ~ **synthesis**\* (Chem) / asymmetrische Synthese (eine Reaktion oder eine Reaktionsfolge, bei der aus einer achiralen - zumeist prochiralen - Verbindung die enantiomeren Produkte in ungleichen Mengen entstehen) || ~ **synthesis**\* (Chem) s. also stereoselective synthesis || ~ **system**\* (Crystal) / triklines System (Kristallsystem) || ~ **warfare** (Mil) / asymmetrische Kriegführung
**asymmetry**\* n / Asymmetrie f, Unsymmetrie f || ~ **effect** (the asymmetrical distribution of the ion cloud around an ion that results from the finite relaxation time for the ion cloud when a voltage is applied; leads to a reduction in ion mobility) (Chem, Phys) / Relaxationseffekt m || ~ **potential**\* (Elec Eng) / Asymmetriepotential n (bei Glaselektroden)
**asymptote**\* n (to a plane curve) (Maths) / Asymptote f (einer ebenen Kurve)
**asymptotic** adj / asymptotisch adj
**asymptotical** adj / asymptotisch adj
**asymptotic circle** (Maths) / asymptotischer Kreis || ~ **direction**\* (of a curve or surface) (Maths) / Asymptotenrichtung f, asymptotische Richtung || ~ **efficiency** (Stats) / asymptotische Wirksamkeit (einer Folge von Tests) || ~ **freedom**\* (Stats) / asymptotische Freiheit (bei der effektiven Kopplung) || ~ **series** (Maths) / asymptotische Entwicklung (der Funktion) || ~ **stability** (Maths) / asymptotische Stabilität
**asynchronism** n (Elec Eng) / Asynchronität f
**asynchronous** adj / asynchron adj || ~ **attack** (Comp) / NACK-Angriff m (eine asynchrone Systemunterbrechung, die das System einem Angriff gegenüber schutzlos machen kann) || ~ **balanced mode** (Comp) / Mischbetrieb m (eine Betriebsart bei bitorientierten Steuerungsverfahren) || ~ **computer**\* (Comp) / Asynchronrechner m, Asynchronrechenanlage f || ~ **data transmission**\* (Comp) / asynchrone Übertragung (DIN 44 302), Asynchronübertragung f || ~ **disconnected mode** (Comp) / unabhängiger Wartebetrieb (DIN 44 302) || ~ **machine** (Elec Eng) / Asynchronmaschine f, Induktionsmaschine f, AM (Asynchronmaschine) || ~ **motor**\* (Elec Eng) / Asynchronmotor m, Induktionsmotor m || ~ **operation** (Elec Eng) / asynchroner Lauf || ~ **operator communication** (Comp) / asynchrone Bedienerverständigung
**asynchronous-response mode** (Comp) / Spontanbetrieb m (bei bitorientierten Steuerungsverfahren - DIN 44 302)
**asynchronous torque** (Elec Eng) / asynchrones Drehmoment || ~ **transfer mode**\* (Telecomm) s. also information highway || ~ **transfer mode**\* (a form of switching system designed to minimize the magnitude of switching times) (Telecomm) / asynchroner Transfermodus (bei dem eine feste Anzahl von Bits in regelmäßig wiederkehrenden Abständen für jede Verbindung zur Verfügung steht), ATM (bei dem eine feste Anzahl von Bits in regelmäßig wiederkehrenden Abständen für jede Verbindung zur Verfügung steht), ATM-Übermittlungsverfahren n (internationaler Standard für Zellübertragung) || ~ **transmission** (Comp) / asynchrone Übertragung (digitale Signale, welche ohne genauen Takt übertragen werden - DIN 44 302)
**asynoptic** adj (Meteor) / asynoptisch adj
**asynoptical** adj (Meteor) / asynoptisch adj
**AT** (advanced technology) / fortschrittliche Technik, moderne Technik || ≃ (air traffic) (Aero) / Luftverkehr m, Flugverkehr m (im Allgemeinen)
**At** (astatine) (Chem) / Astat n, At (Astat)
**AT**\* (ampere-turn) (Elec) / Amperewindung f (DIN 42 005)
**atacamite**\* n (Min) / Atacamit m, Atakamit m (ein hydroxidhaltiges Kupferchlorid)
**atactic**\* adj (a type of polymer chain configuration where side groups are randomly positioned on one side of the chain or the other) (Chem) / ataktisch adj || ~ **block** (Chem) / ataktischer Block (bei Blockpolymeren) || ~ **polymer** (Chem) / ataktisches Polymer
**ataractic**\* n (Pharm) / kleines Tranquillans, Ataraktikum n (ein Psychotherapeutikum)
**ataraxic** n (Pharm) / kleines Tranquillans, Ataraktikum n (ein Psychotherapeutikum)
**ataxic** adj (Geol) / ungeschichtet adj (Erzlagerstätte)
**ataxite** n (Astron) / Ataxit m (ein Eisenmeteorit)
**ATB**\* (aeration test burner) (Eng) / ATB-Prüfbrenner m
**AT bus** (Comp) / AT-Bus m, Erweiterungsbus m

**ATC**\* (air-traffic control) (Aero) / Flugsicherung f, FS (Flugsicherung), Flugverkehrskontrolle f (im Allgemeinen), Luftverkehrsüberwachung f || ≃ (anticlutter rain) (Radar) / Regendämpfung f, Regenenttrübungsschaltung f, Niederschlagsdämpfung f, Regenenttrübung f
**AT command set** (Comp) / Hayes-Befehlssatz m (ein standardiesierter Befehlssatz), AT-Befehlssatz m (Hayes-Befehlssatz; alle Befehle werden mit den Buchstaben AT /attention/ eingeleitet)
**at cost** / zum Selbstkostenpreis
**ATCRBS**\* (air-traffic control radar beacon system) (Radar) / Sekundärflugsicherungsradar m n
**ATCS** (automatic tracking control system) (Acous, Electronics) / Tracking-Automatik f, automatische Spurlagenregelung, ATCS (Tracking-Automatik)
**ATC system** (Rail) / Zugbeeinflussung f (Eisenbahnsicherung)
**ATE** (automatic test equipment) / Prüfautomat m
**atectonic** adj (Geol) / atektonisch adj
**atelite** n (Min) / Paratacamit m, Atelit m (ein Oxygenhalogenid)
**ATF** (aviation turbine fuel) (Aero, Fuels, Oils) / Kerosin n, Turbinenpetroleum n, Turbinentreibstoff m
**ATGW** (antitank guided weapon) (Mil) / Panzerabwehrlenkwaffe f
**Athabasca tar sand** (Geol) / Ölsand m (aus Athabasca River Valley in Alberta - Kanada), atlantische Sippe (im Ölsand)
**athermal** adj (Phys) / anisotherm adj, athermisch adj, athermal adj || ~ **transformation**\* (Met) / athermale Umwandlung
**athermanous** adj / adiatherman adj (Wärmestrahlen nicht hindurchlassend), atherman adj
**athodyd** n (Aero) / Lorin-Triebwerk n, Lorin-Rohr n, Staustrahlrohr n, Staustrahltriebwerk n (mit Unterschallverbrennung), Ramjet m
**A thread** (US) (Eng) / Außengewinde n, Prüfgewinde n
**ATI** (average total inspection) / durchschnittliche Anzahl der Stichproben je Los (bei der Qualitätsanalyse)
**Atlantic suite** (Geol) / atlantische Sippe (Natrongesteine - eine Gesteinsprovinz)
**Atlantic-type coastline** (a coastline that develops where the general structural trend of the land, such as mountain chains, is transverse to the margin of the ocean basin) (Geol) / Atlantischer Küstentyp
**atlas** (a book of maps and charts) (Bind, Print) / Atlas m (pl. -se oder Atlanten) (Sammlung geografischer Karten als Buch) || ~ n (pl. atlantes) (Arch) / Atlant m (pl. Atlanten), Atlas m (pl. Atlasse od. Atlanten), Gigant m (pl. -en), Telamon m n (pl. -en) (kraftvolle männliche Stützfigur für vorspringende Bauteile) || ~ **lapping** (Textiles) / Atlaslegung f || ~ **paper** (Paper) / Papier n für Kartenwerke, Papier n für Atlanten
**ATM** (air-traffic management) (Aero) / Luftverkehrssteuerung f || ≃ (address translation memory) (Comp) / Adressumsetzspeicher m || ≃ (automated teller machine) (Comp) / Geldausgabeautomat m (in einer Bank), Geldautomat m, Bankautomat m || ≃\* (asynchronous transfer mode) (Telecomm) / asynchroner Transfermodus (bei dem eine feste Anzahl von Bits in regelmäßig wiederkehrenden Abständen für jede Verbindung zur Verfügung steht), ATM (bei dem eine feste Anzahl von Bits in regelmäßig wiederkehrenden Abständen für jede Verbindung zur Verfügung steht), ATM-Übermittlungsverfahren n (internationaler Standard für Zellübertragung)
**atmidometer** n (Meteor) / Evaporimeter n, Evaporometer n, Verdunstungsmesser m, Atmometer n
**ATM network** (Telecomm) / ATM-Netz n, ATM-Netzwerk n
**atmoclastic** adj (Geol) / atmoklastisch adj
**atmolysis**\* n (pl. atmolyses) / Atmolyse f (Trennung eines Gasgemisches)
**atmometer** n (Meteor) / Evaporimeter n, Evaporometer n, Verdunstungsmesser m, Atmometer n
**atmophil** adj (Chem) / atmophil adj (Element, wie C, H, O, N und Edelgase)
**atmophile**\* adj (Chem) / atmophil adj (Element, wie C, H, O, N und Edelgase)
**ATMOS** (adjustable threshold MOS) (Electronics) / Feldeffekttransistor m mit einstellbarer Isolierschicht
**atmosphere** n (Geophys) / Atmosphäre f, Erdatmosphäre f, Lufthülle f (der Erde) || ~ (Materials) / Klima n (z.B. für die Werkstoffprüfung) || ~ (Phys) / Atmosphäre f (bis zum 31.12.1977 benutzte Einheit des Druckes) || ~ (Welding) / Atmosphäre f, Schutzmantel m || ~ **for testing** (Materials) / Prüfklima n (Normklima für Prüfungen) || ~ **packaging** (Nut) / Schutzgasverpackung f
**atmospheric** adj (Geophys) / Luft-, atmosphärisch adj || ~ **absorption**\* (Acous, Astron) / atmosphärische Absorption || ~ **acoustics**\* (Acous) / atmosphärische Akustik, Akustik f der Atmosphäre || ~ **boil** (Optics) / terrestrische Szintillation || ~ **boundary layer**\* (Meteor) / planetarische Grenzschicht, atmosphärische Grenzschicht (die unterste Schicht im Aufbau der Atmosphäre, in der aufgrund der Rauigkeit der Erdoberfläche und der daraus resultierenden

Reibung eine ungeordnete turbulente Strömung vorherrscht) ‖ ~ **braking** (Space) / atmosphärisches Bremsen (auf der Rückkehrbahn) ‖ ~ **chemistry** (Chem) / Atmosphärenchemie *f*, Chemie der Atmosphäre *f* ‖ ~ **condenser** (Eng) / Berieselungsverflüssiger *m* (für Kältemittel) ‖ ~ **conditions** / Witterungsbedingungen *f pl*, atmosphärische Bedingungen, Wetterlage *f* ‖ ~ **constituents** (Chem) / Atmosphärilien *f pl* (chemisch wirksame Stoffe in der Atmosphäre) ‖ ~ **contamination** (Ecol, Meteor) / Luftverunreinigung *f*, Luftverschmutzung *f*, Luftkontamination *f*, Airpollution *f* ‖ ~ **cooling tower** / atmosphärischer Kühlturm, offener Kühlturm ‖ ~ **corrosion** (Surf) / Luftkorrosion *f*, Korrosion durch die Atmosphäre (durch den Luftsauerstoff), atmosphärische Korrosion (ein Spezialfall der elektrolytischen Korrosion) ‖ ~ **crack** / unter Einfluss des Wetters entstandener Riss ‖ ~ **damping** (Telecomm) / atmosphärische Dämpfung ‖ ~ **electricity*** (Elec, Meteor) / Luftelektrizität *f*, atmosphärische Elektrizität ‖ ~ **engine** (Aero) / Saugmotor *m*, Motor *m* ohne Aufladung ‖ ~ (re)**entry** (Space) / [Wieder]Eintritt *m* in die (dichteren Schichten der) (Erd)Atmosphäre ‖ ~ **exposure** (Materials, Paint, Surf) / Freiluftbewitterung *f* (Außenbewitterung), Freiluftbewetterung *f*, Freibewitterung *f* (DIN 53 166), FB (Freibewitterung), Außenbewitterung *f*, Außenbewetterung *f*, Freiluftauslagerung *f*, natürliche Bewitterung (Freiluftauslagerung) ‖ ~ **exposure test** (Paint, Surf) / Bewitterungsversuch *m* (ein Korrosionsversuch), Naturkorrosionsversuch *m* (mit Freiluftauslagerung) ‖ ~ **feeder** (Foundry) / atmosphärischer Speiser, Luftdruckspeiser *m* ‖ ~ **gasification** (Mining) / drucklose Vergasung ‖ ~ **humidity** / Luftfeuchte *f* (im Freien), Luftfeuchtigkeit *f* (im Freien) ‖ ~ **influence** / Witterungseinfluss *m* ‖ ~ **interference** (Telecomm) / atmosphärisches Rauschen, atmosphärische Funkstörungen, Atmospherics *pl*, Sferics *pl*, Spherics *pl* ‖ ~ **moisture** / Luftfeuchte *f* (im Freien), Luftfeuchtigkeit *f* (im Freien) ‖ ~ **nitrogen** (Chem) / Luftstickstoff *m* ‖ ~ **noise** (Telecomm) / atmosphärisches Rauschen, atmosphärische Funkstörungen, Atmospherics *pl*, Sferics *pl*, Spherics *pl* ‖ ~ **optics** (Optics) / atmosphärische Optik (die das Verhalten des Lichts in der Atmosphäre beschreibt), meteorologische Optik ‖ ~ **oxidation** (Chem) / Oxidation *f* durch Luftsauerstoff, Luftoxidation *f*, Oxidation *f* in Luft ‖ ~ **oxygen** (Chem, Ecol) / Luftsauerstoff *m* ‖ ~ **perspective** / Luftperspektive *f* ‖ ~ **physics** (Phys) / Physik *f* der Erdatmosphäre ‖ ~ **pollutant** (Ecol, Meteor) / Luftschadstoff *m* ‖ ~ **pollution*** (Ecol, Meteor) / Luftverunreinigung *f*, Luftverschmutzung *f*, Luftkontamination *f*, Airpollution *f* ‖ ~ **pressure*** (Meteor) / Luftdruck *m* (DIN 1358), atmosphärischer Druck (vom Barometer abgelesen), Barometerdruck *m* ‖ ~ **pressure ionization** (Spectr) / Atmosphärendruck-Ionisation *f*, API (Atmosphärendruck-Ionisation) ‖ ~ **process CVD** (Surf) / APCVD-Prozess *m* (eine Schichtabscheidung aus der Gasphase) ‖ ~ **pump** (Eng) / Saugpumpe *f* ‖ ~ **refraction** (Optics) / atmosphärische Strahlenbrechung (Sammelbegriff für die mit der Krümmung der Lichtstrahlen in der Atmosphäre zusammenhängenden Erscheinungen), atmosphärische Refraktion ‖ ~ **relief system** / Abblaseeinrichtung *f* ins Freie ‖ ~ **riser** (Foundry) / atmosphärischer Speiser, Luftdruckspeiser *m*

**atmospherics*** *pl* (Telecomm) / atmosphärisches Rauschen, atmosphärische Funkstörungen, Atmospherics *pl*, Sferics *pl*, Spherics *pl*

**atmospheric shimmer** (Optics) / terrestrische Szintillation ‖ ~ **suppressor** (Telecomm) / Störsperre *f* (bei atmosphärischen Störungen) ‖ ~ **tides*** (Geophys) / atmosphärische Gezeiten, Gezeiten *f pl* der Atmosphäre (halbtägige, ganztägige oder monatliche Schwankungen des Luftdrucks mit den entsprechenden Sonnen- und Mondperioden) ‖ ~ **water** (Meteor) / Niederschlagswasser *n* der Atmosphäre ‖ ~ **wave** (Meteor) / atmosphärische Welle (im horizontalen Strömungsmuster, welches Perioden im Raum und/oder Zeit aufweist) ‖ ~ **weathering** (Materials, Paint, Surf) / Freiluftbewitterung *f* (Außenbewitterung), Freiluftbewetterung *f*, Freibewitterung *f* (DIN 53 166), FB (Freibewitterung), Außenbewitterung *f*, Außenbewetterung *f*, Freiluftauslagerung *f*, natürliche Bewitterung (Freiluftauslagerung) ‖ ~ **window** (Astron) / atmosphärisches Fenster, atmosphärisches Fenster, Fenster *n* der atmosphärischen Transparenz

**ATN** (augmented-transition network) (AI) / augmentiertes Übergangsnetzwerk, ATN-Netzwerk *n*, erweitertes Übergangsnetzwerk ‖ ~ **grammar** (AI) / ATN-Grammatik *f* (zur Beschreibung der natürlichen Sprache)

**at no extra cost** / ohne Aufpreis

**ATO** (assisted take-off) (Aero) / Starthilfe *f* ‖ ~ (assisted take-off) (Aero) / Abflug *m* mit Starthilfe ‖ ~ (aborted take-off) (Space) / Fehlstart *m* einer Rakete

**A to D converter*** (Comp, Electronics) / A/D-Umsetzer *m*, Analog-Digital-Umsetzer *m*, A/D-Wandler *m*, ADU (Analog-Digital-Umsetzer)

**atom*** *n* (Nuc) / Atom *n* ‖ ~ **bomb*** (Mil) / Atombombe *f*, A-Bombe *f* ‖ ~ **gun** (Nuc, Spectr) / Atomkanone *f* (beim Fast-Atom-Bombardment)

**atomic** *adj* (Nuc) / einatomig *adj*, atomar *adj*, aus einem Atom bestehend ‖ ~ (Nuc) / Atom- ‖ (**unified**) ~ **mass unit*** (Nuc) / atomare Masseneinheit, u (atomare Masseneinheit), AME (der zwölfte Teil der Masse eines Atoms des Nuklids $^{12}$C) ‖ ~ **absorption analysis** (Chem) / Atomabsorptionsanalyse *f* ‖ ~ **absorption coefficient*** (Phys) / atomarer Absorptionskoeffizient ($\mu_a$) ‖ ~ **absorption spectrometry** (Spectr) / Atomabsorptionsspektroskopie *f*, AAS (Atomabsorptionsspektroskopie nach DIN 51 401, T 1), Atomabsorptionsspektrometrie *f* ‖ ~ **absorption spectrophotometry** (Chem, Spectr) / Spektralanalyse *f* mittels Atomabsorption ‖ ~ **absorption spectroscopic analysis** (Chem, Spectr) / Spektralanalyse *f* mittels Atomabsorption ‖ ~ **absorption spectroscopy** (Spectr) / Atomabsorptionsspektroskopie *f*, AAS (Atomabsorptionsspektroskopie nach DIN 51 401, T 1), Atomabsorptionsspektrometrie *f* ‖ ~ **attenuation coefficient** / atomarer Schwächungskoeffizient (DIN 1304) ‖ ~ **battery** (Nuc Eng) / Radionuklidbatterie *f* (direkte, indirekte), Isotopenbatterie *f*, strahlengalvanisches Element, Kernbatterie *f*, RNB (Radionuklidbatterie), Atombatterie *f* ‖ ~ **beam** (Phys) / Atomstrahl *m* (ein gebündelter Molekülstrahl aus neutralen Atomen)

**atomic-beam resonance method** (Spectr) / Atomstrahlresonanzmethode *f* (in der Hochfrequenzspektroskopie)

**atomic bomb*** (Mil) / Atombombe *f*, A-Bombe *f* ‖ ~ **bond*** (Chem) / kovalente Bindung, Atombindung *f*, unpolare Bindung, homöopolare Bindung, Austauschbindung *f*, Elektronenpaarbindung *f* ‖ ~ **carbon** (Chem) / atomarer Kohlenstoff ‖ ~ **chain** (Chem) / Atomkette *f*, Kette *f* (Atomkette) ‖ ~ **clock*** / Atomuhr *f* (Frequenzstandard höchster Genauigkeit, z.B. Cäsiumuhr), Moleküluhr *f* ‖ ~ **constant** (Phys) / Atomkonstante *f*, atomare Konstante (z.B. die Elektronenmasse, die Elementarladung und das Planck'sche Wirkungsquantum) ‖ ~ **diameter** (Chem) / Atomdurchmesser *m* ‖ ~ **emission spectroscopy** (Spectr) / Atomemissionsspektroskopie *f*, optische Emissionsspektroskopie, OES (optische Emissionsspektroskopie), AES (Atomemissionsspektroskopie) ‖ ~ **energy*** (Nuc Eng) / Kernenergie *f* (die bei der Kernumwandlung freisetzbare oder freigesetzte Energie - DIN 25401, T 1), Atomkernenergie *f*, Atomenergie *f* ‖ ~ **Energy Authority** (GB) / oberste Atombehörde in Großbritannien ‖ ~ **energy law** / Atomrecht *n* (Summe der Rechtsvorschriften, die den Umgang mit der Kernenergie regeln), Kernenergierecht *n*, Atomenergierecht *n*, Nuklearrecht *n* ‖ ~ **event** (Stats) / atomares Ereignis *n* ‖ ~ **fallout** (Ecol, Mil, Nuc Eng) / radioaktiver Niederschlag (der außerhalb des Explosionsorts niedergeht), Fallout *m* ‖ ~ **fission** (Nuc, Nuc Eng) / Kernspaltung *f* (spontane, induzierte - binäre, tertiäre), Spaltung *f*, Fission *f* ‖ ~ **fluorescence** (Chem) / Atomfluoreszenz *f* ‖ ~ **fluorescence spectrophotometry** (Chem, Spectr) / Spektralanalyse *f* mittels Atomfluoreszenz ‖ ~ **fluorescence spectroscopy** (Spectr) / Atomfluoreszenspektroskopie *f* (eine Methode der Atomabsorptionsspektroskopie) ‖ ~ **force microscope** (Micros) / AF-Mikroskop *n* (Elektronenmikroskop, bei dem die Kraft zwischen der Prüfspitze und der zu untersuchenden Oberfläche gemessen wird - ähnlicher Aufbau wie beim Tunnelmikroskop), AFM (AF-Mikroskop), Atomkraftmikroskop *n*, Rasterkraftmikroskop *n*, Kraftmikroskop *n* ‖ ~ **form factor** (Nuc) / Atomformamplitude *f*, Atomformfaktor *m* ‖ ~ **formula** (AI) / atomare Formel (der Prädikatenlogik) ‖ ~ **frequency*** (Phys) / Atomfrequenz *f*, Eigenfrequenz *f* des Atoms ‖ ~ **gas laser** (Phys) / Atomlaser *m* (Gaslaser, bei dem die Laserübergänge zwischen Niveaus neutraler Atome stattfinden) ‖ ~ **heat*** (Chem) / Atomwärme *f* (die nötig ist, um ein Grammatom eines chemischen Elements um 1 K zu erhöhen) ‖ ~ **hydrogen** (Chem) / aktiver Wasserstoff, atomarer Wasserstoff (ein Quantengas), Monowasserstoff *m* ‖ ~ **hydrogen arc welding** (Welding) / Arcatom-Verfahren *n*, Arcatom-Schweißung *f* (z.B. MAG-Verfahren), atomares Lichtbogenschweißen ‖ ~ **hydrogen welding** (Welding) / Arcatom-Verfahren *n*, Arcatom-Schweißung *f* (z.B. MAG-Verfahren), atomares Lichtbogenschweißen ‖ ~ **ion** (Phys) / Atomion *n*, ionisiertes Atom

**atomicity*** *n* (Chem) / Atomigkeit *f*, Atomizität *f* (Anzahl der Atome im Molekül)

**atomic laser** (Phys) / Atomlaser *m* (Gaslaser, bei dem die Laserübergänge zwischen Niveaus neutraler Atome stattfinden) ‖ ~ **lattice** (Crystal) / Atomgitter *n* (ein Kristallgittertyp, z.B. Diamant) ‖ ~ **lattice** (Nuc) / atomarer Verband (bei dem jedes vom Nullelement verschiedene Element mindestens ein Atom umfasst) ‖ ~ **mass** (the actual mass of a specified atom) (Nuc) / Atommasse *f* ‖ ~ **mass**

**constant** (Nuc) / Atommassekonstante f, atomare Massekonstante ‖ ~ **model** (Nuc) / Atommodell n ‖ ~ **nucleus** (Nuc) / Atomkern m, Kern m ‖ ~ **number**\* (Chem, Nuc) / Protonenzahl f, Atomnummer f (die Anzahl der Protonen im Atomkern), Ordnungszahl f, Kernladungszahl f (deren Wert mit dem der Ordnungszahl identisch ist), OZ (im Periodensystem der Elemente) ‖ ~ **orbital**\* (Nuc) / Atomorbital n (Aufenthaltswahrscheinlichkeit der Elektronen eines Atoms um den Atomkern), AO (Atomorbital) ‖ ~ **photoelectric effect** (Phys) / Fotoionisation f, atomarer Fotoeffekt ‖ ~ **physics** (Phys) / Atomphysik f ‖ ~ **plane**\* (Crystal) / rationale Ebene, Netzebene f (die durch drei Gitterpunkte, die nicht in einer Geraden liegen, festgelegt ist), Gitterebene f (in Richtungen, die vom Kristall abhängig sind) ‖ ~ **polarization** (Electronics, Phys) / Ionenpolarisation f (Verschiebung ionisierter Atome unter der Einwirkung eines elektrischen Feldes), Atompolarisation f, Gitterpolarisation f ‖ ~ **power plant** (Elec Eng, Nuc Eng) / Kernkraftwerk n, Atomkraftwerk n, KKW (Kernkraftwerk), AKW (Atomkraftwerk) ‖ ~ **power plant current** (Elec Eng, Nuc Eng) / elektronukleare Energie, Atomstrom m ‖ ~ **proportion** (Chem) / Atomverhältnis n, Atomverhältniszahl f ‖ ~ **radius**\* (Nuc) / Atomradius m ‖ ~ **ratio** (Chem) / Atomverhältnis n, Atomverhältniszahl f ‖ ~ **refraction** (Chem, Optics) / Atomrefraktion f ‖ ~ **rocket** (Mil, Space) / Atomrakete f, Kernrakete f, Rakete f mit Kernenergieantrieb ‖ ~ **scattering**\* (Phys) / Atomstreuung f ‖ ~ **scattering factor** (the ratio of the amplitude of the wave scattered by an atom to that scattered by a single electron) (Nuc) / Atomformamplitude f, Atomformfaktor m ‖ ~ **spectroscopy** (Chem, Spectr) / Atomspektroskopie f ‖ ~ **spectrum**\* (Nuc, Spectr) / Atomspektrum n ‖ ~ **stopping power** (Nuc) / atomares Bremsvermögen ‖ ~ **structure**\* (Phys) / Atomaufbau m, Atomstruktur f, Atombau m ‖ ~ **theory** (Nuc) / Atomtheorie f, Atomlehre f ‖ ~ **Time** (Phys) / Atomzeit f (Zeitmaß, bei dem die Resonanzschwingungen des Caesiumatoms 133 oder des Ammoniakmoleküls als Normal dienen) ‖ ~ **transformation** (Nuc) / Atomumwandlung f ‖ ~ **transmutation**\* (Nuc) / nukleare Transmutation ‖ ~ **unit** (Nuc) / atomare Einheit (verschiedene Größen und Dimensionen)
**atomic-vapour laser isotope separation** (Nuc Eng) / Uranisotopentrennung f mit Laserstrahlen im atomaren Dampf (entwickelt im Lawrence Livermore Laboratory)
**atomic volume**\* (Chem) / Atomvolumen n (der von 1 Mol eines Elementes bei 0 K eingenommene Raum) ‖ ~ **waste** (Nuc Eng) / Atomabfall m, radioaktive Abfälle (DIN 25401, T 5), Atommüll m, radioaktiver Abfall (im Allgemeinen), RA (radioaktiver Abfall) ‖ ~ **weapon** (Mil) / Kernwaffe f, Atomwaffe f, Kernsprengkörper m, Nuklearwaffe f (bei der die für die Explosion notwendige Energie durch Kernreaktionen freigesetzt wird) ‖ ~ **weight**\* (Chem, Phys) / relative Atommasse ("Atomgewicht")
**atomization** n (Chem Eng) / Atomisierung f
**atomize** v / verstäuben v (Flüssigkeit), sprühen v, zerstäuben v, verspritzen v, versprühen v, sprayen v
**atomizer**\* n (Eng) / Zerstäuber m (des Brenners) ‖ ~ (Glass) / Ölzerstäuber m (auswechselbar - in den gemauerten Brenner eingesetzt) ‖ ~ (Instr, Med) / Vernebler m (bei der Inhalation), Sprüher m, Atomiseur m, Zerstäuber m ‖ ~ **burner** m / Zerstäubungsbrenner m ‖ ~ **disk** / Zerstäuberscheibe f (bei Scheibenzerstäubern) ‖ ~ **test** (Surf) / Atomizer-Test m (Verfahren zur Sichtbarmachung anhaftender Verunreinigungen auf Metalloberflächen bzw. der Reinigungswirkung von Entfettungsmitteln), Zerstäubungstest m (auf Oberflächenreinheit durch Bedüsen mit destilliertem Wasser)
**atomizing** n (Agric, Chem) / Nebelverfahren n (in der Schädlingsbekämpfung) ‖ ~ (Chem Eng) / Atomisierung f ‖ ~ **bell** (Paint) / Sprühglocke f (in Rotationsanlagen), Zerstäuberglocke f ‖ ~ **head** (Paint) / Sprühkopf m (der Spritzpistole oder der Aerosoldruckdose), Spritzkopf m ‖ ~ **nozzle** (Eng, Paint) / Druckzerstäuberdose f, Sprühdüse f, Spritzdüse f
**atom line** (Spectr) / Atomlinie f (eine Spektrallinie) ‖ ~ **model** (Nuc) / Atommodell n ‖ ~ **transfer** (Nuc) / Atomübertragung f ‖ ~ **union** (Nuc) / Atomverband m
**atopic** adj (Med) / atopisch (nicht in der richtigen Lage befindlich), fehlgelagert adj (versetzt)
**ATP**\* (adenosine triphosphate) (Biochem) / Adenosin-5'-triphosphat n, ATP (Adenosin-5'-triphosphat) ‖ ≃ (automatic picture transmission) (Telecomm) / automatische Bildübertragung (Funkfax)
**ATPase**\* n (Biochem) / Adenosintriphosphatase f, ATPase f
**ATR** (attenuated total reflectance) (Chem) / abgeschwächte Totalreflexion (in der Infrarotspektroskopie)
**atramentizing** n (Surf) / Atramentverfahren n (ein altes Korrosionsschutzverfahren für Stahl durch Phosphatieren in einer Zinkphosphatlösung bei 90° C)

**ATRAN** (automatic terrain recognition and navigation) (Aero, Mil) / Luftbildvergleichsnavigation f
**atrazine** n (Chem) / Atrazin n (Common name für ein Herbizid)
**ATR box** (Radar) / Sendersperrschalter m
**atropine**\* n (Chem, Pharm) / Atropin n (Alkaloid der Solanacaeen, z.B. der Tollkirsche, des Gemeinen Stechapfels, des Bilsenkrauts), Tropintropat n
**atropisomer** n (Chem) / Atropisomer n (Stereoisomer, das wegen einer Behinderung der freien Drehbarkeit um Einfachbindungen existiert), Behinderungsisomer n
**atropisomerism** n (Chem) / Atropisomerie f
**ATR switch** (Radar) / Sendersperrschalter m ‖ ≃ **tube**\* (Electronics) / Sendersperrröhre f (die den Sender von der Antenne trennt)
**ATS** (Applications Technology Satellite) (Space) / anwendungstechnischer Satellit der NASA (z.B. für Schulfernsehen)
**at sign** (normally used to separate a user name and a domain within an email address) (Comp) / Klammeraffe m, kommerzielles @ (DIN 66 009)
**attach** v / befestigen v, anbringen v ‖ ~ (Bind) / einhängen v ‖ ~ (to establish a connection between a workstation and a server) (Comp) / anschließen v
**attaché case** / Aktenkoffer m
**attached** adj / anliegend adj (Strömung) ‖ ~ **column** (Arch) / eingebundene Säule ‖ ~ **column**\* (Arch, Build) / eingebundene Wandsäule (meist Halbsäule) ‖ ~ **proton** (Spectr) / gebundenes Proton ‖ ~ **table** (a table stored in an outside database) (Comp) / eingebundene Tabelle (MS Access) ‖ ~ **table** (stored in an outside database) (Comp) / eingebundene Tabelle
**attaching machine** (Bind) / Bucheinhängemaschine f, Einhängemaschine f
**attachment** n / Zusatzgerät n, Anbaugerät n ‖ ~ (AI) / Attachment n, Auswertung f ‖ ~ (Chem) / Elektronenanlagerung f, Attachment n (Anlagerung eines Elektrons an ein neutrales Atom oder Molekül unter Bildung eines Anions) ‖ ~ (Comp) / Attachment n (als Anlage mit einer E-Mail mitgeschickte digitale Datei) ‖ ~ (Eng) / Zusatzeinrichtung f (der Drehmaschine), Vorrichtung f (der Drehmaschine) ‖ ~ (Eng) / Vorrichtung f (vom Konstrukteur im Vorrichtungsbau entworfen) ‖ ~ (Photog) / Vorsatzgerät n ‖ ~ **lens** (Photog) / Vorsatzlinse f (z.B. für Nah- und Trickaufnahmen) ‖ ~ **plug** (Elec Eng) / Adapter m (Steckverbinder oder Zwischenstück, um nicht zueinander passende Stecker und Buchsen oder Geräte und Baugruppen miteinander zu verbinden), Zwischenstecker m, Anpassstecker m, Übergangsstecker m, Kopplungsstecker m ‖ ~ **screw**\* / Klemmschraube f (eine Befestigungsschraube)
**attack** v (Surf) / angreifen v ‖ ~ (Comp) / Angriff m (aktiver, passiver) ‖ ~ (Comp) / Angriff m (auf die DV-Anlage) ‖ ~ (Surf) / Angriff m (auch der Korrosionsmittel) ‖ ~ **angle** (Autos) / Anstellwinkel m (des Heckspoilers) ‖ ~ **by sulphates** (Build) / Sulfatangriff m ‖ ~ **helicopter** (Mil) / Angriffshubschrauber m
**attacking task** (Comp) / anschließende Aufgabe
**attack rate** (Acous) / Ansprechgeschwindigkeit f, Einsatzgeschwindigkeit f
**attain** v / erreichen v (Vakuum, Ziel, Wirkung) ‖ ~ (Maths) / annehmen v (einen Wert)
**attapulgite** n (Ceramics, Min) / Attapulgit m (von Attapulgus in Georgia), Palygorskit m (feinkörnige Masse, die durch die Wasseraustauschmöglichkeit Walkerdeeigenschaften hat - ein vorzügliches Adsorptionsmittel)
**attar of roses**\* / Rosenöl n (meistens aus der Rosa damascena Mill.), Oleum f Rosae (aethereum)
**ATT diode** (avalanche transit time diode) (Electronics) / ATT-Diode f (Siliziumdiode nach dem Mesaprinzip mit ausgeprägtem Lawinen- und Laufzeiteffekt)
**attemperation** n / Temperaturregelung f
**attemperator** n (Brew) / Gärbottichkühler m, Kühlschlange f
**attempt** n / Anlauf m (Versuch)
**attend** v / bedienen v (eine Maschine)
**attendance** n (Comp, Eng) / Bedienung f, Betätigung f (Bedienung), Operating n ‖ ~ **button** (Eng) / Bedienungsknopf m ‖ ~ **knob** (Eng) / Bedienungsknopf m ‖ ~ **time** (Work Study) / Anwesenheitszeit f
**attendant** n (Eng) / Bedienungsperson f (an der Maschine) ‖ ~ **parking** (Autos) / Einparkservice m (bei Hotels, Parkhäusern usw.)
**attended exchange** (Teleph) / bemanntes Amt, besetztes Amt ‖ ~ **time** (Comp) / Betriebszeit f (mit Bedienung) ‖ ~ **time** (Work Study) / Bedienungszeit f (der Maschine)
**attention signal** / Achtung-Signal n (im Allgemeinen) ‖ ~ **tone** (Teleph) / Aufmerksamkeitston m
**attenuated total reflectance** (Chem) / abgeschwächte Totalreflexion (in der Infrarotspektroskopie)
**attenuation** n (Brew) / Vergärung f ‖ ~ (Brew) / Extraktabnahme f ‖ ~\* (Elec Eng, Nuc, Telecomm) / Dämpfung f (Differenz zweier Pegelwerte

einer Übertragungsstrecke nach DIN 40 148), Schwächung *f* (eine Zustandsgröße ist am Ausgang eines Übertragungsgliedes kleiner als am Eingang), Längsdämpfung *f* (Abschwächung eines längs der Leitung sich verbreitenden Signals) || ~ (Optics) / Attenuation *f* || ~* (Phys) / materielle Schwächung (die Abnahme einer Strahlungsgröße beim Durchgang von Strahlung durch Materie) || ~ **band** (Optics) / Sperrbereich *m*, Sperrgebiet *n* (Filter) || ~ **coefficient** (Nuc, Nuc Eng) / Schwächungskoeffizient *m* (DIN 1304) || ~ **coefficient** (Acous) / Schalldämpfungskoeffizient *m* (Realteil des Schallausbreitungskoeffizienten nach DIN 1320) || ~ **constant*** (Elec Eng) / Dämpfungskonstante *f* (Realteil der Übertragungskonstante), Dämpfungskoeffizient *m* (Realteil der Übertragungskonstante) || ~ **constant** (Telecomm) / Kettendämpfung *f* (Dämpfungsmaß) || ~ **distortion*** (Telecomm) / Dämpfungsverzerrung *f* || ~ **factor** (Nuc Eng) / Schwächungsfaktor *m* (der die Eignung einer Materialschicht zur Abschirmung charakterisiert) || ~ **length** (Telecomm) / Dämpfungslänge *f* || ~ **limit** (Brew) / Endvergärungsgrad *m*
**attenuation-limited operation** / dämpfungsbegrenzter Betrieb (eines LWL)
**attenuation of a termination circuit** (Teleph) / Gabeldämpfung *f* || ~ **pad** (Elec Eng) / festeingestellter Abschwächer, festes Dämpfungsglied (nur aus Widerständen aufgebautes)
**attenuator*** *n* (Elec Eng, Telecomm) / Dämpfungsglied *n* (fest oder veränderbar - aus verschiedenen passiven oder aktiven Elementen zusammengesetzt)
**Atterberg limits** (Civ Eng) / Atterberg'sche Grenzen (Zustandsgrenzen für bindigen Boden, nach DIN 18122)
**attested copy** / beglaubigte Kopie
**attic** *n* (Arch) / Attikageschoss *n* (ein niedriges Obergeschoss über dem Hauptgesims), Attika *f* (pl. Attiken), Dachstockwerk *n* (hauptsächlich im Barock), Dachgeschoss *n*, Dachetage *f*, Dachstock *m* || ~ (Arch, Build) / Dachkammer *f*, Dachstube *f*, Dachzimmer *n* || ~ (Build) / Speicher *m* (Dachboden), Dachboden *m* (der Dachboden oder ein Teil des Dachraumes, der nicht für den Aufenthalt von Menschen ausgebaut ist und z.B. als Wäschetrockenboden benutzt wird), Boden *m* (Dachboden), Estrich *m* (S) || ~ **ladder** (Build) / hochschiebbare Treppe, Einschiebetreppe *f*, Bodeneinschubtreppe *f*, Einschubtreppe *f*, Schiebetreppe *f*, Ziehtreppe *f*, Bodentreppe *f*, herunterklappbare Stufenleiter, Einschubstiege *f* (zum Dachboden) || ~ **room** (Arch, Build) / Dachkammer *f*, Dachstube *f*, Dachzimmer *n* || ~ **stairs** (US) (Build) / hochschiebbare Treppe, Einschiebetreppe *f*, Bodeneinschubtreppe *f*, Einschubtreppe *f*, Schiebetreppe *f*, Ziehtreppe *f*, Bodentreppe *f*, herunterklappbare Stufenleiter, Einschubstiege *f* (zum Dachboden) || ~ **storey** (Arch) / Attikageschoss *n* (ein niedriges Obergeschoss über dem Hauptgesims), Attika *f* (pl. Attiken), Dachstockwerk *n* (hauptsächlich im Barock), Dachgeschoss *n*, Dachetage *f*, Dachstock *m* || ~ **storey** (Arch) / Attikageschoss *n* (ein niedriges Obergeschoss über dem Hauptgesims), Attika *f* (pl. Attiken), Dachstockwerk *n* (hauptsächlich im Barock), Dachgeschoss *n*, Dachetage *f*, Dachstock *m*
**attitude*** *n* (Aero) / Fluglage *f* || ~ (Geol) / Lagerung *f*, Schichtenlagerung *f*, Streichen und Fallen *n* (als Gesamtheit der Lagerungsform) || ~ **control*** (Aero, Space) / Lageregelung *f* || ~ **gyro** (Aero) / Lageüberwachungskreisel *m*, Lagekreisel *m* (mit vertikaler Achse) || ~ **gyroscope** (Aero) / Lageüberwachungskreisel *m*, Lagekreisel *m* (mit vertikaler Achse) || ~ **gyroscope** (Aero) s. also gyro horizon || ~ **stabilization** (Aero) / Fluglagenstabilisierung *f*
**atto-** (SI-prefix denoting x 10⁻¹⁸) / Atto- (Vorsatz vor Einheiten für 10⁻¹⁸ - Kurzzeichen a)
**attorney** *n* / Anwalt *m* (z.B. in Patentsachen)
**attract** *v* (Astron, Phys) / anziehen *v*
**attractant** *n* (Chem) / Attraktant *m* (Substanz, die Schädlinge anlockt, jedoch keine pestizide Wirkung besitzt), Attraktans *n* (pl. -tien), Lockmittel *n*, Insektenlockstoff *m*, Lockstoff *m*
**attracted-disk electrometer*** (Elec Eng) / absolutes Kelvin-Elektrometer
**attraction** *n* (Astron, Phys) / Anziehung *f*, Attraktion *f* || ~ **force** (Phys) / Anziehungskraft *f* (die den gegenseitigen Abstand zwischen Körpern oder Teilchen zu verringern sucht)
**attractor** *n* (Maths, Phys) / Attraktor *m* (Endzustand eines dynamischen Systems) || ~ (Phys) / Attraktor *m* (in der Chaostheorie)
**attribute** *n* (Arch) / Attribut (charakteristische Beigabe einer Person, z.B. der Schlüssel bei der Darstellung des Apostels Petrus) || ~ (Comp, Telecomm) / Attribut *n*, Merkmal *n* || ~ **sampling** (a method of quality-control inspection in which sampled ware is classified only as passable or defective) / Probenahme *f* auf Merkmale (gut oder schlecht) || ~ **value** (Comp) / Ausprägung *f* (bei Datenbanken die Bezeichnung für einen konkreten Wert eines Feldes in einem Datensatz), Feldwert *m* (Ausprägung), Attributwert *m*

**attrital coal** (Geol, Mining) / Grundmasse *f* der Streifenkohle
**attrite** *v* / abscheuern *v*, abreiben *v*
**attrition** *n* (Eng, Phys) / Abrieb *m* (bei Reibungspartner auftretender Verschleiß), Reibverschleiß *m*, Reibungsverschleiß *m* || ~ (Eng, Phys) s. also scouring
**attritional** *adj* (Geol) / Abrieb-
**attrition mill** (a machine in which materials are pulverized between toothed metal disks rotating in opposite directions) (Eng) / Scheibenbauart), Geländewagen *m*, geländegängiger Wagen, Offroadfahrzeug *n*, Offroader *m*
**attritive** *adj* (Geol) / Abrieb-
**attritor** *n* (Eng) / Attritor *m* (eine Rührwerkkugelmühle mit Perlen oder Sand als Mahlhilfskörpern) || ~ **drying** (Chem Eng) / Mahltrocknung *f*
**attritus** *n* (Geol) / Attritus *m* (Pflanzenzerreibsel)
**ATV** (all-terrain vehicle) (Autos) / Geländefahrzeug *n* (eine Sonderbauart), Geländewagen *m*, geländegängiger Wagen, Offroadfahrzeug *n*, Offroader *m*
**Atwood machine** (Phys) / Atwood'sche Fallmaschine (zur Untersuchung gleichförmig beschleunigter Bewegung, nach G. Atwood, 1745 - 1807)
**ATWS** (anticipated transient without scram) (Nuc Eng) / unkontrollierte Leistungssteigerung ohne Schnellabschaltung, ATWS-Störfall *m*, ATWS (ein Störfall), Leistungsexkursion *f* (ein Störfall)
**ATX board** (Comp) / ATX-Board *n* (ein Layout des Motherboards)
**A-type pole** (Elec Eng) / A-Mast *m*
**A.U.*** (astronomical unit) (Astron) / astronomische Einheit, AE (astronomische Einheit = 149,000.000 km)
**AU** (Astron) / astronomische Einheit, AE (astronomische Einheit = 149,000.000 km)
**Au** (gold) (Chem) / Gold *n*, Au (Gold)
**aubepine** *n* (Chem, Pharm, Surf) / Anisaldyhd *m* (4-Methoxybenzaldehyd), Aubépine *f*
**aubergine** *adj* / aubergine *adj* (rötlich violett)
**auctioneering** *n* (Nuc Eng) / Höchstwertauswahl *f*, Maximalwertauswahl *f* (Reaktorschutzsystem)
**aucubin** *n* (Chem) / Aucubin *n* (ein glykosidischer Bitterstoff aus dem Augentrost)
**audibility*** *n* (Acous) / Hörbarkeit *f*
**audible** *adj* (Acous) / hörfrequent *adj*, hörbar *adj* || ~ **busy signal** (Teleph) / Besetztton *m*, Besetztzeichen *n*, BZ (450 Hz, Morsezeichen e) || ~ **Doppler enhancer** (Radar) / akustisches Doppler-Gerät || ~ **flame noise** (Acous) / Flammenschall *m* || ~ **ringing tone*** (Teleph) / Rufzeichen *n* || ~ **sound** (Acous) / Hörschall *m* (DIN 1320) || ~ **spectrum** (Acous) / Tonfrequenzspektrum *n*, NF-Spektrum *n*, Niederfrequenzspektrum *n* || ~ **tone** (Acous) / Hörton *m*
**audible-tone generator** (Acous, Teleph) / Hörtongenerator *m*
**audience** *n* (Radio, TV) / Hörerschaft *f* (einer Sendung), Zuschauerschaft *f* || ~ **rating** (Radio, TV) / Einschaltquote *f*
**Audimeter** *n* (Radio, TV) / Audimeter *m* (der A.C. Nielsen Company - zur Ermittlung von Hörer- bzw. Zuschauerzahlen)
**audio** *adj* (Acous) / tonfrequent *adj* || ~ **amplifier** (Electronics) / Tonfrequenzverstärker *m*, Niederfrequenzverstärker *m*, Hörfrequenzverstärker *m* || ~ **board** (Acous, Comp) / Soundkarte *f* (zusätzliche Steckkarte in PCs zur Verarbeitung externer oder Erzeugung interner Tonsignale - Musik, Geräusche), Soundboard *n*
**audiobook** *n* (Acous) / Audiobook *n* (gesprochene Texte auf Kassette), Wortkassette *f*
**audio broadcasting** (Radio) / Hörfunk *m*, Tonrundfunk *m* (auf Tonprogramme begrenzter Rundfunk) || ~ **cable** (Acous, Comp) / Soundkabel *n* || ~ **carrier** (Telecomm) / Tonträger *m* || ~ **check** (Telecomm) / Abhörkontrolle *f*
**audio-circuit rectification** (Radio) / Störsignaleinrichtung *f* in der NF-Stufe
**audio conference** (Teleph) / Fernsprechkonferenz *f* (Zusammenschaltung von mehr als zwei Fernsprechteilnehmern)
**AU diode*** (Electronics) / Rückwärtsdiode *f* (Tunneldiode ohne Höcker im Durchlassbereich), Unitunnel-Diode *f*, Backwarddiode *f*
**audio dubbing** (Acous, Cinema) / Audiodubbing *n* (nachträgliches Vertonen einer Videoaufzeichnung mit Mikrofon oder über Tonband) || ~ **dubbing** (Cinema) / Nachvertonen *n* (musikalische Aufnahmen, die nach den Bildaufnahmen hergestellt werden) || ~ **engineer** (Acous) / Tonmeister *m*, Tontechniker *m*, Toningenieur *m* (im Allgemeinen) || ~ **engineering** (Acous) / Elektroakustik *f*, Tontechnik *f*, Akustik *f* (als technische Disziplin) || ~ **file** (containing audible data) (Acous, Comp) / Audiodatei *f*, Klangdatei *f* || ~ **frequency*** (Acous) / Tonfrequenz *f*, Hörfrequenz *f*
**audio-frequency amplifier** (Electronics) / Tonfrequenzverstärker *m*, Niederfrequenzverstärker *m*, Hörfrequenzverstärker *m* || ~ **channel** (TV) / Tonkanal *m* || ~ **range** (Acous, Telecomm) / hörbarer Frequenzbereich || ~ **spectrum** (Acous) / Tonfrequenzspektrum *n*, NF-Spektrum *n*, Niederfrequenzspektrum *n*

**audiogram**

**audiogram**\* *n* (Acous) / Hörkurve *f*, Audiogramm *n*, Hörverlustkurve *f*
**audio interface** (Comp) / Audioschnittstelle *f*
**audiometer**\* *n* (Acous, Physiol) / Audiometer *n*, Hörschwellenmessgerät *n*
**audiometry** *n* (Acous, Physiol) / Audiometrie *f* (Methode zur Prüfung der Hörfähigkeit mit Hilfe von elektroakustischen Hörmessgeräten)
**audio mixer** (Acous, Electronics) / Mischpult *n* (Tonmischeinrichtung), Tonmischpult *n* || **~ response** (Comp) / Sprachausgabe *f*
**audio-response unit** (Comp) / Sprachausgabeeinheit *f*
**audio signal** (Acous) / akustisches Signal, Tonsignal *n* || **~ spectrum** (Acous) / Tonfrequenzspektrum *n*, NF-Spektrum *n*, Niederfrequenzspektrum *n* || **~ station** (Telecomm) / Sprechstelle *f* (der Gegensprechanlage) || **~ tape** (Acous) / Tonband *n* (Magnetband für Schallaufzeichnung), Tape *n m* || **~ test** (Acous) / Hörtest *m* || **~ track** (Cinema) / Soundtrack *m*, Tonspur *f* (Licht- oder Magnet-) || **~-visual** *adj* / audiovisuell *adj*, AV (audiovisuell)
**audio-visual publishing** (Comp, Print) / audiovisuelles Publizieren
**audit** *n* / Audit *m n* (z.B. nach ISO 9002) || **~** / Buchprüfung *f*, Rechnungsprüfung *f*, Wirtschaftsprüfung *f* || **~ copy** (Comp) / Prüfkopie *f* (der Systemsoftware usw.)
**auditing** *n* (NOS feature that logs security-related information) (Telecomm) / Überwachung *f*
**audition** *n* (Acous, Med) / Gehörsinn *m*, Gehör *n*
**auditive** *adj* / auditiv *adj* (Sensor des Industrieroboters)
**audit log** (Comp) / Prüfpfad *m* (bei Überprüfung von Geschäftsbuchungen) || **~ mode** (Comp) / Sprungfolgemodus *m*, Sprungverfolgungsmodus *m* || **~ of the firm's accounts** / Außenprüfung *f* (seitens des Finanzamtes), Betriebsprüfung *f*
**auditorium loudspeaker** (Cinema) / Effektlautsprecher *m* (im Zuschauerraum) || **~ noise** (Acous) / Saalgeräusch *n*
**auditory defect** (Acous, Med) / Hörfehler *m*, Gehörfehler *m*, vermindertes Hörvermögen || **~ event** (Acous) / Laut *m* (DIN 1320) || **~ event** (Acous) / Hörereignis *n* (DIN 1320) || **~ impression** (Acous) / Höreindruck *m* || **~ nerve** (Acous) / Akustikus *m* (pl. -tizi), Nervus vestibulocochlearis, Nervus statoacusticus || **~ perspective** (Acous) / akustische Raumwirkung || **~ sensation** (Acous) / Hörempfindung *f* (DIN 1320) || **~ sensation area** (Acous) / Hörfläche *f* (Fläche, die durch diejenigen Kurven umrandet wird, welche die Hörschwelle und die Schmerzwelle als Funktion der Frequenz beschreiben - DIN 1320) || **~ sensation level** (Acous) / Hörpegel *m* (DIN 1320) || **~ space** (Acous) / Hörraum *m* (DIN 1320) || **~ stimulus** (Acous) / Schallreiz *m* || **~ threshold** (Acous, Physiol) / Hörschwelle *f* (untere - Schalldruck, der vom menschlichen Gehör gerade noch wahrgenommen wird - DIN 1320)
**audit trail**\* (Comp) / Prüfpfad *m* (bei Überprüfung von Geschäftsbuchungen) || **~ trail** (Comp) / Protokollierung *f* des Ablaufs von Rechenoperationen || **~ trail printer** (Comp) / Prüfpfaddrucker *m* (bei der Überprüfung von Geschäftsbuchungen)
**Auer metal** (a pyrophoric alloy) (Met) / Auermetall *n* (pyrophore Zer-Eisen-Legierung nach C. Frhr. Auer von Welsbach, 1858-1929) || **≗ metal** s. also ferrocerium
**Aufbau principle** (Nuc) / Aufbauprinzip *n* (Permanenz der Quantenzahlen) || **≗ process** (Nuc Eng) / Aufbauprozess *m* (z.B. Kernfusion)
**aufeis** *n* (icing of ground or river water in Arctic areas with continuous permafrost on which the water has continued to flow) (Geol) / Aufeis *n* (gefrorenes aufdringendes Wasser auf einer bereits bestehenden Eisfläche)
**augend**\* *n* (Maths) / Augend *m*, erster Summand
**augen•-gneiss**\* *n* (Geol) / Augengneis *m* || **~ kohle** (Geol) / Augenkohle *f* || **~ structure** (Geol) / Augenstruktur *f*
**auger** *n* (Agric) / Einzugsschnecke *f*, Schnecke *f* (des Mähdreschers) || **~**\* (Carp) / Schlangenbohrer *m* (ein Holzbohrer nach DIN 6444) || **~** (Carp) / Zimmermannsbohrer *m*, Schneckenbohrer *m*, Nagelbohrer *m*, Spitzwinder *m*, Holzbohrer *m*, Handbohrer *m* (mit Ringgriff) || **~** (for moist clay and similar bodies) (Ceramics) / Schneckenpresse *f* (eine Aufbereitungs- und Formgebungsmaschine) || **~** (Geophys) / Trockenbohrer *m* für Schussbohrungen || **~**\* (Mining) / Schlangenbohrer *m* (ein Erdbohrer) || **~** (Plumb) / Rohrreinigungsspirale *f* (heute meistens eine Motorspirale) || **~**\* (Tools) / Bohrer *m*, Handbohrer *m* (mit Quergriff) || **~ bit** (Mining) / Schlangenbohrer *m* (ein Erdbohrer) || **~ conveyor** (Agric) / Körnerschnecke *f* || **~ drilling** (Civ Eng, Mining) / Schneckenbohren *n* (in bindigen Lockergestein) || **~ effect**\* (Nuc) / Auger-Effekt *m* (eine Art von Präionisation - nach P.V. Auger, 1899-1993) || **≗ effect**\* (Nuc) s. also autoionization || **≗ electron spectroscopy** (Spectr) / Auger-Spektroskopie *f*, Auger-Elektronenspektroskopie *f*, AES (Auger-Spektroskopie)
**augering** *n* / Durchpressen *n* (Verlegeverfahren ohne Herstellung eines Rohrgrabens, bei dem ein Leitungsrohr oder ein Mantelrohr durch das Erdreich gepresst und stetig oder abschließend von dem im Rohr verbleibenden Erdkern geräumt wird)

**auger mining** (Mining) / Abbau *m* im Bohrverfahren, Augermining *n* (bohrendes Gewinnungsverfahren zur Gewinnung von Kohlenlagerstätten über Tage von Geländeanschnitten oder Tagebauen aus) || **≗ process** (the relaxation, by electron emission, of an atom with a vacancy in an inner electron shell) (Nuc) / Auger-Prozess *m* || **≗ recombination** (Phys) / Auger-Rekombination *f*, Stoßrekombination *f* || **~ sample** (Build, Civ Eng) / gestörte Bodenprobe (Lagerungszustand und Wassergehalt wurden durch die Probenahme geändert), Bohrprobe *f* (gestörte Bodenprobe) || **≗ shower** (Geophys) / ausgedehnter Luftschauer, Auger-Schauer *m* (durch die γ-Strahlung erzeugter Elektronen- und Positronenstrom - weiche Komponente) || **≗ transition** (Nuc) / Auger-Übergang *m* || **≗ yield**\* (Nuc) / Auger-Elektronenausbeute *f*
**augite**\* *n* (Min) / Augit *m*
**augmentation** *n* (Light, Paint) / Verstärkung *f* (einer Farbe) || **~** (Maths) / Augmentation *f*
**augmented matrix** (Maths) / erweiterte Matrix || **~ plane wave method** *f* (Phys) / APW-Methode *f* (zur Berechnung der Bandstruktur) || **~ rule** / erweiterte Regel
**augmented-transition network** (AI) / augmentiertes Übergangsnetzwerk, ATN-Netzwerk *n*, erweitertes Übergangsnetzwerk
**augmented wing** (Aero) / Flügel *m* mit aktiver Auftriebserhöhung
**augmenter wing** (Aero) / Flügel *m* mit aktiver Auftriebserhöhung
**augmentor**\* *n* (Aero) / Nachbrennkammer *f* (eines TL-Triebwerks) || **~** (Comp) / Erhöhungsfaktor *m* || **~ wing** (Aero) / Flügel *m* mit aktiver Auftriebserhöhung
**aulacogen** *n* (Geol) / Aulakogen *n* (tektonische Strukturform)
**aural** *adj* (Acous) / Ohr-, zum Ohr gehörig, aural *adj* || **~ dazzling** (Acous) / akustische Blendung || **~ impedance** (Acous) / Ohrimpedanz *f* || **~ masking**\* (Acous) / Tonmaskierung *f* || **~ monitoring** (Telecomm) / Abhörkontrolle *f* || **~ null** (Aero) / Hörminimum *n*, akustisches Minimum || **~ receiving** (Acous) / Hörempfang *m* || **~ reception** (Acous) / Hörempfang *m*
**auramine**\* *n* (Chem) / Auramin *n* (gelber Diphenylmethanfarbstoff, auch als Färbemittel in der Mikroskopie)
**aurantiin** (Chem, Pharm) / Naringin *n* (Bitterstoff aus unreifen Früchten, Blüten und Rinden des Grapefruit-Baumes), Aurantiin *n*
**aurate** *n* (Chem) / Aurat *n* (Salz der Goldsäure)
**aureole**\* *n* (Elec Eng) / Lichtkreis *f*, Lichtbogenhülle *f* (äußere Leuchterscheinung eines Lichtbogens) || **~**\* (Geol) / Kontakthof *m*, Kontaktaureole *f* || **~**\* (Geophys) / Hof *m* (ein atmosphärisches optisches Phänomen, das durch Beugung, Reflexion und Brechung des Lichtes an Wassertröpfchen entsteht), Aureole *f*
**aureolin** *n* (Chem) / Indischgelb *n*, Aureolin *n*, Fischers Salz, Kobaltgelb *n* (Kaliumhexanitrokobaltat(III))
**Aureomycin** (Pharm) / Aureomycin *n* (7-Chlortetracyclin)
**auric** *adj* (Chem) / Gold(III)- || **~ acid** (Chem) / Goldsäure *f* (Au(OH)$_3$) || **~ chloride** (Chem, Med, Photog) / Goldtrichlorid *n* (AuCl$_3$), Gold(III)-chlorid *n* || **~ oxide**\* (Chem) / Goldtrioxid *n*, Gold(III)-oxid *n*
**auriferous** *adj* / Gold- (goldhaltig, goldhaltig *adj*, goldführend *adj* || **~ alluvia** (Geol) / goldführende Alluvionen || **~ gravels** (Geol) / goldführende Alluvionen || **~ sand** (Geol) / Goldsand *m*, goldführender Sand
**aurine**\* *n* (Chem) / Aurin *n* (Pararosolsäure)
**aurora**\* *n* (pl. -s or -e) (Geol, Phys) / Polarlicht *n* (Nordlicht oder Südlicht *n*) || **~ australis** (Geophys) / Südlicht *n* (ein Polarlicht) || **~ borealis** (Geophys) / Nordlicht *n* (ein Polarlicht)
**auroral communication** (Radio) / Aurora-Verbindungen *f pl* (UKW-Überreichweiten durch Reflexionen an Ionisationszentren in der Polarlichtzone) || **~ line** (Spectr) / Auroraspektrallinie *f* || **~ scatter** (Radio) / Polarlichtstreuung *f* || **~ zone**\* (Radio) / Polarlichtzone *f*
**aurora yellow** (Chem) / "Postgelb" *n*, Kadmiumgelb *n* (Kadmiumsulfid, CdS), Ginstergelb *n*
**aurosmiridium** *n* (Min) / Aurosmirid *m* (Iridium mit je 25% Au und Os)
**aurous**\* *adj* (Chem) / Gold(I)- || **~ chloride** (Chem) / Gold(I)-chlorid *n* (AuCl)
**ausforging** *n* (Met) / Austenitformschmieden *n*
**ausforming** *n* (Met) / Austenitformhärten *n* (eine thermomechanische Behandlung)
**austausch coefficient** (Phys) / Austauschkoeffizient *m* (in der Strömungslehre)
**austempering**\* *n* (Met) / Zwischenstufenumwandeln *n*, Zwischenstufenvergütung *f*
**austenite**\* *n* (Met) / Austenit *m* (bei reinem Eisen zwischen 911 und 1392 °C - nach Sir W. Ch. Roberts-Austen, 1843-1902 - DIN EN 10 052) || **~ dissociation** (Met) / Austenitzerfall *m*
**austenitic** *adj* (Met) / austenitisch *adj* || **~ cast iron** (Met) / austenitisches Gusseisen (DIN 1694) || **~ hot hardening** (Met) /

Austenitformhärten *n* (eine thermomechanische Behandlung) ‖ ~ **manganese steel**\* (Met) / Manganhartstahl *m* (mit metastabilem Austenitgefüge), Hadfield-Stahl *m* (nach R.A. Hadfield, 1858 - 1940) ‖ ~ **steel**\* (Met) / austenitischer Stahl (ein nicht rostender Stahl nach DIN EN 10 088, T 3)
**austenitization** *n* (Met) / Austenitisieren *n* (DIN EN 10 052)
**austenitizing** *n* (Met) / Austenitisieren *n* (DIN EN 10 052) ‖ ~ **temperature** (Met) / Austenitisierungstemperatur *f* (DIN EN 10 052)
**Australian cockroach** (Med, Nut, Zool) / Australische Schabe (Periplaneta australasiae L.) ‖ ~ **fever bark** (Pharm) / Bitterrinde *f*, Alstoniarinde *f*, Cortex *m* Alstoniae constrictae, Fieberrinde *f* (der Alstonia constricta F. Muell.) ‖ ~ **nut** (Bot) / Australische Haselnuss, Australnuss *f*, Macadamianuss *f*, Queenslandnuss *f* (der Macadamia ternifolia F. Muell. oder Macadamia integrifolia Maiden et Betche) ‖ ~ **sandalwood oil** / Westaustralisches Sandelholzöl, Oleum *n* Santali spicati (aus Santalum spicatum L.) ‖ ~ **wools** (Textiles) / aus Australien und Neuseeland stammende Wollsorten
**australite**\* *n* (Min) / Australit *m* (ein Tektit)
**Austrian cinnabar**\* (Chem) / Bleihydroxidchromat *n* (als Chromatpigment Chromorange) ‖ ~ **cinnabar** (Paint) / Persischrot *n* (farbstarkes, leuchtend rot/rotbraunes Chromatpigment), Chromrot *n* (grobkristallines basisches Blei(II)-chromat), Derbyrot *n*, Wienerrot *n* (farbstarkes, leuchtend rot/rotbraunes Chromatpigment) ‖ ~ **pine** (For) / Schwarzkiefer *f* (Pinus nigra Arnold)
**autecology**\* *n* (Ecol) / Autökologie *f* (Lehre von der Beziehung der Organismen zu ihrer Umgebung)
**authalic projection** (Cartography, Geog) / flächentreue Abbildung (bei der die Flächenverzerrung gleich Null ist)
**authentic** *adj* / echt *adj* (Unterschrift)
**authentication** *n* (Comp, Telecomm) / Authentifizierung *f* (Überprüfung der Echtheit), Authentifikation *f*
**authentic copy** / beglaubigte Kopie
**authigenic**\* *adj* (Geol) / authigen *adj* (am Fundort selbst entstanden)
**author** *n* (Comp) / Autor *m* (COBOL)
**authoring** *n* (Comp) / Authoring *n* ‖ ~ **program** (Comp) / Autorenprogramm *n* ‖ ~ **system** (Comp) / Autorensystem *n* ‖ ~ **tools** (Comp) / Authoring-Werkzeuge *n pl*, Authoring-Tools *pl* (Hilfe für die redaktionelle Bearbeitung)
**authority** *n* / Weisungsbefugnis *f* ‖ ~ (Aero) / Autorität *f* (z.B. der elektronischen Dämpfungsregelung, so dass der Pilot bei der Steuerung nur eine untergeordnete Rolle spielt) ‖ ~ **revocation** (Comp) / Autoritätsentzug *m* ‖ ~ **zone** (Comp) / Autoritätszone *f* (ein Abschnitt des Domänen-Namenbaumes, für den ein Name-Server die Autorität zulässt)
**authorization** *n* / Bevollmächtigung *f*, Genehmigung *f*, Bewilligung *f* ‖ ~ / Betriebserlaubnis *f* (für ein öffentliches Versorgungsunternehmen) ‖ ~ (Comp) / Berechtigung *f* (zum Zugriff)
**authorize** *v* / genehmigen *v*, behördlich zulassen, bewilligen *v*, berechtigen *v* ‖ ~ / beauftragen *v*, bevollmächtigen *v*
**authorized** *adj* / zugelassen *adj* (meistens staatlich anerkannt) ‖ ~ **access** (Comp) / berechtigter Zugriff, autorisierter Zugriff (der aufgrund vorher übertragener Rechte ausdrücklich erlaubt ist) ‖ ~ **dealer** / Vertragshändler *m* ‖ ~ **inspector** / unabhängiger Abnahmebeamter, Abnehmer *m* (Sachverständiger) ‖ ~ **repairer** / Vertragswerkstatt *f*, Vertragswerkstätte *f* ‖ ~ **user** (Comp) / berechtigter Benutzer, autorisierter Benutzer
**author language** (Comp) / Autorensprache *f* (bei tutoriellen Lehrstrategien)
**author-publisher** *n* (Print) / Selbstverleger *m*
**author's alterations** (Print) / Autorenkorrektur *f* (meistens Ergänzungen und Änderungen), Autorkorrektur *f* (das Lesen des Abzuges von Satz sowie das Anzeichnen der Satzfehler und die Angabe von gewünschten Änderungen durch den Autor) ‖ ~ **copy** (Print) / Autorenexemplar *n*
**author's correction** (Print) / Autorenkorrektur *f* (meistens Ergänzungen und Änderungen), Autorkorrektur *f* (das Lesen des Abzuges von Satz sowie das Anzeichnen der Satzfehler und die Angabe von gewünschten Änderungen durch den Autor)
**author's edition** (published by the author) (Print) / Selbstverlag *m*
**auticide process** (Biol, Ecol) / Autozidverfahren *n*, Autizidverfahren *n* (biologische Schädlingsbekämpfung bei Insekten mit geschlechtlicher Vermehrung)
**auto-abstract** *n* (Comp) / automatisches Kurzreferat
**auto-adhesion** *n* / Autoadhäsion *f* (zwischen zwei gleichartigen Adhärenden)
**auto-adjustment** *n* (Automation) / Selbstanpassung *f*, Selbsteinstellung *f*
**auto-alarm** *n* (Radio) / automatischer Alarmzeichenempfänger
**autoanalyser** *n* (Chem) / Autoanalyzer *m* (Automat, der selbsttätig Laboruntersuchungen durchführt)

**autoanalyzer** *n* (US) (Chem) / Autoanalyzer *m* (Automat, der selbsttätig Laboruntersuchungen durchführt)
**autoanswer** *n* (Comp, Telecomm) / Auto-Answer *n* (Leistungsmerkmal eines Modems, eingehende Verbindungen selbsständig entgegenzunehmen), automatische Antwort (eine bedienerlose Reaktion des Terminals), automatische Beantwortung
**autoantibody** *n* (Biochem, Physiol) / Autoantikörper *m*
**autoantigen** *n* (Biochem, Med) / Autoantigen *n*, autologes Antigen
**Autobahn** *n* (German, Austrian, or Swiss motorway) (Civ Eng) / Autobahn *f*
**autobauding** *n* (Comp) / Autobauding *n* (Verfahren zur automatischen Adaption asynchroner Modems auf die maximal mögliche Übertragungsgeschwindigkeit und zur Abstimmung der verwendeten Zeichenstruktur und Parität an der Datenschnittstelle)
**autobody sheet** (Autos) / Karosserieblech *n* (glattes, porenfreies Feinblech, das in Bezug auf Tiefziehbarkeit und Oberflächenbeschaffenheit /spritzlackierbar/ für den Karosseriebau geeignet ist - DIN 1623)
**auto bonnet** (Autos) / Autoabdeckung *f*, Halbgarage *f*, Faltgarage *f*, Auto-Pelerine *f*, Auto-Paletot *m*
**autoboot** *n* (Comp) / automatischer Startvorgang, automatischer Start
**auto bra** (Autos) / Steinschlagschutz *m* (vorne), Frontschutz *m*, Front-End-Verkleidung *f* (den gesamten Fahrzeugbug bedeckt)
**AutoCad analysis** (Comp) / AutoCAD-Analyse *f*
**Autocad analysis** (Comp) / AutoCAD-Analyse *f*
**autocall** *n* (Teleph) / automatischer Verbindungsaufbau
**autocapacitance coupling**\* (Elec Eng, Telecomm) / Kopplung *f* durch gemeinsame Kapazität
**autocatalysis**\* *n* (pl. -catalyses) (Chem) / Autokatalyse *f*
**autocatalytic** *adj* (Chem) / autokatalytisch *adj* ‖ ~ **decomposition** (Chem) / autokatalytische Zersetzung ‖ ~ **forming** / Chemoformung *f* ‖ ~ **tin plating** (Surf) / autokatalytische Zinnabscheidung
**autochoke** *n* (Autos, I C Engs) / Startautomatik *f* (am Vergaser von Verbrennungsmotoren befindliche Einrichtung, die beim Kaltstart selbstständig die Starterklappe schließt)
**autochthonous**\* *adj* (Ecol, Geol) / ortseigen *adj*, bodeneigen *adj*, autochthon *adj*, an Ort und Stelle entstanden
**autocidal control**\* (Biol, Ecol) / Autozidverfahren *n*, Autizidverfahren *n* (biologische Schädlingsbekämpfung bei Insekten mit geschlechtlicher Vermehrung)
**autoclastic** *adj* (Geol) / autoklastisch *adj*
**autoclave**\* *n* (Build, Chem) / Druckkessel *m*, Autoklav *m* (Druckgefäß) ‖ ~ (Nut) / Autoklav *m* (zur Sterilisation) ‖ ~ **curing** (Build) / Autoklavbehandlung *f*, Autoklavhärtung *f*, Überdruckdampfhärtung *f* (von Beton) ‖ ~ **plaster** (Build) / Autoklavgips *m*
**autoclaving** *n* (Build) / Autoklavbehandlung *f*, Autoklavhärtung *f*, Überdruckdampfhärtung *f* (von Beton) ‖ ~ (Nut) / Autoklavieren *n*
**autocoagulation** *n* (Biol, Chem) / Autokoagulation *f*, Selbstausflockung *f*
**auto coarse pitch**\* (Aero) / automatische Verstellung (der Luftschraube) auf große Steigung
**autocollimating telescope** (Optics) / Autokollimationsfernrohr *n*
**autocollimation** *n* (Optics, Spectr) / Autokollimation *f*
**autocollimator**\* *n* (Optics, Phys) / Autokollimator *m*
**autoconer** *n* (Spinning) / Autoconer *m* (automatische Kreuzspulmaschine)
**autoconfiguration** *n* (Comp) / Autokonfiguration *f*
**autoconvergence** *n* (TV) / Selbstkonvergenz *f*
**autoconverter**\* *n* (Elec Eng) / Umrichter *m* (bei bestimmten batteriegetriebenen Fahrzeugen)
**autocopser** *n* (Spinning) / Autokopser *m*, Autocopser *m* (ein Schussspulautomat)
**autocorrelation**\* *n* (Electronics) / Autokorrelation *f* ‖ ~ **analysis** (Stats) / Autokorrelationsanalyse *f* ‖ ~ **function** (Stats) / Autokorrelationsfunktion *f* (DIN 1311, T 1)
**autocovariance function** (Stats) / Autokovarianzfunktion *f*
**autocue** *n* (Cinema, TV) / mechanischer Souffleur, Autocue *m*, Soufflierrolle *f* ‖ ~ (Cinema, TV) s. also teleprompter
**auto-cut** *n* (Electronics) / Abschaltautomatik *f*, automatische Endabschaltung, automatischer Tonarmlift (bei Plattenspielern)
**autodecrement** *attr* (Comp) / selbstdekrementierend *adj* ‖ ~ **register** (Comp) / selbstdekrementierendes Register
**autodiagnostic routine** (Comp) / Selbstdiagnoseprogramm *n*
**autodocumenting** *adj* (Comp) / selbstdokumentierend *adj* (Programm)
**autodoping** *n* (Electronics) / Selbstdotierung *f*, Autodoping *n* (unerwünschte Dotierung von epitaktischen Schichten)
**autodyne**\* *n* (Radio) / Selbstüberlagerer *m*, Autodyn *n* ‖ ~ **receiver**\* (a device that is both an oscillator and detector) (Radio) / Überlagerungsempfänger *m*, Autodynempfänger *m*
**autoecology** *n* (Ecol) / Autökologie *f* (Lehre von der Beziehung der Organismen zu ihrer Umgebung)

81

**auto-electrics** *n* (Autos, Elec Eng) / Autoelektrik *f*, Kraftfahrzeugelektrik *f* (im Allgemeinen)
**auto-electronics** *n* (Autos, Electronics) / Autoelektronik *f*, Kraftfahrzeugelektronik *f*
**auto-exposure** *n* (Photog) / Belichtungsautomatik *f*
**Autofining** *n* (Oils) / Autofining *n* (alter katalytisch-hydrierender Entschwefelungsprozess der Erdölraffination), Autofining-Verfahren *n*
**autoflare*** *n* (Aero) / automatische Ausschwebephase (beim Landevorgang) ‖ ~* (Aero) / automatische Landehilfe
**autofocus** *n* (Photog) / Autofocus *m*, Autofokus *m*, automatische Scharfeinstellung
**autofrettage** *n* (Materials) / Autofrettage *f* (z.B. eines dickwandigen Zylinders)
**autogamy*** *n* (Bot) / Selbstbefruchtung *f* (einschließlich Selbstbestäubung), Autogamie *f*
**autogenous healing** (the closing up and disappearance of breaks or cracks in concrete when the concrete parts are kept damp and in contact) (Build, Civ Eng) / natürliche Rissschließung, Selbstheilung *f* (des Betons durch Feuchthalten) ‖ ~ **mill** / Autogenmühle *f* (eine spezielle Trommelmühle) ‖ ~ **tumbling mill** / Autogenmühle *f* (eine spezielle Trommelmühle) ‖ ~ **welding** (Welding) / Azetylen-Sauerstoff-Schweißen *n*, Autogenschweißen *n*, A-Schweißen *n*
**autogiro** *n* (Aero) / Tragschrauber *m* (ein Drehflügelflugzeug), Autogiro *n*
**autograft*** *n* (Med) / Autotransplantat *n*, Eigen(gewebe)transplantat *n*
**autographic** *adj* (US) / Registrier-, selbstschreibend *adj*, registrierend *adj*
**autography** *n* (Print) / Autografie *f* (DIN 16544), Autolithografie *f* (ein altes Vervielfältigungsverfahren)
**autoguiding** *n* (Astron) / automatische (lichtelektrische) Korrektion der bei der Nachführung auftretenden Restfehler
**autogyro*** *n* (Aero) / Tragschrauber *m* (ein Drehflügelflugzeug), Autogiro *n*
**autohesion** *n* / Autoadhäsion *f* (zwischen zwei gleichartigen Adhärenden)
**autoheterodyne** *n* (Radio) / Selbstüberlagerer *m*, Autodyn *n*
**auto-igniting propellant** (Fuels, Space) / selbstzündender flüssiger Raketentreibstoff, Hypergol *n*, hypergoler Raketentreibstoff
**auto-ignition*** *n* (Agric, Eng) / Spontanzündung *f*, Selbstentzündung *f*, Selbstzündung *f* ‖ ~* (Autos) / Selbstzündung *f* (vom elektrischen Zündfunken unabhängige spontane Entflammung des Luft-Kraftstoff-Gemischs an einer Heißstelle des Verbrennungsraums) ‖ ~ (injection-moulding problem) (Plastics) / Diesel-Effekt *m* ‖ ~ **temperature** (Heat) / Selbstentzündungstemperatur *f*, Selbstzündtemperatur *f*
**auto-immune disease*** (Med) / Autoaggressionskrankheit *f*, Autoimmunopathie *f*, Autoimmunkrankheit *f*
**autoincrement addressing** (Comp) / Autoinkrement-Adressierung *f* ‖ ~ **register** (Comp) / selbstinkrementierendes Register
**auto-indexed addressing** (Comp) / selbstindizierte Adressierung
**autoindexing** *n* (Comp) / Autoindizierung *f* (bei älteren Rechnern)
**auto-inductive coupling*** (Elec Eng) / kapazitive Kopplung (induktiv-galvanische)
**auto industry** (Autos) / Kraftfahrzeugindustrie *f*, Automobilindustrie *f*, Autoindustrie *f*
**autointoxication** *n* (Med) / Autointoxikation *f*, Selbstvergiftung *f*, Eigenvergiftung *f*
**autoionization** *n* (Nuc) / Präionisation *f*, Autoionisation *f* (die Ionisation eines Atoms oder Moleküls infolge Doppelanregung), Selbstionisation *f*
**autoiris** *n* (Photog) / Springblende *f* (DIN 19 040-3)
**autokerning** *n* (Comp, Typog) / automatisches Unterschneiden
**autoland*** *n* (Aero) / vollautomatische Landung, vollautomatisches Landesystem
**autolith** *n* (Geol) / Autolith *m* (pl. e(n)) (Einschluss eines jüngeren Magmas in ein älteres, wobei beide von dem gleichen Muttermagma stammen)
**autolithography*** *n* (Print) / Autografie *f* (DIN 16544), Autolithografie *f* (ein altes Vervielfältigungsverfahren)
**autoloading** *adj* (Cinema) / mit automatischer Filmeinfädelung (z.B. bei einem Projektor), mit Selbsteinfädelung
**autolub** *adj* (Eng) / selbstschmierend *adj*, mit automatischer Schmierung
**autolubricating** *adj* (Eng) / selbstschmierend *adj*, mit automatischer Schmierung
**autolubrication** *n* (Eng) / Selbstschmierung *f*
**autolysate** *n* (Biochem) / Autolysat *n*
**autolysis*** *n* (pl. autolyses) (Biochem) / Autodigestion *f*, Autolyse *f*
**automaker** *n* (Autos) / Kraftfahrzeughersteller *m*, Kfz-Hersteller *m*, Autohersteller *m*

**automata theory** (Comp, Maths) / Automatentheorie *f*
**automate** *v* / automatisieren *v*
**automated coded access control** (Electronics) / Zugriffsteuerung *f* (bei Bildplattenspielern) ‖ ~ **design engineering** / automatische Konstruktionstechnik ‖ ~ **draughting** (Comp) / automatisches Zeichnen (mit dem Rechner) ‖ ~ **multiple development** (Chem) / Automated-Multiple-Development *n* (Verbindung der Mehrfachentwicklung mit der Stufen- und Gradientenentwicklung), Mehrfachentwicklung *f* (mit der Stufen- oder Gradientenentwicklung - in der Dünnschichtchromatografie) ‖ ~ **radar plotting aid** (Radar) / automatisches Radarbild-Auswertegerät ‖ ~ **teller machine** (Comp) / Geldausgabeautomat *m* (in einer Bank), Geldautomat *m*, Bankautomat *m* ‖ ~ **telling machine** (Comp) / Geldausgabeautomat *m* (in einer Bank), Geldautomat *m*, Bankautomat *m* ‖ ~ **test generator** (Comp) / Testdatengenerator *m* ‖ ~ **typesetting** (Print, Typog) / vollautomatischer Satz
**automatic** *n* (Eng) / Automat *m*, automatische Werkzeugmaschine ‖ ~ *adj* / automatisch *adj*, selbsttätig *adj* ‖ ~ **abstract** (Comp) / automatisches Kurzreferat ‖ ~ **adjustment** (Automation) / Selbstanpassung *f*, Selbsteinstellung *f* ‖ ~ **alarm receiver** (Radio) / automatischer Alarmzeichenempfänger
**automatically closing** (Eng) / selbstschließend *adj* ‖ ~ **engaging four-wheel drive** (Autos) / automatisch zuschaltender Allradantrieb
**automatic analyser** (GB) (Chem) / Analysenautomat *m* (pl. -en) (zur selbständigen serienmäßigen Durchführung von chemischen Analysen bei großer Zahl von Proben), Analysenstraße *f* ‖ ~ **analyzer** (Chem) / Analysenautomat *m* (pl. -en) (zur selbständigen serienmäßigen Durchführung von chemischen Analysen bei großer Zahl von Proben), Analysenstraße *f* ‖ ~ **arc welding*** (Welding) / automatisches Lichtbogenschweißen, Lichtbogenautomatenschweißen *n* ‖ ~ **assembly** / automatisches Montieren, automatische Montage ‖ ~ **background control** (TV) / automatische Helligkeitsregelung, Helligkeitsautomatik *f* ‖ ~ **balance** (a product feeder) / Schüttwaage *f* (selbsttätige Waage zum fortlaufenden Abwägen einer vorgegebenen Menge von Schüttgut) ‖ ~ **balancing** (Automation, Elec Eng) / Selbstabgleich *m*, automatischer Abgleich ‖ ~ **bar machine** (Eng) / Vollautomat *m* (Drehmaschine), Futterautomat *m* (eine Drehmaschine) ‖ ~ **barrel machine** (Surf) / Trommelautomat *m* ‖ ~ **bias*** (Electronics) / selbsttätige Gittervorspannung *f* ‖ ~ **block** (Rail) / Selbstblock *m* ‖ ~ **braking** (Rail) / Zwangsbremsung *f* ‖ ~ **brightness control*** (TV) / automatische Helligkeitsregelung, Helligkeitsautomatik *f* ‖ ~ **calibration** / Selbsteichung *f* ‖ ~ **call completion** (Teleph) / automatischer Rückruf, selbsttätiger Rückruf ‖ ~ **call distribution** (Teleph) / automatische Anrufverteilung, ACD (automatische Anrufverteilung) ‖ ~ **call distributor** (Teleph) / automatischer Anrufverteiler ‖ ~ **call forwarding** (Teleph) / selbsttätige Rufweiterschaltung ‖ ~ **calling unit** (Comp, Teleph) / automatische Anrufeinrichtung, AAE (automatische Anrufeinrichtung) ‖ ~ **call point** (Build) / Melder *m* (zur Signalisierung von Betriebszuständen), Meldegerät *n* (z.B. Flammenmelder) ‖ ~ **call recorder** (Teleph) / automatischer Anrufaufzeichner ‖ ~ **call transfer** (Teleph) / automatische Gesprächsumleitung ‖ ~ **camera*** (Cinema, Photog) / automatische Kamera (bei der die [meisten] Bedienungsfunktionen automatisiert sind), Automatikkamera *f* ‖ ~ **carbon-arc welding machine** (Welding) / Kohleautomat *m* ‖ ~ **carriage** (Comp) / automatische Vorschubeinrichtung ‖ ~ **car wash** (Autos) / Waschanlage *f*, Autowaschanlage *f* ‖ ~ **cash dispenser** (Comp) / Geldausgabeautomat *m* (in einer Bank), Geldautomat *m*, Bankautomat *m* ‖ ~ **celestial navigation** (Nav) / automatische Astronavigation ‖ ~ **channel installation** (TV) / automatische Kanalwahl, ACI (automatische Kanalwahl) ‖ ~ **check** (when applied to hardware) (Comp, Electronics) / automatische Geräteprüfung, Geräteselbstprüfung *f*, festverdrahtete Prüfung ‖ ~ **cheese winder** (Spinning) / Kreuzspulautomat *m* (DIN 62511) ‖ ~ **choke system** (Autos, I C Engs) / Startautomatik *f* (am Vergaser von Verbrennungsmotoren befindliche Einrichtung, die beim Kaltstart selbsttätig die Starterklappe schließt) ‖ ~ **climate control system** (Autos) / Klimaautomatik *f*, automatische Klimaanlage ‖ ~ **coiler** / Wickelautomat *m* ‖ ~ **coiling machine** / Wickelautomat *m* ‖ ~ **cone winder** (Spinning) / Kreuzspulautomat *m* (DIN 62511) ‖ ~ **control*** (Automation) / [selbsttätige] Steuerung *f*, automatische Steuerung ‖ ~ **control*** (Automation) / selbsttätige Regelung, automatische Regelung, Selbstregulation *f* ‖ ~ **control engineering** (Automation) / Regelungstechnik *f* (deren Aufgabe ist es, vor allem in technischen Anlagen physikalische Größen (z.B. Druck, Füllstand, Temperatur), die Regelgrößen, trotz des Einwirkens äußerer Störungen, konstant zu halten, oder allgemeiner, dem zeitlichen Verlauf einer vorgegebenen Führungsgröße möglichst genau nachzuführen) ‖ ~ **control system** (Automation) / Regelsystem *n* (Einkreis- oder Mehrkreissystem) ‖ ~ **cut** (Electronics) / Abschaltautomatik *f*, automatische Endabschaltung, automatischer Tonarmlift (bei

Plattenspielern) || ~ **cut-out**\* (Elec Eng) / Leitungsschutzschalter *m*, Sicherungsautomat *m*, Selbstschalter *m*, Ausschalter *m*, [selbsttätiger] Unterbrecher || ~ **cut-out torque wrench** (Autos, Tools) / auslösender Drehmomentschlüssel, Signaldrehmomentschlüssel *m*, automatischer Drehmomentschlüssel || ~ **data processing**\* (Comp) / automatische Datenverarbeitung, ADV (automatische Datenverarbeitung) || ~ **decimal point capability** (Comp) / Kommaautomatik *f* || ~ **decimal point positioning** (Comp) / Kommaautomatik *f* || ~ **dialler** (Teleph) / Rufnummerngeber *m*, Rufnummernwähler *m* || ~ **dialling** (Teleph) / Selbstwahl *f*, Direktwahl *f*, direkte Wahl, Durchwahl *f* zur Endstelle || ~ **diaphragm** (Photog) / Springblende *f* (DIN 19 040-3) || ~ **dictionary** (Comp) / Maschinenwörterbuch *n* || ~ **dictionary** (Comp) / automatisches Wörterbuch (bei der maschinellen Übersetzung) || ~ **direction-finder** (Aero) / automatisches Peilgerät *n* || ~ **direction-finding**\* (Aero, Ships) / Eigenpeilung *f* || ~ **double-warp frame** (Textiles) / Doppelkettenwirkautomat *m* || ~ **drier** / Trockenautomat *m* || ~ **drinker** (Agric) / Selbsttränke *f* || ~ **drinking bowl** (Agric) / Selbsttränke *f* || ~ **edger** (For) / Besäumautomat *m* || ~ **error correction** / automatische Fehlerkorrektur || ~ **excess-fuel starting device** (Autos, I C Engs) / Startautomatik *f* (am Vergaser von Verbrennungsmotoren befindliche Einrichtung, die beim Kaltstart selbsttätig die Starterklappe schließt) || ~ **exposure** (control)\* (Photog) / Belichtungsautomatik *f* || ~ **feeder** (Agric) / Futterautomat *m*, Selbstfütterungsanlage *f*, Selbstfütterer *m* || ~ **feeder** (Weaving) / Selbstaufleger *m* || ~ **filling winder** (Weaving) / Schussspulautomat *m* || ~ **fire-alarm detector** / Brandmelder *m* (automatischer) || ~ **fire-alarm device** / Brandmelder *m* (automatischer) || ~ **flame cutter** (Welding) / Automatenschweißbrenner *m*, Maschinenschweißbrenner *m* || ~ **flare** (Aero) / automatische Ausschwebephase (beim Landevorgang) || ~ **flight control system**\* (Aero, Comp) / Flugregler *m*, Flugregelanlage *f* || ~ **focusing**\* (Photog) / Autofocus *m*, Autofokus *m*, automatische Scharfeinstellung || ~ **focusing system** (Optics) / Fokussierungsautomatik *f* || ~ **frequency control**\* (Radio) / automatische Frequenzregelung, automatische Frequenzabstimmung (bei FM-Empfang), AFC (automatische Frequenzregelung) || ~ **full-number dialling** (Teleph) / Zielwahl *f* || ~ **gain control**\* (Radio) / automatischer Schwundausgleich, automatische Verstärkungsregelung || ~ **gassing machine** (Foundry) / Begasungsautomat *m* (für Kernhärtung) || ~ **gate lock**\* (Elec Eng) / automatische Türverriegelung || ~ **generating plant**\* (Elec Eng) / vollselbsttätiger Stromerzeuger || ~ **greeting** (Comp, Telecomm) / automatische Begrüßung || ~ **grid bias**\* (Electronics) / selbsttätige Gittervorspannung || ~ **guided vehicle system** / automatisches Flurfördersystem || ~ **handling device** / Handhabungsautomat *m* || ~ **horizontal paint-application machine** (system) (Paint) / Horizontalautomat *m*, Horizontalmaschine *f* || ~ **hyphenation** (Comp, Typog) / automatische Silbentrennung || ~ **injection-moulding machine** (Plastics) / Spritzautomat *m* || ~ **insertion equipment** (Electronics) / Bestückungsautomat *m* (für Leiterplatten) || ~ **insertion machine** (Electronics) / Bestückungsautomat *m* (für Leiterplatten) || ~ **kerning** (Comp, Typog) / automatisches Unterschneiden || ~ **landing** (Aero) / vollautomatische Landung, vollautomatisches Landesystem || ~ **lathe** (Eng) / Drehautomat *m* || ~ **level** (Surv) / Kompensatornivellierinstrument *n*, automatisches Nivellier, Kompensationsnivellier *n* || ~ **level control** (Radio) / Sendeleistungsregelung *f* gegen Übersteuerung || ~ **limited-slip differential** (Autos) / automatisches Sperrdifferential, ASD (automatisches Sperrdifferential) || ~ **link** (Comp) / automatische Verknüpfung (DDE-Verbindung, bei der der Server im Falle einer Datenaktualisierung alle Clientprogramme automatisch und unaufgefordert mit den geänderten Daten versorgt), heiße Verbindung, Hot Link *m* (automatische Verknüpfung) || ~ **loom** (Weaving) / Webautomat *m* (nach DIN 63000) || ~ **milling machine** (Eng) / Fräsautomat *m* || ~ **monitor** (Comp) / Automonitor *m* || ~ **monitoring** (Automation, Ecol) / Eigenüberwachung *f* (einer für die Allgemeinheit gefährlichen Anlage), Selbstüberwachung *f* || ~ **moulding machine** (Foundry) / Formautomat *m* || ~ **multicolour loom** (Weaving) / Buntautomat *m* || ~ **multishuttle loom** (Weaving) / Buntautomat *m* || ~ **network** (Telecomm) / Wählnetz *n* (Kommunikationsnetz, bei dem die Verbindung durch Anwahl des Teilnehmers hergestellt wird) || ~ **opening garage door** / selbsttätig öffnendes Garagentor || ~ **orbital pipe welder** (Met, Welding) / Rohrumlaufschweißautomat *m* || ~ **overload control** (Radar) / Überabfrageregelung *f* || ~ **overrun brake** (Autos) / Auflaufbremse *f* || ~ **paint sprayer** (Paint) / Spritzautomat *m* || ~ **parachute**\* (Aero) / automatischer Fallschirm (der durch eine mit dem Luftfahrzeug verbundene Aufzieheine zur Entfaltung gebracht wird) || ~ **phase control**\* (TV) / automatische Phasenregelung || ~ **picture transmission** (Telecomm) / automatische Bildübertragung (Funkfax) || ~ **pilot**\* (Aero) / Selbststeuergerät *n*, Autopilot *m*, Kursregler *m* || ~ **pipette**\* (Chem) / Kolbenhubpipette *f* || ~ **pitch coarsening** (Aero) / automatische Verstellung (der Luftschraube) auf große Steigung || ~ **plug mill** (Met) / Stopfenwalzwerk *n* (Walzwerk zur Herstellung nahtloser Rohre, in dem dickwandige Hohlkörper in Rundkalibern über einen Stopfen als Innenwerkzeug umgeformt werden) || ~ **polling** (Comp) / automatische Abfrage, automatischer Abrufbetrieb || ~ **potato planter** (Agric) / Kartoffellegeautomat *m* || ~ **power down** (Comp) / automatische Abschaltung der Stromversorgung || ~ **programmed orbiting tube welding machine** (Met, Welding) / Rohrumlaufschweißautomat *m* || ~ **programming**\* (Comp) / automatische Programmierung, maschinenunterstützte Programmierung || ~ **quiller** (Weaving) / Schussspulautomat *m* || ~ **recall** (Teleph) / Wiederanruf *m*, wiederholter Anruf || ~ **reclosing** (Elec Eng) / automatische Wiedereinschaltung, AWE (automatische Wiedereinschaltung), automatische Kurzunterbrechung, KU (automatische Kurzunterbrechung), Kurzschlussfortschaltung *f* (ein Schaltzyklus) || ~ **redialling** (Teleph) / Wahlwiederholung *f* (ein Leistungsmerkmal) || ~ **reel change**\* (Print) / Autopaster *m*, automatische Papierbahn-Anklebevorrichtung, Rollenstern *m* mit Selbstklebevorrichtung, Rollenträger *m* mit Selbstklebevorrichtung || ~ **repeat attempt** (Teleph) / automatische Wiederholung des Verbindungsversuches || ~ **request for repeat** (Comp) / automatische Wiederholungsanforderung (tritt bei der Datenübertragung ein Fehler auf, wird die Übertragung automatisch wiederholt), ARQ *n* (automatische Wiederholungsanforderung), automatische Wiederholung bei Aufforderung || ~ **retransmission** (Teleg) / automatisches Weitertelegrafieren (mit Zwischenspeicherung) || ~ **retry** (Teleph) / automatische Rufwiederholung || ~ **sampler** (Chem) / automatischer Probengeber, Autosampler *m* (automatisches Probenaufgabegerät für die Analytik) || ~ **screwing machine** (Eng) / Schraubenautomat *m* || ~ **screw** (cutting) **machine** (Eng) / Schraubenautomat *m* || ~ **screw machine**\* (Eng) / Drehautomat *m* || ~ **seat belt** (Autos) / Automatiksicherheitsgurt *m*, Automatikgurt *m* || ~ **setting** (Typog) / Satzautomation *f*, automatischer Satz || ~ **sharpener** (For) / Schärfautomat *m* || ~ **slip-control differential** (Autos) / automatisches Sperrdifferential, ASD (automatisches Sperrdifferential) || ~ **soldering machine** / Lötautomat *m* || ~ **speech recognition** (AI, Comp) / automatische Spracherkennung, ASE (automatische Spracherkennung) || ~ **speed dialling** (Teleph) / Zielwahl *f* || ~ **spraying machine** (Paint) / Spritzautomat *m* || ~ **staircase lighting switch** (Build, Elec Eng) / Treppenhausautomat *m* || ~ **starter**\* (Elec Eng) / Selbstanlasser *m* || ~ **stoker**\* (Eng) / automatischer Stoker, automatische Rostbeschickungsanlage || ~ **tanning unit** (Leather) / Gerbautomat *m* || ~ **telephone exchange** (Teleph) / Selbstanschlussfernsprechamt *n*, Wählvermittlungsstelle *f* || ~ **telephone system** (Teleph) / Selbstwählsystem *n*, Selbstanschlusssystem *n*, Wählsystem *n* || ~ **terrain recognition and navigation** (Aero, Mil) / Luftbildvergleichsnavigation *f* || ~ **test equipment** / Prüfautomat *m* || ~ **tester** / Prüfautomat *m*
**automatic-threading** *adj* (Cinema) / mit automatischer Filmeinfädelung (z.B. bei einem Projektor), mit Selbsteinfädelung
**automatic timing system** (Welding) / Schweißbegrenzer *m*, Schweißtakter *m* || ~ **titrator** (Chem) / Titrierautomat *m* || ~ **tracking**\* (Radar) / Verfolgung *f* durch Nachsteuerung, automatische Nachführung (Zielverfolgung) || ~ **tracking control system** (Acous, Electronics) / Tracking-Automatik *f*, automatische Spurlagenregelung, ATCS (Tracking-Automatik) || ~ **tracking radar** (Radar) / Flugfolgeradar *m* || ~ **train control** (system) (Rail) / Zugbeeinflussung *f* (Eisenbahnsicherung) || ~ **train operation**\* (Rail) / automatischer Zugbetrieb, automatische Zugsteuerung || ~ **train stop**\* (Rail) / Zwangsbremsung *f* || ~ **train stop**\* (Rail) / induktive Zugbeeinflussung, Indusi *f* || ~ **transmission**\* (Eng) / Getriebeautomatik *f*, automatisches Getriebe, Automatikgetriebe *n* || ~ **transmitter** (Telecomm) / Maschinensender *m* || ~ **tuning**\* (Radio) / automatische Abstimmung, automatische Scharfabstimmung || ~ **tunnelling machine** (Civ Eng) / Vollschnittvortriebsmaschine *f* (im Tunnelbau), Tunnelvollbohrmaschine *f* || ~ **typewriter** (Comp) / Schreibautomat *m* || ~ **typing machine** (Comp) / Schreibautomat *m* || ~ **veneer patching machine** (For, Join) / Furnierausflickautomat *m* || ~ **ventilation** (system) (Autos) / Zwangsentlüftung *f* || ~ **vertical paint application machine** (system) (Paint) / Vertikalautomat *m*, Vertikalmaschine *f* || ~ **volume control**\* (Radio) / selbsttätiger Schwundausgleich, automatische Aussteuerungsregelung, automatische Lautstärkeregelung || ~ **watering plant** (Agric) / Selbsttränke *f* || ~ **weaving machine** (Weaving) / Webautomat *m* (nach DIN 63000) || ~ **weft winder** (Weaving) / Schussspulautomat *m* || ~ **welder** (Welding) / Schweißautomat *m* || ~ **welding** (Welding) / Maschinenschweißen *n*, automatisches Schweißen || ~ **welding equipment** (Welding) / Schweißautomat *m* || ~ **welding installation** (Welding) / Schweißautomat *m* || ~ **white balance** (Cinema) / automatischer Weißabgleich (bei dem die Automatik die Farbdarstellung aufgrund einer Analyse des vorhandenen Lichtes so abstimmt, dass bei verschiedensten Beleuchtungsquellen eine

**automatic**

neutrale, natürliche Farbwiedergabe erfolgt ) ‖ ~ **wire drive mechanism** (Welding) / Drahtvorschubautomat *m* ‖ ~ **wire-feeding device** (Welding) / Drahtvorschubautomat *m*
**automatic-zero burette** (Chem) / Bürette *f* mit automatischer Nullpunkteinstellung
**automatic zoom** (Cinema) / Autozoom *n*
**automation**\* *n* / Automatisierung *f* (DIN 19419) ‖ ~\* (Work Study) / Komplexautomatisierung *f*, Vollautomatisierung *f* ‖ ~\* (Work Study) / Automation *f* (Automatisierung und ihre Auswirkung auf soziale und wirtschaftliche Systeme - DIN 19223) ‖ ~\* s. also complex automation
**automatization** *n* / Automatisierung *f* (DIN 19233)
**automatize** *v* / automatisieren *v*
**automaton**\* *n* (pl. automatons or automata) / Automat *m*
**automerization** *n* (Chem, Spectr) / Automerisierung *f*
**autometamorphism** *n* (Geol) / Autometamorphose *f* (in der deuterischen Phase)
**autometry** *n* / Autometrie *f* (automatische Messdatengewinnung und -verarbeitung)
**automixte system**\* (Elec Eng) / Pufferbatterie-Betrieb *m* für Brennkraft-Elektrofahrzeuge
**automize** *v* / automatisieren *v*
**automobile** *n* (Autos) / Kraftwagen *m*, Automobil *n*, Auto *n*, Wagen *m* ‖ ~ **board** (Autos, Paper) / Karosseriepappe *f* ‖ ~ **construction** (Autos) / Kraftfahrzeugbau *m* (als Industriezweig) ‖ ~ **engine** (Autos, I C Engs) / Kraftwagenmotor *m*, Automobilmotor *m* ‖ ~ **industry** (Autos) / Kraftfahrzeugindustrie *f*, Automobilindustrie *f*, Autoindustrie *f* ‖ ~ **liability insurance** (US) (Autos) / Kfz-Haftpflichtversicherung *f*, Kraftfahrzeug-Haftpflichtversicherung *f* ‖ ~ **mechanic** (Autos) / Kraftfahrzeugmechaniker *m* (ein Handwerker), Kraftfahrzeugschlosser *m* (ein Industrieberuf)
**automonitor** *n* (Comp) / Automonitor *m*
**automorphic** *adj* (Crystal, Geol, Min) / automorph *adj*, idiomorph *adj* (Mineral, das bei der Auskristallisation seine Eigengestalt voll entwickelt hat), eigengestaltig *adj* ‖ ~ **function** (Maths) / automorphe Funktion (spezielle analytische Funktion)
**automorphism**\* *n* (Maths) / Automorphismus *m* (Isomorphismus einer algebraischen Struktur auf sich)
**automotive** *adj* (Autos) / Kraftfahrzeug-, kraftfahrzeugtechnisch *adj*, kraftfahrtechnisch *adj*, Auto- ‖ ~ (Elec Eng, Eng) / mit Eigenantrieb, selbstangetrieben *adj*, selbstfahrend *adj*, mit Selbstantrieb ‖ ~ **alternator** (Autos) / Drehstromgenerator *m*, Drehstromlichtmaschine *f* ‖ ~ **belt** (Autos) / Autoriemen *m* ‖ ~ **chassis** (Autos) / Fahrgestell *n* (DIN 70 020), Chassis *n*, Fahrwerk *n* ‖ ~ **coating** (Autos, Paint) / Fahrzeuglack *m*, Autolack *m* ‖ ~ **electrical equipment** (Autos, Electronics) / Kraftfahrzeugelektrik *f* (elektrische Ausrüstung), Autoelektrik *f* ‖ ~ **electronic equipment** (system) (Autos, Electronics) / Kraftfahrzeugelektronik *f*, Autoelektronik *f* (elektronische Ausrüstung), Kfz-Elektronik *f* ‖ ~ **emission control** (Autos) / Abgasreinigung *f* in Kraftfahrzeugen ‖ ~ **engine** (Autos) / Kraftfahrzeugmotor *m* ‖ ~ **engineering** (Autos) / Kraftfahrzeugbau *m* (als Technikfach) ‖ ~ **engineering** (Autos) / Kraftfahrtechnik *f* ‖ ~ **exhaust emissions** (Autos) / Kraftfahrzeugabgase *n pl*, Autoabgase *n pl* ‖ ~ **fabric** (Autos, Textiles) / Autopolsterbezugsstoff *m*, Autopolsterstoff *m*, Autobezugsstoff *m* ‖ ~ **finish** (Autos, Paint) / Fahrzeuglack *m*, Autolack *m* ‖ ~ **frame** (Autos) / Rahmen *m* ‖ ~ **fuel** (Fuels) / Kraftstoff *m* für Kraftfahrzeuge (meistens Vergaserkraftstoff + Dieselkraftstoff) ‖ ~ **fuel-cell technology** (Autos) / Brennstoffzellentechnologie *f* für Kraftfahrzeuge ‖ ~ **gear oil** (Autos) / Öl *n* für Kraftfahrzeugetriebe ‖ ~ **industry** (US) (Autos) / Kraftfahrzeugindustrie *f*, Automobilindustrie *f*, Autoindustrie *f* ‖ ~ **mechanics** (Autos) / Mechanik *f* des Kraftfahrzeugs, Kraftfahrzeugmechanik *f* ‖ ~ **part** (Autos) / Autoteil *n* ‖ ~ **pollution** (Autos, Ecol) / Luftverschmutzung *f* durch den Kraftfahrzeugbetrieb ‖ ~ **radar** (Autos, Radar) / Kraftfahrzeugradar *m n* ‖ ~ **rubber** (Autos) / Gummi *m* für die Autoindustrie ‖ ~ **suspension** (Autos) / Radaufhängung *f* ‖ ~ **tool** (Autos) / Kfz-Werkzeug *n*, Autowerkzeug *n* ‖ ~ **vehicle** (Autos) / Kraftfahrzeug *n* (DIN 70002), Kfz (Kraftfahrzeug) ‖ ~ **voltage regulator** (Autos) / Regler *m*, Regelschalter *m*
**autonomic**\* *adj* / autonom *adj*
**autonomics**\* *n* (Electronics) / Studium *n* der autonomen Systeme
**autonomization** *n* (Automation) / Autonomisierung *f* (bei Regelkreisen und anderen rückgekoppelten Systemen)
**autonomous**\* *adj* / autonom *adj* ‖ ~ (Aero, Ships, Space) / unbemannt *adj* ‖ ~ **robot system** / autonomes Robotersystem ‖ ~ **system** (Automation, Phys) / autonomes System ‖ ~ **working** (Comp) / autonome Befehlsausführung, autonomer Simultanbetrieb
**autooscillation** *n* (Phys) / Eigenschwingung *f* (DIN 1311, T 3 und T 4)
**autooxidation** *n* (Chem) / Autoxidation *f*

**autopaster**\* *n* (Print) / Autopaster *m*, automatische Papierbahn-Anklebevorrichtung, Rollenstern *m* mit Selbstklebevorrichtung, Rollenträger *m* mit Selbstklebevorrichtung
**autopatrol** *n* (US) (Civ Eng) / Motorgrader *m* (ein Straßenhobel)
**autopilot**\* *n* (Aero) / Selbststeuergerät *n*, Autopilot *m*, Kursregler *m*
**autopolling** *n* (Comp) / automatische Abfrage, automatischer Abrufbetrieb
**autoprotolysis** *n* (pl. -lyses) (Chem) / Eigendissoziation *f*, Autoprotolyse *f* (Säure-Base-Disproportionierung)
**autopurification** *n* (Biol, Ecol, San Eng) / Selbstreinigung *f* (Fähigkeit der Atmosphäre und der Gewässer, Verschmutzungen unschädlich zu machen)
**autoracemization** *n* (Chem) / Autorazemisation *f*, Autorazemisierung *f*, Autoracemisierung *f*, Autoracemisation *f*
**autoradiochromatography** *n* (Chem) / Autoradiochromatografie *f*
**autoradiogram** *n* (Radiol) / autoradiografische Aufnahme, Autoradiogramm *n*
**autoradiograph**\* *n* (Radiol) / autoradiografische Aufnahme, Autoradiogramm *n*
**autoradiography**\* *n* (Radiol) / Autoradiografie *f*
**autoranging** *n* (Acous, Electronics) / automatische Bereichswahl, automatische Bereichseinstellung ‖ ~ **voltmeter** (Elec Eng) / Voltmeter *n* mit automatischem Bereichswähler
**auto-reclose circuit-breaker** (Elec Eng) / selbstschließender Schutzschalter ‖ ~ **circuit-breaker**\* (Elec Eng) / Leistungsschalter *m* mit Kurzschlussfortschaltung
**auto-reclosing circuit-breaker** (Elec Eng) / Leistungsschalter *m* mit Kurzschlussfortschaltung
**autoreduplication** *n* (Gen) / Autoreduplikation *f*, Autoduplikation *f*
**autoregression** *n* (Maths, Stats) / Autoregression *f*, Eigenregression *f* (in der Zeitreihenanalyse)
**autoregressive** *adj* (Maths, Stats) / autoregressiv *adj* ‖ ~ **moving average process** (Stats) / autoregressiver Prozess der gleitenden Mittel ‖ ~ **process** (Stats) / autoregressiver Prozess (ein stochastischer Prozess)
**autoregulation** *n* (Med) / Autoregulation *f* (Selbststeuerung bestimmter Körperfunktionen)
**autorepeat** *n* (Acous, Electronics) / Autorepeat *n* (bei Kassettenrekordern und CD-Playern), automatische Wiederholung (nach Ablauf der Kassette) ‖ ~ (Comp) / automatische Wiederholung (auf der Tastatur) ‖ ~ **key** / Dauerauslösetaste *f*, Dauertaste *f*, Dauerfunktionstaste *f*, Dauerleertaste *f* (der Schreibmaschine), Taste *f* mit Wiederholfunktion, Typamatiktaste *f* (Wiederholungstaste, Dauerfunktionstaste)
**autorestart** *n* (Comp) / Autorestart *m* (zu Beginn jeder Datenbanksitzung)
**autoreverse** *n* / Autoreverse *n* (Rückspielautomatik bei Kassetten-Abspielgeräten)
**autorotation**\* *n* (a rotorcraft flight condition in which the lifting rotor is driven entirely by the action of the air when the rotorcraft is in motion) (Aero) / Autorotation *f*, Eigendrehung *f*
**autorouting** *n* (Electronics) / Autorouting *n* (automatische Layouterzeugung von Verbindungen zwischen Bauelementeanschlüssen auf Leiterplatten und Chips)
**autosampler** *n* (Chem) / automatischer Probengeber, Autosampler *m* (automatisches Probenaufgabegerät für die Analytik)
**auto-starter** *n* (Elec Eng) / Selbstanlasser *m*
**AutoSum** *n* (spreadsheet function for summing up the most likely series of cells automatically) (Comp) / AutoSum *n*, SpeedSum *n*, SmartSum *n*
**autosynchronous motor**\* (Elec Eng) / synchronisierter Asynchronmotor, Synchroninduktionsmotor *m*
**autothermatic piston** (Autos) / Autothermatikkolben *m* (mit eingegossenen Stahlstreifen - der Übergang vom Kopf zum Schaft ist nicht geschlitzt - also auch dem Autothermikkolben)
**autothermic** *adj* / autotherm *adj* (Vergasung) ‖ ~ **piston** (Autos) / Autothermikkolben *m* (mit Streifen aus Stahlblech als dehnungshemmendes Glied - mit Schlitz zwischen Kolbenboden und Kolbenschaft)
**autothreading** *adj* (Cinema) / mit automatischer Filmeinfädelung (z.B. bei einem Projektor), mit Selbsteinfädelung
**autothrottle**\* *n* (Aero) / automatischer Vortriebsregler
**autotracking** *n* (Telecomm) / Eigennachführung *f* (bei Satellitenkommunikation)
**auto train** (US) (Rail) / Autoreisezug *m*
**autotransductor**\* *n* (Elec Eng) / Autotransduktor *m*, Spartransduktor *m*
**autotransformer**\* *n* (Elec Eng) / Spartransformator *m* ‖ ~ **starter**\* (Elec Eng) / Anlassspartransformator *m*, Anlasstransformatorschalter *m* ‖ ~ **starting** (Elec Eng) / Anlassen *n* mit Spartransformator
**autotransmitter** *n* (Telecomm) / Maschinensender *m*
**autotrophic**\* *adj* (Bot) / autotroph *adj* (sich aus Mineralstoffen selbst Nährstoffe bildend - Produzenten) ‖ ~ **bacteria**\* (Bacteriol) / autotrophe Bakterien *f pl*

**autotruck crane** (Eng) / Autokran *m* (auf einem LKW-Fahrgestell montierter Auslegerkran), LKW-Kran *m*, Automobilkran *m*
**autovector** *n* (Comp) / Autovektor *m* (Vektor-Interrupt, bei dem das Lesen der Vektornummer wegfällt und der diesem Interrupt zugeordnete Befehlszähler aus der Vektortabelle direkt in das Steuerwerk des Rechners geladen wird)
**autowalk** *n* / Fahrsteig *m*, Rollgehweg *m* || ~ (Civ Eng) / Rollsteig *m*
**autoxidation*** *n* (Chem) / Autoxidation *f*
**autoxidator*** *n* (Chem) / Autoxidator *m*
**autracon** *n* (For) / Mukulungu *n* (Holz der Autranella congolensis A. Chev.), Autracon *n*, Fino *n*, MUK
**autumnal equinox*** (Astron) / Herbstäquinoktium *n*, Herbst-Tagundnachtgleiche *f*
**autumn fertilization** (Agric) / Herbstdüngung *f* || ~ **ploughing** (Agric) / Herbstpflugfurche *f* || ~ **wood*** (For) / Herbstholz *n* || ~ **wood*** (For) s. also summer wood
**autunite*** *n* (Min) / Autunit *m* (Kalkuranglimmer)
**AUW** (all-up weight) (Aero) / Abflugmasse *f*, Gesamtflugmasse *f* (minus verbrauchter Kraft- und Schmierstoff)
**Auwers-Skita rule** (Chem) / Auwers-Skita-Regel *f*
**auxanographic test** / auxanografischer Test (zur Ermittlung des Spektrums assimilierbarer Substrate)
**auxiliary** *n* / Hilfsmittel *n*, Zusatzmittel *n* (meistens in der Textilindustrie) || ~ (Radio) / hochpegeliger Reserveeingang (z.B. bei Hi-Fi-Verstärkern) || ~ *adj* / Zusatz- (Hilfs-), Hilfs- || ~ **agent** / Hilfsmittel *n*, Zusatzmittel *n* (meistens in der Textilindustrie) || ~ **bearer cable** / Hilfstragseil *n* || ~ **carriage** (For) / Hilfswagen *m* (der Gattersägemaschine) || ~ **circle*** (Maths) / Hauptkreis *m* (eines Kegelschnitts) || ~ **dimension** / Hilfsmaß *n* (DIN 406, T 1) || ~ **dimension** (Eng) / Informationsmaß *n* (das für die Fertigung hinsichtlich Toleranzauswirkung nicht verbindlich ist) || ~ **electrode** (Electronics) / Hilfselektrode *f* || ~ **equipment** (Eng) / Hilfseinrichtung *f* (Art bzw. Teil der Fertigungseinrichtung) || ~ **facility** (Eng) / Hilfseinrichtung *f* (Art bzw. Teil der Fertigungseinrichtung) || ~ **grid** (Electronics) / Hilfsgitter *n* || ~ **group** (Chem) / Nebengruppe *f* (im Periodensystem, z.B. Cu, Ag und Au in Gruppe I) || ~ **heating** (Autos) / Zusatzheizung *f*, Fremdheizung *f* || ~ **material** / Hilfsstoff *m* || ~ **materials for refrigerating plants** / kältetechnische Hilfsstoffe *f* || ~ **memory** (Comp) / Zubringerspeicher *m*, peripherer Speicher (DIN 44300) || ~ **point** (Eng) / Hilfspunkt *m* (Anfahrpunkt für ein Werkzeug bei CNC-Fertigung, um sauber in eine Kontur einzutauchen) || ~ **pole*** (Elec Eng) / Hilfspol *m* || ~ **pole*** (Elec Eng) s. also compole || ~ **power unit*** (Aero) / Hilfgasturbine *f*, Hilfstriebwerk *n* (kleines, vorwiegend im Rumpfheck oder im Fahrwerkschacht eingebautes Triebwerk, heute praktisch nur ein TL-Triebwerk) || ~ **relay** (Elec Eng) / Hilfsrelais *n* (Schaltrelais ohne beabsichtigte Verzögerung), Zwischenrelais *n* || ~ **rotor*** (Aero) / Steuerschraube *f* (des Hubschraubers), Heckrotor *m*, Heckschraube *f*, Ausgleichsschraube *f* (des Hubschraubers) || ~ (drive) **shaft** (Eng) / Nebenwelle *f* || ~ **stop light** (Autos) / Zusatzbremsleuchte *f* || ~ **storage** (in addition to the main storage) (Comp) / Zubringerspeicher *m*, peripherer Speicher (DIN 44300) || ~ **suspending cable** / Hilfstragseil *n* || ~ **switch** (Elec Eng) / Hilfsschalter *m*, Meldeschalter *m* (zur Steuerung des Betriebs einer Schaltanlage einschließlich der Melde- und elektrischen Verriegelungsvorgänge) || ~ **syntan** (Leather) / Hilfsgerbstoff *m* (Produkt ohne nennenswertes Eigengerbvermögen eingesetzt zum Dispergieren und Beschleunigen in der Vegetabilgerbung) || ~ (fuel) **tank** (Aero) / Reservetank *m*, Reservebrennstoffbehälter *m*
**auxiliary-transformer regulation** (Elec Eng) / Steuerung *f* mit Zusatztransformatoren
**auxiliary valency** (Chem) / Nebenvalenz *f* || ~ **ventilation** (Mining) / Sonderbewetterung *f* (Frischluftversorgung von nicht durchschlägigen Grubenbauen mit Lutten und Luttenlüftern) || ~ **winding*** (Elec Eng) / Zusatzwicklung *f*, Hilfswicklung *f*
**auxin*** *n* (Bot, Chem) / Pflanzenwuchsstoff *m*, Auxin *n* (ein Pflanzenwuchsstoff)
**auxochrome*** *n* (Chem) / farbverstärkende Gruppe, auxochrome Gruppe, Auxochrom *n*
**auxotrophic** *adj* / auxotroph *adj* (auf Zusatz eines bestimmten Stoffes zur Nahrung angewiesen - z.B. Bakterien oder Pilze) || ~ **mutant** (Gen) / auxotropher Mutant, Defektmutant *m*, Mangelmutant *m*, Verlustmutant *m*
**auxotroph mutant** (Gen) / auxotropher Mutant, Defektmutant *m*, Mangelmutant *m*, Verlustmutant *m*
**AV** (audio-visual) / audiovisuell *adj*, AV (audiovisuell)
**av** (avoirdupois) / Avoirdupois-System *n* (altes anglo-amerikanisches System der Einheiten der Masse)
**availability** *n* / Verfügbarkeit *f* (Disponibilität), Disponibilität *f* || ~ / Erreichbarkeit *f*, Zugänglichkeit *f* || ~ / Verfügbarkeit *f* (der Anlage), Betriebsbereitschaft *f* || ~ (Eng, Instr) / Verfügbarkeit *f* (durchschnittlicher Zeitraum zwischen zwei Ausfällen eines Gerätes /einer Maschine/) || ~ (Nut, Physiol) / Verwertbarkeit *f* (von Nahrungsbestandteilen) || ~ **factor** (Elec Eng) / Verfügbarkeitsfaktor *m* (ein Kraftwerkennwert) || ~ **ratio** / Verfügbarkeitsverhältnis *n*
**available** *adj* (in colour) / lieferbar *adj* (in Farbe) || ~ / disponibel *adj*, verfügbar *adj* (disponibel), erreichbar *adj* (verfügbar) || ~ (Nut) / verwertbar *adj* (Nahrungsbestandteil) || ~ (Teleph) / erreichbar *adj*, frei *adj* || ~ **at** (or in) **a chemist's shop only** (Pharm) / apothekenpflichtig *adj* || ~ **at** (or in) **a pharmacy only** (Pharm) / apothekenpflichtig *adj* || ~ **bit rate** (Comp, Telecomm) / verfügbare Bitrate, verfügbare Übertragungsrate || ~ **chlorine** (Chem) / Aktivchlor *n*, aktives Chlor, Bleichchlor *n* (aus Hypochloriten), verfügbares Chlor, wirksames Chlor || ~ **energy** / Nutzenergie *f* (die beim Energieeinsatz zur Verfügung steht und Ziel seiner Nutzung ist) || ~ **energy** s. also consumer energy || ~ **equipment** / Maschinenpark *m* (eines Betriebs) || ~ **gain** (Electronics) / verfügbare Verstärkung || ~ **gas** (quantity) (Fuels) / Gasdarbietung *f* (Gesamtheit der aus Erdgasfeldern, Kokereien, Raffinerien usw. zur Verteilung an industrielle, kommunale und private Verbraucher verfügbaren Gasmenge) || ~ **heat** (Phys) / nutzbare Wärme, Nutzwärme *f*
**available-light photography*** (Photog) / Available-light-Fotografie *f* (mit dem verfügbaren Licht, also ohne zusätzliche Lichtquellen)
**available line*** (Electronics) / Bildzeile *f* (beim Abtasten) || ~ **machines** / Maschinenpark *m* (eines Betriebs) || ~ **moisture capacity** (Agric) / Nutzwasservorrat *m* im Boden || ~ **power** (Elec Eng) / abgebbare Leistung, verfügbare Leistung || ~ **power efficiency*** (Elec Eng) / Wirkungsgrad *m* bei optimaler Anpassung || ~ **queue** (Comp) / verfügbare Warteschlange || ~ **soil water** (Agric) / Nutzwasservorrat *m* im Boden || ~ **time** / nutzbare Zeit, verfügbare Zeit (Produktivzeit + Leerlaufzeit)
**avalanche*** *n* (Electronics, Nuc) / Lawine *f* || ~ (a large mass of snow, ice, soil, or rock, or mixtures of these materials, falling, sliding, or flowing very rapidly under the force of gravity) (Geol) / Lawine *f*, Lahne *f*, Lahn *f* || ~ (Meteor) / Schneelawine *f*, Lawine *f* || ~ **area** (Geog, Geol) / Lawinengebiet *n* || ~ **breakdown** (Electronics) / Lawinendurchbruch *m* (DIN 41852) || ~ **control** (Civ Eng) / Lawinenschutz *m* || ~ **debris** (Geol) / Lawinenschutt *m* || ~ **diode*** (Electronics) / Lawinendiode *f*, Avalanche-Diode *f* (eine Halbleiterdiode nach DIN 41855) || ~ **effect*** (Electronics) / Lawineneffekt *m*, Avalanche-Effekt *m* (bei Halbleitern), Lawinenvervielfachung *f* || ~ **gain** (Electronics) / Lawinenverstärkungsfaktor *m*
**avalanche-induced migration** (Comp, Electronics) / Avalanche-induced-Migration *f* (ein Verfahren zur Programmierung von bestimmten bipolaren PROMs, AIM (ein Verfahren zur Programmierung von Festwertspeichern)
**avalanche noise** (Electronics) / Lawinenrauschen *n* || ~ **photodiode*** (Electronics) / Lawinenfotodiode *f*, Lawineneffekt-Fotodiode *f*, Avalanche-Fotodiode *f* || ~ **roof** (Civ Eng) / Lawinengalerie *f*, Lawinenschutzgalerie *f* || ~ **transistor*** (Electronics) / Lawinentransistor *m* (mit einem ausnutzbaren Bereich negativen differentiellen Widerstandes der Durchbruchskennlinie) || ~ **transit time diode** (Electronics) / ATT-Diode *f* (Siliziumdiode nach dem Mesaprinzip mit ausgeprägtem Lawinen- und Laufzeiteffekt) || ~ **voltage** (Electronics) / Lawinendurchbruchspannung *f* (DIN 41852) || ~ **wind** (Meteor) / Lawinenwind *m*
**avatar** *n* (Comp) / Avatar *m* (im Cyberspace)
**AVC** (Mech) / Unterdrückung *f* von Schwingungen (mit Hilfe adaptiver Struktursysteme) || ~* (automatic volume control) (Radio) / selbsttätiger Schwundausgleich, automatische Aussteuerungsregelung, automatische Lautstärkeregelung
**AVD** (alternate voice/data) (Comp) / abwechselnd Sprache und Daten
**avdp** (avoirdupois) / Avoirdupois-System *n* (altes anglo-amerikanisches System der Einheiten der Masse)
**avenalin** *n* (Agric, Chem) / Avenalin *n* (Globulin des Hafers)
**avenin** *n* (Agric, Chem) / Avenin *n* (Prolamin des Hafers)
**aventurine** *n* (Min) / Aventurin *m* (Schmuckstein aus Quarz oder Feldspat), Avanturin *n* || ~ **feldspar*** (Min) / Aventurinfeldspat *m*, Sonnenstein *m* || ~ **glass** (Glass) / Aventuringlas *n* (rotes), Goldfluss *m* (aus Murano) || ~ **glaze** (containing coloured, opaque spangles of non-glassy materials such as copper, gold, chrome, or haematite which give the glaze a shimmering appearance) (Ceramics) / Aventuringlasur *f* || ~ **quartz*** (Min) / Aventurinquarz *m*, Goldstein *m*
**average** *v* (Maths, Stats) / den Mittelwert bilden, mitteln *v* || ~* *n* (Maths, Stats) / Mittelwert *m*, Durchschnitt *m*, Mittel *n* || ~* (Ships) / Havarie *f* (Seehandelsrecht), Haverei *f* || ~ *attr* (Maths, Stats) / durchschnittlich *adj* || ~ (Stats) / gemittelt *adj* || ~ **adjuster** (Ships) / Dispacheur *m*, Havariekommissar *m* || ~ **adjustment** (Ships) / Dispache *f* (Verteilungsplan des Dispacheurs über die große Havarie - 728 HGB) || ~ **ampere conductors per unit length** (Elec) / Strombelag *m* (elektrischer - eine Größe nach DIN 1301, T 2 und DIN 1324, T 1) || ~ **audience** (Radio, TV) / durchschnittliche Hörer- oder

**average**

Zuschauerzahl ‖ ~ **content** / Durchschnittsgehalt *m* (Stoffgehalt im Allgemeinen) ‖ ~ **current*** (Elec) / arithmetischer Strommittelwert, mittlerer Wechselstromwert
**averaged** *adj* (Stats) / gemittelt *adj*
**average degree of polymerization** (Chem) / durchschnittlicher Polymerisationsgrad, Durchschnittspolymerisationsgrad *m*, DP, DP-Grad *m* ‖ ~ **degree of substitution** (Chem, For) / Durchschnittssubstitutionsgrad *m*, DS ‖ ~ **deviation** (Maths, Stats) / durchschnittliche Abweichung
**averaged light measurement** (Photog) / Integralmessung *f* (eine Art Belichtungsmessung)
**average haul distance*** (Civ Eng) / durchschnittliche Transportweite, durchschnittlicher Transportweg ‖ ~ **information content per character** (Telecomm) / mittlerer Informationsbelag (einer Nachrichtenquelle) ‖ ~ **information rate per time** (Comp, Telecomm) / mittlerer Informationsfluss (einer Nachrichtenquelle) ‖ ~ **load per cent** (Elec Eng) / Ausnutzungsfaktor *m* (ein Kraftwerkkennwert), Ausnutzungsgrad *m* (ein Kraftwerkkennwert) ‖ ~ **noise figure** (Acous) / mittlere Rauschzahl ‖ ~ **observer** (Phys) / Normalbeobachter *m* ‖ ~ **outgoing quality** / Durchschlupf *m* (erwartete Durchschnittsqualität der abgehenden Einheiten bei gegebener Qualität der eingehenden Einheiten) ‖ ~ **particle size** / Kornmittel *n* (bei der Siebanalyse) ‖ ~ **performance** (Eng) / Durchschnittsleistung *f* ‖ ~ **quality** / mittlere Qualität, Durchschnittsqualität *f*
**averager** *n* (Comp) / mittelwertbildender Rechner, Mittelungsrechner *m*, Glättungsrechner *m*
**average rectifier** (Elec Eng) / linearer Gleichrichter (bei Messgeräten) ‖ ~ **roughness value** (Eng) / $R_a$, (arithmetischer) Mittenrauwert *m* ‖ ~ **speed** (Phys) / Durchschnittsgeschwindigkeit *f*, mittlere Geschwindigkeit ‖ ~ **statement** (Ships) / Dispache *f* (Verteilungsplan des Dispacheurs über die große Havarie - 728 HGB) ‖ ~ **statistical load** (Materials) / Belastungskollektiv *n* (statistisch ermittelte durchschnittliche Belastung) ‖ ~ **total inspection** / durchschnittliche Anzahl der Stichproben je Los (bei der Qualitätsanalyse) ‖ ~ **track** (Aero) / gemittelter Kurs über Grund ‖ ~ **transinformation content** (Comp, Telecomm) / Synentropie *f*, mittlerer Transinformationsgehalt ‖ ~ **voltage** (Elec Eng) / mittlere Spannung
**averaging** *n* (Stats) / Mittelwertbildung *f* ‖ ~ *adj* (Stats) / mittelwertbildend *adj* ‖ ~ **computer** (Comp) / mittelwertbildender Rechner, Mittelungsrechner *m*, Glättungsrechner *m* ‖ ~ **operator** (Maths) / Mittelungsoperator *m*, Operator *m* der Mittelwertbildung
**avermectin** *n* (Pharm) / Avermectin *n* (ein Makrolidantibiotikum)
**averruncator** *n* (Agric, For) / Astschere *f*, Astschneider *m*
**avg** (Maths, Stats) / Mittelwert *m*, Durchschnitt *m*, Mittel *n*
**avgas*** *n* (Aero) / Flugbenzin *n*
**aviation** *n* (Aero) / Flugwesen *n* ‖ ~ s. also aeronautics ‖ ~ **fuel** (Fuels) / Flugkraftstoff *m*, Flugzeugkraftstoff *m*, Flugbrennstoff *m*, Flugzeugtreibstoff *m* ‖ ~ **gasoline** (high-octane aviation gasoline for piston-type engines) (Aero) / Flugbenzin *n* ‖ ~ **kerosene*** (Aero, Fuels, Oils) / Kerosin *n*, Turbinenpetroleum *n*, Turbinentreibstoff *m* ‖ ~ **medicine** (Med) / Luftfahrtmedizin *f*, Flugmedizin *f* (Luftfahrtmedizin der Bundeswehr), Aeromedizin *f* ‖ ~ **method** (Fuels, Oils) / ASTM-D 614-Methode *f* (zur Bestimmung der Oktanzahl von Flugkraftstoffen) ‖ ~ **obstruction lights** (Aero) / Befeuerung *f* (z.B. als Schornstein-Flugsicherung) ‖ ~ **spirit*** (Aero) / Flugbenzin *n* ‖ ~ **training** (Aero) / fliegerische Ausbildung (am Boden und in der Luft/im Fluge) ‖ ~ **turbine fuel** (Aero, Fuels, Oils) / Kerosin *n*, Turbinenpetroleum *n*, Turbinentreibstoff *m* ‖ ~ **weather forecast** (Aero, Meteor) / Flugwettervorhersage *f* ‖ ~ **wide-cut turbine fuel*** (Aero, Fuels) / Flugturbinenkraftstoff *m*, Turbinentreibstoff *m* (mit einem Siedebereich zwischen 52 und 220 ° C)
**aviator** *n* (Aero) / Flieger *m*
**avicide** *n* (Aero) / Avizid *n* (ein vogeltoxisches Produkt, wie z.B. Queletox, Starlicide usw.)
**avidin** *n* (Biochem) / Avidin *n* (tetrameres Glykoprotein aus rohem Hühnereiweiß)
**avidity** *n* (Biochem, Biol) / Avidität *f* (Wechselwirkung zwischen multivalenten Antikörpern und multideterminanten Antigenen)
**aviette** *n* (Aero) / Muskelkraftflugzeug *n*
**avigation** *n* (Aero, Mil) / Flugnavigation *f*, Aeronavigation *f*
**avionics*** *n* (Aero, Electronics) / Avionik *f* (Sammelbezeichnung für elektronische Geräte und Ausrüstungen der Luftfahrt), Luftfahrtelektronik *f*
**avirulence** *n* (Med) / Avirulenz *f*
**avirulent** *adj* (Med) / avirulent *adj*
**avitaminosis*** *n* (pl. -oses) (Med) / Avitaminose *f* (Erkrankung beim völligen Fehlen von Vitaminen)
**avivage** *n* (Spinning) / Avivage *f* (von Viskosefilamentgarnen) ‖ ~ (Textiles) / Avivage *f* (Weichmachen von Geweben durch Nachbehandlung mit Seifen und Ölen)
**AV jack** (Telecomm) / AV-Anschluss *m*

**AVLIS** *n* (atomic-vapour laser isotope separation) (Nuc Eng) / Uranisotopentrennung *f* mit Laserstrahlen im atomaren Dampf (entwickelt im Lawrence Livermore Laboratory)
**avocado oil** (Chem, Nut) / Avocadoöl *n* (aus dem Fruchtfleisch der Avocadobirne)
**avodiré** *n* (For, Join) / Engan *n*, Avodiré *n* (Turraeanthus africana Pellegr. - dekoratives Furnier- und Tischlerholz), Apaya *n*, Lusamba *n*
**Avogadro constant*** (Phys) / Avogadro-Konstante (in mol⁻1 nach DIN 1304), Avogadro'sche Zahl (der reine Zahlenwert der Avogadro-Konstante)
**Avogadro's hypothesis** (Phys) / Avogadro'sches Gesetz, Satz *m* von Avogadro (nach A. Avogadro Conte di Quaregna e di Cerreto, 1776-1856) ‖ ~ **law*** (Phys) / Avogadro'sches Gesetz, Satz *m* von Avogadro (nach A. Avogadro Conte di Quaregna e di Cerreto, 1776-1856)
**Avogadro's number*** (Phys) / Avogadro-Konstante (in mol⁻1 nach DIN 1304), Avogadro'sche Zahl (der reine Zahlenwert der Avogadro-Konstante)
**Avogadro's principle** (Phys) / Avogadro'sches Gesetz, Satz *m* von Avogadro (nach A. Avogadro Conte di Quaregna e di Cerreto, 1776-1856)
**Avogadro temperature scale** (Phys) / Avogadro'sche Temperaturskale
**avoid** *v* / vermeiden *v* (Unfälle)
**avoidance and scrap recovery process** (Paint) / Vermeidungs- und Verwertungsverfahren *f* ‖ ~ **of cracking** / Rissverhütung *f* ‖ ~ **of the flicker effect** (Light, Physiol) / Flimmerbegrenzung *f* (Maßnahmen zur Vermeidung von Flimmererscheinungen bei den Beleuchtungskörpern)
**avoid technical jargon** / vermeiden Sie den übermäßigen Fachjargon (Rat an die technischen Redakteure)
**avoirdupois** *n* (weight) / Avoirdupois-System *n* (altes anglo-amerikanisches System der Einheiten der Masse) ‖ ~ **pound** / Pfund *n* (= 0,45359237 kg)
**AVPO** (axial vapour-phase oxidation process) / VAD-Verfahren *n*, Axialabscheideverfahren *n* (aus der Gasphase)
**avtag*** *n* (Aero, Fuels) / Flugturbinenkraftstoff *m*, Turbinentreibstoff *m* (mit einem Siedebereich zwischen 52 und 220 ° C)
**avtur*** *n* (Jet-A1) (kerosine-type aviation turbine fuel, occasionally identical to the JP1-type fuel) (Aero, Fuels, Oils) / Kerosin *n*, Turbinenpetroleum *n*, Turbinentreibstoff *m*
**avulsion** *n* (sudden separation of land from one property and its attachment to another, especially by flooding or a change in the course of a river) (Geol) / Avulsion *f*, Abschwemmung *f* (von Bodenmassen durch Überschwemmung), Losreißung *f* (eines Stückes Boden)
**avulsive cut-off** (Civ Eng, Hyd Eng) / natürlicher Durchstich
**awaiting repair time** (Eng) / Zeit *f* bis zum Beginn der Reparatur (meistens systembedingte Ausfallzeit)
**award** *v* / vergeben *v*, erteilen *v* (Auftrag)
**awarding of contracts** / Vergabe *f* von Aufträgen, Zuschlag *m* (Erteilung von Aufträgen)
**award of a contract** / Auftragserteilung *f*, Auftragsvergabe *f*
**awareness rate** / Bekanntheitsgrad *m* (eines Markenprodukts)
**awaruite** *n* (Min) / Awaruit *m* ($Ni_3Fe$)
**AWB** (automatic white balance) (Cinema) / automatischer Weißabgleich (bei dem die Automatik die Farbdarstellung aufgrund einer Analyse des vorhandenen Lichtes so abstimmt, dass bei verschiedensten Beleuchtungsquellen eine neutrale, natürliche Farbwiedergabe erfolgt )
**A-weighting curve** (Acous) / A-Kurve *f*, Bewertungskurve *f* A
**AWG** (American Wire Gage) (Met) / genormte US-amerikanische Drahtlehre
**A-wire*** *n* (Teleph) / a-Ader *f*
**awkward** *adj* (location) / schwer zugänglich *adj* (Stelle)
**awl*** *n* (Tools) / Vorstechort *m n*, Pfriem *m*, Ahle *f*, Vorstecher *m*
**awn*** *n* (Agric, Brew) / Granne *f*
**awned** *adj* (Agric, Brew) / mit Grannen, begrannt *adj*
**awner** *n* (Agric) / Entgranner *m*
**awning** *n* (Autos, Textiles) / Vorzelt *n* (für Caravan) ‖ ~ (Build) / Markise *f* ‖ ~ **deck*** (Ships) / Sonnendeck *n*
**AWT** (advanced waste-water treatment) (San Eng) / weitergehende Abwasserreinigung (Verfahren oder Verfahrenskombinationen, welche in ihrer Reinigungswirkung über die herkömmliche, in der Regel mechanisch-biologische Abwasserreinigung hinausgehen und insbesondere solche Stoffe eliminieren, die im Ablauf einer mechanisch-biologischen Kläranlage noch enthalten sind - DIN 4045), dritte Reinigungsstufe
**ax** *n* (US) (Tools) / Axt *f*
**axe*** (Build, Tools) / Fläche *f* (Hammer mit beidseitiger Schneidebahn zum unvollkommenen Einebnen der Steinflächen) ‖ ~ *v* (Carp) / bebeilen *v* ‖ ~ *n* (Tools) / Axt *f*

**axed work**\* (Build) / Natursteinmauerwerk *n* aus mit dem Bossier- oder Schrothammer bekantetem Naturstein
**axe-hew** *v* (Carp) / bebeilen *v*
**axenic culture**\* (Bot) / Reinkultur *f*, Reinzucht *f*
**axerophthol** *n* (Biochem) / Retinol *n*, Vitamin *n* A₁
**axes of an aircraft** (Aero) / Achsen *fpl* des Flugzeugs (Längs-, Quer- und Hochachse)
**axe wedge** (For) / Axtkeil *m*
**axial**\* *adj* / Axial-, Achsen-, axial *adj*, in der Achsenrichtung ‖ **~ angle** (Crystal) / Winkel *m* zwischen den optischen Achsen (eines zweiachsigen Kristalls) ‖ **~ bearing** (Eng) / Axiallager *n*, Axialdrucklager *n* (in dem die Kräfte längs der Achse wirken), Längslager *n*
**axial-centrifugal compressor** (Eng) / Axial-Radialverdichter *m*
**axial chirality** (Chem) / axiale Chiralität, Axialchiralität *f* (bei Verbindungen, deren stereogene Einheit eine Chiralitätsachse ist) ‖ **~ compressor**\* (Eng) / Axialverdichter *m*, Axialkompressor *m* ‖ **~ cylindrical roller bearing** (Eng) / Axialzylinderrollenlager *n* (DIN 722) ‖ **~ eccentricity** (Eng) / Axial-Schlag *m* (doppelte größte Abweichung von der Drehebene), Planlaufabweichung *f*, Planschlag *m* ‖ **~ engine**\* (Aero) / Axialtriebwerk *n* (mit Axialverdichter) ‖ **~ engine**\* (Aero) s. also axial-flow turbine ‖ **~ fan** (Eng) / Axialgebläse *n* (mit einem Druckverhältnis von 1,1 bis 3) ‖ **~ fan** (Eng) / Axiallüfter *m* ‖ **~ fan with Saccardo nozzle** (Civ Eng) / Axialventilator *m* mit Saccardodüse (Gerät zur künstlichen Belüftung eines Tunnels) ‖ **~ feed** (Eng) / axialer Vorschub, Axialvorschub *m*
**axial-feed shaving** (Eng) / Parallelschaben *n* (mit Vorschub in Richtung Werkradachse)
**axial-flow bulb-type turbine** (Eng) / Rohrturbine *f* mit wasserumströmtem Generator (in der Ausweitung des Saugrohrs)
**axial-flow compressor**\* (Eng) / Axialverdichter *m*, Axialkompressor *m*
**axial-flow fan** (Eng) / Axialgebläse *n* (mit einem Druckverhältnis von 1,1 bis 3) ‖ **~ fan** (Eng) / Axiallüfter *m* ‖ **~ laser** (Phys) / längsgestömter Laser ‖ **~ pit-type turbine** (Eng) / Rohrturbine *f* mit wasserumströmtem Generator (in einer Grube) ‖ **~ tube-type hydraulic turbine** (Kaplan) (Eng) / Kaplan-Rohrturbine *f*, Rohrturbine *f* (eine Kaplanturbine, in der das Wasser dem Leit- und dem Laufrad axial zuströmt) ‖ **~ turbine**\* (Aero) / Axialturbine *f* (mit parallel zur Welle durchströmtem Laufrad) ‖ **~ wheel** (Eng) / Axialrad *n* (der Turbine, der Kreiselpumpe)
**axial force** (Mech) / Längskraft *f*, Axialkraft *f*
**axial-force-resistant member** (Mech) / druckbeanspruchtes Element, Druckglied *n* (Stütze, Säule), Druckelement *n* (das auf Druck belastet wird)
**axial gyro** (Space) / Axialkreisel *m* ‖ **~ head** (Plastics) / Längsspritzkopf *m* (der Spritzmaschine), Geradeauskopf *m* ‖ **~ injection** (I C Engs) / gerade Einspritzung (bei Dieselmotoren)
**axially loaded** (compression) **member** (Mech) / mittig gedrückter Stab ‖ **~ symmetric** (Maths) / axialsymmetrisch *adj*, achsensymmetrisch *adj* (Figur, welche durch Achsenspiegelung an einer Gerade auf sich abgebildet werden kann)
**axial misalignment** / Axialversatz *m*, Achsenversatz *m* (bei den LWL) ‖ **~ misalignment** (Eng) / Axialverlagerung *f* (von zwei Wellen zueinander) ‖ **~ offset** / Achsversetzung *f* ‖ **~ parenchyma** (For) / Längsparenchym *n* ‖ **~ piston pump** (utilizing multiple pistons arranged such that the pistons stroke in sequence as the pump drive shaft rotates) (Eng) / Axialkolbenpumpe *f* ‖ **~ pitch** (BS 2519) (Eng) / Achsteilung *f*, Axialteilung *f* (bei Schrägzahnrädern nach DIN 3960) ‖ **~ plane** (Eng) / Achsebene *f* ‖ **~ plane** (Eng) / Axialschnitt *m* (bei technischen Zeichnungen)
**axial-plane cleavage**\* (Geol) / Transversalschieferung *f*, S₁-Schieferung *f*, Achsenflächenschieferung *f*
**axial pressure** (Mech) / axialer Druck, Axialdruck *m* ‖ **~ ratio** (Crystal) / Achsenverhältnis *n* (Längenverhältnis der Achsen) ‖ **~ ray** (Optics) / Axialstrahl *m* ‖ **~ response**\* (Acous) / axiale Empfindlichkeit, axialer Übertragungsfaktor ‖ **~ runout** (Eng) / Axial-Schlag *m* (doppelte größte Abweichung von der Drehebene), Planlaufabweichung *f*, Planschlag *m* ‖ **~ runout** (Eng) / Planlauf *m* (DIN 7184, T 1) ‖ **~ runout** (Eng) / Planlaufabweichung *f* (Unterschied zwischen größtem und kleinstem Abstand zwischen einer Stirnseite des Fräsers und einer Normalebene zur Bohrungsachse des Fräsers), Fräserplanlauf *m*, Fräserplanschlag *m* ‖ **~ section** (Maths) / Achsenschnitt *m* (jeder die Achse enthaltende Schnitt durch das Prisma) ‖ **~ self-aligning roller bearing** (Eng) / Axialpendelrollenlager *n* (DIN 728) ‖ **~ setting** (Print) / Mittelachsensatz *m* ‖ **~ symmetry** (Crystal) / axiale Symmetrie *f* ‖ **~ symmetry** (Maths) / Achsensymmetrie *f*, Axialsymmetrie *f*, Achsenspiegelung *f*, axiale Symmetrie (bezüglich einer Achse), Klappsymmetrie *f* ‖ **~ thrust** (Eng) / Schub *m* in Achsrichtung (von rotierenden Maschinenteilen), Axialschub *m* ‖ **~ thrust bearing** (Eng) / Axiallager *n*, Axialdrucklager *n* (in dem die Kräfte längs der Achse wirken), Längslager *n* ‖ **~ twin** (Crystal) / Achsenzwilling *m* ‖ **~ vapour-phase oxidation process** /

VAD-Verfahren *n*, Axialabscheideverfahren *n* (aus der Gasphase) ‖ **~ vector** (Phys) / Axialvektor *m*, axialer Vektor (z.B. der Winkelgeschwindigkeit)
**axinite**\* *n* (Min) / Axinit *m* (ein Schmuckstein)
**axiom**\* *n* (Maths) / Axiom *n*
**axiomatic** *adj* / axiomatisch *adj* (auf Axiomen beruhend; unanzweifelbar) ‖ **~ field theory** (Phys) / axiomatische Feldtheorie ‖ **~ quantum field theory** (Phys) / axiomatische Quantenfeldtheorie (relativistische Quantentheorie der Felder, die versucht, ausgehend von möglichst wenigen, als Axiome der Theorie eingeführten und aus physikalischen oder mathematischen Gründen als unumgänglich erscheinenden Voraussetzungen die Quantentheorien mathematisch korrekt zu formulieren und dabei zugleich die in der konventionellen Quantenfeldtheorie auftretenden Schwierigkeiten zu beseitigen)
**axiomatics** *n* / Axiomatik *f* (Lehre vom Definieren und Beweisen mit Hilfe von Axiomen)
**axiomatic semantics** (an approach to defining the semantics of programming languages in which the meaning of a language is given by describing the true statements that can be made about programs in that language using axioms and proof rules) (Comp) / axiomatische Semantik ‖ **~ system** / axiomatisches System, Axiomensystem *n* (Menge von Sätzen einer gegebenen Theorie, aus denen alle übrigen Sätze dieser Theorie beweisbar sind)
**axiomatize** *v* (Maths) / axiomatisieren *v*
**axiom of choice** (Maths) / Zermelo-Axiom *n*, Auswahlaxiom *n* ‖ **~ of extensionality** (Maths) / Extensionalitätsaxiom *n* ‖ **~ of foundation** (Maths) / Fundierungsaxiom *n*, Axiom *n* der Fundierung ‖ **~ of regularity** (Maths) / Fundierungsaxiom *n*, Axiom *n* der Fundierung
**axion** *n* (Nuc) / Axion *n* (ein sehr leichtes pseudoskalares Teilchen)
**axis**\* *n* (pl. axes) (Astron, Maths, Optics) / Achse *f* ‖ **~ culmination** (Geol) / Achsenkulmination *f* (wenn die Faltenachsen aufwärts gebogen werden) ‖ **~ depression** (Geol) / Achsendepression *f* (wenn die Faltenachsen abwärts gebogen werden) ‖ **~ of abscissas** (Maths) / Abszissenachse *f* (der Gauß'schen Zahlenebene, auf der die reellen Zahlen abgetragen werden), x-Achse *f*, X-Achse *f*, x-Koordinate *f*, reelle Achse, Rechtsachse *f*, erste Achse (in dem Koordinatesystem) ‖ **~ of affinity** (Maths) / Affinitätsachse *f* ‖ **~ of a** (vertical) **member** (Mech) / Stabachse *f* ‖ **~ of collineation** (Maths) / Kollineationsachse *f*, Achse *f* der Kollineation ‖ **~ of deformation** (Eng) / Kraftwirklinie *f* (Wirklinie der resultierenden Umformkraft parallel zur Führung) ‖ **~ of drawing** (Met) / Ziehachse *f* (Längsachse des Ziehgutes) ‖ **~ of freedom of a robot** / Freiheitsgradachse *f* eines Roboters ‖ **~ of gaze** (Optics) / Blickachse *f* ‖ **~ of imaginaries** (Maths) / imaginäre Achse, Ordinatenachse *f*, y-Achse *f* (der Gauß'schen Zahlenebene, auf der die rein imaginären Zahlen abgetragen werden) ‖ **~ of inertia** (Phys) / Trägheitsachse *f* ‖ **~ of motion** (Mech) / Bewegungsachse *f* ‖ **~ of ordinates** (Maths) / Ordinatenachse *f*, y-Achse *f*, y-Koordinate *f*, Y-Achse *f* ‖ **~ of reals** (Maths) / Abszissenachse *f* (der Gauß'schen Zahlenebene, auf der die reellen Zahlen abgetragen werden), x-Achse *f*, X-Achse *f*, x-Koordinate *f*, reelle Achse, Rechtsachse *f*, erste Achse (in dem Koordinatesystem) ‖ **~ of reflection** (Maths) / Symmetrieachse *f*, Spiegelungsachse *f* ‖ **~ of revolution** (Maths, Phys) / Drehachse *f*, Rotationsachse *f* ‖ **~ of rotation** (Maths, Phys) / Drehachse *f*, Rotationsachse *f* ‖ **~ of symmetry**\* (Maths) / Symmetrieachse *f*, Spiegelungsachse *f* ‖ **~ of tension** (Mech) / Zugachse *f* ‖ **~ of the parabola** (Maths) / Parabelachse *f* ‖ **~ of traction** (Mech) / Zugachse *f* ‖ **~ plane** (of a fold) (Geol) / Faltenachsenfläche *f* (gedachte Fläche, in der die Faltenachsen sämtlicher in einer Falte verbogenen Schichten liegen)
**axisymmetric** *adj* (Maths) / axialsymmetrisch *adj*, achsensymmetrisch *adj* (Figur, welche durch Achsenspiegelung an einer Gerade auf sich abgebildet werden kann) ‖ **~ stress** (Mech) / rotationssymmetrischer Spannungszustand (in der Elastizitätstheorie)
**axle**\* *n* (Eng) / Achse *f*, Radachse *f*, Tragachse *f* ‖ **~ arrangement** (Autos, Rail) / Achsfolge *f*, Achsanordnung *f* ‖ **~ base** (Rail) / Radabstand *m* (bei Schienenfahrzeugen), Achsabstand *m*
**axle-box**\* *n* (Rail) / Achslager *n*
**axle circuit** (Rail) / Radachsenstromkreis *m* ‖ **~ counter** (Rail) / Radsatzzähler *m*, Achszähler *m*, Achsenzähler *m* ‖ **~ differential** (Autos) / Achsdifferential *n*, Achsausgleichsgetriebe *n* ‖ **~ differential** (Autos) / Achsantriebsübersetzung *f* ‖ **~ drive gear** (Autos) / großes Tellerrad (des Ausgleichsgetriebes)
**axled tenon** (Carp) / Brustzapfen *m* ‖ **~ tenon** (Join) / geächselter Zapfen (z.B. bei der Fußzargenverbindung)
**axle entrance** (Rail) / Achseingang *m* (in der Nabe) ‖ **~ friction** (Eng, Mech) / Achsreibung *f* ‖ **~ generator** (Elec Eng) / Achsgenerator *m* ‖ **~ grease** / Wagenschmiere *f*, Achsfett *n*, Achsenschmiere *f*, Wagenfett *n* ‖ **~ housing** (Rail) / Achslagergehäuse *n*
**axle-hung motor** (a traction motor) (Elec Eng) / Tatzenlagermotor *m*

**axle kilometer**

**axle kilometer** (Rail) / Achskilometer *m*, Achs-km *m* ‖ **~ lathe** (Eng) / Achsendrehmaschine *f* ‖ **~ layout** (Autos, Rail) / Achsfolge *f*, Achsanordnung *f* ‖ **~ load** (Eng) / Achslast *f*
**axle-load indicator** (Autos) / Radlastmesser *m* (ein ortsbewegliches Wiegegerät), Achslastmesser *m*
**axle-mounted wheel** (Phys) / Wellrad *n* (eine einfache Maschine)
**axle pinion** (Autos) / Antriebswellenkegelrad *n*
**axle-pin rake** (Autos) / Nachlauf *m* (Winkel zwischen der Achse des Achsschenkelbolzens und einer Senkrechten durch die Radmitte)
**axle shaft** (Autos) / Achswelle *f*, Seitenwelle *f* (die das Ausgleichsgetriebe mit dem Antriebsrad verbindet) ‖ **~ tube** (Autos) / Achsrohr *n* (der Hinterachse) ‖ **~ weight*** (Eng) / Achslast *f* ‖ **~ weight limit** (Autos) / Verbot für Fahrzeuge, deren tatsächliche Achslast das angegebene Maß überschreitet (ein Verkehrszeichen) ‖ **~ wheels** (Eng) / Radsatz *m*
**axman** *n* (US) (Surv) / Vermessungsgehilfe *m*
**Axminster carpet*** (Textiles) / Axminsterteppich *m* (ein handgeknüpfter Chenilleteppich)
**axoid** *n* (Maths) / Axoid *n*, Achsenfläche *f*
**axoidal surface** (Maths) / Axoid *n*, Achsenfläche *f*
**axon*** *n* (Physiol, Zool) / Axon *n*, Achsenzylinder *m* ‖ **~ hillock** (Cyt, Physiol) / Axonhügel *m*
**axonometric projection*** (Maths) / axonometrische Projektion (DIN 5, T 1)
**axonometry*** *n* (Maths) / Axonometrie *f* (spezielle Parallelprojektion)
**AX spin system** (Spectr) / AX-System *n* ‖ **~ system** (Spectr) / AX-System *n*
**ayan** *n* (For) / Afrikanisches Zitronenholz, Bonsamdua *n*, Movingui *n* (Distemonanthus benthamianus Baill.), Anyaran *n*, Ayan *n*
**Ayrton-Perry winding** (Elec Eng) / unifilar wechselsinnige Wicklung
**Ayrton shunt** (Elec Eng) / Stromteiler *m* nach Ayrton, Ayrton-Nebenwiderstand *m* (z.B. bei Vielfachinstrumenten), Ayrton-Widerstand *m* (zur Messbereichserweiterung - nach W.E. Ayrton, 1847-1908), Mehrfachnebenwiderstand *m* (z.B. bei Galvanometern)
**az-** (Chem) / Aza- (Präfix, das nach IUPAC-Regel R-2 in Austauschnamen und vor Vokalen zu Az- gekürzt, im Hantzsch-Widman-System den Ersatz einer CH-Gruppe durch ein N-Atom anzeigt)
**AZ** (azimuth) (Maths, Nav, Surv) / Azimut *n m*
**aza-** (Chem) / Aza- (Präfix, das nach IUPAC-Regel R-2 in Austauschnamen und vor Vokalen zu Az- gekürzt, im Hantzsch-Widman-System den Ersatz einer CH-Gruppe durch ein N-Atom anzeigt)
**azadirachtin** *n* / Azadirachtin *n* (als systemisches Fraßabschreckungsmittel eingesetzt)
**Azbel-Kaner resonance** (Phys) / Azbel-Kaner-Resonanz *f* (Zyklotronresonanz in Metallen)
**azelaic acid*** (Chem) / Azelainsäure *f*, Nonandisäure *f*
**azelate** *n* (Chem) / Azelat *n* (Salz und Ester der Azelainsäure)
**azeotrope** *n* (Chem) / azeotropisches Gemisch, azeotropische Mischung (flüssige Mischung, deren Dampf dieselbe Zusammensetzung wie die flüssige Phase hat), azeotrope Mischung, azeotropes Gemisch
**azeotropic distillation*** (Chem Eng) / Azeotropdestillation *f* (bei der entweder durch Unter- oder Überdruck oder durch Zumischung einer Zusatzkomponente das Phasengleichgewicht derart beinflusst wird, dass eine leichte Trennung möglich ist), azeotrope Destillation ‖ **~ mixture*** (Chem) / azeotropisches Gemisch, azeotropische Mischung (flüssige Mischung, deren Dampf dieselbe Zusammensetzung wie die flüssige Phase hat), azeotrope Mischung, azeotropes Gemisch ‖ **~ point** (Chem) / azeotroper Punkt
**azeotropy** *n* (Chem) / Azeotropie *f*
**azetidines** *pl* (Chem) / Azetidine *n pl* (gesättigte viergliedrige, ein Stickstoffatom enthaltende Ringsysteme)
**azide*** *n* (Chem) / Azid *n* (Salz oder Ester der Stickstoffwasserstoffsäure)
**azidothymidine** *n* (Pharm) / Azidothymidin *n* (ein Nukleosidanalogon gegen AIDS), AZT (Azidothymidin)
**azimethane** *n* (Chem) / Diazomethan *n* (die einfachste aliphatische Diazoverbindung - $CH_2N_2$)
**azimuth*** *n* (Maths, Nav, Surv) / Azimut *n m*
**azimuthal** *adj* (Maths, Nav, Surv) / azimutal *adj* ‖ **~ effect** (Astron) / Azimutaleffekt *m* (die beobachtete Abhängigkeit der Intensität der kosmischen Strahlung vom Azimut) ‖ **~ equidistant projection** (Cartography, Geog) / abstandstreue Azimutalabbildung ‖ **~ map projection** (map projection in which a region of the Earth is projected on to a plane tangential to the surface usually at a pole or equator) (Cartography, Geog) / Azimutalentwurf *m*, Azimutalabbildung *f* ‖ **~ mounting** (Astron) / horizontale Montierung (des Fernrohrs), azimutale Fernrohrmontierung ‖ **~ projection** (Cartography, Geog) / Azimutalentwurf *m*, Azimutalabbildung *f* ‖ **~ quantum number** (Phys) / Drehimpulsquantenzahl *f*, azimutale Quantenzahl, Nebenquantenzahl *f*, Bahndrehimpulsquantenzahl *f* (DIN 1304) ‖ **~ refraction** (Astron) / Azimutalrefraktion *f* (eine Refraktionsanomalie) ‖ **~ refraction** (Astron) s. also zenithal refraction
**azimuth angle*** (Radar, Surv) / Azimutwinkel *m* ‖ **~ control** (the control of a helicopter rotor by which the blade angle is varied sinusoidally with the blade azimuth position) (Aero) / zyklische Blattverstellung, periodische Blattverstellung (Anstellwinkeländerung - bei Rotorflugzeugen) ‖ **~ indication** (Aero, Radar) / Azimutanzeige *f* ‖ **~ recording*** (TV) / Azimutaufzeichnung *f* (magnetische Speicherung von Bildsignalen durch ein Schreiben von Videospuren auf dem Videoband, wobei eine gegeneinander versetzte Neigung der Spalte der Videoköpfe angewendet wird)
**azimuth-scanning radar** (Radar) / Rundsuchradar *m n*
**azimuth tables** (Astron, Nav) / ABC-Tafeln *f pl*
**azine*** *n* (Chem) / Azin *n* ‖ **~ dyes** (Chem, Textiles) / Azinfarbstoffe *m pl* (z.B. Induline), Phenazinfarbstoffe *m pl* (auf der Basis von Phenazin und Chinoxalin) ‖ **~ dyestuffs** (Chem, Textiles) / Azinfarbstoffe *m pl* (z.B. Induline), Phenazinfarbstoffe *m pl* (auf der Basis von Phenazin und Chinoxalin)
**azinphos-ethyl** *n* (Agric, Chem) / Azinphos-ethyl *n* (Insektizid und Akarizid)
**azinphos-methyl** *n* (Agric, Chem) / Azinphos-methyl *n* (Insektizid)
**aziridine** *n* (Chem) / Aziridin *n*
**azirines** *pl* (Chem) / Azirine *n pl*
**azlactone** *n* (Chem) / Azlakton *n*, Azlacton *n* (ein Oxazolon, z.B. bei Erlenmeyer-Synthese)
**AZM** (azimuth) (Maths, Nav, Surv) / Azimut *n m*
**azobé** *n* (For) / Bongossi *n* (dunkelbraunes, schweres Eisenholz der Art Lophira lanceolata aus dem westafrikanischen Äquatorialwald), Azobé *n*, Ekki *n*
**azobenzene*** *n* (Chem) / Azobenzol *n* (Diphenyldiimid - die einfachste aromatische Azoverbindung; die Stammsubstanz der Azofarbstoffe)
**2,2'-azobisisobutyronitrile** *n* (initiator of free-radical reactions and blowing agent for plastics and elastomers) (Chem, Plastics) / Azobisbuttersäuredinitril *n*, Azoisobutyronitril *n*, AIBN (Azoisobutyronitril)
**azo compounds** (Chem) / Azoverbindungen *f pl* ‖ **~ coupling** (Chem) / Azokupplung *f* (bei Kupplungsreaktionen)
**azodicarbonamide** *n* (Chem, Nut, Plastics) / Diazendicarbonsäurediamid *n*, Azodicarbonamid *n*, Azodikarbonamid *n*, Azobisformamid *n* (oft als Treibmittel zum Verschäumen von Thermoplasten und Elastomer verwendet), Diazendicarbamid *n*, Diazendikarbamid *n*
**azo dye*** (Chem, Textiles) / Azofarbstoff *m* (gekuppelter Entwicklungsfarbstoff mit Azogruppen) ‖ **~ group*** (Chem) / Azogruppe *f* (-N=N-)
**azoic coupling component dye** (Chem, Textiles) / Azofarbstoff *m* (gekuppelter Entwicklungsfarbstoff mit Azogruppen) ‖ **~ dye** (Chem, Textiles) / Azofarbstoff *m* (gekuppelter Entwicklungsfarbstoff mit Azogruppen) ‖ **~ dyestuff** (Chem, Textiles) / Azofarbstoff *m* (gekuppelter Entwicklungsfarbstoff mit Azogruppen) ‖ **~ printing** (Textiles) / Azodruck *m*
**azoimide** *n* (Chem) / Stickstoffwasserstoffsäure *f* ($HN_3$), Azoimid *n*, Hydrogenazid *n*
**azole** *n* (Chem) / Azol *n* (organischer Fünfring mit mindestens einem Stickstoffatom) ‖ **~ fungicide** (Agric, Chem) / Azol-Fungizid *n*
**azomethane*** *n* (Chem) / Azomethan *n* (die einfachste aliphatische Azoverbindung - ein explosives Gemisch)
**azomethine pigment** (Paint) / Azomethinpigment *n*
**azomethines** *pl* (Chem) / Azomethine *n pl* ‖ **~** (Chem) s. also Schiff's bases
**azonal** *adj* / azonal *adj* (Boden) ‖ **~ soil*** (Geol) / azonaler Boden, Boden *m* ohne Horizontbildung
**azopigment** *n* (Paint) / Azopigment *n* (Monoazo-, Diazo- und verlacktes Pigment) ‖ **~ lakes** (Paint) / verlackte Azopigmente (eine Gruppe von Monoazopigmenten, die nach der Synthese der Sulfon- und/oder Carbonsäure-substituierten Azoverbindung durch Umsetzung mit Salzen in unlösliche Pigmente überführt werden)
**Azores anticyclone** (Meteor) / Azorenhoch *n* ‖ **~ high** (Meteor) / Azorenhoch *n*
**azo rubin** (Chem, Nut) / Echtrot *n* C, Azorubin *m* (E 122), Carmoisin *n* (E 122)
**azotometer** *n* (Chem) / Nitrometer *n*, Azotometer *n* (Messanordnung zur volumetrischen Bestimmung von organisch gebundenem Stickstoff)
**azoxy compounds*** (Chem) / Azoxyverbindungen *f pl*
**AZT** (azidothymidine) (Pharm) / Azidothymidin *n* (ein Nukleosidanalogon gegen AIDS), AZT (Azidothymidin)
**azulejo** *n* (pl. -s) (a kind of glazed coloured tile traditionally used in Spanish and Portuguese buildings) (Build, Ceramics) / Azulejo *m* (Fayenceplatte oder -fliese, meistens blaue)

**azulene** *n* (cyclopentacycloheptene) (Chem) / Azulen *n* (eine aromatische Verbindung, z.B. Chamazulen der Kamillenblüte oder Schafgarbe)
**azure** *adj* (bright blue in colour like a cloudless sky) / himmelblau *adj*, azurblau *adj* (von der Farbe des wolkenlosen Himmels) ‖ ~ **quartz** (Min) / Saphirquarz *m*, Blauquarz *m* (intensiv blauer Quarz)
**azurite*** *n* (Min) / Azurit *m* (Kupfer(II)-dihydroxiddicarbonat), Kupferlasur *f* ‖ ~ **blue** (Paint) / basisches Kupferkarbonat als blaues Pigment (z.B. Azurblau, Hamburgerblau, Mineralblau usw.), Kupferblau *n* (Hamburgerblau, Mineralblau)

# B

**B** (boron) (Chem) / Bor *n*, B (Bor)
**B.A.** (British Association screw thread) / altes metrisches Feingewinde
**Ba** (barium) (Chem) / Barium *n*, Ba (Barium)
**BA** (bus arbiter) (Comp) / Busarbiter *m*, BA (Busarbiter), Buszuteiler *m* ‖ ⁓ (Electronics) / Basisanschluss *m*
**Baader flask** (Chem) / Baader-Kolben *m* (ein spezieller Erlenmeyerkolben nach DIN 51559)
**babaçu oil** (Nut) / Babassufett *n*, Babassukernöl *n*, Cohuneöl *n* (das Samenfett der Bahia-Piassavapalme oder der Cohunepalme), Cohunefett *n*, Cerojeöl *n* (aus den Früchten oder Kernen der Orbignya cohune (Mart.) Dahlgren ex Standl.)
**babal glass** (Glass) / Bariumboroaluminiumglas *n*, Babalglas *n*
**babassu oil** (Nut) / Babassufett *n*, Babassukernöl *n*, Cohuneöl *n* (das Samenfett der Bahia-Piassavapalme oder der Cohunepalme), Cohunefett *n*, Cerojeöl *n* (aus den Früchten oder Kernen der Orbignya cohune (Mart.) Dahlgren ex Standl.)
**babbitt** *n* (any of the white alloys, composed principally of lead or tin, which are used extensively to make linings for sliding bearings) (Met) / Babbitt-Metall *n* (Sammelname für zahlreiche amerikanische weiße Lagermetalle auf Pb- oder Sn-Basis - nach I. Babbitt, 1799-1862)
**babbitting** *n* (US) (Eng, Met) / Weißmetallausguss *m* (des Lagers)
**babbitt metal** (Met) / Babbitt-Metall *n* (Sammelname für zahlreiche amerikanische weiße Lagermetalle auf Pb- oder Sn-Basis - nach I. Babbitt, 1799-1862) ‖ ⁓'s **metal**\* (Met) / Babbitt-Metall *n* (Sammelname für zahlreiche amerikanische weiße Lagermetalle auf Pb- oder Sn-Basis - nach I. Babbitt, 1799-1862)
**babble** *n* (the composite signal resulting from crosstalk among a large number of interfering channels) (Telecomm) / Babbeln *n*
**babbling** *n* (Acous) / Gemurmel *n*, Murmeln *n*, Brabbeln *n*
**Babcock and Wilcox boiler**\* (Eng) / Babcock-Kessel *m* (ein Teilkammerkessel nach G.H.Babcock, 1832-1893) ‖ ⁓ **test** (Nut) / Fettbestimmung *f* nach Babcock (bei Milch)
**Babinet point** (Astron, Meteor) / Babinet-Punkt *m* (ein neutraler Punkt), Babinet'scher Punkt (zwischen Sonne und Zenit - 15° bis 20° über der Sonne)
**Babinet's compensator**\* (Optics) / Babinet-Kompensator *m* (ein optischer Kompensator)
**Babinet's principle**\* (Phys) / Babinetsches Prinzip, Babinet'sches Theorem (ein Satz der Beugungstheorie - nach J.Babinet, 1794-1872)
**babingtonite** *n* (Min) / Babingtonit *m* (ein Mineral der Rhodonit-Reihe)
**Babo's law**\* (Phys) / Babo'sches Gesetz (nach C.H.L. von Babo, 1818-1899)
**babul** *n* (For) / Ägyptischer Schotendorn, Babulbaum *m* (Acacia nilotica (L.) Willd. ex Delile)
**baby** *n* (spot)\* (Cinema) / Babyspot *m* (kleiner Scheinwerfer mit Fresnel-Linsen, mit max. 750 W) ‖ ⁓ **alarm** (Telecomm) / akustische Raumüberwachung (mit Babysitter-Funktion), Babyphon *n* ‖ ⁓ **Bessemer converter** (Met) / Kleinkonverter *m* ‖ ⁓ **calf** (Leather) / Baby-Calf *m* (Kalbsleder aus leichten, kleinen Fellen) ‖ ⁓ **corn** (Nut) / fingergroße frische oder eingedoste Maiskölbchen ‖ ⁓ **seat** (Autos) / Babysitz *m*, Babysicherheitssitz *m*, Babyschale *f* ‖ ⁓ **soap** / Babyseife *f* (mit viel Rückfettungsmitteln), Creme-Seife *f* ‖ ⁓ **tripod** (Photog) / Kleinstativ *n*
**BAC** (blood alcohol) (Med) / Blutalkohol *m* (Konzentration von Ethylalkohol im Blut, angegeben meist in Promille)
**BACAT ship** (Ships) / Katamaran-Trägerschiff *n*
**baccate** *adj* (Bot) / beerentragend *adj*, mit Beeren
**bacciferous** *adj* (Bot) / beerentragend *adj*, mit Beeren
**Bacharach scale** (Ecol) / Bacharach-Skala *f* (Vergleichsskala zur Bestimmung der Rußzahl des Rauchgases von Ölfeuerungen nach DIN 51 502, T 1), Rußzahlvergleichsskale *f*
**Bach's correction factor** (Materials, Mech) / Anstrengungsverhältnis *n* nach Bach (eine Festigkeitshypothese)
**bacile** *n* (Ceramics) / keramische Schale, keramischer Trog
**bacillus**\* *n* (pl. -lli) (Bacteriol) / Bazillus *m* (pl. -llen), Bazille *f*
**bacitracin** *n* (Pharm) / Bacitracin *n* (internationaler Freiname für eine Gruppe von antibiotisch wirkenden Zyklopeptiden)
**back** *v* (Autos) / zurückfahren *v*, zurückstoßen *v* (beim Parken), zurücksetzen *v* ‖ ⁓ (Civ Eng) / hinterfüllen *v*, verfüllen *v*, anschütten *v* ‖ ⁓ (Hyd Eng) / einstauen *v*, anstauen *v*, eindämmen *v*, eindeichen *v*, abdämmen *v*, dämmen *v*, absperren *v*, zudämmen *v*, stauen *v*, aufstauen *v* ‖ ⁓ (Textiles) / rückseitig verstärken, auf der Rückseite verstärken, verstärken *v* (unterlegen) ‖ ⁓ *vi* (Light) / zurückgeworfen werden ‖ ⁓\* *n* / Bottich *m*, Trog *m*, Wanne *f*, Kufe *f* ‖ ⁓ / Hinterseite *f*, Rückseite *f* ‖ ⁓ / Stammblatt *n* (Grundkörper von Sägeblättern) ‖ ⁓ (Autos) / Heckpartie *f* (des Kraftwagens) ‖ ⁓ (Bind) / Rücken *m*, Buchrücken *m* (als Teil des Buchblocks) ‖ ⁓ (Bind, Print) / Bundsteg *m* ‖ ⁓ (Build) / [unbearbeitete] Rückseite *f* (eines Steins) ‖ ⁓ (the extrados of an arch) (Build, Civ Eng) / Bogenrücken *m*, Rücken *m* (die meist übermauerte Oberseite eines Bogens oder obere Fläche eines Gewölbes), Gewölberücken *m*, äußere Bogenfläche, äußere Gewölbefläche, Extrados *m* ‖ ⁓ (Civ Eng) / Tunnelgewölbe *n*, Streckengewölbe *n* ‖ ⁓\* (Elec Eng) / Hinterkante *f* (der Bürste), ablaufende Kante ‖ ⁓ (Elec Eng) / A-Seite *f*, Kupplungsseite *f*, Antriebsseite *f* ‖ ⁓ (Eng, For) / Rücken *m* (der Handsäge, des Messers) ‖ ⁓ (For) / Freifläche *f* (des Sägeblatts) ‖ ⁓ (For) / Innenfurnier *n* (auf Innenflächen von Möbelteilen) ‖ ⁓ (Geol) / Dach *n* (obere Begrenzungsfläche einer Schicht) ‖ ⁓ (Join) / Rückenlehne *f* (eines Sitzmöbels), Stuhllehne *f* ‖ ⁓ (Leather) / halbes Kernstück ‖ ⁓ (Leather) / Doppelhecht *m* ‖ ⁓ (Mining) / Firste *f* (einer söhligen oder geneigten Strecke oder eines Aufbruchs) ‖ ⁓ (Mining) / Erzblock *m* (zwischen zwei Etagen) ‖ ⁓ (Nut) / Nackenstück *n* (Kamm), Kamm *m* (Nackenstück von Schlachtvieh) ‖ ⁓ (Photog) / Rückwand *f*, Rückteil *n* (einer Kamera) ‖ ⁓ (Textiles) / Abseite *f* (Unterseite eines beidseitig verwendbaren Gewebes), Kehrseite *f*, Abrechte *f*, Rückseite *f*, linke Seite (des Stoffes) ‖ ⁓ (Welding) / Gegenseite *f* (einer Naht)
**backacter** *n* (Civ Eng) / Tieflöffel *m* (des Tiefbaggers), TL (Tieflöffel)
**back-acting excavator** (Civ Eng) / Tieflöffelbagger *m*, Löffeltiefbagger *m*
**back ampere-turns**\* (Elec Eng) / Gegenamperewindungen *f pl* ‖ ⁓ **angle** (Eng) / Rückenwinkel *m* (bei der Verzahnung) ‖ ⁓ **arch** (Arch) / verdeckter Bogen, Hinterbogen *m*
**back-assembler** *n* (Comp) / Disassemblierer *m*, Disassembler *m* (ein Rückübersetzungsprogramm), Rückassembler *m*
**back away** / nachgeben *v*, ausweichen *v* (einem Druck) ‖ ⁓ **balance** (Mining) / eintrümiger Bremsberg ‖ ⁓ **beach** (Geol, Ocean) / Strand *m* (zwischen der Küsten- und der Uferlinie) ‖ ⁓ **beam** (Aero, Nav) / rückwärtiger Leitstrahl, rückseitiger Leitstrahl ‖ ⁓ **beam** (Weaving) / Zettelbaum *m* (ein Vorbaum, auf den bei Baumwolle die aus dem Schärgatter zulaufenden Fäden geordnet aufgewickelt werden, um sie nachher auf den Kettbaum umzuwickeln, der nach dem Schlichten in die Webmaschine eingelegt wird) ‖ ⁓ **bearing** (Aero, Radio) / rückwärtige Peilung, Rückpeilung *f* ‖ ⁓ **bedding** (Build, Glass) / Kittvorlage *f* ‖ ⁓ **bench** (Autos) / Rücksitzbank *f*, Rückbank *f*
**backbending** *n* (Nuc) / Backbending *n*
**back-bent** *adj* (Tools) / verkehrt gekröpft *adj*
**back-biased junction** (Electronics) / in Sperrrichtung vorgespannter Übergang
**back block** (Glass) / Backblock *m* (Trennstein zwischen separaten Heizzonen im Oberbau von Öfen)
**backblowing** *n* / Spülung *f* mit Druckwasser (bei Filtern)
**back-bonding** *n* (the additional movement of electron density from a Lewis acid back to a Lewis base when some complexes form, complementing the bond from Lewis base to the Lewis acid, i.e. in the carbonyl complexes of transition metals) (Chem) / Rückbindung *f*
**backbone** *n* (Bind) / Rücken *m*, Buchrücken *m* (als Teil der Buchdecke) ‖ ⁓ (Biochem) / Rückgrat *n* (die sich wiederholende Abfolge von Phosphat und 2-Desoxy-D-ribofuranose in der DNA) ‖ ⁓ (Biochem) / Rückgrat *n* (fortlaufender Teil der Peptidkette) ‖ ⁓ (Comp) / Backbone *n* (Basisstruktur eines Netzwerkes zur Verteilung der Daten einer Kommunikation) ‖ ⁓ (Comp, Telecomm) / Basisnetz *n* (der Teil des Übertragungsnetzes, der mit hoher Bandbreite und geringen Ausfallzeiten ausgestattet ist und der bei hierarchisch strukturierten Netzen auf oberster Stelle steht) ‖ ⁓ (Comp, Telecomm) / Backbonenetz *n* (eine Infrastruktur zum Informationsaustausch zwischen den inkompatiblen Netzen) ‖ ⁓ (Comp, Telecomm) / Backbone *n* (die hierarchisch am höchsten stehende Mailbox) ‖ ⁓ **chain** (in a graft copolymerization) (Chem) / Pfropfsubstrat *n* (die Hauptkette des Pfropfcopolymers), Pfropfgrundlage *f*, Rückgratpolymer *n* ‖ ⁓ **chain** (Chem) / Hauptkette *f* (eines verzweigten Moleküls) ‖ ⁓ **communication** (Comp, Telecomm) / Backbone-Verbindungen *f pl* (meistens eine Kopplung von LAN) ‖ ⁓ **hub** (Comp, Telecomm) / Backbone-Hub *m* ‖ ⁓ **monomer** (Chem) / Gerüstmonomer *n* ‖ ⁓ **network** (Comp, Telecomm) / Backbonenetz *n* (eine Infrastruktur zum Informationsaustausch zwischen den inkompatiblen Netzen)
**back centre** (Eng) / Reitstockspitze *f*
**back-chroming** *n* (Textiles) / Nachchromierung *f*
**back cloth** (Textiles) / Unterware *f* (bei Doppelgeweben) ‖ ⁓ **cloth** (Textiles) / Mitläufer *m* (Stückfärberei, Druckerei, Kalander) ‖ ⁓ **coating** (Textiles) / Beschichtung *f* des Teppichrückens ‖ ⁓

**conductance** (Electronics) / Sperrleitwert m ‖ ~ **cone** (Eng) / Rückenkegel m (ein Ergänzungskegel nach DIN 3971) ‖ ~ **coupling**\* (Telecomm) / Rückkopplung f ‖ ~ **course** (Aero) / rückseitiger Kurs (ILS)
**back-course approach** (Aero, Nav) / Anflug m auf rückseitigem Kurs
**back crossing heald** (Weaving) / hintere Dreherlitze ‖ ~ **current** (Phys) / Rückströmung f ‖ ~ **cut** (For) / Fällschnitt m (gegenüber dem Fallkerb) ‖ ~ **cutting** (additional excavation required to make up an embankment /for railway, road, or canal/ where the original amount of cut was insufficient) (Civ Eng) / nachträgliche Aushubarbeiten
**backdated** adj / rückwirkend adj (tarifliche Bestimmung)
**backdeep** n (Geol) / Rücktiefe f
**back diode**\* (Electronics) / Rückwärtsdiode f (Tunneldiode ohne Höcker im Durchlassbereich), Unitunnel-Diode f, Backwarddiode f
**back-drive pulley** (Eng) / Umkehrriemenscheibe f
**backed** adj / rückseitig verstärkt, auf der Rückseite verstärkt ‖ ~ **cloth** (Textiles) / einseitig beschwerter Stoff, linksseitig beschwerter Stoff
**back eddy** (Ocean) / Neerstrom m (in Buchten und zwischen anderen Hindernissen), Neerströmung f
**backed fabric** (Textiles) / einseitig beschwerter Stoff, linksseitig beschwerter Stoff
**back electromotive force** (Elec Eng) / gegenelektromotorische Kraft, Gegen-EMK f, Gegen-Urspannung f ‖ ~ **e.m.f.**\* (Elec Eng) / gegenelektromotorische Kraft, Gegen-EMK f, Gegen-Urspannung f ‖ ~ **end** (Electronics) / Back-End m (der Teil der Halbleiterfertigungslinie, in dem die im Front-End hergestellten Halbleiterscheiben zu fertigen Halbleiterbauelementen weiterverarbeitet werden)
**back-end computer** (Comp) / Nachrechner m (der einem Hauptrechner nachgeschaltet ist), Back-End-Rechner m ‖ ~ **fuel cycle service** (Nuc Eng) / Brennstoffkreislauf-Entsorgung f ‖ ~ **processor** (Comp) / Nachrechner m (der einem Hauptrechner nachgeschaltet ist), Back-End-Rechner m
**back entrance** (Build) / Hintereingang m ‖ ~ **expansion** (Eng) / Rückexpansion f ‖ ~ **extrusion** (Eng, Met) / Rückwärtsstrangpressen n (bei dem der Strang entgegen der Wirkrichtung der Presskraft austritt ), indirektes Strangpressen, Rückwärtsfließpressen n (entgegen der Wirkrichtung des Stößels)
**back-face reflection** (Acous) / Rückwandecho n
**backfill**\* (Mining) / Versatz m, Bergeversatz m, Versatzgut n (Material) ‖ ~ v (Civ Eng) / hinterfüllen v, verfüllen v, anschütten v ‖ ~ (Civ Eng) / zuschütten v (Graben) ‖ ~ (Mining) / versetzen v (Hohlräume)
**back-filled** adj (Textiles) / unterseitig beschwert
**backfiller** n (Civ Eng) / Grabenverfüller m, Grabenfüllgerät n ‖ ~ (Civ Eng) / Bodenschüttgerät n, Bodenschütter n
**backfilling** n (by sanitary land filling) (Agric, Ecol) / Rekultivierung f (der durch menschliche Eingriffe unfruchtbar gewordenen Landschaft), Wiederurbarmachung f ‖ ~ (Civ Eng) / Verfüllung f, Hinterfüllung f
**back-filling** n (US) (Weaving) / Unterschuss m, verstärkter Schuss
**backfilling mangle** (Textiles) / Linksimprägnierkalander m
**back fin** (rolling defect resulting from the formation of fins, excessive spreading, incorrect mutual positioning of the rolls or faulty pass design) (Met) / Überwalzung f, Walzgrat m, Dopplung f (durch Überwalzen)
**backfire**\* n (Autos) / Fehlzündung f, Auspuffknallen n, Vergaserknallen n ‖ ~ (Welding) / Rückzündung f (Schweißgleichrichter) ‖ ~ **antenna** (Radio) / Rückstrahlantenne f, Backfireantenne f (als Rückwärtsstrahler arbeitende UKW-Antenne mit großer Reflektorwand)
**backfiring** n (Autos) / Fehlzündung f, Auspuffknallen n, Vergaserknallen n
**backfit** v / nachrüsten v, nachträglich umrüsten
**backfitting** n / Backfitting n, Nachrüstung f, nachträgliche Änderung (Nachrüstung), nachträgliche Umrüstung f ‖ ~\* (Nuc Eng) / Backfitting n (neue Auflagen der Genehmigungsbehörde aufgrund neuester wissenschaftlicher Erkenntnisse über die Sicherheit - z.B. nach dem Tschernobyl-Unfall in der ehemaligen UdSSR)
**back flap** (Print) / Hinterklappe f (des Schutzumschlags)
**back-flash** n (Eng) / Rückschlag m (in der Flamme)
**back flow**\* / Rückstrom m (Flüssigkeit), Rückfluss m
**backflow preventer** (Plumb) / Rückstauverschluss m
**backflush** n (Chem) / Rückspültechnik f, Backflush m n (eine Säulenschalttechnik in der Hochleistungs-Gaschromatographie)
**backflushing** n / Rückspülung f
**back focal distance** (Optics, Photog) / bildseitige Schnittweite, Schnittweite f des Bildpunktes, Bildschnittweite f, hintere Schnittweite ‖ ~ **focal length** (Optics, Photog) / bildseitige Schnittweite, Schnittweite f des Bildpunktes, Bildschnittweite f, hintere Schnittweite ‖ ~ **focus** (Optics) / bildseitiger Brennpunkt, hinterer Brennpunkt ‖ ~ **focus**\* (Optics, Photog) / bildseitige Schnittweite, Schnittweite f des Bildpunktes, Bildschnittweite f, hintere Schnittweite ‖ ~ **gauge** (Build, Met) / Wurzelmaß n (meistens Randabstand), Anreißmaß n ‖ ~ **gear**\* (Eng) / Vorgelege n (ein Zahnradgetriebe als Zusatzgetriebe bei Werkzeugmaschinen), Zahnradvorgelege n, Zahnrädervorgelege n
**back-geared motor** (Elec Eng) / Motor m mit Untersetzungsgetriebe
**Back-Goudsmit effect** (Spectr) / Back-Goudsmit-Effekt m ‖ ≃ **effect** s. also Paschen-Back effect
**back-grey washing** (Textiles) / Mitläuferwäsche f
**backgrinding** n (Chem Eng) / Backgrinding n (Ausfressungen und Risse an den Formentrennstellen größerer Gummiartikel)
**background**\* n / Hintergrund m (z.B. einer Filmhandlung), Untergrund m (Hintergrund) ‖ ~ (Acous, Cinema) / Background m (als Hintergrundkulisse) ‖ ~ (the surface to which the first or only coat of plaster is to be applied) (Build) / Putzgrund m (Fläche, die geputzt wird) ‖ ~\* (Nuc, Radiol) / Nullrate f, Untergrundzählrate f ‖ ~ (Textiles) / Fond m, Hintergrund m ‖ ~ **absorption** (Spectr) / Untergrundabsorption f ‖ ~ **aerosol** (Meteor) / Background-Aerosol n (feinste Partikel, die weitab von einer Verunreinigungsquelle in so genannter Reinluft enthalten sind) ‖ ~ **concentration** (Chem, Ecol) / Hintergrundkonzentration f (Konzentration eines Stoffes außerhalb des betrachteten Systems bzw. in der unbeeinflussten Umwelt), Hintergrundgehalt m ‖ ~ **contamination** (Ecol) / Hintergrundbelastung f (der durch den Menschen verursachte Anteil des Hintergrundgehaltes) ‖ ~ **contamination** (level) (Comp) / Hintergrundjob m, Hintergrundauftrag m ‖ ~ **counts** (Nuc, Radiol) / Nullrate f, Untergrundzählrate f ‖ ~ **current** (Welding) / Grundstrom m (beim Impulsschweißen) ‖ ~ **display** (Comp) / Anzeigehintergrund m (grafische Datenverarbeitung) ‖ ~ **effect** (of a radiation meter) (Nuc, Radiol) / Nulleffekt m (bei Strahlungsmessgeräten) ‖ ~ **eradication** (Nuc) / Schleierentfernung f (in der Kernemulsion), Spurenlöschung f (in der Kernemulsion) ‖ ~ **heater** (GB) (Build) / Zusatzheizgerät n, Zusatzheizofen m ‖ ~ **image** (Comp) / Anzeigehintergrund m (grafische Datenverarbeitung)
**backgrounding** n (Comp) / Hintergrundverarbeitung f (Programme können im Batchbetrieb mit geringer Priorität im Hintergrund ablaufen, während der Benutzer interaktiv mit dem System arbeitet), nachrangige Verarbeitung
**background job**\* (Comp) / Hintergrundjob m, Hintergrundauftrag m ‖ ~ **level** (Chem, Ecol) / Hintergrundkonzentration f (Konzentration eines Stoffes außerhalb des betrachteten Systems bzw. in der unbeeinflussten Umwelt), Hintergrundgehalt m ‖ ~ **light** (Cinema, Photog) / Hintergrundlicht n
**background-limited performance** (Telecomm) / Grenzwert m des detektierbaren Signals, BLIP (Grenzwert des detektierbaren Signals)
**background luminance** (Light) / Umfeldhelligkeit f (z.B. bei Anzeigegeräten) ‖ ~ **music** (Cinema) / Untermalungsmusik f, Klanghintergrund m ‖ ~ **noise** (Acous) / Fremdgeräuschschall m (DIN 1320) ‖ ~ **noise**\* (Acous) / Störgeräusch n, Grundgeräusch n, Systemeigengeräusch n, Hintergrundgeräusch n ‖ ~ **processing** (Comp) / Hintergrundverarbeitung f (Programme können im Batchbetrieb mit geringer Priorität im Hintergrund ablaufen, während der Benutzer interaktiv mit dem System arbeitet), nachrangige Verarbeitung ‖ ~ **program** (in background processing) (Comp) / Hintergrundprogramm n (als Gegensatz zu Vordergrundprogramm) ‖ ~ **radiation**\* (Astron) / Mikrowellen-Hintergrundstrahlung f (Arno Penzias und Robert Wilson) ‖ ~ **radiation** (Nuc, Radiol) / natürliche Strahlung (die Gesamtheit der ionisierenden Strahlung, die ohne Zutun radioaktiver Stoffe oder sonstige Veränderungen durch den Menschen an der Erdoberfläche anzutreffen ist), natürliche Strahlenexposition ‖ ~ **radiation**\* (Radiol) / Untergrundstrahlung f (in einem Zählrohr) ‖ ~ **reflectance** (Comp) / Umgebungsremission m (Remissionsgrad in unmittelbarer Nähe eines Zeichens), Reflexionsvermögen n (des Papiers usw.) ‖ ~ **sound effects** (Cinema) / Geräuschkulisse f (künstliche) ‖ ~ **window** (Comp) / Hintergrundfenster n
**back gutter** (Build) / Schornsteindachrinne f ‖ ~ **gutter** (Build, Plumb) / Dachrinne f oberhalb des Schornsteins (in der Einfassung)
**backhammer** n (Autos, Tools) / Schlagbeule f (zum Ausbeulen von Dellen), Beulenauszieher m (ein Karosseriewerkzeug)
**backhand welding**\* (Welding) / NR-Schweißen n, Nachrechtsschweißen n
**backhaul cable** (Mining) / Gegenseil n, Hinterseil n (am Bremsberg)
**backheating**\* n (Electronics) / Rückheizung f
**backhoe** n (Civ Eng) / Tieflöffelbagger m, Löffeltiefbagger m ‖ ~ **excavator** (Civ Eng) / Tieflöffelbagger m, Löffeltiefbagger m
**backing** n / Unterstützung f, Verstärkung f ‖ ~ (for the magnetic oxide coatings) (Acous, Mag) / Kunststoffträger m (der Magnetschicht des Magnetbandes) ‖ ~\* (Aero, Meteor) / Rückdrehen n, Linksdrehen n (des Winds) ‖ ~\* (Bind) / Falzeneinpressen n ‖ ~\* (Build) /

**backing**

Hintermauerung *f* (hinter einer Verblendschale), Hintermauerungsmaterial *n* ‖ ~ (Build) / Putzuntergrund *m* ‖ ~ (the shaping of the top of a hip rafter to suit the roof slope) (Carp) / Schmiege *f* (des Gratsparrens), Gehrung *f* (des Gratsparrens) ‖ ~ (Carp) / vollflächiger Ausguß bei der Fußbodendielung ‖ ~ (Civ Eng) / Verfüllung *f*, Hinterfüllung *f* ‖ ~ (Eng) / Stützkörper *m* (bei Lagern) ‖ ~ (Eng) / Hinterschliff *m* (bei Fräserzähnen) ‖ ~ (Eng, Paper) / Schleifmittelträger *m* (Papier), Unterlage *f* des Schleifpapiers ‖ ~ (Join) / Rückwand *f* (von Korpusmöbeln) ‖ ~ (Mag) / Trägerfolie *f* (des Magnetbandes - meistens Polyethylenterephthalat) ‖ ~* (Photog) / Schutzschicht *f*, Rückschicht *f* ‖ ~ (Textiles) / Teppichgrund *m*, Traggewebe *n*, Träger *m* (von Auslegewaren) ‖ ~ (Textiles) / Futter *n* (bei Wirk- oder Strickwaren) ‖ ~ (Textiles) / Verstärkung *f*, Unterlage *f*, Rückenbeschichtungsmaterial *n* ‖ ~ **board** (Paper) / Stützpappe *f* ‖ ~ **brick** (Build, Ceramics) / Ziegel *m* für den Innenausbau, Ziegel *m* für massive leichte Trennwände ‖ ~ **cloth** (Textiles) / Grundgewebe *n* (z.B. bei Frottierwaren) ‖ ~ **coil** (Elec Eng) / Kompensationsspule *f*, Ausgleichsspule *f* ‖ ~ **electrode** (Welding) / Gegenlager *n* (beim Widerstandsschweißen) ‖ ~ **fabric** (Textiles) / Grundgewebe *n* (z.B. bei Frottierwaren) ‖ ~ **for the molten pool** (Welding) / Badsicherung *f* (zur Ausführung einer mangelfreien Wurzel) ‖ ~ **layer** (Photog) / Schutzschicht *f*, Rückschicht *f* ‖ ~ **material** (Textiles) / Grundgewebe *n* (z.B. bei Frottierwaren) ‖ ~ **network** (Elec Eng) / Reservenetz *n*

**backing-off** *n* (Eng) / Hinterarbeiten *n* (= Hinterdrehen, Hinterschleifen) ‖ ~ (Spinning, Textiles) / Abwinden *n* (bei Selfaktoren), Abschlagen *n* ‖ ~ **lathe** (in which the teeth of milling cutters and taps are bevelled off by to-and-fro movement of a cutting tool on the slide rest) (Eng) / Hinterdrehmaschine *f* (Drehmaschine zum Hinterdrehen von Fräs- und Schneidwerkzeugen)

**backing paper** (Build) / Untertapete *f* (Papier) ‖ ~ **paper** (Eng, Paper) / Schleifmittelträger *m* (Papier), Unterlage *f* des Schleifpapiers ‖ ~ **paper** (Print) / Auslegepapier *n*, Unterklebepapier *n*, Auslegepappe *f* (in der Stereotypie) ‖ ~ **pressure** (Vac Tech) / Vorvakuumdruck *m* ‖ ~ **pump** (Eng) / Reservepumpe *f* ‖ ~ **pump** (Vac Tech) / Vorvakuumpumpe *f* ‖ ~ **roll** (Met, Paper) / Stützwalze *f* ‖ ~ **run** (on the root side) (Welding) / wurzelseitiges Nachschweißen *n* ‖ ~ **run** (Welding) / Kapplage *f* ‖ ~ **run** (Welding) / Gegenlage *f* (beim beidseitigen Schweißen einer Stumpfnaht von der zweiten Seite aus gefertigte Schweißlage)

**backings*** *pl* (Join) / Unterbau, Unterkonstruktion *f* (für die Holzverkleidung)

**backing sand** (Foundry) / Füllsand *m* (zum Auffüllen des Formkastens) ‖ ~ **shell** (Eng) / Stützschale *f* (des Gleitlagers) ‖ ~ **storage** (Comp) / Zubringerspeicher *m*, peripherer Speicher (DIN 44300) ‖ ~ **store*** (Comp) / Zubringerspeicher *m*, peripherer Speicher (DIN 44300) ‖ ~ **strip** (Welding) / Schweißbadsicherung *f* (unterlegtes Blech) ‖ ~ **track** (a recorded musical accompaniment, especially one for a soloist to play or sing along with) (Acous) / begleitende Hintergrund-Musikaufnahme

**backing-up*** *n* (Print) / Widerdruck *m* (der Druck auf die Rückseite eines im Schöndruck bedruckten Druckträgers) ‖ ~ (Welding) / Schweißbadsicherung (um ein Durchsacken des Schweißbades beim Schweißen der Wurzellage zu verhindern und gleichzeitig zur besseren Formung der Wurzellage beizutragen)

**backing veneer** (For) / Innenfurnier *n* (auf Innenflächen von Möbelteilen) ‖ ~ **wheel** (Textiles) / Chaineuse *f* (Futterrad bei der französischen Rundkulierwirkmaschine) ‖ ~ **wind** (Aero, Autos, Meteor) / rückdrehender Wind

**back intersection** (Surv) / Rückwärtsschnitt *m*, Rückwärtseinschneiden *n*, Rückwärtseinschnitt *m* ‖ ~ **into** *v* (Autos) / reinfahren *v* (in ein anderes Fahrzeug beim Zurückstoßen) ‖ ~ **iron*** (Carp, Join) / Klappe *f* (eines Doppelhobeleisens - zum Brechen der Späne), Hobeleisenklappe *f*, Spanbrecherklappe *f* ‖ ~**-kick*** *n* (Autos) / Rückstoß *m* (infolge Fehlzündung), Rückschlag *m* (beim Starten)

**backlash** *n* (Eng) / Flankenspiel *n* (als Verzahnungsgröße) ‖ ~* (Eng) / Lose *f*, Spiel *n*, toter Gang (Lose), Luft *f*, Spielraum *m* ‖ ~* (Eng) / Flankenspiel *n*, Zahnflankenspiel *n* (in einem Radpaar) ‖ ~ (Mining) / Wetterkurzschluss *m* (am Lüfter) ‖ ~ (Mining) / Rückschlag *m* (Entspannungsphase bei der Schlagwetterexplosion) ‖ ~* (Radio) / Gitterrückstrom *m* ‖ ~ **error** (Aero) / Spielfehler *m*, Fehler *m* durch toten Gang, Nachhinken *n* (des Höhenmessers) ‖ ~ **error** (Instr) / Umkehrfehler *m* (eines mechanischen Messgeräts)

**backlash-free** *adj* (Eng) / spielfrei *adj* (Zahnräder)

**back-layer photovoltaic cell** (Electronics) / Hinterwandzelle *f*

**backless** *adj* (Join) / ohne Rückenlehne (Stuhl, Sitz)

**backlight(ing)*** (Photog) / Gegenlicht *n* (außen), Beleuchtung *f* von hinten

**backlight compensation** (Cinema, Photog) / Gegenlichtkompensation *f*, BLC (Gegenlichtkompensation)

**backliner** *n* (Bind) / Backliner *m*, Buchrücken-Hinterklebe- und Kapitalmaschine *f*

**back lining*** (paper) (Bind) / Hinterklebepapier *n* ‖ ~ **lining*** (Bind) / Rückeneinlage *f* (meistens Schrenz)

**backlit** *adj* (Photog) / beleuchtet von hinten *adj*, hinterleuchtet *adj* ‖ ~ **ST display** (Comp) / hinterleuchtetes Supertwist-Display ‖ ~ **supertwist display** (Comp) / hinterleuchtetes Supertwist-Display

**backloader** *n* (Civ Eng) / Tieflöffelbagger *m*, Löffeltiefbagger *m* ‖ ~ (Civ Eng) / Backloader *m*

**back lobe*** (Radar, Radio) / Hinterkeule *f*, Hinterlappen *m*, Rückwärtskeule *f*, nach hinten gerichtete Keule

**backlog** *n* (an accumulation of uncompleted work or matters needing to be dealt with) / Rückstände *m pl* (Arbeit), Arbeitsrückstände *m pl*, Überhang *m* (an unerledigten Aufgaben) ‖ ~ (of unfilled orders) (Work Study) / Auftragsüberhang *m*, Auftragspolster *n*

**back lot** (Cinema) / Studioaußengelände *n* ‖ ~ **margin** (Bind, Print) / Mittelsteg *m* ‖ ~ **mark** (Build, Met) / Wurzelmaß *n* (meistens Randabstand), Anreißmaß *n* ‖ ~ **matter** (US) (Typog) / Anhang *m* (Schlussbogen als Gegensatz zum Titelbogen)

**back-mixing*** *n* (Chem) / Rückvermischen *n*

**back mutation** (Gen) / Rückmutation *f* ‖ ~ **nut** (Comp, Electronics) / Überwurfmutter *f* (mit Crimphülse) ‖ ~ **observation*** (Surv) / Rückblick *m* (Nivellierlatte) ‖ ~ **off** *v* (Spinning) / abwinden *v* (bei Selfaktoren), abschlagen *v*

**back-off*** *n* (Mining) / Losschrauben *n*, Lösen *n* der Schrauben ‖ ~* (Mining) / Anheben *v* (des Bohrgestänges)

**back office** (Teleph) / Back Office *n* (Mitarbeiter telefonischer Benutzerservices, die nicht unmittelbar am Telefon, sondern im Hintergrund sitzen und für Fragen und Probleme zur Verfügung stehen, die nicht direkt von der den Anruf entgegennehmenden Person im Front Office gelöst werden können) ‖ ~ **orders** (Work Study) / Auftragsrückstand *m* ‖ ~ **out** *v* (Autos) / im Rückwärtsgang hinausfahren ‖ ~ **out** (Eng) / zurückschrauben *v* (Gewindebohrer), zurückdrehen *v* (Gewindebohrer)

**backpack** *n* (Aero) / Rückenfallschirm *m*

**backpad** *n* (Weaving) / Kammkissen *n*

**back panel** (Autos) / Rückwandblech *n*, Heckabschlussblech *n*, Heckblech *n* ‖ ~ **panel** (Electronics) / Rückwand *f* ‖ ~ **panel** (Electronics) / Rückplatte *f* (DIN 41494)

**backpart lasting** (Leather) / Fersenzwicken *n*

**backpart-moulding machine** / Fersenteilformmaschine *f* (für Schuhe)

**back pass** (Met) / Rückwärtsstich *m* (beim Walzen) ‖ ~ **pitch** (Elec Eng) / Wickelschritt *m* ‖ ~ **pitch** (Eng) / Nietreihenabstand *m*

**backplane** *n* (Comp) / Backplane *n* (zentrales Architekturelement eines Hubs) ‖ ~ (Electronics) / Rückwandplatine *f*, Leiterplatte *f* für Rückverdrahtung, Backplane *f*, Chassis *n* (für Leiterplatten) ‖ ~ **bus** (Comp) / Backplane-Bus *m*

**backplate** *n* (Foundry) / Spannplatte *f* (beim Druckguss) ‖ ~ (Foundry) / Stützschale *f* ‖ ~ (TV) / Signalplatte *f* (des Ikonoskops) ‖ ~ **shell moulding** (Foundry) / Stützschalenmaskenformverfahren *n*

**back porch*** (TV) / hintere Schwarzschulter

**back-pressure*** *n* (Eng) / Vorlagedruck *m* (Turbine) ‖ ~ (Hyd Eng) / Rückstau *m* (der ausgabe Druck) ‖ ~ (Hyd Eng) / Rücklaufdruck *m* ‖ ~ (Phys) / Gegendruck *m* ‖ ~ **nozzle** / Staudüse *f* (ein pneumatischer Näherungssensor) ‖ ~ **turbine*** (Eng) / Gegendruckturbine *f* (eine Dampfturbine, die nur das obere Energiegefälle des Dampfes nutzt), Gegendruckdampfturbine *f* ‖ ~ **valve** (Autos) / Abgasdruckwandler *m*, Abgasdruckventil *n* ‖ ~ **valve** (Eng) / Gegendruckventil *n*

**back*- projection*** (Cinema) / Durchprojektion *f*, Durchlichtprojektion *f*, Rückprojektion *f* (die Bildwand befindet sich zwischen Projektor und Betrachter) ‖ ~ **propagation** (AI) / Backpropagation *f*

**back-propagation method** (AI) / Backpropagationsmethode *f* ‖ ~ **network** (AI) / Backpropagationsnetz *n* (ein neuronales Netz), Fehlerrückführungsnetz *n*

**back pull** (Met) / Bremszug *m* (z.B. beim Steckel-Walzwerk) ‖ ~ **pull** (Met) / Gegenzug *m* (beim Drahtziehen) ‖ ~ **putty** (Build, Glass) / Kittvorlage *f* ‖ ~ **putty** (Build, Glass) / Glaserkitt *m*, Fensterkitt *m* (ein Leinölkitt), Kitt *m* (DIN 52 460) ‖ ~ **putty** (Build, Glass) / Auskittung *f* (hinter der Glashalteleiste) ‖ ~ **radiation** (Meteor) / atmosphärische Gegenstrahlung ‖ ~ **radiation** (Phys) / Zurückstrahlung *f*, Rückstrahlung *f*, Rückreflexion *f* ‖ ~ **rake*** (Eng) / Spitzenspanwinkel *m* (bei Drehwerkzeugen) ‖ ~ **reaction** (Chem) / gegenläufige Reaktion, Rückreaktion *f* (bei einer umkehrbaren Reaktion), Gegenreaktion *f* ‖ ~ **reflection** (Phys) / Zurückstrahlung *f*, Rückstrahlung *f*, Rückreflexion *f*

**back-reflection Laue photograph** (Crystal) / Rückstrahlaufnahme *f* nach Laue ‖ ~ **Laue technique** (Crystal) / Rückstrahl-Laue-Methode *f* (mit Rückstrahlaufnahmen)

**backrest** *n* (Autos) / Rückenlehne *f* ‖ ~ (a support attached either to the bed or the carriage of a lathe for backing up slender work) (Eng) / Stehsetzstock *m* (Bauteil zur Abstützung eines langen Werkstücks), Lünette *f* (ortsfeste) ‖ ~ (Weaving) / Streichbaum *m* (DIN 63000)

92

(the roller or oscillating bar at the back of a loom over which the warp threads pass from beam to healds)
**back rounding** (Bind) / Rückenrunden *n* ‖ **~ routing** (Bind) / Rückenfräsen *n* (bei der Klebebindung)
**backs** *pl* (Mining) / Hangendes *n* (über einer Bezugsschicht)
**back saw**\* (Carp, Join, Tools) / Rückensäge *f* (DIN 6493, T 1), Fuchsschwanz *m* mit aufgesetztem Rücken, Handsteifsäge *f*, Tischlersteifsäge *f*, Rücksäge *f* ‖ **~ sawing** (For) / Fladerschnitt *m* (tangential geführter Schnitt - mit liegenden Jahrringen), tangentialer Holzschnitt
**backscatter**\* *n* (Nuc, Phys, Radio) / Rückwärtsstreuung *f*, Rückstreuung *f* ‖ **~** (Radar, Radio) / Backscatter *n* (Ausbreitung durch Rückstreuung) ‖ **~** (Nuc, Phys, Radio) s. also reflection
**backscattering** *n* (Nuc, Phys, Radio) / Rückwärtsstreuung *f*, Rückstreuung *f* ‖ **~ cross section** (Acous) / Rückstreuquerschnitt *m* (DIN 1320) ‖ **~ efficiency** (Optics) / Rückstrahlungsausbeute *f*
**back shop** (Rail) / Lokomotivreparaturwerk *n* ‖ **~ shore**\* (Build) / Schrägstütze *f* (für die Streben)
**backshore** *n* (Geol, Ocean) / Strand *m* (zwischen der Küsten- und der Uferlinie) ‖ **~ beach** (Geol, Ocean) / Strand *m* (zwischen der Küsten- und der Uferlinie)
**backsight** *n* (the sight of a rifle or another weapon that is nearer the eye of the person aiming) (Mil) / Visier *n*, Diopter *n*, Visiereinrichtung *f*, Zielvorrichtung *f* (Diopter) ‖ **~**\* (a sight or reading taken backwards or towards the point of starting) (Surv) / Rückblick *m* (Nivellierlatte)
**backsizing** *n* (Textiles) / Rückenappretur *f*
**back skin** (Mining) / Arschleder *n* (halbrund geschnittenes, über dem Gesäß hängendes, als Schutz bei der Arbeit dienendes Leder), Bergleder *n*
**backslant** *attr* (Typog) / nach links geneigt (Buchstabe)
**backslash** *n* (Comp) / Schrägstrich *m* rückwärts, umgekehrter Schrägstrich, Backslash *m* (nach vorn geneigter Schrägstrich), inverser Schrägstrich, Schrägstrich *m* nach vorn geneigter Schrägstrich
**backslope** *n* (of a cuesta) (Geol) / Stufenlehne *f*, Landterrasse *f*, Stufenfläche *f* (einer Schichtstufe)
**backspace** *v* (Comp) / die Rücktaste betätigen ‖ **~** (Comp) / rücksetzen *v* (Band, Lochstreifen) ‖ **~** (Comp) / Rückwärtsschritt *m* (ein Formatsteuerzeichen oder die konkrete Rückbewegung um einen Schritt) ‖ **~ key** (Comp) / Rücksetztaste *f* (für Cursor) ‖ **~ key** (Comp) / Backspace-Taste *f*, Rücktaste *f* (auch der Schreibmaschine)
**back spacer** (Comp) / Backspace-Taste *f*, Rücktaste *f* (auch der Schreibmaschine) ‖ **~ square** (Carp) / Anschlagwinkel *m* (von 90°), Winkel *m* (Messwerkzeug mit einer Anschlagkante), Schreinerwinkel *m*, Winkelmaß *n* mit Anschlag
**backstairs** *pl* (Build) / Hintertreppe *f*
**back-stay** *n* (Eng) / Stehsetzstock *m* (Bauteil zur Abstützung eines langen Werkstücks), Lünette *f* (ortsfeste)
**Backstein screen** (Print) / Backsteinraster *m* (ein Tiefdrucknetzraster mit backsteinartiger Anordnung der Rasterelemente)
**back-step**\* *n* (Print) / Flattermarke *f*, Rückensignatur *f* (im Bundsteg) ‖ **~ welding** (Welding) / Pilgerschrittschweißen *n*, Pilgerschrittschweißung *f*
**backstop** *n* (Eng) / Rücklaufsperre *f* ‖ **~** (Eng) / Sperrgetriebe *n*, Sperrwerk *n*, Gesperre *n*
**back stope**\* (Mining) / Firstenstoß *m* ‖ **~ stoping** (US) (Mining) / Magazinbau *m*
**backstrap** *n* (Leather) / Hinterriemen *m* (bei Schuhen) ‖ **~** (Nut) / Melasse *f* (aus Zuckerrohr oder Zuckerrüben)
**back-stripping** *n* (Bind) / Fälzelung *f*
**back substitution** (Maths) / Rückrechnung *f*
**back-surface mirror** (Optics) / Hinterflächenspiegel *m* (mit reflektierender Hinterfläche), Rückflächenspiegel *m*
**back•-swept wing** (Aero) / Pfeilflügel *m* (Tragflügel für schnelle Flugzeuge) ‖ **~-swept wing with positive sweepback** (Aero) / Pfeilflügel *m* mit starker positiver Pfeilung ‖ **~-swept wing with semipositive sweepback** (Aero) / Pfeilflügel *m* mit schwacher positiver Pfeilung ‖ **~ tacking** (Textiles) / Nahtverriegelung *f* ‖ **~ taper** (Eng) / Durchmesserverringerung *f* (des Bohrers) ‖ **~ title** (Bind) / Rückentitel *m*
**back-titrate** *v* (Chem) / rücktitrieren *v*
**back titration**\* (Chem) / Rücktitration *f*, Rücktitrieren *n*
**back-to-back** *n* (in a back-to-back terrace) (Build) / Reihenhaus *n* (das mit anderen gleichartigen Häusern ohne Bauabstand verbunden ist), RH (Reihenhaus), Kettenhaus *n* ‖ **~ test**\* (Elec Eng) / Prüfung *f* nach dem Rückarbeitsverfahren ‖ **~ thyristors** (Electronics) / antiparallel geschaltete Thyristoren ‖ **~ transducer** (Electronics) / Back-to-back-Aufnehmer *m* (mit zwei Koppelflächen)
**back-to-chest acceleration** (Space) / Rücken/Brustrichtung-Beschleunigung *f*
**backtrack** *v* (AI) / im Backtracking arbeiten

**backtracking** *n* (AI) / Backtracking *n*, Zurücksetzung *f*, Zurückverfolgung *f* (Zurückgehen in einem Lösungsbaum an einen bestimmten Knoten, von dem aus erneut eine Lösung versucht wird) ‖ **~** (Comp) / Rücksetzen (von Teilschritten bei erfolgloser Suche), Rückziehungsverfahren *n* ‖ **~** s. also traceability ‖ **~ search** (AI) / Suche *f* mit Backtracking
**back-type parachute** (Aero) / Rückenfallschirm *m*
**back up** *v* (Plastics) / verstärken *v* (Folie) ‖ **~ up** *vi* / sich stauen (z.B. Wasser in verstopften Rohren), sich aufstauen *v* ‖ **~ up** *vt* (Comp) / sichern *v* (Dateien mit einer zweiten Kopie)
**backup** *n* (US) (Autos) / Verkehrsstau *m*, Verkehrsstauung *f*, Stau *m* (Verkehrsstau)
**back-up** *n* (Comp) / Backup *m* *n* (pl. -s) (das Sichern von Daten auf einem zweiten Datenträger), Sicherung *f* (von Daten) ‖ **~** (Print) / Widerdruck *m* (der Druck auf die Rückseite eines im Schöndruck bedruckten Druckträgers) ‖ **~ block** (Comp) / Sicherstellungsblock *m* ‖ **~ computer** (Comp) / Reserverechner *m* ‖ **~ controller** (Comp) / Backup-Regler *m* (Ersatzregler bei Rechnerausfall einer DDC-Regelung) ‖ **~ copy** (Comp) / Sicherungskopie *f* ‖ **~ energy** / zusätzliche Energie(quelle) ‖ **~ file**\* (Comp) / Sicherungsdatei *f*, Sicherstellungsdatei *f*, Backup-Datei *f* ‖ **~ host** (Comp) / Sicherungs-Host *m* ‖ **~ lamp** (US) (Autos) / Rückfahrscheinwerfer *m*, Rückfahrleuchte *f* ‖ **~ light** (US) (Autos) / Rückfahrlicht *n*, Licht *n* des Rückfahrscheinwerfers ‖ **~ log file** (Comp) / Sicherungsprotokolldatei *f* ‖ **~ processing centre** (Comp) / Backup-Rechenzentrum *n*, Ausfallrechenzentrum *n*, Ausweichrechenzentrum *n* ‖ **~ protection** (Elec Eng) / Reserveschutz *m* (bei Relais) ‖ **~ ring** (Eng) / Stützring *m* (des Hydraulikkolbens) ‖ **~ roll** (Met, Paper) / Stützwalze *f* ‖ **~ sand** (Foundry) / Füllsand *m* (zum Auffüllen des Formkastens) ‖ **~ storage** (Comp) / Reservespeicher *m* ‖ **~ system** (Automation) / Backup-Regelsystem *n* (ein Reservesystem in verfahrenstechnischen Anlagen, die mit einem Prozessrechner geregelt werden)
**Backus-Naur form**\* (Comp) / BNF-Beschreibung *f*, Backus-Normal-Form *f*, Backus-Naur-Notation *f* (Metasprache zur Beschreibung der Syntax einer Programmiersprache), Backus-Naur-Form *f*, BNF (eine Metasprache im Rahmen der ALGOL-60-Definition)
**Backus normal form** (Comp) / BNF-Beschreibung *f*, Backus-Normal-Form *f*, Backus-Naur-Notation *f* (Metasprache zur Beschreibung der Syntax einer Programmiersprache), Backus-Naur-Form *f*, BNF (eine Metasprache im Rahmen der ALGOL-60-Definition)
**back veneer** (For) / Innenfurnier *n* (auf Innenflächen von Möbelteilen)
**back-wall** *n* (Build) / Rückwand *f*, Hinterwand *f* ‖ **~** (Civ Eng) / Rückwand *f* (der Klappschaufel) ‖ **~ cell**\* (Electronics) / Hinterwandzelle *f* ‖ **~ photovoltaic cell** (Electronics) / Hinterwandzelle *f*
**backward broadband channel** / breitbandiger Rückkanal ‖ **~ busying**\* (Telecomm) / rückwärtige Sperrung ‖ **~ chaining** (AI) / Backward-Chaining *n*, Rückwärtsverkettung *f* (Interferenzstrategie bei regelbasiertem Schließen) ‖ **~ channel** (Comp, Telecomm) / Rückkanal *m*, Hilfskanal *m* ‖ **~ clearing** (Teleph) / rückwärtiges Auslösen
**backward(s) compatible** (Comp) / abwärtskompatibel *adj*
**backward curved** / rückwärts gekrümmt ‖ **~ difference**\* (Maths) / Rückwärtsdifferenz *f*, aufsteigende Differenz, rückwärts genommene Differenz ‖ **~ diode**\* (Electronics) / Rückwärtsdiode *f* (Tunneldiode ohne Höcker im Durchlassbereich), Unitunnel-Diode *f*, Backwarddiode *f* ‖ **~ error congestion notification bit** (Comp) / BECN-Bit *n* ‖ **~ extrusion** (Eng, Met) / Rückwärtsstrangpressen *n* (bei dem der Strang entgegen der Wirkrichtung der Presskraft austritt), indirektes Strangpressen, Rückwärtsfließpressen *n* (entgegen der Wirkrichtung des Stößels) ‖ **~ filter** (Radar) / Rückwärtsfilter *n* (ein Kalmanfilter) ‖ **~ lead**\* (Elec Eng) / Bürstenrückschub *m*, Bürstenverschiebung *f* entgegen der Drehrichtung ‖ **~ leaning blades** (Eng) / rückwärts gekrümmte Schaufeln (z.B. bei Hochleistungsrädern der Lüfter)
**backwardly curved blades** (Eng) / rückwärts gekrümmte Schaufeln (z.B. bei Hochleistungsrädern der Lüfter)
**backward movement** (Phys) / Rückwärtsbewegung *f* ‖ **~ release** (Elec Eng) / Rückauslösen *n* ‖ **~ scheduling** (Work Study) / Rückwärtsterminierung *f* (eines Auftrages) ‖ **~ shift**\* (Elec Eng) / Bürstenrückschub *m*, Bürstenverschiebung *f* entgegen der Drehrichtung ‖ **~ signal** (Telecomm) / Rückwärtszeichen *n* (entgegengesetzt zur Verbindungsaufbaurichtung übertragenes Zeichen) ‖ **~ slip** (relative movement between rolling stock and roll surface) (Met) / Nacheilung *f* (Relativbewegung zwischen Walzgut und Walzenoberfläche) ‖ **~ slip** (Met) s. also forward slip
**backward-slip zone** (compressed area between entry line and neutral point in which the rolling stock moves slower than the roll surface)

**backward-sorted**

(Met) / Nacheilzone *f* (Bereich der gedrückten Fläche zwischen Einlauflinie und Fließscheide, in dem sich das Walzgut langsamer bewegt als die Walzenoberfläche), Rückstauzone *f*
**backward-sorted glossary** / rückläufiges Glossar
**backward take-off** (Aero) / Start *m* nach rückwärts (bei Hubschraubern) || ~ **tone** (Telecomm) / Bestätigungston *m* || ~ **wave**\* (Electronics) / rücklaufende Welle, Rückwärtswelle *f* || ~**-wave oscillator** (Electronics) / Rückwärtswellenoszillator *m* || ~**-wave tube**\* (Electronics) / Rückwärtswellenröhre *f* (eine Laufzeitröhre) || ~ **welding** (Welding) / NR-Schweißen *n*, Nachrechtsschweißen *n*
**backwash** *n* / Rückspülung *f* || ~ (Aero) / Propellerstrahl *m*, Luftschraubenstrahl *m* || ~ (Hyd Eng) / Umkehr *f* der Wellenbewegung an Hindernissen || ~ **diode** (Electronics) / Energieabsorptionsdiode *f*
**backwashed wool** (Textiles) / rückengewaschene Wolle (DIN 60004)
**backwasher** *n* (Textiles) / Lisseuse *f* (Maschine der Kammgarnspinnerei für das Waschen, Plätten und Trocknen von Wollkammzügen, besonders nach der Kammzugfärbung)
**backwashing** *n* / Rückspülung *f* || ~ / Filterreinigung *f* durch Rückspülung || ~ (Chem Eng) / Spülvorgang *m*, Spülung *f* (des Austauschers mit Wasser) || ~ (Textiles) / Lissieren *n* || ~ **machine** (Textiles) / Lisseuse *f* (Maschine der Kammgarnspinnerei für das Waschen, Plätten und Trocknen von Wollkammzügen, besonders nach der Kammzugfärbung)
**backwater** *n* (Hyd Eng) / stagnierendes Wasser, totes Wasser, stehendes Wasser || ~\* (Hyd Eng) / Rückstau *m* (die Wassermenge selbst), angestautes Wasser, Stauwasser *n*, Absperrwasser *n* || ~ (Paper) / Siebwasser *n*, Siebabwasser *n*, Rückwasser *n* || ~ **at** (bridge) **pier** (Hyd Eng) / Pfeilerstau *m* || ~ **curve**\* (Hyd Eng) / Staulinie *f*, Staukurve *f* || ~ **effect of pier** (Hyd Eng) / Pfeilerstau *m* || ~ **gate** (Plumb) / Rückstauklappe *f* || ~ **level** (Hyd Eng) / Rückstauebene *f* (DIN 1986) || ~ **mark** (Hyd Eng) / Staumarke *f* (feste Markierung, welche das Stau- oder Absenkziel anzeigt)
**back wave** (Phys) / zurücklaufende Welle || ~ **wave**\* (Telecomm) / Zwischenzeichenwelle *f*, Pausenwelle *f*, negative Tastwelle || ~ **weld** (US) (Welding) / Kapplage *f* || ~ **weld** (US) (Welding) / Gegenlage *f* (beim beidseitigen Schweißen einer Stumpfnaht von der zweiten Seite aus gefertigte Schweißlage) || ~ **width** (Textiles) / Rückenbreite *f* (auf dem Rücken von Arm zu Arm gemessene Breite als Maß für Kleidungsstücke)
**backwiring** *n* (Electronics) / Rückverdrahtung *f* (Verdrahtung mehrerer bestückter Leiterplatten untereinander durch eine Rückverdrahtungsleiterplatte, durch einzelne Drähte oder durch Kabelbäume)
**back working** (Mining) / Rückbau *m* (Abbau eines Flözteiles, bei dem die beiden Abbaustrecken vor Beginn des Abbaus bis zur Abbaugrenze aufgefahren sind; von dem hierfür erstellten Aufhauen erfolgt der Abbau rückwärts)
**BAC level** (Autos, Med) / Blutalkoholspiegel *m*, Blutalkoholgehalt *m*
**bacon** *n* (Nut) / Frühstücksspeck *m*, Bacon *m* (leicht durchwachsener und angeräucherter Speck), Dörrfleisch *n*, Dürrfleisch *n* || ~ **fat** (Nut) / Schmalzöl *n*, Specköl *n* (das nach dem Abpressen von Schweineschmalz), Lardöl *n*, Lardoil *n*
**bacteria** *pl* (forms of virus) (Comp) / selbstreproduzierende Viren || ~ **bed** (San Eng) / Füllkörper *m* (biologischer Körper, der periodisch abwechselnd mit Abwasser gefüllt und entleert wird, wobei der auf dem Füllgut gebildete biologische Rasen wechselweise mit Nährstoffen und Luftsauerstoff versorgt wird)
**bacterial** *adj* (Bacteriol) / bakteriell *adj* || ~ **activity** (Bacteriol) / Bakterientätigkeit *f* || ~ **aftergrowth** (San Eng) / Wiederverkeimung *f* (des Wassers) || ~ **cellulose** (Chem Eng) / Bakterienzellulose *f* (im Bioreaktor gewonnen), Bakteriencellulose *f* || ~ **cell wall** (Bacteriol) / Bakterienzellwand *f* || ~ **contamination** (Med) / bakterielle Verschmutzung, Bakterienkontamination *f* || ~ **count** (Bacteriol, Nut) / Keimzahl *f* || ~ **degradation** (Bacteriol, Ecol) / bakterieller Abbau || ~ **desulphurization** / bakterielle Entschwefelung, Entschwefelung *f* mittels Bakterien || ~ **filter** (Ecol, San Eng) / Bakterienfilter *n* (zum Abtrennen von Bakterien aus Flüssigkeiten und Gasen) || ~ **leaching**\* (Min Proc) / biologische Laugung, bakterielle Laugung (von Erzen und mineralischen Rohstoffen), Bakterienlaugung *f*, bakterielle Erzlaugung, Bioleaching *n* (Verfahren zur Anreicherung von Metallen mit Hilfe von Mikroorganismen, z.B. auf ehemaligen Abraumhalden) || ~ **mass** (Bacteriol, San Eng) / Bakterienmasse *f* || ~ **methanogenesis** (Chem Eng) / mikrobielle Methanproduktion || ~ **toxin** (Bacteriol) / bakterielles Toxin, Toxin *n* aus Bakterien (von Bakterien freigesetztes Gift)
**bacteria mass** (Bacteriol, San Eng) / Bakterienmasse *f* || ~ **method** (of enhanced oil recovery) (Oils) / Injizieren *n* von Erdöl-Lagerstätten mit Bakterienkultur-Lösungen (eine Methode der Tertiärförderung)
**bacteria-tight** *adj* (San Eng) / bakteriendicht *adj*

**bactericidal**\* *adj* (Agric, Bacteriol, Med) / bakterienabtötend *adj*, bakterizid *adj* (bakterienabtötend) || ~ **paper** (Paper) / bakterizides Papier
**bactericide** *adj* (Agric, Bacteriol, Med) / bakterienabtötend *adj*, bakterizid *adj* (bakterienabtötend)
**bacteriochlorophyll** *n* (Biochem) / Bakteriochlorophyll *n*
**bacteriocidal** *adj* (Agric, Bacteriol, Med) / bakterienabtötend *adj*, bakterizid *adj* (bakterienabtötend)
**bacteriologic** *adj* (Bacteriol) / bakteriologisch *adj*
**bacteriological** *adj* (Bacteriol) / bakteriologisch *adj* || ~ **filter** (Ecol, San Eng) / Bakterienfilter *n* (zum Abtrennen von Bakterien aus Flüssigkeiten und Gasen)
**bacteriologist** *n* (Bacteriol) / Bakteriologe *m*
**bacteriology**\* *n* (Bacteriol) / Bakteriologie *f*
**bacteriolysin** *n* (Pharm, Physiol) / Bakteriolysin *n* (bakterienauflösender Antikörper)
**bacteriolytic** *adj* (Pharm, Physiol) / bakteriolytisch *adj*, bakterienauflösend *adj*
**bacteriophage**\* *n* (Bacteriol) / Bakteriophage *m* (pl. -n) (Virus, dessen Wirtszellen Bakterien sind), Phage *m*
**bacteriostat**\* *n* (Pharm) / bakteriostatische Substanz, Bakteriostatikum *n* (pl. -statika), Bakterienhemmstoff *m*
**bacteriostatic**\* *adj* (Pharm) / bakteriostatisch *adj*, bakterienwachstumshemmend *adj*
**bacteriotoxin**\* *n* (Bacteriol) / Bakteriotoxin *n*, Bakteriengift *n*
**bacteriotropin**\* *n* (Physiol) / Bakteriotropin *n* || ~\* (Physiol) s. also opsonin
**bacterium**\* *n* (pl. bacteria) (Bacteriol) / Bakterie *f*, Bakterium *n* (pl. -ien)
**bactofuge** *n* (Nut) / Baktofuge *f* (zum Entfernen von Bakterien aus Milch durch Zentrifugieren)
**bad** *adj* / schlecht *adj* (Qualität) || ~ (Comp) / beschädigt *adj* (Sektor), schadhaft *adj* || ~ (Comp) / falsch *adj* (Kommando) || ~ (link) (Comp) / fehlerhaft *adj* || ~ (Mining) / druckhaft *adj* || ~ **air** (Mining) / Abwetter *pl*
**bad-bearing sector** (Radar) / Gebiet *n* unsicherer Peilung
**bad break** (Comp, Typog) / Hängezeile *f*, Hurenkind *n* (eine am Anfang einer Kolumne oder einer Spalte stehende Ausgangszeile) || ~ **crops** (Agric) / Missernte *f*
**baddeleyite**\* *n* (Min) / Baddeleyit *m* (Zirkoniumdioxid), Brazilit *m*
**badge** *n* / Badge *n* (Namensschildchen zum Anstecken) || ~ / Badge *n*, Ausweiskarte *f*, Ausweis *m* || ~ (Autos) / Emblem *n* || ~ **meter** (Radiol) / Filmdosimeter *n*, Filmplakettendosimeter *n* (das nach dem Prinzip der Schwärzung eines fotografischen Films durch ionisierende Strahlung arbeitet), Strahlenschutzplakette *f*, Filmplakette *f* (ein Monitor)
**bad geometry** (Nuc Eng) / schlechte Geometrie
**badge reader** (Comp) / Ausweisleser *m*
**badger hair** (for softening brushes for graining) (Paint) / Dachshaar *n*
**Badger rule** (Phys) / Badger'sche Regel (Zusammenhang zwischen den Kraftkonstanten und dem Gleichgewichtsabstand zweier Atome - nach R. McLean Badger, 1896-1974)
**Badger's rule** (Phys) / Badger'sche Regel (Zusammenhang zwischen den Kraftkonstanten und dem Gleichgewichtsabstand zweier Atome - nach R. McLean Badger, 1896-1974)
**Badin metal** (Met) / Badin-Metall *n* (ein Desoxidationsmittel für Stahl)
**badlands** *pl* (Geol) / Badlands *pl* (unauflösbares Gewirr von kleinen Schluchten und unbeständigen niedrigen Kämmen - in Dakota)
**bad listing** (Weaving) / eingerissene Webkante
**badly distorted** (Acous) / stark verzerrt || ~ **flowing** / schlechtfließend *adj* || ~ **soiled** (Textiles) / stark verschmutzt || ~ **worn** / stark abgenutzt, stark verschlissen
**bad order car** (US) (Rail) / Schadwagen *m* || ~ **parity** (Comp) / Paritätsfehler *m* || ~ **runner** (Rail) / Schlechtläufer *m*, Wagen *m* mit hohem Laufwiderstand || ~ **sector** (of a disk) (Comp) / schadhafter Sektor || ~ **smell** / Gestank *m* || ~ **spot** (Acous, Comp) / Fehlstelle *f* (eines Magnetbandes) || ~ **spot** (Comp, Mag) / Bandfehlstelle *f* (DIN 66 010) || ~ **top** (Mining) / schwer beherrschbares Dach || ~ **weather** (Meteor) / Schlechtwetter *n* || ~ **weather allowance** (Build) / Schlechtwettergeld *n* || ~ **weather pay** (Build) / Schlechtwettergeld *n*
**Baeyers tension** (strain) **theory**\* (Chem) / Baeyer'sche Spannungstheorie (über Raumstruktur und Reaktivität der Cycloalkane - nach A.von Baeyer, 1835 - 1917)
**Baeyer strain** (Chem) / Baeyer-Spannung *f*, Winkelspannung *f* (in der Baeyerschen Spannungstheorie) || ~ **tension** (Chem) / Baeyer-Spannung *f*, Winkelspannung *f* (in der Baeyerschen Spannungstheorie) || ~**-Villiger oxidation** (Chem) / Baeyer-Villiger-Oxidation *f* (Oxidation von Ketonen mit Persäuren - nach V. Villiger, 1868-1934)
**baffle** *v* (Eng, Min Proc, Vac Tech) / mit Prallflächen ausstatten || ~ (Mining) / Grubengas unschädlich machen (durch Verdünnen bei der Bewetterung) || ~\* *n* (Acous) / Schallwand *f*, Reflexionsplatte *f* || ~\* (Aero, Hyd Eng) / strömungsumlenkender Leit- oder Störeinbau || ~

(Autos) / Schwallblech *n* (z.B. in der Ölwanne) || ~ (Autos) / Blende *f* (im Auspufftopf), Prallblech *n* (im Auspufftopf) || ~ (Build) / Feuerbrücke *f* (meist aus feuerfesten Steinen aufgemauerte, von Öffnungen durchbrochene Wand, die den Feuerraum vom eigentlichen Ofenraum trennt) || ~ (Chem Eng) / Schikane *f* || ~* (Electronics) / Schutzschirm *m* (der Ionenröhren) || ~ (Eng) / Umlenkblech *n* || ~* (Eng) / Leitblech *n* (zur Führung der Strömung), Leiteinrichtung *f* (der Gasturbine) || ~* (Eng) / Strombrecher *m*, Stromstörer *m* (z.B. im Rührwerk) || ~* (Eng, Min Proc) / Prallblech *n*, Prallfläche *f* || ~ (a part of a glass-forming mould) (Glass) / Vorformboden *m*, Vorboden *m* (Bodenplatte für die Vorform) || ~ (Hyd Eng) / Schikane *f* (im Tosbecken) || ~ (I C Engs) / Ölhobel *m* (im Kurbengehäuseunterteil) || ~ (Optics) / Streulichtblende *f* || ~ (Vac Tech) / Baffle *m n* (Vorrichtung, die das Eintreten von Öldämpfen aus Vakuumpumpen in das Hochvakuum verhindert), Prallfläche *f* (mit möglichst geringem Strömungswiderstand), Dampfsperre *f*, Dampffalle *f* || ~ **block** (Hyd Eng) / Höcker *m* (im Tosbecken), Störkörper *m*
**baffled reverse-flow muffler** (Autos) / Reflexionsschalldämpfer *m* (ein Auspuffschalldämpfer)
**baffle hole** (Glass) / Fülltrichter *m* || ~ **mark** (a seam line) (Glass) / Vorformbodennaht *f* (am Erzeugnis) || ~ **mark** (a mark) (Glass) / Vorformbodenmarke *f* || ~ **plate** (Autos) / Schwallblech *n* (z.B. in der Ölwanne) || ~ **plate** (Eng) / Leitblech *n* (zur Führung der Strömung), Leiteinrichtung *f* (der Gasturbine) || ~ **plate mill** (Eng) / Schlagleistenmühle *f*
**baffles** *pl* (Hyd Eng) / System *n* zur Beruhigung und zur gleichmäßigeren Strömungsverteilung des Abflusses
**baffle system** (Chem Eng) / Gleitblechsystem *n* || ~ **tray** (Chem Eng) / Schikanenboden *m*
**baffle-type separator** (Eng) / Stoßreiniger *m*
**baffle wall** (a wall constructed in a furnace or kiln to protect items being fired from flames and combustion gases) (Ceramics, Glass) / Trennwand *f* (zwischen Feuerung und Brennraum)
**bag** *v* / einsacken *v*, sacken *v* (in Säcke abfüllen), absacken *v* (in Säcke abfüllen), in Säcke füllen || ~ / Sack *m* (leichter) || ~ **Tasche** *f* (Beutel), Beutel *m* || ~ (Nuc) / Bag *m* (das Innere eines Quark-Antiquark-Paares)
**bagasse** *n* / Bagasse *f* (die bei der Zuckergewinnung anfallenden Zuckerrohrabfälle)
**bagassosis*** *n* (pl. -oses) (Med) / Bagassose *f*, Zuckerrohrstaublungenkrankheit *f* (infolge ständiger Einatmung von Zuckerrohrstaub), Bagassosis *f*
**bag barker** (For) / Trogentrinder *m* || ~ **barrow** (Eng) / Sackkarre *f* (ein Handfahrgerät), Sackkarren *m* || ~ **cement** (Civ Eng) / Sackzement *m*
**bagcloth** *n* (Textiles) / Sackleinwand *f* (grobes leinwandbindiges Gewebe), Sackleinen *n*, Baggings *pl*
**bag curing** (Chem Eng) / Reifenvulkanisation *f* mit dem Heizschlauch
**Bagdad wool** (Textiles) / Bagdadwolle *f*
**bag dam** (Civ Eng, Hyd Eng) / Sandsackdamm *m*, Sandsacksperre *f* || ~ **filter** / Sackfilter *n*, Beutelfilter *n*, Schlauchfilter *n*
**baggage** *n* (US) / Gepäck *n*, Reisegepäck *n* || ~ **car** (US) (Rail) / Gepäckwagen *m*, Packwagen *m* || ~ **carousel** (Aero) / Rundlauf *m* (bei der Gepäckausgabe), Gepäckkarussell *n* || ~ **check** (US) / Gepäckaufbewahrungsschein *m* || ~ **check** (Aero) / Gepäckabschnitt *m* || ~ **claim belt** (Aero) / Gepäckausgabeband *n* (auf Flughäfen) || ~ **compartment** (Aero) / Frachtraum *m* || ~ **hold** (Aero) / Frachtraum *m* || ~ **identification tag** (Aero) / Gepäckabschnitt *m* || ~ **rack** (US) / Gepäckablage *f* || ~ **screening** (Aero) / Gepäckdurchleuchtung *f* || ~ **terminal** (Aero) / Gepäckhalle *f* (des Flughafens) || ~ **tracing** (Aero) / Gepäcknachforschung *f*
**bagged** *adj* / in Säcken (Art der Verpackung)
**bagger** *n* / Einsackmaschine *f*, Einsacker *m* || ~ (Agric) / Absackvorrichtung *f* || ~ **platform** (Agric) / Absackstand *m*, Absackplattform *f*
**bagginess** *n* (Paper) / Welligkeit *f* (von Papierrollen)
**bagging** *n* / Einsacken *n*, Sacken *n*, Absacken *n*, Füllen *n* in Säcke || ~ (Textiles) / Sackleinwand *f* (grobes leinwandbindiges Gewebe), Sackleinen *n*, Baggings *pl* || ~ **auger** (Agric) / Absackschnecke *f* || ~ **device** (Agric) / Absackvorrichtung *f* || ~ **plant** / Absackhalle *f* || ~ **platform** (Agric) / Absackstand *m*, Absackplattform *f* || ~ **potato harvester** (Agric) / Absack-Kartoffelsammelroder *m* || ~ **scale** (Agric, Nut) / Absackwaage *f*
**baggy cloth** (Textiles) / welliges Gewebe (das auf dem Zuschneidetisch nicht glatt aufliegt) || ~ **selvedge** (Weaving) / lockere Leiste, wellige Leiste
**bag hide** (Leather) / Narbenleder *n* (Chagrinleder), Portefeuilleleder *n* (Rindsleder)
**bag-in-box package** (Nut, Plastics) / Schachtel *f* mit Innenbeutel (eine Lebensmittelverpackung)
**bag leather** (Leather) / Täschnerleder *n* || ~ **moulding** (Plastics) / Drucksackverfahren *n* (mit Gummisack oder Polyvinylalkoholfolie)

|| ~ **net with fixed mouth** / Hamen *m* (Fanggerät der Küsten- und Flussfischerei)
**Bag-o-matic** *n* (Chem Eng) / Bag-o-matic *m* (Vulkanisierapparat für Reifen)
**bagout port** (Nuc Eng) / Produktschleuse *f* (in dem Glovebag)
**bag sealer** (Plastics) / Folienschweißgerät *n* (ein Küchengerät) || ~ **tank** (Aero) / Sackbehälter *m* || ~ **tannage** (Leather) / Sackgerbung *f* (Vegetabilgerbung, bei der die Häute paarweise zusammengenäht werden, um Narbenzug zu vermeiden und eine gute Flächenausbeute zu erzielen)
**bag-type tank** (Aero) / Sackbehälter *m*
**bag weigher** (Agric, Nut) / Absackwaage *f*
**bag-weighing machine** (Agric, Nut) / Absackwaage *f*
**bagwork** *n* / behelfsmäßiger Sperr- und Schutzwall (bestehend aus einzelnen Säcken mit Beton und Kies) || ~ (Hyd Eng) / Beton-, Kies- oder Sandsacksperre *f*, Uferbefestigung *f* mit Zement-/oder Kiessäcken
**Bahia rosewood** (For) / Echtes Rosenholz, Brasilianisches Rosenholz, Rio-Palisander *m*, Jakarandaholz *n*, Palissandre Brésil *m*, Bahia-Rosenholz *n* (aus Dalbergia nigra (Vell.) Allemann ex Benth.)
**bahut** *n* (Build) / abgerundete oberste Schicht (einer Mauer) || ~ (Build) / Drempelerhöhung *f*
**bail** *v* (Mining) / sümpfen *v* (den Wasserspiegel in überfluteten Gruben- oder Tagebauen auspumpen oder teilweise absenken) || ~ (Ships) / ösen *v* (in ein Boot eingedrungenes Wasser mit einem Gefäß ausschöpfen) || ~ *n* (a steel half hoop over a sinking kibble by which it hangs from the hoisting rope) (Mining) / Henkel *m* (eines Sümpfkübels), Bügel *m* (eines Kübels) || ~ (Textiles) / Bügel *m* (des Reißverschlusses) || ~ (Textiles) s. also lug
**bailer*** *n* (Mining) / Sandbüchse *f*, Schmantlöffel *m*, Sandlöffel *m* || ~ (Mining) / Wasserkübel *m* (zum Sümpfen von Grubenbauten), Sümpfkübel *m* || ~* (Mining) s. also sand pump
**Bailey bridge*** (named after Sir D. Bailey, 1901 - 1985, British engineer who designed it) (Civ Eng) / Bailey-Brücke *f*
**bailing bucket** (Mining) / Wasserkübel *m* (zum Sümpfen von Grubenbauten), Sümpfkübel *m*
**bail out** *v* (make an emergency parachute descent from an aircraft) (Aero) / abspringen *v* || ~ **out** (water) (Ships) / ösen *v* (in ein Boot eingedrungenes Wasser mit einem Gefäß ausschöpfen) || ~ **pull** (Civ Eng) / Reißkraft *f* (des Seilbaggers)
**Baily's beads** (Astron) / Perlschnurphänomen *n*, Baily'sche Perlen (unmittelbar vor Eintreten der Totalität bei einer Sonnenfinsternis - nach F. Baily, 1774-1844)
**bainite*** *n* (Met) / Zwischenstufengefüge *n* (metallografische Bezeichnung eines Unterkühlungsgefüges des Eisens), Zwischenstufe *f*, Bainit *m*
**bainitic** *adj* (Met) / bainitisch *adj* || ~ **hardening** (Met) / Härten *n* auf Bainitstruktur || ~ **hardening** (Met) / Bainithärtung *f* || ~ **steel** (Met) / bainitischer Stahl
**Bain-Marie** *n* (pl. Bains-Marie) (Chem) / Wasserbad *n*
**Baire function** (Maths) / Baire-Funktion *f* (nach R. Baire, 1874-1932), Borelsche Funktion
**Baire's space** (Maths) / Bairescher Raum
**bait** *n* / Lockangebot *n* (in den Geschäften), Lockvogelangebot *n* || ~ (Glass) / Fangstück *n*, Fanggerät *n* (zur Blattnahme im Senkrechtziehverfahren) || ~ **poison** / Ködergift *n*
**baize*** *n* (a coarse felt-like woollen material that is typically green, used for covering billiard and card tables and for aprons) (Textiles) / Boi *m*
**bake** *v* (together) / verbacken *v* (zusammen), zusammenbacken *v* || ~ (Ceramics) / brennen *vt* (keramischen Formling) || ~ (Foundry) / trocknen *v* (Kerne) || ~ (Nut) / backen *v* || ~ (Nut) / dörren *v* || ~ (US) (Paint) / in einem Ofen trocknen || ~ (US) (Paint) / einbrennen *v* (Beschichtungsstoffe) || ~ (Print) / einbrennen *v* (eine Ätzplatte) || ~ (Surf) / ausheizen *v* (zum Abbau von Restspannungen oder zum Austreiben versprödender Gase) || ~ (Vac Tech) / ausheizen *v* (Röhren) || ~ *vi* (Textiles) / sich festbrennen (Schmutz)
**baked core*** (Foundry) / ausgehärteter Kern, getrockneter Kern || ~ **cork** (Build) / Backkork *m* (Dämmstoff), gerösteter Kork || ~ **enamel** (Paint) / Einbrennemaillack *m* || ~ **goods** (Nut) / Backwaren *f pl*, Backwerk *n*, Bäckerei *f* (Backwaren) || ~ **strength** (Foundry) / Trockenfestigkeit *f*
**bake-hardening steel** (Met) / Bake-Hardening-Stahl *m* (im Durchlaufofen geglühtes Kaltband, das noch im Ferrit gelöste Anteile an Kohlenstoff aufweist)
**Bakelite*** *n* (Plastics) / Bakelit *n* (ein Kunststoff der Union Carbide Corp. oder der Bakelite GmbH - nach L.H. Baekeland, 1863-1944)
**bake on** *v* / anbrennen *vi* || ~ **out*** (Vac Tech) / ausheizen *v* (Röhren)
**Baker bell dolphin** (a large bell-shaped steel or concrete fender, suspended on a cluster of piles in the open sea for the mooring of vessels) (Ocean) / Anlegedalbe *f* (mit glockenförmigem Deckel)

**bakerite** *n* (Min) / Bakerit *m* (eine B-reichere Varietät von Datolith)
**Baker-Nathan effect** (Chem) / Baker-Nathan-Effekt *m*, Hyperkonjugation *f* (ein Konzept, das den Einfluss von Methyl- und auch Alkylgruppen auf das chemische Verhalten gewisser Verbindungen beschreiben soll)
**Baker-Nunn camera** (Photog) / Baker-Nunn-Kamera *f* (zur Satellitenfotografie), Baker-Schmidt-Kamera *f*
**Baker-Perkins mixer** (Chem Eng) / Z-Blatt-Mischer *m*, Sigma-Kneter *m*, Pfleiderer *m*, Mischer *m* mit Z-Schaufel
**Baker-Schmidt telescope** (Astron, Optics) / Baker-Schmidt-Spiegel *m*
**bakers •' eczema** (Med) / Bäckerekzem *n* ‖ **~' itch** (Med) / Bäckerekzem *n*
**baker's special** (US) (Nut) / Streuzucker *m*
**bakers' yeast** (Nut) / Bäckerhefe *f*, Bäckereihefe *f* (Stangenhefe, Würfelhefe, Instanthefe, Trockenhefe), Backhefe *f*
**bakery** *n* (bakery products) (Nut) / Backwaren *f pl*, Backwerk *n*, Bäckerei *f* (Backwaren) ‖ **~** (Nut) / Backstube *f*, Bäckerei *f* (Betrieb) ‖ **~ products** (Nut) / Backwaren *f pl*, Backwerk *n*, Bäckerei *f* (Backwaren)
**baking** *n* (Ceramics) / Brennen *n* (des keramischen Formlings), Brand *m* ‖ **~** (US) (Ceramics, Paint) / Ofentrocknung *f* ‖ **~** (Nut) / Backen *n* ‖ **~** (US) (Paint) / Einbrennen *n* (Wärmehärtung von Beschichtungsstoffen) ‖ **~ adj** (US) (Paint) / ofentrocknend *adj* ‖ **~ agents** (Chem, Nut) / Backmittel *n pl* (Stoffe oder Stoffgemische, die zur Verbesserung der Qualität von Brot und anderen Backwaren sowie zur Erleichterung ihrer Herstellung bestimmt sind), Backhilfsmittel *n pl* ‖ **~ aids** (Chem, Nut) / Backmittel *n pl* (Stoffe oder Stoffgemische, die zur Verbesserung der Qualität von Brot und anderen Backwaren sowie zur Erleichterung ihrer Herstellung bestimmt sind), Backhilfsmittel *n pl* ‖ **~ aroma** (Nut) / Backaroma *n* ‖ **~ enamel** (US) (Paint) / ofentrocknender Lack, Einbrennlack *m* (der bei Temperaturen zwischen 100° und 250° C gehärtet wird) ‖ **~ film** (Nut, Plastics) / Bratfolie *f* (für Backwaren, die höhere Temperaturen aushalten muss als eine Kochfolie) ‖ **~ finish** (Paint) / ofentrocknender Lack, Einbrennlack *m* (der bei Temperaturen zwischen 100° und 250° C gehärtet wird) ‖ **~ loss** (Nut) / Backverlust *m* ‖ **~ oil** (Nut) / Backfett *n*, Backöl *n* ‖ **~ oven** (US) (Autos, Paint) / Einbrennofen *m* (in der Lackieranlage) ‖ **~ oven** (Foundry) / Trockenofen *m*, Gießereiofen *m* (ein Trockenofen) ‖ **~ powder** *n* (Chem, Nut) / Backpulver *n* (im Allgemeinen - Hirschhornsalz, ABC-Trieb oder Pottasche) ‖ **~ quality** (Nut) / Backqualität *f* (bei Mehl)
**baking-sheet** *n* (Nut) / Backblech *n*, Blech *n* (Backblech)
**baking soda*** (Chem, Nut) / Backpulver *n* (Backtreibmittel aus Natriumhydrogenkarbonat als Kohlendioxidträger) ‖ **~ temperature** (US) (Paint) / Trocknung *f* (bestimmte Temperatur für ein Einbrennsystem) ‖ **~ test** (Nut) / Backversuch *m* ‖ **~ time** (Paint) / Einbrenndauer *f* (bei Einbrennlacken), Brenndauer *f* (bei Einbrennlacken) ‖ **~ varnish** (US) (Paint) / ofentrocknender Lack, Einbrennlack *m* (der bei Temperaturen zwischen 100° und 250° C gehärtet wird)
**balance** *v* (Eng, Mech) / auswuchten *v*, wuchten *v* ‖ **~** (Telecomm) / symmetrieren *v* ‖ **~*** *n* / elektrischer oder mechanischer Ausgleich ‖ **~** / Bilanz *f* (Gegenüberstellung von zwei Größen) ‖ **~** / Saldo *m* (pl. -den oder -di) (Unterschied der beiden Seiten eines Kontos) ‖ **~*** / Abgleich *m* ‖ **~** (Acous) / Balance *f* (die Pegeldifferenz zwischen den beiden Wiedergabekanälen bei Stereofonie) ‖ **~** (Aero) / Ruderausgleich *m* (zur Verringerung des Rudermoments der Steuerfläche), Ausgleich *m* (Ruderausgleich) ‖ **~** (Eng) / Waage *f* ‖ **~*** (Horol) / Unruh *f* ‖ **~*** (Mech) / Gleichgewicht *n* ‖ **~** (Mining) / Gegengewicht *n* ‖ **~** (Telecomm) / Symmetrie *f* (von Gegentaktverstärkern) ‖ **annual ~ sheet as at 31st December, 2007** / Jahresbilanz *f* zum 31. Dezember 2007
**balance***, **out of ~** (Autos, Eng) / unausgewuchtet *adj* (Rad), unwuchtig *adj*, nicht ausgewuchtet (Rad) ‖ **out of ~** (Eng, Mech) / außer Gleichgewicht, unausgeglichen *adj*
**balance box*** (Eng) / Gegengewichtskasten *m* (bei Kranen) ‖ **~ bridge*** (Civ Eng) / Klappbrücke *f* (eine bewegliche Brücke) ‖ **~ car** (Mining) / Spannwagen *m* (zur Förderung mit geschlossenem Seil), Gegengewichtswagen *m* ‖ **~ chart** (Aero) / Balance-Chart *m n* (Nomogramm zum Ermitteln der Schwerpunktlage an einem beladenen Luftfahrzeug)
**balanced** *adj* (Elec Eng) / abgeglichen *adj* (Brücke) ‖ **~** (Telecomm) / Gegentakt-, symmetrisch *adj* (Verstärker) ‖ **~ amplifier*** (Telecomm) / Pushpull-Verstärker *m*, Gegentaktverstärker *m*, symmetrischer Verstärker
**balanced-beam relay*** (Elec Eng) / Waagebalkenrelais *n*
**balanced bridge** (Elec Eng) / abgeglichene Brücke ‖ **~ circuit*** (Elec Eng) / symmetrischer Stromkreis ‖ **~ circuit*** (Elec Eng) / symmetrische Schaltung ‖ **~ circuit** (Telecomm) / symmetrischer Kreis ‖ **~ cloth** (Weaving) / balancierte Ware, gleichmäßige Ware (was die Fadensysteme betrifft) ‖ **~ draught*** (Eng) / Unterdruck *m* (in einem Kessel mit Unterdruckfeuerung) ‖ **~ earthworks** (Civ Eng) / Massenausgleich *m* ‖ **~ error** (Comp) / symmetrischer Fehler ‖ **~ filters** (Radiol) / Doppelfilter *n pl* (Röntgenfilter) ‖ **~ flue** (Build) / ausgeglichener Zug ‖ **~ gate** (Hyd Eng) / selbsttätige Stauklappe ‖ **~ line** (Telecomm) / symmetrische Leitung (die aus zwei Adern besteht, deren anliegende Spannung immer gleich groß und entgegengesetzt ist) ‖ **~ load** (Elec Eng) / symmetrische Belastung (der drei Phasen) ‖ **~ load*** (Elec Eng) / symmetrische Belastung (liegt in einem Drehstromnetz vor, wenn alle drei Außenleiter identische Ströme führen) ‖ **~ modulator*** (Telecomm) / Gegentaktmodulator *m* ‖ **~ oscillator** (Electronics) / symmetrischer Oszillator ‖ **~ protective system*** (Elec Eng) / Fehlerschutz *m* in Ausgleichschaltung ‖ **~ reaction*** (Chem) / umkehrbare Reaktion, reversible Reaktion, Gleichgewichtsreaktion *f* ‖ **~ rudder** (Ships) / Balance-Ruder *n*, Simplex-Balance-Ruder *n* ‖ **~ sample** (Stats) / balancierte Stichprobe ‖ **~ sash** (Build) / Hubfenster *n* ‖ **~ sash*** (window frame with two vertically sliding sashes hung on chains or cords draped over pulleys in the boxed frame and fixed at the other end to weights which balance the sashes and facilitate easy and smooth movement) (Join) / senkrecht verschiebbarer Fensterrahmen ‖ **~ shed** (Weaving) / reines Fach (bei der Fachbildung) ‖ **~ step** (Build, Carp) / ausgeglichene Trittstufenfläche (bei gewundenen Treppen) ‖ **~ to earth** (Elec Eng, Telecomm) / erdsymmetrisch *adj*, symmetrisch gegen Erde ‖ **~ tree** (Comp, Maths) / ausgeglichener Baum, AVL-Baum *m* (binärer Baum, bei dem sich in jedem Knoten die Höhen der Teilbäume um höchstens Eins unterscheiden - nach Adelson, Velskij und Landis), ausgewogener Baum ‖ **~ two-port network** (Elec) / erdsymmetrisches Zweitor, symmetrisches Zweitor
**balanced-unbalanced transformer*** (Telecomm) / Symmetrieübertrager *m*, Symmetrieglied *n*, Baluntransformator *m*
**balance error** (Comp) / Nullpunktfehler *m* ‖ **~ gate** (Hyd Eng) / selbsttätige Stauklappe ‖ **~ gate*** (Hyd Eng) / Klappenwehr *n* (dessen Verschluss als Klappe mit waagerechter Klappe ausgebildet ist) ‖ **~ gate*** (Hyd Eng) / Drehschleusentor *n* ‖ **~ hole** (Autos) / Auswuchtbohrung *f* (in der Kurbelwelle) ‖ **~ hole** (Eng) / Entlastungsbohrung *f*, Ausgleichbohrung *f* ‖ **~ method** (Elec Eng) / Nullmethode *f* (eine Messmethode, bei der eine Kompensation der Wirkung einer Messgröße durch die Wirkung einer anderen bekannten Größe das Ziel ist), Ausgleichsverfahren *n*, Kompensationsverfahren *n* ‖ **~ microphone input** (Acous) / symmetrischer Mikrofoneingang ‖ **~ of nature** (Ecol) / Gleichgewicht *n* der Natur ‖ **~ of speed difference** (Autos) / Ausgleich *m* der Drehzahldifferenz (Funktion des Differentials) ‖ **~ out** *v* (Eng, Mech) / auswuchten *v*, wuchten *v* ‖ **~ piston** (Eng) / Druckausgleichkolben *m*, Ausgleichkolben *m* (bei Reaktionsturbinen) ‖ **~ pit** (Mining) / Gegengewichtstrum *m n*, Trum für das Gegengewicht *m n* ‖ **~ plough** (Agric) / Kippflug *m*
**balancer** *n* (Eng) / Federzug *m* (ein Druckluftzubehör) ‖ **~** (Telecomm) / Symmetriestufe *f* ‖ **~ shaft** (Autos) / Ausgleichswelle *f* (gegenläufige) ‖ **~ transformer*** (Elec Eng) / Ausgleichstransformator *m*
**balance sheet analysis** / Bilanzanalyse *f* ‖ **~ sheet as at 31st December 2007** / Bilanz *f* zum 31. Dezember 2007 ‖ **~ spring** (Horol) / Unruhfeder *f* (als Teil des Unruhsystems), Spiralfeder *f* (welche die auf die Unruh übertragene Energie speichert und diese jeweils beim Zurückschwingen abgibt) ‖ **~ storage** (Hyd Eng) / Inhalt *m* des Ausgleichsbeckens ‖ **~ tab*** (Aero) / Ausgleichsruder *n*, Entlastungsruder *n*
**balance-to-unbalance transformer*** (Telecomm) / Symmetrieübertrager *m*, Symmetrieglied *n*, Baluntransformator *m*
**balance-transformer** (Elec Eng) / Ausgleichstransformator *m*
**balance weight** (Eng) / Auswuchtgewicht *n* (zur Massenkorrektur), Wuchtgewicht *n* ‖ **~ weight*** (Mech) / Gegengewicht *n*, Ausgleichsgewicht *n*, Balanciergewicht *n*, Gegenmasse *f* ‖ **~ weight** (calibrated) (Phys) / Gewichtstück *n* (DIN 1305), Wägestück *n*, Gewicht *n*
**balancing** *n* (Cables) / Kopplungsausgleich *m* ‖ **~** (Elec Eng) / Abgleich *m* (ein Abstimmvorgang) ‖ **~** (Eng, Mech) / Auswuchten *n*, Wuchten *n* ‖ **~*** (Photog) / Farbausgleich *m* bei der Farblichtbestimmung ‖ **~** (Telecomm) / Symmetrierung *f* ‖ **~ capacitance*** (Elec Eng) / Ausgleichkapazität *f*, Entkopplungskapazität *f* ‖ **~ diode** (Electronics) / Kompensationsdiode *f* ‖ **~ machine*** (Eng) / Auswuchtmaschine *f* ‖ **~ mass** (Eng) / Ausgleichsmasse *f* ‖ **~ moment** (Mech) / Ausgleichmoment *n* ‖ **~ network** (Telecomm) / Leitungsnachbildung *f* ‖ **~ ring** (Eng) / Ausgleichring *m* ‖ **~ tank** (Hyd Eng) / Ausgleichsbecken *n*, Ausgleichbecken *n* (bei Wasserbauten) ‖ **~ transformer** (Telecomm) / Symmetrieübertrager *m*, Symmetrieglied *n*, Baluntransformator *m* ‖ **~ veneer** (For) / Innenfurnier *n* (auf Innenflächen von Möbelteilen) ‖ **~ weight** (Eng) / Auswuchtgewicht *n* (zur Massenkorrektur), Wuchtgewicht *n* ‖ **~ weight** (Mining) / Gegengewicht *n*
**Balanidae adhesive** / Balanidenklebstoff *m*
**balas** *n* (ruby)* (Min) / Balasrubin (ein blassroter Rubin)

**balata*** *n* / Balata *f* (ein der Guttapercha sehr ähnlicher koagulierter Milchsaft, der vor allem aus dem Balatabaum gewonnen wird)
**balau** *n* (a heavy heartwood) (For) / Balau *n* (Shorea sp.)
**balconied** *adj* (Arch) / mit Balkon
**balcony*** *n* (Arch) / Balkon *m*
**balcony-access block** (Arch) / Pawlatschenhaus *n* (A), Laubenganghaus *n*, Außenganghaus *n*
**balcony parapet** (Build) / Balkonbrüstung *f* ‖ ~ **railing** (Build) / Balkonbrüstung *f*
**baldacchino*** *n* (Arch) / Baldachin *m* (ein dachartiger Aufbau)
**baldachin*** *n* (Arch) / Baldachin *m* (ein dachartiger Aufbau)
**baldaquin*** *n* (Arch) / Baldachin *m* (ein dachartiger Aufbau)
**bald cypress** (For) / Zweizeilige Sumpfzypresse (Taxodium distichum (L.) Rich.) ‖ ~ **tyre** (Autos) / völlig abgefahrener Reifen ‖ ~ **tyre** (Rail) / spurkranzloser Radreifen, Radreifen *m* ohne Spurkranz
**bale*** *v* (Agric) / pressen *v* (zu Ballen) ‖ ~ (Met) / paketieren *v* (Schrott), zu Paketen pressen ‖ ~ (GB) (Ships) / ösen *v* (in ein Boot eingedrungenes Wasser mit einem Gefäß ausschöpfen) ‖ ~* *n* (Agric, Textiles) / Ballen *m* (z.B. von Baumwolle) ‖ ~ (Met) / Paket *n* (z.B. Schrott oder Brennholz) ‖ ~ **breaker*** (Textiles) / Ballenbrecher *m*, Ballenöffner *m*, Ballenabbaumaschine *f* ‖ ~ **clamps** (Eng) / Ballenklammer *f* (bei Gabelstaplern)
**balection moulding*** (Build) / Halteleiste *f*
**baled scrap** (Met) / paketierter Schrott, Paketschrott *m*
**bale of wool** (Textiles) / Wollballen *m* ‖ ~ **opener** (Textiles) / Ballenbrecher *m*, Ballenöffner *m*, Ballenabbaumaschine *f* ‖ ~ **out** *v* (Aero) / mit dem Fallschirm abspringen
**bale-out furnace** (Foundry) / Schöpfofen *m*
**baler** *n* (Agric) / landwirtschaftliche Presse, Ballenpresse *f*, Ballenpackpresse *f* ‖ ~ **yarn** (Agric) / Erntebindegarn *n* (z.B. Sisal)
**Balescu-Lenard equation** (Phys) / Balescu-Lenard-Gleichung *f*
**bale strapping** / Ballenumreifung *f* ‖ ~ **thrower** (Agric) / Ballenwerfer *m*, Ballenschleuder *f*
**baling** *n* (Agric) / pressen *v* (mit der Ballenpresse) ‖ ~ (Met) / Paketieren *n* (von Schrott) ‖ ~ **press** (Agric) / landwirtschaftliche Presse, Ballenpresse *f*, Ballenpackpresse *f* ‖ ~ **press** (Met) / Paketierpresse *f* (zum Verdichten von metallischen Spänen und Blechschrott zu Formblocken)
**balk** *n* (Agric) / Furchenrain *m* (beim Pflügen nicht erfasster Streifen) ‖ ~ (US) (Carp, For) / Kantholz *n* von quadratischem Querschnitt (über 15 x 15 cm), Balken *m* (Kantholz über 20 x 20 cm - DIN 68 365) ‖ ~* (Civ Eng) / Sicherheitsstreifen *m* (zwischen zwei Ausschachtungen)
**Balkan pine** (For) / Panzerkiefer *f* (Pinus heldreichii H. Christ)
**balked landing** (Aero) / abgebrochene Landung, Durchstart *m*, Durchstarten *n* ‖ ~ **landing** (Aero) s. also touch-and-go
**balking*** *n* (Elec Eng) / Schleichen *n* (mit Schleichdrehzahl laufen)
**ball** *v* (Chem Eng, Met, Min Proc) / zusammenballen *v*, pelletieren *v*, pelletisieren *v* ‖ ~ (Textiles) / knäueln *v*, aufknäueln *v*, zu einem Knäuel aufwickeln ‖ ~ *n* / rundlicher Körper, Kugel *f* ‖ ~ (Maths, Phys) / Kugel *f* (meistens eine Vollkugel) ‖ ~ (Met) / Luppe *f* ‖ ~ (Meteor) / Ballen *m*, Fußballen *m* ‖ ~ (Pharm) / große Pille, Bolus *m* (große Arzneipille), Bissen *m* (hauptsächlich für Tiere) ‖ ~ (Textiles) / Knäuel *m* (nach DIN 61800) ‖ ~ (Weaving) / Fluse *f* (Ansammlung von kurzen Faserresten im Gewebe) ‖ ~ **and chain** (Build) / Abrissbirne *f* (ein birnenförmiger Stahlkörper, welcher bei bestimmten Abbruchverfahren, wie z.B. dem Einschlagen, zum Einsatz kommt), Fallbirne *f*
**ball-and-cup joint** (Chem, Glass) / Kugelschliffverbindung *f*
**ball-and-hexagon screwdriver** (Eng, Tools) / Kugelkopfschraubendreher *m*, Sechskantschraubendreher *m* mit Kugelkopf
**ball-and-race mill** / Kugelringmühle *f*
**ball-and-race-type pulverizer** / Kugelringmühle *f*
**ball-and-ring method** (Build, Civ Eng) / Ring-Kugel-Verfahren *n*, Ring- und Kugelversuch *m*, Ring- und Kugelmethode *f* (zur Ermittlung des Erweichungspunkts nach DIN 1995)
**ball·-and-socket ground-glass joint** (Chem, Glass) / Kugelschliffverbindung *f* ‖ ~-and-socket head* (Eng) / Kugelgelenkkopf *m* ‖ ~-and-socket joint* (Eng) / Kugelkopfgelenk *n*, Kugelgelenk *n* (als Getriebeteil) ‖ ~-and-socket joint (Geol) / kugelschalige Klüftung (in den Säulen von Effusivgesteinen)
**Ballard skin** (Print) / Ballard-Haut *f* (Kupferhaut im Ballard-Verfahren)
**ballas** *n* / Ballas *m* (ein Industriediamant), Bortkugel *f*
**ballast** *v* (Rail) / betten *v* (Eisenbahngleise), beschottern *v* ‖ ~* *n* (Aero, Ships) / Ballast *m* (auch im Ballon) ‖ ~* (Build, Civ Eng) / Zuschlagstoff *m* (Kies als Betonzuschlag), Grobzuschlagstoff *m* ‖ ~ (Civ Eng) / Auftriebssicherung *f* (Beschwerung oder Verankerung von Rohrleitungen in Gebieten mit hohem Grundwasserstand zur Vermeidung des Aufschwimmens der Leitung) ‖ ~ (Elec Eng) / Vorschaltwiderstand *m* (der Leuchtstofflampe), Vorschaltgerät *n* (mit einer Entladungslampe in Reihe geschaltetes elektrisches Gerät zur Begrenzung des Lampenstroms), Ballastwiderstand *m* ‖ ~* (Rail) / Steinschlag *m*, Steinschotter *m*, Schotterbelag *m*, Schotter *m*, Grubenkies *m*, Grobkies *m* (für Unterbettung) ‖ ~ **bed** (Rail) / Bettung *f*, Gleisbettung *f* (die Schicht auf der die Gleisanlage verlegt wird) ‖ ~ **bed** (Rail) / Schotterbett *n* ‖ ~ **box** (Civ Eng) / Ballastkasten *m* ‖ ~ **car** (Rail) / Schotterwagen *m*
**ballasting** *n* (Rail) / Bettung *f* (Tätigkeit), Schotterung *f*, Beschotterung *f* ‖ ~ (Ships) / Beballastung *f*, Ballastübernahme *f*
**ballast lamp*** (Elec Eng) / Ballaströhre *f* (heute obsolet) ‖ ~ **layer** (Civ Eng) / Schotterschicht *f* (z.B. als Belag) ‖ ~ **line** (Elec Eng) / Schluckleitung *f* ‖ ~ **pump** (Ships) / Ballastpumpe *f* (meist selbstansaugende Kreisel- oder Kolbenpumpe im Ballastsystem) ‖ ~ **reactor** (Elec Eng) / Vorschaltdrossel *f* (der Leuchtstofflampe) ‖ ~ **reconstruction** (Rail) / Bettungsumbau *m* ‖ ~ **renewal** (Rail) / Bettungserneuerung *f* ‖ ~ **resistor*** (Elec Eng) / Vorschaltwiderstand *m* (der Leuchtstofflampe), Vorschaltwiderstand *m* (mit einer Entladungslampe in Reihe geschaltetes elektrisches Gerät zur Begrenzung des Lampenstroms), Ballastwiderstand *m* ‖ ~ **road** (Civ Eng) / Schotterstraße *f* ‖ ~ **system** (Ships) / Ballastsystem *n* (Rohrleitungssystem mit Pumpe zum Fluten von Ballast- und Wechseltanks mit Seewasser zur Verbesserung der See-Eigenschaften) ‖ ~ **tank** (Vac Tech) / Vorvakuumbehälter *m*, Vorvakuumkessel *m* ‖ ~ **tube*** (Elec Eng) / Ballaströhre *f* (heute obsolet) ‖ ~ **wagon** (Rail) / Schotterwagen *m* ‖ ~ **water** (Ships) / Ballastwasser *n* ‖ ~ **weight** / Beschwergewicht *n*, Ballastgewicht *n* ‖ ~ **works** / Schotterwerk *n*
**ball-bearing*** (Eng) / Kugellager *n*
**ball-bearing-mounted** *adj* (Optics) / mit Kugelführung, in Kugelführung
**ball-bearing puller** (Autos, Tools) / Kugellagerabzieher *m* (ein Kfz-Spezialwerkzeug), Kugellagerauszieher *m* ‖ ~ **slewing-ring** (Eng) / Kugeldrehkranz *m* ‖ ~ **spline** (Eng) / Längsführung *f* (z.B. Kugelführung, Kugelhülse oder Rollenführung) ‖ ~ **steel** (Met) / Kugellagerstahl *m*
**ball breaker** (Build) / Abrissbirne *f* (ein birnenförmiger Stahlkörper, welcher bei bestimmten Abbruchverfahren, wie z.B. dem Einschlagen, zum Einsatz kommt), Fallbirne *f* ‖ ~ **burnishing** (Eng) / Kugelpolieren *n*, Kugelpolierung *f* (Oberflächenbearbeitung), Kugeln *n* ‖ ~ **bushing** (Eng) / Kugelloslager *n* ‖ ~ **cage** (Eng) / Kugelkäfig *m* ‖ ~ **cage retainer** (Eng) / Kugelkäfig *m* ‖ ~ **catch*** (Build) / Kugelschnäpper *m* (Beschlag zum kraftschlüssigen Schließen von Möbeltüren) ‖ ~ **check valve** (US) (Eng) / Kugelventil *n* (ein Rückschlagventil) ‖ ~ **clay*** (Ceramics, Geol) / Ball Clay *m* (feuerfester bildsamer Ton, der durch organische Beimengungen dunkel gefärbt ist, aber weiß oder cremefarbig ausbrennt) ‖ ~ **clay*** (Ceramics, Geol) s. also fat clay and potter's clay
**ballcock*** *n* (Eng) / Schwimmerhahn *m* (mit Kugel) ‖ ~* (Eng) s. also ball valve
**ball flower*** (Arch) / Ballenblume *f* (oft plastisches, knospenähliches Ornament in Hohlkehlen von mittelalterlichen Portalgewänden und Gesimsen) ‖ ~ **grinder** (Eng) / Kugelmühle *f* (als Mahlkörper werden Flint, Hartporzellan, Stahl usw. verwendet), Rührwerksmühle *f* (mit Kugeln als Mahlkörpern) ‖ ~ **guide** (Eng) / Kugelführung *f* (eine Längsführung)
**ball-guided** *adj* (Optics) / mit Kugelführung, in Kugelführung
**ball handle** (Eng) / Kegelgriff *m* (DIN 99) ‖ ~ **head** / Kugelkopf *m*
**ballhead governor** (Automation) / fliehkraftgesteuerter Drehzahlregler, Fliehkraftregler *m* (mechanische Regeleinrichtung), mechanischer Drehzahlregler, Zentrifugalregulator *m*, Zentrifugalregler *m*
**ball-hex driver** (Eng, Tools) / Kugelkopfschraubendreher *m*, Sechskantschraubendreher *m* mit Kugelkopf
**ball impact test** (Materials, Paint) / Kugelstrahlversuch *m* (meistens zur Prüfung von Automobillackierungen nach DIN 53154), Kugelstoßversuch *m*
**ball-impression hardness** (Materials, Plastics) / Kugeldruckhärte *f* (DIN 53456)
**ball imprint** (Materials) / Eindruckkalotte *f* (bei der Brinell-Härteprüfung)
**balling** *n* (Ceramics) / Kugelbildung *f* (ein Glasurfehler) ‖ ~ (Chem Eng, Met, Min Proc) / Pelletieren *n*, Pelletisieren *n* ‖ ~* (Met) / Luppenbildung *f* ‖ ~ (Min Proc) / Bildung *f* von kugelförmigen Agglomeraten, Kugelbildung *f* (Agglomeration) ‖ ~ **drum** (Met) / Pelletiertrommel *f*
**Balling scale** / Balling-Skala *f* (auf Aräometern)
**ballistic** *adj* (Phys) / ballistisch *adj* ‖ ~ **curve** (Mech) / ballistische Kurve ‖ ~ **focussing** (Electronics) / ballistische Fokussierung *f* ‖ ~ **galvanometer** (Elec Eng) / ballistisches Galvanometer, Stoßgalvanometer *n* ‖ ~ **method*** (Elec Eng) / ballistisches Messverfahren *n* (im Gleichfeld-Messverfahren) ‖ ~ **missile*** (Aero, Space) / ballistischer Flugkörper ‖ ~ **path** (Mech) / ballistische Flugbahn ‖ ~ **pendulum*** (Phys) / ballistisches Pendel, Stoßpendel *n* ‖ ~ **range** (Mil) / Schießkanal *m*, ballistische Messstrecke
**ballistics*** *n* (Phys) / Ballistik *f*

**ballistic testing**

**ballistic testing** (Textiles) / Beschussprüfung f ‖ ~ **trajectory** (Mech) / ballistische Flugbahn ‖ ~ **triangle** (Phys) / ballistisches Dreieck ‖ ~ **vehicle** (Space) / ballistisches Fahrzeug
**ball joint*** (Eng) / Kugelkopfgelenk n, Kugelgelenk n (als Getriebeteil)
**ball-joint puller** (Autos, Tools) / Kugelgelenkabzieher m (ein Kfz-Spezialwerkzeug) ‖ ~ **separator** (Autos, Tools) / Kugelgelenkabzieher m (ein Kfz-Spezialwerkzeug)
**ball journal** (Eng) / Kugelzapfen m ‖ ~ **journal bearing** (Eng) / Radialkugellager n ‖ ~ **lightning*** (Meteor) / Kugelblitz m ‖ ~ **mill*** (Eng) / Kugelmühle f (als Mahlkörper werden Flint, Hartporzellan, Stahl usw. verwendet), Rührwerksmühle f (mit Kugeln als Mahlkörpern)
**ball-nut hydro-steering** (Autos) / Kugelmutter-Hydrolenkung f (eine Servolenkung)
**balloelectricity** n (Elec) / Balloelektrizität f, Wasserfallelektrizität f, Tropfenelektrizität f
**ballonnet*** n (Aero) / Ballonett n (in nichtstarren Luftschiffen und Ballonen)
**balloon** v (Aero) / springen v, Landeauftrieb haben ‖ ~* n (Aero) / Ballon m ‖ ~ (Print) / Sprechblase f (z.B. in Comicstrips) ‖ ~ (Spinning) / Ballon m, Fadenballon m, Fadenschleier m ‖ ~ **astronomy** (Astron) / Ballonastronomie f ‖ ~ **barrage*** (Aero) / Ballonsperre f
**balloon-based radar** (Radar) / Ballonradar m n
**balloon-borne** adj / ballongetragen adj (z.B. Messgerät)
**balloon drag** (Aero, Meteor) / Verlangsamung f des Aufstiegs eines Registrierballons mit Hilfe eines anderen Ballons (im Ballongespann) ‖ ~ **envelope** (Aero) / Ballonhülle f ‖ ~ **fabric** (Aero, Textiles) / Ballonstoff m (für Ballons und Gaszellen)
**ballooning** n (Aero) / Freiballonsport m, Ballonfahren n ‖ ~ (Aero) / Springen n (von Flugzeugen bei der Landung), Montags-Dienstags-Mittwochs-Landung f, Landeauftrieb m (plötzlicher, ungewollter, z.B. wegen überhöhter Sinkgeschwindigkeit) ‖ ~ (Eng) / Ausbeulung f (eines Rohrs an einer Stelle bei der Wasserdruckprobe) ‖ ~* n (of yarn) (Spinning) / Ballonbildung f, Schleierbildung f
**balloonist** n (Aero) / Ballonfahrer m
**balloon net** (Aero) / Ballonnetz n
**balloon-parachute** n (Aero) / Ballonfallschirm m
**balloon release area** (Aero) / Ballonstartplatz m ‖ ~ **silk** (Textiles) / Ballonseide f ‖ ~ **sonde** (Meteor) / Ballonsonde f (mit Messgeräten ausgerüsteter unbemannter Ballon für Messungen in verschiedenen Höhen), Sondenballon m, Registrierballon m ‖ ~ **tyre** / Ballonreifen m (ein alter großvolumiger Niederdruckreifen)
**ballotini*** pl (Glass) / Glaskügelchen n pl (z.B. für Hinweiszeichen), Ballotini pl (Mikroglaskugeln)
**ball-pane hammer*** (Tools) / [amerikanischer] Schlosserhammer mit Kugelfinne
**ballpark figures** / grob geschätzte Zahlen (über den Daumen gepeilte)
**ball-peen hammer** (Tools) / [amerikanischer] Schlosserhammer mit Kugelfinne
**ball-pein hammer** (US) (Tools) / [amerikanischer] Schlosserhammer mit Kugelfinne
**ball-pen** n / Kugelschreiber m (mit Dreh- oder Druckmechanik)
**ballpoint** n / Kugelschreiber m (mit Dreh- oder Druckmechanik)
**ball-point bonding** (Electronics) / Nagelkopfbonden n, Nailheadbonden n (ein Drahtbondverfahren), Nagelkopfkontaktierung f (eine Art Thermokompressionsschweißen)
**ballpoint pen** / Kugelschreiber m (mit Dreh- oder Druckmechanik) ‖ ~ **pen ink** / Kugelschreiberpaste f (DIN 16554, T 1)
**ball race*** (Eng) s. also ball-bearing ‖ ~ (Autos, Eng) / Kugelrasseln n (bei Gleichlaufgelenkwellen), Gelenkklopfen n, Gelenkknacken n ‖ ~ **retainer** (Eng) / Kugelkäfig m
**ball-retaining ring** (Eng) / Ringkäfig m (des Lagers)
**ball rolling machine** (Eng) / Kugelwalzmaschine f ‖ ~ **screw** (Eng) / Kugelrollspindel f, Kugelumlaufspindel f (ein Stellelement)
**ball-shaped** adj (Eng) / ballig adj
**ball sizing*** (Eng) / Kugeln n (von Bohrungen) ‖ ~ **sizing** (Textiles) / Strangschlichten n (Garn) ‖ ~ **socket** (Eng) / Kugelgelenkzapfen m ‖ ~ **spacer** (Eng) / Ringkäfig m (des Lagers) ‖ ~ **spline** (Eng) / Kugelhülse f (eine Längsführung) ‖ ~ **strapping** (Textiles) / Ballenumreifen n ‖ ~ (pressure) **test** (Materials) / Härteprüfung f nach Brinell (DIN EN ISO 6506-1), Brinell-Härteprüfung f (ein statisches Härteprüfverfahren nach J.A.Brinell, 1849-1925)
**ball-track*** n (Eng) / Rollbahn f (des Kugellagers), Kugellagerlaufbahn f, Kugellaufbahn f
**ball-tube still** (Chem Eng) / Kugelrohr n (Apparatur zur schonenden Destillation, Sublimation oder Lösemitteldampfung)
**ball-type fixed joint** (Autos) / Kugelfestgelenk n ‖ ~ **lubricating nipple** (Eng) / Kugelschmiernippel m ‖ ~ **plunging joint** (Autos) / Kugelverschiebegelenk n ‖ ~ **tap wrench** (Eng) / Kugelwindeisen n (verstellbarer Werkzeughalter mit vier Vierkantlöchern /oder unverstellbarer Halter mit sechs Vierkantlöchern/ zur Aufnahme von Handgewindebohrern)
**ball typing head** / Kugelkopf m (der alten Schreibmaschine) ‖ ~ **up** v (Chem Eng, Met, Min Proc) / zusammenballen v, pelletieren v, pelletisieren v
**ballute** n (Aero) / Ballonfallschirm m
**ball valve*** (Eng) / Kugelventil n (ein Rückschlagventil) ‖ ~ **valve*** (Eng) / Kugelhahn m, Hahn m mit Kugelküken ‖ ~ **warp** (Weaving) / Kettenwickel m (bei der Kettbaumherstellung) ‖ ~ **warping** (Weaving) / Knäuelschären n, Knäuelzetteln n
**balm** n (Chem) / Balsam m, Oleoresinat n
**Balmer discontinuity** (Spectr) / Balmer-Sprung m ‖ ~ **formula** (Spectr) / Balmer-Formel f (für die Wellenzahlen) ‖ ~ **jump** (Spectr) / Balmer-Sprung m ‖ ~ **series*** (Phys, Spectr) / Balmer-Serie f (im Termschema des Wasserstoffatoms - nach J.J. Balmer, 1825-1898)
**balm of Gilead** (Chem) / Mekkabalsam m (eingetrockneter Milchsaft des Balsamstrauches) ‖ ~ **of Gilead** (For) / Balsamtanne f (Abies balsamea (L.) Mill.) ‖ ~ **of Gilead** (For) / Pappel f "Balm-of-Gilead" (Populus gileadensis Rouleau) ‖ ~ **of Gilead** (For) / Balsamstrauch m (Commiphora opobalsamum (L.) Engl.), Mekkabalsambaum m ‖ ~ **of Gilead** (For) s. also tacamahac
**balsa** n (For) / Balsaholz n, Balsa f (des Balsabaumes = Ochroma pyramidale)
**balsam** (Chem) / Balsam m, Oleoresinat n ‖ ~ **cement** (Optics) / Balsamkitt m ‖ ~ **copaiba** / Kopaivabalsam m (von Copaifera-Arten), Kopaivaterpentin n m ‖ ~ **fir** (For) / Balsamtanne f (Abies balsamea (L.) Mill.)
**balsamic** adj (Chem, For) / balsamisch adj ‖ ~ **vinegar** (an Italian vinegar) (Nut) / Balsamessig m (meistens nur gefärbter Weinessig)
**balsamiferous** adj (Bot, For) / balsamliefernd adj
**balsam of fir*** (Chem) / Kanadabalsam m, Kanadischer Terpentin (Balsamum canadense) ‖ ~ **of Peru*** (Chem) / Indianischer Wundbalsam, Perubalsam m (aus dem Perubalsambaum - Myroxylon balsamum var. pereirae (Royle) Harms) ‖ ~ **of Tolu*** (Chem) / Tolubalsam m (aus Myroxylon balsamum (L.) Harms) ‖ ~ **poplar** (For) / Balsampappel f (Populus balsamifera L.) ‖ ~ **poplar** (For) / Pappel f "Balm-of-Gilead" (Populus gileadensis Rouleau) ‖ ~ **torchwood** (For) / Balsambaum m (Amyris balsamifera L.), Westindisches Sandelholz
**balsa-wood*** n (For) / Balsaholz n, Balsa f (des Balsabaumes = Ochroma pyramidale)
**Balston's paper** (Paper) / ein Zeichenpapier
**Baltic deal** (For) / Föhrenschnittholz n, Kiefernschnittholz n (aus der Pinus sylvestris L.) ‖ ~ **redwood*** (For) / Waldkiefer f, Föhre f (Pinus sylvestris L.)
**Baltimore oil** (Pharm) / Zitwerblütenöl n, Wurmsamenöl n, Oleum n Cinae aethereum (aus Artemisia cina O. Berg
**baltimorite** n (Min) / Antigorit m, Blätterserpentin m
**BALUN*** n (Telecomm) / Symmetrieübertrager m, Symmetrieglied n, Baluntransformator m
**baluster*** n (a post in a balustrade of a flight of stairs) (Arch) / Geländerdocke f (aus Holz), Docke f, Baluster m (gedrungenes, säulenartiges Stützglied an einer Brüstung oder einem Geländer)
**balustrade*** n (Arch) / Dockengeländer n, Balustrade f (Brüstung aus gedrungenen, stark profilierten Säulen) ‖ ~ **of a balcony** (Build) / Balkonbrüstung f
**Balz-Schiemann reaction** (preparation of fluorobenzenes) (Chem) / Balz-Schiemann-Reaktion f
**Bamberger reaction** (Chem) / Bamberger-Reaktion f (Umsetzung von aromatischen Hydroxylaminen - nach E. Bamberger, 1857 - 1932)
**bamboo** n (For) / Bambus m ‖ ~ **structure** (Met) / Bambusstruktur f (bei dünnen Drähten nach Kaltverformung und Rekristallisation) ‖ ~ **ware** (Ceramics) / Bambusware f (hellbraunes oder bambusfarbenes englisches Steinzeug)
**bambuk butter** / Karitébutter f, Galambutter f, Sheabutter f, Karitéfett n, Schibutter f (von Vitellaria paradoxa C. F. Gaertn.)
**Bamford-Stevens reaction** (Chem) / Bamford-Stevens-Reaktion f
**ban** v (pesticides) (Agric, Chem, Nut) / verbieten v
**Banach algebra** (Maths) / Banach-Algebra f, B-Algebra f ‖ ~ **space** (Maths) / Banach-Raum m (ein vollständiger, normierter, linearer Raum, nach S. Banach, 1892-1945)
**Banach-Steinhaus theorem** (Maths) / Satz m von Banach-Steinhaus
**banak*** n (For, Join) / Virola n, Baboenholz n, Banak n (Schäl- und Tischlerholz des Baumes Virola aus Zentralamerika), Dalli n, Baboen n (ein Muskatholz)
**banal slip** (Crystal) / nichtkristallografische Gleitung
**banana** n (Nut) / Banane f, Obstbanane f ‖ ~ **bond** (Chem) / "gebogene" Bindung (eine Elektronenmangelbindung bei Zyklopropan, Boranen usw.) ‖ ~ **jack** (Radio) / Bananenbuchse f, Buchse f (für Bananenstecker) ‖ ~ **oil** (Chem) / Bananenöl n (Pentylacetat-Cellulose-Lösung) ‖ ~ **pin** (Comp) / Bananenstift m ‖ ~ **plug*** (Radio) / Bananenstecker m (einpoliger Stecker mit

98

federnden Kontaktflächen), Einzelstecker m ‖ ~ **principle** (Comp) / Bananenprinzip n (wenn die Standardsoftware bei dem Anwender ausreifen soll) ‖ ~ **regime** (Nuc Eng) / Bananenregime n ‖ ~ **roller** (Leather, Textiles) / Bananenwalze f (der Abwelkmaschine) ‖ ~ **tube** (Electronics) / Bananenröhre f (eine Einstrahl-Farbbildröhre)

**Banbury mixer** (a heavy-duty batch mixer with two counterrotating rotors - designed for blending doughy materials and pastes) (Eng) / Banbury-Mischer m (ein Stempelkneter), Banbury-Innenmischer m, Innenmischer m mit Stempel

**band** n / Band n ‖ ~* (Arch) / Band n (ein waagerechtes Bauglied) ‖ ~ (Arch) / Bund n, Schaftring m (einer gewirtelten Säule), Wirtel m ‖ ~ (Build, Eng) / Band n, Gurt m ‖ ~ (Chem) / Bande f (im Chromatogramm oder Elektropherogramm), Substanzbereich m (im Chromatogramm oder Elektropherogramm) ‖ ~ (Comp) / Spurengruppe f ‖ ~ (Comp) / Metallband n (für den Metallbanddrucker) ‖ ~ (Crystal) / Zeile f (im Gefüge) ‖ ~ (a stratum or lamina conspicuous because it differs in colour or lithology from adjacent layers) (Geol) / Band n, Lage f, Zwischenlage f (sehr dünne, meistens andersfarbige Schicht) ‖ ~ (Phys, Spectr) / Bande f ‖ ~* (Telecomm) / Frequenzband n (zusammenhängender, relativ kleiner Frequenzbereich der elektrischen Wellen) ‖ ~ (Textiles) / Bündchen n ‖ **7- ~ graphic equalizer** / 7-Band-Graphic-Equalizer m

**bandage** v / bandagieren v (auch Käse) ‖ ~ n (Arch) / Anker m (z.B. zur Aufnahme von Ringspannungen bei Kuppeln) ‖ ~ (Cables) / Bandage f ‖ ~ (Elec Eng) / Bandage f (an den Spulenseiten und Wicklungsköpfen von Läuferwicklungen) ‖ ~ (Med) / Verband m ‖ ~ **cloth** (Med, Textiles) / Verbandmaterial n ‖ ~ **process** (For) / Bandagenverfahren n (ein Holzschutzverfahren - heute fast ausschließlich mit Fertigbandagen) ‖ ~ **treatment** (For) / Bandagenverfahren n (ein Holzschutzverfahren - heute fast ausschließlich mit Fertigbandagen)

**bandaging material** (Med, Textiles) / Verbandstoff m ‖ ~ **material** (Med, Textiles) / Verbandmaterial n

**band amplifier** (Telecomm) / Bereichsverstärker m, Bandverstärker m

**bandana** n (Textiles) / buntes Taschen- oder Halstuch (in der Bandana-Technik hergestellt)

**band analysis** (Spectr) / Bandenanalyse f

**bandanna** n (Textiles) / buntes Taschen- oder Halstuch (in der Bandana-Technik hergestellt) ‖ ~ **dyeing** (Textiles) / Bandanatechnik f (zur Erzielung von Batikeffekten), Bandhanatechnik f, Tie Dyeing n, Knotenfärbung f (beim Knüpfbatik)

**band anodizing** (Surf) / kontinuierliche Anodisation, Bandanodisation f ‖ ~ **application** (Agric) / bandförmige Anwendung, bandförmige Austragung (von Pestiziden) ‖ ~ **armour** (Cables) / Bandbewehrung f ‖ ~ **belt with wide tension bends** / Bandriemen m mit breiten Zugbändern ‖ ~ **brake**\* (Eng) / Bandbremse f ‖ ~ **broadening** (Chem, Spectr) / Bandenverbreiterung f ‖ ~ **chain**\* (Surv) / Stahlbandmaß n, Bandmaß n (Stahl oder Invar), Stahlmessband n ‖ ~ **charging** (Met) / Bandbegichtung f ‖ ~ **chart** / Kurvendiagramm n mit bandförmiger Unterteilung (z.B. ein Sankey-Diagramm) ‖ ~ **clutch**\* (Eng) / Bandkupplung f ‖ ~ **conveyor** (Eng) / Bandförderer m (ein Stetigförderer nach DIN 22 101) ‖ ~ **conveyor**\* (fabric, rubber) (Eng) / Gurtbandförderer m, Gurtförderer m (DIN 22 101) ‖ ~ **course** (Arch) / Band n (ein waagerechtes Bauglied) ‖ ~ **curve chart** / Kurvendiagramm n mit bandförmiger Unterteilung (z.B. ein Sankey-Diagramm) ‖ ~ **degeneration** (Phys) / Bandentartung f ‖ ~ **drive** (Build, Eng) / Bandantrieb m (im Allgemeinen)

**banded** adj (Geol) / gebändert adj ‖ ~ **agate** (Min) / Bandachat m ‖ ~ **clay** (Geol) / Warventon m, Bänderton m (infolge regelmäßiger Wechsellagerung von hellen Feinsand- und dunklen Tonlagen im Querbruch bändrig aussehendes Sedimentgestein) ‖ ~ **coal** (Mining) / Streifenkohle f (z.B. Vitrit, Durit, Fusit usw.), durchwachsene Kohle (Streifenkohle), Schieferkohle f ‖ ~ **column** (Arch) / Bundsäule f (mit einem Schaftring), Ringsäule f

**band edge** (Electronics, Spectr) / Bandenkante f, Bandkante f (der Rand einer Linienstruktur im elektromagnetischen Spektrum; energetisch höchster möglicher Zustand eines Energiebandes im Bändermodell)

**banded iron formation** (Geol) / gebänderte Eisenformation (z.B. Itabirit) ‖ ~ **iron formation** (the rock that consists of alternating bands of iron-rich minerals, generally haematite, and chert or fine-grained quartz) (Geol) / Bändereisenerz n, Kieseleisenerz n ‖ ~ **jasper** (Min) / Bandjaspis m ‖ ~ **ore** (ore that consists of layers of the same minerals differing in colour, texture, or proportions, or of different minerals) (Geol) / Bändererz n

**banded-quartz haematite** (Geol) / Itabirit m (ein wichtiges Eisenerz)

**banded structure** (Crystal) / Zeilenstruktur f (sekundäre), Zeilengefüge n ‖ ~ **structure**\* (Geol) / gebänderte Textur, Lagentextur f, Bänderung f (Wechsel von verschieden zusammengesetzten oder gefärbten Schichten oder Lagen in einem Gestein) ‖ ~ **vein** (Geol) / gebänderter Gang, Bändergang m

**bandelet** n (Arch) / Bund n (schmales), Schaftring m (schmaler), Wirtel m (schmaler)

**bandelette** n (Arch) / Bund n (schmales), Schaftring m (schmaler), Wirtel m (schmaler)

**band-elimination filter** (Radio, Telecomm) / Bandsperre f (Gegensatz zu Bandpass), Bandsperrfilter n, BS (Bandsperre)

**banderole** n (Surv) / Trassierstab m, Absteckstab m, Fluchtstab m, Jalon m (S), Aussteckstab m, Bake f

**band filter** (Chem Eng) / Bandfilter n, Belt-Filter n (zur kontinuierlichen Vakuumfiltration und zum Auswaschen sehr großer Mengen gut filtrierbarer Feststoffe) ‖ ~ **gap** (Electronics, Nuc) / verbotene Zone (im Bändermodell), verbotenes Band (DIN 41852 - im Energiebändermodell), Bandlücke f (derjenige Energiebereich in der Bandstruktur von Nichtmetallen, der nicht von Energiebändern überdeckt wird und in dem die Fermi-Energie liegt) ‖ ~ **gap** (Phys) s. also energy gap

**banding** n / Umschnüren n (mit Band) ‖ ~ (the application of a decorative line or band of colour to the edges, sides, and facial surfaces of chinaware, pottery, and similar products) (Ceramics) / Ränderung f ‖ ~ (Elec Eng) / Bandage f (an den Spulenseiten und Wicklungsköpfen von Läuferwicklungen) ‖ ~* (Electronics) / Streifenbildung f ‖ ~ (For) / Kantenleiste f ‖ ~ (Geol) / gebänderte Textur, Lagentextur f, Bänderung f (Wechsel von verschieden zusammengesetzten oder gefärbten Schichten oder Lagen in einem Gestein) ‖ ~ **decoration** (Ceramics) / Ränderung f ‖ ~ **wire** (Elec Eng) / Bandagendraht m

**band-knife splitting machine** (Leather) / Bandmesserspaltmaschine f

**bandlet** n (Arch) / Bund n (schmales), Schaftring m (schmaler), Wirtel m (schmaler)

**band lightning** (Meteor) / Bandblitz m ‖ ~ **limitation** (Comp, Telecomm) / Bandbegrenzung f ‖ ~ **limiting** (Comp, Telecomm) / Bandbegrenzung f ‖ ~ **losses** (Cables, Elec Eng) / Bandagenverluste m pl ‖ ~ **matrix** (Maths) / Bandmatrix f (eine verallgemeinerte Diagonalmatrix) ‖ ~ **mill** (For) / Bandsäge f mit breitem Bandsägeblatt ‖ ~ **mill** (Met) / Schmalbandwalzwerk n, Streifenwalzwerk n ‖ ~ **of veneer** (For, Join) / Furnierband n ‖ ~ **of warp threads** (Weaving) / Schärband n ‖ ~ **parameter** (Spectr) / Bandenparameter m

**bandpass** n (the difference, expressed in hertz, between the two boundaries of a frequency range) (Radio, Telecomm) / Bandbreite f ‖ ~ **amplifier** (Telecomm) / Bandpassverstärker m ‖ ~ **filter**\* (Radio, Telecomm) / Bandpass m (eine Siebschaltung als Gegensatz zu Bandsperre), Bandfilter n (zum Aussieben eines Frequenzbandes), BP (Bandpass)

**band printer** (Comp) / Metallbanddrucker m

**band-rejection filter**\* (Radio, Telecomm) / Bandsperre f (Gegensatz zu Bandpass), Bandsperrfilter n, BS (Bandsperre)

**band resawing machine** (For) / Trennbandsägemaschine f, Spaltbandsägemaschine f

**bands**\* pl (Bind) / Bünde m pl, Heftbünde m pl ‖ ~ (Geol) / gebänderte Textur, Lagentextur f, Bänderung f (Wechsel von verschieden zusammengesetzten oder gefärbten Schichten oder Lagen in einem Gestein) ‖ ~ (Paint) / Arbeitsgerüst n (einfaches, meist zusammenklappbares)

**band sag** (Spectr) / Banddurchhang m (in einem Molekülspektrum)

**bandsaw**\* n (For) / Bandsäge f, Bandsägemaschine f ‖ ~ **blade** (For) / Bandsägeblatt n ‖ ~ **surging** (For) / Bandsägeblattflattern n (bei mangelhafter Führung)

**band scale** / Bandwaage f (mit Förderband als Lastträger für kontinuierliches Wägen von Schüttgut) ‖ ~ **screen** (Hyd Eng) / Bandrechen m

**bandsman** (Mining) / Anschläger m (die Person, die am Anschlag den Förderverkehr regelt und dazu die nötigen Signale am Betrieb des Förderkorbes gibt), Abnehmer m

**band spectrum**\* (Nuc, Phys, Spectr) / Viellinienspektrum n, Bandenspektrum n

**band-spreading**\* n (Telecomm) / Banddehnung f, Bandspreizung f (auf einen größeren Bereich des Abstimmmittels)

**bandstand** n (Build) / dreibeiniger (Gerüst)Bock (aus Stahl)

**bandstands** pl (Paint) / Arbeitsgerüst n (einfaches, meist zusammenklappbares)

**band•-stop filter**\* (Radio, Telecomm) / Bandsperre f (Gegensatz zu Bandpass), Bandsperrfilter n, BS (Bandsperre) ‖ ~ **structure** (Phys, Spectr) / Bänderstruktur f, Bandstruktur f (das Energiespektrum eines Elektrons im idealen Kristall)

**B and S Wire Gauge**\* (Eng, Met) / Brown & Sharpe-Drahtlehre f, B & S-Drahtlehre f (US-Normlehre für Drähte und Bleche aus Buntmetallen)

**band switch** (Radio) / Wellenbereichsschalter m, Wellenumschalter m ‖ ~ **theory**\* (of solids) (Phys) / Bandtheorie f (der Festkörper) ‖ ~ **threading** (Textiles) / Bandeinfädelung f

**band-to-band transition** (Phys) / Band-Band-Übergang m ‖ ~ **tunnelling** (Electronics) / Durchtunnelung f von Band zu Band

**bandwidth**

**bandwidth**\* *n* (Comp, Telecomm) / Bandbreite *f* ‖ ~ (Maths) / Bandbreite *f* (einer Bandmatrix) ‖ ~\* (Radio, Telecomm) / Bandbreite *f* ‖ ~ (TV) / Bildschirmbandbreite *f* (Angabe, wie schnell der Elektronenstrahl der Bildröhre an- und wieder ausgeschaltet werden kann) ‖ ~ **control** (Comp, Telecomm) / Bandbreitenregelung *f* ‖ ~ **on demand** (Comp, Telecomm) / Bandbreite *f* auf Anforderung (ein Leistungsmerkmal) ‖ ~ **switch** (Radio) / Bandbreitenumschalter *m*
**bang** *v* / zuschlagen *v* (Tür), zuknallen *v* (Tür) ‖ ~ *n* (Acous) / Knalllaut *m*, Knall *m* (zweiseitiger Schallimpuls, vornehmlich von großer Stärke - DIN 5483, T 1 und DIN 1320) ‖ ~**-bang** *n* (a type of skid-control system containing a valve that opens or closes when input signal exceeds or reduces below specific threshold level) (Automation) / Auf-zu-Regelungssystem *n*, Ein-aus-Regelsystem *n*, Zweipunkt-Regelungssystem *n* (bei dem das Stellglied nur zweier Zustände, z.B. "Ein" oder "Aus", fähig ist)
**bang-bang** *n* (control) (Automation) / Flickersteuerung *f*, Schwarzweißsteuerung *f* (Fernlenkung eines Luft- oder Raumfahrzeuges)
**bang valley** (Aero) / Flugstrecke, die von Ultraschallflugzeugen benutzt werden kann
**banister** *n* (Arch) / Treppengeländer *n* ‖ ~\* (Arch) / Geländerdocke *f* (aus Holz), Docke *f*, Baluster *m* (gedrungenes, säulenartiges Stützglied an einer Brüstung oder einem Geländer)
**banisters** *pl* (Arch) / Treppengeländer *n*
**banjo axle**\* (Autos) / Banjoachse *f* (starre einteilige Hinterachse) ‖ ~ **bolt** (Autos) / Hohlschraube *f* (DIN 74305)
**bank** *v* (Met) / dämpfen *v*, drosseln *v* (Hochofen) ‖ ~ *n* / Tastenreihe *f* (einer Schreibmaschine) ‖ ~ (Aero) / Querneigung *f*, Kurvenlage *f* ‖ ~\* (Aero, Autos) / Zylinderreihe *f* (rechts oder links - bei einem V-Motor) ‖ ~ (Chem Eng, Met) / Wulst *m f* (z.B. im Walzenspalt) ‖ ~ (of lamps) (Cinema) / Flächenfilmleuchte *f* ‖ ~ (Civ Eng, Hyd Eng, Ships) / Damm *m* (Schutzwall, Baukörper) ‖ ~\* (Elec Eng) / Satz *m*, Bank *f*, Reihe *f*, Feld *n* (z.B. von Kontakten) ‖ ~\* (of engine cylinders, coke-ovens or transformers) (Eng) / Reihenanordnung *f*, Reihe *f* ‖ ~ (Geog) / Ufer *n* (Fluss, Binnensee) ‖ ~ (Geol, Ships) / Bank *f* (Erhebung des Fluss- oder Meeresbodens bis nahe unter den Wasserspiegel) ‖ ~ (Met) / Vorwärmer *m* (des SM-Ofens) ‖ ~ (Meteor) / Bank *f* ‖ ~ (Mining) / Hängebank *f* (übertägige Plattform in der Schachthalle) ‖ ~ (Mining) / Schachtkranz *m* ‖ ~ (Mining) / Abbaustoß *m* (Angriffsfläche für die Gewinnung) ‖ ~ (Mining) / Abbaustrosse *f*, Strosse *f* (Abbaustufe im Tagebau) ‖ ~ (Plumb) / Bündel *n* (Rohrbündel) ‖ ~ (Work Study) / Arbeitsvorrat *m* (in der Zwischenablage für angearbeitete Werkstücke) ‖ ~ (Work Study) / Zwischenablage *f*, Ablage *f* für angearbeitete Werkstücke, Pufferlager *n* (einer Fließstraße)
**Banka drill**\* (Mining) / Banka-Handdrehbohrung *f* (für Schürfbohrungen)
**bank-and-turn indicator** (Aero) / Wendezeiger *m* (ein kreiselgesteuertes Flugüberwachungsgerät)
**Banka tin** / Bangkazinn *n* (nach der Sundainsel Banka), Bankazinn *n*, Straits-Zinn *n*
**bank base rate** / Diskontsatz *m* (zu dem die Zentralnotenbank, z.B. die Bundesbank, Wechsel ankauft) ‖ ~ **creel** (Weaving) / Schärgatter *n*, Gatter *n* (großes Spulengestell in der Kettbaumherstellung), Kanter *m* (großes Spulengestell in der Kettbaumherstellung)
**banked** *adj* (to the right) (Typog) / rechtsbündig *adj* ‖ ~ (to the left) (Typog) / linksbündig *adj* ‖ ~ **turn** (Aero) / Kurve *f* mit Querneigung ‖ ~ **winding** (Elec Eng) / kapazitätsarme Wicklung, Stufenwicklung *f*
**banket**\* *n* (Geol) / Seifenkonglomerat *n* (Gold, Uran usw.)
**bank-filtered water** (Ecol, San Eng) / Uferfiltrat *n* (Rohwasser zur Wasserversorgung)
**bank filtration** (Ecol, San Eng) / Uferfiltration *f* (das Eindringen von Wasser oberirdischer Gewässer durch das Gewässerbett /Sohle, Ufer/ in den Untergrund)
**bank-full** *n* (Hyd Eng) / höchstes Hochwasser, HHW (höchstes Hochwasser) ‖ ~ **discharge** (Hyd Eng) / bordvoller Abfluss, Abfluss *m* bei ufervollem Flußquerschnitt ‖ ~ **stage** (when a stream fills its channel and just overflows its natural banks) (Hyd Eng) / höchstes Hochwasser, HHW (höchstes Hochwasser)
**bank gravel** (Build, Civ Eng) / natürlicher Betonzuschlag (nicht aufbereiteter)
**banking**\* *n* (Aero) / Querneigung *f*, Kurvenlage *f* ‖ ~ (Civ Eng, Rail) / Überhöhung *f* (Anordnung der beiden Fahrschienen eines Eisenbahngleises im Gleisbogen in unterschiedlichem Niveau - zur Aufnahme der Fliehkraftwirkung) ‖ ~ (with respect to the right margin) (Comp, Typog) / rechtsbündige Anordnung, rechtsbündiger Satz ‖ ~\* (Met) / Dämpfen *n* (des Hochofens), Drosseln *n* (eines Schmelzofens), Dämpfung (des Hochofens) ‖ ~\* (Mining) / Wagenwechsel *m* (in den Tagesanlagen) ‖ ~ **locomotive** (Rail) / Rangierlokomotive *f*, Verschiebelokomotive *f*, Schiebelokomotive *f* ‖ ~ **loss**\* (Eng) / Brennstoffverlust *m* durch Dampfhalten ‖ ~ **pad** (Optics) / Anlageböckchen *n* ‖ ~ **terminal** (Comp) / Bankschalterterminal *n*
**Banki turbine** (Eng) / Michell-Turbine *f* (eine Gleichdruck-Wasserturbine), Durchströmturbine *f*, Bánki-Turbine *f* (nach D. Bánki, 1859-1912), Ossberger-Turbine *f*
**bank level** (Mining) / Abbausohle *f* ‖ ~ **multiple**\* (Telecomm) / Vielfachfeld *n*
**banknote paper** (Paper) / Banknotenpapier *n* ‖ ~ **printing** (Print) / Banknotendruck *m* ‖ ~ **sorting machine** / Notensortiermaschine *f*
**bank of contacts** (Teleph) / Kontaktbank *f*, Kontaktfeld *n*, Kontaktvielfachfeld *n*, Kontaktreihe *f* ‖ ~ **of lamps** (Cinema) / Flächenleuchte *f* ‖ ~ **of lamps** (Telecomm) / Lampenfeld *n* ‖ ~ **of lights** (Cinema) / Flächenleuchte *f* ‖ ~ **of ore** (Mining) / Erzbank *f* ‖ ~ **of transformers** (Elec Eng) / Gruppentransformator *m* ‖ ~ **of tubes** (Eng) / Rohrbündel *n* (z.B. im Dampfkessel) ‖ ~ **paper**\* (Paper) / Bankpostpapier *n* (hochwertiges Schreibpapier) ‖ ~ **phasing** (Comp) / Speicherverschränkung *f* ‖ ~ **protection** (Hyd Eng) / Uferschutz *m* (bei Flüssen und Kanälen), Ufersicherung *f* ‖ ~ **protection construction** (Hyd Eng) / Längswerk *n* (Schutzbau längs eines Flussufers) ‖ ~ **protector**\* (Hyd Eng) / Uferbau *m*, Ufersicherung *f* (als Anlage) ‖ ~ **revetment** (to protect the bank and minimise erosion) (Hyd Eng) / Verkleidung *f* der Uferböschung, Uferverkleidung *f*
**bank-run gravel** (Build, Civ Eng) / natürlicher Betonzuschlag (nicht aufbereiteter)
**bank sand** / Flusssand *m* ‖ ~ **slope** (Geol, Hyd Eng) / Uferböschung *f*
**banksman** *n* (Civ Eng) / Einweiser *m* (des Kran- oder Baggerführers), Einwinker *m* (des Kran- oder Baggerführers) ‖ ~ (Mining) / Anschläger *m* (die Person, die am Anschlag den Förderverkehr regelt und dazu die nötigen Signale zum Betrieb des Förderkorbes gibt), Abnehmer *m*
**bank software** (Comp) / Bankensoftware *f*
**banks oil** (Pharm) / Lebertran *m* (von den Gadus-Arten), Kodöl *n*, Oleum *n* Jecoris Aselli, Dorschlebertran *m*, Dorschleberöl *n*, Kabeljaulebertran *m*
**bank-statement printer** (Comp) / Kontoauszugsdrucker *m*
**bank storage** (the water absorbed by the banks of a stream, reservoir, or lake at high water levels and returned to it, wholly or in part, as the water level falls) (Hyd Eng) / Uferspeicherung *f* ‖ ~ **winding** (Elec Eng) / kapazitätsarme Wicklung, Stufenwicklung *f*
**banner** *n* / Spannband *n* (Tuch, auf dem Werbeslogans, Parolen etc. angebracht sind), Spruchband *n*, Schleppband *n* (ein Werbemittel) ‖ ~ (a graphical element on a Web page which has a greater length than width) (Comp) / Banner *m* ‖ ~ **advert** (Comp) / Banner-Werbung *f* ‖ ~ **cloud** (Meteor) / "rauchender Berg" (eine orografische Wolke), Wolkenfahne *f* ‖ ~ **headline** (Print) / Balkenüberschrift *f*, Aufmacher *m* ‖ ~ **page** (Comp) / Deckblatt *n* (vom Anwendungsprogramm generierte Seite mit Absender-/Empfängerangaben, Dateinamen usw.)
**banning** *n* (of pesticides) (Agric, Chem, Nut) / Verbot *n*
**bannister** *n* (Arch) / Treppengeländer *n* ‖ ~ (Arch) / Geländerdocke *f* (aus Holz), Docke *f*, Baluster *m* (gedrungenes, säulenartiges Stützglied an einer Brüstung oder einem Geländer) ‖ ~ **harness**\* (Weaving) / Spezialgeschirr *n*, Spezialharnisch *m* (für Jacquardmaschinen)
**ban on building** (Build) / Bauverbot *n*, Bausperre *f* ‖ ~ **on exports** / Ausfuhrverbot *n*
**banquette**\* *n* (Arch) / Fensterbank *f* (Sitzbank in einer Fensternische) ‖ ~\* (Civ Eng) / Berme *f* (horizontaler oder schwach geneigter schmaler Absatz in einer Böschung - DIN 4047)
**bantam tube** (Electronics) / Subminiaturröhre *f*, Bantamröhre *f* (Kleinströhre mit Oktalsockel)
**Banyan VINES** (Comp) / Banyan-Netz *n*, Virtual Networking System *n* (Banyan-Netz), VINES *n*, Banyan VINES *n*
**BAOC** (barring of all outgoing calls) (Teleph) / Sperren *n* aller abgehenden Verbindungen, BAOC (Sperren aller abgehenden Verbindungen)
**baptitoxine** *n* (Chem, Pharm) / Laburnin *n*, Zytisin *n* (Alkaloide aus Laburnum anagyroides Medik., Sophora japonica, L., Baptisia tinctoria (L.) Vent. und Ulex europaeus L.), Cytisin *n*, Sophorin *n*, Baptitoxin *n*, Ulexin *n*
**bar.** (Meteor) / barometrisch *adj*
**bar** *v* (Build) / verriegeln *v* ‖ ~ (Teleph) / sperren *v* (Anschluss) ‖ ~ *n* / Strich *m*, Balken *m* (in den Strichkodes) ‖ ~ (Aero, Radar) / Streichsektor *m* eines Radarstrahls ‖ ~ (Build, Join) / Sprosse *f* (Gliederungsstreben von Fenster- und Türflächen) ‖ ~ (a bank of gravel and silt at the mouth of a river or harbour and often unstable) (Civ Eng, Hyd Eng) / Barre *f* (Untiefen in Flussmündungen und Hafeneinfahrten) ‖ ~ (Comp) / Leiste *f* (mit Symbolen am Bildschirmrand) ‖ ~ (Elec Eng) / Leiterstab *m* (des Käfigläufers) ‖ ~ (Elec Eng) / Stromwenderlamelle *f*, Kommutatorlamelle *f*, Kommutatorsteg *m*, Lamelle *f* (des Kommutators) ‖ ~\* (Eng, Met) /

Stab *m*, Stange *f* ‖ ~ (Foundry) / Schore *f* (des Formkastens) ‖ ~ (across the mouth) (Geol) / Mündungsbarre *f* ‖ ~ (Maths) / Überstreichung *f* (als Klammerzeichen) ‖ ~ (a long rod) (Mech) / Stab *m* ‖ ~ (Met) / Barren *m* ‖ ~* (Phys) / Bar *n* (inkohärente Einheit des Druckes = $10^5$ Pa), bar ‖ ~ (Civ Eng, Hyd Eng) s. also coastal bar
**barathea*** *n* (Textiles) / Barathea *m* (feines Kammgarngewebe)
**bar automatic lathe** (Eng) / Vollautomat *m* (Drehmaschine), Futterautomat *m* (eine Drehmaschine)
**barb** *n* (Textiles) / Widerhaken *m* (bei Nadeln)
**Barbados nut** (Bot, Pharm) / Schwarze Brechnuss (Jatropha curcas L.), Purgiernuss *f*, Curcasnuss *f*
**barb bolt** (Civ Eng, Eng) / Klauenschraube *f*, Steinschraube *f* (zum Einmauern in Mauerwerk)
**barbecue** *n* (Space) / langsames Drehen (des Raumtransporters um eigene Achse) ‖ ~ **mode** (Space) / langsames Drehen (des Raumtransporters um eigene Achse)
**barbed needle** (Textiles) / Hakennadel *f*, Bartnadel *f* ‖ ~ **wire** / Stacheldraht *m*
**bar bender** (Civ Eng) / Bewehrungsflechter *m*, Betonstahlbieger *m*, Eisenbieger *m* (A)
**barber chair** / verstellbarer Sitz
**Barber-Greene** *n* (Civ Eng) / Fertiger *m* für bituminöses Mischgut (der Marke Barber Greene) ‖ ~ **tamping levelling finisher** (Civ Eng) / Fertiger *m* für bituminöses Mischgut (der Marke Barber Greene)
**Barbier-Wieland degradation** (Chem) s. also Arndt-Eistert synthesis ‖ ~ **degradation** (Chem) / Barbier-Wieland-Reaktion *f* (mehrstufiger Abbau von Karbonsäuren zu ihren nächstniedrigen Homologen)
**barbital** *n* (US) (Chem) / Barbital *n* (eine Puffersubstanz)
**barbitone** *n* (Chem) / Barbital *n* (eine Puffersubstanz)
**barbiturate** *n* (Pharm) / Barbiturat *n* (rezeptpflichtiges Medikament auf der Basis von Barbitursäure)
**barbituric acid*** / Barbitursäure *f* (Malonylharnstoff, Pyrimidin-2,4,6-trion)
**barbituryl iminoalloxan*** (Chem) / Purpursäure *f*
**barbwire** *n* (US) / Stacheldraht *m*
**barchan*** *n* (crescent-shape dune with horns pointing downwind) (Geol) / Bogendüne *f* (eine Binnendüne), Barchan *m*, Sicheldüne *f* ‖ ~ **dune** (Geol) / Bogendüne *f* (eine Binnendüne), Barchan *m*, Sicheldüne *f*
**barchant** *n* (Textiles) / Barchent *m* (historischer Name)
**bar chart** / Stabdiagramm *n*, Balkendiagramm *n* (im Allgemeinen)
**barchent** *n* (Textiles) / Barchent *m* (historischer Name)
**bar clamp** (Join, Tools) / Schraubknecht *m* (ein Spannzeug mit Spannweiten 500 bis 2000 mm) ‖ ~ **clamp** (Tools) / Schraubzwinge *f* (mit einer Gleitschiene) ‖ ~ **code** (Comp) / Strichkode *m* (für Warenidentifizierung nach DIN 66236), Balkenkode *m*, Strichcode *m*, Barcode *m*, Barkode *m*
**bar-code reader*** (Comp) / Strichkodeleser *m* (der aus einem Scanner und Dekoder besteht), Balkenkodeleser *m*
**bar creasing** (Plastics) / Abkanten *n* (mit Abkantstab)
**Bardeen-Cooper-Schrieffer theory of superconductivity** (Phys) / BCS-Theorie *f* der Supraleitfähigkeit, Bardeen-Cooper-Schrieffer-Theorie *f* der Supraleitfähigkeit (nach J. Bardeen, 1908-1991, L.N. Cooper, geb. 1930 und J.R. Schrieffer, geb. 1931)
**bar drawing** (Met) / Stabziehen *n* (DIN 8584, T 2) ‖ ~ **drawing** (Met) / Stopfenziehen *n*, Gleitziehen *n* über einen Stopfen (nahtloser Rohre), Stopfenzug *m* (über festen oder losen Stopfen)
**bare** *v* (Elec Eng) / abisolieren *v* (z.B. Kabel), abmanteln *v* (ein Kabel) ‖ ~ (Surf) / freilegen *v* (z.B. Grundmetall) ‖ ~ *adj* / blank *adj* (Leiter, Bad, Schmelze, Verdrahtung) ‖ ~* (Eng) / mit Untermaß ‖ ~ (Textiles) / freiliegend *adj*, nicht umsponnen *adj* ‖ ~ (Welding) / nackt *adj* (Schweißdraht, Elektrode)
**bare-boat charter** (Ships) / Charter *m* eines Schiffes ohne Mannschaft, Bareboat-Charter *m*
**bare ceiling** (Build) / Rohdecke *f* (tragende Deckenkonstruktion) ‖ ~ **chassis** (Autos) / Fahrgestell *n* (DIN 70 020), Chassis *n*, Fahrwerk *n* ‖ ~ **conductor*** (Elec Eng) / blanker Leiter, unisolierter Leiter ‖ ~ **dies** (Electronics) / Bare Dies *pl* (ungehäuste elektronische Bauteile) ‖ ~ **electrode*** (Welding) / nichtumhüllte Elektrode, blanke Elektrode, nackte Elektrode ‖ ~ **fibre** (Glass) / jungfräuliche Glasfaser ‖ ~ **finish** (Textiles) / Kahlappretur *f*, Kahlausrüstung *f* ‖ ~ **floor** (Build) / Rohdecke *f* (tragende Deckenkonstruktion)
**barefoot completion** (a completion method in which the casing is cemented down to a point immediately above the producing formation and the productive layer is left unsupported) (Oils) / Vorbereitung *f* einer Bohrung aus unverrohrtem Speicher (z.B. in festem Sand- oder Kalkstein), Barfuß-Bohrlochkomplettierung *f*
**barège** *n* (Textiles) / Barège *m* (durchsichtiges Seidengewebe)
**bare hole** (Electronics) / nichtmetallisiertes Loch, Blankloch *n* ‖ ~ **hull** (Aero) / Rumpf *m* ohne Zubehör

**bare-hull charter** (Aero) / Leasing *n* (des Luftfahrzeugs) ohne Treibstoff und Besatzung ‖ ~ **charter** (Ships) / Charter *m* eines Schiffes ohne Mannschaft, Bareboat-Charter *m*
**bar electrode** (Welding) / Stabelektrode *f* (zum Lichtbogenschweißen nach DIN 1913), stabförmige Elektrode
**bare licence** (Eng) / einfache Lizenz (die dem Lizenznehmer das Recht zur Nutzung neben anderen gibt) ‖ ~ **particle** (Nuc) / nacktes Teilchen, mathematisches Teilchen ‖ ~ **reactor** (Nuc Eng) / reflektorloser Reaktor, Reaktor *m* ohne Reflektor, nackter Reaktor
**bare-tube economiser** (GB)) (Eng) / Schlangenrohrvorwärmer *m* (ein Eco)
**bare wiring** (Elec Eng) / blanke Verdrahtung, Blankverdrahtung *f*
**bar feed** (Eng) / Stangenvorschub *m* (an Stangenautomaten)
**bar-feed mechanism** (Eng) / Vorschubzange *f*, Vorschubpatrone *f* (an Stangenautomaten)
**Barfoed's test** (a chemical test for monosaccharide reducing sugars in solution) (Chem) / Barfoed'sche Bestimmung (von Monosacchariden - nach Ch.T. Barfoed, 1815 - 1889), Barfoed's-Test *m*
**bar folding** (Plastics) / Abkanten *n* (mit Abkantstab) ‖ ~ **force** (Mech) / Stabkraft *f* (Axialkraft)
**bargain** (Mining, Work Study) / Gedingearbeit *f*, Gedinge *n* (vertragliche Form des Akkordlohns)
**bargaining set** (AI) / Vertragsmenge *f* (in der Spieltheorie)
**bargain price** / Sonderangebotspreis *m*
**barge** *n* (Build) / Simsbrett *n*, Ziegelleiste *f* (S) (Abdeckung der Dachfläche am Giebel) ‖ ~ (Ships) / Barge *f* (motorloser, sehr völliger, schwimmfähiger Behälter zur Aufnahme von Frachtgut), Schute *f* ‖ ~ (Ships) / Barke *f* (kleines Boot ohne Masten und Antrieb) ‖ ~ (for sorts) (Typog) / kleiner Setzkasten *m* (für Korrekturzwecke im Handsatz) ‖ ~ (Ships) s. also lighter ‖ ~-**aboard-catamaran ship** (Ships) / Katamaran-Trägerschiff *n* ‖ ~ **and push-tug assembly** (Ships) / Schubverband *m* (Schubschiff + Kähne - in der Binnenschifffahrt) ‖ ~ **board*** (Build) / Windbrett *n* (am Giebel), Giebelschutzbrett *n*, Giebeldeckbrett *n* ‖ ~ **board** *n* (Build) / Ortgang *m* (bei Sattel- und Pultdächern), Ortgesims *n* (S) ‖ ~ **carrier** (Ships) / Trägerschiff *n* (Spezialfrachtschiff, das Güter in schwimmfähigen Behältern, die auch als Schubleichter auf Binnenwasserstraßen eingesetzt werden können, befördert), LASH-Schiff *n*, LASH-Carrier *m*, Barge-Carrier *m* ‖ ~ **container** (Ships) / Schwimmbehälter *m*, Schwimmcontainer *m*
**barge-course*** *n* (Build) / Ortgangsteine *m pl*, Ortgangziegel *m pl*
**bar generator*** (TV) / Farbbalkengenerator *m*, Balkengenerator *m*, Balkengeber *m*
**barge spike** (Carp) / Schiffsnagel *m* ‖ ~ **tile** (Build) / Ortgangstein *m*, Ortgangziegel *m* ‖ ~ **tractor** (Rail) / Treidellokomotive *f* ‖ ~ **train** (Ships) / Schleppzug *m* (in der Binnenschifffahrt)
**bar graph** / Stabdiagramm *n*, Balkendiagramm *n* (im Allgemeinen) ‖ ~ **graph** (Spectr) / Strichspektrum *n* ‖ ~ **grate** / Stangenrost *m* (Rostfeuerung)
**baric** *adj* (Meteor) / barisch *adj* (den Luftdruck betreffend) ‖ ~ **wind law** (Meteor) / barisches Windgesetz
**barilla** *n* / Barilla *f* (Asche aus Meeres- oder Salzsteppenpflanzen mit Sodagehalt)
**baring** (Mining) / Hangendes *n* (über einer Bezugsschicht)
**barite*** *n* (Min) / Baryt *m*, Schwerspat *m*
**BARITT diode** (Electronics) / BARITT-Diode *f* (eine Mikrowellendiode)
**barium*** *n* (Chem) / Barium *n*, Ba (Barium) ‖ ~ **acetate** (Chem, Print) / Bariumazetat *n*, Bariumacetat *n* ‖ ~ **aluminate** (Chem) / Bariumaluminat *n* (3 BaO.Al$_2$O$_3$) ‖ ~ **azide** (Chem) / Bariumazid *n* ‖ ~ **binoxide** (Chem) / Bariumperoxid *n* (BaO$_2$) ‖ ~ **bromate** (Chem) / Bariumbromat *n*, Bariumbromat(V) *n* ‖ ~ **bromide** (Chem) / Bariumbromid *n* ‖ ~ **carbonate*** (Chem) / Bariumkarbonat *n* (Witherit - meist synthetisch aus Schwerspat gewonnen), Bariumcarbonat *n* ‖ ~ **chlorate** (Chem) / Bariumchlorat *n* ‖ ~ **chloride** (Chem) / Bariumchlorid *n* ‖ ~ **chromate** (Chem) / Bariumchromat *n* (BaCrO$_4$) ‖ ~ **chromate** s. also lemon yellow ‖ ~ **citrate** (Chem) / Bariumzitrat *n*, Bariumcitrat *n* ‖ ~ **cobalt fluoride** (Chem, Electronics) / Bariumkobaltfluorid, Bariumcobaltfluorid *n* (BaCoF$_4$) ‖ ~ **concrete*** (Nuc Eng) / Schwerbeton *m* (unter Verwendung von Schwerspat als Zuschlagstoff), Bariumbeton *m* (mit hohem Gehalt an Bariumsulfat - ein Strahlenschutzbaustoff, z.B. für Kämpe-Lorey-Wände), Strahlenschutzbeton *m* (mit einer Trockenrohdichte um 4,5 kg/dm$^3$) ‖ ~ **concrete*** s. also heavy-aggregate concrete and loaded concrete ‖ ~ **cyanide** (Chem) / Bariumcyanid *n*, Bariumzyanid *n* ‖ ~ **cyanoplatinite** (Chem, Min Proc) / Bariumtetrazyanoplatinat(II) *n* (fluoreszierender Stoff bei der Röntgendurchleuchtung), Bariumtetracyanoplatinat(II) *n* ‖ ~ **dioxide** (Chem) / Bariumperoxid *n* (BaO$_2$) ‖ ~ **feldspar*** (Min) / Bariumfeldspat *m* (Hyalophan oder Celsian) ‖ ~ **flint glass** (Glass, Optics) / Bariumflint *m*, BaF (Bariumflint) ‖ ~ **fluoride** (Chem) / Bariumfluorid *n* ‖ ~ **hydroxide*** (Chem) / Bariumhydroxid *n* ‖ ~

**barium**

**manganate** (Chem) / Bariummanganat n ‖ **~ manganate** s. also manganese green ‖ **~ meal** (Radiol) / Bariumbrei m (Röntgenkontrastmittel) ‖ **~ metaborate monohydrate** (Chem, Paint) / Bariummetaborat-Monohydrat n ‖ **~ monosulphide** (Chem) / Bariummonosulfid n, BaS, Bariumsulfid n ‖ **~ monoxide** (Chem) / Bariumoxid n ‖ **~ nitrate** (Chem) / Bariumnitrat n ‖ **~ octahydrate** (Chem) / Bariumhydroxid n (Octahydrat) ‖ **~ oxide*** (Chem) / Bariumoxid n ‖ **~ peroxide** (Chem) / Bariumperoxid n ($BaO_2$) ‖ **~ pigment** (Paint) / Bariumpigment n (z.B. Barytgelb) ‖ **~ plaster*** (Build, Radiol) / Bariumgipsputz m ‖ **~ plaster*** (Build, Radiol) / Bariumgips m, Bariummörtel m ‖ **~ platinocyanide** (Chem, Min Proc) / Bariumtetrazyanoplatinat(II) n (fluoreszierender Stoff bei der Röntgendurchleuchtung), Bariumtetracyanoplatinat(II) ‖ **~ protoxide** (Chem) / Bariumoxid n ‖ **~ sulphate*** (Chem) / Bariumsulfat n ‖ **~ sulphide** (Chem) / Bariummonosulfid n, BaS, Bariumsulfid n ‖ **~ superoxide** (Chem) / Bariumperoxid n ($BaO_2$) ‖ **~ tetracyanoplatinate(II)** / Bariumtetracyanoplatinat n, Bariumtetrazyanoplatinat n ‖ **~ tetraiodomercurate(II)** (Chem) / Bariumtetraiodomerkurat(II) n, Bariumtetraiodomercurat(II) n ‖ **~ thiocyanate** (Chem) / Bariumthiocyanat n, Bariumthiozyanat n ‖ **~ titanate*** (Ceramics, Chem, Elec Eng) / Bariumtitanat n (ferroelektrischer Werkstoff, synthetisch aus Titandioxid und Bariumkarbonat gewonnen) ‖ **~ tungstate** (Chem) / Bariumwolframat n ("Wolframweiß") ‖ **~ wolframate** (Chem) / Bariumwolframat n ("Wolframweiß")

**bark** v (For) / entrinden v, schälen v ‖ **~** (Leather) / gerben v (mit Lohe), lohgerben v (nur Infinitiv und Partizip) ‖ **~** n (Acous) / Bark n (Einheit der Tonheit) ‖ **~*** (Bot, For) / Rinde f (Innen- und Außenrinde), Baumrinde f ‖ **~ (as fuel)** (For) / Brennrinde f ‖ **~** (Met) / entkohlte Randschicht ll **~*** (Bot, For) s. also ground bark ll **~ allowance** (For) / Rindenabschlag m, Rindenabzug m ‖ **~ annual ring** (For) / Rindenjahrring m ‖ **~ beetle** (For) / Borkenkäfer m (eine Schädlingskäferart der Familie Scolytidae) ‖ **~ beetle** (For) s. also Lyctidae

**bark-beetle trap** (For) / Borkenkäferfalle f
**bark cell** (For) / Rindenzelle f ‖ **~ cellulose** (For) / Rindenzellulose f, Rindencellulose f ‖ **~ composting** (For) / Kompostierung f (von Rinde) ‖ **~ crepe** (Textiles) / Borkenkrepp m, Narbenkrepp m, Rindenkrepp m ‖ **~ death** (For) / Rindensterben n (von Laubhölzern)
**barked** adj (For) / berindet adj
**barker** n (Paper) / Entrinder m
**barkevikite*** n (Min) / Barkevikit m (eine Natronhornblende)
**bark extract** (For) / Rindenextrakt m n ‖ **~ fissure** (For) / Rindeneinriss m, Rindenriss n ‖ **~ gauge** (For) / Rindendickenmesser m, Rindenmesser m
**barkhan** n (Geol) / Bogendüne f (eine Binnendüne), Barchan m, Sicheldüne f
**Barkhausen effect*** (Mag) / Barkhausen-Effekt m (nach H. Barkhausen, 1881-1956) ‖ **~ jumps** (Mag) / Barkhausen-Sprünge m pl (sprunghafte irreversible Wandverschiebungen beim Erreichen einer bestimmten Feldstärke) ‖ **~-Kurz oscillator*** (Elec Eng) / Bremsfeldgenerator m
**Barkhausen-Kurz retarding-field oscillations** (Phys) / Barkhausen-Kurz-Schwingungen f pl (nach K. Kurz, 1881 - 1960), Bremsfeldschwingungen f pl
**Barkhausen noise** (Phys) / Barkhausen-Rauschen n (infolge des Barkhausen-Effekts) ‖ **~ steps** (Mag) / Barkhausen-Sprünge m pl (sprunghafte irreversible Wandverschiebungen beim Erreichen einer bestimmten Feldstärke) ‖ **~ tube** (Electronics) / Bremsfeldröhre f (DIN 44400), Barkhausen-Kurz-Röhre f
**bark inclusion** (For) / Rindeneinschluss m ‖ **~ increment** (For) / Rindenzuwachs m
**barking** n (For) / Rindenschälung f ‖ **~** (For, Paper) / Entrindung f ‖ **~** (Leather) / pflanzliche Gerbung (mit Rinde als Gerbmittel), vegetabilische Gerbung (mit Rinde als Gerbmittel) ‖ **~ drum** (For) / Entrindungstrommel f, Trommel f der Entrindungsmaschine ‖ **~ in period of sap flow** / Lohschälung f (bei der Gewinnung von Gerbrinden), Lohen n ‖ **~ iron** (For) / Stoßschäler m (zum Reppeln), Schäleisen n (Dauner) ‖ **~ iron** (For, Tools) / Schälmesser n, Schäleisen n, Rindenschäler m ‖ **~ loss** (For) / Entrindungsverlust m (Anteil der Holzsubstanz, die beim Entrinden neben der Rinde mit vom Rundholz entfernt wird) ‖ **~ machine** (Paper) / Entrinder m ‖ **~ quality** (For) / Entrindungsqualität f ‖ **~ refuse** (For) / Schälverlust m, Entrindungsabfälle m pl, Entrindungsabgang m, Schälabgang m ‖ **~ waste** (For) / Schälverlust m, Entrindungsabfälle m pl, Entrindungsabgang m, Schälabgang m
**bark in patches** (For) / berappen v (Rinde), flecken v, fleckenweise entrinden v ‖ **~ in period of sap flow** v / lohen v (in der Lohzeit), lohschälen v (nur Infinitiv oder Partizip) ‖ **~ in strips** (For) / reppeln v (entrinden von Hand mit dem Stoßschäler), schippen v, schnitzen v (entrinden), rändeln v (entrinden) ‖ **~ iron** (For, Tools) / Schälmesser

n, Schäleisen n, Rindenschäler m ‖ **~ lignin** (For) / Rindenlignin n ‖ **~ mill** / Lohmühle f ‖ **~ mulch** (Agric) / Rindenmulch m ‖ **~ necrosis** (For) / Rindennekrose f
**barkometer** n (Leather) / Lohmesser m
**bark pattern** (For) / Rindenbild n
**bark-peeling damage** (For) / Schälschaden m (z.B. durch Wild) ‖ **~ machine** (Paper) / Entrinder m
**bark pocket** (For) / Rindentasche f, Borkentasche f ‖ **~ portion** (For) / Rindenanteil m (Verhältnis zwischen Rinden- und Stammvolumen) ‖ **~ press** (For) / Rindenpresse f ‖ **~ processing** (For) / Rindenaufbereitung f ‖ **~ removal** (For, Paper) / Entrindung f ‖ **~ scraper** (For) / Stoßschäler m (zum Reppeln), Schäleisen n (Dauner) ‖ **~ scraper** (For, Tools) / Schälmesser n, Schäleisen n, Rindenschäler m ‖ **~ scraping** / Röten n (Entfernen der äußeren Borke bei Kiefer zur Vorbereitung der Harznutzung) ‖ **~ shaver** (For) / Röteeisen n (zur Anlage von Lachten) ‖ **~ shaving** / Röten n (Entfernen der äußeren Borke bei Kiefer zur Vorbereitung der Harznutzung) ‖ **~ shavings** (For) / Schälverlust m, Entrindungsabfälle m pl, Entrindungsabgang m, Schälabgang m ‖ **~ speck** (Paper) / Rindenfleck m (im Papier) ‖ **~ tannage** (Leather) / pflanzliche Gerbung (mit Rinde als Gerbmittel), vegetabilische Gerbung (mit Rinde als Gerbmittel) ‖ **~ tannage** (Leather) / Lohgerberei f (Vorgang), Rotgerberei f (als Tätigkeit), Rotgerbung f (als Tätigkeit) ‖ **~ tannin** (For, Leather) / Rindengerbstoff m ‖ **~ tanning** (Leather) / pflanzliche Gerbung (mit Rinde als Gerbmittel), vegetabilische Gerbung (mit Rinde als Gerbmittel) ‖ **~ tanning** (Leather) / Lohgerberei f (Vorgang), Rotgerberei f (als Tätigkeit), Rotgerbung f (als Tätigkeit) ‖ **~ thickness** (For) / Rindendicke f ‖ **~ utilization** (For) / Rindenverwertung f
**bar lathe** (Eng) / kleine Drehmaschine mit stangenförmigem Bett
**barley** n (Agric, Bot) / Gerste f (Hordeum L.) ‖ **~ malt** (Brew) / Gerstenmalz n ‖ **~ starch** (Nut) / Gerstenstärke f
**bar linkage** (Eng) / Gestänge n (als Getriebeart) ‖ **~ loading** (Mech) / Stabbelastung f ‖ **~ loom** (Weaving) / Bandwebstuhl m, Bandwebmaschine f, Getau n (zur Herstellung von Schmalgeweben bis zu einer Höchstbreite von etwa 400 mm) ‖ **~ loosening reeler** (Met) / Lösewalzwerk n
**Barlow lens*** (Astron, Light, Optics) / Barlow-Linse f (eine Negativlinse - ein zweiteiliger Achromat) ‖ **~'s wheel*** / Barlow'sches Rad (eine experimentelle Anordnung zum Nachweis der Kraftwirkung eines stationären magnetischen Feldes auf einen stromdurchflossenen Leiter - nach P. Barlow, 1776-1862)
**barm** n (Bot) / Hefe f, Bärme f ‖ **~** (Nut) / Bierhefe f (Saccharomyces cerevisiae oder S. carlsbergensis - obergärige, untergärige) ‖ **~** (Bot) s. also culture yeast
**bar magnet*** (Mag) / Stabmagnet m ‖ **~ marks** (Weaving) / Bandstreifigkeit f
**Barmeen machine** (Textiles) / Barmer-Maschine f
**bar mill** (Eng) / Stabmühle f (mit Stäben als Mahlkörper) ‖ **~ mill*** (Met) / Stabwalzwerk n, Stabstahlwalzwerk n (für kleinere Profile) ‖ **~ mould** (Plastics) / Schieberwerkzeug n
**bar-mounted construction** (Teleph) / Schienenbauweise f ‖ **~ design** (Teleph) / Schienenbauweise f ‖ **~ execution** (Teleph) / Schienenbauweise f
**barn** n (US) / Wagenhalle f, Remise f (Wagenhalle) ‖ **~*** (Nuc) / Barn n (nach DIN 1301, T 3 nicht mehr zugelassene inkohärente Einheit für den Wirkungsquerschnitt in der Atom- und Kernphysik = $10^{-28} m^2$), barn, b (Barn)
**Barnard's star*** (Astron) / Barnards Pfeilstern (nach E.E.Barnard, 1857-1923)
**barn doors** (Cinema, Photog) / Strahlenbegrenzungsblende f, Lichtblende f (einstellbare - an Scheinwerfern, um die Lichtstrahlen zu lenken und zu begrenzen), Vierklappenvorsatz m, Scheunentor n (Vierklappenvorsatz), Scheinwerfertor n
**Barnett effect*** (Phys) / Barnett-Effekt m (Magnetisierungsänderung durch Änderung des Drehimpulses eines Körpers - nach S.E. Barnett, 1873-1956)
**barney** n (Cinema) / Schallschutzgehäuse n, schalldichtes Gehäuse, Schallschutzhaube f, Blimp m (geräuschdämpfendes Kameragehäuse) ‖ **~** (Mining) / Gestell n (eintrümig, zweitrümig), Fördergestell n (Bremsbergförderung)
**baroceptor** n (Physiol) / Barorezeptor m (pl. -en)
**baroclinic** adj (Meteor, Phys) / baroklin adj ‖ **~ instability** (Meteor) / barokline Instabilität
**baroclinicity** n (Meteor, Phys) / Baroklinität f (ein Zustand der Atmosphäre, bei dem die Flächen gleichen Luftdrucks gegenüber den Flächen gleicher Dichte bzw. Temperatur geneigt sind, so dass sich Schnittlinien ergeben), Baroklinie f
**baroclinity** n (Meteor, Phys) / Baroklinität f (ein Zustand der Atmosphäre, bei dem die Flächen gleichen Luftdrucks gegenüber den Flächen gleicher Dichte bzw. Temperatur geneigt sind, so dass sich Schnittlinien ergeben), Baroklinie f

**barocliny** n (Meteor, Phys) / Baroklinität f (ein Zustand der Atmosphäre, bei dem die Flächen gleichen Luftdrucks gegenüber den Flächen gleicher Dichte bzw. Temperatur geneigt sind, so dass sich Schnittlinien ergeben), Baroklinie f
**barograph*** n (Instr, Meteor) / Barograf m (mit einer Schreibvorrichtung versehenes Barometer)
**barographic** adj / barografisch adj
**barometer*** n (Meteor) / Barometer n m ‖ **~ formula** / barometrische Höhenformel (in der barometrischen Höhenmessung)
**barometric** adj (Meteor) / barometrisch adj ‖ **~ altimeter** (Surv) / barometrischer Höhenmesser, mechanischer Höhenmesser, Luftdruckhöhenmesser m ‖ **~ condenser** (Eng) / barometrischer Kondensator, Fallrohrkondensator m (mit barometrischem Fallrohr) ‖ **~ downpipe** (Eng) / barometrisches Fallrohr (des barometrischen Kondensators) ‖ **~ formula** / barometrische Höhenformel (in der barometrischen Höhenmessung) ‖ **~ gradient** (Meteor) / barometrischer Gradient, barischer Gradient, Luftdruckgefälle n ‖ **~ levelling** (Surv) / barometrische Höhenmessung ‖ **~ pressure*** (Meteor) / Luftdruck m (DIN 1358), atmosphärischer Druck (vom Barometer abgelesen), Barometerdruck m ‖ **~ tendency*** (Meteor) / Luftdrucktendenz f (meistens in den letzten drei Stunden)
**baronduki** n (Leather, Zool) / Burunduk m (das Backenhörnchen Eutamias sibiricus, dessen Felle zu Mänteln verarbeitet werden), Sibirisches Streifenhörnchen
**baroque** n (the barock style or period) (Arch) / Barock m n
**baroreceptor*** n (Physiol) / Barorezeptor m (pl. -en)
**barostat*** n / Barostat m (Druckregler)
**barothermograph*** n (Meteor) / Barothermograf m (Barograf + Thermograf)
**barotor machine** (Du Pont) (Textiles) / Barotor-Färbemaschine f (eine Färbeapparatur zum diskontinuierlichen HT-Färben von Stückwaren)
**barotrauma** n (Med) / Barotrauma n, Druckausgleichsunfall m
**barotropic** adj (Meteor, Phys) / barotropisch adj, barotrop adj (Zustand der Atmosphäre, bei dem Flächen gleichen Luftdrucks und gleicher Temperatur parallel zueinander verlaufen)
**barotropy** n (Meteor, Phys) / Barotropie f
**bar pattern** (TV) / Strichraster m n, Balkenmuster n ‖ **~ presentation** (display of the reply from a target using one or two bars) (Radar) / Balkenanzeige f ‖ **~ primary-current transformer** (Elec Eng) / Schienenstromwandler m
**barrage** n (a low barrier or dam, incorporating a series of gates, built across a river to regulate its upstream level or for irrigation) (Hyd Eng) / Staustufe f (die der Stauregelung von Flüssen dient), Wehr n (feste oder mit beweglichen Verschlussorganen versehene Stauanlage nach DIN 4048), Stauwerk n (zur Erzeugung eines Staus) ‖ **~*** (Hyd Eng) / Sperrdamm m, Staudamm m, Staumauer f ‖ **~*** (Hyd Eng) / Stauanlage f (kleine), Stauwerk n, Absperrbauwerk n, Sperrwerk n, Staubauwerk n ‖ **~ balloon*** (Aero) / Sperrballon m (der Ballonsperre)
**barrage-fixe*** n (Hyd Eng) / Stauanlage f ohne bewegliche Verschlüsse
**barrage jammer** (Mil, Radar, Radio) / Breitbandstörer m, breitbandiger Störer ‖ **~ jamming** (Mil, Radar, Radio) / Breitbandstörung f
**barrage-mobile** n (Hyd Eng) / Stauanlage f mit beweglichen Verschlüssen
**barrage power station** (Elec Eng) / Staustufenkraftwerk n
**barré** adj (Textiles) / barré adj (mit feinen Traversstreifen)
**barred** adj / durchgestrichen adj (z.B. Null) ‖ **~ code*** (Teleph) / gesperrte Kennzahl ‖ **~ code check** (Teleph) / Wahlkontrolle f (Leistungsmerkmal bei Nebenstellenanlagen) ‖ **~ spiral** (Astron) / Balkenspirale f (eine besondere Form des Spiralsystems) ‖ **~ spiral galaxy** (Astron) / Balkenspirale f (eine besondere Form des Spiralsystems) ‖ **~ (witch) stitch** (Textiles) / Hexenstich m ‖ **~ window** (Build) / Gitterfenster n ‖ **~ zone** (Civ Eng) / Sperrfläche f (einer Fahrbahn)
**barré effect** (Textiles) / Streifigfärben n (ein Fehler), Barré-Effekt m
**barrel** vt / ausbauchen v (Hohlkörper in der Mitte weiten), ausbuchten v ‖ **~** v (Foundry, Met) / rommeln v (Zunder entfernen), trommeln v, in Trommeln putzen (Zunder entfernen) ‖ **~** (Nut) / auf Fässer füllen, auf Fässer abziehen ‖ **~** n (AGr) / Tonne f (des Tonnengewölbes) ‖ **~** (Autos) / Registerdüse f (im Registervergaser) ‖ **~*** (Brew, Oils) / Barrel n (Erdöl: 42 US-Gallonen = 158,983 l, Brauerei: 31 1/2 US-Gallonen = 119,237 l) ‖ **~** (Cables, Elec Eng) / Kelch m (z.B. beim Quetschanschluss) ‖ **~** (Chem) / Brennrohr n (des Bunsenbrenners) ‖ **~** (Eng) / Trommel f (einer Winde) ‖ **~** (Eng) / Zylinder m (der Kolbenpumpe) ‖ **~** (Eng) / Halm m (des Schlüssels), Schaft m (des Schlüssels) ‖ **~** (Eng) / Spillkopf m ‖ **~** (Eng, Met) / Trommel f ‖ **~** (Met) / Ballen m, Bund m, Körper m (der Walze) ‖ **~** (Mil) / Lauf m ‖ **~** (Optics, Photog) / Fassung f (einer Linse, eines Objektivs) ‖ **~** (of a bobbin) (Spinning) / Schaft m ‖ **~** (Optics) s. also tube ‖ (**wooden**) **~** / Fass n, Tonne f ‖ **45° - ~** (Elec Eng, Surf) / Galvanisierglocke f (zum elektrochemischen Abscheiden von Metallen auf Klein- bzw. Massenteile) ‖ **α/β-~** (Biochem) / α/β-Fass n
**barrelage** n / Menge f in (von) Fässern ‖ **~** (Brew) / Bierausstoß m (in Fässern)
**barrel bolt*** (Build, Join) / Grendelriegel m ‖ **~ burnishing** (Foundry) / Trommelpolieren n, Trommelpolierung f (Oberflächenbearbeitung), Trommeln n (Trommelpolieren) ‖ **~ carburettor** (Autos) / Stufenvergaser m, Registervergaser m ‖ **~ converter** (Met) / Trommelkonverter m ‖ **~ distortion*** (Optics) / tonnenförmige Verzeichnung, negative Verzeichnung ‖ **~ elevator** (Eng) / Fassaufzug m
**barrel-faced** adj (I C Engs) / mit balliger Lauffläche (Kolbenring) ‖ **~ rectangular ring** (Eng, I C Engs) / Rechteckring m mit balliger Lauffläche
**barrel finishing** (Foundry) / Trommelputzen n, Putzen n in Trommeln, Trommeln n, Rommeln n ‖ **~ head** / Fassboden m ‖ **~ heading** / Fassboden m
**barreling** n (US) / Ausbauchung f, Ausbuchtung f ‖ **~** (US) (Paint) / Trommellackierung f (ein Tauchverfahren)
**barrel length** (Met) / Ballenlänge f (bei Walzen)
**barrelling** n (GB) / Ausbauchung f, Ausbuchtung f ‖ **~** (Foundry) / Trommelpolieren n, Trommelpolierung f (Oberflächenbearbeitung), Trommeln n (Trommelpolieren) ‖ **~** (Paint) / Trommellackierung f (ein Tauchverfahren)
**barrel nipple*** (Eng, Plumb) / Doppelnippel m, Nippel m mit Gewinden an beiden Enden
**barrel-plating*** n (mechanical plating in which the cathodes are kept loosely in a container that rotates) (Surf) / Trommelgalvanisierung f
**barrel-polish** v / gleitschleifen v (in der Trommel - nur Infinitiv und Partizip), trommeln v (scheuern in der Trommel)
**barrel polishing** (Foundry) / Trommelpolieren n, Trommelpolierung f (Oberflächenbearbeitung), Trommeln n (Trommelpolieren) ‖ **~ printer*** (Comp) / Trommeldrucker m (ein mechanischer Drucker), Typenwalzendrucker m, Walzendrucker m ‖ **~ roll** (Aero) / Tonnenrolle f (eine Kunstflugfigur) ‖ **~ roller bearing** (Eng) / Tonnenlager n (ein Rollenlager nach DIN 635), Radialtonnenlager n, Ringtonnenlager n ‖ **~ roof** (Build, Civ Eng) / Tonnendach n, Tonnengewölbedach n
**barrel-shaped** adj / tonnenförmig adj ‖ **~ roller bearing** (Eng) / Tonnenlager n (ein Rollenlager nach DIN 635), Radialtonnenlager n, Ringtonnenlager n
**barrel shell** (Arch, Civ Eng) / Tonnenschale f ‖ **~ skid** / Fassleiter f ‖ **~ sling** (Ships) / Fassstropp m, Fassschlinge f, Schnatter m (Anschlagmittel für Fässer aus Tauwerk, das in eine Kausche so eingespleißt ist, dass eine Schlinge gebildet wird), Fassschlag m
**barrels per day** (Oils) / tägliche Förderung in Barrels ‖ **~ per stream day** (Oils) / Barrels m pl je Produktionstag (Betriebstag)
**barrel thread for lampholders** (Elec Eng) / Gewinde n für Lampenfassungen (DIN 49689) ‖ **~ truck** / Fasskarre f
**barrel-type centrifugal compressor** (Eng, Oils) / Topfverdichter m (mit vertikaler Teilfuge im Gehäuse)
**barrel•-type turbine** (Eng) / Topfturbine f ‖ **~ vault*** (simplest variety of vault, really elongated or continuous arch like a half cylinder spanning the distance between parallel walls or other supports) (Arch) / Tonnengewölbe n, Fassgewölbe n, ellipsoidisch (räumlich) gekrümmtes Gewölbe ‖ **~-vault roof*** (Build, Civ Eng) / Tonnendach n, Tonnengewölbedach n ‖ **~ washer** (Min Proc) / Trommelscheider m ‖ **~ winding** (Elec Eng) / Trommelwicklung f, Gewölbewicklung f
**barren** n (Min Proc) / Lösungsmittel n (beim Laugen) ‖ **~** adj (Agric) / unfruchtbar adj (Boden), steril adj, verödet adj (Boden) ‖ **~** (Biol) / unfruchtbar adj (nicht fortpflanzungsfähig), steril adj ‖ **~** (Geol, Mining) / taub adj ‖ **~** (Mining) / unergiebig adj, unhaltig adj ‖ **~ land** (Agric) / Unland n (landwirtschaftlich nicht nutzbares /Stück/ Land), Ödland n ‖ **~ measures** (Mining) / Flözleere f, Flözleeres n (unbauwürdiges Schichtenpaket) ‖ **~ rock** (Mining) / taubes Gestein, Berge m pl ‖ **~ solution*** (Min Proc) / Abstoßlösung f, Ablauge f
**barrette** n (Aero) / Kurzbalken m pl (mehrere Luftfahrtbodenfeuer)
**barretter*** n (Elec Eng) / Barretter m (stark temperaturabhängiger Widerstand)
**barricade** n (US) (Aero) / Fangnetz n (zum Konturenfang)
**barrier** n / Umwehrung f (eine Schutzeinrichtung nach DIN 31001, T 1), Abdeckung f (zum Schutz gegen direkte Berührung), Absperrung f (eine Schutzeinrichtung), Abschrankung f ‖ **~** (Aero) / Fangnetz n (zum Konturenfang) ‖ **~** (Autos) / Strich m (Fahrbahnmarkierung) ‖ **~** (Build) / Sperrstoff m (Feuchtigkeit, Dampf - DIN 18195) ‖ **~** (Cinema) / Trennlinie f ‖ **~*** (Elec Eng) / Isoliersteg m, Isolierplättchen n ‖ **~** (Electronics) / Randschicht f, Oberflächenbarriere f, Oberflächenpotentialschwelle f, Oberflächensperrschicht f ‖ **~** (Eng) / Barriere f, Schranke f ‖ **~** (Eng) / Barriere f (die die Kollision zwischen Werkzeug und Futter bzw. Reitstock verhindert - CNC-Steuerung) ‖ **~** (Rail) / Schranke f ‖ **~ arm** (Rail) / Schrankenbaum m, Schlagbaum m ‖ **~ attenuation**

**barrier**

(Acous) / Abschirmmaß n (Abnahme des Schalldruckpegels an gleicher Stelle durch Einfügen eines Hindernisses im Spezialfall der frei fortschreitenden Welle - DIN 1320) ‖ ~ **beach** (Geog, Geol) / Nehrung f (bei einem Haff oder einer Lagune - z.B. die Kurische Nehrung, zwischen Samland und Memel) ‖ ~ **chain** / Absperrkette f ‖ ~ **coat**\* (Build) / Sperrstoffschicht f (Feuchtigkeit, Dampf), ‖ ~ **coat** (Build, Paint) / Absperranstrich m ‖ ~ **coating** (Paint) / Barrier Coating n (Grundbeschichtung auf glasfaserverstärkten Kunststoffen) ‖ ~ **cream** (used to protect the skin from damage or infection) / Hautschutzkrem f, Hautschutzcreme f ‖ ~ **diffusion** (Nuc Eng) / Trennwanddiffusion f (bei der Isotopenanreicherung), Trennwandverfahren n (bei der Isotopenanreicherung) ‖ ~ **effect** (Paint) / Barrierewirkung f (die Eigenschaft organischer Beschichtungen, korrosionsfördernde Substanzen wie Wasser, Wasserdampf, Sauerstoff, Schwefeldioxid und Kohlendioxid vom zu schützenden Werkstoff weitgehend fern zu halten), Barriereschutzwirkung f (bei der Korrosion), Sperrwirkung f (organischer Substanzen beim Korrosionsschutz) ‖ ~ **film** / Sperrschutzfolie f

**barrier-free** adj (Build) / barrierefrei adj (Bauen nach DIN 18 024-1)

**barrier gear**\* (Elec Eng) / Durchdrehvorrichtung f, Törnvorrichtung f, Drehvorrichtung f, Läuferdrehvorrichtung f ‖ ~ **grid** (Electronics) / Sperrgitter n

**barrier-grid storage tube** (Electronics) / Radechon-Speicherröhre f, Radechon n

**barrier ice** (Geol) / Schelfeis n (auf einem Schelf lagernde unbewegliche Eismasse aus zusammenhängendem Inlandeis oder aus einem Gemisch von Meereis und zerbrochenem Inlandeis)

**barrier-injection-transit-time diode** (Electronics) / BARITT-Diode f (eine Mikrowellendiode)

**barrier lamp** / Absperrlampe f ‖ ~ **layer**\* (Electronics) / Sperrschicht f (in einem Halbleiter ein Gebiet, in dem die Ladungsdichte der beweglichen Ladungsträger kleiner ist als die resultierende Ladungsdichte von Akzeptoren und Donatoren und das deswegen elektrisch nicht neutral ist - DIN41 852) ‖ ~ **layer** (Surf) / Sperrschicht f (anodische Oxidschicht) ‖ ~**-layer capacitance** (Electronics) / Sperrschichtkapazität f, Sperrschichtkapazität f einer Sperrschicht ‖ ~**-layer cell** (Electronics) / Fotovoltaikzelle f, PV-Zelle f, Sperrschichtfotoelement n, Fotoelement n, Sperrschichtfotozelle f (ein Halbleiterfotoelement) ‖ ~**-layer foil** (Build) / Sperrschichtfolie f ‖ ~**-layer photocell** (Electronics) / Fotovoltaikzelle f, PV-Zelle f, Sperrschichtfotoelement n, Fotoelement n, Sperrschichtfotozelle f (ein Halbleiterfotoelement) ‖ ~ **level crossing** (Autos, Rail) / beschrankter Bahnübergang ‖ ~ **material** (Build) / Sperrstoff m (Feuchtigkeit, Dampf - DIN 18195) ‖ ~ **material** (Build) / Dichtungsmaterial n, Sperrschichtenmaterial n, dichtes /undurchlässiges/ Schutzmaterial (z.B. fabrikfertige Dichtungsbahnen aus Rohfilzpappe) ‖ ~ **pillar**\* (Mining) / Markscheidesicherheitspfeiler m, Grenzpfeiler m ‖ ~ **pillar**\* (Mining) / Barrierepfeiler m ‖ ~ **polymer** (Chem) / Barrierekunststoff m (mit sehr geringer Permeabilität für Gase, Dämpfe und Flüssigkeiten) ‖ ~ **reef**\* (Geol) / Wallriff n (mit dem größeren Abstand zum Land), Dammriff n, Kanalriff n, Barriereriff n ‖ ~ **spring** (Geol) / Stauquelle f ‖ ~ **to inversion** (Chem) / Inversionsbarriere f (Energiebarriere zur Planarität bei Molekülen mit pyramidaler Gleichgewichtsgeometrie)

**barriness** n (Textiles) / Ringligkeit f (bei Polyamidfärbungen)

**barring** n (Comp) / Sperren n, Sperre f (ein Leistungsmerkmal von Nebenstellenanlagen), Barring n (Sperren) ‖ ~ (Mining) / Bereißen n (nach den Sprengarbeiten) ‖ ~ (Mining) / Einstrich m, Joch n (Schachteinbau) ‖ ~ **check** (Comp) / Zulässigkeitsprüfung f (ob Verbindung zulässig) ‖ ~ **down** (Mining) / Bereißen n (nach den Sprengarbeiten) ‖ ~ **down** (Mining) / Nachbruch m, Nachbrechen n ‖ ~ **gear** (Elec Eng) / Durchdrehvorrichtung f, Törnvorrichtung f, Drehvorrichtung f, Läuferdrehvorrichtung f ‖ ~ **gear** (Eng) / Turneinrichtung f (der Dampfturbine) ‖ ~ **motor**\* (Elec Eng) / Durchdrehmotor m ‖ ~ **of all outgoing calls** (Teleph) / Sperren n aller abgehenden Verbindungen, BAOC (Sperren aller abgehenden Verbindungen)

**barringtonite** n (Min) / Barringtonit m (ein triklines wasserhaltiges Magnesiumkarbonat)

**barrow** n (Build) / Schubkarre f, Schubkarren m

**barrow-mounted sprayer** (Agric) / Karrenspritze f (ein Pflanzensprühgerät)

**barrow pump** (Hyd) / Karrenpumpe f ‖ ~ **run** (Build) / Schubkarrenweg m ‖ ~ **sprayer** (Agric) / Karrenspritze f (ein Pflanzensprühgerät)

**Barrus effect** (Phys) / Strangaufweitung f (Querschnittsvergrößerung des frei aus einer Kapillare austretenden Strahls einer viskoelastischen Flüssigkeit - DIN 1342-1)

**barry** adj (Textiles) / barré adj (mit feinen Traversstreifen) ‖ ~ **marks** (Textiles) / Ringligkeit f (bei Polyamidfärbungen)

**bars** pl (in lace) (Textiles) / Riegelfäden m pl ‖ ~ (TV) / Balken m pl

**bar scale** (US) (Cartography) / Maßstabsleiste f ‖ ~ **schedule** (Civ Eng) / Stabstahlliste f ‖ ~ **shaft** (Eng) / Vollwelle f ‖ ~ **signal** (TV) / Sprungsignal n (ein Prüfsignal)

**bars of arbitrary cross section** (Mech) / Stäbe mit beliebigem Querschnitt m pl ‖ ~ **of Sanio** (crassulae and trabeculae) (For) / Sanio'sche Streifen (Crassulae and Trabeculae), Sanio'sche Balken

**bar spring** (Autos) / Torsionsstab m, Drehstab, Drehstabfeder f (DIN 2091) ‖ ~ **steel** (Met) / Stabstahl m (DIN 1013-1) ‖ ~ **strain** (Hyd Eng, San Eng) / Rechen m (Rückhaltevorrichtung am Einlauf von Klär- und Wasserkraftanlagen - meistens Grobrechen) ‖ ~ **substitution** (Mech) / Stabaustausch m

**bar-suspension motor** (Elec Eng) / Achslagermotor m rückseitig auf federndem Joch gelagert

**bar tack** (Textiles) / Riegel m, Riegelnaht f

**bartering** n / Bartergeschäft n (ein Kompensationsgeschäft), Geschäft n auf Gegenseitigkeit

**barter-trade** n / Bartergeschäft n (ein Kompensationsgeschäft), Geschäft n auf Gegenseitigkeit

**Barth key** (Eng) / Trapezpassfeder f

**Bartlett force** (Nuc) / Bartlett-Kraft f (nach J.H. Bartlett, 1904- ), Spinaustauschkraft f

**Bartlett's test** (Stats) / Bartlett-Test m (statistisches Verfahren zur Prüfung der Homogenität der Varianzen bei mehr als zwei Stichproben zum Zweck der Vorentscheidung über die Zulässigkeit der Anwendung der Varianzanalyse)

**Bartlett test** (Stats) / Bartlett-Test m (statistisches Verfahren zur Prüfung der Homogenität der Varianzen bei mehr als zwei Stichproben zum Zweck der Vorentscheidung über die Zulässigkeit der Anwendung der Varianzanalyse)

**bar tracery** (Arch) / Fenstermaßwerk n ‖ ~ **tracery**\* (Arch) / englisches Maßwerk (mit ausschließlicher Verwendung von Stabwerk)

**Bart reaction** (when a diazonium salt is treated with sodium arsenite in the presence of copper, the diazonium group is replaced by an arsenic group) (Chem) / Bart'sche Reaktion, Bart-Scheller-Reaktion f, Bart-Reaktion f

**bar turning** (operation) (Eng) / Drehen n von der Stange ‖ ~ **turret lathe** (Eng) / Revolverdrehmaschine f für Stangenarbeit

**bar-type conductor** (Elec Eng) / stabförmiger Leiter

**bar-type current transformer**\* (Elec Eng) / Stabstromwandler m

**bar-type current transformer** (Elec Eng) / Durchsteckstromwandler m ‖ ~ **grate** (Stangenrost m (Rostfeuerung) ‖ ~ **transformer** (Elec Eng) / Durchführungswandler m, Durchsteckwandler m

**barwand** n (Comp) / Strichkodelesestift m, Strichcodelesestift m ‖ ~ (Comp) s. also **wand**

**bar winding**\* (Elec Eng) / Stabwicklung f ‖ ~ **with variation of temperature** (Mech) / Stab m unter Temperatureinfluss

**barwood** n (For) / Afrikanisches Sandelholz (aus Pterocarpus soyauxii Taub.), Afrikanisches Padouk, PAF (Afrikanisches Sandelholz) ‖ ~ (For) s. also **camwood** and **padauk**

**bar work** (Eng) / Stangenarbeit f (auf Drehautomaten und Revolverdrehmaschinen) ‖ ~**-wound armature**\* (Elec Eng) / Stabanker m, Anker m mit Stabwicklung

**barycentre** (Astron, Maths, Phys) / Baryzentrum n (Schwerpunkt eines Körpers) ‖ ~ (Astron, Maths) s. also **centre of gravity**

**barycentric** adj (Phys) / baryzentrisch adj (auf den Schwerpunkt bezogen) ‖ ~ **coordinates** (Maths) / Schwerpunktkoordinaten f pl, baryzentrische Koordinaten

**barye**\* n (Phys) / Mikrobar n

**baryon**\* n (Nuc) / Baryon n (ein Hadron)

**baryonic** adj (Nuc) / baryonisch adj ‖ ~ **spectroscopy** (Spectr) / Baryonenspektroskopie f

**baryonium** n (Nuc) / Baryonium n (Meson mit der Struktur qqqq)

**baryon number**\* (Nuc) / baryonische Ladung, Baryonenladung f, Baryonenzahl f ‖ ~ **octet** (Nuc) / Baryonenoktett n, Baryonoktett n ‖ ~ **resonances** (Nuc) / Baryonenresonanzen f pl

**barysphere**\* n (Geol) / Siderosphäre f (der Nickel-Eisen-Kern), Erdkern m, Barysphäre f (der Erdkern), Nife n

**baryta**\* n (Chem) / Baryterde f (BaO) ‖ ~\* s. also barium oxide and barium hydroxide ‖ ~ **paper**\* (Paper) / Barytpapier n (mit Bariumsulfat als Streichpigment) ‖ ~ **water**\* (Chem) / Barytwasser n ‖ ~ **white** (Chem) / Barytweiß n (beständige Malerfarbe), Permanentweiß n, Blankfix n, Blanc fixe n

**barytes**\* n (Min) / Baryt m, Schwerspat m ‖ ~ **concrete**\* (Nuc Eng) / Schwerbeton m (unter Verwendung von Schwerspat als Zuschlagstoff), Bariumbeton m (mit hohem Gehalt an Bariumsulfat - ein Strahlenschutzbaustoff, z.B. für Kämpe-Lorey-Wände), Strahlenschutzbeton m (mit einer Trockenrohdichte um 4,5 kg/dm$^3$)

**barytite X-ray plaster** (Nuc Eng) / Schwerbeton m (unter Verwendung von Schwerspat als Zuschlagstoff), Bariumbeton m (mit hohem Gehalt an Bariumsulfat - ein Strahlenschutzbaustoff, z.B. für Kämpe-Lorey-Wände), Strahlenschutzbeton m (mit einer Trockenrohdichte um 4,5 kg/dm$^3$)

**barytocalcite*** *n* (Min) / Barytokalzit *m*, Barytocalcit *m*
**basal** *adj* (Geol) / basal *adj* (die unterste Lage einer Schichtfolge betreffend) ‖ **~ conglomerate*** (Geol) / Basalkonglomerat *n* ‖ **~ metabolic rate** (Physiol) / ermittelter Grundumsatz (durch direkte Bestimmung über die abgegebene Wärmemenge oder indirekt durch Messung des eingeatmeten Sauerstoffs und des ausgeatmeten Kohlendioxids durch Spirometer) ‖ **~ metabolism** (Physiol) / Grundumsatz *m* (als Phänomen), GU (Grundumsatz), Ruheumsatz *m*, Basalmetabolismus *m*, Basalumsatz *m* ‖ **~ pinacoid** (Crystal) / Basispinakoid *n* ‖ **~ plane*** (Crystal) / Basisfläche *f*
**basalt** *n* (Ceramics) / Basaltsteingut *n*, Basaltgut *n*, Basaltware *f* (schwarze Biskuitkeramik, von J. Wedgwood entwickelt) ‖ **~*** (Geol) / Basalt *m* (dunkles Ergussgestein) ‖ **~ fibre** (Build) / Basaltfaser *f* (durch Schmelzen von Basalt gewonnene Mineralfaser) ‖ **~ glass*** (Geol) / Tachylit *m* (ein Basaltglas), Tachylyt *m*
**basaltic** *adj* (Geol) / Basalt-, basaltisch *adj* ‖ **~ column** (Geol) / Basaltsäule *f*
**basaltiform** *adj* (Crystal) / säulig *adj*, kolumnar *adj*, stängelig *adj*
**basalt obsidian** (Geol) / Tachylit *m* (ein Basaltglas), Tachylyt *m*
**basaltware** *n* (Ceramics) / Basaltsteingut *n*, Basaltgut *n*, Basaltware *f* (schwarze Biskuitkeramik, von J. Wedgwood entwickelt)
**basalt wool** (Build) / Basaltwolle *f* (langfaserige Wolle aus Basaltfasern)
**basanite*** *n* (Geol) / Basanit *m*
**BA screw thread*** (No. 0 6 mm through No. 25 0.25 mm) / altes metrisches Feingewinde
**bascule bridge*** (a counterpoise bridge which can be rotated in a vertical plane about axes at one or both ends, the roadway rising and the counterpoise descending into a pit) (Civ Eng) / Klappbrücke *f* (eine bewegliche Brücke) ‖ **~ leaf** (Civ Eng) / Flügel *m* (beweglicher Überbau einer Klappbrücke)
**base** *n* / Basis *f*, Grundlage *f*, Grundbestandteil *m* (Basis) ‖ **~** (Arch) / Basis *f* (Standglied einer Säule oder eines Pfeilers) ‖ **~*** (Build, Maths, Surv) / Basis *f* (Grundlinie einer geometrischen Figur; Grundzahl einer Potenz oder eines Logarithmus; Grundfläche eines Körpers) ‖ **~*** (Chem) / Base *f* ‖ **~*** (Cinema, Photog) / Schichtträger *m* (meistens Azetylzellulose oder Polyester), Filmunterlage *f* (DIN 19040, T 4), Filmschichtträger *m* ‖ **~** (Civ Eng) / Fuß *m* (eines Pfahls) ‖ **~*** (Comp, Maths) / Radix *f* (pl. -izes), Basis *f* ‖ **~** (Elec Eng) / Glühlampensockel *m*, Lampensockel *m* ‖ **~** (Elec Eng) / Grundrahmen *m*, Grundgestell *n* (der Maschine) ‖ **~*** (Electronics) / Basis *f* (der mittlere Teil eines Transistors), Basiszone *f* (zwischen Kollektor und Emitter) ‖ **~*** (Electronics) / Sockel *m*, Fuß *m* (von Elektronenröhren) ‖ **~** (Glass) / Boden *m* (eines Glasgefäßes) ‖ **~** (Maths) / Grundzahl *f* (eines Zahlensystems), Basis *f* ‖ **~** (Maths, Optics) / Grundfläche *f* (des Prismas), Deckfläche *f* (des Prismas) ‖ **~** (Mil) / Basis *f*, Stützpunkt *m* ‖ **~** (Paint) / Stammlack *m* (im Zweikomponentenlack) ‖ **~** (Paint) / Substrat *n* (ein im Bindemittel unlöslicher, meist unbunter Stoff, der mit Pigmenten vermischt wird oder am Aufbau bestimmter Farblacke beteiligt ist, z.B. Tonerdehydrat im Krapplack - DIN 55 945) ‖ **~** (Radio) / Fußpunkt *m* (z.B. einer vertikalen Antenne) ‖ **~** (Rail) / Fuß *m* (der Eisenbahnschiene) ‖ **~** (Surv) / Standlinie *f* (festgelegte Strecke, von der aus durch Messung mehrerer Winkel die Höhe oder Entfernung eines nicht zugänglichen Punktes ermittelt wird) ‖ **~ address** (Comp) / Basisadresse *f* (verdeckte, offene) ‖ **~ airport** (Aero) / Heimatflugplatz *m*, Heimatflughafen *m* ‖ **~ alignment** (Typog) / Ausrichtung *f* (auf die Grundlinie) ‖ **~ alloy** (Met) / Ausgangslegierung *f* ‖ **~ analogue** (Biochem) / Basenanalog *n* ‖ **~ angle** (of an isosceles triangle) (Maths) / Basiswinkel *m* (eines Dreiecks)
**baseball** *n* (Plasma Phys) / spezielle Anordnung zur Plasmaeinschließung mit Multipolmagnetfeld (die ihren Namen daher erhielt, dass zwei komplizierte Feldspulen etwa so aussehen wie die Nähte eines Baseballs)
**baseband*** *n* (Telecomm) / Basisband *n*, Grundband *n* (Frequenzbereich des modulierenden Signals) ‖ **~ modem** (Comp, Telecomm) / Gleichstromdatenübertragungseinrichtung *f*, GDÜ (Gleichstromdatenübertragungseinrichtung)
**baseboard*** *n* (Build) / Sockelleiste *f*, Scheuerleiste *f*, Fußleiste *f* (Randabschluss des Fußbodens zu allen angrenzenden Bauteilen), Wischleiste *f*, Sesselleiste *f*, Abschlussleiste *f* ‖ **~** (Photog) / Laufboden *m* (z.B. einer Studiokamera) ‖ **~** (Photog) / Grundbrett *n* (eines Vergrößerungsapparats)
**base bullion*** (Met) / unreines Werkblei ‖ **~ catalysis** (Chem) / Basenkatalyse *f*, Reaktionsbeschleunigung *f* durch Basen ‖ **~-centred lattice** (Crystal) / basiszentriertes Gitter, basisflächenzentriertes Gitter ‖ **~ chart** (Nav) / Basiskarte *f* (Unterlage für Überdrucke) ‖ **~ circle*** (the circle used in setting out the profiles of gear-wheel teeth which are of involute form) (Eng) / Grundkreis *m* (DIN 3998) ‖ **~ coat** / Grundschicht *f* (im Allgemeinen) ‖ **~ coat** (Build) / Putzgrund *m* (auf dem Putzträger), Unterputzschicht *f*, Unterputzlage *f*, Grobputzschicht *f*, Grundschicht *f* (eines mehrlagigen Putzes), Unterputz *m* (Schicht), Rohbewurf *m*, Raupputzschicht *f* ‖ **~ coat paint** (Autos, Paint) / Basislack *m* (Werkstoff) ‖ **~ colour** (Light) / Grundfarbe *f* (DIN 16 508), Primärfarbe *f* ‖ **~ contact** (Elec Eng) / Mittelkontakt *m*, Mittenkontakt *m*, Bodenkontakt *m* (der Glühlampe)
**base-coupled logic** (Electronics) / basisgekoppelte Logik
**base course** (Build) / Fundamentschicht *f* ‖ **~ course*** (Build) / Tragschicht *f* (unterste Schicht im Mauerwerkbau), die unterste Mauerwerkschicht, Unterbau *m* (eines Mauerwerks) ‖ **~ course** (Build, Civ Eng) / Sauberkeitsschicht *f* (im Massenbetonfundament) ‖ **~ course** (Civ Eng) / Tragschicht *f* (obere), Hauptschicht *f* ‖ **~ cupboard** (Chem) / Unterschrank *m* (im Labor) ‖ **~ cylinder** (Eng) / Grundzylinder *m*
**-based** *adj* / mit Sitz in (z.B. Prague-based = mit Sitz in Prag)
**base diameter** (Eng) / Grundkreisdurchmesser *m* (DIN 3998) ‖ **~ diffusion** (Electronics) / Basisdiffusion *f* (z.B. in der Bipolartechnik)
**base-diffusion isolation technology** (Electronics) / BDI-Technik *f*, Basisdiffusionsisolation *f*
**base dissociation constant** (Chem) / Basendissoziationskonstante *f* ‖ **~ doping** (Electronics) / Basisdotierung *f* ‖ **~ edge** (Maths) / Grundkante *f* (des Prismas), Basiskante *f* ‖ **~ end measurement station** / Messstation *f* (ortsfeste oder bewegliche) ‖ **~ energizing** (Radio) / Fußpunktspeisung *f* ‖ **~ exchange*** (Chem) / Basenaustausch *m* ‖ **~ flow** (Hyd Eng) / Basisabfluss *m* ‖ **~ fluid** / Grundöl *n* (DIN ISO 4378-3) ‖ **~ impedance** (Radio) / Fußpunktimpedanz *f*, Fußpunktwiderstand *m* (der Antenne) ‖ **~ ionization constant** (Chem) / Basendissoziationskonstante *f* ‖ **~ leg** (Aero) / Basisteil *m* (Unterteilung des Platzrunde beim Landeanflug), Queranflugteil *m* ‖ **~ level** (Electronics) / Impulsboden *m* ‖ **~ level*** (Geol) / Erosionsbasis *f* (das Endniveau der Tiefenerosion), Denudationsniveau *n*, Denudationsbasis *f*
**base-levelled plain** (Geol) / Rumpfebene *f*, Peneplain *f* (ebene oder flachwellige Abtragungsfläche, die schräggestellte oder gefaltete Gesteinsschichten kappt), Fastebene *f*, Rumpffläche *f*
**base light** (Cinema, Photog) / Grundlicht *n*
**baseline*** *n* / Basislinie *f*, Grundlinie *f* ‖ **~*** (Electronics) / Impulsboden *m* ‖ **~** (Print) / Baseline *f* (unterste Zeile, z.B. einer Anzeige) ‖ **~** (Spectr) / Bezugslinie *f* (im Absorptionsspektrum) ‖ **~*** (Surv) / Basis *f*, Messbasis *f* ‖ **~*** (Typog) / Normalschriftlinie *f*, Schriftlinie *f* (DIN 16507) ‖ **~ length** (Radar) / Basislinienlänge *f* ‖ **~ overshoot** (Elec) / Nachschwinger *m* (ein elektrischer Ausschwingvorgang) ‖ **~ tunnel** (Civ Eng) / Basistunnel *m* (bei dem das Gebirge etwa in Höhe der Talsohle durchstoßen wird)
**base load*** (Elec Eng) / Grundlast *f*
**base-load capacity** (Elec Eng) / Grundlastkapazität *f* (eines Kraftwerks) ‖ **~ duty** (Elec Eng) / Grundlastbetrieb *m*
**base-loaded antenna** (Radio) / fußpunktbelastete Antenne (meist vertikale Halbdipolantenne mit in Serie geschalteter Induktanz am Fußpunkt, womit die effektive Antennenhöhe vergrößert wird) ‖ **~ plant** (Elec Eng, Hyd Eng) / Grundleistungskraftwerk *n*, Grundlastkraftwerk *n*
**base-load machine** (Elec Eng) / Grundlastmaschine *f* ‖ **~ operation** (Elec Eng) / Grundlastbetrieb *m* ‖ **~ plant** (hydroelectric power supply) (Elec Eng, Hyd Eng) / Grundleistungskraftwerk *n*, Grundlastkraftwerk *n* ‖ **~ station** (hydroelectric power supply) (Elec Eng, Hyd Eng) / Grundleistungskraftwerk *n*, Grundlastkraftwerk *n*
**base map** (Cartography) / Grundkarte *f* (für die Ableitung kleinerer Karten) ‖ **~ map** (Cartography) / Arbeitskarte *f* (zum Eintragen thematischer Kartengegenstände) ‖ **~ material** (Electronics) / Trägerwerkstoff *m*, Trägermaterial *m*, Träger *m* (Trägerwerkstoff), Substrat *n* (Trägerwerkstoff) ‖ **~ memory** (Comp) / Basisspeicher *m*, Base Memory *n*
**basement** *n* (Build) / Basement *n* (Keller- oder Untergeschoss), Kellergeschoss *n*, Sockelgeschoss *n*, Untergeschoss *n* (Werkzeughälfte, die auf der Hammerschabotte bzw. dem Pressentisch befestigt ist) ‖ **~*** (Civ Eng, Geol) / Festgestein *n* (oberste Schicht nach Lockergestein oder unverfestigten Bodenschichten) ‖ **~*** (Geol) / Urgebirge *n*, Grundgebirge *n* (meist aus metamorphen Gesteinen und Tiefengesteinen), Grundgestein *n* ‖ **~ complex** (Geol) / Urgebirge *n*, Grundgebirge *n* (meist aus metamorphen Gesteinen und Tiefengesteinen), Grundgestein *n* ‖ **~ drainage** (Build, San Eng) / Kellerentwässerung *f* (Anschluss der im Keller eines Gebäudes liegenden Wasserablaufstellen an die Grundleitung) ‖ **~ gully** (Build, San Eng) / Kellerablauf *m*
**basementless** *adj* (Build) / nicht unterkellert
**basement stairs** (Build) / Kellertreppe *f* ‖ **~ storey** (Build) / Basement *n* (Keller- oder Untergeschoss), Kellergeschoss *n*, Sockelgeschoss *n*, Untergeschoss *n* (Werkzeughälfte, die auf der Hammerschabotte bzw. dem Pressentisch befestigt ist) ‖ **~ tectonics** (Geol) / Grundgebirgstektonik *f* ‖ **~ wall** (Build) / Kellerwand *f* (DIN 1053) ‖ **~ window** (Build) / Kellerfenster *n* (in der Wandfläche von Kellerräumen)

**base metal** / metallische Unterlage (beim Emaillieren) ‖ ~ **metal*** (Chem) / Nichtedelmetall n, unedles Metall, Unedelmetall n ‖ ~ **metal** (Met, Powder Met) / Basismetall n, Grundmetall n ‖ ~ **metal** (Welding) / Grundwerkstoff m, Grundmetall n
**base-metal corrosion** / Grundmetallkorrosion f, Rotrost m ‖ ~ **hardness** (of bolts) (Eng) / Grundmetallhärte f
**base moulding** (Arch, Build) / Fußgesims n, Sockelgesims n ‖ ~ **net** (Surv) / Netz n I. Ordnung ‖ ~ **notation** (Comp) / Radixschreibweise f (eine Stellenschreibweise nach DIN 44300) ‖ ~ **number** (Maths) / Grundzahl f (des Zahlensystems), Basis f ‖ ~ **of natural logarithms** (Maths) / Zahl f e, Basis f der natürlichen Logarithmen ‖ ~ **oil** / Grundöl n (im Schmieröl ohne Additive) ‖ ~ **paint** (Paint) / Grundlack m ‖ ~ **pair*** (Biochem) / Basenpaar n
**base-pairing** n (Biochem) / Basenpaarung f (spezifische Bindungen im Doppelstrangmolekül von Nukleinsäuren)
**base paper** (Paper) / Rohpapier n (z.B. als Grundlage für gestrichene Papiere) ‖ ~ **paper** s. also hanging paper ‖ ~ **pay** / Ecklohn m, Grundlohn m ‖ ~ **period** (Stats) / Basisperiode f, Vergleichsperiode f, Bezugsperiode f ‖ ~ **pin** (Elec Eng) / Sockelstift m ‖ ~ **plane** (Eng) / Auflageebene f (gegen die sich das Werkzeug nach DIN 6581 in seiner Einspannung abstützt) ‖ ~ **plate** (Eng) / Bettplatte f, Fundamentplatte f, Lagerplatte f, Bodenplatte f, Grundplatte f ‖ ~ **plate** (Eng) / Fußbodenankerplatte f, Grundplatte f ‖ ~ **pressure** (Build, Civ Eng) / Sohldruck m (in der Bodenmechanik) ‖ ~ **price plus delivery** (Autos) / Grundpreis m zuzüglich Überführungskosten ‖ ~ **prong** (Elec Eng) / Sockelstift m ‖ ~ **reading glass** (Optics) / Stand-Leseglas n ‖ ~ **region** (Electronics) / Basis f (der mittlere Teil eines Transistors), Basiszone f (zwischen Kollektor und Emitter) ‖ ~ **register** (Comp) / Basisregister n ‖ ~ **resistance*** (Electronics) / Basiswiderstand m ‖ ~ **road** (Mining) / Grundstrecke f, Sohlstrecke f ‖ ~ **set** (Maths) / Basismenge f ‖ ~ **size** / Rohmaß n (DIN 406, T 2) ‖ ~ **station** (Telecomm, Teleph) / Basisstation f, BS (Basisstation) ‖ ~ **stock** / Grundöl n (im Schmieröl ohne Additive) ‖ ~ **stock** (Paper) / Rohpapier n (z.B. als Grundlage für gestrichene Papiere) ‖ ~ **terminal** (Electronics) / Basisanschluss m ‖ ~ **truncation** (Geol) / Basalamputation f ‖ ~ **tunnel** (Civ Eng) / Basistunnel m (bei dem das Gebirge etwa in Höhe der Talsohle durchstoßen wird) ‖ ~ **turn** (Aero) / Wendekurve f ‖ ~ **unit*** / Basiseinheit f (z.B. Kelvin im SI-System) ‖ ~ **vector*** (Maths) / Basisvektor m ‖ ~ **version** (Autos) / Grundversion f (eines Wagens), Einfachversion f (eines Wagens) ‖ ~ **weight** (Paper) / flächenbezogene Masse (DIN 6730), Flächenmasse f (in g/m$^2$), Flächengewicht n, Quadratmetermasse f (von Papier, Karton oder Pappe), Grammatur f ‖ ~ **width** (Electronics) / Basisbreite f (Dicke der Basiszone)
**bash** v (Mining) / absperren v (ein Brandfeld), abdichten v (ein Brandfeld)
**bashing** n (Mining) / Absperren n, Abdichten n (eines Brandfeldes)
**BASIC** n (Comp) / Basic n (einfache höhere Programmiersprache)
**basic** adj / Grund-, Basis- ‖ ~ (Chem) / Alkali-, alkalin adj, alkalisch adj, basisch adj ‖ ~ **access** (Electronics) / Basisanschluss m ‖ ~ **access** (Telecomm) / Basisanschluss m (ISDN) ‖ ~ **access concentrator** (Telecomm) / Basisanschlusskonzentrator m (ISDN) ‖ ~ **Bessemer converter** (Met) / Thomasbirne f, Thomaskonverter m ‖ ~ **Bessemer process** (Met) / Thomasverfahren n (Stahlerzeugung in einem Konverter mit basischem Futter - heute restlos veraltet) ‖ ~ **bismuth nitrate** (Chem) / Bismutsubnitrat n, basisches Bismutnitrat, Bismutylnitrat n ‖ ~ **bore** (Eng) / Einheitsbohrung f (im Passsystem anch DIN ISO 286-2), EB (Einheitsbohrung) ‖ ~ **brick** (refractory brick composed essentially of basic ingredients, such as lime, magnesite, chrome ore, or dead-burnt magnesite) (Build, Ceramics) / basischer Stein (feuerfester, z.B. Magnesit-, Dolomit- oder Chromitstein) ‖ ~ **brown 1** (Chem) / Bismarckbraun n (ein Disazofarbstoff) ‖ ~ **chart** (Nav) / Basiskarte f (Unterlage für Überdrucke) ‖ ~ **circuit** (Elec Eng, Electronics) / Elementarschaltung f (die kleinste schaltungstechnische Einheit eines integrierten Schaltkreises) ‖ ~ **clause** (AI) / Grundklausel f (ohne Variablen)
**basic-coated electrode** (Welding) / basisch umhüllte Elektrode
**basic coating** (Welding) / basische Umhüllung (der Elektrode - meistens Kalziumkarbonat und Flussspat) ‖ ~ **concept of decision** (AI) / Grundmodell n der Entscheidung ‖ ~ **configuration** (Comp) / Basiskonfiguration f
**basic-covered electrode** (Welding) / basisch umhüllte Elektrode
**basic cycle** (Comp) / Befehlszyklus m (Zeitspanne, die zur Ausführung eines Befehls erforderlich ist, bevor der nächstfolgende Befehl ausgeführt werden kann), Befehlsablauf m ‖ ~ **density** (For) / Raumdichtezahl f (eine besondere Rohdichteart des Holzes) ‖ ~ **design** (Eng) / Neukonstruktion f (als Basis für eventuelle Anpassungs- bzw. Variantenkonstruktionen) ‖ ~ **design** (Eng) / Grundauslegung f (einer Anlage), Basic Design n ‖ ~ **dimension** / Basisdimension f (DIN 1313) ‖ ~ **dry cleaning** (Textiles) / Einfachreinigung f ‖ ~ **dyes*** (Photog, Textiles) / basische Farbstoffe, kationische Farbstoffe ‖ ~ **electrolyte** (Surf) / Leitsalz n (Alkalisalz, das die Leitfähigkeit des Bades erhöht und die Dissoziation der Metallsalze beeinflusst), Leitelektrolyt m, LE (Leitelektrolyt) ‖ ~ **food** (Nut) / Grundnahrungsmittel n, Hauptnahrung f ‖ ~ **format** (Comp, Print) / Grundformat n (wenn der Kunde nicht anders entscheidet) ‖ ~ **hole** (Eng) / Einheitsbohrung f (im Passsystem anch DIN ISO 286-2), EB (Einheitsbohrung) ‖ ~ **hypothesis** (AI, Stats) / Grundhypothese f ‖ ~ **igneous rock** (Geol) / basisches Erstarrungsgestein (mit einem Gesamt-SiO$_2$-Gehalt von > 52 Prozent) ‖ ~ **industry** / Grundstoffindustrie f, Grundstofferzeugung f (z.B. Landwirtschaft und Bergbau) ‖ ~ **input-output system** (Comp) / BIOS n (Teil des Betriebssystems, der mit der Hardware kommuniziert) ‖ ~ **insulation** (Elec Eng) / Basisisolierung f (DIN VDE 0100-200)
**basicity*** n (Chem) / Alkalität f, Basizität f, alkalische Beschaffenheit, basische Beschaffenheit ‖ ~ **constant** (Chem) / Basendissoziationskonstante f
**basic lead carbonate*** (Chem) / Bleihydroxidkarbonat n, Bleihydroxidcarbonat n, basisches Bleicarbonat (Bleiweiß) ‖ ~ **lead carbonate*** (Chem) s. also white lead ‖ ~ **lead chromate*** (Chem) / Bleihydroxidchromat n (als Chromatpigment Chromorange) ‖ ~ **lead sulphate*** (Chem) / Bleioxidsulfat n, basisches Bleisulfat ‖ ~ **lime-coated electrode** (Welding) / kalkbasisch umhüllte Elektrode ‖ ~ **lining** (Met) / basische Zustellung, basisches Futter ‖ ~ **loading*** (Elec Eng) / Tragfähigkeit f (der Freileitung) ‖ ~ **machine** / Basismaschine f ‖ ~ **map** (Cartography) / Grundkarte f (für die Ableitung kleinerer Karten) ‖ ~ **mapping** (Cartography) / Grundkartenwerk n ‖ ~ **master pattern** (Foundry) / Urmodell n, Muttermodell n ‖ ~ **message** / Basic Message f (grundlegende Aussage, die durch die Werbung vermittelt werden soll) ‖ ~ **module** (Build) / Grundmodul m (die kleinste Einheit der Modulordnung - nach DIN 18 000 = 100 mm) ‖ ~ **molecule** (Plastics) / Grundmolekül n ‖ ~ **needs** / Grundbedürfnisse n pl (des Menschen) ‖ ~ **notion** / Grundbegriff m ‖ ~ **nutrient** (Nut) / Grundnährstoff m ‖ ~ **open-hearth** (steel-making) **process** (Met) / basisches Verfahren (Siemens-Martin-Verfahren m mit Magnesit- oder Dolomitsteinen und Teerdolomit ausgekleideten Stand- oder Kippöfen, basischer SM-Ofen-Prozess, basischer Betrieb, basisches SM-Verfahren, basischer Siemens-Martin-Ofen-Prozess ‖ ~ **open-hearth steel** (Met) / basischer Siemens-Martin-Stahl ‖ ~ **ore** (Geol) / basisches Erz ‖ ~ **oxide** (Chem) / basisches Oxid ‖ ~ **oxygen furnace** (Met) / basischer Blasstahl-Konverter ‖ ~ **oxygen process** (Met) / Sauerstoffaufblasverfahren n, Sauerstoffkonverterverfahren n
**basic-oxygen steel-making** (Met) / Sauerstoffaufblasverfahren n, Sauerstoffkonverterverfahren n
**basic part** (one piece, or two pieces joined together, which are not normally subject to disassembly without destruction of designed use) (Build, Elec Eng, Electronics) / Einzelteil n, Bauteil n, Bauelement n ‖ ~ **pay norm** / Ecklohn m, Grundlohn m ‖ ~ **process*** (Met) / basisches Verfahren (Siemens-Martin-Verfahren m mit Magnesit- oder Dolomitsteinen und Teerdolomit ausgekleideten Stand- oder Kippöfen, basischer SM-Ofen-Prozess, basischer Betrieb, basisches SM-Verfahren, basischer Siemens-Martin-Ofen-Prozess ‖ ~ **profile** (Eng) / Bezugsprofil n (bei Zahnrädern nach DIN 867) ‖ ~ **Q** (Elec Eng) / Leerlaufgütefaktor m ‖ ~ **rack** (Eng) / Bezugszahnstange f (DIN 867) ‖ ~ **rate access** (Telecomm) / Basisanschluss m (ISDN) ‖ ~ **reaction** (Chem) / alkalische Reaktion, basische Reaktion ‖ ~ **refractory** (material) (low in silica content, used for metallurgical furnace linings) (Ceramics, Met) / basischer feuerfester Stoff ‖ ~ **research** / Grundlagenforschung f ‖ ~ **rock*** (Geol) / basisches Erstarrungsgestein (mit einem Gesamt-SiO$_2$-Gehalt von > 52 Prozent) ‖ ~ **rule** / Grundregel f ‖ ~ **safety** (Nuc Eng) / Basissicherheit f (von Kernreaktoren) ‖ ~ **safety principle** (Nuc Eng) / Basissicherheitskonzept n ‖ ~ **salt** (Chem) / basisches Salz ‖ ~ **scale** / Bezugsmaßstab m ‖ ~ **service** (Comp, Telecomm) / Basisdienst m, Grunddienst m, Standarddienst m ‖ ~ **service attribute** (Telecomm) / Basisdienstmerkmal n ‖ ~ **set** (of paths) (Comp) / Grundausstattung f (mit Schriften) ‖ ~ **shaft** (Eng) / Einheitswelle f (im Passsystem), EW ‖ ~ **size** / Nennmaß n (DIN 7182, T 1) ‖ ~ **size*** (Paper, Print) / Ausgangsformat n, genormtes Format (meistens DIN) ‖ ~ **slag*** (Met) / Thomasschlacke f, basische Schlacke ‖ ~ **solution** (Maths) / Basislösung f ‖ ~ **staining** (Biochem, Micros) / basisches Färbeverfahren (mit basischen Farbstoffen) ‖ ~ **staple** (Nut) / Grundnahrungsmittel n, Hauptnahrung f ‖ ~ **statement** (Comp) / Grundanweisung f ‖ ~ **steel** (Met) / basisch erschmolzener Stahl, basischer Stahl ‖ ~ **strength** (Chem) / Basenstärke f ‖ ~ **taste** (Nut) / Grundgeschmack m, Grundgeschmacksempfindung f ‖ ~ **version** (Comp) / Basiskonfiguration f ‖ ~ **wage** / Ecklohn m, Grundlohn m ‖ ~ **wage rate** / Ecklohn m, Grundlohn m ‖ ~ **weave** (Weaving) / Grundbindung f (Leinwand-, Köper- und Atlasbindung)
**basifier** n (Chem) / Basenbildner m, Alkalisierungsmittel n
**basify** v (Chem) / basisch (ein)stellen

**basil\*** *n* (Bind, Leather) / Basane *f*, Basil *n*, Basan *n* (halb gares australisches oder indisches Schafleder) ‖ ~ (the bevelled edge of a drill or chisel) (Eng) / Abschrägungsfläche *f*, Zuschärfungsfläche *f* ‖ ~ (Bind, Leather) s. also roan
**basilica** *n* (Arch) / Basilika *f* (pl. Basiliken) (mehrschiffige Kirche mit höherem, durch eigene Fenster belichtetem Mittelschiff)
**basin** *n* (Build) / Waschbecken *n* ‖ ~ (Eng) / Becken *n*, Schale *f*, Schüssel *f* ‖ ~ (Foundry) / Abstichgrube *f*, Abstechherd *m* ‖ ~ (Foundry) / Einguss *m* ‖ ~\* (Geol) / Becken *n* (Eintiefung der Erdoberfläche), Mulde *f* (flache Hohlform), Wanne *f*, Senke *f* ‖ ~ (Hyd Eng) / Einzugsgebiet *n* (das ober- und unterirdische Entwässerungsgebiet eines Flusses mit allen seinen Nebenflüssen - DIN 4045), Abflussgebiet *n* ‖ ~ (Hyd Eng) / Becken *n* ‖ ~ (of a river) (Hyd Eng) / Stromgebiet *n* (das sich längs eines Stromes erstreckende und vom ihm beeinflusste Gebiet), Flussgebiet *n* ‖ ~ (of a river) s. also catchment area
**basin-and-range\*** *n* (Geol) / Schollenland *n*
**basin floor** / Tassensohle *f* (Boden der Kühlturmtasse) ‖ ~ **irrigation** (Agric) / Beckenbewässerung *f* ‖ ~ **mixer** (Plumb) / Waschtischbatterie *f* ‖ ~ **wrench** (Plumb) / Standhahnmutterschlüssel *m*
**basiphil** *adj* (Chem, Med) / basophil *adj* (durch basische Farbstoffe leicht färbbar)
**basiphilic** *adj* (Chem, Med) / basophil *adj* (durch basische Farbstoffe leicht färbbar)
**basiphyte** *n* (Bot) / Basiphyt *m* (pl. -en), Alkaliplanze *f*
**basis\*** *n* (pl. bases) (Maths) / Basis *f* des Vektorraumes ‖ ~ **of induction** (Maths) / Induktionsanfang *m* ‖ ~ **set** (Chem, Phys) / Basissatz *m* (in der Quantenchemie) ‖ ~ **vector\*** (Maths) / Basisvektor *m* ‖ ~ **weight** (Paper) / flächenbezogene Masse (DIN 6730), Flächenmasse *f* (in g/m²), Flächengewicht *n*, Quadratmetermasse *f* (von Papier, Karton oder Pappe), Grammatur *f*
**Baskerville** *n* (Print) / Baskerville *f* (Antiqua- und Kursivdruckschrift - nach J. Baskerville, 1706 - 1775)
**basket** *n* (Aero) / Korb *m* (z.B. des Freiballons) ‖ ~ (for passengers) (Aero) / Korb *m* (z.B. des Freiballons) ‖ ~ (Elec Eng) / Aufhängeplattform *f* (für Reparaturen der Oberleitung) ‖ ~ (Stats) / Einkaufskorb *m* (zur Ermittlung der Verbraucherindizes) ‖ ~ **arch** (Arch) / Korbbogen *m* ‖ ~ **ash** (For) / Schwarzesche (Fraxinus nigra Marshall) ‖ ~ **centrifuge** / Trommelzentrifuge *f*
**basketene** *n* (Chem) / Basketen *n* (eine Käfigverbindung)
**basket evaporator** (Chem Eng) / Rohrkopfverdampfer *m* ‖ ~ **fungus** (For) / Ständerpilz *m* ‖ ~ **oak** (For) / Korbeiche *f* (Quercus michauxii Nutt.) ‖ ~ **rope** (Aero) / Korbleine *f* (des Freiballons)
**basketry** *n* / Korbmacherei *f*, Korbflechterei *f* ‖ ~ **wares** *f pl*
**basket weave** (Weaving) / Mattenbindung *f*, Panamabindung *f*, Würfelbindung *f* (eine Leinwandbindung)
**basketweave** *n* (US) (Astron, Met, Welding) / Widmannstätten'sche Struktur, Widmannstätten'sches Gefüge (nach A. Beck, Edler v. Widmannstätten, 1754-1849)
**basket winding\*** (Elec Eng) / Korbwicklung *f* ‖ ~ **windshield** (Cinema) / Korbwindschutz *m*, Zeppelin *m* (Korbwindschutz) ‖ ~ **work** / Korbwaren *f pl*
**basmati** *n* (Nut) / Basmatireis *m*, Basmati *m* (eine langkörnige, aromatische indische Reissorte) ‖ ~ **rice** (a high-quality variety of Indian long-grain rice, characterised by its particular fragrance when cooked) (Nut) / Basmatireis *m*, Basmati *m* (eine langkörnige, aromatische indische Reissorte)
**basofor** *n* (Min) / Baryt *m*, Schwerspat *m*
**basophil\*** *adj* (Chem, Med) / basophil *adj* (durch basische Farbstoffe leicht färbbar)
**basophilic** *adj* (Chem, Med) / basophil *adj* (durch basische Farbstoffe leicht färbbar)
**basophilous** *adj* (Bot) / basiphil *adj* (Pflanze)
**bas-relief\*** *n* (Arch) / Flachbild *n*, Basrelief *n*, Flachrelief *n*
**bass** *n* (Acous) / Bass *m*, Bassten *m* (unter 250 Hz) ‖ ~ (Agric, For) / Innenrinde *n*, Bast *m*, sekundäre Rinde, Lindenbast *m* ‖ ~\* (Agric, For) s. also phloem
**bassanite** *n* (Min) / Bassanit *m* (ein Halbhydrat)
**bass boost\*** (Acous) / Tiefenanhebung *f*, Bassanhebung *f* (zur Anhebung von tiefen Frequenzen) ‖ ~ **booster** (Acous) / Bass-Booster *m* (Verstärker oder Lautsprecher für den Tieftonbereich) ‖ ~ **compensation\*** (Acous) / Bassentzerrung *f*, Ausgleich *m* einer Bassabsenkung
**Basselisse loom** (Weaving) / Basselissestuhl *m*, Flachwebstuhl *m* (ein Handwebstuhl mit waagerecht geführter Kette)
**bass frequency\*** (Acous) / Bassfrequenz *f* ‖ ~ **loudspeaker** (Acous) / Tieftonlautsprecher *m*, Tieftöner *m*, Woofer *m*
**bassora gall** (Bot, Leather) / Sodomsapfel *m*, Bassoragalle *f*, Rove *f* (Knospengalle aus Quercus fraineto Ten.) ‖ ~ **gum** / Bassoragummi *n* (geringwertige Tragantsorten - Baumwollabfallspinnerei)
**basso rilievo** *n* (Arch) / Flachbild *n*, Basrelief *n*, Flachrelief *n*
**bassorin** *n* (Chem) / Bassorin *n* (ein Bestandteil des Tragants)

**bass-reflex enclosure** (loudspeaker) (Acous) / Bass-Reflex-Gehäuse *n*, Bass-Reflex-Box *f* (zur Verbesserung der Tiefenabstrahlung)
**bass speaker** (Acous) / Tieftonlautsprecher *m*, Tieftöner *m*, Woofer *m*
**basswood** *n* (For) / Lindenholz *n* ‖ ~\* (For) / Amerikanische Linde (meistens Tilia americana)
**bast** *v* (Textiles) / heften *v*, reihen *v* (nach dem Zuschnitt) ‖ ~\* *n* (Agric, For) / Innenrinde *n*, Bast *m*, sekundäre Rinde, Lindenbast *m*
**bastard ashlar** (Build) / Natursteinverblendung *f* (mit grobbehauenen Steinen) ‖ ~ **band** (Phys, Spectr) / Hybridbande *f*, Bastardbande *f*, Mischbande *f* (in Spektren mehratomiger Moleküle) ‖ ~ **bond** (Build) / Binderverband *m* ‖ ~ **cut\*** (Eng) / Mittelhieb *m*, Bastardhieb *m*
**bastard-cut file** (a file type of intermediate coarseness) (Eng) / Bastardfeile *f*
**bastard file** (Eng) / Bastardfeile *f*
**bastard-flat** *adj* (Paint) / halbmatt *adj*, seidenmatt *adj*
**bastard grain** (For) / gefladerte Textur ‖ ~ **jute** (Bot) / Gambohanf *m*, Bimlipatamjute *f*, Bimlijute *f*, Kenaf *n* (Hibiscus cannabinus L.), Ambari *m*, Dekkanhanf *m*, Hanfeibisch *m* ‖ ~ **masonry** (Build) / Natursteinverblendung *f* (mit grobbehauenen Steinen) ‖ ~ **size\*** (Paper) / Nichtnormgröße *f*
**bastard-title\*** (Typog) / Vortitel *m*, Schmutztitel *m*, Schutztitel *m*
**bast fibre\*** / Bastfaser *f* (z.B. Flachs, Hanf)
**bast-fibre spinning** (Textiles) / Bastfaserspinnerei *f* (Langfaserspinnerei, Wergspinnerei, Nassspinnerei, Trockenspinnerei)
**basting** *n* (Nut) / Fleischsaft *m*, Jus *f m n*, Bratensaft *m*, Saft *m* (A) ‖ ~ **seam** (Textiles) / Heftnaht *f* ‖ ~ **thread** (Textiles) / Heftfaden *m*, Heftgarn *n*
**bastite\*** *n* (Min) / Bastit *m*, Schillerspat *m* (ein Inosilikat)
**bastnaesite\*** *n* (Min) / Bastnäsit *m* (mit großem Anteil des Zerfluoridkarbonats - Hauptquelle zur Gewinnung von Ce)
**B.A.T.** (best available technology) / beste verfügbare Technik, Besttechnologie *f*
**BAT** (buffer address table) (Comp) / Pufferadresstabelle *f*
**bat** *v* (Build) / scharrieren *v* (mit einem Scharriereisen - Steine, glatte Betonoberflächen) ‖ ~ *n* (Aero) / Signalkelle *f* ‖ ~\* (Build) / Schlussziegel *m*, Schliessziegel *m* (in einer Lage), Eckstein *m* (sehr oft mit gewechseltem Format), Eckziegel *m* (zur Ausbildung des Eckverbandes) ‖ ~\* (Build) / Brocken *m*, Stück *n* (z.B. eines Ziegels) ‖ ~ (Ceramics) / Arbeitsbrett *n*, Arbeitsplatte *f* ‖ ~ (Ceramics, Glass) / Brennplatte *f*, Brennunterlage *f*
**Batavia twill** (Textiles) / Circassienne *f*, Zirkas *m* ‖ ~ **weave** (Weaving) / gleichseitige Köperbindung, Bataviabindung *f*
**batch** *v* (Build, Civ Eng) / zumessen *v* ‖ ~ (Comp) / stapeln *v*, stapelweise bearbeiten, schubweise bearbeiten, im Stapelbetrieb verarbeiten ‖ ~ (Textiles) / batschen *v* ‖ ~ (Weaving) / aufwickeln *v*, docken *v* ‖ ~ *n* / Charge *f* ‖ ~ (Nut) / Posten *m* (bestimmte Menge Ware gleicher Art, z.B. in der statistischen Qualitätskontrolle), Partie *f* ‖ ~ (a quantity of raw materials blended together for subsequent processing) (Ceramics) / Versatz *m*, Masseversatz *m* ‖ ~ (Chem) / Ansatz *m* ‖ ~ (Chem Eng) / Vormischung *f*, Batch *m* (für die Vulkanisation) ‖ ~ (Comp) / Stapel *m*, Schub *m*, Batch *m* (in der Stapelverarbeitung) ‖ ~\* (Glass) / Gemenge *n* (Ausgangsstoffgemisch für die Glasherstellung), Glasgemenge *n* ‖ ~ (Textiles) / Charge *f*, Partie *f* ‖ ~ (Textiles) / Anschlag *m* (Pigment-Feinteig) ‖ ~ (Weaving) / Warendocke *f*, Docke *f* (Holzkaule mit Vierkanteinsatz, auf die die Gewebe in breitem Zustand aufgewickelt werden) ‖ ~ (Work Study) / Los *n* (Anteil oder Mehrfaches einer durch Bedarfsermittlung festgelegten Menge, aus der ein Fertigungsauftrag entsteht), Einzellos *n* ‖ ~ *attr* / periodisch arbeitend (Industrieofen, z.B. Kammerofen, Tiefofen) ‖ ~ / satzweise *adj*, chargenweise *adj*, diskontinuierlich *adj* (Betrieb - satzweise arbeitend) ‖ ~ **accounting** (Comp) / Batch-Accounting *n* (die Abrechnungsroutine läuft als Batch-Routine) ‖ ~ **book** (Chem) / Ansatzbuch *n* ‖ ~ **box\*** (Build, Civ Eng) / Abmesskasten *m*, Messkasten *m*, Zumessgefäß *n*, Abmessgefäß *n* ‖ ~ **bucket** (Glass) / Gemengekübel *m*, Gemengebehälter *m* ‖ ~ **charger** (Glass) / Gemengeeinlegemaschine *f*, Gemengespeiser *m*, Einlegemaschine *f* ‖ ~ **charger** (person) (Glass) / Einleger *m* ‖ ~ **charging** (Met) / satzweises Beschicken (z.B. eines Ofens) ‖ ~ **command file** (Comp) / Stapelbefehlsdatei *f* ‖ ~ **composition** (Comp, Print) / Seitenumbruch *m* im Batch-Verfahren, Batch-Seitenumbruch *m* ‖ ~ **cooking** (Paper) / diskontinuierliches Kochen ‖ ~ **decatizing** (Textiles) / Kesseldekatur *f* ‖ ~ **distillation\*** (Chem, Chem Eng) / Chargendestillation *f*, diskontinuierliche Destillation ‖ ~ **drier** / Satztrockner *m*, Chargentrockner *m*
**batched** *adj* (Comp) / aufeinander folgend *adj* (in mehreren Schüben)
**batch feeder** (a mechanical device, such as an auger, employed to charge a glass or porcelain enamel batch into a melting tank or smelter) (Glass) / Gemengeeinlegemaschine *f*, Gemengespeiser *m*, Einlegemaschine *f* ‖ ~ **feeding** (Met) / satzweises Beschicken (z.B. eines Ofens) ‖ ~ **fermentation** (Bacteriol) / Batch-Fermentation *f* ‖ ~

**batch**

**fermentation** (Nut) / Chargengärung f ‖ ~ **file** (Comp) / Batch-Datei f, Stapelverarbeitungsdatei f ‖ ~ **filler** (Glass) / Einleger m ‖ ~ **formatter** (Comp) / Batchformatierer m ‖ ~ **furnace**\* / periodisch arbeitender (Industrie)Ofen (z.B. Kammerofen), Ofen m mit satzweiser Beschickung, Chargenofen m ‖ ~ **galvanizing** (Surf) / Stückverzinken n ‖ ~ **house** (Glass) / Gemengehaus n (Abteilung eines Glaswerks, in der die Gemengebereitung stattfindet)
**batching** n (Build, Civ Eng) / Bestimmung f des Mischungsverhältnisses (bei Betonmischungen), Dosierung f, Zumessung f ‖ ~ (Textiles) / Batschen n (Jutespinnerei) ‖ ~ (Textiles, Weaving) / Aufwickeln n, Docken n ‖ ~ (Weaving) / Kettbaumherstellung f, Bäumen n, Zetteln n, Kettschären n (DIN 62500), Aufbäumen n
**batching-off** n (Spinning, Textiles) / Abwickeln n, Abdocken n
**batching of pigment** (Textiles) / Anschlagen n des Pigments ‖ ~ **oil** (Textiles) / Batschöl n ‖ ~ **pig** (Oils) / Chargentrennmolch m (in Erdölleitungen) ‖ ~ **plant** (Build, Civ Eng) / Transportbetonwerk n
**batching-up** n (Weaving) / Aufwickeln n, Docken n ‖ ~ (Weaving) / Kettbaumherstellung f, Bäumen n, Zetteln n, Kettschären n (DIN 62500), Aufbäumen n
**batch job** (Comp) / Stapelverarbeitungsauftrag m ‖ ~ **job** (Comp) / Batchjob m, Stapeljob m ‖ ~ **mill**\* (Eng, Met) / satzweise arbeitender Kollergang ‖ ~ **mixer** (Eng) / diskontinuierlicher Mischer, Chargenmischer m, periodischer Mischer ‖ ~ **mixer** (Glass) / Gemengemischer m (ein Freifall- oder Zwangsmischer) ‖ ~ **number** / Chargennummer f, Losnummer f ‖ ~ **off** v (Spinning) / abwickeln v, abdocken v
**batch-off device** (Chem Eng) / Batch-off-Vorrichtung f (in der Gummiverarbeitung)
**batch oil** / Schmälze f (für die Seilerei) ‖ ~ **oil** (Spinning) / Batschmittel n (zur Vorbehandlung von Stengelfasern), Batschöl n ‖ ~ **plant** (Civ Eng) / nicht kontinuierlich arbeitende Mischanlage, diskontinuierliche Mischanlage ‖ ~ **plant** (Glass) / Gemengehaus n (Abteilung eines Glaswerks, in der die Gemengebereitung stattfindet) ‖ ~ **process**\* (Eng) / periodischer Prozess, diskontinuierliches Arbeitsverfahren, Chargenbetrieb m, Batch-Verfahren n ‖ ~ **processing**\* (Comp) / Stapelverarbeitung f (Betriebsart eines Rechners), Batchprocessing n (Schub- oder Stapelverarbeitung), Stapelbetrieb m, schubweise Bearbeitung, Schubverarbeitung f, Batch-Verfahren n, Batch-Betrieb m
**batch-processing job** (Comp) / Stapelverarbeitungsauftrag m ‖ ~ **mode** (Comp) / Stapelverarbeitung f (Betriebsart eines Rechners), Batchprocessing n (Schub- oder Stapelverarbeitung), Stapelbetrieb m, schubweise Bearbeitung, Schubverarbeitung f, Batch-Verfahren n, Batch-Betrieb m
**batch production** (Work Study) / Serienfertigung f (eine Fertigungsart), Serienproduktion f, Serienerzeugung f, Reihenfertigung f, Reihenbau m ‖ ~ **pusher** (Glass) / Einleger m ‖ ~ **quantity** / Losgröße f (Auflagenhöhe in Fertigungsbetrieben) ‖ ~ **rectification** (batch distillation in which the boiled-off vapour is re-condensed into liquid form and refluxed back into the still to make contact with the rising vapours) (Chem) / diskontinuierliche Rektifikation (Gegenstromdestillation) ‖ ~ **scale** / Mehrkomponentenwaage f, Chargenwaage f ‖ ~ **size** (Work Study) / Losgröße f (nach kapazitiven und/oder wirtschaftlichen Gesichtspunkten ermittelte Menge an Material oder Erzeugnissen, die zu beschaffen oder zu produzieren sind), Losumfang m ‖ ~ **stoker** (US) (Glass) / Gemengeeinlegemaschine f, Gemengespeiser m, Einlegemaschine f ‖ ~ **stone** (Glass) / Ungeschmolzenes n, Gemengestein m ‖ ~ **system** (Comp) / Paketsystem n (ein Rückführungssystem) ‖ ~ **terminal** (remote batch terminal) (Comp) / Terminal n für Stapelbetrieb, Batch-Terminal n, Stapelstation f, Stapelstation f ‖ ~ **total** (Comp, Maths) / Zwischensumme f, Zwischenergebnis n, laufende Summe
**batch-type mixer** (Eng) / diskontinuierlicher Mischer, Chargenmischer m, periodischer Mischer ‖ ~ **pasteurization** (Nut) / Dauererhitzung f (etwa 30 min bei 62 bis 65° C)
**batch up** v (Weaving) / aufwickeln v, docken v
**batch-weighing scale** / Chargenwaage f, Dosierwaage f
**batchwise** adj / satzweise adj, chargenweise adj, diskontinuierlich adj (Betrieb - satzweise arbeitend)
**bate** v (Leather) / beizen v (chemisch enthaarte und dabei zum Quellen gebrachte Häute mit schwach erwärmten Bädern) ‖ ~ n (Leather) / Beize f (Gemisch von Beizpräparaten), Gerberbeize f, Gerbbeize f
**B.A.T.E.A.** / beste verfügbare Technik, die wirtschaftlich erreichbar ist (das Kriterium ist Kostenminimum)
**batea** n (Mining) / Goldwäscherpfanne f
**batement light**\* (Arch, Build) / Fenster n mit abgeschrägter Sohlbank
**bate pinhole** (Leather) / Beizstippe f (Fehler) ‖ ~ **stain** (Leather) / Beizflecken m, Beizfleck m
**bath** n / Bad n ‖ ~ (Build, Plumb) / Wanne f (Badewanne) ‖ ~ (Textiles) / Flotte f (ein Behandlungsbad) ‖ ~ **agitation** (Surf) / Badbewegung f ‖ ~ **carburizing** (Met) / Badaufkohlen n (in flüssigen Wirkmedien), Badaufkohlung f ‖ ~ **composition** (Surf) / Badansatz m ‖ ~

**concentration** (Chem Eng, Surf) / Badkonzentration f ‖ ~ **current** (Surf) / Badstrom m ‖ ~ **fluid** / Badflüssigkeit f ‖ ~ **formulation** (Surf) / Badansatz m
**bathing-tub** n (Build, Plumb) / Wanne f (Badewanne) ‖ ~ **diagram** (Electronics) / Badewannenkurve f, Ausfallratekurve f (die die Ausfallrate z.B. von elektronischen Bauelementen in Abhängigkeit von der Zeit zeigt)
**bath level** / Badspiegel m ‖ ~ **life** (Surf) / Badstandzeit f ‖ ~ **life** (Surf) / Lebensdauer f des Elektrolyten (bei der Galvanisierung) ‖ ~ **liquid** / Badflüssigkeit f ‖ ~ **lubrication**\* (Eng) / Badschmierung f ‖ ~ **metal** (Met) / Bath-Metall n (ein Messingguss für Sanitärarmaturen) ‖ ~ **nitriding** (Met) / Badnitrokarburieren n, Badnitrieren n (in Stickstoff abgebenden Salzbädern nach DIN 17014, T 1)
**bathochromatic shift** (Spectr) / Verschiebung f der Absorptionsbanden nach dem langwelligen Spektralbereich hin (Bathochromie)
**bathochrome**\* n (Chem) / Bathochrom n (bathochrome Gruppe) ‖ ~\* adj (Chem) / bathochrom adj, farbvertiefend adj
**bathochromic** adj (Chem) / bathochrom adj, farbvertiefend adj ‖ ~ **shift** (Spectr) / Verschiebung f der Absorptionsbanden nach dem langwelligen Spektralbereich hin (Bathochromie)
**bath of molten tin** (Surf) / Zinnschmelze f (beim Feuerverzinnen) ‖ ~ **of molten zinc** (Surf) / Verzinkungsbad n, Zinkbad n
**batholith**\* n (Geol) / Batholith m (großes Tiefengesteinsmassiv) ‖ ~\* (Geol) s. also pluton
**bathometer** n (Ocean) / Bathometer n, Bathymeter n, Tiefenmesser m
**bathotonic reagent** (Min Proc) / Drücker m, drückender Zusatz (regelndes Schwimmmittel)
**bath patenting** (Met, Surf) / Badpatentieren n (Tauchpatentieren, bei dem bis ca. 400 bis 500 °C in einer Blei- oder Salzschmelze und anschließend in einem beliebigen Medium abgekühlt wird - DIN 17 014, T 1) ‖ ~ **ratio** (Textiles) / Flottenverhältnis n (die Verhältniszahl aus Trockengewicht des Veredelungsgutes in kg und Volumen der Flotte in l), FV (Flottenverhältnis) ‖ ~ **replenishment** (Photog) / Badregenerierung f ‖ ~ **resistance** (Surf) / Badwiderstand m
**bathroom building-block module** (Build) / Nasszelle f ‖ ~ **pod** (Build) / Nasszelle f ‖ ~ **pod** (Build) s. also mechanical core
**bath salt(s)** (Chem) / Badesalz n (z.B. mit Trinatriumhydrogendikarbonat)
**bath-temperature control** (Photog) / Badtemperierungsregelung f
**bath-tub** n (Build, Plumb) / Wanne f (Badewanne) ‖ ~ **curve** (Electronics) / Badewannenkurve f, Ausfallratekurve f (die die Ausfallrate z.B. von elektronischen Bauelementen in Abhängigkeit von der Zeit zeigt)
**bath voltage** (Elec Eng, Surf) / Badspannung f, Badbetriebsspannung f
**bathyal zone**\* (Ocean) / Bathyal n, bathyaler Bereich
**bathylith**\* n (Geol) / Batholith m (großes Tiefengesteinsmassiv)
**bathymeter** n (Ocean) / Bathometer n, Bathymeter n, Tiefenmesser m
**bathymetric chart** (Cartography, Ocean) / Tiefenkarte f, bathymetrische Karte
**bathyscaph** n (Ocean) / Bathyskaph m (ein Tiefseeboot), Bathyscaphe m n
**bathyscaphe** n (Ocean) / Bathyskaph m (ein Tiefseeboot), Bathyscaphe m n
**bathysphere** n (Ocean) / Bathysphäre f (eine Tauchkugel)
**bathythermogram** n (Ocean) / Bathythermogramm n (grafische Darstellung der Meerwassertemperatur als Funktion der Tiefe)
**batik** v (Textiles) / batiken v ‖ ~ **dyeing machine** (Textiles) / Batikfärbemaschine f ‖ ~ **printing**\* (Textiles) / Batik m f, Batikdruck m
**bating**\* n (Leather) / Beizen n (mit eiweißabbauenden Enzymen vor der Gerbung), Beize f (als Vorgang) ‖ ~ **ferment** (Leather) / Beizenzym n, Beizferment n
**batiste**\* n (Textiles) / Batist m (aus Baumwolle)
**batman** n (Aero) / Einwinker m, Rollwart m (S)
**batrachotoxin** n (Biochem) / Batrachotoxin n (tierisches Toxin, das aus dem kolumbianischen Pfeilgiftfrosch /Phyllobates aurotaenia oder bicolor/ isoliert wurde)
**batt** n (Build) / Brocken m, Stück n (z.B. eines Ziegels) ‖ ~ (Ceramics) / Arbeitsbrett n, Abstellplatte f ‖ ~ (Ceramics, Glass) / Brennplatte f, Brennunterlage f ‖ ~\* (Textiles) / Fadengelege n, Fadenvlies n, Fasergelege n (DIN ISO 2424)
**batten** n (Build, For) / Leiste f, Latte f ‖ ~\* (Build, Join) / Querleiste f, Riegel m, Riegelbrett n (an der Latten- und Brettertür), Türleiste f (an der Latten- und Brettertür) ‖ ~\* (Carp, For) / Brett n von 5 bis 8" Breite und 2 bis 4" Dicke ‖ ~ (For, Join) / Leiste f (der Kiste) ‖ ~ (Foundry) / Dämmleiste f (ein Formerwerkzeug), Dämmstück n ‖ ~ (the swinging frame of a loom which controls the reed, carries the race board and beats up each pick of weft to the fabric already formed) (Weaving) / Lade f (zur Aufnahme der Weberschiffchen), Weblade f
**battenboard**\* n (Join) / Stabplatte f (mit Stäben bis zu 75 mm)
**batten door** (Carp) / Brettertür f (gespundete oder stumpf gestoßene Bretter) ‖ ~ **door** (Carp) / Lattentür f (mit Riegel und

Diagonalverstrebung - für untergeordnete Räume, z.B. für Keller- und Bodenräume), Brettertür f mit Riegel und Diagonalverstrebung ‖ **~ down** v (Ships) / verschalken v, schalken v (Luken wasserdicht verschließen)
**battened roof covering** (Build) / Dachhaut f auf Dachlatten (als Unterkonstruktion) ‖ **~ wall**\* (Arch) / Wand f mit Auflattung, Wand f mit Lattenrost
**batten framework** (Build) / Lattengerüst n, Lattengestell n
**battening** n (Weaving) / Ladenschlag m
**batten plate** (Weaving) / Schlagblech n
**batter** v (Textiles) / schlagen v (Baumwolle) ‖ **~** n / Verjüngung f (Böschung), Böschung f ‖ **~** / Neigungswinkel m ‖ **~**\* (Arch) / Anzug m (einer Mauer) ‖ **~**\* (Build) / Dossierung f (der Wand, meistens an der Vorderseite) ‖ **~** (Hyd Eng) / steile Neigung (der Dammkrone), Anzug m (der Dammkrone) ‖ **~** (a fluid mixture of flour, a liquid and usually eggs - essentially a thin, pourable version of dough) (Nut) / Rührteig m ‖ **~**\* (Print) / abgenutzter Buchstabe (im Bleisatz)
**batterboard** n (US) (Build) / Schnurgerüst n, Schnurbock m (des Schnurgerüsts), Schnürgerüst n (zum Abstecken der Mauerfluchten im Hochbau)
**batter brace** (Build, Eng) / Kreuzstrebe f, Diagonale f, Schräge f, Spreize f, Diagonalstab m
**battered curb** (Civ Eng) / Flachbordstein m ‖ **~ kerb** (Civ Eng) / Flachbordstein m ‖ **~ types** (Print) / abgenutzte Schrift (im Bleisatz)
**batter level**\* (Geol, Surv) / Klinometer n, Neigungsmesser m, Neigungswinkelmesser m ‖ **~ pile** (Civ Eng) / schiefgetriebener Pfahl ‖ **~ pile**\* (Civ Eng) / Schrägpfahl m
**battery**\* n / Gruppe f, Batterie f ‖ **~** (a series of small cages for the intensive rearing and housing of farm animals, especially poultry) (Agric) / Batterie f, Legebatterie f ‖ **~**\* (Elec Eng) / Akkumulator m (DIN 40729), Akku m, Akkumulatorenbatterie f, Sammelbatterie f (galvanisches Sekundärelement), Batterie f (Sekundärzelle nach DIN 40729) ‖ **~**\* (Elec Eng) s. also cell ‖ **~ acid** (Elec Eng) / Batteriesäure f, Akkumulatorensäure f (20-26%ige Schwefelsäure besonderer Reinheit für Bleiakkumulatoren) ‖ **~ booster**\* (Elec Eng) / Pufferladegerät n (für Batterien) ‖ **~ box** (Elec Eng) / Akkumulatorkasten m, Batteriekasten m
**battery-buffered** adj (Elec Eng) / batteriegepuffert adj
**battery cable terminal** (Elec Eng) / Polklemme f, Batterieklemme f ‖ **~ cage** (Agric) / Batteriekäfig m ‖ **~ carrier** (Autos, Elec Eng) / Batteriehalter m ‖ **~ case** (Elec Eng) / Blockkasten m (für mehrere Zellen einer Batterie) ‖ **~ case** (Elec Eng) / Akkumulatorkasten m, Batteriekasten m ‖ **~ charge** (Autos, Elec Eng) / Batterieladezustand m, Ladezustand m (der Batterie) ‖ **~ charger** (Elec Eng) / Batterieladegerät n ‖ **~ charge tester** (Autos, Elec Eng) / Batterieprüfer m, Zellenprüfer m (für Batteriebelastungsprüfung) ‖ **~ clamp remover** (Elec Eng, Tools) / Polklemmenzange f (für die Batterie) ‖ **~ clip** (Elec Eng) / Batteriekabelschuh m ‖ **~-coil ignition**\* (Autos, I C Engs) / Spulenzündung f (bei Ottomotoren), SZ (Spulenzündung) ‖ **~ compartment** (Instr) / Batteriefach n ‖ **~ condition** (Autos, Elec Eng) / Batterieladezustand m, Ladezustand m (der Batterie) ‖ **~ container** (Elec Eng) / Blockkasten m (für mehrere Zellen einer Batterie) ‖ **~ cover** (Elec Eng) / Batteriedeckel m
**battery-discharge indicator** (Autos, Instr) / Batterieladeanzeige f (z.B. bei Elektroautos), Ladezustandsanzeige f (der Batterie), Entladeanzeiger m (bei Batterien)
**battery-driven** adj (Elec Eng) / mit Batterieantrieb, batteriebetrieben adj, batteriegespeist adj, Batterie... ‖ **~ rail car** (Rail) / Speichertriebfahrzeug n, Speichertriebwagen m, Akkumulatortriebwagen m
**battery-electric traction** (Rail) / batterieelektrische Zugförderung
**battery electrolyte** (Elec Eng) / Batteriesäure f, Akkumulatorensäure f (20-26%ige Schwefelsäure besonderer Reinheit für Bleiakkumulatoren) ‖ **~-energized** adj (Elec Eng) / mit Batterieantrieb, batteriebetrieben adj, batteriegespeist adj, Batterie... ‖ **~ fluid** (Elec Eng) / Batteriesäure f, Akkumulatorensäure f (20-26%ige Schwefelsäure besonderer Reinheit für Bleiakkumulatoren) ‖ **~ grid** (Elec Eng) / Gitterplatte f (einer Batterie) ‖ **~ husbandry** (Agric, Nut) / Käfighaltung f (mit mindestens 1100 Quadratzentimetern pro Legehenne), Batteriehaltung f (von Legehennen) ‖ **~ ignition** (Autos) / Batteriezündung f ‖ **~ keeping** (Agric, Nut) / Käfighaltung f (mit mindestens 1100 Quadratzentimetern pro Legehenne), Batteriehaltung f (von Legehennen) ‖ **~-lamp**\* n (Elec Eng) / Akkumulatorlampe f ‖ **~ limit** (Chem Eng) / Battery-Limit n (Anlagengrenze) ‖ **~ locomotive** (Rail) / Akkumulatorlokomotive f ‖ **~ lug** (Cables, Elec Eng) / Kabelschuh m (Verbindung zwischen Batteriekabel und Endpol) ‖ **~ manganese** / Braunstein m (MnO₂) für Trockenelemente (Leclanché) ‖ **~ mould** (Build, Civ Eng) / Batterieform f (für Batterieschalungen bei tafelfertigen Betonfertigteilen) ‖ **~ nut pliers** (Autos, Tools) / Batteriezange f, Schrägmaulmutternzange f (für Batterien) ‖ **~ of wells** (San Eng) / Brunnenreihe f, Brunnengalerie f ‖ **~-operated** adj (Elec Eng) / mit Batterieantrieb, batteriebetrieben adj, batteriegespeist adj, Batterie... ‖ **~ ore** (manganese dioxide) / Braunstein m (MnO₂) für Trockenelemente (Leclanché) ‖ **~ paper** (Paper) / Akkumulatorenpapier n ‖ **~ pasting paper** (Paper) / Akkumulatorenpapier n ‖ **~ pliers** (Autos, Tools) / Batteriezange f, Schrägmaulmutternzange f (für Batterien) ‖ **~ post** (Autos, Elec Eng) / Endpol m (der Autobatterie) ‖ **~-powered** adj (Elec Eng) / mit Batterieantrieb, batteriebetrieben adj, batteriegespeist adj, Batterie...
**battery-powered moped** (Autos) / City-Bike n (ein Elektrofahrzeug), Akku-Bike n
**battery spear**\* (Elec Eng) / Spitzenprüfkontakt m ‖ **~ system** (Autos) / Batteriezündanlage f ‖ **~ terminal** (Elec Eng) / Polklemme f, Batterieklemme f ‖ **~ tester** (Autos, Elec Eng) / Batterieprüfer m, Zellenprüfer m (für Batteriebelastungsprüfung) ‖ **~ traction**\* (Elec Eng) / Batterieantrieb m, Batteriebetrieb m, Batteriefahrbetrieb m, Akkumulatorenantrieb m ‖ **~ traction** (Rail) / Akkumulatoren-Zugförderung f ‖ **~ tray** (Autos, Elec Eng) / Batteriehalter m ‖ **~ truck** (Autos) / Akkumulatoren-Lastkraftwagen m ‖ **~ vehicle**\* (Elec Eng) / Akkumulatorenfahrzeug n
**batteuse** n / Batteuse f (Rührgefäß aus verzinntem Kupfer zur Extraktion mit Alkohol in der Kosmetik)
**batting** (lap of cotton for carding machines) (Spinning) / Wickel m ‖ **~** (layers of raw cotton or wool) (Textiles) / Watte f, Wattierung f (aus neuen Fasern) ‖ **~ tool** (Build, Tools) / Scharriereisen n (mit 7-11 cm breiter Schneidebahn), Breiteisen n
**battlefield nuclear weapon** (Mil) / Gefechtsfeldkernwaffe f
**battlement** n (Arch) / Zinnenkranz m, Zinne f
**battlemented** adj (Arch) / mit Zinnen versehen
**batt-making machine** (Textiles) / Pelzwickelapparat m
**batt-on-base woven felt** (Textiles) / BB-Filztuch n (DIN 61205), Vliesnadelfilztuch n
**bat wash** (a slurry of refractory materials applied to kiln setters to prevent the sticking of ware during firing) (Ceramics) / Trennmittel n, Trennengobe f
**batwing antenna** (Radio) / Schmetterlingsantenne f (bei der die Schirmfläche der normalen Schlitzantenne wegen ihres Luftwiderstandes durch eine Rohrkonstruktion ersetzt wird), Batwing-Antenne f, Superturnstile-Antenne f
**baud**\* n (pl. baud or bauds) (Telecomm, Teleg) / Baud n, Bd, B (Einheit der Schrittgeschwindigkeit)
**Baudot code**\* (Teleg) / Baudot-Kode m (nach E.Baudot, 1845-1903), Baudot-Alphabet n (zur binären Zeichendarstellung), Baudot-Code m
**baud rate** (speed at which a modem can transmit data) (Comp) / Baudrate f, Baudzahl f (bei der Datenübertragung)
**Bauer double-disk refiner** (For) / Bauer-Mühle f (zum thermomechanischen Zerfasern von vorzerkleinertem Holz oder anderen lignozellulosehaltigen Faserrohstoffen für die Herstellung von Faserplatten), Doppelscheiben-Zerfaserungsmaschine f
**baulk**\* n (Carp, For) / Kantholz n von quadratischem Querschnitt (über 15 x 15 cm), Balken m (Kantholz über 20 x 20 cm - DIN 68 365) ‖ **~**\* (Civ Eng) / Sicherheitsstreifen m (zwischen zwei Ausschachtungen) ‖ **~**\* (For) / Block m (abgeschwarteter)
**baulked landing** (Aero) / abgebrochene Landung, Durchstart m, Durchstarten n
**Baumann print** (Met) / Baumannabdruck m, Baumann'sche Schwefelprobe (Nachweis der Schwefelseigerung), Schwefelabdruck m
**Baum coal washer** (Min Proc) / Baum'sche Setzmaschine (zur Kohleaufbereitung)
**Baumé hydrometer scale**\* (Phys) / Baumé-Aräometerskala f (eine alte Skala nach A.Baumé, 1728-1804), Baumé-Skale f
**Baum jig**\* (Min Proc) / Baum'sche Setzmaschine (zur Kohleaufbereitung)
**Baur musk** (Chem) / Baur-Moschus m, Moschus Baur (künstlicher Moschus)
**Bauschinger effect** (if a specimen is first loaded in tension into the plastic range and then loaded in compression, the yield strength in compression is generally much lower than the yield strength in tension) (Materials, Met) / Bauschinger-Effekt m (Beziehung zwischen plastischer Verformung und der Elastizitätsgrenze - nach J. Bauschinger, 1834-1893)
**bauxite**\* n (Min) / Bauxit m
**bauxitic** adj (Geol) / bauxitisch adj
**bauxitization** n (Geol) / Bauxitisierung f
**bave** n (Textiles) / Kokonfaden m
**Baveno twin** (Crystal) / Bavenoer Zwilling ‖ **~ twin law** (Crystal) / Bavenoer Gesetz
**BAW element** (Acous, Electronics) / BAW-Bauelement n, Volumenwellenelement n (in der Akustoelektronik)

**bay**

**bay** *n* (Aero) / Abschnitt *m* (zwischen zwei Spanten oder Schotten) ‖ ~ (Aero) / Abschnitt *m* zwischen Streben, Stielen oder Verspannungsdrähten (bei Mehrdeckern) ‖ ~ (the area of ground between adjacent contour ditches, contour banks) (Agric, Civ Eng) / Dränabteilung *f* (meistens mit gemeinsamer Ausmündung zum Vorfluter) ‖ ~ (Arch) / Fenstererker *m* ‖ ~ (Arch) / Pfeilerweite *f* ‖ ~ (Arch) / Schiff *n* (Hallenteil) ‖ ~* (Arch) / Stützfeld *n* (z.B. Brückenfeld, Gewölbefeld), Deckfeld *n* ‖ ~* (Arch) / abgeschlossenes vertikales Glied (eines Bauwerks) ‖ ~ (Arch) / Fensternische *f* ‖ ~ (Build) / Geräteraum *m* ‖ ~ (Civ Eng) / Pontonabstand *m* (bei Pontonbrücken) ‖ ~ (Geog, Ocean) / Bucht *f*, Bai *f* (flache Einbiegung der Meeresküste), Meeresbucht *f* ‖ ~ (Geophys) / Bay-Störung *f* (buchtförmige Auslenkung in der Registrierung der Komponenten des geomagnetischen Feldes) ‖ ~ (Hyd Eng) / Wasserhaltung *f*, Haltung *f* ‖ ~* (Radio) / Stockwerk *n*, Ebene *f* (einer Antenne) ‖ ~ (Rail) / Kopfplattform *f* ‖ ~ (GB) (Rail) / Bereich *m* des Gleisstumpfs (mit der Kopfplattform) ‖ ~ (GB) (Rail) / Endstation *f* einer Seitenlinie ‖ ~ (Ships) / Banse *f* (mit Wänden umgebene Freilagerfläche) ‖ ~ (Space) / Bucht *f* (eine Abteilung, z.B. in einem Raumtransporter) ‖ ~* (Telecomm) / Gestell *n*, Bucht *f* ‖ ~ (Geog) s. also bight
**Bayard-Alpert ionization gauge** (Phys, Vac Tech) / Ionisationsvakuummeter *n* nach dem Bayard-Alpert-System (mit einer inversen Triodenanordnung zur Herabsetzung des Röntgen-Effekts) ‖ ~ **system** (Phys, Vac Tech) / Bayard-Alpert-System *n* (Anordnung des Vakuummeters)
**Bayard and Alpert gauge**\* (Phys, Vac Tech) / Ionisationsvakuummeter *n* nach dem Bayard-Alpert-System (mit einer inversen Triodenanordnung zur Herabsetzung des Röntgen-Effekts)
**bayberry** *n* (Bot) / Wachsbeere *f* (Myrica pennsylvanica Loisel.) ‖ ~ (Bot) s. also wax myrtle ‖ ~ **tallow** / Grünes Wachs, Myricawachs *n*, Myrtenwachs *n*, Myricatalg *m*, Bayberrywachs *n*, Lorbeerkernfett *n*, Bayberrytalg *m*, Lorbeerwachs *n* ‖ ~ **wax** / Grünes Wachs, Myricawachs *n*, Myrtenwachs *n*, Myricatalg *m*, Bayberrywachs *n*, Lorbeerkernfett *n*, Bayberrytalg *m*, Lorbeerwachs *n*
**Bayer-Hall-Héroult process** (Chem Eng) / Hall-Héroult-Verfahren *n* (elektrolytische Zerlegung von in Kryolith gelöstem Aluminiumoxid - nach Ch.M. Hall, 1863-1914, und P.L.T. Héroult, 1863-1914)
**bayerite** (Min) / Bayerit *m* (monoklines Aluminiumhydroxidmineral) ‖ ~ (Min) s. also hydrargillite
**Bayer pattern**\* / Bayer-Mosaik *n* (CCD-Sensor) ‖ ~ **process**\* (of alumina extraction) (Chem Eng) / nasser Aufschluss, Bayer-Verfahren *n* (nach K.J. Bayer, 1847-1904) (zur Gewinnung von Aluminiumoxid aus Bauxit)
**Bayes' theorem** (for calculating a posterior probability) (Stats) / Bayes'sche Formel (nach Th.Bayes, 1702-1761), Bayes-Regel *f*
**bay laurel oil** / Lorbeeröl *n* ‖ ~ **leaf** (Nut) / Lorbeerblatt *n* ‖ ~ **oil** / echtes Bayöl (aus Pimenta racemosa (Mill.) J.W. Moore)
**bayonet base** (Elec Eng) / Swan-Sockel *m*, Bajonettsockel *m* (ein Glühlampensockel) ‖ ~ **cap**\* (Elec Eng) / Swan-Sockel *m*, Bajonettsockel *m* (ein Glühlampensockel) ‖ ~ **catch** / Bajonettverschluss *m*, Renkverbindung *f* ‖ ~ **fastener** / Bajonettverschluss *m*, Renkverbindung *f* ‖ ~ **fitting**\* (Elec Eng, Eng) / Renkfassung *f*, Bajonettfassung *f* ‖ ~ **holder**\* (Elec Eng, Eng) / Renkfassung *f*, Bajonettfassung *f* ‖ ~ **joint** / Bajonettverschluss *m*, Renkverbindung *f* ‖ ~ **lamp cap** (Elec Eng) / Swan-Sockel *m*, Bajonettsockel *m* (ein Glühlampensockel) ‖ ~ **mount** (Photog) / Bajonettfassung *f* (für Objektive) ‖ ~ **nut connector** (Comp, Electronics) / BNC-Stecker *m*
**bayonet-nut connector** (Electronics) / BNC-Stecker *m*, Bajonettsteckverbinder *m* mit Überwurfmutter
**bayonet plate** (Eng) / Bajonettscheibe *f* (flache runde Scheibe am Drehspindellkopf) ‖ ~ **socket** (Elec Eng, Eng) / Renkfassung *f*, Bajonettfassung *f*
**bay platform** (Rail) / Kopfplattform *f* ‖ ~ **salt** / Baisalz *n* (aus Meersalinen gewonnenes Salz) ‖ ~ **salt** s. also sea salt and solar salt ‖ ~ **signal** (Teleph) / Buchtsignal *n*
**bay-stall**\* *n* / eingebauter Fensterplatz (am Erkerfenster)
**bay-type hydroelectric power station** (Elec Eng) / Buchtenkraftwerk *n*
**bay wheel** (Eng) / Zellenrad *n* ‖ ~ **window** (Arch) / Fenster *n* mit Fensternische (auch im Erdgeschoss) ‖ ~ **window** (Arch) / Erkerfenster *n* (auf Konsolen) ‖ ~ **window** (Arch) s. also oriel
**bay-windowed** *adj* (Arch) / mit Erkerfenstern
**baywood**\* *n* (For) / Honduras-Mahagoni *n* (Swietenia macrophylla King), Tabasco-Mahagoni *n*, Nikaragua-Mahagoni *n*
**Bazin's formula** (Phys) / Formel *f* von Bazin (empirische Formel für C in der Chézy'schen Gleichung)
**bazooka**\* *n* (Telecomm) / Symmetrieübertrager *m*, Symmetrieglied *n*, Baluntransformator *m*
**B2B** (business to business) (Comp) / Business-to-Business *n*, B2B (Business-to-Business)

**BB** (baseband) (Telecomm) / Basisband *n*, Grundband *n* (Frequenzbereich des modulierenden Signals)
**B-battery** (US) (Electronics) / Anodenbatterie *f*
**BBD** (bucket-brigade device) (Electronics) / Eimerkettenschaltung *f* (eine Abart der Ladungsverschiebeschaltung), BBD-Schaltung *f*, Schaltung *f* mit BBD-Elementen, Eimerkettenelement *n*
**BB decoupling** (Spectr) / Rauschentkopplung *f* ($^1$H-Rauschentkopplung), Breitbandentkopplung *f* ($^1$H-Breitbandentkopplung), BB-Entkopplung *f*
**bbl** (US) (Brew, Oils) / Barrel *n* (Erdöl: 42 US-Gallonen = 158,983l, Brauerei: 31 1/2 US-Gallonen = 119,237 l)
**BBL, 2-**\* **carburettor** (I C Engs) / Doppelvergaser *m*
**BBS** (Bulletin Board System) (Comp, Telecomm, Teleph) / Bulletin Board System *n* (rechnergestütztes und meist frei zugängliches Nachrichten- und Telefonkonferenzsystem), BBS (Bulletin Board System), BBS-System *n*, Mailboxprogramm *n*
**BC** (bulk cargo) / Bulkladung *f* (unverpacktes Schüttgut) ‖ ~ (Bibliographic Classification) / ein Klassifikationssystem des Amerikaners Henry Evelyn Bliss (1870-1955) ‖ ~ (bone conduction) (Acous, Med) / Knochenleitung *f*, Knochenschallleitung *f* (eine spezielle Art der Körperleitung nach DIN 1320) ‖ ~ (backward(s) compatible) (Comp) / abwärtskompatibel *adj* ‖ ~ (blind copy) (Comp) / Blindkopie *f* ‖ ~* (bayonet cap) (Elec Eng) / Swan-Sockel *m*, Bajonettsockel *m* (ein Glühlampensockel)
**BCC** (Chem) / bioakkumulierende Chemikalien (die Anlass zur Besorgnis geben), BCC ‖ ~ (block check character) (Comp) / Blockprüfzeichen *n* ‖ ~ (body-centred cubic) (Crystal) / kubisch-raumzentriert *adj*, krz (kubisch-raumzentriert)
**bcc** (body-centred cubic) (Crystal) / kubisch-raumzentriert *adj*, krz (kubisch-raumzentriert)
**BCCD** (bulk charge-coupled device) (Electronics) / Ladungsverschiebeschaltung *f* (in MOS-Technik hergestellt)
**BCD** (binary coded decimal) (Comp) / binär kodierte Dezimalziffer ‖ ~ (burst-can detector) (Nuc Eng) / BE-Lecknachweisgerät *n*, Hülsenbruch-Überwachungsgerät *n* ‖ ~ **arithmetic** (Comp) / BCD-Arithmetik *f* ‖ ~ **code** (Comp) / BCD-Code *m*, BCD-C, BCD-Kode *m*, Binär-Dezimal-Kode *m* (zur binären Verschlüsselung von Dezimalziffern) ‖ ~ **notation** (Comp) / BCD-Darstellung *f*
**B-cell**\* *n* (an antibody-producing cell of the immune system) (Biochem, Physiol) / B-Zelle *f*, B-Lymphozyt *m*
**BCF** (CBrClF$_2$) / Halon *n* 1211 (in Deutschland als Feuerlöschmittel verboten) ‖ ~ (bromochlorodifluoromethane) (Chem) / Bromchlordifluormethan *n* (ein Chlorfluorkohlenstoff) ‖ ~ (bioconcentration factor) (Ecol) / Biokonzentrationsfaktor *m* (Quotient aus der Konzentration bzw. dem Massenanteil eines angereicherten Stoffes im Organismus oder einem seiner Teile und der Konzentration bzw. dem Massenanteil in der Umgebung, Bioakkumulationsfaktor *m* ‖ ~ **yarn** (Spinning) / BCF-Garn *n* (aus endlosen texturierten Synthetics)
**B chain** (Biochem) / leichte Peptidkette, leichte Kette (Bestandteil der Antikörper)
**B channel**\* (Telecomm) / Bearerkanal *m* (ISDN) (Bezeichnung eines digitalen duplexfähigen Übertragungskanals für Nutzdaten im ISDN mit einer Kapazität von 64 kbit/s), B-Kanal *m* (ISDN), Basiskanal *m* (ISDN)
**BCH code** (Comp) / BCH-Kode *m* (zyklischer Kode, der Fehlererkennung und Fehlerkorrektur über Hardware ermöglicht)
**BCL** (base-coupled logic) (Electronics) / basisgekoppelte Logik
**"b" contact** (Elec Eng) / Ruhekontakt *m* (ein Relaiskontakt, der dann geöffnet ist, wenn die Relaisspule erregt ist), Öffnungskontakt *m*, Öffner *m*
**BCS theory**\* (of superconductivity) (Phys) / BCS-Theorie *f* der Supraleitfähigkeit, Bardeen-Cooper-Schrieffer-Theorie *f* der Supraleitfähigkeit (nach J. Bardeen, 1908-1991, L.N. Cooper, geb. 1930 und J.R. Schrieffer, geb. 1931)
**b.d.** (bone-dry) / knochentrocken *adj*
**BDC** (I C Engs) / innerer Totpunkt, unterer Totpunkt, UT (der Kurbelwelle zuliegender Umkehrpunkt)
**bdellium** *n* (Pharm) / Bdellium *n* (ein Balsamharz)
**B display**\* (Radar) / B-Darstellung *f* (Anzeige in rechtwinkligen Koordinaten: die Abszisse zeigt die Richtung, die Ordinate die Entfernung des Zieles an)
**BDI technology** (Electronics) / BDI-Technik *f*, Basisdiffusionsisolation *f*
**B-DNA** (Biochem) / B-DNA *f* (die in der lebenden Zelle vorherrschende Form der Doppelhelix)
**BDV**\* (breakdown voltage) (Elec Eng) / Durchschlagspannung *f*
**Be** (beryllium) (Chem) / Beryllium *n*, Be (Beryllium)
**BE** (Big Endian) (Comp) / Big-Endian-Byteordnung *f*, BE (Big-Endian-Byteordnung), BE-Byteordnung *f*
**beach** *v* / auf Strand setzen (Schiff, Wasserflugzeug) ‖ ~ *n* (Ocean) / Strand *m* ‖ ~ **face** (Ocean) / Unterwasserstrand *m* (aus abgelagerten

Meeressedimenten aufgebauter flacher Küstenstreifen, der seewärts an die Mittelide-Niedrigwasserlinie anschließt und die Zone des brandungsbedingten Längstransports umfasst), Vorstrand m, Strand m (nasser)
**beachfront** n (US) / unmittelbar am Meer gelegener Teil einer Stadt
**beach gravel** (Geol) / Strandgeröll n
**beaching** n (Aero) / An-Land-Holen n von Schwimmerflugzeugen || ~ (a layer of stones for revetting below the level of stone pitching a reservoir or embankment) (Civ Eng, Hyd Eng) / Steinpackung f, Steinschüttung f (im Uferbau) || ~ (Ships) / Aufstrandsetzen n (des Schiffes) || ~ **gear**\* (Aero) / Schwimmerwagen m (zum Fortbewegen von Schwimmerflugzeugen an Land)
**beach marks** (Materials) / Rastlinien f pl (auf der Bruchfläche) || ~ **placer** (Geol, Mining) / marine Seife, Strandseife f, Küstenseife f, Litoralseife f || ~ **ridge** (Geol, Ocean) / Strandwall m (in der Wellenauflaufzone aufgeworfene küstenparallele Anhäufung von lockerem Sediment) || ~ **sand** (Civ Eng, Geol) / Strandsand m
**beachwear** n (Textiles) / Beachwear f (Strand- und Badekleidung)
**beacon** v / bebaken v (mit Baken besetzen) || ~ n (Acous) / Sender m (in hydroakustischen Systemen) || ~\* (Aero) / Leuchtfeuer n, Feuer n, Luftfahrtleuchtfeuer n || ~\* (Aero, Hyd Eng, Ships) / Bake f || ~ (Autos, Civ Eng) / Lichtsignal n (fußgängerbetätigtes) an Fußgängerüberwegen, Blinklicht n (für Fußgänger an den Fußgängerüberwegen, orangefarbenes Blinklicht am Zebrastreifen || ~\* (Hyd Eng, Ships) / Leuchtfeuer n || ~ (Surv) / Vermarkungselement n (Stein, Bolzen, Rohr usw.) || ~ **for compass adjustment** (Ships) / Deviationsbake f (Seezeichen, das eine bestimmte Richtung bezeichnet und zur Deviationsbestimmung und Kompensation des Schiffskompasses dient)
**beaconing** n (Comp) / Beaconing n (Hardwarefehler bei LANs)
**bead** v / perlen v (Wasser auf einer Wachsschicht) || ~ / umbuggen v, buggen v (Lederschuhe) || ~ n / Wulst m f || ~ (Arch) / Perlstab m (ein Astragal) || ~ (Autos) / Wulst m f (des Reifens) || ~ (Build) / abgerundete Deckschiene, abgerundete Schutzschiene || ~ (Build, Glass) / Glashalteleiste f || ~ (Ceramics) / Wulst m (verschmolzener Rand) || ~ (Chem) / Perle f (z.B. Phosphorsalzperle) || ~ (Chem Eng) / Bead n, Harzkorn n || ~ (Eng, Met) / Randwulst m f, Sicke f (wulstartige Erhöhung oder Vertiefung im Blech) || ~ (Glass) / Glaskugel f, Perle f, Schmelzperle f, Glasperle f || ~ (Textiles) / Wulst m f, Nähwulst m (des Reißverschlusses) || ~ (Welding) / Schweißraupe f (eine Lage einer Auftragschweißung auf ein Werkstück - DIN 1912-1), Raupe f
**bead-and-quirk**\* n (Arch) / Perlstab m mit Nutrand
**bead apex** (Autos) / Profilstreifen m (Kernreiter), Kernreiter m (ein Profil-Gummistreifen um den Reifenwulstkern) || ~ **blasting** / Glasstrahlen n (mit Glasfasern als Strahlmittel) || ~ **chafer strip** (Autos) / Wulstband n (zum Schutz des Luftschlauches gegen Ausscheuerung durch Reifenwulste)
**beaded edge** / Wulstrand m || ~ **pigment black** (Paint) / Perlruß m (eine Lieferform für Industrieruße) || ~ **selvedge** (Weaving) / Schlingenleiste f, Schlingenkante f (ein Webfehler)
**beading** n / Buggen n (Lederschuhe), Umbuggen n || ~ (Autos) / Keder m (Dichtungsleiste aus Kunststoff oder Gummi), Kederleiste f || ~ (making a rounded edge on sheet metal) (Eng, Met) / Walzsicken n (DIN 8586), Sicken n, Rollsicken n (wenn ein Hohlkörper zwischen die auseinandergefahrenen Sickenrollen einer Sickenmaschine gebracht wird) || ~ (Textiles) / Perlstickerei f || ~ **plane** (Carp, For) / Rundstabhobel m, Kehlhobel m, Profilhobel m
**bead lightning** (Meteor) / Perlschnurblitz m || ~ **mill** (Eng) / Perlenreibmühle f (Mahlhilfskörper: Quarzitperlen, Aluminiumoxid- oder Stahlkugeln), Perlmühle f || ~ **moulding** (Arch) / Rundstab m (Zierstab ohne tragende Funktion)
**bead-off weld** (Welding) / Schweißnaht f mit abgearbeiteter Raupe
**bead-on weld** (Welding) / Schweißnaht f mit belassener Raupe
**bead polymerization** (when the monomers are distributed in the form of fine droplets in a non-miscible liquid) (Chem) / Suspensionspolymerisation f, Perlpolymerisation f, Kornpolymerisation f || ~ **screener** (expandable-bead moulding) (Plastics) / Sortierer m der vorexpandierten Kügelchen || ~ **seat** (Autos) / Felgenschulter f || ~ **seat mat** (Autos) / Holzkugelsitzauflage f, Holzperlenauflager m || ~ **sequence** (Welding) / Raupenfolge f || ~ **thermistor** (Electronics) / Perlenthermistor m
**bead-type catalytic converter** (Autos) / Schüttgutkatalysator m (als ganze Anlage)
**bead-unseating resistance** (Autos, Materials) / Abwurfwiderstand m (bei Reifen)
**bead winding** (Autos) / Kernwickeln n
**bead-winding machine** (Autos) / Kernwickelmaschine f (an der einzelne Stahldrähte zum Wulstkern gewickelt werden)
**bead wire** (Autos) / Wulstdraht m (des Reifens)
**beadwork** n / Perlarbeit f (Schmuck, Verzierungen an Kleidern, Gebrauchsgegenständen und Möbeln)

**bead yarn** (Spinning) / Perlgarn n (Zwirn, zum Sticken oder Häkeln), Perlzwirn m
**beak** n / Schnabel m, Ausguss m (an Kannen) || ~\* (Eng) / Horn n (des Ambosses)
**beaker** n (Chem) / Becherglas n (meistens mit Ausguss - DIN 2331) || ~ **brush** (Glass) / Gläserbürste f (für Becher) || ~ **tongs** (Chem) / Becherglaszange f
**beakhorn** n (stake) (Eng, Tools) / Galgenamboss m, Bankhorn n, Schlagstöckchen n, Bankamboss m
**beak iron**\* (Eng, Tools) / Galgenamboss m, Bankhorn n, Schlagstöckchen n, Bankamboss m || ~ **iron**\* (Tools) / Sperrhorn n, Spitzhorn n (fein) || ~ **of tin** (Min) / Visiergraupe f (knieförmige Zwillinge des Zinnsteins)
**be aligned** (Eng) / fluchten v, ausrichten v
**beam** v (Leather) / strecken v (auf dem Gerberbaum) || ~ (Phys) / beamen v || ~ (Phys) / ausstrahlen v (mit Richtstrahlen) || ~ (Weaving) / aufbäumen v, zetteln v, bäumen v || ~ n / Balken m (der Waage) || ~ (Agric) / Grindel m (des Pflugs), Grendel m, Pflugbaum m || ~\* (Build, Mech) / Balken m (in statischen Berechnungen), Träger m (Bauholz nach DIN 4070), Tragbalken m, Tram m (A), Tramen m (A) || ~ (Carp, For) / Kantholz n von quadratischem Querschnitt (über 15 x 15 cm), Balken m (Kantholz über 20 x 20 cm - DIN 68 365) || ~ (Instr) / Schiene f (eines Messschiebers) || ~ (Leather) / Gerberbaum m (zum Streichen der Blößen), Scherbaum m, Baum m (Gerberbaum) || ~\* (Phys) / Strahl m, Strahlenbündel n || ~ (Ships) / Breite f über alles (auf Mallkante Spant gemessen) || ~ (Telecomm) / Beam m (keulenförmige Fläche, die der Sendestrahl eines Satelliten abdeckt) || ~ (Telecomm) / Schiene f (in der Satellitenkommunikation) || ~\* (Weaving) / Webbaum m, Baum m || ~ (Telecomm) s. also footprint
**beam-addressed metal-oxide semiconductor device** (Comp) / eine elektronische Datenspeicheranordnung, die mit einem Elektronenstrahl eine in MOS-Technik ausgeführte Auffangröhre abfragt
**beam agitator** (Chem Eng) / einfacher Balkenrührer || ~ **alignment** (TV) / Strahlausrichtung f, Strahlzentrierung f, Strahljustierung f
**beam-and-slab floor** (Build) / Rippendecke f (aus Plattenbalken gebildete Decke mit einem lichten Abstand der Rippen von höchstens 70 cm, bei denen kein statischer Nachweis für die Platten erforderlich ist), Stahlbetonrippendecke f || ~ **floor** (Build) / Plattenbalkendecke f || ~ **girder** (Civ Eng) / Plattenbalken m (stabförmiges Tragwerk nach DIN 1045)
**beam angle** (Electronics) / Öffnungswinkel m des Strahls, Strahlwinkel m || ~ **antenna**\* (Radio) / Richtstrahler m (DIN 45030), Richtantenne f || ~ **axle** (Autos) / Starrachse f (von Rad zu Rad durchgängige gelenklose Welle) || ~ **balance**\* / Balkenwaage f, Hebelwaage f || ~ **bar** (Weaving) / Rute f || ~ **box** (Build) / Wandauflagerknagge f, Balkenauflager n innerhalb der Wand || ~ **bridge** (Civ Eng) / Balkenbrücke f (deren Hauptträger ein Balken ist), Trägerbrücke f || ~ **buncher** (Nuc Eng) / Strahlbündler m, Buncher m || ~ **burst** (Nuc Eng) / Strahlimpuls m (in einem Synchrotron) || ~ **ceiling** (Build, Carp) / Deckenunterseite f mit sichtbaren Trägern || ~ **ceiling** (Build, Carp) / Holzdeckenausbildung f mit Trägerimitation || ~ **column** (Mech) / quer belasteter Druckstab || ~ **compasses**\* pl / Stangenzirkel m (Zirkel mit einem langen Arm, an dessen einem Ende der Schwenkzapfen und am anderen Ende die Zeichenvorrichtung befestigt ist, zum Zeichnen großer Kreise oder zum Abstecken großer Strecken) || ~ **contraction** (Phys) / Strahleinschnürung f, Strahlkontraktion f (Verminderung des Strahlquerschnitts gegenüber dem Querschnitt einer Austrittsöffnung) || ~ **control** / Strahlführung f (die die Form und Abmessung des Strahlquerschnittes in gewünschter Weise beeinflusst)
**beam-controlled flight** (Aero) / leitstrahlgeführter Flug
**beam convergence** (Phys) / Strahlenkonvergenz f || ~ **coupling** (Electronics) / elektronische Ankopplung (Wechselwirkung zwischen dem Elektronenstrahl und dem elektromagnetischen Feld einer fortschreitenden Welle), Elektronenkopplung f (in den Laufzeitröhren) || ~ **cross-section** / Strahlquerschnitt m || ~ **current**\* (Electronics) / Strahlstrom m || ~ **current density** (Eng) / Strahlstromdichte f (in der Elektronenstrahlbearbeitung) || ~ **cutter** (Leather) / Balkenstanzmaschine f || ~ **cutting machine** (Leather) / Balkenstanzmaschine f || ~ **deflection** (Build) / Balkendurchbiegung f, Balkenträgerdurchbiegung f || ~ **deviation** (Optics) / Strahlenablenkung f || ~ **divider** (Optics) / Strahlteiler m, Strahlenteiler m, Strahlspalter m || ~ **division** (Optics) / Strahlteilung f, Strahlenteilung f, Strahlspaltung f || ~ **dump** (Nuc Eng) / Beam-Stopper m, Strahlstopper m, Strahlabsorber m || ~ **dyeing plant** (Textiles) / Baumfärbanlage f, Kettbaumfärbanlage f || ~ **dynamics** (Nuc) / Strahldynamik f (an Beschleunigern) || ~ **ejection system** (Nuc Eng) / Strahlherausführungssystem n, Strahlausschleussystem n

111

**beamer**

**beamer** *n* (Weaving) / Bäummaschine *f* (DIN 62 500), Aufbäummaschine *f* (zur Aufwicklung von Kettfäden zum fertigen Kettbaum)
**beam extraction system** (Nuc Eng) / Strahlherausführungssystem *n*, Strahlausschleussystem *n*
**beam-filling*** *n* (Build) / Einmauerung des Balkenkopfes *f* (mit etwa 20 mm Luftabstand)
**beam fixed at both ends** (Build) / beidseitig eingespannter Balken, Träger *m* mit eingespannten Enden ‖ ~ **fixed at one end** (Build) / Konsole *f* (ein aus einer Wand oder einem Pfeiler auskragender Vorsprung zur Auflagerung von Stein-, Beton- oder Holzkonstruktionen oder ein auskragender Träger aus Stahl oder Beton zur Lagerung von Kranbahnen), einseitig eingespannter Träger ‖ ~ **flight** (Aero) / leitstrahlgeführter Flug ‖ ~ **focussing** (Phys) / Strahlenbündelung *f*
**beam-foil spectroscopy** (Spectr) / Beam-Foil-Spektroskopie *f*, Folienanregungsspektroskopie *f* (zur Untersuchung der Anregungs- und Ionisationszustände von Atomen)
**beam forming** (Radar) / Keulenformung *f*
**beam-forming electrode*** (Electronics) / Strahlelektrode *f* (Elektronenröhren)
**beam for the pile** (Weaving) / Polkettenbaum *m*
**beam-generation system** (Electronics) / Strahlerzeuger *m*, Strahlsystem *n*, Strahlerzeugungssystem *n*
**beam grillage** (Build, Civ Eng, For) / Rost *m* (aus Holzbalken), Rostwerk *n* (aus Holzbalken) ‖ ~ **head** (Build) / Balkenkopf *m* (das in oder auf einer Wand liegende oder über diese hinausragende Ende eines Balkens) ‖ ~ **hole*** (Nuc Eng) / Strahlenkanal *m*, Bestrahlungskanal *m*
**beamhouse** *n* (Leather) / Wasserwerkstatt *f* (in der man die tierische Haut für die Gerbung vorbereitet) ‖ ~ **weight** (Leather) / Blößenmasse *f*
**beam indexing colour tube** (TV) / Indexröhre *f* (eine Einstrahl-Farbbildröhre)
**beaming** *n* (Leather) / Strecken *n* (auf dem Gerberbaum) ‖ ~ (Phys) / Beamen *n* ‖ ~ (Weaving) / Kettbaumherstellung *f*, Bäumen *n*, Zetteln *n*, Kettschären *n* (DIN 62500), Aufbäumen *n* ‖ ~ **creel** (Weaving) / Schärgatter *n*, Gatter *n* (großes Spulengestell in der Kettbaumherstellung), Kanter *m* (großes Spulengestell in der Kettbaumherstellung) ‖ ~ **machine** (Weaving) / Bäummaschine *f* (DIN 62 500), Aufbäummaschine *f* (zur Aufwicklung von Kettfäden zum fertigen Kettbaum)
**beam-lead technology** (Electronics) / Beam-Lead-Technik *f* (eine Kontaktierungstechnik für Halbleiter), Stegetechnik *f*, Balken-Leiter-Technik *f* (eine Kontaktierungstechnik für Halbleiter)
**beamless floor** (Build, Civ Eng) / trägerlose Betondeckenkonstruktion, freitragende Betondecke ‖ ~ **floor** (Build) s. also mushroom floor
**BEAMOS** (Comp) / eine elektronische Datenspeicheranordnung, die mit einem Elektronenstrahl eine in MOS-Technik ausgeführte Auffangröhre abfragt
**beam-plasma system** (Nuc) / Strahl-Plasma-System *n*
**beam-pointing error** (Radar) / Schielfehler *m* (antennenbedingte Winkelabweichung der Hauptkeulenrichtung vom Sollwert)
**beam position** (Radar, Radio, Telecomm) / Hauptkeulenrichtung *f* ‖ ~ **power tube** (US) (Electronics) / Bündelendröhre *f* ‖ ~ **power valve** (GB) (Electronics) / Bündelendröhre *f* ‖ ~ **rail brake** (Rail) / Balkengleisbremse *f* (z.B. am Ablaufberg) ‖ ~ **reactor** (Nuc Eng) / Neutronenstrahlreaktor *m* (ein Forschungsreaktor, der vorwiegend zur Erzeugung externer Neutronenstrahlbündel dient) ‖ ~ **riding** (Radio) / Leitstrahllenkung *f* (eines Flugkörpers) ‖ ~ **search** (AI) / Beam-Suche *f* (bei Expertensystemen) ‖ ~ **shaping** (Electronics) / Strahlformung *f* ‖ ~ **shaping** (Radar) / Keulenformung *f* ‖ ~ **shoe** (Ships) / Schiebebalkenschuh *m*, Schiebebalkenlager *n* ‖ ~ **socket** (Ships) / Schiebebalkenschuh *m*, Schiebebalkenlager *n* ‖ ~ **splitter*** (Optics) / Strahlteiler *m*, Strahlenteiler *m*, Strahlspalter *m* ‖ ~ **splitting** (Optics) / Strahlteilung *f*, Strahlenteilung *f*, Strahlspaltung *f*
**beam-splitting mirror** (Optics) / strahlenteilender Spiegel ‖ ~ **prism** (Optics) / Strahlenteilerprisma *n*
**beam spoiling** (Radar, Radio) / Keulenverbreiterung *f* ‖ ~ **spot** (TV) / Strahlauftrefffleck *m* ‖ ~ **stop** (Optics) / Strahlblende *f* ‖ ~ **stopper** (Nuc Eng) / Beam-Stopper *m*, Strahlstopper *m*, Strahlabsorber *m* ‖ ~ **storage** (Comp) / Strahlspeicher *m* (Speicheranordnung mit Strahlabtastung) ‖ ~ **store** (Comp) / Strahlspeicher *m* (Speicheranordnung mit Strahlabtastung) ‖ ~ **supported at both ends** (Build) / frei aufliegender Träger ‖ ~ **switching** (Radar) / sequentielle Umtastung (wenn das Antennendiagramm sequentiell zwischen zwei Positionen umgeschaltet wird), Keulenumtastung *f* ‖ ~ **system*** (Radio) / Richtstrahlsystem *n* ‖ ~ **test** (Build, Civ Eng) / Betonbalkenprüfung *f*, Ermittlung *f* der Biegezugfestigkeit am Balken ‖ ~ **test** (Civ Eng) / Balkenprüfung *f* (DIN 1048), Biegeprüfung *f* am Balken ‖ ~ **tetrode*** (Electronics) / Bündeltetrode *f*

‖ ~ **touching the wall** (Build) / Ortbalken *m*, Giebelbalken *m* (der mit 20-30 cm Abstand neben dem Mauerwerk liegt) ‖ ~ **touching the wall** (laterally) (Build, Carp) / Streichbalken *m* (der neben der durchgehenden Wand liegt) ‖ ~ **touching the wall** (on the top) (Build, Carp) / Wandbalken *m* (der unmittelbar auf der Wand liegt) ‖ ~ **transadmittance** (Telecomm) / Übertragungsleitwert *m* ‖ ~ **transmitter** (Radio) / Richtstrahler *m* (Sender) ‖ ~ **tube** (US) (Electronics) / Bündelendröhre *f*
**beam-type axle** (Autos) / Starrachse *f* (von Rad zu Rad durchgängige gelenklose Welle)
**beam-warping** *n* (Weaving) / Kettbaumherstellung *f*, Bäumen *n*, Zetteln *n*, Kettschären *n* (DIN 62500), Aufbäumen *n* ‖ ~ **machine** (Weaving) / Zettelmaschine *f* (DIN 62500), Breitschärmaschine *f*
**beam weapon** (Mil) / Strahlenwaffe *f* (im Allgemeinen) ‖ ~ **weight** (Leather) / Blößenmasse *f* ‖ ~ **welding** (a high-energy focused beam produces the heat required for the welding process or striking or penetrating the work) (Welding) / Strahlschweißen *n* (energiereiche gebündelte Strahlung erzeugt bei ihrem Auftreffen auf bzw. Eindringen in das Werkstück die für den Schweißprozess erforderliche Wärme) ‖ ~ **well** (Oils) / Schwengelbohrloch *n* ‖ ~ **width** (Electronics) / Öffnungswinkel *m* des Strahls, Strahlwinkel *m*
**beamwidth, 3dB** ~ (Radio) / Keulenhalbwertsbreite *f* (Winkelbereich der Hauptkeule einer Antenne, in dem die Feldstärke auf nicht weniger als die Hälfte des Maximalwerts zurückgeht), Hauptkeulenbreite *f*, Leistungshalbwertsbreite *f* (bei Antennen)
**beam wind** (Ships) / Seitenwind *m*, halber Wind
**Bean** *n* (Java) (Comp) / Bean *n*
**bean** *n* (Nut) / Bohne *f*
**bear** *v* / stützen *v*, tragen *v* ‖ ~ (Agric) / Früchte tragen, fruchten *v* ‖ ~ (Autos) / führen *v* (Kennzeichen) ‖ ~ (Nav, Radar, Radio) / peilen *v*, anpeilen *v* ‖ ~ *n* (Met) / Ofenbär *m*, Ofensau *f*, Sau *f*, Schlackenbär *m* (durch verfestigte Schlacke hervorgerufene Verstopfung in Hochöfen)
**bearable** *adj* / erträglich *adj* (Lärm, Klima)
**beard** *n* (Carp) / Bart *m*, Angriff *m* am Riegel ‖ ~ (Textiles) / Spitze *f*, Bart *m* (der Spitzennadel - DIN 62150) ‖ ~ (Typog) / Fleisch *n* (nichtdruckende Teile der Oberseite einer Drucktype) ‖ ~ (US) (Typog) / Konus *m* (der Drucktype)
**bearded needle*** (ISO 8119-2) (Textiles) / Spitzennadel *f* (DIN 62150, 62151 und 62152) ‖ ~ **needle circular knitting machine** (Textiles) / Rundstrickmaschine *f* mit Spitzennadeln
**bearding** *n* (Chem) / Fronting *n* (in der Chromatografie), Leading *n*, Peakleading *n*, Bartbildung *f* ‖ ~ (preliminary stage of pilling) (Textiles) / Bartbildung *f*
**bearer** *n* (Build, Carp) / Unterzug *m* (ein Träger, der die Last einer über ihm liegenden Balkenlage, Decke oder Wand aufnimmt und auf Wände, Stützen oder Pfeiler überträgt) ‖ ~ (Carp) / Treppenholm *m* (Treppenteil, das die Stufen trägt oder unterstützt - DIN 18 064), Treppenbalken *m*, Treppenlaufträger *m* ‖ ~ (Telecomm) / Träger *m* (ISDN) ‖ ~ **cable*** (Elec Eng) / Tragseil *n*, Luftkabeltragseil *n* ‖ ~ **channel** (Telecomm) / Bearerkanal *m* (ISDN) (Bezeichnung eines digitalen duplexfähigen Übertragungskanals für Nutzdaten im ISDN mit einer Kapazität von 64 kbit/s), B-Kanal *m* (ISDN), Basiskanal *m* (ISDN) ‖ ~ **paper** / Inhaberpapier *n* (Wertpapier, bei dem der Berechtigte namentlich nicht genannt ist, vielmehr jeder Inhaber legitimiert ist) ‖ ~ **service** (Telecomm) / Trägerdienst *m* (Telekommunikationsdienst, der die Signalübertragung zwischen Zugangspunkten ermöglicht)
**bear fruit** (Bot) / Früchte tragen ‖ ~ **gun** (Oils) / Bear gun *m* (ein Gerät zum Aufbrechen des Gebirges)
**bearing*** *n* (Build, Civ Eng) / Auflager *n* ‖ ~* (Eng) / Lager *n* (Maschinenelement zur Aufnahme belasteter still stehender oder umlaufender Bauteile) ‖ ~ (Geol, Mining) / Streichen *n* (Richtung, die die Schnittlinie einer Lagerstätte mit der Horizontalebene hat), Streichrichtung *f* (rechtwinklig zum Einfallen) ‖ ~ (a way of specifying the directions of displacements which is much used in navigation) (Nav, Radar, Radio) / Peilung *f* ‖ ~ (of a vessel) (Ships) / Auftrieb *m* (der Vorderschiffs) ‖ ~ *adj* / lasttragend *adj*, tragend *adj* (z.B. Wand) ‖ ~ (Build) / Trag-, tragend *adj* (z.B. Konstruktion) ‖ ~ **alloy** (Eng, Met) / Lagermetall *n* (Legierung auf Sn-, Sb-, Pb-Basis oder Sn-, Cu-Pb- oder Pb-Alkali-Legierungen) ‖ ~ **angle** (Aero, Radar) / Peilwinkel *m* ‖ ~ **area** / Stützfläche *f*, Auflagerfläche *f* ‖ ~ **area** (Eng) / tragende Fläche (die Summe aller Flächenteile einer Istoberfläche, die innerhalb eines bestimmten Bezugsbereiches der geometrisch vollkommenen Fläche eines Gegenkörpers unter definierten Bedingungen berührt werden) ‖ ~ **back** (Eng) / Lagerrücken *m* ‖ ~ **beam** (Nav, Radar, Radio) / Peilstrahl *m* ‖ ~ **block** (Eng) / Lagerbock *m* ‖ ~ **chair** (Eng) / Lagerstuhl *m* ‖ ~ **bore** (Eng) / Lagerbohrung *f* ‖ ~ **bush** (Eng) / Lagerbuchse *f*, Lagerbüchse *f* ‖ ~ **calibration** (Aero) / Funkbeschickung *f* (Korrektur von Fehlern eines Funkpeilers und das Verfahren, mit dem korrigiert wird) ‖ ~ **cap** (Eng) / Lagerdeckel *m* ‖ ~ **capacity** (Eng) /

zulässige Belastung, Tragfähigkeit *f* (im Allgemeinen), Traglast *f* (diejenige maximal zulässige Last in kg oder t, für die ein Hebezeug unter Berücksichtigung aller Betriebsbedingungen ausgelegt ist) || ~ **carrier** (Eng) / Lagerträger *m* || ~ **circle** (Ships) / Peilaufsatz *m* (ein Navigationsgerät, das auf einen Kompass aufgesetzt wird) || ~ **clearance** (Eng) / Lagerspiel *n* || ~ **clearance** (Eng) / Lagerluft *f* || ~ **cover disk** (Eng) / Lagerdeckscheibe *f* (DIN ISO 5593) || ~ **crush** (Eng) / Überdeckung *f* (bei geteilten Gleitlagerschalen) || ~ **crush** (Eng) / Lagerschalenüberstand *m* vor dem Einbau || ~ **cup** (Eng) / Lagerbuchse *f*, Lagerbüchse *f* || ~ **current*** (Elec Eng) / Lagerstrom *m*, Wellenstrom *m* || ~ **design** (Eng) / Lagerauslegung *f* || ~ **distance*** (Build) / Spannweite *f*, Stützweite *f* (eines Balkens) || ~ **extractor** (Autos, Tools) / Lagerabziehwerkzeug *n*, Lagerabzieher *m* (ein Kfz-Werkzeug) || ~ **face** (Eng) / Auflagefläche *f* (bei Schraubenkopf mit Bund) || ~ **force** (Eng) / Lagerkraft *f* (DIN ISO 4378-4) || ~ **for derrick goosenecks** (Ships) / Lümmellager *n* || ~ **friction** (Eng, Phys) / Lagerreibung *f* (z.B. an Messwerken) || ~ **friction** s. also journal friction || ~ **housing** (Eng) / Lagergehäuse *n* || ~ **length** (Build, Civ Eng) / Auflagerlänge *f* (z.B. eines Trägers) || ~ **line fraction** (Eng) / Profiltraganteil *m* (das Verhältnis der tragenden Länge zur Bezugsstrecke)
**bearing-liner backing** (Eng) / Stützschale *f* (des Lagers), Lagerstützschale *f* (Teil einer Mehrschicht-Lagerschale, der dem Lager die erforderliche Festigkeit und/oder Steifheit gibt)
**bearing lining** (Eng) / Lagerausguss *m* || ~ **load** (Eng) / Lagerlast *f* || ~ **load** (Eng) / Lagerbelastung *f* (DIN ISO 4378-4) || ~ **material** (Eng) / Lagerwerkstoff *m*, Lagermaterial *n* || ~ **metal** (e.g. Babbitt metal)* (Eng, Met) / Lagermetall *n* (Legierung auf Sn-, Sb-, Pb-Basis oder Sn-, Cu-Pb- oder Pb-Alkali-Legierungen) || ~ **object** (Radar, Radio) / Peilziel *n* || ~ **oil** / Lageröl *n* || ~ **oil clearance** (Eng) / Ölspalt *m* (im Lager)
**bearing-only launch** (Mil) / Flugkörperstart *m* nur mit Zielpeilung (als Zielinformation)
**bearing pedestal** (Eng) / Lagerbock *m* || ~ **pile*** (Civ Eng) / tragende Stütze (im Allgemeinen) || ~ **pile*** (Civ Eng) / Druckpfahl *m* (entweder Spitzendruckpfahl oder Reibungspfahl) || ~ **play** (Eng) / Lagerspiel *n* || ~ **pressure** (Build, Civ Eng) / Flächenpressung *f* || ~ **puller** (Autos, Tools) / Lagerabziehwerkzeug *n*, Lagerabzieher *m* (ein Kfz-Werkzeug) || ~ **ratio** (Eng) / Traganteil *m* (der Oberfläche) || ~ **running-in layer** (Eng) / Lagereinlaufschicht *f* (Überzug auf der Lagergleitschicht zur Verbesserung des Einlaufs, der Anpassungsfähigkeit, der Einbettfähigkeit und in manchen Fällen der Korrosionsbeständigkeit) || ~ **seal** (Eng) / Lagerabdichtung *f*, Lagerdichtung *f* || ~ **shell** (Eng) / Lagerschale *f* || ~ **shield** (Eng) / Lagerdeckscheibe *f* (DIN ISO 5593) || ~ **slackness** (Eng) / Lagerluft *f* || ~ **socket** (Eng) / Drehpfanne *f* || ~ **spindle** (Eng) / Laufspindel *f* (der Turbine) || ~ **spread** (Eng) / Spreizmaß *n* (von Lagerschalen) || ~ **spread** (Eng) / Lagerschalenspreizung *f* vor dem Einbau
**bearings prestressed and installed in pairs** (Eng) / paarweise eingebaute und vorgespannte Lager
**bearing stratum** (Civ Eng) / Tragschicht *f*, tragende Schicht || ~ **strength** (Eng) / zulässige Belastung, Tragfähigkeit *f* (im Allgemeinen), Traglast *f* (diejenige maximal zulässige Last in kg oder t, für die ein Hebezeug unter Berücksichtigung aller Betriebsbedingungen ausgelegt ist) || ~ **stress** (Build, Civ Eng) / Flächenpressung *f* || ~ **stress (under head)** (Eng) / Flächenpressung *f* (unter dem Kopf einer Schraube) || ~ **structure** (Build, Civ Eng) / Tragkonstruktion *f*, Tragwerk *n* (System aus Trägern oder anderen Bauelementen, das die Wirkungen aus ständigen Lasten, Verkehrs- und Nutzlasten aufnimmt und an die Auflager überträgt), Stützkonstruktion *f*, tragende Konstruktion || ~ **surface** / Stützfläche *f*, Auflagefläche *f* || ~ **surface*** (Build, Eng) / Tragfläche *f*, tragende Fläche (im Allgemeinen) || ~ **surface** (Eng) / Auflagefläche *f* (der Schraube) || ~ **target** (Radar, Radio) / Peilziel *n* || ~ **temperature** (Eng) / Lagertemperatur *f* || ~ **wall*** (Build) / lasttragende Wand, Tragwand *f*, tragende Wand
**bearing-wall thickness** (Eng) / Lagerwandstärke *f*, Lagerwanddicke *f*
**bearing with cover disk** (Eng) / Lager *n* mit Deckscheibe || ~ **with hydrostatic jacking system** (Eng) / hydrostatische Anfahrhilfe (Gleitlagerung, die beim Anlauf von Großmaschinen das Durchfahren des Mischreibungsgebietes erleichtert) || ~ **with sealing disk** (Eng) / Lager *n* mit Dichtscheibe
**bear out** *v* (a scientific theory) / bestätigen *v*
**bear-trap weir** (Hyd Eng) / Dachwehr *n*, Doppelklappenwehr *n*
**beast of burden** / Lasttier *n*
**beat** *v* / klopfen *v*, schlagen *v*, stampfen *v* || ~ **(Comp, Telecomm)** / schweben *v*, überlagern *v* || ~ (Paper) / mahlen *v* || ~ (Spinning) / klopfen *v* || ~* *n* (Telecomm) / Schwebung *f* (An- und Abschwellen der Amplitude einer Schwingung, die durch Überlagerung von zwei Schwingungen mit ähnlichen Frequenzen entsteht - DIN 1311-1 und 5483-1) || ~ **cycle** (Telecomm) / Schwebungsdauer *f*, Schwebungsperiode *f*

**beater** *n* (Agric) / Krautschleudertrommel *f* || ~ (Agric) / Leittrommel *f* (der Dreschmaschine) || ~ (Agric, Nut) / Quetsche *f* (z.B. für Futterkartoffeln), Stampfer *m*, Muser *m* || ~ (Eng) / Flügel *m* (des Rührwerks) || ~ (Eng) / Schläger *m*, Stampfer *m* || ~* (Paper) / Holländer *m*, Ganzzeugholländer *m* (ein altes Mahlaggregat zur Stoffaufbereitung, Stoffauflöser *m* || ~* (Spinning) / Schlagmaschine *f* (DIN 64079 und 64100), Batteur *m* (Einprozessanlage zum Öffnen, Reinigen und Mischen von Baumwolle und Chemiefasern) || ~* (Spinning) / Klopfwolf *m*, Schlagwolf *m* (DIN 64162) || ~ (Textiles) / Walkhammer *m* || ~ **arm** (Eng) / Schlagarm *m* (der Schlägermühle) || ~ **bar** (Agric) / Schlagleiste *f* (der Dreschtrommel) || ~ **charge** (Paper) / Stoffeintrag *m* (DIN 6730), Holländerfüllung *f*, Holländereintrag *m*, Eintrag *m* (Holländereintrag), Mahlgut *n* (zur Mahlung im Holländer) || ~ **mill*** (Min Proc) / Prallbrecher *m*, Schlägermühle *f*, Schlagkreuzmühle *f*, Schlagmühle *f* || ~ **opener** (Spinning) / Klopfwolf *m*, Schlagwolf *m* (DIN 64162) || ~ **opener** (Spinning) / Crighton-Öffner *m*, Kegelöffner *m* (in der Baumwollspinnerei) || ~ **roll*** (Paper) / Mahlwalze *f* (des Holländers), Holländerwalze *f*
**beater-sized** *adj* (Paper) / holländergeleimt *adj*
**beater tank** (Paper) / Holländertrog *m* || ~ **tub** (Paper) / Holländertrog *m*
**beat frequency*** (Telecomm) / Schwebungsfrequenz *f*, Überlagerungsfrequenz *f*
**beat-frequency generator** (Radio) / Beat-Frequency-Oszillator *m*, BFO (Beat-Frequency-Oszillator), zweiter Überlagerer (für A1A-Überlagerungsempfang durch abstimmbaren ZF-Oszillator), Schwebungssummer *m*, Schwebungsgenerator *m* (in einem Einseitenbandempfänger) || ~ **oscillator*** (Radio) / Beat-Frequency-Oszillator *m*, BFO (Beat-Frequency-Oszillator), zweiter Überlagerer (für A1A-Überlagerungsempfang durch abstimmbaren ZF-Oszillator), Schwebungssummer *m*, Schwebungsgenerator *m* (in einem Einseitenbandempfänger) || ~ **wavemeter*** (Radio) / Überlagerungswellenmesser *m*, Interferenzwellenmesser *m*
**beating** *n* / Klopfen *n*, Schlagen *n*, Stampfen *n* || ~ (Paper) / Stoffmahlen *n* (Zerfaserung), Mahlen *n* (Zerfasern), Schwebungsvorgang *m* (DIN 5483, T 1) || ~* (Weaving) / Knüpfende *n* || ~ **engine** (Paper) / Holländer *m*, Ganzzeugholländer *m* (ein altes Mahlaggregat zur Stoffaufbereitung, Stoffauflöser *m* || ~ **flaker** (For) / Schlagspaner *m*, Spanzerleger *m* (für faserparallele Zerlegung), Schlagzerspanungsmaschine *f* || ~ **material** (Paper) / Stoffeintrag *m* (DIN 6730), Holländerfüllung *f*, Holländereintrag *m*, Eintrag *m* (Holländereintrag), Mahlgut *n* (zur Mahlung im Holländer) || ~ **shoe** (Min Proc) / Pochschuh *m* (beim Pochwerk)
**beating-up*** *n* (Weaving) / Schussanschlag *m*, Ladenanschlag *m*, Anschlagen *n*
**beat knee** (bursitis and/or cellulitis) (Med) / chronische Erkrankung des Knies durch ständigen Druck (Schleimbeutelentzündung oder Zellulitis) || ~ **note detector** (Electronics, Telecomm) / Schwebungstondetektor *m* || ~ **out** *v* (Eng) / treiben *v* (Hohlteile aus Blech durch Schläge mit einem Treibhammer) || ~ **period** (Telecomm) / Schwebungsdauer *f*, Schwebungsperiode *f* || ~ **reception** (Radio, Telecomm) / Heterodynempfang *m*, Überlagerungsempfang *m*, Schwebungsempfang *m*
**Beattie and Bridgman equation** (Phys) / Beattie-Bridgman-Gleichung *f* (thermische Zustandsgleichung für reale Gase nach J.A. Beattie, 1895-1981 und P.W. Bridgman, 1882-1961)
**Beattie-Bridgman equation of state** (Phys) / Beattie-Bridgman-Gleichung *f* (thermische Zustandsgleichung für reale Gase nach J.A. Beattie, 1895-1981 und P.W. Bridgman, 1882-1961)
**beat tone** (Electronics, Telecomm) / Schwebungston *m* || ~ **up** *v* (Weaving) / anschlagen *v*
**beat-up** *n* (Weaving) / Schussanschlag *m*, Ladenanschlag *m*, Anschlagen *n*
**Beaufort scale*** (Meteor) / Beaufort-Skala *f* (eine 17-teilige Windskala nach Sir F. Beaufort, 1774-1857)
**beaumontage** *n* / gebrauchsfertiger Kitt für kleinere Reparaturen, Ausbesserungskitt *m*
**beauty*** *n* (Nuc) / Beauty *f*, Bottomness *f* (ladungsartige Quantenzahl B der Elementarteilchen) || ~ **quark** (Nuc) / Beauty-Quark *n*, Bottom-Quark *n*, b-Quark *n* || ~ **spot** (a place known for its beautiful scenery) (Ecol) / landschaftlich schöne Stelle (Aussichtspunkt)
**Beaux-Arts style** (Arch) / Neubarock *m n* (meistens in Frankreich - z. B. Garnier, Polaert und Girault)
**beaver board*** (Build, Join) / Holzfaserhartplatte *f* (mit einer Rohdichte über 900 kg/m$^3$), Hartfaserplatte *f* (DIN EN 316), HFH (Hartfaserplatte), harte Holzfaserplatte, Faserhartplatte *f* || ~ **cloth** (Textiles) / Biber *m n* || ~ **cloth** (Textiles) s. also melton || ~ **lamb** (Textiles) / Biberlamm *n* (Lamm- oder Schaffell mit kurzer, feiner Wolle und wetterbeständigem Glanz)

**beavertail beam** (Radio) / gefächerter Strahl, Biberschwanzstrahl *m* (in der Antennentechnik)
**beaverteen** *n* (Textiles) / Beaverteen *n*, Baumwollbiber *m n*, Baumwollmolton *m*
**BEC** (binary erasure channel) (Comp) / binärer Kanal mit Auslöschung
**Béchamp reduction** (Chem Eng) / Béchamp-Reduktion *f* (nach P. J. A. Béchamp, 1816 - 1908)
**beche** *n* (Civ Eng, Mining) / Gestängezange *f* für gebrochenes Gestänge
**beck**\* *n* / Bottich *m*, Trog *m*, Wanne *f*, Kufe *f* || ~ (GB) (Textiles) / Haspelkufe *f* (zum Entschlichten, Waschen, Bleichen und Färben von weniger faltenempfindlichen Geweben und Gewirken in Strangform), Haspel *f m* || ~ **arc** (Elec Eng) / Beck-Lichtbogen *m* (Lichtbogen sehr hoher Leuchtintensität - nach H. Beck, 1878-1937) || ~ **arc-lamp** (Elec Eng, Light) / Hochintensitätsbogenlampe *f*, Beck-Bogenlampe *f* (nach H. Beck, 1878 - 1937), Beck-Lampe *f* (mit Anodenflamme) || ~ **effect** (Elec Eng) / Beck-Effekt *m* (Auftreten einer weiß leuchtenden Anodenflamme vor dem Krater der positiven Kohle einer Bogenentladung bei Überschreiten einer bestimmten Anodentemperatur)
**Becke line**\* (Micros, Min) / Becke'sche Linie (nach F. Becke, 1855-1931), Becke-Linie *f*
**beck iron**\* (Eng, Tools) / Galgenamboss *m*, Bankhorn *n*, Schlagstöckchen *n*, Bankamboss *m* || ~ **iron**\* (Tools) / Sperrhorn *n*, Spitzhorn *n* (des Ambosses)
**Beckmann molecular transformation**\* (Chem) / Beckmann'sche Umlagerung (eines Ketoxims in ein substituiertes Amid in Gegenwart saurer Katalysatoren - nach E.O. Beckmann, 1853-1923) || ~ **rearrangement** (Chem) / Beckmann'sche Umlagerung (eines Ketoxims in ein substituiertes Amid in Gegenwart saurer Katalysatoren - nach E.O. Beckmann, 1853-1923) || ~ **thermometer**\* (Heat) / Beckmann-Thermometer *n* (ein altes Einstellthermometer zur Molmassenbestimmung nach DIN 16160, T 3)
**beckon** *v* / einwinken *v* (z.B. den Kran- oder Baggerführer)
**BECN bit** (Comp) / BECN-Bit *n*
**become acid** (Agric) / versauern *vi* (Boden) || ~ **discoloured** (Textiles) / verbleichen *v*, verschießen *v* (von Farben), ausbleichen *vi* (von Farbtönen) || ~ **inoperative** (Relais) / abfallen *v* (Relais) || ~ **parched** (Agric) / verdorren *v* || ~ **rusty** (Chem, Met, Paint) / verrosten *v*, rosten *v*, rostig werden || ~ **slack** / nachlassen *v* (locker werden) || ~ **sweet** (Nut) / süß werden
**be corked** *vi* (Nut) / nach Korken schmecken (Wein)
**becquerel**\* *n* (Radiol) / Becquerel *n* (gesetzliche abgeleitete SI-Einheit der Aktivität einer radioaktiven Substanz, Bq (Becquerel - DIN 1301, T 1) || ~ **cell**\* (Electronics) / fotochemische Zelle, elektrolytische Fotozelle || ~ **effect** (Electronics, Photog) / Becquerel-Effekt *m* (nach A.E. Becquerel, 1820-1891 benannt)
**bed**\* *n* (Build) / Lagerfläche *f* (eines Ziegels oder eines Werksteines) || ~\* (Build, Chem) / Bettung *f* || ~ (Build) / Bett *n* (ein Gestellteil der Werkzeugmaschine) || ~ (Foundry) / Formbett *n*, Formherd *m* || ~\* (Geol) / tafelförmiger Gesteinskörper, Schicht *f* || ~ (Geol) / Horizont *m* (lithostratigrafischer) || ~ (Hyd Eng) / Bett *n* (river bed) (Hyd Eng) / Flussbett *n* || ~ (Mining) / Flöz *n* (eine Schicht nutzbarer Gesteine oder Minerale) || ~ (Mining) / tafelförmige Lagerstätte || ~\* (Print) / Fundament *n*, Druckfundament *n*, Formbett *n* || ~ (San Eng) / Rasen *m* (Kolonie von Schimmelpilzen)
**Bedaux-system** *n* (Work Study) / Bedaux-System *n*, Bedaux-Verfahren *n* (ein Arbeits-, Zeitstudien- und Lohnsystem, von C. Bedaux 1916 in den USA eingeführt)
**bed-building stage** (Hyd Eng) / bettbildender Wasserstand (eines Flusses)
**bed carriage** (Eng) / Bettschlitten *m* (Unterteil des Werkzeugschlittens der Drehmaschine) || ~ **coke** (Foundry) / Füllkoks *m* (der in den leeren Kupolofen geschüttet wird) || ~ **current** (Hyd Eng) / Grundströmung *f*
**bedded** *adj* (Mining) / bankig *adj*, gebankt *adj*, geschichtet *adj*, schichtig *adj*
**bed depth** (Nuc Eng) / Schüttungstiefe *f* (bei einem Kugelhaufenreaktor)
**bedding** *n* / Bettung *f*, Lagerung *f* || ~ (Agric) / Einstreu *f*, Streu *f* || ~ (Arch) / Einbettung *f*, Befestigung *f* (z.B. des Ornaments) || ~ (Build) / Sauberkeitsschicht *f* (im Massenbetonfundament) || ~ (a cushioning layer) (Cables) / Polster *n* (unter der Bewehrung des Kabels) || ~\* (Cables) / äußere Schutzhülle, Außenschutz *m*, Schutzhülle *f* (nichtmetallische extrudierte äußere Hülle zum Schutz eines Metallmantels) || ~ (Foundry) / Setzen *n* auf das Sandbett || ~\* (Geol) / schichtförmige Lagerung, Schichtung *f* || ~ (Geol) / Besteg *m* (in der Kluft) || ~ (Textiles) / Bettwäschestoff *m*, Bettwäschezeug *n* || ~ **cleavage** (Geol) / schichtparallele Klüftung || ~ **cleavage** (Geol) / Isoklinalschieferung *f*, Parallelschieferung *f* || ~ **coat** (Build) / oberste Putzlage, in der dekorative Elemente eingebettet sind || ~ **concrete** (Civ Eng) / Bettungsbeton *m* || ~ **course** (Civ Eng) / Bettungsschicht *f*, Bettung *f* (beim Klinkerpflaster)
**bedding-in**\* *n* (Eng) / Einschaben *n* (der Lagerschale) || ~\* (Eng) / Einpassen *n*, Einbau *m* || ~ (Foundry) / Herdformen *n*, Herdformerei *f* (im offenen Herd) || ~ (Foundry) / Setzen *n* auf das Sandbett
**bedding joint** (Build) / Schichtfuge *f* || ~ **plane**\* (Geol) / Schichtfläche *f* || ~ **putty** (which is run into a window frame and into which the pane of glass is bedded) (Build, Glass) / Glaserkitt, Fensterkitt *m* (ein Leinölkitt), Kitt *m* (DIN 52 460) || ~ **sand** (Civ Eng) / Bettungssand *m* (Unterlage des Betonsteinpflasters)
**bed filter** (Eng) / Schüttgutfilter *n*, Haufwerkfilter *n*
**bed-filtered water** (Ecol, San Eng) / Uferfiltrat *n* (Rohwasser zur Wasserversorgung)
**bed filtration** (Ecol, San Eng) / Uferfiltration *f* (das Eindringen von Wasser oberirdischer Gewässer durch das Gewässerbett /Sohle, Ufer/ in den Untergrund)
**Bedford cement** / Bedford-Zement *m* (bei der Linoleumherstellung) || ~ **cord**\* (Textiles) / Reitkord *m* || ~ **limestone** (Geol) / Spergenit *m* (Karbonatgestein mit sortierten Fossilfragmenten und mit weniger als 10% Quarz)
**bed joint**\* (Build) / Lagerfuge *f* (waagrecht durchgehende Fuge zwischen Mauersteinen) || ~ **load** (the weight or volume of boulders, pebbles, and gravel rolled or moved by a stream along its bed in unit time) (Geol) / Flussgeröll *n* (durch bewegtes Wasser transportierte oder abgelagerte Gesteinsbruchstücke), Flussgeschiebe *n*, Geschiebe *n* (von der Strömung eines Fließgewässers mitgeführte Feststoffe), fluviatiles Geröll, Geröll *n*
**bed-load rate** (Hyd Eng) / Geschiebefracht *f* (Masse, Volumen pro Zeiteinheit) || ~ **sampler** (Hyd Eng) / Geschiebefänger *m* (korkartiges Messgerät mit einer rechteckigen Einlauföffnung), Flussgeschiebemessgerät *n* || ~ **transport** (Geol, Hyd Eng) / Geschiebetransport *m*
**bed moisture** (Mining) / natürliche Feuchtigkeit (der Kohle), natürlicher Wassergehalt (der Kohle) || ~ **of granular solids** (Chem Eng) / Körnerschüttung *f* || ~ **of nails** (Electronics) / Nageladapter *m* (für den Anschluss von Leiterplatten an eine Prüfeinrichtung) || ~ **of the undercut** (For) / Fallkerbsohle *f*
**bedplate**\* *n* (Autos) / Grundplatte *f* (Kurbelgehäuseunterteil) || ~\* (Eng) / Bettplatte *f*, Fundamentplatte *f*, Lagerplatte *f*, Bodenplatte *f*, Grundplatte *f* || ~ (I C Engs) / Kurbelgehäuseunterteil *n* || ~\* (Paper) / Grundwerk *n* (der Holländers)
**bed putty** (Build, Glass) / Auskittung *f* (hinter der Glashalteleiste)
**bedrock**\* *n* (Geol) / Liegendes *n* (unter einer Bezugsschicht lagernde Gesteinsschicht) || ~\* (Geol) / Urgebirge *n*, Grundgebirge *n* (meist aus metamorphen Gesteinen und Tiefengesteinen), Grundgestein *n* || ~\* (Geol, Mining) / Anstehendes *n* (Gestein, das in seinem natürlichen Verband leicht zugänglich ist)
**bedroomed, four-~** (Build) / mit vier Schlafzimmern
**bedroom suburb** (Arch) / Schlafstadt *f*
**bed (cotton) sheeting** (Textiles) / Baumwollstoff *m* für Bettbezüge
**bed-side terminal** (Comp) / Endgerät *n* neben dem Bett (im Krankenhaus)
**bed sill** (Hyd Eng) / Sohlschwelle *f* || ~ **slope** (the inclination of the bed of a stream along its course, given as difference in elevation per unit horizontal distance) (Hyd Eng) / Sohlegefälle *n* (eines Flusses) || ~ **slope** (Hyd Eng) / Sohlneigung *f*
**bed-type milling machine** (Eng) / Bettfräsmaschine *f* (deren Werkstücktisch auf einem flachen Bett geführt wird) || ~ **milling machine** (US) (Eng) / Starrfräsmaschine *f* (eine Waagerechtfräsmaschine)
**bee-breeding** *n* (Agric, Nut) / Bienenzucht *f*, Bienenhaltung *f*, Imkerei *f*, Zeidelwesen *n*
**beech**\* *n* (For) / Buche *f* (Fagus L. sp.) || ~ (For) / Buchenholz *n*
**beechmast** *n* (Agric, For) / Buchelmast *f* (Fruchtertrag der Buche), Buchenmast *f*
**beechnut oil** / Bucheckernöl *n*
**beech pulp** (Paper) / Buchenzellstoff *m* || ~ **tar** / Buchenteer *m* (ein Holzteer)
**beech-tar oil** / Buchenholzteeröl *n* (ein Buchenholzschwelprodukt)
**beechwood** *n* (For) / Buchenholz *n* || ~ **mallet** (Build, Tools) / Klippel *m*, Klöpfel *m* (aus Weißbuchenholz - zum Treiben der Meißel bei der Bearbeitung weicher Gesteinsarten)
**beef**\* *n* (Geol) / schichtparallele Kalzitfäden und -schmitzen in Sedimenten || ~ (Nut) / Rindfleisch *n* || ~ **dripping** (Nut) / Rindertalg *m*, Rinderfett *m* (aus den Fettgeweben von Rindern)
**beefed-up** *adj* / verstärkt *adj* (für besondere Belastung ausgelegt)
**beef fallow** (Nut) / Rindertalg *m*, Rinderfett *n* (aus den Fettgeweben von Rindern) || ~ **fat** / Rindertalg *m* (roher) || ~ **suet** (Nut) / Rindertalg *m*, Rinderfett *n* (aus den Fettgeweben von Rindern) || ~ **tea** (Nut) / Rindfleischbrühe *f*, Rinderkraftbrühe *f* || ~ **up** *v* / verstärken *v*, absteifen *v* (eine Konstruktion)

**beef-wood** *n* (For) / rötliches Ausstattungsholz aus verschiedenen australischen und indischen Bäumen ‖ ~ (For) s. also bulletwood and casuarina
**beehive coke oven** / Bienenkorbkoksofen *m* ‖ ~ **kiln** (a circular beehive-shaped kiln characterized by a domed roof and fired through chambers stationed around the circumference) (Glass) / Rundofen *m* (ein Hafenofen)
**bee-keeping** *n* (Agric, Nut) / Bienenzucht *f*, Bienenhaltung *f*, Imkerei *f*, Zeidelwesen *n*
**beekite*** *n* (Min) / Beekit *m*
**beeline** *n* (as the crow flies) / Luftlinie *f* (als kürzeste Entfernung)
**bee moth** (Agric, Zool) / Große Wachsmotte (Galleria mellonella)
**beep** *n* (Automation) / Summton *m* (z.B. beim Drücken von Tasten) ‖ ~ (Electronics) / Piepsignal *n*, Piepton *m*
**beeper** *n* (Radio) / Pager *m* (beim Funkrufdienst), "Piepser" *m*, Nur-Ton-Empfänger *m*, Funkrufempfänger *m*
**beep signal** (Electronics) / Piepsignal *n*, Piepton *m*
**beer*** *n* (Brew, Nut) / Bier *n* ‖ ~ (Weaving) / Fädigkeit *f* (Fadenzahl/Rohr) ‖ ~ (Weaving) / Fadenschar *f* von 40 Fäden
**beerbachite** *n* (Geol) / Beerbachit *m*, Hornfels *m* (mit Olivinkristallen)
**beer caramel** (Nut) / AC (Ammoniakkulör), Ammoniakkulör *f* (hergestellt durch kontrollierte Hitzeeinwirkung auf Kohlenhydrate mit Ammoniumverbindungen), Ammoniakzuckerkulör *f*
**beer-engine** *n* (Brew) / Bierdruckapparat *m*
**beer filter paper** (Brew, Paper) / Bierfilterpapier *n* ‖ ~ **flavour** (Brew, Nut) / Bieraroma *n*
**Beer-Lambert-Bouguer law** / Gesetz *n* von Bouguer, Lambert und Beer (DIN 1349-1)
**Beer-Lambert law** (Phys) / Lambert-Beer'sches Gesetz, Beer'sches Gesetz (nach A. Beer, 1825-1863)
**beer loss** (Brew) / Bierschwand *m*
**beer-mat board** (Paper) / Bierglasuntersetzerpappe *f* (DIN 6730), Bierdeckelpappe *f*
**beer plaque** (Paper) / Bierglasuntersetzerpappe *f* (DIN 6730), Bierdeckelpappe *f* ‖ ~ **pump** (US) (Brew) / Bierdruckapparat *m* ‖ ~ **scale** (Brew) / Bierstein *m* (in Bierleitungen)
**beer-scale destroying agent** (Brew, Chem) / Biersteinentferner *m* (für die Reinigung von Bierleitungen)
**Beer's law** (Phys) / Lambert-Beer'sches Gesetz, Beer'sches Gesetz (nach A. Beer, 1825-1863)
**beer stone** (Brew) / Bierstein *m* (in Bierleitungen) ‖ ~ **stone** (Build) / dichter Kalkstein (für Innenausbau) ‖ ~ **water graining colour** (For) / Bierlasur *f* (eine Lasurfarbe, mit abgestandenem Bier angerieben) ‖ ~ **withdrawals** (US) (Brew) / Bierausstoß *m* (in Fässern)
**beeswax*** *n* / Bienenwachs *n* (E 901)
**beet cleaner** (Agric) / Rübenreiniger *m* (der die Rüben trocken reinigt) ‖ ~ **crown** (Agric) / Rübenkopf *m* ‖ ~ **foliage loader** (Agric) / Rübenblattlader *m* ‖ ~ **harvester** (Agric) / Rübenvollerntemaschine *f*, Rübenerntemaschine *f*
**beetle*** *n* (Civ Eng) / Holzhammer *m* (großer) ‖ ~* (Civ Eng) / Handramme *f*, Handstampfer *f*, Jungfer *f*, Besetzschlegel *m* ‖ ~ (Mining) / Abraumlokomotive *f*, Grubenlokomotive *f* (für die Arbeit über Tage) ‖ ~* (Textiles) / Beetlemaschine *f*, Beetlekalander *m*, Stampfkalander *m* (DIN 64 990)
**beet-leaf catcher** (Agric) / Rübenkrautfänger *m*
**beetle calender** (Textiles) / Beetlemaschine *f*, Beetlekalander *m*, Stampfkalander *m* (DIN 64 990) ‖ ~ **damage** (For) / Käferfraß *m* (ein Holzschaden) ‖ ~**-head** *n* (Civ Eng) / Bär *m* (-s, pl. -en oder -e), Rammbock *m*, Fallbär *m*, Rammbär *m*, Schlaggewicht *n*, Rammklotz *m* ‖ ~ **proofing** *f* / Käferschutz *m*
**beet lifter** (Agric) / Rübenroder *m*
**beetling** *n* (Textiles) / Beetlen *n*, Stampfappretur *f* (des schweren Leinengewebes)
**bee toxicity** (Agric) / Bienentoxizität *f* (z.B. von Herbiziden)
**beet pulp** (Agric, Nut) / extrahierte Schnitzel, ausgelaugte Zuckerrübenschnitzel, Schnitzel *n pl* (abgepresste, ausgelaugte) ‖ ~ **pulp** (Nut) / Pülpe *f*, Pulp *m* (das Mark der Rüben in der Zuckerherstellung) ‖ ~ **pulp pump** (Nut) / Schnitzelpumpe *f* (in der Zuckerherstellung) ‖ ~ **pump** (Agric) / Rübenpumpe *f* ‖ ~ **red** (Nut) / Beetenrot *n* (E 162) ‖ ~ **seed** (Agric) / Rübensaatgut *n* ‖ ~ **seed** (Agric, Bot) / Rübensamen *m* ‖ ~ **sickness** (Agric) / Rübenmüdigkeit *f* (des Bodens) ‖ ~ **slices** (Agric, Nut) / Zuckerrübenschnitzel *n pl* (vor der Extraktion), Rübenschnitzel *n pl* (vor der Extraktion), Schnitzel *n pl* (nicht ausgelaugte) ‖ ~ **sugar*** (Nut) / Rübenzucker *m* (i.e.S.)
**beet-tails catcher** (Agric) / Rübenschwanzabscheider *m*, Rübenschwanzfänger *m*, Rübenschwänzeabscheider *m*
**beet thinning** (Agric) / Rübenlichter *m*, Rübenausdünner *m* ‖ ~ **top** (Agric) / Rübenkopf *m* mit Blättern ‖ ~ **topper** (Agric) / Rübenkopfwerkzeug *n* ‖ ~ **washer** (Agric) / Rübenwäscher *m*, Rübenwaschmaschine *f* ‖ ~ **washing machine** (Agric) / Rübenwäscher *m*, Rübenwaschmaschine *f*

**bee venom** (Chem, Pharm) / Bienengift *n* (Sekret aus der Giftblase der Honigbiene)
**BEF** (band-elimination filter) (Radio, Telecomm) / Bandsperre *f* (Gegensatz zu Bandpass), Bandsperrfilter *n*, BS (Bandsperre)
**before-image** *n* (Comp) / Vorabbild *n*
**beggar's velvet** (Textiles) / Baumwollsamt *m* (Schusssamt, dessen Flor aus Baumwolle besteht)
**beggarware** *n* (Comp) / Shareware *f*
**begin** *v* / anfangen *v*
**beginning** *n* / Anfang *m*
**beginning-of-file label** (Comp) / Dateianfangsetikett *n*, Dateivorsatz *m*, Header-Etikett *n*
**beginning of page** (Comp) / Seitenanfang *m*
**beginning-of-tape marker** (Comp) / Bandanfangsmarke *f*
**behaviour** *n* (Biol) / Verhalten *n* ‖ ~ (Materials) / Verhalten *n* (des Materials)
**beheaded river** (Hyd Eng) / angezapfter Fluss ‖ ~ **stream** (Hyd Eng) / angezapfter Fluss
**beheading** *n* (Geol) / Flussanzapfung *f* (durch rückschreitende Erosion bewirktes Eingreifen eines Flusses in das Tal eines anderen Flusses), Anzapfung *f*
**behenic acid** (Chem) / Behensäure *f*, Dokosansäure *f*, Docosansäure *f*
**behen oil** (Chem) / Moringaöl *n*, Behennussöl *n*, Behenöl *n* (aus den Samen des Pferderettichbaums - Moringa oleifera Lam.)
**behenyl alcohol** (Chem) / Behenylalkohol *m* (1-Docosanol)
**behind·-tape-reader connexion** (Eng) / BTR-Anschluss *m* (für eine direkte numerische Steuerung ohne Bandleser) ‖ ~**-tape reader system** (Eng) / BTR-Schnittstelle *f* (Merkmal eines direkten numerischen Steuerungssystems, mit dem Steuerdaten entweder von einem Steuerungsleser oder direkt von einem Rechner aufgenommen werden können), BTR
**behind-the-ear hearing aid** (Acous) / Hinter-dem-Ohr-Gerät *n*, HdO-Gerät *n* (ein Hörgerät), HdO-Hörgerät *n* (hinter dem Ohr zu tragendes) ‖ ~ **hearing instrument** (Acous) / Hinter-dem-Ohr-Gerät *n*, HdO-Gerät *n* (ein Hörgerät), HdO-Hörgerät *n*, Hörgerät *n* (hinter dem Ohr zu tragendes)
**Behrens-Fisher problem** (Stats) / Behrens-Fisher-Problem *n* (ein spezieller Fall der Aufgaben mit störenden Parametern - nach W.U. Behrens, 1903-1963, und Sir R.A. Fisher, 1890-1962)
**beidellite*** *n* (Min) / Beidellit *m* (ganz ähnlich Montmorillonit, jedoch ohne Mg, etwas Si durch Al ersetzt)
**bei function** (Maths) / Kelvin'sche Funktion erster Art, bei-Funktion *f*
**beige** *adj* / beige *adj*, beigefarben *adj* (von der Farbe des Dünensands)
**Beilby layer** (Eng) / Beilby-Schicht *f* (nach G.T. Beilby, 1850-1924), Bearbeitungsschicht *f* (durch mechanische Bearbeitung /insbesondere mechanisches Polieren/ in ihrem Gefüge und ihrer Struktur veränderte Oberflächenzone metallischer Werkstoffe bis in eine Tiefe von etwa 10 $\mu$m)
**Beilstein data bank** (Chem) / Beilstein-Datenbank *f* (des Beilstein-Instituts für Literatur der Organischen Chemie in Frankfurt) ‖ ≃ **test*** (Chem) / Beilstein-Probe *f*, Beilsteinsche Probe (zum unspezifischen Halogennachweis in organischen Verbindungen, nach F.K. Beilstein, 1838-1906)
**bel*** *n* (the fundamental division of the logarithmic scale for expressing the ratio of two amounts of power, the number of bels denoting such a ratio being the logarithm to the base 10 of this ratio) (Acous, Telecomm) / Bel *n*, B (Bel) (Dämpfungs- bzw. Verstärkungsmaß nach DIN 5493)
**belay** *v* (fix /a running rope/ round a cleat, pin, rock, or other object, to secure it) (Ships) / belegen *v* (Leine auf einem Pollert, an einer Belegklampe oder einem Belegnagel)
**belaying cleat** (Ships) / Belegklampe *f* (Vorrichtung zum Festmachen)
**belemnite*** *n* (Geol) / Belemnit *m*
**Belfast roof** (with a Belfast truss) (Build, Carp) / Bogenbinderdach *n*
**belfry** *n* (Arch) / Glockenstuhl *m*, Glockengehäuse *n* ‖ ~* (Arch) / Glockenturm *m*
**Belgian block pavement** (Civ Eng) / Großpflaster *n*, Kopfsteinpflaster *n*, Pflasterstraßendecke *f* (aus Natursteinen 75 x 250 mm) ‖ ≃ **pavement** (Civ Eng) / Großpflaster *n*, Kopfsteinpflaster *n*, Pflasterstraßendecke *f* (aus Natursteinen 75 x 250 mm) ‖ ≃ **plough** (Agric) / Stelzpflug *m* ‖ ≃ **truss*** (Build) / Polonceaubinder *m* (nach B.C. Polonceau, 1813-1859), französischer Binder (mit Zugband), Polonceauträger *m*, W-Binder *m* (ein Dreiecksfachwerkbinder), Dreiecksfachwerkbinder *m*, Wiegmann-Binder *m*
**Belisha beacon** (GB) (Autos, Civ Eng) / Lichtsignal *n* (fußgängerbetätigtes) an Fußgängerüberwegen, Blinklicht *n* (für Fußgänger an den Fußgängerüberwegen), orangefarbenes Blinklicht am Zebrastreifen
**belite*** *n* (dicalcium silicate) (Build) / Belit *m* (eine Klinkerphase)
**bell** *v* (Eng) / glockenförmig aufweiten, glockenförmig ausweiten, ausbeulen *v*, auftrichtern *v* ‖ ~ *n* / Glocke *f* ‖ ~ (Acous) / Schallbecher *m* (des Musikinstruments) ‖ ~ (Acous, Build, Elec Eng) / Klingel *f*,

**bell**
Klingelanlage f ‖ ~* (US) (Eng, Plumb) / Rohrmuffe f, Muffe f (aufgeweitetes Rohrende), Aufweitung f (aufgeweitetes Ende eines Rohrs)* (Met) / Gichtglocke f, Glocke f (Verschlussglocke) ‖ ~ (Met) / Ziehtrichter m (bei der Rohrherstellung) ‖ ~ (Mining) / Sargdeckel m (Steinfall aus dem Hangenden eines Abbaus) ‖ ~ (Nut) / Zentriertulpe f (beim Flaschenfüller) ‖ ~ (Teleph) / Wecker m, Klingel f
**belladonna alkaloid** (a tropane alkaloid) (Pharm) / Belladonnaalkaloid n (z.B. Atropin oder Scopolamin)
**bell alloy** (Met) / Glockenwerkstoff m, Glockenmetall n, Glockengut n, Glockenspeise f (mit etwa 78% Cu und 22% Sn) ‖ **~ and hopper** (Met) / Parry'scher Trichter (ein Gichtverschluss), Parry-Glocke f (des Hochofens), Parry-Gichtverschluss m, Parry-Trichter m ‖ **~-and-spigot joint** (US)* (Civ Eng, Eng, Plumb) / Einschiebmuffenverbindung f, Muffenverbindung f (Rohrverbindung)
**bell-and-spigot pipe** (US) (Eng, Plumb) / Muffenrohr n
**bell-bottom trousers** (Textiles) / Hose f mit ausgestellter Fußweite
**bell box** (Teleph) / Klingelkasten m ‖ **~ brass** (Met) / Glockenmessing n (60-63% Cu und 40-37% Zn) ‖ **~ bronze** (Met) / Glockenbronze f ‖ **~ chuck*** (Eng) / Vierschraubenfutter n ‖ **~ crank** (Eng) / Winkelkurbel f ‖ **~ crank** (Eng, Mech) / Kniehebel m, Winkelhebel m (Kniehebel)
**bell-crank lever** (Eng, Mech) / Kniehebel m, Winkelhebel m (Kniehebel)
**bell curve** / Glockenkurve f (im Allgemeinen) ‖ **~ dolphin** (Ocean) / Anlegedalbe f (mit glockenförmigem Deckel)
**belled** adj (Eng) / glockenförmig aufgeweitet (z.B. Loch oder Rohr)
**belleric myrobalan** (Bot, Leather) / Myrobalane f /aus Terminalia bellirica (Gaertn.) Roxb./
**Belleville spring** (Eng) / Tellerfeder f (scheibenförmige Biegefeder nach DIN 2092 und 2093) ‖ **~ washer** (washer-type disk spring) (Eng) / Federscheibe f (DIN 137) ‖ **~ washer** (Eng) / Belleville-Dichtungsring m
**bell gable*** (Arch) / Glockengiebel m (Giebelaufbau mit einer oder mehreren Öffnungen, in denen Glocken aufgehängt sind) ‖ **~ glass** (Vac Tech) / Glasglocke f (ein Laborgerät), Rezipientenglocke f ‖ **~ housing** (Autos) / Getriebeglocke f (bei Automatikgetriebe), Anflanschglocke f
**bellied cross-cut saw** (For) / Bauchsäge (die stark gebauchte Zugsäge), Wiegensäge f, Mondsäge f
**bellies** pl (Textiles) / Bauchwolle f
**belling tool** (Oils) / Nachschneider m (in der Tiefbohrtechnik), Räumer m, Bohrlochräumer m, Erweiterungsbohrer m, Nachschneidemeißel m
**Bellini-Tosi antenna*** (Radio) / Bellini-Tosi-Richtantenne f, Kreuzrahmenantenne f (ein Goniometerpeiler)
**bell insulator** (Elec Eng) / Glockenisolator m (Telegrafenglocke) ‖ **~ jar** (Chem, Vac Tech) / Glasglocke f (ein Laborgerät), Rezipientenglocke f ‖ **~ jar** (Vac Tech) / Vakuumkammer f, Vakuumglocke f
**Bellman's principle of optimality** (Stats) / Bellman'sches Prinzip (nach R. Bellman, 1920-1984), Optimalitätsprinzip n (nach Bellman)
**bell metal** (Met) / Glockenwerkstoff m, Glockenmetall n, Glockengut n, Glockenspeise f (mit etwa 78% Cu und 22% Sn)
**bell-metal ore*** (Min) / Zinnkies m, Stannit m, Stannin m
**bellmouthed*** adj (Eng) / glockenförmig aufgeweitet (z.B. Loch oder Rohr)
**bellmouthing** n (Eng) / glockenförmige Erweiterung, Auftrichterung f, trichterförmige Erweiterung
**bellmouth intake** (Eng) / Einlauftrompete f (z.B. bei Grundablässen)
**bell nozzle** (Space) / Glockendüse f (des Raketentriebwerks) ‖ **~ out** v (Eng) / glockenförmig aufweiten, glockenförmig ausweiten, ausbeulen v, auftrichtern v
**bellows*** n (or pl) (Autos, Eng) / Wellrohr n, [gewellter] Balg m, Faltenbalg m, Balgfeder f, Faltenrohr n ‖ **~*** (Photog) / Balgen m (ausziehbare lichtdichte Hülle, z.B. bei Klappkameras zwischen Gehäuse und Objektiv) ‖ **~*** n / Blasebalg m ‖ **~** (or pl.) (Meteor) / Aneroiddose f, Vidie-Dose f (meistens aus Kupfer-Beryllium gefertigtes flaches dünnwandiges dosenförmiges Gefäß von 3 - 15 mm Höhe und 30 - 200 mm Durchmesser, aus dem die Luft teilweise ausgepumpt wurde - nach L.Vidie, 1805 - 1866), Druckdose f, Aneroidkapsel f ‖ **~*** pl / Blasebalg m ‖ **~ contact** (Electronics) / Balgkontakt m (Steckverbinder) ‖ **~ gauge** (Eng) / Wellrohrmanometer n, Balgenfedermanometer n ‖ **~ hide** (Leather) / Balgenleder n (zur Herstellung von Blase- und Orgelbälgen) ‖ **~ leather** (Leather) / Balgenleder n (zur Herstellung von Blase- und Orgelbälgen)
**bellows-type expansion joint** (Eng) / Wellrohrausgleicher m, Wellrohrkompensator m, Faltenbalgkompensator m
**bell pepper** (US) (Nut) / edelsüßer Paprika ‖ **~ prover** / Eichkolben m, Kubizierglocke f (Gasmessung) ‖ **~ screw** (Mining, Oils) / Fangglocke f

**bell-shape(d) curve** / Glockenkurve f (im Allgemeinen) ‖ **curve** s. also normal distribution curve
**bell-shaped** adj / kelchförmig adj ‖ **~ insulator** (Elec Eng) / Glockenisolator m (Telegrafenglocke) ‖ **~ rotor** (Elec Eng) / Glockenläufer m (ein Außenläufer), Becherläufer m (ein Außenläufer)
**bell soliton** (Phys) / Glockensoliton n ‖ **~ tap** (Mining, Oils) / Fangglocke f
**bell-tower** n (Arch) / Glockenturm m
**bell transformer*** (Elec Eng) / Klingeltransformator m (zum Betrieb einer Klingelanlage) ‖ **~-type (annealing) furnace*** (Met) / Haubenglühofen m (zur Behandlung von Stahlband nach dem Haubenglühverfahren)
**bell-type gasholder** / Glockengasbehälter m
**belly** n (Eng) / Ausbauchung f ‖ **~** (Leather) / Flanke f (derjenige Teil der Haut, der die Bauchseite und den oberen Teil der Beine des Tieres bedeckt) ‖ **~** (Met) / Kohlensack m (des Hochofens) ‖ **~*** (Typog) / dem Fuß des Schriftzeichens zugewendete Seite der Drucktype ‖ **~-landing** n (Aero) / Bauchlandung f ‖ **~ middle** (Leather) / Flankenmittelstück n ‖ **~ tank*** (Aero) / Rumpfaußentank m, Bellytank m (ein Abwurfbehälter unter dem Rumpf) ‖ **~ wool** (Textiles) / Bauchwolle f
**belong** v (to) (Maths) / Element sein (von)
**belonite** n (Geol) / Belonit m (nadelförmiger Mikrolith)
**Belousov-Zabotinski reaction** (Chem) / Belousov-Zhabotinski-Reaktion f (eine oszillierende Reaktion), BZ-Reaktion f
**below-cloud scavenging** (Meteor) / Washout n, Below-cloud-scavenging n (Anlagerung von atmosphärischen Spurenstoffen unterhalb einer Wolke an fallenden Niederschlag)
**below ground** (Mining) / untertägig adj
**below-stairs** pl (US) (Build) / Kellertreppe f
**below-surface handling** / Verkehr m (Förderung) auf einer Ebene, die unter der Erdoberfläche liegt
**belt*** n / Riemen m ‖ **~*** (Arch, Build) / Mauerband n (ein Gurtgesims) ‖ **~*** (Arch, Build) / auskragende Ziegelschicht ‖ **~** (Autos) / Lage f des Gürtels (zwischen Unterbau und Lauffläche des Reifens) ‖ **~** (Build, Eng) / Band n, Gurt m ‖ **~** (Comp) / Metallband n (für den Metallbanddrucker) ‖ **~** (Eng) / Fallhammerriemen m (mit dem der Bär hochgehoben wird) ‖ **~** (Geol) / Gürtel m, Zone f ‖ **~** (Print) / Band n, Belt n (bei Cameron belt-press) ‖ **~** (Textiles) / Gürtel m ‖ **~ aerator** (Foundry) / Bandschleuder f
**belt-alignment monitor** (Eng) / Geradelaufwächter m (für Gurte eines Bandförderers)
**belt and chain drive** (Eng) / Zugmittelgetriebe n (ein Getriebe, das mindestens ein nur gegen Zugbeanspruchung widerstandsfähiges Mittel zur Bewegungsübertragung hat - z.B. Riemen- oder Kettengetriebe), Hülltrieb m (wenn zwei oder mehrere drehbare Bauteile zur Kraft- und Bewegungsübertragung umhüllt werden - Ketten- oder Riementrieb) ‖ **~ casting** (Foundry) / Bandgießen n ‖ **~ conveyor** (Eng) / Bandförderer m (ein Stetigförderer nach DIN 22 101) ‖ **~ conveyor*** (Eng) / Gurtbandförderer m, Gurtförderer m (DIN 22 101)
**belt-conveyor gallery** (Mining) / Bandbrücke f (ein Gerät für den Tagebau - teilweise geschlossen) ‖ **~ system** (Eng) / Bandanlage f (ortsfest oder rückbar)
**belt course** (Arch) / Stockgurt m, Gurtgesims n (das den Bau zwischen den einzelnen Geschossen umzieht), Stockwerkgesims n, Kordongesims n (A), Kordonsims m n ‖ **~ course*** (Arch, Build) / Mauerband n (ein Gurtgesims) ‖ **~ course*** (Arch, Build) / auskragende Ziegelschicht
**belt-deflection point** (Autos) / Gurtumlenkpunkt m
**belt dressing** / Riemenwachs n, Riemenpflegemittel n ‖ **~ drive** / Belt-Drive m (des Plattenspielers), Riemenantrieb m (wenn die Umdrehungen des Motors über einen Gummiriemen auf den Plattenteller übertragen werden) ‖ **~ drive** (Eng) / Antrieb m des Bandes, Bandantrieb m (bei Bandförderern) ‖ **~ drive*** (Eng) / Riemenantrieb m, Riementrieb m (ein reibschlüssiger Hülltrieb), Riemengetriebe n (ein kraftschlüssiges Zugmittelgetriebe) ‖ **~ drop hammer** (Eng) / Riemenfallhammer m (ein Gesenkschmiedehammer mit flexiblem Riemen als Huborgan)
**belted bias tyre** (Autos) / Semigürtelreifen m, Gürtelreifen m mit Diagonalkarkasse, Diagonalgürtelreifen m, Bias-Belted-Reifen m, Gürtelreifen m in Semiradialbauweise ‖ **~ radial tyre** (Autos) / Gürtelreifen m (Reifen mit Radialstruktur)
**belt fastener** (Eng) / Riemenverbinder m (lösbarer, unlösbarer) ‖ **~ filter** (Chem Eng) / Bandfilter n, Belt-Filter n (zur kontinuierlichen Vakuumfiltration und zum Auswaschen sehr großer Mengen gut filtrierbarer Feststoffe) ‖ **~ flexibility** (Eng) / Gurtbiegsamkeit f, Bandbiegsamkeit f ‖ **~ fork** (Eng) / Riemengabel f ‖ **~ friction** (Eng, Mech) / Riemenreibung f ‖ **~ grease** (Eng) / Treibriemenadhäsionsfett n, Riemenfett n ‖ **~ grinding** (Eng) / Bandschleifen n (DIN 8589, T 2) ‖ **~ highway** (US) (Autos) / Ringstraße f, äußerer Ring

**belting*** *n* (Textiles) / Riemenwerkstoff *m*, Gurtwerkstoff *m*, Bandwerkstoff *m*, Gürtelstoff *m*, Gurtstoff *m* ‖ **~*** (Textiles) / Belting *m* (Baumwollkreuzgewebe für Fördergurte und Antriebsriemen) ‖ **~ bolt** (Eng) / Tellerschraube *f* mit Nasen (DIN ISO 1891) ‖ **~ equipment** (Comp) / Gurtungseinrichtung *f* (für axiale und radiale Bauelemente) ‖ **~ leather** (Eng, Leather) / Leder *n* für Treibriemen
**belt insulation** (Cables) / Gürtelisolierung *f* (gemeinsame Isolierung über mehrere verseilte Adern) ‖ **~ joint** (Eng) / Riemenverbindung *f*, Riemenschloss *n* ‖ **~ leather** (Eng, Leather) / Leder *n* für Treibriemen ‖ **~ leather** (Leather, Textiles) / Gürtelleder *n* (für Leibriemen) ‖ **~ line** (Rail) / Ringbahn *f* ‖ **~ loop** (Eng) / Bandschleife *f* (bei Gurtförderern) ‖ **~ loop machine** (Textiles) / Gürtelschlaufenaufnähmaschine *f*, Gürtelschlaufenmaschine *f* ‖ **~ material** (Textiles) / Riemenwerkstoff *m*, Gurtwerkstoff *m*, Bandwerkstoff *m*, Gürtelstoff *m*, Gurtstoff *m* ‖ **~ mixer** / Bandmischer *m* ‖ **~ monitor** (Mining) / Bandüberwachungseinrichtung *m* (beim mannlosen Betrieb von Bandförderern) ‖ **~ monitoring device** (Mining) / Bandüberwachungseinrichtung *f* (beim mannlosen Betrieb von Bandförderern) ‖ **~ motion** (Eng) / Riemenlauf *m* ‖ **~ mounter** (Eng) / Riemenaufleger *m* ‖ **~ mounting** (Eng) / Riemenauflegen *n* ‖ **~ of weathering** (Geol) / Verwitterungszone *f* (im Allgemeinen) ‖ **~ pilot switch for slip control** (Mining) / Bandwächter *m* (Gerät zum Erkennen von Bandschlupf auf der Antriebstrommel eines Gurtbandförderers durch Vergleich der Ist-Bandgeschwindigkeit mit der einstellbaren Soll-Bandgeschwindigkeit) ‖ **~ press** (Print) / Gürteldruckmaschine *f*, Buchfertigungsstraße *f* (eine Rollen-Rotationshochdruckmaschine) ‖ **~ pressure filter** (Chem Eng) / Bandfilterpresse *f*, Siebbandpresse *f* ‖ **~ printer** (Comp) / Metallbanddrucker *m* ‖ **~ printer** (Comp) / Banddrucker *m* (ein mechanischer Drucker) ‖ **~ pull** (Eng) / Gurtzug *m*, Bandzug *m*
**Beltrami operator** (Phys) / Beltrami-Operator *m* (das Quadrat des Drehimpulsoperators - nach E. Beltrami, 1835-1900)
**belt retractor** (Autos) / Sicherheitsgurt-Aufroller *m*, Sicherheitsgurt-Aufrollautomatik *f*, Gurtautomatik *f*, Aufrollautomatik *f* ‖ **~ rivet** (Eng) / Riemenniet *m* (ein Sondernietnach DIN 675) ‖ **~ run** (Eng) / Bandlauf *m* ‖ **~ sander** (Tools) / Bandschleifer *m* ‖ **~ scale** / Bandwaage *f* ‖ **~ sealer** (Plastics) / Durchlaufschweißgerät *n* ‖ **~ shifter** (Eng) / Riemenumleger *m*, Riemenausrücker *m* ‖ **~ slack** (Autos) / Gurtlose *f*, Durchgang *m* des Gurts ‖ **~ slip*** (Eng) / Riemenschlupf *m*, Riemenrutsch *m* ‖ **~ slip** (Mining) / Bandschlupf *m* ‖ **~ storage loop** (Eng) / Bandschleife *f* (bei Gurtförderern) ‖ **~ striker*** (Eng) / Riemenumleger *m*, Riemenausrücker *m* ‖ **~ tensile force** (Eng) / Gurtzugkraft *f* (bei Bändergurten) ‖ **~ tension** (Eng) / Bandspannung *f* ‖ **~ tensioner** (Autos) / Gurtstrammer *m*, Gurtstraffer *m* ‖ **~ tightener** (Eng) / Riemenspanner *m* ‖ **~ tracking** (Eng) / Schieflauf *m* (Abweichen von Gurtbändern aus der geraden Laufrichtung) ‖ **~ training** (Eng) / Band(schief)laufüberwachung *f* ‖ **~ transmission** (Eng) / Riemenantrieb *m*, Riementrieb *m* (ein reibschlüssiger Hülltrieb), Riemengetriebe *n* (ein kraftschlüssiges Zugmittelgetriebe) ‖ **~ travel** (Eng) / Bandlauf *m* ‖ **~ troughing** / Bandmuldung *f*
**belt-type filter** (Chem Eng) / Bandfilter *n*, Belt-Filter *n* (zur kontinuierlichen Vakuumfiltration und zum Auswaschen sehr großer Mengen gut filtrierbarer Feststoffe)
**belt-type moving pavement** / Gurtbandrollsteig *m*
**belt-type printer** (Comp) / Banddrucker *m* (ein mechanischer Drucker) ‖ **~ spreader** (Mining) / Bandabsetzer *m* ‖ **~ stacker** (US) (Mining) / Bandabsetzer *m*
**belt up** *v* (Autos) / sich angurten *v*, sich anschnallen *v*
**beltway** *n* (Autos) / Ringstraße *f*, Umgehungsstraße *f*
**belt weaving** (Textiles) / Gurtweberei *f* (Tätigkeit) ‖ **~ width** (Eng) / Bandbreite *f* ‖ **~ wrap** (Eng) / Umschlingung *f* (der Riemenscheibe)
**belvedere*** *n* (Arch) / Belvedere *n* (Aussichtsterrasse oder Lustschloss mit schöner Aussicht)
**BEM** (boundary-element method) (Phys) / Boundary-Elemente-Methode *f* (ein Berechnungsverfahren für physikalische Vorgänge innerhalb eines Gebiets, wobei die physikalischen Zusammenhänge nur auf der Berandung des Gebiets beschrieben werden), BEM (Boundary-Elemente-Methode), Randelementemethode *f*, Randintegralmethode *f*, REM
**Bénard cell** (Paint, Phys) / Bénard-Zelle *f* (an der Lackschichtoberfläche) ‖ **~ effect** (Phys) / Zellularkonvektion *f*, Bénard-Effekt *m* (Ausbildung einer vertikalen Konvektionsströmung mit wabenförmiger Zellstruktur, besonders in einer von unten her erhitzten Flüssigkeitsschicht, bei einem kritischen Wert des Temperaturgradienten), Bénard-Konvektion *f*
**Benardos process** (Welding) / offenes Lichtbogen-Schmelzschweißen mit Kohleelektroden, Benardos-Verfahren *n*, Kohlelichtbogenschweißen *n* ‖ **~ welding** (Welding) / offenes Lichtbogen-Schmelzschweißen mit Kohleelektroden, Benardos-Verfahren *n*, Kohlelichtbogenschweißen *n*

**Bence-Jones protein*** (Biochem) / Bence-Jones-Protein *n* (ein Paraprotein - nach dem englischen Arzt H. Bence-Jones, 1813 - 1873)
**bench** *v* (Mining) / strossenförmig abbauen *v* ‖ **~** *n* (Autos) / Bank *f* (als Sitzart) ‖ **~** (Build) / Zugtisch *m* (für Stuckateure) ‖ **~** (Chem Eng) / Koksofenbatterie *f*, Verkokungsbatterie *f*, Batterie *f* (von Verkokungsöfen) ‖ **~*** (Civ Eng) / Berme *f* (horizontaler oder schwach geneigter schmaler Absatz in einer Böschung - DIN 4047) ‖ **~** (in solid rock) (Civ Eng, Mining) / Strosse *f* ‖ **~** (Eng) / Werkbank *f*, Werktisch *m*, Arbeitstisch *m*, Bank *f* (eine Werkbank) ‖ **~** (Foundry) / Bank *f* ‖ **~** (Geol) / Talterrasse *f* (schmale) ‖ **~** (Glass) / Sohle *f* (des Wannenofens) ‖ **~** (Glass) / Bank *f* (für die Häfen), Hafenbank *f*, Ofengesäß *n*, Gesäß *n* ‖ **~** (Mining) / Abbaustrosse *f*, Strosse *f* (Abbaustufe im Tagebau) ‖ **~ belt conveyor** (Mining) / Strossenband *n* (Gurtförderer im Braunkohlentagebau auf der Strosse) ‖ **~ blasting** (Mining) / Strossensprengung *f* ‖ **~ centrifuge** (Chem Eng) / Laborzentrifuge *f* ‖ **~ circular saw** (Join) / Tischkreissäge *f*, Tischkreissägemaschine *f* ‖ **~ conveyor** (Civ Eng, Mining) / Baggerstrossenband *n* ‖ **~ drill stand** (Eng, Tools) / Bohrständer *m* ‖ **~ dynamometer** (Eng) / Motorprüfstand *m* ‖ **~ dynamometer** s. also dynamometer
**benched foundation*** (Build, Civ Eng) / abgetrepptes Fundament, Stufenfundament *n*
**bench flume** (Hyd Eng) / Hangentwässerungsgraben *m* (offener Wasserlauf) ‖ **~ grinder** (Eng) / Tischschleifmaschine *f* (kleinere Ausführung) ‖ **~ hammer** (Tools) / Handhammer *m* (bis etwa 2 kg Masse)
**benching** *n* (Civ Eng) / Strossenbau *m*, Stufenbau *m* ‖ **~** (Civ Eng) / Abstufung *f*, Abtreppung *f* (bei der Gründung) ‖ **~*** (Civ Eng) / Neigung *f* der Betoneinbettung ‖ **~** (Civ Eng) / stufenförmiges Anschneiden eines Geländes ‖ **~** (Civ Eng) / Betondeckung *f* (für Böschungen)
**bench instrument** (Instr) / Tischgerät *n* ‖ **~ lathe** (Eng) / Tischmechanikerdrehmaschine *f*
**benchmark*** *n* (Comp) / Bewertungsprogramm *n*, Benchmark-Programm *n* ‖ **~** (Comp) / Vergleichstest *m* (verschiedener Geräte), Benchmark-Test *m* (ein standardisierter Test zur Leistungsermittlung und zum Vergleich von Rechnerleistungen), Benchmark *m* (ein Vergleichstest) ‖ **~** (Comp) / Fixpunkt *m*, Benchmark *f*, Vergleichspunkt *m*, Bezugspunkt *m* (von dem aus Messungen gemacht werden) ‖ **~*** (Surv) / Höhenmarke *f* (durch Nivellement ermittelter Höhenpunkt) ‖ **~*** (Surv) / Fixpunkt *m*, Festpunkt *m* ‖ **~ program** (Comp) / Bewertungsprogramm *n*, Benchmark-Programm *n* ‖ **~ test** (Comp) / Vergleichstest *m* (verschiedener Geräte), Benchmark-Test *m* (ein standardisierter Test zur Leistungsermittlung und zum Vergleich von Rechnerleistungen), Benchmark *m* (ein Vergleichstest)
**bench moulding** (Foundry) / Bankformen *n*, Tischformen *n* (mit der Tischformmaschine) ‖ **~ scale** / Labormaßstab *m*
**bench-scale study** / Untersuchung *f* unter Laborbedingungen
**bench test*** (Aero, Eng) / Prüfstandversuch *m*, Prüfung *f* auf dem Triebwerkprüfstand ‖ **~-type drilling machine** (Eng) / Tischbohrmaschine *f*
**bench-type moulding machine** (Foundry) / Tischformmaschine *f*, Bankformmaschine *f*
**bench vice** (Eng) / Bankschraubstock *m* ‖ **~ work*** (Eng) / Arbeit *f* an der Werkbank ‖ **~ work*** (Foundry) / Bankformen *n*, Tischformen *n* (mit der Tischformmaschine) ‖ **~ working** (Mining) / Scheibenbau *m*
**bend** *v* / einen Knick haben ‖ **~** / verbiegen *v*, biegen *v*, abbiegen *v* ‖ **~** *vt* / runden *v* (Blech), biegeumformen *v* (nur Infinitiv oder Partizip) ‖ **~** *n* (Autos, Civ Eng) / Kurve *f*, Biegung *f* ‖ **~** (Civ Eng) / Bogen *m* (z.B. bei der Linienführung der Verkehrswege) ‖ **~** (Eng, Materials) / Biegung *f* ‖ **~*** (Eng, Plumb) / Bogen *m* (gekrümmtes Rohr) ‖ **~*** (Eng, Telecomm) / Krümmer *m*, Bogenrohr *n* ‖ **~** (Hyd Eng) / Krümmung *f*, Windung *f*, Biegung *f*, Schleife *f* (des Flusses) ‖ **~** (Leather) / Kernstückhälfte *f*, Crouponhälfte *f* ‖ **~** (Paper) / Knick *m* ‖ **~** (tube bend) (Plumb) / Rohrbogen *m* ‖ **~** (Ships) / Stek *m* (pl. -s) ‖ **~** (Ships) / Anschlag *m*, Anschlagen *n* (Befestigung eines Gegenstands am Lasthaken oder einer Talje an einem Auge) ‖ **~*** (Telecomm) / Hohlleiterwinkel *m*, Winkel *m* (eine scharfe Änderung der Hohlleiterachse)
**bendable** *adj* / biegbar *adj* ‖ **~** / biegefähig *adj*, biegsam *adj* (biegefähig) ‖ **~, unbreakable antenna** (Autos) / Kurzstabantenne *f*
**Benda solution** (Biochem) / Benda'sche Flüssigkeit *f* (Fixierungsflüssigkeit aus Osmiumsäure, Chromsäure und Eisessig)
**Ben Day tint*** (Print) / hellgetönte Färbung, Tangierraster *m*
**bend contour** (Micros) / Biegekontur *f* (Folienverbiegung im Elektronenmikroskop)
**bender** *n* (Eng) / Biegestanze *f*
**Bender** (lead sulphide) **process** (Oils) / Benderprozess *m* (ein Süßungsverfahren), Bleisulfidverfahren *n*
**bend fatigue strength** (Materials) / Biegewechselfestigkeit *f*

**bending**

**bending** n (Eng, Materials) / Biegeumformen n (DIN 8586) ‖ ~ (Eng, Materials) / Biegen n, Biegung f ‖ ~ (Glass) / Wölben n (dreidimensionales bei Flachglas) ‖ ~ (Glass) / Biegen n (von Röhren und Flachglas) ‖ **~ and straightening** (Eng) / Biegerichten n ‖ **~ and straightening continuous casting plant** (machine) (Foundry) / Biegerichtstranggießanlage f ‖ **~ beam** (Build) / Biegeträger m ‖ **~ deformation** (Mech) / Biegeverformung f ‖ **~ fold** (Geol) / Beule f (Schichtverdünnung am Kopf der Aufwölbung gegenüber den Flanken) ‖ **~ impact test** (Materials) / Biegeschlagversuch m ‖ **~ in U-die** (Eng) / Biegen n im U-Gesenk ‖ **~ in Vee-die** (Eng) / Biegen n im V-Gesenk ‖ **~ iron*** (Met) / Biegedorn m ‖ **~ jig** (Tools) / Biegevorrichtung f ‖ **~ length** (Materials, Textiles) / Biegelänge f ‖ **~ limit** (Materials) / Biegegrenze f ‖ **~ load** (Mech) / Biegebeanspruchung f (z.B. eines Trägers) ‖ **~ machine** (Eng) / Biegemaschine f ‖ **~ mandrel** (Met) / Biegedorn m ‖ **~ member** (Mech) / biegebeanspruchtes Element, Biegeelement n, auf Biegung beanspruchtes (Bau)Element, Biegeglied n ‖ **~ moment*** (Eng, Mech) / Biegemoment n ‖ **~ outward with buckling** (Mech) / Ausbiegung f beim Knicken ‖ **~ pin*** (Met) / Biegedorn m ‖ **~ press** (Eng) / Biegepresse f (meistens hydraulische Presse in Torgestellbauweise) ‖ **~ property** (Eng) / Biegeeigenschaft f, Biegbarkeit f ‖ **~ radius** / Biegeradius m, Biegungshalbmesser m ‖ **~ rate** (Met) / Biegegeschwindigkeit f ‖ **~ roll*** (Met) / Walze f der Rundmaschine, Biegewalze f (in der Blechbearbeitung) ‖ **~ schedule** (Civ Eng) / Biegeliste f (Stahlbeton) ‖ **~ strain** (Mech) / Biegebeanspruchung f (mit Dehnung) ‖ **~ strength*** (Materials, Mech) / Biegefestigkeit f (Beanspruchung der Randfaser eines Prüfkörpers im Augenblick des Bruchs) ‖ **~ stress** (Mech) / Biegenormalspannung f, Biegespannung f ‖ **~ stress distribution** (Mech) / Biegespannungsverteilung f ‖ **~ support** (Plastics) / Abkantklappe f (für stärkere Platten) ‖ **~ test*** (BS 2094) (Eng, Materials) / Biegeversuch m (DIN EN ISO 7438)

**bending-test piece** (Materials) / Biegetestprobe f, Biegeprobe f ‖ **~ specimen** (Materials) / Biegetestprobe f, Biegeprobe f

**bending tool** (Eng) / Hochbiegewerkzeug n (zum Winkligstellen von Schenkeln zu einer U-Form) ‖ **~ tool** (Eng) / Abbiegewerkzeug n, Schwenkbiegewerkzeug n, Biegewerkzeug n ‖ **~ tool** (Eng) / Biegestanze f ‖ **~ vibration(s)** (Mech) / Biegeschwingung f ‖ **~ vibrations** (Phys, Spectr) / Deformationsschwingungen f pl, Knickschwingungen f pl (eine Schwingungsform bei Spektren mehratomiger Moleküle) ‖ **~ vibrations** (Spectr) / Spreizschwingungen f pl ‖ **~ wave** (Acous) / Biegewelle f (DIN 1320) ‖ **~ without radial stress** (Materials) / querkraftfreies Biegen (freies Biegen unter Einwirkung eines reinen Biegemoments)

**Bendix drive** (Autos) / Schraubtriebanlasser m, Schraubtriebstarter m, Bendix-Trieb m ‖ **~-Weiss universal joint** (Autos, Eng) / Bendix-Weiss-Gelenk n (ein Gleichlaufgelenk)

**bend number** (Materials) / Biegezahl f (beim Biegeversuch) ‖ **~ over** v / umbiegen v ‖ **~ pliers** (Tools) / Biegezange f ‖ **~ pulley** (Eng) / Umlenktrommel f (ohne Spannfunktion) ‖ **~ radius** (Eng) / Biegehalbmesser m

**bends*** pl (Civ Eng, Med) / Bends pl (Glieder- und Gelenkschmerzen als Folge von Gasbläschenbildung)

**bend test** (Materials) / Biegeversuch m (DIN EN ISO 7438) ‖ **~ up** v (Civ Eng) / aufbiegen v (z.B. Stahlbetonbewehrung), abbiegen v

**Benedicks effect** (Phys) / Benedicks-Effekt m (ein thermoelektrischer Effekt, nach C.A. Benedicks, 1875 - 1958), thermoelektrischer Homogeneffekt, elektrothermischer Homogeneffekt

**Benedict solution** (Chem) / Benedicts Reagens (eine Variante der Fehling'schen Lösung - nach S.R. Benedict, 1884-1936)

**Benedict's reagent** (Chem) / Benedicts Reagens (eine Variante der Fehling'schen Lösung - nach S.R. Benedict, 1884-1936)

**beneficial** adj / nützlich adj (z.B. Käfer) ‖ **~ insect** / Nutzinsekt n ‖ **~ redundancy** / förderliche Redundanz, fördernde Redundanz

**beneficiation*** n (Min Proc) / [bergbauliche] Aufbereitung f, Mineralaufbereitung f, Anreicherung f (von Erzen), Aufbereitung f der Steine und Erden

**benefit in kind** / Sachleistung f

**Bengal hemp** (Bot, Textiles) / Ostindischer Hanf, Bombayhanf m, Bengalischer Hanf, Sunnhanf m, Sunn m (DIN 60 001-1), SN (Sunn), Bengalhanf m (Crotalaria juncea L.)

**bengaline** n (Textiles) / Bengaline f (popelinartiger Seidentaft), Bengalin n

**Bengal light** / bengalisches Feuer

**Bengough-Stuart process** (Surf) / Bengough-Stuart-Verfahren n (zur anodischen Oxidation von Aluminium in Chromsäure), Chromsäure-Verfahren n

**benign virus** (Comp) / gutartiger Virus

**Benin walnut** (For) / Afrikanischer Nussbaum (ein Ausstattungs- und Konstruktionsholz), Dibétou n (Lovoa sp.), Eyan n (Afrikanischer Nussbaum)

**Benioff seismic zone** (Geol) / Benioff-Zone f (eine Erdbebenzone nach V.H. Benioff, 1899-1968), Wadati-Benioff-Zone f (nach K. Wadati, 1902 - 1995) ‖ **~ zone*** (Geol) / Benioff-Zone f (eine Erdbebenzone nach V.H. Benioff, 1899-1968), Wadati-Benioff-Zone f (nach K. Wadati, 1902 - 1995)

**benjamin gum** (Chem, For) / Benzoeharz n (E 906), Benzoe f (meistens aus Styrax benzoin Dryand.)

**benne oil** (Nut) / Sesamöl n (von Sesamum indicum L.), Gergelyöl n, Gingelyöl n

**Bennington** n (Ceramics) / Keramik f aus Bennington (Vermont) ‖ **~ pottery** (Ceramics) / Keramik f aus Bennington (Vermont) ‖ **~ ware** (Ceramics) / Keramik f aus Bennington (Vermont)

**ben oil** / Moringaöl n, Behennussöl n, Behenöl n (aus den Samen des Pferderettichbaums - Moringa oleifera Lam.)

**benomyl** n (Chem) / Benomyl n (Common name für ein systemisch wirkendes Fungizid und Akarizid)

**Benson boiler** (Eng) / Benson-Kessel m (ein Höchstdruckdurchlaufkessel)

**Benson-Calvin-Basham cycle** (Biochem) / Calvin-Zyklus m (der reduktive Pentosephosphatzyklus - nach dem amerikanischen Chemiker M. Calvin, 1911-1997), Fotosynthesezyklus m

**Benson-Calvin cycle** (Biochem) / Calvin-Zyklus m (der reduktive Pentosephosphatzyklus - nach dem amerikanischen Chemiker M. Calvin, 1911-1997), Fotosynthesezyklus m

**bensulide** n (Agric, Chem) / Bensulid (ein selektives Bodenherbizid gegen Unkräuter und Ungräser im Rasen sowie im Gemüse- und Baumwollanbau)

**bent** n (Agric) / Straußgras n (Agrostis L.) ‖ **~** (a two-dimensional frame which is self-supporting, but only within these dimensions) (Build) / Portalrahmen m, Rahmentragwerk n ‖ **~** (Join) / Biegeholzteil n

**bent-blade coated** (Paper) / mit gebogener Klinge gestrichen (Papier)

**bent component** (Eng) / Biegeteil n ‖ **~ contour** (Micros) / Biegekontur n ‖ **~ coupling link** (Rail) / Kupplungsbügel m (der Schraubenkupplung) ‖ **~ element** (Eng) / Biegeteil n ‖ **~ glass** (Glass) / gebogenes Glas

**benthal** adj (Biol) / benthonisch adj

**benthic** adj (Biol) / benthonisch adj ‖ **~** (Biol) s. also pelagic ‖ **~ region** (Biol) / Benthal n, benthischer Bereich

**benthon*** n (Biol) / Benthos n (die Gesamtgemeinschaft der am Boden der Gewässer lebenden Organismen), Benthon m

**benthonic** adj (Biol) / benthonisch adj

**benthos*** n (Biol) / Benthos n (die Gesamtgemeinschaft der am Boden der Gewässer lebenden Organismen), Benthon m ‖ **~*** s. also benthon

**bentonite*** n (Geol, Nut) / Bentonit m (ein montmorillonitreiches Tongestein) ‖ **~ mud** (Civ Eng) / Bentonitsuspension f (als Stützflüssigkeit in dem Grundbau) ‖ **~ suspension** (Civ Eng) / Bentonitsuspension f (als Stützflüssigkeit in dem Grundbau) ‖ **~ tunnelling machine** (Civ Eng) / Flüssigkeitsschild m (bei dem die Ortsbrust durch eine Flüssigkeit abgestützt wird), Bentonitschild m, Suspensionsschild m, Hydroschild m (ein Flüssigkeitsschild im Tunnelbau)

**bentonitic** adj / bentonitisch adj

**bent sub** (Oils) / Krümmer m (bei Richtbohrungen) ‖ **~ switch** (Rail) / Bogenweiche f

**bent-tail carrier*** (Eng) / gekröpftes Drehherz

**bent-tube boiler** (Eng) / Steilrohrkessel m (ein Naturumlaufkessel)

**bentwood** n (For, Join) / Formvollholz n (DIN 7707), Biegeholz n (für Möbel), Formholz n

**bent-wood element** (Join) / Biegeholzteil n

**benzalacetic acid** (Chem) / Zimtsäure f (3-Phenylacrylsäure)

**benzalacetophenone** n (Chem) / Chalcon n (1,3-Diphenyl-2-propen-1-on), Chalkon n, Benzylidenacetophenon n, Benzylidenazetophenon n

**benzal chloride*** (Chem) / Benzylidendichlorid n, Benzalchlorid n, α, α-Dichlor-toluol n

**benzaldehyde*** n (Chem) / Benzaldehyd m (künstliches Bittermandelöl)

**benzaldoxime** n (Chem) / Benzaldoxim n

**benzalkonium chloride** (used as a fungicide and bactericide) (Chem) / Benzalkoniumchlorid n (internationaler Freiname für Alkylbenzyldimethylammoniumchloride) ‖ **~ chlorides** (Chem) / Benzalkoniumchloride n pl (internationaler Freiname für ein Gemisch quartärer Ammoniumverbindungen)

**benzamide*** n (used in chemical synthesis) (Chem) / Benzamid n, Benzoesäureamid n ‖ **~ synthesis** (Chem) / Benzamidsynthese f (eine Leuckart-Reaktion)

**benzanilide** n (used to manufacture dyes and perfumes) (Chem) / Benzanilid n, Benzoesäureanilid n

**benzanthrone*** n (Chem, Textiles) / Benzanthron n (Ausgangsmaterial für Farbstoffe) ‖ **~ dye** (Textiles) / Benzanthronküpenfarbstoff m ‖ **~ dyestuff** (Textiles) / Benzanthronküpenfarbstoff m

**benzazine, 1-~** (Chem, Micros, Pharm) / Chinolin n

**Benzedrine** *n* (Pharm) / Benzedrin *n* (ein Amphetamin)
**benzene*** *n* (Chem) / Benzol *n* (aromatischer Kohlenwasserstoff), Benzen *n*
**benzene-1,2,4-tricarboxylic acid** (Chem) / 1,2,4-Benzoltricarbonsäure *f*, 1,2,4-Benzoltrikarbonsäure *f*, Trimellithsäure *f*, Trimellitsäure *f*
**benzene-1,2-dicarboxylic acid** (Chem) / Phthalsäure *f*, 1,2-Benzoldicarbonsäure *f*, 1,2-Benzoldikarbonsäure *f*
**benzene-1,4-diol** *n* (Chem, Photog) / Hydrochinon *n*, 1,4-Dihydroxybenzol *n* (ein zweiwertiges Phenol)
**benzenecarbonyl group** (Chem) / Benzoylgruppe *f*, Benzoylrest *m*
**benzene carboxamide** (Chem) / Benzamid *n*, Benzoesäureamid *n*
**benzenecarboxylate** *n* (Chem) / Benzoat *n* (Salz oder Ester der Benzoesäure)
**benzenecarboxylic acid*** (Chem, Nut) / Benzoesäure *f* (E 210 bis 213), Benzolcarbonsäure *f* ($C_6H_5COOH$), Benzolkarbonsäure *f*
**benzene derivative** (Chem) / Benzolderivat *n*, Benzolabkömmling *m*
**benzenediazonium chloride** (used as a dye intermediate) (Chem) / Benzoldiazoniumchlorid *n*
**benzene dicarboxylic acid** (Chem) / Benzoldicarbonsäure *f*, Benzoldikarbonsäure *f* ‖ **~ dicarboxylic acid** s. also isophthalic acid, phthalic acid and terephthalic acid
**benzenediol** *n* (Chem) / Dihydroxybenzol *n*, Dihydroxybenzen *n*
**benzene drying column** (Oils) / Benzoltrocknungskolonne *f* ‖ **~ drying tower** (Oils) / Benzoltrocknungskolonne *f* ‖ **~ formula*** (Chem) / Benzolformel *f* ‖ **~ formula*** (Chem) s. also Kekulé structure
**benzenehexacarboxylic acid** (Chem) / Mellithsäure *f*, Mellitsäure *f*, Honigsteinsäure *f*, Benzolhexacarbonsäure *f*, Benzolhexakarbonsäure *f*
**benzene hexachloride*** (Agric, Chem, Ecol) / Hexachlorcyclohexan *n* (z.B. Lindan), Hexachlorzyklohexan *n*, HCH (Hexachlorcyclohexan), HCCH, Benzolhexachlorid *n*, BHC (Benzolhexachlorid), HCH-Mittel *n*, Hexa *n* (in der BR Deutschland verboten)
**benzenehexol** *n* (Chem) / Hexahydroxybenzol *n*, Hexaphenol *n*, Benzolhexaol *n*
**benzene hydrocarbons*** (Chem) / benzoide Kohlenwasserstoffe, Benzolkohlenwasserstoffe *m pl* ‖ **~ hydrocarbons*** (Chem) s. also aromatic hydrocarbon ‖ **~ nucleus*** (Chem) / Benzolring *m* ‖ **~ process** (Chem Eng) / Pott-Hilgenstock-Verfahren *n* (Entphenolung der Kokereiabwässer), Benzollaugeverfahren *n* ‖ **~ recovery oil** (Oils) / Benzolwaschöl *n*, Waschöl *n* zur Benzolrückgewinnung ‖ **~ ring*** (Chem) / Benzolring *m* ‖ **~ series** (a series of carbon-hydrogen compounds based on the benzene ring) (Chem) / Benzolreihe *f*
**benzenesulphonic acid** (Chem) / Benzolsulfonsäure *f* ‖ **~ amide** (Chem) / Benzolsulfonamid *n*, Benzolsulfamid *n*
**benzene sulphonyl chloride** (Chem) / Benzolsulfonylchlorid *n*, Benzolsulfochlorid *n*
**benzenoid** *adj* (structurally related to benzene) (Chem) / benzoid *adj*
**benzfuran** *n* (Chem) s. also coumarone
**benzhydrol*** *n* (Chem) / Diphenylmethanol *n*, Benzhydrol *n* (ein aromatisch substituierter sekundärer Alkohol)
**benzidine*** *n* (4,4'-diaminobiphenyl) (used as intermediate in syntheses of direct dyes for cotton) (Chem, Textiles) / Benzidin *n* (4,4'-Diaminobiphenyl)
**benzidine dyestuff** / Benzidinfarbstoff *m* (ein substantiver Disazofarbstoff - heute nicht mehr wegen Karzinogenität benutzt) ‖ **~ test** (Chem) / Benzidinprobe *f* (zum Blutnachweis) ‖ **~ transformation*** (Chem) / Benzidinumlagerung *f*
**benzil*** *n* (Chem) / Diphenylethandion *n*, Benzil *n*, Bibenzoyl *n*
**benzilic acid** (Chem) / Benzilsäure *f* (eine aromatische Carbonsäure), Diphenylglykolsäure *f*
**benzimidazole** *n* (Chem, Pharm) / Benzimidazol *n* (eine das kondensierte Ringsystem des Benzols und des Imidazols enthaltende heterozyklische Verbindung)
**benzine** *n* (Chem) / Petrolether *m* (niedrigsiedende Benzinfraktion nach DIN 51630) ‖ **~** (Fuels) / Leichtbenzin *n*, leichtes Benzin (Siedebereich 20 - 135 °C) ‖ **~** (Pharm) / Wundbenzin *n* (zur Reinigung von Wundrändern geeignetes Benzin), Petroleumbenzin *n* ‖ **~** s. also ligroine ‖ **~ soap** (Textiles) / Benzinseife *f*, Fettlöserseife *f*
**benzoate** *n* (Chem) / Benzoat *n* (Salz oder Ester der Benzoesäure) ‖ **~ of soda** (Chem, Nut, Pharm) / Natriumbenzoat *n* (E 211)
**benzocaine*** *n* (Chem, Med) / Benzocain *n* (ein altes Lokalanästhetikum)
**benzodiazepine*** *n* (Chem, Pharm) / Benzodiazepin *n* (eine bizyklische Verbindung mit einem siebengliedrigen Ring und 2 N-Atomen - Grundkörper der wichtigsten Ataraktika) ‖ **~*** (Chem, Pharm) s. also diazepam
**benzo-fast dyestuff** (Textiles) / Benzoechtfarbstoff *m*
**benzofuran** *n* (Chem) / Benzofuran *n*
**benzoic acid*** (Chem, Nut) / Benzoesäure *f* (E 210 bis 213), Benzolcarbonsäure *f* ($C_6H_5COOH$), Benzolkarbonsäure *f* ‖ **~ anhydride** (Chem) / Benzoesäureanhydrid *n*

**benzoin*** *n* (Chem) / Benzoin (ein aromatisch substituiertes Hydroxyketon) ‖ **~*** (Chem, For) / Benzoeharz *n* (E 906), Benzoe *f* (meistens aus Styrax benzoin Dryand.) ‖ **~ condensation** (Chem) / Benzoinkondensation *f* ‖ **~ gum** (Chem, For) / Benzoeharz *n* (E 906), Benzoe *f* (meistens aus Styrax benzoin Dryand.)
**benzol*** *n* (Chem) / Benzol *n* (als Handelsprodukt), Handelsbenzol *n*
**benzole** *n* (Chem) / Gemisch *n* aromatischer Verbindungen aus der Kohleverkokung ‖ **~** (Chem) / Benzol *n* (als Handelsprodukt), Handelsbenzol *n*
**benzolize** *v* (Chem) / mit Benzol beladen, mit Benzol anreichern
**benzolized** *adj* (Chem) / benzolgesättigt *adj*, mit Benzol beladen
**benzol scrubber*** (Chem Eng) / Benzolwäscher *m*, Benzolwascher *m*, Benzolwaschanlage *f* ‖ **~ separation** (Chem Eng) / Benzolabscheidung *f*, Benzolwäsche *f*
**benzonitrile*** *n* (Chem) / Benzonitril *n*, Phenylzyanid *n*, Phenylcyanid *n*
**benzophenone*** *n* (Chem) / Benzophenon *n*, Diphenylketon *n*, Benzoylbenzol *n*
**benzopyrane** *n* (Chem) / Chromen *n*, Benzopyran *n*
**benzopyrene*** *n* (i.e., in tobacco smoke) (Chem) / Benzopyren *n* (Bestandteil des Steinkohlenteers, hochkarzinogene Substanz)
**benzoquinone*** *n* (Chem) / Benzochinon *n*
**benzothiofuran** *n* (Chem) / Benzo-[-b-]-thiophen *n*, Thionaphthen *n*
**benzothiophene** *n* (Chem) / Benzothiophen *n*
**benzotriazole** *n* (Chem) / Benzotriazol *n*
**benzotrichloride** *n* (Chem) / Benzotrichlorid *n*
**benzoyl** *n* (Chem) / Benzoyl *n*
**benzoyl-aminoethanoic acid*** (Biochem) / Hippursäure *f* (N-Benzoylglycin)
**benzoylate** *v* (Chem) / benzoylieren *v*
**benzoyl chloride*** (Chem) / Benzoylchlorid *n* (Säurechlorid der Benzoesäure), Benzoesäurechlorid *n*
**benzoylglycine, N-~** (Biochem) / Hippursäure *f* (N-Benzoylglycin)
**benzoyl group** (Chem) / Benzoylgruppe *f*, Benzoylrest *m* ‖ **~ peroxide*** (dibenzenecarbonyl peroxide) (Chem, Nut) / Benzoylperoxid *n*, Dibenzoylperoxid *n* (Radikalstarter für die Polymerisation)
**benzpyrene*** *n* (Chem) / Benzopyren *n* (Bestandteil des Steinkohlenteers, hochkarzinogene Substanz)
**benzyl acetate** (Chem) / Essigsäurebenzylester *m*, Benzylazetat *n*, Benzylacetat *n* ‖ **~ alcohol*** (Chem) / Benzylalkohol *m*, Phenylmethanol *n*
**benzylamine*** *n* (Chem) / Phenylmethylamin *n*, Benzylamin *n*
**benzyl benzoate** (Pharm) / Benzylbenzoat *n* (Benzylester der Benzoesäure) ‖ **~ butyl phthalate** (Chem) / Benzylbutylphthalat *n*, BBP (DIN 7723), Butylbenzylphthalat *n*
**benzylcellulose*** *n* (Chem) / Benzylzellulose *f* (ein Zelluloseether), Bz-Zellulose *f*, Benzylcellulose *f*
**benzyl chloride*** (Chem) / Benzylchlorid *n* (aus Toluol und elementarem Chlor - ein Zwischenprodukt) ‖ **~ cinnamate** (Chem) / Benzylcinnamat *n* (ein wichtiger Parfümeriegrundstoff), Zimtsäurebenzylester *m*
**benzylidene chloride*** (Chem) / Benzylidendichlorid *n*, Benzalchlorid *n*, $\alpha, \alpha$-Dichlor-toluol *n*
**benzylisoquinoline alkaloids** (Chem, Pharm) / Benzylisochinolinalkaloide *n pl*, Benzyltetrahydrochinolinalkaloide *n pl*
**benzylisothiocyanate** *n* (Chem) / Benzylisothiozyanat *n*, Benzylisothiocyanat *n*, Benzylsenföl *n*
**benzyl mustard oil** (Chem) / Benzylisothiozyanat *n*, Benzylisothiocyanat *n*, Benzylsenföl *n* ‖ **~ nicotinate** (Chem) / Nicotinsäurebenzylester *m*, Nikotinsäurebenzylester *m*, Benzylnicotinat *n*, Benzylnikotinat *n* ‖ **~ octyl adipate** (Chem) / Benzyloctyladipat *n* (ein Weichmacher nach DIN 7723), Benzyloktyladipat *n*, BOA (ein Weichmacher nach DIN 7723) ‖ **~ orange** (Chem) / Benzylorange *n* (ein Indikator) ‖ **~ penicillin*** (Pharm) / Benzylpenizillin *n*, Penizillin *n* G, Penicillin *n* G, Benzylpenicillin *n*
**benzyltetrahydroquinoline alkaloids** (Chem, Pharm) / Benzylisochinolinalkaloide *n pl*, Benzyltetrahydrochinolinalkaloide *n pl*
**benzyne*** *n* (Chem) / Benz-in *n* (das einfachste Dehydroaromat oder Arin), Dehydrobenzol *n*, Benzyn *n* (ein Arin)
**BER** (bit error rate) (Telecomm) / Bitfehlerrate *f* (Anzahl der fehlerhaften binären Signalelemente, bezogen auf die Zeit), BFR (Bitfehlerrate)
**berber*** *n* (Textiles) / Berberteppich *m*
**berberine*** *n* (Chem) / Berberin *n* (ein Isochinolinalkaloid), Umbellatin *n*
**Berek compensator** (Optics) / Berek'scher Kalkspatkompensator (ein Drehkompensator), Berek-Kompensator *m* (ein Drehkompensator nach Max Berek, 1886 - 1949)
**ber function** (Maths) / Kelvin'sche Funktion zweiter Art, ber-Funktion *f*
**berg** *n* (Meteor) / Eisberg *m* (im Meer schwimmende große Eismasse)

**bergamot**

**bergamot oil**\* / Bergamottöl *n* (aus Citrus bergamia Risso et Poit.)
**berg crystal** (Min) / Bergkristall *m* (wasserklarer Schmuckstein der Quarzgruppe)
**Bergeron-Findeisen theory**\* (Meteor) / Bergeron-Theorie *f* (der Bildung von Niederschlägen aus Mischwolken - nach T. Bergeron, 1891 - 1977)
**Bergius process**\* (Chem Eng) / Bergius-Verfahren *n*, Bergius-Pier-Verfahren *n*, Bergius-Hydrierverfahren *n* (nach F. Bergius, 1884-1949), IG-Verfahren *n* (Kohlehydrierung)
**Bergmann series** (Spectr) / Fundamentalserie *f*, Bergmann-Serie *f*
**bergschrund** *n* (Geol) / Bergschrund *m*
**Berkbent** *n* / Handelsname für Bentonit
**Berkefeld filter**\* (Chem, San Eng) / Berkefeld-Filter *n* (zur Trinkwasserentkeimung für den Labor- und Hausgebrauch - nach W. Berkefeld, 1836-1897)
**Berkeley Software Distribution** (Comp) / BSD-Linie *f* (der UNIX-Entwicklung) || ≃ **UNIX** (Comp) / BSD-Linie *f* (der UNIX-Entwicklung)
**berkelium**\* *n* (Chem) / Berkelium *n*, Bk (Berkelium)
**Berlese funnel** (Ecol) / Berlese-Apparat *m* (Erfassen der Mikroorganismen nach Verhaltensweise mittels Licht- und Wärmewirkung)
**Berlin blue** (Paint) / Berliner Blau *n* (ein lichtechtes Eisenblaupigment), Pariser Blau, Preußischblau *n*, Eisenblau *n*, Eisenzyanblau *n*, Eisencyanblau *n*, Bronzeblau *n*, Bronceblau *n*, Williamsons Violett || ≃ **blue** s. also Turnbull's blue || ≃ **open-cut method** (Civ Eng) / Berliner Bauweise (Verfahren der offenen Bauweise, bei dem die offene Baugrube durch senkrechte Rammträgerbohlwände so ausgesteift wird, dass zwischen späterer Tunnelwand und Baugrubenwand kein zusätzlicher Arbeitsraum angeordnet ist)
**Berl saddle**\* (Chem Eng) / Berl-Sattel *m* (Füllkörper einer Rektifiziersäule - nach E. Berl, 1877-1946), Sattelfüllkörper *m* nach Berl
**berm**\* *n* (Civ Eng) / Berme *f* (horizontaler oder schwach geneigter schmaler Absatz in einer Böschung - DIN 4047) || ≃ (Geol, Ocean) / Sedimentationsschwemmung *f* (dem Strand vorgelagert), Sedimentanschwemmung *f*, oberer Strand, Berme *f* (oberer Strand)
**berme** (Civ Eng) / Berme *f* (horizontaler oder schwach geneigter schmaler Absatz in einer Böschung - DIN 4047) || ≃ (Geol, Ocean) / Sedimentationsschwemmung *f* (dem Strand vorgelagert), Sedimentanschwemmung *f*, oberer Strand, Berme *f* (oberer Strand)
**Bermuda anticyclone** (Meteor) / Bermudahoch *n* (über dem Nordatlantik im Gebiet der Bermudainseln) || ≃ **high** (Meteor) / Bermudahoch *n* (über dem Nordatlantik im Gebiet der Bermudainseln)
**Berne barred key** (Rail) / Vierkanthohlschlüssel *m*, Berner Hohlschlüssel || ≃ **rectangle** (Rail) / freier Raum für den Kuppler, Berner Raum (Sicherheitsraum für den Kuppler)
**Bernoulli box** (Comp) / Bernoulli-Box *f* (ein magnetisches Speichermedium) || ≃ **differential equation** (Maths) / Bernoulli'sche Differentialgleichung (nichtlineare, erster Ordnung - nach D. Bernoulli, 1700-1782) || ≃ **distribution** (Stats) / Binomialverteilung *f*, Newton'sche Verteilung, Bernoulli'sche Verteilung || ≃ **equation** (Hyd) / Bernoulli'sche Gleichung (eine Strömungsgleichung), Bernoulli'sches Theorem (in der Hydrodynamik), hydrodynamische Druckgleichung (nach D. Bernoulli), Druckgleichung *f* nach Bernoulli || ≃ **equation**\* (Maths) / Bernoulli'sche Differentialgleichung (nichtlineare, erster Ordnung - nach D. Bernoulli, 1700-1782) || ≃ **inequality** (Maths) / Bernoulli'sche Ungleichung (nach J. Bernoulli, 1654 - 1705), Ungleichung *f* von Bernoulli, Bernoulli-Ungleichung *f*
**Bernoulli's distribution** (Stats) / Binomialverteilung *f*, Newton'sche Verteilung, Bernoulli'sche Verteilung || ≃ **law**\* (Hyd) / Bernoulli'sche Gleichung (eine Strömungsgleichung), Bernoulli'sches Theorem (in der Hydrodynamik), hydrodynamische Druckgleichung (nach D. Bernoulli), Druckgleichung *f* nach Bernoulli || ≃ **law of large numbers** (Stats) / Bernoulli'sches Gesetz der großen Zahlen || ≃ **lemniscate** (Maths) / Bernoulli'sche Lemniskate, Lemniskate *f* (eine spezielle Cassini'sche Kurve), Bernoulli-Lemniskate *f* || ≃ **numbers**\* (Maths) / Bernoulli'sche Zahlen, Bernoulli-Zahlen *f pl* || ≃ **polynomial**\* (Maths) / Bernoulli'sches Polynom || ≃ **principle** (Hyd) / Bernoulli'sche Gleichung (eine Strömungsgleichung), Bernoulli'sches Theorem (in der Hydrodynamik), hydrodynamische Druckgleichung (nach D. Bernoulli), Druckgleichung *f* nach Bernoulli || ≃ **theorem** (of liquid motion) (Hyd) / Bernoulli'sche Gleichung (eine Strömungsgleichung), Bernoulli'sches Theorem (in der Hydrodynamik), hydrodynamische Druckgleichung (nach D. Bernoulli), Druckgleichung *f* nach Bernoulli || ≃ **theorem**\* (Maths) / Bernoulli'sches Theorem

**Bernoulli trials** (Stats) / Bernoulli-Schema *n* (eine Serie von endlich vielen unabhängigen Wiederholungen ein und desselben Versuches, wobei man sich bei jeder Wiederholung nur dafür interessiert, ob ein Ereignis eingetreten ist oder nicht)
**Bernstein's theorem** (Maths) / Satz *m* von Bernstein (nach S.N. Bernstein, 1880 - 1968), Bernstein'scher Satz (über die beste Approximation)
**berry**\* *n* (Bot, Nut) / Beere *f*
**Berry pseudorotation** (Chem) / Pseudorotation *f* (regulärer Umordnungsprozess), Berry-Pseudorotation *f*, BPR (Berry-Pseudorotation)
**berry sugar** (Nut) / Streuzucker *m*
**Bersenham algorithm** (Comp) / Bersenham-Algorithmus *m* (ein Elementaralgorithmus zur Umsetzung von Vektor-Grafik in Pixel-Grafik)
**berth** *n* (Autos) / Koje *f* || ∼ (Ships) / Liegeplatz *m* (im Hafen zwecks Be-/Entladung), Schiffsliegeplatz *m* || **give a wide** ∼ (Autos, Ships) / weiträumig umfahren
**Berthelot equation** (a modified gas equation for real gases) (Phys) / Berthelot'sche Gleichung || ≃ **reaction** (Chem) / Berthelot-Reaktion *f* (eine Nachweisreaktion für Ammoniak) || ≃ **'s calorimeter** (Phys) / Berthelot'sche Bombe (nach P.E.M. Berthelot, 1827-1907), Berthelot-Kalorimeter *n*
**berthing** *n* (Ships) / Gehen *n* an den Liegeplatz (bei Schiffen) || ∼ (Ships) / Anlegen *n* (eines Schiffes an dem Liegeplatz) || ∼ **impact** (Ships) / Schiffsanlegestoß *m*
**berthollide** (Chem) / nichtstöchiometrische Verbindung (deren Zusammensetzung der Stöchiometrie nicht gehorcht), nichtdaltonide Verbindung, berthollide Verbindung (nach C.L. Graf von Berthollet, 1748-1822), Berthollid *n* || ≃ **compound** (Chem) / nichtstöchiometrische Verbindung (deren Zusammensetzung der Stöchiometrie nicht gehorcht), nichtdaltonide Verbindung, berthollide Verbindung (nach C.L. Graf von Berthollet, 1748-1822), Berthollid *n*
**Bertrand curves**\* (Maths) / Bertrand'sches Kurvenpaar (nach J. Bertrand, 1822 - 1900)
**bertrandite**\* *n* (Min) / Bertrandit *m*
**Bertrand lens** (Micros) / Bertrand-Linse *f*, Amici-Bertrand-Linse *f* (bei den Polarisationsmikroskopen)
**Bertrand's paradox** (Maths) / Bertrand'sches Paradoxon || ≃ **postulate** (Maths) / Bertrand-Postulat *n* (zwischen einer natürlichen Zahl >1 und ihrem Doppelten liegt mindestens eine Primzahl - nach J.L.F. Bertrand, 1822 - 1900) || ≃ **test** (for convergence) (Maths) / Bertrand'sches Kriterium (ein Konvergenzkriterium)
**beryl**\* *n* (Min) / Beryll *m* (Berylliumaluminiumhexasilikat)
**beryllate** *n* (Chem) / Beryllat *n* (Salz der Berylliumsäure)
**beryllia** *n* (Chem, Min) / Beryllerde *f*, Süßerde *f* (Berylliumoxid) || ∼ (Chem, Min) s. also beryllium oxide and bromellite
**beryllide**\* (Chem) / Beryllid *n* (intermetallische Verbindung von Beryllium mit hochschmelzenden Übergangselementen)
**berylliding** *n* (Surf) / Berylliumhaltige Diffusionsbeschichten mit Beryllium über Berylliumfluorid als Zwischenstufe
**berylliosis**\* *n* (Med) / Berylliose *f* (eine Staublungenerkrankung), Berylliumkrankheit *f*
**beryllium**\* *n* (Chem) / Beryllium *n*, Be (Beryllium) || ∼ **alloy** (Met) / Berylliumlegierung *f* || ∼ **bronze**\* (Elec Eng, Horol, Met) / Berylliumbronze *f* (mit etwa 0,6 - 2,8% Be), CuBe-Legierung *f* (Berylliumbronze) || ∼ **carbide** (Chem) / Berylliumkarbid *n*, Berylliumcarbid *n* ($Be_2C$) || ∼ **chloride** (Chem) / Berylliumchlorid *n* || ∼ **copper** (Elec Eng, Horol, Met) / Berylliumbronze *f* (mit etwa 0,6 - 2,8% Be), CuBe-Legierung *f* (Berylliumbronze) || ∼ **copper** (Met) / Berylliumkupfer *n* (eine Vorlegierung) || ∼ **detector** (Chem) / Berylliumdetektor *m* (in der Analyse) || ∼ **fluoride** (Chem, Glass) / Berylliumfluorid *n* || ∼ **glass** (Glass) / Berylliumglas *n* (z.B. Lindemann-Glas) || ∼ **granulomatosis** (Med) / Berylliumgranulomatose *f* || ∼ **hydride** (Chem) / Berylliumhydrid *n*, Berylliumwasserstoff *m* ($BeH_2$) || ∼ **iodide** (Chem) / Berylliumiodid *n* || ∼ **method**\* (age of deep marine deposits) (Geol, Nuc) / Beryllium-Methode *f* (der Altersbestimmung) || ∼ **nitrate** (Chem) / Berylliumnitrat *n* || ∼ **oxide** (Chem) / Berylliumoxid *n* (BeO) || ∼ **phosphide** (Chem) / Berylliumphosphid *n* ($Be_3P_2$) || ∼ **silicide** (Chem, Nuc Eng) / Berylliumsilicid *n*, Berylliumsilizid *n* || ∼ **window** (Nuc Eng) / Berylliumfenster *n* || ∼ **X-ray window** (Radiol) / Berylliumröntgenfenster *n*
**beryllonite** *n* (Min) / Beryllonit *m* (Natriumberylliumphosphat)
**berylometer** *n* (Chem) / Berylliumdetektor *m* (in der Analyse)
**berzelianite** *n* (Min) / Berzelianit *m*, Selenkupfer *n* (Kupfer(I)-selenid)
**bespoke suit** (Textiles) / Maßanzug *m* || ∼ **tailor** (Textiles) / Maßschneider *m*
**Bessel equation** (Maths) / Bessel'sche Differentialgleichung (nach F.W. Bessel, 1784-1846) || ≃ **filter** (a filter characteristic in which phase-linearity across the pass band, rather than amplitude linearity,

is emphasized) (Telecomm) / Bessel-Filter *n* (analoges Filter mit annähernd frequenzproportionalem Phasengang im Durchlassbereich, was eine geringe Verzerrung eines Signalverlaufes ergibt) ‖ ≃ **function*** (Maths) / Zylinderfunktion *f* (Lösung der Bessel'schen Differentialgleichung) ‖ ≃ **function*** (Maths) / Bessel'sche Funktion, Bessel-Funktion *f* (allgemein) ‖ ≃ **function of order n*** (Maths) / Bessel-Funktion *f* erster Art, gewöhnliche Bessel'sche Funktion ‖ ≃ **function of the first kind*** (Maths) / Bessel-Funktion *f* erster Art, gewöhnliche Bessel'sche Funktion ‖ ≃ **function of the second kind*** (Maths) / Neumann-Funktion *f* (nach C.G. Neumann, 1832 - 1925), Bessel-Funktion *f* zweiter Art ‖ ≃ **function of the third kind*** (Maths) / Hankel-Funktion *f*, Bessel-Funktion *f* dritter Art

**Besselian year** (Astron) / Bessel'sches Jahr, Annus fictus *m*

**Bessel inequality** (Maths) / Bessel'sche Ungleichung, Bessel-Ungleichung *f* ‖ ≃ **'s differential equation*** (Maths) / Bessel'sche Differentialgleichung (nach F.W. Bessel, 1784-1846)

**Bessel's points** (Eng) / Bessel'sche Punkte (Unterstützungspunkte für Lineale und Maßstäbe, bei deren Abstützung die kleinste Verkürzung der Gesamtlänge auftritt)

**Bessemer converter*** (Met) / Bessemerbirne *f* (nach Sir H. Bessemer, 1813-1898), Bessemerkonverter *m*

**bessemerizing** *n* (Met) / Bessemerverfahren *n* (ein altes Windfrischverfahren)

**Bessemer process*** (Met) / Bessemerverfahren *n* (ein altes Windfrischverfahren) ‖ ≃ **slag** (Met) / Bessemerschlacke *f* ‖ ≃ **steel** (Met) / Bessemerstahl *m* (enthält neben Eisen noch 0,4 bis 3,5% Mn, 0,03 bis 0,06% P, 0,02 bis 0,05 S - er ist härt- und schmiedbar) ‖ ≃ **vessel** (a pear-shaped open-mouthed steel vessel) (Met) / Bessemerbirne *f* (nach Sir H. Bessemer, 1813-1898), Bessemerkonverter *m*

**best angle of climb** (speed) (Aero) / optimaler Steigwinkel (bei dem die Steiggeschwindigkeit ohne Geschwindigkeitsverlust am größten ist) ‖ ~ **available technology** / beste verfügbare Technik, Besttechnologie *f* ‖ ~ **available technology economically achievable** / beste verfügbare Technik, die wirtschaftlich erreichbar ist (das Kriterium ist Kostenminimum) ‖ ~ **before** (Nut) / (mindestens) haltbar bis

**best-before date** (Nut) / empfohlene Aufbrauchfrist (A), Verbrauchsdatum *n*, zu verbrauchen bis.

**best bright finishing** (Met) / Hochglanzpolieren *n* ‖ ~ **butter** (legally defined first-grade proprietary article) (Nut) / Teebutter *f* (A), Markenbutter *f* (mit Gütezeichen) ‖ ~ **estimate** (Stats) / beste lineare erwartungstreue Schätzung ‖ ~ **estimator** (Stats) / beste lineare erwartungstreue Schätzung

**best-first search** (AI) / Best-first-Suche *f* ‖ ~ **strategy** (AI) / Best-first-Strategie *f*

**best hand•-picked lime** (Build) / [hochwertiger] Stückkalk *m* ‖ ~ **linear unbiased estimator** (Stats) / beste lineare erwartungstreue Schätzung, Gauß-Markow-Schätzung *f* ‖ ~ **rate of climb** (speed) (Aero) / optimale Steiggeschwindigkeit *f* ‖ ~ **selected copper*** (Met) / Raffinatkupfer *n* (mit mindestens 99,75% Cu) ‖ ~ **unbiased estimator** (Stats) / beste erwartungstreue Schätzung

**beta absorption** (Phys) / Betaabsorption *f* ‖ ~ **backscatter method** (Paint) / Betarückstreuverfahren *n* (zur Schichtdickenmessung DIN EN ISO 3543) ‖ ~ **blocker** (Physiol) / Betablocker *m* (ein Adrenozeptor), Betaadrenorezeptorenblocker *m*, Betarezeptorenblocker *m* ‖ ~ **brass*** (Met) / Betamessing *n*, ß-Messing *n*

**beta-cellulose** *n* (Chem) / Betazellulose *f* (der aus der natronalkalischen Lösung mit Methanol ausfällbare Anteil), β-Zellulose *f*

**beta cutoff** (AI) / Beta-Abschneiden *n* (der Bäume beim Spielen), Beta-Abbruch *m*

**betacyanine** *n* (Bot, Chem) / Betacyan *n* (z.B. Betanin), Betazyan *n*

**beta decay*** (Nuc) / Betazerfall *m* ‖ ~ **detector*** (Nuc) / Betadetektor *m*, Betastrahlendetektor *m*, Detektor *m* für Betastrahlung ‖ ~ **disintegration*** (Nuc) / Betazerfall *m* ‖ ~ **distribution** (Stats) / Betaverteilung *f* (1. und 2. Art)

**BET adsorption isotherm** (Chem) / Brunauer-Emmett-Teller-Adsorptionsisotherme *f*, BET-Adsorptionsisotherme *f* ‖ ≃ **adsorption theory*** (Chem) / Theorie *f* der Adsorption nach Brunauer, Emmett und Teller, BET-Theorie *f* der Adsorption

**beta emitter** (Nuc) / Betaquelle *f*, Betastrahlungsquelle *f*

**betafite*** *n* (Min) / Betafit *m* (ein radioaktives Mineral der Pyrochlor-Reihe)

**beta index** (Stats) / Betaindex *m*

**betaine*** *n* (Biochem) / Trimethylglyzin *n*, Trimethylglycin *n*, Trimethylglykokoll *n* (Trimethylammonioacetat), Betain *n*, Glyzinbetain *n*, Glycinbetain *n* ‖ ~* (Biochem) / Betain *n* (als Sammelname)

**beta-iron*** *n* (Met) / Betaeisen *n*, β-Eisen *n*

**betalains*** *pl* (Bot, Chem) / Betalaine *n pl* (wasserlösliche, stickstoffhaltige Blüten- und Fruchtfarbstoffe)

**betalaminic acid** (Chem) / Betalaminsäure *f*

**BetaLISP** *n* (Comp) / BetaLISP *n* (ein LISP-Dialekt)

**betanine*** (Bot, Chem) / Betanin *n* (Hauptfarbstoff des Beetenrots)

**beta-oxidation*** *n* (Biochem) / β-Oxidation *f* (Fettsäureabbau), Beta-Oxidation *f* (bei dem Fettsäureabbau)

**beta particle*** (Nuc) / Betateilchen *n*, β-Teilchen *n* ‖ ~ **radiation** (Nuc) / Betastrahlung *f* (eine Korpuskularstrahlung), β-Strahlung *f* ‖ ~ **ratio** (Nuc Eng) / Einschlussparameter *m* b, Betawert *m*, Verhältnis *n* gaskinetischer Plasmadruck/Magnetfelddruck ‖ ~ **ray*** (Nuc) / Betastrahl *m*, β-Strahl *m*

**beta-ray decay** (Nuc) / Betazerfall *m* ‖ ~ **detector** (Nuc) / Betadetektor *m*, Betastrahlendetektor *m*, Detektor *m* für Betastrahlung

**beta source** (Nuc) / Betaquelle *f*, Betastrahlungsquelle *f* ‖ ~ **test** (extensive test in production environments outside the developing company) (Comp) / Beta-Test *m*

**betatron*** *n* (Nuc) / Betatron *n*, Elektronenschleuder *f* ‖ ~ **capture** (Nuc Eng) / Betatroneinfang *m*, Einfang *m* im Betatronbetrieb

**beta value*** (Nuc Eng) / Einschlussparameter *m* b, Betawert *m*, Verhältnis *n* gaskinetischer Plasmadruck/Magnetfelddruck ‖ ~ **version** (Comp) / Beta-Version *f* (Produktversion, die ziemlich genau dem geplanten Produkt entspricht und Basis für den Beta-Test ist)

**betel nut** (Bot) / Betelnuss *f* (aus Areca catechu L.), Arekanuss *f*

**BET equation** (Chem, Phys) / BET-Gleichung *f* (die das Gleichgewicht der Gasadsorption gestattet), Brunauer-Emmett-Teller-Gleichung *f* (nach S. Brunauer, 1903-1987, P.H. Emmett, 1900-1985, und E. Teller, 1908-2003)

**Bethe-Bloch formula** (Nuc) / Bethe-Bloch-Formel *f*

**Bethe cycle*** (Astron) / Bethe-Weizsäcker-Zyklus *m* (nach H.A. Bethe, 1906- , und C.F. Freiherr von Weizsäcker, 1912- ), CN-Zyklus *m*, Kohlenstoff-Stickstoff-Zyklus *m*, CNO-Zyklus *m*, BW-Zyklus *m*

**Bethell's process*** (For) / Bethell-Volltränkverfahren *n* (ein Kesseldruckverfahren)

**Bethe-Salpeter equation** (Nuc) / Bethe-Salpeter-Gleichung *f*, Salpeter-Bethe-Zweinukleonengleichung *f*

**Bethe-Tait accident** (Nuc Eng) / Bethe-Tait-Störfall *m* (bei schnellen Brütern)

**béton brut** (Arch, Build, Met) / Sichtbeton *m* (dessen Ansichtsfläche gestalterische Funktionen erfüllt und ein vorausbestimmtes Aussehen hat)

**Bettendorf's test** (Chem) / Bettendorf-Arsenprobe *f* (nach A.J.H. Bettendorf, 1839 - 1902), Bettendorf-Test *m* (auf Arsen)

**better face** (For) / bessere Seite, Gutseite *f* (beim Schnittholz)

**betterness** *n* (Met, Mining) / höherer Feingehalt (von Gold und Silber über dem Standard)

**Betti number** (Maths) / Zusammenhangszahl *f*, Betti-Zahl *f* (nach E. Betti, 1823-1892) ‖ ≃ **reciprocal theorem** (Mech) / Betti'scher Satz, Reziprozitätssatz *m* (der Elastizitätstheorie)

**Betts process*** (Met) / Betts-Verfahren *n* (elektrolytische Raffination von Blei)

**betula oil** / Gaultheriaöl *n*, Wintergrünöl *n* (etherisches Öl aus den Blättern der Gaultheria procumbens L.) ‖ ~ **oil** s. also methyl salicylate

**betulin** *n* (Chem, For) / Betulin *n* (ein Triterpenalkohol), Betulol *n*

**betulinic acid** (Bot, Chem, Pharm) / Betulinsäure *f* (Triterpen aus den Blättern von Syzygium claviflorum mit signifikanter Wirkung gegen HIV-Viren und Phosphokinase C)

**between bead(s)** *n* (Welding) / Fülllage *f* (DIN 1912, T 1), Mittellage *f*

**between-centres capacity** (Eng) / Spitzenweite *f* (an der Drehmaschine - größter Abstand zwischen Spindelstockspitze und Reitstockspitze)

**between-deck** *n* (Ships) / Zwischendeck *n*

**between-groups sum of squares** (Stats) / Summe *f* der Abweichungen zwischen den Gruppen

**between-lens shutter*** (Photog) / Zwischenlinsenverschluss *m*, Hinterlinsenverschluss *m*

**between perpendiculars*** (Ships) / zwischen den Loten

**between-run precision** (Chem) / Präzision *f* von Serie zu Serie (in der Prozessanalyse)

**betwixt mountains** (Geol) / Zwischengebirge *n* (starre Scheitelung des Orogens)

**Betz number** / Betz-Zahl *f* (das Verhältnis der theoretischen maximalen Leistung der Anlage und der Windleistung im Rotorquerschnitt - bei Windanlagen)

**BeV** (Elec Eng, Nuc Eng) / Gigaelektronvolt *n*, Gigaelektronenvolt *n*, GeV ($10^9$ V)

**Bevatron*** *n* (Nuc) / Bevatron *n* (Protonensynchrotron der Berkeley University)

**bevel** *v* / Kanten brechen ‖ ~ (Carp, Eng, Join) / fasen *v*, abfasen *v*, anfasen *v*, brechen *v* (Kante), abschrägen *v*, zuschärfen *v* ‖ ~ (Carp, Join) / auf Gehrung (meistens 45°) schneiden, gehren *v* ‖ ~* *n* (Carp, Join) / Gehrung *f* (Eckfuge einer 45°-Holzverbindung), Gehre *f* (echte), Gehrfuge *f* ‖ ~* (sliding) (Carp, Join, Tools) / Schmiege *f*,

**bevel**

Gehrmaß n, Schrägmaß n, Stellwinkel m, Schrägwinkel m, Gehrungswinkel m, Stellmaß n ‖ ~ (Tools) / Schliff m (der Axt) ‖ ~* (Typog) / Konus m (der Drucktype) ‖ ~ cut (45°) (Carp, Join) / Gehrungsschnitt m, Schrägschnitt m (Tätigkeit) ‖ ~ cut (45°) (Carp, Join) / Gehrungsschnitt m, Schrägschnitt m, Gehre f (Ergebnis) ‖ ~ **differential** (Autos) / Kegelraddifferential n ‖ ~ **gear** (Autos) / Kegelradgetriebe n, Winkelgetriebe n ‖ ~ **gear*** (Eng) / Kegelradvorgelege n ‖ ~ **gear** (Eng) / Kegelrad n (DIN 3971)
**bevel-gear cutting machine** (Eng) / Kegelradfräsmaschine f ‖ ~ **hobbing machine** (Eng) / Kegelradverzahnmaschine f (Wälzfräsmaschine zum Fräsen von Kegelrädern)
**bevel gearing** (Eng) / Kegelradverzahnung f
**bevel-gear pair** (Eng) / Kegelradpaar n ‖ ~ **planer** (Eng) / Kegelradhobelmaschine f (eine Verzahnmaschine)
**bevel gears** (Autos) / Kegelradgetriebe n, Winkelgetriebe n
**bevel-gear single-tool generator** (Eng) / Kegelradhobelmaschine f (mit einem Hobelmeißel)
**bevelled cogging** (Carp) / schräge Verkämmung
**bevelled-edge oil control ring** (I C Engs) / Dachfasenring m (ein Ölschlitzring)
**bevelled-lip packing ring** (Eng) / Keilmanschettenpackungsring m (eine Stopfbuchsendichtung)
**bevelling** n (Eng) / Kantenbrechen n ‖ ~ (Met) / Ausschärfen n (des Blechs)
**bevel protractor** (Crystal) / Anlegewinkelmesser m ‖ ~ **shaft** (Autos) / Königswelle f ‖ ~ **spider** (Autos) / Ausgleichskegelrad n, Ausgleichsritzel n (Teil des Kegelraddifferentials) ‖ ~ **width** (of a vee weld) (Welding) / Flankenweite f (bei V-Naht)
**Beverage antenna*** (Radio) / Wellenantenne f, Beverage-Antenne f (eine Langdrahtantenne) ‖ ~ **holder** (Autos) / Getränkehalter m (z.B. in Mittelkonsole), Getränkedosenhalter m ‖ ~ **industry** (Nut) / Getränkeindustrie f ‖ ~ **packaging board** (Nut, Paper) / Getränkekarton m ‖ ~ **powder** (Nut) / Getränkepulver n
**Beverly shear** (US) (Tools) / Hebelrollenschere f (stationäres Schneidwerkzeug, das auf der Werkbank aufgebaut wird)
**be very smeary** / leicht schmieren (Tinte, Farbe)
**beyond design basis** (Nuc Eng) / auslegungsüberschreitend adj (Ereignis) ‖ ~-**the-horizon propagation** (Radio) / Transhorizontausbreitung f (eine Funkwellenausbreitung), Überhorizontausbreitung f (auf der Scatterstrecke) ‖ ~ **visual range** (Aero, Optics) / außer Sichtweite, außer Flugsicht
**bezant** n (Arch) / Scheibe f (des Frieses)
**bezel*** n (Autos) / Einfassung f, Deckring m, Deckelring m (der Instrumente) ‖ ~ (Eng) / Fase f, Zuschärfungsfläche f, Abschrägungsfläche f ‖ ~* (Horol) / Deckglasausdrehung f
**Bézier curve** / Bézier-Kurve f (ein approximierendes Verfahren nach Bézier zur Erzeugung von Splines)
**Bézout's identity** (Maths) / Bézout'sche Identität (nach E. Bézout, 1730 - 1783)
**BF** (ballistic focussing) (Electronics) / ballistische Fokussierung ‖ ~ ≙ (blast furnace) (Met) / Blashochofen m, Hochofen m
**B factor** n (Biochem) / B-Faktor m (3'-AMP - monobutylester)
**B field** n (Elec Eng) / magnetische Flussdichte (Einheit Tesla nach DIN 1325), magnetische Induktion
**BFL** (buffered FET logic) (Electronics) / gepufferte FET-Logik, BFL (eine Transistor-Transistor-Logik auf GaAs-Basis, bei der sowohl Schalter- als auch Lastelemente-MESFET verwendet werden) ‖ ~ ≙ (back focal distance) (Optics, Photog) / bildseitige Schnittweite, Schnittweite f des Bildpunktes, Bildschnittweite f, hintere Schnittweite
**B-flute** n (Paper) / Feinwelle f (bei Wellpappen - Riffelteilung etwa 4,5-6,2 mm), B-Welle f (bei Wellpappen)
**BFO** (beat-frequency oscillator) (Radio) / Beat-Frequency-Oszillator m, BFO (Beat-Frequency-Oszillator), zweiter Überlagerer (für A1A-Überlagerungsempfang durch abstimmbaren ZF-Oszillator), Schwebungssummer m, Schwebungsgenerator m (in einem Einseitenbandempfänger)
**B-fritting** n (Elec Eng) / B-Frittung f (bei bereits vorhandener Leitfähigkeit der Fremdschicht erfolgt eine Zerstörung durch den Stromfluss)
**BFS** (breadth-first search) (AI) / breitenorientiertes Suchverfahren, Breitendurchlauf m, Breite-zuerst-Suche f
**bft** (For) / ein veraltetes Holzmaß = 144 in³, Board-Foot m (ein veraltetes Holzmaß)
**bg** (background) (Acous, Cinema) / Background m (als Hintergrundkulisse)
**B.G.** (Birmingham gauge) (Met) / BWG-Drahtlehre f (eine alte Drahtlehre von No. 4/0 bis 36 = 0,454" bis 0,004")
**BGK collision term** (Nuc) / BGK-Stoßterm m (Bhatnagar, Gross und Krook)
**BGP** (background processing) (Comp) / Hintergrundverarbeitung f (Programme können im Batchbetrieb mit geringer Priorität im Hintergrund ablaufen, während der Benutzer interaktiv mit dem System arbeitet), nachrangige Verarbeitung
**BHA** (butylated hydroxyanisole) (Chem, Nut) / tert-Butylmethoxyphenol n, tert-Butylhydroxyanisol n, BHA (ein Antioxidans - E 320) ‖ ~ ≙ (bottom-hole assembly) (Oils) / Packed-hole-Garnitur f, Bohrgarnitur f
**Bhabha scattering** (Nuc) / Bhabha-Streuung f (hochenergetischer Positronen an freien ruhenden Elektronen - nach H.J. Bhabha, 1909-1966)
**B.H. bit** (Mining) / Vollbohrkrone f (die das Gestein im gesamten Bohrlochquerschnitt zerstört)
**BHC*** (benzene hexachloride) (Agric, Chem, Ecol) / Hexachlorcyclohexan n (z.B. Lindan), Hexachlorzyklohexan n, HCH (Hexachlorcyclohexan), HCCH, Benzolhexachlorid n, BHC (Benzolhexachlorid), HCH-Mittel n, Hexa n (in der BR Deutschland verboten)
**B/H curve*** (Elec Eng, Mag) / Magnetisierungskurve f, Magnetisierungsschleife f, B-H-Kurve f (Hysteresekurve bei Magnetwerkstoffen)
**BH laser** (Phys) / BH-Laser m, vergrabener Heterostrukturlaser
**B/H loop*** (B = magnetic induction and H = value of the magnetizing field) (Elec Eng, Mag) / Hystereseschleife f, Hysteresekurve f (DIN 1325)
**BHN*** (Brinell hardness number) (Materials) / Brinellhärte f (konkret ermittelter Wert), HBW (Brinellhärte als Härtewert)
**B horizon** the layer of a soil profile in which material leached from the overlying A horizon is accumulated (Agric, Geol) / Unterboden m, Ausfällungszone f, Einwaschungszone f, Einschwemmungshorizont m, Illuvialhorizont m, B-Horizont m, Anreicherungshorizont m, Einwaschungshorizont m (des Bodenprofils)
**Bhotan pine** (For) / Tränenkiefer f (Pinus wallichiana A.B. Jacks.)
**bhp** (brake horsepower) (Eng) / Bremsleistung f, Nutzleistung f (des Verbrennungsmotors nach DIN 1940)
**BHP*** (brake horsepower) (Eng) / Bremsleistung f, Nutzleistung f (des Verbrennungsmotors nach DIN 1940) ‖ ~ ≙ (biological hazard potential) (Nuc Eng) / biologisches Gefährdungspotential (z.B. eines Isotops) ‖ ~ ≙ (bottom-hole pressure) (Oils) / Druck m an der Bohrlochsohle, Sohlendruck m, Sohldruck m
**BHT** (butylated hydroxytoluene) (Chem, Nut) / Butylhydroxytoluol n, BHT (ein Antioxidans - E 321)
**Bhutan pine** (a very resinous pine that resembles the American white pine and is native to Himalayas but grown in Australia for timber and turpentine) (For) / Tränenkiefer f (Pinus wallichiana A.B. Jacks.)
**Bi** (bismuth) (Chem) / Bismut n, Wismut n, Bi (Bismut)
**bialternant*** n (Maths) / Bialternante f
**biamperometric** adj (Chem) / biamperometrisch adj
**Bianchi identity** (Maths) / Ricci-Bianchi'sche Identität (nach L. Bianchi, 1856-1928), Bianchi'sche Identität, Padova-Bianchi'sche Identität
**biangular** adj / zweieckig adj, biangular adj
**biaryl** n (Chem) / Biaryl n
**bias** v (Elec Eng, Electronics) / vorspannen v ‖ ~ (Electronics) / vormagnetisieren v ‖ ~ vt (towards) / hinlenken v (auf) ‖ ~ n (AI, Comp) / Bias m ‖ ~ (Autos) / höherer Antriebskraftanteil (an einer Achse) ‖ ~* (Comp) / Fehlerverzerrung f ‖ ~* (Electronics) / Vorspannung f (des Gitters) ‖ ~* (Electronics) / Vormagnetisierung f ‖ ~ (Maths) / regelmäßiger Fehler, systematischer Fehler (DIN 1319, T 3) ‖ ~ (a systematic and non-random /but not necessarily intentional/ distortion in a result or sample) (Stats) / Verzerrung f ‖ ~ (Stats) / Bias m (systematischer Fehler) ‖ ~ (Stats) / systematische Beurteilungsabweichung n (Weaving) / Schrägschuss m (als Webfehler), Schrägverzug m ‖ ~ **address** (Comp) / Distanzadresse f (bei Mikroprozessoren) ‖ ~ **angle** (Autos) / Fadenwinkel m (den die Kordfäden mit der Reifenmittelebene bilden) ‖ ~-**belted tyre** (Autos) / Semigürtelreifen m, Gürtelreifen m mit Diagonalkarkasse, Diagonalgürtelreifen m, Bias-Belted-Reifen m, Gürtelreifen m in Semiradialbauweise ‖ ~ **binding*** (Textiles) / schräggeschnittener Besatz, Schrägband m, Schrägstreifen m ‖ ~ **current*** (Elec Eng, Electronics) / Vormagnetisierungsstrom m, Vorspannungsstrom m, Bias-Strom m ‖ ~ **current** (Phys) / Vorstrom m (Laser)
**biased amplifier** (Spectr) / Schwellenwertverstärker m, vorgespannter Verstärker ‖ ~ **differential protection** (Elec Eng) / Längsdifferentialschutz m, Prozentvergleichsschutz m ‖ ~ **estimator** (Stats) / verzerrende Schätzung, nicht erwartungstreue Schätzung
**biased-off switch** (Elec Eng) / Totmannschalter m (der selbsttätig ausschaltet, sobald das Betätigungsorgan losgelassen wird und der keine Vorrichtung zur Verriegelung in der Einschaltstellung besitzt)
**biased position** (Elec Eng) / Endtaststellung f (eines Drehschalters) ‖ ~ **protective system*** (Elec Eng) / Längsdifferentialschutz m, Prozentvergleichsschutz m
**bias error** (Instr) / festgestellte systematische Messabweichung ‖ ~ **fabric cutting machine** (Textiles) / Diagonalschneidemaschine f,

Schrägstoffschneidemaschine f ‖ ~ **filling** (Weaving) / Schrägschuss m (als Webfehler), Schrägverzug m
**biasing**\* n (Elec Eng, Electronics) / Vorspannen n, Vorspannung f ‖ ~ (Eng) / Vorspannung f (der Feder) ‖ ~ **transformer**\* (Elec Eng) / Differentialschutzwandler m
**bias level** (Radiol) / Diskriminatorschwelle f ‖ ~**-ply tyre** (Autos) / Diagonalreifen m (heute nicht mehr benutzt) ‖ ~ **sputtering** (Vac Tech) / Vorspannungsbestäuben n (DIN 28400, T 4), Bias-Sputtering n ‖ ~ **voltage** (Electronics) / Vorspannung f (des Gitters) ‖ ~ **weakness** (Textiles) / Schwächung f in der Schrägrichtung (des Gewebes)
**biaxial** adj / biaxial adj, zweiachsig adj ‖ ~\* (Crystal, Min) / [optisch] zweiachsig adj, biaxial adj ‖ ~ **compression** (Mech) / ebener Druck, biaxialer Druck ‖ ~ **crystal** (Min) / optisch zweiachsiger Kristall ‖ ~ **loading** (Mech) / zweiachsige Belastung
**bibbles** pl (Mining) / weiche wasserführende Gesteinsschicht (beim Schachtabteufen)
**Bibby coupling** (Eng) / Bibby-Kupplung f (eine drehfedernde Wellenverbindung)
**bib-cock**\* n (Eng) / Wandauslaufventil n
**bibenzoyl**\* n (Chem) / Diphenylethandion n, Benzil n, Bibenzoyl n
**Bible paper**\* (Paper) / Bibeldruckpapier n (ein sehr festes und dünnes, holzfreies, opakes Druckpapier), Dünndruckpapier n, Bibeldünndruckpapier n
**bibliographical slip** / Inhaltsfahne f (z.B. in Zeitschriften nach DIN 1428)
**Bibliographic Classification** / ein Klassifikationssystem des Amerikaners Henry Evelyn Bliss (1870-1955)
**bib tap** (Eng) / Wandauslaufventil n ‖ ~ **tap** s. also water tap
**bibulous paper** (Paper) / Saugpapier n (z.B. Lösch- oder Filterpapier)
**bib-valve**\* n (Eng) / Wandauslaufventil n
**bicable**\* n (Civ Eng, Eng) / Zweiseilbahn f ‖ ~ **ropeway** (Civ Eng, Eng) / Zweiseilbahn f
**bicap** n (Electronics) / Bicap m (ein in MOS-Technik hergestellter Kondensator)
**bicarbonate**\* n (Chem) / Hydrogenkarbonat n, Hydrogencarbonat n ‖ ~ **of soda** (Chem) / Natriumhydrogencarbonat n, Natriumhydrogenkarbonat n
**bice** n / blaue oder grüne Farbe (ein basisches Kupferkarbonat oder Smalte)
**bicentric** adj (Maths) / bizentrisch adj
**Bicheroux process** (Glass) / Bicheroux-Verfahren n (ein altes Verfahren zur Herstellung von Flachglas)
**bichloride of mercury** (Chem) / Quecksilber(II)-chlorid n (Sublimat)
**bick**\* n (Eng) / Horn n (des Ambosses)
**bickern**\* n (Tools) / Sperrhorn n, Spitzhorn n (des Ambosses)
**bick iron**\* (Eng, Tools) / Galgenamboss m, Bankhorn n, Schlagstöckchen n, Bankamboss m ‖ ~ **iron**\* (Tools) / Sperrhorn n, Spitzhorn n (des Ambosses)
**BICMOS circuit** (Electronics) / BiCMOS-Schaltung f (kombinierte Bipolar- und CMOS-Technik)
**bicolour** adj / zweifarbig adj, Zweifarben-, dichromatisch adj
**bicoloured** adj / zweifarbig adj, Zweifarben-, dichromatisch adj
**bicommutant** n (Maths) / Bikommutant n
**bicompact set** (Maths) / bikompakte Menge
**bicomponent bigeneric fibre** (Textiles) / M/F-Fasertyp m (Fibrillen in eine Matrix eingesponnen), Matrix-Fibrillen-Bikomponentenfaser f (wobei die Trägerschicht fibrilläre Einschlüsse der zweiten Komponente erhält), Bikonstituentenfaser f ‖ ~ **fibres**\* (Spinning) / Zweikomponentenfasern f pl, Bikomponentenfasern f pl ‖ ~ **yarn** (Spinning) / Bikomponentengarn n, konjugierte Fasern ‖ ~ **yarn** (Spinning) / Bikomponentengarn n
**biconcave**\* adj (Optics) / bikonkav adj
**biconditional gate** (Automation, Comp) / Äquivalenzglied n (das die Äquivalenz realisiert) ‖ ~ **operation** (Comp) / Äquivalenzverknüpfung f
**bicone** n (Textiles) / X-Spule f, Pineapple-Cone f, Bikone f, Doppelkegelspule f (mit konischer Mantelfläche und konischen Stirnflächen), Bikonus m, Pineapple-Spule f (Kreuzspule mit schrägen Flanken)
**biconical antenna** (Radio) / Doppelkonusantenne f, Zweikonusantenne f, Zweifachkonusantenne f (eine breitbandige Dipolantenne) ‖ ~ **horn**\* (Radio) / Doppelkonushornantenne f, Zweifachkonushornantenne f
**biconstituent fibre** (Textiles) / M/F-Fasertyp m (Fibrillen in eine Matrix eingesponnen), Matrix-Fibrillen-Bikomponentenfaser f (wobei die Trägerschicht fibrilläre Einschlüsse der zweiten Komponente erhält), Bikonstituentenfaser f
**bicontinuous** adj (Maths) / beidseitig stetig
**biconvex**\* adj (Optics) / bikonvex adj
**bicrystal** n (Crystal) / Bikristall m (vorwiegend für Forschungszwecke verwendete Probe aus zwei Einkristallen mit gezielt eingestelltem Orientierungsunterschied und vorher bestimmter Lage der Korngrenze zwischen ihnen)

**bicubic** adj (Maths) / bikubisch adj ‖ ~ **equation** (Maths) / bikubische Gleichung
**bicycle** n / Fahrrad n ‖ ~ **pump** / Fahrradpumpe f (eine Luftpumpe) ‖ ~ **track** / Radweg m (§237 der StVO), Radfahrweg m (meist neben einer Straße, Fahrbahn laufender, schmaler Fahrweg für Radfahrer), Sonderweg für Radfahrer, Radfahrbahn f
**bicyclic** adj (Chem) / bizyklisch adj (z.B. Terpen), biciclisch adj (einen Kohlenstoffdoppelring enthaltend) ‖ ~ **compound** (Chem Eng) / bizyklische Verbindung, bicyclische Verbindung
**bid** n / Kaufangebot n, Gebot n (bei Versteigerungen) ‖ s. also offer and tender
**bidding documents** (US) / Ausschreibungsdokumentation f, Ausschreibungsunterlagen f pl
**bidentate**\* adj (Chem) / zweizähnig adj (Ligand) ‖ ~ **ligand** (Chem) / zweizähniger Ligand
**bidimensional** adj (Maths, Phys) / zweidimensional adj
**bidirectional** adj / bidirektional adj, in beiden Richtungen, in zwei Richtungen arbeitend ‖ ~ **antenna** (Radio) / zweiseitige Richtantenne ‖ ~ **bus** (Comp) / bidirektionaler Bus ‖ ~ **characteristic** (Acous) / Achtercharakteristik f (Richtcharakteristik bei Schallwandlern) ‖ ~ **diode-thyristor** (thyristor ac power controller) (Electronics) / Zweiwegthyristor m, Zweiwegschaltdiode f, Zweirichtungsthyristordiode f (DIN 41786), Diac m n, bidirektionale Triggerdiode ‖ ~ **microphone**\* (Acous) / Mikrofon mit Achtercharakteristik, zweiseitig gerichtetes Mikrofon, Achtermikrofon n ‖ ~ **printer** (Comp) / bidirektionaler Drucker (der die Zeilen in beiden Richtungen druckt, so dass die Zeit für den Wagenrücklauf entfällt) ‖ ~ **printing** (Comp, Print) / Druck m in beiden Richtungen, bidirektionaler Druck ‖ ~ **pulse** (Acous) / Knalllaut m, Knall m (zweiseitiger Schallimpuls, vornehmlich von großer Stärke - DIN 5483, T 1 und DIN 1320) ‖ ~ **pulse** (Telecomm) / bipolarer Impuls, Wechselimpuls m (DIN 5483, T 1), zweiseitiger Impuls ‖ ~ **pulse** s. also report ‖ ~ **tractor** (Autos) / bidirektionaler Traktor ‖ ~ **traffic** (Autos) / Gegenverkehr m (als Gegensatz zum Richtungsverkehr), GV (Gegenverkehr) ‖ ~ **transistor** (Electronics) / Zweirichtungstransistor m, Doppelrichtungstransistor m (mit zwei Kollektoren und zwei Emittern, für Schaltzwecke) ‖ ~ **triode-thyristor** (a three-terminal thyristor) (Electronics) / Zweirichtungsthyristortriode f, Triac m n (zwei parallel geschaltete Thyristoren mit einer Steuerelektrode, Vollwegthyristor m (DIN 41786, DIN 41855) ‖ ~ **tunnel** (Autos, Civ Eng) / Gegenverkehrstunnel m (in dem beide Fahrtrichtungen durch eine Tunnelröhre geführt werden)
**bidistilled water** (Chem) / bidestilliertes Wasser
**bidrum boiler** (Eng) / Zweitrommelkessel m
**bidual** adj (Maths) / bidual adj
**Bieberbach conjecture** (nach L. Bieberbach, 1886 -1982) (Maths) / Bieberbach'sche Vermutung, Bieberbach'sches Koeffizientenproblem
**bieberite**\* n (Min) / Bieberit m (seltenes Verwitterungsprodukt von Kobalterzen)
**Biebrich red** / Biebricher Scharlach, Neurot n, Doppelscharlach m ‖ ~ **scarlet** / Biebricher Scharlach, Neurot n, Doppelscharlach m
**Bienaymé-Chebyshev inequality** (I.J. Bienaymé, 1796 - 1878) (Maths) / Čebyšev'sche Ungleichung, Tschebyschow'sche Ungleichung
**biennial** adj (Bot) / bienn adj (Pflanze)
**BIF** (banded iron formation) (Geol) / gebänderte Eisenformation (z.B. Itabirit)
**bif** (Geol) / Bändereisenerz n, Kieseleisenerz n
**bifacial** adj (Bot) / bifazial adj, bifacial adj
**BIFF** (binary interchange file format) (Comp) / BIFF-Dateiformat n
**biff** v (Leather) / Salz aus gesalzenen Häuten abklopfen
**bifilar suspension**\* (Phys) / bifilare Aufhängung (der Pendelmasse des Bifilarpendels), Doppelfadenaufhängung f ‖ ~ **winding** (Elec Eng) / bifilare Wicklung, Bifilarwicklung f
**biflavonoid** (Biochem, Bot) / Biflavanoid n
**bifocal** n (Optics) / Bifokalglas n (ein Mehrstärkenbrillenglas), Zweistärkenglas n ‖ ~ **glass** (Optics) / Bifokalglas n (ein Mehrstärkenbrillenglas), Zweistärkenglas n ‖ ~ **lens** (Optics) / Bifokalglas n (ein Mehrstärkenbrillenglas), Zweistärkenglas n
**biformyl** (Chem, Photog) / Glyoxal n, Oxalaldehyd m, 1,2-Ethandial n
**bi-fuel** v (Space) / Raketentreibstoff m im Zweistoffsystem, Zweistofftreibstoff m
**bifunctional** adj / bifunktionell adj, bifunktional adj, difunktionell adj ‖ ~ **catalyst** (Chem) / bifunktioneller Katalysator
**bifurcated** adj / gabelförmig adj, gegabelt adj ‖ ~ **contact** (Elec Eng) / Gabelkontakt m ‖ ~ **rivet**\* (Eng) / Zweispitzniet n
**bifurcation** n / gabelige Verzweigung, gabelförmige Verzweigung, Gabelung f, Gabelteilung f ‖ ~ (Autos) / Einmündung f (meistens schiefwinklige), Straßengabelung f ‖ ~ (For) / Gabelung f (des Baumschaftes) ‖ ~ (Hyd Eng) / Bifurkation f (des Wasserlaufes) ‖ ~

**Big**

(Maths) / Bifurkation f (Lösungsverzweigung einer nichtlinearen Gleichung)
**Big Bang**\* (Astron, Biol) / Urknall m (in der Big-Bang-Kosmologie) ‖ ~ **bang** n (Astron, Biol) / Urknall m (in der Big-Bang-Kosmologie)
**big-bang bond(ing)** (Electronics) / Bonden n durch Explosion
**Big-Bang cosmology**\* (Astron) / Big-Bang-Kosmologie f, Urknallkosmologie f ‖ ~ **theory** (Astron) / Big-Bang-Kosmologie f, Urknallkosmologie f
**big big gastrin** (Biochem) / Big-big-Gastrin n (aus 83 Aminosäureresten) ‖ ~ **close-up** (Cinema) / ganz groß (Aufnahme)
**Bigelow mat** (Glass, Textiles) / Steppmatte f
**big-end**\* n (I C Engs) / kurbelwellenseitiges Pleuelende, kurbelwellenseitiges Kolbenstangenende, großes Auge (des Pleuels), Kolbenbolzenauge n
**big-end bearing** (Autos) / Pleuelfußlager n
**big-end-down mould** (Met) / konische Kokille
**Big Endian** n (binary data format in which the most significant bit/byte comes first) (Comp) / Big-Endian-Byteordnung f, BE (Big-Endian-Byteordnung), BE-Byteordnung f
**big-end-up** attr (Foundry) / umgekehrt konisch (Block) ‖ ~ **mould** (Met) / umgekehrt konische Kokille
**big gastrin** (Biochem) / Big-Gastrin n (aus 34 Aminosäureresten)
**bight** n (Geog) / Bucht f (große - z.B. Australische oder von Benin) ‖ ~ (Ships) / Bucht f (Schleife in einem Tau oder in einer Leine) ‖ ~ (Textiles) / Nadelausschlag m (bei Nähmaschinen)
**big-packer hide** (Leather) / Big-Packer-Haut f (Rindhaut aus Großschlachthöfen)
**bigtooth aspen** (For) / Großzähnige Pappel, Populus grandidentata Michx.
**big tree** (For) / Mammutbaum m (Sequioadendron giganteum (Lindl.) Buchholz - die einzige Art einer Gattung der Sumpfzypressengewächse), Sequoia f, Sequoie f
**biguanide**\* n (Chem) / Biguanid n, Guanylguanidin n
**big wheel** (Radio) / Big-Wheel-Antenne f (eine UKW-Rundstrahlantenne)
**biharmonic** adj (Maths) / biharmonisch adj ‖ ~ **equation**\* (Maths) / Bipotentialgleichung f, biharmonische Differentialgleichung ‖ ~ **function**\* (Maths) / Bipotentialfunktion f, biharmonische Funktion
**bihexagonal head** (Eng) / Zwölfzahnkopf m ‖ ~ **head screw** (Eng) / Zwölfzahnschraube f ‖ ~ **socket** (Eng) / Innenzwölfzahn m, Innenzwölfkant m
**bihexagon head** (Eng) / Zwölfzahnkopf m
**biholomorphic** adj (Maths) / biholomorph adj
**biionic** adj (Phys) / biionisch adj
**bijection** n (Maths) / Bijektion f (wenn eine Funktion injektiv und zugleich surjektiv ist)
**bijective** adj (Maths) / bijektiv adj ‖ ~ **mapping** (Maths) / Bijektion f (wenn eine Funktion injektiv und zugleich surjektiv ist)
**Bijvoet method** / Bijvoet-Methode f (zur Bestimmung der absoluten Konfiguration eines Isomeren unter Verwendung von Röntgenstrukturanalyse)
**bike** n / Fahrrad n
**bikeway** n (US) / Radweg m (§237 der StVO), Radfahrweg m (meist neben einer Straße, Fahrbahn laufender, schmaler Fahrweg für Radfahrer), Sonderweg m für Radfahrer, Radfahrbahn f
**bilateral** adj / zweiseitig adj (bilateral), bilateral adj, doppelseitig adj
**bilateral-area track** (Acous, Cinema) / Doppelzackenschrift f (auf dem Filmträger)
**bilateral characteristic** (Acous) / Achtercharakteristik f (Richtcharakteristik bei Schallwandlern) ‖ ~ **convolution** (Maths) / Faltung f ‖ ~ **drive** (Eng) / doppelseitiger Antrieb ‖ ~ **Laplace transform** (Maths) / zweiseitige Laplace-Transformation ‖ ~ **limit** (Eng) / Plus-Minus-Toleranz f ‖ ~ **microphone** (Acous) / Mikrofon n mit Bilateralcharakteristik, zweiseitig gerichtetes Mikrofon, Achtermikrofon n ‖ ~ **rapier loom** (Weaving) / Webmaschine f mit beidseitigen Greifern ‖ ~ **slit**\* (Light) / Bilateralspalt m, Spalt m mit zwei beweglichen Spaltbacken ‖ ~ **symmetry**\* (about a line) (Biol) / bilaterale Symmetrie, zweiseitige Symmetrie ‖ ~ **tolerance**\* (Eng) / Plus-Minus-Toleranz f
**bilayer** n (Chem, Phys) / Doppelschicht f (an der Grenzfläche zweier Phasen) ‖ ~ (Phys) / bimolekulare Schicht ‖ ~ **lipid membrane** (Biochem) / Lipiddoppelschicht f
**bile** n (Med) / Galle f ‖ ~\* **acid** (steroid carboxylic acid) (Physiol) / Gallensäure f (Endprodukt des Cholesterinstoffwechsels) ‖ ~ **pigments**\* (Physiol) / Gallenfarbstoffe m pl (z.B. Bilirubin)
**bilge** n (Eng) / Fassbauch m ‖ ~\* (Ships) / Bilge f (Sammelraum für Schwitz- und Leckwasser) ‖ ~ (Ships) / Kimm f (der gekrümmte Übergang des Schiffsbodens in die Bordwand) ‖ ~ **cock** (Ships) / Lenzhahn m ‖ ~ **hat** (Ships) / Lenzbrunnen m (zylindrischer, Sammelbrunnen m (zylindrischer) ‖ ~ **keel** (Ships) / Schlingerkiel m (eine Stabilisierungseinrichtung) ‖ ~ **pump**\* (Ships) / Lenzpumpe f ‖ ~ **well** (Ships) / Lenzbrunnen m

**bilginess** n (Nut) / Faulgeruch m
**bilinear** adj / bilinear adj ‖ ~ **form** (Maths) / Bilinearform f ‖ ~ **transformation**\* (Maths) / Möbius-Transformation f, Möbius-Kreisverwandtschaft f
**bilirubin**\* n (Physiol) / Bilirubin n (rötlich-brauner Gallenfarbstoff)
**biliverdin**\* n (Physiol) / Biliverdin n (grüner Gallenfarbstoff), Dehydrobilirubin n
**bill** v / in Rechnung stellen, berechnen v (in Rechnung stellen), fakturieren v ‖ ~ n / Rechnung f, Faktur f, Faktura f (pl. -ren) ‖ ~ (a narrow promontory) (Geog) / spitz zulaufende Halbinsel ‖ ~ (Ships) / Rolle f (Aufgabenverteilung für die Besatzung eines Schiffes) ‖ ~\* (Typog) / Gießzettel m (Verzeichnis der Schriftgießereien, das die Stückzahlen oder das Verhältnis aller Drucktypen einer Schrift zueinander angibt)
**billable** adj / gebührenpflichtig adj
**billabong** n (an Australian term) (Geog, Hyd Eng) / Altwassersee m (charakteristischer Seentyp in den Niederungen von Deltaregionen und großen Strömen - wenn die Flussschlinge vollständig vom Fließgewässer abgetrennt ist)
**billboard** n (US) (Build) / Plakatwand f, Plakatfläche f, Anschlagwand f, Anzeigefläche f (Werbefläche), Anschlagzaun m ‖ ~ **antenna** (array) (Radio) / Antennenwand f mit ebenem Reflektor
**billet** n (Arch) / Schachbrettfries m, Würfelfries m ‖ ~ (Build, Civ Eng) / Stahlunterlagsplatte f (unter eine Säule zur Lastverteilung) ‖ ~\* (Carp) / dreiseitig beschnittenes Kantholz (mit Fehlkante) ‖ ~ (For) / Holzscheit n, Scheit n ‖ ~ (For) / kurzes Rundholzstück ‖ ~\* (Met) / Knüppel m (nicht mehr übliche Bezeichnung eines Halbzeugs mit quadratischem oder rechteckigem Querschnitt und bestimmten Abmessungen) ‖ ~\* (Met) / Barren m ‖ ~\* (Plastics) / Puppe f (an einem Mischwalzwerk aufgerolltes Walzfell aus Gummi oder thermoelastischem Kunststoff, das anschließend auf dem Kalander weiterverarbeitet werden soll) ‖ ~ **cornering and tapering mill** (Met) / Blockkalibrierwalzwerk n ‖ ~ **frame saw** (For) / Knüppelgattersägemaschine f, Kurzholzgattersägemaschine f ‖ ~ **furnace** (Met) / Blockerwärmungsofen m, Blockanwärmofen m ‖ ~ **handling** (Met) / Knüppel-Handling n
**billeting** n (Met) / Vorwalzen n, Vorblocken n
**billet mill**\* (Met) / Knüppelwalzwerk n, Walzstraße f zum Warmwalzen von Blöcken zu quadratischem oder rechteckigem Halbzeug ‖ ~ **rolls**\* (Met) / Knüppelwalzwerk n, Walzstraße f zum Warmwalzen von Blöcken zu quadratischem oder rechteckigem Halbzeug ‖ ~ **saw** (For) / Schnittersäge f, Scheitsäge f (eine Gestellsäge für Brennholz), Scheitersäge f ‖ ~ **sawing** (For) / Paketsägen n (in einer gemeinsamen Einspannung) ‖ ~ **shears** (Met) / Knüppelschere f
**Billet split lens**\* (Optics) / Billet'sche Halblinsen (eine Anordnung zum Erzeugen von Interferenzen)
**billet surface** (Met) / Blockoberfläche f
**billhead paper** (Paper) / Geschäftspapier n (für alphanumerische Eintragungen)
**billhook** n (Paper) / Veredelungsmesser n (für den Gärtner) ‖ ~ (For) / Hippe f, Kappmesser n
**billiard cloth**\* (Textiles) / Billardtuch n
**billibit** n (Comp) / Kilo-Megabit n ($10^9$ Bits)
**billing** (Telecomm, Teleph) s. also charging ‖ ~ n (Telecomm, Teleph) / Gebührenrechnungsaufstellung f, Billing n (Rechnungsberechnung und Rechnungsversendung)
**billing-machine paper** (Paper) / Papier n für Fakturiermaschinen
**billing on the clock** / Abrechnung f (der Arbeitskosten) nach Zeitaufwand ‖ ~ **time** (Teleph) / gebührenpflichtige Verbindungsdauer
**billion**\* n (in European countries, including UK) / Milliarde f
**bill of fount** (Typog) / Gießzettel m (Verzeichnis der Schriftgießereien, das die Stückzahlen oder das Verhältnis aller Drucktypen einer Schrift zueinander angibt) ‖ ~ **of lading** (Ships) / Konnossement n (im Seefrachtgeschäft) ‖ ~ **of materials** / Materialliste f, Werkstoffliste f ‖ ~ **of materials** (Eng) / Stückliste f (eine Fertigungsunterlage, die die Art und die Menge der eindeutig bezeichneten Teile ausweist - DIN 199, T 2 und 3, DIN 6771) ‖ ~ **of materials** (US) (For, Join) / Holzliste f, Holzauszug m, Schnittliste f
**bill-of-material set** (Work Study) / Stücklistensatz m (DIN 6789)
**bill of quantities** (GB)\* (Build, Civ Eng) / Bauleistungsverzeichnis n (mit Angabe der erforderlichen Materialien, Arbeitskräfte usw.), Leistungsverzeichnis n ‖ ~ **of type** (Typog) / Gießzettel m (Verzeichnis der Schriftgießereien, das die Stückzahlen oder das Verhältnis aller Drucktypen einer Schrift zueinander angibt)
**billow cloud** (Meteor) / wellenförmige Wolke, wogenförmige Wolke, Undulatus m, un
**billy** n (Spinning) / Vorspinnmaschine f, Vorflyer m
**billy-goatskin** n (Leather) / Bocksfell n
**billy skin** (Leather) / Bocksfell n
**bimetal** n / Bimetall n ‖ ~-**fuse**\* n (Elec Eng) / Bimetallsicherung f

**bimetallic** *adj* / Bimetall-, bimetallisch *adj* ∥ ~ **corrosion** (Surf) / Berührungskorrosion *f*, Kontaktkorrosion *f* (Berührung mit elektronenleitendem Festkörper), galvanische Korrosion (DIN 50900, T 1) ∥ ~ **measuring system** (Elec Eng) / Bimetallmesswerk *n* ∥ ~ **strip**\* (Elec Eng, Eng) / Bimetallstreifen *m* ∥ ~ **strip gauge** (Vac Tech) / Wärmeleitungsvakuummeter *n* (bei dem der Messdraht aus Bimetall besteht), Bimetallwärmeleitungsvakuummeter *n* ∥ ~ **thermometer** / Bimetallthermometer *n* (Ausdehnungsthermometer, bei dem die temperaturabhängige Verbiegung eines Bimetallstreifens als Messeffekt benutzt wird)
**bimineralic** *adj* (Geol) / aus zwei Mineralien bestehend
**bimirror**\* *n* (Light) / Doppelspiegel *m*, Winkelspiegel *m*
**bimodal** *adj* (frequency distribution) (Maths, Stats) / bimodal *adj* (Verteilung)
**bimolecular layer** (Phys) / bimolekulare Schicht ∥ ~ **reaction** (Chem) / dimolekulare Reaktion, bimolekulare Reaktion
**bimorph**\* *n* (Elec Eng) / Quarzzelle *f* (meistens aus zwei Rochellesalz-Kristallen)
**BIMOS technology** (Electronics) / BIMOS-Technik *f*
**bimotor** *adj* (Eng) / zweimotorig *adj*, Zweimotoren-
**bimotored** *adj* (Eng) / zweimotorig *adj*, Zweimotoren-
**bin** *n* / [großer] Behälter *m*, Kasten *m* ∥ ~ (Civ Eng) / Vorratsbunker *m*, Bunker *m* (Vorratsraum), Silo *m n* ∥ ~ (Mining) / Bunker *m* ∥ ~ (Ships) / Bin *n* (z.B. in den Kühlladeräumen, durch Querschotten abgeteilter Raum eines Zwischendecks, in dem loses Getreide gefahren werden kann)
**binary**\* *n* (Astron) / Doppelstern *m* [physischer] ∥ ~\* *adj* (Maths) / zweistellig *adj*, binär *adj* (Prädikat) ∥ ~ (Maths) / zweiwertig *adj* (Variable, Funktion, Logik, Relation) ∥ ~ **acid** (Chem) / Wasserstoffsäure *f* (außer Wasserstoff nur ein Element oder ein einfaches Radikal enthaltende Säure, z.B. HBr oder HCN) ∥ ~ **alloy** (Met) / Zweistofflegierung *f*, Zweikomponentenlegierung *f*, binäre Legierung ∥ ~ **arithmetic**\* (Maths) / Binärarithmetik *f*, Dyadik *f* (auf dem Zweiersystem aufgebaute Arithmetik, binäre Arithmetik ∥ ~ **azeotrope** (Chem) / binäres Azeotrop (azeotrope Mischung aus zwei Komponenten) ∥ ~ **Boolean operation** (Comp) / dyadische Boole'sche Verknüpfung ∥ ~ **capacitor** (Electronics) / Bicap *m* (ein in MOS-Technik hergestellter Kondensator) ∥ ~ **cell** (Comp) / binäre Speicherzelle, Binärzelle *f* ∥ ~ **channel** (Comp) / Binärkanal *m* (DIN 44 301) ∥ ~ **character** (Comp, Maths) / Binärzeichen *n* (Zeichen aus einem Vorrat von zwei Zeichen) ∥ ~ **chopping** (Maths) / Regula Falsi *f* (Sekantennäherungsverfahren), Sekantenverfahren *n* (zur näherungsweisen Bestimmung einer Nullstelle einer stetigen Funktion) ∥ ~ **code**\* (Comp) / Binärcode *m*, Binärkode *m* (bei dem jedes Zeichen ein Wort aus Binärzeichen ist - DIN 44300), Dualkode *m*
**binary-coded arithmetic** (Comp) / BCD-Arithmetik *f* ∥ ~ **decimal**\* (Comp) / binär kodierte Dezimalziffer ∥ ~ **decimal code** (Comp) / BCD-Code *m*, BCD-C, BCD-Kode *m*, Binär-Dezimal-Kode *m* (zur binären Verschlüsselung von Dezimalziffern) ∥ ~ **decimal notation** (Comp) / BCD-Darstellung *f* ∥ ~ **decimal representation** (Comp) / BCD-Darstellung *f*
**binary collision** (Phys) / Zweierstoß *m* (wenn zwei Körper zusammenstoßen) ∥ ~ **colour** / Mischfarbe *f* (aus zwei Primärfarben) ∥ ~ **colour** s. also secondary colours ∥ ~ **column** (Chem) / binäre Kolonne, Kolonne *f* für Zweistoffgemisch
**binary-compatible** *adj* (of software, running on different platforms without recompilation) (Comp) / binärkompatibel *adj*
**binary compound** (Chem) / binäre Verbindung (z.B. Zinkiodid), Zweikomponentenverbindung *f* ∥ ~ **counter**\* / Binärzähler *m*, Dualzähler *m* ∥ ~ **diagram** (Met) / Zustandsdiagramm *n* eines binären Systems, binäres Zustandsdiagramm, Phasendiagramm *n* eines Zweistoffsystems ∥ ~ **digit**\* (Comp) / Bit *n* (kleinste Einheit zur Darstellung binär verschlüsselter Daten - DIN 44 300) ∥ ~ **encoder** (Comp) / dualkodierter Messwertgeber ∥ ~ **erasure channel** (Comp) / binärer Kanal mit Auslöschung ∥ ~ **file** (Comp) / Binärdatei *f* (keine Textdatei) ∥ ~ **fission** (Nuc) / binäre Spaltung ∥ ~ **gas** (Mil) / Binärgas *n* (ein chemischer Kampfstoff) ∥ ~ **hydride** (Chem) / binäres Hydrid ∥ ~ **interchange file format** (Comp) / BIFF-Dateiformat *n* ∥ ~ **Large Object** (ein großes Objekt (eine große Datenmenge), das (die) in einer Datenbank gespeichert werden sollen) (Comp) / Binary Large Object *n*, BLOB *n* (Binary Large Object) ∥ ~ **loader** (Comp) / Binärlader *m* ∥ ~ **logarithm** (Maths) / binärer Logarithmus (DIN 5493, T 1), Logarithmus *m* zur Basis 2, dualer Logarithmus, Zweierlogarithmus *m* ∥ ~ **logic** / zweiwertige Logik, binäre Logik ∥ ~ **notation**\* (Comp, Maths) / binäre Darstellung, Binärdarstellung *f* ∥ ~ **number** (Maths) / binäre Zahl, Binärzahl *f* ∥ ~ **numeral** (Comp) / Bit *n* (kleinste Einheit zur Darstellung binär verschlüsselter Daten - DIN 44 300) ∥ ~ **numeration system** (Comp, Maths) / Binärsystem *n* ∥ ~ **operation** (Comp) / Binäroperation *f* (eine Funktion mit zwei Eingangs- und einer Ausgangsvariablen) ∥ ~ **operation** (Maths) / binäre algebraische Operation ∥ ~ **oxide** (which contains only one other element) (Chem) / Oxid *n* ∥ ~ **point**\* (Comp) / Dualpunkt *m* ∥ ~ **point**\* (Comp) / binäres Komma, Binärkomma *n* ∥ ~ **reducing stage** (Elec Eng) / Binärstufe *f* (ein Zählspeicher) ∥ ~ **relation** (Maths) / zweistellige Relation, binäre Relation ∥ ~ **representation** (Comp, Maths) / binäre Darstellung, Binärdarstellung *f* ∥ ~ **scaler** / Binärzähler *m*, Dualzähler *m* ∥ ~ **search** (Comp) / dichotomische Suche, Halbierungssuchverfahren *n* ∥ ~ **sequence** (Comp) / Binärfolge *f* ∥ ~ **signal** (Telecomm) / Binärsignal *n* (dessen Parameter eine Nachricht oder Daten darstellt, die nur aus Binärzeichen besteht oder bestehen), binäres Signal ∥ ~ **solution** (Chem) / Zweistofflösung *f*, binäre Lösung ∥ ~ **star**\* (Astron) / Doppelstern *m* [physischer] ∥ ~ **subsystem** (Met) / Randsystem *n* (enthält zwei Komponenten eines Dreistoffsystems) ∥ ~ **symmetric channel** (Comp, Telecomm) / symmetrischer Binärkanal ∥ ~ **synchronous communication** (Comp) / Datenübertragung *f* über eine Fernleitung, in der die Synchronisation der Zeichen durch eine zeitliche Abfolge von Signalen gesteuert wird, die von der sendenden und empfangenden Station generiert werden, BSC-Übertragung *f* ∥ ~ **system** (Comp, Maths) / Binärsystem *n* ∥ ~ **system**\* (Met, Phys) / Zweistoffsystem *n*, Zweikomponentensystem *n*, binäres System
**binary-to-decimal conversion** (Comp) / Binär-Dezimal-Umwandlung *f* ∥ ~ **converter** (Comp) / Binär-Dezimal-Umwandler *m*
**binary tree**\* (Comp) / binärer Baum (ein geordneter Baum einer Ordnung < 2), Binärbaum *m* (bei dem maximal zwei Nachfolger erlaubt sind) ∥ ~ **vapour-engine**\* (Eng) / Mischdampfturbine *f* ∥ ~ **weight** (Comp, Maths) / Binärgewicht
**binaural**\* *adj* (Acous) / binaural *adj*, beidohrig *adj*, zweiohrig *adj*
**bind** *v* (Bind) / einbinden *v*, binden *v* ∥ ~ (Build, Civ Eng) / flechten *v* ∥ ~ (For) / klemmen *v* (Säge in der Schnittfuge) ∥ ~ (Leather, Textiles) / einfassen *v* ∥ ~ (Nut) / binden *v* (Wurstmasse) ∥ ~ (Nut) / verdicken *v*, andicken *v*, ansämen *v* ∥ ~ *vi* (Eng) / festgehen *v* ∥ ~ (Eng) / fressen *v* (bei sich berührenden Körpern) ∥ ~ *vt* / binden *vt*
**binder** *n* / Ordner *m* (Mappe) ∥ ~ (Agric) / Binder *m* ∥ ~ (Bind) / Buchbinder *m* ∥ ~\* (Build, Chem, Foundry, Paint) / Bindemittel *n* (DIN 55950), Binder *m* ∥ ~\* (Build, Paint) / Binderfarbe *f* (eine aus Binder und Pigmenten hergestellte Dispersionsanstrichfarbe) ∥ ~ (Carp) / Bundtram *m*, Bundbalken *m*, Binderbalken *m*, Binder *m* (Bundbalken) ∥ ~ (Civ Eng) / Bügel *m* (im Stahlbetonbau), Bewehrungsbügel *m* ∥ ~ (Mining) / Leitplanke *f* ∥ ~ (Textiles) / Einfassvorrichtung *f*, Einfassapparat *m*, Einfasser *m* (Einfassvorrichtung) (der Nähmaschine) ∥ ~\* (Build, Paint) s. also emulsion paint
**binder-free** *adj* (Foundry) / binderfrei *adj* (Formsand)
**binder leather** (Leather, Weaving) / Webstuhlbremsleder *n* (im Schützenkasten des Webstuhls) ∥ ~'s **board** (Paper) / Buchbinderpappe *f* ∥ ~'s **cloth** (Bind, Textiles) / Einbandgewebe *n*, Buchbinderleinen *n* ∥ ~ **tape** (Cables) / Haltewendel *f*, Innenwendel *f* ∥ ~ **warp** (Weaving) / Bindekette *f*
**bindery** *n* (Bind) / Buchbinderei *f* (Werkstatt) ∥ ~ *n* (a NetWare 3.x database holding data about various network elements) (Comp) / Bindery *f*
**binding** *n* / Binden *n*, Bindung *f* ∥ ~ / Umschnüren *n* (mit Draht oder Schnur) ∥ ~ (Bind) / Bucheinband *m*, Einband *m* (Deckel und der Rücken eines Buches) ∥ ~ (Bind) / Einbinden *n*, Binden *n*, Buchbinderei *f* ∥ ~ (Comp) / Binding *n* (Prozess, der einen Kommunikationskanal zwischen einem Protokolltreiber und dem Treiber einer Netzkarte herstellt) ∥ ~ (For) / Klemmen *n* (der Säge in der Schnittfuge) ∥ ~ (Leather, Textiles) / Einfassen *n* ∥ ~ (Nut) / Bindung *f* (der Wurstmasse) ∥ ~ **agent** (Build, Chem, Foundry, Paint) / Bindemittel *n* (DIN 55950), Binder *m* ∥ ~ **beam**\* (Carp) / Bundtram *m*, Bundbalken *m*, Binderbalken *m*, Binder *m* (Bundbalken) ∥ ~ **clay** (Ceramics, Foundry) / Bindeton *m* (anorganisches Bindemittel) ∥ ~ **edge** (Bind, Print) / Falzkante *f*, Faltkante *f*
**binding-electron pair** (Chem) / Bindungselektronenpaar *n*, bindendes Elektronenpaar
**binding energy**\* (Electronics, Phys) / Bindungsenergie *f*
**binding-energy per particle curve** (Nuc) / Bepp-Kurve *f* (Verlauf der Kernbindungsenergie pro Nukleon)
**binding fold** (Bind, Print) / Falzkante *f*, Faltkante *f* ∥ ~ **head** (Eng) / Linsenkopf *m* mit Hemmung (einer Schraube) ∥ ~ **joist**\* (Carp) / Bundtram *m*, Bundbalken *m*, Binderbalken *m*, Binder *m* (Bundbalken) ∥ ~ **material** (Bind) / Werkstoff *m*
**binding-off machine** (Textiles) / Kettelmaschine *f*
**binding of reed** (Weaving) / Blattbund *n* ∥ ~ **pliers** (Build, Civ Eng) / Flechterzange *f*, Armierzange *f* ∥ ~ **process** (Ecol) / Einbindeverfahren *n* (zur Altlastsanierung) ∥ ~ **protein** (Biochem) / Bindeprotein *n*, BiP ∥ ~ **screw** (Elec Eng) / Anschlussschraube *f* ∥ ~ **screw** (Eng) / Verblockungsschraube *f*, Klemmschraube *f* ∥ ~ **site** (Chem) / Bindungsort *m*, Bindungsstelle *f*
**binding-up** *n* (Bind) / Bindequote *f*
**binding warp** (Weaving) / Bindekette *f* ∥ ~ **wire**\* (Elec Eng, Electronics) / Bindedraht *m*

**bind in paper cover** (Bind) / kartonieren v
**binds** pl (Eng) / Schwergängigkeit f
**Binge-Sponer extrapolation** / Binge-Sponer-Extrapolation f (lineare Extrapolation nach dem Binge-Sponer-Diagramm)
**Bingham body** (Phys) / Bingham-Körper m, Bingham-Modell n (DIN 1342-1), Bingham'sches Medium (eine rheologische Modellvorstellung nach E.C. Bingham, 1878 - 1945) ‖ ≃ **fluid** (Phys) / Bingham-Flüssigkeit f ‖ ≃ **number** (Chem Eng, Eng) / Bingham-Zahl f (zur Auslegung von Knetern und deren Leistungsbedarf) ‖ ≃ **plastic** (Phys) / Bingham-Körper m, Bingham-Modell n (DIN 1342-1), Bingham'sches Medium (eine rheologische Modellvorstellung nach E.C. Bingham, 1878 - 1945) ‖ ≃ **solid*** (Phys) / Bingham-Körper m, Bingham-Modell n (DIN 1342-1), Bingham'sches Medium (eine rheologische Modellvorstellung nach E.C. Bingham, 1878 - 1945)
**bingo** n (Mil) / Treibstoffmenge f (die es erlaubt, sicher zum Heimatflugplatz zurückzukehren) ‖ ~ **fuel** (Mil) / Treibstoffmenge f (die es erlaubt, sicher zum Heimatflugplatz zurückzukehren)
**bing ore** (Met) / hochwertiges Bleierz (mit großen Bleiglanzkristallen)
**Binistor** n (Electronics) / Binistor m (transistorähnliche pnpn-Flächentetrode)
**binman** n (GB) (Ecol) / Müllarbeiter m, Müllwerker m, Müllmann m (pl. Müllmänner) ‖ ~ (Mining) / Bunkerwärter m
**binnacle** n (Ships) / Kompasshaus n, Gehäuse n (des Kompasses)
**binocular** adj (Optics) / binokular adj, zweiäugig adj, beidäugig adj ‖ ~ **body** (Micros) / binokularer Tubus, Binokulartubus m ‖ ~ **camera*** (Photog) / Stereokamera f (eine Tubuskamera mit zwei Objektiven und doppelter Bildbühne, mit zwei Zentralverschlüssen oder mit Doppelschlitzverschluss) ‖ ~ **field glasses** (Optics) / Fernglas n (binokulares), Feldstecher m (Doppelfernrohr) ‖ ~ **microscope** (Micros) / Binokularmikroskop n, Doppelmikroskop n
**binoculars*** pl (Optics) / Fernglas n (binokulares), Feldstecher m (Doppelfernrohr)
**binocular tube** (Micros) / binokularer Tubus, Binokulartubus m ‖ ~ **vision** (Optics, Physiol) / stereoskopisches Sehen, räumliches Sehen, plastisches Sehen, binokulares Sehen
**binodal curve** (Maths, Met, Phys) / binodale Kurve, Binodalkurve f (Trennungslinie zwischen den Bereichen stabiler Zustände und labiler sowie metastabiler Zustände), Doppelknotenkurve f, Binodale f
**binode** n (Electronics) / Doppeldiode f (zwei in einem gemeinsamen Gehäuse untergebrachte Seleneinzeldioden mit sehr hohem Sperrwiderstand), Duodiode f
**binomen** n (pl. -nomina) (Biol) / Doppelname m (Genus + Spezies; in der binominalen Nomenklatur), Binomen n (pl. -nomina)
**binomial*** n (Maths) / Binom n (Polynom vom Grade 2) ‖ ~ adj (Maths) / zweigliedrig adj, Binomial-, binomisch adj ‖ ~ **array** (Maths) / Pascal'sches Dreieck (das aus den Binomialkoeffizienten gebildet wird) ‖ ~ **coefficient*** (Maths) / Binomialkoeffizient m ‖ ~ **distribution*** (Stats) / Binomialverteilung f, Newton'sche Verteilung, Bernoulli'sche Verteilung ‖ ~ **expansion** (Maths) / Binomialentwicklung f ‖ ~ **formulae** (Maths) / binomische Formeln (für alle Zahlen a,b) ‖ ~ **name** (Biol) / Doppelname m (Genus + Spezies; in der binominalen Nomenklatur), Binomen n (pl. -nomina) ‖ ~ **nomenclature*** (Biol) / binäre Nomenklatur, binominale Nomenklatur ‖ ~ **paper** (Paper) / Binomialpapier n (ein orthogonales Funktionspapier) ‖ ~ **series** (Maths) / binomische Reihe, Binomialreihe f ‖ ~ **system** (of scientific nomenclature by genus and species) (Biol) / binäre Nomenklatur, binominale Nomenklatur ‖ ~ **theorem*** (Maths) / binomischer Satz, binomischer Lehrsatz, Binomialsatz m
**binominal nomenclature*** (Biol) / binäre Nomenklatur, binominale Nomenklatur
**binormal** n (Crystal) / Binormale f (eine der beiden optischen Achsen in zweiachsigen Kristallen) ‖ ~* (Maths) / Binormale f (Normale, die in der rektifizierenden Ebene liegt) ‖ ~ **vector** (Phys) / Binormalvektor m
**bin picking** / Griff m in die Kiste (bei Industrierobotern)
**bin-picking robot** (Eng) / Bin-Picking-Roboter m, Roboter m mit Behälterauswahl
**bioaccumulation** n (Ecol) / biologische Anreicherung, Bioakkumulierung f, Bioakkumulation f, Biosorption f
**bioaccumulative chemicals** (of concern) (Chem) / bioakkumulierende Chemikalien (die Anlass zur Besorgnis geben), BCC
**bioacoustics** n (Biol) / Bioakustik f (Teilgebiet der Biophysik)
**bioactivation** n (Biol) / Bioaktivierung f, biologische Aktivierung, metabolische Aktivierung (biologische Umwandlung von Stoffen zu Substanzen höherer Aktivität)
**bioactive** adj (Biol) / bioaktiv adj, biologisch aktiv ‖ ~ **glass** (Glass) / bioaktives Glas ‖ ~ **scrubber** (San Eng) / Biowäscher m
**bio-aeration*** n (San Eng) / Schlammbelebung f

**bio-aerator** n (Ecol, San Eng) / Belebtschlammbecken n, Belebungsbecken n (im Belebtschlammverfahren - DIN 4045), Lüftungsbecken n, Belüftungsbecken n
**bioalcohol** n (Biochem) / Bioalkohol m (durch Gärung aus Biomasse gewonnener Ethylalkohol)
**bioassay** n (Biochem) / biochemische Analyse ‖ ~ (Ecol) / Bioassay m n (auf der Anwendung biochemischer Reaktionsprinzipien beruhendes empfindliches Analysenverfahren)
**bioastronautic** adj (Biol, Space) / bioastronautisch adj
**bioastronautics** n (the study of biological, behavioural, and medical problems pertaining to astronautics) (Biol, Space) / Bioastronautik f (Wissensgebiet, das verschiedene biomedizinische Fächer umfasst, die sich mit Erforschung, Erschließung und Ausnutzung des Weltraumes befassen)
**bioastronomy** n (Astron, Biol) / Bioastronomie f
**bioavailability** n (the proportion of a drug or other substance which enters the circulation when introduced into the body and is so able to have an active effect) (Agric, Pharm, Physiol) / Bioverfügbarkeit f (z.B. der Wirkstoffe einer Arznei), biologische Verfügbarkeit (bei der Synthetisierung von Arznei- und Pflanzenschutzmitteln)
**biobin** n (Ecol) / Biotonne f, Biobehälter m
**biocalorimetry** n (Phys) / Biokalorimetrie f
**biocatalysis** n (Biochem) / Biokatalyse f
**biocatalyst** n (Biochem) / Biokatalysator m (Wirkstoff, Ergin, Ergon)
**biocatalytic** adj (Biochem) / biokatalytisch adj
**biocenosis** n (pl. biocenoses) (US) (Biol) / Biozönose f (Lebensgemeinschaft von Organismen)
**bioceramic** adj (Ceramics) / biokeramisch adj (Stoff, der eine hervorragende Verträglichkeit mit biologischem Gewebe besitzt)
**bioceramics** n (ceramic materials that are specially developed for use as medical and dental implants) (Ceramics) / Biokeramik f (inerte, resorbierbare)
**biochemical** n (Biochem) / Biochemikalie f (Substanz, die als Substrat, Metabolit oder Katalysator im Organimus eine Rolle spielt) ‖ ~ adj (Biochem) / biochemisch adj ‖ ~ **analysis** (Biochem) / biochemische Analyse ‖ ~ (fuel) **cell** (Fuels) / biochemisches Element, Bioelement n (ein elektrochemisches Element), Biozelle f ‖ ~ **evolution** (Biochem) / biochemische Evolution ‖ ~ **oxygen demand** (Biochem) / biochemischer Sauerstoffbedarf, BSB ‖ ~ **sensor** (Biochem) / biochemischer Sensor
**biochemistry*** n (Biochem) / Biochemie f
**biochip** n (Comp, Electronics, Med) / Biochip m (mit biologischen Molekülen als Monolayer), organischer Chip
**biochore** n (Ecol) / Biochor f (Großlebensräume der Erde, die in Hinblick auf Klima und Vegetation weitgehend gleichartig sind)
**biochronology** n (Geol) / Biochronologie f (anhand von paläontologischen Daten)
**biocidal** adj (Agric, Ecol) / biozid adj, pestizid adj, schädlingsbekämpfend adj
**biocide** n (a poisonous substance, especially a pesticide) (Agric, Ecol) / Biozid n (Chemikalie, die zur Bekämpfung schädlicher Pflanzen und Lebewesen eingesetzt wird), Pestizid n ‖ ~ **residue** (Agric, Ecol) / Pestizidrückstand m, Biozidrückstand m
**biocircuit** n (an integrated circuit incorporating biological molecules or structures) (Elec Eng) / Bioschaltkreis m
**bioclast** n (a fragment of a shell or fossil forming part of a sedimentary rock) (Geol) / Bioklast m (zerbrochene oder isolierte Organismenreste)
**bioclastic** adj (Geol) / bioklastisch adj
**bioclimatics** n (Agric, Biol) / Bioklimatik f (ein Anwendungsgebiet der Bioklimatologie)
**bioclimatology*** n (Biol) / Bioklimatologie f
**biocoenosis*** n (pl. biocoenoses) (Biol) / Biozönose f (Lebensgemeinschaft von Organismen)
**biocompatibility** n (Biol) / Bioverträglichkeit f ‖ ~ (Med) / Körperverträglichkeit f, Biokompatibilität f (des chirurgischen Implantats)
**biocomputer** n (Comp) / Biocomputer m (aus Biochips)
**bioconcentration** n (Ecol) / Biokonzentration f (ein Teilbereich der Bioakkumulation) ‖ ~ **factor** (Ecol) / Biokonzentrationsfaktor m (Quotient aus der Konzentration bzw. dem Massenanteil eines angereicherten Stoffes im Organismus oder einem seiner Teile und der Konzentration bzw. dem Massenanteil in der Umgebung), Bioakkumulationsfaktor m
**biocontrol** n (Agric) / biologische Schädlingsbekämpfung
**bioconversion** n (Biochem, Ecol) / Biotransformation f (Stoffumwandlung mittels eines Biokatalysators), Biokonversion f (ein Verfahren, mit dem die Biomasse durch mikrobielle Einwirkung in andere Produkte, bes. Energieträger, umgewandelt wird)
**biocybernetics** n (Biol) / Biokybernetik f (Anwendung der Kybernetik auf biologische Regelvorgänge)

**biocytin** *n* (Biochem) / Biozytin *n* (an Lysinreste der Carboxylasen gebundenes Biotin), Biocytin *n*
**biodata bank** (Biol, Comp) / Biodatenbank *f* ‖ ~ **base** (Biol, Comp) / Biodatenbank *f*
**biodegradable** *adj* (capable of being decomposed by bacteria or other living organism and thereby avoiding pollution) (Chem, Ecol) / bioabbaubar *adj*, biologisch abbaubar (Waschmittel) ‖ ~ **foam** (Chem) / biologisch abbaubarer Schaum
**biodegradation*** *n* (Chem, Ecol) / biologischer Abbau (DIN ISO 11074-1)
**biodegrade** *v* (Chem, Ecol) / biologisch abbauen
**biodeterioration** *n* / Biodeterioration *f* (mikrobielle Materialzerstörung)
**bio-diesel** *n* (biodegradable fuel made primarily from the oils of plants, such as rapeseed, soybeans and sunflower) (Fuels) / Biodiesel *m*
**biodisc** *n* (Ecol) / Scheibentauchkörper *m*
**biodisk** *n* (Ecol) / Scheibentauchkörper *m*
**biodiversity** *n* (the variety of plant and animal life in the world or in a particular habitat, a high level of which is usually considered to be important and desirable) (Biol, Ecol) / Artendiversität *f* (Artenmannigfaltigkeit eines Lebensraumes im Verhältnis zu den Individuenzahlen, Diversität *f* (von Arten), Artenvielfalt *f*, Artenreichtum *m*, Biodiversität *f* (Vielfalt der Arten in einem bestimmten Ökosystem)
**biodynamic** *adj* (Agric, Biol, Ecol) / biologisch-dynamisch *adj*, biodynamisch *adj*
**biodynamics** *n* (Biol) / Biodynamik *f* (Lehre von den Einflüssen physikalischer Faktoren auf lebende Organismen)
**bioear** *n* (Med) / elektronisches Ohr
**bioelectric** *adj* (Biol) / bioelektrisch *adj*
**bioelectrical** *adj* (Biol) / bioelektrisch *adj*
**bioelectricity*** *n* (Biol) / Bioelektrizität *f* (in Zellen, Geweben und Organismen)
**bioelectrochemical** *adj* (Chem) / bioelektrochemisch *adj*
**bioelectrochemistry** *n* (Chem) / Bioelektrochemie *f* (ein Teilgebiet der Elektrochemie, das sich mit den elektrochemischen Aspekten biologischer Systeme beschäftigt)
**bioelectronic computer** (Comp) / bioelektronischer Rechner
**bioelectronics** *n* (Biol, Electronics) / Bioelektronik *f* (Wissenschaftszweig, der eine Verbindung von Biologie bzw. Biochemie mit moderner Mikroelektronik darstellt)
**bioenergetics** *n* (Phys) / Bioenergetik *f* (ein Teilgebiet der Biophysik)
**bioenergy** *n* (Phys) / Bioenergie *f* (die in der Biomasse gespeichert ist)
**bioengineering*** *n* (Biochem, Chem Eng) / Bioverfahrenstechnik *f*, Bioengineering *n*, Bioprozesstechnik *f*
**bioerosion** *n* (Ecol, Geol) / Bioerosion *f* (durch die Organismen)
**biofacies** *n* / Biofazies *f*
**biofilm** *n* (San Eng) / Biofilm *m* (an Grenzflächen von Festkörpern oder Flüssigkeiten) ‖ ~ **reactor** (San Eng) / Biofilmreaktor *m*
**biofilter** *n* (Ecol, San Eng) / Biofilter *n* (ein Raumfilter zur Geruchsbeseitigung von Abluft)
**biofiltration** *n* (San Eng) / Biofiltration *f* (mit einem Aufstrom- oder Abstromfilter)
**bioflavonoid** *n* (Chem, Pharm) / Bioflavonoid *n* (z.B. Rutin oder Hesperidin)
**biofouling** *n* (Biol) / Biobewuchs *m*
**biofuel** *n* (Fuels) / Biomassebrennstoff *m*, Biokraftstoff *m* (aus nachwachsenden Rohstoffen), Biobrennstoff *m* ‖ ~ **cell** (Fuels) / Biobrennstoffzelle *f*
**biogas*** *n* (San Eng) / Biogas *n* (beim anaeroben Abbau von Biomasse nach DIN 4045), Faulgas *n*
**biogenesis*** *n* (pl. -neses) (Biol) / Biogenese *f*, Biogenie *f*
**biogenic** *adj* (Biol) / biogen *adj* (durch /Tätigkeit von / Lebewesen entstanden, aus abgestorbenen Lebewesen entstanden) ‖ ~ **aeration** (Bot) / biogene Belüftung (Sauerstoffeintrag durch Fotosynthese) ‖ ~ **amine** (Biol, Chem) / biogenes Amin ‖ ~ **deposit** (Geol) / organogenes Sediment, biogenes Sediment, Biolith *m* ‖ ~ **toxin** (Biochem) / biogenes Gift (z.B. Krötengift)
**biogenous** *adj* (Biol) / biogen *adj* (durch /Tätigkeit von / Lebewesen entstanden, aus abgestorbenen Lebewesen entstanden) ‖ ~ **deposit** (Geol) / organogenes Sediment, biogenes Sediment, Biolith *m* ‖ ~ **sediment** (Geol) / organogenes Sediment, biogenes Sediment, Biolith *m*
**biogeochemical** *adj* (Chem) / biogeochemisch *adj*, geobiochemisch *adj* ‖ ~ **cycle** (Ecol) / biogeochemischer Zyklus ‖ ~ **exploration** (Mining) / biogeochemische Prospektion (mittels chemischer Analyse metallanzeigender Pflanzen und Mikroorganismen), Biogeoprospektion *f* ‖ ~ **prospecting** (Mining) / biogeochemische Prospektion (mittels chemischer Analyse metallanzeigender Pflanzen und Mikroorganismen), Biogeoprospektion *f*
**biogeochemistry** *n* (Chem) / Biogeochemie *f* (Grenzgebiet zwischen Biochemie und Geochemie), Geobiochemie *f*

**biogeographic** *adj* (Biol, Geog) / biogeografisch *adj*
**biogeographical** *adj* (Biol, Geog) / biogeografisch *adj*
**biogeography** *n* (Biol, Geog) / Biogeografie *f*
**bioglass** *n* (Glass, Med) / Bioglas *n* (als Knochen- oder Gewebeersatz)
**biohalogenation** *n* (Biol) / Biohalogenierung *f* (Bildung von halogenhaltigen Metaboliten in marinen Organismen)
**biohand** *n* (Eng) / Biohand *f* (eines IR)
**biohazard** *n* (Biol) / Biorisiko *n*, biologisches Risiko ‖ ~ (Med) / Biohazard *n*, Biogefährdung *f*
**bioherm*** *n* (an organic reef) (Ocean) / Bioherm *n* (Riff mit kräftigem Höhenwachstum)
**bioindicator** *n* (Ecol) / Bioindikator *m* (eine Art von Lebewesen, deren Vorkommen oder leicht erkennbares Verhalten sich mit bestimmten Umweltverhältnissen korrelieren lässt)
**bioinorganic chemistry** (Biochem) / bioanorganische Chemie (ein Teilgebiet der Biochemie)
**bioinsecticide** *n* (Agric, Chem) / Bioinsektizid *n* (pflanzlicher und mikrobieller Naturstoff, der sich in seiner Wirkung besonders gegen Insekten und deren Entwicklungsformen richtet)
**bioleaching** *n* (Min Proc) / biologische Laugung, bakterielle Laugung (von Erzen und mineralischen Rohstoffen), Bakterienlaugung *f*, bakterielle Erzlaugung, Bioleaching *n* (Verfahren zur Anreicherung von Metallen mit Hilfe von Mikroorganismen, z.B. auf ehemaligen Abraumhalden)
**biolith** *n* (Geol) / organogenes Sediment, biogenes Sediment, Biolith *m*
**biological** *adj* (Biol) / biologisch *adj* ‖ ~ **activation** (Biol) / Bioaktivierung *f*, biologische Aktivierung, metabolische Aktivierung (biologische Umwandlung von Stoffen zu Substanzen höherer Aktivität) ‖ ~ **assay** (Biochem) / biochemische Analyse ‖ ~ **catalyst** (Biochem) / Biokatalysator *m* (Wirkstoff, Ergin, Ergon) ‖ ~ **chemistry** (Biochem) / Biochemie *f* ‖ ~ **clock*** (Biol) / physiologische Uhr (endogener Tagesrhythmus), innere Uhr ‖ ~ **containment*** (Biol) / biologisches Containment (Schutz durch biologische Schranken) ‖ ~ **control** (Agric) / biologische Schädlingsbekämpfung ‖ ~ **cybernetics** (Biol) / Biokybernetik *f* (Anwendung der Kybernetik auf biologische Regelvorgänge) ‖ ~ **decalcification** (Geol, Hyd Eng) / biogene Entkalkung (Ausfällung von Calciumcarbonat im Gewässer durch Pflanzen, die dem Wasser $CO_2$ oder $HCO_3$ bei der Fotosynthese entziehen) ‖ ~ **degradation** (Chem, Ecol) / biologischer Abbau (DIN ISO 11074-1) ‖ ~ **deposit** (Geol) / organogenes Sediment, biogenes Sediment, Biolith *m* ‖ ~ **disc** (Ecol) / Scheibentauchkörper *m* ‖ ~ **disk** (Ecol) / Scheibentauchkörper *m* ‖ ~ **electronics** (Biol, Electronics) / Bionik *f* ‖ ~ **engineering** (Biochem, Chem Eng) / Bioverfahrenstechnik *f*, Bioengineering *n*, Bioprozesstechnik *f* ‖ ~ **engineering polymers*** (Chem) / Biopolymere *n pl* (in biotechnologischen Prozessen erzeugte Polymere, die gleiche oder ähnliche Bausteine enthalten wie die natürlichen Makromoleküle) ‖ ~ **film** (San Eng) / Biofilm *m* (an Grenzflächen von Festkörpern oder Flüssigkeiten) ‖ ~ **filter** (Ecol, San Eng) / Biofilter *n* (ein Raumfilter zur Geruchsbeseitigung von Abluft) ‖ ~ **filter** (Ecol, San Eng) s. also bacteria bed ‖ ~ **half-life*** (Biol, Nuc) / biologische Halbwertszeit ‖ ~ **half-time** (Biol, Nuc) / biologische Halbwertszeit ‖ ~ **hazard potential** (Nuc Eng) / biologisches Gefährdungspotential (z.B. eines Isotops) ‖ ~ **hole*** (Nuc Eng) / Hohlraum *m* für biologisches Material ‖ ~ **indicator** (Ecol) / Bioindikator *m* (eine Art von Lebewesen, deren Vorkommen oder leicht erkennbares Verhalten sich mit bestimmten Umweltverhältnissen korrelieren lässt) ‖ ~ **insecticide** (Agric, Chem) / Bioinsektizid *n* (pflanzlicher und mikrobieller Naturstoff, der sich in seiner Wirkung besonders gegen Insekten und deren Entwicklungsformen richtet) ‖ ~ **leaching** (Min Proc) / biologische Laugung, bakterielle Laugung (von Erzen und mineralischen Rohstoffen), Bakterienlaugung *f*, bakterielle Erzlaugung, Bioleaching *n* (Verfahren zur Anreicherung von Metallen mit Hilfe von Mikroorganismen, z.B. auf ehemaligen Abraumhalden) ‖ ~ **limit of occupational tolerability** (Chem) / biologischer Arbeitsplatztoleranzwert, BAT (biologischer Arbeitsplatztoleranzwert)
**biologically active** (Biol) / bioaktiv *adj*, biologisch aktiv
**biological marker** (Ecol, Med) / Biomarker *m* ‖ ~ **membrane** (Cyt) / Biomembran *f*, biologische Membran (zwischen innerem und äußerem Milieu der Zelle sowie zwischen Zellstrukturen) ‖ ~ **monitoring** (Ecol, Med) / Biological Monitoring *n* (Verfahren zur Beurteilung der Belastung des Menschen durch bestimmte Arbeits-/Schad-/Stoffe unter besonderer Berücksichtigung der Arbeitswelt und Umwelt) ‖ ~ **oxygen demand*** (Biochem, Chem) / biochemischer Sauerstoffbedarf, BSB ‖ ~ **pest control** (Agric) / biologische Schädlingsbekämpfung ‖ ~ **retting** (Textiles) / biologische Röste, natürliche Röste (Oberbegriff für Fluss-, Teich- und Rasenröste) ‖ ~ **shield*** (Biol, Nuc Eng) / biologischer Schild (ein Teil der Reaktorabschirmung) ‖ ~ **slime** (San Eng) / mikrobieller Rasen, biologischer Rasen (Bewuchs von Mikroorganismen auf einem Festbett, z.B. Füllstoffe von Tropfkörpern), mikrobielle Matte

**biological**

(Biofilm) ‖ ~ **standardization** (Biol, Pharm) / biologische Standardisierung (meistens in internationalen Einheiten) ‖ ~ **value** (Nut) / biologische Wertigkeit (ein Wertmaßstab für die ernährungsphysiologische Qualität von Eiweißkörpern) ‖ ~ **warfare**\* (Mil) / biologische Kriegführung (unter Einsatz biologischer Massenvernichtungsmittel)
**biology** n (Biol) / Biologie f (als übergeordneter Begriff), Biowissenschaften f pl ‖ ~ (Biol) / Biologie f (Wissenschaft und biologische Beschaffenheit) ‖ ~ **of drinking water** (Biol) / Trinkwasserbiologie f
**bioluminescence**\* n (Chem) / Biolumineszenz f (eine Art Chemilumineszenz)
**biolysis** n (pl. -lyses) (Biochem) / Biolyse f (chemische Zersetzung organischer Substanz durch lebende Organismen)
**biomagnification** n (Ecol) / Biomagnifikation f (ein Teilbereich der Bioakkumulation)
**biomanipulation** n (Ecol) / Biomanipulation f (gezielter Eingriff in die Nahrungskette eines Sees)
**biomarker** n (Ecol, Med) / Biomarker m
**biomass**\* n (Ecol) / Biomasse f ‖ ~ **combustion** (Ecol) / Biomasseverbrennung f ‖ ~ **electricity** (Elec Eng) / Strom m aus Biomasse, Biomassestrom m ‖ ~ **energy** (Ecol) / Biomasse-Energie f
**biomass-fired cogeneration** / Kraft-Wärme-Kopplung f mit Biomassefeuerung ‖ ~ **electricity generation** (Elec Eng) / Stromerzeugung f aus Biomasse
**biomass fuel** (Fuels) / Biomassebrennstoff m, Biokraftstoff m (aus nachwachsenden Rohstoffen), Biobrennstoff m ‖ ~ **fuel cell** (Fuels) / Biobrennstoffzelle f ‖ ~ **gasification** (Ecol) / Biomassevergasung f ‖ ~ **plantation** (Agric) / Energiepflanzenfarm f ‖ ~ **power** (Elec Eng) / Strom m aus Biomasse, Biomassestrom m ‖ ~ **power generation** (Elec Eng) / Stromerzeugung f aus Biomasse
**biomaterial** n (Med) / Biowerkstoff m, Biomaterial n (für implantierte Funktions- und/oder Gliedmaßensubstitutionen)
**biomathematics** n (Biol, Maths) / Biomathematik f (Anwendung der Mathematik auf biologische Fragestellungen)
**biome**\* n (Ecol) / Biom n (Organismengesellschaften einer Bioregion)
**biomechanical** adj / biomechanisch adj ‖ ~ **pulping** (Paper) / enzymatischer Holzaufschluss
**biomechanics** n (Biol) / Biomechanik f (Betrachtung des Baues von Organismen oder Organen unter technischen Aspekten)
**biomedical engineering** (Med) / biomedizinische Technik, BMT (biomedizinische Technik), Medizintechnik f
**biomembrane reactor** / Biomembranreaktor m (Kombination von Bioreaktor und Ultrafiltrations- bzw. Dialyseeinheit), Membranbioreaktor m
**biometeorology**\* n (Meteor) / Meteorbiologie f, Biometeorologie f
**biomethylation** n (Biochem) / Biomethylierung f (enzymatische Methylierung)
**biometric access control** (Comp, Mil) / Zugangskontrollsystem n mit Hilfe von biometrischen Daten (z.B. Fingerabdruck, Stimme usw.)
**biometrics** n (Stats) / Biostatistik f, Biometrie f (die Lehre von der Anwendung mathematischer, vor allem mathematisch-statistischer Verfahren bei der Vermessung der Sphäre des Lebendigen), Biometrik f
**biometry**\* n (Stats) / Biostatistik f, Biometrie f (die Lehre von der Anwendung mathematischer, vor allem mathematisch-statistischer Verfahren bei der Vermessung der Sphäre des Lebendigen), Biometrik f
**biomimetic** adj / biomimetisch adj (Katalysator, Verfahren, Werkstoff)
**biomineralization** n (Biol) / Biomineralisation f (Aufbau mineralischer Strukturen durch den lebenden Organismus)
**biomolecular engineering** (Biol) / molekularbiologische Technik
**biomolecule** n (Biochem) / Biomolekül n (das am Aufbau und Stoffwechsel lebender Organismen beteiligt ist)
**biomonitoring** n (Ecol, Med) / Biomonitoring n (kontinuierliche Beobachtung und Aufzeichnung biologisch relevanter Parameter)
**bionic** adj / bionisch adj (zur Bionik gehörend)
**bionics**\* n (Biol, Electronics) / Bionik f
**bionomic** adj (Biol) / bionom adj (den Lebensgesetzen gemäß) ‖ ~ (Ecol) / ökologisch adj
**bionomical** adj (Biol) / bionom adj (den Lebensgesetzen gemäß)
**bionomics** n (Ecol) / Ökologie f
**bioorganic chemistry** (Biochem) / bioorganische Chemie (ein Teilgebiet der Biochemie)
**bioorthogonal** adj (Phys) / bioorthogonal adj
**biopak** n (Space) / Biobehälter m, Biocontainer m (für lebende Organismen)
**biopharmaceutical** adj (Pharm) / biopharmazeutisch adj
**biopharmaceutics** n (Pharm) / Biopharmazie f
**biophotolysis** n (of water) (Biol) / Wasserfotolyse f
**biophysics**\* n (Phys) / Biophysik f
**biopiracy** n (Ecol) / Biopiraterie f (bei der Ausfuhr von seltenen Tieren)

**biopolymers** pl (Chem) / Biopolymere n pl (durch Polymerisation entstandene ketten- und ringförmige höher- und hochmolekulare Naturstoffe, wie Eiweißstoffe, Nukleinsäure usw.)
**biopreservation** n (Nut) / Biokonservierung f (Konservierung gegen mikrobiellen Verderb durch Zugabe von Mikroorganismen-Kulturen)
**bioprocessing** n (Chem Eng) / Biotechnologie f (technische Biochemie, die den Einsatz z.B. von Algen, Bakterien, Hefen usw. in großtechnischen Prozessen zur Stoffumwandlung erforscht) ‖ ~ **of coal** (Chem Eng) / biologische Umwandlung von Kohle
**biopterin** n (Chem) / Biopterin n (ein Wuchsstoff)
**biopulping** n (Paper) / enzymatischer Holzaufschluss
**bioquinone** n (Chem) / Biochinon n
**bioreactor** n (Biochem, Chem Eng) / Bioreaktor m, Fermenter m
**biorheology** n (Phys) / Biorheologie f
**biorhythm** n (Biol) / physiologische Uhr (endogener Tagesrhythmus), innere Uhr
**bios**\* n (Biochem, Chem) / Bios m (ein Biowuchsstoff), Bios-Stoff m (Wachstumsstoff)
**BIOS** n (basic input-output system) (Comp) / BIOS n (Teil des Betriebssystems, der mit der Hardware kommuniziert
**biosatellite** n (Space) / Biosatellit m
**BIOS call** (Comp) / BIOS-Aufruf m
**bioscience** n (Biol) / Biologie f (als übergeordneter Begriff), Biowissenschaften f pl
**biose** n (Biochem, Chem) / Biose f (Monosaccharid mit zwei Sauerstoffatomen)
**bioselective adsorption** (Chem) / bioselektive Adsorption (in der Affinitätschromatografie)
**biosensor** n (Biol) / Biosensor m (Messfühler mit einer bioaktiven Komponente)
**biosignal processing** (Comp, Med) / Biosignalverarbeitung f (z.B. EEG-Auswertung)
**biosolar cell** (Bot, Elec Eng) / Biosolarzelle f (zur Umwandlung von Sonnenenergie in chemische Energie unter Ausnutzung biologischer Prozesse)
**biosolids** pl (organic matter recycled from sewage, especially for use in agriculture) (Agric, San Eng) / feste organische Abfallstoffe
**biosorption** n (San Eng) / Biosorption f
**biosphere**\* n (Biol) / Ökosphäre f, Biosphäre f (der von den Lebewesen bewohnbare Teil der Erde)
**biostereometry** n / Biostereometrie f (räumliche Vermessung von Lebewesen und die Wiedergabe in zweidimensionalen Fotografiken)
**biostrome** n (a broad sheet of sediment consisting of a large quantity of organic remains) (Geol, Ocean) / Biostrom n (flaches Riff)
**biosynthesis**\* n (pl. -theses) (Biol) / Biosynthese f, biologische Synthese
**biotech** n (Chem Eng) / Biotechnologie f (technische Biochemie, die den Einsatz z.B. von Algen, Bakterien, Hefen usw. in großtechnischen Prozessen zur Stoffumwandlung erforscht) ‖ ~ adj (Chem Eng) / biotechnologisch adj, Biotechnologie-
**biotechnological** adj (Chem Eng) / biotechnologisch adj, Biotechnologie-
**biotechnology**\* n (integration of natural sciences in order to achieve the application of organisms, cells, parts thereof and molecular analogues for products and services) (Chem Eng) / Biotechnologie f (technische Biochemie, die den Einsatz z.B. von Algen, Bakterien, Hefen usw. in großtechnischen Prozessen zur Stoffumwandlung erforscht)
**biotelemetric** adj / biotelemetrisch adj
**biotelemetry** n (Biol, Med) / Biotelemetrie f (Fernübertragung biologischer und medizinischer Größen)
**biotest** n (Ecol) / Biotest m (z.B. Fisch- oder Daphnientest)
**Biot-Fourier equation** (Phys) / Wärmegleichung f, Wärmehaushaltsgleichung f
**biothermodynamics** n (Physiol) / Biothermodynamik f (Thermodynamik des Stoffwechsels)
**biotic**\* adj (Biol) / Lebens-, biotisch adj ‖ ~ **barrier**\* (Biol) / biotische Schranke (limitierende biotische Faktoren) ‖ ~ **climax**\* (Bot) / Klimaxgesellschaft f, Klimax f, Schlussgesellschaft f
**biotin**\* n (Biochem, Pharm) / Vitamin n H, Biotin n ‖ ~ **complex of yeast** (Biochem) / Biozytin n (an Lysinreste der Carboxylasen gebundenes Biotin), Biocytin n
**biotite**\* n (Min) / Biotit m (eisenhaltiger dunkler Glimmer)
**Biot laws**\* (Light) / Biot'sche Gesetze (zur Ermittlung des Drehvermögens) ‖ ~ **number** (Heat) / Biot-Zahl f (DIN 1341)
**biotope**\* n (Ecol) / Biotop m n
**biotope-management planning** / Biotoppflegeplanung f
**biotransformation** n (Biol, Pharm) / Biotransformation f (biochemische Umwandlung von Arzneistoffen und anderen Fremdstoffen im Organismus)

**Biot-Savart relation** (Phys) / Biot-Savart'sches Gesetz (in der Elektrodynamik - nach J.B. Biot, 1774-1862, und F. Savart, 1791-1841), Laplace'sches Gesetz
**Biot-Savart's law**\* (Phys) / Biot-Savart'sches Gesetz (in der Elektrodynamik - nach J.B. Biot, 1774-1862, und F. Savart, 1791-1841), Laplace'sches Gesetz
**bioturbation** *f* (Biol, Geol) / Bioturbation *f* (mehr oder weniger lokale Vermischung der obersten Sedimentlagen eines Gewässers oder des Meeres durch die Bewegungs- und/oder Fressaktivität von sedimentbewohnenden Organismen)
**biotype**\* *n* (Biol) / Biotypus *m*, Biotyp *m*
**biowaste** *n* (Ecol) / Bioabfall *m*, Biomüll *m*
**bipack**\* *n* / Bipack-Film *m* (für Zweifarben-Verfahren oder optische Effekte)
**biparting door** / zweiteilige Tür (des Aufzugs) ‖ ~ **door** (Eng) / zweiteilige Aufzugstür (meistens eine Falt- oder Schiebetür)
**bipartite** *adj* / zweigeteilt *adj*, zweiteilig *adj* ‖ ~ **cubic** (Maths) / zweiteilige kubische Kurve ‖ ~ **graph**\* (Maths) / paarer Graf, bipartiter Graf, zweifach teilbarer Graf
**biphase**\* *attr* (Elec Eng, Phys) / zweiphasig *adj*, Zweiphasen- ‖ ~ **code** (Telecomm) / Zweiphasencode *m*, Zweiphasenkode *m*
**biphasic** *adj* (Elec Eng, Phys) / zweiphasig *adj*, Zweiphasen-
**biphenyl** *n* (Chem) / Biphenyl *n*, Diphenyl *n*
**bipin** *adj* (Elec Eng) / Zweistift- (Sockel von Lampen mit Bajonettsockel)
**bi-pin lamp cap** (Elec Eng) / Steckfassung *f* zur Aufnahme von zwei Stiften
**biplane**\* *n* (Aero) / Doppeldecker *m* (mit zwei übereinander liegenden Tragflächen)
**bipolar** *adj* (Elec Eng, Phys) / zweipolig *adj*, doppelpolig *adj*, bipolar *adj* ‖ ~ **action** (Elec Eng, Surf) / Mittelleiterwirkung *f*, Zwischenleiterwirkung *f*, Bipolarität *f* (bei der galvanischen Metallabscheidung auftretende Erscheinung) ‖ ~ **circuit** (Electronics) / Bipolarschaltung *f* (eine monolithisch integrierte Schaltung) ‖ ~ **coordinates**\* (Maths) / bianguläre Koordinaten, Bipolarkoordinaten *f pl*, bipolare Koordinaten ‖ ~ **electrode**\* (Elec Eng) / bipolare Elektrode ‖ ~ **electrode system** (Elec Eng) / bipolare Elektrodenanordnung ‖ ~ **integrated circuit** (in which the principal element is the bipolar junction transistor) (Electronics) / bipolares IC, integrierter Bipolarschaltkreis
**bipolarity** *n* (Surf) / Mittelleiterwirkung *f*, Zwischenleiterwirkung *f*, Bipolarität *f* (bei der galvanischen Metallabscheidung auftretende Erscheinung)
**bipolar junction transistor** (Electronics) / Bipolartransistor *m*, bipolarer Transistor, Injektionstransistor *m* ‖ ~ **memory** (Comp) / Bipolarspeicher *m*, bipolarer Speicher
**bipolar-metal-oxide semiconductor technology** (Electronics) / BIMOS-Technik *f*
**bipolar pulse** (Telecomm) / bipolarer Impuls, Wechselimpuls *m* (DIN 5483, T 1), zweiseitiger Impuls ‖ ~ **sensor** (Electronics) / bipolarer Sensor (Sperrschichttemperatursensor, bei dem die Temperatur mit Hilfe von Dioden- bzw. bipolaren Transistorstrukturen gemessen wird) ‖ ~ **transistor**\* (Electronics) / Bipolartransistor *m*, bipolarer Transistor, Injektionstransistor *m* ‖ ~ **tube** (Radiol) / doppelpolige Röhre
**bipolymer** *n* (Chem) / Bipolymer *n*
**bipost** *adj* (Elec Eng) / Zweistift- (Sockel von Lampen mit Bajonettsockel)
**bipotential equation** (Maths) / Bipotentialgleichung *f*, biharmonische Differentialgleichung
**bipotentiometry** *n* (Chem) / Bipotentiometrie *f* (mit zwei Indikatorelektroden)
**biprism**\* *n* (Optics) / Biprisma *n* (gleichschenkliges Prisma mit einem brechenden Winkel von nahezu 180°), Doppelprisma *n*, Zwillingsprisma *n*
**bipropellant**\* *n* (Space) / Raketentreibstoff *m* im Zweistoffsystem, Zweifachtreibstoff *m* ‖ ~ **rocket engine** (Space) / Zweistoffraketentriebwerk *n* ‖ ~ **rocket motor** (Space) / Zweistoffraketentriebwerk *n*
**bip valves** (Eng) / Auslaufarmatur *f*
**bipy** *n* (Agric, Chem) / 2,2'-Bipyridin *n* (Ligand in Koordinationsverbindungen)
**bipyramid**\* *n* (Min) / Bipyramide *f*, Dipyramide *f*, Doppelpyramide *f*
**biquadratic** *adj* (Maths) / biquadratisch *adj* (Gleichung), vierten Grades, vierter Ordnung ‖ ~ **equation** (Maths) / biquadratische Gleichung, Gleichung *f* vierten Grades
**biquartz**\* *n* (Phys) / Doppelquarz *m*, Biquarz *m*
**biquinary code** (Comp) / Biquinärcode *m*, Biquinärkode *m* ‖ ~ **code** (Comp) s. also quibinary code ‖ ~ **notation** (Comp) / biquinäre Schreibweise
**biradial** *n* (Crystal) / Strahlenachse *f*, Biradiale (bei Kristallen mit Doppelbrechung), sekundäre optische Achse

**biradical** *n* (Chem) / Biradikal *n* (mit zwei ungepaarten Elektronen)
**birational** *adj* (Maths) / birational *adj* (Abbildung, Gruppe)
**birch**\* *n* (For) / Birke *f* (Betula L.) ‖ ~ **oil** / Birkenöl *n* (im Allgemeinen) ‖ ~ **pulp** (Paper) / Birkenzellstoff *m* ‖ ≏ **reduction** (Chem) / Birch-Reduktion *f* (zur Hydrierung aromatischer Verbindungen mit metallischem Natrium und flüssigem Ammoniak in etherischer oder alkoholischer Lösung), Birch-Hückel-Reaktion *f* ‖ ~ **tar oil** (For, Pharm) / Birkenteeröl *n* (Oleum Betulae empyreumaticum) ‖ ~ **water** (For, Pharm) / Birkenwasser *n* (aus Oberflächenwunden der Birkenrinde)
**bird** *n* (US) (aircraft, spacecraft, or satellite) (Aero, Space) / Flugkörper *m* ‖ ~ (Space) s. also rocket, satellite and spacecraft ‖ ~ **bouncing concept** (Aero) / Bird Bouncing Concept *n* (Konstruktionsprinzip von Cockpitfenstern, bei dem der Vogel beim Auftreffen abprallt)
**birdie** *n* (Aero, Electronics) / Birdie-Lenkgerät *n*
**birdieback** *n* (Aero) / kombinierter Transport (in Flugzeugen)
**bird impact** (Aero) / Vogelschlag *m* (Zusammenstoß mit einem Vogel bzw. das Ansaugen eines Vogels in einem Triebwerkeinlass) ‖ ~ **repellent** (Agric) / Vogelabwehrmittel *n*, Schadvogel-Abwehrmittel *n*
**bird's eye** (Textiles) / Pfauenauge *n*, Vogelauge *n*
**bird's-eye figure** (For) / Vogelaugentextur *f* (des Holzes, z.B. beim Zuckerahorn) ‖ ~ **grain** (For) / Vogelaugentextur *f* (des Holzes, z.B. beim Zuckerahorn)
**bird's eye pattern** (Textiles) / Pfauenaugenmuster *n* (meistens bei Herrentuchen), Vogelaugenmuster *n* ‖ ~ / Vogelaugentextur *f* (des Holzes, z.B. beim Zuckerahorn)
**bird's-eye view** / Vogelperspektive *f* (eine kartenverwandte Darstellung, die dem schrägen Blick auf eine Landschaft aus einer größeren Höhe entspricht), Vogelschaubild *n*, Vogelschau *f*
**bird's eye weave** (Weaving) / Vogelaugenbindung *f*
**birdsmouth** *n* (Carp) / Geißfuß *m* (V-förmiger Einschnitt an Schiftsparren, der den Kehlsparren aufnimmt; Schmiegefläche bei der Klauenschiftung) ‖ ~ **joint** (Carp) / Klauenschiftung *f*
**bird strike** (Aero) / Vogelschlag *m* (Zusammenstoß mit einem Vogel bzw. das Ansaugen eines Vogels in einem Triebwerkeinlass)
**bird-strike hazard** (Aero) / Vogelschlaggefahr *f*
**bird toxicity** / Vogeltoxizität *f* (Giftwirkung von natürlichen oder synthetischen Substanzen, z.B. auch von Umweltgiften, auf Vögel)
**birdyback** *n* (Aero) / kombinierter Transport (in Flugzeugen)
**bireflection** *n* (Crystal, Min) / Reflexionspleochroismus *m*, Bireflexion *f*, Doppelreflexion *f*
**birefringence**\* *n* (Min, Optics) / Doppelbrechung *f*
**birefringent** *adj* (Min, Optics) / doppelbrechend *adj* ‖ ~ **crystal** (Crystal, Optics) / doppelbrechender Kristall
**Birfield joint** (Autos) / Kugelfestgelenk *n* (nach A.H. Rzeppa), Rzeppa-Gelenk *n*, Gleichgang-Wellengelenk *n* (eine Sonderkonstruktion des Gleichlaufgelenks nach A.H. Rzeppa) ‖ ≏ **joint** (US) (Autos) / Gleichlauffestgelenk *n*
**Birge-Sponer extrapolation** (a graphical technique for estimating the bond dissociation energy) (Chem) / Birge-Sponer-Extrapolation *f*
**Birkeland-Eyde process** (Chem Eng) / Birkeland-Eyde-Verfahren *n* (ein veraltetes großtechnisches Verfahren zur Gewinnung des Stickstoffmonoxids), Luftverbrennungsverfahren *n* nach Birkeland-Eyde
**Birmingham gauge**\* (Met) / BWG-Drahtlehre *f* (eine alte Drahtlehre von No. 4/0 bis 36 = 0,454" bis 0,004") ‖ ≏ **wire gauge**\* (Met) / BWG-Drahtlehre *f* (eine alte Drahtlehre von No. 4/0 bis 36 = 0,454" bis 0,004")
**Biro** *n* (pl. -s) / Kugelschreiber *m* (mit Dreh- oder Druckmechanik)
**birth rate** (Ecol) / Geburtenzahl *f*, Geburtenziffer *f*, Natalität *f* (mittlere Geburtenrate pro Weibchen), Geborenenzahl *f*
**bisabolene** *n* (Chem) / Bisabolen *n* (ein monozyklisches Sesquiterpen in verschiedenen Pflanzenölen)
**bisabolol** *n* (Chem) / Bisabolol *n* (z.B. im Kamillenöl oder in den Knospen einiger Pappelarten)
**bis-azo dyes**\* (Textiles) / Disazofarbstoffe *m pl*, Bisazofarbstoffe *m pl*
**bisbenzylisoquinoline alkaloid** (Pharm) / Bisbenzylisochinolinalkaloid *n* (z.B. Ipecaalkaloid oder Tubocurarin)
**Bischler-Napieralski reaction** (Chem) / Bischler-Napieralski-Reaktion *f* (unter Wasserabspaltung verlaufende Cyclisierung von 2-Phenylethylamin-essigsäureamiden zu 3,4-Dihydroisochinolinen unter dem Einfluss von Phosphorpentoxid) ‖ ≏ **synthesis** (Chem) / Bischler-Napieralski-Reaktion *f* (unter Wasserabspaltung verlaufende Cyclisierung von 2-Phenylethylamin-essigsäureamiden zu 3,4-Dihydroisochinolinen unter dem Einfluss von Phosphorpentoxid)
**biscuit** *n* (Acous) / Pressmasse *f* (als Kloß in die Form eingelegte - Schallplattenherstellung) ‖ ~ (Build, Carp) / Einlassdübel *m* ‖ ~ (Ceramics) / Biskuit-Porzellan *n*, Biskuit-Keramik *f* (unglasiert gebranntes Weichporzellan mit matter, etwas rauer Oberfläche) ‖ ~ (a small setter composed of refractory clays on which pots are placed for firing) (Ceramics) / ungeschrühte Platte, Unterlegplatte *f* (als

**biscuit**

Brennhilfsmittel für Häfen ‖ ~ (for drop forging) (Eng) / Schmiederohblock *m* (als Anfangsform in Freiformschmiedebetrieben), Rohling *m* (beim Gesenkschmieden), Schmiederohling *m* ‖ ~ (Foundry) / Gießrest *m* (beim Druckguss) ‖ ~ **firing** (Ceramics) / Raubrand *m* (Glühbrand bei Steingut) ‖ ~ **firing** (Ceramics) / Verglühbrand *m*, Glühbrand *m*, Schrühbrand *m*, Vorbrand *m* ‖ ~ **firing** (Ceramics) / Glühbrand *m*, Biskuitbrand *m* (bei der Biskuit-Keramik)
**biscuiting** *n* (Ceramics) / Raubrand *m* (Glühbrand bei Steingut) ‖ ~ (Ceramics) / Verglühbrand *m*, Glühbrand *m*, Schrühbrand *m*, Vorbrand *m* ‖ ~ (Ceramics) / Glühbrand *m*, Biskuitbrand *m* (bei der Biskuit-Keramik)
**B-ISDN service** (Comp, Telecomm) / ISDN-Breitbanddienst *m*
**bisect** *v* (Maths) / zweiteilen *v*, halbieren *v* (einen Winkel)
**bisecting line** (Maths) / Halbierungslinie *f*, Halbierende *f* ‖ ~ **plane** (Autos, Eng) / winkelhalbierende Ebene (zwischen den sich kreuzenden Wellenachsen) ‖ ~ **plane** (Maths) / Halbierungsebene *f*
**bisector** *n* (of an angle) (Maths) / Winkelhalbierende *f* (Halbgerade, die einen Winkel halbiert) ‖ ~* (Maths) / Halbierungslinie *f*, Halbierende *f*
**bisectrix** *n* (pl. bisectrices) (Crystal) / Bisektrix *f* (pl. -trizes) (zwischen den Binormalen eines opt. zweiachsigen Kristalls) ‖ ~ (pl. bisectrices) (Maths) / Halbierungslinie *f*, Halbierende *f*
**biserial correlation** (Stats) / Zweireihenkorrelation *f*
**Bishop-Hill theory** (Phys) / Bishop- und Hill-Theorie *f* (zur Berechnung der relativen Fließgrenze)
**Bishop's ring** (Astron) / Bishop-Ring *m* (um die Sonne - nach S.E. Bishop)
**bi-shrinkage yarn** (Spinning) / Garn *n* mit verschieden schrumpfenden Filamenten
**bisilicate** *n* (Chem) / Trioxosilikat *n*, Metasilikat *n*, Metasilicat *n*
**bisimulation** *n* (Comp) / Bisimulation *f* (Theorie der nebenläufigen Prozesse)
**bis-η-cyclopentadienyl iron(II)** (Chem, Fuels) / Ferrocen *n* (Dicyclopentadienyleisen)
**Bismarck brown*** (Chem) / Bismarckbraun *n* (ein Disazofarbstoff)
**bismite*** *n* (Min) / Bismit *m*
**bismuth*** *n* (Chem) / Bismut *n*, Wismut *n*, Bi (Bismut)
**bismuthate** *n* (Chem) / Bismutat(V) *n*
**bismuth•(III) chloride** (Chem) / Bismut(III)-chlorid *n*, Bismuttrichlorid *n* ‖ ~ **chromate** (Ceramics, Chem) / Bismutchromat *n* ‖ ~ **citrate** (Chem) / Bismutzitrat *n*, Bismutcitrat *n* ‖ ~ **glance*** (Min) / Bismthinit *m*, Bismutin *n*, Wismutglanz *m*, Bismutglanz *m* ‖ ~**(III) hydride*** (Chem) / Bismutwasserstoff *m* (BiH₃)
**bismuthic** *adj* (Chem) / Bismut(V)-
**bismuthine*** *n* (Chem) / Bismutwasserstoff *m* (BiH₃)
**bismuthinite*** *n* (Min) / Bismuthinit *m*, Bismutin *m*, Wismutglanz *m*, Bismutglanz *m*
**bismuth•(III) nitrate** (Chem) / Bismut(III)-nitrat *n*, Bismuttrinitrat *n* ‖ ~ **ochre*** (Min) / Bismutocker *m* (Bismut(III)-oxid-3-Wasser)
**bismuthous** *adj* (Chem) / Bismut(III)-
**bismuth•(III) oxide*** (Chem) / Bismuttrioxid *n*, Bismut(III)-oxid *n* ‖ ~ **oxide chloride** (Chem) / Bismutoxidchlorid *n* ‖ ~ **oxychloride** (Chem) / Bismutoxidchlorid *n* ‖ ~ **spar** (Min) / Bismutspat *m* (basisches Bismut(III)-carbonat), Bismutit *m*, Wismutspat *m* ‖ ~ **subcarbonate** (Chem) / basisches Bismutkarbonat *n* ‖ ~ **subnitrate** (Chem) / Bismutsubnitrat *n*, basisches Bismutnitrat, Bismutylnitrat *n* ‖ ~ **trichloride** (Chem) / Bismut(III)-chlorid *n*, Bismuttrichlorid *n* ‖ ~ **trioxide** (Chem) / Bismuttrioxid *n*, Bismut(III)-oxid *n*
**bismutite*** *n* (Min) / Bismutspat *m* (basisches Bismut(III)-carbonat), Bismutit *m*, Wismutspat *m*
**bisphenoid*** *n* (Crystal) / Bisphenoid *n*
**bisphenol n A** (Chem) / Bisphenol *n* A
**bispherical** *adj* (Optics) / bisphärisch *adj* (Linse)
**bisquare antenna** (Radio) / Bisquare-Antenne *f* (offene, mittengespeiste, quadratische Ganzwellenantenne)
**bisque** *n* (Ceramics) / Biskuit-Porzellan *n*, Biskuit-Keramik *f* (unglasiert gebranntes Weichporzellan mit matter, etwas rauer Oberfläche) ‖ ~ **fire** (Ceramics) / Raubrand *m* (Glühbrand bei Steingut) ‖ ~ **fire** (the kiln firing of ceramic ware before application of a glaze) (Ceramics) / Verglühbrand *m*, Glühbrand *m*, Schrühbrand *m*, Vorbrand *m* ‖ ~ **fire** (Ceramics) / Glühbrand *m*, Biskuitbrand *m* (bei der Biskuit-Keramik) ‖ ~ **ware** (Ceramics) / Biskuit-Porzellan *n*, Biskuit-Keramik *f* (unglasiert gebranntes Weichporzellan mit matter, etwas rauer Oberfläche
**bissel truck** (Rail) / Lenkgestell *n*, Bisselgestell *n*
**bis(diethylthiocarbamyl)sulphide** *n* (Chem) / Tetraethylthiuramdisulfid (TETD) *n* (internationaler Freiname: Disulfiram), TETD (internationaler Freiname: Disulfiram)
**bistability** *n* (Comp, Electronics) / Bistabilität *f*
**bistable*** *adj* (Comp, Electronics) / bistabil *adj* ‖ ~ **circuit** (Electronics) / bistabile Schaltung ‖ ~ **circuit** s. also bistable multivibrator and flip-flop ‖

~ **multivibrator*** (Electronics) / bistabiler Multivibrator, Multivibrator mit zwei Gleichgewichtslagen *m*, Bivibrator *m* (eine Kippstufe) ‖ ~ **relay** (Elec Eng) / bistabiles Relais ‖ ~ **trigger circuit** (a flip-flop circuit) (Electronics) / Eccles-Jordan-Schaltung *f*
**bistatic radar*** (Radar) / bistatischer Radar (mit einem Empfänger und einem Sender an verschiedenen Orten, beispielsweise mit einem "Beleuchter" am Boden und einem Empfänger im Flugkörper), Radar *n* *n* mit je einer örtlich getrennten Sende- und Empfangsantenne ‖ ~ **radar equation** (Radar) / bistatische Radargleichung
**bister** *n* (US) (Paint) / Nussbraun *n* (Pigment aus Buchenholzruß), Bister *m* ‖ ~ (Paint) / Manganbraun *n*, Mineralbister *m*, Manganbister *m n*, Bisterbraun *n* (als schwarzbraune Malerfarbe verwendetes Mangan(III)-oxid-Hydrat) ‖ ~ *adj* (US) / schwarzbraun *adj*, bisterbraun *adj*, rußbraun *adj*
**bistre*** *n* (Paint) / Nussbraun *n* (Pigment aus Buchenholzruß), Bister *n* ‖ ~ *adj* / schwarzbraun *adj*, bisterbraun *adj*, rußbraun *adj*
**bisulphate** *n* (Chem) / Hydrogensulfat *n*
**bisulphide** *n* (Chem) / Disulfid *n*
**bisulphite*** *n* (Chem) / Hydrogensulfit *n*, Hydrogensulfat(IV) *n*, [technisch auch] Bisulfit *n* ‖ ~ **cooking** (Paper) / Bisulfitkochung *f*
**biswitch diode** (Electronics) / Fünfschichtdiode *f*
**bisynchronous** *adj* (Elec Eng) / für doppelte Synchrondrehzahl
**BIT** (built-in test) (Electronics) / automatische Prüfung (der elektronischen Bauteile)
**bit** *n* (Build, Eng) / Schlüsselbart *m*, Bart *m* (des Schlüssels) ‖ ~* (Carp, Join) / Hobeleisen *n*, Hobelmesser *n*, Hobelstahl *m* ‖ ~* (Comp) / Bit *n* (kleinste Einheit zur Darstellung binär verschlüsselter Daten - DIN 44 300) ‖ ~ (Eng) / Spitze *f* (des Lötkolbens, der Elektrode) ‖ ~* (Eng) / Bohrer *m* (der Bohrwinde) ‖ ~ (Eng, Mining) / Einsteckmeißel *m* ‖ ~ (Mining) / Meißelschneide *f* ‖ ~* (Mining) / Bohrkrone *f*, Bohrwerkzeug *n* ‖ ~* (Mining, Oils) / Bohrmeißel *m* (das Bohrwerkzeug einer Stoßbohranlage) ‖ ~ (exchangeable part of a tool) (Tools) / Einsatz *m* ‖ ~* (Tools) / gelötete, eingesetzte oder geschweißte Schneidplatte, Schneidplatte *f* (z.B. aus Hartmetall - nach DIN 4950 und 4966), Schneidplättchen *n*, Plättchen *n* (Schneidplättchen) ‖ ~ (Tools) / Körper *m*, Blatt *n* (der Axt) ‖ ~ (Tools) / Schneide *f* (der Axt, des Beils) ‖ ~ (Tools) / Bit *n* (für Schraubendreher)
**bitangent** *n* (Maths) / Doppeltangente *f*, Tangente *f* in zwei verschiedenen Punkten einer Kurve
**bitaper** *n* (Comp, Telecomm) / Bitaper *m*, bikonischer Taperkoppler
**bitartrate** *n* (Chem) / Hydrogentartrat *n*
**bitch*** *n* (Build) / Z-förmige Bauklammer (mit in gegensätzlicher Richtung abgewinkelten Enden)
**bit configuration** (Comp) / Bitkonfiguration *f* ‖ ~ **density** (the density of stored information in terms of bits per unit occupied of its storage medium) (Comp) / Datendichte *f*, Zeichendichte *f* (DIN ISO 5652), Speicherdichte *f*
**BITE** *n* (built-in test equipment) / Einbautestgerät *n*
**bite** *n* (the distance that the surround member overlaps the glazing) (Build) / Rahmenfutterbreite *f* (einer Glasauflage) ‖ ~ (Met) / Walzenangriff *m*, Walzenbetätigung *f* (an einem Walzwerk) ‖ ~ **angle** (Met) / Greifwinkel *m* (Walzwinkel, bei dem die Greifbedingung gerade noch erfüllt ist)
**bit edge** (Mining) / Meißelschneide *f*
**biternary** *adj* (Comp) / biternär *adj* ‖ ~ **code** (Comp) / Biternärkode *m*, Biternärcode *m*
**bit error** (Comp, Telecomm) / Bitfehler *m* (bei Digitalsignalübertragung) ‖ ~ **error measuring set** (Comp, Telecomm) / Bitfehlermessgerät *n* ‖ ~ **error rate** (Telecomm) / Bitfehlerrate *f* (Anzahl der fehlerhaften binären Signalelemente, bezogen auf die Zeit), BFR (Bitfehlerrate) ‖ ~ **error ratio** (Comp, Telecomm) / Bitfehlerhäufigkeit *f* (bei Digitalsignalübertragung), Bitfehlerquote *f* ‖ ~ **frame** (Comp) / Bitrahmen *m* (Folge von Ziffern, die ein Zeichen repräsentieren) ‖ ~ **gauge** (Eng) / Anschlag *m* beim Bohren, Tiefenanschlag *m*, Tiefenstop *m*
**biting** *adj* (Meteor, Physiol) / schneidend *adj* (Kälte), durchdringend *adj* (Kälte) ‖ ~ (Nut) / bissig *adj* (Wein)
**bit-interleaved** *adj* (Comp) / bitverschachtelt *adj*
**bit interleaving** (Comp) / Bitverschachtelung *f*
**bitlist** *n* (Comp) / Bitliste *f*
**bitmap** *n* (Comp) / Pixelraster *n* (Aufrasterung einer Bildfläche in ein bitweise ansteuerbares und ansprechbares Punktmuster), Bitmap *f* (Desktop-Publishing) ‖ ~ **graphics*** (Comp) / Pixelgrafik *f*, Rastergrafik *f*, pixelorientierte Grafik, Bitmap-Grafik *f* (Desktop-Publishing)
**bitmapped display*** (Comp) / bitadressierbare Darstellung ‖ ~ **font*** (Comp) / Bitmap-Font *m*, bitorganisierter Font, Rasterfont *m*, Bitmap-Schriftart *f*, Rasterschrift *f*, gerasterte Schrift ‖ ~ **graphics*** (a way of defining graphic images by storing information about each

pixel in a series of bits) (Comp) / Pixelgrafik *f*, Rastergrafik *f*, pixelorientierte Grafik, Bitmap-Grafik *f* (Desktop-Publishing)
**bitmapping** *n* (Comp) / Bit-Mapper-Technik *f*
**bitmap terminal** (Comp) / Bitmap-Terminal *n*
**BITNET** (US-based, worldwide network, founded '81) (Comp) / BITNET *n* (ein akademisches Netz in den USA, Südamerika und Japan, das auch an das Internet angeschlossen ist)
**bitonal** *adj* (Print) / zweifarbig *adj* (Vorlage)
**bitone** *attr* (Print) / zweifarbig *adj* (Vorlage)
**bitones** *pl* (Print) / Zweitonvorlagen *f pl* (schwarzweiß)
**bit-organized memory** (Comp) / bitorganisierter Speicher
**bitoric lens** (Optics) / bitorische Linse
**bit-parallel** *adj* (Comp) / bitparallel *adj* (Übertragung oder Verarbeitung mehrerer Bits gleichzeitig) ‖ ~ **character-serial transmission** (Comp, Telecomm) / bitparallele zeichenweise Übertragung *f* ‖ ~ **interface** (Comp) / bitparallele Schnittstelle, parallele Schnittstelle (bei der die Daten bitweise übertragen werden), Parallelschnittstelle *f*
**bit-pattern matrix** (Comp) / Bitliste *f*
**bit rate** (Comp, Telecomm) / Bitrate *f*, Bitgeschwindigkeit *f*, Übertragungsbitrate *f*, Übertragungsgeschwindigkeit *f* (Bits/s), BR
**bit-rate justification bit** (Comp, Telecomm) / Stopfbit *n*, Anpassungsbit *n*
**bit-sequence independence** (Comp) / Bitfolgetransparenz *f*, Bitfolgeunabhängigkeit *f*
**bit-serial** *adj* (Comp) / bitseriell *adj* (Übertragung oder Verarbeitung mehrerer Bits zeitlich nacheinander) ‖ ~ **highway** (Comp) / bitserielle Ringleitung (DIN IEC 678)
**bit slice** (Comp) / Bit-Slice *n*, Scheibe *f* (Prozessorelement für 2, 4 oder 8 Bits, das mit anderen zum Aufbau eines Mikroprozessors beliebiger Wortlänge zusammengeschaltet werden kann)
**bit-slice microprocessor** (an n-bit-wide processing element usually connected in parallel to implement a microcomputer of n-bit word length) (Comp) / Bit-Slice-Prozessor *m* (aus Bit-Slices bestehender Prozessor zur Erzielung bestimmter Wortlängen), Bitteil-Mikroprozessor *m*, Bitscheiben-Mikroprozessor *m* ‖ ~ **processor** (Comp) / Bit-Slice-Prozessor *m* (aus Bit-Slices bestehender Prozessor zur Erzielung bestimmter Wortlängen), Bitteil-Mikroprozessor *m*, Bitscheiben-Mikroprozessor *m*
**bit slip** (Comp) / Bitschlupf *m*
**bits per second** (Comp) / Bits/s, Bits pro Sekunde
**bit-stock*** *n* (Carp) / Bohrwinde *f* (mit Kurbelgriff)
**bit stone** (refractory particles, such as flint fragments or sand, placed in saggers to prevent ware from sticking to the sagger bottoms during firing) (Ceramics) / Trennschicht *f* (in Kapseln - Sand oder Flintsplitter) ‖ ~ **stop*** (Eng) / Anschlag *m* beim Bohren, Tiefenanschlag *m*, Tiefenstop *m* ‖ ~ **string** (Comp) / Binärmuster *n*, Bitkette *f*, Bitmuster *n* (in RIPs) ‖ ~ **stuffing** (Comp) / Bitstopfen *n* (Einfügen einzelner Bits in einen zu übertragenden Datenstrom) ‖ ~ **sub** (Mining) / Bohrmeißelverbindungsstück *n*, Meißelübergang *m* (ein Verbindungsstück)
**bitt** *n* (Ships) / Einfachpoller *m* (zum Festmachen von Schiffen)
**bitter** *adj* (Meteor, Physiol) / schneidend *adj* (Kälte), durchdringend *adj* (Kälte)
**bitter-almond oil*** (Chem) / Bittermandelöl *n* (meistens von Prunus dulcis var. amara (DC.) Buchheim)
**bitter ash** (For) / Picrasma excelsa (Sw.) Planch.
**bitterbark** *n* (For) / Fieberbaum *m* (Alstonia constricta F. Muell.) ‖ ~ (Pharm) / Bitterrinde *f*, Alstoniarinde *f*, Cortex *m* Alstoniae constrictae, Fieberrinde *f* (der Alstonia constricta F. Muell.)
**bitter-earth** (Chem, Min) / Talkerde *f*, Magnesia *f*, Bittererde *f* (MgO)
**Bitter figures** (Chem, Mag, Nuc) / Bitter-Streifen *m pl* (Abbild der magnetischen Bezirksstruktur - nach F. Bitter, 1902-1967
**bittern*** *n* (Chem Eng) / restliche Mutterlauge (bei der Speisesalzgewinnung aus Meerwasser)
**bitterness** *n* (of hops) (Brew) / Bittere *f*
**bitternut hickory** (For) / Bitternuss *f* (Carya cordiformis (Wangenh.) K. Koch)
**bitter orange oil** / bitteres Orangenöl, Orangenschalenöl *n* (aus bitteren Orangen), Pomeranzenöl *n* (aus Bitterorangen) ‖ ~ **pattern*** (Chem, Mag, Nuc) / Bitter-Streifen *m pl* (Abbild der magnetischen Bezirksstruktur - nach F. Bitter, 1902-1967) ‖ ~ **powder pattern** (Chem, Mag, Nuc) / Bitter-Streifen *m pl* (Abbild der magnetischen Bezirksstruktur - nach F. Bitter, 1902-1967) ‖ ~ **principle** (bitter-tasting substance, found especially in Compositae, Gentianaceae and Labiatae, which produces a reflexive increase in the secretion of saliva and digestive juice) (Nut, Physiol) / Bitterstoff *m* (ein Pflanzeninhaltsstoff, wie Lupulon,Coffein, Absinthin usw.), Amarum *n* (pl. Amara
**bitters** *pl* (Nut) / Bittere *n pl* (Bitterstoffe enthaltende Spirituosen)
**bitter•-spar** *n* (Min) / Dolomit *m* (Kalziummagnesiumkarbonat) ‖ ~ **substance** (Nut, Physiol) / Bitterstoff *m* (ein Pflanzeninhaltsstoff, wie Lupulon,Coffein, Absinthin usw.), Amarum *n* (pl. Amara)

**bittersweet oil** / Celasteröl *n* (das fette Öl von Samen des Celastrus paniculatus L.), Duduköl *n*
**bitter taste** (Nut) / Bittergeschmack *m* (z.B. beim mikrobiellen Verderb von Lebensmitteln) ‖ ~ **vetch** (Agric, Bot) / Linsenwicke *f* (eine Futterpflanze - Vicia ervilia (L.) Willd.) ‖ ~ **water** (Pharm) / Bitterwasser *n* (Heilquelle mit Bitter-, Glauber- oder Kochsalz)
**bitterwood** *n* (For) / Picrasma excelsa (Sw.) Planch. ‖ ~ (For, Pharm) / Bitterholz *n* (aus verschiedenen Quassiaarten)
**bittiness** *n* (Paint) / Stippenbildung *f* (Lackfilmstörung)
**bit tooth** (Oils) / Meißelzahn *m*
**bitty** *adj* (Paint) / staubig *adj* (Lackfilm, mit Fremdkörpern (Lackfilm)
**bitumen*** *n* (Geol, Min) / Bitumen *n* (natürliches)
**bitumen-coated gravel** (Civ Eng) / Bitumenkies *m*, Bitukies *m*
**bitumen concrete** / Asphaltbeton *m* (zum Heißeinbau) ‖ ~ **embedding** / Einschluss *m* in Bitumen, Einbituminierung *f* ‖ ~ **felt** (Build) / Bitumendachpappe *f* (eine mit Bitumen getränkte Wollfilzpappe mit beiderseitiger Bitumendeckschicht, die im Überzug bis zu 20% Steinmehl enthalten darf - DIN 52 117), Bitumenpappe *f* ‖ ~ **impact test** (Materials, Oils) / Schlagfestigkeitsprüfung *f* von Bitumen
**bitumen-impregnated insulating board** (Build) / Asphaltplatte *f* (für Asphaltbelagarbeiten), Bitumenfaserplatte *f* ‖ ~ **softboard** (Build) / Asphaltplatte *f* (für Asphaltbelagarbeiten), Bitumenfaserplatte *f*
**bitumenite** *n* (Min) / Bituminit *m*, Torbanit *m* (Bogheadkohle von Torbane Hill, Schottland)
**bitumen of Judea*** (Geol, Min, Photog) / Judäa-Asphalt *m* ("Gräberpech") - ein lichtempfindlicher Stoff, mit dem N. Niepce seine ersten Fotografieversuche machte) ‖ ~ **road emulsion** (Civ Eng) / Bitumenemulsion *f* (kationische, anionische) ‖ ~ **sand** (Geol) / Asphaltsand *m*, bituminöser Sand, Bitumensand *m* ‖ ~ **sheeting for fusion welding** (Build) / Bitumen-Schweißbahn *f* (DIN 52131) ‖ ~ **slurry** (Civ Eng) / Bitumenschlämme *f* ‖ ~ **varnish*** (Paint, Print) / Asphaltlack *m* (bitumenhaltiger Schwarzlack), Bitumenlackfarbe *f*
**bituminization** *n* / Bituminierung *f*, Asphaltierung *f*
**bituminized fibre pipe** (Build) / Bitumenzellulosefaserrohr *n*
**bituminosulphonate** *n* (Chem) / Bituminosulfonat *n* (z.B. Ichthyol), Schieferölsulfonat *n*
**bituminous** *adj* (Chem) / Bitumen-, bituminös *adj* ‖ ~ (Civ Eng) / bituminös *adj* (Fahrbahndecke - Sammelbezeichnung für die Bindemittel Bitumen, Teer und Naturasphalte sowie deren Gemische mit Mineralstoffen) ‖ ~ **adhesive** (Build) / Bitumenhaftmittel *n*, bituminöser Klebstoff ‖ ~ **brown coal** (Mining) / Schwelkohle *f* (bitumenreiche Braunkohle zur Braunkohleschwelung) ‖ ~ **carpeting** (Civ Eng) / Schwarzdecke *f* (bis 38 mm), bituminöser Teppich *f* ‖ ~ **cement** (Build, Glass) / Bitumenkitt *m* (zähviskose Lösung von Bitumen ohne oder mit Füllstoff) ‖ ~ **coal** (Mining) / Steinkohle *f* mit 15-50% flüchtigen Bestandteilen, bituminöse Kohle (Esskohle, Fettkohle, Gaskohle, Gasflammkohle; Flammkohle)
**bituminous-coal power station** (Elec Eng) / Steinkohlekraftwerk *n*
**bituminous emulsion** (Civ Eng) / Bitumenemulsion *f* (kationische, anionische) ‖ ~ **felt*** (Build) / Bitumendachpappe *f* (eine mit Bitumen getränkte Wollfilzpappe mit beiderseitiger Bitumendeckschicht, die im Überzug bis zu 20% Steinmehl enthalten darf - DIN 52 117), Bitumenpappe *f* ‖ ~ **grout** (Civ Eng) / bituminöse Schlämme *f* ‖ ~ **paint*** (Build) / Bitumenanstrichfarbe *f*, Bitumenanstrichmittel *n* ‖ ~ **pitch** (Geol) / Pechkohle *f* (glänzend schwarze, tertiäre Hartbraunkohle) ‖ ~ **plastics*** / Bitumenpressmassen *f pl*
**bituminous-road finisher** (Civ Eng) / Schwarzdeckenfertiger *m*, Schwarzdeckengerät *n*
**bituminous rock** (Geol) / Asphaltgestein *n*, Kerogen-Gestein *n* (authigenes Bitumen) ‖ ~ **roofing felt** (Build) / Dachpappe *f* (Sammelbegriff für Teer- und Bitumendachbahnen), Teerdachpappe *f* ‖ ~ **sand** (Geol) / Asphaltsand *m*, bituminöser Sand, Bitumensand *m* ‖ ~ **shale*** (Geol) / Ölschiefer *m* (aus Faulschlamm entstandenes, relativ bitumenreiches Sedimentgestein), bituminöser Schiefer ‖ ~ **varnish** (Paint, Print) / Asphaltlack *m* (bitumenhaltiger Schwarzlack), Bitumenlackfarbe *f* ‖ ~ **wood** (Mining) / (Hart)Braunkohle *f* (von holziger Beschaffenheit) *f*, xylitische Braunkohle, holzige Kohle (Braunkohle)
**bi•-uniform correspondence** (Maths) / Eineindeutigkeit *f* (Abbildung), umkehrbare Eindeutigkeit ‖ ~**-uniform mapping*** (Maths) / Eineindeutigkeit *f* (Abbildung), umkehrbare Eindeutigkeit
**bi-unique correspondence** (Maths) / Eineindeutigkeit *f* (Abbildung), umkehrbare Eindeutigkeit
**biuret*** *n* (Biochem) / Biuret *n* (Amid der Allophansäure) ‖ ~ **reaction*** (Chem) / Biuretreaktion *f* (eine Nachweismethode für Verbindungen mit zwei oder mehr Peptidbindungen)
**bivalent*** *adj* (Chem) / zweiwertig *adj*, bivalent *adj* ‖ ~ **valve** / Bivalentventil *n* (z.B. bei der Wärmepumpenanlage)
**bivariant*** *adj* (Phys) / zweifachfrei *adj*, bivariant *adj*, divariant *adj*, mit zwei Freiheitsgraden ‖ ~ **equilibrium** (Phys) / divariantes Gleichgewicht (nach dem Gibbsschen Phasengesetz)

**bivariate**

**bivariate** *adj* (Stats) / bivariat *adj* (Schätzverfahren) ‖ ~ **distribution** (Stats) / zweidimensionale Verteilung, bivariate Verteilung ‖ ~ **normal distribution** (Stats) / zweidimensionale Normalverteilung, binormale Verteilung
**bivector** *n* (Phys) / Bivektor *m* (äußeres Produkt von Vektoren)
**bixbyite** *n* (Min) / Bixbyit *m*
**BIXE** *n* (bombardment-induced X-ray emission) (Spectr) / durch Beschuß induzierte Röntgenstrahlenemission
**bixin** *n* (Chem, Nut) / Bixin *n* (Farbstoff des Orleans)
**Bjerknes circulation theorem**\* (Meteor) / Bjerknes-Zirkulationssatz *m* (nach V. Bjerknes, 1862 - 1951), Zirkulationssatz *m* nach Bjerknes
**Bk** (berkelium) (Chem) / Berkelium *n*, Bk (Berkelium)
**BL** (Brauns lignin) (Chem, For) / Nativlignin *n* (ein dem Protolignin in der verholzten pflanzlichen Zellwand weitgehend ähnliches Lignin, das unter sehr schonenden Bedingungen gewonnen wird), Brauns-Lignin *n* ‖ ≃ (boundary lubrication) (Eng, Phys) / Grenzschmierung *f* ‖ ≃ (bill of loading) (Ships) / Konnossement *n* (im Seefrachtgeschäft)
**black** *v* (Foundry) / schwärzen *v*, bestäuben *v* ‖ ~ *n* (Paint) / Schwarz *n* ‖ ~ (Phys) / Schwarz *n* (als Farbempfindung) ‖ ~\* (Typog) / Spieß *m* ‖ ~ *adj* / schwarz *adj* ‖ ~ *adj* / schwarz *adj* (weich - Bleistift) ‖ ~\* (Eng) / unbearbeitet *adj* (z.B. Gussstück), grob *adj* ‖ ~ (Met) / nicht entzundert ‖ ~ (Met) / übergar *adj* (Roheisen) ‖ **afara** (For) / Framiré *m*, Idigbo *n* (Terminalia ivorensis), FRA (Framiré)
**black-alder bark** (For, Pharm) / Faulbaumrinde *f* (von Frangula alnus L.)
**black alkali soil** (Agric, Geol) / Solonez *m*, Solonetz *m* (ein Salzboden), Schwarzalkaliboden *m* (in der Ukraine)
**black-and-white** *adj* / schwarzweiß *adj*, SW (schwarzweiß) ‖ ~ **film** (Cinema, Photog) / Schwarzweißfilm *m*, SW-Film *m*
**black•-and-white television** (TV) / Schwarzweißfernsehen *n* ‖ ~ **annealing** (Met) / Schwarzbrennen *n* (Glühen bei solchen Temperaturen und atmosphärischen Bedingungen, dass eine schwarze, festhaftende Oxidschicht auf der Stahloberfläche erzeugt oder erhalten wird) ‖ ~ **annealing** (Met) / Dunkelglühen *n* (DIN 17014), Schwarzglühen *n* ‖ ~ **antimony** (Chem) / schwarzes Antimon (amorphes, den elektrischen Strom nicht leitendes Sb, das gunt Aufdampfen von Sb auf gekühlte Flächen entsteht) ‖ ~ **aphid** (Agric) / Schwarze Blattlaus (Aphis fabae Scop.) ‖ ~ **ash** (Chem) / Rohsoda *f* (meistens aus dem alten Leblanc-Verfahren) ‖ ~ **ash** (Chem, Paint) / Bariumsulfid-Schmelze *f*, BaS-Schmelze *f* (rohe), Rohschwefelbarium *n* ‖ ~ **ash** (For) / Schwarzesche *f* (Fraxinus nigra Marshall) ‖ ~ **ash**\* (Min Proc) / Sodaschmelze *f*, Schwarzschmelze *f* ‖ ~-**band iron-ore**\* (Mining) / Kohleneisenstein *m*, Blackband *n* (weniger wertvolles Eisenerz), Black Band *n* ‖ ~ **bar** (steel in the form of hot-rolled bar which still retains its mill-scale coating) (Met) / warmgewalztes zunderbedecktes Stahl-Langzeugnis ‖ ~ **bar** (Met) s. also bright bar ‖ ~ **bean**\* (For) / Black Bean *n* (Holz aus Castanospermum australe A. Cunn. et Frasser ex Hook.) ‖ ~ **birch** (For) / Schwarzbirke *f* (Betula nigra L.) ‖ ~ **birch** (For) / Zuckerbirke *f* (Betula lenta L.)
**blackboard** *n* / Schultafel *f* (schwarz-weiß), Tafel *f* (schwarz-weiße Wandtafel in der Schule) ‖ ~ (AI, Comp) / Blackboard *n*, Wandtafel *f*, schwarzes Brett (globale dynamische Datenbasis) ‖ ~ **chalk** / Schulkreide *f* ‖ ~ **enamel** (Paint) / Schultafellack *m* ‖ ~ **model** (AI) / Blackboardmodell *n*, Wandtafelmodell *n* ‖ ~ **paint** (slightly thixotropic lead-based paint containing a high proportion of slate powder, which dries to a matt finish to produce a non-slip surface for chalk) (Paint) / Schultafellack *m* ‖ ~ **system** (AI) / Tafelsystem *n* (integrierendes Interaktionsmodell zwischen verschiedenen wissensbasierten Systemen) ‖ ~ **system** (AI) / Blackboardsystem *n*
**black body**\* (Phys) / Schwarzer Körper *m* (ein gedachter Körper mit den Strahlungseigenschaften des Schwarzen Strahlers)
**black-body radiant energy** (Phys) / schwarze Strahlung, Hohlraumstrahlung *f*
**black•-body radiation**\* (Phys) / schwarze Strahlung, Hohlraumstrahlung *f* ‖ ~-**body temperature**\* (Phys) / schwarze Temperatur (spektrale Strahlungstemperatur nach DIN 5496) ‖ ~ **boil** (Surf) / heiß arbeitende Glanzbrenne *f* ‖ ~ **bolt** (Eng) / Rohschraube *f*, grobe Schraube ‖ ~ **box**\* (Aero) / Flugdatenregistriergerät *n*, Flugschreiber *m*, Flugdatenschreiber *m*, Crashrecorder *m* (Flugdatenregistriergerät), Flight-Recorder *m*, FDR (Flugdatenregistriergerät) ‖ ~ **box**\* (AI) / Schwarzer Kasten (Teil eines kybernetischen Systems), Blackbox *f* (Teil eines kybernetischen Systems), Black Box *f* (pl. Black Boxes) ‖ ~ **box** (Autos) / Unfalldatenschreiber *m*, Crashrecorder *m*, UDS (Unfalldatenschreiber), Crash-Computer *m*
**blackboy gum** / Gelbes Grasbaumharz (meistens aus Xanthorrhoea hastilis R.Br.), Gelbes Akaroidharz
**blackbutt**\* *n* (For) / Black Butt *n* (Eucalyptus pilularis Sm.)
**black cargo** (Oils, Ships) / schwarze Ware, schwarze Ladung, schmutzige Ladung (meistens schwere Öle) ‖ ~ **chromium** (Surf) / Schwarzchrom *n* (dunkelgrauer bis schwarzer Chromüberzug als Korrosionsschutz)
**black-chromium deposit** (Surf) / Schwarzchromschicht *f* ‖ ~ **plate** (Surf) / Schwarzchromschicht *f*
**black chromium plating** (Surf) / Schwarzverchromung *f* (eine Art galvanische Verchromung), Schwarzverchromen *n* ‖ ~ **clipping** (TV) / Schwarzwertbegrenzung *f* ‖ ~ **coal** (Australia) (Mining) / Steinkohle *f* (einschließlich bituminöse Kohle und Anthrazit)
**black-coat worker** / Bürokraft *f*, Büroangestellte *m*
**black cobalt** (Min) / Asbolan *m*, Erdkobalt *m n* ‖ ~ **compression** (TV) / Schwarzsättigung *f*, Schwarzkompression *f* ‖ ~ **control rod** (Nuc Eng) / schwarzer Steuerstab ‖ ~ **copper**\* (Met) / Schwarzkupfer *n* (mit 94-97% Cu) ‖ ~ **core** (a defect occurring in fireclay and other refractory brick when vitrification of the surface areas takes place before oxidation of carbonaceous matter in the interior is complete) (Ceramics) / schwarzer Kern ‖ ~ **cyanide** (Chem) / Kalziumzyanid *n*, Calciumcyanid *n* ‖ ~ **damp**\* (Mining) / Nachschwaden *m pl*, Schwaden *m pl* ‖ ~ **denim** (Textiles) / Schwarzköper *m*, Black Denim *m* ‖ ~ **diamond**\* (Min) / Karbonado *m* (grauschwarzer, koksähnlicher Diamant) ‖ ~ **discolouration** (Nut) / Schwarzverfärbung *f* (Obst und Gemüse) ‖ ~ **dressing** (Foundry) / Gießereischwärze *f* (Schlichte, deren Hauptbestandteil Graphit oder ein anderer Kohlenstoffträger ist), Formschwärze *f*, Schwärze *f*, schwarze Schlichte ‖ ~ **dwarf** (Astron) / Schwarzer Zwerg (ausgekühlter Weißer Zwerg) ‖ ~ **earth**\* (Agric) / Schwarzerde *f*, Tschernosem *n*, Tschernosjom *n*
**blacken** *v* (Foundry) / schwärzen *v*, bestäuben *v*
**black enamel** / Schwarzschmelz *m* ‖ ~ **ends** (Chem Eng, Fuels) / Unverkoktes *n* (bei der Gaserzeugung)
**blackening** *n* / Schwärzung *f* (auch als Satinagefehler bei zu hohen Geschwindigkeiten), Farbvertiefung *f* (Fehler) ‖ ~\* (Foundry, Light, Paper) / Schwärzung *f*, Schwärzen *n* ‖ ~ (Nut) / Schwarzverfärbung *f* (Obst und Gemüse) ‖ ~ (Paper) s. also calender-crushed
**blacker-than-black zone** (TV) / Schwärzer-als-Schwarz-Bereich *m*
**black feedback** (Telecomm) / Brückengegenkopplung *f*, Brückenrückkopplung *f*
**black-filled** *adj* (Chem Eng) / rußgefüllt *adj* (Gummi)
**black finishing** (Met) / Brünieren *n* (des Stahls mit heißen, alkalischen Salzlösungen - DIN 50902) ‖ ~ **finishing** (Met, Surf) / Schwarzoxidation *f* ‖ ~ **frequency** (Telecomm) / Frequenz *f* bei Bildschwarz ‖ ~ **frost** (Meteor, Ships) / Black Frost *m* ‖ ~ **glass** (Glass) / Schwarzglas *n*
**black-green** *adj* / schwarzgrün *adj*
**blackgum** *n* (Chem Eng) / Rapsölfaktis *m* (vulkanisiert mit Schwefelchlorid und gestreckt mit Erdöl-Teer) ‖ ~ (For) / Waldtupelobaum *m* (Nyssa sylvatica Marshall)
**black heart** (Ceramics) / schwarzer Kern
**blackheart**\* *n* (For) / dunkel gefärbter Kern (ein Holzfehler), Schwarzkern *m*
**black-heart malleable cast iron** (Met) / schwarzer Temperguss, nicht entkohlend geglühter Temperguss (DIN 1692), GTS, Schwarzguss *m*
**black hemlock** (For) / Mertensiane *f* (Tsuga mertensiana (Bong.) Carrière), Berghemlocktanne *f* ‖ ~ **henbane** (Bot) / Schwarzes Bilsenkraut (Hyoscyamus niger L.) ‖ ~ **hickory** (For) / Echter Hickory, Echte Hickory (Carya tomentosa (Lam. ex Nutt.) Nutt.) ‖ ~ **hole**\* (Astron) / Schwarzes Loch (infolge Gravitationskollapses) (rotierend, nicht rotierend), Black Hole *n* ‖ ~ **hole** (Comp, Telecomm) / Black Hole *n* (beim Routing ein Begriff für einen Bereich des Internet-Netzwerkes, in das zwar Pakete gelangen, aus dem sie aber aufgrund widriger Bedingungen oder einer miserablen Systemkonfiguration eines Teils des Netzwerkes nicht wieder auftauchen) ‖ ~ **hole** (Astron) s. also Schwarzschild radius ‖ ~ **horehound** (Bot, Med) / Schwarznessel *f* (Ballota nigra L.), Stinkandorn *m* ‖ ~ **ice** (Autos, Meteor) / überfrierende Nässe, gefrierende Nässe, Eisglätte *f*
**blacking**\* *n* (Foundry) / Gießereischwärze *f* (Schlichte, deren Hauptbestandteil Graphit oder ein anderer Kohlenstoffträger ist), Formschwärze *f*, Schwärze *f*, schwarze Schlichte ‖ ~ (Met) / Brünieren *n* (des Stahls mit heißen, alkalischen Salzlösungen - DIN 50902) ‖ ~\* (Foundry) s. also coating ‖ ~ **mill** (a large revolving closed cylinder containing heavy rollers rotating freely on its internal diameter or spherical balls for grinding graphite and carbonaceous materials for the preparation of blacking for painting inside of casting moulds) (Foundry) / Formschwärzemühle *f*, Schwärzemühle *f*, Gießereischwärzemühle *f*
**black iron oxide** (Ceramics) / Eisen(II)-oxid *n* ‖ ~ **iron oxide** (Chem) / Eisen(II)-oxid *n*, Eisenmonoxid *n* (FeO)
**blackish-brown** *adj* / schwärzlichbraun *adj*
**blackjack** *n* (Min) / Sphalerit *m*, Zinkblende *f*
**black japan**\* (Paint) / Schwarzlack *m* (Asphalt-, Bitumen- oder Teerpechlack) ‖ ~ **knot** (For) / Schwarzast *m*, Einschlussast *m*, Durchfallast *m* ‖ ~ **lead** (Chem) / Reißblei *n* (alte Bezeichnung sowohl für Graphit als auch für Molybdändisulfid), Wasserblei *n*,

Schreibblei n, Töpferblei n ‖ ~ **lead**\* (Min) / Graphit m (stabile Form des Kohlenstoffs), Grafit m ‖ ~ **leader** (Cinema) / Schwarzfilm m (z.B. als Vorspann) ‖ ~ **letter**\* (Typog) / gotische Schrift, Gotisch n, Black Letter f (alte, in England gebräuchliche gotische Schrift) ‖ ~ **level**\* (TV) / Schwarzwert m (DIN 45060), Schwarzpegel m (der Bezugswert der Signalamplitude, der den schwarzen Bildstellen entspricht)
**black-level clamping** (TV) / Schwarzwertklemmung f ‖ ~ **control** (TV) / Schwarzwerthaltung f
**black light** (the popular term for ultraviolet energy near the visible spectrum) (Phys) / Schwarzlicht n ‖ ~ **light** (invisible to the eye) (Phys) / unsichtbare Strahlung (Ultraviolett oder Infrarot) ‖ ~ **light** (Phys) / langwelliges Ultraviolett, nahes Ultraviolett (315-380 nm - DIN 5031, T 7), nahes UV, naher UV-Bereich, UV-A n
**black-light compensation** / Schwarzlichtkompensation f (bei Camcordern)
**black lignite** (Mining) / Hartbraunkohle f, Glanzbraunkohle f, schwarze Braunkohle (mit 70-75 % C) ‖ ~ **liquor**\* (Paper) / Schwarzlauge f (im Sulfatverfahren bei der Zellstoffherstellung anfallend) ‖ ~ **liquor** (Textiles) / Eisenbeize f (z.B. Eisenazetat, basisches Eisen(III)-sulfat), Schwarzbeize f
**black-loaded** adj (Chem Eng) / rußgefüllt adj (Gummi)
**blacklung** n (Med, Mining) / Kohlenstaublunge f (eine Staublungenerkrankung), Anthrakose f (eine Kohlenstaubinhalationskrankheit), Anthracosis f (pl. -coses)
**black malleable iron** (Met) / schwarzer Temperguss, nicht entkohlend geglühter Temperguss (DIN 1692), GTS, Schwarzguss m ‖ ~ **malt**\* (Brew) / Farbmalz n ‖ ~ **manganese** (Min) / Weichmanganerz n (mit erdigem Pyrolusit) ‖ ~ **manganese ore** (Min) / Weichmanganerz n (mit erdigem Pyrolusit) ‖ ~ **mica** (Min) / Biotit m (eisenhaltiger dunkler Glimmer) ‖ ~ **mint** (Bot) / Mentha f piperita piperita ‖ ~ **mortar** (Build) / Kalkaschenmörtel m ‖ ~ **mould dressing** (Foundry) / Gießereischwärze f (Schlichte, deren Hauptbestandteil Graphit oder ein anderer Kohlenstoffträger ist), Formschwärze f, Schwärze f, schwarze Schlichte ‖ ~ **moulds** (Agric, Bot) / Schwärzepilze m pl (Dematiaceae)
**blackness** n / Schwärze f (schwarze Beschaffenheit) ‖ ~ **value** / Schwarzzahl f (eine farbmetrische Größe), $M_y$-Wert m
**black nickel plating** (Surf) / Schwarzvernicklung f (eine Art galvanische Vernicklung), Schwarzvernickeln n
**black-nickel plating bath** (Surf) / Schwarznickelelektrolyt m, Schwarznickelbad n
**black noise** (a frequency spectrum of predominantly zero power level) (Electronics) / schwarzes Rauschen ‖ ~ **oak** (For) / Färbereiche f (Quercus velutina Lam.) ‖ ~ **oil** / dunkles Öl, Dunkelöl n, asphaltisches Öl (für untergeordnete Schmierzwecke nach DIN 51505) ‖ ~ **onyx** (Min) / schwarzer Onyx (künstlich gefärbter Achat) ‖ ~ **opal**\* (Min) / Schwarzer Opal ‖ ~ **ore** (Geol) / mit Sulfiden vergesellschaftetes Uranpecherz (Colorado Plateau) ‖ ~ **Orlon** (Plastics) / Black-Orlon n (aus Polyacrylnitril durch Pyrolyse in Gegenwart dehydrierender Katalysatoren entstehendes Produkt, dem die Konstitution eines Leiterpolymers zugeschrieben wird)
**blackout**\* n (Aero, Med, Mil, Space) / Blackout n (Verlust des Sehens unter der Einwirkung hoher Beschleunigung), Fliegeramaurose f (Verlust der zentralen Sehens) ‖ ~ (Elec Eng) / Blackout n (völliger Stromausfall), Totalausfall m (der Stromversorgung) ‖ ~ (Radio, Space) / Blackout n (Totalausfall von Radiowellen infolge des Mögel-Dellinger-Effekts usw.) ‖ ~ **failure** (Eng) / Gesamtausfall m ‖ ~ **point** (Electronics) / Strahllöschspannung f (Katodenstrahlröhre) ‖ ~ **point** (Electronics) / Gittersperrspannung f (Elektronenröhre) ‖ ~ **time** (Comp) / Lückenzeit f (bei magnetischen Trägern)
**black oxide** (Met) / Brünierschicht f, Schwarzoxidschicht f ‖ ~ **paper** (Photog) / Lichtschutzpapier n, Schwarzpapier n ‖ ~ **peak** (TV) / Schwarzspitze f ‖ ~ **pepper oil** / Pfefferöl n (etherisches Öl aus Piper nigrum L.) ‖ ~ **phosphorus** (Chem) / schwarzer Phosphor (monotrope Modifikation) ‖ ~ **pigment** (Paint) / Schwarzpigment n (anorganisch oder organisch) ‖ ~ **pine** (For) / Schwarzkiefer f (Pinus nigra Arnold)
**blackplate** n (Met) / Schwarzblech n (ein ungereinigtes, nicht überzogenes warm gewalztes Blech)
**black polish** (For) / Schwarzpolitur f (zum Schwarzpolieren) ‖ ~ **powder**\* (Met) / Schwarzpulver n (ein Sprengstoffgemisch) ‖ ~ **product** (Oils) / dunkles Produkt, schwarzes Produkt (z.B. schweres Gasöl)
**black-rolled** adj (Met) / walzschwarz adj
**black rust** (mixed ferrous and ferric oxides) / schwarzer Rost (eine Rostform) ‖ ~ **sand**\* (Foundry) / Schwarzsand m (Formsand mit Steinkohlenstaub) ‖ ~ **saturation** (the reduction in gain applied to a picture signal) (TV) / Schwarzsättigung f, Schwarzkompression f ‖ ~ **screen** (TV) / Grauscheibe f ‖ ~ **shale** (Geol) / Schwarzschiefer m ‖ ~ **shield** (Chem Eng) / Dispersion f von Rußen ‖ ~ **short** attr (Met) / schwarzbrüchig adj ‖ ~ **shortness** (Met) / Schwarzbrüchigkeit f (mit schwärzlicher Bruchfläche) ‖ ~ **silver** (Min) / Stephanit m, Sprödglaserz n, Schwarzgültigerz n (Antimon(III)-silbersulfid)
**blacksmith** n / Schmied m, Hammerschmied m, Grobschmied m
**blacksmith's scale** (Eng, Met) / Hammerschlag m (beim Schmieden), Zunder m, Hammerschlacke f, Schmiedezunder m, Eisenhammerschlag m ‖ ~ **tongs for rivets** (Eng) / Nietzange f (mit der die Niete aus dem Feuer geholt werden)
**blacksmith welding** (Welding) / Hammerschweißen n (von Hand)
**black smoke** / Ruß m (mit Rauchgas als Dispersionsmittel) ‖ ~ **smoke** (Autos) / Schwarzrauch m (der sichtbare Anteil an Ruß im Abgas von Motoren) ‖ ~ **smoker** (Mining, Ocean) / Schwarzer Raucher (Austrittsstelle am Meeresboden) ‖ ~ **speck** (a defect in fired porcelain enamels) (Ceramics) / schwarze Stelle, Dunkelfleck m (ein Fehler), schwarzer Fleck ‖ ~ **specking** (Ceramics) / schwarze Fleckenbildung ‖ ~ **spots** / schwarze Stellen, schwarze Flecke ‖ ~ **spots** (Nut) / Schwarzfleckigkeit f (bei Gefrierfleisch und gefrorenem Geflügel) ‖ ~ **spruce** (For) / Schwarzfichte f (Picea mariana (Mill.) Britton, Stearn et Poggenb.)
**black-standard thermometer** (Paint) / Schwarzstandardthermometer n (zum Messen der beim Bewittern und Bestrahlen von Beschichtungen auftretende Temperaturen)
**black-step mark**\* (Print) / Flattermarke f, Rückensignatur f (im Bundsteg)
**black stinkwood** (For, Join) / Stinkwood n, Stinkholz n (Ocotea bullata E. Mey.) ‖ ~ **stretch** (TV) / Schwarzwertanhebung f
**blacktop** n (Civ Eng) / Gemisch aus Teer und Bitumen (z.B. Teerbitumen oder Teerpech) ‖ ~ (US) (Civ Eng) / bituminöse Decke (im Straßenbau) ‖ ~ (US) s. also bituminous carpeting ‖ ~ **pavement** (Civ Eng) / Schwarzdecke f, Schwarzbelag m ‖ ~ **paver** (Civ Eng) / Straßenbau-Bitumenspritzmaschine f, Teerspritzgerät n (selbstfahrendes), Teerspritzmaschine f, Bitumensprengwagen m, Tankspritzgerät n
**black track print** (Cinema) / Nullkopie f ohne Lichtton ‖ ~ **treacle** (GB) (Nut, Pharm) / Melasse f (sirupartiger Rückstand der Zuckergewinnung aus Zuckerrohr oder Zuckerrüben), Melassesirup m, [dicker, schwarzbrauner] Sirup m ‖ ~ **tupelo** (For) / Waldtupelobaum m (Nyssa sylvatica Marshall) ‖ ~ **walnut** (For) / Schwarznussbaum m (Juglans nigra L.) ‖ ~ **wash** (Foundry) / Gießereischwärze f (Schlichte, deren Hauptbestandteil Graphit oder ein anderer Kohlenstoffträger ist), Formschwärze f, Schwärze f, schwarze Schlichte
**black-watch** n (Textiles) / Blackwatch m (blau-grüner Schotten, ursprünglich des Royal Highland Regiments)
**black water** (San Eng) / Fäkal- und Spülwasser n (häusliches Schmutzwasser)
**black/white area** (Civ Eng, Ecol) / Schwarz/Weiß-Bereich m (räumliche Unterteilung der Baustelleneinrichtung in einen kontaminierten Bereich und in einen nicht kontaminierten Bereich zum Schutz der Beschäftigten)
**blackwood** (For) / Ostindisches Rosenbaumholz, Ostindischer Palisander, Palissandre m Asie, Java-Palisander m (aus Dalbergia latifolia Roxb. ex DC.)
**black wool** (Textiles) / nichtweiße Wolle ‖ ~ **wrack** (Bot) / Sägetang m (Fucus serratus)
**blad** n (Print) s. also dummy
**bladder** n (Chem Eng) / Bladder m, Balg m, Heizbalg m (für die Reifenherstellung)
**bladderwrack** n (Bot) / Blasentang m (Fucus vesiculosus - eine Braunalge)
**blade** n / Klinge f (auch des Schraubendrehers) ‖ ~ (Aero) / Blatt n (einer Luft- oder Tragschraube) ‖ ~ (Agric) / Schwert n, Messerbalken m (der Heckenschere) ‖ ~ (Bind) / Schwert n ‖ ~ (Carp, Join) / Hobeleisen n, Hobelmesser n, Hobelstahl m ‖ ~ (Civ Eng) / Schild m (eines Dozers), Planierschild m ‖ ~ (Crystal) / flacher Stängel m ‖ ~\* (Elec Eng, Eng) / Schneide f ‖ ~ (Eng) / Flügel m (des Rührwerks) ‖ ~ (US) (Eng) / Messer n (des Messerkopfes) ‖ ~ (Eng) / Schaufel f (in Strömungsmaschinen) ‖ ~ (Eng) / Zahnstollen m, Schneidstollen m (eines Gewindeschneidkopfs) ‖ ~ (Eng) / Flügel m, Schaufel f ‖ ~ (For) / Blatt n (der Säge) ‖ ~ (Paper, Plastics, Print) / Rakel f ‖ ~ (Photog) / Lamelle f (der Irisblende) ‖ ~ (Tools) / Schneidmesser n (bei schneidenden oder hackenden Werkzeugen), Klinge f (bei schneidenden oder hackenden Werkzeugen) ‖ ~ (Tools) / Körper m, Blatt n (der Axt) ‖ ~ **adjustment** (Aero, Eng) / Schaufelverstellung f (Veränderung der Einstellwinkels der Schaufeln bei Verdichter und Turbine zur Anpassung der Maschine an den jeweiligen Betriebszustand) ‖ ~ **and jaw folder** (Print) / Klappenfalzapparat m ‖ ~ **angle**\* (Aero) / Blattwinkel m ‖ ~ **assembly** / Rotorblattgruppe f (bei Windturbinen) ‖ ~ **coating** (Paper) / Glättschaberstreichen n, Rakelstreichverfahren n, Bladestreichen n ‖ ~ **coating** (Plastics) / Rakelstreichverfahren n, Aufrakeln n ‖ ~ **connector** (Elec Eng) / Messerleiste f (ein

133

**blade**

Mehrfachstecker) ‖ ~ **contact** (Elec Eng) / Messerkontakt m ‖ ~ **crusher** (Eng) / Flügelbrecher m
**bladed aggregate** (Min) / blättriges Aggregat
**blade distribution** (Eng) / Schaufelteilung f (bei Strömungsmaschinen)
**bladed shutter** (Photog) / Lamellenverschluss m ‖ ~ **shutter** (Photog) s. also central shutter
**blade exit angle** (Eng) / Laufschaufelaustrittswinkel m ‖ ~ **grader** (Civ Eng) / Erd- und Straßenhobel m, Erdhobel m (eine Erdbaumaschine zum Lösen, Schieben und Wiedereinbauen von Erdreich und Schotter - ein Flachbagger), Straßenhobel m, Grader m ‖ ~ **inlet angle** (Eng) / Laufschaufeleintrittswinkel m ‖ ~ **outlet angle** (Eng) / Schaufelaustrittswinkel m (bei Laufrädern der Verdichter) ‖ ~ **pitch** (Eng) / Schaufelteilung f (der Turbine) ‖ ~ **rim** (Eng) / Schaufelkranz m (der Turbine) ‖ ~ **ring** (Eng) / Leitschaufelkranz m (bei Verdichtern) ‖ ~ **root** (Eng) / Schaufelfuß m (bei Turbinenschaufeln) ‖ ~ **rows** (cascades) (Eng) / Schaufeln und Profile im Gitterverband (bei Strömungsmaschinen) ‖ ~ **rubber** (Autos) / Wischergummi m, Wischgummi m ‖ ~ **saw** (Eng, For) / Blattsäge f ‖ ~ **shutter** (Cinema) / Umlaufverschluss m ‖ ~ **stirrer** (Chem Eng) / Schaufelrührer m ‖ ~ **streaks** (Paper) / Rakelstreifen m pl ‖ ~ **sweep** (Aero) / Blattpfeilung f ‖ ~ **tip** / Blattspitze f (eines Rotorblattes)
**blade-type pump** (Eng) / Drehflügelpumpe f (eine Verdrängerpumpe mit umlaufenden Verdrängungskörpern ) ‖ ~ **valve** (Autos) / Membranventil n, Flatterventil n
**blade wheel** (Eng) / Schaufelrad n (der Turbine)
**blading** n (Eng) / Beschaufelung f (des Turbinenlaufrads) ‖ ~ (For) / Einsetzen n des neuen Sägeblatts
**Blagden's law** (the law that the lowering of a solution's freezing point is proportional to the amount of dissolved substance) (Chem) / Blagden'sches Gesetz
**Blaine fineness** / Blaine-Wert m (zur Kennzeichnung der Mahlfeinheit eines Pulvers) ‖ ~ **test** / Blaine-Test n (Verfahren zur schnellen, routinemäßigen Bestimmung der Oberflächen von Pulvern mit Korngrößen von etwa 0,1 bis 10 μm durch Messung der Permeabilität)
**Blake crusher*** (Eng) / Blake-Backenbrecher m, Doppelkniehebelbackenbrecher m, Pendelschwingenbrecher m ‖ ~ (sewn) **shoes** (Leather) / durchgenähte Schuhe, McKay-Schuhe m pl
**Blake-type jaw crusher** (Eng) / Blake-Backenbrecher m, Doppelkniehebelbackenbrecher m, Pendelschwingenbrecher m
**blanc fixe** n (Chem) / Barytweiß n (beständige Malerfarbe), Permanentweiß n, Blankfix m, Blanc fixe m
**blanch** v (Nut) / blanchieren v (kurz mit heißem Wasser ab-, überbrühen), abwällen vt (mit Sattdampf oder Heißluft), überbrühen v (blanchieren), brühen v
**blancher** n (Nut) / Blanchierapparat m, Blancheur m
**blanching** n (Nut) / Blanchieren n (mit heißem Wasser) ‖ ~ **machine** (Nut) / Brüheinrichtung f (für Würste)
**Blanc rule** (Chem) / Blanc-Regel f (offenkettige Dicarbonsäuren mit fünf und weniger C-Atomen bilden beim Erhitzen mit dehydratisierenden Mitteln wie Acetanhydrid cyclische Anhydride)
**bland** adj (insipid) (Nut) / geschmacklos adj, ohne Geschmack, fad adj, schal adj, abgestanden adj
**blank** v (Electronics, TV) / austasten v ‖ ~ (Eng) / stanzen v (Rohteile aus Blech) ‖ ~ (Print) / blankschlagen v (nur Infinitiv und Partizip) ‖ ~ n (a specimen) / Blindprobe f ‖ ~* (Acous) / Aufnahmeplatte f (für die Schallaufzeichnung), Originalplatte f (für die Schallaufzeichnung) ‖ ~ (Ceramics) / Masseballen m, Hubel m (Halbzeug aus keramischer Masse) ‖ ~ (moulded) (Ceramics) / Formling m ‖ ~ (Comp) / Blank n, Blankzeichen n (Leerzeichen mit der Bedeutung: "keine Information") ‖ ~ (Eng) / X-Stück n, Blindflansch m, Blindscheibe f, Steckscheibe f, Verschlussscheibe f (Deckel, der ein Rohr abschließt) ‖ ~* (Print) / Schnittteil n, Blechausschnitt n (ein beim Scherschneiden oder Keilschneiden entstehendes Werkstück nach DIN 8588), Zuschnitt m ‖ ~ (Print) / Drückscheibe f (beim Metalldrücken) ‖ ~ (Eng) / Platine f (Blechzuschnitt als Zwischenform, z.B. für Tiefziehen) ‖ ~* (Eng, Met) / Blöckchen n, Stangenabschnitt m, Knüppelabschnitt m, Rohteil n, Formling n, Rohling m ‖ ~ (For) / unbestockte Waldfläche, Blöße n (in einem Waldgebiet) ‖ ~ (For) / Bestandeslücke f, Lücke f (im Bestand) ‖ ~ (Glass) / Vorform f ‖ ~ (Met) / Rohteil n (zum Schmieden), Schmiederohling m ‖ ~ (Optics) / Presslinse f, Linsenrohling m, Linsenpressling m ‖ ~ (Paper) / Vordruck m, Formular n, Formblatt n ‖ ~ adj / unbeschrieben adj, unbeschriftet adj, blanko adj, Blanko-, leer adj ‖ ~ (Acous, Comp) / unbeschrieben adj, unbespielt adj ‖ ~ (Comp) / ungelocht adj (Karte) ‖ ~ **analysis** (Chem) / Blindanalyse f ‖ ~ **board** (Electronics) / durchkontaktierte Leiterplatte (mit Durchverbindungen), Leerplatte f (halb fertige durchkontaktierte Leiterplatte ohne Leiterzüge) ‖ ~ **carburizing** (Met) / Blindaufkohlen n (ohne Aufkohlungsmittel) ‖ ~ **centre** (Mining) / Pius m (kurzes Sprengbohrloch ohne Sprengstoff zur Zertrümmerung des Kegels oder Keils beim Einbruch) ‖ ~ **character** (Comp) / Blank n, Blankzeichen n (Leerzeichen mit der Bedeutung: "keine Information")
**blanked lumber** (For) / Schnittholz n (mit Toleranzen für weitere Bearbeitung) ‖ ~**-off pressure** (Vac Tech) / Enddruck m
**blanket** v / zudecken v ‖ ~ (Radio) / einen Sender durch einen Störsender überdecken, Empfangssignale überlagern ‖ ~ n (Chem Eng) / Blanket n (dickes Crêpefell), Kreppkautschuk m (dickes Fell) ‖ ~ (Eng) / Isolierbahn f, Isoliermatte f (zur Wärmedämmung) ‖ ~ (a construction to reduce the seepage of water through the bed or banks of earthen supply dams or channels) (Hyd Eng) / Tondichtungsschürze f, Dichtungsschürze f, Schürze f (Tondichtungsschürze), dichtende Schicht (aus Lehm oder Ton) ‖ ~ (Min Proc) / Plane f, Tuch n ‖ ~* (Nuc, Nuc Eng) / Brutmantel m, Blanket n m (eine Schicht aus Brutstoff rings um den Spaltstoff in einem Reaktor) ‖ ~* (Print) / Gummituch n (im Offsetdruck), Gummidrucktuch n (im Offsetdruck), Drucktuch n (DIN 16 529) ‖ ~* (Print) / Bezug m (der Walzen im Druckwerk einer Hochdruck-Rollenrotationsmaschine) ‖ ~ (Textiles) / Mitläufer m ‖ ~ **application** (Agric) / breitflächige Ausbringung (z.B. von Pestiziden) ‖ ~ **bog** (Geol) / Hochmoor n (Typ des Moores, dessen Wasser aus Niederschlägen stammt und das daher sauer und sehr nährstoffarm ist), ombrogenes Moor (in humiden Gebieten - mit einer Wasserversorgung durch Regenwasser) ‖ ~ **coverage** (Telecomm) / flächendeckende Versorgung ‖ ~ **crepe** (Chem Eng) / Blanket n (dickes Crêpefell), Kreppkautschuk m (dickes Fell) ‖ ~ **cylinder*** (Print) / Gummizylinder m (der mit einem Gummidrucktuch bespannte Zylinder im Offsetdruck) ‖ ~ **deposit** (Geol) / flaches Erzlager (sedimentäre Lagerstätte geringer Mächtigkeit, aber großer Ausdehnung) ‖ ~ **deposit** (Mining) / tafelförmige Lagerstätte ‖ ~ **feed** (Glass) / Dünnschichteinlage f, Dünnschichteinlegen n (des Gemenges) ‖ ~ **gas** (Oils) / Schutzgas n ‖ ~ **grouting** (Civ Eng) / Flächenverpressung f ‖ ~ **head** (Print) / Gesamtüberschrift f (in extenso) ‖ ~ **headline** (Print) / Gesamtüberschrift f (in extenso)
**blanketing** n (Nav, Radio) / Überdeckung f eines Senders durch einen Störsender
**blanket mark** (Textiles) / Mitläuferabdruck m ‖ ~ **mark** (Textiles) s. also sanforizing mark ‖ ~ **of granula flux** (Welding) / Pulverdecke f ‖ ~ **of smog** (Ecol) / Dunstglocke f (sichtbare Ansammlung von verunreinigter Luft über Stadt- und Industriegebieten) ‖ ~ **of smog** (Ecol) s. also haze dome ‖ ~ **overflight clearance** (Aero) / pauschale Überfluggenehmigung ‖ ~ **stitch** (Textiles) / Einfassstich n, ~**-to-blanket** n (Print) / Gummi gegen Gummi (Vierzylindersystem im Rollenoffset für gleichzeitigen Schön- und Widerdruck) ‖ ~ **yarn** (Spinning) / Deckengarn n
**blank experiment** (Chem) / Blindprobe f, Leerversuch m (Nachweisreaktion in der chemischen Analyse) ‖ ~ **flange*** (Eng) / X-Stück n, Blindflansch m, Blindscheibe f, Steckscheibe f, Verschlussscheibe f (Deckel, der ein Rohr abschließt) ‖ ~ **hardening test** (Met) / Blindhärtungsversuch m (standardisierter Versuch zur annähernden Bestimmung der im nichtaufgekohlten Kern austenitisierter und abgeschreckter Einsatzstähle erreichbaren Härte) ‖ ~ **holder** (Met) / Niederhalter m, Blechhalter m, Faltenhalter m (ein Teil des Tiefziehwerkzeugs, durch den der Zuschnitt auf den Ziehring gepresst wird)
**blank-holder force** (Eng) / Niederhaltekraft f (mit der der Niederhalter zu belasten ist)
**blanking** n (Comp) / Austasten n (das Löschen von Darstellungselementen oder Anliegegruppen, die ganz oder teilweise außerhalb eines Fensters liegen), Austastung f ‖ ~* (Electronics, TV) / Austasten n, Dunkeltasten n ‖ ~ (Eng) / Ausschneiden n (mit Umgrenzungsschnitt), Formschneiden n (zur Herstellung der Außenform am geschlossenen Blechwerkstück) ‖ ~ (Met) / Stanzen n (von Rohteilen aus Blech) ‖ ~ (Radar) / Austastung f (mit Unterdrückung des Empfangssignals für die Dauer der Störung)
**blanking-die clearance** (Eng) / Schneidspalt m (bei Umform- und Zerteilwerkzeugen der gleichmäßig umlaufende Spalt zwischen Schneidstempel und Schneidplatte bei eingetauchtem Schneidstempel)
**blanking interval*** (TV) / Austastlücke f ‖ ~ **level** (TV) / Austastwert m (DIN 45060) ‖ ~ **material** (Typog) / Blindmaterial n ‖ ~ **press** (Eng) / Schneidpresse f (mit kleinem Hub, großer Hubzahl und großer Steifigkeit, besonders für das Schneiden von Feinblech in der Großserien- und Massenfertigung eingesetzt) ‖ ~ **pulse** (TV) / Austastimpuls m ‖ ~ **signal** (TV) / Austastsignal n, A-Signal n ‖ ~ **tool** (Eng) / Umgrenzungsschnitt m, Formschnitt m (Schneidwerkzeug, bestehend aus Stempel und Schneidplatte, zum Ausschneiden von Werkstücken im beliebig geformten geschlossenen Schnitt)
**blank instruction** (Comp) / Überspringbefehl m, Nulloperationsbefehl m, NOP-Befehl m, Übersprungbefehl m ‖ ~ **key** /

Zwischenraumtaste *f*, Leertaste *f* (der Schreibmaschine) || **~ media** (Comp) / unbeschriftete Datenträger, unvorbereitete Datenträger, frische Datenträger || **~ mould** (Glass) / Vorform *f* || **~ nitriding** (Met) / Blindnitrieren *n* (ohne Nitriermittel) || **~ off** *v* / abblinden *v* (Rohr, Kanal)
**blank-off pressure** (Vac Tech) / Enddruck *m*
**blank page** (Print) / Vakatseite *f* (leere Seite), Vakat *n* || **~ reading** (Chem) / Blindwert *m*, Leerwert *m* || **~ string** (Comp) / Leerstellenfolge *f* || **~ titration** (Chem) / Blindtitration *f* || **~ tracery** (Arch) / Blendmaßwerk *n* (einer nicht durchbrochenen Fläche vorgeblendetes Maßwerk) || **~ value** (Chem) / Blindwert *m*, Leerwert *m* || **~ wall** (Build) / Vollwand *f* (ohne Hohlräume), fensterlose Wand, Blindwand *f*, Blindmauer *f* || **~ window** (Arch) / Blindfenster *n* (z.B. zur Gliederung einer Gebäudewand)
**Blashko effect** (Astron) / Blashko-Effekt *m* (periodische Veränderung der Lichtkurven bei Pulsationsveränderlichen)
**Blasius equation** (Phys) / Blasius'sche Formel (zur Berechnung von Kräften und Momenten, die auf einen zylindrischen Körper in stationärer reibungsfreier inkompressibler Strömung wirken) || ≙ **flow** (Phys) / reibungsfreie inkompressible Strömung (nach den Blasius'schen Formeln)
**blast** *v* / sprengen *v* (mit Sprengstoff) || **~** (Foundry) / strahlen *v* (mit Strahlmitteln nach DIN 50902), abstrahlen *v* || **~** (Mining) / sprengend gewinnen (mit Sprengarbeit) || **~** (Radio) / aufheulen lassen || **~** *n* / Druckluftstrom *m* || **~ (of a jet engine)** (Aero) / Düsenstrahl *m*, Strahl *m* (Düsenstrahl) || **~** (Met) / Blaswind *m*, Gebläseluft *f*, Gebläsewind, Wind *m* || **~** (Mil, Mining) / Explosionsdruckwelle *f*, Expansionswelle *f* || **~** (Mil, Mining) / Explosionsdruck *m* || **~** (Mining) / Schuss *m* (zur Gewinnung von Erz o. Ä. durchgeführte Sprengung) || **~** (Mining) / Grubengasexplosion *f*, Schlagwetterexplosion *f*, Methangasexplosion *f*
**blastability** *n* (Geol, Mining) / Sprengbarkeit *f*
**blast atomizer** (Eng) / Zweistoffdruckzerstäuber *m* || **~ away** *v* / wegsprengen *adj* || **~ box** (Met) / Windkammer *f* (bei Konvertern), Windkasten *m* (bei Stahlwerkskonvertern) || **~ burner** (Chem) / Gebläsebrenner *m* || **~ burner** (Chem) / Gebläsebrenner *m*, Gebläselampe *f*, Gebläse *n* || **~ cabinet** (Foundry, Surf) / Strahlkabine *f*
**blast-clean** *v* (Foundry) / strahlen *v* (mit Strahlmitteln nach DIN 50902), abstrahlen *v*
**blast-cleaning** *n* (Foundry) / Strahlen (mit Strahlmitteln nach DIN 50902), Strahlverfahren *n*, Putzstrahlen *n* (Druckluft-), Strahlreinigung *f*, Strahlspritzen *n*, Abstrahlen *n*
**blast compound** (Foundry) / Strahlmittel *n* (Teilchen zum Strahlen) || **~ derusting** (Met) / Strahlentrostung *f* || **~ descaling** (Met) / Strahlen *n* zum Entfernen von Zunder (DIN 8200), Entzunderungsstrahlen *n* || **~ engine** (Eng) / Gebläse *n* (Enddruck/Saugdruck < 1,1-3)
**blaster** *n* (Civ Eng, Elec Eng, Mining) / Zündmaschine *f* (tragbare Vorrichtung, mit der Strom erzeugt wird, mit dem die Zündmittel gezündet werden), Sprengmaschine *f* || **~** (Mining) / Sprengberechtigter *m*, Sprengmeister *m*, Schießmeister *m*, Schießhauer *m*, Schießsteiger *m*, Mineur *m*
**blast fence** (Aero) / Strahlschutzwand *f*, Strahlabweiser *m* || **~ fragmentation warhead** (Mil) / Gefechtskopf *m* mit Gasschlag- und Splitterwirkung || **~ furnace** (Met) / Blashochofen *m*, Hochofen *m*
**blast-furnace complex** (Met) / Hochofenwerk *n*, Hochofenanlage *f* || **~ dust** (Met) / Gichtstaub *m*, Hochofenstaub *m* || **~ elevator** (Met) / Gichtaufzug *m* || **~ flue dust** (Met) / Gichtstaub *m*, Hochofenstaub *m* || **~ foamed slag** (Met) / Hüttenbims *m* (schnellgekühlte geschäumte gebrochene Hochofenschlacke), Schaumschlacke *f*, Hochofenschaumschlacke *f* || **~ gas** (Met) / Hochofengas *n*, Hochofengichtgas *n*, Gichtgas *n* (das bei der Herstellung von Roheisen im Hochofen entsteht) || **~ gas cleaning** (Met) / Hochofengasreinigung *f* || **~ hoist** (Met) / Gichtaufzug *m* || **~ lining** (Met) / Hochofenfutter *n* || **~ Portland cement*** (Build, Civ Eng) / Hochofenzement *m*, HOZ (mit mehr als 36-85 Gew.-% Hüttensand - DIN 1164) || **~ slag** (Met) / Hochofenschlacke *f* (die beim Schmelzen von Eisenerz anfällt) || **~ sludge** (Met, San Eng) / Gichtschlamm *m* (eisenhaltiger Schlamm, der in Hochofenwerken bei der Reinigung des Gichtgaswaschwassers anfällt) || **~ stack** (Met) / Hochofenschacht *m* || **~ tapping** (Met) / Hochofenabstich *m* || **~ top bell** (Met) / obere Glocke
**blast hazard** / Gefahr *f* durch Luftstoß (bei Explosivstoffen)
**blast-hole** *n* (Civ Eng, Mining) / Sprengloch *n*, Sprengbohrloch *n*, Schießloch *n* || **~** (Mining) / Schussloch *n*, Schuss *m* (für eine Sprengung angelegtes Bohrloch) || **~ bit** (Mining) / Vollbohrkrone *f* (die das Gestein im gesamten Bohrlochquerschnitt zerstört)
**blasting*** *n* (Acous) / Übersteuerung *f* || **~*** (Civ Eng, Mining) / Sprengen *n*, Sprengarbeit *f*, Schießarbeit *f*, Schießen *n* || **~** (Foundry) / Strahlen *n* (mit Strahlmitteln nach DIN 50902), Strahlverfahren *n*, Putzstrahlen *n* (Druckluft-), Strahlreinigung *f*, Strahlspritzen *n*, Abstrahlen *n* || **~ accessories** (Chem, Mining) / Sprengzubehör *n* || **~ agent** / Sprengmittel *n* (DIN 20163) || **~ cap** / Zündhütchen *n*,

Sprengkapsel *f* (DIN 20163) || **~ cap** (Mining) / Zündhütchen *n* || **~ chamber** (Foundry) / Putzhaus *n* (ein Stahlgehäuse, in dem das Fertigputzen von Gussstücken stattfindet) || **~ charge** (Civ Eng, Mining) / Sprengladung *f*, Sprengsatz *m* || **~ charge** (Mining) / Schuss *m* (die Gesamtheit einer aus Einzelladungen bestehenden Sprengladung) || **~ fuse*** (Mining) / Zündschnur *f* (zum Zünden von Sprengladungen) || **~ gelatin** / Sprenggelatine *f* (eine gelbliche, durchscheinende, gelatineartige brisante Sprengmasse, die schneid- und biegbar ist), Nitrogelatine *f* (mit 92-94% Nitroglyzerin) || **~ machine** (Civ Eng, Elec Eng, Mining) / Zündmaschine *f* (tragbare Vorrichtung, mit der Strom erzeugt wird, mit dem die Zündmittel gezündet werden), Sprengmaschine *f* || **~ machine** (shot, sand) (Foundry) / Strahlgebläse *n* (für die Oberflächenbehandlung) || **~ oil** / Sprengöl *n* (ein Sprengstoff) || **~ operation** (Civ Eng, Mining) / Sprengen *n*, Sprengarbeit *f*, Schießarbeit *f*, Schießen *n* || **~ plant** (Foundry) / Strahlanlage *f* || **~ plant** (Foundry) / Druckluftstrahlanlage *f* || **~ powder** / Sprengpulver *n* (grobkörniges Schwarzpulver) || **~ unit** (Civ Eng, Elec Eng, Mining) / Zündmaschine *f* (tragbare Vorrichtung, mit der Strom erzeugt wird, mit dem die Zündmittel gezündet werden), Sprengmaschine *f* || **~ waste** (Paint, Surf) / Strahlschutt *m* (Strahlmittelreste, Korrosionsprodukte und Rückstände von Beschichtungsstoffen)
**blast lamp** (Chem) / Gebläsebrenner *m*, Gebläselampe *f*, Gebläse *n* || **~ main*** (Met) / Hauptwindleitung *f* || **~ medium** (Foundry) / Strahlmittel *n* (Teilchen zum Strahlen) || **~ moulding process** (Plastics) / Blasverfahren *n*, Blasverfahren *n*, Blasformen *n*, Blasen *n* von Hohlkörpern oder Blasfolien || **~ off** *v* (Aero) / abheben *v*, starten *v* || **~-off** *n* (Aero) / Abheben *n* (Lösen des Flugzeugs vom Boden nach Erreichen der Abfluggeschwindigkeit)
**blast-off** *n* (the launching of a rocket or spacecraft) (Mil, Space) / Raketenstart *m* (Abheben der Rakete)
**blast out** *v* / wegsprengen *adj* || **~ out** (Civ Eng, Mining) / aussprengen *v* (mit Sprengstoff)
**blast-pipe** *n* (Met) / Windleitung *f* || **~*** (Rail) / Blasrohr *n* (der Dampflokomotive) || **~** (Space) / Rohr *n* aus Ablationswerkstoff (im Düsenhals)
**blast pressure** (Met) / Winddruck *m* || **~-proof building** (Civ Eng, Nuc Eng) / druckwellenfestes Gebäude, druckwellensicheres Gebäude || **~ protection** (Mil) / Schutz *m* vor Detonationsdruckwellen || **~ regulator** (Foundry, Met) / Windmengenregler *m* || **~ tube** (Space) / Rohr *n* aus Ablationswerkstoff (im Düsenhals) || **~ tuyères level** (Met) / Blasformebene *f* || **~ unit** (Foundry) / Strahlanlage *f* || **~ valve** (Met) / Windschieber *m* || **~ volume** (Foundry) / Windmenge *f* (neben dem Kokssatz die wichtigste Einflussgröße in Kupolofenschmelzbetrieb) || **~ wave** (Mil, Mining) / Explosionsdruckwelle *f*, Expansionswelle *f* || **~ wave*** (Phys) / Stoßwelle *f* (eine starke Druckwelle nach DIN 1311-4), Schockwelle *f* (eine starke Verdichtungswelle in Gasen)
**blau gas** (Aero) / Ölgas *n* (für Luftschiffe), Treibgas *n*, Blaugas *n*
**B layer** (Geol) / Low-Velocity-Zone *f*, Gutenberg-Zone *f* (an der Wiechert-Gutenberg-Diskontinuität), Schicht *f* mit geringerer seismischer Wellengeschwindigkeit (Gutenberg-Zone)
**blazar*** *n* (strongly optical polarized active galactic nuclei object exhibiting BL lacertae-like and quasar-like characteristics) (Astron) / blaustrahlendes Objekt, Blazar *m*, BSO, BL-Lac-Objekt *n* (Unterklasse oder besonderer Entwicklungszustand eines Quasars)
**blaze** *v* (For) / schalmen *v* (Bäume), anschalmen *v* (Bäume), anplätzen *v* (Bäume), anlaschen *v* (Bäume), ausschalmen *v* || **~** (Optics) / den Furchen eines Beugungsgitters den Blaze-Winkel geben (um die Intensität zu vergrößern) || **~** *n* / Schadenfeuer *n*, Schadfeuer *n*, Brand *m* (meistens nur Schadenfeuer, Feuerbrunst - DIN 13 943) || **~** (For) / Harzlachte *f* (bei Lebendharzung der Kiefer entstehende Wundfläche), Lachte *f* (eine senkrechte Tropfrinne und schräg, fischgrätenähnlich verlaufende Risse) || **~*** (For, Surv) / Schalm *m* (streifenweises Entfernen der Rinde mit einem Beil) || **~** (Optics) / Blaze-Bereich *m*, Blaze *m* (Bereich maximaler Intensität eines Beugungsgitters) || **~*** (Surv) / provisorisches Vermessungszeichen (z.B. ein Schalm)
**blazed grating** (Optics) / Gitter *n* mit einem bestimmten Bereich der Intensität (das etwa 70% des einfallenden Lichtes in eine bevorzugte Richtung reflektiert)
**blazing** *adj* / prall *adj* (Sonne) || **~ fire** (Mining) / offener Grubenbrand (Ursache: Fremdzündung) || **~ hot** / glühend heiß *adj*
**BLC** (black-light compensation) / Schwarzlichtkompensation *f* (bei Camcordern) || **~** (boundary-layer control) (Aero) / Grenzschichtbeeinflussung *f*, Grenzschichtsteuerung *f* || ≙ (backlight compensation) (Cinema, Photog) / Gegenlichtkompensation *f*, BLC Gegenlichtkompensation *f*
**bleach** *v* / bleichen *v* || **~** (Textiles) / bleichen *v* || **~** (Glass) / Fenster *n* (ein Oberflächenfehler), Jour *m* || **~** (Textiles) / Bleichen *n* (Entfärben), Bleiche *f*, Bleichung *f* || **~** (Textiles) / Bleichmittel *n* || **~ away** *v* / wegbleichen *v* || **~ booster** (Textiles) / Fleckensalz *n*

135

**bleached**

(Verbraucherprodukt zur Entfernung von oxidativ bleichbaren Flecken auf textilem Waschgut)
**bleached** *adj* / gebleicht *adj*, ausgebleicht *adj* ‖ **~ groundwood** (Paper) / gebleichter Holzschliff ‖ **~ horizon** (Agric) / Bleichhorizont *m* (der entfärbte Auswaschungs- oder Eluvialhorizont, besonders des Podsols) ‖ **~ kraft pulp of needle-leaf tree** (For, Paper) / Nadelholzsulfatzellstoff *m* ‖ **~ shellac** (Paint) / [chlor]gebleichter Schellack ‖ **~ sulphite pulp of needle-leaf tree** (For, Paper) / Nadelholzsulfitzellstoff *m*
**bleach-fix**\* *n* (Photog) / Bleichfixierbad *n* (kombiniertes Bleich- und Fixierbad)
**bleaching** *n* (Optics, Space) / Verblassen *n* der reparierten Stelle (z.B. nach einem Strahlenschaden) ‖ **~**\* (Textiles) / Bleichen *n* (Entfärben), Bleiche *f*, Bleichung *f* ‖ **activated ~ agent** (Chem) / Bleichaktivator *m*, Bleichaktivierungsmittel *n*, Bleichmittelaktivator *m* ‖ **~ chlorite** (Textiles) / Chloritbleiche *f* (mit Natriumchlorit) ‖ **~ agent** (Nut) / Bleichmittel *n* (E 920 - E 927) ‖ **~ agent** (Textiles) / Bleichmittel *n* ‖ **~ assistant** (Textiles) / Bleichhilfsmittel *n* ‖ **~ bath** (Photog, Textiles) / Bleichbad *n* ‖ **~ beater** (Paper) / Bleichholländer *m* ‖ **~ by oxidation** (Paper) / Oxidationsbleiche *f* ‖ **~ by reduction** (Paper) / Reduktionsbleiche *f* ‖ **~ chemicals** (Chem) / Bleichchemikalien *f pl* ‖ **~ clay** (Chem Eng) / Bleicherde *f* (montmorillonithaltige Xerogele, die nicht im Wasser zerfallen, zum Entfärben und Reinigen von Ölen verwendet) ‖ **~ earth** (Chem Eng) / Bleicherde *f* (montmorillonithaltige Xerogele, die nicht im Wasser zerfallen, zum Entfärben und Reinigen von Ölen verwendet)
**bleaching-earth treatment** (Chem Eng) / Bleicherdebehandlung *f*
**bleaching of chemical pulp** (Paper) / Zellstoffbleiche *f* ‖ **~ of coloured goods** (Textiles) / Buntbleiche *f* ‖ **~ on a conveyor belt** (Textiles) / Bleichen *n* auf Bandablage ‖ **~ powder**\* (Chem) / Bleichpulver *n* (meistens Bleichkalk, Chlorkalk) ‖ **~ tanning material** (Leather) / Bleichgerbstoff *m*
**bleach-resistant** *adj* / bleichecht *adj*
**bleak** *adj* / öde *adj* (Landschaft)
**Blears effect** (Vac Tech) / Blears-Effekt *m* (bei Anwesenheit organischer Dämpfe im Vakuum)
**blebs** *pl* (blisters or bubble defects on the surface of pottery) (Ceramics) / Gußblasen *f pl*, Pocken *f pl* (stecknadelkopfgroße Aufwölbungen der Glasoberfläche), Glühpocken *f pl*, Grießpocken *f pl*, Grieß *m*, Spritzpocken *f pl*, Pusteln *f pl*
**bled** *adj* (For) / geharzt *adj* (Baum)
**bleed** *v* (Autos, Eng) / entlüften *v* (die Bremsübertragungseinrichtung) ‖ **~** (Civ Eng) / auslaufen *v* (Bindemittel im Straßenbau) ‖ **~** (For) / harzen *vi* (Harz ausscheiden) ‖ **~** (Mining) / bleedern *v* (bei der Methangasabströmung aus dem Alten Mann) ‖ **~** (Print) / ausbluten *v* ‖ **~** *vt* (Aero) / anzapfen *v* (den Luftstrom), abzweigen *v* (den Luftstrom) ‖ **~**\* *n* (Print) / Auslaufen *n* ‖ **~ advertisement** (Print) / angeschnittene Anzeige ‖ **~ border** (Print) / angeschnittener Rand, Beschnittrand
**bleeder** *n* (Elec Eng) / Vorbelastungswiderstand *m* (für Gleichrichter) ‖ **~ electrode** (Electronics) / Ableitelektrode *f* (eine Bezugselektrode nach DIN 19 261) ‖ **~** (sampling) **pipe** (Mining) / Schnüffelrohr *n* (zur Brandgasprobenahme) ‖ **~ resistor**\* (Elec Eng) / Vorbelastungswiderstand *m* (für Gleichrichter)
**bleeder-type condenser** (Eng) / Anzapfverflüssiger *m* (ein Berieselungsverflüssiger) ‖ **~ gun** (for use with low-pressure spraying equipment) (Paint) / Spritzpistole *f* mit Entlüftung
**bleeder valve** (Eng) / Anzapfventil *n* (bei Dampfmaschinen)
**bleed illustration** (Print) / angeschnittenes Bild, abfallendes Bild
**bleeding**\* *n* (Aero) / Anzapfen *n*, Abzweigung *f* (des Luftstroms) ‖ **~**\* (Autos, Eng) / Entlüften *n* (der Bremsübertragungseinrichtung) ‖ **~** (Build, Paint) / Ausbluten *n* (von Bestandteilen, die aus dem Untergrund oder einem früheren Anstrich in den neuen Anstrich einwandern - DIN 55945) ‖ **~** (Chem) / Säulenbluten *n* ‖ **~** (Chem Eng) / Bluten *n* (Ölabscheidung vom Schmierfett) ‖ **~**\* (Civ Eng) / Austreten *n*, Auslaufen *n* (des Bindemittels in der Straßenbau) ‖ **~** (Comp, Print) / Verlaufen *n* (von Schriftzeichen) ‖ **~**\* (Eng) / Anzapfen *n* ‖ **~** (For) / Klebstoffdurchschlag *m* (durch die aufgetragene Deckschicht), Durchschlag *m* (des Klebstoffs) ‖ **~** (Foundry) / Aufblähung *n*, Steigen *n* (eines Speisers) ‖ **~** (Paper, Plastics) / Ausbluten *n* (Wanderung von Pigmenten aus Kunststoffen und Papier) ‖ **~**\* (Print) / Auslaufen *n* ‖ **~**\* (Textiles) / Abrußen *n* (Farbstoffabgabe an weiße Stoffe) ‖ **~**\* (Textiles) / Bluten *n* (Auslaufen von Färbungen oder Drucken bei Nassbehandlung) ‖ **~** *adj* (Geol) / wasser- oder gasführend *adj* (Gestein) ‖ **~ into the white ground** (Textiles) / Weißfondanbluten *n* ‖ **~ turbine** (Eng) / Entnahmeturbine *f* (Dampfturbine mit geregelter Dampfentnahme)
**bleed off** *v* / ableiten *v*, abströmen lassen ‖ **~ off** (Mining) / ausströmen *v* (z.B. Gasbläser), ausgasen *vi* ‖ **~ off**\* (Print) / abfallen *v* (von Bildern)

**bleed-off** *n* (Chem Eng) / aus einem Kreislauf abgezweigter Strom ‖ **~** (Eng) / Entschlammung *f*, Abschlämmung *f*, Absalzung *f*, Abfluten *n*, Entsalzung *f* (Trommelentsalzung bei Dampfkesseln) ‖ **~ image** (Print) / angeschnittenes Bild, abfallendes Bild
**bleed steam** (Eng) / Entnahmedampf *m*, Abzapfdampf *m*, Anzapfdampf *m*
**bleed-through** *n* (For) / Klebstoffdurchschlag *m* (durch die aufgetragene Deckschicht), Durchschlag *m* (des Klebstoffs)
**bleed valve** (Build, Eng) / Entlüftungsventil *n*, Entlüfter *m* (bei Heizkörpern)
**bleep** *n* (an intermittent high-pitched sound made electronically) (Electronics) / Piepen *n* (eines Geräts)
**bleeper** *n* (Radio) / Pager *m* (beim Funkrufdienst), "Piepser" *m*, Nur-Ton-Empfänger *m*, Funkrufempfänger *m*
**blemish** *n* / leichte Beschädigung (äußere) ‖ **~** (For) / Holzfehler *m* (zulässiger) ‖ **~** (Paint) / Verletzung *f* (der Beschichtung), Fehlstelle *f*
**blend** *v* (Nut) / mischen *v* (Tee, Kaffee, Tabak) ‖ **~** (Nut) / verschneiden *v* (alkoholische Getränke) ‖ **~** (Nut, Oils) / mischen *v* (z.B. verschiedene Öle) ‖ **~** (Acous) / Klangverschmelzung *f* ‖ **~** (Chem, Plastics) / Blend *m n* (Mischung verschiedener Polymere, um eine Kombination ihrer Eigenschaften zu erreichen), Polymerlegierung *f* ‖ **~** (Nut) / Blend *m n* (Verschnitt, Mischung, z.B. bei Tee und Tabak, vor allem aber bei alkoholischen Getränken zur Verbesserung der sensorischen Eigenschaften) ‖ **~** (Nut) / Mischung *f* ‖ **~** (Nut) / Blend *m n*, Verschnitt *m* (von alkoholischen Getränken) ‖ **~** (Print) / Verschnitt *m* (für Druckfarben), Verschnittmittel *n* ‖ **~** (Spinning) / Meliergarn *n*, Melangegarn *n*, meliertes Garn, Mischgarn *n*, Melange *f* ‖ **~**\* (Spinning) / Mischgespinst *n* ‖ **~**\* (Textiles) / Blend *m n* (Mischungen verschiedener Fasern im Garn) ‖ **~ coal** (Mining) / Kännel- und Normalkohle in Wechsellagerung
**blende** *n* (Min) / Blende *f*, Glanz *m* (ein sulfidisches Mineral) ‖ **~**\* (Min) s. also sphalerite
**blended** *adj* (Aero) / strömungsgünstig *adj* (ohne störende Übergänge) ‖ **~ braking** (Elec Eng, Rail) / überlagerte Bremsung ‖ **~ bulk sample** (Chem) / Mischprobe *f* (in der Analytik) ‖ **~ coal** / Kohlenartenmischung *f* (DIN 22005) ‖ **~ colour** / verschnittene Farbe ‖ **~ colour** (Textiles) / Mischfarbe *f* ‖ **~ fabric** (Textiles) / Melangegewebe *n*, Mischgewebe *n*, Mischware *f* ‖ **~ lamp** (Elec Eng) / Mischlichtlampe *f* ‖ **~ moulding sand** (Foundry) / verschnittener Formsand *m* ‖ **~ oil** / Mischöl *n* ‖ **~ spun yarn** (Spinning) / Mischgespinst *n* ‖ **~ tar** (Chem Eng) / präparierter Teer (Straßenteer aus Steinkohlenteerpech durch Zurückmischen mit Teerölen) ‖ **~ whisky** (Nut) / Blended Whisky *m* (schottischer Whisky - eine Mischung aus Malt Whisky und Grain Whisky) ‖ **~ yarn** (Spinning) / Meliergarn *n*, Melangegarn *n*, meliertes Garn, Mischgarn *n*, Melange *f*
**blender** *n* (US) / Mixer *m* (ein Küchengerät), Mixgerät *n* ‖ **~** (Chem Eng, Eng) / Mischer *m*, Mischmaschine *f* ‖ **~** (Eng, Paper) / Mischpumpe *f*
**blend in** *v* (Paint) / farblich übereinstimmen (mit vorhandener Lackschicht)
**blend-in button** / Tricktaste *f* (z.B. eines Tonfilmprojektors), Übersprechtaste *f*
**blending** *n* (coals) / Dosierung *f* (eines Kohlengemisches) ‖ **~** (Nut) / Verschnitt *m* (Vermischen von zwei oder mehr verschiedenen Weinen zur Qualitätsverbesserung) ‖ **~** (Nut) / Verschneiden *n* (von alkoholischen Getränken) ‖ **~** (Nut) / Mischen *n* (von Tee, Kaffee, Tabak) ‖ **~** (Oils) / Mischen *v* (von verschiedenen Ölen) ‖ **~** (Print) / Verschneiden *n* (Verminderung des Farbmittelanteils in der Druckfarbe durch Zugabe von Verschnitt) ‖ **~ agent** (Print) / Verschnitt *m* (für Druckfarben), Verschnittmittel *n* ‖ **~ chart** (Chem Eng, Phys) / Viskogramm *n* (für Viskositätsbestimmung von Mischungen), Mischdiagramm *n* (für Viskositätsbestimmung von Mischungen) ‖ **~ feeder** (Textiles) / Melierwolf *m*, Mischwolf *m* ‖ **~ function** (Comp) / Übergangsfunktion *f* (um auch beliebige Punkte erfassen zu können, die nicht auf Berandung der Teilfläche liegen)
**blending-in** *n* (Automation) / Aufschaltung *f* ‖ **~** (touch-up spraying) (Autos, Paint) / Beispritzen *n* (kleiner Flecken)
**blend level** (Nut) / Mischungsverhältnis *n*
**blendmaster** *n* (Nut) / Verschnittmeister *m* (bei Whiskysorten)
**blend of silk and other materials** (Textiles) / Halbseide *f* (Kette: Naturseide, Schuss: anderes Material) ‖ **~ oil** / verschnittenes Öl, gefettetes Öl, Compoundöl *n* (mit fetten Ölen aktiviertes Mineralöl), compoundiertes Öl ‖ **~ wine** (Nut) / Verschnittwein *m*, Deckwein *m*, Zusatzwein *m*
**bleomycin** *n* (Pharm) / Bleomyzin *n*, Bleomicin *n*
**bleu de roi** (pl. bleus de roi) / Königsblau *n* (ein Co-K-Silikat)
**blight** *n* (Agric, Bot) / Brand *m* (Getreidekrankheit), Brandkrankheit *f*, Getreidebrand *m* ‖ **~** (Arch, Build) / Sanierungsgebiet *n* ‖ **~** (an ugly or neglected urban area) (Arch, Build, Ecol) / Sanierungsgebiet *n* (das saniert werden soll)
**blighted area** (Arch, Build) / Sanierungsgebiet *n*

**blimp*** n (Aero) / kleines, unstarres Luftschiff (mit über 42000 m³) ‖ ~* (Cinema) / Schallschutzgehäuse n, schalldichtes Gehäuse, Schallschutzhaube f, Blimp m (geräuschdämpfendes Kameragehäuse)

**blimped** adj (Cinema) / schalldicht adj (Filmkamera)

**blind** v / verstopfen v (Rohr), zusetzen v (Rohr), versetzen v (Rohr) ‖ ~ / versetzen v (verschmieren, z.B. ein Filter) ‖ ~ / abblinden v (Rohr, Kanal) ‖ ~ (Light, Med) / blenden v ‖ ~ (Mil) / blenden v (einen Satelliten) ‖ ~ n (GB) (an awning over a shop window) (Build) / Markise f ‖ ~ (Build) / Rollo n (pl. -s), Rouleau n (pl. -s) ‖ ~ (Eng) / X-Stück n, Blindflansch m, Blindscheibe f, Steckscheibe f, Verschlussscheibe f (Deckel, der ein Rohr abschließt) ‖ ~ (Photog) / Rollo n (pl. -s), Verschlussvorhang m, Vorhang m (beim Schlitzverschluss), Verschlussrollo n ‖ ~ (Build) s. also Venetian blind ‖ ~ adj (Geol, Mining) / verdeckt adj (Ausbiss, Gang, Lagerstätte) ‖ ~ (Nut) / blind adj (Käse ohne Löcher) ‖ ~ (Optics) / blind adj ‖ ~ **alley** (AI) / Sackgasse f (bei der Baumdarstellung) ‖ ~ **apex*** (Geol) / verdecktes Ausstreichen ‖ ~ **arch*** (Arch) / Blendbogen m, Blindbogen m, Bogenblende f ‖ ~ **arch** (Arch, Build) / Scheingewölbe n (eine z.B. durch Putz auf Drahtgewebe vorgetäuschte Form eines Gewölbes ohne statische Funktion) ‖ ~ **area** (Radar) / Blindbereich m (infolge von Abschattung durch Gelände, Vegetation oder Gebäude) ‖ ~ **bit** (Mining) / Vollbohrkrone f (die das Gestein im gesamten Bohrlochquerschnitt zerstört) ‖ ~ **blocking*** (Bind) / Blindpressen n, Blindprägen n (durch Warmeinpressen der Prägeformen - ohne Folien und Farbe) ‖ ~ **blocking** (Plastics) / Blindprägen n (von Folien) ‖ ~ **bolt** (Join) / Kantenriegel m (zum Festhalten des linken Flügels zweiteiliger Türen) ‖ ~ **casing** (Join) / Rahmenstock m (A), Blendrahmen m, Blindrahmen m (bei Türen, Fenstern und Einbauschränken) ‖ ~ **coal** (Geol) / Naturkoks m (durch Kontaktmetamorphose in Kohlelagerstätten gebildete koksähnliche poröse Masse) ‖ ~ **coal** (GB) (Mining) / Anthrazitkohle f, Anthrazit m (Handelsbezeichnung für hochwertige, gasarme Steinkohle im Allgemeinen) ‖ ~ **copy** (Comp) / Blindkopie f ‖ ~ **direction** (Radio) / Blindrichtung f (in der keine Hauptkeule der Antenne erzeugt werden kann) ‖ ~ **door** (Build) / Blindtür f ‖ ~ **drain** (Agric) / Rigole f (Sickergraben) ‖ ~ **drain** (Hyd Eng) / Steindrän m (ein alter Sickerdrän) ‖ ~ **flange** (Eng) / X-Stück n, Blindflansch m, Blindscheibe f, Steckscheibe f, Verschlussscheibe f (Deckel, der ein Rohr abschließt) ‖ ~ **floor** (Build, Carp) / Blindboden m, Blendboden m ‖ ~ **flying*** (Aero) / Blindfliegen n ‖ ~ **grain** (Leather) / blinder Narben ‖ ~ **header** (Build) / halber Stein, Zweitquartier n, Kopf m (ein Halbziegel) ‖ ~ **hem** (Textiles) / Blindsaum m ‖ ~ **hole** (Eng) / Grundloch n, Sackloch n

**blinding*** n (Bind) / Blindpressen n, Blindprägen n (durch Warmeinpressen der Prägeformen - ohne Folien und Farbe) ‖ ~ (to fill the voids in a road wearing course) (Civ Eng) / Oberflächenabschluss m (dünne Splitt-, Sand- oder Kiesschicht auf Straßen) ‖ ~* (Civ Eng) / Absplittung f (z.B. einer frischen Bitumendecke), Splittstreuung f, gleichmäßiges Aufbringen von Splitt ‖ ~ (Civ Eng, Textiles) / Verstopfung f (der Geotextilien), Zusetzen n (von Geotextilien) ‖ ~ (Eng) / Verstopfen n (eines Siebes), Zusetzen n ‖ ~ adj (Light) / blendend adj, gleißend adj ‖ ~ **concrete** (Build, Civ Eng) / Ausgleichbeton m (der auf bereits vorhandenen Beton aufgebracht wird, um eine bestimmte Höhenlage der Oberkante zu erreichen, ein gewünschtes Gefälle zu erzeugen oder Unebenheiten auszugleichen) ‖ ~ **concrete** (Civ Eng) / Unterbeton m (im Stahlbetonfundament)

**blind keyboard** (Comp) / Tastatur f ohne Anzeige ‖ ~ **landing** (Aero) / Blindlandung f, Allwetterlandung f (Landung ohne Bodensicht) ‖ ~ **level** (Mining) / Wasserstrecke f ‖ ~ **level** (Mining) / Blindstrecke f ‖ ~ **lode*** (Mining) / verdeckter Gang ‖ ~ **mortise** (Carp) / blindes Zapfenloch ‖ ~ **nailing** (Carp) / verdeckte Nagelung ‖ ~ **nut** (Eng) / Hutmutter f (hohe Form = DIN 1587, niedrige Form = DIN 917; s. auch DIN ISO 1891) ‖ ~ **off** v (Eng) / stilllegen v (z.B. Ventile) ‖ ~ **offer** / verstecktes Angebot (der in Werbetests häufig verwendet wird, um die Aufmerksamkeit oder das Interesse von Lesern zu messen)

**blind-operator position** (Teleph) / Blindenplatz m

**blind page*** (Print) / Vakatseite f (leere Seite), Vakat n ‖ ~ **pore** (For, Met, Powder Met) / geschlossene Pore (im Allgemeinen), Blindpore f ‖ ~ **print** (Print) / Schimmelbogen m (ein Druckbogen, der durch Störungen beim Fortdruck auf der einen Seite unbedruckt bleibt) ‖ ~ **ram** (Oils) / Blindbacke f (bei Backenpreventern), Totalbacke f ‖ ~ **range** (Radar) / eindeutige Reichweite (bestimmt durch die Impulsfolgefrequenz beim Impulsradar oder Frequenzmodulation bei Dauerstrichradar) ‖ ~ **rivet*** (Eng) / Blindniet m ‖ ~ **rivet*** (Eng) s. also Chobert rivet ‖ ~ **rivet with breaking mandrel** (Eng) / Blindniet m mit Sollbruchdorn ‖ ~ **shaft** (Mining) / Blindschacht m (seigerer Grubenbau, der zwei oder mehrere Sohlen miteinander verbindet oder den Zugang von einer Sohle zu einem Flöz herstellt), Stapelschacht m ‖ ~ **sheet** (Print) / Schimmelbogen m (ein Druckbogen, der durch Störungen beim Fortdruck auf der einen Seite unbedruckt bleibt)

**blind-sider** n (Autos) / rechts überholendes Fahrzeug (in Ländern mit Rechtsverkehr)

**blind slit** (Photog) / Schlitz m (zwischen den beiden Verschlussrollos) ‖ ~ **speed** (Aero, Radar) / Blindgeschwindigkeit f ‖ ~ **spot** / tote Ecke (reinigungstechnisch schlecht erfassbar) ‖ ~ **spot** (Autos) / ungenutzte Filterfläche ‖ ~ **spot** (Autos) / toter Winkel (Raum, der durch den Rückspiegel nicht eingesehen werden kann) ‖ ~ **spot*** (Radar, Radio, TV) / Empfangsloch n, Schattenstelle f, tote Zone (im Reflexionsschatten der Ionosphäre) ‖ ~ **stamping** (Bind) / Blindpressen n, Blindprägen n (durch Warmeinpressen der Prägeformen - ohne Folien und Farbe) ‖ ~ **stitch** (Textiles) / Pikierstich m (wenn der Faden auf einer Nähgutseite unsichtbar bleiben soll), Blindstich m (beim Pikieren) ‖ ~ **stitch** (Textiles) / blinde Naht

**blindstitch** v (Textiles) / pikieren v (Wattierung einarbeiten)

**blind-stitch hem** (Textiles) / Blindsaum m

**blind tooling*** (Bind) / Blindpressen n (manuell), Blindprägen n (manuell) ‖ ~ **tracery** (Arch) / Blendmaßwerk n (einer nicht durchbrochenen Fläche vorgeblendetes Maßwerk) ‖ ~ **trial** (Pharm) / Leerversuch m, Blindversuch m (Verabreichung von Placebos) ‖ ~ **tyre** (Rail) / spurkranzloser Radreifen, Radreifen m ohne Spurkranz ‖ ~ **vault** (Arch, Build) / Scheingewölbe n (eine z.B. durch Putz auf Drahtgewebe vorgetäuschte Form eines Gewölbes ohne statische Funktion) ‖ ~ **vein*** (Mining) / verdeckter Gang ‖ ~ **velocity** (Radar) / Blindgeschwindigkeit f (maximale eindeutige Radialgeschwindigkeit entsprechend der maximalen Dopplerfrequenz bestimmt durch die Impulsfolgefrequenz und Vielfache davon, bei denen keine Zielmeldung in einem Bewegtzielfilter entsteht) ‖ ~ **wheel** (Rail) / spurkranzloses Rad

**blink** v / blinken v ‖ ~ n / Zeiteinheit = 0,864 s ‖ ~ (Meteor) / Blink m (Widerschein der Schnee- und Eisfläche an der Wolkengrenze), Eisblink m ‖ ~ **be on the** / streiken v (Gerät, Motor) ‖ ~ **comparator*** (Astron) / Blinkkomparator m (zum Vergleich zweier zu verschiedener Zeit gemachter Aufnahmen des gleichen Himmelsbereichs)

**blinker** n / Blinkfeuer n (an Gefahrenstellen) ‖ ~ (Autos) / Blinker m (an der Fahrzeugaußenseite), Blinkleuchte f ‖ ~ (Rail) / Blinklicht n

**blinking** n (US) / Blinken n ‖ ~ **blinken** n (Comp, Electronics) / Blinken n (eine beabsichtigte periodische Änderung der Intensität von Darstellungselementen) ‖ ~* (Radar) / Austastverfahren n (Loran) ‖ ~ **cursor** (Comp) / blinkender Cursor (blinkende Lichtmarke, welche auf dem Bildschirm die augenblickliche Eingabeposition anzeigt) ‖ ~ **light** / Blinkfeuer n (an Gefahrenstellen) ‖ ~ **light** (Rail) / Blinklicht n

**blink microscope** (Astron) / Blinkkomparator m (zum Vergleich zweier zu verschiedener Zeit gemachter Aufnahmen des gleichen Himmelsbereichs)

**BLIP** (background-limited performace) (Telecomm) / Grenzwert m des detektierbaren Signals, BLIP (Grenzwert des detektierbaren Signals)

**blip** n (Comp) / Dokumentenmarke f ‖ ~ (Comp, Print) / Bildmarke f (einbelichtete Markierung, die bei der Verfilmung unter der Mikrokopie einbelichtet wird und von Maschinen gelesen werden kann) ‖ ~* (Radar) / Zielanzeige f (Leuchtfleck auf dem Bildschirm von einem Echoimpuls), Blip m (Zielanzeige)

**blip-to-scan ratio** (Radar) / Zielabtastverhältnis n (ein Maß für die Häufigkeit der Entdeckung eines Ziels in aufeinander folgenden Datenerneuerungsperioden)

**blister** n / Blister m (durchsichtige, der Verpackung dienende Kunststofffolie, in die das zu verpackende Objekt eingeschweißt ist) ‖ ~ (Aero) / Radarnase f, Radarbug m ‖ ~ (Aero) / strömungsgünstige Verkleidung, Strömungshaube f ‖ ~ (Astron, Radar) / Radom n (zum Schutz von Radioteleskopen und anderen Antennen verwendete Kuppel aus Kunststoff, die für Radiostrahlung durchlässig ist), Radarkuppel f ‖ ~ (Chem Eng) / Blister m (größere Blase in Sheets) ‖ ~ (For) / Kürschner m (eine weißige Klebung zwischen Furnier und Untergrund erfolgt) ‖ ~* (Foundry, Met) / Gussblase f (an der Oberfläche) ‖ ~ (Leather) / Abheber m (Fehler) ‖ ~ (Mining) / Strudelloch n (in Kohlenflözen) ‖ ~ (Paint) / Blase f (gas- oder flüssigkeitsgefüllter Einschluss zwischen einer Lackschicht und dem Untergrund) ‖ ~ **bar*** (Met) / eingesetztes Schweißeisen, Zementstahl m (als Einsatz für die Herstellung des Tiegelstahls), Blasenstahl m ‖ ~ **cap** (Med) / Blisterhaube f (bei der Blisterverpackung, Verpackungshaube f ‖ ~ **card** / Blisterkarte f (Verpackung) ‖ ~ **cloth*** (Textiles) / Cloqué m (modisches Gewebe, das auf der rechten Seite ein welliges, blasenartiges Aussehen zeigt), Blasenkrepp m ‖ ~ **copper*** (a partially refined form of copper having a blistered surface after smelting due to the gases generated during solidification) (Met) / Blasenkupfer n (eine Art Rohkupfer), Blisterkupfer n

**blistered** *adj* / blasig *adj* (Oberfläche)
**blister gas** (Mil) / blasenziehender Gaskampfstoff
**blistering**\* *n* / Blasenbildung *f*, Bläschenbildung *f* ‖ ~ (the development of enclosed or broken macroscopic bubbles or vesicles in a body, glaze, porcelain enamel, or other coating during firing) (Ceramics) / blasenartiges Aufkochen (der Glasur), Blasenbildung *f* (ein Fehler) ‖ ~ (Nuc Eng) / Blistering *n* (bei Kernbrennstoffen), Bildung *f* blasenförmiger Abscheidungen, Blasenbildung *f* (bei Kernbrennstoffen), Porenbildung *f* ‖ ~ *adj* (Pharm) / Blasen ziehend *adj*
**blister pack**\* / Blisterpack *m*, Blisterverpackung *f*, Blasenverpackung *f* ‖ ~ **rust** (For) / Blasenrost *m* (der Kiefern, verursacht durch Cronartium flaccidum) ‖ ~ **steel**\* (Met) / eingesetztes Schweißeisen, Zementstahl *m* (als Einsatz für die Herstellung des Tiegelstahls), Blasenstahl *m*
**blistery** *adj* / blasig *adj*, voller Blasen
**blivet**\* *n* (Aero) / Sackbehälter *m*
**BLL** (baseline length) (Radar) / Basislinienlänge *f*
**BL Lacertae** (Astron) / blaustrahlendes Objekt, Blazar *m*, BSO, BL-Lac-Objekt *n* (Unterklasse oder besonderer Entwicklungszustand eines Quasars) ‖ ≃ **Lac Object**\* (Astron) / blaustrahlendes Objekt, Blazar *m*, BSO, BL-Lac-Objekt *n* (Unterklasse oder besonderer Entwicklungszustand eines Quasars)
**BLM** (bilayer lipid membrane) (Biochem) / Lipiddoppelschicht *f*
**bloach** *n* (Glass) / Fenster *n* (ein Oberflächenfehler), Jour *m* ‖ ~ (an imperfection resulting from the incomplete grinding of plate glass caused by a low point in the glass which retains a part of the original rough surface) (Glass) / Fehlstelle *f* im Flachglas
**bloat** *v* (to cause solid particles, such as clays nad slags, to puff or swell due to sudden expansion of air or moisture contained in the material when subjected to a blast of a superheated air, hot flame, or other source of heat of high temperature) (Ceramics, Met) / aufblähen *v*
**bloated clay** (Build) / Blähton *m* (ein künstlicher Zuschlagstoff)
**bloating** *n* (the permanent expansion or swelling of a ceramic material or body during heating) (Ceramics) / Blähen *n*, Aufblähen *n* ‖ ~ (Ceramics) s. also pimpling
**bloatware** *n* (Comp) / Bloatware *f* (Programme oder Programmteile, die in einem anderen Programm enthalten sind, die vom Nutzer jedoch funktional nie in Anspruch genommen werden, von ihm jedoch üblicherweise zu bezahlen sind)
**BLOB** *n* (Binary Large Object) (Comp) / Binary Large Object *n*, BLOB *n* (Binary Large Object)
**blob** *n* (Nuc) / Blob *m n*, Traube *f*, Klumpen *m* (größere Spur in der Kernemulsion) ‖ ~ **density** (Nuc) / Blobdichte *f*
**Bloch function**\* (Phys) / Bloch'sche Eigenfunktion (nach F. Bloch, 1905-1983), Bloch-Funktion *f* (die Eigenfunktion eines Elektrons)
**Bloch's function** (Phys) / Bloch'sche Eigenfunktion (nach F. Bloch, 1905-1983), Bloch-Funktion *f* (die Eigenfunktion eines Elektrons)
**Bloch-Siegert effect** (Spectr) / Bloch-Siegert-Effekt *m* (leichte Verschiebung der Resonanzlagen durch zusätzliche Einstrahlung)
**Bloch theorem** (Phys) / Bloch-Theorem *n* ‖ ≃ **wall**\* (Mag) / Bloch'sche Wand, Blochwand *f* (zwischen zwei Weissschen Bezirken - nach F. Bloch, 1905-1983) ‖ ≃ **wall**\* (Mag) s. also Néel wall
**block** *v* / zustellen *v* (den Eingang) ‖ ~ / verstopfen *v* (Rohr), zusetzen *v* (Rohr), versetzen *v* (Rohr) ‖ ~ (Autos, Elec Eng, Electronics, Eng, Rail) / sperren *v*, abriegeln *v*, verriegeln *v*, blockieren *v* (sperren) ‖ ~ (Chem) / blockieren *v* (reaktionsfähige Substituenten) ‖ ~ (Comp) / eindämmen *v* (Viren) ‖ ~ (Eng) / blockieren *v*, verklemmen *v*, hemmen *v*, klemmen *v*, einklemmen *v* ‖ ~ (Glass) / wälzen *v* (auf ebener Platte), marbeln *v*, motzen *v* (Külbel in einer Motze), wulgern *v* (in einem Wulgerlöffel bei der Stuhlarbeit), wulchern *v* ‖ ~ (Met) / vorschmieden *v* (vorschlichten), vorschlichten *v* ‖ ~ (Telecomm) / zustopfen *v* (ein HF-Empfänger) ‖ ~ (Telecomm) / sperren *v* (ein fehlerhaftes Gerät) ‖ ~ *n* (Arch, Build) / Blockziegel *m* (Mauerziegel mit Großformaten) ‖ ~ (Arch, Build) / Trakt *m* (pl.: -e) ‖ ~ (Autos) / Backe *f* (einer Bremse) ‖ ~ (US) (Build, Ceramics) / Mauerziegel *m* (DIN 105), Mauerwerkziegel *m*, Mauerstein *m* (der auf kalten Wegen hergestellt wurde), Backstein *m*, Ziegel *m*, Stein *m* (Mauerstein) ‖ ~ (Chem) / Orbitalgruppe *f* (im Periodensystem) (f, s, d, p) ‖ ~ (Civ Eng) / Kopfstein *m* (für Kopfsteinpflaster) ‖ ~\* (Comp) / Block *m* (zusammengesetzte Wort- oder Informationseinheit) ‖ ~ (Comp) / Block *m* (im Gegensatz zum Datensatz), Datenblock *m* (Elec Eng) / Block *m*, Blockeinheit *f* ‖ ~\* (Eng) / Block *m* (der Seilführung dienende Rillenscheibe in einem Gehäuse; Zylinderblock) ‖ ~ (Eng) / Satz *m* (numerische Steuerung) ‖ ~ (Geol) / Block *m* ‖ ~\* (Geol, Mining) / Scholle *f* ‖ ~ (I C Engs) / Zylinderblock *m* (bei wassergekühlten Motoren nach DIN 6260), Motorblock *m* ‖ ~ (used in cupolas or rotary kilns) (Met) / Radialstein *m* (für Kupol- und Drehöfen) ‖ ~\* (Mining) / Abbaublock *m*, Block *m* ‖ ~ (grinding block) (Optics) / Linsenkörper *m*, Tragkörper *m*, Linsentragkörper *m* ‖ ~\* (Print) / Druckstock *m*, Klischee *n* ‖ ~ (Rail) / Eisenbahnblock *m*, Block *m* (Einrichtung zur Sicherung) ‖ ~ (Rail) / Bremsklotz *m* ‖

~ (Ships) / Pallholz, Pall *n m* (Gesamtheit des Stapelholzes) ‖ ~ (Telecomm) / Feld *n* (Klemmen, Stifte) ‖ ~ (Textiles) / Model *m* (Druckform für Stoff- und Tapetendruck) ‖ **be off** ~**s** (Aero) / abrollen *v* (von der Fluggastbrücke) ‖ ~ **abort** (Comp) / Blockabbruch *m* (Anweisung, einen teilweise übertragenen DÜ-Block nicht auszuwerten) ‖ ~ **address** (Comp) / Blockadresse *f* ‖ ~ **adjustment** / Blockausgleichung *f* (in der Fotogrammetrie) ‖ ~ **and fall** (Eng) / Flaschenzug *m*, Rollenzug *m* ‖ ~ **and tackle** (Eng) / Flaschenzug *m*, Rollenzug *m*
**blockboard**\* *n* (Join) / Tischlerplatte *f* (DIN 68791), Verbundplatte *f* mit Vollholzmittellage ‖ ~\* (Join) / Stabplatte *f* (geklebte - mit Stäben bis zu 25 mm)
**block brake**\* (Eng) / Backenbremse *f* (entweder Außen- oder Innenbackenbremse), Klotzbremse *f* ‖ ~ **brick** (Arch, Build) / Blockziegel *m* (Mauerziegel mit Großformaten)
**block-by-block** *attr* / satzweise *adj* (numerische Steuerung)
**block capitals** (Print) / Blockschrift *f* ‖ ~ **caving**\* (Mining) / Blockbruchbau *m* ‖ ~ **chain** (Eng) / Blockkette *f* ‖ ~ **charging** (Telecomm) / Blocktarif *m* (einmaliger, periodischer, verzögerter), Blockcharging *n* ‖ ~ **check** (Comp) / Longitudinalprüfung *f*, Blockprüfung *f* (DIN 44302) ‖ ~ **check** (Comp) s. also longitudinal check ‖ ~ **check character** (Comp) / Blockprüfzeichen *n* ‖ ~ **clamp** (Civ Eng) / Steinklammer *f* (in Ladern oder Staplern) ‖ ~ **coal** (Mining) / Stückkohle *f* (Steinkohle über 80 mm) ‖ ~ **code** (Comp) / Blockcode *m*, Blockkode *m*, Blockprüfkode *m* ‖ ~ **coefficient**\* (Ships) / Völligkeitsgrad *m* der Verdrängung (bezogen auf das Unterwasserschiff), Blockkoeffizient *m* ‖ ~ **command** (Comp) / Blockbefehl *m* ‖ ~ **copolymerisation** (GB) (Chem) / Blockkopolymerisation *f*, Blockcopolymerisation *f* ‖ ~ **copolymerization** (Chem) / Blockkopolymerisation *f*, Blockcopolymerisation *f* ‖ ~ **cutter** (Bind) / Formschneider *m*
**block-device driver** (Comp) / Blockeinheitentreiber *m*
**block diagram** (of the earth's crust) (Cartography, Geol) / Blockbild *n* (schematisches Schrägbild eines blockförmigen Ausschnittes der Erdkruste), Blockdiagramm *n* ‖ ~ **diagram**\* (Comp) / Blockdiagramm *n* (eine vereinfachende Darstellung eines hardware- oder softwaremäßigen Sachverhaltes) ‖ ~ **diagram** (Elec Eng) / Blockdiagramm *n*, Blockschaltbild *n*, Übersichtsschaltplan *m*
**blocked** *adj* / verstopft *adj* (versetzt), versetzt *adj* ‖ ~ **impedance**\* (Telecomm) / Sperrimpedanz *f* ‖ ~ **lens** (Optics) / aufgekittete Linse (auf den Linsentragkörper)
**blocked-out** *adj* (Print) / frei stehend *adj* (Reproduktion - ohne Hinter- oder Vordergrund) ‖ ~ **ore** (Mining) / allseitig vorgerichtetes Erz, vollständig ausgeblocktes Erz ‖ ~ **ore**\* (Mining) / vorgerichtetes Erz, bauwürdig nachgewiesenes Erz (durch Vorrichtungsstrecken), ausgeblockter Erzvorrat ‖ ~ **ore**\* (Mining) s. also probable ore
**blocked record** (Comp) / geblockter Datensatz ‖ ~ **rotor** (Elec Eng) / festgebremster Läufer, blockierter Rotor, festgebremster Rotor
**block equipment** (Rail) / Blockanlage *f* (als System)
**blocker** *n* (Eng) / Vorschmiedegesenk *n*, Vorformgesenk *n*, Vorgesenk *n* ‖ ~ (Leather) / Walkplatte *f*
**block fault** (Geol) / Schollenbruch *m*
**block-faulted area** (Geol) / Bruchschollengebiet *n*
**block faulting** (a type of normal faulting in which the crust is divided into structural or fault blocks of different elevations and orientations) (Geol) / Blockverwerfung *f* ‖ ~ **field** (Geol) / Felsenmeer *n*, Blockmeer *n* ‖ ~ **floor** (Build) / Holzpflaster *n* (ein Fußbodenbelagtyp nach DIN 68 701 und 68 702), Holzstöckelpflaster *n* (A) ‖ ~ **flooring** (Build) / Holzpflaster *n* (ein Fußbodenbelagtyp nach DIN 68 701 und 68 702), Holzstöckelpflaster *n* (A) ‖ ~ **gauge**\* (Eng) / Parallelendmaß *n* (ein Längenmaß-Normal nach DIN 861), Endmaß *n* (mit rechteckigem Querschnitt und parallelen Messflächen - DIN EN ISO 3650) ‖ ~ **grease** (Eng) / Blockfett *n* (geliefert in harten, quaderförmigen Stücken, eingelegt in Kammern von Gleitlagern), Brikettfett *n*
**block-holing** *n* (Mining) / Knäpperschießen *n*, Knäppern *n*
**blockhouse** *n* (Build) / Blockhaus *n*, Blockhütte *f* ‖ ~ (Mil, Nuc Eng) / Kontrollbunker *m*, Blockhaus *n*
**blocking** *n* / Verblockung *f* (eines Gutes als Folge von Temperaturschwankungen, Wasserdampfabgabe, Feuchtigkeit, chemischen Reaktionen usw.) ‖ ~\* (Bind) / Blindpressen *n*, Blindprägen *n* (durch Warmeinpressen der Prägeformen - ohne Folien und Farbe) ‖ ~\* (Bind) / Deckenverzierung *f* ‖ ~ (Comp) / Sperren *n*, Sperre *f* (ein Leistungsmerkmal von Nebenstellenanlagen), Barring *n* (Sperren) ‖ ~ (Comp) / Blocken *n* (der Datensätze) ‖ ~ (Elec Eng) / Verblockung *f*, Sperre *f*, Sperrung *f*, Blockierung *f*, Blockieren *n*, Abhängigkeitsschaltung *f*, Verriegelung *f* ‖ ~ (Electronics) / Sperren *n* ‖ ~ (Eng) / Verrastung *f*, Arretierung *f*, Verriegelung *f*, Sperrung *f* ‖ ~ (Eng) / Verklemmen *n*, Blockieren *n*, Hemmen *n*, Blockierung *f*, Klemmen *n*, Einklemmen *n* ‖ ~ (Eng) / Verstopfen *n* (eines Siebes), Zusetzen *n* ‖ ~ (Eng) / Hemmung *f* (Glass) / Bülwern *n* ‖ ~ (Met) / Vorschmieden *n*, Vorschlichten *n* ‖ ~

(Paint) / leichtes Kleben ‖ ~ (Plastics) / Backen n (bei Folien), Blocking n (eine unerwünschte Erscheinung bei Folien), Blocken n, Aneinanderhaften n ‖ ~ (during washing) (Textiles) / Verfilzen n ‖ ~ **capacitor** (Elec Eng) / Kopplungskondensator m (Kondensator erhöhter Sicherheit für Anwendungen, bei denen er beim Versagen unmittelbar zu einem elektrischen Schlag führen kann) ‖ ~ **capacitor**‖ (Elec Eng) / Sperrkondensator m, Blockkondensator m ‖ ~ **circuit** (Teleph) / Sperrschaltung f ‖ ~ **die** (Eng) / Vorschmiedegesenk n, Vorformgesenk, Vorgesenk n ‖ ~ **effect** (Textiles) / Blockierungseffekt m (beim Färben mit Reaktivfarbstoffen) ‖ ~ **element** (Electronics) / Sperrglied n (im Allgemeinen) ‖ ~ **factor**\* (Comp) / Blockfaktor m (die Anzahl der logischen Sätze, die mit einer E/A-Operation übertragen werden), Blockungsfaktor m ‖ ~ **foil**\* (Bind) / Prägefolie f ‖ ~ **function** (Teleph) / Sperrfunktion f
**blocking-layer rectifier** (Elec Eng) / Sperrschichtgleichrichter m
**blocking oscillator** (Telecomm) / Sperrschwinger m (bei dem durch eine sehr stark wirkende Rückkopplung die Schwingungen sehr schnell abreißen)
**blocking-oscillator circuit** (Telecomm) / Sperrschwinger-Schaltung f (eine Kippschaltung)
**blocking•-out**\* n (Photog, Print) / Abdecken n (des Negativs) ‖ ~ **pitch** (Optics) / Kittpech n ‖ ~ **press**\* (Bind) / Prägepresse f ‖ ~ **probability** (Comp, Telecomm) / Blockierungswahrscheinlichkeit f ‖ ~ **relay** (Elec Eng) / Blockierrelais n ‖ ~ **signal** (Electronics, Telecomm) / Sperrsignal n
**blocking-state region** (Comp, Electronics) / Sperrbereich m (DIN 41581)
**block interval** (Rail) / Blockabstand m (räumlicher Abstand zwischen zwei Blocksignalen) ‖ ~ **lava**\* (Geol) / Blocklava f ‖ ~ **length** (Comp) / Blocklänge f ‖ ~ **letters** (Print) / Blockschrift f ‖ ~ **loading** (Comp) / Blockladen n (Print) / Druckstockherstellung f, Klischeeherstellung f
**blockmaking** n (Print) / Druckstockherstellung f, Klischeeherstellung f
**block matching** (an image compression) (Comp) / Blockmatching n (Prüfung von Pixelblöcken auf Gleichheit) ‖ ~ **mica** (Elec Eng) / Blockglimmer m, Spaltglimmer m (über 0,178 mm) ‖ ~ **mould** (a one-piece mould used in glass-making) (Glass) / einteilige Form, Blockform f, Stockform f ‖ ~ **mountains** (Geol) / Bruchschollengebirge n ‖ ~ **move** (Comp) / blockweise Verschiebung, Verschiebung f von Textblöcken ‖ ~ **multiplex channel** (Comp) / Blockmultiplexkanal m (verbindet einen Rechner mit mehreren schnellen Peripheriegeräten) ‖ ~ **of** (rented) **flats** (Build) / Wohngebäude n (Etagenhaus), Mietshaus n ‖ ~ **of flats with access balconies** (Arch) / Pawlatschenhaus n (A), Laubenganghaus n, Außenganghaus n ‖ ~ (system) **of mining** (Mining) / Blockbau m ‖ ~ **of plates** (Elec Eng) / Plattenblock m (Einheit aus positivem und negativem Plattensatz einer Zelle) ‖ ~ **of rules** (AI) / Regelsatz m, Regelblock m ‖ ~ **of text** (Comp, Print) / Textblock m
**block-oriented RAM** (Comp) / blockorientierter Speicher mit wahlfreiem Zugriff, blockorientierter Schreib-/Lesespeicher, RAM n mit Blockeinteilung, BORAM n
**block-oriented random-access memory** (Comp) / blockorientierter Speicher mit wahlfreiem Zugriff, blockorientierter Schreib-/Lesespeicher, RAM n mit Blockeinteilung, BORAM n
**blockout** n (an opening or cavity formed in concrete to facilitate subsequent construction operations. such as an opening in a wall for the installation of a pipe or other item) (Build) / Aussparung f (in einem Stahlbetonteil)
**block parity** (Comp) / Längsparität f, Blockparität f (Parität eines Datenblocks nach Ergänzung durch ein Blockprüfzeichen; im Gegensatz zur Quer- bzw. Zeichenparität) ‖ ~ **pavement** (Civ Eng) / Pflasterdecke f ‖ ~ **pavement** (Civ Eng) / Blockpflaster n ‖ ~ **pavement** (Civ Eng) s. also sheet pavement ‖ ~ **plane** (Join) / Hirnholzhobel m, Bestoßhobel m ‖ ~ **polymer** (Chem) / Blockpolymer n ‖ ~ **polymerization** (Chem) / Blockpolymerisation f ‖ ~ **polymerization** (Chem) s. also bulk polymerization ‖ ~ **post** (Rail) / Zugfolgestelle f, Blockstelle f (die die Strecke in Blockabschnitte unterteilt) ‖ ~ **power station** (Elec Eng) / Blockkraftwerk n (aus mehreren selbständig funktionierenden Kraftwerksblöcken) ‖ ~ **printer** (Comp) / Blockdrucker m
**block-printing** n (Textiles) / Modeldruck m
**block processing** (Comp) / Blockverarbeitung f ‖ ~ **rain** (Hyd Eng, San Eng) / Blockregen m (Modellregen mit konstanter Regenintensität und vorgegebener Regenhäufigkeit) ‖ ~ **rake** (a scratch or cullet-cut imperfection) (Glass) / Kratzer m (langer), Schramme f (die beim Polieren entstanden ist) ‖ ~ **reek** (Glass) / Kratzer m (langer), Schramme f (die beim Polieren entstanden ist) ‖ ~ **sanding** (Autos, Paint) / Schleifen n mit dem Schleifklotz ‖ ~ **section**\* (Rail) / Blockabschnitt m, Blockstrecke f (zwischen zwei Blockgestellen liegend und von Blocksignalen begrenzt) ‖ ~ **signal** (Rail) / Blocksignal n ‖ ~ **signal system** (Rail) / Blockanlage f (als System) ‖ ~ **size** (Comp) / Blocklänge f ‖ ~ **sort** (Comp) / blockweises Sortieren,

Sortieren n in Blöcken ‖ ~ **speed** (Aero) / Blockgeschwindigkeit f ‖ ~ **start** (Comp) / Blockanfang m
**block-stone drilled for blasting** (Civ Eng) / Knäpper m
**block stream** (Geol) / Bergsturzmasse f, Blockstrom m ‖ ~ **striping** (Comp) / RAID-Level m 4 (wenn zusätzlich zum Striping von Datenblöcken die Laufwerke unabhängig voneinander arbeiten) ‖ ~ **system** (Rail) / Blocksystem n ‖ ~ **system**\* (Rail) / Blockanlage f (als System) ‖ ~ **system of construction** (Eng) / Blockbauweise f ‖ ~ **time**\* (Aero) / Blockzeit f (die Zeit vom Abrollen des Flugzeuges vom Startflughafen bis zum Stillstand am Zielflughafen) ‖ ~ **tin**\* (Met) / Blockzinn n, Reinzinn n ‖ ~ **train** (Rail) / Vollzug m ‖ ~ **train** (Rail) / Ganzzug m (vom Absender gebildeter Durchgangsgüterzug, der geschlossen bis zum Empfänger verkehrt) ‖ ~ **transfer** (Comp) / Blocktransfer m, Blockübertragung f (Übertragung eines Blocks oder mehrerer Blöcke mit einem Befehl) ‖ ~ **turning** (Eng) / Blockdrehen n (Erzeugung von Vierkantblöcken)
**block-type thermal power station** (Elec Eng) / Blockheizkraftwerk n, BHKW (Blockheizkraftwerk)
**block up** v (Build) / zumauern v (z.B. Tür- oder Fensteröffnung), vermauern v (eine Öffnung)
**blockwork**\* n (Build) / Blocksteinmauerwerk n, Hohlblocksteinmauerwerk n, Betonblockmauerwerk n
**blocky** adj (Min Proc, Mining) / großstückig adj, grobstückig adj, derbstückig adj, stückig adj
**bloedite** n (Min) / Astrakanit m, Blödit m (Magnesiumnatriumsulfat)
**blonde lace** (Textiles) / Blonde f (feine Seidenspitze mit Blumen- und Figurenmuster)
**blondin**\* n (Civ Eng) / Seilbahn f (kleinere - mit einer einzigen freien Spannweite), Seilförderanlage f, Lastenluftseilbahn f
**blood-albumen glue** (Physiol) / Albuminleim m, Blutalbuminleim m
**blood albumin**\* (Physiol) / Serumalbumin n ‖ ~ **alcohol** (Med) / Blutalkohol m (Konzentration von Ethylalkohol im Blut, angegeben meist in Promille)
**blood-alcohol content** (Autos, Med) / Blutalkoholspiegel m, Blutalkoholgehalt m
**blood cell** (Physiol) / Blutkörperchen n, Blutzelle f (der zellige Anteil des Bluts) ‖ ~ **clotting** (Biochem, Physiol) / Blutgerinnung f ‖ ~ **coagulation** (a process in which blood forms a gel sufficiently dense to prevent bleeding from a wound) (Biochem, Physiol) / Blutgerinnung f ‖ ~ **corpuscle**\* (Physiol) / Blutkörperchen n, Blutzelle f (der zellige Anteil des Bluts) ‖ ~ **glue** (Physiol) / Albuminleim m, Blutalbuminleim m ‖ ~ **lipid** (Physiol) / Blutfett n ‖ ~ **meal** (Agric, Nut) / Blutmehl n ‖ ~ **plasma**\* (Physiol) / Blutplasma, Plasma n, Blutflüssigkeit f
**blood-platelet** n (Cyt) / Thrombozyt m (pl. -en), Blutplättchen n, Thrombocyt m (pl. -en)
**blood poison** (Med) / Blutgift n (z.B. Benzol, Arsenwasserstoff oder Anilin)
**blood-proof paper** (Paper) / Fleischeinwickelpapier n
**blood-rain** n (Meteor) / Blutregen m (mit dem rötlichen Wüstenstaub oder Algen)
**blood-red** adj / blutrot adj ‖ ~ **heat**\* (Met) / purpurrote Glühhitze, Dunkelrotglut f (Glühfarbe)
**blood serum**\* (Physiol) / Blutserum n, Serum n (Blutserum)
**bloodstone**\* n (Min) / Heliotrop m, Blutjaspis m (ein lauchgrüner Chalzedon mit blutroten Punkten) ‖ ~ (Min) / Blutstein m (dichter Hämatit)
**blood substitute** (Pharm, Physiol) / blutisotonischer Blutflüssigkeitsersatz, Plasmaexpander m, Ersatzflüssigkeit f (die bei Blutverlust verabfolgt wird), Blutersatzmittel n, Plasmaersatzmittel n, Plasmaersatzstoff m, blutisotonischer Plasmaexpander m ‖ ~ **sugar** (Biochem) / Blutzucker m ‖ ~ **transfusion**\* (Med) / Transfusion f, Bluttransfusion f
**bloom** v (Bot) / blühen v ‖ ~ (Met) / vorwalzen v (herunterwalzen), vorblocken v (von einem Vorblock) ‖ ~ (Met) / anlaufen v ‖ ~\* n (Chem, Oils) / Fluoreszenz f (der Mineralöle) ‖ ~\* (Glass) / Kühlbeschlag m (ein Entspannungsfehler), Feuerweiß n, Hüttenrauch m, Blasenschleier m, staubiges Glas ‖ ~ (Leather) / Blume f ‖ ~\* (Met) / Vorblock m (nicht mehr übliche Bezeichnung von quadratischem oder rechteckigem Halbzeug), vorgewalzter Block, Walzblock m, Block m (zum Walzen) ‖ ~\* (Min) / Effloreszenz f (einfache Ausblühung), Anflug m ‖ ~\* (Min) / Blume f, Blüte f (z.B. Eisenblüte) ‖ ~\* (Nut) / Reif m, Belag m, feine Schicht, Hauch m (z.B. auf Früchten und auf Schokolade) ‖ ~ (Oils) / Aufsichtfarbe f (von Mineralölen) ‖ ~\* (Optics) / Transparenzbelag m, reflexmindernder Belag, reflexmindernde Schicht, Entspiegelungsschicht f, Antireflexbelag m, T-Belag m ‖ ~ (of paint or varnish films) (Paint) / Schleier m (DIN 55945) ‖ ~\* (Paint) / Hauch m (angelaufene Schicht) ‖ ~ (Paint) / Glanzverlust m (Beschlag), Blindwerden n, Mattwerden n (Glanzverlust), Absterben n (des Glanzes), Einfallen n (des Glanzes) ‖ **be in** ~ (Bot) / blühen v
**bloomer** n (Met) / Blockwalzwerk n, Blockstraße f, Blooming n

**bloomery**

**bloomery** n (Met) / Luppenfeuer n, Rennfeuer n, Rennherd m, Frischfeuer n

**blooming** n (Cinema) / Blooming n (im Bild sichtbare Lampen erzeugen ein helles und farbiges Nachziehen) ‖ ~* (Cinema, Optics, Photog) / Entspiegelung f (zur Reflexminderung), Vergütung f (der gegen Luft stehenden Linsenoberfläche) ‖ ~* (Electronics) / Überstrahlung f ‖ ~ (Met) / Vorwalzen n, Vorblocken n ‖ ~ (Min) / Effloreszenz f (einfache Ausblühung), Anflug m ‖ ~* (Optics) / Transparenzbelag m, reflexmindernder Belag, reflexmindernde Schicht, Entspiegelungsschicht f, Antireflexbelag m, T-Belag m ‖ ~* (of hard gloss paints or enamel and varnish films) (Paint) / Hauchbildung f, Anlaufen n (DIN 55945), Nebligwerden n (der Oberfläche einer Beschichtung) ‖ ~* (Paint) / Wolkenbildung f ‖ ~* (Radar) / Leuchtfleckenüberstrahlung f durch Bildschirmübersteuerung ‖ ~ (Spinning) / Voröffnen n (von Ballen) ‖ ~ (TV) / Blooming n (störender plötzlicher Kontrastverlust an Bildstellen mit sehr hellen Details), Überstrahlungseffekt m ‖ ~ **coat** (Optics) / Transparenzbelag m, reflexmindernder Belag, reflexmindernde Schicht, Entspiegelungsschicht f, Antireflexbelag m, T-Belag m ‖ ~ **mill*** (Met) / Blockwalzwerk n, Blockstraße f, Blooming n

**blooming-slabbing mill** (Met) / Block-Brammen-Straße f

**blooming stand** (Met) / Vorgerüst n

**Bloom number** (Chem) / Bloom-Zahl f (Maß für die Gallertfestigkeit) ‖ ~ **side** (Leather) / Haarseite f, Narbenseite f (die vom Körper abgewandte Seite der Haut)

**bloop*** n (Cinema) / Klebstellengeräusch n, Klebstellenknacken n, Geräusch n an der Klebstelle ‖ ~ (Cinema) / Tonstanze f

**blossom** n (Min) / Blume f, Blüte f (z.B. Eisenblüte)

**blot** v / abtupfen v (mit Fließpapier) ‖ ~ n / Fleck m, Klecks m

**blotch** n / Fleck m, Klecks m ‖ ~ (Textiles) / Schmutzfleck m, Fleck m (Rost-, Schmutz-), Schmutzstelle f ‖ ~ (wet-in-wet process) (Textiles) / Stoffgrund m, Fond m, Boden m (im Textildruck) ‖ ~ **print** (Textiles) / Gründeldruck m (als Erzeugnis) ‖ ~ **print** (Textiles) / Deckerdruck m (großflächiger Textildruck auf einer mit kleinen Mustern vorbedruckten Fläche unter Aussparung dieser Muster durch Schablonen)

**blotchy** adj / fleckig adj, befleckt adj, gefleckt adj, voller Flecken

**blotting** n (Chem) / Blotting n (eine Nachweismethode für Proteine, Nukleinsäuren usw.) ‖ ~**-paper*** n (Paper) / Löschpapier n, Fließpapier n

**blow** v / schlagen v, anschlagen v ‖ ~ / blasen v ‖ ~ (Civ Eng) / aufwühlen v (Erdstoff), auftreiben v (Sand in der Baugrube) ‖ ~ (Mining) / zünden v (eine Sprengladung), abtun v ‖ ~ (Paper) / leer blasen (den Zellstoffkocher) ‖ ~* vi / schmelzen vi (Sicherung), durchbrennen vi, durchschmelzen vi ‖ ~ (Nut) / sich aufblähen, bombieren v (Konservendosen) ‖ ~ n (Civ Eng) / Rammschlag m ‖ ~ (Comp) / Programmierung f mit dem PROM-Programmiergerät ‖ ~ (Eng, Phys) / Stoß m, Hieb m, Schlag m ‖ ~ (For) / Kürschner m (wenn keine Klebung zwischen Furnier und Untergrund erfolgt) ‖ ~ (Mech) / Schlag m, Erschütterung f ‖ ~* (Met) / Blasen n ‖ ~ (the quantity of metal dealt with at a single operation) (Met) / Konvertercharge f, Schmelze f (im Konverter), Konvertereinsatz m ‖ ~* (Mining) / Lochpfeifer m, Bläser m, Ausbläser m (beim Sprengen) ‖ ~* (Mining) / Gasausbruch m (durch einen Branddamm)

**blowable** adj (Foundry) / blasbar adj, schießbar adj (Formstoff)

**blow-and-blow process** (Glass) / Blas-Blas-Verfahren n (bei Enghalsgefäßen), BB-Verfahren n

**blow apart** v / zerplatzen v, zerspringen v (zerplatzen), zerknallen v (zerplatzen), platzen v, bersten vi, zerbersten v

**blowback** n (Chem Eng) / Filterreinigung f durch Rückspülung ‖ ~ (Eng) / Rückschlag m (der Flamme) ‖ ~ (Eng) / Zurückschlagen n, Flammenrückschlag m (im Brenner) ‖ ~ (I C Engs) / Rückschlagzündung f (Zurückschlagen des verbrennenden Kraftstoff-Luft-Gemisches in die Ansaugleitung), Zurückknallen n, Patschen n ‖ ~ (I C Engs) / Gasrückschieben n (bei Zweitaktmotoren), Gasrückblasen n

**blow by** v (I C Engs) / vorbeiströmen v (z.B. Verbrennungsgase an den Kolbenringen) ‖ **~-by** n (Autos, I C Engs) / Kurbelgehäusegase n pl, Blowby n (das Blowby-Volumen kann als Maß für den Zylinder-, Kolben- und Ringverschleiß sowie für den Ölverbrauch und die Ölverschmutzung betrachtet werden), Blowby-Gas n, Durchblasegase n pl ‖ ~ **core** (Foundry) / Blaskern m ‖ ~ **count** (Civ Eng) / erforderliche Schlagzahl f (um einen Gegenstand in die Erde zu rammen) ‖ ~ **die-to-die** (with upper and lower dies making contact) (Eng) / Prellschlag m (wenn der Bär mit dem Obergesenk unmittelbar auf das Untergesenk aufschlägt) ‖ ~ **down** v (Chem Eng) / ausblasen v, entleeren durch Ausblasen ‖ ~ **down** (Glass) / niederblasen v (in Vorformen)

**blowdown** n (Chem Eng) / Ausblasen n, Entleeren n durch Ausblasen ‖ ~ (Eng) / Entschlammung f, Abschlämmung f, Absalzung f, Abfluten n, Entsalzung f (Trommelentsalzung bei Dampfkesseln) ‖ ~ (water) (Eng) / Lauge f (bei der Kesselentsalzung) ‖ ~ (Eng, Nuc Eng) / Abblasen n, Systemdruckerniedrigung f, Blowdown n ‖ ~ (US) (For) / Windbruchholz n, Windbruch m (Holz), Windfallholz n ‖ ~ (For) / Windbruch m, Windfall m, Windwurf m ‖ ~ (Glass) / Niederblasen n (in Vorformen) ‖ ~ **accident** (Nuc Eng) / Blowdown-Störfall m, Störfall m mit Systemdruckerniedrigung ‖ ~ **period** (Autos) / Vorauspuff m, Vorauslassphase f, Vorauslassperiode f, Vorausströmphase f ‖ ~ **pigment** (Bot, Chem) / Blütenfarbstoff m ‖ ~ **pressure** (Eng) / Schließdruck m (bei Armaturen)

**blowdowns** pl (For) / Windbruchholz n, Windbruch m (Holz), Windfallholz n

**blowdown system** (Oils) / Blowdown-System n (eine Sicherheits- und Entleerungseinrichtung für gasförmige und flüssige Produkte) ‖ ~ **timber** (For) / Windbruchholz n, Windbruch m (Holz), Windfallholz n ‖ ~ **tunnel** (Aero) / Blowdown-Windkanal m (bei dem die gespeicherte Druckluft aus einem Behälter durch eine Messstrecke in die Atmosphäre ausgeblasen wird) ‖ ~ **vessel** (Eng) / Entspanner m, Kessel-Ablassentspanner m (in Systemen mit Brüdendampfzufuhr, vom Entsalzungsentspanner zum Entgaser) ‖ ~ **wind tunnel** (Aero) / Blowdown-Windkanal m (bei dem die gespeicherte Druckluft aus einem Behälter durch eine Messstrecke in die Atmosphäre ausgeblasen wird)

**blower** n (Comp) / Blower m (interner Lüfter) ‖ ~ (Eng) / Rußbläser m, Bläser m (zur Reinigung der Kesselheizflächen) ‖ ~* (for supplying a large volume of air at high pressure) (Eng) / Gebläse n (Enddruck/Saugdruck < 1,1-3) ‖ ~ (Eng) / Bläser m ‖ ~ (Glass) / Glasbläser m (ein Facharbeiter) ‖ ~ (I C Engs) / Kühlgebläse n (bei luftgekühlten Motoren) ‖ ~ (I C Engs) / Auflader m, Lader m (Luftverdichter), Auflader gebläse n ‖ ~* (Mining) / Ausbläser m, Bläser m (mit Grubengas gefüllte und unter Überdruck stehende Gebirgsspalte), Gasbläser m ‖ ~ (Glass) s. also gaffer

**blower-door process** (Build) / Blower-Door-Verfahren n (zur Messung der Luftdichtheit von Gebäudehüllen)

**blower motor** (Autos) / Gebläsemotor m ‖ ~ **sand** (Foundry) / Gebläsesand m (zum Sandstrahlen) ‖ ~ **with rotating lobes** (Eng) / Roots-Gebläse n (ein Drehkolbenverdichter), Roots-Lader m

**blow figure** (Crystal) / Schlagfigur f (die durch einen scharfen Schlag mit einer Nadelspitze auf der Kristallfläche entsteht) ‖ ~ **finish** (Textiles) / Bauschappretur f ‖ ~ **gun** (Tools) / Ausblaspistole f ‖ ~ **head** (Glass, Plastics) / Blaskopf m

**blowhole** n (Foundry) / Blaslunker m (ein Gussfehler) ‖ ~* (Foundry, Met) / Gashohlraum m, Gaseinschluss m (ein Gussfehler), Blase f, Gasblase f, Gussblase f (ein Gussfehler)

**blow in** v (Met) / anblasen v (einen Hochofen)

**blowing** n (Aero) / Ausblasen v von (Triebwerks)Luft (zur Auftriebsänderung) ‖ ~* (Build) / Putzmotte f, Kalkmännchen n, Treiber m (kraterförmige Aussprengung) ‖ ~* (Build) / Abplatzen n (ein Putzschaden durch Expansionsdruck von innen) ‖ ~ (Build) / Kalktreiben n, Gipstreiben n ‖ ~ (Civ Eng) / Aufwühlen n (des Erdstoffes), Auftreiben n (des Sandes - in der Baugrube) ‖ ~ (Elec Eng) / Durchbrennen n, Durchschmelzen n (von Sicherungen) ‖ ~ (Glass) / Blasen n (Einbringen von Luft in einen Glasposten zur Herstellung von Hohlkörpern oder -profilen) ‖ ~ (Met) / Blasen n ‖ ~ **agent** (Chem Eng, Plastics) / Treibmittel n (porenbildendes), Blähmittel n ‖ ~ **agent** (Nut) / Treibmittel n, Teiglockerungsmittel n, Triebmittel n (z.B. Hefe, Sauerteig oder Backpulver), Teigtriebmittel n, Backtriebmittel n, Lockerungsmittel n (meistens Kalium- oder Natriumhydrogenkarbonat) ‖ ~ **back** (I C Engs) / Rückschlagzündung f (Zurückschlagen des verbrennenden Kraftstoff-Luft-Gemisches in die Ansaugleitung), Zurückknallen n, Patschen n ‖ ~ **engine*** (Eng) / Gebläsemaschine f ‖ ~ **force** (Mech) / Schlagkraft f ‖ ~ **gas** (Nut, Plastics) / Treibgas n ‖ ~ **into the open** (Plastics) / Blasen n ohne Formbegrenzung ‖ ~**-iron** (Chem) / Lötrohr n

**blowing-iron*** n (Glass) / Glasmacherpfeife f, Glasbläserpfeife f

**blowing machine** (Glass) / Blasmaschine f (Formgebungsmaschine, bei der zur Formung des geschmolzenen Glases Druckluft verwendet wird) ‖ ~ **oil** (Foundry) / Blasöl n (ein Kernbindemittel), Anblasöl n ‖ ~**-out*** n (Met) / Niederblasen n (eines Hochofens), Ausblasen n (eines Hochofens) ‖ ~ **pipe** (Glass) / Glasmacherpfeife f, Glasbläserpfeife f ‖ ~ **position of the converter** (Met) / Blasstellung f des (Thomas-)Konverters ‖ ~ **road*** (Mining) / einziehende Wetterstrecke, Frischwetterstrecke ‖ ~ **room*** (Spinning) / Putzerei f

**blowing-room condenser** (Textiles) / Kondenser m, Abscheider m (DIN 64100)

**blowing sand** / windtransportierter Sand, Flugsand m (Dünen- oder Wüstensand), Sandtreiben n ‖ ~ **system** (Mining) / blasende Bewetterung ‖ ~ **time** (Met) / Blasdauer f ‖ ~ **ventilation** (Mining) / blasende Bewetterung ‖ ~ **well** (Oils) / nicht kontrollierbarer Ölsprenger, eruptive Ölquelle, eruptierendes Bohrloch, wild eruptierende Sonde

**blowlamp** n (GB) (Chem) / Gebläsebrenner m, Gebläselampe f, Gebläse n ‖ ~ (Paint) / Abbrennapparat m (für die Loslösung alter

Öl- und Lackfarbenanstriche vom Untergrund) || ~ (Plumb) / Lötlampe f
**blow mandrel** (Plastics) / Kalibrierdorn m (zum Hohlkörperblaswerkzeug gehörendes Teil), Blasdorn m || ~ **mould** (Glass) / Fertigform f, Blasform f || ~ **mould** (Plastics) / Blaswerkzeug n
**blow-moulded glass** (Glass) / Hüttenglas n
**blow moulding*** (Plastics) / Blasformverfahren n, Blasverfahren n, Blasformen n, Blasen n von Hohlkörpern oder Blasfolien
**blown** adj (Elec Eng) / durchgebrannt adj (Sicherung) || ~ (Foundry) / lunkrig adj || ~ (Met) / blasig adj, porös adj
**blown-air heating** (Autos) / Umluftheizung f (im Caravan)
**blown asphalt** (a mineral rubber) / Oxidationsbitumen n (mit Luftsauerstoff zur Verbesserung der plastischen und elastischen Eigenschaften behandelt - DIN 55946), Petrolasphalt m || ~ **bitumen** / Oxidationsbitumen n (mit Luftsauerstoff zur Verbesserung der plastischen und elastischen Eigenschaften behandelt - DIN 55946), Petrolasphalt m || ~ **film** (Plastics) / Blasfolie f, Schlauchfolie f, Folienschlauch m || ~ **film die** (Eng, Plastics) / Schlauchwerkzeug n (Schlauchfolienextrudieren) || ~ **finish** (Textiles) / Topfdekatur f || ~ **flap*** (Aero) / angeblasene Klappe || ~ **glass** (by mouth or by the use of compressed air) (Glass) / geblasenes Glas || ~ **oil*** (Chem) / Blasöl n (bei Temperaturen zwischen 70 und 120° C voroxidiert), geblasenes Öl, oxidiertes Öl (in Dickö1) || ~ **sand*** / windtransportierter Sand, Flugsand m (Dünen- oder Wüstensand), Sandtreiben n || ~ **sheet** (US) (Glass) / Walzenglas n || ~ **steel** (Met) / Blasstahl m
**blow off** (Paint) / abblasen v (eine Oberfläche vor dem Lackieren) || ~ **off** v / abblasen v || ~ **off** (Paper) / leer blasen (den Zellstoffkocher)
**blow-off** n (US) (Eng) / Entschlammung f, Abschlämmung f, Absalzung f, Abfluten n, Entsalzung f (Trommelentsalzung bei Dampfkesseln) || ~ (Hyd Eng) / Ablass m || ~ (Paper) / Abblasprodukt n || ~ **pressure** (Eng) / Abblasdruck m (bei dem Verdichter) || ~ **valve** (Eng) / Abblaseventil n
**blow of the sley** (Weaving) / Schussanschlag m, Ladenanschlag m, Anschlagen n || ~ **out** v / zerbrechen v (nach der Explosion) || ~ **out** (Met) / niederblasen v (einen Hochofen), ausblasen v || ~ **out** vi / schmelzen v (Sicherung), durchbrennen vi, durchschmelzen vi
**blow-out** / Zerplatzen n, Bersten n
**blowout** n (Autos) / Platten m (Reifen, der keine oder kaum noch Luft hat), Reifenpanne f (Plattfuß), Plattfuß m (Platten)
**blow-out** n (Civ Eng, Mining) / Ausbläser m (plötzliches Entweichen von Druckluft aus einem Tunnel oder Caisson) || ~ (Elec Eng) / Durchbrennen n, Durchschmelzen n (von Sicherungen) || ~ (Elec Eng) / Beblasung f (z.B. magnetische, um eine Bewegung des Schaltlichtbogens in die Löscheinrichtung zu bewirken) || ~ (Eng) / Wasserverwehung f (Austragen von Umlaufwasser aus den Lufteintrittsöffnungen von Kühltürmen durch Windeinfluss) || ~ (Geol) / Windmulde f, Deflationskessel m || ~* (Oils) / Blowout m (unkontrolliertes Ausströmen von Erdöl), Ausbruch m, Springer m || ~ **coil*** (Elec Eng) / Blasspule f, Löschspule f, Funkenlöschspule f || ~ **preventer*** (high-pressure valve, usually hydraulically operated, fitted to the top of the casing series of a drilling well to prevent a blow-out) (Oils) / Preventer m (ein Schließmechanismus als Bohrlochsicherung), Blowout-Preventer m, BOP (Blowout-Preventer), Bohrlochabsperrvorrichtung f (zur Verhinderung des Blowouts)
**blow pin** (Plastics) / Kalibrierdorn m (zum Hohlkörperblaswerkzeug gehörendes Teil), Blasdorn m
**blowpipe** n (Chem) / Lötrohr n || ~ (Chem) / Gebläsebrenner m, Gebläselampe f, Gebläse n || ~ (Eng, Welding) / Brenner m (Schneid- oder Schweißbrenner) || ~* (Glass) / Glasmacherpfeife f, Glasbläserpfeife f || ~ (Glass) / Pfeife f (rotierende - bei Danner oder Philipps) || ~ (reaction) **analysis** (Chem) / Lötrohranalyse f, Lötrohrprobierkunde f || ~ **tip** (Welding) / Brennerdüse f
**blow-pit** n (Paper) / Stoffgrube f
**blow rate** (blows delivered e. g. per minute) (Eng) / Schlagzahl f (je Zeiteinheit) || ~ **ratio** (Plastics) / Aufblasverhältnis n (beim Folienblasen) || ~ **ratio** (Plastics) / Verschäumungsgrad m || ~ **sequence** (Eng) / Schlagfolge f || ~ **stream** (Med) / Exhalationsstrom m (ein Teil des Tabak-Nebenstromrauches)
**blow-tank** n (Paper) / Stoffgrube f
**blow through** v / durchblasen v (im Allgemeinen)
**blowtorch** n (Chem) / Gebläsebrenner m, Gebläselampe f, Gebläse n || ~ (US) (Plumb) / Lötlampe f
**blow up** v / aufblasen v || ~ **up** / sprengen v (mit Sprengstoff) || ~ **up** (Autos) / aufpumpen v (Reifen) || ~ **up** (Photog) / vergrößern v
**blow-up** n / Blow-up n, Aufstauchung f (Zerstörung von Betonfahrbahnen im Fugenbereich, bei der die Plattenenden übereinander geschoben werden und nach oben ausweichen) || ~ (Mining) / Grubengasexplosion f, Schlagwetterexplosion f, Methangasexplosion f
**blow-up*** n (Photog) / Vergrößerung f, Blow-up n

**blow-up valve** (Eng) / Überdruckventil n (bei Kesseln), Überdruckschnellschlussventil n
**blow-well** n (Geol, Hyd Eng) / artesischer Brunnen (bei dem das Wasser infolge eigenen Überdrucks aus einem gespannten Grundwasserhorizont zutage tritt)
**blowy** adj / windig adj, windreich adj
**BLS** (boundary-layer suction) (Aero) / Grenzschichtabsaugung f
**blst** (Aero, Ships) / Ballast m (auch im Ballon)
**blub*** n (Build) / Luftblase f (im Putz), Beule f (im Putz) || ~ (Paint) / aufgeplatzte Blase, geplatzte Blase, Blasenloch n
**blubber** n / Blubber m, Walspeck m (Speckschicht des Blau- und des Finnwales)
**blubbering*** n (Leather) / Transieden n (z.B. beim Seal)
**blubber oil** / Walöl n, Waltran m
**blub of melted solder** (Electronics, Plumb) / Lotspritzer m
**blucher** n (US) / Derbyschuh m (bei dem die zwei Quartierteile über dem Vorderblatt liegen)
**BLUE** (best linear unbiased estimator) (Stats) / beste lineare erwartungstreue Schätzung, Gauß-Markow-Schätzung f
**blue** vt (Met) / blau anlaufen lassen || ~ (Paint) / bläuen v (ein Weißpigment durch Zusatz geringer Mengen eines blauen Pigmentes schönen) || ~ (Paper) / bläuen v, blau färben || ~ (Textiles) / bläuen v (Wäsche) || ~* n (Paint) / Blau n || ~ (Phys) / Blau n (als Farbempfindung) || ~ (Textiles) / Wäscheblau n, Waschblau n (Berliner Blau, Ultramarin oder Indigokarmin - zur Verhinderung der Gelbfärbung der Wäsche) || **in the** ~ (Leather) / chromfeucht adj || ~ **adder** (TV) / Blaubeimischer m || ~ **algae** (Bacteriol) / Blaualgen f pl (prokaryontische Algengruppe), Cyanobakterien f pl || ~ **annealing** (Met) / Bläuen n (der Stahloberfläche nach DIN 50902) || ~ **asbestos*** (Min) / Krokydolith m (asbestartiges dunkelblaues oder blaugraues Silikat, zur Amphibolgruppe gehörend), Blaueisenstein m, Blauasbest /
**blueback** n (Leather) / Blueback m (Pelz aus dem Fell von Jungtieren der Klappmütze, einer Art der Seehunde), Blaurücken m
**bluebag** n (Textiles) / Wäscheblau n, Waschblau n (Berliner Blau, Ultramarin oder Indigokarmin - zur Verhinderung der Gelbfärbung der Wäsche)
**blue beam** (TV) / blauer Strahl (einer Farbfernsehröhre) || ~ **beech** (For) / Amerikanische Hainbuche (Carpinus caroliniana Walter) || ~ **billy*** (Met) / Purpurerz n (gelaugte Rückstände bei der Verarbeitung Cu-haltiger Kiesabbrände) || ~ **boundary** (Light) / Blaulinie f || ~ **box** (Cinema, Comp, TV) / Blue Box f (elektronisches Gerät im Fernsehstudio zur Erzeugung von Trickbildern), blauer Kasten || ~ **box** (a blue plastic box for the collection of recyclable household materials) (Ecol) / Mülltonne f für recycelfähige Abfälle, Gelbe Tonne
**blue-box process** (Cinema, Comp, TV) / Blue-Box-Verfahren n (das mit einer Blue Box arbeitende Bildmischverfahren), Blue-Screen-Verfahren n, Blaustanze f || ~ **process** (Cinema, Comp, TV) s. also chromakey technique
**blue brick*** (an engineering brick) (Build) / Eisenschmelzklinker m, Eisenklinker m || ~ **brittleness*** (Materials, Met) / Blausprödigkeit f (eine Anlasssprödigkeit, die zum Blaubruch führen kann), Blaubrüchigkeit f || ~ **cap** (Mining) / Aureole f (deutlich erkennbare Färbung einer Wetterlampe bei Anwesenheit von Grubengas) || ~ **cast** (Photog) / Blaustich m || ~ **clay** (Ceramics) / Blauton m || ~ **cone** (of a flame) (Chem) / blauer Innenkegel (der Flamme) || ~ **content** (Light) / Blauanteil m || ~ **copper ore** (Min) / Azurit m (Kupfer(II)-dihydroxiddicarbonat), Kupferlasur f || ~ **corn** (Nut) / Maissorte aus den nordamerikanischen Südstaaten mit blauschwarzen Körnern zur Herstellung von Chips, Tortillas oder Brot || ~ **cotton** (Textiles) / Blue Cotton m n (Baumwolle, angefärbt mit Reactive Blue) || ~ **denim** (Textiles) / Blauköper m, Blue Denim m || ~ **dextran** (Chem) / Dextranblau n || ~ **dip** / Quickbeize f (um eine metallisch blanke, saubere Oberfläche als Grundlage für nachfolgende Deckschichten zu erzielen), Blaubrenne f
**blued sheet** (cold-rolled sheet steel with a firmly adhering oxide layer that originates during a special heat treatment) (Met) / Blaublech n
**blue dust** (Met) / Krätze f (durch ZnO verunreinigtes Zinkpulver) || ~ **filter** (Photog) / Blauglas n, Blaufilter n || ~ **fining** (Nut) / Blauschönung f (des Weins mit Kaliumhexazyanoferrat(II)) || ~ **fracture** (Materials, Met) / Blaubruch m || ~ (**water**) **gas** / Kokswassergas n, Blauwassergas n || ~ **gel** (Chem) / Blaugel n (das mit Cobalt(II)-nitrat als Feuchtigkeitsindikator imprägniert ist), Silikagelltrockenmittel n || ~ **glow** (Electronics) / blaues Glimmlicht (in der Elektronenröhre) || ~ **granite*** (Arch, Build, Geol) / Larvikit m (ein Tiefengestein mit bis zu 88% Rhombenfeldspat), Laurvikit m (beliebter Architekturstein mit dem Handelsnamen Labrador)
**blue-green algae*** (Bot) / Blaualgen f pl (Klasse der Algen)
**blue ground*** (Geol) / Blaugrund m (Muttergestein der südafrikanischen Diamanten; schwarz-grüner Kimberlit), Blue Ground m

**bluegum**

**bluegum**\* *n* (For) / Holz *n* des Blaugummibaumes (Eucalyptus globulus Labill.) ‖ ~\* (For) / Blaugummibaum *m* (Eucalyptus globulus Labill.), Fieberbaum *m*
**blueing** *n* (For) / Verblauung *f* (des Holzes), Bläue *f* (durch Bläuepilze hervorgerufene Blaufärbung des Holzes) ‖ ~\* (Met) / Niedertemperaturanlassen *n*, Erwärmen *n* bis zur Temperatur blauer Anlassfarbe ‖ ~ (Paint) / Bläuung *f* (Schönung eines Weißpigmentes durch Zusatz geringer Mengen eines blauen Pigmentes) ‖ ~ (Surf) / Inoxidieren *n* (Überzug aus $Fe_3O_4$) ‖ ~ (Textiles) / Bläuen *n* (der Wäsche) ‖ ~\* (Textiles) / mit Waschblau behandeln (Wäsche) ‖ ~\* (Met) s. also blue annealing
**blue iron earth** (Min) / Blaueisenerde *f* (erdig-krümeliger Vivianit)
**blueish** *adj* / bläulich *adj*, ins Blaue gehend, blaustichig *adj*
**blue jeans** (Textiles) / Bluejeans *pl*, Blue Jeans
**blue-john**\* *n* (Min) / tiefblauvioletter oder farbloser Fluorit
**blue laser beam** (Phys) / blauer Laserstrahl ‖ ~ **lead**\* (Chem, Met) / metallisches Blei ‖ ~ **lead** (Paint) / Blue Lead *n* (ein aus sulfidischen Bleierzen durch Abrösten gewonnenes Bleisulfat, welches noch Bleisulfid, Bleisulfit, Zinkoxid und Kohlenstoff enthält) ‖ ~ **light** (Cinema, TV) / Kaltlicht *n* (mit vorgesetztem Blaufilter), Blaulicht *n* ‖ ~ **light** (Med) / Blaulicht *n* (mit vorgesetztem Blaufilter) ‖ ~-**line print** (Print) / positive Blaupause (Lichtpause mit blauen Linien auf weißem Hintergrund) ‖ ~ **malachite** (Min) / Azurit *m* (Kupfer(II)-dihydroxiddicarbonat), Kupferlasur *f* ‖ ~ **metal** (Mining) / blaugraues, verfestigtes sandsteinartiges Liegendes vieler Kohlenflöze in England ‖ ~ **moon** (Astron) / blauer Mond ‖ ~ **mould** (Nut) / Blauschimmel *m* (in verschiedenen Käsesorten) ‖ ~ **mud** (Geol) / Blauschlick *m* (eine Meeresablagerung)
**blueness** *n* (Light) / Blaustich *m* (Verschiebung in Richtung Blau)
**blue noise** (a region in which the spectral density is proportional to the frequency) / blaues Rauschen ‖ ~ **of the sky**\* / Himmelblau *n* ‖ ~ (aniline) **oil** (Chem) / Blauöl *n*, Blauanilin *n* (zur Herstellung von Anilinblau) ‖ ~ **phosphor** (TV) / Blauphosphor *m* ‖ ~ **pine** (For) / Kanarische Kiefer (Pinus canariensis C. Sm.) ‖ ~ **pine** (For) / Tränenkiefer *f* (Pinus wallichiana A.B. Jacks.) ‖ ~ **powder** (Surf) / handelsübliches Zinkpulver (zum Diffusionsverzinken)
**blueprint** *v* / Blaupausen herstellen ‖ ~ *n* / Modell *n* (für zukünftige Projekte) ‖ ~ / Plan *m* im Projektstadium ‖ ~ (a contact print on ferroprussiate paper of a drawing made on transparent paper or linen) / Blaupause *f* ‖ ~\* (Print) / Zyanotypie *f* (Herstellung von Blaupausen), Eisenblaudruck *m*, Eisensalzverfahren *n*, Cyanotypie *f*
**blueprinting** *n* (Print) / Zyanotypie *f* (Herstellung von Blaupausen), Eisenblaudruck *m*, Eisensalzverfahren *n*, Cyanotypie *f* ‖ ~ (Textiles) / Blaudruck *m* (traditioneller Textildruck)
**blueprint paper**\* (Paper) / Eisenblaudruckpapier *n*, Blaupauspapier *n* (für die Zyanotypie)
**blue quartz** (Min) / Saphirquarz *m*, Blauquarz *m* (intensiv blauer Quarz)
**blue-ribbon program** (Comp) / frei entwickeltes Programm, das bereits beim ersten Probelauf einwandfrei funktioniert
**blue rot** (For) / verblautes Holz (blau verfärbtes, bläuebefallenes), Blaufäule *f* (falsche Bezeichnung für den Zustand bläuebefallenen Holzes) ‖ ~ **sand** (Geol) / Blausand *m* ‖ ~ **schist**\* (Geol) / Glaukophanschiefer *m*, Glaukophanit *m*, Blauschiefer *m* ‖ ~ **screen** (Comp) / Blue Screen *m* (besonders schwerer Fehler während der Laufzeit von Programmen, der von Betriebssystemen häufig als Meldung vor einem blauen Hintergrund angezeigt wird)
**blue-screen process** (Cinema, Comp, TV) / Blue-Box-Verfahren *n* (das mit einer Blue Box arbeitende Bildmischverfahren), Blue-Screen-Verfahren *n*, Blaustanze *f*
**blue-sensitive** *adj* / blauempfindlich *adj*
**blue shift** (Phys) / Blauverschiebung *f* (durch Doppler-Effekt verursachte geschwindigkeitsabhängige Verkürzung der Wellenlänge elektromagnetischer Strahlung) ‖ ~ **shortness** (Materials, Met) / Blausprödigkeit *f* (eine Anlasssprödigkeit, die zum Blaubruch führen kann), Blaubrüchigkeit *f*
**blue-sky scale** (Meteor) / Blauskale *f*, Linke-Skale *f* (Farbtafeln zur Bestimmung des Himmelblaus - nach F. Linke, 1878-1944) ‖ ~ **thermal** (Aero) / Blauthermik *f*, Trockenthermik *f*
**blue smoke** (Autos) / Blaurauch *m* (Abgase eines Motors, die einen hohen Anteil an teilverbranntem bzw. unverbranntem Motoröl enthalten) ‖ ~ **spar** (Min) / Lazulith *m*, Blauspat *m* (ein Aluminium, Magnesium und Eisen enthaltendes Phosphat) ‖ ~ **spruce** (For) / Stechfichte *f* (Picea pungens Engelm.), Blaufichte *f* (eine Kultursorte mit blaugrünen Nadeln) ‖ ~ **stain**\* (a sapstain) (For) / Verblauung *f* (des Holzes), Bläue *f* (durch Bläuepilze hervorgerufene Blaufärbung des Holzes)
**blue-stain fungi** (For) / Bläuepilze *m pl* (holzverfärbende Pilze nach DIN EN 335 - 1)
**bluestone**\* *n* (Chem) / Kupfervitriol *n*, Blauvitriol *n*, Chalkanthit *m* ‖ ~ (a dense fine-grained feldspathic sandstone that splits easily into thin smooth slabs) (Geol) / feinkörniger dunkler spaltbarer Sandstein

**blue straggler** (Astron) / Blauer Nachzügler (im Hertzsprung-Russell-Diagramm) ‖ ~ **stripe** (for reading at the point of least magnification) (Chem) / Schellbach-Streifen *m* (der Schellbach-Bürette) ‖ ~ **tetrazolium** (Chem) / Tetrazoliumblau *n*, Blaues Tetrazoliumchlorid, BTC
**Bluetooth** *n* (a technology which enables home devices such as burglar alarms, cookers, and mobile phones to be connected together) (Comp) / Bluetooth *n*
**blue vat** (Textiles) / Blauküpe *f*, Weichküpe *f*, Vitriolküpe *f* ‖ ~ **verditer** (Paint) / basisches Kupferkarbonat als blaues Pigment (z.B. Azurblau, Hamburgerblau, Mineralblau usw.), Kupferblau *n* (Hamburgerblau, Mineralblau) ‖ ~ **vitriol**\* (Chem) / Kupfervitriol *n*, Blauvitriol *n*, Chalkanthit *m* ‖ ~ **vitriol**\* (Chem) / Kupfervitriol *n*, Blauvitriol *n*, Chalkanthit *m* ‖ ~ **wet** (Leather) / chromfeucht *adj*
**blue-wood** *n* (For) / Blauholz *n*, Kampescheholz *n*, Campecheholz *n*, Blutholz *n* (Haematoxylum campechianum L.)
**blue-yellow blindness** (Optics) / Tritanopie *f*, Blaublindheit *f*, Violettblindheit *f*
**bluff** *n* (Geol) / Steilufer *n* ‖ ~ (a steep cliff) (Geol) / Felsenkliff *n* ‖ ~ *adj* / schroff *adj* (Felsen), steil *adj* (Felsen, Küste) ‖ ~ **body** (Hyd Eng) / Phantom *n*, Körper *m* mit hohem Strömungswiderstand, Körper *m* mit quer überströmten scharfen Kanten ‖ ~ **package** / Mogelpackung *f*
**bluish** *adj* / bläulich *adj*, ins Blaue gehend, blaustichig *adj* ‖ ~ **violet** / blauviolett *adj*
**blunge** *n* (the agitation or blending of ceramic materials in a mechanical or hand-operated mixer, usually to suspend the materials in water or other liquid) (Ceramics) / Nassrühren *n*, Quirlen *n*, Nassverrühren *n*
**blunger** *n* (a mixer with revolving paddles or other mixing device employed to produce slurries or slips) (Ceramics) / Tonmischer *m*, Tonmenger *m* ‖ ~ (Ceramics) / Rührwerk *n*, Quirl *m*
**blunging** *n* (Ceramics) / Nassrühren *n*, Quirlen *n*, Nassverrühren *n* ‖ ~ **machine** (Ceramics) / Rührwerk *n*, Quirl *m*
**blunt** *v* / stumpf machen, abstumpfen *vt* ‖ ~ *vi* (Tools) / abstumpfen *vi* (stumpf werden) ‖ ~ *adj* (Tools) / stumpf *adj* (Messer, Schneidwerkzeug), unscharf *adj*
**blunted cone** (Maths) / Kegel *m* ohne Spitze, stumpfer (konvexer) Kegel
**blunt-edge** *attr* / stumpfkantig *adj*
**blunt ends** (Gen) / stumpfe Enden (bei doppelsträngigen DNA bzw. RNA in beiden Strängen) ‖ ~ **ends** (Gen) s. also sticky ends ‖ ~ **file** (Tools) / flachstumpfe Feile, Flachstumpffeile *f*
**blunting** *n* (Chem) / Abstumpfen *n* (Verminderung der Konzentration von Wasserstoff- bzw. Hydroxid-Ionen) ‖ ~ (Materials) / Abstumpfen *n* (der Rissspitze) ‖ ~ **line** (Materials) / Blunting-Line *f* (eine Ursprungsgerade bei Bestimmung der Risseinleitungswerte)
**blunt start**\* (Eng) / Linsenkuppe *f*, Kegelkuppe *f*
*β*-**lupulinic acid** (Brew) / Lupulon *n*, β-Lupulinsäure *f*, β-Hopfenbittersäure *f*, β-Bittersäure *f*
**blur** *v* / verwischen (Linien, Umrisse) ‖ ~ (Photog) / verwackeln *v* (eine Aufnahme) ‖ ~ (Print) / schmitzen *v* ‖ ~ *n* (also in a null-type direction-finding system)\* (Acous, Nav) / Störgeräusch *n* ‖ ~ (Optics) / Verschwommenheit *f*, Unschärfe *f* ‖ ~ (Photog) / Bewegungsunschärfe *f* (Verschwommenheit) ‖ ~ (Print) / Schmitz *m* (Walzenschmitz, Farbschmitz, Druckschmitz und Fallschmitz)
**blurb**\* *n* (Print) / Waschzettel *m*, Klappentext *m*, Werbetext *m* (für ein Buch)
**blur circle** (Optics, Photog) / Diffusionskreis *m*, Unschärfenkreis *m*, Zerstreuungskreis *m*, Fehlerscheibchen *n* (unscharfes kreisförmiges Scheibchen anstelle des idealen Bildpunktes), Streukreis *m*
**blurred** *adj* / verschwommen *adj*, unscharf *adj*, undeutlich *adj* (verschwommen, unscharf), fuzzy *adj* (Eigenschaft, die nur mit einer gewissen Unschärfe definierbar ist) ‖ ~ (Photog) / verwackelt *adj* (Aufnahme), unscharf *adj*
**blurring** *n* / Verwaschung *f* (von Linien, Umrissen) ‖ ~ (Optics) / Verschwommenheit *f*, Unschärfe *f* ‖ ~ (Photog) / Verwackelung *f*, Verwacklung *f* (Bewegung, deren Ergebnis die verwackelten Bilder sind) ‖ ~ (Print) / Schieben *n* (durch Druckabwicklungsfehler verursachtes Verwischen des Abdruckes von Druckbildelementen), Dublieren *n*
**blush** *v* (Paint) / anlaufen *v* ‖ ~ *n* (Paint) / Weißanlaufen *n*, weiße Schleierbildung
**blushing**\* *n* (of nitrocellulose lacquers, spirit varnishes, and French polish) (Paint) / Weißanlaufen *n*, weiße Schleierbildung
**B lymphocyte** (Biochem, Physiol) / B-Zelle *f*, B-Lymphozyt *m*
**B.M.** (benchmark) (Surv) / Fixpunkt *m*, Festpunkt *m*
**BM** (benchmark) (Surv) / Fixpunkt *m*, Festpunkt *m*
**B.M.** (benchmark) (Surv) / Höhenmarke *f* (durch Nivellement ermittelter Höhenpunkt)
**BM** (benchmark) (Surv) / Höhenmarke *f* (durch Nivellement ermittelter Höhenpunkt)

**BMC** (bulk moulding compound) (Plastics) / Feuchtpressmasse *f* (glasfaserverstärkter Kunststoff mit kürzeren Glasfasern), Premix-Pressmasse *f* ‖ ≃ (bulk moulding compound) (Plastics) / Bulk-Moulding-Compound *n* (rieselfähiges Granulat oder teigige Formmasse)
**BMC*** *n* (US) (bulk molding compound) (Plastics) / Alkydpressmasse *f*
**BMEP*** (brake mean effective pressure) (Autos, Eng) / indizierter Mitteldruck, mittlerer indizierter Druck (reduziert auf Brems-PS)
**B meson** (Nuc) / B-Meson *n* (mit Bottomness)
**B mobile subscriber** (Teleph) / B-Mobilteilnehmer *m* (gerufener Mobilteilnehmer), B-Party *f*
**BMR** (biomembrane reactor) / Biomembranreaktor *m* (Kombination von Bioreaktor und Ultrafiltrations- bzw. Dialyseeinheit), Membranbioreaktor *m* ‖ ≃ (basal metabolic rate) (Physiol) / ermittelter Grundumsatz (durch direkte Bestimmung über die abgegebene Wärmemenge oder indirekt durch Messung des eingeatmeten Sauerstoffs und des ausgeatmeten Kohlendioxids durch Spirometer)
**BNC** (bayonet-nut connector) (Electronics) / BNC-Stecker *m*, Bajonettsteckverbinder *m* mit Überwurfmutter ‖ ≃ **connector*** (Comp, Electronics) / BNC-Stecker *m*
**BNF*** (Backus-Naur form) (Comp) / BNF-Beschreibung *f*, Backus-Normal-Form *f*, Backus-Naur-Notation *f* (Metasprache zur Beschreibung der Syntax einer Programmiersprache), Backus-Naur-Form *f*, BNF (eine Metasprache im Rahmen der ALGOL-60-Definition)
**BNR diode** (Electronics) / BNR-Diode *f*
**board** *v* (Aero, Ships) / einsteigen *v* (von Fahrgästen), an Bord gehen, besteigen *v* (ein Schiff) ‖ ~ (Bind) / kartonieren *v* ‖ ~ (Build, Civ Eng) / verschlagen *v* (mit Brettern oder Bohlen), verschalen *v*, vertäfeln *v* (verschalen), verkleiden *v* (mit Brettern oder Bohlen) ‖ ~ (Carp) / dielen *v* (mit Dielen belegen), mit Bohlen belegen, bediel en *v* ‖ ~ (Leather) / krispeln *v* (das Narbenbild), levantieren *v* ‖ ~ (Textiles) / plastifizieren *v* ‖ ~ *n* / Auflagebrett *n* (der Palette) ‖ ~ (Aero, Ships) / Bord *m* ‖ ~ (with pluggable connections and wiring structures for the card) (Electronics) / Leiterplatte *f* (DIN 40804), Platine *f* (Kunststoffplatte mit Leiterbahnen für die Aufnahme der Bauteile), Printplatte *f*, Leiterkarte *f* ‖ ~ (Electronics) / Board *n* (Platine mit aufgesetzten Chips) ‖ ~* (For) / Bohle *f* (Nadelholz, bis 48 mm) ‖ ~* (For) / Brett *n* (DIN 4074-1) ‖ ~ (Paper) / Karton *m* (bis zu 600 g/m² - DIN 6730), Pappe *f* (über 225 g/m² - Oberbegriff für Vollpappe und Wellpappe) ‖ ~* (For) s. also deal and plank
**board-bending machine** (Paper) / Pappenbiegemaschine *f*
**board cage** (Comp, Electronics) / Aufnahmerahmen *m* (für eine Baugruppe) ‖ ~ **coal** (Mining) / (Hart)Braunkohle (von holziger Beschaffenheit) *f*, xylitische Braunkohle, holzige Kohle (Braunkohle) ‖ ~ **design** (Electronics) / Leiterplattenentwurf *m*, Platinenentwurf *m* ‖ ~ **edge** (Carp) / Brettkante *f*
**boarded leather** (Leather) / gekrispeltes Leder
**board fence** (Build) / Bretterzaun *m* ‖ ~ **foot** (For) / ein veraltetes Holzmaß = 144 in³, Board-Foot *m* (ein veraltetes Holzmaß) ‖ ~ **generator** (Elec Eng, Eng) / Bordgenerator *m* ‖ ~ (**drop**) **hammer*** (Eng) / Brettfallhammer *m* (ein Schabottehammer für das Gesenkschmieden, dessen Bär durch ein von zwei Reibrollen angetriebenes Brett gehoben wird)
**boarding** *n* (Build) / Schalung *f* (Bretterbelag auf Dachschrägen zur Aufnahme der Dachhaut) ‖ ~ (Leather) / Krispeln *n*, Levantieren *n* (des Narbenbildes) ‖ ~ (Mining) / Verzugsholz *n*, Schalholz *n* ‖ ~ (Mining) / Verzug *m* (mit Holz) ‖ ~* (Textiles) / Plastifizieren *n* (Formgebung von Fertigfeinstrümpfen aus Synthetics unter Einfluss von Wärme, Feuchtigkeit und Druck) ‖ ~ **bridge** (Aero) / Fluggastbrücke *f* ‖ ~ **joist** (Build, Carp) / Holzbalken *m* (für Dielenfußböden), Lagerholz *n*, Dielenbalken *m* ‖ ~ **pass** (Aero) / Einsteigekarte *f*
**board lath** (US) (Build) / Gipsdiele *f* (Gipstafel für Bekleidungen und leichte Trennwände, im Allgemeinen zu verputzen) ‖ ~ **machine** (Paper) / Karton- und Pappenmaschine *f*
**board-marked** *adj* (Civ Eng) / schalrau *adj*, schalungsrau *adj* (Beton, Oberfläche)
**board material** (For) / Plattenwerkstoff *m* (auf Holzbasis) ‖ ~ **measure*** (For) / Board-Foot-System *n* (ein Schnittholzmaßsystem), Schnittholzmessung in Board-Fuß *f* (Board-Foot = in etwa 2,3596 dm³) ‖ ~ **measure** (For) / Brettermaßstab *m*, Brettmaß *n* ‖ ~ **mill** (Paper) / Pappenfabrik *f*, Kartonagenfabrik *f*, Kartonfabrik *f* ‖ ~ **paper** (Bind) / Spiegel *m* (der auf den Innendeckel geklebte Vorsatz) ‖ ~ **partition** (Build) / Verschlag *m* (eine trennende Bretterwand)
**board-printing machine** (Paper, Print) / Pappenbedruckmaschine *f*
**board service** (Aero) / Bordservice *m n* ‖ ~ **sling** (Ships) / Plattformstropp *m*, Ladepritsche *f* (z.B. für Zementsäcke) ‖ ~ **test** (Electronics) / Baugruppenprüfung *f* (einer Leiterbaugruppe)
**boardway** *n* (US) (Build, Civ Eng) / Bohlenweg *m*
**boardy feel** (Textiles) / brettiger Griff

**boart*** *n* (Min) / Bort *m* (Diamantenschleifpulver), Industrieware *f* (technische Diamanten), Poort *m*
**boast** *v* (Build) / scharrieren *v* (mit einem Scharriereisen - Steine, glatte Betonoberflächen)
**boaster*** *n* (Build, Tools) / Scharriereisen *n* (meistens Vierteleisen - 4-7 cm breit)
**boasting chisel*** (Build, Tools) / Scharriereisen *n* (meistens Vierteleisen - 4-7 cm breit)
**boat** *n* (Chem) / Schiffchen *n* (aus Porzellan, Quarz oder Platin), Glühschiffchen *n*, Substanzschiffchen *n* ‖ ~* (Chem) / Wannenform *f*, Bootform *f* (flexible Form in der Stereochemie) ‖ ~ (Cinema, Light) / Lichtwanne *f* ‖ ~ (Ships) / Boot *n* ‖ ~ (Vac Tech) / Verdampfungstiegel *m* (beim Vakuumbedampfen)
**boatbuilding** *n* (Ships) / Bootsbau *m*
**boat deck** (Ships) / Bootsdeck *n*
**boatel** *n* (a ship moored at a wharf and used as a hotel) / Botel *n* (als Hotel ausgebautes Schiff)
**boat fall** (Ships) / Bootstaljenläufer *m* ‖ ~ **form** (Chem) / Wannenform *f*, Bootform *f* (flexible Form in der Stereochemie)
**boathook** *n* (Ships) / Bootshaken *m*
**boat scaffold*** (Build) / Hängegerüst *n* (DIN 4420-3) ‖ ~ **seaplane** (Aero) / Flugboot *n* (ein Wasserflugzeug mit Bootsrumpf) ‖ ~ **spike** (Carp) / Schiffsnagel *m*
**boatswain** *n* (Ships) / Bootsmann *m* (pl. -leute)
**boatswain's chair** (a seat suspended from ropes, used for work on the body or masts of a ship or the face of a building) (Build, Paint, Ships) / Hängekorb *m*, Schwebekorb *m* (für eine Person)
**boat trailer** (Autos) / Bootsanhänger *m*, Bootstrailer *m* ‖ ~ **varnish** (Paint) / Bootslack *m* (ein wasser- und wetterbeständiger Lack auf Ölgrundlage, bes. für Holzboote)
**bob** *v* / auf der Pliestscheibe abziehen (Trockenschmierfilm), auf der Pliestscheibe einpolieren (Trockenschmierfilm) ‖ ~ *n* / Pliestscheibe *f* ‖ ~ *n* (an interpreter for a language with C-like syntax and a class system similar to C++, but without variable typing and mostly without declarations) (Comp) / Bob *n* ‖ ~ *n* (Phys) / Viskosimeterdruckelement *n*
**bobbin** *n* / Kohlestift *m* (eingeformt in einem Depolarisator - bei galvanischen Primärelementen) ‖ ~* (Elec Eng) / Spulenkörper *m*, Spulenkasten *m* ‖ ~ (Spinning) / Spule *f* (als Garnkörper) ‖ ~* (empty) (Spinning) / Hülse *f*, leerer Garnträger, Wickelkörper *m* (Trag- und Stützkörper) ‖ ~* (Spinning) / Bobine *f* (Garnspule) ‖ ~ **bay** (Spinning) / Spulenfeld *n* (DIN 62500) ‖ ~ **case** / Spulenkapsel *f* (der Nähmaschine) ‖ ~ **coil** (Elec Eng) / Reihenspule *f*, Runddrahtspule *f* (für Reihenschaltung) ‖ ~ **core** (Elec Eng) / Spulenkörper *m*, Spulenkasten *m* ‖ ~ **creel** (Weaving) / Spulengatter *n* (DIN 62 500)
**bobbinet** *n* (Textiles) / Bobinettüll *m*, Bobinet (DIN 60000) (undichtes, stark lichtdurchlässiges Gewebe mit spitzenähnlichem Charakter, Abwandlung des Tülls) ‖ ~ **lace** (Textiles) / Bobinetspitze *f* ‖ ~ **machine** (Textiles) / Bobinetmaschine *f* (Tüllmaschine, Spitzenmaschine, Gardinenmaschine)
**bobbin frame** (Spinning) / Spulenfeld *n* (DIN 62500) ‖ ~ **lace** (Textiles) / Klöppelspitze *f* ‖ ~ **production department** / Spulerei *f* (Produktionsabteilung zur Herstellung von Spulen) ‖ ~ **winder** (Textiles) / Spuler *m* (der Nähmaschine) ‖ ~ **winding*** (Elec Eng) / Spulenwicklung *f* ‖ ~ **winding machine** (Spinning) / Spulmaschine *f*
**bobble** *n* (feeble or irregular bouncing motion) (Autos) / Ruckeln *n*
**bobierite** *n* (Min) / Bobierit *m* (ein farbloses bzw. weißes Magnesiumphosphat)
**Bobrovska garnet** (Min) / Demantoid *m* (grüne Abart des Andradits), Uralgranat *m*
**bobtail** *n* (Autos) / Lastkraftwagen *m* in gedrungener (verkürzter) Bauweise
**bobtailed aircraft** (Aero) / Nurflügler *m*, Nurflügelflugzeug *n* (Luftfahrzeug, bei dem die Baugruppen Rumpf und Leitwerk in der üblichen Form fehlen), fliegender Flügel, schwanzloses Flugzeug
**bob-weight*** *n* (Mech) / Gegengewicht *n*, Ausgleichsgewicht *n*, Balanciergewicht *n*, Gegenmasse *f*
**BOCA** (Borland Object Component Architecture) (Comp) / Borland Object Component Architecture *f* (objektorientiertes modulares Konzept zur Schaffung durchgängig objektorientierter Anwendungen), BOCA
**boc amino acid** (Biochem) / Boc-Aminosäure *f* (z.B. bei der Peptidsynthese nach Merrifield)
**bocking** *n* (Textiles) / Kalkwasserbleiche *f*, Laugen *n*
**B.O.D.** (Biochem) / biochemischer Sauerstoffbedarf, BSB
**BOD*** (Biochem) / biochemischer Sauerstoffbedarf, BSB
**bod*** *n* (Met) / Stichlochpfropfen *m*, Abstichstopfen *m*, Stichlochstopfen *m*, Verschlussstopfen *m*, Verschlusspfropfen *m*
**Bode diagram** (Automation) / Bode-Diagramm *n* (Frequenzkennlinien), Frequenzkennlinienbild *n* ‖ ~ **diagram** (US) (Automation) /

**Bodenstein**

Bode-Diagramm *n* (Frequenzkennlinien), Frequenzkennlinienbild *n*
**Bodenstein number** (Phys) / Péclet-Zahl *f* der Stoffübertragung, Bodenstein-Zahl *f* (DIN 5491- nach M. Bodenstein, 1871-1942), Pe
**Bode plot** (Automation) / Bode-Diagramm *n* (Frequenzkennlinien), Frequenzkennlinienbild *n*
**Bode's law**\* (Astron) / Titius-Bode'sche Beziehung, Bode-Titius'sche Beziehung, Titius-Bode'sche Reihe (Regel, die die mittleren Abstände der Planeten von der Sonne beschreibt - nach J.D. Titius, 1729-1796, und J.E. Bode, 1747-1826)
**bodied** *adj* (oil) (Chem, Paint) / Dick- (mit künstlich erhöhter Viskosität), eingedickt *adj* ‖ ~ **oil** (Paint) / Dicköl *n*
**bodies in a gliding system** (Phys) / Reibpartner *m pl*
**bodkin** *n* (Typog) / Ahle *f* (für Korrekturen im Bleisatz)
**Bodoni rule**\* (Typog) / englische Linie
**Bodroux-Chichibabin reaction** (Chem) / Bodroux-Tschitschibabin-Synthese *f* (eine Aldehydsynthese aus Orthoestern und Grignard-Reagenzien)
**body** *v* (Chem) / eindicken *v* (Öl usw.) ‖ ~ *n* / Körper *m* (eine abgeschlossene, einfach zusammenhängende Teilmenge des Raumes, dessen Randpunkte die Oberfläche des Körpers bilden, die die inneren Punkte des Körpers vollständig umschließt) ‖ ~ / Zarge *f* (einer Dose) ‖ ~ / Stammblatt *n* (Grundkörper von Sägeblättern) ‖ ~ / Fassblase *f* ‖ ~ / Gremium *n* (z.B. Aufsichtsrat) ‖ ~ (fuselage) (Aero) / Flugzeugrumpf *m*, Rumpf *m* (Hauptbestandteil des Flugzeuges), Rumpfwerk *n* ‖ ~ (Autos) / Aufbau *m*, Karosserie *f* ‖ ~ (Carp, Join) / Hobelkasten *m*, Kasten *m* (des Hobels) ‖ ~ (Ceramics) / Scherben *m* ‖ ~ (a mixture of clays and non-plastic materials that is workable and has suitable firing properties from which ceramic products are made) (Ceramics) / Masse *f* ‖ ~ (Chem) / Hauptbestandteil *m*, Grundkörper *m* ‖ ~ (Comp) / Body *m* (in einer E-Mail die eigentlichen Nutzdaten) ‖ ~ (Eng) / Rumpf *m* (der Dose) ‖ ~ (Eng, Tools) / Schneidteil *m*, Nutenteil *m* (der mit Haupt- und Nebenschneiden versehene Teil eines Bohrers) ‖ ~ (Instr) / Stabkörper *m* (des Rechenschiebers) ‖ ~ (Met) / Ballen *m*, Bund *m*, Körper *m* (der Walze) ‖ ~ (Paint) / Konsistenz *f* ‖ ~\* (Paint) / Fülle *f*, Körper *m* (der nicht flüchtige Anteil der Anstrichfarben und Lacke) ‖ ~\* (Paint) / Deckvermögen *n* (DIN 55 987), Deckfähigkeit *f* (eines pigmentierten Stoffes) ‖ ~ (Photog) / Gehäuse *n* (z.B. einer Kamera) ‖ ~ (Phys, Physiol) / Körper *m* ‖ ~ (Rail) / Wagenkasten *m* ‖ ~ (Textiles) / Stumpen *m* (eines Filzhutes) ‖ ~ (of the fabric) (Textiles) / Kernigkeit *f*, Stand *m*, Substanz *f* ‖ ~\* (Typog) / Schriftkegel *m* (die Höhe des Schriftbildes einer Druckschrift von der Unterlänge bis zur Oberlänge), Kegel *m* (DIN 16507) ‖ ~ (Typog) / Typenkörper *m*, Schaft *m* (der Teil einer Drucktype, der den Kopf mit dem Schriftbild trägt) ‖ ~\* (Typog) / Text *m* (der eigentliche Inhalt von Büchern, im Gegensatz zur Titelei, zum Bildanhang usw.), Grundschrifttteil *m* ‖ **in ~ colour** (Autos) / in Wagenfarbe, auf Wagenfarbe abgestimmt ‖ **n-~ problem** (Phys) / Vielkörperproblem *n*, Mehrkörperproblem *n*, n-Körperproblem *n* ‖ ~ **axes** (Aero) / flugkörperfestes Koordinatensystem, flugzeugfestes Achsen (des Flugzeugs), flugzeugfestes Koordinatensystem ‖ ~ **boss** (Eng) / Gehäusewarze *f* (für Entleerungs-, Umführungs- und Messleitungen)
**body-bound rivet** (Eng) / Spreizniet *m*
**body builder** (Autos) / Karossier *m*, Karosseriebauer *m* ‖ ~ **burden** (Radiol) / Körperbelastung *f* (die Aktivität eines bestimmten Radionuklids in einem menschlichen oder tierischen Körper) ‖ ~ **cavity protection** (Autos) / Hohlraumversiegelung *f* (mit kriechfähigem Korrosionsschutzmittel), Hohlraumkonservierung *f* ‖ ~**-centred** *adj* (Crystal) / körperzentriert *adj*, innenzentriert *adj* (Gitter) ‖ ~**-centred cubic**\* (Crystal) / kubisch-raumzentriert *adj*, krz (kubisch-raumzentriert) ‖ ~ **chalk** (Autos) / Karosseriekreide *f* ‖ ~ **clearance** (Tools) / Rückentiefe *f* (beim Spiralbohrer) ‖ ~ **clock** (Biol) / physiologische Uhr (endogener Tagesrhythmus), innere Uhr ‖ ~ **colour** / Wasserfarbensystem *n* von deckender Wirkung (z.B. in der Gouachemalerei) ‖ ~ **cone** (Mech, Phys) / Gangpolkegel *m* (der bei der Bewegung der Figurenachse unter der Präzessionskegel vom Rastpolkegel abrollt), Polhodiekegel *m*, Laufkegel *m*, Polkegel *m* ‖ ~ **contact** (Elec Eng) / Körperschluss *m* (eine lebensgefährliche Berührungsspannung, welche bei fehlerhaftem Zustand eines elektrischen Gerätes durch eine leitende Verbindung zwischen einem Spannung führenden Geräteteil und dem betriebsmäßig nicht Spannung führenden Körper des Gerätes entsteht) ‖ ~ **corporate** / Körperschaft *f* ‖ ~ **corporate** / juristische Person ‖ ~ **counter** (Nuc, Radiol) / Ganzkörperzähler *m* (Messanordnung zur direkten Messung von im Körper abgelagerten Radionukliden, Body Counter *m* ‖ ~ **diameter** (Eng) / Schaftdurchmesser *m* (der Schraube) ‖ ~ **dose** (Radiol) / Körperdosis *f* (effektive Dosis + Teilkörperdosis) ‖ ~ **effect** (Electronics) / Body-Effekt *m*

**body-fit bolt** (Eng) / Passschraube *f* (mit Passschaft) ‖ ~ **screw** (Eng) / Passschraube *f* (mit Passschaft)
**body fluid** (Med) / Humor *m* (pl. -es), Körperflüssigkeit *f* ‖ ~ **framing** (Autos) / Karosserieaufbau *m*
**body-framing line** (Autos) / Karosserieaufbaustraße *f*, Bockstraße *f* (im Karosseriewerk)
**body glass** (Autos) / Glasteile *n pl* (des Wagens)
**bodying** *n* (Chem) / Eindicken *n* (von Öl usw.) ‖ ~ (French polishing) (Join) / Deckpolieren *n* (Handpolieren) ‖ ~ *adj* (Paint) / körpergebend *adj*
**bodying-in** *n* (For, Paint) / Vorbehandlung *f* der Holzfläche (beim Polieren)
**bodying-up** *n* (For, Paint) / Vorbehandlung *f* der Holzfläche (beim Polieren)
**body-in-white** *n* (the base shell of the vehicle) (Autos) / Rohbau *m* (eine Fertigungsstufe in dem Karosseriebau), Karosserierohbau *m*
**body length** (Met) / Ballenlänge *f* (bei Walzen) ‖ ~ **magnification** (Optics) / Tubusfaktor *m*
**bodymaker** *n* / Bodymaker *m*, Rumpfmaschine *f* (zur Herstellung von Dosenrümpfen)
**body man** (Autos) / Karosserieschlosser *m*, Karosseriespengler *m*, Autospengler *m* ‖ ~ **moving in a straight line** (Mech) / translatorisch bewegter Körper ‖ ~ **of a rule** (AI) / Regelkörper *m* ‖ ~ **of ballast** (Rail) / Bettungskörper *m* ‖ ~ **of revolution** (Maths, Phys) / Drehkörper *m*, Umdrehungskörper *m*, Rotationskörper *m* ‖ ~ **of the book** (Bind) / Buchblock *m* (pl. -s) ‖ ~ **of the sheet** (Cartography) / Kartenfeld *n*, Kartenspiegel *m* ‖ ~ **of the tube** (Micros, Optics) / Tubus *m* ‖ ~ **of water** (Hyd Eng) / Gewässer *n*, Wasserkörper *m* ‖ ~ **panel** (Autos) / Karosserieblechteil *n*, Blechteil *n* (der Karosserie) ‖ ~ **panel saw** (Autos) / Karosseriesäge *f* (für Karosserie-Trennarbeiten) ‖ ~ **paper** (Paper) / Rohpapier *n* (z.B. als Grundlage für gestrichene Papiere) ‖ ~ **plan** (Ships) / Konstruktionsspantenriss *m*, Spantenriss *m* (parallel zur Ebene des Hauptspants verlaufende vertikale Querschnitte) ‖ ~ **rattle** (Autos) / Klappergeräusche *n pl* der Karosserie ‖ ~ **recess** (GB) (Eng) / Einstich *m* (Übergang vom Schaft zum Nutenteil eines Spiralbohrers nach DIN 1412), Beschriftungsstelle *f* ‖ ~ **release** (Photog) / Gehäuseauslöser *m* ‖ ~ **repair man** (Autos) / Karosserieschlosser *m*, Karosseriespengler *m*, Autospengler *m* ‖ ~ **repair shop** (Autos) / Karosseriewerkstatt *f* ‖ ~ **rocker panel** (US) (Autos) / Schweller *m*, Türschweller *m* ‖ ~ **roll** (Autos) / Seitenneigung *f* (der Karosserie) ‖ ~ **rumble** (Acous, Autos) / Karosseriedröhnen *n* ‖ ~ **sealant** (Autos) / Karosseriedichtmasse *f* ‖ ~ **sealer** (Autos) / Karosseriedichtmasse *f* ‖ ~ **sheet** (Autos) / Karosserieblech *n* (glattes, porenfreies Feinblech, das in Bezug auf Tiefziehbarkeit und Oberflächenbeschaffenheit /spritzlackierbar/ für den Karosseriebau geeignet ist - DIN 1623) ‖ ~ **shell** (Autos) / Aufbau *m* (eines Caravans) ‖ ~ **shop** (Autos) / Karosseriewerkstatt *f*
**body-side moulding** (Autos) / Flankenschutzleiste *f*, Rammschutzleiste *f* ‖ ~ **tape stripe** (Autos) / Zierstreifen *m*
**body sill** (Autos) / Schweller *m*, Türschweller *m* ‖ ~ **slip** (Ceramics) / Masseschlicker *m* ‖ ~ **slot** (Eng) / Messeraufnahmeschlitz *m* (bei Fräsern) ‖ ~ **spar** (Ceramics) / Feldspat *m* für keramische Masse ‖ ~ **stock** (Paper) / Rohpapier *n* (z.B. als Grundlage für gestrichene Papiere) ‖ ~ **technician** (Autos) / Karosserieschlosser *m*, Karosseriespengler *m*, Autospengler *m* ‖ ~ **tower** (Autos) / Richtturm *m* (zum Richten der Karosserie), Richtbarre *f* ‖ ~ **type** (Typog) / Grundschrift *f* (im gemischten Satz die Schrift, aus der der größte Teil gesetzt wird), Textschrift *f* ‖ ~ **type** (Typog) / Werkschrift *f*, Brotschrift *f* ‖ ~ **wave** (Geol) / Raumwelle *f* (durch das gesamte Erdinnere laufende Erdbebenwelle)
**bodywork** *n* (Autos) / Wagenkörper *m* ‖ ~ (Autos) / Aufbau *m*, Karosserie *f* ‖ ~ **blemish** (Autos) / Blechschaden *m*, Karosserieschaden *m*, Karosseriedefekt *m* ‖ ~ **defect** (Autos) / Blechschaden *m*, Karosserieschaden *m*, Karosseriedefekt *m*
**boehmite**\* *n* (Min) / Böhmit *m* (kristallines Aluminiummetahydroxid)
**Boettger's test** (for the presence of saccharides) (Chem) / Böttgers-Test *m*
**BOF** (basic oxygen furnace) (Met) / basischer Blasstahl-Konverter ‖ ~ **label** (Comp) / Dateianfangsetikett *n*, Dateivorsatz *m*, Header-Etikett *n*
**bog** *n* (Ecol, Geol) / morastiger Grund, Sumpf *m* ‖ ~\* (Geol) / Moor *n* (organischer Nassboden - Lagerstätte von Torf und ihre Vegetationsdecke), Fehn *n*, Fenn *n*, Filz *m*, Moos *n* (Moor), Bruch *m n* (pl. Brüche oder Brücher), Ried *n*, Venn *n* ‖ ~ **blasting** (Civ Eng) / Moorsprengung *f* (um einen tragfähigen Untergrund zu schaffen)
**bogey** *n* (US) (Aero, Mil) / feindliches Flugzeug
**boggy soil** / Moorboden *m*
**boghead coal**\* (Mining) / Boghead-Kohle *f*, Boghead *m*
**bogie** *n* (Aero) / Wagenfahrwerk *n* ‖ ~ (of the landing gear) (Aero) / Radschwinge *f* ‖ ~\* (Civ Eng) / Feldbahnwagen *m*, Lore *f*, [kleiner] Schienenwagen *m* ‖ ~ (For) / Rückewagen *m* (kleiner) ‖ ~ (For) / Drehschemel *m* ‖ ~\* (Rail) / Drehgestell *n* (der Lokomotive nach

DIN 25 604) || ~ **assembly** (Eng) / Fahrwerk n (z.B. eines Laders) || ~ **hearth furnace** (furnace with travelling hearth for the heating of plate and hot-formed bars) / Herdwagenofen m || ~ **kiln** / Herdwagenofen m || ~ **landing gear*** (Aero) / Wagenfahrwerk n || ~ **landing gear*** (Aero) / Tandemfahrwerk n (an jedem Fahrwerksbein befinden sich zwei oder mehr gleiche Räder hintereinander) || ~ **truck*** (Civ Eng) / Feldbahnwagen m, Lore f, [kleiner] Schienenwagen m || ~ **truck*** (Rail) / Drehgestell n (der Lokomotive nach DIN 25 604) || ~ **wheel** (Rail) / Laufrad n
**bog iron** (Min) / Morasterz n, Raseneisenerz n (ein Limonit), Wiesenerz n, Sumpferz n, Sumpfeisenerz n || ~ **iron ore*** (Min) / Morasterz n, Raseneisenerz n (ein Limonit), Wiesenerz n, Sumpferz n, Sumpfeisenerz n
**bogland** n (Ecol, Geol) / Moorland n
**bog lime** (Geol) / Wiesenkalk m || ~ **manganese*** (Min) / Wad n (ein lockerer, federleichter Manganomelan), Manganschaum m || ~ **oak** (For) / Mooreiche f (Eichenholz, das über Jahrhunderte im Moor oder Wasser lag - hochwertiges Furnierholz)
**Bogolyubov transformation** (Phys) / Bogoljubow-Transformation f
**bog soil** / Moorboden m
**bogus kraft** (Paper) / Imitationskraftpapier n || ~ **manila** (Paper) / Manilapapierimitation f || ~ **paper** (Paper) / Schrenzpapier n (Hüllpapier aus minderwertigem Altpapier)
**bogusware** n (Comp) / Bogusware f (zur böswilligen Störung der Rechnerarbeit bestimmte Software)
**Bohemian earth** (Min) / Böhmische Erde (Seladonit aus Böhmen), Böhmische Grünerde || ≃ **garnet*** (Min) / Böhmischer Granat || ≃ **gem-stone*** (Min) / Pyrop m (ein Granat), Magnesiatongranat m, Roter Granat || ≃ **gem-stone*** (Min) / Böhmischer Rubin (eine Farbvarietät des Quarzes), Rosenquarz m (Böhmischer Rubin) || ≃ **glass** (Glass) / böhmisches Kristallglas, böhmisches Kristall || ≃ **topaz** (Min) / Zitrin m (Quarzvarietät), Citrin m, Quarztopas m || ≃ **topaz*** (Min) / Böhmischer Topas, Falscher Topas (gelber Flussspat) || ≃ **vault** (Arch) / Böhmische Kappe (ein Gewölbe über einer kleineren Fläche als dem Grundquadrat), Platzgewölbe n, Stutzkuppel f
**Bohm diffusion** (Phys) / Bohm-Diffusion f (durch Turbulenz und Instabilitäten bewirkte Diffusion von geladenen Teilchen in einem von einem Magnetfeld zusammengehaltenen Plasma quer zu den Feldlinien - nach D.J. Bohm 1917 - 1992)
**Bohm-Pines theory** (Phys) / Bohm-Pines-Theorie f (der Plasmaschwingungen von Elektronen in Metallen)
**Bohr effect** (Biochem, Chem) / Bohr-Effekt m (Änderung des Sauerstoffbindungsvermögens eines Eiweißkörpers unter dem Einfluss des pH-Wertes - nach Ch. Bohr, 1855-1911) || ≃ **frequency condition** (Nuc) / Bohr'sche Frequenzbedingung || ≃ **frequency principle** (Nuc) / Bohr'sche Frequenzbedingung
**bohrium** n (Chem) / Bohrium n (Element 107), Bn
**Bohr magneton*** (Electronics, Nuc) / Bohr'sches Magneton (die nach N. Bohr, 1885 - 1962, benannte Grundeinheit des atomaren magnetischen Dipolmoments), Bohr-Magneton n || ≃ **radius*** (Nuc) / Bohr-Radius m (der Radius der innersten Quantenbahn des Elektrons im Bohr'schen Atommodell des Wasserstoffatoms), Bohr'scher Radius
**Bohr's compactification** (Maths) / Bohr-Kompaktifizierung f (nach H. Bohr, 1887-1951), Kompaktifizierung f einer topologischen Gruppe mittels fastperiodischer Funktionen
**Bohr-van Leeuwen theorem** (Phys) / Bohr-van-Leeuwen-Satz m
**boil** v / kochen v, sieden v || ~ / wallen v, aufwallen v (beim Kochen) || ~ (Civ Eng) / aufwühlen v (Erdstoff), auftreiben v (Sand in der Baugrube) || ~ n (a small gaseous inclusion in glass) (Glass) / Bläschen n (0,2 - 2 mm) || **keep at the ~** / am Sieden halten, am Kochen halten
**boilable bag** (Nut, Plastics) / Kochbeutel m (ein Kunststoffbeutel, in dem man Speisen in heißem Wasser gart) || ~ **poach** (Nut, Plastics) / Kochbeutel m (ein Kunststoffbeutel, in dem man Speisen in heißem Wasser gart)
**boil away** v (Nut) / eindicken v, eindampfen v, verkochen v, einkochen v || ~ **down** (Nut) / zerkochen v || ~ **down** (Paint) / verkochen v (Öle) || ~ **down** vi (Nut) / einkochen vi
**boiled linseed oil** (Paint) / Leinölfirnis m (DIN 55932)
**boiled-off silk** (Textiles) / Cuiteseide f (entbastete, glänzende Naturseide), Cuitseide f
**boiled oil*** (Paint) / Firnis m, Ölfirnis m (nicht pigmentierte stark verdünnte Harzlösung, mit der z.B. Ölbilder überzogen werden, um die eigentliche Bildschicht vor äußeren Einflüssen zu schützen) || ~ **water** / abgekochtes Wasser
**boiler** n (with an overflow pipe) (Build) / Überlauferhitzer m (ein Heißwasserbereiter m) || ~* (Build) / Heißwasserbereiter m, Warmwasserbereiter m (meistens ohne Wärmeisolierung), Boiler m || ~ (Chem Eng) / Blase f (zum Verdampfen oder zur diskontinuierlichen Destillation), Destillationsblase f, Destillationsgefäß n, Destillierblase f || ~* (Eng) / Dampfkessel m, Kessel m || ~ (Vac Tech) / Siedegefäß n || ~ **blow-down** (water flow) / Kessellauge f || ~ **blow-down** (Eng) / Kesselentschlammung f, Kesselabschlämmung f, Kesselabsalzung f, Kesselentsalzung f || ~ **capacity*** (Eng) / Kesselleistung f (t/h) || ~ **casing** (Eng) / Kesselverkleidung f || ~ **composition*** (Chem, Eng) / Speisewasserzusatz m (für Kessel), Kesselspeisewasserzusatz m || ~ **compound** (Chem, Eng) / Speisewasserzusatz m (für Kessel), Kesselspeisewasserzusatz m || ~ **control panel** (Eng) / Kesselleitstand m || ~ **control room** (Eng) / Kesselwarte f || ~ **drain** (Eng) / Kesselablass m || ~ **drum** (Eng) / Kesseltrommel f || ~ **efficiency*** (Eng) / Kesselwirkungsgrad m (wichtigste Güteziffer eines Dampferzeugers) || ~ **feed pump** (Eng) / Kesselspeisepumpe f || ~ **feed-water*** (Eng) / Kesselspeisewasser n || ~ **feed-water treatment** (Chem, Eng) / Kesselspeisewasseraufbereitung f || ~ **fittings and mountings*** (Eng) / Dampfkesselausrüstung f, Kesselausrüstung f || ~ **flue pass** (Eng) / Kesselzug m || ~ **furnace** (Eng) / Kesselfeuerung f, Kesselfeuerraum m
**boilermaker's hammer*** (Eng) / Kesselsteinhammer m (DIN 6465), Abklopfhammer m
**boilermaking** n (Eng) / Kesselbau m
**boiler mountings** (Eng) / grobe Armatur (des Kessels) || ~ **output** (Eng) / Kesselleistung f (t/h) || ~ **plant** (Eng) / Dampfkesselanlage f, Kesselanlage f || ~ **plate*** (Eng) / Kesselblech n (in alloyed or unalloyed steel used for the construction of steam boiler plants, pressure vessels and large pressure piping) (Eng, Met) / Kesselblech n (DIN 17 155)
**boilerplate** n (Comp) / Textbaustein m (ISO/IEC 2382-23) || ~ (Comp) / Standardbrief m aus Textbausteinen || ~ (Comp) s. also repetitive text || ~ **letter** (Comp) / vorformulierter Brief (im Gegensatz zum individuell formulierten Brief) || ~ **letter** (Comp) / Standardbrief m aus Textbausteinen
**boilerplates** pl (Comp) / vorformulierte Sätze oder Absätze (bei der Textverarbeitung - Textbausteine)
**boiler pressure*** (Eng) / Kesseldruck m || ~ **pressure part** (Eng) / Kesseldruckkörper m || ~ **rating** (Eng) / Kesselnennleistung f || ~ **rear wall** (Eng) / Kesselrückwand f || ~ **refractory setting** / Kesselausmauerung f (mit feuerfesten Steinen) || ~ **rivet** (Eng) / Kesselniet m, Kesselbauniet m || ~ **room** (Build) / Heizraum m (für die Zentralheizung) || ~ **room** (Eng) / Kesselraum m || ~ **scale*** (Chem, Eng) / Kesselstein m (steinartiger Belag in Kesseln), Kesselsteinbelag m (Ausscheidung von Karbonaten und Sulfaten bei der Erhitzung natürlichen mineralhaltigen Wassers)
**boiler-scale removal** (Eng) / Kesselsteinentfernung f, Entfernen n von Kesselstein, Entsteinung f
**boiler setting*** (Eng) / Kesselfundament n || ~ **shut-down** (procedure) (Eng) / Kesselabfahrvorgang m || ~ **start-up** (procedure) (Eng) / Kesselanfahrvorgang m || ~ **stay*** (Eng) / Kesselstehbolzen m || ~ **steel** (Eng, Met) / Kesselblech n (DIN 17 155) || ~ **suit** (Textiles) / Latzhose f || ~ **tube*** (Eng) / Kesselrohr n || ~ **tube bank** (Eng) / Kesselrohrbank f, Kesselrohrbündel n || ~ **water** (Eng) / Kesselwasser n || ~ **with pressurized furnace** (Eng) / Kessel m mit Druckfeuerung || ~ **with slag-tap furnace** (Eng) / Schmelzkammerkessel m, Kessel m mit flüssiger Entaschung, Kessel m mit flüssigem Ascheabzug
**boilfast** adj / kochfest adj, kochbeständig adj, kochecht adj
**boil-in-bag package** (Nut, Plastics) / Kochbeutel m (ein Kunststoffbeutel, in dem man Speisen in heißem Wasser gart)
**boiling*** n / Kochen n, Sieden n || ~* / Wallen n, Aufwallen n (beim Kochen) || ~ (Civ Eng) / Aufwühlen n (des Erdstoffes), Auftreiben n (des Sandes - in der Baugrube) || ~ (Nut) / Verkochen n (bei der Zuckerfabrikation) || ~ adj / kochend heiß adj, siedend heiß adj || ~ **bed*** (Chem Eng) / brodelndes Wirbelbett, Sprudelschicht f
**boiling-bed roaster** (Chem Eng) / Wirbelschichtröstofen m, Wirbelschichtofen m (zum Rösten feinkörnigen Erzes nach dem Wirbelschichtverfahren)
**boiling capillary** (Chem, Phys) / Siedekapillare f (zur Vermeidung des Siedeverzugs) || ~ **curve** (Chem, Phys) / Siedekurve f || ~ **delay** (Phys) / Siedeverzug m
**boiling-down** n (Nut) / Verkochen n (bei der Zuckerfabrikation)
**boiling flask** (Chem) / Kochflasche f, Kochkolben m || ~ **heat** (Phys) / Siedehitze f || ~ **hole** (Build) / Dolomitkalkgrube f || ~ **hot** / kochend heiß adj, siedend heiß adj || ~ **nitric-acid test** (for intergranular corrosion) / Salpetersäurekochversuch m, Huey-Test m (DIN 50921, ASTM-A-262-64 T), Prüfung f in siedender 65%iger Salpetersäure (von nicht rostenden Stählen auf interkristalline Korrosion) || ~ **noise** (Radio) / Brodeln n (störendes Geräusch) || ~-**off** n (Textiles) / Entbasten n, Abkochen n, Degummieren n (Entfernen des Seidenleims am Kokon)
**boiling-off loss** (Textiles) / Abkochverlust m
**boiling-out** (Eng) / Auskochen n (des Dampferzeugers, meistens mit alkalischen Lösungen)
**boiling point*** (Chem, Phys) / Siedepunkt m (von Wasser, Wasserstoff usw.), Kochpunkt m, $K_p$ (Siedetemperatur) || ~-**point curve** (Chem,

**boiling-point**

Phys) / Siede- oder Verdampfungskurve f (im Siedediagramm) ||
~-**point diagram** (Chem, Phys) / Siedepunktdiagramm n, Siedediagramm n
**boiling-point elevation** (Chem, Phys) / Siedepunktserhöhung f || ~ **thermometer** (Phys) / Siedethermometer n (gebräuliche Ausführung: Beckmann-Thermometer)
**boiling pressure** (Phys) / Dampfdruck m beim Sieden, Siededruck m || ~ **range** (Chem, Phys) / Siedebereich m, Siedeintervall n, Siedegrenzen f pl
**boiling-range distribution** (Chem, Phys) / Siedeverlauf m (DIN 53 171)
**boiling stone** / Siedesteinchen n (zur Vermeidung des Siedeverzugs) || ~ **temperature** (Chem, Phys) / Siedepunkt m (von Wasser, Wasserstoff usw.), Kochpunkt m, $K_p$ (Siedetemperatur) || ~ **test** / Kochprobe f (auch eine Korrosionsprüfung), Kochversuch m || ~ **test** (Leather, Nut) / Kochprüfung f || ~ **to grain** (Nut) / Kochen n auf Korn, Kornkochen n (Zuckergewinnung)
**boiling-under-vacuum process** (wood preservation) (For) / Saftfrischverfahren n (ein Holzschutzverfahren vor dem Austrocknen im saftigen Zustand)
**boiling-up** n (Mining) / Sohlenhebung f, Sohlenauftrieb m, Aufblähen n der Sohle, Sohlenblähen n
**boiling-water reactor*** (Nuc Eng) / Siedewasserreaktor m (ein leichtwassergekühlter und -moderierter thermischer Reaktor), SWR (Siedewasserreaktor)
**boiling-water resistance** (Nut) / Kochfestigkeit f
**boil-in-the-bag** n (Nut, Plastics) / Kochbeutel m (ein Kunststoffbeutel, in dem man Speisen in heißem Wasser gart)
**boil off** v (Textiles) / entbasten v, abkochen v, degummieren v (Rohseide)
**boil-off** n (Chem Eng) / Boil-off (Abführen von Gasen aus Isolierbehältern) || ~ (Oils) / Boil-off-Verlust m (bei LNG und LPG), Boil-off n, Verdampfungsverlust m || ~ **assistant** (Textiles) / Entbastungsmittel n, Abkochmittel n (z.B. Seife) || ~ **gas** (Oils) / Boil-off-Gas n, Verdampfungsgas n (das bei der Verladung und Lagerung von verflüssigtem Erdgas oder Erdölbegleitgas unter Atmosphärendruck entsteht) || ~ **rate** (Oils) / Boil-off-Rate f (bei LNG und LPG), Verdampfungsrate f
**boil out** v (Textiles) / abkochen v (Baumwolltextilien) || ~ **over** / überkochen v || ~ **over** / überlaufen v (über den Rand beim Kochen) || ~ **smut** (Agric) / Maisbrand m || ~ **up** v (Ceramics) / aufkochen f (Glasur)
**bois de rose oil** / Brasilianisches Rosenholzöl (aus Aniba rosaeodora), Bois-de-rose-Öl n
**boison** n (a topographic basin where the streams converge to a central area or point) (Hyd Eng) / Einzugsgebiet n mit bis zum Mittelpunkt laufenden Entwässerungssystem
**Bok globule*** (Astron) / Globule f, Bok-Globule f (kompakte rundliche Dunkelwolke, bei der es sich vermutlich um eine Vorstufe bei der Bildung von Protosternen handelt - nach B.J. Bok, 1906 - 1983)
**bolaform surfactant** (Chem) / Bolaform-Tensid n (das grenzflächenaktiv ist und lyotrophe Phasen bildet)
**bold** adj / auffallend adj (Farbe), kräftig adj (Farbe) || ~ / kräftig adj (Kontur) || ~ **bridge** (Civ Eng) / kühne Brücke (mit großer Spann- bzw. Stützweite)
**boldface*** n (Comp, Typog) / fette Schrift || ~ **attr** (Print) / fett adj (Schrift)
**bold-faced** adj (Print) / fett adj (Schrift) || ~ **text** (Print) / Text m in Fettschrift
**boldine** n (Pharm) / Boldin n (1,10-Dimethoxyaporphin-2,9-diol)
**bold line** (Chem) / fette Linie (bei der zeichnerischen Darstellung dreidimensionaler Strukturen) || ~ **line** (Print) / fette Linie || ~ **roll tile** (Build) / Römer m (ein Dachziegel) || ~ **shore** (Geol) / Steilküste f
**bole** n (Bind) / Grundierung f (für die Hand- und Pressvergoldung) || ~* (Bot, For) / Stamm m, Baumstamm m || ~* (For) / Baumschaft m (der Stammteil bis zum Kronenansatz - bei wipfelschäftigen Bäumen bis zum Gipfel), Schaft m || ~* (Geol, Min) / Bolus m, Siegelerde, Terra sigillata), Bol m (montmorillonitreiche Erde) || ~ (Pharm) / große Pille, Bolus m (große Arzneipille), Bissen m (hauptsächlich für Tiere) || ~ **armoniac** / Poliment n, armenischer Bolus (zum Vergolden), Bolus rubra
**bolection moulding*** (Build) / Halteleiste f
**bole sprout** (For) / Wasserreiser m, Klebeast m, Klebast m (dicker Wasserreiser)
**bolide*** n (Astron) / Feuerkugel f (ein besonders heller Meteor), Bolid m (pl. Boliden)
**boll*** n (Bot, Textiles) / Samenkapsel f, Bollen m (Baumwolle)
**bollard** n (Absperreinrichtung f, Poller m (im öffentlichen Straßenverkehrsraum) || ~* (Ships) / Poller n (niedrige Säule aus Metall, Holz oder Stahlbeton an Liegeplätzen oder an Deck zum Festmachen der Haltetaue oder Trossen - DIN 4054) || ~ **pull** (Ships) / Pollerzug m

**boll weevil** (the most serious cotton pest in North America) (Agric, Zool) / Baumwollkapselkäfer m (Mexikanischer) (Anthonomus grandis - ein Baumwollkapselschädling)
**Bologna flask** (Glass) / Bologneser Träne (rasch erstarrter Glastropfen mit fadenförmigem Stiel, der bei Beschädigung des Stiels brisant zerplatzt) || ~ **flask** (Glass) s. also Rupert's drop || ~ **phial** (Glass) / Bologneser Träne (rasch erstarrter Glastropfen mit fadenförmigem Stiel, der bei Beschädigung des Stiels brisant zerplatzt) || ~ **stone** (Min) / Bologneser Spat, Schwerspat m von Bologna || ~ **vial** (Glass) / Bologneser Träne (rasch erstarrter Glastropfen mit fadenförmigem Stiel, der bei Beschädigung des Stiels brisant zerplatzt)
**bolometer*** n (Instr, Phys) / Bolometer n (temperaturempfindlicher Messwiderstand zur Bestimmung der absorbierten Hochfrequenzleistung sowie Gerät zur Messung der Lichtintensität im sichtbaren und infraroten Bereich)
**bolometric** adj (Instr, Phys) / Bolometer-, bolometrisch adj || ~ **sensor** / bolometrischer Sensor (dessen Wandlerprinzip auf der Temperaturabhängigkeit der Leitfähigkeit spezieller Widerstandselemente beruht)
**bolsón** n (Geol) / ebenes Wüstental (in Mexico und im Südwesten der Vereinigten Staaten)
**bolster** n (Autos) / Polster n (einzelnes) || ~ (Build, Tools) / Scharriereisen n (meistens Viereisen - 4-7 cm breit) || ~ (Carp) / Trumholz n, Sattelholz n, Schirrholz n || ~* (Civ Eng) / Auflager n, Auflagerbank f || ~* (Eng) / Schabotteneinsatz m, Gesenkhalter m || ~ (Foundry) / Wechselrahmen m || ~ (Foundry) / Stammform f, Mutterform f || ~* (Rail) / Drehgestellschemel m, Wiege f (Drehgestell)
**bolt** v / verbolzen v, befestigen v (mit Bolzen) || ~ (Build) / verriegeln v || ~ (Nut) / sieben v, beuteln v || ~ n / Rolle f (Tapeten) || ~ (Build, Join) / Schlossriegel m || ~ (Elec Eng, Eng) / Durchsteckschraube f, durchgehender Bolzen || ~ (Eng) / Schraube f (mit Mutter, Teilgewinde, meist Sechskantkopf) || ~* (Eng) / Schraubenbolzen m (DIN 2509), Bolzen m (lösbarer) || ~ (For) / Furnierklotz m, Schälblock m (für Schälfurniere) || ~* (to lock a door or gate) (Join) / Riegel m (ein Tür- oder Torverschluss), Schieber m, Schuber m (A) || ~ (Nut) / Beutelsieb n, Tuchsieb n (besonders für Mehl), Mehlsieb n || ~* (Textiles) / Stoffballen m || ~ **cutter** (for cutting the heads of bolts) (Tools) / Bolzenschneider m (auch für größere Drahtquerschnitte)
**bolted connection** (Eng) / Schraubenverbindung f, Verschraubung f (mit Durchsteckschrauben) || ~ **joint** (Eng) / Schraubenverbindung f, Verschraubung f (mit Durchsteckschrauben) || ~ **union** (Eng) / Schraubenverbindung f (bei Rohren)
**bolter** n (Nut) / Beutelsieb n, Tuchsieb n (besonders für Mehl), Mehlsieb n
**bolt fastening** (Eng) / Bolzenverbindung f, Bolzenbefestigung f || ~ **hole** (Eng) / Durchsteckloch n
**bolting** n (Eng) / Anschrauben n, Verschrauben n (mit Durchsteckschrauben) || ~ (Nut) / Sieben n, Beuteln n || ~ **cloth** (Textiles) / Müllergaze f, Seidensiebtuch n, Seidengaze f, Beutelgaze f || ~ **sieve** (Nut) / Beutelsieb n, Tuchsieb n (besonders für Mehl), Mehlsieb n
**bolting-silk** n (Cinema, TV) / Streulichtschirm m (Seidenblende), Seidenblende f, Tüllschirm m || ~ (Textiles) / Müllergaze f, Seidensiebtuch n, Seidengaze f, Beutelgaze f
**bolt machine** (Eng) / Schraubenherstellmaschine f || ~ **machine** (Eng) / Bolzenstauchmaschine f || ~-**making machine*** (Eng) / Bolzenstauchmaschine f
**bolt-making machine** (Eng) / Schraubenherstellmaschine f
**bolt on** v (Eng) / anschrauben v, aufschrauben v
**bolt-on fender** (US) (Autos) / geschraubter Kotflügel || ~ **wing** (Autos) / geschraubter Kotflügel
**bolts*** pl (Bind) / unbeschnittene Kanten, unaufgeschnittene Kanten
**bolt shooting** (Build) / Bolzenschießen n || ~ **together** v / zusammenschrauben v
**bolt-together shelving unit** / Schraubregal n
**Boltzmann collision equation** (Phys) / Boltzmann'sche Stoßgleichung || ~ **constant** (Phys) / Boltzmann'sche Entropiekonstante (DIN 5031, T 8), Boltzmann'sche Konstante (eine Fundamentalkonstante), Boltzmann-Konstante f || ~ **distribution law** (Phys) / Boltzmann'sches Energieverteilungsgesetz || ~ (transport) **equation*** (Phys) / Boltzmann-Gleichung f (quantitative Beschreibung des Transports von Masse, Ladung, Energie und Impuls in Vielteilchensystemen), Boltzmann'sche Stoßgleichung, Boltzmann'sche Transportgleichung || ~ **factor** (Phys) / Boltzmann-Faktor m || ~ **H theorem** (Phys) / H-Theorem n, Boltzmann-Theorem n (gaskinetische Formulierung des Entropiesatzes - nach L. Boltzmann, 1844-1906) || ~ **machine** (AI) / Boltzmann-Maschine f (ein Parallelverarbeitungsmodell)
**Boltzmann-Matano solution** (Met) / Boltzmann-Matano-Auswertung f (von Konzentrationsprofilen im Verlauf der Diffusion in Zweistoffsystemen)

**Boltzmann's constant**\* (Phys) / Boltzmann'sche Entropiekonstante (DIN 5031, T 8), Boltzmann'sche Konstante (eine Fundamentalkonstante), Boltzmann-Konstante $f$
**Boltzmann's distribution**\* (Phys) / Boltzmann-Verteilung $f$ ‖ ≙ **law of radiation** (Phys) / Stefan-Boltzmann'sches Strahlungsgesetz (DIN 5031-8)
**Boltzmann statistics** (Phys) / Boltzmann-Statistik $f$, Maxwell-Boltzmann-Statistik $f$
**Boltzmann-Vlasov equation** (Phys) / Boltzmann-Wlassow-Gleichung $f$ (in der Plasmastatistik)
**bolus** $n$ (Pharm) / große Pille, Bolus $m$ (große Arzneipille), Bissen $m$ (hauptsächlich für Tiere) ‖ **~ alba** (Geol, Min, Pharm) / Weißer Bolus, Weißer Ton, Bolus alba (ein wasserhaltiges Aluminiumsilikat)
**Bolyai geometry** (Maths) / hyperbolische Geometrie (eine nichteuklidische Geometrie), Lobatschewski'sche Geometrie (nach N.I. Lobatschewski, 1792-1856)
**Bolzano's theorem** (Maths) / Nullstellensatz $m$, Satz $m$ von Bolzano (nach dem böhmischen Gelehrten Bernard Bolzano, 1781-1848), Bolzanosatz $m$
**Bolzano-Weierstrass theorem** (Maths) / Satz $m$ von Bolzano-Weierstraß
**BOM** (bill of materials) / Materialliste $f$, Werkstoffliste $f$
**bomb** $n$ (logical bomb) (Comp) / Logikbombe $f$ (spezielle und selten vorkommende Art von Viren, die zu einem bestimmten Zeitpunkt Schäden anrichtet), logische Bombe ‖ **~** (Mil) / Bombe $f$ ‖ **~** (Phys) / Kalorimeterbombe $f$, Bombe $f$ (des Kalorimeters), Bombenkalorimeter $n$ ‖ **2F-~** (Mil) / Zwei-F-Bombe $f$, Zweiphasenkernbombe $f$ ‖ **3F-~** (Mil) / Dreiphasenkernbombe $f$, Drei-F-Bombe $f$, kombinierte A- und H-Bombe
**bombard** $v$ (Nuc Eng) / beschießen $v$, bombardieren $v$
**bombardment**\* $n$ (Nuc Eng) / Beschuss $m$, Beschießen $n$, Bombardierung $f$ ‖ **~ cooling** / Aufprallkühlung $f$
**bombardment-induced X-ray emission** (Spectr) / durch Beschuß induzierte Röntgenstrahlenemission
**bombasine** $n$ (Textiles) / Bombasin $m$
**bombax cotton** (Textiles) / Bombaxwolle $f$ ‖ **~ floss** (Textiles) / Bombaxwolle $f$
**Bombay hemp** (Bot, Textiles) / Ostindischer Hanf, Bombayhanf $m$, Bengalischer Hanf, Sunnhanf $m$, Sunn $m$ (DIN 60 001-1), SN (Sunn), Bengalhanf $m$ (Crotalaria juncea L.)
**bombazine** $n$ (a twilled dress fabric of worsted and silk or cotton, especially a black kind formerly used for mourning clothes) (Textiles) / Bombasin $m$
**bomb bay** (Aero) / Bombenschacht $m$ ‖ **~ calorimeter**\* (Phys) / Kalorimeterbombe $f$, Bombe $f$ (des Kalorimeters), Bombenkalorimeter $n$
**bomber jacket** (Textiles) / Bomberjacke $f$ (meist wattierte, kurze sportliche Steppjacke, wie sie in ähnlicher Form von Piloten in Militärmaschinen getragen wird)
**bombesin**\* $n$ (Pharm) / Bombesin $n$ (pharmakologisch wirksames Peptid)
**bomb fusion process** (Chem) / Bombenaufschluss $m$ (vor der Elementaranalyse)
**bombiccite** $n$ (Min) / Hartit $m$ ($C_{20}H_{34}$)
**bomb method** (Chem) / Bombenmethode $f$ (zur quantitativen Bestimmung von Schwefel und Halogenen)
**bomb-proof shelter** (Mil) / Luftschutzraum $m$, Luftschutzbunker $m$
**bomb shelter** (Mil) / Luftschutzraum $m$, Luftschutzbunker $m$
**Bombyx mori** (Textiles, Zool) / Maulbeerseidenspinner $m$ (Bombyx mori)
**Bommer-type helical hinge** (Join) / Pendeltürband $n$, Bommerband $n$ (doppelt wirkender Spezialbeschlag für Pendeltüren)
**bonanza** $n$ (Mining) / profitable Erzgrube ‖ **~**\* (Mining) / Adelszone $f$ (metallreicher Teil einer Erzlagerstätte), sehr hoher Lagerstättenanteil ‖ **~ effect** (Autos) / Ruckeln $n$
**bond** (Bind, Textiles) / auskleben $v$, kaschieren $v$, einkaschieren $v$, auskaschieren $v$ (mit Klebstoff), laminieren $v$, befilmen $v$, beschichten $v$ ‖ **~** (Elec Eng, Electronics) / elektrisch leitend verbinden, fest elektrisch verbinden ‖ **~** (Electronics) / bonden $v$, bondieren $v$, kontaktieren $v$ (bonden) ‖ **~** (Eng) / fügen $v$ (eine Verbindung von geometrisch bestimmten Körpern miteinander oder mit formlosem Stoff nach DIN 8580 herstellen), zusammenfügen $v$, zusammensetzen $v$, fügen $v$ ‖ **~** (Powder Met) / durchtränken $v$ ‖ **~** vt / binden vt ‖ **~** $n$ / Anhaftung $f$ ‖ **~**\* (Build) / Mauerwerk(s)verband $m$ (festgelegte Anordnung der Steine innerhalb des Mauerwerks), Mauerverband $m$, Verband $m$ (Mauerwerksverband), Mauersteinverband $m$, Mauerziegelverband $m$ ‖ **~**\* (Chem) / Bindung $f$ (Zustand) ‖ **~**\* (Civ Eng) / Verbund $m$ (zwischen Beton und Stahl, der auf Adhäsion oder Kapillarkräften beruht) ‖ **~** (Eng) / Bindung $f$ (der Schleifscheibe) ‖ **~** (Phys) / Adhäsion $f$ (als Phänomen), Haften $n$, Haftung $f$ ‖ **~** / Bond $m$ (bei Supraleitern - metallurgischer) ‖ **in ~** / unter Zollverschluss
**bondable** adj (Chem) / bindungsfähig adj

**bond angle**\* (Chem) / Valenzwinkel $m$, Bindungswinkel $m$ ‖ **~ axis** (Chem) / Bindungsachse $f$ ‖ **~ breakage** (Chem) / Auftrennen $n$ der Bindung, Spaltung $f$ der Bindung, Bindungsbruch $m$ ‖ **~ breaker** (Build, Civ Eng) / Fugenunterfüllung $f$ (die das Entstehen eines Verbundes zwischen Dichtungsmasse und Fugensohle verhindert), untere Fugeneinlage ‖ **~ breaker** (Chem Eng) / Formentrennmittel $n$, Formeneinstreichmittel $n$, Formeinstreichmittel $n$, Puderungsmittel $n$, Trennmittel $n$ (das die Adhäsionskräfte zwischen zwei aneinander grenzenden Oberflächen verringert) ‖ **~ breaking** (Chem) / Auftrennen $n$ der Bindung, Spaltung $f$ der Bindung, Bindungsbruch $m$ ‖ **~ character** (Chem) / Bindungscharakter $m$ ‖ **~ dash** (Chem) / Bindestrich $m$ (in Strukturformeln) ‖ **~ dissociation energy** (the depth of the zero-point level of a chemical bond below the level at which dissociation can just occur) (Chem) / Bindungsdissoziationsenergie $f$, Trennungsenergie $f$ (der Bindung) ‖ **~ distance**\* (Chem) / Bindungslänge $f$, Bindungsabstand $m$
**bonded** adj (Chem, Elec) / gebunden adj ‖ **~ construction** (of floor screed) (Build) / schwimmender Estrich (auf einer Dämmschicht hergestellter Estrich, der auf seiner Unterlage beweglich ist und keine unmittelbare Verbindung mit angrenzenden Bauteilen aufweist - DIN 18 560-2) ‖ **~ fabrics**\* (Textiles) / Bondierverbundstoffe $m$ $pl$, Bondings $pl$ (Kleb-Flächenverbundstoffe) ‖ **~ fibre fabrics** (Textiles) / Bondierverbundstoffe $m$ $pl$, Bondings $pl$ (Kleb-Flächenverbundstoffe) ‖ **~ laminated windscreen** (GB) (Autos) / eingeklebte Verbundglasfrontscheibe ‖ **~ laminated windshield** (US) (Autos) / eingeklebte Verbundglasfrontscheibe ‖ **~ negative resistance diode** (Electronics) / BNR-Diode $f$ ‖ **~ phase** (Chem) / gebundene (stationäre) Phase (der Flüssigkeit, die durch chemische Bindung an Trägerpartikel gekoppelt ist - Chromatografie)
**bonded-phase chromatography** (a type of high-pressure liquid chromatography which employs a stable chemically bonded stationary phase) (Chem) / Chromatografie $f$ an gebundenen Phasen
**bonded warehouse** (a customs-controlled warehouse for the retention of the imported goods until the duty owed is paid) / Zolllager $n$ ‖ **~ windscreen** (Autos) / geklebte Windschutzscheibe
**bonded-yarn fabric** (Textiles) / Fadenverbundstoff $m$ (aus flächenförmiger Textilie und Fäden)
**bond energy**\* (Chem, Phys) / Bindungsenergie $f$ (Maß der Festigkeit der Verbindung)
**bonder**\* $n$ (Build) / Verbandstein $m$, Binder $m$ (ein Naturstein), Binderstein $m$
**Bonderizing** $n$ (Met, Surf) / Bonderverfahren $n$ (Phosphorsäurebeize), Bondern $n$
**bond failure** (Build, Paint) / mangelhafte Haftung (an Voranstrich oder Untergrund), mangelnde Haftfestigkeit (bis zum Abplatzen), mangelndes Haftvermögen ‖ **~ failure** (Join) / Leimbruch $m$, Klebfugenbruch $m$ ‖ **~ force** (measurable static load on the bonding tool during the bonding cycle) (Electronics) / Bondkraft $f$, Bonddruck $m$, Anpresskraft $f$, Anpressdruck $m$ ‖ **~ formation** (Chem) / Ausbildung $f$ von Bindungen, Bindungsbildung $f$ ‖ **~ graph** (Work Study) / Energieflussgraf $m$, Bondgraf $m$
**bonding** $n$ (bei Klebstoffen), Klebverbindung $f$ (als Vorgang), Zusammenkleben $n$, Kleben $n$ (DIN 16920), Verbindung $f$ durch Kleben, Verkleben $n$ (Zukleben, Festkleben) ‖ **~** (Chem) / Bindung $f$ (als Vorgang) ‖ **~**\* (Elec Eng) / feste elektrische Verbindungen, feste Masseverbindungen ‖ **~** (Electronics) / Bondierung $f$, Bonden $n$, Kontaktieren $n$, Kontaktierung $f$ ‖ **~** (Optics) / Rohkitten $n$ ‖ **~** (Powder Met) / Durchtränken $n$ ‖ **~ agent** (for treating backgrounds) (Build) / Putzgrundmittel $n$, Putzfestiger $m$, Putzhärter $m$ ‖ **~ agent** (Build, Chem Eng) / Haftmittel $n$ ‖ **~ agent** (Glass) / Haftvermittler $m$ ‖ **~ area** (Electronics) / Kontaktierfläche $f$ (beim Bonden) ‖ **~ clay** (Ceramics, Foundry) / Bindeton $m$ (anorganisches Bindemittel) ‖ **~ clip** (Elec Eng) / Verbindungsklemme $f$ (für metallische Teile), Abbindeklemme $f$ ‖ **clip**\* (Elec Eng) / Erdungsschelle $f$ ‖ **~ cycle** (Electronics) / Bondzyklus $m$ ‖ **~ dash** (Chem) / Bindestrich $m$ (in Strukturformeln) ‖ **~ electron** (Chem) / Bindungselektron $n$ ‖ **~ force** (Electronics) / Bondkraft $f$, Bonddruck $m$, Anpresskraft $f$, Anpressdruck $m$ ‖ **~ island** (Electronics) / Bondinsel $f$ (eines integrierten Schaltkreises), Bondpad $m$, Anschlussfeld $n$ (bei Halbleitern) ‖ **~ layer** / Haftschicht $f$, Klebeschicht $f$ ‖ **~ layer** (very thin layer between overlay and lining) (Eng) / Zwischenschicht $f$ (DIN ISO 4378-1) ‖ **~ lead** (Electronics) / Bondanschluss $m$ ‖ **~ material** (Space) / Binder $m$ (bei heterogenen Raketentreibstoffen) ‖ **~ of metals with explosives** (Welding) / Sprengschweißen $n$ ‖ **~ orbital** (a molecular orbital formed by a bonding electron whose energy decreases as the nuclei are brought closer together, resulting in a net attraction and chemical bonding) (Chem) / bindendes Orbital $n$ ($\pi$- oder $\sigma$-Orbital) ‖ **~ pad** (Electronics) / Bondinsel $f$ (eines integrierten Schaltkreises), Bondpad $m$, Anschlussfeld $n$ (bei Halbleitern) ‖ **~ primer** (Build) / Haftgrund $m$ ‖

147

**bonding**

~ **sheet** (Electronics) / Klebefolie f (bei gedruckten Schaltungen) ‖ ~ **strength** (Paper) / Spaltwiderstand m (von Mehrlagenkarton), Spaltfestigkeit f, Haftfestigkeit f (von Mehrlagenkarton) ‖ ~ **wire** (Elec Eng, Electronics) / Bindedraht m ‖ ~ **wire** (Electronics) / Anschlussdraht m

**bond ink** (Print) / Wertpapierdruckfarbe f ‖ ~ **length** (Build, Civ Eng) / Verankerungslänge f (die notwendig ist, um die vorhandene Zugkraft von einem Stab über den Beton auf den anderen, überlappten Stab zu übertragen) ‖ ~ **length**\* (Chem) / Bindungslänge f, Bindungsabstand m ‖ ~ **line** (Join) / Leimfuge f, Klebfuge f

**bond-line formula** (Chem) / Strichformel f (in der Kohlenstoffketten und -ringe als Zickzacklinien und Vielecke symbolisiert und alle an C gebundenen H-Atome weggelassen werden)

**bond making** (Chem) / Ausbildung f von Bindungen, Bindungsbildung f ‖ ~ **migration** (Chem) / Bindungsverschiebung f ‖ ~ **number** (Chem) / Bindungsordnung f (ein Maß für den π-Bindungsanteil einer chemischen Bindung), Bindungsgrad m ‖ ~ **orbital** (Chem) / Bindungsorbital n ‖ ~ **order** (Chem) / Bindungsordnung f (ein Maß für den π-Bindungsanteil einer chemischen Bindung), Bindungsgrad m ‖ ~ **pad** (Electronics) / Kontaktgebiet n (des Chips) ‖ ~ **paper** (high-quality writing paper) (Paper) / Schreibpapier n (mehr als 50 g/m$^2$) ‖ ~ **paper** (Paper) / Bankpostpapier n (hochwertiges Schreibpapier) ‖ ~ **paper**\* (Paper) / Bondpapier n (Bankpost- + Hartpostpapier)

**bond(ing) partner** (Chem) / Bindungspartner m
**bond shift** (Chem) / Bindungsverschiebung f ‖ ~ **shifting** (Chem) / Bindungsverschiebung f
**bondstone**\* n (Build) / Verbandstein m, Binder m (ein Naturstein), Binderstein m
**bond strength**\* (US) (Phys) / Adhäsionskraft f, Haftvermögen n (im Allgemeinen) ‖ ~ **strength**\* (Phys) / Haftfestigkeit f (DIN 53232, 53357 und 55945), Haftvermögen n ‖ ~ **stress** (Build, Civ Eng) / Scherspannung f am Bewehrungsstahl

**bone** v (Nut) / ausbeinen v, entbeinen v (Knochen entfernen), auslösen v (Knochen aus dem Fleisch) ‖ ~ (Nut) / entgräten v (Fisch) ‖ ~\* n (Geol, Mining) / Verwachsenes n, verwachsene Kohle ‖ ~\* (Zool) / Knochen m ‖ ~\* (Zool) / Gräte f (bei Fischen) ‖ ~ **ash** (Zool) / Knochenasche f ‖ ~ **bed**\* (Geol) / Bonebed n, Knochenbrekzie f ‖ ~ **black** (Chem) / Knochenschwarz n (ein Gemisch von Knochenkohle mit Zucker oder Sirup in konzentrierter Schwefelsäure), Beinschwarz n, Kölner Schwarz n (durch Verkohlen von Knochen hergestelltes Schwarzpigment für die Malerei) ‖ ~ **char** (Pharm) / Knochenkohle f (adsorbierende), Carbo m ossium, Spodium n ‖ ~ **china** (Ceramics) / Knochenporzellan n (eine Art Weichporzellan mit hoher Transparenz und weißem Scherben - die Bezeichnung rührt von dem erheblichen Zusatz an Knochenasche her) ‖ ~ **conduction**\* (Acous, Med) / Knochenleitung f, Knochenschallleitung f (eine spezielle Art der Körperleitung nach DIN 1320) ‖ ~ **density** (Radiol) / Knochendichte f

**bone-dry** adj / knochentrocken adj
**bone•-dry paper**\* (Paper) / absolut trockenes Papier ‖ ~ **fat** (Nut) / Knochenfett n ‖ ~ **glass** (Glass) / Beinglas n, Knochenglas n (mit Knochenasche getrübtes Glas) ‖ ~ **glue** / Knochenleim m (aus Knochenschrot) ‖ ~ **lace** (Textiles) / Klöppelspitze f

**boneless** adj (Nut) / knochenfrei adj, knochenlos adj, ohne Knochen ‖ ~ (fish) (Nut, Zool) / grätenlos adj, ohne Gräten

**bone marrow**\* (Biol, Med, Nut) / Knochenmark n ‖ ~ **meal** (of ground or grated fresh bones) (Agric) / Knochenmehl n, Knochenmehl n (Futter- und Düngemittel) ‖ ~ **oil** (Chem Eng) / Knochenöl n (früher als Uhren- und Nähmaschinenöl benutzt) ‖ ~ **phosphate of lime** (Min) / Phosphorgehalt von Phosphaterzen ausgedrückt als Tricalciumphosphat /Ca$_3$(PO$_4$)$_2$/ ‖ ~ **porcelain** (Ceramics) / Knochenporzellan n (eine Art Weichporzellan mit hoher Transparenz und weißem Scherben - die Bezeichnung rührt von dem erheblichen Zusatz an Knochenasche her) ‖ ~ **seeker**\* (Chem, Ecol) / Knochensucher m ‖ ~ **superphosphate** (Agric) / Knochensuperphosphat n, Superphosphat n aus Knochenmehl ‖ ~ **tar** (Chem Eng) / Knochenteer m (bei der Herstellung von Knochenkohle gewonnener Teer) ‖ ~ **tolerance dose**\* (Radiol) / maximal zulässige Strahlendosis für Knochen (Patienten, Personal) ‖ ~ **turquoise**\* (Min) / Zahntürkis m, Odontolith m (die von Urweltieren ausgefallten Knochen und Zähne), okzidentalischer Türkis (künstlich blau gefärbtes fossiles Elfenbein)

**bongkrekic acid** f (Chem, Pharm) / Bongkreksäure f (säurelabiles Toxin aus Pseudomonas cocovenenas)
**bongo** n (For) / Bongo n, Olonyozo n (Holz der Fagara macrophylla Engl. oder Fagara tessmannii Engl.), Bahé n, African satinwood n
**boniato** n (a variety of sweet potato with white flesh) (Nut) / Batate f (zuckerhaltige stärkereiche Knolle der Ipomoea batatas (L.) Lam.), Süßkartoffel f

**boning** n (Surv) / Einvisieren n nach Richtung und Höhe ‖ ~**-in**\* n (Surv) / Einvisieren n nach Richtung und Höhe ‖ ~ **knife** (Nut) / Ausbeinmesser n
**boning-rod** n (Build, Surv) / Visiertafel f (ein altes Höhenmessgerät) ‖ ~\* (Surv) / T-förmiger Fluchtstab, Richtstange f
**Bonne projection** (a type of conical map projection in which meridians are plotted as curves and the parallels are spaced along them at true distances) (Cartography) / Bonne'scher Entwurf, Mercator-Bonne'sche Kegelabbildung, Bonne'sche Abbildung (unechte konische Abbildung)
**Bonne's projection**\* (Cartography) / Bonne'scher Entwurf, Mercator-Bonne'sche Kegelabbildung, Bonne'sche Abbildung (unechte konische Abbildung)
**bonnet**\* n / Haube f, [Schutz]Kappe f, Deckel m (Haube) ‖ ~ (Arch) / Erkerdach n ‖ ~\* (GB) (Autos) / Motorhaube f (den Motor schützender hochklappbarer Deckel am Auto), Kühlerhaube f ‖ ~\* (Build) / Funkenfänger m (Schutzvorrichtung in Schornsteinen), Funkenflugschutznetz n, Schornsteinkappe f (ein Funkenfänger) ‖ ~\* (Eng) / Kopfstück n (bei Kleinarmaturen) ‖ ~ **cotton** (Textiles) / Tapezierzwirn m ‖ ~ **gasket** / Deckeldichtung f (Ventil) ‖ ~ **hip** (a roofing tile of special angular shape employed as a junction between two faces of a roof) (Build, Ceramics) / Gratziegel m (ein gewölbter Formstein zur Eindeckung der Grate), Gratstein m (gewölbter), Frauenhutwalmziegel m ‖ ~ **tile** (Build) / Walmziegel m (Dachziegel zur Eindeckung der erhabenen Schnittkanten von Walmdachflächen), Walmstein m (gewölbter) ‖ ~ **tile**\* (Build, Ceramics) / Gratziegel m (ein gewölbter Formstein zur Eindeckung der Grate), Gratstein m (gewölbter), Frauenhutwalmziegel m
**bonnet-top stay** (Autos) / Motorhaubenstütze f
**bonny clabber** (Nut) / Dickmilch f (geronnene, saure Milch)
**bonus** n (Work Study) / Prämie f, Bonus m ‖ ~ **effect** (Agric) / Bonus-Effekt m (bessere Wirkung der Pflanzenschutzmittel als erwartet) ‖ ~ **increment** (Work Study) / Akkordzuschlag m
**bony** adj / knochenreich adj, mit viel Knochen ‖ ~ (Nut, Zool) / grätig adj, mit vielen Gräten, grätenreich adj ‖ ~ **coal**\* (Geol, Mining) / Verwachsenes n, verwachsene Kohle
**boogie pump** (Build, Civ Eng) / Förderkammer f (der Betonspritzmaschine)
**boojee pump** (Build, Civ Eng) / Förderkammer f (der Betonspritzmaschine)
**book** v / buchen v (reservieren), reservieren v (buchen) ‖ ~ (Surv) / eintragen v (z.B. Messergebnisse) ‖ ~ (Teleph) / anmelden v (ein Gespräch) ‖ ~ n / Buch n (z.B. von Blattgold) ‖ ~ (Bind, Print) / Buch n ‖ ~ (Comp) / Buch n (eine Gruppe von Quellenanweisungen, die in einer der vom DOS/VSE unterstützten Sprachen geschrieben und in der Bibliothek für Quellenmodul gespeichert sind)
**bookband** n (Bind) / Buchbinde f, Buchbauchbinde f, Streifband n (des Buches)
**bookbinder** n (Bind) / Buchbinder m ‖ ~**'s cardboard** (Paper) / Buchbinderpappe f
**bookbinder's cloth** (Bind, Textiles) / Einbandgewebe n, Buchbinderleinen n ‖ ~ **shop** (Bind) / Buchbinderei f (Werkstatt)
**bookbindery** n (Bind) / Buchbinderei f (Werkstatt)
**bookbinding**\* n (Bind) / Buchbinden n, Binden n, Buchbinderei f ‖ ~ **board** (Paper) / Buchbinderpappe f ‖ ~ **machine** (Bind) / Buchbindereimaschine f
**book block** (Bind) / Buchblock m (pl. -s) ‖ ~ **board** (Paper) / Buchbinderpappe f ‖ ~ **bound entirely in cloth** (Bind) / Ganzleinenband m, Ganzgewebeband m, Ganzleinen n, Ganzgewebeeinband m ‖ ~ **capacitor** (Elec Eng) / Klappkondensator m, Quetschkondensator m (mit Hartpapier) ‖ ~ **carriage** (Cinema) / Buchwippe f (Einrichtung zum schnellen Verfilmen dickerer gebundener Bücher) ‖ ~ **case** (Bind) / Einbanddecke f, Buchdecke f (besteht aus den beiden Deckeln, der Rückeneinlage und den Rücken- und Bezugsmaterialien), Decke f (des Buchinbands) ‖ ~ **case** (Bind) s. also book cover ‖ ~ **chase** (Print) / Schließrahmen m für Buchsatz ‖ ~ **cloth** (Bind, Textiles) / Einbandgewebe n, Buchbinderleinen n ‖ ~ **cover** (Bind) / Buchdeckel m ‖ ~ **designer** / Buchgestalter m
**book-end paper** (Bind, Print) / Vorsatzpapier n
**book flat** (Cinema, TV) / zusammenklappbare Kulisse
**bookfold** v (Leather) / buchförmig falten (Häute)
**book-folding machine** (Bind, Print) / Falzmaschine f
**booking** n (Teleph) / Booking n (im Mobilfunksystem) ‖ ~ **of a call** (Teleph) / Gesprächsanmeldung f (als Vorgang), Voranmeldung f (des Gesprächs) ‖ ~ **terminal** (Comp) / Buchungsplatz m
**book joint** (Bind) / Buchgelenk n, Buchdeckelgelenk n
**bookkeeping machine** (Comp) / Buchungsmaschine f
**booklet** n (Print) / Booklet n (Werbebroschüre; Beilage, Beiheft in einer CD-Hülle)
**booklouse** n (pl. -lice) (minute wingless psocopterous insect injurious to books and papers) / Bücherlaus f (Liposcelis divinatorius)

**Bookmark** *n* (Communicator) (Comp) / Bookmark *n* (von einem Browser verwaltete bevorzugte Netzadressen im WWW), Lesezeichen *n* (Communicator), Favoriten (Internet Explorer - vom Benutzer anlegbares Verzeichnis von Hyperlinks zu von ihm häufig besuchten Web-Seiten), Hotlist *f* (von einem Browser verwaltete bevorzugte Netzadressen im WWW) || ~ *n* (Comp) / Bookmark *f* (Eintrag in einem elektronischen Adressverzeichnis für Homepages) || ~ (Comp) / Bookmark *f* *n* (leserdefinierter Fixpunkt im Hypertext) || ~ (Print) / Lesezeichen *n*, Buchzeichen *n*
**bookmobile** *n* (US) (Autos) / Bücherwagen *m*, Fahrbücherei *f*, Autobücherei *f*, Bibliobus *m*
**book page** (Print, Typog) / Buchseite *f* || **~ paper** (Paper, Print) / Buchdruckpapier *n*, Werkdruckpapier *n* || **~ plate*** (Print) / Exlibris *n* (pl. -) || **~ price** / Listenpreis *m*
**bookprint** *n* (Print) / Bücherdruck *m*, Werkdruck *m* (von Büchern und Broschüren, die keine oder nur wenige Abbildungen enthalten)
**book printing** (Print) / Bücherdruck *m*, Werkdruck *m* (von Büchern und Broschüren, die keine oder nur wenige Abbildungen enthalten)
**booksize PC** (Comp) / Buchformat-PC *m*, Booksize-PC *m*
**book type** (Typog) / Werkschrift *f*, Brotschrift *f* || **~ value** / Buchwert *m* (ein Wertansatz in den Geschäftsbüchern oder in der Bilanz), Restwert *m*
**bookwork** *n* (Print) / Bücherdruck *m*, Werkdruck *m* (von Büchern und Broschüren, die keine oder nur wenige Abbildungen enthalten)
**Boolean*** *adj* (Comp) / Boole'sch *adj* (nach G. Boole, 1815 - 1864, benannt) || ≃ **algebra*** (Maths) / Boole'scher Verband, Boole'sche Algebra (ein komplementärer distributiver Verband) || ≃ **expression** (a quantity expressed as the result of Boolean operations, such as AND, OR, and NOT, upon Boolean variables) (Comp) / Boole'scher Ausdruck || ≃ **function** (Maths) / Boole'sche Funktion || ≃ **operation** (Maths) / Boole-Operation *f* || ≃ **operator** (a logic operator, each of whose operands, and whose result have one of two values) (Comp) / Boole'scher Operator (z.B. im Relationenkalkül) || ≃ **ring** (Maths) / Boole'scher Ring (Ring mit Einselement, dessen Elemente alle idempotent sind) || ≃ **search** (Comp) / Boole'sche Suche || ≃ **value** (Comp) / Boole'scher Wert || ≃ **variable** (Maths) / Boole'sche Variable
**boom** (Acous) s. also drumming || ~* *n* / Boom *m* (starker Konjunkturaufschwung) || ~* (a single-tone noise) (Acous) / Dröhnen *n*, Brummen *n* || ~ (Acous, Cinema, TV) / Mikrofongalgen *m*, Giraffe *f*, Mikrogalgen *m*, Tonangel *f*, Angel *f* (eines Mikrofons) || ~* (Arch, Civ Eng) / Gurt *m* (eines Vollwand- oder Fachwerkträgers - oberer oder unterer) || ~ (Ecol) / flexible Ölsperre (z.B. eine Schlauchsperre), Ölschlängel *m* || ~* (Eng) / Baum *m* (zur Handhabung schwerer Lasten) || ~ (Eng) / Dorn *m* (Lastträger eines Gabelstaplers) || ~* (Eng, Mining, Ships) / Baum *m*, Ausleger *m* (auch des Schaufelradladers) || ~* (For) / Flößerechen *m*, Fangrechen *m* (bei Wasserlagerung im Fluss) || ~ (Ocean, Oils) / Sperre *f* (zum Einschließen des ausgelaufenen Erdöls) || ~ (Radio) / Boom *m* (einer Richtantenne), Mittelträger *m* (auf dem die Antennenelemente einer Richtstrahlantenne befestigt sind) || ~* (Eng, Mining, Ships) s. also arm and jib || **~ angle** (Acous) / Tonarm *m* || **~ carpet** (Aero) / Lärmteppich *m* (die Fläche, die der kegelförmigen Druckwelle bei Überschallflügen am Erdboden überstrichen wird), Lärmschleppe *f* || **~ conveyor** (Mining) / Auslegerband *n*
**boomer** *n* (Acous) / Tieftonlautsprecher *m*, Tieftöner *m*, Woofer *m* || **~** (Geol) / Boomer *m* (Energiequelle; scharfer niederfrequenter Reflexionseinsatz)
**boomerang sampler** (Mining) / Freifallprobennehmer *m*
**boom industrial robot** (Eng) / Auslegerindustrieroboter *m* (dessen Gestell ein waagerechter Träger ist, der an einem Ständer, einer Säule oder an einer Wand einseitig befestigt wurde und sich über dem Arbeitsraum des IR befindet) || **~ member** (Arch, Civ Eng) / Gurtstab *m* || **~ microphone** (Acous) / Schwenkarmmikrofon *n* || **~ of a shovel** (Civ Eng) / Baggerausleger *m*, Baggerstiel *m* || **~ off** *v* (Ships) / abbäumen *v* (festgemachtes Schiff oder festgemachten Schwimmkörper) || **~ operator** (Acous) / Mikrofonassistent *m*, Tonangler *m*, Mikromann *m*, Mikroassistent *m*
**booms** *pl* (Arch) / Gurtung *f* (die Gesamtheit der Gurte eines Fachwerkträgers)
**boom shot** (Cinema) / Kranaufnahme *f* || **~ upper section** (Eng, Mining) / Auslegeroberteil *m*
**boost** *v* / ankurbeln *v* (die Wirtschaft), boosten *v* || ~ (I C Engs) / aufladen *v*, vorverdichten *v* (die Ladung durch die Ladepumpe) || ~* *n* (I C Engs) / Ladedruck *m*, Auflagung *f* (Druck) || **~ charge** (Elec Eng) / Schnellladen *n*, Schnellladung *f* || **~ control*** (Aero) / Ladedruckregler *m*
**booster*** *n* (Aero, Space) / Starttriebwerk *n*, Starthilfstriebwerk *n*, Boostermotor *m* || ~ (Autos, Radio) / Booster *m* (zwischen Lautsprecherausgang des Radios und Lautsprecher || ~ (Chem) / Schaumstabilisator *m*, Booster *m* (in Waschmitteln) || ~ (Chem, Space) / Verstärker *m*, Booster *m* (bei Explosiv- und Raketentreibstoffen) || ~ (Cinema) / Booster *m*, Messwertverstärker *m* || ~ (Elec Eng) / Zusatzspeisegerät *n* || ~ (Elec Eng) / Boostergenerator *m*, Zusatzgenerator *m*, Zusatzmaschine *f* || ~ (Eng) / Druckwandler *m*, Multiplikator *m*, Druckübersetzer *m*, Druckumformer *m*, Treibapparat *m* (der hydraulischen Presse) || ~ (Eng) / Boosterverdichter *m*, Vorschaltverdichter *m* (im Allgemeinen) || ~ (Eng) / Kraftverstärker *m*, Booster *m* || ~ (Eng) / Vorschaltverdichter *m* (ein Kälteverdichter, der Kältemittel niedrigen Druckes auf den Saugdruck eines anderen Verdichters verdichtet) || ~ (I C Engs) / Aufladegerät *n*, Lader *m* (Luftverdichter), Aufladegebläse *n* || ~ (Mining) / brisanzfördernder Zusatz (in Explosivstoffen), Booster *m* || ~ (Nuc Eng) / Booster *m* (Nachbeschleunigungsstrecke bei Beschleunigern) || ~ (Space) / Trägerrakete *f* (z.B. "Ariane") || ~ (Vac Tech) / Treibdampfpumpe *f* || **~ amplifier*** (Acous) / Boosterverstärker *m*, Zusatzverstärker *m*, Leistungsverstärker *m* (zusätzlicher), Nachverstärker *m* || **~ battery** (Autos) / Starthilfebatterie *f* || **~ battery** (Elec Eng) / Zusatzbatterie *f*, Verstärkerbatterie *f* || **~ cable** (Autos) / Starthilfekabel *n* (DIN 72553), Schnellstartkabel *n* || **~ coil*** (Aero) / Anlassspule *f*, Zündverstärkerspule *f* || **~ control** / Kraftsteuerung *f* || **~ diode** (Electronics) / Boosterdiode *f* || **~ element** (Nuc Eng) / Anfahrbrennelement *n* || **~ engine** (propulsion system employed in the launching phase of a vehicle flight) (Aero, Space) / Starttriebwerk *n*, Starthilfstriebwerk *n*, Boostermotor *m* || **~ engine** (Space) / Korrekturtriebwerk *n* || **~ light** (Photog) / Zusatzlicht *n* || **~ locomotive** (US) (Rail) / Rangierlokomotive *f*, Verschiebelokomotive *f*, Schiebelokomotive *f* || **~ pump*** / Zubringerpumpe *f* (vorgeschaltete), Boosterpumpe *f* (eine vorgeschaltete Zubringerpumpe), Zusatzpumpe *f*, Zwischenpumpe *f*, Hilfspumpe *f* || **~ response*** (Med) / Boostereffekt *m*, Auffrischungseffekt *m* (vermehrte und beschleunigte Bildung von Antikörpern im Serum) || **~ rocket*** (Aero) / Startrakete *f* || **~ separation** (Space) / Abtrennung *f* des Starttriebwerks || **~ station*** (Mining, Oils) / Druckerhöhungsstation *f* (im Verlaufe der Pipeline), Druckverstärkerstation *f* (z.B. in Rohrleitungen) || **~ (pumping) station** (San Eng) / Überpumpwerk *n*, Zwischenpumpwerk *n* (zur Hebung von Abwasser in weiträumigen Kanalisationssystemen) || **~ transformer*** (Elec Eng) / Zusatztransformator *m*, Hilfstransformator *m*, Boostertransformator *m*
**boost fluid** (Aero) / Treibstoffzusatz *m* zur Schubverstärkung || **~ gauge** (I C Engs) / Ladedruckmesser *m*
**boosting** *n* (Glass) / elektrische Zusatzheizung (innerhalb der Schmelze), Elektrozusatzheizung *f*, EZH (Elektrozusatzheizung) || ~* (I C Engs) / Aufladung *f* (DIN 1940), Vorverdichtung *f* (durch den Lader)
**boost into orbit** (Space) / in eine Umlaufbahn einschießen, in eine Umlaufbahn bringen || **~ melting** (Glass) / elektrische Zusatzheizung (innerhalb der Schmelze), Elektrozusatzheizung *f*, EZH (Elektrozusatzheizung) || **~ phase** (Space) / Startphase *f* (von Raketen, die mit Hilfe von Startraketen gestartet werden) || **~ pressure** (the increase over atmospheric pressure of the induction pressure in a supercharged piston engine measuren in Pa) (I C Engs) / Ladedruck *m*, Aufladung *f* (Druck)
**boost-pressure controller** (I C Engs) / Ladedruckregler *m*
**boost venturi** (Autos) / Vorzerstäuber *m*
**boot** *v* (Comp) / booten *v* (ein technisches, mikroprozessorgesteuertes System durch Laden des Betriebssystems von einem nicht flüchtigen Speicher in den Arbeitsspeicher hochfahren), starten *v* (booten), urladen *v* (nur Infinitiv und Partizip) || ~ *n* (Aero) / Gummihaut *f* (der Vorderkanten, die zur mechanischen Enteisung dient) || ~ (Autos) / Faltenbalg (Abdichtung, die das Fett im Gelenkinneren hält und das Gelenkinnere gegen Schmutz und Feuchtigkeit schützt) || ~ (GB) (Autos) / Kofferraum *m* || ~ (US) (Autos) / Parkkralle *f*, Radblockierer *m*, Parkriegel *m* || ~* (Glass) / Stiefel *m* (am Durchlass zwischen Läuterungs- und Arbeitswanne), Haube *f* (aus Schamotte)
**bootable** *adj* (Comp) / bootfähig *adj*
**boot block flash** (Comp) / Boot-Block-Flash *m* || **~ capacity** (Autos) / Kofferraumvolumen *n* || **~ conformation** (Chem) / Wannenkonformation *f*, Bootkonformation *f* || **~ disk*** (Comp) / Boot-Diskette *f*
**booth** *n* / Kabine *f* (Wahlkabine) || ~* (Cinema) / Projektionsraum *m*, Bildwerferraum *m* (ein meist hinter der Rückwand des Vorführraumes untergebrachter Raum zur Aufnahme der technischen Einrichtung für die Wiedergabe von Bild und Ton mit einem oder mehreren Projektoren) || **~ porthole** (Cinema) / Projektionsfenster *n*, Kabinenfensteröffnung *f* (in der Wand des Bildwerferraumes)
**booting** *n* (Comp) / Booten *n* (des Systems)
**bootleg** *n* (Mining) / Bohrlochpfeife *f* || **~ record** (Acous) / Raubaufzeichnung *f* (z.B. eine Raubplatte)
**boot lid** (Autos) / Kofferraumdeckel *m*, Kofferdeckel *m* || **~ manager** (Comp) / Boot-Manager *m* (der ein wahlweises Booten

unterschiedlicher Betriebssysteme erlaubt) ‖ ~ **partition** (Comp) / Boot-Partition f ‖ ~ **processor** (with OS/2 SMP, a processor which handles all interrupts from programs attempting to manipulate hardware interrupts directly) (Comp) / Boot-Prozessor m ‖ ~ **sector**\* (disk sector containing information required for booting a system) (Comp) / Boot-Sektor m
**boot-sector virus** (Comp) / Boot-Virus m n (der den Boot-Sektor von Disketten oder Festplatten befällt), Boot-Sektor-Virus m n
**boot spoiler** (Autos) / Heckspoiler m
**bootstrap** v (Comp) / booten v (ein technisches, mikroprozessorgesteuertes System durch Laden des Betriebssystems von einem nicht flüchtigen Speicher in den Arbeitsspeicher hochfahren), starten v (booten), urladen v (nur Infinitiv und Partizip) ‖ ~\* n (Comp) / Bootstrap m (Vorgang, den ein Ureingabeprogramm anführt) ‖ ~\* (Comp) / Ureingabe f ‖ ~\* (Eng, Space) / Bootstrapsystem n (geschlossenes Fördersystem) ‖ ~ **circuit**\* (Electronics) / Bootstrap-Schaltung f (zur Erhöhung des Eingangswiderstandes) ‖ ~ **hypothesis** (Nuc) / Bootstrap-Hypothese f ‖ ~ **integrator** (Electronics) / Miller-Integrator m (zur Umformung ankommender Impulse in korrekte Sägezahnimpulse sowie zur Erzielung genau definierter Verzögerungszeiten) ‖ ~ **inverter** (Comp) / Bootstrap-Inverter m ‖ ~ **loader** (Comp) / Urleseprogramm n (Programm im Urladeformat, das durch Ureingabe mit Hilfe des Urladers in den Zentralspeicher einer Zentraleinheit geladen wird) ‖ ~ **loader** n (Comp) / Ureingabeprogramm n (aus wenigen Befehlen bestehende Datenmenge, die vor dem Starten der Anlage und vor dem Einlesen des "Urladers" an den Beginn des Arbeitsspeichers gebracht werden muss), Bootstrap-Lader m ‖ ~ **model** (Nuc) / Bootstrap-Modell n (in der analytischen S-Matrix-Theorie)
**bootstrapping** n (Comp) / Bootstrapping n (Digitalrechner, Kompilierer)
**bootstrap process** (Stats) / Bootstrap-Verfahren n, Resampling-Verfahren n ‖ ~ **PROM** (Comp) / programmierbarer Urladefestspeicher
**boot-top line** (Ships) / Wasserpass m
**boot upper** (Leather) / Schaft m (des Stiefels) ‖ ~ **virus** (a virus which stores itself on the boot sector of a disk and contains a program which is executed when the computer containing the disk is started up) (Comp) / Boot-Virus m n (der den Boot-Sektor von Disketten oder Festplatten befällt), Boot-Sektor-Virus m n
**BOP** (basic oxygen process) (Met) / Sauerstoffaufblasverfahren n, Sauerstoffkonverterverfahren n ‖ ≃\* (blow-out preventer) (Oils) / Preventer m (ein Schließmechanismus als Bohrlochsicherung), Blowout-Preventer m, BOP (Blowout-Preventer), Bohrlochabsperrvorrichtung f (zur Verhinderung des Blowouts) ‖ ≃ **stack** (Oils) / Preventergarnitur f
**boracic acid**\* (Chem, Nut) / Borsäure f (E 284 - auch für die Konservierung von Störkaviar)
**boracite**\* n (Min) / Borazit m, Boracit m
**BORAM** (block-oriented RAM) (Comp) / blockorientierter Speicher mit wahlfreiem Zugriff, blockorientierter Schreib-/Lesespeicher, RAM n mit Blockeinteilung, BORAM n
**borane**\* n (Chem) / Borwasserstoff m (Wasserstoffverbindung des Bors), Boran n (ein Borhydrid)
**borate**\* n (Chem) / Borat n (Salz oder Ester der Borsäure)
**borated water** (Nuc Eng) / boriertes Wasser, Borwasser n ‖ ~ **water storage tank** (Nuc Eng) / Borwasservorratsbehälter m, Borierungstank m, Borwasserflutbehälter m
**borate glass** (Glass) / Boratglas n ‖ ~ **mineral** (Min) / Borat n (z.B. Borax oder Ulexit)
**boration** (Nuc Eng) / Boreinspeisung f, Borierung f, Borzusatz m (für das Kühlwasser)
**borax** (Chem) / Borax m (E 285 - auch für die Konservierung von Störkaviar), Dinatriumtetraborat n (Dekahydrat) ‖ ~\* (sodium tetraborate decahydrate) (Min) / Borax m, Tinkal m (aus Kaschmir und Tibet)
**borax bead** (test)\* (Chem) / Boraxperle f (Vorprobe in der qualitativen Analyse) ‖ ~ **glass** / Boraxglas n
**boraxing** n (Met) / Boraxieren n (der gebeizten Stahldrähte nach dem Abspritzen)
**borax lake** (Geol) / Boraxsee m
**borazine** n (Chem) / Borazol n, Borazin n, anorganisches Benzol
**borazole** n (Chem) / Borazol n, Borazin n, anorganisches Benzol
**Borazon** n / Borazon n (Warenzeichen für diamantanaloges kubisches Bornitrid als Schleif- und Bohrmittel)
**Borda mouthpiece** (Eng) / Borda-Mündung f (düsenförmige Ausflussöffnung an Behältern, Kesseln und dgl.)
**bord-and-pillar**\* n (Mining) / Kammerpfeilerbau m
**Bordeaux** n **B**\* (Chem, Nut, Paint, Textiles) / Bordeaux n B, Echtrot n B ‖ ≃ **mixture** (Agric) / Bordeaux-Brühe f (von Millardet erfunden), Bordelaiser Kupferkalkbrühe f (ein Fungizid)

**border** v (on) / grenzen v (an) ‖ ~ (on) / anstoßen v (an), angrenzen v ‖ ~ (Textiles) / garnieren v (mit einer Borte) ‖ ~ n / Grenze f (Staatsgrenze) ‖ ~ / Rand m (Kante) ‖ ~ (Comp) / Rahmen m, Begrenzungslinie f ‖ ~ (Typog) / Einfassung f (einer Satzkolumne oder eines anderen Satzteiles aus Linien oder typografischen Zierstücken) ‖ ~ (Weaving) / Borte f (Schmalgewebe zum Einfassen), Börtchen n
**border-crossing traffic** / grenzüberschreitender Verkehr
**bordered pit** (For) / behöfter Tüpfel, Hoftüpfel m
**border effect**\* (Photog) / Kanteneffekt m (ein Nachbareffekt), Saumeffekt m (ein Entwicklungseffekt) ‖ ~ **gateway** (Comp, Telecomm) / Border-Gateway n (ein Router, welcher mit Routern in anderen autonomen Systemen kommuniziert), Übergangsgateway n
**bordering** n (Textiles) / Garnierung f (mit einer Borte) ‖ ~ **ink** (Paper) / Beränderungsfarbe f (zum Streichen oder Spritzen von Trauerrand- und Buntrandpapieren), Ränderfarbe f
**border irrigation** (flood irrigation of land areas between border dykes) (Agric) / Streifenbewässerung f ‖ ~ **irrigation** (Agric) / Staubewässerung f ‖ ~ **irrigation** (Agric) / Rabattenberegnung f
**borderless** adj (Photog) / randlos adj
**borderline case** / Extremfall m ‖ ~ **case** / Grenzfall m ‖ ~ **knock curve** (Fuels) / Borderline-Klopfkurve f, Klopfverhalten n bei Grenzzusammensetzung (grafisch dargestellt) ‖ ~ **lubrication** (Eng, Phys) / Grenzschmierung f ‖ ~ **method** / Borderline-Methode f (zur Ermittlung der Straßenoktanzahl) ‖ ~ **oil** (which meets just the limited requirements of an engine test) (I C Engs) / Öl, das gerade noch den Anforderungen beim Motorenrest entspricht ‖ ~ **risk** / Grenzrisiko n
**border style** (Comp) / Rahmenart f (auf der grafischen Benutzeroberfläche) ‖ ~ **surveillance for intrusion detection** (Aero, Radar) / Luftraumüberwachung f zur Eindringentdeckung ‖ ~ **ties** (Weaving) / Harnischrand m (bei Jacquardmaschinen)
**Bordoni relaxation** (Crystal) / Bordoni-Maximum n (Dämpfungsmaximum)
**bore** v (Bot, For) / minieren v (Insektenlarven) ‖ ~ (Eng) / aufbohren v, ausbohren v ‖ ~\* n (Autos, Eng) / Bohrungsdurchmesser m, Bohrdurchmesser m (Innendurchmesser eines Arbeitszylinders), Bohrung f ‖ ~\* (Eng) / Bohrloch n, Bohrung f ‖ ~ (Eng) / Kaliber n (der innere Durchmesser von Rohren; der Durchmesser des Rohres einer Feuerwaffe) ‖ ~\* (Hyd Eng) / Bore f (stromaufwärts gerichtete Flutwelle) ‖ ~ (Hyd Eng) / Schwallwelle f (durch die Tide hervorgerufen) ‖ ~ (Mil) / Seele f, Laufseele f (im Lauf einer Waffe durch Bohrung entstandener Hohlraum) ‖ ~ (Mil) s. also calibre
**boreal** adj (Geol, Meteor) / boreal adj
**bored cast-in-place pile** (Civ Eng) / Bohrpfahl m (geschütteter, DIN 4014, T 1) ‖ ~ **cast-in-situ pile** (Civ Eng) / Bohrpfahl m (geschütteter, DIN 4014, T 1) ‖ ~ **pile** (Civ Eng) / Bohrpfahl m (geschütteter, DIN 4014, T 1)
**bored-tunnel construction method** (Civ Eng) / Bergmannsbauweise f (eine geschlossene Tunnelbauweise)
**bore formation** (Weaving) / Nesterbildung f (Webfehler, der durch Reißen und Klammern von Kettfäden entsteht), Nestbildung f
**borehole** n (Civ Eng) / Bohrloch n, Sonde f ‖ ~ (Eng) / Bohrloch n, Bohrung f ‖ ~\* (Mining, Oils) / Bohrloch n (zylindrischer Hohlraum im Gebirge, der durch drehendes, schlagendes oder drehschlagendes Bohren hergestellt wird), Bohrung f ‖ ~ **logging** (Mining, Oils) / Karottage f, Messung f (im Bohrloch), Bohrlochmessung f, Geophysik f im Bohrloch, Carottage f ‖ ~ **survey**\* (Mining) / Bohrlochbild n (um eventuelle Bohrlochablenkungen zu ermitteln) ‖ ~ **treatment** (For) / Bohrlochimpfung f (ein Holzschutzverfahren mit Patronen oder Pasten), Bohrlochverfahren n
**Borel-Cantelli lemma** (Maths) / Lemma n von Borel-Cantelli (nach E. Borel, 1871 - 1956), Borel-Cantelli-Lemma n
**Borel field** (Maths) / Borel'scher Mengenkörper, Borel-Körper m (nach E. Borel, 1871-1956), Sigma-Ring m ‖ ≃ **measurable function** (Maths) / Borel-messbare Funktion, B-messbare Funktion ‖ ≃ **set** (Maths) / Borel-Menge f
**bore polishing** (I C Engs) / Spiegelflächenbildung f (bei Zylinderlaufbuchsen)
**borer** n (For) / Holzbohrer m, Holzbrüter m (Brutgang im Holz) ‖ ~ **core** (For) / Bohrspan m (des Prüfbohrers) ‖ ~ **hole** (For) / Bohrloch n, Wurmloch n
**boresight error** (the angular deviation of the electrical boresight of an antenna from its reference boresight) (Radar) / Schielfehler m (antennenbedingte Winkelabweichung der Hauptkeulenrichtung vom Sollwert)
**boresighting** n (Optics, Radar) / Justierung f, [axiale] Ausrichtung f
**boresight point** (Telecomm) / Mitte f der Ausleuchtzone (bei Satellitensignalen)
**bore size** (Oils) / Nennweite f (bei Erdölarmaturen)

**bore/stroke ratio** (I C Engs) / Hubverhältnis n (DIN 1940), Bohrung/Hub-Verhältnis n, Hub-Bohrung-Verhältnis n
**bore through** v (Eng) / durchbohren v
**boric acid*** (Chem, Nut) / Borsäure f (E 284 - auch für die Konservierung von Störkaviar) ‖ ~ **acid** s. also sassolite ‖ ~ **acid ester** (Chem) / Borsäureester m ‖ ~ **anhydride** (Chem) / Bortrioxid n, Borsäureanhydrid n, Dibortrioxid n, Bor(III)-oxid n ‖ ~ **oxide*** (Chem) / Bortrioxid n, Borsäureanhydrid n, Dibortrioxid n, Bor(III)-oxid n
**boride*** n (Chem) / Borid n ‖ ~ **material** (Eng) / Boridwerkstoff m
**borine radical*** (Chem) / Borin n (Grundbaustein der Borane - $B_nH_{n+2}$)
**boring*** n (Eng) / Aufbohren n (der vorgebohrten oder vorgegossenen Bohrung mit Hilfe nicht verstellbarer Bohrwerkzeuge - DIN 8589), Ausbohren n ‖ ~* (Eng) / Bohren n ‖ ~ (Eng) / Aufsenken n (Erweiterung einer Bohrung über ihre gesamte Länge) ‖ ~ (Eng) / Ausdrehen n (Vergrößerung einer Bohrung auf einer Drehmaschine), (Mining, Oils) / Bohrloch n (zylindrischer Hohlraum im Gebirge, der durch drehendes, schlagendes oder drehschlagendes Bohren hergestellt wird), Bohrung f ‖ ~* (Mining, Oils) / Bohren n (nach Erdöl, nach Erdgas) ‖ ~* (Eng) s. also drilling ‖ ~ **bar*** (driven by the spindle of a boring machine or held in the tool-post of a lathe) (Eng) / Bohrstange f (Verlängerung der Bohrspindel) ‖ ~ **core** (For) / Bohrspan m (des Prüfbohrers) ‖ ~ **head** (Eng) / Bohr- und Ausdrehkopf m, Bohrkopf m (zum Aufbohren von Bohrungen) ‖ ~ **head** (Mining, Oils) / Bohrkopf m (der auf das Bohrgestänge aufgeschraubt, aufgesteckt oder mit ihm fest verbunden ist) ‖ ~ **in soil** (Civ Eng) / Erdbohren n ‖ ~ **machine*** (Eng) / Bohrmaschine f ‖ ~ **mill*** (Eng) / Bohrwerk n (größere ortsfeste Bohrmaschine)
**borings** pl (Oils) / Bohrklein n, Bohrmehl n
**boring stem** (Oils) / Schwerstange f (beschwertes Gestängerohr mit dickerer Rohrwandung unmittelbar über dem Bohrkopf zum Erzeugen des erforderlichen Andrucks auf der Bohrlochseite bei Großlochbohrungen) ‖ ~ **tool** (Eng) / Innendrehmeißel m (DIN 4973) ‖ ~ **tool*** (Eng) / Bohrmeißel m (in dem Bohr- und Ausdrehkopf)
**borinic acid** (Chem) / Borinsäure f (organisches Derivat der Borsäure)
**Borland Object Component Architecture** n (Comp) / Borland Object Component Architecture f (objektorientiertes modulares Konzept zur Schaffung durchgängig objektorientierter Anwendungen), BOCA
**Borna disease** (Agric) / Borna-Krankheit f, BK (Borna-Krankheit)
**bornane** n (Chem) / Bornan n (ein Grundköper der bizyklischen Monoterpene - früher Camphan)
**Born approximation** (Nuc) / Born'sche Näherung f
**born digital** (of data, created digitally without referring to a non-digital source) (Comp) / rein digital
**Borneo camphor*** (Chem) / Borneokampfer m (d-Borneol), Baroskampfer m, Sumatrakampfer m, Malayischer Kampfer (aus Dryanops aromatica Gaertn.)
**borneol*** n (Chem) / Borneol n (Bornan-2-ol), Bornylalkohol m (ein sekundärer Alkohol)
**Borneo rubber** / Borneokautschuk m, Getah susu n (Handelsbezeichnung für Wildkautschuk aus Kalimantan) ‖ ≃ **tallow** (Nut) / Borneotalg m (Kakaobuttererersatzstoff), Tenkawangfett n
**Born-Haber cycle** (Phys) / Born-Haber'scher Kreisprozess (ein thermodynamischer Kreisprozess), Haber-Born'scher Kreisprozess
**bornhardt** n (a large inselberg) (Geol) / Inselberg m (inselartig isolierter Rumpfrestberg)
**Born interpretation** (Phys) / Born'sche Näherung (einer für Streuprozesse geeigneten Störungstheorie der Schrödinger-Gleichung)
**bornite*** n (Min) / Bornit m, Buntkupferkies m, Buntkupfererz n
**bornology** n (Maths) / Bornologie f
**Born-Oppenheimer approximation*** (Nuc) / Born-Oppenheimer-Näherung f (nach M. Born, 1882-1970, und J.R. Oppenheimer, 1904-1967), Born-Näherung f
**Born-von-Kármán boundary condition** (Crystal) / Born-von-Kármán-Grenzbedingung f (Grundlage bei der Behandlung der dynamischen Eigenschaften des Kristallgitters ohne Berücksichtigung von Oberflächeneffekten), zyklische Grenzbedingung, periodische Grenzbedingung (von Born-von Kármán)
**bornyl acetate** (Chem) / Borneolacetat n, Bornylacetat n, Borneolazetat n, Bornylazetat n ‖ ~ **alcohol** (Chem) / Borneol n (Bornan-2-ol), Bornylalkohol m (ein sekundärer Alkohol)
**borohydride** n (Chem) / Boranat n (komplexes Metallborhydrid), Hydroborat n
**borole** n (Chem) / Borol n (cyclische bororganische Verbindung mit einem 5-Ring)

**boron*** n (Chem) / Bor n, B (Bor) ‖ ~ **alkyl** (Chem) / Boralkyl n, Trialkylboran n ($R_3B$)
**boron-aluminium group** (Chem) / Bor-Gruppe f, Bor-Aluminium-Gruppe f
**boronated stainless steel** (Met) / nicht rostender Stahl mit Borzusatz
**boron carbide*** (Chem) / Borcarbid n, Borkarbid n ($B_4C$) ‖ ~ **chamber*** (Nuc Eng) / Borionisationskammer f, Borkammer f (eine mit Bortrifluorid gefüllte Ionisationskammer) ‖ ~ **counter** (Nuc) / Borzähler m (zum Nachweis langsamer Neutronen) ‖ ~ **equivalent** (Nuc) / Boräquivalent n (Maßzahl für die Neutronenabsorption eines Stoffes) ‖ ~ **fertilizer** (Agric) / Bordünger m ‖ ~ **fibre** / Borfaser f
**boron-fibre reinforced plastic** / borfaserverstärkter Kunststoff, BFK (DIN 7728, T 2)
**boron fluoride** (Chem) / Bortrifluorid n, Trifluorboran n, Bor(III)-fluorid n ‖ ~ **group** (Chem) / Bor-Gruppe f, Bor-Aluminium-Gruppe f ‖ ~ **halide** (Chem) / Borhalogenid n (z.B. Bortrifluorid, $BF_3$) ‖ ~ **implantation** (Electronics) / Borimplantation f
**boronizing** n (Met) / Borieren n (der Stahloberfläche nach DIN 50902)
**boron nitride*** (Chem) / Bornitrid n (hexagonales = Schmiermittel, kubisches = Schleif- und Bohrmittel, BN (Bornitrid) ‖ ~ **nitride polymer** (Chem) / Polybornitrid n (ein anorganisches Polymer) ‖ ~ **(III) oxide*** (Chem) / Bortrioxid n, Borsäureanhydrid n, Dibortrioxid n, Bor(III)-oxid n ‖ ~ **phosphide** (Chem, Electronics) / Borphosphid n (BP - ein wichtiger Halbleiter) ‖ ~ **removal** (Chem) / Borentzug m, Entborierung f, Deborierung f ‖ ~ **steel** (Met) / Borstahl m (mit maximal 0,01% B) ‖ ~ **tribromide** (Chem) / Bortribromid n, Tribromboran n ‖ ~ **trichloride** (Chem) / Bortrichlorid n, Trichlorboran n, Bor(III)-chlorid n ‖ ~ **triethyl** (Chem, Fuels) / Triethylboran n ‖ ~ **trifluoride** (Chem) / Bortrifluorid n, Trifluorboran n, Bor(III)-fluorid n ‖ ~ **trifluoride etherate** (Chem) / Bortrifluorid-Etherat n, Diethylether-Trifluorboran n ‖ ~ **trihalide*** (Chem) / Borhalogenid n (z.B. Bortrifluorid, $BF_3$) ‖ ~ **trioxide*** (Chem) / Bortrioxid n, Borsäureanhydrid n, Dibortrioxid n, Bor(III)-oxid n
**borosilicate glass*** (having at least 5% of boron trioxide) (Glass) / Borosilicatglas n, Borosilikatglas n
**borotartrate** (Chem) / Borotartrat n
**borotungstic acid** (Chem) / Wolframatoborsäure f
**borreliosis** n (pl. -oses) (Med) / Borreliose f (durch Bakterienarten der Gattung Borrelia hervorgerufene Krankheit - eine Berufskrankheit der Förster)
**borrow** n (Civ Eng) / Füllmaterial n (aus der Seitenentnahme) ‖ ~ (Maths) / Zehnerübertragung f bei Subtraktion, Borgen n (bei der Subtraktion)
**borrowed capital** / Fremdkapital n (als Gegensatz zum Eigenkapital) ‖ ~ **light** (Build) / verglaste Fläche in der Innenmauer (zur indirekten Beleuchtung), Fenster n in der Innenmauer, Innenfenster n (Fenster in der Innenmauer)
**borrow pit*** (Civ Eng) / Seitenentnahme f (in der man Füllmaterial gewinnt), Bodenentnahmestelle f, Entnahmegrube f (für Erdstoff)
**BORSCHT functions** (battery, overvoltage protection, ringing, supervision and signalling, coding, hybrid, testing) (Telecomm) / BORSCHT-Funktionen f pl (Speisung, Überspannungsschutz, Rufen, Überwachen und Signalisieren, Analog-Digital- und Digital-Analog-Umsetzung, Zweidraht-Vierdraht-Umsetzung/Gabelschaltung, Anschalten für Prüfzwecke/Testen)
**bort*** n (Min) / Bort m (Diamantenschleifpulver), Industrieware f (technische Diamanten), Poort m
**boscage** n (Arch, For) / Boskett n ‖ ~ (For) / Waldlandschaft f
**Bosch process*** (Eng) / Wasserstoffgewinnung durch die Zersetzung von Wasserdampf durch Koks oberhalb von 500° C
**Bose-Chandhuri-Hocquenghem code** (Comp) / BCH-Kode m (zyklischer Kode, der Fehlererkennung und Fehlerkorrektur über Hardware ermöglicht)
**Bose condensation** (Phys) / Bose-Einstein-Kondensation f (wenn sich in der Nähe des Nullpunktes der Temperatur alle Teilchen im Grundzustand befinden), Einstein-Kondensation f
**Bose-Einstein condensation** (Phys) / Bose-Einstein-Kondensation f (wenn sich in der Nähe des Nullpunktes der Temperatur alle Teilchen im Grundzustand befinden), Einstein-Kondensation f ‖ ≃ **distribution law*** (Phys) / Bose-Einstein-Verteilungsfunktion f ‖ ≃ **statistics*** (Phys) / Bose-Einstein-Statistik f (nach S. Bose, 1894-1974), Einstein-Bose-Statistik f
**bosh** n (Foundry) / Löschtrog m, Ablöschtrog m ‖ ~* (Glass) / Kühlwasserwanne f, Kühltank m ‖ ~* (Met) / Rast f (Schmelzzone des Hochofens) ‖ ~ **angle** (Met) / Rastwinkel m (beim Hochofen) ‖ ~ **gas** (Met) / Rastgas m
**boskage** n (Arch, For) / Boskett n ‖ ~ (For) / Waldlandschaft f
**boson*** n (Nuc) / Boson n (Bose-Teilchen)
**boss** n / Anguss m (auf einem Bauteil) ‖ ~ (Aero) / Nabenstück n (bei festen Propellern) ‖ ~ (Aero) / Luftschraubennabe f ‖ ~ (Arch, Build) /

**boss**

Schlussstein *m* (am Hauptknotenpunkt der Rippen eines Gewölbes) ‖ ~* (Eng) / Vorsprung *m* (am Flansch) ‖ ~* (Geol) / Stock *m* (mit unregelmäßigen Konturen)
**bossage*** *n* (Build) / Bossenwerk *n* (ein Quadermauerwerk, bei dem die Vorderseite der Quader unter Belassen einer unregelmäßigen Oberfläche nur roh bearbeitet wird), Rustika *f*, Bossenmauerwerk *n*
**bossed flange** (Eng) / Flansch *m* mit Vorsprung, Vorsprungflansch *m*
**boss head** (Chem) / Doppelmuffe *f* (ein Stativzubehör)
**bossing*** *n* (Plumb) / Bossieren *v* (des Blei- oder Zinkblechs), Weichmetallklopfen *n*, Profilklopfen *n* (des Blei- oder Zinkblechs)
**bossings** *pl* (Ships) / Wellenhose *f* (flossenartige Verkleidung der Schraubenwelle von Mehrschraubenschiffen)
**bossing stick** (Plumb) / Schaleisen *n*
**Boston caisson** (Civ Eng) / eine Art Schachtbrunnen ‖ ≙ **caisson** (Civ Eng) / Bohrfutterrohr *n*
**bostonite*** *n* (Geol) / Bostonit *m* (Alkalisyenitaplit)
**Bostrychidae** *pl* (Agric, For, Zool) / Bohrkäfer *m pl* (Vorratsschädlinge)
**bostrychid beetle** (Zool) / Kapuzinerkäfer *m* (Familie Bostrychidae), Holzbohrkäfer *m*
**bosun** *n* (Ships) / Bootsmann *m* (pl. -leute) ‖ **~'s chair** (Build, Paint, Ships) / Hängekorb *m*, Schwebekorb *m* (für eine Person)
**BOT** (beginning-of-tape marker) (Comp) / Bandanfangsmarke *f*
**bot** *n* (a program that carries out some repetitive or periodic task for a user) (Comp) / Roboter *m*
**bot(t)** *n* (Met) / Stichlochpfropfen *m*, Abstichstopfen *m*, Stichlochstopfen *m*, Verschlussstopfen *m*, Verschlusspfropfen *m*
**botanical** *n* (Pharm) / Arzneimittel *n* auf pflanzlicher Basis, Phytopharmakon *n* (pl. Phytopharmaka) ‖ **~** *adj* (Bot) / botanisch *adj*
**botany** *n* (Bot) / Botanik *f* ‖ ≙ **~** (Textiles) / Botanywolle *f* (australische Wollsorte feinster Qualität - nach der Botany Bay in New S. Wales) ‖ ≙ **Bay gum** / Gelbes Grasbaumharz (meistens aus Xanthorrhoea hastilis R.Br.), Gelbes Akaroidharz ‖ ≙ **wool** (Textiles) / Botanywolle *f* (australische Wollsorte feinster Qualität - nach der Botany Bay in New S. Wales)
**botel** *n* / Botel *n* (als Hotel ausgebautes Schiff)
**BOT/EOT hole** (Comp, Mag) / Durchlichtmarke *f* (bei einem Magnetband)
**bot-fly larva** (Leather, Zool) / Engerling *m* (Larve der Dasselfliege)
**both-way** *attr* (Teleph) / wechselseitig gerichtet (Betriebsweise, bei der Gesprächsverbindungen in beiden Richtungen hergestellt werden, ohne dass die Verkehrsmengen in beiden Richtungen gleich sein müssen) ‖ **~ channel** (Teleph) / bidirektionaler Kanal (bei Mobiltelefonen) ‖ **~ trunk** (Telecomm) / ungerichtet betriebene Leitung
**BOT marker** (Comp) / Bandanfangsmarke *f*
**botryoidal*** *adj* (Biol, Min) / traubenförmig *adj*
**bot stick** (US) (Met) / Stopfenstange *f* (bei der Absticharbeit am Schmelzofen)
**Bott-Duffin procedure** (Electronics) / Bott-Duffin-Prozess *m* (Zweipolsynthese zur Realisierung von Zweipolfunktionen durch RLC-Netzwerke)
**Böttger's paper** (Chem) / Alkannin-Papier *n*, Böttger's-Papier *n* (nach W. Böttger, 1871 - 1949)
**botting** *n* (Met) / Schließen *n* des Stichlochs
**bottle** *v* (Nut) / in Gläsern einmachen (im Haushalt) ‖ (Nut) / abfüllen *v* (auf Flaschen ziehen), abziehen *v* (auf Flaschen) ‖ **~** / Flasche *f* ‖ **~ bank** (Glass) / Altglasbehälter *m* ‖ **~ bank cullet** (Glass) / Kreislaufscherben *m pl*, Altglas *n* ‖ **~ battery*** (Elec Eng) / Flaschenelement *n*
**bottle-blowing machine** (Glass) / Flaschenblasmaschine *f*
**bottle bobbin** (Spinning) / Flaschenspule *f* (DIN 61 800) ‖ **~ brush** / Flaschenbürste *f* ‖ **~ cap** / Flaschenkapsel *f*, Flaschendeckel *m*
**bottle-cap board** (Paper) / Karton *m* für Flaschendeckel
**bottle capper** (Nut) / Kapselaufsetzer *m*, Kapselverschlussmaschine *f* (eine Flaschenverschließmaschine), Verschlusskappenaufsetzer *m* ‖ **~ capsule** / Flaschenkapsel *f*, Flaschendeckel *m* ‖ **~ centrifuge** (Chem, Med, Phys) / Flaschenzentrifuge *f*
**bottle-closing machine** (Nut) / Flaschenverschließmaschine *f*
**bottle crate** / Flaschenkasten *m* (aus Schnittholz), Harass *m* (ein Verpackungsmittel ohne Deckel)
**bottled beer** (Nut) / Flaschenbier *n* ‖ **~ gas** / Flaschengas *n* (das unter Druck in Stahlflaschen gefüllt wird) ‖ **~ gas** / Brenngas *n* (in Stahlflaschen komprimiertes)
**bottle fermentation** (Nut) / Flaschengärung *f* (Gärung oder Lager auf Hefe mindestens 60 Tage und die gesamte Herstellungsdauer über 9 Monate) ‖ **~ filler** (Nut) / Flaschenabfüllmaschine *f* ‖ **~ glass*** (Glass) / Flaschenglas *n* ‖ **~ green** / Flaschengrün *n*
**bottle-green** *adj* / flaschengrün *adj* (kräftig dunkelgrün)
**bottle holder** (Autos) / Flaschenhalter *m* (für Getränke) ‖ **~ jack** (Autos) / Stempelwagenheber *m*
**bottle-labelling paper** (Paper) / Flaschenetikettenpapier *n*

**bottle-making machine*** (Glass) / Flaschenherstellungsmaschine *f* (z.B. eine Flaschenblasmaschine)
**bottleneck** *n* (z.B. in der Versorgung), Bottleneck *m* ‖ **~** (Autos, Civ Eng) / Engpass *m*, Engstelle *f*, Flaschenhals *m* (kurze, den Verkehr behindernde Straßenverengung)
**bottle-neck mould** (Foundry) / Flaschenhalskokille *f*
**bottle-nosed step*** (Build) / Stufe *f* mit allseits ebgerundeten Ecken
**bottle package** (Spinning) / Flaschenspule *f* (DIN 61 800) ‖ **~ rack** (Eng, Join) / Flaschenregal *n*, Flaschenständer *m* ‖ **~ ripe(ness)** (Nut) / Flaschenreife *f* (bei Weinen) ‖ **~ shape** / Flaschenform *f* ‖ **~ sickness** (Nut) / Flaschenkrankheit *f* (des Weins) ‖ **~ silt sampler** (Hyd Eng) / Schlammentnahmegerät *n*
**bottle-stone** (Min) / Moldavit *m* (ein Tektit), Bouteillenstein *m*, Flaschenstein *m*
**bottle test** (San Eng) / Flaschenversuch *m* (einfache Bestimmung der Faulfähigkeit eines Klärschlammes)
**bottle-top mould** (Foundry) / Flaschenhalskokille *f*
**bottle trap** (San Eng) / Flaschengeruchsverschluss *m*, Tauchtopf *m*, Flaschensiphon *m* ‖ **~ washer** (Nut) / Flaschenreinigungsmaschine *f*
**bottle-washing machine** (Nut) / Flaschenreinigungsmaschine *f*
**bottle with conical shoulder** (Chem) / Steilbrustflasche *f* (zylindrische Glasflasche mit konischem Oberteil)
**bottling** *n* (Nut) / Flaschenabfüllung *f*, Abfüllung *f* auf Flaschen, Flaschenzug *m* ‖ **~ line** (Nut) / Flaschenfüllanlage *f*
**bottom** / unten (Aufschrift auf der Kiste) ‖ **~** *v* (on uneven roads) (Autos) / aufsetzen *v* (unerwünschten Bodenkontakt haben) ‖ **~** (Eng) / durchfedern *v* bis zum Anschlag, durchschlagen *v* (Feder) ‖ **~** *n* / Boden *m* (Schuhboden), Schuhboden *m* ‖ **~** / Unterseite *f* (Boden), Boden *m* (Unterseite, unterste Fläche), Grund *m* (Boden) ‖ **~** (Agric) / Sohle *f* (untere Grenzfläche einer Pflugfurche) ‖ **~** (US) (Agric) / Pflugkörper *m* ‖ **~** (Build) / Sohle *f* (die Fläche des Baugrundes) ‖ **~** (Chem Eng) / Sumpf *m* (einer Destillations- und Rektifizierkolonne) ‖ **~** (Comp) / Dateiende *n* ‖ **~** (Geol) / Liegendes *n* (unter einer Bezugsschicht lagernde Gesteinsschicht) ‖ **~** (Glass) / Boden *m* (eines Glasgefäßes) ‖ **~** (Met) / Herdsohle *f*, Herd *m* (eines Schachtofens) ‖ **~** (Mining) / tiefster Punkt (einer Grube) ‖ **see ~** / siehe Bodenprägung ‖ **~ apron** (Spinning) / Unterriemchen *n* (des Streckwerks nach DIN 64 050) ‖ **~ attachment** / Bodenbefestigung *f* (bei Schuhen) ‖ **~ bell** / Gichtglocke *f* (untere), untere Glocke ‖ **~ bend** (Electronics) / Anodenknick *m* (der Anodenstrom-Anodenspannungskennlinie) ‖ **~ blow** (Met) / Blasen *n* von unten, Bodenblasen *n*, Blasen *n* mit Bodenwind ‖ **~ blowing** (Met) / Blasen *n* von unten, Bodenblasen *n*, Blasen *n* mit Bodenwind ‖ **~ blowing** (Met) / Unterwind *m*, Bodenwind *m*
**bottom-blowing converter** (Met) / bodenblasender Konverter, Unterwindfrischkonverter *m*, Bodenwindkonverter *m*
**bottom-blown converter** (Met) / bodenblasender Konverter, Unterwindfrischkonverter *m*, Bodenwindkonverter *m*
**bottom board** (Foundry) / Grundplatte *f*, Unterlegplatte *f* (zum Formen) ‖ **~ board** (Weaving) / Platinenboden *m* (Jacquard), Platinenbrett *n* ‖ **~ boom** (Arch, Civ Eng) / Untergurt *m* (der in einem Fachwerk oder Vollwandträger örtlich unten gelegene der beiden Gurte)
**bottom-cast** *v* (Foundry) / steigend gießen
**bottom casting** (Foundry) / steigende Gießweise, steigender Guss, Bodenguss *m* (bei dem das flüssige Gießmetall von unten in den Formhohlraum einströmt und in diesem aufsteigt) ‖ **~ chime** / Bodenrand *m* (bei zylindrischen Fässern) ‖ **~ chord** (Arch, Civ Eng) / Untergurt *m* (der in einem Fachwerk oder Vollwandträger örtlich unten gelegene der beiden Gurte) ‖ **~ cloth** (Textiles) / Unterware *f* (bei Doppelgeweben)
**bottom-cloth weave** (Weaving) / Bindung *f* der Unterware
**bottom coal** (Mining) / Unterbank *f* (eines Flözes) ‖ **~ crack** (Met) / Bodenreißer *m* (Fehler beim Abstreck-Gleitziehen) ‖ **~ dead centre*** (Autos, I C Eng) / innerer Totpunkt, unterer Totpunkt, UT (der Kurbelwelle zuliegender Umkehrpunkt) ‖ **~ die** (Eng) / Matrize *f* (der Teil des Werkzeugs, der die Außenform des Werkstücks bestimmt) ‖ **~ die** (Eng) / Untergesenk *n*, Gesenkunterteil *n* ‖ **~ diffuser** (San Eng) / tief liegender Belüfter (bei der Druckbelüftung) ‖ **~ discharge** / Bodenentleerung *f*
**bottom-discharge bit** (Mining) / Doppelkernrohr *n* mit mitdrehendem Innenrohr
**bottom-dump car** (Mining) / Bodenentleerer *m* (selbstentleernder Förderwagen), Grängesbergwagen *m*, Bodenentladewagen *m*, Bodenentlader *m*
**bottom dump shovel** (Civ Eng) / Klappschaufel *f* ‖ **~ dyeing** (Textiles) / Grundfärbung *f*, Fondfärbung *f* ‖ **~ edge** (Bind) / Stehkante *f* (der Buchdecke, auf der das Buch steht) ‖ **~ edge** (Build, Civ Eng) / Unterkante *f*, UK ‖ **~ ejection** (Plastics) / Ausdrücken *n* von unten (aus dem Gesenk) ‖ **~ electrode** (Met) / Bodenelektrode *f* (eines Elektroofens) ‖ **~ end** (of rpm range) (Autos) / unterer Drehzahlbereich

152

**bottom-entry drive** / Untenantrieb *m* (z.B. für Rührbehälter)
**bottom felt** (Paper) / Unterfilz *m* ‖ ~ **fermentation** (Brew) / Untergärung *f* ‖ ~ **filler** / Ausball *m* (bei orthopädischem Schuhwerk), Ausballmaterial *n*, Ausballmittel *n* (zur Ausfüllung eines zwischen Lang- und Brandsohle bestehenden Hohlraums oder von Höhenunterschieden bei orthopädischem Schuhwerk) ‖ ~ **fitting** (Nuc Eng) / Fußstück *n* (eines Brennelementbündels, einer Brennstoffkassette) ‖ ~ **flange** (Eng) / Unterflansch *m* ‖ ~ **fracture** (Met) / Bodenreißer *m* (Fehler beim Abstreck-Gleitziehen ) ‖ ~ **gate**\* (Foundry) / Anschnitt *m* für steigendes Gießen ‖ ~ **gate** (Mining) / untere Abbaustrecke, Fußstrecke *f* ‖ ~ **glass** (Glass) / Bodenglas *n* (am Boden der Glaswannen) ‖ ~ **hair** (Textiles) / Flaumhaar *n* (der Haardecke des Schafes), Unterhaar *n* ‖ ~ **heating** / Bodenbeheizung *f*, Bodenheizung *f* (Heizung von unten im Allgemeinen), Unterbeheizung *f* ‖ ~ **hole** (Eng) / Grundloch *n*, Sackloch *n*
**bottom-hole assembly**\* (Oils) / Packed-hole-Garnitur *f*, Bohrgarnitur *f* ‖ ~ **pressure** (Oils) / Druck *m* an der Bohrlochsohle, Sohlendruck *m*, Sohldruck *m* ‖ ~ **pump**\* (Oils) / im Bohrlochtiefsten eingebaute Pumpe, Tiefpumpe *f*
**bottom hook block** (Eng) / Unterflasche *f* (des Flaschenzugs, die sich mit der Last auf und ab bewegt - DIN 15412)
**bottom-hung window** (Build) / Kippflügelfenster *n* (nach innen öffnend)
**bottom ice** / Grundeis *n*
**bottoming** *n* / Bodenmontage *f* (bei Schuhen) ‖ ~\* (Civ Eng) / Schüttung *f* aus Grobmaterial (Fundament) ‖ ~\* (Civ Eng) / Package *f* (Schüttpackage, z.B. der Fahrbahnkonstruktion), Schüttpackage *f*, untere Tragschicht (z.B. der Fahrbahnkonstruktion) ‖ ~ (Elec Eng) / Konstanthalten der Ausgangsspannung ‖ ~ (Eng) / Durchfedern *n* bis zum Anschlag, Durchschlagen *n* (der Feder) ‖ ~ (Leather) / Grundierung *f* ‖ ~ (Rail) / Unterbau *m* ‖ ~ (Rail) / Steinschlag *m*, Steinschotter *m*, Schotterbelag *m*, Schotter *m*, Grubenkies *m*, Grobkies *m* (für Unterbettung) ‖ ~ **cycle** (Autos, Ecol) / Bottoming-Zyklus *m* (Kreisprozess zur Nutzung der Abgaswärme von Verbrennungsmotoren) ‖ ~ **leather** (Leather) / Bodenleder *n*, Sohlenleder *n*, Sohl- und Vacheleder *n*, Sohlleder *n*, Unterleder *n*, Leder *n* für den Schuhunterbau
**bottoming-out** *n* (Eng) / Durchfedern *n* bis zum Anschlag, Durchschlagen *n* (der Feder)
**bottoming reamer** (Eng) / Stirnreibahle *f* (zum Reiben von Sacklöchern) ‖ ~ **tap**\* (Eng) / Fertigschneider *m*, Gewindebohrer *m* Nr. 3 (beim dreiteiligen Satz)
**bottom knife** / Untermesser *n* ‖ ~ **land** (Eng) / Zahnlückengrundfläche *f* (des Zahnrades)
**bottomland** *n* (US) (Hyd Eng) / Überschwemmungsgebiet *n*, Inundationsgebiet *n*, Floodplain *f* (pl. -s)
**bottom landing** (Mining) / Füllort *n* (im Bereich der tiefsten Sohle) ‖ ~ **layer** (Paint) / Unterschicht *f* ‖ ~ **leather** (Leather) / Bodenleder *n*, Sohlenleder *n*, Sohl- und Vacheleder *n*, Sohlleder *n*, Unterleder *n*, Leder *n* für den Schuhunterbau ‖ ~ **level** (Build, Civ Eng) / Unterkante *f* (Fläche), UK (Unterkante - Fläche) ‖ ~ **limit** (Eng) / Kleinstmaß *n* (z.B. der Welle) ‖ ~ **limiting size** (Eng) / Kleinstmaß *n* (bei Passungen) ‖ ~ **limiting size** (Eng) / Kleinstmaß *n* (z.B. der Welle) ‖ ~ **load** (Geol) / Flussgeröll *n* (durch bewegtes Wasser transportierte oder abgelagerte Gesteinsbruchstücke), Flussgeschiebe *n*, Geschiebe *n* (von der Strömung eines Fließgewässers mitgeführte Feststoffe), fluviatiles Geröll, Geröll *n* ‖ ~ **lug** (Autos) / Plattenfüßchen *n* (Ansatz am unteren Rand einer Platte der Starterbatterie, auf welchem die Platte steht) ‖ ~ **margin** (Bind, Typog) / Fußsteg *m* (weißer Papierrand bei Büchern, der vom Fußschnitt bis zum Satzspiegel reicht) ‖ ~ **mordant** (Textiles) / Vorbeize *f*
**bottom-most step** (Build) / Antrittsstufe *f* (die erste Stufe einer Treppe nach DIN 18 064), erste Stufe (eines Treppenlaufs)
**bottomness**\* *n* (Nuc) / Beauty *f*, Bottomness *f* (ladungsartige Quantenzahl B der Elementarteilchen)
**bottom note** (Nut) / Hauptaromakomponente *f*, Grundnote *f* (Aroma) ‖ ~ **of foundation** (Build, Civ Eng) / Fundamentsohle *f*, Gründungssohle *f* (waagerechte oder geneigte Fläche eines Gründungskörpers, über die Kräfte in den Baugrund nach unten übertragen werden - DIN V 1054, T 100), Fundamentbasis *f*, Gründungsbasis *f* (die mit dem Baugrund in Berührung stehende Fundamentfläche) ‖ ~ **of the casing** (Oils) / Rohrschuh *m* ‖ ~ **of the wall** (Build) / Mauersohle *f*, Mauerfuß *m* (der unterste Teil der Mauer, meistens auf dem Fundament aufsitzend) ‖ ~ **of the well** (Mining, Oils) / Bohrlochtiefstes *n*, Bohrlochsohle *f*
**bottomonium** *n* (Nuc) / Bottomonium *n* (kurzzeitig bestehender Bindungszustand eines Bottom-Quarks mit seinem Antiteilchen)
**bottom-opening bucket** (Civ Eng) / Bodenentleerungskübel *m*, Kübel *m* mit Bodenentleerung

**bottom out** *v* (Eng) / durchfedern *v* bis zum Anschlag, durchschlagen *v* (Feder) ‖ ~ **part** / Boden *m* (der Dose) ‖ ~ (**pouring**) **plate** (Foundry) / Bodenplatte *f* (beim Gespanngießen)
**bottom-pour** *v* (Foundry) / steigend gießen
**bottom pouring** (Foundry) / steigende Gießweise, steigender Guss, Bodenguss *m* (bei dem das flüssige Gießmetall von unten in den Formhohlraum einströmt und in diesem aufsteigt) ‖ ~ **pressure** (Eng) / Bodendruck *m* (in Großbehältern) ‖ ~ **print** (Textiles) / Vordruck *m* ‖ ~ **product** (Chem Eng) / Sumpfprodukt *n*, Bodenprodukt *n*, Destillationsrückstand *m*, Vakuumdestillationsrückstand *m* ‖ ~ **quark** (Nuc) / Beauty-Quark *n*, Bottom-Quark *n*, b-Quark *n* ‖ ~ **rail** (Join) / unterer Querfries (der Rahmentür) ‖ ~ **road** (Mining) / Sohlenstrecke *f* (Grundstrecke)
**bottom-road bridge** (Civ Eng) / Trogbrücke *f*, Brücke *f* mit unten liegender Fahrbahn
**bottom roll** (Met) / Unterwalze *f* (z.B. eines Walzgerüsts)
**bottomry** *n* (Ships) / Bodmerei *f* (ein Darlehensgeschäft des Seerechts)
**bottoms** *pl* (Chem Eng) / Sumpfprodukt *n*, Bodenprodukt *n*, Destillationsrückstand *m*, Vakuumdestillationsrückstand *m* ‖ ~\* (Met) / Bodenprodukt *n* (beim Orford-Verfahren) ‖ ~ (Oils) / Bodenrückstand *m* (in einem Öltank)
**bottom sample** (Chem) / Bodenprobe *f* (aus dem untersten Teil des Behälters), Grundprobe *f* ‖ ~ **sampler** (Ocean) / Bodengreifer *m* (Gerät der Meeresbiologie und der Ozeanografie) ‖ ~ **seal** (Hyd Eng) / Sohlendichtung *f* (bei Wehren) ‖ ~ **seam** (Nut) / Deckelfalz *m* (der Konservendose), Bodenfalz *m* (der Konservendose)
**bottomset** *n* (Geol) / Basisschicht *f*, Bodensediment *n* ‖ ~ **bed**\* (Geol) / Bodenablagerung *f* ‖ ~ **beds**\* (Geol) / geschichtete Grundablagerungen (eines Deltas), Grundschichten *f pl* (von Deltaablagerungen) ‖ ~ **beds**\* (Geol) / Grundschichten *f pl* (von Deltaablagerungen)
**bottom shed** (Weaving) / Tieffach *n* (bei der Fachbildung)
**bottom-shedding dobby** (Weaving) / Tieffachmaschine *f* ‖ **Jacquard loom** (Weaving) / Jacquardmaschine *f* für Tieffach, Tieffach-Jacquardmaschine *f*
**bottom sheet** (Welding) / Unterblech *n* (bei der Überlappungsschweißung) ‖ ~ **side** / Unterseite *f* ‖ ~ **side** (Aero) / Druckseite *f* (des Flügels) ‖ ~ **side** (Electronics) / Lötseite *f* (der Leiterplatte), Unterseite *f* (der Leiterplatte) ‖ ~ **slice** (Mining) / unterste Scheibe (im Abbau) ‖ ~ **step** (Build) / Antrittsstufe *f* (die erste Stufe einer Treppe nach DIN 18 064), erste Stufe (eines Treppenlaufs) ‖ ~ **stop** (Textiles) / unteres Reißverschlussendstück ‖ ~ **tank** (Autos) / Wasserkasten *m* (des Kühlers - unterer) ‖ ~ **tapping** (Met) / Bodenabstich *m* (z.B. bei Lichtbogenschmelzöfen) ‖ ~ **tearer** (Met) / Bodenreißer *m* (Fehler beim Abstreck-Gleitziehen ) ‖ ~ **trawl net** (Ocean) / Grundschleppnetz *n* ‖ ~ **trawl net** (Ocean) s. also trawl ‖ ~ **unloader** (Agric) / Untenentnahmefräse *f*
**bottom-up control** (Ecol) / Bottom-up-Kontrolle (von meist aquatischen Nahrungsketten von ihrer Basis her) ‖ ~ **parsing technique** (Comp) / Bottom-up-Verfahren *n* (eine Parsing-Technik) ‖ ~ **principle** (Comp) / Bottom-up-Prinzip *n* (Einzel-/Teilaufgaben werden zu übergeordneten Aufgaben zusammengefasst, so dass eine Aufgabenhierarchie gebildet werden kann)
**bottom valve** (Eng) / Bodenventil *n*, Fußventil *n* ‖ ~ **velocity** (Hyd Eng) / Sohlengeschwindigkeit *f* (eines Flusses) ‖ ~ **view** / Untersicht *f* (DIN 6, T 1), Ansicht *f* von unten ‖ ~ **water** (Oils) / Liegendwasser *n*, Bodenwasser *n* ‖ ~ **web** (Textiles) / Unterware *f* (bei Doppelgeweben) ‖ ~ **wick** / Saugdocht *m*
**bottom-wick oiler** / Saugdochtöler *m*
**bottom wire** (Paper) / Unterseib *n* ‖ ~ **yeast**\* (Brew) / untergärige Hefe, Unterhefe *f*, Unterhefen *f pl* (die bei 5 - 10 °C gärt)
**bott stick** (Met) / Stopfenstange *f* (bei der Absticharbeit am Schmelzofen)
**botulin** *n* (Chem) / Botulin *n* (Toxin des Bakteriums Clostridium botulinum), Botulinustoxin *n*, Botulinumtoxin *n*
**botulinum toxin** (a bacterial toxin) (Chem) / Botulin *n* (Toxin des Bakteriums Clostridium botulinum), Botulinustoxin *n*, Botulinumtoxin *n*
**botulinus toxin** (Chem) / Botulin *n* (Toxin des Bakteriums Clostridium botulinum), Botulinustoxin *n*, Botulinumtoxin *n*
**botulism**\* *n* (Med) / Botulismus *m* (eine Wurstvergiftung)
**Boucherot motor** (Elec Eng) / Doppelkäfigläufermotor *m*, Doppelkäfigankermotor *m*
**bouclé**\* *n* (Spinning) / Bouclé *n* (Garn mit Knoten und Schlingen), Bouclégarn *n*, Buklee (Garn mit Knoten und Schlingen) ‖ ~\* (Textiles) / Bouclé *n* (Gewebe aus Bouclé), Bouclégewebe *n*, Buklee *n* (Gewebe aus Bouclé)
**boudinage**\* *n* (Geol) / Boudinage *f* (tektonische Verformung), Boudin *n* (Gesteinsgefüge)
**Boudouard equilibrium** (Chem) / Boudouard-Gleichgewicht *n* (chemisches Gleichgewicht zwischen Kohlendioxid, Kohlenstoff und Kohlenmonoxid nach O.L. Boudouard, 1872-1923)

**bough** *n* (For) / Ast *m* (verholzter Seitentrieb des Baumes)
**bought-in component** (Eng) / Kaufteil *n* (auswärts bestellt), Zulieferteil *n*
**bought-out component** (Eng) / Kaufteil *n* (auswärts bestellt), Zulieferteil *n*
**Bouguer anomaly*** (Geol) / Bouguer-Anomalie *f* (DIN 1358 - eine Schwereanomalie nach P. Bouguer, 1698-1758)
**Bouguer-Lambert-Beer law** / Gesetz *n* von Bouguer, Lambert und Beer (DIN 1349-1)
**Bouguer's halo** (Astron) / Bouguer-Halo *m* (ein zarter kreisförmiger Lichtbogen um den Gegenpunkt der Sonne mit einem Radius von etwa 39°)
**bouillon** *n* (Bacteriol, Pharm) / Bouillon *f* (ein Nährboden) ‖ ~ **cube** (Nut) / Fleischbrühwürfel *m*, Bouillonwürfel *m*
**boulangerite** *n* (Min) / Boulangerit *m* (Blei(II)-antimon(III)-sulfid)
**boulder** *n* / Flussstein *m* ‖ ~ (Civ Eng) / Katzenkopf *m* (ein Pflasterstein) ‖ ~* (Geol) / Findling *m*, erratischer Block, Feldstein *m*, Wanderblock *m* (über 100 mm Größe) ‖ ~ **clay*** (Geol) / Geschiebemergel *m* (an Geschieben reiche, kalkig-tonige Grundmoräne)
**boulder-fall** *n* (Geol) / Steinschlag *m* (von Felswänden herabstürzende Gesteinstrümmer), Steinfall *m*
**boulder field** (Geol) / Felsenmeer *n*, Blockmeer *n*
**boule** *n* / geschmolzenes faseroptisches Material (aus dem man z.B. einen Faserboden schneiden kann) ‖ ~* (Crystal) / unbearbeiteter Einkristallkörper, Birne *f* (meistens bei dem Verneuil-Verfahren) ‖ ~ (for electronics-grade semiconductor) (Electronics) / Stab *m* ‖ ~ (For) / Blockware *f*
**Boulé dam** (Hyd Eng) / Dammbalkenwehr *n*
**boult** *v* (Nut) / sieben *v*, beuteln *v*
**boulting** *n* (Nut) / Sieben *n*, Beuteln *n*
**Boulton process** (For) / Saftfrischverfahren *n* (ein Holzschutzverfahren vor dem Austrocknen im saftigen Zustand)
**Bouma cycle*** (Geol) / Bouma-Sequenz *f* (ideale vertikale Abfolge in einem Turbiditzyklus) ‖ ~ **sequence** (Geol) / Bouma-Sequenz *f* (ideale vertikale Abfolge in einem Turbiditzyklus)
**bounce** *v* / aufprallen *v*, abprallen *v* ‖ ~ / wippen *v* (Fahrzeug) ‖ ~ *n* (Civ Eng) / Rückprall *m* (bei Rammpfahlen) ‖ ~ (Elec Eng) / Prellen *n* (Schalter, Kontakt) ‖ ~ (TV) / Pumpen *n*, Überlagerung *f* von Stoßspannungen
**bounce-back** *n* (Paint) / Rückprall *m* (zurückprallendes Material beim Farbspritzen)
**bounce cast** (Geol) / Aufprallmarke *f*
**bounce-free** *adj* (Comp) / prellfrei *adj* (Taste) ‖ ~ (Elec Eng, Telecomm) / prellsicher *adj* (Kontakt, Schalter), prellfrei *adj*
**bounceless** *adj* (Comp) / prellfrei *adj* (Taste) ‖ ~ (Elec Eng, Telecomm) / prellsicher *adj* (Kontakt, Schalter), prellfrei *adj*
**bounce•light** *n* (Photog) / Pingpongblitz *m*, Bouncelight *n*, indirektes Blitzen (z.B. gegen die Zimmerdecke) ‖ ~ **mark*** (Geol) / Stechmarke *f*, Stoßmarke *f* ‖ ~ **reflector** (Photog) / Bounce-Reflektor *m* (bei Blitzgeräten) ‖ ~ **time** (Elec Eng, Telecomm) / Prelldauer *f* (eine Komponente der Schaltzeit bei Kontakten), Prellzeit *f*
**bouncing** *n* / Aufprallen *n*, Abprallen *n* ‖ ~ (Autos) / Anschlagen *n* (Düsennadel) ‖ ~ (Elec Eng) / Prellen *n* (Schalter, Kontakt) ‖ ~ (Elec, Mag) / Bouncebewegung *f*, Spiegelbewegung *f* (eine der drei charakteristischen Bewegungsformen, die ein elektrisch geladenes Teilchen in einem magnetischen Feld ausführen kann) ‖ ~ (Photog) / indirektes Blitzen ‖ ~ (Rail) / Tauchen *n* (senkrechtes Schwingen eines Schienenfahrzeugs) ‖ ~ (TV) / Unregelmäßigkeiten *f pl* in der vertikalen Position oder in der Helligkeit des Bildes ‖ ~**-pin detonation meter*** / Springstab-Detonationsmesser *m* ‖ ~ **putty** / Rückprallkitt *m*, Bouncing Putty *n* (knetbares Material), Springkitt *m*
**bouncy** *adj* (yarn) (Spinning) / sprungelastisch *adj*
**bound** *v* / abgrenzen *v*, begrenzen *v* ‖ ~ *n* (Maths) / Schranke *f* (einer Menge) ‖ ~ *adj* / gebunden *adj* (Variable, Energie) ‖ ~ (Bind) / gebunden *adj* (Buch) ‖ ~ (Chem, Elec) / gebunden *adj* ‖ ~ (Eng) / blockiert *adj* (Bremse)
**boundary** *n* / Konturkante *f* (Konturlinie) ‖ ~ / Grenze *f*, Begrenzung *f* (Grenze) ‖ ~ (Geol, Mining, Surv) / Feldesgrenze *f*, Markscheide *f* ‖ **mark the** ~ / abgrenzen *v*, begrenzen *v* ‖ ~ **address** (Comp) / Grenzadresse *f* ‖ ~ **alignment** (Comp) / Ausrichtung *f* auf Anfangsadresse ‖ ~ **condition** (Maths) / Randbedingung *f* ‖ ~ **displacement** (Crystal) / Wandverschiebung *f*
**boundary-element method** (Phys) / Boundary-Elemente-Methode *f* (ein Berechnungsverfahren für physikalische Vorgänge innerhalb eines Gebiets, wobei die physikalischen Zusammenhänge nur auf der Berandung des Gebiets beschrieben werden), BEM (Boundary-Elemente-Methode), Randelementemethode *f*, Randintegralmethode *f*, REM ‖ ~ **technique** (Phys) / Boundary-Elemente-Methode *f* (ein Berechnungsverfahren für physikalische Vorgänge innerhalb eines Gebiets, wobei die

physikalischen Zusammenhänge nur auf der Berandung des Gebiets beschrieben werden), BEM (Boundary-Elemente-Methode), Randelementemethode *f*, Randintegralmethode *f*, REM
**boundary force** (Mech) / Randkraft *f* ‖ ~ **friction** (Phys) / Grenzreibung *f* (ein Sonderfall der Festkörperreibung) ‖ ~ **layer*** (Aero, Phys) / Randschicht *f*, Grenzschicht *f*, Reibungsschicht *f*, Wandschicht *f*
**boundary-layer blowing** (Aero) / Grenzschichtanblasung *f*, Grenzschichtausblasung *f*
**boundary-layer control*** (Aero) / Grenzschichtbeeinflussung *f*, Grenzschichtsteuerung *f*
**boundary-layer excitation** (Aero) / Anfachung *f* der Grenzschicht, Grenzschichtanfachung *f* ‖ ~ **fence*** (Aero) / Grenzschichtzaun *m* (10 bis 20 cm hoher Blechsteg, der das Abwandern der Grenzschicht nach den Flügelspitzen verhindert) ‖ ~ **flow** (Phys) / Grenzschichtströmung *f* ‖ ~ **separation** (Phys) / Grenzschichtablösung *f* (der Strömung) ‖ ~ **suction** (Aero) / Grenzschichtabsaugung *f* ‖ ~ **theory** (Phys) / Grenzschichttheorie *f*
**boundary lights*** (Aero) / Umgrenzungsfeuer *n pl* ‖ ~ **line** / Grenzlinie *f*, Begrenzungslinie *f* ‖ ~ **lubrication*** (Eng, Phys) / Grenzschmierung *f* ‖ ~ **markers*** (Aero) / Umgrenzungsmarker *m pl* ‖ ~ **marking** (Agric, Surv) / Vermarkung *f* ‖ ~ **region** / Grenzbereich *m* ‖ ~ **representation** (Comp) / Boundary Representation *f* (Rechenmethode zur Definition von Volumina über die Körperkanten in der rechnerunterstützten Konstruktion) ‖ ~ **representation** (Comp) / Beschreibung *f* durch Oberflächen (bei einem Flächenbegrenzungsmodell) ‖ ~ **representation** (Comp) / Begrenzungsflächenmodell *n* (ein Volumenmodell), Flächenbegrenzungsmodell *n* ‖ ~ **scan** (Electronics) / Boundary Scan *m n* (eine Maßnahme des testgerechten Entwurfes von Baugruppen und Systemen)
**boundary-scan architecture** (Electronics) / Architektur *f* des Boundary Scans
**boundary value** (Maths) / Randwert *m* (der durch die Randbedingungen festgelegte Wert der Lösungsfunktion) ‖ ~ **value problem** (Maths) / Randwertaufgabe *f*, Randwertproblem *n* ‖ ~ **wall** (Build) / Grenzwand *f* ‖ ~ **wall** (Build) / Grenzmauer *f* ‖ ~ **wavelength** (Radiol, Spectr) / Grenzwellenlänge *f*
**bound book** (Bind) / gebundenes Buch, Buchbinderband *m*, Deckenband *m* ‖ ~ **charge*** (Elec) / gebundene Ladung ‖ ~ **control** (data-aware controls through which access to information in a database is facilitated) (Comp) / Bound Control *f*, datenbankgebundenes Steuerelement
**bounded** (Maths) / beschränkt *adj*, begrenzt *adj* ‖ ~ **above** (Maths) / nach oben beschränkt, oberhalbbeschränkt *adj* ‖ ~ **below** (Maths) / nach unten beschränkt ‖ ~ **function*** (Maths) / beschränkte Funktion (die sowohl nach oben als auch nach unten beschränkt ist)
**boundedness** *n* (Maths) / Beschränktheit *f*, Begrenztheit *f*
**bounded sequence** (Maths) / beschränkte Zahlenfolge, beschränkte Folge ‖ ~ **set of points*** (Maths) / beschränkte Punktmenge ‖ ~ **summation** (Comp) / beschränkte Summation ‖ ~ **variation** (Maths) / beschränkte Variation
**bound electricity** (Elec) / gebundene Elektrizität ‖ ~ **electron** (Nuc) / gebundenes Elektron ‖ ~ **energy** (Phys) / Entropieglied *n* der Gibbs-Helmholtz'schen Gleichung, gebundene Energie, Helmholtz-Wärme *f* ‖ ~ **glue state** (Nuc) / Gluonkugel *f* (massives physikalisches Eichteilchen), Glueball *m* ‖ ~ **hollow cylinder** (Mech) / umschnürter Hohlzylinder ‖ ~ **mode** (Electronics) / geführter Mode (Faseroptik) ‖ ~ **particle** (Nuc) / angezogenes Teilchen (die Erscheinungsform eines mit Masse behafteten Elementarteilchens oder Quasiteilchens) ‖ ~ **residue** (Ecol) / nichtextrahierbarer Rückstand (von Pestiziden), gebundener Rückstand ‖ ~ **rubber** (Chem Eng) / Bound Rubber *m* (der in Benzol unlösliche Kautschukanteil von unvulkanisierten Kautschuk-Füllstoff-Mischungen)
**bounds register** (Comp) / Begrenzungsregister *n* (zur Festlegung der befugten Speicherbereiche)
**bound state*** (Phys) / gebundener Zustand (der Zustand eines Systems von wenigstens zwei Teilchen oder Körpern, bei dem zur völligen Abtrennung eines beliebigen Teilsystems eine positive Arbeit aufgewendet werden muss)
**boundstone** *n* (Geol) / Kalkstein *m* (mit organogen miteinander verbundenen Komponenten) ‖ ~ (Geol, Oils) / Boundstone *m* (ein Kalkstein, dessen Komponenten organogen miteinander verbunden sind)
**bound variable** (Maths) / gebundene Variable ‖ ~ **vector*** (Mech) / gebundener Vektor (mit festem Anfangspunkt) ‖ ~ **water*** (Bot) / gebundenes Wasser
**bouquet** *n* (Nut) / Bukett *n* (Duft des Weines), Blume *f* (des Weins), Bouquet *n*
**Bourdon** *n* / Bourdon-Feder *f*, Bourdon-Röhre *f* (Messglied bei der Druckmessung - nach E.Bourdon, 1808-1884) ‖ ~ **gauge*** / Bourdon-Feder *f*, Bourdon-Röhre *f* (Messglied bei der

Druckmessung - nach E.Bourdon, 1808-1884) ‖ ~ **gauge*** (Eng, Instr) / Röhrenfedermanometer *n* (mechanisches Manometer, bei dem der zu messende Druck auf ein rohrartiges Federelement wirkt), Bourdon-Manometer *n* (mit einer Bourdon-Röhre als Messglied), Rohrfedermanometer *n* ‖ ~ **tube** / Bourdon-Feder *f*, Bourdon-Röhre *f* (Messglied bei der Druckmessung - nach E.Bourdon, 1808-1884)
**Bourdon-tube gauge** / Bourdon-Feder *f*, Bourdon-Röhre *f* (Messglied bei der Druckmessung - nach E.Bourdon, 1808-1884)
**bourette** *n* (Textiles) / Bourrette *f* (Garn + Naturseidengewebe), Bourette *f*
**Bourne shell** (AI, Comp) / Bourne-Shell *f* (eine alte Shell für das Unix-System)
**bournonite*** *n* (Min) / Bournonit *m*, Rädelerz *n*
**bourre de soie** (Spinning) / Stickseide *f*, Filoseide *f*
**Boussinesq number** (Phys) / Boussinesq-Zahl *f*
**bouton** *n* (Cyt) / Bouton *n*
**Bouveault-Blanc reaction** (Chem) / Bouveault-Blanc-Reaktion *f* (Reduktion von Estern mittels Natrium in alkoholischer Lösung) ‖ ~ **reduction** (Chem) / Bouveault-Blanc-Reaktion *f* (Reduktion von Estern mittels Natrium in alkoholischer Lösung)
**bovine somatotropin** (Biochem, Nut) / Rindersomatotropin *n* ‖ ~ **spongiform encephalopathy*** (a transmissible spongiform encephalopathy) (Agric, Med, Nut) / spongiforme Rinderenzephalopathie, BSE (spongiforme Rinderenzephalopathie), Rinderseuche *f*, Rinderwahnsinn *m*
**bow** *n* (Aero, Ships) / Bug *m* (Vorderteil des Schiffes) ‖ ~ (Build) / Räute *f* (des Schlüssels), Griff *m* (des Schlüssels) ‖ ~ (Build) / Krümmung *f* (bogenförmige - eines belasteten Gliedes) ‖ ~* (Elec Eng) / Stromabnehmerbügel *m* ‖ ~* (a type of current collector) (Elec Eng) / Bügelstromabnehmer *m* ‖ ~ (Electronics) / Wölbung *f* (bei gedruckten Schaltungen) ‖ ~ (For) / Bogen *m*, Bügel *m* (einer Handsäge) ‖ ~ (For) / gebogene Verwerfung (U-förmige, z.B. ein Trocknungsfehler), Biegung *f*, gebogenes Verziehen ‖ ~ (For) / Gestell *n* (der Gestellsäge) ‖ ~ (Met) / Tiegelschere *f* ‖ ~ (Weaving) / bogiger Schuss (Fehler) ‖ **on the** ~ (Ships) / am Bug, über Bug (Richtung vier Strich oder weniger vom Bug) ‖ ~ **anchor** (Ships) / Buganker *m*
**bow-and-beam bearing** (Ships) / Vierstrichpeilung *f*
**bow bulb** (Ships) / Bugwulst *m*, Taylor-Wulst *m* ‖ ~ **chainsaw** (For) / Bügelkettensäge *f*, Bügelkettensägemaschine *f* ‖ ~ **compasses*** (For) / Nullenzirkel *m* (zum Zeichnen von Kreisen sehr kleiner Durchmesser) ‖ ~ **contact** (Elec Eng) / Bügelkontakt *m* ‖ ~ **current collector** (Elec Eng) / Bügelstromabnehmer *m*
**Bowden [control] cable** / Bowdenzug *m* (nach Sir H. Bowden, 1880-1960), Bowdenzugkabel *n*
**bowed-out panel** (Autos) / ausgebeultes Blech (z.B. Kotflügel - vor der Reparatur)
**bowenite*** *n* (Min) / dichter Serpentin
**Bowen's reaction series** (Geol) / Reaktionsreihe *f* (bei der Kristallisationsdifferentiation nach N.L. Bowen), Mischreihe *f* (Kristallisationsreihe für verschiedene Magmentypen)
**bower** *n* (Arch, Build) / Laubengang *m*, Pergola *f* (pl. Pergolen) (eine Laube aus Pfeilern oder Säulen, die eine offene Holzdecke mit Rankengewächsen tragen) ‖ ~ (Ships) / Buganker *m* ‖ ~ **anchor** (Ships) / Buganker *m*
**Bower-Barff process*** (Met) / Bower-Barff-Verfahren *n* (Färbeverfahren für Eisen und Stahl, bei dem die Teile auf Rotglut erhitzt und mit Wasserdampf angeblasen werden)
**bow-heavy** *adj* (Ships) / kopflastig *adj*
**bow hoe** (Agric) / Ziehhacke *f*, Bügelzughacke *f*
**bowing** (For) / gebogene Verwerfung (U-förmige, z.B. ein Trocknungsfehler), Biegung *f*, gebogenes Verziehen
**bowk*** *n* (Mining) / Abteufkübel *m*, Teufkübel *m*
**bowl** *n* (of a centrifuge) / Schleuderraum *m* (der Zentrifuge) ‖ ~ / Schüssel *f* (Gefäß), Schale *f* (Schüssel), Napf *m*, Becher *m* ‖ ~ / Laffe *f* (eines Löffels), Schöpfteil *m* (eines Löffels) ‖ ~ (of a kitchen sink) (Build, Plumb) / Spülbecken *n* ‖ ~ (Civ Eng) / Kübel *m* (des Schürfkübelwagens) ‖ ~ (Light) / Schale *f* (der Leuchte) ‖ ~* (Print) / die (den Punzen umrandenden Grundstriche ‖ ~ (Radio) / Parabolreflektor *m*, Parabolspiegel *m* (einer Parabolantenne)
**bowl-chopper** *n* (Nut) / Kutter *m* (zur Herstellung der Brätmasse), Cutter *m*
**bowl classifier** (Min Proc) / Schüsselklassierer *m*
**bowlingite*** *n* (Min) / Seifenstein *m* (ein quellfähiges Dreischichtsilikat), Saponit *m*
**bowl•-mill pulverizer** / Schüsselmühle *f* (z.B. für Kohlenstaubmahlung) ‖ ~ **paper** (Paper) / Kalanderwalzenpapier *n* (DIN 6730) ‖ ~ **scraper** (Civ Eng) / Schürfkübelmaschine *f*, Schürfkübelwagen *m*
**bow nut*** (Eng) / Flügelmutter *f* (DIN 315 und 918)

**bows*** *pl* / Nullenzirkel *m* (zum Zeichnen von Kreisen sehr kleiner Durchmesser)
**bow-saw*** *n* (For) / Gestellsäge *f* (eine Handspannsäge), Strecksäge *f* (Handsäge mit hoher Blattvorspannung) ‖ ~* (For) / Bügelsäge *f* (eine Spannsäge)
**bowse** *v* (Ships) / auftaljen *v*
**bowser** *n* (Aero, Fuels) / Brennstoffwagen *m*, Kraftstoffwagen *m*
**bow-shaped** *adj* / bogenförmig *adj*, Bogen- ‖ ~ **contact strip** (Elec Eng) / Stromabnehmerbügel *m*
**bow shock** (Meteor, Phys) / Bow Shock *m* (die sich wegen der Überschallströmung im Sonnenwind auf der Tagseite der Erde vor der Magnetosphäre ausbildende stehende Welle) ‖ ~ **shock wave** (Aero, Phys) / Kopfwelle *f* (ein Verdichtungsstoß)
**bows pen** (Instr) / Nullenzirkel *m* mit Einsatz für Tusche, Zirkel *m* mit Ziehfedereinsatz ‖ ~ **pencil** (Instr) / Nullenzirkel *m* mit Einsatz für Blei, Zirkel *m* mit Mineneinsatz
**bowsprit** *n* (Chem) / Bugspriet *m* (parallel zur Ringebene orientierte Bindungen bei der Wannenkonformation), bs (Bugspriet in der Wannenkonformation), b ‖ ~ (Ships) / Bugspriet *m*
**bowstring girder** (Civ Eng) / Bogensehnenträger *m* ‖ ~ **hemp** / Bogenhanf *m* (Sansevieria spp.), Sansevieriahanf *m* ‖ ~ **roof** (Build, Carp) / Bogenbinderdach *n* ‖ ~ **suspension*** (Elec Eng) / Fahrdrahtaufhängung *f* (an kurzem Querdraht)
**bow-tie correction** (Telecomm) / Stoßstellenkorrektur *m* (bei der Verarbeitung eines Signalausschnitts)
**bow-type continuous casting machine** (Foundry) / Stranggieß-Kreisbogenanlage *f* (mit gebogenen und geraden Kokillen), Bogenstranggießanlage *f*
**bow wave** (Aero, Phys) / Kopfwelle *f* (ein Verdichtungsstoß) ‖ ~ **wave** (Ships) / Bugsee *f* (am Bug eines fahrenden Schiffs entstehende Welle, die sich seitlich ausbreitet)
**box** *v* / verpacken *v* (in Kisten), einpacken *v* (in Kisten) ‖ ~ / einschachteln *v*, kartonieren *v* (in Kartons packen, einkartonieren *v* ‖ ~ (For) / anzapfen *v* (Bäume beim Harzen), harzen *vt* (Bäume) ‖ ~ (For) / einen Fallkerb anlegen (an) ‖ ~ *n* / Kiste *f*, Kasten *m* ‖ ~ / Büchse *f*, Dose *f* ‖ ~ (Autos) / Getriebegehäuse *n* ‖ ~ (Comp) / Symbol *n* (im Blockdiagramm), Operation *f* (Sinnbild in Programmablaufplänen) ‖ ~ (pl. box or -es) (For) / Buchsbaum *m* (Buxus sempervirens L.) ‖ ~ (For) / Fallkerb *m*, Fallkerbe *f* ‖ ~ (Gen) / Box *f* (kurze Konsensussequenz) ‖ ~ (GB) (TV) / Glotze *f* (Fernsehgerät), Kasten *m* (Fernsehgerät) ‖ ~ (Typog) / Kästchen *n* (auf Formularen) ‖ ~ (Weaving) / Schützenkasten *m* ‖ ~ **annealing*** (Met) / Kastenglühen *n*, Topfglühen *n*, Kistenglühen *n* ‖ ~ **argument** (Maths) / Dirichlet'scher Schubkastensatz ‖ ~ **bar** (Foundry) / obere Verankerungsschiene *f* ‖ ~ **beam** (Build) / Kastenträger *m* (torsionssteifer Träger, der aus zwei waagerechten Platten besteht, die durch zwei vertikale Platten miteinander verbunden sind), Hohlträger *m*, Hohlkastenträger *m* (Träger mit rechteckigem und trapezförmigem Querschnitt) ‖ ~ **beam** (Build, Civ Eng) / Hohlbalken *m* ‖ ~ **blank** (Paper) / Schachtelzuschnitt *m*, Kartonagenzuschnitt *m*
**boxboard** *n* (Paper) / Kartonagenpappe *f* (DIN 6730), Kartonagenkarton *m*, Schachtelkarton *m*
**box caisson** (Civ Eng) / Schwimmkasten *m*
**boxcalf** *n* (Leather) / Boxcalf *n* (fein genarbtes Kalbsleder), Boxkalb *n*, Boxkalf *n*
**box camera** (Photog) / Boxkamera *f* (eine einfache Rollfilmkamera), Box *f* (DIN 19040, T 3)
**boxcar** *n* (US) (Rail) / gedeckter Güterwagen, G-Wagen *m*
**box carburizing** (Met) / Kastenaufkohlen *n* (mit festen Kohlungsmitteln) ‖ ~ **cloth*** (Textiles) / wasserdichter Melton
**box-column drilling machine** (Eng) / Ständerbohrmaschine *f* (in Kastenform), Kastenständerbohrmaschine *f*
**box compression strength** (Paper) / Schachtelstauchwiderstand *m* ‖ ~ **coupling** (Eng) / Muffenkupplung *f* (eine starre Kupplung), Hülsenkupplung *f* (eine starre Kupplung) ‖ ~ **crush resistance** (Paper) / Schachtelstauchwiderstand *m* ‖ ~ **culvert** (Civ Eng) / Kastendurchlass *m* ‖ ~ **cut** (Paper) / Schachtelzuschnitt *m* ‖ ~ **dam** (a cofferdam which entirely encloses a site or area) (Agric) / Umschließungsdamm *m*, Umschließungsfangdamm *m* ‖ ~ **die** (Eng) / Hochbiegewerkzeug *n* (zum Winkligstellen von Schenkeln zu einer U-Form) ‖ ~ **drain** (a small box-shaped brick or concrete drain) (Agric) / Kastendrän *m*, Kastengerinne *n*
**boxed heart** (For) / Markröhre *f* innerhalb der Schnittware (die nicht in Erscheinung tritt) ‖ ~ **hearth** (For) / einstielig eingeschnittenes Holz ‖ ~ **pith** (For) / Markröhre *f* innerhalb der Schnittware (die nicht in Erscheinung tritt)
**box elder** (For) / Eschenahorn *m* (Acer negundo L.)
**boxer*** *n* (I C Engs) / Boxermotor *m* (Motor mit Anordnung der Zylinder in einer Ebene mit zwei einander gegenüberliegenden Zylinderreihen - DIN 1940)

**box feeder**

**box feeder** (Ceramics) / Kastenbeschicker m ‖ ~ **fold** (Geol) / Kofferfalte f (mit flachem Scheitel und mehr oder weniger senkrechtem Schenkelabfall) ‖ ~ **foundation** / Kastenfundament n ‖ ~ **frame** (Elec Eng, Eng) / Kastengehäuse n ‖ ~ **furnace** (Ceramics) / Kammerofen m ‖ ~ **girder** (Build) / Kastenträger m (torsionssteiferTräger, der aus zwei waagerechten Platten besteht, die durch dünne vertikale Platten miteinander verbunden sind), Hohlträger m, Hohlkastenträger m (Träger mit rechteckigem und trapezförmigem Querschnitt) ‖ ~ **gutter**\* (Build) / Kastenrinne f, Standrinne f (in Kastenform) ‖ ~ **hatchet** / Kistenbeil n
**box-hole** n (Mining) / Überhauen n (von unten nach oben hergestelltes Aufhauen - im Erzbergbau), Überbruch m
**box-in**\* n (Typog) / Umrandung f (Einfassung), Umrahmung f, Linieneinfassung f
**boxiness** n (Acous) / Klangfärbung f durch das Gehäuse
**boxing** n (US) (Carp) / Holzschalung f (unter der Dachdeckung), Dachschalung f (DIN 1052-1) ‖ ~ (For) / Anzapfen n ‖ ~ (Mining) / Kastenausbau m, Kastenzimmerung f ‖ ~ **shutter** (Build) / Schiebeladen m, Klappladen m, Klappfensterladen m (in einem Mauerschlitz geführter)
**box kiln** (Brew) / Keimdarrkasten m ‖ ~ **kiln** (Ceramics) / Kammerofen m ‖ ~ **loader** (Weaving) / Boxloader m (Einrichtung für den automatischen Spulenaustausch im Schützen der Webmaschine), Kastenlader m ‖ ~ **loom**\* (Weaving) / Wechselstuhl m, Steigkastenwebmaschine f ‖ ~ **malting** (Brew) / Kastenmälzerei f ‖ ~ **nut**\* (Eng) / niedrige Hutmutter f ‖ ~ **nut**\* (Eng) / Hutmutter f (hohe Form = DIN 1587, niedrige Form = DIN 917; s. auch DIN ISO 1891) ‖ ~ **oak** (For) / Pfahleiche f, Quercus stellata Wangenh. ‖ ~ **of tricks** (Spinning) / Differentialwickler m ‖ ~ **pallet** / Boxpalette f (mit der international festgelegten Ladeflächenabmessung von 800 mm x 1200 mm) ‖ ~ **pallet with mesh panels** / Gitterboxpalette f ‖ ~ **paper** (Paper) / Schachtelpapier n ‖ ~ **pass** (Met) / Kastenkaliber n ‖ ~ **pile** (Civ Eng, Welding) / Spundwandstahl m ‖ ~ **piston** (Eng) / doppelwandiger Kolben, geschlossener Kolben
**box-plate girder**\* (Build) / Blechträger m mit Kastenquerschnitt, Blechkastenträger m
**box pleat** (Textiles) / doppelt gelegte Falte, Kellerfalte f ‖ ~ **pleats** (Textiles) / Quetschfalte f ‖ ~ **process** (Electronics) / Boxverfahren n (eine Kombination des Durchströmverfahrens und der Ampullendiffusion) ‖ ~ **sash window** (Arch) / Kastenhubfenster n ‖ ~ **section** / Kastenprofil n, Rechteckprofil n
**box-shaped** adj / kastenförmig adj
**box shear test** (a simple standard method of measuring the shear strength of soil in a box split in two, to which pressure is applied at the same time as a shearing force) (Civ Eng) / Scherbüchsenversuch m, Rahmenscherversuch m ‖ ~ **side** (Leather) / Rindbox n ‖ ~ **spanner**\* (Build, Eng, Tools) / Ringschlüssel m (DIN 898), Ringmutternschlüssel m ‖ ~ **stair** (US) (Build, Carp) / eine von beiden Seiten durch eine Wand abgegrenzte Treppe, die an einer Tür endet (z.B. eine Kellertreppe), Treppe f zwischen zwei hochgeführten Wänden (z.B. eine Kellertreppe mit einer Tür)
**box-staple**\* n (Build) / Schließklappe f
**box stud** (Foundry) / Kernstütze f (zum Abstützen der Kerne zur Formwand bzw. zu anderen Kernen), Kernböckchen m ‖ ~ **swell** (Weaving) / Kastenzunge f, Schützenkastenzunge f ‖ ~ **tipper** / Kastenkippgerät n ‖ ~ **tool**\* (set tangentially) (Eng) / Tangentialmeißelhalter m mit Gegenführung
**box-type brush holder**\* (Elec Eng) / Bürstenhalterkasten m, Bürstenkasten m ‖ ~ **bumping file** (Autos) / Kastenfeile f (zum Einziehen von Springbeulen), Gesenkfeile-Spanneisen n ‖ ~ **negative plate**\* (Elec Eng) / Kastenplatte f (der Batterie) ‖ ~ **pattern** (Foundry) / Kastenmodell n ‖ ~ **window** (Build, Join) / Kastenfenster n (bei dem der äußere und der innere Fensterrahmen durch einen Kasten verbunden sind - DIN 68121-1)
**box unit** (Build) / Raumzelle f (vorgefertigter Bauwerksteil, geschlossen aus Decken und Wänden oder als selbsttragende Zelle mit Leichtwänden, die in ein Skelett eingehängt wird) ‖ ~ **van** (Autos) / Kastenwagen m (ein kleiner Lieferwagen)
**boxwood**\* n (For) / Buchsbaumholz n (aus Buxus sempervirens)
**box wrench** (US) (Tools) / Ringschlüssel m (DIN 898), Ringmutternschlüssel m
**boxy** adj (Autos) / kantig adj (Karosserie)
**Boyer-Lindquist coordinates** (Phys) / Boyer-Lindquist-Koordinaten f pl
**Boyle's law** (Phys) / Boyle-Mariotte'sches Gesetz (nach R. Boyle, 1627-1691, und Mariotte Edme Seigneur de Chazenil, 1620-1684)
**Bozo filter** (Comp) / Kill File n (Datei, die bestimmte Informationen darüber erhält, wie eingehende E-Mails gefiltert werden sollten, bevor sie dem Nutzer angezeigt werden)
**B.P.** (boiling point) (Chem, Phys) / Siedepunkt m (von Wasser, Wasserstoff usw.), Kochpunkt m, $K_p$ (Siedetemperatur)
**bp**\* (boiling point) (Chem, Phys) / Siedepunkt m (von Wasser, Wasserstoff usw.), Kochpunkt m, $K_p$ (Siedetemperatur)

**BP** (body paper) (Paper) / Rohpapier n (z.B. als Grundlage für gestrichene Papiere) ‖ ~\* (between perpendiculars) (Ships) / zwischen den Loten
**B party** n (Teleph) / B-Mobilteilnehmer m (gerufener Mobilteilnehmer), B-Party f
**BPF** (bandpass filter) (Radio, Telecomm) / Bandpass m (eine Siebschaltung als Gegensatz zu Bandsperre), Bandfilter n (zum Aussieben eines Frequenzbandes), BP (Bandpass)
**B-picture** n (Cinema) / Beifilm m
**B-pillar** n (Autos) / B-Säule f (vor der Vordertür), Schlosssäule f, Mittelholm m (hinter der Vordertür), mittlerer Dachpfosten
**BPL** (bone phosphate of lime) (Min) / Phosphorgehalt von Phosphaterzen ausgedrückt als Tricalciumphosphat $/Ca_3(PO_4)_2/$
**BPR** (Berry pseudorotation) (Chem) / Pseudorotation f (regulärer Umordnungsprozess), Berry-Pseudorotation f, BPR (Berry-Pseudorotation)
**bps** (bits per second) (Comp) / Bits/s, Bits pro Sekunde
**b.p.s.d.** (barrels per stream day) (Oils) / Barrels n pl je Produktionstag (Betriebstag)
**BPV** (back-pressure valve) (Autos) / Abgasdruckwandler m, Abgasdruckventil n
**Bq** (becquerel) (Radiol) / Becquerel n (gesetzliche abgeleitete SI-Einheit der Aktivität einer radioaktiven Substanz), Bq (Becquerel - DIN 1301, T 1)
**Br** (bromine) (Chem) / Brom n, Br (Brom)
**BR** (bend radius) (Eng) / Biegehalbmesser m ‖ ~ (breeder reactor) (Nuc Eng) / Brutreaktor m, Brüter m, Breeder m ‖ ~ (butadiene rubber) (Plastics) / Polybutadien n, Butadienkautschuk m, BR (Butadienkautschuk)
**BRA** (basic rate access) (Telecomm) / Basisanschluss m (ISDN)
**brace** v (Build, Carp) / verschwerten v (eine Holzkonstruktion gegen horizontal wirkende Kräfte sichern), abschwerten v ‖ ~ (Build, Carp) / verstreben v, abspreizen v, versteifen v, abstreben v, absteifen v ‖ ~\* n (Build, Carp, Civ Eng) / Strebe f, Spreize f, Druckstrebe f ‖ ~\* (Build, Civ Eng, Welding) / Verstrebungselement n, Aussteifungselement n, Absteifungselement n ‖ ~ (Build, Eng) / Kreuzstrebe f, Diagonale f, Schräge f, Spreize f, Diagonalstab m ‖ ~ (Carp) / Bohrwinde f (mit Kurbelgriff) ‖ ~ (US) (for trench timbering) (Civ Eng) / Grabenspreize f ‖ ~ (Tools) / Kurbelgriff m (der Bohrwinde) ‖ ~\* (Typog) / geschwungene Klammer, geschweifte Klammer, Akkolade f, Nasenklammer f ‖ ~ **and counterbrace** (Build) / Lattenkreuz n
**braced girder**\* (Civ Eng) / Fachwerkträger m (mit auf Zug oder Druck beanspruchten, im Dreiecksverband miteinander verbundenen Stäben)
**braced-rib arch** (Civ Eng) / Bogen m in Fachwerkbauweise (für Brückenbauwerke)
**braced tower** (Civ Eng) / Gitterturm m (bei Gerüstbrücken)
**brace pile** (Civ Eng) / Schrägpfahl m
**brachistochrone problem** (Maths) / Brachistochronen-Problem n (Variationsrechnung)
**brachyanticline** n (a long, narrow anticline) (Geol) / Brachyantikline f, Brachyantiklinale f
**brachydome** n (Crystal) / Brachydoma n (pl. Brachydomen)
**brachysclereid**\* n (Bot) / Steinzelle f, Sklereide f, Sclereide f
**brachysyncline** n (Geol) / Brachysynkline f, Brachysynklinale f
**bracing** n / Ladungssicherung f durch Verstrebung oder Absteifung ‖ ~ (Aero) / Verspannung f (durch Spanndrähte - bei alten Flugzeugen) ‖ ~ (Build) / Verschwertung f, Abschwertung f ‖ ~\* (Build) / Verstrebung f, Absteifung f (durch Streben) ‖ ~\* (Build, Carp) / Schrägabstützung f, Abstützung f ‖ ~ **wire**\* (Aero) / Spanndraht m (zur Verspannung der Tragflügel)
**brack** (For) / minderwertiges Holz, Abfallholz n (Kisten- oder Brennholz)
**bracker** n (For) / Sortierer m (Qualitätskontrolleur des Schnittholzes)
**bracket** v (Maths) / einklammern v, in (eckige) Klammern setzen ‖ ~ vi (Photog) / mit verschiedenen Blendeneinstellungen aufnehmen, Blendensprünge machen (um die optimale Belichtung bei schwierigen Beleuchtungsverhältnissen zu ermitteln) ‖ ~ n / Konsole f, Wandbrett n, Halterungsschelle f mit Konsole ‖ ~\* (Build) / Wandkonsole f ‖ ~\* (Build) / Kragstein m (aus der Wand vorkragendes Auflager) ‖ ~ (Eng) / Stützwinkel m, Winkelstück n ‖ ~ (Eng) / Schelle f mit Justierung (für Rohre) ‖ ~ (Foundry) / Reißrippe f (konstruktives Hilfsmittel zur Vermeidung von Warmrissen), Kühlrippe f (die das Reißen von besonders warmrissgefährdeten Gussstückpartien verhindern soll) ‖ ~ (Maths, Typog) / Klammer f ‖ ~ (Photog) / Halterung f, Schiene f (z.B. für Kamera, Blitzgerät) ‖ ~ **closing** (Maths) / Klammer zu, schließende Klammer ‖ **left** ~ (Maths, Typog) / öffnende Klammer, Klammer auf ‖ **right** ~ (Maths) / Klammer zu, schließende Klammer ‖ ~ **chain wheel** (Eng) / Zahntrommel f ‖ ~ **crane** (Eng) / Konsolkran m, Wandlaufkran m

**bracketed** *adj* (Carp) / aufgesattelt *adj* (Holztreppe) ‖ ~ **expression** (Maths) / Klammerausdruck *m* ‖ ~ **series** (Photog) / Blendenreihe *f*, Belichtungsreihe *f* ‖ ~ **string** (Carp) / Sattelwange *f* (einer aufgesattelten Holztreppe), aufgesattelter Treppenbaum, stufenförmig ausgeschnittene Treppenwange (einer aufgesattelten Holztreppe)
**bracketing** *n* (Aero) / Einschwenkung *f* (auf den Leitkurs)
**bracket scaffold*** (Build) / Konsolgerüst *n* (mit längenorientierten Gerüstlagen, dessen Belagflächen auf am Bauwerk befestigten Konsolen liegen - DIN 4420-3), Kragstützengerüst *n*, Kraggerüst *n* ‖ ~ **scaffold*** (Build) / Auslegergerüst *n* (Gerüst mit längenorientierten Gerüstlagen, dessen Belagträger aus dem Bauwerk auskragen - DIN 4420-3)
**Brackett series*** (Phys) / Brackett-Serie *f* (im Termschema des Wasserstoffatoms - nach F.P. Brackett, 1865-1953)
**brackish*** *adj* / brackisch *adj*, brackig *adj* ‖ ~ **water*** / Brackwasser *n* (polyhalines, mesohalines, oligohalines)
**brad*** *n* (Build, Glass) / Fenstereckenstift *m* ‖ ~ (Foundry) / Drahtstift *m*
**bradawl** *n* (Carp, Join) / Spitzbohrer *m* (für kleine Löcher für Nägel und Schrauben) ‖ ~ (Tools) / Stiftahle *f*
**Bradford breaker** (Min Proc, Mining) / Bradfordbrecher *m* (für Kohle), Sturzsiebtrommel *f*, Siebtrommelbrecher *m* (für Kohle) ‖ ~ **spinning** (Spinning) / Bradford-Kammgarnspinnverfahren *n*, Bradform-System *n* (für lange, glatte Wollen), englisches Spinnverfahren ‖ ~ **system** (Spinning) / Bradford-Kammgarnspinnverfahren *n*, Bradform-System *n* (für lange, glatte Wollen), englisches Spinnverfahren
**Bradley aberration** (Astron) / Aberration *f* des Sternlichts (nach J. Bradley, 1693 - 1762)
**bradykinin** *n* (Biochem) / Bradykinin *n* (ein Plasmakinin)
**Bragg angle*** (the angle between the plane and the incident beam of X-rays) (Optics) / Glanzwinkel *m* (z.B. in der Bragg-Gleichung) ‖ ~ **cell** (acoustooptic modulator) / Bragg-Zelle *f* (akustooptischer Lichtmodulator und Lichtablenker) ‖ ~ **curve*** (Phys) / Bragg-Kurve *f* (grafische Darstellung der Anzahl von Ionenpaaren, die von ionisierenden Teilchen in der durchquerten Materie erzeugt werden, in Abhängigkeit von der zurückgelegten Weglänge) ‖ ~ **cut-off wavelength** (Crystal) / Bragg'sche Grenzwellenlänge ‖ ~ **equation*** (Crystal) / Bragg-Gleichung *f* (nach Sir W.H. Bragg, 1862-1942, und nach seinem Sohn Sir W.L. Bragg, 1890-1971), Bragg-Reflexionsbedingung *f* (Reflexion der Röntgen-, Elektronen- oder Neutronenstrahlen an einer Schar paralleler Gitterebenen), Bragg'sche Reflexionsbedingung
**Bragg-Gray-Laurence theory** (Phys) / Bragg-Gray-Laurence-Theorie *f* (der Hohlraumionisation)
**Bragg indices** (Crystal) / Lauesche Indizes, Bragg'sche Indizes ‖ ~ **ionization curve** (Phys) / Bragg-Kurve *f* (grafische Darstellung der Anzahl von Ionenpaaren, die von ionisierenden Teilchen in der durchquerten Materie erzeugt werden, in Abhängigkeit von der zurückgelegten Weglänge) ‖ ~ **method** (Crystal, Phys) / Bragg-Methode *f* (Sammelbezeichnung für die Braggsche Drehkristallmethode und die Braggsche Goniometermethode), Bragg-Verfahren *n* ‖ ~ **peak** (Phys) / Bragg-Maximum *n*, Bragg-Peak *m* ‖ ~ **reflection** (Crystal) / Bragg'sche Reflexion (durch die Bragg-Gleichung bestimmte Beugung monochromatischer Röntgenstrahlung an den Netzebenen von Kristallen), Bragg-Reflexion *f* ‖ ~ **reflection condition** (Crystal) / Bragg-Gleichung *f* (nach Sir W.H. Bragg, 1862-1942, und nach seinem Sohn Sir W.L. Bragg, 1890-1971), Bragg-Reflexionsbedingung *f* (Reflexion der Röntgen-, Elektronen- oder Neutronenstrahlen an einer Schar paralleler Gitterebenen), Bragg'sche Reflexionsbedingung ‖ ~ **reflector** / Bragg-Reflektor *m* (optischer Wellenleiter mit einer periodischen Störung, die zu einer teilweisen Abstrahlung bzw. Reflexion der sich im Wellenleiter ausbreitenden elektromagnetischen Strahlung führt) ‖ ~ **region** (Crystal) / Bragg-Gebiet *n* (der Foton-Phonon-Wechselwirkung) ‖ ~ **scattering** (Crystal) / Bragg'sche Streuung
**Bragg's law** (Crystal) / Bragg-Gleichung *f* (nach Sir W.H. Bragg, 1862-1942, und nach seinem Sohn Sir W.L. Bragg, 1890-1971), Bragg-Reflexionsbedingung *f* (Reflexion der Röntgen-, Elektronen- oder Neutronenstrahlen an einer Schar paralleler Gitterebenen), Bragg'sche Reflexionsbedingung
**braid** *v* (Textiles) / paspelieren *v*, paspeln *v*, besetzen *v* (mit einer Paspel) ‖ ~ *n* (Textiles) / Litze *f* (Einfassung oder Besatz) ‖ ~* (Textiles) / Flechte *f* ‖ ~* (Textiles) / Vorstoß *m* (aus einem ein wenig vorstehenden Besatz bestehende Verzierung an der Kante eines Kleidungsstücks), Paspel *f m*, Schnurbesatz *m*, Litzenbesatz *m*, Passepoil *m* (pl. -s)
**braided conductor** (Elcc Eng) / umflochtener Draht, umflochtener Leiter *m* ‖ ~ **course** (Geol, Hyd Eng) / verzweigtes, pendelndes Flussbett ‖ ~ **fabric** (Textiles) / Geflecht *n*, Flechtware *f* ‖ ~ **hose** (Textiles) / Schlauch *m* mit Gewebeverstärkung (druckfester) ‖ ~ **packing** / Geflechtpackung *f*, ummantelte Packung, Schlauchgeflecht *n* (eine Weichpackung) ‖ ~ **strap** (Photog) / Flechtgurt *m* ‖ ~ **stream*** (Geol) / vielverzweigter Fluss (in fluvioglazialen Gebieten) ‖ ~ **stream** (Geol, Hyd Eng) / verzweigtes, pendelndes Flussbett ‖ ~ **wire** (Elec Eng) / umflochtener Draht, umflochtener Leiter
**braider** *n* (Cables, Textiles) / Flechtmaschine *f*
**braiding*** *n* (Cables, Textiles) / Flechterei *f*, Flechten *n* ‖ ~ (Textiles) / Blende *f* (an- oder aufgesetzter Stoffstreifen zum Säubern oder Verzieren von Kanten) ‖ ~ **machine** (Cables, Textiles) / Flechtmaschine *f* ‖ ~ **machine** (Textiles) / Paspelmaschine *f*
**braid twill** (Textiles) / Flechtköper *m* ‖ ~ **wool** (Textiles) / Glanzwolle *f*
**Braille keyboard** (Comp) / Blindenschrifttastatur *f* ‖ ~ **paper** (Paper) / Papier *n* für Blindenschrift ‖ ~ **terminal** (Comp) / Blindenterminal *n* (z.B. an Vermittlungsplätzen von Nebenstellenanlagen)
**brain drain** / Braindrain *m* (Abwanderung von Wissenschaftlern), Brain-Drain *m*
**brainstorm** *v* / brainstormen *v* (ein Brainstorming durchführen)
**brainstorming** *n* / Brainstorming *n* (Ideenkonferenz, bei der zur Lösung praktischer Probleme eine Fülle von Einfällen zu der betreffenden Frage gesammelt wird, um die beste Lösung zu finden)
**brain substance** (Med, Physiol) / Hirnsubstanz *f*
**brainware** *f* / Brainware *f* (das geistige und erfinderische Potential)
**brainwriting** *n* / Brainwriting *n* (eine abgewandelte Form des Branstormings, bei dem die Übermittlung der Lösungsvorschläge schriftlich erfolgt), Methode *f* 635 (Brainwriting)
**braise** *v* (Nut) / dünsten *v* (mit wenig Flüssigkeit oder Fett garen), dämpfen *v*, schmoren *v* (kurz anbraten und dann in Brühe oder Fond langsam gar werden lassen), braisieren *v*
**Braitwaite pile** (Civ Eng) / Schraubenpfahl *m*, Schneckenbohrpfahl *m*
**brake** *v* (Eng) / bremsen *v*, abbremsen *v* ‖ ~ *n* (Aero) / Bremsstreifen *m* (in der Notrutsche) ‖ ~* (Eng) / Bremse *f* ‖ ~* (Eng) / Bremsstand *m* (Prüfstand zum Bestimmen der Bremsleistung und des Brennstoffverbrauchs) ‖ ~ (US) (Eng, Met) / Abkantpresse *f*, Gesenkbiegepresse *f* (DIN 55222) ‖ ~* (Print) / Bremse *f* (automatische - die die Papierspannung zwischen Rolle und Druckwerk konstant hält) ‖ ~ (Textiles) / Flachsbreche *f* ‖ ~ **air reservoir** / Bremsluftbehälter *m* ‖ ~ **backing plate** (Autos) / Bremsträger *m* (bei Trommelbremsen), Bremsschild *m* ‖ ~ **band** (Eng) / Bremsband *n* ‖ ~ **block** (Autos) / Bremsklotz *m* (der Außenbackenbremse) ‖ ~ **block** (Rail) / Bremsklotz *m* ‖ ~ **by wire** (Autos) / bremsen *v* per Draht (mit E-Bremse) ‖ ~ **cable** (Eng) / Bremsseil *n* ‖ ~ **calliper** (Autos) / Bremssattel *m*, Sattel *m* (der Scheibenbremse) ‖ ~ **calliper** (Rail) / Bremszange *f* (der Scheibenbremse), Zange *f* (der Scheibenbremse) ‖ ~ **disc** / Bremsscheibe *f* (DIN 15432) ‖ ~ **disk** / Bremsscheibe *f* (DIN 15432) ‖ ~ **dive** (Autos) / Bremsnicken *n*, Bremstauchen *n* ‖ ~ **drum*** (Autos) / Bremstrommel *f*
**braked run** (Aero) / gebremster Auslauf
**brake dynamometer** (Eng) / Leistungsmesser *m*, Bremsdynamometer *n* ‖ ~ **efficiency*** (Autos) / Bremswirkungsgrad (Teil einer Scheibenbremsanlage, das die Reibkraft am äußeren Rand der Bremsscheibe aufbringt)
**brake-fade*** *n* (Autos) / Fading *n* (bei anhaltendem Bremsen), Nachlassen *n* der Bremswirkung (infolge schlechter Wärmeabfuhr), Bremsfading *n*
**brake failure** (Autos) / Bremsversagen *n* ‖ ~ **fluid** (Autos) / Bremsflüssigkeit *f* (eine Hydraulikflüssigkeit)
**brake-fluid reservoir** (Autos) / Bremsflüssigkeitsausgleichsbehälter *m*, Bremsflüssigkeitsbehälter *m*
**brake force** (Autos, Rail) / Bremskraft *f* (DIN 70 012) ‖ ~ **force reducer** (Autos) / Bremskraftverteiler *m* (ein Druckbegrenzungsventil) ‖ ~ **horsepower** (Autos) / Brems-PS *f* ‖ ~ **horsepower*** (Eng) / Bremsleistung *f*, Nutzleistung *f* (des Verbrennungsmotors nach DIN 1940) ‖ ~ **hose** (Autos, Rail) / Bremsschlauch *m* ‖ ~ **judder** (Autos) / Bremsstottern *n*
**brake-lifting device** (Elec Eng) / Bremslüfter *m* (Teil der Sicherheitsbremse in Fördertechnik und Fahrzeugbau), Bremslüftgerät *n*
**brake light** (Autos) / Bremslicht *n*, Stopplicht *n* ‖ ~ **line** (Autos) / Bremsleitung *f* (DIN 74234) ‖ ~ **lining*** (Eng) / Scheibenbremsenbelag *m*, Bremsbelag *m* ‖ ~ (control) **linkage** (Eng) / Bremsgestänge *n* ‖ ~ **magnet** (Elec Eng) / Bremsmagnet *m* (einer Wirbelstrombremse oder eines Elektrizitätszählers)
**brakeman's cabin** (Rail) / Bremserhaus *n*
**brake mean effective pressure*** (Autos, Eng) / indizierter Mitteldruck, mittlerer indizierter Druck (reduziert auf Brems-PS) ‖ ~ **motor** (Elec Eng) / Bremsmotor *m* (dessen Nachlauf unterdrückt wird) ‖ ~ **pad*** (Autos) / Bremsklotz *m* (der Außenbackenbremse) ‖ ~ **pad*** (Autos) / Bremsbelag *m* (der Scheibenbremse) ‖ ~ **parachute** (Aero) / Bremsfallschirm *m*, Bremsschirm *m* ‖ ~ **pedal** (Autos) / Bremspedal *n*
**brake-pedal travel** (Autos) / Bremspedalweg *m*

**brake pin**

**brake pin punch** (Autos, Tools) / Splinttreiber *m* (für Sicherungsstifte an Scheibenbremsen) ‖ ~ **power** (Eng) / Bremsleistung *f*, Nutzleistung *f* (des Verbrennungsmotors nach DIN 1940) ‖ ~ **power distributor** (Autos) / Bremskraftverteiler *m* (ein Druckbegrenzungsventil) ‖ ~ **pressure** (Autos) / Bremsdruck *m*, Bremsanpressdruck *m*
**brake-pressure limiting valve** (Autos) / Bremskraftregler *m* ‖ ~ **regulator** (Autos) / Bremskraftregler *m*
**brake rigging** (Rail) / Bremsgestänge *n* ‖ ~ **rotor** / Bremsscheibe *f* (DIN 15432) ‖ ~ **servo system** (Autos) / Servobremse *f* (Mechanismus zur Bremskraftverstärkung bei der Trommelbremse) ‖ ~ **servo unit** (Autos) / Hilfskraft-Bremsanlage *f* (DIN 70012) ‖ ~ **shaft** (Rail) / Bremswelle *f* ‖ ~ **shoe**\* (Eng) / Bremsbacke *f* ‖ ~ **shoe** (Rail) / Hemmschuh *m* ‖ ~ **slip** (Autos) / Bremsschlupf *m* (zwischen Reifen und Fahrbahn) ‖ ~ **solenoid** (Elec Eng) / Bremslüfter *m* (Teil der Sicherheitsbremse in Fördertechnik und Fahrzeugbau), Bremslüftgerät *f* ‖ ~ **specific fuel consumption** (Autos) / effektiver Kraftstoffverbrauch
**brake-spring pliers** (Autos, Tools) / Bremsfederzange *f* (zum Aushängen der Bremsbackenrückzugfeder beim Belagwechsel), Federspannzange *f*
**brake support plate** (Autos) / Bremsträger *m* (bei Trommelbremsen), Bremsschild *m* ‖ ~ **system** (Autos) / Bremsanlage *f* (DIN ISO 611)
**brake-system-activation time** (Autos) / Ansprechdauer *f* (bei Bremsen)
**brake-system-application time** (Autos) / Ansprechdauer *f* (bei Bremsen)
**brake test** (US) (Autos) / Bremsversuch *m* (DIN 42005), Bremsprobe *f*, Abbremsen *n* (eine Leistungsprüfung) ‖ ~ **torque** (the torque developed by the friction elements of the brake assembly) (Eng) / Bremsmoment *n* ‖ ~ **tramp** (Autos) / Bremsstempeln *n*, Stempeln *n* (von Bremsen) ‖ ~ **triangle** (Rail) / Bremsdreieck *n*
**brake-wear warning light** (Autos) / Bremsbelagwarnleuchte *f*
**braking** *n* (Eng) / Bremsen *n*, Bremsung *f*, Bremsvorgang *m* ‖ ~ (Textiles) / Brechen *n* (von Flachs) ‖ ~ **airscrew** (Aero) / Luftschraube *f* in Bremsstellung ‖ ~ **band** (Eng) / Bremsband *n* ‖ ~ **decline** (Mining) / Bremsberg *n* ‖ ~ **distance** (Autos) / Bremsweg *m* (Anhalteweg minus Reaktionsweg) ‖ ~ **distance** (Rail) / Bremsweg *m* (die Streckenlänge, auf der ein Zug durch Bremsen zum Halten gebracht werden kann) ‖ ~ **effect** (Eng) / Bremswirkung *f* ‖ ~ **effort** (Rail) / Bremskraft *f* am Radumfang ‖ ~ **ellipse** (Space) / Bremsellipse *f* ‖ ~ **factor** / Abbremsung *f* (Verhältnis zwischen Bremsverzögerung und Fallbeschleunigung oder zwischen Bremskraft und Fahrzeuggewichtskraft) ‖ ~ **field** (Electronics) / Bremsfeld *n* ‖ ~ **force** (Autos, Rail) / Bremskraft *f* (DIN 70 012) ‖ ~ **magnet** (Eng) / Bremsmagnet *m* ‖ ~ **marks** (Autos) / Bremsspur *f* ‖ ~ **moment** (Eng) / Bremsmoment *n* ‖ ~ **parameter** (Autos) / Bremsparameter *m* (in der Kosmologie), Verzögerungsparameter *m*, Dezelerationsparameter *m* ‖ ~ **pitch** (pitch setting to give negative thrust, including reverse pitch) (Aero) / Bremsstellung *f* (bei Propellern) ‖ ~ **power** / Bremsleistung *f* (mit Hilfe eines Bremsdynamometers durch Abbremsen ermittelt) ‖ ~ **rate** (Autos) / Bremsverzögerung *f* ‖ ~ **ratio** / Abbremsung *f* (Verhältnis zwischen Bremsverzögerung und Fallbeschleunigung oder zwischen Bremskraft und Fahrzeuggewichtskraft) ‖ ~ **response** (Autos) / Bremsverhalten *n* ‖ ~ **rocket** (Aero, Space) / Bremsrakete *f* (selbständige Antriebseinheit, die zum Vermindern der Bahngeschwindigkeit einer Rakete, einer Raketenstufe oder eines Raumflugkörpers dient, indem sie einen Bremsschub erzeugt) ‖ ~ **system** / Bremssystem *n* ‖ ~ **system** (Autos) / Bremsanlage *f* (DIN ISO 611) ‖ ~ **test** (GB) (Autos) / Bremsversuch *m* (DIN 42005), Bremsprobe *f*, Abbremsen *n* (eine Leistungsprüfung) ‖ ~ **torque** (Eng) / Bremsmoment *n*
**brale** *n* (Materials) / Diamantkegel *m* (Eindringkörper der Rockwell-Härteprüfmaschine)
**bran**\* *n* (Med, Nut) / Kleie *f* (Rückstand beim Mahlen des gereinigten Getreidekorns)
**branch** *n* / Strahlrohr *n* (eine Feuerlöscharmatur zur Brandbekämpfung nach DIN 14011- 2 und 14365) ‖ ~ (Chem) / Seitenkette *f* (eine kürzere Kette aus Atomen, die über eine Verzweigung mit einer längeren Kette verknüpft ist), Seitenrest *m* ‖ ~\* (Comp) / Verzweigung *f* (ohne Rücksprung), Sprung *m*, Weiche *f*, Programmverzweigung *f*, Branch *m* ‖ ~ (Elec Eng) / Zweig *m* (bei einem Netzwerk eine direkte elektrische Verbindung zwischen zwei Knotenpunkten) ‖ ~ (For) / Ast *m* (verholzter Seitentrieb des Baumes) ‖ ~ (Maths) / Zweig *m* (einer Kurve, einer analytischen Funktion) ‖ ~ (Nuc) / Zerfallszweig *m*, Zweig *m*, Zerfallsanteil *m* ‖ ~ (fitting) (Plumb) / Abzweigstück *n* ‖ ~\* (Telecomm) / Abzweigung *f*, Zweig *m*, Abzweigleitung *f* ‖ ~ (For) s. also primary branch and secondary branch ‖ ~ **acknowledgement** (Comp) / Sprungquittung *f* ‖ ~ **address** (Comp) / Sprungadresse *f*
**branch-and-bound method** (AI) / Branch-and-bound-Verfahren *n* (bei dem Entscheidungsbaumverfahren) ‖ ~ **principle** (Maths) / Verzweigungsprinzip *n* (im Verzweigungsverfahren)

**branch circuit**\* (Elec Eng) / Verzweigungsleitung *f* (nach der Hauptsicherung) ‖ ~ **destination** (Comp) / Sprungziel *n*
**branched** *adj* / verzweigt *adj* (Rissbildung, Polymer) ‖ ~ **chain** (Chem) / verzweigte Kette ‖ ~ **chain** (Chem) / Seitenkette *f* (eine kürzere Kette aus Atomen, die über eine Verzweigung mit einer längeren Kette verknüpft ist), Seitenrest *m*
**branched-chain** *attr* (Chem) / verzweigkettig *adj*
**branched circuit** (Elec Eng) / verzweigter Stromkreis, abgezweigter Stromkreis ‖ ~ **knot** (For) / verzweigter Ast ‖ ~ **molecule** (Chem) / verzweigtes Molekül
**branches** *pl* (For) / Geäst *n*
**branch form factor** (For) / Astholzformzahl *f*
**branching** *n* / Verzweigung *f*, Verästelung *f* ‖ ~ (Nuc) / verzweigter Zerfall, Mehrfachzerfall *m* ‖ ~ **chain** (Chem) / verzweigte Kette ‖ ~ **coefficient** (Chem) / Verzweigungskoeffizient *m* (bei Polykondensation oder Polyaddition) ‖ ~ **point** (Comp, Elec Eng) / Verzweigungspunkt *m* (Stelle im Programmablaufplan, von der aus im Programmablauf mehrere Zweige parallel verfolgt werden können - DIN 44 300), Verzweigungsstelle *f* ‖ ~ **process** (Stats) / Verzweigungsprozess *m* ‖ ~ **ratio** (Phys) / Verzweigungsverhältnis *n* (in der Quantenphysik), Zerfallsverhältnis *n* ‖ ~ **unit** (Cables) / Verzweigungspunkt *m* (bei Unterwasserkabeln)
**branch instruction** (Comp) / Sprungbefehl *m*, Verzweigungsbefehl *m*, Branch-Befehl *m* ‖ ~ **interrogation** (Comp) / Sprungabfrage *f*
**branchite** *n* (Min) / Hartit *m* ($C_{20}H_{34}$)
**branch jack**\* (Teleph) / Parallelklinke *f* ‖ ~ **joint** (Cables) / Abzweigmuffe *f* (eine Starkstromkabelgarnitur) ‖ ~ **knot** (For) / verzweigter Ast ‖ ~ **line** / Abzweigleitung *f* (die von einer anderen Rohrleitung abzweigt) ‖ ~ **line** (Eng) / Stichleitung *f*, Abzweigleitung *f* ‖ ~ **line** (Rail) / Zweiggleis *n* ‖ ~ **line** (Rail) / Nebenstrecke *f* ‖ ~ **main** (Eng) / Stichleitung *f*, Abzweigleitung *f* ‖ ~ **off** *v* (Eng, Plumb) / abzweigen *v* ‖ ~ **pipe** / Strahlrohr *n* (eine Feuerlöscharmatur zur Brandbekämpfung nach DIN 14011- 2 und 14365) ‖ ~ **pipe**\* (Eng) / Abzweigrohr *n* ‖ ~ **point** (Comp) / Verzweigungspunkt *m* (Stelle im Programmablaufplan, von der aus im Programmablauf mehrere Zweige parallel verfolgt werden können - DIN 44 300), Verzweigungsstelle *f* ‖ ~ **point** (Elec Eng) / Knoten *m* (ein Anschlusspunkt, von dem mindestens zwei Leiter ausgehen), Knotenpunkt *m* (Verbindungsstelle von mindestens drei Zweigen - DIN 40 108) ‖ ~ **point**\* (Maths) / Verzweigungspunkt *m* (einer Riemann'schen Fläche) ‖ ~ **point** (Maths) / Singularität *f*, singuläre Stelle *f* ‖ ~ **prediction** (technique aiming to predict the outcome of an upcoming branch instruction, thus improving pipeline processor performance and overall chip performance) (Comp) / Verzweigungsvorhersage *f* ‖ ~ **road** (Autos) / Abzweigung *v* (der Straße) ‖ ~ **stop occlusion** (For) / Astüberwallungsnarbe *f* ‖ ~ **structure** (Crystal) / Verzweigungsstruktur *f* (eine besondere Form der Baufehler) ‖ ~ **switch**\* (Elec Eng) / Abzweigschalter *m*, Zweigschalter *m* ‖ ~ **target cache** (Comp) / Branch-Target-Cache *m* ‖ ~ **whorl** (For) / Astquirl *m* (in gleicher oder fast gleicher Höhe des Stammes gewachsene Äste, im Stammquerschnitt sternförmig sichtbar) ‖ ~ **wood** (For) / Reisig *n* (abgebrochene oder vom Baum gefallene dürre Zweige), Astreisig *n*, Reisigholz *n* ‖ ~ **wood** (For) / Astholz *n*
**branchy** *adj* (For) / beastet *adj*, astreich *adj*, Äste tragend *adj*
**bran content** (Nut) / Schalenanteil *m* (bei der Getreideverarbeitung)
**brand** *n* / Marke *f* (nach dem Markengesetz vom 25.10.1994 - zum rechtlichen Schutz von Marken in Deutschland) ‖ ~ (Agric) / Brandzeichen *n* (z.B. zur Tierkennzeichnung) ‖ ~ (Leather) / Brandzeichen *n* (heute fast nicht mehr benutzt) ‖ ~ *attr* / markengebunden *adj*, Marken- ‖ ~ **awareness** / Bekanntheitsgrad *m* (eines Markenprodukts) ‖ ~ **consciousness** / Markenbewusstsein *n*
**branded** *adj* / markengebunden *adj*, Marken- ‖ ~ **article** / Markenartikel *m* ‖ ~ **butter** (Nut) / Markenbutter *f* ‖ ~ **lubricant** / Markenschmiermittel *n*
**brandering**\* *n* (Build) / Schal-Lattenverlegung *f* (für Gips), Anbringen *n* der Putzträgerkonstruktion, Berliner Lattendecke
**branding** *n* / Branding *n* (Markengebung, Entwicklung von Markennamen) ‖ ~ **iron**\* (Civ Eng) / Riffelwalze *f*, Zahnwalze *f*
**brand iron** (Agric) / Brandeisen *n*, Brandstempel *m* ‖ ~ **loyalty** (the tendency of some consumers to continue buying the same brand of goods despite the availability of competing brands) / Markentreue *f*
**brand-name article** (product) / Markenartikel *m* ‖ ~ **drug** (Pharm) / Medikament, dessen Name unter Warenzeichenschutz steht, Markenmedikament *n*
**brand personality** / Markenpersönlichkeit *f* ‖ ~ **piracy** / Markenpiraterie *f*
**bran drenching** (Leather) / Kleienbeize *f* (als Tätigkeit)
**brand wine** (Nut) / Sortenwein *m*
**brandy** *n* (Nut) / Weinbrand *m*, Brandy *m* (Eau de vie de vin)
**branner** *n* (Met) / Kleieputzmaschine *f*

**brannerite** n (Min) / Brannerit m (lokal wichtiges Uranerz) ‖ ~ (Min) s. also formanite
**branning** n / Behandlung f mit Kleie, Behandlung f mit Kleienbeize ‖ ~ **machine** (Met) / Kleieputzmaschine f
**branny** adj (Nut) / kleiehaltig adj
**Brans-Dicke theory** (a theory of gravitation in which the gravitational field is described by the tensor field of general relativity and by a new scalar field, which is determined by the distribution of mass-energy in the universe and replaces the gravitational constant) (Phys) / Brans-Dicke-Theorie f (eine überholte Theorie der Gravitation)
**brash** n (loose broken ice) / Eistrümmer pl ‖ ~ / Gesteinstrümmer pl ‖ ~ (Ecol) / Abfall m (von geschnittenen Büschen, Hecken und Sträuchern) ‖ ~ (For) / Brüchigkeit f, Sprödigkeit f (des Holzes) ‖ ~ (For) / Schlagabraum m (nach Beendigung des Holzeinschlags und Abtransport der ausgeformten Rohholzsorten bei den derzeitigen Erntemethoden auf der Schlagfläche zurückbleibendes Material, wie dünne Äste, Reisig und Grüngut), Schlagreste m pl, Schlagreisig m, Abraum m (beim Holzfällen und Abtransport) ‖ ~ (Meteor) / Sulzeis n ‖ ~ adj / grell adj, knallig adj (Farbe), schreiend adj (Farbe), aufdringlich adj (Farbe) ‖ ~ (Agric, Geol) / verwittert adj, krümelig adj (verwitterter Boden, Gestein) ‖ ~ (For) / brüchig adj, spröde adj (Holz - meistens durch Pilzschäden verursacht)
**brashness** n (For) / Brüchigkeit f, Sprödigkeit f (des Holzes)
**brashy** adj (For) / brüchig adj, spröde adj (Holz - meistens durch Pilzschäden verursacht)
**brasilein** n (Chem) / Brasilein n (Farbstoff des Rotholzes - oxidiertes Brasilin), Brazilein n
**brasilin** n (Chem) / Brasilholzextrakt m n, Brasilin n (ein im Rotholz enthaltener Naturfarbstoff - auch ein Indikator), Brazilin n
**brass** v / vermessingen v ‖ ~ n (Geol, Min) / Pyriteinlagerung f (in der Kohle) ‖ ~* (Met) / Messing n (Kupfer-Zink-Legierung nach DIN 17660 - für die technische Verwendung mindestens 50% Cu) ‖ ~* (Met) / Gelbkupfer n ‖ ~ (GB) (Min) / Pyrit m, Eisenkies m, Schwefelkies m, Kies m ‖ ~ attr / Messing-, messingen adj ‖ ~ **bar punch** (Tools) / Messingdorn m
**brassboard** n (Electronics) / funktionierender Versuchsaufbau
**brass bobbin** (Textiles) / flache Spule ‖ ~ **brush** (Tools) / Messingbürste f ‖ ~ **chill** (Med) / Messingfieber n (kennzeichnende, aber harmlose Berufskrankheit), Gelbgießerfieber n
**brass-coloured** adj / messingfarben adj
**brass die casting** (Foundry) / Messingdruckguss m ‖ ~ **doctor** (Textiles) / Messingrakel f
**brasses*** pl (Eng) / Lagerschale f ‖ ~ (Geol, Min) / Pyriteinlagerung f (in der Kohle) ‖ ~* (Met) / Gelbkupfer n ‖ ~ (GB) (Min) / Pyrit m, Eisenkies m, Schwefelkies m, Kies m
**brass fitting** (Join) / Messingbeschlag m
**brass-founder's ague** (Med) / Messingfieber n (kennzeichnende, aber harmlose Berufskrankheit), Gelbgießerfieber n
**brassidic acid** (Chem) / Brassidinsäure f (E-Form der Erukasäure)
**brassinosteroid** n (Biochem) / Brassinosteroid n (ein Pflanzenhormon)
**brass punch** (Tools) / Messingdorn m ‖ ~ **rule*** (Typog) / Messinglinie f (DIN 16507) ‖ ~ **scriber** (Tools) / Messingreißnadel f (z.B. zum Anreißen von Schwarzblechen)
**brassware** n / Messingware f
**brass-wire brush** (Tools) / Messingdrahtbürste f
**brassy** adj / Messing-, messingen adj
**bra symbol** (Phys) / bra-Symbol n (Schreibweise in der Quantenmechanik)
**brattice*** n (Mining) / Wetterscheider m ‖ ~ (Mining) / Verzug m (mit Holz) ‖ ~ **cloth*** (Mining) / Wettergardine f (Vorhang aus flexiblem Material zum Wetterabschluss oder zur Wetterlenkung in lokalem Einsatz), Wettertuch n ‖ ~ **cloth** (Mining, Textiles) / technisches Gewebe für Scheidewände
**bratticing*** n (Arch) / Bekrönung f, Krone f (Ornamentik)
**brattish** n (Mining) / Wetterscheider m
**brattishing*** n (Arch) / Bekrönung f, Krone f (Ornamentik)
**braunite*** n (a manganese silicate) (Min) / Braunit m, Hartmanganerz n
**Braun's law** (Chem) / Braun'sches Gesetz (Verhältnis Löslichkeit/Druck)
**Brauns lignin** (Chem, For) / Nativlignin n (ein dem Protolignin in der verholzten pflanzlichen Zellwand weitgehend ähnliches Lignin, das unter sehr schonenden Bedingungen gewonnen wird), Brauns-Lignin n
**Braun tube*** (Electronics) / Katodenstrahlröhre f, Elektronenstrahlröhre f, Braun'sche Röhre (nach K.F. Braun, 1850 - 1918) ‖ ~ **tube*** (Electronics) s. also oscillograph tube
**Bravais lattice*** (Crystal) / Primitivgitter n, Bravais-Gitter n (ein Punktgitter, nach A. Bravais, 1811-1863), Bravais'sches Gitter
**bra vector** (Phys) / bra-Vektor m (in der Dirac'schen Schreibweise - gebildet aus dem englischen Wort für Klammer bra-c-ket)
**bravoite** n (Min) / Bravoit m, Nickelpyrit m (ein intermediäres Verwitterungsprodukt von Pentlandit)

**bray** v / zerstoßen v, zerstampfen v (im Mörser)
**Brayton cycle*** (Eng, Phys) / Joule-Prozess m (ein Kreisprozess)
**braze** v (Met, Plumb) / hartlöten v ‖ ~ vi / sich (gut) hartlöten lassen ‖ ~ n (Chem) / Braze n (Mischung von Chlorkautschuk und hypochloriertem Kautschuk; Bindemittel für Gummi-Metall-Verbindungen)
**brazeability** n (Met, Plumb) / Hartlötbarkeit f
**braze joint** (Met, Plumb) / Hartlötverbindung f
**brazen** adj / Messing-, messingen adj ‖ ~ **yellow** / messinggelb adj
**braze welding** (Welding) / Lötschweißen n, Schweißlöten n, Fugenschweißen n, Fugenlöten n
**brazier*** n (Build) / Kohlenpfanne f
**Brazil** n (For) / Pernambukholz n, Martinsholz n, Fernambukholz n (aus Caesalpinia echinata Lam.) ‖ ~ **arrowroot** (Nut) / Brasilianisches Arrowroot (aus Manihot esculenta Crantz), Batatenstärke f, Ignamestärke f
**brazilein** n (Chem) / Brasilein n (Farbstoff des Rotholzes - oxidiertes Brasilin), Brazilein n
**Brazilian bois de rose oil** / Brasilianisches Rosenholzöl (aus Aniba rosaeodora), Bois-de-rose-Öl n ‖ ~ **cocoa** (Bot, Nut) / Guarana f (Paullinia cupana H.B.K.) ‖ ~ **law** (Crystal) / Brasilianer-Gesetz n ‖ ~ **mahogany** (For) / Jequitiba n (Holz der Cariniana brasiliensis Casar.) ‖ ~ **pine** (For) / Pinheiro n, Brasilkiefer f (Araucaria angustifolia - Verwendung als Bau-, Möbel-, Furnier- und Zellstoffholz), Brasilianische Araukarie, Brasilianische Schmucktanne ‖ ~ **rosewood** (For) / Echtes Rosenholz, Brasilianisches Rosenholz, Rio-Palisander n, Jakarandaholz n, Palissandre Brésil m, Bahia-Rosenholz n (aus Dalbergia nigra (Vell.) Allemann ex Benth.) ‖ ~ **twin** (Min) / Brasilianer-Zwilling m
**brazilin** n (Chem) / Brasilholzextrakt m n, Brasilin n (ein im Rotholz enthaltener Naturfarbstoff - auch ein Indikator), Brazilin n
**Brazil law** (Crystal) / Brasilianer-Gesetz n ‖ ~ **nut oil** / Paranussöl n, Brasilnussöl n (aus den Samen der Bertholletia excelsa Humb. et Bonpl. gegonnenes Feinöl) ‖ ~ **wax** (Chem) / Carnaubawachs n (E 903), Karnaubawachs n, Cera Carnauba f (von der Karnaubawachspalme) ‖ ~ **wood** (For) / Pernambukholz n, Martinsholz n, Fernambukholz n (aus Caesalpinia echinata Lam.)
**brazilwood** n (For) / Brasilienholz n, Brasilholz n (z.B. Pernambukholz oder Sappanholz), Brasilettholz n
**brazing*** n (Met, Plumb) / Hartlöten n (450-600 °C), Hartlötverfahren n ‖ ~ **alloy** (Met, Plumb) / Hartlot n (DIN 8513), Schlaglot n (mit Silberzusatz) ‖ ~ **alloy foil** / Lotfolie f ‖ ~ **solder*** (Met, Plumb) / Hartlot n (DIN 8513), Schlaglot n (mit Silberzusatz) ‖ ~ **spelter** (Met, Plumb) / Hartlot n (DIN 8513), Schlaglot n (mit Silberzusatz)
**BRC fabric*** (GB) (Build, Civ Eng) / Bewehrungsmatte f (für Betondecken)
**breach** vt / durchbrechen v (Mauer, Deich - Partizip: durchgebrochen) ‖ ~ n (of) / Verstoß m (gegen), Verletzung f (eines Prinzips, einer Vorschrift) ‖ ~ (Comp) / Verletzung f der Sicherheit, Sicherheitsbruch m, Bruch m der Sicherheit, Sicherheitsverletzung f ‖ ~ (Hyd Eng) / Einbruchstelle f (im Damm) ‖ ~ (Mining) / Binge f, Pinge f (trichter- oder schüsselförmige Vertiefung im Gelände als Folge in geringer Teufe umgegangenen Bergbaus) ‖ ~ **of a dam** (Civ Eng, Hyd Eng) / Deichbruch m (bei Flussdeichen), Dammbruch m ‖ ~ **of professional secrecy** / Verletzung f der beruflichen Schweigepflicht ‖ ~ **of secrecy** / Geheimnisbruch m
**bread** n (Nut) / Brot n ‖ ~ **beetle** (Zool) / Brotbohrer m, Brotkäfer m (Stegobium paniceum L.)
**breadboard** n (Comp) / Versuchsaufbau m ‖ ~ **circuit** (Electronics) / Brettschaltung f (Versuchsaufbau einer Schaltung)
**breadcrumbs** pl (Nut) / Paniermehl n
**breadcrust bomb*** (Geol) / Brotkrustenbombe f (eine vulkanische Bombe)
**bread flavour** (Nut) / Brotaroma n
**breadflour** n (Nut) / Brotgetreidemehl n, Brotmehl n
**breadgrains** pl (Agric, Nut) / Brotgetreide n (besonders Weizen und Roggen)
**breading** n (US) (Nut) / Paniermehl n
**breadmaking flour** (Nut) / Brotgetreidemehl n, Brotmehl n
**bread rusk** (Nut) / Semmelmehl n (für die Wurstherstellung)
**breadstuffs** pl (Agric, Nut) / Brotgetreide n (besonders Weizen und Roggen)
**breadth** n / Breite f, Weite f ‖ ~ **coefficient*** (Elec Eng) / Zonenfaktor m (bei Teillochwicklungen) ‖ ~ **factor*** (Elec Eng) / Zonenfaktor m (bei Teillochwicklungen)
**breadth-first search** n (AI, Comp) / breitenorientiertes Suchverfahren n, Breitendurchlauf m, Breite-zuerst-Suche f ‖ ~ **strategy** (AI) / Breite-zuerst-Strategie f
**bread unit** (Nut) / Broteinheit f (12 g eines Nahrungskohlehydrats, das bei Verdauung Glukose liefert), BE ‖ ~ **wrapping paper** (Nut, Paper) / Broteinwickelpapier n
**bready flavour** (Brew) / Brotgeschmack m (Pasteurisiergeschmack)

**break**

**break** v / verstoßen v (gegen das Gesetz) || ~ / unterbrechen v || ~ / brechen v, zerbrechen v || ~ (Radio) / breaken v (sich mit einem entsprechenden Signal in ein laufendes Gespräch über CB-Funk einschalten) || ~ vi / reißen vi, zerreißen vi || ~ / zu Bruch gehen || ~ / aufspringen v (rissig werden), rissig werden, reißen vi, zerspringen vi, bersten vi || ~ vt / zum Platzen bringen (eine Membrane) || ~* n / Unterbrechung f || ~ / Riss m, Bruch m || ~ / abgebrochene Darstellung (bei technischen Zeichnungen nach DIN 6) || ~ / Bruchstelle f || ~ (Brew) / Bruch m, Bruchbildung f (Koagulation der Hefe) || ~ (Build) / Lücke f, Öffnung f || ~* (Build) / Mauervorsprung m (vor die Flucht) || ~* (Build) / Mauerrücksprung m (hinter die Flucht) || ~ (Civ Eng) / Bruchkante f (technisches Zeichnen) || ~ (Comp) / Break m n (Unterbrechung bzw. Beendigung eines laufenden Computerprogramms) || ~* (Elec Eng) / Kontaktabstand m (zwischen den Kontaktstücken eines offenen Relaiskontaktes) || ~ (Eng, Materials) / Bruch m (Trennung eines Körpers durch Überbeanspruchung), Brechen n || ~ (Foundry) / Oberflächenspiel n (Tiegelofenschmelze) || ~ (Leather) / Übergang m von den locker zu den fester strukturierten Teilen der Haut || ~ (Paper) / Abriss m (der Papierbahn) || ~ (Textiles) / Riss m (im Gewebe) || ~ (Work Study) / Arbeitsunterbrechung f, Pause f (Arbeitsunterbrechung)
**breakable** adj / zerbrechlich adj, fragil adj, brüchig adj, bruchempfindlich adj
**breakage** n / Bruchschaden m || **until** ~ (**failure**) **occurs** (Materials) / bis zum Bruch
**break arc** (Elec Eng) / Ausschaltlichtbogen m, Abreißlichtbogen m || ~ **away** (Autos) / ausbrechen v (Heck in einer Kurve)
**breakaway** n (Autos) / Ausbrechen n (des Hecks in einer Kurve) || ~* (Cinema, TV) / zerlegbare Kulisse || ~ (Eng) / Losbrechen n (Zustand einer Maschine in dem Augenblick, in dem sie vom Stillstand aus beginnt sich zu drehen - DIN 42005) || ~ (Hyd) / Abreißen n (des Wasserstroms) || ~ **brake** (Autos) / Abreißbremse f (bei ungewollter Trennung des Anhängers vom Zugfahrzeug) || ~ **corrosion** (Surf) / katastrophale Korrosion (bei Überschreiten kritischer Korrosionsbedingungen, das zur totalen Zerstörung führt) || ~ **starting current** (Elec Eng) / Anzugsstrom m || ~ **torque** (Elec Eng) / Anzugsmoment n (das kleinste Drehmoment, das eine elektrische Maschine im Stillstand nach Abklingen des Einschaltvorganges entwickeln kann), Anfahrmoment n, Anlaufdrehmoment n
**break-before-make contact*** (Elec Eng) / Umschaltkontakt m mit Unterbrechung, Wechselkontakt m mit Unterbrechung
**break behaviour** (Materials) / Bruchverhalten n (des Werkstoffs) || ~ **bulk** / konventionelle Ladung || ~ **bulk** (Ships) / nicht unifiziertes Stückgut, lose Ladung
**break-bulk cargo** (Ships) / nicht unifiziertes Stückgut, lose Ladung
**break crop** (any leafy crop grown primarily to break the likely build-up of disease in continuous arable cultivation) (Agric) / Gesundungsfrucht f (in der Fruchtfolge), Reinigungsfrucht f (in der Fruchtfolge) || ~ **down** v / ausfallen v (Anlage) || ~ **down** (Aero) / abreißen vi (Strömung), sich ablösen v (Strömung) || ~ **down** (Autos) / liegen bleiben v, stehen bleiben v || ~ **down** (Met) / vorwalzen v, herunterwalzen v, strecken v || ~ **down** (Mining) / lösen v (Kohle), hereingewinnen v
**breakdown** n / Betriebsausfall m, Betriebsstörung f, Havarie f || ~ (Aero) / Abreißen n (der Strömung), Ablösen n (der Strömung) || ~ (Autos) / Panne f || ~ (Chem) / Entmischung f (einer Emulsion), Dismulgierung f, Brechen n (einer Emulsion), Demulgierung f, Emulsionsspaltung f, Emulsionieren n || ~ (Chem) / Abbau m (bei komplizierten Verbindungen), Zerlegung f, Zersetzung f || ~ (Chem) / Abbau m (der Gelstruktur des Kautschuks) || ~ (Elec) / Zusammenbruch m (des Potentials), Zusammenbrechen n (des Potentials) || ~ (the electrical arc occurring between the electrodes and through the equipment) (Elec Eng) / Lichtbogendurchschlag m || ~ (Elec Eng) / Durchschlag m (zwischen zwei voneinander isolierten Leitern oder Elektroden, der meistens zur Zerstörung des Isolierstoffs führt) || ~* (Elec Eng, Electronics) / Durchbruch m (elektrischer) (DIN 41852) || ~ (Eng) / Anlagenausfall m, Ausfall m (der Anlage) || ~ (Eng) / Zerstörung f, Durchbrechung f (der Passivität) || ~ (Surf) / Durchbrechen n (der Passivität) || ~ **bay** (Civ Eng) / Pannenbucht f (z.B. in der Tunnelwand) || ~ **channel** (Elec Eng) / leitfähiger Kanal (beim Durchschlag im Isolierstoff) || ~ **characteristic** (Comp) / Durchbruchcharakteristik f, Durchbruchkennlinie f || ~ **crane*** (Eng) / Bergungskran m, Unfallkran m || ~ **crane wagon** (Rail) / Hilfskranwagen m || ~ **diode*** (Electronics) / Z-Diode f (Halbleiterdiode mit pn-Übergang, die im Sperrbereich einen scharf ausgeprägten Spannungsdurchbruch bei einer definierten Durchbruchspannung besitzt), Zener-Diode f (eine Halbleiterdiode nach C.M. Zener, 1905-1993), Diode f für den Betrieb im Durchbruch || ~ **drawing** (Met) / Vorziehen n || ~ **kit** (Autos) / Pannenkoffer m || ~ **lane** (US) (Autos, Civ Eng) / Standstreifen m (neben der Fahrbahn auf gleicher Höhe liegende Spur zum Halten in Notfällen, Standspur f (der Autobahn) || ~

**lorry** (Autos) / Bergungsfahrzeug n, Abschleppfahrzeug n, Abschleppwagen m || ~ **of the dye** (Textiles) / Farbstoffabbau m || ~ **of the masking** (Leather) / Zerfall m der Maskierung (bei der Chromgerbung) || ~ **potential** (Surf) / Durchbruchspotential n (kritisches Potential, bei dessen Überschreiten transpassive Korrosion auftritt - DIN 50 900) || ~ **product** (Biochem) / Spaltprodukt n, Abbauprodukt n || ~ **service** (Autos) / Pannendienst m || ~ **service** (Autos) / Straßendienst m (z.B. in den ADAC-Vertragswerkstätten) || ~ **strength** (the potential gradient at which electric failure or breakdown occurs) (Elec Eng) / Durchschlagsfestigkeit f (Widerstandsfähigkeit eines Isolierstoffes gegen elektrischen Durchschlag) || ~ **test** (US) (Elec Eng) / Kippversuch m || ~ **torque** (US) (Elec Eng) / Kippmoment n (bei einem Wechselstrommotor das höchste Drehmoment, das der Motor im Lauf bei Nennspannung und Nennfrequenz entwickelt) || ~ **truck** (Autos) / Bergungsfahrzeug n, Abschleppfahrzeug n, Abschleppwagen m || ~ **van** (Autos) / Bergungsfahrzeug n, Abschleppfahrzeug n, Abschleppwagen m || ~ **vehicle** (Autos) / Bergungsfahrzeug n, Abschleppfahrzeug n, Abschleppwagen m || ~ **voltage*** (Elec Eng) / Durchschlagspannung f || ~ **voltage** (Electronics) / Zündspannung f (einer Funkenstrecke) || ~ **voltage*** (Electronics) / Durchbruchspannung f (in der Halbleitertechnik nach DIN 41852)
**breaked flax** (Textiles) / Brechflachs m
**breaker** (Agric) / Umbruchpflug m || ~ (Autos) / Zwischenbau m (des Reifens) || ~ (Autos) / Zündungsunterbrecher m, Unterbrecher m || ~ (Eng) / Vorschmiedegravur f (der Gesenkteil, in dem der Werkstoff so verteilt wird, dass er die folgende Gravur füllt) || ~ (Met) / Brechtopf m || ~ (Mining) / Hauer m (meistens Streb- oder Kohlenhauer), Häuer m, Gewinnungshauer m || ~ (wave which collapses or whose crest falls over) (Ocean) / Brecher m (eine Sturzwelle), Sturzwelle f (hohe, sich überstürzende Welle), Sturzsee f, Sturzbrecher m || ~ (Paper) / Halbzeugholländer m, Halbstoffholländer m || ~ **arm** (Autos) / Unterbrecherarm m || ~ **block** (Met) / Brechtopf m || ~ **cam** (Autos) / Unterbrechernocken m || ~ **core** (Foundry) / Einschnürkern m, Luftkern m (Speiser), Washburn-Kern m || ~ **drawing frame** (Spinning) / Vorbereitungsstrecke f || ~ **fabric*** (Autos, Textiles) / Kordgewebe n für den Puffer (zwischen Lauffläche und Karkasse) || ~ **lap** (Spinning) / Wickelwatte f (Erzeugnis der Baumwollschlagmaschine) || ~ **level** (Autos, Elec Eng) / Unterbrecherhebel m (schwenkbares Teil des Unterbrechers) || ~ **plough** (Agric) / Umbruchpflug m
**breaker-point gap** (Autos) / Kontaktabstand m (des Unterbrechers), Unterbrecherkontaktabstand m
**breaker points** (Autos) / Unterbrecherkontakte m pl (einzelne Kontakte) || ~ **prop** (Mining) / Dammstempel m (für Streckenausbau über offenen Räumen) || ~ **prop** (Mining) / Bruchstempel m, Brechstempel m
**breakers** pl (Ocean) / Meeresbrandung f, Brandung f
**breaker stack** (Paper) / Feuchtglättwerk n, Glättpresse f (in der Trockenpartie)
**breaker's yard** (Autos, Ecol) / Autofriedhof m, Autowrackplatz m
**breaker-triggered transistorized ignition system** (I C Engs) / kontaktgesteuerte Transistorzündung, kontaktgesteuertes Halbleiterzündsystem
**breaker truck** (Elec Eng) / Schaltwagen m || ~ **wave** (Ocean) / Brecher m (eine Sturzwelle), Sturzwelle f (hohe, sich überstürzende Welle), Sturzsee f, Sturzbrecher m || ~ **zone** (Ecol, Geol, Geophys) / Spritzwasserzone f
**breakeven** n / Rentabilitätsgrenze f, Rentabilitätsschwelle f, Kostendeckung f || ~* (Nuc Eng) / Nullenergiebilanz f, Breakeven n, Energieausgleichspunkt m || ~ **analysis** / Gewinnschwellenanalyse f, Breakeven-Analyse f (bei der diejenige Absatzmenge eines Produkts gesucht wird, bei der die gesamten zugerechneten Kosten gerade gedeckt sind) || ~ **point analysis** / Gewinnschwellenanalyse f, Breakeven-Analyse f (bei der diejenige Absatzmenge eines Produkts gesucht wird, bei der die gesamten zugerechneten Kosten gerade gedeckt sind)
**breakfast nook** (Build) / Essecke f || ~ **television** (TV) / Frühstücksfernsehen n, TV-Sendungen am Morgen vor Arbeitsbeginn || ~ **TV** (TV) / Frühstücksfernsehen n, TV-Sendungen am Morgen vor Arbeitsbeginn
**break field** (Comp) / Bruchfeld n || ~ **for spares** v / ausschlachten v (die noch brauchbaren Teile aus etwas ausbauen) || ~ **frequency** (Automation, Electronics) / Eckfrequenz f, Knickfrequenz f (Frequenzwert an der Knickstelle) || ~ **hyphen** (for division of a word at the end of a line) (Comp, Typog) / Trennstrich m || ~ **in** v (Autos) / einfahren v (ein Fahrzeug)
**break-in** n (Eng) / Einlaufen n, Einlaufvorgang m || ~ (Telecomm) / Break-in n (Übergang einer Verbindung im VPN im Rahmen von Least Cost Routing)
**breaking** n (Chem) / Entmischung f (einer Emulsion), Dismulgierung f, Brechen n (einer Emulsion), Demulgierung f, Emulsionsspaltung f,

Entemulsionieren *n* ‖ ~ (Civ Eng) / Ausbrechen *n* ‖ ~ (Civ Eng) / Brechen *n* (Zerkleinerung, Trennen durch ein Biegemoment) ‖ ~ (Comp) / Brechung *f* (von Schlüsseln in der Kryptologie) ‖ ~ (Eng, Materials) / Bruch *m* (Trennung eines Körpers durch Überbeanspruchung), Brechen *n* ‖ ~ (Materials) / Brechen *n* (Probestab) ‖ ~ (Textiles) / Brechen *n* (von Flachs) ‖ ~ (of the weft or filling) (Weaving) / Schussbruch *m* (ein Webfehler) ‖ ~ **away** (Autos) / Ausbrechen *n* (des Hecks in einer Kurve) ‖ ~ **capacity** (Elec Eng) / Ausschaltvermögen *n* (Wert des unbeeinflussten Stromes, den ein Leistungsschalter bei der angegebenen Spannung unter vorgeschriebenen Bedingungen ausschalten kann) ‖ ~ **capacity**\* (Elec Eng) / Ausschaltvermögen *n*, Abschaltleistung *f*, Ausschaltleistung *f*, Schaltvermögen *n*, Schaltleistung *f* (des Schalters), Unterbrecherleistung *f* ‖ ~ **current** (Elec Eng) / Unterbrechungsstrom *m* (DIN ISO 6518) ‖ ~ **down** (For) / Einschnitt *m* (Langsägen von Rundholz im Doppelschnitt oder im Rundschnitt), Holzeinschnitt *m*
**breaking-down** *n* (the first stage in rolling in a bar or strip mill) (Eng, Met) / Querschnittsverminderung *f*
**breaking elongation** (Eng) / Bruchdehnung *f* (Dehnung nach dem Bruch in % der Anfangslänge - DIN 50145) ‖ ~ **energy** (Textiles) / Reißkraft *f* ‖ ~ **engine** (Paper) / Halbzeugholländer *m*, Halbstoffholländer *m*
**breaking-in** *n* (Teleph) / Aufschalten *n* (Herstellen einer - meist kurzzeitigen - Verbindung zu einer besetzten Endstelle; ein Leistungsmerkmal)
**breaking iron** (Carp, Join) / Klappe *f* (eines Doppelhobeleisens - zum Brechen der Späne), Hobeleisenklappe *f*, Spanbrecherklappe *f* ‖ ~ **joint**\* (Build) / versetzte Fuge ‖ ~ **length** (Materials, Mech) / Reißlänge *f* (Länge eines aufgehängten Stabes, bei der dieser unter seinem Eigengewicht reißen würde) ‖ ~ **length**\* (Paper) / Reißlänge *f* (Maß für die Reißfestigkeit) ‖ ~ **length** (Spinning, Textiles) / Feinheitsfestigkeit *f*, Reißlänge *f* ‖ ~ **length in kilometres** (Spinning) / Reißkilometer (Rkm) *m* (Kennzahl für Garne), Rkm ‖ ~ **line** (For) / Reißlinie *f* (Verlauf des Bruchrisses bei der Zugbeanspruchung von Holz und Holzwerkstoffen) ‖ ~ **load** (Mech) / Bruchlast *f* (die Last, die überschritten werden muss, um einen Bruch herbeizuführen) ‖ ~ **of a dam** (Civ Eng, Hyd Eng) / Deichbruch *m* (bei Flussdeichen), Dammbruch *m* ‖ ~ **of the film** (Cinema) / Filmriss *m* ‖ ~ **piece**\* (Eng) / Sollbruchglied *n*, Bruchglied *n*, Sollbruchteil *n* (DIN 31051) ‖ ~ **plough** (Agric) / Umbruchpflug *m* ‖ ~ **point** / Bruchstelle *f* ‖ ~ **point** (Eng) / Sollbruchglied *n*, Bruchglied *n*, Sollbruchteil *n* (DIN 31051) ‖ ~ **radius** (For, Materials) / Brechradius *m* (beim Biegeversuch) ‖ ~ **scutcher** (Spinning) / Vorbarter *m* ‖ ~ **spark** (I C Engs) / Öffnungsfunke *m*, Abreißfunke *m* ‖ ~ **strength** (Materials, Mech) / Bruchfestigkeit *f* (auf den ursprünglichen Probenquerschnitt bezogene größte Spannung, die den Bruch hervorgerufen hat), Bruchgrenze *f* ‖ ~ **stress**\* (Mech) / Bruchbeanspruchung *f*, Bruchspannung *f* (Bruchlast, bei der ein Materialversagen eintritt, bezogen auf eine konkrete Fläche) ‖ ~ **tenacity** (Spinning, Textiles) / feinheitsbezogene Reißkraft
**break-in on a busy line** (Teleph) / Aufschalten *n* auf eine besetzte Leitung ‖ ~ **period** / Einlaufzeit *f* ‖ ~ **period** (Autos) / Einfahrzeit *f*
**break in printing** (Comp) / Druckunterbrechung *f*, Druckpause *f* ‖ ~ **in the design** (Textiles) / Musterunterbrechung *f* ‖ ~ **into small pieces** / zerkrümeln *v*, zerbröckeln *vt*, bröckeln *vt* ‖ ~ **in two** / durchbrechen *v* (in zwei Teile - Partizip: durchgebrochen) ‖ ~ **iron** (Carp, Join) / Klappe *f* (eines Doppelhobeleisens - zum Brechen der Späne), Hobeleisenklappe *f*, Spanbrecherklappe *f* ‖ ~ **jack**\* (Teleph) / Trennklinke *f* ‖ ~ **joint**\* (Build) / versetzte Fuge ‖ ~ **key** (programmable keyboard function - when actuated, a break character is sent, stopping the current operation) (Comp) / Unterbrechungstaste *f*, Abbruchtaste *f* ‖ ~ **lathe** (Eng) / Drehmaschine *f* mit Brücke, Drehmaschine *f* mit gekröpftem Bett
**breakless transistorized ignition system** (Autos) / kontaktlos gesteuertes (elektronisches) Zündsystem, kontaktlos arbeitende Transistorzündung
**break line**\* (Typog) / ausgehende Zeile eines Absatzes, Ausgang *m* (die letzte Zeile), letzte Zeile eines Absatzes (frei bleibender, nicht mit Schrift gefüllter Raum am Ende der letzten Zeile eines Absatzes) ‖ ~ **line** (Typog) / Ausgangszeile *f* (im Allgemeinen) ‖ ~ **off** *v* / abbrechen *v* (bei einseitiger Einspannung oder Unterstützung des Werkstücks) ‖ ~ **off** / abbrechen *v* ‖ ~ **off** *vi* / abreißen *vi* (Strömung), sich ablösen *v* (Strömung) ‖ ~ **off** *vt* (Aero) / abbrechen *vt* (Anflug) ‖ ~**-off** *n* (Aero) / Abbruch *m* (beim Anflug)
**break-off** *n* (Aero) / Abreißen *n* (der Strömung), Ablösen *n* (der Strömung) ‖ ~ **pin** (Eng) / Abbrechstift *m* ‖ ~ **point** (Phys) / Ablösungspunkt *m*, Abreißpunkt *m* ‖ ~ **reaction** (Chem) / Abbruchreaktion *f* (letztes Glied einer Kettenreaktion), Schlussreaktion *f* (einer Kettenreaktion)
**break of vision** (Optics) / Bildsprung *m* (bei Mehrstärkengläsern)

**break-out** *n* (Aero) / Durchstoßen *n* (durch Wolken) ‖ ~\* (Foundry) / Durchbruch *m*, Durchbrechen *n* (von Futter aus dem Schmelzofen) ‖ ~\* (Foundry, Met) / Durchbruch *m* (der Form, des Schmelzofens) ‖ ~ (Telecomm) / Break-out *n* (Übergang einer Verbindung im VPN im Rahmen von Least Cost Routing - ein Gegenwort zu Break-in) ‖ ~ (Weaving) / Gewebebruch *m* ‖ ~ **lug** (Acous, Mag) / Löschlasche *f*, Ausbrechzunge *f* (um die ungewollte Löschung oder Überspielung zu verhindern)
**breakover** *n* (Autos) / Knickstelle *f* (ein Blechschaden)
**break-over voltage** (Electronics) / Kippstrom *m* (bei Thyristoren)
**break pattern** (Materials) / Bruchbild *n* (Bruchausbildung), Bruchausbildung *f*
**breakpoint** *n* (Comp) / Haltepunkt *m* ‖ ~\* (Comp) / Fixpunkt *m*, bedingter Programmstopp, Checkpoint *m* ‖ ~ (Work Study) / Startpunkt *m*, Endpunkt *m* (eines Arbeitselements) ‖ ~ **frequency** (Phys) / Eckfrequenz *f* (eines dynamischen Systems) ‖ ~ **instruction** (Comp) / Haltinstruktion *f*, Stoppbefehl *m*, Programmstoppbefehl *m*, Haltbefehl *m*
**break-proof** *adj* / bruchfest *adj*, unzerbrechlich *adj*, bruchsicher *adj*
**break request signal** (Comp) / Abbruchanforderungssignal *n* ‖ ~ **roll** (Nut) / Schrotwalze *f* ‖ ~ **roll**\* (Nut) / Riffelwalze *f* (eine Mahlwalze) ‖ ~ **roll mill** (Nut) / Schrotmühle *f* (für Getreide)
**breakrow** (Mining) / Orgelausbau *m*
**break spinning**\* (Spinning) / Openendspinnerei *f*, Openendspinnen *n*, Offenendspinnen *n*, OE-Spinnen *n*, OE-Spinnverfahren *n* (Turbinenspinnverfahren) ‖ ~ **through** / durchbrechen *v* (sich einen Durchbruch verschaffen - Partizip: durchbrochen) ‖ ~ **through** (Mining) / durchschlägig machen (Grubenbaue)
**breakthrough** *n* / Durchbruch *m* (auch in der Wissenschaft und Technik) ‖ ~ (Eng) / Durchtritt *m* (der Bohrerspitze) ‖ ~ (Mining) / Durchhieb *m* ‖ ~ **curve** (Chem, Phys) / Durchbruchskurve *f* (in der Hydrodynamik)
**breakwater**\* *n* (offshore) (Hyd Eng) / Wellenbrecher *m* (ein wellenreflektierendes Bauwerk ohne Landanschluss) ‖ ~ (Ships) / Wellenbrecher *m* (auf dem Vorschiff angebrachte Schutzwand gegen überkommende See)
**breast**\* *n* (Agric) / Streichblech *n* (des Scharpfluges) ‖ ~ (a projection into a room, containing the flue and hearth of a fireplace) (Build) / Kaminvorsprung *m* ‖ ~ (the wall under the sill or window, down to floor level) (Build) / Fensterbrüstung *f*, Brüstung *f* (ein Teil der Außenwand) ‖ ~\* (Mining) / Brust *f*, Ortsbrust *f* (in söhligen und geneigten Grubenbauen) ‖ ~\* (Mining) / Ortsstoß *m* im Pfeiler ‖ ~\* (Mining) / Stoß *m* (Angriffsfläche für die Gewinnung), Kohlenstoß *m*, Ortsstoß *m*, Kohlegewinnungsstoß *m* ‖ ~ (Spinning) / Vortrommel *f* ‖ ~ **beam** (Weaving) / Brustbaum *m*, Brustwalze *f* (der Webmaschine) ‖ ~ **board** (Agric) / Streichblech *n* (des Scharpfluges) ‖ ~ **box** (Paper) / Stoffauflauf *m*, Stoffauflaufkasten *m* ‖ ~ **cylinder of a worsted card** (Spinning) / Vortrommel *f* der Kammwollkrempel
**breast-drill** *n* (Eng) / Brustbohrmaschine *f*, Handbohrmaschine *f* (mit Brustblech) ‖ ~ (Eng, Tools) / Brustleier *f* (mit Kurbelgriff)
**breast edge** / Halskante *f* (bei Schuhabsätzen)
**breast-height diameter** (For) / Brusthöhendurchmesser *m*, BHD (bei der Holzmessung)
**breast lining**\* (Build) / Täfelwerk *n* unter der Brüstung ‖ ~ **out** *v* (Mining) / auserzen *v*
**breastplate** *n* (Tools) / Brustplatte *f* (der Brustleier), Brustblech *n* ‖ ~ **transmitter** (Acous) / Brustmikrofon *n*
**breast roll**\* (Paper) / Brustwalze *f* ‖ ~ **stoping** (Mining) / Festenbau *m* (Schutz durch Stehenlassen von Bergfesten)
**breastsummer**\* *n* (Build) / Sturz *m*, Abfangträger *m* (langer) ‖ ~\* (Build) / Schwelle *f* (beim Holzfachwerk), Bundschwelle *f*
**breast wall** (Arch) / Brüstungsmauer *f* ‖ ~ **wall** (a breast-high, retaining wall for earth) (Build, Civ Eng) / Stützmauer *f*, Stützwand *f* ‖ ~ **wall** (Glass) / Seitenwand *f* (des Ofens), Bassinwand *f*, Bordwand *f* ‖ ~ (water) **wheel** (Hyd Eng) / mittelschlächtiges Wasserrad
**breast-wheel** *n* (Hyd Eng) / mittelschlächtiges Wasserrad
**breath** *v* (Physiol) / atmen *v*
**breathability** *n* (Textiles) / Atmungsfähigkeit *f* (eine die Behaglichkeit der Textilien bestimmende Eigenschaft), Atmungsaktivität *f*, Luftaustauschvermögen *n*
**breathable** *adj* (Textiles) / atmungsaktiv *adj*, atmend *adj*, atmungsfähig *adj*, selbstatmend *adj* (eine physiologische Eigenschaft)
**Breathalyser** *n* (GB) (Chem) / ein Analysegerät zur Durchführung des Alkoholtests (wie in Deutschland z.B. Alcotest) ‖ ~ **test** (Autos) / Alkoholtest *n*, Alkotest *n* ‖ ~ **test** (Autos) / Alkoholtest *m*, Alkotest *m*
**Breathalyzer**\* *n* (US) (Chem) / ein Analysegerät zur Durchführung des Alkoholtests (wie in Deutschland z.B. Alcotest)
**Breathalyzer test** (Autos) / Alkoholtest *m*, Alkotest *m*
**breather** *n* (Aero, Eng) / Druckausgleichsöffnung *f* ‖ ~ (Eng) / Atemventil *n* ‖ ~ **pipe**\* (I C Engs) / Kurbelgehäuseentlüftungsrohr *n*, Entlüfterrohr *n*, Entlüftungsrohr *n* (in der Kurbelwanne) ‖ ~ **port**

**breather**
(Autos) / Nachlaufbohrung *f* (im Hauptzylinder) ‖ **~ solution** (Phys) / Brandungslösung *f* (pulsierende Zweisolitonenlösung), atmende Lösung (pulsierende Zweisolitonenlösung)
**breath group** (Acous) / Sprechtakt *m* (derjenige Teil einer Äußerung, der mit einem Atemstoß hervorgebracht, melodisch akzentuiert und durch Pausensetzung markiert wird)
**breathing** *n* (Build) / Atmung *f* (Dampfdurchlässigkeit) ‖ **~\*** (Cinema) / "Atmen" *n* (des Bildes bei der Vorführung) ‖ **~** (Eng) / Atmung *f* (langsamer Druckausgleich) ‖ **~** (rise and fall in water level of a river) (Hyd Eng) / Schwankungen *f pl* des Wasserstandes (eines Flusses), Schwankung *f* des Flusswasserspiegels ‖ **~** (Physiol) / Atmung *f*, Atmen *n* ‖ **~** (of the mould) (Plastics) / Lüftung *f* (des Werkzeugs) ‖ **~ adj** (Textiles) / atmungsaktiv *adj*, atmend *adj*, atmungsfähig *adj*, selbstatmend *adj* (eine physiologische Eigenschaft) ‖ **~ apparatus\*** / Atemschutzgerät *n* (DIN 3175)
**breath test** (Autos) / Alkoholtest *m*, Alkotest *m*
**breccia\*** *n* (Geol) / Brekzie *f* (verfestigtes Trümmergestein, dessen Bruchstücke eckig-kantig ausgebildet sind), Breccie *f*
**brecciation** *n* (Geol) / Brekzienbildung *f*
**bredigite** *n* (Min) / Bredigit *m* (rhombisch kristallisierendes ß-Dikalziumsilikat)
**Bredt-Batho theory** (of thin-walled tubes) / Bredt'sche Formeln (bei dünnwandigen Hohlquerschnitten)
**Bredt's rule** (Chem) / Bredt'sche Regel (nach J. Bredt, 1855-1937)
**breeches joint** (Cables) / Y-Muffe *f* (zur Verbindung eines Abzweigkabels mit einem Hauptkabel, wobei die Achsen beider Kabel annähernd parallel sind)
**breech•-lock thread** (Eng) / Sägengewinde *n* (DIN 513) ‖ **~ wool** (Textiles) / Schwanzwolle *f*
**breed** *v* (Agric) / züchten *v* (Tiere) ‖ **~** (Nuc, Nuc Eng) / erbrüten *v*, brüten *v* ‖ **~ n** (Bot, Zool) / Rasse *f*
**breeder blanket** (Nuc Eng) / Brutzone *f* ‖ **~ reactor\*** (Nuc Eng) / Brutreaktor *m*, Brüter *m*, Breeder *m*
**breeding** *n* (Agric) / Züchtung *f*, Zucht *f*, Aufzucht *f* ‖ **~** (Nuc Eng) / Brüten *n* (DIN 25 401, T 2), Konversion *f* ‖ **~ doubling time** (Nuc Eng) / Verdopplungszeit *f* (Verdopplungszeit des Spaltstoffeinsatz eines Brutreaktors verdoppelt), Brutverdopplungszeit *f* (bei einem Brutreaktor), Spaltstoffverdopplungszeit *f* ‖ **~ factor** (Nuc Eng) / Brutverhältnis *n* (Konversionsverhältnis, wenn dessen Wert größer als eins ist) ‖ **~ for disease resistance** (Agric) / Resistenzzüchtung *f* (gegen bestimmte Krankheitserreger) ‖ **~ gain\*** (Nuc Eng) / Brutgewinn *m* (Brutverhältnis minus eins) ‖ **~ ratio\*** (Nuc Eng) / Brutverhältnis *n* (Konversionsverhältnis, wenn dessen Wert größer als eins ist)
**breeze** *n* (light, gentle, moderate, fresh) (Meteor, Ocean) / Brise *f* (leichte, schwache, mäßige, frische) ‖ **~** (Mining) / Feinkoks *m*, Kokslösche *m*, Abrieb *m*, Koksgrus *m* ‖ **~\*** (small cinders mixed with sand and cement) (Mining) / Kohlenschlacke *f*
**breeze-block** *n* (Build) / Koksaschenbetonblock *m*
**breeze concrete\*** (Civ Eng) / Koksaschenbeton *m*
**breezing** *n* (Cinema) / "Atmen" *n* (des Bildes bei der Vorführung)
**Bréguet range formula** (Aero) / Bréguet'sche Reichweitenformel (nach L. Bréguet, 1880 - 1955) ‖ **~ spring** (Horol) / Bréguetspirale *f*
**breithauptite\*** *n* (Min) / Breithauptit *m* (Nickelantimonid), Antimonnickel *n*
**Breit-Wigner formula\*** (Phys) / Breit-Wigner-Formel *f* (für die Energieabhängigkeit von Wirkungsquerschnitten in der Nähe einer isolierten Resonanz - nach G. Breit, 1899-1981)
**Bremen blue** (Chem) / Braunschweiger Blau, Bremerblau *n*, Kalkblau *n*, Neuwieder Blau (durch Fällung von Kupfersulfatlösung mit Natronlauge erhaltenes Kupferhydroxid) ‖ **~ blue** s. also lime blue
**bremsstrahlung\*** *n* (Nuc Eng, Phys) / Bremsstrahlung *f* (Sekundärstrahlung im Target eines Elektronenbeschleunigers nach DIN 25401, T 1) ‖ **~ spectroscopy** (Spectr) / Bremsstrahlungsspektroskopie *f*, BS (Bremsstrahlungsspektroskopie)
**brennschluss** *n* (Space) / Brennschluss *m*, Burn-out *m*, BNT (Burn-out)
**bressummer\*** *n* (Build) / Sturz *m*, Abfangträger *m* (langer) ‖ **~\*** (Build) / Schwelle *f* (beim Holzfachwerk), Bundschwelle *f*
**brettice** *n* (Mining) / Wetterscheider *m*
**breunnerite\*** *n* (Min) / Breunnerit *m* (Magnesit mit etwa 5-30% Eisenkarbonat)
**brevetoxin** *n* (Chem) / Brevetoxin *n* (ein lineares polycyclisches Neurotoxin), BTX
**brew** *v* (Brew) / brauen *v* ‖ **~ n** / Gebräu *n*, Sud *m* (Gebräu)
**brewer's barley** (Brew) / Brauereigerste *f*, Braugerste *f* ‖ **~ grains** (Agric, Brew) / Treber *pl* (Rückstände bei der Bierherstellung) ‖ **~ malt** (Brew) / Braumalz *n* (z.B. Pilsener oder Münchner) ‖ **~ pitch** (Brew) / Fasspech *n* ‖ **~ yeast** (Nut) / Bierhefe *f* (Saccharomyces cerevisiae oder S. carlsbergensis - obergärige, untergärige)
**brewery** *n* (Brew) / Bierbrauerei *f*, Brauereigewerbe *n*, Brauerei *f* (als Industriezweig) ‖ **~** (Brew) / Bierbrauerei *f* (Unternehmen, Betrieb),

Brauerei *f* (Unternehmen), Bräu *n*, Brauhaus *n* (Unternehmen) ‖ **~ by-product** (Brew) / Brauereinebenprodukt *n*
**brewhouse** *n* (Brew) / Sudhaus *n*
**brewing\*** *n* (Brew) / Brauerei *f* (Tätigkeit), Brauen *n* (von Bier), Bierbrauen *n* ‖ **~ barley** (Brew) / Brauereigerste *f*, Braugerste *f* ‖ **~ chemistry** (Brew) / Brauereichemie *f* ‖ **~ water** (Brew) / Brauwasser *n* (ein Gebrauchswasser mit weitgehender Ausscheidung der Alkali- und Erdalkalihydrogenkarbonate)
**brew kettle** (Brew) / Braukessel *m*
**Brewster angle\*** (Optics, Radio) / Polarisationswinkel *m*, Brewster-Winkel *m* (nach Sir David Brewster, 1781-1868) ‖ **~ point** (Astron, Meteor) / Brewster-Punkt *m* (ein neutraler Punkt), Brewster'scher Punkt (zwischen Sonne und Horizont, etwa 15° unterhalb der Sonne)
**Brewster's bands\*** (Light) / Brewster-Streifen *m pl* ‖ **~ fringes** (Light) / Brewster-Streifen *m pl*
**Brewster window\*** (Phys) / Brewster-Fenster *n* (in Gaslasern)
**brew water** (Brew) / Brauwasser *n* (ein Gebrauchswasser mit weitgehender Ausscheidung der Alkali- und Erdalkalihydrogenkarbonate)
**Brianchon lustre** (in which a reducing agent is incorporated as a component of a ceramic glaze) (Ceramics) / Brianchonlüster *m*
**Brianchon's theorem\*** (for any hexagon whose sides are tangent to a conic, the diagonals connecting opposite vertices intersect in a point, or are parallel) (Maths) / Satz *m* von Brianchon (dualer Satz zum Pascal'schen Satz - nach Ch.J. Brianchon, 1783-1864), Brianchon'scher Satz
**briar** *n* (For) / Baumheide *f* (Erica arborea L.), Bruyère *f* ‖ **~** (For) / Bruyèreholz *n* (der Baumheide - Erica arborea L.)
**brick** *v* (Build) / zumauern *v* (eine Öffnung), mauern *v*, ausmauern *v* ‖ **~\*** *n* (Build, Ceramics) / Mauerziegel *m* (DIN 105), Mauerwerkziegel *m*, Mauerstein *m* (der auf kalten Wegen hergestellt wurde), Backstein *m*, Ziegel *m*, Stein *m* (Mauerstein) ‖ **~\*** (Build) s. also common brick
**brick-and-stud work\*** (Build) / Ausmauern *n* (des Mauerwerks in den Skelettbauten)
**brick-axe\*** *n* (Build) / Maurerhammer *m* (DIN 5108)
**brick body** (Ceramics) / Ziegelscherben *m* ‖ **~ bond** (Build) / Mauerwerk(s)verband *m* (festgelegte Anordnung der Steine innerhalb des Mauerwerks), Mauerverband *m*, Verband *m* (Mauerwerksverband), Mauersteinverband *m*, Mauerziegelverband *m* ‖ **~ clay\*** (Ceramics, Geol) / Ziegelton *m* ‖ **~ earth\*** (Ceramics, Geol) / Ziegelerde *f*
**brickfield** *n* (Ceramics) / Ziegelbrennerei *f*, Ziegelei *f*
**brick fork** (Build) / Ziegelzange *f* ‖ **~ format** (Build) / Ziegelformat *n* (+ Fugendicke) ‖ **~ gauge** (Build) / Normziegelmaß *n* ‖ **~ grease** (Eng) / Blockfett *n* (geliefert in harten, quaderförmigen Stücken, eingelegt in Kammern von Gleitlagern), Brikettfett *f*
**brickie** *n* (Build) / Maurer *m* (künstliche Steine)
**bricking** *n* (Build) / Mauern *n*, Legen *n*, Setzen *n* (von Steinen), Mauerei *f* ‖ **~\*** (Build) / imitiertes Ziegelmauerwerk ‖ **~** (Met) / Mauerung *f* (des Ofens)
**bricking-in** *n* (Build) / Einmauerung *f*
**brick-kiln** (Ceramics) / Ziegelbrennofen *m*, Ziegelofen *m*
**bricklayer** *n* (Build) / Maurer *m* (künstliche Steine) ‖ **~'s hammer\*** (Build) / Maurerhammer *m* (DIN 5108)
**bricklayer's sand** (Build) / weicher Sand, stumpfer Sand ‖ **~ scaffold\*** (Build) / Stangengerüst *n*, Standgerüst *n*
**bricklayer's trowel** (Build) / Maurerkelle *f*
**bricklaying** *n* (Build) / Mauern *n*, Legen *n*, Setzen *n* (von Steinen), Mauerei *f*
**brick-lining** *n* (Build) / Ausmauerung *f* (Auskleidung mit Ziegeln)
**brick lintel** (Build) / gemauerter Sturz ‖ **~ mason** (US) (Build) / Maurer *m* (künstliche Steine) ‖ **~ masonry** (Build) / Ziegelmauerwerk *n*, Backsteinbau *m* ‖ **~ mortar** (Build) / Mauermörtel *m* (DIN 1053, T 1)
**bricknogging\*** *n* (Build) / Ausmauern *n* (des Mauerwerks in den Skelettbauten)
**brick-on-bed** *n* (Build) / Flachschicht *f*
**brick-on-edge** *n* (Build) / hochgestellter Ziegel ‖ **~ coping\*** (Build) / Abdeckschicht *f* (die oberste Schicht frei stehender Mauern - aus Mauerziegeln in Rollschicht)
**brick-on-edge course** (Build) / Rollschicht *f* (eine Mauerschicht)
**brick-on-end** *n* (Build) / Kopfschicht *f*
**brick paving** (Build, Civ Eng) / Ziegelpflaster *n* ‖ **~ press** (Ceramics) / Ziegelpresse *f*
**brick-red** *adj* / terrakottafarben *adj*, terrakotta *adj*, ziegelrot *adj*
**brick-set boiler** (Eng) / eingemauerter Kessel
**brick size** (Build) / Ziegelformat *n* ‖ **~ slip** (Build) / dünner Verblendziegel, Sparverblender *m*, Spaltriemchen *n* ‖ **~ tea** (Nut) / Ziegeltee *m* ‖ **~ tile** (Build) / dünner Verblendziegel, Sparverblender *m*, Spaltriemchen *n* ‖ **~ trowel** (Build) / Maurerkelle *f* ‖ **~ up** *v* (Build)

/ zumauern v (eine Öffnung), mauern v, ausmauern v || ~ **up** (Build) / zumauern v (z.B. Tür- oder Fensteröffnung), vermauern v (eine Öffnung) || ~ **veneer** (Build) / Ziegelverblendung f, Ziegelverkleidung f || ~ **with a grip-slot** (Build, Ceramics) / Grifflochziegel m
**brickwork** n (Build) / Ziegelmauerwerk n, Backsteinbau m
**brickworks** pl (Ceramics) / Ziegelbrennerei f, Ziegelei f
**brickyard** n (Ceramics) / Ziegelbrennerei f, Ziegelei f
**bridge** v (Chem) / überbrücken v || ~ (Chem) / verbrücken v || ~ (Civ Eng) / überbrücken v (z.B. einen Fluss), eine Brücke schlagen, eine Brücke bauen || ~ (Elec, Elec Eng) / in Brücke schalten, überbrücken v || ~ (Paint) / überbrücken v (Risse durch Anstriche) || ~ n (Chem, Civ Eng, Elec, Elec Eng, Ships) / Brücke f || ~ (Civ Eng) / Brücke f (Bauwerk mit Öffnungen von mindestens 2 m lichter Weite, rechtwinklig zwischen den Widerlagern oder Wandungen gemessen - DIN 1076), Brückenbau m (pl. -bauten) (Brücke) || ~ (Comp) / Bridge f (die vollständige Datenpakete empfängt und analysiert - in der LAN-Kopplung) || ~ (an ISDN device) (Comp) / Bridge f (eine Einrichtung, die zwei auf Schicht 1 nach dem OSI-Referenzmodell gleichartige Netze miteinander verbindet) || ~* (in a measurement system) (Elec Eng) / Messbrücke f || ~ (Eng) / Portal n (Hobelmaschine, Fräsmaschine) || ~ (For) / Bruchleiste f (beim Baumfällen) || ~ (Glass) / Brücke f (Einbau im Schmelzteil der Glaswanne zur Beeinflussung der Glasströmung) || ~ (Maths) / Isthmus m (pl. -men) (bei Grafen), Brücke f (bei Grafen) || ~ (Optics) / Nasensteg m (der Brille) || ~ (Rail) / Laufsteg m, Übergang m (zwischen den Wagen) || ~ (the elevated, enclosed platform on a ship from which the captain and officers direct operations) (Ships) / Kommandobrücke f || ~ (Telecomm) / Brücke f (zwischen lokalen Netzwerken) || ~ (Geol) s. natural bridge || ~ **abutment** (Civ Eng) / Brückenwiderlager n (Endauflager des Überbaus) || ~ **access** (Civ Eng) / Brückenrampe f, Brückenauffahrt f || ~ **across a river** (Civ Eng) / Flussbrücke f, Strombrücke f || ~ **approach** (Civ Eng) / Brückenrampe f, Brückenauffahrt f || ~ **arch** (Civ Eng) / Brückenbogen m || ~ **arm** (Elec Eng) / Brückenzweig m || ~ **axis** (Civ Eng) / Brückenachse m (Längsachse einer Brücke) || ~ **balance** (Elec, Elec Eng) / Brückenabgleich m || ~ **balancing** (Elec, Elec Eng) / Brückenabgleich m || ~ **bearing** (the support at the bridge pier, which carries the weight of a bridge) (Civ Eng) / Brückenauflager n || ~ **board**\* (Build) / stufenförmig ausgeschnittene Treppenwange (einer eingestemmten oder eingeschobenen Treppe) || ~ **bond** (Chem) / Brückenbindung f || ~ **building** (Civ Eng) / Brückenbau m (das Bauen von Brücken) || ~ **card** (Comp) / Konvertierungskarte f (die die Verbindung von zwei unterschiedlichen Systemen möglich macht) || ~ **circuit** (Elec Eng) / Brückenschaltung f (zur Bestimmung von Widerstands-, Kapazitäts- und Induktivitätswerten von Bauteilen) || ~ **computer** (Comp) / Brückenrechner m (in Netzen)
**bridge-connected** adj (Elec Eng) / in Brückenschaltung
**bridge construction** (Civ Eng) / Brückenbau m (das Bauen von Brücken) || ~ **conveyor** (Mining) / Brücke f (brückenartige Förderbandkonstruktion im Braunkohletagebau zur Überwindung des Abstandes zwischen Bagger und Strossenband), Brückenband n
**bridged compound** (Chem) / verbrückte Verbindung
**bridge deck** (Civ Eng) / Brückenbahn f (Fahrbahn einer Brücke), Brückenfahrbahn f, Brückendeck n || ~ **deck** (Ships) / Brückendeck n (mit Navigationszentrale und Steuerstand)
**bridged hydrocarbon** (Chem) / Brückenkohlenwasserstoff m, Brückenringsystem n
**bridge die** (Met) / Brückenmatrize f (zur Herstellung von Hohlprofilen)
**bridged intermediate** (Chem) / Brückenion n || ~ **ion** (Chem) / Brückenion n || ~ **T-network** (Elec Eng, Telecomm) / Zweitor n in überbrückter T-Schaltung || **T-network** (Elec Eng) / überbrücktes T-Netzwerk, überbrücktes T-Glied || ~ **T-section** (Elec Eng) / überbrücktes T-Netzwerk, überbrücktes T-Glied
**bridge engineering** (Civ Eng) / Brückenbau m (als Fachrichtung) || ~ **feedback** (Telecomm) / Brückengegenkopplung f, Brückenrückkopplung f || ~ **floor** (Civ Eng) / Brückenbahn f (Fahrbahn einer Brücke), Brückenfahrbahn f, Brückendeck n || ~ **fuse**\* (Elec Eng) / Trennsicherung f (in Steckdosen) || ~ **fuse** (obsolete)\* (Elec Eng) / Sicherung f mit auswechselbarem Schmelzleiter (in der BRD nicht zulässig)
**bridgehead** n (Chem) / Brückenkopf m (bei Brückenringsystemen) || ~ **atom** (Chem) / Brückenkopfatom n || ~ **carbon** (Chem) / Brückenkopf-C m (z.B. beim Adamantan)
**bridge input** (Elec, Elec Eng) / Brückeneingang m || ~ **lattice** (Elec Eng, Radio) / Boucherot-Brücke f (Impedanzwandler) || ~ **ligand** (Chem) / Brückenligand m
**bridge-megger**\* n (Elec Eng) / Brücken-Megaohmmeter m
**bridge name** (Chem) / Brückenname m (ein Typ von systematischen Namen, wie z.B. Epoxy-), Brückenprefix n || ~ **network**\* (Elec Eng) / X-Glied n, Kreuzglied n, Brückenglied n (Zweitor), Zweitor n in Kreuzschaltung || ~ **network** (Elec Eng) / Brückennetzwerk n || ~ **opening** (Civ Eng) / Brückenöffnung f || ~ **output** (Elec, Elec Eng) / Brückenausgang m || ~ **paint** (Paint) / Brückenanstrichstoff m || ~ **pier** (Civ Eng) / Brückenpfeiler m, Pfeiler m (einer Brücke) || ~ **railing** (Civ Eng) / Brückengeländer n || ~ **rectifier**\* (Elec Eng) / Gleichrichterbrücke f, Brückengleichrichter m, Gleichrichter m in Brückenschaltung || ~ **rectifier**\* (Elec Eng) s. also full-wave rectifier || ~ **rope** (Civ Eng) / Brückenseil n, Seil n für Hängebrücken || ~ **router** (Comp) / Brouter m (ein Gerät, das Bridging- und Routing-Funktionen erfüllt), Bridging Router m, Hybrid-Router m
**bridge/router** n (Comp) / Brouter m (ein Gerät, das Bridging- und Routing-Funktionen erfüllt), Bridging Router m, Hybrid-Router m
**bridge silicate** (Min) / Disilikat n
**bridges in cascade** (Elec Eng) / Kaskadenbrückenschlatung f
**bridge span** (Civ Eng) / Brückenspannweite f || ~ **structure** (Civ Eng) / Brückenbauwerk n || ~ **superstructure** (Ships) / Brückenaufbau m || ~ **system** (Chem) / überbrücktes (Ring)System || ~ **transformer**\* (Telecomm) / Brückenübertrager m, Differentialübertrager m, Übertrager m (in einer Gabelschaltung)
**bridge-type camera** (Photog, Print) / Brückenkamera f (großformatige Zweiraumkamera für Aufnahmen extrem großer Vorlagen) || ~ **crane** (Eng) / Brückenkran m, Laufkran m (im Allgemeinen) || ~ **crane** (Eng) s. also overhead travelling crane || ~ **displacement crane** (Eng) / Brückenkran m, Laufkran m (im Allgemeinen) || ~ **hammer** (Eng) / Brückenhammer m
**bridge unbalance** (Elec Eng) / Brückenverstimmung f || ~ **under railway** (Rail) / Bahnüberführung f || ~ **vibration** (Civ Eng) / Brückenvibration f || ~ **wall** (Glass) / Brückenwand f (über einer festeingebauten Brücke errichtete Trennwand) || ~ **wall** (Glass) / Brücke f (Einbau im Schmelzteil der Glaswanne zur Beeinflussung der Glasströmung)
**bridge-wall cover** (Glass) / Durchflussabdeckung f
**bridgeware** n (Comp) / Bridgeware f (Software, mit deren Hilfe bestehende Anwenderprogramme von einer Hardware zur anderen übertragen werden können)
**bridgework** n (Civ Eng) / Brückenbau m (das Bauen von Brücken)
**bridging**\* n (Build) / Schornsteinzunge f (Trennwand zwischen den Schornsteinzügen), Zunge f (Schornsteinzunge), Langette f (Trennwand zwischen den Schornsteinzügen) || ~ (Chem) / Brückenbildung f || ~ (solder bridging) (Electronics, Eng, Plumb) / Lötbrückenbildung f || ~\* (Min Proc, Mining) / Verbrückung f (bei Schüttgut), Brückenbildung f (wenn die Charge hängen geblieben ist) || ~ (Paint) / Überbrücken f (von Rissen durch Anstriche) || ~ (Photog) / Folgebildanschluss m || ~ (forming an arched cavity in a powder-metal compact) (Powder Met) / Brückenbildung f || ~ (Welding) / Spaltüberbrückung f || ~ **agent** (Glass) / Haftvermittler m || ~ **coil** (Elec Eng) / Parallelspule f || ~ **computer** (Comp) / Brückenrechner m (in Netzen) || ~ **connection** (Elec Eng) / Überbrückung f, Verbindung f || ~ **flocculation** (Paint) / Überbrückungsflockung f (durch Zugabe einer geringen Menge von Polymeren, welche endständige Haftgruppen enthalten) || ~ **joist**\* (Build, Carp) / Unterzug m (ein Träger, der die Last einer über ihm liegenden Balkenlage, Decke oder Wand aufnimmt und auf Wände, Stützen oder Pfeiler überträgt) || ~ **router** (Comp) / Brouter m (ein Gerät, das Bridging- und Routing-Funktionen erfüllt), Bridging Router m, Hybrid-Router m
**Bridgman effect** (Phys) / innerer Peltier-Effekt (ein thermoelektrischer Effekt), Bridgman-Effekt m (nach P.W.Bridgman, 1882-1961)
**Bridgman-Stockbarger process** (Crystal) / Stockbarger-Verfahren n (verbesserte Bridgman-Methode der Kristallzüchtung), Bridgman-Stockbarger-Verfahren n (der Kristallzüchtung)
**Bridgman technique** (Crystal) / Bridgman-Methode f (der Kristallzüchtung in einem Spitzentiegel)
**bridle**\* n (Elec Eng) / Spanndraht f (des Fahrdrahts), Richtseil n (der Fahrleitung) || ~\* (Paint) / Schnurbund m (am Pinsel) || ~ **chain** (Mining) / Sicherheitskette f (am Förderkorb) || ~ **joint**\* (Carp) / Zapfen- und Schlitzverbindung f (mit einem Scherzapfen) || ~**-path** n / Reitweg m
**bridleway** n / Reitweg m
**briefcase computer** (Comp) / Reiserechner m, Reisecomputer m (in der Aktentasche) || ~ **computer** (Comp) / Laptop m (pl. -s) (ein tragbarer kompakter PC mit Flachbildschirm, der netzunabhängig betrieben werden kann), Aktentaschenrechner m, Aktentaschencomputer m
**briefing** n / Einweisung f (theoretische) || ~ / Briefing n (eine schriftliche Aufgabenstellung an einen am Kommunikationsprozess beteiligten Partner bei der Erstellung einer Werbekonzeption) || ~ (Aero) / Briefing n (Flugberatung), Einsatzbesprechung f || ~ (Aero, Mil) / Einsatzbesprechung f
**brier** n (For) / Baumheide f (Erica arborea L.), Bruyère f || ~ (For) / Bruyèreholz n / Baumheide - Erica arborea L.) || ~ **teeth** (For) / KV-Zahnung f, Wolfszahnung f (des Kreis- oder Kettensägeblattes)
**brier-tooth saw**\* (For, Tools) / Säge f mit KV-Zahnung (Kreis- oder Kettensäge), Säge f mit Wolfszahnung
**brigadesman** n (Mining) / Grubenwehrmann m (pl. -männer)

163

**Briggsian**

**Briggsian logarithm** (Maths) / Zehnerlogarithmus *m* (zur Basis 10), Briggs'scher Logarithmus (nach H. Briggs, 1561-1630), dekadischer Logarithmus (DIN 5493-1), gemeiner Logarithmus
**Briggs logarithm**\* (Maths) / Zehnerlogarithmus *m* (zur Basis 10), Briggs'scher Logarithmus (nach H. Briggs, 1561-1630), dekadischer Logarithmus (DIN 5493-1), gemeiner Logarithmus ‖ ≙ **pipe thread** (Eng, Masch) / genormtes amerikanisches Rohrgewinde
**bright** *adj* / blank *adj* (glänzend), glänzend *adj* ‖ ~ / rein *adj* (Farbton) ‖ ~ (Acous) / hell *adj* (Klang) ‖ ~ (Light, Optics) / hell *adj* (Licht) ‖ ~ **annealing**\* (Met) / Blankglühen *n* (DIN EN 10 052) ‖ ~ **band** (Radar) / Brightband *n* (bei einer RHI-Abbildung) ‖ ~ **bar** (steel with the scale removed by acid pickling and subsequent cold drawing) (Met) / Blankstahl *m* (stabförmiges Langerzeugnis, das gegenüber dem warmgeformten Zustand durch Entzunderung und Kaltumformung oder durch spanende Bearbeitung eine verhältnismäßig glatte, blanke Oberfläche und eine wesentlich höhere Maßgenauigkeit erhalten hat), blanker Stahl ‖ ~ **barite** (Min) / Glanzbaryt *m* ‖ ~ **barite** (Paint) / Glanzbaryt *m* (sehr feinpulvrige Sorte von Blanc fixe) ‖ ~ **blast** *adj* / metallisch blank (Reinigungsgrad beim Strahlen), metallblank *adj* (Reinigungsgrad beim Strahlen)
**bright-blue** *adj* / hellblau *adj*
**bright brown coal** (Mining) / Glanzbraunkohle *f* ‖ ~ **chromium** (Surf) / Glanzchrom *n* ‖ ~ **coal** (Mining) / Glanzkohle *f* (im Allgemeinen) ‖ ~ **coal** (Mining) s. also vitrain and durain
**bright-dense rolled** (Met) / blankhart gewalzt
**bright dip** (Surf) / Glanzbrenne *f* (für Teile aus Kupfer und Kupferlegierungen), Gelbbrenne *f* (DIN 50902) ‖ ~ **dipping** (Surf) / Glanzbrennen *n* (von Teilen aus Kupfer und Kupferlegierungen), Gelbbrennen *n* ‖ ~ **display** (Comp) / Hellraum-Sichtdarstellung *f*, Hellraum-Sichtanzeige *f*, Hellraum-Display *n* ‖ ~ **dross** (Met) / glasige Schlacke ‖ ~ **emitter** (Autos, Paint) / Hellstrahler *m* (zur gezielten Erwärmung bestimmter Karosseriebereiche in Lacktrockenöfen)
**brighten** *v* / aufhellen *v* (heller machen) ‖ ~ (Textiles) / avivieren *v* (Farben), aufhellen *v* (Farben)
**brightener**\* *n* (Elec Eng, Surf) / Glanzzusatz *m*, Glanzbildner *m* (im galvanischen Bad), Glanzmittel *n* ‖ ~ (Textiles) / optischer Aufheller (Fluoreszenzfarbstoff, der UV-Licht absorbiert und längerwelliges blaues Licht emittiert), Weißtöner *m*, Blankophor *m* (auf der Basis von Stilben- oder Pyrazolderivaten - Warenzeichen der Firma Bayer)
**brightening** *n* (Light, Paint) / Aufhellung *f*, Aufhellen *n* ‖ ~ (Textiles) / Avivage *f* (Aufhellen von Farben) ‖ ~ **agent** (Micros) / Aufhellungsmittel *n* (Flüssigkeit, die zu mikroskopischen Präparaten auf den Objektträgern gegeben wird, um deren Durchsichtigkeit zu erhöhen - z.B. Glycerin, Kalilauge usw.) ‖ ~ **agent** (Surf) / Glanzzusatz *m*, Glanzbildner *m* (im galvanischen Bad), Glanzmittel *n* ‖ ~ **agent**\* (Textiles) / optischer Aufheller (Fluoreszenzfarbstoff, der UV-Licht absorbiert und längerwelliges blaues Licht emittiert), Weißtöner *m*, Blankophor *m* (auf der Basis von Stilben- oder Pyrazolderivaten - Warenzeichen der Firma Bayer) ‖ ~ **dip** (Surf) / Glanzbrenne *f* (für Teile aus Kupfer und Kupferlegierungen), Gelbbrenne *f* (DIN 50902) ‖ ~ **effect** (Surf) / Glanzeffekt *m* ‖ ~ **fastness** (Textiles) / Avivierechtheit *f* (DIN 54092)
**bright etching** / Klarätzen *n* (mit wässriger Flusssäure)
**bright-field illumination**\* (Micros) / Hellfeldbeleuchtung *f* ‖ ~ **incident light** (Optics) / Hellfeld-Auflicht *n* (z.B. in einem Profilprojektor)
**bright-finished steel** (Met) / blanker Stahl, Blankstahl *m* (maßgenauer Stabstahl mit blanker Oberfläche)
**bright gilding** / Glanzvergoldung *f* ‖ ~ **glaze** (having a high gloss) (Ceramics) / Glanzglasur *f*, glänzende Glasur ‖ ~ **gold** / Glanzgold *n*
**bright-ground illumination** (Micros) / Hellfeldbeleuchtung *f*
**bright-line spectrum** (Phys, Spectr) / Emissionsspektrum *n* (mit hellen Spektrallinien auf dunklem Hintergrund)
**bright-line viewfinder**\* (Photog) / Leuchtrahmensucher *m*
**bright-line viewfinder**\* (Photog) / Albada-Sucher *m* (nach L.E.W. van Albada), Sportsucher *m* (ein alter Leuchtsucher)
**bright lustre** / Hochglanz *m* (mit dem Glanzwert bis 100)
**brightly lit** (Light) / hell erleuchtet
**brightness**\* *n* (of shade) / Reinheit *f* (des Farbtons) ‖ ~ (Light) / Lichtstärke *f* (einer Lichtquelle, eines Bildes) ‖ ~\* (Light, Optics, TV) / Helligkeit *f* (subjektive Stärke einer Lichtempfindung) ‖ ~ **control**\* (TV) / Helligkeitseinstellung *f*, Helligkeitsregelung *f* ‖ ~ **difference** (Optics, TV) / Helligkeitsunterschied *m* ‖ ~ **range** (as a subjective whole) (Photog) / Helligkeitsumfang *m* (als subjektiver, nicht messbarer Eindruck) ‖ ~ **range** (Photog) s. also luminance range ‖ ~ **temperature** (Phys) / Gesamtstrahlungstemperatur *f*
**bright nickel plating** (Surf) / Glanzvernickeln *n*
**brighton** *n* (Textiles) / wollener Westenstoff in Brighton-Bindung ‖ ~ (Textiles) / waffelähnlicher Baumwollstoff ‖ ~ **weave** (Weaving) / Brighton-Bindung *f*, der Waffelbindung ähnliche Bindung

**bright pickling** (Surf) / Weißbrennen *n* (von Zink) ‖ ~ **plating**\* (Elec Eng) / Glanzabscheidung *f*, Glanzbadbehandlung *f* (Metallabscheidung mit Umpolung)
**bright-plating bath** (Surf) / Glanzbad *n*, Glanzelektrolyt *m* ‖ ~ **solution** (Surf) / Glanzbad *n*, Glanzelektrolyt *m*
**bright platinum** (Met) / Glanzplatin *n* ‖ ~ **polished sheet** (Met) / Glanzblech *n*
**bright-red** *adj* / grellrot *adj* ‖ ~ / hellrot *adj*, leuchtend rot *adj*
**bright segment** (Geophys) / klarer Schein (bei der Dämmerung) ‖ ~ **segment** (Geophys) / Dämmerungsbogen *m* (Unstetigkeitsschicht zwischen dem erhellten und dem dunklen Teil des Himmels) ‖ ~ **silk** (Textiles) / Cuiteseide *f* (entbastete, glänzende Naturseide), Cuiteseide *f* ‖ ~ **smooth drawn** (Met) / hellblank gezogen (Oberflächenbeschaffenheit von Stahldraht nach DIN 1653), weißblank gezogen (Stahldraht) ‖ ~ **spot** (Glass) / glänzender Punkt, Floh *m*
**brightstock** *n* (a valuable luboil component of high viscosity) / Brightstock *m* (hochmolekularer, isoparaffinischer Kohlenwasserstoff)
**bright white** / ultraweiß *adj*, hochweiß *adj* ‖ ~ **wood** (For) / blankes Holz (ohne Farbfehler)
**Brikollare process** (Ecol) / Brikollare-Verfahren *n* (Sonderform der Kompostierung, bei der die Kompostrohstoffe zu Fomlingen mit Lüftungsbohrungen verpresst und auf Paletten gestapelt der Rotte unterzogen werden)
**brilliance**\* *n* (Acous) / heller Klang, helle Klangfarbe ‖ ~ (Cinema, TV) / Bildhelligkeit *f* (in cd/m²) ‖ ~ (Light, Optics, TV) / Helligkeit *f* (subjektive Stärke einer Lichtempfindung) ‖ ~ (Paint) / Brillanz *f* (der Lackierung des Pigments) ‖ ~ (Paint, Phys) / Farbkraft *f* ‖ ~ (Photog) / Brillanz *f* (Schärfe und Kontrastreichtum)
**brilliancy** *n* (Paint) / Brillanz *f* (der Lackierung des Pigments) ‖ ~ (Paint, Phys) / Farbkraft *f* ‖ ~ (Photog) / Brillanz *f* (Schärfe und Kontrastreichtum)
**brilliant** *adj* / leuchtend *adj* (Farbe) ‖ ~ / brillant *adj* (mit klaren farbigen Nuancen) ‖ ~ (Acous) / hell *adj* (Klang) ‖ ~ (Light, Optics) / hell *adj* (Licht) ‖ ~ (a combination of high lightness and strong saturation) (Paint, Phys) / farbkräftig *adj* ‖ ~ **black** (Nut) / Brillantschwarz *n* (E 151 - Farbstoff, den man für Fischrogen und Dragees verwendet) ‖ ~ **dye** (Nut, Textiles) / Brillantfarbstoff *m* ‖ ~ **gloss** / Hochglanz *m* (mit dem Glanzwert bis 100) ‖ ~ **green**\* (Paint) / Brillantgrün *n* ‖ ~ **viewfinder**\* (Photog) / Brillantsucher *m*, Linsenaufsichtsucher *m* ‖ ~ **white** / Brillantweiß *n*
**Brillouin function** (Elec) / Brillouin-Funktion *f* (nach L.N. Brillouin, 1889-1969) ‖ ≙ **function** (Elec) s. also Langevin function ‖ ≙ **scattering**\* (Phys) / Brillouin-Streuung *f* (von Licht an akustischen Phononen in Festkörpern und Flüssigkeiten) ‖ ≙ **scattering**\* (Phys) s. also Raman scattering ‖ ≙ **zone**\* (Electronics, Phys) / Brillouin-Zone *f* (die symmetrische Elementarzelle des reziproken Gitters) ‖ ≙ **zone**\* (Electronics, Phys) s. also Ewald sphere and Jones zone
**brimstone** *n* (Chem, Min) / Schwefel *m* (sehr oft in elementarer Form), Bergschwefel *m*
**brimstone-yellow** *adj* / schwefelgelb *adj*
**brin** *n* (Textiles) / Einzelfaden *m* des Kokons
**brindled brick** (a brick of high-crushing strength made of iron-bearing sedimentary clays which are partially reduced during firing) (Build, Ceramics) / gescheckter Ziegelstein
**brindle rod** (Eng) / Hebel *m* (in der Heusinger-Steuerung)
**brine** *v* (Nut) / pökeln *v*, einpökeln *v*, in Lake pökeln *v* ‖ ~ (Nut) / Kältesole *f*, Kühlsole *f* (als Kälteträger) ‖ ~ (Chem) / wässrige NaCl-Lösung (in der Chloralkalielektrolyse) ‖ ~ (Chem) / Salzlake *f*, Salzlauge *f* ‖ ~ (Chem Eng) / Sole *f* (wässrige Kochsalzlösung oder technische Lösung sonstiger Salze), Lake *f*, Salzsole *f* ‖ ~ (Geol) / Sole *f* (in Salzkavernen) ‖ ~ (Geol) / extrem salzhaltiges Wasser (in Salzseen) ‖ ~ (Nut) / Aufguss *m* (aufgegossene Flüssigkeit), Aufgussflüssigkeit *f* ‖ ~ (Nut) / Pökellake *f* (zur Nasspökelung), Lake *f* ‖ ~ (Surf) / Brine *f* (zur Korrosionsprüfung verwendete Lösung, z.B. aus künstlichem Seewasser bestehend) ‖ ~ **circulation cooling** (Chem Eng) / Soleumlaufkühlung *f* (mit Sole als Kälteträger) ‖ ~ **cooling** (Chem Eng) / Solekühlung *f* (mit Sole als Kälteträger) ‖ ~ **curing** (Nut) / Nasspökelung *f* (in der Pökellake), Nasspökeln *n* (von Fleisch mit einer Kochsalz und Salpeter enthaltenden Beize) ‖ ~ **fog** (Paint, Surf) / Salznebel *m* (ein Prüfmedium bei der Korrosionsprüfung), Salzsprühnebel *m* ‖ ~ **lake** (Geol) / Salzsee *m* (abflussloses Binnengewässer in Trockengebieten)
**Brinell hardness** (Materials) / Brinellhärte *f* (als Eigenschaft), HB (Brinellhärte als Eigenschaft) ‖ ≙ **hardness number**\* (Materials) / Brinellhärte *f* (konkret ermittelter Wert), HBW (Brinellhärte als Härtewert) ‖ ≙ **hardness test**\* (Materials, Met) / Härteprüfung *f* nach Brinell (DIN EN ISO 6506-1), Brinell-Härteprüfung *f* (ein statisches Härteprüfverfahren nach J.A.Brinell, 1849-1925)

**brinelling** *n* (Mech) / Brinelling *n* (Bildung von Eindrücken in den Oberflächenbereichen eines Körpers durch wiederholte örtliche Stöße oder durch eine statische Überbeanspruchung)
**Brinell number** (Materials) / Brinellhärte *f* (konkret ermittelter Wert), HBW (Brinellhärte als Härtewert)
**brine pump*** (Eng) / Solepumpe *f* ‖ ~ **refrigeration** (Chem Eng) / Solekühlung *f* (mit Sole als Kälteträger) ‖ ~ **salting** (Nut) / Naßpökelung *f* (in der Pökellake), Naßpökeln *n* (von Fleisch mit einer Kochsalz und Salpeter enthaltenden Beize) ‖ ~ **spray** (Paint, Surf) / Salznebel *m* (ein Prüfmedium bei der Korrosionsprüfung), Salzsprühnebel *m*
**bring about** *v* / hervorrufen *v*, auslösen *v* (eine Reaktion) ‖ ~ **down** (Comp) / herunterfahren *v* (Server) ‖ ~ **down** (For) / niederwerfen *v*, niederbringen *v*, zu Fall bringen *v* (einen hängen gebliebenen Baum) ‖ ~ **down** (Mil) / abschießen *v* (ein Flugzeug) ‖ ~ **in** (Agric) / einfahren *v* (Ernte) ‖ ~ **in** *v* (Ships) / kapern *v*, aufbringen *v* (ein Schiff)
**bringing-down** *n* (of the cattle) (Agric) / Abtrieb *m* (Treiben des Viehs von der Hochweide ins Tal)
**bringing-up** *n* (of the cattle) (Agric) / Auftrieb *m* (Hinauftreiben des Viehs auf die Hochweide)
**bring into focus** (Optics) / scharfstellen *v*, einstellen *v* (scharf), fokussieren *v* ‖ ~ **into orbit** (Space) / in eine Umlaufbahn einschießen, in eine Umlaufbahn bringen ‖ ~ **into solution** (Chem, Phys) / lösen *v* (feste Stoffe oder Gase in einer Flüssigkeit zergehen lassen), auflösen *v* ‖ ~ **off** *v* (Ships) / abbringen *v* (z.B. mit Schlepperhilfe) ‖ ~ **on stream** / in Betrieb nehmen (Anlage) ‖ ~ **out** *v* / herausgeben *v*, veröffentlichen *v* (z.B. Erklärung, Stellungnahme) ‖ ~ **out** (Ships) / ausbringen *v* (ins Wasser bringen, z.B. Anker, Netze)
**brining** *n* (Leather) / Lakenbehandlung *f* (Rohhautkonservierung durch Wasserentzug mittels Salz), Salzlakenbehandlung *f* ‖ ~ (Nut) / Naßpökelung *f* (in der Pökellake), Naßpökeln *n* (von Fleisch mit einer Kochsalz und Salpeter enthaltenden Beize)
**briquet** *v* / brikettieren *v* ‖ ~ (Met) / paketieren *v* (Schrott), zu Paketen pressen ‖ ~ *n* / Brikett *n* ‖ ~ (Met, Powder Met) / Pressstück *n*, Pressobjekt *n*, Presskörper *m*, Pressteil *n*, Pressling *m* ‖ ~ **pitch** / Mittelpech *n* (Erweichungspunkt um 70 °C)
**briquette** *v* / brikettieren *v* ‖ ~ *n* / Brikett *n*
**briquetted coal** (Fuels) / brikettierte Kohle, Presskohle *f*
**briquette ice maker** / Briketteiserzeuger *m*
**briquetting** *n* (Met) / Paketieren *n* (von Schrott) ‖ ~ **die** (Eng) / Pressform *f*
**brisance** *n* / Brisanz *f* (zertrümmernde Wirkung von Sprengstoffen mit hoher Detonationsgeschwindigkeit) ‖ ~ s. also **explosive force**
**brise soleil*** (Arch) / Sonnenschutz *m* (an der Außenseite von Fenstern), Brisesoleil *m*
**bristle*** *n* (Bot, Paint) / Borste *f* ‖ ~* (of the hog or boar) (Leather, Paint) / Schweinsborste *f*, Schweineborste *f*
**bristle brush** (Paint) / Borstenpinsel *m* ‖ ~ **brush bundle contact** (Elec Eng) / Bürstenbündelkontakt *m*
**bristlecone pine** (For) / Grannenkiefer *f*, Borstenkiefer *f* (Pinus aristata Engelm.)
**bristol** *n* (Paper) / Bristolpapier *n*, Bristolkarton *m* ‖ ≏ **board*** (Paper) / Bristolpapier *n*, Bristolkarton *m* ‖ ≏ **glaze** (an unfritted zinc-bearing glaze for stoneware, terracotta, and similar ceramic bodies) (Ceramics) / Bristolglasur *f* (eine zinkhaltige Glasur, z.B. für Terrakotta) ‖ ≏ **pile** (For) / Kreuzstapel *m* (ein Blockstapel), Kreuzpolter *m n* ‖ ≏ **stack** (For) / Kreuzstapel *m* (ein Blockstapel), Kreuzpolter *m n*
**Britannia metal*** (Met) / Britanniametall *n* (88-94% Sn, 5-10% Sb und um 2% Cu) ‖ ≏ **silver** / Britanniasilber *n*, Silberlegierung mit 95,8% Ag
**britch wool** (Textiles) / Schwanzwolle *f*
**British Association screw thread*** (GB) (a symmetrical vee thread of 47,5° angle ) / altes metrisches Feingewinde ‖ ≏ **Columbian pine*** (For) / Douglasie *f* (Pseudotsuga menziesii (Mirb.) Franco), Douglasfichte *f* (ein raschwüchsiges Kieferngewächs), Douglasfichte *f* (nach D. Douglas, 1798-1834), Oregonkiefer *f*, DGA (Douglastanne nach DIN 4076)) ‖ ≏ **Columbia red cedar** (For) / Western Red Cedar *n* (handelsübliche Benennung des Holzes der Thuja plicata Donn ex D. Don) ‖ ≏ **gum** (Chem) / Dextrin *n* (Abbauprodukt der Stärke), Stärkegummi *n* ‖ ≏ **Standard cycle thread** (Eng) / Fahrradgewinde *n*, Gewinde *n* für Fahrräder (DIN 79012) ‖ ≏ **Standards Institution*** / Britisches Institut für Normung ‖ ≏ **Standard Whitworth thread*** (Eng) / Whitworth-Gewinde *n* (DIN ISO 1891) ‖ ≏ **Thermal Unit*** / obsolete britische Einheit für Arbeit und Energie (= $1,05506 \cdot 10^3$ J)
**brittle** *adj* / spröde *adj*, spródbrüchig *adj* ‖ ~ / zerbrechlich *adj*, fragil *adj*, brüchig *adj*, bruchempfindlich *adj* ‖ ~ (Eng) / kurzspanend *adj* (Metall) ‖ ~ (Met) / brüchig *adj*, spröde *adj*

**brittle-coating method** (in stress analysis) (Materials) / Reißlackverfahren *n*, Dehnungslinienverfahren *n* (zur qualitativen orientierenden Ermittlung der Spannungsverhältnisse bei Belastung)
**brittle fracture*** (Materials, Met) / Sprödbruch *m* (ein [Gewalt]Bruch)
**brittle-fracture temperature** (Materials, Met) / Versprödungstemperatur *f*, Sprödbruchtemperatur *f*
**brittle heart** (For) / Brittleheart *n* (ein Holzfehler bei verschiedenen nichteinheimischen Laubhölzern - Sprödigkeit des inneren Holzteiles) ‖ ~ **lacquer** (Materials) / Dehnungslinienlack *m* (für das Dehnungslinienverfahren)
**brittle-lacquer technique** (Materials) / Reißlackverfahren *n*, Dehnungslinienverfahren *n* (zur qualitativen orientierenden Ermittlung der Spannungsverhältnisse bei Belastung)
**brittle mica*** (Min) / Sprödglimmer *m* (z.B. Margarit)
**brittleness*** *n* (tendency to fracture when subject to blows without appreciable plastic deformation) (Materials) / Sprödigkeit *f* (die Eigenschaft eines Werkstoffes, bereits bei geringer Überschreitung der Streckgrenze infolge kleiner Dehnbarkeit auseinander zu brechen) ‖ ~* (Met) / Brüchigkeit *f*, Sprödigkeit *f* ‖ ~ **temperature** (Materials, Met) / Versprödungstemperatur *f*, Sprödbruchtemperatur *f* ‖ ~ **transition temperature** (Materials, Met) / Sprödbruchübergangstemperatur *f*, Nil-Ductility-Transition-Temperatur *f*, Übergangstemperatur *f* (bei der Sprödbruchprüfung)
**brittle phase** (Met) / Sprödphase *f* ‖ ~ **point** / Brechpunkt *m* (Temperatur, bei der plastische Materialien verspröden) ‖ ~ **point** (Materials, Met) / Versprödungspunkt *m*, Brittle-Punkt *m* ‖ ~ **silver ore*** (Min) / Stephanit *m*, Sprödglaserz *n*, Schwarzgültigerz *n* (Antimon(III)-silbersulfid) ‖ ~ **when cold** (Met) / kaltbrüchig *adj* ‖ ~ **when hot** (Met) / warmbrüchig *adj*, heißbrüchig *adj*, warmspröde *adj*
**Brix** *n* (degree)* / Brix-Grad *m* (Brix-Grade bedeuten n Gramm Zucker in 100 g Zuckerlösung bei 20° C - nach A.F.W. Brix, 1798-1870)
**brl** (barrel) (Brew, Oils) / Barrel *n* (Erdöl: 42 US-Gallonen = 158,983 l, Brauerei: 31 1/2 US-Gallonen = 119,237 l)
**broach** *v* / anzapfen *v* (ein Fass), anstechen (ein Bierfass) ‖ ~ (Eng) / räumen *v* (mit Räumwerkzeugen) ‖ ~ (Eng) / ausdornen *v* ‖ ~* *n* (Arch) / Unterbau *m* (des Spitzturms) ‖ ~* (Eng) / Ausdornwerkzeug *n* ‖ ~* (Eng, Tools) / Räumwerkzeug *n* (Außen-, Innen-) ‖ ~ (Join) / Bandstift *m*, Scharnierstift *m* ‖ ~ (Textiles) / Durchziehnadel *f*
**broaching** *n* (Eng) / Räumverfahren *n*, Räumen *n* (DIN 8589-5) ‖ ~ **bit** (Mining) / Erweiterungsbohrkopf *m* (mit dem ein Zielbohrloch auf einen größeren Durchmesser erweitert wird) ‖ ~ **force** (Eng) / Räumkraft *f* ‖ ~ **layout** (Eng) / Räumschema *n* (das die Aufteilung des gesamten Werkstoffabtrags auf die einzelnen Schneiden kennzeichnet und die Grundlage für die Konstruktion der Räumnadel bildet) ‖ ~ **machine** (Eng) / Räummaschine *f* (eine spanende Werkzeugmaschine) ‖ ~ **pass** (Eng) / Zug *m* des Räumwerkzeugs ‖ ~ **slide** (Eng) / Räumschlitten *m* (Werkzeugträger der Räummaschine) ‖ ~ **tool** (Eng) / Ausdornwerkzeug *n* ‖ ~ **tool** (Eng, Tools) / Räumwerkzeug *n* (Außen-, Innen-)
**broach milling** (Eng) / Räumfräsen *n* ‖ ~ **post*** (Build, Carp) / einfache Hängesäule (im Hängewerk) ‖ ~ **spire*** (Arch) / Spitzturm *m*, Turmspitze *f* (meistens achtseitige, mit abgewalmten Kanten)
**broad*** *n* (Cinema) / Aufheller *m*, Breitstrahler *m* (im Allgemeinen) ‖ ~ *adj* (Print) / ungefalzt *adj*, flach *adj*, in Planobogen
**broad-area semiconductor laser** (Electronics, Phys) / großflächiger Halbleiterlaser ‖ ~ **source** (Light, Optics) / breitflächige Lichtquelle
**broad arrow** (Aero) / W-Motor *m* (ein Kolbenflugmotor mit W-förmiger Anordnung dreier Zylinderreihen)
**broad-arrow engine** (Aero) / W-Motor *m* (ein Kolbenflugmotor mit W-förmiger Anordnung dreier Zylinderreihen)
**broad axe** (Tools) / Breitbeil *n*
**broadband** *n* (Telecomm) / Breitband *n*, breites Frequenzband (über 3000 Hz) ‖ ~ *attr* (Telecomm) / breitbandig *adj* ‖ ~ **antenna** (Radio) / unabgestimmte Antenne, Breitbandantenne *f*, aperiodische Antenne ‖ ~ **carrier system** (Telecomm) / Breitband-TF-System *n* ‖ ~ **channel** (Telecomm) / Breitbandkanal *m* ‖ ~ **communication** (Telecomm) / Breitbandkommunikation *f* (bei der eine große Bandbreite benötigt wird, wie z.B. Bildtelefon, Bildfernsprechkonferenz, Kabelfernsehen), BK ‖ ~ **communication network** (Telecomm) / BK-Netz *n* ‖ ~ **connection** (Telecomm) / Breitbandanschluss *m* ‖ ~ **decoupling** (Spectr) / Rauschentkopplung *f* ($^1$H-Rauschentkopplung), Breitbandentkopplung *f* ($^1$H-Breitbandentkopplung), BB-Entkopplung *f* ‖ ~ **distributor network** (Telecomm) / Breitbandverteilernetz *n* ‖ ~ **fax station** (Telecomm) / Breitenfaxstation *f* ‖ ~ **filter** (Telecomm) / Breitbandfilter *n* ‖ ~ **integrated service digital network** (Telecomm) / Breitband-ISDN *n*, ISDN-B *n*, ISDN-Breitband *n*, B-ISDN *n* ‖ ~ **Internet** (Comp, Telecomm) / Breitband-Internet *n* ‖ ~ **ISDN** (Telecomm) / Breitband-ISDN *n*, ISDN-B *n*, ISDN-Breitband *n*,

**broadband**

B-ISDN *n* ‖ ~ **microwave transmission** (Radio) / Breitbandrichtfunk *m* ‖ ~ **network** (Telecomm) / Breitbandnetz *n* ‖ ~ **NMR** (Spectr) / Breitbandresonanz *f* ‖ ~ **noise** (Acous) / breitbandiges Rauschen (DIN 5483, T 1), Breitbandrauschen *n* ‖ ~ **overlay network** (Telecomm) / überlagertes Breitbandnetz ‖ ~ **signal** (Telecomm) / Breitbandsignal *n*
**broad•-base tower*** (Elec Eng) / Hochspannungsmast *m* auf Einzelfundamenten ‖ ~ **bean** (Bot, Nut) / Saubohne *f* (Vicia faba), Ackerbohne *f*, Pferdebohne *f* ‖ ~ **boaster** (Build, Tools) / Scharriereisen *n* (mit 7-11 cm breiter Schneidebahn), Breiteisen *n*
**broadcast** *v* (Aero, Comp, Radio, Telecomm) / rundsenden *v* (nur Infinitiv und Partizip) ‖ ~ (Radio) / senden *v* (im Rundfunk) ‖ ~ *n* (Aero, Comp, Radio, Telecomm) / Rundspruch *m*, Rundruf *m* (eine Nachricht, die an alle Stationen gesendet wurde), Rundsendung *f*, Broadcast-Nachricht *f* ‖ ~ (Comp) / Rundgabe *f* (von Daten) ‖ ~ (Comp, Telecomm) / Broadcast *n* (ein Datenpaket, das an sämtliche Knoten eines Netzwerkes gesendet wird) ‖ ~ (Radio, TV) / Rundfunk *m*, Rundfunksendung *f*, Rundfunkübertragung *f*, Broadcasting *n* ‖ ~ **application** (Agric) / breitwürfiges Ausbringen (z.B. von Düngemitteln)
**broadcaster** *n* (Agric) / Breitsämaschine *f*
**broadcast fax** (Comp, Telecomm) / Faxrundsenden *n*
**broadcasting*** *n* (Aero, Comp, Radio, Telecomm) / Rundspruch *m*, Rundruf *m* (eine Nachricht, die an alle Stationen gesendet wurde), Rundsendung *f*, Broadcast-Nachricht *f* ‖ ~ (Agric) / breitwürfiges Ausbringen (z.B. von Düngemitteln) ‖ ~ (Comp) / Rundgabe *f* (von Daten) ‖ ~ (Comp, Telecomm) / Verteilen *n* (ein Leistungsmerkmal, das dem Benutzer die Möglichkeit gibt, eine Verbindung mit n + 1 DEEs herzustellen) ‖ ~* (Radio, TV) / Rundfunk *m* (Oberbegriff zu Funkdiensten für Ton-, Fernseh- und Bildfunksendungen) ‖ ~* (Radio, TV) / Rundfunk *m*, Rundfunksendung *f*, Rundfunkübertragung *f*, Broadcasting *n* ‖ ~ **centre** (Radio, TV) / Rundfunksendekomplex *m*, Funkhaus *n* ‖ ~ **corporation** (Radio, TV) / Rundfunkanstalt *f*, RfAnst ‖ ~ **satellite service** (Telecomm) / Rundfunksatellitendienst *m* ‖ ~ **service** (Radio, TV) / Rf-Dienst *m*, Rundfunkdienst *m* ‖ ~ **transmitter** (Radio, TV) / Rf-Sender *m*, Rundfunksender *m*
**broadcast quality** / Broadcastqualität *f* (für Videobilder)
**broadcast-ready** *adj* (Radio, TV) / sendefähig *adj*
**broadcast receiver** (Radio) / Hörfunkempfänger *m*, Radioempfänger *m*, Rundfunkempfänger *m*, Tonrundfunkempfänger *m*, Radio *n*, Radioapparat *m* ‖ ~ **seed** (Agric) / Breitsaat *f* ‖ ~ **service** (Radio, TV) / Rf-Dienst *m*, Rundfunkdienst *m* ‖ ~ **transmission** (Radio, TV) / Rf-Sendung *f*, Rundfunksendung *f* ‖ ~ **transmitter*** (Radio, TV) / Rf-Sender *m*, Rundfunksender *m* ‖ ~ **videotex** (Comp, Telecomm, TV) / Videotext *m* (Telekommunikation, bei der Textnachrichten innerhalb des Fernsehbildsignals von den Fernsehsendern ausgestrahlt, am Empfangsort in Zusatzbausteinen des Fernsehempfängers dekodiert und auf dem Bildschirm sichtbar - Bildschirmtext + Bildschirmzeitung), VTX ‖ ~ **videotex system** (TV) / Bildschirmtextsystem *n* (nicht dialogfähiges Bildschirmtextsystem deutscher Zeitungsverleger)
**broadcloth*** *n* (Textiles) / Breitgewebe *n* ‖ ~* (Textiles) / ein sehr feiner Wollstoff
**broadcrested weir** (Hyd Eng) / Überfall *m* mit flachem Rücken ‖ ~ **weir** (Hyd Eng) / breitkroniges Wehr
**broaden** *v* / aufweiten *v*, verbreitern *v*, erweitern *v*, breiten *v*
**broadening** *n* / Broadening *n* (weiter gefasste Interpretation von Marketing) ‖ ~ / Aufweiten *n*, Verbreitern *n*, Verbreiterung *f*, Breiten *n* ‖ ~ (Phys, Spectr) / Verbreiterung *f* (der Spektrallinie)
**broad fabric** (Textiles) / Breitgewebe *n* (als Gegensatz zu Schmalgewebe)
**broad-floored valley** (Geol) / breitsohliges Tal
**broad fold** (Bind) / Querformatfalz *m*, Albumfalz *m* ‖ ~ **gauge*** (Rail) / Breitspur *f*
**broad-headed** *adj* / breitköpfig *adj*
**broad knife** (Paint) / Abkratzspachtel *m*, Abziehspachtel *m*
**broadleaf timber** (For) / Laubholz *n* (das Holz bedecktsamiger Pflanzen), LH (Laubholz)
**broad-leaved timber** (For) / Laubholz *n* (das Holz bedecktsamiger Pflanzen), LH (Laubholz)
**broadloom** *n* (carpet woven in wide widths) (Weaving) / Breitstuhlteppich *m*, breit hergestellter Teppich ‖ ~ **carpet** (Weaving) / Breitstuhlteppich *m*, breit hergestellter Teppich
**broad-ringed** *adj* (For) / weitringig *adj* (Holz)
**broads** *pl* (Carp, For) / Breitware *f* (Bretter über 28 cm)
**broad sewage irrigation** (San Eng) / Verrieselung *f* (eine Abwasserbehandlung), Abwasserverrieselung *f*
**broadsheet*** *n* (Print) / Papierbogen *m* ‖ ~ **newspaper** (a newspaper with a large format regarded as more serious and less sensationalist than tabloids) / überregionale Zeitung (seriöse, einflussreiche, großformatige)

**broadside** *n* (Cinema) / Aufheller *m*, Breitstrahler *m* (im Allgemeinen) ‖ ~ (Paper) / Querformat *n* ‖ ~ **antenna*** (Radio) / Querstrahler *m* (vornehmlich quer zu ihrer Hauptausdehnung strahlende Richtantenne), Breitseitenantenne *f* ‖ ~ **array** (Radio) / Querstrahler *m* (vornehmlich quer zu ihrer Hauptausdehnung strahlende Richtantenne), Breitseitenantenne *f* ‖ ~ **direction** (Radar) / Seitenrichtung *f* ‖ ~ **radiation** (Radio) / Querstrahlung *f* (der Antenne) ‖ ~ **radiator** (Radio) / Querstrahler *m* (vornehmlich quer zu ihrer Hauptausdehnung strahlende Richtantenne), Breitseitenantenne *f*
**broad source** (Light, Optics) / breitflächige Lichtquelle
**broad-spectrum antibiotic*** (Pharm) / Breitspektrumantibiotikum *n*, Breitbandantibiotikum *n*
**broad strip** (Met) / Breitband *n* (zu einem Bund aufgewickelter Flachstahl mit einer Breite über 600 mm)
**broad-strip mill** (Met) / Breitbandwalzwerk *n*, Breitbandwalzstraße *f*
**broad stuff** (Carp, For) / Breitware *f* (Bretter über 28 cm)
**broadtail** *n* (Textiles, Zool) / Breitschwanz *m* (ein Karakulschaf)
**broad tool** (Build, Tools) / Scharriereisen *n* (mit 7-11 cm breiter Schneidebahn), Breiteisen *n* ‖ ~ **weaving** (Weaving) / Breitweberei *f*
**broad-width fabric** (Textiles) / Breitgewebe *n* (als Gegensatz zu Schmalgewebe)
**brocade*** *n* (Textiles) / Brokatgewebe *n*, Brokat *m*
**brocatelle** *n* (Textiles) / Brokatelle *f*, Brokatell *m* (Baumwoll- oder Halbseidenstoff mit plastisch hervortretendem Muster)
**brochanite*** *n* (Min) / Brochantit *m* (Kupfer(II)-hexahydroxidsulfat)
**brochantite*** *n* (Min) / Brochantit *m* (Kupfer(II)-hexahydroxidsulfat)
**broché** *n* (Textiles) / broschiertes Gewebe, Broché *n* ‖ ~ **sley** (Weaving) / Lanzierlade *f*, Schiebelade *f* ‖ ~ **weaving** (Weaving) / Broschierweberei *f*, Broché-Weben *n* ‖ ~ **yarn** (Spinning) / Broché-Garn *n*
**brochure*** *n* (Bind) / Broschur *f* (meistens geheftet)
**Brockenspectre*** *n* (Meteor) / Brockengespenst *n* (Glorie)
**Brockmann scale** (Chem) / Brockmann-Skale *f* (Einteilung von als chromatografisches Adsorptionsmittel verwendetem Aluminiumoxid in Aktivitätsklassen - nach H. Brockmann, 1903-1988)
**broderie anglaise** (Textiles) / Broderie anglaise *f* (Sammelbegriff für Bohrstickereien), Bohrstickerei *f*, Lochstickerei *f* (z.B. Madeira-Stickerei), Schnurlochstickerei *f*
**Broenner's acid** (Chem) / Brönner-Säure *f* (eine Naphthylaminsulfonsäure)
**Broglie, de ~ wave** (Phys) / Materiewelle *f*, De-Broglie-Welle *f* (nach L.V. Prinz von Broglie, 1892-1987) ‖ **de ~ wavelength*** (Phys) / De-Broglie-Wellenlänge *f*
**broich** *n* (Weaving) / Spindellager *n*
**broke*** *n* (Paper) / Ausschuss *m*, Ausschusspapier *n*
**broken** *adj* (Mining) / mit Zwischenschichtung (anderer Gesteine)
**broken-apex pediment** (Arch) / gesprengter Giebel
**broken blister** (Paint) / aufgeplatzte Blase, geplatzte Blase, Blasenloch *n* ‖ ~ **brackets** (Maths, Typog) / spitze Klammern ‖ ~ **clouds** (Meteor) / aufgebrochene Bewölkung, aufgebrochene Bewölkung *n* ‖ ~ **colour** (Textiles) / Mischfarbe *f* ‖ ~ **crow twill** (Weaving) / Köper *m* im Grätenmuster ‖ ~ **diagonal** (of a magic square) (Maths) / gebrochene Diagonale, Sparrenkoppel *f* ‖ ~ **end** (Weaving) / fehlender Kettfaden ‖ ~ **ends*** (Weaving) / gerissene Fäden, Fadenbrüche *m pl* (meistens Schussfäden) ‖ ~ **grain** (Agric) / Bruchkorn *n* ‖ ~ **ground** (Mining) / hereingeschossenes Gestein, Haufwerk *n* (herausgelöstes Mineral oder Gestein) ‖ ~ **line** / gebrochene Linie ‖ ~ **line** / gestrichelte Linie ‖ ~ **line** (Autos, Civ Eng) / unterbrochene Linie (eine Straßenmarkierung) ‖ ~ **line** (Geog) / gerissene Linie, gerissener Strich (z.B. als Grundrisslinie)
**broken-line approximation** (Maths) / stückweise lineare Approximation
**broken link** (a hyperlink in a Web page to another page which no longer exists) (Comp) / unterbrochene Verknüpfung, gerissene Verknüpfung ‖ ~ **matter** (Typog) / unruhiger Flattersatz ‖ ~ **matter** (Typog) / gequirlter Satz ‖ ~ (**cocoa**) **nibs** (Nut) / Kakaobruch *m*
**broken-out section** / Ausbruch *m* (ein mit Freihandlinien begrenzter Schnitt nach DIN 6)
**broken pick** (Weaving) / Platzer *m* ‖ ~ **picks*** (Weaving) / gerissene Schussfäden, Schussplatzer *m pl* ‖ ~ **rib** (Textiles) / gebrochener Rips ‖ ~ **rice** (Nut) / Bruchreis *m* ‖ ~ **sea** / gebrochene See (Logbuchstabe G) ‖ ~ **selvedge** (Weaving) / eingerissene Webkante ‖ ~ **shade** / gebrochene Farbe (leicht abgetönte reinbunte Malerfarbe) ‖ ~ **stone** (Civ Eng) / Schotter *m* (zwischen 32 und 56 mm Prüfkorngröße)
**broken-stone aggregate** (Build, Civ Eng) / Hartgestein *n* (z.B. Granit, Diorit, Basalt usw. als Betonzuschlag)
**broken twill*** (Textiles) / gebrochener Köper, Broken Twill *m* (mit einem nervigeren, nicht so "kahlen" Griff) ‖ ~ **weave** (Weaving) / Streifen *m* (ein Fehler bei textilen Flächengebilden)
**broker** *n* / Makler *m*

**brokerage** n (Teleph) / Makeln n (abwechselnde Gesprächsführung auf zwei oder mehr Leitungen, auf denen gleichzeitig Verbindungen bestehen - ein Leistungsmerkmal)
**broke reprocessing** (Paper) / Ausschussaufbereitung f
**broker's call** (Teleph) / Makeln n (abwechselnde Gesprächsführung auf zwei oder mehr Leitungen, auf denen gleichzeitig Verbindungen bestehen - ein Leistungsmerkmal)
**brokes** pl (Textiles) / kurzstapelige Wolle von der Hals- und Bauchpartie eines Schaffells
**broke sieve** (Min Proc) / Setzgutträger m
**brokets** pl (Maths, Typog) / spitze Klammern
**bromacil** n (Chem, Ecol) / Bromacil n (ein Herbizid auf Nichtkulturland ohne Baumbewuchs und auf Gleisanlagen)
**bromal** n (Chem) / Tribromacetaldehyd m, Bromal n, Tribromethanal n, Tribromazetaldehyd m
**bromargyrite** n (Min) / Bromsilber n, Bromargyrit m, Bromit m
**bromate • (VII)** n (Chem) / Bromat(VII) n, Perbromat n ‖ ~ (Chem) / Bromat n (im Allgemeinen)
**bromate(I)** n (Chem) / Bromat(I) n, Hypobromit n (Salz der hypobromigen Säure)
**bromatology** n (Nut) / Bromatologie f (Wissenschaft von Nahrungsmitteln und Diätprodukten), Bromatik f
**bromatometry** n (Chem) / Bromatometrie f (eine oxidimetrische Methode der Maßanalyse mit Bromationen als Oxidationsmittel)
**bromcresol green*** (Chem) / Bromkresolgrün n (zur Herstellung von Indikatoren) ‖ ~ **purple*** (Chem) / Bromkresolpurpur m
**bromelain** n (a thiol enzyme from the stems and fruits of the pineapple plant) (Chem) / Bromelain n, Ananase f, Bromelin n (ein proteolytisch wirkendes, Milch ausflockendes Enzym aus Ananasfrüchten und -stängeln)
**bromelin** (Chem) / Bromelain n, Ananase f, Bromelin n (ein proteolytisch wirkendes, Milch ausflockendes Enzym aus Ananasfrüchten und -stängeln)
**bromellite** n (Min) / Bromellit m (Berylliumoxid)
**bromic• (I) acid** (Chem) / hypobromige Säure (HOBr) ‖ ~**(V) acid** (Chem) / Bromsäure f ‖ ~ **acid*** (Chem) / Bromsäure f
**bromide*** n (Chem) / Bromid n (Salz der Bromwasserstoffsäure) ‖ ~ **paper** (Photog) / Bromsilberpapier n, Bromidpapier n
**brominate** v (Chem) / bromieren v
**brominated butyl rubber** (Build, Chem, Plastics) / bromierter Butylkautschuk, BIIR (bromierter Butylkautschuk), Brombutylkautschuk m ‖ ~ **oil** (Nut) / bromiertes Öl (mit Brom umgesetztes etherisches Öl)
**brominating agent** (Chem) / Bromierungsmittel n
**bromination*** n (Chem) / Bromierung f, Bromieren n
**bromine*** n (Chem) / Brom n, Br (Brom)
**bromine-containing** adj (Chem) / bromhaltig adj
**bromine cyanide** (Chem) / Bromcyan n, Bromzyan n, Cyanbromid n, Zyanbromid n ‖ ~ **number** (Chem) / Bromzahl f (DIN 51774) ‖ ~ **trfluoride** (BrF₃) (Chem) / Bromtrifluorid n ‖ ~ **value** (Chem) / Bromzahl f (DIN 51774) ‖ ~ **water** (Pharm) / Bromwasser n (die gesättigte Wasserlösung mit etwa 3,5% Br)
**brominism** n (Med) / Bromvergiftung f, Bromismus m
**bromism** n (Med) / Bromvergiftung f, Bromismus m
**bromlite** n (Min) / Alstonit m (Mischkristall Aragonit-Witherit)
**bromoacetic acid** (Chem) / Bromethansäure f, Bromessigsäure f (eine Halogenessigsäure)
**bromoacetone** n (Chem) / Bromazeton n, Bromaceton n
**bromobenzene** n (Chem) / Brombenzol n
**bromobutyl rubber** (Build, Chem, Plastics) / bromierter Butylkautschuk, BIIR (bromierter Butylkautschuk), Brombutylkautschuk m
**bromochlorodifluoromethane*** n (Chem) / Bromchlordifluormethan n (ein Chlorfluorkohlenstoff)
**bromochloromethane** n (Chem) / Bromchlormethan n, Chlorbrommethan n
**bromochlorophene** n (Pharm) / Bromchlorophen n
**bromochlorophenol blue** (Chem) / Bromchlorphenolblau n (ein Indikator)
**bromocresol green** (Chem) / Bromkresolgrün n (zur Herstellung von Indikatoren) ‖ ~ **purple** (Chem) / Bromkresolpurpur m
**bromocriptine** n (Pharm) / Bromocriptin n
**bromoethane** n (Chem) / Ethylbromid n, Bromethyl n, Bromethan n
**bromoethanoic acid** (Chem) / Bromethansäure f, Bromessigsäure f (eine Halogenessigsäure)
**bromoform*** n (Chem, Pharm) / Bromoform n, Tribrommethan n, Bromoformum n
**bromoil process*** (Photog) / Bromöldruck m ‖ ~ **transfer*** (Photog) / Bromölumdruck m
**bromomethane** n (Chem) / Methylbromid n, Brommethan n (CH₃Br), Monobrommethan n (ein Kühl-, Lösch- und Methylierungsmittel sowie ein Nematizid)
**bromometric** adj (Chem) / bromometrisch adj

**bromometry** n (Chem) / Bromometrie f (eine oxidimetrische Methode der Maßanalyse mit Bromlösung als Oxidationsmittel)
**bromophenol** n (Chem) / Bromphenol n ‖ ~ **blue** (Chem) / Bromphenolblau n (ein Indikator) ‖ ~ **red** (Chem) / Bromphenolrot n
**bromopicrin** n (Chem) / Brompikrin n, Brompicrin n, Nitrobromoform n
**bromoplatinate(IV)** n (Chem) / Bromoplatinat (IV), Hexabromoplatinat n
**bromoplatinite** n (Chem) / Bromoplatinat (II), Tetrabromoplatinat n
**bromostyrene** n (Chem) / Bromstyrol n
**bromosuccinimide, N-~** (Chem) / Bromsukzinimid n, N-Bromsuccinimid n, NBS (ein Bromierungsreagens)
**bromotrifluoromethane** n (Chem) / Bromtrifluormethan n (ein Chlorfluorkohlenstoff)
**bromoxylene, α-~** (Chem) / Xylylbromid n (α-Bromxylol), Methylbenzylbromid n
**bromoxynil** n (a herbicide in wheat, barley, oats, rye, and seeded turf) (Agric, Chem, Ecol) / Bromoxynil n
**bromthymol blue*** (Chem) / Bromthymolblau n (ein Triphenylmethanfarbstoff)
**bromyrite** n (Min) / Bromsilber n, Bromargyrit m, Bromit m
**bronce** v (Textiles) / broncieren v
**Brönner's acid** (Chem) / Brönner-Säure f (eine Naphthylaminsulfonsäure)
**Brønsted acid** (Chem) / Protonendonator m ‖ ~ **base** (Chem) / Protonenakzeptor m, Brønsted-Base f, Emprotid n
**Brønsted-Lowry theory** (proton theory of acids and bases) (Chem) / Brønsted-Lowry-Theorie (nach J.N. Brønsted, 1879-1947, und T.M. Lowry, 1874-1936)
**bronze*** n (Met) / Bronze f (eine Cu-Sn-Legierung nach DIN 1718) ‖ ~ **bearing** (Eng) / Bronzelager n ‖ ~ **blue** (Paint) / Berliner Blau n (ein lichtechtes Eisenblaupigment), Pariser Blau, Preußischblau n, Eisenblau n, Eisenzyanblau n, Eisencyanblau n, Bronzeblau n, Broncebau n, Williamsons Violett
**bronze-brown** adj / bronzebraun adj
**bronze-coloured** adj / bronzefarben adj
**bronze conductor** (Elec Eng) / Bronzeleiter m ‖ ~ **electrode** / Bronzeelektrode f ‖ ~ **mica** (Min) / Phlogopit m (Magnesiaglimmer) ‖ ~ **paper** (Paper) / Bronzepapier n (DIN 6730) ‖ ~ **powder*** (Paint) / Bronzepulver n (Pigment), Pudermetall n, Bronzefarbe n, Bronzepigment n ‖ ~ **welding** (Welding) / Schweißen n mit Siliziumbronzezusatzwerkstoff ‖ ~ **welding** (Welding) / Bronzeschweißen n
**bronzing** n (Leather) / Bronzieren n (Austritt eines metallisch glänzenden Belages) ‖ ~*** (Print) / Bronzieren n ‖ ~ **liquid** (Paint) / Bronzetinktur f
**bronzite*** n (Min) / Bronzit m (ein orthorhombischer Pyroxen)
**brook** n (Geog) / Bach m ‖ ~ **culvert** (Civ Eng) / Bachdurchlass m ‖ ~ **diversion** (Civ Eng) / Bachverlegung f, Bachumlegung f, Bachumleitung f
**Brookfield viscometer** (an instrument to measure the viscosity of a porcelain-enamel or glaze slip in which the resistance of an electrically operated cylinder to rotation in the slip is determined) (Ceramics, Phys) / Brookfield-Viskosimeter n
**brookite*** n (Min) / Brookit m (ein TiO₂-Mineral)
**brooklet** n (Geog) / Rinnsal n, Bächlein n
**broom** n / Besen m ‖ ~ **fibre** (Textiles) / Ginsterfaser f (Blattfaser aus den Stängeln des Cytisus scoparius (L.) Link oder des Spartium junceum L. - praktisch ohne Bedeutung, weil die vielen Verunreinigungen zu unregelmäßigem Gespinstausfall führen)
**brooming** n (Build) / Bearbeitung f mit dem Besen (z.B. beim Besenwurf) ‖ ~ (Civ Eng) / Aufsplitterung f, Aufplatzen n (des Pfahlkopfs beim Rammen)
**brosylate** n (Chem) / Brosylat n (Brombenzensulfonat)
**broth** n (Bacteriol, Pharm) / Bouillon f (ein Nährboden)
**brother** n / Bruder m (in der Grafentheorie)
**brought-out neutral** (Elec Eng) / herausgeführter Sternpunkt
**brouillis** pl (Nut) / Lutter m (Fuselöl enthaltende Flüssigkeit mit geringem Gehalt an Weingeist, die sich bei der Herstellung von Branntwein bildet), Raubrand m (der vollständige, erste, fuselhaltige Abtrieb aus einer vergorenen Maische), Kornlutter m (durch einfache Destillation hergestellte fuselartige Flüssigkeit mit geringem Ethanolgehalt)
**B router** (Comp) / Brouter m (ein Gerät, das Bridging- und Routing-Funktionen erfüllt), Bridging Router m, Hybrid-Router m
**brouter** n (a network device that can function both as a router sending data to a destination network and a bridge connecting two networks) (Comp) / Brouter m (ein Gerät, das Bridging- und Routing-Funktionen erfüllt), Bridging Router m, Hybrid-Router m
**Brouwerian lattice** (Maths) / subjunktiver Verband
**brow** n (of the hill) (Autos) / Straßenkuppe f

**brow-down**

**brow-down** n (Mining) / fallend aufgefahrene Strecke, Fallort n
**brown** n (Paint) / Braun n ‖ ~ (Phys) / Braun n (als Farbempfindung) ‖ ~ adj / braun adj ‖ ~ **algae**\* (Bot) / Braunalgen f pl (Klasse festsitzender Algen), Phaeophyceae pl ‖ ~ **and Sharpe Wire Gauge**\* (Eng, Met) / Brown & Sharpe-Drahtlehre f, B & S-Drahtlehre f (US-Normlehre für Drähte und Bleche aus Buntmetallen)) ‖ ~ **ash** (For) / Schwarzesche f (Fraxinus nigra Marshall) ‖ ~ **chips** (For) / schwarze Hackschnitzel, braune Hackschnitzel, Hackschnitzel n pl mit Rinde ‖ ~ **cloth** (Textiles) / Schneiderleinen n (z.B. Steifleinen, Wattierleinen) ‖ ~ **coal** (unconsolidated material) (Fuels, Mining) / Weichbraunkohle f, helle Braunkohle (mit etwa 70 % C) ‖ ~ **coal**\* (Mining) / Braunkohle f (subbituminöse)
**brown-coal low-temperature coke** (Fuels) / Grudekoks m, Braunkohlenschwelkoks m ‖ ~ **low-temperature distillation** (Chem Eng) / Braunkohlenverschwelung f, Braunkohleschwelung f ‖ ~ **semi-coke** (Fuels) / Grudekoks m, Braunkohlenschwelkoks m
**brown coat** (Build) / Ausgleichschicht f (2. Schicht), zweite Unterputzschicht (beim dreilagigen Außenputz), Zwischenputzlage f
**brown-coke black** / Grudeschwarz n (durch Vermahlen von Grudekoks erhaltenes schwarzes Farbpulver), Koksschwarz n
**brown dwarf** (Astron) / Brauner Zwerg m ‖ ~ **earth**\* (Bot) / brauner Waldboden, Braunerde f (ein Bodentyp des gemäßigten Klimas)
**brownfield** attr (available for redevelopment) (Build) / frei gemacht (Baufläche nach Abbrucharbeiten), freigeworden adj (Baugrundstück nach Abbrucharbeiten)
**brown** n **FK** (Nut) / Braun n FK (zum Färben von Heringen - E 154) ‖ ~ **forest soil**\* (Bot) / brauner Waldboden, Braunerde f (ein Bodentyp des gemäßigten Klimas) ‖ ~ **goods** (Electronics) / braune Ware ‖ ~ **groundwood pulp** (Paper) / Braunschliff m (aus gedämpftem Holz) ‖ ~ **haematite**\* (GB) (Min) / Limonit m, Brauneisenerz n, Brauneisenstein m (mit 60 bis 63% Fe-Gehalt) ‖ ~ **heart** (For) / Braunkern m ‖ ~ **holland** (Textiles) / ungebleichte Leinwand ‖ ~ n **HT** (Nut) / Lebensmittelbraun n 2, Schokoladenbraun n ‖ ~ **HT** (Nut) / Braun n HT (E 155)
**Brownian motion** (Chem, Phys) / Brown'sche Bewegung, Brown-Molekularbewegung f (nach R. Brown, 1773-1858) ‖ ~ **movement**\* (Chem, Phys) / Brown'sche Bewegung, Brown-Molekularbewegung f (nach R. Brown, 1773-1858)
**browniine** n (Chem) / Brownin n (ein Diterpenalkaloid)
**browning** n / Verbraunung f (auch des Bodens), Braunwerden n ‖ ~ (Met) / Brünieren n (des Stahls mit heißen, alkalischen Salzlösungen - DIN 50902) ‖ ~ (Nut) / Bräunung f ‖ ~ **coat** (the second of three coats in three-coat plaster) (Build) / Ausgleichschicht f (2. Schicht), zweite Unterputzschicht (beim dreilagigen Außenputz), Zwischenputzlage f ‖ ~ **coat** (Build) / Ausgleichschicht f (2. Schicht), zweite Unterputzschicht (beim dreilagigen Außenputz), Zwischenputzlage f
**brownish black** adj / schwarzbraun adj, bisterbraun adj, rußbraun adj ‖ ~ **purple** (Met) / braunrot adj (eine Anlauffarbe)
**brown lead oxide** (Chem) / Blei(IV)-oxid n ($PbO_2$), Bleidioxid n ‖ ~ **lignite** (Fuels, Mining) / Weichbraunkohle f, helle Braunkohle (mit etwa 70 % C) ‖ ~**-line print** / Braunpause f, Sepiapause f ‖ ~ **malt** (Brew) / Braunmalz n ‖ ~ **mechanical pulp** (Paper) / Braunschliff m (aus gedämpftem Holz) ‖ ~ **mica** (Min) / Phlogopit m (Magnesiaglimmer)
**brownout** n (Comp, Elec Eng) / Spannungseinbruch m (leichter)
**brown-powder effect** n (Elec Eng) / Braunpulvereffekt m (bei reibenden Kontakten)
**brown powder-post beetle** (For, Zool) / Brauner Splintholzkäfer (Lyctus brunneus)
**brown-print paper** (Paper) / Papier n für positive Blaupausen, Braunpauspapier n
**brown-red cinnabar** (Min) / Korallenerz n (braunroter Zinnober)
**brown rice** (Nut) / entspelzter Reis, Braunreis m, Vollkornreis m (dem noch der Keim, die Aleuronschicht sowie das Silberhäutchen anhaften), teilgeschälter Reis, enthülster Reis, Naturreis m (gereinigter, ausgelesener)
**brown-ring test** (Chem) / Ringprobe f (zum $NO_3$-Nachweis)
**brown rot**\* (For) / braun gefärbtes Holz (durch den Abbau der Zellulose - bei Pilzangriff), Destruktionsfäule f (mit der braunen Verfärbung des Holzes), Braunfäule f (Destruktionsfäule des Holzes), Bräune f (eine Holzschädigung)
**brown-rot fungus** (For) / Braunfäulepilz m (der Celluloseabbau bewirkt)
**brown rust**\* (hydrated ferric oxide) / brauner Rost (Eisen(III)-oxidhydrat - eine Rostform) ‖ ~ **smoke** (Ecol) / brauner Rauch (stark eisenoxidhaltige Emission von Stahlwerken) ‖ ~ **stain** (a sapstain) (For) / braune Verfärbung (durch holzverfärbende Pilze) ‖ ~ **stain** (For) / Braunbeize f
**brownstone** n (Geol) / Buntsandstein m (rotbrauner), Braunsandstein m (arkosischer rotbrauner Sandstein) ‖ ~ (a brown or reddish-brown sandstone whose grains are generally coated with iron oxide) (Geol) / eisenhaltiger Sandstein
**brown sugar** (Nut) / brauner Zucker
**brown-tail moth** (For) / Goldafter m (Euproctys chrysorrhoea)
**brown ware** (Ceramics) / braunes Steinzeug ‖ ~ **wood-pulp** (Paper) / Braunschliff m (aus gedämpftem Holz) ‖ ~ **wool** (Textiles) / Schwanzwolle f
**browse** v (Agric) / abäsen v, äsen v ‖ ~ (on bushes) (Agric, For) / verbeißen v (junge Bäume, Triebe), abfressen v (junge Zweige, Triebe) ‖ ~ n (Agric, For) / Verbeißen n, Verbiss m (Beschädigung von Pflanzen durch die Bisse von Tieren)
**browser** n (a piece of software that allows the Internet to be viewed on a computing device ) (Comp) / Browser m (Navigatorprogramm)
**browser-based** adj (Comp) / browserbasiert adj
**browsing** n (Agric) / Abäsen n, Äsen n ‖ ~ (Agric, For) / Verbeißen n, Verbiss m (Beschädigung von Pflanzen durch die Bisse von Tieren) ‖ ~ (Comp) / Browsing n (schnelles Durchsehen der gefundenen Informationen am Bildschirm bei der Bearbeitung einer Suchfrage), großflächiges Suchen ‖ ~ / unerlaubtes Stöbern
**brow-up** n (Mining) / Steigort n, schwebend aufgefahrene Strecke
**BRS** (break request signal) (Comp) / Abbruchanforderungssignal n
**brs** (brass) (Met) / Messing n (Kupfer-Zink-Legierung nach DIN 17660 - für die technische Verwendung mindestens 50% Cu)
**brucine**\* n (Chem) / Bruzin n (ein Strychnosalkaloid), Brucin n ‖ ~\* (Chem) s. also strychnine
**brucite**\* n (Min) / Bruzit m (Magnesiumhydroxid), Brucit m
**brucite-marble** n (Geol) / Predazzit m (Marmor mit Bruzit)
**Brückner cycle** (Meteor) / Brückner'sche Periode (35-jährige Klimaschwankung), Brücknerschwankung f (nach E. Brückner, 1862-1927)
**Bruder reflector** (Radar) / Bruderreflektor m (Eckenreflektor mit einem breiten Richtdiagramm orthogonal zum Winkel)
**bruise** v / beschädigen v (durch Quetschen) ‖ ~ (Nut) / quetschen v (Obst) ‖ ~ (Nut) / schroten v ‖ ~ (For) / Prellwunde f (an Bäumen), Quetschwunde f ‖ ~ (Nut) / Druckstelle f (Früchte, Fleisch, Obst, Fisch) ‖ ~ (Textiles) / Scheuerstelle f
**Brunauer-Emmett-Teller adsorption isotherm** (Chem) / Brunauer-Emmett-Teller-Adsorptionsisotherme f, BET-Adsorptionsisotherme f ‖ ~ **equation** (Chem, Phys) / BET-Gleichung f (die das Gleichgewicht der Gasadsorption gestattet), Brunauer-Emmett-Teller-Gleichung f (nach S. Brunauer, 1903-1987, P.H. Emmett, 1900-1985, und E. Teller, 1908-2003)
**Bruns' eikonal** (Optics) / Bruns-Eikonal (nach E.H. Bruns, 1848 - 1919)
**brunsvigite** n (Min) / Brunsvigit n (ein Prochlorit)
**Brunswick black** (Elec Eng, Paint, Print, Surf) / Asphaltlack m (Abdeckmittel in der Ätzerei und in der Galvanotechnik, Rostschutzmittel) ‖ ~ **blue** (Paint) / Mineralblau n (mit Schwerspat gestreckt) ‖ ~ **green** (Paint) / Braunschweiger Grün (Dikupfer(II)-chloridtrihydroxid-Tetrahydrat)
**Brunton** n (Geol) / Brunton-Kompass m (ein Geologenkompass), Grubentaschenkompass m ‖ ~ **compass** (Geol) / Brunton-Kompass m (ein Geologenkompass), Grubentaschenkompass m ‖ ~ **pocket transit** (Geol) / Brunton-Kompass m (ein Geologenkompass), Grubentaschenkompass m
**brush** v / bürsten v ‖ ~ (over) / überstreichen v (mit Bürste) ‖ ~ (Paint) / pinseln v, aufpinseln v ‖ ~\* n (Elec Eng) / Bürste f, Schleifbürste f, Abtastbürste f, Kontaktbürste f ‖ ~ (Elec Eng, Surf) / Tampon m, Pinsel m (für das Tampongalvanisieren), Bürste f (für das Tampongalvanisieren) ‖ ~ (For) / Reisig m (Schmuck-, Deck- und Besenreisig bzw. Gradierdorn) ‖ ~ (Paint) / Bürste f (großes, langborstiges Streichwerkzeug) ‖ ~ (Paint) / Pinsel m
**brushable** adj (Paint) / streichfähig adj (mit dem Pinsel), streichbar adj
**brush aerator** (San Eng) / Bürstenbelüfter m (zur Oberflächenbelüftung)
**brush-apply** v (Paint) / streichen v (mit dem Pinsel), mit dem Pinsel auftragen
**brush •-box**\* n (Elec Eng) / Bürstenhalterkasten m, Bürstenkasten m ‖ ~ **cleaner** (Paint) / Pinselreiniger m ‖ ~ **coating** (Paint) / Streichauftrag m ‖ ~ **coating**\* (Paper) / Bürstenstreichverfahren n, Bürstenstrich m, Bürstenstreichen n ‖ ~ **colouring** (Leather) / Bürstfärbung f (ein Zurichtprozess) ‖ ~ **contact** (Eleg Eng) / Bürstenkontakt m, Kontakt m der Kohlebürste ‖ ~ **contact**\* (Elec Eng) s. also laminated contact
**brush-contact loss** (Elec Eng) / Bürstenübergangsverluste m pl, Stromübergangsverluste m pl an den Bürsten
**brush current** (Elec Eng) / Bürstenstrom m ‖ ~ **dampening system** (Print) / Bürstenfeuchtwerk n
**brush[ing] discharge**\* (Elec Eng) / Sprühentladung f, Büschelentladung f (eine Gasentladung)
**brushed** adj (Textiles) / gerauht adj (Stoff) ‖ ~ **aluminium** / Aluminium gebürstet (Metallfinish an Gehäusen der Geräte der Unterhaltungselektronik) ‖ ~ **denim** (Textiles) / Brush-Denim m

(velvetartig geschmirgelte Köperware aus Baumwolle) ‖ **~ fabric** (Textiles) / Strichtuch f
**brush edge** (Elec Eng) / Bürstenkante f
**brushed pigskin** (Leather) / Schweinsvelours n ‖ **~ velours** (Textiles) / gerauter Velours ‖ **~ velvet** (Textiles) / gerauter Velours
**brush-finish coated paper** (Paper) / Hochglanzpapier n (bürstengeglättetes) ‖ **~ coating** (Paper) / Bürstenstreichverfahren n, Bürstenstrich m, Bürstenstreichen n
**brush-fire** n (Ecol, For) / Lauffeuer n (im Bodenüberzug), Bodenfeuer n, Erdfeuer n (in Torf- oder Kohlenlagern)
**brush friction** (Elec Eng) / Bürstenreibung f
**brush-friction loss** (Elec Eng) / Bürstenreibungsverluste m pl
**brush gear*** (Elec Eng) / Bürstenträger m, Bürstengestell n ‖ **~ graining** (Paint) / Holzmaserungsimitation f durch Pinselstrich ‖ **~ hammer** (Elec Eng) / Bürstenhalterdruckgeber m ‖ **~ handle** (Paint) / Pinselstiel m
**brush-holder*** n (Elec Eng) / Bürstenhalter m ‖ **~ arm*** (Elec Eng) / Bürstenhalterspindel f, Bürstenhalterbolzen m, Bürstenbolzen m ‖ **~ spring** (Elec Eng) / Bürstenhalterfeder f ‖ **~ yoke** (Elec Eng) / Bürstenjoch n
**brush hook** (For) / Hippe f, Kappmesser n
**brushing** n / Bürsten n (mechanische Oberflächenvorbereitung nach DIN 50 902) ‖ **~ (over)** / Überstreichung f (mit Bürste) ‖ **~** (Textiles) / Bürsten n ‖ **~ and steaming** (Textiles) / Bürsten und Dämpfen n ‖ **~ coating** (material) (Paint) / Streichanstrichstoff m ‖ **~ lacquer** (Paint) / Streichlack m ‖ **~ paint** (Paint) / Streichanstrichstoff m
**brush keeper** (Paint) / Pinselkasten m, Kasten m zur Pinselaufhängung (in Flüssigkeit)
**brushkiller** n (Chem, Ecol) / Arborizid n (Herbizid gegen Gehölze), Gehölzvernichtungsmittel n
**brush-lag angle** (Elec Eng) / Bürstenrückschubwinkel m
**brush lead*** (Elec Eng) / Bürstenvoreilung f
**brushless** adj / bürstenlos adj (Flaschenspülmaschine) ‖ **~** (Elec Eng) / bürstenlos adj, ohne Bürsten ‖ **~** (Paint) / ohne Pinsel (Auftrag) ‖ **~ exciter** (Elec Eng) / bürstenloser Erreger
**brush life** (Elec Eng) / Bürstenlebensdauer f ‖ **~ lifting device** (Elec Eng) / Bürstenabhebevorrichtung f ‖ **~*** (Elec Eng) s. also brush yoke ‖ **~ machining** (Eng) / Bürstspanen n (spanendes Fertigungsverfahren, vorwiegend zur Veränderung der Oberflächenstruktur sowie der Form von Werkstücken mit Hilfe eines Bürstwerkzeugs)
**brushmark*** n (a paintwork defect) (Paint) / Pinselstrich m, Pinselfurche f
**brush on** v / mit einer Bürste auftragen, aufbürsten v, aufstreichen v (mit einer Bürste) ‖ **~ paint job** (Paint) / Pinsellackierung f ‖ **~ pile finishing** (Textiles) / Finieren n (von Kordsamten und Velvetons durch Bearbeiten des Rauflors) ‖ **~ plating*** (Surf) / Pinselgalvanisieren n, Bürstengalvanisieren n ‖ **~ retouching** (Print) / Pinselretusche f ‖ **~ rigging** (Elec Eng) / Bürstenapparat m (bei einem Elektromotor), Bürstenträger m, Bürstengestell n
**brush-rocker*** n (Elec Eng) / Bürstenträgerring m, Bürstenbrücke f (drehbar) ‖ **~*** (Elec Eng) s. also brush yoke ‖ **~ ring*** (Elec Eng) / Bürstenträgerring m, Bürstenbrücke f (drehbar)
**brush seal** (for doors) (Build) / Türdichtschiene f (mit Kunststoffborsten) ‖ **~ service life** (Elec Eng) / Bürstenstandzeit f ‖ **~ shift*** (Elec Eng) / Bürstenverstellung f, Bürstenverschiebung f, Bürsteneinstellung f ‖ **~ sparking** (Elec Eng) / Perlfeuer n
**brush-spindle*** n (Elec Eng) / Bürstenhalterspindel f, Bürstenhalterbolzen m, Bürstenbolzen m
**brush stud*** (Elec Eng) / Bürstenhalterspindel f, Bürstenhalterbolzen m, Bürstenbolzen m ‖ **~ surface aerator** (San Eng) / Bürstenbelüfter m (zur Oberflächenbelüftung) ‖ **~ terminal** (Elec Eng) / Bürstenfahne f
**brushwood** n (For) / Reisig n (abgebrochene oder vom Baum gefallene dürre Zweige), Astreisig n, Reisigholz n ‖ **~** (For) / Buschholz n, Unterholz n (Buschholz) ‖ **~** (small tree branches, saplings, or shrubs, often used in river improvement work) (Hyd Eng) / Reisig n (für Faschinen)
**brushy** adj (Textiles) / borstig adj (Gewebe)
**brush yoke** (Elec Eng) / Bürstenjoch n
**Brussa silk** (Textiles) / Brussa-Rohseide f (aus Bursa)
**Brussels carpet** (Textiles) / Brüsseler Teppich, Brüssel m ‖ **~ lace** (Textiles) / Brüsseler Spitze
**brut** adj (Nut) / brut adj (Champagner mit bis zu 15 g Zucker pro Liter)
**brutalism*** n (Arch) / Brutalismus m (eine Richtung der Architektur in den fünfziger Jahren des 20. Jahrhunderts)
**brute*** n (Cinema, Elec Eng, Light) / Scheinwerfer m hoher Intensität
**Bruun column** (with in-built packings) (Chem Eng) / Bruun-Kolonne f (eine Füllkörperkolonne)
**bruyère** n (For) / Bruyèreholz n (der Baumheide - Erica arborea L.)
**Bryophyta*** pl (Bot) / Bryophyta pl, Moospflanzen f pl (eine Abteilung)
**bryostatin** n (Chem, Pharm) / Bryostatin n (ein Makrolid)
**bryozoan alkaloid** (Chem) / Bryozoenalkaloid n (ein Indolalkaloid)

**bs** (bowsprit) (Chem) / Bugspriet m (parallel zur Ringebene orientierte Bindungen bei der Wannenkonformation), bs (Bugspriet in der Wannenkonformation), b
**BS** (backspace) (Comp) / Rückwärtsschritt m (ein Formatsteuerzeichen oder die konkrete Rückbewegung um einen Schritt) ‖ **~** (bremsstrahlung spectroscopy) (Spectr) / Bremsstrahlungsspektroskopie f, BS (Bremsstrahlungsspektroskopie)
**$BSB_5$** (Biochem) / $BSB_5$, biochemischer Sauerstoffbedarf (auf 5 Tage bezogen)
**B.S. = British Standard**
**BSC** (binary synchronous communication) (Comp) / Datenübertragung f über eine Fernleitung, in der die Synchronisation der Zeichen durch eine zeitliche Abfolge von Signalen gesteuert wird, die von der sendenden und empfangenden Station generiert werden, BSC-Übertragung f ‖ **~** (binary symmetric channel) (Comp, Telecomm) / symmetrischer Binärkanal
**BSCP = British Standard Code of Practice**
**BSC screw thread** (GB) (Eng) / Fahrradgewinde n, Gewinde n für Fahrräder (DIN 79012)
**BSD** (Berkeley Software Distribution) (Comp) / BSD-Linie f (der UNIX-Entwicklung)
**BSE*** (bovine spongiform encephalopathy) (Agric, Med, Nut) / spongiforme Rinderenzephalopathie, BSE (spongiforme Rinderenzephalopathie), Rinderseuche f, Rinderwahnsinn m
**BSFC** (brake specific fuel consumption) (Autos) / effektiver Kraftstoffverbrauch
**BSI*** (British Standards Institution) / Britisches Institut für Normung
**B spline** (Comp) / B-Spline m
**B-spline curve** (Maths) / B-Spline-Kurve f
**BSR** (blip-to-scan ratio) (Radar) / Zielabtastverhältnis n (ein Maß für die Häufigkeit der Entdeckung eines Ziels in aufeinander folgenden Datenerneuerungsperioden) ‖ **~** (bistatic radar) (Radar) / bistatischer Radar (mit einem Empfänger und einem Sender an verschiedenen Orten, beispielsweise mit einem "Beleuchter" am Boden und einem Empfänger im Flugkörper), Radar m n mit je einer örtlich getrennten Sende- und Empfangsantenne
**B-stage*** n (Plastics) / B-Zustand m (bei Phenolharzen) ‖ **~*** (Plastics) s. also resitol ‖ **~ resin** (Chem) / Resitol n (Phenolharz im B-Zustand)
**BSW thread** (Eng) / Whitworth-Gewinde n (DIN ISO 1891)
**BTDC** (I C Engs) / vor OT
**btdc** (I C Engs) / vor OT
**B-thread** n (US) (Eng) / Innengewinde n, Muttergewinde n
**BTM** (bromotrifluoromethane) (Chem) / Bromtrifluormethan n (ein Chlorfluorkohlenstoff)
**B-tree** n (Comp) / B-Baum m
**BTR system** (behind-tape reader system) (Eng) / BTR-Schnittstelle f (Merkmal eines direkten numerischen Steuerungssystems, mit dem Steuerdaten entweder von einem Steuerstreifen oder direkt von einem Rechner aufgenommen werden können), BTR
**Btu*** / obsolete britische Einheit für Arbeit und Energie (= 1,05506 · $10^3$ J)
**BTX** (a term including benzene, toluene and xylene) (Chem) / BTX (Abkürzung für die Aromaten Benzol, Toluol und Xylol) ‖ **~ aromatics** (Chem) / BTX (Abkürzung für die Aromaten Benzol, Toluol und Xylol)
**bu** (bushel) / Bushel n (35,2391 l)
**BU** (branching unit) (Cables) / Verzweigungspunkt m (bei Unterwasserkabeln)
**bubble** v / brodeln v ‖ **~** / wallen v, aufwallen v (beim Kochen) ‖ **~ vi** / Blasen bilden, sprudeln v (Blasen bilden), perlen v, in Blasen aufsteigen ‖ **~ vt** (Chem Eng) / hindurchperlen lassen, in Blasen aufsteigen lassen ‖ **~** n / Haube f (durchsichtige - aus Kunststoff) ‖ **~*** / Blase f ‖ **~** (For) / Kürschner m (wenn keine Klebung zwischen Furnier und Untergrund erfolgt) ‖ **~** (Radio) / Brodeln n (störendes Geräusch) ‖ **~ barrier** (Oils) / Blasensperre f (unter Wasser) ‖ **~ cap** (Chem Eng) / Glocke f (einer Glockenbodenkolonne)
**bubble-cap column** (Chem Eng) / Blassäule f (ein Kontaktapparat), Glockenbodenkolonne f, Destillierkolonne f mit Glockenböden ‖ **~ plate** (Chem Eng) / Glockenboden m ‖ **~ tray** (Chem Eng) / Glockenboden m
**bubble•-cap tray column** (Chem Eng) / Blassäule f (ein Kontaktapparat), Glockenbodenkolonne f, Destillierkolonne f mit Glockenböden ‖ **~ chamber** (Nuc Eng) / Blasenkammer f, Glaser-Kammer f (ein Spurkammer nach D.A. Glaser, geb. 1926) ‖ **~ chip** (Comp, Electronics) / Blasenchip m
**bubble-coated paper** (Paper) / schaumgestrichenes Papier (gestrichenes Papier, dessen Streichschicht Hohlräume aufweist, die, durch winzig kleine Luftbläschen verursacht, absichtlich in die Streichfarbe eingearbeitet worden sind - DIN 6730), luftblasengestrichenes Papier

**bubble collapsing**

**bubble collapsing board** (Plastics) / Foliengleitbahn *f* (beim Folienblasen) ‖ ~ **collapsing roll** (Plastics) / Foliengleitwalze *f* (beim Folienblasen) ‖ ~ **column** (reactor) (Chem) / Blasensäule *f*, Blasensäulenreaktor *m* ‖ ~ **counter** (Chem Eng) / Blasenzähler *m*
**bubbled glass** (Glass) / Perlglas *n*
**bubble effect** (Phys) / Gasblaseneffekt *m* (bei der Unterwasserdetonation) ‖ ~ **film**\* / Blister *m* (eine Kunststofffolie) ‖ ~ **flowmeter** (Phys) / Seifenblasenströmungsmesser *m* ‖ ~ **fluid** / Dichtigkeitsprüfflüssigkeit *f* ‖ ~ **formation** / Blasenbildung *f*, Bläschenbildung *f*
**bubble-free** *adj* (Autos, Fuels) / blasenfrei *adj* (Zapfen) ‖ ~ **aeration** (Cyt) / blasenfreie Begasung (einer Zellkultur)
**bubble-jet printer**\* (Comp) / Bubble-Jet-Drucker *m* ‖ ~ **process** (Comp) / Bubble-Jet-Verfahren *n* (gepulste Technik bei Tintenstrahldruckern)
**bubble length** (gas- or vapour-filled cavity) / Blasenlänge *f* (bei Kavitation) ‖ ~ **level** (Surv) / Libellennivellier *n* ‖ ~ **memory** (Comp) / Magnetblasenspeicher *m*, Blasenspeicher *m*, Domänentransportspeicher *m*, magnetischer Blasenspeicher, Magnetdomänenspeicher *m* ‖ ~ **pack**\* / Blisterpack *m*, Blisterverpackung *f*, Blasenverpackung *f* ‖ ~ **pipe** / Blasenrohr *n* ‖ ~ **point**\* (Phys) / Blasenbildungspunkt *m*, "Bubble-point" *m* ‖ ~ **policy** (Ecol) / Bubblepolicy *f* (ein Element der US-amerikanischen Luftreinhaltetechnik)
**bubbler** *n* (Chem Eng) / Glocke *f* (einer Glockenbodenkolonne) ‖ ~ (Chem Eng) / Druckmischer *m*, pneumatisches Rührwerk ‖ ~ (Chem Eng) / Blasenzähler *m*
**bubble-reinforced material** / mit Gasblasen verstärktes Material
**bubble release** / Blasenfreisetzung *f* ‖ ~ **sort** (Comp) / Bubblesort *m* (eine Art Sortieren durch Austausch, einfaches Verfahren zum Sortieren linearer Felder) ‖ ~ **store**\* (Comp) / Magnetblasenspeicher *m*, Blasenspeicher *m*, Domänentransportspeicher *m*, magnetischer Blasenspeicher, Magnetdomänenspeicher *m* ‖ ~ **surface** (Phys) / Blasenoberfläche *f* ‖ ~ **test** (Nut) / Blasprobe *f* ‖ ~ **trier**\* (Surv) / Libellenprüfer *m* ‖ ~ **tube**\* (Build, Civ Eng) / Röhrenlibelle *f* (DIN 18718)
**bubble-type odorizer** / Durchströmodorisator *m* (ein selten angewendetes Gerät, bei dem ein Teilstrom des zu odorierenden Gases zur Aufsättigung direkt durch einen mit Odoriermittel teilweise gefüllten Behälter geleitet und mit dem Gesamtstrom wieder vereinigt wird)
**bubble viscosimeter** / Luftblasenviskosimeter *n* (z.B. nach Gardner)
**bubbling** *n* / Blasenbildung *f*, Bläschenbildung *f* ‖ ~ / Wallen *n*, Aufwallen *n* (beim Kochen) ‖ ~ (Glass) / Bubbling *n* (Verfahren zur Beeinflussung der Glasströmungen in der Schmelzwanne durch einen künstlich erzeugten Vorhang von Blasen, die vom Wannenboden stetig aufsteigen, Gaseinblasen *n* ‖ ~ **viscosimeter** / Luftblasenviskosimeter *n* (z.B. nach Gardner)
**bubinga** *n* (For) / Bubinga *n* (hartes, dauerhaftes Holz der verschiedenen westafrikanischen Guibourtia-Arten), Kevazingo *n*
**Bucherer reaction** (Chem) / Bucherer-Reaktion *f* (eine von drei Reaktionen nach H.T. Bucherer, 1869 - 1949)
**bucheron** *n* (in Canada) (For) / Holzfäller *m*, Holzhacker *m*, Holzhauer *m*, Holzarbeiter *m*
**Buchholz hardness** (Paint) / Buchholz-Härte *f* (ein Eindruckversuch nach DIN 53153) ‖ ~ (gas-bubble) **protective device** (Elec Eng) / Buchholz-Schutzsystem *n* (für ölgekühlte Transformatoren, nach M. Buchholz, 1876 - 1956) ‖ ~ **relay**\* (Elec Eng) / Buchholz-Relais *n*
**buchite**\* *n* (Geol) / Buchit *n* (Hyalomylonit)
**Buchner funnel**\* (Chem) / Büchner-Trichter *m* (eine starkwandige Nutsche), Siebschlitznutsche *f*
**buchucamphor** *n* (Nut, Pharm) / Buchukampfer *m*, Bukkokampfer *m* (aus getrockneten Blättern verschiedener südafrikanischer Barosma-Arten), Buccocampher *m*, Diosphenol *n*
**buchu-leaf oil** (Chem, Nut) / Buccoblätteröl *n*
**buck** *v* / brechen *v*, zerkleinern *v* ‖ ~ (Textiles) / laugen *v* ‖ ~ (Textiles) / beuchen *v* (DIN 61703, 61704 und 54395) ‖ ~ *n* (Autos) / Ruckeln *n* ‖ ~ (For) / Harzsammelgefäß *n* (bei Lebendharzung), Harzauffanggefäß *n*, Auffangbecher *m*, Latexbecher *m*, Auffanggefäß *n*, Sammelbecher *m* (beim Zapfen von Latex oder Weichharz) ‖ ~ (Glass) / Absetzplatte *f*, Abstellplatte *f* (in der automatischen Glasherstellung) ‖ ~ (solution of caustic soda) (Textiles) / Lauge *f* (Wasch- oder Bleichlauge), Beuche *f*
**bucket** *n* (Civ Eng) / becherartige Schaufel, Becher *m* (des Pelton-Rades) ‖ ~\* (Civ Eng) / Eimer *m* (des Eimerkettenbaggers) ‖ ~ (of a dragline)\* (Civ Eng) / Schürfkübel *m* (ein Grabgefäß), Schleppschaufel *f* ‖ ~\* (Civ Eng) / Grabgefäß *n* (Löffel, Schaufel, Becher, Eimer) ‖ ~ (of a crowd shovel)\* (Civ Eng) / Löffel *m* (des Löffelbaggers) ‖ ~\* (Civ Eng) / Schaufel *f* (des Schaufelradbaggers) ‖ ~ (Comp) / Block *m* (Naturgruppe benachbarter Einträge in einer Datei) ‖ ~ (Comp) / Bucket *m* (ein Adressraum) ‖ ~ (Elec Eng) / Aufhängeplattform *f* (für Reparaturen der Oberleitung) ‖ ~ (Eng) / Kolben *m* (der Kolbenpumpe) ‖ ~ (Met) / Senkkübel *m* (für die Kübelbegichtung) ‖ ~ (Ships) / Pütz *f* (pl. -en), Pütze *f* (kleiner Eimer) ‖ ~\* (Tools) / Eimer *m* (ein Gefäß), Kübel *m*, Bottich *m* ‖ ~ **brigade** (Electronics) / Eimerkette *f*
**bucket-brigade device** (Electronics) / Eimerkettenschaltung *f* (eine Abart der Ladungsverschiebeschaltung), BBD-Schaltung *f*, Schaltung *f* mit BBD-Elementen, Eimerkettenelement *n*
**bucket chain** (Civ Eng) / Eimerkette *f* (zwei endlose Gelenkketten, an deren Gliedern die Eimer an jedem vierten oder sechsten Glied angebracht sind) ‖ ~ **charging** (Met) / Senkkübelbegichtung *f* ‖ ~ **conveyor**\* (Civ Eng) / Becherkettenförderer *m*, Eimerkettenförderer *m* ‖ ~ **conveyor** (Met) / Kübelaufzug *m* ‖ ~ **conveyor-elevator** (Civ Eng) / Becherwerk *n* (Stetigförderer für steil ansteigenden oder senkrechten Transport von Schüttgütern), Becheraufzug *m* (senkrechter oder schräger Stetigförderer), Becherelevator *m*
**bucket-dredge**\* *n* (Civ Eng, Hyd Eng) / Eimerkettennassbagger *m*, Eimerkettenschwimmbagger *m*
**bucket dredger** (Civ Eng, Hyd Eng) / Eimerkettennassbagger *m*, Eimerkettenschwimmbagger *m* ‖ ~ **elevator** (Civ Eng) / Becherwerk *n* (Stetigförderer für steil ansteigenden oder senkrechten Transport von Schüttgütern), Becheraufzug *m* (senkrechter oder schräger Stetigförderer), Becherelevator *m* ‖ ~ **elevator** (Met) / Kübelaufzug *m* ‖ ~ **ladder** (Civ Eng) / Eimerleiter *f* (Führungseinrichtung für die Eimerkette von Eimerkettenbaggern) ‖ ~**-ladder dredger**\* (Civ Eng, Hyd Eng) / Eimerkettennassbagger *m*, Eimerkettenschwimmbagger *m* ‖ ~**-ladder excavator**\* (Civ Eng) / Eimerkettengrabenbagger *m*, Eimerkettentrockenbagger *m* ‖ ~ **lip** (Civ Eng) / Eimerkante (beim Eimerkettenbagger) ‖ ~ **seat** (Autos) / Schalensitz *m* ‖ ~ **sort** (Comp) / Bucket-Sort *m* (schnelles Sortierverfahren für Zahlenfolgen zwischen feststehenden Minima und Maxima) ‖ ~ **tappet** (Autos) / Tassenstößel *m* (bei Ventilen)
**bucket-type centrifuge** (Nut) / Kammerzentrifuge *f*
**bucketwheel** *n* (Civ Eng, Mining) / Schaufelrad *n* (des Schaufelradbaggers) ‖ ~ **excavator** (Civ Eng, Mining) / Schaufelradbagger *m* (Massengewinnungsgerät, z.B. für den Tagebau)
**buckeye** *n* (Bot, For) / Rosskastanie *f* (Aesculus L.)
**bucking** *n* (Elec Eng) / Kompensation *f*, Ausgleich *m* ‖ ~ (US) (For) / Einschneiden *n* (Zersägen eines Stammes in die gewünschten Längen) ‖ ~ (Textiles) / Kalkwasserbleiche *f*, Laugen *n* ‖ ~ (Textiles) / Beuchen *n*, Beuche *f*, Beuchprozess *n* (eine chemische Vorreinigung von Baumwollgeweben nach DIN 54295) ‖ ~ **circuit** (Elec Eng) / Kompensationsschaltung *f* (bei Spannungsmessern) ‖ ~ **coil**\* (Elec Eng) / Kompensationsspule *f*, Ausgleichsspule *f* ‖ ~ **coil**\* (Elec Eng) s. also hum-bucking coil
**Buckingham potential** (Chem) / Buckingham-Potential *n*
**Buckingham's pi-theorem** (Phys) / Pi-Theorem *n* von Buckingham (der wichtigste Satz der Ähnlichkeitstheorie)
**bucking kier** (Textiles) / Beuchkessel *m* (DIN 64990)
**buckle** *v* / kippen *v* (Träger) ‖ ~\* (Mech) / knicken *v* (Knickstab, ausknicken *v* ‖ ~\* (Mech) / ausbeulen *v* (Schale, Platte) ‖ ~ *vt* (fasten with a buckle) / zuschnallen *v* ‖ ~ *n* / Sägeangel *f*, Angel *f* (des Sägeblattes) ‖ ~ (Autos) / Stauchung *m* (indirekter Blechschaden in den Randzonen des beschädigten Bereichs) ‖ ~ (Autos) / Gurtschloss *n*, Drucktastenschloss *f* (des Sicherheitsgurtes) ‖ ~ (Cinema) / störende Filmschleife (in der Kamera oder im Laufbildwerfer) ‖ ~\* (Eng) / Schnalle *f* (Spange), Spange *f* ‖ ~\* (Foundry) / Schülpe *f*, Narbe *f* (ein Gussfehler beim Gießen von Grünsandformen)
**buckle-fold**\* *n* (Bind) / Stauchfalz *m*, Taschenfalz *m*
**buckle folding** (Bind) / Stauchfalzung *f*
**buckle(d) plate** (Met) / Buckelblech *n*
**buckle-proof** *adj* (Mech) / knicksteif *adj*
**buckle up** *v* (the belt) (Autos) / einklicken *v* (den Sicherheitsgurt) ‖ ~ **up** (Autos) / sich angurten *v*, sich anschnallen *v*
**buckling** *n* (Cinema) / Filmsalat *m* (in der Kamera) ‖ ~ (Cinema) / Filmsalat *m* (meistens nur im Laufbildwerfer) ‖ ~\* (Elec Eng) / Werfen *n* (der Akkumulatorplatten) ‖ ~ (Mag, Nuc) / Buckling *n* (Form der inkohärenten Drehung) ‖ ~ (Mech) / Knickung *f* (Längsbiegung eines langen Stabes) ‖ ~ (Mech) / Beulverformung *f*, Ausbeulen *n*, Beulen *n* (von Schalen oder Platten) ‖ ~ (Mech) / Ausknicken *n* (Nachgeben unter Druck), Knicken *n*, Ausknickung *f* (bei Knickbelastung), Krümmen *n* (z.B. eines Metallstabes bei Knickbelastung) ‖ ~ (Mech) / Kippung *f* (bei schmalen hohen Trägern) ‖ ~\* (Nuc) / Flussdichtewölbung *f*, Buckling *n* ‖ ~ (Weaving) / Verziehung *f* ‖ ~ **factor** (Mech) / Knickzahl *f* (DIN 1052 und 4114) ‖ ~ **fatigue** (Materials, Mech) / Knickmüdung *f* ‖ ~ **load** (Mech) / Knicklast *f* ‖ ~ **modulus** (Mech) / Knickmodul *m* (nach Engesser und von Kármán) ‖ ~ **of plates** (Elec Eng) / Beulverformung *f* von Akkuplatten ‖ ~ **point** (Mech) / Knickgrenze *f* (beim Stauchen) ‖ ~ **reconstruction** (Electronics) / Knickrekonstruktion *f* ‖ ~ **safety** / Knicksicherheit *f* (DIN 1045) ‖ ~ **strength** (Materials, Mech) / Knickfestigkeit *f* ‖ ~ **strength** (Mech) / Beulfestigkeit *f* ‖ ~ **stress**

(Mech) / Knickspannung *f* (seitliches Ausweichen eines gedrückten Stabes) ‖ ~ **stress** (Mech) / Beulspannung *f*
**buckling-stress diagram** (Mech) / Knickspannungsdiagramm *n*
**buckling test** (Mech) / Knickversuch *m*, Knickprüfung *f*
**Buckminster Fuller dome** (Build, Civ Eng) / Fuller-Kuppel *f* (nach R.B. Fuller, 1895-1983)
**buckminsterfullerene** *n* (Chem) / Buckminsterfulleren *n* (ein kugelfömiges Molekül), $C_{60}$-Fulleren *n*, Buckyball *m*
**buck plate(s)**\* (Met) / Ofenpanzer *m*
**buckrake** *n* (Agric) / Schiebegabel *f* (z.B. des Heckschiebesammlers)
**buckram**\* *n* (Bind, Textiles) / Buckram *n* (Steifleinen), Buckramleinen *n* ‖ ~ (Textiles) / Bougram *m* (leinwandbindiges, hart appretiertes Zwischenfutter als Baum- oder Zellwolle, das auch als Bucheinband benutzt wird), Bougran *m* ‖ ~\* (Bind, Textiles) s. also **wigan**
**buck saw**\* (For) / Handspannsäge *f* ‖ ~ **saw**\* (For) s. also **bow saw**
**buckskin** *n* (Leather) / Wildleder *n* (ein Rauleder aus Wildfellen, dessen Narben abgestoßen wurde) ‖ ~ (from a male deer) (Leather) / Hirschleder *n* ‖ ~ (genuine or split) (Leather) / Elchleder *n*, Elenleder *n* (aus der Elchhaut gewonnen) ‖ ~ (Textiles) / Buckskin *m* (Woll- bzw. Halbwollstoff, köperbindig, vielfach mit Reißmaterial im Schuss), Buckskinstoff *m* ‖ ~ s. also **elk leather** ‖ ~ **cloth** (Textiles) / Buckskin *m* (Woll- bzw. Halbwollstoff, köperbindig, vielfach mit Reißmaterial im Schuss), Buckskinstoff *m* ‖ ~ **loom** (Weaving) / Buckskinwebmaschine *f*, sächsische Kurbelwebmaschine
**buckstave** *n* (Met) / Ankersäule *f* (der Hochofenmauerung)
**buckstay** *n* (Eng) / kaltliegende Bandage (Versteifung der Kesselwand), kalte Bandage ‖ ~ (Met) / Ankersäule *f* (der Hochofenmauerung)
**buck's wool** (Textiles) / Widderwolle *f*
**buckthorn bark** (For, Pharm) / Faulbaumrinde *f* (von Frangula alnus L.)
**buckwheat** *n* (Bot, Nut) / Heidekorn *n* (Fagopyrum esculentum Moench), Buchweizen *m*
**buckyball** *n* (Chem) / $C_{60}$-Cluster *m*, Football *m*
**Bucky diaphragm** (Radiol) / Bucky-Blende *f* (nach G. Bucky, 1880 - 1963), Streustrahlenraster *m*, Bucky-Raster *m*, Streustrahlenblende *f*, Antiscattering-Blende *f*
**bucrane** *n* (ornament in the form of an ox-skull) (Arch) / Bukranion *n* (pl. -nien) (ein antikes Schmuckmotiv)
**bucranium** *n* (pl. bucrania) (Arch) / Bukranion *n* (pl. -nien) (ein antikes Schmuckmotiv)
**bud** *v* (Bot) / knospen *v*
**Budan theorem** (Maths) / Budan-Fourier'sche Regel, Theorem *n* von Budan-Fourier
**budding** *n* (Agric) / Okulation *f*, Okulieren *n*, Augenveredlung *f* ‖ ~\* (Agric, For) / Sprossung *f*, Sprossbildung *f* ‖ ~ (Biochem, Chem Eng) / Sprossung *f* (von Hefen) ‖ ~\* (Bot) / Knospung *f*, Knospen *n*, Sprossung *f*, Gemmatio *f*
**buddle** *n* (Min Proc) / Schlämmherd *m*, Kehrherd *m* ‖ ~**-work**\* *n* (Min Proc) / nassmechanische Aufbereitung des Zinnerzes
**buddling dish** (Mining) / Waschbühne *f*
**bud grafting** (Agric) / Okulation *f*, Okulieren *n*, Augenveredlung *f* ‖ ~ **sport**\* (Bot) / Knospenmutation *f*
**bufadienolide** *n* (Chem, Pharm) / Bufadienolid *n* (ein herzwirksames Steroid)
**buff** (Build) / polieren *v* (Terrazzo) ‖ ~ (Leather) / abbuffen *v* (Leder), buffieren *v*, abschleifen *v*, schleifen *v* (Narbenschicht mit Hilfe von Schmirgel- oder Blanchierwalzen) ‖ ~ (Rail) / auflaufen *v*, auffahren *v* ‖ ~\* *n* (Eng) / Webstoffscheibe *f*, Schwabbelscheibe *f*, Polierläppscheibe *f*, Schleifmopp *m* ‖ ~ *adj* / gelblich braun ‖ ~ *attr* / lederfarben *adj*, ledergelb *adj*
**buffable** *adj* (Build) / polierbar *adj* (Terrazzo), polierfähig *adj*
**buffalo leather** (Leather) / Büffelleder *n*, Hausbüffelleder *n* ‖ ~ **yellow** (Chem, Nut, Textiles) / Tartrazin *n* (saurer Pyrazolonfarbstoff - E 102), Hydrazingelb *n* O, Echtwollgelb *n*, Echtlichtgelb *n*
**buffer** *v* (Chem, Comp) / puffern *v*, abpuffern *v* ‖ ~ *n* / Füllmaterial *n* (in einer Packung) ‖ ~ (a system that resists and minimizes changes of pH caused by addition or loss of acid and base) (Chem) / Pufferlösung *f*, Puffer *m* ‖ ~ (Chem) / Puffersubstanz *f* ‖ ~\* (Comp) / Pufferspeicher *m* (zwischen der Zentraleinheit und einem relativ langsam arbeitenden Gerät), Puffer *m* ‖ ~\* (Elec Eng) / Entkoppler *m*, Puffer *m* ‖ ~ (Electronics) / Puffer *m* (ein Gatter mit Verstärkerwirkung) ‖ ~ (Eng, Work Study) / Werkstückpuffer *m* (Werkstückreserven zur Überbrückung des ungleichen Ausstoßvermögens oder des kurzfristigen Ausfalls von Abschnitten, Maschinengruppen bzw. einzelnen Maschinen oder Stationen), Werkstückspeicher *m* (der Fertigungsstraße) ‖ ~ (Radio) / Zwischenstufe *f*, Trennstufe *f* (gegen Rückwirkungen), Pufferstufe *f* ‖ ~\* (Rail) / Puffer *m* (eine Stoßeinrichtung zum Schutz der Fahrzeuge, Fahrgäste und der Ladung) ‖ ~ (Work Study) / Puffer *m* (Vorrat an Werkstücken zwischen den einzelnen Arbeitsplätzen, Arbeitssystemen oder Maschinengruppen) ‖ ~ **acid** (Chem) / Puffersäure *f* ‖ ~ **action**\* (Chem) / Pufferwirkung *f* ‖ ~ **address table** (Comp) /

Pufferadresstabelle *f* ‖ ~ **amplifier** (Electronics) / Pufferverstärker *m*, Trennverstärker *m* ‖ ~ **area** (Comp) / Pufferbereich *m* ‖ ~ **battery**\* (Elec Eng) / Pufferbatterie *f* (in Gleichstromnetzen)
**buffer-battery system** (Elec Eng) / Puffern *n* (bei Batterien), Pufferbetrieb *m*
**buffer beam** (Rail) / Pufferbohle *f* ‖ ~ **box** (Rail) / Puffergehäuse *n*, Pufferhülse *f* ‖ ~ **capacitor**\* (Elec Eng) / Sperrkondensator *m*, Blockkondensator *m* ‖ ~ **capacity** (Chem) / Pufferungskapazität *f*, Pufferkapazität *f* ‖ ~ **chest** (Paper) / Ableerbütte *f* (bei der Stoffaufbereitung) ‖ ~ **circuit** (Elec Eng) / Pufferschaltung *f*, Pufferkreis *m* ‖ ~ **disk** (Rail) / Pufferteller *m*
**buffered FET logic** (Electronics) / gepufferte FET-Logik, BFL (eine Transistor-Transistor-Logik auf GaAs-Basis, bei der sowohl Schalter- als auch Lastelemente-MESFET verwendet werden) ‖ ~ **power supply** (Comp) / gepufferte Stromversorgung ‖ ~ **power system** (supply) (Comp) / gepufferte Stromversorgung
**buffer gas** (Eng) / Sperrgas *n* (bei Dichtungen) ‖ ~ **generator** (Electronics) / Relaxationsgenerator *m*, Speichergenerator *m*, Kippkreisgenerator *m* ‖ ~ **head** (Rail) / Pufferteller *m* ‖ ~ **index** (Chem) / Pufferwert *m*
**buffering** *n* (Chem) / Abstumpfen *n* (von sauren Lösungen) ‖ ~ (Chem, Comp) / Puffern *n*, Pufferung *f*, Abpuffern *n* ‖ ~ (Welding) / Auftragschweißen *n* von Pufferschichten, Puffern *n* ‖ ~ **agent** (Chem) / Puffersubstanz *f* ‖ ~ **power** (Chem) / Pufferungsvermögen *n*
**buffer-insertion scheme** (Comp) / Buffer-Insertion-Verfahren *n* (wenn eine sendewillige Station eines Ringnetzes ein Paket variabler Länge zwischen zwei Pakete, die sich bereits auf dem Ring befinden, einfügen kann)
**buffer memory** (Comp) / Pufferspeicher *m* (zwischen der Zentraleinheit und einem relativ langsam arbeitenden Gerät), Puffer *m* ‖ ~ **reagent**\* (Chem, Elec Eng) / Puffersubstanz *f* ‖ ~ **register** (Comp) / Pufferregister *n* ‖ ~ **rod** (Rail) / Pufferstange *f* ‖ ~ **solution**\* (Chem) / Pufferlösung *f*, Puffer *m* ‖ ~ **spring**\* (Autos, Rail) / Pufferfeder *f* ‖ ~ **stage**\* (Radio) / Zwischenstufe *f*, Trennstufe *f* (gegen Rückwirkungen), Pufferstufe *f* ‖ ~ **stock** / Bufferstock *m* (internationales Ausgleichslager für Rohstoffe, das Produktionsschwankungen ausgleichen und starke Preisausschläge verhindern soll), Pufferpool *m*, Ausgleichslager *n* (für Rohstoffe im Welthandel) ‖ ~ **stock** (Eng) / Ausgleichslager *n* (im Fertigungsprozess) ‖ ~ **stock** (Work Study) / Puffer *m* (Vorrat an Werkstücken zwischen den einzelnen Arbeitsplätzen, Arbeitssystemen oder Maschinengruppen)
**buffer-stop** *n* (Rail) / Prellbock *m* (am Ende des Stumpfgleises)
**buffer storage** (Comp) / Pufferspeicher *m* (zwischen der Zentraleinheit und einem relativ langsam arbeitenden Gerät), Puffer *m* ‖ ~ **store** (Comp) / Pufferspeicher *m* (zwischen der Zentraleinheit und einem relativ langsam arbeitenden Gerät), Puffer *m* ‖ ~ **time** (Work Study) / Pufferzeit *f* ‖ ~ **value** (Chem) / Pufferwert *m* ‖ ~ **zone** (Aero) / Pufferzone *f* (im Warteverfahren) ‖ ~ **zone** (Build) / Abstands- und Schutzzone *f*, Pufferzone *f*, Freihaltezone *f* (S)
**buffet boundary**\* (Aero) / Flattergrenze *f* (bei Leitwerken)
**buffet-free** *adj* (Autos) / windgeschützt *adj* (beim Offenfahren)
**buffeting**\* *n* (Aero) / Flatterschwingung *f*, Buffeting *n*, Schütteln *n* (des Leitwerks)
**buffing** *n* (Eng) / Schwabbeln (mit einer Polierscheibe oder -bürste aus Nessel, Tuch, Filz, Leder u.a.), Polierläppen *n* ‖ ~ **band** (Eng, Tools) / Polierband *n* (ein Schwabbelwerkzeug) ‖ ~ **leather** (Bind, Leather) / leichtes Spaltleder ‖ ~ **machine** (Eng) / Schwabbelmaschine *f* ‖ ~ **mop** (Eng) / Webstoffscheibe *f*, Schwabbelscheibe *f*, Polierläppscheibe *f*, Schleifmopp *m* ‖ ~ **pad** (Paint) / Bimskissen *n* ‖ ~ **paper** (Leather) / Schleifpapier *n* (zum Buffieren) ‖ ~ **ring** (Eng) / Polierring *m*, Ringpolierscheibe *f* ‖ ~ **stand** (Eng) / Schwabbelbock *m* (einfache Schwabbelmaschine), Ständerschwabbelmaschine *f* ‖ ~ **wax** / Schwabbelwachs *n* ‖ ~ **wheel** (Eng) / Webstoffscheibe *f*, Schwabbelscheibe *f*, Polierläppscheibe *f*, Schleifmopp *m*
**buff leather** (Leather) / buffiertes Leder, gebufftes Leder
**Buffon's needle problem** (Maths) / Buffon-Nadelproblem *n*, Nadelproblem *n* von Buffon (nach G.L. Leclerc Graf von Buffon, 1707-1788)
**bufotenin** *n* (Chem) / Bufotenin *n* (ein Halluzinogen)
**bufotoxin** *n* (Chem) / Bufotoxin *n* (ein Krötengift)
**bug** *v* (Electronics) / Wanzen einsetzen, verwanzen *v* (ein Gebäude) ‖ ~\* *n* (Comp) / Fehler *m* (im Programm, im System) ‖ ~ (Electronics) / Wanze *f* (ein Miniabhörgerät) ‖ ~ (at the converter mouth) (Met) / Mündungsbär *m*
**bugas** *n* / Flaschengas *n* (das unter Druck in Stahlflaschen gefüllt wird)
**bug-eye lens**\* (Cinema) / Weitwinkel-Kameraobjektiv *n* (für das Todd-AO-Verfahren)
**bugging operation** (Telecomm) / Lauschoperation *f*, Lauschaktion *f*, Lauschangriff *m*
**buggy** *n* (Civ Eng) / Betonkarren *m*, Betonkippkarren *m* ‖ ~ (Mining) / Kleinförderwagen *m*

**bug key**\* (Teleg) / halbautomatische Taste, Schnellsendetaste f
**buhr mill**\* / Steinmahlgang m, Mahlgang m (als Vorrichtung)
**buhrstone** n / Mühlstein m, Mahlstein m ‖ ~ **mill** / Steinmahlgang m, Mahlgang m (als Vorrichtung)
**build** v / bauen v, schlagen v (Brücke) ‖ ~ / aufbauen v, erbauen v, bauen v (im Allgemeinen) ‖ ~ n (Eng) / Bauart f, Ausführung f (Version), Bauform f, Machart f, Ausführungsform f, Version f (Herstellungsart) ‖ ~ (the thickness of a paint or varnish film) (Paint) / Filmdicke f, Filmstärke f, Schichtdicke f
**builder** n (Build) / Bauträger m ‖ ~ (Build) / Bauunternehmer m ‖ ~ (Chem) / Gerüststoff m, Builder m (anorganischer Zusatz zu Waschmitteln)
**builder's hoist** (Build) / Bauwinde f ‖ ~ **level** (Build) / Richtwaage f (Gerät zur Bestimmung kleiner Abweichungen von der Waagerechten - DIN 877) ‖ ~ **line** (Build) / Schnur f (beim Mauern, Pflastern, zur Absteckung der Baugrube auf Schnurböcken), Fluchtschnur f, Mauerschnur f ‖ ~ **sand** (Build) / Bausand m (Natursand und Brechsand bis 7 mm Korngröße) ‖ ~ **sand** (Build) / weicher Sand, stumpfer Sand ‖ ~ **square** (Carp) / Anschlagwinkel m (von 90°), Winkel m (Messwerkzeug mit einer Anschlagkante), Schreinerwinkel m, Winkelmaß n mit Anschlag
**builder's tape** (Build, Surv) / Bandmaß n, Rollbandmaß n, Messband n (DIN 6403), Maßband n (bedrucktes Messband in Stahl- oder Kunststoffgehäuse)
**builder's winch** (Build) / Bauwinde f
**build in** v / einbauen v
**building** n / Bau m (als Tätigkeit - ohne Plural), Bauen n ‖ ~ (Arch) / Gebäude n, Bau m (pl. Bauten), bauliche Anlage ‖ ~ (Build) / Bauwerk n (bedachtes) ‖ ~ (Chem Eng) / Konfektionierung f (Aufbau von vulkanisationsreifen Fertigprodukten aus Mischung, Textil, Metall usw.) ‖ ~ **aerodynamics** (Build, Phys) / Gebäudeaerodynamik f ‖ ~ **and civil engineering** (Build, Civ Eng) / Hoch-und Tiefbau m ‖ ~ **and loan association** (US) / Bausparkasse f ‖ ~ **authority** (Build) / Baubehörde f ‖ ~ **automation** f (DIN 18 386) ‖ ~ **berth** (Ships) / Baudock m, Helling f (pl. Hellingen oder Helgen), Helgen m, Helge f ‖ ~ **biology** (Biol, Build) / Biologie f des Bauens, Baubiologie f ‖ ~ **block** (Build) / Block m, Blockstein m, Stein m, Vollstein m (Bauelement) ‖ ~ **block** (Electronics, Eng) / Baustein m (Aggregat von Bauelementen), Aufbaueinheit f, Baueinheit f
**building-block machine** (Eng) / Aufbaumaschine f
**building**·**-block principle** (Eng) / Baukastenprinzip n (systematisches Gliedern technischer Gebilde in funktionell abgegrenzte und montagemäßig selbständige Bauelemente im Sinne von Bausteinen) ‖ ~ **board** (Build) / Baupappe f ‖ ~ **board**\* (Build, Paper) / Bauplatte f (Sammelbegriff für plattenförmige Bauteile für Wände, Wand- und Deckenbekleidungen, für Dämmzwecke usw.) ‖ ~ **brick** (common brick which are not produced for texture, colour, or other decorative effects - used in building construction) (Build, Ceramics) / Mauerziegel m (DIN 105), Mauerwerkziegel m, Mauerstein m (der auf kalten Wegen hergestellt wurde), Backstein m, Ziegel m, Stein m (Mauerstein) ‖ ~ **ceramics** (Build, Ceramics) / Baukeramik f ‖ ~ **certificate**\* (Build) / Mitteilung f über den Bautenstand (Erreichung des Fertigungsstandes der einzelnen im Zahlungsplan enthaltenen Positionen), Bautenstandsbestätigung f ‖ ~ **code** (Build) / Bauordnung f (die Verordnungen, die den Bauherrn bzw. den Baumeister zwingen, sich bestimmten Regelungen und Vorschriften zu unterwerfen) ‖ ~ **component** (Build) / Bauwerksteil m, Gebäudeteil n ‖ ~ **contractor** (Build) / Bauunternehmer m ‖ ~ **cost(s)** (Build) / Baukosten pl (DIN 276) ‖ ~ **crane** (Build) / Baukran m ‖ ~ **density** (Arch, Build) / Baudichte f ‖ ~ **drawing** f (DIN 1356), Bauzeichnung f (DIN 1356), Zeichnung f für das Bauwesen ‖ ~ **drum** / Aufbautrommel f (der Reifenbaumaschine), Wickeltrommel f (der Reifenbaumaschine) ‖ ~ **element** (Arch) / bauliches Gestaltelement ‖ ~ **elevator** (Build) / Bauaufzug m (Lastenaufzug oder mit Personenbeförderung) ‖ ~ **engineering** (Build) / Bautechnik f ‖ ~ **glass** (Build, Glass) / Bauglas n, Glas n im Bauwesen (DIN EN 572) ‖ ~ **granite** (Build, Civ Eng) / Granit m (als Naturstein - breiter als der geologische Begriff) ‖ ~ **heating system** (Build) / Heizung f (als Anlage) ‖ ~ **hoist** (Build) / Bauaufzug m (Lastenaufzug oder mit Personenbeförderung)
**building-in** n / Einbau m
**building incidentals** (Build) / Außenanlagen f pl (als Posten in dem Leistungsverzeichnis) ‖ ~ **industry** (Build) / Baugewerbe n, Bauwirtschaft f, Bauindustrie f ‖ ~ **land** (Build) / Bauland n, Baugelände n ‖ ~ **land** (Build) s. also subdivision (US)
**building-land development** (Build) / Baulanderschließung f ‖ ~ **redevelopment** (Build) / Baulandumlegung f (nach dem Bundesbaugesetz)
**building lime** (BS 890) (Build) / Baukalk m (vorwiegend zur Bereitung von Mauer- und Putzmörtel verwendet - DIN 1060 und DIN EN 459) ‖ ~ **line**\* (Build) / Baulinie f, Baugrenze f, Baufluchtlinie f ‖ ~ **machine** (Build, Civ Eng) / Baumaschine f ‖ ~ **machinery** (Build, Civ Eng) / Baumaschinen f pl ‖ ~ **material** (Build) / Baustoff m (zur Fertigung von Bauteilen und Bauwerken)
**building-materials industry** (Build) / Baustoffindustrie f
**building moisture** (Build) / Baufeuchte f (Feuchte, welche Baustoffe regelmäßig auch nach der Erstellung des Bauwerks aufweisen) ‖ ~ **motion** (Textiles) / Schaltapparat m ‖ ~ **over the boundary line** (Build) / Überbau m (Verletzung der Grenze zum Nachbargrundstück) ‖ ~ **owner** (Build) / Bauherr m ‖ ~ **paper**\* (Build) / Baupappe f ‖ ~ **permit** (Build) / Baugenehmigung f ‖ ~ **physics** (Build, Phys) / Bauphysik f
**building-pit lining** (Build) / Baugrubenverkleidung f ‖ ~ **sheeting** (Build) / Baugrubenverkleidung f
**building plaster** (Build) / Baugips m (DIN 1168-1) ‖ ~ **plastics** (Build, Plastics) / Baukunststoffe m pl ‖ ~ **plot** (Build) / Bauplatz m (auf dem gebaut werden soll) ‖ ~ **plot** (Build, Surv) / [Kataster]Parzelle f, Baugrundstück n, Flurstück n, Areal n (Grundstück) ‖ ~ **practitioner** (Build) / Baupraktiker m ‖ ~ **process** (Arch, Build) / Bauverfahren n ‖ ~ **project** (Build) / Bauvorhaben n ‖ ~ **protective agent** (Build) / Bautenschutzmittel n ‖ ~ **regulations** (Build) / Bauvorschriften f pl, Baubestimmungen f pl ‖ ~ **rubbish** (Build) / Bauschutt m, Baustellenabfälle m pl ‖ ~ **sand** (Build) / Bausand m (Natursand und Brechsand bis 7 mm Korngröße) ‖ ~ **services** (Build) / Gebäudeausrüstung f ‖ ~ **society** / Bausparkasse f ‖ ~ **specification** / Baubeschreibung f ‖ ~ **stock** (Build) / Bestand m an Gebäuden ‖ ~ **stone** (Build) / Baustein m (meistens Naturbaustein) ‖ ~ **structure** (Build) / Bau m, Konstruktion f (das Gebaute), Bauwerk n ‖ ~ **timber** (Build, Carp) / Zimmermannsholz n für Bauarbeiten ‖ ~ **timber** (Build, For) / Bauholz n ‖ ~ **trade** (Build) / Baugewerbe n, Bauwirtschaft f, Bauindustrie f
**building-up** n (Meteor) / Quellen n (der Wolken) ‖ ~ (Phys) / Anfachung f (Vergrößerung der Amplitude eines Schwingung) ‖ ~ (of oscillation) (Phys) / Aufschaukeln n (von Schwingungen)
**building volume** (Build) / umbauter Raum, Brutto-Rauminhalt m, BRI (Brutto-Rauminhalt), Kubatur f (A) ‖ ~ **wiring** (Cables) / Gebäudeverkabelung f ‖ ~ **work** (Build) / Bauleistung f
**build on** v (Build, Civ Eng) / bebauen v
**build-on motor** (Eng) / Anbaumotor m
**build up** v / aufbauen v (eine Organisation) ‖ ~ **up** (Build, Civ Eng) / bebauen v ‖ ~ **up** (Phys) / anfachen v (bei Schwingungs- und Wellenvorgängen) ‖ ~ **up** (Telecomm) / aufbauen v (Verbindung, Gespräch), herstellen v ‖ ~-**up**\* n (Radiol) / Aufbau m, Zuwachs m (einer Strahlungsgröße); Build-up;n.
**build-up** n (Telecomm) / Aufbau m (einer Verbindung), Herstellung f (einer Verbindung)
**build-up** n (welding) (Welding) / Auftragsschweißen n (Aufschweißen von Zusatzstoff nach DIN 1910-1)
**build-up factor** (Radiol) / Aufbaufaktor m, Build-up-Faktor m ‖ ~ **of heat** (Textiles) / Hitzestau m (in Kleidern) ‖ ~ **of smoke** / Rauchentwicklung f (DIN 4102, T 1) ‖ ~ **of static charge** (Comp, Elec) / elektrostatische Aufladung f ‖ ~ **sequence**\* (Welding) / Lagenfolge f ‖ ~ **time** (Autos) / Schwelldauer f (bei Bremsen) ‖ ~ **time**\* (Electronics) / Anstiegszeit f (beim Impuls nach DIN 40146, T3), Flankenanstiegszeit f, Steigzeit f ‖ ~ **time** (Electronics) / Anstiegszeit f (die Zeit, die erforderlich ist, um einen Stromkreis von einem Zustand in den anderen zu schalten) ‖ ~ **time**\* (Electronics) / Einschwingzeit f
**build** v **up with weld** (Welding) / aufschweißen v (auf)
**built beam with keys** (Carp) / verdübelter Balken (ein zusammengesetzter Balken)
**built-in** adj / eingebaut adj ‖ ~ **check** (Comp, Electronics) / automatische Geräteprüfung, Geräteselbstprüfung f, festverdrahtete Prüfung ‖ ~ **cupboard** (Build) / Einbauschrank m (in der Küche) ‖ ~ **font** (Comp) / residente Schrift ‖ ~ **font** (Comp) / vorhandene Schrift (mit der das Gerät standardmäßig versehen ist) ‖ ~ **furniture** (Build, Join) / Einbaumöbel n pl ‖ ~ **loudspeaker** (Acous) / Einbaulautsprecher m ‖ ~ **motor** (Elec Eng) / Einbaumotor m ‖ ~ **refrigerator** / Einbaukühlschrank m ‖ ~ **self-test** (Electronics) / Built-in-self-Test m (Oberbegriff für alle Maßnahmen, die erlauben, dass sich eine Schaltung selbst überprüft), Built-in-Selbsttest m ‖ ~ **shelf** (Join) / Einbauregal n ‖ ~ **speaker** (Acous) / Einbaulautsprecher m ‖ ~ **switch** (Elec Eng) / Einbauschalter m (der bereits eingebaut ist) ‖ ~ **test** (Electronics) / automatische Prüfung (der elektronischen Bauteile) ‖ ~ **test equipment** / Einbautestgerät n
**built soap** / Mischung f von Seife und einem oder mehreren Reinigungsmitteln
**built-up** adj / verbaut adj, überbaut adj, bebaut adj ‖ ~ **area** (Build) / überbaute Fläche, überdachte Fläche, überdeckte Fläche ‖ ~ **area** (Build, Civ Eng) / bebaute Fläche, bebautes Gelände ‖ ~ **beam** (Carp) / zusammengesetzter Balken
**built-up edge** (Eng) / Aufbauschneide f (eine Ablagerung im Bereich der Stauzone auf der Spanfläche)

**built-up edge fragments** (Eng, Tools) / Scheinspan *m* (spanähnlich abfließender Teil einer Aufbauschneide) ‖ ~ **frame press** (Eng) / Ständerpresse *f* ‖ ~ **girder** (Build) / zusammengesetzter Träger (aus mehreren Teilen) ‖ ~ **roof** (Build) / Pappeindeckung *f* (mehrschichtige, geklebte) mit Rollenmaterial, Klebedach *n* ‖ ~ **roofing** (Build) / Rollenmaterial *n*, Bahnmaterial *n* (zur Eindeckung), Bahnendeckung *f* ‖ ~ **section** (Met) / zusammengesetztes Profil ‖ ~ **truss** (Carp) / Brettbinder *m*, Bretterbinder *m* (Binderkonstruktion, die als Fachwerk aus Brettgurten und -stäben oder als Vollwandträger aus Brettstegen und Bohlengurten besteht, und für Dachbinder, Unterzüge, usw. verwendet wird)

**bulb*** *n* (Bot) / Zwiebel *m* (als morphologischer Begriff), Bulbus *m* (pl. Bulben) ‖ ~* (Elec Eng, Light) / Kolben *m* (der Glühlampe), Lampenkolben *m*, Birne *f*, Glühbirne *f* ‖ ~ (Met) / Wulst *m f* (des Wulststahls) ‖ ~ (Phys) / kugel- oder zylinderförmige Erweiterung des Kapillarröhrchens des Thermometers (am unteren Ende) ‖ ~ (Ships) / Bulb *m* (eine Verdickung zur Verbesserung der Fahreigenschaften) ‖ ~ **angle steel** (pl. bulb angles) (Met) / Wulstwinkelstahl *m* ‖ ~ **blackening** (Elec Eng, Light) / Kolbenschwärzung *f* (der Glühbirne) ‖ ~ **edge** (Glass) / Randverdickung *f*, Randwulst *m* (Verdickung)

**bulb-end pile** (Civ Eng) / Pfahl *m* mit Fußerweiterung (z.B. Franki-Pfahl)

**bulb of pressure** (Civ Eng) / birnenförmige Druckverteilung (im Baugrund)

**bulbous** *adj* / bauchig *adj*, ausgebaucht *adj* ‖ ~ **bow** (Ships) / Wulstbug *m*, Taylor-Bug *m* ‖ ~ **cupola** (Arch) / Welsche Haube (Turmbekrönung oder Haubendach mit geschweifter Kontur)

**bulb plate** (a ribbed plate) (Met) / Tränenblech *n* (geripptes Blech, dem spitz auslaufende ellipsenförmige Erhebungen aufgewalzt sind) ‖ ~ **plate** (Met) / Wulstflachprofil *n* ‖ ~ **replacement** (Autos, Elec Eng) / Glühlampenwechsel *m* ‖ ~ **resistor** (Electronics) / Widerstandskopf *m* (ein Thermowiderstand) ‖ ~ **shield** (Elec Eng, Light) / Strahlenblende *f* (vor der Scheinwerferglühlampe)

**bulb-tube mill** (Eng) / Kugelrohrmühle *f*

**bulb turbine** (Eng) / Rohrturbine *f* mit wasserumströmtem Generator (in der Ausweitung des Saugrohrs)

**bulb-type turbine** (Eng) / Rohrturbine *f* mit wasserumströmtem Generator (in der Ausweitung des Saugrohrs)

**bulgar wheat** (cereal food made by boiling whole wheat grains, drying them, and then grinding them coarsely) (Nut) / Bulgur *m*, Burgul *m*, Bulgurweizen *m*

**bulge** *v* (Eng) / ausbeulen *v* ‖ ~ *vt* / ausbauchen *v* (Hohlkörper in der Mitte weiten), ausbuchten *v* ‖ ~ *n* / Verbeulung *f* ‖ ~ (Astron) / Bulge *m* (im Zentrum von Spiralgalaxien vorkommende Anschwellung, die morphologisch einer elliptischen Galaxie gleicht) ‖ ~ (Geophys, Space) / Bulge *m* (die Aufwölbung der oberen Atmosphärenschichten über der Tagesseite der Erde infolge der Erwärmung der Thermosphäre) ‖ ~ (Met) / Wulst *m f* (Blechteil)

**bulged** *adj* / bauchig *adj*, ausgebaucht *adj* ‖ ~ **package** / ausgebauchtes Versandstück

**bulge height** (Paper) / Wölbhöhe *f* (im Mittelpunkt der Probe gemessene Ausbeulung im Augenblick des Berstens) ‖ ~ **testing** (Surf) / Ausbeulprüfverfahren *n* (Zerreißprüfung von Metallüberzügen)

**bulghur wheat** (Nut) / Bulgur *m*, Burgul *m*, Bulgurweizen *m*

**bulging** *n* / Verbeulung *f* ‖ ~ / Ausbauchung *f*, Ausbuchtung *f* ‖ ~ (Eng) / Beulung *f* (nach außen), Ausbeulen *f* ‖ ~ (Eng) / Knicksicken *n*, Stanzsicken *n* (des Mantels von Hohlkörpern) ‖ ~ *adj* / prall *adj* (Sack) ‖ ~ **of lead block** / Bleiblockausbauchung *f* (bei der Bleiblockprobe zur Ermittlung der Sprengkraft von Stoffen)

**bulk** *v* / zu einer Sendung zusammenstellen ‖ ~ / bauschen *vi* ‖ ~ (Civ Eng) / lose aufschütten ‖ ~ *n* / Quellvolumen *n* (eines Massengutes) ‖ ~ (Bind) / Buchblockstärke *f* ‖ ~ (Nut) / Ballaststoff *m* ‖ ~* (Paper) / Volumen *n*, Papiervolumen *n* (Verhältnis der absoluten Papierdicke zum Quadratmetergewicht, in den USA = Anzahl der Buchblockblätter per Inch) ‖ ~ (Spinning) / Bauschigkeit *f*, Voluminosität *f*, Fülligkeit *f* ‖ ~ (Spinning) s. also bulkiness ‖ ~ **acoustic wave element** (Acous, Electronics) / BAW-Bauelement *n*, Volumenwellenelement *n* (der Akustoelektronik) ‖ ~ **attack** / Allgemeinabtragung *f*, flächenabtragender Angriff, Allgemeinangriff *m* (bei der Korrosion) ‖ ~ **billing** (Teleph) / Summengebührenerfassung *f* ‖ ~ **blend** (Chem, Phys) / Gemenge *n*, heterogenes Gemisch, Haufwerk *n* (kompaktes Gemenge aus pulverartigen Substanzen nach DIN 66 160) ‖ ~ **cargo** / Bulkladung *f* (unverpacktes Schüttgut) ‖ ~ **cargo** (Ships) / Massengut *n*

**bulk-cargo compartment** (Aero) / Stückgutfrachtraum *m* (in dem keine Container oder Paletten verladen werden können)

**bulk carrier** (Ships) / Massengutfrachter *m*, Bulkcarrier *m*, Bulkfrachtschiff *n* (für schüttfähige Massengüter) ‖ ~ **cement** (of a bulk-cement plant) (Build, Civ Eng) / Silozement *m* (loser Zement, der im Gegensatz zum Sackzement unverpackt in Spezialfahrzeugen zum Verbraucher ausgeliefert wird), loser Zement (aus dem Zementsilo)

**bulk-cement plant** (Civ Eng) / Zementsilo *m n*

**bulk changeover** (Elec Eng) / Massenumschaltung *f* ‖ ~ **charge-coupled device** (Electronics) / Ladungsverschiebeschaltung *f* (in MOS-Technik hergestellt) ‖ ~ **concrete*** (Civ Eng) / Massenbeton *m* (für Bauteile mit Dicken über etwa 1 m - mit Zuschlagstoffen von über 150 mm Korngröße) ‖ ~ **connection** (Elec Eng, Electronics) / Massenbeschaltung *f* ‖ ~ **container** / Schüttgutcontainer *m* ‖ ~ **conveying** / Losetransport *m* (von Schüttgütern) ‖ ~ **density*** (Phys) / Schüttdichte *f* (Quotient aus der Masse und dem Volumen, das die in bestimmter Weise geschüttete Formmasse einnimmt - DIN ISO 697), Raummasse *f* ‖ ~ **density*** (Powder Met) / Fülldichte *f* ‖ ~ **density** (Phys) s. also apparent density ‖ ~ **diffusion** (Phys) / Diffusion *f* durch den Festkörper ‖ ~ **distillate** (Chem Eng) / breiter Schnitt (Destillat)

**bulked continuous filament** (yarn)* (Spinning) / BCF-Garn *n* (aus endlosen texturierten Synthetics) ‖ ~ **yarn*** (Spinning) / Bauschgarn *n* (ein texturiertes Garn), Bulkgarn *n*

**bulk effect** (Electronics) / Volumeneffekt *m* (physikalischer Effekt in einem Halbleiter) ‖ ~ **elasticity** (Phys) / Volumenelastizität *f* ‖ ~ **elasticity** (Spinning) / Bauschelastizität *f* (eines Faserbausches oder anderer textiler Gebilde, sich nach Druckbeanspruchung wieder auszudehnen), Volumenelastizität *f*

**bulker** *n* (Ships) / Massengutfrachter *m*, Bulkcarrier *m*, Bulkfrachtschiff *n* (für schüttfähige Massengüter)

**bulk excavation** (Civ Eng) / Massenaushub *m* ‖ ~ **factor*** (Plastics) / Verdichtungsgrad *m*, Füllfaktor *m* ‖ ~ **fermentation method** (Nut) / Charmat-Verfahren *n*, Tankgärung *f* (bei der Sektherstellung) ‖ ~ **flotation*** (Min Proc) / kollektive Flotation, Mischkonzentratflotation *f*, Sammelflotation *f* ‖ ~ **foods** (Nut) / unverpackte Lebensmittel

**bulk-goods conveyor** (Eng) / Massengutförderer *m*

**bulk handling** / Schüttgutumschlag *m*

**bulk-handling machine** (Eng) / Schüttgutförderer *m*, Schüttgutfördermaschine *f*

**bulk hardening** (Met) / Volumenhärten *n* (nach durchgreifendem Erwärmen auf Austenitisierungstemperatur)

**bulkhead*** *n* (Aero) / Schottwand *f*, Vollwand *f*, Vollspant *m n* ‖ ~* (Aero) / Brandspant *m* (vollwandiger), Brandschott *n* ‖ ~ (Autos) / Stirnwand *f* (des Motorraumes) ‖ ~* (Autos) / Trennwand *f* (im Kraftomnibus) ‖ ~ (Autos) / Spritzwand *f* (Trennwand zwischen Motorraum und Karosserieinnenraum) ‖ ~ (Build) / Brandschott *n* (Querwand in mindestens brandhemmender Ausführung zur Unterteilung eines lang gestreckten Raumes, um eine Brandausbreitung zu erschweren) ‖ ~* (Civ Eng) / Fangdamm *m*, Stützdamm *m*, Fangedamm *m* ‖ ~ (Rail) / Schottwand *f*, Zwischenwand *m* ‖ ~* (Ships) / Schott *n* ‖ ~ **deck*** (Ships) / Schottendeck *n* (über der Wasserlinie) ‖ ~ **door** (Ships) / Schotttür *f* ‖ ~ **facing** (Ships) / Schottverkleidung *f* ‖ ~ **plug** (Elec Eng) / Einbaustecker *m* mit Zentralbefestigung ‖ ~ **socket** (Elec Eng) / Einbaubuchse *f* mit Zentralbefestigung

**bulkiness** *n* (Spinning) / Bauschigkeit *f*, Voluminosität *f*, Fülligkeit *f*

**bulking** *n* / Quellvolumen *n* (eines Massenguts) ‖ ~* (Build, Civ Eng, Paper) / Feuchtigkeitsausdehnung *f*, Feuchtigkeitsdehnung *f*, Feuchtdehnung *f* ‖ ~ **agent** (Nut) / Bulking-Agent *m* (körpergebender Inhalts- bzw. Zusatzstoff in Süß- und Backwaren - z.B. Sorbit, Mannit und Xylit), Füllstoff *m* (der das Volumen eines Lebensmittels erhöht und den Nährstoffgehalt "verdünnt")

**bulking-down** *n* (For) / Stapeln *n* ohne Stapellatten (Holz ohne Zwischenräume)

**bulking paper** (Paper, Print) / Dickdruckpapier *n* ‖ ~ **sludge** (San Eng) / Blähschlamm *m* (fadenförmige Mikroorganismen, die zu Störungen bei der Schlammsedimentation im Verlauf der biologischen Abwasserreinigung führen - DIN 4045)

**bulk leaching*** (Met) / Sickerlaugung *f* (ein Laugeverfahren der Nassmetallurgie) ‖ ~ **magnetostriction** (Mag) / Volumenmagnetostriktion *f* (Volumenänderung bei gleicher Gestalt) ‖ ~ **material** / Vollmaterial *n* (massiv) ‖ ~ **material** / Schüttgut *n* (das sich aus einer großen Anzahl vorwiegend fester Einzelteilchen zusammensetzt, die im Gegensatz zum betrachteten Gesamtvolumen sehr klein sind und nicht einzeln transportiert, umgeschlagen und gelagert werden) ‖ ~ **memory** (Comp) / Großraumspeicher *m* (externer Speicher) ‖ ~ **memory** (Comp) / Massenspeicher *m* (für große Daten- oder Instruktionsmengen) ‖ ~ **memory** (Comp) s. also auxiliary memory ‖ ~ **milk** (Nut) / Sammelmilch *f*, lose Milch

**bulk-milk collection tanker** (Autos, Nut) / Milchsammeltankwagen *m* (zum Transport von Milch in die Molkerei) ‖ ~ **tanker** (Autos, Nut) / Milchsammeltankwagen *m* (zum Transport von Milch in die Molkerei)

**bulk modulus*** (Phys) / Kompressionsmodul *m* (DIN 13343) ‖ ~ **modulus of elasticity** (Eng, Phys) / Volumenelastizitätsmodul *m*,

**bulk**

Raummodul *m* ‖ ~ **molding compound*** (US) (Plastics) / Alkydpressmasse *f* ‖ ~ **moulding compound** (Plastics) / Feuchtpressmasse *f* (glasfaserverstärkter Kunststoff mit kürzeren Glasfasern), Premix-Pressmasse *f* ‖ ~ **moulding compound** (Plastics) / Bulk-Moulding-Compound *n* (rieselfähiges Granulat oder teigige Formmasse) ‖ ~ **oil** (Ships) / Ladeöl *n* (in Tankern), Öl *n* (als Ladung in Tankern) ‖ ~ **oil circuit breaker** (Elec Eng) / Kesselölschalter *m* ‖ ~ **packaging** (Nut) / Verpackung *f* von mehreren Stücken, Sammelpackung *f* ‖ ~ **polymerization** (Chem) / Massepolymerisation *f*, Substanzpolymerisation *f* ‖ ~ **porosity** (Civ Eng) / Haufwerksporigkeit *f* (des Betons) ‖ ~ **product** (Chem Eng) / geometrisch unbestimmtes, formloses Produkt (in der Verfahrenstechnik - z.B. Mineralöle) ‖ ~ **recombination** (Electronics) / Volumenrekombination *f* (Rekombination innerhalb eines Halbleiters in Gegensatz zu der Oberflächenrekombination) ‖ ~ **refuse container** (Ecol) / Müllgroßbehälter *m* ‖ ~ **resin** (Plastics) / Standardkunststoff *m*, Massenkunststoff *m* ‖ ~ **resistance** (Elec Eng) / Volumenwiderstand *m* (der in Fluss- und Sperrrichtung unveränderte Widerstandsteil eines Halbleitersystems mit Sperrschicht) ‖ ~ **resistivity** (Elec Eng) / spezifischer Volumenwiderstand ‖ ~ **sample*** (Min Proc) / Mengenprobe *f*, Massenprobe *f* ‖ ~ **specific gravity** (Phys) / Schüttdichte *f* (Quotient aus der Masse und dem Volumen, das die in bestimmter Weise geschüttete Formmasse einnimmt - DIN ISO 697), Raummasse *f* ‖ ~ **storage** / Lagerung *f* in aufgeschütteten Haufen ‖ ~ **storage** (Comp) / Großraumspeicher *m* (externer Speicher) ‖ ~ **storage** (Comp) / Massenspeicher *m* (für große Daten- oder Instruktionsmengen) ‖ ~ **storage container** / Großbehälter *m* (für Schüttgut und Transport) ‖ ~ **strain*** (Mech) / Volumenverformung *f*, Volumenänderung *f* (relative) ‖ ~ **substance** (Pharm) / Stoff, der *m* durch das ganze Herstellungsverfahren (mit Ausnahme der Verpackungsphase) gelaufen ist, Bulksubstanz *f* ‖ ~ **sweetener** (Nut) / Zuckeraustauschstoff *m* (der anstelle von Saccharose zur Süßung von Lebensmitteln verwendet wird - z.B. Isomalt, Mannit, Sorbit)

**bulk-throwing loader** (Civ Eng) / Schleuderbandförderer *m*, Schleuderbandlader *m*

**bulk viscosity*** (Phys) / Volumenviskosität *f* (DIN 1342 und 13343) ‖ ~ **volume** (Phys) / Schüttvolumen *n*, Rohvolumen *n* ‖ ~ **ware** / Bulkware *f* (Massengut) ‖ ~ **water supply** / Wasserlieferung *f* an Großabnehmer ‖ ~ **weight** / Schüttgewicht *n*, Schüttraumdichte *f*

**bulky** *adj* / sperrig *adj*, unhandlich *adj* ‖ ~ (Paper) / voluminös *adj*, großvolumig *adj* ‖ ~ (Spinning) / füllig *adj*, bauschig *adj* (Garn), voluminös *adj*

**bulk yarn** (a yarn that has been prepared in such a way as to have greater covering power, or apparent volume, than that of a conventional yarn of equal linear density and made of the same basic material with normal twist) (Spinning) / Bauschgarn *n* (ein texturiertes Garn), Bulkgarn *n*

**bullace cheese** (Nut) / käselaibartig verpresstes Mus der Haferpflaume

**bull bar** (Autos) / Frontschutzbügel *m* (Rammschutz)

**bull-block** *n* (Met) / schwerer Einzelzug, Trommelziehmaschine *f*

**bull-chain*** *n* (For) / Blockaufzugkette *f*

**bulldog connector** (Build, Carp) / Bulldog-Dübel *m* (ein Krallendübel), Bulldog-Verbinder *m* ‖ ~ **plate** (Build, Carp) / Bulldog-Dübel *m* (ein Krallendübel), Bulldog-Verbinder *m*

**bulldozer*** *n* (Civ Eng) / Schürfraupe *f*, Bulldozer *m*, Planierraupe *f* (ein Kettengerät mit frontseitig angebrachtem Planierschild) ‖ ~ (Eng) / Bulldozer *m* (in einer Schmiede- oder Biegepresse)

**buller** *n* / Auskocher *m* (eine Sprengladung)

**Buller ring** (Ceramics) / Bullers Ring, Brennring *m* (aus dessen Schwindung auf die erreichte Temperatur geschlossen werden kann)

**bullet** *n* (a mark used to distinguish items in a list) / Bollermann *m*, Aufzählungszeichen *n*, Markierungszeichen *m* (in einer Liste) ‖ ~ **catch*** (Build) / Kugelschnäpper *m* (Beschlag zum kraftschlüssigen Schließen von Möbeltüren)

**bulletin board system** (Comp, Telecomm, Teleph) / Bulletin Board System *n* (rechnergestütztes und meist frei zugängliches Nachrichten- und Telefonkonferenzsystem), BBS (Bulletin Board System), BBS-System *n*, Mailboxprogramm *n* ‖ ~ **Board System** *n* (a computer system equipped with one or more modems or other means of network access that serves as an information and message-passing centre for remote users) (Comp, Telecomm, Teleph) / Bulletin Board System *n* (rechnergestütztes und meist frei zugängliches Nachrichten- und Telefonkonferenzsystem), BBS (Bulletin Board System), BBS-System *n*, Mailboxprogramm *n*

**bulletproof** *adj* / kugelsicher *adj*, schussfest *adj*, kugelfest *adj* ‖ ~ **glass** (US) (Glass) / schusssicheres Glas, kugelsicheres Glas

**bullet-resistant** *adj* / kugelsicher *adj*, schussfest *adj*, kugelfest *adj*

**bullet tree** (For) / Balatabaum *m*, Balata rouge *f* (Manilkara bidentata (A.DC.) A. Chev.)

**bulletwood*** *n* (For) / "Pferdefleisch" *n*, Balataholz *n* (aus Manilkara bidentata)

**bullfrog** *n* (Mining) / Gestell *n* (eintrümig, zweitrümig), Fördergestell *n* (Bremsbergförderung)

**bull gear** (Eng) / Kulissenrad *n*

**bullheaded rail*** (Rail) / Breitkopfschiene *f*

**bullhead pass** (Met) / flaches Kaliber ‖ ~ **rail** (Rail) / Breitkopfschiene *f* ‖ ~ **tee*** (Eng, Plumb) / T-Stück *n* mit langer Abzweigung

**bull-hide** *n* (characterised by thick and rough head, neck and shoulders, and coarse flanks) (Leather) / Bullenhaut *f*

**bullhorn** *n* (US) (Acous) / Megafon *n*, Sprachrohr *n*

**bulling** *n* (Mining) / Besetzen *n* (bei den Sprengarbeiten)

**bullion** *n* (Geol) / Kalkkonkretion *f* ‖ ~* (Met) / ungemünztes Gold oder Silber, Billon *m n*, Edelmetallbarren *m* ‖ ~ (Textiles) / mit Gold- oder Silberfäden durchzogene Spitze

**bull ladle** (Foundry) / Krangießpfanne *f*

**bull-nose** *n* (Eng) / gerundete Kante, abgerundete Kante ‖ ~ **bit** (Mining) / Parabolmeißel *m*, B-Meißel *m* ‖ ~ **tile** (Ceramics) / Rundkantenfliese *f*

**bull's eye** / Katzenauge *n*, Rückstrahler *m* (bei Fahrrädern) ‖ ~ **eye** (Arch) / Ochsenauge *n* (eine Fensterform) ‖ ~ **eye** (Glass) / Butzenscheibe *f*

**bull's-eye lens*** (Micros, Optics) / Kondensorlinse *f* (dicke Konvexlinse)

**Bull's kiln** (Ceramics) / Feldbrandofen *m*, Feldbrennofen *m*, Meilerofen *m*

**bullvalene** *n* (Chem) / Bullvalen *n*

**bull wheel** (Civ Eng, Eng) / Turas *m* (pl. Turasse) (Maschinenelement zum Umlenken bzw. zum Antrieb von Förderketten), Kettenstern *m* ‖ ~ **wheel** (the main wheel or gear of a machine, which is usually the largest and strongest) (Eng) / Haupt(antriebs)rad *n* ‖ ~ **wheel** (a cylinder which has a rope wound about it for lifting or hauling) (Oils) / Bohrseiltrommel *f*, Bohrtrommel *f*

**bullying** *n* / Mobbing *n* (Schikanieren am Arbeitsplatz)

**bully tree** (For) / Balatabaum *m*, Balata rouge *f* (Manilkara bidentata (A.DC.) A. Chev.)

**bulwark*** *n* (Civ Eng) / Hafendamm *m* (ein wellenreflektierendes Hafenaußenwerk mit Landanschluss) ‖ ~ (Ships) / Schanzkleid *n* (eine feste, das freie Oberdeck nach außen abschließende Schutzwand), Verschanzung *f*

**bummer** *n* (a low truck with two wheels for carrying logs, or a tracked cart for dragging them) (For) / Rückekarren *m*, Holzrückewagen *m*

**bump** *v* (a car) (Autos) / (auf ein Auto) auffahren *v* ‖ ~ (Foundry) / rüttelverdichten *v* (Formsand) (nur Infinitiv und Partizip), rütteln *v* ‖ ~ (Phys) / stoßen *v* (beim Siedeverzug) ‖ ~ (Rail) / auflaufen *v*, auffahren *v* ‖ ~ *n* / Stoß *m* (heftiger) ‖ ~ (Acous) / dumpfer Knall, Bums *m* ‖ ~ (stage) (Autos) / Druckstufe *f* (bei Stoßdämpfern) ‖ ~ (Comp) / nicht adressierbarer Hilfsspeicher *m* ‖ ~ (Electronics) / Bondhügel *m*, Kontakthöcker *m* ‖ ~ (Electronics) / Erhebung *f* (ein Fehler bei gedruckten Schaltungen) ‖ ~ (Electronics) / Bump *m* (kurzzeitige Überhöhung des Impulsdaches) ‖ ~ (Electronics) / Bump *m* (kugelförmig erhöhter Kontaktfleck für die Flip-Chip-Technik) ‖ ~ (Eng) / Vorsprung *m*, Höcker *m* ‖ ~ (For) / Beule *f* (auf furnierten Flächen), Auftreibung *f* (auf furnierten Flächen), Buckel *m* (auf furnierten Flächen) ‖ ~ (Geol) / Gebirgsschlag *m* (plötzliche und schlagartige Gebirgsbewegung als Folge von Entspannungsvorgängen in der Erzlagerstätte) ‖ ~* (Meteor) / Bö *f* ‖ ~ (Spinning) / Bumpgarn *n* ‖ ~ (Spinning) / Bump (eine Aufmachungsform) ‖ ~ **contact** (Electronics) / Bondhügel *m*, Kontakthöcker *m* ‖ ~ **down** *v* (Foundry) / rüttelverdichten *v* (Formsand) (nur Infinitiv und Partizip), rütteln *v*

**bumped chip** (Comp) / Chip *m* mit Bondhügeln

**bumper** *n* (Autos) / Stoßfänger *m* (DIN 70023), Stoßstange *f* ‖ ~ (Autos) / Auflagegummi *m* (für Kofferraumdeckel) ‖ ~ (Foundry) / Rüttelformmaschine *f* ‖ ~ **bar** (Autos) / Stoßstange *f* (in Rohr- oder Stangenform) ‖ ~ **bracket** (Autos, Fuels) / Stoßfängerträger *m*, Stoßstangenträger *m* ‖ ~ **crop** (Agric) / Rekordernte *f* (übertragen), Bombenernte *f* ‖ ~ **guard** (US) (Autos) / Stoßstangenhorn *m* ‖ ~ **insert** (Autos) / Stoßstangeneinlage (über die Breite der Stoßstange waagerecht eingelegte Gummileiste) ‖ ~ **iron** (Autos, Fuels) / Stoßfängerträger *m*, Stoßstangenträger *m* ‖ ~ **screen** (Space) / Mikrometeoritenschutzschild *m* ‖ ~ **sticker** (US) (Autos) / Autoaufkleber *m* (meistens auf dem Stoßfänger)

**bumper-to-bumper traffic** (Autos) / hohes Verkehrsaufkommen

**bumping** *n* (Aero, Space) / Verbrennungsschwingungen *f pl*, Verbrennungsinstabilität *f* ‖ ~ (Foundry) / Rüttelverdichtung *f* ‖ ~ (Phys) / Stoßen *n* (beim Siedeverzug) ‖ ~ (Textiles) / Walken *n* (von Hüten) ‖ ~ **blade** (Autos) / Spannschläger *m* (zum Ausgleichen von Dellen)

**bumping-down** *n* (Foundry) / Rüttelverdichtung *f*

**bumping hammer** (Autos, Tools) / Treibhammer *m* (Richthammer für grobe Ausbeularbeiten) ‖ ~ **machine** (Textiles) / Hammerwalke *f* (des Hutmachers)

**bump into** v (Autos) / fahren gegen (Mauer, Baum)
**bump-shooting** n (Oils) / Lockerungsschießen n (um das Gestänge freizubekommen)
**bump stop** (Autos) / Federwegbegrenzung f (in der Nähe der oberen Stoßdämpferaufnahme), Anschlagpuffer m (oberer Anschlag zur Begrenzung des Einfedervorgangs) || ~ **storage** (Comp) / nicht adressierbarer Hilfsspeicher
**bumpy** adj / holprig adj (Straße)
**bump yarn** (Spinning) / Bumpgarn n
**Buna*** n (Plastics) / Buna m n (ein altes Butadienpolymerisat) || ~ **rubber** (Plastics) / Buna m n (ein altes Butadienpolymerisat)
**bunch** v (Textiles) / massieren v (Stiche) || ~ (Eng) / Gebinde n, Bündel n || ~ (Cables) / Grundbündel n, Bündel n (aus zusammengefassten Verseilelementen) || ~ (Glass, Textiles) / verdickte Stelle (bei Glasfasern), Glasfaserverdickung f || ~ (Light) / Bündel n, Büschel n (Lichtbüschel) || ~ (Nuc Eng) / Teilchenpaket n, Bunch n, Bündel n (von Teilchen) || ~ (an abruptly thickened place in a yarn) (Spinning) / Garnverdickung f, Fadenverdickung f, Dickstelle f (eines Fadens) || ~ (Spinning) / Fadenreserve f (an der Spule)
**bunched cable** (Cables) / Kabelbündel n || ~ **cable** (Cables) / bündelverseiltes Kabel, Bündelkabel n || ~ **conductor** (Elec Eng) / Leiterbündel n
**buncher*** n (Electronics) / Eingangsresonator m (z.B. eines Zweikammerklystrons), Einkoppelraum m || ~ (Nuc Eng) / Strahlbündler m, Buncher m || ~ **gap*** (Electronics) / Eingangsresonator m (z.B. eines Zweikammerklystrons), Einkoppelraum m || ~ **resonator** (the first or input cavity resonator in a velocity-modulated tube) (Electronics) / Eingangsresonator m (z.B. eines Zweikammerklystrons), Einkoppelraum m
**bunching** n (Cables) / Bündelverseilung f (des Kabels) || ~* (Electronics) / Bündelung f, Ballung f || ~ (Textiles) / Materialstau m (in der Nähmaschine) || ~ (Textiles) / Stichmassierung f (beim Nähen)
**bunching-up** n (Textiles) / Materialstau m (in der Nähmaschine)
**bund** n / Auffangraumwall m (eines Erdöltanks)
**Bundesmann shower test** (Textiles) / Beregnungsversuch m nach Dr. Bundesmann (DIN 53888)
**bundle** v / bündeln v || ~ (Bind) / bündeln v (gefalzte Buchbinderbogen einpressen) || ~ (Comp) / im Paket verkaufen, im Bundle verkaufen (ein Softwareprodukt) || ~ (Met) / paketieren v (Schrott), zu Paketen pressen || ~ n (term for strapped-together products, e.g. bars or wire) / Bund n / Bund n, Packen m, Gebund n, Ballen m, Bündel n, Pack m || ~ / Mehrstückpackung f, Multipack n m (Verpackung, die mehrere Waren gleicher Art enthält und als Einheit verkauft wird), Mehrfachpackung f || ~ (Met) / Paket n (z.B. Schrott oder Brennholz) || ~ (Textiles) / handelsübliche Einheit für Garn oder Tuch || ~ **busy** (Teleph) / Bündel besetzt
**bundled conductor** (Elec Eng) / Bündelleiter m, gebündelter Leiter || ~ **conductor** (US) (Elec Eng) / Leiterbündel n
**bundle divertor*** (Nuc Eng) / Bündeldivertor m
**bundled scrap** (Met) / paketierter Schrott, Paketschrott m || ~ **wire** (Elec Eng) / Bündelleiter m, gebündelter Leiter || ~ **wood** (For) / Bündelholz n
**bundle of fibres** (Phys, Telecomm) / Faserbündel n (ein Bündel von mehreren nicht miteinander verbundenen Lichtleitfasern nach DIN 58 140, T 1) || ~ **of light** (Light) / Lichtbündel n || ~ **of lines** (Maths) / Geradenbündel n (die unendlich vielen Geraden, die sich in einem Punkt des Raumes schneiden) || ~ **of planes** (Maths) / Ebenenbündel n
**bundle-operating mode** (Teleph) / Bündelbetriebsart f
**bundle packer** (Plastics) / Bündelpacker m || ~ **press** (Bind) / Packpresse f, Bündelpresse f (zum Einpressen der gefalzten Buchbinderbogen)
**bundler** n (Bind) / Packpresse f, Bündelpresse f (zum Einpressen der gefalzten Buchbinderbogen)
**bundle up** v / bündeln v
**bundling** n (Comp) / Verkauf m im Paket (eines gebündelten Softwareprodukts) || ~ (Comp) / Bundling n (z.B. von Hardware und Software)
**bung** v / verspunden v (Fass) || ~ n (Brew) / Zapfen m, Spund m, Spundzapfen m (hölzerner Zapfen zum Verschließen des Spundlochs bei Fässern) || ~ (a group of saggers or pots stacked in a kiln) (Ceramics) / Kapselstapel m, Stapel m (z.B. von Kapseln)
**bungalow*** n (Build) / Bungalow m || ~ (Cinema) / Schallschutzgehäuse n, schalldichtes Gehäuse, Schallschutzhaube f, Blimp m (geräuschgedämpfendes Kameragehäuse)
**bungarotoxin** n (Chem) / Bungarotoxin n (ein Neurotoxin)
**bungee** n / Gummiseil n (für Bungeejumping) || ~ (Aero, Textiles) / elastisches Seil (Spannseil, Bremsseil - auf dem Deck des Flugzeugträgers) || ~ **cord** (Aero, Textiles) / Gummiseil n (z.B. von Kapseln) || ~ **rope** / Gummiseil n (für Bungeejumping)
**bunghole** (Brew, Join) / Spundloch n (am Fass), Zapfloch n
**bungle** v / pfuschen v
**bung stave** (For) / Spunddaube f

**Buniakowski's inequality** (Maths) / Schwarz'sche Ungleichung (nach H.A. Schwarz, 1843 - 1921), Bunjakowski'sche Ungleichung (nach V. Ja. Bunjakowski, 1804-1889), Cauchy-Schwarz'sche Ungleichung, Schwarz-Ungleichung f
**bunk** n (Autos) / Schlafstelle f, Schlafkoje f
**bunker** v / bunkern v, einbunkern v, bebunkern v || ~* n (Eng) / Bunker m (z.B. des Kessels) || ~ (Mining) / Bunker m || ~ **oil** (No. 5 and 6) / Bunkeröl n (herkömmliche, jedoch nicht verbindliche Bezeichnung des schweren Rückstandheizöls für Schiffe, Industrieanlagen und Großkraftwerke)
**bunney** n (Mining) / Erzbutze f, Butzen m (unregelmäßige Erzeinsprengung im Gestein), Erznest n
**bunny** n (Mining) / Erzbutze f, Butzen m (unregelmäßige Erzeinsprengung im Gestein), Erznest n
**Bunsen burner*** (Chem, Light) / Bunsenbrenner m (ein Glasbrenner nach R.W.Bunsen, 1811-1899) || ~ **coefficient** (Phys) / Bunsen'scher Absorptionskoeffizient || ~ **flame*** (Chem) / Bunsenflamme f || ~ **funnel** (Chem) / Bunsentrichter m (Glastrichter mit langem Stiel nach DIN 12 446) || ~ **ice calorimeter** (Phys) / Eiskalorimeter n (nach Bunsen)
**Bunsen-Roscoe law** (Light) / Bunsen-Roscoe'sches Gesetz (Rezprozitäts- oder Lichtmengengesetz)
**Bunsen valve** (Chem) / Bunsenventil n (ein einfaches Überdruckventil aus einem Schlauchstück)
**bunt*** n (Aero) / Abschwung m (Kehrtkurve mit Höhenunterschied) || ~ (of wheat)* (Bot) / Stinkbrand m, Weizensteinbrand m, Steinbrand m, Schmierbrand (verursacht durch Tilletia tritici)
**buntal fibre** / Buripalmenfaser f (aus Corypha umbraculifera L.)
**Bunte gas burette** (Chem) / Bunte-Bürette f (nach H. Bunte, 1848-1925) || ~ **salts** (Chem) / Bunte-Salze m pl (nach H. Bunte, 1848 - 1925)
**bunting** n (Textiles) / Flaggentuch n, Fahnenstoff m, Fahnentuch n || ~ **cloth** (Textiles) / Flaggentuch n, Fahnenstoff m, Fahnentuch n
**buntons** pl (Mining) / Einstriche m pl (horizontale Trennbauten in Haupt- und Blindschächten)
**buoy** n (Ships) / betonnen v, ausbojen v || ~ n (Ships) / Tonne f (verankertes, schwimmendes Seezeichen), Seetonne f || ~* (Ships) / Boje f
**buoyage** n (Ships) / Betonnung f (System)
**buoyancy*** n (Aero, Hyd Eng, Phys) / statischer Auftrieb, hydrostatischer Auftrieb || ~ (Hyd, Phys) / Auftrieb m (hydrostatischer) || ~ **correction** (Phys) / Auftriebskorrektur f (beim Wiegen)
**buoyant** adj (Phys) / schwimmfähig adj, Schwimm- || ~ **capsule** (Mil) / Auftriebskapsel f (für Unterwasserstart) || ~ **foundation** (Civ Eng) / schwebende Pfahlgründung (die Pfahlköpfe werden in eine Platte einbetoniert, auf die das Bauwerk aufgesetzt wird) || ~ **raft** (Civ Eng) / Pfahlrost m (für schwebende Pfahlgründung)
**buoying** n (Ships) / Betonnung f (Vorgang), Tonnenlegen n
**buoy layer** (Ships) / Tonnenleger m (ein Seezeichenschiff) || ~-**laying vessel** (Ships) / Tonnenleger m (ein Seezeichenschiff) || ~ **out** v (Ships) / betonnen v, ausbojen v
**buoy-to-buoy time*** (Aero) / Blockzeit f (bei Wasserflugzeugen)
**bupivacaine*** n (Pharm) / Bupivacain n (internationaler Freiname für ein Anästhetikum)
**buprestidae** pl (Zool) / Prachtkäfer m pl (mit vielen Schadarten)
**bur** n (US) (Eng) / Grat m (Schneid- oder Stanzgerät), Bart m || ~ (Eng) / Schnittgrat m || ~ (For) / Maserknolle f (Knospenwucherung als Maserholz zur Herstellung von Furnieren) || ~ (Join) / Bohrer m || ~ (Textiles) / Klette f (bei Rohwollen)
**Burali-Forti paradox** (AI, Maths) / Antinomie f von Burali-Forti
**Burberry** n (GB) (Textiles) / Burberry-Regen- und Wettermantelstoff m (geschützter Name eines hochwertigen imprägnierten Kammgarngewebes)
**burble** n (Phys) / Grenzschichtablösung f (der Strömung) || ~ **angle** (Phys) / Grenzschichtablösungspunkt m, Ablösepunkt m (derGrenzschicht), Punkt m der beginnenden Strömungsablösung || ~ **point** (Phys) / Grenzschichtablösungspunkt m, Ablösepunkt m (derGrenzschicht), Punkt m der beginnenden Strömungsablösung
**burbling** n (Phys) / Strömungsablösung f, Strömungsabriss m
**burden** (Radiol) / Belastung f (Radioaktivitätsgehalt eines Organs oder des Körpers) || ~ v (Met) / gattieren v (Ausgangsmaterialien in richtigen Mengenverhältnissen zur gewünschten Zusammensetzung der Schmelze zusammenstellen), möllern v (Erze mischen) || ~ (Met) / beschicken v, begichten v, chargieren v, möllern v (den Hochofen beschicken), befüllen v || ~* n (Elec Eng) / Bürde f (der Belastungswiderstand eines Wandlers, der durch das angeschlossene Messinstrument und seine Zuleitungen gegeben ist), Gesamtlast f || ~* (Eng) / Last f || ~ (Eng) / Aufgabegut n, Einsatzmaterial n (das Ausgangsmaterial eines technologischen Prozesses), Einsatzgut n, Edukt n || ~ (Met) / Beschickungsmaterial n, Beschickung f (Material) || ~ (Met) / Möller m, Gicht f, Hochofenmöller m (Beschickungsmenge bei intermittierender

**burden**

Beschickung des Hochofens) ‖ ~ (Met) / Schmelzgut *n* (in einem direkten Lichtbogenofen) ‖ ~* (Mining) / Vorgabe *f* (Gesteinsvolumen, das von einer Sprengladung gelöst wird), Massenvorgabe *f*
**burdening** *n* (Met) / Gattierung *f*, Gattieren *n*
**burden-man** *n* (Eng) / Anschläger *m*, Binder *m* (am Kran)
**burden of ore** (Met) / Erzgicht *f*, Erzmöller *m* ‖ ~ **plant** (Met) / Mölleranlage *f*, Möllergebäude *n*
**bureaufax** *n* (Telecomm) / Bureaufax *n* (öffentlich zugänglicher Telefaxdienst)
**buret** *n* (US) (Chem) / Bürette *f* (DIN 12700)
**burette**\* *n* (Chem) / Bürette *f* (DIN 12700) ‖ ~ **holder** (Chem) / Bürettenstativ *n* ‖ ~ **stand** (Chem) / Bürettenstativ *n* ‖ ~ **tip** (Chem) / Bürettenspitze *f*
**Burgers' circuit** (Crystal) / Burgers-Umlauf *m* ‖ ≃ **closure circuit** (Crystal) / Burgers-Umlauf *m* (nach J.M. Burgers, 1895 - 1981) ‖ ≃ **model** (Phys) / Burgers-Modell *n* (ein rheologisches Modell nach DIN 1342, T 1) ‖ ≃ **vector**\* (Crystal) / Burgers-Vektor *m* (zur Charakterisierung der Gitterverzerrungen einer Versetzung - nach J.M. Burgers, 1895-1981)
**burglar alarm** (Electronics) / Einbruchsicherungsanlage *f*, Einbruchmeldeanlage *f* ‖ ~ **alarm system** (Electronics) / Einbruchsicherungsanlage *f*, Einbruchmeldeanlage *f*
**burglar-proof** *adj* (Electronics) / einbruchssicher *adj*, einbruchsicher *adj*, einbruchhemmend *adj* ‖ ~ **door** (Build) / einbruchhemmende Tür (DIN 18103) ‖ ~ **glazing** (Build) / einbruchhemmende Verglasung
**burglar-resistant** *adj* (Electronics) / einbruchssicher *adj*, einbruchsicher *adj*, einbruchhemmend *adj*
**burgundy** *adj* / bordeauxrot *adj*, bordeaux *adj* (dunkelrot) ‖ ≃ **mixture** (Agric) / Kupfersodabrühe *f* (ein Fungizid), Burgunder Brühe (ein Fungizid) ‖ ≃ **pitch** / Burgunder Harz, Burgunder Pech, Weißpech *n*, Resina *f* Pini burgundica (Harzrückstand bei der Terpentinöldestillation) ‖ ~ **violet** (Paint) / Manganviolett *n*, Nürnberger Violett, Mineralviolett *n*
**burial** *n* (Nuc Eng) / Eingraben *n*, Vergraben (von Atommüll) ‖ ~ *adj* (Cables) / erdverlegt *adj*, unterirdisch verlegt (Kabel), vergraben *adj* (Kabel) ‖ ~ **ground** (Nuc Eng) / Atommülllager *n*, Atommülldeponie *f* ‖ ~ **metamorphism** (a kind of regional metamorphism which affects sediments and interbedded volcanic rocks in a geosyncline without the factors of orogenesis or magmatic intrusions) (Geol) / Versenkungsmetamorphose *f* ‖ ~ **site**\* (Nuc Eng) / Atommülllager *n*, Atommülldeponie *f* ‖ ~ **vault** (Arch) / Gruftgewölbe *n*
**buried** *adj* (Cables) / unterirdisch verlegt *adj*, unterirdisch verlegt (Kabel), vergraben *adj* (Kabel) ‖ ~ **anchorage** (Civ Eng) / unterirdische Verankerung ‖ ~ **antenna** (Telecomm) / eingegrabene Antenne, Erdantenne *f* (eingegrabene) ‖ ~ **cable** (Cables) / erdverlegtes Kabel, Erdkabel *n* ‖ ~ **fold** (Geol) / verdeckte Falte ‖ ~ **gate** (Electronics) / vergrabenes Gate ‖ ~ **heterogeneous laser** (Phys) / BH-Laser *m*, vergrabener Heterostrukturlaser ‖ ~ **heterostructure laser** (Phys) / BH-Laser *m*, vergrabener Heterostrukturlaser ‖ ~ **in concrete** (Build, Civ Eng) / einbetoniert *adj* ‖ ~ **layer** (Electronics) / Innenlage *f* (Bestandteil eines Multilayers) ‖ ~ **layer** (Electronics) / vergrabene N+-Schicht (z.B. im CDI-Verfahren) ‖ ~ **offer** / verstecktes Angebot (der in Werbetests häufig verwendet wird, um die Aufmerksamkeit oder das Interesse von Lesern zu messen) ‖ ~ **tank** / Tiefbehälter *m*, Erdtank *m* ‖ ~ **via hole** (Electronics) / vergrabenes Durchgangsloch (ohne Anschluss zu einer Außenebene), Verbindungsloch *n* auf Innenebenen, Innenlagenverbindungsloch *n* ‖ ~ **wiring** (Electronics) / Buried Wiring *n* (bei Dickschichtschaltungen)
**buri fibre** / Buripalmenfaser *f* (aus Corypha umbraculifera L.)
**burin** *n* / Stichel *m* (zum Gravieren)
**burl** *v* (Weaving) / noppen *v* (Noppen entfernen) ‖ ~ *n* (Eng) / Grat *m* (Schneid- oder Stanzgerät), Bart *m* ‖ ~ (US) (For) / Maserknolle *f* (Knospenwucherung als Maserholz zur Herstellung von Furnieren) ‖ ~ (Spinning) / Noppe *f* (erwünschter Effekt bei Noppengarnen und Noppenzwirnen)
**burlap**\* *n* (a coarse jute, hemp or flax fabric) (Textiles) / Hessian *n m* (grobes naturfarbenes Jutegewebe in Leinwandbindung, das besonders für Säcke verwendet wird), Rupfen *m* (grobes, poröses Gewebe aus Jute in Leinwandbindung), Sackleinwand *f*, Sackgewebe *n* (meistens aus Bastfasern), Rupfleinwand *f*
**burl dyeing** (Textiles) / Noppenfärben *n* ‖ ~ **figure** (For) / Maserknolle *f* (Knospenwucherung als Maserholz zur Herstellung von Furnieren)
**burling** *n* (Weaving) / Noppen *n* (Entfernung von Noppen) ‖ ~-**irons** *pl* (Textiles) / Noppzange *f*
**burl veneer** (For) / Knollenfurnier *n*
**burn** *v* / brennen *v* (Schmucksteine) ‖ ~ (Build) / brennen *vt* (Kalk) ‖ ~ (use as fuel) (Fuels) / verheizen *v* ‖ ~ (Heat) / verbrennen *v*, brennen *vt*, verfeuern *v* ‖ ~ (by caustic media) (Med) / verätzen *v* ‖ ~ (Paint) / abbrennen *v* (alten Anstrich), abflammen *v* ‖ ~ (the cook) (Paper) / schwarzkochen *v* (nur Infinitiv oder Partizip) ‖ ~ *vi* / brennen *vi* ‖ ~ (Nut) / anbrennen *vi* ‖ ~ *vt* (Met) / überhitzen *v*

(metallische Schmelzen) ‖ ~ *n* / Verbrennung *f* (Bearbeitungsfehler im Allgemeinen) ‖ ~ / Brandfleck *m* (im Allgemeinen) ‖ ~ (Comp) / Programmierung *f* mit dem PROM-Programmiergerät ‖ ~ (Med) / Brandwunde *f* ‖ ~ (by caustic media) (Med) / Verätzung (Verletzung durch Ätzmittel) ‖ ~ (Med) / Verbrennung *f* (Hautläsion durch Feuer oder große Hitze) ‖ ~ (Met) / Verbrennung *f* (irreversible Änderung des Gefüges und der Eigenschaften des Stahls durch beginnendes Aufschmelzen an den Korngrenzen) ‖ ~\* (Space) / Einschalten *n* des Raketenmotors (einmaliges)
**burnable** *adj* / brennbar *adj* ‖ ~ **gas** / Brenngas *n* (im Allgemeinen) ‖ ~ **neutron absorber** (a neutron absorber, purposely included in a reactor to help control long-term reactivity changes by its progressive burnup) (Nuc Eng) / abbrennbares Reaktorgift ‖ ~ **poison**\* (Nuc Eng) / abbrennbares Reaktorgift
**burn away** *v* / wegbrennen *v*
**burn-back** *n* (Welding) / Zurückbrennen *n*, Rückbrennen *n* (des Drahtes in die Düsenspitze)
**burn broadcast** *v* (Agric, For) / überlandbrennen (nur Infinitiv und Partizip) *v*., abschwenden ‖ ~ **cut** (Mining) / Kanoneneinbruch *m*, Großlochbohreinbruch *m* ‖ ~ **cut** (Mining) / Paralleleinbruch *m* (bei Sprengarbeiten)
**burn-cut** *n* (Mining) / Brennereinbruch *m*
**burn down** *v* / abbrennen *v* (Haus)
**burned bit** (Mining) / zerstörte Bohrkrone (durch Überlastung) ‖ ~ **cut** (Mining) / Paralleleinbruch *m* (bei Sprengarbeiten)
**burner** *n* (Ceramics) / Brenner *m* (Fachkraft) ‖ ~ (Chem Eng, Eng, Fuels) / Brenner *m* (Einrichtung) ‖ ~ (For) / Burner *m* (eine Brennkammer, in der Holzreste und Rinde ohne Nutzung der entstehenden Wärmeenergie verbrannt werden) ‖ ~ (Nuc Eng) / Burner *m* ‖ ~ (Welding) / Brennschneider *m* (ein Facharbeiter) ‖ ~ **air register** (Eng) / Brennergeschränk *n*
**burner-belt heat release** (Eng) / Brennergürtelbelastung *f* (im Feuerraum)
**burner block** (a refractory block) (Glass) / Düsenstein *m* (Feuerfeststein mit Bohrung zum Einführen eines Medienstromes in ein Schmelzaggregat) ‖ ~ **box** (Eng) / Brennergeschränk *n* ‖ ~ **capacity** (Eng) / Brennerleistung *f* ‖ ~ **casing** (Eng) / Brennergehäuse *n* ‖ ~ **fastenings** (Eng) / Brennerbefestigungsteile *n pl* ‖ ~ **firing block**\* (Eng) / Brennermuffel *f* (in der Zündung und Mischung erfolgen) ‖ ~ **firing block**\* (Eng, Heat) / Brennerstein *m* ‖ ~ **fuel oil** (Eng) / Heizöl *n* für den Hausbedarf (leichtes Heizöl) ‖ ~ **head** (Chem) / Brennerkopf *m* ‖ ~ **loading**\* (Eng) / Brennerleistung *f* ‖ ~ **nozzle** (Eng) / Brennerdüse *f* ‖ ~ **opening** (Ceramics) / Brennermaul *n* ‖ ~ **plane** (Eng) / Brennerebene *f* ‖ ~ **platform** (Aero) / Brennerplattform *f* (des Heißluftballons) ‖ ~ **pliers** (Eng) / Brennerzange *f* (für Gasbrenner) ‖ ~ **quarl** (Eng) / Brennermuffel *f* (in der Zündung und Mischung erfolgen) ‖ ~ **rig test** (Eng) / Rig-Test *m* (eine Heißkorrosionsprüfung) ‖ ~ **slot** (Eng) / Brennerschlitz *m* ‖ ~ **spur line** (Eng) / Brennerstichleitung *f* ‖ ~ **throat** (Eng) / Brennermuffel *f* (in der Zündung und Mischung erfolgen) ‖ ~ **tip** (Welding) / Brennermundstück *n*, Brennerkopf *m*, Brennerspitze *f* ‖ ~ **tube** (Chem) / Brennerrohr *n* (Mischrohr des Bunsenbrenners) ‖ ~ **turndown factor** (Eng) / Brenner-Mindestbelastung *f* (im Verhältnis zur Maximalleistung) ‖ ~ **valves and accessories** (Eng) / Brennerarmaturen *f pl*
**burnettizing** *n* (For) / Burnett-Verfahren *n* (ein obsoletes Kesseldruckverfahren mit einer wässrigen Chlorzinklösung)
**burn holes** / durchbrennen *v* ‖ ~ **in** *v* / einbrennen *v* ‖ ~ **in** (Print) / einbrennen *v* (eine Ätzplatte)
**burn-in** *n* / Einbrennen *n* ‖ ~ (of components) (Electronics) / Voraltern *n* ‖ ~ (a reliability test) (Electronics, Materials) / Einbrenntest *m* (von elektronischen Bauteilen unter Einsatzbedingungen)
**burning**\* *n* / Brennen *n* ‖ ~\* / Brennen *n* (Schmucksteinbearbeitung) ‖ ~\* (Build) / Brennen *n* (von Kalk) ‖ ~ (Heat) / Verbrennen *n*, Verbrennung *f* ‖ ~ (Met) / Verbrennen *n* (Erwärmen über den oberen Umwandlungspunkt Ac$_3$) ‖ ~\* (Met) / Überhitzung *f* (metallisches Schmelzen) ‖ ~ (Surf) / Anbrennen *n* (Entstehen missfarbiger, pulveriger oder schwammiger, schlecht haftender Niederschläge) ‖ ~ **agent** / Flottbrandmittel *n* (Zusatzstoff für die Herstellung von Tabakerzeugnissen) ‖ ~ **behaviour** (all changes that take place when materials or products are exposed to a specified ignition source) / Brennverhalten *n* ‖ ~ **gas** / Brenngas *n* (im Allgemeinen) ‖ ~ **glass** (Glass, Optics) / Brennglas *n*, Brennlinse *f* ‖ ~ **hot** / stechend heiß
**burning-in** *n* / Einbrennen *n* ‖ ~ **kiln**\* (Glass, Paint) / Einbrennofen *m* ‖ ~ **machine** (Bind) / Falzeinbrennmaschine *f* ‖ ~ **rail** (Bind) / Falzbrennschiene *f* (beheizte Schiene der Falzeinbrennmaschine, die das Deckengelenk warm einbügelt)
**burning-off** (Glass) / Abschmelzen *n*, Abbrennen *n* ‖ ~ (Paint, Surf) / Abbrennen *n* (DIN EN ISO 4618)
**burning oil** (Fuels) / Heizöl *n* (DIN 51603)
**burning-on**\* *n* (Foundry) / Anbrennen *n* (z.B. von Formsand)
**burning-out** *n* (Textiles) / Ausbrennen *n* (in der Textildruckerei)

**burning period** (Space) / Brenndauer f (des Raketenmotors) ‖ **~ rate** / Brennstoffverbrauch m (spezifischer) ‖ **~ rate** / Verbrennungsgeschwindigkeit f, Brenngeschwindigkeit f (mit der der Abbrand eines festen Brennstoffes, z.B. eines Pulvers, fortschreitet) ‖ **~ salt** / Flottbrandmittel n (Zusatzstoff für die Herstellung von Tabakerzeugnissen) ‖ **~ shrinkage** (Ceramics) / Brennschwindung f, Volumenschwund m beim Brennprozess ‖ **~ temperature** (Glass) / Einbrenntemperatur f ‖ **~ test** (Textiles) / Brennprobe f (von Garnen und Geweben), Brenntest m ‖ **~ time** / Brenndauer f, Brennzeit f (im Allgemeinen) ‖ **~ time** (Space) / Brenndauer f (des Raketenmotors) ‖ **~ velocity** / Verbrennungsgeschwindigkeit f, Brenngeschwindigkeit f (mit der der Abbrand eines festen Brennstoffes, z.B. eines Pulvers, fortschreitet) ‖ **~ voltage** (Electronics) / Brennspannung f (einer Gasentladungsröhre)
**burn-in period** (Electronics) / Einführungsperiode f (der Badewannenkurve) ‖ **~ process** (Electronics) / Burn-in-Verfahren n (zur Steigerung der Zuverlässigkeit) ‖ **~ test** (Comp) / Burn-in-Test m (extensives Probelaufen des PC vor Auslieferung an Kunden) ‖ **~ test** (Electronics) / Burn-in-Test m (in der Halbleiterindustrie)
**burnish** v / glanzdrücken v (nur Partizip und Infinitiv), licken v (Werkstücke aus Gold, Silber, Kupfer, Zinn, Zink, Blei und Messing glätten) ‖ **~** (Bind) / glätten v (Goldschnitt), polieren v (Schnitt), abglätten v (Goldschnitt) ‖ **~** (Eng) / presspolieren v (nur Infinitiv und Partizip), blankrollen v (nur Infinitiv und Partizip), glanzschleifen v, glätten v (presspolieren)
**burnished strip** (Eng) / Blankbremsung f (eine Spur der stumpfen Schneide)
**burnisher** n / Polierstahl m (zum Polieren von Werkstücken aus Gold, Silber, Kupfer, Zinn, Zink, Blei und Messing unter Zusatz von Seifenwasser oder anderem Glänzmittel) ‖ **~** (Bind) / Glättzahn m (zum Abglätten des Goldschnitts) ‖ **~** (Join) / Ziehklingengratzieher m (einer Ziehklingenschleifmaschine)
**burnishing\*** n (Bind) / Glätten n, Polieren n (des Schnitts) ‖ **~** (Eng) / Prägepolieren n, Oberflächenfeinwalzen n ‖ **~** (Eng) / Druckpolieren n (mit dem die Mikrorauigkeit von Oberflächen, nicht jedoch deren Makrogestalt, verändert wird) ‖ **~** (Eng) / Presspolieren n, Glanzschleifen n, Blankrollen n, Glätten n (Presspolieren) ‖ **~** (Met) / Brünieren n (des Stahls mit heißen, alkalischen Salzlösungen - DIN 50902) ‖ **~** (Met) / Polieren n (Kugel-, Trommel-, Präge-) ‖ **~ shot** (Eng, Foundry) / Kugeln f pl (zum Kugelpolieren) ‖ **~ tooth** (Eng) / Glättzahn m (eines Räumwerkzeuges)
**burn-mark** n / Brandfleck m (im Allgemeinen)
**burn marks** (Plastics) / Brandstellen f pl, Brandmarkierungen f pl (Oberflächenfehler) ‖ **~ off** v / wegbrennen v ‖ **~ off** (Agric) / abbrennen v, absengen v ‖ **~ off** (in the open) (Chem Eng) / abfackeln v (nicht nutzbare bzw. überschüssige Gase mit offener Flamme verbrennen) ‖ **~ off** (Glass) / abbrennen v, abschmelzen v ‖ **~ off** (Paint) / abbrennen v (alten Anstrich), abflammen v
**burn-off** n (Elec Eng, Surf) / Abbrand m (Materialverlust an der Oberfläche von Elektroden) ‖ **~ resistor** (Autos) / Abbrandwiderstand m (der Zündkerze)
**burn on** v / aufschmelzen v, schmelzflüssig aufbringen (eine Bleischicht) ‖ **~ on** / anbrennen vi ‖ **~ on** (Foundry) / anbrennen v (Formsand) ‖ **~ out** / ausgehen v (Feuer)
**burnout\*** n (Electronics, Nuc Eng) / Durchbrennen n ‖ **~** (Space) / Brennschluss m, Burn-out m, BNT (Burn-out) / Brennschlusspunkt m (der Flugbahn) ‖ **~ energy** (Electronics) / Grenzenergie f (bei Mischdioden) ‖ **~ poison** (Nuc Eng) / abbrennbares Reaktorgift ‖ **~ velocity\*** (Space) / Brennschlussgeschwindigkeit f
**Burnside's formula** (for double integration) (Maths) / Burnside'sche Formel
**burn spot** (Electronics) / Einbrennfleck m
**burnt** adj (Nut) / brandig adj (Geschmack) ‖ **~** (Surf) / angebrannt adj ‖ **~ alum** / gebrannter Alaun (Alumen ustum) ‖ **~ brick** (Build) / Brannstein m ‖ **~ coal\*** (Min) / angekokte Kohle ‖ **~ deposit\*** (Chem, Surf) / angebrannter Niederschlag, poröser Überzug (bei der elektrochemischen Metallabscheidung)
**burn through** v / durchbrennen v
**burn-through** n (Radar) / Durchblick m, Durchdringung f von Wolkendecken ‖ **~** (Welding) / Durchbrennen n ‖ **~ capability** (Radar) / Durchblickfähigkeit f
**burn time** (Space) / Brenndauer f (des Raketenmotors)
**burnt lime\*** (Build, Chem) / Branntkalk m (Calciumoxid - DIN 1060), Ätzkalk m, gebrannter Kalk
**burnt-out fabric** (Textiles) / Ausbrenngewebe n, Ausbrenner m (z.B. Ätzcloqué), Dévorant m
**burnt-out lace** (Textiles) / Ätzspitze f, Luftspitze f
**burnt-out pattern** (Textiles) / Ausbrennmuster n
**burnt-round** n (Mining) / Brennereinbruch m

**burnt sand** (Foundry) / angebrannter Sand ‖ **~ shale** (Build, Civ Eng) / gebrannter Schiefer (der in einem Ofen hergestellt wird - DIN 1164, T 1) ‖ **~ sienna\*** (Paint) / gebrannte Terra di Siena (gebrannter Bolus), gebrannte Sienaerde ‖ **~ smell** / Brandgeruch m (im Allgemeinen) ‖ **~ steel** (Met) / verbrannter Stahl, überhitzter Stahl ‖ **~ sugar** (Nut) / Karamell m (gebrannter Zucker), Karamellzucker m (Aroma- und Geschmacksstoff) ‖ **~ umber\*** (Paint) / gebrannte Umbra (gebrannter Bolus)
**burnup** n (Heat) / Abbrand m (Abnahme der Brennstoffmenge während der Verbrennung) ‖ **~\*** (Nuc Eng) / Ausbrennen n ‖ **~\*** (Nuc Eng) / Abbrand m (zeitlich fortschreitende Verkleinerung des Faktors der Neutronenvermehrung bei der Kettenreaktion)
**burn with restricted air** / unter Luftabschluss verbrennen
**bur oak** (For) / Großfrüchtige Eiche, Quercus macrocarpa Michx.
**burolandschaft** n (Work Study) / Großraumbüro mit Blumen- und Pflanzenschmuck sowie individuell gestalteten Arbeitsplätzen, Bürolandschaft f (eine Sonderform des Großraumbüros)
**burr** v (Textiles) / entkletten v ‖ **~** n (Eng) / Rauheitsspitze f (auf der Oberfläche) ‖ **~** (Eng) / Schnittgrat m ‖ **~\*** (Eng, Foundry) / Grat m (Schneid- oder Stanzgerät), Bart m ‖ **~\*** (For) / Maserknolle f (Knospenwucherung als Maserholz zur Herstellung von Furnieren) ‖ **~** (Join) / Bohrer m ‖ **~** (Paper) / Schärfrolle f (des Holzschleifers) ‖ **~** (Paper) / Schärfvorrichtung f (z.B. eine Schärfrolle) ‖ **~\*** (Textiles) / Klette f (bei Rohwollen) ‖ **~ crusher** (Textiles) / Klettenwolf m, Entklettungsmaschine f
**burred edge** (Eng) / Werkstückkante f mit Schnittgrat
**burring** n (Foundry) / Entgraten n, Abgraten n ‖ **~** (US) (Met) / Kragenziehen n (Umformen des Lochrandes eines Blechteiles durch Ziehring und Ziehstempel derart, dass sich durch Druck auf den Lochrand ein Kragen bildet - DIN 8584), Stechen n, Durchziehen n ‖ **~** (Textiles) / Entkletten n (Rohwolle)
**burr mill\*** / Steinmahlgang m, Mahlgang m (als Vorrichtung) ‖ **~ oak** (For) / Großfrüchtige Eiche, Quercus macrocarpa Michx.
**burrow** v (Bot, For) / minieren v (Insektenlarven)
**burr picking** (Textiles) / Entkletten n (Rohwolle)
**burrstone** n / Mühlstein m, Mahlstein m
**Burr truss** (Civ Eng) / Burr-Fachwerk n (das durch einen Bogen verstärkt ist)
**Burrus LED** (Electronics) / flächenstrahlende LED, lichtemittierende Diode mit Oberflächenemission, Flächenemitter-LED f
**burr veneer** (For) / Knollenfurnier n ‖ **~ walnut** (For) / Wurzelnussholz n (als Ausstattungholz)
**burry** adj (For) / knollenmaserig adj ‖ **~ wool** (Textiles) / klettenhaltige Wolle, klettige Wolle, Klettenwolle f
**burst** v (Comp) / trennen v (Endlosformulare in einzelne Formularblätter) ‖ **~** vi / herausbrechen vi (von Schleifkörnern) ‖ **~** / aufreißen vi (z.B. Mauerwerk) ‖ **~** / zerplatzen v, zerspringen v (zerplatzen), zerknallen v (zerplatzen), platzen v, bersten vi, zerbersten v ‖ **~** vt / zum Platzen bringen (eine Membrane) ‖ **~** n / Platzstelle f ‖ **~** / zerreißen v, zersprengen v, aufsprengen v ‖ **~** (Astron, Geophys) / Strahlungsausbruch m (auf die Sonne bezogen), Eruption f, Burst m (kurz dauernde, plötzlich starke Intensitätserhöhung der Strahlung eines Himmelskörpers, meistens der Sonne) (auf die Sonne bezogen) ‖ **~\*** (Electronics) / Burst m (ein Impulsbündel) ‖ **~** (Eng) / Zerknall n (eines Druckbehälters durch Überdruck) ‖ **~** (Eng) / Platzen n (des Schlauches) ‖ **~** (Mining) / Gesteinsausbruch m, Kohleausbruch m ‖ **~\*** (Phys) / Hoffmann'scher Stoß, Explosionsschauer m, Ionisationsstoß m (auf kosmische Strahlung bezogen oder in der Ionisationskammer) ‖ **~\*** (Radio) / impulsartiges Rauschen ‖ **~** (TV) / Farbträgersynchronsignal n, Burst m, Farbsynchronsignal n, Hilfssynchronsignal n ‖ **~ can** (Nuc Eng) / aufgeplatzte Brennelementhülle, Hülsenbruch m ‖ **~-can detector\*** (Nuc Eng) / BE-Lecknachweisgerät n, Hülsenbruch-Überwachungsgerät n
**burst-can monitor** (Nuc Eng) / Burstcanmonitor m
**burst-cartridge detector\*** (Nuc Eng) / BE-Lecknachweisgerät n, Hülsenbruch-Überwachungsgerät n
**burst cycle** (Comp) / Burst-Zyklus n (eine bestimmte Anzahl von aufeinander folgenden Speicherzugriffen beim Datentransfer)
**burster** n (Astron, Geophys) / Strahlungsausbruch m (auf die Sonne bezogen), Eruption f, Burst m (kurz dauernde, plötzlich starke Intensitätserhöhung der Strahlung eines Himmelskörpers, meistens der Sonne) (auf die Sonne bezogen) ‖ **~** (a mechanism for separating fan-folded paper used in line printers and some page printers into separate sheets) (Comp) / Trennautomat m (für Endlosformulare, Schlagschere f (zum Durchtrennen der Perforation bei Leporellopapier, Formulartrenner m ‖ **~** (Mining) / Einbruchschuss m
**burst error** (an error pattern) (Comp) / Burst-Fehler m (gehäuftes Auftreten von durch ein einziges Ereignis hervorgerufenen Fehlern in einem Datenstrom), Fehlerbündel n (zeitlich geballt auftretende Störung) ‖ **~ flag** (TV) / Burst-Kennimpuls m

**bursting**

**bursting** n / Zerplatzen n, Bersten n ‖ ~ (Ceramics) / Bursting n (Zersetzungsvorgang bei einem feuerfesten Stein) ‖ ~* (Comp) / Trennen n (von Schnelldruckerformularen) ‖ ~ (Eng) / Zerknall m (eines Druckbehälters durch Überdruck) ‖ ~ **charge** (Civ Eng, Mining) / Sprengladung f, Sprengsatz m ‖ ~ **disk*** (Chem, Chem Eng) / Platzscheibe f, Berstscheibe f (mechanisch wirkende Sicherheitseinrichtung bei Druckanlagen), Reißscheibe f, Berstplatte f ‖ ~ **pressure** (Mech) / Berstdruck m ‖ ~ **resistance** (Nuc Eng) / Berstsicherheit f (des Behälters) ‖ ~ **shot** (Mining) / Einbruchschuss m ‖ ~ **strength** (Leather) / Knickfestigkeit f ‖ ~ **strength** (Materials, Mech) / Berstfestigkeit f ‖ ~ **strength** (Paper) / Berstfestigkeit f, Berstwiderstand m
**burst mode** (packet-burst technology) (Comp) / Burstmode m, Burstmodus m ‖ ~ **mode** (Comp) / Einpunktbetrieb m, Stoßbetrieb m ‖ ~ **mode** (Telecomm) / Zeitduplex n, Zeitgetrenntlageverfahren n (ein Pingpongschema für Ortsanschlussleitung, ISDN-B-Kanal)
**burst-mode transmission technique** (Telecomm) / Zweidraht-Zeitgetrenntlageverfahren n
**burstone** n / Mühlstein m, Mahlstein m
**burst page** (Comp) / Banner-Werbung f ‖ ~ **point** (Aero, Phys) / Unstetigkeitsstelle f (in der Strömungslehre) ‖ ~ **reactor** (Nuc Eng) / Burstreaktor m, Impulsreaktor m für einzelne Neutronenblitze ‖ ~ **signal** (TV) / Farbträgersynchronsignal n, Burst m, Farbsynchronsignal n, Hilfssynchronsignal n
**burst-stitch damage** (Textiles) / Maschensprengschaden m
**burst test** (Materials) / Berstversuch m (ein Innendruckversuch nach DIN 50105) ‖ ~ **test*** (Paper) / Berstdruckprüfung f ‖ ~ **transmission** (Comp) / Bitbündelübertragung f (DIN 44302)
**bursty** adj (Telecomm) / burstartig adj ‖ ~ **traffic** (Comp) / Bursty-Verkehr m (plötzliches Auftreten von hohem Verkehr auf einem Medium) ‖ ~ **traffic** (Comp, Telecomm) / paketvermittelter Verkehr
**burton** n (Eng) / ein leichter Flaschenzug
**burtonizing** n (Brew) / Burtonisieren n, Gipsen n (des Brauwassers)
**burton-tackle** n (Eng) / ein leichter Flaschenzug
**burunduki** n (Leather, Zool) / Burunduk n (das Backenhörnchen Eutamias sibiricus, dessen Felle zu Mänteln verarbeitet werden), Sibirisches Streifenhörnchen
**bury** v (Civ Eng) / eingraben v (Leitungen) ‖ ~ **barge** (Oils) / Eingrabbarge f
**burying** n (Civ Eng) / Einerdung f, Erdverlegung f, Eingrabung f
**bus** n (Autos) / Kraftomnibus m (DIN 70 010), Bus m, Omnibus m, Autobus m ‖ ~* (Comp) / Vielfachleitung f ‖ ~* (communication hardware interconnecting components in a digital system) (Comp, Telecomm) / Bus m (Sammelschiene für den Datenaustausch) ‖ ~ (Elec Eng) / Sammelschiene f, Stromschiene f (einer Schaltanlage), SS (Stromschiene) ‖ ~ (Mil) / Bus m (Behältnis für Mehrfachgefechtsköpfe) ‖ ~ **arbiter** (Comp) / Busarbiter m, BA (Busarbiter), Buszuteiler m ‖ ~ **architecture** (Comp) / Busarchitektur f ‖ ~ **architecture** (Comp) s. also bus structure ‖ ~ **available signal** (Comp) / Busbereitschaftssignal n
**busbar*** n (Elec Eng) / Sammelschiene f, Stromschiene f (einer Schaltanlage), SS (Stromschiene) ‖ ~ **sectionalizing switch** (Elec Eng) / Sammelschienentrenner m, SS-Trenner m
**bus bay** (Autos) / Haltebucht f für Busse ‖ ~ **changeover** (Comp) / Umstecken n am Bus ‖ ~ **collision** (Comp, Telecomm) / Buskollision f
**bus-conductor** n (Elec Eng) / Sammelschiene f, Stromschiene f (einer Schaltanlage), SS (Stromschiene)
**bus connector** (Comp) / Busstecker m, Bussteckverbinder m ‖ ~ **control** (Comp, Telecomm) / Bussteuerung f ‖ ~ **controller** (Comp) / Buscontroller m (zur Steuerung des Datenverkehrs auf einem Bus) ‖ ~ **coupler** (Comp) / Datenbuskoppler m ‖ ~ **cycle** (Comp) / Buszyklus m ‖ ~ **data rate** (Comp) / Busdatenübertragungsrate f ‖ ~ **driver** (Comp) / Bustreiber m
**BUSEN** (bus enable) (Comp) / Freigabesignal n für den Bus, Busfreigabe f
**bus enable** (Comp) / Freigabesignal n für den Bus, Busfreigabe f ‖ ~ **enumerator** (Comp) / Bus-Enumerator m ‖ ~ **extender** (Comp) / Buserweiterungsmodul n ‖ ~ **frame** (Comp) / Busplatine f (die sämtliche Busleitungen enthält)
**bush** v (Build) / stocken v ‖ ~ n (Elec Eng) / Leitungseinführung f ‖ ~* (Eng) / Büchse f, Buchse f, Hülse f ‖ ~ **aircraft** (Aero) / Buschflugzeug n ‖ ~ **chain** / Buchsenkette f (Gliederkette, deren Laschen über in Buchsen geführte Bolzen zusammengehalten werden - z.B. eine Fahrradkette - DIN 8164)
**bushed bearing** (Eng) / ungeteiltes Lager ‖ ~ **bearing** (Eng) s. also eye-type bearing ‖ ~ **roller chain** (Eng) / Hülsenkette f (DIN 8164)
**bushel** n (a GB unit) / Bushel n (36,3687 l) ‖ ~ (a US unit of volume for dry measure) / Bushel n (35,2391 l)
**bush hammer** (Build) / Stockhammer m ‖ ~-**hammering*** n (Build) / Oberflächenbehandlung f mit dem Stockhammer (oder Krönel)

Stocken n (Einebnen und Nacharbeiten von Flächen, welche grobkörnig erscheinen sollen), Aufstocken n
**bushing*** n (Build, Elec Eng) / Durchführung f (Isolator) ‖ ~ (Elec Eng, Eng) / Durchführungshülse f, Durchgangstülle f, Tülle f ‖ ~ (Eng) / Büchse f, Buchse f, Hülse f ‖ ~ (Eng) / Hülse f, Buchse f (der Kette) ‖ ~* (Eng, Plumb) / Übergangsmuffe f, Übergangsstück n, Übergangsrohr n, Übergangsformstück n, Reduzierstück n, Reduzierhülse f, Taper m, Reduzierverschraubung f, Überstück n (ein Formstück) ‖ ~* (Glass) / Düse f, Ziehdüse f (für die Herstellung von Glasfilamenten) ‖ ~ **for holding work** (Eng) / Spannbuchse f ‖ ~ **mount** (Elec Eng) / Einlochbefestigung f (für Potentiometer) ‖ ~ **terminal strip** (Elec Eng) / Buchsenklemmleiste f ‖ ~ (current) **transformer*** (Elec Eng) / Durchführungswandler m, Durchsteckwandler m
**bushing-type capacitor** (Elec Eng) / Durchführungskondensator m, Vierpolkondensator m
**bush knife** / Machete f, Haumesser n, Buschmesser n, Hackmesser n ‖ ~ **on** v (Eng) / aufbuchsen v
**bus idle** (Comp) / Bus-Ruhezustand m
**bus-in** n (Comp, Telecomm) / Eingangsbus m
**business** n / Handel m (als wirtschaftlicher Tätigkeitsbereich), Geschäft n (als Beruf) Gewerbe n (als Tätigkeitsbereich und Beruf) ‖ ~ **aircraft** (Aero) / Geschäftsflugzeug n ‖ ~ **class** (Aero) / Business Class f (zwischen Economy and First class) ‖ ~ **combination** / Unternehmenszusammenschluss m, Merger m (Unternehmenszusammenschluss) ‖ ~ **cycle** / Konjunkturzyklus f ‖ ~ **data bank** (Comp) / Handelsdatenbank f ‖ ~ **end** (Tools) / ausführender (funktioneller) Teil (des Werkzeuges) ‖ ~ **film** (Cinema) / Industriefilm m, industrieller Dokumentationsfilm ‖ ~ **flying** (Aero) / Geschäftsreisefliegerei f ‖ ~ **game** (Comp) / Unternehmensspiel n (ein Planspiel) ‖ ~ **graphics** (Comp) / Bürografik f, kommerzielle Grafik (grafische Darstellung kommerzieller Daten), Geschäftsgrafik f ‖ ~ **hours** (Work Study) / Geschäftszeit f, Geschäftsstunden f pl ‖ ~ **interruption coverage** (US) / Betriebsunterbrechungsversicherung f ‖ ~ **machine** / Büromaschine f ‖ ~ **management** / Betriebswirtschaft f ‖ ~ **risk** / Geschäftsrisiko n ‖ ~ **software** (Comp) / Business-Software f (Programme, die eine bestimmte betriebswirtschaftliche Funktionalität, welche nur in einem bestimmten Bereich eines Unternehmens benötigt wird, zur Verfügung stellt), Geschäftssoftware f ‖ ~ **to business** (Comp) / Business-to-Business n, B2B (Business-to-Business) ‖ ~ **transaction** / Handel m, Geschäft n, Deal m (einmalige Transaktion) ‖ ~ **TV** (TV) / Business-TV f (Ausstrahlung eines mit herkömmlichen Fernsehgeräten nutzbaren Informationsprogramms für eine geschlossene Benutzergruppe, die üblicherweise einem Unternehmen oder einer anderen, in sich geschlossenen Institution angehört)
**bus interface** (Comp) / Busschnittstelle f ‖ ~ **lay-by** (Autos) / Haltebucht f für Busse ‖ ~-**line*** n (Rail) / Hauptkabel n im Triebwagenzug
**bus-line*** n (Rail) / durchgehende elektrische Leitung
**bus master** (Comp) / Bus-Master m ‖ ~ **master** (Comp) s. also bus arbiter ‖ ~ **mastering adapter** (Comp) / busgesteuerter Adapter ‖ ~ **mouse** (Comp) / Busmaus f (mit eigener Steckkarte) ‖ ~ **network** (a network where all workstations and the server are connected to a central cable /called a bus/) (Comp) / Busnetz n, Busnetzwerk n ‖ ~ **operator** (Autos) / Busbetreiber m
**bus-oriented** adj (Comp) / busorientiert adj
**bus-out** n (Comp, Telecomm) / Ausgangsbus m
**bus pipe** (Elec Eng) / Leiterrohr n (Kupfer) ‖ ~ **reactor** (Elec Eng) / Sammelschienendrossel f, SS-Drossel f, Längsdrossel f
**bussed** adj (Autos) / busverbunden adj
**bus shelter** / Schutzdach n an der Bushaltestelle ‖ ~ **slave** (Comp) / Busslave n (untergeordnetes Bussystem) ‖ ~ **stop** (Autos) / Bushaltestelle f ‖ ~ **stopping lane** (Autos) / Haltefahrstreifen m (für Busse) ‖ ~ **structure** (Comp) / Busstruktur f ‖ ~ **system** (Automation, Comp) / Bussystem n (Zusammenfassung paralleler Leitungen zur standardisierten Übertragung von Informationen zwischen Elementen eines Rechners oder einer Steuerung) ‖ ~ **system** (Teleph) / Leitungssystem n
**bust** v (Agric) / tieflockern v, aufreißen v ‖ ~ n (Comp) / Operatorfehler m ‖ ~ (Comp) / Programmierfehler m
**bus terminal** / Busbahnhof m ‖ ~ **termination** (Comp) / Busabschluss m
**busting** n (Agric) / Aufreißen n, Tieflockerung f
**bustle back** (Autos) / Stummelheck n ‖ ~ **main** (Met) / Windringleitung f ‖ ~ **pipe*** (Met) / Windringleitung f
**bus topology** (Comp) / Bustopologie f
**bust-shot** n (Cinema) / Amerikanische f
**bus tube** (Elec Eng) / Leiterrohr n (Kupfer)
**bus-type network** (Comp) / Busnetz n, Busnetzwerk n
**busway** n (a section of a road set apart exclusively for buses) (Autos) / Busspur f

178

**busy** *adj* (Autos) / verkehrsreich *adj* (Straße), stark befahren (Straße) ‖ ~* (Teleph) / besetzt *adj*, belegt *adj* ‖ **on ~** (Teleph) / im Besetztfall ‖ ~ **hours** (Autos, Teleph) / Hauptverkehrszeit *f* ‖ ~ **indication field** (Teleph) / Belegt-Anzeigefeld *n* ‖ ~ **lamp** (Comp, Electronics) / Aktivlampe *f* (die während eines Datenzugriffs oder wenn eine Audio-CD abgespielt wird, leuchtet) ‖ ~ **lamp** (Teleph) / Besetztlampe *f*
**busy-lamp field** (Teleph) / Besetztlampenfeld *n*
**busy line** (Autos, Rail) / verkehrsreiche Strecke ‖ ~ **out** *v* (Teleph) / sperren *v* (eine Teilnehmerleitung) ‖ ~ **server** (Teleph) / belegter Abnehmer ‖ ~ **test** (Teleph) / Besetztprüfung *f* ‖ ~ **tone*** (Teleph) / Besetztton *m*, Besetztzeichen *n*, BZ (450 Hz, Morsezeichen e)
**but** *adv* (Mining) / schachtwärts *adv*, in Richtung zum Schacht (von der Feldesgrenze gesehen)
**butadiene*** *n* (Chem) / Butadien *n* (das einfachste 1,3-Dien) ‖ ~* (Chem) s. also polybutadiene ‖ ~ **poison** (Leather) / Butadiengift *n* (verursacht Verhärten der Zurichtung beim Altern) ‖ ~ **rubber** (Plastics) / Polybutadien *n*, Butadienkautschuk *m*, BR (Butadienkautschuk)
**butaldehyde** *n* (Chem) / Butanal *n*, n-Butyraldehyd *m*
**butanal*** *n* (Chem) / Butanal *n*, n-Butyraldehyd *m*
**butane*** *n* (Chem) / Butan *n* (Kohlenwasserstoff der Alkanreihe - farbloses, brennbares Gas)
**butane-1,4-dicarboxylic acid*** (Chem, Nut) / Adipinsäure *f* (E 355), Hexandisäure *f*, Butan-1,4-carbonsäure *f*, Butan-1,4-karbonsäure *f*
**butane 2,3-dione*** (Chem) / Diazetyl *n* (Butan-2,3-dion), Biazetyl *n*, Biacetyl *n*
**butanedial, 1,4-~** (Chem) / Bernsteinsäuredialdehyd *m*, Succinaldehyd *m*, Sukzindialdehyd *m*, Butandial-(1,4) *n*
**butanedioic acid** (Chem, Nut) / Bernsteinsäure *f* (E 363), Butandisäure *f* ‖ ~ **anhydride** (Chem, Nut, Pharm) / Bernsteinsäureanhydrid *n* (Tetrahydrofuran-2,5-dion)
**butanediol** *n* (Chem) / Butandiol *n*, Butylenglykol *n* (konstitutionsisomerer zweiwertiger Alkohol)
**butanoic acid*** (Chem) / Buttersäure *f*, Butansäure *f*
**butanol*** *n* (Chem) / Butanol *n*, Butylalkohol *m*
**butcher block** / Hackklotz *m* (für das Fleischerhandwerk), Hackblock *m* (für das Fleischerhandwerk) ‖ ~ **cut** (damage to hides caused by improper removal from the animal, usually in the form of cuts or furrows on the flesh side) (Leather) / Fleischerschnitt *m* (ein Hautschaden), Metzgerschnitt *m* (ein Hautschaden)
**butcher's hook** / Fleischerhaken *m*, Fleischhaken *m*
**butcher's paper** (Paper) / Fleischeinwickelpapier *n*
**butcher's sulphite wrap** (Paper) / Fleischeinwickelpapier *n*
**butchery** *n* (Nut) / Schlachthof *m*, Schlachthaus *n*
**butene*** *n* (Chem) / Buten *n*, Butylen *n*
**butenedioic acid** (Chem) / Butendisäure *f* ‖ ~ **acid** s. also fumaric acid and maleic acid
**butenoic, cis-2-~ acid** (Chem) / Isocrotonsäure (cis-2-Butensäure), Isokrotonsäure *f*, Allocrotonsäure *f*, Allokrotonsäure *f* ‖ **trans-2-~ acid** (Chem) / Crotonsäure *f* (einfach ungesättigte, unverzweigte Fettsäure), Krotonsäure *f*
**but-2-enoic acid*** (Chem) / Crotonsäure *f* (einfach ungesättigte, unverzweigte Fettsäure), Krotonsäure *f*
**butenyl** *n* (Chem) / 2-Butenyl *n* (-$CH_2$-CH=CH-$CH_3$)
**but-1-en-3-yne** *n* (Chem) / Vinylacetylen *n*, Vinylazetylen *n*, Monovinylacetylen *n*, Monovinylazetylen *n*, Mova *n* (1-Buten-3-in)
**butlerite** *n* (Min) / Butlerit *m* (Grubenbrandsulfat von Jerome, Arizona)
**Butler matrix** (Radar, Radio) / Butlermatrix *f* (mit Netzwerkspeisung) ‖ ~ **matrix** (Radar, Radio) s. also Rotman lens
**Butler-Volmer equation** (Elec) / Butler-Volmer-Gleichung *f* (wichtige Gleichung aus der Kinetik der Elektrodenprozesse)
**butoxide** *n* (Chem) / Butoxid *n* (Gruppenbezeichnung für Alkoholate, die sich von den Butanolen ableiten), Butylat *n*, Butanolat *n*
**butt** *v* / stumpf stoßen, aneinander stoßen *v* (mit der Stirnfläche), stumpf aneinander fügen, stumpf aneinander stoßen ‖ ~ *n* (For) / Stockende *n* (als Gegensatz zu Zopfende) ‖ ~ (For) / unterster Stammteil, Erdstamm *m*, Stammende *n* (unteres), Anlauf *m*, Stammbasis *f*, Stammfuß *m* ‖ ~ (Join) / Einstemmband *n* (pl. -bänder), Fitschenband *n* (Drehbeschlag für Fenster und Türen), Fitschband *n*, Fitsche *f*, Fischband *n* ‖ ~ (Leather) / Schild *m* (Teil der Rosshaut) ‖ ~ (tanned) (Leather) / Krupon *m*, Croupon *m*, Kern *m* (Kernstück der Haut) ‖ ~ (Leather) / Doppelcroupon *m* (das Kernstück der Haut nach Entfernung von Bauch und Hals), Doppelkrupon *m* ‖ ~ (part of the billet remaining in the container after extrusion) (Met) / Pressrest *m* ‖ ~ (Textiles) / Fuß *m* (der Nadel) ‖ ~ *attr* (Carp) / gestoßen *adj* (Balken) ‖ ~ **bend** (tanned) (Leather) / Krupon *m*, Croupon *m*, Kern *m* (Kernstück der Haut) ‖ ~ **connector** (Electronics) / Andrucksteckverbinder *m* (mehrpoliger Steckverbinder, bei dem die Kontaktkraft erst nach dem Stecken des beweglichen Teils durch Betätigen eines Keiles, Drehen einer Nockenwelle oder einfach durch Schrauben aufgebracht wird) ‖ ~ **coupling** (Eng) / Muffenkupplung *f* (eine starre Kupplung), Hülsenkupplung *f* (eine starre Kupplung) ‖ ~ **coupling** (Telecomm) / Stirnflächenkopplung *f* (Signalübertragung über stirnseitig miteinander verbundene Faserenden - in den LWL)
**butted splice** (Paper) / ohne Überlappung verklebt, gesplissen *adj*, gespleißt *adj*
**butt-end** *n* (For) / Stockende *n* (als Gegensatz zu Zopfende)
**butter** *v* (Build) / verstreichen *v* (mit Mörtel) ‖ ~* *n* (Nut) / Butter *f* ‖ ~ **beans** (Bot, Nut) / Rangoonbohnen *f pl*, Rangunbohnen *f pl*, Mondbohnen *f pl* (aus dem Phaseolus lunatus L.), Limabohnen *f pl*, Sievabohnen *f pl* ‖ ~ **churn** (Nut) / Butterfertiger *m* ‖ ~ **colour** (Nut) / Butterfarbstoff *m* ‖ ~ **colouring agent** (Nut) / Butterfarbstoff *m*
**butterfat** *n* (Nut) / Milchfett *n*, Butterfett *n*, Butteröl *n*
**butter flavour** (Nut) / Butteraroma *n*
**butterfly*** *n* (Cinema, TV) / Streulichtschirm *m* (Seidenblende), Seidenblende *f*, Tüllschirm *m* ‖ ~ **capacitor** (Elec Eng) / Schmetterlings-Drehkondensator *m* (dessen Rotorplattenschnitt an Schmetterlingsflügel erinnert) ‖ ~ **centre** (For) / Dreizack *m* (ein Spannelement für Langholzwerkstücke) ‖ ~ **circuit*** (Elec Eng) / Schmetterlingskreis *m* ‖ ~ **diagram*** (Astron) / Schmetterlingsdiagramm *n* (grafische Darstellung der Zonenwanderung der Fleckenhäufigkeit im Verlauf des Sonnenfleckenzyklus), Maunder-Diagramm *n* ‖ ~ **effect** (when a small change can quickly grow into a large, unpredictable change in the system behaviour) (Phys) / Schmetterlingsflügeleffekt *m* ‖ ~ **gate** (Hyd Eng) / Drehschütz *n* ‖ ~ **map** (Cartography) / Schmetterlingskarte *f* ‖ ~ **nut** (Eng) / Flügelmutter *f* (DIN 315 und 918) ‖ ~ **point** (Eng) / Rauheitsspitze *f* (auf der Oberfläche) ‖ ~ **tail*** (Aero) / V-Leitwerk *n* (eine Vereinigung von Höhen- und Seitenleitwerk) ‖ ~ **twin** (Crystal, Min) / schmetterlingsförmiger Zwilling (z.B. beim Kalzit) ‖ ~ **valve*** (Eng) / Drosselventil *n*, Drosselklappe *f*, Drossel *f*
**buttering*** *n* (Build) / Ausstreichen *n* des Frischmörtels auf dem zu versetzenden Stein, Mörtelaufstreichen *n* ‖ ~ **trowel** (Build) / kleine Mortelkelle ‖ ~ **trowel** (Build) s. also mortar trowel
**butter making** (Nut) / Butterherstellung *f*, Buttern *n*, Butterfertigung *f*, Butterei *f*, Butterung *f*
**butter-making process** (Nut) / Butterherstellung *f*, Buttern *n*, Butterfertigung *f*, Butterei *f*, Butterung *f*
**buttermilk*** *n* (Nut) / Buttermilch *f* (bei der Verbutterung von pasteurisierter und mittels Buttereikultur gesäuerter Sahne anfallende Flüssigkeit)
**butter muslin** (Textiles) / Mull *m* (dünnes, weitmaschiges Baumwollgewebe), Gaze *f* (Verbandmull)
**butternut*** *n* (For) / Butternussbaumholz *n* (aus Juglans cinerea L.) ‖ ~* (For) / Butternussbaum *m* (Juglans cinerea L.)
**butter of antimony** (Chem) / Antimon(III)-chlorid *n*, Antimontrichlorid *n*, Antimonbutter *f* ‖ ~ **of tin** (tin(IV) chloride-5-water) (Chem) / Zinnbutter *f* (halbfeste Masse), Rosiersalz *n* ‖ ~ **paper** (Paper) / Butterpapier *n*, Buttereinwickelpapier *n*, Butterbrotpapier *n* ‖ ~ **rock** (Min) / Halotrichit *m*, Eisenalaun *m*, Bergbutter *f* (Aluminiumeisen(II)-sulfat-22-Wasser) ‖ ~ **starter** (Nut) / Rahmsäuerungskultur *f*, Buttersäurewecker *m*
**Butterworth filter*** (Electronics) / Potenzfilter *n*, Butterworthfilter *m*, maximal flaches Filter ‖ ~ **head** (a mechanical hose head with revolving nozzles; used to wash down shipboard storage tanks) (Ships) / Butterworth-Waschmaschine *f* (zur Tankreinigung)
**butter wrapper** (Paper) / Butterpapier *n*, Buttereinwickelpapier *n*, Buttereinwickler *m*, Butterbrotpapier *n*
**butter-wrapping paper** (Paper) / Butterpapier *n*, Buttereinwickelpapier *n*, Buttereinwickler *m*, Butterbrotpapier *n*
**buttery** *adj* (Nut) / butterig *adj* (Geschmack), buttrig *adj* (Geschmack)
**butter yellow** (Chem) / Buttergelb *n* (4-(Dimethylamino)azobenzol), Dimethylgelb *n* (auch ein Indikator)
**butt groove** (Welding) / Fuge *f* ‖ ~ **hinge*** / Klavierband *n*, Stangenscharnierband *n*, Endlosscharnier *n* ‖ ~ **hinge*** (Carp, Join) / Einstemmband *n* (pl. -bänder), Fitschenband *n* (Drehbeschlag für Fenster und Türen), Fitschband *n*, Fitsche *f*, Fischband *n* ‖ ~ **hinge** (Join) / Parallelreißer *m* (für Einstemmbänder) ‖ ~ **joint** (Carp, Join) / Längsstoß *m*, Stoß *m* (ein Längsverband) ‖ ~ **joint*** (Carp, Join) / Stumpfstoß *m* (eine Längsverbindung), Stumpfverbindung *f* ‖ ~ **joint** (Electronics) / Flachflanschverbindung *f* (Wellenleiter) ‖ ~ **joint** (Welding) / Stoßnaht *f* ‖ ~ **joint** (welding) (Welding) / Stumpfstoß *m* (DIN 1912, T 1) (die Teile liegen in einer Ebene) ‖ ~ **log** (For) / unterster Stammteil, Erdstamm *m*, Stammende *n* (unteres), Anlauf *m*, Stammbasis *f*, Stammfuß *m*
**buttock*** *n* (Mining) / anstehende Kohle (durch einen Schrämrahmen unterschnitten) ‖ ~ (Mining) / Vorgriff *m*, Abbauhöhe *f* ‖ ~ (Mining) / Maschinenstall *m* (an beiden Strebenden) ‖ ~ **lines** (Ships) / Schnitte *m pl* (im Linienriss) ‖ ~ **planes*** (Ships) / Schnittebenen *f pl* (im Linienriss)

**button**

**button** v / zuknöpfen v ‖ ~ (into something) (Textiles) / einknöpfen v (in etwas) ‖ ~ (all the way down) (Textiles) / durchknöpfen v ‖ ~ vt / mit Knöpfen versehen ‖ ~ n (Civ Eng) / Markierungsnagel m (heute meistens aus Kunststoff) ‖ ~ (Comp) / Button m (ein Banner, durch dessen Anklicken man zu einer Werbeaussage kommt) ‖ ~ (a rectangular or rounded widget which, when clicked by a mouse, initiates some action) (Comp) / Befehlsschaltfläche f, Schaltfläche f, Button m (knopfartige Darstellung einer Schaltfläche auf dem Bildschirm) ‖ ~ (for fixing tabletops) (Join) / Nutzklotz m (für die Befestigung von Tischplatten) ‖ ~ (Optics) / Klotz m (aus Kittpech oder Siegellack) ‖ ~ (Textiles) / Knopf m (DIN 61575) ‖ ~ (Welding) / Schweißlinse f
**buttonball tree** (For) / Nordamerikanische Platane (Platanus occidentalis L.), Abendländische Platane, Morgenländische Platane
**button blank** / Knopfrohling m ‖ ~ **breaker** (Textiles) / Appretbrecher m, Knopfbrechmaschine f (DIN 64990) ‖ ~ **cell** (Elec Eng) / Knopfzelle f ‖ ~ **crucible** (Chem) / Knopfschmelztiegel m
**button-down shirt** (Textiles) / Button-down-Hemd n (sportliches Oberhemd, dessen Kragenspitzen festgeknöpft sind)
**button fastener** (Textiles) / Knopfverschluss m ‖ ~ **fly** (Textiles) / Knopfleiste f ‖ ~ **head** (US) (Eng) / Halbrundkopf m (DIN ISO 1891)
**button-headed screw*** (Eng) / Halbrundschraube f
**button-head rivet** (Eng) / Halbrundniet m (DIN 660)
**buttonhole bar tacker** (Textiles) / Knopflochriegelmaschine f ‖ ~ **foot** (Textiles) / Knopflochfuß m (der Nähmaschine) ‖ ~ **gimp** (Textiles) / Knopflochbesatzschnur f ‖ ~ **scissors** (Textiles) / Knopflochschere f ‖ ~ **silk** (Textiles) / Knopflochseide f ‖ ~ **stitch** (Textiles) / Knopflochstich m ‖ ~ **thread** (Spinning) / Knopflochzwirn m ‖ ~ **twist** (Spinning) / Knopflochzwirn m
**buttoning*** n (Weaving) / Klettenbildung f
**button lac** / Knopfschellack m (ein indischer Eingeborenen-Schellack) ‖ ~ **lift** / Schlepplift m (ein Skilift - entweder Bügel- oder Tellerlift) ‖ ~ **light** / Leuchtpilz m (z.B. auf der Verkehrsinsel) ‖ ~ **light** (Light) / Schildkröte f (ein Leuchtkörper im Straßenverkehr) ‖ ~ **microphone*** (Acous) / Knopflochmikrofon n ‖ ~ n **OK** (Comp) / Schaltfläche f "OK" ‖ ~ **panel** (Textiles) / Knopfleiste f ‖ ~ **plate** (a ribbed plate) (Met) / Warzenblech n ‖ ~ **rod** (Elec Eng) / gläserner Träger, Stab m (gläserner Träger in der Glühlampe), Glasstab m ‖ ~ **rope conveyor** (Mining) / Stauscheibenförderer m (Bremsförderer in der geneigten Lagerung im Abbau)
**buttons** pl (Civ Eng) / Nägel m pl, Bodenrückstrahler m pl, Markierungsnägel m pl
**button sewing** (Textiles) / Knopfannähen n ‖ ~ **sewing foot** (Textiles) / Knopfannähfuß m (der Nähmaschine) ‖ ~ **shellac** / Knopfschellack m (ein indischer Eingeborenen-Schellack) ‖ ~ **specks** (Paper) / Knopfflecken m pl (von Hadern herrührend) ‖ ~ **stop** (Eng, Tools) / Einhängestift m (bei alten Schnittwerkzeugen) ‖ ~ **test** (to evaluate the fusion and flow characteristics of frits, glasses, and powders) (Ceramics, Glass) / Knopfprobe f, Knopfprüfung f (der Fließbarkeit z.B. einer Fritte) ‖ ~ **through** v (Textiles) / durchknöpfen v
**button-through dress** (Textiles) / durchgeknöpftes Kleid, Kleid n mit durchgehender Knopfleiste
**button tool** (Eng) / Pilzmeißel m (ein Formdrehmeißel) ‖ ~ **tree** (For) / Nordamerikanische Platane (Platanus occidentalis L.), Abendländische Platane, Morgenländische Platane
**button-type cell** (Elec Eng) / Rundzelle f R 9, Knopfzelle f (eine kleine, runde, völlig geschlossene Primärzelle)
**button up** v / zuknöpfen v
**buttonwood*** n (For) / Nordamerikanische Platane (Platanus occidentalis L.), Abendländische Platane, Morgenländische Platane
**buttress*** n (Arch) / Strebepfeiler m (nach außen vorspringender) ‖ ~ (Bot, For) / spannrückiger Wurzelanlauf (Stammanlauf) ‖ ~ (Geol) / Felsvorsprung m ‖ ~ **dam** (Hyd Eng) / Pfeilerstaumauer f
**buttressed wall** (Arch, Build) / Pfeilermauer f
**buttressing** n (For) / Spannrückigkeit f (Vertiefungen und wulstige Erhöhungen des Stamm-Mantels - ein Wuchsfehler)
**buttress power station** (Elec Eng, Hyd Eng) / Pfeilerkraftwerk n (bei Flusskraftwerken die konsequenteste mehrteilige Wasserkraftwerksbauart für vertikalachsige Spiralturbinen) ‖ ~ **root** (Bot, For) / Brettwurzel f ‖ ~ **screw-thread*** (Eng) / Sägengewinde n (DIN 513)
**butt rot** (For) / Stammfäule f ‖ ~ **rot** (For) / Stockfäule f (Zersetzung von Stöcken durch holzzerstörende Pilze) ‖ ~ **rot** (For) / Rotfäule f (durch parasitische Pilze hervorgerufene Destruktionsfäule, meistens bei Fichten)
**butt-rot fungus** (For) / Kiefernporling m (Phaseolus schweinitzii (Fr.) Pat.)
**butt seam** (Welding) / Stoßnaht f
**butt-seam welding machine** (Welding) / Bandstumpfschweißmaschine f
**buttsplice** n (Paper) / ohne Überlappung verklebt, gesplissen adj, gespleißt adj

**butt strap*** (Eng) / Stoßlasche f
**butt-strapped joint** (Rail) / Laschenstoß m, Laschenverbindung f
**butt-strap riveting** (Eng) / Laschennietung f
**butt weld** (Welding) / Stoßnaht f ‖ ~ **weld** (seam) (Welding) / Stumpfnaht f (Sammelbegriff für alle Schweißnahtarten, bei denen die Fügeteile in der gleichen Ebene liegen und in der Regel mit planen oder angeschrägten Stirnflächen zueinander positioniert sind) ‖ ~ **weld between plates with raised edges** (Welding) / Bördelnaht f (eine Stumpfnaht nach DIN 1912, T 5) ‖ ~**-welding*** n (Welding) / Stumpfschweißen n (Schweißen mit Stumpfstoß), Stumpfschweißung f
**butty** adj (Leather) / mit guter Stellung (mit vorteilhaftem Größenverhältnis vom Kern zum Nichtkern)
**butyl acetate*** (Chem) / Butylazetat n, Butylacetat n (DIN 53 246 und DIN 55 686), Essigsäurebutylester m, Butylethanoat n ‖ ~ **alcohol*** (Chem) / Butanol n, Butylalkohol m
**butylate** n (Agric) / Butylat n (selektives Bodenherbizid gegen Ungräser im Maisbau)
**butylated hydroxyanisole** (Chem, Nut) / tert-Butylmethoxyphenol n, tert-Butylhydroxyanisol n, BHA (ein Antioxidans - E 320) ‖ ~ **hydroxytoluene** (2,6-di-tert-butylmethylphenol) (Chem, Nut) / Butylhydroxytoluol n, BHT (ein Antioxidans - E 321)
**butyl chloride** (Chem) / Butylchlorid n ‖ ~ **diglycol carbonate** (Chem) / Butyldiglycolcarbonat n, Butyldiglykolkarbonat n
**butylene*** n (Chem) / Buten n, Butylen n ‖ ~ **glycol** (Chem) / Butandiol n, Butylenglykol n (konstitutionsisomerer zweiwertiger Alkohol)
**butyl ethanoate*** (Chem) / Butylazetat n, Butylacetat n (DIN 53 246 und DIN 55 686), Essigsäurebutylester m, Butylethanoat n ‖ ~ **formate** (Chem) / Ameisensäurebutylester m, Butylformiat n
**butylglycol acetate** (Chem) / Butylglykolacetat n (2-Butoxyethylacetat), Butylglykolazetat n
**butyl glycolate** (Chem) / Glykolsäurebutylester m, Butylglykolat n ‖ ~ **group*** (Chem) / Butylgruppe f, Butylrest m ‖ ~ **lactate** (Chem, Paint) / Milchsäurebutylester m, Butyllaktat n, Butyllactat n
**butyllithium** n (Chem) / Butyllithium n (die technisch wichtigste lithiumorganische Verbindung)
**butyl mercaptane** (Chem) / Butylmercaptan n, 1-Butanthiol n, Butylmerkaptan n
**butylmethoxyphenol, tert-~** (Chem, Nut) / tert-Butylmethoxyphenol n, tert-Butylhydroxyanisol n, BHA (ein Antioxidans - E 320)
**butyl octylphthalate** (Chem) / Butyloktylphthalat n, Butyloctylphthalat n, BOP (DIN 7723) ‖ ~ **paraben** (Chem) / Butylparaben n ‖ ~ **rubber*** (Build, Chem, Plastics) / Butylkautschuk m, IIR (Butylkautschuk) ‖ ~ **stearate** (Chem) / Butylstearat n, Stearinsäurebutylester m
**butynedial** n (Chem, Surf) / 2-Butin-1,4-diol n
**butyral** n (Chem) / Butyraldehydacetal n, Butyraldehydacetal n, Butyral n (Acetal des Butyraldehyds)
**butyraldehyde*** n (Chem) / Butanal n, n-Butyraldehyd m
**butyrate** n (Chem) / Butyrat n (Salz oder Ester der n-Buttersäure)
**butyric acid*** (Chem) / Buttersäure f, Butansäure f
**butyric-acid bacteria** (Bacteriol) / Buttersäurebakterien f pl
**butyric anhydride** (Chem) / Buttersäureanhydrid n, Butansäureanhydrid n ‖ ~ **fermentation** (Chem) / Buttersäuregärung f, Buttersäure-Butanol-Gärung f
**butyrolactone** n (Chem) / Butyrolakton n, Butyrolacton n (1,4-Butanolid)
**butyrometer** n (Nut) / Butyrometer n (zur Bestimmung des Fettgehalts der Milch bzw. des Rahms)
**butyrometric** adj (Nut) / butyrometrisch adj
**buxus alkaloids** (Pharm) / Buxus-Steroidalkaloide n pl ‖ ~ **steroid alkaloids** (Pharm) / Buxus-Steroidalkaloide n pl
**buyer** m / Käufer n (DIN 8402), Auftraggeber m (DIN 8402)
**buyer's guide** / Bezugsquellenverzeichnis n ‖ ~ **market** (an economic situation in which goods or shares are plentiful and buyers can keep prices down) / Käufermarkt m (Markt, auf dem Preise und Umsätze von den Käufern bestimmt werden, weil das Angebot die Nachfrage übersteigt)
**buyers' market** / Käufermarkt m (Markt, auf dem Preise und Umsätze von den Käufern bestimmt werden, weil das Angebot die Nachfrage übersteigt)
**buy-in** n (Work Study) / Buyin n (pl. -s) (Übernahme eines Unternehmens durch den Erwerb von Geschäftsanteilen von einem externen Manager oder Managementteam), Management-Buyin n, MBI (Management-Buyin)
**buying centre** / Einkaufsgremium n (alle Personen, die an der Beschaffung eines Produkts beteiligt sind), Buyingcenter n
**buy off the peg** (Textiles) / kaufen v von der Stange
**buy-out** n (Work Study) / Buyout n (pl. -s) (Übernahme eines Unternehmens durch die eigene Geschäftsleitung), Management-Buyout n, MBO (Management-Buyout) ‖ ~ **product** (Work Study) / fremdbezogenes Produkt, zugekauftes Produkt

**Buys Ballot's law**\* (Meteor) / Buys-Ballot'sches Gesetz (nach Ch.H. Buys-Ballot, 1817-1890) || ≙ **Ballot's law**\* (Meteor) s. also Coriolis force
**buzz** v (US) (For) / mit einer Kreissäge schneiden || ~ vt (fly very close to the ground at high speed) (Aero) / in geringer Höhe überfliegen || ~\* (Aero) / bedrohlich anfliegen (z.B. zum Spaß) || ~ n (the noise is similar to the sound of an insect in flight) (Acous) / Summen n || ~ (Radio) / Krachstörung f (eine Impulsstörung) || ~ (Acous) s. also hum || ~ **bomb** (Aero, Mil) / selbstgesteuerte oder gelenkte Bombe (z.B. die V-Geschosse)
**buzzer**\* n (Elec Eng, Telecomm) / Summer m, Unterbrecher m, Magnetsummer m || ~\* (Telecomm) / Schnarrsummer m, Schnarrer m, Schnarre f || ~ **sound** (Telecomm) / Summerton m
**buzz out** v (Cables) / abklingeln v (ein Kabel) || ~ **saw** (US) (For) / Kreissägemaschine f, Kreissäge f || ~ **track**\* (Cinema) / Buzz-Track-Tonspur f (ein Ton-Testfilm)
**BV** (breakdown voltage) (Elec Eng) / Durchschlagspannung f
**BVR** (beyond visual range) (Aero, Optics) / außer Sichtweite, außer Flugsicht
**b. & w.** / schwarzweiß adj, SW (schwarzweiß)
**BW** (backward wave) (Electronics) / rücklaufende Welle, Rückwärtswelle f
**BWE** (bucketwheel excavator) (Civ Eng, Mining) / Schaufelradbagger m (Massengewinnungsgerät, z.B. für den Tagebau) || **compact** ≙ (compact bucketwheel excavator) (Eng) / Kompaktschaufelradbagger m
**B-weighting curve** (Acous) / B-Kurve f, Bewertungskurve f B
**b/w film** (black-and-white film) (Cinema, Photog) / Schwarzweißfilm m, SW-Film m
**B.W.G.** / Kokswassergas n, Blauwassergas n || ≙\* (Birmingham wire gauge) (Met) / BWG-Drahtlehre f (eine alte Drahtlehre von No. 4/0 bis 36 = 0,454" bis 0,004")
**B-wire** n (Teleph) / b-Ader f
**BWO** (backward-wave oscillator) (Electronics) / Rückwärtswellenoszillator m
**BWR**\* (boiling-water reactor) (Nuc Eng) / Siedewasserreaktor m (ein leichtwassergekühlter und -moderierter thermischer Reaktor), SWR (Siedewasserreaktor)
**BWST** (borate water storage tank) (Nuc Eng) / Borwasservorratsbehälter m, Borierungstank m, Borwasserflutbehälter m
**BX cable** (US) (Cables) / Panzerkabel n
**by-catch** n (fish or other marine life that are caught with the target species, unwanted and often discarded at sea) (Nut) / Beifang m (Sammelbezeichnung für Fische und Meerestiere, die mitgefangen, aber nicht zu Speisezwecken verwendet werden)
**by-channel** n (Hyd Eng) / Umgehungskanal m, Umleitungskanal m
**bye-channel**\* n (Hyd Eng) / Umgehungskanal m, Umleitungskanal m
**bye-channel**\* n (waterway dug round the side of a reservoir or dam to carry off surplus water from the streams entering it) (Hyd Eng) / Entlastungskanal m || ~ (Hyd Eng, San Eng) / Entlastungskanal m (zur Ableitung des Abwassers, das einen begrenzten Abfluss überschreitet - DIN 4045)
**by-effect** n / Nebeneffekt m (im Allgemeinen), Nebenwirkung f (im Allgemeinen)
**bye-wash**\* n (Hyd Eng) / Umgehungskanal m, Umleitungskanal m
**bypass** v / umgehen v (z.B. die Störung) || ~ / vorbeiführen v, umführen v, umgehen v (Partizip: umgangen - durch Umgehungs- oder Nebenschlussleitungen), umleiten v || ~ n / Bypass m (beim Gaszähler) || ~ (Aero) / Bypass-Kanal m (in Turbinentriebwerken) || ~\* (Autos) / Umleitung f, Umgehungsstraße f (die z.B. tangential an einer Stadt vorbeiführt)
**bypass**\* n (Build, Hyd Eng) / Umführung f, Umleitung f (einer Strömung), Bypass m, Bypassleitung f, Nebenleitung f (z.B. in Turbinentriebwerken)
**bypass** n (Electronics) / Bypass m (Umleitung des Signals ohne Aktivierung nachgeschalteter Elektronik) || ~ (I C Engs) / Übergangsbohrung f (im Vergaser) || ~ (Mining) / Umbruch m (um einen Schacht oder um einen anderen steil einfallenden Grubenbau) || ~ (Mining) / Umfahrungsstrecke f
**bypassable traffic** (Autos) / Durchgangsverkehr m, Transitverkehr m
**bypass capacitor**\* (Elec Eng) / Überbrückungskondensator m, Ableitkondensator m || ~ **engine** (Aero) / Bypass-Triebwerk n (ein Strahltriebwerk mit einem zweiten Luftstrom in einer äußeren Ummantelung) || ~ **engine** (Aero) s. also ducted fan and bypass turbojet || ~ **extruder** (Plastics) / Extruder m mit Seitenkanal || ~ **flow** (Aero) / Mantelstrom m, Nebenstrom m (in einem Mantelstromtriebwerk) || ~ **flow** (Eng) / Überleitungsströmung f, Bypass-Strömung f
**bypassing** n (Comp) / Bypassing n (in LAN meistens das Einrichten alternativer Verbindungen im Fehlerfall ) || ~ (Comp, Telecomm) / Bypassing n (Umgehen von Netzen und Netzteilen in bestimmten Situationen) || ~ (Telecomm) / Bypassing n (Aufbau einer Verbindung, bei welcher mindestens ein Teil des öffentlichen Telekommunikationsnetzes umgangen wird)
**bypass ratio**\* (Aero) / Nebenstromverhältnis n, Mantelstromverhältnis n, Bypass-Verhältnis n (Massenstromverhältnis des kalten und des warmen Luftstroms bei Zweistromturbinenluftstrahltriebwerken) || ~ **switch** (Elec Eng) / Überbrückungsschalter m || ~ **transmission** (Acous) / Nebenwegübertragung f (Luftschallübertragung nach DIN 1320 und DIN 52217) || ~ **turbojet**\* (Aero) / Mantelstromtriebwerk n (die Zusatzluft durchströmt einen besonderen Niederdruckverdichter), Zweistromtriebwerk n, Zweistromturbinenluftstrahltriebwerk n, ZTL (Zweistromturbinenluftstrahltriebwerk) || ~ **turbojet engine** (Aero) / Mantelstromtriebwerk n (die Zusatzluft durchströmt einen besonderen Niederdruckverdichter), Zweistromtriebwerk n, Zweistromturbinenluftstrahltriebwerk n, ZTL (Zweistromturbinenluftstrahltriebwerk) || ~ **valve**\* (Eng) / Bypass-Ventil n, Umleitungsventil n, Umgehungsventil n, Umleitventil n
**by-product** n / Nebenerzeugnis n, Nebenprodukt n || ~ **coke** (Fuels, Mining) / Zechenkoks m, Gaskoks m
**byssinosis**\* n (pl. byssinoses) (Med) / Baumwolllunge f, Byssinose f (Erkrankung der Baumwollarbeiter), Erkrankung f der tieferen Atemwege und der Lunge durch Rohbaumwoll- oder Flachsstaub
**byssochlamic acid** (Chem, Nut) / Byssochlamsäure f (ein Mykotoxin, das insbesondere Fruchtsäfte und Obstkonserven befällt)
**byssus** n (Textiles) / Byssus-Seide f, Seeseide f, Muschelseide f (Faserbast der im Mittelmeer verbreiteten Steckmuschel)
**by-street** n / Nebenstraße f
**byte**\* n (Comp) / Byte n (eine Gruppe von acht Bit, auch oft - insbesondere in Standards der ITU, Oktett genannt - DIN 44300) || ~ **addressing** (Comp) / byteweise Adressierung
**byte-boundary alignment** (Comp) / Ausrichten n auf Bytegrenze
**byte-by-byte** adv (Comp) / byteweise adv
**byte machine** (Comp) / Rechner m mit variabler Wortlänge || ~ **multiplex channel** (Comp) / Bytemultiplexkanal m
**byte-oriented computer** (Comp) / byteorientierter Rechner (der Operanden unterschiedlicher Stellenzahl zulässt)
**byte-parallel** adj (Comp) / byteparallel adj
**byte-serial** adj (Comp) / byteseriell adj
**byte timing** (Telecomm) / Bytetakt m
**bytownite**\* n (Min) / Bytownit m (ein Zwischenglied der Plagioklas-Reihe)
**Byzantine agreement** (Comp) / byzantinische Einigung (Verfahren zur gemeinsamen Beschlussfassung von Prozessen in verteilten Systemen)
**Bz** (benzoyl) (Chem) / Benzoyl n

# C

**C** (carbon) (Chem) / Kohlenstoff m, C (Kohlenstoff)
**C** (coulomb) (Elec) / Coulomb n (gesetzliche abgeleitete SI-Einheit der Elektrizitätsmenge oder der elektrischen Ladung - nach Ch. A. de Coulomb, 1736-1806), C (Coulomb - DIN 1301, T 1)
**c** (Nuc) / Charm n (Quantenzahl des charmanten Quarks)
**C** n (system implementation language developed by Bell Laboratories) (Comp) / C n (im Zusammenhang mit dem UNIX-Betriebssystem entwickelte Sprache), Standard-C n (ein Programmiersprache)
**C++**\* n (Comp) / C++ n (objektorientierte Weiterentwicklung der Programmiersprache C)
**C2** n (network security standard issued by the National Computer Security Center; C2 includes identification and authentication, discretionary access control, audit and object re-use functions; E2 is the European corollary) (Comp) / C2-Standard m
**CA** / kontrollierte Atmosphäre (Gasatmosphäre, Schutzgas), CA-geregelte Atmosphäre
**Ca** (calcium) (Chem) / Calcium n, Ca (Calcium), Kalzium n
**CA** (Chem) / Zelluloseazetat (CA - DIN 7728-1) n, Azetylzellulose f, Celluloseacetat n, Acetylcellulose f, CA - DIN 7728-1 ‖ ~ (computer animation) (Cinema, Comp) / Computeranimation f ‖ ~ (Comp) / Zellularautomat m (eine reguläre Anordnung endlicher Automaten, deren jeder Eingabeinformationen von einer endlichen Anzahl benachbarter Automaten erhält), zellulärer Automat ‖ ~ (Phys) / konstante Amplitude ‖ ~ (Spectr) / Stoßaktivierung f ‖ ~ (Teleph) / Funkzellenzuteilung f, CA (Funkzellenzuteilung bei Mobiltelefonen) ‖ ~ (call accepted) (Teleph) / Rufannahme f, Anrufannahme f
**CAA**\* (Aero) / Zivilluftfahrtbehörde f (oberste britische Luftfahrtsbehörde)
**CAAT box** (Gen) / CAAT-Box f (DNA-Konsensussequenz im Bereich von Promotoren)
**CAB** (cable assignment) (Cables) / Kabelbelegung f, KB ‖ ~\* (Chem) / Zelluloseazetobutyrat n, Celluloseacetobutyrat n, CAB (Celluloseester, der durch Veresterung der Cellulose mit den Anhydriden der Essig- und der Buttersäure hergestellt wird - DIN 7728-1) ‖ ~ (Met) / kritische Luftmenge
**cab** n (Autos) / Fahrerhaus n, Führerhaus n, Fahrerkabine f ‖ ~ (Rail) / Führerstand m, Fahrerkabine f
**cabal glass** (Glass) / Cabalglas n (Dreikomponentenglas mit CaO, $B_2O_3$ und $Al_2O_3$)
**cab-forward** adj (Rail) / mit Führerstand vorne
**Cabibbo angle** (Nuc) / Cabibbo-Winkel m (bei dem Hadronenstrom) ‖ ~ **theory** (Nuc) / Cabibbo-Theorie f (von Baryonen)
**cabin** n (Aero) / Kanzel f (Pilotenraum) ‖ ~ (Aero) / Kabine f (Fahrgastraum eines Passagierflugzeugs) ‖ ~ (Autos) / Fahrerhaus n, Führerhaus n, Fahrerkabine f ‖ ~ (on a building site) (Build) / Baubude f (für den Bauleiter), Baubüro n, Baracke f ‖ ~ (Eng) / Aufzugskabine f, Fahrstuhl m ‖ ~\* (Mining) / Sprengmeisterkammer f ‖ ~ (Ships) / Kabine f (Wohn- und Schlafraum) ‖ ~ **attendants** (Aero) / nichttechnisches fliegendes Personal, Kabinenpersonal n, Kabinenbesatzung f ‖ ~ **blower**\* (Aero) / Kabinenluftverdichter m ‖ ~ **crew** (Aero) / Kabinenbesatzung f, Kabinenpersonal n
**cabinet** n (Comp, Radio, TV) / Gehäuse n ‖ ~ **drier** / Schranktrockner m ‖ ~ **drier** (For) / Kammertrockner m ‖ ~ **file**\* n (Tools) / Cabinet-Feile f, Einhiebschlichtfeile f, Kabinettfeile f
**cabinetmaker** m (Join) / Möbeltischler m, Möbelschreiner m ‖ ~ n (Join) / Kunsttischler m, Kunstschreiner m
**cabinetmaking** n (Join) / Möbelfertigung f, Möbelbau m, Möbelschreinerei f (Fertigung) ‖ ~ (Join) / Kunsttischlerei f, Ausstattungstischlerei f
**cabinet projection** (Maths) / schiefwinklige dimetrische Darstellung, freiisometrische Darstellung, Kavalierperspektive f, Kavalierriss m, Frontalaxonometrie f ‖ ~ **saw** (Tools) / zweischneidige Handsäge (eine Seite für Längs-, eine für Querschnitt gezahnt)
**cabin lift** / Kabinenaufzug m ‖ ~ **pressure** (Aero) / Kabinendruck m (künstlich erzeugter Luftdruck in der Passagierkabine) ‖ ~ **supercharger**\* (Aero) / Kabinenluftverdichter m ‖ ~-**type moving pavement** / Kabinenband-Rollsteig m, Kabinen-Förderband n
**cable** v (Cables) / mit Kabel versehen, verkabeln v ‖ ~ (Teleg) / telegrafieren v ‖ ~ (TV) / ans Kabelfernsehnetz anschließen ‖ ~ (Arch) / Taustab m ‖ ~ (Autos) / Seilzug m ‖ ~ (Cables, Elec Eng) / Kabel n, Leitungskabel n ‖ ~ (in a suspension bridge) (Civ Eng) / Tragseil n, Hängegurt m ‖ ~ (wire cable) (Civ Eng) / Drahtkabel n (bei Hänge- und Schrägseilbrücken), Drahtseil n (ein Tragseil) ‖ ~\* (Eng) / Kabeltrosse f, Kabelschlagseil n, Kabel n (Trägerelement von Brücken, Seilbahnen, Ankern usw.), Tau n, Kabeltau n ‖ ~ (Eng) / Kabel n (des Kabelkranes) ‖ ~ (Teleg) / Telegramm n (früher im Überseeverkehr) ‖ ~ (Textiles) / Kettenstich m (ein Zierstich in der Stickerei), Kettelstich m ‖ ~ (TV) / Kabelfernsehen n, Kabel-TV n, KFS (Kabelfernsehen) ‖ ~ **accessories** (Cables) / Kabelgarnituren f pl (für den Betrieb von Kabeln notwendige Bauteile und Geräte), Kabelzubehör n (bei Freileitungen bzw. Luftkabeln) ‖ ~ **accessory** (Cables) / Kabelgarnitur f ‖ ~ **adjuster** / Kabelspanner m, Kabelspannvorrichtung f, Spannschloss n (für das Kabeltragseil) ‖ ~ **anchorage** (suspension bridges) (Civ Eng) / Kabelverankerung f ‖ ~ **armour** (Cables) / Kabelbewehrung f (zum Schutz gegen mechanische Beschädigung, gegebenenfalls zur Aufnahme von Zugkräften während und nach der Legung) ‖ ~ **armouring** (Cables) / Kabelbewehrung f (zum Schutz gegen mechanische Beschädigung, gegebenenfalls zur Aufnahme von Zugkräften während und nach der Legung) ‖ ~ **assembly** (a completed cable and its associated hardware) (Cables) / konfektioniertes Anschlusskabel n ‖ ~ **assignment** (Cables) / Kabelbelegung f, KB ‖ ~ **attenuation** (cable power loss per unit length at a specified frequency) (Cables) / Kabeldämpfung f ‖ ~ **bearer** (Cables) / Kabelaufhänger m ‖ ~ **brake** / Seilbremse f, Seilzugbremse f ‖ ~ **branching** (Cables) / Kabelverzweigung f ‖ ~ **break** (Cables, Elec Eng) / Kabelbruch m, Leitungsbruch m ‖ ~ **breakage** (Cables, Elec Eng) / Kabelbruch m, Leitungsbruch m ‖ ~ **bridge** (Cables) / Kabelbrücke f ‖ ~ **bridge** (Civ Eng) / Drahtseilbrücke f, Seilbrücke f, Drahtkabelhängebrücke f, Seilhängebrücke f ‖ ~ **broadcasting** (Radio, TV) / Kabelrundfunk m ‖ ~ **build-up** (Cables) / Kabelkonstruktion f, Kabelaufbau m ‖ ~ **buoy**\* (Ships) / Vertäuboje f, Ankerboje f (am Anker eines Schiffes befestigte Boje zur Kennzeichnung des Standortes) ‖ ~ **bushing** (Cables) / Kabeldurchführung f ‖ ~ **capacitance** (Cables, Elec Eng) / Kabelkapazität f, Ladekapazität f des Kabel
**cablecar**\* n / Kabelwagen m, Cablecar m ‖ ~ (Elec Eng) / Kabine f (einer Seilbahn)
**cable (and hose) carrier** / Energiekette f (in dem Maschinen- und Anlagenbau) ‖ ~ **(and hose) chain** / Energiekette f (in dem Maschinen- und Anlagenbau) ‖ ~ **channel** (Cables, Civ Eng) / Kabelkanal m (offen) ‖ ~ **channel** (Cables, Civ Eng) / Kabelrinne f ‖ ~ **clamp** (a connector accessory or portion of a component that is designed to grip a wire or cable to provide strain relief and absorb mechanical stress that would otherwise be transmitted to the termination) (Cables) / Bride f (S), Kabelschelle f (DIN VDE 0100-200), Kabelbefestigungsklemme f, Kabelklemme f (zum Verbinden, Abzweigen und Anschließen) ‖ ~ **clip** (Cables) / Bride f (S), Kabelschelle f (DIN VDE 0100-200), Kabelbefestigungsklemme f, Kabelklemme f (zum Verbinden, Abzweigen und Anschließen) ‖ ~ **coating** (Cables) / Kabelmantel m (geschlossene Hülle zum Schutz der darunter liegenden Aufbauelemente), Außenmantel m (des Kabels) ‖ ~ **code** (Cables) / Kabelkode m ‖ ~ **coiler** (Cables) / Kabelaufroller m ‖ ~ **communication** (Telecomm) / Kabelkommunikation f ‖ ~ **compound** (Cables) / Kabelmasse f, Kabelvergussmasse f ‖ ~ **conductor** (Cables) / Kabelader f, Ader f (Leiter mit Isolierhülle), Aderleitung f ‖ ~ **conduit** (Cables) / Kabelschutzrohr n ‖ ~ **conduit** (Cables, Civ Eng) / Kabelkanalzug m, KK-Zug m ‖ ~ **connection** (Cables) / Kabelanschluss m, Kabelverbindung f (Anschluss) ‖ ~ **cord** (Textiles) / Kabelcord m (ein Genua-Cord mit 0,5 - 1 cm breiten Rippen), Kabelkord m (ein Breitkord für Sportkleidung und Möbelbezug) ‖ ~ **core** (Cables) / Kabelader f, Ader f (Leiter mit Isolierhülle), Aderleitung f ‖ ~ **core** (the portion of an insulated cable that lies under the protective covering or coverings) (Cables) / Kabelseele f (Gesamtheit der Verseilelemente nach DIN 57 816) ‖ ~ **coupler** (Cables) / Kabelmuffe f (Maschinenanschluss) ‖ ~ **cover** (Cables) / Kabelmantel m (geschlossene Hülle zum Schutz der darunter liegenden Aufbauelemente), Außenmantel m (des Kabels) ‖ ~ **covering** (Cables) / Kabelummantelung f ‖ ~ **crimping pliers** (Tools) / Kabelzange f, Crimpzange f ‖ ~ **current transformer** (Elec Eng) / Kabelstromwandler m ‖ ~ **cutter** (Cables) / Kabelschneider m
**cabled distribution system** (TV) / verkabeltes Verteilungssystem, Kabelverteilungssystem n
**cable design** (Cables) / Kabelkonstruktion f, Kabelaufbau m ‖ ~ **detector** (Cables) / Kabelsuchgerät n, Kabelortungsgerät n, Kabelspürgerät n
**cabled fluting** (Arch) / verstäbte Kannelierung ‖ ~ **fluting** (Arch) / Pfeifen f pl (am Säulenschaft)
**cable dielectric** (Cables) / Kabelisolierung f, Kabeldielektrikum n ‖ ~ **distribution** (Telecomm) / Kabelauflegung f (Abschließen der hochpaarigen Fernmeldeaußenkabel mit Hilfe von niedrigpaarigen Kabeln an Kabelabschlusseinrichtungen)
**cable-distribution box** (Cinema, Elec Eng) / Steckkasten m
**cabled offer** (Teleg) / telegrafisches Angebot

**cable drilling** (Mining) / Seilbohren *n* (das älteste Bohrverfahren für größere Teufen) ‖ ~ **drum** (Cables) / Kabeltrommel *f*, Kabelrolle *f*
**cable-drum car** (Cables) / Kabeltrommelwagen *m*
**cable duct**\* (Cables, Civ Eng) / Kabelkanal *m* (geschlossener) ‖ ~ **duct** (Civ Eng) / Spannkanal *m* (Hüllrohr, in dem die Spannglieder geführt werden, um sie bei nachträglichem Verbund mit Einpressmörtel zum Zwecke des Korrosionsschutzes zu verfüllen), Spanngliedkanal *m*, Hüllrohr *n* (in dem die Spannglieder geführt werden)
**cable-duct block** (Cables, Ceramics) / Kabelkanal-Formstein *m*, Kabelformstein *m* ‖ ~ **brick** (Cables, Ceramics) / Kabelkanal-Formstein *m*, Kabelformstein *m*
**cable-ducting system** (Cables) / geschlossenes Elektrokanalsystem
**cabled yarn** (Spinning) / mehrstufiger Zwirn (DIN 60900)
**cable factory** (Cables) / Kabelwerk *n* ‖ ~ **feeder** (Elec Eng) / Kabelzuleitungsfeld *n* (Schaltfeld für die Speisekabel einer Versorgungsleitung) ‖ ~ **filler** (material used in multiple conductor cables to occupy the interstices formed by the assembly of the insulated conductors, thus forming a cable core of the designed shape) (Cables) / Beilauf *m* (zum Ausfüllen der zwischen den Adern verbleibenden Zwischenräume), Kabelbeilauf *m*, Zwickelfüllung *f*, Lückenfüllung *f* ‖ ~ **filler** (Cables) / Kabelfüllmaterial *n*, Kabelmasse *f* ‖ ~ **fittings** (overhead lines) (Cables) / Kabelgarnituren *f pl* (für den Betrieb von Kabeln notwendige Bauteile und Geräte), Kabelzubehör *n* (bei Freileitungen bzw. Luftkabeln) ‖ ~ **form**\* (Elec Eng) / Kabelformbrett *n*
**cable-form wiring** (Elec Eng) / Kabelbaumverdrahtung *f*
**cable-free keyboard** (Comp) / kabellose Tastatur
**cable gallery** (Cables, Civ Eng) / Kabelkanal *m* (großer, begehbarer), Kabelstollen *m* ‖ ~ **gland** (Cables) / Kabelflansch *m*
**cablegram** *n* (Teleg) / Telegramm *n* (früher im Überseeverkehr)
**cable grate** / Kabelrost *m* ‖ ~ **grip**\* (Elec Eng) / Ziehstrumpf *m* für Kabel ‖ ~ **handler** (Cables, Mining) / Kabelschleppkette *f* (eine Stahlbolzenkette zur Aufnahme der Schrämleitung und des Wasserschlauches eines Walzenschrämladers) ‖ ~ **hanger** (Cables) / Kabelgestell *n*, Kabelrost *m*, Kabelpritsche *f* ‖ ~ **harness** (Cables, Elec Eng) / Kabelbaum *m*, Kabelgeschirr *n*, Kabelsatz *m* (vorgefertigter) ‖ ~ **insulation** (Cables) / Kabelisolierung *f*, Kabeldielektrikum *n* ‖ ~ **interruption** (Cables) / Kabelunterbrechung *f* (ein Kabelfehler) ‖ ~ **jacket** (US) / (nichtmetallischer) Kabelmantel *m* ‖ ~ **jacket** (Cables) / Kabelschutzhülle *f* ‖ ~ **joint** (Cables) / Kabelmuffe *f* (eine Verbindungsgarnitur), Verbindungsstelle *f* (eines Kabels) ‖ ~ **joint** (Cables) / Kabelverbindung *f*, Verbindungsstelle *f* (eines Kabels) ‖ ~ **jointing chamber** (Cables) / Kabelschacht *m*, Muffenbunker *m*, Muffenbauwerk *n* ‖ ~ **jointing manhole** (Cables) / Kabelschacht *m*, Muffenbunker *m*, Muffenbauwerk *n* ‖ ~ **junction** (Cables) / Kabelanschluss *m*, Kabelverbindung *f* (Anschluss)
**cable-laid construction** (of a rope) / Kabelschlag *m* (eine Machart bei der Seilherstellung - DIN 83 305) ‖ ~ **rope** (with an ordinary lay)\* (Eng) / Kabeltrosse *f*, Kabelschlagseil *n*, Kabel *n* (Trägerelement von Brücken, Seilbahnen, Ankern usw.), Tau *n*, Kabeltau *n*
**cable layer** (US) (Ships) / Kabelleger *m* (Spezialschiff zum Auslegen und Reparieren von Seekabeln), Kabelschiff *n*, Kabelverlegeschiff *n* ‖ ~ **laying** (Cables) / Kabellegen *n*, Kabelverlegung *f*, Verkabelung *f* (Tätigkeit - Kabelverlegung) ‖ ~**-laying plough** (Cables, Civ Eng) / Kabelpflug *m* ‖ ~ **layout plan** (Cables) / Kabelplan *m*, Kabellageplan *m*, Kabelnetzplan *m* ‖ ~ **(sheathing) lead** (Cables) / Kabelblei *n* ‖ ~**-length**\* *n* (Ships) / Kabellänge *f* (meistens 1/10 Seemeile)
**cable-length compensation** (Cables) / Kabellängenausgleich *m* ‖ ~ **equalization** (Cables) / Kabellängenausgleich *m*
**cable line** (Cables, Civ Eng, Elec Eng) / Kabelleitung *f*, Kabelstrecke *f* ‖ ~ **localizer** (Cables) / Kabelsuchgerät *n*, Kabelortungsgerät *n*, Kabelspürgerät *n* ‖ ~ **locator** (Cables) / Kabelsuchgerät *n*, Kabelortungsgerät *n*, Kabelspürgerät *n* ‖ ~ **lug** (Cables) / Kabelschuh *m* ‖ ~ **make-up** (Cables) / Kabelkonstruktion *f*, Kabelaufbau *m*
**cable-man** *n* (Cinema, TV) / Kabelhelfer *m*, Kabelhilfe *f*, Kabelzieher *m*
**cable map** (Cables) / Kabelplan *m*, Kabellageplan *m*, Kabelnetzplan *m* ‖ ~ **mark** (Cables) / Kabelkennzeichen *n* ‖ ~ **moulding** (Arch) / Taustab *m* ‖ ~ **network** (Cables) / Kabelnetz *n* ‖ ~ **offer** (Teleg) / telegrafisches Angebot ‖ ~ **off-load breaking capacity** (Cables) / Kabelausschaltvermögen *n* (IEC 56-1 0670) ‖ ~ **oil** (for oil-filled cables) / Kabelöl *n* (eine Isolierflüssigkeit)
**cable-operated** *adj* / seilbetätigt *adj*, seilzugbetätigt *adj* ‖ ~ **switch** (Elec Eng) / Seilzugschalter *m*
**cable operator** (TV) / Kabelfernsehstation *f*, Kabelfernsehunternehmen *n* ‖ ~ **paper** (Cables, Paper) / Kabelpapier *n* (aus Sulfatzellstoff, das frei von Holzschliff und Metallteilchen ist und zur Isolierung spannungsführender Teile benutzt wird) ‖ ~ **pit** (Cables) / Kabelschacht *m*, Muffenbunker *m*, Muffenbauwerk *n* ‖ ~ **plane** (Civ Eng) / Seilebene *f* (z.B. bei einer Schrägseilbrücke) ‖ ~ **plough** (Cables, Civ Eng) / Kabelpflug *m* ‖ ~ **plug** (Elec Eng) / Handstecker *m* ‖ ~ **pole** (Elec Eng) / Kabelmast *m* ‖ ~ **post** (Elec Eng) / Kabelmast *m*
**cable-protecting block** / Kabelschutzstein *m* ‖ ~ **hood** (Cables) / Kabelschutzhaube *f* (ein Formstück, das Erdkabel schützt)
**cable puller** (Cinema, TV) / Kabelhelfer *m*, Kabelhilfe *f*, Kabelzieher *m* ‖ ~ **raceway** (Cables, Civ Eng, Elec Eng) / Kabel-Leitungskanal *m*, Kabel-Wandkanal *m* ‖ ~ **rack** (Cables) / Kabelgestell *n*, Kabelrost *m*, Kabelpritsche *f* ‖ ~ **railway**\* (Rail) / Kabelbahn *f* ‖ ~ **reel** (Cables) / Kabeltrommel *f*, Kabelrolle *f* ‖ ~ **reel** (Elec Eng) / Leitungsroller *m* (DIN 57620) ‖ ~ **release**\* (Photog) / Drahtauslöser *m* (DIN 33401) ‖ ~ **roof structure** (Build) / Dachhängewerk *n*
**cable-rope clamp** / Seilschloss *n* (DIN 15315), Seilklemme *f*
**cable route** (Cables) / Kabeltrasse *f*, Kabelweg *m* ‖ ~ **sealing compound** (Cables) / Kabeldichtungsmasse *f* ‖ ~ **sealing end** (Cables) / Kabelstutzen *m* ‖ ~ **separator** / Kabeltrennanlage *f* (zum Trennen zweier Leiter) ‖ ~ **sheath** (Cables) / Kabelschirm *m* ‖ ~ **sheath** (Cables) / Kabelmantel *m* (geschlossene Hülle zum Schutz der darunter liegenden Aufbauelemente, Außenmantel *m* (des Kabels) ‖ ~ **sheathing** (Cables) / Kabelummantelung *f*
**cable-sheathing press** (Cables) / Kabelummantelungspresse *f*
**cable-sheath press** (Cables) / Kabelmantelpresse *f*
**cable shelf** / Kabelrost *m* ‖ ~ **shield** (Cables) / Kabelschirm *m* ‖ ~ **ship** (Ships) / Kabelleger *m* (Spezialschiff zum Auslegen und Reparieren von Seekabeln), Kabelschiff *n*, Kabelverlegeschiff *n* ‖ ~ **sleeve** (Cables) / Kabelmuffe *f* (eine Verbindungsgarnitur) ‖ ~ **socket** (Cables) / Kabelschuh *m*
**cable-stayed** *adj* (Arch, Build, Civ Eng) / seilverankert *adj* ‖ ~ **bridge**\* (Civ Eng) / Zügelgurtbrücke *f*, Schrägseilbrücke *f*
**cable stitch** (Textiles) / Kettenstich *m* (ein Zierstich in der Stickerei), Kettelstich *m* ‖ ~ **stopper** (Ships) / Ankerkettenstopper *m*, Kettenstopper *m* (für die Ankerkette) ‖ ~ **strand** (Cables) / Kabellitze *f* ‖ ~ **strand** (Elec Eng) / Drahtlitze *f* (auch in der Seilerei), Litze *f* (Bestandteil eines Drahtkabels, das selbst wiederum aus vielen besponnenen Einzeldrähten besteht)
**cable-stripping knife** (Cables) / Kabelmesser *n*
**cable subway** (Cables, Civ Eng) / Kabelkanal *m* (großer, begehbarer), Kabelstollen *m*
**cable-supported structure** (Build) / Seiltragwerk *n*
**cable supporting structure** (Cables, Elec Eng) / Kabeltrageisen *n* (Vorrichtung zur Befestigung und Zugentlastung der ankommenden Kabel für den Kabelanschluss) ‖ ~ **suspender** (Cables) / Kabelaufhänger *m* ‖ ~ **suspension wire** (Cables, Elec Eng) / Kabeltragdraht *m* ‖ ~ **television** (TV) / Kabelfernsehen *n*, Kabel-TV *n*, KFS (Kabelfernsehen) ‖ ~ **tensioner** / Kabelspanner *m*, Kabelspannvorrichtung *f*, Spannschloss *n* (für das Kabeltragseil) ‖ ~ **tensioning device** / Kabelspanner *m*, Kabelspannvorrichtung *f*, Spannschloss *n* (für das Kabeltragseil) ‖ ~ **terminal** (Cables) / Kabelschuh *m* ‖ ~ **terminal** (Cables) / Kabelanschluss *m* (ein Klemmenanschluss), Kabelklemme *f* (Cables) ‖ ~ **termination** (Cables) / Kabelendverschluss *m*, Endverschluss *m* (eine Abschlussgarnitur des Kabels) ‖ ~ **testing** (Cables) / Kabelmessung *f*
**cable-tool drilling**\* (Mining) / Seilbohren *n* (das älteste Bohrverfahren für größere Teufen)
**cable tools**\* (Mining) / Bohrgarnitur *f* (für das Seilbohren) ‖ ~ **trench** (Cables, Civ Eng) / Kabelgraben *m* ‖ ~ **trolley** / Kabelwagen *m*, Cablecar ‖ ~ **trough** (Cables, Civ Eng) / Kabelrinne *f* ‖ ~ **troughing** (Cables, Civ Eng) / Kabelrinne *f* ‖ ~ **trunk** (offen) ‖ ~ **trunking system** (Cables) / öffnungsfähiges Elektrokanalsystem ‖ ~ **tuner** (TV) / Kabeltuner *m* (Kanalwähler für Fernsehempfänger zum zusätzlichen Empfang der beim Kabelrundfunk vorhandenen Fernsehkanäle) ‖ ~ **tunnel** (Cables, Civ Eng) / Kabelkanal *m* (großer, begehbarer), Kabelstollen *m* ‖ ~ **TV** (TV) / Kabelfernsehen *n*, Kabel-TV *n*, KFS (Kabelfernsehen) ‖ ~ **vault** (Cables) / Kabelschacht *m*, Muffenbunker *m*, Muffenbauwerk *n* ‖ ~ **vault** (Teleph) / Kabelaufteilungskeller *m* ‖ ~ **wax**\* (Cables) / Kabelwachs *n*
**cableway**\* *n* (Civ Eng) / Kabelkran *m*, Seilbahnkran *m* ‖ ~\* (Civ Eng) / Seilbahn *f* (kleinere - mit einer einzigen freien Spannweite), Seilförderanlage *f*, Lastenluftseilbahn *f* ‖ ~ (For) / Seilbringungsanlage *f* ‖ ~ **excavator** (Civ Eng) / Kabelbagger *m*, Kabelseilbagger *m*, Seilbagger *m* ‖ ~ **logging** (For) / Seilbringung *f* ‖ ~ **skidding** (For) / Seilbringung *f*
**cable winch** (Eng) / Seilwinde *f* ‖ ~ **wire** (Autos) / Drahtseil *n* (im Reifen) ‖ ~ **with pair formation** (Cables, Telecomm) / paarverseiltes Kabel, paarig verseiltes Kabel ‖ ~ **with pilot cores** (Cables) / Kabel *n* mit Hilfsadern ‖ ~ **work** (Cables) / Kabelwerk *n* ‖ ~ **wrap** (Cables, Paper) / Kabelpapier *n* (als Schutz oder Zwickelausfüllung) ‖ ~ **yarn** (Cables) / Kabelgarn *n*, Seilgarn *n* (grobe Garne zum Umspinnen von Erd- und Seekabeln oder zu anderen technischen Zwecken nach DIN 83305) ‖ ~ **yarn** (Spinning) / mehrstufiger Zwirn (DIN 60900)
**cabling**\* *n* (Arch) / verstäbte Kannelierung ‖ ~ (Cables, Civ Eng) / Kabellegen *n*, Kabelverlegung *f*, Verkabelung *f* (Tätigkeit -

183

**cabling**

Kabelverlegung) ‖ ~* (Cables, Elec Eng) / Kabelleitungen *f pl* ‖ ~* (Textiles) / Seildrehen *n*
**caboose** *n* (Rail) / Wagen *m* für Zugbegleitpersonal (in Güterzügen) ‖ ~ (US) (Rail) / Schlussdienstwagen *m*, Schlusspackwagen *m*
**cabover** *n* (Autos) / Frontlenker *m* (wenn sich der Fahrersitz über der Vorderachse befindet) ‖ ~ **engine** (Autos) / Frontlenker *m* (wenn sich der Fahrersitz über der Vorderachse befindet)
**CaBP** (calcium-binding protein) (Biochem, Pharm) / Calbindin *n*
**cabretta** *n* (Leather) / Cabretta *n* (südamerikanische Haarschaffelle für Handschuh- und Schuhoberleder oder sehr feines Nappaleder aus den Häuten spanischer Bergziegen) ‖ ~ (for glove and garment leathers) (Leather, Textiles) / feines Leder für Bekleidungszwecke (aus brasilianischen Schaffellen)
**cabreuva oil** / Cabreuvaöl *n* (etherisches Öl aus Myrocarpus fastigiatus oder M. frondosus)
**cabrio** *n* (cabriolet) (Autos) / Kabriolett *n* (PKW mit zurückklappbarem Verdeck und versenkbaren Seitenfenstern), Kabrio *n*, offenes Auto, Cabrio *n*, Cabriolet *n*
**cabriolet** *n* (Autos) / Kabriolett *n* (PKW mit zurückklappbarem Verdeck und versenkbaren Seitenfenstern), Kabrio *n*, offenes Auto, Cabrio *n*, Cabriolet *n*
**cab-signalling** *n* (Rail) / Führerstandssignalanlage *f*, Führerstandssignalisation *f*
**cab-tyre sheathing** (Cables) / Gummischlauch *m*, Gummimantel *m*
**cabuja fibre** (Textiles) / Cabuya-Faser *f*
**cabuya fibre** (Textiles) / Cabuya-Faser *f* ‖ ~ **fibre** s. also fique and sisal
**CAC** (computer-assisted cartography) (Cartography) / rechnergestützte Kartografie (Herstellung und Aktualisierung von Landkarten mittels elektronischer Datenverarbeitung)
**cacao** *n* (Nut) / Kakaopulver *n*, Kakao *m* ‖ ~ **bean** (Nut) / Kakaobohne *f*
**cacao-bean fragments** (Nut) / Kakaobohnenbruch *m*
**cacao butter** (Nut) / Kakaobutter *f* (Fett der Kakaobohne), Oleum *n* Cacao, Kakaofett *n*, Kakaoöl *n* ‖ ~ **dust** (Nut) / Kakaogrus *m* ‖ ~ **fines** (Nut) / Kakaogrus *m* ‖ ~ **powder** (Nut) / Kakaopulver *n*, Kakao *m* ‖ ~ **seed** (Nut) / Kakaobohne *f*
**cache** *v* (Comp) / cachen *v* ‖ ~ *n* (a small, high-speed memory placed between the slower main memory and the processor) (Comp) / Cache-Speicher *m* (ein kleiner und schneller Zusatzspeicher, meist als Halbleiterspeicher ausgeführt), Cache *m* (Speicher), schneller Pufferspeicher ‖ ~ (Comp, Telecomm) / Cache *m* (im Internet die Bezeichnung für Proxyserver, in den die von den Nutzern oft verlangten Seiten geladen werden, um die Anforderung von dem eigentlichen Server zu verhindern)
**cacheable area** (Comp) / Cache-Bereich *m*
**cache consistency** (Comp) / Cache-Konsistenz *f* ‖ ~ **controller** (Comp) / Cache-Controller *m* (Baugruppe, die den Cache steuert)
**cache-data SRAM** (Comp) / Cache-SRAM-Datenspeicher *m*
**cache hit** (Comp) / Cache-Hit *m* (die von der CPU angeforderten Daten befinden sich bereits im Cache) ‖ ~ **memory*** (Comp) / Cache-Speicher *m* (ein kleiner und schneller Zusatzspeicher, meist als Halbleiterspeicher ausgeführt), Cache *m* (Speicher), schneller Pufferspeicher ‖ ~ **miss** (Comp) / Cache-Miss *m* (die von der CPU angeforderten Daten stehen nicht im Cache und müssen nachgeladen werden)
**cachet** *n* / Gützezeichen *n* ‖ ~ (Pharm) / Cachet *n*, Kapsel *f* aus Stärkemasse (eine Arzneiform)
**cache-tag SRAM** (Comp) / Cache-SRAM-Markierungsspeicher *m*
**caching** *n* (Comp) / Caching *n* (der Einsatz von Caches zur Verbesserung der Performanz), Zwischenspeichern *n* (mit Hilfe von Caches) ‖ ~ **proxy server** (a server which acts as an intermediary between a set of browsers and the Web) (Comp, Telecomm) / Caching-Proxy-Server *m* ‖ ~ **Web server** (Comp, Telecomm) / Caching-Proxy-Server *m*
**cacholong** *n* (Min) / Perlmuttopal *m* (ein Schmuckstein), Kascholong *m* (weißglichler, chalzedonhaltiger Opal), Cacholong *m* (perlmuttglänzende Abart des Opals)
**C₄ acid cycle** (Biochem) / Hatch-Slack-Kortschak-Zyklus *m*, C₄-Säurezyklus *m*, HSK-Zyklus *m*
**cacodyl*** *n* (the former name for the dimethylarsine group) (Chem) / Kakodyl *n* (Dimethylarsinogruppe)
**cacodylic acid** (Agric, Chem) / Cacodylsäure *f*, Kakodylsäure *f*, Dimethylarsinsäure *f*
**cacodyl oxide** (Chem) / Kakodyloxid *n* (Oxybis-dimethylarsin), Cadet'sche Flüssigkeit (nach L. C. Cadet de Gassicourt, 1731 - 1799), Cadet-Flüssigkeit *f*
**cacosmophore** *n* (Chem) / kakosmophore Gruppe (in Stinkstoffen) ‖ ~ (Chem) / Kakosmophor *m* (Riechstoff mit unangenehmer Geruchswirkung)
**cactus alkaloids** (Pharm) / Anhalonium-Alkaloide *n pl*, Kaktusalkaloide *n pl* (eine Gruppe von Isochinolinalkaloiden)
**CAD** (computer-assisted drawing) (Comp) / rechnerunterstütztes Zeichnen, computerunterstütztes Zeichnen, CAD

(rechnerunterstütztes Zeichnen) ‖ ~* (computer-aided design) (Comp, Eng) / rechnergestütztes Entwerfen (Tätigkeit), rechnergestütztes Konstruieren, Datenverarbeitung *f* in der Konstruktion, CAD ‖ ~* (computer-aided design) (Comp, Eng) / rechnergestützte Konstruktion (als Ergebnis)
**cadastral map** (Agric, Build, Cartography) / Parzellenkarte *f* (mit Grundstückskarte), Katasterkarte *f*, Grundstückskarte *f*, Gemarkungskarte *f*, Flurkarte *f* ‖ ~ **mapping** (Cartography) / Katasterkartografie *f* ‖ ~ **survey*** (Surv) / Katastralvermessung *f*, Katastervermessung *f*, Einzelvermessung *f*, Feldmessung *f*, Landmessung *f*
**cadaverine*** *n* (1,5-diaminopentane) (Chem) / 1,5-Pentandiamin *n*, Pentamethylendiamin *n*, Cadaverin *n*, 1,5-Diaminopentan *n*, Kadaverin *n*
**CADD** (computer-aided design and draughting) (Comp, Eng) / rechnergestütztes Konstruieren und Zeichnen ‖ ~ (computer-aided drug design) (Pharm) / rechnergestütztes Wirkstoffdesign, computergestütztes Wirkstoffdesign
**CAD disk** (constant area density disk) (Comp, Optics) / CAD-Platte *f*, Platte *f* mit gleichbleibender Flächendichte (optisch)
**caddy** *n* (Comp) / Caddy *m* (durchsichtiges Kunststoffbehältnis eines CD-ROM-Laufwerkes, das die CD aufnimmt - als Staubschutz) ‖ ~ (Comp) / Caddy *m* (Schutzkassette für CD-ROMs) ‖ ~ (Comp) s. also cartridge
**cadence braking** (Autos) / Pumpen *n*, Stottern *n* (Stotterbremsen) beim Bremsen
**cade oil** (Pharm) / Wacholderteer *m*, Spanisch-Zedernteer *m*, Kranewittöl *n*, Kadeöl *n*, Kaddigöl *n*, Wacholderteeröl *n*
**cadet cloth** (Textiles) / Cadett *n*, Kadett *n*, Knabensatin *m* (kräftiger Baumwollatlas mit blauweißen Längsstreifen für Metzgerblusen und Anstaltskleidung) ‖ ~ **cloth** (Textiles) s. also regatta
**cadinene** *n* (Chem) / Cadinen *n*, Kadinen *n* (ein optisch aktives bizyklisches Sesquiterpen, z.B. in vielen etherischen Ölen)
**CAD interface** (Comp) / CAD-Schnittstelle *v*, Schnittstelle *f* CAD, CAD-Interface *n*
**cadmium*** *n* (Chem) / Cadmium *n*, Cd (Cadmium), Kadmium *n* ‖ ~ **acetate** (Ceramics, Chem) / Kadmiumazetat *n*, Cadmiumacetat *n* ‖ ~ **alloy** (Met) / Kadmiumlegierung *f* (z.B. für die Luftfahrt) ‖ ~ **antimonide** (Chem, Electronics) / Kadmiumantimonid *n*, Cadmiumantimonid *n* ‖ ~ **blende** (Min) / Cadmiumblende *f*, Greenockit *m* (Kadmiumsulfid), Kadmiumblende *f* ‖ ~ **bromide** (Chem, Photog, Print) / Kadmiumbromid *n*, Cadmiumbromid *n* ‖ ~ **carbonate** (Chem) / Kadmiumkarbonat *n*, Cadmiumcarbonat *n* (CdCO₃) ‖ ~ **carbonate** (Chem, Min) s. also otavite ‖ ~ **cell*** (Elec) / Normalelement *n* (galvanisches Element mit hochkonstanter elektrischer Spannung), Weston-Normalelement *n* (ein Cadmiumelement), Weston-Standardelement *n* (nach E. Weston, 1850-1936) ‖ ~ **chloride** (Chem, Photog, Surf) / Kadmiumchlorid *n*, Kadmiumchlorid *n* (CdCl₂) ‖ ~ **copper*** (Met) / Kadmiumkupfer *n* ‖ ~ **cut-off** (Nuc) / Cadmiumgrenze *f*, Kadmiumgrenze *f* (Energiewert bei niederenergetischen Neutronen) ‖ ~ **fluoride** (Chem) / Kadmiumfluorid *n* (CdF₂), Cadmiumfluorid *n* ‖ ~ **hydroxide** (Chem) / Cadmiumhydroxid *n*, Kadmiumhydroxid *n* ‖ ~ **iodide** (Chem) / Cadmiumiodid *n*, Kadmiumiodid *n*
**cadmium-iodide structure** (Crystal, Electronics, Min) / Kadmiumiodidtyp *m*, Cadmiumiodidtyp *m* ‖ ~ **type** (Crystal, Electronics, Min) / Kadmiumiodidtyp *m*, Cadmiumiodidtyp *m*
**cadmium lithopone** (Chem, Paint) / Kadmpone *f* (eine Mischung von Kadmiumsulfid und Bariumsulfat)
**cadmium-mercury telluride** (Chem) / Quecksilber-Cadmium-Tellurid *n*, Quecksilber-Kadmium-Tellurid *n*
**cadmium•-nickel storage battery** (Elec Eng) / Nickel-Kadmium-Akkumulator *m* (ein alkalischer Akkumulator), Nickel-Cadmium-Batterie *f* ‖ ~ **nitrate** (Chem) / Kadmiumnitrat *n*, Cadmiumnitrat *n* ‖ ~ **orange** (Chem, Paint) / Kadmiumorange *n*, Cadmiumorange *n* (ein Cadmiumpigment) ‖ ~ **oxide** (Chem) / Cadmium(II)-oxid *n*, Kadmium(II)-oxid *n* (CdO) ‖ ~ **photocell*** (Electronics) / Cadmium-Fotozelle *f*, Kadmium-Fotozelle *f* ‖ ~ **pigment** (Chem, Paint) / Kadmiumpigment *n*, Cadmiumpigment *n*
**cadmium-plating** (Surf) / Verkadmen *n* (galvanisches), Kadmieren *n*, Kadmierung *f*, Cadmieren *n*, Cadmierung *f*
**cadmium potassium iodide** (Chem) / Kaliumtetraiodocadmat *n* (K₂CdI₄), Kaliumtetraiodokadmat *n* ‖ ~ **ratio** (the ratio of the neutron reaction rate measured with a given bare neutron detector to the neutron reaction rate measured with an identical neutron detector enclosed by a particular cadmium cover and exposed in the same neutron field at the same or an equivalent spatial location) (Nuc) / Cadmiumverhältnis *n*, Kadmiumverhältnis *n* (das Verhältnis der Aktivierungen einer Substanz durch Neutronen eines beliebigen Energiespektrums ohne bzw. mit Kadmiumabschirmung) ‖ ~ **red** (Chem, Paint) / [dunkles] Kadmiumrot *n* (Mischkristalle von Kadmiumsulfid und Kadmiumselenid) ‖ ~ **red line*** (Light, Spectr) /

rote Kadmiumlinie ‖ ~ **selenide** (Chem, Electronics) / Kadmiumselenid *n* (CdSe), Cadmiumselenid *n* ‖ ~ **sulphate** (Chem) / Cadmiumsulfat *n*, Cadmiumsulfat *n* (CdSO₄) ‖ ~ **sulphide** (Chem, Electronics, Paint) / Kadmiumsulfid *n* (auch ein extrem farbechtes Pigment), Cadmiumsulfid *n* ‖ ~**-sulphide exposure meter** (Photog) / Kadmiumsulfid-Belichtungsmesser *m* ‖ ~ **telluride** (Chem) / Kadmiumtellurid *n*, Cadmiumtellurid *n* ‖ ~ **telluride cell** / Kadmiumtellurid-Solarzelle *f*, CdTe-Solarzelle *f* ‖ ~ **tungstate** (Chem) / Cadmiumwolframat *n*, Kadmiumwolframat *n* (CdWO₄) ‖ ~ **wolframate** (Chem) / Cadmiumwolframat *n*, Kadmiumwolframat *n* (CdWO₄) ‖ ~ **yellow** (Chem) / "Postgelb" *n*, Kadmiumgelb *n* (Kadmiumsulfid, CdS), Ginstergelb *n*
**cadmopone** *n* (Chem, Paint) / Kadmopone *f* (eine Mischung von Kadmiumsulfid und Bariumsulfat)
**CAE*** (computer-aided engineering) (Comp, Eng) / rechnergestützte Entwicklung und Konstruktion, rechnergestütztes Engineering (in Entwicklung, Projektierung und Konstruktion), rechnergestützte Ingenieurarbeit, CAE (Computer-Aided Engineering) ‖ ~* (computer-aided engineering) (Comp, Work Study) / integrierte rechnerunterstützte Fertigung (mit kompletten vor- und nachgeschalteten Betriebsbereichen)
**CAES** (compressed-air-energy storage) / Druckluftspeicherung *f*
**caesium*** *n* (Chem) / Cäsium *n*, Caesium *n*, Cs (Caesium), Zäsium *n* ‖ ~**-beam atomic clock** / Zäsiumuhr *f* (eine Atomuhr), Cäsiumuhr *f* ‖ ~ **cell*** (Elec Eng) / Zäsiumelement *n*, Zäsiumzelle *f*, Cäsiumelement *n*, Cäsiumzelle *f* ‖ ~ **chloride** (Chem) / Zäsiumchlorid *n*, Cäsiumchlorid *n* ‖ ~ **chloride structure** (Crystal, Electronics) / Zäsiumchloridtyp *m*, Zäsiumchloridstruktur *f*, Cäsiumchloridtyp *m* (ein verbreiteter Strukturtyp für Verbindungen der allgemeinen Zusammensetzung AB) ‖ ~ **clock*** / Zäsiumuhr *f* (eine Atomuhr), Cäsiumuhr *f* ‖ ~ **iodide** (Chem) / Zäsiumiodid *n*, Cäsiumiodid *n*
**caesium-137 therapy** (Med, Radiol) / Telecurietherapie *f* (mit Zäsium 137), Telegammatherapie *f* (mit Zäsium 137)
**CAES plant** / Druckluftspeicher-Kraftwerk *n*, Luftspeicherkraftwerk *n*
**café-style door** (Build) / Pendeltür *f*, Schwingflügeltür *f*, Schwingtür *f* (mit zwei ausschwingenden Türblättern)
**cafeteria question** (Stats) / Auswahlfrage *f*, Selektivfrage *f* (in der Umfrageforschung)
**caffeic acid** (Chem) / 3,4-Dihydroxyzimtsäure *f*, Kaffeesäure *f* (eine Hydroxyzimtsäure)
**caffeine*** *n* (Chem, Pharm) / Koffein *n*, Kaffein *n*, Coffein *n*, Thein *n*
**caffeinic** *adj* / koffeinhaltig *adj*
**cage** *v* (Aero, Phys) / fesseln *vt* (Kreisel) ‖ ~ / Gitterboxpalette *f* ‖ ~ (Agric) / Korb *m* (einer Erntemaschine) ‖ ~ (Civ Eng) / Bewehrung *f* für Stahlbetonrohre und Pfahle (DIN 4035) ‖ ~* (Civ Eng) / Fördergestell *n*, Hebebühne *f* (mit Führung) ‖ ~ (an assembled unit of steel reinforcement consisting of circumferential and longitudinal bars or wires) (Civ Eng) / Bewehrungskorb *m*, Bewehrungsskelett *n* (Geflecht aus Bewehrungsstählen zur Aufnahme der Zugspannungen) ‖ ~ (Eng) / Gehäuse *n* ‖ ~* (Eng) / Käfig *m* ‖ ~* (Eng) / Käfig *m* (des Wälzlagers) ‖ ~* (Mining) / Fördergestell *n*, Förderschale *f*, Förderkorb *m* ‖ ~ **antenna*** (Radio) / Reusenantenne *f*, Käfigantenne *f* (eine vertikale Breitbandantenne) ‖ ~ **box** (Build) / Fahrbühne *f* (/offene/ Plattform eines Aufzuges) ‖ ~ **compound** (Chem) / Cage-Verbindung *f*, Käfigverbindung *f* (z.B. Carboran)
**caged compounds** (Biochem, Cyt) / Caged-Verbindungen *f pl* (synthetische Moleküle, deren biologische Aktivität durch Lichteinstrahlung kontrollierbar ist und die in biochemischer und zellbiologischer Forschung zur Anwendung kommen)
**cage dipole** (Radio) / Käfigdipol *m* ‖ ~ **effect** (Chem) / Käfigeffekt *m*, Cage-Effekt *m* ‖ ~ **hoisting** (Mining) / Gestellförderung *f* ‖ ~ **mill** (Foundry) / Desintegrator *m*, Schleudermühle *f*, Schlagkorbmühle *f*, Korbschleudermühle *f*, Schlagmühle *f* ‖ ~ **motor** (Elec Eng) / Käfigläufermotor *m* (die häufigste Ausführung der Wechselstrom-Induktionsmaschine), Kurzschlussläufermotor *m*, Kurzschlussankermotor *m*, KL (Kurzschlussläufermotor) ‖ ~ **rotor** (Ecol, San Eng) / Käfigwalze *f* (ein Walzenbelüfter) ‖ ~ **rotor*** (Elec Eng) / Käfigläufer *m* (Läuferbauform, bei der Leiterstäbe aus Kupfer oder Aluminium in die Nuten des Rotors eingebettet und an ihren Enden durch Kurzschlussringe verbunden sind), Kurzschlussläufer *m*, Käfiganker *m* ‖ ~ **synchronous motor** (Elec Eng) / Synchronmotor *m* mit Anlaufkäfigwicklung
**cage-type negative plate*** (Elec Eng) / Kastenplatte *f* (der Batterie)
**cage wheel** (Agric, Civ Eng) / Gitterrad *n* (zur Bodendruckverringerung) ‖ ~ **winding*** (Elec Eng) / Käfigwicklung *f* ‖ ~ **winding** (Mining) / Gestellförderung *f*
**Cahn-Ingold-Prelog system*** (Chem) / Konfigurationsbezeichnung *f* nach der Cahn-Ingold-Prelog-Konvention
**CAI*** (computer-assisted instruction) (Comp) / rechnerunterstützter Unterricht, rechnergestütztes Lernen, computerunterstützter Unterricht, computerunterstützte Unterweisung, CUU

(computeruntestützte Unterweisung) ‖ **intelligent** ~ (Comp) / intelligenter CUU
**CAIBE** (chemically assisted ion-beam etching) (Electronics) / Ionenstrahlätzen *n* mit reaktivem Gas (dessen Bestandteile mit dem Target-Material eine flüchtige Verbindung bilden können)
**Cailletet's and Mathias' law*** (Chem, Phys) / Cailletet-Mathias'sche Regel (zur grafischen Bestimmung der kritischen Dichte - nach L.P. Cailletet, 1832-1913)
**cairngorm*** *n* (Min) / Rauchquarz *m*, Cairngormstone *m*, Rauchtopas *m* (nicht korrekte Bezeichnung im Schmucksteinhandel)
**caisson*** *n* (Arch) / Kassette *f* (in der Kassettendecke) ‖ ~ (Civ Eng) / Senkkasten *m*, Caisson *m*, Senkbrunnen *m* ‖ ~ (Civ Eng, Mining) / Cuvelage *f* (Stahl- oder Graugussring, der im Bergbau beim Schachtausbau im Ganzen eingelassen und gegen Wasser abgedichtet wird) ‖ ~ (Hyd Eng) / Kamel *n* (zum Heben von Schiffen) ‖ ~ (Mining) / Senkkörper *m*, Senkzylinder *m* (Senkschachtverfahren) ‖ ~ (Ships) / wasserdichtes Tor (des Trockendocks) ‖ ~ **disease*** (Civ Eng, Med) / Caissonkrankheit *f* (eine Luftdruckkrankheit), Druckluftkrankheit *f*, Pressluftkrankheit *f* ‖ ~ **foundation** (Civ Eng) / flächenhafte Tiefgründung, Senkbrunnengründung *f* + Druckluftgründung ‖ ~ **pile** (Civ Eng) / Bohrfutterrohr *n* ‖ ~ **pile** (Civ Eng) / eine Art Schachtbrunnen
**caisson-retained island** (Oils) / künstliches Caissonfundament für das Bohrgerät (Kombination von Kiesinsel und CIDS - mit Stahlbehältern als Schutzwall gegen Eisdruck und Wellen) ‖ ~ **island** (Ocean) / Kiesinsel *f* (mit Stahlbehältern als Schutzwall gegen Eisdruck und Wellen)
**cajeput oil** / Kajeputöl *n* (aus Melaleuca leucadendra L.)
**cajuput oil** / Kajeputöl *n* (aus Melaleuca leucadendra L.)
**cake** *v* / festbacken *v*, zusammenbacken *v* (Koks, Klinker), anbacken *v* ‖ ~ (Chem Eng) / Filterkuchen *m* (meistens von der Filterpresse), Filterbelag *m*, Filterrückstand *m* ‖ ~* (Met) / Walzplatte *f* (meistens Kupfer) ‖ ~ (Mining) / verfestigter Bohrschlamm, Spülungsfilterkuchen *m* ‖ ~ (Paint) / verfestigtes sedimentiertes Pigment ‖ ~ (a coalesced mass of unpressed metal powder) (Powder Met) / Pulverkuchen *m*, Pulverkörper *m* ‖ ~ (Spinning) / Spinnkuchen *m* (DIN 61800) ‖ ~ **filter** (Chem Eng) / Rückstandsfilter *n*, Kuchenfertigmehlmischung *f*, Kuchenfertigmehl *n*, Kuchenmehl *n* (backfertiges Mehl zur Herstellung bestimmter Kuchenarten) ‖ ~ **of gold** (Met) / Schwammgold *n*, Moosgold *n* ‖ ~ **slab** (Met) / Walzplatte *f* (meistens Kupfer)
**caking** *n* / Anbacken *n* ‖ ~ / Zusammenbacken *n* (Koks, Klinker), Festbacken *n* ‖ ~ **capacity** (Mining) / Backfähigkeit *f* (eine der Kenngrößen für die Verkokbarkeit einer Kohlensorte) ‖ ~ **coal** (Mining) / Fettkohle *f*, fette Kohle (mit 19-28% Gehalt an Flüchtigem) ‖ ~ **coal*** (Mining) / backende Kohle, Backkohle *f* ‖ ~ **properties** (Mining) / Backverhalten *n* (der Kohle)
**CAL*** (computer-assisted learning) (Comp) / computerunterstütztes Lernen, CAL (computerunterstütztes Lernen), rechnergestütztes Lernen
**Calabar beans** (Pharm) / Kalabarbohnen *f pl*, Calabarbohnen *f pl* ("Gottesurteilbohnen") (giftige Samen von Physostigma venenosum Balf.)
**calabarine** *n* (Chem) / Physostigmin *n* (Alkaloid aus den Samen von Physostigma venenosum), Eserin *n*
**calabash curare** (Pharm) / Kalebassenkurare *n* (nach dem Aufbewahrungsgefäß genannt)
**Calabrian pine** (For) / Korsische Kiefer (Pinus nigra subsp. laricio (Poir.) Maire)
**calamander** *n* (For) / Koromandelholz *n*, Coromandelebenholz *n*, Kalamanderholz *n* (aus Diospyros melanoxylon Roxb.)
**calamine*** *n* (Min) / Galmei *m* (technischer Sammelname für karbonatische und silikatische Zinkerze aller Art) ‖ ~ (Pharm) / Calamina *f*, Lapis *m* calaminaris (gemahlenes Galmeierz), Galmeistein *m* ‖ ~* (Min) s. also hydrozinkite, smithsonite and hemimorphite ‖ ~ **plant** (Bot) / Galmeipflanze *f* (die gegenüber Zinksalzen eine hohe Toleranz aufweist und deshalb auf zinkreichen Böden gedeiht, z.B. das Galmei-Stiefmütterchen = Viola calaminaria (Ging.) Lej.)
**calamity** *n* (Agric) / Kalamität *f* (durch Schädlinge, Hagel, Sturm usw. hervorgerufener schwerer Schaden in Pflanzenkulturen) ‖ ~ **wood** (For) / Kalamitätsholz *n*
**calamus oil** / Kalmusöl *n*, Oleum *n* Calami aethereum (das etherische Öl des Rhizoms des Acorus calamus L.), Calmusöl *n*
**calander** *n* (US) (Textiles) / Mangel *f* (für Leinen und Halbleinen)
**calandria*** *n* (Chem Eng) / Heizkammer *f* (des Rohrverdampfers) ‖ ~* (Nuc Eng) / Kalandriagefäß *n* (ein geschlossener Reaktorbehälter mit inneren Rohren und Kanälen, die den flüssigen Moderator vom Kühlmittel getrennt halten), Calandria *f* (druckloses Stahlgefäß bei Schwerwasserreaktoren) ‖ ~ **evaporator** (Chem Eng, Nut) /

Robert-Verdampfer *m* (mit natürlichem Umlauf und zentralem Rücklaufrohr)
**calaverite** *n* (Geol) / Calaverit *m* (ein wichtiges Golderz)
**calc-alkalic series** (Geol) / Kalkalkaligesteine *n pl*, Alkalikalkgesteine *n pl*
**calc-alkaline** *adj* (Chem, Geol) / Kalkalkali-
**calcarenite\*** *n* (a limestone composed predominantly of clastic sand-size grains of calcite, or rarely aragonite, commonly as tiny fossils, shell fragments, or other fossil debris) (Geol) / Kalkarenit *m* (ein klastisches Karbonatsediment)
**calcareous\*** *adj* / kalkhaltig *adj*, kalkartig *adj*, kalkig *adj* ‖ ~ **algae** (Bot, Geol) / Kalkalgen *f pl* ‖ ~ **duricrust** (Geol) / Kalkkruste *f* ‖ ~ **marl** (Geol) / Kalkmergel *m* (mit 25-35% Ton) ‖ ~ **mud** (Geol) / Kalkmudde *f* ‖ ~ **ooze** (a deep-sea pelagic sediment containing at least 30% calcareous skeletal remains) (Geol, Ocean) / Kalkschlick *m* (Schlick mit Beimengungen von Kalk), kalkiger Schlick ‖ ~ **rocks\*** (Geol) / Kalkgesteine *n pl* (z.B. Kalkstein, Kalksinter usw.) ‖ ~ **sandstone** (Geol) / Kalksandstein *m* ‖ ~ **sinter** (Geol) / Kalksinter *m* (Ausscheidung an Quellaustritten), Quellkalk *m* ‖ ~ **soil** (Agric) / Kalkboden *m* (mit über 40% Kalziumkarbonat, z.B. Rendzina oder Terra rossa) ‖ ~ **soil plant** (Bot) / kalkliebende Pflanze (eine bodenanzeigende Pflanze), Kalkzeiger *m* (eine bodenanzeigende Pflanze - z.B. Küchenschelle oder Silberdistel), Kalkpflanze *f* (grüne Pflanze, die auf alkalischen Böden, d.h. also durchweg auf Kalkböden wächst) ‖ ~ **tufa** (Geol) / Tuffkalk *m*, Kalktuff *m* (poröser Kalkstein an Quellaustritten)
**calcarious** *adj* / kalkhaltig *adj*, kalkartig *adj*, kalkig *adj*
**calcia** *n* (Chem) / Kalziumoxid *n* (z.B. gebrannter Kalk), Calciumoxid *n*
**calcic** *adj* (Chem) / Kalzium-, Kalk-, Calcium-
**calcicole\*** *n* (Bot) / kalkliebende Pflanze (eine bodenanzeigende Pflanze), Kalkzeiger *m* (eine bodenanzeigende Pflanze - z.B. Küchenschelle oder Silberdistel), Kalkpflanze *f* (grüne Pflanze, die auf alkalischen Böden, d.h. also durchweg auf Kalkböden wächst) ‖ ~ **plant** (Bot) / kalkliebende Pflanze (eine bodenanzeigende Pflanze), Kalkzeiger *m* (eine bodenanzeigende Pflanze - z.B. Küchenschelle oder Silberdistel), Kalkpflanze *f* (grüne Pflanze, die auf alkalischen Böden, d.h. also durchweg auf Kalkböden wächst)
**calcicolous plant** (Bot) / kalkliebende Pflanze (eine bodenanzeigende Pflanze), Kalkzeiger *m* (eine bodenanzeigende Pflanze - z.B. Küchenschelle oder Silberdistel), Kalkpflanze *f* (grüne Pflanze, die auf alkalischen Böden, d.h. also durchweg auf Kalkböden wächst)
**calcic series** (Geol) / Kalkgesteine *n pl*
**calciferol\*** *n* (Biochem, Pharm) / Kalziferol *n* (Vitamin D), Calciferol *n*, Vitamin *n* D
**calcification** *n* (Agric) / Verkalkung *f* (des Bodens) ‖ ~\* (Med) / Kalzifikation *f* (von Geweben infolge Kalkablagerung)
**calcifuge\*** *adj* (Bot) / kalkmeidend *adj*, kalkscheu *adj*, kalkfliehend *adj*, auf Kalkboden nicht gedeihend, kalzifug *adj*, calcifug *adj* ‖ ~ **plant** (Bot) / kalkmeidende Pflanze, Kalkflieher *m*, Kalkmeider *m*, kalzifuge Pflanze (eine bodenanzeigende Pflanze), Kieselpflanze *f* (z.B. Hafer, Sonnentau, Heidelbeere, Arnika oder Heidekraut)
**calcifugous** *adj* (Bot) / kalkmeidend *adj*, kalkscheu *adj*, kalkfliehend *adj*, auf Kalkboden nicht gedeihend, kalzifug *adj*, calcifug *adj* ‖ ~ **plant** (Bot) / kalkmeidende Pflanze, Kalkflieher *m*, Kalkmeider *m*, kalzifuge Pflanze (eine bodenanzeigende Pflanze), Kieselpflanze *f* (z.B. Hafer, Sonnentau, Heidelbeere, Arnika oder Heidekraut)
**calcilutite** *n* (Geol) / Kalklutit *m* (Kalkstein ohne sichtbare Partikel)
**calcimine** *n* (US) (Paint) / Caseinfarbe *f* (z.B. für Restaurierungen), Kaseinfarbe *f* (mit Kasein als Bindemittel)
**calcination\*** *n* (Build) / Brennen *n* (von Kalk) ‖ ~\* (Chem) / Kalzinierung *f*, Kalzinieren *n*, Calcinieren *n*, Calcinierung *f*, Calcination *f* ‖ ~\* (Met) / Rösten *n*, Röstung *f* ‖ ~ **additive** (Paint) / Glühzusatz *m* (bei der Herstellung von Titandioxidpigmenten) ‖ ~ **of gypsum** / Gipsbrennen *n*
**calcine** *v* (Build) / brennen *vt* (Kalk) ‖ ~ (Chem, Chem Eng) / kalzinieren *v*, calcinieren *v* ‖ ~ (Met) / rösten *v* ‖ ~ *n* (Chem Eng, Met) / Kalzinationsprodukt *n* (Röstgut) ‖ ~\* (Met) / Röstgut *n*, Kalzinationsprodukt *n* (Röstgut), abgeröstetes Gut ‖ ~\* (Met, Min Proc) / Abbrand *m* (der Rückstand nach dem Rösten)
**calcined clay** (Ceramics) / Schamotteton *m*, Schamotte *f*, feuerfester Ton, Schamott *m* ‖ ~ **coke** / kalzinierter Koks ‖ ~ **gypsum** / gebrannter Gips (Calciumsulfat-Halbhydrat) ‖ ~ **gypsum** s. also plaster of Paris ‖ ~ **magnesia** (Chem) / gebrannte Magnesia (Magnesiumoxid), Magnesia usta *f*, kaustische Magnesia (DIN 273, T 1), kalzinierte Magnesia ‖ ~ **phosphate** (Agric, Chem, Nut) / kondensiertes Phosphat (Meta- oder Poly-), Glühphosphat *n*, Schmelzphosphat *n* ‖ ~ **product** (Met) / Röstgut *n*, Kalzinationsprodukt *n* (Röstgut), abgeröstetes Gut ‖ ~ **pyrites** (Met) / Kiesabbrand *m* ‖ ~ **soda** (Chem) / wasserfreie Soda, kalzinierte Soda
**calciner** *n* (Chem Eng) / Kalzinierofen *m* ‖ ~ (Met) / Röstofen *m*

**calcining** *n* / Kalzinierung *f*, Kalzinieren *n*, Calcinieren *n*, Calcinierung *f*, Calcination *f* ‖ ~ **kettle** (for gypsum) (Build) / Gipskocher *m* (in dem durch Erhitzen Gips zu gebranntem Gips bzw. zum Stuckgips verarbeitet wird) ‖ ~ **kiln** (Chem Eng) / Kalzinierofen *m*
**calcinite** *n* (Min) / kristallines Calciumhydrogencarbonat, kristallisches Kalziumhydrogenkarbonat
**calcinosis\*** *n* (pl. calcinoses) (Med) / Kalzinose *f*, Calcinosis *f* (Verkalkung von Gewebe infolge vermehrter Ablagerung von Kalziumsalzen)
**calciothermic process** (Nuc) / Kalziothermie *f*, Calciothermie *f*
**calciothermy** *n* (Nuc) / Kalziothermie *f*, Calciothermie *f*
**calcipenia** *n* (Med) / Kalziummangel *m*, Calciummangel *m*, Kalzipenie *f*, Kalkmangel *m*
**calciphile\*** *adj* (Bot) / kalkliebend *adj*, kalkstet *adj*, auf Kalk wachsend, kalziphil *adj*, kalkhold *adj* ‖ ~ **plant\*** (Bot) / kalkliebende Pflanze (eine bodenanzeigende Pflanze), Kalkzeiger *m* (eine bodenanzeigende Pflanze - z.B. Küchenschelle oder Silberdistel), Kalkpflanze *f* (grüne Pflanze, die auf alkalischen Böden, d.h. also durchweg auf Kalkböden wächst)
**calciphilous** *adj* (Bot) / kalkliebend *adj*, kalkstet *adj*, auf Kalk wachsend, kalziphil *adj*, kalkhold *adj*
**calciphobe\*** *adj* (Bot) / kalkmeidend *adj*, kalkscheu *adj*, kalkfliehend *adj*, auf Kalkboden nicht gedeihend, kalzifug *adj*, calcifug *adj*
**calciphobous** *adj* (Bot) / kalkmeidend *adj*, kalkscheu *adj*, kalkfliehend *adj*, auf Kalkboden nicht gedeihend, kalzifug *adj*, calcifug *adj*
**calcipotriol** *n* (Chem, Pharm) / Calcipotriol *n* (ein Vitamin-D-Analoges, das als Antipsoriatikum eingesetzt wird)
**calcirudite** *n* (Geol) / Kalkrudit *m* (Partikelkalk mit >2 mm Partikeln)
**calcisiltite** *n* (Geol) / Kalksiltit *m* (Partikelkalk mit mikroskopisch kleinen Partikeln)
**calcite\*** *n* (natural crystalline calcium carbonate) (Min, Optics) / Kalkspat *m*, Kalzit *m*, Calcit *m*
**calcitonin\*** *n* (Biochem) / Kalzitonin *n* (ein Polypeptidhormon - Antagonist des Parathormons), Calcitonin *n*, Thyreokalzitonin *n*, Thyreocalcitonin *n*
**calcium\*** *n* (Chem) / Calcium *n*, Ca (Calcium), Kalzium *n* ‖ ~ **acetate** (Chem) / Kalziumazetat *n*, Calciumacetat *n* ‖ ~ **acetate** s. also grey lime ‖ ~ **acetylide** (Chem) / Kalziumkarbid *n*, Karbid *n* (CaC$_2$), Calciumcarbid *n* ‖ ~ **acrylate** (Chem) / Kalziumakrylat *n*, Calciumacrylat *n* ‖ ~ **alginate** (Chem, Nut) / Kalziumalginat *n*, Calciumalginat *n* (E 404) ‖ ~ **aluminate** (Chem) / Kalziumaluminat *n* [Ca(AlO$_2$)$_2$] ‖ ~ **antagonist** (Med, Pharm) / Kalziumantagonist *m*, Calciumantagonist *m*, Kalziumkanalblocker *m*, Calciumkanalblocker *m* ‖ ~ **arsenate** (Agric, Chem) / Kalziumarsenat *n*, Calciumarsenat *n* (Calciumorthoarsenat - als Pflanzenschutzmittel in Deutschland nicht mehr zugelassen, jedoch in verschiedenen Ländern in Baumwollkulturen noch eingesetzt) ‖ ~ **ascorbate** (Chem, Nut) / Kalziumaskorbat *n*, Calciumascorbat *n* (E 302) ‖ ~ **bicarbonate** (Chem) / Kalziumhydrogenkarbonat *n*, Calciumhydrogencarbonat *n*
**calcium-binding** *adj* / kalziumbindend *adj*, calciumbindend *adj* ‖ ~ **protein** (Biochem, Pharm) / Calbindin *n* ‖ ~ **protein** (Biochem) / Calcium bindendes Protein (im Allgemeinen), kalziumbindendes Protein
**calcium bisulphite** (Chem) / Kalziumhydrogensulfit *n*, Calciumhydrogensulfit *n*, Kalziumbisulfit *n*, Calciumbisulfit *n* ‖ ~ **bromide** (Chem) / Kalziumbromid *n*, Calciumbromid *n* (CaBr$_2$) ‖ ~ **carbide\*** (Chem) / Kalziumkarbid *n*, Karbid *n* (CaC$_2$), Calciumcarbid *n* ‖ ~ **carbonate\*** (Chem, Nut) / Calciumcarbonat *n* (E 170), Kalziumkarbonat *n*, kohlensaurer Kalk ‖ ~ **channel blocker** (Med, Pharm) / Kalziumantagonist *m*, Calciumantagonist *m*, Kalziumkanalblocker *m*, Calciumkanalblocker *m* ‖ ~ **chloride\*** (Chem) / Kalziumchlorid *n*, Chlorkalzium *n* ‖ ~ **chromate** (Chem) / Kalziumchromat *n*, Calciumchromat *n* ‖ ~ **citrate** (Chem, Nut) / Kalziumzitrat *n*, Calciumcitrat *n* (E 333) ‖ ~ **cyanamide** (Chem) / Kalziumzyanamid *n*, Calciumcyanamid *n* ‖ ~ **cyanide** (Chem) / Kalziumzyanid *n*, Calciumcyanid *n* ‖ ~ **cyclamate** (a white crystalline soluble powder, formerly used as a sweetening agent in soft drinks, but its excessive consumption has been shown to be undesirable and it has therefore been banned) (Chem) / Kalziumzyklamat *n*, Calciumcyclamat *n* ‖ ~ **deficiency** (Med) / Kalziummangel *m*, Calciummangel *m*, Kalzipenie *f*, Kalkmangel *m* ‖ ~ **dicarbide** (Chem) / Kalziumkarbid *n*, Karbid *n* (CaC$_2$), Calciumcarbid *n* ‖ ~ **dihydrogen-phosphate** (Chem) / Calciumdihydrogenphosphat *n*, primäres Calciumphosphat, Kalziumdihydrogenphosphat *n*, Monokalziumphosphat *n* ‖ ~ **diphosphate** (Chem) / Calciumdiphosphat *n*, Kalziumdiphosphat *n*, Calciumpyrophosphat *n*, Kalziumpyrophosphat *n* ‖ ~ **ethanoate** (Chem) / Calciumacetat *n* ‖ ~ **feldspar** (Geol) / Kalkfeldspat *m* ‖ ~ **feldspar** (Min) / Anorthit *m* (Endglied der Plagioklas-Reihe) ‖ ~ **felspar** (Geol) / Kalkfeldspat *m* ‖ ~ **fluoride\*** (Chem) / Kalziumfluorid *n*,

Calciumfluorid n ‖ ~ **fluoride*** (Chem) s. also fluorspar ‖ ~ **fluoride structure** (Crystal, Electronics, Min) / Fluoritstruktur f, Fluorittyp m ‖ ~ **fluoride type** (Crystal, Electronics, Min) / Fluoritstruktur f, Fluorittyp m ‖ ~ **formate** (Chem) / Kalziumformiat n, Calciumformiat n ‖ ~ **gluconate** (Chem, Nut) / Kalziumglukonat n, Calciumgluconat n ‖ ~ **hafnate** (Chem) / Kalziumhafnat n, Calciumhafnat n ($CaHfO_3$) ‖ ~ **hardness** (Chem, San Eng) / Calciumhärte f, Calciumionen n pl (im Wasser), Kalziumionen n pl, Kalziumhärte f (des Wassers), Kalkhärte f (des Wassers) ‖ ~ **hydride** (Chem, Meteor) / Kalziumhydrid n, Calciumhydrid n (Trockenmittel, Lösemittel) ‖ ~ **hydrogen carbonate** (Chem) / Kalziumhydrogenkarbonat n, Calciumhydrogencarbonat n ‖ ~ **hydrogen-phosphate** (Agric, Chem) / Calciumhydrogenphosphat n (sekundäres oder zweibasisches Calciumphosphat), Kalziumhydrogenphosphat n, Dikalziumphosphat n, Dicalciumphosphat n ($CaHPO_4$) ‖ ~ **hydrogen-sulphide** (Chem) / Kalziumhydrogensulfit n, Calciumhydrogensulfit n, Kalziumbisulfit n, Calciumbisulfit n ‖ ~ **hydroxide** (Chem, Nut) / Calciumhydroxid n (E 526), Kalziumhydroxid n (z.B. gelöschter Kalk) ‖ ~ **hypochlorite** (Chem) / Kalziumhypochlorit n [$Ca(ClO)_2$], Calciumhypochlorit n ‖ ~ **iodate** (Ceramics, Chem, Nut) / Calciumiodat n, Kalziumiodat n ‖ ~ **lactate** (Chem, Nut, Pharm) / Calciumlactat n ($C_6H_1OCaO_6$), Kalziumlaktat n ‖ ~ **light** / Drummond'sches Licht, Drummond'sches Kalklicht (nach T. Drummond, 1797-1840), Drummond'scher Brenner, Kalklicht n ‖ ~ **mandelate** (Chem) / Kalziummandelat n, Calciummandelat n ‖ ~ **metaborate** (Chem) / Kalziummetaborat n, Calciummetaborat n ($Ca(BO_2)_2$), Kalziumborat n, Calciumborat n ‖ ~ **metasilicate** (Chem) / Kalziummetasilikat n, Calciummetasilicat n ‖ ~ **naphthenate** (Chem) / Kalziumnaphthenat n, Calciumnaphthenat n (eine Calciumseife) ‖ ~ **nitrate** (Chem) / Calciumnitrat n, Kalziumnitrat n ‖ ~ **octadecanoate** (Chem) / Kalziumstearat n, Calciumstearat n ‖ ~ **oxalate** (Bot, Chem) / Kalziumoxalat n, Calciumoxalat n ‖ ~ **oxide** (Chem) / Kalziumoxid n (z.B. gebrannter Kalk), Calciumoxid n ‖ ~ **pantothenate** (Chem, Pharm) / Kalziumpantothenat n, Calciumpantothenat n ‖ ~ **peroxide** (Chem) / Kalziumperoxid n, Calciumperoxid n ‖ ~ **phosphate** (Chem) / Calciumphosphat n, Kalziumphosphat n (im Allgemeinen) ‖ ~ **phosphate(V)** (Chem) / Calciumphosphat n ($Ca_3(PO_4)_2$), Kalziumphosphat n, Tricalciumphosphat n, Trikalziumphosphat n, tertiäres Kalziumphosphat, tertiäres Calciumphosphat ‖ ~ **phosphide** (Chem) / Calciumphosphid n, Kalziumphosphid n ($Ca_3P_2$) ‖ ~ **plumbate*** (Chem, Paint) / Kalziumplumbat n (aktives Pigment, speziell für Grundanstriche auf Zinkflächen in Kunstharzbindemitteln verwendet) ‖ ~ **polysulphide** (Chem, Pharm) / Calciumpolysulfid n ($CaS.S_x$), Kalziumpolysulfid n, Kalkschwefelleber f ‖ ~ **propionate** (Agric, Chem, Nut) / Kalziumpropionat n, Calciumpropionat n (E 282) ‖ ~ **pump** (Biochem) / Kalziumpumpe f, Calciumpumpe f (in biologischen Membranen) ‖ ~ **pyrophosphate** ($C_2P_2O_7$) (Chem) / Calciumdiphosphat n, Kalziumdiphosphat n, Calciumpyrophosphat n, Kalziumpyrophosphat n ‖ ~ **silicate** (Chem) / Calciumsilicat n (Ca-Salz der verschiedenen Kieselsäuren), Kalziumsilikat n (Kalziumsalz der Kieselsäure) ‖ ~ **silicide** (Chem, Met) / Calciumsilicid n (eine intermetallische Verbindung), Kalziumsilizid n, Kalzium-Silizium n, Calcium-Silicium n ‖ ~ **silicon** (Chem, Met) / Calciumsilicid n (eine intermetallische Verbindung), Kalziumsilizid n, Kalzium-Silizium n, Calcium-Silicium n ‖ ~ **soap** (Chem) / Calciumseife f (z.B. Calciumstearat), Kalziumseife f (eine Metallseife), Kalkseife f

**calcium-soap grease** (Chem) / Kalkfett n (ein Schmierfett), Kalziumseifenfett n

**calcium sorbate** (Chem, Nut) / Kalziumsorbat n, Calciumsorbat n (E 203) ‖ ~ **stearate** (Chem) / Kalziumstearat n, Calciumstearat n ‖ ~ **sulphate** (Chem, Nut, Textiles) / Kalziumsulfat n, Calciumsulfat n ‖ ~ **sulphate hemihydrate** (Chem) / Halbhydratgips m, Halbhydratplaster m (Stuckgips, Putzgips, Modellgips), Gipshalbhydrat n ‖ ~ **sulphide** (Chem) / Calciumsulfid n (Kalkleber), Kalziumsulfid n ‖ ~ **sulphite** (Chem, Nut, Textiles) / Kalziumsulfit n, Calciumsulfit n ‖ ~ **thiocyanate** (Chem) / Kalziumthiozyanat n, Calciumthiocyanat n, Kalziumrhodanid n, Calciumrhodanid n ‖ ~ **thioglycolate** (Chem, Leather) / Kalziumthioglykolat n, Calciumthioglykolat n ‖ ~ **tungstate** (Chem) / Kalziumwolframat n (z.B. für die Verstärkerfolien in der Röntgendiagnostik), Calciumwolframat n

**calcouranite** n (Min) / Autunit m (Kalkuranglimmer)
**calcrete** n (Geol) / Kalkkruste f
**calc-sinter** n (Geol) / Kalksinter m (Ausscheidung an Quellaustritten), Quellkalk m
**calcspar*** n (Min, Optics) / Kalkspat m, Kalzit m, Calcit m
**calcsparite** n (Geol, Min) / Sparit m (spätiger Kalzit- oder Aragonitzement)

**calc-tufa** n (Geol) / Tuffkalk m, Kalktuff m (poröser Kalkstein an Quellaustritten)
**calculability** n (Maths) / Berechenbarkeit f
**calculable** adj (Maths) / berechenbar adj, rechnerisch lösbar, errechenbar adj ‖ ~ **cross capacitor** (in which the unknown resistance of a reference resistor is compared with known impedance of the capacitor) (Elec Eng) / berechenbarer Kreuzkondensator
**calculate** v / rechnen v, berechnen v
**calculated as carbon** / berechnet auf Basis Kohlenstoff ‖ ~ **life prediction** (Eng) / rechnerische Lebensdauervorhersage ‖ ~ **load** (Build) / Bemessungslast f ‖ ~ **load** (Mech) / Rechnungslast f
**calculate the burden** (Met) / gattieren v (Ausgangsmaterialien in richtigen Mengenverhältnissen zur gewünschten Zusammensetzung der Schmelze zusammenstellen), möllern v (Erze mischen) ‖ ~ **with powers** (Maths) / potenzieren v (eine Zahl in eine Potenz erheben)
**calculating machine** / Rechenmaschine f (mechanische oder elektrisch betriebene) ‖ ~ **punch** (Comp) / Rechenstanzer m (ein Gerät, das in Lochkarten enthaltene Zahlen rechnerisch verarbeitet und das Ergebnis in die gleiche oder eine folgende Lochkarte stanzt)
**calculation** n / Berechnung f, Rechnen n ‖ ~ **of the** (critical) **buckling load** (Mech) / Knicklastberechnung f ‖ ~ **step** / Berechnungsschritt m ‖ ~ **with powers** (Maths) / Potenzierung f, Potenzrechnung f, Potenzieren n
**calculator** n / Kalkulationsmaschine f, Vierspeziesrechenmaschine f ‖ ~ (Comp) / Taschenrechner m (DIN 9757) ‖ ~ **on substrate** (Comp) / Taschenrechner m auf einem Glassubstrat (in Dünnfilm- und Dickschichttechnik)
**calculus*** n (pl. calculi or calculuses) (Maths) / Kalkül m, Rechnung f (Kalkül) ‖ ~ (pl. calculi or calculuses) (Maths) / Differential- und Integralrechnung f, Infinitesimalrechnung f (zusammenfassende Bezeichnung für Differential- und Integralrechnung) ‖ ~ **of errors** (Maths) / Fehlerrechnung f, Fehlertheorie f (ein Teilgebiet der angewandten Mathematik) ‖ ~ **of finite differences** (Maths) / Differenzrechnung f ‖ ~ **of observations** (Surv) / Ausgleichsrechnung f (eine Fehlerrechnung), Regressionsrechnung f ‖ ~ **of relations** (Comp, Maths) / Relationenalgebra f (ein System, das aus einer nichtleeren Menge von Relationen und einer Familie von Operationen in dieser Menge besteht), relationale Algebra ‖ ~ **of tensors** (Maths) / Tensorrechnung f, Tensorkalkül m ‖ ~ **of variations*** (a development of calculus concerned with problems in which a function is to be determined such that some related definite integral achieves a maximum or minimum value) (Maths) / Variationsrechnung f (Teilgebiet der höheren Analysis) ‖ ~ **of weakest preconditions** (Comp) / wp-Kalkül m ‖ ~ **theory** (Maths) / Kalkültheorie f
**caldera*** n (Geol) / Caldera f (pl. Calderen) (kesselartige Vertiefung an Vulkanen), Kraterkessel m
**calderite** n (Min) / Calderit m (ein Aluminiumgranat)
**caldron** n (US) / Kessel m (für offenes Feuer)
**calefaction** n / erhitzter Zustand ‖ ~ / Erhitzung f, Erwärmung f
**calendar, at the end of one ~ year** / mit Ablauf eines Kalenderjahres ‖ ~ **date** / Kalenderdatum n (EN 28601) ‖ ~ **day** / Kalendertag m ‖ ~ **week** / Kalenderwoche f (EN 28601) ‖ ~ **year*** / Kalenderjahr n (365 bzw. 366 d), bürgerliches Jahr (EN 28601)
**calender** v (Chem Eng) / kalandern v, kalandrieren v ‖ ~ (Paper) / satinieren v ‖ ~* n (Paper) / Kalander m (meistens Rollkalander, z.B. in der Kautschukindustrie) ‖ ~ (Paper) / Kalanderständer m, Kalanderwalzensatz m ‖ ~* (Paper) / Satinierkalander m ‖ ~* (Textiles) / Mangel f (für Leinen und Halbleinen)
**calender-blackened** adj (Paper) / mit Satinagefehlern, mit Satinierfehlern
**calender coating** / Aufbringen n (mit Kalander), Aufkalandrieren n ‖ ~ **crease** (Paper) / Kalanderfalte f
**calender-crushed** adj (Paper) / mit Satinagefehlern, mit Satinierfehlern
**calendered** adj (Paper) / satiniert adj ‖ ~ **linen** (Textiles) / Glanzleinen n, Glanzleinwand f ‖ ~ **paper*** (Paper) / kalandriertes Papier, satiniertes Papier ‖ ~ **sheet** (Plastics) / kalandrierte Folie, Kalanderfolie f
**calender finish** (Textiles) / Kalanderappretur f
**calender-finished paper** (Paper) / kalandriertes Papier, satiniertes Papier
**calender friction coat** (Chem Eng) / friktionierte (Kautschuk)Schicht
**calendering** n (Paper) / Satinage f ‖ ~ **line** (Chem Eng) / Kalanderstraße f
**calender-rolled particle board** (For, Join) / Kalanderplatte f (eine Spanplatte)
**calender-roll paper** (Paper) / Kalanderwalzenpapier n (DIN 6730)
**calenders** pl (Paper) / Glättwerk n (einer Langsiebpapiermaschine), Maschinenglättwerk n
**calender section** (Paper) / Glättwerk n (einer Langsiebpapiermaschine), Maschinenglättwerk n ‖ ~ **stack** (Paper) / Kalanderständer m, Kalanderwalzensatz m

**calendula**

**calendula oil** (Pharm) / Calendulaöl *n* (aus der Gartenringelblume = Calendula officinalis L.)
**calf**\* *n* (Bind) / Kalbsleder *n*, Calf *n* ‖ ~ (Leather) / Kalbsfell *n* (in Deutschland mit bis 14 kg Grüngewicht)
**calf-dozer** *n* (Civ Eng) / Planierraupe *f* (kleine)
**calf leather** (Leather) / Kalbsleder *n* ‖ ~ **narrowing** (Textiles) / Wadenminderung *f* (bei Strümpfen) ‖ ~ **paper** (Bind) / Kalbsleder imitierendes Papier
**calfskin**\* (Leather) / Kalbsleder *n* ‖ ~ **glue** / Kalbshautleim *m*
**Calgon**\* *n* (Chem) / Calgon *n* (Warenzeichen für ein Wasch- und Kalkschutzmittel auf der Basis von mittel- und hochmolekularen Polyphosphaten)
**caliber** (US)\* (Eng) / Kaliber *n* (der innere Durchmesser von Rohren; der Durchmesser des Rohres einer Feuerwaffe)
**calibrant** *n* (Chem) / Kalibriersubstanz *f*, Kalibrierprobe *f* (Substanz) ‖ ~ (Chem) / Kalibriermittel *n* (Substanz, Gerät) ‖ ~ (any reference material, specimen, synthetic material, or device used for a calibration) (Chem) / Eichprobe *f* (Eichsubstanz), Eichsubstanz *f* ‖ ~ (Phys) / Eichmaß *n*
**calibrate** *v* (Eng, Phys) / einmessen *v* ‖ ~ (Eng, Phys) / eichen *v* (nach gesetzlichen Vorschriften prüfen und bestätigen - DIN 1319, T 1), kalibrieren *v*, teilen *v* (eichen)
**calibrated** *adj* (Chem, Phys) / geteilt *adj*, kalibriert *adj*, geeicht *adj* ‖ ~ **airspeed**\* (IAS corrected for ASI system errors) (Aero) / kalibrierte Fluggeschwindigkeit, korrigierte angezeigte Fluggeschwindigkeit ‖ ~ **chain** (Eng) / lehrenhaltige Kette, Kalibrierkette *f*, kalibrierte Kette ‖ ~ **for content** (Chem) / auf Einguss geeicht ‖ ~ **motor** (Elec Eng) / geeichter Motor ‖ ~ **to contain** (Chem) / auf Einguss geeicht
**calibration**\* *n* (Eng, Instr, Phys) / Eichung *f* (DIN 1319, T 1), Eichen *n*, Kalibrierung *f*, Kalibration *f*, Teilung *f* ‖ ~ (Eng, Phys) / Kalibrieren *n* (DIN 1319, T 1), Einmessen *n* (DIN 1319, T 1) ‖ ~ **block** (Eng) / Eichblock *m* ‖ ~ **buffer** (Chem) / Eichpuffer *m* (für die konventionelle pH-Skala) ‖ ~ **certificate** (Ships) / Messbrief *m* ‖ ~ **chart** (Aero) / Funkbeschickungstabelle *f* ‖ ~ **curve** (the graphical or mathematical representation of a relation between a measured parameter and a property of a standard for the substance under consideration) / Eichkurve *f* ‖ ~ **curve** (Aero) / Funkbeschickungskurve *f* ‖ ~ **drawing** (Met) / Nachziehen *n* (DIN 8584) ‖ ~ **flight** (Aero) / Messflug *m* ‖ ~ **gas** / Eichgas *n* (Gas bestimmter Zusammensetzung zur Kalibrierung von Analysen- und Messgeräten) ‖ ~ **gas** (Instr) / Prüfgas *n* (zum Justieren der gasanalytischen Instrumente verwendetes Gas bekannter Zusammensetzung) ‖ ~ **mark** / Eichmarke *f* (z.B. einer Pipette) ‖ ~ **sample** (Chem) / Eichprobe *f* (Eichsubstanz), Eichsubstanz *f* ‖ ~ **spectrum** (Spectr) / Eichspektrum *n* ‖ ~ **station** (Aero) / Funkbeschickungssender *m*
**calibre**\* *n* (Eng) / Kaliber *n* (der innere Durchmesser von Rohren; der Durchmesser des Rohres einer Feuerwaffe) ‖ ~ **pig** / Kalibermolch *m* (Spezialmolch zur Überprüfung des Innendurchmessers einer Rohrleitung mittels einer oder mehrerer Kaliberscheiben), Kaliberscheibenmolch *m*
**caliche**\* *n* (Geol) / roher Chilesalpeter, Caliche *f* ‖ ~ (Geol) / Kalkkruste *f* ‖ ~ (Geol) / Karbonatzement *m* (in verkitteten Sanden, Kiesen, Geröllen (in Mexiko und im SW der Vereinigten Staaten)) ‖ ~\* s. also calcrete and duricrust
**calico**\* *n* (pl. -oes, /US/ -os) (Bind, Textiles) / Kaliko *m*, Kalikot *m*, Kattun *m*, Kotton *m* (A), Baumwollnesseltuch *n* ‖ ~ (US) (Textiles) / Baumwolldruckgewebe *n*, Druckkattun *m* (Baumwolldruck) ‖ ~ (for lining) (Textiles) / Futterkattun *m* ‖ ~ **weave** (Weaving) / Leinwandbindung *f*, Tuchbindung *f*
**California bearing ratio** (Civ Eng) / Kalifornisches Tragfähigkeitsverhältnis ‖ ≃ **bearing ratio test** (for comparing the strenghts of base courses of roads or airstrips) (Civ Eng) / CBR-Versuch *m*
**Californian jade**\* (Min) / Californit *m* (ein Schmuckstein), Vesuvian *m* (aus Georgetown, Cal.)
**California nutmeg yew** (For) / Kalifornische Nusseibe (Torreya californica Torr.) ‖ ≃ **red fir** (For) / Kalifornische Rottanne (Abies magnifica A. Murrray), Prächtige Tanne ‖ ≃ **redwood** (For) / Küstenmammutbaum *m*, Eibennadliger Mammutbaum (Sequoia sempervirens (D. Don) Endl.), Küstensequoie *f*, Eibenzypresse *f* ‖ ≃ **stamp**\* (Min Proc) / Schwerkraftpochwerk *n* ‖ ≃ **stamp**\* (Min Proc) / Pochstempel *m*, Stampfer *m* ‖ ≃ **test** (Autos) / Californiatest *m* (Begrenzung der Emission von Kohlenwasserstoffen und Kohlenmonoxid) ‖ ≃ **torreya** (For) / Kalifornische Nusseibe (Torreya californica Torr.)
**californite**\* *n* (Min) / Californit *m* (ein Schmuckstein), Vesuvian *m* (aus Georgetown, Cal.)
**californium**\* *n* (Chem) / Kalifornium *n*, Californium *n*, Cf (Californium)
**caliper** *v* / lehren *v* (mit einem Taster), ablehren *v* ‖ ~ (For) / kluppieren *v*, kluppen *v* ‖ ~ *n* (For, Paper) / Stärke *f*, Dicke *f* ‖ ~ **log**

(Oils) / Kaliberlog *n* (mit dem man feststellen kann, ob das auf dem Meißel ruhende Gewicht bei weichem Gestein zum Nachfallen führt)
**calipers**\* *pl* (Eng) / Tastzirkel *m*, Taster *m*, Greifzirkel *m*
**calisaya bark** (Pharm) / Perurinde *f*, Calisaya-Chinarinde *f*, Königschinarinde *f* (aus Cinchona officinalis L.)
**Calite** *n* (Met) / Calite *n* (eine hitzebeständige Fe-Ni-Al-Legierung)
**calix** *n* (pl. calices or -es) (Zool) / Calix *m* (pl. Calices), Calyx *m* (pl. Calyces) (Teil eines Hohlorgans)
**calk** *v* (US) (Build, Eng) / verstemmen *v*, stemmen *v*, dichten durch Verstemmen ‖ ~ (Ships) / kalfatern *v*
**calking**\* *n* (US) (Build, Eng) / Verstemmen *n*, Nahtdichtung *f* durch Verstemmen, Stemmen *n* ‖ ~ (Ships) / Kalfatern *n*
**CALL** (computer-assisted language learning) (Comp) / rechnergestützter (Fremd)Sprachenunterricht
**call** *v* (Comp) / aufrufen *v* (ein Unterprogramm) ‖ ~ (Teleph) / anrufen *v* ‖ ~ (Teleph) / fernsprechen *v*, telefonieren *v* ‖ ~\* *n* (Comp) / Aufruf *m* (z.B. eines Unterprogramms) ‖ ~\* (Comp) / Aufruf *m* (Befehlsfolge für die Auslösung einer bestimmten Funktion) ‖ ~\* (Teleph) / Gespräch *n*, Gesprächsverbindung *f*, Anruf *m*, Telefongespräch *n* ‖ ~ **acceptance** (Teleph) / Anrufannahme *f*, Rufannahme *f* ‖ ~ **accepted** (Telecomm, Teleph) / Rufannahme *f*, Anrufannahme *f*
**call-accepted signal** (Comp) / Rufannahme *f* (Signal nach DIN 44302, T 13)
**call address** (Comp) / Aufrufadresse *f*
**callaite**\* *n* (Min) / Türkis *m* (ein Edelstein)
**Callan-Gross relation** (Nuc) / Callan-Gross-Beziehung *f*
**call assignment** (Teleph) / Gesprächszuteilung *f* ‖ ~ **at** *v* (Ships) / anlaufen *v* (einen Hafen) ‖ ~ **attempt** (Teleph) / Belegungsversuch *m*, Verbindungsversuch *m*, versuchter Anruf
**callback** *n* (Autos) / Rückruf *m* (z.B. von Autos in die Werkstatt), Rückrufaktion *f* (seitens des Autoherstellers - nach dem Produktsicherheitsgesetz), Recall *n* (Rückruf von beschädigten oder fehlerhaften Erzeugnissen) ‖ ~ (Stats) / Wiederholungsbesuch *m* (bei den Befragten in einer Umfrage), Nachfassinterview *n*, Kontrollinterview *n* ‖ ~ (Teleph) / Rückfragen *n* (Aufbauen einer zweiten Verbindung, während die erste Verbindung gehalten, d.h. in Wartezustand versetzt wird) ‖ ~ (Teleph) / Rückruf *m* (ein Leistungsmerkmal) ‖ ~ **on busy** (Teleph) / Rückruf *m* im Besetztfall
**call barring** (Teleph) / Anrufsperre *f* ‖ ~ **block** (Teleph) / Rufblock *m* ‖ ~ **booking** (Teleph) / Gesprächsanmeldung *f* (als Vorgang), Voranmeldung *f* (des Gesprächs) ‖ ~ **box** (GB) (a public telephone box or kiosk) (Teleph) / Fernsprechzelle *f* (öffentliche), Fernsprechkabine *f*, Fernsprechautomat *m*, Telefonzelle *f* ‖ ~ **button** / Knopf *m* (zum Heranholen des Aufzugs) ‖ ~ **button** (Teleph) / Ruftaste *f*, Rufknopf *m*
**call-by-call** *n* (Teleph) / Call-by-Call *n* (in einem liberalisierten Telekommunikationsmarkt frei wählbarer Zugang zu Telefonanbietern), Call-by-Call-Verfahren *n*
**call by name** (Comp) / Namensaufruf *m* ‖ ~ **by reference** (Telecomm) / Referenzaufruf *m* ‖ ~ **car** (Autos) / Callcar *m* (Mietauto, das nur telefonisch bestellt werden kann) ‖ ~ **centre** (Telecomm) / Call-Zentrum *n*, Callcenter *n* (in dem speziell ausgebildete Mitarbeiter sitzen, um telefonisch und durch Computerbildschirme unterstützt, Kundenkontakte zu pflegen sowie Kundenprobleme schnell und sicher zu lösen), Tele-Center *n*, Tele-Sales-Center *n*
**call-charge data** (Telecomm) / Gebührendaten *pl* ‖ ~ **display** (Teleph) / Gebührenanzeige *f* (bei Mobiltelefonen) ‖ ~ **equipment** (Teleph) / Gebührenerfassungseinrichtung *f* ‖ ~ **memory** (Teleph) / Gebührenspeicher *m* ‖ ~ **meter** (Teleph) / Gesprächszähler *m*, Gesprächszeitmesser *m* ‖ ~ **receiving unit** (Teleph) / Gebührenempfangskreis *m*, GEK ‖ ~ **registration** (Teleph) / Gebührenerfassung *f* ‖ ~ **unit** (Teleph) / Gesprächsgebühreneinheit *f*, Gebühreneinheit *f* (Maßeinheit für die Gesprächsgebühr)
**call circuit** (Teleph) / Dienstleitung *f* (bei der Handvermittlung) ‖ ~ **clearing** (Teleph) / Verbindungsauflösung *f* ‖ ~ **collision** (Comp) / Verbindungszusammenstoß *m* ‖ ~ **completion** (Teleph) / Rufvollendung *f*, Verbindungsaufbau *m* (erfolgreiches Herstellen einer vermittelten Verbindung zwischen zwei Teilnehmern eines Telekommunikationsnetzes) ‖ ~ **connected** (Comp, Telecomm) / Verbindung hergestellt (Teil des Verbindungsaufbaus)
**call-connected signal** (Teleph) / Verbunden-Kennzeichen *n*
**call connection delay** (Teleph) / Verzug *m* der Verbindungsherstellung ‖ ~ **control** (Teleph) / Verbindungssteuerung *f*, Rufsteuerung *f* ‖ ~ **control procedure** (Teleph) / Verbindungssteuerungsverfahren (DIN 44 302)
**call-counting meter** (Teleph) / Gesprächszähler *m*, Gesprächszeitmesser *m*
**call data** (Comp) / Rufdaten *pl* ‖ ~**-data postprocessing** (Comp) / Rufdatennachverarbeitung *f* ‖ ~ **detail record** (Teleph) / Call Detail Record *m* (Gebührendatensatz, Rufdatensatz, Gesprächsdatensatz) ‖ ~ **dimensions** (For) / Handelsholzabmessungen *f pl* (im Vertrag

**call**

festgelegte) ‖ ~ **distributor** (Teleph) / Anrufverteiler m ‖ ~ **diversion** (Teleph) / Anrufumleitung f (Leistungsmerkmal bei Nebenstellenanlagen) ‖ ~ **duration** (Teleph) / Gesprächsdauer f
**called-line identification** (Comp, Teleph) / Anschlusskennung f (gerufene Station - nach DIN 44302)
**called party** (Teleph) / gerufener Teilnehmer, GT (gerufener Teilnehmer), verlangter Teilnehmer, B-Teilnehmer m ‖ ~**-party release** (Teleph) / Rückwärtsauslösung f, Auslösung f durch den gerufenen Teilnehmer ‖ ~ **port** (Comp, Telecomm) / gerufener Port ‖ ~ **subscriber** (Teleph) / gerufener Teilnehmer, GT (gerufener Teilnehmer), verlangter Teilnehmer, B-Teilnehmer m
**Callendar's equation** (Phys) / Callendar-Gleichung f (eine thermodynamische Zustandsgleichung) ‖ ≎ **thermometer** / Platinwiderstandsthermometer n
**caller** n (Teleph) / Anrufer m, rufender Teilnehmer, anrufender Teilnehmer, A-Teilnehmer m ‖ ~ **display** (shows who is calling before you answer the phone) (Teleph) / Anzeige f der Anrufernummer ‖ ~ **ID** (Teleph) / Identifizierung f des Anrufers, Anruferidentifikation f, Anruferidentifizierung f, Caller-ID m, Ruferkennung f ‖ ~ **identification** (Teleph) / Identifizierung f des Anrufers, Anruferidentifikation f, Anruferidentifizierung f, Caller-ID m, Ruferkennung f
**call established** (Comp, Telecomm) / Verbindung hergestellt (Teil des Verbindungsaufbaus) ‖ ~ **establishment** (Comp, Telecomm, Teleph) / Verbindungsaufbau m (zwischen zwei Teilnehmern), Verbindungsherstellung f ‖ ~ **failure** (Teleph) / nicht erfolgreiche Verbindung ‖ ~ **filtering** (Teleph) / Gesprächsfilterung f (Voranmeldung) ‖ ~ **for tender** / Submission f (öffentliche Ausschreibung), Verdingung f ‖ ~ **for tenders** / Ausschreibung f (bei der Vergabe von Aufträgen der öffentlichen Hand) ‖ ~ **forwarding** (Teleph) / Forwarding n (Leistungsmerkmal bei Nebenstellenanlagen und Telekommunikationsnetzen), Anrufweiterschaltung f (Leistungsmerkmal bei Nebenstellenanlagen und Telekommunikationsnetzen), Call-Forwarding n, CF (Anrufweiterschaltung) ‖ ~ **forwarding no reply** (Teleph) / Anrufweiterschaltung f bei Nichtmelden (ISDN-Leistungsmerkmal), Anrufweiterschaltung f N, AWSN (Anrufweiterschaltung N) ‖ ~ **forwarding on busy** (Teleph) / Anrufweiterschaltung f bei Besetztfall (ISDN-Leistungsmerkmal), Anrufweiterschaltung f B, AWSB (Anrufweiterschaltung B) ‖ ~ **handling** (Teleph) / Gesprächsabwicklung f ‖ ~ **hold** (Teleph) / Halten n einer Verbindung ‖ ~ **identification** (Telecomm, Teleph) / Fangen n (zum Schutz der Teilnehmer od. auch zur Störungseingrenzung) ‖ ~ **identification** (Teleph) / Identifizierung f des Anrufers, Anruferidentifikation f, Anruferidentifizierung f, Caller-ID m, Ruferkennung f

**Callier coefficient*** (Photog) / Callier-Quotient m (Verhältnis der in gerichtetem und in diffusem Licht gemessenen Dichten; ein Maß für die Körnigkeit der betreffenden Schicht) ‖ ≎ **effect*** (Photog) / Callier-Effekt m (bei der Schwärzungsmessung) ‖ ≎ **Q factor*** (Photog) / Callier-Quotient m (Verhältnis der in gerichtetem und in diffusem Licht gemessenen Dichten; ein Maß für die Körnigkeit der betreffenden Schicht) ‖ ≎ **quotient*** (Photog) / Callier-Quotient m (Verhältnis der in gerichtetem und in diffusem Licht gemessenen Dichten; ein Maß für die Körnigkeit der betreffenden Schicht)
**calligraphic display** (Comp) / kalligrafischer Bildschirm (ein grafisches Gerät), Vektorbildschirm m mit Bildwiederholung
**call in** v (Comp) / abrufen v (Daten, Zeichen - aus einem Speicher) ‖ ~ **in** (Comp) / aufrufen v (ein Unterprogramm) ‖ ~**-in*** n (Comp) / Aufruf m (z.B. eines Unterprogramms)
**call-in** n (Radio, TV) / Call-in n (in der TV- und Radio-Szene die Bezeichnung für Sendungen, bei denen Zuschauer während der laufenden Sendung anrufen und sich am Geschehen beteiligen können)
**call indicator** (Teleph) / Rufanzeiger m ‖ ~ **indicator** (Teleph) / Gesprächsanzeiger m
**calling card** (US) (Teleph) / Calling-Card f (ein Mehrwertdienst von Anbietern von Telekommunikationsleistungen ), CC (eine Kreditkarte zum internationalen bargeldlosen Telefonieren), Callingcard f, Telekarte f
**calling-card telephone** (US) (Teleph) / Kartentelefon n
**calling deflection** (Teleph) / Weitervermittlung der Verbindung ‖ ~ **device** (Teleph) / Anrufeinrichtung f ‖ ~ **equipment** (Teleph) / Anrufeinrichtung f ‖ ~ **face** (Teleph) / Gesichtssysmbol (bei der Bildübermittlung)
**calling-line identification** (Comp, Teleph) / Anschlusskennung f (rufende Station - nach DIN 44 302), Anruferidentifikation f ‖ ~ **identity** (Telecomm) / Kennzeichnung f für "Kennung des rufenden Anschlusses", Anruferanschlusskennung f
**calling party** (Teleph) / Anrufer m, rufender Teilnehmer, anrufender Teilnehmer, A-Teilnehmer m ‖ ~ **party** (Teleph) / Absender m (eines Rufes) ‖ ~**-party release** (Teleph) / Vorwärtsauslösung f, Auslösung f durch den rufenden Teilnehmer ‖ ~ **port** (Comp, Telecomm) / rufender Port ‖ ~ **program** (Comp) / Abrufprogramm n ‖ ~ **sequence** (Comp) / Abfragesequenz f (Abruffolge von Unterprogrammen) ‖ ~ **signal** (Teleph) / Anrufsignal n ‖ ~ **state** (Telecomm, Teleph) / Rufzustand m (auf der rufenden Seite) ‖ ~ **subscriber** (Teleph) / Anrufer m, rufender Teilnehmer, anrufender Teilnehmer, A-Teilnehmer m ‖ ~ **tone** (Teleph) / Rufton m ‖ ~ **unit** (Teleph) / Anrufeinrichtung f
**call instruction** (Comp) / Aufrufbefehl m (spezieller Unterprogrammsprung), Rufbefehl m ‖ ~ **interception circuit** (Teleph) / Fangschaltung f
**calliper** v (Eng) / abgreifen v (Maße mit dem Tastzirkel) ‖ ~ (Eng) / lehren v (mit einem Taster), ablehren v ‖ ~ (For) / kluppieren v, kluppen v ‖ ~ n / Bremszange f (der Scheibenbremse), Zange f (der Scheibenbremse) ‖ ~ (Autos) / Bremssattel m, Sattel m (der Scheibenbremse) ‖ ~ (Eng) / Tastzirkel m, Taster m, Greifzirkel m ‖ ~ (For, Paper) / Stärke f, Dicke f ‖ ~ **brake** / Felgenbremse f (des Fahrrads) ‖ ~ **compasses** (Eng) / Tastzirkel m, Taster m, Greifzirkel m ‖ ~ **gauge** (Eng) / Grenzrachenlehre f ‖ ~ **log** (Oils) / Kaliberlog n (mit dem man feststellen kann, ob das auf dem Meißel ruhende Gewicht bei weichem Gestein zum Nachfallen führt) ‖ ~ **pig** / Kalibermolch m (Spezialmolch zur Überprüfung des Innendurchmessers einer Rohrleitung mittels einer oder mehrerer Kaliberscheiben), Kaliberscheibenmolch m
**callipers*** pl (Eng) / Tastzirkel m, Taster m, Greifzirkel m
**call letter** (Telecomm) / Stationsbuchstabe m, Kennbuchstabe m ‖ ~ **letters** (a sequence of letters used by a television or radio station as an identifying code) (Radio, Telecomm, TV) / Stationsname m (aus drei oder vier Buchstaben)
**call-level interface** (Comp) / Call-Level-Interface-Spezifikation f (die die SQL-Zugriffe auf Datenbankumgebungen regelt)
**call meter** (Teleph) / Gesprächszähler m, Gesprächszeitmesser m ‖ ~ **metering** (Teleph) / Gebührenerfassung f ‖ ~ **not accepted** (Comp) / Rufabweisung f (DIN 44302), Anrufabweisung f
**call-not-accepted signal** (Comp) / Rufabweisung f (DIN 44302), Anrufabweisung f
**call number** (Teleph) / Teilnehmerrufnummer f, Teilnehmernummer f, Rufnummer f, Anschlussnummer f, Fernruf m (Nummer)
**call-number memory** (Teleph) / Rufnummernspeicher m (z.B. bei Handys) ‖ ~ **transmitter** (Teleph) / Rufnummerngeber m, Rufnummernwähler m
**callous** n (pl. callouses) (Bot, For) / Wundkallus m, Kallus m, Callus m (Wund- und Vernarbungsgewebe) ‖ ~ (pl. callouses) (For) / Überwallung f (Wundverschluss bei Holzgewächsen durch Gewebewucherung aus dem Wundrand), Überwallungswulst m (z.B. nach tierischen Beschädigungen)
**call-out** n (a text box with a line that points to an area of interest in an illustration) (Comp) / Legende f
**Callow flotation cell** (Min Proc) / Callow-Apparat (nach J.M. Callow, 1867-1940), Druckluftzelle f (für die Flotation)
**call parking** (Teleph) / Wartekreis m (einer Verbindung) ‖ ~ **park pickup** (Teleph) / Übernahme einer geparkten Verbindung
**call-participation device** (Teleph) / Mitspracheinrichtung f
**call-passage** n (Aero) / Rufpassage f
**call path** (between equipment in the switching periphery) (Teleph) / Verbindungsweg m (beim Mobilfunk) ‖ ~ **pickup** (Teleph) / Anrufübernahme f (Leistungsmerkmal bei Nebenstellenanlagen), Pickup m (des Anrufs) ‖ ~ **point** / Feuermeldestelle f, Melder m ‖ ~ **processing** (Teleph) / Gesprächsabwicklung f
**call-processing event** (Teleph) / vermittlungstechnischer Anreiz ‖ ~ **rate** (Teleph) / Vermittlungsleistung f
**call recorder** (Teleph) / Anrufaufzeichner m (ein Zusatzgerät zum Telefon)
**call-record journalling** (Comp) / Rufdatenaufzeichnung f, RDA (Rufdatenaufzeichnung)
**call•-record postprocessing** (Comp) / Rufdatennachverarbeitung f ‖ ~ **request** (Comp) / Verbindungsanforderung f ‖ ~ **request** (Teleph) / Rufanforderung f ‖ ~ **request** (Teleph) / Gesprächsanmeldung f (als Vorgang), Voranmeldung f (des Gesprächs) ‖ ~ **request** (Teleph) / Gesprächsanmeldung f (abgeschlossene Handlung) ‖ ~ **response** (Teleph) / Anrufbeantwortung f, Rufbeantwortung f ‖ ~ **restrictor** (Teleph) / Rufnummernsperreinrichtung f ‖ ~ **return to attendant** (Teleph) / Abwurf m auf den Bedienplatz ‖ ~ **return to operator** (Teleph) / Abwurf m auf den Bedienplatz
**calls barred** (Teleph) / Vollsperre f
**call set-up** (Comp, Telecomm, Teleph) / Verbindungsaufbau m (zwischen zwei Teilnehmern), Verbindungsherstellung f ‖ ~ **sign** (Aero, Mil) / Identifikationskode m (der einem Flugzeug für eine bestimmte Mission zugeordnet wird), Identifikationsnummer f, Identifikationsname m ‖ ~ **sign*** (Radio) / Rufzeichen n (im Funkverkehr) ‖ ~ **sign** (Radio) / Sendezeichen n (das Pausenzeichen eines Rundfunksenders) ‖ ~ **signal** (Radio) / Rufzeichen n (im Funkverkehr) ‖ ~ **signal** (Radio) / Sendezeichen n (das

**call**

Pausenzeichen eines Rundfunksenders) ‖ **~ station** (Teleph) / Sprechstelle f, Fernsprechstelle f, Teilnehmerfernsprechstelle f ‖ **~ stopping** (Teleph) / Rufabweisung f ‖ **~ tracing** (Teleph) / Fangen n (zum Schutz der Teilnehmer od. auch zur Störungseingrenzung) ‖ **~ transfer** (Teleph) / Rufweitergabe f, Gesprächsweiterschaltung f, Besuchsschaltung f, Rufweiterleitung f ‖ **~ transfer** (Teleph) / Umlegen n im Inhouse-Bereich (ein ISDN-Leistungsmerkmal), Anrufumlegung f ‖ **~ unit** (Teleph) / Gesprächseinheit f

**call-up** n (Telecomm) / Abruf m (von Zustandsmeldungen)

**callus*** n (pl. calluses) (Bot, For) / Wundkallus m, Kallus m, Callus m (Wund- und Vernarbungsgewebe) ‖ **~** (pl. calluses) (For) / Überwallung f (Wundverschluss bei Holzgewächsen durch Gewebewucherung aus dem Wundrand), Überwallungswulst m (z.B. nach tierischen Beschädigungen)

**callus ring** (For) / Kallusring m, Narbenring m

**call virus** (Comp) / aufrufender Virus, Call-Virus m ‖ **~ waiting** (Teleph) / Anklopfen n (Leistungsmerkmal bei Nebenstellenanlagen), Call-Waiting n ‖ **~ waiting with display** (Teleph) / Anklopfen n mit Anzeige ‖ **~ with request for charges** (Teleph) / Gespräch n mit Gebührenansage ‖ **~ word** (Comp) / Kennwort n (für Programme)

**calm** n (Meteor) / Stille f, Windstille f, Flaute f, Kalme f ‖ **~** adj (Meteor) / windstill adj, still adj (Beaufortgrad 0)

**calmagite** n (Chem) / Calmagit n (Indikator bei der Komplexometrie von Ca und Mg mit EDTA)

**calm air** (Meteor) / unbewegte Luft

**calmative** n (Med, Pharm) / sedierendes Mittel, Sedativ n, Sedativum n (pl. Sedativa), Beruhigungsmittel n ‖ **~** adj (Med, Pharm) / beruhigend adj, sedierend adj (sedativ wirkend)

**calm down** v / sich beruhigen v (See, Wellen)

**Calmes cross-rolling mill** (Met) / Calmes-Walzwerk n

**calmodulin*** n (Chem) / Calmodulin n ‖ **~ fold** (Biochem) / EF-Hand f, Calmodulin-Faltung f, Kalmodulin-Faltung f

**calmuc** n (a cotton double-weave fabric - in German usage) (Textiles) / Kalmuck m, Calmuc m, Schwerflanell m

**calomel*** n (Chem) / Kalomel n ‖ **~** (Min) / Kalomel n, Hornquecksilber n, Quecksilberhornerz n ‖ **~*** (Chem) s. also mercury(I) chloride ‖ **~ electrode** (Chem) / Kalomelelektrode f (meistens als Bezugselektrode benutzte Elektrode zweiter Art)

**calomelene** n (Min) / Kalomel n, Hornquecksilber n, Quecksilberhornerz n

**calomel half-cell** (a type-two electrode) (Chem) / Kalomelelektrode f (meistens als Bezugselektrode benutzte Elektrode zweiter Art)

**calorescence*** n (Heat, Light) / Kaloreszenz f

**Calor gas** / ein Brenn- bzw. Heizgas (im Haushalt, meistens Butan, ein Markenname)

**caloric** adj (Heat) / Wärme-, Thermo-, thermisch adj, kalorisch adj ‖ **~ equation of state** (Phys) / kalorische Zustandsgleichung ‖ **~ property of state** (Phys) / kalorische Zustandsgröße (U,H,S) ‖ **~ quantities** (Phys) / kalorische Zustandsgrößen (Sammelbezeichnung für die Energien, die bei Reaktionen, beim Schmelzen, Verdampfen, Mischen usw. auftreten) ‖ **~ sweetener** (Nut) / Zuckeraustauschstoff m (der anstelle von Saccharose zur Süßung von Lebensmitteln verwendet wird - z.B. Isomalt, Isomaltit, Sorbit)

**calorie*** n (Heat) / Kalorie f, cal, cal_{IT}, internationale Tafelkalorie (nicht mehr zugelassene Einheit der Wärmemenge = 4,1868 J)

**calorie-reduced** adj (Nut) / brennwertvermindert adj, mit reduziertem Brennwert ‖ **~ foods** (Nut) / brennwertverminderte Lebensmittel

**calorie value** (Nut, Physiol) / physiologischer Brennwert

**calorific** adj (Heat) / wärmeerzeugend adj ‖ **~** (Nut) / mit hohem Brennwert ‖ **~ value*** (Heat) / Heizwert m (Wärmemenge, die bei der vollkommenen Verbrennung der Gewichts- bzw. Volumeneinheit eines Stoffes frei wird - im Gegensatz zur Verbrennungswärme ist im Heizwert die Kondensationswärme des Wasseranteils nicht enthalten - Kurzzeichen H) ‖ **~ value** (Nut) / kalorischer Wert, Wärmewert m der Nahrungsstoffe (in kJ) ‖ **~ value** (Nut, Physiol) / physiologischer Brennwert

**calorimeter*** n (Chem, Phys) / Kalorimeter n

**calorimetric test** (Heat) / kalorimetrische Verlustmessung ‖ **~ titration** (Chem) / thermometrische Titration, enthalpometrische Titration

**calorimetry*** n (Phys) / Kalorimetrie f (Messung von Wärmeeffekten, insbesondere von Wärme, die bei physikalischen, chemischen oder biologischen Prozessen auftreten)

**calorizing*** n (Met) / Kalorisierung f, Kalorisieren n, Pulveralitieren n

**calotte*** n (Arch, Build) / Flachkuppel f (deren Wölbung von einem Kugelabschnitt, nicht von einer Halbkugel gebildet wird), Kalotte f (flache Kuppel)

**Calsum bronze** (Elec Eng) / Leiterwerkstoff m auf der Basis von Cu

**calumba root** (Pharm) / Colombowurzel f (der Jateorhiza palmata (Lam.) Miers, Kalumbawurzel f

**Calvert lighting** (Aero) / Calvert-System n, Annäherungssystem n (der Befeuerung)

**Calvin-Benson cycle** (Biochem) / Calvin-Zyklus m (der reduktive Pentosephosphatzyklus - nach dem amerikanischen Chemiker M. Calvin, 1911-1997), Fotosynthesezyklus m

**Calvin cycle*** (Biochem) / Calvin-Zyklus m (der reduktive Pentosephosphatzyklus - nach dem amerikanischen Chemiker M. Calvin, 1911-1997), Fotosynthesezyklus m

**calving** n (Geol, Ocean) / Kalben n (Abbrechen der ins Meer vorgedrungenen Gletscherzungen zu Eisbergen)

**Calvin plant** (Bot) / $C_3$-Pflanze f (bei der das primäre Produkt der Kohlendioxidassimilation eine $C_3$-Carbonsäure ist)

**calx** n (pl. calces) (Chem) / Kalziumoxid n (z.B. gebrannter Kalk), Calciumoxid n ‖ **~*** (pl. calces) (Met) / Röstgut n, Kalzinationsprodukt n (Röstgut), abgeröstetes Gut ‖ **~*** s. also calcium oxide

**calyx*** n (pl. calyces or -es) (Bot) / Calyx m (pl. Calyces), Blumenkelch m ‖ **~** (pl. calyces or -es) (Zool) / Calix m (pl. Calices), Calyx m (pl. Calyces) (Teil eines Hohlorgans)

**Calyx boring** (system) (Mining) / Calyx-Bohrverfahren n (großkalibriges Schrotverfahren) ‖ **~ drilling** (Mining) / Calyx-Bohrverfahren n (großkalibriges Schrotverfahren)

**CAM*** (crassulacean acid metabolism) (Bot) / diurnaler Säurerhythmus, Crassulacean-Acid-Metabolismus m (bei Pflanzen mit Wasserspeichergeweben, die in der Nacht organische Säuren /vorwiegend Malat/ speichern und am Tag das $CO_2$ und die Reduktionsäquivalente freisetzen), CAM ‖ **~** (content-addressable memory) (Comp) / assoziativer Speicher (DIN 44 300), Assoziativspeicher m ‖ **~** (computer-aided manufacture) (Comp, Eng) / rechnergestützte Fertigung(stechnologie), CAM (rechnergestützte Fertigung) ‖ **~** (computer-aided maintenance) (Comp, Eng) / rechnerunterstützte Instandhaltung ‖ **~** (computer-aided manufacturing) (Comp, Work Study) / rechnergestütztes Gesamtsystem der Planung und Steuerung

**cam** m (Eng) / Kurventräger m (Scheibe oder Zylinder des Kurvengetriebes)

**CAM** (Campeachy wood) (For) / Blauholz n, Kampescheholz n, Campecheholz n, Blutholz n (Haematoxylum campechianum L.)

**cam*** n (Eng) / Nocken n, Kurve f (eines Kurvengetriebes) (mechanisches Steuerelement in Form einer Kurvenscheibe) ‖ **~** (Textiles) / Schloss n (der Strickmaschine) ‖ **~** (Textiles) / Schlossdreieck n, Schlossteil m (der Strickmaschine) ‖ **~** (Textiles) / Molette f (der Nähmaschine) ‖ **~** (Textiles) / Griffnocke f (des Reißverschlusses) ‖ **~** (Weaving) / Exzenter m

**CAMAC** (computer-automated measurement and control) (Comp) / CAMAC n (modular aufgebautes Peripheriesystem in der automatisierten Prozessrechnertechnik)

**camacite** n (Min) / Kamacit m, Kamazit m (Balkeneisen)

**cam-actuated** adj (Eng) / kurvenbetätigt adj

**camaieu** n (Comp) / monochrome Malerei, Camaieu f (monochrome Malerei)

**cam-and-lever steering gear** (Autos) / Schneckenlenkung f (mit Lenkfinger)

**cam angle** (Autos) / Schließwinkel m (des Zündnockens, des Impulsgeberrades bei kontaktloser Steuerung der Zündung) ‖ **~ angle** (Textiles) / Neigungswinkel m des Schlosskanals ‖ **~ assembly** (Textiles) / Strickschloss n

**camber** v / sich in der Mitte nach oben krümmen ‖ **~ vt** (Eng, Met) / bombieren vt (Walzen) ‖ **~*** n (Aero) / Profilwölbung f, Wölbung f ‖ **~*** (Autos) / Sturz m (Neigung des Rades gegen die Fahrzeuglängsebene, gemessen in der Fahrzeugquerebene), Radsturz m ‖ **~*** (Civ Eng, Eng) / Wölbung f, Aufwölbung f, Überhöhung f (in der Mitte) ‖ **~** (Eng) / Sprengung f (einer Feder) ‖ **~*** (Eng, Met) / Balligkeit f, Bombierung f, Bombage f (der Walzen zur Kompensation der Durchbiegung beim Walzen) ‖ **~*** (Ships) / Querdeckskrümmung f, Querdecksüberhöhung f, Querdeckswölbung f, Decksbucht f (etwa 2% der Schiffsbreite - zum Wasserablauf)

**cambered** adj (Eng, Met) / ballig adj (Zahnradzahn, Ziehhol )

**camber flap*** (Aero) / Landeklappe f (eine einfache Flügelklappe), Wölbungsklappe f ‖ **~ of beam** (Ships) / Balkenbucht f

**camber-slip*** n (Build) / Lehrbogen m (flacher)

**camber weld** (Welding) / Wölbnaht f (eine Kehlnaht), überhöhte Naht (mit konvex gewölbter Fläche)

**cambial** adj (Bot, For) / Kambium- ‖ **~ cell** (Bot, For) / Kambiumzelle f ‖ **~ initial** (For) / Kambialinitiale f

**cambicide** n (For) / Kambizid n (zur chemischen Entrindung)

**cambisol** n (Agric, For) / Braunerde f (in Laub- und Mischwäldern), Cambisol m (Boden mit Braunhorizont in Laub- und Mischwäldern)

**cambium*** n (Bot, For) / Kambium n (pl. -ien), Cambium n ‖ **~ miner** (For, Zool) / Kambiumminierfliege f (ein Holzinsekt)

**camboge** *n* (Bot, Chem) / Gutti *n*, Gummigutt *n* (eingetrockneter latexartiger giftiger Wundsaft von Garcinia-Arten, vorwiegend G. hanburyi)
**cambogia** *n* (Bot, Chem) / Gutti *n*, Gummigutt *n* (eingetrockneter latexartiger giftiger Wundsaft von Garcinia-Arten, vorwiegend G. hanburyi)
**cam box** (Textiles) / schlosstragender Teil, Schlosskasten *m* (der Strickmaschine)
**cambric*** *n* (Textiles) / Kambrik *m*, Cambric *m*, Kammertuch *n* ‖ ~ **paper** (Bind, Paper) / Kambrikpapier *n* (geprägt mit leder- oder stoffähnlicher Oberfläche)
**Cambridge Bible paper** (Paper) / Bibeldruckpapier *n* (ein sehr festes und dünnes, holzfreies, opakes Druckpapier), Dünndruckpapier *n*, Bibeldünndruckpapier *n* ‖ ≃ **blue** / Blassblau *n*, Bleu *n* ‖ ≃ **India** (Paper) / Bibeldruckpapier *n* (ein sehr festes und dünnes, holzfreies, opakes Druckpapier), Dünndruckpapier *n*, Bibeldünndruckpapier *n* ‖ ≃ **ring*** (a pioneering high-speed local area network, originally developed at Cambridge University, UK - now obsolete) (Comp) / Cambridge Ring *m* ‖ ≃ **roller** (Agric) / Cambridge-Walze *f* (eine Rauwalze, bei der je ein Ring mit doppelkehligem Profil und eine Zackenscheibe abwechseln)
**cam chain** (I C Engs) / Steuerkette *f* (zur Ventilsteuerung nach DIN ISO 7967-3) ‖ ~ **contact** (Elec Eng) / Nockenkontakt *m* ‖ ~ **contour** (Eng) / Nockenkontur *f*, Kurvenform *f*, Nockenform *f* ‖ ~ **control** (Eng) / Nockensteuerung *f* (beim Überfahren eines Stößels wird eine Schaltfunktion mechanischer, elektrischer, hydraulischer oder pneumatischer Art ausgelöst)
**camcopter** *n* (Aero) / Camcopter *m* (Flugroboter mit Kamera zur Erkundung und Überwachung )
**cam copy miller** (Eng) / Kurvenfräsmaschine *f* (zur Fertigung von Steuerkurven mit Fingerfräsern)
**camcorder*** *n* (Cinema) / Camcorder *m* (Videokamera mit integriertem Videorecorder), Videokamerarecorder *m*, Videokamerarekorder *m*, Kamerarecorder *m*, Kamerarekorder *m*
**cam diagram** (Eng) / Kurvendiagramm *n*
**came*** *n* (Build, Glass) / Bleisprosse *f* (der Bleiverglasung), Bleiprofil *n* (der Bleiverglasung)
**camel** *n* (Hyd Eng) / Kamel *n* (zum Heben von Schiffen)
**camelback** *n* (Autos) / Runderneuerungsfläche *f*, Runderneuerungs-Laufgummi *m* ‖ ~ **truss** (Civ Eng) / Halbparabelträger-Fachwerk *n* (parallelgurtiges Fachwerk mit aufgesetztem parabelförmigem Fachwerk) ‖ ~ **web cross-lapping principle** (Textiles) / Camelback-Prinzip *n* der Quervliesbildung
**camel hair*** (Paint) / Fehhaar *n* (für Vergolderpinsel) ‖ ~ **hair*** (Textiles) / Kamelhaar *n* (DIN 60001, T 1), Kamelwolle *f*
**cameline oil** / Deutsches Sesamöl, Leindotteröl *n* (aus Camelina sativa /L./ Crantz), Rüllöl *n*, Saat-Leindotteröl *n*, Rapsdotteröl *n*
**camel's hair** (Textiles) / Kamelhaar *n* (DIN 60001, T 1), Kamelwolle *f*
**cameo** (Cinema) / Cameo *m* (Kurzauftritt prominenter Zeitgenossen in einem Film) ‖ ~ **glass** (decorative glass consisting of layers of different colours, the outermost being cut away to leave a design in relief ) (Glass) / Kameenglas *n* (Farbglas mit erhabener Dekordarstellung)
**camera*** *n* (Cinema, Photog) / Aufnahmeapparat *m*, Kamera *f* ‖ ~* (Photog) / Fotoapparat *m*, fotografischer Apparat, Foto *m* ‖ **in ~** (Cinema, Photog) / im Blickfeld der Kamera ‖ ~ **adjustment** (Photog) / Kameraverstellung *f* (gewollte) ‖ ~ **angle** (Cinema, Photog) / Aufnahmewinkel *m*, Kamerawinkel *m* ‖ ~ **body** (Cinema) / Kameragehäuse *n* ‖ ~ **boom** (Cinema) / Kamerakran *m* ‖ ~ **booth** (Cinema) / Schallschutzzelle *f* ‖ ~ **box** (Cinema) / Kameragehäuse *n* ‖ ~ **cable** (Cinema, TV) / Kamerakabel *n* ‖ ~ **cell phone** (Cinema, Teleph) / Kamerahandy *n* ‖ ~ **chain** (TV) / Kamerakette *f* ‖ ~ **channel*** (TV) / Kameraaggregat *n* ‖ ~ **coverage** (Cinema) / Bildfeld *n* (der Kamera) ‖ ~ **crane** (Cinema) / Kamerakran *m* ‖ ~ **film** (Cinema) / Kamerafilm *m* ‖ ~ **light** (Cinema) / Kameralicht *n* (meist als zusätzliches Fülllicht dienende Lichtquelle, die unmittelbar neben der Kamera angeordnet wird und bei Standortänderungen mitgeführt wird) ‖ ~ **lucida*** (Phys) / Camera lucida *f*
**cameraman** *n* (pl. -men) (Cinema) / Kameramann *m* (pl. Kameramänner oder Kameraleute)
**camera monitor** (TV) / Kameramonitor *m* ‖ ~ **motion** (Cinema, Photog) / Kamerabewegung *f* ‖ ~ **movement** (Cinema, Photog) / Kamerabewegung *f* ‖ ~ **movement** (Photog) / Kameraverstellung *f* (gewollte) ‖ ~ **obscura*** (Phys) / Camera obscura *f*, Lochkamera *f* ‖ ~ **operation** (Cinema) / Kameraführung *f* ‖ ~ **operator** (Cinema) / Kameramann *m* (erster) ‖ ~ **pig** (Civ Eng) / Kameramolch *m* (Spezialmolch zur inneren Videoinspektion von Rohrleitungen) ‖ ~ **pointing** (Photog) / Kamerarichtung *f* ‖ ~ **position** (Cinema) / Kameraposition *f*, Kamerastandpunkt *m*
**camera-ready** *adj* (Print) / reproreif *adj* (Vorlage), reprofertig *adj*, reproduktionsreif *adj* ‖ ~ **art** (Comp, Print) / reprofähige Grafik, druckreifes Bildmaterial

**camera recorder** (Cinema) / Camcorder *m* (Videokamera mit integriertem Videorecorder), Videokamerarecorder *m*, Videokamerarekorder *m*, Kamerarecorder *m*, Kamerarekorder *m* ‖ ~ **release** (Photog) / Kameraverschluss *m* ‖ ~ **script** (Cinema) / Drehbuch *n* (technisches, mit Informationen und Anweisungen für das Kamerateam) ‖ ~ **set-up** (Cinema) / Kameraabgleich *m* ‖ ~ **set-up** (Cinema) / Kameraposition *f*, Kamerastandpunkt *m* ‖ ~ **sheet** (Cinema) / Bildaufnahmebericht *m* ‖ ~ **signal** (TV) / Kamerasignal *n* ‖ ~ **stability** (Cinema, Photog) / Kamerastabilität *f* ‖ ~ **strap** (Photog) / Kameragurt *m* ‖ ~ **study** (Work Study) / Filmaufnahmeverfahren *n* (des Arbeits- und Zeitstudiums mit der Zeitrafferfotografie), Zeitrafferaufnahme *f* (für die Arbeitsablauf- und Arbeitsstudien) ‖ ~ **travel** (Cinema, TV) / Kamerafahrt *f*, Fahrt *f* (der Kamera) ‖ ~ **trolley** (Cinema, TV) / Kamerawagen *m*, Dolly *m*, fahrbare Kameraplattform (schienenlos) ‖ ~ **truck** (Cinema, TV) / Kamerawagen *m*, Dolly *m*, fahrbare Kameraplattform (schienenlos) ‖ ~ **tube*** (TV) / Bildaufnahmeröhre *f*, Fernsehaufnahmeröhre *f*, Aufnahmeröhre *f*
**camerawork** *n* (Cinema) / Kameraführung *f*
**Cameron shear ram** (Oils) / Cameron-Scherbacken *f pl* (zum Schneiden des Gestänges)
**cam follower** (Eng) / Gleitstück *n* (Übertragungsglied des Kurvengetriebes) ‖ ~ **follower** (Eng) / Schlepphebel *m* (Teil der Ventilsteuerung), Schwinghebel *m* ‖ ~ **follower** (I C Engs) / Ventilstößel *m* (zwischen Nocken und Ventil), Stößel *m* ‖ ~ **forming and profiling machine** (Eng) / Kurvenfräsmaschine *f* (zur Fertigung von Steuerkurven mit Fingerfräsern) ‖ ~ **gear** (Eng) / Kurventrieb *m*, Kurvengetriebe *n*
**cam-in-head engine** (I C Engs) / CIH-Motor *m* (mit obenliegender Nockenwelle, wobei die Ventile über Stößel und Kipphebel oder nur über Kipphebel betätigt werden), cih-Motor *m*
**cam joint** (Eng) / Kurvengelenk *n* (als Getriebeteil), Wälzgelenk *n*
**camlet** *n* (Textiles) / Kamelott *m*, Camelot *m* (ein feines leinwandbindiges Gewebe mit Changeantwirkung)
**cam lift** (Eng) / Nockenhub *m* ‖ ~ **limit switch** (Elec Eng) / Nockenschalter *m* (z.B. als Befehlsschalter) ‖ ~ **lobe** (Eng) / Nockenerhebung *f*, Nockenhöcker *m*, Nockenvorsprung *m*
**cam-lock** *n* (Build) / Drehriegelschloss *n* ‖ ~ (Eng) / Exzenterspannung *f* ‖ ~ **mounting** (Eng) / Camlock-Befestigung *f* (des Spannfutters auf dem Drehspindelkopf mittels mehrerer Exzenterbolzen - DIN 55 029)
**cam mechanism** (Eng) / Kurventrieb *m*, Kurvengetriebe *n* ‖ ~ **milling machine** (Eng) / Kurvenfräsmaschine *f* (zur Fertigung von Steuerkurven mit Fingerfräsern)
**camming** *n* (Textiles) / Anordnung *f* der Strickschlösser ‖ ~ **arrangement** (Textiles) / Anordnung *f* der Strickschlösser
**cam nose** (Weaving) / Schlagnase *f* (des Schlagexzenters)
**camomile*** *n* (Bot, Med) / Kamille *f* (Echte) ‖ ~ **oil** / Römisches Kamillenöl (aus den Blüten des Chamaemelum nobile (L.) All.) ‖ ~ **oil** (Pharm) / Kamillenöl *n*, Oleum *n* Chamomillae
**cam-operated** *adj* (Eng) / kurvenbetätigt *adj* ‖ ~ (Eng) / nockenbetätigt *adj*, mit Nockenantrieb
**camouflage** *n* / Tarnung *f*, Tarnbemalung *f* ‖ ~* (Geol) / Tarnung *f* (eines Spurenelements) ‖ ~* (Mil, Radar) / Radartarnung *f* ‖ ~ **colour** (Textiles) / Tarnfarbe *f*
**camouflaged originator** (Comp) / Tarnprogramm *n* (bei Viren)
**camouflage net** / Tarnnetz *n* ‖ ~ **paint** (Paint) / Tarnfarbe *f* ‖ ~ **smoke** (Mil, Radar) / Tarnnebel *m*
**camouflet** *n* / Bohrlochauskesselung *f* (bei Sprengarbeiten)
**camout** *n* (Tools) / Auswurfeffekt *m* (des Schraubendrehers aus dem Kreuzschlitz), Cam-out-Effekt *m*
**cAMP*** (Biochem) / cyclisches Adenosinmonophosphat, zyklisches Adenosin-3',5'-monophosphat, zyklisches Adenosinmonophosphat, cAMP, cyclo-AMP *n*
**campaign** *n* (Work Study) / Kampagne *f* (Betriebszeit in saisonbedingten Unternehmen)
**campanile*** *n* (Arch) / Campanile *m*, Kampanile *m* (frei stehender Glockenturm)
**cam path** (Eng) / Nockenbahn *f*
**Campbell bridge*** (Elec Eng) / Campbell'sche Brückenschaltung, Campbell-Brücke *f* (zur Bestimmung der Gegeninduktivität)
**Campbell-Hausdorff formula** (Maths) / Campbell-Hausdorff'sche Formel (symbolische Exponentialformel)
**Campbell-Stokes recorder*** (Meteor) / Sonnenscheinautograf *m*
**Campbell twill** (Textiles) / Campbell-Feinköper *m*
**camp ceiling*** (Build) / Decke *f* des Dachbodens (bei einem Steildach)
**Campeachy wood** (For) / Blauholz *n*, Kampescholz *n*, Campecheholz *n*, Blutholz *n* (Haematoxylum campechianum L.)
**campeche wood** (For) / Blauholz *n*, Kampescholz *n*, Campecheholz *n*, Blutholz *n* (Haematoxylum campechianum L.)
**camper** *n* (Autos) / Campingwagen *m*, Campingbus *m* ‖ ~ (Comp) / Camper *m* (Surfer, der ungewöhnlich lange surft und daher sich fast

**camper**

permanent im Internet aufhält), Wanderer *m* (der häufig im Internet surft) ‖ ~ **jack** (Autos) / Stützbock *m* (für Caravan)
**campesterol** *n* (Chem) / Campesterin *n*, Campesterol *n*
**campground** *n* (US) / Campingplatz *m*
**camphane*** *n* (Chem) / Bornan *n* (ein Grundköper der bizyklischen Monoterpene - früher Camphan)
**camphene*** *n* (Chem) / Camphen *n*, Kamphen *n* ‖ ~ **chlorination** (Agric, Chem) / Camphenchlorierung *f* (zur Darstellung insektizid wirksamer Chlorterpengemische)
**camphor*** *n* (Chem, Pharm) / Kampfer *m*, Campher *m* (Bornan-2-on)
**camphorated oil** (Pharm) / Kampferöl *n* (mit Erdnussöl), starkes Campheröl *n* (mit Erdnussöl), Oleum *n* camphoratum
**camphoric** *adj* / Kampfer-, Campher-
**camphor laurel** (For) / Kampferbaum *m* (Cinnamomum camphora (L.) J. Presl), Re *n* ‖ ~ **liniment** (Pharm) / Kampferliniment *n* ‖ ~ **liniment** (Pharm) s. also camphorated oil ‖ ~ **oil** (Chem, Pharm) / Kampferöl *n* (aus der Destillation des Kampferholzes) ‖ ~ **tree** (For) / Kampferbaum *m* (Cinnamomum camphora (L.) J. Presl), Re *n*
**campimeter** *n* (Med, Optics) / Kampimeter *n*, Campimeter *n* (zur Untersuchung des Gesichtsfeldes), Bjerrum-Schirm *m*
**campimetry** (Med, Optics) / Kampimetrie *n* (Bestimmung der Größe des blinden Flecks im Augenhintergrund)
**camping fabric** (Textiles) / Zeltbahngewebe *n* ‖ ~ **on busy** (Teleph) / Warten *n* auf Freiwerden ‖ ~ **site** / Campingplatz *m*
**cam plate** (Textiles) / schlosstragender Teil, Schlosskasten *m* (der Strickmaschine)
**camp-on** *n* (Teleph) / Zuteilung *f* auf besetzte Nebenstelle ‖ ~ (to a busy subscriber) (Teleph) / Rückruf *m* (Anklopfen)
**cam profile*** (Eng) / Nockenkontur *f*, Kurvenform *f*, Nockenform *f*
**campsite** *n* / Campingplatz *m*
**campus area network** (a collection of Local Area Networks within a localized environment such as a university) (Comp) / Campus-Netz *n* ‖ ~ **LAN** (Comp) / Campus-LAN *n* (ein Netz, das größer ist als ein herkömmliches LAN, aber kleiner als ein MAN ist und das z.B. ein Werksgelände oder eine Universität versorgt)
**campus-wide information system** (Comp) / Campus-wide-Informationssystem *n*, CWIS (Campus-wide-Informationssystem)
**campus wiring** (Cables) / Geländeverkabelung *f*
**cam roller** (I C Engs) / Nockenrolle *f*
**camshaft*** *n* (Eng, I C Engs) / Steuerwelle *f*, Nockenwelle *f* (z.B. zur Steuerung des Gaswechsels nach DIN ISO 7967-3), Kurvenwelle *f* ‖ ~ (Textiles) / Hubscheibenwelle *f* ‖ ~ **chamber** (I C Engs) / Nockenwellengehäuse *n* (bei DOHC-Motoren) ‖ ~ **drive** (I C Engs) / Nockenwellenantrieb *m* ‖ ~ **housing** (I C Engs) / Nockenwellengehäuse *n* (bei DOHC-Motoren) ‖ ~ **lathe** (Eng) / Nockenwellendrehmaschine *f* ‖ ~ **sprocket** (I C Engs) / Nockenwellenkettenrad *n* (auf der Nockenwelle - Kettenantrieb)
**cam shape** (Eng) / Nockenkontur *f*, Kurvenform *f*, Nockenform *f* ‖ ~ **sprocket** (I C Engs) / Nockenwellenkettenrad *n* (auf der Nockenwelle - Kettenantrieb) ‖ ~ **switch** (Elec Eng) / Nockenschalter *m* (z.B. als Befehlsschalter)
**cam-throttle control** (Eng) / Kurvensteuerung *f* (mit Kurvengetriebe)
**cam-track milling** (Eng) / Kurvenbahnfräsen *n*
**cam turning** (Eng) / Unrunddrehen *n* (durch periodische Steuerung der Schnittrichtung nach DIN 8589, T 1)
**cam-type chuck** (Eng) / Plankurvenfutter *n* (für Drehmaschinen)
**cam wheel** / Nockenwellenrad *n* (am vorderen Ende der Nockenwelle)
**camwood** *n* (For) / Camwood *n*, Camholz *n*, Angolaholz *n* (aus Baphia nitida Lodd.)
**CAN** (Controller Area Network) (Comp) / CAN *n* (ein Feldbus nach ISO DIS 11 519 und 11 898) ‖ ~ (campus area network) (Comp) / Campus-Netz *n* ‖ ~ (cancel character) (Comp) / Löschzeichen *n*
**can** *v* / einsetzen *v* (in ein Gehäuse, in eine Dose) ‖ ~ (Nuc Eng) / umhüllen *v* (den Kernbrennstoff) ‖ ~ (Nut) / in Dosen einpacken ‖ ~ (Nut) / eindosen *v*, in Dosen konservieren ‖ ~ *n* (Autos) / Kanister *m* ‖ ~ (Elec Eng) / Zellgefäß *n* (z.B. die Zinkelektrode bei Leclanché-Elementen) ‖ ~* (Nuc Eng) / Brennelementenhülle *f*, Brennelementhülle *f* ‖ ~ (US) (Nut) / Büchse *f*, Dose *f* (Getränke-, Konserven-), Konservenbüchse *f*, Konservendose *f* ‖ ~ (Paint) / Gebinde *n* (verschließbarer Flüssigkeitsbehälter für Transport und Verkauf) ‖ ~ (**film**) / Filmdose *f*, Filmbehälter *m*, Filmbüchse *f* ‖ **be in the ~** (Cinema) / im Kasten sein (Aufnahme) ‖ **in the ~** (Cinema, TV) / gestorben *adj* (die Einstellung) ‖ **it's in the ~** (Cinema) / gestorben *adj* (eine definitiv abgedrehte Einstellung)
**Canada balsam*** (Chem) / Kanadabalsam *m*, Kanadischer Terpentin (Balsamum canadense) ‖ ~ **hemlock** (For) / Kanadische Hemlocktanne, Sprossentanne *f* (Tsuga canadensis (L.) Carrière) ‖ ~ **pitch** / Kanadisches Pech (meist von Tsuga canadensis (L.) Carrière) ‖ ~ **turpentine** (Chem) / Kanadabalsam *m*, Kanadischer Terpentin (Balsamum canadense)

**Canadian asbestos*** (Min) / Faserasbest *m*, Serpentinasbest *m*, Faserserpentin *m*, Chrysotil(asbest) *m*, Weißasbest *m* ‖ ~ **harrow** (Agric) / Löffelegge *f* (zur Auflockerung von verschlammten Böden) ‖ ~ **latch*** (Join) / Daumendrücker *m*, Drückerfalle *f* (an den Türen) ‖ ~ **pondweed** (Bot) / Kanadische Wasserpest (Elodea canadensis Michx.) ‖ ~ **potato** (Agric, Bot) / Topinambur *m* *f* (Helianthus tuberosus L.), Erdbirne *f* ‖ ~ **spruce*** (For) / eine Fichtenart (meistens Schimmelfichte - Picea glauca)
**canal** *n* (Civ Eng, Elec Eng) / Stollen *m* (für die Wasserversorgung, für die Triebwasserleitung des Wasserkraftwerkes) ‖ ~ (Hyd Eng) / Kanal *m* (künstlich hergestellter Wasserlauf), künstliches Gerinne, künstlicher Wasserlauf ‖ ~* (Nuc Eng) / Kanal *m* ‖ ~ (Ships) / Seekanal *m*, Seeschifffahrtskanal *m* ‖ ~ (Ships) / Schifffahrtskanal *m* (DIN 4054)
**canalette blind** (Build) / Außenjalousie *f*
**canalisation** *n* (GB) (Hyd Eng) / Kanalisierung *f* (von Flüssen), Kanalisation *f*
**canalise** *v* (GB) / kanalisieren *v*
**canalization** *n* (Hyd Eng) / Kanalisierung *f* (von Flüssen), Kanalisation *f* ‖ ~ (Hyd Eng) / Stauregelung *f*
**canalize** *v* / kanalisieren *v*
**canalized river** (Hyd Eng) / kanalisierter Fluss ‖ ~ **stream** (Hyd Eng) / kanalisierter Fluss
**canal rays** (Phys) / positive Ionenstrahlen, Kanalstrahlen *m pl* (die am längsten bekannten und am einfachsten zu erzeugenden Strahlen positiver Ionen) ‖ ~ **slope** (Hyd Eng) / Kanalböschung *f* ‖ ~ **towing-path** (Hyd Eng) / Treidelweg *m*, Leinpfad *m*, Treidelpfad *m*, Treppelweg *m* ‖ ~ **tunnel** (Civ Eng, Ships) / Schifffahrtstunnel *m* (zur Verbindung von durch Gebirge getrennten Wasserwegen), Kanaltunnel *m*
**cananga oil** / Canangaöl *n* (das etherische Öl aus den Blüten einer hauptsächlich auf Java wachsenden Unterart der Ylang-Ylangpflanze - Cananga odorata ssp. macrophylla), Kanangaöl *n*
**can anode** (Electronics) / Topfanode *f*
**canard*** *n* (Aero) / Ente *f*, Entenflugzeug *n* (bei dem das Höhenleitwerk an der Rumpfspitze angebracht ist und einen größeren Einstellwinkel hat als der Tragflügel) ‖ ~ (Space) / Entenflügel *m* ‖ ~ **aeroplane** (Aero) / Ente *f*, Entenflugzeug *n* (bei dem das Höhenleitwerk an der Rumpfspitze angebracht ist und einen größeren Einstellwinkel hat als der Tragflügel) ‖ ~ **aircraft** (Aero) / Ente *f*, Entenflugzeug *n* (bei dem das Höhenleitwerk an der Rumpfspitze angebracht ist und einen größeren Einstellwinkel hat als der Tragflügel)
**canaries*** *pl* (Cinema) / Zwitschern *n*
**canarium** *n* (For) / Aiélé *n* (Canarium schweinfurthii Engl.), Afrikanisches Canarium, CAF (Canarium schweinfurthii Engl.)
**canary** *attr* / kanariengelb *adj* ‖ ~ **colour** / kanariengelb *n* ‖ ~ **Island pine** (For) / Kanarische Kiefer (Pinus canariensis C. Sm.) ‖ ~ **pine** (For) / Kanarische Kiefer (Pinus canariensis C. Sm.) ‖ ~ **yellow** / Kanariengelb *n* ‖ ~ **yellow** / kanariengelb *adj*
**can buoy** (Ships) / Stumpftonne *f*, stumpfe Tonne
**cancel** *v* / löschen *v* (Patent) ‖ ~ / rückgängig machen, stornieren *v* ‖ ~ / abbestellen *v* (eine Zeitschrift) ‖ ~ (information) (Comp) / löschen *v*, annullieren *v*, unterdrücken *v*, streichen *v* (eine Eintragung in der Datenbank) ‖ ~ (Maths) / kürzen *v*, heben *v*, wegheben *v*, reduzieren *v*, herauskürzen *v* ‖ ~* (Print, Typog) / nachdrucken *v* (eines Fehlers wegen) ‖ ~ **character** (Comp) / Löschzeichen *n*
**cancellation** *n* (Comp) / Löschen *n* ‖ ~ (out of) (Maths) / Kürzen *n* (mit, durch), Herauskürzen *n* (aus), Heben *n* ‖ ~ **law** (Maths) / Kürzungsregel *f* ‖ ~ **stamp** / Entwertungsstempler *m*
**canceller** *n* (Radar) / Löschstufe *f*
**cancer drug** (Pharm) / Krebsmittel *n*
**can closer** (US) (Nut) / Dosenschließmaschine *f*, Dosenverschließer *m*
**can-closing machine** (Nut) / Dosenschließmaschine *f*, Dosenverschließer *m*
**can coating** (Paint) / Dosenlackierung *f* (mit Nass- und Pulverlacken), Dosenbeschichtung *f* ‖ ~ **coiler** (Spinning) / Kannendreheinrichtung *f*, Drehtopfvorrichtung *f*, Drehwerk *n* für Töpfe, Kannenwickel *m* ‖ ~ **coiler*** (Textiles) / Drehwerk *n* für Töpfe, Abzugsdrehwerk *n* ‖ ~ **conveyor** (Nut) / Dosenförderer *m*, Dosenförderanlage *f*
**cancrinite*** *n* (Min) / Cancrinit *n* (ein Tektosilikat mit tetraederfremden Anionen - magmatische Ausscheidung $CO_2$-haltiger Magmen unter hohem Druck)
**candela*** *n* (Light) / Candela *f*, cd (Candela) (SI-Basiseinheit der Lichtstärke - DIN 1301, T 1 und DIN 5031, T 3)
**candelabra-base bulb** (Elec Eng) / Glühlampe *f* in Kerzenform, Kerzenlampe *f*
**candelilla wax** / Kandelillawachs *n* (aus den zerkleinerten fleischigen Blättern der Euphorbia antisyphilitica Zucc. - E 902), Candelillawachs *n*, Candelinawachs *n*, Kanutillawachs *n*
**candescence** *n* (Met) / Weißglut *f* (über 1200° C)

**candid camera** (Cinema) / versteckte Kamera
**candied fruit** (Nut) / Dickzuckerfrucht *f*, kandierte Frucht ‖ ~ **orange peel** (Nut) / Orangeat *n* (kandierte Schalen der Pomeranzen oder der Orangen) ‖ ~ **peel** (of Citrus medica) (Nut) / Sukkade *f* (kandierte Schale von Zitrusfrüchten), Citronat *n*, Zitronat *n*, Zedrat *n*
**candle** *v* (Nut) / durchleuchten *v* (Eier), schieren *v* (Eier) ‖ ~ *n* / Kerze *f* ‖ ~ **bulb** (Elec Eng) / Glühlampe *f* in Kerzenform, Kerzenlampe *f* ‖ ~ **filter** / Patronenfilter *n*, Kerzenfilter *n* (mit auswechselbaren Filterkerzen)
**candlenut oil** / Bankulöl *n*, Lichtnussöl *n*, Lumbangöl *n*, Kerzennussöl *n*, Iguapeöl *n* (von Samen der Aleurites moluccana (L.) Willd.)
**candlewick*** *n* (Spinning) / Candlewick-Garn *n*, Kerzenfiltergarn *n*, Dochtgarn *n* ‖ ~ **yarn** (Spinning) / Candlewick-Garn *n*, Kerzenfiltergarn *n*, Dochtgarn *n*
**candy** *v* (Nut) / glacieren *v* (Früchte), kandieren *v* ‖ ~ *n* (Nut) / Kandiszucker *m* (weißer, brauner), Zuckerkand *m*, Zuckerkandis *m*, Zuckerkandl *m* (A), Kandis *m*, Kandelzucker *m*
**candyfloss** *n* (the fairground confection of spun sugar) (Nut) / Zuckerwatte *f*
**candy paint** (Paint) / Candy-Lack *m* (ein Effektlack)
**candy-striped** *adj* (Textiles) / diagonal gestreift (meist rot/weiß oder blau/weiß)
**candy sugar** (Nut) / Kandiszucker *m* (weißer, brauner), Zuckerkand *m*, Zuckerkandis *m*, Zuckerkandl *m* (A), Kandis *m*, Kandelzucker *m* ‖ ~ **twisting paper** (Paper) / Bonboneinwickelpapier *n* ‖ ~ **wrapper** (Paper) / Bonboneinwickelpapier *n*
**cane** *n* (Bot) / Rohr *n* (Pflanze mit hohlem rundem Stiel, Stängel oder Stamm) ‖ ~ (Glass) / Glasstange *f*, Glasstab *m*
**canephora** *n* (pl. -ae) (draped female figure with a basket-like form over the head) (Arch) / Kanephore *f* ‖ ~ (Arch) s. also caryatid
**cane•-sugar*** *n* (Nut) / Rohrzucker *m* (i.e.S.) ‖ ~ **trash** / Zuckerrohrabfälle *m pl* (als Brennstoff)
**can extrusion** (Eng) / Rückwärtsnapffließpressen *n* ‖ ~ **extrusion** (GB) (Eng) / Napffließpressen *n* ‖ ~ **filler** (Nut) / Dosenfüllmaschine *f*, Dosenfüller *m* (Maschine), Dosenabfüllmaschine *f*
**can-filling machine** (Nut) / Dosenfüllmaschine *f*, Dosenfüller *m* (Maschine), Dosenabfüllmaschine *f*
**canister** *n* / Patrone *f* (z.B. in Atemschutzgeräten) ‖ ~ (Autos) / Katalysatorgehäuse *n*, Katalysatortopf *m* ‖ ~ **vacuum cleaner** (US) / Kesselstaubsauger *m*
**canker*** *n* (Bot) / Krebs *m* (Wucherung an Pflanzen), Pflanzenkrebs *m*
**can lid** (Nut) / Dosendeckel *m* ‖ ~ **loss** (electric losses in a can used to protect electric components from the environment) (Elec Eng) / Mantelverluste *m pl* ‖ ~ **material** (Nuc Eng) / Hüllenmaterial *n*
**cannabinoids** *pl* (Pharm) / Cannabinoide *n pl* (Inhaltsstoffe der Cannabis-Arten)
**cannabinol** *n* (Pharm) / Cannabinol *n* (ein Cannabinoid), Kannabinol *n* (wichtigster Bestandteil des Haschischs)
**cannabis*** *n* (Bot, Pharm) / Indischer Hanf (Cannabis sativa ssp. indica (Lam.) E. Small et Cronquist), Cannabis *m*
**canned** *adj* (Nut) / Dosen-, eingedost *adj*, in Dosen ‖ ~ **cycle** (Comp, Eng) / Arbeitszyklus *m* (bei der numerischen Steuerung nach DIN 66257) ‖ ~ **gasoline** (US) (Fuels) / Hartbenzin *n* ‖ ~ **machine** (Elec Eng) / Maschine *f* mit abgedichteten Bauteilen ‖ ~ **meat** (US) (Nut) / Dosenfleisch *n*, Büchsenfleisch *n* ‖ ~ **motor** (Eng) / Spaltrohrmotor *m*
**canned-motor pump** (Eng) / Spaltrohrmotorpumpe *f* (eine stopfbuchslose Kreiselpumpe)
**canned music** (Acous) / Musik *f* aus der Konserve (aufgezeichnete), Tonkonserve *f* ‖ ~ **music** (Acous) / Musikberieselung *f*, Hintergrundmusik *f* (aus den Lautsprechern) ‖ ~ **paragraphs** (Comp) / vorformulierte Sätze oder Absätze (bei der Textverarbeitung - Textbausteine) ‖ ~ **pressed beef** (US) (Nut) / Cornedbeef *n* (gepökeltes, gekochtes Rindfleisch, das zum Erreichen einer bindefähigen Masse mit Schwarten und Knochenbrühe vermischt und in der Regel in Dosen sterilisiert wird) ‖ ~ **pump** (Eng) / Zweiwellenpumpe *f*, Kapselpumpe *f* (eine Drehkolbenpumpe) ‖ ~ **rotor** (completely enclosed and sealed by a metal sheet) (Elec Eng) / gekapselter Rotor ‖ ~ **rotor motor-compressor** (Eng) / halb offener Motorverdichter
**cannel** *n* (non-banded coal in which the exinite is predominantly sporinite) (Geol, Mining) / Kännelkohle *f*, Kerzenkohle *f*, Candelkohle *f*, Cannelkohle *f*, Kennelkohle *f* (aus Sporen entstandene Faulschlammkohle in geologisch jungen Steinkohlenflözen, die mit leuchtender Flamme brennt und als leicht schnitzbarer Stoff in der Kunst Verwendung findet) ‖ ~ **coal*** (Fuels, Geol, Mining) / Kännelkohle *f*, Kerzenkohle *f*, Candelkohle *f*, Cannelkohle *f*, Kennelkohle *f* (aus Sporen entstandene Faulschlammkohle in geologisch jungen Steinkohlenflözen, die mit leuchtender Flamme brennt und als leicht schnitzbarer Stoff in der Kunst Verwendung findet)

**cannele rep** (Textiles) / Kannelérips *m*, Cannelérips *m*, Kannelé *m*, Cannelé *m* (mit verschieden breiter Rippenmusterung)
**cannel shale** (Geol) / Kännelschiefer *m* (sapropelischer Schiefer)
**cannelure** *v* (Arch) / kannelieren *v* ‖ ~ *n* (Arch) / Kannelierung *f*, Kannelur *f*, Kannelüre *f*
**canneluring** *n* (Eng) / Versicken *n* (Fügeverfahren bei Blechen)
**cannery** *n* (US) (Nut) / Konservenfabrik *f*
**cannibalization** *n* (Autos) / Ausschlachtung *f* (der Teile), Kannibalisierung *f*
**canning** *n* (Acous) / Tonaufnahme *f* (für die Tonkonserve), Tonkonserve *f* (Aufzeichnung) ‖ ~ (Autos) / Einbetten *n*, Canning *n*, Einblechen *n* (des Katalysators in das Katalysatorgehäuse) ‖ ~ (Nuc Eng) / Umhüllen *n* (des Kernbrennstoffs), Canning *n* (Umhüllen des Kernbrennstoffs) ‖ ~* (US) (Nut) / Eindosen *n*, Konservierung *f* in Dosen, Konservenfabrikation *f* ‖ ~* (US) (Nut) / Dosenabfüllung *f*
**canning factory** (Nut) / Konservenfabrik *f* ‖ ~ **jar** (US) (Nut) / Einmachglas *n*, Einweckglas *n*, Konservenglas *n* ‖ ~ **line** (Nut) / Dosenabfülllinie, Dosenabfüllstraße *f* ‖ ~ **material** (Nuc Eng) / Hüllenmaterial *n*
**cannister** *n* / Patrone *f* (z.B. in Atemschutzgeräten)
**Cannizzaro reaction*** (Chem) / Cannizzaro-Reaktion *f* (Disproportionierung eines Aldehyds - nach S. Cannizzaro, 1826-1910)
**cannon pot** (a small glass-melting pot or crucible) (Glass) / Satzel *m*, Sätzel *m*
**canoe birch** (For) / Papierbirke *f* (Betula papyrifera Marshall) ‖ ~ **cedar** (For) / Western Red Cedar *n* (handelsübliche Benennung des Holzes der Thuja plicata Donn ex D. Don) ‖ ~ **fold** (Geol) / Muldenbecken *n*, Trog *m*
**canola oil** (Agric, Bot, Nut) / Doppelnullöl *n* (Rapsöl, das sowohl Erucasäure als auch Glucosinolate nur noch in Spuren enthält)
**canonical** *adj* (Maths, Phys) / kanonisch *adj* ‖ ~ **assembly*** (Phys, Stats) / kanonische Gesamtheit ‖ ~ **base** (Maths) / kanonische Basis ‖ ~ **correlation analysis** / kanonische Korrelationsanalyse ‖ ~ **dimension** (Nuc) / kanonische Dimension, naive Dimension ‖ ~ **ensemble** (Stats) / kanonische Gesamtheit, kanonisches Ensemble ‖ ~ **equation** (Phys) / kanonische Gleichung ‖ ~ **equations of motion** (Mech) / Hamilton'sche kanonische Gleichungen, kanonische Bewegungsgleichungen, Hamilton-Bewegungsgleichungen *f pl* ‖ ~ **form** (Chem) / kanonische Form (Resonanzhybrid) ‖ ~ **form** (Comp) / vorgeschriebenes Strukturmuster (bei der maschinellen Übersetzung) ‖ ~ **form** (Maths) / kanonische Darstellung (wenn man die gleichen Primzahlen zu Primzahlpotenzen zusammenfasst und nach wachsenden Basen ordnet), kanonische Zerlegung ‖ ~ **form*** (Maths) / kanonische Form (bei Systemen partieller Differentialgleichungen) ‖ ~ **form** (Mech) / Hamilton'sche kanonische Gestalt, kanonische Gestalt (in der Hamilton-Jacobischen Theorie)
**canonically conjugate variables** (Phys) / kanonisch konjugierte Variablen (bei der Quantisierung)
**canonical quantization** (Phys) / kanonische Quantisierung (wenn die Observablen wie Ort, Impuls und Energie durch Operatoren beschrieben werden, die bestimmten Vertauschungsrelationen genügen und diskrete Eigenwerte besitzen) ‖ ~ **structure** (Chem) / Grenzstruktur *f* (mit lokalisierten Valenzstrichen darstellbare Molekülstruktur) ‖ ~ **transformation** (Maths) / kanonische Transformation
**can opener** (US) / Dosenöffner *m* (DIN 44954, T 1)
**canopy*** *n* (main deployable body) (Aero) / Fallschirmkappe *f* ‖ ~* (Aero) / Verglasung *f* (Kabinenhaube), [durchsichtige] Kabinenhaube *f* ‖ ~ (Bot) / Schlussgrad *m*, Kronenschluss *m*, Bestandesschluss *m*, Beschirmungsgrad *m* ‖ ~* (Build) / Vordach *n*, Schutzdach *n*, Abdach *n* ‖ ~ **effect** (Met) / Baldachin-Effekt *m* ‖ ~ **hood** (Surf) / Absaugrahmen *m*
**can punch** (Eng, Met) / Fließpressstempel *m*
**cans** *pl* (headphones) (Radio) / Kopfhörergarnitur *f*, Headset *n* (Mikrofon-Kopfhörer-Kombination), Hörerpaar *n*, Doppelkopfhörer *m*
**can spinning** (Plastics, Spinning) / Zentrifugenspinnen *n*, Topfspinnen *n* ‖ ~ **spinning frame** (Spinning) / Topfspinnmaschine *f*, Dosenspinnmaschine *f*, Kapselspinnmaschine *f*, Tellerspinnmaschine *f*, Trichterspinnmaschine *f* ‖ ~ **spinning machine** (Spinning) / Topfspinnmaschine *f*, Dosenspinnmaschine *f*, Kapselspinnmaschine *f*, Tellerspinnmaschine *f*, Trichterspinnmaschine *f*
**cant** *v* (Eng) / abbiegen *v*, abkanten *v* (dünne Bleche) ‖ ~* *n* (a tilt given to a road or a pair of rails at a bend to counteract the effect of centrifugal force) (Civ Eng, Rail, Rails, Surv) / Überhöhung *f* (Anordnung der beiden Fahrschienen eines Eisenbahngleises im Gleisbogen in unterschiedlichem Niveau - zur Aufnahme der Fliehkraftwirkung) ‖ ~ (For) / Model *m*
**cantala** *n* (Textiles) / Maguey-Faser *f* (aus der Agave cantala (Haw.) Roxb.)

**cant brick**\* (Build) / ausgeschrägter Ziegel, abgeschrägter Ziegel, Schrägziegel *m* (z.B. Spitzkeil, Widerlagerstein) ‖ ~ **chisel** (Carp, Tools) / Kantbeitel *m* ‖ ~ **dog** (For) / Wendehaken *m* (zum Bewegen schwerer Baumstämme und Balken), Stammwender *m*, Kanthaken *m*, Waldwendehaken *m* ‖ ~ **dog** (For, Tools) / Sapine *f*, Sappel *m*, Krempel *f*, Krempe *f*, Sapin *m* (der Spitzhacke ähnliches Werkzeug zum Wegziehen gefällter Bäume)
**canted** *adj* / geneigt *adj*, schräg *adj*, schief *adj*, schräg abfallend ‖ ~ **deck**\* (US) (Aero, Ships) / Winkeldeck *n* (Landedeck eines Flugzeugträgers)
**canteen van** (Autos) / Kantinenfahrzeug *n*, Betreuungswagen *m*, Betreuungsfahrzeug *n*
**cant file** (For) / flache Dreieckfeile
**cantharides camphor** (Pharm) / Cantharidin *n*, Kantharidin *n*, Kantharidenkampfer *m* (Gift aus dem Blut von Weichkäferarten, hauptsächlich der Spanischen Fliege)
**cantharidin**\* *n* (Pharm) / Cantharidin *n*, Kantharidin *n*, Kantharidenkampfer *m* (Gift aus dem Blut von Weichkäferarten, hauptsächlich der Spanischen Fliege)
**canthaxanthin** *n* (Nut) / Canthaxanthin *n* (E 161 g - roter Lebensmittelfarbstoff, z.B. zur Färbung von Saucisses de Strasbourg)
**cant hook** (For) / Wendehaken *m* (zum Bewegen schwerer Baumstämme und Balken), Stammwender *m*, Kanthaken *m*, Waldwendehaken *m* ‖ ~ **hook** (For, Tools) / Sapine *f*, Sappel *m*, Krempel *f*, Krempe *f*, Sapin *m* (der Spitzhacke ähnliches Werkzeug zum Wegziehen gefällter Bäume)
**cantilever** *n* (Arch, Build) / Vorkragung *f* ‖ ~\* (Build) / Kragarm *m* ‖ ~\* (Build) / Konsole *f* (ein aus einer Wand oder einem Pfeiler auskragender Vorsprung zur Auflagerung von Stein-, Beton- oder Holzkonstruktionen oder ein auskragender Träger aus Stahl oder Beton zur Lagerung von Kranbahnen, einseitig eingespannter Träger ‖ ~ (Eng, Met) / Probenschenkel *m* (einseitig eingespannter) ‖ ~ **action shears** (Eng) / Hebelschere *f* mit Handantrieb, Handhebelschere *f*, Hebelblechschere *f*, Blechschere *f* mit Übersetzung ‖ ~ **arm** (Build) / Kragarm *m* ‖ ~ **arm** (Rail) / Schnabel *m* (des Tiefladewagens für Schwerlasttransporte), Tragschnabel *m* ‖ ~ **beam** (Build) / Konsolträger *m*, Kragträger *m*, Freiträger *m* ‖ ~ **beam** (has one end rigidly fixed and the other end free) (Build) / Konsole *f* (ein aus einer Wand oder einem Pfeiler auskragender Vorsprung zur Auflagerung von Stein-, Beton- oder Holzkonstruktionen oder ein auskragender Träger aus Stahl oder Beton zur Lagerung von Kranbahnen, einseitig eingespannter Träger ‖ ~ **bracket** (Build) / Kragarm *m* ‖ ~ **bridge**\* (Civ Eng) / Auslegerbrücke *f* (bei der die Stützweite zwischen den Pfeilern durch die über die Pfeiler hinausragenden Träger in und von diesen getragenes Mittelstück überbrückt wird), Kragbrücke *f*, Auslegerkragbrücke *f* ‖ ~ **construction** (Civ Eng) / Freivorbau *m*
**cantilevered** *adj* / überkragend *adj* ‖ ~ / ausgekragt *adj*, vorgekragt *adj* ‖ ~ (Civ Eng) / unverankert *adj* (Spundwand), frei stehend *adj* (Spundwand) ‖ ~ **beam** (Build) / Konsolträger *m*, Kragträger *m*, Freiträger *m* ‖ ~ **step** (Build) / fliegende Stufe (einseitig eingespannt) ‖ ~ **steps**\* (Build) / freitragende Treppe, eingespannte Treppe, Kragtreppe *f*
**cantilever effect** (Eng, Mech) / Kragwirkung *f* ‖ ~ **erection** (Civ Eng) / Freivorbaumontage *f* (z.B. bei Brücken) ‖ ~ **form** (Build) / Kletterschalung *f* (die in regelmäßigen Taktzeiten absatzweise nach oben gezogen wird) ‖ ~ **Fourdrinier** (Paper) / (freitragende) Siebpartie (einer Langsiebpapiermaschine) *f*
**cantilevering courses** (Arch, Build) / auskragende Ziegelschichten, Überkragungsschichten *f pl*, Kragschichten *f pl* (von Ziegelsteinen im Mauerwerk)
**cantilever method** (Civ Eng) / Freiträger-Methode *f* (beim Brückenbau) ‖ ~ **monoplane** (Aero) / freitragender Eindecker ‖ ~ **scaffold** (Build) / Auslegergerüst *n* (Gerüst mit längenorientierten Gerüstlagen, dessen Belagträger aus dem Bauwerk auskragen - DIN 4420-3) ‖ ~ **spring** (Autos) / Auslegerfeder *f* ‖ ~ **toolbox** (Tools) / Werkzeugkasten *m*, Heimwerkerkasten *m* (mit Ober- und Unterkasten und Deckel)
**cantilever-type brush-holder** (Elec Eng) / Hebelbürstenhalter *m*, Schenkelbürstenhalter *m*
**cantilever wing** (Aero) / freitragende Tragfläche, freitragender Flügel
**canting** *n* (Eng) / Abbiegen *n*, Abkanten *n* (von dünnen Blechen) ‖ ~\* (Eng, I C Engs) / Verkanten *n*, Ecken *n* ‖ ~ **mark** (Print) / "sprechendes" Druckerzeichen (bei grafisch darstellbaren Druckernamen wie Storch oder Drake) ‖ ~ **strip**\* (Build) / Sims *m* mit Wasserschräge, Gesims *m n* mit Wasserschräge (z.B. ein Kaffgesims) ‖ ~ **strip**\* (Build) / Wasserabflussleiste *f*
**cantoned** *adj* (Arch) / kantoniert *adj* (Pfeiler)
**Canton's phosphorus** (J. Canton, 1718 - 1772) (Paint) / (verunreinigtes) Kalzium(mono)sulfid (als nachleuchtende Leuchtfarbe) *n*

**Cantor's diagonal method** (Maths) / Cantors Diagonalverfahren (in der Mengenlehre), zweites Diagonalverfahren (nach G. Cantor, 1845-1918)
**Cantor set** (Maths) / Cantor'sche Menge ‖ ≈ **theorem** (Maths) / Teilmengensatz *m*, Satz *m* von Cantor (nach G.Cantor, 1845-1918)
**can trash** / Bagasse *f* (die bei der Zuckergewinnung anfallenden Zuckerrohrabfälle)
**can-type combustor** (Aero) / Ringbrennkammer *f* (der Gasturbine)
**can varnish** (Paint) / Konservendosenlack *m* (ein Einbrennlack)
**canvas** *n* (Textiles) / Malerleinwand *f* ‖ ~\* (pl. canvases or canvasses) (Textiles) / Kanevas *m* (leinwandbindiges, gitterartiges Gewebe für Handarbeiten), Stramin *m* (appretiertes Gittergewebe für Stickereien) ‖ ~\* (Textiles) s. also sail canvas and tent canvas ‖ **(sliding) ~ sunroof** (Autos) / Faltschiebedach *n*, Stoffschiebedach *n* ‖ ~ **apron** (Agric) / Fördertuch *n* ‖ ~ **conveyor** (Agric) / Fördertuch *n* ‖ ~ **cover** (Autos) / Plane *f*, Wagenverdeck *n*, Verdeck *n* (bei Lastwagen) ‖ ~ **cover** (Autos) / Abdeckungsplane *f* (Leinen), Wagenplane *f* (Leinen) ‖ ~ **gripe** (Ships) / Segeltuchbrook *f m* ‖ ~ **liner** (Agric) / Erntetuch *n* (zum Einhängen in Erntewagen)
**canvassing** *n* / Direktwerbung *f* durch Kundenbesuche, Haus-zu-Haus-Werbung *f*
**canvas sling** (Ships) / Segeltuchstropp *m* (für Säcke mit Korn, Reis, Kaffee usw.) ‖ ~ **top** (Autos) / Stoffverdeck *n*
**can washer** (Nut) / Kannenwaschmaschine *f* (für Milchkannen) ‖ ~ **washing machine** (Nut) / Kannenwaschmaschine *f* (für Milchkannen)
**canyon**\* *n* (Geol) / Canyon *m* (durch einen Fluss sehr tief eingeschnittene steilwandige Schlucht in Tafelländern), Cañon *m* ‖ ~\* (Nuc Eng) / Tunnel *m*
**CAO** (Comp) / rechnerunterstütztes Büro
**caoutchouc**\* *n* (Chem Eng) / Kautschuk *m* (das rohe Produkt - DIN 53 501) ‖ ~ **auxiliary** (Chem Eng) / Kautschukhilfsmittel *n* (z.B. Vulkanisationsbeschleuniger)
**CAP** (computer-aided publishing) (Comp, Print) / rechnergestütztes Publizieren, computergestütztes Publizieren ‖ ≈ (computer-aided planning) (Comp, Work Study) / rechnergestützte Planung, CAP (rechnergestützte Planung) ‖ ~\* (Nut) / Schutzgasverpackung *f*, Schutzatmosphärenverpackung *f*
**cap** *v* / mit einem Deckel versehen (verschließen) ‖ ~ / mit einer Kappe verschließen ‖ ~ / mit einer Kappe bedecken ‖ ~ (Chem) / eine Gruppe am Ende anhängen ‖ ~ (Photog) / abdecken *v* (Linse) ‖ ~ *n* / Kappe *f* (meistens versteifte Vorderkappe - am Schuh) ‖ ~\* (Arch) / Kapitäl *n*, Kapitell *n* (Kopfstück einer Säule oder eines Pfeilers - z.B. dorisches, ionisches, korinthisches) ‖ ~ (percussion cap) (Chem) / Zündhütchen *n*, Perkussionszündhütchen *n* ‖ ~ (Elec Eng) / Kappe *f* (des Isolators) ‖ ~ (Eng) / Verschlussdeckel *m* ‖ ~\* (Eng) / Haube *f*, Abdeckhaube *f*, Deckel *m* ‖ ~\* (Eng) / Kappe *f*, Abdeckkappe *f*, Schutzkappe *f*, Verschlusskappe *f* ‖ ~ (Eng) / Verschlussstück *n* (ein Fitting) ‖ ~ (Gen) / Kappe *f* ‖ ~ (Geol) / Hut *m* ‖ ~ (Glass) / Gewölbe *n*, Kappe *f* (eine Deckenkonstruktion) ‖ ~ (and-operation) (Maths) / Symbol für Durchschnitt (in der Boole'schen Algebra) ‖ ~ (Maths) / Kugelkappe *f*, Kalotte *f*, Kugelhaube *f*, Kugelkalotte *f* ‖ ~\* (Meteor) / Kappe *f* (bei Wolkengattungen Kumulus und Kumulonimbus), Pileus *m* (pl. Pilei) ‖ ~ (Mining) / Aureole *f* (deutlich erkennbare Färbung einer Wetterlampe bei Anwesenheit von Grubengas) ‖ ~\* (Mining) / Kappe *f* (im Türstock) ‖ ~ (Mining) / Läufer *m* (in Streckenrichtung auf Stempeln verlegtes Rundholz)
**capability** (for) / Tauglichkeit *f* (zu), Einsetzbarkeit *f* (Tauglichkeit) ‖ ~ (of, for) / Fähigkeit *f* (zu) ‖ ~ (Eng) / Leistungsfähigkeit *f*, Leistungsstärke *f* ‖ ~ **with graphics** ~ (Comp) / grafikfähig *adj* ‖ ~ **of germination** (Agric, Bot) / Keimfähigkeit *f*
**capable of being injection-moulded** (Plastics) / spritzgießfähig *adj* ‖ ~ **of being split** / spaltbar *adj* ‖ ~ **of germinating** (Agric, Bot) / keimfähig *adj*
**capacious** *adj* / groß *adj* (Taschen, Schuhe) ‖ ~ / geräumig *adj*, spatiös *adj*, mit großem Raumangebot ‖ ~ (Arch) / geräumig *adj*
**capacitance**\* *n* (Elec) / Kapazität *f* (die SI-Einheit: Farad), elektrische Kapazität ‖ ~ **asymmetry** (Elec Eng) / Kapazitätsdifferenz *f* ‖ ~ **box** (Elec Eng) / Batterie *f* von Messkondensatoren (im geschlossenen Kasten), Kapazitätskasten *m* ‖ ~ **bridge**\* (Elec Eng) / Kapazitätsmessbrücke *f* (eine Wechselstrombrücke, z.B. Wien-Brücke) ‖ ~ **coefficient**\* (Elec Eng, Phys) / Kapazitätskoeffizient *m* ‖ ~ **coupling**\* (Elec Eng) / kapazitive Kopplung, Kondensatorkopplung *f* (mit einem Koppelkondensator) ‖ ~ **current heating** (Elec Eng) s. also dielectric heating ‖ ~ **current heating** (Elec Eng) / Kondensatorfelderwärmung *f* (ein Arbeitsverfahren der dielektrischen Erwärmung), kapazitive HF-Erwärmung ‖ ~ **decade box** (Elec Eng) / Batterie *f* von Messkondensatoren (im geschlossenen Kasten), Kapazitätskasten *m* ‖ ~ **loss** (Elec Eng) / Kapazitätsverlust *m* ‖ ~ **meter** (Elec Eng) / Kapazitätsmessgerät *n* ‖ ~ **per unit length** (Elec Eng) / Kapazitätsbelag *m* (eine Leitungskonstante nach DIN 1344) ‖ ~ **photodiode** (Electronics) / Fotokapazitätsdiode *f*,

Kapazitätsfotodiode f || ~ **to earth** (Elec) / Kapazität f gegen Erde, Erdkapazität f || ~ **unbalance** (the difference of capacitance of the two insulated conductors to the shield, expressed as a percentage of the capacitance between the conductors) (Elec Eng) / Kapazitätsdifferenz f
**capacitative** adj (Elec Eng) / kapazitiv adj || ~ **load**\* (Elec Eng) / kapazitive Belastung || ~ **reactance**\* (Elec) / Kapazitanz f, Kondensanz f, kapazitiver Widerstand, kapazitiver Blindwiderstand
**capacities** pl (Autos) / Füllmengen f pl (nach dem Handbuch)
**capacitive** adj (Elec Eng) / kapazitiv adj || ~ **converter** / Kondensatorwandler m (Messumformer, bei dem die Änderung des Eingangssignals eine Änderung der Kapazität eines Kondensators hervorruft) || ~ **coupling** (Elec Eng) / kapazitive Kopplung, Kondensatorkopplung f (mit einem Koppelkondensator) || ~ **current** (Elec Eng) / kapazitiver Blindstrom, kapazitiver Strom || ~ **feedback** (Elec Eng) / kapazitive Rückkopplung || ~ **reactance** (Elec Eng) / kapazitive Reaktanz || ~ **reactance**\* (Elec) / Kapazitanz f, Kondensanz f, kapazitiver Widerstand, kapazitiver Blindwiderstand || ~ **sensor** / kapazitiver Sensor (z.B. bei den IR) || ~ **shunt** (Elec Eng) / kapazitiver Nebenschluss || ~ **tuning** (Radio) / kapazitive Abstimmung, C-Abstimmung f
**capacitivity** n (Elec) / Permittivität f (DIN 1324, T 2), Kapazitivität f (bei linearen Dielektriken), Dielektrizitätskonstante f, DK || ~ **of free space** (Elec) / elektrische Feldkonstante (im materiefreien Raum nach DIN 1324-1), Permittivität f im leeren Raum
**capacitor**\* n (Elec Eng) / Kondensator m (DIN-EC 62, 63) || ~ **antenna** (Radio) / Kondensatorantenne f || ~ **bank** (Elec Eng) / Kondensatorbatterie f (Gruppe von Kondensatoren, die elektrisch miteinander verbunden sind) || ~ **bank** (Elec Eng) / Kondensatorenblock m, Mehrfach-Festkondensator m, Kondensatorbank f || ~ **battery** (Elec Eng) / Kondensatorbatterie f (Gruppe von Kondensatoren, die elektrisch miteinander verbunden sind) || ~ **bushing**\* (Elec Eng) / Kondensatordurchführung f || ~ **converter** / Kondensatorwandler m (Messumformer, bei dem die Änderung des Eingangssignals eine Änderung der Kapazität eines Kondensators hervorruft) || ~-**discharge ignition system** (Autos) / Thyristorzündung f, Hochspannungskondensatorzündung f, HKZ
**capacitor-discharge welding** (Welding) / Kondensator(entlade)schweißen n
**capacitor loudspeaker**\* (Acous) / elektrostatischer Lautsprecher, Kondensatorlautsprecher m || ~ **microphone**\* (Acous) / Kondensatormikrofon n, elektrostatisches Mikrofon, C-Mikrofon n || ~ **motor**\* (Elec Eng) / Kondensatormotor m (wenn der freie dritte Strang über einen Kondensator an das Netz angeschlossen wird) || ~ **motor**\* (Elec Eng) s. also split-phase motor || ~ **oil** / Kondensatoröl n (eine Isolierflüssigkeit) || ~ **paper** (Paper) / Kondensatorpapier n (ein pergaminähnliches, dünnes Elektroisolierpapier), Kondensatorseidenpapier n || ~-**resistor unit** (Elec Eng) / RC-Glied n (ein aus einem Widerstand und einem Kondensator gebildeter Vierpol) || ~ **spot welding method** (Welding) / Kondensatorentladungspunktschweißen n || ~-**start motor** (Elec Eng) / Motor m mit Kondensatorhilfsphase, Einphasenmotor m mit Anlaufkondensator, Anlaufkondensatormotor m, Kondensatormotor m (mit dem Motoranlasskondensator) || ~ **start-run motor** (Elec Eng) / Kondensatormotor m (mit dem Motorbetriebskondensator), Betriebskondensatormotor m || ~ **storage** (Comp) / kapazitiver Speicher, Kondensatorspeicher m || ~ **terminal**\* (Elec Eng) / Kondensatordurchführung f || ~ **tissue** (paper) (very thin pure, non-porous paper used as the dielectric in capacitors, usually in conjunction with an insulating liquid) (Paper) / Kondensatorpapier n (ein pergaminähnliches, dünnes Elektroisolierpapier), Kondensatorseidenpapier n
**capacity** n / Fassungsvermögen n, Inhalt m || ~ (Autos) / Füllmenge f, Fassungsvermögen n (z.B. für Öl) || ~ (Chem Eng) / Belastbarkeit f (der Säule) || ~\* (Elec, Elec Eng) / Leistungsfähigkeit f (in W) || ~ (Eng) / zulässige Belastung, Tragfähigkeit f (im Allgemeinen), Traglast f (diejenige maximal zulässige Last in kg oder t, für die ein Hebezeug unter Berücksichtigung aller Betriebsbedingungen ausgelegt ist) || ~ (Eng) / Volumenstrom m (z.B. bei Verdichtern, Pumpen nach DIN 5485), Förderstrom m (bei Verdichtern), Volumendurchfluss m (bei Verdichtern) || ~ (Hyd Eng) / Transportkapazität f, Förderkapazität f (des Wasser- oder des Windstroms) || ~ (Work Study) / Kapazität f (Menge von Erzeugnissen oder Leistungen, die innerhalb eines Zeitraumes unter voller Nutzung der Arbeitszeit und entsprechender zeitlicher Auslastung der Betriebsmittel realisierbar ist) || ~ **cost** / Kapitaldienst m der Anlagekosten || ~ **curve** (Hyd Eng) / Staukurve f, Stauinhaltskurve f, Speicherinhaltskurve f || ~ **earth**\* (Radio) / künstliche Erde, Gegengewicht n (z.B. das Chassis bei Kraftwagen) || ~ **load** (Work Study) / Kapazitätsbelegung f (Zuordnung des Kapazitätsbedarfes zum Kapazitätsbestand) || ~ **of the market** / Aufnahmefähigkeit f des Marktes || ~ **of water migration** (Geol) / Wegsamkeit f || ~ **of well** (Hyd Eng) / Brunnenschüttung f || ~ **range** / Kapazitätsbereich m, Leistungsbereich m || ~ **rating** (Eng) / Nennleistung f (auch einer Akkumulatorenbatterie), Nominalleistung f || ~ **requirements** (Work Study) / Kapazitätsbedarf m || ~ **scheduling** (Work Study) / Kapazitätsterminierung f || ~ **stock** (Work Study) / Kapazitätsbestand m (Bestand an Kapazität, bezogen auf Zeitabschnitte und Kapazitätsarten, die durch die unterschiedlichen Arbeits- bzw. Betriebsmittel und/oder Personen gebildet werden)
**cap-and-pin type insulator**\* (Elec Eng) / Kappenisolator m
**cap-binding activity** (Cyt) / CBA (Proteinfaktoren, die an der Ausschleusung von synthetisierter mRNA auch im Komplex mit Proteinen vom Zellkern in das Cytoplasma beteiligt sind)
**cap bolt** (Eng) / Hutschraube f (DIN 25197)
**CAPD** (computer-aided protein design) (Gen) / rechnerunterstütztes Proteinmodell
**cape** n (Geog) / Kap n (Landspitze) || ~ (Leather) / südafrikanisches Haarschaffell || ~ **asbestos**\* (Min) / Krokydolith m (asbestartiges dunkelblaues oder blaugraues Silikat, zur Amphibolgruppe gehörend), Blaueisenstein m, Blauasbest m || ~ **blue asbestos** (Min) / Krokydolith m (asbestartiges dunkelblaues oder blaugraues Silikat, zur Amphibolgruppe gehörend), Blaueisenstein m, Blauasbest m || ~ **box** (For) / Kap-Buchsbaum m, Südafrikanischer Buchsbaum (Buxus macowani Oliv.) || ~ **chisel** (Eng) / Kreuzmeißel m (DIN 6451) || ~ **gauge** (Rail) / Kapspur f (1067 mm) || ~ **ruby**\* (Min) / Kapgranat m, Kaprubin m (dem böhmischen Granat ähnlicher Schmuckstein aus den Diamantminen bei Kimberley und den Seifenlagerstätten am Vaalfluss) || ~ **walnut** (For, Join) / Stinkwood n, Stinkholz n (Ocotea bullata E. Mey.) || ~ **wool** (Textiles) / Kapwolle f (Sammelbegriff für feinste südafrikanische Farmerwolle des Merinotyps)
**cap height** (Typog) / Versalhöhe f
**CAPI** n (Common ISDN Application Interface) (Comp) / Common ISDN Application Interface n (ein von ISDN-Karten-Herstellern genormter Standard für ISDN-Hardware und -Kommunikations-Software), CAPI n (Common ISDN Application Interface)
**capillarity**\* n (Phys) / Kapillarität f, Kapillarwirkung f
**capillaroscopy** n (Med, Micros) / Kapillarmikroskopie f, Kapillaroskopie f
**capillary** n (Phys) / Kapillare f, Haarröhrchen n, Kapillarröhre f || ~\* adj (Phys) / kapillar adj || ~ **action**\* (Phys) / Kapillarität f, Kapillarwirkung f
**capillary-active** adj (Chem, Phys) / kapillaraktiv adj
**capillary affinity** (Phys) / Kapillaraffinität f || ~ **air inlet** (Chem) / Siedekapillare f (im Claisen-Kolben) || ~ **analysis** (Chem) / Kapillaranalyse f || ~ **attraction** (Phys) / Zugspannung f (bei einer benetzenden Flüssigkeit in einer Kapillare mit einem Kontaktwinkel unter 90° C), Druckspannung f (bei einer nicht benetzenden Flüssigkeit in einer Kapillare) || ~ **belt filter** (Chem) / Kapillarbandfilter n || ~ **break** (Build) / Kapillarbruch m || ~ **break** (Build, Plumb) / Abstand m zwischen den Überlappungen, der die Kapillarität verhindern soll, Kapillarsperre f || ~ **breaking** (Build) / Kapillarbruch m || ~ **chemistry** (Chem) / Kapillarchemie f (Chemie an Grenzflächen und porösen Stoffen) || ~ **column** (Chem) / Kapillarsäule f, Golay-Säule f (für die Kapillargaschromatografie) || ~ **condensation**\* (Chem) / kapillare Kondensation (die in Kapillaren und engen Poren bereits oberhalb des Siedepunktes eintretende Kondensation von Flüssigkeitsdämpfen), Kapillarkondensation f || ~ **constant** (Phys) / Kapillarkonstante f (freie Oberflächenenergie) || ~ **crack** / Haarriss m, Kapillarriss m || ~ **cuprite** (Min) / Kupferblüte f, Chalkotrichit m (haarförmiger Cuprit) || ~ **depression** (Phys) / Kapillardepression f (das Absinken einer Flüssigkeit in einer Kapillare) || ~ **ejecta** (Geol) / Peles Haar (hawaiische Bezeichnung für feine vulkanische Glasfäden) || ~ **electrometer**\* (Chem) / Kapillarelektrometer n || ~ **electrophoresis** (Chem) / Kapillarelektrophorese f || ~ **filament** (multifil man-made fibres) (Spinning) / Filament n (ersponnenes Garn) || ~ **flow** (Phys) / Kapillarbewegung f || ~ **forces** (Phys) / Kapillarkräfte f pl || ~ **fringe** (Agric, Civ Eng) / Kapillarsaum m (über der oberen Grenzfläche des ungespannten Grundwassers) || ~ **fringe zone** (Agric, Civ Eng) / Kapillarsaum m über der oberen Grenzfläche des ungespannten Grundwassers) || ~ **gas chromatography** (Chem) / Kapillargaschromatografie f, KGC (Kapillargaschromatografie) || ~ **gel electrophoresis** (Chem) / Kapillarelektrophorese f || ~ **groove** (Build, Plumb) / Abstand m zwischen den Überlappungen, der die Kapillarität verhindern soll, Kapillarsperre f || ~ **head** (the potential, expressed in head of water, that causes the water to flow by capillary action) (Phys) / Kapillardruckhöhe f
**capillary-inactive** adj (Chem, Phys) / kapillarinaktiv adj
**capillary migration** (Phys) / Kapillarbewegung f || ~ **module** (Chem) / Kapillarmembranmodul n (ein Grundelement einer technischen Anlage für die Membranfiltration) || ~ **movement** (Phys) /

**capillary**

Kapillarbewegung f ‖ ~ **porosity** (Agric) / Kapillarporosität f (des Bodens) ‖ ~ **pressure**\* (Phys) / Kapillardruck m (DIN 4045 und 13310) ‖ ~ **pyrite**\* (Min) / Millerit m, Haarkies m (Nickel(II)-sulfid) ‖ ~ **repulsion** (Phys) / Zugspannung f (in einer Kapillare mit einem Kontaktwinkel über 90°) ‖ ~ **rise** (Agric) / kapillarer Aufstieg ‖ ~ **rise** (Build) / kapillarer Wasserhub ‖ ~ **rise** (Paper) / Saughöhe f (beim Eintauchen eines Probestreifens nach DIN 6730 und 53106) ‖ ~ **rise** (Phys) / Kapillaraszension f, Kapillarattraktion f (das Aufsteigen einer Flüssigkeit in einer Kapillare) ‖ ~ **soil water**\* (Agric, Bot, Civ Eng) / Kapillarwasser n (derjenige Anteil an Haftwasser, der durch Oberflächenkräfte des Bodens unter Bildung von Menisken im Boden gehalten wird) ‖ ~ **space** / Kapillarporenraum m ‖ ~ **tube** (Phys) / Kapillare f, Haarröhrchen n, Kapillarröhre f ‖ ~ **viscometer** (Phys) / Kapillarviskosimeter n (ein nach dem Prinzip der Poiseuilleströmung wirkendes Messgerät zur Bestimmung der Viskosität) ‖ ~ **water** (Build, Civ Eng, Phys) / Bodenfeuchtigkeit f ‖ ~ **wave** (Hyd) / Kapillarwelle f
**cap iron**\* (Carp, Join) / Klappe f (eines Doppelhobeleisens - zum Brechen der Späne), Hobeleisenklappe f, Spanbrecherklappe f
**capital**\* n (Arch) / Kapitäl n, Kapitell n (Kopfstück einer Säule oder eines Pfeilers - z.B. dorisches, ionisches, korinthisches) ‖ ~ **cost** / Kapitalaufwand m ‖ ~ **cost** / Investitionskosten pl ‖ ~ **equipment** / Investitionsanlage f, Anlageinvestitionen pl, Investitionsgut n ‖ ~ **goods** / Investitionsgüter n pl (die für die Erhaltung, Erweiterung oder Verbesserung des betrieblichen Anlagevermögens eingesetzt werden - Gegensatz: Konsumgüter), Produktionsgüter n pl
**capital-intensive** adj / kapitalintensiv adj
**capitalization** n (Comp, Typog) / Großschreibung f
**capitalize** v / aktivieren v (Leistungen - als Bilanzposten) ‖ ~ (Comp, Typog) / großschreiben v ‖ ~ (Comp, Typog) / in Versalien setzen
**capital project** / Investitionsprojekt n, Investitionsvorhaben n ‖ ~ **resources** / Kapitalausstattung f
**capitals** n pl (Typog) / Versalien m pl, Versalbuchstaben m pl, Großbuchstaben m pl
**capital scrap** (Met) / Altschrott m ‖ ~ **tie-up** / Kapitalbindung f
**cap knee** (Mining) / Kappschuh m (ein Verbindungselement zur Herstellung von starren Kappenverbindungen) ‖ ~ **lamp** (Mining) / Kopflampe f, Stirnleuchte f
**capnograph** n (Ecol) / Kapnograf m (zur kontinuierlichen Messung der Staubkonzentration in gasförmigen Medien)
**cap nut**\* (Eng) / niedrige Hutmutter ‖ ~ **nut**\* (Eng) / Hutmutter f (hohe Form = DIN 1587, niedrige Form = DIN 917; s. auch DIN ISO 1891)
**capoc** n (Textiles) / Kapokfaser f (DIN 66 001-1), Kapok m (Kapselwolle des Kapokbaumes), Ceibawolle f, vegetabilische Wolle
**CAPP** (computer-aided process planning) (Comp, Work Study) / rechnergestützte Fertigungsplanung, CAPP (rechnergestützte Fertigungsplanung)
**cap pass** (Welding) / Kapplage f ‖ ~ **pass** (Welding) / Gegenlage f (beim beidseitigen Schweißen einer Stumpfnaht von der zweiten Seite aus gefertigte Schweißlage)
**capped lubricator nipple** / Helmöler m ‖ ~ **pipe** (San Eng) / Reinigungsdeckelrohr n, Abwasserrohr n mit Reinigungskappe ‖ ~ **steel** (Met) / gedeckt vergossener Stahl, gedeckelter Stahl (unberuhigter Stahl, bei dem das Auskochen abgekürzt wurde)
**capper** n (Nut) / Kapselaufsetzer m, Kapselverschlussmaschine f (eine Flaschenverschließmaschine), Verschlusskappenaufsetzer m ‖ ~ (Nut) / Verschließmaschine f
**cap piece** (Mining) / Kappe f (am Türstock)
**capping** n (Biochem, Gen) / Capping n ‖ ~ (Build) / Mauerabdeckung f, Mauerdeckel m, Mauerkappe f ‖ ~ (Build) / Abdeckung f (Schutz gegen Eindringen von Feuchtigkeit von oben) ‖ ~ (Gen) / Kappe f ‖ ~ (Mining) / Eiserner Hut m (in der Oxidationszone) ‖ ~ (US) (Mining) / Deckgestein n, Deckgebirge n (im Tagebau) ‖ ~ (Mining) / Abraum m (das auszuräumende taube Gestein od. die Bodenmassen, welche die abbauwürdigen Erze, Kohlen usw. bedecken) ‖ ~ (Nut) / Ablösung f der Brotkruste (ein Brotfehler) ‖ ~ (Welding) / Kapplagenschweißen n ‖ ~ **brick**\* (Build) / Abdeckstein n (der Abdeckschicht), Formstück n (als Abdeckung) ‖ ~ **layer** (Geol) / Deckschicht f ‖ ~ **machine** (Nut) / Kapselaufsetzer m, Kapselverschlussmaschine f (eine Flaschenverschließmaschine), Verschlusskappenaufsetzer m ‖ ~ **machine** (Nut) / Verschließmaschine f ‖ ~ **paper** (Agric) / Pflanzenschutzpapier n (gegen die Einwirkung von Sonnenstrahlen oder Frost) ‖ ~ **pass** (Welding) / Kapplage f ‖ ~ **pass** (Welding) / Gegenlage f (beim beidseitigen Schweißen einer Stumpfnaht von der zweiten Seite aus gefertigte Schweißlage)
**capping-plane**\* n (Join) / Abrundhobel m
**cap remover** (Nut) / Entschraubemaschine f (der Flaschenreinigungsanlage)
**Capri blue** / Capriblau n

**capric acid**\* (Chem) / n-Kaprinsäure f, n-Caprinsäure f, Dekansäure f, Decansäure f ‖ ~ **aldehyde** (Chem) / Kaprinaldehyd m, Dekanal n, Decanal n, Caprinaldehyd m
**capristor** n (Elec Eng) / RC-Glied n (ein aus einem Widerstand und einem Kondensator gebildeter Vierpol)
**cap rock**\* (Geol) / überlagernde Gesteinsschicht ‖ ~ **rock**\* (Mining) / Deckgestein n, Deckgebirge n (im Tagebau)
**caproic acid**\* (Chem) / Hexansäure f, n-Kapronsäure f, .. f
**caprolactam**\* (Chem) / Kaprolaktam n, Caprolactam n
**capronaldehyde** n (Chem) / Hexanal n, Capronaldehyd m, Kapronaldehyd m
**capryl alcohol**\* (Chem) / Octylalkohol m, Oktanol n, Oktylalkohol m, Octanol n (aliphatischer, gesättigter, einwertiger Alkohol der Oktane mit der allgemeinen Formel $C_8H_{17}OH$)
**caprylic acid**\* (Chem) / Oktansäure f, Octansäure f, n-Kaprylsäure f, n-Caprylsäure f
**caps** n pl (Typog) / Versalien m pl, Versalbuchstaben m pl, Großbuchstaben m pl
**capsaicin** n (Chem, Nut) / Capsaicin n (in Paprikafrüchten, Chilis usw.)
**caps and small caps**\* (Typog) / Kapitälchen n pl (mit Anfangsversal)
**capsanthin** n (Chem, Nut) / Capsanthin n (ein Xanthophyll des Paprikas - E 160c)
**cap screw**\* (Eng) / Kopfschraube f ‖ ~ **seat** (the ledge inside the mouth of a milk bottle) (Glass, Nut) / innere Kante der Mündung eines Flaschenhalses zur Aufnahme des Stöpsels ‖ ~ **shoe** (Mining) / Kappschuh m (ein Verbindungselement zur Herstellung von starren Kappenverbindungen)
**capsicum-red** adj / pfefferrot adj, capsicumrot adj
**capsid** n (Biochem) / Kapsid n, Capsid n (Proteinhülle von Viren, die den Nucleinsäurekern enthält) ‖ ~ (Bot, Zool) / Blindwanze f (Schädling an Kulturpflanzen), Weichwanze f, Schmalwanze f
**caps mode** (Comp) / Dauerumschaltung f auf Großbuchstaben
**capsomere** n (Biochem) / Kapsomer n, Capsomer n (Protein-Untereinheit von Capsiden, die aus mehreren Polypeptidketten zusammengesetzt und elektronemikroskopisch erkennbar ist)
**cap spinning**\* (Spinning) / Glockenspinnverfahren n ‖ ~ **spinning frame** (Spinning) / Glockenspinnmaschine f ‖ ~ **spinning machine** (Spinning) / Glockenspinnmaschine f
**capstan**\* n (Acous, Mag) / Tonrolle f (Antriebselement, über das dem Magnettonträger eine gleichförmige Geschwindigkeit erteilt wird - DIN 45510), Tonwelle f, Capstan m (Antriebswelle von Tonbandgeräten und Videorekordern), Kapstan m ‖ ~ (Comp) / Capstan m ‖ ~ (Eng, Ships) / Spill n (pl. -e oder -s) (mit senkrechter Trommel) ‖ ~ **head** (Eng) / Spillkopf m ‖ ~ **head** (Eng) / Schraubenkopf mit Loch m (als Bedienungsform zum Drehen - mit einem Drehstift) ‖ ~ **head**\* (Eng) / Sternrevolver m, Sternrevolverkopf m (Teil des Werkzeugträgers der Revolverdrehmaschine und der Revolverbohrmaschine), Sattelrevolverkopf m ‖ ~ **lathe**\* (Eng) / Sattelrevolverdrehmaschine f (mit maximal 63 mm Durchlass), Revolverdrehmaschine f mit Sternrevolver auf Support (mit Bett- und Sattelschlitten) ‖ ~ **motor** (Acous, Mag) / Tonmotor m (des Tonbandgeräts) ‖ ~ **nut**\* (Eng) / Kreuzlochmutter f (DIN 548 und 1816) ‖ ~ **screw** (Eng) / Kreuzlochschraube f (DIN 404) ‖ ~ **tool head** (Eng) / Sternrevolver m, Sternrevolverkopf m (Teil des Werkzeugträgers der Revolverdrehmaschine und der Revolverbohrmaschine), Sattelrevolverkopf m ‖ ~ **windlass** (Ships) / Ankerspill n
**capstat** n (Autos) / Düsenthermostat m, Temperaturausgleichsthermostat m (bei SU-Vergasern)
**cap-stone** n (Build) / Abdeckstein m, Abschlussstein m (oben)
**capsule** n / Flaschenkapsel f, Flaschendeckel m ‖ ~ (Bot) / Kapsel f ‖ ~\* (Pharm) / Kapsel f (Hülle für die Arzneizubereitung), Capsula f (pl. -ae) ‖ ~ (Phys) / Druckmessdose f (z.B. Vidi-Dose) ‖ ~ (Space) / Raumkapsel f, Raumkabine f, Kapsel f, Kabine f ‖ ~ (Teleph) / Kapsel f, Fernsprechkapsel f ‖ ~ **lacquer** (Nut, Paint) / Kapsellack m (für verkorkte Flaschenhälse), Kapselflaschenlack m ‖ ~ **manometer** (Phys) / Kapselfedermanometer n (ein mechanisches Manometer mit elastischem Messglied für Gasdrücke in niederen Messbereichen) ‖ ~ **sampling** (Chem) / Kapseldosierung (in der Gaschromatografie)
**capsuling machine** (Nut) / Kapselaufsetzer m, Kapselverschlussmaschine f (eine Flaschenverschließmaschine), Verschlusskappenaufsetzer m
**captain** n (GB) (Eng) / Vorarbeiter m, Partieführer m (A)
**captan**\* n (Chem) / Captan n (ein Phthalsäurederivat als Blattfungizid-Präparat)
**caption** n (Cinema, TV) / Untertitel m (eingeblendete Übersetzung) ‖ ~\* (Typog) / Zeichenerklärung f, Legende f (erklärender Text), Bildunterschrift f (Legende) ‖ ~ **stand** (Cinema) / Titelständer m
**captivate** v (Eng) / unverlierbar befestigen
**captive** adj / unverlierbar adj ‖ ~ **balloon**\* (Aero) / Fesselballon m ‖ ~ **flight** (Aero) / Huckepackflug m ‖ ~ **foundry** (Foundry) /

Betriebsgießerei f ‖ ~ **gasket** (Eng) / unverlierbarer Dichtring ‖ ~ **mine** (Mining) / Zeche, deren Kohle in betriebseigenen Anlagen weiterverarbeitet wird ‖ ~ **nut** (Autos) / Kastenmutter f (Mutter in einem Blechkäfig, der an das Karosserieteil angeschweißt wird) ‖ ~ **printing office** (Print) / eigene Druckerei (des Verlags) ‖ ~ **screw*** (Eng) / unverlierbare Schraube ‖ ~ **supplier** (Electronics) / für seinen eigenen Bedarf produzierender Hersteller ‖ ~ **test** (Aero, Eng) / Prüfstandversuch m, Prüfung f auf dem Triebwerkprüfstand
**capture** v (on film) (Cinema, Photog) / festhalten v, einfangen v ‖ ~ (Nuc) / einfangen v ‖ ~ (Ships) / kapern v, aufbringen v (ein Schiff) ‖ ~ n (Astron) / Bahnänderung f durch Gravitation ‖ ~ (Crystal) / Abfangen n (z.B. eines Spurenelementes) ‖ ~ (Min) / Capturing n (Ersatz eines häufigen Elements in einem Mineral durch ein Spurenelement mit gleicher Raumbeanspruchung, aber höherer Wertigkeit) ‖ ~* (Nuc) / Einfangen n, Einfang m (Strahlungseinfang), Einfangprozess m ‖ ~ (Radar) / Transpondermitnahme f ‖ ~ **board** / Videodigitizerkarte f (Einsteckkarte zur Digitalisierung von /bewegten/ Fernseh- oder Videobildern), Video Capture Board n, Videoerweiterungskarte f ‖ ~ **board** (Comp) / Captureboard n (das Informationen erfasst und digitalisiert) ‖ ~ **cross-section** (Nuc) / Einfangquerschnitt m (Wirkungsquerschnitt für einen Einfang)
**captured air-bubble ship** (Ships) / CAB-Schiff n (das sich auf Luftblasen bewegt)
**capture effect** (Telecomm) / Übertönen n
**capturing** n (Comp) / Digitalisierung f (von Videobildern)
**capucine** n / Quittegelb n, Quittengelb n
**capybara leather** (Leather) / Wasserschweinleder n, Carpincholeder n, Capybaraleder n (von dem südamerikanischen Riesennager Hydrochaerus hydrochaeris)
**CAQ** (Comp, Work Study) / rechnerunterstützte Qualitätssicherung
**CAR** (Comp) / rechnergestütztes Retrieval
**car*** n (Aero) / Besatzungs-, Passagier- und Frachtraum m (innerhalb des Flugzeugs) ‖ ~* (Aero) / Gondel f (des Luftschiffs) ‖ ~ (Autos) / Kraftwagen m, Automobil n, Auto n, Wagen m ‖ ~ (Elec Eng) / Kabine f (einer Seilbahn) ‖ ~ (US) (lift car) (Elev) / Aufzugskabine f, Fahrstuhl m ‖ ~ (US) (Rail) / Eisenbahnwagen m, Wagen m, Waggon m
**carabiner** (Eng) / Karabinerhaken m (mit einer federnden Zunge)
**car accessories** (Autos) / Autozubehör n ‖ ~ **accident** / Verkehrsunfall m
**caracole*** n (Build) / Wendeltreppe f (mit Treppenspindel), Spindeltreppe f
**caracul** n / Karakulschaf n ‖ ~ **cloth** (Textiles) / Karakul m (gewebte oder geklebte Pelzimitation)
**car aerial** (Autos) / Autoantenne f
**CARAM** (Comp) / inhaltsadressierbarer Schreib-/Lesespeicher, inhaltsadressierbares RAM, CARAM m
**caramalt** n (Brew) / Karamellmalz n (zur Herstellung dunkler Biere)
**caramel** n (Nut) / Karamell m (gebrannter Zucker), Karamellzucker m (Aroma- und Geschmacksstoff) ‖ ~ (Nut) / Zuckercouleur f (ein Farbstoff - E 150), Zuckerkulör f, Kulör f, Farbzucker m (aus Saccharose oder Stärkezucker) ‖ ~ **colour** (Nut) / Zuckercouleur f (ein Farbstoff - E 150), Zuckerkulör f, Kulör f, Farbzucker m (aus Saccharose oder Stärkezucker) ‖ ~ **colour II** (Nut) / kaustische Sulfitkulör (hergestellt durch kontrollierte Hitzeeinwirkung auf Kohlenhydrate mit sulfithaltigen Verbindungen), Sulfitlaugenzuckerkulör f, CCS ‖ ~ **colour III** (Nut) / AC (Ammoniakkulör), Ammoniakkulör f (hergestellt durch kontrollierte Hitzeeinwirkung auf Kohlenhydrate mit Ammoniumverbindungen), Ammoniakzuckerkulör f ‖ ~ **colour IV** (Nut) / Ammoniaksulfitzuckerkulör f (hergestellt durch kontrollierte Hitzeeinwirkung auf Kohlenhydrate mit ammonium- und sulfithaltigen Verbindungen), Ammoniumsulfitkulör f, SAC ‖ ~ **coulor I** (Nut) / kaustische Kulör (einfache Alkohol-Zucker-Kulör), CP
**caramelise** v (GB) (Nut) / karamellisieren v
**caramelization** n (Nut) / Karamellisierung f (Bildung von Karamell)
**caramelize** v (Nut) / karamellisieren v
**caramel malt** (Brew) / Karamellmalz n (zur Herstellung dunkler Biere)
**carandá** n / Wachs n der Carandaypalme (Copernicia australis - dem Carnaubawachs sehr ähnlich)
**carane** n (Chem) / Caran n (ein Grundkörper der bizyklischen Monoterpene)
**carapace*** n (Zool) / Rückenschild m, Schale f (der Schildkröte)
**carapa oil** / Carapaöl n (sehr bitteres Öl aus den Samen des Crabbaums)
**carap oil** / Carapaöl n (sehr bitteres Öl aus den Samen des Crabbaums) ‖ ~**-wood** n (For) / Crabholz n, Andirobaholz n, Crabwood n (meistens aus Carapa guianensis Aubl.)
**carat*** n / Karat n (altes Maß für die Feinheit einer Goldlegierung)
**Carathéodory principle** / Carathéodory-Prinzip n (der adiabatischen Unerreichbarkeit - nach C. Carathéodory, 1873-1950)

**caravan** n (GB) (Autos) / Wohnwagen m (Reisewohnwagen), Wohnanhänger m, Caravan m (DIN 7941)
**caravanette** n (GB) (Autos) / kleiner Wohnwagen
**caravan park** / Campingplatz m (für Wohnwagen) ‖ ~ **site** / Campingplatz m (für Wohnwagen)
**caraway oil** / Kümmelöl n (aus Carum carvi L.) ‖ ~ **seed oil** / Kümmelöl n (aus Carum carvi L.)
**carb** (carbohydrate) (Chem) / Kohlenhydrat n, Kohlenhydrat n, Sacharid n, Saccharid n ‖ ~ (I C Engs) / Vergaser m
**carbaborane** n (Chem) / Carboran n (Gruppenbezeichnung für Bor-Kohlenstoff-Wasserstoff-Verbindungen, die systematisch als Carbaborane bezeichnet werden), Carbaboran n
**carbamate** n (Chem) / Karbamat n, Carbamat n (Ester und Salz der Carbamidsäure)
**carbamazepine** n (a synthetic compound of the benzodiazepine class, used as an anticonvulsant and analgesic drug) (Pharm) / Carbamazepin n
**carbamic acid*** (Chem) / Karbamidsäure f, Carbamidsäure f, Aminoameisensäure f
**carbamide*** n (Biochem) / Kohlensäurediamid n, Harnstoff m, Carbamid n, Karbamid n (Endprodukt des Eiweißstoffwechsels)
**carbamoyl** (the radical $NH_2CO$, formed from carbamic acid) (Chem) / Carbamoyl n ‖ ~ **phosphate** (Biochem) / Karbamoylphosphat n, Carbamoylphosphat n (ionisierte Form des gemischten Anhydrids der Carbamidsäure und der Phosphorsäure)
**car banging** (insurance fraud by faking car accidents and repair bills) (Autos) / Autobumsen n
**carbanion*** n (an organic ion carrying a negative charge on a carbon atom) (Chem) / Carbanion n
**carbaryl** n (an insecticide for crops, forests, lawns, poultry and pets) (Agric, Chem) / Carbaryl n (1-Naphthylmethylcarbamat - ein Insektizid), Karbaryl n
**car battery** (Autos, Elec Eng) / Kraftfahrzeugbatterie f, Autobatterie f
**carbazide** n (Chem) / Karbonohydrazid n, Carbonohydrazid n, Carbazid n, Karbazid n
**carbazole*** n (Chem) / Carbazol n, Karbazol n, Dibenzopyrrol n
**carbazone** n (Chem) / Karbazon n, Carbazon n
**carbenes*** pl (Chem) / Carbene n pl, Karbene n pl
**carbenicillin** n (Pharm) / Carbenicillin n (halbsynthetisches Penicillin)
**carbenium ion** (Chem) / Carbeniumion n (Carbokation mit dreibindigem Kohlenstoff und einem Elektronensextett)
**carbide*** n (Chem) / Karbid n, Carbid n ‖ ~ **band** (Met) / zeilenförmige Karbideinlagerung, Karbidband n ‖ ~ **coating** (Surf) / Karbidschutzschicht f, Carbidschutzschicht f ‖ ~ **drawing die** (Met) / Hartmetallziehstein m ‖ ~ **feed mechanism** (Welding) / Karbidbeschickungsanlage f ‖ ~ **former** (Met) / karbidbildendes Element, Karbidbildner n
**carbide-forming agent** (Met) / karbidbildendes Element, Karbidbildner n
**carbide (nuclear) fuel** (Nuc Eng) / karbidischer Brennstoff ‖ ~ **furnace** / Karbidofen m, Carbidofen m ‖ ~ **lamp** / Acetylenlampe f, Carbidlampe f, Azetylenlampe f, Karbidlampe f ‖ ~ **precipitation** (Met) / Karbidausscheidung f ‖ ~ **sludge** (Welding) / Karbidschlamm m
**carbide-tipped** adj (Eng, Tools) / hartmetallbestückt adj (mit Sinter- oder Gusskarbid)
**carbide tool** (Tools) / Hartmetallmeißel m ‖ ~ **tool*** (Tools) / Hartmetallwerkzeug n (im Allgemeinen)
**carbinol*** n (Chem) / Karbinol n (eine veraltete Bezeichnung für Alkohole), Carbinol n
**Carbitol** n (Chem) / Carbitol n (ein Warenzeichen für Ethyldiglykol)
**carboanhydrase** n (Biochem) / Kohlensäureanhydratase f, Carboanhydrase f, Karboanhydrase f
**carbocation*** n (Chem) / Carbokation n (positiv geladenes Kohlenstoffion), Karbokation n
**carbocyclic** adj (Chem) / karbozyklisch adj, carbocyclisch adj
**car body** (Rail) / Wagenkasten m
**carbogel** n (Chem, Pharm) / Carbogel n (aus Paraffin und Vaseline)
**carbohumin** n (Chem, Geol) / vergelte Pflanzensubstanz, Humin n, Ulmin n
**carbohydrase** n (Biochem) / Glykosidase f, Glycosidase f
**carbohydrate*** n (Chem) / Kohlenhydrat n, Kohlenhydrat n, Sacharid n, Saccharid n ‖ ~ **chemistry** (Chem) / Chemie f der Kohlenhydrate ‖ ~ **sweetener** (Nut) / Zuckeraustauschstoff m (der anstelle von Saccharose zur Süßung von Lebensmitteln verwendet wird - z.B. Isomalt, Mannit, Sorbit)
**carbolate** v (Chem) / phenolisieren v
**carbolfuchsin** n (Micros) / Carbolfuchsin-Lösung f, Karbolfuchsin-Lösung f (mit Phenol versetzte alkoholische Fuchsinlösung), Ziehl-Neelsen-Karbolfuchsinlösung f, Ziehl-Neelsen-Carbolfuchsinlösung f

**carbolic**

**carbolic** n (Chem) / Karbolsäure f (wässrige Lösung von Phenol), Carbolsäure f ‖ ~ (Pharm) / medizinische Seife (mit Phenol) ‖ ~ **acid*** (Chem) / Karbolsäure f (wässrige Lösung von Phenol), Carbolsäure f ‖ ~ **acid*** s. also phenol ‖ ~ **oil*** (Chem, Chem Eng) / Karbolöl n, Mittelöl n, Carbolöl n (Steinkohlenteerdestillat) ‖ ~ **soap** (Pharm) / medizinische Seife (mit Phenol)
**Carbo ligni** (Pharm) / Holzkohle f, Carbo m ligni
**carbolineum** n (Chem, For) / Karbolineum n, Carbolineum n (braunrotes Holzschutzmittel aus Steinkohlenteer-Bestandteilen für Außenholz, Zäune, Pfähle usw. - auch Schädlingsbekämpfungsmittel - es zeigt kanzerogene Wirkung)
**carbolize** v (Chem) / phenolisieren v
**carbon*** n (Chem) / Kohlenstoff m, C (Kohlenstoff)
**carbon-14** n (Chem) / $^{14}$C, Radiokohlenstoff m, Kohlenstoff-14 m, radioaktives Isotop $^{14}$C
**carbon** n (I C Engs) / Ölkohle f (fester, kohleartiger, verschleißfördernder Schmierölrückstand im Verbrennungsraum) ‖ ~ (Paper) / Kohlepapier n, Karbonpapier n (A) ‖ **4-~ plant** (Bot) / $C_4$-Pflanze f (mit einem besonderen Fotosynthesetyp, bei dem das Kohlendioxid zum limitierenden Faktor wird) ‖ **3-~ plant** (Bot) / $C_3$-Pflanze f (bei der das primäre Produkt der Kohlendioxidassimilation eine $C_3$-Carbonsäure ist)
**carbonaceous*** adj (Chem) / kohlenstoffhaltig adj ‖ ~ **ironstone** (Mining) / Kohleneisenstein m, Blackband n (weniger wertvolles Eisenerz), Black Band n ‖ ~ **rocks*** (Geol) / kohlenstoffreiche Gesteine (Torf, Kohlen und manchmal auch Kohlenwasserstoffe wie Erdöl und Erdgas), Kohlengesteine n pl ‖ ~ **shale** (Geol) / Brandschiefer m (aus Gyttjatonen)
**carbonado*** n (pl. -oes) (Min) / Karbonado m (grauschwarzer, koksähnlicher Diamant)
**carbon adsorption** (Chem, Pharm) / Aktivkohleadsorption f (Adsorption mit oder durch Aktivkohle), Adsorption f an Aktivkohle ‖ ~ **analysis** (Chem) / Kohlenstoffanalyse f ‖ ~ **arc*** (Elec Eng) / Kohlelichtbogen m ‖ **~-arc cutting** (Eng) / Kohlelichtbogenschneiden n (von Metallen) ‖ **~-arc lamp*** (Light) / Reinkohlebogenlampe f, Kohlebogenlampe f
**carbon-arc welding*** (Welding) / offenes Lichtbogen-Schmelzschweißen mit Kohleelektroden, Benardos-Verfahren n, Kohlelichtbogenschweißen n
**carbonate** v (Nut) / karbonisieren v, imprägnieren mit $CO_2$ (Getränke) ‖ ~* n (Chem) / Carbonat n, Karbonat n (Salz oder Ester der Kohlensäure) ‖ ~ (Chem) / Kohlensäureester m ‖ ~ **alkalinity** (Chem) / Karbonatalkalität f (des Wassers) ‖ **~-apatite*** n (Min) / Karbonatapit m, Carbonatapit m
**carbonated** adj (Nut) / kohlensäurehaltig adj (Getränk) ‖ ~ **beverage** (Nut) / kohlensäurehaltiges Getränk (mit $CO_2$ imprägniert)
**carbonate dehydratase** (Biochem) / Kohlensäureanhydratase f, Carboanhydrase f, Karboanhydrase f
**carbonated juice** (Nut) / Schlammsaft m (in der Zuckergewinnung) ‖ ~ **liquor** (Nut) / Schlammsaft m (in der Zuckergewinnung)
**carbonate electrolyte** / Karbonatelektrolyt m (flüssiger Elektrolyt in Brennstoffzellen), Carbonatelektrolyt m (flüssiger Elektrolyt in Brennstoffzellen) ‖ ~ **hardness** (Chem) / Karbonationen n pl der Erdalkalien (im Wasser), Karbonathärte f (des Wassers), temporäre Härte, vorübergehende Härte (Magnesiahärte des Wassers), KH ‖ ~ **mineral** (Min) / Karbonat n (z.B. der Kalzit-Dolomit-Aragonit-Familie), Carbonat n (ein Mineral) ‖ ~ **rocks** (Geol) / Karbonatgesteine n pl (im Wesentlichen Kalke, Mergel, Dolomite und Zwischenglieder), Carbonatgesteine n pl
**carbonation** n (Civ Eng, Geol) / Karbonatisierung f (Bildung von Kalziumkarbonat aus dem Kalkhydrat des Zementsteins infolge Einwirkung von Kohlendioxid), Carbonatisierung f ‖ ~ (Nut) / Karbonatation f, Carbonatation f, Saturieren n (das Abscheiden des dem Zuckersaft zugesetzten Kalkes durch ein Fällungsmittel), Saturation f (mit Kalk-Kohlendioxid) ‖ ~* (Nut) / Karbonisieren n, Imprägnieren n mit $CO_2$ (der Getränke) ‖ ~ **juice** (Nut) / Schlammsaft m (in der Zuckergewinnung) ‖ ~ **scum** (Nut) / Scheideschlamm m (in der Zuckergewinnung), Saturationsschlamm m ‖ ~ **slurry** (Nut) / Karbonatationsschlamm m ‖ ~ **tank** (Nut) / Saturationsgefäß n (in der Zuckerfabrikation), Karbonisieranlage f
**carbonatite*** n (Geol) / Karbonatit m (ein magmatisches Gestein), Carbonatit m
**carbonatization** n (Civ Eng, Geol) / Karbonatisierung f (Bildung von Kalziumkarbonat aus dem Kalkhydrat des Zementsteins infolge Einwirkung von Kohlendioxid), Carbonatisierung f ‖ ~ (Geol) / Karbonatisierung f, Carbonatisierung f, Kalkbildung f
**carbon atom** (Chem) / Kohlenstoffatom n, C-Atom n
**carbonator** n (Nut) / Saturationsgefäß n (in der Zuckerfabrikation), Karbonisieranlage f
**carbon availability** (Met) / Kohlenstoffverfügbarkeit f, C-Verfügbarkeit f

**carbon-backed form** / Durchschreibformular n (mit der Karbonrückseite)
**carbon balance** (Biochem) / Kohlenstoffbilanz f (eine erweiterte Form der Biomassebilanz), C-Bilanz f
**carbon-based fuel** (Fuels) / Brennstoff m auf Kohlenstoffbasis, Kraftstoff m auf Kohlenstoffbasis
**carbon black*** (Chem) / Rußschwarz n (schwarzer Farbstoff) ‖ ~ **black*** (Chem Eng) / Carbon-Black n, Ruß m (als technisches Produkt - pl. Ruße)
**carbon-black-filled** adj (Chem Eng) / rußgefüllt adj (Gummi)
**carbon black for tinting** (Paint) / Abtönruß m (Pigmentruß, der vorwiegend zur Abmischung mit anderen Pigmenten eingesetzt wird) ‖ ~ **black paper** (Cables) / Rußpapier n ‖ ~ **brake** (Aero) / Carbonbremse f ‖ ~ **brick** (Chem, Met) / Kohlenstoffstein m, Kohlenstein m ‖ ~ **brush** (Autos) / Schleifkohle f (Zündverteiler-Mittelelektrode) ‖ ~ **brush*** (Elec Eng) / Kohlebürste f (harte - nach DIN EN 60 276) ‖ ~ **build-up** (Autos, I C Engs) / Ölkohleablagerung f (bei zu fett eingestellten Motoren), Ölkohlerückstand m ‖ ~ **burning** (Astron, Nuc Eng) / Kohlenstoffbrennen n (eine Kernreaktion)
**carbon-carbon bond** (Chem) / C-C-Bindung f, Kohlenstoff-Kohlenstoff-Bindung f ‖ ~ **connectivity** (Chem) / Kohlenstoffkonnektivität f, C-C-Konnektivität f ‖ ~ **cross link** (Chem) / C-C-Vernetzungsstelle f, C-C-Verknüpfungsstelle f
**carbon case-hardening** (Met) / Aufkohlen n (DIN EN 10 052), Aufkohlung f, Zementieren n (Aufkohlen), Zementation f, Kohlung f ‖ ~ **chain** (Chem) / Kohlenstoffkette f (bei Kohlenstoffverbindungen)
**carbon-composition resistor** (Elec Eng) / Kohlewiderstand m
**carbon compound*** (Chem) / Kohlenstoffverbindung f ‖ ~ **contact*** (Elec Eng) / Kohlekontakt m
**carbon-containing** adj (Chem) / kohlenstoffhaltig adj
**carbon content** (Chem) / Kohlenstoffgehalt m ‖ ~ **copy** / Durchschlag m (auf der Schreibmaschine) ‖ ~ **cycle*** (Astron) / Bethe-Weizsäcker-Zyklus m (nach H.A. Bethe, 1906- , und C.F. Freiherr von Weizsäcker, 1912- ), CN-Zyklus m, Kohlenstoff-Stickstoff-Zyklus m, CNO-Zyklus m, BW-Zyklus m ‖ ~ **cycle*** (Biol) / Kohlenstoffkreislauf m (zyklische Umsetzung des Kohlenstoffs und seiner Verbindungen in der Natur), Kohlendioxidkreislauf m, Kohlenstoffzyklus m
**carbon-14 dating** (Geol, Phys) / C-14-Methode f, Radiokohlenstoffdatierung f, Radiocarbonmethode f, Radiokarbonmethode f (der Altersbestimmung), Carbondatierung f, Karbondatierung f (zur Altersbestimmung organischer Reste; Verhältnis zwischen $C^{14}$ und $C^{12}$)
**carbon dating*** (Geol, Phys) / C-14-Methode f, Radiokohlenstoffdatierung f, Radiocarbonmethode f, Radiokarbonmethode f (der Altersbestimmung), Carbondatierung f, Karbondatierung f (zur Altersbestimmung organischer Reste; Verhältnis zwischen $C^{14}$ und $C^{12}$) ‖ ~ **deposit** (I C Engs) / Ölkohleablagerung f (bei zu fett eingestellten Motoren), Ölkohlerückstand m ‖ ~ **dioxide*** (Chem) / Kohlendioxid n (fälschlich "Kohlensäure"), Kohlenstoffdioxid n, Carbondioxid n ‖ ~ **dioxide assimilation** (Chem) / Kohlendioxidassimilation f ‖ ~ **dioxide ice** (Chem) / Kohlensäureeis n (festes Kohlendioxid) ‖ ~ **dioxide (gas) laser** (Phys) / Kohlendioxidlaser m, $CO_2$-Laser m, Kohlenstoffdioxidlaser m (ein Gaslaser im IR) ‖ ~ **dioxide laser*** (Phys) / Kohlendioxidlaser m, $CO_2$-Laser m, Kohlenstoffdioxidlaser m (ein Gaslaser im IR) ‖ ~ **dioxide process** (Foundry) / Kohlensäure-Erstarrungsverfahren n, Kohlendioxid-Erstarrungsverfahren n (ein Formverfahren, das auf der Verwendung eines Wasserglasbinders beruht, der durch Einleiten von Kohlendioxid zum Erhärten gebracht wird), $CO_2$-Verfahren n, $CO_2$-Wasserglas-Formverfahren n
**carbon-dioxide welding*** (Welding) / SG-($CO_2$)-Schweißen n, Lichtbogenschutzgasschweißen n unter $CO_2$, $CO_2$-Schweißen n
**carbon disulphide*** (Chem) / Kohlenstoffdisulfid n, Kohlendisulfid n, Schwefelkohlenstoff m ‖ ~ **electrode** (Elec Eng) / Kohleelektrode f ‖ ~ **enrichment** (Chem) / Kohlenstoffanreicherung f ‖ ~ **equivalent** (Met, Welding) / Kohlenstoffäquivalent n (Formel zur Kennzeichnung der Schweißeignung von Stählen) ‖ ~ **fibre*** (Chem) / Kohlenstofffaser f, Carbonfaser f (die aus graphitähnlich miteinander verknüpften Kohlenstoffatomen aufgebaut ist), Kohlefaser f, Karbonfaser f
**carbon-fibre composite** (Plastics) / kohlenstofffaserverstärkter Kunststoff, CFK (kohlenstofffaserverstärkter Kunststoff) ‖ ~ **plastic** (Plastics) / kohlenstofffaserverstärkter Kunststoff, CFK (kohlenstofffaserverstärkter Kunststoff) ‖ ~ **reinforced plastic** (Plastics) / kohlenstofffaserverstärkter Kunststoff, CFK (kohlenstofffaserverstärkter Kunststoff) ‖ ~ **reinforced silicium carbide** / kohlenstofffaserverstärktes Siliciumcarbid

**carbon filament*** (Light) / Kohlefaden *m* ‖ **~ filament*** (Textiles) / Kohlenstofffilament *n*
**carbon-filament lamp** / Kohlefadenlampe *f*, Kohlenfadenlampe *f*
**carbon film** / Kohleschicht *f* (dünne), Kohlefilm *m*
**carbon-film resistor** (Elec Eng) / Kohleschichtwiderstand *m* (eine dünne leitfähige Schicht aus Kohlenstoff auf einem zylindrischen Keramikträger) ‖ **~ technique*** (Micros) / Kohleverdampfungstechnik *f* (eine Art Hochvakuumbedampfungstechnik)
**carbon fixation** (Chem) / Kohlendioxidassimilation *f*
**carbon-fouled** *adj* (Autos) / verrußt *adj* (Zündkerze)
**carbon gel** (Chem Eng) / Bound Rubber *m* (der in Benzol unlösliche Kautschukanteil von unvulkanisierten Kautschuk-Füllstoff-Mischungen) ‖ **~ gland*** (Eng) / Kohledichtung *f*, Kohlepackung *f* (z.B. bei den Dampfturbinen) ‖ **~ granules** (Teleph) / Kohlegrieß *m* (Mikrofonkohle), Kohlegranulat *n*
**carbon-graphite brush** (Elec Eng) / Kohlegraphitbürste *f*
**carbon group** (Chem) / Kohlenstoffgruppe *f* (14. Gruppe des Periodensystems)
**carbonic acid*** (Chem) / Kohlensäure *f* ($H_2CO_3$) ‖ **~ acid anhydrase** (a widely occurring, zinc-containing enzyme, usually monomeric) (Biochem) / Kohlensäureanhydratase *f*, Carboanhydrase *f*, Karboanhydrase *f* ‖ **~ acid gas*** (Chem) / Kohlendioxid *n* (fälschlich "Kohlensäure"), Kohlenstoffdioxid *n*, Carbondioxid *n* ‖ **~ anhydrase*** (Biochem) / Kohlensäureanhydratase *f*, Carboanhydrase *f*, Karboanhydrase *f* ‖ **~ anhydride*** (Chem) / Kohlendioxid *n* (fälschlich "Kohlensäure"), Kohlenstoffdioxid *n*, Carbondioxid *n*
**carboniferous** *adj* / kohlehaltig *adj*, Kohle führend *adj* ‖ **~** (Geol, Mining) / karbonisch *adj* (Kohle)
**carbonification** *n* (Geol, Mining) / Inkohlung *f* (biochemischer und geochemischer Vorgang bei der Entstehung der Steinkohle)
**carbonify** *v* (Geol, Mining) / inkohlen *v* (Pflanzenreste in Kohle umwandeln)
**carbon-in pulp*** (Met) / CIP-Prozess *m* (Adsorption des Au an Aktivkohle), Adsorption von Gold an Aktivkohle
**carbonite** *n* (Geol) / Naturkoks *m* (durch Kontaktmetamorphose in Kohlelagerstätten gebildete koksähnliche poröse Masse)
**carbonitration** *n* (Met) / Karbonitrieren *n* (Kombination von Einsatzhärten und Nitrierhärten zur Erzielung großer Oberflächenhärte bei Stählen - in einer Gasatmosphäre oder im Salzbad), Carbonitrieren *n*
**carbonitride** *n* / Carbonitrid *n*, Karbonitrid *n* (Mischkristalle von Karbiden und Nitriden der Übergangsmetalle)
**carbonitriding** *n* (Met) / Karbonitrieren *n* (Kombination von Einsatzhärten und Nitrierhärten zur Erzielung großer Oberflächenhärte bei Stählen - in einer Gasatmosphäre oder im Salzbad), Carbonitrieren *n*
**carbonium ion*** (Chem) / Carboniumion *n* (fünfbindiges organisches Kation mit positiv geladenem Kohlenstoffatom)
**carbonization*** *n* (of coal) (Fuels) / Verkoken *n*, Verkokung *f*, Hochtemperaturentgasung *f*, verkokendes Verfahren ‖ **~*** (the conversion into coal) (Geol) / Verkohlung *f*, Verkokung *f* ‖ **~*** (Geol, Mining) / Inkohlung *f* (biochemischer und geochemischer Vorgang bei der Entstehung der Steinkohle) ‖ **~*** (Met) / Aufkohlen *n* (DIN EN 10 052), Aufkohlung *f*, Zementieren *n* (Aufkohlen), Zementation *f*, Kohlung *f* ‖ **~*** (Textiles) / Karbonisieren *n* (von Wolle), Entkohlen *n*, Auskohlen *n* (Entfernen pflanzlicher Bestandteile aus Wollgeweben auf chemischem Wege) ‖ **~*** (Textiles) / Karbonisur *f* (der Gewebe) ‖ **~ bench** (Chem Eng) / Koksofenbatterie *f*, Verkokungsbatterie *f*, Batterie *f* (von Verkokungsöfen) ‖ **~ of bituminous coal** (Chem Eng, Fuels) / Steinkohlendestillation *f* (bituminöse Kohle) ‖ **~ of brown coal** (Chem Eng) / Braunkohlenverschwelung *f*, Braunkohleschwelung *f*
**carbonize** *v* / verkohlen *v* ‖ **~** (Chem) / mit Kohlenstoff anreichern ‖ **~** (Chem) / in Kohlenstoff umwandeln ‖ **~** (coal) (Fuels) / verkoken *vt* ‖ **~** (Geol, Mining) / inkohlen *v* (Pflanzenreste in Kohle umwandeln) ‖ **~** (Met) / abdecken *v* (ein Schmelzbad mit Kohle oder Koks) ‖ **~** (Textiles) / karbonisieren *v* (Wolle)
**carbonized** *adj* / gar *adj* (Koks) ‖ **~ anode*** (Electronics) / geschwärzte Anode ‖ **~ wool** (Textiles) / karbonisierte Wolle
**carbonizing** *n* (Chem) / Kohlenstoffanreicherung *f* ‖ **~** (Textiles) / Karbonisieren *n* (von Wolle), Entkohlen *n*, Auskohlen *n* (Entfernen pflanzlicher Bestandteile aus Wollgeweben auf chemischem Wege) ‖ **~ bench** (Chem Eng) / Koksofenbatterie *f*, Verkokungsbatterie *f*, Batterie *f* (von Verkokungsöfen) ‖ **~ flame** (Welding) / Flamme *f* mit Azetylenüberschuss
**carbon lamp** / Kohlefadenlampe *f*, Kohlenfadenlampe *f*
**carbonless** *adj* (Chem) / kohlenstofffrei *adj* ‖ **~ copy paper** (Paper) / kohlefreies Durchschreibepapier, NCR-Papier *n*, karbonfreies Durchschreibepapier (bei dem der Druck meistens eine chemische Farbreaktion auslöst), selbstdurchschreibendes Papier, druckempfindliches (karbonfreies) Durchschreibepapier, Reaktionsdurchschreibepapier *n*, Kapselpapier *n*
**carbon level** (Met) / Kohlenstoffpegel *m* (potentieller, in der Kohlenstoffatmosphäre bei der Wärmebehandlung), C-Pegel *m*, C-Wert *m* ‖ **~ loss** (Chem) / Kohlenstoffverlust *m* ‖ **~ microphone** (Acous) / Kontaktmikrofon *n*, Kohlemikrofon *n* ‖ **~ migration** / Kohlenstoffwanderung *f* ‖ **~ mobilization** (Chem, Ecol) / Kohlenstoffmobilisierung *f* (Umwandlung organischer Stoffe in mobile Kohlenstoffverbindungen) ‖ **~ mobilization** (Chem Eng) / Kohlenstoffmobilisierung *f* ‖ **~ monoxide*** (Chem) / Kohlenoxid *n* (CO), Kohlenmonoxid *n*, Kohlenstoffmonoxid *n* ‖ **~ monoxide** (gas) **laser** (Phys) / Kohlenmonoxidlaser *m*, CO-Laser *m*
**carbon-monoxide-tolerant** *adj* / CO-tolerant *adj*
**carbon nanotube** (Chem) / Kohlenstoff-Nanoröhrchen *n* ‖ **~ nitride** (Chem) / Kohlenstoffnitrid *n*
**carbon-nitrogen cycle*** (Astron) / Bethe-Weizsäcker-Zyklus *m* (nach H.A. Bethe, 1906- , und C.F. Freiherr von Weizsäcker, 1912- ), CN-Zyklus *m*, Kohlenstoff-Stickstoff-Zyklus *m*, CNO-Zyklus *m*, BW-Zyklus *m*
**carbon-13 NMR spectroscopy** (Spectr) / Kohlenstoff-13-NMR-Spektroskopie *f*, $^{13}$C-NMR-Spektroskopie *f*
**carbon noise** (Acous) / Geräusch *n* der Kohle ‖ **~ number** (Chem) / Kohlenstoffzahl *f* (in der Gaschromatografie), C-Zahl *f* ‖ **~ oxide** (Chem) / Kohlenstoffoxid *n* (im Allgemeinen) ‖ **~ oxysulphide** (Chem) / Kohlenoxidsulfid *n* (COS), Karbonylsulfid *n*, Carbonylsulfid *n* ‖ **~ paper** (Cables, Elec Eng) / Rußpapier *n* (durch Rußzusatz leitfähig gemachtes Papier) ‖ **~ paper*** (Paper) / Kohlepapier *n*, Karbonpapier *n* (A) ‖ **~ paper** (a gelatin-coated paper) (Print) / Pigmentpapier *n* (ein Rohpapier, das mit einer angefärbten $K_2Cr_2O_7$ enthaltenden Gelatine beschichtet ist), Gelatinepigmentpapier *n* (für die Heliogravüre) ‖ **~ paste** / Kohleformmasse *f* ‖ **~ pin** (Autos) / Kohlestift *m* (Zündverteiler-Mittelelektrode) ‖ **~ potential** (Met) / Kohlenstoffpotential *n*, C-Potential *n*, Kohlenstoffverfügbarkeit *f*, C-Verfügbarkeit *f* ‖ **~ printing** (Print) / Carbondruck *m*, Karbondruck *m* (Drucken von Flächen mit Spezialdruckfarben /Heißkarbonfarben/ auf die Rückseite eines Bedruckstoffes, um ihn durchschreibfähig zu machen - DIN 16514) ‖ **~ process*** (Photog) / Pigmentdruck *m* (ein altes Edeldruckverfahren), Kohledruck *m* ‖ **~ ratio** (Chem) / C-Isotopenverhältnis *n*, Kohlenstoffisotopenverhältnis *n*, Verhältnis *n* von $^{12}$C zu $^{13}$C bzw. $^{14}$C ‖ **~ ratio** (Mining) / Brennstoffverhältnis *n* (Verhältnis des Anteils an festem Kohlenstoff zum Gehalt an flüchtigen Bestandteilen einer Kohlenart)
**carbon-ratio theory** (the hypothesis that in any region the specific gravity of oil varies inversely with the carbon ratio of the associated coals) (Geol, Oils) / Carbon-ratio-Theorie *f*, Kohlenstoffverhältnistheorie *f*
**carbon refractory brick** (Chem, Met) / Kohlenstoffstein *m*, Kohlenstein *m* ‖ **~ replica** (Micros) / Kohleabdruck *m* ‖ **~ replica technique*** (Micros) / Kohleabdruckverfahren *n* ‖ **~ residue** (I C Engs) / Ölkohleablagerung *f*, Verkokungsrückstand *m* ‖ **~ residue** (I C Engs) / Ölkohleablagerung *f* (bei zu fett eingestellten Motoren), Ölkohlerückstand *m* ‖ **~-residue test** / Conradsontest *m* (DIN 51551) ‖ **~ resistor*** (Elec Eng) / Kohlewiderstand *m* ‖ **~ ribbon** / Kohlefarbband *n* (das nur einmal benutzbar ist) ‖ **~ ribbon** / Karbonfarbband *n*, Karbonband *n* (der Schreibmaschine) ‖ **~ rod** / Kohleanode *f*, Kohlestab *m* (als Kohleelektrode bei der Schmelzfluss-Elektrolyse)
**carbon-rubber gel** (Chem Eng) / Bound Rubber *m* (der in Benzol unlösliche Kautschukanteil von unvulkanisierten Kautschuk-Füllstoff-Mischungen)
**carbon-13 satellite** (Spectr) / Kohlenstoff-13-Satellit *m*, $_{13}$C-Satellit *m*
**carbon sheet** (Paper) / Kohlepapier *n*, Karbonpapier *n* (A) ‖ **~ skeleton** (Chem) / Kohlenstoffgerüst *n*
**carbon-skeleton formula** (Chem) / Strichformel *f* (in der Kohlenstoffketten und -ringe als Zickzacklinien und Vielecke symbolisiert und alle an C gebundenen H-Atome weggelassen werden)
**carbon source** (Nut) / Kohlenstoffquelle *f*, C-Quelle *f*, C-Substrat *n* ‖ **~ star*** (Astron) / Kohlenstoffstern *m*, C-Stern *m* ‖ **~ steel*** (Met) / Kohlenstoffstahl *m* (DIN EN ISO 898-1) ‖ **~** (tool) **steel*** (Met) / Kohlenstoffstahl *m* (unlegierter Werkzeugstahl mit 0,5 bis 1,4% C) ‖ **~ steel*** (Met) / Kohlenstoffstahl *m* (mit bis 0,4% C), C-Stahl *m* ‖ **~ steel** (Met) s. also plain carbon steel and structural steel ‖ **~ strip** (Elec Eng) / Schleifkohle *f* ‖ **~ suboxide*** (Chem) / Kohlensuboxid *n* (ein Bisketen), Propadiendion *n* (O=C=C=C=O), Carbodicarbonyl *n*, Karbodikarbonyl *n*, Trikohlenstoffdioxid *n* ‖ **~ tetrabromide*** (Chem) / Tetrabromkohlenstoff *m*, Tetrabrommethan *n* ‖ **~ tetrachloride*** (Chem) / Tetrachlormethan *n* (ein LHKW), Tetrachlorkohlenstoff *m* ($CCl_4$), Tetra *m* (ein Halogenmethan), Kohlenstofftetrachlorid *n* ‖ **~ tetrafluoride** (Chem) / Kohlenstofftetrafluorid *n* ($CF_4$), Tetrafluorkohlenstoff *m*, Tetrafluormethan *n* ‖ **~ tissue*** (Print) /

**carbon**

Pigmentpapier *n* (ein Rohpapier, das mit einer angefärbten $K_2Cr_2O_7$ enthaltenden Gelatine beschichtet ist), Gelatinepigmentpapier *n* (für die Heliogravüre) || **~ transfer coefficient** (Met) / Kohlenstoffübergangszahl *f* (Kenngröße zur Charakterisierung der Kohlungswirkung von Aufkohlungsregime beim Aufkohlen) || **~ trichloride** (Chem) / Hexachlorethan *n*, Carboneum sesquichloratum, Perchlorethan *n*, Mottenhexe *f*
**carbon-tube atom reservoir** (Chem, Spectr) / Graphitrohratomisator *m*
**carbon value**\* / Verkohlungszahl *f* (bei Schmierölen) || **~ whisker** / Kohlenstoffwhisker *m*, Graphitwhisker *m*
**carbonyl**\* *n* (Chem) / Karbonyl *n*, Carbonyl *n* (ein Atomgruppierung)
**carbonylation** *n* (Chem) / Karbonylierung *f*, Carbonylierung *f* (Einführung der Carbonylgruppe in organische Verbindungen)
**carbonyl chloride**\* (Chem) / Kohlensäuredichlorid *n*, Kohlenoxidchlorid *n*, Phosgen *n*, Carbonyldichlorid *n*, Karbonylchlorid *n* || **~ complex** (Chem) / Carbonylkomplex *m*, Karbonylkomplex *m* || **~ group** (Chem) / Karbonylgruppe *f*, -C(=O)-Gruppe *f*, Oxogruppe *f*, Carbonylgruppe *f* (funktionelle CO-Gruppe *m*, wie sie reaktionsbestimmend in Aldehyden und Ketonen vorliegt), CO-Gruppe *f* || **~ oxide** (Chem) / Karbonyloxid *n*, Carbonyloxid *n* || **~ powder**\* (Powder Met) / Karbonylpulver *n* || **~ process** (Met) / Karbonylprozess *m*, Karbonylverfahren *n* (Verfahren zur Gewinnung sehr reiner Metalle der Eisengruppe über die leichtflüchtige Verbindung $Me(CO)_X$), Carbonylprozess *m*, Carbonylverfahren *n* || **~ sulphide** (Chem) / Kohlenoxidsulfid *n* (COS), Karbonylsulfid *n*, Carbonylsulfid *n*
**car booster** (Autos, Radio) / Nachverstärker *m* für Autoradio, zusätzlicher Leistungsverstärker für Autoradio
**carbopitch** *n* / Kohlepech *n*, Carbopech *n*
**carborane** *n* (Chem) / Carboran *n* (Gruppenbezeichnung für Bor-Kohlenstoff-Wasserstoff-Verbindungen, die systematisch als Carbaborane bezeichnet werden), Carbaboran *n*
**Carborundum**\* *n* / Carborundum *n* (Siliziumkarbid als Schleifmittel - Warenzeichen der Deutschen Carborundum Schleifmittelwerke GmbH)
**Carbowax** *n* (Chem Eng, Pharm, Textiles) / Carbowax *n* (Warenzeichen für eine Gruppe von Polyethylenglykolen)
**carboxin** *n* (used to treat seeds of barley, oats, wheat, corn, and cotton for fungus diseases) (Agric, Chem) / Carboxin *n*, DCMO (ein Fungizid)
**carboxy group** (Chem) / Karboxygruppe *f*, Carboxygruppe *f*, COOH-Gruppe *f*
**carboxylase**\* *n* (Biochem, Chem) / Karboxylase *f* (Enzym mit Biotin als prosthetischer Gruppe), Carboxylase *f*
**carboxylate** *v* (Chem) / karboxylieren *v* (in organische Verbindungen die Karboxylgruppe einführen)
**carboxyl group**\* (Chem) / Karboxygruppe *f*, Carboxygruppe *f*, COOH-Gruppe *f*
**carboxylic acid**\* (Chem) / Karbonsäure *f*, Carbonsäure *f* (die eine oder mehrere Carboxygruppen enthält) || **~ acid ester** (Chem) / Karbonsäureester *m* (auch synthetisches Schmiermittel) || **~ rubber** (Chem Eng) / Karboxylat-Kautschuk *m* (Kopolymere von Butadien oder anderen Monomeren mit 0,5-2% Methakrylsäure)
**carboxymethylcellulose** *n* s. also sodium carboxymethylcellulose || **~** (Chem, Nut) / Karboxymethylcellulose *f* (ein Zellulosether), Carboxymethylcellulose *f* (DIN 7728, T 1), CMC (Carboxymethylcellulose)
**carboxypeptidase** *n* (Biochem) / Karboxypeptidase *f*, Carboxypeptidase *f*
**carboxy-terminal amino acid** (Biochem) / C-terminale Aminosäure, Carboxyende *n*, Karboxyende *n*
**carboy**\* *n* / Ballon *m* (bauchiger Behälter), Ballonflasche *f* (Glas, Keramik - Inhalt etwa 19 bis 57 l) || **~**\* (if cushioned) (Chem, Glass) / Glasballon *m*
**Carbro process**\* (Photog) / Carbro-Druck *m* (ein altes Edeldruckverfahren), Karbrodruck *m*
**carbuncle**\* *n* (Min) / Karfunkel *m* (alte Bezeichnung für feuerrote Schmucksteine), Karfunkelstein *m*
**carburation**\* *n* (Fuels) / Vergasung *f* (des Kraftstoffs) || **~** (I C Engs) / Gemischaufbereitung *f*
**carburetion** *n* (US) (Chem Eng) / Karburieren *n* (Erhöhung der Leuchtkraft und des Heizwertes von Brenn- und Leuchtgasen), Carburieren *n* || **~** (Fuels) / Vergasung *f* (des Kraftstoffs) || **~** (I C Engs) / Gemischaufbereitung *f*
**carburetor**\* *n* (I C Engs) / Vergaser *m*
**carburetted water gas** (Chem Eng) / karburiertes Wassergas
**carburetter** *n* (Fuels) / Karburator *m* (zur Wassergaserzeugung) || **~** (Fuels) / Karburator *m* (zur Erhöhung des Heizwertes und der Leuchtkraft von Heizgasen) || **~**\* (I C Engs) / Vergaser *m*
**carburetting** *n* (Chem Eng) / Karburieren *n* (Erhöhung der Leuchtkraft und des Heizwertes von Brenn- und Leuchtgasen), Carburieren *n*

**carburettor**\* *n* (Autos, I C Engs) / Vergaser *m* || **~ detergent** (Autos) / Wirkstoff *m* zur Vergaserreinigung, Additiv *n* zur Vergaserreinigung || **~ engine** (I C Engs) / Vergaser-Ottomotor *m* (heute fast obsolet), Vergasermotor *m* || **~ float spindle** (I C Engs) / Schwimmernadel *f* (des Vergasers) || **~ fuel** (for carburetted fuel system) (Fuels) / Vergaserkraftstoff *m*, VK || **~ fuel** s. also Otto-engine fuel || **~ icing** (Autos) / Vergaservereisung *f* || **~ linkage** (Autos) / Gasgestänge *n* || **~ throat** (I C Engs) / Vergaserventuri *n*, Vergaserdurchlass *m*, Lufttrichter *m* || **~ venturi** (I C Engs) / Vergaserventuri *n*, Vergaserdurchlass *m*, Lufttrichter *m*
**car burglar alarm** (Autos) / Wageneinbruchsicherungsanlage *f*
**carburising** *n* (Met) / Aufkohlen *n* (DIN EN 10 052), Aufkohlung *f*, Zementieren *n* (Aufkohlen), Zementation *f*, Kohlung *f*
**carburization** *n* (Met) / Aufkohlen *n* (DIN EN 10 052), Aufkohlung *f*, Zementieren *n* (Aufkohlen), Zementation *f*, Kohlung *f* || **~ depth** (Met) / Aufkohlungstiefe *f* (DIN 10 052)
**carburizer** *n* (Met) / Kohlungsmittel *n*, Aufkohlungsmittel *n*
**carburizing**\* *n* (Met) / Aufkohlen *n* (DIN EN 10 052), Aufkohlung *f*, Zementieren *n* (Aufkohlen), Zementation *f*, Kohlung *f* || **~ agent** (Met) / Kohlungsmittel *n*, Aufkohlungsmittel *n* || **~ depth** (Met) / Aufkohlungstiefe *f* (DIN 10 052) || **~ flame** (Welding) / karbonisierende Flamme, karburierende Flamme (bei Auftreten von freiem Kohlenstoff im Flammeninneren) || **~ furnace** (Met) / Einsatzofen *m* (Muffelofen zur Einsatzhärtung und zum Zementieren) || **~ steel** (Met) / Einsatzstahl *m* (DIN EN 17 210)
**carbylamine**\* *n* (Chem) / Isocyanid *n*, Isocyanid *n*, Isonitril *n*, Carbylamin *n*, Karbylamin *n* || **~ reaction** (Chem) / Isonitril-Probe *f* (zum qualitativen Nachweis primärer Amine)
**carbyloxime** *n* (Chem) / Knallsäure *f* (HONC)
**carbyne** *n* (elemental carbon in a triply bonded form) (Chem) / Carbin *n* (eine Kohlenstoffmodifikation)
**car care** (Autos) / Autopflege *f* || **~ carrier** (Ships) / Autotransporter *m* (Spezialfrachtschiff für den Transport von Kraftfahrzeugen), Autofrachter *m*
**carcase** *n* (Build) / Gebäudekörper *m*, Baukörper *m*, Gebäudeskelett *n*, Gebäudetragwerk *n*, Gebäudegerippe *n* (ohne Verputz und Ausbau) || **~** (Build) / Rohbau *m* || **~** (Nut) / Schlachtkörper *m* (alle genießbaren Teile eines geschlachteten Tieres)
**carcass**\* *n* (Autos) / Reifenkarkasse *f* (der Gewebeunterbau als Festigkeitsträger), Karkasse *f*, Reifenunterbau *m*, Gewebeunterbau *m* (des Reifens) || **~** (Build) / Gebäudekörper *m*, Baukörper *m*, Gebäudeskelett *n*, Gebäudetragwerk *n*, Gebäudegerippe *n* (ohne Verputz und Ausbau || **~** (Build) / Rohbau *m* || **~** (Join) / Korpus *m* (pl. -se) (bei Möbeln) || **~** (Nut) / Schlachtkörper *m* (alle genießbaren Teile eines geschlachteten Tieres) || **~ clamp** (Join) / Korpuspresse *f*, Korpusverleimvorrichtung *f* || **~ cramp** (Join) / Korpuspresse *f*, Korpusverleimvorrichtung *f* || **~ grade** (Nut) / Schlachtqualität *f*
**carcassing timber**\* (Build) / Konstruktionsholz *n*, Bauholz *n* für den Hochbau, Rahmenholz *n*
**carcass meat** (Nut) / Frischfleisch *n* || **~ quality** (Nut) / Schlachtqualität *f* || **~ weight** (Nut) / Schlachtgewicht *n*
**carcinogen** *n* (Med) / krebsverursachende Substanz, krebserzeugender Stoff, karzinogene Substanz, kanzerogener Stoff, Karzinogen *n*, Kanzerogen *n*, krebserregender Stoff
**carcinogenic** *adj* (Med) / kanzerogen *adj*, karzinogen *adj*, carcinogen *adj*, onkogen *adj* (Krebs erregend), Krebs erregend *adj*
**carcinotron** *n* (Electronics) / Carcinotron *n*, Karzinotron *n* (eine Lauffeldröhre)
**car cover** (Autos) / Autoabdeckung *f*, Halbgarage *f*, Faltgarage *f*, Auto-Pelerine *f*, Auto-Paletot *m*
**card** *v* (Spinning) / kardieren *v*, karden *v*, krempeln *v*, kratzen *v*, streichen *v* || **~** *n* (Comp) / Karte *f* || **~**\* (Electronics) / Schaltplatte *f*, Schaltungsplatte *f*, Schaltungskarte *f* || **~** (Spinning) / Karde *f* (in der Baumwoll- und Flachsspinnerei), Krempel *f* (in der Wollspinnerei) || **~ (Weaving)** / Karte *f* (zur Steuerung von Mustereinrichtungen) || **~**\* (Comp) s. also punched card
**Cardan circle pair** (Mech) / Kardankreise *m pl*, Kardankreispaar *n* (in der Geradführung) || **~ drive** (Autos) / Kardanantrieb *m*
**cardanic** *adj* / kardanisch *adj* || **~ suspension** (Eng) / Kardanaufhängung *f*, cardanische Aufhängung, kardanische Aufhängung
**cardan joint** (Autos, Eng) / Kreuzgelenk *n* (ein Festgelenk), Kardangelenk *n* (zur Kraftübertragung - nach G. Cardano, 1501-1576) || **~ mount**\* (Eng) / Kardanaufhängung *f*, cardanische Aufhängung, kardanische Aufhängung
**Cardan's circles** (Cardan motion) (Mech) / Kardankreise *m pl*, Kardankreispaar *n* (in der Geradführung)
**Cardan shaft** (Autos) / Kardanwelle *f*
**Cardan's solution of the cubic** (Maths) / kardanische Lösungsformel, Cardani'sche Formel (zur Lösung der kubischen Gleichung), Cardano-Formel *f* (nach G. Cardano, 1501 - 1576) || **~ suspension**

(Eng) / Kardanaufhängung f, cardanische Aufhängung, kardanische Aufhängung
**cardan universal joint** (Autos, Eng) / Kreuzgelenk n (ein Festgelenk), Kardangelenk n (zur Kraftübertragung - nach G.Cardano, 1501-1576)
**card back** (Comp) / Kartenrückseite f ‖ ~ **bed** (Comp) / Kartenbahn f, Kartenführung f
**cardboard** n (Paper) / Karton m (bis zu 600 g/m² - DIN 6730), Pappe f (über 225 g/m² - Oberbegriff für Vollpappe und Wellpappe) ‖ ~ **box** (Paper) / Pappschachtel f ‖ ~ **cutter** / Pappenschere f (Papier- und Pappenschneidemaschine mit fest stehendem Unter- und beweglichem Obermesser), Pappschere f ‖ ~ **for bookbinding** (Paper) / Buchbinderpappe f ‖ ~ **for playing cards** (Paper) / Spielkartenkarton m ‖ ~ **machine** (Paper) / Karton- und Pappenmaschine f ‖ ~ **pattern** (Autos) / Pappschablone f (für Reparaturen) ‖ ~ **shears** / Pappenschere f (Papier- und Pappenschneidemaschine mit fest stehendem Unter- und beweglichem Obermesser), Pappschere f ‖ ~ **sun shade** (Autos) / Sonnenschutzleporello n (bedruckte Pappe) ‖ ~ **template** (Autos) / Pappschablone f (für Reparaturen) ‖ ~ **tray** / Pappschale f
**card box** / Karteikasten m ‖ ~ **box** (Paper) / Pappschachtel f ‖ ~ **cage** (Comp) / Kartenkäfig m (für Schaltkarten usw.) ‖ ~ **clothing*** (Spinning) / Krempelbeschlag m (DIN 64108), Kardenbeschlag m, Kratzenbeschlag m, Kardengarnitur f, Kardengarnitur f ‖ ~ **clothing leather** (Leather, Spinning) / Kratzenleder n (der Kammwollkrempel), Kammwollkratze f (Leder) ‖ ~ **column** (Comp) / Lochspalte f
**card-controlled** adj (Comp) / lochkartengesteuert adj
**card-copying machine** (Weaving) / Kartenkopiermaschine f
**card cutting** (Weaving) / Kartenschlagen n ‖ ~ **deck*** (Comp) / Kartenstapel m, Kartenstoß m, Kartensatz m, Kartenspiel n ‖ ~**-dialler** n (Teleph) / Rufnummerngeber m mit Karten
**carded sliver** (Spinning) / Kardenband n, Krempelband n ‖ ~ **sliver** (Spinning) / Lunte f (schwach gedrehtes Vorband), Faserband n (DIN 64 050) ‖ ~ **web** (Spinning) / Krempelvlies n, Krempelflor m, Kardenvlies n, Kardenflor m ‖ ~ **wool** (Spinning) / Streichwolle f (aus Wolle hergestellter Streichgarn) ‖ ~ **wool spinning** (Spinning) / Streichgarnspinnerei f (DIN 60412), Streichgarnverfahren n, Streichgarnspinnverfahren n ‖ ~ **yarn*** (Spinning) / Streichgarn n, kardiertes Garn, Krempelgarn n
**cardenolide** n (Bot, Pharm) / Cardenolid n (eine herzwirksame Substanz), Cardenolidglykosid n
**card face** (Comp) / Kartenvorderseite f ‖ ~ **feed** (Comp) / Lochkartenzuführung f ‖ ~ **feed** (Comp) / Lochkartenzuführungseinrichtung f ‖ ~ **fillet** (Spinning) / Kratzenband n (DIN 64 108) ‖ ~ **holder** / Kartenhalter m (der Schreibmaschine) ‖ ~ **hopper** (Comp) / Karteneingabefach n (bei Lochern), Kartenmagazin n, Kartenzuführungsmagazin n (bei Lesern)
**cardiac fibrillation** (Med) / Flimmern f des Herzens (z.B. bei einem E-Unfall), Herzflattern n ‖ ~ **glycoside** (Med, Pharm) / herzaktives Glykosid, Herzglykosid n (z.B. Cardenolid, Bufadienolid)
**cardigan** n (Textiles) / Fangtrikot m n ‖ ~ **fabric** (Textiles) / Fangware f (Patentstricktechnik)
**cardinal** n (Maths) / Kardinalzahl f ‖ ~ adj / kardinalrot adj ‖ ~ **distance** (Optics) / Kardinalstrecke f
**cardinality** n (Maths) / Mächtigkeit f (einer Menge), Kardinalzahl f (einer Menge), Zahleigenschaft f (einer Menge)
**cardinal number*** (Maths) / Kardinalzahl f ‖ ~ **planes*** (Optics) / Kardinalflächen f pl (optische Kardinalelemente) ‖ ~ **points*** (Astron, Nav, Surv) / Himmelsrichtungen f pl, Himmelsgegenden f pl ‖ ~ **points*** (Optics) / Kardinalpunkte m pl (optische Kardinalelemente) ‖ ~ **red** / kardinalrot adj
**carding*** n (Spinning) / Kardieren n, Karden n, Krempeln n, Kratzen n, Streichen n ‖ ~ **beater** (Spinning) / Kirschnerflügel m, Kardierflügel m ‖ ~ **engine** (Spinning) / Karde f (in der Baumwoll- und Flachsspinnerei), Krempel f (in der Wollspinnerei) ‖ ~ **leather** (Spinning) / (side leather used on the cards of textile machinery) (Leather, Spinning) / Kratzenleder n (der Kammwollkrempel), Kammwollkratze f (Leder) ‖ ~ **machine** (Spinning) / Karde f (in der Baumwoll- und Flachsspinnerei), Krempel f (in der Wollspinnerei) ‖ ~ **machine for slubbing** (Spinning) / Vorspinnkarde f ‖ ~ **machine with two pairs of workers and rollers** (Spinning) / Zweikrempelsatz m ‖ ~ **room** (Spinning) / Krempelei f, Karderie f ‖ ~ **willow** (Spinning) / Krempelwolf m (Maschine) ‖ ~ **wool** (Spinning) / Streichwolle f
**cardioid*** n (an epicycloid with R/r = 1) (Maths) / Kardioide f (eine spitze Epyzykloide), Herzkurve f, Cardioide f ‖ ~ **condenser** (Micros) / Kardioiddunkelfeldkondensor m ‖ ~ **diagram** (Acous) / Nierencharakteristik f (bei Schallwandlern) ‖ ~ **microphone** (Acous) / Kardioidmikrofon n, Nierenmikrofon n ‖ ~ **reception pattern** (Radio) / herzförmige Empfangscharakteristik

**card key** / Magnetkarte f (für elektronische Schließmechanismen) ‖ ~ **lacing** (Weaving) / Kartenschnur f (für Jacquardkarten) ‖ ~ **lacing** (Weaving) / Bindeschnur f für Jacquardkarten, Jacquardschnur f
**card-lacing machine** (Weaving) / Kartenbindemaschine f, Kartenschnürmaschine f
**card leather** (Leather, Spinning) / Kratzenleder n (der Kammwollkrempel), Kammwollkratze f (Leder)
**cardless system** (Comp) / kartenloses System
**card nippers** pl (Textiles) / Handlocher m für Jacquardkarten
**car door** (of a lift) / Fahrkorbtür f ‖ ~ **door** (Autos) / Wagentür f, Autotür f, Schlag m
**card perforating** (Weaving) / Kartenschlagen n
**card-perforating machine** (Weaving) / Schlagmaschine f (zum Lochen der Jacquardkarten)
**cardphone** n (GB) (a public telephone operated by the insertion of a prepaid phonecard rather than coins) (Teleph) / Kartentelefon n
**card plug-in unit** (Electronics) / Karteneinschub m ‖ ~ **pocket** (Comp) / Ablagefach n (der Sortiermaschine), Sortierfach n ‖ ~ **punch** (Comp) / Lochkartenstanzer m, Kartenstanzer m ‖ ~ **punch** (Comp) / Kartenlocher m (manuell) ‖ ~ **punching** (Weaving) / Kartenschlagen n
**card-punching machine** (Weaving) / Schlagmaschine f (zum Lochen der Jacquardkarten)
**card reader** (Photog) / Kartenleser m (bei Digitalkameras) ‖ ~ **relay** (Elec Eng) / Kartenrelais n
**card-repeating machine** (Weaving) / Kartenkopiermaschine f
**card reversing motion** (Weaving) / Kartenrückschlagvorrichtung f ‖ ~ **room** (Spinning) / Krempelei f, Karderie f ‖ ~ **sensing** (Comp) / Kartenabtastung f
**card-size solar calculator** (Comp) / Solarrechner m in Scheckkartengröße
**card slide-in unit** (Electronics) / Karteneinschub m ‖ ~ **sliver** (Spinning) / Kardenband n, Krempelband n ‖ ~ **sliver** (Spinning) / Lunte f (schwach gedrehtes Vorband), Faserband n (DIN 64 050) ‖ ~ **slot** (Comp) / Steckplatz m, Slot m (Steckplatz für Steckkarten, auf denen spezielle Baugruppen angeordnet sind, die zur Erweiterung der Grundstruktur eines Rechners dienen), Kartensteckplatz m, Einbauplatz m (für Erweiterungskarte) ‖ ~ **sorter** (Comp) / Sortiermaschine f, Sortierer m (für Lochkarten) ‖ ~ **track** (Comp) / Kartenbahn f, Kartenführung f
**car dump** (Autos, Ecol) / Autofriedhof m, Autowrackplatz m
**card waste** (Spinning) / Krempelausputz m, Kardenausputz m, Kardenabfall m ‖ ~ **web** (Spinning, Textiles) / Krempelvlies n, Krempelflor m, Kardenvlies n, Kardenflor m ‖ ~ **winder** (Textiles) / Garnaufkarter m
**card-winding machine** (Textiles) / Garnaufkarter m
**card wire raising machine** (Spinning) / Kratzenraumaschine f (mit Strich- und Gegenstrichwalzen - DIN 64 990)
**CARE** (computer-aided reengineering) (Comp) / Computer-aided Reengineering n (toolgestützte Sanierung von Altsoftware), CARE (Computer-aided Reengineering)
**care** v (Leather, Textiles) / pflegen v ‖ ~ n / Pflege f (im Allgemeinen)
**career apparel** (Textiles) / Berufskleidung f ‖ ~ **counseling** (US) / Berufsberatung f ‖ ~ **résumé** / beruflicher Werdegang (als Bewerbungsunterlage)
**career's advice** / Berufsberatung f ‖ ~ **guidance** / Berufsberatung f ‖ ~ **master** / Berufsberater m (an einer Schule) ‖ ~ **officer** / Berufsberater m (z.B. für Schulabgänger)
**care label** (Textiles) / Pflegeetikett n, Pflegekennzeichen n (als unverlierbar angebrachtes Etikett) ‖ ~ **symbol** (Textiles) / Behandlungssymbol n, Pflegesymbol n (z.B. Bügeleisen für die Bügelbehandlung, Glätten und Pressen unter Einwirkung von Wärme), Pflegekennzeichen n (grafisches Symbol)
**caret*** n (Typog) / Einfügungszeichen n (ein Korrekturzeichen)
**Carey-Foster bridge** (Elec Eng) / Carey-Foster-Brücke f, Schleifdrahtmessbrücke f nach Carey-Foster
**car ferry** (Autos) / Autofähre f ‖ ~ **ferry** (Autos, Ships) / Wagenfähre f ‖ ~ **finish** (Autos, Paint) / Fahrzeuglack m, Autolack m
**car-floor contact*** (Elec Eng) / Fußbodenkontakt m (im Aufzug), Bodenkontakt m
**car gate** / Fahrkorbtür f ‖ ~ **glass** (Autos) / Autoglas n
**cargo** n (pl. cargoes or cargos) / Ladegut n, Ladung f, Fracht f, Frachtgut n ‖ ~ (Aero) / Luftfracht f ‖ ~ (pl. cargoes or cargos) (Ships) / Kargo m, Schiffsladung f, Cargo m ‖ ~ **aircraft** (Aero) / Frachtflugzeug n, Transportflugzeug n, Nur-Fracht-Flugzeug n ‖ ~ **area** (Autos) / Ladefläche f ‖ ~ **bay** (Autos) / Laderaum m (bei Kombis, Pickups) ‖ ~ **bay** (Space) / Nutzlastbucht f (z.B. des Raumtransporters) ‖ ~ **boom** m (Ships) / Ladebaum m (bordeigenes Hebezeug) ‖ ~ **capacity measurement** (Autos) / Auslitern n (des Kofferraums) ‖ ~ **chute** (Aero) / Lastenfallschirm m ‖ ~ **compartment** (Aero) / Frachtraum m ‖ ~ **compartment door** (Aero) / Frachtraumtür f, Frachtladetür f ‖ ~ **documents** (Ships) /

201

**cargo**

Ladungsdokumentation f ‖ ~ **door** (Aero) / Frachtraumtür f, Frachtladetür f ‖ ~ **gear** (Ships) / Ladegeschirr n (Gesamtheit der an Bord des Schiffs vorhandenen Einrichtungen zum Laden und Löschen der Ladung)
**cargo-handling appliance** (Ships) / Ladeeinrichtung f ‖ ~ **gear** (Ships) / Ladegeschirr n (Gesamtheit der an Bord des Schiffs vorhandenen Einrichtungen zum Laden und Löschen der Ladung)
**cargo hatchway** (Ships) / Ladeluke f ‖ ~ **hold** (Aero, Ships) / Laderaum m, Frachtraum m ‖ ~ **hold** (Autos) / Laderaum m (bei Kombis, Pickups) ‖ ~ **hook** / Ladehaken m mit Abweiser ‖ ~ **lamp** (Fuels) / Kofferraumleuchte f ‖ ~ **manifest** (Aero) / Frachtliste f (bei Verkehrsflugzeugen) ‖ ~ **parachute** (Aero) / Lastenfallschirm m ‖ ~ **perspiration** (Ships) / Ladungsschweiß m ‖ ~ **pest** (Ships) / Ladungsschädlinge m pl (z.B. Korn-, Reismehl- oder Khapräkäfer) ‖ ~ **pool** (Ships) / Ladungspool m ‖ ~ **port** (Ships) / Ladepforte f ‖ ~ **rocket** / Lastrakete f, Frachtrakete f ‖ ~ **safeguarding** / Ladungssicherung f (z.B. mit Luftkissen, Festlegehölzern, Pallungen usw.) ‖ ~ **securing** / Ladungssicherung f (z.B. mit Luftkissen, Festlegehölzern, Pallungen usw.) ‖ ~ **sharing** (Ships) / Ladungsteilung f ‖ ~ **ship** (Ships) / Frachtschiff n, Frachter m ‖ ~ **space** (Aero, Ships) / Laderaum m, Frachtraum m ‖ ~ **terminal** (building) (Aero) / Luftfrachthof m, Frachthof m ‖ ~ **transportation** / Gütertransport m ‖ ~ **transport unit** / Frachtbeförderungseinheit f, Beförderungseinheit f ‖ ~ **warehouse** (Aero) / Frachtlager m (zur Zwischenlagerung - ein Teil des Frachthofes) ‖ ~ **winch** (Ships) / Ladewinde f ‖ ~ **windlass** (Ships) / Ladewinde f
**car hire** (Autos) / Autoverleih m
**Caribbean pine** (For) / Karibische Kiefer (Pinus caribaea Morelet) ‖ ≙ **pitchpine** (For) / Karibische Kiefer (Pinus caribaea Morelet)
**carillon** n (Arch) / Carillon n (Glockenspiel), Glockenspiel n
**carinated propeller** / Düsenpropeller m, ummantelter Propeller
**car industry** (Autos) / Kraftfahrzeugindustrie f, Automobilindustrie f, Autoindustrie f ‖ ~ **insurance** (Autos) / Kraftfahrversicherung f (Sammelbezeichnung für verschiedene Versicherungsarten zur Deckung von Gefahren, die sich aus dem Gebrauch von Kraftfahrzeugen ergeben), Autoversicherung f, Kraftfahrzeugversicherung f, Kraftverkehrsversicherung f
**cariogenic** adj (Med, Nut) / kariogen adj
**Carius furnace** (Chem) / Schießofen m (für die Carius-Methode), Bombenofen m ‖ ≙ **method** (tube combustion) (Chem) / Carius-Methode f (zum quantitativen Nachweis von Chlor, Brom, Iod und Schwefel) ‖ ≙ **tube** (Chem) / Bombenrohr n nach Carius (G.L.Carius, 1829-1875)
**car key** (Autos) / Autoschlüssel m ‖ ~ **kilometre** / Wagenkilometer m ‖ ~ **lift** (US) (Autos) / Wagenheber m, Hebebühne f
**carload** n (the number of people that can travel in a motor car) (Autos) / Platzangebot n (für x Personen)
**carload-lot rate** (Rail) / Wagenladungstarif m
**Carlsbad law** (Crystal) / Karlsbader Gesetz ‖ ≙ **salt** (Pharm) / Karlsbader Salz (Salzgemisch aus eingedampftem Wasser der Karlsbader Quellen - Böhmen) ‖ ≙ **twin** (Crystal) / Karlsbader Zwilling
**car maintenance manual** (Autos) / Wartungs- und Bedienungsanleitung f (für einen bestimmten Wagentyp) ‖ ~ **maker** (Autos, Eng) / Autohersteller m ‖ ~ **manufacturer** (Autos, Eng) / Autohersteller m ‖ ~ **mat** (Autos) / Bodenmatte f ‖ ~ **mechanic** (Autos) / Automobilmechaniker m, Automechaniker m, Kfz-Mechaniker m
**Carmichael number** (Maths) / Carmichael'sche Zahl, Pseudoprimzahl f
**carmine** n (a vivid crimson colour made from cochineal) (Micros, Nut) / Karmin n (Echtes - E 120), Kermesrot n, Karmesin n, Koschenille f, Cochenille f (roter Farbstoff) ‖ ~ adj / karminrot adj, karmesinrot adj, kermesrot adj ‖ ~-**red** adj / karminrot adj, karmesinrot adj, kermesrot adj
**carminic acid** (Chem) / Karminsäure f (E 120), Carminsäure f (ein Indikator)
**carmoisin** n (Chem, Nut) / Echtrot n C, Azorubin n (E 122), Carmoisin n (E 122)
**car mortuary** (Autos, Ecol) / Autofriedhof m, Autowrackplatz m
**carnallite*** n (Min) / Karnallit m (ein primäres Kalisalz), Carnallit m (nach R.v.Carnall, 1804-1874)
**carnauba** n / Carnaubapalme f, Karnaubawachspalme f (Copernicia prunifera (Mill.) H.E. Moore) ‖ ~ **wax** / Carnaubawachs n (E 903), Karnaubawachs n, Cera Carnauba f (von der Karnaubawachspalme)
**carnelian*** n (Min) / Karneol n (blutroter bis gelblicher Chalzedon), Carneol m
**carnet** n (Autos) / Carnet n (Zollbescheinigung zur Einfuhr von Kraftfahrzeugen)
**carnitine** n (Biochem) / Vitamin n B$_p$ Carnitin n (3-Hydroxy-4-(trimethylammonio)-buttersäurebetain), Mehlwurmfaktor m
**Carnivore** n (an e-mail surveillance program used by the FBI) (Comp) / Carnivore n

**carnosine** n (an optically active crystalline dipeptide, found in muscle tissue) (Biochem, Physiol) / Carnosin n, Ignotin n
**Carnot cycle*** (Phys) / Carnot-Prozess m (nach S.Carnot, 1796-1832), Carnot'scher Kreisprozess (für periodisch arbeitende Wärmekraftmaschinen) ‖ ≙ **efficiency** (Phys) / Carnot'scher Wirkungsgrad (im Carnot'schen Kreisprozess) ‖ ≙ **engine** (Phys) / Carnot-Maschine f (reversibel und periodisch mit dem Carnot'schen Wirkungsgrad arbeitende Wärmekraftmaschine)
**carnotite*** n (Min) / Carnotit m (Uran- und Vanadiummineral - nach M.A. Carnot, 1839-1920)
**carnotize** v (Phys) / carnotisieren v
**Carnot law** (Phys) / Carnotsches Theorem (Aussage über den Wirkungsgrad einer Wärmekraftmaschine)
**Carnot's principle** (Phys) / Carnotsches Theorem (Aussage über den Wirkungsgrad einer Wärmekraftmaschine) ‖ ≙ **reagent** (Chem) / Carnotsches Reagens (zum Kaliumnachweis) ‖ ≙ **theorem*** (Phys) / Carnotsches Theorem (Aussage über den Wirkungsgrad einer Wärmekraftmaschine)
**Carnot working cycle** (Phys) / Carnot-Prozess m (nach S.Carnot, 1796-1832), Carnot'scher Kreisprozess (für periodisch arbeitende Wärmekraftmaschinen)
**carob** n (Nut) / Karube (Johannisbrot) ‖ ~ (Nut) / Johannisbrotkernmehl n (Verdickungsmittel und Trägerstoff - E 410), Kernmehl n (Carobin), JBK (Johannisbrotkernmehl) ‖ ~ **bean** (Nut) / Karube (Johannisbrot) ‖ ~ **flour** (Nut) / Johannisbrotkernmehl n (Verdickungsmittel und Trägerstoff - E 410), Kernmehl n (Carobin), JBK (Johannisbrotkernmehl) ‖ ~ **gum** / Johannisbrotgummi n (von Ceratonia siliqua L.)
**carob-seed gum** (Nut) / Johannisbrotkernmehl n (Verdickungsmittel und Trägerstoff - E 410), Kernmehl n (Carobin), JBK (Johannisbrotkernmehl)
**carol*** / eingebauter Fensterplatz (am Erkerfenster)
**caroll*** / eingebauter Fensterplatz (am Erkerfenster)
**car operating panel** / Fahrkorb-Bedienungstafel f
**Caro's acid*** (Chem) / Peroxomonoschwefelsäure f ($H_2SO_5$), Caro'sche Säure (nach H.Caro, 1834-1910), Sulfomonopersäure f
**carotene*** n (Chem, Nut) / Beta-Carotin n (E 160 a), Karotin n (Provitamin A)
**carotenoid*** n (Chem, Nut) / Carotinoid n, Karotinoid n
**carousel** n (circulatory conveyor in arrival terminal) (Aero) / Rundlauf m (bei der Gepäckausgabe), Gepäckkarussell n ‖ ~ **bench assembly system** (Electronics) / Karussellbankbestückungsanlage f
**carousel-type machine** (Plastics) / Rundläufermaschine f ‖ ~ **moulding unit** (Plastics) / Karussellblasaggregat n
**car owner** (Autos) / Kraftfahrzeughalter m ‖ ~ **painting** (Autos, Paint) / PKW-Lackierung f ‖ ~ **park** (Autos, Civ Eng) / Parkplatz m, Sammelstellplatz m (für mehrere Wagen), Parkfläche f (für mehrere Fahrzeuge), Parkgelände n (eine Verkehrsanlage zur Aufnahme des ruhenden Verkehrs)
**carpenter** v (Carp) / zimmern v ‖ ~ n (Carp) / Zimmermann m, Zimmerer m ‖ ~ **ant** (a large ant which burrows into wood to make a nest) (For, Zool) / Riesenholzameise f (Camponotus ligniperda), Riesenameise f ‖ ~ **bee** (Zool) / Holzbiene f (der Gattung Xylocopa)
**carpenter's axe** (Carp, Tools) / Bundaxt f, Zimmermannsaxt f ‖ ~ **bee** (Zool) / Holzbiene f (der Gattung Xylocopa) ‖ ~ **brace** (Carp) / Bohrwinde f (mit Kurbelgriff) ‖ ~ **level** (Carp) / Lotwaage f ‖ ~ **mark** (Carp) / Abbundzeichen n (jeweils vom Gebäudeeingang beginnend von rechts nach hinten bzw. von links nach rechts fortschreitend verwendet) ‖ ~ **roofing hammer** (Carp, Tools) / Lattenhammer m, Latthammer m ‖ ~ **square** (Carp, Tools) / Zimmermannswinkel m
**carpentry** (Carp) / Zimmermannsgewerk n, Zimmererhandwerk n, Zimmerei f, Zimmerhandwerk n ‖ ~ **joint** (Carp) / Zimmereiverband m, zimmermannsmäßige Holzverbindung
**carpet** v / mit Teppich auslegen ‖ ~ n (Civ Eng) / Verschleißdecke f (oberste Schicht der Fahrbahndecke), Verschleißschicht f (oberste mit Hartzuschlägen bzw. Hartstoffen hergestellte Schicht einer Verkehrsfläche) ‖ ~ (Civ Eng) / Teppich m (dünner Belag) ‖ ~ (all textile floor coverings not designated as rugs) (Textiles) / Teppich m ‖ ~ **adhesive** / Teppichklebstoff m ‖ ~ **ageing** (Textiles) / Antikisieren v von Teppichen ‖ ~ **back** (Textiles) / Teppichrückseite f, Teppichrücken m, Compound m
**carpet-back coating** (Textiles) / Teppichrückenbeschichtung f
**carpet backing** (Textiles) / Teppichrückseite f, Teppichrücken m, Compound m
**carpet-back singeing** (Textiles) / Teppichrückensengen n
**carpet beetle** (Textiles, Zool) / Teppichkäfer m (ein Speckkäfer der Gattung Anthrenus) ‖ ~ **brown** (Build, Textiles) / Unterlagenfilz m ‖ ~ **cleaning** (Textiles) / Teppichreinigung f ‖ ~ **combustion properties** (Textiles) / Brennverhalten n von Teppichen ‖ ~ **dyeing** (Textiles) / Teppichfärben n, Teppichfärberei f ‖ ~ **fabric** (Textiles) / Teppichstoff m ‖ ~ **felt** (Build, Textiles) / Unterlagenfilz m ‖ ~ **felt** (Build, Textiles) s. also deadening felt ‖ ~ **finishing** (Textiles) / Teppichausrüstung f

**carpeting** n (Autos, Textiles) / Teppichsatz m ‖ ~ n (Autos) / Bodenbelag m ‖ ~ (Textiles) / Teppichwaren f pl (DIN 61151), Teppichware f ‖ ~ (Textiles) s. also wall-to-wall carpet ‖ ~ **goods** (Textiles) / Teppichwaren f pl (DIN 61151), Teppichware f
**carpet kit** (Autos, Textiles) / Teppichsatz m ‖ ~ **knot** (Textiles) / Teppichknoten m
**carpet-lined boot** (GB) (Autos) / Kofferraum m mit Teppichboden ‖ ~ **trunk** (US) (Autos) / Kofferraum m mit Teppichboden
**carpet lining** (Build, Textiles) / Unterlagenfilz m ‖ ~ **moth** (Textiles, Zool) / Teppichmotte m, Teppichkäferlarve f ‖ ~ **moth** (Textiles, Zool) s. also carpet beetle ‖ ~ **pile** (Textiles) / Teppichflor m ‖ ~ **rail** (Build) / Teppichstange f, Teppichschiene f ‖ ~ **shampooer** (Textiles) / Teppichshampooniergerät n, Teppichschamponiergerät n, Shampooniergerät m ‖ ~ **square** (Textiles) / Teppichfliese f ‖ ~ **steamer** (Textiles) / Teppichdämpfer m ‖ ~ **strip*** (Build) / Teppichhalteleiste f ‖ ~ **tile** (Textiles) / Teppichfliese f ‖ ~ **wool** (Textiles) / Teppichwolle f (grobe und lange Wolle für Teppichgarne) ‖ ~ **yarn** (Textiles) / Teppichgarn n
**carpholite** n (Min) / Strohstein m, Karpholith m
**car phone** (Teleph) / Autotelefon n, Sprechfunkgerät n im öffentlichen beweglichen Landfunk, Kraftfahrzeug-Sprechfunkanlage f, Kraftfahrzeug-Funksprechanlage f
**carpincho leather** (Leather) / Wasserschweinleder n, Carpincholeder n, Capybaraleder n (von dem südamerikanischen Riesennager Hydrochaerus hydrochaeris)
**car platform** / Fahrkorbplattform f (bei Aufzügen) ‖ ~ **polish** (Autos) / Autowachs n, Lackkonservierer m
**carpool** (Autos) / Fahrgemeinschaft f, Carpool m (Fahrgemeinschaft)
**carport** n (Autos) / Carport m, Stellplatz m mit Schutzdach (offene Garage), Autounterstand m
**carposis** n (Biol, Ecol) / Parabiose f, Karpose f, Probiose f
**car radar** (Autos, Radar) / Kraftfahrzeugradar m n ‖ ~ **radio** (Radio) / Autoradio n, Autoempfänger m ‖ ~ **radiotelephone** (Teleph) / Autotelefon n, Sprechfunkgerät n im öffentlichen beweglichen Landfunk, Kraftfahrzeug-Sprechfunkanlage f, Kraftfahrzeug-Funksprechanlage f
**carrageen** n (Bot, Nut) / Carrageen n (E 407), Knorpeltang m, Irländisches Moos, Irisches Moos, Carragheen n, Karragheen n, Karrageen n, Gallertmoos n
**carrageenan** n (Chem) / Carrageenan n (Extrakt aus nordatlantischen Rotalgen)
**carrageenin** n (Chem) / Carrageenan n (Extrakt aus nordatlantischen Rotalgen)
**carrageen moss** (Bot, Nut) / Carrageen n (E 407), Knorpeltang m, Irländisches Moos, Irisches Moos, Carragheen n, Karragheen n, Karrageen n, Gallertmoos n
**carragheen** n (Bot, Nut) / Carrageen n (E 407), Knorpeltang m, Irländisches Moos, Irisches Moos, Carragheen n, Karragheen n, Karrageen n, Gallertmoos n
**carragheenan** n (Chem) / Carrageenan n (Extrakt aus nordatlantischen Rotalgen)
**car ramp** (Autos) / Auffahrrampe f, Auffahrbühne f, Rampe f
**carrara** n (a general name for the marbles quarried near Carrara, Italy) (Build, Geol) / karrarischer Marmor, carrarischer Marmor, Carraramarmor m, Carrara m ‖ ≈ **marble** (Build, Geol) / karrarischer Marmor, carrarischer Marmor, Carraramarmor m, Carrara m
**car refinishing paint** (Autos, Paint) / Autoreparaturlack m ‖ ~ **repair shop** (Autos) / Kraftfahrzeugwerkstatt f, Autowerkstatt f ‖ ~ **retarder** (Mining) / Wagenbremsvorrichtung f, Förderwagenbremse f
**Carrez purification** (Nut) / Carrez-Klärung f (mit einer Carrez-Lösung bei der Zuckerherstellung)
**carriage** n / Beförderung f, Transport m (von Waren), Förderung f ‖ ~ (typewriter carriage) / Schreibwagen m, Wagen m (der Schreibmaschine) ‖ ~ / Beförderungskosten pl, Transportkosten pl (zu Lande), Frachtgebühr f, Rollgeld n, Fracht f (Frachtgebühr) ‖ ~ / Fuhrwerk n, Wagen m ‖ ~* (Carp) / Treppenholm m (Treppenteil, das die Stufen trägt oder unterstützt - DIN 18 064), Treppenbalken m, Treppenaufträger m ‖ ~ (Eng) / Werkzeugschlitten m (geradlinig verschiebbarer Werkzeugträger an Werkzeugmaschinen) ‖ ~ (Photog, Print) / Schlitten m (der Reprokamera) ‖ ~* (Print) / Formbett n (im Hochdruckverfahren) ‖ ~ (Rail) / Reisezugwagen m, Personenwagen m ‖ ~ (Spinning) / Selfaktorwagen m ‖ ~ (Spinning, Weaving) / Wagen m ‖ ~ (Typog) / Karren m
**carriageability** n (Civ Eng) / Befahrbarkeit f (Straße, Gelände)
**carriageable** adj (Civ Eng) / befahrbar adj (Straße, Gelände)
**carriage bolt** (Eng) / Schlossschraube f (DIN 603) ‖ ~ **gain*** (Spinning) / Wagenverzug m ‖ ~ **of goods by road** (Autos) / Güterkraftverkehr m ‖ ~ **piece*** (Carp) / Treppenholm m (Treppenteil, das die Stufen trägt oder unterstützt - DIN 18 064), Treppenbalken m, Treppenaufträger m ‖ ~ **release** / Wagenlöser m (der Schreibmaschine) ‖ ~ **release** / Wagenlösen n (der Schreibmaschine - als Tätigkeit), Wagenauslösung f (bei der Schreibmaschine) ‖ ~

**return** / Wagenrücklauf m (der Schreibmaschine) ‖ ~ **return** / Wagenrücklauftaste f (der Schreibmaschine), Rückführtaste f (für den Wagen der Schreibmaschine), Zeilenschalter m (der Schreibmaschine) ‖ ~ **return key** / Wagenrücklauftaste f (der Schreibmaschine), Rückführtaste f (für den Wagen der Schreibmaschine), Zeilenschalter m (der Schreibmaschine) ‖ ~ **spring*** / Wagenfeder f ‖ ~ **tape** (Comp) / Lochband n (zur Steuerung von Druckern), Vorschublochband n, Steuerlochband n
**carriage-type** attr (Elec Eng) / ausfahrbar adj (Schalter)
**carriageway** n (Civ Eng) / befestigte Verkehrsraumbreite, Kronenbreite f ‖ ~ (BS 892) (Civ Eng) / Fahrbahn f, Fahrdamm m
**carried calls** (Teleph) / angenommene Belegungen
**carrier** n / Träger m (bei dem Toner) ‖ ~ / Bildträger m (bei Projektoren) ‖ ~ / Spediteur m (der den Allgemeinen Deutschen Spediteurbedingungen unterliegt), Transporteur m (der dem Güterfrachtverkehrsgesetz unterliegt), Frachtführer m (der sich nach dem BGB richten muss), Reeder m (im Sinne des Binnenschifffahrtsgesetzes) ‖ ~ (a company undertaking to convey goods or passengers for payment) / Transportunternehmen n, Verkehrsbetrieb m ‖ ~ (a shopping bag) / Einkaufstasche f, Shopper m ‖ ~ (Aero) / Carrier m (Luftverkehrsgesellschaft, die Passagiere, Luftfracht und Luftpost gewerblich befördert) ‖ ~ (aircraft carrier) (Aero, Mil, Ships) / Flugzeugträger m (ein Überwasserkriegsschiff) ‖ ~ (Autos) / Beförderer m ‖ ~ (Autos) / Gepäckträger m ‖ ~* (Bacteriol) / Ausscheider m, Dauerausscheider m, Keimträger m ‖ ~* (Biol, Chem, Nuc) / Trägerelement n, Carrier m, Trägersubstanz f, Träger m ‖ ~ (Chem Eng) / Schlepper m (einem Gemisch zugesetzter, im Allgemeinen inerter Stoff, der dazu dient, eine Komponente des Gemischs anzureichern, ohne mit dieser eine feste Bindung einzugehen) ‖ ~ (Chem, Pharm) / Carrier m (Salbengrundlage) ‖ ~* (Chem, Textiles) / Carrier m (Katalysatorträger oder Quellmittel in der Färberei), Schlepper m (von Farbstoffen) ‖ ~ (charge carrier) (Elec, Electronics) / Ladungsträger m, Träger m (elektrisch geladenes atomares Teilchen, das die elektrische Leitfähigkeit hervorruft) ‖ ~* (Eng) / Mitnehmer m, Drehherz n (beim Drehen zwischen den Spitzen) ‖ ~* (Mining) / Seilbahnwagen m ‖ ~* (Photog) / Diarahmen m, Diarähmchen n ‖ ~* (Photog) / Kopierrahmen m ‖ ~* (Radio, Telecomm) / Träger m, Carrier m, Trägerschwingung f, Modulationsträger m (bei der Modulation) ‖ ~ (Ships) / Verfrachter m (Frachtführer in Seefrachtgeschäften) ‖ ~ (Telecomm) / Netzbetreiber m (der das Netz für die Btx-Übertragung und die Rechner für die Btx-Informationsspeicherung zur Verfügung stellt - in der Bundesrepublik Deutschland: Telekom), Betreiber m, Netzträger m (bei Videotextsystemen) ‖ ~ (Telecomm) / Betreiber m (z.B. Netzwerkbetreiber) ‖ ~* (Telecomm) / Trägerfrequenz f, TF (Trägerfrequenz) ‖ ~ (in a postal system) (Telecomm) / Rohrpostbüchse f ‖ ~ (of a rapier loom) (Weaving) / Greiferschützen m (Schussfadenzugkörper, z.B. bei Sulzer-Webmaschinen), Harpune f ‖ ~ (Comp) s.also network provider ‖ ~ **ampholyte** (Surf) / Trägerampholyt m ‖ ~ **amplitude** (Telecomm) / Trägeramplitude f ‖ ~ **avalanche** (Electronics) / Trägerlawine f (in einem Halbleiter /insbesondere in einer Sperrschicht/ in Bewegung befindliche Ladungsträger, deren Zahl sich aufgrund ihrer hohen Geschwindigkeiten durch ständiges Freischlagen weiterer Ladungsträger längs des Driftweges der Ladungsträger kontinuierlich erhöht) ‖ ~ **bag** / Einkaufstasche f, Shopper m ‖ ~ **beat*** (Telecomm) / Trägerschwebung f ‖ ~**-borne aircraft** (Aero, Mil) / trägergestütztes Flugzeug (das von einem Flugzeugträger aus eingesetzt wird; mit baulichen Besonderheiten, z.B. beiklappbaren Flügeln), Trägerflugzeug n (ein Militärflugzeug, das von Flugzeugträgern aus zum Einsatz kommt), Bordflugzeug n
**carrier-bound** adj (Chem) / trägergebunden adj, trägerfixiert adj
**carrier cable** (Build) / Seilträger m (z.B. bei frei überdachten Hallen)
**carrier-carrier interaction** (Electronics) / Träger-Träger-Wechselwirkung f
**carrier code** (Teleph) / Verbindungsnetzbetreiberkennzahl f ‖ ~ **concentration** (Electronics) / Trägerkonzentration f
**carrier-controlled approach*** (Radar) / vom Flugzeugträger kontrollierter Radaranflug
**carrier-current line trap** (Teleph) / HFT-Sperre f
**carrier density** (Electronics) / Trägerdichte f (Anzahl der Ladungsträger je Raumeinheit) ‖ ~ **depletion** (Electronics) / Ladungsträgerverarmung f ‖ ~ **diffusion** (Electronics) / Trägerdiffusion f (Wanderung von Ladungsträgern als Folge eines Konzentrationsgefälles) ‖ ~ **distillation** (Chem Eng) / Trägerstoffdestillation f ‖ ~ **face** (on the shank of an internal broaching tool) (Eng) / Mitnahmefläche f (am Schaft eines Innenräumwerkzeuges nach DIN 1417) ‖ ~ **fluid** (Materials) / Trägermedium n (fluides - z.B. Ölaufschwemmung bei der magnetischen Rissprüfung)
**carrier-free** adj (Chem) / trägerfrei adj (ohne inaktive Beimengungen) ‖ ~ (Radiol) / trägerfrei adj (Radionuklid)

203

**carrier frequency** (Telecomm) / Trägerfrequenz f, TF (Trägerfrequenz) ‖ ~ **gas** (Chem) / Trägergas n (z.B. in der Gaschromatografie)
**carrier-gas carburization** (Met) / Trägergasaufkohlen n ‖ ~ **velocity** (Chem, Phys) / Trägergasgeschwindigkeit f
**carrier host** (Biol) / Überträgerwirt m, Transportwirt m (bei Parasiten) ‖ ~ **injection** (Electronics) / Trägerinjektion f (Einbringen von Minoritätsladungsträgern in eine dotierte Halbleiterzone) ‖ ~ **migration** (Electronics) / Trägerwanderung f ‖ ~ **mobility**\* (Phys) / Trägerbeweglichkeit f, Beweglichkeit f der Ladungsträger ‖ ~ **mobility**\* (Phys) s. also drift mobility ‖ ~ **multiplication** (Electronics) / Trägermultiplikation f (Vervielfachung der Zahl der beweglichen Ladungsträger längs ihres Driftweges in Form einer Trägerlawine), Trägervervielfachung f ‖ ~ **offset** (Telecomm) / Offsetbetrieb m
**carrier-operated device anti-noise**\* (Telecomm) / trägerwellengesteuerter Geräuschunterdrücker
**carrier pigment** (Paint) / Substratfarbe f (Pigment, das auf nassem Wege auf ein Substrat niederschlägt oder mit Füllstoffen versehen wird) ‖ ~ **power**\* (Radio, Telecomm) / Trägerleistung f (an der Antennenzuleitung) ‖ ~ **power output** (Radio, Telecomm) / Trägerleistung f (an der Antennenzuleitung) ‖ ~ **protein** (Biochem) / Carrier m, Carrierprotein n (z.B. Hämoglobin), Transportprotein n ‖ ~ **recovery** (Telecomm) / Trägerrückgewinnung f ‖ ~ **repeater** (Telecomm) / TF-Leistungsverstärker m ‖ ~ **rocket** (Space) / Trägerrakete f (z.B. "Ariane") ‖ ~ **roller** (Eng) / Stützkette f (für Raupenkette) ‖ ~ **roller** (Textiles) / Überträgerwalze f (zum Färben) ‖ ~ **sense** (Comp) / Trägerkennung f ‖ ~ **sense multiple access** (Comp) / CSMA (Mehrfachzugriff mit Trägerkennung), Mehrfachzugriff m mit Trägerkennung, Vielfachzugriff m mit Trägerkennung, Vielfachzugriff m mit Leitungsüberwachung ‖ ~ **sense multiple access with collision detection** (an access procedure in which a device with data to transmit first listens to the medium, when the medium is not busy, the device starts transmitting) (Comp) / Mehrfachzugriff m mit Kollisionserkennung, Vielfachzugriff m mit Leitungsabfrage und Kollisionserkennung, CSMA/CD-Zugriffsverfahren n ‖ ~ **signal** (Telecomm) / Trägersignal n ‖ ~ **solvent** (Chem, Nut) / Trägerlösemittel n (das das Einarbeiten von Stoffen erleichtert, die man nur in sehr kleinen Konzentrationen zusetzt, z.B. Wasser oder Ethanol) ‖ ~ **suppression**\* (Telecomm) / Trägerfrequenzunterdrückung f ‖ ~ **telegraphy**\* (Teleg) / Trägerfrequenztelegrafie f ‖ ~ **telephony** (Teleph) / Trägerfrequenztelefonie f, Trägerfrequenzfernsprechen n ‖ ~ **vapour distillation** (Chem) / Trägergasdestillation f ‖ ~ **velocity** (Electronics) / Ladungsträgergeschwindigkeit f ‖ ~ **wave** (Telecomm) / Trägerwelle f
**carron oil** (a mixture of vegetable oil with lime water; used as an application for burns) (Pharm) / Kalkliniment n, Brandliniment n, Linimentum n Calcariae (Leinöl und Kalkwasser zu gleichen Teilen)
**car roof** / Fahrkorbdach n (bei Aufzügen)
**carrot oil** (Nut) / Karottenöl n
**carrot-seed oil** (Chem, Nut) / Möhrensamenöl n ‖ ~ **oil** (Nut) / Karottenöl n
**Carr-Price reagent** (Chem) / Carr-Price-Reagens n (eine 30%-ige Lösung von Antimon(III)-chlorid in ethanol- und wasserfreiem Chloroform)
**carry** v / befördern v, transportieren v, fördern v ‖ ~ / zum Verkauf bereithalten, führen v (einen Artikel) ‖ ~ (Mech) / übertragen v, tragen v (Kräfte) ‖ ~ n (Comp, Maths) / Übertrag m (die von Stelle zu Stelle weitergeleitete Eins bei der Addition oder bei der Subtraktion)
**carryall** n (Civ Eng) / Schürfkübelmaschine f, Schürfkübelgerät n (meistens ein Motorschürfwagen), Schürfkübelwagen m, Scraper m (ein Flachbagger), Schürfmaschine f, Schrapplader m
**carry down** v / mitreißen v (im Niederschlag)
**carry-down** n (Comp) / Übertrag rückwärts
**carry-home pack** / Einwegverpackung f, Wegwerfverpackung f
**carry-in** n (Glass) / Eintragen n, Eintrag m (meistens in den Kühlofen) ‖ ~ **boy** (Glass) / Einträger m (der das Stück von der Pfeife trennt und zum Kühlofen bringt) ‖ ~ **boy** (Glass) / Einträger m (in der manuellen Fertigung)
**carrying axle** (Rail) / Laufachse f ‖ ~ **capacity** (Autos) / Ladegewicht n ‖ ~ **capacity**\* (Ecol) / Umweltkapazität f
**carrying-chain conveyor** (Eng) / Tragkettenförderer m (mit Buchsenketten)
**carrying charge** / Beförderungskosten pl, Transportkosten pl (zu Lande), Frachtgebühr f, Rollgeld n, Fracht f (Frachtgebühr) ‖ ~ **handle** / Tragegriff m ‖ ~ **idler** (Eng) / obere Tragrolle (des Bandförderers) ‖ ~ **of lights** (Aero, Ships) / Lichterführung f (Kennzeichnung durch Positionslichter) ‖ ~ **strand** (Eng) / oberer Trum (als konstruktiver Teil des Bandförderers), Arbeitsstrum m (bei Angabe des Abstands der Tragrollen), auflaufender Trum (bei der Analyse der an den Umlenkrollen wirkenden Kräfte) ‖ ~ **wheel** (Rail) / Laufrad n

**carry look-ahead** (Comp) / Carry-look-Ahead n, Parallelübertrag m ‖ ~ **look-ahead adder** (Comp) / Carry-Look-Ahead-Addierer m, Addierer m mit Übertragsvorausberechnung ‖ ~ **off** v / mitführen v, mitreißen v, mitschleppen v ‖ ~ **out** / ausführen v (einen Versuch), durchführen v (einen Versuch) ‖ ~ **out** / durchführen v (eine Operation) ‖ ~ **out** / durchführen v (einen Plan) ‖ ~ **out skilfully** / fachgerecht ausführen (anfertigen)
**carry-over** n / langfristige Werbewirkung ‖ ~ **effect** (Ecol) / Carry-over-Effekt m, Übertragungseffekt m (bei Schadstoffen) ‖ ~ **effect** (Nut) / Carry-over-Effekt m (Übergang von einem Lebensmittel auf ein anderes im Wege der Verarbeitung) ‖ ~ **eliminator** / Tropfenabscheider m, Tropfenfang m (eine Schikane im Kühlturm), Tröpfchenabscheider m (im Kühlturm) ‖ ~ **of boiler-water salts** / Salztransport m innerhalb des Kesselwassers (aus der Kernströmung zur Rohrwand) ‖ ~ **storage** (Hyd Eng) / Überjahresspeicher m, Mehrjahresspeicher m
**carry-through effect** (Nut) / Carry-through-Effekt m (Wirkung eines dem Rohstoff zugesetzten Wirkstoffes bis zum Endprodukt)
**carry-up** n (Comp) / Übertrag vorwärts
**carry up overhand** (Mining) / schwebend abbauen
**CARS** (coherent anti-Stokes Raman spectroscopy) (Spectr) / kohärente Anti-Stokes-Raman-Spektroskopie, CARS-Methode f (der Raman-Spektroskopie), CARS (kohärente Anti-Stokes-Raman-Spektroskopie)
**car seat covering fabric** (Autos, Textiles) / Autopolsterbezugsstoff m, Autopolsterstoff m, Autobezugsstoff m ‖ ~**'s electrics** (e.g. your car's electrics aren't up to scratch) (Autos, Elec Eng) / Autoelektrik f, Kraftfahrzeugelektrik f (im Allgemeinen) ‖ ~ **sharing** (Autos) / Carsharing n (eine Form der Pkw-Nutzung durch mehrere Personen) ‖ ~ **sickness** (Med) / Autokrankheit f (eine Kinetose)
**Carson transformation** (Maths, Phys) / Carson-Transformation f (DIN 13 343)
**car speed** (Autos) / Fahrgeschwindigkeit f ‖ ~ **stereo** (Autos) / Autoradio n (Stereo)
**carstone**\* n (Geol) / eisenschüssiger Sandstein
**cartage** n / Beförderung f, Transport m (von Waren), Förderung f ‖ ~ (Agric) / Fuhrgeld n, Fuhrlohn m
**cart away** v / abkarren v, abtransportieren v (z.B. Bauschutt)
**car tax sticker** (US) (Autos) / Steuerplakette f für Kraftfahrer ‖ ~ **telephone** (Teleph) / Autotelefon n, Sprechfunkgerät n im öffentlichen beweglichen Landfunk, Kraftfahrzeug-Sprechfunkanlage f, Kraftfahrzeug-Funksprechanlage f
**Cartesian** adj (Maths, Phys) / kartesianisch adj, kartesisch adj, cartesianisch adj, cartesisch adj ‖ ~ adj (Maths, Phys) / kartesianisch adj, kartesisch adj, cartesianisch adj, cartesisch adj ‖ ~ **coordinates**\* (Maths) / orthonormierte Koordinaten, kartesische Koordinaten (DIN 4895) ‖ ~ **diver** / Cartesischer Taucher (oft in Form eines Teufelchens), kartesianischer Taucher, kartesischer Taucher (nach R.Descartes, 1596-1650) ‖ ~ **geometry** (Maths) / analytische Geometrie (Teilgebiet der Mathematik, in dem man sich mit der zahlenmäßigen Beschreibung von Eigenschaften geometrischer Figuren beschäftigt) ‖ ~ **ovals**\* (Maths) / kartesische Ovale ‖ ~ **product**, Kreuzprodukt n, Produktmenge f ‖ ~ **robot** / kartesischer Roboter ‖ ~ **set** (Maths) / kartesisches Produkt, Mengenprodukt n, Kreuzprodukt n, Produktmenge f ‖ ~ **sign convention** (Optics) / Vorzeichenregeln für das Optikrechnen nach DIN 1335 ‖ ~ **space** (Maths) / euklidischer Raum
**car test** (Autos) / Autotest m (auf dem Testgelände)
**cart grease** / Wagenschmiere f, Achsenfett n, Achsenschmiere f, Wagenfett n
**carthamine** n (Chem) / Safflorkarmin n, Karthamin n (rote Komponente des Safflors), Carthamin n
**carthamus red** (Textiles) / Spanischrot n (in Alkohol und Alkalien löslicher roter Farbstoff des Safflors)
**carting** n / Gespanntransport m, Transport m mit Zugtieren ‖ ~ **charge** (Agric) / Fuhrgeld n, Fuhrlohn m
**cartogram** n (the depiction of statistical data of a descriptive nature on maps by means of symbols, dots, dashes or mass miniature drawings of the variable indicated) (Cartography, Stats) / Kartendiagramm n, Kartogramm n
**cartographer** n (Cartography) / Kartograf m, Mappeur m (A)
**cartographic** adj (Cartography) / kartografisch adj ‖ ~ **representation of position by means of point symbols** (Cartography) / Ortslagedarstellung f, Positionsdarstellung f ‖ ~ **symbol** (Cartography) / Darstellungselement n, grafisches Element
**cartography**\* n (Cartography) / Kartografie f
**cartometry** n (Cartography) / Kartometrie f, Kartenmessung f
**carton** n / Pappschachtel f, Karton m (Schachtel) ‖ ~ **board**\* (Paper) / Pappkarton m ‖ ~ **pierre** (Paper) / Steinpappe f, Papierstuck m
**car tool** (Autos) / Kfz-Werkzeug n, Autowerkzeug n

**cartoon** *n* (Cinema, TV) / Animationsfilm *m* (Zeichen- und Trickfilm) || ~ **animator** (Cinema) / Phasenzeichner *m*
**car top** / Fahrkorbdach *n* (bei Aufzügen)
**car-top** (plastic) **cover** (Autos) / Autoabdeckung *f*, Halbgarage *f*, Faltgarage *f*, Auto-Pelerine *f*, Auto-Paletot *m*
**cartouch*** *n* (Arch) / Kartusche *f* (hauptsächlich in der Barockzeit vorkommender und aus Rollwerk, Knorpelwerk oder Rocaille gebildeter Zierrahmen)
**cartouche*** *n* (Arch) / Kartusche *f* (hauptsächlich in der Barockzeit vorkommender und aus Rollwerk, Knorpelwerk oder Rocaille gebildeter Zierrahmen) || ~ (Mil) / Patronenhülse *f* (bei Handfeuerwaffen)
**car transfer ferry** (Autos, Ships) / Wagenfähre *f* || ~ **transporter** (Autos) / Autotransporter *m*
**cartridge** *n* / Patrone *f* (für den Füllhalter) || ~ (Acous) / Tonabnehmereinsatz *m* || ~* (Acous) / Cartridge *f*, Endlosband-Cartridge *f* || ~ (Build) / Kartusche *f* (z.B. für Handpistolen) || ~ (Chem) / Packung *f*, Packungsgröße *f* (einer Chemikalie) || ~ (Cinema) / Kassettenfilm *m* (für Amateurkameras) || ~* (Cinema) / Patrone *f*, Magazin *n* (DIN 15580) || ~* (Cinema) / Kassette *f* (für den Ab- und Aufwickelvorgang - DIN 15580), Cassette *f* || ~ (Comp) / Kartusche *f* (z.B. Toner) || ~ Cartridge *f* (allgemeine Bezeichnung für eine Schachtel, Kassette oder Gehäuse) || ~* (Comp) / Kassette *f*, Cartridge *f* || ~ (Elec Eng, Mil) / Patrone *f* || ~ (Mil) / Patronenhülse *f* (bei Handfeuerwaffen) || ~* (Nuc Eng) / Hülse *f*, Kapsel *f* || ~ **brass** (70% Cu + 30% Zn)* (Met) / Kupfer-Zink-Legierung *f* (mit etwa 30 % Zn), Messing *n* Me 70, Patronenhülsenmessing *n* || ~ **case** (Mil) / Patronenhülse *f* (bei Handfeuerwaffen) || ~ **drive** (Comp) / Cartridge-Laufwerk *n*, Cartridge-Bandlaufwerk *n*, Magnetbandkassettenlaufwerk *n* || ~ **filter** / Patronenfilter *n* || ~ **font** (stored in a removable printer cartridge) (Comp) / Cartridge-Font *m* || ~ **fuse** / Patronensicherung *f*, Sicherungspatrone *f* || ~ **fuse link** (Elec Eng) / G-Sicherungspatrone *f* || ~ **memory** (Comp) / Magnetstreifenspeicher *m*, Büchsenspeicher *m*
**cartridge-operated hammer*** (Build) / Bolzenschießgerät *n*, Bolzenschießer *m*, Bolzensetzapparat *m*, Bolzenschussgerät *n*
**cartridge paper*** (Mil, Paper) / Kartuschenpapier *n*, Patronenhülsenpapier *n*, Patronenpapier *n* || ~ **paper*** (Paper) / Zeichen- *n* oder Druckpapier mit rauer Oberfläche || ~ **paper** (Textiles) / Patronenpapier *n*, Linienpapier *n* || ~ **streamer** (Comp) / Streamer *m*, Cartridge-Streamer *m* (eine Magnetbandeinheit mit vollautomatischer Bandeinfädelung, die der Datensicherung dient) || ~ **tape** (Comp) / Kassettenband *n* || ~ **tape drive** (Comp) / Cartridge-Bandlaufwerk *n*, Bandlaufwerk *n* || ~ **television** (TV) / Kassettenfernsehen *n*
**cartridge-type brush-holder** (Elec Eng) / Köcherbürstenhalter *m* (für Kleinmaschinen) || ~ **filter** / Patronenfilter *n*
**car trim** (Autos) / Zierstreifen *m*
**cart•-road** *n* (Autos, Civ Eng) / unbefestigte Straße (Fahrweg), unbefestigter Fahrweg, Feldweg *m* (unbefestigte Straße) || ~ **track** (Autos, Civ Eng) / unbefestigte Straße (Fahrweg), unbefestigter Fahrweg, Feldweg *m* (unbefestigte Straße)
**car tunnel kiln** (Ceramics) / Tunnelofen *m* (mit Wagen) (ein Industrieofen zum Brennen keramischer Erzeugnisse, zum Einbrennen von Farben und Kobaltfonds), Kanalofen *m* (mit Wagen)
**cartwheel antenna** (Radio) / Radantenne *f*
**carui oil** / Kümmelöl *n* (aus Carum carvi L.)
**car upholstery fabric** (Autos, Textiles) / Autopolsterbezugsstoff *m*, Autopolsterstoff *m*, Autobezugsstoff *m*
**carvacrol*** *n* (Chem, Pharm) / Karvakrol *n* (5-Isopropyl-2-methylphenol), Carvacrol *n*
**carve** *v* / carven *v* (beim Ski- oder Snowboardfahren) || ~ / einritzen *v* || ~ (work with an instrument in order to adorn a surface or to fashion a solid figure or to cut a pattern into a surface) / schnitzen *v* || ~ (cut into slices for eating) (Nut) / tranchieren *v*
**carvel-built** (having external planks which do not overlap) (Ships) / in Kraweelbauweise (Beplankung bei Booten)
**carveol** *n* (Chem) / Carveol *n* (p-Mentha-6,8-dien-2-ol)
**carvone*** *n* (Chem) / Karvon *n*, Carvon *n* (p-Mentha-6,8-dien-2-on) (in mehreren etherischen Ölen vorkommendes Terpenketon mit charakteristischem Kümmelgeruch)
**car wash** (Autos) / Waschanlage *f*, Autowaschanlage *f* || ~ **wax** (Autos) / Autowachs *n*, Lackkonservierer *m* || ~ **window** (Autos) / Wagenfenster *n*
**caryatid*** *n* (a sculptured female figure used as a column to support an entablature or other similar member) (Arch) / Karyatide *f*, Kore *f*
**caryatide** *n* (Arch) / Karyatide *f*, Kore *f*
**caryophyllene*** *n* (Chem) / Karyophyllen *n*, Caryophyllen *n* (in etherischen Ölen der Nelkengewächse enthaltenes Sesquiterpen, Zusatz zu verschiedenen Duftstoffen)

**caryophyllus oil** / Gewürznelkenöl *n* (aus den getrockneten Blütenknospen des Syzygium aromaticum (L.) Merr. et L.M. Perry), Nelkenöl *n*
**CAS** (controlled airspace) (Aero) / kontrollierter Luftraum || ~ (calibrated airspeed) (Aero) / kalibrierte Fluggeschwindigkeit, korrigierte angezeigte Fluggeschwindigkeit || ~* (collision-avoidance system) (Aero) / Zusammenstoßwarnsystem *n*, Kollisionswarnsystem *n* || ~ (Chemical Abstracts Service) (Chem) / CAS (eine Abteilung der American Chemical Society) || ~ (computer-aided sales) (Comp) / computerunterstütztes Verkaufen, CAS (computerunterstütztes Verkaufen)
**CASA** (computer system analysis) (Comp) / rechnergestützte Systemanalyse, computergestützte Systemanalyse
**Casagrande plasticity chart** (Civ Eng) / Plastizitätsdiagramm *n* nach Casagrande (zur genauen Einordnung von feinkörnigen Böden)
**cascadable** *adj* (Eng) / kaskadierbar *adj*, hintereinander schaltbar *adj* (z.B. Baukastenelemente)
**cascade** *v* / kaskadieren *v* || ~* *n* (Chem Eng, Civ Eng, Electronics, Hyd Eng, Nuc Eng) / Kaskade *f* || ~ (of electrolytic cells) (Chem Eng, Elec Eng) / Elektrolysezellenkaskade *f*, hintereinander geschaltete Elektrolysezellen || ~ (a series of actions that take place in the course of data processing, each triggered by the previous action in the series) (Comp) / Kaskade *f* || ~* (Elec Eng) / Kaskade *f* || ~ (Eng) / Schaufelgitter *n* (bei Turbinen oder Kompressoren) || ~* (an arrangement of separation devices, such as isotope separators, connected in series so that they multiply the effect of each individual device) (Nuc, Nuc Eng) / Trennkaskade *f* || ~ (Print) / Überlaufrinne *f* (zur Einfärbung des Zylinders im Tiefdruck), Kaskade *f* || ~ (San Eng) / Kaskade *f* (Reaktor aus nacheinander durchflossenen einzelnen Reaktionsräumen - DIN 4045), Kaskadenreaktor *m* || ~ **amplifier** (Electronics) / Kaskadenverstärker *m* (mit galvanischer Kopplung des Ausgangs einer Verstärkerstufe mit dem Eingang der nächsten Stufe) || ~ **connection** (Comp) / Kaskadierung *f* (Erweiterung der zu verarbeitenden Wortlänge durch Zusammenschalten mehrerer Prozessorelemente) || ~ **connexion** (Comp) / Kaskadierung *f* (Erweiterung der zu verarbeitenden Wortlänge durch Zusammenschalten mehrerer Prozessorelemente) || ~ **connexion** (Elec Eng) / Villard-Schaltung *f*, Kaskadenschaltung *f* || ~ **control** (Automation) / Kaskadenregelung *f* || ~ **control** s. also sequential control || ~ **development** / Kaskadenentwicklung *f* (elektrofotografisches Entwicklungsverfahren)
**cascaded inference** (AI) / kaskadierte Inferenz || ~ **search** (Comp) / kaskadierte Suche || ~ **transformer** (Elec Eng) / Transformatorkaskade *f* (zur Erzeugung hoher Wechselspannung)
**cascade generator*** (Elec Eng) / Kaskadengenerator *m* || ~ **impactor*** (Ecol) / Kaskadenimpaktor *m* (zur Bestimmung des aerodynamischen Durchmessers fester Schadstoffe) || ~ **liquefier** (an apparatus used for liquefying air, oxygen, etc.) (Chem Eng) / Mehrstufenverflüssiger *m*, Kaskadenverflüssiger *m* || ~ **particle*** (Nuc) / Xihyperon *n* (ein Baryon), Xiteilchen *n* || ~ **particle** (Phys) / Kaskadenteilchen *n* || ~ **rinsing** / Kaskadenspülung *f* (zum Einsparen von Spülwasser)
**cascades*** *pl* / Umlenkgitter *n* (in einem Windkanal) || ~ **at rest with an infinite number of blades** (Eng) / ruhendes Gitter mit unendlicher Schaufelzahl (bei Strömungsmaschinen)
**cascade shower*** (Geophys) / Kaskadenschauer *m*, Kaskade *f* || ~ **throttle system** (Eng) / Doppeldrosselsystem *n* (Serienschaltung von Drosseln, die als Druckteiler benutzt wird) || ~ **uprating program** (US) (Nuc Eng) / ein Forschungsprojekt, das sich mit einer fortschrittlichen Trennungsanlage (mit verbesserten Trennwänden und hochleistungsfähigen Kompressoren) beschäftigt || ~ **virus** (Comp) / Herbstlaubvirus *m n*, Cascadevirus *m n*
**cascading** ~ (z.B. der Wärme) || ~ (Comp) / fortgepflanztes Zurücksetzen, kaskadierendes Zurücksetzen (von Transaktionen) || ~ **deletes** (feature of procedural RI to delete all child records if a parent record is deleted) / kaskadische Löschfunktion *f* || ~ **menu** (Comp) / kaskadierendes Menü (Untermenü eines Menüeintrages), gestaffeltes Menü || ~ **of insulators*** (Elec Eng) / Kaskadenüberschlag *m*, Kettenüberschlag *m* || ~ **windows** (overlapping arrangement of several open windows where the title bar of each window is visible) (Comp) / überlappende Fenster
**cascara** *n* (Pharm) / Amerikanische Faulbaumrinde, Cascara-Rinde *f*, Cascara sagrada *f* (Rinde aus Frangula purshiana (D.C.) J.G. Cooper)), Sagradarinde *f*, Kaskararinde *f* (aus Frangula purshiana (D.C.) J.G. Cooper) || ~ **sagrada*** (Pharm) / Amerikanische Faulbaumrinde, Cascara-Rinde *f*, Cascara sagrada *f* (Rinde aus Frangula purshiana (D.C.) J.G. Cooper), Sagradarinde *f*, Kaskararinde *f* (aus Frangula purshiana (D.C.) J.G. Cooper)
**cascarilla** *n* (Pharm) / Cascarillarinde *f*, Kaskarillarinde *f* (aus dem Kaskarillabaum - Croton eluteria oder cascarilla Benn.) || ~ **bark** (Pharm) / Cascarillarinde *f*, Kaskarillarinde *f* (aus dem

**cascarilla**

Kaskarillabaum - Croton eluteria oder cascarilla Benn.) || ~ **oil** / Kaskarillöl *n*
**cascode amplifier*** (Telecomm) / Kaskode(n)verstärker *m*, Cascode(n)verstärker *m* (DIN 44400)
**CASE** (computer-aided software engineering) (Comp) / rechnergestütztes Software-Engineering, rechnerunterstützte Software-Entwicklung, computerunterstützte Softwareentwicklung, CASE *f* (rechnergestütztes Software-Engineering)
**case** *v* (Build, Eng) / umkleiden *v*, verkleiden *v* (ummanteln), ummanteln *v*, umhüllen *v*, bekleiden *v* || ~ (Eng) / einschließen *v* (in ein Gehäuse), einhausen *v*, mit einem Gehäuse versehen, ummanteln *v*, verkleiden *v* || ~ (Mining, Oils) / verrohren *v* (Bohrloch) || ~ *n* / Kasten *m* (Getränkekasten) || ~ / Kiste *f*, Kasten *m* || ~ (Bind) / Einbanddecke *f*, Buchdecke *f* (besteht aus den beiden Deckeln, der Rückeneinlage und den Rücken- und Bezugsmaterialien), Decke *f* (des Bucheinbands) || ~ (Build, Eng) / Umkleidung *f*, Verkleidung *f* (Ummantelung), Ummantelung *f*, Bekleidung *f* || ~ (Chem) / Gehäuse *n* (z.B. der analytischen Waage) || ~ (Comp) / die von einem Programm bearbeiteten Daten || ~ (Eng) / Gehäuse *n* || ~ (Met) / Randbereich *m* (beim Einsatzhärten) || ~* (Met) / Oberflächenschicht *f* (einsatzgehärtete) || ~* (Met) / Einsatzhärtungstiefe *f*, Härtetiefe *f* bei Einsatzhärtung, Einsatzhärtetiefe *f*, ESHT || ~* (Met) / Einsatzschicht *f*, Aufkohlungsschicht *f* || ~ (Optics) / Etui *n* || ~* (Typog) / Schriftkasten *m*, Setzkasten *m*
**case-based** *adj* (AI) / fallorientiert *adj*, fallbasiert *adj* || ~ **knowledge** (AI) / fallorientiertes Wissen || ~ **reasoning** (AI) / fallbasierte Problemuntersuchung
**case bay** (Carp) / Binderabstand *m* || ~ **bay*** (Carp) / Deckenbalkenfeld *n*
**case-bonded** *adj* (Aero) / wandgebunden *adj* (Festtreibstoff)
**case•-bound** *adj* (Bind) / gebunden *adj* (Buch) || ~ **capacitance** (Elec Eng) / Querkapazität *f* (DIN 41 856)
**cased** *adj* / in Kisten verpackt, in Kästen verpackt || ~ (Bind) / gebunden *adj* (Buch) || ~ (Elec Eng) / druckfest gekapselt || ~ **book*** (Bind) / gebundenes Buch, Buchbinderband *m*, Deckenband *m*
**case defect** (Comp) / Gehäusefehler *m* || ~ **depth** (Met) / Einsatzhärtungstiefe *f*, Härtetiefe *f* bei Einsatzhärtung, Einsatzhärtetiefe *f*, ESHT
**cased glass** (glassware whose surface layer has different composition from that of the main glass body) (Glass) / Überfangglas *n* (Flach- oder Hohlglaserzeugnis, das aus einem Grundglas und einem dünnen Überzug aus einem anderen farbigen, farblosen oder getrübten Glas besteht), Kameoglas *n* || ~ **pile** (Civ Eng) / Mantelpfahl *m*
**case furniture** (Join) / Behältnismöbel *n pl* (zum Aufbewahren und Ablegen von Gegenständen)
**casefy** *v* (Nut) / verkäsen *v*
**case glass** (Glass) / Überfangglas *n* (Flach- oder Hohlglaserzeugnis, das aus einem Grundglas und einem dünnen Überzug aus einem anderen farbigen, farblosen oder getrübten Glas besteht), Kameoglas *n* || ~ **grammar** (a theory of grammar, originally devised by Charles Fillmore within the general orientation of generative grammar, that regards deep cases at the grammatical primitives in terms of which sentences are constructed) / Kasusgrammatik *f*
**case-hardened glass** (Glass) / vorgespanntes Glas (durch thermisches Abschrecken oder durch chemische Veränderungen der Oberfläche), Einscheiben-Sicherheitsglas *n*, ESG, gehärtetes Glas, Hartglas *n* (vorgespanntes) || ~ **layer** (Met) / Einsatzschicht *f*, Aufkohlungsschicht *f* || ~ **steel** (Met) / einsatzgehärteter Stahl, Zementstahl *m*
**case-hardening** *n* (Met) / Randschichthärten *n* (Härten mit auf die Randschicht beschränkter Austenitisierung - DIN EN 10 052), Randhärten *n* (Härteannahme an der Oberfläche), Oberflächenhärten *n*, Oberflächenhärtung *f* || ~* (a condition of stress and set in dry lumber characterized by compressive stress in the outer layers and tensile stress in the centre or core) (For) / Verschalung *f* (der am häufigsten vorkommende Trocknungsfehler) || ~ (Geol) / Oberflächenverkrustung *f* (z.B. mit Wüstenlack) || ~ (Leather) / Totgerbung *f* (die Gerbung kommt zum Stillstand und die Haut bleibt Blöße)
**case-hardening*** *n* (Met) / Einsatzhärten *n* (Aufkohlen, Carbonitrieren, Direkthärten, Doppelhärten - DIN EN 10 052)
**case-hardening powder** (Met) / Einsatzpulver *n*, Einsatzhärtepulver *n* || ~ **steel** (Met) / Einsatzstahl *m* (DIN EN 17 210)
**case in** *v* (Bind) / einhängen *v* || ~ (Mining, Oils) / verrohren *v* (Bohrloch) || ~ **in** (Typog) / aufpappen *v*, anpappen *v*
**casein*** *n* (GB) (Chem, Nut) / Parakasein *n*, Kasein *n* (gefälltes), Casein *n* (gefälltes), CS (Casein)
**casein** *n* (US) (Chem, Nut) / Kasein *n* (nicht gefälltes), Casein *n* (nicht gefälltes)

**caseinate** *n* (Chem, Nut, Plastics) / aufgeschossenes Milcheiweiß (nach der deutschen Fleisch-Ordnung), Caseinat *n*, Kaseinat *n*
**casein coating** (a distemper colour) (Paint) / Kaseinfarbe *f* (z.B. für Restaurierungen in der Kirchenmalerei), Caseinfarbe *f* || ~ **curdling** (Nut) / Kaseingerinnung *f*, Caseingerinnung *f* || ~ **distemper** (Paint) / Caseinfarbe *f* (z.B. für Restaurierungen), Kaseinfarbe *f* (mit Kasein als Bindemittel) || ~ **glue** (Paint) / Kaseinleim *m*, Caseinleim *m*
**caseinogen** *n* (GB) (Chem, Nut) / Kasein *n* (nicht gefälltes), Casein *n* (nicht gefälltes)
**casein paint** (Paint) / Caseinfarbe *f* (z.B. für Restaurierungen), Kaseinfarbe *f* (mit Kasein als Bindemittel) || ~ **paint** (Paint) s. also distemper || ~ **plastic** (Plastics) / Kaseinkunststoff *m*, Caseinkunststoff *m* (DIN 7728, T 1), CS
**case library** (AI) / Fallbibliothek *f* (in Expertensystemen)
**case-lining paper** (Paper) / Kistenauslegepapier *n*, Kistenauskleidepapier *n*
**case maker** (Bind) / Buchdeckenmaschine *f*, Deckenmaschine *f*
**case-making machine** (Bind) / Buchdeckenmaschine *f*, Deckenmaschine *f*
**casement** *n* (BS 565)* (Build, Join) / Fensterflügel *m* (meistens Drehflügel) || ~ (Join) / Flügelrahmen *m* || ~* (Textiles) / Inbetween *m* (eine Heimtextilie), Casement *n* (Strukturgardinenstoff, meistens in Leinwandbindung) || ~ **cloth** (Textiles) / Inbetween *m* (eine Heimtextilie), Casement *n* (Strukturgardinenstoff, meistens in Leinwandbindung) || ~ **door** (Arch) / Fenstertür *f* (ein Fenster im Türformat, in der Regel mit Drehflügel), französisches Fenster, Terrassentür *f*, Balkontür *f* || ~ **fittings** (Build) / Drehflügelbeschläge *m pl* || ~ **section** (Build, Met) / Fensterprofil *n* (warmgewalztes Spezialprofil für die Herstellung kittloser Glasdächer und Fenster) || ~ **stay** (Build) / Fensterfeststeller *m* || ~ **window** (BS 565) (side-hinged on vertical hinges) (Build, Join) / Flügelfenster *n* (mit Drehflügeln), Fenster *n* mit Flügeln, Fenster *n* mit Fernsterflügeln
**case mould** (the model from which working moulds are made) (Ceramics) / Muttermodell *n*, Modellform *f*, Mutterform *f* || ~ **of buckling** (Mech) / Knickfall *m* (Euler'scher) || ~ **of mathematical or drawing instruments** (US) / Reißzeug *n*
**case-oriented** *adj* (AI) / fallorientiert *adj*, fallbasiert *adj*
**case-sensitive** *adj* (Comp) / mit automatischer Groß-Klein-Umschaltung || ~ (with the ability to distinguish between upper-case and lower-case characters) (Comp) / groß/klein-sensitiv *adj*
**case•-study** *n* / Fallstudie *f*, Casestudy *f* || ~ **temperature** (Elec Eng) / Gehäusetemperatur *f*
**CASE tool** (for computer-aided software engineering) (Comp) / CASE-Werkzeug *n*
**cash** *v* / einlösen *v* (einen Scheck)
**cash-and-carry price** / Abholpreis *m*, Mitnahmepreis *m*
**cash-based system** (Comp) / währungsbasiertes System (der bargeldlosen Transaktionen mit Hilfe eines elektronischen Datenaustauschesüber einen Treuhänder), Token-Verfahren *n* (währungsbasiertes Zahlungssystem)
**cash box** / Geldkassette *f* || ~ **crop** (Agric) / landwirtschaftliche Erzeugnisse, die für den Markt (und nicht für den Eigenbedarf) produziert werden), Marktanteil *m* an der Agrarproduktion, Produktion *f* für den Markt, Marktfrüchte *f pl*, Cashcrop *f* || ~ **crops** (Agric) / Cashcrops *pl* (in Entwicklungsländern angelegte Monokulturen, deren Produkte zur Erwirtschaftung von Devisen exportiert werden) || ~ **discount** / Skonto *m n* (Nachlass bei Barzahlung) || ~ **dispenser** (Comp) / Geldausgabeautomat *m* (in einer Bank), Geldautomat *m*, Bankautomat *m* || ~ **drawer** (Comp) / Geldschub *m* (in den Kassenterminals)
**cashew nut shell oil** / Kaschuschalenöl *n*, Acajou-Nussschalenöl *n*, Cashew-Nussschalenöl *n* (von Anacardium occidentale L.) || ~ **resin** / Kaschunussharz *n*, Acajou-Nussharz *n*, Cashew-Nussharz *n*
**cash flow** / Cashflow *m* (Überschuss, der einem Unternehmen nach Abzug aller Unkosten verbleibt und die Kennziffer zur Beurteilung der finanziellen Struktur eines Unternehmens ergibt)
**cashing** *n* / Einlösung *f* (des Schecks)
**cashmere** *n* (Textiles) / Kaschmirziegenhaar *n* (DIN 60001, T 1), Kaschmirwolle *f*, Kz, WS (DIN 60001, T 4) || ~* (Textiles) / Kaschmir *m*, Kaschmirstoff *m* || ~ **hair** (Textiles) / Kaschmirziegenhaar *n* (DIN 60001, T 1), Kaschmirwolle *f*, Kz, WS (DIN 60001, T 4) || ~ **wool** (Textiles) / Kaschmirziegenhaar *n* (DIN 60001, T 1), Kaschmirwolle *f*, Kz, WS (DIN 60001, T 4)
**cash on delivery** / zahlbar bei Lieferung (eine Handelsklausel), c.o.d. (zahlbar bei Lieferung)
**cashpoint** *n* (dispenser) (Comp) / Geldausgabeautomat *m* (in einer Bank), Geldautomat *m*, Bankautomat *m*
**cash-register scanner** (Comp) / Kassenscanner *m* || ~ **tape** (Comp) / Kassenstreifen *m*
**cash-testing equipment** / Geldprüfeinrichtung *f*
**Casimir operator** (Phys) / Casimir-Operator *m*

**casing** n / Casing n (Vorbehandlung des Tabaks) ‖ ~ / Umhüllung f, Ummantelung f ‖ ~ (Autos) / Reifendecke f, Decke f, Laufdecke f (des Reifens) ‖ ~ (Bind) / Deckeneinband m ‖ ~ (Build) / Putzabschlussleiste f ‖ ~ (Build, Civ Eng) / Einschalung f, Schalung f (zur Aufnahme der Betonmasse - Holz, Stahl oder Kunststoffe), Schalungsform f ‖ ~ (Build, Eng) / Umkleidung f, Verkleidung f (Ummantelung), Ummantelung f, Bekleidung f ‖ ~ (Eng) / Gehäuse n ‖ ~ (Eng) / Schutzschlauch m (der biegsamen Welle) ‖ ~ (Instr) / druckfeste Kapselung ‖ ~* (Mining, Oils) / Verrohrung f, Casing n
**CASING** n (Plastics) / Casing-Verfahren n (zur Oberflächenvernetzung von Polymeren)
**casing bead** (Build) / Putzabschlussleiste f ‖ ~ **cover** (Eng) / Gehäusedeckel m (der Pumpe)
**casing-cutting equipment** (Oils) / Verrohrungsschneidvorrichtung f
**casing depth** (Oils) / Verrohrungstufe f ‖ ~ **head** (Oils) / Rohrkopf m
**casing-head gas** (unprocessed natural gas produced from a reservoir containing oil) (Oils) / Erdölgas n, Sondengas n, Rohrkopfgas n ‖ ~ **gasoline** (Oils) / Rohrkopfbenzin n, Gasbenzin n, Casinghead-Benzin n
**casing-in** n (Bind) / Einhängen n ‖ ~ **machine** (Bind) / Bucheinhängemaschine f, Einhängemaschine f
**casing of a joint** (Cables) / Muffengehäuse n ‖ ~ **paper** (Paper) / Kistenauslegepapier n, Kistenauskleidepapier n ‖ ~ **pipe** (Mining, Oils) / Futterrohr n ‖ ~ **process** (Plastics) / Casing-Verfahren n (zur Oberflächenvernetzung von Polymeren) ‖ ~ **program** (Oils) / Verrohrungsprogramm n ‖ ~ **shoe** (Oils) / Rohrschuh m ‖ ~ **wedges*** (Civ Eng) / Unterlegkeile m pl
**cask** v (Nut) / auf Fässer füllen, in Fässer abfüllen ‖ ~ n / Fass n, Tonne f ‖ ~* (US) (Nuc Eng) / Transport- oder Lagerbehälter m (für radioaktive Stoffe) ‖ ~ (Nuc Eng) / Transportbehälter m (für abgebrannte BE), BE-Transportbehälter m (z.B. Castor) ‖ ~ **deposit** (Nut) / Fassgeläger n
**casket*** n (Nuc Eng) / Transport- oder Lagerbehälter m (für radioaktive Stoffe)
**cask sling** (Ships) / Fassstropp m, Fassschlinge f, Schnatter m (Anschlagmittel für Fässer aus Tauwerk, bei dem eine Kausche so eingespleißt ist, dass eine Schlinge gebildet wird), Fassschlag m ‖ ~ **washer** / Fasswaschmaschine f, Fassreinigungsmaschine f ‖ ~ **washing machine** / Fasswaschmaschine f, Fassreinigungsmaschine f
**casky taste** (Nut) / Fassgeschmack m
**casmere** n (Textiles) / Kasimir m
**casparian band*** (Bot) / Caspary'scher Streifen (in der Wurzelendodermis - nach J.X.R. Caspary, 1818 - 1887) ‖ ~ **strip*** (Bot) / Caspary'scher Streifen (in der Wurzelendodermis - nach J.X.R. Caspary, 1818 - 1887)
**cassava*** n (Bot) / Maniok m (Manihot esculenta Crantz), Kassawa f, Cassawa f, Kassave f, Mandioka f
**casse** n (Nut) / Bruch m (Niederschlagsbildung bei Wein)
**Cassegrain** (reflector) **antenna*** (Radar, Radio) / Cassegrainantenne f (mit zweimaliger Strahlumlenkung zur Verringerung der räumlichen Abmessungen)
**Cassegrainian focus** (Optics) / Cassegrain-Fokus m (Brennpunkt hinter dem Hauptspiegel des Spiegelteleskops) ‖ ~ **telescope** (Astron) / Cassegrain'sches Spiegelteleskop, Cassegrain-Teleskop n, Cassegrain-Reflektor m, Spiegelteleskop n nach Cassegrain
**Cassegrain telescope*** (Astron) / Cassegrain'sches Spiegelteleskop, Cassegrain-Teleskop n, Cassegrain-Reflektor m, Spiegelteleskop n nach Cassegrain
**casseiver** n (Radio) / Casseiver m (elektroakustisches Kompaktgerät, bestehend aus Kassettendeck und Rundfunkempfänger einschließlich Verstärker)
**Cassel brown** (Min) / Kölnische Erde, Kölner Erde, Kasseler Braun m, Kasseler Erde (ein Verwesungsprodukt des Holzes), Kölnisch Braun, Kassler Braun ‖ ~ **brown** s. also Vandyke brown ‖ ~ **earth** (Min) / Kölnische Erde, Kölner Erde, Kasseler Braun, Kasseler Erde (ein Verwesungsprodukt des Holzes), Kölnisch Braun, Kassler Braun ‖ ~ **green** (Paint) / Kasseler Grün, Mangangrün n (Bariummanganat(VI)), Rosenstiehls Grün (Bariummanganat(VI)), Kassler Grün
**Cassella's acid** (Chem) / F-Säure f (eine Naphtholsulfonsäure), Cassella-Säure f
**Cassel's yellow*** / Kasseler Gelb (mit Blei(II)-oxidchlorid), Patentgelb n, Veroneser Gelb (eine Malerfarbe)
**cassette*** n / Kassette f (Film-, Band- usw.), Cassette f ‖ ~ **box** (Acous) / Kassettenbehälter m, Kassettenbox f ‖ ~ **cabinet** (Acous) / Kassettenbehälter m, Kassettenbox f ‖ ~ **compartment** (Acous) / Kassettenfach n (des Radiorecorders, der Kamera) ‖ ~ **deck** (Acous) / Cassettendeck n, Kassettendeck n ‖ ~ **holder** (Acous) / Kassettenbehälter m, Kassettenbox f ‖ ~ **library** / Kassettenverleih m (z.B. in den Schulen) ‖ ~ **player** (Acous, Radio) / Kassettenabspielgerät n ‖ ~ **recorder** (Acous) / Cassettenrecorder m, Kassettenrecorder m, Kassettenrekorder m, Kassettentonbandgerät n ‖ ~ **ribbon** / Farbbandkassette f (bei elektrischen Schreibmaschinen), Bandkassette f, Kassettenfarbband n ‖ ~ **tape recorder** (Acous) / Cassettenrecorder m, Kassettenrecorder m, Kassettenrekorder m, Kassettentonbandgerät n ‖ ~ **television** (TV) / Kassettenfernsehen n ‖ ~ **video playback system** (TV) / Kassettenfernsehen n
**cassia bark** (the aromatic bark of the cassia, yielding an inferior kind of cinnamon which is sometimes used to adulterate true cinnamon) (Nut) / Kassiarinde f ‖ ~ **flask** (Chem) / Kassiakölbchen n (ein Standkölbchen zur Prüfung einiger etherischer Öle), Cassiakölbchen n ‖ ~ **oil*** (Chem, Nut) / Kassiaöl n, Chinesisches Zimtöl, Cassiaöl n (aus Cinnamomum aromaticum Nees)
**cassie** n (Paper) / Abfall m, Ausschuss m (beim Brechen und Packen von Papier)
**cassimere** n (Textiles) / Kasimir m
**Cassinian curves** (Maths) / Cassini'sche Kurven (nach G.D. Cassini, 1625-1712)
**Cassini's division*** (Astron) / Cassini'sche Teilung f (Hauptteilung im Ringsystem von Saturn, welche die beiden hellen Ringe A und B trennt)
**Cassini's ovals*** (Maths) / Cassini'sche Kurven (nach G.D. Cassini, 1625-1712)
**cassiterite*** n (Min) / Kassiterit m, Zinnstein m, Cassiterit m ‖ ~ **products** (Ceramics) / Kassiteriterzeugnisse n pl (Feuerfesterzeugnisse auf der Basis von $SnO_2$), Cassiteriterzeugnisse n pl
**Cassius purple** (Ceramics, Chem, Glass) / Cassius'scher Goldpurpur, Goldpurpur m, Cassius-Purpur m (purpurfarbene kolloidale Goldlösung nach A. Cassius, 1605-1673)
**Casson mass** (Phys) / Casson'scher Stoff (plastische Masse, die das Verhalten bestimmter nicht Newton'scher Flüssigkeiten zeigt) ‖ ~ **viscosity** (Phys) / Casson-Viskosität f (DIN 1342, T 1)
**CASS test** (Paint) / CASS-Test m (eine Korrosions-Kurzprüfung mit Natriumchlorid, Kupferchlorid und Essigsäure)
**cast** v / spinnen v (Flachfolie) ‖ ~ / werfen v (Schatten) ‖ ~ (Brew) / ausschlagen v (Bierwürze auf das Kühlschiff abfüllen) ‖ ~ (Ceramics, Foundry, Glass) / vergießen v, gießen v, abgießen v ‖ ~ (Phys) / werfen v ‖ ~ (Cinema, TV) / Cast n (der gesamte Stab von Mitwirkenden in einem /Fernseh/Film) ‖ ~* (Geol) / Steinkern m (eines Fossils), Innenabguss m ‖ ~ (Photog) / Stich m (Farbstich), Farbton m, Farbtönung f (unerwünschte) ‖ ~ (Print) / Stereotypieplatte f, Stereo n, Stereotypplatte f ‖ ~ adj / gegossen adj
**castability** n (Foundry) / Gießbarkeit f ‖ ~ **specimen** (Foundry) / Gießbarkeitsprobe f (ein Probestück)
**castable** adj / vergießbar adj, gießbar adj
**cast analysis** (Met) / Schmelzenanalyse f, Schmelzanalyse f (chemische) ‖ ~ **and credits** (Cinema, TV) / Vorspanntitel m pl, Vorspann m, Titelvorspann m (einem Film bzw. einer Sendung vorangestellte Angaben über Titel, Hersteller, Darsteller, u. Ä.)
**castaneous** adj / kastanienbraun adj (z.B. Kennfaden 15 in den CENELEC-Ländern)
**cast basalt** / Schmelzbasalt m ‖ ~ **bronze** (Foundry, Met) / Gussbronze f
**cast-coated paper** (Paper) / gussgestrichenes Papier
**cast coating** (Paper) / Gießstreichen n, Gießstreichverfahren n, Kromekote-Verfahren n, Gussstreichverfahren n
**cast-concrete paving** (Civ Eng) / Betonsteinpflaster n
**cast condition** (Met) / Gusszustand m
**castellated bit** (Mining) / Stahlzahnbohrkrone f, gezahnte Bohrkrone ‖ ~ **nut** (Eng) / Kronenmutter f (mit Kronenaufsatz)
**caster** n (Autos) / Nachlauf m (Winkel zwischen der Achse des Achsschenkelbolzens und einer Senkrechten durch die Radmitte) ‖ ~ (Eng) / Lenkrolle f (des Flurförderzeugs), Möbelrolle f, Transportrolle f ‖ ~ (Foundry) / Gießmaschine f ‖ ~ (Typog) / Gießapparat m ‖ ~ **action*** (Autos) / Nachlaufeffekt m, Einstellung f des Nachlaufs ‖ ~ **crane** (Foundry) / Gießkran m (der Gießpfannen transportiert und kippt) ‖ ~ **effect** (Autos) / Nachlaufeffekt m, Einstellung f des Nachlaufs ‖ ~ **offset** (Autos) / Nachlaufstrecke f (Abstand zwischen Reifenaufstandfläche und Schnittpunkt der Lenkachse mit der Fahrbahnoberfläche, parallel zur Längsachse gemessen), Nachlaufversatz m ‖ ~ **sugar** (Nut) / Streuzucker m
**cast film** (Plastics) / Gussfolie f, gegossener Film (Feinfolie), gegossene Folie, Gießfolie f ‖ ~ **flash** (Foundry) / Gussnaht f, Gussgrat m, Gießgrat m (ein am Gussstück anhaftender dünnwandiger Metallrest, der nicht unmittelbar zum Gussstück gehört) ‖ ~ **gib and cotter** / Vergussbirne f (Befestigungsart von Seilkauschen an Drahtseilen) ‖ ~ **glass** (Glass) / Gussglas n (DIN 1249, T 4) ‖ ~ **hard carbide** (Met) / gegossenes Karbidhartmetall, Gusskarbid n ‖ ~ **hole*** (Eng, Foundry) / vorgegossenes Loch, Kernloch n ‖ ~ **holes*** (Foundry) / Hohlräume m pl und Aussparungen des Gussstückes
**Castigliano's theorem** (first, second) (Mech) / Castigliano'scher Satz, Prinzip n der kleinsten elastischen Spannungen (erster, zweiter - nach C.A. Castigliano, 1847-1884)

207

**Castile** *n* s. also Marseilles soap ‖ ≙ **soap** / kastilianische Seife, spanische Seife
**Castilla rubber** / Panama Rubber *m*, Castilla Rubber *m* (aus Castilla elastica Cerv.)
**cast-in** *adj* / eingegossen *adj*
**CASTing** *n* (Biochem) / CASTing *n* (auf der PCR-Technik basierendes Verfahren, mit dessen Hilfe die Sequenzen der DNA-Bindestellen von Proteinen bestimmt werden können)
**casting** *n* (Brew) / Ausweichen *n* (in der Mälzerei) ‖ ~ (Brew) / Ausschlagen *n* ‖ ~ (Ceramics, Foundry, Glass) / Abguss *m* ‖ ~* (Ceramics, Foundry, Glass) / Guss *m*, Gießen *n* (Gießvorgang) ‖ ~ (Cinema, TV) / Rollenbesetzung *f*, Casting *n* (Rollenbesetzung) ‖ ~* (Foundry) / Gussstück *n*, Guss *m*, Formgussstück *n*, Gussteil *n* ‖ ~ (Met) / Vergießen *n* (des Stahls) ‖ ~* (Typog) / Gießen *n* (Herstellen von Setzmaterial; Anfertigen von Flach- und Rund-Bleistereos) ‖ ~ **alloy** (Foundry) / Gusslegierung *f* (metallische Legierung, die sich gut zur Herstellung von Formguss eignet) ‖ ~ **bay** (Foundry) / Gießhalle *f* ‖ ~ **bed** (Met) / Gießbett *n* (Sandfläche vor einem Hochofen, in der das flüssige Metall nach dem Abstich in dafür vorgesehenen Hohlräumen zu Blöcken erstarrt), Masselbett *n* ‖ ~ **bow** (Foundry) / Gießbogen (beim Strangguss) ‖ ~ **box*** (Print) / Gießwerk *n* (für Stereos) ‖ ~ **buggy** (Foundry) / Gießwagen *m* ‖ ~ **car** (Foundry) / Gießwagen *m* ‖ ~ **chamber** (Foundry) / Presskammer *f* (beim Druckguss) ‖ ~ **copper*** (Met) / gargepoltes Kupfer, Raffinatkupfer *n*, Garkupfer *n*, Raffinadekupfer *n* (mit etwa 99,4 % Cu) ‖ ~ **cycle** (Foundry) / Gießzyklus *m* ‖ ~ **deck** (Foundry) / Gießbühne *f* ‖ ~ **defect** (Foundry) / Gussfehler *m* (Fehlstelle am fertigen Gussstück) ‖ ~ **design** (Foundry) / Gusskonstruktion *f* (Entwurf) ‖ ~ **difficult to mould** (Foundry) / formschwieriges Gussteil ‖ ~ **director** (Cinema) / Besetzungschef *m* ‖ ~ **floor** (Foundry) / Gießbühne *f* ‖ ~ **gate** (Foundry) / Gießtrichter *m*, Eingießöffnung *f* ‖ ~ **height** (Foundry) / Gießhöhe *f* (Höhenunterschied beim Gießen zwischen dem Metallspiegel in der Pfanne bzw. im Eingusstümpel und der Gießform) ‖ ~ **house** (Foundry) / Gießhalle *f* (selbständiges Gebäude) ‖ ~ **in flaskless moulds** (Foundry) / Gießen *n* in kastenlose Formen ‖ ~ **ladle*** (Foundry) / Gießpfanne *f* (mit der das Gießgut zur Form transportiert und vergossen wird) ‖ ~ **machine** (Foundry) / Gießmaschine *f* ‖ ~ **material** / Abformmasse *f*, Abgussmasse *f*, Formgussmasse *f*
**casting-on** *n* (Welding) / Gießschweißung *f*, Gießschweißen *n*
**casting pit** (Foundry) / Gießgrube *f* (zum stehenden Guss von Teilen großer Ausdehnung in einer Dimension) ‖ ~ **plant** (Foundry) / Gießanlage *f*, Gießereianlage *f* ‖ ~ **plaster** (Foundry) / Modellgips *m*, Formengips *m*, Formgips *m* ‖ ~ **pressure** (Foundry) / Gießdruck *m* (mit dem das beim Gießen einströmende Gießgut auf die Wände des Formhohlraumes drückt) ‖ ~ **process** (Foundry) / Gießereiprozess *m* ‖ ~ **process** (mode) (Welding) / Vergießungsart *f* (Merkmal bei der Prüfung der Schweißeignung des Stahls) ‖ ~ **properties** (Foundry) / Gießeigenschaften *f pl* (des Gusswerkstoffs) ‖ ~ **rate** (Foundry) / Gießgeschwindigkeit *f* ‖ ~ **resin*** (Plastics) / Gießharzmasse *f*, Vergussharz *n* (Rohstoff) ‖ ~ **resin*** (Plastics) / Gießharz *n* (Duroplast, der als Harz-Härter-Gemisch nach einer temperaturabhängigen Verarbeitungszeit durch Vernetzung erhärtet)
**casting-rolling plant** (Met) / Gießwalzanlage *f*
**casting rubber** (Plastics) / flüssiger Polyurethankautschuk ‖ ~ **scale** (Foundry) / Gusskruste *f*, Gusshaut *f* ‖ ~ **seam** (Foundry) / Gussnaht *f*, Gussgrat *m*, Gießgrat *m* (ein am Gussstück anhaftender dünnwandiger Metallrest, der nicht unmittelbar zum Gussstück gehört) ‖ ~ **skin** (Ceramics) / Gießhaut *f* ‖ ~ **skin** (Foundry) / Gusskruste *f*, Gusshaut *f* ‖ ~ **slip** (Ceramics) / Gießmasse *f* (mit bis 40% Wasseranteil) ‖ ~ **speed** (Foundry) / Gießgeschwindigkeit *f* ‖ ~ **strain** (Foundry) / Gussspannung *f* (innere Spannung, die in Gussstücken nach Abkühlung auf Raumtemperatur vorliegen kann) ‖ ~ **stream** (Foundry) / Gießstrahl *m*, Gießader *f* ‖ ~ **stream degassing** (Met) / Gießstrahlentgasung *f* (in der Vakuummetallurgie) ‖ ~ **stress** (Foundry) / Gussspannung *f* (innere Spannung, die in Gussstücken nach Abkühlung auf Raumtemperatur vorliegen kann) ‖ ~ **table** (Glass) / Gusstisch *m* ‖ ~ **temperature** (Foundry) / Gießtemperatur *f* (bei der das flüssige Gießgut in die Form gegossen wird) ‖ ~ **texture** (Foundry) / Gusstextur *f* ‖ ~ **tolerance** (Foundry) / Gusstoleranz *f* (DIN 1683 bis 1688) ‖ ~ **under vacuum** (Foundry) / Gießen *n* unter Vakuum ‖ ~ **velocity** (Civ Eng) / Schüttgeschwindigkeit *f* (des Frischbetons beim Einbringen in die Schalung), Steiggeschwindigkeit *f* ‖ ~ **welding** (Welding) / Gießschweißung *f*, Gießschweißen *n* ‖ ~ **wheel*** (Foundry, Met) / Gießkarussell *n*, Gießrad *n* (mit umlaufenden Dauerformen) ‖ ~ **yield** (Foundry) / Gussausbringen *n* (Verhältnis zwischen der Gussteilmasse und der zur Herstellung des Gussteils benötigten Flüssigmetallmasse)
**cast-in insert** (Foundry) / Einlegeteil *n* (Metallteil, das in die Gießform eingelegt und durch das nachfolgende Gießen Bestandteil des sich bildenden Gusskörpers wird), Formeinsatz *m*, Formeneinsatz *m*, Eingießteil *m*
**cast•-in-situ concrete pile*** (Build, Civ Eng) / Ortpfahl *m* (Ortrammpfahl, Ortbohrpfahl), Ortbetonpfahl *m* ‖ ~ **iron*** (Met) / Gusseisen *n* (eine Fe-C-Legierung mit 2 - 4,5 % C) ‖ ~**-iron** *attr* (Met) / gusseisern *adj*, aus Gusseisen
**cast-iron enamel** / Gussemail *n* ‖ ~ **radiator** (Build) / Gussradiator *m*, Gussheizkörper *m* (DIN 4720)
**castle nut*** (Eng) / Kronenmutter *f* (mit Kronenaufsatz)
**Castle's intrinsic factor** (Biochem) / Intrinsic Factor *m* (der an der Resorption des Vitamins $B_{12}$ beteiligt ist), Castle-Ferment *n*
**cast nail** (Eng) / Gussnagel *m*
**Castner-Kellner cell** (Chem Eng) / Castner-Kellner-Zelle *f* (für die Chloralkalielektrolyse)
**Castner's process*** (Chem Eng) / Castner-Kellner-Verfahren *n* (zur Gewinnung von Natriumcyanid - nach H.Y. Castner, 1858 - 1899) ‖ ≙ **process*** (Chem Eng) s. also electrolysis of alkali-metal chlorides
**cast off** *v* (Textiles) / abschlagen *v* (alte Maschen)
**cast-off** *n* (Comp) / Castoff *n* (Cache)
**cast•-off*** *n* (Typog) / Umfangsberechnung *f* (nach dem Manuskript), Textumfangsberechnung *f* ‖ ~ **on** *v* (Textiles) / anschlagen *v* (eine Masche), auftragen *v* (eine Masche), ausschlagen *v* (Maschenzahl in einer Reihe vergrößern)
**castor** *n* (Autos) / Nachlauf *m* (Winkel zwischen der Achse des Achsschenkelbolzens und einer Senkrechten durch die Radmitte) ‖ ~ (Eng) / Lenkrolle *f* (des Flurförderzeugs), Möbelrolle *f*, Transportrolle *f* ‖ ~ (Pharm) / Bibergeil *n*, Castoreum *n* (ein Duftrohstoff aus der getrockneten Duftdrüse des kanadischen Bibers)
**CA storage** (Nut) / CA-Lagerung *f*
**castor been tick** (Med, Zool) / Holzbock *m* (gemeiner), Waldzecke *f* (Ixodes ricinus), Zecke *f*
**CA store** (Nut) / CA-Lager *n* (zur langfristigen Lagerung bestimmter Obst- und Gemüsearten in Lagerluft mit erhöhtem Kohlendioxidgehalt)
**castored skid** (Cinema) / Fahrstativ *n*
**castoreum** *n* (Pharm) / Bibergeil *n*, Castoreum *n* (ein Duftrohstoff aus der getrockneten Duftdrüse des kanadischen Bibers)
**castor oil*** (Chem) / Rizinusöl *n*, Kastoröl *n*, Castoröl *n*, Ricinusöl *n* (aus dem Ricinus communis L.) ‖ ~ **oil acid** (Chem) / Rizinolsäure *f*, Ricinusölsäure *f*, Ricinolsäure *f* (eine Hydroxyfettsäure)
**castor-oil test** (Paper, Print) / Rizinusölprobe *f* (Papiersaugfähigkeit)
**castor sugar** (GB) (white sugar with finer grains than those of granulated sugar) (Nut) / Streuzucker *m*
**cast part** (Foundry) / Gussstück *n*, Guss *m*, Formgussstück *n*, Gussteil *n* ‖ ~ **piece** (Foundry) / Gussstück *n*, Guss *m*, Formgussstück *n*, Gussteil *n* ‖ ~ **pressure fitting** (Eng) / Druckformstück *n* ‖ ~ **resin** (Plastics) / Gießharz *n* (Duroplast, der als Harz-Härter-Gemisch nach einer temperaturabhängigen Verarbeitungszeit durch Vernetzung erhärtet) ‖ ~ **rolling** (Met) / blockloses Walzen, Strangwalzen *n*, Gießwalzen *n* ‖ ~ **scrap** (Foundry, Met) / Gussausschuss *m*, Gussbruch *m* (aus dem Gebrauch ausgeschiedenes Material aus Gusseisen) ‖ ~ **seam** (Foundry) / Gussnaht *f*, Gussgrat *m*, Gießgrat *m* (ein am Gussstück anhaftender dünnwandiger Metallrest, der nicht unmittelbar zum Gussstück gehört) ‖ ~ **steel*** (Met) / Stahlguss *m*, Gussstahl *m*, GS (in Gießformen gegossener Stahl) ‖ ~ **stone*** (Build) / Betonwerkstein *m* (Beton mit Natursteinzusätzen nach DIN 18500), Betonblock *m*, Betonstein *m* ‖ ~ **strip rolling mill** (Met) / Gießbandwalzwerk *n* ‖ ~ **structure** (Foundry) / Gussgefüge *n* ‖ ~ **tube** (Met) / gegossenes Rohr ‖ ~ **welding** (Welding) / Gießschweißung *f*, Gießschweißen *n* ‖ ~ **wort** (Brew) / Ausschlagwürze *f*
**casual** *n* (Work Study) / Gelegenheitsarbeiter *m* ‖ ~ **clothing** (Textiles) / Freizeitkleidung *f*, Legerkleidung *f* ‖ ~ **coat** (Textiles) / Casualcoat *m* (unkonventionell geschnittener Kurzmantel im Stil der Freizeitkleidung)
**casuals** *pl* (suitable for everyday wear rather than formal occasions) (Textiles) / Freizeitkleidung *f*, Legerkleidung *f*
**casual user** (Comp) / Endkunde *m* (meistens als Gegensatz zu OEM-Kunde), Endbenutzer *m* ‖ ~ **user** (Comp) / gelegentlicher Benutzer
**casuarina** *n* (For) / Kasuarine *f*, Känguruhbaum *m* (Casuarina sp.)
**CAT** (Aero, Meteor) / Klarluftturbulenz *f*, Clear-Air-Turbulenz *f*, CAT ‖ ≙ (Comp) / rechnergestütztes Test- und Prüfverfahren *n* ‖ ≙ (computer-aided translation) (Comp) / rechnerunterstützte Übersetzung, rechnergestützte Übersetzung ‖ ≙ (crack arrest temperature) (Materials) / Rissauffangtemperatur *f* ‖ ≙ (Materials) / rechnergestützte Werkstoffprüfung, computergestützte Werkstoffprüfung ‖ ≙ (Spectr) / Digitalrechner *m* zur Mittelwertbildung elektrischer Signale (ein Zusatzgerät für Spektrometer)

**cat** *v* (Ships) / katten *v* (den Stockanker) ‖ **~** *n* (Civ Eng) / Caterpillar *m* (ein Gleiskettenfahrzeug der Caterpillar Tractor Co., Peoria, Illinois) ‖ **~** (Mining) / feuerfester Ton (in Kohleschichten)
**catabolism*** *n* (Biochem) / Katabolie *f*, Katabolismus *m*, Betriebsstoffwechsel *m* (die Gesamtheit der Abbauprozesse des Stoffwechsels)
**catabolite** *n* (a product of catabolism) (Biochem, Biol) / Stoffwechselendprodukt *n*, Katabolit *m*
**Catacarb process** (Chem Eng) / Catacarb-Verfahren *n* (ein Absorptionsverfahren zur Entfernung von $CO_2$ und $H_2S$ aus Gasgemischen)
**catacaustic*** *n* (Light, Optics) / Katakaustik *f* (bei der Abbildung durch Hohlspiegel)
**cataclasis*** *n* (pl. cataclases) (the fracture and breaking up of rock by natural processes) (Geol) / Kataklase *f* (tektonisch bedingte Zerbrechungserscheinungen in und an Einzelmineralen eines Gesteins)
**cataclastic** *adj* (Geol) / kataklastisch *adj*
**catadioptric*** *adj* (Optics) / katadioptrisch *adj*
**catalan process*** (Met) / Katalanverfahren *n* (heute obsolet), Renn-Verfahren *n*
**Catalan's solid** (Maths) / archimedischer Körper *m* ‖ **~ trisectrix** (Maths) / Catalan'sche Trisektrix
**catalase*** *n* (Biochem) / Katalase *f* (bei fast allen Sauerstoff benötigenden Organismen vorkommendes Enzym)
**catalog** *v* (US) (Comp) / katalogisieren *v* (eine Phase, ein Modul, ein Buch oder eine Prozedur in eine der System- oder Privatbibliotheken einfügen) ‖ **~** *n* (US) (Astron, Comp, Print) / Katalog *m*
**catalogue** *v* (Comp) / katalogisieren *v* (eine Phase, ein Modul, ein Buch oder eine Prozedur in eine der System- oder Privatbibliotheken einfügen) ‖ **~** *n* (Astron, Comp, Print) / Katalog *m* ‖ **~ paper** (Paper) / Katalogpapier *n*, Adressbuchpapier *n* (Dünndruckpapier - gestrichen oder nicht gestrichen) ‖ **~ price** / Listenpreis *m*
**catalpa** *n* (For) / Trompetenbaum *m* (Catalpa Scop.)
**catalymetry** *n* (Chem) / Katalymetrie *f* (Anwendung der Katalyse in der Spurenanalyse und in der Maßanalyse)
**catalyse** *v* (GB) (Chem) / katalysieren *v*
**catalysed crystallization** (Glass) / gesteuerte Kristallisation (ein Nukleationsprozess, der durch die Beimischung katalytisch wirkender Reagenzien in der Glasschmelze ausgelöst wurde) ‖ **~ resin** (Plastics) / Kunstharzansatz *m*, Kunstharz *m* mit Härtezusatz
**catalyser** *n* (Autos) / Katalysator *m* (als ganze Anlage), Abgaskatalysator *m* (als ganze Anlage), Kat *m*, katalytischer Konverter
**catalysis*** *n* (pl. catalyses) (Chem) / Katalyse *f*
**catalyst*** *n* (Autos, Chem) / Katalysator *m* (katalytisch wirksame Substanz), Kat *m* ‖ **~** (Paint) / Härter *m* (bei Spachtelmassen) ‖ **~ bed** (Chem) / Katalysatorbett *n* ‖ **~ carrier** (Chem) / Katalysatorträger *m*, Kontaktträger *m* ‖ **~ chamber** (Chem Eng) / Kontaktkammer *f* ‖ **~ charge** (Autos) / Katalysatorschüttung *f*, Katalysatorfüllung *f* ‖ **~ contamination** (Autos) / Katalysatorvergiftung *f* ‖ **~ cracker** (Chem Eng, Oils) / Catcracker *m*, katalytische Krackapparatur ‖ **~ poison** (Chem) / Katalysatorgift *n*, Kontaktgift *n* (bei der Katalyse) ‖ **~ poisoning** (Autos) / Katalysatorvergiftung *f* ‖ **~ poisoning** (Chem) / Katalysatorvergiftung *f* ‖ **~ selectivity** (Chem) / Katalysatorselektivität *f* ‖ **~ substrate** (Chem) / Katalysatorträger *m*, Kontaktträger *m* ‖ **~ support** (Chem) / Katalysatorträger *m*, Kontaktträger *m*
**catalytic** *adj* (Chem) / katalytisch *adj* ‖ **~ action** (Chem) / katalytische Wirkung *f* ‖ **~ antibody** (Biochem, Physiol) / Abzym *n*, katalytischer Antikörper ‖ **~ centre** (Biochem) / katalytisches Zentrum ‖ **~ converter** (Autos) / Katalysator *m* (als ganze Anlage), Abgaskatalysator *m* (als ganze Anlage), Kat *m*, katalytischer Konverter
**catalytic-converter-equipped vehicle** (Autos) / Katalysatorfahrzeug *n*, Katalysatorauto *n*, Kat-Auto *n*
**catalytic converter with lambda control** (Autos) / geregelter Katalysator (ein Dreiwegekatalysator mit Lambdasondenregelung), G-Kat *m* ‖ **~ cracking*** (Chem Eng, Oils) / katalytisches Kracken, Catcracken *n*, Catcracking *n* ‖ **~ gas oil** (Fuels) / Gasöl *n* aus der katalytischen Krackung ‖ **~ hydrogenation** (Chem Eng) / katalytische Hydrierung ‖ **~ isomerization** (Chem) / katalytische Isomerisation, katalytische Isomerisierung ‖ **~ partial oxidation** (Chem) / katalytische Teiloxidation ‖ **~ poison*** (Chem) / Katalysatorgift *n*, Kontaktgift *n* (bei der Katalyse) ‖ **~ reforming** (Chem Eng, Oils) / katalytisches Reformieren, katalytisches Reforming (Reformieren mit Katalysator) ‖ **~ reforming** (Oils) s. also catforming ‖ **~ RNA** (Biochem) / Ribozym *n*, RNS-Enzym *n*, katalytische RNS
**catalyze** *v* (US) (Chem) / katalysieren *v*
**catalyzed anionic polymerization** (Chem) / aktivierte anionische Polymerisation ‖ **~ crystallization** (US) (Glass) / gesteuerte Kristallisation (ein Nukleationsprozess, der durch die Beimischung katalytisch wirkender Reagenzien in der Glasschmelze ausgelöst wurde) ‖ **~ diffusion** (Chem) / katalysierte Diffusion, erleichterte Diffusion
**cat-and-mouse engine** (Autos) / "Katz-und-Maus-Motor" *m* (mittelachsiger drehkolbenartiger Umlaufkolbenmotor)
**cataphoresis** *n* (pl. cataphoreses) (Chem, Phys) / Kataphorese *f* (bei der Elektrophorese)
**cataphoretic** *adj* (Chem, Phys) / kataphoretisch *adj*
**cataphorite*** *n* (Min) / Katophorit *m* (eine natron- und eisenreiche Hornblende zwischen Arfvedsonit und Barkevikit)
**catapinate** *n* (Chem) / Katapinat *n*, Catapinat *n*
**catapleiite** *n* (Min) / Katapleit *m* (Natriumzirkonium(IV)-trisilicat)
**catapleite** *n* (Min) / Katapleit *m* (Natriumzirkonium(IV)-trisilicat)
**catapult*** *n* (Aero) / Katapult *n m*, Schleuder *f*, Flugzeugschleuder *f*, Startschleuder *f* ‖ **~ start** (Aero) / Katapultstart *m* ‖ **~ take-off** (Aero) / Katapultstart *m*
**cataracting** *n* / Kataraktwirkung *f* (bei den Mahlkugeln einer Trommelmühle), Überstürzen *n* (der Mahlkugeln in einer Trommelmühle)
**catastrophe** *n* (Maths) / Katastrophe *f*, singuläres Ereignis ‖ **~ theory*** (Maths) / Katastrophentheorie *f* (von R. Thom, geb. 1923)
**catastrophic blowout** (Oils) / katastrophaler Blowout, Ejektion *f* ‖ **~ corrosion** (Surf) / katastrophale Korrosion (bei Überschreiten kritischer Korrosionsbedingungen, das zur totalen Zerstörung führt) ‖ **~ failure** (failure of a mechanism or component that renders an entire machine or system ioperable) (Eng, Materials) / verhängnisvoller Ausfall (eines Systems in der Zuverlässigkeitstheorie), katastrophales Versagen ‖ **~ failure** (Eng) / Gesamtausfall *m* ‖ **~ failure** (Eng, Materials) s. also catastrophic wear ‖ **~ flood** (return period of 100 years or more) (Hyd Eng) / Jahrhundertwasser *n* (wie z.B. August 2002 in Ostdeutschland) ‖ **~ flood** (Hyd Eng) / Katastrophenhochwasser *n* ‖ **~ oxidation** (Chem) / katastrophale Oxidation (eine von einem bestimmten Punkt an extrem rasch verlaufende Oxidation) ‖ **~ oxidation** (Met, Surf) / katastrophale Oxidation (Verzunderung hitzebeständiger Stähle mit ungewöhnlich hoher Zundergeschwindigkeit, meistens als Folge der Entstehung flüssiger Korrosionsprodukte) ‖ **~ wear** (rapidly occurring or accelerating surface damage, deterioration, or change of shape caused by wear to such a degree that the service life of a part is appreciably shortened or its function is destroyed) (Eng, Materials) / katastrophaler Verschleiß (der zum Gesamtausfall führt oder führen kann)
**cat car** (catalytic-converter-equipped vehicle) (Autos) / Katalysatorfahrzeug *n*, Katalysatorauto *n*, Kat-Auto *n*
**catch** *n* (Build) / Schnäpper *m*, Schließe *f*, Schnepper *m* (als Beschlag) ‖ **~** (Build) / Vorreiber *m* (ein Fensterbeschlag, der den Fensterflügel an den Blendrahmen drückt), Einreiber *m* ‖ **~** (Eng) / Mitnehmer *m* (Sperrklinke) ‖ **~** (an amount of fish caught) (Nut, Ships) / Fang *m*, Fangertrag *m* (Fische) (in der Fischerei)
**catch-all** *n* (Nut) / Saftfänger *m* (in der Zuckerfabrikation)
**catch bar** (Textiles) / Verteilungsschiene *f*, Platinenschachtel *f* ‖ **~ basin** / Auffangbecken *n* (im Allgemeinen) ‖ **~ basin*** (Agric, San Eng) / Absetzgrube *f*, Absetzkammer *f*, Abscheider *m* (ein Absetzbecken), Schlammfänger *m* (z.B. in einer Abwasserleitung) ‖ **~ basin** (US) (San Eng) / Straßenablauf *m* (DIN 1213 und 4052), Regenablauf *m*, Gully *m n*, Einlaufschacht *m* ‖ **~ crop** (a crop grown in the space between two main crops or at a time when no main crops are being grown) (Agric) / Zwischenfrucht *f* (ohne Plural) (die /zeitlich/ zwischen zwei auf einem Feld angebauten Fruchtarten angebaut wird) ‖ **~ crop** (Agric) / Ersatzfrucht *f* (für eine ausgefallene Kultur) ‖ **~ crop** (Agric) / Einsaat *f* (zwischen den Reihen einer Hauptfrucht) ‖ **~ cropping** (Agric) / Zwischenfruchtbau *m* (ohne Plural) ‖ **~ drain** (Civ Eng) / Wasserabzugsgraben *m* (bei offener Wasserhaltung)
**catcher** *n* (Build) / Schnäpper *m*, Schließe *f*, Schnepper *m* (als Beschlag) ‖ **~*** (Electronics) / Ausgangsresonator *m* (z.B. eines Zweikammerklystrons), Auskoppelraum *m* ‖ **~** (Nuc Eng) / Catcher *m*, Absorberfolie *f* ‖ **~ cavity** (Electronics) / Ausgangsresonator *m* (z.B. eines Zweikammerklystrons), Auskoppelraum *m* ‖ **~ foil*** (Nuc Eng) / Catcher *m*, Absorberfolie *f* ‖ **~ resonator** (Electronics) / Ausgangsresonator *m* (z.B. eines Zweikammerklystrons), Auskoppelraum *m*
**catch hook** (Weaving) / Wendehaken *m* (Maschinenelement der Fachbildevorrichtungen an der Webmaschine), Fanghaken *m*
**catching** *adj* (Med) / kontagiös *adj*, infektiös *adj*, ansteckend *adj* ‖ **~ diode*** (Electronics) / Klemmdiode *f*, Klammerdiode *f*, Clampdiode *f* (die die Überschreitung eines bestimmten Potentialwertes verhindert)
**catchment** *n* (Hyd Eng) / Einzugsgebiet *n* (das ober- und unterirdische Entwässerungsgebiet eines Flusses mit allen seinen Nebenflüssen - DIN 4045), Abflussgebiet *n* ‖ **~ area*** (Hyd Eng) / Einzugsgebiet *n* (das ober- und unterirdische Entwässerungsgebiet eines Flusses mit

**catchment**

allen seinen Nebenflüssen - DIN 4045), Abflussgebiet *n* ‖ **~ area principle** (Surf) / Korrosionsflächenregel *f* (die Materialabtragung an der Anode ist umso stärker, je größer die Katode im Verhältnis zur Anode ist) ‖ **~ basin*** (Hyd Eng) / Einzugsgebiet *n* (das ober- und unterirdische Entwässerungsgebiet eines Flusses mit allen seinen Nebenflüssen - DIN 4045), Abflussgebiet *n* ‖ **~ platform** (Build) / Schutzbau *m* (der Menschen gegen herabfallende Baustoffe usw. schützen soll), Schutzaufbau *m* (gegen herabfallende Gegenstände), Schutzgerüst *n* (DIN 4420), Fanggerüst *n*, Fallgerüst *n* ‖ **~ principle** (in the corrosion theory) (Surf) / Korrosionsflächenregel *f* (die Materialabtragung an der Anode ist umso stärker, je größer die Katode im Verhältnis zur Anode ist) ‖ **~ water** (Hyd Eng) / stagnierendes Wasser, totes Wasser, stehendes Wasser

**catch net*** (Elec Eng) / Schutznetz *n*, Fangnetz *n* (unter der Freileitung) ‖ **~ pit*** (Agric, San Eng) / Absetzgrube *f*, Absetzkammer *f*, Abscheider *m* (ein Absetzbecken), Schlammfänger *m* (z.B. in einer Abwasserleitung) ‖ **~ plate*** (Eng) / Mitnehmerscheibe *f* ‖ **~ prop*** (Mining) / Hilfsstempel *m* ‖ **~ prop*** (Mining) s. also watch prop ‖ **~ spring** (Eng) / Schnappfeder *f* ‖ **~ up** *v* (Autos) / einholen *v*

**catchword*** *n* (Print) / Kustos *m* (pl.: Kustoden) (am Fuß einer Buchseite zur Verbindung mit der kommenden Seite), Kustode *f* ‖ **~*** (Print) / lebender Kolumnentitel (im Wörterbuch), Kopf *m* (bei Angabe von Stichwörtern in Wörterbüchern)

**catch work*** (Hyd Eng) / Bewässerungsanlagen *f pl*, Bewässerungswerk *n*

**cat cracker*** (Chem Eng, Oils) / Catcracker *m*, katalytische Krackapparatur ‖ **~-cracking** *n* (Chem Eng, Oils) / katalytisches Kracken, Catcracken *n*, Catcracking *n*

**CATE** (computer-aided test equipment) (Comp, Eng) / rechnergestütztes Prüfsystem

**catechol*** *n* (Biochem) / Katechin *n*, Catechin *n* ‖ **~** (Chem) s.also pyrocatechol and resorcinol

**catecholamine** *n* (one of a number of derivatives of the amino acid tyrosine which function as neurotransmitters) (Biochem) / Catecholamin *n*, Katecholamin *n* (hydroxyliertes Phenethylamin, das die Brenzkatechingruppierung enthält)

**catecholtannin** *n* (Chem, Leather) / kondensierter Gerbstoff, Katechingerbstoff *m*, Pyrokatechingerbstoff *m*

**catechu** *n* / [braunes] Katechu *n* (aus Acacia catechu), Catechu *n*

**catechutannic acid** (a non-cristalline, reddish-brown mass with an astringent taste) (Chem) / Katechugerbsäure *f*

**categorial grammar** (Comp) / Kategorialgrammatik *f*

**categorical** *adj* (Maths) / monomorph *adj*, kategorisch *adj* (System von Axiomen) ‖ **~ theory** (Maths) / Kategorientheorie *f* (ein Teilgebiet der Mathematik, von S. Eilenberg und S. MacLane begründet), Theorie *f* der Kategorien

**categorize** *v* / kategorisieren *v*

**category** *n* / Kategorie *f* ‖ **~ A worker** (Radiol) / beruflich strahlenexponierte Person, Person *f* der Kategorie A

**catena** *n* (Astron, Geol) / Catena *f* (pl.: -nae) (Kraterkette vulkanischen Ursprungs) ‖ **~** (Bot, Ecol) / Catena *f* (pl.: -nae) (die typische und regelhafte Vergesellschaftung von Standorteinheiten /Boden- und Vegetationseinheiten, Ökotope) ‖ **~** (Bot, Ecol) / Catena *f* (pl. -ae), Standortreihe *f*, Toposequenz *f* (reliefabhängige Bodensequenzdarstellung) ‖ **~** (pl. catenae or catenas) (Comp) / Kette *f*, Befehlskette *f* ‖ **~ compound** (Chem) / Katenaverbindung *f*, Catenaverbindung *f* (Konfiguration mit Kettenstruktur)

**catenane** *n* (Chem) / Catenan *n*, Katenan *n*

**catenary*** *n* (the name of the curve formed by a thin, uniform, flexible chain hanging from two fixed supports) (Maths) / Kettenlinie *f*, Seilkurve *f*, Seillinie *f* (die unter dem Einfluss der Schwerkraft entsteht), Hängelinie *f* ‖ **~ arch** (Arch) / Bogen *m* mit Kettenkurvenform ‖ **~ construction*** (Elec Eng) / Kettenfahrleitung *f* ‖ **~ correction** (Surv) / Durchhangkorrektur *f* ‖ **~ disconnecting switch** (Rail) / Fahrleitungstrennschalter *m* ‖ **~ idler** (Eng, Mining) / Girlandenrolle *f* (der Tragrollengirlande) ‖ **~ wire aerial cable** (Civ Eng) / Tragseil-Luftkabel *n*

**catenation** *n* (the process of joining atoms together to form a chain) (Chem) / Verkettung *f*, Kettenbildung *f*, Verbindung *f*, Verknüpfung *f* (Vorgang)

**catenoid*** *n* (Maths) / Kettenfläche *f* (die durch Rotation der Kettenlinie um eine Gerade entsteht, die parallel ist zur Tangente im Scheitelpunkt der Kettenlienie), Katenoid *n* (Kettenfläche)

**catering** *n* (Aero) / Catering *n* (die auf dem Flughafen durchgeführte Versorgung von Verkehrsflugzeugen mit Bordverpflegung) ‖ **~ pack** (Nut) / Großpackung *f* ‖ **~ truck** (Aero) / Küchenhubwagen *m* (zur Versorgung von Flugzeugen) ‖ **~ vehicle** (Aero) / Küchenhubwagen *m* (zur Versorgung von Flugzeugen)

**caterpillar** *n* (Autos, Civ Eng, Eng, Mil) / Gleiskette *f*, Raupenkette *f*, Raupe *f* (Raupenkette), Kette *f* (Raupenkette) ‖ **~*** *n* (Civ Eng) / Caterpillar *m* (ein Gleiskettenfahrzeug der Caterpillar Tractor Co., Peoria, Illinois) ‖ **~ engine** (I C Engs) / Caterpillar-Testmotor *m* (ein Dieselmotor der Caterpillar Tractor Co., der zu Prüfstand-Motoröltesten herangezogen wird) ‖ **~ gate** (Hyd Eng) / Raupenschütz *n* ‖ **~ grinder** (Paper) / Kettenschleifer *m* (ein Stetigschleifer) ‖ **~ test engine** (I C Engs) / Caterpillar-Testmotor *m* (ein Dieselmotor der Caterpillar Tractor Co., der zu Prüfstand-Motoröltesten herangezogen wird)

**cat eyes** (Chem Eng) / ungelöste Stückchen Kautschuk (in Kautschuklösungen) ‖ **~ eyes** (Textiles) / Poren *f pl*, Löcher *n pl*, Nadelstiche *m pl*, Krater *m pl* (Fehler)

**catforming** *n* (Oils) / Catforming *n* (katalytisches Reformieren mit Platin-Aluminiumoxid-Siliziumdioxid als Katalysator)

**catgut*** *n* (Med) / Katgut *n* (chirurgisches Nähmaterial aus Darmseiten), Catgut *n* ‖ **~ string** / Darmsaite *f*

**cathartic** *n* (Pharm) / Kathartikum *n* (pl. -tika) (mittelstarkes Abführmittel)

**cathead*** *n* (Eng) / Katzenkopf *m*, Zwischenfutter *n*, Schraubenfutter *n* ‖ **~*** (Mining) / Spill *n* zum Kontern, Spillkopf *m* ‖ **~** (Oils) / Spill *n* (pl. -e oder -s) (kleine sich drehende Seiltrommel, die an beiden Seiten des Hebewerkes angebracht ist)

**cathedral** *n* (Arch) / Dom *m* (pl. -e) (Bischofs- oder Hauptkirche), Münster *n m*, Kathedrale *f* ‖ **~ adj** (Aero) / mit negativer V-Form (die Tragflächen steigen nach den Enden zu an) ‖ **~ glass** (Glass) / Kathedralglas *n* (mit Mustern, die wie gehämmert aussehen)

**cathepsin** *n* (Biochem) / Kathepsin *n* (Endopeptidase der Proteolyse)

**Catherine wheel*** (Arch) / Radfenster *n* (Rundfenster, das durch speichenartige Stäbe oder Säulen gegliedert ist)

**cathetometer*** *n* (Optics) / Kathetometer *n* (zur Messung von lotrechen Längen)

**cathode*** *n* (Electronics) / Katode *f* (die negative Elektrode nach DIN EN ISO 8044), Kathode *f* ‖ **~ coating*** (Surf) / Katodenüberzug *m*, katodisch hergestellte Schicht ‖ **~ connection** (Elec Eng) / Katodenanschluss *m* (DIN 41 853 und DIN 41 786) ‖ **~ copper*** (Met) / Elektrolytkupfer *n* (DIN 1708), E-Kupfer *n*, E-Cu ‖ **~ corrosion** (Surf) / katodische Korrosion ‖ **~ current** (Electronics) / Katodenstrom *m* ‖ **~ drop** (Electronics) / Katodenfall *m*, Katodenabfall *m* ‖ **~ efficiency*** (the current efficiency of a specified cathodic process) (Electronics) / Stromausbeute *f* an der Katode, katodische Stromausbeute

**cathode-end** *attr* (Electronics) / katodenseitig *adj*

**cathode fall** (Electronics) / Katodenfall *m*, Katodenabfall *m* ‖ **~ film** (liquid film adhering to the cathode) (Surf) / Katodenfilm *m* ‖ **~ follower** (Electronics) / Katodenfolger *m*, Anodenbasisschaltung *f* ‖ **~ formation** (Electronics) / Katodenformierung *f* ‖ **~ glow*** (Electronics) / Katodenglimmen *n*, Katodenglimmlicht *n* ‖ **~ lamp** (Cinema, Electronics) / Glimmlichtlampe *f*, Glimmlampe *f* (eine Gasentladungslichtquelle) ‖ **~ lens** (Electronics, Met) / Katodenlinse *f* ‖ **~ material** (Elec Eng) / Katodenmaterial *n*, Katodenwerkstoff *m* ‖ **~ modulation*** (Electronics) / Katodenmodulation *f* ‖ **~ output stage** (Electronics) / Katodenendstufe *f* ‖ **~ poisoning*** (Electronics) / Katodenvergiftung *f* ‖ **~ rail** (Surf) / Warenschiene *f* ‖ **~ ray*** (Electronics) / Katodenstrahl *m*

**cathode-ray oscillograph*** (Electronics) / Katodenstrahloszillograf *m*, Elektronenstrahloszillograf *m* ‖ **~ oscilloscope*** (Electronics) / Elektronenstrahloszilloskop *n*, Katodenstrahloszilloskop *n* ‖ **~ tube*** (Electronics) / Katodenstrahlröhre *f*, Elektronenstrahlröhre *f*, Braun'sche Röhre (nach K.F. Braun, 1850 - 1918) ‖ **~ tube*** (Electronics) s. also terminal

**cathode spot*** (Electronics) / Katodenfleck *m*, Brennfleck *m* (Lichtbogenfußpunkt einer Bogenentladung) ‖ **~ surface** (Electronics) / Katodenoberfläche *f* ‖ **~ terminal** (Elec Eng) / Katodenanschluss *m* (DIN 41 853 und DIN 41 786)

**cathodic** *adj* (Electronics) / Katoden-, katodisch *adj*, kathodisch *adj*, Kathoden- ‖ **~ chalk*** (Electronics, Ships) / pulvrige Überreste der Opferanode ‖ **~ chalk** (Ships) / katodischer (Kalk-, Magnesium-)Niederschlag ‖ **~ cleaning** / katodische Reinigung ‖ **~ connection** (Elec Eng) / Katodenanschluss *m* (DIN 41 853 und DIN 41 786) ‖ **~ corrosion** (corrosion of a metal where it is a cathode) (Surf) / katodische Korrosion ‖ **~ electrocoat paint** (Paint) / Kataphoreselack *m* ‖ **~ electropaint** (Paint) / Kataphoreselack *m* ‖ **~ electropainting** (Paint) / kataphoretischer Lackauftrag, Kataphorese *f* ‖ **~ etching*** (Electronics) / Erosion *f* der Katode ‖ **~ polarization** (Elec Eng) / Katodenpolarisation *f*, katodische Polarisation ‖ **~ protection*** (Surf) / katodischer Korrosionsschutz (durch Fremdstrom, durch galvanische Anoden), katodischer Schutz, katodischer Korrosionsschutz (DIN 50900, T 2), KKK ‖ **~ protection*** s. also sacrificial protection ‖ **~ (corrosion) reaction** (Surf) / Katodenreaktion *f* (bei elektrochemischen Korrosionsvorgängen), katodische Reaktion ‖ **~ reduction** / katodische Reduktion (Gegensatz zu anodischer Oxidation) ‖ **~ region** (Surf) / Katodenbereich *m* ‖ **~ sputtering** (Electronics, Met, Nuc, Surf) / Katodenzerstäuben *n*, Katodenzerstäubung *f* ‖ **~ stripping** (Chem) / katodische

Wiederauflösung (in der inversen Polarografie), Cathodic-Stripping n
**cathodoluminescence*** n (Light) / Katodolumineszenz f (eine Art Elektrolumineszenz, bei der die Anregungsenergie Katodenstrahlen liefern)
**cathodophone*** n (Acous) / Katodophon n
**cathodyne circuit** (Electronics) / Kathodynschaltung f (eine Phasenumkehrschaltung)
**catholyte*** n (the electrolyte adjacent to the cathode of an electrolytic cell) (Chem, Elec Eng, Surf) / Katolyt m (Elektrolytlösung im Bereich der Katode), Katholyt m
**cation*** n (positively charged ion) (Chem, Phys) / Kation n (positiv geladenes Ion) ‖ ~ **analysis** (Chem) / Kationenanalyse f ‖ ~ **column** (Chem) / Kationenaustauschsäule f ‖ ~ **exchange** (Chem) / Kationenaustausch m ‖ ~-**exchange capacity** (Chem) / Kationenaustauschkapazität f
**cation-exchange column** (Chem) / Kationenaustauschsäule f
**cation exchanger** (Chem) / Kationit m, Kationenaustauscher m
**cationic** adj / kationisch adj, kationaktiv adj ‖ ~ **detergents*** (Chem, Textiles) / kation(en)aktive Tenside, kationaktive Stoffe, Kationtenside n pl, kationische Tenside (grenzflächenaktive Stoffe, bei denen der hydrophobe Rest eine kationische Gruppe trägt), Kationics pl ‖ ~ **dyestuff** (Textiles) / kationischer Farbstoff ‖ ~ **dyestuff** (Textiles) s. also basic dyes ‖ ~ **dyestuffs** (Photog, Textiles) / basische Farbstoffe, kationische Farbstoffe ‖ ~ **exchanger** (Chem) / Kationit m, Kationenaustauscher m ‖ ~ **surfactants** (Chem, Textiles) / kation(en)aktive Tenside, kationaktive Stoffe, Kationtenside n pl, kationische Tenside (grenzflächenaktive Stoffe, bei denen der hydrophobe Rest eine kationische Gruppe trägt), Kationics pl ‖ ~ **tensides** (Chem, Textiles) / kation(en)aktive Tenside, kationaktive Stoffe, Kationtenside n pl, kationische Tenside (grenzflächenaktive Stoffe, bei denen der hydrophobe Rest eine kationische Gruppe trägt), Kationics pl
**cationotropic rearrangement** (Chem) / kationotropische Umlagerung
**catkin** n (Electronics) / kleine Empfängerröhre, deren Kolben als Anode dient
**cat ladder** (Build) / Dachleiter f (fest angebrachte)
**catlinite** n (Geol) / Catlinit m (indianischer Pfeifenstein)
**catmint oil** / Katzenminzöl n (aus der Gewöhnlichen Katzenminze)
**catolyte*** n (Chem, Elec Eng, Surf) / Katolyt m (Elektrolytlösung im Bereich der Katode), Katholyt m
**C atom** (Chem) / Kohlenstoffatom n, C-Atom n
**catoptric** adj (Optics) / Spiegel-, katoptrisch adj
**catoptrics** n (Optics) / Katoptrik m (Lehre von der Lichtreflexion)
**CAT scanner*** (Med) / Abtaster m für die axiale Computertomografie
**cat scratch** (mark resembling a scratch by the claws of a cat) (Glass) / Kratzer m ‖ ~'s **eye** / Katzenauge n, Rückstrahler m (bei Fahrrädern)
**cat's eye*** (Glass) / Katzenauge n (Blase - ein Fehler)
**cat's eye*** (Min) / Quarzkatzenauge n, Katzenquarz m, Katzenauge n (eine Chrysoberyll- oder Quarzvarietät)
**cat's eye aperture** (Optics) / Aubert-Blende f, Katzenaugenblende f
**catsuit** n (Textiles) / Catsuit m (pl. -s) (einteiliges, enganliegendes, figurbetontes Kleidungsstück)
**cat's whisker** (Radio) / Detektornadel f, Detektorpinsel m
**cattle** n (Agric) / Großvieh n (Rinder) ‖ ~ **breeding** (Agric) / Rinderzucht f, Rindviehzucht f, Viehzucht f (Rinderhaltung) ‖ ~ **farmer** (Agric) / Rinderhalter m, Viehzüchter m ‖ ~ **farming** (Agric) / Rinderzucht f, Rindviehzucht f, Viehzucht f (Rinderhaltung) ‖ ~ **hide** (Leather) / Rindshaut f, Rindhaut f ‖ ~ **lick** (Agric) / Salzleckstein m (für Vieh)
**cattle-operated pasture pump** (Agric) / selbsttätige Weidepumpe
**cattle-plague*** n (Agric) / Rinderpest f
**cattle production** (Agric) / Rinderzucht f, Rindviehzucht f, Rinderhaltung f, Viehzucht f (Rinderhaltung) ‖ ~ **salt** (Agric) / Viehsalz n (mit roten Eisenoxiden denaturiertes Kochsalz) ‖ ~ **transporter** (Autos) / Viehtransporter m ‖ ~ **wagon** (Rail) / Viehwagen m
**CATV** (community antenna television) (TV) / Großgemeinschafts-Antennenanlage f, GGA-Anlage f
**catwalk** n (Cinema) / Beleuchtergang m ‖ ~ (Eng) / Laufsteg m (an der Maschine), Catwalk m
**Caucasian fir** (For) / Nordmannstanne f (Abies nordmanniana (Steven) Spach) ‖ ~ **wingnut** (For) / Kaukasische Flügelnuss, Kaukasischer Flügelnussbaum (Pterocarya fraxinifolia (Lam.) Spach)
**Cauchy condensation test** (Maths) / Cauchy'scher Verdichtungssatz ‖ ~ **distribution** (a particular case of Students t distribution; it has no finite moments apart from the mean) (Stats) / Cauchy'sche Verteilung f ‖ ~ **integral test** (Maths) / Cauchy'sches Konvergenzkriterium, zweites Hauptkriterium (nach Cauchy bzw. MacLaurin), Integralkriterium n für die Konvergenz unendlicher Reihen (nach Cauchy bzw. MacLaurin) ‖ ~ **number** (Phys) / Cauchy-Zahl f (kompressible Strömung) ‖ ~ **principal value** (Maths) / Cauchy'scher Hauptwert ‖ ~ **problem** (Maths) / Cauchy'sches Problem (Bestimmung der Lösung einer Differentialgleichung), Anfangswertproblem n ‖ ~ **radical test** (Maths) / Cauchy'sches Wurzelkriterium ‖ ~ **residue theorem** (Maths) / Residuensatz m (nach Cauchy)
**Cauchy-Riemann equations*** (Maths) / Cauchy-Riemann'sche Differentialgleichungen
**Cauchy-Schwarz inequality** (Maths) / Schwarz'sche Ungleichung (nach H.A. Schwarz, 1843 - 1921), Bunjakowski'sche Ungleichung (nach V. Ja. Bunjakowski, 1804-1889), Cauchy-Schwarz'sche Ungleichung, Schwarz-Ungleichung f
**Cauchy's convergence test*** (Maths) / Cauchy'sches Konvergenzkriterium, zweites Hauptkriterium (nach Cauchy bzw. MacLaurin), Integralkriterium n für die Konvergenz unendlicher Reihen (nach Cauchy bzw. MacLaurin) ‖ ~ **convergence test of the second kind** (for series) (Maths) / Quotientenkriterium n (ein Konvergenzkriterium für Reihen reeller oder komplexer Zahlen) ‖ ~ **criterion** (Maths) / Cauchy'sches Kriterium ‖ ~ **diagonal procedure** (Maths) / Cauchys Diagonalverfahren, erstes Diagonalverfahren ‖ ~ **distribution*** (Maths) / Cauchy-Verteilung f
**Cauchy sequence** (Maths) / Cauchy-Folge f (nach Baron A.L. Cauchy, 1789-1857), Fundamentalfolge f
**Cauchy's inequality*** (the arithmetical mean of n positive numbers is greater than or equal to the nth root of the product of these numbers) (Maths) / Cauchy'sche Ungleichung ‖ ~ **integral formula*** (Maths) / Cauchy-Integralformel f (die Folgerung aus dem Cauchy-Integralsatz) ‖ ~ **problem** (Maths) / Cauchy'sches Problem (Bestimmung der Lösung einer Differentialgleichung), Anfangswertproblem n ‖ ~ **ratio test** (Maths) / Quotientenkriterium n (ein Konvergenzkriterium für Reihen reeller oder komplexer Zahlen) ‖ ~ **test for convergence** (Maths) / Cauchy'sches Konvergenzkriterium, zweites Hauptkriterium (nach Cauchy bzw. MacLaurin), Integralkriterium n für die Konvergenz unendlicher Reihen (nach Cauchy bzw. MacLaurin) ‖ ~ **theorem*** (Maths) / Cauchy-Integralsatz m (Hauptsatz der Funktionentheorie)
**cauk** n (Min) / Baryt m, Schwerspat m
**caul** n (For) / Pressblech n (für blechbeschickte Pressen bei Sperrholz- und Spanplattenherstellung), Zulage f (Beilageblech) ‖ ~ (For) / Beschickblech n (für die Spanplattenherstellung)
**cauldron** n / Kessel m (für offenes Feuer) ‖ ~ (Geol) / Kessel m (eine tektonische Mulde)
**cauldron-pothole** n (Mining) / Sargdeckel m (Steinfall aus dem Hangenden eines Abbaus)
**cauldron-shaped** adj (Geol) / kesselförmig adj
**cauldron subsidence*** (Geol) / Einbruchbecken n, Einbruchsbecken n
**cauliflower head** (Foundry) / aufgeblähter Speiser (durch Gas)
**caulk** v (Build, Eng) / verstemmen v, stemmen v, dichten durch Verstemmen ‖ ~ (Carp) / verzapfen v (Balken), verkämmen v (einfach, doppelt, schwalbenschwanzförmig) ‖ ~ (Ships) / kalfatern v
**caulking*** n (Build, Eng) / Verstemmen n, Nahtdichtung f durch Verstemmen, Stemmen n ‖ ~* (Carp) / Verzapfung f (von Balken), Verkämmung f (von Balken) ‖ ~ (Civ Eng) / Pikotage f (Verkeilung des Zwischenraumes zwischen Gebirge und Keilkranz am Fuße von Tübbingsäulen mit Flach- und Spitzkeilen aus Hartholz und in dieses eingetriebene Keile aus Stahl, um einen wasserdichten Anschluss an das Gebirge zu erhalten) ‖ ~ (Ships) / Kalfatern n ‖ ~ **chisel** (Plumb, Tools) / Stemmeisen n (zum Richten schmaler, enger Rundungen) ‖ ~ **compound** (Build) / Mastikdichtungsmasse f ‖ ~ **gun** (an injecting tool for sealing joints) / Kittspritzpistole f (mit Handkompressor) ‖ ~ **iron** (Plumb, Tools) / Stemmeisen n (zum Richten schmaler, enger Rundungen)
**caul release agent** (For, Join) / Furniertrennmittel n
**causal chain** (AI, Phys) / kausale Kette
**causality** n (AI, Phys) / Kausalität f (Kausalgesetz), Kausalzusammenhang m (auch als Rechtsbegriff im Haftungsrecht)
**cause** v / verursachen v, hervorrufen v, bewirken v ‖ ~ **of failure** / Störungsursache f, Versagensursache f ‖ ~ **of failure** (Eng) / Fehlerursache f ‖ ~ **of the fire** / Brandursache f ‖ ~ **to react** / reaktionieren v (den Ansatz von Putzmittelpasten kaltrühren) ‖ ~ **to react** (Chem) / zur Reaktion bringen, aufeinander einwirken lassen, reagieren lassen ‖ ~ **variable** (in regression analysis) (Maths) / Einflussgröße f
**causeway** n (Civ Eng) / Hochstraße f (über Moor oder nasses Gelände), Dammstraße f, angehobene Straße (in flacher, morastiger Landschaft - mit Dammschüttung)
**causing adverse health effect** (Med) / gesundheitsschädlich adj, deletär adj ‖ ~ **wood deterioration** (For) / holzschädigend adj (Einfluss)
**caustic** n (Chem) / Ätzalkali n (Ätznatron und Ätzkali), kaustisches Alkali ‖ ~* (Med) / Ätzmittel n ‖ ~ (Optics) / Kaustik f (Einhüllende

**caustic**

der zum Abbildungsfehler beitragenden Strahlen), Brennlinie f ‖ ~*
*adj* (Chem) / kaustisch *adj*, ätzend *adj* ‖ ~ (Optics) / kaustisch *adj*
**Causticaire maturity index** (Textiles) / Causticaire-Index *m*,
Causticaire-Wert *m* (ermittelt im Causticaire-Verfahren, das zur Feststellung der Reifegrades der Baumwolle dient)
**caustic alkali** (Chem) / Ätzalkali *n* (Ätznatron und Ätzkali), kaustisches Alkali ‖ ~ **alkaline precipitant** (fluid) (Chem) / ätzalkalische Fällflüssigkeit ‖ ~ **caramel** (Nut) / kaustische Kulör (einfache Alkohol-Zucker-Kulör), CP ‖ ~ **cracking** (intergranular cracking of carbon steel or Fe-Cr-Ni alloy exposed to an aqueous caustic solution at a temperature at least 68 °C) (Chem, Met) / Laugensprödigkeit *f* (die durch warme Alkalilauge hervorgerufen wird), Laugenbrüchigkeit *f*, Laugenrisskorrosion *f* ‖ ~ **curve*** (Light, Optics) / Kaustik *f* (Einhüllende der zum Abbildungsfehler beitragenden Strahlen), Brennlinie *f* ‖ ~ **embrittlement*** (Chem, Met) / Laugensprödigkeit *f* (die durch warme Alkalilauge hervorgerufen wird), Laugenbrüchigkeit *f*, Laugenrisskorrosion *f*
**causticize** *v* (Chem, Paper) / kaustifizieren *v* ‖ ~ (Textiles) / merzerisieren *v*, mercerisieren *v* ‖ ~ (Textiles) / laugieren *v* (Textilien mit alkalischen Lösungen behandeln, um Krepp- oder Schrumpfeffekte zu erzielen, die Farbstoffaufnahme zu verbessern oder den Griff der Ware zu verändern)
**caustic lime*** (Build, Chem) / Branntkalk *m* (Calciumoxid - DIN 1060), Ätzkalk *m*, gebrannter Kalk ‖ ~ **lye of soda** (Chem Eng) / Natronlauge *f* (technisch reines Natriumhydroxid in wässriger Lösung mit 50 Gew.-% NaO - DIN 19 616-2) ‖ ~ **magnesia** (Chem) / gebrannte Magnesia (Magnesiumoxid), Magnesia usta *f*, kaustische Magnesia (DIN 273, T 1), kalzinierte Magnesia ‖ ~ **paint remover*** (Paint) / Ablaugmittel *n*, ablaugendes Mittel (alkalisches) (alkalisches Abbeizmittel) ‖ ~ **paint stripper** (Paint) / Ablaugmittel *n*, ablaugendes Mittel (alkalisches) (alkalisches Abbeizmittel) ‖ ~ **potash*** (an old name for potassium hydroxide) (Chem) / Ätzkali *n* (Kaliumhydroxid) ‖ ~ **potash solution** (Chem) / Kalilauge *f* (wässrige Lösung von Kaliumhydroxid)
**caustic-proof** *adj* (Chem) / laugenbeständig *adj*
**caustic scouring** (Textiles) / Waschen *n* in Natronlauge ‖ ~ **soda*** (an old name for sodium hydroxide) (Chem) / Ätznatron *n* (Natriumhydroxid) ‖ ~ **soda** (Chem Eng) / kaustische Soda, Sodastein *m* (als Produkt des Kalk-Soda-Verfahrens) ‖ ~ **soda cartridge** / Alkalipatrone *f* (eine Regenerationspatrone nach DIN 3183)
**caustic-soda solution** (sodium-hydroxide solution) (Chem Eng) / Natronlauge *f* (technisch reines Natriumhydroxid in wässriger Lösung mit 50 Gew.-% NaO - DIN 19 616-2)
**caustic sulphite-process caramel** (Nut) / kaustische Sulfitkulör (hergestellt durch kontrollierte Hitzeeinwirkung auf Kohlenhydrate mit sulfithaltigen Verbindungen), Sulfitlaugenzuckerkulör *f*, CCS ‖ ~ **surface*** (Light, Optics) / Kaustik *f* (als Hüllfläche), kaustische Fläche, Brennfläche *f*
**caustobiolith** *n* (Geol) / Kaustobiolith *m* (brennbarer Biolith, wie Torf, Kohle, Harz und Bernstein)
**cauterization** *n* (Med) / Verätzung *f* (der Wunde) ‖ ~ (Met, Paint) / Abbeizen *n*, Ätzen *n* (mit Lauge)
**cauterizing** *n* (Med) / Verätzung *f* (der Wunde) ‖ ~ (Met, Paint) / Abbeizen *n*, Ätzen *n* (mit Lauge)
**CAUTION** (damage to equipment) / Warnung *f* (als Aufschrift)
**caution** *n* / Vorsorgemaßnahme *f*, Vorsichtsmaßnahme *f* ‖ ~ **area** (Ships) / Sperrbereich *m* (z.B. auf Tankern und Terminals)
**Cavalieri's theorem** (Maths) / Cavalieri'sches Prinzip *n* (Spezialfall eines Satzes von Fubini über das Produktmaß - nach B.Cavalieri, 1598-1647)
**cavalry twill** (Textiles) / Kavallerie-Twill *m* (schweres Baumwollgewebe für Damen- und Herrenmäntel mit deutlich sichtbarem, diagonal verlaufendem, fast wulstigem Köpergrat)
**CAV disk** (Comp, Optics) / CAV-Platte *f*, Platte *f* mit gleich bleibender Winkelgeschwindigkeit (optische)
**cave** *n* (Build) / Basement *n* (Keller- oder Untergeschoss), Kellergeschoss *n*, Sockelgeschoss *n*, Untergeschoss *n* (Werkzeughälfte, die auf der Hammerschabotte bzw. dem Pressentisch befestigt ist) ‖ ~ (Chem, Nuc, Nuc Eng) / Heiße Zelle (für chemisches Experimentieren mit hochradioaktiven offenen Präparaten - DIN 25401, T 8), heiße Kammer, Strahlenschutzzelle *f* ‖ ~ (in a hillside or cliff) (Geol) / Höhle *f* ‖ ~ (Glass) / Aschenfall *m* (des Glasofens) ‖ ~ (Mining) / Schürfstollen *m* ‖ ~ (Nuc Eng) / abgeschirmter Lagerraum (DIN 25401) ‖ ~ **earth** (Geol) / Höhlenlehm *m* ‖ ~ **hole** (Mining) / Binge *f*, Pinge *f* (trichter- oder schüsselförmige Vertiefung im Gelände als Folge in geringer Teufe umgegangenen Bergbaus) ‖ ~ **in** *v* (Mining) / nachfallen *v* (vom Gebirge) ‖ ~ **in** (Mining) / einstürzen *v*, herabstürzen *v*, zu Bruch gehen
**cave-in** *n* (Geol) / Einsturz *m*, Einbruch *m*, Bruch *m*
**caver** *n* (Geol) / Hobby-Speläologe *m*

**cavern** *n* (Ecol) / Kaverne *f* (natürlicher oder künstlicher Hohlraum im Gebirge, der zur Speicherung oder Deponierung von Flüssigkeiten, Gasen oder Feststoffen dienen kann) ‖ ~* (Geol) / Höhle *f* (große) ‖ ~ (Geol, Mining) / Kaverne *f*, natürlicher Felshohlraum ‖ ~ (Mining) / Speicherkaverne *f* (für die Untertagespeicherung)
**cavernous** *adj* (Geol) / kavernös *adj* (Gestein)
**cavern storage** / Kavernenspeicherung *f* (von Öl und Gas bzw. Erdgas)
**cavetto** *n* (pl. cavetti or cavettos) (Arch) / Hohlgesims *n*
**cavetto*** *n* (pl. cavetti or cavettos) (Arch) / Hohlkehle *f* (am Karnies), Kehle *f* (Hohlkehle)
**cavetto vault** (Arch) / Spiegelgewölbe *n*
**caving** *n* (Hyd Eng) / Uferabbruch *m* ‖ ~* (controlled-) (Mining) / Zubruchbauen *n*, Bruchbau *m* (planmäßiges Zubruchwerfen der Dachschichten im Gefolge des Abbaus) ‖ ~ *adj* (Mining) / nicht standfest
**cavings** *pl* (Agric) / Kurzstroh *n*
**cavitate** *v* (Eng) / kavitieren *v*
**cavitation*** *n* / Kavitation *f* (Bildung und Zusammenbruch von dampfgefüllten Hohlräumen in Flüssigkeiten bei Einwirkung intensiver Strömungen oder von Schallfeldern nach DIN 50900) ‖ ~ (Foundry) / Lunkerbildung *f* (Volumendefizit nach dem Erstarren), Lunkern *n*, Lunkerung *f* ‖ ~ (Geol) / Kavitation *f* (Abplatzen von Gesteinsteilen durch Sog) ‖ ~ **cloud** / Kavitationswolke *f* (Ansammlung von Dampfbläschen) ‖ ~ **corrosion** (Eng) / Kavitationskorrosion *f* (chemische Zerstörung des Materials aufgrund von Zerstörung der Deckschicht) ‖ ~ **erosion** (Eng) / Kavitationserosion *f* (mechanische Zerstörung des Materials durch Hochgeschwindigkeitsstrahlen)
**cavitation-free** *adj* (Eng) / kavitationsfrei *adj*
**cavitation hazard** (Eng) / Kavitationsgefahr *f* ‖ ~ **number** (Phys) / Kavitationszahl *f* (von Thoma)
**cavitation-resistant** *adj* (Eng) / kavitationsbeständig *adj*, kavitationsfest *adj*
**cavitation test** (Materials) / Kavitationsprüfung *f* ‖ ~ **tunnel** (Aero, Ships) / Wasserkanal *m* zur Untersuchung der Kavitation ‖ ~ **wear** (Eng) / Kavitationsverschleiß *m*
**cavity** *n* / Hohlraum *m*, Höhlung *f* ‖ ~* (Acous) / Hohlraum *m* ‖ ~ (Eng) / Vertiefung *f*, Aushöhlung *f*, Aussparung *f* (als Ergebnis) ‖ ~ (Eng) / Gravur *f* (im Gesenk) ‖ ~ (Geol, Mining) / Kaverne *f*, natürlicher Felshohlraum ‖ ~ (Med) / Kavität *f* ‖ ~ (for underground storage) (Mining) / Speicherkaverne *f* (für die Untertagespeicherung) ‖ ~ (Mining) / Weitung *f* (der Großraum im Teilsohlenbau) ‖ ~ (Welding) / Kaverne *f* (eine mit ionisierten Gasen gefüllte Blase beim Unterpulverschweißen) ‖ ~ **block** (Eng) / Lochplatte *f*, Gesenkplatte *f* ‖ ~ **block** (Eng) / Gesenkblock *m* ‖ ~ **flooding** (Autos) / Hohlraumfluten *n* (mit Konservierungsstoffen)
**cavity-frequency meter*** (Electronics) / Hohlraumfrequenzmesser *m*
**cavity insert** (Foundry) / Einlegeteil *n* (Metallteil, das in die Gießform eingelegt und durch das nachfolgende Gießen Bestandteil des sich bildenden Gusskörpers wird), Formeinsatz *m*, Formeneinsatz *m*, Eingießteil *m* ‖ ~ **ionization chamber** (Radiol) / Hohlraumkammer *f* (eine Ionisationskammer, in der die Hohlraum-Ionendosis gemessen wird)
**cavityless casting** (Foundry) / Vollformgießen *n* (mit Kunststoffmodellen, die bei Gießtemperatur restlos vergasen), Vollformgießverfahren *n*
**cavity magnetron*** (Electronics) / Vielschlitzmagnetron *n*, Radmagnetron *n*, Vielfachmagnetron *n* ‖ ~ **mirror** (Phys) / Resonatorspiegel *m* (z.B. bei einem HeNe-Laser) ‖ ~ **mode*** (Phys) / Resonatoreigenschwingung *f*, Resonatormode *m* ‖ ~ **of the drawing die** (Met) / Ziehhol *n* (Innenraum eines Ziehwerkzeuges beim Gleitziehen) ‖ ~ **plate** (Plastics) / Gesenk *n* (früher Matrize), Matrize *f* (zum Spritzgießen) ‖ ~ **radiation*** (Phys) / schwarze Strahlung, Hohlraumstrahlung *f* ‖ ~ **resonator*** (Acous, Electronics) / Hohlraumresonator *m* (in der Mikrowellentechnik) ‖ ~ **resonator*** (Electronics) / Topfkreis *m* (Resonator, bei dem die Leitungslänge durch die kapazitive Last verkürzt ist) ‖ ~ **sealing** (Autos) / Hohlraumversiegelung *f* (mit kriechfähigem Korrosionsschutzmittel), Hohlraumkonservierung *f*
**cavity-supported** *adj* (Chem Eng) / hohlraumgestützt *adj* (HPLC)
**cavity wall*** (Build) / zweischaliges Mauerwerk (mit Luftschicht), Schalenmauer *f*, Hohlmauer *f*
**CAVU** (ceiling and visibility unlimited) (Aero) / keine Hauptwolkenuntergrenze und keine Sichtgrenze vorhanden
**CAW** (computer-aided writing) (Comp) / rechnergestütztes (Briefe)Schreiben ‖ ~ (computer-aided wiring) (Elec Eng) / rechnergestützte Verdrahtung
**cawk** *n* (Min) / Baryt *m*, Schwerspat *m*
**cay** *n* (Geol) / Inselbank *f*, Küsteninsel *f* (aus Korallen oder Sand)
**Cayenne linaloe oil** / Brasilianisches Rosenholzöl (aus Aniba rosaeodora), Bois-de-rose-Öl *n*

**Cayley-Hamilton theorem** (Maths) / Cayley-Hamilton'scher Satz, Satz $m$ von Cayley-Hamilton  (Eigenwert)
**Cayley-Klein parameters** (Maths, Phys) / Cayley-Klein'sche Parameter
**Cayley numbers** (Maths) / Cayley-Zahlen $f\,pl$ (in der Cayley-Algebra)
**Cayley's algebra** (Maths) / Cayley-Algebra $f$ (eine nichtassoziative Algebra über dem Körper der reellen Zahlen, deren als Cayley-Zahlen bezeichnete Elemente als Linearkombinationen von 8 Basiselementen gebildet werden) || ≙ **sextet** (Maths) / Cayley'sche Sextik || ≙ **sextic** (Maths) / Cayley'sche Sextik || ≙ **theorem** (Maths) / Satz $m$ von Cayley (jede Gruppe n-ter Ordnung ist zu einer Untergruppe der symmetrischen Gruppe $S_n$ isomorph)
**Cayley table** (Maths) / Cayley'sche Tafel, Gruppentafel $f$, Verknüpfungstafel $f$ || ≙ (multiplication) **table** (Maths) / Multiplikationstafel $f$, Cayley'sche Tafel (nach A. Cayley, 1821-1895)
**CB*** (Citizens' Band) (Autos, Telecomm) / Jedermannfunk $m$, CB-Funk $m$, Bürgerfunk $m$ (BRD: 11 m) || ≙ (cumulonimbus) (Meteor) / Kumulonimbus $m$, Cumulonimbus $m$, Cb
**Cb*** (cumulonimbus) (Meteor) / Kumulonimbus $m$, Cumulonimbus $m$, Cb
**CB** (central battery) (Teleph) / Zentralbatterie $f$ (in der Vermittlungsstelle), ZB (Zentralbatterie)
**CBA** (cap-binding activity) (Cyt) / CBA (Proteinfaktoren, die an der Ausschleusung von synthetisierter mRNA auch im Komplex mit Proteinen vom Zellkern in das Cytoplasma beteiligt sind)
**C balance** (Biochem) / Kohlenstoffbilanz $f$ (eine erweiterte Form der Biomassebilanz), C-Bilanz $f$
**C-Band** $n$ (Radar, Telecomm) / C-Band $n$ (zwische 4 bis 8 GHz)
**C-battery*** $n$ (Electronics) / Gittervorspannungsbatterie $f$
**CBCH** (cell broadcast channel) (Teleph) / Funkzellen-Broadcastkanal $m$ (im Mobilfunk)
**CBDS** (connectionless broadband data service) (Comp) / Connectioless Broadband Data Service $m$, CBDS (Connectionless Broadband Data Service)
**CB gap** (contact-breaker gap) (Autos) / Kontaktabstand $m$ (des Unterbrechers), Unterbrecherkontaktabstand $m$
**CBI** (Confederation of British Industry) / britischer Arbeitgeberverband
**C bias** (a fixed voltage applied between the cathode and the control grid of a thermionic valve, which determines its operating conditions) (Electronics) / Gittervorspannung $f$ (DIN 44400)
**C-bit** $n$ (Comp) / Steuerbit $n$
**CBL** (computer-based learning) (Comp) / computerunterstütztes Lernen, CAL (computerunterstütztes Lernen), rechnergestütztes Lernen
**CBM** (coal-bed methane) (Mining) / Erdgas $n$ aus Steinkohlenlagerstätten, CBM (Erdgas aus Steinkohlenlagerstätten)
**CBN** (cubic boron nitride) (Chem) / kubisch kristallines Bornitrid, kubisches Bornitrid, CBN (kubisches Bornitrid)
**CB points** (contact-breaker points) (Autos) / Unterbrecherkontakte $m$ $pl$ (einzelne Kontakte)
**CBR** (case-based reasoning) (AI) / fallbasierte Problemuntersuchung
**C.B.R.** California bearing ratio) (Civ Eng) / Kalifornisches Tragfähigkeitsverhältnis
**CBR services** (Comp) / CBR-Dienste $m$ $pl$ (mit konstanter Bitrate) || ≙ **test** (for comparing the strenghts of base courses of roads or airstrips) (Civ Eng) / CBR-Versuch $n$
**CB shuttle** (Weaving) / Bahnschwinggreifer $m$
**CBT** (computer-based tutorial) (Comp) / Lernprogramm $n$, Tutorial $n$ || ≙ (computer-based training) (Comp) / computergestütztes Training (EDV-gestützte Selbstlernprogramme), rechnergestützte Ausbildung (mit Selbstlernprogrammen)
**C bus** (Comp) / Kommunikationsbus $m$, C-Bus $m$
**CC** (controlled circulation) / Gratisverteilung $f$ (von Publikationen), Freiversand $m$ (an eine genau umrissene Zielgruppe), CC-Vertrieb $m$ (Zeitungen, Zeitschriften) || ≙ (carbon copy) / Durchschlag $m$ (auf der Schreibmaschine) || ≙ (Colon Classification) / ein Klassifikationssystem des indischen Bibliothekars S.R. Ranganathan (1892-1972) || ≙ (compact cassette) (Acous, Mag) / Compact Cassette $f$, Kompaktkassette $f$ || ≙ (covalent chromatography) (Chem) / kovalente Chromatografie (eine Unterart der Affinitätschromatografie)
**cc** (computer-controlled) (Comp) / rechnergesteuert $adj$
**CC** (communication computer) (Comp) / Kommunikationsrechner $m$, Datenkommunikationsrechner $m$ || ≙ (cluster controller) (Comp) / Clustercontroller $m$, CC (Clustercontroller), Mehrfachsteuereinheit $f$, Clustersteuereinheit $f$, Steuerungsgerät $n$ für eine Gruppe von Terminals
**cc** (closed circuit) (Elec Eng) / geschlossener Stromkreis, Ruhestromkreis $m$ || ≙* (cirrocumulus) (Meteor) / Zirrokumulus $m$ (pl. -li), Cirrocumulus $m$ (pl. -li), Co

**CC**  (cirrocumulus) (Meteor) / Zirrokumulus $m$ (pl. -li), Cirrocumulus $m$ (pl. -li), Co || ≙ (coupling constant) (Spectr) / Kernspinkopplungskonstante $f$, Kopplungskonstante $f$ (der Abstand benachbarter Einzellinien in einem Multiplett)
**CCA** (canonical correlation analysis) / kanonische Korrelationsanalyse || ≙ **mixture** (a wood preservative) (Chem, For) / CKA-Salz $n$ (CK-Salz mit Zusatz von Arsenaten)
**C-C bond*** (Chem) / C-C-Bindung $f$, Kohlenstoff-Kohlenstoff-Bindung $f$
**CCC** (close-coupled catalyst) (Autos) / motornaher Katalysator || ≙ (carbon-carbon connectivity) (Chem) / Kohlenstoffkonnektivität $f$, C-C-Konnektivität $f$ || ≙ (countercurrent chromatography) (Chem) / Gegenstromchromatografie $f$ || ≙ (ceramic chip carrier) (Elec Eng) / Keramikchipträger $m$
**CC connectivity** (carbon-carbon connectivity) (Chem) / Kohlenstoffkonnektivität $f$, C-C-Konnektivität $f$
**cc connexion** (GB) (common-collector circuit) (Electronics) / Kollektorschaltung $f$ (eine Grundschaltung des Transistors)
**CCD** (continuous countercurrent decantation) (Chem Eng) / Gegenstromdekantation $f$ || ≙* (charge-coupled device) (Electronics) / ladungsgekoppeltes Schaltelement (ein Halbleiterelement aus einem n-Substrat, das mit einer Oxidschicht bedeckt wird, auf der wiederum zwei metallisierte Anschlüsse angebracht werden), CCD-Element $n$ (ladungsgekoppelter Schaltelement) || ≙* $n$ (charge-coupled device) (Comp) / ladungsgekoppelter Baustein (lichtempfindliche Sensoren, mit denen sich die Helligkeit an einer Stelle messen und in Stromimpulse umsetzen lässt; Einsatz zum Beispiel bei Scannern, Kopierern, Videokameras), Ladungsspeicher-Baustein $m$ || ≙ **image sensor** (Cinema) / CCD-Abtaster $m$ (des Camcorders) || ≙ **pick-up device** (Cinema) / CCD-Abtaster $m$ (des Camcorders) || ≙ **scanner** (Cinema) / CCD-Abtaster $m$ (des Camcorders) || ≙ **sensing row** (Electronics) / CCD-Zelle $f$ (CCD-Sensor, dessen Gate-Elektroden zeilenförmig angeordnet sind) || ≙ **sensor** (Electronics) / CCD-Sensor $m$
**CC filter*** (colour-compensating filter) (Photog) / Korrekturfilter $n$, CC-Filter $n$ (ein Korrekturfilter), Kompensationsfilter $n$, Ausgleichsfilter $n$
**CCH** (control character) (Comp) / Steuerzeichen $n$ (DIN 66233 - Geräte- oder Übertragungssteuerzeichen)
**CC handler** (Comp) / Ein-Ausgabeprogramm $n$ für Datenübertragungssteuerung
**cc-ing** $n$ (Autos) / Auslitern $n$ (des Hubraums)
**CCIR*** (Comité Consultatif International des Radiocommunications) (Radio) / Internationaler Beratender Ausschuss für den Funkdienst, CCIR
**CCITT*** (Comité Consultatif International Télégraphique et Téléphonique) / Beratender Ausschuss der Internationalen Fernmeldeunion für den Telefon- und Telegrafendienst, CCITT (Comité Consultatif International Télégraphique et Téléphonique) || ≙ **high-level language** (Comp, Telecomm) / CCITT-Hochsprache $f$, problemorientierte Sprache für Steuerungsaufgaben bei Vermittlungsprozessen (von CCITT ausgearbeitet), CHILL (eine höhere Programmiersprache für Vermittlungssysteme)
**C-clamp** $n$ (Tools) / Klammergripzange $f$, C-Gripzange $f$, Profil-Schweiß-Gripzange $f$
**CCNC interfacing procedure** (Comp) / CCNC-Anschlussprozedur $f$
**CCO** (cross compiler) (Comp) / Crosscompiler $m$, Kreuz-Compiler $m$
**CCOT system** (cyclic-clutch-orifice-tube system) (Autos) / Klimaanlage $f$ mit Kapillarrohr
**CCP** (compliance check program) (Comp) / Compliance-Check-Programm $n$ || ≙ (central communications processor) (Comp) / zentraler Kommunikationsprozessor (für digitale Kommunikationssysteme)
**c.c.p.** (cubic close packing) (Crystal) / kubisch dichteste Kugelpackung
**CCP** (cubic close packing) (Crystal) / kubisch dichteste Kugelpackung
**ccp*** (cubic close packing) (Crystal) / kubisch dichteste Kugelpackung
**CCR** (call-centre representative) (Teleph) / Agent $m$ (Mitarbeiter in einem Callcenter)
**CCS7** (common-channel signalling system 7) (Comp) / Zeichengabesystem Nr. 7, Nummer $f$ 7 (ein Zeichengabesystem), Zentralkanalzeichengabe $f$ nach Nr. 7, ZZG7 $n$ (ein Zeichengabesystem)
**CCS** (common-channel signalling) (Telecomm) / Signalisierung $f$ über einen zentralen Zeichenkanal, Zentralkanal-Zeichengabe $f$ || ≙ (Colorvision Constant Speed) (TV) / ein Verfahren, mit dem unter Zuhilfenahme eines elektronischen Abtastgeräts die Wiedergabe von Super-8-Filmen auf dem Bildschirm von Fernsehgeräten möglich ist
**CC salt** (a wood preservative) (Chem, For) / CK-Salz $n$ (ein Holzschutzmittel auf der Basis von Alkalimetalldichromat-Kupfersalz-Gemischen nach DIN 4076, T 5)

**CCT**

**CCT furnace** (continuous car-type furnace) (Met) / Herdwagen-Durchschubofen *m*, HD-Ofen *m*
**C-C triple bond** (Chem) / C-C-Dreifachbindung *f*
**CCT specimen** (centre-cracked tensile specimen) (Materials) / Zugprobe *f* mit Mittelriss, mittig angerissene Zugprobe
**CCTV** (closed-circuit television) (TV) / nichtöffentliches Fernsehen (im Allgemeinen) || ≙ (closed-circuit television) (TV) / Betriebsfernsehen *n* || ≙ (closed-circuit television) (TV) / [hoch]schulinternes Fernsehen *n*
**CCU** (chart comparison unit) (Radar) / Kartenvergleichsgerät *n*
**CCV*** (control-configured vehicle) (Aero) / aktiv gesteuertes Flugzeug, Flugzeugkonfiguration *f* mit künstlicher Stabilität || ≙ **technology** (Aero) / CCV-Technik *f* (mit künstlicher Stabilität)
**ccw** (US) / im Gegenuhrzeigersinn, linksdrehend *adj*, entgegen dem Uhrzeigersinn
**CCW** (channel command word) (Comp) / Kanalbefehlswort *n* (ein Doppelwort, das einen Kanal, eine Steuereinheit oder eine Einheit beauftragt, eine Operation oder eine Gruppe von Operationen durchzuführen)
**CD** (command label) (Acous) / Marke *f* für Schallplatten mit verstärktem Links-Rechts-Stereoeffekt || ≙ (compact disc) (Acous) / CD (Compact Disc), Compact Disc *f*, Compactdisc *f* || ≙ (AI) / konzeptuelle Dependenz, Begriffsabhängigkeit *f*, Conceptual Dependency *f*
**Cd** (cadmium) (Chem) / Cadmium *n*, Cd (Cadmium), Kadmium *n*
**C.D.** (circular dichroism) (Chem, Crystal, Optics, Spectr) / CD (zirkularer Dichroismus), zirkularer Dichroismus, Rotationsdichroismus *m*, Zirkulardichroismus *m*, Circulardichroismus *m* (bei optisch aktiven Verbindungen zu beobachtender Effekt, der zur Strukturaufklärung verwendet werden kann)
**CD** (current density) (Elec) / Stromdichte *f* (auf die geometrische Flächeneinheit bezogener Strom), elektrische Stromdichte (in A/m² nach DIN 1301, T 2) || ≙ (custom design) (Comp) / Kundenentwurf *m* (Sonderausführung) || ≙ (custom design) (Electronics) / kundenspezifische Konstruktion (der Baugruppen)
**cd*** (Light) / Candela *f*, cd (Candela) (SI-Basiseinheit der Lichtstärke - DIN 1301, T 1 und DIN 5031, T 3)
**CD burner** (Comp) / CD-Brenner *m* (schreibfähiges CD-Laufwerk), CD-Writer *m*
**CDC** (city driving cycle) (Autos) / Stadtfahrzyklus *m*
**c.d.f.** (cyclic duration factor) (Elec Eng) / relative Einschaltdauer (Verhältnis von Belastungszeit zu Spieldauer), ED
**CDI** (Autos) / Thyristorzündung *f*, Hochspannungskondensatorzündung *f*, HKZ || ≙ (control data input) (Comp) / Steuerdateneingang *m*
**CD-I** (compact disc interactive) (Comp) / interaktive Compact Disc, CD-I (interaktive Compact Disc)
**CD ignition** (Autos) / Thyristorzündung *f*, Hochspannungskondensatorzündung *f*, HKZ
**C display*** (Radar) / C-Darstellung *f* (wie B-Darstellung, jedoch zeigt die Ordinate den Höhenwinkel des Zieles an)
**CDI technology** (Electronics) / CDI-Verfahren *n*, CDI-Technik *f*, Kollektordiffusionsisolation *f*, Isolation *f* durch Kollektordiffusion
**CDM** (Custom Device Module) (Comp, Telecomm) / Custom-Device Modul *n*, CDM (Custom-Device Modul)
**CDMA** (Code Division Multiple Access) (Comp, Telecomm, TV) / CDMA-Verfahren *n* (ein Verfahren zum Kanalzugriff), CDMA-Technik *f*
**CD memory** (Comp) / CD-Speicher *m*
**CD-MO technology** (Electronics) / thermomagnetooptische Technik, TMO-Technik *f*
**cDNA library** (Gen) / cDNS-Bibliothek *f*, cDNA-Bibliothek *f*
**CD player** (Acous, Comp, Electronics) / CD-Abspielgerät *n*, CD-Player *m*, CD-Spieler *m*
**CD-R** (compact disk recordable) (Acous, Comp, Electronics) / CD-R *f*, bespielbare CD (nach dem Orange Book), beschreibbare CD
**CDR** (call detail record) (Teleph) / Call Detail Record *m* (Gebührendatensatz, Rufdatensatz, Gesprächsdatensatz)
**CD-R drive** *n* (Comp) / CD-Schreiber *m* (CD-Laufwerk zum Beschreiben von CD-ROMs)
**CD-recordable drive** (Comp) / CD-Schreiber *m* (CD-Laufwerk zum Beschreiben von CD-ROMs)
**CD rewritable** (Acous, Comp, Electronics) / CD-RW *f*, CD-RW-Scheibe *f*, überschreibbare CD || ≙ **ROM** (Comp) / CD-ROM *f* || ≙ **ROM** *n* (Comp, Electronics) / CD-ROM-Speicher *m* (optischer Festspeicher)
**CD-ROM memory** (Comp, Electronics) / CD-ROM-Speicher *m* (optischer Festspeicher) || ≙ **publishing** (Comp) / Publizieren *n* auf CD-ROM
**CD-RW** (compact disk rewritable) (Acous, Comp, Electronics) / CD-RW *f*, CD-RW-Scheibe *f*, überschreibbare CD
**CD spectrum** (Spectr) / CD-Spektrum *n*
**CdTe solar cell** / Kadmiumtellurid-Solarzelle *f*, CdTe-Solarzelle *f*

**CDV** (CD video) (Comp) / CD-Video *n*, CDV
**CD video** (Comp) / CD-Video *n*, CDV || ≙ **writer** (Comp) / CD-Brenner *m* (schreibfähiges CD-Laufwerk), CD-Writer *m*
**Ce** (cerium) (Chem) / Cer *n*, Ce (Cer), Zer *n*
**CE** (customer engineering) (Comp) / Wartungsdienst *m* (technischer Außendienst beim Kunden) || ≙ (chip enable) (Comp) / Bausteinfreigabe *f*, Chipfreigabe *f* || ≙ (crystal engineering) (Crystal, Materials) / Kristall-Engineering *n* (Herstellung von maßgeschneiderten Festkörperstrukturen)
**ce** (Ecol, Heat) / Steinkohleneinheit *f*, SKE (= 29308 kJ/kg - ein nicht SI-konformes Vergleichsmaß zur statistischen Erfassung des Energieinhalts verschiedener Brennstoffe)
**CE** (charge exchange) (Phys) / Ladungsaustausch *m*
**CEA** (control element assembly) (Nuc Eng) / Steuerelement *n* (mit Fingersteuerstäben)
**Ceará rubber** / Ceará-Kautschuk *m* (aus Manihot glaziovii Müll. Arg.)
**Cebu maguey** (Textiles) / Maguey-Faser *f* (aus der Agave cantala (Haw.) Roxb.)
**c.e.c.** (cation-exchange capacity) (Chem) / Kationenaustauschkapazität *f*
**ce connexion** (Electronics) / Emitterschaltung *f* (eine Grundschaltung des Transistors)
**CED** (cohesive-energy density) (Phys) / Kohäsionsenergiedichte *f*, kohäsive Energiedichte
**cedar** *n* (For) / Cedro *n* (Cedrela sp.), Zedrelaholz *n* || ~ * (For) / Zeder *f* (Cedrus sp.)
**cedarized paper** (Paper) / Zedernölpapier *n*
**cedar-leaf oil** (Micros) / Zedernblätteröl *n* (meist von Thuja occidentalis L.), Thujaöl *n* (aus dem Abendländischen Zedernbaum)
**cedar mahogany** (For) / Sapelli *n* (ein Ausstattungs- und Möbelholz aus dem westafrikanischen Zedrachgewächs Entandrophragma cylindricum Sprague), Sapelemahagoni *n* || ~ **of Lebanon** (For) / Libanonzeder *f* (Cedrus libani A. Rich.)
**cedar-tree laccolith*** (Geol) / Zedernbaumlakkolith *m* (mit baumartigen Apophysen und Lagergängen im Nebengestein)
**cedarwood oil** (Micros) / Zedernholzöl *n* (Immersionsöl oder für die Parfümerie)
**cedilla** *n* (Typog) / Cedille *f* (diakritisches Zeichen unter den Buchstaben im Französischen und im Türkischen)
**cedrela** *n* (For) / Cedro *n* (Cedrela sp.), Zedrelaholz *n*
**cedro** *n* (For) / Cedro *n* (Cedrela sp.), Zedrelaholz *n*
**Ceefax*** (GB) / (an old teletext service provided by the BBC) / nicht dialogfähiges Videotextsystem von BBC
**ceiba** *n* (For) / Echter Kapokbaum *m* (Ceiba pentandra (L.) Gaertn.), Wollbaum *m*, Fromager *m* || ~ (Textiles) / Kapokfaser *f* (DIN 66 001-1), Kapok *m* (Kapselwolle des Kapokbaumes), Ceibawolle *f*, vegetabilische Wolle
**ceil** *v* (Build) / Deckenputz auftragen, Decke verputzen
**ceiling** *n* (Aero) / Gipfelhöhe *f* || ~ (Arch, Meteor) / Ceiling *n* (Höhe der tiefsten Wolkenschicht, die mehr als 4/8 des Himmels bedeckt), Wolkenuntergrenze *f*, Hauptwolkenuntergrenze *f* || ~ (Arch, Build) / Untersicht *f* (einer Decke), Raumdeckenuntersicht *f*, Soffitte *f* (Untersicht einer Decke) || ~ (Build) / Decke *f* (Zimmerdecke), Plafond *m* (A) || ~ (Mil) / Höchstgrenze *f* (z.B. bei strategischen Offensivwaffen), Obergrenze *f* || ~ * (Ships) / Wegerung *f* (Auskleidung der Tankdecke in Schiffsräumen, insbesondere in Stückgutladeräumen) || ~ **and visibility unlimited** (Aero) / keine Hauptwolkenuntergrenze und keine Sichtgrenze vorhanden || ~ **beam** (Carp) / Deckenbalken *m* || ~ **diffusor** (San Eng) / Deckenanemostat *m* || ~ **fan** (Eng) / Deckenfächer *m*, Deckenventilator *m* || ~ **fitting** (Light) / Deckenleuchte *f* || ~ (plaster) **heating** (Build) / Deckenheizung *f* (eine Flächenheizung nach dem Prinzip der Strahlungsheizung) || ~ **joist*** (Carp) / Deckenbalken *m* || ~ **lamp** (Light) / Deckenleuchte *f* || ~ **light** (Aero, Meteor) / Wolkenscheinwerfer *m* (zur Messung der Wolkenhöhe bei Nacht) || ~ **luminaire** (Light) / Deckenleuchte *f* || ~ **paint** (Build) / Deckenfarbe *f* || ~ **projector** (Aero, Meteor) / Wolkenscheinwerfer *m* (zur Messung der Wolkenhöhe bei Nacht) || ~ **rose*** (Arch, Elec Eng) / Deckenrosette *f* || ~ **suspension** (Build) / Deckenaufhängung *f* || ~ **switch*** (Elec Eng) / Zugschalter *m* || ~ **tapping box** (Elec Eng) / Deckenabzweigdose *f* || ~ **temperature** (Chem) / Ceiling-Temperatur *f* (die Temperatur, oberhalb der keine Polymerisation mehr eintritt) || ~ **unlimited** (Aero, Meteor) / keine Hauptwolkenuntergrenze vorhanden || ~ **voltage*** (Elec Eng) / Spitzenspannung *f* (des Generators) || ~ **zero** (Aero, Meteor) / aufliegende Hauptwolkenuntergrenze
**ceilometer** *n* (Aero, Meteor) / Ceilometer *n* (Gerät zur fortlaufenden Messung und Registrierung von Wolkenhöhen), Wolkenhöhenmesser *m*
**CEL** (cumulative earned leave) (Work Study) / angesparter Urlaubsanspruch

**celadon** *n* (Ceramics) / Seladonglasur *f* (eine seladongrüne basische Steinzeugglasur) ‖ ~ (Ceramics) / Seladon *n* (Porzellan), Seladonporzellan *n* (durch kleine Mengen $Cr_2O_3$ grün gefärbtes Porzellan) ‖ ~ *adj* (willow-green) / blassgrün- bis olivgrün *adj*, seladongrün *adj* ‖ ~ **glaze** (Ceramics) / Seladonglasur *f* (eine seladongrüne basische Steinzeugglasur)
**celadon-green** *adj* / blassgrün- bis olivgrün *adj*, seladongrün *adj*
**celadonite** *n* (Min) / Grünerde *f*, Seladonit *m* (ein dunkel- bis bläulich grünes Silikat)
**celdecor process*** (Paper) / Chloraufschluss *m* nach Celdecor, Celdecor-Verfahren *n*, Celdecor-Pomilio-Verfahren *n*
**celery oil** / Sellerieöl *n* (aus den Samen des wild wachsenden Selleries) ‖ ~ **salt** (Nut) / Selleriesalz *n* (ein Gemisch aus Kochsalz und fein zerkleinerten getrockneten Selleriesamen oder einem Sellerieknollen-Auszug)
**celery-seed oil** / Sellerieöl *n* (aus den Samen des wild wachsenden Selleries)
**celestial bamboo** (For) / Himmelsbambus *m* (Nandina domestica Thunb. ex Murray) ‖ ~ **body** (Astron) / Himmelskörper *m* ‖ ~ **co-ordinates** (Astron) / Himmelskoordinaten *f pl*, astronomische Koordinaten ‖ ~ **co-ordinate system** (Astron) / astronomisches Koordinatensystem (z.B. galaktisches, Horizontal- usw.) ‖ ~ **equator*** (Astron) / Himmelsäquator *m* ‖ ~ **fix** (Aero) / Astrostandort *m*, astronomischer Standort, Astrofix *m* ‖ ~ **guidance** (Nav) / automatische Astronavigation ‖ ~ **horizon** (Surv) / geozentrischer Horizont, wahrer Horizont, Horizont *m* (wahrer) ‖ ~ **latitude** (angular distance between the celestial body and the ecliptic) (Astron) / ekliptikale Breite ‖ ~ **mechanics*** (Astron) / Himmelsmechanik *f* (ein Spezialgebiet der Astronomie, das die Bewegungen der Himmelskörper unter dem Einfluss der Gravitation untersucht) ‖ ~ **mechanics*** s. also astrodynamics ‖ ~ **meridian** (the imaginary great circle of the celestial sphere passing through the zenith and the celestial poles, meeting the horizon at points called the North and South points) (Astron) / Meridian *m* (der größte Kreis am Himmelsgewölbe), Längenkreis *m* ‖ ~ **navigation** (Nav) / Astronavigation *f* (unter Verwendung von Messdaten angepeilter Himmelskörper), astronomische Navigation ‖ ~ **pole*** (Astron) / Himmelspol *m* (Schnittpunkt der verlängerten Erdachse mit der fiktiven Himmelskugel) ‖ ~ **position** (Aero) / Astrostandort *m*, astronomischer Standort, Astrofix *m* ‖ ~ **sphere*** (Astron) / Himmelssphäre *f*
**celestine*** *n* (the principal ore of strontium) (Min) / Zölestin *m*, Coelestin *m*, Cölestin *m*
**celestine blue** (Chem) / Coelestinblau *n*, Zölestinblau *n*, Cobaltblau *n*, Kobaltblau *n* (ein Kobalt[II]-stannat)
**celestite** *n* (Min) / Zölestin *m*, Coelestin *m*, Cölestin *m*
**Celite*** *n* (Chem) / Celite *n* (eine Art Filterhilfsmittel aus Kieselgur der Manville Corp.)
**cell** *n* (Agric) / Zelle *f* (eines Silos) ‖ ~* (Biol, Cyt) / Zelle *f* ‖ ~ (Cinema) / Phasenzeichnung *f* (für einen Zeichentrickfilm) ‖ ~ (Comp) / Zelle *f* (die kleinste Einheit in einer Tabelle, vergleichbar mit einem Feld einer Datenbank) ‖ ~* (Elec Eng) / Zelle *f*, Element *n* ‖ ~ (Electronics) / Zelle *f* (Standardelement für die Chipentwicklung) ‖ ~* (Electronics) / Fotozelle *f* (ein Bauelement, das auf dem äußeren lichtelektrischen Effekt beruht), lichtelektrische Zelle ‖ ~ (Maths, Stats) / Klasse *f* (Häufigkeitsverteilung - DIN 66160) ‖ ~ (Meteor) / Zelle *f* (z.B. Azorenhoch) ‖ ~ (Min Proc) / Abteilung *f* (einer Setzmaschine) ‖ ~ (Spectr) / Küvette *f* ‖ ~* (Telecomm) / Funkzelle *f* (Mobilfunk) ‖ ~ (Teleph) / Funkzelle *f* (beim Mobilfunk), Funkzone *f* ‖ ~ (Typog) / Rasternäpfchen *n* (Ätznäpfchen), Ätznäpfchen *n*, Näpfchen *n* (im Tiefdruck)
**cella** *n* (pl. -ae) (an enclosed part of a Roman temple) (Arch) / Naos *m* (pl. Naoi), Cella *f* (pl. -llae), Zella *f* (pl. -llae) (der innere Kultraum des altgriechischen Tempels)
**cell adhesion** (Biol, Cyt) / Zelladhäsion *f* ‖ ~ **allocation** (Teleph) / Funkzellenzuteilung *f*, CA (Funkzellenzuteilung bei Mobiltelefonen)
**cellar** *n* (Build) / Keller *m* (für Lagerzwecke) ‖ ~ (Comp) / Keller *m* (eine lineare Liste, bei der nur die Operationen "Einfügen bzw. Löschen eines Listenelements", und zwar nur an einem Ende der Liste, durchgeführt werden können) ‖ ~ (Comp, Maths) / Stapelspeicher *m* (kaskadierbarer), Kellerspeicher *m* (DIN 44300), Stack *m* (lineares Speichermedium) ‖ ~ **fungus** (For) / Brauner Kellerschwamm, Warzenschwamm *m* (Coniophora cerebella Duby) ‖ ~ **gully** (Build, San Eng) / Kellerablauf *m* ‖ ~ **mould** (For) / Kellerschwamm *m* (Cladosporium herbarum) ‖ ~ **stairs** (Build) / Kellertreppe *f* ‖ ~ **vault** (Build) / Kellergewölbe *n*
**cell biology** (Cyt) / Zellenlehre *f*, Zytologie *f* (Wissenschaft und Lehre von der Zelle, ihrem Aufbau und ihren Funktionen), Cytologie *f*, Zelllehre *f*, Zellforschung *f* ‖ ~ **body** (Biochem) / Zellkörper *m* (enthält Zellkern und Zellplasma) ‖ ~ **boundary** (Crystal) / Zellgrenze *f*, Versetzungszellwand *f* (annähernd lineares versetzungsreiches Gebiet) ‖ ~ **boundary** (Maths, Stats) / Wechselpunkt *m* (Argumentwert der Klassengrenzen) ‖ ~ **boundary** (Stats) / Stufengrenze *f* (bei der Kreuzklassifikation) ‖ ~ **boundary** (Teleph) / Funkzellengrenze *f* (beim Mobilfunk), Funkzonengrenze *f* ‖ ~ **breathing** (vhange of the cell size according to the traffic load - UMTS) (Telecomm) / Zellatmung *f* ‖ ~ **broadcast channel** (Teleph) / Funkzellen-Broadcastkanal *m* (im Mobilfunk) ‖ ~ **cloning** (Cyt, Gen) / Zellklonierung *f* ‖ ~ **cluster** (Teleph) / Cluster *m* (die Gruppe benachbarter Zellen in zellularen Mobilfunknetzen) ‖ ~ **connector** (Elec Eng) / Zellenverbinder *m* (DIN 40729), Verbindungsschiene *m* (einer Batterie), Steg *m* (Zellenverbinder einer Batterie) ‖ ~ **conversion efficiency** / Umwandlungswirkungsgrad *m* (der Solarzelle) ‖ ~ **cover** (Autos, Elec Eng) / Zellendeckel *m* (DIN 40729) ‖ ~ **culture** (Biol, Cyt) / Zellkultur *f* ‖ ~ **current** (Elec Eng) / Zellstrom *m*, Zellenstrom *m* ‖ ~ **cycle*** (the period between one cell division and the next) (Cyt) / Zellzyklus *m* (bei eukaryontischen Zellen) ‖ ~ **design** (Elec Eng) / Zelldesign *n* (z.B. bei Brennstoffzellen) ‖ ~ **division*** (Cyt) / Zellteilung *f* ‖ ~ **formation** (Crystal) / Zellbildung *f* (durch Wandern von Versetzungen) ‖ ~ **formation** (Surf) / Elementbildung *f* ‖ ~ **fusion*** (Cyt) / Zellverschmelzung *f*, Zellfusion *f* ‖ ~ **grader** (Agric) / Zellenausleser *m* (Trieur) ‖ ~ **junction** (Cyt) / Zellkontakt *m*, Zell-Zell-Kontakt *m* ‖ ~ **library** (Comp) / Zellenbibliothek *f* ‖ ~ **line** (Cyt) / Zelllinie *f* ‖ ~ **loss rate** (Teleph) / Zellenverlustwahrscheinlichkeit *f* ‖ ~ **mass** (Biol) / Zellmasse *f* (Biomasse, die als Ergebnis des Wachstums und der Vermehrung von Mikroorganismen sowie pflanzlicher und tierischer Zellen gebildet wird) ‖ ~ **membrane** (Biol) / Zellmembran *f*, Plasmamembran *f*, Plasmalemma *n* (bei Pflanzen) ‖ ~ **nucleus** (Cyt) / Nukleus *m* (pl. -lei), Nucleus *m* (pl. -lei), Kern *m*, Zellkern *m*
**cellobiose** *n* (a reducing disaccharide) (Chem) / Cellobiose *f*, Cellobiose *f* (ein Disaccharid)
**cello foil*** (Bind) / PVC-Folie *f*
**celloidin** *n* (Chem, Micros) / Zelloidin *n*, Celloidin *n*
**cellophane*** *n* (Plastics) / Zellophan *n*, Cellophane *f*, Cellophan *n* (Handelsname für Zellglas) ‖ ~ **pulp** / Cellophanviskose *f*, Zellophanviskose *f*
**cellose*** *n* (Chem) / Zellobiose *f*, Cellobiose *f* (ein Disaccharid)
**Cellosolve*** *n* (Paint, Plastics) / Cellosolve *n* (ein Markenname für Ethylenglykolethylether)
**cell partition** (Elec Eng) / Zellentrennwand *f* (einer Batterie)
**cellphone** *n* (Teleph) / Mobiltelefon *n*, mobiles Telefon, Handy *n* (pl. -s)
**cell potential** (Elec Eng) / Zell(en)spannung *f* ‖ ~ **reaction** (Elec Eng) / Zellreaktion *f* (eine elektrochemische Reaktion, die in einer galvanischen Zelle meist freiwillig, oder - bei der Elektrolyse - erzwungenermaßen abläuft) ‖ ~ **recycling** (Chem Eng) / Zellrückführung *f* (Maßnahme zur Erhöhung der aktiven Mikroorganismenmasse bei kontinuierlichen Fermentationsprozessen) ‖ ~ **relay** (Comp, Telecomm) / zellvermittelndes System, Cell-Relay *n* ‖ ~ **selection** (Teleph) / Zellwahl *f* (Der Vorgang, in dem eine Mobilstation nach dem Signal der Basisstationsucht, das sie am stärksten empfängt) ‖ ~ **separation** (Cyt) / Zellfraktionierung *f*, Zellseparation *f*, Zellsortierung *f* ‖ ~ **splitting** (Teleph) / Zellteilung *f* ‖ ~ **stack** (Chem, Elec Eng) / Brennstoffzellenstapel *m*, Brennstoffzellenstack *m*, Zellenstapel *m* ‖ ~ **terminal** (Autos, Elec Eng) / Zellenpol (DIN 40729) ‖ ~ **tester*** (Elec Eng) / Akkuprüfer *m*, Zellenprüfer *m* (Akkumulatoren)
**cell-type burner** (Eng) / Zellenbrenner *m*
**cellucotton** *n* / Zellstoffwatte *f*
**cellular** *n* (Eng) / porige Ware (mit geschlossenen Poren), poröser Stoff (mit geschlossenen Poren), poriger Stoff (mit geschlossenen Poren) ‖ ~ *adj* (Cyt) / zellulär *adj*, zellular *adj* ‖ ~ **automaton*** (Comp) / Zellularautomat *m* (eine reguläre Anordnung endlicher Automaten, deren jeder Zustandsgabeinformationen von einer endlichen Anzahl benachbarter Automaten erhält), zellularer Automat ‖ ~ **board** (For, Join) / Verbundplatte *f* mit Hohlraummittellage ‖ ~ **board** (Paper) / Wellpappe *f* (DIN 55 468-1 oder DIN 55 468-2) ‖ ~ **brick** (Build) / Lochziegel *m* (mit etwa 20% Lochungen) ‖ ~ **cofferdam** (Hyd Eng) / Zellenfangedamm *m* ‖ ~ **concrete*** (Build) / Porenbeton *m* (ein Leichtbeton), Zellenbeton *m* ‖ ~ **construction** (Eng) / Zellbauweise *f* ‖ ~ **convection** (Meteor) / Zellularkonvektion *f*, zellulare Konvektion *f* ‖ ~ **design** (Eng) / Zellbauweise *f* ‖ ~ **dolomite** (Geol) / Rauchwacke *f*, Zellendolomit *m*, Rauwacke *f* ‖ ~ **double bottom*** (Ships) / Zellendoppelboden *m* ‖ ~ **fabric*** (Textiles) / porige Ware, poröser Stoff ‖ ~ **fabric*** *n* (Textiles) / Netzstoff *m* ‖ ~ **glass*** (Glass) / Schaumglas *n* (mit Porenanteil von etwa 95 Vol.-%)
**cellularization** *n* (Crystal) / Zellbildung *f* (durch Wandern von Versetzungen)
**cellular leather cloth** / Schaumkunstleder *n* (wie z.B. Skai) ‖ ~ **manufacturing** (Work Study) / Serienfertigung *f* (mit mittleren Losgrößen - in flexiblen Fertigungszellen) ‖ ~ **membrane** (Biol) /

**cellular**

Zellmembran f, Plasmamembran f, Plasmalemma n (bei Pflanzen) ǁ ~ **network** (Teleph) / Zellularnetz n (digitales) ǁ ~ **plastics** (Plastics) / Schaumkunststoffe m pl ǁ ~ **plastic with open and closed cells** (Plastics) / gemischtzelliger Schaumstoff (z.B. Moosgummi) ǁ ~ **radio**\* (Telecomm) / Zellenfunk m (Mobilfunk) ǁ ~ **radio-telephone network** (Teleph) / zellulares Funktelefonnetz, Zellennetzwerk n ǁ ~ **rubber** (with closed cells) (Plastics) / Zellgummi m (Oberbegriff, der alle porösen bzw. zellförmigen Produkte aus Kautschuk und Latices umfasst; ein Produkt mit geschlossenen Poren), Zellkautschuk m ǁ ~ **ship** (Ships) / Containerschiff n (ein Spezialfrachtschiff) ǁ ~ **soil** (Agric, Geol) / Polygonboden m (ein Frostmusterboden in Dauerfrostgebieten), Polygonalboden m ǁ ~ **system** (Teleph) / zellulares Mobilfunksystem (ein funkgestütztes System, das Mobiltelefonie und andere Dienste ermöglicht, indem das Versorgungsgebiet in kleinere geografische Gebiete /Zellen/ eingeteilt wird, die von Basisstationen versorgt werden), zellulares System (Mobilfunksystem, das nach dem zellularen Prinzip aufgebaut ist)

**cellular-type switchboard**\* (Elec Eng) / zellenförmige Schaltanlage
**cellulase**\* n (Biochem) / Zellulase f, Cellulase f (ein Enzym), Endoglucanase f
**cellulated glass** (Glass) / Schaumglas n (mit Porenanteil von etwa 95 Vol.-%)
**celluloid**\* n (Chem Eng) / Celluloid n, Zelluloid n, Zellhorn n
**cellulose**\* n (Bot, Chem) / Cellulose f, Zellulose f, Zellstoff m (ein Polysaccharid) ǁ ~ (Paint) / Nitrozelluloselack m, Nitrolack m, Zellulosenitratlack m, NC-Lack m, CN-Lack m ǁ ~ **acetate**\* (Chem) / Celluloseacetat (CA - DIN 7728-1) n, Azetylcellulose f, Celluloseacetat, Acetylcellulose f, CA - DIN 7728-1 ǁ ~ **acetate butyrate**\* (Chem) / Zelluloseazetobutyrat n, Celluloseacetobutyrat n, CAB (Celluloseester, der durch Veresterung der Cellulose mit den Anhydriden der Essig- und der Buttersäure hergestellt wird - DIN 7728-1) ǁ ~ **acetate phthalate** (Chem, Pharm) / Zelluloseazetophthalat n, Celluloseacetophthalat n ǁ ~ **acetate propionate** (Chem) / Zelluloseazetatpropionat n, CAP, Celluloseacetatpropionat n ǁ ~ **carbamate** (Chem) / Zellulosekarbamat n, Cellulosecarbamat n ǁ ~ **covering** (Welding) / Zelluloseumhüllung f, Celluloseumhüllung f ǁ ~ **derivative** (Chem) / Cellulosederivat n, Celluloseabkömmling m (DIN 7742), Zellulosederivat n, Zelluloseerzeugnis n ǁ ~ **ester**\* (Chem) / Zelluloseester m, Celluloseester m (ein Cellulose-Derivat) ǁ ~ **ethanoate** (Chem) / Zelluloseazetat (CA - DIN 7728-1) n, Azetylzellulose f, Celluloseacetat n, Acetylcellulose f, CA - DIN 7728-1 ǁ ~ **ether**\* (Chem) / Zelluloseether m, Celluloseether m (ein Cellulose-Derivat) ǁ ~ **ethyl ether** (Chem, Paint) / Ethylzellulose f, Ethylcellulose f (ein Zelluloseether), ET-Zellulose f, EC (Ethylzellulose nach DIN 7728-1) ǁ ~ **fibre** (Bot) / Cellulosefaser f, Zellulosefaser f ǁ ~ **filler** (Chem Eng) / Zellulosefüllstoff m, Cellulosefüllstoff m ǁ ~ **film** (regenerated) (Chem Eng) / Zellglas n (die im Viskoseverfahren hergestellte alkalische Lösung von Cellulosexanthogenat) ǁ ~ **graft copolymer** (Chem) / Zellulosepfropfcopolymer n, Cellulosepfropfcopolymer n ǁ ~ **gum** (Chem, Nut) / Karboxymethylzellulose f (ein Zelluloseether), Carboxymethylcellulose f (DIN 7728, T 1), CMC (Carboxymethylcellulose) ǁ ~ **hydrate**\* (Chem) / Zellulosehydrat n (nicht korrekte Bezeichnung für mechanisch gequollene und chemisch regenerierte Zellulose), Cellulosehydrat n ǁ ~ **hydrate**\* (Chem) s. also hydrated cellulose ǁ ~ **lacquer** (Paint) / Zelluloselack m, Celluloselack m (auf der Basis von Celluloseacetat und Cellulosenitrat) ǁ ~ **methyl ether** (Chem, Nut, Pharm) / Methylcellulose f (Methylether der Cellulose - E 461), Methylzellulose f, MC (Methylcellulose) ǁ ~ **nitrate**\* (Chem) / Cellulosenitrat n (Salpetersäureester der Cellulose), CN (Cellulosenitrat nach DIN 7728-1), Zellulosenitrat n, Nitratzellulose f, Nitratcellulose f, Nitrozellulose f, Nitrocellulose f, NC (Nitrocellulose) ǁ ~ **nitrate lacquer** (Paint) / Nitrozelluloselack m, Nitrolack m, Zellulosenitratlack m, NC-Lack m, CN-Lack m ǁ ~ **paste** (cellulose-based adhesive for use in paperhanging) / Zellkleister m (für Tapeten) ǁ ~ **propionate** (an ester of cellulose and propionic acid) (Chem) / Zellulosepropionat n, CP (Cellulosepropionat nach DIN 7728-1), Cellulosepropionat n ǁ ~ **putty** (Paint) / Nitrospachtel m (auf Zellulosebasis) ǁ ~ **stopper** (Paint) / Nitrospachtel m (auf Zellulosebasis) ǁ ~ **towel** / Zellstoffhandtuch n ǁ ~ **triacetate** (Chem) / Cellulosetriazetat n, Cellulosetriacetat n ǁ ~ **wadding** / Zellstoffwatte f ǁ ~ **xanthate**\* (Chem, Ecol) / Zellulosexanthogenat n, Cellulosexanthogenat n (ein anorganischer Celluloseester)
**cellulosic**\* n (Chem) / Cellulosederivat n, Celluloseabkömmling m (DIN 7742), Zellulosederivat n, Zelluloseerzeugnis n ǁ ~ **coating** (Welding) / Zelluloseumhüllung f, Celluloseumhüllung f ǁ ~ **fibre** (Chem, Textiles) / Zellulosefaser f (aus natürlicher oder regenerierten

Zellulose und aus Zelluloseazetat), Faser f auf Zellulosebasis, zellulosische Faser, Cellulosefaser f
**cell voltage** (Elec Eng) / Zell(en)spannung f ǁ ~ **wall**\* (a rigid structure external to the cell membrane, and synthesized by the protoplasm) (Biol, Cyt) / Zellwand f
**Celor lens system** (Optics, Photog) / Gauß-Objektiv n (mit zwei dicken Menisken beiderseits der Aperturblende)
**celsian**\* n (Min) / Celsian m (Barium-Anorthit, Endglied der Hyalophane)
**Celsius scale**\* (Phys) / Celsius-Thermometerskale f, Celsiusskala f, Celsius-Temperaturskalea f (für die Angabe der auf den Eispunkt des Wassers bezogenen Temperaturdifferenz - nach A. Celsius, 1701-1744) ǁ ≙ **temperature** (Phys) / Celsius-Temperatur f (in °C - nach DIN 1301, T 1 und DIN 1345)
**Celtic twill** (Weaving) / Köper m mit Würfelbindung ǁ ≙ **weave** (Weaving) / Mattenbindung f, Panamabindung f, Würfelbindung f (eine Leinwandbindung)
**cembranoid** n (monocyclic diterpene isolated from several plants, especially from the gum resins of pines) (Pharm) / Cembranoid n
**cembra pine** (For) / Zirbelkiefer f, Arve f (Pinus cembra L.)
**Cembrian pine** (For) / Zirbelkiefer f, Arve f (Pinus cembra L.)
**cement** v / verkitten v, kitten v ǁ ~ n / Gummilösung f, Zement m (Lösung von Kautschuk in Kohlenwasserstoffen), Klebezement m ǁ ~\* (Build, Civ Eng) / Zement m (feingemahlenes hydraulisches Bindemittel nach DIN 1164 oder DIN EN 197) ǁ ~ (Cinema) / Filmkleber m, Filmkitt m ǁ ~\* (Geol) / Gesteinsbindemittel n, Bindemittel n (z.B. des Sandsteins), Zement m ǁ ~\* (Med) / Zahnzement m ǁ ~\* (Met) / Einsatzpulver n, Einsatzhärtepulver n ǁ ~ (Optics) / Optikkitt m, Feinkitt m, Kitt m
**cementation**\* n (Geol) / Zementation f ǁ ~\* (Met) / Aufkohlen n (DIN EN 10 052), Aufkohlung f, Zementieren n (Aufkohlen), Zementation f, Kohlung f ǁ ~ (Mining, Oils) / Zementierung f, Bohrlochzementierung f, Zementieren n ǁ ~ **coating** (Surf) / aufdiffundierte Schutzschicht ǁ ~ **furnace** (Met) / Einsatzofen m (Muffelofen zur Einsatzhärtung und zum Zementieren) ǁ ~ **method of shaft sinking** (Mining) / Versteinsverfahren n beim Schachtabteufen, Zementieren n (beim Schachtabteufen) ǁ ~ **zone** (Mining) / Zementationszone f
**cement bacillus** (Build, Civ Eng) / Zementbazillus m (stäbchenförmige Kristalle des Ettringits) ǁ ~ **block** (Build) / Betonwerkstein m (Beton mit Naturzusatzstoffen nach DIN 18500), Betonblock m, Betonstein m
**cement-bonded particle board** (For, Join) / zementgebundene Spanplatte (mineralisch gebunden - nach DIN EN 633)
**cement chemistry** (Chem) / Zementchemie f
**cement-coated nail** / zementierter Nagel (der mit Lösungen von Kolophonium in Spiritus behandelt wird)
**cement concrete** (Build) / Zementbeton m ǁ ~ **content** (Build) / Zementgehalt m (des Betons nach DIN 1045) ǁ ~ **copper**\* (Met) / Zementkupfer n (aus der Elektrolytlösung durch Zugabe von Eisenschrott niedergeschlagen)
**cemented can** (Nut) / geklebte Dose ǁ ~ **carbide**\* / Sintercarbid n, Sinterkarbid n, Sinterhartmetall n (WC, TiC, TaC), gesintertes Karbidhartmetall ǁ ~**-carbide-tipped** adj / sinterhartmetallbestückt adj ǁ ~ **doublet** (Optics) / verkittetes zweiteiliges Objektiv ǁ ~ **lens** (Optics) / gekittete Linse, Kittglied n ǁ ~ **shoes** (Leather) / geklebte Schuhe, Ago-Arbeit f (geklebte Schuhe), geklebtes Schuhwerk ǁ ~ **surface** (Optics) / Kittfläche f (z.B. bei Prismen)
**cementer** / Zementiermaschine f (eine Schuhmaschine)
**cement facing** (Build) / Zementputz m ǁ ~ **fillet**\* (Build) / Zementausstrich m (statt Blechverwahrung) ǁ ~ **fillet**\* (Build) / Zementmörteldichtungsrand m ǁ ~ **finish** (Build) / Zementputz m ǁ ~ **flooring** (Build) / Zementestrich m (DIN 18560), Zementunterlagsboden m ǁ ~ **gel** (Build) / Zementgel n (das während der Hydratation des Zements aus dem Zementleim entsteht)
**cement-grey** adj / zementgrau adj
**cement grout** (Build) / Zementschlempe f (Wasser-Zement-Mischung), Zementschlämme f ǁ ~ **gun**\* (Build, Civ Eng) / Torkretiergerät n, Zementkanone f, Betonspritzmaschine f, Torkretzementmörtelkanone f ǁ ~ **in** v / einzementieren v
**cementing** (Mining, Oils) / Zementierung f, Bohrlochzementierung f, Zementieren n ǁ ~ **compound** / Kitt m (Klebkitt) ǁ ~ **machine** / Zementiermaschine f (eine Schuhmaschine) ǁ ~ **machine for uppers** / Klebstoffauftragmaschine f für Schäfte (eine Schuhmaschine)
**cementite**\* n (Met) / Zementit m (chemische Verbindung eines Metalls mit Kohlenstoff, vorzugsweise auf das Eisenkarbid $Fe_3C$ bezogen), Cementit m ǁ ~ **lamella** (Met) / Zementitlamelle f
**cement kiln** (a rotary kiln in which limestone and other ingredients are calcined to produce portland cement) / Zementofen m, Zementbrennofen m, Zementschachtofen m ǁ ~ **klinker** (Build) /

Portlandzementklinker *m* (wesentlicher Bestandteil des Zements), PZ-Klinker *m*
**cement-lasted shoe** / klebegezwickter Schuh
**cementless insulator** (Elec Eng) / kittloser Isolator
**cement-lime mortar** (Build) / Kalkzementmörtel *m* (Mauer- und Putzmörtel), verlängerter Zementmörtel (S), Zement-Kalk-Mörtel *m*
**cement lining** (Build) / Zementauskleidung *f* ‖ ~ **mill** (in which rock is pulverized to powder form for use primarily in the production of cement) / Zementmühle *f* (zur Zerkleinerung des Zementklinkers im Rahmen der Zementherstellung - meistens Walzenmühle) ‖ ~ **mixer** (Civ Eng) / Betonmischer *m*, Betonmischmaschine *f* ‖ ~ **mortar*** (1 cement : 2 lime : 9 sand) (Build) / Kalkzementmörtel *m* (Mauer- und Putzmörtel), verlängerter Zementmörtel (S), Zement-Kalk-Mörtel *m* ‖ ~ **mortar*** (Build) / Zementmörtel *m* (Gemisch aus Zement, Sand und Wasser sowie gegebenenfalls Zusätzen, das als Mauermörtel oder Putzmörtel verwendet wird) ‖ ~ **paint** (Build) / Zementfarbe *f* (zur Anfärbung von Zementmörteln) ‖ ~ **paint*** (Build, Paint) / Betonanstrichfarbe *f*, Betonanstrichmittel *n* ‖ ~ **pat** (Build, Civ Eng) / Zementkuchen *m* (DIN 1164, T 6), Kuchen *m* (Zementkuchen) ‖ ~ **plainface finish** (Build) / Glattstrich *m* (bis zu 2 cm dicke Abschlussschicht aus fettem Zementmörtel) ‖ ~ **plaster** (Build) / Zementmörtel *m* (Gemisch aus Zement, Sand und Wasser sowie gegebenenfalls Zusätzen, das als Mauermörtel oder Putzmörtel verwendet wird) ‖ ~ **plug** (Oils) / Zementstopfen *m* (im Bohrloch) ‖ ~ **pumice stone** (Build) / Zementschwemmstein *m* (DIN 1059) ‖ ~ **rendering** (Build) / Zementputz *m* ‖ ~ **rendering** (Build) / Zementanstrich *m* ‖ ~ **rock*** (Geol) / dolomitischer Kalkstein mit hohem Tonanteil (über 18%)
**cement-rubber latex*** (Build) / Plastzementmörtel *m*, Plastbeton *m*
**cement sand** (Foundry) / Zementsand *m* (ein Formsand)
**cement-sand process** (Foundry) / Zementsandformverfahren *n* (Herstellung von verlorenen Formen, bei der der Formstoff vorwiegend aus Quarzsand und 7-12% Portlandzement als Bindemittel besteht)
**cement screed** (of cement mortar laid on a floor, particularly on a concrete slab) (Build) / Zementestrich *m* (DIN 18560), Zementunterlagsboden *m* ‖ ~ **silo** (Civ Eng) / Zementsilo *m n* ‖ ~ **slurry** (a liquid cement-water mix) (Build) / Zementbrei *m* ‖ ~ **splicing** (Cinema) / Nasskleben *n*
**cement-stabilized soil** (Build, Civ Eng) / mit Zementinjektionen verfestigter Boden
**cement store** (Civ Eng) / Zementsilo *m n* ‖ ~ **testing** (Build) / Zementprüfung *f* (nach DIN 1164 und DIN EN 196)
**cementum** *n* (Med) / Zahnzement *m*
**cement wet paste** (Build, Civ Eng) / Schlämme *f* (Wasser-Zement-Mischung), Schlämpe *f*
**cement-wood floor** (a jointless floor made of Portland cement, sawdust, sand and pigment) (Build) / Holzbetonbelag *m*, Sägemehlbetonfußboden *m*
**CENELEC** (Comité Européen de Normalisation Electrotechnique) (Elec Eng) / Europäisches Komitee für elektrotechnische Normung
**C.Eng.*** (a member of one of the several specialized engineering institutes recognized by royal charter) / [staatlich] anerkannter Ingenieur *m*
**cenrifugal separator** (Min Proc) / Schleudersichter *m*, Schleuderscheider *m*
**censor copy** (Cinema) / Zensurkopie *f*
**censoring** *n* (Stats) / Zensorierung *f* (Ausschaltung des Einflusses fragwürdiger Stichprobenwerte und Ausreißer) ‖ ~ (Stats) s. also winsorization
**census** *n* (Stats) / Totalstatistik *f* ‖ ~ **of population** (Stats) / Volkszählung *f*, Zensus *m* (pl. -), Census *m* (pl. -), Totalzählung *f* (der Bevölkerung)
**cent*** *n* (Acous, Nuc) / Cent *m* ‖ ~ (the interval between two sounds whose basic frequency ratio is the twelve-hundredth root of 2) (Telecomm) / Cent *n* (ein Frequenzintervall nach DIN 1301, T 1, dessen Frequenzverhältnis die zwölfhundertste Wurzel aus 2 ist) ‖ **five per ~ increase** / fünfprozentiger Zuwachs
**center** *v* (US) (Eng) / zentrieren *v*, einmitten *v*, mittig richten
**center(US)** *n* (Maths) / Mittelpunkt *m*, Zentrum *n*, Mitte *f*
**centering*** *n* (Build) / Lehrbogen *m*, Bogengerüst *n* ‖ ~* (US) (Eng) / Zentrierung *f*, Einmitten *n*, mittige Ausrichtung, Zentrieren *n* (Einmitten) ‖ ~ (US) (Eng) / Zentrieren *n*, Zentrierbohren *n* (Anbringen einer Bohrung mit kegeliger Sitzfläche an der Werkstückstirnfläche zur Festlegung der Drehachse) ‖ ~ **pin** (US) (Eng) / Zentrierdorn *m* (Werkzeugspanner an Bohr- und Fräswerken) ‖ ~ **pin** (US) (Nuc Eng) / Zentrierstift *m* ‖ ~ **spigot** (US) (Nuc Eng) / Zentrierstift *m* ‖ ~ **tube** (US) (Nuc Eng) / Zentrierrohr *n*
**centesimal** *adj* (Maths) / zentesimal *adj* (auf der Zahl 100 beruhend)
**centi-*** / Zenti- (Vorsatz für $10^{-2}$, Kurzzeichen c), zenti-

**centigrade scale*** (Phys) / Celsius-Thermometerskale *f*, Celsiusskala *f*, Celsius-Temperaturskalea *f* (für die Angabe der auf den Eispunkt des Wassers bezogenen Temperaturdifferenz - nach A. Celsius, 1701-1744)
**centimetre, 21-~ line** (Astron) / Einundzwanzig-Zentimeter-Linie *f* (im Radiofrequenzbereich liegende Spektrallinie - Wellenlänge 21,12 cm)
**21-centimetre line** (Astron) / Einundzwanzig-Zentimeter-Linie *f* (im Radiofrequenzbereich liegende Spektrallinie - Wellenlänge 21,12 cm) ‖ ~ **line*** (Astron, Phys) / 21-cm-Linie *f* (des neutralen interstellaren Wasserstoffs)
**centimetre wave** (Radio) / Zentimeterwelle *f* (3-30 GHz)
**centimetric wave** (Radio) / Zentimeterwelle *f* (3-30 GHz)
**centinormal** *adj* (Chem) / zentinormal *adj* (0,01 n), centinormal *adj*
**central** *n* (Maths) / Zentrale *f* (Gerade durch das Zentrum einer Figur oder durch die Mittelpunkte zweier Kreise) ‖ ~ (US) (Teleph) / Fernsprechamt *n*, Fernsprechvermittlung *f*, Zentrale *f*, Vermittlungsstelle *f* ‖ ~ (US) (Teleph) / Vermittlungskraft *f*, "Vermittlung" *f*, Bedienungsperson *f* in der Telefonzentrale, Telefonist *m*, Telefonistin *f* ‖ ~ *adj* / Zentral-, zentral *adj* ‖ ~ s. also in-centre
**Central-American mahogany** (For) / Honduras-Mahagoni *n* (Swietenia macrophylla King), Tabasco-Mahagoni *n*, Nikaragua-Mahagoni *n*
**central angle*** (angle subtended by the arc at the centre) (Maths) / Zentriwinkel *m* (der von zwei Radien eines Kreises gebildet wird), Mittelpunktswinkel *m*, Mittenwinkel *m* (am Kreis)
**central-antenna television** (TV) / Großgemeinschafts-Antennenanlage *f*, GGA-Anlage *f*
**central atom** (Chem) / Zentralatom *n* (in einer Koordinationseinheit) ‖ ~ **battery** (Teleph) / Zentralbatterie *f* (in der Vermittlungsstelle), ZB (Zentralbatterie) ‖ ~ **beam** (Electronics) / Kernstrahl *m*
**central-bobbin shuttle** (Weaving) / Bahnschwinggreifer *m*
**central Brillouin zone** (Electronics, Phys) / Brillouin-Zone *f* (die symmetrische Elementarzelle des reziproken Gitters) ‖ ~ **chirality** (Chem) / zentrale Chiralität ‖ ~ **clock** (Comp) / Taktzentrale *f*, TZ (Taktzentrale) ‖ ~ **collision** (Phys) / zentraler Stoß (zweier starrer Körper mit maximaler Impulsübertragung), Zentralstoß *m* ‖ ~ **communications processor** (Comp) / zentraler Kommunikationsprozessor (für digitale Kommunikationssysteme) ‖ ~ **computer** (Comp) / Host-Rechner *m* (in einem Verbundsystem - eine digitale Rechenanlage großer Verarbeitungsleistung und Speicherkapazität, die zur ladefertigen Verarbeitung von Programmen für kleinere Digitalrechner verwendet wird), Verarbeitungsrechner *m*, Host *m* (ein Rechner im Verbundsystem) ‖ ~ **conductor** (Elec Eng) / Mittelleiter *m* (ein Neutralleiter, der an einem Mittelpunkt angeschlossen ist - DIN 40 108) ‖ ~ **conic** (Maths) / Mittelpunktskegelschnitt *m* ‖ ~ **console** (Comp) / Zentralbedienungsplatz *m*, ZBP ‖ ~ **control** (Automation) / Zentralsteuerung *f*, zentrale Steuerung ‖ ~ **control room** / Messwarte *f* (zentrale), Steuerwarte *f* ‖ ~ **control room** (Elec Eng) / Schaltwarte *f* (zentraler Leitstand) ‖ ~ **cylinder*** (Bot) / Zentralzylinder *m* (mit allen Leitungsbahnen), Stele *f* ‖ ~ **difference** (of a function) (Maths) / zentrale Differenz ‖ ~ **dispatching centre** (Elec Eng) / Lastverteilerwarte *f*, Lastverteilerzentrale *f* ‖ ~ **dogma** (Biol) / zentrales Dogma (der Molekularbiologie) ‖ ~ **door** (and boot) **locking** (Autos) / Zentralverriegelung *f*, ZV ‖ ~ **electrode** (Autos) / Mittelelektrode *f* (der Zündkerze), Mittenelektrode *f* ‖ ~ **eruption** (Geol) / Zentraleruption *f*, Schloteruption *f* ‖ ~ **European Time** / Mitteleuropäische Zeit, MEZ ‖ ~ **exchange** (Teleph) / Zentralvermittlungsstelle *f*, ZVSt
**central-fed** *adj* (Plastics) / mittig gespeist (z.B. an einem Folienblaskopf) ‖ ~ **film blowing head** (Plastics) / mittig gespeister Folienblaskopf
**central field** (Nuc) / Zentralfeld *n*
**central-field model** (Nuc) / Schalenmodell *n* (ein Kernmodell)
**central force*** (Mech, Phys) / Zentralkraft *f* ‖ ~ **force field** (Phys) / Zentralkraftfeld *n* ‖ ~ **force system** (Mech) / zentrales Kräftesystem ‖ ~ **gear** (Eng) / Zentralrad *n* (eines Planetengetriebes) ‖ ~ **gear** (Eng) / Sonnenrad *n* (in einem Planetengetriebe nach DIN 3998) ‖ ~ **gear change** (Autos) / Knüppelschaltung *f*, Mittelschaltung *f* ‖ ~ **handover** (Teleph) / zentraler Handover ‖ ~ **heating** (Build) / Zentralheizung *f* ‖ ~ **impact** (the forces that the bodies exert on each other are directed along the line joining the masscentres) (Phys) / zentraler Stoß (zweier starrer Körper mit maximaler Impulsübertragung), Zentralstoß *m* ‖ ~ **impact** (Phys) s. also eccentric impact ‖ ~ **ion** (Phys) / Zentralion *n*
**centrality** *n* / zentrale Anordnung, Mittigkeit *f* (zentrale Anordnung)
**centralize** *v* / zentralisieren *v*
**centralized** *adj* / zentral *adj* (Verfahrensablaufsteuerung) ‖ ~ **building** (Arch) / Zentralbau *m* (bei dem im Gegensatz zum Langhausbau alle Teile auf einen Mittelpunkt bezogen sind) ‖ ~ (network) **configuration** (Telecomm) / Sternnetz *n* ‖ ~ **control** (Automation) / Zentralsteuerung *f*, zentrale Steuerung ‖ ~ **control point** (Rail) /

**centralized**

Zentralstellwerk n || ~ **lubricating system** (Eng) / Zentralschmierung f (als System) || ~ **random variable** (Stats) / zentrierte Zufallsgröße (mit Erwartungswert Null) || ~ **vacuum-cleaning plant** (Build) / Entstaubungsanlage f (in Wohnhäusern)
**centralizer** n (of a module) (Maths) / Zentralisator m || ~ (Oils) / Zentrierkorb m (einer Verrohrungsschneidvorrichtung)
**central limit theorem** (Stats) / zentraler Grenzwertsatz (ein Hauptresultat der Wahrscheinlichkeitstheorie) || ~ **line** (Maths) / Zentrale f (Gerade durch das Zentrum einer Figur oder durch die Mittelpunkte zweier Kreise) || ~ **locking** (Autos) / Zentralverriegelung f, ZV
**central-locking device** (Join) / Zentralverschluss m (an Behältnismöbeln) || ~ **hub** (Autos) / Zentralverschlussnabe f, Kerbnabe f
**central lubricating system*** (Eng) / Zentralschmierung f (als System)
**centrally located** (Chem) / mittelständig adj (z.B. C-Atom einer Kette) || ~ **supported cable-stayed bridge with one single cable plane** (Civ Eng) / Mittelträgerbrücke f mit einer Seilebene (Schrägseilbrücke, bei der der Balken an nur einer Seilebene in der Mitte der Fahrbahn angehängt ist)
**central mix concrete** (Build, Civ Eng) / werkgemischter Transportbeton (der von der Mischstelle zur Baustelle befördert wird - DIN 1045) || ~ **moment** (Phys) / Zentralmoment n || ~ **motion** (Mech) / Zentralbewegung f || ~ **nervous system** (Med) / Zentralnervensystem n, ZNS (Zentralnervensystem), zentrales Nervensystem || ~ **office** (US) (Telecomm) / Vermittlungsstelle f, Vermittlungsamt n || ~ **pencil** (Electronics) / Kernstrahl m || ~ **perspective** (with a vertical projection plane) / Malerperspektive f || ~ **perspective** (Maths) / Zentralperspektive f (bei der Zentralprojektion), Fluchtpunktperspektive f
**central-point volcano** (after a central eruption) (Geol) / Schlotvulkan m, Zentralvulkan m
**central post** (Build, Carp) / Stuhlsäule f (die die Mittelpfette stützt) || ~ **potential*** (Mech) / Potential n der Zentralkräfte, Zentralpotential n (der Zentralkräfte) || ~ **processing unit*** (Comp) / Zentralrecheneinheit f, Zentraleinheit f (eines Digitalrechners), CPU, ZRE (Zentralrecheneinheit), ZE (Zentralrecheneinheit) || ~ **processor** (Comp) / Zentralprozessor m || ~ **processor*** (Comp) / Zentralrecheneinheit f, Zentraleinheit f (eines Digitalrechners), CPU, ZRE (Zentralrecheneinheit), ZE (Zentralrecheneinheit) || ~ **projection*** (Cartography, Maths) / Zentralprojektion f || ~ **quadric** (Maths) / Mittelpunktsquadrik f || ~ **rail** (Rail) / Mittelschiene f (eine Stromschiene) || ~ **ray** (Optics) / Hauptstrahl m (durch die Mitte der Blende gehender Strahl) || ~ **ray** (Radiol) / Zentralstrahl m (vom Mittelpunkt des Brennflecks durch die Mitte des Strahlenaustrittsfensters verlaufender Strahl) || ~ **receiver** / zentral angeordneter Empfänger (in der Heliotechnik)
**central-receiver plant** / Anlage f mit zentral angeordnetem Empfänger (der Solarenergie)
**central reservation** (Autos, Civ Eng) / Mittelstreifen m (zwischen zwei Richtungsfahrbahnen derAutobahn), Trennstreifen m, Grünstreifen m, Grasstreifen m || ~ **reserve** (Autos, Civ Eng) / Mittelstreifen m (zwischen zwei Richtungsfahrbahnen derAutobahn), Trennstreifen m, Grünstreifen m, Grasstreifen m || ~ **reserve planting** (Civ Eng) / Mittelstreifenbepflanzung f || ~ **rot** (For) / Herzfäule f, Kernfäule f || ~ **router** (Comp, Telecomm) / zentraler Router m || ~ **shutter** (Photog) / Zentralverschluss m || ~ **space** (Arch) / Zentralraum m || ~ **star** (Astron) / Zentralstern m (im Mittelpunkt eines planetarischen Nebels) || ~ **strength-member** (Cables) / zentrales Stützelement (bei Mehrfaserkabeln) || ~ **symmetry** (Biol, Crystal, Maths) / Zentralsymmetrie f || ~ **tap** (Elec Eng) / Mittelanzapfung f, Mittelabgriff m
**central-tube frame** (Autos) / Mittelrohrrahmen m || ~ **frame** (with a fork at both ends and central cross-members) (Autos) / Mittelträgerrahmen m, Zentralrohrrahmen m
**central water supply** (Hyd Eng) / zentrale Wasserversorgung, Sammelwasserversorgung f || ~ **window** (Comp) / Zentralfenster n (der Diskette)
**centrate** (San Eng) / Zentrifugat n (das bei der Zentrifugierung abgetrennte Schlammwasser), Zentrat n, Zentrifugenablauf m
**centre** v (Eng) / zentrieren v, einmitten v, mittig richten v || ~ (Eng) / zentrieren v, zentrierbohren v (nur Infinitiv) || ~ n (Eng) / Spitze f (Werkstückspanner vor allem an Drehmaschinen, der immer paarweise gebraucht wird) || ~* (Eng) / Drehmaschinenspitze f, Körnerspitze f || ~ (For, Join) / Mittellagen f pl (bei Sperrholz, Verbundplatten usw.) || ~* (GB) (Maths) / Mittelpunkt m, Zentrum n, Mitte f || ~ (Nut) / Füllung f (z.B. mit Schokolade) || ~* (Surv) / Zentrierung f || ~ **adjustment*** (Surv) / Stellschrauben f pl des Stativtellers
**centreband** (Spectr) / Hauptbande f

**centre bay** (Build) / Mittelfeld n (z.B. eines Gewölbes) || ~**-bit*** n (For, Tools) / Zentrumbohrer m (für Bohrungen senkrecht zur Längsfaser - DIN 7483) || ~ **bob** / Einlotblei n (beim Einloten)
**centre-body nozzle** / Ringdüse f
**centre-break disconnector** (Elec Eng) / Drehtrennschalter m, Drehtrenner m (Drehtrennschalter)
**centre brick** (Ceramics, Foundry) / Königstein m, Verteilerstein m, Kanalmittelstein m (die Verbindung zwischen dem Trichter und den Kanalsteinsträngen) || ~ **console** (Autos) / Mittelkonsole f
**centre-console storage compartment** (Autos) / Ablagefach n (auf Mittelkonsole, mit Deckel), Ablagebox f
**centre contact** (Elec Eng) / Mittelkontakt m, Mittenkontakt m, Bodenkontakt m (der Glühlampe) || ~ **contact** (Teleph) / Kontakthut m (des Mikrofons)
**centre-cracked tensile specimen** (Eng, Materials) / Zugprobe f mit Mittelriss, mittig angerissene Zugprobe
**centre cut** (Mining) / Kegeleinbruch m, Pyramideneinbruch m (bei den Sprengarbeiten) || ~ **differential** (Autos) / Zentraldifferential n, Zwischenachsausgleichgetriebe n, Längsdifferential n
**centre-differential lock** (Autos) / Zentraldifferentialsperre f, Längssperre f
**centre distance** (Eng) / Spitzenabstand m || ~ **distance** (Eng) / Achsabstand m (zwischen den Achsen eines Zahnradpaares - DIN 3998)
**centred optical system** (Optics) / zentriertes optisches System
**centre drill*** (Eng) / Zentrierbohrer m (DIN 333)
**centre-drill** v (Eng) / zentrierbohren v mit Schutzsenkung, zentriersenken v (nur Infinitiv oder Partizip)
**centre electrode** (Autos) / Mittelelektrode f (der Zündkerze), Mittenelektrode f
**centre-eye shuttle** (Weaving) / Schützen m mit Mittelauge
**centre-feed tape** (Comp) / Lochstreifen m mit zentrierten Transportlochungen
**centre-fire fuel element** (Eng) / CB-Element n (für den Erdgas-Zellenbrenner)
**centre frequency*** (Telecomm) / Mittenfrequenz f, mittlere Frequenz || ~ **head** (Typog) / auf die Mitte zentrierte Nebenüberschrift || ~ **height** (Eng) / Spitzenhöhe f (Abstand zwischen Spitze und Bett der Drehmaschine) || ~ **hole** (Comp) / Führungsloch n, Transportloch n, Vorschubloch n (für den Papiertransport) || ~ **hole** (Eng) / Zentrierbohrung f (DIN 332, T 1) || ~ **hole** (Mining) / Pius m (kurzes Sprengbohrloch ohne Sprengstoff zur Zertrümmerung des Kegels oder Keils beim Einbruch) || ~ **landing gear** (Aero) / Mittelfahrwerk n (bie Großflugzeugen) || ~ **lathe*** (a machine for carrying out turning, boring or screw-cutting operations on work held between centres or in a chuck, but not for repetition work) (Eng) / Spitzendrehmaschine f (eine Grundform der Drehmaschine)
**centreless algebra** (Maths) / Algebra ohne Zentrum f || ~ **grinding*** (Eng) / spitzenloses Rundschleifen (Außenrundschleifen, Innenrundschleifen) || ~ **grinding amchine** (Eng) / spitzenlose Rundschleifmaschine (bei der die Werkstücke längs auf einer Auflage zwischen Schleif- und Regelscheibe liegen - DIN 8589, T 11) || ~ **grinding with through feed** (Eng) / Durchgangsschleifen n (Vorschubscheibenachse zur Schleifscheibenebene geneigt) || ~ **rough turning** (Eng) / Schälen v, Schäldrehen n (ein Längs-Runddrehen mit großem Vorschub bei Verwendung eines mehrschneidigen umlaufenden Werkzeug)
**centre line** (Aero) / Mittellinie f (der Lande- oder Startbahn) || ~ **line** (Autos) / Leitlinie f || ~ **line** (Maths) / Mittellinie f, Mittenlinie f
**centre-line-aligned** adj (Build) / achsenfluchtend adj
**centre-line average height** (Eng) / $R_a$, (arithmetischer) Mittenrauwert m || ~ **cavity** (Foundry) / Mittellinienlunker m || ~ **to top** (Eng) / Bauhöhe f (einer Armatur)
**centre mark** (Eng) / Körnung f, Körnermarke f (Vertiefung mit Hilfe eines Körners) || ~ **member** (Autos) / Radkörper m, Radstern m, Stern m (Radkörper) || ~ **of area** (Maths) / Schwerpunkt m (einer ebenen Figur), Flächenmittelpunkt m, Flächenschwerpunkt m, Zentrum m (einer ebenen Figur) || ~ **of buoyancy*** (Ships) / Verdrängungsschwerpunkt m (der Raumschwerpunkt des Unterwasserschiffs, d.h. des eingetauchten Teils des Schiffskörpers), Verdrängungsmittelpunkt m, Formschwerpunkt m || ~ **of curvature*** (Maths) / Krümmungsmittelpunkt m || ~ **of flotation** (Hyd, Ships) / Schwerpunkt m der Wasserlinienfläche, Wasserlinienschwerpunkt m || ~ **of gravity*** (of a body) (Maths, Phys) / Schwerpunkt m (DIN 13 317)
**centre-of-gravity position** (Phys) / Schwerpunktlage f || ~ **system** (Phys) / Schwerpunktsystem n, baryzentrisches Bezugssystem, Massenmittelpunktsystem n
**centre of inertia** (Phys) / Trägheitsmittelpunkt m || ~ **of inversion** (Maths) / Inversionszentrum n, Mittelpunkt m der Inversion || ~ **of lift** (Aero, Phys) / Auftriebsmittelpunkt m || ~ **of mass*** (Aero, Phys) /

Massenmittelpunkt m (DIN 13317) ‖ ~ **of mass** (in a uniform gravitational field) (Maths, Phys) / Schwerpunkt m (DIN 13 317)
**centre-of-mass coordinate system** (Phys) / Schwerpunktsystem n, baryzentrisches Bezugssystem, Massenmittelpunktsystem n ‖ ~ **migration** (Aero) / Schwerpunktswanderung f
**centre of mass of a body** (Maths, Phys) / Körperschwerpunkt m
**centre-of-mass system** (Phys) / Massenmittelpunktsystem n
**centre-of-momentum coordinate system** (Phys) / Schwerpunktsystem n, baryzentrisches Bezugssystem, Massenmittelpunktsystem n
**centre of oscillation\*** (Phys) / Schwingungsmittelpunkt m, Schwingungszentrum n ‖ ~ **of percussion\*** (Mech) / Perkussionszentrum n, Stoßzentrum n ‖ ~ **of perspective** (Maths) / Projektionszentrum n (bei einer Zentralprojektion) ‖ ~ **of pressure\*** (Aero, Phys) / Druckpunkt m (Schnittpunkt der Wirkungslinie der Resultierenden aller am Tragflügel angreifenden Luftkräfte mit der Flügelprofilsehne) ‖ ~ **of pressure\*** (Eng, Phys) / Druckmittelpunkt m, Druckzentrum n ‖ ~ **of projection** (Maths) / Projektionszentrum n (bei einer Zentralprojektion) ‖ ~ **of projection** (Maths) / Augpunkt m, Augenpunkt m (Projektionszentrum einer Perspektive), Perspektivitätszentrum n ‖ ~ **of reflection** (Maths) / Spiegelungszentrum n ‖ ~ **of revolution** (Mech) / Drehpunkt m ‖ ~ **of rotation** (Mech) / Drehpunkt m ‖ ~ **of rotation** (Mech) / Drehpol m ‖ ~ **of similarity** (Maths) / Ähnlichkeitspunkt m (Zentrum einer Homothetie) ‖ ~ **of similitude** (Maths) / Ähnlichkeitspunkt m (Zentrum einer Homothetie) ‖ ~ **of symmetry\*** (Crystal) / Symmetriezentrum n, Inversionszentrum n ‖ ~ **of symmetry** (Maths) / Symmetriezentrum n, Zentralpunkt m (bei der Zentralsymmetrie) ‖ ~ **of symmetry** (Maths) / Spiegelungszentrum n ‖ ~ **of the sphere** (Maths) / Kugelmitte f ‖ ~ **of vision** (Maths) / Augpunkt m, Augenpunkt m (Projektionszentrum einer Perspektive), Perspektivitätszentrum n ‖ ~ **pedestal** (Aero) / Mittelkonsole f (zwischen den beiden Piloten) ‖ ~ **pillar** (Autos) / B-Säule f (vor der Vordertür), Schlosssäule f, Mittelholm m (hinter der Vordertür), mittlerer Dachpfosten
**centrepin** n (Eng) / Zentrierstift m, Mittelzapfen m
**centre-plate rudder** (Ships) / Plattenruder n
**centre-point steering** (Autos) / Lenkgeometrie f mit Lenkrollradius gleich Null
**centre-post hoist** (Autos) / Einsäulenhebebühne f
**centre punch\*** (Eng) / Handkörner m, Körner m (gehärteter, zugespitzter Stahlstift zum Körnen), Bohrungskörner m
**centre-punch** v (Eng) / körnen v (mit dem Körner), ankörnen v, mit dem Körner markieren ‖ ~ **mark** (Eng) / Körnung f, Körnermarke f (Vertiefung mit Hilfe eines Körners)
**centres\*** pl (Build) / Lehrbogen m, Bogengerüst n
**centre section\*** (Aero) / Flügelmittelkasten m, Flügelmittelstück n (Mittelstück des Tragwerks, das sich im Rumpf befindet), Mittelflügel m, Tragwerk-Mittelstück n
**centre-section damage** (Autos) / Bananenschaden m (ein Rahmenschaden)
**centre selvage** (Weaving) / Mittelleiste f ‖ ~ **selvedge** (Weaving) / Mittelleiste f ‖ ~ **shed** (Weaving) / Hoch- und Tieffach n, Ganzfach n, Zentralfach n ‖ ~ **square\*** (Eng) / Zentrierwinkel m ‖ ~ **stop motion** (Weaving) / Gabelschusswächter m (Vorrichtung am Webautomaten, die durch eine auf dem einzelnen Schussfaden aufliegende leichte Metallgabel feststellt, ob der Schussfaden noch intakt ist) ‖ ~ **tap** (Elec Eng) / Mittelanzapfung f, Mittelabgriff m
**centre-tapped coil** (Elec Eng) / Spule f mit Mittelanzapfung
**centre-tap potentiometer** (Elec Eng) / Potentiometer m mit Mittelabgriff
**centre-to-centre distance** / Mittenabstand m (DIN 43601), Mittelpunktabstand m ‖ ~ **spacing** / Mittenabstand m (DIN 43601), Mittelpunktabstand m
**centre-to-top dimension** (Eng) / Bauhöhe f (einer Armatur)
**centre volt** (Elec Eng) / Mittelspannung f (bei einer Schaltungsgruppe)
**centre-weighted measurement** (Photog) / mittenbetonte Belichtungsmessung ‖ ~ **metering** (Photog) / mittenbetonte Belichtungsmessung
**centre-wing section** (Aero) / Flügelmittelkasten m, Flügelmittelstück n (Mittelstück des Tragwerks, das sich im Rumpf befindet), Mittelflügel m, Tragwerk-Mittelstück n
**Centrex** n (Central Office Exchange) (Telecomm) / Centrex (ein Dienst von Netzbetreibern)
**centre-zero instrument\*** (Elec Eng) / Messinstrument n mit Nullpunkt in der Skalenmitte
**centric** adj / mittig adj, zentrisch adj ‖ ~ / Zentral-, zentral adj
**centrical** adj / mittig adj, zentrisch adj
**centric cover•-core bicomponent fibres** (Spinning, Textiles) / C/C-Bikomponentenfasertyp m, Bikomponentenfasern f pl vom C/C-Typ, Mantel-Kern-Bikomponentenfasern f pl (umeinander eingesponnen) (Mantel-Kern-Fasern) ‖ ~ **cover-core fibre** (Textiles) / Mantel-Kern-Faser f, Kern-Mantel-Faser f (Viskosefaser, bei der die Außenhaut [ = Mantel] eine höhere Faserdichte aufweist als die Innenschicht [ = Kern])
**Centricleaner** n (Paper) / Centricleaner m (Gerät zur Entfernung von Unreinheiten aus der wässrigen Faserstoffsuspension)
**centrifugal** n / Schleuder f, Zentrifuge f ‖ ~ adj (Phys) / Fliehkraft-, zentrifugal adj, Zentrifugal- ‖ ~ **acceleration** (Mech, Phys) / Zentrifugalbeschleunigung f ‖ ~ **advance** (mechanism) (Autos) / Fliehkraftzündversteller m, Fliehkraftversteller m ‖ ~ **barrier** (Nuc) / Zentrifugalbarriere f (ein Zentrifugalpotential) ‖ ~ **box** (Spinning) / Spinnzentrifuge f ‖ ~ **brake\*** (Eng) / Fliehkraftbremse f ‖ ~ **casting** (Foundry) / Schleudergussstück n ‖ ~ **casting\*** (Foundry, Met) / Schleuderguss m (eine Gießart, bei der unter der Einwirkung der Zentrifugalkraft gegossen wird und unter deren Einwirkung auch die Erstarrung abläuft), Schleudergießen n, Zentrifugalguss m, GZ, Schleudergießverfahren n ‖ ~ **casting** (Plastics) / Schleuderverfahren n, Schleudergießverfahren n ‖ ~ **chromatography** (Chem) / Zentrifugalchromatografie f (eine Form der Dünnschicht- und Papierchromatografie) ‖ ~ **classifier** (Min Proc) / Fliehkraftklassierer m ‖ ~ **clutch\*** / Fliehkraftkupplung f (Chem Eng, Eng, Oils) / Radialverdichter m (eine Turboarbeitsmaschine) ‖ ~ **compressor\*** (Eng) / Kreiselverdichter m, Turboverdichter m, Turbokompressor m (meist als Radialverdichter ausgeführt) ‖ ~ **disk atomizer** / Fliehkraftzerstäuber m (in Zerstäubungstrocknern) ‖ ~ **distortion constant** (Spectr) / Zentrifugaldehnungskonstante f (in der Molekülspektroskopie) ‖ ~ **drier** / Trockenzentrifuge f, Schleudertrockner m, Trockenschleuder f ‖ ~ **drier** (For) / Rotationstrockner m (ein Kontakttrockner) ‖ ~ **extractor** (Chem Eng) / Zentrifugalextraktor m (für die Flüssig-Flüssig-Extraktion) ‖ ~ **fan\*** (Eng) / Radialgebläse n (ein Kreiselgebläse), Radiallüfter m, Radialventilator m, Fliehkraftlüfter m ‖ ~ **-flow compressor\*** (Aero) / Radialverdichter m
**centrifugal-flow supercharger** (Autos) / Kreiselverdichter m, Kreisellader m
**centrifugal force\*** (Phys) / Zentrifugalkraft f (in einem rotierenden Bezugssystem), Fliehkraft f, Schwungkraft f ‖ ~ **furnace** / Schmelzzentrifuge f (Heliotechnik) ‖ ~ **governor** (Automation) / fliehkraftgesteuerter Drehzahlregler, Fliehkraftregler m (mechanische Regeleinrichtung), mechanischer Drehzahlregler, Zentrifugalregulator m, Zentrifugalregler m
**centrifugal-layer chromatography** (Chem) / Zentrifugalchromatografie f
**centrifugal lubrication** / Schleuderschmierung f, Zentrifugalschmierung f
**centrifugal-mechanism weight** (Automation) / Pendelgewicht n (des Zentrifugalreglers), Schwunggewicht n (bei Zentrifugalreglern), Fliehgewicht n (bei Fliehkraftreglern), Reglergewicht n (bei Fliehkraftreglern)
**centrifugal moment** (Phys) / Zentrifugalmoment n (ein Flächenmoment zweiter Ordnung), Deviationsmoment n ‖ ~ **moulding** (Plastics) / Schleuderverfahren n, Schleudergießverfahren n ‖ ~ **pot** (Spinning) / Spinnzentrifuge f ‖ ~ **potential** (Nuc) / Zentrifugalpotential n ‖ ~ **pot spinning** (Plastics, Spinning) / Zentrifugenspinnen n, Topfspinnen n ‖ ~ **pot spinning machine** (Spinning) / Topfspinnmaschine f, Dosenspinnmaschine f, Kapselspinnmaschine f, Tellerspinnmaschine f, Trichterspinnmaschine f ‖ ~ **pump\*** (Eng) / Radialpumpe f, Zentrifugalpumpe f (eine Bauart der Kreiselpumpe) ‖ ~ **pump\*** (Eng) / Kreiselpumpe f (DIN 24250), Turbopumpe f (eine Turboarbeitsmaschine) ‖ ~ **sedimentation** (San Eng) / Sedimentation f durch Zentrifugieren ‖ ~ **separation** (Min Proc) / Fliehkraftentwässerung (in Sieb- oder Vollmantelschleudern), Schleuderentwässerung f ‖ ~ **separator** / Zentrifugalseparator m (zur Rückgewinnung von Kühlschmiermitteln) ‖ ~ **separator** / Fliehkraftabscheider m (bei den physikalischen Abgasreinigungsverfahren), Massenkraftabscheider m ‖ ~ **shot-casting process** (Foundry) / CSC-Verfahren n (ein Schleudergussverfahren) ‖ ~ **sirup** (Nut) / Ablaufsirup m ‖ ~ **speedometer** / Pendeltachometer m, Fliehkrafttachometer n ‖ ~ **spinning disk** / Fliehkraftzerstäuber m (in Zerstäubungstrocknern) ‖ ~ **spinning machine** (Spinning) / Topfspinnmaschine f, Dosenspinnmaschine f, Kapselspinnmaschine f, Tellerspinnmaschine f, Trichterspinnmaschine f ‖ ~ **spray head** / Fliehkraftzerstäuber m (in Zerstäubungstrocknern) ‖ ~ **starter\*** (Elec Eng) / Fliehkraftanlasser m, Zentrifugalanlasser m ‖ ~ **stress in rotating components** (Mech) / dynamische Beanspruchung umlaufender Bauteile durch Fliehkräfte
**centrifugate** v / schleudern vt (mit der Zentrifuge), abschleudern v (mit der Zentrifuge), zentrifugieren v
**centrifuge** v / schleudern vt (mit der Zentrifuge), abschleudern v (mit der Zentrifuge), zentrifugieren v ‖ ~\* n / Schleuder f, Zentrifuge f ‖ ~ **effluent** (San Eng) / Zentrifugat n (das bei der Zentrifugierung abgetrennte Schlammwasser), Zentrat n, Zentrifugenablauf m ‖ ~

**enrichment**\* (Nuc Eng) / Zentrifugenanreicherung *f*, Zentrifugenmethode *f* (der Isotopentrennung), Zentrifugieren *n* (Isotopentrennung) || ~ **method** (Fuels) / Zentrifugenmethode *f* (DIN 51 365) || ~ **separation**\* (Nuc Eng) / Zentrifugenanreicherung *f*, Zentrifugenmethode *f* (der Isotopentrennung), Zentrifugieren *n* (Isotopentrennung) || ~ **tube** (Chem) / Zentrifugenglas *n*
**centrifuging** *n* (Min Proc) / Fliehkraftentwässerung (in Sieb- oder Vollmantelschleudern), Schleuderentwässerung *f* || ~ (Paint) / Zentrifugierverfahren *n*, Schleuderverfahren *n* || ~ **cycle** / Schleudergang *m* (z.B. in einem Waschautomaten)
**centring**\* *n* (Build) / Lehrbogen *m*, Bogengerüst *n* || ~\* (GB) (Eng) / Zentrierung *f*, Einmitten *n*, mittige Ausrichtung, Zentrieren *n* (Einmitten) || ~\* (Eng) / Zentrieren *n*, Zentrierbohren *n* (Anbringen einer Bohrung mit kegeliger Sitzfläche an der Werkstückstirnfläche zur Festlegung der Drehachse) || ~ **clamp** (Welding) / Zentrierklammer *f* (im Rohrleitungsbau ein Gerät, mit dem ein anzuschweißendes Rohr an die verschweißte Leitung unter Einhaltung des richtigen Schweißspaltes angeklammert wird), Zentriereinrichtung *f* || ~ **drill** (Eng) / Zentrierbohrer *m* (DIN 333) || ~ **pin** (GB) (Eng) / Zentrierdorn *m* (Werkzeugspanner an Bohr- und Fräswerken) || ~ **pin** (Eng) / Zentrierstift *m*, Mittelzapfen *m* || ~ **pin** (GB) (Nuc Eng) / Zentrierstift *m* || ~ **spigot** (GB) (Nuc Eng) / Zentrierstift *m* || ~ **spring** (Eng) / Zentrierfeder *f* || ~ **tube** (GB) (Nuc Eng) / Zentrierrohr *n*
**centriole**\* *n* (Biol) / Zentriol *n*
**centripetal** *adj* (Phys) / zentripetal *adj*, Zentripetal- || ~ **acceleration** (of a body that is moving in a circle) (Phys) / Zentripetalbeschleunigung *f* || ~ **force**\* (Phys) / Radialkraft *f*, Zentripetalkraft *f* (in einem rotierenden Bezugssystem)
**centrispinning** *n* (Foundry) / Schleuderguss *m* (eine Gießart, bei der unter der Einwirkung der Zentrifugalkraft gegossen wird und unter deren Einwirkung auch die Erstarrung abläuft), Schleudergießen *n*, Zentrifugalguss *m*, GZ, Schleudergießverfahren *n*
**centrobaric** *adj* (Phys) / baryzentrisch *adj* (auf den Schwerpunkt bezogen)
**centroclinal dip** (a condition where the rocks or ground dip towards a common point or area) (Geol) / periklinales Einfallen
**centrode** *n* (the path traced by the instantaneous centre of a plane figure when it undergoes plane motion) (Mech) / Polbahn *f* || ~ **tangent** (Eng) / Polbahntangente *f* (bei der Getriebeberechnung)
**centroid** *n* (Aero, Phys) / Massenmittelpunkt *m* (DIN 13317) || ~\* (Maths) / Schwerpunkt *m* (einer ebenen Figur), Flächenmittelpunkt *m*, Flächenschwerpunkt *m*, Zentrum *n* (einer ebenen Figur) || ~\* (Maths) s. also centre of volume || ~ **axis** (Phys) / Schwerpunktachse *f*, Schwerachse *f* (jede Achse, auf der der Schwerpunkt liegt) || ~ **of the forces of gravitation** (of a body - acting upon all the particles thereof) (Maths, Phys) / Schwerpunkt *m* (DIN 13 317)
**centromere**\* *n* (Gen) / Zentromer *n* (Ansatzstelle der sich bei der Kernteilung ausbildenden Spindelfasern am Chromosom), Centromer *n*
**Centronics interface**\* (Comp) / Centronics-Schnittstelle *f* (der Centronics-Drucker)
**centrosphere** *n* (Geol) / Siderosphäre *f* (der Nickel-Eisen-Kern), Erdkern *m*, Barysphäre *f* (der Erdkern), Nife *n*
**centrosymmetric** *adj* (Biol, Crystal, Maths) / zentralsymmetrisch *adj*, zentrosymmetrisch *adj* (mit einem Symmetriezentrum, z.B. Figur)
**centrosymmetrical** *adj* (Biol, Crystal, Maths) / zentralsymmetrisch *adj*, zentrosymmetrisch *adj* (mit einem Symmetriezentrum, z.B. Figur)
**CEP** (corporate electronic publishing) (Comp, Print) / elektronisches Publizieren von Firmenschriften || ~ (Mil) / Fehlerkreiswahrscheinlichkeit *f* || ~ (circular error probable) (Mil) / Streukreisradius *m*, Fehlerkreisradius *m* || ~ (circular probable error) (Nav) / Gleichwahrscheinlichkeitskreis *m*
**CEPE** (Confédération Européenne des Associations de Fabricants de Peintures, d'Encres d'Imprimerie et de Couleurs d'Art) (Paint, Print) / CEPE (Europäischer Dachverband der Lack-, Druckfarben- und Künstlerfarben-Industrie mit Sitz in Brüssel)
**cephalin** *n* (Biochem) / Cephalin *n*, Kephalin *n* (ältere Bezeichnung für eine Mischung von Glycerophospholipiden)
**cephalosporins** *pl* (Pharm) / Cephalosporine *n pl* (eine wichtige Gruppe der β-Lactam-Antibiotika), Zephalosporine *n pl*
**Cepheid variables**\* (Astron) / Cepheiden *pl*, Delta-Cephei-Sterne *m pl*
**CEP rules** (Chem) / CEP-Regeln *f pl*, Casey-Evans-Powell-Regeln *f pl* (Benennungs- und Nummerierungsregeln für Dreiecknetzpolyeder und ihre Derivate)
**cepstrum** *n* (*pl* -tra) (Acous) / Cepstrum *n* (Spektralanalyse)
**CEPT standard** (Telecomm) / CEPT-Standard *m* (von den europäischen Postverwaltungen / Conférence Européenne des Administrations des Postes et des Télécommunications / für den Bildschirmtext entwickelter Standard)
**CEQ** (customer equipment) (Telecomm) / Kundeninstallation *f*

**cera magnet** (Elec Eng, Mag) / Maniperm *n* (820, 860 - ein Magnetwerkstoff)
**ceramal** *n* (Powder Met) / Cermet *n* (Mischkeramik aus einer oxidischen und einer metallischen Komponente - DIN EN ISO 3252)
**Cerambycidae** *pl* (Ecol, For) / Cerambycidae *pl* (eine Käferfamilie), Bockkäfer *m pl*
**ceramic** *n* (Ceramics) / keramischer Werkstoff || ~ *adj* (Ceramics) / keramisch *adj*
**ceramic-based microcircuit** (Electronics) / Mikroschaltung *f* mit keramischem Substrat, keramische Mikroschaltung || ~ **solid-oxide fuel cell** / oxidkeramische Brennstoffzelle
**ceramic body** (Ceramics) / keramische Masse || ~ **body** (Elec Eng) / Keramiksockel *m* (der Sicherung) || ~ **brake** (Autos) / Keramikbremse *f* (heute nur bei teuren Wagen) || ~ **capacitor**\* (Elec Eng, Electronics) / Keramikkondensator *m* (der im einfachsten Fall aus einer runden oder rechteckigen Scheibe aus Isoliermaterial besteht, die auf beiden großen Flächen metallisiert ist), keramischer Kondensator || ~ **carrier** (Elec Eng) / Keramikträger *m* (meist $Al_2O_3$ - bei Drahtwiderständen) || ~ **catalyst** (Autos) / Keramikkatalysator *m* || ~ **chip carrier** (Elec Eng) / Keramikchipträger *m*
**ceramic-coated** *adj* / keramikbeschichtet *adj*
**ceramic coating** / Keramik-Beschichtung (DIN 50 902) || ~ (protective) **coating** / Keramikschutzschicht *f* || ~ **coating** / keramische Schutzschicht || ~ **colorant** (US) (Ceramics) / Keramfarbe *f*, keramische Farbe (Mischung von Metalloxiden mit Quarz, Tonerde oder Kaolin, die beim Erhitzen auf hohe Temperaturen durch Reaktionen im festen Zustand farbige Verbindungen bildet) || ~ **colourant** (Ceramics) / Keramfarbe *f*, keramische Farbe (Mischung von Metalloxiden mit Quarz, Tonerde oder Kaolin, die beim Erhitzen auf hohe Temperaturen durch Reaktionen im festen Zustand farbige Verbindungen bildet)
**ceramic-colouring material** (Ceramics) / keramischer Farbkörper
**ceramic-composite brake** (Autos) / Keramikbremse *f* (heute nur bei teuren Wagen)
**ceramic crucible** / Keramiktiegel *m* || ~ **cutting material** (Ceramics, Eng, Tools) / Schneidkeramik *f* (naturharter Schneidstoff auf Oxidbasis) || ~ **dual-in-line package** (Electronics) / Cerdip *n*, keramisches DIP-Gehäuse || ~ **engine** (I C Engs) / Keramikmotor *m*, keramischer Motor || ~ **fibre** (Ceramics) / keramische Faser, Keramikfaser *f* (eine anorganische Chemiefaser)
**ceramic-fibre-reinforced** *adj* (Ceramics) / keramikfaserverstärkt *adj* (Aluminium oder Titan mit C-Fasern oder SiC-Fasern)
**ceramic filter**\* (Ceramics) / keramisches Filter || ~ **flat-pack** (Electronics) / keramisches Flachgehäuse, Cerpac *n*, keramisches Flat-Pack || ~ **floor slab** (Build, Ceramics) / keramische Fußbodenplatte || ~ **fuel**\* (Nuc Eng) / keramischer Brennstoff
**ceramic-fuelled reactor** (Nuc Eng) / Reaktor *m* mit keramischem Brennstoff
**ceramic fuse base** (Elec Eng) / Keramiksockel *m* (der Sicherung) || ~ **glass enamel** (Glass) / Email *n* für Emailgläser || ~ **honeycomb** (I C Engs) / Keramikmonolith *m*, keramischer Monolith (ein Wabenkörper mit Washout und Edelmetallbeschichtung) || ~ **honeycomb unit** (Autos) / Wabenkeramik *f* (des Katalysators) || ~ **ink** (Ceramics) / Siebdruckfarbe *f* (Kalt- oder Heißdruck-) || ~ **insulating material** (Elec Eng) / keramischer Isolierstoff (DIN 40 685, T 1) || ~ **insulator**\* (Elec Eng) / keramischer Isolator, Keramikisolator *m*
**ceramicist** *n* (Ceramics) / Keramiker *m*, Keramtechniker *m*
**ceramic label** (Electronics) / Einbrennetikett *n* || ~ **leaded chip carrier package** (Electronics) / Keramikchipträger *m* mit Anschlüssen || ~ **magnet** / keramischer Magnet, Keramikmagnet *m* || ~ **material** (Ceramics) / keramischer Werkstoff || ~ **material for cutting tools** (Ceramics, Eng, Tools) / Schneidkeramik *f* (naturharter Schneidstoff auf Oxidbasis)
**ceramic-matrix composite** (Aero, Ceramics, Space) / Keramikmatrix-Verbundwerkstoff *m* (meistens faserverstärkt), Verbundwerkstoff *m* mit keramischer Matrix, CMC (Keramikmatrix-Verbundwerkstoff)
**ceramic microphone** (Acous) / keramisches Mikrofon || ~ **monolith** (I C Engs) / Keramikmonolith *m*, keramischer Monolith (ein Wabenkörper mit Washout und Edelmetallbeschichtung) || ~ **motor** (Elec Eng) / Motor *m* mit Keramikisolation || ~ **multiple-layer capacitor** (Elec Eng) / Keramik-Vielschichtkondensator *m* || ~ **package** (Electronics) / keramisches Gehäuse || ~ **paste** (Ceramics) / keramische Masse || ~ **pigment** (Ceramics, Paint) / keramisches Pigment || ~ **reactor** (Nuc Eng) / keramischer Reaktor (mit keramischem Brennstoff oder mit keramischem Reaktorkern)
**ceramics**\* *n* (Ceramics) / Keramik *f* (ein Industriezweig) || ~\* (Ceramics) / Keramik *f* (Erzeugnisse) || ~ **processing**\* (Ceramics) / Keramik *f* (Technik der Herstellung von keramischen Erzeugnissen und die entsprechende Industrie)
**ceramic superconductor** (Ceramics, Elec) / keramischer Supraleiter || ~ **tile** (Ceramics) / Keramikfliese *f* || ~ **valve** (I C Engs) / keramisches Ventil || ~ **vane capacitor** (Elec Eng) / Kondensator *m* mit

Keramikplatten ‖ ~ **veneer** (Build) / keramisches Furnier (dünne Bauterrakotta) ‖ ~ **whiteware** (Ceramics) / Feinkeramik *f* (mit weißem oder hellem feinstrukturiertem Scherben), Weißware *f*
**ceramide** *n* (Biochem) / Ceramid *n*
**ceramist** *n* (male) (Ceramics) / Keramiker *m*, Keramtechniker *m*
**ceramography** *n* (Agric) / Keramografie *f* (Ton- und Ziegelmalerei)
**cerargyrite*** *n* (natural silver chloride) (Min) / Chlorsilber *n*, Chlorargyrit *m* (Silberchlorid), Hornsilber *n*, Kerargyrit *m*, Silberhornerz *n*
**cerate** *n* (Chem) / Cerat *n*, Zerat *n* (wasserfreies Wachs-Fettgemisch für Kosmetika)
**ceratonia gum** / Johannisbrotgummi *n* (von Ceratonia siliqua L.)
**cerdip** *n* (Electronics) / Cerdip *n*, keramisches DIP-Gehäuse
**cereal** *n* (Agric) / Getreidepflanze *f* ‖ ~ (Agric, Bot, Nut) / Getreide *n*, Zerealien *pl* ‖ ~ **acreage** (Agric) / Getreideanbaufläche *f* ‖ ~ **area** (Agric) / Getreideanbaufläche *f* ‖ ~ **binder** (Foundry) / Mehlbinder *m* ‖ ~ **binder** (Foundry) / Stärkebinder *m* ‖ ~ **by-product** (Nut) / Getreidenebenprodukt *n* ‖ ~ **chemistry** (Agric, Chem) / Getreidechemie *f* ‖ ~ **disease** (Agric) / Getreidekrankheit *f* ‖ ~ **equivalent** (Nut) / Getreideeinheit *f*, GE ‖ ~ **flour** (Nut) / Getreidemehl *n* ‖ ~ **germ oil** (Nut) / Getreidekeimöl *n* (wertvolles Speiseöl, Getreideöl *n*, Keimöl *n* (aus Getreidekeimen) ‖ ~ **grain** (Bot) / Getreidekorn *n* (einzelnes) ‖ ~ **pests** (Agric) / Getreideschädlinge *m pl* ‖ ~ **protein** (Nut) / Getreideprotein *n*
**cereals** *pl* (Agric, Bot, Nut) / Getreide *n*, Zerealien *pl* ‖ ~ (a breakfast food) (Nut) / Zerealien *pl*, Cerealien *pl* ‖ ~ (Nut) / Getreiderohkostprodukte *n pl* ‖ ~ (Nut) / Frühstückscerealien *pl*
**cereal seed oil** (Nut) / Getreidekeimöl *n* (wertvolles Speiseöl), Getreideöl *n*, Keimöl *n* (aus Getreidekeimen) ‖ ~ **starch** (Chem) / Cerealienstärke *f*, Getreidestärke *f* ‖ ~ **unit** (Nut) / Getreideeinheit *f*, GE
**cerebroside*** *n* (Chem, Physiol) / Zerebrosid *n* (ein Glykolipid), Cerebrosid *n* (ein Glykolipid)
**cerecloth** *n* (Med, Textiles) / Billrothbatist *m* (wasserdichter Verbandstoff nach T. Billroth, 1829-1894) ‖ ~ (cloth treated with wax or gummy matter and formerly used especially for wrapping a dead body) (Textiles) / Wachsleinwand *f*, Wachstuch *n*
**Cerenkov counter*** / Tscherenkow-Zähler *m*, Tscherenkow-Detektor *m* (nach P.A. Tscherenkow, 1904-1990), Čerenkow-Detektor *m*, Čerenkov-Zähler *m* ‖ ~ **effect** (Phys) / Čerenkov-Effekt *m* (elektromagnetisches Analogon zur Kopfwelle), Tscherenkow-Effekt *m* ‖ ~ **radiation*** (Phys) / Čerenkov-Strahlung *f*, Tscherenkow-Strahlung *f* (bei dem Tscherenkow-Effekt)
**ceresin(e)** *n* / Zeresin *n*, gereinigtes Erdwachs, Ceresin *n*, Cera *f* mineralis alba
**ceresine wax** / Zeresin *n*, gereinigtes Erdwachs, Ceresin *n*, Cera *f* mineralis alba
**Cerevitinov reagent** (Chem) / Zerewitinoffs Reagens, Cerevitinov-Reagens *n*, Zerewitinow-Reagens *n* (Methylmagnesiumiodid - zum Nachweis von aktiven Wasserstoffatomen in Carboxy-, Thiol-, Amino-, Imino- oder Hydroxygruppen organischer Verbindungen)
**ceria** *n* (Chem, Glass) / Zer(IV)-oxid *n*, Cer(IV)-oxid *n* ‖ ~ **glass** (Glass) / Cerglas *n* (mit Cerdioxid), Zerglas *n* (mit Zerdioxid)
**ceric** *adj* (Chem) / Zer(IV)-, Cer(IV)- ‖ ~ **sulphate** (Chem) / Zer(IV)-sulfat *n*, Cer(IV)-sulfat *n*
**ceriferous*** *adj* (Bot, Zool) / wachsausscheidend *adj*, Wachs erzeugend
**cerine** *n* (Min) / Allanit *m*, Orthit *m*, Cerepidot *m*, Zerepidot *m*
**cerinic acid** (Chem) / Cerotinsäure *f* (eine gesättigte, unverzweigte Fettsäure), Zerotinsäure *f*, n-Hexacosansäure *f*, n-Hexakosansäure *f*
**ceriometry** *n* (Chem) / Zerimetrie *f*, Cerimetrie *f* (eine oxidimetrische Methode der Maßanalyse)
**ceri-rouge** *n* (Optics) / Zer(IV)-oxid *n* (als Polierstoff für hochwertige Glaserzeugnisse), Cer(IV)-oxid *n* (als Polierstoff für hochwertige Glaserzeugnisse)
**cerise** *adj* / kirschrot *adj* (eine Anlauffarbe), cerise *adj* (kirschrot)
**cerite earths** (Chem) / Ceriterden *f pl*, Zeriterden *f pl* (leichte Seltene Erden)
**cerium*** *n* (Chem) / Cer *n*, Ce (Cer), Zer *n* ‖ ~ **dioxide** (Chem, Glass) / Zer(IV)-oxid *n*, Cer(IV)-oxid *n* ‖ ~ **misch metal** (Met) / Zer-Mischmetall *n*, Cer-Mischmetall *n*, CeMM (50-60% Ce, 25-30% La, 10-15% Nd, 4-6% Pr und 1% Fe) ‖ ~ **(IV) oxide** (Chem, Glass) / Zer(IV)-oxid *n*, Cer(IV)-oxid *n* ‖ ~ **rouge** (Optics) / Zer(IV)-oxid *n* (als Polierstoff für hochwertige Glaserzeugnisse), Cer(IV)-oxid *n* (als Polierstoff für hochwertige Glaserzeugnisse)
**cerium(IV) sulphate** (Chem) / Zer(IV)-sulfat *n*, Cer(IV)-sulfat *n*
**CERL design of AC superconducting cable** (Cables) / halbstarres Drehstromsupraleitkabel
**cermet*** *n* (Powder Met) / Cermet *n* (Mischkeramik aus einer oxidischen und einer metallischen Komponente - DIN EN ISO 3252)

**CERN*** = **Conseil Européen pour la Recherche Nucléaire, Genève** (Nuc, Nuc Eng) / CERN (heute Organisation Européenne pour la Recherche Nucléaire in Genf)
**cerometry** *n* (Chem) / Zerimetrie *f*, Cerimetrie *f* (eine oxidimetrische Methode der Maßanalyse)
**cerotic acid** (Chem) / Cerotinsäure *f* (eine gesättigte, unverzweigte Fettsäure), Zerotinsäure *f*, n-Hexacosansäure *f*, n-Hexakosansäure *f*
**cerous** *adj* (Chem) / Zer(III)-, Cer(III)-
**cerpac** *n* (Electronics) / keramisches Flachgehäuse, Cerpac *n*, keramisches Flat-Pack
**cerpack** *n* (Electronics) / keramisches Gehäuse
**CER package** (Electronics) / Keramikchipträger *m* mit Anschlüssen
**CER-QUAD** *n* (ceramic leaded chip carrier package) (Electronics) / Keramikchipträger *m* mit Anschlüssen
**cerris** *n* (For) / Zerreiche *f* (Quercus cerris L.)
**certain event** (Stats) / sicheres Ereignis
**certainty** *n* / Evidenz *f* ‖ ~ (AI) / Gewissheit *f*, Sicherheit *f* (der subjektive Grad der Überzeugung) ‖ ~ **factor** (AI) / Gewissheitsgrad *m*, Evidenzfaktor *m*, Sicherheitsfaktor *m*, SF
**certificate** *n* (acceptance certificate) / Abnahmeprotokoll *n* (bei der Übergabe einer Anlage) ‖ ~ / Abnahmeprüfprotokoll *n*, Abnahmebericht *m*, Abnahmeprotokoll *n* ‖ ~ **of Airworthiness*** (Aero) / Lufttauglichkeitszeugnis *n* (mit dem das Zulassungsverfahren schließt), Lufttüchtigkeitszeugnis *n*, Lufttüchtigkeitsausweis *m* ‖ ~ **of conformity** / Werksbescheinigung *f*, Werksattest *n* ‖ ~ **of conformity** / Konformitätsbescheinigung *f*, Konformitätszertifikat *n* ‖ ~ **of genuineness** / Echtheitsnachweis *m* (z.B. von importierten Waren) ‖ ~ **of identification** / Nämlichkeitsbescheinigung *f* (im Zollverkehr) ‖ ~ **of origin** / Ursprungszeugnis *n* ‖ ~ **of register** (Ships) / Schiffszertifikat *n* (für Seeschiffe)
**certification** *n* / Zertifizierung *f* (Überprüfung der Richtigkeit von Ergebnissen) ‖ ~ / Zertifizierung *f* (Verfahren, bei dem ein unparteiischer Dritter schriftlich bestätigt, dass ein Erzeugnis, ein Verfahren, ein Qualitätssicherungssystem oder eine Dienstleistung vorgeschriebene Anforderungen erfüllen - DIN EN 45 020) ‖ ~ **body** / Zertifizierungsorgan *n*, Zertifizierungsstelle *f* ‖ ~ **test** (Aero) / Zulassungsprüfung *f*
**certified coefficient of discharge** (Phys) / zuerkannte Ausflussziffer (DIN 3320) ‖ ~ **colour** (food colour) (Chem, Nut) / Lebensmittelfarbstoff *m* (E 100 - E 180) ‖ ~ **copy** / beglaubigte Kopie ‖ ~ **dye** (Chem, Nut) / Lebensmittelfarbstoff *m* (E 100 - E 180) ‖ ~ **milk** (Nut) / Vorzugsmilch *f* (Rohmilch mit besonderen Anforderungen) ‖ ~ **reference material** (Materials) / mit Prüfzeugnis beglaubigtes Standardmaterial
**certify as ill** (Med) / krankschreiben *v*
**certifying authority** / Zertifizierungsorgan *n*, Zertifizierungsstelle *f* ‖ ~ **body** / Zertifizierungsorgan *n*, Zertifizierungsstelle *f*
**cerulean blue** (Chem) / Coelinblau *n*, Coeruleum *n*
**ceruleum** *n* (Chem) / Coelinblau *n*, Coeruleum *n*
**ceruse** *n* (Chem) / Bleiweiß *n* (basisches Bleikarbonat), Karbonatbleiweiß *n*, Silberweiß *n*, Holländerweiß *n*
**cerussite*** *n* (Min) / Zerussit *m*, Weißbleierz *n*, Cerussit *m*, Bleierde *f*
**ceryl alcohol** (Chem) / Zerylalkohol *m*, Cerylalkohol *m* (Hexacosan-1-ol)
**Cesaro summation** (Maths) / Cesaro'sche Summation (nach E. Cesaro, 1859 -1906)
**cesium** *n* (US)* (Chem) / Cäsium *n*, Caesium *n*, Cs (Caesium), Zäsium *n*
**cess** *n* (Build, Plumb) / Rinnenkessel *m* (bei langen Rinnen), Rinnenkasten *m*, Wasserfangkasten *m*
**cessation** *n* (Mil) / Einstellung *f* (z.B. der Kernwaffenversuche)
**cess box** (Build, Plumb) / Rinnenkessel *m* (bei langen Rinnen), Rinnenkasten *m*, Wasserfangkasten *m*
**cessing** *n* (Paint) / Kriechen *n* (die Wiederabstoßung einer Anstrichschicht durch den Untergrund), Perlen *n*
**cession** *n* / Forderungsübertragung *f*, Zession *f*, Abtretung *f*
**cesspipe** *n* (San Eng) / Abfallrohr *n*, Abflussrohr *n* (für Senkgruben)
**cesspit** *n* (Build, Plumb) / Rinnenkessel *m* (bei langen Rinnen), Rinnenkasten *m*, Wasserfangkasten *m* ‖ ~* (San Eng) / Senkgrube *f*, Absetzgrube *f*, Klärgrube *f*
**cesspool*** *n* (Build, Plumb) / Rinnenkessel *m* (bei langen Rinnen), Rinnenkasten *m*, Wasserfangkasten *m* ‖ ~* (San Eng) / Senkgrube *f*, Absetzgrube *f*, Klärgrube *f*
**C.E.T.** / Mitteleuropäische Zeit, MEZ
**cetane*** *n* (Chem) / Zetan *n*, Hexadekan *n*, Hexadecan *n*, Cetan *n* ‖ ~ **number*** (a measure of the burning characteristic of a diesel fuel, in a similar way that the octane number measures the burning characteristic of a petrol) (Fuels) / Zetanzahl *f*, Cetanzahl *f*, CaZ (Cetanzahl) ‖ ~ **number improver** (Fuels) / Zündwilligkeitsverbesserer *m*, Zündverbesserer *m*, Zetanzahlverbesserer *m*, Zündbeschleuniger *m* (Zusatz zur

**cetane**
Verbesserung der Zündwilligkeit bei Dieselkraftstoffen), Klopfpeitsche f, Cetanzahlverbesserer m || ~ **number rating** (Fuels) / Zündfreudigkeit f von Dieselkraftstoffen, durch einen Cetanzahlwert ausgedrückt || ~ **rating** (Fuels) / Zündfreudigkeit f von Dieselkraftstoffen, durch einen Cetanzahlwert ausgedrückt
**cetene number** (Fuels) / Cetenzahl f (heute obsolet), Zetenzahl f, CeZ
**cetyl alcohol**\* (a colourless wax) (Chem) / Cetylalkohol m, Cetanol n, Zetylalkohol m, Zetanol n, Palmitylalkohol m (ein Wachsalkohol) (Hexadecan-1-ol)
**cetylic acid** (Chem) / Palmitinsäure f (n-Hexadecansäure), Cetylsäure f, Zetylsäure f
**cetyl palmitate** (Chem) / Palmitinsäurecetylester m, Palimitinsäurezetylester m
**cetylpyridinium chloride** (Chem) / Zetylpyridiniumchlorid n, Cetylpyridiniumchlorid n (internationaler Freiname für ein kationaktives Tensid)
**cetyltrimethylammonium bromide** (Chem) / Cetyltrimethylammoniumbromid n, CTAB (Cetyltrimethylammoniumbromid), Zetyltrimethylammoniumbromid n
**cevadilla seeds** / Sabadillsamen m pl (aus Schoenocaulon officinale (Cham. et Schltdl.) A. Gray)
**cevadine** n (Chem, Med) / Veracevin n, Cevadin n, Cevin n
**Ceva's theorem** (Maths) / Satz m von Ceva, Ceva-Satz m (nach G.Ceva, 1647 oder 1648-1734)
**ceveratrum alkaloids** (Chem, Pharm) / Ceveratrum-Alkaloide n pl (Veratrum-Steroidalkaloide mit 7-9 Sauerstoffatomen)
**cevian** n (Maths) / Ceva-Gerade f
**cevitamic acid** (Nut, Pharm) / Ascorbinsäure f (E 300), Askorbinsäure f
**CEX** (Rail) / Außenbogenweiche f, ABW
**Ceylon chrysolite**\* (Min) / Chrysolith m (Abart des Olivins) || ~ **cinnamon** (Nut) / Echter Zimt (aus Cinnamomum zeylanicum Blume), Weißer Kaneel, Kaneel m, Ceylonzimt m || ~ **ironwood** (For) / Ceylonisches Eisenholz, Nagasbaumholz n, Gaugauholz n (aus Mesua ferrea L.)
**ceylonite**\* n (Min) / Pleonast m (ein eisenreicher dunkelgrüner bis schwarzer Spinell), Ceylonit m
**Ceylon moss** / Ceylon-Moos n (ein Hydrokolloid aus Rotalgen) || ~ **moss** s. also gracilaria gum || ~ **satinwood**\* (For) / Ostindisches Satinholz (von dem Rautengewächs Chloroxylon swietenia DC.)
**CF** (certainty factor) (AI) / Gewissheitsgrad m, Evidenzfaktor m, Sicherheitsfaktor m, SF
**Cf** (californium) (Chem) / Kalifornium n, Californium n, Cf (Californium)
**CF** (cumulative figure) (Comp, Maths) / Fortschrittszahl f, FZ (Fortschrittszahl)
**C.F.**\* (coefficient of friction) (Phys) / Reibungszahl f (Verhältnis der Reibungskraft zur Normalkraft), Reibungskoeffizient m, Reibzahl f
**CF** (corrosion fatigue) (Surf) / Korrosionsermüdung f (DIN 50900), Schwingungsrisskorrosion f, ScRK (Schwingungsrisskorrosion) || ~ (carrier frequency) (Telecomm) / Trägerfrequenz f, TF (Trägerfrequenz) || ~ (call forwarding) (Teleph) / Forwarding n (Leistungsmerkmal bei Nebenstellenanlagen und Telekommunikationsnetzen), Anrufweiterschaltung f (Leistungsmerkmal bei Nebenstellenanlagen und Telekommunikationsnetzen), Call-Forwarding n, CF (Anrufweiterschaltung)
**CFA** (continuous-flow analysis) (Chem) / Durchflussanalyse f
**CFAR** (constant false-alarm rate) (Radar) / konstante Falschmelderate || ~ **detector** (Radar) / CFAR-Detektor m
**CFB** (call forwarding on busy) (Teleph) / Anrufweiterschaltung f bei Besetztfall (ISDN-Leistungsmerkmal), Anrufweiterschaltung f B, AWSB (Anrufweiterschaltung B)
**CFC** (chlorofluorocarbon) (Chem) / wasserstofffreier Fluorchlorkohlenstoff, Fluorchlorkohlenwasserstoff m, Chlorfluorkohlenwasserstoff m, FCKW (Fluorchlorkohlenwasserstoff)
**cfc** (chlorofluorocarbon) (Chem) / wasserstofffreier Fluorchlorkohlenstoff, Fluorchlorkohlenwasserstoff m, Chlorfluorkohlenwasserstoff m, FCKW (Fluorchlorkohlenwasserstoff) || ~ **refrigerant** (Chem) / FCKW-Kältemittel n
**cff** (critical flicker frequency) (Cinema, Light, Optics, TV) / Verschmelzungsfrequenz f, kritische Frequenz (die Bildwechselzahl je Zeiteinheit, bei der kein Flimmern mehr auftritt), Flimmerverschmelzugsfrequenz f
**c-fibre** n (Chem) / Kohlenstofffaser f, Carbonfaser f (die aus graphitähnlich miteinander verknüpften Kohlenstoffatomen aufgebaut ist), Kohlefaser f, Karbonfaser f
**C-flute** n (Paper) / Mittelwelle f (bei Wellpappen - Riffelteilung etwa 6,3-7,9 mm), C-Welle f (bei Wellpappen)

**CFM** (chlorofluoromethane) (Chem) / wasserstofffreier Fluorchlorkohlenstoff, Fluorchlorkohlenwasserstoff m, Chlorfluorkohlenwasserstoff m, FCKW (Fluorchlorkohlenwasserstoff)
**CFNR** (call forwarding no reply) (Teleph) / Anrufweiterschaltung f bei Nichtmelden (ISDN-Leistungsmerkmal), Anrufweiterschaltung f N, AWSN (Anrufweiterschaltung N)
**CFPP** (cold-filter plugging point) (Fuels) / Grenzwert m der Filtergängigkeit (ein Qualitätsmerkmal bei Dieselkraftstoffen), Grenztemperatur f der Filtrierbarkeit (bei Dieselkraftstoffen), Cold Filter Plugging Point
**C-frame** n (Eng) / C-Gestell n (eine Baugruppe der Presse nach DIN 55170 bis 55174) || ~ **press** (Eng) / C-Gestell-Presse f (z.B. eine Exzenterpresse)
**CFR engine**\* (I C Engs) / CFR-Motor m (Prüfmotor zur Bestimmung der Klopffestigkeit)
**CFRP** (carbon-fibre reinforced plastic) (Plastics) / kohlenstofffaserverstärkter Kunststoff, CFK (kohlenstofffaserverstärkter Kunststoff)
**CFT** (crystal-field theory) (Chem, Phys) / Kristallfeldtheorie f (wenn die Liganden in vereinfachender Weise als Punktladungen oder Punktdipole dargestellt werden) || ~ (charge-flow transistor) (Electronics) / Ladungsflusstransistor m
**cg** (centre of gravity) (Maths, Phys) / Schwerpunkt m (DIN 13 317)
**CGE** (capillary gel electrophoresis) (Chem) / Kapillarelektrophorese f
**CG focusing** (Nuc Eng) / schwache Fokussierung, CG-Fokussierung f || ~ **iron**\* (Met) / Gusseisen m mit Vermikulargraphit, GGV (Gusseisen mit Vermikulargraphit)
**C-glass** n (with a soda-lime-borosilicate composition, resistant to corrosion by most acids) (Glass) / C-Glas n (mit höherer chemischer Widerstandsfähigkeit bzw. Säurefestigkeit)
**cg limits**\* pl (Aero) / Schwerpunktgrenzen f pl
**CGPM** (Conférence Générale des Poids et Mesures) / Generalkonferenz f für Maß und Gewicht (das oberste Organ der Meterkonvention), CGPM f (Generalkonferenz für Maß und Gewicht)
**CGSm system** (Phys) / elektromagnetisches CGS-System (ein altes Maßsystem)
**CGW** (customer gateway) (Comp) / Kundengateway n
**CH** (critical height) (Aero) / kritische Höhe || ~ (compass heading) (Nav) / Kompasskurs m (Winkel zwischen der Kompassnordrichtung und der Kielrichtung), KK (Kompasskurs)
**chabasite** n (Min) / Chabasit m (ein Würfelzeolith)
**chabazite**\* n (Min) / Chabasit m (ein Würfelzeolith)
**chad** n (Comp) / Stanzabfall m, Schuppe f
**chadacryst** n (Geol) / Einsprengling m (allothigener), Xenocryst m
**chadless perforation** (Comp) / Schuppenlochung f || ~ **tape** (Comp) / Lochstreifen m (angelochter), Schuppenlochstreifen m
**chad tape** (Comp) / Lochstreifen m (durchgelocher) || ~ **trap** (Comp) / Lochstreifenabfallbehälter m || ~ **waste box** (Comp) / Lochstreifenabfallbehälter m
**chafe** v / reiben v || ~ (Ships) / schamfilen v (wenn sich belastete Leinen oder Ketten an Gegenständen scheuern) || ~ (Textiles) / durchscheuern v, scheuern v, abscheuern v || ~ **in scudding** (Leather) / wundstreichen v (nur Infinitiv oder Partizip) || ~ **mark** (Textiles) / Scheuerstelle f
**chafer** n (Autos) / Wulstband n (zum Schutz des Luftschlauches gegen Ausscheuerung durch Reifenwulste) || ~ **fabric** (Autos, Textiles) / Wulstleinen n, Wulstgewebe n
**chaff** n (Agric) / Spreu f (der beim Dreschen von Getreide und Hülsenfrüchten anfallende Abfall), Kaff n, Überkehr f || ~ (Agric) / Häckselgut n, Häcksel m n (klein geschnittenes Stroh oder Heu) || ~\* (Radar) / Düppelecho n, Düppel m, Chaff n (Düppelecho)
**chaff-cutter** n (Agric) / Häckselmaschine f, Häcksler m
**chaff dropping** (Radar) / Düppelung f, Verdüppelung f
**chaffer** (Agric) / Obersieb n (des Dreschwerks) || ~ **sieve** (Agric) / Obersieb n (des Dreschwerks)
**chafing corrosion** / Passflächenkorrosion f (mechanisch-chemischer Verschleißprozess), Reibkorrosion f (tribochemische Reaktion an Passungsflächen mit kleiner, schwingender Relativbewegung der Partner unter Luftzutritt), Reibungskorrosion f, Reiboxidation f (in sauerstoffhaltiger Atmosphäre), Fraßkorrosion f, Fretting-Korrosion f, Tribokorrosion f
**CHAIN** (Comp) / Ketten n
**chain** v / ankerten v, mit der Kette befestigen || ~ / verketten v || ~ / ketten v, aneinander reihen v || ~ n (Biochem) / leichte Peptidkette, leichte Kette (Bestandteil der Antikörper) || ~\* (Chem) / Atomkette f, Kette f (Atomkette) || ~ (Comp) / Kette f, Befehlskette f || ~\* (Eng) / Kette f || ~ (Maths) / total geordnete Menge, Kette f, Ordnung f, linear geordnete Menge || ~ (Textiles) / Zahnkette f (des Reißverschlusses) || ~ **and belt drive** (Eng) / Zugmittelgetriebe n (ein Getriebe, das mindestens ein nur gegen Zugbeanspruchung

widerstandsfähiges Mittel zur Bewegungsübertragung hat - z.B. Riemen- oder Kettengetriebe), Hülltrieb *m* (wenn zwei oder mehrere drehbare Bauteile zur Kraft- und Bewegungsübertragung umhüllt werden - Ketten- oder Riementrieb)

**chain-and-socket drive** (Eng) / Kettenantrieb *m*, Kettentrieb *m* (ein formschlüssiger Hülltrieb)

**chain bar** (For) / Schwert *n* (der Schwertkettensäge), Sägeschwert *n*, Sägeschiene *f*, Führungsschiene *f* (der Kettensägemaschine) ‖ **~ barking machine** (For) / Kettenentrindungsmaschine *f* ‖ **~ barrel*** (Eng) / Kettentrommel *f* ‖ **~ block*** (Eng) / Kettenflaschenzug *m*, Kettenzug *m* ‖ **~ block hoist** (Eng) / Kettenflaschenzug *m*, Kettenzug *m* ‖ **~ boundary** (Maths) / Randkette *f* ‖ **~ branching** (Chem) / Kettenverzweigung *f* ‖ **~ breakage** (Chem) / Kettenabbruch *m* (die letzte Stufe der Kettenreaktion) ‖ **~ breaking** (Chem) / Kettenabbruch *m* (die letzte Stufe der Kettenreaktion) ‖ **~ bridge** (Civ Eng) / Kettenhängebrücke *f* ‖ **~ broaching** (Eng) / Kettenräumen *n*

**chain-broaching machine** (Eng) / Kettenräummaschine *f*

**chain cable stopper** (Ships) / Ankerkettenstopper *m*, Kettenstopper *m* (für die Ankerkette) ‖ **~ call** (Teleph) / Kettengespräch *n* ‖ **~ carrier** (Chem) / Kettenträger *m* (in der Kettenreaktion - Radikale oder Ionen), Kettenreaktionsträger *m* ‖ **~ case** (Autos) / Kettenkasten *m*, Kettengehäuse *n* ‖ **~ case** (Eng) / Kettenkasten *m* ‖ **~ cleavage** (Chem) / Kettenspaltung *f* ‖ **~ coal cutter** (Mining) / Kettenschrämmaschine *f* ‖ **~ code*** (Comp) / Kettenkode *m*, Kettencode *m* ‖ **~ connector** (Eng) / Kettenschloss *n* (Sonderkettenglied zur Verbindung zweier Kettenstränge) ‖ **~ conveyor*** (Eng) / Kettenförderer *m* (ein mechanischer Stetigförderer) ‖ **~ coupling*** (Rail) / Kettenkupplung *f* ‖ **~ cutter** (For, Join) / Fräskette *f* (ein endlos wie eine Kette gestaltetes, umlaufendes Werkzeug zur Herstellung von Schlitzen, blind endigenden Vertiefungen oder Zapfen) ‖ **~ dimensioning** (Eng) / Zuwachsbemaßung *f* (DIN 406, T 3), inkrementale Bemaßung *f* (DIN 66257), inkrementale Bemaßung *f*, Inkrementalbemaßung *f* (der Endpunkt des vorhergehenden Maßes ergibt den Bezugspunkt des folgenden Maßes) ‖ **~ drag** (Met) / Kettenschlepper *m* (im Walzwerk) ‖ **~ drag** (skid) **cooling bed** (Met) / Kettenkühlbett *n* (Kühlbett aus weitmaschigen Gussrosten, über die das Walzgut mit abhebbaren Ketten befördert wird) ‖ **~ drawing bench** (Met) / Kettenziehbank *f* (bei der der Ziehwagen über einen Haken mit einer umlaufenden Kette oder fest mit einer Zug-Stoß-Kette verbunden ist) ‖ **~ drive** (Eng) / Kettenantrieb *m*, Kettentrieb *m* (ein formschlüssiger Hülltrieb) ‖ **~ drive** (Eng) / Kettengetriebe *n* (ein Zugmittelgetriebe) ‖ **~ drop hammer** (Eng) / Kettenfallhammer *m* (ein Gesenkschmiedehammer)

**chained bus structure** (Comp) / verkettete Busstruktur ‖ **~ file** (Comp) / Kettungsdatei *f*, gekettete Datei, Kettendatei *f* ‖ **~ list** (a list representation in which items are not necessarily sequential in storage) (Comp) / gekettete Liste, verknüpfte Liste

**chain fall** (Eng) / Kettenflaschenzug *m*, Kettenzug *m*

**chain-fed grinder** (Paper) / Kettenschleifer *m* (ein Stetigschleifer)

**chain flexibility*** (Chem) / Kettenbeweglichkeit *f* ‖ **~ folding** (Crystal) / Kettenfaltung *f* (bei der Kristallisation aus der Schmelze) ‖ **~ form** (Chem) / Kettenform *f* ‖ **~ gauge** (Hyd Eng) / Bandmaßpegel *m* ‖ **~ gear** (Eng) / Kettengetriebe *n* (ein Zugmittelgetriebe) ‖ **~ gearing** (Eng) / Kettengetriebe *n* (ein Zugmittelgetriebe) ‖ **~ grain conveyor** (Agric) / Kettenschrägförderer *m* (des Mähdreschers) ‖ **~ grate** / Kettenrost *m*

**chain-grate stoker*** (Eng) / Kettenwanderrost *m*

**chain grinder** (Paper) / Kettenschleifer *m* (ein Stetigschleifer) ‖ **~ growth** (Chem) / Kettenwachstum *n* (die zweite Stufe der Kettenreaktion - auch bei Hochpolymeren)

**chain-growth polymerization** (Chem) / Polymerisation *f* (ein chemischer Reaktionstyp) ‖ **~ polymerization** (Chem) / Additionspolymerisation *f* (als Kettenreaktion), Kettenwachstumspolymerisation *f*

**chain guard** (Eng) / Kettenschutz *m*, Kettenschutzblech *n* ‖ **~ harrow** (Agric) / Kettenegge *f* ‖ **~ harrow** (Agric) / Netzegge *f* ‖ **~ harrow** (Agric) / Gliederegge *f* ‖ **~ housing** (Autos) / Kettenkasten *m*, Kettengehäuse *n*

**chaining*** *n* (Comp) / Kettung *f*, Verkettung *f* (eine Methode zur Speicherung von Sätzen) ‖ **~** (For) / Rücken *n* in der Kette ‖ **~ address** (Comp) / Folgeadresse *f*, Verweisadresse *f*, Anschlussadresse *f*, Verkettungsadresse *f* ‖ **~ method** (AI) / Chaining-Methode *f* (für die Traversierung von baumartigen Datenstrukturen) ‖ **~ operation** (Comp) / Ketten *n* ‖ **~ search** (Comp) / Suchen *n* in gekettteter Liste, Suchen *n* in verknüpfter Liste, Kettensuche *f*

**chain initiation** (Chem) / Ketteninitiierung *f* (die erste Stufe der Kettenreaktion), Kettenindukzierung *f*, Kettenstart *m* (die erste Stufe der Kettenreaktion), Kettenstartreaktion *f* ‖ **~ initiator** (Chem) / Kettenträger *m* (in der Kettenreaktion - Radikale oder Ionen), Kettenreaktionsträger *m* ‖ **~ instruction** (Comp) / Kettenbefehl *m* ‖ **~ insulator*** (Elec Eng) / Kettenisolator *m* ‖ **~ isomerism** (Chem) / Kettenisomerie *f* (eine Abart der Strukturisomerie) ‖ **~ lace** (Textiles) / Limerickspitze *f* ‖ **~ length** (Chem) / Kettenlänge *f* ‖ **~ lengthening** (Chem) / Kettenverlängerung *f*

**chainless mercerization** (Textiles) / kettenloses Merzerisieren

**chain link** (Eng) / Kettenglied *n* ‖ **~-link fabric** (Met) / Drahtgeflecht *n* (mit rechteckigen Maschen), Maschendraht *m*

**chain-link fence** / Drahtzaun *m*

**chain link fence** (Build) / Maschendrahtzaun *m*

**chain-link harrow** (Agric) / Gliederegge *f* ‖ **~ welding** (Welding) / Kettenschweißen *n*

**chain locker*** (Ships) / Kettenkasten *m* (für die Ankerkette) ‖ **~ magazine** (Eng) / Kettenspeicher *m* (ein Werkzeugspeicher) ‖ **~ magazine** (Eng) / Kettenmagazin *n* (ein Werkzeugmagazin)

**chainman** *n* (a junior member of a survey team who carries the chain) (Surv) / Vermessungsgehilfe *m*

**chain molecule** (Met) / Kettenmolekül *n* ‖ **~ mortiser** (For) / Kettenfräsmaschine *f* (eine senkrechte Schlitzstemmaschine) ‖ **~ of acting elements** (Mech) / Wirkungskette *f* ‖ **~ of circuits** (Telecomm) / Leitungskette *f* ‖ **~ of lakes** (Geol) / Seenkette *f* ‖ **~ of locks** (Hyd Eng) / Schleusentreppe *f* ‖ **~ of mountains** (Geol) / Kettengebirge *n* (lang gestrecktes Gebirge von kettenförmiger Anordnung der Hauptkämme, wie die meisten jungen Faltengebirge der Erde - Alpen, Himalaja, Anden, Kaukasus) ‖ **~ oiling** (Eng) / Kettenschmierung *f*, Ringschmierung *f* mit Kette ‖ **~ parameter** (Telecomm) / Kettenparameter *m* (Vierpolparameter der Kettengleichungen) ‖ **~ parameter equations** (Telecomm) / Kettengleichungen *f pl*, Primärgleichungen *f pl* (Vierpolgleichungen) ‖ **~ pipe wrench** (Build, Eng) / Kettenrohrzange *f* ‖ **~ pitch** (Eng) / Kettenteilung *f* ‖ **~ polymerization** (Chem) / Kettenpolymerisation *f* ‖ **~ printer*** (Comp) / Kettendrucker *m* (ein alter mechanischer Drucker) ‖ **~ propagation** (Chem) / Kettenwachstum *n* (die zweite Stufe der Kettenreaktion - auch bei Hochpolymeren) ‖ **~ pulley block** (Eng) / Kettenflaschenzug *m*, Kettenzug *m* ‖ **~ pump*** (Eng) / Kettenpumpe *f* ‖ **~ reaction*** (Chem, Nuc) / Kettenreaktion *f* (ein spezieller Typ einer Folgereaktion) ‖ **~ reaction carrier** (Chem) / Kettenträger *m* (in der Kettenreaktion - Radikale oder Ionen), Kettenreaktionsträger *m* ‖ **~ riveting** (Eng) / Parallelnietung *f*, Kettennietung *f* ‖ **~ rule** (for the differentiation of composite functions) (Maths) / Kettenregel *f* (für die Ableitung von Funktionen) ‖ **~ run** (Eng) / Kettentrum *n* ‖ **~-saw** (Eng) / Kettensäge *f* (eine Ablängsäge mit endloser Gliederkette), Kettensägemaschine *f*

**chain-saw** *n* (For) / Motorkettensäge *f*, MKS (Motorkettensäge)

**chain scission** (Chem) / Kettenspaltung *f* ‖ **~ scraper conveyor** (Mining) / Kettenkratzerförderer *m* (Stetigförderer für ebenen oder schwach geneigten Transport von Schüttgütern, bevorzugtes Fördermittel im Steinkohlenbergbau)

**chain-side delivery rake** (Agric) / Kettenrechwender *m* (eine Heuwerbemaschine)

**chain silicate** (Min) / Inosilikat *n*, Kettensilikat *n*, Fasersilikat *n* (z.B. Bastit) ‖ **~ skid** (Met) / Kettenschlepper *m* (im Walzwerk) ‖ **~ sling** (Eng, Ships) / Anschlagkette *f* (ein Lastaufnahmemittel) ‖ **~ sling** (Ships) / Kettenstropp *m* ‖ **~ sling** (with hook) (Ships) / Hakenkette *f* ‖ **~ splitting** (Chem) / Kettenspaltung *f* ‖ **~ sprocket** (Eng) / Kettenrolle *f*, Kettennuss *f* (bei Gliederketten) ‖ **~ steel** (Met) / Kettenstahl *m* (für geschweißte Rundstahlketten) ‖ **~ stitch** (Textiles) / Kettenstich *m* (ein Zierstich in der Stickerei), Kettelstich *m*

**chain-stitch sewing machine** (Textiles) / Kettenstichnähmaschine *f*

**chain stopper** (Oils) / Kettenstopper *m*, Kettenstoppvorrichtung *f* ‖ **~ suspension bridge** (Civ Eng) / Kettenhängebrücke *f* ‖ **~ tension** (Eng) / Kettenspannung *f* ‖ **~ tensioner** (Eng) / Spannvorrichtung *f* für Ketten, Kettenspanner *m*, Kettenspannvorrichtung *f* ‖ **~ termination** (Chem) / Kettenabbruch *m* (die letzte Stufe der Kettenreaktion) ‖ **~ terminator** (Chem) / Kettenabbrecher *m*, Stopper *m*, Kettenabbruchmittel *n* ‖ **~ terminator** (Gen) / Stoppcodon *n*, Terminationskodon *n*, Terminationscodon *n* (Folge von drei Nukleotiden in der mRNS, die die Beendigung und Freisetzung eines während der Proteinbiosynthese gebildeten Polypeptids signalisiert), Stop-Codon *n* ‖ **~ tongs*** (Build, Eng) / Kettenrohrzange *f* ‖ **~ transfer** (Chem) / Kettenübertragung *f* (bei der radikalischen Polymerisation)

**chain-transfer agent** (Chem) / Regler *m* (ein Hilfsmittel für die Radikalkettenpolymerisation)

**chain transmission** (Eng) / Kettengetriebe *n* (ein Zugmittelgetriebe) ‖ **~ transmission** (Eng) / Kettenantrieb *m*, Kettentrieb *m* (ein formschlüssiger Hülltrieb)

**chain-unzipping reaction** (Plastics) / Reißverschlussreaktion *f*

**chain up** *v* / anketten *v*, mit der Kette befestigen *v* ‖ **~ warp** (Weaving) / verschlungene Kette, Kettel *m* ‖ **~ wheel** / Kettenrad *n* (zur

chain

Handbetätigung von Armaturen, die sich in waagerechten Überkopflagen befinden) || ~ **wheel**\* (Eng) / Kettenrad *n* (Zahnrad für Triebstockverzahnung, bei der die Bolzen in einer Kette angeordnet sind) || ~ **winding**\* (Elec Eng) / Korbwicklung *f* || ~ **wrench** (Eng) / Kettenschlüssel *m*
**chair** *n* (Chem) / Sesselform *f* (starre Form in der Stereochemie) || ~ (a bar bent in such a way that it holds up the top steel of a reinforced-concrete slab by resting on the bottom steel) (Civ Eng) / Bewehrungshalter *m* || ~\* (Glass) / Glasmacherstuhl *m* || ~ (Leather) / Chairleder *n* (pflanzlich nachgegerbtes Glacéleder) || ~\* (Rail) / Schienenstuhl *m* für Doppelkopfschienen, Stuhl *m* (Befestigungselement der Doppelkopfschiene)
**chair-back** *n* (Join) / Rückenlehne *f* (eines Sitzmöbels), Stuhllehne *f*
**chair conformation** (Chem) / Sesselform *f* (starre Form in der Stereochemie) || ~ **form** (Chem) / Sesselform *f* (starre Form in der Stereochemie) || ~ **lift** / Sessellift *m* (z.B. ein Skilift) || ~ **parachute** (Aero) / Kissenfallschirm *m* || ~ **rail** (cornice at the top of a dado around a room) / Sesselleiste *f* (A), Schutzleiste *f* (welche die Beschädigung der Wände durch Stühle verhindert)
**chairs** *pl* (Mining) / Aufsetzvorrichtung *f* (Falle)
**chalcanthite**\* *n* (Chem) / Kupfervitriol *n*, Blauvitriol *n*, Chalkanthit *n*
**chalcedony**\* *n* (a variety of fibrous quartz) (Min) / Chalcedon *m*, Chalzedon *m*
**chalcocite**\* *n* (Min) / Chalkosin *m* (ein monoklin-orthorhombischer Kupferglanz)
**chalcocyanite** *n* (Min) / Chalkocyanit *m* (Kupfer(II)-sulfat), Chalkozyanit *m*, Hydrocyanit *m*, Hydrozyanit *m*
**chalcogen** *n* (Chem) / Chalkogen *n* (Element der 6. Hauptgruppe des Periodensystems), Erzbildner *m*
**chalcogenide** *n* (Chem) / Chalkogenid *n* (binäre Verbindung, in der die Chalkogene als elektronegative Komponenten auftreten) || ~ **glass** (Glass) / Elementglas *n*, Chalkogenidglas *n* (ein halbleitendes Glas)
**chalcone** *n* (Chem) / Chalcon *n* (1,3-Diphenyl-2-propen-1-on), Chalkon *n*, Benzylidenacetophenon *n*, Benzylidenazetophenon *n*
**chalcophile**\* *n* (Chem) / chalkophiles Element (z.B. Antimon, Arsen, Blei) || ~ **element** (Chem) / chalkophiles Element (z.B. Antimon, Arsen, Blei)
**chalcopyrite**\* *n* (Min) / Kupferkies *m*, Kupferpyrit *m*, Chalkopyrit *m*
**chalcosine**\* *n* (Min) / Chalkosin *m* (ein monoklin-orthorhombischer Kupferglanz)
**chalcosphere** *n* (Geol) / Chalkosphäre *f* (Sulfid-Oxidschale)
**chalcostibite** *n* (Min) / Chalkostibit *m* (ein Cu-Sulfosalz), Wolfsbergit *m*
**chalcotrichite**\* *n* (Min) / Kupferblüte *f*, Chalkotrichit *m* (haarförmiger Cuprit)
**chalet**\* *n* (Arch) / Chalet *n* (meist hölzernes Land- oder Ferienhaus in den Bergen) (pl. -s)
**chalicosis** *n* (pl. chalicoses) (Med) / Steinhauerlunge *f*, Chalikose *f*, Kalklunge *f* (eine Staublungenerkrankung infolge längerer Einatmung von Kalkstaub), Kalkstaublunge *f*
**chalk** *v* (Met) / kälken *v* (Stahldraht und -stangen mit gelöschtem Kalk) || ~ *n* (a stick of chalk, a piece of chalk) / Schreibkreide *f* || ~\* (natural calcium carbonate) (Geol) / Kreide *f* (Gestein) || ~\* (prepared) (Pharm) / Schlämmkreide *f* (Creta preparata)
**chalkboard** (US) / Schultafel *f* (schwarz-weiß), Tafel *f* (schwarz-weiße Wandtafel in der Schule) || ~ **enamel** (US) (Paint) / Schultafellack *m* || ~ **paint** (US) (Paint) / Schultafellack *m*
**chalked** *adj* (on porcelain-enamelled surfaces and glazes) (Ceramics) / matt *adj* (Stelle der Glasur), stumpf *adj* (kreidig)
**chalk fog** (Photog) / Kalkschleier *m*
**chalking** *n* (coating with chalk as a lubricant carrier during the drawing process) (Met) / Kälken *n* || ~\* (Paint) / Auskreiden *n* (dem Ausblühen ähnliche Erscheinung, vor allem bei Anatas-Pigment enthaltender Gegenständen), Kreiden *n* (z.B. des Dispersionsanstrichs - DIN 55943), Abkreiden *n* || ~\* (Print) / Mehlen *n* (der Druckfarben - eine Fehlerscheinung im Auflagendruck) || ~ (Textiles) / Schreibeffekt *m* (durch Appreturfehler hervorgerufen)
**chalk line** / Kreidestrich *m* || ~ **line** (a straight line on work by holding it taut in position close to the work and plucking it) (Build) / Schnurschlag *m*, Schnurriss *m* || ~ **line**\* (Build, Civ Eng) / Schlagleine *f*, Schlagschnur *f*, Kreideschnur *f*
**chalkogen** *n* (Chem) / Chalkogen *n* (Element der 6. Hauptgruppe des Periodensystems), Erzbildner *m*
**chalkone** *n* (Chem) / Chalcon *n* (1,3-Diphenyl-2-propen-1-on), Chalkon *n*, Benzylidenacetophenon *n*, Benzylidenazetophenon *n*
**chalk overlay paper** (Paper, Print) / Kreidezurichtpapier *n* || ~ **paper** (Paper) / Kreidepapier *n* || ~ **paper** (Paper) / Schutzpapier *n* für Schulkreide || ~-**pit** (Mining) / Kreidegrube *f* || ~ **soil** / Kreideboden *m* || ~ **stripe** / Kreidestrich *m*
**chalk-stripe cloth** (garment having a pattern of thin white stripes on a dark background) (Textiles) / Kreidestrichtuch *n*, Kreidestrichstoff *m*

**chalk transfer paper** (Paper, Print) / Kreidezurichtpapier *n*
**chalky** *adj* / kreidig *adj* || ~ (powdery) (Ceramics) / matt *adj* (Stelle der Glasur), stumpf *adj* (kreidig)
**chalky-rust film** (Plumb) / Kalkrost-Schutzschicht *f* (bei wasserführenden Rohren der Hausinstallation)
**challenger** *n* (Aero, Radar, Telecomm) / Abfragegerät *n*, Abfragesender *m*
**chalone** *n* (Biol, Physiol) / Chalon *n*, Antitemplate-Substanz *f* (gewebseigener und gewebsspezifischer Mitosehemmer von Proteinnatur)
**chalybeate spring** (Geol) / eisenhaltige Quelle, Eisenquelle *f*, Stahlquelle *f* || ~ **water** (Geol) / eisenhaltiges Wasser, Eisenwasser *n*, Eisensäuerling *m*
**chalybite**\* *n* (Min) / Spateisen *n*, Spateisenstein *m*, Siderit *m*, Eisenspat *m* (Eisen(II)-karbonat)
**chamaecyparis** *n* (For) / Scheinzypresse *f* (Chamaecyparis Spach)
**chamazulene** *n* (Pharm) / Chamazulen *n* (antiphlogistisch wirksames Prinzip im Kamillenöl)
**chamber** *n* (Build) / Zimmer *n*, Raum *m* || ~\* (Chem Eng, Eng) / Kammer *f* || ~ (Mining) / Großraum *m* (ein Grubenbau - z.B. für Füllörter, Werkstätten unter Tage, Lokomotivschuppen und Montagekammern) || ~ (Mining) / Weitung *f* (der Großraum im Teilsohlenbau) || ~ **acid**\* (Chem Eng) / Kammersäure *f* (beim Bleikammerverfahren anfallende Schwefelsäure) || ~ **blasting** (Mining) / Kammerschießen *n* || ~ **centrifuge** (Nut) / Kammerzentrifuge *f* || ~ **crystals**\* (Chem Eng) / Bleikammerkristalle *m pl* || ~ **drier** (For) / Kammertrockner *m* || ~ **drier** (Textiles) / Kammertrockner *m*
**chambered level tube**\* (Surv) / Kammerlibelle *f* || ~ **lode** (Geol) / Stockwerkvererzung *f*
**chamber filter press** (Chem Eng) / Kammerfilterpresse *f* || ~ **furnace** (Met) / Kammerofen *m* (DIN 24207)
**chambering** *n* (Mining) / Kammerschießen *n* || ~ (Mining) / Auskesseln *n* (Bohrloch)
**chamber kiln** (Met) / Kammerofen *m* (DIN 24207)
**Chamberland filter** (San Eng) / Chamberland-Filter *n* (aus unglasiertem Porzellan - zur Entkeimung von Flüssigkeiten und Gasen)
**chamber lock** (Hyd Eng) / Kammerschleuse *f* || ~ **press** (Chem Eng) / Kammerfilterpresse *f* || ~ **process** (Chem) / deutsches Verfahren (Bleiweißherstellung) || ~ **process**\* (Chem Eng) / Bleikammerverfahren *n* (Schwefelsäuregewinnung - heute restlos veraltet) || ~ **saturation** (Chem) / Kammersättigung *f* (in der Flüssigchromatografie), KS (Kammersättigung)
**chambranle** *n* (Arch) / Chambranle *m* (z. B.Türgesims)
**chambray** *n* (Textiles) / Chambray *n* (leinwandbindige Baumwollgewebe, Kette weiß, Schuss farbig, für Spiel- und Arbeitskleidung)
**chamfer** *v* (Carp, Eng, Join) / fasen *v*, abfasen *v*, anfasen *v*, brechen *v* (Kante), abschrägen *v*, zuschärfen *v* || ~ (Eng) / ansenken *v* (eine Nebenfläche senken, die eine Bohrung umgibt) || ~\* *n* (Carp, Eng, Join) / gebrochene Kante, Fase *f*, abgeschrägte Kante
**chamfered cutting edge** (Eng) / gefaste Schneide || ~ **edge** (Carp, Eng, Join) / gebrochene Kante, Fase *f*, abgeschrägte Kante
**chamfering machine** (Join) / Anfasmaschine *f*
**chamois** (Leather) / Chamois *n* (besonders weiches Gämsen-, Ziegen- oder Schafleder), Chamoisleder *n* || ~ *n* / Chamois *n* (Gämsfarbenton) || ~ (Leather) / Fensterleder *n*, Autoleder *n* || ~ **cloth** (Textiles) / Sämischlederimitation *f*, Sämischlederstoff *m* || ~ **leather** (Leather) / Sämischleder *n* (mit entferntem Narben, meistens aus Schaffellen) || ~ **leather** (Leather) / Chamois *n* (besonders weiches Gämsen-, Ziegen- oder Schafleder), Chamoisleder *n* || ~ **tanning** (Leather) / Sämischgerbung *f* (mit Fettstoffen), Gerbung *f* mit Fettstoffen, Fettgerbung *f*
**chamomile**\* *n* (Bot, Med) / Kamille *f* (Echte) || ~ **oil** (Pharm) / Kamillenöl *n*, Oleum *n* Chamomillae
**chamosite**\* *n* (Min) / Chamosit *m* (ein Phyllosilikat - ferrireicher Chlorit)
**chamotte** *n* (Ceramics) / Schamotteton *m*, Schamotte *f*, feuerfester Ton, Schamott *m*
**champagne** *attr* / champagner *adj*, champagnerfarben *adj*, champagnerfarbig *adj*
**champak** *n* (For) / Champak *n* (Michelia champaca L.)
**champlevé** *n* / Grubenschmelz *m* (Emailmalerei)
**chan** *n* / Kanal *m*
**chance**\* *n* (For) / alle auf das Werben und die Bringung von Rundholz gerichtete Tätigkeiten || ~ **cause** (Stats) / Zufallsursache *f* || ~ **difference** (Stats) / zufällige Abweichung (DIN 1319, T 3), Zufallsabweichung *f*
**chancel**\* *n* (Arch) / Hochchor *m* (Teil des Chors über der Arkadenzone in der Höhe des Lichtgadens einer Basilika, entsprechend dem Hochschiff)

**Chance process** (Min Proc) / Sandschwimmverfahren *n*, Chance-Sand-Verfahren *n* (mit Sand-Wasser-Gemisch als Trennmedium)
**chancy** *adj* / risikofreudig *adj* (Fahren), riskant *adj*
**chandler** *n* (Ships) / Shipchandler *m* (Schiffslieferant, der für Ausrüstungen und Proviant sorgt) ‖ ~ **motion** (Geophys) / Polwanderung *f* (vermutete Verlagerung der Rotationspole relativ zur Erdoberfläche), Polverschiebung *f* (sekuläre Bewegung) ‖ ~ **period** (Geophys) / Chandler'sche Periode (die Umlaufperiode der Rotationsachse der Erde um deren geometrische Achse - nach S.C. Chandler, 1846-1913), Periodizität *f* der Breitenschwankung *n* ‖ ~ **wobble** (Geophys) / Polbewegung *f*, Polschwankung *f*
**Chandrasekhar limit** (Astron) / Chandrasekhar-Grenze *f* (die maximal mögliche Masse für einen Weißen Zwerg - nach S. Chandrasekhar, 1910-1995)
**change** *v* / umschlagen *v* (Farbe), wechseln *v* (Farbe) ‖ ~ / wechseln *v* ‖ ~ (**into**) / schalten *v* (Gänge) ‖ ~ / abändern *v*, modifizieren *v*, ändern *v* ‖ ~ *n* / Wechsel *m* (im Allgemeinen) ‖ ~ / Umschlag *m* (der Farbe) ‖ ~ / Wandel *m* (bei der Panelbefragung) ‖ ~ / Änderung *f* (wesentliche), Wechsel *m* ‖ ~ (Maths) / Substitution *f* (einer Variablen)
**changeable-direction sign** (Autos) / Wechselwegweiser *m* (Wechselverkehrszeichen zum Anzeigen alternativer Fahrtrouten), WWW (Wechselwegweiser) ‖ ~ **signalling** (Autos) / Wechselwegweisung *f* (bei der Verkehrslenkung), WW (Wechselwegweisung)
**changeable-message sign** (Autos) / Wechselverkehrszeichen *n* (Verkehrszeichen zur Beeinflussung des Verkehrsablaufs, das bei Bedarf gezeigt, geändert oder aufgehoben wird), WVZ (Wechselverkehrszeichen)
**change bit** (Comp) / Änderungsbit *n* ‖ ~ **box** (Weaving) / Steigkasten *m*, Hubwechsel *m*, Wechselkasten *m*, Schützenwechsel *m* mit Steiglade
**change-box sley** (Weaving) / Wechsellade *f* (für den abwechselnden Lauf mehrerer Schützen)
**change chart** (Meteor) / Druckänderungskarte *f* (Karte der Luftdruckänderungen - 3-stündig und 24-stündig) ‖ ~**-coil instrument**\* (Elec Eng) / Wechselspuleninstrument *n* ‖ ~ **down** *v* (Autos) / herunterschalten *v*, einen niedrigeren Gang einlegen, zurückschalten *v*
**change(s) file** (Comp) / Änderungsdatei *f*, Bewegungsdatei *f*
**change gear** (a gear used to change the speed of a driven shaft while the speed of the driving shaft remains constant) (Eng) / Schaltrad *n*, Wechselrad *n* ‖ ~ **gears** (Eng) / Satzräder *n pl* (Stirnräder verschiedener Zähnezahlen, die auf Grund bestimmter gemeinsamer Merkmale miteinander kombiniert werden können) ‖ ~ **hook** (Weaving) / Wechselplatine *f*
**changehouse** *n* (Mining) / Waschkaue *f* (und Garderobe)
**change in colour** / Farbwechsel *m*, Farbänderung *f*, Farbveränderung *f*
**change-in filling** (Weaving) / verwechselter Schuss (farblich, stofflich)
**change in length** (Mech) / Längenänderung *f* ‖ ~ **in shade** (Textiles) / Farbumschlag *m*, Farbumschlag *m* ‖ ~ **in structure** / Strukturänderung *f* ‖ ~ **of capacitance** (Elec) / Kapazitätsänderung *f* (Phänomen und Messprinzip) ‖ ~ **of concentration** (Chem) / Konzentrationsänderung *f* ‖ ~ **of font** (Comp, Print) / Schriftartwechsel *m*, Schriftwechsel *m* ‖ ~ **of form** / Formänderung *f*, Formändern *n* ‖ ~ **of gauge** (Rail) / Spurwechsel *m* ‖ ~ **of gradient** (Rail) / Neigungswechsel *m* ‖ ~ **of load** (Mech) / Lastwechsel *m* ‖ ~ **of phase** (Phys) / Aggregatzustandsänderung *f*, Zustandsänderung *f* ‖ ~ **of shape** / Gestaltänderung *f* (im Allgemeinen) ‖ ~ **of slope** (Build) / Dachbruch *m*, Dachknick *m* (Trennungslinie, an der eine Dachfläche in eine andere Dachneigung gebrochen wird) ‖ ~ **of state** (Phys) / Aggregatzustandsänderung *f*, Zustandsänderung *f*
**change-of-state information** (Automation) / Anreiz *m* (Hilfsinformation innerhalb von Fernwirkanlagen)
**change of structure** / Strukturwandel *m* ‖ ~ **of tendency** / Tendenzumschwung *m* ‖ ~ **of volume** (Phys) / Volumenänderung *f* (DIN 13316) ‖ ~ **over** *v* (Elec Eng, Telecomm) / umschalten *v*
**changeover** *n* (Cinema) / Überblendung *f*, Bildüberblendung *f* (mit Hilfe einer Addierstufe) ‖ ~\* (Cinema) / Überblendung *f*, Passage *f* (bei zwei Projektoren im Bildwerferraum) ‖ ~ (Elec Eng) / Umschalt- ‖ ~ (Elec Eng, Telecomm) / Umschaltung *f*, Umschalten *n* ‖ ~ (Eng) / Umstellung *f*, Umrüstung *f* (einer Anlage, eines Betriebs) ‖ ~ (Glass) / Wechsel *m*, Umsteuerung *f* (der Flamme) ‖ ~ **contact** (Teleph) / Umschaltkontakt *m* (ein Relaiskontakt, der einen Schließkontakt und einen Öffnungskontakt ohne galvanische Trennung in sich vereinigt), Wechselkontakt *m*, Wechsler *m* ‖ ~ **cue** (Cinema) / Bildüberblendzeichen *n* ‖ ~ **joint** (Eng) / Wechselkrümmer *m* (kurzes, gekrümmtes und an den Enden mit Flanschen versehenes Rohr) ‖ ~ **mark** (Cinema) / Überblendzeichen *n* ‖ ~ **selector** (Elec Eng) / Vorwähler *m* (ein Zusatzteil für Stufenschalter) ‖ ~ **switch** (Elec Eng) / Wechselschalter *m* (ein Umschalter, mit dem die Lichtquelle von zwei räumlich voneinander getrennten Stellen beliebig ein- oder ausgeschaltet werden kann) ‖ ~ **switch**\* (Elec Eng) / Umschalter *m* ‖ ~ **to absent subscriber** (Teleph) / Umschaltung *f* auf Auftragsdienst ‖ ~ **tolerance** (Eng) / Übermaßtoleranzfeld *n* (Höchstpassung positiv, Mindestpassung negativ) ‖ ~ **unit** (TV) / Umschalter *m* (bei Satellitenanlagen) ‖ ~ **valve** (Eng) / Umschaltventil *n*
**change point**\* (Surv) / Anschlusspunkt *m*
**change-pole motor**\* (Elec Eng) / polumschaltbarer Motor (Drehstromasynchronmotor mit Kurzschlussläufer, der zwei getrennte Ständerwicklungen mit unterschiedlicher Polpaarzahl hat)
**change record** (Comp) / Änderungssatz *m*, Bewegungssatz *m*, Veränderungssatz *m*
**change-speed motor**\* (Elec Eng) / drehzahlumschaltbarer Motor, Motor *m* mit mehreren Drehzahlstufen, Motor mit (kontinuierlicher) Drehzahlregelung
**change tape** (Comp) / Änderungsband *n* ‖ ~ **to opposite carriageway** (Autos) / Überleitung *f* (z.B. auf die Fahrbahn für den Gegenverkehr) ‖ ~ **up** (Autos) / heraufschalten *v*, einen höheren Gang einlegen, hochschalten *v* ‖ ~ **wheel**\* (Eng) / Wechselrad *n* (der Leitspindeldrehmaschine)
**changing** *n* (Eng) / Teileaustausch *m* ‖ ~ **bag**\* (Photog) / Dunkelsack *m*, Wechselsack *m* ‖ ~ **magazine** (Photog) / Wechselmagazin *n*, Wechselkassette *f* ‖ ~ **services** (Telecomm) / Dienstewechsel *m* (z.B. Telefon zu Telefax)
**channel** *v* (Hyd Eng) / durch einen Kanal leiten, kanalisieren *v* ‖ ~\* *n* / Kanal *m* ‖ ~ (Chem Eng) / Kanal *m* (U-förmige Metallfläche zur Abscheidung des Russes) ‖ ~ (Chem Eng) / Metallschiene *f* (sich periodisch bewegende) (von deren Oberfläche der Kanalruß abgekratzt oder abgesaugt wird) ‖ ~ (**chat room**) (Comp) / Chatroom *m* (virtueller Gesprächsraum im Internet), Chatraum *m*, IRC-Channel *m* (IRC-Online-Konferenz), Channel *m* (Chatraum) ‖ ~ (Comp) / Lochspur *f*, Spur *f* (beim Lochstreifen) ‖ ~\* (**a path for data transmission**) (Comp) / Kanal *m* (ein Übertragungsweg) ‖ ~ (Comp) / Speicherspur *f*, Spur *f* (bei Magnetschichtspeichern der von einem Polschuh des Magnetkopfes überstrichene Bereich der Schicht - DIN 5653) ‖ ~ (**I/O channel**) (Comp) / Ein-Ausgabe-Kanal *m* ‖ ~\* (**a path for data transmission**) (Comp, Telecomm) / Nachrichtenkanal *m*, Übertragungskanal *m* (für Signale, Daten) ‖ ~ (Electronics) / Kanal *m* (der Teil eines Halbleiterelementes, durch den der gesteuerte Strom fließt) ‖ ~ (Electronics) / Channel *m* (Strompfad zwischen Source und Drain beim Feldeffekttransistor) ‖ ~\* (Eng, Met) / U-Profil *n* ‖ ~ (Hyd Eng) / Kanal *m* (natürlicher Wasserlauf) ‖ ~ (Hyd Eng) / Flussbett *n* ‖ ~ (Leather) / Sohlenriss *m*, Riss *m* (bei Schuhen), Brandsohlenriss *m* (bei Schuhen) ‖ ~ (Met) / Rinne *f* (eines Rinnenofens) ‖ ~\* (**for coolant, fuel rod or control rod**) (Nuc Eng) / Kanal *m* ‖ ~ (**a navigation channel**) (Ships) / Fahrwasser *n* (im Allgemeinen, meistens mit einer Fahrrinne), Fahrrinne *f* (der tiefste Teil des Fahrwassers) ‖ ~ (Telecomm) / Schiene *f* (in der Satellitenkommunikation) ‖ ~ (**frequency band**) (Telecomm) / Frequenzkanal *m* (zusammenhängender, relativ kleiner Frequenzbereich der elektrischen Wellen) ‖ ~\* (Telecomm) / Kanal *m* (Frequenzband bestimmter Bandbreite) ‖ **p-~ metal-oxide semiconductor technology** (Electronics) / P-Kanal-MOS-Technik *f*, PMOS-Technik *f* (MOS-Technik mit P-Kanal) ‖ ~ **access** (Radio, TV) / Kanalwahl *f* ‖ ~ **address** (Comp) / Kanaladresse *f* ‖ ~ **address register** (Comp) / Kanaladressregister *n* ‖ ~ **allocation** (TV) / Kanalzuordnung *f* ‖ ~ **bandwidth** (Telecomm) / Kanalbreite *f* (die Breite des für eine Nachrichtenübertragung zur Verfügung stehenden Frequenzbandes), Kanalbandbreite *f* ‖ ~ **bending** (Eng) / Biegen *m* im U-Gesenk ‖ ~ **black**\* (Chem) / Kanalruß *m*, Channel-Black *n* (aus dem heute aufgegebenen Channel-Verfahren) ‖ ~ **capacity**\* (Comp, Telecomm) / Kanalkapazität *f* (in bit/s) ‖ ~ **circuit** (Telecomm) / verzweigter Kreis ‖ ~ **coding** (Telecomm) / Kanalkodierung *f* (die Aufbereitung des Datenstroms in einer für den Mobilfunkkanal geeigneten Form, um eine Verringerung der Bitfehlerrate sowie eine bessere Fehlerkorrektur zu ermöglichen) ‖ ~ **coding/decoding** (Telecomm) / Kanal-Kodierung/Dekodierung *f* ‖ ~ **command** (Comp) / Kanalbefehl *m* ‖ ~ **command word** (Comp) / Kanalbefehlswort *n* (ein Doppelwort, das einen Kanal, eine Steuereinheit oder eine Einheit beauftragt, eine Operation oder eine Gruppe von Operationen durchzuführen) ‖ ~ **crack** (Autos) / Riss *m* in der Profilrille der Lauffläche ‖ ~ **decoding** (Telecomm) / Kanaldekodierung *f* ‖ ~ **discharge** (Electronics) / Kanalentladung *f* (eine Gasentladung) ‖ ~ **distributor** (Teleph) / Rangierverteiler *m* ‖ ~ **effect**\* (Radio) / Halbleiterleckstrom *m* ‖ ~ **encoding** (Telecomm) / Kanalkodierung *f* (die Aufbereitung des Datenstroms in einer für den Mobilfunkkanal geeigneten Form, um eine Verringerung der Bitfehlerrate sowie eine bessere Fehlerkorrektur zu ermöglichen)
**channeler** *n* (US) (Mining) / Schlitzmaschine *f* (für Steinbrüche)

**channel error** (Comp) / Kanalfehler m ‖ ~ **furnace** (Met) / Rinnenofen m (ein Niederfrequenzinduktionsofen), Induktionsrinnenofen m
**channel-graze** v (TV) / zappen v, schnell umschalten (z.B. mit Hilfe der Fernbedienung), dauernd umschalten (um ein interessantes Programm zu suchen), abschießen v (von Werbespots durch schnelles Umschalten), switchen v (zappen), hoppen v (zappen)
**channel group** (Telecomm) / Kanalbündel n
**channel-hop** v (TV) / zappen v, schnell umschalten (z.B. mit Hilfe der Fernbedienung), dauernd umschalten (um ein interessantes Programm zu suchen), abschießen v (von Werbespots durch schnelles Umschalten), switchen v (zappen), hoppen v (zappen)
**channel implantation** (Electronics) / Kanalimplantation f ‖ ~ **induction furnace** (Met) / Rinnenofen m (ein Niederfrequenzinduktionsofen), Induktionsrinnenofen m
**channel-isolated-gate, p-~ FET** (Electronics) / P-Kanal-FET m mit isoliertem Gate, PIGFET m
**channelization** n (Autos, Civ Eng) / Verkehrskanalisierung f (durch bauliche Maßnahmen) ‖ ~ (Comp, Telecomm, Teleph) / Kanalisierung f (die erste Stufe des Spreizungsvorganges, bei dem die DS-Modulation verwendet wird, um die verschiedenen Teilnehmersignale über die Funkschnittstelle zu übertragen) ‖ ~ (Hyd Eng) / Kanalisierung f (von Flüssen), Kanalisation f ‖ ~ **code** (Telecomm) / Kanalisierungscode m (eine orthogonale Codefolge, die zur Kanalisierung eingesetzt wird), Kanalisierungskode m, Spreizungscode m, Spreizcode m, Spreizungskode m, Spreizkode m
**channelizing island** (Autos, Civ Eng) / Leitinsel f (Verkehrsteiler), Verkehrsteiler m
**channel latency** (Electronics) / Kanallatenzzeit f, Kanalruhezeit f
**channelled-substrate planar laser** (Phys) / CSP-Laser m
**channeller** n (Mining) / Schlitzmaschine f (für Steinbrüche)
**channelling** n / Rissen n (Schuhe) ‖ ~ (Electronics) / Channelling n ‖ ~ **effect** (Crystal) / Channelling-Effekt m ‖ ~ **effect** (Nuc) / Strahlungstransport m durch Kanäle und Spalte, Strahlungsströmung f, Kanalwirkung f ‖ ~ **effect*** (Nuc) / Kanaleffekt m (bei dem Streuexperiment) ‖ ~ **machine** (Mining) / Schlitzmaschine f (für Steinbrüche)
**channel lip** / Risslippe f (bei Schuhen) ‖ ~ **lip turning** / Risseaufstellen n (bei Schuhen) ‖ ~ **of approach** (Hyd Eng) / Zulaufkanal m, Zuleitungskanal m, Zulaufstrecke f
**channel-per-frame counter** (Comp, Telecomm) / Kanalzähler m (Kanäle je Datensatz bei Multiplexübertragung)
**channel preset button** (Autos, Radio) / Stationstaste f (zum Speichern und Abrufen von Sendern) ‖ ~ **process** (Geol) / fluviatiler Transport ‖ ~ **program** (Comp) / Kanalprogramm n
**channel-related data** (Comp, Telecomm) / kanalbezogene Daten
**channel resistance** (Electronics) / Kanalwiderstand m (bei Transistoren nach DIN 41858)
**channel-section glass** (Glass) / Profilbauglas n (mit U-förmigem Querschnitt nach DIN 1249, T 5)
**channel separation*** (Telecomm) / Kanalabstand m ‖ ~ **spacing** (Telecomm) / Kanalabstand m ‖ ~ **status word** (Comp) / Kanalstatuswort n, CSW
**channel-surf** v (US) (TV) / zappen v, schnell umschalten (z.B. mit Hilfe der Fernbedienung), dauernd umschalten (um ein interessantes Programm zu suchen), abschießen v (von Werbespots durch schnelles Umschalten), switchen v (zappen), hoppen v (zappen)
**channel switch** (Comp) / Kanalschalter m ‖ ~ **switching** (Comp) / Kanalumschaltung f ‖ ~ **switching** (Comp) s. also circuit switching ‖ ~ **termination** (Electronics) / Kanalabschluss m
**channel-to-channel adapter** (Comp) / CTC-Adapter m, CTCA m (CTC-Adapter) ‖ ~ **gain scatter** (Comp, Telecomm) / Verstärkungsgradsteuerung f zwischen Multiplexkanälen
**channel toothing** (Eng) / Hirth'sche Verzahnung, Kerbverzahnung f (für formschlüssige Wellen-Naben-Verbindung), Kerbzahnung f ‖ ~ **Tunnel** / Eurotunnel m (zwischen Folkestone und Calais), Kanal-Tunnel m ‖ ~ **utilization index** (Telecomm) / Kanalwirkungsgrad m ‖ ~ **viscometer** (Phys) / Rinnenviskosimeter n (eine aus Hartporzellan, Sinterkorund oder anderem keramischem Material bestehende Platte, in der mehrere Rinnen ausgespart sind)
**channery** adj (a term used in Scotland and Ireland) (Agric, Geol) / kiesig adj (Boden)
**chantlate*** n (Build, Carp) / Saumlade f, Saumlatte f (an der Traufe)
**chaology** n (Maths, Phys) / Lehre f von dem Chaos
**chaos** n (Phys) / Chaos n ‖ ~ **theory** (a branch of applied mathematics based on the fact that seemingly irregular, unpredictable phenomena can arise from the sensitivity of some well-defined differential equations to small changes in their initial conditions) (Maths, Phys) / Chaostheorie f ‖ ~ **theory** (Maths, Phys) s. also chaology
**chaotic attractor** (Maths, Phys) / seltsamer Attraktor, chaotischer Attraktor ‖ ~ **system** (Phys) / chaotisches System
**chaotropic** adj (Chem) / chaotrop adj

**Chaoul contact therapy** (Radiol) / Chaoul'sche Nahbestrahlung (nach H. Chaoul, 1887 - 1964)
**Chaoul's method** (Radiol) / Chaoul'sche Nahbestrahlung (nach H. Chaoul, 1887 - 1964)
**chap** n (because of exposure and dryness) / Riss m, Sprung m
**chaparral** n (Bot, Ecol) / Chaparral m (eine der mediterranen Macchie entsprechende immergrüne Gebüschformation in Kalifornien, u.a. mit Eiche, Erdbeerbaum, Kiefer)
**chaperon** n (Biochem) / Chaperon m (molekularer - Protein, das die Faltung oder Oligomerisierung anderer Proteine kontrolliert)
**chaperone** n (Biochem) / Chaperon m (molekularer - Protein, das die Faltung oder Oligomerisierung anderer Proteine kontrolliert)
**Chaperon resistor*** (Elec Eng) / Chaperon-Widerstand m (frei von Blindwiderstand)
**chaplet*** n (Foundry) / Kernstütze f (zum Abstützen der Kerne zur Formwand bzw. zu anderen Kernen), Kernböckchen n
**Chapman-Enskog model** (Phys) / Chapman-Enskog-Modell n (in der Gastheorie nach S. Chapman, 1888-1970, und D. Enskog, 1884-1947)
**Chapman-Ferrero model** (Geophys, Meteor) / Chapman-Ferrero-Modell n (niedrigste Näherung einer modellmäßigen Beschreibung der Wechselwirkung zwischen Sonnenwind und Magnetosphäre)
**Chapman-Kolmogorov equation system** (Stats) / Chapman-Kolmogorow'sches Gleichungssystem n
**Chapman region** (Geophys) / Chapman-Schicht f
**chaptalization** n (Nut) / Trockenzuckerung f (Anreicherung des Mostes vor der Gärung), Chaptalisation f, Lesegutaufbesserung f (A), Chaptalisierung f (Mostzuckerung nach J. A. Chaptal, Graf von Chanteloup, 1756 - 1832)
**chapter** n (Print) / Kapitel n
**chapters*** pl (Horol) / römische Ziffern (des Zifferblatts)
**CHAR** (Comp) / Zeichen n (ein Element einer endlichen, als Zeichenvorrat bezeichneten Menge)
**char** vi / verschwelen vi, verkohlen vi (verschwelen) ‖ ~ / verschmoren v ‖ ~ vt (Chem Eng) / verschwelen vt, verkohlen vt (organische Stoffe bei Sauerstoffmangel) ‖ ~ n (ISO 13 943) / verkohlter Rückstand ‖ ~ (Chem) / künstliche Kohle (Holz-, Blut- usw.) ‖ ~ (Comp) / Zeichen n (ein Element einer endlichen, als Zeichenvorrat bezeichneten Menge) ‖ ~ (Fuels) / Grudekoks m, Braunkohlenschwelkoks m ‖ ~ (Space) / verkohlte Partikel (des Ablationsschildes)
**character*** n (Comp) / Zeichen n (ein Element einer endlichen, als Zeichenvorrat bezeichneten Menge) ‖ ~ (Comp) / ...kleinstes Datenelement des Blocks ‖ ~* (Comp, Typog) / Schriftzeichen n (DIN 66203), Bildzeichen n (DIN 30600) ‖ ~ (Print) / Anschlag m (als Einheit bei der Umfangsberechnung eines Manuskripts) ‖ ~ **alignment** (Comp, Telecomm) / Zeichenabgleichung f (die Zuordnung von benachbarten, zu Gruppen gehörenden Bits zu Zeichen) ‖ ~ **area** (Comp) / Zeichenfeld n (bei Datensichtgeräten nach DIN 66 233, T 1)
**character-at-a-time printer** (Comp) / Zeichendrucker m (ein mechanischer Drucker)
**character boundary** (in character recognition) (Comp) / Zeichenbegrenzung f (DIN 66233, T 1), Zeichengrenze f ‖ ~ **box** (Telecomm) / Zeichenbox f ‖ ~ **buffer** (Comp) / Zeichenpuffer m (der vorgeschaltet wird, wenn Zeichen von Datenträgern in die EDV-Anlage eingelesen werden)
**character-coded** adj (Comp) / zeichenverschlüsslet adj, zeichenkodiert adj, zeichencodiert adj
**character delete** (Comp) / Zeichenlöschung f ‖ ~ **density** (Comp) / Zeichendichte f ‖ ~ **display mode** (Comp) / Zeichenmodus m (als Gegensatz zu Grafikmodus) ‖ ~ **flexibility** (Comp) / Zeichenflexibilität f ‖ ~ **generator** (Cinema) / Schriftgeber m (elektronisches Gerät, das Schriften und grafische Symbole erzeugt; über den Bildmischer werden die Schriften in Videoaufnahmen eingeblendet), Schriftgenerator m ‖ ~ **generator** (Comp, Electronics) / Zeichengenerator m (eine Funktionseinheit, die die kodierte Repräsentation eines Zeichens in die grafische Repräsentation eines Zeichens für die Darstellung umwandelt)
**character-handling machine** (Comp) / zeichenverarbeitende Maschine
**character-imaging device** (Comp) / zeichendarstellendes Gerät (DIN 66254)
**characteristic** n (Comp) / Charakteristik f (der Gleitpunktzahl), Gleitpunktexponent m (bei der Gleitpunktschreibweise) ‖ ~ (of the logarithm - positive, negative, or zero) (Maths) / Charakteristik f ‖ ~ (Maths) / Charakteristik f ( einer Zahlendarstellung, einer Skale) ‖ ~ (Maths) / Kennzahl f, Kennziffer f (des Logarithmus) ‖ ~* (Maths) / Kennlinie f, Charakteristik f (grafische Darstellung einer Gesetzmäßigkeit) ‖ ~ adj / charakteristisch adj ‖ ~ **acoustic impedance** (Acous) / Schallkennimpedanz f, Wellenwiderstand m ‖ ~ **cone** (Maths) / charakteristischer Kegel ‖ ~ **curve*** (Maths) / Charakteristik f (Kurve) ‖ ~ **curve*** (Photog) / Gradationskurve f, charakteristische Kurve, Schwärzungskurve f, Dichtekurve f (bei

Schwarzweißmaterialien) ‖ ~ **differential equation** (Maths) / charakteristische Differenzialgleichung ‖ ~ **equation** (Maths) / Säkulargleichung *f* (einer Matrix), charakteristische Gleichung ‖ ~ **equation\*** (Maths) / charakteristische Gleichung (das Eigenwertproblem einer quadratischen Matrix), eigenvalue equation ‖ ~ **feature** (Eng) / Merkmal *n* (der Konstruktion), Eigenschaft *f* (kennzeichnende) ‖ ~ **field impedance** (Acous) / Feldkennimpedanz *f* (DIN 1320) ‖ ~ **frequency** (Telecomm) / Kennfrequenz *f* ‖ ~ **function** (Maths) / charakteristische Funktion (eine spezielle erzeugende Funktion) ‖ ~ **function** / Kennfunktion *f* ‖ ~ **function of a set\*** (Maths) / charakteristische Funktion einer Menge ‖ ~ **impedance** (Acous) / Kennimpedanz *f* (in einer ebenen fortschreitenden Welle - DIN 1320) ‖ ~ **impedance\*** (Elec) / Wellenwiderstand *m* (das geometrische Mittel aus Kurzschluss- und Leerlaufwiderstand) ‖ ~ **impedance of vacuum** (Elec, Phys) / Feldwellenwiderstand *m* des leeren Raumes, Wellenwiderstand *m* des leeren Raumes ‖ ~ (**chamber**) **length** (Aero, Space) / charakteristische Länge (das Produkt aus charakteristischer Geschwindigkeit und Reaktionsdauer) ‖ ~ **loss spectroscopy** (Spectr) / Energieverlustspektroskopie *f*, Elektronenenergieverlustspektroskopie *f*, EELS (Elektronenenergieverlustspektroskopie) ‖ ~ **manifold** (Maths) / charakteristische Mannigfaltigkeit ‖ ~ **map** (Autos) / Kennfeld *n* (Zündungskennfeld, Schließwinkelkennfeld) ‖ ~ **mark** (Nav) / Kennung *f* (eines Leucht- oder Funkfeuers) ‖ ~ **of the arc** (Elec Eng) / Lichtbogenkennlinie *f* (das Verhältnis der Lichtbogenspannung zu Lichtbogenstrom) ‖ ~ **parameter** (Phys) / Kenngröße *f* (z.B. Dämpfungsgrad eines Schwingungssystems) ‖ ~ **performance** (Eng) / Kennlinienverhalten *n* (einer Maschine) ‖ ~ **points\*** (Maths) / Grenzpunkte *m pl*, charakteristische Punkte ‖ ~ **polynomial\*** (Maths) / charakteristisches Polynom ‖ ~ **radiation\*** (Radiol) / Röntgenfluoreszenzstrahlung *f*, charakteristische Strahlung (der Atome), charakteristische Röntgenstrahlung, Eigenstrahlung *f*, Fluoreszenzröntgenstrahlung *f* ‖ ~ **resistance** (Elec Eng) / charakteristischer Widerstand (der Wellenwiderstand einer elektrischen Leitung)

**characteristics** *pl* / Kenndaten *n pl* (z.B. sicherheitstechnische) ‖ ~ (Mil) / Signatur *f* (eines Militärflugzeugs oder eines Flugkörpers)

**characteristic species** (Biol) / Charakterart *f* (die für die Biotope kennzeichnend ist), Kennart *f* (der Biotope) ‖ ~ **spectrum\*** (Nuc) / charakteristisches Spektrum ‖ ~ **state** (Comp) / Kennzustand *m* ‖ ~ **temperature** (Phys) / charakteristische Temperatur ‖ ~ **value** / charakteristischer Wert ‖ ~ **vector** (Maths, Mech) / Eigenvektor *m* ‖ ~ (**exhaust**) **velocity** (Space) / charakteristische Geschwindigkeit (einer Rakete - ein für die Güte der Verbrennung in der Brennkammer charakteristischer Parameter) ‖ ~ **X-radiation\*** (Radiol) / Röntgenfluoreszenzstrahlung *f*, charakteristische Strahlung (der Atome), charakteristische Röntgenstrahlung, Eigenstrahlung *f*, Fluoreszenzröntgenstrahlung *f* ‖ ~ **X-rays** (Radiol) / Röntgenfluoreszenzstrahlung *f*, charakteristische Strahlung (der Atome), charakteristische Röntgenstrahlung, Eigenstrahlung *f*, Fluoreszenzröntgenstrahlung *f*

**characterization** *n* / Charakterisierung *f*

**character machine** (Comp) / Rechner *m* mit variabler Wortlänge ‖ ~ **master** (master image which is used to create the typeset product, stored as photographic or digitized master) (Comp, Typog) / Schriftgrundkarte *f* ‖ ~ **matrix** (Comp) / Zeichenmatrix *f*

**character-oriented** *adj* (Telecomm) / zeichenorientiert *adj*, zeichengebunden *adj* ‖ ~ **computer** (Comp) / Stellenmaschine *f*, Zeichenmaschine *f* ‖ ~ **machine** (Comp) / Stellenmaschine *f*, Zeichenmaschine *f* ‖ ~ **terminal** (Telecomm) / zeichenweise arbeitendes Terminal, zeichenorientiertes Terminal

**character packing density** (Comp) / Datendichte *f*, Zeichendichte *f* (DIN ISO 5652), Speicherdichte *f*

**character-parallel** *adj* (Comp) / zeichenparallel *adj*

**character pitch** (Comp) / Zeichenmittenabstand *m* ‖ ~ **printer** (Comp) / Zeichendrucker *m* (ein mechanischer Drucker) ‖ ~ **rate** (Comp, Telecomm) / Zeichengeschwindigkeit *f*, Zeichenrate *f* ‖ ~ **reader** (Comp) / Klarschriftleser *m*, Schriftenleser *m*, Zeichenleser *m* ‖ ~ **reading** (Comp) / Zeichenlesen *n* ‖ ~ **recognition** (Comp) / Schriftzeichenerkennung *f* ‖ ~ **recognition\*** (Comp) / [automatische] Zeichenerkennung *f* (optische oder magnetische)

**character-recognition software** (Comp) / Zeichenerkennungssoftware *f*

**character representation** / Zeichendarstellung *f* ‖ ~ **rounding** (TV) / Zeichenrundung *f* (beim Zeilensprungverfahren)

**character-serial** *adj* (Comp) / zeichenseriell *adj*

**character set** (Comp) / Zeichenvorrat *m*, Zeichensatz *m* (endliche Menge von Zeichen) ‖ ~ **skew** (Comp) / Zeichenschräglauf *m*, Schrägstellung *f* von Zeichen, Zeichenneigung *f* ‖ ~ **spacing** (Comp) / Schreibschritt *m*, Zeichenabstand *m*

**characters per second\*** (Comp) / Zeichen *n pl* pro Sekunde, Z/s (Zeichen pro Sekunde)

**character string** (Comp, Typog) / Zeichenfolge *f*, Zeichenkette *f*, Schriftzeichenfolge *f*, String *m* ‖ ~ **subroutine** (Comp) / Zeichensubroutine *f* ‖ ~ **subset** (Comp) / Zeichenvorratsuntermenge *f*, Zeichenteilmenge *f*, Zeichenteilvorrat *m* ‖ ~ **table** (the list of the characters of the irreducible representation of the operations of the group) (Chem) / Charaktertafel *f*

**character-writing tube** (Electronics) / Zeichenschreibröhre *f*

**charactron** *n* (Comp, Electronics) / Charactron *n* (eine Elektronenstrahlröhre, mit der annähernd eine Million Zeichen je Minute sichtbar gemacht werden können), Charaktron *n*

**charas** *n* (Bot, Chem) / Charas *m* (harzige Pflanzenteile des Indischen Hanfs) ‖ ~ (Pharm) / Haschisch *n m* (aus dem Blütenharz von dem Cannabis gewonnenes Rauschgift), Cannabis *m* (Haschisch)

**charcoal** *n* / Zeichenkohle *f* (Kohlestift zum Zeichnen) ‖ ~* (impure amorphous carbon, as animal charcoal, wood charcoal, etc.) (Chem) / künstliche Kohle (Holz-, Blut- usw.) ‖ ~ **canister** (Autos) / Aktivkohlebehälter *m* (in dem die Kohlenwasserstoffe adsorbiert werden), Aktivkohlefilter-Behälter *m* ‖ ~ **drawing** (Print) / Kohlezeichnung *f* ‖ ~ **dust** / Holzkohlepulver *n* ‖ ~ **filter** / Kohlefilter *n*

**charcoal-grey** *adj* / anthrazit *adj*, anthrazitfarben *adj*

**charcoal iron\*** (Met) / Holzkohlenroheisen *n*, HK-Eisen *n* ‖ ~ **pig iron** (Met) / Holzkohlenroheisen *n*, HK-Eisen *n* ‖ ~ **powder** / Holzkohlepulver *n*

**charge** *v* (Chem, Elec) / laden *v*, aufladen *v* ‖ ~ (Glass) / einlegen *v* (Gemenge) ‖ ~ (Met) / beschicken *v*, begichten *v*, chargieren *v*, möllern *v* (den Hochofen beschicken), befüllen *v* ‖ ~ (Met) / beschicken *v* ‖ ~ (Met) / aufgeben *v* ‖ ~ (Textiles) / dunkler machen (Farbstoffe), dunkeln *v* ‖ ~ (Textiles) / erschweren *v*, beschweren *v* (Naturseide), chargieren *v* (Naturseide) ‖ ~ (Textiles) / beschweren *v* (Baumwoll- und Zellwollgewebe bei der Ausrüstung) ‖ ~ *n* / Einsatzmenge *f* ‖ ~ / Charge *f* ‖ ~ / Gebühr *f* ‖ ~ (Autos) / Füllung *f* (Kraftstoff-Luft-Gemisch), Ladung *f* ‖ ~ (Ceramics) / Besatz *m* ‖ ~ (Chem) / Ansatz *m* ‖ ~* (Chem, Elec, Elec Eng, Phys) / Ladung *f* (physikalische Größe), Ladung *f* ‖ ~ (Civ Eng, Mining) / Sprengladung *f*, Sprengsatz *m* ‖ ~* (Eng) / Aufgabegut *n*, Einsatzmaterial *n* (das Ausgangsmaterial eines technologischen Prozesses), Einsatzgut *n*, Edukt *n* ‖ ~* (Glass) / Gemenge *n* (Ausgangsstoffgemisch für die Glasherstellung), Glasgemenge *n* ‖ ~* (Glass) / eingelegter Satz (im Hafenofen) ‖ ~* (Met) / Beschickungsmaterial *n*, Beschickung *f* (Material) ‖ ~* (Met) / Möller *m*, Gicht *f*, Hochofenmöller *m* ‖ ~ (Met) / Beschickungsmenge bei intermittierender Beschickung des Hochofens ‖ ~* (Mining) / Laden *n* (Einbringen der Sprengladung) ‖ ~* (Mining) / Schuss *m* (die Gesamtheit einer aus Einzelladungen bestehenden Sprengladung) ‖ ~ (Nuc Eng) / Reaktorbeladung *f*, Brennstoffbeschickung *f*, Reaktorbeschickung *f*, Brennstoffeinsatz *m*, Brennstoffbeladung *f*

**chargeable** *adj* / gebührenpflichtig *adj* ‖ ~ **call** (Teleph) / gebührenpflichtiges Gespräch

**charge-air cooler** (I C Engs) / Ladeluftkühler *m* (zur Kühlung der vorverdichteten Ladeluft), Intercooler *m*

**charge balance** (Chem) / Ladungsbilanz *f* (fiktive Ladung, die den Oxidationszustand der Elemente in einer Verbindung beschreibt) ‖ ~ **balancing** (US) / ein Analog-Digital-Umsetzverfahren ‖ ~ **build-up** (Elec Eng) / Ladungsaufbau *m* ‖ ~ **carrier** (Elec, Electronics, Phys) / Ladungsträger *m*, Träger *m* (elektrisch geladenes atomares Teilchen, das die elektrische Leitfähigkeit hervorruft)

**charge-carrier density** (Elec) / Ladungsträgerdichte *f* ‖ ~ **diffusion** (Elec, Electronics) / Ladungsträgerdiffusion *f* ‖ ~ **injection** (Electronics) / Ladungsträgerinjektion *f* (DIN 41 852)

**charge-changing process** (I C Engs) / Gaswechsel *m*, Ladungswechsel *m*

**charge cloud** (Chem) / Ladungswolke *f* (Raum des wahrscheinlichen Aufenthalts der Elektronen in der Theorie der chemischen Bindung) ‖ ~ **coke** (Foundry) / Satzkoks *m* (z.B. für den Kupolofen) ‖ ~ **coke** (Met) / Satzkoks *m* (im Kupolofen) ‖ ~ **condition** (Phys) / Ladungszustand *m* ‖ ~ **conjugation** (a symmetry transformation that reverses the sign of the charge of every charged particle) (Phys) / Ladungskonjugation *f*, Teilchen-Antiteilchen-Konjugation *f* (eine formale Operation in der Quantenfeldtheorie) ‖ ~ **conjugation parity** (Phys) / Ladungsparität *f*, C-Parität *f* ‖ ~ **control agent** (Elec Eng) / Ladungssteuerungsmittel *n* (das die Polarität und höhe von reibungselektrischer Auflagung bestimmt)

**charge-controlled** *adj* (Nuc) / ladungskontrolliert *adj* (Wechselwirkungen)

**charge-coupled circuit** (Electronics) / ladungsgekoppelte Schaltung ‖ ~ **device\*** (Comp) / ladungsgekoppelter Baustein (lichtempfindliche Sensoren, mit denen sich die Helligkeit an einer Stelle messen und in Stromimpulse umsetzen lässt; Einsatz zum Beispiel bei Scannern, Kopierern, Videokameras), Ladungsspeicher-Baustein *m*

**charge-coupled device\*** (Electronics) / ladungsgekoppeltes Schaltelement (ein Halbleiterelement aus einem n-Substrat, das mit

**charge-coupled**

einer Oxidschicht bedeckt wird, auf der wiederum zwei metallisierte Anschlüsse angebracht werden), CCD-Element *n* (ladungsgekoppelter Schaltelement)
**charge-coupled image sensor** (TV) / Festkörperbildsensor *m*, Halbleiterbildsensor *m*, Detektormatrix *f*
**charge curve** (Elec Eng) / Ladekurve *f*, Ladecharakteristik *f*, Ladungskurve *f*, Ladungscharakteristik *f*
**charged conductor** (Elec Eng) / geladener Leiter
**charge density** (Phys) / Ladungsdichte *f*
**charge-density wave** (Phys) / Ladungsdichtewelle *f* (statische räumliche Modulation der Elektronendichte)
**charge dependence** (Phys) / Ladungsabhängigkeit
**charge-discharge machine**\* (Nuc Eng) / Lade-Entlade-Anlage *f*
**charge dissipation** (Elec) / Ladungsableitung *f* || ~ **distribution** (Phys) / Ladungsverteilung *f*, Verteilung *f* der Ladungen
**charged main** (Eng) / Rohrleitung *f* unter Druck || ~ **system**\* (Textiles) / Charged-System *n* (Chemischreinigungsverfahren, bei dem bis zu 40 g Reinigungsverstärker pro Liter Lösungsmittel eingesetzt werden)
**charge exchange**\* (Phys) / Ladungsaustausch *m* || ~ **exchange process** (I C Engs) / Gaswechsel *m*, Ladungswechsel *m* || ~ **face**\* (Nuc Eng) / Ladeseite *f*, Beladungsseite *f*, Beschickungsseite *f*
**charge-flow transistor** (Electronics) / Ladungsflusstransistor *m*
**charge for air and route navigation facilities** (Aero) / Gebühr *f* für die Benutzung von Strecken- und Flugnavigationseinrichtungen und -diensten
**chargehand** *n* (GB) (a worker, ranking below a foreman, in charge of others on a particular job) / Vorarbeiter *m*, Aufsichtsperson *f*
**charge-independent**\* *adj* (Nuc) / ladungsunabhängig *adj*
**charge indication** (Electronics) / Gebührenanzeige *f* || ~ **indication** (Elec Eng) / Ladungsanzeige *f* || ~ **indicator** (Elec Eng) / Spannungssucher *m* (ein Anzeigegerät), Spannungsfühler *m*
**charge-induced** *adj* (Phys) / ladungsinduziert *adj*
**charge-injection device** (Electronics) / Ladungsinjektions-Bauelement *n*, Ladungsinjektions-Schaltung *f*
**charge-like quantum number** (Phys) / ladungsartige Quantenzahl
**charge make-up** (Met) / Gattierung *f*, Gattieren *n*
**charge-mass ratio**\* (Phys) / Ladung-Masse-Verhältnis *n*, spezifische Ladung
**charge multiplet** (Nuc) / Isobarenmultiplett *n*, Isospinmultiplett *n*, Ladungsmultiplett *n* || ~ **normalization** (Phys) / Ladungsnormierung *f* || ~ **number** (Phys) / Ladungszahl *f* (z.B. eines Ions) || ~ **of cullet** (Glass) / Scherbeneinlage *f* (getrennte) || ~ **of ore** (Met) / Erzgicht *f*, Erzmöller *m* || ~ **operator** (Nuc) / Ladungsoperateur *m* || ~ **parity** (Phys) / Ladungsparität *f*, C-Parität *f*
**charge-parity symmetry** (the symmetry operation that is a combination of charge conjugation and parity) (Phys) / CP-Symmetrie *f*
**charge-parity-time symmetry** (the symmetry operation that is a combination of charge conjugation, parity and time-reversal symmetry) (Phys) / CPT-Symmetrie *f*
**charge pattern** (Phys) / Ladungsverteilung *f* (als bildliche Darstellung) || ~ **per-call basis** (Teleph) / Einzelabrechnung *f* der Gebühren
**charge-permutation reaction** (Chem) / Ladungsvertauschungsreaktion *f*
**charge product** (Phys) / Ladungsprodukt *n*
**charger** *n* (Elec Eng) / Ladegerät *n* (mit dem die Sekundärelemente aus dem Netz die Ladeenergie zugeführt erhalten) || ~ (Met) / Beschickungsmaschine *f*, Chargiermaschine *f*, Einsetzmaschine *f*
**charge registration** (Comp) / Gebührenerfassung *f* || ~ **renormalization** (Phys) / Ladungsrenormierung *f* || ~ **reversal** (Elec) / Umladung *f*, Ladungsumkehr *f*
**charge-sensitive** *adj* / ladungsempfindlich *adj*
**charge separation** (Elec Eng) / Ladungstrennung *f* || ~ **state** (Phys) / Ladungszustand *m*
**charge-step polarography** (Chem, Elec Eng) / Ladungsinkrementpolarografie *f*
**charge storage** (TV) / Ladungsspeicherung *f*
**charge-storage junction field-effect transistor** (Electronics) / Feldeffekttransistor *m* mit Ladungsspeicherung, CSJFE-Transistor *m*
**charge symmetry** (Elec) / Ladungssymmetrie *f* || ~ **transfer** (Electronics) / Ladungsträgertransfer *m*, Ladungsträgertransport *m*, Ladungstransport *m*, Ladungstransport *m* (eine umkehrbare, partielle Verschiebung von Elektronen von einem Donatorteilchen, die nicht zu starker chemischer Wechselwirkung führt, sondern nur zu einem relativ lockeren Zusammenschluss), Ladungsverschiebung *f*, Ladungsüberführung *f*, Ladungsübertragung *f*, Charge Transfer *m*, CT
**charge-transfer complex** (Chem) / Ladungsübertragungskomplex *m*, Charge-transfer-Komplex *m*, CT-Komplex *m*, Donator-Akzeptor-Komplex *m* || ~ **complex** (Chem) s. also adduct

**charge-transfer device** (Electronics) / Ladungsverschiebeschaltung *f*, Ladungsverschiebeelement *n*
**charge-transfer reaction** (Chem, Elec Eng) / Durchtrittsreaktion *f* (in einer Brennstoffzelle)
**charge transport** (Electronics) / Ladungsträgertransfer *m*, Ladungsträgertransport *m*, Ladungstransport *m* (eine umkehrbare, partielle Verschiebung von Elektronen von einem Donatorteilchen, die nicht zu starker chemischer Wechselwirkung führt, sondern nur zu einem relativ lockeren Zusammenschluss), Ladungsverschiebung *f*, Ladungsüberführung *f*, Ladungsübertragung *f*, Charge Transfer *m*, CT || ~ **tube** (Nuc Eng) / Laderohr *n*, Beladerohr *n* || ~ **unit** (Teleph) / Gesprächsgebühreneinheit *f*, Gebühreneinheit *f* (Maßeinheit für die Gesprächsgebühr) || ~ **weight** (Met) / Einsatzgewicht *n*, Aufgabegewicht *n*
**charging** (Telecomm, Teleph) / Charging *n* (Kostenabrechnung für die Nutzung eines Dienstes), Vergebührung *f* (des genutzten Dienstes), Tarifierung *f* || ~ *n* / Beschickung *f* (Zufuhr von Einsatzstoffen im Allgemeinen) || ~ (Met) / Beschicken *n*, Begichtung *f*, Beschickung *f* (des Hochofens) || ~ (Nuc Eng) / Reaktorbeladung *n*, Brennstoffbeschickung *f*, Reaktorbeschickung *f*, Brennstoffeinsatz *m*, Brennstoffbeladung *f* || ~ (call metering) (Telecomm, Teleph) / Gebührenerfassung *f* || ~ (Textiles) / Chargierung *f*, Erschwerung *f* (eine Seidenausrüstung) || ~ (Textiles) / Beschweren *n* (eine Ausrüstung bei Baumwoll- und Zellwollgeweben) || ~ **armature** (Autos) / Generatoranker *m* für Batterieladung (im Magnetzündergenerator) || ~ **bar** (Mining) / Besatzstock *m*, Ladestock *m* (zum Einführen von Sprengstoffpatronen und Besatz in ein Bohrloch) || ~ **belt** (Met) / Beschickungsband *n*, Begichtungsband *n* || ~ **capacitor** (Elec Eng) / Ladekondensator *m* (zwischen die gleichstromseitigen Anschlüsse des Stromrichtersatzes geschalteter Kondensator) || ~ **characteristic** (Autos) / Ladekennlinie *f* || ~ **circuit** (Elec Eng) / Ladekreis *m* || ~ **conveyor** (Met) / Beschickungsförderer *m* (meistens eine Bandförderanlage), Begichtungsförderer *m* || ~ **crane** (Met) / Beschickungskran *m*, Chargierkran *m*, Begichtungskran *m* || ~ **cullet only** (Glass) / Scherbeneinlage *f* (getrennte) || ~ **current**\* (Elec Eng) / Ladestrom *m* || ~ **curve** (Elec Eng) / Ladekurve *f*, Ladecharakteristik *f*, Ladungskurve *f*, Ladungscharakteristik *f* || ~ **door** (Met) / Chargiertür *f* (des SM-Ofens), Beschickungstür *f* || ~ **end wall** (of the charging end) (Glass) / Stirnwand *f* (der Arbeitswanne) || ~ **factor** (Elec Eng) / Ladefaktor *m* || ~ **floor** (Met) / Gichtbühne *m* (des Hochofens) || ~ **gallery** (Met) / Gichtbühne *m* (des Hochofens) || ~ **hole** (Met) / Beschickungsöffnung *f* (des Schachtofens), Begichtungsöffnung *f*, Gicht *f* (des Hochofens) || ~ **information** (Teleph) / Gebührendaten *pl* || ~ **level** (Foundry) / Setzboden *m* (des Kupolofens) || ~ **machine** (Met) / Beschickungsmaschine *f*, Chargiermaschine *f*, Einsatzmaschine *f* || ~ **piston** (Autos) / Ladekolben *m* (bei Zweitaktmotoren) || ~ **platform** (Foundry) / Gichtbühne *f* (des Kupolofens) || ~ **platform** (Met) / Gichtbühne *m* (des Hochofens) || ~ **rectifier** (Elec Eng) / Ladegleichrichter *m* (zur Ladung von Sekundärelementen) || ~ **resistor**\* (Elec Eng) / Ladewiderstand *m* (ein Bauteil) || ~ **robot** / Beschickungsroboter *m* || ~ **scale** / Mehrkomponentenwaage *f*, Chargenwaage *f* || ~ **station** (Elec Eng) / Ladestation *f* || ~ **stock** (Eng) / Aufgabegut *n*, Einsatzmaterial *n* (das Ausgangsmaterial eines technologischen Prozesses), Einsatzgut *n*, Edukt *n* || ~ **stroke** (I C Engs) / Ansaughub *m* (im Viertakttzyklus), Saughub *m* || ~ **tube** (Nuc Eng) / Laderohr *n*, Beladerohr *n* || ~ **voltage**\* (Elec Eng) / Ladespannung *f* || ~ **zone** (Telecomm) / Gebührenzone *f* || ~ **zone list** (Telecomm) / Verzonungsliste *f*, VZL (Verzonungsliste)
**Charles-Gay-Lussac law** (Phys) / Charles'sches Gesetz (nach J.A.C. Charles, 1746-1823), Amontons'sches Gesetz (nach G. Amontons, 1663-1705), Gay-Lussac-Humboldt'sches Gesetz (nach A. Frhr. v. Humboldt, 1769-1859)
**Charles' law** (Phys) / Charles'sches Gesetz (nach J.A.C. Charles, 1746-1823), Amontons'sches Gesetz (nach G. Amontons, 1663-1705), Gay-Lussac-Humboldt'sches Gesetz (nach A. Frhr. v. Humboldt, 1769-1859)
**Charles's law**\* (a gas law) (Phys) / Charles'sches Gesetz (nach J.A.C. Charles, 1746-1823), Amontons'sches Gesetz (nach G. Amontons, 1663-1705), Gay-Lussac-Humboldt'sches Gesetz (nach A. Frhr. v. Humboldt, 1769-1859)
**Charlton white** (Paint) / Lithopone *f* (ein Gemisch von Bariumsulfat und Zinksulfid - ein ungiftiges, lichtechtes Weißpigment), Lithopon *n*, Deckweiß *n*
**charm**\* *n* (Nuc) / Charm *n* (Quantenzahl des charmanten Quarks)
**Charmat process** (Nut) / Charmat-Verfahren *n*, Tankgärung *f* (bei der Sektherstellung)
**charmed** *adj* (Nuc) / Charm-, mit Charm || ~ **quark** (Nuc) / Charm-Quark *n*, c-Quark *n* (ein Quarkart)
**charmelaine** *n* (Textiles) / Charmelaine *n* (wollener Abseitenstoff)

**charmeuse** *n* (Textiles) / Charmeuse *f* (maschenfeste Kettenwirkware aus zwei Fadensystemen in gegenlegiger Tuchtrikotbindung gewirkt)
**charming meson** (Nuc) / charmantes Meson
**charmonium** *n* (Nuc) / Charmonium *n* (gebundenes System cqc des Teilchens Charm-Quark mit seinem Antiteilchen qc) || ~ (Nuc) s. also J particle || ~ **molecule** (Nuc) / Charmoniummolekül *n*, molekulares Charmonium
**Charm Test II** (Nut) / Rezeptortest *m* (zum Nachweis von Antibiotikarückständen in Lebensmitteln)
**charnockite**\* *n* (Geol) / Charnockit *m* (magmatisches granitisches Gestein)
**char-oil-energy development process** (Chem Eng) / COED-Verfahren *n* (Erzeugung von Gas, Öl und Koks durch Schwelen von Kohle in mehrstufigen Wirbelschichtreaktoren)
**Charpy pendulum machine** (the impact hammer pendulum strikes the specimen on its notched side at a specified distance above the notch) (Materials) / Charpy'scher Pendelhammer, Charpy-Prüfmaschine *f* || ≙ (impact) **test**\* (Materials, Met) / Kerbschlagbiegeversuch *m* nach Charpy (DIN EN 10 045-1 - G. Charpy, 1865-1945), Charpy-Kerbschlagbiegeversuch *m* || ~ **three-point bend specimen** (Materials) / Dreipunktbiegeprobe *f* (eine Probenform), 3PB-Probe *f* || ≙ **V-notch impact test** (Materials) / Kerbschlagbiegeversuch *m* nach Charpy (DIN EN 10 045-1 - G. Charpy, 1865-1945), Charpy-Kerbschlagbiegeversuch *m*
**charqui** *n* (Nut) / Trockenrindfleisch *n* (ungesalzenes, an der Sonne gedörrt)
**charred sponge** / Schwammkohle *f*
**charring** *n* (Chem Eng) / Verkohlung *f* (organischer Stoffe bei Sauerstoffmangel), Verschwelung *f* || ~ (Textiles) / Karbonisierung *f* (der Fasern - Brennverhalten der Textilien), Karbonisieren *n* (der Fasern)
**chart** *n* / Registrierstreifen *m* || ~ / Diagramm *n*, Graf *m*, Schaubild *n*, Graph *m* || ~ (Aero, Ships) / Karte *f* (eine kartografische Darstellung), Navigationskarte *f* (für Luft- und Schifffahrt) || ~ (Comp) / Chart *m n* (zur Darstellung von syntaktischen Strukturen) || ~ **comparison unit** (Radar) / Kartenvergleichsgerät *n* || ~ **datum** (Cartography, Ships) / Kartennull *n* (mehrfach gekrümmte Bezugsfläche der Seekarten)
**charter** *v* (Aero, Ships) / chartern *v* (einen Vertrag über die Beschaffung von Transportraum schließen) || ~ *n* (charter flight) (Aero) / Charterflug *m* (mit einem Charterflugzeug)
**chartered accountant** / Wirtschaftsprüfer *m* || ~ **engineer**\* (a member of one of the several specialized engineering institutes recognized by royal charter) / [staatlich] anerkannter Ingenieur *m* || ~ **flight** (Aero) / Charterflug *m* (mit einem Charterflugzeug)
**charterer** *n* (Aero, Ships) / Charterer *n* (jemand, der etwas chartert) || ~ (Ships) / Befrachter *m* (beim Seefrachtvertrag)
**charter flight** (Aero) / Charterflug *m* (mit einem Charterflugzeug) || ~-**party** / Charterpartie *f* (Urkunde über den Raumfrachtvertrag), Charterpartie *f* || ~-**party** (Aero, Ships) / Chartervertrag *m* (Miet- oder Pachtvertrag über ein Flugzeug, ein Schiff oder Teile seines Laderaums zur Beförderungvon Personen oder Gütern), Charter *m f* (Chartervertrag)
**chart house** (Ships) / Kartenraum *m* (von der Kommandobrücke abgeteilter Raum, in dem die Seekarten, das Chronometer, die Schiffsortungseinrichtungen und nautische Handbücher untergebracht sind)
**charting** *n* (Cartography, Surv) / Landesaufnahme *f*, Kartieren *n*, Aufnehmen *n*, Aufnahme *f*, Kartierung *f*
**chart of the nuclides** (Chem) / Nuklidkarte *f* (Darstellung aller experimentell nachgewiesenen Nuklide) || ~ **paper** (Paper) / Schreiberpapier *n*, Diagrammpapier *n* (ein Funktionspapier), Schreiberdiagrammpapier *n* (für Punkt-, Linien- und Kreisblattschreiber), Registrierpapier *n* || ~ **paper** s. also graph paper and map paper || ~ **parser** (Comp) / Tabellenparser *n*, Chart-Parser *m* (zur syntaktischen Sprachanalyse) || ~ **room** (Ships) / Kartenraum *m* (von der Kommandobrücke abgeteilter Raum, in dem die Seekarten, das Chronometer, die Schiffsortungseinrichtungen und nautische Handbücher untergebracht sind)
**chase** *v* / treiben *v* (Metall mit dem Treibhammer), punzen *v* || ~ (Eng) / strehlen *v* (Gewinde) || ~ (Eng, Met) / tiefen *v* (Vertiefungen in einem ebenen oder gewölbten Blech anbringen) || ~\* *n* (Agric, Civ Eng, Plumb) / Rohrgraben *m* (DIN 4124), Rohrverlegungsgraben *m* || ~\* (Build) / Aussparung *f* in der Mauer (für Unterputzleitungen usw.), Leitungsschlitz *m*, Mauerschlitz *m* (für Unterputzleitungen) || ~\* (Print, Typog) / Schließrahmen *m* || ~\* (Build) s. also raceway || ~ **locking** (Print) / Formschließen *n*
**chaser** *n* / Lauflicht *n* (z.B. als Weihnachtsschmuck) || ~ (Aero, Eng, Space) / der später gestartete zusammenzuführende Raumflugkörper (bei einem Rendezvous) || ~ (Build) / Baubetreuer *m* (der hauptsächlich für das Bauberichtswesen zuständig ist) || ~\* (Eng, Tools) / Strehler *m* (mehrzahniges Gewindedrehwerkzeug), Gewindestrehler *m* || ~ (Min Proc) / Kollergangläufer *m* || ~ **vehicle** (Space) / der später gestartete zusammenzuführende Raumflugkörper (bei einem Rendezvous)
**chase tenon** (For) / Jagzapfen *m* (eine für den nachträglichen Einbau von Kanthölzern geeignete Zapfenverbindung)
**chasing calender** (Textiles) / Chasing-Kalander *m*, Chaising-Kalander *m* (auf dem man die plastische Fadenform oder eine mangelähnlichen Glanzeffekt erzielen kann) || ~ **hammer** (Eng, Tools) / Treibhammer *m* || ~ **leader** (Eng) / Leitpatrone *f* (Gewindestrehlen) || ~ **tool** (Tools) / Punze *f* (zur Treibarbeit)
**Chasles' theorem** (Maths) / Chasles'scher Satz (nach M. Chasles, 1793 - 1880), Satz *m* von Chasles
**chasm** *n* (a deep breach, cleft, or opening in the Earth's surface, such as a yawning fissure or narrow gorge) (Geol) / Kluft *f*, Spalte *f*, Diaklase *f*
**chassis**\* *n* (Autos) / Fahrgestell *n* (DIN 70 020), Chassis *n*, Fahrwerk *n* || ~\* (Elec Eng, Radio) / Grundplatte *f*, Aufbauplatte *f*, Chassis *n* (Rahmen elektronischer Apparate), Einbaurahmen *m* || ~\* (Electronics) / Baugruppenträger *m* (DIN 43 350), BGT (Baugruppenträger) || ~ **clearance** (Autos) / Bodenfreiheit *f* (DIN 70020)
**chassisless** *adj* (Autos) / selbsttragend *adj* || ~ **vehicle** (Autos) / Kraftfahrzeug *n* mit selbsttragender Karosserie
**chassis section** (Autos) / Hohlprofil *n* (der Karosserie, das meistens hohlraumversiegelt wird)
**chat** *v* (Comp) / chatten *v* (sich per Online mit Hilfe einer Mailbox unterhalten) || ~ (Comp) / chatten *v* (im Internet) || ~ *n* (Comp) / Chat *m* (Online-Kommunikation mit Hilfe eines Chats) || ~ (Comp) / Chat-Funktion *f* (bei Kommunikationsprogrammen eine Funktion, die eine "Online-Unterhaltung" erlaubt), Chat *m* || ~ (Comp) s. also forum || ~ **group** (Comp) / Chat-Gruppe *f* (Gruppe, welche im Internet miteinander kommuniziert), Chatgroup *f*
**chatoyancy**\* *n* (Min) / Chatoyieren *n*, Chatoyance *f*, Katzenaugeneffekt *m* (wandernder Lichtschein)
**chat room** (the visual interface which displays the messages and responses of participants who are using on-line chat ) (Comp) / Chatroom *m* (virtueller Gesprächsraum im Internet), Chatraum *m*, IRC-Channel *m* (IRC-Online-Konferenz), Channel *m* (Chatraum) || ~ **server** (a server which monitors the users of a chat room) (Comp) / Chat-Server *m* (der das Chatten via Tastatur ermöglicht) || ~ **site** (a Web site which hosts online chat) (Comp) / Chatsite *f*
**chatter** *v* (Acous) / klirren *v*, klappern *v*, scheppern *v* || ~ (Carp, For) / flattern *v* (Sägeblatt) || ~ *n* (Carp, For) / Flattern *n* (seitliches Schlagen des Maschinensägeblattes) || ~ (Comp) / Chatter *m* (der im Internet chattet) || ~\* (Electronics) / Zitterbewegung *f* (des Schneidwerkzeugs) || ~\* (Eng) / Rattern *n* (selbsterregte Schwingung während des Zerspanungsprozesses) || ~\* (Eng) / Schnattern *n*, Flattern *n* (z.B. der Armaturen) || ~\* (Telecomm) / Kontaktflattern *n* || ~ **mark** (For) / Ratterspur *f* (z.B. beim Schleifen von Faser- und Spanplatten)
**chatterproof** *adj* (Elec Eng, Telecomm) / prellsicher *adj* (Kontakt, Schalter), prellfrei *adj*
**chatter sleek** (Eng, Materials) / Reibspur *f* (als Bearbeitungsfehler) || ~ **suppression** (Telecomm) / Entprellung *f*
**chatting** *n* (Comp) / Chatten *n* (Online-Unterhaltung zwischen zwei Usern mithilfe einer Mailbox)
**Chattock gauge** (Phys) / Chattock-Manometer *n*
**chaulmoogra oil** (Med, Pharm) / Chaulmoograöl *n* (aus Hydnocarpus kurzii (King) Warb.), Gynokardiaöl *n*, Hydnocarpusöl *n* (Arzneimittel gegen bösartige Hautkrankheiten)
**chaulmoogric acid** (Chem) / Chaulmoograsäure *f* (eine Cyclopentenyl-Fettsäure)
**Chauvel glass** (Glass) / Chauvel-Glas *n* (Gussspiegelglas mit einer Drahteinlage aus parallelen Stahldrähten)
**chavicol** (Chem) / Chavicol *n* (in mehreren etherischen Ölen enthaltenes Phenolderivat) || ~ **methyl ether** (Chem) / Estragol *n*, Chavicolmethylether *m*, Methylchavicol *n*
**chayote starch** (Nut) / Chayotestärke *f*, Christophinenstärke *f* (aus Sechium edule (Jacq.) Sw.)
**CH coupling** (Spectr) / CH-Kopplung *f*
**CHDM** (1,4-cyclohexanedimethanol) (Chem) / 1,4-Cyclohexandimethanol *n*, CHDM (1,4-Cyclohexandimethanol)
**cheap** *adj* / billig *adj* (Ware)
**cheaped rate** (Rail) / ermäßigter Tarif
**Cheapernet** *n* (Comp) / 10 Base 2\* *n* (benannt nach den, verglichen mit Thick Ethernet dünneren und sehr viel billigeren, aber auch in ihrer Reichweite beschränkten Cheapernet-Kabel), Thin Ethernet *n*, dünnes Ethernet
**cheap-rate period** (Teleph) / gebührengünstige Zeit
**cheat** *n* (Comp) / Cheat *m* (pl. -s) (undokumentierte Funktionen in Computer- oder Videospielen, die spielverlaufsabhängige

**cheat**

Limitationen /z.B. Spieldauer, Spielstufe/ aufheben) ‖ ~ **system** (Comp) / Cheat-System *n* (Software zum Aufspüren von Cheats)
**chebulagic acid** (Leather) / Chebulagsäure *f* (ein hydrolysierbarer Gerbstoff)
**chebulic acid** (Leather) / Chebulsäure *f* (ein Bestandteil der Chebulagsäure)
**Chebyshev approach** (Maths) / Tschebyschow-Approximation *f* ‖ ≃ **approximation** (Maths) / Tschebyschow-Approximation *f* ‖ ≃ **differential equation** (Maths) / Tschebyschow'sche Differentialgleichung ‖ ≃ **filter*** (Radio) / Tschebyscheff-Filter *n*, Tschebyschow-Filter *n*, Čebyšev-Filter *n* (nach P.L.Čebyšev, 1821-1894) ‖ ≃ **inequality*** (Maths) / Čebyšev'sche Ungleichung, Tschebyschow'sche Ungleichung ‖ ≃ **polynomials** (Maths) / Tschebyscheff-Polynome *n pl*, Tschebyschow-Polynome *n pl* (eine für die Approximation und für das Gaußsche Quadraturverfahren wichtige Polynomklasse)
**check** *v* (for) / nachprüfen *v*, überprüfen *v*, prüfen *v* (auf etwas) (auf etwas) ‖ ~ / Überprüfung *f*, Kontrolle *f*, Inspektion *f*, Nachprüfung *f*, Prüfung *f*, Kontrollprobe *f*, Kontrollmaßnahme *f* ‖ ~ / Schein *m* (Gutschein, Aufbewahrungsschein, Gepäckschein, Kontrollschein) ‖ ~ (For) / Längsriss *m*, Radialriss *m* ‖ ~ (For) / Riss *m* (meistens ein Trocknungsfehler) ‖ ~ (Foundry) / Riss *m* ‖ ~ (a surface crack in a glass article) (Glass) / Oberflächenriss *m* ‖ ~ **analysis** (Chem) / Kontrollanalyse *f* ‖ ~ **bit** (Comp) / Prüfbit *n*, Kontrollbit *n* ‖ ~ **bit pattern** (Comp) / Prüfbitmuster *n* ‖ ~ **box** (Comp) / Optionsfeld *n* ‖ ~ **card phone** (Teleph) / Wertkartentelefon *n* ‖ ~ **character** (Comp) / Prüfzeichen *n* ‖ ~ **crack** (Foundry) / Schrumpfungsriss *m*, Schwindriss *m* (z.B. durch ungleichmäßiges Austrocknen), Schwindungsriss *m*, Schrumpfriss *m* ‖ ~ **curtain** (Mining) / Wettergardine *f* (Vorhang aus flexiblem Material zum Wetterabschluss oder zur Wetterlenkung in lokalen Einsatz), Wettertuch *n* ‖ ~ **digit*** (Comp) / Prüfziffer *f*, Kontrollziffer *f* ‖ ~ **digit*** (Comp) s. also check character
**checked** *adj* (Textiles) / kariert *adj* ‖ ~ **back** (Carp) / ausgespart *adj*
**checker** *n* (Ceramics, Met) / Gitterstein *m* (feuerfester Stein,der in Regenerativkammern zur Speicherung der von Abgasen mitgeführten Wärme eingesetzt wird), Gitterziegel *m* (für SM-Öfen) ‖ ~ (Met) / Regenerativkammer *f*
**checkerberry oil** / Gaultheriaöl *n*, Wintergrünöl *n* (etherisches Öl aus den Blättern der Gaultheria procumbens L.)
**checkerboard** *n* (Electronics) / Siliziumscheibe *f* mit Schaltkreismosaik (nach der Bearbeitung mit dem Ritzgerät)
**checker brick** (Ceramics, Met) / Gitterstein *m* (feuerfester Stein,der in Regenerativkammern zur Speicherung der von Abgasen mitgeführten Wärme eingesetzt wird), Gitterziegel *m* (für SM-Öfen)
**checkered** *adj* (US) / schachbrettartig *adj*, kariert *adj*, gewürfelt *adj* ‖ ~ **plate** (a ribbed plate) (Met) / Riffelblech *n* (ein gerpiptes Blech, z.B. für den Bodenbelag) ‖ ~ **wire** (Met) / Riffeldraht *m*
**checkers** *pl* (Glass, Met) / gitterförmig ausgemauerte Kammern (z.B. bei der Regenerativfeuerung), Kammergitterwerk *n*, Gitterungssystem *n* (in Regenerativkammern)
**checkerwork** *n* (Glass, Met) / gitterförmig ausgemauerte Kammern (z.B. bei der Regenerativfeuerung), Kammergitterwerk *n*, Gitterungssystem *n* (in Regenerativkammern)
**check flooding** (Agric) / Überstaubewässerung *f*, Bewässerung *f* durch Überschwemmung ‖ ~ **in** *v* (Aero) / abfertigen *v* (Fluggäste) ‖ ~ **in** (Aero) / einchecken *v* (Gepäck)
**check-in** *n* (Aero) / Check-in *m*, Einchecken *n* (Abfertigung des Fluggastes vor dem Flug) ‖ ~ **counter** (Aero) / Abfertigungsschalter *m* ‖ ~ **file** (Teleph) / Aktivdatei *f* (im Mobilfunk)
**checking*** *n* (the formation of slight breaks in a coating film that do not penetrate to the underlying surface) (Build, Paint) / oberflächliche Rissbildung, Haarrissbildung *f*, Netzaderbildung *f*, Netzrisse *m pl* ‖ ~ **motion** (Spinning) / Wagenbremse *f* ‖ ~ **nut** (Eng) / Stellmutter *f*, Einstellmutter *f* ‖ ~ **of the cargo** (Ships) / Ladungskontrolle *f* ‖ ~ **of the cargo** (Ships) s. also tallying ‖ ~ **program** (Comp) / Testprogramm *n*, Prüfprogramm *n*, Überwacher *m* (Programm zur Prüfung neu eingelesener Programme) ‖ ~ **resistance** (Paint) / Rissfestigkeit *f*
**check-in time** (Aero) / Meldezeit *f*, Einfindungszeit *f* (für Fluggäste), Check-in-Time *f*
**check irrigation** (Agric) / Überstaubewässerung *f*, Bewässerung *f* durch Überschwemmung
**checklist** *n* (Aero) / Checkliste *f* (eine Verfahrensliste, die von Piloten dafür verwendet wird, die Anlagen eines Flugzeugs systematisch vor dem Start und der Landung sowie im Notfall zu überprüfen) ‖ ~ (Aero) / Checkliste *f* (Liste der Flugpassagiere, die eingecheckt worden sind) ‖ ~ (Eng) / Lastenheft *n*, Pflichtenheft *n*, Spezifikation *f* ‖ ~ (Eng) / Checkliste *f*, Checkliste *f*
**check mark** (user interface) (Comp) / Haken *m* ‖ ~ **nut*** (Eng) / Gegenmutter *f*, Sicherungsmutter *f*, Kontermutter *f* ‖ ~ **off** *v* (US) / abhaken *v* (bei Vergleich, Nachprüfung) ‖ ~ **out** / ausprüfen *v*,

austesten *v*, durchprüfen *v* ‖ ~ **out** (Comp) / Fehler oder Störstellen beseitigen, entstören *v*, von Fehlern bereinigen, debuggen *v*
**checkout** *n* (Aero, Mil, Space) / Check-out *m* (Überprüfung oder programmierte Einweisung) ‖ ~ (Comp) / Kasse *f* (elektronische - z.B. in den Supermärkten) ‖ ~ **counter** (Comp) / Kasse *f* (elektronische - z.B. in den Supermärkten) ‖ ~ **desk** (Comp) / Kasse *f* (elektronische - z.B. in den Supermärkten) ‖ ~ **point** (Comp) / Kasse *f* (elektronische - z.B. in den Supermärkten)
**check paper** (US) (Paper) / Scheckpapier *n* ‖ ~ **pattern** (Textiles) / Würfelmuster *n* ‖ ~ **plug** (Eng, Tools) / Prüflehrdorn *m*
**checkpoint** *n* (Comp) / Fixpunkt *m*, bedingter Programmstopp, Checkpoint *m*
**checkpointed program** (Comp) / durch einen Fixpunkt festgehaltenes Programm
**checkpoint instruction** (Comp) / Haltinstruktion *f*, Stoppbefehl *m*, Programmstoppbefehl *m*, Haltbefehl *m*
**check-print** (Cinema) / Nullkopie *f*
**check program** (Comp) / Testprogramm *n*, Prüfprogramm *n*, Überwacher *m* (Programm zur Prüfung neu eingelesener Programme) ‖ ~ **program** (Comp) s. also monitor and supervisor ‖ ~ **protection** (US) (Comp) / Scheckschutz *m* ‖ ~ **rail*** (Rail) / Radlenker *m*, Leitschiene *f* (zusätzlich angeordnete Schiene in Gleisbogen), Schutzschiene *f* ‖ ~ **rail*** (Rail) / Zwangsschiene *f*, Schutzschiene *f*, Fangschiene *f* ‖ ~ **reader** (US) (Comp) / Scheckleser *m* ‖ ~ **receiver*** (Radio) / Kontrollempfänger *m*, Monitor *m*
**check-row drill** (Agric) / Quadratdibbelmaschine *f*
**check sample** / Vergleichsmuster *n* ‖ ~ **source** (a radioactive source, not necessarily calibrated, which is used to confirm the continuing satisfactory operation of an instrument) (Instr) / Kontrollquelle *f*, Betriebsprüfquelle *f*
**checksum** *n* (horizontal) (Comp) / Quersumme *f* (eine Kontrollsumme) ‖ ~ (Comp) / Prüfsumme *f* (zum Überprüfen der Integrität übertragener Daten), Kontrollsumme *f* ‖ ~ **check** (Comp) / Prüfsummentest *m*
**checksummer** *n* (Comp) / Prüfsummenprogramm *n* (zur Viruserkennung) ‖ ~ **program** (to detect viruses) (Comp) / Prüfsummenprogramm *n* (zur Viruserkennung)
**check symbol** (Comp) / Prüfzeichen *n* ‖ ~ **test** / Gegenkontrolle *f*, Gegenprüfung *f*, Gegenversuch *m* ‖ ~ **throat*** (Build) / Wassernasenrinne *f* (z.B. eines Fensterbretts) ‖ ~ **total** (Comp) / Prüfsumme *f* (zum Überprüfen der Integrität übertragener Daten), Kontrollsumme *f* ‖ ~ **valve*** (Eng) / Rückschlagventil *n* ‖ ~ **valve** (Eng) / Klappenventil *n* (bei Pumpen) ‖ ~ **word** (Comp) / Kontrollwort *n*
**cheddite*** *n* / Cheddit *n* (ein alter Chloratsprengstoff)
**cheek** *n* (Build, Eng) / Seitenwand *f*, Wange *f*, Backe *f*, Backen *m* ‖ ~* (Carp) / Seite *f* des Zapfenlochs ‖ ~ (Foundry) / Zwischenkasten *m*, Mittelkasten *m* ‖ ~ (Tools) / Wange *f* (der Axt)
**cheeks** *pl* (Leather) / Backen *f pl*
**cheese** *n* (Cables) / Kabelwachs *n* ‖ ~* (Spinning) / Kreuzspule *f* (mit sich kreuzenden Wicklungslagen auf einer Hülse), Kreuzwickel *m* (DIN 61800) ‖ ~ **aerial** (Radio) / Parabolzylinder-Antenne *f* (eine Mikrowellenantenne), Käseschachtelantenne *f* (wenn der Abstand der metallischen Platten größer ist als eine Wellenlänge), Tortenschachtelantenne *f* ‖ ~ **antenna** (a reflector antenna having a cylindrical reflector enclosed by two parallel conducting plates perpendicular to the cylinder, spaced more than one wavelength apart) (Radio) / Parabolzylinder-Antenne *f* (eine Mikrowellenantenne), Käseschachtelantenne *f* (wenn der Abstand der metallischen Platten größer ist als eine Wellenlänge), Tortenschachtelantenne *f*
**cheesecloth** *n* (Textiles) / Cheesecloth *m n*, Indisch Leinen (handgewebtes indisches Scheindrehergewebe aus hartgedrehten Baumwollgarnen, meist rohfarbig) ‖ ~* (Textiles) / Mull *m* (dünnes, weitmaschiges Baumwollgewebe), Gaze *f* (Verbandmull)
**cheese coating** (Nut) / Käseüberzugmasse *f*, Käsedeckmasse *f* ‖ ~ **curd** (Nut) / Käsebruch *m*, Bruch *m* (Käseteig)
**cheese-curing** *adj* (Nut) / Käsereifung *f*
**cheese dyeing** (Spinning) / Kreuzspulfärberei *f* (eine Art Garnfärberei)
**cheese-dyeing apparatus** (Textiles) / Kreuzspulfärbeapparat *m*, Kreuzspulfärbemaschine *f* ‖ ~ **machine** (Textiles) / Kreuzspulfärbeapparat *m*, Kreuzspulfärbemaschine *f*
**cheese-hard** *adj* (Ceramics) / käsehart *adj* (Masse, Ton)
**cheese-head** *n* (Eng) / Zylinderkopf *m* (einer Schraube), zylindrischer Schraubenkopf ‖ ~ **screw*** (Eng) / Zylinderschraube *f* mit Schlitz (DIN 84)
**cheesemaker** *m* (Nut) / Käser *m*, Kaser /A/ *m*
**cheesemaking** *n* (Nut) / Herstellung *f* von Käse, Käseherstellung *f*
**cheese milk** *n* (Nut) / Käsereimilch *f* ‖ ~ **package** (Spinning) / Kreuzspule *f* (mit sich kreuzenden Wicklungslagen auf einer Hülse), Kreuzwickel *m* (DIN 61800) ‖ ~ **press** (Nut) / Käsepresse *f* ‖ ~ **ripening** (Nut) / Käsereifung *f* ‖ ~ **slurry** (Nut) / künstlich überreifter Käse ‖ ~ **vat**

### chemical

(Nut) / Käsewanne f || ~ (coating) **wax** (Nut) / Käsewachs n || **~ with tapered ends** (Weaving) / Doppelkegel-Zylinderspule f (mit zylindrischer Mantelfläche und konischen Stirnflächen)
**cheesiness** n (Paint) / Kleben n (Klebrigkeit)
**cheesy** adj (Paint) / klebrig adj
**chelate** n (Chem) / Chelat n, Chelatverbindung f, Chelatkomplex m || **~ compound** (Chem) / Chelat n, Chelatverbindung f, Chelatkomplex m || **~ ring** (Chem) / Chelatring m
**chelating agent*** (Chem) / Chelator m, Chelatbildner m
**chelation** (Chem) / Chelation f, Chelatbildung f
**chelatometry** n (Chem) / Chelatometrie f (eine Art Komplexometrie) || ~ (Chem) s. also complexometric titration
**chelator** n (Chem) / Chelator m, Chelatbildner m
**cheletropic reaction** (Chem) / cheletrope Reaktion (eine spezielle perizyklische Reaktion)
**chelidonic acid** (Chem) / Chelidonsäure f, Jervasäure f
**Chelsea ware** (a type of soft-paste porcelain made in Chelsea in the 18th century) (Ceramics) / Chelseaporzellan n
**chem.** (Chem) / Chemie-, chemisch adj
**ChemFET** (Electronics) / chemisch gesteuerter Feldeffekttransistor
**chemic** v (Textiles) / chloren v (bei der Ausrüstung), chlorieren v
**chemical** n (Chem) / Chemikal n, Chemikalie f || **~** adj (Chem) / Chemie-, chemisch adj || **~ Abstracts Service** (Chem) / CAS (eine Abteilung der American Chemical Society) || **~ accident** (Chem, Chem Eng) / Arbeitsunfall m || **~ activation** (Chem) / chemische Aktivierung (der Aktivkohle) || **~ additive** (Chem) / chemischer Zusatz(stoff) || **~ adsorption** (Chem) / Chemisorption f, Chemosorption f, chemische Adsorption (bei der chemische Bindungskräfte wirken) || **~ affinity*** (Chem) / Affinität f (Triebkraft einer Reaktion), Reaktionsaffinität f || **~ amount** (Chem) / Stoffmenge f (in mol gemessen - nach DIN 32625), Molzahl f || **~ analysis** (Chem) / chemische Analyse || **~ asphalt** / Oxidationsbitumen n (mit Luftsauerstoff zur Verbesserung der plastischen und elastischen Eigenschaften behandelt - DIN 55946), Petrolasphalt m || **~ attack** (Chem) / chemische Einwirkung (negative, z.B. Korrosion), chemischer Angriff || **~ balance*** (Chem) / [analytische] Waage f, Analysenwaage f || **~ binding effect*** (Nuc) / Einfluss m der chemischen Bindung || **~ bond*** (Chem) / chemische Bindung, || **~ brightening** / chemisches Glänzen (wenn dem Poliermittel ein Ätzmittel zugesetzt wird), chemisches Polieren, Ätzpolieren n || **~ brown stain** (a brown discolouration of chemical origin that sometimes develops on wood in the course of air seasoning or kiln drying, probably from the oxidation of extractives in the wood) (For) / Braunfärbung f (eine Oxidationsverfärbung als Trocknungsschaden) || **~ burn** (Med) / Verätzung f (Verletzung durch Ätzmittel) || **~ carrier** (Ships) / Chemikalientanker m
**chemical-cartridge respirator** (Mining) / Filtergerät n (ein Atemschutzgerät mit chemischer Umsetzung am Filtermaterial)
**chemical cell** / elektrochemisches Element (primäres oder sekundäres - als Stromquelle), galvanisches Element (DIN 70853), galvanische Kette (Hintereinanderschaltung von Halbzellen), elektrochemische Kette || **~ change** (Chem) / chemische Umwandlung f || **~ cleaning** s. also dry cleaning || **~ closet*** (San Eng) / Trockenabort m, Trockenklosett n, chemisches Klosett, Chemikalientoilette f, Chemieklo n || **~ composition** (Chem) / chemische Zusammensetzung || **~ compound*** (Chem) / chemische Verbindung || **~ corrosion** (Surf) / chemische Korrosion || **~ cotton** (Chem Eng) / Zellulose f aus den kürzeren Linters 2. Schnittes || **~ crystal-lattice defect** (Chem, Crystal) / chemischer Gitterbaufehler || **~ crystallography** (Chem, Crystal) / Kristallchemie f (chemische Kristallografie), Festkörperchemie f || **~ dating** (Chem) / chemische Altersbestimmung (z.B. anhand von Razemisierungserscheinungen bei Aminosäuren) || **~ deposition** (Surf) / gesamtstromlose Metallabscheidung, fremdstromloses Abscheiden, außenstromloses Metallabscheiden aus wässrigen Lösungen (DIN 50902), chemische Metallabscheidung f || **~ development** (Photog) / chemische Entwicklung || **~ dosemeter** (Chem, Radiol) / chemisches Dosimeter (z.B. Fricke-Dosimeter) || **~ dosimeter** (Chem, Radiol) / chemisches Dosimeter (z.B. Fricke-Dosimeter) || **~ drain cleaner** (Chem) / Rohrreinigungsmittel n (meistens stark alkalisch), Rohrreiniger m || **~ drive** (propulsion) (Chem, Eng) / chemischer Antrieb (Verbrennungsmotor oder Strahltriebwerk) || **~ drying** (Paint) / chemische Trocknung (Härtung durch chemische Reaktion, z.B. oxidative Vernetzung) || **~ ecology** (Chem, Ecol) / chemische Ökologie || **~ element*** (Chem) / chemisches Element, chemischer Grundstoff || **~ energy*** (Chem) / chemische Energie (Zustandsenergie) || **~ engineer** (Chem) / Chemotechniker m, Chemietechniker m || **~ engineering*** / chemische Verfahrenstechnik, Chemotechnik f || **~ engineering*** (Chem Eng) / Chemie-Ingenieurwesen n || **~ equation*** (Chem) / chemische Gleichung, Reaktionsgleichung f, Umsatzgleichung f || **~ equilibrium** (Chem) / Reaktionsgleichgewicht n, chemisches Gleichgewicht || **~ equivalence** (Chem) / chemische Äquivalenz || **~ equivalent** (the combining proportions of substances by mass, relative to hydrogen as a standard) (Chem) / Äquivalentgewicht n, äquivalentbezogene Masse, Äquivalentmasse f || **~ erosion** (Geol) / Korrosion f (chemischer Angriff auf Gesteine) || **~ etching** (Electronics) / chemisches Ätzen || **~ evolution** (Biochem) / chemische Evolution f || **~ fade** (Cinema) / chemische Blende || **~ feedstock** (from coal) (Chem Eng) / Chemierohstoff m (aus Kohle) || **~ fertilizer** (Agric) / Mineraldüngemittel n, Kunstdünger m, Mineraldünger m, mineralischer Dünger || **~ finishing*** (Textiles) / chemische Ausrüstung (z.B. Färben oder Drucken) || **~ firm** (Chem) / Chemiebetrieb m, chemischer Betrieb, Chemiefabrik f || **~ flavour** (Nut) / Medizinalgeschmack m, Chemikaliengeschmack m, Apothekenton m || **~ flocculation** (San Eng) / chemische Flockung (Entfernung von vorwiegend kolloidal verteilten anorganischen und organischen Substanzen des Roh- und Abwassers durch Zusatz von Chemikalien) || **~ flooding** (Oils) / chemisches Fluten (eine tertiäre Fördertechnik mit Hilfe von Chemikalien) || **~ foam** / Gasschaum m, chemischer Schaum (ein Löschschaum) || **~ formula** (Chem) / chemische Formel || **~ fuel** (Space) / chemischer Treibstoff (der sowohl als Stützmasse als auch Energieträger dient) || **~ glass** (Chem, Glass) / chemisches Geräteglas, Laborglas n || **~ grouting** (Civ Eng) / Einpressen n von chemischen Substanzen (Suspensionen, Lösungen und Emulsionen - zur Bodenverbesserung) || **~ hazard** (Chem, Ecol) / chemische Umweltgefahr || **~ hydrology** (Chem) / chemische Hydrologie || **~ hygrometer*** (Meteor) / Absorptionshygrometer n || **~ index** / chemische Kennzahl (z.B. Iodzahl, Bromzahl usw.) || **~ indicator** (Chem) / Indikator m (Substanz, die den Verlauf einer chemischen Reaktion zu verfolgen ermöglicht) || **~ interaction** (Chem) / chemische Wechselwirkung || **~ ionization** (an ionization technique used in mass spectroscopy) (Spectr) / Chemiionisation f, chemische Ionisation (in der Massenspektroskopie), CI || **~ ion plating** (Surf) / CIP-Verfahren n, chemisches Ionenplattieren (eine Verfahrensvariante des CVP-Verfahrens) || **~ kinetics*** (Chem) / chemische Kinetik, Reaktionskinetik f (die Untersuchung der Geschwindigkeit, mit der chemische Reaktionen ablaufen - DIN 13345) || **~ laser** (Chem, Phys) / chemischer Laser (z.B. HCl- oder Iodlaser), Reaktionslaser m || **~ lead** (99,9% Pb) (Met) / Hüttenweichblei n || **~ lead** (Met) / Kupferfeinblei n (DIN 1719) || **~ leavening** (Nut) / Teiglockerung f mittels Backpulver || **~ lime** (Chem) / Kalk m für chemische Zwecke || **~ lime** (Chem Eng) / Industriekalk m || **~ luminescence** (Chem) / Chemilumineszenz f, Chemolumineszenz f, Reaktionsleuchten n
**chemically assisted ion-beam etching** (Electronics) / Ionenstrahlätzen n mit reaktivem Gas (dessen Bestandteile mit dem Target-Material eine flüchtige Verbindung bilden können) || **~ bonded brick** (by use of chemical bonding agents rather than by firing) (Ceramics) / chemisch gebundener Ziegelstein || **~ controlled field-effect transistor** (Electronics) / chemisch gesteuerter Feldeffekttransistor || **~ correct mixture** (Chem) / stöchiometrische Mischung (mit stöchiometrischem Verhältnis) || **~ foamed plastic** (Plastics) / nach chemischem Treibverfahren hergestellter Schaumstoff || **~ formed rocks*** (Geol) / Gesteine n pl chemischen Ursprungs || **~ induced dynamic electron polarization** (Spectr) / CIDEP, chemisch induzierte dynamische Elektronenpolarisation (in der EPR-Spektroskopie) || **~ induced dynamic nuclear polarization** (Spectr) / CIDNP, chemisch induzierte dynamische Kernpolarisation (in der Kernresonanzspektroskopie) || **~ induced electron-exchange luminescence** (Chem) / CIIEL f (eine Art Chemilumineszenz) || **~ modified paper** (Chem) / chemisch modifiziertes Papier || **~ pure** (Chem) / chemisch rein || **~ uniform** (Chem) / chemisch einheitlich
**chemical mace** (Chem) / "chemische Keule" (Augenreizstoff [Chlorazetophenon], der in fein verteilten Partikeln bei Krawallen und Tumulten eingesetzt wird) || **~ machining** (non-electrical process used to remove metal from selected or overall areas by controlled chemical action) / chemisches Abtragen (gleichmäßiges Auflösen des Werkstoffes durch Einwirken von Chemikalien - z. B. Formteilätzen), Formteilätzen n, Konturätzen n
**chemical-maker** n (Chem) / Chemiebetrieb m, chemischer Betrieb, Chemiefabrik f
**chemical manometer** (Chem) / Chemiemanometer n (aus korrosionsfesten Materialien) || **~ milling** / chemisches Abtragen (gleichmäßiges Auflösen des Werkstoffes durch Einwirken von Chemikalien - z. B. Formteilätzen), Formteilätzen n, Konturätzen n || **~ modification** (Chem) / chemische Modifizierung || **~ notation** (Chem) / chemische Notation, chemische Zeichensprache, Notation f chemischer Strukturen || **~ oceanography** (Chem, Ocean) / Meereschemie f, Seechemie f || **~ oxygen demand*** (Chem, Ecol) / chemischer Sauerstoffbedarf, CSB m (chemischer Sauerstoffbedarf) || **~ physics** (Chem, Phys) / chemische Physik (Auffassung der physikalischen Chemie als Grenzgebiet der Physik statt der Chemie) || **~ polishing** / chemisches Glänzen (wenn dem Poliermittel ein Ätzmittel zugesetzt wird), chemisches Polieren, Ätzpolieren n || **~ pollution** (Ecol) / Verschmutzung f durch

Chemikalien, Chemikalienverschmutzung $f$ ‖ **~ porcelain** (Ceramics, Chem) / chemisches Porzellan ‖ **~ potential**\* (Chem) / chemisches Potential (die freie Enthalpie, die in einem gegebenen System unter definierten Bedingungen auf ein Mol einer Komponente entfällt - DIN 1345) ‖ **~ product used in industry** (Chem) / chemisches Erzeugnis für gewerbliche Zwecke ‖ **~ pulp**\* (Paper) / Vollzellstoff $m$, Zellstoff $m$ (Vollzellstoff), chemischer Zellstoff ‖ **~ pulping** (Paper) / chemisches Aufschlussverfahren ‖ **~ pumping** (Electronics, Phys) / chemisches Pumpen (für spezielle Gaslaser) ‖ **~ reaction**\* (Chem) / chemische Reaktion ‖ **~ reaction engineering** (Chem) / chemische Reaktionstechnik ‖ **~ reactor** (Chem Eng) / Reaktor $m$ (Anlage, in der chemische Reaktionen großtechnisch ablaufen), Reaktionsapparat $m$ ‖ **~ recycling** (Chem Eng, Ecol) / chemisches Recycling (z.B. Pyrolyse) ‖ **~ relaxation** (Chem) / chemische Relaxation (allmähliche Wiedereinstellung eines chemischen Gleichgewichts nach plötzlicher Störung durch schnelle Änderung von Druck, Volumen, Temperatur, elektrische Feldstärke usw.) ‖ **~ resistance** (Chem) / Beständigkeit $f$ gegen chemische Einflüsse, chemische Widerstandfähigkeit, Chemikalienbeständigkeit $f$, chemische Beständigkeit, Chemikalienfestigkeit $f$
**chemical-resistant** adj (Chem) / beständig gegen chemische Einflüsse, chemisch widerstandsfähig, chemikalienfest adj, chemisch beständig, chemikalienbeständig adj
**chemical resistor** (Chem, Elec Eng) / Chemiresistor $m$ (ein chemischer Sensor) ‖ **~ retting** (Textiles) / chemische Röste, künstliche Röste (Oberbegriff für Röstverfahren mittels Heißwasser, Dampf und Zusatz von Chemikalien) ‖ **~ screening** (Chem, Materials) / chemisches Screening (Wirkstoffsuche) ‖ **~ sediments** (Geol) / chemische Sedimente (die durch chemische Abscheidung gebildet werden) ‖ **~ seed protection** (Agric) / Saatgutbeizung $f$, Saatgutbehandlung $f$ (chemische), Saatbeize $f$ (Tätigkeit - Nassbeize, Trockenbeize), Getreidebeize $f$ ‖ **~ sensor** (Chem) / Chemosensor $m$, chemischer Sensor (zum Erfassen chemischer Eingangsgrößen und deren Umsetzung in elektrische Signale) ‖ **~ separation** (Chem) / chemische Separation, chemische Trennung ‖ **~ shift**\* (arises when the environment surrounding a nucleus shields or deshields it from the external magnetic field, altering the nucleus' resonant frequency) (Spectr) / chemische Verschiebung (in der Kernresonanzspektroskopie), Shift $m$ (chemische Verschiebung) ‖ **~ shift anisotropy** (Spectr) / Anisotropie $f$ der chemischen Verschiebung ‖ **~ shim**\* (Nuc Eng) / chemisches Trimmen, chemische Kompensation ‖ **~ sludge** (San Eng) / Hydroxidschlamm $m$ (dessen Feststoffanteil überwiegend aus den Hydroxiden von Schwermetallen, schwer löslichen Calciumverbindungen und Wasser besteht) ‖ **~ species** (Chem) / chemische Spezies ‖ **~ spill** (Ecol) / Chemikalienverschüttung $f$ ‖ **~ splicing** (Cinema) / Chemo-Splicing $n$ (Kaltkleben mit chemischen Reagenzien)
**chemicals storage bin** (Chem Eng) / Chemikalienvorratsbehälter $m$
**chemical stain** (For) / chemische Färbung ‖ **~ stoneware** (Ceramics, Chem) / Steinzeug $n$ für die chemische Industrie, chemisches Steinzeug ‖ **~ surface treatment** (Chem Eng) / chemische Oberflächenbehandlung ‖ **~ symbol**\* (Chem) / chemisches Zeichen ‖ **~ synthesis** (Biol) / Chemosynthese $f$ (Oxidation anorganischer Stoffe mit Luftsauerstoff zur Energiegewinnung, wobei die so gewonnene Redoxenergie zur Fixierung von Kohlendioxid im Calvin-Zyklus genutzt wird) ‖ **~ tanker** (Ships) / Chemikalientanker $m$ ‖ **~ technician** (Chem Eng) / Chemotechniker $m$, Chemietechniker $m$ ‖ **~ (process) technology** (Chem Eng) / chemische Technologie, technische Chemie ‖ **~ tempering** (Glass, Optics) / chemische Verfestigung, Chemtempern $n$ (durch selektiven Ionenaustausch - z.B. zur Brillenglashärtung) ‖ **~ thermodynamics** (Chem) / Thermochemie $f$, chemische Thermodynamik ‖ **~ toning**\* (Photog) / chemische Tonung ‖ **~ transfer reproduction paper** (Paper) / Reaktionsdurchschreibpapier $n$ (ein karbonfreies Durchschreibpapier) ‖ **~ ultrasonics** (Chem) / Sonochemie $f$, Ultraschallchemie $f$ (Sonochemie, die sich ausschließlich mit den chemischen Wirkungen des Ultraschalls befasst ), Akustochemie $f$ (ein Teilgebiet der physikalischen Chemie, das sich mit der Erzeugung von Schall durch chemische Reaktionen und mit der Beeinflussung chemischer Reaktionen durch Schall- und Ultraschallschwingungen befasst) ‖ **~ vapour deposition**\* (Electronics, Surf) / chemische Abscheidung aus der Gasphase, CVD-Verfahren $n$, CVD-Beschichtungstechnik $f$, chemische Bedampfung, Gasphasenabscheidung $f$ ‖ **~ vapour infiltration** (Chem Eng) / chemische Dampfinfiltration ‖ **~ warfare**\* (Mil) / chemische Kriegführung ‖ **~ waste-water treatment** (San Eng) / chemische Abwasserbehandlung ‖ **~ weapon** (substances or mixtures of substances produced industrially which, used to destroy, damage or hinder human beings in war, to destroy or damage animals and plants, installations, technical weapons, etc., and the accessories required for their military use) (Chem, Mil) / chemisches Kampfmittel, C-Waffe $f$, Chemiewaffe $f$ ‖ **~ weathering** (the process of weathering by which chemical reactions transform rocks and minerals into new chemical combinations that are stable under conditions prevailing at or near the earth's surface, e.g. the alteration of orthoclase to kaolinite) (Geol) / chemische Verwitterung ‖ **~ wood** (Chem Eng) / Holz $n$ für chemische Verfahrenstechnik ‖ **~ wood** (Chem Eng, For) / Chemieholz $n$ (das unter Auflösung seines Gefüges in chemischem Verfahren verarbeitet wird) ‖ **~ wood** s. also chemical wood-pulp ‖ **~ wood pulp**\* (Chem Eng, Paper) / chemomechanischer Holzstoff, chemischer Holzstoff, Chemiepulpe $f$, Holzzellstoff $m$, chemischer Schliff
**chemigation** $n$ (Agric) / Chemikalienverregnung $f$, Chemikalienausbringung $f$ mit Beregnungsanlagen
**chemigroundwood pulp** (Chem Eng, Paper) / chemomechanischer Holzstoff, chemischer Holzstoff, Chemiepulpe $f$, Holzzellstoff $m$, chemischer Schliff
**chemiluminescence**\* $n$ (Chem) / Chemilumineszenz $f$, Chemoluminszenz $f$, Reaktionsleuchten $n$ ‖ **~ indicator** (Chem) / Chemilumineszenzindikator $m$ (organische Verbindung, die durch Änderung ihrer Chemilumineszenz die quantitative Analyse vieler Verbindungen gestattet)
**chemiluminescent** adj (Chem) / chemilumineszent adj, chemolumineszent adj ‖ **~ indicator** (Chem) / Chemilumineszenzindikator $m$ (organische Verbindung, die durch Änderung ihrer Chemilumineszenz die quantitative Analyse vieler Verbindungen gestattet)
**chemimechanical pulp** (Chem Eng, Paper) / chemomechanischer Holzstoff, chemischer Holzstoff, Chemiepulpe $f$, Holzzellstoff $m$, chemischer Schliff
**chemiosmotic** adj (Biochem) / chemiosmotisch adj ‖ **~ hypothesis** (Bot, Chem) / chemiosmotische Hypothese (der Fotosynthese)
**chemism** $n$ (Biochem, Chem) / Chemismus $m$ (Ablauf chemischer Stoffumsetzungen)
**chemisorb** $v$ (Chem) / chemisorbieren $v$, chemosorbieren $v$, chemisch adsorbieren
**chemisorption**\* $n$ (Chem) / Chemisorption $f$, Chemosorption $f$, chemische Adsorption (bei der chemische Bindungskräfte wirken)
**chemist** $n$ (dealer in medicinal drugs) / Drogist $m$ ‖ **~** (Chem) / Chemiker $m$
**chemistry**\* $n$ (Chem) / Chemie $f$ ‖ **~ of coal** (Chem) / Karbochemie $f$, Kohlechemie $f$ (Teilgebiet der Chemie, das sich mit der chemischen Struktur von Kohlen und der Weiterverarbeitung der dabei entstehenden Produkte beschäftigt), Kohlenchemie $f$, Carbochemie $f$ ‖ **~ of foods** (Chem, Nut) / Lebensmittelchemie $f$ ‖ **~ of life** (Biochem) / Biochemie $f$ ‖ **~ of metals** (Chem) / Metallchemie $f$ ‖ **~ of natural products** (Chem) / Naturstoffchemie $f$, bioorganische Chemie, Chemie $f$ der Naturstoffe (meistens Biochemikalien) ‖ **~ of soil** (Agric, Chem) / Bodenchemie $f$, Chemie $f$ des Bodens ‖ **~ of the air** (Chem) / Luftchemie $f$ ‖ **~ of the alkaloids** (Chem) / Alkaloidchemie $f$, Chemie $f$ der Alkaloide
**chemist's, available at** (or in) **a ~ shop only** (Pharm) / apothekenpflichtig adj ‖ **~ shop** (GB) (Pharm) / Apotheke $f$
**chemoautotrophic** adj (Chem) / chemoautotroph adj (zur Chemosynthese aus anorganischen Verbindungen befähigt)
**chemolithotropy** $n$ (Bacteriol) / Chemolithotropie
**chemolysis** $(pl$ -$lyses)$ $n$ (Chem) / Chemolyse $f$
**chemolytic** adj (Chem) / chemolytisch adj
**chemometrics** $n$ (Chem) / Chemometrik $f$
**chemonasty**\* $n$ (Bot) / Chemonastie $f$
**chemonuclear** adj (Nuc Eng) / chemonuklear adj
**chemoreception** $n$ (Biochem, Med) / Chemorezeption $f$
**chemoreceptor**\* $n$ (Biochem) / Chemorezeptor $m$ (Sinneszelle oder Sinnesorgan, die chemische Reize aufnehmen)
**chemoselective** adj (Chem) / chemoselektiv adj
**chemoselectivity** $n$ (Chem) / Chemoselektivität $f$
**chemosensory** adj (Chem) / chemosensorisch adj
**chemosphere**\* $n$ (Astron) / Chemosphäre $f$, die Erdatmosphäre bis zur Mesopause (etwa 80 - 100 km)
**chemosplicing** $n$ (Cinema) / Chemo-Splicing $n$ (Kaltkleben mit chemischen Reagenzien)
**chemostat**\* $n$ / Chemostat $m$ (Gefäß mit Belüftungs- und Rührvorrichtung zur kontinuierlichen Bakterienkultur mit konstantem Zufluss von Nährlösung und Abfluss der Bakteriensuspension)
**chemosterilant** $n$ (Agric, Chem) / Chemosterilisierungsmittel $n$, Chemosterilans $n$ (pl. -anzien oder -antia)
**chemosterilization** $n$ (Agric, Chem) / Chemosterilisation $f$ (Herabsetzung oder totale Unterbindung der Fortpflanzungsfähigkeit bestimmter Schadinsekten)
**chemosynthesis**\* $n$ (pl. -theses) (Bacteriol, Bot) / Chemoautotrophie $f$, Chemosynthese $f$ (unabhängig von Licht)
**chemosynthesis** $n$ (Biol) / Chemosynthese $f$ (Oxidation anorganischer Stoffe mit Luftsauerstoff zur Energiegewinnung, wobei die so

gewonnene Redoxenergie zur Fixierung von Kohlendioxid im Calvin-Zyklus genutzt wird)
**chemotaxis**\* *n* (Biochem, Biol) / Chemotaxis *f* (pl.-taxen) (durch Chemikalien hervorgerufene Ortsbewegung von Lebewesen)
**chemotaxonomy**\* *n* (Chem) / Chemotaxonomie *f* (Einordnen anhand der Inhaltsstoffe)
**chemotherapeutic** *n* (Pharm) / Chemotherapeutikum *n* (pl. Chemotherapeutika) (antiinfektiöses, antibakterielles)
**chemotherapeutics** *n* (Pharm) / Chemotherapie *f* (Behandlung mit Chemotherapeutika)
**chemotherapy**\* *n* (Pharm) / Chemotherapie *f* (Behandlung mit Chemotherapeutika) || **~ resistance** (Pharm) / Chemotherapieresistenz *f*, Chemoresistenz *f*
**chemo-thermomechanical pulp** (Paper) / CTMP-Holzstoff *m* (bei Verwendung von Chemikalien in der Hackschnitzel-Vordämpfung)
**chemotronics** *n* (Chem) / Chemotronik *f* (Teilgebiet der angewandten Elektrochemie)
**chemotropism**\* *n* (Bot) / Chemotropismus *m*
**chempaka** *n* (For) / Champak *n* (Michelia champaca L.)
**chemurgy** *n* (Agric, For) / Chemiurgie *f*, Chemurgie *f* (Gewinnung chemischer Produkte aus land- oder forstwirtschaftlich erzeugten Stoffen)
**chenar** *n* (For) / Morgenländische Platane (Platanus orientalis L.)
**chengal** *n* (a heavy heartwood) (For) / Chengal *n* (Balanocarpus heimii King)
**chenille** *n* (Spinning) / Raupengarn *n*, Chenille *f*, Chenillegarn *n*, Chenille-Effektgarn *n* || **~** (Textiles) / Chenillestoff *m*, Chenilleware *f*, Chenillegewebe *n* || **~ yarn** (Spinning) / Raupengarn *n*, Chenille *f*, Chenillegarn *n*, Chenille-Effektgarn *n*
**chenodeoxycholic acid**\* (Biochem, Physiol) / Chenodesoxycholsäure *f*, Chenodiol *n*
**chenopodium oil** (Pharm) / Wurmsamenöl *n*, Chenopodiumöl *n* (aus Chenopodium ambrosioides var. anthelminticum (L.) A. Gray)
**cheque line** (Print) / Azureelinie *f* (auf Schecks, Wechseln, Quittungen u. Ä.) || **~ paper** (Paper) / Sicherheitspapier *n* || **~ paper** (Paper) / Scheckpapier *n* || **~ protection** (Comp) / Scheckschutz *m*
**chequer brick** (Ceramics, Met) / Gitterstein *m* (feuerfester Stein,der in Regenerativkammern zur Speicherung der von Abgasen mitgeführten Wärme eingesetzt wird), Gitterziegel *m* (für SM-Öfen)
**cheque reader** (Comp) / Scheckleser *m*
**chequered** *adj* / schachbrettartig *adj*, kariert *adj*, gewürfelt *adj* || **~ wire** (Met) / Riffeldraht *m*
**chequer plate**\* (Met) / Riffelblech *n* (ein gerripptes Blech, z.B. für den Bodenbelag) || **~ sheet** (Met) / Riffelblech *n* (dünnes)
**chequerwork** *n* / [rechtwinkliges] Gitterwerk *n*
**cheralite**\* *n* (Min) / Cheralith *m* (Monazit mit etwa 33% Th)
**Cherenkov counter**\* / Tscherenkow-Zähler *m*, Tscherenkow-Detektor *m* (nach P.A. Tscherenkow, 1904-1990), Čerenkov-Detektor *m*, Čerenkov-Zähler *m*
**Chernikeef log**\* (Ships) / Tschernikef-Log *n*
**chernozem** *n* (Agric) / Schwarzerde *f*, Tschernosem *n*, Tschernosjom *n*
**cherry** *n* (Eng) / Kugelfräser *m* || **~** *adj* / kirschrot *adj* (eine Anlauffarbe), cerise *adj* (kirschrot) || **~ birch** (For) / Zuckerbirke *f* (Betula lenta L.) || **~ coal** / Sinterkohle *f* (mit 40-45% Gehalt an Flüchtigem) || **~ gum** (tree exudation) / Kirschgummi *n* (Gummifluss an Kirschbäumen) || **~ mahogany** (For) / afrikanischer Birnbaum, Makoré *n* (Handelsbezeichnung für ein fein strukturiertes, rötliches bis dunkelrotbraunes Holz der Tieghemella heckelii Pierre) || **~ picker** (Cinema) / selbstfahrender Kran, Steiger *m* (selbstfahrender Kran) || **~ picker**\* (Mining) / Wagenhubvorrichtung *f* (bei der Wagenwechsel in Streckenvortrieben) || **~-red** *adj* / kirschrot *adj* (eine Anlauffarbe), cerise *adj* (kirschrot)
**chert** *n* (Geol) / Kieselgestein *n*, Kieselsäuregestein *n* (z.B. Chert, Hornstein, Kieselschiefer, Radiolarit, Feuerstein usw.)
**cherty** *adj* (Geol) / verkieselt *adj*, kieselig *adj*, kieselreich *adj*
**chess program** (Comp) / Schachspielprogramm *n*
**chessy copper** (Min) / Azurit *m* (Kupfer(II)-dihydroxiddicarbonat), Kupferlasur *f*
**chessylite** *n* (Min) / Azurit *m* (Kupfer(II)-dihydroxiddicarbonat), Kupferlasur *f*
**chest** *n* / Kiste *f*, Kasten *m* || **~** (Mining) / Wasserkübel *m* (zum Sümpfen von Grubenbauen), Sümpfkübel *m* || **~** (Paper) / Stoffbütte *f*, Bütte *f* (bei der Stoffaufbereitung) || **~ drill** (Eng) / Brustbohrmaschine *f*, Handbohrmaschine *f* (mit Brustblech) || **~ drill** (Tools) / Brustleier *f* (mit Kurbelgriff)
**chesterfield** *n* (Textiles) / Chesterfield *m* (ein streng geschnittener Herrenmantel, meistens mit einem Samtkragen)
**chest food freezer** / Tiefkühltruhe *f* || **~ freezer** / Tiefkühltruhe *f*, Gefriertruhe *f*

**chestnut** *n* (chestnut tree) (For) / Edelkastanie *f*, Esskastanie *f* (Castanea sativa Mill.) || **~**\* (For) / Kastanienholz *n* (meistens von der Esskastanie) || **~** (Met) / im Abstichloch erstarrtes Eisen || **~ attr** / kastanienbraun *adj* (z.B. Kennfaden 15 in den CENELEC-Ländern)
**chestnut-brown** *adj* / kastanienbraun *adj* (z.B. Kennfaden 15 in den CENELEC-Ländern)
**chestnut-coloured** *adj* / kastanienbraun *adj* (z.B. Kennfaden 15 in den CENELEC-Ländern)
**chestnut-colour soil** (Agric) / Kastanosjom *n* (ein Bodentyp der Trockensteppen), Kalktschernosjom *n*, Kastanosem *m*, Kastanienboden *m* (ein Bodentyp)
**chestnut extract** (Leather) / Kastanienholzextrakt *m n* || **~ oak** (For) / Kastanieneiche *f* (Quercus prinus L.) || **~ soil** (Agric) / Kastanosjom *n* (ein Bodentyp der Trockensteppen), Kalktschernosjom *n*, Kastanosem *m*, Kastanienboden *m* (ein Bodentyp) || **~ tree** (For) / Edelkastanie *f*, Esskastanie *f* (Castanea sativa Mill.) || **~ wood** (For) / Kastanienholz *n* (meistens von der Esskastanie)
**chestnut-wood pattern** (Foundry) / Kastanienholzmodell *n*
**chest pack** (Aero) / Brustfallschirm *m*
**chest-pack parachute** (Aero) / Brustfallschirm *m*
**chest set** (Acous) / Brustmikrofon *n*
**chest-to-back acceleration** (Aero, Space) / Brust/Rückenrichtung-Beschleunigung *f*
**chest voice** (Acous) / Bruststimme *f*
**Chevalley algebra** (Maths) / Chevalley'sche Algebra (nach C. Chevalley, 1909 - 1984)
**cheval-vapeur**\* *n* (Eng) / Pferdestärke *f*, PS (nach DIN 1301, T 3 nicht mehr zugelassene kontinentale Einheit der Leistung = 735,49875 W)
**chevet** *n* (an apse with an ambulatory giving access behind the high altar to a series of chapels set in bays) (Arch) / Chorumgang *m* (mit einem Kapellenkranz) || **~** (Astron) / Apside *f* (Punkt der elliptischen Bahn eines Himmelskörpers, in dem dieser dem in einem der Brennpunkte stehenden Hauptkörper am nächsten oder am fernsten ist)
**chevil** *v* (Textiles) / chevillieren *v* (Kunstseide nachbehandeln, um sie glänzender zu machen)
**chevilling** *n* (Textiles) / Chevillieren *n* (mechanische Nachbehandlung bei der Garnveredlung)
**Cheviot** *n* (Textiles) / Cheviotwolle *f* (strapazierfähige Grobwolle) || **~** *n* (Textiles) / Cheviotwolle *f* (strapazierfähige Grobwolle) || **~ attr** (Paper) / meliert *adj*
**chevron** *n* (Textiles) / Chevron *m* (ein Wollstoff in abgeleiteter Köperbindung mit wechselnder Gratrichtung) || **~ board** (Autos) / Richtungstafel *f* (in Kurven) || **~ drain** (Agric, Rail) / fischgrätenartiges System der Dränung (mit Saug- und Sammeldränen) || **~ fold** (Geol) / Staffelfalte *f* || **~ notch** (Materials, Met) / Chevronkerb *m* (beim Kerbschlagversuch)
**chevron-type break** (Materials, Met) / winkelartiger Bruch
**Chew-Frautschi diagram** (Nuc) / Chew-Frautschi-Diagramm *n* (grafische Darstellung der Regge-Trajektorie)
**Chew-Goldberger-Low equations** (Plasma Phys) / Chew-Goldberger-Low-Gleichungen *f pl* (ein Gleichungssystem zur hydrodynamischen Beschreibung eines stößefreien Plasmas in der Einflüssigkeitsnäherung)
**chewing-gum base** (Nut) / Kaumasse *f* (für den Kaugummi)
**chewing insects** (Agric, Zool) / Insekten *n pl* mit kauenden Mundwerkzeugen
**chewy** *adj* (Nut) / zäh *adj* (Fleisch, Bonbon)
**Chézy coefficient** (Hyd, Phys) / Rauigkeitsbeiwert *m* (z.B. in der Fließformel nach Manning-Strickler)
**Chézy's formula** (a formula expressing the relationship between the mean velocity of flow and the hydraulic mean depth and the hydraulic gradient of slope) (Phys) / Chézy'sche Gleichung, Fließformel *f* von Chézy (für reibungsbehaftete Strömung)
**CH$_2$F-laser** *n* (Phys) / CH$_2$F-Laser *m* (ein Gaslaser im FIR)
**Chian turpentine** / Zyprischer Terpentin (aus der Terpentinpistazie - Pistacia terebinthus L.), Chiosterpentin *n m*
**chiasma** (pl. chiasmata) (Gen) / Chiasma *n* (pl. Chiasmen) (Überkreuzung eines Halbchromosomen eines Chromosomenpaars während der Reduktionsteilung)
**chiastolite**\* *n* (Min) / Chiastolith *m*, Hohlspat *m* (Andalusit mit kreuzförmiger Anordnung kohliger oder toniger Einschlüsse), Kreuzstein *n*
**Chicago caisson** (Civ Eng) / Senkbrunnen *m* (für die heute veraltende Senkbrunnengründung), Schachtbrunnen *m*, Brunnenkörper *m* || **~ well** (Civ Eng) / Senkbrunnen *m* (für die heute veraltende Senkbrunnengründung), Schachtbrunnen *m*, Brunnenkörper *m*
**chicane** *n* / Schikane *f* (Hindernis, das auf oder an einer Straße angebracht ist, um Fahrzeuge zu einer Minderung des Tempos zu veranlassen, Fußgänger vom Überqueren einer Straße abzuhalten usw.) || **~** / Schikane *f* (z.B. im Motorsport)

**Chichibabin**

**Chichibabin synthesis** (Chem) / Tschitschibabin-Synthese *f* (nach A. Je. Čičibabin), Čičibabin-Synthese *f*
**chicken-wire*** *n* (Met) / leichtes Drahtgeflecht
**chicle*** *n* / Chicle *m* (Kautschuk aus dem Latex von Manilkara zapota (L.) van Royen), Chiclegummi *m*
**chief constituent** / Grundbestandteil *m*, Hauptkomponente *f*, Hauptbestandteil *m*, Prinzip *n* (Grundbestandteil) ‖ ~ **information officer** (Comp) / IT-Leiter *m*, Leiter *m* Informationsverarbeitung
**chief-mining captain** (Mining) / Obersteiger *m* (dem ein bis drei Fahrsteiger unterstehen)
**chief programmer** (Comp) / Chefprogrammierer *m* ‖ ~ **programmer team** (Comp) / Chief-Programmer-Team *n* (Organisation eines Softwareprojekts)
**chiffon*** *n* (Textiles) / Chiffon *m*, Crêpe-Chiffon *m*, Feinkrepp *m*
**child** *n* / Nachkomme *m* (in einem binären Baum) ‖ ~ **car seat** (Autos) / Kindersitz *m*, Kinderautosicherheitssitz *m*, Autokindersitz *m* ‖ ~ **directory** (Comp) / Unterverzeichnis *n*, Subdirectory *n*, untergeordnetes Verzeichnis
**Child-Langmuir equation*** (Electronics) / Child-Langmuir'sche Gleichung, Raumladungsgesetz *n*
**Child-Langmuir-Schottky equation** (Electronics) / Child-Langmuir'sche Gleichung, Raumladungsgesetz *n*
**childless node** / Knoten *m* ohne Nachkommen (in der Grafentheorie)
**child lock** (Autos) / Kindersicherung *f* (in den hinteren Türen) ‖ ~ **node** / Kindknoten *m* (in der Grafentheorie) ‖ ~ **passenger** (Autos) / mitfahrendes Kind ‖ ~ **peer group** (Comp, Telecomm) / Child-Peergruppe *f* (eine Gruppe in der PG-Hierarchie) ‖ ~ **process** (Comp) / Tochterprozess *m* ‖ ~ **process** (Comp) / Tochterprozess *m*
**childproof** *adj* / kindersicher *adj*, kindergesichert *adj*, kindergerecht *adj*, kinderfreundlich *adj* (nicht gefährlich) ‖ ~ **lock** (Autos) / kindergesichertes Türschloss, Türschloss *n* mit Kindersicherung
**children safety catch** (Autos) / Kindersicherung *f* (in den hinteren Türen)
**children's programme** (Radio, TV) / Kinderprogramm *n* ‖ ~ **television** (TV) / Kinderfernsehen *n*
**child-resistant package** / kindergesicherte Packung, kindersichere Verpackung
**child restraint system** (Autos) / Kinderrückhaltesystem *n*
**Child's law** (Electronics) / Child-Langmuir'sche Gleichung, Raumladungsgesetz *n* ‖ ~ **safety seat** (Autos) / Kindersitz *m*, Kinderautosicherheitssitz *m*, Autokindersitz *m* ‖ ~ **safety seat** (Autos) s. also infant carrier ‖ ~ **seat** (Autos) / Kindersitz *m*, Kinderautosicherheitssitz *m*, Autokindersitz *m*
**Chile mill** (Eng, Min Proc) / Kollergang *m* ‖ ≏ **nitre*** (Chem, Min) / Chilesalpeter *m* (Natriumnitrat), Chilisalpeter *m* ‖ ≏ **pine** (For) / Chilenische Araukarie (Araucaria araucana (Mol.) K.Koch), Andentanne *f*, Chiletanne *f*, Chilefichte *f*, Schuppentanne *f* ‖ ≏ **saltpetre*** (Chem, Min) / Chilesalpeter *m* (Natriumnitrat), Chilisalpeter *m*
**CHILL** *n* (Comp, Telecomm) / CCITT-Hochsprache *f*, problemorientierte Sprache für Steuerungsaufgaben bei Vermittlungsprozessen (von CCITT ausgearbeitet), CHILL (eine höhere Programmiersprache für Vermittlungssysteme)
**chill*** *n* (Foundry) / Abschreckschale *f*, Schreckplatte *f*, Abschreckplatte *f*, Schreckschale *f*, Kühleisen *n*, Kühlkörper *m* (eingeformter) ‖ ~ (Foundry) / Abschrecken *n* (beim Gießen) ‖ ~* (Foundry) / Kokille *f* (ein Kühlelement für den Einbau in Sandgussformen und Kernen), Kühlkokille *f* ‖ ~ (Foundry) / Schreckschicht *f* (am Schalenhartgussstück), Abschreckschicht *f* ‖ ~ **casting** (Foundry) / Kokillenguss *m* (mit eingelegten Abschreckplatten) ‖ ~ **casting** (Foundry) / Hartgussverfahren *n*, Hartguss *m* (als Prozess) ‖ ~ **cast iron** (Met) / Hartguss *m* (als Erzeugnis), GH (Hartguss) ‖ ~ **check** (Glass) / Kaltsprung *m* (senkrecht zur Wirkrichtung der Zugspannung - bei heißem Glas), Schränkriss *m*, Absprengmarke *f* ‖ ~ **depth** (Foundry) / Weißerstarrungstiefe *f*, Weißeinstrahlungstiefe *f*, Abschrecktiefe *f*
**chilled cast iron** (Met) / Schalenhartguss *m* (unterektektisches Gusseisen mit außen weißer karbidischer harter Schreckschicht und einem grauen weichen Kern) ‖ ~ **cast iron** (Met) / weißes Gusseisen (Hartguss aus Temperrohguss) ‖ ~ **foods** (Nut) / gekühlte Lebensmittel ‖ ~ **iron*** (Met) / Schalenhartguss *m* (unterektektisches Gusseisen mit außen weißer karbidischer harter Schreckschicht und einem grauen weichen Kern) ‖ ~ **roll** (Met) / Hartgusswalze *f* ‖ ~ **soil** / Frosterde *f*, gefrorene Erde
**chilling** *n* (Foundry) / Abschrecken *n* (beim Gießen) ‖ ~ (Paint) / Frostschaden *m* (z.B. Entmischen, Hauchbildung) ‖ ~ **injury** (Nut) / Kühlschaden *m* ‖ ~ **layer** (Foundry) / Schreckschicht *f* (am Schalenhartgussstück), Abschreckschicht *f*
**chill mark** (Glass) / Pressrunzel *f*, Kühlfalte *f* (ein Oberflächenfehler) ‖ ~ **plate** (Foundry) / Abschreckschale *f*, Schreckplatte *f*, Abschreckplatte *f*, Schreckschale *f*, Kühleisen *n*, Kühlkörper *m* (eingeformter) ‖ ~ **shower** (Nut) / Kühldusche *f*

**chimaeric gene** (GB) (Gen) / chimäres Gen
**chime** *n* / Kimme *f* (am Fass) ‖ ~ / Bördel *n* (DIN 55 405) ‖ ~ (Autos) / Warnmelodie *f* (als Lichtwarner)
**chimeric gene** (US) (Gen) / chimäres Gen
**chimes** *pl* (Arch) / Carillon *n* (Glockenspiel), Glockenspiel *n*
**chimney** *n* (Build) / Schornstein *m* (DIN 4705-1 - eingebaut oder frei stehend), Hausschornstein *m* (DIN 1860), Kamin *m*, Esse *f*, Rauchfang *m* (A), Fang *m* (A) ‖ ~ (Chem) / Dämpfestutzen *m*, Kaminstummel *m* (einer Glocke) ‖ ~ (For) / vertikale Luftfuge, Luftschacht *m* (beim Trocknen) ‖ ~* (Mining) / Erzfall (steil einfallende reiche Erzschicht in einer Lagerstätte) ‖ ~ **arch** (Arch, Build) / Kamingewölbebogen *m* ‖ ~ **attenuator*** (Telecomm) / koaxiales Abschwächungsglied mit Blindleitungen ‖ ~ **base** (Build) / Schornsteinsockel *m* (z.B. eines Heizungsschornsteins) ‖ ~ **block** (Build) / Schornsteinformstück *n*, Schornsteinblock *m*, Schornsteinfertigteilstein *m* ‖ ~ **bond*** (Build) / Läuferverband *m* (als Schornsteinverband), Streckerverband *m*, Schornsteinverband *m* (ein Mauerwerksverband) ‖ ~ **breast** (Build) / Kaminvorsprung *m* ‖ ~ **breast*** (Build) / Schornsteinanschlussmauer *f* ‖ ~ **cap** (Build) / Kaminabdeckplatte *f* ‖ ~ **cap** (Build) / Windkappe *f* (Schornsteinaufsatz), Schornsteinaufsatz *m* (zur Verbesserung der Schornsteinwirkung), Schornsteinkappe *f*, Windhutze *f*, Helm *m* (des Schornsteins) ‖ ~ **cap** (Build) / Schornsteinaufsatz *m* (der Teil des Schornsteines von seinem Austritt aus dem Dach bis zur Schornsteinmündung - DIN 18 160-1), Kaminkopf *m* ‖ ~ **capping** (Build) / Kaminabdeckplatte *f* ‖ ~ **cowl** (Build) / Windkappe *f* (Schornsteinaufsatz), Schornsteinaufsatz *m* (zur Verbesserung der Schornsteinwirkung), Schornsteinkappe *f*, Windhutze *f*, Helm *m* (des Schornsteins) ‖ ~ **damper** (Build, Eng) / Schornsteinzugregler *m*, Schornsteinschieber *m* (einer Glocke) ‖ ~ **effect** (Aero, Meteor) / Thermikeffekt *m* (über dem Aufwindgebiet) ‖ ~ **effect** (Eng) / Kaminwirkung *f* ‖ ~ **flashing** (Plumb) / Schornsteineinfassung *f* ‖ ~ **flue** (Build) / Rauchgaskanal *m*, Rauchkanal *m* ‖ ~ **flue** (Build) / Schornsteinzug *m* ‖ ~ **gutter** (Build) / Schornsteindachrinne *f* ‖ ~ **height** (Build, Ecol) / Schornsteinhöhe *f* ‖ ~ **hood** (Build) / Kaminabdeckplatte *f* ‖ ~ **hood** (Build) / Rauchfang *m* (über einem freien Feuer) ‖ ~ **liner** (Build) / Schornsteinauskleidung *f* ‖ ~ **lining** (Build) / Schornsteinauskleidung *f* ‖ ~ **losses** (Eng) / Schornsteinverluste *m pl*, Kaminverluste *m pl* ‖ ~ **outlet** (Build) / Schornsteinmündung *f* (Oberkante Schornsteinöffnung) ‖ ~ **piece** (Build) / Kamineinfassung *f* ‖ ~ **plume** (Ecol) / Schornsteinabluftfahne *f* (z.B. Looping oder Coning) ‖ ~ **plume** (Ecol) / Rauchfahne *f* (sichtbare Emission, die nach einem Schornstein oder Abgasrohr in der Atmosphäre sichtbar ist) ‖ ~ **pot** (Build) / Schornsteinaufsatzrohr *n* ‖ ~ **shaft*** (free-standing) (Build) / Schlot *m*, frei stehender Schornstein (DIN 1056, 1057 und 1058) ‖ ~ **stack** (the brickwork containing one or more flues and projecting above a roof) (Build) / Schornsteinkopf *m* (der Teil des Schornsteines von seinem Austritt aus dem Dach bis zur Schornsteinmündung - DIN 18 160-1), Kaminkopf *m* ‖ ~ **stack*** (Build) / Schornstein *m* (mit mehreren Schornsteinzügen), Schornsteingruppe *f* ‖ ~ **superelevation** (Build, Ecol) / Schornsteinüberhöhung *f*, Abgasfahnenüberhöhung *f* ‖ ~ **system** (exhaust duct) (Build) / Abgasanlage *f* (Schornsteine, Verbindungsstücke, Abgasleitungen) ‖ ~ **terminal** (Build) / Windkappe *f* (Schornsteinaufsatz), Schornsteinaufsatz *m* (zur Verbesserung der Schornsteinwirkung), Schornsteinkappe *f*, Windhutze *f*, Helm *m* (des Schornsteins)
**china** *n* (Ceramics) / Porzellan *n* (nichttechnisches) ‖ ~ **and stoneware** (Ceramics) / Tonzeug *n* (Sinterware - Porzellan und Steinzeug) ‖ ~ **clay*** (Ceramics, Min) / China Clay *m n* (ein Kaolin, der sich in der Hauptsache aus dem Tonmineral Kaolinit aufbaut; seine typische Zusammensetzung; 47 % $SiO_2$, 38 % $Al_2O_3$, 0,8 % $Fe_2O_3$, 1,7 % Alkalien und 12 % Glühverlust) ‖ ≏ **crêpe** (Textiles) / Crêpe de Chine *m* (Gewebe aus Natur- oder Kunstseide mit fein genarbter Oberfläche), Chinakrepp *m* ‖ ~ **goods** (Ceramics) / Porzellanwaren *f pl*
**chinagraph pencil** / Fettstift *m*
**China grass** (Textiles) / Ramie *f*, Chinagras *n* (Bastfaser aus Boehmeria nivea L. Gaudich. oder Boehmeria nivea var. tenacissima Miq.) ‖ ≏ **hemp** (Bot) / Riesenhanf *m* (Cannabis sativa ssp. sativa, 'Gigantea') ‖ ≏ **jute** / Chinesischer Hanf, Chinesische Jute (Abutilon theophrasti Medik.), Chinesische Samtpappel *f*
**chinaldine** *n* (Chem) / Chinaldin *n* (2-Methylchinolin)
**china marker** / Fettstift *m* ‖ ≏ **paper** (Paper) / Chinapapier *n*, Japanpapier *n* (als Oberbegriff für leichte ostasiatische Papiere)
**chinar** *n* (For) / Morgenländische Platane (Platanus orientalis L.)
**China silk** (Textiles) / Chinaseide *f* (alle Naturseidengewebe aus Wildseiden, wie Honan, Shantung usw., schwerer als Japanseide) ‖ ~ **stone*** (Ceramics, Geol) / Cornishstone *m* (kaolinisierter Granit), Kalknatronfeldspat *m* des Granits ‖ ≏ **syndrome** (Nuc Eng) / größter anzunehmender Unfall (der schwerste Störfall in einer

kerntechnischen Anlage, dessen Beherrschung sichergestellt ist), GAU (stattgefunden in Tschernobyl/Ukraine - April/Mai 1986)
**chinaware** *n* (Ceramics) / Porzellan *n* (nichttechnisches)
**China white** (Chem) / Chinesischweiß *n*, Chinaweiß *n* (Zinkoxid) ǁ ~ **wood oil** (Chem, Paint) / Tungöl *n* (aus verschiedenen Aleurites-Arten), Abrasinöl *n*
**chinchilla** *n* (Leather, Zool) / Chinchilla *f* (pl. -s) (Wollmaus), Hasenmaus *f*
**chine** *n* / Bördel *n* (DIN 55 405) ǁ ~* (Aero) / Kimm *f*, Kimme *f* (bei Wasserflugzeugen) ǁ ~ (Nut) / Nackenstück *n* (Kamm), Kamm *m* (Nackenstück von Schlachtvieh)
**chiné** *n* (Textiles) / Chiné *m* (Kettdruckware für Oberbekleidung, Dekorationen und Bänder) ǁ ~ **cloth** (Textiles) / Chiné *m* (Kettdruckware für Oberbekleidung, Dekorationen und Bänder) ǁ ~ **fabric** (Textiles) / Chiné *m* (Kettdruckware für Oberbekleidung, Dekorationen und Bänder) ǁ ~ **printing** (Textiles) / Chinédruck *m*, Kettdruck *m*, Kettendruck *m*
**Chinese beard** (For) / Chinesenbart *m* (beiderseits des Siegels bartförmig herablaufende Rindenquetschfalte) ǁ **binary*** (representation) (Comp) / spaltenbinäre Kodierung ǁ ~ **blue** (Bacteriol) / Chinablau *n* (für Bakteriennährböden) ǁ ~ **blue** (Paint) / Berliner Blau *n* (ein lichtechtes Eisenblaupigment), Pariser Blau, Preußischblau *n*, Eisenblau *n*, Eisenzyanblau *n*, Eisencyanblau *n*, Bronzeblau *n*, Bronceblau *n*, Williamsons Violett ǁ ~ **cassia bark** (Nut) / Kassiarinde *f* ǁ ~ **green** / Chinesisches Grün, Lokao *n* (ein Farblack aus den Rhamnus-Arten) ǁ ~ **ink** / [chinesische] Tusche *f*, schwarze Tusche ǁ ~ **insect wax** / Chinesisches Wachs, Insektenwachs *n*, Cera *f* chinensis (von den Larven der Wachsschildlaus abgeschieden), Pelawachs *n* ǁ ~ **jute** / Chinesischer Hanf, Chinesische Jute (Abutilon theophrasti Medik.), Chinesische Samtpappel *f* ǁ ~ **lacquer** (Paint) / [echter] Japanlack *m*, Urushilack *m*, Kiurushilack *m* (aus dem Giftsumach) ǁ ~ **landing** (Aero) / Landung *f* mit dem (Rücken)Wind, Rückenwindlandung *f* ǁ ~ **moss** (Bot) / Chinesisches Moos (gewaschene, gebleichte und getrocknete Rotalgen) ǁ ~ **moss** s. also gracilaria gum ǁ ~ **mustard** (Bot, Nut) / Rutenkohl *m*, Indischer Senf (Brassica juncea (L.) Czern.), Sareptasenf *m* ǁ ~ (cinnamon) **oil*** (Chem, Nut) / Kassiaöl *n*, Chinesisches Zimtöl, Cassiaöl *n* (aus Cinnamomum aromaticum Nees) ǁ ~ **paper** (Paper) / Chinapapier *n*, Japanpapier *n* (als Oberbegriff für leichte ostasiatische Papiere) ǁ ~ **postman's problem** (Maths) / Briefträgerproblem *n* (mit dem Königsberger Brückenproblem verwandtes Verfahren) ǁ ~ **red** (Paint) / Persischrot *n* (farbstarkes, leuchtend rot/rotbraunes Chromatpigment), Chromrot *n* (grobkristallines basisches Blei(II)-chromat), Derbyrot *n*, Wienerrot *n* (farbstarkes, leuchtend rot/rotbraunes Chromatpigment) ǁ ~ **red** (Paint) / Zinnoberrot *n* (heute als Anstrichstoff ohne Bedeutung) ǁ ~ **remainder theorem*** (Maths) / chinesischer Restesatz, Hauptsatz *m* über simultane Kongruenzen ǁ ~ **script eutectic** (Met) / Chinesenschrift *f* (meistens eine Fe- und Mg-Phase in Aluminiumlegierungen) ǁ ~ **tallow-tree** (For) / Chinesischer Talgbaum (Sapium sebiferum (L.) Roxb.) ǁ ~ **wax** / Chinesisches Wachs, Insektenwachs *n*, Cera *f* chinensis (von den Larven der Wachsschildlaus abgeschieden), Pelawachs *n* ǁ ~ **white** (Chem) / Chinesischweiß *n*, Chinaweiß *n* (Zinkoxid) ǁ ~ **white** (Paint) / Zinkweiß *n* (aus metallischem Zink hergestelltes Pigment von basischem Charakter) ǁ ~ **windlass** (Eng) / Differentialseilwinde *f* (mit unterschiedlichem Durchmesser bei den Trommeln)
**chin guard** / Kinnbügel *m* (des Schutzhelms), Kinnteil *m* (des Schutzhelms), Kinnspoiler *m*
**chinic acid** (Pharm) / Chinasäure *f* (1,3,4,5-Tetrahydroxycyclohexancarbonsäure)
**chinidine** *n* (Chem) / Chinidin *n* (ß-Chinin)
**chink** *v* / klirren *v* (Gläser, Flaschen) ǁ ~ *n* (Build) / Lichtspalt *m* (z.B. in der Jalousie)
**chino** *n* (Textiles) / Baumwollköper *m* (meistens kakifarben) ǁ ~ **fabric** (Textiles) / Baumwollköper *m* (meistens kakifarben)
**chinoiserie** *n* (stale of European architecture and artefacts in the Chines taste) (Arch) / Chinoiserie *f*
**chinoline** *n* (Chem, Micros, Pharm) / Chinolin *n*
**chintz** *v* (Textiles) / chintzen *v*, chintzartig appretieren ǁ ~* *n* (Textiles) / Chintz *m* (einseitig stark glänzend ausgerüsteter Baumwollstoff in Leinwandbindung, meist uni und bedruckt), Zitz *m* ǁ ~ **calender** (Textiles) / Chintzkalander *m* ǁ ~ **finish** (Textiles) / Chintzausrüstung *f*
**chintzing calender** (Textiles) / Chintzkalander *m* ǁ ~ **printing** (Textiles) / Chintzkalander *m*
**chintz printing** (Textiles) / Chintzdruck *m*
**chin ventilation** (Autos) / Kinnbelüftung *f* (bei Motorradhelmen)
**chip** *v* / absplittern *v*, abplatzen *v* (absplittern) ǁ ~ / abstoßen *v* (beschädigen) ǁ ~ (For) / hacken *v* (Schnitzel) ǁ ~ *n* / Splitter *m*, Span *m* ǁ ~ / abgesprungenes Stück, Abgesprungenes *n* ǁ ~ (Acous) / Materialreste *m pl* nach dem Plattenschneiden, Abfall *m* (des Schneidstichels) ǁ ~ (Comp) / Stanzabfall *m*, Schuppe *f* ǁ ~* (Comp,

Electronics) / Chip *m* (Einkristallblock aus Halbleitermaterial, vorwiegend aus Silizium, der eine Diode, einen Transistor oder eine integrierte Schaltung trägt), Mikrochip *m* ǁ ~ (Electronics) / ausgebrochene Kante, abgesplitterte Oberfläche (des Chips) ǁ ~* (Eng) / Span *m* ǁ ~ (Eng) / ausgebrochene Kante ǁ ~ (Glass) / Ausmuschelung *f* (Unregelmäßigkeit der Scheibenkante, hervorgerufen durch Ausbrechen von Splittern) ǁ ~ (Nuc) / Kernbruchstück *n*, Kernfragment *n* ǁ ~ (Paint) / Farb-Chip *m* ǁ ~* (Electronics) s. also die **3D-~** (Electronics) / dreidimensionaler Chip, geschichteter Chip
**chip-and-glue blending machine** (For) / Spanbeleimmaschine *f*, Beleimmaschine *f* (für Späne)
**chip architecture** (Comp) / Chiparchitektur *f* ǁ ~ **area** (Comp) / Chipfläche *f* ǁ ~ **axe** (Carp) / Handbeil *n*, Beil *n* ǁ ~ **basket** / Spankorb *m* ǁ ~ **batching** (For) / Spandosierung *f*, Spänedosierung *f* ǁ ~ **bin** (For) / Spänebunker *m*
**chipboard*** *n* (For, Join) / Spanplatte *f* (aus Holz - DIN EN 312), Holzspanplatte *f* (DIN 68760) ǁ ~* (Paper) / Graupappe *f*, Graukarton *m* ǁ ~ **adhesive** (For) / Klebstoff *m* für Spanplatten, Spanplattenleim *m*
**chip bonder** (Electronics) / Chipbonder *m* (technologische Spezialausrüstung zur Bauelementemontage) ǁ ~ **bonding** (Electronics) / Chipbonden *n* ǁ ~ (veneer) **box** / Spanschachtel *f* (Verpackungsmittel aus Furnier, nach Art der Kartonschachteln hergestellt) ǁ ~ **breaker*** (Eng, Tools) / Spanbrecher *m* (DIN 6582), Spanleitstufe *f*, Spanstufe *f*, Spanformstufe *f*
**chip-breaker slot** (Eng) / Spanbrechernut *f* (von Zahn zu Zahn versetzte Unterbrechung der Schneiden), Spanbrecherrille *f*
**chip capacitor** (Electronics) / Chipkondensator *m* (für die Mikroelektronik) ǁ ~ **card** (Comp) / Chipkarte *f* (intelligente Kunststoffkarte mit integriertem Chip), IC-Karte *f* ǁ ~ **card** (Comp) s. also smart card
**chip-card phone** (Teleph) / Kartentelefon *n* ǁ ~ **reader** (Comp) / Chipkartenleser *m*
**chip carrier** (Electronics) / Chipträger *m* ǁ ~ **carrier array** (Electronics) / Chipträgeranordnung *f* (auf der Leiterplatte) ǁ ~ **carving** (For) / Kerbschnitzerei *f* (mit einem Schnitzmesser) ǁ ~ **collector** / Spanfänger *m* ǁ ~ **conveyor** (For) / Spaneförderer *m* ǁ ~ **curler** (US) (Tools) / Spanbrecher *m* (DIN 6582), Spanleitstufe *f*, Spanstufe *f*, Spanformstufe *f* ǁ ~ **desintegrator** (For, Paper) / Hackschnitzelzerkleinerer *m* ǁ ~ **disposal** (Eng) / Spanabfuhr *f* ǁ ~ **drying** (For) / Spänetrocknung *f* ǁ ~ **enable** (Comp) / Bausteinfreigabe *f*, Chipfreigabe *f*
**chip-enable input** (Comp) / Bausteinfreigabeeingang *m* (DIN 41 859, T 1), Chipenable-Eingang *m*
**chip enamel** / Abplatzemail *n* ǁ ~ **form** (Eng) / Spanform *f* ǁ ~ **formation** (Eng, For) / Spanbildung *f*
**chip-forming machine** (Eng) / Werkzeugmaschine *f* (spanende)
**chip fraction** (For) / Spanfraktion *f*
**chip-free RFID tag** / chiploser RFID-Transponder (ohne einen gespeicherten zeitauflösenden Code, sondern mit einem über die Fläche verteilten Frequenz- und Phasenbild, welches ortsauflösend als Code interpretiert wird)
**chip geometry** (Eng) / Spangeometrie *f* ǁ ~ **grader** (Paper) / Hackschnitzelsortierer *m* ǁ ~ **length** (Eng) / Spanlänge *f*
**chipless** *adj* (Eng) / spanlos *adj* (Bearbeitung)
**chip log** (Ships) / Handlog *n* ǁ ~ **marks** (For) / Spanspuren *f pl* (auf der Schnittholzoberfläche) ǁ ~ **mask** (Electronics) / Einzelmaske *f* (auf einem Chip)
**chip-off** *n* (Foundry) / Abschlagen *n*, Abklopfen *n*, Bestoßen *n* (mit Druckluftwerkzeugen)
**chip of glass** (Glass) / Glassplitter *m*
**chip-on-board assembly** (Electronics) / direkte Montage auf der Leiterplatte
**chip pan** (Eng, For) / Spänefangschale *f*
**chipped** *adj* / angeschlagen *adj* (Glas,Möbel) ǁ ~ **corner** / abgesplitterte Ecke, abgebröckelte Ecke, abgeschlagene Ecke, Eckenbruch *m* ǁ ~ **grain** (For) / ausgerissene Faser, eingerissene Faser
**Chippendale** *n* (Join) / Chippendale-Stil *m* (ein Möbelstil mit stark geschwungenen Formen nach T. Chippendale, 1718-1779)
**chipper** *n* (For) / Zerspaner *m*, Zerspanungsmaschine *f*, Spaner *m* ǁ ~ (For) / Planschnitzler *m*, Profilspaner *m* (für Schnittholz) ǁ ~ (For) / Hackschnitzelzerspaner *m* (für die Herstellung von Spänen aus Hackschnitzeln zur Spanplattenproduktion), Schnitzelzerspaner *m* ǁ ~ (For) / Zerhacker *m*, Hackmaschine *f* (für Holz) ǁ ~ **canter** (For) / Planschnitzler *m*, Profilspaner *m* (für Schnittholz) ǁ ~ **chain** (of a saw chain) (For) / Hobelzahnkette *f*
**chipper-chain-saw cutter link** (For) / Hobelzahn *m* (der Kettensäge)
**chippie** (Carp) / Zimmermann *m*, Zimmerer *m*
**chipping** *n* / Absplittern *n*, Abplatzen *n* ǁ ~ (Eng) / Ausbröckelung *f* (der Schneide), Ausbruch *m* ǁ ~ (Foundry) / Abschlagen *n*,

**chipping**

Abklopfen *n*, Bestoßen *n* (mit Druckluftwerkzeugen) ‖ ~* (Met) / Abmeißeln *n* von Defektstellen ‖ ~ (Welding) / Reinigen *n* mit Pickhammer ‖ ~ **chisel*** (Tools) / Meißel *m* zum Entgraten ‖ ~ **chisel*** (Tools) s. also cold chisel ‖ ~ **hammer** (Eng) / Rosthammer *m* ‖ ~ **hammer** (Foundry) / Pickhammer *m*, Schlackenhammer *m* ‖ ~ **hammer** (Welding) / Schweißhammer *m* (DIN 5133) ‖ ~ **machine** (For) / Zerhacker *m*, Hackmaschine *f* (für Holz) ‖ ~ **resistance** (Paint) / Beständigkeit *f* gegen Absplittern, Beständigkeit *f* gegen Abplatzen
**chippings** *pl* (Civ Eng) / Kiessplitt *m* ‖ ~ (For, Paper) / Hackschnitzel *n pl*, Schnitzel *n pl*, Häcksel *n pl*
**chip pipeline** (For) / Hackschnitzelrohrleitung *f* ‖ ~ **proportioning** (For) / Spandosierung *f*, Spänedosierung *f* ‖ ~ **relief** (Eng) / Ausspänen *n*, Rücklauf *m* zum Ausspänen ‖ ~ **removal** (Eng) / spanabhebende Bearbeitung, Spanen *n* (DIN 8589), Spanung *f*, spanende Formung, Spanabnahme *f* (DIN 6580 bis DIN 6584), Zerspanen *n*, Zerspanung *f* (Bearbeitung durch Abtrennen von Stoffteilchen auf mechanischem Wege), Abspanen *n*
**chips** *pl* (For, Paper) / Hackschnitzel *n pl*, Schnitzel *n pl*, Häcksel *n pl* ‖ ~ (Plastics) / Chips *pl* (Kunststoffgranulat) ‖ **(wood)** ~ (For, Paper) / Hackschnitzel *n pl*, Schnitzel *n pl*, Häcksel *n pl*
**chip screen** (Paper) / Hackschnitzelsortierer *m*
**chip-select signal** (Comp) / Bausteinauswahlsignal *n*
**chipset** *n* (Comp) / Chipsatz *m*
**chip sharing** (Comp) / Chip-Sharing *n* ‖ ~ **sorter** (Paper) / Hackschnitzelsortierer *m* ‖ ~ **space** (gullet) (Eng) / Spankammer *f* (zwischen zwei Schneiden des Räumwerkzeugs nach DIN 1416) ‖ ~ **storage** (For, Paper) / Hackschnitzellagerung *f* ‖ ~ **thickness** (Eng) / Spandicke *f*
**chip-to-chip time** (Eng) / Span-zu-Span-Zeit *f*
**chip-to-pad-to-chip bond** (Electronics) / Chipstreifenleiter *m*
**chip transistor** (Electronics) / Chiptransistor *m* ‖ ~ **tray** (Eng, For) / Spänefangschale *f* ‖ ~ **tuning** (Autos) / Chip-Tuning *n* (beim Chip-Tuning wird durch den Austausch von elektronischen Speicherbausteinen oder das Verändern von Schaltungen eine Leistungssteigerung gegenüber den vom Hersteller eingestellten Werten erzielt) ‖ ~ **volume** (Eng) / Spanvolumen *n* ‖ ~ **washing** (Paper) / Hackschnitzelwaschen *n* ‖ ~ **weight** (Eng) / Abspangewicht *n* ‖ ~ **wood** (For) / Spanholz *n* ‖ ~ **yield** (Electronics) / Chipausbeute *f*, Chipergiebigkeit *f*, Chipertrag *m*
**chiquita principle** (Comp) / Chiquita-Prinzip *f* (Verkauf neuer billiger Software, die beim Kunden "reifen" soll)
**chiral** *adj* (Chem, Nuc) / chiral *adj* ‖ ~ **analysis** (Chem) / enantioselektive Analyse, chirale Analytik ‖ ~ **centre** (Chem) / Chiralitätszentrum *n* (ein Atom, das einen Satz von Substituenten in einer räumlichen Anordnung trägt, die mit der spiegelbildlichen Anordnung nicht zur Deckung gebracht werden kann)
**chirality*** *n* (Chem, Nuc) / Chiralität *f* (die Eigenschaft aller Elementarteilchen mit halbzähligem Spin) ‖ ~ (Nuc) / Chiralität *f*, Händigkeit *f* (rechts oder links) ‖ ~* (Chem, Nuc) s. also dissymetry ‖ ~ **axis** (Chem) / Chiralitätsachse *f* ‖ ~ **rule** (Chem) / Chiralitätsregel *f*, Zuordnungsregel *f* (Chiralitätsregel)
**chiral material** (Radar) / chirales Material (zur Rückstreureduktion) ‖ ~ **molecule** (Chem) / chirales Molekül ‖ ~ **plane** (Chem) / Chiralitätsebene *f* ‖ ~ **pool** (Chem, Nuc) / Komplex *m* von chiralen Bausteinen ‖ ~ **stationary phase** (Chem) / chirale stationäre Phase ‖ ~ **twinning** (Min) / optische Zwillingsbildung
**Chireix antenna** (Radio) / Chireix-Mesny-Antenne *f* (die Felder der quergerichteten Stromkomponenten addieren sich, die der längsgerichteten heben sich auf) ‖ ~-**Mesny antenna** (Radio) / Chireix-Mesny-Antenne *f* (die Felder der quergerichteten Stromkomponenten addieren sich, die der längsgerichteten heben sich auf) ‖ ~ **modulation** (Radio) / Chireix-Modulation *f*
**chiroptical** *adj* (Chem, Nuc) / chiroptisch *adj*
**chiroptic(al) methods** (Chem, Nuc, Spectr) / chiroptische Methoden (zur Untersuchung der Chiralität)
**chirp** *n* (rapid sweep of noise frequencies) (Telecomm) / Chirp *m* (schnell zeitlinear frequenzmoduliertes Signal) ‖ ~ (Teleg) / Chirp *m* (Frequenzänderung des Telegrafietons)
**chirping** *n* (Phys) / Laserchirpen *n*
**chirp radar*** (Radar) / monotonfrequenzmodulierter Radar, Pulskompressionsradar *m n*, Chirp-Radar *m n*
**chisel** *v* (Agric) / tieflockern *v*, aufreißen *v* ‖ ~ (Eng) / meißeln *v* ‖ ~* *n* (Carp, Join) / Stemmeisen *n*, Beitel *n* (meißelartiges Werkzeug mit rechteckigem Querschnitt zur Holzbearbeitung), Stecheisen *n* (mit seitlich abgeschrägten Fasern), Stechbeitel *n* ‖ ~* (Eng, Join, Tools) / Meißel *m* ‖ ~ **bit** (Mining, Oils) / Bohrmeißel *m* (das Bohrwerkzeug einer Stoßbohranlage) ‖ ~ **edge** (Eng) / Querschneide *f* (ein Teil des Spiralbohrers, der die beiden Hauptschneiden der Bohrerspitze in der Mitte verbindet) ‖ ~ **end** (Tools) / Keilspinne *f* (des Pinnhammers)
**chiselling** *n* (Agric) / Aufreißen *n*, Tieflockerung *f* ‖ ~ (Eng) / Meißeln *n* (DIN 8589, T 9)

**chiselling-off** *n* (Eng) / Abschroten *n* (eines Freiform-Schmiedestücks), Schroten *n*
**chisel off** *v* / wegstemmen *v* ‖ ~ **off** (Eng) / abschroten *v* (ein Freiform-Schmiedestück), schroten *v* ‖ ~ **out** (Carp) / ausstemmen *v* ‖ ~ **ploughing** (Agric) / Aufreißen *n*, Tieflockerung *f*
**chisel-toothed harrow** (Agric) / Löffelegge *f* (zur Auflockerung von verschlammten Böden)
**chisel with non-spread safety head** (Tools) / Meißel *m* mit Schlagkopfsicherung
**chi-squared distribution*** (Stats) / Chi-Quadrat-Verteilung *f*, $\chi^2$-Verteilung *f*, Helmert-Verteilung *f* ‖ ~ **test** (a goodness-of-fit test) (Stats) / Chi-Quadrat-Test *m*, $X^2$-Test *m* (ein Signifikanztest, dessen Testgröße exakt oder näherungsweise einer $X^2$-Verteilung genügt), $\chi^2$-Test *m*
**chit** *v* (Agric) / vorkeimen *v* (Kartoffeln), ankeimen *v* (Kartoffeln) ‖ ~ (Brew) / spitzen *v* (geweichte Gerste)
**chitin*** *n* / Chitin *n* (ein besonders aus tierischen Organismen isoliertes aminozuckerhaltiges geradkettiges Polysaccharid)
**chitinous** *adj* / chitinös *adj*, chitinig *adj*, Chitin-
**chitosamine** *n* (a widely occurring amino sugar) (Biochem) / Chitosamin *n*, Glukosamin *n*, D-Glucosamin *n*, GlcN
**chittam bark** (Pharm) / Amerikanische Faulbaumrinde, Cascara-Rinde *f*, Cascara sagrada *f* (Rinde aus Frangula purshiana (D.C.) J.G. Cooper)), Sagradarinde *f*, Kaskararinde *f* (aus Frangula purshiana (D.C.) J.G. Cooper)
**chittem bark** (Pharm) / Amerikanische Faulbaumrinde, Cascara-Rinde *f*, Cascara sagrada *f* (Rinde aus Frangula purshiana (D.C.) J.G. Cooper)), Sagradarinde *f*, Kaskararinde *f* (aus Frangula purshiana (D.C.) J.G. Cooper)
**chive** *n* (Eng, Join) / Gargelreißer *m*, Kimmhobel *m*
**CHL** (current-hogging logic) (Electronics) / CHL-Technik *f* (Schaltkreistechnik mit Lateralinjektion)
**Chladni figures*** (Acous) / Chladni'sche Klangfiguren *f pl* (nach E.F.F. Chladni, 1756-1827), Staubfiguren *f pl*, Chladni-Figuren *f pl*
**chloanthite*** *n* (Min) / Choanthit *m*, Weißnickelkies *m*, Nickelskutterudit *m*
**chloracne** *n* (Med) / Chlorakne *f* (Hautkrankheit, die durch akute Intoxikation von TCDD beim Menschen ausgelöst wird), Acne chlorica *f* (durch Einwirkung von Chlor auf die Haut ausgelöste Akne)
**chloral*** *n* (Chem) / Trichlorethanal *n*, Trichloracetaldehyd *m* (das älteste künstlich hergestellte Schlafmittel), Chloral *n* ‖ ~ **hydrate*** (Chem, Pharm) / Chloralhydrat *n* (Hydrat des Chlorals - das älteste künstlich hergestellte Schlafmittel)
**chlor-alkali cell*** (Chem) / Chloralkali-Elektrolysezelle *f* ‖ ~ **electrolysis** (Chem Eng) / Chloralkalielektrolyse *f* (großtechnisches Verfahren zur Gewinnung von Chlor und Alkalilauge sowie Wasserstoff) ‖ ~ **industry** (Chem) / Chloralkalielektrolyse *f* (als Industriezweig) ‖ ~ **operation** (Chem) / Chloralkalielektrolyse *f*, Alkalichloridelektrolyse *f*
**chloramine*** *n* (Chem) / Chloramin *n* ‖ ~ **bleaching** (Textiles) / Chloraminbleiche *f* ‖ ~ **T*** (Pharm, San Eng) / Tosylchloramidnatrium *n*, Chloramin T *n* (N-Chlor-4-toluolsulfonsäureamid-Natrium)
**chloramphenicol*** *n* (Pharm) / Chloramphenikol *n*, Chloromycetin *n* (Warenzeichen von Parke-Davis), Chloramphenicol *n* (Breitband-Antibiotikum aus Streptomyces venezuelae, das heute synthetisch hergestellt wird)
**chloranil** *n* (Chem) / Chloranil *n* (Tetrachlor-1,4-benzochinon)
**chloranilic acid** (Chem) / Chloranilsäure *f* (2,5-Dichlor-3,6-dihydroxy-1,4-benzochinon)
**chlorapatite*** *n* (Min) / Chlorapatit *m*
**chlorargyrite** *n* (Min) / Chlorsilber *n*, Chlorargyrit *m* (Silberchlorid), Hornsilber *n*, Kerargyrit *m*, Silberhornerz *n*
**chlorate • (III)** *n* (Chem) / Chlorat(III) *n*, Chlorit *n* (Salz der chlorigen Säure) ‖ ~**(V)*** (Chem) / Chlorat *n* ($M'ClO_3$) ‖ ~**(I)** (Chem) / Chlorat(I) *n*, Hypochlorit *n* (Salz der hypochlorigen Säure)
**chlorate(VII)*** *n* (Chem) / Chlorat(VII) *n*, Perchlorat *n* (Salz der Perchlorsäure)
**chlorate explosives** / Chloratsprengstoffe *m pl* (explosives Gemisch von Chloraten der Alkalimetalle, wie z.B. Cheddit, Chloratit - heute nicht mehr verwendet)
**chlorazide*** *n* (Chem) / Chlorazid *n* (farbloses explosives Gas - $ClN_3$)
**chlorcholine chloride** (Agric, Chem) / Chlorcholinchlorid *n*, CCC
**chlordan(e)*** *n* / Chlordan *n* (ein Cyclodien-Insektizid, das in der BRD verboten ist)
**chlorendic anhydride** (Chem) / Chlorendicanhydrid *n*
**chlorfenvinphos** / Chlorfenvinfos *n* (Insektizid zur Blatt- und Bodenapplikation im Acker-, Gemüse-, Zitrus- und Maisanbau und gegen Ektoparasiten an Vieh)
**chlorhydrin** *n* (Chem) / Chlorpropanol *n*, Chlorhydrin *n* (historischer Trivialname für vicinale Chloralkohole)

**chloric** *adj* (Chem) / Chlor(V)- ‖ **~(V) acid*** (Chem) / Chlorsäure *f* (HClO$_3$) ‖ **~(I) acid** (Chem) / hypochlorige Säure, Chlor(I)-säure *f* (HClO) ‖ **~(III) acid** (Chem) / chlorige Säure, Chlor(III)-säure *f* (HClO$_2$) ‖ **~(VII) acid*** (Chem) / Perchlorsäure *f*, Überchlorsäure *f*, Chlor(VII)-säure *f* (HClO$_4$)

**chloridate** *v* (to treat with chlorine or with a chloride) (Min Proc) / chlorieren *v*

**chloride*** *n* (Chem) / Chlorid *n* ‖ **~ corrosion** / Chloridkorrosion *f*, Chloridionenkorrosion *f* (eine Lochfraßkorrosion) ‖ **~ load** (Ecol, Hyd Eng) / Chloridbelastung *f* (von Flüssen) ‖ **~ melt** (Chem) / Chlorschmelze *f* ‖ **~ of lime*** (Chem) / Chlorkalk *m* ‖ **~ of silver** (Chem, Photog) / Silberchlorid *n* ‖ **~ of silver cell*** (Elec Eng) / Silberchloridelement *n*, Chlorsilberelement *n* ‖ **~ process** (Chem Eng) / Chloridprozess *m* (Verfahren zur Herstellung von Titandioxid-Pigmenten durch chlorierende Röstung von titanreichen Rohstoffen, wie Naturrutil oder Titanschlacke)

**chloridize** *v* (Min Proc) / chlorieren *v*

**chloridizing roasting*** (Met) / chlorierendes Rösten (mit Kochsalz), chlorierende Röstung

**chlorimeter** *n* (Textiles) / Chlormesser *m*

**chlorimetry** *n* (an oxidimetric method) (Chem) / Chlorimetrie *f* (eine oxidimetrische Methode), Chlorometrie *f*

**chlorin** *n* (one of the basic ring structures of the porphyrins) (Chem) / Chlorin *n*

**chlorinate** *v* (Chem) / chlorieren *v* (halogenieren)

**chlorinated hydrocarbon** (Chem) / Chlorkohlenwasserstoff *m*, chlorierter Kohlenwasserstoff, CKW ‖ **~ hydrocarbon insecticide** / Chlorkohlenwasserstoff-Insektizid *n* (DDT, Methoxychlor, DFDT, TDE, Perthan, Dilan usw.), organisches Chlorinsektizid ‖ **~ lime** (Chem) / Chlorkalk *m* ‖ **~ paraffins** (Chem, Paint, Textiles) / Chlorparaffine *n pl* (farblose, flüssige oder feste Chlorierungsprodukte des Paraffins mit 15-70% Chlor-Gehalt) ‖ **~ poly** (Chem) / Chlorpolyvinylchlorid *n*, chloriertes Polyvinylchlorid, CPVC, PVCC ‖ **~ polyethylene** (Chem, Plastics) / chloriertes Polyethylen, PE-C (DIN 7728, T 1) ‖ **~ polyolefin** (Chem, Paint) / chloriertes Polyolefin, CPO ‖ **~ polypropylene** (Chem, Plastics) / chloriertes Polypropylen, PP-C *n* (DIN 7728), Chlorpolypropylen *n* ‖ **~ polyvinyl chloride** (Chem) / Chlorpolyvinylchlorid *n*, chloriertes Polyvinylchlorid, CPVC, PVCC ‖ **~ rubber** / Chlorkautschuk *m* (durch Chlorieren von Naturkautschuk hergestelltes Produkt), RUC (DIN 55950) ‖ **~ rubber paint*** (Paint) / Chlorkautschuklackfarbe *f* (auf der Bindemittelbasis Chlorkautschuk), Chlorkautschukanstrichstoff *m*, CK-Anstrichstoff *m* ‖ **~ wool** (Textiles) / gechlorte Wolle, chlorierte Wolle

**chlorinating agent** (Chem, San Eng) / Chlorierungsmittel *n* (z.B. PCl$_5$ oder PCl$_3$), Chlorungsmittel *n*

**chlorination*** *n* (Chem) / Chlorierung *f* (Halogenierung) ‖ **~*** (Chem Eng) / Chloren *n*, Chlorung *f* (Behandlung mit Chlor - z.B. des Wassers nach DIN 4046)

**chlorinator** *n* (Chem Eng) / Chlorierungsgefäß *n*, Chlorierer *m*, Chlorierungsgerät *n*

**chlorine** *n* (Chem) / Chlor *n*, Cl (Chlor) ‖ **~ acne** (Med) / Chlorakne *f* (Hautkrankheit, die durch akute Intoxikation von TCDD beim Menschen ausgelöst wird), Acne chlorica *f* (durch Einwirkung von Chlor auf die Haut ausgelöste Akne) ‖ **~ bleaching** (Textiles) / Chlorbleiche *f*

**chlorine-containing** *adj* (Chem) / chlorhaltig *adj*, Chlor enthaltend

**chlorine damage** (Textiles) / Chlorschädigung *f*, Schädigung *f* durch Chlor ‖ **~ demand** (Chem) / Chlorbedarf *m* ‖ **~ dioxide** (Chem) / Chlordioxid *n*, Chlor(IV)-oxid *n* ‖ **~ fastness** (Textiles) / Chlorechtheit *f* (Weißeffekt) ‖ **~ fluoride** (Chem) / Chlorfluorid *n* (z.B. Chlormonofluorid)

**chlorine-free** *adj* (Chem) / chlorfrei *adj* (z.B. Papier, Bleiche)

**chlorine gas** (Chem) / Chlorgas *n* ‖ **~ loading potential** (Chem, Ecol) / CLP *n* (relative Bewertungsgröße, die angibt, wieviel Chlor ein Stoff von der Troposphäre in die Stratosphäre transportiert, bezogen auf FCKW 11) ‖ **~ monoxide** (Chem) / Dichloroxid *n*, Chlor(I)-oxid *n*, Chlormonoxid *n* ‖ **~ number*** (Paper) / Chlorzahl *f*, Chlorverbrauchszahl *f* ‖ **~(IV) oxide*** (Chem) / Chlordioxid *n*, Chlor(IV)-oxid *n* ‖ **~(I) oxide*** (Chem) / Dichloroxid *n*, Chlor(I)-oxid *n*, Chlormonoxid *n*

**chlorine(VI) oxide*** (Chem) / Dichlorhexoxid *n*, Chlor(VI)-oxid *n*

**chlorine(VII) oxide*** (Chem) / Dichlorheptoxid *n*, Chlor(VII)-oxid *n*

**chlorine pentafluoride** (Chem, Space) / Chlorpentafluorid *n* ‖ **~ requirement** (Chem) / Chlorbedarf *m* ‖ **~ residual** (Chem, Ecol) / Chlorüberschuss *m* (bei der Chlorung von Wasser) ‖ **~ retention** (Textiles) / Chlorrückhaltevermögen *n*, Chlorretention *f* ‖ **~ rubber** (Chem) / Chlorkautschuk *m* (durch Chlorieren von Naturkautschuk hergestelltes Produkt), RUC (DIN 55950) ‖ **~ trifluoride** (Chem, Space) / Chlortrifluorid *n* ‖ **~ water** (0,1 M solution of chlorine) (Chem) / Chlorwasser *n*, Bleichwasser *n* (mit Chlor)

**chlorinity** *n* (Chem, Ocean) / Chlorinität *f* (eine Bezugsgröße für die Beurteilung der Salzkonzentration im Meerwasser) ‖ **~ (Ocean)** / Chlorgehalt *m*

**chlorinous taste** (San Eng) / Chlorgeschmack *m* (des Wassers)

**chlorite** *n* (Chem) / Chlorat(III) *n*, Chlorit *n* (Salz der chlorigen Säure) ‖ **~*** (Min) / Chlorit *m* (ein Schichtsilikat) ‖ **~ bleaching** (Textiles) / Chloritbleiche *f* (mit Natriumchlorit) ‖ **~ schist** (Geol) / Chloritschiefer *m*

**chloritization*** *n* (Geol) / Chloritisierung *f*

**chloritoid*** *n* (Min) / Chloritoid *m*

**chlormethin** *n* (Chem, Med) / Chlormethin *n* (internationaler Freiname für ein alkylierend wirkendes Zytostatikum), Mechlorethamin *n*

**chloroacetic acid** (Chem) / Chloressigsäure *f*, Monochloressigsäure *f*

**chloroacetone** *n* (Chem) / Chloraceton *n*, Chlorpropanon *n*, Chlorazeton *n*

**chloroacetophenone** *n* (Chem) / Chloracetophenon *n*, Chlorazetophenon *n* (international geächteter Reizkampfstoff), CN (Chloracetophenon)

**chloroauric(III) acid*** (Chem) / Tetrachlorogold(III)-säure *f* (die wichtigste Goldverbindung)

**chloroazotic acid** (Chem, Met) / Königswasser *n*, Aqua *f* regia (Salzsäure-Salpetersäure-Gemisch)

**chlorobenzene** *n* (Chem) / Chlorbenzol *n* (organische Verbindung, in der ein oder mehrere Wasserstoffatome des Benzolsdurch Chloratome ersetzt sind)

**2-chlorobuta-1,3-diene*** *n* (Chem) / Chloropren *n* (eine chlorierte Butadienverbindung)

**chlorobuta-1,3-diene*, 2-~** / Chloropren *n* (eine chlorierte Butadienverbindung)

**chlorobutyl rubber*** (Autos, Chem) / Chlorbutylkautschuk *m*

**chlorocadmate** *n* (Chem) / Chlorocadmat *n*, Chlorokadmat *n*

**chlorocarbon** *n* (Chem) / Chlorkohlenwasserstoff *m*, chlorierter Kohlenwasserstoff, CKW

**chlorocarbonic ester** (Chem) / Chlorameisensäureester *m*, Chlorkohlensäureester *m*, Chlorformiat *n*, Chloroformiat *n*

**chlorocarvacrol** *n* (Med) / Chlorcarvacrol *n* (ein Desinfektionsmittel)

**chlorochromic anhydride** (Chem) / Chromylchlorid *n* (CrO$_2$Cl$_2$), Chrom(VI)-oxiddichlorid *n*

**chlorocresol** *n* (Chem) / Chlorkresol *n*, Chlormethylphenol *n*

**chlorocyclohexane** *n* (Chem) / Chlorcyclohexan *n* (Cyclohexalchlorid), Chlorzyklohexan *n*

**chloroethane** *n* (Chem) / Ethylchlorid *n*, Chlorethan *n*, Monochlorethan *n* (der Ethylester der Chlorwasserstoffsäure)

**2-chloroethanol** *n* (Chem) / Ethylenchlorhydrin *n*, 2-Chlor-ethanol *n*

**chloroethene** *n* (Chem) / Vinylchlorid *n*, VC (Vinylchlorid), Chlorethen *n*, Chlorethylen *n*

**chloroethylene** *n* (Chem) / Vinylchlorid *n*, VC (Vinylchlorid), Chlorethen *n*, Chlorethylen *n*

**chlorofibre*** *n* (Textiles) / Chlorfaser *f*

**chlorofluorocarbon** *n* (Chem) / wasserstofffreier Fluorchlorkohlenstoff, Fluorchlorkohlenwasserstoff *m*, Chlorfluorkohlenwasserstoff *m*, FCKW (Fluorchlorkohlenwasserstoff) ‖ **~ refrigerant** (Chem) / FCKW-Kältemittel *n*

**chlorofluoromethane** *n* (Chem) / wasserstofffreier Fluorchlorkohlenstoff, Fluorchlorkohlenwasserstoff *m*, Chlorfluorkohlenwasserstoff *m*, FCKW (Fluorchlorkohlenwasserstoff)

**chloroform*** *n* (Chem) / Trichlormethan *n*, Chloroform *n*

**chloroformic ester** (Chem) / Chlorameisensäureester *m*, Chlorkohlensäureester *m*, Chlorformiat *n*, Chloroformiat *n*

**chlorogenic acid** (Chem) / Chlorogensäure *f* (eine tanninhaltige Substanz in grünen Kaffeebohnen)

**chlorohydrin*** *n* (Chem) / Chlorpropanol *n*, Chlorhydrin *n* (historischer Trivialname für vicinale Chloralkohole)

**chlorohydrocarbon** *n* (Chem) / Chlorkohlenwasserstoff *m*, chlorierter Kohlenwasserstoff, CKW

**chloroiridate** *n* (Chem) / Chloroiridat *n*

**chloroiridite** *n* (Chem) / Chloroiridat(III) *n*, Hexachloroiridat(III) *n*

**chlorometer** *n* (Textiles) / Chlormesser *m*

**chloromethane** *n* (Chem) / Chlormethan *n*, Methylchlorid *n*, Monochlormethan *n*

**chloromethyl methyl ether** (Chem) / Chlormethylmethylether *m*, Chlordimethylether *m*

**chlorometry** *n* (Chem) / Chlorimetrie *f* (eine oxidimetrische Methode), Chlorometrie *f*

**Chloromycetin** *n* (Pharm) / Chloramphenikol *n*, Chloromycetin *n* (Warenzeichen von Parke-Davis), Chloramphenicol *n* (Breitband-Antibiotikum aus Streptomyces venezuelae, das heute synthetisch hergestellt wird)

**chloronaphthalenes** *pl* (Chem) / Chlornaphthaline *n pl* (Chlorderivate des Naphthalins), Chlornaphthalene *n pl*

**chloronitrous**

**chloronitrous acid** (Chem, Met) / Königswasser *n*, Aqua *f* regia (Salzsäure-Salpetersäure-Gemisch)
**chloropalladate** *n* (Chem) / Chloropalladat *n*
**chlorophenol** *n* (Chem) / Chlorphenol *n* (früher als Holzschutz- und Desinfektionsmittel benutzt) ‖ ~ **red**\* (Chem) / Chlorphenolrot *n* (ein Indikator der Maßanalyse)
**Chlorophyceae**\* *pl* (Bot) / Grünalgen *f pl*, Chlorophyceae *pl* (Klasse der Algen)
**chlorophyll**\* *n* (Bot, Chem) / Chlorophyll *n* (E 140), Blattgrün *n* (Blattpigment der Höheren Pflanzen und Grünalgen)
**chlorophyllin** *n* (Bot) / Chlorophyllin *n* (wasserlösliches, lichtbeständiges Chlorophyllpigment)
**Chlorophyta**\* *pl* (Bot) / Grünalgen *f pl*, Chlorophyceae *pl* (Klasse der Algen)
**chloropicrin** *n* (Agric, Chem, Pharm) / Trichlornitromethan *n*, Nitrochloroform *n*, Chlorpikrin *n*
**chloroplast**\* *n* (the photosynthesis organelle of higher plants) (Biochem, Bot) / Chloroplast *m* (pl. -en) (fotosynthetisch aktives Chromatophor)
**chloroplatinate** *n* (Chem) / Chloroplatinat *n*
**chloroplatinic(IV) acid**\* (Ceramics, Chem) / Chloroplatin(IV)-säure *f*
**chloroprene**\* *n* / Chloropren *n* (eine chlorierte Butadienverbindung) ‖ ~ **rubber** / Chloroprenkautschuk *m* (Poly-2-chlorbutadien, Neopren), Chlorbutadien-Rubber *m*, CR (Chloroprenkautschuk)
**chloropropane** *n* (Chem) / Propylchlorid *n*, Chlorpropan *n*
**chloropropanone** *n* (Chem) / Chloraceton *n*, Chlorpropanon *n*, Chlorazeton *n*
**chlorosis** *n* (pl. -oses)\* (Bot) / Chlorose *f* (Chlorophyllmangelerscheinung)
**chlorosulphonated polyethylene** (Chem) / chlorsulfoniertes Polyethylen, CSM (chlorsulfoniertes Polyethylen nach DIN 55 950), sulfochloriertes Polyethylen, PESC (sulfochloriertes Polyethylen)
**chlorosulphonic acid** (Chem) / Chloroschwefelsäure *f*, Chlorsulfonsäure *f*
**chlorosulphuric acid** (Chem) / Chloroschwefelsäure *f*, Chlorsulfonsäure *f*
**chlorothalonil** *n* (Agric, Paint) / Tetrachlorisophthalonitril *n* (ein Fungizid mit sehr breiter protektiver Wirkung), Chlorthalonil *n* (Common name für Tetrachlorisophthalonitril)
**chlorothymol** *n* (Med) / Chlorthymol *n* (ein starkes Desinfektionsmittel)
**chlorotoluene** *n* (Chem) / Chlortoluol *n*
**chlorotoluidine** *n* (Chem) / Chlortoluidin *n*
**chlorotrimethylsilane** *n* (Chem) / Trimethylchlorsilan *n*, Trichlormethylsilan *n* (ein Chlormethylsilan)
**chlorous** *adj* (Chem) / Chlor(III)- ‖ ~ **acid** (Chem) / chlorige Säure, Chlor(III)-säure *f* (HClO$_2$)
**chlorphenol red** (Chem) / Chlorphenolrot *n* (ein Indikator der Maßanalyse)
**chlorpromazine**\* *n* (Pharm) / Chlorpromazin *n* (10-(δ-Dimethylaminopropyl)-3-chlorphenothiazin) (2-Chlor-10-(3-dimethylaminopropyl)-phenothiazin)
**chlorpyrifos** *n* (Agric, Chem) / Chlorpyrifos *n* (ein altes Insektizid aus der Substanzklasse der Phosphorsäureesters)
**chlortetracycline** *n* (Pharm) / Chlortetrazyklin *n*, Chlortetracyclin *n* (aus Kulturflüssigkeiten von Streptomyces aureofaciens isoliertes Antibiotikum)
**CHM** (chemical machining) / chemisches Abtragen (gleichmäßiges Auflösen des Werkstoffes durch Einwirken von Chemikalien - z. B. von Formteilätzen), Formteilätzen *n*, Konturätzen *n*
**Chobert rivet**\* (Eng) / Durchziehniet *n* (ein Hohlniet)
**chock** *v* / festkeilen *v*, verkeilen *v* (mit Unterlegkeilen, z.B. ein Fahrzeug) ‖ ~ *n* / Bremsblock *m* (unter den Rädern), Bremsschuh *m*, Radschuh *m* ‖ ~ / Klotz *m*, Unterlegkeil *m* ‖ ~ (Met) / Einbaustück *n* (Bestandteil des Walzgerüstes zur Aufnahme eines Walzenlagers)
**chocker** *n* (For) / Chokerschlinge *f*
**chock-to-chock time**\* (Aero) / Blockzeit *f* (die Zeit vom Abrollen des Flugzeuges vom Startflughafen bis zum Stillstand am Zielflughafen)
**chocolate agar** (Biol) / Kochblutagar *m n* ‖ ~ **agar incubated for 90° at 60° before inoculation** / Röstagar *m* ‖ ~ **brown** (Nut) / Lebensmittelbraun *n* 2, Schokoladenbraun *n*
**chocolate-brown** *adj* / schokoladebraun *adj*, schokoladenbraun *adj*
**chocolate-flavored confectionery coating** (US) (Nut) / Fettglasur *f* (eine der Schokolade ähnliche Überzugsmasse für Konditoreierzeugnisseoder Backwaren), Kuvertüre *f* (Überzugsmasse)
**chocolate paper** (Paper) / Schokoladenpapier *n*
**choice** *n* / Auslese *f*, Wahl *f* (Auswahl), Auswahl *f*, Selektion *f* ‖ ~ (Teleph) / Suchstellung *f* ‖ ~ (Textiles) / drittbeste Wollqualität ‖ ~ **of language** (Comp) / Wahl *f* der Sprache ‖ ~ **of type** (Typog) / Schriftwahl *f* ‖ ~ **wool** (Textiles) / drittbeste Wollqualität

**choir** *n* (Arch) / Chor *n* (der Platz in der Kirche) ‖ ~ **chapel** (Arch) / Chorkapelle *f* (Kapelle an einem Chorschluss oder einem Chorumgang), Apsidialkapelle *f* ‖ ~ **stalls** (Arch) / Chorgestühl *n*
**choke** *v* / verstopfen *v* (Rohr), zusetzen *v* (Rohr), versetzen *v* (Rohr) ‖ ~ / drosseln *v*, hemmen *v* (drosseln), sperren *v* (drosseln) ‖ ~ *n* (Autos) / Kaltstartzug *m*, Starterzug *m* ‖ ~\* (Elec Eng) / Drosselspule *f* (DIN 40714, T 1; DIN 57532, T 1), Drossel *f* ‖ ~\* (Eng) / Regulierkegel *m* (kegelförmiges Drosselorgan) ‖ ~ (Eng) / Drosselscheibe *f* (um die Rohrströmung zu vermindern) ‖ ~ (an insufficient opening in the neck of a glass container) (Glass) / verengter Hals, enger Hals (Fehler eines Glasbehälters) ‖ ~\* (I C Engs) / Choke *m*, Luftklappe *f* ‖ ~\* (I C Engs) / Starterklappe *f*, Startklappe *f*, Vordrossel *f* (in der Mischkammer des Vergasers) ‖ ~ **coil** (Elec Eng) / Drosselspule *f* (DIN 40714, T 1; DIN 57532, T 1), Drossel *f* ‖ ~ **condition** (Autos) / Stand *m* nach dem Hineindrücken des Chokers (beim Start) ‖ ~ **coupling**\* (Elec Eng) / Drosselkopplung *f*
**choked** *adj* / verstopft *adj* (Düse)
**choke-damp**\* *n* (Mining) / Stickwetter *n pl*, erstickende oder matte Wetter *n pl* ‖ ~\* (Mining) / Nachschwaden *n pl*, Schwaden *n pl*
**choked flow** (Phys) / blockierte Strömung ‖ ~ **neck** (Glass) / verengter Hals, enger Hals (Fehler eines Glasbehälters)
**choke feed**\* (Elec Eng) / Drosselspeisung *f* ‖ ~ **flange**\* (Radar, Telecomm) / Sperrfilterflansch *m* ‖ ~ **input filter** (Elec Eng) / Filter *n* mit Drosseleingang (induktivem Eingang) ‖ ~ **joint** (Telecomm) / induktive Hohlleiterkupplung
**chokeless** *adj* (Elec Eng) / ohne Drossel
**choke line** (Oils) / Entlastungsleitung *f* ‖ ~ **manifold** (Oils) / Düsenstock *m*, Choke Manifold *m* ‖ ~ **modulation**\* (Elec Eng) / Drosselmodulation *f* ‖ ~ **modulation**\* (Elec Eng) s. also Heising modulation ‖ ~ **piston** (Elec Eng) / kapazitiver Kurzschlusskolben, Drosselkolben *m* ‖ ~ **plate** (I C Engs) / Starterklappe *f*, Startklappe *f*, Vordrossel *f* (in der Mischkammer des Vergasers) ‖ ~ **plunger** (Elec Eng) / kapazitiver Kurzschlusskolben, Drosselkolben *m*
**chokes** *pl* (Med) / Chokes *pl* (Lungenstiche bei Dekompressionskrankheit)
**choke-valve** *n* (I C Engs) / Starterklappe *f*, Startklappe *f*, Vordrossel *f* (in der Mischkammer des Vergasers)
**choking** *n* (I C Engs) / Betätigung *f* der Starteinrichtung ‖ ~ *adj* / beißend *adj* (Qualm, Geruch ), stechend *adj* (Geruch), ätzend *adj* ‖ ~ **coil** (Elec Eng) / Drosselspule *f* (DIN 40714, T 1; DIN 57532, T 1), Drossel *f* ‖ ~ **Mach number** (Aero) / Blockierungs-Machzahl *f*
**cholagogue** *n* (Pharm) / galletreibendes Mittel, Cholagogum *n* (pl. -goga) (galletreibendes Mittel)
**cholaic acid** (Biochem, Physiol) / Taurocholsäure *f* (eine zu den Steroiden gehörende Gallensäure)
**cholane** *n* (Chem, Physiol) / Cholan *n*
**cholanic acid** (Physiol) / Cholansäure *f* (Grundkörper der Gallensäuren)
**cholecalciferol** *n* (Biochem) / Cholekalziferol *n* (Vitamin D$_3$), Cholecalciferol *n*, Calciol *n*
**cholecystokinin** *n* (Biochem) / Pankreozymin *n*, Cholecystokinin *n* (ein zu den Gewebshormonen gerechnetes Polypeptid), Cholezystokinin *n*, CCK (Cholecystokinin)
**choleretic** *n* (Pharm) / Choleretikum *n* (pl. -tika) (Mittel, das die Gallenabsonderung in der Leber anregt)
**Choleski method** (Maths) / Quadratwurzelmethode *f* (zur Auflösung eines linearen Gleichungssystems), Cholesky-Methode *f*, Verfahren *n* von Cholesky
**Choleski's method** (Maths) / Quadratwurzelmethode *f* (zur Auflösung eines linearen Gleichungssystems), Cholesky-Methode *f*, Verfahren *n* von Cholesky
**Cholesky method** (Maths) / Quadratwurzelmethode *f* (zur Auflösung eines linearen Gleichungssystems), Cholesky-Methode *f*, Verfahren *n* von Cholesky
**Cholesky's method** (Maths) / Quadratwurzelmethode *f* (zur Auflösung eines linearen Gleichungssystems), Cholesky-Methode *f*, Verfahren *n* von Cholesky
**cholesteric** *adj* (Phys) / cholesterisch *adj* (Ordnungszustand in flüssigen Kristallen) ‖ ~ **phase** (Phys) / cholesterische Phase
**cholesterinic** *adj* (Phys) / cholesterinisch *adj*
**cholesterol**\* *n* (a steroid lipid) (Chem, Med) / Cholesterol *n*, Cholesterin *n*
**cholesterol-reduced** (Nut) / mit niedrigem Cholesteringehalt
**cholesterol reduction** (Nut) / Herabsetzung *f* des Cholesteringehalts, Reduktion *f* des Cholesteringehalts
**cholesteryl ester** (Biochem) / Cholesterylester *m*, Cholesterinester *m*
**cholic acid**\* (the most widely occurring bile acid) (Physiol) / Cholsäure *f*
**choline**\* *n* (an amino alcohol) (Chem, Physiol) / Cholin *n* (Bestandteil oder natürliches Spaltprodukt des Lezithins) ‖ ~ **base** (Chem, Physiol) / Cholinbase *f* ‖ ~ **chloride** (Chem) / Cholinchlorid *n*

**cholinergic** adj (Biol) / cholinerg adj ‖ ~ (Pharm) / cholinerg adj (auf Cholin ansprechend, durch Cholin bewirkt), cholinergisch adj, parasympathomimetisch adj
**cholinesterase** n (Biochem) / Cholinesterase f
**cholylglycine** n (Biochem, Physiol) / Glykocholsäure f (peptidartiges Konjugat aus Cholsäure und Glyzin)
**cholyltaurine** n (Biochem, Physiol) / Taurocholsäure f (eine zu den Steroiden gehörende Gallensäure)
**chomskian** adj / Chomsky- (nach dem amerikanischen Linguisten und Kommunikationstheoretiker Awram Noam Chomsky, geb. 1928)
**chomskyan** adj / Chomsky- (nach dem amerikanischen Linguisten und Kommunikationstheoretiker Awram Noam Chomsky, geb. 1928)
**Chomsky hierarchy** (Comp) / Chomsky-Hierarchie f (eine Einteilung der Regelgrammatiken)
**chondrite**\* n (Astron, Min) / Chondrit m (ein Steinmeteorit)
**chondrodite**\* n (Min) / Chondrodit m (ein Mineral der Norbergit-Gruppe - ein Silikat)
**chondroitin sulphate** (Biochem) / Chondroitinsulfat n (ein Glykosaminglykan)
**chondrule**\* n (Astron, Min) / Chondrula f (pl. -len)
**choose** v / auswählen v, aussuchen v, auslesen v, selektieren v, wählen v
**chop** v / hacken v (klein machen), zerhacken v ‖ ~ (Elec Eng, Electronics) / zerhacken v ‖ ~ n (Agric) / Häckselgut n, Häcksel m n (klein geschnittenes Stroh oder Heu) ‖ ~\* (Eng) / bewegliche Backe, bewegliche Spannbacke (des Schraubstocks) ‖ ~ (Ships) / [kurzes, abgehacktes] Stampfen n
**chop-and-leach process** (Nuc Eng) / Chop-Leach-Verfahren n (in Wiederaufbereitungsanlagen, zum Aufschluss der Brennstäbe), Chop-and-Leach-Prozess m
**chop away** v (Build, Eng) / ausmeißeln v, wegmeißeln v ‖ ~ **down** (For) / fällen v (Bäume), einschlagen v, hauen v, schlagen v
**chop-leach process** (Nuc Eng) / Chop-Leach-Verfahren n (in Wiederaufbereitungsanlagen, zum Aufschluss der Brennstäbe), Chop-and-Leach-Prozess m
**chop mark** (Autos) / Schlagmarke f (Bearbeitungsspur auf der Blechfläche) ‖ ~ **off** v / abhacken v ‖ ~ **out** (Build, Eng) / ausmeißeln v, wegmeißeln v
**chopped arc** (Elec Eng) / abgeschnittener Lichtbogen ‖ ~ **continuous waves**\* (continuous wave electromagnetic radiation switched on and off at an audiofrequency) (Radio) / unterbrochene ungedämpfte Wellen ‖ ~ **direct current** (Elec Eng) / gepulster Gleichstrom ‖ ~ **glass strand** (Glass, Textiles) / geschnittenes Textilglas (DIN 61850), Stapelglasseide f ‖ ~ **strand mat** (Glass, Textiles) / Glasschnittmatte f (eine Textilglasmatte), Schnitzelmatte f, Schnittmatte f ‖ ~ **straw** (Agric) / Strohhäcksel n m
**chopper** v (Aero) / mit dem (den) Hubschrauber fliegen (transportieren) ‖ ~ n (Aero) / Hubschrauber m, Helikopter m ‖ ~ (Agric) / Häckselmaschine f, Häcksler m ‖ ~ (Astron) / Chopper m (Spiegel bei Infrarotteleskopen) ‖ ~ (Comp) / Hacker m (in fremde Rechnersysteme illegal eindringender Computerbesitzer) ‖ ~\* (Elec Eng) / Chopper m (kontinuierlich arbeitender Unterbrecher), Zerhacker m (für Messzwecke) ‖ ~ (Glass) / Schneidtisch m ‖ ~ (Nuc) / Chopper m (mechanischer Zerhacker für Teilchenstrahlen) ‖ ~ (Nut) / Wiegemesser n ‖ ~ (Spectr) / Stahlteiler m ‖ ~ **amplifier**\* (Elec Eng) / Zerhackerverstärker m, Chopperverstärker m
**chopper-bar controller** (Automation) / Fallbügelregler m (zur Regelung der Ofentemperatur oder Auslösung von Warnsignalen) ‖ ~ **recorder** (Automation) / Fallbügelschreiber m, Fallbügelpunktschreiber m
**chopper-blower** n (Agric) / Gebläsehäcksler m ‖ ~ (Agric) / Schneidgebläse n (ein altes Wurfgebläse)
**chopper disk**\* (Elec Eng) / Zahnscheibe f (Fotozellen-Unterbrecher) ‖ ~ **knife** (Nut) / Wiegemesser n
**chopper-stabilized amplifier**\* (Elec Eng) / Zerhackerverstärker m, Chopperverstärker m
**chopping** n (Elec Eng) / Lichtbogenabriss m, Chopping n ‖ ~ (Elec Eng) / Abreißen n (Strom) ‖ ~ (Elec Eng, Electronics) / Zerhacken n ‖ ~ (Phys) / Abschneiden n (Stoßwelle) ‖ ~ (Spectr) / Strahlteilung f ‖ ~ **block** / Hackklotz m, Hackstock m (A), Hauklotz m ‖ ~ **machine** (For) / Zerhacker m, Hackmaschine f (für Holz) ‖ ~ **machine** (Glass) / Schneidtisch m ‖ ~ **shears** (Met) / Schopfschere f (z.B. eine Kreismesser-, Pendel- oder Kurbelschere)
**choppy sea** (Ships) / kabbelige See (Logbuchstabe C), Kabbelsee f
**chord** (major, minor) (Acous) / Akkord m ‖ ~ (Acous) / Saite f ‖ ~\* (Aero) / Sehne f (innere, theoretische), Profilsehne f (die Gerade vom vordersten zum hintersten Punkt der Skelettlinie eines Tragflügelprofils) ‖ ~ (Arch, Civ Eng) / Gurt m (eines Vollwand- oder Fachwerkträgers - oberer oder unterer) ‖ ~\* (Maths) / Sehne f (eine Strecke, die zwei Punkte einer Kurve verbindet; der Teil der Sekante, welcher im Kreis liegt)

**chordal** adj (Maths) / Sehnen-, chordal adj ‖ ~ **addendum** (the radial distance measured from the chord of the pitch circle) (Eng) / Kopfhöhe f von der Sehne des Rollkreisabschnitts gemessen ‖ ~ **thickness**\* (Eng) / Zahndickensehne f (DIN 3960)
**chorded winding** (Elec Eng) / gesehnte Wicklung (die Spulenweite ist meistens kleiner als die Polteilung), Sehnenwicklung f ‖ ~ **winding** (Elec Eng) s. also fractional-pitch winding
**chord line** (of the airfoil)\* (Aero) / Sehne f (innere, theoretische, Profilsehne f (die Gerade vom vordersten zum hintersten Punkt der Skelettlinie eines Tragflügelprofils) ‖ ~ **member** (Arch, Civ Eng) / Gurtstab m ‖ ~ **of contact**\* (Maths) / Berührungssehne f ‖ ~ **plate** (Arch, Civ Eng) / Gurtplatte f, Gurtlamelle f
**chords** pl (Arch) / Gurtung f (die Gesamtheit der Gurte eines Fachwerkträgers)
**chord theorem** (Maths) / Sehnensatz m (ein Spezialfall des Sekantensatzes)
**chorismic acid** (Biochem) / Chorisminsäure f (in der Aromatensynthese) (Ausgangsgestein, Muttergestein)
**C horizon** (weathered parent material) (Agric, Geol) / C-Horizont m, Untergrund m (des Bodenprofils)
**C horizon** (Agric, Geol) s. also parent rock
**Chorleywood bread process**\* (Nut) / Chorleywood-Verfahren n (in der Bäckerei)
**chorogram** n (Cartography) / Flächenkartogramm n, Gebietsstufenkarte f (thematische Karte zur relativen Darstellung der Gebietseinheiten)
**chorus** n (pl. -es) (Acous) / Chorus (pl. -se) (Klangeffekt durch Mehrfachüberlagerung)
**CHP** (combined heat and power) (Elec Eng, Heat) / Kraft-Wärme-Kopplung f (gleichzeitige Erzeugung von Strom und Wärme, KWK (Kraft-Wärme-Kopplung) ‖ ~ **plant** (Elec Eng, Heat) / Kraft-Wärme-Kopplungsanlage f, KWK-Anlage f ‖ ~ **unit** / Blockheizkraftwerk n, BHKW n (Blockheizkraftwerk) ‖ ~ **unit** (Elec Eng) / Blockheizkraftwerk n, BHKW (Blockheizkraftwerk)
**Christiansen cell** (Chem) / Filterküvette f des Christiansen-Filters ‖ ~ **effect** (monochromatic transparency effect when finely powdered substances, such as glass or quartz, are immersed in a liquid having the same refractive index) (Chem, Optics) / Christiansen-Effekt m ‖ ~ **filter** (a device for admitting monochromatic radiation to a lens system) (Optics) / Christiansenfilter n (ein Dispersionsfilter), Dispersionsfilter n nach Christiansen (nach Ch. Christiansen, 1843 - 1917) ‖ ~ **wavelegth** (Optics) / Christiansen-Wellenlänge f (bei der sich die Dispersionskurven der Flüssigkeit und des optischen Glases des Dispersionsfilters schneiden)
**Christmas paper** (Paper) / Weihnachtspapier n (mit weihnachtlichen Motiven bedrucktes Geschenkpapier) ‖ ~ **tree**\* (Oils) / Eruptionskreuz n (der obere Abschluss einer fündigen Erdöl- oder Erdgasbohrung), Weihnachtsbaum m (oberer Teil des Bohrkopfes) ‖ ~ **-tree pattern** (Cinema, Light) / Lichtband n (für das Lichtbandbreitenverfahren)
**Christmas-tree pattern method** (Cinema) / Lichtbandbreitenverfahren n (in der Lichttontechnik)
**Christoffel symbols**\* (of the first or second kind) (Maths) / Christoffel-Symbole n pl (nach E.Christoffel, 1829-1900), Dreiindizesymbole n pl
**christophite** (Min) / Christophit m (eisenreiche Zinkblende)
**chroma** n (in the Munsell colour system) (Light) / Buntheit f, Chroma n (Abstand einer bunten Farbe vom gleich hellen Grau), Sättigung f (Grad der Buntheit) ‖ ~ **control**\* (TV) / Farbsättigungs- und Farbtonregelung f
**chromaffin** adj (Biol) / chromaffin adj
**chromakey technique** (a digital technique by which a block of a particular colour in a video image can be replaced by another colour or image, enabling, for example, a weather forecast to appear against a background of a computer-generated weather map) (Cinema, Comp, TV) / Chromakey-Technik f (Trickmischung im Fernsehen oder bei Computerspielen)
**chroman** n (Chem) / Chroman n (Grundgerüst einer Reihe von Naturstoffen)
**chroma oscillator** (TV) / Farbträgeroszillator m
**chromate** v (Met, Surf) / chromatieren v (DIN 50902) ‖ ~ n (Chem) / Chromat(VI) n (Salz der Chromsäure) ‖ ~ **(III)** n (Chem) / Chromat(III) n
**chromated copper arsenate salt** (Chem, For) / CKA-Salz n (CK-Salz mit Zusatz von Arsenaten) ‖ ~ **copper salt** (Chem, For) / CK-Salz n (ein Holzschutzmittel auf der Basis von Alkalimetalldichromat-Kupfersalz-Gemischen nach DIN 4076, T 5)
**chromate passivation treatment** (Surf) / Chromatnachbehandlung f, Chrompassivieren n (im Allgemeinen) ‖ ~ **pigment** (Paint) / Chromat-Pigment n (Oberbegriff für farbgebende Bleichromat-Pigmente und Korrosionsschutzpigmente, die auf Zink- bzw. Strontiumchromat basieren) ‖ ~ **process** (Print) /

**chromate**

Chromatkolloidkopierverfahren *n* (z.B. Emailkopierverfahren), Bichromatverfahren *n* ‖ ~ **treatment**\* (Met, Surf) / Chromatieren *n* (DIN 50902)
**chromatic** *adj* (Acous) / chromatisch *adj* (Tonleiter) ‖ ~ (Optics) / Farben-, Farb-, chromatisch *adj* ‖ ~ **aberration**\* (Optics) / chromatischer Abbildungsfehler, Farbfehler *m*, Farbabweichung *f*, chromatische Abweichung, chromatische Aberration ‖ ~ **colour**\* (Light) / bunte Farbe, chromatische Farbe ‖ ~ **dispersion** / chromatische Dispersion (in einem Lichtwellenleiter)
**chromaticity**\* *n* (Light, TV) / Farbart *f* (in der Farbmetrik) ‖ ~ **chart** (Phys) / Farbtafel *f* (durch die Endpunkte der Primärvalenzen gebildete Ebene im Farbenraum) ‖ ~ **control**\* (TV) / Farbsättigungs- und Farbtonregelung *f* ‖ ~ **coordinate** (Light, TV) / Farbwertanteil *m*, Farbartkoordinate *f*, Dreieckskoordinate *f* (x,y,z - der Farbtafel), Normfarbwertkoordinate *f*, Normfarbwertanteil *m* ‖ ~ **diagram**\* (Phys) / Farbtafel *f* (durch die Endpunkte der Primärvalenzen gebildete Ebene im Farbenraum)
**chromatic paper** (Paper) / farbiges Schachtelpapier
**chromatics**\* *n* (Light, Optics) / Farbenlehre *f* (Lehre von der Entstehung und Ordnung der Farben und ihrer Wirkung auf das menschliche Auge), Chromatik *f*, Farblehre *f* (als Oberbegriff)
**chromatic scale** (Acous) / chromatische Tonleiter (mit zwölf Halbtönen in der Oktave), Zwölftonleiter *f* ‖ ~ **stimulus** (Optics, Physiol) / Farbreiz *m* (Strahlung, die durch Reizung der Netzhaut Farbempfindungen hervorruft - DIN 5033, T 1)
**chromatid**\* *n* (Gen) / Chromatid *n* (Chromosomenspalthälfte, aus der bei der Zellteilung das Tochterchromosom entsteht), Halbchromosom *n*
**chromatin**\* *n* (Cyt) / Chromatin *n* (mit bestimmten Stoffen anfärbbarer Bestandteil des Zellkerns, der das Erbgut der Zelle enthält)
**chromating** *n* (Met, Surf) / Chromatieren *n* (DIN 50902) ‖ ~ **solution** (Surf) / Chromatierlösung *f*
**chromatism** *n* (Optics) / Chromasie *f*
**chromatize** *v* (Met, Surf) / chromatieren *v* (DIN 50902)
**chromatizing** *n* (Met, Surf) / Chromatieren *n* (DIN 50902)
**chromatogram** *n* (Chem) / Chromatogramm *n* (Ergebnis einer chromatografischen Trennung auf dem Papier, auf der Dünnschichtplatte oder auf dem Diagramm der jeweiligen Auswerteeinheit)
**chromatograph** *n* (Chem) / Chromatogramm *n* (Ergebnis einer chromatografischen Trennung auf dem Papier, auf der Dünnschichtplatte oder auf dem Diagramm der jeweiligen Auswerteeinheit)
**chromatographic** *adj* (Chem, Phys) / chromatografisch *adj* ‖ ~ **adsorption** s. also chromatography ‖ ~ **adsorption** (Chem) / chromatografische Adsorptionsanalyse ‖ ~ **bed** (Chem) / chromatografisches Bett (allgemeine Bezeichnung der stationären Phase) ‖ ~ **paper** (Chem, Paper) / chromatografisches Papier ‖ ~ **parameter** (Chem) / chromatografischer Parameter (z.B. Durchbruchszeit oder Peakhöhe) ‖ ~ **run** (Chem) / chromatografischer Lauf
**chromatography**\* *n* (Chem, Phys) / Chromatografie *f* (ein physikalisches Trennverfahren) ‖ ~ **chamber** (Chem) / Chromatografiekammer *f*, Chromatografietrog *m*, Trennkammer *f* (in der Chromatografie) ‖ ~ **tank** (a glass-vessel) (Chem) / Chromatografiekammer *f*, Chromatografietrog *m*, Trennkammer *f* (in der Chromatografie)
**chromatometer** *n* / Chromatometer *n* (ein Apparat zur Farbenmischung)
**chromatometric** *adj* (Chem) / chromatometrisch *adj*
**chromatometry** *n* (Chem) / Chromatometrie *f* (eine Methode der Redoxanalyse)
**chromatophil** *adj* (Micros) / chromatophil *adj*, leicht färbbar
**chromatophile** *adj* (Micros) / chromatophil *adj*, leicht färbbar
**chromatophore**\* *n* (Bot, Cyt) / Farbträger *m* (ein Plastid), Chromatophor *n* (ein farbiges Plastid)
**chromatron** *n* (TV) / Chromatron *n*
**chrome** *n* (Leather) / Chromleder *n* (mit Chromsulfat gegerbtes Wasser abweisendes Leder) ‖ ~ (Paint) / Kölner Gelb, Leipziger Gelb, Chromgelb *n*, Neugelb *n*, Pariser Gelb (eine Malerfarbe) ‖ ~ **alum**\* (potassium chromium sulphate) (Chem) / Chromalaun *m*, Kaliumchromalaun *m* (Kaliumchrom(III)-sulfat-Dodecahydrat) ‖ ~ **ammine** (Chem) / Chromiak *n* (Amminchrom(III)-Komplex) ‖ ~ **brick**\* (Met) / Chromitstein *m*, Chromerzstein *m* ‖ ~ **crust** (Leather) / Chrom-Crustleder *n* (chromgegerbtes und nachgegerbtes Leder aus Übersee für die Weiterbearbeitung)
**chromed wool** (Textiles) / chromierte Wolle
**chrome dye** (Textiles) / Chromierungsfarbstoff *m* (wird während oder nach dem Färbeprozess mit chromgebenden Mitteln behandelt und dabei auf der Faser in Chromkomplexe überführt), Chromfarbstoff *m* ‖ ~ **dyestuff** (Textiles) / Chromierungsfarbstoff *m* (wird während oder nach dem Färbeprozess mit chromabgebenden Mitteln behandelt und dabei auf der Faser in Chromkomplexe überführt), Chromfarbstoff *m* ‖ ~ **exhaustion** (Leather) / Chromauszehrung *f* (in der Gerbflotte) ‖ ~ **gloving leather** (Leather) / Chromhandschuhleder *n* ‖ ~ **green** (a pigment which is a mixture of certain types of chrome yellow with Prussian blue) (Paint) / Englischgrün *n*, Chromgrün *n* (ein Gemisch bestimmter Chromgelbsorten mit Berliner Blau), Zinnobergrün *n* (Chromgrün), Ölgrün *n*, Deckgrün *n*, Russischgrün *n*, Druckgrün *n* ‖ ~ **green pigment** (Paint) / Chromgrünpigment *n* (DIN 55 943) ‖ ~ **iron ore**\* (Min) / Chromeisenstein *m*, Chromeisenerz *n*, Chromit *m* (ein Chromitspinell)
**Chromel**\* *n* (Elec Eng) / Chromel *n* (eine Ni-Legierung, meistens mit Cr)
**chrome leather**\* (Leather) / Chromleder *n* (mit Chromsulfat gegerbtes Wasser abweisendes Leder) ‖ ~ **liquor** (Leather) / Chrombrühe *f*, Chromgerbflotte *f*
**chrome-magnesite brick** (Met) / Chrommagnesitstein *m*, Chrommagnesiastein *m* (auf der Basis von Chromerz und Sintermagnesit aufgebauter ff. Stein)
**chrome mixed tanning material** (Leather) / Chrom-Mischgerbstoff *m* (Kombination von Chromgerbstoffen mit organischen synthetischen Gerbstoffen und puffernden Bestandteilen) ‖ ~ **mordant** (Textiles) / Chrombeize *f* (z.B. Chromalaun, Chromazetat, Kaliumdichromat) ‖ ~ **mordant process** (Textiles) / Chrombeizverfahren *n*
**chromene** *n* (Chem) / Chromen *n*, Benzopyran *n*
**chrome orange** / Chromorange *n* (PbO . PbCrO$_4$) ‖ ~ **oxide green** (Chem) / grüner Zinnober, Chromoxidgrün *n*, Laubgrün *n* ‖ ~ **plating** (Surf) / Verchromen *n* (in einem Verchromungsbad), Verchromung *f* ‖ ~ **red** (Paint) / Persischrot *n* (farbstarkes, leuchtend rot/rotbraunes Chromatpigment), Chromrot *n* (grobkristallines basisches Blei(II)-chromat), Derbyrot *n*, Wienerrot *n* (farbstarkes, leuchtend rot/rotbraunes Chromatpigment) ‖ ~ **red** s. also chrome orange and chrome vermilion ‖ ~ **retannage** (Leather) / Kombinationsgerbung *f* mit Chromsalzen und pflanzlichen oder synthetischen Gerbstoffen ‖ ~ **retanning** (Leather) / Kombinationsgerbung *f* mit Chromsalzen und pflanzlichen oder synthetischen Gerbstoffen ‖ ~ **shavings** (Leather) / Chromfalzspäne *m pl* ‖ ~ **soap** (Chem, Leather) / Chromseife *f* (aus Naturfett der Haut und ungebundenen Chromgerbstoffen gebildet)
**chrome-soap mould** (Leather) / Chromseifenschimmel *m*
**chrome spinel**\* (Min) / Picotit *m* (Mineral der Spinellgruppe), Pikotit *m*, Chromspinell *m* ‖ ~ **spot** (Leather) / Chromnest *n* (Fehler) ‖ ~ **spray rinse** (Surf) / Chrompassivieren *n* (durch Besprühen) ‖ ~ **stain** (Leather) / Chromnest *n* (Fehler) ‖ ~ **steel** (Met) / Chromstahl *m* (bei dem Chrom das wichtigste Legierungselement ist)
**chrome-stock solution** (Leather) / Chromstammlösung *f*
**chrome tan liquor** (Leather) / Chrombrühe *f*, Chromgerbflotte *f* ‖ ~ **tannage** (Leather) / Chromgerbung *f* (z.B. mit Chrom(III)-sulfat oder Chromalaun) ‖ ~-**tanned** *adj* (Leather) / chromgegerbt *adj*, chromgar *adj* ‖ ~ **tanning** (Leather) / Chromgerbung *f* (z.B. mit Chrom(III)-sulfat oder Chromalaun) ‖ ~ **tape** (Mag) / Chromdioxidband *n* ‖ ~ **vermilion** (Chem) / Chromzinnober *m* ‖ ~ **yellow** (Paint) / Kölner Gelb, Leipziger Gelb, Chromgelb *n*, Neugelb *n*, Pariser Gelb (eine Malerfarbe)
**chromiac** *n* (Chem) / Chromiak *n* (Amminchrom(III)-Komplex)
**chromic** *adj* (Chem) / Chrom(III)- ‖ ~(**VI**) **acid**\* (the hydrate of CrO$_3$) (Chem) / Chromsäure *f*
**chromic-acid rinse** (Surf) / Chromsäurenachspülung *f* (zum Chrompassivieren)
**chromic anhydride** (Chem) / Chrom(VI)-oxid *n* (CrO$_3$), Chromtrioxid *n* ‖ ~ **chloride** (CrCl$_2$) (Chem, Textiles) / Chrom(III)-trichlorid *n*, Chromtrichlorid *n* ‖ ~ **hydroxide** (Cr(OH)$_3$ . 2 H$_2$O) (Chem) / Chrom(III)-hydroxid *n* ‖ ~ **nitrate** (Cr(NO$_3$)$_3$ . 9 H$_2$O) (Chem, Textiles) / Chrom(III)-nitrat *n* ‖ ~ **nitride coating** (Chem, Surf) / Chromnitridschicht *f* ‖ ~ **oxide**\* (Cr$_2$O$_3$) (Ceramics, Chem, Glass) / Chrom(III)-oxid *n*, Chromoxid *n* ‖ ~ **sulphate** (Chem) / Chrom(III)-sulfat *n*
**chrominance**\* *n* (the colorimetric difference between any colour and a reference colour of an equal luminance, the reference colour having a specified chromaticity) (Light, TV) / Chrominanz *f* ‖ ~ **carrier** (TV) / Farbträger *m* ‖ ~ **channel**\* (TV) / Farbträgerkanal *m* ‖ ~ **signal**\* (TV) / Farbsignal *n*, Farbartsignal *n* (derjenige Teil des Farbbildsignals, der die Farbart bestimmt), Chrominanzsignal *n*, F-Signal *n* ‖ ~ **subcarrier** (TV) / Farbwertsubträger *m*
**chrominance-subcarrier oscillator** (TV) / Farbträgeroszillator *m*
**chromite** *n* (Chem) / Chromat(III) *n* ‖ ~\* (Min) / Chromeisenstein *m*, Chromeisenerz *n*, Chromit *m* (ein Chromitspinell) ‖ ~ **brick** (Met) / Chromitstein *m*, Chromerzstein *m*
**chromium**\* *n* (Chem) / Chrom *n*, Cr (Chrom) ‖ ~ **acetate** (Chem) / Chrom(III)-azetat *n*, Chrom(III)-acetat *n* ‖ ~ **boride** (Chem) / Chromborid *n* ‖ ~ **carbide** (Chem) / Chromkarbid *n*

(Tetrachromkarbid, Heptachromtrikarbid, Trichromdikarbid), Chromcarbid n
**chromium-containing steel** (Met) / Chromstahl m (bei dem Chrom das wichtigste Legierungselement ist)
**chromium depletion theory** (Met, Surf) / Chromverarmungstheorie f (Erklärung für die interkristalline Korrosion der nicht rostenden Chrom- und Chrom-Nickel-Stähle) ‖ **~ dioxide** (Chem, Mag) / Chrom(IV)-oxid n ($CrO_2$), Chromdioxid n (z.B. für Kassetten) ‖ **~ hexacarbonyl** (Chem) / Chromhexakarbonyl n, Chromhexacarbonyl n ‖ **~ ion** (Chem, Electronics) / Chromion n ‖ **~ mordant** (Textiles) / Chrombeize f (z.B. Chromalaun, Chromazetat, Kaliumdichromat) ‖ **~ ore** (Min) / Chromerz n ‖ **~(III) oxide*** (Ceramics, Chem, Glass) / Chrom(III)-oxid n, Chromoxid n ‖ **~(VI) oxide*** (Chem) / Chrom(VI)-oxid n ($CrO_3$), Chromtrioxid n ‖ **~(II) oxide** (Chem) / Chrom(II)-oxid n (CrO), Chrommonoxid n ‖ **~(IV) oxide** (Chem, Mag) / Chrom(IV)-oxid n ($CrO_2$), Chromdioxid n (z.B. für Kassetten) ‖ **~ oxychloride** (Chem) / Chromylchlorid n ($CrO_2Cl_2$), Chrom(VI)-oxiddichlorid n ‖ **~ plating** (Met, Surf) / Verchromen n (in einem Verchromungsbad), Verchromung f ‖ **~ plating bath** (Surf) / Chromelektrolyt m ‖ **~ steel** (Met) / Chromstahl m (bei dem Chrom das wichtigste Legierungselement ist)
**chromiumsulphuric acid** (a cleaning solution) (Chem, Glass) / Chromschwefelsäure f (Schwefelsäure + Chromtrioxid)
**chromium trioxide** (Chem) / Chrom(VI)-oxid n ($CrO_3$), Chromtrioxid n
**chromized steel** (Met, Surf) / inchromierter Stahl, IK-Stahl m, inkromierter Stahl, Inkromierstahl m, Inkrom-Stahl m
**chromizing** n (Surf) / Chromisieren n, Inchromieren n (DIN 50902), Inkromieren n, Inkrom-Verfahren n, Chromdiffundieren n, Chromdiffusionsverfahren n (durch Diffusion von Chrom in die Stahloberfläche) ‖ **~ process** (Surf) / Chromisieren n, Inchromieren n (DIN 50902), Inkromieren n, Inkrom-Verfahren n, Chromdiffundieren n, Chromdiffusionsverfahren n (durch Diffusion von Chrom in die Stahloberfläche)
**chromo board** (Paper) / Chromokarton m (einseitig gestrichener Karton)
**chromocentre*** n (Gen) / Chromozentrum n (Chromosomenabschnitte, die im Ruhekern sichtbar erhalten bleiben und sich besonders gut färben lassen)
**chromoelectric** adj (Nuc) / chromoelektrisch adj
**chromogen*** n (Chem) / Chromogen n (farbige organische Verbindung)
**chromogenic** adj (Bot, Cyt) / chromogen adj, farbstoffbildend adj, pigmentbildend adj ‖ **~ (colour) development** (Photog) / chromogene Entwicklung
**chromoisomerism** n (Chem) / Chromoisomerie f, Chromotropie f
**chromolithography*** n (Print) / Chromolithografie f (ein altes Verfahren zur Herstellung der Druckformen für den Druck vielfarbiger Bilder im Stein- oder im Zinkdruck)
**chromometer** n (Chem) / Kolorimeter n
**chromone** n (Chem) / Chromon n
**chromonema** n (pl. -ta) (Gen) / Chromonema n (pl. -nemen oder -ta) (während der Mitose gerade noch lichtmikroskopisch erkennbares, zweifach spiralisiertes Fadenelement des Chromosomendoppelfadens)
**chromo paper** (Paper) / Chromopapier n (Kunstdruckpapier)
**chromophil*** adj (Micros) / chromatophil adj, leicht färbbar
**chromophile** adj (Micros) / chromatophil adj, leicht färbbar
**chromophilic*** adj (Micros) / chromatophil adj, leicht färbbar
**chromophobe*** adj (Micros) / chromophob adj, schlecht färbbar
**chromophobic*** adj (Micros) / chromophob adj, schlecht färbbar
**chromophore*** n (Chem) / chromophore Gruppe, Chromophor m
**chromoplast*** n (Bot) / Chromoplast m (fotosynthetisch inaktives Chromatophor)
**chromoprotein** n (Biochem) / Chromoprotein n (das Farbstoffkomponenten als prosthetische Gruppe enthält)
**chromoscope** n (Chem) / Chromoskop n (Gerät zur Erzeugung von Farbtönen mit Hilfe von Farbfiltern)
**chromosomal** adj (Cyt, Gen) / Chromosomen-, chromosomal adj ‖ **~ aberration*** (Gen) / Chromosomenaberration f, chromosomale Aberration f ‖ **~ garniture** (Gen) / Chromosomensatz m, Chromosomengarnitur f
**chromosome*** n (Cyt, Gen) / Chromosom n (pl. -somen) (ein Bestandteil der Zelle) ‖ **~ mapping*** (Gen) / Chromosomenkartierung f ‖ **~ walking** (Gen) / Chromosome Walking n (Verfahren zur Kartierung von DNA-Molekülen aus einer Genbank, in der die jeweiligen DNA-Fragmente überlappen), Wandern n auf dem Chromsom
**chromosphere*** n (Astron) / Chromosphäre f (eine Schicht der Sonnenatmosphäre)
**chromosulphuric acid** (Chem, Glass) / Chromschwefelsäure f (Schwefelsäure + Chromtrioxid)

**chromotropic acid** (Chem) / Chromotropsäure f (ein Fluoreszenzindikator), 1,8-Dihydroxynaphthalin-3,6-disulfonsäure f
**chromotropy** n (Chem) / Chromoisomerie f, Chromotropie f
**chromous** adj (Chem) / Chrom(II)-
**chromyl chloride*** (Chem) / Chromylchlorid n ($CrO_2Cl_2$), Chrom(VI)-oxiddichlorid n
**chronic*** adj (Med) / chronisch adj ‖ **~ exposure** (Med) / chronische Exposition (den Schadstoffen) ‖ **~ mercury poisoning** (Med) / Merkurialismus m (chronische Quecksilbervergiftung) ‖ **~ phosphorus poisoning** (Med) / Phosphorismus m, Phosphorvergiftung f, Phosphorintoxikation f ‖ **~ toxicity** (Chem, Pharm) / chronische Toxizität
**chronoamperometry** n (Chem, Elec) / Chronoamperometrie f (Messung des Stromabfalles)
**chronobiology** n (Biol) / Chronobiologie f (Lehre von den zeitlichen bzw. periodischen Änderungen biologischer Prozesse)
**chronocoulometry** n (Chem, Elec Eng) / Chronocoulometrie f (Messung der Elektrizitätsmenge in Abhängigkeit von der Zeit)
**chronograph*** n (Horol) / Stoppuhr f ‖ **~*** (Horol) / Chronograf m, Zeitschreiber m, registrierender Zeitmesser
**chronological** adj / chronologisch adj ‖ **~ product** (Phys) / chronologisches Produkt, zeitgeordnetes Produkt, T-Produkt n (von zeitabhängigen Operatoren)
**chronometer*** n (Horol) / Chronometer n m (transportable Uhr mit höchster Ganggenauigkeit) ‖ **~ escapement** (Horol, Ships) / Riegelhemmung f, Chronometerhemmung f, Gang m des Chronometers (positiv, negativ)
**chronometric dating** (Geol, Nuc) / absolute Altersbestimmung
**chronon** n / Chronon n (2 x $10^{-24}$ s), Zeitquant n (Chronon)
**chronopharmacology** n (Pharm) / Chronopharmakologie f (Lehre von der optimalen Applikationszeit der Arzneimittel)
**chronopotentiometry** n (Chem, Elec) / Chronopotentiometrie f (eine Art Elektroanalyse)
**chronosequence** n (a sequence of related soils which differ in certain characteristics due to variations in their age) / Chronosequenz f
**chronotron** n (Electronics) / Chronotron n
**chrysanthemum carboxylic acids** (Chem) / Chrysanthemumkarbonsäuren f pl (z.B. in Pyrethrin I oder II)
**chrysarobin** n (Chem) / Chrysophanolanthron n, Chrysarobin n (1,8-Dihydroxy-3-methyl-9-anthron)
**chrysene*** n (Chem, Paint) / Chrysen n (ein kondensierter aromatischer Kohlenwasserstoff)
**chrysin** n (Bot, Chem) / Chrysin n (5,7-Dihydroxyflavon)
**chrysoberyl*** n (Min) / Chrysoberyll m (Berylliumaluminat), Goldberyll m (gelber bis grünlich gelber Edelberyll) ‖ **~ cat's eye*** (Min) / Echtes Katzenauge, Cymophan m, Kymophan m (Chrysoberyll-Katzenauge)
**chrysocolla*** n (Min) / Chrysokoll m, Kieselkupfer n, Kupfergrün n
**chrysoidine** n (Chem) / Chrysoidin n (ein basischer Farbstoff von bräunlich gelber Farbe)
**chrysolite*** n (Min) / Chrysolith m (Abart des Olivins)
**chrysophanic acid** (Chem) / Chrysophanol n, Chrysophansäure f
**chrysoprase*** n (Min) / Chrysopras m (apfelgrüner Chalzedon)
**chrysotile*** n (Min) / Faserasbest m, Serpentinasbest m, Faserserpentin m, Chrysotil(asbest) m, Weißasbest m ‖ **~ asbestos** (Min) / Faserasbest m, Serpentinasbest m, Faserserpentin m, Chrysotil(asbest) m, Weißasbest m
**Chubb lock** (Build) / Chubb-Schloss n (ein altes Zylinderschloss)
**chuck** v (Eng) / spannen v (Werkstück im Futter), einspannen v, aufspannen v (im Futter) ‖ **~*** (Eng) / Spannfutter n, Futter n (zum Spannen von Werkstücken) ‖ **~*** (Eng) / Spannvorrichtung f, Werkzeugspanner m, Aufspannvorrichtung f, Werkstückaufspannvorrichtung f, Werkstückspanner m, Spannzeug n, Werkstückspannmittel n ‖ **~** (Eng) / Modell n (beim Metalldrücken) ‖ **~ bushing** (Eng) / Spannbuchse f
**chucker** n (Eng) / Werkzeugmaschine f mit Spannfutter, Zerspanungsmaschine f mit Spannfutter, Futtermaschine f
**chucking** n (Eng) / Fliegenddrehen n, Futterdrehen n ‖ **~ automatic lathe** (Eng) / Vollautomat m (Drehmaschine), Futterautomat m (eine Drehmaschine) ‖ **~ device** (Eng) / Spannvorrichtung f, Werkzeugspanner m, Aufspannvorrichtung f, Werkstückaufspannvorrichtung f, Werkstückspanner m, Spannzeug n, Werkstückspannmittel n ‖ **~ lathe** (Eng) / Futterdrehmaschine f (Drehmaschine ohne Reitstock, auf der nur relativ kurze Werkstücke beim Bearbeiten einseitig /"fliegend"/ in einem Spannfutter oder einer Spannzange gespannt werden), Drehmaschine f mit Futterarbeit f ‖ **~ machine** (Eng) / Werkzeugmaschine f mit Spannfutter, Zerspanungsmaschine f mit Spannfutter, Futtermaschine f ‖ **~ power** (Eng) / Spannkraft f (der Spannvorrichtung) ‖ **~ reamer** (US) (Eng) / Maschinenreibahle f (DIN 208, DIN 212)

**chuck jaw** (Eng) / Spannbacke f (Spannelement des Spannfutters) ‖ ~ **wrench** (Tools) / Spannfutterschlüssel m
**chuff bricks** (Build, Ceramics) / unterbrannte (lachsfarbene) Ziegelsteine, Ausschussziegel m pl
**chuffing** n (Aero, Space) / unstetige Verbrennung (bei Feststoffraketen)
**chuffs*** pl (Build, Ceramics) / unterbrannte (lachsfarbene) Ziegelsteine, Ausschussziegel m pl
**chug** v (sich mit tuckerndem Geräusch fortbewegen) (Autos) / tuckern v, stuckern v
**Chugaev reaction** (Chem) / Tschugajew-Reaktion f (zur Darstellung von Alkenen durch thermische Spaltung von Xanthogensäureestern) ‖ ~ **reagent** (Chem) / Tschugajew-Reagens n, Čugajew-Reagens n (nach L.A. Čugajew, 1873-1922)
**chugging** n (Aero, Space) / Verbrennungsschwingungen f pl (mit einer Frequenz von etwa 100 Hz) ‖ ~ (Autos) / Tuckern n, Stuckern n
**chunk** n (AI) / Chunk m (Maßzahl für die Kapazität des menschlichen Gedächtnisses) ‖ ~ **glass** (optical glass obtained by breaking open the pot in which it has been melted and cooled) (Glass, Optics) / Rohglasbrocken m pl
**chunking** n (Autos) / Profilstollenausbrüche m pl, Abplatzen n von Teilen der Reifenlauffläche, Stollenausbrüche m pl ‖ ~ (Comp) / Chunking n (Zusammenfassen mehrerer Einheiten zu einer neuen)
**chunk of knowledge** (AI) / elementare Wissensmenge, Wissenselement n, Wissensbrocken m, Wissensstück n (elementares)
**chunky graphite** (occasionally formed in iron-smelting furnaces) (Met) / Garschaumgraphit m
**Church's thesis** (Comp) / Church'sche These (nach Alonzo Church, 1903-1995), Church'sche Hypothese (eine zahlentheoretische Funktion ist genau dann berechenbar, wenn sie rekursiv ist), Church-Turing-These f (berechenbar = rekursiv)
**churn** (Teleph) / Churn m (Verlust eines Kunden nach Ablauf der Mindestlaufzeit seines Vertrages) ‖ ~ v (Foundry) / pumpen v (um den Speiser offen zu halten) ‖ ~ (Nut) / verbuttern v, buttern v ‖ ~ (Nut) / verkirnen v, kirnen v (Margarine) ‖ ~ (Textiles) / sulfidieren v, xanthogenieren v ‖ ~ vt / strudeln vt, wirbeln vt (z.B. Wasser zu Schaum), durcheinander rühren v ‖ ~ n (Foundry) / Pumpen n (zum Offenhalten des Speisers) ‖ ~ (Nut) / Butterfertiger m ‖ ~ (Nut) / Kirne f (Maschine zur Herstellung von Margarine) ‖ ~ **drilling** (Mining) / Seilbohren n (das älteste Bohrverfahren für größere Teufen)
**churner** n (Nut) / Butterfertiger m ‖ ~ (Nut) / Kirne f (Maschine zur Herstellung von Margarine)
**churning** n (Nut) / Butterherstellung f, Buttern n, Butterfertigung f, Butterei f, Butterung f ‖ ~ (Textiles) / Sulfidierung f (Bildung von Cellulosexanthogenat bei der Herstellung von Viskosefasern), Xanthogenierung f ‖ ~ **loss*** / Planschverlust m, Getriebeverlust m durch Ölbewegung, Plantschverlust m
**churn rate** (Teleph) / Kundenfluktuation f (Verlust eines Kunden nach Ablauf der Mindestlaufzeit seines Vertrages), Kundenfluchtrate f (der prozentuale Anteil der wechselnden Kunden zu allen Kunden)
**chute** n (Aero) / Rettungsrutsche f (aufblasbare), Notrutsche f ‖ ~ (Comp) / Schacht m (des Druckers) ‖ ~ (Eng) / schräge Förderrinne, Rutsche f (ein Fördermittel ohne mechanischen Antrieb), Schurre f (geneigte Auslaufrinne), Schrägrutsche f ‖ ~ (For) / Riese f (Anlage, auf der Holz in Hanglage durch die Schwerkraft befördert wird), Loite f (Holzrutsche), Riesbahn f, Holzriese f (Holzrutsche), Leite f, Holzrutsche f ‖ ~ (Hyd Eng) / Gerinne n (des Wasserrads) ‖ ~ (Hyd Eng) / Schussrinne f (z.B. als Hochwasserentlastungsanlage) ‖ ~* (Mining) / Rollloch n (zur Abwärtsförderung von Haufwerk oder Bergen), Rolle f (Rollloch)
**chuted concrete** (Build, Civ Eng) / Schüttbeton m (haufwerksporiger unbewehrter Beton, der meist als Leichtbeton ohne besonderes Verdichten in die Schalung eingebracht wird)
**chute feeding** (Spinning) / Schachtspeisung f ‖ ~ **spillway** (Hyd Eng) / Überfall m mit Schussrinne (bei Talsperren)
**chylomicron** n (Biochem) / Chylomikron n (ein Lipoprotein)
**chymase** n (Biochem) / Chymase f
**chymosin** n (Chem, Physiol) / Rennin n, Labferment n, Labenzym n, Lab n, Chymosin n
**chymotrypsin*** n (Biochem) / Chymotrypsin n (ein eiweißspaltendes Verdauungsenzym)
**CI** (configuration interaction) (Chem) / Konfigurationswechselwirkung f (in der Quantenchemie), Configuration Interaction f, CI (Configuration Interaction), CI-Verfahren n ‖ ~ (Colour Index) (Chem) / Colour Index m, CI (von der Society of Dyers and Colourists und der American Association of Textile Chemists and Colorists herausgegebenes Nachschlagewerk für Handelsfarbstoffe)
**C.I.** (cast iron) (Met) / Gusseisen n (eine Fe-C-Legierung mit 2 - 4,5 % C)
**Ci** (cirrus) (Meteor) / Cirrus m (pl. - oder Cirren), Ci (Cirrus), Zirrus m (pl. - oder Zirren), Federwolke f

**CI** (comfort index) (Physiol) / Behaglichkeitsziffer f, Comfort-Index m ‖ ~ (chemical ionization) (Spectr) / Chemiionisation f, chemische Ionisation (in der Massenspektroskopie), CI
**cicero*** n (Typog) / Cicero f (12 Punkte nach DIN 16507), Pica n
**CID** (charge-injection device) (Electronics) / Ladungsinjektions-Bauelement n, Ladungsinjektions-Schaltung f
**CIDEP** n (a special technique in electron spin resonance spectroscopy) (Spectr) / CIDEP, chemisch induzierte dynamische Elektronenspinpolarisation (in der EPR-Spektroskopie)
**cider vinegar** (Nut) / Apfelessig m
**CIDNP** (intensified appearance of emission or absorption lines in the NMR spectrum) (Spectr) / CIDNP, chemisch induzierte dynamische Kernpolarisation (in der Kernresonanzspektroskopie)
**CIDR** (classless inter-domain routing) (Comp) / Classless Inter-Domain Routing, CIDR (Classless Inter-Domain Routing)
**CIDS** (concrete-island drilling system) (Oils) / wassergefüllte Betontanks (für Aufschlussbohrungen im Meer) ‖ ~ (Oils) / Bohrplattform f mit mittlerem Stahlbetonteil (die mit wasseregefüllten Tanks am Meeresboden verankert ist), CIDS
**CIE** (computer-integrated enterprise) (Comp, Work Study) / CIE-Betrieb m (mit komplexen EDV-Lösungen im technischen, organisatorischen, ökonomischen und Planungs- bzw. Leistungsbereich) ‖ ~* (Commission Internationale de l'Eclairage) (Light) / Internationale Beleuchtungskommission (gegründet 1913, Sitz: Paris) ‖ ~ **coordinates*** pl / CIE-Farbkoordinatensystem n ‖ ~ **diagram** (Light) / Normfarbtafel f nach CIE ‖ ~ **distribution coefficients** (Light) / Normspektralwerte m pl (im CIE-System)
**C.I. engine*** (I C Engs) / Verbrennungsmotor m mit Selbstzündung
**CIE spectral tristimulus values** (Light) / Normspektralwerte m pl (im CIE-System) ‖ ~ **standard clear sky** (Light) / klarer Himmel nach CIE ‖ ~ **whiteness** (Paper) / CIE-Weiße f
**c.i.f.** / cif Handelsklausel im Überseeverkehr, nach der alle Kosten für Beförderung und Versicherung bis zum Eintreffen der Ware im Bestimmungshafen im vereinbarten Preis enthalten sind
**cif** (cost, insurance, freight) / cif (Handelsklausel im Überseeverkehr, nach der alle Kosten für Beförderung und Versicherung bis zum Eintreffen der Ware im Bestimmungshafen im vereinbarten Preis enthalten sind)
**cigar antenna** (Radio) / Zigarrenantenne f
**cigar-box cedar** (For) / Holz n der Zigarrenkistenzeder (Cedrela odorata L.)
**cigarette adhesive** / Zigarettenklebemittel n ‖ ~ **lighter** (Autos) / Zigarettenanzünder m (am Armaturenbrett des Autos) ‖ ~ **paper** (Paper) / Zigarettenpapier n
**cigar lighter** (Autos) / Zigarettenanzünder m (am Armaturenbrett des Autos)
**ciguatoxin** n (Chem) / Ciguatoxin n (ein starkes Fischgift)
**CIH engine** (I C Engs) / CIH-Motor m (mit obenliegender Nockenwelle, wobei die Ventile über Stößel und Kipphebel oder nur über Kipphebel betätigt werden), cih-Motor m
**CIL** (current-injection logic) / CIL f (extrem schnelle Logik mit Josephson-Brücken) ‖ ~ (computer-integrated laboratory) (Chem) / rechnernetzintegriertes Labor, rechnernetzintegriertes Laboratorium
**cill** n (Build) / Wasserschenkel m (das über den Blendrahmen vorspringende untere Fensterrahmenholz), Wetterschenkel m, der untere Fensterrahmenschenkel ‖ ~ (Build, Join) / Schwellbrett n (unteres Fensterbrett an der Außenseite von Fachwerkbauten zur Wasserableitung) ‖ ~ (Build, Join) / Fenstersohlbank f, Fensterbank f, Sohlbank f (unterer waagerechter Abschluss der Fensteröffnung) ‖ ~ (Build, Join) / Schwelle f (bei der Tür), Bodenschwelle f
**CIM** (computer input microfilm) (Comp) / Rechnereingabe f über Mikrofilm ‖ ~ (computer-integrated manufacturing) (Work Study) / rechnerintegrierte Fertigung, computerintegrierte Fertigung, Produktionsautomatisierung f (integrierte Anwendung von Rechnern in allen mit der Produktion bis zur Qualitätssicherung zusammenhängenden Bereichen), CIM
**cima** n (Arch) / Kymation n, Kyma n (dorisches, lesbisches, ionisches)
**Ciment Fondu*** (Build, Civ Eng) / Tonerdezement m, Tonerdeschmelzzement m, TSZ (für tragende Bauteile nicht zugelassen)
**cimolite** n (Min) / Zimolit m (hellgrauer Ton)
**cinch** v / zusammenziehen v (mit Gurten), befestigen v (mit Gurten) ‖ ~ (Cinema, Electronics) / Cinch (zweipolige Steckverbindung für zweiadrige Kabel), RCA-Stecker m ‖ ~ **connector** (Electronics, Telecomm) / Cinch-Steckverbinder m (für Übertragungen von Audio- oder Videosignalen)
**cinching** n / Zusammenziehen n, Befestigen n (mit Gurten) ‖ ~ / Längsschlupf m (eines Bandes oder Films auf der Spule) ‖ ~ (Acous, Mag) / Fensterbildung f (Zusammenkleben der magnetischen Oxidschicht mit dem rückseitigen Polyesterträger) ‖ ~* (Cinema) /

Zusammenziehen n der Filmrollen (durch Festhalten des Wickels und Ziehen an den Kanten)
**cinchona** n (For) / Chinarindenbaum m (Cinchona L.), Fieberrindenbaum m ‖ ~ (Pharm) / Chinarinde f (aus etwa 40 Cinchona-Arten), Cortex m cinchonae ‖ ~ **alkaloid** (Chem, Pharm) / Chinaalkaloid n, Chinarindenalkaloid n (z.B. Chinin), Cinchona-Alkaloid n, Zinchona-Alkaloid n ‖ ~ **alkaloid** (Pharm) s. also quinoline alkaloid ‖ ~ **bark** (Pharm) / Chinarinde f (aus etwa 40 Cinchona-Arten), Cortex m cinchonae
**cinchonidine** n (Chem, Pharm) / Cinchonidin n
**cinchonine*** n (Chem, Pharm) / Cinchonin n (ein Chinarindenalkaloid), Zinchonin n
**cinch plug** (Cinema, Electronics) / Cinch-Stecker m ‖ ~ **socket** (Cinema, Electronics) / Cinch-Buchse f
**cinder** n / Schlacke f (Kohlerückstände) ‖ ~ (Geol) / Schlacke f (vulkanische), Gesteinsschlacke f ‖ ~ (Met) / Zunder m (Korrosionsprodukt auf Metallen, das in oxidierenden Gasen entsteht) ‖ ~ **bank** (Mining) / Schlackenhalde f (Kohlenrückstände) ‖ ~ **block** (a hollow concrete block made of a mixture of cement and cinders) (Build, Ceramics) / Hüttenstein m (ein Hohlblockstein nach DIN 398) ‖ ~ **coal** / Naturkoks m (minderwertiger) ‖ ~ **cone** (Geol) / Schlackenkegel m, Aschenkegel m (bei Vulkanen) ‖ ~ **pig*** (Met) / schlackenreiches Roheisen ‖ ~ **track** / Aschenbahn f, Aschenrennbahn f (für athletische Wettbewerbe) ‖ ~ **track** s. also dirt track ‖ ~ **wool** / Hüttenwolle f, Schlackenwolle f
**cine 8** (Cinema) / Normalachtfilm m, Doppelachtfilm m, Doppelacht f (ein Schmalfilm) ‖ ~ **camera*** (Cinema) / Schmalfilmkamera f
**cinecamera** n (Cinema) / Filmkamera f, Kinokamera f, Laufbildkamera f
**cine film** (Cinema) / Kinefilm m (DIN 15580)
**CinemaScope*** n (Cinema) / Cinemascope n (ein Breitwand- und Raumtonverfahren)
**cinema slide** (Cinema) / Filmdiapositiv n, Filmdia n
**cinematization** n (Cinema) / Filmbearbeitung f (z.B. eines Romans)
**cinematographic production** (Cinema) / Filmproduktion f
**cinematography** n (Cinema) / Kinematografie f
**cine mode** (Comp) / Zeilenanordnung f quer (Formulardia)
**cineole** n (Chem) / Cineol n (1,8-Epoxy-p-menthan), Zineol n, Eukalyptol n, Eucalyptol n
**cine projector** (Cinema) / Laufbildprojektor m, Kinofilmprojektor m, Kinomaschine f, Filmprojektor m, Laufbildwerfer m
**Cinerama*** n (Cinema) / Cinerama n (ein Breitwand- und Raumtonverfahren)
**cinestrip** n (Cinema) / Filmstreifen m, Filmband n, Bildstreifen m, Bildband n (Filmstreifen)
**cine-substitution** n (Cinema) / Kinesubstitution f
**cinetheodolite** n (Space) / Kinetheodolit m
**cine turret** (Cinema, TV) / Objektivrevolver m
**cinnabar*** n (the principal ore of mercury) (Min) / Zinnabarit m, Zinnober m (ein Quecksilbererz), Cinnabarit m (HgS) ‖ ~ **green** / Zinnobergrün n (als allgemeine Farbnuance)
**cinnabarin** n (Chem) / Cinnabarin n (antibiotisch wirksamer Phenoxazinon-Farbstoff)
**cinnamaldehyde*** n (Chem) / Zimtaldehyd m (3-Phenyl-2-propenal), Cinnamaldehyd m
**cinnamate** n (Chem) / Zimtsäureester m, Zinnamat n, Cinnamat n
**cinnamic acid*** n (Chem) / Zimtsäure f (3-Phenylacrylsäure) ‖ ~ **alcohol** (Chem) / Zimtalkohol m (3-Phenyl-2-propen-1-ol), Cinnamylalkohol m ‖ ~ **aldehyde** (Chem) / Zimtaldehyd m (3-Phenyl-2-propenal), Cinnamaldehyd m
**cinnamon** n (Nut) / Zimt m (Ceylon-, Padang-, chinesischer) ‖ ~ attr / zimtfarben adj, zimtfarbig adj, zimtbraun adj
**cinnamon-coloured** adj / zimtfarben adj, zimtfarbig adj, zimtbraun adj
**cinnamonic** adj / zimtfarben adj, zimtfarbig adj, zimtbraun adj
**cinnamon-leaf oil** / Zimtblätteröl n (aus Cinnamomum zeylanicum Blume)
**cinnamon oil** (Chem, Nut, Pharm) / Zimtöl n (Zimtblätter- oder Zimtrindenöl) ‖ ~ **stone*** (Min) / Hessonit m (wesentlich Kalktongranat), Kaneelstein m (roter Grossular)
**cinnamoyl chloride** (Chem) / Cinnamoylchlorid n
**cinnamyl acetate** (Chem) / Essigsäurecinnamylester m (in der Parfümerie als Fixateur und Duftkomponente bei orientalischen Noten verwendet), Cinnamylacetat n ‖ ~ **alcohol** (Chem) / Zimtalkohol m (3-Phenyl-2-propen-1-ol), Cinnamylalkohol m
**cinquefoil*** n (Arch) / Fünfblatt n
**C invariance** (Nuc) / C-Invarianz f, C-Symmetrie f
**CIO** (Comp) / IT-Leiter m, Leiter m Informationsverarbeitung
**cion** n (US) (Bot) / Pfropfreis n, Impfreis n, Pfröpfling m, Edelreis n (Pfropfreis zur Veredlung)
**CIP** (Powder Met) / isostatisches Kaltpressen, kaltisostatisches Pressen

**cipher** v / verschlüsseln v (in der Kryptologie) ‖ ~ n / Kennzahl f, Chiffre f ‖ ~ / Chiffreschrift f ‖ ~ / Schlüssel m (Dechiffrierschlüssel, Kode) ‖ ~ (Maths) / Null f ‖ ~ (Telecomm) / verschlüsselte Nachricht
**ciphered telephony** (Teleph) / verschlüsseltes Fernsprechen
**cipher stream** (Telecomm) / Chiffrenstrom m (die Chiffrenfolge nach dem Verschlüsselungsvorgang) ‖ ~ **telephony** (Teleph) / verschlüsseltes Fernsprechen
**ciphony** n (Comp) / Sprachverschlüsselung f ‖ ~ (Teleph) / verschlüsseltes Fernsprechen
**cipolin*** n (Geol) / Cipollin m, Cipollinmarmor m, Cipollino m, Zwiebelmarmor m
**Cipolletti weir** (a form of measuring weir with a trapezoidal opening with maximum width at the top and side slopes of 1 horizontal to 4 vertical ) (Hyd Eng) / Cipolletti-Messwehr n, Trapezüberfallwehr n nach Cipolletti
**cipollino** n (a highly decorative marble with a whitish ground traversed by veins or bands of green) (Geol) / Cipollin m, Cipollinmarmor m, Cipollino m, Zwiebelmarmor m
**CIP rules** (Chem) / CIP-Regeln f pl, CIP-System n (ein formales Verfahren zur Beschreibung der absoluten Konfiguration einer Verbindung allein aus der Anordnung der Atome um eine stereogene Einheit), Cahn-Ingold-Prelog-Sequenzregeln f pl
**CIRC** (Comp) / CIRC-Kode m (Publizieren auf CD-ROM), CIRC-Code m
**circadian desynchronization** (Aero) / Desynchronose f, Jetlag m (Störung des gewohnten Alltagsrhythmus durch die Zeitverschiebung bei Langstrecken-Flugreisen) ‖ ~ **rhythm*** (Biol) / 24-Stunden-Rhythmus m, zirkadiane Rhythmik, circadiane Rhythmik, Tag-Nacht-Rhythmus m
**circarc teeth** (Eng) / Kreisbogenverzahnung f
**Circassian walnut** (For) / stark gemasertes Walnussbaumholz ‖ ~ **walnut** s. also walnut
**circle** v / einkreisen v (Zahlenangaben, Punkte in dem Fragebogen usw.) ‖ ~ (Phys) / rotieren v, sich drehen vi, umlaufen v, eine Umlaufbewegung ausführen, kreisen v ‖ ~* n (a round plane figure whose boundary consists of points equidistant from a fixed point) (Maths) / Kreis m ‖ ~ (area) (Maths) / offene Kreisscheibe, Innere n des Kreises, Kreisinhalt m, Kreisfläche f ‖ ~* (Maths) s. also circumference ‖ ~ **bogie** (Civ Eng, Eng) / Drehkranz m (des Graders) ‖ ~ **brick** (used in the construction of cylindrical structures) (Build) / Radialstein m (mit gebogenen Kopfflächen) ‖ ~ **clips** (Plumb) / Rundschere f (für die Blechbearbeitung) ‖ ~ **coefficient*** (the leakage factor of an induction motor) (Elec Eng) / Streuziffer f (eines Asynchronmotors), Streukoeffizient m, Streugrad m, Streufaktor m ‖ ~ **cutter** (Tools) / Kreisbohrer m ‖ ~ **diagram*** (Elec Eng) / Kreisdiagramm m (eine kreisförmige Ortskurve bei der Zeigerdarstellung komplexer Wechselstromgrößen) ‖ ~ **graph** / Kuchendiagramm n, Kreisdiagramm m (in Sektoren unterteilter Kreis), Tortengrafik f, Tortendiagramm n, Kreisgrafik f ‖ ~ **of Apollonius*** (Maths) / apollonischer Kreis, Kreis m des Apollonios (nach Apollonios von Perge) ‖ ~ **of confusion** (Optics) / Streuscheibchen n ‖ ~ **of confusion*** (Optics, Photog) / Diffusionskreis m, Unschärfenkreis m, Zerstreuungskreis m, Fehlerscheibchen n (unscharfes kreisförmiges Scheibchen anstelle des idealen Bildpunktes), Streukreis m ‖ ~ **of contact** (Eng) / Wälzzylinder m, Wälzkreis m (des Zahnrads nach DIN 3960) ‖ ~ **of contact** (Maths) / Berührungskreis m (einer Kurve), Berührkreis m ‖ ~ **of convergence*** (Maths) / Konvergenzkreis m ‖ ~ **of curvature*** (Maths) / Oskulationskreis m, Krümmungskreis m (in der Differentialgeometrie), Schmiegkreis m ‖ ~ **of equal altitude** (Aero, Astron) / Höhengleiche f ‖ ~ **of inertia** (Mech) / Trägheitskreis m ‖ ~ **of inversion*** (Maths) / Inversionskreis m ‖ ~ **of least confusion*** (Optics, Photog) / Diffusionskreis m, Unschärfenkreis m, Zerstreuungskreis m, Fehlerscheibchen n (unscharfes kreisförmiges Scheibchen anstelle des idealen Bildpunktes), Streukreis m ‖ ~ **of probable error** (Mil) / Streukreisradius m, Fehlerkreisradius m ‖ ~ **of probable error** (Nav) / Gleichwahrscheinlichkeitskreis m ‖ ~ **railway** (Rail) / Ringbahn f ‖ ~ **trip** (Aero) / Rundflugreise f, Rundreise f, Rundreiseflug m (ein Hin- und Rückflug, als Einheit) ‖ ~ **watering** (Agric) / Kreisberegnung f
**circling** n (Autos) / Kreisfahrt f ‖ ~ **approach** (Aero) / Platzrundenanflug m ‖ ~ **guidance lights** (Aero) / Platzrundenführungsfeuer n pl
**circlip*** n (Eng) / Benzingsicherungsring m (nach Hugo Benzing, Stuttgart), Bz-Sicherung f ‖ ~ / Sicherungsring m (DIN 471 und 472), Sprengring (DIN 5417)
**circuit** n / Kreislauf m (in der Hydraulik) ‖ ~ / Schleife f (ein gerichteter Graf, der durch einen geschlossenen gleichgerichteten Kantenzug darstellbar ist) ‖ ~ / Flugrunde f (meistens als Bestandteil der Landung) ‖ ~* (Elec, Elec Eng) / Stromkreis m, Kreis m, Schaltung f ‖ ~ (Heat) / Schaltungssinn m (in wärmeübertragenden Apparaten) ‖ ~ (Maths) / Zyklus m, geschlossene Kette (in der Grafentheorie), geschlossener Weg (bei

243

**circuit**
Grafen) ‖ ~ (Maths) / geschlossene Linie ‖ ~ (Nuc Eng) / Kreislauf *m* ‖ ~* (Teleph) / Satz *m* (gehender, kommender) ‖ ~ (Textiles) / Wicklung *f* (des Filaments bei einer Spulendrehbewegung) ‖ ~ **algebra** (Electronics) / Schaltalgebra *f* (Boole'sche Algebra für binäre Schaltungen), Schaltungsalgebra *f*
**circuital integral** (Maths) / Rotationsintegral *n* ‖ ~ **magnetization*** (Mag) / Kreismagnetisierung *f*
**circuit analyser** (Elec Eng) / Netzwerkanalysator *m*, Schaltungsanalysator *m* ‖ ~ **arrangement** (Elec Eng) / Schaltungsanordnung *f* ‖ ~ **binding** (Bind) / Einband *m* aus weichem Leder mit übergreifenden Kanten (für Bibeln und Gebetbücher) ‖ ~ **blueprint** (Elec Eng) / Schaltungspause *f* (eine Zeichnung) ‖ ~ **board** (Elec Eng) / große Schaltkarte
**circuit-board screen printer** (Electronics) / Leiterplattensiebdruckautomat *m*
**circuit-breaker** *n* (Elec Eng) / Ausschalter *m* ‖ ~* (Elec Eng) / Leistungsschalter *m* (VDE 0660, T 101), LS (Leistungsschalter) ‖ ~* (Elec Eng) / Trennschalter *m* (DIN 57866) ‖ ~ **drive** (Elec Eng) / Schalterantrieb *m* ‖ ~ **oil** (Elec Eng) / Schalteröl *n* ‖ ~ **with lockout preventing closing** (Elec Eng) / Leistungsschalter *f* mit Einschaltsperre
**circuit card** (Elec Eng) / Schaltkarte *f*, Schaltungskarte *f* ‖ ~ **constant** (Elec Eng) / Leitungskonstante *f*, Leitungsbelag *m* (DIN 1311) ‖ ~ **damping** (Elec Eng) / Kreisdämpfung *f* (der Kehrwert der Güte eines Schwingkreises) ‖ ~ **density** (Elec Eng) / Schaltkreisdichte *f* ‖ ~ **design** (Elec Eng) / Schaltungsentwurf *m*, Schaltungsaufbau *m*, Schaltungsauslegung *f* ‖ ~ **diagram*** (Elec Eng) / Stromlaufplan *m* (übersichtliche Darstellungsart für elektrische Schaltungen nach DIN 40 719) ‖ ~ **diagram*** (Elec Eng) / Schaltplan *m* (DIN 24300), Schaltbild *n* (Darstellung elektrotechnischer Einrichtungen durch Schaltzeichen, einfache geometrische Figuren oder Listen) ‖ ~ **element** (Elec Eng) / Schaltkreiselement *n*, Schaltelement *n*, Schaltungselement *n* ‖ ~ **element** (Elec Eng) s. also active element and passive element ‖ ~ **engineering** (Elec Eng) / Schaltungstechnik *f* ‖ ~ **engineering** (Elec Eng) / Schaltkreistechnik *f* ‖ ~ **family** (Elec Eng) / Schaltkreisfamilie *f* (verschiedene digitale integrierte Schaltkreise, die in der gleichen Technologie hergestellt sind und in ihren wichtigsten elektrischen Daten übereinstimmen) ‖ ~ **family** (Electronics) / Schaltkreisfamilie *f* ‖ ~ **hysteresis** (Automation) / Schalthysterese *f* (Verzögerung eines Schaltvorganges) ‖ ~ **identification** (Telecomm) / Leitungskennung *f* ‖ ~ **layout** (Elec Eng) / Schaltungsentwurf *m*, Schaltungsaufbau *m*, Schaltungsauslegung *f*
**circuit-level firewall** (Comp) / Circuit-Relais *n* (eine Art Firewall) ‖ ~ **integration** (Electronics) / Integration *f* auf Schaltungsebene
**circuit map** (Elec Eng) / Schaltplan *m* (DIN 24300), Schaltbild *n* (Darstellung elektrotechnischer Einrichtungen durch Schaltzeichen, einfache geometrische Figuren oder Listen) ‖ ~ **module** (Elec Eng) / Schaltkreisbaustein *m*, Schaltkreismodul *n*, Schaltbaustein *m* ‖ ~ **noise*** (Elec Eng) / Leitungsrauschen *n*, Kreisrauschen *n* ‖ ~ **operation** (Elec Eng) / Arbeitsweise *f* der Schaltung ‖ ~ **parameters*** (Elec Eng) / Stromkreisparameter *m pl*, Schaltungsparameter *m pl*, Schaltungskenngrößen *f pl*
**circuit-related user part** (Teleph) / nutzkanalbezogener Anwenderteil (bei Mobiltelefonen)
**circuit relay** (Comp) / Circuit-Relais *n* (eine Art Firewall)
**circuitry** *n* (Elec Eng) / Schaltungsanordnung *f* ‖ ~ (Elec Eng) / Schaltungen *f pl* ‖ ~ (Elec Eng) / Schaltungsbauteile *n pl*
**circuit section** (Telecomm) / Übermittlungsabschnitt *m*, Leitungsabschnitt *m* ‖ ~ **switch** (Telecomm) / Durchschaltevermittlung *f*, Leitungsvermittlung *f*
**circuit-switched** *adj* (Comp, Telecomm, Teleph) / leitungsvermittelt *adj* ‖ ~ **public data network** (Comp, Telecomm) / leitungsvermitteltes öffentliches Datennetz
**circuit switching** (Telecomm) / Durchschaltevermittlung *f*, Leitungsvermittlung *f* ‖ ~ **synthesis** (Electronics) / Schaltungssynthese *f* (in der Digitaltechnik) ‖ ~ **technology** (Elec Eng) / Schaltkreistechnik *f* ‖ ~ **tester** (Elec Eng) / Schaltkreisprüfer *m*, Leitungsprüfer *m* (Spannungsprüfer), Spannungsprüfer *m* ‖ ~ **testing** (Elec Eng) / Schaltkreisprüfung *f*, Leitungsprüfung *f* ‖ ~ **theory** (Elec) / Schaltungstheorie *f*, Theorie *f* elektrischer Schaltungen, Schaltungslehre *f* ‖ ~ **theory** (in a manual) (Elec Eng) / Schaltungsbeschreibung *f* ‖ ~ **topology** (Elec) / Schaltkreistopologie *f* ‖ ~ **under test** (Elec Eng) / geprüfter Schaltkreis (der gerade geprüft wird)
**circulant*** *n* (Maths) / zyklische Determinante, Zirkulante *f*
**circular** *adj* / zirkulär *adj*, kreisförmig *adj*, Kreis-, zirkular *adj* ‖ ~ **accelerator** (Nuc Eng) / Ringbeschleuniger *m*, Kreisbeschleuniger *m* ‖ ~ **aperture** (Optics) / kreisförmige Öffnung (Blendenöffnung) ‖ ~ **arc** (of a failure of a clay bank) (Civ Eng, Hyd Eng) / Gleitkreis *m* (kreiszylindrische Gleitfläche nach Krey oder Fellenius) ‖ ~ **arc** (Maths) / Kreisbogen *m*, Arkus *m* ‖ ~ **arch** (supports) (Mining) / Ringausbau *m* (für Strecken und Blindschächte)

**circular-arc method** (Civ Eng, Hyd Eng) / Gleitkreisverfahren *n* (bei der Grundbruchuntersuchung in der Bodenmechanik) ‖ ~ **teeth** (Eng) / Kreisbogenverzahnung *f*
**circular area** (Maths) / offene Kreisscheibe, Innere *n* des Kreises, Kreisinhalt *m*, Kreisfläche *f* ‖ ~ **array** (Radar, Radio) / Kreisgruppenantenne *f* ‖ ~ **bending** (Eng) / Rundbiegen *n* (von Band, Profil, Stab, Draht oder Rohr - DIN 8586) ‖ ~ **blade** (For) / Kreissägeblatt *n* ‖ ~ **blank** (Met) / Ronde *f* (kreisrunder Blechzuschnitt) ‖ ~ **body** (Maths) / Kreiskörper *m* ‖ ~ **box loom** (Weaving) / Revolverwebmaschine *f* ‖ ~ **box motion** (Weaving) / Drehladenwechsel *m* (der Webmaschine) ‖ ~ **brush** (Tools) / Rundbürste *f* (z.B. als Zusatzgerät der Bohrmaschine)
**circular-chart recorder** / Kreisblattschreiber *m*
**circular chromatography** (Chem) / Circularchromatografie *f*, Zirkularchromatografie *f*, zirkulare Chromatografie ‖ ~ **coal** (Geol) / Augenkohle *f* ‖ ~ **comber** (Textiles) / Kammringmaschine *f*, Rundkämmmaschine *f*, Rundkammstuhl *m* (eine Wollkämmmaschine) ‖ ~ **combing machine** (Textiles) / Kammringmaschine *f*, Rundkämmmaschine *f*, Rundkammstuhl *m* (eine Wollkämmmaschine) ‖ ~ **conductor** (Elec Eng) / Rundleiter *m*, runder Leiter ‖ ~ **cone*** (Maths) / Kreiskegel *m* ‖ ~ **conveyor** (Eng) / Kreisförderer *m* (meistens mit einer endlosen Kette) ‖ ~ **curve** (Maths) / zirkulare Kurve, Kreiskurve *f*
**circular-cutter shears** (Met) / Kreismesserschere *f*
**circular cylinder** (Maths) / Kreiszylinder *m* ‖ ~ **diagram** / Kuchendiagramm *n*, Kreisdiagramm *n* (in Sektoren unterteilter Kreis), Tortengrafik *f*, Tortendiagramm *n*, Kreisgrafik *f* ‖ ~ **dichroism** (Chem, Crystal, Optics, Spectr) / CD (zirkularer Dichroismus), zirkularer Dichroismus, Rotationsdichroismus *m*, Zirkulardichroismus *m*, Circulardichroismus *m* (bei optisch aktiven Verbindungen zu beobachtender Effekt, der zur Strukturaufklärung verwendet werden kann) ‖ ~ **error probability** (Mil) / Fehlerkreiswahrscheinlichkeit *f* ‖ ~ **error probable** (Mil) / Streukreisradius *m*, Fehlerkreisradius *m* ‖ ~ **fabric** (Textiles) / Schlauchgewebe *n*, Hohlgewebe *n* ‖ ~ **flow** / Ringströmung *f* ‖ ~ **form tool** (Eng) / Formscheibenmeißel *m* (ein Formdrehmeißel), Rundmeißel *m* ‖ ~ **frame** (Textiles) / Rundstuhl *m*, Rundkulierstuhl *m*, Rundwirkmaschine *f*, Rundstrickmaschine *f* (DIN 62130) ‖ ~ **frequency** (Phys) / Kreisfrequenz *f* (DIN 1311-1), Winkelfrequenz *f* ‖ ~ **functions*** (Maths) / Winkelfunktionen *f pl*, goniometrische Funktionen, trigonometrische Funktionen, Kreisfunktionen *f pl* ‖ ~ **gear-shaving cutter** (Eng) / Schabrad *n* ‖ ~ **grinding** (Eng) / Rundschleifen *n* (Außen-, Innen-), Rundschliff *m* ‖ ~ **grinding machine** (Eng) / Rundschleifmaschine *f* (zur Bearbeitung von zylindrischen Außen- und Innenflächen) ‖ ~ **groove** (Eng) / Kreisnut *f* ‖ ~ **headlamp** (Autos) / Rundscheinwerfer *m* ‖ ~ **hosiery machine** (Textiles) / Rundstuhl *m*, Rundkulierstuhl *m*, Rundwirkmaschine *f*, Rundstrickmaschine *f* (DIN 62130) ‖ ~ **indexing table** (Eng) / Kreisteiltisch *m* (der Bohr-, Fräs- und Schleifmaschine) ‖ ~ **interpolation** (Maths) / zirkulare Interpolation ‖ ~ **interpolation parameter** (Eng) / Kreisinterpolationsparameter *m* (Mittelpunktkoordinaten für die Programmierung von Kreisbögen und Vollkreisen in der CNC-technik - DIN 66 025)
**circularity tolerance** (Eng) / Rundheit *f*, Kreisform *f* (Abweichung vom Kreis nach DIN 7184, T 1)
**circularization** *n* (by apogee kicks) (Space) / Übergang *m* in die kreisförmige Umlaufbahn
**circular knife** (Eng) / Kreismesser *n*
**circular-knife shears** (Met) / Kreismesserschere *f*
**circular-knit pile fabric** (Textiles) / Henkelplüsch *m* (auf Rundwirkmaschinen gearbeitete Wirkfrottierware mit geschlossenen Plüschschleifen)
**circular knitting** (Textiles) / Rundwirkerei *f* und Rundstrickerei, Rundwirken *n* und Rundstricken ‖ ~ **knitting machine*** (Textiles) / Rundstuhl *m*, Rundkulierstuhl *m*, Rundwirkmaschine *f*, Rundstrickmaschine *f* (DIN 62130) ‖ ~ **letter** / Rundschreiben *n* ‖ ~ **level*** (Surv, Telecomm) / Dosenlibelle *f* (DIN 18718)
**circular-link chain** (Eng) / Rundgliederkette *f*
**circular linking machine** (Textiles) / Rundkettelmaschine *f* ‖ ~ **loom** (Weaving) / Rundwebmaschine *f* (zur Herstellung schlauchartiger Gewebe) ‖ ~ **lubrication** (a system) (Eng) / Umlaufschmierung *f* (als System) ‖ ~ **lune** (Maths) / Kreisbogenzweieck *f*
**circularly polarized*** (Optics) / zirkularpolarisiert *adj*, zirkular polarisiert (DIN 5483-3), circular polarisiert, circularpolarisiert *adj* ‖ ~ **polarized wave** / kreisförmig polarisierte Welle
**circular magnet** / Rundmagnet *m* (als Lastaufnahmemittel) ‖ ~ **magnetic wave** (Mag) / magnetische Kreiswelle ‖ ~ **magnetization*** (Mag) / Rundmagnetisierung *f* ‖ ~ **measure*** (Maths) / Bogenmaß *n* (ein Maß, bei dem der ebene Winkel durch die Länge des zugeordneten Bogens im Einheitskreis bzw. durch das Verhältnis der Längen von Kreisbogen und -radius gemessen wird), Arcus *m*, Arkus *m* ‖ ~ **mil*** / runder Querschnitt von 1/1000 Zoll

Durchmesser ‖ ~ **milling** (Eng) / Rundfräsen *n* (zur Erzeugung kreiszylindrischer Flächen), Kreisbahnfräsen *n* ‖ ~ **milling table** (Eng) / Rundfrästisch *m* ‖ ~ **motion** (Phys) / Kreisbewegung *f*, Zirkularbewegung *f* ‖ ~ **orbit** (Space) / kreisförmige Umlaufbahn, Kreisbahn *f* ‖ ~ **particle accelerator** (Nuc Eng) / Ringbeschleuniger *m*, Kreisbeschleuniger *m* ‖ ~ **path** (Phys) / Kreisbahn *f*
**circular-path milling** (Eng) / Rundfräsen *n* (zur Erzeugung kreiszylindrischer Flächen), Kreisbahnfräsen *n*
**circular pendulum** (Phys) / Kreispendel *n* ‖ ~ **permutation**\* (Maths) / zyklische Anordnung ‖ ~ **pitch**\* (Eng) / Circular Pitch *m*, Zahnteilung *f* im Teilkreis ‖ ~ **plane**\* (Carp) / Rundhobel *m* ‖ ~ **planing** (Carp, Eng) / Rundhobeln *n* ‖ ~ **plate** (Build, Mech) / Kreisplatte *f* ‖ ~ **plate with constant thickness** (Mech) / Vollscheibe *f* konstanter Dicke ‖ ~ **points**\* (at infinity) (Maths) / uneigentliche Kreispunkte, unendlich ferne Kreispunkte ‖ ~ **polarization**\* (Radar, Radio, Telecomm) / Zirkularpolarisation *f* (der abgestrahlten Welle), zirkulare Polarisation ‖ ~ **probable error** (Mil) / Streukreisradius *m*, Fehlerkreisradius *m* ‖ ~ **probable error** (Nav) / Gleichwahrscheinlichkeitskreis *m* ‖ ~ **projection** (Welding) / Rundbuckel *m* ‖ ~ **radiation pattern** (Acous, Radio) / Kreischarakteristik *f* (ein Richtdiagramm, das in der betrachteten Ebene einen Kreis bildet) ‖ ~ **recess** (Eng) / Rilleneinstich *m* ‖ ~ **repetency** (Phys) / Kreiswellenzahl *f*, Kreisrepetenz *f* (der Betrag des Wellenvektors) (DIN 1304, 2π/λ) ‖ ~ **revolving stage** / Rundtisch *m* (z.B. des Messmikroskops oder des Profilprojektors) ‖ ~ **saw** (For) / Kreissägemaschine *f*, Kreissäge *f* ‖ ~ **saw**\* (For) / Kreissägeblatt *n*
**circular-saw blade** (For) / Kreissägeblatt *n*
**circular saw for cross-cutting** (For) / Querschnittkreissägemaschine *f*
**circular-sawing machine** (For) / Kreissägemaschine *f*, Kreissäge *f*
**circular sawing-machine for firewood** (For) / Brennholz-Kreissägemaschine *f* ‖ ~ **sawmill** (For) / Kreissägewerk *n* ‖ ~ **scale** (Instr) / Kreisskale *f* ‖ ~ **scanning** (Radar) / Kreisabsuchen *n*, Rundumabtastung *f* ‖ ~ **screen** (Print) / Kreisraster *m*, Drehraster *m* ‖ ~ **seam** (Welding) / Rundnaht *f* (bei Rohren) ‖ ~ **sectional bearing** (Eng) / Lager *n* mit Kreisquerschnitt ‖ ~ **sedimentation tank** (San Eng) / Rundeindicker *m* ‖ ~ **settling tank** (San Eng) / Rundeindicker *m* ‖ ~ **shaft** (Eng) / runde Welle ‖ ~ **shears** (Eng) / Kreisschere *f* (eine Rundmesserschere mit einem Messerpaar, von dem ein Messer eine zur Blechebene parallele Achse und ein Messer eine zur Blechebene geneigte Achse hat) ‖ ~ **shift**\* (Comp) / Endverschiebung *f*, Ringschieben *n*, Ringshift *m* ‖ ~ **shift**\* (Comp) / zyklische Stellenwertverschiebung, zyklische Stellenverschiebung, zyklisches Verschieben, zyklische Verschiebung ‖ ~ **slide rule** / Rechenscheibe *f*, Rechenuhr *f* (nach dem Prinzip des Rechenschiebers arbeitendes Rechengerät mit konzentrischer kreisförmiger Skalenordnung) ‖ ~ **slot** (Eng) / Rundschlitz *m* ‖ ~ **solid conductor** (Elec Eng) / eindrähtiger Rundleiter, Rundeinzeldrahtleiter *m*, RE-Leiter *m* ‖ ~ **stair(s)** (Build) / Wendeltreppe *f* (mit Treppenspindel), Spindeltreppe *f* ‖ ~ **stranded conductor** (Cables) / mehrdrähtiger Rundleiter, RM-Leiter *m*, Rundmehrdrahtleiter *m*, Rundseil *n* ‖ ~ **tank** / Rundbecken *n* ‖ ~ **thickener** (San Eng) / Rundeindicker *m* ‖ ~ **time base**\* (Electronics) / kreisförmige Zeitbasis ‖ ~ **torus** (Maths) / Torus *m*, Kreiswulst *m f*, Kreistorus *m*, Ringfläche *f* ‖ ~ **trajectory** (Phys) / Kreisbahn *f* ‖ ~ **triangle** (Maths) / Kreisbogendreieck *n*
**circular-type burner** (Electronics, Eng) / Ringbrenner *m*
**circular velocity** (Phys) / Tangentialgeschwindigkeit *f* (in Zylinderkoordinaten), Zirkulargeschwindigkeit *f* (in Zylinderkoordinaten) ‖ ~ **velocity**\* (Space) / Kreisbahngeschwindigkeit *f*, 1. kosmische Geschwindigkeit, Zirkulargeschwindigkeit *f* ‖ ~ **warp knitting machine** (Textiles) / Rundkettenwirkmaschine *f* ‖ ~ **warp rule** (Weaving) / Rundkettenstuhl *m* ‖ ~ **waveguide** (Telecomm) / Rundhohlleiter *m*, runder Hohlleiter ‖ ~ **wave-number** (Phys) / Kreiswellenzahl *f*, Kreisrepetenz *f* (der Betrag des Wellenvektors) (DIN 1304, 2π/λ) ‖ ~ **weft knitting machine** (with spring beard needles) (Textiles) / Rundkulierwirkmaschine *f* (DIN 62 135) ‖ ~ **window** (Arch) / Rundfenster *n* (mit kreisrunder Öffnung - im Allgemeinen)
**circulate** *vi* / zirkulieren *v*, kreisen *v*, umlaufen *v* ‖ ~ *vt* / umwälzen *v* ‖ ~ **out** *v* (Oils) / auszirkulieren *v* (einen Kick)
**circulating** *adj* / im Umlauf ‖ ~ **air** (Elec Eng) / Umluft *f* (DIN 1946) ‖ ~ **charge** (Elec) / zirkulierende elektrische Ladung ‖ ~ **current**\* (Telecomm) / zirkulierender Strom *m* ‖ ~ **fluid** (Mining, Oils) / Bohrspülmittel *n*, Spültrübe *f* (zum Herausspülen des Bohrkleins sowie zur Kühlung und Schmierung des Bohrwerkzeugs), Tonsuspension *f*, Spülung *f* (Spülflüssigkeit), Spülflüssigkeit *f*, Bohrspülung *f* (Flüssigkeit), Dickspülung *f* ‖ ~ **fluidized bed** (at a high recycle ratio) (Chem Eng) / zirkulierende Wirbelschicht
**circulating-fuel reactor** (Nuc Eng) / Reaktor *m* mit umlaufendem Brennstoff, Reaktor *m* mit zirkulierendem Brennstoff
**circulating-liquor dyeing** (Textiles) / Apparatefärberei *f*

**circulating load** (Min Proc) / Kreislaufgut *n* (gewünschtes Produkt) ‖ ~ **lubrication** (Eng) / Umlaufschmierung *f* (Vorgang) ‖ ~ **memory**\* (Comp) / Umlaufspeicher *m* ‖ ~ **oil** / Kreislauföl *n*, Umlauföl *n*
**circulating-oil filter** (Eng) / Ölumlauffilter *n* ‖ ~ **lubrication** (Eng) / Ölumlaufschmierung *f*
**circulating pump**\* (Eng) / Kreislaufpumpe *f*, Umwälzpumpe *f* ‖ ~ **register** (Comp) / Ringschieberegister *n*, Umlaufregister *n* ‖ ~ **register** (Comp) s. also circulating memory ‖ ~ **scrap** (Foundry, Met) / Umlaufschrott *m*, Kreislaufmetall *n* (internes Rücklaufmetall, z.B. Angüsse, Speiser, Ausschussstücke usw.), Rücklaufmetall *n*, Rücklaufschrott *m*, Kreislaufmaterial *n* ‖ ~ **system** (of lubrication) (Eng) / Umlaufschmierung *f* (als System) ‖ ~ **water** / Umwälzwasser *n* (in einem Kreislauf) ‖ ~ **water** / Umlaufwasser *n*, Kreislaufwasser *n*, Rückwasser *n* (Umlaufwasser)
**circulation**\* *n* (Aero, Meteor) / Zirkulation *f* ‖ ~ (Eng) / Umwälzung *f* ‖ ~ (Eng, Phys) / Zirkulation *f*, Umlauf *m* ‖ ~\* (Maths) / Zirkulation *f* (ein Umlaufintegral) ‖ ~ (the continuous motion of blood) (Med) / Kreislauf *m* ‖ ~ (of mud, with mud) (Mining, Oils) / Spülung *f* (Tätigkeit) ‖ ~ (newspapers) (Print) / Auflage *f*, Druckauflage *f*, Auflagenzahl *f* (Auflagenhöhe) ‖ ~ **aeration** (San Eng) / Umwälzbelüftung *f* ‖ ~ **apparatus** (Spinning) / Zirkulationsfärbeapparat *m* (bei dem das zu färbende Material ruht und die Färbeflotte durch dieses Material gepumpt wird) ‖ ~ **area** (Build) / Verkehrsfläche *f* (z.B. Flur - DIN 277, T 2) ‖ ~ **area** (Build, Civ Eng) / Verkehrsfläche *f* (die von Fußgängern oder Fahrzeugen beansprucht wird) ‖ ~ **decimal** (Maths) / periodischer Dezimalbruch ‖ ~ **dyeing apparatus** (Spinning, Textiles) / Zirkulationsfärbeapparat *m* (bei dem das zu färbende Material ruht und die Färbeflotte durch dieses Material gepumpt wird) ‖ ~ **dyeing machine** (Spinning) / Zirkulationsfärbemaschine *f* (bei dem das zu färbende Material ruht und die Färbeflotte durch dieses Material gepumpt wird) ‖ ~ **fluid** (Mining, Oils) / Bohrspülmittel *n*, Spültrübe *f* (zum Herausspülen des Bohrkleins sowie zur Kühlung und Schmierung des Bohrwerkzeugs), Tonsuspension *f*, Spülung *f* (Spülflüssigkeit), Spülflüssigkeit *f*, Bohrspülung *f* (Flüssigkeit), Dickspülung *f* ‖ ~ **loss** / Umwälzverlust *m* ‖ ~ **loss**\* (Mining) / Spülungsverluste *m pl* ‖ ~ **map** (Cartography) / Verkehrskarte *f* ‖ ~ **of electrolyte**\* (Elec Eng) / Elektrolytumwälzung *f* ‖ ~ **of scrap** (Met) / Schrottkreislauf *m* ‖ ~ **process** (Chem Eng) / Kreislaufführung *f* (bei der Durchführung von Reaktionen) ‖ ~ **space** (Build, Civ Eng) / Verkehrsfläche *f* (die von Fußgängern oder Fahrzeugen beansprucht wird) ‖ ~ **water** / Umwälzwasser *n* (in einem Kreislauf)
**circulator**\* *n* (Electronics, Radar) / Zirkulator *m*, Richtungsgabel *f* (ein passives nichtreziprokes Bauelement der Mikrowellentechnik)
**circulatory integral**\* (Maths) / Umlaufintegral *n*
**circumaural** *adj* (Acous, Physiol) / zirkumaural *adj* (das Ohr umschließend nach DIN 1320), circumaural *adj*
**circumcentre** *n* (Maths) s. also incentre ‖ ~ **of a triangle**\* (Maths) / Umkreismittelpunkt *m* (Schnittpunkt der Mittelsenkrechten der drei Dreiecksseiten), Mittelpunkt *m* des Umkreises
**circumcircle**\* *n* (Maths) / Umkreis *m* (ein Kreis, auf dem alle Ecken eines Vielecks liegen), umbeschriebener Kreis
**circumcone** *n* (Maths) / umbeschriebener Kegel
**circumference** *n* (the boundary of a circle) (Maths) / Kreisumfang *m*, Kreisperipherie *f*, Umfang *m* des Kreises, Kreis *m* (Kreislinie) ‖ ~ (Maths) s. also perimeter
**circumferential backlash** (Eng) / Verdrehflankenspiel *n* (DIN 3998) ‖ ~ **coils** (Materials) / Durchlaufspulen *f pl*, Außen-Durchlaufspulen *f pl* (die das zu untersuchende Teil umgeben) ‖ ~ **crack** (Materials) / peripherer Riss ‖ ~ **forces** (Autos) / Längskräfte *f pl* (in der Reifenaufstandsfläche wirksame Kräfte), Umfangskräfte *f pl* ‖ ~ **register** (Print) / Umfangsregister *n* (Veränderung der Papierbahnlänge zwischen zwei Druckwerken mittels Schwenkwalzen) ‖ ~ **seam** (Welding) / Rundnaht *f* (bei Rohren) ‖ ~ **surface** (Maths) / Mantel *m*, Mantelfläche *f* (eines Kegels, eines Zylinders) ‖ ~ **velocity** (Mech) / Umfangsgeschwindigkeit *f* (eines Punktes am Rande eines rotierenden Körpers)
**circumlunar** *adj* (Astron, Space) / zirkumlunar *adj*, den Mond umkreisend, um den Mond herumführend
**circumneutral reaction** (Chem) / im Neutralbereich liegende Reaktion
**circumpolar star**\* (Astron) / Zirkumpolarstern *m* (Stern, dessen Winkelabstand vom sichtbaren Himmelspol kleiner ist als die Höhe des Pols über dem Beobachtungshorizont)
**circumradius** *n* (pl. -ii or -uses) (Maths) / Umkreishalbmesser *m*, Umkreisradius *m*, Radius *m* des Umkreises, Halbmesser *m* des Umkreises
**circumscribe** *v* (Maths) / umschreiben *v*, umbeschreiben *v* (einen Kreis)
**circumscribed** *adj* (Maths) / umbeschrieben *adj* (Kreis) ‖ ~ **circle**\* (Maths) / Umkreis *m* (ein Kreis, auf dem alle Ecken eines Vielecks liegen), umbeschriebener Kreis ‖ ~ **quadrangle** (Maths) / umbeschriebenes Viereck, Tangentenviereck *n*

**circumscription** n (AI) / Umschreibung f, Circumscription f, Zirkumskription f
**circumstellar** adj (Astron) / zirkumstellar adj (in der Umgebung eines Sterns befindlich)
**ciré*** n (Textiles) / Ciré m (Seidengewebe mit harter Glanzschicht) ‖ ~* (Textiles) s. also chintz ‖ ~ **calender** (Textiles) / Cirékalander m ‖ ~ **finish** (Textiles) / Ciré-Ausrüstung f (Friktionskalander-Behandlung vorher gewachster oder mit PVC-bestrichener Gewebe und Bänder)
**cire perdue*** (Foundry) / Investmentguss m, Investmentverfahren n (ein Feingussverfahren)
**cir mil** (circular mil) / runder Querschnitt von 1/1000 Zoll Durchmesser
**cirque*** n (Geol) / Kar n, Botn n (pl. Botner) ‖ ~ **lake** (Geol) / Karsee m ‖ ~ **platform** (Geol) / Karterrasse f ‖ ~ **stairway** (Geol) / Kartreppe f ‖ ~ **steps** (Geol) / Kartreppe f
**cirrocumulus*** n (pl. cirrocumuli) (Meteor) / Zirrokumulus m (pl. -li), Cirrocumulus m (pl. -li), Co
**cirrostratus*** n (pl. cirrostrati) (Meteor) / Zirrostratus m (pl. -ti), Schleierwolke f, Cirrostratus m (pl. -ti), Cs
**cirrus*** n (pl. cirri) (Meteor) / Cirrus m (pl. - oder Cirren), Ci (Cirrus), Zirrus m (pl. - oder Zirren), Federwolke f
**CIS** (continuous injection system) (Autos) / kontinuierliche Benzineinspritzung (als System)
**cis-*** (Chem) / cis-, cisständig adj, in Cisstellung (in der Stereochemie)
**CIS** (copper-indium diselenide) (Chem, Electronics) / Kupfer-Indium-Diselenid n
**CISC** (complex instruction set computer) (Comp) / CISC-Rechner m (mit komplexem Befehlsvorrat), Rechner m mit komplexem Befehlssatz, CISC-Computer m, konventioneller Rechner (mit komplexem Befehlsvorrat) ‖ ≗ (Comp) s. also RISC ‖ ~ ≗ **computer** (Comp) / CISC-Rechner m (mit komplexem Befehlsvorrat), Rechner m mit komplexem Befehlssatz, CISC-Computer m, konventioneller Rechner (mit komplexem Befehlsvorrat)
**cislunar** adj (Astron, Space) / zislunar adj (vor dem Mond liegend - von der Erde aus gesehen)
**cis-methylbutenedioic acid** (Chem) / Citraconsäure f, Zitrakonsäure f, Methylmaleinsäure f, Methylbutendisäure f
**cisoid** adj (Chem) / cisoid adj (cis-Konfiguration von Gruppen und Systemen)
**cissing*** n (when a coat of paint, varnish or water colour refuses to form a continuous film, recedes from the surface, collects in beads and leaves the surface partially exposed) (Paint) / Kriechen n (die Wiederabstoßung einer Anstrichschicht durch den Untergrund), Perlen n
**cissing-down** n (Paint) / Überreiben n des Anstrichs (meistens mit Schlämmkreide, um das Kriechen zu verhindern)
**cissoid*** n (of Diocles) (Maths) / Zissoide f (des Diokles - eine ebene rationale Kurve 3. Ordnung)
**cis-tactic** adj (Chem) / cis-taktisch adj (Polymer)
**cistern** n (a tank for storing water) / Wasserbehälter m (Hochbehälter), Wasserzisterne f ‖ ~ / Zisterne f (Sammel- und Speicherbehälter - meistens für Niederschlagswasser) ‖ ~ (closet cistern) (San Eng) / Spülkasten m (bei Toiletten mit Wasserspülung - nach DIN 19 542) ‖ ~ **barometer** (Meteor) / Gefäßbarometer n (ein Quecksilberbarometer) ‖ ~ **head** (US) (Build, Plumb) / Rinnenkessel m (bei langen Rinnen), Rinnenkasten m, Wasserfangkasten m
**cis-trans isomerism** (Chem) / cis-trans-Isomerie f, Diastereomerie f (bei Verbindungen mit Doppelbindungen, geometrische Isomerie, E,Z-Isomerie f
**cistron*** n (Cyt, Gen) / Cistron f (ein DNS- oder RNS-Abschnitt)
**citizen radio** (Autos, Telecomm) / Jedermannfunk m, CB-Funk m, Bürgerfunk m (BRD: 11 m)
**Citizens' Band** (for private radio communications) (Autos, Telecomm) / Jedermannfunk m, CB-Funk m, Bürgerfunk m (BRD: 11 m) ‖ ~ **waveband** (Autos, Telecomm) / Jedermannfunk m, CB-Funk m, Bürgerfunk m (BRD: 11 m)
**citraconic acid** (Chem) / Citraconsäure f, Zitrakonsäure f, Methylmaleinsäure f, Methylbutendisäure f
**citral*** n (Chem) / Zitral n, Citral n (Handelsprodukt aus Neral und Geranial) ‖ ~ **a** (Chem) / Geranial n, Zitral n A, Citral n A, trans-Zitral n, trans-Citral n ‖ ~ **b** (Chem) / Neral n, cis-Zitral n, cis-Citral n
**citrate*** n (Chem) / Zitrat n, Citrat n
**citrate-soluble** adj (Chem) / zitratlöslich adj, citratlöslich adj
**citrazinic acid** (Chem) / Citrazinsäure f (2,6-Dihydroxy-4-pyridincarbon-säure), Zitrazinsäure f
**citric acid** (2-hydroxypropane-1,2,3-tricarboxylic acid)* (Chem) / Citronensäure f (E 330), Zitronensäure f (2-Hydroxy-1,2,3-propantricarbonsäure) ‖ ~ **acid cycle*** (Biochem) / Krebs-Zyklus m, Citronensäurezyklus m, Zitronensäurezyklus m, Trikarbonsäurezyklus m, Tricarbonsäurezyklus m (von Sir H.A. Krebs [1900-1981] entdeckt) ‖ ~ **acid ester** (Chem) / Citronensäureester m, Zitronensäureester m, Ethylcitrat n, Ethylzitrat n
**citriculture** n (the cultivation of citrus fruit trees) (Agric) / Zitrusfrüchteanbau m, Agrumenanbau m
**citrine*** n (Min) / Zitrin m (Quarzvarietät), Citrin m, Quarztopas m
**citronellal*** n (Chem) / Citronellal n (3,7-Dimethyl-6-octenal), Zitronellal n (ein Terpenaldehyd)
**citronella oil** / Zitronellöl n (ein etherisches, in der Parfümerie verwendetes Grasöl, das durch Wasserdampfdestillation getrockneter Cymbopogongräserarten gewonnen wird), Citronellöl n, Bartgrasöl n
**citronellol** n (Chem) / Citronellol n (für die Parfüm- und Kosmetikindustrie), Citronellol n (3,7-Dimethyl-6-octen-1-ol)
**citrovorum factor** (Chem) / Citrovorumfaktor m, Folinsäure f (ein Derivat der Folsäure), Leukovorin n
**citrulline** n (Biochem) / Citrullin n (2-Amino-5-ureidovaleriansäure - eine Aminosäure)
**citrus fruits** (Nut) / Zitrusfrüchte f pl, Citrusfrüchte f pl, Agrumen pl, Agrumi pl (Zitrusfrüchte) ‖ ~ **oil** (Nut) / Zitronenöl n, Citronenöl n, Zitrusöl n, Citrusöl n
**city call** (Teleph) / Cityruf m (innerhalb eines bestimmten Rufbereiches), Ortsgespräch n, City Call m ‖ ~ **car** (Autos) / Stadtauto n ‖ ~ **carrier** (Comp) / Stadtnetz n, City-Carrier m (Stadtnetz) ‖ ~ **centre** (Arch) / Stadtzentrum n, Innenstadt f ‖ ~ **code** (Aero) / Städteabkürzung f (auf den Dokumenten, Tickets usw.) ‖ ~ **crop** (Textiles) / Baumwolle f aus Baumwollmustern, Kehrabfall und beschädigten Ballen ‖ ~ **driving cycle** (Autos) / Stadtfahrzyklus m ‖ ~ **flight** (Aero) / Städteflug m ‖ ~ **landscape** (Arch, Ecol) / Stadtlandschaft f ‖ ~ (street) **map** (Cartography) / Stadtkarte f, Stadtplan m ‖ ~ **planning** (US) (Arch) / Bauleitplanung f, Ortsplanung f (langzeitige), Gemeindeplanung f ‖ ~ **railway** (Rail) / S-Bahn f, Stadtbahn f (eine Schnellbahn) ‖ ~ **renewal** (Arch) / Stadterneuerung f
**cityscape** n (Arch) / Stadtbild n (einer Großstadt oder Metropole) ‖ ~ (Arch, Ecol) / Stadtlandschaft f
**city service truck** (Autos) / Rüstfahrzeug n (ein Feuerwehrfahrzeug, das vorwiegend mit Geräten für technische Hilfeleistungen ausgerüstet ist) ‖ ~ **test** (Autos) / City-Test m (Emissionsmessung) ‖ ~ **traffic** / Stadtverkehr m (im Allgemeinen)
**civery*** n (Build) / Joch n (Unterteilung bei langen Gewölben), Fach n, Travée f, Gewölbejoch n, Gewölbefeld n (Einzelelement eines größeren Gewölbesystems)
**civet** n (Chem) / Zibet m (ein Duftrohstoff aus den Zibetdrüsen der Afrika-, der asiatischen und der chinesischen Zibetkatze)
**civetone** n (Chem) / Zibeton m (der Hauptgeruchsträger von Zibet)
**civic centre** (Arch) / kommunales Verwaltungs- und Kulturzentrum, Bürgerhaus n
**civil** adj (Astron) / bürgerlich adj (Abend- oder Morgendämmerung) ‖ ~ **aircraft** (Aero) / Zivilflugzeug n ‖ ≗ **Aviation Authority*** (Aero) / Zivilluftfahrtbehörde f (oberste britische Luftfahrtsbehörde) ‖ ~ **calendar** / bürgerlicher Kalender (DIN 1355, T 1) ‖ ~ **engineering*** (Build) / Bauwesen n, Bauingenieurwesen n ‖ ~ **engineering*** (Civ Eng) / Tiefbau m
**civilization disease** (Med) / Zivilisationskrankheit f
**civil service** / Staatsdienst m, öffentlicher Dienst ‖ ~ **time** (Astron) / mittlere Sonnenzeit, mSZ (mittlere Sonnenzeit) ‖ ~ **twilight*** (Astron) / bürgerliche Dämmerung (in der man bei klarem Himmel im Freien gerade noch lesen kann) ‖ ~ **year** / Kalenderjahr n (365 bzw. 366 d), bürgerliches Jahr (EN 28601)
**CIW** (computer-integrated weaving) (Weaving) / rechnerintegriertes Weben, computerintegriertes Weben
**ckw** (clockwise) / rechtsdrehend adj, im Uhrzeigersinn
**CL** (closed loop) (Automation) / Regelkreis m (mit geschlossenem Wirkungsablauf), Kreis m mit Rückführung n ‖ ≗ (cutter location) (Automation) / Werkzeugpositionierung f (numerische Steuerung) ‖ ≗ (chemiluminescence) (Chem) / Chemilumineszenz f, Chemoluminszenz f, Reaktionsleuchten n
**Cl** (chlorine) (Chem) / Chlor n, Cl (Chlor)
**CL** (clock) (Comp) / Takt m (regelmäßige Folge von Impulsen zur Steuerung oder Synchronisation digitaler Schaltungen)
**c.l.** (centre line) (Maths) / Mittellinie f, Mittenlinie f
**clabber** (Nut) / gerinnen lassen (Milch) ‖ ~ n (milk that has naturally clotted on souring) (Nut) / Dickmilch f (geronnene, saure Milch)
**clack*** n (Rail) / Rückschlagventil n (Kugelventil) ‖ ~ **valve** (Eng) / Klappenventil n (bei Pumpen) ‖ ~ **valve*** (Rail) / Rückschlagventil n (Kugelventil)
**clad** v (provide or encase a covering or coating) (Build, Eng) / verkleiden v ‖ ~ (by bonding or welding) (Surf, Met) / plattieren v (DIN 50 902)
**cladding*** n (Build) / Fassadenverkleidung f, Außenbekleidung f, Außenverkleidung f (aber nicht Ziegel) ‖ ~ (Met, Surf) / Plattierschicht f, Plattierüberzug m (Schicht) ‖ ~* (Nuc Eng) / Brennstoffhülle f (DIN 25401), Hülle f ‖ ~ (by bonding or welding)*

(Surf) / Plattieren n (Herstellen einer gegenüber dem Grundwerkstoff korrosionsbeständigeren Schicht - nach DIN 50902) ‖ ~ **by welding** (Welding) / Auftragschweißen n von Plattierungen, Schweißplattieren n ‖ ~ **glass** (Build) / vorgehängte Glasfassade, Glasvorhangfassade f ‖ ~ **glass** (Electronics, Optics) / Mantelglas n (in der Faseroptik) ‖ ~ **material** (Agric) / Bedeckungsmaterial n (für Gewächshäuser) ‖ ~ **material** (Build) / Verkleidungsmaterial n (Kunst- oder Naturstein, Holz, Metall usw.) ‖ ~ **material** (Met) / Plattierwerkstoff m ‖ ~ **mill** (Met) / Plattierwalzwerk n ‖ ~ **mode** (Electronics) / Mantelmode m (Faseroptik)
**cladding-mode stripper** (Electronics) / Mantelmodenabstreifer m (ein Werkzeug zum Entfernen von Mantelmoden), Modenabstreifer m (wenn ein Glasfaserkabel z.B. gespleißt werden muss)
**cladistics*** n (Biol) / Kladistik f (konsequent phylogenetische Systematik), konsequent phylogenetische Systematik
**clad plate** (Met) / plattiertes Blech ‖ ~ **steel** (Met) / plattierter Stahl
**CLA height** (centre-line average height) (Eng) / $R_a$, (arithmetischer) Mittenrauwert m
**claim** n / Claim m n (Behauptung, die von der Werbung aufgestellt wird) ‖ ~ / Patentanspruch m, Anspruch m (aus Patent, aus Schaden) ‖ ~ / Reklamation f (Beanstandung von Mängeln), Beschwerde f, Beanstandung f (der gelieferten Ware), Mängelrüge f ‖ ~ (Mining) / Muten n (Antrag an die Bergbehörde auf Verleihung eines Grubenfeldes - nach dem Allgemeinen Berggesetz für die preußischen Staaten vom 24.6.1865), Mutung f (formelles Gesuch an die Bergbehörde um Verleihung des Bergwerkseigentums) ‖ ~ (Mining) / Claim m n (Schürfrechtparzelle) ‖ ~ (US) (Mining) / Grubenfeld n, Bergwerksfeld n, verliehenes Grubenfeld ‖ ~ (Mining) / Kux m (pl. Kuxe) (börsenmäßig gehandelter quotenmäßiger Anteil an einer bergrechtlichen Gewerkschaft - in Deutschland abgeschafft) ‖ ~ **map** (Mining) / Grubenfeldriss m
**claims adjuster** / Schadensregulierer m (der Versicherung) ‖ ~ **agent** / Schadensregulierer m (der Versicherung)
**Clairauts differential equation*** (Maths) / Clairaut'sche Differentialgleichung (nach A.C. Clairaut, 1713-1765)
**Clairaut theorem** (Geophys) / Clairaut-Theorem n (das die Erdabplattung aus der Fliehkraft am Äquator sowie der Schwerkraft am Äquator und an den Polen bestimmt)
**clairce** n (Nut) / Kläre f (Zuckergewinnung)
**clairecolle** n (Paint) / Leimlösung f, Leimgrund m
**Claisen condensation*** (Chem) / Claisen-Kondensation f (nach L.Claisen, 1851-1930) ‖ ≃ **distilling head** (Chem) / Claisen-Aufsatz m (auf den Claisen-Kolben), Destillationsaufsatz m nach Claisen ‖ ≃ **flask*** (Chem) / Claisen-Kolben m (Destillierkolben für Vakuumdestillation) ‖ ≃ **reaction** (Chem) / Claisen-Kondensation f (nach L.Claisen, 1851-1930) ‖ ≃ **rearrangement** (Chem) / Claisen-Umlagerung f (von Allylethern der Phenole oder Enole zu C-Allylhydroxy-Derivaten durch Erwärmen)
**Claisen-Schmidt condensation** (Chem) / Claisen-Schmidt-Kondensation f
**Claisen stillhead** (Chem) / Claisen-Aufsatz m (auf dem Claisen-Kolben), Destillationsaufsatz m nach Claisen
**clam bunk** (For) / Klemmbank f (Holzrückemittel)
**clamming** (Ceramics) / Abdichten n (z.B. des Feldbrandofens) mit Erde oder Lehm
**clammy** adj (cold and damp) (Meteor) / feuchtkalt adj, klamm adj
**clamp** v (Eng) / einspannen v ‖ ~ (Eng) / einklemmen vt, festklemmen vt, klemmen vt ‖ ~ (Eng) / festspannen v, spannen v (das Werkstück durch Druck- oder Saugeinrichtung zum Zwecke der Bearbeitung festhalten), einspannen v, aufspannen v ‖ ~ (Materials) / festspannen v (z.B. Proben bei der Werkstoffprüfung), einspannen v ‖ ~ (Plastics) / einspannen v (Folie beim Blasen) ‖ ~ vt (Eng) / erfassen und halten v (kraftpaarig - ein HHO), klemmen vt (ein HHO) ‖ ~ n (GB) (Agric) / Schober m, Feime f, Feim m, Dieme f (Feime), Diemen m, Miete f (Feime) ‖ ~ (Agric) / Miete f (eine abgedeckte Grube, in der Feldfrüchte zum Schutz gegen Frost aufbewahrt werden) ‖ ~ (Autos) / Parkkralle f, Radblockierer m, Parkriegel m ‖ ~ (Build) / Schlauder f (bandförmiges, gelochtes Verbindungselement aus Flachstahl zur Befestigung von Zargen am Bauwerk), Bankeisen n ‖ ~ (Build) / Klammer f (für Natursteinmauerwerk) ‖ ~* (Ceramics) / Stapel m ungebrannter Ziegel (in einem Feldbrandofen) ‖ ~ (Chem) / Klemme f (ein Stativzubehör) ‖ ~ (Eng) / Aufnahme f (Aufnahmevorrichtung), Aufnahmevorrichtung f (als Spannzeug) ‖ ~ (pipe clamp) (Eng) / Rohrschelle f, Schelle f (Rohrschelle) ‖ ~* (Eng) / Klammer f (eines Förderzeugs) ‖ ~ (Eng) / Klemmbügel m (des Prismas) ‖ ~* (Eng) / Zwinge f (eine Spannvorrichtung) ‖ ~ (Eng) / Klemme f, Befestigungsklemme f ‖ ~ (Plastics) / Schließeinheit f ‖ ~ (Ships) / Klampe f (Vorrichtung zum Festmachen) ‖ ~* (Telecomm, TV) / Klemmschaltung f, Blockierschaltung f, Clamping-Schaltung f, Klammerschaltung f ‖ ~ (Welding) / Zentrierklammer f (im Rohrleitungsbau ein Gerät, mit dem ein anzuschweißendes Rohr an die verschweißte Leitung unter Einhaltung des richtigen Schweißspaltes angeklammert wird), Zentriereinrichtung f ‖ ~ **bar*** (Print) / Klemmleiste f, Klemmschiene f ‖ ~ **dog** (Eng, Tools) / Spannkloben m (Stahlklotz mit einer waagerechten Spannschaube, mit der das Werkstück auf dem Tisch der Hobelmaschine gegen Anschlagkloben festgespannt wird)
**clamped joint connection** (Eng) / Steckverbindung f (von Rohren)
**clamper noise** (TV) / Zeilenrauschen n, Zeilenstreifigkeit f
**clamp holder** (Chem, Eng) / Klemmvorrichtung f (als Halter)
**clamping** n (Plastics) / Werkzeughaltung f ‖ ~ **bolt** (Eng) / Befestigungsbolzen m, Klemmbolzen m ‖ ~ **circuit** (Telecomm, TV) / Klemmschaltung f, Blockierschaltung f, Clamping-Schaltung f, Klammerschaltung f ‖ ~ **collet** (Tools) / Klemmhülse f ‖ ~ **coupling** (Eng) / feste formschlüssige Kupplung ‖ ~ **device** / Spannvorrichtung f (im Allgemeinen) ‖ ~ **device** (Eng) / Spanner m (Baugruppe an Werkzeugmaschinen) ‖ ~ **diode*** (Electronics) / Klemmdiode f, Klammerdiode f, Clampdiode f (die die Überschreitung eines bestimmten Potentialwertes verhindert) ‖ ~ **diode*** (Electronics) / Abfangdiode f (zur Verbesserung der Flankensteilheit in Impulsschaltungen) ‖ ~ **face** (Eng) / Spannfläche f (am Werkstück) ‖ ~ **force** (Plastics) / Zuhaltekraft f ‖ ~ **jaws** (Eng) / Spannzange f (z.B. beim Cyril-Bath-Verfahren) ‖ ~ **magnet** / Haftmagnet m ‖ ~ **motor** (Eng) / Spannmotor m (meistens ein Hydromotor zum Spannen von Werkstück oder Werkzeug) ‖ ~ **of the mould** (Plastics) / Formzuhalten n, Formschluss m, Formschließen n, Formzuschließen n ‖ ~ **plate** (Carp, For) / Klammerplatte f (zur Verstärkung von Holzverbindungen) ‖ ~ **position** (Eng) / Einspannlage f (des Werkstückrohlings bei Drehmaschinen im Spannmittel) ‖ ~ **pressure** (Plastics) / Schließdruck m ‖ ~ **ring** (Plastics) / Ziehring m (zum Tiefziehen) ‖ ~ **screw** (Elec Eng) / Anschlussschraube f ‖ ~ **screw** (Eng) / Spannschraube f ‖ ~ **screw** (Eng) / Verblockungsschraube f, Klemmschraube f ‖ ~ **sleeve** (Eng) / Klemmmuffe f ‖ ~ **sleeve** (Eng) / Spannhülse f (zur kraftschlüssigen Verbindung von Welle und Nabe) ‖ ~ **sleeve** (Eng, Tools) / Klemmhülse f ‖ ~ **surface** (Eng) / Aufspannfläche f (zum Befestigen von Werkzeugen bzw. Werkstücken an Werkzeugmaschinen) ‖ ~ **time** (Welding) / Einspannzeit f ‖ ~ **tip** (Tools) / Klemmhalter m (zum Drehen)
**clamp joint** (Eng) / Klemmverbindung f (eine Reibschlussverbindung) ‖ ~ **kiln** (e.g. Bull's kiln) (Build, Ceramics) / Meilerofen m, Feldbrandofen m ‖ ~ **kiln** (Ceramics) / Feldbrandofen m, Feldbrennofen m, Meilerofen m ‖ ~ **on** v / anklemmen v ‖ ~ **ring** (Eng) / Spannringverschluss m ‖ ~ **stand** (Chem) / Klemmenständer m
**clamp-type terminal** (Elec Eng) / Schellenklemme f
**clamshell** n (Aero) / an Scharnier befestigtes Teil ‖ ~ (Civ Eng, Eng) / Zweischalengreifer m, Zweischalengreifkorb m, Zweischalenladelöffel m (des Krans oder des Baggers) ‖ ~ **bucket** (Civ Eng, Eng) / Zweischalengreifer m, Zweischalengreifkorb m, Zweischalenladelöffel m (des Krans oder des Baggers) ‖ ~ **grab** (Civ Eng, Eng) / Zweischalengreifer m, Zweischalengreifkorb m, Zweischalenladelöffel m (des Krans oder des Baggers)
**clan*** n (Geol) / Gesteinssippe f, Sippe f ‖ ~ (Maths) / kompakte zusammenhängende Hausdorff'sche Halbgruppe
**clandestine aircraft** (Aero, Mil) / schwer zu ortendes Luftfahrzeug (mit nachrichtendienstlichem Auftrag)
**clapboard** n (US) (Build) / Stülpverschalbrett n, übereinander greifendes Brett (bei der Stülpschalung) ‖ ~ (US) (Build) / Schindel f (zum Eindecken von Dächern - DIN 68 119), Dachschindel f, Holzschindel f
**Clapeyron-Clausius equation** (Phys) / Clausius-Clapeyron-Gleichung f (welche die Temperaturabhängigkeit des Dampfdruckes bei Phasenübergängen angibt - nach R. Clausius, 1822 - 1888, und B.P.E. Clapeyron, 1799 - 1864)
**Clapeyron equation** (Phys) / Clausius-Clapeyron-Gleichung f (welche die Temperaturabhängigkeit des Dampfdruckes bei Phasenübergängen angibt - nach R. Clausius, 1822 - 1888, und B.P.E. Clapeyron, 1799 - 1864)
**clapper*** n (Eng) / Meißelhalterklappe f (zur Aufnahme des Hobel- bzw. Stoßwerkzeuges), Meißelklappe f
**clapperboard*** n (Cinema) / Synchronklappe f, Klappe f (Hand-)
**clapper box*** (Eng) / Klappenträger m, Meißelklappenträger m ‖ ~ **mark** (Cinema) / Synchronmarke f durch Klappe, Tonknacker m, Knacker m
**clappers*** pl (Cinema) / Synchronklappe f, Klappe f (Hand-)
**clapper-type tool box** (Eng) / Meißelhalterklappe f (zur Aufnahme des Hobel- bzw. Stoßwerkzeuges), Meißelklappe f
**clapping slate** (Cinema) / Szenenklappe f
**Clapp oscillator*** (Electronics) / Clapp-Oszillator m (der sich aus einer kapazitiven Dreipunktschaltung ableitet)

**clap-sill**

**clap•sill**\* *n* (Hyd Eng) / Drempel *m* (Schwelle im Torboden einer Schleuse, gegen die sich das geschlossene Schleusentor stützt) ‖ ~ **stick** (Cinema) / Synchronklappe *f*, Klappe *f* (Hand-)
**clarain**\* *n* (Geol) / Clarit *m* (eine Streifenart), Halbglanzkohle *f*
**claret** *attr* / taubenblutrot *adj* (z.B. ein Rubin), weinrot *adj* ‖ ~ / bordeauxrot *adj*, bordeaux *adj* (dunkelrot)
**claret-coloured** *adj* / bordeauxrot *adj*, bordeaux *adj* (dunkelrot)
**clarificant** *n* / Klärmittel *n*
**clarification** *n* (Chem, Phys) / Reinigung *f* (von Flüssigkeiten), Läuterung *f* ‖ ~ (Nut) / Klarifikation *f*, Klärung *f*, Klären *n*, Schönung *f*, Abklärung *f* ‖ ~ **point** (Phys) / Klärpunkt *m* (Umwandlungspunkt von einer mesomorphen Phase zur Flüssigkeit)
**clarified butter** (Nut) / Butterschmalz *n*, Schmelzbutter *f*
**clarifier** *n* / Klärmittel *n* ‖ ~ (Radio) / Clarifier *m* (senderunabhängige Empfängerverstimmung bei Transceivern) ‖ ~ (San Eng) / Klärbecken *n*, Klärwerksbecken *n*
**clari-flocculator** *n* (San Eng) / Flockungsreaktor *m* (beim Kontaktschlammverfahren), Flockungsklärbecken *n*, Flockungsbecken *n*
**clarify** *v* (Chem, Phys) / reinigen *v*, läutern *v* (Flüssigkeiten) ‖ ~ (melt in order to separate out impurities) (Nut) / schmelzen *v* (Fette), zergehen lassen, zerlassen *v* (Butter)
**clarifying agent** / Klärmittel *n* ‖ ~ **basin** (San Eng) / Klärbecken *n*, Klärwerksbecken *n* ‖ ~ **filter** (Chem Eng) / Klärfilter *n* ‖ ~ **tank** (San Eng) / Klärbecken *n*, Klärwerksbecken *n*
**clarity** *n* / Klarheit *f* (des Filtrats) ‖ ~ / Reinheit *f* (des Diamanten) (des Diamanten) ‖ ~ / Schärfe *f* (der Zeichen auf dem Bildschirm)
**Clark cell**\* / Clark-Zelle *f* (ein Normalelement) ‖ ~ ≙ **degree** / englischer Härtegrad (des Wassers)
**clarke**\* *n* (Geol) / Clarke-Zahl *f* (die das Gewichtsprozent des jeweiligen Elements am Aufbau der Erdkruste angibt - nach F.W. Clarke, 1847-1931), Clarke-Wert *m*
**clarking** *n* / Clarkverfahren *n* für die Wasserenthärtung
**Clark process**\* / Clarkverfahren *n* für die Wasserenthärtung
**clarodurain** *n* (Mining) / Clarodurit *m* (ein Mazeral)
**clary sage oil** / Muskatellersalbeiöl *n* (ein Parfümrohstoff aus Salvia sclarea L.)
**clash** *v* / sich beißen *v* (Farben) ‖ ~ (Eng) / anstoßen *v* (Zahnkopfkanten) ‖ ~ *n* (Mining) / dünne Tonröhre
**clashing** *n* (Eng) / Anstoßen *n* (von Zahnkopfkanten)
**clasp** *v* / umklammern *v* ‖ ~ (Build) / zuhaken *v* ‖ ~ *n* (Eng) / Klammer *f*, Haken *m*, Schnalle *f* ‖ ~ **nut**\* (Eng) / Mutterschloss *n* (längsgeteilte Mutter der Leit- und Zugspindeldrehmaschine), Schlossmutter *f*
**class** *n* / Qualität *f* (DIN 55350), Handelsklasse *f*, Güteklasse *f*, Sorte *f*, Wahl *f* (Güte, Güteklasse) ‖ ~\* (Biol) / Klasse *f* ‖ ~ (Maths, Stats) / Klasse *f* (DIN 66 160) ‖ ~ **-A amplifier**\* *m* (Teleeomm) / A-Verstärker *m* ($A_1$-Verstärker: Betrieb ohne Gitterstrom, $A_2$-Verstärker: Betrieb mit Gitterstrom - DIN 44400)
**class-8 allowance** (Eng) / Presssitz *m*, PS (Presssitz)
**class 9 allowance** (Eng) / Schrumpfsitz *m* ‖ ~ **A plaster** (Build) / Stuckgips *m* (Gemisch aus viel Halbhydrat und wenig Anhydrit)
**classate** *n* / Klassat *n* (das Gesamt des Klassierten)
**class A thread** (US) (Eng) / Außengewinde *n* ‖ ~ **-B amplifier**\* (Telecomm) / B-Verstärker *m* ($B_1$-Verstärker: Betrieb ohne Gitterstrom, $B_2$-Verstärker: Betrieb mit Gitterstrom - DIN 44400) ‖ ~ **boundary** (Maths) / Klassengrenze *f* (bei der Häufigkeitsverteilung) ‖ ~ **description** (Maths, Stats) / Klassenbeschreibung *f* ‖ ~ **D fuel oil** (GB) / (in etwa:) Heizöl EL (extra-leicht-flüssig) ‖ ~ **D fuel oil** s. also domestic fuel ‖ ~ **E fuel oil** (GB) / (in etwa:) Heizöl L (leichtflüssig) ‖ ~ **F fuel oil** (GB) / (in etwa:) Heizöl M (mittelflüssig) ‖ ~ **3 fit** (Eng) / Laufsitz *m*, LS (Laufsitz) ‖ ~ **4 fit** (Eng) / Gleitsitz *m*, GS (Gleitsitz) ‖ ~ **6 fit** (Eng) / Treibsitz *m*, TS (Treibsitz) ‖ ~ **5 fit** (Eng) / Schiebesitz *m* (Übergangspassung), SS, Schiebepassung *f* ‖ ~ **2 fit** (Eng) / leichter Laufsitz, LL ‖ ~ **1 fit** (Eng) / weiter Laufsitz, WL (großes Spiel) ‖ ~ **7 fit** (Eng) / Festsitz *m*, FS (Festsitz) ‖ ~ **frequency** (the number of elements or individuals who fall in a particular class) (Stats) / Klassenhäufigkeit *f* ‖ ~ **frequency**\* (the number of elements or individuals which fall into a particular class) (Stats) / Klassenhäufigkeit *f* ‖ ~ **G fuel oil** (GB) / (in etwa:) Heizöl S (schwerflüssig - bis 340 cSt) ‖ ~ **H fuel oil** / Heizöl *n* ES (extraschwer)
**classical**\* *adj* / nichtquantisch *adj*, klassisch *adj* (z.B. Mechanik) ‖ ~ **electron radius** (Nuc) / klassischer Radius des Elektrons, klassischer Elektronenradius ‖ ~ **logic** (AI) / klassische Logik ‖ ~ **mechanics** (Mech) / Nichtquantenmechanik *f*, klassische Mechanik, Newton'sche Mechanik ‖ ~ **MUF** (Radio) / klassische MUF (ausschließlich infolge ionosphärischer Beugung ermögliche MUF) ‖ ~ **scattering**\* (Phys) / Thomson-Streuung *f*, klassische Streuung (von unpolarisierten Lichtwellen)
**classic car** (Autos) / Oldtimer *m*

**classics** *pl* (Textiles) / Classics *pl* (einfache, zeitlose Formen) ‖ ~ (Textiles) / Classics *pl* (risikolos aufgebaute, sich mit geringen Abwandlungen von Jahr zu Jahr wiederholende Muster mit wenigen Farben, insbesondere beim Stoffdruck)
**classification** *n* / Einstufung *f* (von gefährlichen Stoffen) ‖ ~ / Klassifikation *f* (Herstellung von Ordnungssystemen - DIN 6763), Klassenbezeichnung *f*, Klassenbildung *f* ‖ ~ / Einteilung *f* (in Klassen) ‖ ~\* (Min Proc) / Klassieren *n*, Klassierung *f* (nach Kornfraktionen) ‖ ~ **letter** / Kennbuchstabe *m* ‖ ~ **of the elements** (Chem) / Periodensystem *n* der Elemente ‖ ~ **scheme** / Klassifikationsschema *n* ‖ ~ **societies**\* (Ships) / [Schiffs-]Klassifizierungsgesellschaften *f pl* (wie z.B. Lloyd's Register of Shipping) ‖ ~ **yard** (Rail) / Rangierbahnhof *m*, Verschiebebahnhof *m*
**classified advertisement** / Kleinanzeige *f* (in der Zeitung) ‖ ~ **directory** / Branchenadressbuch *n* ‖ ~ **register** ("yellow pages") (Teleph) / Branchenfernsprechbuch *n*
**classifier**\* *n* (Met, Min Proc) / Klassierapparat *m*, Klassierer *m*
**classify** *v* / klassieren *v* (Elemente einer Menge nach DIN 1319, T 1) ‖ ~ / einstufen *v* (in Klassen), einteilen *v* (in Klassen)
**classifying screen** (Min Proc) / Klassiersieb *n*
**class 220 insulation** (Elec Eng) / Wärmebeständigkeitsklasse *f* bis 220° C (bei Isolierstoffen) ‖ ~ **interval**\* (the range between the highest and lowest values allowed in a particular class) (Stats) / Klassenintervall *n* (bei der Häufigkeitsverteilung), Klassenbereich *m*, Klassenbreite *f* (DIN 66160)
**classless inter-domain routing** (a scheme for assigning and grouping Internet addresses in a way that more flexibly defines network and host addresses, essentially allowing more address definitions) (Comp) / Classless Inter-Domain Routing, CIDR (Classless Inter-Domain Routing)
**class limit** (Maths) / Klassengrenze *f* (bei der Häufigkeitsverteilung) ‖ ~ **limits** (Stats) / Klassenweite *f* (Unterschied zwischen zwei aufeinander folgenden Klassenmitten bei einer Häufigkeitsverteilung mit Klassen gleicher Weite) ‖ ~ **mark** (the mid value of a class) (Maths, Stats) / Klassenmitte *f* ‖ ~ **of accuracy** (Instr) / Genauigkeitsklasse *f* (eines Messinstruments) ‖ ~ **of hazard** / Gefahrenklasse *f*, Gefahrklasse *f*, Gefahrgutklasse *f* ‖ ~ **of hole** (Eng) / Bohrungskurzzeichen *n* (in den Zeichnungen) ‖ ~ **of inflammability** / Brandklasse *f* (DIN 14406, T 1) ‖ ~ **of line** (Telecomm) / Anschlussklasse *f* ‖ ~ **of service** (Teleph) / Amtsberechtigung *f* ‖ ~ **of shaft** (Eng) / Wellenkurzzeichen *n* (in den Zeichnungen) ‖ ~ **rating** (Elec Eng) / Klassenzuordnung *f* (z.B. von Isolierstoffen)
**classy** *adj* / edel *adj* (Ausstattungsmaterial)
**clast** *n* (Geol) / Klast *m*, Bruchstück *n*, Trümmerstück *n*
**clastic** *adj* (Geol) / klastisch *adj* ‖ ~ **ratio** (Geol) / Verhältnis *n* klastisch zu nichtklastisch ‖ ~ **rocks**\* (Geol) / klastische Gesteine (Psephit, Psammit, Pelit), Trümmergesteine *n pl*
**clathrate**\* *n* (Chem) / Klathrat *n* (Einschlussverbindung mit käfigartigen Hohlräumen), Klathratverbindung *f*, Clathrat *n*, Käfigeinschlussverbindung *f*, Inklusionsverbindung *f*
**clatter** *n* (Acous) / klirren *n*, klappern *v*, scheppern *v*
**Claude process**\* (Chem Eng) / Claude-Verfahren *n* (Gewinnung von Sauerstoff durch fraktionierte Destillation der flüssigen Luft oder Gewinnung von $NH_3$ aus der Luft - nach G. Claude, 1870-1960)
**claudetite** *n* (Min) / Claudetit *m* (Arsen(III)-oxid)
**clausal form** (AI) / Klauselform *f*
**clause** *n* (AI) / Clause *f*, Klausel *f* ‖ ~ (Comp) / Klausel *f* (endliche Menge von Literalen) ‖ ~ **form** (AI) / Klauselform *f* ‖ ~ **set** (AI) / Clausenmenge *f*, Klauselbasis *f*
**Clausius-Clapeyron equation**\* (Phys) / Clausius-Clapeyron-Gleichung *f* (welche die Temperaturabhängigkeit des Dampfdruckes bei Phasenübergängen angibt - nach R. Clausius, 1822 - 1888, und B.P.E. Clapeyron, 1799 - 1864)
**Clausius-Mosotti equation**\* (Elec) / Clausius-Mosotti'sche Gleichung
**Clausius statement** (Phys) / Clausius'sche Gleichung (zweiter Hauptsatz der Thermodynamik in der Clausius'schen Formulierung), Clausius-Prinzip *n* (in der Thermodynamik) ‖ ~ ≙ **theorem** (second law of thermodynamics) (Phys) / Clausius'sche Gleichung (zweiter Hauptsatz der Thermodynamik in der Clausius'schen Formulierung), Clausius-Prinzip *n* (in der Thermodynamik)
**Clausius' virial theorem** (Phys) / Virialgleichung *f*, Virialform *f* der thermischen Zustandsgleichung, Virialsatz *m*
**Claus kiln** (Chem Eng) / Claus-Ofen *m* (bei der Oxidation des Schwefelwasserstoffs) ‖ ~ ≙ **method** (Chem Eng) / Claus-Verfahren *n* (zur Gewinnung von elementarem Schwefel) ‖ ~ **oxygen-based process expansion** (Chem Eng) / COPE-Prozess *m* (zur Gewinnung des Rekuperationsschwefels) ‖ ~ ≙ **plant** (Oils) / Claus-Anlage *f* (in der Mineralölraffinerie) ‖ ~ ≙ **process**\* (Chem Eng) / Claus-Verfahren *n*

(zur Gewinnung von elementarem Schwefel) ‖ ~ **unit** (Oils) / Claus-Anlage *f* (in der Mineralölraffinerie)
**Claviceps alkaloid** (Chem, Med, Pharm) / Ergotalkaloid *n* (aus den Sklerotien des Mutterkornpilzes), Clavicepsalkaloid *n*, Mutterkornalkaloid *n*, Secale-Alkaloid *n*
**clavine alkaloid** (Chem) / Clavinalkaloid *n*
**claw** *n* (Cinema) / Greifer *m*, Klaue *f* (des Transportmechanismus) ‖ ~ (Eng) / Pratze *f* ‖ ~ (Eng) / Klaue *f* (der Klauenkupplung) ‖ ~ (Eng) / Kralle *f* ‖ ~* (Tools) / Nagelklaue *f* (des Hammers) ‖ ~ **bolt*** (Carp) / Flachklammerschraube *f* ‖ ~ **chisel*** (Build) / Zahneisen *n* ‖ ~ **clutch*** (Eng) / Klauenkupplung *f* (eine formschlüssige Schaltkupplung) ‖ ~ **clutch*** (Eng) / Zahnkupplung *f* (ausrückbare) ‖ ~ **coupling*** (Eng) / Klauenkupplung *f* (eine formschlüssige Schaltkupplung) ‖ ~ **crane** (Eng) / Pratzenkran *m*
**claw-field generator** (Elec Eng) / Klauenpolgenerator *m*
**claw hammer*** (Carp) / Zimmermannshammer *m*, Klauenhammer *m*, Zimmererhammer *m* (auf der einen Seite gespalten, zum Herausziehen von Nägeln) ‖ ~ **hammer*** (Carp) s. also adze-eye hammer ‖ ~ **hatchet** (Build, Tools) / Lattenhammer *m*, Latthammer *m* (DIN 7239) ‖ ~ **mat** (e.g. for consolidating river bed) (Civ Eng) / Krallmatte *f* ‖ ~ **mechanism** (Cinema) / Greifermechanismus *m* (der Kamera)
**claw-pole generator** (Elec Eng) / Klauenpolgenerator *m*
**claws*** *pl* / Zähne *m pl* (eines Greifers), Greiferzähne *m pl*
**claw-type fastener** / Krallenverbinder *m* (des Riemens)
**clay** *v* / mit Ton verschmieren ‖ ~* *n* (Ceramics, Geol) / Ton *m* (feinkörniges Sedimentgestein, das durch mechanische und chemische Verwitterung feldspathaltiger Gesteine entstanden ist, meistens mit der Korngröße unter 0,002 mm) ‖ ~* (Geol) / Verwitterungslehm *m*, Lehm *m* ‖ ~* (Geol) / Letten *m* (Sammelbezeichnung für unreine, deutlich geschichtete Tone) ‖ ~ (for refining) (Oils) / Bleicherde *f* ‖ ~* (Ceramics) s. also potters' clay ‖ **of** ~ (Ceramics) / tönern *adj*, aus Ton ‖ ~ **bank** (Geol, Mining) / Tonbank *f* ‖ ~ **bit** (Ceramics) / Tonkrümel *m* ‖ ~ **bit** (Ceramics) / Tonbrösel *m* ‖ ~ **blanket** (Hyd Eng) / Clayden-Schürze *f*, Tondichtungsschürze *f*, Dichtungsschürze *f*, Schürze *f* (Tondichtungsschürze), dichtende Schicht (aus Lehm oder Ton)
**clay-bonded** *adj* (Ceramics, Geol) / tongebunden *adj*
**clay column** (Ceramics) / Massestrang *m*, Tonstrang *m* (bei der Ziegelherstellung) ‖ ~ **contacting** (Chem Eng) / Kontaktreinigung *f* durch Ton (Bleicherde) ‖ ~ **content** (Ceramics, Geol) / Tongehalt *m* ‖ ~ **core** (a watertight core or barrier, consisting of puddled clay, in dam construction and embankments) (Hyd Eng) / Tonkern *m* ‖ ~ **cutter** (Ceramics) / Tonhobel *m* (eine kontinuierlich arbeitende Maschine zum Zerkleinern grubenfeuchten oder lederharten, auch gefrorenen, stückigen Tones) ‖ ~ **cutter** (Civ Eng) / Schneidkopf *m* (des Schneidkopfsaugbaggers)
**Clayden effect*** (Photog) / Clayden-Effekt *m* (ein Belichtungseffekt) ‖ ~ **effect*** (Photog) s. also dark lightning
**C-layer*** *n* (Geophys) / C-Schicht *f* (35-70 km über der Erde)
**clayey** *adj* (Ceramics, Geol) / Ton-, tonig *adj*, tonhaltig *adj*, argillitisch *adj*, pellitisch *adj*
**clay-figure animation** (Cinema) / Knettrick *m* (in Trickfilmen)
**clay-filled** *adj* (Paper) / kaolingefüllt *adj*
**clay filler** (Paper) / Kaolinfüllstoff *m* ‖ ~ **filling** / Lehmfüllung *f* ‖ ~ **gall** (resulting from the drying and cracking of mud) (Geol) / Tongalle *f*
**clay-graphite crucible** / Ton-Graphit-Tiegel *m*
**clay gun*** (Met) / Stichlochstopfmaschine *f* ‖ ~ **ironstone*** (Min) / Toneisenstein *m*, Sphärosiderit *m*
**clayless treatment** / Clayless-Treatment *n* (Schwefelsäureraffination mit anschließender Neutralisation des vom Säureharz befreiten Säureöls durch Kalk oder Natronlauge)
**clay memory** (Ceramics) / Tongedächtnis *n*, Tonrückverformung *f* ‖ ~ **milk** (Paper) / Kaolintrübe *f*, Kaolinmilch *f* ‖ ~ **mineral** (Min) / Tonmineral *n* (ein Hydrosilikat des Aluminiums und einiger anderer Metalle)
**clay-mineral decomposition** (Geol) / Tonmineralzerstörung *f* (beschleunigter protolytischer Abbau von Schichtsilikaten bei starker Bodenversauerung)
**clay mining** (Mining) / Tongewinnung *f*, Tonabbau *m* ‖ ~ **mixer** (Ceramics) / Tonmischer *m*, Tonmenger *m* ‖ ~ **model** / Tonmodell *n* ‖ ~ **mud** (Mining) / Tontrübe *f* ‖ ~ **pipe** (Agric, Ceramics) / Tonrohr *n* (für Dränagen), Tondränrohr *n* ‖ ~ **pit** / Lehmgrube *f*, Lettengrube *f* ‖ ~ **pit** (Ceramics, Geol) / Tongrube *f* ‖ ~ **plug** (Met) / Lehmstopfen *m* ‖ ~ **preparation** (Ceramics) / Tonaufbereitung *f* ‖ ~ **processing** (Ceramics) / Tonaufbereitung *f* aus Lehm oder Ton, Lehmschlag *m*, Tonschlag *m* ‖ ~ **puddle** (Hyd Eng) / Puddle *n*, Dichtungsmasse *f* aus Lehm oder Ton, Lehmschlag *m*, Tonschlag *m* (mit Wasser angemacht - wasserseitig im Deich eingebaut zur Bildung eines wasserdichten Abschlusses) ‖ ~ **refining** (Chem Eng) / Bleicherdebehandlung *f* ‖ ~ **sampler** (Civ Eng) / Bodenprobenehmer *m*, Bodenbohrer *m* (in der Bodenuntersuchung), Bodenprobenzieher *m* ‖ ~ **schist** (Geol) / Tonschiefer *m*

(Verwendung meistens als Dachschiefer) ‖ ~ **seam** (Geol, Mining) / Tonbank *f* ‖ ~ **shale** (composed wholly or chiefly of argillaceous material) (Geol) / Schieferton *m* ‖ ~ **shredder** (Ceramics) / Tonraspler *m* (eine kombinierte Aufbereitungs- und Beschickungsmaschine zum intensiven Aufbereiten und Mischen steinfreier, weicher, nicht allzu fetter, nicht zu trockener Tone) ‖ ~ **slate** (Geol) / Tonschiefer *m* (Verwendung meistens als Dachschiefer) ‖ ~ **soil** (Agric) / Lehmboden *m* (eine Bodenart) ‖ ~ **soil** (Agric) / Tonboden *m* (ein schwerer Boden)
**claystone** *n* (an indurated clay having the texture and composition of shale but lacking its fine lamination or fissility) (Geol) / erhärteter Ton, Tonstein *m*
**clay substance** (Ceramics) / Tonsubstanz *f* (tonige Anteile der Rohstoffe bzw. der Massen)
**Clayton yellow** (Chem, Paint) / Clayton-Gelb *n* (ein Titangelb)
**clay treatment** (Chem Eng) / Bleicherdebehandlung *f* ‖ ~ **treatment** (Oils) / Erden *n*, Erdung *f* (Behandlung von Mineralölen) ‖ ~ **vein** (a body of clay, usually roughly tubular in form, that fills a crevice in a coal seam) (Geol, Mining) / Tonader *f*, Tongang *m*
**clayware** *n* (Ceramics) / Tonwaren *f pl* (Sammelbezeichnung für Artikel aus Ton)
**clay winning** (Mining) / Tongewinnung *f*, Tonabbau *m*
**CLB** (configurable logic block) (Electronics) / programmierbarer Logikblock, PLB (programmierbarer Logikblock)
**CLC** (centrifugal-layer chromatography) (Chem) / Zentrifugalchromatografie *f* ‖ ~ **metering** (Photog) / CLC-Verfahren *n* (Messung an zwei Motivpunkten und Mittelwertbildung bei Belichtungsmessern)
**CL data** (Automation) / Werkzeugpositionsdaten *pl* (numerische Steuerung)
**CLDATA** (cutter location data) (Comp) / CLDATA *n* (Sprache für Prozessorausgabedaten, die als Eingabe für NC-Postprozessoren verwendet werden)
**clean** *v* / abreinigen *v*, reinigen *v*, säubern *v*, putzen *v* ‖ ~* *n* (Typog) / Jungfer *f* (eine fehlerfrei gesetzte Seite) ‖ ~ *adj* / unbeschrieben *adj*, unbeschriftet *adj*, blanko *adj*, Blanko-, leer *adj* ‖ ~ / sauber *adj* (Kopie) ‖ ~ / rein *adj*, sauber *adj* (rein) ‖ ~ (Aero) / aerodynamisch störungsfrei ‖ ~ (Aero) / mit eingefahrenem Fahrwerk, mit eingefahrenen Klappen ‖ ~ (Eng, Materials) / glatt *adj* (Schnitt, Bruch) ‖ ~ (For) / astfrei *adj*, astrein *adj*, astlos *adj* ‖ ~ (For) / fehlerfrei *adj* (Holz) ‖ ~ (Nuc Eng) / sauber *adj* (Reaktor) ‖ ~* (Typog) / fehlerfrei *adj*
**cleanability** *n* (the relative ease that soils can be removed from a material, particularly from the surface) / gute Reinigungsmöglichkeit, Reinigungsfreundlichkeit *f*, Reinigungsfähigkeit *f*
**clean barking** (For) / Weißschnitzen *n*, Weißschälen *n* ‖ ~ **bench** (Biochem) / Reinwerkbank *f* (DIN 12950), Clean-Bench *f* (Reinluftdigestorium) ‖ ~ **cargo** (Oils, Ships) / weiße Ware, weiße Ladung, saubere Ladung (Erdöldestillate), Leichtöle *n pl* (als Ladung) ‖ ~ **coal** (Min Proc) / gewaschene Kohle, Waschkohle *f* ‖ ~ **configuration** (Aero) / glatte Zustandsform (aerodynamisch)
**clean-cut fracture** (Min) / glatter Bruch (z.B. bei Glimmer)
**cleaned coal** (Min Proc) / gewaschene Kohle, Waschkohle *f*
**"clean" engine** (Autos, Eng) / umweltfreundlicher Motor
**cleaner** *n* / Putzmittel *n*, Reinigungsmittel *n*, Reiniger *m* (im Allgemeinen) ‖ ~ (Foundry) / Sandhaken *m*, Sandheber *m*, Aushebeband *n* (in Formerwerkzeug) ‖ ~ **tape** (Acous, Mag) / Reinigungsband *n* (z.B. für Kassettenrecorder) ‖ ~ **tooth** (For) / Räumerzahn *m* (der bei der Säge die Späne aus der Schnittfuge transportiert)
**clean fracture** (Min) / glatter Bruch (z.B. bei Glimmer) ‖ ~ **gas** / Reingas *n* ‖ ~ **grain auger** (Agric) / Kornschnecke *f* (des Mähdreschers) ‖ ~ **grain elevator** (Agric) / Kornelevator *m* (des Mähdreschers)
**cleaning** *n* / Reinigen *n*, Reinigung *f*, Abreinigung *f*, Säuberung *f*, Putzen *n* ‖ ~ (Mining) / Aufbereitung *f* (von Kohle) ‖ ~ (Paper) / Cleaning *n* (Ausscheiden von Stoffunreinheiten durch Fliehkraft) ‖ ~ **and evacuation** (Eng) / Reinigen und Evakuieren *n* (DIN 8592) ‖ ~ **bath** (Textiles) / Reinigungsbad *n* ‖ ~ **department** (Foundry) / Putzerei *f* (Betriebsabteilung einer Gießerei) ‖ ~ **diskette** (Comp) / Reinigungsdiskette *f* ‖ ~ **door** (Eng) / Reinigungstür *f* (z.B. eines Dampferzeugers) ‖ ~ **door** s. also ash door and soot door ‖ ~ **effectiveness** (Chem, Textiles) / Reinigungsleistung *f* ‖ ~ **eye*** (San Eng) / Reinigungsöffnung *f* ‖ ~ **fluid** / Reinigungsflüssigkeit *f* ‖ ~ **intensifier** (Chem, Textiles) / Trockenreinigungsverstärker *m*, Reinigungsverstärker *m* (ein Hilfsmittel, das in der Chemischreinigung eingesetzt wird, um den Reinigungseffekt zu verbessern) ‖ ~ **kit** (Eng) / Reinigungsset *n* (z.B. für Schreibmaschinen) ‖ ~ **knive** (Carp, For) / Ziehmesser *n*, Schnitzmesser *n* (ein Handentrinder), Reifmesser *n*, Zugmesser *n* ‖ ~ **line** (Met) / Entfettungslinie *f* (eine Bandbehandlungsanlage) ‖ ~ **liquor**

**cleaning**
(Textiles) / Reinigungsbad n ‖ ~ **out of place** (Eng, Nut) / COP-Reinigung f (von Maschinenteilen außerhalb der Anlage) ‖ ~ **shop** (Foundry) / Putzerei f (Betriebsabteilung einer Gießerei) ‖ **tape** (Acous, Mag) / Reinigungsband n (z.B. für Kassettenrecorder) ‖ ~ **up** n (Join) / Abputzen n (Feinstbearbeitung der Holzoberfläche)
**cleaning-up** n (Join) / Feinbearbeitung f (der Holzflächen)
**cleanliness** n / Reinheit f (Sauberkeit im Allgemeinen)
**cleanout** n (US) (San Eng) / Reinigungsöffnung f
**clean-out door** (Met) / Schlackentür f
**clean production** (Ecol, Work Study) / Clean Production (umweltverträgliche Produktionsweise) ‖ ~ **room*** (Electronics) / Reinraum m (eine Reinrau klasse in der Reinraumtechnik), Clean Room m (weitgehend staubfreier Raum zur Fertigung besonders von hoch integrierten Halbleiterbauelementen), Sterilraum m (in der Reinraumtechnik)
**clean-room technology** (Electronics) / Reinraumtechnik f (zur Herstellung von Bedingungen besonderer äußerer Reinheit)
**cleanse** v / abreinigen v, reinigen v, säubern v, putzen v
**cleanser** n / Putzmittel n, Reinigungsmittel n, Reiniger m (im Allgemeinen)
**cleansing** n / Reinigen n, Reinigung f, Abreinigung f, Säuberung f, Putzen n ‖ ~ **bath** (Textiles) / Reinigungsbad n ‖ ~ **door** (Build) / Aschenfalltür f (eine Reinigungsöffnung), Reinigungsklappe f (des Schornsteinsockels) ‖ ~ **leader tape** (Acous, Mag) / Reinigungsvorspannband n (eines Magnettongerätes) ‖ ~ **liquor** (Textiles) / Reinigungsbad n ‖ ~ **material** / Putzmittel n, Reinigungsmittel n, Reiniger m (im Allgemeinen)
**clean technology** (Ecol) / saubere (umweltfreundliche) Technik
**clean-up** n / Reinigung f (der Oberfläche, als Vorbehandlung) ‖ ~ (Aero) / aerodynamische Reinigung ‖ ~ (Comp) / Bereinigung f (einer Datei)
**clean-up*** n (Electronics) / Endentgasen n (einer Röhre)
**clean-up effect** (Vac Tech) / Aufzehreffekt m
**clear** v / aufarbeiten v (Rückstände) ‖ ~ / räumen v, wegräumen v, frei machen v ‖ ~ / klären v (eine Flüssigkeit) ‖ ~ / räumen v (Lager) ‖ ~ (Build, Civ Eng) / roden v (die Wurzeln eines gefällten Baumes aus der Erde loslösen) ‖ ~* (Comp) / löschen v (DIN 9757) ‖ ~ (of trees) (For) / abholzen v, abforsten v ‖ ~* (Instr) / rückstellen v, rücksetzen v, in Grundstellung bringen, auf Anfangswert zurückstellen, zurücksetzen v ‖ ~ (Mining) / aufwältigen v (wiederherstellen) ‖ ~ (Telecomm) / freischalten v (das Auslösen durch vermittlungstechnische Einrichtungen einleiten) ‖ ~* s. also zeroize ‖ ~ adj / klar adj, durchsichtig adj (klar) ‖ ~ (Acous) / hell adj (Klang) ‖ ~ (Build) / unbebaut adj (Gelände) ‖ ~ (For) / astfrei adj, astrein adj, astlos adj ‖ ~ (Light, Optics) / hell adj (Licht) ‖ ~ (Ships) / klar adj ‖ ~ **air** (Aero, Meteor) / wolkenfrei adj, trübungsfrei adj
**clear-air turbulence*** (Aero, Meteor) / Klarluftturbulenz f, Clear-Air-Turbulenz f, CAT
**clearance*** n / Zwischenraum m, Abstand m, Intervall n ‖ ~ (Aero) / Freigabe f (z.B. Abflugfreigabe), Clearance f (vom Tower) ‖ ~ (Autos) / Luftspiel n (in Trommel- und Scheibenbremsen) ‖ ~ (Autos, Rail) / Lichtraum m ‖ ~ (Build) / Abbruch m (Beseitigung) ‖ ~ (for alternative use) (Build) / Sanierung f (eines Stadtteils, der Slums) ‖ ~ (Civ Eng) / lichte Höhe (das Maß von der Oberkante des unteren Verkehrsweges bis zur Konstruktionsunterkante des Überbaus), Lichthöhe f ‖ ~ (in air) (Elec Eng) / Luftstrecke f (der kürzeste als Fadenmaß gemessene Weg in Luft, auf dem ein Stromübergang eintreten kann), Schlagweite f ‖ ~ (Eng) / Kopfspiel n (Abstand des Kopfkreises vom Fußkreis des Gegenrades - bei Zahnrädern nach DIN 3960) ‖ ~* (Eng) / Durchlass m (bei Fräs- und Hobelmaschinen) ‖ ~ (Eng) / Spiel n (Differenz zwischen den Maßen der Bohrung und der Welle, wenn diese Differenz positiv ist - DIN 7182, T 1) ‖ ~ (Eng) / Schneidspalt m (der Schere) ‖ ~ (Nut) / Zulassung f (im Lebensmittelrecht) ‖ ~ (Rail) / Durchrutschweg m (Gleisabschnitt hinter dem die Einfahrtstraße begrenzenden Signal) ‖ ~ (Ships) / Klarierung f ‖ ~ (Ships) / Erlaubnis f zum Ein- oder Auslaufen ‖ **no ~** (Teleph) / keine Auslösung (Andauern einer Verbindung trotz Auslösungsanforderung) ‖ ~ **angle** (Eng) / Freiwinkel m (zwischen der Freifläche des Schneidkeils eines Zerspanwerkzeuges und der Werkzeug-Schneidenebene im Werkzeug-Bezugssystem - DIN 6581) ‖ ~ **angle** (For) / Freiwinkel m (des Sägezahnes), Rückenwinkel m ‖ ~ **antenna array** (Aero, Radar) / Antennenanordnung f für Rundumstrahlung ‖ ~ **area** (Comp, Eng) / Sicherheitsebene f (Bereich, in den die Werkzeugspitze bei numerischer Steuerung beim Erkennen einer bestimmten Anweisung zurückgezogen wird - DIN 66215) ‖ ~ **between open contacts** (Elec Eng) / Schaltstrecke f ‖ ~ **fit** (undersize) (Eng) / Spielpassung f (bei der das Kleinstmaß der Bohrung größer ist als das Größtmaß der Welle - DIN 7182)
**clearance-free bearing** (Eng) / spielfreie Lagerung
**clearance hole** (Electronics) / Freiätzung f ‖ ~ **hole** (Eng) / durchgehendes Loch, Durchgangsloch n, Durchgangsbohrung f ‖ ~ **hole** (Eng, For) / Schraubenschaftbohrung f ‖ ~ **hole type** (Electronics) / Freilochausführung f (von Leiterplatten) ‖ ~ **level** (maximum level of classified information to which an individual is granted access) (Comp) / Berechtigungsstufe f ‖ ~ **limit** (Aero) / Freigabegrenze f ‖ ~ **marker lamp** (Autos) / obere Begrenzungsleuchte (bei LKWs) ‖ ~ **of propeller** (Aero) / Propellerblattspitzenfreiheit f ‖ ~ **plane** (Comp, Eng) / Sicherheitsebene f (Bereich, in den die Werkzeugspitze bei numerischer Steuerung beim Erkennen einer bestimmten Anweisung zurückgezogen wird - DIN 66215) ‖ ~ **point** (Aero) / Abfertigungsstelle f (auf dem Flughafen) ‖ ~ **sale** / Räumungsverkauf m, Räumungsausverkauf m ‖ ~ **universal gauge** / Lichtraumprofil n (eine Vorrichtung über den Gleisen oder über der Fahrbahn), Lichtraumbegrenzung f (die Umgrenzungslinie über den Gleisen oder über der Fahrbahn) ‖ ~ **void time** (Aero) / Freigabeablauf m ‖ ~ **volume*** (Autos, Eng) / Verdichtungsraum m (Raum zwischen Kolbenboden bei OT-Stellung und Zylinderkopf), Kompressionsraum m
**clearback signal** (Teleph) / Schlusszeichen n
**clear backward** (Teleph) / Auslösen n in Rückwärtsrichtung (Angerufener legt auf) ‖ ~ **car** (Autos) / umweltfreundliches Auto, "Umweltauto" n, schadstoffarmes Auto ‖ ~ **chromate coating** (Surf) / Transparentchromatierungsschicht f ‖ ~ **clay** (Ceramics) / Feinkaolin n m ‖ ~ **coat** (Paint) / Klarlack m (nicht pigmentierter Lack ohne Füllstoffe nach DIN EN 971-1)
**clearcole** n (Paint) / Leimlösung f, Leimgrund m
**clear cut** (For) / Kahlschlag m, Kahlhieb m (eine Hiebsart), Abtrieb m ‖ ~ **cleared for take-off** (a decision by the control tower) (Aero) / startklar adj, mit Startfreigabe, flugklar adj (wenn die Clearance erteilt ist)
**clearer** n (Weaving) / Flusenentferner m ‖ ~ **roller** (Spinning) / Wender m (einer Kammwollkrempel)
**clear etching** (Ceramics) / Klarätzen n (mit wässriger Flusssäure) ‖ ~ **felling** (For) / Kahlschlag m, Kahlhieb m (eine Hiebsart), Abtrieb m ‖ ~ **field** (Comp) / Löschfeld n ‖ ~ **forward** (Teleph) / Auslösen n in Vorwärtsrichtung (Anrufer legt auf) ‖ ~ **frit** (Ceramics) / transparent brennende Fritte ‖ ~ **gas** (Klargas) ‖ ~ **glass** (Glass) / Klarglas n ‖ ~ **glaze** (Ceramics) / transparente Glasur, Transparentglasur f, Klarglasur f
**clear-heart rift** (For) / Edelrift n (herzfreies Riftbrett)
**clear height** (Civ Eng) / lichte Höhe (das Maß von der Oberkante des unteren Verkehrsweges bis zur Konstruktionsunterkante des Überbaus), Lichthöhe f ‖ ~ **hole** (Eng) / durchgehendes Loch, Durchgangsloch n, Durchgangsbohrung f ‖ ~ **home** v (Comp) / in Home-Position bringen (den Cursor), in die linke obere Bildschirmecke positionieren (den Cursor) ‖ ~ **ice** / Klareis n, Kristalleis n ‖ ~ **indication delay** (Teleph) / Verzug m der Auslösungsanzeige
**clearing** n / Clearing n (ein Verrechnungsverfahren in der Wirtschaft) ‖ ~ (Build) / Freimachen n, Räumung f (von Baugelände), Wegräumen n ‖ ~ (Comp) / Löschen n (DIN 9757), Annullieren n ‖ ~ (Comp) / Auslösung f (ein Vorgang, durch den eine Datenverbindung getrennt und der Zustand "bereit" hergestellt wird - DIN 44 302) ‖ ~ (For) / Lichtung f (von Bäumen freie Stelle im Wald), Waldlichtung f ‖ ~ (Meteor) / Aufklaren n (z.B. auf der Rückseite einer Front) ‖ ~ (Mining) / Wegfüllen n (des Haufwerks), Wegfüllarbeit f, Bergeladen n ‖ ~ (Nut) / Klarifikation f, Klärung f, Klären n, Schönung f, Abklärung f ‖ ~* (Spinning) / Entfernung f der Garnverunreinigungen ‖ ~ (Telecomm) / Schlusszeichengabe f ‖ ~ (Telecomm) / Freischalten n (Einleitung des Auslösens durch vermittlungstechnische Einrichtungen) ‖ ~* (Textiles, Weaving) / Flusenentfernen n ‖ ~ **and grubbing** (Mining) / Roden n und Vorrichten (im Tagebau) ‖ ~ **basin** (San Eng) / Klärbecken n, Klärwerksbecken n ‖ ~ **button** (Telecomm) / Schlusstaste f ‖ ~ **cassette** (Acous, Mag) / Reinigungskassette f ‖ ~ **equipment** (Mining) / Ausbruchgerät n (eine Bohrausrüstung) ‖ ~ **hole*** (Eng) / Freibohrung f (Durchmesser größer als der des Bolzens) ‖ ~ **house** (Comp) / Clearing-Haus n (Informations- und Dokumentationseinrichtung, die Daten und Dokumente über geplante, laufende oder abgeschlossene Forschungs- und Entwicklungsarbeiten sammelt, aufbewahrt, verfügbar macht und in Informationsdienste umsetzt) ‖ ~ **key** (Telecomm) / Schlusstaste f ‖ ~ **of a short circuit** (Elec Eng) / Abschaltung f eines Kurzschlusses ‖ ~ **sinker** (Textiles) / Einschließplatine f (die die alten Maschen beim Hochgehen der Nadel zurückhält) ‖ ~ **tub** (Textiles) / Klärbottich m ‖ ~ **vat** (Textiles) / Klärbottich m
**clear lacquer** (Paint) / Klarlack m (nicht pigmentierter Lack ohne Füllstoffe nach DIN EN 971-1) ‖ ~ **lamp*** (Elec Eng) / Glühlampe f mit Klarglaskolben ‖ ~ **leader** (Cinema) / Blankfilmvorspann m ‖ ~ **opening** (Civ Eng, Hyd Eng) / Lichtweite f (der Brücke) ‖ ~ **pocket** / Klarsichthülle f, Prospekthülle f ‖ ~ **point** (Chem Eng) / Klarpunkt m (bei der Fällungsanalyse) ‖ ~ **request** (Comp) / Auflöseanforderung f (bei virtuellen Verbindungen) ‖ ~ **shed** (Weaving) / reines Fach (bei der Fachbildung) ‖ ~ **space** (Hyd Eng) / Stabweite f (der freie Raum

zwischen zwei Stäben eines Rechens) || ~ **span**\* (Build) / Spannweite *f*, Stützweite *f* (eines Balkens)
**clear-span** *attr* / stützenfrei *adj*
**clearstory** *n* (US) (Arch) / Obergaden *m*, Lichtgaden *m*, Gaden *m* (Obergaden) || ~ (US) (Rail) / Oberlichtaufbau *m* (z.B. auf südafrikanischen Eisenbahnwagen) || ~ **window** (US) (Arch) / Obergadenfenster *n* (Hochschiffenster)
**clear stuff** (For) / astfreies Holz, astreines Holz || ~ **text** / Klartext *m* (nichtverschlüsselte Information), Text *m* in Klarschrift, Text *m* in offener Sprache || ~ **to send** (Comp) / sendebereit *adj* (Terminal) || ~ **varnish** (Paint) / Klarlack *m* (nicht pigmentierter Lack ohne Füllstoffe nach DIN EN 971-1) || ~ **water** / Reinwasser *n* (als Gegensatz zu Rohwasser)
**clear-water reservoir** (Hyd Eng) / Reinwasserbehälter *m* || ~ **reservoir**\* (Hyd Eng) / Reinwasserbehälter *m*
**clearway** *n* (Aero) / Freifläche *f* (vor und hinter der Piste) || ~ (a road on which no parking is permitted) (Autos) / Schnellstraße *f* (mit Halteverbot), Kraftfahrstraße *f* (autobahnähnlich ausgebaut, jedoch nicht immer kreuzungsfrei), Kraftfahrzeugstraße *f* (mit Halteverbot), Schnellverkehrsstraße *f*
**clear width** (Eng) / lichte Weite (beim rechteckigen Querschnitt)
**cleat** *v* (Carp) / mit Knaggen versehen (bzw. stützen) || ~ *n* (Autos) / Stollen *m* (im Reifenprofil) || ~\* (Carp) / Knagge *f* || ~ (Eng) / Blechklammer *f* für Falzverbindungen || ~ (Mining) / Steg *m* (zum Zusammenhalten zweier Bretter) || ~ (Plumb) / Deckstreifen *m* || ~ (a T-shaped piece of metal or wood on a boat or ship, to which ropes are attached) (Ships) / Belegklampe *f* (Vorrichtung zum Festmachen)
**cleated tyre chain** (Autos) / Greiferkette *f* (ein Antischlupfzubehör)
**cleat insulator** (Elec Eng) / Klemmisolator *m*, Isolierklemme *f*
**cleats**\* *pl* (Mining) / Schlechten *f pl* (alle natürlichen und nicht schichtparallelen Trennfugen in der Kohle)
**cleat spar** (Min) / Ankerit *m*, Eisendolomit *m*, Braunspat *m*
**cleavability** *n* (Crystal, Geol, Min) / Spaltbarkeit *f* || ~ (For) / Spaltbarkeit *f*
**cleavable** *adj* (For) / spaltbar *adj* || ~ (Geol, Min) / spaltbar *adj* (nach ebenen Flächen)
**cleavage**\* *n* (Crystal, Geol, Min) / Spaltung *f* || ~\* (Crystal, Geol, Min) / Spaltbarkeit *f* || ~ (Geol) / Druckschieferung *f* (geologische Prozesse unter Bildung von konkreten Schieferungsflächen, wie z.B. beim Dachschiefer) || ~\* (Geol) / Druckschieferung *f* || ~ (Mining) / Schlechtenbildung *f* (bei Kohle) || ~ **fracture** (Eng, Materials) / Spaltbruch *m* (Sprödbruch mit mikrokristallinen glatten Bruchflächen) || ~ **fracture** (Materials, Met) / Trennbruch *m*, Trennungsbruch *m* || ~ **plane** (Crystal, Min) / Spaltfläche *f* || ~ **plane** (Geol) / Spaltebene *f* (des Schiefers) || ~ **plane** (Geol) / Schieferungsebene *f*, sf-Ebene *f* || ~ **plane** (Geol) / Schieferfläche *f* || ~ **reaction** (Chem) / Spaltungsreaktion *f* (z.B. bei chemischen Bindungen)
**cleave** *v* (a bond) / lösen *v* (eine Klebeverbindung) || ~ (Crystal, Min) / spalten *v* (ein Mineral) || ~ *vi* / sich spalten *v*
**cleaved coupled cavity laser** (Phys) / $C^3$-Halbleiterlaser *m*, $C^3$-Laser *m*
**cleavelandite**\* *n* (Min) / Cleavelandit *m* (extrem dünntafeliger Albit in den jüngsten Teilen von Li-Be-Cs-Ta-Pegmatiten)
**cleaving saw**\* (For) / Zweimannblattsäge *f* (mit gekrümmtem Blatt), Blattspaltsäge *f* (mit geradem Blatt) || ~ **wedge** (For) / Spaltkeil *m* (zum Holzhacken)
**Clebsch-Gordan coefficient** (Phys) / Clebsch-Gordan-Koeffizient *m* (nach R.F.A. Clebsch, 1833-1872, und nach P.A. Gordan, 1837-1912), Vektoradditionskoeffizient *m* (der die Kopplung zweier Drehimpulseigenfunktionen beschreibt)
**cleft** *n* / Spalt *m*, Spalte *f* || ~ **joint** (Welding) / Keilschweißnaht *f*, Gabelschweißverbindung *f* || ~ **water** (Geol) / Kluftwasser *n*, Spaltenwasser *n* || ~ **wood** (For) / Spaltholz *n*
**Clemmensen reduction**\* (Chem) / Clemmensen-Reduktion *f* (von Ketonen oder Aldehyden - nach E.C. Clemmensen, 1876-1941)
**clenbuterol** *n* (Pharm) / Clenbuterol *n* (auch Dopingmittel)
**clench** *v* (Carp) / umschlagen *v* (Nagelspitze) || ~ (Nut) / clinchen *v*, klinchen *v* (Konservendosen) || ~ **bolt** (Eng) / Nietbolzen *m*
**clenched point** (Carp) / umgeschlagene Nagelspitze *f*
**clerestory**\* *n* (Arch) / Obergaden *m*, Lichtgaden *m*, Gaden *m* (Obergaden) || ~ (Rail) / Oberlichtaufbau *m* (z.B. auf südafrikanischen Eisenbahnwagen) || ~ **window** (Arch) / Obergadenfenster *n* (Hochschiffenster)
**clerical grey** / tiefgrau *adj* || ~ **input** (Comp) / manuelle Eingabe (von Hand), Konsoleingabe *f*, Handeingabe *f* || ~ **staff** / Büropersonal *n*
**Clerici solution** (Chem) / Clerici'sche Lösung (Mischung von Thalliummalonat und Thallium(I)-formiat) || ~ **solution** (Chem) / Clerici'sche Lösung (Mischung von Thalliummalonat und Thallium(I)-formiat)
**clerk of works**\* (Build, Civ Eng) / Bauleiter *m* der Bauherrschaft
**cleveite** *n* (Min) / Cleveit *m* (ein Uranpecherz)
**Cleveland Iron Ore**\* (Geol) / sandiger oolithischer Siderit (aus Cleveland, Yorkshire) || ~ **open-cup apparatus** / offener Flammpunktprüfer nach Cleveland (zur Bestimmung des Flamm- und Brennpunktes gemäß ASTM D 92 bzw. IP 36), Cleveland-Flammpunktprüfer *m* (bei flüssigen Kohlenwasserstoffen), offener Tiegel nach Cleveland || ~ **open-cup tester** / offener Flammpunktprüfer nach Cleveland (zur Bestimmung des Flamm- und Brennpunktes gemäß ASTM D 92 bzw. IP 36), Cleveland-Flammpunktprüfer *m* (bei flüssigen Kohlenwasserstoffen), offener Tiegel nach Cleveland || ~ **pig iron** (Foundry) / Gießereiroheisen *n* (Roheisensorten, die zum Einsatz in Schmelzanlagen zur Erzeugung von Eisen-Kohlenstoff-Gusswerkstoffen bestimmt sind), Gussroheisen *n*
**Cleve's acid** (Chem) / Cleve'sche Säure, Cleve-Säure *f* (eine Buchstabensäure - nach P.T. Cleve, 1840-1905)
**clevis** *n* / Seilschäkel *m* (spezieller Schäkel zur Verbindung von zwei Seilen, der so ausgelegt ist, dass er mit dem Seil über Seilrollen geführt werden kann) || ~\* (Eng) / Gabelkopf *m* || ~ **pin** (Eng) / Lastösenbolzen *m*
**CLF** (common logfile format) (Comp) / Common Logfile Format *n*, CLF-Format
**CLG** (centre landing gear) (Aero) / Mittelfahrwerk *n* (bie Großflugzeugen)
**CLI** (call-level interface) (Comp) / Call-Level-Interface-Spezifikation *f* (die die SQL-Zugriffe auf Datenbankumgebungen regelt) || ~ (called-line identification) (Comp, Teleph) / Anschlusskennung *f* (gerufene Station - nach DIN 44302) || ~ (calling-line identification) (Comp, Teleph) / Anschlusskennung *f* (rufende Station - nach DIN 44 302), Anruferidentifikation *f* || ~ (calling-line identity) (Telecomm) / Kennzeichnung *f* für "Kennung des rufenden Anschlusses", Anruferanschlusskennung *f*
**cliché**\* *n* (Print) / Druckstock *m*, Klischee *n*
**click** *v* / knacken *v*, klicken *v* || ~ (Comp) / klicken *v* (eine der Maustasten drücken), anklicken *v* (mit einer Maus) || ~\* *n* (Acous, Radio) / Knackstörung *f* (eine kurzzeitige Impulsstörung), Click *m*, Knackton *m*, Knackgeräusch *n*, Klick *m* || ~ / Einfachklick *m*, Klick *m* || ~ (Eng) / Klinke *f* (Sperrklinke) || ~ (Eng) / Einrasten *n* (mit einem Klick) || ~ (Teleg) / Harttastung *f*
**clickable** *adj* (Comp) / anklickbar *adj*
**click and drag** *v* (Comp) / anklicken und ziehen *v* || ~ **beetle** (Agric, Zool) / Schnellkäfer *m*
**clicking beep** (Comp) / Klickpieps *m*, Klickton *m* || ~ **bleep** (Comp) / Klickpieps *m*, Klickton *m*
**click on** *v* (Comp) / klicken *v* (eine der Maustasten drücken), anklicken *v* (mit einer Maus)
**clickstream** *n* (Comp) / Clickstream *m* (der virtuelle Pfad über mehrere untereinander verlinkte Seiten innerhalb einer einzigen Website, den ein Nutzer während seines Aufenthaltes durch das Navigieren über Nutzung der Hyperlinks innerhalb der Website beschreitet)
**click suppression** (Teleph) / Knackschutz *m* || ~ **through rate** (Comp) / Click-through-Rate *f* (in der Bannerwerbung), Ad-Click-Rate *f* (in der Bannerwerbung)
**click-type torque wrench** (Autos, Tools) / auslösender Drehmomentschlüssel, Signaldrehmomentschlüssel *m*, automatischer Drehmomentschlüssel
**CLID** (caller identification) (Teleph) / Identifizierung *f* des Anrufers, Anruferidentifikation *f*, Anruferidentifizierung *f*, Caller-ID *m*, Rufererkennung *f*
**client** *n* (Arch) / Auftraggeber *m* || ~ (Build) / Bauherr *m* || ~ (Comp) / Client *m* (pl. -s) (angeschlossene Station in den LANs) || ~ (Comp) / Client *m* (pl. -s) (Programm, welches von einem anderen Programm Dienstleistungen anfordert), Klient *m* (der anfordernde Teil einer nach dem Client/Server-Prinzip arbeitenden Systemkonfiguration)
**clientele** *n* / Kundschaft *f*, Kunde /A/ *f*
**client-server architecture** (Comp) / Client-Server-Architektur *f* (Anordnung vernetzter Systeme, die ein Arbeiten dieser Systeme nach dem Client/Server-Prinzip erlaubt) || ~ **environment** (Comp) / Client-Server-Umgebung *f* || ~ **LAN** (Comp) / Client-Server-Netzwerk *n* || ~ **principle** (Comp) / Client-Server-Prinzip *n* (Methode des Zusammenarbeitens mehrerer Systeme oder Komponenten, wobei der Server Dienstleistungen /z.B. Datenbank-Funktionen/ bereitstellt, die vom Client /auch über Netz/ genutzt werden können)
**client stub** (standard RPC communications interface) (Comp) / Client-Stub *m*
**cliff** *n* (Geol) / Kliff *n* (durch die Tätigkeit der Brandung an Steilküsten erzeugte Steilwand)
**Clifford algebra** (Maths) / Clifford'sche Algebra, Clifford-Algebra *f* (nach W.K. Clifford, 1845-1879)
**climagram** *n* (Ecol, Meteor) / Klimadiagramm *n*
**climagraph** *n* (Ecol, Meteor) / Klimadiagramm *n*
**climate** *n* (Materials) / Klima *n* (z.B. für die Werkstoffprüfung) || ~\* (Meteor) / Klima *n* || ~ **chamber** (Materials) / Klimaprüfkammer *f* (zur Werkstoffprüfung) || ~ **chamber** (Materials, Med) / Klimakammer *f* ||

**climate**

**~ change** (Meteor) / Klimaänderung f, Klimawechsel m || **~ of the soil** / Bodenklima n (klimatische Verhältnisse im Erdboden, insbesondere bis in 1 m Tiefe)
**climatic category** (Materials) / Klimaprüfklasse f || **~ chamber** (Materials, Med) / Klimakammer f || **~ change*** (Meteor) / Klimaänderung f, Klimawechsel m || **~ cycle** (Meteor) / Klimazyklus m || **~ diagram** (Ecol, Meteor) / Klimadiagramm n || **~ divide** (Meteor) / Klimascheide f (ein Landschaftsteil, der das Klima seiner weiteren Umgebung beeinflusst und dabei Räume mit verschiedenen Klimaten trennt) || **~ factor*** (Meteor) / Klimafaktor m (der die Klimaelemente und damit das Klima beeinflusst) || **~ map** (Meteor) / Klimakarte f || **~ oscillation** (Meteor) / Klimaoszillation f, Klimapendelung f || **~ snowline** (Meteor) / klimatische Schneegrenze || **~ strain** (Materials) / klimatische Beanspruchung || **~ test** (Materials) / Klimaprüfung f (bei der Freiluftklima oder Klimamodelle auf den Werkstoff einwirken) || **~ variation** (Meteor) / Klimavariation f || **~ zone*** (Meteor) / Klimazone f
**climatograph** n (Ecol, Meteor) / Klimadiagramm n
**climatological** adj (Meteor) / klimatologisch adj
**climatology*** n (Meteor) / Klimatologie f, Klimakunde f
**climax*** n (Bot) / Klimaxgesellschaft f, Klimax f, Schlussgesellschaft f || **~ community** (Bot) / Klimaxgesellschaft f, Klimax f, Schlussgesellschaft f
**climb** v / klettern v || **~** / hinaufsteigen v, ansteigen v || **~** (Aero) / an Höhe gewinnen, steigen v || **~** n (Aero) / Steigflug m, Steigen n || **~** (Crystal) / Klettern n (Verlagerung von Stufenversetzungen, Climbing n || **~ cutting*** (Eng) / Gleichlauffräsen n (DIN 6580)
**climber** n (Bot) / Rankenpflanze f (eine Kletterpflanze)
**climb gradient** (Aero) / Steigfluggradient m
**climbing** n (Crystal) / Klettern n (Verlagerung von Stufenversetzungen, Climbing n || **~** (Mining) / Fahren n (seiger) || **~ ability** (Autos) / Steigfähigkeit f || **~ crane** (Build, Eng) / Kletterkran m || **~ distance** (Aero, Mil) / Steigstrecke f (nach dem Start)
**climbing-film evaporator** (Chem Eng) / Steigfilmverdampfer m, Kletterfilmverdampfer m (in dem eine ringförmige Filmströmung mit einem Dampfkern entsteht)
**climbing flight** (Aero) / Steigflug m, Steigen n || **~ form*** (Build) / Kletterschalung f (die in regelmäßigen Taktzeiten absatzweise nach oben gezogen wird) || **~ iron** (Build, Elec Eng) / Klettereisen n, Steigeisen n (auch in Schächten und Kaminen) || **~ performance** (Aero) / Steigleistung f, Steigfähigkeit f || **~ plant** (Bot) / Kletterpflanze f (z.B. Ranken- oder Schlingpflanze)
**climb milling** (Eng) / Gleichlauffräsen n (DIN 6580) || **~ performance** (Aero) / Steigleistung f, Steigfähigkeit f || **~ up** v (Mining) / ausfahren vi (Belegschaft)
**climogram** n (Ecol, Meteor) / Klimadiagramm n
**climograph*** n (Ecol, Meteor) / Klimadiagramm n
**clinch** v / clinchen v, klinchen v (die Aerosolverpackung) || **~** (Carp) / umschlagen v (Nagelspitze) || **~** (Nut) / clinchen v, klinchen v (Konservendosen) || **~ bolt** (Eng) / Nietbolzen m
**clinched bolt** (Eng) / Nietbolzen m || **~ point** (Carp) / umgeschlagene Nagelspitze
**clincher rim** (Autos) / Wulstfelge f || **~ tyre** (Autos) / Wulstreifen m
**clinch rim** (Autos) / Wulstfelge f
**C line*** (Phys) / C-Linie f (eine Fraunhofer-Linie im sichtbaren Spektralbereich)
**cling** n (Textiles) / Fadenschluss m || **~ film** (Plastics) / Folie für Nahrungsmittelverpackung (extrem dünne - in GB meistens aus Saran) || **~ foil** (Plastics) / Folie für Nahrungsmittelverpackung (extrem dünne - in GB meistens aus Saran)
**clinic** n (US) / Seminar n || **~** (US) / Symposium n (pl. -sien)
**clinical** adj (Med) / klinisch adj || **~ chemistry** (Chem, Med) / klinische Chemie (analytische Probleme in der klinischen Medizin) || **~ dosimetry** (Radiol) / klinische Dosimetrie || **~ thermometer** (Med) / Fieberthermometer n || **~ trial** (Med, Pharm) / klinische Prüfung
**clink** v / klirren v (Gläser, Flaschen) || **~** n (Tools) / Pflastermeißel m
**clinker*** n (the stony residue from burnt coal or from a furnace) / Kesselschlacke f, Schmiedeschlacke f, Schlacke f von Brennstoffen, Kohlenschlacke n || **~*** (Build) / Klinker m (zur Zementherstellung - Stücke zusammengeschmolzener Asche von Kohle oder Koks), Zementklinker m (Probe nach DIN 1164, T 6) || **~*** (Build) / Klinker m (bis zur Dichtsinterung gebrannter Ziegel), Keramikklinker m, Hartbrandziegel m || **~** (Build) / Portlandzementklinker m (wesentlicher Bestandteil des Zements), PZ-Klinker m || **~ block** (Build, Ceramics) / Hüttenstein m (ein Hohlblockstein nach DIN 398) || **~ brick** (Build) / Klinker m (bis zur Dichtsinterung gebrannter Ziegel), Keramikklinker m, Hartbrandziegel m
**clinker-built** adj (having external planks which overlap downwards and are secured with clinched nails) (Ships) / in Klinkerbauweise (Beplankung bei Booten)
**clinkering** n (Ceramics) / Klinkerbildung f, Klinkerung f (Zementherstellung) || **~ door** (Met) / Schlackentür f || **~ phase** (Ceramics) / Klinkerphase f (Zementherstellung) || **~ zone** (the high-temperature section of a cement kiln where clinker is formed) (Ceramics) / Klinkerbildungszone f (in einem Zementofen)
**clinks*** pl (Met) / feine Innenrisse (durch Erwärmung)
**clink-stone*** n (Geol) / Klingstein m, Phonolith m
**clinoaxis** (pl -axes) n (Crystal) / Klinoachse f
**clinochlore*** n (Min) / Klinochlor m (lichtgrünes bis gelbliches Mineral der Chloritgruppe)
**clinodiagonal** n (Crystal) / Klinoachse f
**clinodome** n (Crystal) / Klinodoma n (pl. Klinodomen)
**clinoenstatite** n (Min) / Klinoenstatit m (monokliner Pyroxen)
**clinograph*** n (Geol, Surv) / Klinograf m (zur Ermittlung von Neigungswinkelveränderungen am Hang)
**clinographic projection** (Crystal) / klinografische Projektion
**clinohumite*** n (Min) / Klinohumit m
**clinometer*** n (Geol, Surv) / Klinometer n, Neigungsmesser m, Neigungswinkelmesser m
**clinopinacoid** n (Crystal) / Klinopinakoid n
**clinoptilolithe** n (Min) / Klinoptilolith m (Alkali-Heulandit), Clinoptilolith m (ein Zeolith der Heulandit-Gruppe)
**clinopyroxenes*** pl (Min) / monokline Pyroxene, Klinopyroxene m pl
**clinozoisite*** n (Min) / Klinozoisit m (ein Mischungsglied der Epidot-Reihe)
**clintonite*** n (Min) / Clintonit m (ein Mineral der Sprödglimmer-Reihe)
**Clinton ore** (Mining) / Clinton-Erz n (oolithisches und klastisches Roteisenerz)
**clip** v / scheren v (Schafe) || **~ (on/to)** / klipsen v (auf/an) || **~** (Comp) / trimmen v || **~** (Comp) / clippen v, klippen v || **~** (Comp) / kappen v || **~ (For)** / klippen v (Furniere) || **~** (Textiles) / scheren v (die Gewebeoberfläche) || **~** n / Klipp m (federnde Klemme), Clip m, Clipverschluss m || **~** / Büroklammer f, Briefklammer f, Klammer f (Büro) || **~** / Teilstück des Ziegels || **~** (Build) / maßgerecht behauenes Ziegelstück || **~** (Cables) / Bride f (S), Kabelschelle f (DIN VDE 0100-200), Kabelbefestigungsklemme f, Kabelklemme f (zum Verbinden, Abzweigen und Anschließen) || **~** (Plumb) / Schelle f (ringförmige Klemmeinrichtung zum Befestigen von Rohren, Kabeln, Schläuchen und dgl.), Halterungsschelle f || **~** (Textiles) / Schur f (Ertrag des Scherens) || **~*** (TV) / Clip m, Videoclip m || **~ art*** (simple drawings held in digital form on a computer which can be cut and pasted into graphics or drawing programs) (Comp) / Clip-Art f
**clip-art library** (Comp) / Clip-Art-Bibliothek f
**clipboard** n / Klemmbrett n (eine Schreibunterlage mit einer großen Klemme am oberen Ende) || **~*** (a temporary storage within Windows) (Comp) / Clipboard n (ein Zwischenspeicher zur vorübergehenden Aufbewahrung von Text und Grafik), Zwischenablage f (eine spezielle Speicherressource, die von fensterorientierten Betriebssystemen verwaltet wird)
**clip dyeing** (Textiles) / Clip-Dyeing n (partienweise Garnfärbung durch Eintauchen von stellenweise abgebundenen Garnsträngen in das Färbebad) || **~ for paper** / Büroklammer f, Briefklammer f, Klammer f (Büro)
**clip-free** adj (Photog) / ohne Materialanklammerung (automatische Durchlauf-Entwicklungsmaschine)
**clip hook** (Eng) / Doppelhebehaken m, Doppelhaken m (ein Lasthaken nach DIN 699)
**clip-lock bottle** / Bügelflasche f, Hebelflasche f
**clip on** v / anklippen v || **~ on** / anklemmen v
**clip-on** attr / festklemmbar adj, aufsteckbar adj, anklemmbar adj || **~ refrigerating unit system** / Anbau-Kältesatz m (zum Anbringen an einem Container) || **~ (wheel) weight** (Autos) / Klemmgewicht n (zur Beseitigung einer Unwucht)
**clipper** n (Electronics) / Clipper-Schaltung f (eine Begrenzerschaltung) || **~ (For)** / Spanschneidmaschine f || **~ (For)** / Klipper m, Furnierschere f || **~ (Mining)** / Kettenbahn-Wagenanschläger m || **~ circuit** (Electronics) / Clipper-Schaltung f (eine Begrenzerschaltung)
**clippers** pl / Heckenschere f (eine Handschere) || **~** / Handschere f (zur Schafschur)
**clipping** n / Anklemmen n (des Gerätes) || **~** (US) / Zeitungsausschnitt m, Ausschnitt m (aus einem Ausschnittbüro) || **~** (Comp) / Clippen n, Clipping n, Klippen n, Abschneiden n, Kappen n (Entfernen der Teile von Darstellungselementen oder Anzeigegruppen, die außerhalb der Berandung bzw. des Fensters liegen) || **~ (Eng)** / Entgraten n (Entfernen des Grates bei den Gesenkschmiedestücken), Abgraten n || **~** (Met) / Beschneiden n (der Kanten von Band oder Blech), Besäumen n (der Kanten von Band und Blech) || **~*** (Telecomm) / Wortverstümmelung f || **~** (Textiles) / Scheren n, Schur f (Tätigkeit) || **~** (Textiles) / Scheren n (des Gewebes), Tuchscheren n, Stoffscheren n || **~ agency** (US) / Zeitungsausschnittsbüro n, Zeitungsausschnittsagentur f || **~ algorithm** (Comp) / Clipping-Algorithmus m || **~ bureau** (US) /

Zeitungsausschnittsbüro n, Zeitungsausschnittsagentur f || ~ circuit* (Electronics) / Clipper-Schaltung f (eine Begrenzerschaltung)
**clip position** (Teleg) / toter Winkel (beim Faxen) || **~ screws*** (Surv) / Feinstellschrauben f pl (eines Theodolits), gegeneinander wirkende Justierschrauben (eines Theodolits) || **~-to-clip printing** (Cinema) / Kopieren n von Klammer zu Klammer || **~ together** v / zusammenklammern v (Papiere)
**clip-type connection** (Electronics) / Schnappverbindung f, Schnappanschluss m
**CLK** (electronic circuitry for generating periodic timing signals) (Comp, Telecomm) / Taktgeber m, Systemuhr f, Clock f, Impulsgenerator m, Taktgenerator m
**CLNP** n (connectionless network protocol) (Comp) / Netzwerkprotokoll n für den verbindungslosen Betrieb, Connectionless Network Protocol n, CLNP n (Connectionless Network Protocol), ISO-IP n
**CLO** n (cod-liver oil) (Pharm) / Lebertran m (von den Gadus-Arten), Kodöl n, Oleum n Jecoris Aselli, Dorschlebertran m, Dorschleberöl n, Kabeljaulebertran m
**clo** n (Ecol, Textiles) / clo n (eine Wärmeisolationseinheit = 0,155 K · m²/W)
**cloanthite*** n (Min) / Chloanthit m, Weißnickelkies m, Nickelskutterudit m
**clock** v (Automation) / nach Zeittakt steuern, takten v || **~** (Work Study) / stechen v (die Stechuhr betätigen) || **~** n (Autos) / Tachometer m, Tacho m, Geschwindigkeitsmesser m || **~** (Comp) / Takt m (regelmäßige Folge von Impulsen zur Steuerung oder Synchronisation digitaler Schaltungen) || **~*** (Comp, Telecomm) / Taktgeber m, Systemuhr f, Clock f, Impulsgenerator m, Taktgenerator m || **~*** (Horol) / Großuhr f (keine Taschenuhr, kein Chronometer) || **under ~ control** (Comp) / taktgesteuert adj, taktgebunden adj || **~ card** (Work Study) / Stechkarte f || **~ circuit** (Elec Eng) / Zeitsteuerungsschaltung f, Zeitgeberschaltung f, Zeitschaltung f || **~ control** (Comp) / Clock-Control n (Kombination aus Timer, Anzeigefeld und Picture-Box) || **~ cycle** (Comp) / Taktzyklus m (der aus einer High- and Low-Phase besteht)
**clocked flip-flop** (Electronics) / taktgesteuertes Flipflop || **~ to the network** (Comp) / netztaktgesteuert adj
**clock error** (Comp) / Taktfehler m || **~ frequency*** (Comp) / Taktfrequenz f (periodisches Signal bestimmter Frequenz zum Synchronisieren des Zusammenwirkens von Schaltungen, Baugruppen und Geräten, insbesondere in der Digitaltechnik), Zeitgeberfrequenz f || **~ gauge*** (Eng) / Messzeiger m, Messuhr f (DIN 878) || **~ generator** (Comp, Telecomm) / Taktgeber m, Systemuhr f, Clock f, Impulsgenerator m, Taktgenerator m || **~ in** v (Electronics) / eintakten v (mit dem Takt einschreiben) || **~ in** (Work Study) / stechen v (bei Arbeitsantritt) || **~ indicator** (Eng) / Messzeiger m, Messuhr f (DIN 878) || **~ marker track** (Comp) / Taktspur f, Zeitgeberspur f || **~ meter*** (Elec Eng) / Tarifumschaltzähler m || **~ meter*** (Elec Eng) s. also Aron meter || **~ off** v (Work Study) / stechen v (bei Arbeitsschluss) || **~ on** (Work Study) / stechen v (bei Arbeitsantritt) || **~ out** (Comp, Electronics) / austakten v (mit dem Takt auslesen) || **~ out** (Work Study) / stechen v (bei Arbeitsschluss) || **~ paradox** (Phys) / Zwillingsparadoxon n (Beispiel zur Auswirkung der Zeitdilatation nach der speziellen Relativitätstheorie), Uhrenparadoxon n
**clock-processor coupler** (Comp) / Takt-Rechner-Koppler m
**clock pulse** (Comp) / Taktsignal n (aus immer wieder gleichen Taktzyklen) || **~ pulse** (Comp) / Clockimpuls m, Taktimpuls m, Uhr(en)impuls m || **~ pulse** (Comp) / Schrittpuls m (bei der Datenübertragung nach DIN 44302) || **~ pulse** (Comp) / Takt m (regelmäßige Folge von Impulsen zur Steuerung oder Synchronisation digitaler Schaltungen) || **~ pulse** (Comp) s. also synchronizing signal
**clock-pulse-controlled** adj (Comp) / taktgesteuert adj, taktgebunden adj
**clock-pulse error** (Comp) / Taktfehler m || **~ period** (Comp) / Taktzeit f || **~ processing** (Comp) / Taktaufbereitung f, TAB
**clock pulse rate** (Comp) / Taktgebermaß n, Taktfolge f (als Zeiteinheit), Teilertakt m
**clock-pulse supply** (Comp) / Taktversorgung f
**clock radio** / Radiouhr f, Uhrenradio n, Radiowecker m || **~ rate*** (Comp) / Taktgebermaß n, Taktfolge f (als Zeiteinheit), Teilertakt m || **~ signal generator** (Comp, Telecomm) / Taktgeber m, Systemuhr f, Clock f, Impulsgenerator m, Taktgenerator m || **~ speed** (Comp) / Taktfrequenz f (externe, interne), Taktrate f || **~ spring** (Autos) / Kontaktspule f (die die elektrische Verbindung zur Airbag-Einheit herstellt), Wickelfeder f || **~ supply** (Comp) / Taktversorgung f
**clock-synchronous** adj (Comp) / taktsynchron adj
**clock tick** (Comp) / Taktzyklus m (der aus einer High- and Low-Phase besteht) || **~ track*** (Comp) / Taktspur f, Zeitgeberspur f
**clockwise** adj adv / rechtsdrehend adj, im Uhrzeigersinn || **~ rotation** (Phys) / Rechtsdrehung f, Drehung f im Uhrzeigersinn || **~ spiral**

**grain** (For) / widersinniger Drehwuchs (bei rechtsgedrehten Stämmen)
**clockwork** n (Horol) / Uhrwerk n (z.B. auch in Messgeräten)
**clod** n (a lump of earth or clay) (Agric) / Klut m, Erdklumpen m, Klüten m, Klute f || **~** (Agric) / Scholle f, Ackerscholle f || **~** (Civ Eng) / Erdklumpen m || **~** (Mining) / harter Lehm oder Letten || **~** (Mining) / nachbrechendes Hangendes, Nachfall m (Gesteinsanteil, der unplanmäßig aus dem Strebhangenden oder der Streckenwanderung in den Grubenraum fällt), Nachfallpacken m || **~ breaker** (Agric) / Krümelgerät n, Krümler m, Schollenzerkleinerer m, Schollenbrecher m, Klutenbrecher m
**clod-breaking roller** (Agric) / Rauwalze f (Ringelwalze, Cambridgewalze, Croskillwalze)
**clod buster** (US) (Agric) / Krümelgerät n, Krümler m, Schollenzerkleinerer m, Schollenbrecher m, Klutenbrecher m || **~ crusher** (Agric) / Krümelgerät n, Krümler m, Schollenzerkleinerer m, Schollenbrecher m, Klutenbrecher m || **~ deflector** (Agric) / Klutenabweiser m
**cloddy** adj / klumpig adj, voller Klumpen
**clog** v / verstopfen v (Rohr), zusetzen v (Rohr), versetzen v (Rohr) || **~** / versetzen v (verschmieren, z.B. ein Filter) || **~** (Eng) / sich zusetzen v, sich verschmieren v (Schleifscheibe) || **~** n / Klumpen m (verklumpte Masse) || **~** (Mining) / Quetschholz n (Holzklotz zwischen zwei Ausbauteilen oder zwischen Ausbauteilen und Gestein, der bei Druckaufnahme zerquetscht wird) || **~** (Mining) / Gestein n (als Gangfüllung)
**clogged** adj / verstopft adj (versetzt), versetzt adj
**clogging** n / Klumpen n, Klumpenbildung f, Gerinnung f || **~** (Civ Eng, Textiles) / Verstopfung f (der Geotextilien), Zusetzen n (von Geotextilien) || **~** (Electronics) / Verschmutzung f (des Kopfes bei der Aufzeichnung) || **~** (Eng) / Verschmieren n, Zusetzen n (der Schleifscheibe) || **~** (Eng) / Verstopfen n (eines Siebes), Zusetzen n
**clog snow** (Meteor) / nasser Neuschnee || **~ snow** (wet, compacted snow) (Meteor) / Pappschnee m
**cloisonné** n (enamel) / Zellenschmelz m (Emailmalerei), Cloisonné n
**cloister** n (a covered walk in a convent, monastery, college, or cathedral, typically with a wall on one side and a colonnade open to a quadrangle on the other) (Arch) / Kreuzgang m || **~ vault** (US) (Arch) / Klostergewölbe n (mit Wangen und Kappen)
**clonal** adj (Biol, Gen) / klonal adj, clonal adj
**clone** v (Biol, Gen) / klonieren v, klonen v, clonen v || **~*** n (Biol, Gen) / Klon n (im Stamm) || **~** (Comp) / Clon n, Klon m, klonierter Rechner (nachgebauter Rechner (meistens IBM-kompatibler, der billiger ist und schneller arbeitet)
**cloned gene** (Biol, Gen) / kloniertes Gen
**cloning** n (Biol, Gen) / Cloning n, Klonen n || **~ vector** (a virus, plasmid or artificial chromosome that can be used to insert a DNA fragment of interest into a host cell in order to produce multiple copies of the fragment) (Gen) / Kloniervektor m, Klonierungsvektor m (Plasmid oder Phage), Cloniervektor m, Clonierungsvektor m || **~ vehicle** (Gen) / Kloniervektor m, Klonierungsvektor m (Plasmid oder Phage), Cloniervektor m, Clonierungsvektor m
**clonk** n (an impulsive noise) (Acous) / metallischer Schlag
**cloqué** n (Textiles) / Cloqué m (modisches Gewebe, das auf der rechten Seite ein welliges, blasenartiges Aussehen zeigt), Blasenkrepp m
**close** / auflösen v (Konto bei der Bank), schließen v (Konto bei der Bank), löschen v (Konto bei der Bank) || **~** v / sperren v (z.B. eine Straße oder eine Brücke) || **~** / zumachen v (Tür, Fenster), schließen v, verschließen v || **~** / ausfahren v (z.B. das Hubgerüst des Staplers) || **~** / schließen v (Betrieb, Werk, Zeche), stilllegen v (Betrieb, Werk, Zeche) || **~** (Elec Eng) / schließen v (einen Stromkreis, einen Strompfad) || **~** n (Arch) / Kathedralbezirk m || **~** adj (Eng) / eng adj (Toleranz) || **~ air support** (Mil) / Luftnahunterstützung f || **~ annealing*** (Met) / Kastenglühen n, Topfglühen n, Kistenglühen n
**closeboard fence** (overlapping featherboard strips nailed to horizontal rails) (Build) / Bretterzaun m
**close boarding** (Build) / Schalung f (Bretterbelag auf Dachschrägen zur Aufnahme der Dachhaut)
**close-boiling** adj (Chem Eng) / engsiedend adj
**close box** (Comp) / Schließbox f || **~ conduit** / geschlossene Leitung (für Flüssigkeiten)
**close-couple roof** (Build) / Satteldach n, Giebeldach n (nach zwei gegenüberliegenden Gebäudeseiten geneigtes Dach mit hochgeführten Giebelwänden an den zwei übrigen Seiten) || **~ roof** (Build, Carp) / einfaches Sparrendach mit Dachbalken
**close coupling*** (Elec Eng) / enge Kopplung
**closed-air circuit** / geschlossener Luftkreislauf
**closed-air-circuit-cooled machine** (Elec Eng) / umluftgekühlte Maschine, umluftbelüftete Maschine
**closed-air-circuit fan-ventilated air-cooled machine** (Elec Eng) / Maschine f mit Eigenrückkühlung durch Luft in geschlossenem

**closed-air-circuit**

Kreislauf ‖ ~ **water-cooled machine** (Elec Eng) / Maschine f mit geschlossenem Luftkreislauf und Rückkühlung durch Wasser
**closed ampoule** (domed) (Glass) / geschlossene Ampulle mit gebogenem Hals, Aufbrennampulle f ‖ ~ **ball** (Maths) / abgeschlossene Kugel
**closed-bottle test** (Nut) / geschlossener Flaschentest
**closed-cell cellular rubber** (Plastics) / geschlossenzelliger Zellgummi ‖ ~ **foamed plastic** (Plastics) / geschlossenzelliger Schaumstoff (z.B. Zellgummi)
**closed chain** (Chem) / ringförmige Kette, geschlossene Kette, zyklische Kette, cyclische Kette ‖ ~ **chip** / eingerissene Stelle ‖ ~ **circuit*** (Elec Eng) / geschlossener Stromkreis, Ruhestromkreis m
**closed-circuit battery** (Elec Eng) / Ruhestrombatterie f
**closed-circuit breathing apparatus** (Mining) / Regenerationsgerät n, Sauerstoffkreislaufgerät n (ein Gasschutzgerät mit einer Regenerationspatrone)
**closed-circuit cooling** / Kreislaufkühlung f, Umlaufkühlung f
**closed-circuit cooling** (Autos) / geschlossener Kühlkreislauf
**closed-circuit cooling** (Elec Eng) / Kreislauf(luft)kühlung f ‖ ~ **grinding*** (Min Proc) / Kreislaufmahlung f, Umlaufmahlung f
**closed•-circuit television** (TV) / [hoch]schulinternes Fernsehen n ‖ ~-**circuit television** (TV) / nichtöffentliches Fernsehen (im Allgemeinen) ‖ ~-**circuit television** (TV) / Betriebsfernsehen n
**closed-circuit ventilation** (Elec Eng) / Kreislauf(luft)kühlung f
**closed coat(ing)** / geschlossene Streuung (beim Schleifpapier) ‖ ~ **coat** / geschlossener Belag (des Schleifpapiers mit Bestreuungsmittel), geschlossene Schicht des Bestreuungsmittels (auf dem Schleifpapier)
**closed-coil winding*** (Elec Eng) / unaufgeschnittene Wicklung, in sich geschlossene Wicklung
**closed construction** / Bauart f mit unlösbaren Verbindungen
**closed-core transformer*** (Elec Eng) / Transformator m mit geschlossenem Eisenkern
**closed-coupled catalyst** (Autos) / motornaher Katalysator
**closed curve** (Maths) / geschlossene Kurve ‖ ~ **cycle*** (Eng) / geschlossener Kreislauf ‖ ~ **cycle** (Nuc Eng) / Kühlmittelschleife f ‖ ~ **cycle** (Work Study) / vollständiger Arbeitszyklus
**closed-cycle cooling** / Kreislaufkühlung f, Umlaufkühlung f ‖ ~ **gas turbine** (Eng) / Gasturbine f mit geschlossenem Kreislauf
**closed-deck design** / Closed-Deck-Design n (des Kurbelgehäuses)
**closed die** (Eng) / geschlossenes Gesenk
**closed-drain area** (Hyd Eng) / abflussloses Gebiet
**closed fold** (Geol) / Isoklinalfalte f (Gesteinsfalte, deren beide Schenkel gleich geneigt sind) ‖ ~ **formation** (Paper) / dichte, geschlossene Oberfläche (einer Faserstoffbahn) ‖ ~ **formula** (Maths) / abgeschlossener Ausdruck, geschlossener Satz ‖ ~ **frame** (Mech) / geschlossener Rahmen ‖ ~ **grain** / geschlossene Streuung (beim Schleifpapier) ‖ ~ **graph** / Euler'scher Graf, unikursaler Graf, geschlossener Graf ‖ ~ **groove** (Met) / geschlossenes Kaliber ‖ ~ **half-plane** (Maths) / abgeschlossene Halbebene ‖ ~ **interval*** (Maths) / abgeschlossenes Intervall ‖ ~-**jet wind tunnel*** (Aero) / geschlossener Windkanal (mit geschlossener Messstrecke - Göttinger Bauart) ‖ ~ **joint** (Welding) / Fuge f ohne Stegabstand ‖ ~ **kinematic chain** (Eng) / geschlossene kinematische Kette ‖ ~ **LAN** (Comp) / geschlossenes LAN ‖ ~ **linear manifold** (Maths) / Unterraum m (abgeschlossene lineare Mannigfaltigkeit) ‖ ~ **loop*** (Automation) / Regelkreis m (mit geschlossenem Wirkungsablauf), Kreis m mit Rückführung ‖ ~ **loop*** (Automation) / geschlossene Schleife, geschlossene Steuerkette, endlose Schleife, Closed Loop m ‖ ~ **loop** (Eng) / geschlossener Kreislauf (z.B. bei Probeläufen von Kompressoren)
**closed-loop** attr (Automation) / mit Rückführung (Regelung), mit geschlossenem Wirkungsablauf ‖ ~ **adaption** (Automation) / adaptive Regelung mit Rückführung ‖ ~ **program control** (Automation) / Programmregelung f (mit geschlossenem Regelkreis) ‖ ~ **response** (Automation) / Regelkreisverhalten n
**closed-loop system*** (Automation) / System n mit Rückführung, rückgekoppeltes System, geschlossenes Regelungssystem, Regelungssystem n mit Rückführung
**closed-loop system** (Automation) / Regeln n, Regelung f (mit Rückführung)
**closed-loop system** (Comp) / geschlossenes System (On-line-Prozesskopplung, bei der der Mensch an der Datenübertragung keinerlei Anteil hat)
**closed-loop transfer function** (Automation) / Übertragungsfunktion f des geschlossenen Regelkreises
**closed magnetic circuit*** (Elec Eng, Mag) / geschlossener magnetischer Kreis ‖ ~ **map** (Maths) / abgeschlossene Abbildung (eine Abbildung eines topologischen Raumes in einen topologischen Raum, wobei das Bild jeder abgeschlossenen Menge eine abgeschlossene Menge ist) ‖ ~ **mixer** (Eng) / Innenmischer m (Kneter), Innenkneter m ‖ ~ **node** (Teleph) / geschlossener Funkknoten

**close down** v / schließen v (Betrieb, Werk, Zeche), stilllegen v (Betrieb, Werk, Zeche) ‖ ~ **down** / abfahren v (Anlage) ‖ ~ **down** (Radio, TV) / schließen v (die Sendung) ‖ ~-**down** n (the end of broadcasting on television or radio until the next day) (Radio, TV) / Sendeschluss m
**closed pass** (Met) / geschlossenes Kaliber ‖ ~ **pass** (Met) s. also box pass ‖ ~ **pore** (Ceramics) / geschlossene Pore ‖ ~ **pore*** (For, Met, Powder Met) / geschlossene Pore (im Allgemeinen), Blindpore f ‖ ~ **position** (Elec Eng) / Einschaltstellung f (der Elektronenröhre) ‖ ~ **position** (Elec Eng, Eng) / geschlossene Stellung ‖ ~ **pot** (Glass) / gedeckter Hafen ‖ ~ **sentence** (Maths) / abgeschlossener Ausdruck, geschlossener Satz ‖ ~ **set*** (Maths) / abgeschlossene Menge ‖ ~ **shed** (Weaving) / Geschlossenfach n
**closed-shed dobby** (Weaving) / Geschlossenfachschaftmaschine f
**closed shell** (in which all the orbitals are doubly occupied) (Nuc) / vollbesetzte Schale ‖ ~ **shop** / Betrieb m mit Gewerkschaftszwang, Closed Shop m (in den USA durch den Taft-Hartley Act verboten) ‖ ~ **shop** (Comp) / Closed-Shop-Betrieb m (bei dem der Benutzer Programm und Daten anliefert und Resultate entgegennimmt, selbst jedoch mit der Rechenanlage nicht in Berührung kommt), Closed Shop m ‖ ~ **shop** (Work Study) / Ferntestbetrieb m
**closed-shop test system** (Work Study) / Ferntestbetrieb m
**closed slot*** (Elec Eng) / Tunnelnut f, geschlossene Nut, geschlossene Wicklungsnut
**closed-spandrel arch bridge** (Civ Eng) / Bogenbrücke f mit massivem Aufbau (mit massiver Zwickelfläche)
**closed stair** (a stair walled in on each side and closed by a door at one end) (Build, Carp) / eine von beiden Seiten durch eine Wand abgegrenzte Treppe, die an einer Tür endet (z.B. eine Kellertreppe), Treppe f zwischen zwei hochgeführten Wänden (z.B. eine Kellertreppe mit einer Tür) ‖ ~ **stokehold*** (Ships) / Überdruck-Kesselraum m ‖ ~ **subroutine*** (Comp) / geschlossenes Unterprogramm (das nur einmal im Speicher vorhanden ist und beliebig oft von jedem Programm aufgerufen und durchlaufen werden kann) ‖ ~ **surface** (Maths) / geschlossene Fläche ‖ ~ **system** (Phys) / geschlossenes System (wenn die Systemgrenze für Materie undurchlässig ist - in der Thermodynamik, abgeschlossenes System ‖ ~ **system** (Phys) / abgeschlossenes System (das mit der Umgebung keinerlei Materie austauscht, freies System ‖ ~ **to all traffic** / gesperrt für Fahrzeuge aller Art ‖ ~ **traverse*** (Surv) / geschlossener Polygonzug ‖ ~ **trickling filter** (San Eng) / geschlossener Tropfkörper
**closed-tube process** (Electronics) / Ampullendiffusion f (ein Diffusionsverfahren, bei dem die zu dotierenden Halbleiterkristalle mit der Dotierungsquelle in einer Quarzampulle eingeschmolzen sind), Ampullenverfahren n (eine Art Diffusionsverfahren)
**closed-tunnel construction method** (Civ Eng) / geschlossene Tunnelbauweise (mit größerer Unabhängigkeit der Trassierung vom Oberflächenverkehr, vom Versorgungsnetz und von der Bebauung), geschlossene Bauweise (eine Tunnelbauweise)
**closed user group** (Comp) / geschlossene Benutzergruppe (ISDN-Leistungsmerkmal) ‖ ~ **valley** (Build, Plumb) / eingebaute Dachrinne (in die Traufe)
**closed-vessel furnace** (Met) / Gefäßofen m
**closed-world assumption** (AI) / Annahme f einer geschlossenen Welt
**close fabric** (Textiles) / dichtes Gewebe, fest eingestelltes Gewebe, dichtgeschlagenes Gewebe ‖ ~ **fit** (Eng) / Edelsitz m
**close-fitting** adj (Textiles) / eng anliegend adj, hauteng adj, stark tailliert, knapp sitzend
**close focusing** (Photog) / Naheinstellung f (des Fotoobjektivs) ‖ ~ **formation** (Paper) / dichte, geschlossene Oberfläche (einer Faserstoffbahn) ‖ ~ **n grain** (For) / Feinringigkeit f
**close-grained** adj / feinkörnig adj (Gefüge), dicht adj (Gefüge) ‖ ~ (For) / engringig adj ‖ ~ (Leather) / feinnarbig adj ‖ ~ **steel** (Met) / Feinkornstahl m, Feinkornbaustahl m, hochfester schweißbarer Baustahl
**close joint** (Plumb) / Lötspalt m (zwischen den zu lötenden Teilen) ‖ ~ **joint** (Welding) / Fuge f ohne Stegabstand
**close-link chain** (Eng) / engringige Kette
**closely knit service network** / engmaschiges Servicenetz ‖ ~ **printed** (Print) / eng bedruckt ‖ ~ **talking microphone** (Acous) / Nahbesprechungsmikrofon n (das insbesondere für den Gebrauch in unmittelbarer Nähe des Mundes des Benutzers bestimmt ist - DIN 1320)
**close-mesh** attr / engmaschig adj (Sieb)
**close-meshed** adj / engmaschig adj (Sieb) ‖ ~ (Textiles) / engmaschig adj, feinmaschig adj
**closeness of annual rings** (For) / Feinringigkeit f ‖ ~ **of grain** (Powder Met) / Korndichte f ‖ ~ **of the lines** (Photog, Print) / Rasterfeinheit f, Rasterweite f (Anzahl der Linien pro Zentimeter)
**close-packed structure** (Crystal) / dichtgepackte Struktur
**close packing*** (Crystal) / dichte Kugelpackung
**close-piling** n (For) / enges Stapeln, Engstapeln n

**close plating*** (Elec Eng, Met) / Lötplattieren n ‖ ~ **quarter area** (Ships) / Nahbereich m (nach den Kollisionsverhütungsregeln)
**closer*** n (Build) / Schlussziegel m, Schliessziegel m (in einer Lage), Eckstein m (sehr oft mit gewechseltem Format), Eckziegel m (zur Ausbildung des Eckverbandes) ‖ ~ (Elec Eng) / Schließer m (ein Relaiskontakt, der dann geschlossen ist, wenn die Relaisspule erregt ist - DIN 40713), Schließkontakt m, Arbeitskontakt m
**close-ratio gear change** (Autos) / eng abgestufte Schaltung, eng abgestuftes Getriebe
**close routine** (Comp) / Close-Routine f, Dateischließungsroutine f ‖ ~ **sliding fit** (Eng) / Schiebesitz m (Übergangspassung), SS, Schiebepassung f
**close-stacking** n (For) / enges Stapeln, Engstapeln n
**close-stitch** attr (Textiles) / engmaschig adj, feinmaschig adj ‖ ~ **buff** (Eng) / eng gesteppte (Polier)Scheibe
**closest packing** (Crystal) / dichteste Kugelpackung
**close string*** (Build) / genutete Treppenwange (der Holztreppe), gestemmte Treppenwange
**close-support aircraft** (Mil) / Erdkampfflugzeug n
**closet** n (US) (Arch, Build) / Alkoven m (Bettnische, fensterloser Schlafraum) ‖ ~ **cistern** (San Eng) / Spülkasten m (bei Toiletten mit Wasserspülung - nach DIN 19 542)
**close timbering*** (Civ Eng) / nahtloser Verbau (mit Bohlen)
**close-to-ground antenna** (Radio) / bodennahe Antenne
**close to** (one's) **home** / wohnortnah adj
**close-tolerance forging** (Eng) / Genauschmiedestück n
**close-up*** n (Photog) / Großeinstellung f, Großaufnahme f, Nahaufnahme f ‖ ~ adj (Photog) / groß adj (Aufnahme), nah adj (Aufnahme) ‖ ~ **lens** (Photog) / Nahlinse f
**closing** (of the tap hole) (Met) / Schließen n des Stichlochs ‖ ~ n / Abschließung f, Abschluss m, Verschließen n, Schließen n ‖ ~ **announcement** (Radio, TV) / Absage f (am Ende einer Sendung) ‖ ~ **bracket** (Maths) / Klammer zu, schließende Klammer ‖ ~ **condition** (Electronics) / Einschaltbedingung f (bei Thyristoren)
**closing-down sale** / Ausverkauf m wegen Geschäftsaufgabe
**closing element** (Eng) / Abschlusskörper m (z.B. des Schiebers) ‖ ~ **error*** (Surv) / Schlussfehler m im Polygonzug ‖ ~ **flag** (Comp) / Abschlussflag f, Endeflagge f (am Rahmenende) ‖ ~ **force** (Autos, Eng) / Schließkraft f (der Ventile) ‖ ~ **force** (Plastics) / Zuhaltekraft f, Schließkraft f ‖ ~ **head** (Eng) / Schließkopf m (einer Nietverbindung) ‖ ~ **pressure** (Eng) / Schließdruck m (bei Ventilen) ‖ ~ **pressure** (Eng) / Schließdruck m (bei Armaturen) ‖ ~ **rope** (Civ Eng) / Schließseil n (eines Zweiseilgreifers) ‖ ~ **speed** (Eng) / Leerhubgeschwindigkeit f (des Stößels einer hydraulischen Presse) ‖ ~ **time** (Elec Eng) / Einschaltzeit f (Ansprechverzug + Anstiegszeit) ‖ ~ **time** (Plastics) / Schließzeit f (beim Pressen härtbarer Kunststoffe)
**closing-up*** n (Eng) / Anschellen n (des Schließkopfs)
**closing wedge** (Foundry) / Zapfen m
**closo-borane*** n (Chem) / closo-Boran n (Verbindung, die vollkommen geschlossen von Dreiecksflächen bedeckt ist)
**clostridium** n (pl. -dia) (Bacteriol) / Clostridium n (Gattung Sporen bildender /krankheitserregender/ Bakterien)
**closure** n (of the business) / Aufgabe f (Einstellung des Geschäftsbetriebs), Geschäftsaufgabe f ‖ ~ / Verschlussvorrichtung f, Verschluss m (im Allgemeinen) ‖ ~ / Abschließung f, Abschluss m, Verschließen n, Schließen n ‖ ~ (AI) / Closure f, Hülle f (den Bindungskontext enthaltende Funktion) ‖ ~ (of a set) (Maths) / Abschluss m, Hülle f (einer Menge) ‖ ~ (Maths) / Abgeschlossenheit f ‖ ~ (Maths) / Abschließung f (z.B. einer Formel) ‖ ~ (Work Study) / Stillegung f (eines Betriebes, eines Werkes) ‖ ~ **brick** (Build) / letzter Stein, der in einer Schicht gelegt wird ‖ ~ **of the mould** (Plastics) / Formzuhalten n, Formschluss m, Formschließen n, Formzuschließen n ‖ ~ **theorem** (Maths) / Schließungssatz m (z.B. von Desargues) ‖ ~ **weld** (Welding) / Schließnaht f
**clot** v / verklumpen v ‖ ~ vi (Biol, Chem) / gerinnen v, koagulieren vi, coagulieren vi ‖ ~ vt (Biol, Chem) / gerinnen lassen, zum Gerinnen bringen, koagulieren vt, coagulieren vt ‖ ~ n / Klumpen m (verklumpte Masse) ‖ ~* (Biol, Chem, Med) / Koagulat n, Coagulum n (pl. -la), Koagulum n (pl. -la), Gerinnsel n ‖ ~ (Ceramics) / Masseballen m, Hubel m (Halbzeug aus keramischer Masse) ‖ ~ (Ceramics) / Batzen m
**cloth*** n (Textiles) / Stoff m (fertig ausgerüstetes Gewebe), Gewebe n, Ware f, Tuch n (pl. Tuche), textiles Flächengebilde, Zeug n, textile Fläche (gewebte) ‖ ~ (Textiles) / Stofflänge f (einer gewebten Stoffbahn), Warenlänge f ‖ ~ **batch** (Weaving) / Warendocke f, Docke f (Holzkaule mit Vierkanteinsatz, auf die die Gewebe in breitem Zustand aufgewickelt werden) ‖ ~ **beam** (Weaving) / Warenbaum m (zum Abwickeln des fertigen, vom Warenabzugsbaum gelieferten Gewebes), Gewebebaum m, Tuchbaum m, Zeugbaum m ‖ ~ **binding** (Bind) / Ganzleinenband m, Ganzgewebeband m, Ganzleinen n, Ganzgewebeeinband m

**cloth-bound book** (Bind) / Ganzleinenband m, Ganzgewebeband m, Ganzleinen n, Ganzgewebeeinband m
**cloth-carbonization plant** (Textiles) / Tuchkarbonisierungsanlage f (mit einer Breitsäureanlage)
**cloth-centred paper** (Paper) / Triplexpapier n mit Leinwandeinlage, Gewebepapier n
**cloth covering** (Textiles) / Stoffbespannung f, Tuchbespannung f, textile Bespannung ‖ ~ **defect** (Textiles) / Gewebefehler m ‖ ~ **draw-off roller** (Weaving) / Warenabzugsbaum m
**clothes** pl (Textiles) / Kleider n pl, Kleidung f, Bekleidung f, Wear f (Kleidung), Kleidungsstücke n pl ‖ ~ **hoist** (Textiles) / Wäschespinne f (ein Trockengestell zum Trocknen von Wäsche), Wäscheschirm m ‖ ~ **item** (Textiles) / Kleidungsstück n ‖ ~ **line** (Textiles) / Wäscheleine f, Leine f ‖ ~ **moth** (Textiles) / Kleidermotte f (Tineola bissielliella Humm.) ‖ ~ **peg** / Wäscheklammer f
**clothespin** n (US) / Wäscheklammer f
**cloth filter** / Gewebefilter n, Tuchfilter n ‖ ~ **focal plane shutter** (Photog) / Textilschlitzverschluss m
**clothiness** n (Textiles) / Kernigkeit f, kerniger Griff
**clothing*** n (Build) / Außenwand f (eines Stahlskelettbaus), Verkleidung f (eines Stahlskelettbaus) ‖ ~ (Spinning) / Beschlag m (z.B. der Krempel nach DIN 64 108), Garnitur f (der Krempel) ‖ ~ (Textiles) / Kleider n pl, Kleidung f, Bekleidung f, Wear f (Kleidung), Kleidungsstücke n pl ‖ ~ **felt** (Textiles) / Bekleidungsfilz m ‖ ~ **industry** (Textiles) / Bekleidungsgewerbe n, Bekleidungsindustrie f, Konfektion f ‖ ~ **leather** (Leather) / Leder n für Bekleidungsstücke, Bekleidungsleder n, Leder n für Bekleidungszwecke ‖ ~ **material** (Textiles) / Bekleidungsstoff m ‖ ~ **physiology** (Textiles) / Bekleidungsphysiologie f
**cloth joint*** (Bind) / Gewebefalz m, Leinenfalz m ‖ ~ **length** (Weaving) / Gewebelänge f (DIN 53851)
**cloth-lined paper** (Paper) / Papyrolin n (mit Baumwoll- oder Chemiefasergewebe)
**cloth looking frame** (Textiles) / Warenschaumaschine f (zur Kontrolle der Gewebe in der Ausrüstung - DIN 64990)
**clothoid*** n (Maths) / Klothoide f, Cornu-Spirale f (nach A.Cornu, 1841-1902)
**cloth retainer** (Textiles) / Stoffniederhalter m (der Nähmaschine) ‖ ~ **ribbon** / Gewebefarbband n, Stoffarbband n (der Schreibmaschine), Textilfarbband n ‖ ~ **roller** (Weaving) / Warenbaum m (zum Abwickeln des fertigen, vom Warenabzugsbaum gelieferten Gewebes), Gewebebaum m, Tuchbaum m, Zeugbaum m ‖ ~ **take-up motion** (Weaving) / Warenschaltung f (die das schrittweise Weiterbewegen der vom Kettbaum abgegebenen Kettfäden und das Aufwickeln des fertigen Gewebes auf den Warenbaum bewirkt), Warenregulator m ‖ ~ **width** (Textiles) / Stoffbahn f ‖ ~ **width** (Weaving) / Gewebebreite f (DIN 53851)
**clotrimazol** n (Pharm) / Clotrimazol n (ein Antimykotikum)
**clotting** n / Klumpen n, Klumpenbildung f, Gerinnung f ‖ ~ (Nut) / Dicklegung f (der Milch in der Käserei) ‖ ~ **factor** (Biochem) / Gerinnungsfaktor m
**cloud** v / trüben v (Flüssigkeit) ‖ ~ n / Beschlag m (feuchter Niederschlag, z.B. an Fenstern, Scheiben) ‖ ~* (Meteor) / Wolke f ‖ ~ (Nut) / Trub m (beim Wein, Bier), Geläger m, Weingeläger n, Hefe f (Bodensatz) ‖ ~ (Plastics) / wolkenförmige Trübung (z.B. an Formteilen) ‖ ~ **amount** (in tenths of sky covered) (Meteor) / Himmelsbedeckung f, Bewölkung f (in Achteln), Bedeckung f ‖ ~ **bank** (Meteor) / Wolkenbank f ‖ ~ **base** (Aero, Meteor) / Ceiling n (Höhe der tiefsten Wolkenschicht, die mehr als 4/8 des Himmels bedeckt), Wolkenuntergrenze f, Hauptwolkenuntergrenze f
**cloudburst** n (Meteor) / Wolkenbruch m ‖ ~ **water** (Meteor) / sintflutartige Wassermassen
**cloud ceiling** (Aero, Meteor) / Ceiling n (Höhe der tiefsten Wolkenschicht, die mehr als 4/8 des Himmels bedeckt), Wolkenuntergrenze f, Hauptwolkenuntergrenze f ‖ ~ **chamber*** (a detector for ionizing radiation) (Nuc) / Nebelkammer f (z.B. Wilson'sche) ‖ ~ **classification** (Meteor) / Wolkenklassifikation f (die Einteilung der Wolken nach genetischen oder morphologischen Gesichtspunkten) ‖ ~ **cluster** (Meteor) / Cloud-Cluster m, Wolkencluster m ‖ ~ **cover** (Meteor) / Bewölkungsgrad m (in Achteln oder Zehnteln), Bedeckungsgrad m ‖ ~ **cover** (Meteor) / Himmelsbedeckung f, Bewölkung f (in Achteln), Bedeckung f
**clouded signals** (Mil, Radio) / verdeckte Zeichen (beabsichtige Funkstörung)
**cloud effect** (Paper) / Wolkigkeit f ‖ ~ **forest** (For) / Nebelwald m (tropischer Regenwald der oberen montanen Stufe, reich an Baumfarnen, lorbeerblättrigen Bäumen und tropischen Epiphyten) ‖ ~ **formation** (Meteor) / Wolkenbildung f
**cloudiness*** n (Meteor) / Himmelsbedeckung f, Bewölkung f (in Achteln), Bedeckung f ‖ ~ (Paper) / Wolkigkeit f
**clouding** n (Meteor) / Trübung f ‖ ~* (a defect which is sometimes apparent in varnished work due to faulty manufacture or to a

**clouding**

measure of blooming after application) (Paint) / Wolkenbildung f ‖ ~ (of yarn) (Textiles) / Flammierung f
**cloudless** adj (Meteor) / wolkenlos adj (im Allgemeinen)
**cloud level** (Meteor) / Wolkenstockwerk n (ein Höhenbereich) ‖ ~ **physics** (Meteor) / Wolkenphysik f (ein Teilgebiet der Meteorologie) ‖ ~ **point** (Oils, Phys) / Cloudpoint m (DIN 51 597 und DIN EN 23015), Trübungspunkt m ‖ ~ **scavenging** (Ecol, Meteor) / Rainout n (Auswaschung der in der Atmosphäre vorhandenen gasförmigen oder aerosolgebundenen Spurenstoffe durch Hydrometeore aus der Wolke) ‖ ~ **scavenging** (Meteor) / Cloud-Scavenging n (Anlagerung von atmosphärischen Spurenstoffen innerhalb einer Wolke in Wolkentröpfchen) ‖ ~ **searchlight** (Aero, Meteor) / Wolkenscheinwerfer m (zur Messung der Wolkenhöhe bei Nacht) ‖ ~ **seeding** (Meteor) / Besäen n von Wolken (z.B. mit Silberiodid) ‖ ~ **street** (Meteor) / Wolkenstraße f (in geordneter Form hintereinander auftretende Konvektionswolken, die sich bei Kaltluftadvektion über Flachland bzw. flachem Hügelland oder über See aufgrund dynamischer oder thermischer Instabilität parallel zur Windrichtung bilden) ‖ ~ **symbol** (Meteor) / Wolkensymbol n ‖ ~ **top** (Aero, Meteor) / Wolkenobergrenze f (der oberste Teil einer Wolke oder Wolkenschicht, angegeben in Metern über Grund) ‖ ~ **track** (Nuc) / Nebelkammerspur f, Nebelspur f
**cloudy** adj (Nut) / naturtrüb adj (Saft)
**cloud yarn** (Spinning) / Flammgarn n, Flammengarn n
**cloudy crystal ball model** (Nuc) / optisches Kernmodell, optisches Modell (des Atomkerns) ‖ ~ **dyeing** (Textiles) / wolkige Färbung ‖ ~ **sky** (Meteor) / stark bewölkter oder bedeckter Himmel
**clout** n (Build) / Dachpappnagel m (ein Breitkopfnagel), Pappnagel m ‖ ~ **nail*** (Build) / Dachpappnagel m (ein Breitkopfnagel), Pappnagel m ‖ ~ (slate) **nail** (Build) / Schiefernagel m
**clove-brown** adj (Min) / nelkenbraun adj
**clove-buds oil** / Nelkenknospenöl n
**clove hook** (Eng) / Doppelhebehaken m, Doppelhaken m (ein Lasthaken nach DIN 699) ‖ ~ **oil*** / Gewürznelkenöl n (aus den getrockneten Blütenknospen des Syzygium aromaticum (L.) Merr. et L.M. Perry), Nelkenöl n
**clover huller** (Agric) / Kleereiber m, Kleedrescher m
**cloverleaf** n (Autos, Civ Eng) / Autobahnkleeblatt n (symmetrisches, asymmetrisches - eine Anschlussstelle), Kleeblatt n (eine Autobahnkreuzung) ‖ ~ **antenna** (Radio) / Kleeblattantenne f (eine Rundstrahlantenne) ‖ ~ **interchange** (Autos, Civ Eng) / Autobahnkleeblatt n (symmetrisches, asymmetrisches - eine Anschlussstelle), Kleeblatt n (eine Autobahnkreuzung)
**clover rubber** (Agric) / Kleereiber m, Kleedrescher m
**cloxacillin*** n (Pharm) / Cloxacillin n (ein halbsynthetisches, orales Penizillin)
**clozapine** n (a sedative drug of the benzodiazepine group, used to treat schizophrenia) (Pharm) / Clozapin (ein schwach potentes Neuroleptikum)
**CLP** (chlorine loading potential) (Chem, Ecol) / CLP n (relative Bewertungsgröße, die angibt, wieviel Chlor ein Stoff von der Troposphäre in die Stratosphäre transportiert, bezogen auf FCKW 11)
**CL-rate** n (carload-lot rate) (Rail) / Wagenladungstarif m
**CLS** (characteristic loss spectroscopy) (Spectr) / Energieverlustspektroskopie f, Elektronenenergieverlustspektroskopie f, EELS (Elektronenenergieverlustspektroskopie)
**club-foot pile** (Civ Eng) / Pfahl m mit Fußerweiterung (z.B. Franki-Pfahl)
**club line*** (Typog) / ausgehende Zeile eines Absatzes, Ausgang m (die letzte Zeile), letzte Zeile eines Absatzes (frei bleibender, nicht mit Schrift gefüllter Raum am Ende der letzten Zeile eines Absatzes) ‖ ~ **line** (Typog) / Schusterjunge m (eine am Ende einer Kolumne oder einer Spalte stehende erste Zeile eines neuen Absatzes)
**clump** n (a thick extra sole) / doppelte Sohle
**clumps*** pl (Typog) / Metallregletten f pl
**clunk** n (Acous) / metallischer Schlag
**Cluny lace** (Textiles) / Clunyspitze f
**clupanodonic acid** (Chem) / Klupanodonsäure f (ein fünffach ungesättigte, unverzweigte Fettsäure), Clupanodonsäure f (4,8,12,15,19-Docosapentaensäure)
**Clusius column*** (Chem Eng) / Clusius-Dickel'sches Trennrohr, Trennrohr nach Clusius-Dickel (nach K.Clusius, 1903-1963, und G.Dickel, 1913- )
**Clusius-Dickel column** (Chem Eng) / Clusius-Dickel'sches Trennrohr, Trennrohr nach Clusius-Dickel (nach K.Clusius, 1903-1963, und G.Dickel, 1913- )
**Clusius separation tube** (Chem Eng) / Clusius-Dickel'sches Trennrohr, Trennrohr nach Clusius-Dickel (nach K.Clusius, 1903-1963, und G.Dickel, 1913- )

**cluster** n / Haufen m (von Sternen, Häusern) ‖ ~ (Astron) / Sternhaufen m ‖ ~ (Ceramics, Foundry) / Königstein m, Verteilerstein m, Kanalmittelstein m (die Verbindung zwischen dem Trichter und den Kanalsteinsträngen) ‖ ~* (Chem) / Clusterverbindung f (in der eine echte Metall-Metallatom-Bindung vorliegt) ‖ ~ (Chem, Crystal, Phys) / Cluster m ‖ ~ (Comp) / Cluster m (Häufung von fehlerhaften Bits im Datenstrom bei der Datenübertragung) ‖ ~ (Comp) / Cluster m (Zentraleinheit eines Mehrplatzsystems) ‖ ~ (Comp, Nuc) / Gruppe f, Cluster m ‖ ~ (Crystal) / Cluster m (im Mischkristall) ‖ ~ (Foundry) / Modelltraube f (Modellkombination aus einer Vielzahl von kleinen verlorenen Modellen), Gießtraube f, Gießbaum m (für Feinguss) ‖ ~ (Gen) / Cluster m (direkt benachbarte Anordnung von ähnlichen oder funktionell zusammengehörigen Genen oder Sequnzelementen) ‖ ~ (Instr) / Block m (von Instrumenten) ‖ ~ (Space) / Triebwerksbündel n (Raketenantrieb) ‖ ~* (Stats) / Cluster m ‖ ~ (Teleph) / Cluster m (die Gruppe benachbarter Zellen in zellularen Mobilfunknetzen) ‖ ~ **analysis*** (a generic term used to describe a large body of statistical procedures which are designed to group, or 'cluster', either elements or variables in a data set according to some well-defined characteristic) (Stats) / Clusteranalyse f (hierarchische, nicht hierarchische), Klumpenanalyse f ‖ ~ **bomb unit** (Aero, Mil) / Schüttbombe f ‖ ~ **bottom mould** (Ceramics, Foundry) / Königstein m, Verteilerstein m, Kanalmittelstein m (die Verbindung zwischen dem Trichter und den Kanalsteinsträngen) ‖ ~ **cepheids** (Astron) / Haufenveränderliche m pl, RR Lyrae-Sterne m pl (Pulsationsveränderliche) ‖ ~ **compound** (Chem) / Clusterverbindung f (in der eine echte Metall-Metallatom-Bindung vorliegt) ‖ ~ **controller** (Comp) / Clustercontroller m, CC (Clustercontroller), Mehrfachsteuereinheit f, Clustersteuereinheit f, Steuerungsgerät n für eine Gruppe von Terminals
**clustered** adj / bündelförmig adj, büschelförmig adj ‖ ~ **column*** (Arch) / Bündelpfeiler m (mit Diensten) ‖ ~ **errors** (Comp, Telecomm) / totaler Störeinbruch f ‖ ~ **pier** (Arch) / Bündelpfeiler m (mit Diensten)
**cluster expansion** (Phys) / Clusterentwicklung f (Reihenentwicklung zur Berücksichtigung der Wechselwirkung der Moleküle in einem klassischen realen Gas)
**clustering** n (Comp) / gruppenweise Anordnung (von Terminals), Clustering n ‖ ~ (Crystal) / Clustering n, Zusammenlagerung f ‖ ~ (Maths) / Clustering n (Gruppierung ähnlicher Elemente zu einer Menge)
**cluster ion** (Chem, Phys) / Clusterion n (das infolge seiner Ladung neutrale Teilchen angezogen hat) ‖ ~ **lamp** (Light, Optics) / Clusterlampe f ‖ ~ **mill*** (Met) / Vielwalzenwalzwerk n (mit größeren und kleineren Walzen), Mehrwalzenwalzwerk n, Vielwalzengerüst n ‖ ~ **model** (Nuc) / Clustermodell n (von L. Pauling) ‖ ~ **of knots** (For) / Astbüschel n (ein Holzfehler) ‖ ~ **of pores** / Porengruppe f, Porennest n ‖ ~ **pine** (For) / Pinaster f, Strandkiefer f (Pinus pinaster Aiton), See-Strandkiefer f ‖ ~ **sample** (Stats) / Klumpenstichprobe f ‖ ~ **sampling** (the sampling unit is a cluster of elements) (Stats, Work Study) / Clusterstichprobenverfahren n, Klumpenprobenahme f (DIN 55 350-12), Klumpenauswahlverfahren n, Klumpenstichprobenverfahren n ‖ ~ **variables*** (Astron) / Haufenveränderliche m pl, RR Lyrae-Sterne m pl (Pulsationsveränderliche)
**CLUT** (colour lookup table) (Comp) / Farbtabelle f, Farbtafel f, Color-Lookup-Table n, CLUT
**clutch** v / umklammern v ‖ ~ n (Civ Eng) / Schloss n (greiferartiger Falz bei Stahlspundwänden) ‖ ~ (Eng) / fremdgeschaltete Kupplung ‖ ~* (Eng) / schaltbare Kupplung, [lösbare] Kupplung f, Ausrückkupplung f, Schaltkupplung f, aus- und einrückbare Kupplung ‖ allow the ~ **pedal to come up** (Autos) / einkuppeln v ‖ ~ **aligning** (Autos) / Kupplungszentrierung f ‖ ~ **brake** (Eng) / Kupplungsbremse f ‖ ~ **disk** (Autos, Eng) / Reibscheibe f (der Trockenkupplung), Kupplungsscheibe f (Mitnehmerscheibe bei Trockenkupplungen) ‖ ~ **drag** (Autos) / Schleifen n der Kupplung, Kupplungsschleifen n ‖ ~ **facing** (Autos) / Kupplungsbelag m ‖ ~ **fluid** (Autos) / Kupplungsflüssigkeit f (im Automatikgetriebe) ‖ ~ **free play** (Autos) / Kupplungsspiel n ‖ ~ **housing** (Autos) / Kupplungsgehäuse n ‖ ~ **lining** (Autos) / Kupplungsbelag m ‖ ~ **pedal** (Autos) / Kupplungspedal n, Kupplungsfußhebel m ‖ ~ **pedal free travel** (Autos) / Kupplungsspiel n (toter Gang am Kupplungsfußhebel) ‖ ~ **release** (Autos) / Kupplungsausrückung f
**clutch-release bearing** (Autos) / Kupplungsausrücklager n, Ausrücklager n (der Kupplung), Kupplungsdrucklager n ‖ ~ **lever** (Autos) / Kupplungsausrückhebel m
**clutch screw press** (Eng) / Kupplungsspindelpresse f ‖ ~ **segment** (Autos) / Kupplungslamelle f ‖ ~ **shaft** (Autos) / Kupplungswelle f ‖ ~ **shaft** (Autos) / Getriebeeingangswelle f, Getriebeantriebswelle f ‖ ~ **slip** (Autos) / Kupplungsrutschen n, Durchrutschen n der Kupplung ‖ ~ **stop** (Autos) / Kupplungsbremse f ‖ ~ **throw-out** (Autos) /

Kupplungsausrückung f ‖ ~ **thrust bearing** (Autos) / Kupplungsdrucklager n

**clutter** n / Werbeblock n, Anzeigenblock m ‖ ~* (Radar) / Störecho n (unerwünschtes, nicht vom Ziel stammendes Echosignal), Clutter m (das von ausgedehnten flächenhaften oder auch volumenartigen Zielen reflektierte Signal), Störung f (Störecho), Störfleck m

**clutter-adaptive antenna** (Radar) / clutteradaptive Antenne (z.B. bei dem Rundsichtradar)

**clutter attenuation** (Radar) / Störechounterdrückung f, Clutterunterdrückung f ‖ ~ **cancellation** (Radar) / Störechounterdrückung f, Clutterunterdrückung f ‖ ~ **equation** (Radar) / Störechogleichung f

**clutter-locked compensation** (Radar) / Kompensation f durch Störechos ‖ ~ **focusing** (Radar) / Störechofokussierung f

**clutter map** (Radar) / Störechokarte f ‖ ~ **residue** (the cluter power remaining at the output of a moving-target indicator) (Radar) / Störechorest m (nach Störechounterdrückung) ‖ ~ **signal** (Radar) / Cluttersignal n ‖ ~ **suppression** (Radar) / Störechounterdrückung f, Clutterunterdrückung f

**CLV** (constant linear velocity) / konstante Lineargeschwindigkeit, CLV (konstante Lineargeschwindigkeit) ‖ ≙ **disk** (Comp, Optics) / CLV-Platte f (eine Art Bildplatte), Platte f mit gleich bleibender Lineargeschwindigkeit (optische)

**CLWL specimen** (Materials) / CLWL-Probe f

**CM** (medium clouds) (Aero, Meteor) / mittelhohe Wolken (etwa 2400 bis 5300 m)

**Cm** (curium) (Chem) / Curium n, Cm (Curium)

**CM** (configuration management) (Comp, Telecomm) / Konfigurationsmanagement n (die Aufgabe, Zusammenhänge und Unterschiede zwischen verschiedenen Softwarekonfigurationen festzustellen und archivieren - eine von der ISO definierte Kategorie für die Netzwerkverwaltung, CM (Konfigurationsmanagement)

**CMA** (control memory address) (Comp) / Haltespeicheradresse f ‖ ≙ **cylindrical mirror analyzer** (Spectr) / Zylinderspiegelanalysator m (in der Auger-Spektroskopie)

**CMC** (ceramic-matrix composite) (Aero, Ceramics, Space) / Keramikmatrix-Verbundwerkstoff m (meistens faserverstärkt), Verbundwerkstoff m mit keramischer Matrix, CMC (Keramikmatrix-Verbundwerkstoff) ‖ ≙ **critical micellization concentration** (Chem) / kritische Micellbildungskonzentration, kritische Mizellbildungskonzentration, KMK (kritische Micellbildungskonzentration) ‖ ≙ **(carboxymethylcellulose)** (Chem, Nut) / Karboxymethylzellulose f (ein Zelluloseether), Carboxymethylcellulose f (DIN 7728, T 1), CMC (Carboxymethylcellulose)

**CMC-7-code reader** (Comp) / CMC-7-Kode-Leser m, CMC-7-Schrift-Leser m

**CMF** (common-mode failure) (Nuc Eng) / Common Mode Failure, Ausfall m aus gemeinsamer Ursache, Ausfallkombination f, abhängiger Ausfall (aufgrund einer gemeinsamen Ursache)

**CMI** (coded mark inversion) (Comp, Teleph) / Coded Mark Inversion m (ITU-Norm für Schnittstellenleitungen bei 139 264 kbit/s), CMI (Coded Mark Inversion) ‖ ≙ **code** (Comp, Teleph) / CMI-Code m, CMI-Kode m

**CML** (current-mode logic) (Electronics) / emittergekoppelte Logik, ECL-Schaltung f, stromgeschaltete Logik, stromgesteuerte Logik, Stromschaltlogik f, Strombetriebslogik f

**CMOD** (crack-mouth opening displacement) (Materials) / Rissspitzenöffnungsverschiebung f, Rissöffnungsverschiebung f

**CMOS** (complementary MOS) (Electronics) / komplementärer MOSFET (mit geringer Verlustleistung, hoher Störsicherheit und Eignung zur Miniaturisierung in Großschaltkreisen), CMOS (komplementärer MOSFET), Komplementär-Metalloxidhalbleiter m ‖ ≙ **camera** (Cinema, Photog) / CMOS-Kamera f ‖ ≙ **technology** (Electronics) / CMOS-Technik f (Oberbegriff für die Halbleiterschaltungstechnik als Nachfolgerin von Bipolartechnik), CMOS-Technologie f (mittelschnelle MOS-Technologie mit vernachlässigbarem Ruhestrom) ‖ ≙ **virus** (Comp) / gepufferter Virus

**C-mount** n (Photog) / C-Fassung f (für Objektive)

**CMP** (computer match prediction) (Textiles) / Färberezeptberechnung f durch Rechner

**CMT value** (Paper) / Flachstauchwiderstand m, CMT-Wert m

**CMU** (monuron) (Chem) / Monuron n (ein Harnstoffherbizid, als Fotosynthesehemmer zur Unkrautvertilgung auf Wegen und Plätzen eingesetzt)

**CMV** (cucumber mosaic virus) (Biochem) / Gurken-Mosaik-Virus n m

**CMYK** (cyan, magenta, yellow and black) (Comp) / Farben f pl Cyan, Magenta, Gelb, Schwarz, CMYK (Cyan, Magenta, Gelb, Schwarz), CMYK-Modell n

**CN** (coordination number) (Chem) / Koordinationszahl f (die Zahl der Liganden in einer Komplexverbindung), KZ (Koordinationszahl), Kz (Koordinationszahl) ‖ ≙ **(chloroacetophenone)** (Chem) / Chloracetophenon n, Chlorazetophenon n (international geächteter Reizkampfstoff), CN (Chloracetophenon) ‖ ≙ **(corporate network)** (Comp) / Corporate Network n (ein Telekommunikationsnetz innerhalb eines Unternehmens oder einer Organisation mit geografisch verteilten Standorten), betriebsinternes Netz, Netz n für Kommunikationsgemeinschaft(en), CN (corporate network) ‖ ≙ ~ **(core network)** (Comp, Telecomm, Teleph) / Kernnetz n (an das die Funkzugangsnetze angeschlossen sind und das aus den Netzelementen besteht, welche die Vermittlungs- und Routingfunktionen für Gespräche und Datenverbindungen innerhalb des Netzes oder in andere Netze übernehmen)

**CNC** (computerized numerical control) (Comp, Eng) / rechnergestützte feinprogrammierbare numerische Steuerung, Steuerung f mittels Numerikrechner (DIN 66257) (Offline-Verarbeitung mittels Kleinrechner) ‖ ≙ **(computer numeric control)** (Comp, Eng) / CNC-Steuerung f, Computer-NC-Steuerung f ‖ ≙ **block** (Comp, Eng) / CNC-Satz m

**CNCL** (cancel) (Comp) / löschen v, annullieren v, unterdrücken v, streichen v (eine Eintragung in der Datenbank)

**CNC program** (Eng) / CNC-Programm n (DIN 66 025)

**C network** (Telecomm) / C-Netz n

**C-network*** n (Elec Eng) / C-Glied n

**CNG** (compressed natural gas) / komprimiertes Erdgas

**CNHS** (connection for headset) (Teleph) / Anschluss m für Sprechgarnitur, CNHS (Anschluss für Sprechgarnitur)

**CNI** (comfort-noise insertion) (Teleph) / Hintergrundgeräuscheinblendung f, Einspeisung f des Hintergrundgeräuschs

**CNL** (cancel) (Comp) / löschen v, annullieren v, unterdrücken v, streichen v (eine Eintragung in der Datenbank)

**$^{13}$C-NMR spectroscopy** (Spectr) / Kohlenstoff-13-NMR-Spektroskopie f, $^{13}$C-NMR-Spektroskopie f

**CNR** (cetane rating) (Fuels) / Zündfreudigkeit f von Dieselkraftstoffen, durch einen Cetanzahlwert ausgedrückt ‖ ≙ **(continuous-noise radar)** (Radar) / Dauerrauschradar m n

**C : N ratio** (Ecol) / Kohlenstoff-Stickstoff-Verhältnis n, C/N-Verhältnis n

**CNS** (cold-needle sampling) (Chem) / Technik f mit gekühlter Nadel (in der Gaschromatografie), Kaltnadel-Injektionsmethode f ‖ ≙ **(central nervous system)** (Med) / Zentralnervensystem n, ZNS (Zentralnervensystem), zentrales Nervensystem

**CNT** (carbon nanotube) (Chem) / Kohlenstoff-Nanoröhrchen n

**Co** (cobalt) (Chem) / Kobalt n, Cobalt n, Co (Cobalt)

**CO** (central office) (Telecomm) / Vermittlungsstelle f, Vermittlungsamt n

**CoA** (coenzyme A) (Biochem) / Koenzym n A, Coenzym n A, CoA n, CoA-SH

**$CO_2$-absorption tube** (Chem) / Kohlendioxidabsorptionsröhrchen n

**coacervation*** n (the separation of a colloid into two liquid phases) (Chem) / Koazervation f, Koazervierung f

**coach** n (Aero) / Sitzplatz m in der Economyklasse ‖ ~ **(GB)** (Autos) / Reisebus m, Autocar m (S) (pl. Autocars) ‖ ~ **(GB)** (Rail) / Eisenbahnwagen m, Wagen m, Waggon m ‖ ~ **(Rail)** / Reisezugwagen m, Personenwagen m ‖ ~ **body** (Rail) / Wagenkasten m ‖ ~ **bolt*** (Eng) / Schlossschraube f (DIN 603)

**coachbuilder** n (Autos) / Karossier m, Karosseriebauer m

**coach hide** (Leather) / pflanzlich gegerbtes vollnarbiges mattglänzend zugerichtetes, gekrispeltes Rindleder (Herstellung von Handtaschen, Reisegepäck usw.)

**coaching** n (Work Study) / Coaching n (individuelles Training einer Person durch einen ausgebildeten Coach)

**coach screw** (For) / Vierkantholzschraube f

**coachwood** n (Bot, For) / Ceratopetalum apetalum Sm.

**coachwork** n (Autos) / Aufbau m, Karosserie f ‖ ~ **(Rail)** / Wagenkasten m

**coaction** n (Ecol) / Koaktion f

**coadsorption** n / Koadsorption f (z.B. bei Aktivkohle)

**co-agent** n / Coagens n (pl. Coagenzien)

**coagulant** n (Chem) / Flockungsmittel n ‖ ~ **(Chem)** / Koagulator m, Koagulans n (pl. -tia oder -zien), koagulierendes Mittel, Coagulans n (pl. -tia oder -zien) ‖ ~ **(Pharm)** / Hämostyptikum n (pl. -tika), Hämostatikum n (pl. -tika), blutstillendes Mittel, Styptikum n (pl. -tika)

**coagulase** n (Biochem) / Koagulase f

**coagulate** vi (Biol, Chem) / gerinnen v, koagulieren vi, coagulieren vi ‖ ~ vt (Biol, Chem) / gerinnen lassen, zum Gerinnen bringen, koagulieren vt, coagulieren vt ‖ ~ n (Biol, Chem, Med) / Koagulat n, Coagulum n (pl. -la), Koagulum n (pl. -la), Gerinnsel n

**coagulating**

**coagulating agent** (Chem) / Koagulator *m*, Koagulans *n* (pl. -tia oder -zien), koagulierendes Mittel, Coagulans *n* (pl. -tia oder -zien)
**coagulation*** *n* (the irreversible formation of the thermodynamically stable bulk phase) (Biol, Chem) / Koagulation *f*, Gerinnung *f*, Coagulation *f* ‖ ~ **of paint** (Paint) / Lackkoagulierung *f* (nach dem Entkleben des Oversprays der Spritzlackierung)
**coagulum*** *n* (pl. -ula) (Biol, Chem, Med) / Koagulat *n*, Coagulum *n* (pl. -la), Koagulum *n* (pl. -la), Gerinnsel *n*
**coak*** *n* (Carp, Join) / Hakenblatt *n* (hakenförmige Überblattung)
**coal** *v* (Ships) / bunkern *v* (Kohle) ‖ ~ *vi* (Ships) / Kohle aufnehmen (bunkern) ‖ ~ *vt* / bekohlen *vt* (mit Kohle versorgen) ‖ ~* *n* (Mining) / Mineralkohle *f*, Kohle *f* (im Allgemeinen als Primärenergieträger) ‖ ~ (US)* (Mining) / bituminöse Steinkohle (ohne Anthrazit) ‖ ~ (Mining) s. also hard coal ‖ ~ **ash** (Mining) / Kohlenasche *f* ‖ ~ **ball*** (Bot, Geol) / Dolomitknolle *f* (im Flöz), Torfdolomit *m* (mineralisierte Knolle im Kohlenflöz) ‖ ~ **basin** (Geol, Mining) / Kohlenbecken *n* ‖ ~**-bed** *n* (Mining) / Steinkohlenlager *n*, Kohlevorkommen *n*
**coal-bed** *n* (Mining) / Kohlenflöz *n* (Kohle führendes Flöz), Kohlenschicht *f* ‖ ~ **methane** (Mining) / Erdgas *n* aus Steinkohlenlagerstätten, CBM (Erdgas aus Steinkohlenlagerstätten)
**coal beneficiation** / Kohleveredelung *f* (Koks, Gas, Kohlewertstoffe und flüssige Produkte), Kohlenveredlung *f*
**coal-black** *adj* (utterly black) / kohlrabenschwarz *adj* (tief schwarz), kohlschwarz *adj*
**coal blende** (Geol, Min) / Pyriteinlagerung *f* (in der Kohle) ‖ ~ **blossom** (Mining) / Ausbiss *m* eines Kohlenflözes, erdige Kohlenschicht (oberflächennah) ‖ ~ **brass** (Geol, Min) / Pyriteinlagerung *f* (in der Kohle) ‖ ~ **breaker** (Mining) / Brecher *m* für Kohle, Kohlenaufbereitungsanlage *f*, Kohlebrecher *m* ‖ ~ **bunker** / Kohlebunker *m* ‖ ~**-product plant** (Chem Eng) / Kohlenwertstoffanlage *f* (in der Kokereiindustrie) ‖ ~ **by-products** (Chem Eng) / Kohlenwertstoffe *m pl* (die bei Schwelung, Verkokung, Extraktion oder Verflüssigung von Kohlen anfallenden Produkte), Kohlewertstoffe *m pl* ‖ ~ **by wire** / Kohleverstromung *f* an Ort und Stelle ‖ ~ **by wire** / Kohlestrom *m* ‖ ~ **carbonization** (Chem Eng) / Kohleverkokung *f* (eine Art Kohleveredlung) ‖ ~ **carrier** (Ships) / Kohlefrachtschiff *n*, Kohlenschiff *n* ‖ ~ **charging** (Chem Eng) / Bekohlung *f* ‖ ~ **chemicals** (Chem Eng) / Kohlenwertstoffe *m pl* (die bei Schwelung, Verkokung, Extraktion oder Verflüssigung von Kohlen anfallenden Produkte), Kohlewertstoffe *m pl* ‖ ~ **chemistry** (Chem) / Karbochemie *f*, Kohlechemie *f* (Teilgebiet der Chemie, das sich mit der chemischen Struktur von Kohlen und der Weiterverarbeitung der dabei entstehenden Produkte beschäftigt), Kohlenchemie *f*, Carbochemie *f* ‖ ~ **clay** (Geol) / unterlagerter Ton, Unterton *m* (im Liegenden), Basalton *m* im Flözliegenden ‖ ~ **cleaning** (Min Proc) / Kohlenreinigung *f* ‖ ~ **coke** / Steinkohlenkoks *m* (als Endprodukt) ‖ ~ **combustion** (Mining) / Kohleverbrennung *f* ‖ ~ **crusher** (Mining) / Brecher *m* für Kohle, Kohlenaufbereitungsanlage *f*, Kohlebrecher *m*
**coal-cutter pick** (Mining) / Schrämpicke *f*, Schrämmeißel *m*, Schrämhaue *f*
**coal•-cutting machinery*** (Mining) / Schrämmaschinen *f pl* (Maschinen der schneidenden Gewinnung) ‖ ~ **deposit** (Mining) / Kohlenlagerstätte *f*, Kohlenlager *n*, Kohlenvorkommen *n*
**coal-derived** *adj* / kohlestämmig *adj*, aus Kohle (z.B. Strom)
**coal desulphurization** / Kohlenentschwefelung *f* (mechanische, chemische, mikrobielle) ‖ ~ **dust** / Kohlenstaub *m* (auch aus Filtern)
**coal-dust consolidation** (Mining) / Kohlenstaubbekämpfung *f* (durch Kohlenstoßtränkung) ‖ ~ **engine** (Eng) / Kohlenstaubmotor *m* ‖ ~ **explosion** (Mining) / Kohlenstaubexplosion *f*
**coal equivalent** (Ecol, Heat) / Steinkohleneinheit *f*, SKE (= 29308 kJ/kg - ein nicht SI-konformes Vergleichsmaß zur statistischen Erfassung des Energieinhalts verschiedener Brennstoffe)
**coalesce** *v* / koaleszieren *v* ‖ ~ *vt* (Comp) / vereinigen *v*, zusammenfügen *v* (z.B. zwei Dateien)
**coalescence** *n* (Chem) / Koaleszenz *f* (völlige Vereinigung der einzelnen Partikeln bei Dispersionskolloiden) ‖ ~ **filter** (Chem, Eng) / Koaleszenzfilter *n*, Koaleszentfilter *n* (z.B. zur Ausscheidung von Öl in den Verdichtern) ‖ ~ **temperature** (Chem, Phys, Spectr) / Koaleszenztemperatur *f*
**coalescent** *n* (Paint) / nichtselbständiger Filmbildner (der im Harz oder Öl des selbständigen Filmbildners durch Koaleszenz gebunden ist)
**coalescer** *n* / Koaleszer *m* (Filterapparat oder Filtermittel, die in der Lage sind, emulsoide Zweiphasensysteme durch einen Filtrationsprozess in die einzelnen Phasen zu zerlegen)
**coal extraction** (Chem Eng) / Kohleextraktion *f* (z.B. nach Pott und Broche) ‖ ~ **extraction** (Mining) / Produktenförderung *f* (Kohlenförderung im Schacht), Kohlenförderung *f*, Kohleförderung *f*, Kohlegewinnung *f*, Kohleabbau *m* (als Tätigkeit) ‖ ~ **extraction** (Mining) / Kohlenförderung *f*, Produktenförderung *f* (Kohlenförderung), Kohleförderung *f*

**coalface** *n* (Mining) / Stoß *m* (Angriffsfläche für die Gewinnung), Kohlenstoß *m*, Ortsstoß *m*, Kohlegewinnungsstoß *m*
**coalfield** *n* (Mining) / Kohlenfeld *n* ‖ ~ s. also coal-mining district and mining district
**coal-fired power plant** / Kohlekraftwerk *n* (Braun- oder Steinkohlekraftwerk)
**coal-fired power station** / Kohlekraftwerk *n* (Braun- oder Steinkohlekraftwerk)
**coal•-gas*** *n* / Steinkohlengas *n*, Kohlengas *n* ‖ ~ **gasification** (Chem Eng) / Kohlevergasung *f* (eine Art Kohleveredlung) ‖ ~ **gate** / Schieber *m* (Schichthöhenregler für Kohle auf Rost) ‖ ~ **getter** (Mining) / Hauer *m* (meistens Streb- oder Kohlenhauer), Häuer *m*, Gewinnungshauer *m* ‖ ~ **getting** / Lösearbeit *f* in der Kohle ‖ ~ **handling** / Kohleumschlag *m* ‖ ~ **handling** (Eng) / Bekohlung *f* ‖ ~ **hydrogenation** (Chem Eng) / Kohlehydrierung *f* (Verflüssigungsverfahren von Kohle unter Wasserstoffanlagerung zur Herstellung von Kohlenwasserstoffen), Kohlenhydrierung *f* (eine Art Kohleveredlung), Kohleverflüssigung *f* (direkte, indirekte)
**coalification** *n* (Geol, Mining) / Inkohlung *f* (biochemischer und geochemischer Vorgang bei der Entstehung der Steinkohle) ‖ ~ **break** (Geol) / Inkohlungsstufe *f*, Inkohlungssprung *m* ‖ ~ **jump** (Geol) / Inkohlungsstufe *f*, Inkohlungssprung *m* ‖ ~ **series** (Geol) / Inkohlungsreihe *f*
**coalify** *v* (Geol, Mining) / inkohlen *v* (Pflanzenreste in Kohle umwandeln)
**coaling** *n* (Eng) / Bekohlung *f* ‖ ~ (Mining) / Kohleabbau *m* ‖ ~ **crane** (Eng) / Bekohlungskran *m*
**coal-in-oil suspension** / Kolloidbrennstoff *m*, kolloidaler Brennstoff
**coalition** *n* (Maths) / Koalition *f* (in der Spieltheorie)
**coal leaching** (Mining) / Kohleabbau *m* durch Laugung
**coal-like** *adj* / kohleartig *adj*
**coal liquefaction** (Chem Eng) / Kohlehydrierung *f* (Verflüssigungsverfahren von Kohle unter Wasserstoffanlagerung zur Herstellung von Kohlenwasserstoffen), Kohlenhydrierung *f* (eine Art Kohleveredlung), Kohleverflüssigung *f* (direkte, indirekte) ‖ ~ **maceral** (Mining) / Kohlemazeral *n* ‖ ~ **Measures*** (Geol) / obere Hälfte des Oberkarbons ‖ ~ **measures** (Mining) / Kohlenlagerstätte *f*, Kohlenlager *n*, Kohlenvorkommen *n* ‖ ~ **mill** (Min Proc) / Kohlenstaubmühle *f*, Kohlenmühle *f*
**coal-milling plant** (Min Proc) / Kohlenstaubmühle *f*, Kohlenmühle *f*
**coal mine** (Mining) / Steinkohlenbergwerk *n*, Steinkohlenzeche *f*, Steinkohlengrube *f* ‖ ~ **mine** (Mining) / Kohlengrube *f* (im Allgemeinen - unter oder über Tag) ‖ ~ **miner** (Mining) / Kohlenarbeiter *m*
**coal-miner's lung** (Med, Mining) / Kohlenstaublunge *f* (eine Staublungenerkrankung), Anthrakose *f* (eine Kohlenstaubinhalationskrankheit), Anthracosis *f* (pl. -coses)
**coal mining** (Mining) / Kohlenbergbau *m*, Kohlebergbau *m* (als Industriezweig) ‖ ~ **mining** (Mining) / Produktenförderung *f* (Kohlenförderung im Schacht), Kohlenförderung *f*, Kohleförderung *f*, Kohlegewinnung *f*, Kohleabbau *m* (als Tätigkeit)
**coal-mining area** (Mining) / Kohlenrevier *n*, Kohlerevier *n*, Kohlengebiet *n* ‖ ~ **district** (Mining) / Kohlenrevier *n*, Kohlerevier *n*, Kohlengebiet *n*
**coal oil** / Kohleöl *n* (aus dem Hydrierverfahren)
**coal-oil mixture** / Kohle-Öl-Gemisch *n*
**coal petrology** (Geol, Mining) / Kohlenpetrologie *f* (Teilgebiet der angewandten Geologie und Lagerstättenkunde, das sich mit der makro- und mikroskopischen Untersuchung der Struktur der Kohlen befasst), Kohlenpetrografie *f* ‖ ~ **pit** (Mining) / Kohlengrube *f* (im Allgemeinen - unter oder über Tag) ‖ ~ **planer** (Mining) / Kohlenhobel *m* (am Kettenkratzerförderer geführtes Gewinnungsgerät), Hobel *m* ‖ ~ **preparation** / Kohleaufbereitung *f* ‖ ~ **product** (Chem Eng) / Erzeugnis *n* aus Kohle (z.B. Koks, Teer, Gas)
**coal-pulverizing mill** (Min Proc) / Kohlenstaubmühle *f*, Kohlenmühle *f*
**coal refining** / Kohleveredelung *f* (Koks, Gas, Kohlewertstoffe und flüssige Produkte), Kohlenveredlung *f* ‖ ~ **reserves** / Kohlevorräte *m pl* (nicht abgegrenzte) ‖ ~ **resources** / Kohlevorräte *m pl* (abgegrenzte)
**coal-seam** *n* (Mining) / Kohlenflöz *n* (Kohle führendes Flöz), Kohlenschicht *f*
**coal sizes*** (Mining) / handelsübliche Größen der Kohle (z.B. Feinkohle, Nuss I, Nuss II usw.) ‖ ~ **smut** (Mining) / Ausbiss *m* eines Kohlenflözes, erdige Kohlenschicht (oberflächennah) ‖ ~**-tar*** *n* (Chem Eng) / Kohlenteer *m*, Steinkohlenteer *m*
**coal-tar creosote** (Chem Eng) / Kreosotöl *n*, Kreosot *n* (von Braun- oder Steinkohlenteer) ‖ ~ **dye** (Paint) / Teerfarbstoff *m* ‖ ~ **dyestuff** (Paint) / Teerfarbstoff *m*
**coal-tar naphtha** (solvent) (Chem Eng) / Kohlenteer-Solventnaphtha *n f*

**coal-tar oil** (Civ Eng, For) / Steinkohlenteeröl *n* (Bestandteil des Straßenpechs) ‖ **~ pigment** (Paint) / Teerfarbe *f*, Teerpigment *n* (unlösliches synthetisches organisches Pigment) ‖ **~ pitch** / Steinkohlenteerpech *n* (DIN 55946, T 2) ‖ **~ resin** (Chem Eng) / Kohlenteerharz *n* (ein Kohlenwasserstoffharz)
**coal technology** / Weiterverarbeitung von Kohle *f* (umfassender als coal upgrading)
**co-altitude** *n* (Astron) / Zenitdistanz *f* (der Winkelabstand eines Gestirns vom Zenit des Beobachtungsortes, gemessen in Grad von 0° bis 180°)
**coal-to-gas conversion** / Kohle-in-Gas-Umwandlung *f*
**coal tower** / Kohlenturm *m* (in der Kokerei) ‖ **~ upgrading** / Kohleveredelung *f* (Koks, Gas, Kohlewertstoffe und flüssige Produkte), Kohlenveredlung *f* ‖ **~ washery*** (Min Proc, Mining) / Kohlenwäsche *f* (als Anlage) ‖ **~ washing** (Min Proc, Mining) / Kohlenwäsche *f* (Tätigkeit) ‖ **~ water gas** (Chem Eng) / Kohlenwassergas *n*, Doppelgas *n* ‖ **~ winning** (Mining) / Produktenförderung *f* (Kohlenförderung im Schacht), Kohlenförderung *f*, Kohleförderung *f*, Kohlegewinnung *f*, Kohleabbau *m* (als Tätigkeit)
**coaly** *adj* / kohlenartig *adj* ‖ ~ / kohlehaltig *adj*, Kohle führend *adj* ‖ ~ / mit Kohle bedeckt ‖ **~ rashings** (Geol) / weicher dunkler Kohlenschieferton
**COAM** (company-operated and -maintained network) (Comp) / Corporate Network *n* (ein Telekommunikationsnetz innerhalb eines Unternehmens oder einer Organisation mit geografisch verteilten Standorten), betriebsinternes Netz, Netz *n* für Kommunikationsgemeinschaft(en), CN (corporate network)
**coaming** *n* (Ships) / Lukensüll *m n*, Süll *m n*, Lukenkumming *m*
**CO-analyser** *n* / CO-Messgerät *n*
**CO-analyzer** *n* (US) / CO-Messgerät *n*
**Coanda effect*** (Phys) / Coanda-Effekt *m* (die Tendenz von strahlartigen Strömungen, sich an feste Wände anzulegen - nach H.Coanda, 1886-1972) ‖ **~ flap** (Aero) / Coanda-Klappe *f* (ein Störkörper im Randgebiet des Gasstrahls eines Turbinentriebwerks)
**coarse** *adj* / grob *adj* (Mahlen, Brechen, Sieb) ‖ ~ (Min Proc, Mining) / großstückig *adj*, grobstückig *adj*, derbstückig *adj*, stückig *adj* ‖ **~ adjustment** (Instr) / Schnelltrieb *m*, Grobtrieb *m*, Grobjustierung *f*, Grobeinstellung *f* (im Allgemeinen) ‖ **~ aggregate*** (Civ Eng) / grobkörniger Zuschlag, Grobzuschlag *m*, Grobzuschlagstoff *m*, grober Zuschlag ‖ **~ bark** (For) / Grobborke *f* ‖ **~ bread** (Nut) / Schrotbrot *n* ‖ **~ chip** / Grobspan *m* ‖ **~ crusher** (Min Proc) / Vorbrecher *m*, Grobbrecher *m* (bis auf Korngröße von etwa 80 mm), Grobzerkleinerungsmaschine *f* ‖ **~ crushing** (Min Proc) / Vorzerkleinerung *f*
**coarse-crystalline** *adj* / grobkristallin *adj*
**coarse-cut file** (Eng, Tools) / Schruppfeile *f* (grobe Feile für Vorarbeiten an Werkstücken), Grobfeile *f*, Schrotfeile *f*
**coarse-disperse** *adj* / grobdispers *adj*
**coarse drawing** (Met) / Grobzug *m* (beim Ziehen von Drähten) ‖ **~ end** (Weaving) / grobes Kettgarn ‖ **~ fragments** (of the soil) (Agric, Civ Eng) / Grobboden *m*, Bodenskelett *n* (grobkörnige Bestandteile des Bodens) ‖ **~ grain** / grobes Korn, Grobkorn *n* ‖ **~ grain** (For) / Grobringigkeit *f* ‖ **~ grain** s. also coarse-grained wood
**coarse-grain annealing** (Met) / Grobkornglühen *n* (zwischen 950 °C und 1100 °C - DIN 17 014, T 1), Hochglühen *n*
**coarse-grained** *adj* / grobkörnig *adj* ‖ ~ (Leather) / grobnarbig *adj* ‖ ~ (Min) / phanerokristallin *adj*, grobkristallin *adj* ‖ **~ wood** (For) / grobringiges Holz, grobjähriges Holz, Holz *n* mit breiten Jahrringen
**coarse grains** (Agric) / Grobgetreide *n* ‖ **~ gravel** (Civ Eng) / Grobkies (ungebrochener Zuschlag mit einem Kleinstkorn von 32 mm und einem Größtkorn von 63 mm - DIN 4226, T 1) ‖ **~ gravel** (Civ Eng) s. also coarse aggregate
**coarsely crystalline** / grobkristallin *adj* ‖ **~ dispersed** / grobdispers *adj* ‖ **~ threaded** (Eng) / grobgängig *adj* (Gewinde)
**coarse meal** (Agric) / Schrot *m n* (als Futtermittel)
**coarse-mesh** *attr* / weitmaschig *adj* (Sieb)
**coarse-meshed** *adj* / weitmaschig *adj* (Sieb)
**coarse needle pitch** (Weaving) / Grobstich *m*
**coarsening*** *n* / Vergröberung *f* (z.B. des Korns)
**coarse overvoltage protection** (Comp, Elec Eng) / Überspannungsgrobschutz *m* ‖ **~ pitch** (a large angle of pitch for high-speed flight) (Aero) / Steileinstellung *f* (der Luftschraube), große Steigung ‖ **~ pore** / Grobpore *f* ($\geq 20 \mu m$)
**coarse-pored** *adj* / grobporig *adj*, grobporös *adj*
**coarse-ringed timber** (For) / grobringiges Holz, grobjähriges Holz, Holz *n* mit breiten Jahrringen
**coarse sand** / Grobsand *m* (1 - 4 mm Korngröße), Grieß *m* ‖ **~ scale** (Instr) / Grobskale *f* ‖ **~ screen** (Eng) / Grobsieb *n* ‖ **~ screen** (Hyd Eng, San Eng) / Rechen *m* (Rückhaltevorrichtung am Einlauf von Klär- und Wasserkraftanlagen - meistens Grobrechen) ‖ **~ screen*** (Photog, Print) / Grobraster *m* (mit einer Rasterweite bis 33 Linien/cm)
**coarse-screen** *n* (unit) (Hyd Eng) / Grobrechen *m* (zum Zurückhalten der Feststoffe) ‖ **~ attr** (Photog, Print) / Grobraster-, grob gerastert *adj*
**coarse silt** (Geol) / Grobschluff *m* (0,063 - 0,02 mm) ‖ **~ solder** (Plumb) / Blei-Zinn-Weichlot *n* (DIN 1707) ‖ **~ spinning** (Spinning) / Grobgarnspinnen *n* ‖ **~ stitching** / Grobstich *m* (bei Schuhen) ‖ **~ stone** (Civ Eng) / Grobkies (ungebrochener Zuschlag mit einem Kleinstkorn von 32 mm und einem Größtkorn von 63 mm - DIN 4226, T 1) ‖ **~ stuff*** (Build) / Kalksandmörtel *m* ‖ **~ sugar** (Nut) / Kristallzucker *m*, Kristallraffinade *f* ‖ **~ thread** (Eng) / Grobgewinde *n* ‖ **~ thread** (Weaving) / grobes Kettgarn
**coarse-thread** *attr* (Eng) / grobgängig *adj* (Gewinde)
**coarse-threaded** *adj* / grobfädig *adj*
**coarse-time change** (Comp) / Grobzeitwechsel *m*
**coarse-toothed saw** (Carp, Tools) / grobzahnige Säge, grobzähnige Säge
**coarse washer** (Eng) / Unterlegscheibe *f* in grober Ausführung (DIN 126) ‖ **~ wool** (Textiles) / Grobwolle *f*
**coast** *v* (Elec Eng) / auslaufen *v*, ausrollen *v* ‖ **~** *n* (Ocean) / Ufer *n* (Küste), Küste *f*, Küstenstreifen *m*
**coastal bar** (Geol) / Mündungsbarre *f* ‖ **~ cable** (Cables) / Küstenkabel *n* ‖ **~ desert** (Geog, Geol) / Küstenwüste *f* ‖ **~ engineering** (Ocean) / Küstenschutz *m* (als Technikfach und wasserbauliche Maßnahmen zum Schutz der Meeresküsten) ‖ **~ erosion** (Geol, Ocean) / Küstenerosion *f* ‖ **~ ice** (Ocean) / Festeis *n* (Meereis, meistens entlang der Küste) ‖ **~ navigation** (Ships) / Kabotage *f* (kleine, große - Form der Küstenschifffahrt) ‖ **~ plain** (Geol, Ocean) / Küstenebene *f* ‖ **~ protection** (Ocean) / Uferschutz *m*, Küstenschutz *m* (im Allgemeinen) ‖ **~ radio station** (Radio) / Küstenfunkstelle *f* ‖ **~ reflection*** (Radar) / Küstenreflex *m* ‖ **~ refraction*** (Radar, Radio) / Küstenbrechung *f* ‖ **~ region** (Geog) / Küstengebiet *n* ‖ **~ shipping** (Ships) / Küstenschifffahrt *f* ‖ **~ structure** (Ocean) / Küstenschutzbau *m* (z.B. Wellenbrecher, Deiche, Buhnen usw.) ‖ **~ trade** (Ships) / Kabotage *f* (kleine, große - Form der Küstenschifffahrt) ‖ **~ waters** (Ocean) / Küstengewässer *n pl* ‖ **~ zone** (Ocean) / Küstenzone *f*
**coaster board** (Paper) / Bierglasuntersetzerpappe *f* (DIN 6730), Bierdeckelpappe *f*
**coast failure** (Hyd Eng) / Uferabbruch *m* ‖ **~ ice** (Ocean) / Festeis *n* (Meereis, meistens entlang der Küste)
**coasting*** *n* (Elec Eng) / Fahren *n* ohne eingeschalteten Motor, Rollen *n* ohne eingeschaltetem Motor ‖ **~*** (Elec Eng) / Auslauf *m*, Ausrollen *n* ‖ **~** (Ships) / Küstenschifffahrt *f* ‖ **~ of temperature** (Phys) / Nachheizen *n* bei abgestellter Energiequelle (z.B. bei den Heizplatten)
**coastline** *n* (Ocean, Ships) / Küstenlinie *f* ‖ **~ effect** (Radar, Radio) / Küsteneffekt *m* (der einen Peilfehler verursachen kann) ‖ **~ refraction** (Radar, Radio) / Küstenbrechung *f*
**coast reconnaissance aircraft** (Aero, Mil) / Küstenaufklärungsflugzeug *n*, Küstenaufklärer *m* ‖ **~ redwood** (For) / Küstenmammutbaum *m*, Eibennadliger Mammutbaum (Sequoia sempervirens (D. Don) Endl.), Küstensequoie *f*, Eibenzypresse *f*
**coat** *v* / beschichten *v*, überziehen *v*, belegen *v* ‖ **~** (US) (Agric) / pillieren *v* (Saatgut), kandieren *v* (Samen) ‖ **~** (Chem) / belegen *v* (den Träger mit Trennflüssigkeit in der Gaschromatografie) ‖ **~** (Foundry) / schlichten *v* ‖ **~** (Paint) / aufbringen *v*, auftragen *v* (Anstrichstoffe), applizieren *v* ‖ **~** (tablets) (Pharm) / dragieren *v* ‖ **~** (Welding) / umhüllen *v* ‖ **~** *n* / Belag *m* (des Schleifpapiers) ‖ **~** / Schutzschicht *f*, Belag *m*, Überzug *m*, Schicht *f* (Belag), Beschichtung *f* (als Schutzschicht) ‖ **~** (Foundry) / Schlichteschicht *f* ‖ **~** (Leather) / Fell *n* (mit Haaren bedeckte Tierhaut), Balg *m* (abgezogenes Fell von Hase, Kaninchen und Murmeltier sowie vom Haarraubwild) ‖ **~** (of paint) (Paint) / Anstrich *m* (DIN 55945), Anstrichschicht *f*
**coated abrasives** / Schleifleinen *n* und Schleifpapier (als Sammelbegriff) ‖ **~ cathode*** (Electronics) / Schichtkatode *f* (geschichtete Katode), geschichtete Katode (eine Glühkatode) ‖ **~ chippings** (Civ Eng) / Rollsplitt *m* ‖ **~ chromolitho paper** (Paper) / Chromopapier *n* (Kunstdruckpapier) ‖ **~ electrode** (Welding) / Mantelelektrode *f*, ummantelte Elektrode, umhüllte Elektrode ‖ **~ fabric** (Elec Eng) / Lackgewebe *n* (die aus Naturfaser- oder Chemiefasergarnen auf Zellulosebasis hergestellt sind), Lackleinen *n*, Lackband, lg *n* ‖ **~ fabric*** (Textiles) / beschichtetes Gewebe, beschichtetes Textil ‖ **~ glass** (Glass) / beschichtetes Glas ‖ **~ in dust** / staubbeladen *adj*, staubig *adj*, verstaubt *adj*, staubhaltig *adj*, voll Staub, staubend *adj*, staubbedeckt *adj* ‖ **~ kips** (Leather) / belegte Kipse *n* ‖ **~ lens*** (Cinema, Photog) / entspiegeltes Objektiv, reflexgemindertes Objektiv, vergütetes Objektiv ‖ **~ macadam** (Civ Eng) / Mischmakadam *m n* ‖ **~ paper** (Paper) / gestrichenes Papier (z.B. Kunstdruck- und Chromopapier), Streichpapier *n* ‖ **~ particle** (Nuc Eng) / beschichtetes Brennstoffteilchen, beschichtete Partikel (mit pyrolytisch abgeschiedenem Kohlenstoff), Coated Particle *f* ‖ **~ rice** (Nut) / glasierter Reis ‖ **~ seed** (US) (Agric) / Pillensaat *f*,

**coated**

pilliertes Saatgut, PS (pilliertes Saatgut) ‖ ~ **tablet** (Pharm) / Dragée n (pl. -s) (eine Arzneiform), Dragee n (pl. -s) ‖ ~ **tape** (Mag) / Schichtband n (ein Magnetband, bei dem eine oder mehrere magnetisierbare Schichten auf einer nicht magnetisierbaren Unterlage aufgebracht sind - DIN 66010) ‖ ~ **with solder** / lotüberzogen adj (beim Löten) ‖ ~ **yarn** (Spinning) / beschichtetes Garn

**coater** n (Paint) / Lackiermaschine f, Beschichtungsmaschine f, Coater m (Beschichtungsmaschine) ‖ ~ (Paper) / Streichanlage f, Streichmaschine f

**coating** n / Schutzschicht f, Belag m, Überzug m, Schicht f (Belag), Beschichtung f (als Schutzschicht) ‖ ~ / Beschichten n (Aufbringen von fest haftenden Schichten aus formlosem Stoff auf die Oberfläche von Werkstücken - DIN 8580), Beschichtung f ‖ ~* (Build) / Anlegen n (Auftragen eines Anstrichs oder eines Mauerputzes sowie Beginnen einer Mauerwerk- oder Plattenlegearbeit) ‖ ~ (Build, Paint) / Beschichtungsstoff m (DIN 55945) ‖ ~ (Cinema) / Beguss m (Emulsion auf dem Träger) ‖ ~ (Cinema, Optics, Photog) / Entspiegelung f (zur Reflexminderung), Vergütung f (der gegen Luft stehenden Linsenoberfläche) ‖ ~* (Elec Eng) / Kondensatorbelag m, Kondensatorbelegung f ‖ ~ (Foundry) / Schlichte f (ein Form- bzw. Kernüberzugsstoff zur Verbesserung der Gussoberfläche), Formschlichte f ‖ ~ (Foundry) / Formüberzug m, Überzug m (der Form) ‖ ~ (Nut) / Überzugsmasse f (z.B. für Back- und Süßwaren) ‖ ~ (Optics, Telecomm) / Coating n, Beschichtung f ‖ ~ (Paint) / Beschichtung f (Gesamtheit der Schichten nach DIN EN 971-1 = Lackierung + Anstrich + Kunstharzputz) ‖ ~* (Paint) / Aufbringen n (des Anstrichstoffes), Farbauftrag m, Auftrag m, Auftragen n, Auftragsverfahren n, Anstrich m (Tätigkeit), Applikation f, Applikationsverfahren n ‖ ~ (Paint) / Anstrich m (DIN 55945), Anstrichschicht f ‖ ~ (Paint) / Nachbehandlung f (von Pigmenten) ‖ ~ (Paper) / Färbung f, Farbbeschichtung f (des Karbonpapiers) ‖ ~ (Paper, Plastics) / Beschichten n mit Kunststoffen (um die Verpackungseigenschaften zu verbessern) ‖ ~* (Paper, Plastics) / Streichen n (mit einem füllstoffhaltigen Strich, um die Bedruckbarkeit zu verbessern), Strich m, Streichverfahren n ‖ ~ (Textiles) / Coating m (ein Kammgarnstoff, meistens für Mäntel) ‖ ~ (Welding) / Umhüllung f (der Elektrode) ‖ ~ (Optics, Telecomm) s. also primary coating ‖ **3-component waterborne** ~ (Paint) / Dreikomponentenwasserlack m (ein System zweier Reaktivkomponenten, dem als dritte Komponente vor der Applikation vollentsalztes Wasser zur Verdünnung zugesetzt wird) ‖ **suitable** adj **for** ~ (Paint) / beschichtungsgerecht adj ‖ ~ **adhesion** (Paint) / Anstrichhaftung f, Lackhaftung f ‖ ~ **agent** (Nut) / Überzugsmittel n (z.B. Bienen- oder Carnaubawachs, Schellack usw.) ‖ ~ **chemism** (Chem, Surf) / Chemismus m der Beschichtung ‖ ~ **chemistry** (Chem, Surf) / Chemismus m der Beschichtung ‖ ~ **clay** (Paper) / mineralische Streichmasse, mineralischer Strich (vor der Veredelung) ‖ ~ **colour** (Paint) / Deckfarbe f ‖ ~ **colour** (Paper) / Streichfarbe f ‖ ~ **defect** (Paint) / Beschichtungsfehler m ‖ ~ **defect** (Paint) / Anstrichschaden m, Lackschaden m ‖ ~ **efficiency** (Chem) / Belegungswirksamkeit f (der Kapillarsäule) ‖ ~ **etching** (Eng) / Auftragsätzen n (bei dem die Ätzlösung mit Hilfe eines Wattebausches oder Pinsels so oft auf die zu ätzende Stelle aufgetragen wird, bis die gewünschte Ätzung erreicht ist) ‖ ~ **film** (Paint) / Lackfilm m ‖ ~ **film** (Paint) / Anstrichfilm m (zusammenhängende Schicht des Anstrichstoffes)

**coating-film thickness** (Surf) / Schutzschichtdicke f, Schichtdicke f (DIN 50982, T 1)

**coating-grade clay** (Paper) / veredelte mineralische Streichmasse (meistens Kaolin)

**coating** (film) **growth** (Paint) / Schichtwachstum n ‖ ~ **machine**\* (Paper) / Streichanlage f, Streichmaschine f ‖ ~ **material** (Build) / Beschichtungsstoff m (als Korrosionsschutz im Stahlbau nach DIN 55 928-5) ‖ ~ **material** (Build, Paint) / Beschichtungsstoff m (DIN 55945) ‖ ~ **metal** (Surf) / Aufzugschichtmetall n, Überzugsmetall n ‖ ~ **of oil pan** (Paint) / Ölauffangwannenbeschichtung f ‖ ~ **of rust** (Paint) / Rostschicht f (dicke) ‖ ~ **on glass** (Glass) / Überzug m auf Glas (z.B. CVD- oder PVD-Verfahren) ‖ ~ **paper** (Paper) / Rohpapier n (z.B. als Grundlage für gestrichene Papiere) ‖ ~ **plant** (Paper) / Streichanlage f, Streichmaschine f ‖ ~ **powder** (Paint) / Beschichtungspulver n (pulverförmiger Beschichtungsstoff) ‖ ~ **powder** (Paint) / Lackpulver n (zur Pulverbeschichtung) ‖ ~ **process** (Paper, Plastics) / Streichen n (mit einem füllstoffhaltigen Strich, um die Bedruckbarkeit zu verbessern), Strich m, Streichverfahren n ‖ ~ **raw stock** (Paper) / Rohpapier n ‖ ~ **removal** (Surf) / Entschichten n ‖ ~ **roll** (Paper) / Streichwalze f ‖ ~ **side** (Cinema, Photog) / Schichtseite f, lichtempfindliche Seite ‖ ~ **slip** (Paper) / Streichmasse f (DIN 6730) ‖ ~ **system** (Paint) / Beschichtung f (Gesamtheit der Schichten nach DIN EN 971-1 = Lackierung + Anstrich + Kunstharzputz) ‖ ~ **system** (Paint) / Beschichtungssystem n (DIN 55 945),

Anstrichsystem n (fertig aufgebauter Anstrich) ‖ ~ **system** (Paint) / Anstrichaufbau m (Vorgang)

**coating(s) technology** (Paint) / Anstrichstoffverarbeitungstechnologie f, Anstrichtechnik f, Anstrichtechnologie f

**coating thickness** (Surf) / Schutzschichtdicke f, Schichtdicke f (DIN 50982, T 1)

**coating-thickness gauge** (Paint) / Schichtdickenmesser m ‖ ~ **gauging** (Paint) / Schichtdickenprüfung f ‖ ~ **testing** (Paint) / Schichtdickenprüfung f

**coating wax** (Paper) / Streichwachs m

**coating(s) weight ratio** (Surf) / Schichtgewichtsverhalten n (bei den behandelten Oberflächen)

**coat of paint** (Autos, Paint) / Lackschicht f ‖ ~ **soldering** (Met) / Auftragslöten n (Beschichten durch Löten nach DIN 50902) ‖ ~ **with rubber** / kautschutieren v, gummieren v (als Oberflächenschutz)

**coax** n (Acous, Cables) / Koaxialkabel n, koaxiales HF-Kabel, Koaxkabel n ‖ ~ **distributor** (Elec Eng) / Koaxialverteiler m, Koaxverteiler m

**coaxial** adj / konaxial adj, koaxial adj, gleichachsig adj, achsgleich adj, conaxial adj, konzentrisch angeordnet ‖ ~ **antenna**\* (Telecomm) / Koaxialantenne f ‖ ~ **cable**\* (a low-noise cable in which a conductor is surrounded by an earthed braid) (Acous, Cables) / Koaxialkabel n, koaxiales HF-Kabel, Koaxkabel n ‖ ~ **distributor** (Elec Eng) / Koaxialverteiler m, Koaxverteiler m ‖ ~ **electrode system** (Elec Eng) / konzentrische Elektrodenanordnung

**coaxial-fed antenna** (Telecomm) / Koaxialantenne f

**coaxial feeder** (Telecomm) / Koax-Anschluss m, konzentrische Speiseleitung ‖ ~ **line**\* (Elec Eng) / Koaxialleitung f (eine HF-Leitung)

**coaxial-line resonator**\* (Elec Eng) / Koaxialleitungsresonator m

**coaxial propellers**\* (Aero) / Gegenlaufluftschrauben f pl, Zwillings-Luftschrauben f pl ‖ ~ **relay**\* (Elec Eng) / Koaxialrelais n (die Kontakte sind als Innenleiter eines koaxialen Systems mit gleichem Wellenwiderstand wie die anzuschließenden Koaxialkabel ausgeführt) ‖ ~ **resonator** (Phys) / Koaxialresonator m ‖ ~ **stub**\* (Elec Eng) / Koaxialstichleitung f

**coaxing** n (improving fatigue strength of a metal by increasing the strength range, beginning just below the fatigue limit) (Met) / Trainieren n (beim Dauerschwingversuch)

**COB** (chip-on-board assembly) (Electronics) / direkte Montage auf der Leiterplatte

**cob** v (Min Proc) / scheiden v (Erz von Hand) ‖ ~ n (US) (Agric, Bot) / Maiskolben m ‖ ~ (US) (the central cylindrical woody part of the maize ear to which the grains are attached) (Agric, Bot) / Maiskolbenspindel f ‖ ~ (US) (Build) / Pisébau m, Pisémauerwerk n (gestampfte Wände aus plastischen Massen) ‖ ~* (Build) / Luftziegel m (ungebrannter Ziegel mit Strohzusatz) ‖ ~ (For) / Haselnussstrauch m, Haselnuss f (Corylus avellana var. avellana L.) ‖ ~ (Mining) / kleiner Kohlenpfeiler, Kohlenbein n

**cobalamin** n (a water-soluble antianaemic vitamin) (Biochem) / Kobalamin n (Sammelbezeichnung für Stoffe mit der Wirkung des Vitamins $B_{12}$), Cobalamin n ‖ ~ (Biochem, Pharm) s. also cyanocobalamine

**cobalt**\* n (Chem) / Kobalt n, Cobalt n, Co (Cobalt) ‖ ~ **alloy** (Met) / Kobaltlegierung f ‖ ~ **aluminate** (Ceramics, Chem) / Kobaltaluminat n, Cobaltaluminat n ‖ ~ **aluminide** (Chem) / Cobaltaluminid n, Kobaltaluminid n ‖ ~ **(III) ammine** (Chem) / Cobaltiak n

**cobaltammine**\* n (Chem) / Cobaltiak n

**cobalt bath** / Cobaltelektrolyt m, Kobaltelektrolyt m

**cobalt-beam therapy** (Med, Radiol) / Telecurietherapie f (mit Kobalt 60), Telegammatherapie f (mit Kobalt 60), Kobalttherapie f

**cobalt bloom**\* (Min) / Erythrin m, Kobaltblüte f ‖ ~ **blue** / Cobaltblau n (ein Mischphasenpigment), Kobaltblau n (ein Kobaltaluminat), Kobaltultramarin n, Thenard-Blau n (nach L.J. Baron Thenard, 1777-1857), Dumonts Blau

**cobalt(II) blue** (Chem) / Coelestinblau n, Zölestinblau n, Cobaltblau n, Kobaltblau n (ein Kobalt[II]-stannat)

**cobalt bomb**\* (Med, Radiol) / Gammatron n, Kobalt-60-Gerät n (eine Telegamma-Therapieeinrichtung), Kobaltkanone f, Kobaltquelle f ‖ ~ **bomb**\* (Mil) / Kobaltbombe f (eine Wasserstoffbombe mit Kobaltmantel) ‖ ~ **carbonyl**\* (Chem) / Cobaltcarbonyl n, Kobaltkarbonyl n ‖ ~ **chloride** (Chem) / Kobalt(II)-chlorid n, Cobalt(II)-chlorid n, Kobaltdichlorid n, Cobaltdichlorid n ‖ ~ **chloride** (test) **paper** (Chem) / Kobaltchloridpapier n, Cobaltchloridpapier n ‖ ~ **coat**(ing) (Surf) / Kobaltschicht f (eine Oberflächenschutzschicht), Kobaltschutzschicht f ‖ ~ **(III) fluoride** (Chem) / Kobalt(III)-fluorid n, Cobalt(III)-fluorid n ‖ ~ **glance** (Min) / Kobaltit m, Kobaltin m, Kobaltglanz m ‖ ~ **glass** (Glass) / Kobaltglas n (durch Kobaltoxid intensiv blau gefärbtes Glas) ‖ ~ **glass**, s. also king's blue and smalt ‖ ~ **green** (Chem) / Rinmans Grün n (nach S. Rinman, 1720-1792), Kobaltgrün n

**cobaltic** adj (Chem) / Kobalt(III)-, Kobalt-, Cobalt(III)-

**cobaltiferous arsenopyrite** (Min) / kobalthaltiger Arsenopyrit (z.B. Danait oder Glaukodot), Kobaltarsenkies *m*
**cobaltine** *n* (Min) / Kobaltit *m*, Kobaltin *m*, Kobaltglanz *m*
**cobaltite*** *n* (Min) / Kobaltit *m*, Kobaltin *m*, Kobaltglanz *m*
**cobaltocalcite** *n* (Min) / Sphärokobaltit *m*, Kobaltspat *m*
**cobaltonitrite** *n* (Chem) / Hexanitrokobaltat(III) *n*, Hexanitrocobaltat(III) *n*, Nitrokobaltat(III) *n*, Nitrocobaltat(III) *n*
**cobaltous** *adj* (Chem) / Kobalt-, Kobalt(II)-, Cobalt(II)- ‖ ~ **chloride** (Chem) / Kobalt(II)-chlorid *n*, Cobalt(II)-chlorid *n*, Kobaltdichlorid *n*, Cobaltdichlorid *n*
**cobalt • (II) oxide*** (Chem) / Kobaltmonoxid *n*, Cobaltmonoxid *n*, Kobalt(II)-oxid *n*, Cobalt(II)-oxid *n* ‖ ~**(III) oxide** (Chem) / Kobalt(III)-oxid *n*, Dikobalttrioxid *n*, Kobalttrioxid *n*, Cobalt(III)-oxid *n*, Dicobalttrioxid *n*, Cobalttrioxid *n* ‖ ~ **pencil** (Radiol) / Co-Pencil *m* (auc Co-Tabletten) ‖ ~ **pigment** (Ceramics) / Kobaltpigment *n* ‖ ~ **pyrites** (Min) / Linneit *m* (ein Kobaltnickelkies) ‖ ~ **sesquioxide** (Chem) / Kobalt(III)-oxid *n*, Dikobalttrioxid *n*, Kobalttrioxid *n*, Cobalt(III)-oxid *n*, Dicobalttrioxid *n*, Cobalttrioxid *n* ‖ ~ **steels*** (Met) / Kobaltstähle *m pl* ‖ ~ **therapy** (Med, Radiol) / Telecurietherapie *f* (mit Kobalt 60), Telegammatherapie *f* (mit Kobalt 60), Kobalttherapie *f* ‖ ~ **ultramarine** (Chem) / Cobaltblau *n* (ein Mischphasenpigment), Kobaltblau *n* (ein Kobaltaluminat), Kobaltultramarin *n*, Thenard-Blau *n* (nach L.J. Baron Thenard, 1777-1857), Dumonts Blau ‖ ~ **unit*** (Med, Radiol) / Gammatron *n*, Kobalt-60-Gerät *n* (eine Telegamma-Therapieeinrichtung), Kobaltkanone *f*, Kobaltquelle *f* ‖ ~ **vitriol*** (Min) / Bieberit *m* (seltenes Verwitterungsprodukt von Kobalterzen) ‖ ~ **yellow** (Chem) / Indischgelb *n*, Aureolin *n*, Fischers Salz, Kobaltgelb *n* (Kaliumhexanitrokobaltat(III))
**cobbing*** *n* (Min Proc) / Handzerkleinerung *f* des Erzes (ein Aufbereitungsvorgang) ‖ ~*** (Min Proc) / Klaubearbeit *f*, Klauben *n*
**cobble** *v* (Textiles) / nachfärben *v* (fehlerhaft gefärbte Stückware) ‖ ~ *n* (Civ Eng) / Kopfstein *m* (für Kopfsteinpflaster) ‖ ~* (Geol) / Rollkiesel *m* von 24-256 mm Durchmesser ‖ ~ (Met) / anklebendes Walzgut, Kleber *m* (Walzgut), Wickler *m* (ein Walzfehler)
**cobbled** *adj* (Civ Eng) / mit Kopfsteinpflaster
**cobblers** *pl* (Textiles) / wegen fehlerhaften Färbens beanstandete und der Färberei zurückgegebene Stückware
**cobbler's thread** / Schusterdraht *m*, Pechdraht *m* (zum Nähen von Schuhen), Pechfaden *m* (ein mit Schusterpech eingeriebener Handnähfaden), Draht *m* (zum Nähen von Schuhen) ‖ ~ **wax** / Schusterpech *m*
**cobbles** *pl* (4 to 2 in.)* (Fuels, Mining) / Würfelkohle *f* (80-120 mm - Steinkohle) ‖ ~ (Mining) / Knabbelkohle *f*, Knabbeln *pl* (80 - 120 mm) ‖ ~ (4 to 2 in.) (Mining) / Nuss I (50-80mm-Steinkohle)
**cobblestone*** *n* (Civ Eng) / Kopfstein *m* (für Kopfsteinpflaster) ‖ ~* (Geol) / Rollkiesel *m* von 24-256 mm Durchmesser
**cobbling** *n* (Textiles) / nachfärben *n* fehlerhaft gefärbter Stückware, Neufärben *n* fehlerhaft gefärbter Stückware
**Cobb sizing test*** (Paper) / Bestimmung *f* der Wasseraufnahme nach Cobb
**Coble creep** (Materials) / Coble-Kriechen *n* (bei dem Gitteratome durch Diffusion längs Korngrenzen aus Bereichen unter elastischer Druckspannung in solche unter Zugspannung transportiert werden)
**COBOL** (Common Business-Oriented Language)* (Comp) / Cobol *n* (eine problemorientierte Programmiersprache für den allgemeinen Geschäftsbetrieb - DIN 66028)
**coboundary** *n* (Maths) / Korand *m*
**COBRA** (counter-battery radar) (Mil, Radar) / Artillerieortungsradar *m*
**Cobra process** (For) / Impfstichverfahren *n*, Cobra-Impfverfahren *n* (ein altes Holzschutzverfahren) ‖ ~ **venom** (Med, Pharm) / Kobratoxin *n*
**cobwebbing** *n* (the production of fine filaments instead of the usual atomized particles when certain materials are sprayed) (Paint) / Fadenziehen *n* (unerwünschte Erscheinung beim Auftragen von Anstrichstoffen, deren Lösungsmittel teilweise schon während des Spritzens oder Streichens verdunsten)
**cobweb gun** (Cinema) / Spinnwebmaschine *f* (Effektgerät zur Erzeugung künstlicher Spinnweben)
**cobwork** *n* (US) (Build) / Blockhausbau *m*
**coca alkaloid** (a tropane alkaloid) (Pharm) / Kokaalkaloid *n* (ein Tropanalkaloid)
**cocaine*** *n* (Pharm) / Kokain *n*, Cocain *n* (ein Tropanalkaloid) (Benzoylecgoninmethylester)
**cocarboxylase** *n* (Biochem, Pharm) / Aneurinpyrophosphat *n*, APP (Aneurinpyrophosphat), Thiaminpyrophosphat *n*, TPP (Thiaminpyrophosphat), Thiamindiphosphat *n*, Cocarboxylase *f*, Kokarboxylase *f* (Diphosphorsäureester von Thiamin)
**cocarcinogen** *n* (Med) / Cocarcinogen *n* (ein Stoff, der die Krebsentstehung begünstigt), Kokarzinogen *n*
**cocartesian** *adj* (Maths) / kokartesisch *adj*, cocartesisch *adj*

**cocatalysis** *n* (Chem) / Kokatalyse *f*
**coccidia** *pl* (Agric, Bacteriol, Med) / Kokzidien *f pl*
**coccin** *n* (Photog) / Retuschierrot *n*
**coccus*** (*pl cocci*) *n* (Bacteriol) / Kokkus *m* (pl. Kokken), Kugelbakterie *f*
**co-channel** *n* (Radio) / Gleichkanal *m*, gemeinsamer Kanal ‖ ~ **operation** (Radio) / Gleichkanalbetrieb *m*
**cochineal*** *n* (Chem) / Koschenille *f*, Cochenille *f* (getrocknete weibliche Koschenilleschildläuse) ‖ ~ (Micros, Nut) / Karmin *n* (Echtes - E 120), Kermesrot *n*, Karmesin *n*, Koschenille *f*, Cochenille *f* (roter Farbstoff)
**Cochran's criterion** (a criterion proposed by W.G.Cochran to test for significant differences between three or more sets of matched observations when the observations are divided into two categories, such as good or bad, unfavourable or favourable) (Stats) / Cochran-Test *m* (ein Signifikanztest) ‖ ~ **test** (Stats) / Cochran-Test *m* (ein Signifikanztest)
**Cochran test** (Stats) / Cochran-Test *m* (ein Signifikanztest)
**cochromatography** *n* / Kochromatografie *f* (Verfahren zur Identifizierung von Verbindungen bei chromatografischen Trennungen), Cochromatografie *f*
**cock** *v* (Carp) / verzapfen *v* (Balken), verkämmen *v* (einfach, doppelt, schwalbenschwanzförmig) ‖ ~ (Photog) / spannen *v* (den Verschluss) ‖ ~ *n* (Plumb) / Hahn *m* (pl. Hähne od. Hahnen)
**cockade** *n* (Geol) / Kokarde *f*, Ringel *m* (Umkrustung von Nebengesteinsbrocken durch Erze)
**cockchafer** *n* (Agric, Zool) / Maikäfer *m* (Melolontha sp.)
**Cockcroft and Walton accelerator*** (Nuc Eng) / Cockcroft-Walton-Generator *m* (nach Sir J.D.Cockcroft, 1897-1967, und Sir E.Walton, 1903- 1995), Kaskadengenerator *m*
**Cockcroft-Walton generator** (Nuc Eng) / Cockcroft-Walton-Generator *m* (nach Sir J.D.Cockcroft, 1897-1967, und Sir E.Walton, 1903- 1995), Kaskadengenerator *m*
**cocked hat** (GB) (Aero) / Fehlerdreieck *n* (bei Standortbestimmung)
**cocker-sprag** *n* (Mining) / Strebstempel *m*, Strebestempel *m*
**cocking*** *n* (Carp) / Verzapfung *f* (von Balken), Verkämmung *f* (von Balken) ‖ ~ **lever** (Photog) / Verschlussaufzugshebel *m*, Transporthebel *m* ‖ ~ **lever** (Photog) / Verschlussspannhebel *m* ‖ ~ **spring** (Eng) / Spannfeder *f*
**cockle** *n* (Leather) / Cockle *n* (kleine Knötchen an Schaffellen - ein Krankheitsschaden)
**cockled yarn** (Spinning) / Garn *n* mit dicken oder knotigen Stellen
**cockle-stairs*** *pl* (Build) / Treppe *f* mit gewendelten oder gewundenen Läufen oder Armen
**cockling*** *n* (Paper) / Welligwerden *n*, Kräuseligwerden *n*, Beuligwerden *n* ‖ ~* (Spinning) / Kringelbildung *f*, Kräuselung *f* (Fehler)
**cock loft** (Build) / Spitzboden *m* (ein kleiner Dachboden)
**cockpit** *n* (Aero) / Kanzel *f* (Pilotenraum) ‖ ~* (Aero, Ships) / Cockpit *n* (Flugzeugführerraum; Vertiefung im Deck von Segelbooten vor dem Ruder), Pilotenkanzel *f* (im Flugzeug) ‖ ~ (Autos) / Cockpit *n* (der gesamte Fahrerplatz mit Bedienungselementen - bei Sport- und Rennwagen) ‖ ~ **karst** (Geol) / Kegelkarst *m* ‖ ~ **voice recorder** (Aero) / Gerät *n* zur Aufzeichnung der Gespräche im Cockpit
**cockroach** *n* (Med, Nut, Zool) / Schabe *f* ‖ ~* (Print) / Kleinbuchstabensatz *m*
**cockscomb*** *n* (Min) / Kammkies *m* (Markasit in gezähnelten Gruppen) ‖ ~ **pyrites** (Min) / Kammkies *m* (Markasit in gezähnelten Gruppen)
**cock spur** (Ceramics) / Hahnenfuß *m* (ein Brennhilfsmittel)
**cocktail-party effect** (Acous) / Cocktailparty-Effekt *m* (Fähigkeit, sich beim zweiohrigen Hören auf eine unter vielen Schallquellen zu konzentrieren)
**cock valve** (a ball valve) (Eng) / Hahnventil *n*, Ventil *n* (Hahn) ‖ ~ **wheel** (Eng) / Zwischenrad *n*
**coco** *n* (Bot, Nut) / Kokosnuss *f*
**cocoa** *n* (a fretting corrosion) (Eng) / Passungsrost *m* (an Passflächen von Eisenwerkstoffen durch Reibkorrosion entstandener Rost), Reibrost *m* ‖ ~ (powder) (Nut) / Kakaopulver *n*, Kakao *m* ‖ ~ **bean** (Nut) / Kakaobohne *f*
**cocoa-bean fragments** (Nut) / Kakaobruch *m* ‖ ~ **fragments** (Nut) / Kakaobohnenbruch *m*
**cocoa butter** (Nut) / Kakaobutter *f* (Fett der Kakaobohne), Oleum *n* Cacao, Kakaofett *n*, Kakaoöl *n* ‖ ~ **dust** (Nut) / Kakaogrus *m* ‖ ~ **fines** (Nut) / Kakaogrus *m* ‖ ~ **mass** (Nut) / Kakaomasse *f*
**cocoamidopropyl betaine** / Cocoamidopropylbetain *n* (ein Amphotensid für Kosmetik), CAPB
**cocoa nibs** (Nut) / Kakaobruch *m*
**cocoanut** *n* (Bot, Nut) / Kokosnuss *f*
**cocoa powder** (Nut) / Kakaopulver *n*, Kakao *m* ‖ ~ **press cake** (Nut) / Kakaopresskuchen *m* ‖ ~ **seed** (Nut) / Kakaobohne *f*
**cocoate** *n* (Chem) / Salz *n* der Kokosfettsäuren

**cocobolo**

**cocobolo** n (For) / Cocobolo n, Coccobolo n, Cocoholz n, Salamanderholz n, Cocoboloholz n (von Dalbergia-Arten) ‖ ~ (For) s. also rosewood
**cocodemer** n / Doppelkokosnuss f, Seychellennuss f, Maledivische Nuss, Meereskokosnuss f (Frucht der Palme Lodoicea maldivica (J.F. Gmel) Pers.)
**cocondensation** n (Chem, Plastics) / Kokondensation f, Mischkondensation f
**coconut** n (Bot, Nut) / Kokosnuss f ‖ ~ **butter** / Kokosbutter f (raffiniertes Kokosöl), Kokosnussbutter f ‖ ~ **flavour** (Nut) / Kokosaroma n ‖ ~ **matting** (Textiles) / Kokosmatten f pl ‖ ~ **milk** / Kokosmilch f (flüssige Phase des Endosperms der Kokospalme) ‖ ~ **oil**\* / Kokosnussöl n, Kokosöl n, Oleum n Cocos, Kokosfett n ‖ ~ **water** / Kokosmilch f (flüssige Phase des Endosperms der Kokospalme)
**cocoon**\* n (Textiles) / Kokon m, Seidenkokon m
**cocooning** n / Kokonverfahren n (zum zeitweiligen Korrosionsschutz von Gegenständen bei Lagerung und Transport), Kokon-Einspinnverfahren n, Kokonverpackung f, Cocoon-Verfahren n
**co-current** n (Chem Eng, Phys) / Gleichstrom n (bei der Strömung)
**co-current contact**\* (Chem Eng) / Gleichstromprozess m, Gleichstromverfahren n
**co-current process** (Chem Eng) / Gleichstromprozess m, Gleichstromverfahren n ‖ ~ **treatment** (Chem Eng) / Gleichstromprozess m, Gleichstromverfahren n
**cocuswood**\* n (For) / Kokusholz n (westindisches Edelholz aus Brya sp.), Cocuswood n
**cocycle** n (Maths) / Kozyklus m, Cozyklus m
**COD** (cash on delivery) / zahlbar bei Lieferung (eine Handelsklausel), c.o.d. (zahlbar bei Lieferung) ‖ ≙ (chemical oxygen demand) (Chem, Ecol) / chemischer Sauerstoffbedarf, CSB m (chemischer Sauerstoffbedarf) ‖ ≙ (crack-opening displacement) (Materials) / Rissaufweitung f ‖ ≙ (Materials) / Rissspitzenöffnungsverschiebung f, Rissöffnungsverschiebung f
**codable** adj / kodierbar adj, codierbar adj
**Codan**\* n (Telecomm) / trägerwellengesteuerter Geräuschunterdrücker
**CODATA** = Committee on Data for Science and Technology
**Codazzi's equations** (Maths) / Mainardi-Codazzi'sche Gleichungen (zwei Integrabilitätsbedingungen für das Umkehrproblem der Flächentheorie - nach G. Mainardi, 1800 - 1879, und D. Codazzi, 1824 - 1873)
**code** v / kodieren v, codieren v ‖ ~\* n (Comp, Telecomm) / Kode m (Vorschrift für die eindeutige Zuordnung der Zeichen eines Zeichenvorrats zu denjenigen eines anderen Zeichenvorrats - DIN 44300), Code m ‖ ~ (Teleph) / Kennzahl f ‖ ~ **book** (Comp) / Kodelexikon n
**codec** n (Comp, Telecomm) / Codec m, Kodierer-Dekodierer m (von analogen bzw. digitalen Signalen)
**code changing** (Comp, Telecomm) / Kodeumstellung f, Codeumstellung f ‖ ~ **character** (a particular arrangement of code elements representing a specific symbol or value) (Comp, Telecomm) / Kodezeichen n, Codezeichen n
**codeclination** n (Astron) / Poldistanz f (sphärischer Abstand eines Gestirns vom nördlichen bzw. südlichen Himmelspol auf einem Stundenkreis), Polardistanz f
**code conversion** (Comp, Telecomm) / Umkodierung f, Kodeumsetzung f, Codeumsetzung f, Kodekonversion f, Codeconversion f, Umsetzung f des Kodes, Rekodierung f, Recodierung f ‖ ~ **converter** (Comp) / Umkodierer m, Kodeumsetzer m, Kodewandler m
**coded aperture** (Radiol) / kodierte Apertur (ausgedehnter, teilweise strahlungsdurchlässiger Schirm zur Abbildung eines Objekts)
**code date** (Nut, Pharm) / Verfalldatum n (verschlüsseltes)
**coded call** (Teleph) / Coderuf (z.B. beim Ankündigen von Pausen oder eines Feueralarms), Koderuf m ‖ ~ **halt** (Comp) / programmierter Stopp, Programmstopp m
**code dictionary** (Comp) / Kodelexikon n ‖ ≙ **Division Multiple Access** (Comp, Telecomm, TV) / CDMA-Verfahren n (ein Verfahren zum Kanalzugriff), CDMA-Technik f
**coded-mark inversion** (Comp, Teleph) / Coded Mark Inversion m (ITU-Norm für Schnittstellenleitungen bei 139 264 kbit/s), CMI (Coded Mark Inversion) ‖ ~ **inversion code** (Comp, Teleph) / CMI-Code m, CMI-Kode m
**coded modulation** (Telecomm) / kodierte Modulation ‖ ~ **representation** / kodierte Darstellung ‖ ~ **stop** (Comp) / programmierter Stopp, Programmstopp m
**code element** / Kodeelement n (kleinste Einheit zur Bildung eines Kodewortes), Codeelement n ‖ ~ **element** / Zeichenschritt m, Kodeelement n (Teil des seriellen Fernschreibgleichstromsignals) ‖ ~ **error** (Comp, Telecomm) / Kodefehler m, Codefehler m ‖ ~ **extension character** (Comp) / Steuerzeichen n zur Kodeerweiterung ‖ ~ **gain** (Comp) / Kodiergewinn m, Codiergewinn m ‖ ~ **generator** (a program or program function, often part of a compiler, which transforms a computer program from some intermediate level of representation into a lower level of representation such as assembly code or machine code ) (Comp) / Kodegenerator m ‖ ~ **hole track** (Comp) / Datenspur f
**code-independent** adj (Comp) / kodeunabhängig adj, codeunabhängig adj
**codeine**\* n (Pharm) / Kodein n (Methylmorphin), Codein n (ein Opiumalkaloid)
**code key** (Comp, Telecomm) / Codetaste f, Kodetaste f ‖ ~ **letter** (Elec Eng, Telecomm) / Kennbuchstabe m
**code-modulated** adj / kodemoduliert adj, codemoduliert adj
**code of conduct** (Comp) / ethischer Kode (ein Verhaltenskodex für das DV-Personal) ‖ ~ **of fair information practice** (Comp) / ethischer Kode (ein Verhaltenskodex für das DV-Personal) ‖ ~ **of** (good) **practice**\* / Merkblatt n ‖ ~ **of signals** (Ships) / Signalbuch n
**codeposit** vt (Surf) / gemeinsam abscheiden, gleichzeitig galvanisch aufbringen
**coder** n (Comp) / Kodierer m (Mitarbeiter, der die Programmablaufpläne in Anweisungen einer Programmiersprache überträgt), Codierer m ‖ ~\* (Comp, Telecomm) / Koder m (System oder Person zur Kodierung von Nachrichten), Codierer m ‖ ~ (Radio) / Coder m, Koder m (beim Stereorundfunk)
**coder-decoder** n (Telecomm) / Codec m, Kodierer-Dekodierer m (von analogen bzw. digitalen Signalen)
**code-repetition frequency** (with phase coding or pulse compression) (Radar) / Kodefolgefrequenz f, Codefolgefrequenz f
**coder-filter-decoder** n (Electronics) / Cofidec m
**code sharing** (Aero) / Codesharing n (Schlüsselnummer, unter der ein Kooperationsflug gemeinsam von zwei Partnerfluggesellschaften durchgeführt wird) ‖ ~ **structure** (Comp) / Kodeaufbau m, Codeaufbau m
**CO detector** / CO-Detektor m, Kohlenmonoxiddetektor m
**code track** (Comp) / Datenspur f ‖ ~ **transparency** (Comp) / Kodetransparenz f (eines Kanals, der jede beliebige Folge von Kodesymbolen eines bestimmten Kodesymbolvorrats fehlerfrei übertragen kann)
**code-transparent** adj (Comp) / kodetransparent adj (Datenübermittlung), codetransparent adj
**codeword** n (Comp) / Kodewort n
**Codex Alimentarius** (Nut) / Codex Alimentarius m (von der WHO/FAO 1961 gebildete Kommission, die zum Schutz der Gesundheit und zur Gewährleistung eines lauteren Wettbewerbs international gültige Normen - die Codex Standards - für Lebensmittel erstellen soll)
**codilla** n (Textiles) / Schwingwerg n
**codim** n (Maths) / Kodimension f, Codimension f, codim
**codimension** n (Maths) / Kodimension f, Codimension f, codim
**coding**\* n / Kodieren n, Kodierung f, Codieren n, Codierung f ‖ ~ **circuit** (Telecomm) / Kodierschaltung f ‖ ~ **device** / Kodierer m (ein Kodeumsetzer) ‖ ~ **gain** (Comp) / Kodiergewinn m, Codiergewinn m ‖ ~ **instruction** (Comp) / Kodieranweisung f ‖ ~ **sequence**\* (Biochem) / kodierende Sequenz ‖ ~ **sheet** (Comp) / Kodierblatt n
**codistillation** n (Chem) / Kodestillation f, Verstärkungsdestillation f
**cod-liver oil**\* (Pharm) / Lebertran m (von den Gadus-Arten), Kodöl n, Oleum n Jecoris Aselli, Dorschlebertran m, Dorschleberöl n, Kabeljaulebertran m
**cod-liver oil**\* (Pharm) s. also liver oil
**codogenic strand** (Gen) / codogener Strang, kodogener Strang, Masterstrang m (der DNS-Doppelhelix)
**codomain** n (Maths) / Nachbereich m, Wertebereich m, Bildbereich m, Ziel n, Bildmenge f, Zielmenge f (bei mengentheoretischer Definition der Funktion), Wertevorrat m
**codominance** n (Gen) / Kodominanz f, Kombinanz f (Wirkung verschiedener dominanter Allele eines Genortes), Additivität f
**codon**\* n (Biochem, Gen) / Codon n (Nucleotidtriplett), Kodon n
**co-driver** n (Autos) / Beifahrer m (berufsmäßiger Mitfahrer im Lkw)
**co-driver** n (Autos) / Kopilot m
**COE** (cabover engine) (Autos) / Frontlenker m (wenn sich der Fahrersitz über der Vorderachse befindet)
**COED process** (Chem Eng) / COED-Verfahren n (Erzeugung von Gas, Öl und Koks durch Schwelen von Kohle in mehrstufigen Wirbelschichtreaktoren)
**coefficient**\* n (Maths, Phys) / Koeffizient m (DIN 5485), Beizahl f, Beiwert m ‖ ~ **function** (of a power series) (Maths) / Koeffizientenfunktion f ‖ ~ **of absorption**\* (Phys) / Absorptionskoeffizient m (bei Strahlung) ‖ ~ **of annual discharge** (Hyd Eng) / Jahresabflussbeiwert m (DIN 4045) ‖ ~ **of asymmetry** (Elec Eng) / Kapazitätsdifferenz f ‖ ~ **of compressibility**\* (Chem, Phys) / Kompressibilitätskoeffizient m ‖ ~ **of correlation** (Stats) / Korrelationskoeffizient m (das Maß der Korrelation nach DIN 1319, T 4) ‖ ~ **of coupling** (Telecomm) / Kopplungskoeffizient m ‖ ~ **of determination** (Stats) / Bestimmtheitsmaß n ‖ ~ **of discharge** (Phys)

/ Geschwindigkeitsziffer *f* (das Verhältnis der beim Ausströmen von Flüssigkeiten und Gasen tatsächlich auftretenden Geschwindigkeit zur theoretisch möglichen bei reibungsfreier Strömung) ‖ ~ **of discharge** (Phys) / Ausflussziffer *f* (das Verhältnis der tatsächlich aus einer Mündung in der Sekunde austretenden Masse einer Flüssigkeit oder eines Gases zu der theoretisch möglichen Masse) ‖ ~ **of drag** (Aero, Autos) / Widerstandsbeiwert *m* (der Proportionalitätsfaktor $C_w$), Luftwiderstandsbeiwert *m*, $C_w$-Wert *m* ‖ ~ **of earth pressure** (Civ Eng) / Erddruckkoeffizient *m* ‖ ~ **of expansion*** (Phys) / Ausdehnungskoeffizient *m* ‖ ~ **of fineness*** (Ships) / Schärfegrad *m* (ein Völligkeitsgrad), Schlankheitsgrad *m* (ein Völligkeitsgrad) ‖ ~ **of fineness*** (Ships) / Völligkeitsgrad *m* (eine Verhältniszahl zur Kennzeichnung der Form des Unterwasserteils von Schiffen und zur Beurteilung der Schwimmkörpereigenschaften), Formparameter *m* ‖ ~ **of form** (Ships) / Völligkeitsgrad *m* (eine Verhältniszahl zur Kennzeichnung der Form des Unterwasserteils von Schiffen und zur Beurteilung der Schwimmkörpereigenschaften), Formparameter *m* ‖ ~ **of friction*** (Phys) / Reibungszahl *f* (Verhältnis der Reibungskraft zur Normalkraft), Reibungskoeffizient *m*, Reibzahl *f* ‖ ~ **of friction of rest** (Phys) / Reibungskoeffizient *m* der Ruhe, Haftreibungszahl *f* ‖ ~ **of heat transfer** (Heat) / Wärmedurchgangskoeffizient *m* (DIN 1341) ‖ ~ **of imperviousness** (US) (Civ Eng, Geol, Hyd Eng) / Abflussbeiwert *m* (Verhältnis von Abfluss zu Niederschlagsmenge nach DIN EN 752-1), oberirdischer Abfluss (prozentual zur Niederschlagsmenge) ‖ ~ **of kinetic friction** (the ratio of the frictional force, parallel to the surface of contact, that opposes the motion of a body which is sliding or rolling over another, to the force, normal to the surface of contact, with which the bodies press against each other) (Phys) / Reibungskoeffizient *m* der Bewegung ‖ ~ **of linear expansion** (Phys) / linearer Ausdehnungskoeffizient, Längenausdehnungskoeffizient *m*, linearer Dehnungskoeffizient, Längsdehnungskoeffizient *m* ‖ ~ **of non-determination** (Stats) / Unbestimmtheitsmaß *n* ‖ ~ **of non-determination** (Maths) / Unbestimmtheitsmaß *n* (in der Korrelationsrechnung) ‖ ~ **of performance** / Leistungsziffer *f*, Leistungszahl *f* ‖ ~ **of permeability** (Agric, Hyd Eng) / Durchlässigkeitsbeiwert *m*, Durchlässigkeitsziffer *f* (z.B. im Darcy'schen Gesetz) ‖ ~ **of reflection** (Telecomm) / Reflexionsfaktor *m* (bei Leitungen) ‖ ~ **of reflection*** (Light, Optics) / Reflexionsgrad *m* (Verhältnis des reflektierten Lichtstroms zum auffallenden Lichtstrom) ‖ ~ **of reflection*** (Light) / Reflexionskoeffizient *m* ‖ ~ **of restitution*** (Phys) / Stoßzahl *f*, Restitutionskoeffizient *m* (bei den Stößen realer Körper) ‖ ~ **of rigidity*** (Eng, Phys) / Schermodul *m* (DIN 13343), Gleitmodul *m*, Schubmodul *m* (DIN 1304, DIN 13316 und DIN 13343), Scherungsmodul *m*, G-Modul *m*, Gestaltmodul *m*, Schubelastizitätsmodul *m* ‖ ~ **of roughness** (Hyd, Phys) / Rauigkeitsbeiwert *m* (z.B. in der Fließformel nach Manning-Strickler) ‖ ~ **of rugosity** (Hyd, Phys) / Rauigkeitsbeiwert *m* (z.B. in der Fließformel nach Manning-Strickler) ‖ ~ **of similarity** (Stats) / Ähnlichkeitsmaß *n*, Ähnlichkeitskoeffizient *m* ‖ ~ **of sliding friction** (Mech) / Gleitreibungsbeiwert *m* ‖ ~ **of static friction** (Phys) / Reibungskoeffizient *m* der Ruhe, Haftreibungszahl *f* ‖ ~ **of thermal expansion** (Heat) / Wärmeausdehnungszahl *f* (der berechenbare Wert der jeweiligen Wärmedehnung), Wärmedehnzahl *f*, thermischer Ausdehnungskoeffizient, Wärmeausdehnungskoeffizient *m* ‖ ~ **of thermal expansion** (Phys) / thermischer kubischer Ausdehnungskoeffizient (des Gay-Lussac-Gesetzes) ‖ ~ **of thermal insulation** (Build, Civ Eng, Heat) / Wärmedämmwiderstand *m*, Wärmedurchgangswiderstand *m* ‖ ~ **of traction** (Rail) / Fahrwiderstand *m* (z.B. Roll- oder Steigungswiderstand) ‖ ~ **of transmission** (Optics, Phys) / Transmission *f* (als Anteilwert), Transmissionsgrad *m*, Transmittivität *f* ‖ ~ **of transmission** (Agric, Hyd Eng) / Durchlässigkeitsbeiwert *m*, Durchlässigkeitsziffer *f* (z.B. im Darcy'schen Gesetz) ‖ ~ **of utilization** (Eng) / Ausnutzungsgrad *m*, Nutzungsgrad *m*, Auslastungsgrad *m*, Ausnutzungsfaktor *m* (als Prozentsatz), Benutzungsfaktor *m* ‖ ~ **of utilization*** (Light) / Beleuchtungswirkungsgrad *m* ‖ ~ **of variation*** (Stats) / Variationskoeffizient *m* (eine zum Vergleich der Variabilität von Verteilungen benutzte Maßzahl - DIN 1319, T 3), Variationszahl *f* ‖ ~ **of viscosity*** (Phys) / Viskositätskoeffizient *m* (stoffspezifische Konstante in rheologischen Stoffgesetzen), Koeffizient *m* der inneren Reibung ‖ ~ **of viscosity*** s. also dynamic viscosity

**Coehn's law** (Elec Eng) / Coehn'sches Gesetz (negative Aufladung der Phase mit der kleineren Dielektrizitätskonstante - bei elektrokinetischen Erscheinungen)

**co-electroplate** *vt* (Surf) / gemeinsam abscheiden, gleichzeitig galvanisch aufbringen

**coelin** *n* (Chem) / Coelinblau, Coeruleum *n*

**coeline** *n* (Chem) / Coelinblau, Coeruleum *n*

**coelostat*** *n* (Astron) / Zölostat *m*, Coelostat *m*

**coenzyme*** *n* (Biochem) / Koenzym *n*, Coenzym *n* ‖ ~ **A*** (Biochem) / Koenzym *n* A, Coenzym *n* A, CoA *n*, CoA-SH ‖ ~ *n* **I** (Biochem) / Nicotinamid-Adenin-Dinucleotid *n*, NAD (Nicotinamid-Adenin-Dinucleotid), Nicotinamid-Adenin-Dinukleotid *n*, Nikotinamid-Adenin-Dinukleotid *n* ‖ ~ **II** (Biochem) / Nicotinamid-Adenin-Dinucleotidphosphat *n*, NADP (Nicotinamid-Adenin-Dinucleotidphosphat), Nikotinamid-Adenin-Dinukleotidphosphat *n* ‖ ~ **Q** (a quinone coenzyme functioning in the electron-transport chain in respiration) (Biochem) / Koenzym *n* Q, Ubichinon *n*, Coenzym *n* Q

**co-equalizer** *n* (Maths) / Differenzkokern *n*

**coercimeter*** *n* (Mag) / Koerzimeter *n* (ein Messgerät zum Erfassen der Koerzitivfeldstärke)

**coercive electric field** (Mag) / Koerzitivkraft *f*, Koerzitivfeldstärke *f* (DIN 1324) ‖ ~ **force*** (Mag) / Koerzitivkraft *f*, Koerzitivfeldstärke *f* (DIN 1324)

**coercivity** *n* (Mag) / koerzitive Eigenschaft ‖ ~* (Mag) / maximale Koerzitivfeldstärke ‖ ~* (Mag) s. also coercive force

**coesite*** *n* (Min) / Coesit *m* (sehr dicht gepackte $SiO_2$-Modifikation, die bei extrem hohen Drücken entsteht)

**co-evaporation** *n* (Electronics) / Koevaporation *f*, gleichzeitiges Aufdampfen aus zwei verschiedenen Quellen

**coexist** *v* / koexistieren *v*, nebeneinander bestehen (z.B. zwei Phasen)

**coexisting phases** (Phys) / koexistente Phasen

**coextrusion** *n* (Plastics) / Koextrusion *f*, Mehrschichtenextrusion *f* ‖ ~ (Plastics) / koextrudiertes Produkt

**C of A*** (Certificate of Airworthiness) (Aero) / Lufttauglichkeitszeugnis *n* (mit dem das Zulassungsverfahren schließt), Lufttüchtigkeitszeugnis *n*, Lufttüchtigkeitsausweis *m*

**cofactor** *n* (a non-protein substance) (Biochem) / nichtproteinogene Wirkgruppe (eines Enzyms), Kofaktor *m*, Cofaktor *m* ‖ ~* (Maths) / Adjunkte *f*, algebraisches Komplement ‖ ~* (Maths) s. also determinant

**coffee** *n* (Bot) / Kaffeestrauch *m*, Kaffeepflanze *f*, Kaffeebaum *m* ‖ ~ **bean** (Nut) / Kaffeebohne *f*

**coffee-brown** *adj* / kaffeebraun *adj*, kaffeefarbig *adj*

**coffee coal** (Med) / Kaffeekohle *f* (eine medizinische Kohle)

**coffee-coloured** *adj* / kaffeebraun *adj*, kaffeefarbig *adj*

**coffee maker** / Kaffeemaschine *f*, Kaffeeautomat *m* ‖ ~ **percolator** / Kaffeemaschine *f*, Kaffeeautomat *m* ‖ ~ **plant** (Bot) / Kaffeestrauch *m*, Kaffeepflanze *f*, Kaffeebaum *m* ‖ ~ **shrub** (Bot, For) / Kaffeestrauch *m*, Kaffeepflanze *f*, Kaffeebaum *m*

**coffer*** *n* (Arch) / Kassette *f* (in der Kassettendecke) ‖ ~* (Hyd Eng) / Schleusenkammer *f*

**cofferdam*** *n* (Civ Eng, Hyd Eng) / Damm *m* (Abgrenzung einer Baustelle gegen offenes Wasser) ‖ ~* (Ships) / Kofferdamm *m* (schmale, leere Zelle zwischen zwei voneinander sicher zu trennenden Räumen)

**coffered ceiling** (Arch) / Kassettendecke *f*

**Coffey-still** *n* (Chem, Nut) / Rektifiziersäule *f* (für Primasprit)

**coffin*** *n* (Nuc Eng) / Transportbehälter *m* (für abgebrannte BE), BE-Transportbehälter *m* (z.B. Castor) ‖ ~* (Nuc Eng) s. also cask ‖ ~ **case** / Tiefkühltruhe *f* (in Warenhäusern)

**coffinite** *n* (Min) / Coffinit *m* (ein Uranerz)

**Coffin-Manson formula** (Materials) / Coffin-Manson-Beziehung *f*

**cofidec** *n* (Electronics) / Cofidec *n*

**co-fire** *n* (Electronics) / Co-Fire *n* (gleichzeitiges Einbrennen mehrerer Schichten)

**co-firing** *n* / Mitverbrennung *f*

**coflocculation** *n* (Chem) / Koflockung *f*, Koflokkulation *f*

**cog** *v* (Carp) / verzapfen *v* (Balken), verkämmen *v* (einfach, doppelt, schwalbenschwanzförmig) ‖ ~ (Met) / vorwalzen *v* (herunterwalzen), vorblocken *v* (zu einem Vorblock) ‖ ~ (Build) / Nase *f* (Vorsprung an einem Dachziegel, der sich gegen die Dachlatte legt und den Ziegel am Abgleiten hindert) ‖ ~ (Eng) / Daumen *m* (des Daumenrades) ‖ ~* (Eng) / Zahn *m* (Daumen) ‖ ~ (I C Engs) / Erhebung *f*, Höcker *m* (des Nockens) ‖ ~ (Met) / Vorblock *m* (nicht mehr übliche Bezeichnung von quadratischem oder rechteckigem Halbzeug), vorgewalzter Block, Walzblock *m*, Block *m* (zum Walzen) ‖ ~ **down** *v* (Met) / vorwalzen *v* (herunterwalzen), vorblocken *v* (zu einem Vorblock)

**cogenerating plant** (Elec Eng, Heat) / Kraft-Wärme-Kopplungsanlage *f*, KWK-Anlage *f* ‖ ~ **station** (Elec Eng, Heat) / Kraft-Wärme-Kopplungsanlage *f*, KWK-Anlage *f*

**cogeneration** *n* / gleichzeitige Generierung, gleichzeitige Erzeugung ‖ ~ (Elec Eng, Heat) / Kraft-Wärme-Kopplung *f* (gleichzeitige Erzeugung von Strom und Wärme), KWK (Kraft-Wärme-Kopplung)

**cogged belt** (Eng) / Zahnriemen *m* (im Allgemeinen)

**cogged-belt drive** (Autos) / Zahnriementrieb *m* (Synchrontrieb nach DIN 7721)

**cogged ingot** (Met) / Vorblock *m* (nicht mehr übliche Bezeichnung von quadratischem oder rechteckigem Halbzeug), vorgewalzter Block, Walzblock *m*, Block *m* (zum Walzen) || ~ **V-belt** (Autos) / Zahnkeilriemen *m* || ~ **V-belt** (Eng) / gezahnter Keilriemen (ein formschlüssiger Riemen mit Quernuten in der Profilinnenfläche zur Erhöhung der Biegewilligkeit)
**cogging\*** *n* (Carp) / Verzapfung *f* (von Balken), Verkämmung *f* (von Balken) || ~\* (Elec Eng, Eng) / Kleben *n* (Hängenbleiben beim Hochlauf) || ~\* (Met) / Vorwalzen *n*, Vorblocken *n* || ~ **mill** (Met) / Blockwalzwerk *n*, Blockstraße *f*, Blooming *n* || ~ **stand** (Met) / Vorgerüst *n* || ~ **torque** (Elec Eng, Eng) / Sattelmoment *n* (niedrigstes Drehmoment hochlaufender Asynchronmaschinen)
**cognate inclusion** (Geol) / Autolith *m* (pl. e(n)) (Einschluss eines jüngeren Magmas in ein älteres, wobei beide von dem gleichen Muttermagma stammen)
**cognitive** *adj* / kognitiv *adj* || ~ **computer** (Comp) / kognitiver Rechner || ~ **consonance\*** / kognitive Konsonanz || ~ **dissonance\*** (AI) / kognitive Dissonanz (zwischen der neuen Information und der inneren Überzeugung) || ~ **engineering** (the application of knwledge from cognitive psychology /psychology of information processing/ to the engineering design of systems) (AI, Eng) / Cognitive-Engineering *n* || ~ **ergonomics** / Kognitionsergonomie *f* (Lehre über die Gestaltung der kooperativen Mensch-Machine-Systeme) || ~ **lap** (AI) / kognitive Dissonanz (zwischen der neuen Information und der inneren Überzeugung) || ~ **model** (AI) / kognitives Modell || ~ **modelling** (AI) / kognitive Modellierung || ~ **paradigm** (AI) / kognitives Paradigma || ~ **science** / Kognitionswissenschaft *f*, kognitive Wissenschaft (über die kognitiven und perzeptiven Fähigkeiten des Menschen, die simulative Modelle benutzt)
**cog railway** (Rail) / Zahnradbahn *f*
**cogredient** *adj* (Maths) / kogredient *adj*
**cogroup** *n* (Maths) / Kogruppe *f*
**cogwheel** *n* (Eng) / Daumenrad *n* || ~ **ore\*** (Min) / Bournonit *m*, Rädelerz *n* || ~ **railway** (Rail) / Zahnradbahn *f*
**cohenite** *n* (Astron, Min) / Cohenit *m* (Eisencarbid in Meteoriten) || ~ (Astron, Min) s. also cementite
**coheracy** *n* (Met) / Kohärazie *f* (Kerbschlagprobe mit Spitzkern nach Schnadt)
**coherence\*** *n* / Kohärenz *f* || ~ **distance** (Optics) / Kohärenzlänge *f* || ~ **failure** (Materials) / Kohäsionsbruch *m* (in der Werkstoffkomponente mit der geringeren Festigkeit - bei Verbundwerkstoffen) || ~ **in time** (Phys) / zeitliche Kohärenz || ~ **length** (Optics, Phys) / Kohärenzlänge *f* || ~ **of space** (Phys) / räumliche Kohärenz || ~ **order** (Spectr) / Kohärenzordnung *f* || ~ **time** (the period over which the phase relationship remains nearly constant) (Phys) / Kohärenzzeit *f* || ~ **transfer** (Phys) / Populationstransfer *m*, Kohärenztransfer *m*, Magnetisierungstransfer *m* || ~ **volume** (Phys) / Kohärenzvolumen *n*
**coherency** *n* / Kohärenz *f*
**coherent\*** *adj* / kohärent *adj* || ~ **anti-Stokes-Raman scattering** / kohärente Anti-Stokes-Raman-Streuung || ~ **anti-Stokes Raman spectroscopy** (Spectr) / kohärente Anti-Stokes-Raman-Spektroskopie, CARS-Methode *f* (der Raman-Spektroskopie), CARS (kohärente Anti-Stokes-Raman-Spektroskopie) || ~ **in space** (Phys) / räumlich kohärent || ~ **integration** (Radar) / kohärente Integration *n* || ~ **in time** (Phys) / zeitlich kohärent || ~ **light** (Light) / kohärentes Licht || ~ **light detecting and ranging** (Radar) / optisches Radar, Colidar *n*, Laserradar *m n* || ~ **light source** (Light, Optics) / kohärente Lichtquelle *f* || ~ **optics** (Optics) / kohärente Optik || ~ **oscillator\*** (Radar) / phasenstarr synchronisierter Oszillator, Kohärenzoszillator *m* || ~ **precipitate** (Met) / einphasige Entmischung || ~ **radiation** (Phys) / kohärente Strahlung || ~ **scattering** (Light) / kohärente Streuung (eine Art Lichtstreuung) || ~ **superposition** (Optics) / kohärente Überlagerung || ~ **unit\*** / kohärente Einheit (die innerhalb eines Systems durch eine Einheitengleichung als Potenzprodukt von Basiseinheiten definiert ist, z.B. 1 N = 1 m · kg · s $^{-2}$) || ~ **wave** (Phys) / kohärente Welle
**cohesion\*** *n* (Agric, Civ Eng) / Bindigkeit *f* (des Bodens) || ~\* (Phys) / Zusammenhangskraft *f*, Kohäsion *f*
**cohesion-adhesion failure** / Mischbruch *m*, Klebfilm-Grenzschichtbruch *m* (einer Klebverbindung)
**cohesion agent** (Textiles) / Fadenschlussmittel *n*
**cohesional work** (Phys) / Kohäsionsenergie *f*
**cohesion energy** (Phys) / Kohäsionsenergie *f* || ~ **force** (Phys) / Kohäsionskraft *f*
**cohesionless** *adj* (Agric, Civ Eng) / kohäsionslos *adj*, nicht bindig *adj*, nichtbindig *adj* (Boden nach DIN 1054), leicht *adj*, krümelig *adj* (Boden)
**cohesion pressure** (Mech) / Kohäsionsdruck *m*, Binnendruck *m*
**cohesive\*** *adj* (Agric, Civ Eng) / bindig *adj*, kohäsiv *adj*, schwer *adj* (Boden) || ~ **energy** (Phys) / Kohäsionsenergie *f*

**cohesive-energy density** (Phys) / Kohäsionsenergiedichte *f*, kohäsive Energiedichte
**cohesive force** (Phys) / Kohäsionskraft *f* || ~ **site** (Gen) / Cos-Stelle *f*
**COHO** (coherent oscillator) (Radar) / phasenstarr synchronisierter Oszillator, Kohärenzoszillator *m*
**cohobation** *n* (Chem) / Kohobation *f*
**cohomology** *n* (Maths) / Kohomologie *f*, Cohomologie *f* || ~ **group** (Maths) / Kohomologiegruppe *f*
**cohune fat** (Nut) / Babassufett *n*, Babassukernöl *n*, Cohuneöl *n* (das Samenfett der Bahia-Piassavapalme oder der Cohunepalme), Cohunefett *n*, Cerojeöl *n* (aus den Früchten oder Kernen der Orbignya cohune (Mart.) Dahlgren ex Standl.)
**cohune-nut oil** (Nut) / Babassufett *n*, Babassukernöl *n*, Cohuneöl *n* (das Samenfett der Bahia-Piassavapalme oder der Cohunepalme), Cohunefett *n*, Cerojeöl *n* (aus den Früchten oder Kernen der Orbignya cohune (Mart.) Dahlgren ex Standl.)
**cohune oil** (Nut) / Babassufett *n*, Babassukernöl *n*, Cohuneöl *n* (das Samenfett der Bahia-Piassavapalme oder der Cohunepalme), Cohunefett *n*, Cerojeöl *n* (aus den Früchten oder Kernen der Orbignya cohune (Mart.) Dahlgren ex Standl.)
**coign** *n* (Build) / Hausecke *f*, Mauerecke *f* || ~ (Build) / Ortstein *m*, Ortquader *m* (verstärkendes Endglied einer Mauer)
**coil** *v* (Elec Eng) / wendeln *v* (einen Glühfaden) || ~ (Eng) / wickeln *v* (Federn, Spulen), winden *v*, aufwinden *v* || ~ (Met) / haspeln *v*, wickeln *v*, coilen *v* || ~ (Textiles) / kreisförmig ablegen, als Band ablegen || ~ *n* (Chem) / Knäuel *m n* (in der makromolekularen Chemie) || ~ (Chem) / Coil *n* (Konformation von Biopolymeren) || ~\* (Comp) / Spule *f* (Bauelement mit mindestens einer Leiterwindung), Bandwickel *m* || ~ (Comp) / Lochstreifen *m* in Rolle || ~\* (Elec Eng) / Spule *f* (Induktivität), Wicklungselement *n* || ~ (Eng) / Rohrschlange *f*, Schlangenrohr *n*, Schlange *f* || ~ (I C Engs) / Zündspule *f* (ein Transformator in der Zündanlage eines Ottomotors nach DIN 72531 - Einzel- oder Zweifunkenzündspule) || ~ (Met) / Bund *n* (Stahldraht mit regelmäßig verlegten Windungen) || ~ (Met) / Bandring *m*, Coil *n* (zu einem Ring aufgewickelter Blechstreifen) || ~ (Met) / Coil *n* (Ring oder Bund, zu dem Band, Draht oder Rohr nach der Umformung oder Wärmebehandlung aufgewickelt werden) || ~ (Met) / Spule *f* (Draht, Band) || ~ **anodizing** (Surf) / kontinuierliche Anodisation, Bandanodisation *f* || ~ **antenna\*** (Radio) / Rahmen *m* (Antenne), Rahmenantenne *f*, Loopantenne *f* || ~ **assembly** / Spulenaufbau *m* (z.B. bei Prüfungen) || ~ **box** (thermally insulated coiler housing for equalization of the temperature of a wound coil) (Met) / Coilbox *f* || ~ **buggy** (Met) / Bundwagen *m* || ~ **car** (Met) / Bundwagen *m*
**coil-coated** *adj* (Met) / bandbeschichtet *adj*
**coil coating** (Paint) / Coil-Coating-Lack *m* || ~ **coating** (Paint) / Bandbeschichten *n* (von Stahl- und Aluminiumbändern), Breitbandbeschichtung *f* (Spezialform der Walzlackierung), Coil-Coating *n* (zur Beschichtung von Blechbahnen durch Aufwalzen von Anstrichstoffen), Spulenbeschichtung *f*, Bandbeschichtung *f*
**coil-coating line** (Paint) / Breitbandbeschichtungsanlage *f*
**coil condenser** (Eng) / Schlangenkühler *m* || ~ **cord** (Elec Eng) / Spiralkabel *n*, Stretchkabel *n* || ~ **core** (Elec Eng, Mag) / Spulenkern *m*
**coiled coil** (Biochem) / Superhelix *f* (linksgängige) || ~**-coil filament\*** (Light) / Doppelwendelglühdraht *m*, Doppelwendel *f*
**coiled-coil lamp** (Light) / Doppelwendellampe *f*, D-Lampe *f*
**coiled electrode** (Welding) / aufgespulte Elektrode || ~ **filament** (Elec Eng) / Wendel *f* (der Glühlampe), Glühwendel *f* (der Glühlampe) || ~ **flex** (Elec Eng) / Spiralkabel *n*, Stretchkabel *n* || ~ **molecule** / Knäuelmolekül *n* || ~ **spring** (Eng) / Wickelfeder *f*, gewundene Feder
**coiled-tube heat exchanger** / Rohrschlangenwärmeaustauscher *m*, Rohrschlangenwärmetauscher *m*
**coil electrode** (Welding) / aufgespulte Elektrode
**coiler** *n* (Met) / Haspel *f m* (zum Ab- und Aufwickeln von Bändern oder Draht), Wickelmaschine *f* || ~\* (Spinning) / Kannendreheinrichtung *f*, Drehtopfvorrichtung *f*, Drehwerk *n* für Töpfe, Kannenwickel *m* || ~ **can** (Spinning) / Vorgarnkanne *f*, Drehtopf *m* || ~ **cooling** (Met) / Haspelkühlung *f*
**coil form** (Elec Eng) / Spulenkörper *m*, Spulenkasten *m* || ~ **former** (Elec Eng) / Spulenkörper *m*, Spulenkasten *m* || ~ **galvanometer** (Elec Eng) / Spulengalvanometer *n* || ~ **high-tension lead** (Autos) / Hochspannungskabel *n* (zwischen Zündspule und -verteiler) || ~ **ignition** (Autos, I C Engs) / Spulenzündung *f* (bei Ottomotoren), SZ (Spulenzündung)
**coiling machine** (Met) / Haspel *f m* (zum Ab- und Aufwickeln von Bändern oder Draht), Wickelmaschine *f* || ~ **tension** (Met) / Haspelzug *m* || ~ **tension** (Met) s. also strip tension
**coil-loaded cable** (Cables) / bespultes Kabel, pupinisiertes Kabel (nach M. Pupin, 1858 - 1935), Pupinkabel *n*
**coil loading\*** (Elec Eng) / Bespulung *f*, Pupinisierung *f* || ~ **method** (Mag, Materials) / Spulenmagnetisierungsmethode *f* (der Magnetprüfung),

Spulenmethode *f* (eine Magnetisierungsmethode, bei der ein Teil oder das ganze Bauteil von einer Strom führenden Spule umgeben ist) || **~ pitch** (Elec Eng) / Nutschritt *m* (bei der Wicklung elektrischer Maschinen), Wicklungsschritt *m* (relativer), Spulenweite *f* (in Nutteilungen)

**coil-side*** *n* (Elec Eng) / Spulenseite *f*, Spulenschenkel *m*

**coil span*** (Elec Eng) / Nutschritt *m* (bei der Wicklung elektrischer Maschinen), Wicklungsschritt *m* (relativer), Spulenweite *f* (in Nutteilungen) || **~ spring** (Autos) / Kontaktspule *f* (die die elektrische Verbindung zur Airbag-Einheit herstellt), Wickelfeder *f* || **~ spring** (Eng) / Schraubenfeder *f* (DIN 2088) || **~ spring** (Eng) / Wickelfeder *f*, gewundene Feder

**coil-spring-loaded oil control ring** (I C Engs) / Ölabstreifring *m* mit Schlauchfeder, Schlauchfederring *m*

**coil tap** (Elec Eng) / Spulenabgriff *m* || **~ technique** (Mag, Materials) / Spulenmagnetisierungsmethode *f* (der Magnetprüfung), Spulenmethode *f* (eine Magnetisierungsmethode, bei der ein Teil oder das ganze Bauteil von einer Strom führenden Spule umgeben ist) || **~ up** *v* / aufhaspeln *v*, aufwickeln *v*, aufrollen *v*, aufspulen *v* || **~ valve** (Autos) / Schlangenventil *n* (bei Reifen) || **~ winding** (Elec Eng) / Spulenwicklung *f*

**coil-winding machine*** (Elec Eng) / Spulenwickelmaschine *f*

**coil wire** (Autos) / Hochspannungskabel *n* (zwischen Zündspule und -verteiler) || **~ wire** (Elec Eng) / Spulendraht *m*

**co-image** *n* (Maths) / Kobild *n*, Cobild *n*

**COIN** (Mil) / COIN-Flugzeug *n* (leichtes und besonders einfaches militärisches Mehrzweckflugzeug zum Einsatz in begrenzten Konflikten und gegen Guerilla-Operationen)

**coin** *v* (Eng) / nachschlagen *v*, kalibrieren *v* (nachschlagen) || **~** (Eng, Met) / prägen *v* (durch Stempel und Gegenstempel) || **~** *n* (Join) / scharfe Kante

**coinage** *n* / Münzprägung *f*, Prägen *n* (von Münzen) || **~ metal** (for "silver" coins) / Münzlegierung *f* (75% Cu + 25% Ni) || **~ metal** / Münzmetall *n* (im Allgemeinen) || **~ metal** (for "copper" coins) / Münzmetall *n* (mit 95% Cu + 4% Sn + 1% Zn)

**coin box** (Teleph) / Münzbehälter *m* (z.B. des Münzfernsprechers)

**coin-box telephone** (Teleph) / Münzfernsprecher *m*, Münzfernsprechapparat *m*

**coin call** (Teleph) / Anruf *m* von dem Münzfernsprecher

**coincidence** *n* (Biol, Comp, Elec Eng, Maths, Nuc) / Koinzidenz *f* || **~** (Eng) / Decklage *f* (bei Getrieben) || **~** (Phys) / Spuranpassung *f* (DIN 1311, T4) || **~ circuit** (Elec Eng) / Koinzidenzschaltung *f* || **~ circuit** (Elec Eng) s. also and element II **~ counter** (Nuc) / Koinzidenzzähler *m* || **~ factor** (Elec Eng) / Gleichzeitigkeitsfaktor *m* (ein Kraftwerkkennwert) || **~ level** / Koinzidenzlibelle *f* (Winkelmesszeug, bei dem die Neigung der Libelle durch eine Messschraube verstellt werden kann) || **~ method** (Spectr) / Koinzidenzmethode *f* (in der Kernspektroskopie) || **~ microphone** (Acous) / Koinzidenzmikrofon *n* (für die Intensitätsstereofonie) || **~ range-finder** (Photog) / Koinzidenz-Entfernungsmesser *m*, Mischbild-Entfernungsmesser *m* || **~ set** (Maths) / gleiche Menge

**coincident** *adj* / gleichzeitig *adj* (zusammenfallend) || **~** / koinzident *adj*

**coincident-current memory** (Comp) / Koinzidenzspeicher *m*, Koinzidenzstromspeicher *m* || **~ memory** (Comp) / Koinzidenzspeicher *m*, Koinzidenzstromspeicher *m* || **~ selection** (Comp) / Koinzidenzstromauswahl *f* (zum Ansteuern einzelner Kerne beim Kernspeicher), Koinzidenzstromprinzip *n*

**coin-collector*** *n* (Teleph) / Münzbehälter *m* (z.B. des Münzfernsprechers)

**coin-counting machine** / Münzzählmaschine *f*

**coin gold** / Münzgold *n* (eine Goldlegierung)

**coining** *n* / Münzprägung *f*, Prägen *n* (von Münzen) || **~*** (Eng) / Nachschlagen *n*, Kalibrieren *n* (Nachschlagen) || **~*** (Eng, Met) / Prägen *n* (durch Stempel und Gegenstempel) || **~** (Plastics) / Vollprägen *n* (mit reliefartiger Oberfläche) || **~ die** (Eng, Met) / Prägewerkzeug *n* (zum Prägen und Kalibrieren), Prägeform *f*, Prägematrize *f* || **~ press** (Eng) / Prägepresse *f* (eine Kaltmassivpresse) || **~ punch** (Eng) / Prägestempel *m*

**coinings** *pl* (Textiles) / Coinings *n pl* (Zweiseitenstoffe, die durch Klebstoffe oder direktes Zusammenschmelzen unter Hitzeeinwirkung der beiden aufeinander liegenden Flächen laminiert wurden)

**coinjection moulding** (Plastics) / Mehrkomponenten-Spritzgießverfahren *n*, Koinjektion *f*

**coin machine** (Eng) / Münzautomat *m*, [Waren-, Spiel-]Automat *m*, Geldautomat *m* (Waren-, Spiel-) || **~-operated** *adj* / münzbetätigt *adj*, Münz- (nach dem Einwurf der Münze(n) benutzbar)

**coin-operated gas station** (US) (Autos) / Münztankstelle *f* || **~ petrol station** (Autos) / Münztankstelle *f*

**coin press** / Münzpresse *f* || **~ silver** (Met) / Münzfeinsilber *n* (900 fein)

**coin-sorting machine** / Münzsortiermaschine *f*

**coin wrap** (Paper) / Münzwickelpapier *n*, Münzverpackungspapier *n*

**coin-wrapping machine** / Münzverpackungsmaschine *f*

**co-ion** *n* (Phys) / Koion *n* (mit gleichem Ladungssinn wie Festionen)

**coion** *n* (Phys) / Koion *n* (mit gleichem Ladungssinn wie Festionen)

**coir*** *n* / Kokosfaser *f*, Coir *n f*, Ko (DIN 60001, T 1)

**coke** *v* (Met) / abdecken *v* (ein Schmelzbad mit Kohle oder Koks) || **~** *vt* (Fuels) / verkoken *vt* || **~** *n* (Chem Eng) / Koks *m* || **~ ashes** (Mining) / Feinkoks *m*, Kokslösche *f*, Abrieb *m*, Koksgrus *m* || **~ bench** / Koksrampe *f* || **~ black** / Koksschwarz *n* (Grudekoks als Schwarzpigment) || **~ blast furnace** (Met) / Kokshochofen *m* || **~ breeze** (Mining) / Feinkoks *m*, Kokslösche *f*, Abrieb *m*, Koksgrus *m* || **~ charge** (Met) / Koksgicht *f*

**coke-contaminated** *adj* / koksbeladen *adj* (Katalysator)

**coke for charge** (Foundry) / Satzkoks *m* (z.B. für den Kupolofen)

**cokeite** *n* (Geol) / Naturkoks *m* (durch Kontaktmetamorphose in Kohlelagerstätten gebildete koksähnliche poröse Masse)

**coke mill*** (Foundry) / Formschwärzemühle *f*, Schwärzemühle *f*, Gießereischwärzemühle *f* || **~ oven*** (Chem Eng) / Koksofen *m* (für die Koksherstellung), Kokereiofen *m*, Verkokungsofen *m*

**coke-oven battery** (Chem Eng) / Koksofenbatterie *f*, Verkokungsbatterie *f*, Batterie *f* (von Koksöfen)

**coke•-oven gas** / Koksofengas *n*, Koksgas *n*, Kokereigas *n*, Rohgas *n* (in der Kokerei) || **~ oven plant for town-gas production** (Chem Eng) / Gaskokerei *f*

**coke-oven tar** / Koksofenteer *m*, Kokereiteer *m*, Rohteer *m* (in der Kokerei)

**coke plant** / Kokerei *f* || **~ powder** / Kokspulver *n* || **~ pusher** *n* / Koksausdrückmaschine *f*, Ausdrückmaschine *f*

**coke-quenching car** / Kokslöschwagen *m*, Löschwagen *m* (des Verkokungsofens) || **~ tower** / Kokslöschturm *m*

**coke residue** / Verkokungsrückstand *m*

**co-kernel** *n* (Maths) / Differenzkokern *m*

**cokery** *n* / Kokerei *f*

**cokes** *pl* / Kokssorten *f pl* || **~*** (Met) / dünn verzinntes Weißblech

**coke wharf** / Koksrampe *f*

**coking** *n* (Fuels) / Verkoken *n*, Verkokung *f*, Hochtemperaturentgasung *f*, verkokendes Verfahren || **~** (Met) / Abdecken *n* eines Schmelzbads mit Kohle oder Koks || **~** *adj* (Fuels) / verkokbar *adj*, verkokungsfähig *adj* || **~ capacity** (Mining) / Backfähigkeit *f* (eine der Kenngrößen für die Verkokbarkeit einer Kohlensorte) || **~ chamber** / Verkokungskammer *f*, Kokskammer *f* || **~ coal*** (Mining) / Kokskohle *f* (DIN 22005), Verkokungskohle *f* || **~ plant** / Kokerei *f* || **~ power** / Kokungsvermögen *n*, Verkokungsfähigkeit *f* || **~ properties** (Fuels, Mining) / Verkokungseigenschaften *f pl* (Kokungsvermögen von Steinkohlen, meist dargestellt durch den Dilatationsverlauf und den Blähgrad) || **~ tendency** (Fuels) / Verkokungsneigung *f*

**COL** (computer-oriented language) (Comp) / maschinenorientierte Programmiersprache (DIN 44200)

**col** *n* (Geog) / Einsattelung *f* (für eine Überquerung günstiger Teil eines Gebirgskammes), Gebirgspass *m*, Pass *m* (ein Bergübergang), Joch *n* (z.B. Stilfser Joch), Sattel *m* || **~** (Geol) / Antiklinale *f*, Antikline *f*, Sattel *m* (einer geologischen Falte) || **~*** (Meteor) / Sattel *m* (Zwischenform zwischen den Hoch- und Tiefdruckgebieten)

**colamine** *n* (Biochem) / Kolamin *n* (ein biogenes Amin), Colamin *n*

**colander** *vt* (Nut) / kolieren *v*, durchschlagen *v*, durchseihen *v*, seihen *v*, sieben *v* || **~** *n* (Eng, Nut) / Durchschlag (Sieb), Seiher *m*, Sieb *n* (Durchschlag)

**cola nut** / Kolanuss *f*, Gurunuss *f*, Kola *f* (aus Cola acuminata (P. Beauv.) Schott en Endl.)

**CO laser** (Phys) / Kohlenmonoxidlaser *m*, CO-Laser *m*

**$CO_2$ laser** (Phys) / Kohlendioxidlaser *m*, $CO_2$-Laser *m*, Kohlenstoffdioxidlaser *m* (ein Gaslaser im IR)

**colate** *v* (Pharm) / kolieren *v* (mit dem Koliertuch), perkolieren *v*

**colation** (Pharm) / Kolieren *n*, Perkolieren *n*

**colatitude*** *n* (Astron) / 90° *n* -Komplement der Breite (eines Gestirns)

**colature** *n* / Seihflüssigkeit *f*, Kolatur *f* (das Durchgeseihte) || **~** s. also straining

**Colburn process** (Glass) / Colburn-Verfahren *n* (Flachglasherstellung), Libbey-Owens-Verfahren *n* (ein altes Waagerechtziehverfahren) || **~ sheet process** (the method of making sheet glass by bending the vertically drawn sheet over a roll which establishes the definition of draw) (Glass) / Colburn-Verfahren *n* (Flachglasherstellung), Libbey-Owens-Verfahren *n* (ein altes Waagerechtziehverfahren)

**colchicine*** *n* (Chem) / Kolchizin *n*, Colchicin *n* (das Hauptalkaloid der Herbstzeitlosen - Colchicum autumnale L.)

**colchicum alkaloid** (Pharm) / Zeitlosen-Alkaloid *n* (ein Phenethyltetrahydroisochinolin-Alkaloid, wie z.B. Colchicin)

**colcothar** / Pariser Rot, rotes Eisen(III)-oxid *n*, Kolkothar *m* (Eisenoxidrot), Caput mortuum *n*

**Colcrete** *n* (Civ Eng) / Colcretebeton *n* (ein Ausgussbeton)

**cold** *n* (Meteor) / Kälte *f* || **~** *adj* (network state in which signalling symbols are not present) (Elec, Telecomm) / stromlos *adj*,

**cold**

spannungslos *adj*, tot *adj*, abgetrennt von der Stromquelle ‖ ~ **adhesive** (Chem, Paint) / kalt sich verfestigender Klebstoff, Kaltklebstoff *m*, Kaltkleber *m* (der bei Zimmertemperaturen aushärtet) ‖ ~ **air-blast freezing** / Gefrieren *n* im Kaltluftstrom ‖ ~ **air mass** (Meteor) / Kaltluftmasse *f* ‖ ~ **air pool** (Meteor) / Kaltlufttropfen *m* (in der mittleren und oberen Troposphäre)
**cold-alkali teratment** (Paper) / Kaltalkalibehandlung *f*
**cold application** / Kaltleim *m* (bei Normaltemperatur abbindender Leim) ‖ ~ **application** (Paint) / Kaltauftrag *m* ‖ ~ **asphalt** (Build, Civ Eng) / Kaltasphalt *m* (Emulsion aus Bitumen und Wasser - DIN 1995, T 3) ‖ ~ **band** (Met) / kaltgewalztes Band, kaltgewalzter Bandstahl, Kaltband *n* (ein kaltgewalztes Flachzeug mit Dicken bis 5 mm und Breiten bis 600 mm - EN 10 079) ‖ ~ **bend** (Materials) / Kaltbiegeversuch *m* ‖ ~ **bending** (Join) / Kaltbiegen *n* (von Holz)
**cold-bending test** (Materials) / Kaltbiegeversuch *m*
**cold-bend test specimen** (Materials) / Kaltbiegeprobe *f*
**cold bitumen** (Civ Eng) / Kaltbitumen *n* (mit Lösungsmittel gemischtes Bitumen - DIN 1995, T 3), KB ‖ ~ **blast** (Met) / Kaltwind *m* (z.B. in einem Kupolofen)
**cold-blast cupola** (Foundry) / Kaltwindkupolofen *m*, KW-KO *m* ‖ ~ **cupola furnace** (Foundry) / Kaltwindkupolofen *m*, KW-KO *m* ‖ ~ **furnace** (Met) / Kaltwindofen *m*
**cold blocking** (Bind, Paper) / Kaltprägung *f* (wobei das Werkzeug Raumtemperatur hat)
**cold-blooded*** *adj* (Ecol, Physiol, Zool) / poikilotherm *adj*, wechselwarm *adj*, kaltblütig *adj* (die Körpertemperatur entsprechend der Temperatur der Umgebung wechselnd)
**cold body** (Eng) / kalter Raum (der Stirling'schen Luftmaschine) ‖ ~ **boot** (Comp) / Kaltstart *m* (eines Systems)
**cold-box compact process** (Foundry) / Cold-Box-Kompaktverfahren *n* (die Weiterentwicklung des Cold-Box-Verfahrens)
**cold•-box process** (Foundry) / Cold-Box-Verfahren *n* (zur Herstellung von Kernen in kalten Kernkästen) ‖ ~ **break** (Brew) / Kühltrub *m* (der bei der Abkühlung der Würze auf 6 - 15 °C anfällt) ‖ ~ **bridge** (Build) / Kältebrücke *f* (die eine im Vergleich zur Umgebung höhere Wärmeleitfähigkeit besitzt und deshalb aus geheizten Räumen überdurchschnittlich viel Wärme abzieht) ‖ ~ **brine** (Chem Eng) / kalte Sole, Kühlsole *f* (bei der Solekühlung)
**cold-brittle** *adj* (Met) / kaltbrüchig *adj*
**cold calling** (Teleph) / Cold Calling *n* (ein Begriff aus dem Bereich des aggressiven Telemarketings: das erstmalige Anrufen eines potentiellen Kunden ohne seine vorherige Information oder gar Zustimmung) ‖ ~ **cathode*** (Electronics) / Kaltkatode *f*, kalte Katode
**cold-cathode ionization gauge** (Electronics) / Kaltkatoden-Ionisationsvakuummeter *n* (z.B. Penning-Vakuummeter), Kaltkatoden-Vakuumionisationsmeter *n* ‖ ~ **ionization meter** (Electronics) / Kaltkatoden-Ionisationsvakuummeter *n* (z.B. Penning-Vakuummeter), Kaltkatoden-Vakuumionisationsmeter *n* ‖ ~ **lamp** (Electronics) / Kaltkatodenlampe *f* ‖ ~ **luminous tube** (Elec Eng) / Leuchtröhre *f* (rohrförmige Entladungslampe mit höherer Wechselspannung) ‖ ~ **rectifier*** (Elec Eng) / Kaltkatodengleichrichter *m* ‖ ~ **tube** (Electronics) / Kaltkatodenröhre *f* (im Ionenröhre), Röhre *f* mit kalter Katode
**cold caustic pulp** (Chem Eng, Paper) / Halbzellstoff, der durch das Kalt-Natron-Verfahren gewonnen wurde ‖ ~ **caustic soda process** (Paper) / Kalt-Natron-Holzaufschlussverfahren *n* ‖ ~ **cement** / Kaltleim *m* (bei Normaltemperatur abbindender Leim) ‖ ~ **chain** (Nut) / Kühlkette *f* (auf dem Weg vom Hersteller bis zum Endverbraucher) ‖ ~ **chamber** / Kältekammer *f* (vereinfachte Ausführung einer Klimakammer)
**cold-chamber diecasting** (Met) / Kaltkammerverfahren *n* (beim Druckguss), Kaltkammerdruckgießen *n* ‖ ~ **machine** (Foundry) / Kaltkammermaschine *f* (beim Druckguss), Kaltkammerdruckgießmaschine *f*
**cold charge** (Met) / fester Einsatz ‖ ~**-check test** (Paint) / Cold-Check-Test *m* (bei Holzlackierungen, um festzustellen, wie der Film die bei plötzlichen Temperaturwechsel auftretenden Spannungen aushält) ‖ ~ **chisel*** (Eng, Tools) / Kaltmeißel *m* (DIN 5107), Kaltschrot *m*, Kaltschrotmeißel *m* (zum Trennen kalter Schmiedestücke - mit größerem Keilwinkel) ‖ ~ **circular-sawing** (Eng, Met) / Kaltkreissägen *n* ‖ ~ **cleaning** (degreasing) / Kaltreinigung *f*, Kaltentfettung *f* ‖ ~ **cleanser** (Chem) / Kaltreiniger *m* (kalt zur Anwendung kommendes Reinigungsmittel, insbesondere zur Entfernung öliger oder fettiger Verschmutzungen von metallischen und lackierten Flächen) ‖ ~ **colour** (Physiol) / kalte Farbe (die einen Eindruck von Kälte entstehen lässt) ‖ ~ **composition** (Typog) / Kaltsatz *m* (Lichtsatz + Schreibsatz)
**cold-condensate corrosion** (Autos) / Nasskorrosion *f* (z.B. in Auspuffanlagen)
**cold crack** (Met, Welding) / Kaltriss *m*

**cold-crack resistance** (Paint) / Kälterissbeständigkeit *f* (eines Lackfilms)
**cold-critical reactor** (Nuc Eng) / kaltkritischer Reaktor
**cold-crushing strength** (Ceramics, Met) / Kaltdruckfestigkeit *f*, KDF (Kaltdruckfestigkeit)
**cold cure** (Chem Eng) / Kaltvulkanisation *f* ‖ ~ **curing** / Kalthärten *n* (z.B. des Klebstoffs) ‖ ~ **curing** (Chem Eng) / Kaltvulkanisation *f* ‖ ~ **curing** (Paint, Plastics) / Kalthärten *n*, Kalthärtung *f* (Vernetzung bei Raumtemperatur), Kaltaushärtung *f*
**cold-curing** *adj* / kaltabbindend *adj*, kalthärtend *adj* (z.B. Klebstoff), kaltverfestigend *adj* ‖ ~ (Plastics) / kalthärtend *adj* ‖ ~ **adhesive** (Chem, Paint) / kalt sich verfestigender Klebstoff, Kaltklebstoff *m*, Kaltkleber *m* (der bei Zimmertemperaturen aushärtet)
**cold cut** (Paint) / Kaltverschnitt *m*, Kaltansatz *m* ‖ ~ **deck** (For) / Langholzpolter *n* (als stationäre Daueranlage), Stammholzpolter *n* ‖ ~ **die** (Eng) / Kaltgesenk *n*, Kaltmatrize *f* ‖ ~ **docking** (Comp) / kaltes Docken (Einschieben eines ausgeschalteten Laptops in eine Dockingstation)
**cold-draw** *v* (Eng, Met) / kaltziehen *v*
**cold•-drawing*** *n* (Eng, Met) / Kaltziehen *n* ‖ ~**-drawing** *n* (Textiles) / Kaltverstreckung *f*
**cold-drawing die** (Eng, Met) / Kaltziehmatrize *f*
**cold-drawn** (Met) / hartgezogen *adj*, kaltgezogen *adj* ‖ ~ **oil** (Nut) / kaltgepresstes Öl
**cold drivability** (Autos) / Kaltlaufeigenschaften *f pl* (des Motors), Warmlaufeigenschaften *f pl* (während der Warmlaufphase) ‖ ~ **drive-away** (Autos) / Kaltstart *m* (Warmlaufphase) ‖ ~ **embossing** (Eng) / Kaltprägen *n* ‖ ~ **end** (Eng) / kalte Seite (des Luftvorwärmers) ‖ ~ **extraction** (Chem) / Kaltextraktion *f* ‖ ~ **extruder** (Eng) / Kaltfließpresse *f* (zum Fließpressen im Bereich der Raumtemperatur ohne spezielle Erwärmung der Anfangsform - meistens mehrstufig) ‖ ~ **extrusion** (Met) / Kaltfließpressen *n* ‖ ~ **extrusion press** (Eng) / Kaltfließpresse *f* (zum Fließpressen im Bereich der Raumtemperatur ohne spezielle Erwärmung der Anfangsform - meistens mehrstufig) ‖ ~ **fault** / Maschinenfehler, den *m* man entdecken kann, wenn die Maschine eingeschaltet ist ‖ ~ **fermentation** (Nut) / Kaltgärung *f* (bei 4 - 10 °C)
**cold-fermentation method** (Nut) / Kaltgärverfahren *n* (Mostbehandlung bei 4 bis 10° C)
**cold-filter plugging point** (Fuels) / Grenzwert *m* der Filtergängigkeit (ein Qualitätsmerkmal bei Dieselkraftstoffen), Grenztemperatur *f* der Filtrierbarkeit (bei Dieselkraftstoffen), Cold Filter Plugging Point
**cold-finger condenser** (Chem) / Kühlfinger *m* (eine spezielle Art von Rückflusskühlern), Einhängekühler *m*
**cold finishing** (Met) / Kaltnachbearbeitung *f*, Kaltfertigbearbeitung *f*
**cold-flame machine** (Met) / Kaltflämmanlage *f*, Kaltflämmmaschine *f*
**cold flow** / Kaltfluss *m* (beim Löten) ‖ ~ **flow** (Chem) / kalter Fluss (ein von außen den Polymeren auf aufgeprägter Spannungszustand) ‖ ~ **flow** (Phys) / Kriechen *n* bei Normaltemperatur
**cold-form** *v* (Eng) / kaltumformen *v*, kaltformen *v*
**cold-formed element** (part) (Eng) / durch Kaltumformung hergestelltes Teil
**cold former** (Eng) / Kaltumformer *m*, Kaltumformmaschine *f*
**cold-forming** *n* (Eng) / Kaltformen *n*, Kaltformgebung *f*, Kaltverformen *n*, Kaltbearbeitung *f*, Kaltumformung *f*, Kaltumformen *n* ‖ ~ **tap** (Eng) / Gewindeformer *m* (zur Erzeugung von Innengewinden durch Kaltumformen)
**cold-form tapping** (Eng) / Gewindefurchen *n* (Erzeugung von Innengewinden durch Kaltumformen in Werkstoffen von geringer bis mittlerer Festigkeit - nach DIN 8583), Gewindeformen *n*
**cold front*** (Meteor) / Kaltfront *f* (der Abkühlung folgt) ‖ ~ **fusion** (Nuc Eng) / kalte Fusion ‖ ~ **galvanizing** (coating with a zinc-rich primer) (Surf) / Kaltverzinken *n* (mit Zinkstaub) ‖ ~ **galvanizing** (Surf) / elektrochemische Verzinkung (DIN 50 961), galvanische Verzinkung, galvanisches Verzinken ‖ ~ **gas** / Kaltgas *n* (in der Kaltgasmaschine)
**cold-gas polishing** (Paint) / Kaltgaspolieren *n*
**cold getter** (Electronics) / Kaltgetter *m* ‖ ~ **gilding** / Kaltvergoldung *f* ‖ ~ **glue** / Kaltleim *m* (bei Normaltemperatur abbindender Leim) ‖ ~ **glueing** / Kaltbeleimung *f* ‖ ~ **greenhouse** (Agric) / Kalthaus *n* (bis 12° C) ‖ ~ **grinding** (Civ Eng) / Kaltmahlen *n* (Zerkleinerung von Produkten, die bei den üblichen Mahltemperaturen nicht vermahlen werden können), Gefriermahlen *n*, Kryomahlen *n* ‖ ~ **grinding** (Paper) / Kaltschleifen *n*, Kaltschliff *m* (Zerfaserung des Holzes)
**cold-ground pulp** (Paper) / Kaltschliff *m*
**cold hardening*** (Met) / Verfestigung *f* durch Verformung, Verfestigung *f* (durch Kaltbearbeitung - Tätigkeit), Kaltverfestigung *f* (der Metalle), Umformverfestigung *f*

**cold-hardening binder** (Foundry) / kalthärtender Binder || **~ lacquer** (Paint) / Reaktionslack *m* (bei Raumtemperatur chemisch härtender Lack - DIN 55945), Reaktivlack *m*
**cold•-heading*** *n* (Eng) / Kaltstauchen *n* (z.B. von Nietköpfen) || **~ high** (Meteor) / Kältehoch *n*
**coldhouse** *n* (Agric) / Kalthaus *n* (bis 12° C)
**cold hydrogenation** (Oils) / Tieftemperaturhydrierung *f*, Kalthydrierung *f* || **~ insulation mastic*** (Build) / Kaltasphalt-Mastix *m* || **~ isostatic pressing** (Powder Met) / isostatisches Kaltpressen, kaltisostatisches Pressen || **~ junction** (Electronics) / kalte Lötstelle || **~ junction*** (Heat) / Vergleichsstelle *f* (des Thermoelements), Vergleichslötstelle *f*
**cold-laid plant mix** (Civ Eng) / bituminöses Kaltmischgut (zentral hergestellt)
**cold lap** (Foundry) / Kaltschweißstelle *f*, Kaltschweiße *f*, Überlappung *f* (ein Gussfehler) (ein Gussfehler) || **~ light** (Cinema, TV) / Kaltlicht *n* (mit vorgesetztem Blaufilter), Blaulicht *n* || **~ light** (Med) / Blaulicht *n* (mit vorgesetztem Blaufilter) || **~ light** (Phys) / Kaltlicht *n* || **~ loop** (Nuc Eng) / Cold Loop *m* (im Kühlkreislauf), kalter Loop (wenn es sich um einen Test außerhalb des Reaktors handelt) || **~ low** (Meteor) / Kältetief *n* || **~ milling** / Kaltmahlen *n* (im Allgemeinen) || **~ mirror*** (Cinema) / Kaltlichtspiegel *m* (in einem Lampenhaus) || **~ moulding*** (Plastics) / Kaltpressverfahren *n*, Kaltpressen *n*
**cold-moulding compound** (Plastics) / Kaltpressmasse *f* (DIN 7708, T 4)
**cold-needle sampling** (Chem) / Technik *f* mit gekühlter Nadel (in der Gaschromatografie), Kaltnadel-Injektionsmethode *f*
**coldness shrinkage** (Phys) / Kälteschwindung *f*
**cold neutron** (Nuc) / kaltes Neutron
**cold-pack method** (Nut) / Gefrierkonservierung *f*
**cold patching** (Autos) / Reparaturpflaster *n* für Kaltvulkanisation || **~ patching** (Autos) / Kaltvulkanisation *f*
**cold-phosphate surface treatment** (Surf) / Kaltphosphatierung *f* (bei Raum- oder wenig erhöhter Temperatur - 20-50° C)
**cold pilgering** (reduction of diameter and wall thickness of a tube over a conical mandrel between rolls with a groove whose profile changes over the roll circumference) (Met) / Kaltpilgern *n* || **~ pilger rolling plant** (unit) (Met) / Kaltpilgerwalzanlage *f* || **~ plasma** (Plasma Phys) / kaltes Plasma (T<10₅ K)
**cold-pressed oil** (Nut) / kaltgepresstes Öl
**cold pressing** (Eng) / Kaltpressen *n*, Kaltschlagen *n* || **~ press moulding** (Plastics) / Kaltpressverfahren *n*, Kaltpressen *n* || **~ pressure welding** (Welding) / Kaltpressschweißen *n* (wenn die Vereinigung unter sehr hohem Druck ohne Wärmeeinwirkung und Zusatzwerkstoff erfolgt) || **~ process** (Surf) / elektrochemisches Abscheiden, elektrolytisches (katodisches) Abscheiden, galvanisches Auftragen, galvanische Beschichtung || **~ reactivity** (Chem) / Kaltreaktivität *f* || **~ reboot** (Comp) / Wiederanlauf *m* (eines Programms), bei dem man nach Anlagenausfall bis zum letzten Fixpunkt zurückgehen muß
**cold-reduced** *adj* (Met) / kaltgestreckt *adj* (z.B. Blech)
**cold reservoir** (Eng) / kalter Raum (der Stirling'schen Luftmaschine)
**cold-resin sand** (Foundry) / selbstaushärtender kunstharzgebundener Formsand, Kaltharzsand *m*
**cold resistance** / Kältebeständigkeit *f*, Kältefestigkeit *f* || **~ resistance** (Bot, For) / Kälteresistenz *f*
**cold-resistant** *adj* / kältebeständig *adj*, kältefest *adj*
**cold restart** (Comp) / Wiederanlauf *m* eines Programms, bei dem man nach Anlagenausfall mindestens bis zum letzten Fixpunkt zurückgehen muss || **~ restart** (Comp) s. also cold boot || **~ rinse** / Kaltspülen *n* || **~ rinsing** / Kaltspülen *n* || **~ riveting*** (Eng) / Kaltnieten *n* (bei dem die Nieten nicht vorgewärmt sind) || **~ roll-bonding** / Kaltschweißplattieren *n*, Kaltplattieren *n* || **~-rolled*** *adj* (Met) / kaltgewalzt *adj*
**cold-rolled strip** (Met) / kaltgewalztes Band, kaltgewalzter Bandstahl, Kaltband *n* (ein kaltgewalztes Flachzeug mit Dicken bis 5 mm und Breiten bis 600 mm - EN 10 079) || **~ wide strip** (Met) / Kaltbreitband *n* (EN 10 079)
**cold roll-forming** (Met) / Kaltprofilieren *n*, Walzprofilieren *n* || **~ rolling** (Met) / Kaltwalzen *n*
**cold-rolling factor** (Met) / Kaltwalzgrad *m* || **~ mill** (Met) / Kaltwalzwerk *n*
**cold rubber** / Cold Rubber *m* (Styrol-Butadien-Kopolymere, die in Gegenwart von Katalysatoren bei einer Temperatur von 5° C polymerisiert werden), Kaltkautschuk *m* (kaltes Butadien-Styrol-Mischpolymer bei 5° C) || **~ rubber** (Chem Eng) / Tieftemperaturkautschuk *m* (z.B. Cold Rubber oder AC-Kautschuk) || **~ saw*** (Eng) / Kaltsäge *f* || **~ sawing** (Eng) / Kaltsägen *n* || **~ sealing** / Kaltsiegelung *f*, Haftkleben *n*, Selbstklebung *f* (Verbinden verformbarer Stoffe durch Druck ohne Wärmezufuhr) || **~ seizing** (Eng) / Kaltfressen *n* (ein Zahnschaden) || **~ set** (Tools) / Kaltmeißel *m* (DIN 5107), Kaltschrot *m*, Kaltschrotmeißel *m* (zum Trennen kalter Schmiedestücke - mit größerem Keilwinkel) || **~ sett*** (Tools) / Kaltmeißel *m* (DIN 5107), Kaltschrot *m*, Kaltschrotmeißel *m* (zum Trennen kalter Schmiedestücke - mit größerem Keilwinkel) || **~ setting** (Foundry) / Kalthärten *n* (z.B. des Klebstoffs) || **~ setting** (Foundry) / Kalthärten *n*, Kalthärtung *f* || **~-setting** *adj* / kaltabbindend *adj*, kalthärtend *adj* (z.B. Klebstoff), kaltverfestigend *adj*
**cold-setting** *adj* (Plastics) / kalthärtend *adj* || **~ adhesive** (Chem, Paint) / kalt sich verfestigender Klebstoff, Kaltklebstoff *m*, Kaltkleber *m* (der bei Zimmertemperatur aushärtet) || **~ binder** (Foundry) / kalthärtender Formstoffbinder || **~ binder** (Foundry) / kalthärtender Binder || **~ oil** (Foundry) / Erstarrungsöl *n*
**cold-shaped profile** (Met) / Kaltprofil *n*
**cold shears** (Met) / Kaltschere *f* (zum Schneiden des Walzguts im kalten Zustand) || **~ short** *attr* (Met) / kaltbrüchig *adj* || **~ shortening** (Nut) / Kälteverkürzung *f* (bei schlachtfrischen Muskeln) || **~ shortening** (Nut) / Cold shortening *n* (schlachtfrischer Muskel) || **~ shrinking** (Phys) / Kaltschrumpfen *n* (kraftschlüssiges Verbinden von zumeist zylindrischen Bauteilen) || **~ shunting** (Autos) / Kaltnebenschluss *m* (der Kerze) || **~ shut** (Eng) / Stich *m* (ein Gesenkschmiedefehler, der dadurch entsteht, dass während der Umformung Werkstoff aus verschiedenen Richtungen zusammenstößt) || **~ shut*** (Foundry) / Kaltschweißstelle *f*, Kaltschweiße *f*, Überlappung *f* (ein Gussfehler) (ein Gussfehler)
**cold-smoked** *adj* (Nut) / kaltgeräuchert *adj*
**cold smoking** (Nut) / Kalträuchern *n* (40 Tage bei etwa 10 bis 20° C, z.B. Nuss- oder Rollschinken) || **~ snap** (Meteor) / Kälteeinbruch *m* (infolge Advektion von Kaltluft) || **~ soda process** (Paper) / Kalt-Natron-Holzaufschlussverfahren *n* || **~ softening** (Met) / Umformentfestigung *f*, Kaltentfestigung *f*, Entfestigung *f* durch Verformung, Entfestigung *f* (durch Kaltbearbeitung - Tätigkeit) || **~ solder joint** (Elec Eng) / Kaltlötstelle *f* (Fehler in einem elektrischen Anschluss)
**cold-soluble** *adj* / kaltlöslich *adj*
**cold spot** (Build) / Kältebrücke *f* (die eine im Vergleich zur Umgebung höhere Wärmeleitfähigkeit besitzt und deshalb aus geheizten Räumen überdurchschnittlich viel Wärme abzieht) || **~ spring** (Geol) / kalte Quelle || **~ stamping** (Bind, Paper) / Kaltprägung *f* (wobei das Werkzeug Raumtemperatur hat) || **~ standby** (Comp) / nicht ständig eingeschalteter Reserverechner || **~ standby** (Eng) / kalte Reserve || **~ start** (Autos) / Kaltstart *m* (Ergebnis) || **~ start** (Comp) / Wiederanlauf *m* (eines Programms), bei dem man nach Anlagenausfall bis zum letzten Fixpunkt zurückgehen muß || **~ start*** (ISO/IEC 2382-17:1991) (Comp) / Kaltstart *m* (eines Systems)
**cold-start** *v* (Autos) / kalt starten || **~ enrichment** (Autos) / Kaltstartanreicherung *f* || **~ HD battery** (Autos) / Kaltstart-Hochleistungsbatterie *f*
**cold starting** (Autos) / Kaltstart *m* (Vorgang)
**cold-starting device** (Autos) / Kaltstartgerät *n* (eine Anlasshilfe) || **~ performance** (Fuels) / Kaltstartleistung *f*, Kaltstartvermögen *n*
**cold-start lamp** (Electronics) / Kaltstartlampe *f*, Direktstartlampe *f*, Sofortstartlampe *f*
**cold start-up** (Eng) / kaltes Anfahren || **~ state** (Met) / Kaltgang *m* (des Hochofens)
**cold-steam cylinder** (Eng) / Kaltdampfzylinder *m*
**cold sterilization** (Nut) / Kaltsterilisation *f* (mit mikrobiziden Gasen) || **~ sterilization** (Nut) / Kaltentkeimung *f* (von Fruchtsäften) || **~ storage** / Kühllagerung *f*, Kaltlagerung *f*
**cold-storage injury** (Nut) / Kühlschaden *m*
**cold store** / Kühlhaus *n* || **~ store*** (Comp) / supraleitender Schichtspeicher, Kryogenspeicher *m*, kryogenischer Speicher, Kryospeicher *m*, Tieftemperaturspeicher *m* (der bei der Temperatur von flüssigem Helium arbeitet), Supraleitungsspeicher *m* || **~ straightening** (Met) / Kaltrichten *n* || **~ strip** (Met) / kaltgewalztes Band, kaltgewalzter Bandstahl, Kaltband *n* (ein kaltgewalztes Flachzeug mit Dicken bis 5 mm und Breiten bis 600 mm - EN 10 079)
**cold-strip milling train** (Met) / Kaltbandstraße *f*
**cold surface** (Foundry) / Schliere *f* (ein Gussfehler) || **~ sweating** (Leather) / Kalkwasserschwitze *f* (Äschern) || **~ thermal bridge** (Build) / Kältebrücke *f* (die eine im Vergleich zur Umgebung höhere Wärmeleitfähigkeit besitzt und deshalb aus geheizten Räumen überdurchschnittlich viel Wärme abzieht) || **~ tolerance** (Bot, For) / Kältetoleranz *f* || **~ toughness** (Materials, Met) / Kaltzähigkeit *f* (bei tiefen Temperaturen) || **~ trap*** (Vac Tech) / Kühlfalle *f* (zur Abscheidung von Dämpfen aus Gasströmen oder in Vakuumsystemen durch Kondensation) || **~ trimming** (Met) / Kaltentgraten *n* || **~ twisting** (Met) / Kaltverwinden *n*, Kalttordieren *n* || **~ type** (US) (Typog) / Kaltsatz *m* (Lichtsatz + Schreibsatz) || **~ vapour** / Kaltdampf *m*
**cold-vapour atomic absorption spectrometry** (Spectr) / Kaltdampfabsorptionsspektrometrie *f*, Kaltdampfatomabsorptionsspektrometrie *f*, Kaltdampftechnik *f* (der Atomabsorptionsspektrometrie)

**cold-wall**

**cold-wall paradox** (Heat) / Kalte-Wand-Paradoxie f
**cold water basin** / Kühlturmtasse f, Wassertasse f (Auffangbecken eines Stahlbetonkühlturms)
**cold-water retting** (Textiles) / Kaltwasserröste f, Kaltwasserrotte f ‖ ~ **soluble** (Chem) / kaltwasserlöslich adj
**cold wave** (Meteor) / Kältewelle f
**cold-weather working** (Build, Civ Eng) / Winterbau m (bei dem besondere Vorkehrungen notwendig sind)
**cold welding*** (a pressure welding) (Welding) / Kaltpressschweißen n (wenn die Vereinigung unter sehr hohem Druck ohne Wärmeeinwirkung und Zusatzwerkstoff erfolgt) ‖ ~ **wide strip** (Met) / Kaltbreitband n (EN 10 079) ‖ **~-work** v (Eng) / kaltumformen v, kaltformen v ‖ ~ **working** (Met) / Rohgang m (des Hochofens) ‖ **~-working*** n (Eng) / Kaltformen n, Kaltformgebung f, Kaltverformen n, Kaltbearbeitung f, Kaltumformung f, Kaltumformen n
**cold-work steel** (Met) / Kaltarbeitsstahl m (ein Werkzeugstahl - legiert, unlegiert nach DIN EN ISO 4957) ‖ ~ **tool steel** (Met) / kaltzäher Stahl (zum Einsatz bei tiefen Temperaturen - DIN 17 280) ‖ ~ **tool steel** (Met) / Kaltarbeitsstahl m (ein Werkzeugstahl - legiert, unlegiert nach DIN EN ISO 4957)
**Colebrook equation** (Hyd Eng) / Formel f von Colebrook (für Rohre mit technischer Rauigkeit)
**Cole-Cole plot*** (Phys) / Cole-Cole-Diagramm n (die Darstellung der Debye-Gleichungen für ein mit Verlusten behaftetes polares Dielektrikum)
**colemanite*** n (Min) / Kolemanit m, Colemanit m (Kalziumhexaborat - nach W.T.Coleman, 1824-1893)
**Coleman lamp** (US) (a type of bright gasoline lamp used by campers) / Campinggasleuchte f ‖ ~ **lantern** (US) / Campinggasleuchte f
**coleopter*** n (Aero) / Koleopter n, Coleopter n, Ringflügelflugzeug n, Ringflügler m
**colidar** n (Radar) / optisches Radar, Colidar n, Laserradar m n
**coliform index** (Hyd Eng, San Eng) / Kolititer m, Colititer m (kleinste Wassermenge, in der noch Escherichia coli nachweisbar ist)
**coli index** (Hyd Eng, San Eng) / Kolititer m, Colititer m (kleinste Wassermenge, in der noch Escherichia coli nachweisbar ist)
**collaborative multitasking** (Comp) / kollaboratives Multitasking
**collagen*** n (the most abundant protein in animals) (Biochem) / Kollagen n (zu den Skleroproteinen gehörender Eiweißstoff), Collagen n
**collagenase** n (Biochem) / Kollagenase f (eine Protease, die Kollagen zerlegt), Collagenase f
**collagen casing** (Nut) / Kollagendarm m, Eiweißdarm m
**collagenous** adj (Biochem) / kollagen adj, Kollagen-, collagen adj, Collagen-
**collagen reconstitution** (Leather) / Rekonstitution f des Kollagens
**collapsar** n (Astron) / Schwarzes Loch (infolge Gravitationskollapses) (rotierend, nicht rotierend), Black Hole n
**collapse** v / kollabieren v (z.B. Strukturelemente bei einem Aufprall) ‖ ~ (Build) / einstürzen v ‖ ~ (Materials) / erweichen vi (bei der Druckfeuerbeständigkeitsprüfung), zusammensinken v ‖ ~ (Mining) / einstürzen v, herabstürzen v, zu Bruch gehen ‖ ~ n (Aero) / Zusammenbruch m (des Fahrwerks), Einknickung f ‖ ~ (Build, Civ Eng) / Einsturz m ‖ ~ (Ceramics) / Erweichen n, Zusammensinken n (bei der Druckfeuerbeständigkeitsprüfung) ‖ ~ (shrinkage) (For) / Zelleinbruch m, Zellkollaps m (ein Trocknungsfehler) ‖ ~ (Foundry) / Zerfall m (z.B. des Gießkerns) ‖ ~ (Geol) / Einsturz m, Einbruch m, Bruch m ‖ ~ (Phys) / Zusammenbruch m (des Feldes) ‖ ~ (Plastics) / Zusammenbruch m, Zusammensinken n (der Zellstruktur) ‖ ~ **breccia** (Geol) / Einsturzbrekzie f
**collapsed backbone** (Comp) / Collapsed Backbone n (das nur aus der Verkabelung auf der Backplane eines Hubs besteht und nicht aus einem physisch über mehrere hundert Meter ausgedehnten LAN oder WAN)
**collapse design** (Build, Civ Eng, Mech) / Traglastverfahren n (das die im plastischen Bereich auftretenden Fließ- und Deformationsvorgänge bei Bauelementen und Tragwerken im Stahlbau einer analytischen Beschreibung zugänglich macht) ‖ ~ **of soil** (Build, Civ Eng) / Nachrutschen n der Erdmassen (in die Baugrube) ‖ ~ **test** (Materials) / Druckversuch m an Rohren unter Verwendung von Außendruck (bis zur Zerstörung)
**collapsibility** n (Foundry) / Zerfallsneigung f (z.B. von Gießkernen)
**collapsible** adj / knickbar adj (z.B. Verteilermast der Autobetonpumpe) ‖ ~ / einklappbar (Griff) ‖ ~ / klappbar adj, Falt-, zusammenklappbar adj, Klapp-, faltbar adj, einschiebbar adj (zusammenklappbar) ‖ ~ / einsturzgefährdet adj ‖ ~ **bellows** (Photog) / Faltenbalg m (der Kamera) ‖ ~ **boat** (Ships) / Faltboot n ‖ ~ **box** / Faltschachtel f, Faltkarton m ‖ ~ **can** (Nuc Eng) / ausdrückbare Hülle ‖ ~ **container** / zusammenlegbarer Container ‖ ~ **core** (Foundry) / unterteilter (loser) Kern (beim Druckguss) ‖ ~ **crane jib** (Eng) / Knickausleger m (bei Kranen) ‖ ~ **hood** (Photog) /  Faltlichtschacht m, Faltlichtschachtsucher m, aufklappbarer Sucherschacht ‖ ~ **plastic container** (Plastics) / forminstabiler Kunststoffbehälter ‖ ~ **section** (Autos) / Knautschzone f ‖ ~ **spare tyre** (Autos) / Falt-Notrad n, Faltreifen m ‖ ~ **steering-column** (Autos) / Lenksäule f mit Pralltopf (eine Sicherheitslenksäule), Lenksäule f mit Faltelementen, teleskopartig zusammenschiebbare Sicherheitslenksäule ‖ ~ **tap*** (Eng) / zusammenklappbarer Gewindebohrer (zur Erzeugung von Innengewinden) ‖ ~ **tap*** (Eng) / [selbstauslösender] Gewindeschneidkopf für Innengewinde ‖ ~ **tube** / Quetschtube f, Tube f
**collapsing** n (Radar) / Zusammenfaltung f (bei Entfernungstorspreizung) ‖ ~ adj / klappbar adj, Falt-, zusammenklappbar adj, Klapp-, faltbar adj, einschiebbar adj (zusammenklappbar) ‖ ~ **breaker** (Ocean) / Brecher m (eine Sturzwelle), Sturzwelle f (hohe, sich überstürzende Welle), Sturzsee f, Sturzbrecher m ‖ ~ **force** (Materials) / Knickkraft f ‖ ~ **roll** (Plastics) / Foliengleitwalze f (beim Folienblasen) ‖ ~ **stress** (Mech) / Knickspannung f (seitliches Ausweichen eines gedrückten Stabes) ‖ ~ **tube** (Autos) / Stülprohr n (bei der Längswelle)
**collar** v / mit Kragen versehen ‖ ~ (Mining) / vorbohren v (anbohren), anbohren v, spudden v, ansetzen v (beim Bohren) ‖ ~* n (Arch, Eng) / Ring m ‖ ~* (Eng) / Bund m, Wellenbund m (zur Aufnahme von axialen Schubkräften) ‖ ~* (Eng) / Zwinge f, Hülse f ‖ ~ (Eng) / Manschette f ‖ ~ (Eng) / Überschiebmuffe f, Überschiebungsmuffe f, U-Stück n (DIN 25824) ‖ ~ (Eng) / Aufsetzrahmen m für Paletten ‖ ~ (Eng) / Bund m (der Bundmutter) ‖ ~ (Eng) / Manschette f, Manschettendichtung f ‖ ~ (Join) / Leimzwinge f ‖ ~ (Mining) / Schachtmundloch n, Schachtmündung f, Tagkranz m ‖ ~ (Textiles) / Kragen m ‖ ~ (Welding) / Umgusswulst m f (beim Thermitschweißen), Wulst m f (beim Thermitschweißen) ‖ ~ **beam*** (Carp) / Kehlbalken m (beim Kehlbalkendach), Hahnenbalken m (kurzer zweiter Kehlbalken bei sehr hohen Kehlbalkendächern), Katzenbalken m (kurzer zweiter Kehlbalken bei sehr hohen Kehlbalkendächern) ‖ ~ **-beam roof*** (Build, Carp) / Kehlbalkendach n ‖ ~ **bearing** (Eng) / Halslager n (spezielles einwertiges Lager, das zusammen mit einem Spurlager verwendet wird)
**collared pin** (Eng) / Führungsstift m mit Bund
**collar-headed screw** (Eng) / Vierkantschraube f mit Bund (DIN ISO 1891)
**collar•-head screw*** (Eng) / Vierkantschraube f mit Bund (DIN ISO 1891) ‖ ~ **leather** (Leather) / Kummetleder n (ein Geschirrleder) ‖ ~ **nut** (Eng) / Bundmutter f ‖ ~ **ring** (Phys) / Ringwirbel m ‖ ~ **screw** (Eng) / Vierkantschraube f mit Bund (DIN ISO 1891) ‖ ~ **thrust bearing** (Eng) / Kammlager n
**collate** v (Bind) / zusammentragen v (einzelne Blätter) ‖ ~* (Bind) / kollationieren v (zusammengetragene Bogen)
**collateral** adj (Bind) / kollateral adj, seitlich adj, benachbart adj ‖ ~ **series** (Nuc) / zugehörige Zerfallsreihe
**collating** n (Bind, Print) / Zusammentragen n (von einzelnen Blättern) ‖ ~ (Comp) / Mischen n (mit gleichzeitigem Trennen) ‖ ~ **mark** (Print) / Flattermarke f, Rückensignatur f (im Bundsteg) ‖ ~ **sequence*** (Comp) / Sortierfolge f
**collation** n (Bind) / Zusammentragen n (von einzelnen Blättern)
**Collatz problem** (Maths) / Syrakus-Problem n
**collect** v / sammeln v, einsammeln v ‖ ~ **call** (for which the called customer agrees to pay) (Teleph) / R-Gespräch n (in Deutschland nicht möglich)
**collectin** (Biochem) / Collectin n (kollagenähnliches Lectin)
**collecting electrode*** (Elec Eng) / Niederschlagselektrode f (des Elektrofilters) ‖ ~ **electrode*** (Electronics) / Sammelelektrode f, Auffangelektrode f ‖ ~ **grid** / Kontaktgitter n (der Solarzelle) ‖ ~ **lens*** (Optics) / Sammellinse f, Positivlinse f, Linse f mit Sammelwirkung ‖ ~ **power** / Sammelwirkungsgrad m (in der Heliotechnik) ‖ ~ **roller table** (Met) / Sammelrollgang m ‖ ~ **surface** (Spinning) / Sammelraum m (eines Rotors, beim Offen-End-Spinnen, meistens eine Sammelrille) ‖ ~ **table** (Nut) / Sammeltisch m (bei der Flaschenabfüllung), Stautisch m (bei der Flaschenabfüllung) ‖ ~ **vessel** (Chem Eng) / Sammelbehälter m, Sammelgefäß n, Auffangbehälter m, Aufnahmegefäß n, Rezipient m (pl. -en), Sammler m (Sammelbehälter) ‖ ~ **well** (Hyd Eng) / Sammelbrunnen m (Schachtbrunnen mit wasserdichter Wandung und Sohle, der bei Grundwasserfassungen das aus den einzelnen Bohrbrunnen der Brunnenreihen durch Saug- oder Heberleitungen zugeführte Wasser aufnimmt, damit es durch Pumpen in das Ortsrohrnetz gedrückt werden kann)
**collection** n / Sammlung f ‖ ~ / Kollektion f (Waren-), Sortiment n, Auswahl f (Kollektion) ‖ ~ **angle** (Telecomm) / Akzeptanzwinkel m, Öffnungswinkel m (für die halbe Scheitelwinkel des Kegels, innerhalb dessen die in einem Lichtwellenleiter eingekoppelte Energie gleich einem spezifizierten Bruchteil der gesamten in einem Lichtwellenleiter eingekoppelten Energie ist) ‖ ~ **basin** / Kühlturmtasse f, Wassertasse f (Auffangbecken eines

Stahlbetonkühlturms) || ~ **efficiency** / Sammelwirkungsgrad *m* (in der Heliotechnik) || ~ **efficiency** (Electronics) / Auffangausbeute *f* || ~ **efficiency** (Hyd Eng) / Sammlungseffizienz *f*, Sammlungszahl *f* (ein Verhältniszahl in der Strömungslehre) || ~ **line** (US) (San Eng) / Hausanschlusskanal *m* (Kanalisation) || ~ **point** / Sammelstelle *f* || ~ **station** / Sammelstelle *f*
**collective** *n* (Aero) / nichtperiodische Steigungssteuerung (bei Rotorflugzeugen), kollektive Blattverstellung (Anstellwinkeländerung bei Rotorflugzeugen) || ~ (Stats) / Kollektiv *n* (eine beliebig große Gesamtheit von Beobachtungsdaten, die an eindeutig voneinander abgrenzbaren Exemplaren einer statistischen Menge beobachtbar sind) || ~ *adj* / kollektiv *adj* || ~ **acceleration** (Nuc Eng) / kollektive Beschleunigung || ~ **bargaining** / Tarifverhandlungen *f pl* (der tariffähigen Spitzenorganisationen der Arbeitgeberverbände und Gewerkschaften)
**collective-bargaining law** (Work Study) / Tarifrecht *n*
**collective call button** (Teleph) / Sammelruftaste *f* || ~ **dose** (Radiol) / Kollektivdosis *f* (DIN 6814, T 5) || ~ **dose equivalent*** (Radiol) / kollektive Äquivalentdosis (die gesamte einem Kollektiv applizierte Äquivalentdosis) || ~ **drive*** (Elec Eng, Rail) / Antrieb *m* der Treibachsen von einem einzigen Motor (über Kuppelstangen) || ~ **excitation** (Nuc Eng) / Kollektivanregung *f*, kollektive Anregung || ~ **interaction** (Nuc) / kollektive Wechselwirkung || ~ **lever** (Aero) / Blattverstellhebel *m* (bei Hubschraubern)
**collectively shielded cable** (Cables) / Kabel *n* mit nicht radialem Feld (das nur eine Schirmung über die verseilten Adern hat), Kabel *n* mit gemeinsamem Schirm
**collective model*** (of the nucleus) (Nuc) / vereinigtes Modell (ein Kernmodell), vereinigtes Kernmodell, kollektives Kernmodell, Kollektivmodell, kombiniertes Modell, kombiniertes Kernmodell || ~ **motion** (Nuc Eng) / kollektive Bewegung, Kollektivbewegung *f* || ~ **number** (Teleph) / Sammelrufnummer *f* || ~ **paramagnetism** (Phys) / Superparamagnetismus *m* (magnetisches Verhalten sehr kleiner ferromagnetischer Teilchen, das charakterisiert ist durch einen eindeutigen Zusammenhang zwischen dem gemessenen Wert der Magnetisierung und dem Feld) || ~ **pitch** (pilot control in rotary-wing aircraft directly affecting pitch of all blades of lifting rotor(s) simultaneously, irrespective of azimuth position) (Aero) / kollektive Blatteinstellung (bei Hubschraubern) || ~ **pitch control*** (Aero) / nichtperiodische Steigungssteuerung (bei Rotorflugzeugen), kollektive Blattverstellung (Anstellwinkeländerung bei Rotorflugzeugen) || ~ **pitch lever** (Aero) / Blattverstellhebel *m* (bei Hubschraubern) || ~ **stick** (Aero) / Blattverstellhebel *m* (bei Hubschraubern) || ~ **ticket** (Rail) / Sammelfahrschein *m* || ~ **transition** (Nuc) / kollektiver Übergang
**collectivization** *n* (Eng) / Kollektivisierung *f*
**collector** *n* (one of the electrodes of a bipolar transistor) (Electronics) / Kollektor *m* || ~ (Electronics) / Sammelelektrode *f*, Auffangelektrode *f* || ~* (Electronics) / Kollektor *m* (eines Transistors - DIN 41854), Kollektorelektrode *f* || ~ (Eng) / Sammler *m*, Kollektor *m* || ~ (Min Proc) / Sammler *m* (zur Flotation dienender chemischer Stoff, wie z.B. Xanthat), Kollektor *m* || ~ **agent*** (Min Proc) / Sammler *m* (zur Flotation dienender chemischer Stoff, wie z.B. Xanthat), Kollektor *m* || ~ **capacitance*** (Electronics) / Kollektorkapazität *f* || ~ **contact** (Electronics) / Kollektorkontakt *m* || ~ **current*** (Electronics) / Kollektorstrom *m* (bei npn-Transistoren hineinfließend, bei pnp-Transistoren herausfließend) || ~ **cut-off current** (Electronics) / Kollektorsperrstrom *m* || ~ **diffusion isolation process** (Electronics) / CDI-Verfahren *n*, CDI-Technik *f*, Kollektordiffusionsisolation *f*, Isolation *f* durch Kollektordiffusion
**collector-emitter saturation voltage** (Electronics) / Kollektor-Emitter-Sättigungsspannung *f*
**collector junction*** (Electronics) / Kollektorübergang *m* (der pn-Übergang zwischen Kollektor- und Basiszone eines Bipolartransistors) || ~ **of garbage** (Comp) / Fehlerbehandlungsroutine *f*, Fehlerbehebungsroutine *f*, Fehlerroutine *f* || ~ **pellet** (Electronics) / Kollektorpille *f* (bei Transistoren) || ~ **region** (Electronics) / Kollektorzone *f* || ~ **ring*** (Elec Eng) / Schleifring *m* (Stromsammelring) || ~ **series resistance** (Electronics) / Kollektorbahnwiderstand *m* || ~ **shoe*** (Elec Eng) / Kontaktschuh *m*, Schleifschuh *m* || ~ **strip*** (Elec Eng) / Schleifleiste *f* (des Stromabnehmers), || ~ **terminal** (Electronics) / Kollektoranschluss *m*
**collenchyma*** *n* (Bot) / Kollenchym *n*, Collenchym *n* (Festigungs- und Stützgewebe in Pflanzenteilen, die noch lebhaft wachsen)
**collet*** *n* (Eng) / Zwinge *f*, Hülse *f* || ~* (Eng) / Spannzange *f* (eine Spannvorrichtung - Zug- oder Druck-), Zangenspannfutter *n*, Spannpatrone *f* || ~ (Glass) / Glasbruch *m*, Glasscherben *f pl*, Bruchglas *n*, Scherben *f pl* || ~ **chuck*** (Eng) / Spannzange *f* (eine Spannvorrichtung - Zug- oder Druck-), Zangenspannfutter *n*, Spannpatrone *f* || ~ **piston chuck** (Eng) / Keilkolbenfutter *n* (ein kraftbetätigtes Spannfutter) || ~ **spanner** (Eng) / Schrumpffutter *n* (Werkstückspanner für hohe Rundlaufgenauigkeit und dünnwandige Werkstücke, die beim Bearbeiten nicht verspannt werden dürfen)
**collide** *v* / zusammenstoßen *v*, zusammenprallen *v*, kollidieren *v* (im Allgemeinen) || ~ (Autos) / zusammenstoßen *v* || ~ (Eng, Ships) / zusammenstoßen *v*, kollidieren *v*
**collider** *n* (Nuc Eng) / Collider *m*, Kollisionsmaschine *f* (wie z.B. SCC), Kollider *m* (Speicherring mit gegeneinander geführten Strahlen)
**colliding-beam accelerator** (Nuc Eng) / Beschleuniger *m* mit kollidierenden Strahlen, Beschleuniger *m* mit gegeneinander laufenden Strahlen || ~ **system** (Nuc Eng) / Speicherring *m* mit kollidierenden Strahlen
**collier** *n* (Mining) / Kohlenarbeiter *m* || ~ (Mining) / Füller *m*, Lader *m* || ~ (Ships) / Kohlefrachtschiff *n*, Kohlenschiff *n*
**colliery** *n* (Mining) / Steinkohlenbergwerk *n*, Steinkohlenzeche *f*, Steinkohlengrube *f* || ~ **consumption** (Mining) / Eigenverbrauch *m* (an Kohle) || ~ **power station** (Mining) / Zechenkraftwerk *n* || ~ **spoil** (Mining) / taubes Gestein, Berge *m pl* || ~ **spoil** (Min Proc) / Abgänge *m pl*, Berge *m pl*, Aufbereitungsberge *m pl* (die meistens als heizwertarmes Abfallprodukt verstromt werden können), Tailings *pl*
**colligative** *adj* (Chem) / kolligativ *adj* || ~ **properties*** (Chem) / kolligative Eigenschaften (eines Lösungsmittels in einer Lösung)
**colligator** *n* (Chem) / Kolligator *m* (eine Seitenkette, die an das Farbstoff-Ion gekoppelt ist)
**collimate** *v* (Nuc, Optics) / kollimieren *v*
**collimating mirror** (Spectr) / Kollimatorspiegel *m*
**collimation*** *n* (Nuc, Optics) / Kollimation *f* || ~ **alignment** (Radar) / Primär-Sekundär-Antennenausrichtung *f* || ~ **error** (caused by the line of sight not being horizontal or being otherwise out of line) (Optics, Surv) / Kollimationsfehler *m* || ~ **mark** (a mark on the register glass of an air survey camera, usually at each corner of the glass) (Surv) / Messmarke *f*, Rahmenmarke *f*
**collimator*** *n* (Nuc, Optics) / Kollimator *m* || ~ **target image** (Surv) / Kollimatorzielbild *n*
**collinear** *adj* (Maths) / kollinear *adj*, auf derselben Geraden liegend || ~ **array*** (Radar, Radio, Telecomm) / Dipollinie *f* (lineare Gruppe von Dipolantennen, deren Achsen in einer geraden Linie liegen) || ~ **impact** (Phys) / gerader zentraler Stoß
**collinearity** *n* (Gen) / Colinearität *f* (Übereinstimmung der Reihenfolge der Aminosäuren mit der der zugehörigen Codonen der Nukleinsäuren), Kolinearität *f* || ~ (Maths) / Kollinearität *f*
**collinear points** (Maths) / kollineare Punkte || ~ **vectors** (Maths, Phys) / kollineare Vektoren
**collineation*** *n* (Maths) / Kollineation *f*, kollineare Abbildung
**collineatory transformation** (Maths) / Kollineation *f*, kollineare Abbildung
**colliquation** *n* (Med) / Kolliquation *f* (Verflüssigung fester organischer Substanz)
**collision** *n* / Kollision *f*, Stoß *m*, Zusammenprall *m* || ~* (with) / Zusammenstoß *m* (mit), Aufprall *m*, Anprall *m* || ~ (Autos) / Zusammenstoß *m*, schwerer Unfall || ~ (Comp) / Kollision *f* (in einem Datennetz) || ~* (Nuc, Phys) / [elastischer, unelastischer] Stoß *m* || ~ **activation** (Spectr) / Stoßaktivierung *f*
**collision-activation chamber** (Spectr) / CA-Kammer *f* (in der Massenspektrometrie)
**collisional** *adj* (Nuc, Phys) / Stoß- || ~ **activation** (Spectr) / Stoßaktivierung *f* || ~ **broadening** (Spectr) / Stoßverbreiterung *f* (der Spektrallinie in Gasen) || ~ **broadening** (Spectr) / Druckverbreiterung *f* (von Spektrallinien) || ~ **excitation*** (Nuc) / Stoßanregung *f* || ~ **multiplication** (Phys) / Stoßvervielfachung *f*
**collision•-avoidance radar** (Aero, Radar) / Abstandswarnradar *m*, Kollisionsschutzradar *m n*, Abstandsradaranlage *f* (zur Kollisionsverhütung) || ~-**avoidance system*** (Aero) / Zusammenstoßwarnsystem *n*, Kollisionswarnsystem *n* || ~ **beacon** (Aero) / Zusammenstoßwarnlicht *n* || ~ **broadening** (Phys, Spectr) / Stoßverbreiterung *f* (der Spektrallinie in Gasen) || ~ **broadening** (Spectr) / Druckverbreiterung *f* (von Spektrallinien) || ~ **bulkhead*** (Ships) / Kollisionsschott *n* (vorderstes wasserdichtes Querschott) || ~ **cell** (Nuc, Spectr) / Stoßkammer *f* (beim Fast-Atom-Bombardment) || ~ **chamber** (Nuc, Spectr) / Stoßkammer *f* (beim Fast-Atom-Bombardment) || ~ **complex** (Phys) / Stoßkomplex *m* (das Ensemble von stoßenden und gestoßenen Teilchen im Moment des Zusammentreffens) || ~ **density** (Phys) / Stoßzahldichte *f*, Stoßdichte *f* || ~ **detection** (Comp) / Kollisionserkennung *f* || ~ **diameter*** (Chem) / Stoßdurchmesser *m* (in der Reaktionskinetik) || ~ **equation** (Phys) / Stoßgleichung *f* (in der kinetischen Gastheorie) || ~ **frequency** (Nuc) / Stoßfrequenz *f*, Stoßzahl *f* (Zahl der Zusammenstöße eines beliebigen Gasmoleküls mit anderen Molekülen je Sekunde) || ~ **frequency** (Spectr) / Stoßhäufigkeit *f*
**collision-induced** *adj* (Spectr) / stoßinduziert *adj*

**collision integral**

**collision integral** (Phys) / Stoßintegral n ‖ ~ **invariant** (Phys) / Stoßinvariante f ‖ ~ **ionization** (Electronics, Spectr) / Stoßionisation f, Elektronenstoßionisation f, Ionisation f durch Elektronenstoß
**collision-ionization luminescence** (Phys) / Ionolumineszenz f
**collisionless** adj (Nuc, Phys) / stoßfrei adj, stößefrei adj, stoßlos adj ‖ ~ (Plasma Phys) / kollisionslos adj (Plasma) ‖ ~ **Boltzmann equation** (Plasma Phys) / Vlasov-Gleichung f, Wlassow-Gleichung f (der kinetischen Energie von Plasmen - nach A.A. Wlassow, 1908-1975)
**collision multiplication** (Phys) / Stoßvervielfachung f ‖ ~ **of the first kind** (Phys) / Stoß m erster Art ‖ ~ **of the second kind** (Phys) / Stoß m zweiter Art ‖ ~ **process** (Phys, Spectr) / Stoßprozess m ‖ ~ **rate** (Nuc) / Stoßfrequenz f, Stoßzahl f (Zahl der Zusammenstöße eines beliebigen Gasmoleküls mit anderen Molekülen je Sekunde) ‖ ~ **ring** (Nuc Eng) / Collider m, Kollisionsmaschine f (wie z.B. SCC), Kollider m (Speicherring mit gegeneinander geführten Strahlen) ‖ ~ **space** (Eng) / Kollisionsraum f (eines IR) ‖ ~ **term** (Nuc) / Stoßterm m ‖ ~ **theory** (Chem, Phys) / Stoßtheorie f, Kollisionstheorie f ‖ ~ **time** (Phys) / Stoßdauer f ‖ ~ **wear** (Eng) / Prallverschleiß m
**Collman's reagent** (Chem) / Collmans Reagens (Dinatriumtetrakarbonylferrat(II))
**colloblock plate** (Print) / Kolloblock-Klischee n
**collocation** n / Kollokation f (des Satelliten) ‖ ~ (Maths) / Kollokation f
**collochemistry** n (Chem) / Kolloidchemie f
**collodion*** n (Chem) / Kollodium n, Collodium n (eine Lösung von Collodiumwolle) ‖ ~ **cotton** (Chem) / Kolloxylin n, Colloxylin n, Kollodiumwolle f, Collodiumwolle f, Lackwolle f (mit 10,5 - 12,2 Gew.-% Stickstoff)
**colloid*** n (Chem) / Kolloid n (kolloiddisperses System) ‖ ~* s. also colloidal system ‖ ~ adj (Chem) / kolloidal adj, kolloid adj
**colloidal** adj (Chem) / kolloidal adj, kolloid adj ‖ ~ **clay** (US) (Geol, Nut) / Bentonit m (ein montmorillonitreiches Tongestein) ‖ ~ **dispersion** (Chem) / kolloiddisperses System, kolloides System, Kolloidsystem n ‖ ~ **electrolyte**, (Chem) / kolloider Elektrolyt, Kolloidelektrolyt m ‖ ~ **fuel*** / Kolloidbrennstoff m, kolloidaler Brennstoff ‖ ~ **graphite*** / kolloidaler Graphit, Kolloidgraphit m ‖ ~ **ion** / Kolloid-Ion n ‖ ~ **kaolin** / Kolloidkaolin n m, kolloidales Kaolin ‖ ~ **movement*** (Chem, Phys) / Brown'sche Bewegung, Brown-Molekularbewegung f (nach R. Brown, 1773-1858) ‖ ~ **osmotic pressure** (Chem) / kolloidosmotischer Druck (KOD), onkotischer Druck, onkodynamischer Druck, KOD ‖ ~ **particle** (Chem, Phys) / Kolloidteilchen n, Kolloidpartikel f ‖ ~ **silver** (Chem) / kolloidales Silber ‖ ~ **solution** (Chem) / Kolloidlösung f ‖ ~ **solution** (Chem) / kolloide Lösung (keine echte Lösung) ‖ ~ **state*** (Chem) / Kolloidzustand m, kolloidaler Zustand ‖ ~ **sulphur** (Chem) / kolloider Schwefel, Kolloidschwefel m, Netzschwefel m ‖ ~ **suspension** (Chem) / kolloiddisperses System, kolloides System, Kolloidsystem n ‖ ~ **system** (Chem) / kolloiddisperses System, kolloides System, Kolloidsystem n
**colloid chemistry** (Chem) / Kolloidchemie f ‖ ~ **mill*** (Chem Eng) / Kolloidmühle f (eine Hochgeschwindigkeitsmühle) ‖ ~ **rectifier** (Elec Eng) / Kolloidgleichrichter m ‖ ~ **science** / Kolloidwissenschaft f (Chemie und Physik der dispersen Systeme)
**collophane*** n (Min) / Kollophan m (eine Varietät des Phosphorits)
**collophanite** (Min) / Kollophan m (eine Varietät des Phosphorits)
**collotype*** n (Print) / Collotype-Verfahren n (ein direktes Flachdruckverfahren)
**colluvial slope** (Civ Eng) / Böschung f mit einem natürlichen Böschungswinkel
**colluvium** (pl -ms or -ia) (Geol) / Kolluvium n (Ablagerungen bei Hangabtragung)
**colmatage** n (Geol) / Kolmation f, Auflandung f, Kolmatierung f
**colocated sensor** / kollokiertes Sensor (am gleichen Ort untergebrachter)
**colog** n (Maths) / negativer Logarithmus, Komplement n des Logarithmus
**cologarithm*** n (Maths) / negativer Logarithmus, Komplement n des Logarithmus
**cologne** n / Kölnisch Wasser n, Eau de Cologne n f, EDC (Eau de Cologne) ‖ ~ **brown** (Min) / Kölnische Erde, Kölner Erde, Kasseler Braun, Kasseler Erde (ein Verwesungsprodukt des Holzes), Kölnisch Braun, Kassler Braun ‖ ~ **earth** (Min) / Kölnische Erde, Kölner Erde, Kasseler Braun, Kasseler Erde (ein Verwesungsprodukt des Holzes), Kölnisch Braun, Kassler Braun ‖ ~ **earth*** (Paint) s. also Cassel brown and Vandyke brown ‖ ~ **water** / Kölnisch Wasser n, Eau de Cologne n f, EDC (Eau de Cologne)
**Colombian mahogany** (For) / Albarco n (Holz der Cariniana pyriformis Miers), Jequitiba n
**colon** n (Comp, Print) / Doppelpunkt m, Kolon n (pl. -s oder Kola) ‖ ~ **bacillus** (Bacteriol) / Escherichia coli f, Colibakterie f, Colibakterium n (pl. -ien), Kolibakterie f, Kolibakterium n (pl. -ien) ‖ ~ **Classification** / ein Klassifikationssystem des indischen Bibliothekars S.R. Ranganathan (1892-1972)

**colonize** vt (Bacteriol) / besiedeln v (mit Bakterien)
**colonnade*** n (Arch) / Säulengang m, Kolonnade f ‖ ~ (Geol) / Säulenbildung f (im liegenden Teil des Lavastroms)
**colonnette** n (Arch) / Säulchen n
**colony*** n (Bacteriol, Biol, Ecol) / Kolonie f (Ansammlung von Tieren oder Pflanzen) ‖ ~ **hybridization** (Gen) / Koloniehybridisierung f
**colophon*** n (Print) / Druckvermerk m, Impressum n (pl. Impressen) (des Druckers) ‖ ~* (Print) / Druckermarke f, Druckerzeichen n, Buchdruckerzeichen n (zur Kennzeichnung der Drucke)
**colophonite** n (Min) / Kalkeisengranat m, Andradit m (ein Granat)
**colophonium*** n (pl. -ms) / Geigenharz n, Kolophonium n, Balsam m, Spiegelharz n (ein natürliches Harz von Pinus-Arten)
**colophony*** / Geigenharz n, Kolophonium n, Balsam m, Spiegelharz n (ein natürliches Harz von Pinus-Arten) ‖ ~ **ester** (Nut) / Kolophonester m (Ester des Kolophoniums - Kaumassegrundstock)
**color** n (US) (Optics, Physiol) / Farbe f (Sinneseindruck - DIN 5033, T 1)
**Colorado beetle*** (Agric, Zool) / Coloradokäfer m (Leptinotarsa decemlineata Say), Kartoffelkäfer m, Koloradokäfer m ‖ ~ **blue spruce** (For) / Stechfichte f (Picea pungens Engelm.), Blaufichte f (eine Kultursorte mit blaugrünen Nadeln)
**coloradoite** n (Min) / Coloradoit m (ein HgTe-Mineral der Zinkblendenreihe)
**Colorado spruce** (For) / Stechfichte f (Picea pungens Engelm.), Blaufichte f (eine Kultursorte mit blaugrünen Nadeln) ‖ ~ **steer** (Leather) / Ochsenhaut f mit einem seitlich angebrachten Brandzeichen
**colorant** n (US) (Nut) / Farbstoff m ‖ ~ **for the food industry** (US) (Chem, Nut) / Lebensmittelfarbstoff m (E 100 - E 180)
**coloration** n (Textiles) / Anfärben n, Färben n, Färbung f, Anfärbung f, Färberei f, Ausfärbung f
**colorcast** n (US) (TV) / Farbfernsehübertragung f
**colorimeter*** n (Chem) / Kolorimeter n ‖ ~* (Light) / Farbmessgerät n
**colorimetric** adj (Chem) / kolorimetrisch adj
**colorimetrical** adj (Chem) / kolorimetrisch adj
**colorimetric analysis*** (Chem) / Kolorimetrie f, kolorimetrische Analyse (ein Verfahren der Absorptiometrie) ‖ ~ **change** (Chem) / Farbänderung f
**colorimetry*** n (Astron, Chem, Light) / Kolorimetrie f, Farbmessung f
**coloristic** adj (Textiles) / koloristisch adj, färberisch adj
**color lookup table** (US) (Comp) / Farbtabelle f, Farbtafel f, Color-Lookup-Table n, CLUT ‖ ~ **monitor** (US) (Comp) / Farbmonitor m, Colormonitor m ‖ ~ **number** (US) / Farbwert m ‖ ~ **retention agent** (US) (Nut) / Farbstabilisator m (z.B. Ascorbin- oder Nicotinsäure, Schwefeldioxid)
**Colorvision Constant Speed** (TV) / ein Verfahren, mit dem unter Zuhilfenahme eines elektronischen Abtastgeräts die Wiedergabe von Super-8-Filmen auf dem Bildschirm von Fernsehgeräten möglich ist
**colossal order** (Arch) / Kolossalordnung f (z.B. in der Renaissance und im Barock)
**colour** v / färben v (Holz) ‖ ~ (Acous) / verfälschen v (Klangfarbe) ‖ ~ / Färbung f (Zusammenspiel der Farbtöne) ‖ ~ **(food colour)** (Chem, Nut) / Lebensmittelfarbstoff m (E 100 - E 180) ‖ ~* (Nuc) / Farbe f, Farbladung f (ein Freiheitsgrad der Quarks), Colour f, Color f (Colorladung), Farbquantenzahl f ‖ ~ (Optics, Physiol) / Farbe f (Sinneseindruck - DIN 5033, T 1) ‖ ~ **attr** (Optics) / Farben-, Farb-, chromatisch adj ‖ ~ **of one** ~ / einfarbig adj, einfärbig adj (A) ‖ **of the same** ~ (Light) / isochromatisch adj (gleichfarbig, farbtonrichtig), gleichfarbig adj, homochromatisch adj, isochrom adj ‖ **without** ~ **aberration** (Optics) / farbfehlerfrei adj (optisches System) ‖ ~ **aberration** (Optics) / chromatischer Abbildungsfehler, Farbfehler m, Farbabweichung f, chromatische Abweichung, chromatische Aberration
**colourable** adj / färbbar adj
**colour adaptation** / Farbadaptation f ‖ ~ **analyser*** (Cinema) / Farb-Lichtbestimmungsgerät n, Colour-Analyzer m ‖ ~ **analyzer** (US) (Cinema) / Farb-Lichtbestimmungsgerät n, Colour-Analyzer m
**colourant** n (Nut) / Farbstoff m
**colour atlas** (Paint) / Farbtonkarte f (in Buchform), Farbkarte f ‖ ~ **atlas** (Paint) / Farbregister n (ein Satz Farbtonkarten) ‖ ~ **balance*** (Cinema, Photog) / Farbgleichgewicht n, Farbbalance f ‖ ~ **bar** (Comp) / Farbbalken m ‖ ~ **bar** (TV) / Fernsehtestbild n, Testbild n ‖ ~ **bleeding*** (Build, Paint) / Ausbluten n (von Bestandteilen, die aus dem Untergrund oder einem früheren Anstrich in den neuen Anstrich einwandern - DIN 55945)
**colour-blind** adj (Med, Optics) / farbenblind adj ‖ ~ (Photog) / empfindlich für blaues und violettes Licht (sowie noch kürzerwellige Strahlung)
**colour blindness*** (Med, Optics) / Farbenblindheit f ‖ ~ **book** / Farbmusterbuch n ‖ ~ **box** (Comp) / Farbpalette f (in Grafikprogrammen) ‖ ~ **burst*** (TV) / Farbträgersynchronsignal n, Burst m, Farbsynchronsignal n, Hilfssynchronsignal n ‖ ~

**calibration** (Comp) / Farbkalibrierung f ‖ ~ **case-hardening** (Met) / Englischhärtung f, Bunthärtung f, Bunteinsatzhärtung f, marmorierte Härtung ‖ ~ **cast**\* (Photog) / Farbschleier m ‖ ~ **cast**\* (Photog) s. also cast ‖ ~ **cathode-ray tube** (Electronics) / Farbkatodenstrahlröhre f ‖ ~ **centre** (an electron state in an ionic crystal that is localized around a defect) (Crystal, Electronics) / Farbzentrum n (eine Elektronenfehlstelle in einem Isolatorkristall, welche meist an eine atomare Fehlstelle gebunden ist) ‖ ~ **centre** (Crystal, Electronics) s. also F centre

**colour-centre laser** (Phys) / Farbzentrenlaser m (Festkörperlaser, bei dem als aktives Medium ein Kristall mit Farbzentren verwendet wird)

**colour change** / Farbwechsel m, Farbänderung f, Farbveränderung f ‖ ~ **change** (Radiol) / Farbumschlag m ‖ ~ **change** (Textiles) / Farbtonumschlag m, Farbumschlag m

**colour-changing dose** (Radiol) / Umschlagsdosis f, Farbumschlagsdosis f

**colour charge** (a property of quarks that corresponds, for the strong interaction, to electric charge for the electromagnetic interaction) (Nuc) / Farbe f, Farbladung f (ein Freiheitsgrad der Quarks), Colour f, Color f (Colorladung), Farbquantenzahl f ‖ ~ **chart** / Farbenkarte f (DIN 6164) ‖ ~ **chart** (Paint) / Farbtontabelle f, Farbtonkarte f, Farbkarte f ‖ ~ **chart** (Print) / Farbtafel f (in der Reproduktionstechnik) ‖ ~ **chemistry** (Chem) / Farbenchemie f ‖ ~ **code** / Farbkennzeichnung f (z.B. bei Rohrleitungen nach DIN 2403), colour coding

**colour-code book** (Paint) / Farbtonkarte f (in Buchform), Farbkarte f ‖ ~ **letter** (Cables, Elec Eng) / Farbkurzzeichen n (für Leitungen nach DIN IEC 757)

**colour coder**\* (TV) / Farbkoder m ‖ ~ **coding** (TV) / Farbkodierung f ‖ ~ **combing** (Paint) / Kammzugtechnik f (zur dekorativen Flächengestaltung und Belebung und zur Holzimitation)

**colour-compensating filter** (Photog) / Korrekturfilter n, CC-Filter n (ein Korrekturfilter), Kompensationsfilter n, Ausgleichsfilter n

**colour composite** (Optics, Surv) / Farbmischbild n, Farbsynthesebild n ‖ ~ **composite image** (Optics, Surv) / Farbmischbild n, Farbsynthesebild n ‖ ~ **computer** (Print) / Farbrechner m ‖ ~ **conditioning** / Einsatz von Farbtönungen, die für maximale Arbeitsleistung in Arbeitsräumen, Behaglichkeit in Wohn- und Aufenthaltsräumen usw. am besten geeignet sind ‖ ~ **constancy** / Farbkonstanz f, Farbenkonstanz f ‖ ~ **contrast**\* (Light, Photog) / Farbkontrast m ‖ ~ **coordinates**\* / Farbkoordinaten f pl

**colour-corrected illumination** (Light) / farbkorrigierte Beleuchtung ‖ ~ **lens**\* (Optics) / farbkorrigierte Linse

**colour correction** (Optics) / Farbkorrektur f, Farbkorrektion f ‖ ~ **correction filter** (Photog) / Farbkorrekturfilter n, Farbkopierfilter n (beim subtraktiven Farbkopieren) ‖ ~ **coupler**\* (Photog) / Farbkuppler m (in der chromogenen Entwicklung), Kuppler m (Farbkuppler)

**colour-coupling development** (Photog) / chromogene Entwicklung

**colour CRT** (Electronics) / Farbkatodenstrahlröhre f ‖ ~ **decoder**\* (TV) / Farbdecoder m, Farbdekoder m ‖ ~ **defect** / Farbfehler m (im Allgemeinen) ‖ ~ **densitometer** (Phys) / Farbdensitometer n ‖ ~ **depth** (Optics, Physiol) / Farbtiefe f (Maß für die Farbigkeit einer Farbempfindung) ‖ ~ **film** m, Colorfilm m ‖ ~ **design** (Textiles) / Farbstellung f ‖ ~ **developer** (Cinema, Photog) / Farbentwickler m ‖ ~ **development** (Cinema, Photog) / Farbentwicklung f ‖ ~ **dictionary** / Farbmusterbuch n ‖ ~ **difference** (Optics) / Farbtonunterschied m, Farbdifferenz f, Farbunterschied m, Farbabstand m (DIN 5033-1) ‖ ~ **difference** (Paint) / Farbunterschied m (in Helligkeit, Buntheit und Buntton - DIN 53236), Farbdifferenz f

**colour-difference method** (Paint) / Farbabstandsverfahren n (bei der Bestimmung des Deckvermögens) ‖ ~ **signal**\* (TV) / Farbdifferenzsignal n

**colour discrimination** (Light, Optics, Physiol) / Farbunterscheidung f ‖ ~ **discrimination** (Optics, Physiol) / Farbenunterscheidung f, Farbenunterscheidungsvermögen n ‖ ~ **disk** (Rail) / Blende f (Farbglas, das vor eine Signallampe gesetzt wird) ‖ ~ **dispersion** (Optics) / Farbzerlegung f ‖ ~ **display** (Comp) / farbige Anzeige ‖ ~ **display terminal** (Comp) / Farbsichtgerät n

**coloured** adj / gefärbt adj ‖ ~ / mehrfarbig adj, bunt adj, verschiedenfarbig adj ‖ ~ **board** (Paper) / Buntkarton m ‖ ~ **brick** (Build, Ceramics) / Farbziegel m ‖ ~ **cement**\* (Build, Civ Eng) / farbiger Zement ‖ ~ **cottons** (Textiles) / bunte Baumwollgewebe, Siamosen f pl (karierte und gestreifte Baumwollgewebe in Leinwandbindung, die als Schürzen-, Hauskleider- und Bettbezugsstoffe verwendet werden) ‖ ~ **discharge** (Textiles) / Buntätze f ‖ ~ **discharge paste** (Textiles) / Buntätzfarbteig m ‖ ~ **edge** (Bind, Print) / Farbschnitt m

**colour edge** / Farbkante f

**coloured glass** (Glass) / Farbglas n, Buntglas n ‖ ~ **glass** (Glass) / Buntglas n ‖ ~ **glass plate** (Glass) / Dallglas n (gegossene, in der Masse durchgefärbte, lichtdurchlässige dicke Glasplatte) ‖ ~ **glass**

**tile** (Glass) / Dallglas n (gegossene, in der Masse durchgefärbte, lichtdurchlässige dicke Glasplatte) ‖ ~ **glaze** (Ceramics) / Farbglasur f ‖ ~ **heartwood** (For) / Farbkern m

**colour editing terminal** (Comp, Print) / Farbkorrekturterminal n

**coloured lacquer** (For, Paint) / buntfarbene Lasur ‖ ~ **pencil** / Farbstift m, Buntstift m ‖ ~ **pigment** (Build, Civ Eng) / Farbpigment n (Betonzusatzstoff nach DIN 1045) ‖ ~ **pigment** (Paint) / Buntpigment n ‖ ~ **resisting** (Textiles) / Buntreservierung f ‖ ~ **salt** (Chem) / Farbsalz n ‖ ~ **series** (Bacteriol) / bunte Reihe (von Bakterien) ‖ ~ **top** (Bind) / Farboberschnitt m (Kopfschnitt gefärbt) ‖ ~ **wash** (Textiles) / Buntwäsche f ‖ ~ **writing ink** / Farbstoffschreibtinte f, Farbstofftinte f

**colour effect** / Farbwirkung f, Farbeffekt m ‖ ~ **etching** (Print) / Farbätzung f ‖ ~ **excess**\* (Astron) / Farbexzess m, Farbenexzess m (die Differenz zwischen dem individuellen Farbenindex eines Sterns und dem mittleren Farbenindex seiner Spektralklasse) ‖ ~ **fastness**\* / Farbechtheit f (im Allgemeinen) ‖ ~ **fastness** (Paint) / Farbtonechtheit f ‖ ~ **fastness to acid chlorination** (Textiles) / Farbechtheit f gegenüber saurer Chlorierung ‖ ~ **film** (Cinema, Photog) / Farbfilm m, Colorfilm m ‖ ~ **filter** (Cinema, Photog) / Colorfilter n (bei Farbmaterialien) ‖ ~ **filter** (Cinema, Photog) / Farbfilter n (bei Schwarzweißmaterialien) ‖ ~ **fixative** (Nut) / Farbstabilisator m (z.B. Ascorbin- oder Nicotinsäure, Schwefeldioxid) ‖ ~ **flop** (Paint, Print) / Farbtonflop m (charakteristische Eigenschaft von Lacken und Druckfarben mit Perlglanzpigmenten), welche die Änderung der Farbe unter verschiedenen Beobachtungswinkeln bezeichnet) ‖ ~ **fluctuation** (Print) / Farbschwankungen f pl ‖ ~ **fringe** n (Optics, Photog, TV) / Farbsaum m (ein Fehler) ‖ ~ **graphics** (Comp) / Farbgrafik f, Grafik f in Farbe ‖ ~ **graphics card** (Comp) / Farbgrafikkarte f ‖ ~ **gravure** (Print) / Farbtiefdruck m ‖ ~ **group SU(3)** (Nuc) / Farbsymmetriegruppe f, SU(3)$_c$ -Gruppe f ‖ ~ **guides**\* (Print) / Skalendrucke m pl, Andruckskale f, Farbskale f (im Mehrfarbendruck) ‖ ~ **holography** / Farbholografie f ‖ ~ **image** (Photog) / Farbbild n ‖ ~ **index**\* (Astron) / Farbenindex m (die Differenz zwischen den in zwei verschiedenen Farbbereichen des Spektrums gemessenen Helligkeiten eines Sterns), Farbindex f ‖ ~ **Index** (Chem) / Colour Index m, CI (von der Society of Dyers and Colourists und der American Association of Textile Chemists and Colorists herausgegebenes Nachschlagewerk für Handelsfarbstoffe) ‖ ~ **index** (in petrology) (Geol) / Farbzahl f (der Gesamtgehalt eines magmatischen Gesteins an dunklen, basischen Mineralen, angegeben in Volumprozent) ‖ ~ **index**\* (Photog) / Farbenindex m, Farbindex m ‖ ~ **indicator** / Farbindikator m

**colouring** n / färbende Substanz ‖ ~ (Cables, Elec Eng) / Farbkennzeichnung f (der Leitungen) ‖ ~ (Nut) / Farbstoff m ‖ ~ (Textiles) / Anfärben n, Färben n, Färbung f, Abfärbung f, Färberei f, Ausfärbung f ‖ ~ **additive** (Chem, Nut) / Lebensmittelfarbstoff m (E 100 - E 180) ‖ ~ **agent** (Paint) / Farbmittel n (farbgebende Substanz nach DIN 55944) ‖ ~ **matter** / färbende Substanz ‖ ~ **matter** (Nut) / Farbstoff m ‖ ~ **matter** (Paint) / Farbmittel n (farbgebende Substanz nach DIN 55944) ‖ ~ **pigment**\* (Paint) / Buntpigment n

**colour intensifier** (Textiles) / Farbvertiefer m ‖ ~ **intensifying agent** / Farbverstärker m ‖ ~ **intensity** (Print) / Farbkraft f (des Druckes) ‖ ~ **interaction** (Nuc) / Color-Wechselwirkung f ‖ ~ **key** / Farbtaste f

**colour-keyed** adj / farblich (aufeinander) abgestimmt

**colour killer**\* (TV) / Farbkiller m, Colorkiller m, Farbsperre f ‖ ~ **lake** (Chem, Paint, Textiles) / Farblack m (durch Fällung von gelösten Farbstoffen mit Fällungsmitteln erzeugtes Pigment) ‖ ~ **laser printer** (Comp) / Farblaserdrucker m

**colourless** adj / farblos adj, nichtfarbig adj ‖ ~ (Optics, Physiol) / achromatisch adj, farblos adj ‖ ~ **dye** (Textiles) / optischer Aufheller (Fluoreszenzfarbstoff, der UV-Licht absorbiert und längerwelliges blaues Licht emittiert), Weißtöner m, Blankophor m (auf der Basis von Stilben- oder Pyrazolderivaten - Warenzeichen der Firma Bayer) ‖ ~ **glass** (Glass) / ungefärbtes Glas, Weißglas n, farbloses Glas ‖ ~ **glass** s. also white flint

**colour library** (Comp) / Farbbibliothek f (elektronische Bildverarbeitung)

**colour-light signal** (Rail) / Farblichtsignal n, Lichtsignal n

**colour lookup table** (Comp) / Farbtabelle f, Farbtafel f, Color-Lookup-Table n, CLUT ‖ ~ **lustre** (Light, Paint) / Farbglanz m

**colour-lustre pigment** (Paint) / Farbglanzpigment n

**colour malt** (Brew) / Farbmalz n ‖ ~ **management** (Comp, Photog) / Farbmanagement n, Farbsteuerung f ‖ ~ **map** (Comp) / Farbtabelle f, Farbtafel f, Color-Lookup-Table n, CLUT ‖ ~ **marking of danger zones** / Farbbezeichnung f von Gefahrenstellen ‖ ~ **masking**\* (Print) / Maskenverfahren n (fotomechanisches Korrekturverfahren)

**colour-matched** adj / farblich (aufeinander) abgestimmt

**colour matching** / Farbabgleich m, Farbabstimmung f ‖ ~ **matching** (Light, Print, Textiles) / Farbabmusterung f (DIN 6173 und 16 605), Farbnachstellung f, Abmustern n (visuelles Prüfen und visuelle

**colour-matching**

Beurteilung der Farbgleichheit bzw. des Farbabstandes), Farbabstimmung $f$
**colour-matching function** (of the CIE standard observer) (Optics) / Normspektralwertfunktion $f$
**colour metallography** (Materials, Met) / Farbentwicklung $f$ in Gefügen, Farbaufnahmetechnik $f$ ‖ ~ **migration** (Textiles) / Farblässigkeit $f$ ‖ ~ **mixing** (Light, Optics) / Farbmischung $f$ ‖ ~ **mixture** (Light, Optics) / Farbmischung $f$ ‖ ~ **mixture curve** (Light, Optics) / Farbmischungskurve $f$ ‖ ~ **modelling** (Comp) / Buntaufbau $m$ (beim Desktop-Publishing) ‖ ~ **monitor** (Comp) / Farbmonitor $m$, Colormonitor $m$ ‖ ~ **negative**\* (Photog) / Farbnegativ $n$ ‖ ~ **noise** (Acous) / farbiges Rauschen (DIN 5483, T 1) (frequenzabhängig) ‖ ~ **number** / Farbzahl $f$ (ein Kennwert für die Farbe von transparenten Substanzen nach DIN 55945) ‖ ~ **of light** (Light) / Lichtfarbe $f$ ‖ ~ **order system** (Light, Optics) / Farbordnungssystem $n$ (systematische Sammlung von Farben /teilweise durch Farbmuster belegt/, die sich möglichst über den gesamten Farbenraum erstrecken soll) ‖ ~ **oscillator** (TV) / Farbträgeroszillator $m$ ‖ ~ **oxide** (Ceramics) / Keramfarbe $f$, keramische Farbe (Mischung von Metalloxiden mit Quarz, Tonerde oder Kaolin, die beim Erhitzen auf hohe Temperaturen durch Reaktionen im festen Zustand farbige Verbindungen bildet) ‖ ~ **oxide** (an oxide of a metal which is used to colour glass, glazes, porcelain enamels, ceramic bodies, and other products) (Ceramics, Glass) / Farboxid $n$, färbendes Oxid ‖ ~ **palette** (Comp) / Farbpalette $f$, Palette $f$ (Auswahl von Farben) ‖ ~ **pencil** / Farbstift $m$, Buntstift $m$ ‖ ~ **perception** (Optics, Physiol) / Farbempfindung $f$ (von einer Farbe ausgelöste subjektive Empfindung des Gesichtssinns), Farbwahrnehmung $f$ ‖ ~ **photo** (Photog) / Farbaufnahme $f$ ‖ ~ **photograph** (Photog) / Farbaufnahme $f$
**colour-photographic** adj (Photog) / farbfotografisch adj
**colour photography** (Photog) / Farbfotografie $f$, Colorfotografie $f$ ‖ ~ **picture signal**\* (TV) / Farbbildsignal $n$ ‖ ~ **picture tube** (TV) / Farbbildröhre $f$ ‖ ~ **plotter** (Comp) / Farbplotter $m$ ‖ ~ **polish** (Join) / Farbpolitur $f$ ‖ ~ **positive**\* (Photog) / Farbpositiv $n$ ‖ ~ **print** (Photog) / Farbkopie $f$ ‖ ~ **printer** (Comp) / Farbdrucker $m$ ‖ ~ **printing** (Cinema, Photog) / Farbfilmkopieren $n$ ‖ ~ **printing**\* (Print) / Mehrfarbendruck $m$, mehrfarbiger Druck ‖ ~ **printing**\* (Print) / farbiger Druck, Buntdruck $m$, Farbendruck $m$ ‖ ~ **process etching** (Print) / Farbätzung $f$ ‖ ~ **proof** (Print) / Farbproof $m$ ‖ ~ **pyramid**\* (Light, TV) / Farbdreieck $n$ (das durch die drei Farbörter der Komponenten gebildet ist) ‖ ~ **ratio** (Geol) / Farbzahl $f$ (der Gesamtgehalt eines magmatischen Gesteins an dunklen, basischen Mineralen, angegeben in Volumprozent) ‖ ~ **reaction** (a test) (Chem, Oils) / Farbreaktion $f$ ‖ ~ **reference signal**\* (TV) / Farbbezugssignal $n$ ‖ ~ **register** (Print) / Passkreuz $n$ (für Mehrfarbendrucke), Farbpasser $m$ ‖ ~ **registration** (Print) / Farbendeckung $f$ ‖ ~ **rematching** (Textiles) / Farbtonnachstellung $f$ ‖ ~ **rendering** / Farbwiedergabe $f$ ‖ ~ **rendition** / Farbwiedergabe $f$ ‖ ~ **resist** (Textiles) / Buntreserve $f$ ‖ ~ **retention** (Paint) / Farbtonbeständigkeit $f$, Farbbeständigkeit $f$ ‖ ~ **retention** (Paint, Print) / Farbtonhaltung $f$, Farbhaltung $f$ ‖ ~ **reversal intermediate**\* / Farbumkehrduplikat $n$ ‖ ~ **salt** (Chem) / Farbsalz $n$ ‖ ~ **sample** / Farbmuster $n$ (DIN 6173, T 1) ‖ ~ **saturation**\* (Optics, TV) / Farbsättigung $f$ (Anteil einer Spektralfarbe bei der Mischung mit weißem Spektrallicht) ‖ ~ **scale** / Farbskale $f$ (im Allgemeinen) ‖ ~ **scale** (Comp) / Farbverlauf $m$ (streifenloser, allmählicher Farbübergang des Tonwerts vom tiefdunklen Rasterbild zum hellen Papierton) ‖ ~ **scanner** (Comp, Print, Typog) / Scanner $m$ für farbige Vorlagen ‖ ~ **scanner** (TV) / Farbscanner $m$, Farbbildabtaster $m$ ‖ ~ **scheme** / Farbgebung $f$ (z.B. eines Raumes) ‖ ~ **science** (Light) / Farbmetrik $f$ (DIN 5033, T 1), Farbmaßlehre $f$ (die Lehre von den Maßbeziehungen der Farben untereinander) ‖ ~ **science** (Light, Optics) / Farbenlehre $f$ (Lehre von der Entstehung und Ordnung der Farben und ihrer Wirkung auf das menschliche Auge), Chromatik $f$, Farblehre $f$ (als Oberbegriff) ‖ ~ **screen** (Comp) / Farbbildschirm $m$, farbiger Bildschirm ‖ ~ **sensation** (Physiol) / Farbeindruck $m$ ‖ ~ **sense** (Optics, Physiol) / Farbsinn $n$, Farbensinn $m$ ‖ ~ **sensitivity** (Photog) / Farbempfindlichkeit $f$, Spektralempfindlichkeit $f$ ‖ ~ **sensor** / Farbsensor $m$ (der für schnelles, berührungsloses Erfassen farbiger Gegenstände in automatisierten Fertigungsprozessen eingesetzt wird) ‖ ~ **separation** (Paint) / Entmischung $f$ der Körperfarben ‖ ~ **separation**\* (Photog, Print) / Farbauszug $m$ (auch für den Mehrfarbendruck - einer Primärfarbe zugehöriger Teil eines Bildes), Farbseparation $f$, Auszug $m$ (Farbauszug) ‖ ~ **separation**\* (Print) / Farbauszugsverfahren $n$ ‖ ~ **separation filter** (Photog, Print) / Farbauszugsfilter $n$, Selektionsfilter $n$ (durchsichtiges farbiges Medium, das in den zur Herstellung von Farbauszügen notwendigen Lichtstrahlengang eingeschaltet wird); Auszugsfilter;n. ‖ ~ **separation overlay**\* (Cinema, Comp, TV) / Chromakey-Technik $f$ (Trickmischung im Fernsehen oder bei Computerspielen) ‖ ~ **slide** (Photog) / Farbdiapositiv $n$, Farbdia $n$ (in einer zur Vorführung geeigneten Form)

**colours of thin films**\* (Phys) / Farben $f$ $pl$ dünner Blättchen (Interferenzfarben)
**colour solid** (Optics) / Farbkörper $m$ (Körper eines als Vektorraum dargestellten Farbraums) ‖ ~ **sorting** / Sortierung $f$ nach der Farbe ‖ ~ **space** (Light, Maths) / Farbenraum $m$ (abstrakter Raum zur mathematischen Darstellung von Farbvalenzen) ‖ ~ **space** (Optics) / Farbraum $m$ ‖ ~ **specimen** / Farbmuster $n$ (DIN 6173, T 1) ‖ ~ **splitter** (TV) / Lichtteiler $m$ (zur spektralen Aufteilung des einfallenden Lichtes auf die einzelnen Aufnahmekanäle - DIN 5031, T 3), Farbteiler $m$ ‖ ~ **stabilizer** (Nut) / Farbstabilisator $m$ (z.B. Ascorbin- oder Nicotinsäure, Schwefeldioxid) ‖ ~ **stimulus** (Optics, Physiol) / Farbreiz $m$ (Strahlung, die durch Reizung der Netzhaut Farbempfindungen hervorruft - DIN 5033, T 1) ‖ ~ **stimulus specification** (Optics, Physiol) / Farbvalenz $f$ ‖ ~ **streak** (Glass) / Farbschliere $f$ (die sich in ihrer Färbung deutlich vom Grundglas unterscheidet) ‖ ~ **-striking** (Paint) / Mitfällung $f$, gemeinsame Fällung (z.B. bei Lithoponherstellung) ‖ ~ **striking furnace** (Glass) / Anlassofen $m$ ‖ ~ **stripe filter** (Cinema) / Farbstreifenfilter $n$ (vor der Bildaufnahmeröhre einer Videokamera) ‖ ~ **subcarrier** (TV) / Farbträger $m$
**colour-subcarrier oscillator** (TV) / Farbträgeroszillator $m$
**colour sublimation printing** (Comp) / Farbsublimationsdruck $m$ ‖ ~ **symmetry group** (Nuc) / Farbsymmetriegruppe $f$, SU(3)$_c$-Gruppe $f$ ‖ ~ **television** (TV) / Farbfernsehen $n$, Colorfernsehen $n$ ‖ ~ **temperature**\* (Phys) / Farbtemperatur $f$ (Maß für die Farbart eines technischen Temperaturstrahlers) ‖ ~ **threshold**\* (Optics, Physiol) / Farbenreizschwelle $f$, Farbenschwelle $f$, Farbschwelle $f$ ‖ ~ **tolerance** / Farbtoleranz $f$ (DIN 6171, T 1) ‖ ~ **transparency**\* (Photog) / Farbdiapositiv $n$, Farbdia $n$ (in einer zur Vorführung geeigneten Form) ‖ ~ **tree** (in the Munsell colour system) / Farbbaum $m$ ‖ ~ **triangle**\* (Light, TV) / Farbdreieck $n$ (das durch die drei Farbörter der Komponenten gebildet ist) ‖ ~ **triangle** (Light, TV) s. also chromaticity diagram ‖ ~ **turning furnace** (Glass) / Anlassofen $m$ ‖ ~ **TV receiver** (TV) / Farbfernsehgerät $n$, Colorgerät $n$, Farbfernsehempfänger $m$ ‖ ~ **value** / Farbwert $m$ ‖ ~ **vector** / Farbvektor $m$ (Vektor im Farbenraum zur Darstellung der Farbvalenz) ‖ ~ **video interface** (Comp) / Farbvideointerface $n$ ‖ ~ **vision**\* (Optics, Physiol) / Farbensehen $n$, Farbensinn $m$ ‖ ~ **wheel** (Comp) / Farbenrad $n$ ‖ ~ **wheel** (Optics) / Farbtonkreis $m$, Farbkreis $m$
**colour-woven** adj (Weaving) / buntgewebt adj
**Colpitts circuit** (Automation) / Colpitts-Schaltung $f$ (Oszillatorschaltung mit Spannungsteilung an der Schwingkreiskapazität) ‖ ~ **oscillator**\* (Electronics) / kapazitive Dreipunktschaltung, Colpitts-Oszillator $m$ (kapazitive Dreipunktschaltung)
**COLR** (Teleph) / Rufnummerübermittlungs-Unterdrückung $f$ (des gerufenen Teilnehmers)
**coltainer** $n$ / zusammenlegbarer Container
**colter** $n$ (US) (Agric) / Sech $n$ (vor der Pflugschar)
**Columbian pine** (For) / Douglasie $f$ (Pseudotsuga menziesii (Mirb.) Franco), Douglastanne $f$ (ein raschwüchsiges Kieferngewächs), Douglasfichte $f$ (nach D. Douglas, 1798-1834), Oregonkiefer $f$, DGA (Douglastanne nach DIN 4076)
**columbite**\* $n$ (Min) / Kolumbit $m$ (Mischkristalle von Tantalit und Niobit), Columbit $m$
**column**\* $n$ (Arch, Civ Eng) / Säule $f$, Pfeiler $m$, Ständer $m$, Stützenprofil $n$ ‖ ~ (Chem Eng) / Säule $f$, Trennsäule $f$ ‖ ~ (Chem Eng) / Kolonne $f$ ‖ ~ (Comp) / Stelle $f$ (im Befehlswort) ‖ ~ (Crystal) / Stängel $m$ ‖ ~ (Eng) / Gestell $n$, Ständer $m$ (aufrecht stehende Gestellbauform der Werkzeugmaschine) ‖ ~ (Maths, Print) / Kolumne $f$, Spalte $f$, Vertikalreihe $f$ ‖ ~ (vertical) (Mech) / Stab $m$ ‖ ~ (Nuc Eng) / Stiel $m$ (des Atompilzes) ‖ ~ **address** (Comp) / Spaltenadresse $f$ ‖ ~ **address strobe** (Comp) / Spaltenadressenimpuls $m$ (Signal für die Spaltenadressierung bei Speichern mit matrixartiger Anordnung der Speicherzellen, z.B. bei RAMs)
**columnar** adj (Crystal) / säulig adj, kolumnar adj, stängelig adj ‖ ~ **basalt** (Geol) / Säulenbasalt $m$ ‖ ~ **charge** (Mining) / Ladesäule $f$ (geschlossener Strang von Sprengstoff, der bis zum Bohrlochtiefsten reichen muss) ‖ ~ **crystal**\* (Crystal) / Stängelkristall $m$ ‖ ~ **crystallization** (Crystal) / Stängelkristallisation $f$ (bei einer ungleichmäßigen Wärmeabfuhr) ‖ ~ **grain** (Crystal) / Stängelkorn $n$ (bei der Transkristallisation) ‖ ~ **grain structure** (Surf) / Säulenstruktur $f$
**columna rostrata** (pl. columnae rostratae) (Arch) / Schifffahrtsehrensäule $f$ (Columna rostrata)
**column arrangement** (Print) / kolonnenweise Anordnung, Anordnung $f$ in Spalten
**columnar structure**\* (Geol) / säuliges Absonderungsgroßgefüge (bei den Erstarrungsgesteinen), kolumnares Gefüge
**columnated** adj (Arch, Build) / mit Säulen, Säulen-
**column binary**\* (Comp) / spaltenbinäre Kodierung ‖ ~ **chromatography** (Chem) / Säulenchromatografie $f$ (mit stationären Phasen in Säulen), Kolonnenchromatografie $f$ ‖ ~ **chromatography**

(Chem) s. also liquid chromatography || ~ **distillation** (Chem Eng) / Kolonnendestillation f, Rektifikation f
**columned porch** (Arch) / Portikus m f (pl. Portikus oder Portiken)
**column efficiency** (Chem Eng) / Kolonnenwirkungsgrad m || ~ **effluent** (Chem Eng) / Säuleneffluent m (am Säulenausgang), Säuleneffluat n || ~ **footing** (Build, Civ Eng) / Einzelfundament n (für Stützen) || ~ **guideway** (Eng) / Ständerführung f, Säulenführung f (der Fräsmaschine) || ~ **head** (Chem Eng) / Kolonnenkopf m (Flüssigkeitsteiler) || ~ **head** (Print) / Spaltenüberschrift f, Kolumnentitel m || ~ **heading** (Print) / Spaltenüberschrift f, Kolumnentitel m
**columniation** n (Arch) / Säulenanordnung f
**column index** (Maths) / Spaltenindex n, Kolonnenindex m || ~ **inlet** (Chem Eng) / Säuleneingang m || ~ **inlet** (Chem Eng) / Säulenausgang m || ~ **internals** (Chem Eng) / Kolonneneinbauten m pl (in Destillationskolonnen und -türmen für großtechnische Zwecke) || ~ **load** (Mining) / Ladesäule f (geschlossener Strang von Sprengstoff, der bis zum Bohrlochtiefsten reichen muss) || ~ **matrix** (a matrix with exactly one column) (Maths) / einspaltige Matrix, Spaltenvektor m, Spaltenmatrix f || ~ **of figures** (Typog) / Zahlenkolonne f || ~ **of milling machine** (Eng) / Fräsmaschinenständer m || ~ **of smoke** / Rauchsäule f || ~ **oven** (Chem) / Säulenofen m (in der Gaschromatografie) || ~ **packing** (Chem) / Säulenfüllung f (Füllkörper für die Destillationskolonnen) || ~ **parameter** (Chem Eng) / Säulenparameter m
**column-parity field** (Automation) / Spaltenparitätsfeld n
**column plate** (Chem) / Trennstufe n (Boden) || ~ **radiator** (Build) / Radiator m (ein Wärmeaustauscher für die Radiatorheizung), Gliederheizkörper m, Säulenradiator m, Säulenheizkörper m, Elementofen m, Rippenheizkörper m || ~ **rank** (Maths) / Spaltenrang m (einer Matrix)
**columns across*** (Print) / Spaltenquerlage f || ~ **around*** (Print) / Spaltenlängslage f
**column shift** (Autos) / Lenkradschaltung f || ~ **speaker** (Acous) / Lautsprechersäule f, Tonsäule f (stufenförmiges Gehäuse, das mehrere Lautsprecher enthält) || ~ **switching** (Chem) / Säulenschalttechnik f (in der Hochleistungsgaschromatografie) || ~ **vector*** (Maths) / einspaltige Matrix, Spaltenvektor m, Spaltenmatrix f || ~ **with a shaft-ring** (Arch) / gewirtelte Säule
**colures*** pl (Astron) / Koluren pl (Großkreise)
**colza oil** / Kolzaöl n, Rüböl n, Rapsöl n, Kohlsaatöl n, Repsöl n
**COM** (Comp) / Compiler m (DIN 44300) (ein Programm, welches ein in einer höheren Programmiersprache geschriebenes Programm vom Quellcode in den Maschinencode eines Prozessors übersetzt), Kompilier m (ein Übersetzerprogramm), Compilerprogramm n, Kompilierprogramm n || ~* (Comp) / direkte Übernahme von Ausgabedaten auf Mikrofilm oder Mikrofiche, COM, Rechnerausgabe f über Mikrofilm oder Mikrofiche || ≃ (Comp, Telecomm) / Verbindung hergestellt (Dienstsignal)
**coma** n (pl. comae)* (cometary coma) (Astron) / Koma f (pl. -s) (des Kometen) || ~ (pl. comae) (Electronics) / Koma f (Leuchtfleckverzerrung) || ~* (pl. comae) (Optics) / Koma f (pl. -s) (ein Abbildungsfehler), [meridionale] Koma f, Asymmetriefehler m
**comagmatic assemblage*** (Geol) / komagmatischer Gesteinsstamm
**COMAL*** n (Comp) / COMAL f (ein BASIC-Dialekt)
**comatic** adj (Optics) / komabehaftet adj, mit Koma
**comb*** v (Spinning, Textiles) / kämmen v, peignieren v || ~ (Textiles) / hecheln v (Flachs, Hanf) || ~ n (Build) / Kratzer m mit kammähnlichen Zähnen || ~* (Build, Carp) / First m, Dachfirst m, Firstlinie f (die oberste, stets waagerecht verlaufende Dachkante) || ~* (steel, rubber, celluloid) (Paint) / Maserungskamm m, Kamm m (oft mit Schächterleinen überspannt) || ~ (Spinning) / Hacker m (zur Abnahme des Faservlieses vom Abnehmer der Kammwollkrempel), Hackerkamm m, Abnehmerkamm m, Fixkamm m (der Krempel) || ~ (Weaving) / Webeblatt n, Webkamm m, Blatt n, Riet n, Weberkamm m, Webblatt n, Kamm m
**combat** v (Comp) / bekämpfen v (z.B. Viren) || ~ **agent** (Chem, Mil) / Kampfstoff m (biologischer, chemischer) || ~ **aircraft** (Aero, Mil) / Kampfflugzeug n, Frontflugzeug n || ~ **helicopter** (Aero, Mil) / Kampfhubschrauber m
**comb binding*** (Bind) / Plastbindung f (mit dem Plastkamm) || ~ **board** (Build, Carp) / Firstpfette f, Firstbohle f, Firstbalken m (der die Sparren am Dachfirst trägt und das Durchbiegen und seitliches Ausweichen der Firstlinie verhindert) || ~ **cylinder** (Spinning) / Kämmwalze f, Kämmwalze f
**combed cotton** (Spinning) / peignierte Baumwolle, gekämmte Baumwolle || ~ **joint** (an angle joint) (Carp, Join) / Zinkung f (eine Holzverbindung für Ecken), Zinkenverbindung f (eine Flächenverbindung), Kammzinkenverbindung f, gerade Verzinkung f || ~ **sliver** (Spinning) / Kammzugband n, Zug m, Kammzug m (Produkt der Kämmmaschine) || ~ **stucco** (Build) / Kammputz m || ~ **top** (Spinning) / Wollkammzug m, Wollkammzugband n || ~ **wool**

(Spinning) / Kammwolle f (durch Kämmen gewonnene lange, wenig gekräuselte Wolle), Kammgarn n (für das Kammgarnspinnverfahren), Worstedgarn n || ~ **yarn*** (Spinning) / Kammgarn n (wollhaltiges Garn)
**comber** n (Ocean) / Brecher m (Welle mit langer Periode) || ~ (Spinning) / Kämmereimaschine f, Kämmmaschine f, Kammstuhl m (meistens Wollkämmmaschine) || ~ **board*** (Weaving) / Gallierbrett n, Chorbrett n, Harnischbrett n || ~ **waste** (Spinning) / Kämmling m (in der Wollkämmerei)
**Combescure transformation of a curve*** (Maths) / Combescure'sche Transformation einer Raumkurve
**comb filter*** (Telecomm, TV) / Kammfilter n (zur Trennung von zwei Signalen mit einem unterschiedlichen Frequenzspektrum in einem gemeinsamen Informationskanal) || ~ **gate** (Foundry) / Kammanschnitt m || ~ **grain** (For) / Spiegel m (auf dem Radialschnitt des Holzes sichtbare, glänzende Bänder, die durch das An- und Aufschneiden der Holzstrahlen entstehen)
**combination** n (of vehicles) (Autos) / Zug m, miteinander verbundene Fahrzeuge, Fahrzeugkombination f (S) || ~* (Chem) / Verbindung f (als Prozess), Kombination f, Vereinigung f (als Prozess) || ~* (Chem, Phys) / Vereinigen n (Herstellen eines Stoffgemisches aus einzelnen Komponenten dieses Stoffes oder aus verschiedenen Phasen) || ~* (Maths) / Kombination f (k-ter Klasse)
**combinational circuit** (Comp) / Schaltnetz n (Schaltwerk, dessen Ausgangssignale nur von den momentanen Eingangssignalen abhängen - DIN 44300), kombinatorische Schaltung (DIN 41859, T 1) || ~ **circuit** (Elec Eng) / Kombinationsschaltung f || ~ **logic system** (Comp) / Schaltnetz n (Schaltwerk, dessen Ausgangssignale nur von den momentanen Eingangssignalen abhängen - DIN 44300), kombinatorische Schaltung (DIN 41859, T 1)
**combination band** (Spectr) / Kombinationsschwingungsbande f || ~ **board** (Paper) / mehrlagig gegautschter Karton, Mehrlagenkarton m || ~ **chamois tannage** (Leather) / Neusämischgerbung f (ein Kombinationsgerbverfahren - schwache Formaldehydvorbehandlung + Trangerbung) || ~ **chuck*** (Eng) / Universalfutter n, Kombinationsfutter n || ~ **control** (Elec Eng) / Kombinationssteuerung f (eine Fernsteuerung, bei der durch eine Kombination von Relais gegenüber der Ein- oder Mehrdrahtsteuerung Übertragungsleitungen eingespart werden) || ~ **curb and gutter inlet** (Civ Eng) / Bordrinnen-Ablaufkombination f || ~ **drill** (Eng) / Zentrierbohrer m (DIN 333) || ~ **end/socket wrench** (Tools) / Maul-Gelenkschlüssel m, kombinierter Gabel- und Gelenksteckschlüssel || ~ **flex-head wrench** (Tools) / Maul-Gelenkschlüssel m, kombinierter Gabel- und Gelenksteckschlüssel || ~ **frequency** (Telecomm) / Mischfrequenz f, Kombinationsfrequenz f || ~ **hammer** (Autos, Tools) / Spitz- und Schlichthammer m (ein Karosseriehammer) || ~ **line-and-half-tone block** (Print) / kombiniertes Rasterstrichätzung, kombiniertes Klischee || ~ **lock** / Kombinationsschloss n (das durch von außen verstellbare, nebeneinander angeordnete Ringe mit Zahlen- oder Buchstabenreihen, die sich in bestimmter Kombination befinden müssen, geöffnet oder geschlossen wird) || ~ **loss** (Radar) / Primär-Sekundär-Kombinationsrate f (Verhältnis der Anzahl der vom Primärradar bestätigten Meldungen zur Gesamtzahl der Meldungen vom Überwachungssekundärradar ), Kombinationsverlust m (Primär-Sekundär-Kombinationsrate) || ~ **pliers** (Eng, Tools) / Universalzange f, Kombinationszange f, Kombizange f || ~ **pliers** (US) (Tools) / Blitzrohrzange f || ~ **power station** (Elec Eng) / Kombikraftwerk n (Elektrizitätserzeugungsanlage bestehend aus einer Gasturbinen-Generatoreinheit, deren Abgase in einem Abhitzekessel - mit oder ohne Zusatzbrenner - Dampf erzeugen, mit dem in einer Dampfturbinen-Generatoreinheit zusätzlich Strom erzeugt wird) || ~ **principle of Ritz** (Nuc) / Rydberg-Ritz-Kombinationsprinzip n, Ritz'sches Kombinationsprinzip (Einelektronenspektren - nach W. Ritz, 1878-1909) || ~ **scattering** (Phys) / Raman-Streuung f (1. und 2. Ordnung) || ~ **set*** (of a fitter) (Tools) / Werkzeugsatz m, Werkzeuggarnitur f (Handwerkzeuge) || ~ **suit** (Textiles) / Kombination f
**combination-tanned leather** (Leather) / kombinationsgegerbtes Leder
**combination tanning** (Leather) / kombiniertes Gerbverfahren, Kombinationsgerbung f (gleichzeitige oder aufeinander folgende Verwendung wesensverschiedener Gerbstoffe) || ~ **tape assembly** (Plumb) / Wassermischer m, Mischbatterie f (eine Auslauf- oder Durchlaufarmatur) || ~ **tones*** (Acous) / Kombinationsschall m (DIN 1320), Kombinationstöne m pl || ~ **tool** (Eng) / Gesamtschnitt m (ein Presswerkzeug), Komplettschnitt m, Gesamtschneidwerkzeug n || ~ **turbine*** (Eng) / Aktions-Reaktions-Turbine f, gemischte Gleichdruck-Überdruck-Dampfturbine || ~ **vibration** (Chem) / Kombinationsschwingung f || ~ **window** (Build) / mehrteiliges Fenster (bestehend aus festen und Schiebeelementen) || ~ **wrench** (Tools) /

273

**combination**
Universalschlüssel *m*, kombinierter Rohr- und Schraubenschlüssel, Ring-Maulschlüssel *m* ‖ ~ **yarn** (a ply yarn twisted from single yarns of different fibres, for example, silk and rayon, or rayon and acetate) (Spinning) / Kombinationsgarn *n*
**combinatorial** *adj* (Maths) / kombinatorisch *adj* ‖ ~ **analysis** (Maths) / Kombinatorik *f* (welche die Bestimmung der Anzahl von Möglichkeiten bei Auswahlprozessen und Anordnungen ermöglicht), kombinatorische Mathematik ‖ ~ **chemistry** (Chem) / kombinatorische Synthese ‖ ~ **chemistry** (Chem) / kombinatorische Chemie ‖ ~ **circuit** (Comp) / Schaltnetz *n* (Schaltwerk, dessen Ausgangssignale nur von den momentanen Eingangssignalen abhängen - DIN 44300), kombinatorische Schaltung (DIN 41859, T 1) ‖ ~ **theory** (Maths) / Kombinatorik *f* (welche die Bestimmung der Anzahl von Möglichkeiten bei Auswahlprozessen und Anordnungen ermöglicht), kombinatorische Mathematik ‖ ~ **topology** (Maths) / kombinatorische Topologie
**combinatorics** *n* (Maths) / Kombinatorik *f* (welche die Bestimmung der Anzahl von Möglichkeiten bei Auswahlprozessen und Anordnungen ermöglicht), kombinatorische Mathematik
**combinatory effect** (Ecol) / Kombinationswirkung *f* (von mehreren Umweltfaktoren)
**combine** *vi* (Chem) / sich vereinigen *v*, sich verbinden *v*, eine Verbindung eingehen ‖ ~ *vt* / vereinigen *v* (kombinieren), kombinieren *v*, verbinden *v* ‖ ~ (Chem) / verbinden *v* (Elemente), kombinieren *v* ‖ ~ *n* / Konzern *m* (ein herrschendes und mindestens ein abhängiges Unternehmen) ‖ ~ (Agric) / Mähdrescher *m*
**combined aggregate** (Civ Eng) / gemischter Betonzuschlagstoff, Zuschlagstoffgemenge *n* ‖ ~ **angle** (Autos) / Öffnungswinkel *m* (Sturz + Spreizung) ‖ ~ **carbon*** (Chem, Met) / gebundener Kohlenstoff *m* ‖ ~ **cyanide** (Chem) / gebundenes Cyanid, gebundenes Zyanid (Zyanidionen, die in der Form eines Schwermetall-Komplexes vorliegen)
**combined-cycle power plant** (Elec Eng) / Kombikraftwerk *n* (Elektrizitätserzeugungsanlage bestehend aus einer Gasturbinen-Generatoreinheit, deren Abgase in einem Abhitzekessel - mit oder ohne Zusatzbrenner - Dampf erzeugen, mit dem in einer Dampfturbinen-Generatoreinheit zusätzlich Strom erzeugt wird)
**combined file** (Comp) / kombinierte Datei ‖ ~ **heat and power** (Elec Eng, Heat) / Kraft-Wärme-Kopplung *f* (gleichzeitige Erzeugung von Strom und Wärme), KWK (Kraft-Wärme-Kopplung) ‖ ~ **heat and power station** (Elec Eng, Heat) / Kraft-Wärme-Kopplungsanlage *f*, KWK-Anlage *f* ‖ ~ **heating and power station** (Elec Eng, Heat) / Kraft-Wärme-Kopplungsanlage *f*, KWK-Anlage *f*
**combined-impulse turbine*** (Eng) / gemischte Gleichdruck-Überdruck-Turbine (mit Curtisrad)
**combined load** (Build, Civ Eng, Mech) / zusammengesetzte Last ‖ ~ **mark** / Wort-Bild-Zeichen *n* (ein Warenzeichen) ‖ ~ **moulding tool** (For) / Fräserkombination *f* ‖ ~ **recording-reproducing head** (Acous, Elec Eng, Mag) / Kombikopf *m*
**combine drill** (Agric) / kombinierte Dünger-Drillmaschine, Drillmaschine *f* mit Düngerstreueinrichtung
**combined rolling** (Phys) / Wälzreibung *f* (Rollreibung mit überlagerter Gleitreibung) ‖ ~ **rolling and sliding friction** (Phys) / Wälzreibung *f* (Rollreibung, der eine Gleitkomponente überlagert ist) ‖ ~ **sewage** (San Eng) / Mischwasser *n* (gemeinsam abgeleitetes Schmutz- und Regenwasser und gegebenenfalls auch Fremdwasser - DIN 4045) ‖ ~ **sewer** (San Eng) / Mischwasserkanal *m* ‖ ~ **station** (San Eng) / Hybridstation *f* (DIN ISO 3309) ‖ ~ **stop-and-tail lamp** (Autos) / Bremsschlussleuchte *f* ‖ ~ **sulphur** (Chem Eng) / gebundener Schwefel (der in chemisch gebundener Form vorhandene Schwefel im Kautschukkohlenwasserstoff) ‖ ~ **system*** (San Eng) / Mischsystem *n*, Mischverfahren *n*, Mischkanalisation *f* (der Stadtentwässerung) ‖ ~ **tannin** (Chem, Leather) / gebundener Gerbstoff (mit dem Hauteiweiß) ‖ ~ **transport** / kombinierter Verkehr
**combined-transport terminal** / Umschlagplatz *m* für den kombinierten Verkehr
**combined twill** (Weaving) / Mehrgratköper *m* (eine erweiterte Köpergrundbindung), zusammengesetzter Köper ‖ ~ **water** (Chem) / chemisch gebundenes Wasser ‖ ~ **water** (Chem) / Kristallwasser *n* (das in Kristallen in stöchiometrischer Menge gebundene Wasser) ‖ ~ **water** (San Eng) / Mischwasser *n* (gemeinsam abgeleitetes Schmutz- und Regenwasser und gegebenenfalls auch Fremdwasser - DIN 4045)
**combine harvester** (Agric) / Mähdrescher *m* ‖ ~ **harvesting** (Agric) / Mähdrusch *m*, Mähdreschen *n*
**combiner** *n* / Vereinigungselement *n* (der optischen Leistung mehrere Eingangsfasern an einem gemeinsamen Punkt - in der Optoelektronik) ‖ ~ (TV) / Mischstufe *f* (beim Kabelfernsehen), Mischglied *n*
**combine to one unit** / verblocken *v* (z.B. Aggregate zu einer Einheit)

**combing** *n* (Build) / Kämmen *n* (Außenputz) ‖ ~ (Paint) / Kammzugtechnik *f* (zur dekorativen Flächengestaltung und Belebung und zur Holzimitation) ‖ ~ (Spinning, Textiles) / Kämmen *n*, Peignieren *n* ‖ ~ **cylinder** (Spinning) / Kämmwalze *f*, Kammwalze *f* ‖ ~ **leather** (Leather, Textiles) / Laufleder *n* für Kammstühle ‖ ~ **machine** (Spinning, Textiles) / Kämmereimaschine *f*, Kämmmaschine *f*, Kammstuhl *m* (meistens Wollkämmmaschine) ‖ ~ **oil** (Spinning) / Schmälzmittel *n*, Schmälze *f* (in der Streichgarn- oder Zweizylinderspinnerei) ‖ ~ **roll** (Spinning) / Kämmwalze *f*, Kammwalze *f* ‖ ~ **wool** (Spinning) / Kammwolle *f* (durch Kämmen gewonnene lange, wenig gekräuselte Wolle, Kammgarn *n* (für das Kammgarnspinnverfahren), Worstedgarn *n*
**combining** *n* (Agric) / Mähdrusch *m*, Mähdreschen *n* ‖ ~ **weight*** (Chem) / Äquivalentgewicht *n*, äquivalentbezogene Masse, Äquivalentmasse *f*
**combirib circular knitting machine** (Textiles) / Kombirib-Rundstrickmaschine *f*
**comblike polymer** (Chem) / Kammpolymer *n*
**comb pattern** (Bind) / Kamm-Marmor *m* (z.B. auf dem Buchschnitt) ‖ ~ **poles*** (Elec Eng) / Kammpole *m pl* ‖ ~ **polymer** (Chem) / Kammpolymer *n* ‖ ~ **ridge** (Geol) / Grat *m*, Kamm *m*
**combs** *pl* (Brew) / Malzkeime *m pl*
**comb structure** / Mäanderstruktur *f* (z.B. bei Elektroden von Oberflächenwellen-Bauelementen), Kammstruktur *f* ‖ ~ **tool** (Eng, Tools) / Strehler *m* (mehrzahniges Gewindedrehwerkzeug), Gewindestrehler *m*
**combust** *v* (Heat) / verbrennen *v*, brennen *vt*, verfeuern *v*
**combustibility** *n* / Brennbarkeit *f*
**combustible** *n* (material) (Fuels) / Brennstoff *m*, Brennmaterial *n* ‖ ~ *adj* / brennbar *adj*, verbrennbar *adj* ‖ ~ **shale** (Geol) / Brandschiefer *m* (aus Gyttjatonen)
**combustion*** *n* (Heat) / Verbrennen *n*, Verbrennung *f* ‖ ~ (Met) / Ausbrand *m*, Abbrand *m* (Metallverlust durch Oxidation oder Verflüchtigung - bei Schmelzprozessen), Burn-up *n* ‖ **without detriment to** ~ / ohne verbrennungstechnische Nachteile ‖ ~ **air** (Eng, Heat) / Verbrennungsluft *f*, Brennluft *f* ‖ ~ **air preheating** (Eng, Heat) / Verbrennungsluftvorwärmung *f* ‖ ~ **analysis** (Chem) / Verbrennungsanalyse *f* (Elementaranalyse mit Hilfe selektiv wirkender Katalysatoren), quantitative Elementaranalyse ‖ ~ **at constant volume** (Phys) / Gleichraumverbrennung *f* ‖ ~ **boat** (Chem) / Schiffchen *n* (aus Porzellan, Quarz oder Platin), Glühschiffchen *n*, Substanzschiffchen *n* ‖ ~ **chamber*** (Aero) / Brennkammer *f*, Verbrennungskammer *f* ‖ ~ **chamber*** (Autos, Eng) / Brennraum *m*, Verbrennungsraum *m* ‖ ~ **chamber** (For) / Rauchkammer *f*
**combustion-chamber pressure** (Autos) / Brennraumdruck *m*
**combustion control*** (Eng) / Verbrennungsregelung *f* ‖ ~ **cycle** / Verbrennungsvorgang *m*, Verbrennungsablauf *m* ‖ ~ **engine** (Eng) / Wärmekraftmaschine *f* (die Wärmeenergie in mechanische Arbeit umsetzt) ‖ ~ **engine*** (e.g. a Stirling engine) (Eng) / Verbrennungskraftmaschine *f*, Brennkraftmaschine *f* ‖ ~ **furnace** (Chem) / Verbrennungsvorrichtung *f* (für die quantitative Elementaranalyse) ‖ ~ **furnace** (Eng) / Verbrennungsofen *m*, mit Brennstoff fremdbeheizter Industrieofen ‖ ~ **gases** (Chem, Heat) / Rauchgase *n pl*, Verbrennungsgase *n pl*, Rauchgasbestandteile *m pl* ‖ ~ **heat** (Heat) / Verbrennungswärme *f* (die bei einer Verbrennung entstehende Reaktionswärme) ‖ ~ **miss** (I C Engs) / Verbrennungsaussetzer *m* ‖ ~ **process** (Chem, Heat) / Verbrennungsvorgang *m*, Verbrennungsablauf *m* ‖ ~ **product** (Chem, Heat) / Verbrennungsprodukt *n* ‖ ~ **reactor** (Chem Eng) / Verbrennungsreaktor *m* ‖ ~ **residue** (Heat, I C Engs) / Verbrennungsrückstand *m* ‖ ~ **spectrum** (Spectr) / Verbrennungsspektrum *m* ‖ ~ **test method** (Chem) / Verbrennungsanalyse *f* (Elementaranalyse mit Hilfe selektiv wirkender Katalysatoren), quantitative Elementaranalyse ‖ ~ **time** (Space) / Brenndauer *f* ‖ ~ **tray** / Brennkasten *m* (DIN 50 050) ‖ ~ **tube** (Chem) / Verbrennungsrohr *n* (für die quantitative Elementaranalyse) ‖ ~ **tube** (small) (Chem) / Glühröhr *n*, Glühröhrchen *n* (in dem man bei der qualitativen Vorprobenanalyse feste Substanzen trocken erhitzen kann) ‖ ~ **(gas) turbine** (Eng) / Gasturbine *f* (eine Wärmekraftmaschine mit innerer kontinuierlicher Verbrennung) ‖ ~ **zone** / Verbrennungszone *f*
**combustor** *n* / Brennkammer *f* (z.B. einer Gasturbine)
**COM device** (Comp) / COM-Gerät *n* (in dem digitale Eingaben in Mikrobilder umgewandelt und mit hoher Ausgabegeschwindigkeit auf Mikroformen übertragen werden)
**come adrift of a rail** (Rail) / entgleisen *vi*, aus den Gleisen springen ‖ ~-**along** *n* (US) (Eng) / [einfaches] Hebezeug *n*
**comeback** (Ceramics) / Wiederaufheizungsperiode *f* (eines keramischen Ofens) ‖ ~ **wool** (Textiles) / Comeback-Wolle *f* (von Schafen aus Rückkreuzungen zwischen Crossbred- und Merinoschafen nach DIN 60004)

**come down** v (Aero) / heruntergehen v ‖ **~ down** (Mining) / nachfallen v (vom Gebirge) ‖ **~ in** (Rail, Ships) / einlaufen v, einfahren v ‖ **~ in to land** (Aero) / anschweben f ‖ **~ off** v / abgehen v (Farbe) ‖ **~ off** / ablaufen vi (Patent) ‖ **~ on** / erscheinen v (z.B. Kontrolllicht auf der Instrumententafel) ‖ **~ on stream** / in Betrieb gesetzt werden, in Betrieb gehen ‖ **~ on stream** (Elec Eng) / ans Netz gehen (Kraftwerk) ‖ **~ open** v / aufgehen v (Naht), sich lösen v (Naht) ‖ **~ out** / ausbrechen vi (sich lösen) ‖ **~ out** (Maths) / aufgehen v
**comet*** n (Astron) / Komet m, Schweifstern m, Haarstern m
**cometary** adj (Astron) / kometarisch adj (Nebel) ‖ **~ dust** (Astron) / Kometenstaub m ‖ **~ dust particle** (Astron) / Kometenstaubpartikel n ‖ **~ orbit** (Astron) / Kometenbahn f ‖ **~ tail** (Astron) / Kometenschweif m
**cometic** adj (Astron) / kometarisch adj (Nebel)
**Comet P/Halley** (Astron) / Halley'scher Komet (der die Sonne in rund 76 Jahren umkreist - zum letzten Mal 1986) ‖ **~ tails** (Eng) / Kometenschweife m pl (unerwünschte Poliermarken)
**come undone** v (Textiles) / aufgehen v (Reißverschluss, Knopf) ‖ **~ up** (Agric) / auflaufen v, aufgehen v (keimende Nutzpflanzen) ‖ **~ up** (Mining) / ausfahren vi (Belegschaft) ‖ **~ up** (Ships) / aufkommen v (einem Schiff näher kommen) ‖ **~ up to the grass** (Geol) / ausstreichen vi, ausbeißen vi, anstehen v, ausgehen v, zutage streichen, zutage liegen, zutage treten
**COMFET** (conductivity-modulation field-effect transistor) (Electronics) / Feldeffekttransistor m mit Leitfähigkeitsmodulation
**COM file** (a computer file name ending in .COM which most often contains a machine code program) (Comp) / COM-Datei f
**comfort** n (Build, Physiol) / Behaglichkeit f (in Bezug auf das Raumklima) ‖ **~ air-conditioning plant** / Komfortklimaanlage f (zur Schaffung behaglicher Raumluftverhältnisse für Aufenthaltsräume aller Art) ‖ **~ class** (Textiles) / Komfortwert m (eines textilen Bodenbelags)
**comforter** n (US) (Textiles) / Steppdecke f, Quilt m (pl. -s) (gesteppte, mit Applikationen verzierte Bettüberdecke)
**comfort index** (Physiol) / Behaglichkeitsziffer f, Comfort-Index m ‖ **~ noise** (Teleph) / Comfort Noise m (beim Empfänger künstlich erzeugtes und eingespieltes Rauschen für Gesprächspausen, bei denen für Sekundenbruchteile nichts über den Kanal übertragen wird), Hintergrundgeräusch n (künstlich erzeugtes und eingespeistes)
**comfort-noise insertion** (Teleph) / Hintergrundgeräuscheinblendung f, Einspeisung f des Hintergrundgeräuschs
**comfort station** (US) / öffentliche Toilette, Bedürfnisanstalt f ‖ **~ temperature** (Heat, Physiol) / Behaglichkeitstemperatur f, Komforttemperatur f
**Comité Consultatif International des Radiocommunications*** (Radio) / Internationaler Beratender Ausschuss für den Funkdienst, CCIR ‖ **≈ Consultatif International Télégraphique et Téléphonique*** / Beratender Ausschuss der Internationalen Fernmeldeunion für den Telefon- und Telegrafendienst, CCITT (Comité Consultatif International Télégraphique et Téléphonique) ‖ **≈ Européen de Normalisation** / CEN (Europäisches Komitee für Normung) ‖ **≈ Européen de Normalisation Electrotechnique** (Elec Eng) / CENELEC (Europäisches Komitee für Elektrotechnische Normung) ‖ **≈ International des Poids et Mesures** / CIPM
**COML** (Comp) / kommerzielle Programmiersprache, Programmiersprache f für den kommerziellen Bereich
**comma** n (Acous) / Komma n (syntonisches oder pythagoreisches) ‖ **~** (Comp, Print) / Komma n (pl. -s or -ta), Beistrich m ‖ **~ bacillus** (Med) / Choleravibrio m (pl. -ionen oder -iones), Kommabazillus m (pl. -zillen), Kommabacillus m (pl. -cilli)
**commag*** n (Cinema) / Tonfilm m mit Magnetspur, COMMAG m
**command** n (Comp) / Kommando n (im Dialogbetrieb über eine Schnittstelle den Anruf eines Prozesses bewirkende Anweisung nach DIN 44300), Anweisung f (in der gültigen Bedienungssprache abgefasste Vorschrift zur Geräte- bzw. Systembedienung), Bedienungsanweisung f ‖ **~** (Comp) / Befehl m (Teil eines Befehlswortes) ‖ **~** (Elec Eng) / Steuersignal n ‖ **~ not under ~** (Ships) / manövrierunfähig adj, fahrtgestört adj ‖ **~ under ~** (Ships) / manövrierfähig adj ‖ **~ authority** / Weisungsbefugnis f
**command-controlled** adj (Comp) / befehlsgesteuert adj
**command-equivalent function** (Comp) / befehlsäquivalente Funktion
**command execution time** (Comp) / Befehlszeit f
**command-file virus** (Comp) / Kommandointerpretervirus n m
**command guidance*** (Space) / Kommandosteuerung f (durch Fernsteuerung), Kommandolenkung f, Befehlslenkung f ‖ **~ key** (Comp) / Befehlstaste f ‖ **~ label** (Acous) / Marke f für Schallplatten mit verstärktem Links-Rechts-Stereoeffekt ‖ **~ language** (Comp) / Kommandosprache f ‖ **~ line** (Comp) / Befehlszeile f ‖ **~ macro** (Comp) / Befehlsmakro m n ‖ **~ phase** (Comp) / Befehlsphase f ‖ **~-service module** (Space) / Kommando- und Versorgungskabine f, Kommando- und Versorgungseinheit f, CSM (Kommando- und Versorgungseinheit) ‖ **~ string** (Comp) / Kommandostring m ‖ **~ syntax** (Comp) / Befehlssyntax f
**comma-separated variable format** (Comp) / CSV-Dateiformat n
**commensalism*** n (Biol, Ecol) / Kommensalismus m
**commensurable observables** (Phys) / kommensurable Observable (ein Paar von Observablen, für das keine Unschärferelation gilt, d.h., das prinzipiell gleichzeitig genau gemessen werden kann) ‖ **~ quantities*** (Maths) / kommensurable Größen (zwei oder mehr Größen, welche durch eine dritte Größe ohne Rest teil- oder messbar sind)
**comment** v (Comp) / kommentieren v (erklärende Texte in den Sourcecode einfügen) ‖ **~** n (Comp) / Bemerkung f (Angabe zu einem Befehl, die keinen Einfluss auf das Programm hat, jedoch das Lesen des Programmprotokolls erleichtert) ‖ **~** (Comp) / Kommentar m (Algol, PL/1)
**commerce** n / Handel m (als wirtschaftlicher Tätigkeitsbereich), Geschäft n (als Beruf), Gewerbe n (als Tätigkeitsbereich und Beruf)
**commercial** n / Werbespot m, Spot m (Werbespot) ‖ **~** (Radio, TV) / Werbesendung f ‖ **~** adj / handelsüblich adj, Handels- ‖ **~ ...für den gewerblichen Gebrauch** ‖ **~ aeroplane** (Aero) / Verkehrsflugzeug n (zur Beförderung von Personen, Fracht und Postsendungen) ‖ **~ airplane** (US) (Aero) / Verkehrsflugzeug n (zur Beförderung von Personen, Fracht und Postsendungen) ‖ **~ alloy** (Met) / handelsübliche (technische) Legierung, Handelslegierung f ‖ **~ and industrial wastes** (San Eng) / Gewerbe- und Industriemüll m ‖ **~ application** / kommerzielle Anwendung ‖ **~ area** (Build) / gewerbliche Nutzfläche ‖ **~ at** (Comp) / Klammeraffe m, kommerzielles @ (DIN 66 009) ‖ **~ audience** (Radio, TV) / Zuschauerschaft f einer Werbesendung (Gesamtzahl der Personen oder Haushalte, die sich eine Werbesendung anschauen), Werbesendungsreichweite f (Anzahl von Personen oder Haushalten) ‖ **~ audience** (Radio, TV) / Werbesendungsreichweite f, Hörerschaft f einer Werbesendung (Gesamtzahl der Personen oder Haushalte, die eine Werbesendung hören) ‖ **~ aviation** (Aero) / Geschäftsflugwesen n, gewerbliche Luftfahrt ‖ **~ break** (TV) / Werbeeinblendung f, Werbeeinschaltung f, Werbedurchsage f ‖ **~ broadcasting** (Radio, TV) / Werbefunk m ‖ **~ building** (Build) / Geschäftsbau m ‖ **~ carpet** (US) (Textiles) / Teppich m für den Objektbereich, Objektteppich m ‖ **~ code** / Handelsgesetzbuch n (das Gesetzbuch vom 10.5. 1897 - aufgeteilt in fünf Bücher: Handelsstand, Handelsgesellschaften und stille Gesellschaften, Handelsbücher, Handelsgeschäfte, Seehandel, HGB (Handelsgesetzbuch)) ‖ **~ data processing** (Comp) / kommerzielle Datenverarbeitung (Buchhaltung, Finanzen, Lagerhaltung usw.) ‖ **~ electric forced convection oven** / Heißumluftofen m für den gewerblichen Gebrauch ‖ **~ (artificial) fertilizer** (Agric) / Handelsdünger m ‖ **~ (artificial) fertilizer** s. also mineral (inorganic) fertilizer ‖ **~ flying** (Aero) / Lohnfliegerei f ‖ **~ flying hour** (Aero) / kommerzielle Flugstunde ‖ **~ forest** (For) / Wirtschaftswald m ‖ **~ freezer cabinet(s)** / Gewerbegefriermöbel n pl ‖ **~ grade** / Handelsgüte f, handelsübliche Qualität ‖ **~ granite** (Build, Civ Eng) / Granit m (als Naturstein - breiter als der geologische Begriff) ‖ **~ harbour** (Ships) / Handelshafen m ‖ **~ hardwood** (For) / Laubnutzholz n
**commercialize** v / vermarkten v, kommerzialisieren v
**commercial language** (Comp) / kommerzielle Programmiersprache, Programmiersprache f für den kommerziellen Bereich ‖ **~ marble** (any dolomite or limestone that can be cut and polished) (Build, Geol) / Marmor m (technische Handelsbezeichnung für polier- und schleiffähige Kalksteine mit kristallinem Charakter) ‖ **~ mass** (Textiles) / Handelsgewicht n, Handelsmasse f ‖ **~ microwave oven** (Elec Eng) / Mikrowellenherd m für Großküchen, Mikrowellengerät n für Großküchen ‖ **~ mine** (Mining) / Zeche f für Absatzkohle (für den Markt) ‖ **~ mine** s. also captive mine ‖ **~ moisture regain** (Textiles) / handelsüblicher Feuchtigkeitszuschlag, Reprise f (handelsübliche) ‖ **~ nickel** (Met) / Hüttennickel n (DIN 1701) ‖ **~ outlet** / Absatzmöglichkeit f, Absatzmarkt m ‖ **~ pilot** (Aero) / Berufsflugzeugführer m ‖ **~ pilot's licence** (Aero) / Luftfahrerschein m für Berufsflugzeugführer (II. Klasse) ‖ **~ port** (Ships) / Handelshafen m ‖ **~ quality** / Handelsgüte f, handelsübliche Qualität ‖ **~ reactor** (Nuc Eng) / kommerzieller Reaktor ‖ **~ refrigerator** / Gewerbekühlschrank m ‖ **~ satellite** (Telecomm) / kommerzieller Satellit ‖ **~ scale** (Work Study) / großtechnischer Maßstab
**commercial-sized** adj / großtechnisch adj (Anlage)
**commercial solvent** (of an average or inferior quality) (Chem) / technisches (industrielles) Lösungsmittel, industrielles Lösungsmittel f ‖ **~ steel** (Met) / Stahl m in Handelsqualität, Handelsstahl m ‖ **~ steel** (Met) / allgemeiner Baustahl (DIN 17100) ‖ **~ television** (TV) / kommerzielles Fernsehen, kommerzieller Fernsehrundfunk ‖ **~ television** s. also sponsored television ‖ **~ timber** (For) / Handelsholz n (das entsprechend seinem reichlichen

**commercial**

Vorkommen und auf Grund seiner Verarbeitbarkeit Bedeutung für den Handel erlangt hat) ‖ ~ **tin** (Met) / Hüttenzinn *n* (DIN 1704) ‖ ~ **tolerance forging** (Met) / Normalschmiedestück *n* ‖ ~ **utilization** / gewerbliche Verwendung (z.B. eines Patents) ‖ ~ **vehicle** / Nutzfahrzeug *n*, Nfz (Nutzfahrzeug) ‖ ~ **viability** / kommerzielle Einsatzreife (des Produkts) ‖ ~ **weight** (Textiles) / Handelsgewicht *n*, Handelsmasse *f* ‖ ~ **wood** (For) / Handelsholz *n* (das entsprechend seinem reichlichen Vorkommen und auf Grund seiner Verarbeitbarkeit Bedeutung für den Handel erlangt hat) ‖ ~ **yeast** (Nut) / Versandhefe *f* (Frischbackhefe in Versandverpackung)

**commingle** *v* / vermengen *v* ‖ ~ (Spinning) / verwirbeln *v* (bei Texturierung)

**commingling** *n* (Spinning) / Verwirbelung *f* (Texturieren ohne Verdrehungstendenz)

**comminuted powder*** (Powder Met) / Zerkleinerungspulver *n*, zerkleinertes Pulver ‖ ~ **rubber** (Chem Eng) / Naturkautschuk *m* (der in Krümelform hergestellt und zu kompakten Ballen gepresst wird)

**comminution*** *n* (Min Proc) / Feinzerkleinern *n*, Feinzerkleinerung *f*, Ausmahlung *f* ‖ ~* s. also pulverization

**commission** *v* / in Auftrag geben, bestellen *v* (meistens bei Künstlern) ‖ ~ / beauftragen *v*, bevollmächtigen *v* ‖ ~ (Eng) / in Betrieb setzen (Maschine), in Betrieb nehmen ‖ ~ (Eng) / kommissionieren *v* (eine Bestellung komplettieren, z.B. in einem Ersatzteillager) ‖ ~ (Ships) / in Dienst stellen ‖ ~ **an expert report** (on sth.) / gutachterlich prüfen lassen ‖ ~ **dyeing** (Textiles) / Lohnfärberei *f*, Auftragsfärberei *f*

**commissioner** *n* (Eng) / Kommissionierer *m* (ein Lagerstapler) ‖ ~ **for nature conservation and landscape management** (Ecol) / Beauftragter *m* für Naturschutz und Landschaftspflege

**commission finishing** (Textiles) / Auftragsveredlung *f*, Lohnausrüstung *f*

**commissioning** *n* / Inbetriebnahme *f*, Inbetriebsetzung *f* ‖ ~ (Eng, Work Study) / Kommissionierung *f* (Komplettierung der Bestellung, gemäß vorgegebener Ausgangspapiere, z.B. in einem Ersatzteil- oder Großhandelslager) ‖ ~ (Telecomm) / Commissioning *n* (Verkauf der Telekommunikationsdienstleistungen an Endkunden) ‖ ~ **tests** / Prüfungen *f pl* bei Inbetriebnahme

**Commission Internationale de l'Eclairage** (Light) / Internationale Beleuchtungskommission (gegründet 1913, Sitz: Paris)

**commissure** *n* (Build) / Fuge *f* im Steinmauerwerk (meistens Lagerfuge)

**commit** *n* (Comp) / Commit *n* (erfolgreiche Beendigung einer Transaktion)

**commode step*** (Build) / gebogene Antrittsstufe

**commodities** *pl* / Konsumgüter *n pl* (welche vom Endverbraucher ge- oder verbraucht werden), Verbrauchsgüter *n pl* ‖ ~ / Waren *f pl*, Handelsware *f*, Ware *f*, Handelsgüter *n pl* ‖ ~ (Chem) / großtonnagige Produkte (z.B. Tenside), großtonnagig produzierte Tenside

**commodity charge** / Arbeitspreis *m* (je abgenommene Einheit, z.B.kWh) ‖ ~ **exchange** / Warenbörse *f* (Warenmarkt, auf dem börsenmäßig fungible Welthandelsgüter gehandelt werden), Produktenbörse *f* ‖ ~ **polymer*** (Chem) / in großen Mengen hergestelltes /und daher billiges/ Polymer ‖ ~ **rate** (Aero) / Tarifvergünstigung *f* bei Luftfrachtgeschäften ‖ ~ **resin** (Plastics) / Standardkunststoff *m*, Massenkunststoff *m*

**common** *n* (Elec Eng) / Netzmasse *f* ‖ ~ (Elec Eng) / gemeinsame Leitung ‖ ~ *adj* / gängig *adj* (z.B. Format) ‖ ~ (Maths) / gemeinsam *adj* ‖ ~ / gemeinschaftlich *adj* ‖ ~ **alder** (For) / Schwarzerle *f* (Alnus glutinosa (L.). Gaertn.)

**common-base circuit** (Electronics) / Basisschaltung *f* (eine Grundschaltung des Transistors)

**common•-base connection*** (Electronics) / Basisschaltung *f* (eine Grundschaltung des Transistors) ‖ ~ **battery** (Teleph) / Zentralbatterie *f* (in der Vermittlungsstelle), ZB (Zentralbatterie) ‖ ~ **bent** *n* (Agric) / Rotes Straußgras (Agrostis capillaris L.) ‖ ~ **bond** (US) (Build) / amerikanischer Mauersteinverband, Amerikanischer Verband (ein spezieller Verband mit erhöhter Zahl von Läuferschichten) ‖ ~ **brick*** (Build) / gewöhnlicher Ziegel, Hintermauerungsziegel *m*, gewöhnlicher Vollziegel ‖ ~ **carrier** (Telecomm) / Netzbetreiber *m* (der das Netz für die Btx-Übertragung und die Rechner für die Btx-Informationsspeicherung zur Verfügung stellt - in der Bundesrepublik Deutschland: Telekom), Betreiber *m*, Netzträger *m* (bei Videotextsystemen) ‖ ~ **carrier** (US) (Telecomm) / Fernmeldebetriebsgesellschaft *f* (privat, in den Vereinigten Staaten) ‖ ~ **channel** (Radio) / Gleichkanal *m*, gemeinsamer Kanal

**common-channel interference** (Radio) / Gleichwellenstörungen *f pl* (Mobilfunk) ‖ ~ **operation** (Radio) / Gleichkanalbetrieb *m* ‖ ~ **signalling** (Telecomm) / Signalisierung *f* über einen zentralen Zeichenkanal, Zentralkanal-Zeichengabe *f* ‖ ~ **signalling system 7** (Comp) / Zeichengabesystem Nr. 7, Nummer *f* 7 (ein Zeichengabesystem), Zentralkanalzeichengabe *f* nach Nr. 7, ZZG7 *n* (ein Zeichengabesystem)

**common clothes moth** (Textiles) / Kleidermotte *f* (Tineola bisselliella Humm.) ‖ ~ **cockchafer** (Agric, Zool) / Feldmaikäfer *m* (Melolontha melolontha)

**common-collector circuit** (Electronics) / Kollektorschaltung *f* (eine Grundschaltung des Transistors) ‖ ~ **connection*** (Electronics) / Kollektorschaltung *f* (eine Grundschaltung des Transistors)

**common denominator** (Maths) / Hauptnenner *m* (kleinstes gemeinsames Vielfaches, um die Brüche gleichnamig zu machen), kleinster gemeinsamer Nenner ‖ ~ **denominator** (Maths) / Generalnenner *m*, [gemeinsamer] Hauptnenner *m* ‖ ~ **divisor** (Maths) / gemeinsamer Teiler ‖ ~ **drain** (Electronics) / Drain-Schaltung *f* (eines Transistors) ‖ ~ **edge** / gemeinsame Kante ‖ ~**-emitter connection*** (Electronics) / Emitterschaltung *f* (eine Grundschaltung des Transistors) ‖ ~ **factor** (Maths) / gemeinsamer Teiler ‖ ~ **flax** (Bot, Textiles) / Flachs *m*, Faserlein *m* (Linum usitatissimum convar. usitatissimum L.), Schließlein *m*, Saatlein *m*, Gespinstlein *m* ‖ ~ **fraction** (Maths) / gemeiner Bruch

**common-fraction decimal-fraction system** (Eng) / Bemaßungssystem, bei *n* dem die Dimensionen durch gemeine Brüche und Dezimalbrüche ausgedrückt werden (technisches Zeichnen) ‖ ~ **system** (Eng) / Bemaßungssystem, bei *n* dem die Dimensionen durch ganze Zahlen und gemeine Brüche ausgedrückt werden (technisches Zeichnen)

**common-frequency broadcasting*** (Radio) / Gleichwellenfunk *m*, Gleichwellenrundfunk *m* ‖ ~ **transmitter** (Radio) / Gleichwellensender *m*

**common fruit fly** (Gen, Nut, Zool) / Drosophila *f* (pl. -lae) (meistens Drosophila melanogaster), Kleine Essigfliege ‖ ~ **furniture beetle** (For) / Totenuhr *f* (Anobium punctatum de Geer.) ‖ ~ **gate** (Electronics) / Gateschaltung *f* (bei Bipolar- und Feldeffekttransistoren) ‖ ~ **ground** (a strip of wood nailed, plugged, or otherwise solidly fixed to a wall or sub-frame as a base for plaster, joinery, building board, and so on) (Build, Carp) / Putzträger *m* (Lattung) ‖ ~ **hackberry** (For) / Nordamerikanischer Zürgelbaum (Celtis occidentalis L.)

**common-header power station** (US) (Elec Eng) / Sammelschienenkraftwerk *n*

**common-ion effect** (addition of a substance that contains an ion in common with one of those present in a solution of a sparingly soluble compound causes some of the sparingly soluble compound to precipitate) (Chem) / Löslichkeitsverminderung *f* (durch Anwesenheit eines Elektrolyten mit gleicher Ionenart), Wirkung *f* gleichioniger Zusätze

**Common ISDN Application Interface** (Comp) / Common ISDN Application Interface *n* (ein von ISDN-Karten-Herstellern genormter Standard für ISDN-Hardware und -Kommunikations-Software), CAPI *n* (Common ISDN Application Interface) ‖ ~ **joist*** (Build, Carp) / Unterzug *m* (ein Träger, der die Last einer über ihm liegenden Balkenlage, Decke oder Wand aufnimmt und auf Wände, Stützen oder Pfeiler überträgt) ‖ ~ **joist*** (Build, Carp) / Holzdeckenbalken *m* ‖ ~ **language*** (Comp) / einheitliche Maschinensprache, Standardsprache *f* ‖ ~ **larch** (For) / Europäische Lärche, Gemeine Lärche (Larix decidua Mill.) ‖ ~ **lead** (Geol) / Urblei *n* (bei der Isotopenmethode der Altersbestimmung) ‖ ~ **lead** (Geol) / nicht radiogenes Blei ‖ ~ **lead*** (Met) / Handelsblei *n* (mit etwa 99,85% Pb)

**COMMON LISP** (Comp) / COMMON LISP *n* (eine höhere Programmiersprache)

**common list processing language** (Comp) / COMMON LISP *n* (eine höhere Programmiersprache) ‖ ~ **logarithm*** (Maths) / Zehnerlogarithmus *m* (zur Basis 10), Briggs'scher Logarithmus (nach H. Briggs, 1561-1630), dekadischer Logarithmus (DIN 5493-1), gemeiner Logarithmus ‖ ~ **logfile format** (a format used to describe the contents of a Web log file) (Comp) / Common Logfile Format *n*, CLF-Format ‖ ~ **Market** / Gemeinsamer Europäischer Markt (in der Europäischen Gemeinschaft), Binnenmarkt *m* (innerhalb der EG - seit dem 1.1.1993) ‖ ~ **metal** (Chem) / Nichtedelmetall *n*, unedles Metall, Unedelmetall *n* ‖ ~ **millet** (Bot) / Echte Hirse (Panicum miliaceum L.), Rispenhirse *f* (Gewöhnliche)

**common-mode driving** (Electronics) / Gleichtaktaussteuerung *f* ‖ ~ **failure*** (Nuc Eng) / Common Mode Failure, Ausfall *m* aus gemeinsamer Ursache, Ausfallkombination *f*, abhängiger Ausfall (aufgrund einer gemeinsamen Ursache) ‖ ~ **input voltage** (Electronics) / Gleichtakteingangsspannung *f* (bei Operationsverstärkern) ‖ ~ **rejection** (Electronics) / Gleichtaktunterdrückung *f* ‖ ~ **rejection ratio*** (Electronics) / Gleichtaktunterdrückungsverhältnis *n*

**common multiple** (Maths) / gemeinsames Vielfaches ‖ ~ **name** (Chem) / Trivialname *m* (Gegensatz: systematischer Name) ‖ ~ **name** (Pharm) / nichtgeschützte (freie) Bezeichnung, Freiname *m*, freier Warenname, Common Name *m* (pl. - Names) ‖ ~ **Object Request Broker Architecture** (Comp) / CORBA *n* (OMG-Spezifikation eines

Objektmodells, dessen zentrales Element ORB ist) || ~ **osier** (For) / Korbweide f, Hanfweide f (Salix viminalis L.) || ~ **part** (Eng, Work Study) / Wiederholteil n || ~ **persimmon** (For) / Persimone f (Diospyros virginiana L.), Virginische Dattelpflaume || ~ **pine shoot beetle** (For, Zool) / Großer Waldgärtner (Blastophagus piniperda L. - ein Forstschädling)
**common-point earthing** (Elec Eng) / sternförmige Erdung || ~ **grounding** (Elec Eng) / sternförmige Erdung
**common powder-post beetle** (For, Zool) / Brauner Splintholzkäfer (Lyctus brunneus) || ~ **rafter**\* (Build, Carp, Civ Eng) / Zwischensparren m (Leergebinde), Leersparren m
**common-rail injection**\* (Autos) / Common-Rail-Einspritzsystem n (bei Diesel- und Ottomotoren) || ~ **system** (Autos) / Common-Rail-Einspritzsystem n (bei Diesel- und Ottomotoren)
**common return**\* (Comp) / Betriebserde f (DIN 66020, T 1) || ~ **salt** (Nut) / Kochsalz n, Speisesalz n, Salz n || ~ **sense** (AI) / gesunder Menschenverstand, Alltagsverstand m
**common-sense knowledge** (AI) / Alltagswissen n (Wissen über Tatsachen, welche im alltäglichen Leben im Allgemeinen zutreffen) || ~ **logic** (AI) / Common-Sense-Logik f (rationale Grundlage des Umgangs mit Alltagswissen)
**common signalling channel** (Teleph) / zentraler Zeichenabgabekanal, ZZK || ~ **wall** (US) (Build) / Trennwand f (zum Nachbarhaus), Nachbarwand f (auf der gemeinsamen Grenze zweier Grundstücke), Kommunmauer f, Kommunwand f || ~ **winding** (Elec Eng) / Parallelwicklung f (der gemeinsame Teil der Wicklungen eines Spartransformators) || ~ **wire brad** (Foundry) / Drahtstift m
**comm program** (Comp) / Kommunikationsprogramm n
**comms** (communications) / Kommunikationsmittel n pl
**communicant** n / Kommunikant m, Kommunikator m (Sender in einem Kommunikationsprozess)
**communicate** v (AI, Telecomm) / kommunizieren v
**communicating door** (Build) / Verbindungstür f || ~ **vessels** (Phys) / kommunizierende Gefäße
**communication**\* n / Verständigung f, Kommunikation f (zwischen Kommunikator und Rezipient) || ~ (Telecomm) / Nachrichtenverkehr m || ~ **bus** (Comp) / Kommunikationsbus m, C-Bus m || ~ **channel** (Comp, Telecomm) / Nachrichtenkanal m, Übertragungskanal m (für Signale, Daten) || ~ **chart** (Telecomm) / Übersichtsplan m (einer Fernmeldeanlage) || ~ **computer** (Comp) / Kommunikationsrechner m, Datenkommunikationsrechner m || ~ **control character** (Comp) / Übertragungssteuerzeichen n
**communication(s) engineering** (Telecomm) / Schwachstromtechnik f, Nachrichtentechnik f, Fernmeldetechnik f, Kommunikationstechnik f, Telekommunikationstechnik f
**communication interface** (a computer interface designed to allow connection to other digital equipment) (Comp, Telecomm) / Kommunikationsschnittstelle f || ~ **line technique** (Telecomm) / Linientechnik f
**communication(s) model** / Kommunikationsmodell n
**communication multimedia** (Comp) / Kommunikationsmultimedia n || ~ **network** (Telecomm) / Kommunikationsnetz n (im Allgemeinen) || ~ **network** (Telecomm) / Fernmeldenetz n, TK-Netz n, Fernmeldenetz n (z.B. ein Telefonnetz), Nachrichtennetz n || ~ **port** (Comp) / COM-Port m (ein Anschluss für die serielle Datenübertragung von und zu Peripheriegeräten an einem PC), COM-Schnittstelle f || ~ **processor** (Comp) / Kommunikationsrechner m, Datenkommunikationsrechner m || ~ **protection** (Telecomm) / Kommunikationsschutz m || ~ **protocol** n (Comp) / Kommunikationsprotokoll n (Vereinbarungen über Verhaltensweisen und Formate bei der Kommunikation unter entfernten Stationen des gleichen logischen Niveaus) || ~ **receiver** (Telecomm) / Kommunikationsempfänger m, Verkehrsempfänger m
**communications** pl / Kommunikationsmittel n pl
**communication satellite** (Telecomm) / Kommunikationssatellit m, Fernmeldesatellit m, Nachrichtensatellit m
**communications cable** (Telecomm) / Nachrichtenkabel n, Fernmeldekabel n || ~ **centre** (Comp, Telecomm, Teleph) / Kommunikationszentrum n, Communications Centre n || ~ **common carrier** (Telecomm) / Fernmeldebetriebsgesellschaft f (privat, in den Vereinigten Staaten) || ~ **outside cable** (Cables) / Fernmeldeaußenkabel n || ~ **program** (software, controlling the modem, and the interactions between modem and computer) (Comp) / Kommunikationsprogramm n || ~ **satellite**\* (Telecomm) / Kommunikationssatellit m, Fernmeldesatellit m, Nachrichtensatellit m || ~ **Satellite Corporation**\* / 1962 in den USA gegründete Organisation für Errichtung und Betrieb von Nachrichtensatellitensystemen || ~ **source** (Telecomm) / Nachrichtenquelle f (DIN 44301, DIN 40146, T 1) || ~ **theory** (Comp, Telecomm) / Nachrichtentheorie f || ~ **typewriter** / Kommunikationsschreibmaschine f

**communication subnetwork** (Comp, Telecomm) / Unternetz n, Subnetz n (untergeordnetes Netz, das Netzwerksegment), Teilnetz n
**communications van** (Telecomm) / Nachrichtenfahrzeug n
**communication system** (AI, Comp) / Kommunikationssystem n (im Allgemeinen) || ~ **system** (Comp) / Datenübertragungssystem n || ~ **technology** (Telecomm) / Schwachstromtechnik f, Nachrichtentechnik f, Fernmeldetechnik f, Kommunikationstechnik f, Telekommunikationstechnik f || ~ **theory** (Comp, Telecomm) / Nachrichtentheorie f || ~ **transmission network** (Telecomm) / Telekommunikationsnetz n, TK-Netz n, Fernmeldenetz n (z.B. ein Telefonnetz), Nachrichtennetz n || ~ **type** (Telecomm) / Kommunikationsart f
**communicator** n (Mining) / Zwischengeschirr n (Verbindungselement zwischen Förderseil und Förderkorb) || ~ (Telecomm) / Fernmeldetechniker m, Fernmelder m || ~ (Telecomm) / Kommunikationsgerät n
**community**\* n (Biol) / Gemeinschaft f, Gesellschaft f || ~ (Comp) / Community f (Web-Site, bei der die Besucher Mitglied werden können, um miteinander zu diskutieren und zu chatten) || ~ **antenna** (TV) / Gemeinschaftsantennenanlage f, Gemeinschaftsantenne f, GAA (Gemeinschaftsantennenanlage) || ~ **antenna television**\* (system) (TV) / Großgemeinschafts-Antennenanlage f, GGA-Anlage f || ~ **antenna television system** (TV) s. also cable TV || ~ **district** / Gemarkung f (Gemeindeflur) || ~ **noise** (Acous) / Alltagsgeräusch n (Verkehr, spielende Kinder, Straßenlärm) || ~ **planning** (Arch) / Bauleitplanung f, Ortsplanung f (langzeitige), Gemeindeplanung f || ~ **string** (Comp) / Community-String m (eine als Kennwort dienende Zeichenkette)
**commutable** adj (Maths) / vertauschbar adj (Elemente), permutierbar adj, permutabel adj
**commutate** v (Elec Eng) / wenden v (Strom)
**commutating capacitor** (Electronics) / Kommutierungskondensator m, Löschkondensator m || ~ **field**\* (Elec Eng) / Wendefeld n, Kommutierungsfeld n || ~ **machine**\* (Elec Eng) / Kommutatormaschine f, Stromwendermaschine f || ~ **pole**\* (Elec Eng) / Wendepol m || ~ **winding** (Elec Eng) / Wendepolwicklung f (eine Erregerwicklung - DIN 42 005)
**commutation** n (Elec Eng) / Kommutierung f (Umschaltung eines Stromkreises auf verschiedene Zweige), Stromwendung f || ~ (of two elements) (Maths) / Kommutation f || ~ **capacitor** (Elec Eng, Electronics) / Kommutierungskondensator m, Löschkondensator m || ~ **factor**\* (Electronics) / Kommutierungsfaktor m, Kommutierungszahl f || ~ **failure** (Electronics) / Kippen n || ~ **relation** (Maths) / Vertauschungsrelation f || ~ **rules** (Phys) / Vertauschungsregeln f pl || ~ **ticket** (US) (Autos, Rail) / Zeitkarte f
**commutatior vee ring insulation** (Elec Eng) / Kommutator-Druckringisolation f
**commutative**\* adj (Maths) / kommutativ adj || ~ **algebra** (Maths) / kommutative Algebra || ~ **diagram** (a method for displaying equations between functions) (Maths) / kommutatives Diagramm || ~ **group** (Maths) / Abel'sche Gruppe (nach N.H. Abel, 1802 - 1829) || ~ **law** (Maths) / Kommutativgesetz n, Vertauschungsgesetz n, kommutatives Gesetz || ~ **number** (Phys) / c-Zahl f || ~ **ring** (Maths) / kommutativer Ring (dessen Multiplikation kommutativ ist) || ~ **ring with identity** (Maths) / Ring m mit Eins, Ring m mit Einselement
**commutativity** n (Maths) / Kommutativität f
**commutator**\* n (Elec Eng) / Kommutator m (Bauteil auf der Läuferwelle, das bei elektrischen Maschinen die Umpolung des elektrischen Stromes durch die Läuferwicklungen bewirkt), Kollektor m, Stromwender m || ~\* (Maths) / Kommutator m (Phys) / Kommutator m (in der Quantentheorie) || ~ **armature** (Elec Eng) / Kommutatoranker m || ~ **bar**\* (Elec Eng) / Stromwenderlamelle f, Kommutatorlamelle f, Kommutatorsteg m, Lamelle f (des Kommutators) || ~ **bush**\* (Elec Eng) / Kommutatorbuchse f, Kommutatornabe f || ~ **core** (Elec Eng) / Tragkörper m des Kommutators, Kommutatortragkörper m || ~ **face**\* (Elec Eng) / Gleitfläche f des mechanischen Kommutators || ~ **group** (Maths) / Kommutatorgruppe f || ~ **hub**\* (Elec Eng) / Kommutatorbuchse f, Kommutatornabe f || ~ **losses**\* (Elec Eng) / Kommutatorverluste m pl, Kollektorverluste m pl || ~ **lug** (Elec Eng) / Kommutatorfahne f || ~ **machine** (Elec Eng) / Kommutatormaschine f, Stromwendermaschine f || ~ **motor**\* (Elec Eng) / Kommutatormotor m, Stromwendermotor m, Kollektormotor m || ~ **pitch** (Elec Eng) / Kommutatorteilung f (DIN 40108), Kommutatorschritt m, Stromwenderteilung f, Stromwenderschritt m || ~ **pulse** (Comp) / Zyklusimpuls m, Stellenimpuls m || ~ **ring**\* (Elec Eng) / Kommutatorring m, Kollektorring m || ~ **riser** (Elec Eng) / Kommutatorfahne f || ~ **segment**\* (Elec Eng) / Stromwenderlamelle f, Kommutatorlamelle f, Kommutatorsteg m, Lamelle f (des Kommutators) || ~ **shell**\* (Elec Eng) / Kommutatorbuchse f, Kommutatornabe f || ~ **shrink-ring** (Elec Eng) /

**commutator**

Kommutatorschrumpfring *m*, Kollektorschrumpfring *m* ‖ **~ sleeve\*** (Elec Eng) / Kommutatorbuchse *f*, Kommutatornabe *f*
**commutators of creation and destruction** (Phys) / Erzeugungs- und Vernichtungsoperatoren *m pl*
**commutator surface\*** (Elec Eng) / Gleitfläche *f* des mechanischen Kommutators ‖ **~ transformer** (Elec Eng) / Gleichstromumspanner *m*, Gleichstrom-Gleichstrom-Umspanner *m*
**commute** *v* / kommutieren *v*
**commuter** *n* / Berufspendler *m* (Person, die ihre Arbeitsstätte außerhalb ihrer Wohngemeinde aufsucht), Pendler *m* (der von seinem Arbeits- oder Ausbildungsort nach Hause fahren muss) ‖ **~ aircraft** (Aero) / Zubringerflugzeug *n*, Zubringerluftfahrzeug *n* ‖ **~ airline** (Aero) / Regionalfluglinienunternehmen *n* ‖ **~ belt** / großstädtischer Einzugsbereich (für Pendler) ‖ **~ traffic** / Berufspendlerverkehr *m* (starker Verkehr zu Beginn und nach dem Ende der allgemeinen Arbeitszeit), Berufsverkehr *m*, Haus-Arbeit-Verkehr *m* ‖ **~ train** (Rail) / Vorortzug *m*, Nahverkehrszug *m*
**commuting ring** (Maths) / Zentralisator *m*
**comonomer** *n* (Chem) / Komonomer *n*, Comonomer *n*
**comopt\*** *n* (Cinema) / Tonfilm *m* mit Lichtspur, COMOPT *m*
**compact** *v* / verdichten *v*, kompaktieren *v*, komprimieren *v* ‖ **~** (Powder Met) / pressformen *v* (nur Infinitiv oder Partizip) ‖ **~** *n* / Kompakt *n* (tabletten- oder pastillenähnliches /kosmetisches/ Präparat) ‖ **~** (US) (Autos) / Kompaktauto *n*, Kompaktwagen *m*, Kleinwagen *m* ‖ **~\*** (Met, Powder Met) / Pressstück *n*, Pressobjekt *n*, Presskörper *m*, Pressteil *n*, Pressling *m* ‖ **~** (Photog) / Kompaktkamera *f* ‖ **~** *adj* / dicht *adj*, kompakt *adj* ‖ **~** / Kompakt-, gedrungen *adj*, kompakt *adj*, gedrängt *adj* ‖ **~** / mit kleinen Abmessungen ‖ **~** (Agric) / festgelagert *adj* (Boden) ‖ **~** (San Eng) / stichfest *adj* (Schlamm) ‖ **~ bucketwheel excavator** (Eng) / Kompaktschaufelradbagger *m* ‖ **~ BWE** (compact bucketwheel excavator) (Eng) / Kompaktschaufelradbagger *m* ‖ **~ camera** (small camera with an integral lens) (Photog) / Kompaktkamera *f* ‖ **~ car** (Autos) / Kompaktauto *n*, Kompaktwagen *m*, Kleinwagen *m* ‖ **~ cassette** (Acous, Mag) / Compact Cassette *f*, Kompaktkassette *f* ‖ **~ computer** (Comp) / Kompaktrechner *m* ‖ **~ convergence** (Maths) / kompakte Konvergenz ‖ **~ design** (Eng) / Kompaktbauweise *f* ‖ **~ detergent** (Chem) / Kompaktwaschmittel *n* ‖ **~ disc** (Acous) / CD (Compact Disc), Compact Disc *f*, Compactdisc *f* ‖ **~ disc interactive** (Comp) / interaktive Compact Disc, CD-I (interaktive Compact Disc)
**compact-disc memory** (Comp) / CD-Speicher *m*
**compact disk\*** (Acous) / CD (Compact Disc), Compact Disc *f*, Compactdisc *f*
**compact-disk read-only memory** (Comp, Electronics) / CD-ROM-Speicher *m* (optischer Festspeicher)
**compact disk recordable** (Acous, Comp, Electronics) / CD-R *f*, bespielbare CD (nach dem Orange Book), beschreibbare CD ‖ **~ disk rewritable** (Acous, Comp, Electronics) / CD-RW *f*, CD-RW-Scheibe *f*, überschreibbare CD
**compact-disk video** (Comp) / CD-Video *n*, CDV
**compacted conductor** (Cables) / verdichteter Leiter (verseilter Leiter mit verkleinerten Zwischenräumen zwischen den Einzeldrähten) ‖ **~ graphite** (Foundry) / Vermikulargraphit *m* (eine Graphitausbildung), Vermiculargraphit *m* ‖ **~ graphite cast iron\*** (Met) / Gusseisen *n* mit Vermikulargraphit, GGV (Gusseisen mit Vermikulargraphit) ‖ **~ snow** (Autos, Meteor) / verfestigter Schnee (auf dem Boden)
**compact feel** (Textiles) / fester Griff
**compact-flake graphite** (Foundry) / Vermikulargraphit *m* (eine Graphitausbildung), Vermiculargraphit *m*
**compact handle** (Textiles) / fester Griff
**compactible** *adj* (Civ Eng) / verdichtbar *adj* (Boden)
**compactification** *n* (Maths) / Kompaktifizierung *f* (bei einem Hausdorff-Raum)
**compacting** *n* (Powder Met) / Pressformen *n* ‖ **~ force** (Plastics, Powder Met) / Presskraft *f* ‖ **~ plant** (Civ Eng) / Bodenverdichtungsgerät *n*, Bodenverdichter *m* ‖ **~ roller** (Textiles) / Andruckrolle *f* (eine Zusammen- bzw. Andrücken einer bereits aufgewickelten Stoffbahn)
**compaction\*** *n* (Civ Eng) / Kompaktieren *n*, Verdichten *n* (von festen Stoffen), Pressverdichten *n*, Komprimieren *n* ‖ **~\*** (Civ Eng, Geol) / Kompaktion *f* (Volumenverringerung) ‖ **~** (Comp) / Kompaktifizieren *n*, Garbage Collection *f*, Speicherbereinigung *f* (dynamische) ‖ **~** (Phys, Powder Met) / Verdichten *n*, Verdichtung *f* ‖ **~ fold** (Geol) / Falte, die *f* durch unterschiedliche Setzung einer Sedimentdecke über harten Riffen oder Ähnlichem entsteht ‖ **~ pile** (Civ Eng) / Verdichtungspfahl *m*, Bodenverfestigungspfahl *m* ‖ **~ plant** (Civ Eng) / Bodenverdichtungsgerät *n*, Bodenverdichter *m* ‖ **~ sintering** (Powder Met) / Presssintern *n*, Drucksintern *n*
**compactness** *n* / Kompaktheit *f*, Dichte *f*

**compact open-end spanner** (Tools) / kleiner Doppelmaulschlüssel, Kleingabelschlüssel *m*, Elektrikerschlüssel *m*, Elektriker-Doppelmaulschlüssel *m*
**compactor** *n* (Civ Eng) / Verdichtungsgerät *n*, Kompaktor *m* (schnell fahrender statischer Bodenverdichter) ‖ **~** (Ecol, Eng) / Compactor *m* (für den Müll), Müllpressanlage *f*, Deponieverdichter *m* ‖ **~** (Eng) / Stampfer *m* ‖ **~ truck** (Ecol, San Eng) / Müllfahrzeug *n* (mit Verdichtungsvorrichtung)
**compact powder** / kompakter Puder ‖ **~ retannage** (Leather) / Kompaktnachgerbung *f* (Färben und Fetten im gleichen Bad direkt nach der Neutralisation mit anschließender Nachgerbung) ‖ **~ robot** (Eng) / Kompaktroboter *m* ‖ **~ set\*** (Maths) / kompakte Menge (in der Topologie) ‖ **~ spare tyre** (Autos) / Notrad *n* (Platz sparendes) ‖ **~ spinning plant** (Spinning) / Kompaktspinnanlage *f* ‖ **~ tension probe** (Materials) / Compact-Tension-Probe *f* ‖ **~ tension specimen** (Materials) / Compact-Tension-Probe *f* ‖ **~ torus** (Plasma Phys) / Kompakttorus *m* ‖ **~ video cassette** / Kleinvideokassette *f*, Kompaktvideokassette *f*
**compander\*** *n* (Acous) / Kompander *m*, Compander *m* (elektronische Baugruppe zur Rauschunterdrückung bei der Signalübertragung) (ein Dynamikregler)
**companding** *n* (Acous) / Kompandierung *f* (Verfahren zur Dynamikregelung elektroakustischer Signale)
**companion** *n* (Astron) / Begleiter *m* ‖ **~ alkaloid** (Pharm) / Begleitalkaloid *n*, Nebenalkaloid *n* ‖ **~ body** (Space) / Begleitkörper *m* (eines Satelliten) ‖ **~ cell** (Bot, For) / Geleitzelle *f* ‖ **~ dimensions** (Eng) / Anschlussmaße *n pl* (DIN 7182, N T 1) ‖ **~ element** (Met) / Begleiter *m*, Erzbegleiter *m*, Begleitelement *n* (in Rohstoffen zur Metallgewinnung, z.B. P, S, N, H) ‖ **~ fabrics** (Textiles) / Composé *n* (zusammengehörige Stoffe, deren Musterung auf dem gleichen Grundgedanken und auf der gleichen Farbkombination aufbaut und die daher zusammen verarbeitet werden können) ‖ **~ flange** (Eng) / Gegenflansch *m* ‖ **~ keyboard** (Comp) / Nebenkonsole *f* ‖ **~ part** / Gegenstück *n* ‖ **~ sheet** / Beiblatt *n* (bei DIN-Normen)
**companionway** *n* (a set of steps leading from a ship's deck down to a cabin or lower deck) (Ships) / Niedergang *m* (Treppe von einem Deck zum anderen Deck)
**company** *n* / Firma *f*, Handelsgesellschaft *f* (für die das Handelsrecht gilt), Gesellschaft *f* ‖ **~ apartment** (US) (Build) / Werksmietwohnung *f*, Werkwohnung *f*, Werkswohnung *f* ‖ **~ car** (a car provided by a firm for the business and private use of an employee) (Autos) / Firmenwagen *m*, Geschäftswagen *m* ‖ **~ dwelling** (Build) / Werksmietwohnung *f*, Werkwohnung *f*, Werkswohnung *f* ‖ **~ emblem** / Firmenlogo *m n*, Firmenzeichen *n*, Firmensignet *n*, Logo *m n* (pl. -s) (grafisches Symbol für ein Unternehmen, meist verbunden mit einer besonderen Firmenfarbe und Schrifttype) ‖ **~ employee** / Werksangehöriger *m* ‖ **~ flat** (Build) / Werksmietwohnung *f*, Werkwohnung *f*, Werkswohnung *f* ‖ **~ holidays** (Work Study) / Betriebsferien *pl*, Werkferien *pl*, Werksferien *pl* ‖ **~ officer** / Beauftragter *m* (z.B. für Umweltschutz)
**company-operated and -maintained network** (Comp) / Corporate Network *n* (ein Telekommunikationsnetz innerhalb eines Unternehmens oder einer Organisation mit geografisch verteilten Standorten), betriebsinternes Netz, Netz *n* für Kommunikationsgemeinschaft(en), CN (corporate network)
**company-owned** *adj* / betriebseigen *adj*, werkseigen *adj*, firmeneigen *adj*
**company•-owned flat** (Build) / Werksmietwohnung *f*, Werkwohnung *f*, Werkswohnung *f* ‖ **~ secret** / Betriebsgeheimnis *n*, Geschäftsgeheimnis *n* ‖ **~ signature** / Firmenlogo *m n*, Firmenzeichen *n*, Firmensignet *n*, Logo *m n* (pl. -s) (grafisches Symbol für ein Unternehmen, meist verbunden mit einer besonderen Firmenfarbe und Schrifttype)
**compar** (Materials, Plastics) / technischer Polyvinylester (als Werkstoff)
**comparability** *n* / Vergleichbarkeit *f*
**comparable** *adj* / vergleichbar *adj*
**comparative** *adj* / Vergleichs-, vergleichend *adj*, komparativ *adj* ‖ **~ advertising** / vergleichende Werbung ‖ **~ figure** / Vergleichszahl *f* ‖ **~ item** / Vergleichsposten *m* ‖ **~ test** / Vergleichsprobe *f*, Vergleichstest *m*, Vergleichsprüfung *f*, Vergleichsversuch *m* (im Allgemeinen)
**comparator** *n* (Automation) / Vergleicher *m* (der durch fortlaufende Differenzbildung zwischen Regelgröße und Führungsgröße die Regelabweichung berechnet); Vergleichsglied *n* ‖ **~\*** (Comp, Elec Eng) / Komparator *m*, Vergleichsschaltung *f* (ein analoges oder digitales Element) ‖ **~\*** (Phys) / Komparator *m* (Gerät zum Vergleich kleiner Längenunterschiede, meist bei Strichteilungen) ‖ **~\*** (Telecomm) / Kompensator *m*, Komparator *m*
**compare** *v* / vergleichen *v*
**comparison** *n* / Vergleich *m* ‖ **~ advertising** / vergleichende Werbung ‖ **~ bridge** (Elec Eng) / Vergleichsbrücke *f* (z.B. Wheatstone-Brücke) ‖

~ **by sight** / Sichtvergleich m, visueller Vergleich ‖ ~ **by touch** (Materials) / Tastvergleich m ‖ ~ **circuit** (Automation) / Vergleichsschaltung f ‖ ~ **lamp**\* (Light) / Vergleichslampe f, Vergleichslichtquelle f ‖ ~ **moment** (Mech) / Vergleichsmoment n ‖ ~ **of forces** / Kraftvergleich m (z.B. bei Messumformern) ‖ ~ **prism**\* (Light, Optics) / Vergleichsprisma n ‖ ~ **protective system** (Elec Eng) / Vergleichsschutzsystem n (ein Relaisschutzsystem, z.B. Differential- oder Phasenvergleichsschutzsystem) ‖ ~ **solution** (Chem) / Vergleichslösung f ‖ ~ **spectrum**\* (Light, Spectr) / Vergleichsspektrum n ‖ ~ **surface**\* (Optics) / Vergleichsfläche f ‖ ~ **test** (for convergence) (Maths) / Vergleichskriterium n (ein Konvergenzkriterium für Reihen - Majoranten-, Minoranten-)
**compartment** v / unterteilen v (in kleinere Abteilungen) ‖ ~ n (Build) / Fach n (zwischen den Stäben eines Fachwerks oder zwischen tragenden Zwischenwänden), Gefach n ‖ ~ (Cyt) / Kompartiment n (ein durch Membranen abgeteilter Reaktionsraum der Zelle) ‖ ~ (Ecol) / Kompartiment n (ein Teil der Umwelt, z.B. Wasser, Luft, Boden), Compartment n ‖ ~ (Elec Eng) / Teilraum m (einer isolierstoffgekapselten Anlage) ‖ ~\* (For) / Abteilung f ‖ ~ (Join) / Fach n (Schrankfach, Geldfach usw.) ‖ ~ (Mining) / Trum m n (pl. Trume oder Trümer), Trumm m n (pl. Trumme oder Trümmer) (eine Aufteilung des Schachtquerschnittes) ‖ ~ (Rail) / Abteil n, Coupé n (A)
**compartmentalization** n (the process of keeping resources with differing access attributes in separate groupings) (Comp) / Separierung f (von Daten bzw. Programmen)
**compartmentation** n (Comp) / Separierung f (von Daten bzw. Programmen) ‖ ~ (Cyt) / Kompartimentierung f
**compartment drier** (For) / Kammertrockner m ‖ ~ **interiors** (Aero) / Inneneinrichtung f ‖ ~ **kiln** (Brew) / Keimdarrkasten m ‖ ~ **kiln** (For) / Kammertrockner m ‖ ~ **malting** (Brew) / Kastenmälzerei f ‖ ~ **malting** (Brew) s. also saladin malting ‖ ~ **mill** / Mehrkammerverbundrohrmühle f ‖ ~ **of the dispenser** (detergent + additives) / Einspülkammer f (des Waschautomaten) ‖ ~ **thickener** (Chem Eng) / Mehrkammereindicker m
**compass** n (Instr) / Zirkel m ‖ ~\* (Instr, Nav, Phys) / Kompass m, Bussole f ‖ ~ **base** (Aero) / Stelle, an der die Luftfahrzeuge (am Boden) drehen können (ein Teil des Rollfelds) ‖ ~ **bearing** (Aero) / Kompasspeilung f, KP ‖ ~ **bearing** (Surv) / geodätischer Azimut ‖ ~ **brick**\* (Arch, Build) / Radialstein m (mit ebenen Kopfflächen), Querwölber m ‖ ~ **bridge** (Ships) / Peildeck n (oberer Abschluss des Brückenaufbaus) ‖ ~ **card** / Kompassrose f (ein Teil des Kompasses) ‖ ~ **course** (Nav) / Kompasskurs m (Winkel zwischen der Kompassnordrichtung und der Kielrichtung), KK (Kompasskurs) ‖ ~ **error** (Nav) / Fehlweisung f (Winkel zwischen der von einem Magnetkompass angezeigten Kompassnordrichtung und der rechtweisenden Nordrichtung)
**compasses**\* pl (Instr) / Zirkel m ‖ ~ **with interchangeable attachments** / Einsatzzirkel m ‖ ~ **with interchangeable points** / Einsatzzirkel m
**compass flat** (Ships) / Peildeck n (oberer Abschluss des Brückenaufbaus) ‖ ~ **heading** (Nav) / Kompasskurs m (Winkel zwischen der Kompassnordrichtung und der Kielrichtung), KK (Kompasskurs) ‖ ~ **plane**\* (Carp) / Rundhobel m ‖ ~ **plane** (Join) / Schiffhobel m (Handhobel mit gewölbter Hobelsohle zur Bearbeitung gekrümmter Flächen) ‖ ~ **platform** (Ships) / Peildeck n (oberer Abschluss des Brückenaufbaus) ‖ ~ **rack** / Kompassrack n (genau passende Halterung für einen transportablen Kompass) ‖ ~ **repeater** (Ships) / Tochterkompass m ‖ ~ **rose** (Nav) / Windrose f, Kompassrose f (auf der Karte gedruckt) ‖ ~ **traverse** (Surv) / Bussolenzug m
**compatibility** n (Acous) / Kompatibilität f (der Stereoschallplatten, die man auch monaural abspielen kann) ‖ ~ (Autos) / Kompatibilität f (der Fahrzeuge bei Straßenverkehrsunfällen) ‖ ~ (Chem) / Verträglichkeit f, Kompatibilität f, Einsetzbarkeit f ‖ ~ (Comp, Elec Eng) / Kompatibilität f (zweier Systeme) ‖ ~ **condition** (Mech) / Verträglichkeitsbedingung f (DIN 13316), Kompatibilitätsbedingung f (DIN 13316) ‖ ~ **group** / Verträglichkeitsgruppe f (z.B. bei Explosivstoffen)
**compatible** adj / verträglich adj, kompatibel adj ‖ ~ (Acous) / kompatibel adj (Stereoschallplatte, die auch monaural abgespielt werden kann) ‖ ~\* (Comp, Elec Eng) / kompatibel adj ‖ ~ (Maths) / widerspruchsfrei adj (konsistent), konsistent adj ‖ ~ (Textiles) / mischbar adj (Farbstoff) ‖ ~ **colour television**\* (TV) / Universalfernsehen n (Farben- und Schwarzweiß-) ‖ ~ **equations**\* (Maths) / lösbares Gleichungssystem, verträgliches Gleichungssystem, lösbare Gleichungen, verträgliche Gleichungen
**compensate** v / kompensieren v, ausgleichen v (kompensieren)
**compensated amplifier** (Electronics) / Kompensationsverstärker m ‖ ~ **induction motor**\* (Elec Eng) / kompensierter Induktionsmotor m ‖ ~ **motor** (Elec Eng) / Motor m mit Kompensationswicklung, kompensierter Motor ‖ ~ **pendulum**\* (Phys) / Minimalpendel n, Kompensationspendel n ‖ ~ **plasma** (Plasma Phys) / kompensiertes Plasma ‖ ~ **repulsion motor** (Elec Eng) / kompensierter Repulsionsmotor ‖ ~ **scale barometer**\* (Meteor) / Kew-Barometer n (ein Stationsbarometer) ‖ ~ **semiconductor**\* (Electronics) / Kompensationshalbleiter m (mit Gegendotierung) ‖ ~ **series motor**\* (Elec Eng) / kompensierter Reihenschlussmotor m ‖ ~ **series-wound motor** (Elec Eng) / kompensierter Reihenschlussmotor ‖ ~ **thermometer** (Aero) / Kompensationsthermometer n (Gerät zur Messung der Lufttemperatur bei schnellen Flugzeugen, das den Einfluss der Reibungs- und Stauwärme durch Verwendung einer geeigneten Düse kompensiert) ‖ ~ **voltmeter** (Elec Eng) / Kompensationsvoltmeter n ‖ ~ **wattmeter**\* (Elec Eng) / Leistungsmesser m mit Hilfswicklung, Kompensationswattmeter n
**compensating charge** (Autos, Elec Eng) / Pufferladung f (der Batterie), Erhaltungsladen n (DIN 40729) ‖ ~ **coil** (Elec Eng) / Kompensationsspule f, Ausgleichsspule f ‖ ~ **current** (Elec Eng) / Ausgleichsstrom m ‖ ~ **developer** (Photog) / ausgeglichen arbeitender Entwickler ‖ ~ **errors** (Surv) / sich gegenseitig aufhebende Fehler (Zufallsfehler) ‖ ~ **eyepiece** (Optics) / Kompensationsokular n ‖ ~ **feedback** (Automation) / abgleichende Rückkopplung, kompensierende Rückkopplung, Kompensationsrückkopplung f ‖ ~ **field**\* (Elec Eng) / Kompensationsfeld n ‖ ~ **filter**\* (Photog) / Korrekturfilter n, CC-Filter n (ein Korrekturfilter), Kompensationsfilter n, Ausgleichsfilter n ‖ ~ **hole** (Eng) / Entlastungsbohrung f, Ausgleichsbohrung f ‖ ~ **jet**\* (I C Engs) / Ausgleichdüse f (Zusatz- oder Nebendüse eines Vergasers) ‖ ~ **method** / Kompensationsverfahren n (das Fundamentalverfahren der Messtechnik), Kompensationsmethode f (der Messtechnik), Kompensationsmessmethode f ‖ ~ **network** (Acous) / Korrekturnetzwerk n, Korrekturschaltung f, Kompensationsschaltung f ‖ ~ **pole**\* (Elec Eng) / Wendepol m ‖ ~ **reactor** (Elec Eng) / Nebenschlussdrossel f, Paralleldrossel f ‖ ~ **winding**\* (Elec Eng) / Kompensationswicklung f
**compensation** n / Kompensation f, Ausgleich m, Ausgleichen n ‖ ~ (Eng, Work Study) / Vervollständigung f, Auffüllung f, Ausgleich m (für verbrauchtes Material) ‖ ~ (Mag, Nuc Eng) / Trimmen n, Feldkorrektur f (durch Shims), Feldfeinkorrektion f ‖ ~ (Telecomm) / Enttrübung f ‖ ~ **calorimeter** (an ice calorimeter) (Phys) / Kompensationskalorimeter n (klassisches Eiskalorimeter) ‖ ~ **colour** / Kompensationsfarbe f, kompensative Farbe (die bei additiver Farbmischung mit einer gegebenen Farbvalenz Unbunt liefert) ‖ ~ **colour** s. also minus colour ‖ ~ **lead** (Elec Eng) / Kompensationsleitung f (z.B. zwischen Thermoelement und Thermostat) ‖ ~ **pendulum** (Horol) / Minimalpendel n, Ausgleichspendel n, Kompensationspendel n ‖ ~ **photometer** (Phys) / Kompensationsfotometer n ‖ ~ **zone** (Electronics) / Kompensationszone f
**compensator** n (Cinema) / Gleichlaufregulator m ‖ ~ (Eng) / Spanngewicht n (des Aufzugs) ‖ ~ (Optics) / Drehkompensator m (z.B. Berek-Kompensator) ‖ ~\* (Optics, Surv) / Kompensator m
**compensatory pressure** (Phys) / Kompensationsdruck m ‖ ~ **time** (US) / Freizeit f (als Ersatz z.B. für Überstunden)
**compère** n (Radio, TV) / Showmaster m, Conférencier m
**compete** v / konkurrieren v
**competence** n (the ability of a stream to carry material) (Hyd Eng) / Transportfähigkeit f (z.B. eines Flusses - für den Transport des Gerölls) ‖ ~ (Hyd Eng) s. also capacity
**competent** adj (Geol) / kompetent adj (zur Fortleitung gerichteten Druckes befähigt) ‖ ~ **bed** (Geol) / kompetente Schicht ‖ ~ **rock** (Build, Civ Eng, Geol) / Festgestein n (DIN 18 300)
**competing reaction** (Chem) / Kompetitivreaktion f
**competition** n / Wettbewerb m, Konkurrenz f (in der Wirtschaft) ‖ ~\* (Biol) / Konkurrenz f (z.B. Licht- oder Wurzelkonkurrenz) ‖ ~ **of benefits** / Nutzungskonkurrenz f (intra- oder intertemporale)
**competitive** adj / wettbewerbsfähig adj, konkurrenzfähig adj ‖ ~ **adsorption** (Paint) / Konkurrenzadsorption f ‖ ~ **enzyme inhibition** (Biochem) / Verdrängungshemmung f, Konkurrenzhemmung f, kompetitive Hemmung (seitens eines Inhibitors) ‖ ~ **inhibition** (Biochem) / Verdrängungshemmung f, Konkurrenzhemmung f, kompetitive Hemmung (seitens eines Inhibitors) ‖ ~ **price** / konkurrenzfähiger Preis, Konkurrenzpreis m ‖ ~ **price/performance ratio** / wettbewerbsfähiges Preis-/Leistungsverhältnis
**competitor ion** (Agric) / eintauschendes Ion (in der Bodenkunde)
**compilation from an aerial stereopair** (Surv) / Auswertung f eines Luftbildpaares ‖ ~ **time** (Comp) / Compilezeit f, Kompilierzeit f, Übersetzungszeit f
**compile** v (Comp) / kompilieren v, übersetzen v
**compiled knowledge** (AI) / gesammeltes Wissen
**compile phase** (Comp) / Übersetzerphase f, Kompilierphase f
**compiler**\* n (Comp) / Compiler m (DIN 44300) (ein Programm, welches ein in einer höheren Programmiersprache geschriebenes

Programm vom Quellcode in den Maschinencode eines Prozessors übersetzt), Kompilierer *m* (ein Übersetzerprogramm), Compilerprogramm *n*, Kompilierprogramm *n*
**compiler-compiler** *n* (Comp) / Kompiliergenerator *m*, Generator *m* für Kompilierprogramme ‖ ~ (Comp) / Compiler-Compiler *m* (ein Werkzeug, um die Übersetzer für Programmiersprachen automatisch zu erstellen)
**compiler generator** (Comp) / Kompiliergenerator *m*, Generator *m* für Kompilierprogramme
**compiler-level language** (Comp) / Compilersprache *f* (für Kompilierer geeignete höhere Programmiersprache)
**compiler virus** / Compiler-Virus *m*
**compile time** (Comp) / Compilezeit *f*, Kompilierzeit *f*, Übersetzungszeit *f*
**compiling phase** (of a run) (Comp) / Übersetzerphase *f*, Kompilierphase *f* ‖ ~ **time** (Comp) / Compilezeit *f*, Kompilierzeit *f*, Übersetzungszeit *f*
**complaint** *n* / Reklamation *f* (Beanstandung von Mängeln), Beschwerde *f*, Beanstandung *f* (der gelieferten Ware), Mängelrüge *f*
**complement** *v* / vervollständigen *v*, komplementieren *v*, ergänzen *v* ‖ ~ s. also complete ‖ ~ *n* (Biochem) / Komplement *n* ‖ ~ (Maths, Med) / Komplement *n* (Menge, die eine Differenz wieder zur ursprünglichen Menge hin ergänzt) ‖ ~ (Med) / Komplement *n* (Serumbestandteil, der die spezifische Wirkung eines Antikörpers ergänzt und aktiviert) ‖ ~ (Stats) / komplementäres Ereignis
**complemental air** (Physiol) / inspiratorisches Reservevolumen, Komplementärluft *f*
**complementarity*** *n* (Phys) / Komplementarität *f*
**complementary** *adj* / komplementär *adj* (DIN 4898), ergänzend *adj* ‖ ~ **angles*** (Maths) / Komplementwinkel *m pl* (bis 90°) ‖ ~ **code** (Comp) / Komplementärkode *m* (z.B. Aiken- oder Exzess-3-Kode) ‖ ~ **colour*** (Photog) / Komplementärfarbe *f* (die mit der anderen Komplementärfarbe das volle Weiß ergibt, z.B. Rot und Blaugrün) ‖ ~ **cone** (Eng) / Ergänzungskegel *m* (Kegel um die Radachse, dessen Mantellinien auf den Teilkegelmantellinien in der Spitzenentfernung ($R_a$) rechtwinklig stehen - DIN 3971) ‖ ~ **DNA** (Gen) / komplementäre DNS, komplementäre DNA, cDNA *f* (komplementäre DNA) ‖ ~ **event** (Stats) / komplementäres Ereignis ‖ ~ **function*** (Maths) / Lösung *f* der zugehörigen homogenen Differentialgleichung ‖ ~ **logic** (Comp) / negative Logik (dem positiveren der beiden Spannungspegel wird boolesch "0" zugeordnet) ‖ ~ **metal-oxide semiconductor** (Electronics) / komplementärer MOSFET (mit geringer Verlustleistung, hoher Störsicherheit und Eignung zur Miniaturisierung in Großschaltkreisen, CMOS (komplementärer MOSFET), Komplementär-Metalloxidhalbleiter *m* ‖ ~ **metal-oxide semiconductor technology** (Electronics) / CMOS-Technik *f* (Oberbegriff für eine Halbleiterschaltungstechnik als Nachfolgerin von Bipolartechnik), CMOS-Technologie *f* (mittelschnelle MOS-Technologie mit vernachlässigbarem Ruhestrom) ‖ ~ **number** (Maths) / dekadische Ergänzung ‖ ~ **operation** (Comp) / Komplementäroperation *f* ‖ ~ **services** (Ships) / Nebenleistungen *f pl* (im Seehafen) ‖ ~ **transistors*** (Electronics) / Komplementärtransistoren *m pl* (Transistorpaar vom komplementären Typ)
**complementation*** *n* (Comp, Maths) / Komplementierung *f* ‖ ~ (Nut) / Verbesserung *f* (durch Nährstoffe), Anreicherung *f* (mit Nährstoffen)
**complement code** (Comp) / Komplementärkode *m* (z.B. Aiken- oder Exzess-3-Kode)
**complemented distributive lattice** (Maths) / komplementärer distributiver Verband ‖ ~ **lattice** (Maths) / komplementärer Verband
**complement of a set*** (Maths) / Komplement *n* einer Menge, Komplementärmenge *f* ‖ ~ **of a set*** (Maths) s. also difference set ‖ ~ **on two** (Comp) / Zweierkomplement *n* (Ergänzung der Zahl auf die nächsthöhere Zweierpotenz)
**complete** *v* / komplettieren *v*, ergänzen *v* (zu einer selbständigen Einheit) ‖ ~ / abschließen *v* (eine Transaktion) ‖ ~ / schließen *v* (einen Stromkreis, einen Strompfad) ‖ ~ (Eng) / fertig bearbeiten *v*, endbearbeiten *v* ‖ ~ (Maths) / vervollständigen *v* (einen metrischen Raum) ‖ ~ *adj* / komplett *adj* ‖ ~ (Maths) / vollständig *adj* (Raum) ‖ ~ **assembly** (Eng) / Vollmontage *f* ‖ ~ **backup** (Comp) / Gesamtsicherung *f* (von allen Daten eines zu sichernden Bereichs) ‖ ~ **biological degradation** (Chem, Ecol) / vollständiger biologischer Abbau (ISO 6107/6) ‖ ~ **bipartite graph** (Maths) / vollständig paarer Graf ‖ ~ **breakdown** / Totalausfall *m* (eines Systems), Gesamtausfall *m* ‖ ~ **carry** (Comp) / Vollübertrag *m* ‖ ~ **charter** (Ships) / Vollcharter *f*, Ganzcharter *f* ‖ ~ **combustion*** (Chem, Heat) / vollständige Verbrennung ‖ ~ **decarburization** (Met) / Auskohlung *f* (der Eisenwerkstoffe nach DIN 17014, T 1) ‖ ~ **decimal system** (Eng) / Bemaßungssystem, bei *n* dem die Dimensionen ausschließlich durch ganze Zahlen und Dezimalbrüche ausgedrückt werden (technisches Zeichnen), Zoll-Dezimalsystem *n* (der Bemaßung) ‖ ~ **differential*** (Maths) / vollständiges Differential, totales Differential ‖ ~ **elliptic integral** (Maths) / vollständiges elliptisches Integral ‖ ~ **enumeration** (Stats) / Vollerhebung *f*, Totalerhebung *f* (wenn die Stichprobe der Grundgesamtheit gleicht) ‖ ~ **expansion diesel cycle** (Eng, Phys) / Joule-Prozess *m* (ein Kreisprozess) ‖ ~ **failure** / Totalausfall *m* (eines Systems), Gesamtausfall *m* ‖ ~ **failure** *n* (Comp) / totaler Ausfall ‖ ~ **feed** (Agric) / Alleinfuttermittel *n* (Mischung von Futtermitteln, die auf Grund ihrer Zusammensetzung allein für die tägliche Ration ausreicht) ‖ ~ **fertilizer** (Agric) / Grunddünger *m*, Volldünger *m* (ein Mehrnährstoffdünger mit den drei Kernnährstoffen Stickstoff, Phosphor und Kalium, der die vollständige Nährstoffversorgung der Pflanze in einem Arbeitsgang möglich macht)
**complete-film separation** / vollständige Filmtrennung (bei der Verschleißanalyse)
**complete fodder** (Agric) / Alleinfuttermittel *n* (Mischung von Futtermitteln, die auf Grund ihrer Zusammensetzung allein für die tägliche Ration ausreicht) ‖ ~ **forage harvester** (Agric) / Futtervollernter *m*, Häckslerladewagen *m* ‖ ~ **graph** / vollständiger Graf (wenn je zwei verschiedene Knoten eines ungerichteten Grafen durch eine Kante verbunden sind) ‖ ~ **ground** (US) (Elec Eng) / völliger Erdschluss ‖ ~ **group** (Maths) / vollständige Gruppe ‖ ~ **induction** (AI, Maths) / vollständige Induktion (bei der Beweisführung), mathematische Induktion ‖ ~ **inspection** / 100%ige Kontrolle, Vollkontrolle *f* ‖ ~ **integral*** (Maths) / vollständiges Integral (bei partiellen Differentialgleichungen) ‖ ~ **keyboard** (Comp) / Volltastatur *f* ‖ ~ **kill** (San Eng) / vollständige Abtötung (von Keimen) ‖ ~ **lattice** (Maths) / vollständiger Verband ‖ ~ **lubrication** (Eng) / hydrodynamische Schmierung *f* (Trennung von Kontaktpartnern durch einen flüssigen Schmierfilm, der durch die Relativbewegung erzeugt wird), vollflüssige Schmierung (mittels Flüssigkeiten nach DIN ISO 4378-3), Vollschmierung *f*, Schmierung *f* durch hydrodynamische Kräfte (Schmierungszustand, bei dem durch die Relativbewegung der Reibpartner im Reibspalt ein unter Druck stehender Schmierfilm aufgebaut wird, der die Oberflächen der Reibpartner vollständig voneinander trennt)
**completely continuous linear operator** (Maths) / vollständiger linearer Operator ‖ ~ **inelastic collision** (Phys) / vollkommen unelastischer Stoß ‖ ~ **saponified** (Chem) / vollverseift *adj*
**complete metric space*** (Maths) / metrisch vollständiger Raum, metrischer Raum ‖ ~ **milking** (Agric) / Ausmelken *n* ‖ ~ **miscibility** / unbeschränkte Mischbarkeit, unbegrenzte Mischbarkeit ‖ ~ **mixing** / Durchmischen *n*, Durchmischung *f*
**complete-mix reactor** (San Eng) / Mischbelebungsbecken *n*, total durchmischtes Becken, vollständiges Mischbecken
**completeness** *n* / Vollständigkeit *f* (z.B. eines Logikkalküls) ‖ ~ **relation** / Vollständigkeitsrelation *f*, Parseval'sche Gleichung (nach M.A. Parseval-Deschenes, 1755-1836)
**complete operation** (Comp) / vollständige Operation, Volloperation *f* ‖ ~ **packet sequence** (Comp) / vollständige Paketfolge ‖ ~ **pathogen removal** (San Eng) / vollständige Abtötung (von Keimen) ‖ ~ **primitive*** (Maths) / allgemeine Lösung (bei den Differentialgleichungen) ‖ ~ **processing** (Work Study) / Fertigstellung *f* ‖ ~ **quadrangle** (Maths) / vollständiges Viereck ‖ ~ **quadrilateral** (Maths) / vollständiges Vierseit ‖ ~ **radiator*** (Phys) / Schwarzer Strahler (DIN 5031-8), Planck'scher Strahler ‖ ~ **redevelopment** (Build) / Totalsanierung *f* ‖ ~ **respray** (Paint) / Ganzlackierung *f* (eine Reparaturlackierung) ‖ ~ **retouching** (Print) / Vollretusche *f* ‖ ~ **set of residues** (Maths) / reduziertes Restsystem, vollständiges primes Restsystem ‖ ~ **shadow** (Light) / Kernschatten *m* (zwei Schattenbilder, die sich überlappen - wenn man einen Körper mit zwei punktförmigen Lichtquellen beleuchtet) ‖ ~ **solution** (Comp) / Komplettlösung *f* ‖ ~ **space** (Maths) / vollständiger Raum ‖ ~ **vertical integration** (Electronics, Work Study) / vollständige vertikale Integration (in der Prozessautomation) ‖ ~ **wetting** (Chem) / vollkommene Benetzung
**completing step** (Chem Eng) / letzte Stufe (einer Reaktion) ‖ ~ **the square** (Maths) / quadratische Ergänzung ‖ ~ **volume** (Print) / Schlussband *m* (eines mehrbändigen Werkes)
**completion** *n* (Eng) / Endbearbeitung *f*, Fertigbearbeitung *f* ‖ ~ (Maths) / Vervollständigung *f* (eines metrischen Raumes) ‖ ~ (Oils) / Komplettierung *f* ‖ ~ (Paint) / Komplettieren *n* (ein Verfahrensschritt bei der Lackherstellung), Auflacken *n* ‖ ~ **date** (Work Study) / Fertigstellungstermin *m* ‖ ~ **notice** (Comp) / Vollzugsmeldung *f* (Änderungsauftrag) ‖ ~ **pass** (Welding) / Decklage *f* (DIN 1912-1)
**complex** *v* / komplexieren *v* ‖ ~ *n* (Chem) / Komplex *m*, komplexe Verbindung, Komplexverbindung *f* ‖ ~ (Chem) / Assoziat *n* ‖ ~ (Chem) s. also coordination compound ‖ ~ **alloy** (Met) / Mehrstofflegierung *f*, Mehrkomponentenlegierung *f*,

Vielstofflegierung f ‖ ~ **alloy steel** (Met) / mehrfach legierter Stahl ‖ ~ **analysis** (Maths) / Funktionentheorie f, komplexe Analysis
**complexant** n (Chem, Surf) / Komplexierungsmittel n, Komplexbildner m
**complexation** n (Chem, Surf) / Komplexierung f, Komplexbildung f ‖ ~ **titration** (Chem) / Komplexbildungstitration f
**complex automatization** (Work Study) / Komplexautomatisierung f, Vollautomatisierung f ‖ ~ **bronze** (Met) / Mehrstoffbronze f ‖ ~ **compound** (Chem) / Komplex m, komplexe Verbindung, Komplexverbindung f
**complex-conjugate** adj (Maths) / konjugiert-komplex adj
**complex conjugation** (Maths) / Übergang m zum Konjugiertkomplexen, komplexe Konjugation ‖ ~ **deployment** (Agric) / Komplexeinsatz m (z.B. von Landmaschinen) ‖ ~ **diagnosis** (Agric) / Komplexdiagnose f (einer Betrachtungseinheit) ‖ ~ **fertilizer** (Agric) / Komplexdünger m ‖ ~ **formation** (Chem, Surf) / Komplexierung f, Komplexbildung f
**complex-formation constant** (Chem) / Stabilitätskonstante f, Komplexbildungskonstante f
**complex-forming** adj (Chem) / komplexbildend adj
**complex formula** (Chem) / Komplexformel f ‖ ~ **fraction** (Maths) / Doppelbruch m (dessen Zähler und/oder Nenner wieder aus Brüchen bestehen) ‖ ~ **hydride** (Chem) / komplexes Hydrid, Hydridkomplex m
**compleximetric** adj (Chem) / komplexometrisch adj, kompleximetrisch adj ‖ ~ **titration** (Chem) / Komplexbildungstitration f
**compleximetry** n (Chem) / Kompleximetrie f, Komplexometrie f (ein maßanalytisches Bestimmungsverfahren)
**complex impedance** (Elec) / Scheinwiderstand m, Impedanz f (DIN 5483, T 3), komplexe Impedanz (ein Wechselstromwiderstand)
**complexing** n (Chem, Surf) / Komplexierung f, Komplexbildung f ‖ ~ **agent** (Chem, Surf) / Komplexierungsmittel n, Komplexbildner m ‖ ~ **agent** (Chem) s. also sequestering agent
**complex inorganic colour pigment** (Paint) / Mischphasenpigment n (Pigment, das aus /einphasigen/ Mischkristallen besteht - DIN 55943) ‖ ~ **instruction set computer** (Comp) / CISC-Rechner m (mit komplexem Befehlsvorrat), Rechner m mit komplexem Befehlssatz, CISC-Computer m, konventioneller Rechner (mit komplexem Befehlsvorrat) ‖ ~ **integral** (Maths) / komplexes Integral ‖ ~ **integration** (Maths) / komplexe Integration ‖ ~ **ion**\* (Chem) / Komplex-Ion n, komplexes Ion
**complexity**\* n / Komplexität f (von Systemen, von Berechnungen) ‖ ~ (Instr) / gerätetechnische Ausstattung (als komplexe Einheit) ‖ ~ **theory** (Maths) / Komplexitätstheorie f (die sich mit der Komplexität von Berechnungen befasst)
**complex lens** (Optics) / mehrgliedriges Objektiv, Objektiv n ‖ ~ **ligand** (Chem) / Gemischt-Ligand-Komplex m ‖ ~ **matter** (Typog) / Satzerschwernis f (Faktor, der beim Setzen die Buchstabenleistung im Vergleich zum glatten Satz vermindert - z.B. Schriftmischung, Marginalien usw.) ‖ ~ **medium** (Biol) / Komplexmedium n (für die Kultivierung von Organismen oder Zellen höherer Organismen) ‖ ~ **modulus**\* (Phys) / komplexer Modul (DIN 13 343) ‖ ~ **number**\* (a sum of a real number and an imaginary number) (Maths) / komplexe Zahl (Ausdruck für eine Einheit aus reeller und imaginärer Zahl) ‖ ~ **of problems** / Problemkreis m, Problemkomplex m
**complexogen** n (Chem, Surf) / Komplexierungsmittel n, Komplexbildner m
**complexometric** adj (Chem) / komplexometrisch adj, kompleximetrisch adj ‖ ~ **indicator** (Chem) / Metallochromindikator m (in der Komplexometrie), Metallindikator m (ein organischer Komplexbildner) ‖ ~ **titration** (Chem) / Komplexbildungstitration f
**complexometry** n (Chem) / Kompleximetrie f, Komplexometrie f (ein maßanalytisches Bestimmungsverfahren)
**complexone**\* n (Chem) / Komplexon n (Aminopolykarbonsäure, die mit mehrwertigen Metall-Ionen stabile Chelatkomplexe bildet)
**complexor** n (Elec Eng) / Komplexor m (Quotient zweier Zeiger sinusförmiger Größen gleicher Frequenz)
**complex** (number) **plane** (Maths) / Zahlenebene f (Gauß'sche), Gauß'sche Zahlenebene (Darstellung der komplexen Zahlen durch Vektoren in einer Ebene), komplexe Ebene ‖ ~ **quantity** (Maths) / komplexe Größe (DIN 1313 und 5483, T 3) ‖ ~ **radiation** (Phys) / zusammengesetzte Strahlung ‖ ~ **radiation** (Phys) / Mischstrahlung f ‖ ~ **salt** (Chem) / komplexes Salz, Komplexsalz n ‖ ~ **sensor** (Electronics) / Komplexsensor m (mikroelektronischer Sensor, der mehrere Messgrößen misst, die untereinander verkoppelt sind) ‖ ~ **shape** / komplizierte Form ‖ ~ **sound** (Acous) / Klanggemisch n
**complex-stability constant** (Chem) / Komplexstabilitätskonstante f
**complex steel** (Met) / mehrfach legierter Stahl ‖ ~ **tone**\* (Acous) / Tongemisch n (DIN 1320) ‖ ~ **tone** (Acous) / Klanglaut m, Klang m (sinusförmige Schallschwingung im Hörbereich, die aus Grund- und Obertönen besteht - DIN 5483- 1)
**complex-valued function** (Maths) / komplexwertige Funktion

**complex variable** (Maths) / komplexe Variable, komplexe Veränderliche ‖ ~ **vector** / komplexer Vektor (DIN 5483, T 3) ‖ ~ **wave**\* (Phys) / zusammengesetzte Welle
**compliance** n (Acous) / Kehrwert m der Steifigkeit, Nadelnachgiebigkeit f, Compliance f, Nachgiebigkeit f (der Nadel) ‖ ~ (Med, Pharm) / Compliance f ‖ ~\* (Phys) / Komplianz f (Quotient einer elastischen Verformung durch die zugehörige Spannung nach DIN 1342 - 1), Nachgiebigkeit f (Komplianz) ‖ ~ **check program** (Comp) / Compliance-Check-Programm n
**compliant** adj (Med, Pharm) / compliant adj (z.B. Patient) ‖ ~ **structure** (Oils) / nachgiebige Konstruktion
**complication rule** (Crystal) / Komplikationsgesetz n, Komplikationsregel f (nach V.M. Goldschmidt, 1888-1947)
**complimentary copy** (Print) / Freiexemplar n, Freistück n, freies Exemplar
**COM plotter** (Comp) / COM-Plotter m (elektronisches Zeichengerät, bei dem die grafische Darstellung von einer Katodenstrahlröhre auf Mikrofilm projiziert wird), Mikrofilmplotter m
**comply** v (with) / einhalten v (z.B. bestimmte Grenzwerte bzw. Fristen)
**complying with standards** / normgerecht adj
**compo**\* n (1 cement: 2 lime: 9 sand) (Build) / Kalkzementmörtel m (Mauer- und Putzmörtel), verlängerter Zementmörtel (S), Zement-Kalk-Mörtel m
**compo** n (Build) / Stuckmasse f (Wasser + tierischer Leim + Leinöl + Harz) ‖ ~ (Met) / eine Bleilegierung für Gasinstallationsrohre
**compole**\* n (Elec Eng) / Wendepol m ‖ ~ **field** (Elec Eng) / Wendepolfeld n
**component** n (Automation) / Glied n (des Regelkreises) ‖ ~\* (Build, Elec Eng, Electronics, Eng) / Einzelteil n, Bauteil n, Bauelement n ‖ ~\* (chemically independent constituent of a system) (Chem, Phys) / Komponente f, Bestandteil m (eines Mehrstoffsystems) ‖ ~\* (Elec Eng) / Komponente f (z.B. Blindspannungskomponente) ‖ ~ (Maths) / Zusammenhangskomponente f (eines Punktes eines topologischen Raumes) ‖ ~\* (Mech) / Kraftkomponente f, Teilkraft f ‖ ~ (Optics) / Objektivglied n, Einzellinse f (in einem Objektiv), Glied n (eines Objektivs), Teil m (eines Objektivs) ‖ ~ (Pharm) / Inhaltsstoff m ‖ **3-~ waterborne coating** (Paint) / Dreikomponentenwasserlack m (ein System zweier Reaktivkomponenten, dem als dritte Komponente vor der Applikation vollentsalztes Wasser zur Verdünnung zugesetzt wird) ‖ ~ **bar chart** / Säulendiagramm n (ein Sonderfall des Stabdiagramms) ‖ ~ **density** (Comp) / Packungsdichte f (Anzahl der Schaltelemente pro Volumeneinheit) ‖ ~ **drawing** / Einzelteilzeichnung f (DIN 199, T 1) ‖ ~ **hole** (Electronics) / Anschlussloch n (in einem Bauteil) ‖ ~ **layout** (Electronics) / Bauelementanordnung f
**component-level integration** (Electronics) / Integration f auf Bauelementebene
**component mounting hole** (Electronics) / Bestückungsloch n ‖ ~ **of a vector**\* (Maths) / Komponente f des Vektors (die senkrechte Projektion eines Vektors auf die kartesische Koordinatenachse) ‖ ~ **of the resultant cutting force measured in a plane perpendicular to the working plane** (Eng) / Passivkraft f (Projektion der Zerspankraft auf eine Senkrechte zur Arbeitsebene - DIN 6584) ‖ ~ **of variance** (Stats) / Varianzkomponente f ‖ ~ **part** (Build, Elec Eng, Electronics) / Einzelteil n, Bauteil n, Bauelement n ‖ ~ **placement** (Electronics) / Bestückung f (der Leiterplatte mit Bauelementen)
**componentry** n (Elec Eng, Electronics) / Bauteile n pl
**components density** (Electronics) / Packungsdichte f, Bauelementendichte f
**component(s) side** (Electronics) / Bestückungsseite f, Oberseite f (der Leiterplatte), Bauteileseite f (der Leiterplatte)
**components kit** (Eng) / Teilesatz m ‖ ~ **layout diagram** (Electronics) / Belegungsplan m (Bauelemente auf Platte) ‖ ~ **plant** / Zuliefererbetrieb m
**component subject to wear** (Eng) / Verschleißteil n ‖ ~ **sublayer** (Telecomm) / Komponentensubschicht f ‖ ~ **vectors** (Mech, Phys) / Vektorkomponenten f pl (Projektionen auf die Koordinatenachsen des zugehörigen Raumes) ‖ ~ **ware** (Comp) / Componentware f (mit modularem Aufbau der Software aus Komponenten)
**compo pipe** (Met) / Legierungsrohr n (als Gegensatz zum Bleirohr), Bleilegierungsrohr n
**COM port** (Comp) / COM-Port m (ein Anschluss für die serielle Datenübertragung von und zu Peripheriegeräten an einem PC), COM-Schnittstelle f
**com port** (Comp) / COM-Port m (ein Anschluss für die serielle Datenübertragung von und zu Peripheriegeräten an einem PC), COM-Schnittstelle f
**compose** v (Maths) / komponieren v ‖ ~\* (Typog) / setzen vt, absetzen vt
**composer** n (Comp, Print) / Composer m (eine Schreib- und Setzmaschine)

281

**composing frame**\* (Typog) / Setzregal n || **~ machine**\* (Typog) / Setzmaschine f || **~ rule**\* (Typog) / Setzlinie f || **~ stick**\* (Typog) / Winkelhaken m (ein Gerät für den Handsatz)

**composite** n (Materials) / Composite m (Verbundwerkstoff), Verbundwerkstoff m (Kombination von mindestens zwei Werkstoffgruppen mit unterschiedlichen Eigenschaften, um höhere Gesamtleistung zu erzielen), Verbundstoff m, Kompositwerkstoff m (aus zwei oder mehr Komponenten) || **~ aircraft** (Aero) / Huckepackflugzeug n, Vater-und-Sohn-Flugzeug n, Zwillingsflugzeug n || **~ beam**\* (Build, Eng) / Verbundträger m (schubfest mit den Ortbetonplatten verbundener Stahlträger) || **~ bearing** (Eng) / Verbundlager n || **~ board** (Build) / Faserdämmstoffplatte f, Faserdämmplatte f || **~ board** (For, Join) / Verbundplatte f, Sandwichboard m (eine Sperrholztischplatte) || **~ cable**\* (Cables) / gemischtadriges Kabel, kombiniertes Kabel, gemischtes Kabel || **~ casting** (Foundry) / Verbundguss m (z.B. Nüral-Verfahren oder auf der Basis Metall/Keramik), Verbundgießverfahren n || **~ cast piston** (Autos) / Verbundgusskolben m || **~ ceramics** (particle-reinforced) (Ceramics) / Verbundkeramik f (partikelverstärkte Hochleistungskeramik) || **~ circuit** (Telecomm) / Telegrafiekreis m über Telefonkabel, Simultanverbindung f, Simultanschaltung f || **~ coating** (Surf) / Dispersionsschicht f (Metallschicht mit eingebauten kleinen feinverteilten Feststoffteilchen), Kompositschutzschicht f || **~ color** (picture) **signal** (US) (TV) / Farbart-Bildinhalt-Austast-Synchron-Signal n, vollständiges Farbbildsignal, FBAS-Signal n (Farb-, Bild-, Austast- und Synchron-Signal) || **~ conductor** (Elec Eng) / Kunststab m (der aus Teileitern besteht - z.B. ein Roebelstab) || **~ conductor**\* (Elec Eng) / zusammengesetzter Leiter (z.B. Stahl-Alu), Doppelmetall-Leiter m || **~ cone** (Geol) / Stratovulkan m, gemischter Vulkan || **~ construction** (Build) / Verbundbauart f, Verbundbauweise f, Mischbauweise f, Kompositbau m || **~ diaphragm** (Chem Eng) / Kompositmembrane f (zur Trennung von Flüssigkeiten und zur Gasreinigung) || **~ effect** (Civ Eng) / Verbundwirkung f (z.B. bei Betonstahl) || **~ electric machine** (Elec Eng) / Umformer m || **~ engine** (Eng) / Kombination f aus mindestens zwei verschiedenen Antriebsaggregaten (z.B. Kolbenmotor/Turbine), Hybridantrieb m || **~ error** (Eng) / Wälzabweichung f (eine Verzahnungsabweichung) || **~ error** (Eng) / Sammelfehler m (gleichzeitige Auswirkung von Form- und Lagefehlern der Zahnflanken) || **~ film** (Plastics) / Mehrschichtfolie f, Verbundfolie f || **~ floor** (Build) / Verbunddecke f || **~ fuel** (Space) / Composite-Raketentreibstoff m, Kompositttreibstoff m (ein Raketentreibstoff), heterogener Raketentreibstoff, Composite m (ein Raketentreibstoff) || **~ function** (Maths) / mittelbare Funktion || **~ laminar material** (Materials, Plastics) / Schichtverbundwerkstoff m (aus zwei oder mehreren verschiedenartigen Werkstoffkomponenten schichtweise aufgebaut) || **~ load** (Mech) / zusammengesetzte Beanspruchung

**compositely excited machine** (Elec Eng) / Maschine f mit zusammengesetzter Erregung

**composite material**\* (Materials) / Composite m (Verbundwerkstoff), Verbundwerkstoff m (Kombination von mindestens zwei Werkstoffgruppen mit unterschiedlichen Eigenschaften, um höhere Gesamtleistung zu erzielen), Verbundstoff m, Kompositwerkstoff m (aus zwei oder mehr Komponenten) || **~ metal** (Met) / Verbundmetall n || **~ mileage** (US) (combination of EPA figures on city and highway gasoline mileage) (Autos) / Durchschnittsverbrauch m || **~ number** (Maths) / Nichtprimzahl f, zusammengesetzte Zahl (die sich als Produkt anderer natürlicher Zahlen darstellen lässt) || **~ operator** (Phys) / zusammengesetzter Operator m || **~ order** (Arch) / Kompositordnung f || **~ package** / Kombinationsverpackung f (z.B. für Glas), Verbundverpackung f || **~ panel** (For, Join) / Verbundplatte f, Sandwichboard m (eine Sperrholztischplatte) || **~ pattern** (Elec Eng, Electronics) / Schaltungsanordnung f (Entwurf), Layout n (Anordnung von Bauelementen und Leiterbahnen auf einer Platine) || **~ photograph** (Photog) / zusammengesetztes Bild || **~ picture signal** (TV) / BAS-Signal n (das den Fernseh-Bildsender moduliert), Videosignal n, Signalgemisch n, BAS, Fernsehsignalgemisch n || **~ pilaster** (Arch) / Kompositpilaster m || **~ plywood** (For) / Kombisperrholz n, heterogenes (zusammengesetztes) Sperrholz || **~ propellant** (Space) / Composite-Raketentreibstoff m, Kompositttreibstoff m (ein Raketentreibstoff), heterogener Raketentreibstoff, Composite m (ein Raketentreibstoff) || **~ propeller shaft** (Autos) / Composite-Kardanwelle f (eine einteilige Welle aus Verbundfaserwerkstoffen) || **~ protein** (Biochem) / konjugiertes Protein, zusammengesetztes Protein || **~ pulse** (Spectr) / Composite-Puls m (zusammengesetzt aus mehreren Pulsen) || **~ railway carriage** (Rail) / gemischtklassiger Wagen || **~ resistor**\* (Elec Eng) / Massewiderstand m (der aus einem Pulvergemisch aus leitenden und nicht leitenden, in zylindrischen Formen gepressten Materialien besteht), Kohlemassewiderstand m || **~ sample** / Sammelprobe f (DIN 51750) || **~ sample** (San Eng) / Mischprobe f (eine Anzahl mehrerer Stichproben für die Wasseruntersuchung) || **~ shaft** (Autos) / Composite-Welle f || **~ shot** (Cinema) / Schachtelbild n, Mehrfachbild n || **~ shot** (Cinema) / Einkopierung f || **~ (video) signal** (TV) / BAS-Signal n (das den Fernseh-Bildsender moduliert), Videosignal n, Signalgemisch n, BAS, Fernsehsignalgemisch n || **~ steel** (Met) / Verbundstahl m || **~ system** (Materials, Met) / Verbundsystem n (Kombination von Werkstoffen) || **~ thrust** (Aero) / Zweivektorsystem n (z.B. zur Schaffung einer vertikalen Schubkomponente bei Senkrechtstartflugzeugen) || **~ thrust system** (Aero) / Zweivektorsystem n (z.B. zur Schaffung einer vertikalen Schubkomponente bei Senkrechtstartflugzeugen) || **~ vector** (Comp) / zusammengesetzter Vektor (in der grafischen Datenverarbeitung) || **~ vessel** (Ships) / Kompositschiff n (z.B. ein Schichtstoffschiff) || **~ video** (signal that combines luminance, synchronisation and chrominance components) / Composite-Video n, F-BAS || **~ volcano** (Geol) / Stratovulkan m, gemischter Vulkan

**compositing** n (Cinema) / Kombinationsaufnahmeverfahren n, Kombinationstrickverfahren n || **~** (Comp) / Mischung f (von Bildern)

**composition** n / Stoffgemisch n || **~** (Build) / Stuckmasse (Wasser + tierischer Leim + Leinöl + Harz) || **~**\* (Chem) / Zusammensetzung f || **~** (Maths) / Zusammensetzung f || **~** (Maths) / Verkettungsrelation f, Relationsprodukt n || **~** (Maths) / Verkettung f (die Verknüpfung zweier Abbildungen), Hintereinanderausführung f, Komposition f (zweier Abbildungen) || **~** (Maths) / (of arrows or morphisms) (Maths) / Verknüpfung f, Komposition f || **~** (operation of replacing a system of forces by its resultant) (Mech) / Reduktion f || **~** (Photog) / Aufbau m, Gestaltung f, Komposition f (des Bildes) || **~** (Print, Typog) / Satz m (Vorgang), Satzherstellung f, Setzen n || **~** (Typog) / Satz m (Erzeugnis), Schriftsatz m (Erzeugnis) || **~ applicator** (Surf) / Pastenzuführungsgerät n (beim Polieren) || **~ bearing** (Eng) / Kunstharzlager n, Faserstofflager n, Presstofflager n || **~ bronze** (Met) / Mehrstoffbronze f || **~ cork** (Build) / Korkpressmasse f mit Bindemittel, Presskork m mit Bindemittel (Pech oder Ton) || **~ cork block** / Korkstein m (mit Pech oder Ton gebunden) || **~ face** (Crystal) / Kontaktfläche f, Berührungsfläche f || **~ flooring** (Build) / fugenloser Fußbodenbelag, fugenloser Belag, fugenloser Fußboden || **~ fonts**\* (Typog) / Buchschriften f pl (für den Satz von Büchern und Broschüren verwendbare Schriften in den Schriftgraden bis 14 Punkt) || **~ of forces**\* (Mech) / Kräftezusammensetzung f, Zusammensetzung f der Kräfte, Kräftereduktion f || **~ of scientific formulae** (Comp, Print, Typog) / Formelsatz m (DIN 1338) || **~ of substances** (Chem) / Stoffgemisch n || **~ of velocities** (Phys) / Zusammensetzung f der Geschwindigkeiten || **~ resistor** (Elec Eng) / Massewiderstand m (der aus einem Pulvergemisch aus leitenden und nicht leitenden, in zylindrischen Formen gepressten Materialien besteht), Kohlemassewiderstand m || **~ roofing** (US) (Build) / Bitumendachpappe f (eine mit Bitumen getränkte Wollfilzpappe mit beiderseitiger Bitumendeckschicht, die im Überzug bis 10 % Steinmehl enthalten darf - DIN 52 117), Bitumenpappe f || **~ series** (Maths) / Kompositionsreihe f (nach dem Jordan-Hölder'schen Satz) || **~ series** (Maths) / Kompositionsreihe f (Normalreihe, die sich ohne Wiederholungen nicht mehr verfeinern lässt) || **~ surface** (Crystal) / Kontaktfläche f, Berührungsfläche f || **~ triangle** (Phys) / Konzentrationsdreieck n (im ternären Zustandsdiagramm)

**compositor**\* n (Typog) / Setzer m, Schriftsetzer m

**compost** v (Agric, Ecol) / kompostieren v, Kompostierung betreiben || **~**\* n (Agric) / Kompost m

**compostable** adj (Agric, Ecol) / kompostierbar adj

**composting** n (Agric, Ecol) / Kompostierung f (biologisches Verfahren zur Umwandlung organischer Abfälle in ein Bodenverbesserungsmittel in Anwesenheit von Sauerstoff), Kompostgewinnung f, Kompostbereitung f, Rotte f (DIN 4045) || **~ cell** (Ecol) / Komposter m, Rottezelle f || **~ landfill** (Ecol) / Rottedeponie f (biochemischer Abbau der Abfälle unter Zufuhr von Luftsauerstoff vor deren Verdichtung) || **~ plant** (Agric) / Kompostierungsanlage f

**compound** v / vereinigen v (kombinieren), kombinieren v, verbinden v || **~** (Chem Eng) / mischen v (nach Rezeptur) || **~** n (Build, Civ Eng) / Vergussmasse f (die als Bindemittel Bitumen oder Steinkohlenteerpech enthält und heiß vergossen wird) || **~**\* (Chem) / Verbindung f (von chemischen Stoffen) || **~** (Chem Eng) / Mischung f, Gemisch n (nach einer Rezeptur, z.B. in der Gummiindustrie) || **1-2-3 ~** (Chem) / 1-2-3-Verbindung f (bei der die Abfolge der Ziffern das mengenmäßige Verhältnis der Elemente angibt) || **~ arch** (Arch) / Bogenläufe m pl (im Gewände - in der antiken Baukunst), Archivolte f (Bogenläufe in der antiken Baukunst) || **~ arch**\* (Arch) / Archivolte f (profilierte Stirnseite eines Rundbogens), Stirnbogen m

(Archivolte), Bogenhaupt n (Archivolte) ǁ ~ **beam** (Carp) / zusammengesetzter Balken
**compound-board beam** (Carp) / Brettbinder m, Bretterbinder m (Binderkonstruktion, die als Fachwerk aus Brettgurten und -stäben oder als Vollwandträger aus Brettstegen und Bohlengurten besteht, und für Dachbinder, Unterzüge, usw. verwendet wird)
**compound body** (Mech) / Starrkörper m, starrer Körper ǁ ~ **brush**\* (Elec Eng) / Metallkohlebürste f (des Stromwenders) ǁ ~ **catenary construction**\* (Elec Eng, Rail) / Verbundkettenfahrleitung f ǁ ~ **centrifugal force** (Geophys, Meteor) / Corioliskraft f (Scheinkraft, die auf jedes sich bewegende Teilchen in einem rotierenden Polarkoordinatensystem wirkt, erforderlich bei der Übertragung der Bewegungsgleichungen von einem kartesischen in ein Polarkoordinatensystem) ǁ ~ **class** (Chem) / Verbindungsklasse f (z.B. Iodide) ǁ ~ **cloth** (Textiles) / Hohlgewebe n (das aus zwei übereinander liegenden Gewebeteilen besteht, die untereinander webtechnisch verbunden sind, aber auch die Oberfläche wechseln können) ǁ ~ **compact** (Powder Met) / Mehrstoffpressling m, Verbundpressling m ǁ ~ **compressor** (Eng) / Verbundverdichter m (Hubkolbenverdichter, in dem das Kältemittel zweistufig in einem oder mehreren Zylindern je Stufe verdichtet wird) ǁ ~ **curvature** (For) / Unschnürigkeit f (Form der Krummschaftigkeit) ǁ ~ **curve**\* (Maths, Surv) / zusammengesetzter Bogen (aus Kreisbogenstücken, wie z.B. der Korbbogen) ǁ ~ **die** (Eng) / Gesamtschnitt m (ein Presswerkzeug), Komplettschnitt m, Gesamtschneidwerkzeug n ǁ ~ **dredger**\* (Civ Eng) / Saugbagger m mit Eimerleiter, Verbundbagger m
**compounded oil** / verschnittenes Öl, gefettetes Öl, Compoundöl n (mit fetten Ölen aktiviertes Mineralöl), compoundiertes Öl
**compound-elastic scattering** (Nuc) / compoundelastische Streuung
**compound engine** (Aero) / Compoundtriebwerk n (die Abgasturbinenenergie wird zum Antrieb des Laders benutzt), Verbundtriebwerk n, Compoundmotor m, Mischtriebwerk n, Turbocompoundmotor m, Verbundmotor m ǁ ~ **engine**\* (a steam-engine) (Eng) / Zweifachexpansionsmaschine f, Verbundmaschine f (als Tandem- oder Zweikurbelmaschine), Compoundmaschine f ǁ ~ **excitation** (Elec Eng) / Doppelschlusserregung f, Compounderregung f, Verbunderregung f ǁ ~ **fabric** (Textiles) / Hohlgewebe n (das aus zwei übereinander liegenden Gewebeteilen besteht, die untereinander webtechnisch verbunden sind, aber auch die Oberfläche wechseln können) ǁ ~ **fertilizer** (Agric) / Mehrnährstoffdünger m ǁ ~ **fertilizer** (with mechanical mixing) (Agric) / Mischdünger m
**compound-filled** adj (Elec Eng) / massegefüllt adj, vergossen adj, ausgegossen adj
**compound filter** / Mehrfachfilter n ǁ ~ **formula** (Chem) / Mischungsrezept n ǁ ~ **fraction** (Maths) / Doppelbruch m (dessen Zähler und/oder Nenner wieder aus Brüchen bestehen) ǁ ~ **generator**\* (Elec Eng) / Verbundgenerator m ǁ ~ **helicopter** (Aero) / Verbundhubschrauber m (der mit einem zusätzlichen Hilfstragflügel, welcher bei Flügen mit Vorwärtsgeschwindigkeit Auftrieb erzeugt, ausgestattet ist), Kombinationsflugschrauber m
**compounding** n (Chem Eng) / Compoundieren n, Konfektionierung f (Mischung von Kunststoffpolymeren mit Zusatzstoffen) ǁ ~ (Elec Eng) / Compoundierung f ǁ ~\* (Eng) / mehrstufige Expansion, Verbundbetrieb m ǁ ~ **characteristic** (Elec Eng) / Kompoundverhalten n, Verbundverhalten n, Doppelschlussverhalten n (wenn sich die Drehzahl zwischen Leerlauf und Volllast um mehr als 10% und weniger als 25% ändert) ǁ ~ **formula** (Chem) / Mischungsrezept n
**compound interest** (Maths) / Zinseszins m ǁ ~ **lard** (Nut) / Mischfett n (Gemisch fester Tierfette mit flüssigen Tierfetten oder pflanzlichen Ölen) ǁ ~ (nitriding) **layer** (Met) / Verbindungsschicht f (beim Nitrieren entstehende, bis 30 μm dicke Schicht aus Fe-Nitriden mit einem Porensaum, der etwa 30-50% der Dicke einnimmt) ǁ ~ **lens** (Optics) / mehrgliedriges Objektiv, Objektiv n ǁ ~ **lens** (Optics) s. also lens system ǁ ~ **lever**\* (Eng) / Hebelwerk n, Hebel m pl ǁ ~ **leverage snips** (US) (Eng) / Hebelschere f mit Handantrieb, Handhebelschere f, Hebelblechschere f, Blechschere f mit Übersetzung ǁ ~ **locomotive** (Mining) / Verbundlokomotive f ǁ ~ **magnet** (Mag) / zusammengesetzter Magnet ǁ ~ **material** (Materials) / Composite m (Verbundwerkstoff), Verbundwerkstoff m (Kombination von mindestens zwei Werkstoffgruppen mit unterschiedlichen Eigenschaften, um höhere Gesamtleistung zu erzielen), Verbundstoff m, Kompositwerkstoff m (aus zwei oder mehr Komponenten) ǁ ~ **microscope**\* (Micros) / zusammengesetztes Mikroskop ǁ ~ **mine** (Mining) / Verbundbergwerk n (Zusammenschluss bisher selbstständiger Bergwerke, die wegen zu geringer Restkohlenvorräte nicht mehr wirtschaftlich betrieben werden können) ǁ ~ **mixer** (Chem Eng) / Compoundmischer m, Kompoundmischer m, Fluidmischer m ǁ ~ **modulation**\* (Radio, Telecomm) / Doppelmodulation f ǁ ~ **motion** (Phys) / zusammengesetzte Bewegung (z.B. beim Rutschen einer Leiter) ǁ ~ **motor**\* (Elec Eng) / Gleichstromdoppelschlussmotor m, Doppelschlussmotor m, Compoundmotor m, Kompoundmotor m, Verbundmotor m, Compoundmaschine f ǁ ~ **moulding** (Plastics) / Premix-Pressen n, Pressen n mit Premix-Pressmassen ǁ ~ **needle** (Textiles) / Schiebenadel f (mit rinnenförmigem Schaft und verschiebbarem Schieber - DIN 62110), Rinnennadel f, Compoundnadel f, Kompoundnadel f ǁ ~ **nucleus**\* (Nuc) / Compoundkern m, Zwischenkern m, Verbundkern m ǁ ~ **number** (Maths) / mehrfach benannte Zahl ǁ ~ **number** (Maths) s. also concrete number ǁ ~ **oil** / verschnittenes Öl, gefettetes Öl, Compoundöl n (mit fetten Ölen aktiviertes Mineralöl), compoundiertes Öl ǁ ~ **parabolic collector** / CPC-Konzentrator m (in der Heliotechnik), CPC-Konzentrator m (in der Solarenergietechnik) ǁ ~ **parabolic concentrator** / CPC-Konzentrator m (in der Heliotechnik), CPC-Konzentrator m (in der Solarenergietechnik) ǁ ~ **pendulum**\* (Phys) / physikalisches Pendel, physisches Pendel ǁ ~ **pier** (Arch) / Bündelpfeiler m (mit Diensten) ǁ ~ **planetary gear train** (Eng) / zusammengesetztes Planetengetriebe ǁ ~ **press tool**\* (Eng) / Gesamtschnitt m (ein Presswerkzeug), Komplettschnitt m, Gesamtschneidwerkzeug n ǁ ~ **ray** (For) / Scheinmarkstrahl m (z.B. bei Walnussbaum und Erle) ǁ ~ **rest** (Eng) / Kreuzschlitten m, Kreuzschieber m, Kreuzsupport m, Oberschlitten m ǁ ~ **rivet** (Eng) / Schließringbolzen m (zum Nieten) ǁ ~ **screw** (Eng) / Differentialschraube f (auf deren Schaft zwei Gewinde mit gleichem Windungssinn, aber unterschiedlicher Ganghöhe aufgebracht sind) ǁ ~ **semiconductor** (Electronics) / Verbindungshalbleiter m (aus wenigstens zwei chemischen Elementen verschiedener Wertigkeit) ǁ ~ **semiconductor integrated circuits** (Electronics) / integrierte Schaltkreise in Verbindungshalbleitern ǁ ~ **sentence** (Maths) / Aussagenverbindung f, zusammengesetzte Aussage ǁ ~ **slide** (Eng) / Kreuzschlitten m, Kreuzschieber m, Kreuzsupport m, Oberschlitten m ǁ ~ **slide rest** (Eng) / Kreuzschlitten m, Kreuzschieber m, Kreuzsupport m, Oberschlitten m ǁ ~ **spring** (Eng) / Blattfeder f (geschichtete) ǁ ~ **spring** (Eng) s. also flat spring ǁ ~ **state** (Nuc) / Compoundzustand m, Zwischenzustand m (der hochangeregte Zustand eines Compoundkerns) ǁ ~ **statement** (Comp) / Verbundanweisung f, Mehrfachanweisung f ǁ ~ **statement** (Comp) / zusammengesetzte Anweisung (ALGOL, COBOL) ǁ ~ **statement** (Maths) / Aussagenverbindung f, zusammengesetzte Aussage ǁ ~ **sugars** (Chem) / Oligosaccharide n pl (unter Wasseraustritt zu Oligomeren zusammengelagerte Monosaccharide), Oligosaccharide n pl ǁ ~ **system** (Materials, Met) / Verbundsystem n (Kombination von Werkstoffen) ǁ ~ **tool** (Eng, Tools) / Verbundwerkzeug n ǁ ~ **turning** (Eng) / Verbunddrehen n (mit zwei z.B. diametral angeordneten Drehmeißeln) ǁ ~ **unit** / abgeleitete Einheit mit einem besonderen Namen (in dem SI-System) ǁ ~**-vortex-controlled combustion motor** (I C Engs) / CVCC-Verbrennungsmotor m (ein mit Schichtladung arbeitender Motor) ǁ ~ **winding** (Elec Eng) / Doppelschlusswicklung f, Verbundwicklung f
**compound-wound motor** (Elec Eng) / Motor m mit Doppelschlusswicklung
**compreg** n (For) / Compreg n (Holzwerkstoff, der mit Phenolharzoligomeren imprägniert und bei der Aushärtung pressverdichtet wird)
**comprehending set** (Maths) / Obermenge f
**comprehension** n / Verstehen n ǁ ~ (AI, Psychol) / Begriffsvermögen n, Fassungskraft f ǁ ~ (Maths) / Komprehension f
**comprehensively mechanized** (Automation, Eng) / vollmechanisiert adj
**comprehensive vehicle insurance** (Autos) / Fahrzeugvollversicherung f, Vollkaskoversicherung f
**compress** v / verdichten v, kompaktieren v, komprimieren v ǁ ~ / zusammendrücken v, zusammenpressen v ǁ ~ (air or other gas) (Phys) / verdichten v ǁ ~ (Powder Met) / verpressen v
**compressed air**\* (Eng) / Druckluft f, Pressluft f
**compressed-air** attr (Eng) / Druckluft-, druckluftbetätigt adj, pneumatisch adj, luftbetrieben adj
**compressed ·-air brake** (Eng) / Druckluftbremse f, pneumatische Bremse ǁ ~-**air breathing apparatus** (Mining) / Behältergerät n (die Atemluft wird aus einer oder zwei Stahlflaschen entnommen, die Ausatemluft über ein Ventil in die Außenluft abgegeben), Pressluftatmer m (frei tragbares, von der Umgebungsatmosphäre unabhängig wirkendes Atemschutzgerät) ǁ ~-**air caisson** (Civ Eng) / Senkkasten m (ohne Boden - bei Druckluftgründung), Druckluftsenkkasten m
**compressed-air capacitor** (Elec Eng) / Druckluftkondensator m
**compressed ·-air chamber** (Eng) / Druckwindkessel m (bei Druckleitungen) ǁ ~-**air drying** / Druckluftrocknung f ǁ ~-**air-energy storage** / Druckluftspeicherung f ǁ ~-**air foundation work** (Civ Eng) / Druckluftgründung f, Pressluftgründung f ǁ ~-**air generation plant** (Eng) / Drucklufterzeugungsanlage f ǁ ~-**air lamp**\* (Mining) / Druckluftleuchte f, Pressluftleuchte f ǁ ~-**air line** (Eng) /

283

**compressed-air**

Druckluftleitung f ‖ **~-air locomotive** (Mining) / Druckluftlokomotive f ‖ **~-air motor** (Eng) / Pneumatikmotor m, Druckluftmotor m ‖ **~-air spray gun** (Paint) / Druckluftpistole f ‖ **~-air spraying** (Paint) / pneumatisches Spritzlackieren, Druckluftspritzen n, Druckluftzerstäuben n, Spritzen n mit Druckluft ‖ **~-air wind tunnel**\* (Aero) / Überdruckwindkanal m, Überdruckkanal m ‖ **~ area** (Met) / gedrückte Fläche (zwischen Walze und Walzgut) ‖ **~ concrete** (Build) / Stampfbeton m ‖ **~ cork** / Presskork m, agglomerierter Kork
**compressed-cork slab** / Presskorkplatte f (Dämmstoff)
**compressed file** (Comp) / komprimierte Datei ‖ **~ gas** / Druckgas n (z.B. Flaschengas)
**compressed-gas capacitor** (Elec Eng) / Pressgaskondensator n (zur Erhöhung der Spannungsfestigkeit mit Stickstoff unter Druck oder mit einem Gasgemisch gefüllter Kondensator), Schutzgaskondensator m
**compressed natural gas** / komprimiertes Erdgas ‖ **~ tape** (Comp, Mag) / verdichtetes Band ‖ **~ yeast** (Nut) / Presshefe f (Handelsform der Backhefe)
**compressibility**\* n (Phys) / Kompressibilität f, Zusammendrückbarkeit f (Volumenelastizität) ‖ **~**\* (Powder Met) / Verpressbarkeit f ‖ **~ drag**\* (Aero) / Wellenwiderstand m (bei hoher Unterschallgeschwindigkeit), Kompressibilitätswiderstand m ‖ **~ factor** (Phys) / Kompressibilitätsfaktor m (bei realen Gasen), Realfaktor m
**compressible** adj / zusammendrückbar adj, kompressibel adj ‖ **~ flow** (Phys) / kompressible Strömung
**compression** n / Kompression f, Verdichtung f, Komprimierung f ‖ **~** / Zusammenpressen n, Zusammendrücken n ‖ **~ (stage)** (US) (Autos) / Druckstufe f (bei Stoßdämpfern) ‖ **~** (Civ Eng) / Kompaktieren n, Verdichten n (von festen Stoffen), Pressverdichten n, Komprimieren n ‖ **~** (Mech) / Druck m ‖ **~ algorithm** (Comp) / Kompressionsalgorithmus m
**compressional strain** (Materials, Mech) / Druckbeanspruchung n (als Phänomen) ‖ **~ wave**\* (Geophys) / P-Welle f (Longitudinalwelle beim Erdbeben), Verdichtungswelle f, Kompressionswelle f (longitudinale Raumwelle) ‖ **~ wave** (Phys) / Verdichtungswelle f (eine Druckwelle in Gasen) ‖ **~ wave** (Phys) / Druckwelle f
**compression API** (a WIN32 API that supports compression on an individual file basis) (Comp) / Kompressions-API n, Komprimierungs-API n ‖ **~ at failure** (Eng) / Bruchstauchung f ‖ **~ at rupture** (Eng) / Bruchstauchung f ‖ **~ block** (Mining) / Quetschholz n (Holzklotz zwischen zwei Ausbauteilen oder zwischen Ausbauteilen und Gestein, der bei Druckaufnahme zerquetscht wird) ‖ **~ board** (Comp) / Komprimierungskarte f ‖ **~ boom** (Civ Eng, Mech) / Druckgurt m (der zur Aufnahme der Druckkräfte bestimmt ist) ‖ **~ chip** (Comp) / Kompressionschip m ‖ **~ chord** (Civ Eng, Mech) / Druckgurt m (der zur Aufnahme der Druckkräfte bestimmt ist) ‖ **~ coding** (Comp) / Quellkodierung f, Quellcodierung f ‖ **~ failure** (Eng) / Bruchstauchung f ‖ **~ failure** (For) / Faserstauchung f (die z.B. zu Querwülsten führt) ‖ **~ fatigue** (Materials) / Druckermüdung f ‖ **~ fitting**\* (Build, Eng) / Konusverschraubung f (von Rohren) ‖ **~ flange** (Civ Eng, Mech) / Druckgurt m (der zur Aufnahme der Druckkräfte bestimmt ist) ‖ **~ gauge** (Autos) / Kompressionsdruckmesser m, Kompressionsprüfer m ‖ **~ grease cup** (Eng) / Stauferbuchse f, Stauferbüchse f (DIN 3411) ‖ **~ heat** (Phys) / Kompressionswärme f, Verdichtungswärme f (bei der Verdichtung von Gasen frei werdende Wärme) ‖ **~ heat pump** (Eng, Heat) / Kompressionswärmepumpe f, Verdichtungswärmepumpe f ‖ **~-ignition engine**\* s. also Diesel engine ‖ **~-ignition engine**\* (I C Engs) / Verbrennungsmotor m mit Selbstzündung ‖ **~ leakage** (Eng, I C Engs) / Kompressionsverlust m ‖ **~ limit** (Materials) / Stauchgrenze f ‖ **~ loading** (Materials, Mech) / Druckbeanspruchung f (Krafteinwirkung auf einen Werkstoff, die in ihm Druckspannungen hervorruft), Druckbelastung f (Vorgang) ‖ **~ machine** (Eng) / Kompressor m, Verdichter m (mit einem Druckverhältnis von über 3,0 - DIN 1945) ‖ **~ manometer** / Kompressionsmanometer m (ein Druckmessgerät, z.B. McLeod-Manometer) ‖ **~ member** (Mech) / druckbeanspruchtes Element, Druckglied n (Stütze, Säule), Druckelement n (das auf Druck belastet wird) ‖ **~ moulding**\* (Plastics) / Warmpressen n, Formpressen n
**compression-moulding resin** (Plastics) / Pressharz n
**compression nailing** (Carp) / Pressnagelung f ‖ **~ plate lock-up**\* (Print) / Druckspannungsverschluss m, Platten-Druckspannsystem n ‖ **~ ratio**\* (Eng) / Druckverhältnis n (z.B. bei Lüftern, Gebläsen und Verdichtern) ‖ **~ ratio**\* (Eng, I C Engs) / Verdichtungsverhältnis n ‖ **~ refrigerating machine** / Kompressionskältemaschine f ‖ **~ refrigeration process** / Kaltdampfverdichtungsverfahren n (ein kältetechnisches Verfahren) ‖ **~ rigidity** (Mech) / Drucksteife f ‖ **~ ring** / Druckring m (Stahlring zur Versteifung eines Seilnetzkühlturms) ‖ **~ ring** (I C Engs) / Kompressionsring m, Verdichtungsring m ‖ **~ riveting** (Eng) / Drucknietung f ‖ **~ set** /

Druckverformungsrest m (die bleibende Deformation bzw. der plastische Anteil von Vulkanisaten unter Druckbeanspruchung) ‖ **~ shock** (Aero) / Verdichtungsstoß m (beim Überschreiten der Schallgeschwindigkeit) ‖ **~ shrinkage** (Textiles) / kompressives Krumpfen, Kompressionskrumpfung f, kompressives Schrumpfen, Stauchschrumpfung f, Kompressionsschrumpfung f ‖ **~ spring**\* (Eng) / Druckfeder f (DIN 29) ‖ **~ stage** (Eng) / Kompressionsstufe f, Verdichtungsstufe f ‖ **~ steel** (Build, Civ Eng) / Druckglied n (Bewehrung im Stahlbetonbau) ‖ **~ stroke** (I C Engs) / Verdichtungshub m, Verdichtungstakt m, Kompressionshub m ‖ **~ test**\* (Build, Materials) / Druckversuch m (an Baustoffen), Druckprüfung f ‖ **~ test** (Civ Eng) / Kompressionsversuch m (bei den Bodenproben) ‖ **~ test**\* (Eng, Materials) / Druckversuch m (DIN 50106) ‖ **~ test** (Materials, Mech) / Stauchversuch m ‖ **~ tester** (Autos) / Kompressionsdruckmesser m, Kompressionsprüfer m ‖ **~ wave**\* (Geophys) / P-Welle f (Longitudinalwelle unter Druckbeanspruchung), Verdichtungswelle f, Kompressionswelle f (longitudinale Raumwelle) ‖ **~ wave** (Phys) / Verdichtungswelle f (eine Druckwelle in Gasen) ‖ **~ wave** (Phys) / Druckwelle f ‖ **~ wood**\* (For) / Buchs m, Rotholz n, Druckholz n (Reaktionsholz, das bei Nadelhölzern in der Druckzone biegebeanspruchter Äste oder Stämme entsteht) ‖ **~ zone** (Phys) / Druckzone f (der Bereich eines Trägers, der auf Druck belastet wird), Druckbereich m
**compressive deformation** / Druckverformung f ‖ **~ failure** (Eng) / Bruchstauchung f ‖ **~ load** (Mech) / Druckbelastung f (als ermittelter Wert), Drucklast f ‖ **~ reinforcement** (Civ Eng) / Druckbewehrung f ‖ **~ rigidity** (Mech) / Drucksteife f ‖ **~ shrinkage**\* (Textiles) / kompressives Krumpfen, Kompressionskrumpfung f, kompressives Schrumpfen, Stauchschrumpfung f, Kompressionsschrumpfung f ‖ **~ strain** / Druckverformung f ‖ **~ strength** (Materials, Mech) / Druckfestigkeit f (die maximal erzielbare Bruchspannung bei dem Druckversuch - DIN 50106) ‖ **~ stress** (Materials, Mech) / Druckbeanspruchung n (als Phänomen) ‖ **~ stress** (Materials) / Druckspannung f (bei der Druckbeanspruchung) ‖ **~ twin** (Crystal) / Druckzwilling m ‖ **~ yield stress** (Plastics) / Quetschspannung f (Druckspannung, bei der die Steigung der Kraft-Längenänderungs-Kurve zum ersten Mal gleich Null wird)
**compressometer** n / Kompressionsmesser m
**compressor**\* n (Eng) / Kompressor m, Verdichter m (mit einem Druckverhältnis von über 3,0 - DIN 1945) ‖ **~ blade** (Eng) / Verdichterschaufel f, Kompressorschaufel f ‖ **~ casing** (Eng) / Kompressorgehäuse n, Verdichtergehäuse n ‖ **~ module** (Eng) / Kompressormodul m, Verdichtermodul m ‖ **~ oil** (Eng) / Verdichteröl n, Kompressoröl n ‖ **~ plant** (Eng) / Kompressoranlage f ‖ **~ skid** (Eng) / Verdichter-Skid m, Kompressor-Skid m ‖ **~ stage** (Eng) / Verdichterstufe f, Kompressorstufe f ‖ **~ stall** (Aero) / Verdichterabriss m, Verdichterblockierung f, Strömungsabriss m im Kompressor ‖ **~ stalling** (Aero) / Verdichterabriss m, Verdichterblockierung f, Strömungsabriss m im Kompressor ‖ **~ station for gas gathering** / Verdichterstation f für Gas-Gathering, Feldverdichterstation f ‖ **~ test bed** (Eng) / Verdichterprüffeld n ‖ **~ train** (Eng) / Verdichterstrang m ‖ **~ unit** (Eng) / Verdichtersatz m (ein kältetechnischer Maschinensatz)
**Comprex pressure-wave supercharger** (Autos) / Comprex-Druckwellenlader m, Comprex-Lader m (Einrichtung zur Aufladung von Verbrennungsmotoren nach dem Druckwellenprinzip, wobei die Vorteile des Abgasturboladers und der mechanischen Aufladung vereint werden) ‖ **~ supercharger** (Autos) / Comprex-Druckwellenlader m, Comprex-Lader m (Einrichtung zur Aufladung von Verbrennungsmotoren nach dem Druckwellenprinzip, wobei die Vorteile des Abgasturboladers und der mechanischen Aufladung vereint werden)
**comprise** v / umfassen v, in sich schließen ‖ **~** / enthalten v
**Compton effect**\* (Nuc) / Compton-Effekt m (Vergrößerung der Wellenlänge von elektromagnetischen Wellen bei Stoßprozessen zwischen Lichtquanten und freien Elektronen - nach A.H.Compton, 1892-1962) ‖ **~ electron** (Nuc) / Rückstoßelektron n, Compton-Elektron n (ein durch den Compton-Effekt freigesetztes Elektron) ‖ **~ recoil electron**\* (Nuc) / Rückstoßelektron n, Compton-Elektron n (ein durch den Compton-Effekt freigesetztes Elektron) ‖ **~ scattering** (Nuc) / Compton-Streuung f (von Fotonen an anderen geladenen Elementarteilchen) ‖ **~ wavelength**\* (Nuc) / Compton-Wellenlänge f (eine Atomkonstante) ‖ **~ wavelength of the electron** (Nuc) / Compton-Wellenlänge f des Elektrons
**compulsory course** (Ships) / Zwangsweg m (zur Vermeidung von Kollisionen oder wegen kriegerischer Ereignisse) ‖ **~ footpath** (Autos) / Gehweg m ‖ **~ licence** / Zwangslizenz f ‖ **~ track** (Ships) / Zwangsweg m (zur Vermeidung von Kollisionen oder wegen kriegerischer Ereignisse)
**compunication** n (Comp, Telecomm) / Telematik f (Kombination von Datenverarbeitung und Fernmeldetechnik)
**computability**\* n (Maths) / Berechenbarkeit f

**computable** *adj* (Maths) / berechenbar *adj*, rechnerisch lösbar, errechenbar *adj* || ~ **by a Turing machine** (Comp) / Turing-berechenbar *adj*
**computation** *n* / Berechnung *f*, Rechnen *n* || ~ (Comp) / Beschäftigung *f* mit den Computern (wissenschaftliche)
**computational** *adj* / rechnerisch *adj* || ~ **capability** (Comp) / rechnerische Leistungsfähigkeit || ~ **chemistry** (Chem) / Computerchemie *f*, Rechnerchemie *f* || ~ **error** / Rechenfehler *m*, Rechengenauigkeit *f* || ~ **lexicography** / Computerlexikografie *f* || ~ **linguistics** (Comp) / linguistische Datenverarbeitung, Computerlinguistik *f*, LDV, Sprachdatenverarbeitung *f* (elektronische) || ~ **resources** (Comp) / Rechnerkapazitäten *f pl* || ~ **vision** (AI) / maschinelles Sehen, künstliches Sehen, Computervision *f*
**compute** *v* / rechnen *v*, berechnen *v*
**computed tomography*** (Radiol) / Computertomografie *f*, CT (Computertomografie)
**computer*** *n* (Comp) / Rechner *m*, Computer *m*, Rechenanlage *f*, Rechenautomat *m* || ~ **abuse** (Comp) / Computermissbrauch *m*, Rechnermissbrauch *m* || ~-**aided** *adj* (Comp) / rechnerunterstützt *adj*, rechnergestützt *adj*, computergestützt *adj*, DV-gestützt *adj*, mit DV-Unterstützung
**computer-aided design*** (Comp, Eng) / rechnergestützte Konstruktion (als Ergebnis) || ~ **design*** (Comp, Eng) / rechnergestütztes Entwerfen (Tätigkeit), rechnergestütztes Konstruieren, Datenverarbeitung *f* in der Konstruktion, CAD || ~ **design and draughting** (Comp, Eng) / rechnergestütztes Konstruieren und Zeichnen || ~ **drug design** (Pharm) / rechnergestütztes Wirkstoffdesign, computergestütztes Wirkstoffdesign || ~ **engineering*** (Comp, Work Study) / integrierte rechnerunterstützte Fertigung (mit kompletten vor- und nachgeschalteten Betriebsbereichen) || ~ **engineering*** (Comp, Eng) / rechnergestützte Entwicklung und Konstruktion, rechnergestütztes Engineering (in Entwicklung, Projektierung und Konstruktion), rechnergestützte Ingenieurarbeit, CAE (Computer-Aided Engineering) || ~ **farming** (Agric) / teilflächenspezifische Bewirtschaftung (wenn die Bestellung auf großen Ackerschlägen mit Hilfe von Rechnern nach Unterschieden in Boden und Pflanzenbestand bemessen wird), Präzisionslandwirtschaft *f* || ~ **instruction** (Comp) / rechnerunterstützter Unterricht, rechnergestütztes Lernen, computerunterstützter Unterricht, computerunterstützte Unterweisung, CUU (computerunterstützte Unterweisung) || ~ **learning*** (Comp) / computerunterstütztes Lernen, CAL (computerunterstütztes Lernen), rechnergestütztes Lernen || ~ **maintenance** (Comp, Eng) / rechnerunterstützte Instandhaltung || ~ **manufacture*** (Comp, Eng) / rechnergestützte Fertigung(stechnologie), CAM (rechnergestützte Fertigung) || ~ **manufacturing** (Comp, Work Study) / rechnergestütztes Gesamtsystem der Planung und Steuerung || ~ **office** (Comp) / rechnerunterstütztes Büro || ~ **planning** (Comp, Work Study) / rechnergestützte Planung, CAP (rechnergestützte Planung) || ~ **process planning** (Comp, Work Study) / rechnergestützte Fertigungsplanung, CAPP (rechnergestützte Fertigungsplanung) || ~ **protein design** (Gen) / rechnerunterstütztes Proteinmodell || ~ **publishing** (Comp, Print) / rechnergestütztes Publizieren, computergestütztes Publizieren || ~ **quality assurance** (Comp, Work Study) / rechnerunterstützte Qualitätssicherung || ~ **quality control** / rechnergestützte Qualitätssicherung || ~ **recorder** (Comp) / rechnergesteuerter Schreiber || ~ **reengineering** (Comp) / Computer-aided Reengineering *n* (toolgestützte Sanierung von Altsoftware), CARE (Computer-aided Reengineering) || ~ **reporting system** (Comp, Med) / rechnergestütztes Befundungssystem || ~ **sales** (Comp) / computerunterstütztes Verkaufen, CAS (computerunterstütztes Verkaufen) || ~ **software engineering** (Comp) / rechnergestützte Software-Entwicklung, computergestützte Softwareentwicklung, CASE *f* (rechnergestützte Software-Engineering) || ~ **technology in manufacturing** (Work Study) / rechnerunterstützte Technologie in der Fertigungsindustrie || ~ **test equipment** (Comp, Eng) / rechnergestütztes Prüfsystem || ~ **testing** (Comp) / rechnergestütztes Test- und Prüfverfahren || ~ (materials) **testing** (Materials) / rechnergestützte Werkstoffprüfung, computergestützte Werkstoffprüfung || ~ **tomography*** (Radiol) / Computertomografie *f*, CT (Computertomografie) || ~ **translation** (Comp) / rechnerunterstützte Übersetzung, rechnergestützte Übersetzung || ~ **wiring** (Elec Eng) / rechnergestützte Verdrahtung || ~ **writing** (Comp) / rechnergestütztes (Briefe)Schreiben
**computer animation** (Cinema, Comp) / Computeranimation *f* || ~ **architecture*** (Comp) / Rechnerarchitektur *f*, Computerarchitektur *f* || ~ **art** (Comp) / Computerkunst *f*, Rechnerkunst *f* || ~-**assisted** *adj* (Comp) / rechnerunterstützt *adj*, rechnergestützt *adj*, computergestützt *adj*, DV-gestützt *adj*, mit DV-Unterstützung

**computer-assisted cartography** (Cartography) / rechnergestützte Kartografie (Herstellung und Aktualisierung von Landkarten mittels elektronischer Datenverarbeitung) || ~ **cartography** (Cartography) / Kartografie-CAD *n* || ~ **DNA molecule design** (Gen) / rechnergestützter DNA-Molekülentwurf || ~ **drawing** (Comp) / rechnergestütztes Zeichnen, computerunterstütztes Zeichnen, CAD (rechnerunterstütztes Zeichnen) || ~ **drug design** (Pharm) / rechnergestützter Arzneimittelentwurf || ~ **instruction*** (Comp) / rechnerunterstützter Unterricht, rechnergestützter Unterricht, computerunterstützter Unterricht, computerunterstützte Unterweisung, CUU (computerunterstützte Unterweisung) || ~ **language learning** (Comp) / rechnergestützter (Fremd)Sprachenunterricht || ~ **learning*** (Comp) / computerunterstütztes Lernen, CAL (computerunterstütztes Lernen), rechnergestütztes Lernen || ~ **management** (Comp) / Management *n* mit DV-Unterstützung || ~ **retrieval** (Comp) / rechnergestütztes Retrieval
**computerate** *n* (Comp) / EDV-Kenner *m*
**computer-automated measurement and control** (Comp) / CAMAC *n* (modular aufgebautes Peripheriesystem in der automatisierten Prozessrechnertechnik)
**computer-based graphics** (Comp) / grafische Datenverarbeitung (alle Techniken und Anwendungen einer digitalen Rechenanlage, bei denen Daten in Form von gezeichneten Linien oder Rasterpunkten ausgegeben oder angenommen werden), GDV || ~ **learning** (Comp) / computerunterstütztes Lernen, CAL (computerunterstütztes Lernen), rechnergestütztes Lernen || ~ **medical consultation(s)** (Comp, Med) / rechnergestützte medizinische Beratung || ~ **training** (Comp) / computergestütztes Training (EDV-gestützte Selbstlernprogramme, rechnergestützte Ausbildung (mit Selbstlernprogrammen)) || ~ **tutorial** (Comp) / Lernprogramm *n*, Tutorial *n*
**computer-bound** *adj* (Comp) / rechnerintensiv *adj*
**computer chemistry** (Chem) / Computerchemie *f*, Rechnerchemie *f*
**computer-compatible** *adj* (Comp) / rechnergerecht *adj*, computergerecht *adj*
**computer conferencing** (Comp) / Computerkonferenz *f*, Rechnerkonferenz *f* || ~-**controlled** *adj* (Comp) / rechnergesteuert *adj*
**computer-controlled camera** (Cinema) / computergesteuerte Kamera || ~ **catalyst** (Autos) / geregelter Katalysator (als chemische Funktionseinheit) || ~ **catalytic converter** (Autos) / geregelter Katalysator (ein Dreiwegekatalysator mit Lambdasondenregelung), G-Kat *m* || ~ **catalytic converter** (Autos) / Dreiwegekatalysator *m* (als Bauteil der Auspuffanlage mit Sondenregelung) || ~ **system** (Comp, Work Study) / rechnergesteuertes System || ~ **tracking** (Radar) / Verfolgung *f* durch Nachsteuerung, automatische Nachführung (Zielverfolgung)
**computer crime** / Computerkriminalität *f* (Gesamtheit der Straftaten, die mit Hilfe von Computeranlagen begangen werden, z.B. Datenmissbrauch oder Informationsdiebstahl) || ~ **crime** (Comp) / Computerstraftat *f* (einzelner Tatbestand), Computerdelikt *n* || ~ **design** (Textiles) / Computermuster *n* || ~ **diagnostics** (Med) / Computerdiagnostik *f* || ~ **engineer** (Comp) / DV-Ingenieur *m* || ~ **engineer** (Comp) / Computertechniker *m* || ~ **enhancing** (Astron, Space) / Computer Enhancing *n* (Verfahren, bei dem mittels elektronischer Methoden die Bildqualität und der Bildkontrast bei Bildübertragungen von Raumsonden zur Erde verbessert werden) || ~ **expert** (Comp) / DV-Fachmann *m*, Computerfachmann *m* || ~ **family** (Comp) / Rechnerfamilie *f* (verschiedene Generationen eines Systems) || ~ **family** (Comp) / Rechnerfamilie *f* (Rechner gleicher Architektur, aber unterschiedlicher Leistung) || ~ **file** (Comp) / Datei *f* (im engeren Sinne - deren Dateneinheiten bzw. Datensätze auf einem magnetischen Speichermedium gespeichert und mit Hilfe einer elektronischen Datenverarbeitungsanlage aktualisiert, neu geordnet und/oder durchsucht werden können), Rechnerdatei *f* || ~ **flash** (Photog) / Computerblitz *m* (Blitzröhrengerät mit automatischer Lichtmengenbegrenzung) || ~ **freak** (Comp) / Computerfreak *m* (begeisterter Anhänger der Computertechnik), Computernarr *m* || ~ **game** (Comp) / Computerspiel *n*
**computer-generated** *adj* (Comp) / rechnergeneriert *adj* || ~ (Comp) / computererzeugt *adj* (Bild)
**computer generation*** (Comp) / Rechnergeneration *f* (z.B. heute die fünfte), Computergeneration *f* (Zeitabschnitt in der Entwicklung der Datenverarbeitung, der durch eine vollkommen neue Konzeption in der Konstruktion und Funktionsweise der Computer bestimmt ist) || ~ **graphics** (Comp) / Computergrafik *f* (auch als künstlerische Betätigung), Digitalgrafik *f* || ~ **graphics*** (Comp) / grafische Datenverarbeitung (alle Techniken und Anwendungen einer digitalen Rechenanlage, bei denen Daten in Form von gezeichneten Linien oder Rasterpunkten ausgegeben oder angenommen werden), GDV || ~ **illiteracy** (Comp) / fehlende

**computer**

EDV-Kenntnisse ‖ ~ **illiterate** (Comp) / Computeranalphabet *m* ‖ ~ **industry** (Comp) / DV-Industrie *f*, Computerindustrie *f* ‖ ~ **input microfilm** (Comp) / Rechnereingabe *f* über Mikrofilm ‖ ~ **instruction** (Comp) / Maschinenbefehl *m*, Befehl *m* im Maschinenkode, Maschineninstruktion *f*
**computer-integrated building** (construction) (Build) / rechnerintegriertes Bauen, computerintegriertes Bauen ‖ ~ **business** (Comp) / rechnerintegrierte Geschäftsabwicklung ‖ ~ **enterprise** (Comp, Work Study) / CIE-Betrieb *m* (mit komplexen EDV-Lösungen im technischen, organisatorischen, ökonomischen und Planungs- bzw. Leistungsbereich) ‖ ~ **laboratory** (Chem) / rechnernetzintegriertes Labor, rechnernetzintegriertes Laboratorium ‖ ~ **manufacturing** (Work Study) / rechnerintegrierte Fertigung, computerintegrierte Fertigung, Produktionsautomatisierung *f* (integrierte Anwendung von Rechnern in allen mit der Produktion bis zur Qualitätssicherung zusammenhängenden Bereichen), CIM ‖ ~ **weaving** (Weaving) / rechnerintegriertes Weben, computerintegriertes Weben
**computerise** *v* (GB) (Comp) / in eine computergerechte Form bringen, in eine vom Rechner bearbeitbare Form bringen ‖ ~ (GB) (store) (Comp) / Daten im Rechner einspeichern ‖ ~ (GB) (Comp) / computerisieren *v*, auf Rechner umstellen, mit Computern ausrüsten, mit Rechnern ausrüsten
**computerize** *v* (Comp) / in eine computergerechte Form bringen, in eine vom Rechner bearbeitbare Form bringen ‖ ~ (Comp) / Daten im Rechner einspeichern ‖ ~ (Comp, EDV) / computerisieren *v*, auf Rechner umstellen, mit Computern ausrüsten, mit Rechnern ausrüsten
**computerized axial tomography scanner** (Med) / Abtaster *m* für die axiale Computertomografie ‖ ~ **cash dispenser** (Comp) / Geldausgabeautomat *m* (in einer Bank), Geldautomat *m*, Bankautomat *m* ‖ ~ **numerical control** (Comp, Eng) / rechnergestützte feinprogrammierbare numerische Steuerung, Steuerung *f* mittels Numerikrechner (DIN 66257) (Offline-Verarbeitung mittels Kleinrechner) ‖ ~ **numerical control** (Comp, Eng) / CNC-Steuerung *f*, Computer-NC-Steuerung *f* ‖ ~ **physics** / Computerphysik *f*, Rechnerphysik *f* ‖ ~ **tomography**\* (Radiol) / Computertomografie *f*, CT (Computertomografie)
**computer jock** (US) (Comp) / Computerfreak *m* (begeisterter Anhänger der Computertechnik), Computernarr *m* ‖ ~ **law** / DV-Recht *n*, Computerrecht *n* ‖ ~ **linguistics** (Comp) / linguistische Datenverarbeitung, Computerlinguistik *f*, LDV, Sprachdatenverarbeitung *f* (elektronische) ‖ ~ **listing** (Comp) / Rechnerausdruck *m*, Rechnerprotokoll *n*, Computerausdruck *m*, Computerliste *f* ‖ ~ **literacy** (Comp) / EDV-Kenntnisse *f pl* (gute), Bewandertsein *n* im Umgang mit Computern
**computer-literate** *n* (Comp) / EDV-Kenner *m*
**computer logic** (Comp) / Rechnerlogik *f*
**computer-managed instruction**\* (Comp) / rechnergeleiteter Unterricht, computergeleiteter Unterricht (streng individualisierter Lernprozess)
**computer match prediction** (Textiles) / Färberezeptberechnung *f* durch Rechner ‖ ~ **micrographics** (Comp) / Datenverarbeitung *f* auf Mikroformebene ‖ ~ **model** (Comp) / Computermodell *n*, Rechnermodell *n* ‖ ~ **nerd** (Comp) / Nerd *m* (aktiver, begeisterter und mit reichlich Wissen ausgestatteter junger Nutzer) ‖ ~ **network** (Comp) / Rechnernetz *n*, Computernetz *n* ‖ ~ **network** (Comp) s. also long-haul network
**computernik** *n* (Comp) / Computerfreak *m* (begeisterter Anhänger der Computertechnik), Computernarr *m*
**computer numerical control program** (Eng) / CNC-Programm *n* (DIN 66 025) ‖ ~ **numeric control** (Comp, Eng) / CNC-Steuerung *f*, Computer-NC-Steuerung *f* ‖ ~ **of average transitions** (Chem, Spectr) / Digitalrechner *m* zur Mittelwertbildung elektrischer Signale (ein Zusatzgerät für Spektrometer) ‖ ~ **operation** (Comp) / Rechneroperation *f*, Maschinenoperation *f*
**computer-oriented language** (Comp) / maschinenorientierte Programmiersprache (DIN 44300)
**computer-output microfilm** / COM-Film *m* (DIN 19065)
**computer output on microfilm**\* **or microfiche** (Comp) / direkte Übernahme von Ausgabedaten auf Mikrofilm oder Mikrofiche, COM, Rechnerausgabe *f* über Mikrofilm oder Mikrofiche ‖ ~ **output on microforms** (Comp) / direkte Übernahme von Ausgabedaten auf Mikroformen ‖ ~ **personnel** (Comp) / Liveware *f*, DV-Personal *n*, Personal *n* eines Rechenzentrums (einer Datenverarbeitungszentrale), Computerpersonal *n* ‖ ~ **physics** / Computerphysik *f*, Rechnerphysik *f* ‖ ~ **poetry** (Comp) / Computerdichtung *f* ‖ ~ **power** (Comp) / Rechnerleistung *f*
**computer-related crime** / Computerkriminalität *f* (Gesamtheit der Straftaten, die mit Hilfe von Computeranlagen begangen werden, z.B. Datenmissbrauch oder Informationsdiebstahl)

**computer room** (Comp) / DV-Raum *m*, Maschinenraum *m* (eines Rechenzentrums) ‖ ~ **science**\* (Comp) / Informatik *f* (eine technisch-naturwissenschaftliche Disziplin, die sich mit dem Bau von Rechenanlagen, den Prozessabläufen in Rechensystemen und Programmiersprachen befasst) ‖ ~ **scientist** (Comp) / Informatiker *m* ‖ ~ **security** (Comp) / Computersicherheit *f* ‖ ~ **simulation** (Comp) / Computersimulation *f* (das Durchrechnen eines in der Zeit ablaufenden Prozesses durch einen Computer, um ausgewählte Eigenschaften des Prozessablaufs sichtbar zu machen), Rechnersimulation *f* ‖ ~ **specialist** (Comp) / DV-Fachmann *m*, Computerfachmann *m* ‖ ~ **stationery** (Comp) / Schemabrief *m* (auf Briefbogen vorgedruckter Text zur ergänzenden Beschriftung)
**computer-supported reporting system** (Comp, Med) / rechnergestütztes Befundungssystem ‖ ~ **telecommunications application** (Telecomm) / CSTA-System *n* (direkte Verbindung von Telefonanlagen mit dem Rechnernetz)
**computer system**\* (Comp) / Rechnersystem *n*, Computersystem *n* ‖ ~ **system analysis** (Comp) / rechnergestützte Systemanalyse, computergestützte Systemanalyse ‖ ~ **technology** (Comp) / Computertechnik *f*, Rechnertechnik *f* ‖ ~ **telephone integration** (Teleph) / CTI (die Möglichkeit einer Schnittstelle, von einer Telefonanlage zu Anwendungsprogrammen, die auf einem Computer laufen, z.B. in der Kundenbetreuung einer Bank, zu schalten) ‖ ~ **throughput** (Comp) / Datendurchsatz *m* ‖ ~ **time** (Comp) / Maschinenzeit *f*, Rechenzeit *f*
**computer-to-film technology**\* (Comp, Print) / Computer-to-Film-Technik *f*
**computer tomography** (Radiol) / Computertomografie *f*, CT (Computertomografie)
**computer-to-plate technology** (Comp, Print) / Computer-to-Plate-Technik *f* (z.B. mit dem Laser-Exposer)
**computer translation** (Comp) / Maschinenübersetzung *f*, automatische Sprachübersetzung, maschinelle Sprachübersetzung (die Maschine übersetzt allein) ‖ ~ **typesetting**\* (Comp, Print) / Endlossatz *m*, Computersatz *m* ‖ ~ **typesetting system** (Comp, Print, Typog) / Satzrechenanlage *f* ‖ ~ **virus** (with a detrimental effect) (Comp) / Computervirus *m n*, Virus *m n* (pl. Viren) (ein meist auf Datenveränderung, -löschung usw. ausgelegtes Programm, das sich selbst in Dateien kopiert oder auf sonstige Weise vermehrt) ‖ ~ **virus research** (Comp) / Computervirenforschung *f* ‖ ~ **vision** (AI) / maschinelles Sehen, künstliches Sehen, Computervision *f* ‖ ~ **vision**\* (Comp) / Rechnerauswertung *f* von visuellen Daten
**computer-vision syndrome** (Comp, Med) / Bildschirmkrankheit *f*
**computer word** (Comp) / Maschinenwort *n* (DIN 44300) ‖ ~ **worm** (Comp) / Wurm-Programm *n* (ein eigenständiges Programm, das nur in Netzwerkumgebungen auftritt; ein Wurm kann sich im Gegensatz zu einem Trojanischen Pferd vervielfältigen, infiziert aber keine anderen Programme), Wurm *m*
**computing amplifier** (Electronics) / Rechenverstärker *m*, Operationsverstärker *m*, OP-Verstärker *m* (ein linearer Gleichspannungsverstärker mit einem hohen negativen Verstärkungsfaktor und einem großen Übertragungsbereich) ‖ ~ **capacity** (Comp) / Rechenkapazität *f*, Rechenleistung *f* (maximale) ‖ ~ **centre** (Comp) / Datenverarbeitungszentrum *n*, DV-Zentrum *n*, Rechenzentrum *n* ‖ ~ **element** / Rechenglied *n* (Baustein eines Messsystems) ‖ ~ **element** / Rechenelement *n* (Grundbaustein des Analogrechners zur Realisierung einer mathematischen Operation)
**COMSAT**\* (Communications Satellite Corporation) / 1962 in den USA gegründete Organisation für Errichtung und Betrieb von Nachrichtensatellitensystemen
**COMSTAR** / Kommunikationssatellitprogramm *n* von C0MSAT
**comware** *n* (Comp, Telecomm) / Comware *f* (Methoden und Hilfsmittel, die ein planmäßiges Vorgehen auf der Suche nach besseren Kommunikationsverfahren ermöglichen)
**conalbumin** *n* (Biochem) / Conalbumin *n*, Ovotransferrin *n*
**Conbur test** / Aufprallprüfung *f*, Conbur-Test *m* (der Verpackung auf der schiefen Ebene)
**concatenated file** (Comp) / zusammengefasste Datei, verkettete Datei, gekettete Datei
**concatenation** *n* (Chem) / Verkettung *f*, Kettenbildung *f*, Verbindung *f*, Verknüpfung *f* (Vorgang) ‖ ~ (Comp) / Konkatenation *f*, Verkettung *f* (zweier Zeichenfolgen) ‖ ~ **factor** / Verkettungsfaktor *m*, Bandbreite-Verkettungsfaktor *m* (bei den LWL)
**concave** *adj* / gewölbt *adj*, schalenförmig *adj* ‖ ~ (Met) / verkehrt bombiert (Walze) ‖ ~ (Optics) / konkav *adj*, hohl *adj* ‖ ~ **bank** (Geol, Hyd Eng) / Unterschneidungshang *m*, Prallhang *m* (an der Außenseite einer Talkrümmung), Prallufer *n*, Abbruchufer *n* ‖ ~ **brick**\* (Arch, Build) / Radialstein *m* (mit ebenen Kopfflächen), Querwölber *m* ‖ ~ **diffraction grating** (Phys) / Konkavgitter *n* (ein Beugungsgitter), Rowlandgitter *n* (nach H. A. Rowland, 1848 - 1901), Hohlgitter *n* ‖ ~ **down curve** (Maths) / konkave Kurve, konvexe Kurve aufwärts ‖ ~ **end mirror** (Phys) / Resonatorspiegel *m*

**conchoidal**

(z.B. bei einem HeNe-Laser) || **~ fillet weld** (Welding) / Hohlnaht *f* (eine Kehlnaht) || **~ fillet weld** (Welding) / Hohlkehlnaht *f*, konkave Kehlnaht, leichte Kehlnaht
**concave-form cutter** (Eng) / Halbkreisfräser *m* (mit nach innen oder nach außen halbkreisförmig gewölbtem Schneidenteil nach DIN 855 und 856)
**concave function** (Maths) / konkave Funktion || **~ grating*** (Optics, Phys) / Konkavgitter *n* (ein Beugungsgitter), Rowlandgitter *n* (nach H. A. Rowland, 1848 - 1901), Hohlgitter *n* || **~ joint** (Build) / hohlrunde Fuge || **~ lens*** (Optics) / Konkavlinse *f* || **~ mirror*** (Optics) / Hohlspiegel *m*, Konkavspiegel *m* || **~ point set** (Maths) / konkave Punktmenge || **~ slope** (Geol, Hyd Eng) / Unterschneidungshang *m*, Prallhang *m* (an der Außenseite einer Talkrümmung), Prallufer *n*, Abbruchufer *n* || **~ spherical mirror** (Optics) / sphärischer Hohlspiegel || **~ up curve** (Maths) / konvexe Kurve, konvexe Kurve abwärts, konkave Kurve aufwärts
**concavity** *n* / Konkavität *f* (von unten)
**concavo-concave** *adj* (Optics) / bikonkav *adj*
**concavo-convex** *adj* (Optics) / konkav-konvex *adj*
**concealed fire** (Mining) / verdeckter Grubenbrand (Flöz- oder Versatzbrand) || **~ headlight** (Autos) / Klappscheinwerfer *m* || **~ heating*** (Build) / Flächenheizung *f* (durch Wärmeabgabe beheizter Raumumgrenzungsflächen) || **~ installation** (Build, Elec Eng) / Verlegung *f* unter Putz || **~ nailing** (Carp) / verdeckte Nagelung
**concealment** *m* (Photog) / Restfehlerverdeckung *f* (in der elektronischen Bildgebung)
**conceivable accident** (Nuc Eng) / vorstellbarer Unfall, anzunehmender Unfall
**concentrate** *v* / konzentrieren *v* || **~** (Chem Eng) / einengen *v* (durch teilweises Eindampfen), eindicken *v* (aus einer Suspension), gradieren *v*, konzentrieren *v* || **~** (Min Proc) / aufbereiten *v*, anreichern *v* || **~** (Agric) / Kraftfutter *n* || **~** (Chem) / Konzentrat *n* || **~*** (Min Proc) / Aufbereitungsgut *n*, aufbereitetes Gut, Konzentrat *n* (Produkt der Aufbereitung), angereichertes Gut || **~ blowing agent** (Plastics) / Treibmittelkonzentrat *n* || **~ cargo** (Ships) / Konzentratladung *f* (vorwiegend Erzkonzentrate)
**concentrated butter** (Nut) / Butterreinfett *n* || **~ force** (Mech) / Einzelkraft *f* || **~ fruit juice** (Nut) / Fruchsaftkonzentrat *n* || **~ hydrochloric acid** (about 24 to 36% HCl, density 1.12 to 1.18) (Chem) / konzentrierte Salzsäure (eine Handelsform der Salzsäure) || **~ latex** / konzentrierter Latex || **~ load*** (Build, Civ Eng) / Punktlast *f*, Einzellast *f* (punktförmig angreifende, konzentrierte Belastung || **~ lye** (Chem) / Starklauge *f* || **~ nitric acid** (Chem) / konzentrierte Salpetersäure (eine etwa 67-69,2%ige Säure) || **~ winding** (Elec Eng) / konzentrierte Wicklung
**concentrate-laden froth** (Min Proc) / Konzentratschaum *m*
**concentrating** *n* (Chem Eng) / Einengen *n* (durch teilweises Eindampfen), Eindicken *n* (aus einer Suspension), Gradieren *n*, Konzentrieren *n* (das Anreichern des gelösten Stoffes in der Lösung durch teilweises Eindampfen) || **~ collector** / konzentrierender Kollektor (in der Heliotechnik - ein Sonnenkollektor) || **~ table*** (Min Proc) / Herd *m* (Fläche, die bei der Erzaufbereitung durch ihre schwache Neigung und stoßweise Bewegung eine Materialtrennung bewirkt)
**concentration** *n* / Konzentrierung *f*, Konzentration *f* || **~*** (Chem) / Konzentration *f* (von Molekülen oder Ionen in einer Volumeneinheit) || **~*** (Chem Eng) / Einengen *n* (durch teilweises Eindampfen), Eindicken *n* (aus einer Suspension), Gradieren *n*, Konzentrieren *n* (das Anreichern des gelösten Stoffes in der Lösung durch teilweises Eindampfen) || **~ by evaporation** (Chem Eng) / Eindampfung *f* || **~ cell*** (Elec, Surf) / Konzentrationszelle *f*, Konzentrationselement *n* (ein Korrosionselement, das durch Unterschiede in den physikalischen Bedingungen gebildet wird - DIN 50900), Konzentrationskette *f* || **~ cell with transport** (Elec Eng, Surf) / Konzentrationszelle *f* mit Überführung || **~ change** (Chem) / Konzentrationsänderung *f* || **~ curve** (Chem) / Konzentrationskurve *f*
**concentration-dependent** *adj* (Chem) / konzentrationsabhängig *adj*
**concentration distribution** (Chem) / Konzentrationsverteilung *f* || **~ effect** (Chem, Phys) / Konzentrationswirkung *f* || **~ element** (Chem, Elec Eng) / Konzentrationselement *n* (eine elektrochemisches Element, z.B. Evans-Element) || **~ gradient** (Chem, Cyt) / Konzentrationsgradient *m*, Konzentrationsgefälle *n* || **~ of the bath** (Chem Eng, Surf) / Badkonzentration *f* || **~ overpotential** (Surf) / Konzentrationsüberspannung *f* (die durch Konzentrationsänderungen der Elektrolytlösung an der Elektrodenoberfläche hervorgerufen wird) || **~ overvoltage** (Surf) / Konzentrationsüberspannung *f* (die durch Konzentrationsänderungen der Elektrolytlösung an der Elektrodenoberfläche hervorgerufen wird) || **~ plant** (Min Proc) / Anreicherungsanlage *f*, Aufbereitungsanlage *f* || **~ polarization*** (Phys) / Konzentrationspolarisation *f* || **~ quenching** (Light) /

Konzentrationslöschung *f* (bei der Lumineszenz von Festkörpern die Verringerung der Intensität der Lumineszenz mit wachsender Konzentration der Lumineszenzzentren oberhalb einer kritischen Konzentration) || **~ scale** (Chem) / Konzentrationsmaß *n* (z.B. Molprozent) || **~ switch** (Telecomm) / Sammelschalter *m*
**concentrator*** (Comp) s. also communication processor || **~** *n* (Chem Eng) / Eindicker *m*, Eindickapparat *m*, Eindickmaschine *f* (zur Fest/Flüssig-Trennung unter gleichzeitiger Konzentration) || **~*** (Comp) / Datenkonzentrator *m*, Konzentrator *m* || **~** (Comp, Telecomm, Teleph) / Konzentrator *m*, KT (Konzentrator) || **~** (Min Proc) / Anreicherungsanlage *f*, Aufbereitungsanlage *f* || **~** (Optics) / konzentrierendes optisches System, Fokussierungseinrichtung *f* (in der Heliotechnik) || **~** (Comp, Telecomm, Teleph) s. also line-concentrator
**concentric*** *adj* / konzentrisch *adj*, mittig *adj* || **~** (Eng) / rundlaufend *adj* || **~ cable*** (Acous, Cables) / Koaxialkabel *n*, koaxiales HF-Kabel, Koaxkabel *n* || **~ capacitor** (a fixed or variable capacitor whose plates are concentric cylinders) (Elec Eng) / Zylinderkondensator *m* || **~ chuck*** (Eng) / selbstzentrierendes Spannfutter, Universalspannfutter *n* || **~ conductor** (Elec Eng) / konzentrischer Leiter, Leiter *m* aus konzentrisch verseilten Seillagen || **~ feeder** (Telecomm) / Koax-Anschluss *m*, konzentrische Speiseleitung || **~ fold** (Geol) / Parallelfalte *f*, konzentrische Falte
**concentricity** *n* / Mittigkeit *f*, Konzentrizität *f* || **~** (Eng) / Rundlauf *m* (ohne Schlag) || **~** (Eng) / Koaxialität *f* (DIN 7184, T 1), Konzentrizität *f* || **~ testing** (Eng) / Rundlaufprüfung *f* (Ermittlung der Ungleichmäßigkeit des Achsabstandes längs des Radumfangs)
**concentric lapping machine** (Cables) / Zentralspinner *m*, Zentralwickler *m*
**concentric-lay conductor** (Elec Eng) / konzentrischer Leiter, Leiter *m* aus konzentrisch verseilten Seillagen
**concentric line** (Elec Eng) / Koaxialleitung *f* (eine HF-Leitung) || **~ plug-and-socket*** (Elec Eng) / konzentrische Steckverbindung || **~ resonator** (Electronics) / konzentrischer Resonator (mit zwei gleichen konkaven sphärischen Spiegeln, deren Krümmungsmittelpunkte zusammenfallen) || **~ running** (Eng) / Rundlauf *m* (ohne Schlag) || **~ weathering** (Geol) / kugelige Verwitterungsformen || **~ weathering** (Geol) s. also spheroidal weathering || **~ winding*** (Elec Eng) / konzentrische Spulenwicklung, Zylinderwicklung *f*
**concept** *n* / Konzeption *f* || **~** / Begriff *m* (DIN 2330) || **~ car** (Autos) / Konzeptwagen *m* (ein Wagen der Zukunft)
**conception** *n* (central idea) / Konzeption *f*
**concept learning** (AI) / begriffliches Lernen, Lernen *n* von Begriffen || **~ phase** / Konzeptphase *f* (eines Projekts)
**conceptual** *adj* / konzeptionell *adj* || **~ dependency** (AI) / konzeptuelle Dependenz, Begriffsabhängigkeit *f*, Conceptual Dependency *f* || **~ learning** (AI) / begriffliches Lernen, Lernen *n* von Begriffen
**conceptually bounded editor** (Comp) / strukturgebundener Editor
**conceptual network** (AI) / Begriffsnetz *n*
**concerted reaction** (Chem) / Reaktion *f* mit gleichzeitiger Bindungsbildung und -spaltung || **~ reactions** (Chem) / konzertierte Reaktionen, Synchronreaktionen *f pl*
**concertina** *v* (Autos) / zusammengeschoben werden (z.B. ein Pkw bei einem frontalen Zusammenstoß) || **~** *vt* (Autos) / zerknautschen *v* (wie z.B. bei einem frontalen Zusammenstoß) || **~ bottle** / Faltflasche *f* || **~ effect** (Autos) / Knautscheffekt *m*, Knautschwirkung *f* (beim Aufprall) || **~ fold*** (Bind) / Leporellobruchfalz *m*, Leporellofalz *m*, Zickzackfalz *m* || **~ folding** (Bind) / Leporellobruchfalzung *f*, Leporellofalzung *f* || **~ ladder** (Build) / Scherentreppe *f* (eine Einschiebetreppe)
**concert pitch*** (standard tuning frequency) (Acous) / Normal-a' *n*, Normstimmton *m* (nach DIN 1320), Kammerton *m* (440 Hz)
**concession** *n* (the thing conceded) / Zugeständnis *n* || **~** / Sonderfreigabe *f* (nach Realisierung - in der Qualitätskontrolle nach ISO 9000 || **~ area** (Mining) / Erlaubnisfeld *n* (Gebiet, für das der Staat einem Einzelunternehmen oder einem Konsortium die Erlaubnis zum Suchen von bergfreien Bodenschätzen für einen befristeten Zeitraum erteilt)
**concessionary coal** (Mining) / Deputatkohle *f*, Deputat *n* (Kohle)
**conch** *n* (Arch) / Konche *f* (einer Muschel vergleichbare Halbkuppel einer Apsis), Koncha *f* (pl. -s und -chen)
**concha*** (Arch) / Konche *f* (einer Muschel vergleichbare Halbkuppel einer Apsis), Koncha *f* (pl. -s und -chen)
**conche** *v* (Nut) / konchieren *v* (Schokolademasse in der Konche zum Zweck der aromatischen Veredelung einer Wärmebehandlung aussetzen), conchieren *v* || **~** *n* (Nut) / Konche *f*, Conche *f* (muschelförmiger Trog zur Herstellung von Schokolade)
**conchoid*** *n* (Maths) / Konchoide *f*, Muschellinie *f* || **~** *adj* / Muschel-, konchoidal *adj*
**conchoidal** *adj* / Muschel-, konchoidal *adj* || **~** (Geol) / muschelig *adj*, schalig *adj* || **~ fracture** (For, Geol, Min) / Muschelbruch *m*, muscheliger Bruch

**conchoid**

**conchoid of Nicomedes** (Maths) / Konchoide f des Nikomedes (bei der die vorgegebene Kurve eine Gerade ist)
**conclusion** n / Abschluss m (eines Vertrags) ‖ ~ (AI) / Konklusion f, Schluss m, logischer Schluss (Ableitung von Aussagen von anderen Aussagen - in der Regellogik) ‖ ~ **part** / Konklusionsteil m (einer Regel), Konsequenz f (einer Folgerung), Dann-Teil m (einer Regel), Sukzedens n (pl. -zien oder -tien)
**concoct** v (Nut) / vermischen v, zusammenmischen v (eine Speise), mixen v ‖ ~ (Nut) / zusammenbrauen v
**concordance** n / Konkordanz f (bei Messwerten) ‖ ~ (Comp) / Konkordanz f (Index mit Kontext je Belegstelle) ‖ ~ (Geol) / Konkordanz f
**concordant** adj (Geol) / konkordant adj
**concourse** n (Arch) / Verteilerhalle f (z.B. eine Bahnhofshalle), Verbindungstrakt m ‖ ~ (Rail) / Bahnhofshalle f
**concrete** v (Build, Civ Eng) / betonieren v, Beton einbringen ‖ ~ n / Concrète n, "konkretes" Öl (Parfümerie-Rohstoff, den man durch mehrfache Extraktion frischer Blüten gewinnt) ‖ ~* (Build, Civ Eng) / Beton m, Bn ‖ ~ adj (existing in material or physical form) / konkret adj ‖ ~ (Nut) / fest adj (Geschmack) ‖ ~ **additive** (Civ Eng) / Betonzusatzstoff m (mineralischer, organischer) ‖ ~ **admixture** (Civ Eng) / Betonzusatzmittel n (DIN 1045) ‖ ~ **aggregate** (Civ Eng) / Zuschlagstoff m, Zuschlag m (DIN 4226), Betonzuschlag m (ein Gemenge oder Haufwerk von ungebrochenen und/oder gebrochenen Körpern aus natürlichen und/oder künstlichen mineralischen Stoffen mit dichtem oder porigem Gefüge) ‖ ~ **automaton** (Comp) / konkreter Automat ‖ ~ **beam** (of the Alweg monorail system) / Stahlbetonbalken m (als Fahrbahnbalken der Alweg-Bahn) ‖ ~ **beam** (Build, Civ Eng) / Betonträger m
**concrete-beam test** (Build, Civ Eng) / Betonbalkenprüfung f, Ermittlung f der Biegezugfestigkeit am Balken
**concrete bedding** (on which an undergroud pipe is laid) (Civ Eng) / Betonauflager n ‖ ~ **block*** (Build) / Betonwerkstein m (Beton mit Natursteinzusätzen nach DIN 18500), Betonblock m, Betonstein m ‖ ~ **boundary layer** / Betonrandzone f (als Gegenteil zu Kernbeton) ‖ ~ **breaker** (Civ Eng) / Betonaufbruchhammer m, Betonaufreißhammer m, Betonbrecher m ‖ ~ **brick** (Build, Civ Eng) / kleiner Betonwerkstein ‖ ~ **bridge** (Arch, Civ Eng) / Betonbrücke f (meistens Stahlbetonbrücke nach DIN 1075) ‖ ~ **buggy** (Civ Eng) / Betonkarren m, Betonkippkarren m ‖ ~ **cancer** (Civ Eng) / Alkalireaktion f im Beton (schädigende) ‖ ~ **cart** (US) (Civ Eng) / Betonkarren m, Betonkippkarren m ‖ ~ **cast in shuttering** (Build, Civ Eng) / Schalbeton m ‖ ~ **construction** (Build, Civ Eng) / Betonbau m (ein Bauwerk nach DIN 1045), Stahlbetonbau m ‖ ~ **containment** (Nuc Eng) / Stahlbeton-Sicherheitshülle f, Betoncontainment n ‖ ~ **cover** (Civ Eng) / Betonüberdeckung f (der Bewehrung) ‖ ~ **covering** (Civ Eng) / Betondeckung f (des Bewehrungsstahls) ‖ ~ **cube** (Build, Civ Eng, Materials) / Betonwürfel m (Probewürfel zum Nachweis der Würfeldruckfestigkeit) ‖ ~ **curing** (Civ Eng) / Betonnachbehandlung f ‖ ~ **cutting** (Civ Eng) / Betonschneiden n ‖ ~ **dam** (Hyd Eng) / Betonstaumauer f ‖ ~ **engineering** (Build) / Betonbau m (Sammelbezeichnung für das Bauen mit Beton) ‖ ~ **filler** (Build, Civ Eng) / Füllbeton m (geringer Qualität ohne statische Wirksamkeit zum Ausfüllen von Hohlräumen) ‖ ~ **finisher** (Civ Eng) / Betonfertiger m (zur Herstellung von Verkehrsflächen aus Ortbeton), Betondeckenfertiger m (z.B. im Straßenbau), Betondeckeneinbaumaschine f, Betonstraßenfertiger m
**concrete-finishing machine** (Civ Eng) / Betonfertiger m (zur Herstellung von Verkehrsflächen aus Ortbeton), Betondeckenfertiger m (z.B. im Straßenbau), Betondeckeneinbaumaschine f, Betonstraßenfertiger m
**concrete form oil** (Build, Civ Eng) / Betonformöl n ‖ ~ **foundation** (Build, Civ Eng) / Betonfundament n ‖ ~ **hardener** (Build, Civ Eng) / Betonhärtungsmittel n
**concrete-island drilling system** (Oils) / wassergefüllte Betontanks (für Aufschlussbohrungen im Meer) ‖ ~ **drilling system** (Oils) / Bohrplattform f mit mittlerem Stahlbetonteil (die mit wasseregefüllten Tanks am Meeresboden verankert ist), CIDS
**concrete-lined** adj (Build, Civ Eng) / betonbelegt adj
**concrete lining** (Civ Eng) / Betonmantel m, Betonauskleidung f ‖ ~ **masonry** (Build) / Mauerwerk n aus Betonsteinen ‖ ~ **mix** (Civ Eng) / Betonmischung f ‖ ~-**mixer*** n (BS 1305) (Civ Eng) / Betonmischer m, Betonmischmaschine f ‖ ~ **moulded by centrifugal action** (Civ Eng) / Schleuderbeton m (der durch Schleudern in rotierenden Hohlkörperformen verdichtet wird) ‖ ~ **mould oil** (Civ Eng) / Betonformöl n ‖ ~ **number** (Maths) / benannte Zahl (Symbol zur Kennzeichnung einer Größe) ‖ ~ **on** v (Build) / anbetonieren v (an bestehende Bauteile) ‖ ~ **paint** (Build, Paint) / Betonanstrichfarbe f, Betonanstrichmittel n ‖ ~ **pavement** (Build, Civ Eng) / Zementbetonfahrbahndecke f, Betondecke f (einer Straße), Betonfahrbahndecke f ‖ ~ **paver** (Civ Eng) / Betonfertiger m (zur Herstellung von Verkehrsflächen aus Ortbeton,

Betondeckenfertiger m (z.B. im Straßenbau), Betondeckeneinbaumaschine f, Betonstraßenfertiger m ‖ ~ **pile** (Civ Eng) / Betonpfahl m ‖ ~ **pipe** (Civ Eng) / Betonrohr n (bewehrt oder unbewehrt - DIN 4032) ‖ ~ **placer** (Civ Eng) / Betonförderer m ‖ ~ **plant** (Build, Civ Eng) / Betonwerk n (Oberbegriff für Betonfertigteilwerk und Transportbetonwerk) ‖ ~ **plasticizer** (Civ Eng) / Fließmittel n (Betonverflüssiger nach DIN EN 932-4), FM (Fließmittel), Betonverflüssiger m (ein Betonzusatzmittel), BV (Betonverflüssiger) ‖ ~ **plug** (Civ Eng) / Betonpfropfen m (z.B. bei Franki-Pfählen) ‖ ~ **production** / Betonherstellung f ‖ ~ **properties** (Build, Civ Eng) / Betoneigenschaften f pl (DIN 1045) ‖ ~ **pump** (Build, Civ Eng) / Betonpumpe f (für Pumpbeton), Betonförderpumpe f (Rotor- oder Kolben-)
**concreter** n (Build, Civ Eng) / Betonierer m, Betonarbeiter m, Betonfacharbeiter m, Betonwerker m
**concrete refurbishing** (Build, Civ Eng) / Betonsanierung f ‖ ~ **refurbishment** (Build, Civ Eng) / Betonsanierung f ‖ ~ **reinforcement*** (Civ Eng, Met) / Betonbewehrung f (Stahlbeton) ‖ ~ **reinforcing steel** (Civ Eng, Met) / Betonstahl m (DIN 488), Bewehrungsstahl m, Armierungsstahl m (S) ‖ ~ **repair** (Build, Civ Eng) / Betonsanierung f ‖ ~ **ripper** (Civ Eng) / Betonaufbruchhammer m, Betonaufreißhammer m, Betonbrecher m ‖ ~ **roofing tile** (Build) / Betondachstein m (DIN 1115) ‖ ~ **sample** (Stats) / konkrete Stichprobe ‖ ~ **sand** (Civ Eng) / Betonsand m ‖ ~ **saw** / Betonsäge f (meistens eine Diamantsäge) ‖ ~ **set-on weight** (Civ Eng) / Betonreiter m (U-förmiges Stahlbetonfertigteil, das über die erdverlegte Gasleitung gestülpt wird, um sie gegen Auftrieb oder Beschädigung zu schützen) ‖ ~ **shell** (Build, Nuc Eng) / Betonschale f, äußere Betonhülle (des Reaktorgebäudes) ‖ ~ **shielding** (Nuc Eng) / Betonabschirmung f ‖ ~ **slab** (Civ Eng) / Betonplatte f ‖ ~ **sleeper** (Rail) / Betonschwelle f ‖ ~ **sleeper layer** (Rail) / Betonschwellenverlegegerät n ‖ ~ **spreader** (Civ Eng) / Betonverteilergerät n, Betonverteiler m ‖ ~ **spreader** (Civ Eng) / Betoneinbringer m ‖ ~ **steel** (Civ Eng, Met) / Betonstahl m (DIN 488), Bewehrungsstahl m, Armierungsstahl m (S) ‖ ~ **surfacing** (Build, Civ Eng) / Zementbetonfahrbahndecke f, Betondecke f (einer Straße), Betonfahrbahndecke f ‖ ~ **underbed** (Build) / Unterbeton m (unter der Estrichschicht in Räumen, deren Fußboden unmittelbar auf das Erdreich aufgebracht wird)
**concrete-vibrating compactor** (Civ Eng) / Vibrationsfertiger m, Rüttelfertiger m ‖ ~ **machine** (Build, Civ Eng) / Betonrüttler m, Betonverdichter m
**concrete vibrator** (Build, Civ Eng) / Betonrüttler m, Betonverdichter m ‖ ~ **waterproofing additive** s. also concrete plasticizer ‖ ~ **waterproofing additive** (Civ Eng) / Betondichtungsmittel n (ein Zusatzmittel zur Verminderung der kapillaren Wasseraufnahme), Dichtungsmittel n (für Festbeton nach DIN EN 934-2), DM (Dichtungsmittel) ‖ ~ **with single-sized aggregates** (Build, Civ Eng) / Einkornbeton m (aus annähernd gleichkörnigem Zuschlagstoff ohne wesentliche Eigenporigkeit) ‖ ~ **work** (Build, Civ Eng) / Betonarbeiten f pl ‖ ~ **workability** (Civ Eng) / Verarbeitbarkeit f des Betons (Beweglichkeit, Zusammenhalt und Verdichtbarkeit des Frischbetons)
**concreting** n (Build, Civ Eng) / Betonarbeiten f pl ‖ ~ **boom** (Civ Eng) / Betonverteilergerät n, Betonverteiler m ‖ ~ **jobs** (Civ Eng) / Betonarbeiten f pl ‖ ~ **paper** (Civ Eng, Paper) / Unterlagspapier n (unter Betondecken), Unterlagsfolie f (im Straßenbau) ‖ ~ **paper** (Civ Eng, Paper) / Autobahnpapier n (das den Feuchtigkeitsentzug des Frischbetons einer Betondecke nach unten verhindern soll)
**concretion*** n (Geol) / Konkretion f (z.B. Lößkindel, Feuersteinknolle, Toneisensteingeode usw.)
**concretor** n (Build, Civ Eng) / Betonierer m, Betonarbeiter m, Betonfacharbeiter m, Betonwerker m
**concurrency** n (MIMD, MISD, SIMD, SISD) (Comp) / paralleles Verarbeitungsprinzip (bei Rechnern) ‖ ~ **logic** / Gleichzeitigkeitslogik f ‖ ~ **nomogram** / Netztafel f, Netznomogramm n
**concurrent** adj / gleichzeitig adj (zusammenfallend) ‖ ~ adj / nebenläufig adj (zwei Ereignisse, Aktionen oder Prozesse) ‖ ~ (Maths) / durch denselben (einen) Punkt gehend, mit einem gemeinsamen Punkt ‖ ~ **access** (Comp) / Mehrfachzugriff m (gleichzeitig von mehreren Terminals aus) ‖ ~ **forces** (Mech) / Kräfte f pl mit gemeinsamen Angriffspunkt ‖ ~ **force system** (Mech) / zentrales Kräftesystem ‖ ~ **processes** (Comp) / nebenläufige Prozesse ‖ ~ **processing** (Comp) / verzahnt ablaufende Verarbeitung, gleichzeitige Verarbeitung ‖ ~ **reaction** (Chem) / Parallelreaktion f
**concussion** n (Mech) / Erschütterung f (Schwingen von festen Körpern nach DIN 4150, T 2), Stoß m ‖ ~ **table** (Min Proc) / Stoßherd m
**concyclic** adj (Maths) / konzyklisch adj (Punkte)
**condensable** adj / kondensierbar adj
**condensate** v (Chem, Nut, Phys) / verdicken v (eine Flüssigkeit), inspissieren v, eindicken v ‖ ~* n / Kondensat n (Ergebnis einer

Kondensation), Kondensationsprodukt n || ~ **drain** / Kondensatablass m || ~ **field** (Oils) / Kondensatfeld n (Lagerstätte mit kondensiertem Gas) || ~ **flash station** / Entspannergruppe f (Ölpump- und Vorwärmstation) || ~ **liquid** / Kondensat n (Ergebnis einer Kondensation), Kondensationsprodukt n || ~ **polishing** (Eng) / Kondensataufbereitung f, Kondensatentsalzung f || ~ **pump** (Eng) / Kondenswasserpumpe f, Kondensatpumpe f || ~ **receiver** (Eng) / Kondensatsammler m || ~ **recovery** / Kondensatrückgewinnung f || ~ **return** / Kondensatrücklauf m || ~ **shield** (Autos) / Kondensatsperre f (im Verteilerkopf) || ~ **trap** (Eng) / Kondensationswasserableiter m, Kondensatableiter m

**condensation** n / Beschlag m (feuchter Niederschlag, z.B. an Fenstern, Scheiben), Inspissation f || ~* (a change of state) (Chem, Phys) / Kondensation f, Kondensieren n, Verdichtung f (Kondensation) || ~ **centre** / Kondensationskern m, Kondensationskeim m || ~ **coefficient** / Kondensationskoeffizient m (in der Hertz-Knudsen-Formel) || ~ **drier** (For) / Kondensationstrockner m || ~ **enthalpy** (Phys) / Kondensationsenthalpie f (ein Umwandlungsenthalpie) || ~ **gutter*** (Arch) / Kondenswasserrinne f, Schwitzwasserrinne f (in der Laterne) || ~ **hygrometer** (Meteor) / Taupunkthygrometer n, Kondensationshygrometer n, Taupunktspiegel m || ~ **nucleus** / Kondensationskern m, Kondensationskeim m || ~ **of esters** (Chem) / Esterkondensation f || ~ **point** (Maths) / Kondensationspunkt m, Verdichtungspunkt m (des topologischen Raumes) || ~ **polymer** (Chem) / Kondensationspolymer(es) n, Polykondensat n || ~ **polymerization** (Chem) / Polykondensation f (ein chemischer Reaktionstyp - eine Stufenreaktion), Kondensationspolymerisation f, KP (Kondensationspolymerisation) || ~ **product** / Kondensat n (Ergebnis einer Kondensation), Kondensationsprodukt n || ~ **pump** (Vac Tech) / Diffusionspumpe f (von Gaede), Kondensationspumpe f || ~ **reaction** (Chem, Phys) / Kondensationsreaktion f || ~ **resin** (Plastics) / Kondensationsharz n (ein Kunstharz, wie z.B. das Glyzerin-Phthalsäure-Harz) || ~ **temperature** (Chem, Phys) / Kondensationstemperatur f, Kondensationspunkt m || ~ **test** (Paint, Surf) / Kondenswasser-Klimaprüfung n, Schwitzwassertest m || ~ **trails*** (Aero) / Kondensstreifen m pl (weiße, schmale Wolkenstreifen hinter den Triebwerken hochfliegender Flugzeuge) || ~ **water** / Kondenswasser n (das sich aus seiner Dampfphase unterhalb seines Taupunktes durch Kondensation bildet), Schwitzwasser n, Schweißwasser n, Kondensat n (Kondenswasser), Tauwasser n

**condense** v (Chem) / kondensieren v, anellieren v (Ringe) || ~ vi (Phys) / kondensieren vi, sich niederschlagen || ~ vt (Phys) / kondensieren vt, niederschlagen vt

**condensed composition** (Typog) / Schmalsatz m

**condensed-matter physics** (Phys) / Physik f der kondensierten Materie || ~ **physics** s. also solid-state physics

**condensed milk** (Nut) / Kondensmilch f (gezuckert), kondensierte Milch (gezuckert) || ~ **moisture** / Kondenswasser n (das sich aus seiner Dampfphase unterhalb seines Taupunktes durch Kondensation bildet), Schwitzwasser n, Schweißwasser n, Kondensat n (Kondenswasser), Tauwasser n || ~ **nucleus*** (Chem) / kondensierter Ring, anellierter Ring || ~ **phosphate** (Agric, Chem, Nut) / kondensiertes Phosphat (Meta- oder Poly-), Glühphosphat n, Schmelzphosphat n || ~ **steam** / kondensierter Dampf || ~ **system*** (Chem) / kondensiertes System || ~ **tannin** (Chem, Leather) / kondensierter Gerbstoff, Katechingerbstoff m, Pyrokatechingerbstoff m || ~ **water** / Kondenswasser n (das sich aus seiner Dampfphase unterhalb seines Taupunktes durch Kondensation bildet), Schwitzwasser n, Schweißwasser n, Kondensat n (Kondenswasser), Tauwasser n

**condensed-water discharge** / Kondenswasseraustritt m

**condenser*** n (Chem, Chem Eng) / Kondensator m, Kondensatorkühler m, Kühler m (in Laborgerät) || ~ (Chem Eng) / Kondensator m (ein Beispiel des Wärmetauschers - wenn der Aggregatzustand verändert wird) || ~* (Chem Eng, Eng) / Verflüssiger m, Kondensator m (von Kältemitteldampf) || ~* (Eng) / Kondensator m (der Kondensationsdampfmaschine) || ~* (Light, Micros, Optics, Photog) / Kondensor m || ~ (Spinning) / Florteiler m (DIN 64100), Riemchenflorteiler m || ~ (in a blowing room) (Textiles) / Kondenser m, Abscheider m (DIN 64100) || ~ **adapter** (Chem) / Vorstoß m (z.B. "Euter" oder "Spinne") || ~ **bobbin** (Spinning) / Vorgarnwickel m, Vorgarnspule f || ~ **bushing*** (Elec Eng) / Kondensatordurchführung f || ~ **deflector slat** (Eng) / Kondensatführungsblech n || ~ **ionization chamber** (Nuc, Radiol) / Kondensatorkammer f (eine kleine Ionisationskammer zur Dosismessung ionisierender Strahlung) || ~ **leathers** (Spinning) / Würgelwerk m (DIN 64119), Nitschler m, Nitschelwerk n || ~ **lens** (Micros, Optics) / Kondensorlinse f (dicke Konvexlinse) || ~ **lenses*** (Electronics, Micros, Optics) / Doppelkondensor m (des Elektronenmikroskops) || ~ **paper** (Paper) / Kondensatorpapier n (ein pergaminähnliches, dünnes Elektroisolierpapier), Kondensatorseidenpapier n || ~ **spinning** (Spinning) / Zweizylinderspinnverfahren n (bei dem das Garn nicht in Streckwerken, sondern von einem Lieferwalzenpaar aus in einem weiten Verzugsfeld unter einer bestimmten Verzugsdrehung verzogen und anschließend fertig gesponnen wird), Zweizylinderspinnen n || ~ **tape** (leather) (Leather) / Florteilerriemchen(leder) n || ~ **terminal*** (Elec Eng) / Kondensatordurchführung f || ~ **tissue*** (Paper) / Kondensatorpapier n (ein pergaminähnliches, dünnes Elektroisolierpapier), Kondensatorseidenpapier n || ~ **tube*** (Eng) / Kondensatorrohr n || ~ **yarn*** (Spinning) / Zweizylindergarn n

**condense together** (Chem) / ankondensieren v (durch Anellierung)

**condensing appliance** (Heat) / Brennwertgerät n (Wärmeerzeuger, in dem zur möglichst vollständigen Ausnutzung der im Brennstoff enthaltenen Energie der im Abgas vorhandene Wasserdampf kondensiert und die dabei gewonnene Kondensationswärme dem Wärmeträger zugeführt wird)

**condensing-appliance technology** / Brennwerttechnik f (die es ermöglicht, die Kondensationswärme des im Abgas enthaltenen Wasserdampfes zu nutzen)

**condensing** (steam) **engine** (Eng) / Kondensationsdampfmaschine f

**condensing-humidity corrosion** (Surf) / Kondenswasserkorrosion f, Schwitzwasserkorrosion f

**condensing lens*** (Micros, Optics, Photog) / Kondensorlinse f (dicke Konvexlinse) || ~ **power plant** (Elec Eng) / Kondensationsdampfkraftwerk n, Kondensationskraftwerk n (ein Dampfkraftwerk) || ~ **routine** (Comp) / Verdichtungsprogramm n || ~ **tower** (Chem Eng) / Kondensatorturm m || ~ **turbine** (Eng) / Kondensationsturbine f (eine Dampfturbine mit großem Energiegefälle) || ~ **unit** (Eng) / Verflüssigungssatz m (ein kältetechnisches Maschinensatz)

**condensoid** n / Dispersionspartikel n (durch Kondensation entstanden)

**condiment** n (Nut) / Gewürzmischung f, Gewürzzubereitung f, Würzmischung f

**con-di nozzle*** (Aero) / Entspannungsdüse f, Überschalldüse f

**condition** v / konditionieren v (radioaktiven Abfall vor der Endlagerung) || ~ (Agric) / vorgranulieren v (Düngemittel) || ~ (Eng) / vorbehandeln v (Eng, Paper, Textiles) / konditionieren v (Werkstoffe o.Ä. vor der Verarbeitung an die erforderlichen Bedingungen anpassaen) || ~ (Foundry) / aufbereiten v (Formsand) || ~ (Nut) / konditionieren v (Getreide, Mehl) || ~ (Spinning) / konditionieren v (Werkstoffe) || ~ / Lage f, Stand m, Zustand m (als qualitätsmäßige Angabe), Beschaffenheit f || ~ / Bedingung f || ~ (Autos) / Zustand m (des Wagens) || ~* (Brew) / Trieb m, Lebhaftwerden n || ~ (Leather) / Stellung f (der Haut) || ~ (Textiles) / Stand m (der Küpe)

**conditional** n / Subjunktion f (DIN 44300), Implikation f (logische - eine zweistellige extensionale Aussagenverbindung nach DIN 5474) || ~ adj / bedingt adj || ~ **branch** (Comp) / bedingter Sprung, bedingte Verzweigung || ~ **branch instruction** (Comp) / bedingter Sprungbefehl, bedingter Verzweigungsbefehl || ~ **convergence** (Maths) / bedingte Konvergenz || ~ **distribution** (Stats) / bedingte Verteilung || ~ **distribution function** (Stats) / bedingte Verteilungsfunktion || ~ **entropy** (Stats) / bedingte Entropie (eines zufälligen Versuches) || ~ **equation** (Maths) / Bestimmungsgleichung f || ~ **expectation** (Stats) / bedingte Erwartung || ~ **expected value** (Stats) / bedingter Erwartungswert || ~ **glass formers** (Glass) / Oxide n pl (der seltenen Rohstoffe (z.B. Mo, Se usw.) || ~ **implication operation** / Subjunktion f (DIN 44300), Implikation f (logische - eine zweistellige extensionale Aussagenverbindung nach DIN 5474) || ~ **instability*** (Meteor) / bedingte Instabilität || ~ **jump*** (Comp) / bedingter Sprung, bedingte Verzweigung

**conditionally convergent series*** (Maths) / bedingt konvergente Reihe

**conditional probability*** (Stats) / bedingte Wahrscheinlichkeit || ~ **probability density** (Stats) / bedingte Wahrscheinlichkeitsdichte || ~ **probability distribution** (Stats) / bedingte Wahrscheinlichkeitsverteilung || ~ **probability measure** (Stats) / bedingtes Wahrscheinlichkeitsmaß || ~ **probability of survival** (Med, Stats) / bedingte Überlebensfähigkeit (Überlebenswahrscheinlichkeit) || ~ **statement** (Comp) / bedingte Anweisung || ~ **transfer** (Comp) / bedingter Sprungbefehl, bedingter Verzweigungsbefehl

**conditioned air** / klimatisierte Luft || ~ **room** (Materials) / Klimaraum m (geschlossener Fertigungsraum, in dem mehrere Klimakomponenten auf festen Werten gehalten werden bzw. gegebene Grenzwerte einhalten)

**conditioner** n (Glass) / Abstehzone f, Abstehwanne f (für Flachglas)

**condition-event system** / Bedingungs-Ereignis-System n (in der Theorie der nebenläufigen Prozesse)

**condition flag** (Comp) / Bedingungsanzeige f

**conditioning**

**conditioning** *n* (Agric, Nut) / Konditionierung *f* (von Getreide), Abstehen *n* (von Getreide) ‖ ~ (Brew) / Reifung *f*, Konditionierung *f* (von Bier) ‖ ~ (Comp, Stats) / Aufbereitung *f* (von Ergebnissen) ‖ ~ (Elec Eng, Surf) / Vorbehandlung *f* der Oberfläche (beim Galvanisieren) ‖ ~ (Foundry) / Aufbereitung *f* (des Formsandes) ‖ ~* (Min Proc) / Steuerung *f* der Oberflächeneigenschaften der Mineralien durch Zusätze von Schäumern, Sammlern und regelnden Schwimmmitteln ‖ ~ (Nuc Eng) / Konditionierung *f* (von radioaktivem Abfall vor der Endlagerung) ‖ ~ (Nut) / Abhängen *n* (Fleisch) ‖ ~* (Paper, Spinning) / Konditionierung *f* (Anpassung der Werkstoffe an besondere Bedingungen) ‖ ~ (Verfahren zur Verbesserung von Schlammeigenschaften nach DIN 4045) (San Eng) / Konditionierung *f* ‖ ~* (Spinning) / Feuchtigkeitsregelung *f*, Konditionieren *n* (Prüfung auf Feuchtigkeitsgehalt und Feststellen des Garnhandelsgewichtes) ‖ ~ **agent** (Paper) / Konditionierungsmittel *n* (z.B. für Papier) ‖ ~ **of sludge** (San Eng) / Klärschlammkonditionierung *f*, Schlammkonditionierung *f* (Vorbehandlung des Schlamms mit dem Ziel der Verbesserung der Entwässerbarkeit) ‖ ~ **oven** (Textiles) / Konditionierofen *m* ‖ ~ **room** (Agric, Nut) / Nachreiferaum *m* (für Obst) ‖ ~ **tank** (Brew) / Reifungstank *m* ‖ ~ **zone** (Glass) / Abstehzone *f*, Abstehwanne *f* (für Flachglas)

**condition of a grounded surface** (Eng) / Schliffbild *n* (durch Schleifen erzeugter Zustand einer geschliffenen Fläche), Schliff *m* (Zustand) ‖ ~ **of reparametrization** (Stats) / Reparametrisierungsbedingung *f* ‖ ~ **on delivery** / Lieferzustand *m* ‖ ~ **report** (Autos) / Diagnoseberichtformular *n* (aus der Werkstatt)

**conditions analysis** (AI) / Bedingungsanalyse *f* ‖ ~ **of equilibrium** (Mech) / Gleichgewichtsbedingungen *f pl* ‖ ~ **of severity*** (Elec Eng) / Prüfbedingungen *f pl* für Prüfungen unter Last ‖ ~ **of severity*** (Elec Eng) / Gebrauchskategorie (von Schaltgeräten)

**condo** *n* (US) (Build) / Eigentumswohnung *f* ‖ ~ (US) (Build) / Mehrfamilienhaus *n* mit Eigentumswohnungen

**condominium** *n* (US) (Build) / Mehrfamilienhaus *n* mit Eigentumswohnungen ‖ ~ (US) (Build) / Eigentumswohnung *f*

**conduct** *v* / ausführen *v* (einen Versuch), durchführen *v* (einen Versuch) ‖ ~ (Phys) / fortleiten *v* (Elektrizität, Wärme), leiten *v* (Elektrizität, Wärme)

**conductance*** *n* (the real part of admittance) (Elec) / Wirkleitwert *m*, Konduktanz *f* (DIN 40110) ‖ ~* (Elec) / elektrischer Leitwert (in Siemens), Konduktanz *f* ‖ ~ **bridge** (Elec Eng) / Leitfähigkeitsmessbrücke *f* ‖ ~ **quantum** (Phys) / Leitwertquantum *n* ‖ ~ **relay** (Elec Eng) / Konduktanzrelais *n*

**conducted interference** (Elec Eng) / Rückwirkung *f* (Einfluss des Stromversorgungsgerätes auf die Stromquelle und das zugehörige Leitungsnetz)

**conductimetric** *adj* (Chem) / konduktometrisch *adj* ‖ ~ **analysis*** (Chem) / konduktometrische Analyse

**conductimetry** *n* (Chem) / Konduktometrie *f*

**conducting** *adj* (Elec Eng) / Leit-, leitend *adj*, leitfähig *adj*, Strom führend *adj* (leitend) ‖ ~ (Electronics) / durchlässig *adj* (Halbleiter) ‖ ~ **adhesive** (Electronics) / Leitklebstoff *m* (aus Kunstharzen mit elektrisch leitenden Zusatzstoffen), Leitkleber *m* (zum Kontaktieren bei elektrisch leitenden Verbindungen durch Kleben) ‖ ~ **bar*** (Elec Eng) / Leiterstab *m*

**conducting-channel black** (Chem Eng) / Conducting-Channel-Ruß *m*, CC-Ruß *m* (leitfähiger Kanalruß)

**conducting coating** / leitfähiger Anstrich, leitender Belag ‖ ~ **layer** (Elec Eng, Electronics) / Leitschicht *f* (auf der Oberfläche nichtmetallischer Substrate) ‖ ~ **layer** (Elec Eng) / leitende Schicht, Leitschicht *f*, Leiterschicht *f* ‖ ~ **material** (Elec Eng) / Leiterwerkstoff *m*, leitendes Material, leitender Werkstoff, Leitermaterial *n* ‖ ~ **paint** (Elec Eng, Paint) / elektrisch leitender Lack, Leitlack *m* (zum Leitendmachen nichtmetallischer Grundwerkstoffe) ‖ ~ **part** (Elec Eng) / leitendes Teil ‖ ~ **path** (Elec Eng) / Leiterbahn *f* (auf einem Substrat) ‖ ~ **path** (Electronics) / Leiterbahn *f* (auf der Leiterplatte), Leiterzug *m* (einer gedruckten Schaltung) ‖ ~ **polymer** (Chem, Elec Eng, Plastics) / elektrisch leitfähiges Polymer ‖ ~ **salt** (Surf) / Leitsalz *n* (Alkalisalz, das die Leitfähigkeit des Bades erhöht und die Dissoziation der Metallsalze beeinflusst), Leitelektrolyt *m*, LE (Leitelektrolyt) ‖ ~ **track** (Electronics) / Leiterbahn *f* (auf der Leiterplatte), Leiterzug *m* (einer gedruckten Schaltung) ‖ ~ **wire** (Elec Eng) / Leitungsdraht *m* ‖ ~ **workpiece** (Eng) / elektrisch leitendes Werkstück (z.B. beim Plasmastrahlschneiden)

**conduction** *n* / Leitung *f*, Fortleitung *f* (von Elektrizität oder Wärme) ‖ **n-type** ~ (Electronics) / Überschussleitung *f*, n-Leitung *f* ‖ ~ **band*** (Electronics, Phys) / Leitungsband *n* (in dem Energiebändermodell) ‖ ~ **band edge** (Electronics, Phys) / Leitungsbandkante *f* (das absolute energetische Minimum der Leitungsbänder) ‖ ~ **by defect*** (Electronics) / Störstellenleitung *f*, Störleitung *f* (bei Halbleitern)

**conduction-cooled module** (Electronics) / konduktionsgekühltes Modul

**conduction cross section** / Leiterquerschnitt *m* ‖ ~ **current*** (Electronics) / Leitungsstrom *m* ‖ ~ **electron*** (Chem, Electronics, Nuc) / Leitungselektron *n* (in Metallen) ‖ ~ **electron spin resonance** (Phys) / Leitungselektronen-Spinresonanz *f* ‖ ~ **hole*** (Electronics) / Leitungsloch *n* ‖ ~ **of heat*** (Heat) / Wärmeleitung *f* (Form der Wärmeübertragung nach DIN 1341)

**conductive** *adj* (Elec Eng) / Leit-, leitend *adj*, leitfähig *adj*, Strom führend *adj* (leitend) ‖ ~ **coating** / leitfähiger Anstrich, leitender Belag ‖ ~ **connection** (Elec Eng) / leitende Verbindung (Stromübergang) ‖ ~ **gas** (Plasma Phys) / leitendes Gas ‖ ~ **material** (Elec Eng) / Leiterwerkstoff *m*, leitendes Material, leitender Werkstoff, Leitermaterial *n* ‖ ~ **part** (Elec Eng) / leitfähiges Teil ‖ ~ **pattern** (Elec Eng) / Leiterbild *n* ‖ ~ **pigment** (Paint) / leitfähiges Pigment (z.B. Leitfähigkeitsruß oder Metallpigment) ‖ ~ **polymer** (Chem, Elec Eng, Plastics) / elektrisch leitfähiges Polymer

**conductivity** *n* (Elec) / elektrische Leitfähigkeit (in S m⁻¹ - DIN 1324-1), Konduktivität *f* (DIN 1324, T 2) ‖ ~* (Phys) / Leitfähigkeit *f* (spezifische elektrische oder Wärme-) ‖ ~ (measuring) **bridge** (Elec Eng) / Leitfähigkeitsmessbrücke *f* ‖ ~ **meter** (Elec Eng) / Leitfähigkeitsmessgerät *n*, Leitwertmesser *m* ‖ ~ **modulation*** (Electronics) / Leitfähigkeitsmodulation *f* (in einem Halbleiterelement nach DIN 41852)

**conductivity-modulation field-effect transistor** (Electronics) / Feldeffekttransistor *m* mit Leitfähigkeitsmodulation

**conductivity promoter** (Paint) / Leitfähigkeitsverbesserer *m* ‖ ~ **test*** (Elec Eng) / Fehlerbestimmung *f* aus dem Spannungsabfall ‖ ~ **water** (Chem) / Leitfähigkeitswasser *n* (extrem reines, mehrmals destilliertes Wasser)

**conductometer** *n* (Elec, Elec Eng) / Leitfähigkeitsmessgerät *n*, Leitwertmesser *m*

**conductometric** *adj* (Chem) / konduktometrisch *adj* ‖ ~ **titration** (Chem) / Leitfähigkeitstitration *f*, konduktometrische Titration (ein Verfahren der Maßanalyse)

**conductometry** *n* (Chem) / Konduktometrie *f*

**conductor** *n* (on buses) (Autos) / Kondukteur *m*, Schaffner *m* ‖ ~ (US)* (Build) / Regenfallrohr *n* (DIN 18 460), Abfallrohr *n* (A), Regenrohr *n*, Regenabflussrohr *n* ‖ ~ (lightning rod) (Elec Eng) / Blitzableiter *m* (der Blitzschutzanlage), Auffangstange *f* (der Blitzschutzanlage), Fangstange *f* (der Blitzschutzanlage) ‖ ~* (Elec Eng) / Leiter *m* (DIN 40 108), Stromleiter *m* ‖ ~* (Elec Eng) / Strom führende Verbindung ‖ ~ (Heat) / Wärmeleiter *m* ‖ ~ (Oils) / Standrohr *n* ‖ ~* (Oils) / Conductor *m* (Riser-Rohrleitung vom Plattformdeck hinunter zum Bohrlochkopf) ‖ ~ (US) (Rail) / Kondukteur *m*, Schaffner *m* ‖ ~ **break** (Elec Eng) / Leiterbruch *m* ‖ ~ **casing** (Oils) / Standrohr *n* (die Rohrtour mit dem größten Durchmesser, welche in einer Bohrung gebraucht wird) ‖ ~ **cooling** (Elec Eng) / Leiterkühlung *f* (direkte oder indirekte) ‖ ~ **cross section** (Elec Eng) / Leiterquerschnitt *m* ‖ ~ **current** (Elec Eng) / Leiterstrom *m* ‖ ~ **design** (Elec Eng) / Leiteraufbau *m* ‖ ~ **galloping** (Elec Eng) / Leitertanzen *n* ‖ ~ **head** (US) (Build, Plumb) / Rinnenkessel *m* (bei langen Rinnen), Rinnenkasten *m*, Wasserfangkasten *m* ‖ ~ **insulation** (Cables) / Aderisolierung *f* ‖ ~ **layer** (Elec Eng) / leitende Schicht, Leitschicht *f*, Leiterschicht *f* ‖ ~ **line** (Electronics) / Leiterbahn *f* (auf der Leiterplatte), Leiterzug *m* (einer gedruckten Schaltung) ‖ ~ **material** (Elec Eng) / Leiterwerkstoff *m*, leitendes Material, leitender Werkstoff, Leitermaterial *n* ‖ ~ **pattern** (Elec Eng) / Leiterbild *n* ‖ ~ **pattern** (Electronics) / Leiterzugbild *n* ‖ ~ **pipe** (Oils) / Standrohr *n* ‖ ~ **plane** (Electronics) / Leiterebene *f* (auf einer Leiterplatte oder einer gedruckten Schaltung) ‖ ~ **rail*** (Elec Eng, Rail) / Stromschiene *f* (in der Elektrotraktion), dritte Schiene, Kontaktschiene *f* (bei einem Verkehrssystem mit Zwangsführung)

**conductor-rail system** (Elec Eng, Rail) / Stromschienensystem *n*, Stromzuführung *f* durch dritte Schiene

**conductor skin effect** (Elec Eng) / Stromverdrängung *f*, Skineffekt *m* (Effekt der Stromverdrängung aus dem Inneren von elektrischen Leitern an die Oberfläche, der bei hohen Frequenzen auftritt), Hautwirkung *f*, Hauteffekt *m* ‖ ~ **spacing** (Electronics) / Leiterabstand *m* (zwischen den direkt benachbarten Kanten zweier Leiter eines Leiterbildes in einer Lage einer Leiterplatte) ‖ ~ **surface** (Elec Eng) / Leiteroberfläche *f* ‖ ~ **system** (Elec Eng) / Leitersystem *n* ‖ ~ **system** (Elec Eng) / Leitersystem *n* ‖ ~ **track** (Electronics) / Leiterbahn *f* (auf der Leiterplatte), Leiterzug *m* (einer gedruckten Schaltung)

**conduit*** *n* (Cables, Civ Eng, Elec Eng) / Rohrleitung *f*, Röhre *f*, Kabelrohr *n*, Kabelkanal *m*, Leitungsrohr *n*, Rohr *n* (Leitungsrohr) ‖ ~* (Civ Eng, Hyd Eng) / Wasserleitung *f* ‖ ~* (Elec Eng) / Leitungsbauteil *n*, Leitungsführung *f* (als Bauteil), Kanalführung *f*, Rohrführung *f* (für Elektroinstallationssysteme) ‖ ~ (Geol) / Vulkanschlot *m*, Schlot *m* (Aufstiegskanal vulkanischer Stoffe), Förderkanal *m*, Durchschlagsröhre *f* ‖ ~* (Hyd Eng) / Kanal *m* (künstlich hergestellter Wasserlauf, künstliches Gerinne, künstlicher

Wasserlauf || ~* (Hyd Eng) / Wasserrohr n || ~ **bend** (Elec Eng) / Rohrbogen m || ~ **box*** (Cables) / Röhrenmuffe f || ~ **box** (Elec Eng) / Verteilerkasten m, Verteilerdose f || ~ **box*** (Elec Eng) / Dose f (Verbindungsmaterial zur festen Verbindung von Leitungen und zum Abzweigen von Strompfaden), Abzweigdose f (Verteilerdose), Verbindungsdose f, Abzweigkasten m || ~ **cable** (Cables) / Röhrenkabel n
**condurango bark** (Pharm) / Kondurangorinde f, Condurangorinde f (aus dem Kondurangostrauch - Marsdenia cundurango Rchb.), Cundurangorinde f
**Condy's fluid*** (also used by French polishers) / Condy'sche Desinfektionsflüssigkeit (Lösung von Natriumpermanganat - auch für chemische Färbung des Holzes)
**cone** v (For) / Zapfen tragen || ~ n (Autos) / Lübecker Hut (aufgestellt während der Straßenarbeiten und bei Umleitungen), Leitkegel m, Pylon m (pl, -en) || ~* (Bot, For) / Zapfen m (bei Nadelhölzern), Strobilus m (pl. -li) || ~ (pyrometric cone) (Ceramics, Heat) / Pyrometerkegel m (ein aus Oxiden oder Silikatgemengen geformter Kegel, der zur Kontrolle des Brennzustandes in keramischen Öfen dient), PK (Pyrometerkegel), Brennkegel m, Schmelzkegel m || ~ (Chem, Glass) / Kern m (des Schliffes) || ~ (Eng) / Kegel m (kegeliges Werkstück mit kreisförmigem Querschnitt - DIN 254) || ~ (Eng) / Konusscheibe f, Kegelscheibe f (stufenlos verstellbar) || ~ (Geol) / Vulkankegel m || ~* (general cone) (Maths) / Kegel m, Konus m (pl. Konen und Konusse) || ~* (Med, Optics) / Sehzapfen m, Zapfen m (der Netzhaut) || ~* (Met) / Gichtglocke f, Glocke f (Verschlussglocke) || ~ (Spinning, Weaving) / Cone n, konische Kreuzspule (wobei die untere Stirnfläche einen größeren Durchmesser hat als die obere)
**cone-and-cheese winder** (Spinning) / Kreuzspulmaschine f (für konische Spulen nach DIN 62511), konische Kreuzspulenwickelmaschine f (für Garne und Zwirne)
**cone anode** (Electronics) / Kegelanode f || ~ **antenna** (Radio) / Kegelantenne f, Konusantenne f || ~ **bearing*** (Eng) / Kegellager n || ~ **brake** (Eng) / Kegelbremse f || ~ **capacitor*** (Elec Eng) / Kegelkondensator m, Spiraltrimmer m || ~ **classifier*** (Min Proc) / Klassierspitze f, Klassierkegel m, Spitzkasten m || ~ **clutch*** (Eng) / Kegelkupplung f, Konuskupplung f (eine kraftschlüssige Kupplung) || ~ **crusher** (Eng) / Rundbrecher m (Sammelbegriff für Kegel- und Walzenbrecher), Kreiselbrecher m, Kegelbrecher m || ~ **cut** (Mining) / Kegeleinbruch m, Pyramideneinbruch m (bei den Sprengarbeiten)
**cone-cut veneer** (For, Join) / Radialfurnier m, Kegelschnittfurnier n
**cone diameter** (Maths) / Kegeldurchmesser m || ~ **diaphragm*** (Acous) / Konusmembran f || ~ **dog** (Eng) / Kegelklauenkupplung f || ~ **drive*** (Eng) / Stufenscheibenantrieb m, Kegelscheibenantrieb m
**coned yarn** (Spinning) / Garn n auf der Kreuzspule
**cone gauge** (Eng) / Kegellehre f (zum Prüfen des Kegelwinkels) || ~ **gear*** (system) (Eng) / Stufenscheibenantrieb m, Kegelscheibenantrieb m || ~ **head** (Eng) / Hochkegelkopf m (eines Nietes)
**cone-in-cone limestone** (Geol) / Tütenmergel m, Tütenkalk m, Tutenmergel m, Tutenkalk m, Dütenmergel m || ~ **structure*** (Geol) / Tutenmergelstruktur f
**cone karst** (Geol) / Kegelkarst m || ~ **nozzle** / Kegeldüse f, konische Düse f (zum Entspannungsdüse) || ~ **of ambiguity** (Aero) / Verwirrungszone f (über der VOR-Station) || ~ **of confusion** (Aero) / Verwirrungszone f (über der VOR-Station) || ~ **of curvature** (Maths) / Krümmungskegel m || ~ **of depression** (Civ Eng) / Entnahmetrichter m (bei der Entnahme von Grundwasser mittels eines Brunnens) || ~ **of exhaustion** (Civ Eng) / Entnahmetrichter m (bei der Entnahme von Grundwasser mittels eines Brunnens) || ~ **off** v / absperren v (eine Straße mit Leitkegeln) || ~ **of influence** (Civ Eng) / Entnahmetrichter m (bei der Entnahme von Grundwasser mittels eines Brunnens) || ~ **of** (light) **rays** (Light, Optics) / Strahlenkegel m || ~ **of silence** (Aero) / Nullkegel m, Schweigekegel m || ~ **of silence*** (Nav, Telecomm) / empfangstote Zone, tote Zone || ~ **penetration** (Civ Eng) / Kegelpenetration f (bei der Kegeldruckprobe) || ~ **penetration** (Oils) / Konuspenetration f, Kegeleindringung f (bei Prüfung von Paraffinen) || ~ **penetration test** (Civ Eng) / Kegeleindringungsversuch m, Kegeldruckversuch m, Kegeldruckprobe f || ~ **penetrometer** (Civ Eng) / Kegeldrucksonde f, Kegeleindringungsgerät n (für die Bodenuntersuchung) || ~ **point** (Eng) / Spitze f (ein Schraubenende) || ~ **pulley*** (Eng) / Konusscheibe f, Kegelscheibe f (stufenlos verstellbar) || ~ **resistance** (Civ Eng) / Kegelwiderstand m (bei der Bodenuntersuchung)
**cone-shaped entrance** (Met) / Einlaufkonus m (des Ziehsteins) || ~ **valve** (Eng) / Keilschieberventil n, Keilschieber m (mit verjüngtem Absperrkörper)
**cone sheets*** (Geol) / Cone sheets pl (ringförmige, nach unten konisch zulaufende, magmatische Gänge) || ~ **sounding** (Civ Eng) / Bodenuntersuchung f mit Kegeldrucksonden || ~ **sugar** (Nut) / Hutzucker m, Zuckerhut m || ~ **tile** (Build, Ceramics) / Gratziegel m (ein gewölbter Formstein zur Eindeckung der Grate), Gratstein m (gewölbter), Frauenhutwalmziegel m || ~ **tolerance** (Eng) / Kegeltoleranz f
**cone-type piercing mill** (Stiefel) (Met) / Stiefelstraße f (eine Rohrwalzstraße), Stiefel-Walzwerk n (ein Stopfenwalzwerk), Rohrwalzwerk n nach Stiefel, Kegellochapparat m nach Stiefel || ~ **refiner** (Paper) / Kegelrefiner m
**cone valve** (Eng) / Kegelventil n || ~ **warping machine** (Weaving) / Konussschärmaschine f || ~ **winder** (Spinning) / Kreuzspulmaschine f (für konische Spulen nach DIN 62511), konische Kreuzspulenwickelmaschine f (für Garne und Zwirne) || ~ **winding** (Spinning) / Aufmachung f auf konischen Kreuzspulen (DIN 62511)
**cone-winding machine** (Spinning) / Kreuzspulmaschine f (für konische Spulen nach DIN 62511), konische Kreuzspulenwickelmaschine f (für Garne und Zwirne)
**confectioner's coating** (Nut) / Fettglasur f (eine der Schokolade ähnliche Überzugsmasse für Konditoreierzeugnisse oder Backwaren), Kuvertüre f (Überzugsmasse) || ~ **sugar** (US) (Nut) / Farinzucker m, Staubzucker m, Puderzucker m, Sandzucker m, Farin m
**confectionery line** (Met) / Konfektionieranlage f
**Confederation of British Industry** / britischer Arbeitgeberverband
**confer** v / verleihen v (eine Eigenschaft)
**conferee** n (Telecomm) / Konferenzteilnehmer m
**conference** n (Ships) / Konferenz f (kartellartiger Zusammenschluss von Reedereien im Überseegeschäft) || ~ (Telecomm) / Konferenz f
**conference-access status** (Teleph) / Konferenzberechtigung f
**conference bus** (Teleph) / Konferenzsammelschiene f || ~ **call** (Teleph) / Sammelgespräch n, Konferenzgespräch n || ~ **circuit** (Radio, Teleph, TV) / Konferenzschaltung f (eine Sammelschaltung)
**Conférence Générale des Poids et Mesures** / Generalkonferenz f für Maß und Gewicht (das oberste Organ der Meterkonvention), CGPM f (Generalkonferenz für Maß und Gewicht)
**conference key** (Teleph) / Konferenztaste f || ~ **service** (Teleph) / Konferenzschaltung f (als Merkmal des Telefondienstes) || ~ **system*** (Teleph) / Konferenzschaltungssystem n
**conferencing** n (Radio, Teleph, TV) / Konferenzschaltung f (eine Sammelschaltung) || ~ **software** (Comp) / Konferenzsoftware m
**confidence** n (Stats) / Konfidenz f, Vertrauen n || ~ **estimation** (Stats) / Konfidenzschätzung f || ~ **interval*** (between the confidence limits) (Stats) / Konfidenzintervall n (DIN 1319, T 3), Vertrauensintervall n (DIN 1319, T 3) || ~ **interval estimate** (Stats) / Intervallschätzung f, Konfidenzintervallschätzung f || ~ **level** (the probability /expressed usually as a percentage/ that a confidence interval will include a particular parameter value) (Stats) / Konfidenzniveau n, Vertrauensniveau n (DIN 1319, T 3) || ~ **limit** (the limits $L_1$ and $L_2$ which constitute the upper and lower boundaries of a confidence interval) (Stats) / Konfidenzgrenze f, Vertrauensgrenze f || ~ **probability** (Stats) / Sicherheitswahrscheinlichkeit f, statistische Sicherheit || ~ **region** (Stats) / Konfidenzbereich m, Vertrauensbereich m (DIN 1319, T 3) || ~ **region** (Stats) / Bereichsschätzung f
**confidential** adj / vertraulich adj, geheim adj || ~ **data** (Comp) / vertrauliche Daten || ~ **non-disclosure agreement** (Comp, Telecomm) / Geheimhaltungsvereinbarung f, Geheimhaltungsvertrag m, NDA (Geheimhaltungsvereinbarung)
**configurability** n (Electronics, Telecomm) / Konfigurierbarkeit f
**configurable** adj / zusammensetzbar adj (zu einer bestimmten Konfiguration) || ~ (Comp) / konfigurierbar adj || ~ **logic block** (Electronics) / programmierbarer Logikblock, PLB (programmierbarer Logikblock)
**configuration** f / Bauart f (Design), Ausführung f (Bauart), Baumuster n, Konstruktion f, Modell n, Bauform f || ~ (Aero, Nuc) / Zustandsform f, Zustand m || ~ (Astron) / Konfiguration f (gegenseitige Stellung der Planeten zueinander) || ~* (Chem, Phys) / Konfiguration f (die bei gegebener Konstitution die räumliche Anordnung von Atomen oder Atomgruppen innerhalb einer Verbindung beschreibt, soweit sie von Rotationen um Einfachbindungen nicht beeinflusst wird) || ~ (Comp) / Konfiguration f (z.B. Konsole und Peripheriegerät) || ~ (Maths) / Gebilde n || ~ (Telecomm) / Konfiguration f (die gesamte Ausstattung mit Telekommunikationseinrichtungen einschließlich aller individuellen Programmierungen und Einstellungen)
**configurational formula** (Chem) / Konfigurationsformel f (eine Strukturformel) || ~ **formula** (Chem) / Modell n der Konfigurationsisomere || ~ **isomerism** (Chem) / Konfigurationsisomerie f || ~ **stability** (Chem) / Konfigurationsstabilität f || ~ **unit** (Chem) / konfigurative Einheit, Konfigurationsbaustein m
**configuration control** (the process of evaluating, approving or disapproving, and coordinating changes to configuration items after formal establishment of their configuration identification) (Comp) /

**configuration**

Steuerung f der Konfiguration ‖ ~ **control**\* (Nuc Eng) / Konfigurationssteuerung f (eine Reaktorsteuerung), Reaktorsteuerung f durch Änderung der Geometrie
**configuration-dependent** adj (Comp) / anlagenabhängig adj
**configuration flexibility** (Comp) / Flexibilität f der Konfiguration ‖ ~ **formula** (Chem) / Konfigurationsformel f (eine Strukturformel) ‖ ~ **interaction** (Chem) / Konfigurationswechselwirkung f (in der Quantenchemie), Configuration Interaction f, CI (Configuration Interaction), CI-Verfahren n ‖ ~ **management** (Comp, Telecomm) / Konfigurationsmanagement n (die Aufgabe, Zusammenhänge und Unterschiede zwischen verschiedenen Softwarekonfigurationen festzustellen und archivieren - eine von der ISO definierte Kategorie für die Netzwerkverwaltung, CM (Konfigurationsmanagement) ‖ ~ **of the ground** (Geog, Surv) / Geländegestalt f, Geländegestaltung f, Geländeausformung f ‖ ~ **of the terrain** (Geog, Surv) / Geländegestalt f, Geländegestaltung f, Geländeausformung f ‖ ~ **setting** (Comp) / Konfigurationseinstellung f ‖ ~ **space** (Phys) / Ortsraum m (ein Phasenraum), Konfigurationsraum m
**configure** v / konfigurieren v
**confine** v / einschließen v, begrenzen v (einschließen)
**confined** adj / gespannt adj (Grundwasser) ‖ ~ **aquifer** (Geol) / gespannter Aquifer ‖ ~ **compression test** (Civ Eng) / Druckversuch m mit behinderter Querdehnung (bei der Bodenuntersuchung) ‖ ~ **ground water** (Geol) / artesisches Wasser, artesisches Grundwasser, Druckwasser n, gespanntes Grundwasser ‖ ~ **jet** (San Eng) / Luftstrom, der m nur in eine Richtung abströmt (meistens senkrecht zum Luftauslass) ‖ ~ **water** (US) (Geol) / artesisches Wasser, artesisches Grundwasser, Druckwasser n, gespanntes Grundwasser ‖ ~ **well** (Geol, Hyd Eng) / artesischer Brunnen (bei dem das Wasser infolge eigenen Überdrucks aus einem gespannten Grundwasserhorizont zutage tritt)
**confinement** n (Elec, Phys, Telecomm) / Füllfaktor m (Maß für den in einem geometrisch definierten Wellenleiter eingeschlossenen Anteil der geführten Welle) ‖ ~ (Electronics) / Confinement n (elektrisches, optisches) ‖ ~ (Nuc) / Confinement n (Eingeschlossenheit der Quarks in Hadronen) ‖ ~ (of plasma)\* (Plasma Phys) / Einschließung f, Einschluss m, Halterung f (des Plasmas) ‖ ~ **phase** / Confinement-Phase f (eine Phase des Eichfelds)
**confining bed** (Geol) / Grundwasserdeckschicht f, Grundwassersohlschicht f
**confirm** v (a statement) / bestätigen v
**confirmation** n / Bestätigung f ‖ ~ **of receipt** (Telecomm) / Empfangsbestätigung f
**confirmatory sign** (Autos) / Bestätigungszeichen n ‖ ~ **test** (San Eng) / Bestätigungstest m
**confirmed copy** / beglaubigte Kopie ‖ ~ **service** (Telecomm) / Dienst m mit Bestätigung
**conflagration** n / Flächenbrand m, Großbrand m
**conflate** v (Comp) / vereinigen v, zusammenfügen v (z.B. zwei Dateien)
**conflict** v / sich beißen v (Farben) ‖ ~ n (AI, Comp) / Konflikt m (von zwei Ereignissen, von zwei Regeln)
**conflict-free** adj / konfliktfrei adj
**conflicting routes** (Rail) / sich ausschließende Fahrstraßen, feindliche Fahrstraßen ‖ ~ **switch** (Rail) / feindliche Weiche ‖ ~ **traffic flows** / Konfliktverkehrsströme m pl
**conflict-resolution procedure** (Comp) / Konfliktlösungsprozedur f
**confluence** n (Geog, Geol) / Zusammenfluss m (Stelle, an der zwei Flüsse zusammentreffen) ‖ ~ (Geol) / Konfluenz f (von Flüssen oder Gletschern), Zusammenfließen n, Zusammenfluss m (Tätigkeit) ‖ ~ (Maths) / Konfluenz f ‖ ~ (Phys) / Konfluenz f (das Zusammenlaufen von Stromlinien)
**confluent** adj (flowing together or merging) / zusammenfließend adj ‖ ~ (Comp) / konfluent (z.B. Algorithmus) ‖ ~ **hypergeometric function** (Maths) / Kummer'sche Funktion (nach E.E. Kummer, 1810-1893), konfluente hypergeometrische Funktion, Kummer-Pochhammer-Funktion f ‖ ~ **rivers** (Geog, Geol) / zusammenfließende Flüsse
**conflux** n (Geol) / Konfluenz f (von Flüssen oder Gletschern), Zusammenfließen n, Zusammenfluss m (Tätigkeit)
**confocal** adj (Maths, Optics) / konfokal adj ‖ ~ **conics**\* (Maths) / konfokale Kegelschnitte ‖ ~ **quadrics**\* (Maths) / konfokale Quadriken, konfokale Hyperflächen zweiter Ordnung ‖ ~ **resonator** (Electronics) / konfokaler Resonator (mit zwei gleichen konkaven sphärischen Spiegeln, deren Brennpunkte zusammenfallen)
**conformability** n (Eng) / Anpassungsfähigkeit f (Fähigkeit eines Lagerwerkstoffs, anfängliche Anpassungsmängel der sich berührenden Oberflächen durch elastische und plastische Verformung zu kompensieren)

**conformable** adj (Geol) / konkordant adj ‖ ~ **strata** (an unbroken sequence of strata in which the layers are formed one above the other in parallel order by uninterrupted deposition) (Geol) / Parallelschichten f pl ‖ ~ **strata**\* (Geol) / Konkordanz f
**conformal** adj (Maths) / konform adj ‖ ~ **antenna** (Aero, Radio, Telecomm) / Antenne, die nicht aus der Kontur heraustritt (z.B. bei Luftfahrzeugen) ‖ ~ **array** (Radar, Radio) / konforme Gruppenantenne (bei Anordnung der Antennenelemente auf einer strukturell vorgegebenen allgemein unebenen Oberfläche) ‖ ~ **curvature** (Maths) / konforme Krümmung ‖ ~ **geometry** (Maths) / Ähnlichkeitsgeometrie f ‖ ~ **mapping** (Maths) / konforme Abbildung ‖ ~ (**map**) **projection** (Cartography, Surv) / konforme Abbildung (kartografische Abbildung, die in ihren kleinsten Teilen dem Urbild ähnlich ist) ‖ ~ **projection** (if the scale is equal in all directions at every point, with the result that angles and bearings can be measured reliably from the map) (Cartography, Geog) / winkeltreue Projektion ‖ ~ **transformation**\* (Maths) / konforme Abbildung
**conformance** n / Übereinstimmung f mit den Normbedingungen (bei Versuchen) ‖ ~ **test** / Konformitätstest m
**conformation** n (Chem) / Konformation f (die exakte räumliche Anordnung der Atome eines Moleküls gegebener Konstitution und Konfiguration)
**conformational analysis**\* (the determination of the arrangement in space of the constituent atoms of a molecule that may rotate about a single bond) (Chem) / Konformationsanalyse f ‖ ~ **energy** (Chem) / Konformationsenergie f ‖ ~ **formula** (Chem) / Konformationsformel f ‖ ~ **isomer** (stereoisomer which can be brought into the same configuration by rotation around C-C single bonds) (Chem) / Konformeres n, Konformationsisomer(es) n ‖ ~ **isomerism** (Chem) / Konformationsisomerie f (die durch Rotation von Gruppen um Einfachbindungen zustande kommt), Konstellationsisomerie f, Rotationsisomerie f (eine Art Stereoisomerie)
**conformationally disordered crystals** (Crystal) / Condis-Kristalle m pl (konformativ-ungeordnete Kristalle)
**conformer** n (Chem) / Konformeres n, Konformationsisomer(es) n
**conforming to standard specifications** / normgerecht adj
**conformity** n / Übereinstimmung f mit den Normbedingungen (bei Versuchen) ‖ ~ **criteria** / Konformitätskriterien n pl
**Conform process** (Met) / Conform-Verfahren n (kontinuierliches Strangpressverfahren, bei dem das Einsatzmaterial, z.B. Draht oder Pulver, durch ein mit Nut versehenes Reibrad verdichtet und durch die Reibung auf Umformtemperatur gebracht wird)
**confound** v / vermengen v (verquicken), verquicken v
**confusion circle**\* (Optics, Photog) / Diffusionskreis m, Unschärfenkreis m, Zerstreuungskreis m, Fehlerscheibchen n (unscharfes kreisförmiges Scheibchen anstelle des idealen Bildpunktes), Streukreis m
**conge** v (Nut) / konchieren v (Schokoladenmasse in der Konche zum Zweck der aromatischen Veredelung einer Wärmebehandlung aussetzen), conchieren v
**congé**\* n (Arch) / Bodenkehle f (zwischen Fußboden und Wand), Fußbodenkehle f
**conge** n (Nut) / Konche f, Conche f (muschelförmiger Trog zur Herstellung von Schokolade)
**congeal** vi / erstarren v, gerinnen v (durch Kälte), fest werden v (durch Kälte)
**congealing** n / Erstarrung f, Gerinnung f (durch Kälte) ‖ ~ **point** (Oils, Phys) / Stockpunkt m (die Temperatur, bei der ein Öl so steif wird, dass es unter der Einwirkung der Schwerkraft nicht mehr fließt - DIN 51583) ‖ ~ **point** (Phys) / Erstarrungspunkt m (Temperatur, bei der ein flüssiger Stoff in den festen Zustand übergeht), EP (Erstarrungspunkt, z.B. von Gold, Silber, Zink)
**congee** n (Arch) / Bodenkehle f (zwischen Fußboden und Wand), Fußbodenkehle f
**congelifluction** n (Geol) / Frostschub m, Solifluktion f (in periglazialen Gebieten)
**congelifraction** n (Geol) / Gelifraktion f, Frostverwitterung f, Frostsprengung f (durch Spaltenfrost verursachte Gesteinszerkleinerung)
**congelifracts** pl (Geol) / Frostverwitterungsschutt m, Frostschutt m
**congeliturbation** n (Geol) / Frostschub m, Solifluktion f (in periglazialen Gebieten)
**congener** n (Brew) / bei der alkoholischen Gärung entstehender Aromateil
**congeners** pl (Chem) / Elemente n pl derselben Gruppe im Periodensystem
**congenital** adj (present from birth) (Med) / konnatal adj, kongenital adj, angeboren adj (Krankheit)
**congested line** (Teleph) / überlastete Leitung
**congestion** n (Arch) / übermäßige Verdichtung von Wohnstätten, Arbeitsstätten und Verkehr ‖ ~ (Autos) / Verkehrsstau m, Verkehrsstauung f, Stau m (Verkehrsstau) ‖ ~ (Autos, Civ Eng) /

Verstopfung *f* (der Straßen) ‖ ~ (Telecomm) / Congestion *f* (in der Speichervermittlungstechnik) ‖ ~ (Telecomm, Teleph) / Überlastung *f*, Gassenbesetztzustand *m* ‖ ~ (Telecomm) s. also traffic policing
**conglobation** *n* (Ceramics) / Kugelbildung *f* (ein Glasurfehler)
**conglomerate** *v* / konglomerieren *v* ‖ ~ *n* / Konzern *m* (Mischkonzern) ‖ ~* (Geol) / Konglomerat *n* (diagenetisch verfestigter Schotter, dessen Geröllkomponenten deutlich zugerundet sind)
**conglutination** *n* / Verklebung *f* (von Fasern), Zusammenkleben *n*
**Congo copal** / Kongogummi *n*, Kongokopal *m* ‖ ≃ **gum** / Kongogummi *n*, Kongokopal *m* ‖ ≃ **paper** (Chem) / Kongopapier *n* (mit 0,1%iger wässriger Kongorotlösung getränktes Filterpapier zum Säurenachweis) ‖ ≃ **red*** (Chem, Micros) / Kongorot *n* (Azofarbstoff aus der Benzidinfarbstoffguppe - ein pH-Indikator)
**congressane** *n* (an exceptionally stable hydrocarbon which, like adamantane, is a 'diamantoid' compound) (Chem) / Diamantan *n*, Congressan *n*
**congress wort** (Brew) / Kongresswürze *f*
**congruence** *n* (Maths) / Isometrie *f*, Kongruenzabbildung *f*, starre Abbildung (eine Bijektion, bei der die Größe von Strecken und Winkeln invariant ist) ‖ ~ (Maths) / Kongruenz *f* (Deckungsgleichheit) ‖ ~* (Maths) / Kongruenz *f* (zwei ganze Zahlen a und b sind kongruent modulo m) ‖ ~ **group** (Maths) / Kongruenzgruppe *f* ‖ ~ **of angles** (Maths) / Winkelkongruenz *f* ‖ ~ **of lines** (Maths) / Geradenkongruenz *f*, Strahlenkongruenz *f*, Linienkongruenz *f* ‖ ~ **operation** (Maths) / Deckoperation *f* ‖ ~ **operation** (Maths) s. also symmetry operation ‖ ~ **theorem** (Maths) / Kongruenzsatz *m* (insbesondere für Dreiecke)
**congruent*** *adj* (Maths) / kongruent *adj* (Figuren), deckungsgleich *adj* (kongruent) ‖ ~ **mapping** (Maths) / kongruente Abbildung, Kongruenzabbildung *f* ‖ ~ **melting** (Met, Phys) / kongruentes Schmelzen ‖ ~ **melting point** (Maths) / kongruenter Schmelzpunkt, Kongruenzschmelzpunkt *m* (bei kongruent schmelzenden Stoffen) ‖ ~ **transformation** (Met) / kongruente Umwandlung ‖ ~ **transformation*** (Maths) / kongruente Abbildung, Kongruenzabbildung *f*
**conic*** *n* (Maths) / Kegelschnitt *m* (Kurve 2. Ordnung) ‖ ~ *adj* / kegelförmig *adj*, kegelig *adj*, konisch *adj*
**conical** *adj* / kegelförmig *adj*, kegelig *adj*, konisch *adj* ‖ ~ **antenna** (Radio) / Kegelantenne *f*, Konusantenne *f* ‖ ~ **beaker** (Chem) / Philipsbecher *m* (ein konisch geformtes Becherglas, das vor allem bei viskosen Substanzen benutzt wird und ein Verspritzen von Substanz beim Kochen verhindern soll) ‖ ~ **camber*** (Aero) / Keilprofil *n* ‖ ~ **clutch** (Eng) / Kegelkupplung *f*, Konuskupplung *f* (eine kraftschlüssige Kupplung) ‖ ~ **converter top** (Met) / Konverterhut *m* ‖ ~ **die** (Met) / konische Matrize (beim Drahtziehen) ‖ ~ **disk spring** (Eng) / Tellerfeder *f* (scheibenförmige Biegefeder nach DIN 2092 und 2093) ‖ ~ **dome** (Arch) / konische Kuppel (z.B. Schloss Chambord) ‖ ~ **drum** (Mining) / konische Trommel (eine Seiltrommel) ‖ ~ **fibre** (Optics) / Lichtleitkegel *m* (konischer Lichtleitstab nach DIN 58140, T 1), konische Faser (LWL) ‖ ~ **flask** (Chem) / Erlenmeyerkolben *m* (Reaktionsgefäß in der Maßanalyse nach E. Erlenmeyer, 1825-1909 - DIN 12380, 12385) ‖ ~ **ground joint** (Chem) / Kegelschliffverbindung *f* ‖ ~ **helical spring** (Eng) / Kegelfeder *f*, Kegelstumpffeder *f* ‖ ~ **horn*** (Acous) / Konushorn *n* ‖ ~ **nozzle** / Kegeldüse *f*, konische Düse (eine Entspannungsdüse) ‖ ~ **pendulum** (Phys) / Kegelpendel *n*, konisches Pendel ‖ ~ **plug** (Paper) / bemesserter Kegelstumpf (einer Kegelstoffmühle), Kegel *m* (einer Kegelstoffmühle) ‖ ~ **projection*** (Cartography, Geog) / Kegelabbildung *f*, konische Abbildung ‖ ~ **projection** (Maths) / Kegelprojektion *f* ‖ ~ **refiner** (Paper) / Kegelrefiner *m* ‖ ~ **refiner** (Paper) / Kegelstoffmühle *f*, Kegelmühle *f* ‖ ~ **refiner** (Paper) s. also Jordan refiner ‖ ~ **refraction*** (Light) / konische Refraktion (in der Kristalloptik) ‖ ~ **roof** (Arch) / Kegeldach *n*
**conical-rotor machine** (Elec Eng) / Maschine mit konischem Läufer
**conical scanning*** (for precise radio direction-finding) (Radar) / Kegelabsuchen *n* (zur genauen Funkpeilung), konische Abtastung ‖ ~ **scanning beam** (Radar) / konisch rotierender Strahl (bei sequentieller Mehrkeulenbildung) ‖ ~ **scan-tracking** (Radar) / konisches Suchverfahren (bei einem Zielverfolgungsradar)
**conical-screen centrifuge** / Siebzentrifuge *f* mit Konussiebtrommel
**conical seat(ing)** (Autos) / kegeliger Dichtsitz (der Zündkerze), Kegeldichtsitz *m*, Kegelsitz *m* ‖ ~ **shell** (Paper) / Kegelmantel *m* (einer Kegelstoffmühle) ‖ ~ **spring** (Eng) / Kegelfeder *f*, Kegelstumpffeder *f* ‖ ~ **surface*** (Maths) / Kegelfläche *f* ‖ ~ **turning** (Eng) / Konischdrehen *n*, Kegeldrehen *n* ‖ ~ **worm** (Eng) / Kegelschnecke *f* (zur Paarung mit Globoidkegelrad)
**conicity** *n* (Eng) / Verjüngung *f* (meistens bei Pyramidenformen), Kegelverhältnis *n* (bei runden Körpern), Kegel *m* ‖ ~ (Maths) / Konizität *f*, Kegeligkeit *f*
**conic mirror** (Optics) / gewölbter Spiegel, dessen spiegelnde Oberfläche eine nicht entartete Fläche zweiter Ordnung bildet (z.B. ein Paraboloid) ‖ ~ **mirror** (Optics) / konischer Spiegel, Kegelspiegel *m* ‖ ~ **mode** (Comp) / Zeilenanordnung *f* längs (Formulardia)
**conicoid** *n* (Maths) / eigentliche Fläche zweiter Ordnung, nicht entartete Fläche zweiter Ordnung
**conic projection** (Maths) / Kegelprojektion *f* ‖ ~ **section** (Maths) / Kegelschnitt *m* (Kurve 2. Ordnung)
**conidendrin** *n* (Chem, For) / Tsugaresinol *n*, Tsugalacton *n* (Lignan), Tsugalakton *n*, Conidendrin *n*, Sulfitablaugenlacton *n*, Sulfitablaugenlakton *n*
**Coniferae*** *pl* (Bot) / Nadelhölzer *n pl*, Koniferen *f pl*, Coniferae *pl* (Ordnung der Samenpflanzen)
**Coniferales** *pl* (Bot) / Nadelhölzer *n pl*, Koniferen *f pl*, Coniferae *pl* (Ordnung der Samenpflanzen)
**conifer gall lice** (For, Zool) / Tannenläuse *f pl* (Forstschädlinge, wie z.B. Douglasienlaus), Tannengallläuse *f pl*, Fichtengallenläuse *f pl*
**coniferin*** *n* (Chem) / Koniferin *n*, Abietin *n*, Coniferin *n*
**coniferous forest** (For) / Nadelwald *m* ‖ ~ **sapwood** (For) / Nadelsplintholz *n* ‖ ~ **sawn timber** (For) / Nadelschnittholz *n* (DIN 4074-1) ‖ ~ **timber** (For) / Nadelholz *n*, Nadelbaumholz *n* ‖ ~ **wood** (For) / Nadelholz *n*, Nadelbaumholz *n*
**conifers** *pl* (Bot) / Nadelhölzer *n pl*, Koniferen *f pl*, Coniferae *pl* (Ordnung der Samenpflanzen)
**conifer seedling** (For) / Nadelsämling *m*
**coniferyl alcohol** (Chem) / Koniferylalkohol *m* (z.B. im Lignin), Coniferylalkohol *m* (ein ungesättigter Phenoletheralkohol)
**coniform** *adj* / kegelförmig *adj*, kegelig *adj*, konisch *adj*
**coniine*** *n* (2-propylpiperidine) (Chem, Pharm) / Koniin *n*, Coniin *n* (Piperidinalkaloid des Fleckenschierlings), Cicutin *n*
**coning** *n* (Chem, Min Proc) / Kegelverfahren *n* (bei der Probenvorbereitung) ‖ ~ (Ecol) / konische Rauchfahne, Coning *n* (Form einer Schornsteinabluftfahne) (kegelförmige Struktur einer Schornsteinabluftfahne, welche bei neutraler vertikaler Temperaturschichtung entsteht) ‖ ~ (Mining) / Verjüngung *f* (einer Probe) ‖ ~ (Spinning) / Spulen *n* auf konische Hülsen, Conen *n* ‖ ~ (Spinning) s. also cone winding ‖ ~ **and quartering** (Civ Eng, Min Proc) / Vierteln *n*, Vierteilungsverfahren *n* (bei einer Probe), Kegelverfahren *n* (Probenvorbereitung) ‖ ~ **angle*** (Aero) / Kegelwinkel *m* (bei Rotoren) ‖ ~ **oil** (Spinning) / Spulöl *n* (zum Spulfähigmachen von Garnen) ‖ ~ **stop** (Aero) / Schwenkbegrenzer *m* (bei Hubschraubern)
**Coniophora puteana*** (For) / Brauner Kellerschwamm, Warzenschwamm *m* (Coniophora cerebella Duby)
**conium alkaloids** (a group of simple piperidine alkaloids found only in poison hemlock, Conium maculatum L.) (Pharm) / Conium-Alkaloide *n pl* (giftige Piperidinalkaloide des Gefleckten Schierlings)
**conjuene oil** / Konjuenöl *n* (trocknendes Öl mit konjugierten Doppelbindungen)
**conjuenes** *pl* (Chem) / Konjuene *n pl* (organische Verbindungen, deren Doppelbindungen in Konjugation stehen)
**conjugacy** *n* (Maths) / Übergang *m* zum Konjugiertkomplexen, komplexe Konjugation
**conjugate** *v* (Chem) / konjugieren *v*, in Wechselwirkung treten ‖ ~ *n* (Chem) / Konjugat *n*, konjugierte Verbindung ‖ ~ *adj* (Chem) / konjugiert *adj* ‖ ~ (Chem) / konjugiert *adj* (Säure, Base) ‖ ~ **acid and base*** (Chem) / konjugiertes Säure-Base-Paar, korrespondierendes Säure-Base-Paar ‖ ~ **algebraic numbers*** (Maths) / konjugierte algebraische Zahlen ‖ ~ **angles*** (Maths) / Ergänzungswinkel *m pl* (α + β = Vollwinkel)
**conjugate-attenuation constant** / konjugiert-komplexe Dämpfung (Dämpfungsmaß)
**conjugate axis of hyperbola*** (Maths) / Nebenachse *f* (der Hyperbel), imaginäre Achse (der Hyperbel) ‖ ~ **base** (Chem) / korrespondierende Base ‖ ~ **Bertrand curves*** (Maths) / Bertrand'sche Kurvenpaar (nach J. Bertrand, 1822 - 1900) ‖ ~ **branches*** (Elec Eng) / entkoppelte Zweige ‖ ~ **complex number** (Maths) / konjugiert-komplexe Zahl, konjugiert-imaginär Zahl
**conjugated** *adj* (compound) (Chem) / mit konjugierten Doppelbindungen (eine Kohlenstoffverbindung) ‖ ~ **fatty acid** (Chem) / Konjuenfettsäure *f* (deren vordem isolierte Doppelbindungen unter Alkali-Einwirkung in konjugierte übergegangen sind) ‖ ~ **faults** (Geol) / konjugierte Verwerfungen
**conjugate diameters*** (Maths) / konjugierte Durchmesser ‖ ~ **double bonds*** (Chem) / konjugierte Doppelbindungen
**conjugated points** (Optics) / konjugierte Punkte (einer optischen Abbildung) ‖ ~ **protein** (Biochem, Chem) / konjugiertes Protein, zusammengesetztes Protein
**conjugate dyadics** (Maths) / konjugierte Dyaden ‖ ~ **elements*** (Maths) / konjugierte Elemente ‖ ~ **fibres** (Spinning) / Zweikomponentenfasern *f pl*, Bikomponentenfasern *f pl*, konjugierte Fasern ‖ ~ **foci*** (Optics) / konjugierte Brennpunkte ‖ ~ **gears** (Eng) / verzahntes Räderpaar ‖ ~ **hyperbola** (Maths) /

**conjugate**

konjugierte Hyperbel ‖ **~ image** (Phys) / virtuelles Bild (bei Hologrammen) ‖ **~ image points** (Optics) / zugehörige Bildpunkte ‖ **~ impedance** (Telecomm) / konjugiert-komplexer Widerstand ‖ **~ lines** (of a conic)* (Maths) / konjugierte Geraden, konjugierte Strahlen ‖ **~ matrix*** (Maths) / transponierte Matrix, gekippte Matrix, gestürzte Matrix, gespiegelte Matrix ‖ **~ point*** (Maths) / Einsiedlerpunkt *m* (in der Kurvendiskussion), isolierter Kurvenpunkt ‖ **~ solutions*** (Chem) / konjugierte Mischungen ‖ **~ subgroup*** (Maths) / konjugierte Subgruppe ‖ **~ system of curves*** (Maths) / konjugiertes Netz (Kurvensystem)
**conjugation** *n* (Chem) / Konjugation *f* (eine besondere Art der chemischen Bindung)
**conjugative redshift** (Spectr) / durch Konjugation bedingte Rotverschiebung
**conjunction** *n* / UND-Verknüpfung *f*, Konjunktion *f* (DIN 5474) ‖ **~*** (Astron) / Gleichschein *m*, Konjunktion *f* (eine Konstellation) ‖ **~ gate** (Comp) / UND-Schaltung *f*, UND-Glied *n*, Tor *n*, Konjunktionsschaltung *f* ‖ **~ name** (Chem) / Konjunktionsname *m* (Vereinigung zweier Moleküle, jedoch unter Abzug zweier H-Atome), zusammengesetzter Name (z.B. Oxirantriethanol)
**conjunctive** *adj* (Maths) / konjunktiv *adj* ‖ **~ name** (Chem) / Konjunktionsname *m* (Vereinigung zweier Moleküle, jedoch unter Abzug zweier H-Atome), zusammengesetzter Name (z.B. Oxirantriethanol)
**conk** *n* (US) (Bot, For) / Fruchtkörper *m* eines holzzerstörenden Pilzes ‖ **~** (Bot, For) / Schwamm *m* ‖ **~** (For) / Schwammholz *n*, faules Holz
**Conklin magnetic separator** (Min Proc) / Kreuzbandscheider *m* (ein Magnetscheider)
**conk rot fungus** (For) / Kiefernbaumschwamm *m* (Phellinus pini (Brot.; Fr.) Ames)
**conky** *adj* (For) / mit den Fruchtkörpern der Trametes behaftet ‖ **~*** (For) / schwammig *adj* (durch Pilze zerstört)
**connate water*** (Civ Eng, Geol) / Porenzwickelwasser *n*, Porensaugwasser *n*, Porenwasser *n* (eine Art von Haftwasser) ‖ **~ water*** (Geol) / konnates Wasser, fossiles Grundwasser (das schon vor langem in niederschlagsgünstigen Zeiten an seinen jetzigen Lagerungsort gelangt ist)
**connect** *v* (Elec Eng) / schalten *v* (elektrische Bauteile verbinden) ‖ **~** (Elec Eng) / anschalten *v* ‖ **~** (Eng) / verbinden *v* (fügen), anschließen *v*, fügen *v* (einpressen, nieten, schweißen, löten, kleben) ‖ **~** (Telecomm) / eine Verbindung herstellen ‖ **~** (Teleph) / verbinden *v*
**connectable** *adj* (Elec Eng) / schaltbar *adj*, durchschaltbar *adj*
**connect button** (Telecomm) / Anschalttaste *f*, Anschaltetaste *f*
**connected** *adj* (Chem, Elec) / gebunden *adj* ‖ **~** (Comp, Telecomm) / Verbindung hergestellt (Dienstsignal) ‖ **~** (Maths) / konnex *adj* (Relation) ‖ **~ domain*** (Maths) / zusammenhängendes Gebiet ‖ **~ graph** (Comp) / zusammenhängender Graf (wenn es zwischen zweien seiner Knotenpunkte mindestens einen verbindenden Weg gibt)
**connected-line-identification restriction** (Teleph) / Rufnummerübermittlungs-Unterdrückung *f* (des gerufenen Teilnehmers)
**connected load** (Elec Eng) / Leistungsaufnahme *f* (der Lampe) ‖ **~ load*** (Elec Eng) / Anschlusswert *m* ‖ **~ network** (Elec) / geschlossenes Netzwerk
**connecting box*** (Elec Eng) / Anschlussdose *f*, Klemmdose *f*, ADO (Anschlussdose) ‖ **~ cable** (Cables, Elec Eng) / Verbindungskabel *n* ‖ **~ door** (Build) / Verbindungstür *f* ‖ **~ flange** (Eng) / Anschlussflansch *m* ‖ **~ flight** (Aero) / Anschlussflug *m* ‖ **~ hip** (between two ridges) (Build) / Verfallung *f* (Grat, der dort entsteht, wo zwei verschieden hohe Dächer aufeinander stoßen) ‖ **~ hose** / Verbindungsschlauch *m* ‖ **~ line** (Rail) / Anschlussstrecke *f* ‖ **~ lug** (Elec Eng) / Anschlusslasche *f*, Anschlussöse *f*, Anschlussfahne *f* ‖ **~ mode** (Elec Eng) / Anschlussart *f* ‖ **~ piece** (Eng) / Verbindungsstück *n* ‖ **~ post** (Elec Eng) / Leiterbrücke *f* (von Leiterzug zu Leiterzug) ‖ **~ relay** (Elec Eng) / Anschalterelais *n* ‖ **~ rod** (Autos, Eng) / Pleuelstange *f* (Bauteil des Kurbeltriebwerks von Kolbenmaschinen), Pleuel *m*, Treibstange *f* ‖ **~ rod** (Build) / Pleuelstange *n*, Anschlussstab *m* ‖ **~ rod*** (Eng) / Schubstange *f* (bei der Umsetzung einer Drehbewegung in eine hin- und hergehende Bewegung und umgekehrt)
**connecting-rod bearing** (Autos) / Pleuellager *n* ‖ **~ big-end** (Autos) / Pleuelfuß *m*, Pleuelauge (unteres, großes), unteres Pleuelende (DIN ISO 7967-2) ‖ **~ shank** (I C Engs) / Pleuelschaft *m* ‖ **~ small-end** (Autos) / Pleuelkopf *m*, Pleuelauge *n* (oberes, kleines) ‖ **~ test bench** (I C Engs) / Pleuelprüfstand *m*
**connecting shaft** (Eng) / Verbindungswelle *f* ‖ **~ terminal** (Eng) / Anschlussklemme *f*, Verbindungsklemme *f*, Klemme *f* (DIN 4899), Pol *m* (DIN 4899)
**connect in series** (Elec Eng) / in Reihe schalten, hintereinander schalten
**connection** *n* / Anbindung *f* (z.B. Autobahnanbindung) ‖ **~** / Verbindung *f*, Kopplung *f* ‖ **~ attribute** (Teleph) / Verbindungsmerkmal *n* ‖ **~ box*** (Elec Eng) / Anschlussdose *f*, Klemmdose *f*, ADO (Anschlussdose) ‖ **~ chip** (Teleph) / Zuschaltechip *m*
**connection-dependent service feature** (Teleph) / verbindungsabhängiges Leistungsmerkmal
**connection for headset** (Teleph) / Anschluss *m* für Sprechgarnitur, CNHS (Anschluss für Sprechgarnitur)
**connectionism** *n* (AI) / Konnektionismus *m*
**connection lead** (I C Engs) / Anschlussgewinde *n* (der Zündkerze)
**connectionless** *adj* (Comp, Telecomm) / anschlussfrei *adj* (eine Nachrichtenverbindung) ‖ **~** (Telecomm) / verbindungslos *adj* (Vermittlungsdienst) ‖ **~ broadband data service*** (European version of SMDS) (Comp) / Connectioless Broadband Data Service *m*, CBDS (Connectionless Broadband Data Service) ‖ **~ network protocol** (Comp) / Netzwerkprotokoll *n* für den verbindungslosen Betrieb, Connectionless Network Protocol *n*, CLNP *n* (Connectionless Network Protocol), ISO-IP *n* ‖ **~ service feature** (Teleph) / verbindungsunabhängiges Leistungsmerkmal
**connection lug** (Elec Eng) / Anschlusslasche *f*, Anschlussöse *f*, Anschlussfahne *f* ‖ **~ machine** (AI) / Konnektionsmaschine *f*, Connection-Machine *f* ‖ **~ path** (Elec Eng) / Verbindungsweg *m* ‖ **~ piece** (Plumb) / Stutzen *m* (Rohrstutzen), Rohrstutzen *m* ‖ **~ piece** (Plumb) s. also plain coupler ‖ **~ point** (Elec Eng) / Anschlusspunkt *m* ‖ **~ set-up** (Comp, Telecomm, Teleph) / Verbindungsaufbau *m* (zwischen zwei Teilnehmern), Verbindungsherstellung *f* ‖ **~ to earth** (Elec Eng) / Erdung *f* (Gesamtheit aller Mittel und Maßnahmen zum Erden), Masseanschluss *m* ‖ **~ with force** (Eng) / Reibschlussverbindung *f*
**connective** *n* / Junktor *m* ‖ **~ tissue*** (Zool) / Bindegewebe *n*
**connectivity matrix** (Comp) / Adjazenzmatrix *f*, Knotenmatrix *f*, Matrix *f* benachbarter Knoten (für Grafen) ‖ **~ number** (Maths) / Zusammenhangszahl *f*, Betti-Zahl *f* (nach E. Betti, 1823-1892) ‖ **~ testing** (Comp) / Kontinuitätsprüfung *f*, Durchgangsprüfung *f*, Prüfung *f* auf Durchgang
**connector** *n* (Cables, Elec Eng) / Connector *m*, Konnektor *m* (DIN ISO 4135) ‖ **~*** (Carp) / stählernes Verbindungsmittel (z.B. Stahllasche oder Stahldollen) ‖ **~** (Comp) / Übergangsstelle *f* (in einem Programmablaufplan) ‖ **~** (Elec Eng) / Stecker *m* (einer Steckverbindung) ‖ **~** (Elec Eng) / Anschlussstecker *m* ‖ **~** (Elec Eng) / Anschlussmittel *n* (Steckvorrichtung), Steckvorrichtung *f* (Stecker oder Steckdose) ‖ **~** (Elec Eng, Eng) / Verbinder *m*, Verbindungsglied *n*, Verbindungselement *n* ‖ **~** (Elec Eng, Eng) / Muffe *f* (ein Maschinenelement in Hohlzylinderform), Verbindungsmuffe *f* ‖ **~** (Eng) / Verbundmittel *n* (eines Verbundträgers) ‖ **~*** (For) / Metalldübel *m* (für Dübelverbindungen im Holzbau) ‖ **~** (Teleph) / Anschaltsatz *m*
**connector*, RJ45 ~** (Comp) / RJ45-Stecker *m* (achtpoliger Stecker für verdrillte Leitungen)
**connector bar*** (Autos, Elec Eng) / Plattenverbinder *m*, Polbrücke *f* (zur Verbindung der Platten eines Plattensatzes nach DIN 40729)
**connectorized** *adj* (Elec Eng) / mit Steckern versehen
**connector pin** (Elec Eng) / Stift *m* (Bauelementanschluss), Steckerstift *m*, Kontaktstift *m*, Anschlussstift *m* ‖ **~ pin** (Elec Eng) / Anschlussstecker *m*
**connect time** (Comp, Telecomm) / Connect Time *f* (bei Online-Diensten und Internet-Service-Providern die Zeit, welche ein Nutzer online ist und dadurch technische Ressourcen sowie Dienstleistungen in Anspruch nimmt) ‖ **~ to earth** (Elec Eng) / erden *v* (einen elektrisch leitfähigen Teil über eine Erdungsanlage mit der Erde verbinden), an Erde legen
**connect-when-free facility** (Teleph) / Verbinden *n* wenn frei (ein Leistungsmerkmal)
**Connersville meter** / Drehkolbengaszähler *m*
**Connes' advantage** (Spectr) / Connes-Vorteil *m* (hohe Wellenzahlenpräzision in der FTIR-Spektroskopie)
**connex** *adj* (Maths) / zusammenhängend *adj* (z.B. topologischer Raum)
**connexion** *n* (GB) / Verbindung *f*, Kopplung *f* ‖ **~** (GB) (Elec Eng) / Anschluss *m* ‖ **~ chip** (GB) (Teleph) / Zuschaltechip *m*
**connexionless** *adj* (GB) (Comp, Telecomm) / anschlussfrei *adj* (eine Nachrichtenverbindung) ‖ **~** (GB) (Telecomm) / verbindungslos *adj* (Vermittlungsdienst)
**connexion-oriented** *adj* (Comp, Telecomm) / anschlussorientiert *adj* (eine Nachrichtenverbindung)
**connexion where power is transmitted by friction(al contact)** (Eng, Mech) / Kraftschluss *m* (z.B. zweier Getriebeglieder), Reibschluss *m*
**conning tower** (Mil) / Turm *m* (von U-Booten), Kommandoturm *m* (von U-Booten)
**conode** *n* (a line on a phase diagram joining the two points which represent the composition of systems of equilibrium) (Met) / Konode *f* (in Phasendiagrammen - Verbindungslinie zwischen zwei Punkten, die die Zusammensetzung von zwei im Gleichgewicht befindlichen Phasen angibt)
**conoid** *n* (Maths) / Konoid *n*, Konoidfläche *f* ‖ **~ adj** (Maths) / Konoid-, konoid *adj*

**conoidal** *adj* (Maths) / Konoid-, konoid *adj* ‖ ~ **shell** (Arch) / Konoidschale *f*
**conophor oil** / Conophoröl *n* (aus Tetracarpidium conophorum (Muell. Arg.) Hutch. et Dalziel)
**conopulse** *n* (in a tracking radar) (Radar) / Conopuls *m*
**conormal** *n* (Maths) / Konormale *f*
**conoscope** *n* (a polarizing microscope using convergent light with the Bertrand lens inserted, used to test the interference figures of crystals) (Crystal, Micros) / Konoskop *n* (für Durchlichtmikroskopie im konvergenten Strahlengang)
**conoscopic** *adj* (Crystal, Micros, Optics) / konoskopisch *adj*
**conoscopy** *n* (Micros) / Konoskopie *f* (in der Polarisationsmikroskopie)
**conotoxin** *n* (Chem) / Conotoxin *n* (ein Peptidgift), Conus-Toxin *n* (Neurotoxin aus Kegelschnecken)
**Conrad cup** (US) (Eng) / Stauffferbuchse *f*, Stauffferbüchse *f* (DIN 3411) ‖ ~ **discontinuity** (Geol) / Conrad-Diskontinuität *f* (eine seismische Unstetigkeitsfläche - nach V. Conrad, 1876 - 1962)
**Conradson carbon residue determination** (of a liquid fuel) / Conradsontest *m* (DIN 51551) ‖ ~ **carbon test** / Conradsontest *m* (DIN 51551)
**con rod** (Autos, Eng) / Pleuelstange *f* (Bauteil des Kurbeltriebwerks von Kolbenmaschinen), Pleuel *m*, Treibstange *f*
**Conro ship** (Ships) / Con/Ro-Schiff *n*, Container-roll-on-roll-off-Schiff *n*
**conrotatory** *adj* (Chem) / konrotatorisch *adj*, conrotatorisch *adj*
**consanguineous** *adj* (Geol) / blutsverwandt *adj*
**consanguinity\*** *n* (Geol) / Blutsverwandtschaft *f* (einheitliche Merkmale des chemischen Bestandes der Erstarrungsgesteine in einem größeren Gebiet)
**consciousness-altering drug** (Chem, Med, Pharm) / Bewußtsein ändernde Droge
**consecutive** *adj* / nachfolgend *adj*, konsekutiv *adj*, Folge-, aufeinander folgend *adj* (unmittelbar) ‖ ~ (Maths) / benachbart *adj*, konsekutiv *adj* ‖ ~ **number** (Maths) / fortlaufende Nummer *f* ‖ ~ **pass** (Met) / Folgestich *m* (beim Walzen) ‖ ~ **pass** (Met) / nachfolgender Stich (beim Walzen) ‖ ~ **processing** (Comp, Work Study) / fortlaufende Verarbeitung ‖ ~ **reaction** (Chem) / Konsekutivreaktion *f*, Folgereaktion *f*
**consensus sequence** (Gen) / kanonische Sequenz, Konsensussequenz *f*
**consequence** *n* / Konklusionsteil *m* (einer Regel), Konsequenz *f* (einer Folgerung), Dann-Teil *m* (einer Regel), Sukzedens *n* (pl. -zien oder -tien)
**consequences of an accident** / Unfallfolgen *f pl*
**consequent** *n* (the second part of a conditional proposition) / Konklusionsteil *m* (einer Regel), Konsequenz *f* (einer Folgerung), Dann-Teil *m* (einer Regel), Sukzedens *n* (pl. -zien oder -tien) ‖ ~ (AI) / Konklusion *f*, Schluss *m*, logischer Schluss (Ableitung von Aussagen von anderen Aussagen - in der Regellogik) ‖ ~ **\*** (Maths) / Hinterglied *n* (eines Verhältnisses) ‖ ~ **adj** / konsequent *adj* (logisch schlüssig, folgerichtig) ‖ ~ (Geol) / konsequent *adj* (mit Beziehung zum Schichtenbau der Erdoberfläche)
**consequential damage** / Folgeschaden *m*, schädliche Nachwirkung
**consequent pole** (Elec Eng) / Folgepol *m* ‖ ~ **reaction** (Chem) / Konsekutivreaktion *f*, Folgereaktion *f* ‖ ~ **river\*** (Geol) / Folgefluss *m*, konsequenter Fluss
**consertal texture** (Geol) / Consertalstruktur *f* (von magmatischen Gesteinen)
**conservancy system\*** (San Eng) / Fäkalienbeseitigung *f* ohne Wasserspülung (Grubenaborte)
**conservation\*** *n* (Ecol) / Naturschutz *m* ‖ ~ (Nut) / Frischhaltung *f* ‖ ~ (Phys) / Erhaltung *f* (der Energie) ‖ ~ **area** (GB) (Arch) / flächenhaftes Kulturdenkmal
**conservationist** (Ecol) / Naturschützer *m*
**conservation law\*** (Chem, Phys) / Erhaltungsgesetz *n*, Erhaltungssatz *m* ‖ ~ **of angular momentum** (Phys) / Erhaltung *f* des Drehimpulses ‖ ~ **of charge** (Phys) / Erhaltung *f* der Ladung, Ladungserhaltung *f* ‖ ~ **of energy\*** (Phys) / Energieerhaltung *f*, Erhaltung *f* der Energie ‖ ~ **of historic buildings** / Baudenkmalpflege *f* ‖ ~ **of mass** (Phys) / Erhaltung *f* der Masse ‖ ~ **of momentum\*** (Mech) / Impulserhaltung *f*, Erhaltung *f* des Impulses ‖ ~ **of natural stones** (Build) / Natursteinkonservierung *f* ‖ ~ **of parity** (Nuc) / Paritätserhaltung *f* ‖ ~ **tillage** (Agric) / Bodenschutzbearbeitung *f*, schonende Bodenbearbeitung, bodenschonende Bearbeitung
**conservative** *adj* / vorsichtig *adj* (Schätzung) ‖ ~ (Maths, Phys) / konservativ *adj* (Bewegung, Feld, Kraft, System) ‖ ~ **field\*** (Phys) / konservatives Feld ‖ ~ **flux** (Elec Eng) / quellenfreier Fluss ‖ ~ **system\*** (Phys) / konservatives System (abgeschlossenes physikalisches System) ‖ ~ **unit** (Phys) / konservative Einheit
**conservator tank\*** (expansion tank system) (Elec Eng) / Ausdehnungsgefäß *n* (des Öltransformators)
**conservatory** *n* (for growing delicate plants) (Arch, Build) / Wintergarten *m* (der meist mit der Wohnung verbunden ist)

**conserve** *v* (Nut) / einmachen *v* (im Haushalt) ‖ ~ (Nut) / einzuckern *v* (konservieren)
**consign** *v* / befördern *v* (Güter)
**consignee** *n* / Empfänger *m* (bei Lieferungen)
**consigner** *n* / Absender *m* (bei Lieferungen)
**consignment** *n* / Sendung *f*, Lieferung *f* (einmalige) ‖ ~ / Beförderung *f* (von Gütern) ‖ ~ (shipment of consigned goods) / Sendung *f*, Lieferung *f* (von Waren), Versand *m* (der bestellten Ware) ‖ ~ **note for waste** (Ecol) / Abfallbegleitschein *m*, Begleitschein *m* (zur Nachweisführung über entsorgte Abfälle) ‖ ~ **stock** / Konsignationslager *n* (ein vom Lieferanten auf seine Kosten beim Besteller bereitgestellter Warenbestand), Auslieferungslager *n*
**consistency** *n* (AI, Maths) / Konsistenz *f* (Widerspruchsfreiheit) ‖ ~ **\*** (Paper) / Stoffdichte *f* ‖ ~ **\*** (Phys) / Konsistenz *f* (in der Rheologie gebräuchliche Graduierung der Steifigkeit einer Substanz gegenüber formändernden Einflüssen, z.B. flüssig, zähflüssig usw.) ‖ ~ (Stats) / Konsistenz *f* (einer Schätzfunktion) ‖ ~ **check** (AI) / Konsistenzprüfung *f* ‖ ~ **checker** (AI) / Konsistenzüberprüfer *m* (ein Subsystem des Inferenzsystems) ‖ ~ **class** (MLGI) / Konsistenzklasse *f* ‖ ~ **grade** (NLGI) / Konsistenzstufe *f* ‖ ~ **index** (Civ Eng) / Konsistenzzahl *f* (die den aktuellen Zustand der Bodenplastizität charakterisiert - DIN 18122, T 1) ‖ ~ **limits** (Civ Eng) / Atterberg'sche Grenzen (Zustandsgrenzen für bindigen Boden, nach DIN 18122) ‖ ~ **problem** (AI) / Konsistenzproblem *n* ‖ ~ **region** (Phys) / Konsistenzbereich *m* (z.B. steif, plastisch, weich, fließfähig)
**consistent** *adj* (Maths) / widerspruchsfrei *adj* (konsistent), konsistent *adj* ‖ ~ **equations\*** (Maths) / lösbares Gleichungssystem, verträgliches Gleichungssystem, lösbare Gleichungen, verträgliche Gleichungen ‖ ~ **estimator** (Stats) / konsistente Schätzfunktion ‖ ~ **lubricant** / konsistenter Schmierstoff ‖ ~ **sequence** (Stats) / konsistente Folge
**consistometer** *n* (Materials) / Konsistometer *n* (Gerät zur Bestimmung rheologischer Eigenschaften, wie Viskosität, Bildsamkeit, Dilatanz, Thixotropie usw.), Konsistenzmessgerät *n*
**consol** *n* (Nav) / Consolverfahren *n* (altes Funknavigationsverfahren für den Langstreckenbereich)
**Consolan** *n* (US) (Nav) / Consolverfahren *n* (altes Funknavigationsverfahren für den Langstreckenbereich)
**console\*** *n* (Automation) / Steuerpult *n*, Steuerungspult *n*, Bedienungspult *n* ‖ ~ (Autos) / Konsole *f* ‖ ~ **\*** (Build) (with an S-shaped scroll)\* (Build) / Wandkonsole *f* ‖ ~ **\*** (Build) / Kragstein *m* (aus der Wand vorkragendes Auflager) ‖ ~ (Comp) / Spielkonsole *f* (dediziertes Spielsystem, das an Fernsehgeräte anschließbar ist), Videospielsystem *n* ‖ ~ **\*** (Comp) / Konsole *f* (ein mit diversen Möglichkeiten zu Steuerungs- und Kontrollzwecken ausgestatteter Platz zur Kontrolle rechnergesteuerter Anlagen), Console *f*, Bedienungskonsole *f* (z.B. Spiel- oder Videokonsole), Bedienungsplatz *m* ‖ ~ (TV) / Standgerät *n* ‖ ~ **display** (Comp) / Konsolanzeige *f* ‖ ~ **driver** (Comp) / Konsolentreiber *m* ‖ ~ **typewriter** (Comp) / Bedienungsblattschreiber *m*, Konsolblattschreiber *m*, BBS (Bedienungsblattschreiber) ‖ ~ **typewriter** (Comp) s. also interrogating typewriter
**consolidate** *v* / konsolidieren *v*
**consolidated area** (Agric) / zusammengelegte Fläche ‖ ~ **ballast** (Rail) / festgesackte Bettung ‖ ~ **cargo** (Ships) / Sammelladung *f* ‖ ~ **shipment** (US) (Ships) / Sammelladung *f* ‖ ~ **waggon** (US) (Rail) / Sammelwaggon *m*
**consolidation** *n* / Konsolidation *f*, Konsolidierung *f* ‖ ~ **\*** (Civ Eng) / Eigenverfestigung *f*, Konsolidierung *f*, natürliche Setzung (des Bodens) ‖ ~ **\*** (Civ Eng) s. also compaction ‖ ~ **by piles** (Civ Eng) / Verpfählen *n* zur Bodenfestigung ‖ ~ **curve** (Civ Eng) / Diagramm des zeitlichen Setzungsverlaufs *n* (einer Bodenprobe), zeitlicher Setzungsverlauf (einer Bodenprobe) ‖ ~ **index** / Verfestigungsexponent *m* (der den Anstieg der Fließkurve bestimmt) ‖ ~ **of (fragmented) holdings** (Agric) / Grundstückszusammenlegung *f*, Flurbereinigung *f* (eine agrarstrukturelle Maßnahme) ‖ ~ **pile** (Civ Eng) / Verdichtungspfahl *m*, Bodenverfestigungspfahl *m* ‖ ~ **press** (Civ Eng) / Kompressionsdurchlässigkeitsgerät *n*, Kompressionsgerät *n*, Ödometer *n* ‖ ~ **test** (of soils) (Civ Eng) / Kompressionsversuch *m* (bei den Bodenproben) ‖ ~ **time curve** (Civ Eng) / Diagramm des zeitlichen Setzungsverlaufs *m* (einer Bodenprobe), zeitlicher Setzungsverlauf (einer Bodenprobe)
**consolidometer** *n* (Civ Eng) / Kompressionsdurchlässigkeitsgerät *n*, Kompressionsgerät *n*, Ödometer *n*
**consolute temperature** (Chem) / kritische Lösungstemperatur, kritischer Lösungspunkt
**consonance\*** *n* (Acous) / Konsonanz *f*, Zusammenklang *m*
**consonant** *n* (Acous) / Konsonant *m* (pl. -en), Mitlaut *m*
**consortium** *n* / Interessengemeinschaft *f*, Konsortium *n* (pl. -tien)

**conspecific**\* *n* (Biol) / Artgenosse *m* ‖ ~\* *adj* (Biol) / der gleichen Art angehörend, gleichartig *adj*
**constancy**\* *n* / Konstanz *f* (Unveränderlichkeit), Beständigkeit *f* ‖ ~ (Ecol) / Konstanz *f* (relative Häufigkeit des Auftretens einer Art) ‖ ~ **of interfacial angles** (Crystal) / Winkelkonstanz *f* (nach dem seligen Steno)
**constant**\* *n* (Phys) / Konstante *f* (DIN 5485) ‖ ~\* *adj* / konstant *adj* (stetig, unveränderlich), beständig *adj*, gleich bleibend *adj* ‖ ~ **amplitude** (Phys) / konstante Amplitude
**constant-amplitude** *attr* (Phys) / amplitudenstabil *adj*, mit konstanter Amplitude ‖ ~ **recording**\* (Acous) / Aufzeichnung *f* mit konstanter Amplitude
**constantan**\* *n* (Elec Eng, Met) / Konstantan *n* (eine Cu-Ni-Legierung)
**constant and uniform print quality** (Comp) / gleich bleibend gute Schriftwiedergabe
**constant-angle cross-winding** (Spinning) / wilde Wicklung (der Kreuzspule), wilde Kreuzwicklung (DIN 61 801) ‖ ~ **fringes** (Light, Optics) / Haidingerringe *m pl* (nach W.K. von Haidinger, 1795-1871) (Interferenzerscheinungen an planparallelen Platten od. Luftschichten), Haidinger'sche Ringe, Streifen *m pl* gleicher Neigung, Kurven *f pl* gleicher Neigung
**constant angular velocity disk** (Comp, Optics) / CAV-Platte *f*, Platte *f* mit gleich bleibender Winkelgeschwindigkeit (optische)
**constantan wire** (Elec Eng) / Konstantan-Heizdraht *m*
**constant area** (Comp) / Konstantenbereich *m* ‖ ~ **area density disk** (Comp, Optics) / CAD-Platte *f*, Platte *f* mit gleichbleibender Flächendichte (optisch)
**constant-boiling** *adj* (Chem, Phys) / konstantsiedend *adj* ‖ ~ **mixture**\* (Chem) / azeotropisches Gemisch, azeotropische Mischung (flüssige Mischung, deren Dampf dieselbe Zusammensetzung wie die flüssige Phase hat), azeotrope Mischung, azeotropes Gemisch
**constant current** (Elec Eng) / Konstantstrom *m*, Dauerstrom *m*
**constant-current charging** (Elec Eng) / Konstantstromladung *f*, Ladung *f* bei konstantem Strom (der Batterie) ‖ ~ **d.c.-link converter** (Elec Eng) / Stromzwischenkreisstromrichter *m*, Stromrichter *m* mit Stromzwischenkreis ‖ ~ **electrolysis** (Chem, Elec Eng) / Elektrolyse *f* bei konstanter Stromstärke ‖ ~ **method** (Elec Eng) / Konstantstromladung *f*, Ladung *f* bei konstantem Strom (der Batterie) ‖ ~ **modulation**\* (Electronics) / Parallelröhrenmodulation *f*, Anodenspannungsmodulation *f*, Heising-Modulation *f* (mit Parallelröhre) ‖ ~ **source** (a source whose output current is independent of the load impedance) (Elec Eng) / Urstromquelle *f*, Konstantstromquelle *f* (ein Präzisionsstromgeber) ‖ ~ **system**\* (Elec Eng) / Konstantstromsystem *n* ‖ ~ **transformer**\* (Elec Eng) / Streutransformator *m* ‖ ~ **transformer**\* (Elec Eng) / Drosseltransformator *m* (für konstanten Sekundärstrom)
**constant delay filter** (Telecomm) / Bessel-Filter *n* (analoges Filter mit annähernd frequenzproportionalem Phasengang im Durchlassbereich, was eine geringe Verzerrung eines Signalverlaufes ergibt)
**constant-delivery pump** (a displacement pump) (Eng) / nichtverstellbare Pumpe
**constant deviation** (Optics) / konstante Ablenkung
**constant-deviation fringes** (Light, Optics) / Haidingerringe *m pl* (nach W.K. von Haidinger, 1795-1871) (Interferenzerscheinungen an planparallelen Platten od. Luftschichten), Haidinger'sche Ringe, Streifen *m pl* gleicher Neigung, Kurven *f pl* gleicher Neigung
**constant-displacement pump** (Eng) / nichtverstellbare Pumpe
**constant false-alarm rate** (Radar) / konstante Falschmelderate
**constant-force spring** (Eng) / Feder *f* mit gleich bleibender Federkraft
**constant function** (Maths) / konstante Abbildung, konstante Funktion
**constant-gradient focusing** (Nuc Eng) / schwache Fokussierung, CG-Fokussierung *f*
**constant in the condition of Lipschitz** (Maths) / Lipschitz-Konstante *f*
**constant-k filter** (Radio) / Konstant-K-Filter *n*, Grundkettenfilter *n* ‖ ~ **filter**\* (Telecomm) / Doppelsieb *n*, Doppelfilter *n* (Produkt der Impedanzen des Längs- und Querzweigs ist frequenzunabhängig) ‖ ~ **network**\* (Telecomm) / Doppelsieb *n*, Doppelfilter *n* (Produkt der Impedanzen des Längs- und Querzweigs ist frequenzunabhängig)
**constant-level balloon** (Aero) / Triftballon *m*, auf einem gleich bleibenden Niveau triftender Ballon ‖ ~ **balloon** (Meteor) / Constant-Level-Ballon *m* (ein horizontal freifliegender, mit der vorherrschenden Luftströmung driftender Ballon) ‖ ~ **chart**\* (Aero, Meteor) / kartenmäßige Darstellung, bezogen auf eine Niveaufläche ‖ ~ **oiler** / Öler *m* mit konstantem Ölspiegel
**constant-light barrier** (Electronics, Light) / Gleichlichtschranke *f* (bei der der Sender Licht gleich bleibender Intensität erzeugt)
**constant linear velocity** / konstante Lineargeschwindigkeit, CLV (konstante Lineargeschwindigkeit) ‖ ~ **linear velocity disk** (Comp, Optics) / CLV-Platte *f* (eine Art Bildplatte), Platte *f* mit gleich bleibender Lineargeschwindigkeit (optische) ‖ ~ **load** (Eng, Materials, Mech) / konstante Belastung, bleibende Belastung, Dauerbelastung *f*

‖ ~ **load** (Mech) / gleichförmige Belastung, gleich bleibende Belastung ‖ ~ **loading** (Eng, Materials) / Dauerbelastung *f* (Tätigkeit)
**constant-luminance principle** (Light) / Prinzip *n* der konstanten Leuchtdichte
**constant mapping** (Maths) / konstante Abbildung, konstante Funktion ‖ ~ **memory** (Comp) / Konstantenspeicher *m* (bei Taschenrechnern) ‖ ~**-mesh gearbox**\* (Autos) / Getriebe *n* mit ständigem Eingriff ‖ ~ **multiplier** (Comp) / Festwertmultiplizierer *m*, Konstantenmultiplizierer *m* ‖ ~ **of gravitation** (Phys) / Gravitationskonstante *f* (Kurzzeichen f oder G = 6,6742 · 10$^{-11}$ m$^3$·s$^{-2}$·kg$^{-1}$), Newton'sche Gravitationskonstante ‖ ~ **of integration**\* (Maths) / Konstante *f* (bei unbestimmten Integralen) ‖ ~ **phenomenon** / gleich bleibender Vorgang (DIN 5483, T 1) ‖ ~ **pitch** (Comp) / fester Zeichenabstand, konstanter Zeichenabstand, fester Zeichenschritt ‖ ~ **potential** (Phys) / Konstantpotential *n*
**constant-potential method** (Elec Eng) / Konstantspannungsladung *f*, Ladung *f* bei konstanter Spannung (der Batterie)
**constant-power generator**\* (Elec Eng) / Generator *m* mit konstanter Leistung
**constant-pressure** *attr* (Hyd, Meteor) / isopiestisch *adj*, mit konstantem Druck, mit gleichem Druck ‖ ~ **chart**\* (Aero, Meteor) / kartenmäßige Darstellung, bezogen auf eine Druckfläche ‖ ~ **chart** (Meteor) / Bodenwetterkarte *f* mit Isobaren
**constant-pressure cycle**\* (I C Engs) / Gleichdruckprozess *m* (des Dieselmotors), Dieselkreisprozess *m*, Dieselprozess *m* (ein Kreisprozess)
**constant-pressure heat capacity** (Heat, Phys) / Wärmekapazität *f* bei konstantem Druck (DIN 1345) ‖ ~ **pump** (Eng) / Pumpe *f* mit konstantem Druck, druckkonstante Pumpe
**constant proportions**\* (Chem) / konstante Proportionen ‖ ~ **series** (Chem, Elec) / elektrochemische Spannungsreihe (geordnete Zusammenstellung der chemischen Elemente nach der zunehmenden Größe ihres Normalpotentials) ‖ ~ **shading** (Comp) / konstante Schattierung ‖ ~ **slope** (Civ Eng) / Böschung *f* mit einem natürlichen Böschungswinkel ‖ ~ **speed** / konstante Geschwindigkeit, gleich bleibende Geschwindigkeit ‖ ~**-speed airscrew** (Aero) / Verstellpropeller *m* mit konstanter Drehzahl, Reglerpropeller *m*, Constant-Speed-Propeller *m* (nach Mc Cauley)
**constant-speed motor** (Elec Eng) / Motor *m* mit unveränderlicher Drehzahl, Motor *m* mit gleich bleibender Drehzahl ‖ ~ **propeller**\* (Aero) / Verstellpropeller *m* mit konstanter Drehzahl, Reglerpropeller *m*, Constant-Speed-Propeller *m* (nach Mc Cauley)
**constant-straining corrosion** (Surf) / Constant-Straining-Korrosion *f*
**constant-strain-rate test** (Met) / Prüfverfahren *n* mit konstanter Prüfgeschwindigkeit
**constant taper screw** (with constantly increasing root diameter) (Plastics) / Kernprogressivschnecke *f*
**constant-temperature bath** (Chem) / Temperierbad *n*
**constant tension anchoring** (method) (Oils) / Seilverankerungsmethode *f* mit konstanter Spannung (Winde mit Seiltrommel) ‖ ~ **term** (Maths) / Absolutglied *n* (bei Polynomen), konstantes Glied (bei Polynomen) ‖ ~ **term** (Maths) / absolutes Glied (dasjenige Glied in einer Gleichung oder in einem Polynom, das keine Veränderlichen enthält), Absolutglied *n*, konstantes Glied ‖ ~ **time-lag**\* / feste Zeitverzögerung, vorgegebene Zeitverzögerung, unabhängige Zeitverzögerung
**constant-torque** *attr* (Mech) / mit gleich bleibendem Drehmoment ‖ ~ **motor** (Mech) / Motor *m* mit konstantem Drehmoment
**constant-vacuum carburettor** (I C Engs) / Gleichdruckvergaser *m* (bei dem ein Kolbenschieber, an dem auch die konische Düsennadel zur Kraftstoffzumessung befestigt ist, den Durchströmquerschnitt so verändert, dass Unterdruck und Strömungsgeschwindigkeit in der Mischkammer annähernd konstant sind)
**constant-velocity carburettor** (I C Engs) / Gleichdruckvergaser *m* (bei dem ein Kolbenschieber, an dem auch die konische Düsennadel zur Kraftstoffzumessung befestigt ist, den Durchströmquerschnitt so verändert, dass Unterdruck und Strömungsgeschwindigkeit in der Mischkammer annähernd konstant sind)
**constant-velocity/depression carburettor** (I C Engs) / Gleichdruckvergaser *m* (bei dem ein Kolbenschieber, an dem auch die konische Düsennadel zur Kraftstoffzumessung befestigt ist, den Durchströmquerschnitt so verändert, dass Unterdruck und Strömungsgeschwindigkeit in der Mischkammer annähernd konstant sind)
**constant-velocity driveshaft** (Autos) / Gleichlaufgelenkwelle *f* ‖ ~ **fixed joint** (Autos) / Gleichlauffestgelenk *n* ‖ ~ (**universal**) **joint**\* (Autos) / Gleichlaufgelenk *n*, homokinetisches Gelenk, CV-Gelenk *n* ‖ ~ **plate** (San Eng) / Staublech *n* (am Auslauf eines Sandfangs angebrachtes Blech, das so geformt ist, dass bei Änderung der Durchflussmenge und dadurch bedingter Änderung der Wasserspiegelhöhe eine bestimmte Fließgeschwindigkeit eingehalten wird) ‖ ~ **plunging joint** (Autos) / Gleichlauftopfgelenk

*n*, Gleichlaufverschiebegelenk *n* ‖ ~ **recording*** (Acous) / Aufzeichnung *f* mit konstanter Geschwindigkeit ‖ ~ **slip joint** (Autos) / Gleichlauftopfgelenk *n*, Gleichlaufverschiebegelenk *n* ‖ ~ **tripod joint** (Autos) / Tripodegelenk *n* (ein Gleichlaufgelenk), Tripodegleichlaufgelenk *n*
**constant-voltage** (Elec Eng) / konstante Spannung, Konstantspannung *f*, Dauerspannung *f* ‖ ~**-voltage charging** (Elec Eng) / Konstantspannungsladung *f*, Ladung *f* bei konstanter Spannung (der Batterie)
**constant-voltage generator** (Elec Eng) / Konstantspannungsgenerator *m* ‖ ~ **source** (Elec, Elec Eng) / Konstantspannungsquelle *f*, Urspannungsquelle *f* ‖ ~ **system*** (Elec Eng) / Konstantspannungssystem *n* ‖ ~ **transformer*** (Elec Eng) / Konstantspannungstransformator *m*
**constant-volume combustion** (Phys) / Gleichraumverbrennung *f* ‖ ~ **deformation** (Mech) / Deformation *f* ohne Volumenänderung ‖ ~ **gas thermometer** (Phys) / Gasthermometer *n* konstanten Volumens ‖ ~ **heat capacity** (Heat, Phys) / Wärmekapazität *f* bei konstantem Volumen (DIN 1345) ‖ ~ **pump** (Eng) / Pumpe *f* mit konstanter Fördermenge, flusskonstante Pumpe ‖ ~ **sampling** (Autos) / CVS-Test *m*, CVS-Prüfverfahren *n* (ein amerikanisches Prüfverfahren mit Teilstromentnahme nach Verdünnung)
**constellation** *n* (Astron) / Konstellation *f* (z.B. Konjunktion) ‖ ~* (Astron) / Sternbild *n*
**constituent*** *n* (a species that is present) / Konstituens *n* (pl. -enzien), Konstituent *m*, Bestandteil *m*, Komponente *f*, Aufbaustoff *m* ‖ ~* (Maths) / Element *n* (einer Matrix) ‖ ~* (Met) / Legierungsbestandteil *m*, Legierungskomponente *f* ‖ ~ (Min) / Gemengteil *m*
**constitution*** *n* (Chem) / Konstitution *f* (Angabe der Anzahl und der Art der Atome in einer Verbindung sowie der Reihenfolge und der Art der Verknüpfung aller ihrer Atome, wobei die räumliche Ausrichtung unberücksichtigt bleibt)
**constitutional ash*** (Mining) / gebundene Asche (der Kohle) ‖ ~ **formula*** (Chem) / Strukturformel *f* (die die stereochemischen Gegebenheiten widerspiegelt), Konstitutionsformel *f*, Valenzstrichformel *f* ‖ ~ **isomerism** (Chem) / Konstitutionsisomerie *f* (wenn Isomere unterschiedliche Konstitutionsformeln besitzen), Strukturisomerie *f* ‖ ~ **water*** (Chem) / konstitutiv gebundenes Wasser, Konstitutionswasser *n* (aus einem Hydroxid)
**constitution diagram*** (Met, Phys) / Zustandsdiagramm *n* (das thermodynamische Eigenschaften mehrkomponentiger Stoffe in verschiedenen Phasen darstellt), Phasendiagramm *n*, Gleichgewichtsschaubild *n*, Zustandsschaubild *n*
**constitutive enzyme** (Biochem) / konstitutives Enzym ‖ ~ **equation** (Phys) / Materialgleichung *f* (eine rheologische Zustandsgleichung) ‖ ~ **screening** (Ecol, Nut) / Komponentenprüfung *f* (bei der Kontrolle der Rückstände von Pflanzenschutzmitteln in Nahrung und Umwelt)
**constitutopic group** (Chem) / konstitutope Gruppe
**constrained edge** (Mech) / ringsum eingespannter Rand (einer Platte) ‖ ~ **element** (Eng) / Klemmkörper *m* (bei Freilaufkupplungen) ‖ ~ **kinematic chain** (Eng) / zwangläufige kinematische Kette ‖ ~ **layer** (Acous) / eingezwängter Belag (ein Dämpfungsbelag) ‖ ~ **motion** (Eng, Phys) / Zwanglauf *m*, Zwangsbewegung *f*, geführte Bewegung ‖ ~ **optimization** (Maths) / Optimierung *f* mit Nebenbedingungen ‖ ~ **oscillation** (Phys) / erzwungene Schwingung (DIN 1311-1 und -2), unfreie Schwingung, quellenerregte Schwingung, aufgedrückte Schwingung, aufgeprägte Schwingung, Zwangsschwingung *f* ‖ ~ **vibration** (Phys) / erzwungene Schwingung (DIN 1311-1 und -2), unfreie Schwingung, quellenerregte Schwingung, aufgedrückte Schwingung, aufgeprägte Schwingung, Zwangsschwingung *f*
**constraining** *adj* (AI) / einschränkend *adj* ‖ ~ **force** / Zwangskraft *f*
**constraint** *n* / Behinderung *f*, Hemmung *f*, Beschränkung *f* (Hemmung), Zwang *m*, Zwangsbedingung *f* ‖ ~ (AI) / Constraint *n* (explizit dargestellte Abhängigkeit, die zwischen Objekten bzw. Eigenschaften von Objekten besteht) ‖ ~* (Eng) / Zwangläufigkeit *f* ‖ ~ (Maths) / Restriktion *f* (z.B. bei der Optimierung), Nebenbedingung *f*
**constriction** *n* / Querschnittsverengung *f* (z.B. der Düse) ‖ ~ **of carriageway** (Civ Eng) / Fahrbahnverengung *f* ‖ ~ **resistance*** (Elec Eng) / Engwiderstand *m* (ein Teil des Kontaktwiderstands)
**constringence** *n* (Optics) / Abbe'sche Zahl (für die Kennzeichnung eines optischen Mediums) ‖ ~* (Optics) / relative Dispersion (reziproker Wert der Abbeschen Zahl)
**construct** *v* / bauen *v*, schlagen *v* (Brücke) ‖ ~ / aufbauen *v*, erbauen *v*, bauen *v* (im Allgemeinen) ‖ ~ (Maths) / konstruieren *v* ‖ ~ *n* / Konstrukt *n*, Gebilde *n* (Konstrukt)
**construction** *n* / Bau *m* (als Tätigkeit - ohne Plural), Bauen *n* ‖ ~ (Build) / Bau *m*, Konstruktion *f* (das Gebaute), Bauwerk *n* ‖ ~ (Build) / Ausbildung *f* (bauliche) ‖ ~ (Civ Eng) / Aufbau *m* (der Fahrbahn) ‖ ~ (Eng) / Machart *f* (des Seils) ‖ ~ (Eng) / Bauausführung *f* ‖ ~ (Maths) / Konstruktion *f* (z.B. eines Dreiecks) ‖ **of identical** ~ / baugleich *adj* ‖ **under** ~ (Build) / im Bau ‖ ~ **adhesive** (bonding agent used for transferring required loads between adherends exposed to service environments typical for the structure involved) / Bauklebstoff *m* ‖ ~ **adhesive** (Eng) / Strukturklebstoff *m*, Konstruktionsklebstoff *m*
**constructional defect** (Eng) / Konstruktionsfehler *m* ‖ ~ **engineer** (Build) / Stahlbauer *m* ‖ ~ **engineering** (Build) / Bautechnik *f* ‖ ~ **fitter and erector** (Build) / Stahlbaumonteur *m*, Stahlbauschlosser *m* ‖ ~ **operations** (Build) / Bauarbeiten *f pl* ‖ ~ **steel** (Build, Civ Eng, Met) / Baustahl *m* (unlegiert oder niedriglegiert nach DIN 17006, DIN 17100)
**construction ceramics** (Build, Ceramics) / Baukeramik *f* ‖ ~ **costs** (Build) / Baukosten *pl* (DIN 276) ‖ ~ **diagram** (Build) / Bauplan *m* ‖ ~ **documents** (Eng) / Konstruktionsunterlagen *f pl* (z.B. Zeichnungen, Stücklisten usw.), Bauunterlagen *f pl* ‖ ~ **elevator** (Build) / Bauaufzug *m* (Lastenaufzug oder mit Personenbeförderung) ‖ ~ **engineering** (Build) / Bauwerksgründung *f* ‖ ~ **equipment** (Build) / Baustelleneinrichtung *f* (alle zur Errichtung eines Bauwerks erforderlichen Herstellungs-, Transport- und Lagereinrichtungen, sowie Einrichtungen zur sozialen Betreuung der Arbeitnehmer) ‖ ~ **gang** (Build) / Bautrupp *m*, Baukolonne *f* ‖ ~ **glass** (Build, Glass) / Bauglas *n*, Glas *n* im Bauwesen (DIN EN 572) ‖ ~ **industry** (Build) / Baugewerbe *n*, Bauwirtschaft *f*, Bauindustrie *f* ‖ ~ **in winter** (Build, Civ Eng) / Winterbau *m* (bei dem besondere Vorkehrungen notwendig sind) ‖ ~ **joint** (Build) / Konstruktionsfuge *f* (zwischen Fertigteilen) ‖ ~ **joint** (Build, Civ Eng) / Arbeitsfuge *f* (DIN 1045) ‖ ~ **lime** (Build) / Baukalk *m* (vorwiegend zur Bereitung von Mauer- und Putzmörtel verwendet - DIN 1060 und DIN EN 459) ‖ ~ **logs** (Build, For) / Baurundholz *n* (DIN 4074, T 2) ‖ ~ **machine** (Build) / Baumaschine *f* ‖ ~ **management** (Build) / Bauleitung *f* ‖ ~ **material** (Build) / Baustoff *m* (zur Fertigung von Bauteilen und Bauwerken) ‖ ~ **of dams** (Civ Eng) / Dammbau *m* ‖ ~ **paper** (Paper) / Zeichenpapier *n* (für Schulen), Ausschneidepapier *n* (für Schulen) ‖ ~ **plant** (Build) / Baustelleneinrichtung *f* (alle zur Errichtung eines Bauwerks erforderlichen Herstellungs-, Transport- und Lagereinrichtungen, sowie Einrichtungen zur sozialen Betreuung der Arbeitnehmer) ‖ ~ **progress chart** (Build) / Bauablaufplan *m*, Baustufenzeitplan *m*, Terminplan *m* (z.B. Balkendiagramm, Wege-Zeit-Diagramm oder Netzplan) ‖ ~ **sand** (Build) / Bausand *m* (Natursand und Brechsand bis 7 mm Korngröße) ‖ ~ **site** (Build) / Baustelle *f* (auf der gebaut wird), Baugelände *n* (auf dem gebaut wird) ‖ ~ **site ahead** (Autos) / Achtung Bauarbeiten (ein Verkehrszeichen) ‖ ~ **space** (Build) / Raum *m* (nach Arten gegliedert: Wohnraum, technischer Raum usw.) ‖ ~ **supervision authority** (Build) / Bauaufsichtsbehörde *f*, Baupolizei *f* ‖ ~ **surveying** (Build) / Bauvermessung *f* ‖ ~ **way** (Rail) / provisorische Gleisanlage (für die Oberbauarbeiten) ‖ ~ **with ruler and compasses** (Maths) / Zirkelkonstruktion *f* (nur mit dem Zirkel auszuführende geometrische Konstruktion in der Zeichenebene) ‖ ~ **worker** (Build) / Bauarbeiter *m*
**constructive interference** (Phys) / konstruktive Interferenz (ein Sonderfall - Verstärkung), Verstärkung *f* (helle Streifen im Überlagerungsgebiet) ‖ ~ **mathematics** (Maths) / konstruktive Mathematik *f* ‖ ~ **metabolism** (Biochem) / Baustoffwechsel *m*, Anabolismus *m* (die Gesamtheit der aufbauenden Stoffwechselreaktionen)
**constructiveness** *n* (Maths) / Konstruktivität *f*
**constructive solid geometry** (Comp) / Vollkörpermodell *n* (ein Volumenmodell)
**construct validation** (AI) / Konstruktvalidierung *f* (Validierung eines theoretischen Konstrukts)
**consult** *v* / nachschlagen *v* (in einem Fachbuch)
**consultancy fee** / Beraterhonorar *n*
**consultant** *n* / Berater *m*
**consultation** *n* / Konsultation *f*, Beratung *f* ‖ ~ (Teleph) / Rückfrage *f* (Leistungsmerkmal bei Nebenstellenanlagen), Rückfragegespräch *n* ‖ ~ **call** (Teleph) / Rückfragen *n* (Aufbauen einer zweiten Verbindung, während die erste festgehalten, d.h. in Wartezustand versetzt wird) ‖ ~ **call** (Teleph) / Rückfrage *f* (Leistungsmerkmal bei Nebenstellenanlagen), Rückfragegespräch *n* ‖ ~ **hold** (Teleph) / Rückfrage *f* (Halten in Rückfrage)
**consulting service** / Beratungsdienst *m*
**consumable electrode** (Met, Welding) / abschmelzbare Elektrode, selbstverzehrende Elektrode, abschmelzende Elektrode, Abschmelzelektrode *f*
**consumable-electrode vacuum-remelted steel** (Met) / im Vakuumlichtbogenofen umgeschmolzener Stahl
**consumable pattern** (Foundry) / verlorenes Modell (nur einmal verwendbares Modell, das in der Gießform verbleibt und beim bzw. von dem Gießen zerstört wird)
**consumables** *pl* / Hilfsstoffe *m pl* (z.B. beim Schweißen oder Schneiden)

**consume** v / verbrauchen v, konsumieren v, aufbrauchen v ‖ ~ (Elec) / aufnehmen v (Strom, Leistung)
**consumed power** (Elec Eng) / abgenommene Leistung
**consumer** n / Abnehmer m (natürliche oder juristische Person, die aufgrund von Versorgungsverträgen versorgt wird), Verbraucher m (Abnehmer) ‖ ~ / Konsument m (pl. -en), Verbraucher m (Konsument) ‖ ~ (Comp) / Consumer m (der die Dienste eines Servers braucht) ‖ ~ **advice** / Verbraucherberatung f ‖ ~ **association** / Verbrauchervereinigung f ‖ ~ **behaviour** / Verbraucherverhalten n, Konsumentenverhalten n ‖ ~ **benefit** / Verbrauchernutzen m ‖ ~ **demand** / Verbrauchernachfrage f ‖ ~ **durables** / Gebrauchsgüter n pl (langlebige Konsumgüter) ‖ ~ **electronics** (Electronics) / Konsum(güter)elektronik f, Heimelektronik f ‖ ~ **energy** / Endenergie f (für die Verbraucher) ‖ ~ **goods** / Konsumgüter n pl (welche vom Endverbraucher ge- oder verbraucht werden), Verbrauchsgüter n pl
**consumerism** n / Konsumerismus m (organisierter Verbraucherschutz)
**consumer panel** / Verbraucherpanel n (eine Panelbefragung) ‖ ~ **pipe** / Verbraucherleitung f, Abnehmerleitung f / Verbrauchsleitung f ‖ ~ **point** (Build, Civ Eng) / Zapfstelle f ‖ ~ **promotion** / Consumer-Promotion f (auf die Endverbraucher eines Produkts abzielende Formen der Verkaufsförderung, z.B. Gewinnspiele und Probenverteilung) ‖ ~ **protection** / Verbraucherschutz m ‖ ~ **research** / Verbraucherforschung f
**consumers*** pl (Biol, Ecol) / Konsumenten m pl (heterotrophe Organismen und nicht fototrophe Bakterien), Verzehrer m pl
**consumer's cable** (Elec Eng) / Hausanschlussleitung f, Hausanschlusskabel n, Versorgungsleitung f (Hausanschlusskabel) ‖ ~ **installation** (Build) / Inneninstallation f, Abnehmeranlage f ‖ ~ **main** / Verbraucherleitung f, Abnehmerleitung f, Verbrauchsleitung f
**consumers' milk** (Nut) / Trinkmilch f (in verschiedenen handelsüblichen Sorten)
**consumer's plant** (Build) / Inneninstallation f, Abnehmeranlage f ‖ ~ **premises** (Elec Eng) / Abnehmergrundstück n (Elektroenergieabnehmer) ‖ ~ **risk** / Abnehmerrisiko n (bei der statistischen Qualitätskontrolle)
**consumer unit** (Elec Eng) / Abnehmeranlage f, Verbraucheranlage f, Hausinstallation f
**consuming plate boundary** (Geol) / Konvergenzzone f ‖ ~ **point** (Elec Eng) / Verbraucherstelle
**consumption** n / Verbrauch m, Konsum m ‖ ~ (Surf) / Aufzehrung f (der Opferanode), Verbrauch m (der Opferanode) ‖ ~ **of electricity** (Elec Eng) / Elektroenergieverbrauch m ‖ ~ **of energy** / Energieverbrauch m ‖ ~ **residue** (Ecol) / Abprodukt n (aus der individuellen und gesellschaftlichen Konsumtion)
**contact** v / berühren v ‖ ~ (Electronics) / kontaktieren v ‖ ~ (Eng) / umschlingen v (Riemen) ‖ ~* n (Elec) / Berührung f (von zwei Leitern) ‖ ~* (Elec Eng) / Kontaktstück n (eines Schalters, eines Relaiskontaktes), Kontaktelement n, Schaltstück n, Kontakt m (ein Schaltstück) ‖ ~* (Elec Eng) / Kontakt m, elektrischer Kontakt (ein Zustand) ‖ ~ (Eng) / Ineinandergreifen n, Eingriff m (der Verzahnung mit der Gegenverzahnung), Kämmen n (DIN 3960) ‖ ~ (Eng) / Umschlingung f (der Riemenscheibe) ‖ ~ (Geol) / Kontaktfläche f, Trennfläche f (Kontaktfläche), Schichtfläche f (Kontaktfläche) ‖ ~ (Maths) / Berührung f (von Kurven, Flächen) ‖ **N.O.** ~ (Elec Eng) / Schließer m (ein Relaiskontakt, der dann geschlossen ist, wenn die Relaisspule erregt ist - DIN 40713), Schließkontakt m, Arbeitskontakt m ‖ **out of** ~ **with air** / unter Luftabschluss ‖ ~ **acid** (Chem Eng) / im Kontaktverfahren gewonnene Schwefelsäure, Kontaktschwefelsäure f ‖ ~ **adhesion** (Elec Eng) / Kontakthängen n, Kontaktkleben n ‖ ~ **adhesive** / Kontaktklebstoff m (der auf beide Oberflächen der zu verklebenden Teile aufgebracht wird), Kontaktkleber m ‖ ~ **aerator** (Ecol, San Eng) / Tauchkörper m (in der Abwasserreinigung) ‖ ~ **alloy** (Elec Eng, Met) / Kontaktlegierung f ‖ ~ **angle** (Eng) / Umspannungswinkel m, umschlungener Winkel (bei Treibriemen), Umschlingungswinkel m ‖ ~ **angle** (Phys) / Kontaktwinkel m (Phasengrenzfläche flüssig (gasförmig), Randwinkel m ‖ ~ **arcing** (Elec Eng) / Kontaktfeuer n ‖ ~ **area** / Berührungsfläche f ‖ ~ **area** / Kontaktfläche f (z.B. bei zu verklebenden Teilen) ‖ ~ **area** (Autos) / Kraftübertragungsfläche f (des Reifens), Reifenaufstandsfläche f, Berührungsfläche f (des Reifens), Aufstandsfläche f (des Reifens), Aufstandsellipse f (des Reifens), Latsch m ‖ ~ **area** (Elec Eng) / Kontaktstelle f (Berührungsfläche zwischen den Kontaktelementen) ‖ ~ **area** (Eng) / Traganteil m (der Oberfläche) ‖ ~ **arm** (Elec Eng) / Kontaktarm m ‖ ~ **assembly** (Elec Eng) / Kontaktsatz m (Zusammenfassung aller Kontaktglieder eines Relais), Kontaktgruppe f ‖ ~ **aureole** (Geol) / Kontakthof m, Kontaktaureole f ‖ ~ **bank** (Teleph) / Kontaktbank f, Kontaktfeld n, Kontaktvielfachfeld n, Kontaktreihe f ‖ ~ **barrier** (Electronics) / Berührungspotentialwall m ‖ ~ **bed** (San Eng) / Füllkörper m (biologischer Körper, der periodisch abwechselnd mit Abwasser gefüllt und entleert wird, wobei der auf dem Füllgut gebildete biologische Rasen wechselweise mit Nährstoffen und Luftsauerstoff versorgt wird) ‖ ~ **belt grinder** (Eng) / Kontaktbandschleifer m ‖ ~ **blocking** (Elec Eng) / Kontakthängen n, Kontaktkleben n
**contact-bond adhesive** / Kontaktklebstoff m (der auf beide Oberflächen der zu verklebenden Teile aufgebracht wird), Kontaktkleber m
**contact bonding** (with a contact adhesive) / Kontaktkleben n (mit Kontaktklebstoff) ‖ ~ **bounce*** (Telecomm) / Kontaktprellen n, Prellen n (kurzzeitige ungewollte Relaiskontakttrennungen) ‖ ~ **breaker** (Autos) / Zündungsunterbrecher m, Unterbrecher m
**contact-breaker current** (Autos, Elec Eng) / Unterbrecherstrom m ‖ ~ **gap** (Autos) / Kontaktabstand m (des Unterbrechers), Unterbrecherkontaktabstand m ‖ ~ **points** (Autos) / Unterbrecherkontakte m pl (einzelne Kontakte)
**contact-breaking spark** (I C Engs) / Öffnungsfunke m, Abreißfunke m
**contact bridge** (Elec Eng) / Kontaktbrücke f ‖ ~ **bump** (Electronics) / Bondhügel m, Kontakthöcker m ‖ ~ **butt** (Elec Eng) / Kontaktkuppe f ‖ ~ **catalysis** (Chem) / heterogene Katalyse, Kontaktkatalyse f, Grenzflächenkatalyse f, Oberflächenkatalyse f ‖ ~ **chatter*** (undesired intermittent closure of open contacts or opening of closed contacts) (Telecomm) / Kontaktflattern n ‖ ~ **clearance** (Elec Eng) / Kontaktabstand m (zwischen den Kontaktstücken eines offenen Relaiskontaktes) ‖ ~ **closing** (Elec Eng) / Kontaktgabe f (Eintreten der Berührung der in einer Strombahn liegenden Kontaktstücke) ‖ ~ **coil** (Autos) / Kontaktspule f (die die elektrische Verbindung zur Airbag-Einheit herstellt), Wickelfeder f ‖ ~ **comb** (Electronics) / Kontaktkamm m ‖ ~ **condenser** (Eng) / Mischkondensator m (der fein vernebeltes Kühlwasser in den Dampf einspritzt), Einspritzkondensator m
**contact-controlled transistorized ignition** (I C Engs) / kontaktgesteuerte Transistorzündung, kontaktgesteuertes Halbleiterzündsystem
**contact corrosion** (Surf) / Berührungskorrosion f, Kontaktkorrosion f (Berührung mit elektronenleitendem Festkörper), galvanische Korrosion (DIN 50900, T 1) ‖ ~ **current** (Elec Eng) / Berührungsstrom m ‖ ~ **deposit** (Geol) / Kontaktlagerstätte f ‖ ~ **dome** (Elec Eng) / Kontaktkuppe f ‖ ~ **drier** (For) / Kontakttrockner m (bei Furnieren), Atmungstrockner m (bei Furnieren)
**contacted oil** (Oils) / bleicherderaffiniertes Öl
**contact electricity** (Elec) / Kontaktelektrizität f, Berührungselektrizität f ‖ ~ **electrode** (Welding) / Kontaktelektrode f ‖ ~ **element** (Elec Eng) / Schaltstück n (bewegliches, festes) ‖ ~ **element** (Elec Eng) / Schaltkreiselement n, Schaltelement n, Schaltungselement n ‖ ~ **ellipse** (Eng) / Berührellipse f (bei Reibrädern) ‖ ~ **e.m.f.*** (Elec Eng) / Kontakt-EMK f ‖ ~ **erosion** (Elec Eng) / Kontaktabbrand m ‖ ~ **file** (Autos) / Kontaktfeile f ‖ ~ **filter** (San Eng) / Füllkörper m (biologischer Körper, der periodisch abwechselnd mit Abwasser gefüllt und entleert wird, wobei der auf dem Füllgut gebildete biologische Rasen wechselweise mit Nährstoffen und Luftsauerstoff versorgt wird) ‖ ~ **filtration** (Oils) / Kontaktfiltration f (durch eine Adsorptionsschicht) ‖ ~ **fingers*** (Elec Eng) / Kontaktfinger m pl ‖ ~ **flange** (Eng) / Kontaktflansch m ‖ ~ **flight*** (Aero) / Flug m mit Bodensicht, Flug m mit Sichtnavigation ‖ ~ **float** (Elec Eng) / Kontaktspiel n (innerhalb der Kontakthalterung) ‖ ~ **force** (Elec Eng) / Kontaktkraft f (diejenige Druckkraft, die die Kontaktstücke in geschlossenem Zustand aufeinander ausüben), Kontaktlast f ‖ ~ **freezing** (Nut) / Kontaktgefrieren n ‖ ~ **fuse** (Mil) / Aufschlagzünder m ‖ ~ **gap** (Elec Eng) / Kontaktabstand m (zwischen den Kontaktstücken eines offenen Relaiskontaktes) ‖ ~ **goniometer** (Crystal) / Anlegegoniometer n, Kontaktgoniometer n ‖ ~ **heating surface** (Heat) / Kontaktheizfläche f ‖ ~ **helix** (Cables) / Querleitwendel f (Kupferband zur Herstellung einer leitenden Verbindung der einzelnen Drähte des Schirmes oder konzentrischen Leiters), Kontaktwendel f, Kupferbandwendel f ‖ ~ **herbicide** (Agric, Chem) / Kontaktherbizid n
**contacting** n (Elec Eng) / Kontaktherstellung f, Kontaktierung f ‖ ~ **area** (Electronics) / Kontaktierfläche f (beim Bonden)
**contact inhibitor** (Surf) / Kontaktinhibitor m (Korrosionsinhibitor, der mit der Metalloberfläche in Kontakt gebracht wird) ‖ ~ **insecticide*** (Agric, Chem) / Kontaktinsektizid n (für Pflanzen- und Vorratsschutz), Berührungsgift n, Kontaktgift n (z.B. DDT, E 605) ‖ ~ **interaction** (Chem) / Kontakt-Wechselwirkung f ‖ ~ **interaction** (Chem) s. also contact potential ‖ ~ **ionization*** (Electronics) / Oberflächenionisation f, Kontaktionisation f ‖ ~ **ion pair** (Chem) / Kontaktionenpaar n (durch Lösemittel nicht trennbar) ‖ ~ **jaw*** (Elec Eng, Welding) / Kontaktbacke f ‖ ~ **lens** (Glass, Optics) / Haftschale f, Kontaktlinse f, Kontaktschale f, Kontaktglas n (Haftschale aus Glas), Haftglas n (Haftschale aus Glas) ‖ ~ **line** (Eng) / Schleifleitung f (beim Kran) ‖ ~ **lithography** (Electronics) /

Kontaktlithografie f (wenn die Fotoschablone aufliegt) || ~ **log** (Geol, Oils) / Kontaktlog n (zur Untersuchung von Gesteinsschichten in Tiefbohrungen) || ~ **maker*** (Elec Eng) / kontaktgebendes Glied, Kontaktgeber m || ~ **material** (Elec Eng) / Kontaktwerkstoff m (für elektrische Kontakte) || **material migration** (Elec Eng) / Materialwanderung f, Stoffwanderung f (bei elektrischen Kontakten) || ~ **mechanics** (Mech) / Kontaktmechanik f, Mechanik f der sich berührenden Körper || ~ **member** (Elec Eng) / Schaltstück n (bewegliches, festes) || ~ **metal*** (Elec Eng) / Metall n als Kontaktwerkstoff || ~ **metamorphism*** (Geol) / Kontaktmetamorphose f (durch Berührung mit aufsteigendem Magma hervorgerufene Gesteinsumwandlung) || ~ **microphone** (Elec Eng) / Körperschallmikrofon n, Schwingungsaufnehmer m, Erschütterungsfühler m, Schwingungsempfänger m || ~ **mineral** (formed by contact metamorphism) (Min) / Kontaktmineral n (das bei der Kontaktmetamorphose durch Einwirkung von hohen Temperaturen auf das umliegende Gestein entstanden ist) || ~ **moulding** (Plastics) / Handverfahren n, Handauflegeverfahren n, Kontaktverfahren n (bei der Verarbeitung von Duroplasten) || ~ **noise*** (Electronics) / Kontaktrauschen n, Kontaktgeräusch n || ~ **opening** (Elec Eng) / Kontaktöffnung f
**contactor** n (for solvent extraction) (Chem Eng) / Extraktionskolonne f, Kontaktor m (zur Solventextraktion) (Elec Eng) / Schütz n (der klassische Schalter für Maschinen und Anlagen am 230-V/400-V-Netz mit häufigen Schaltvorgängen ), Schaltschütz n || ~ **controller*** (Automation) / Schützensteuerwalze f || ~ **relay** (Elec Eng) / Hilfsschütz n || ~ **starter*** (Elec Eng) / Anlassschütz, Schützanlasser m
**contact paper** (Photog) / Kontaktpapier n (Fotopapier für Kontaktabzüge) || ~ **paper*** (Photog) / Gaslichtpapier n (ein altes Silberbromidpapier) || ~ **part** (Elec Eng) / Kontaktstück n (eines Schalters, eines Relaiskontaktes), Kontaktelement n, Schaltstück n, Kontakt m (ein Schaltstück) || ~ **patch** (Autos) / Kraftübertragungsfläche f (des Reifens), Reifenaufstandsfläche f, Berührungsfläche f (des Reifens), Aufstandsfläche f (des Reifens), Aufstandsellipse f (des Reifens), Latsch m || ~ **pattern** (Eng) / Tragbild n (Abbildung der tragenden Flächenanteiles von zusammengehörigen Flächen von Maschinenteilen, meistens durch Tuschieren sichtbar gemacht), Verschleißbild n (Tragbild) || ~ **pick-off** (Elec Eng) / Kontaktabgriff m || ~ **piece** (Elec Eng) / Kontaktstück n (eines Schalters, eines Relaiskontaktes), Kontaktelement n, Schaltstück n, Kontakt m (ein Schaltstück) || ~ **piston** (Elec Eng) / Kontaktkolben m || ~ **pitch** (BS 2519) (Eng) / Eingriffsteilung f, Grundteilung f (Abstand zweier benachbarter gleichgerichteter Zahnflanken auf der Eingriffslinie nach DIN 3960)
**contact-plate freezing** (Nut) / Kontaktplattengefrieren n
**contact plunger** (Elec Eng) / Kontaktkolben m || ~ **point** (Autos) / Unterbrecherkontakt m || ~ **point** (Elec Eng) / Kontaktstelle f (Berührungsfläche zwischen den Kontaktelementen) || ~ **point** (Eng) / Eingriffspunkt m (der Eingriffslinie) || ~ **point** (Eng) / Berührungsstelle f (im Tragbild)
**contact-point set** (Autos) / Unterbrecherkontakte m pl (Kontaktsatz als Ersatzteil)
**contact poison** (Chem) / Katalysatorgift n, Kontaktgift n (bei der Katalyse) || ~ **poisoning** (Chem) / Katalysatorvergiftung f || ~ **polarography** (Chem) / Tastpolarografie f || ~ **potential*** (Elec Eng) / Kontaktpotential n, Berührungspotential n || ~ **potential*** (Elec Eng) s. also contact voltage || ~ **potential difference** (Elec Eng) / Kontakt-EMK f || ~ **potential difference** (Elec Eng, Phys) / Kontaktspannung f (Potentialdifferenz zweier verschiedener Metalle), Berührungsspannung f (mit Ausbildung einer elektrischen Doppelschicht), Voltaspannung f || ~ **pressure** (Eng) / Anpressdruck m || ~ **pressure*** (Telecomm) / Kontaktdruck m || ~-**pressure resin** (Plastics) / Kontaktharz n (Kunstharz, das als Bindemittel für Schichtstoffe ohne besondere Druckanwendung verwendet wird) || ~ **print** (Electronics) / Druck m ohne Absprung (Siebdruck) || ~ **print** (Photog) / Kontaktabzug m || ~ **process** (Chem Eng) / Kontaktschwefelsäureverfahren n, Kontaktverfahren n (zur Herstellung der Schwefelsäure)
**contact-radiation therapy*** (Radiol) / Kontakttherapie f (bei der die Strahlungsquelle direkt an den Herd gebracht wird)
**contact rail*** (Elec Eng, Rail) / Stromschiene f (in der Elektrotraktion), dritte Schiene, Kontaktschiene f (bei einem Verkehrssystem mit Zwangsführung) || ~ **ratio** (Eng) / Überdeckung f (bei Zahnrädern), Überdeckungsgrad m || ~ **rectifier** (Elec Eng) / Sperrschichtgleichrichter m || ~ **resin** (Plastics) / Kontaktharz n (Kunstharz, das als Bindemittel für Schichtstoffe ohne besondere Druckanwendung verwendet wird) || ~ **resistance*** (Elec Eng) / Übergangswiderstand m, Kontaktwiderstand m (der an der Berührungsfläche zweier aneinander stoßender metallischer Leiter auftritt) || ~ **rock** (Geol) / Kontaktgestein n || ~ **roll** (For) / Kontaktwalze f (treibende Walze für das Breitschleifband der Breitbandschleifmaschine) || ~ **screen*** (Print) / Kontaktraster m || ~ **screw** (Elec Eng, Eng) / Kontaktschraube f || ~ **seal** (Eng) / Berührungsdichtung f (im Allgemeinen) || ~ **separation** (Elec Eng) / Kontakttrennung f (Aufheben der Berührung der in einer Strombahn liegenden Kontaktstücke), Kontaktablauf m || ~ **set** (Elec Eng) / Kontaktsatz m (Zusammenfassung aller Kontaktglieder eines Relais), Kontaktgruppe f || ~ **shoe*** (Elec Eng) / Kontaktschuh m, Schleifschuh m || ~ **skate** (Elec Eng) / Schleifschuh m || ~ **spotting** (Chem) / Abklatschen n (in der DC) || ~ **spring** (Elec Eng) / Kontaktfeder f || ~ **spring** (an outflow of groundwater at or along the base of a permeable bed resting on an impervious bed) (Geol) / Schichtquelle f || ~ **sticking** (Elec Eng) / Kontakthängen n, Kontaktkleben n || ~ **strip** (Elec Eng) / Schleifleiste f (des Stromabnehmers) || ~ **stud*** (Elec Eng) / Kontaktknopf m, Kontaktbolzen m || ~ **stud*** (Elec Eng, Rail) / Kontaktbolzen m, Schaltkontakt m, Schaltstück n (der Kontaktschiene) || ~ **switch** (to monitor doors, windows, etc.) (Elec Eng) / Überwachungskontakt m, Öffnungskontakt m (bei überwachten Anlagen), Kontaktmelder m || ~ **tag** (Elec Eng) / Kontaktfahne f || ~ **tag** (Elec Eng) / Stift m (Bauelementanschluss), Steckerstift m, Kontaktstift m, Anschlussstift m || ~ **term** (Spectr) / Kontaktterm m || ~ **thermometer** (Phys) / Berührungsthermometer m, Kontaktthermometer n || ~ **time** / Kontaktzeit f, Berührungszeit f || ~ **transformation** (Maths) / Berührungstransformation f (z.B. Legendre-Transformation) || ~ **tube** (Welding) / Kontaktrohr n || ~ **twins** (Crystal) / Berührungszwillinge m pl, Kontaktzwillinge m pl, Juxtapositionszwillinge m pl || ~ **vein*** (Mining) / Kontaktgang m || ~ **voltage** (Elec Eng) / Berührungsspannung f (die Spannung, welche bei der elektrischen Durchströmung eines Menschen oder Nutztieres zwischen den Berührungspunkten auftritt) || ~ **voltage** (Elec Eng, Phys) / Kontaktspannung f (Potentialdifferenz zweier verschiedener Metalle), Berührungsspannung f (mit Ausbildung einer elektrischen Doppelschicht), Voltaspannung f || ~ **voltage** (Elec Eng, Phys) s. also Volta tension || ~ **voltage drop** (Elec Eng) / Spannungsabfall m am Kontakt || ~ **wear** (Elec Eng) / Kontaktabnutzung f || ~ **welding** (Elec Eng) / Kontaktverschweißen n (Nichtöffnen von Schaltstücken durch Dauerschweißen) || ~ **window** (Electronics) / Kontaktfenster n || ~ **wire*** (Elec Eng, Rail) / Fahrdraht m || ~ **with the earth** (Aero) / Bodenberührung f || ~ **zone** (Geol) / Kontakthof, Kontaktaureole f
**contagion** n (Med) / Infektionskrankheit f, ansteckende Krankheit || ~ (Med) / Infektion f, Ansteckung f, Infekt m
**contagious** adj (Med) / kontagiös adj, infektiös adj, ansteckend adj
**contagium** n (pl. -gia) (Med) / Ansteckungsstoff m, Kontagium n (pl. -ien), Kontagion f (pl. -en), Contagium n (pl. -gia)
**contain** v / enthalten v (Maths) / enthalten v (Elemente) || ~ (subobjects) (Maths) / majorisieren v, größer sein (als Unterobjekte) || ~ (Oils) / beherrschen v (den Ausbruch)
**container** n / Behälter m, Großbehälter m, Container m (im internationalen Verkehr zugelassener Behälter mit einheitlichen äußeren Abmessungen, Eckbeschlägen und weiteren Angriffselementen - nach ISO), Frachtbehälter m, Versandbehälter m || ~ (Cinema) / Kassette f (für die Filmspule), Cassette f (für die Filmspule) || ~ (Elec Eng) / Becher m (der Zelle) || ~ (Eng) / Aufnehmer m (Kammer, die das Werkstück vor der Umformung aufnimmt), Rezipient m (z.B. einer Strangpresse) || ~ (Paint) / Gebinde n (verschließbarer Flüssigkeitsbehälter für Transport und Verkauf) || ~ **aircraft** (Aero) / Containerflugzeug n || ~ **board** (Paper) / Kistenpappe f, Behälterpappe f || ~ **bridge** / Containerbrücke f, Verladebrücke f für Container || ~ **chain** / Behälterkette f, Containerkette f || ~ **coating** (Paint) / Containerlackierung f || ~ **coating** (Paint) / Containerlackierung f (Beschichtung von Behältern) || ~ **collector** (Ships) / Container-Sammelschiff n || ~ **crane** (Eng) / Containerkran m (für den Umschlag von Containern) || ~ **glass** (Glass) / Behälterglas n (DIN 1988, T 2)
**container-grown plant** (Bot) / Containerpflanze f
**container-handling crane** (Eng) / Containerkran m (für den Umschlag von Containern)
**containerizable** adj (cargo) / containerisierbar adj, für den Containertransport geeignet
**containerization** n / Containerisierung f, Einführung f des Containertransportsystems, Übergang m zum Behältertransport
**containerized cargo** / Containerladung f, Großbehälterladung f || ~ **seedling** (Bot) / Containerpflanze f || ~ **plant** (Bot) / Containerpflanze f
**container lashing system** (Ships) / Containerlaschsystem n (spezifische permanente Ladungssicherung an Deck geladener Container) || ~ **plant** (Bot) / Containerpflanze f || ~ **pool** / Containerpool m || ~ **port** (any large area of land, strategically located on a railway network or alongside harbour frontage, where freight containers can be assembled into groups for loading) / Containerhafen m || ~ **portal crane** (Eng) / Containerportalkran m, Portainer m

**container-roll-on**

**container-roll-on roll-off ship** (Ships) / Con/Ro-Schiff *n*, Containerroll-on-roll-off-Schiff *n*
**container service** / Containerdienst *m* ‖ ~ **ship** (Ships) / Containerschiff *n* (ein Spezialfrachtschiff) ‖ ~ **stacking cone** / Containerstapelungskonus *m* ‖ ~ **terminal** / Containerterminal *m n* (Spezialumschlaganlage für den Umschlag und die Lagerung von Containern), Containerumschlagplatz *m* ‖ ~ **traffic** / Containerverkehr *m* ‖ ~ **train** (Rail) / Containerzug *m* ‖ ~ **twist cone** / Containerstapelungskonus *m*
**containing groundwood** (Paper) / holzschliffhaltig *adj*, holzhaltig *adj*, h'h, h'haltig *adj* ‖ ~ **mechanical wood-pulp** (Paper) / holzschliffhaltig *adj*, holzhaltig *adj*, h'h, h'haltig *adj* ‖ ~ **protein** (Biochem) / proteinhaltig *adj*, eiweißhaltig *adj*, albuminös *adj* ‖ ~ **wine** (Nut) / weinhaltig *adj* (Getränk)
**containment** *n* / Eindämmung *f* (des Schadens) ‖ ~ (Biol) / Containment *n* (Schutz für Bioreaktoren, Laboratorien und Produktionsstätten, in denen gentechnologische oder mikrobiologische Arbeiten durchgeführt werden) ‖ ~ (Nuc Eng) / Umschließungsgebäude *n*, Containment *n*, Sicherheitsbehälter *m*, Sicherheitshülle *f*, Sicherheitsumschließung *f*, Sicherheitseinschluss *m*, Druckschale *f* ‖ ~ (of plasma)* (Plasma Phys) / Einschließung *f*, Einschluss *m*, Halterung *f* (des Plasmas) ‖ ~ **facility** (Nuc Eng) / definierte Begrenzung (beim Containment) ‖ ~ **shell** (Nuc Eng) / Reaktorsicherheitsbehälter *m* (DIN 25 401-3), Reaktorsicherheitshülle *f*, Reaktorschutzhülle *f*, RSH (Reaktorschutzhülle) ‖ ~ **spray system** (Nuc Eng) / Sprühsystem *n* für das Umschließungsgebäude ‖ ~ **vessel** (Nuc Eng) / Umschließungsgebäude *n*, Containment *n*, Sicherheitsbehälter *m*, Sicherheitshülle *f*, Sicherheitsumschließung *f*, Sicherheitseinschluss *m*, Druckschale *f*
**contaminant** *n* (Ecol) / Verunreinigungsstoff *m* (giftiger), Verunreinigungssubstanz *f*, Schmutzstoff *m* ‖ ~ (Ecol) / Verunreinigungsstoff *m* (giftiger), Verschmutzungsstoff *m*, Schadstoff *m*, Schmutzstoff *m*, Umweltschadstoff *m* ‖ ~ s. also dirt ‖ ~ **discharge** (Ecol, Hyd Eng) / Schadstoffeinleitung *f* ‖ ~ **potential** (Ecol) / Schadstoffpotential *n* (Wertigkeit der Schadwirkung oder einer möglichen Gefahr eines Schadstoffes)
**contaminants*** *pl* (Nut) / Kontaminanten *pl*, Verunreinigungen *f pl* (mit einem Stoff)
**contaminant-tested** *adj* (Textiles) / schadstoffgeprüft *adj* (z.B. Teppiche)
**contaminate** *v* (Ecol, Nuc Eng, Radiol) / kontaminieren *v*
**contaminated, radioactively** ~ (Radiol) / verstrahlt *adj* ‖ ~ **rock*** (Geol) / hybrides Gestein, Syntexit *m*
**contaminating germ** (Biol) / Fremdkeim *m* (unerwünschter Mikroorganismus) ‖ ~ **layer** (Elec Eng) / Fremdschicht *f* (eine elektrolytisch leitende Schicht auf der Isolatoroberfläche)
**contamination** *n* (Ecol) / Umweltverschmutzung *f*, Verschmutzung *f* (Pollution), Pollution *f* (jegliche Art von Umweltverschmutzung) ‖ ~* (Ecol) / Verseuchung *f*, Kontamination *f* (Belastung mit toxischen Substanzen und/oder Keimen), Vergiftung *f* ‖ ~* (Ecol, Nuc Eng, Paint, Radiol) / Kontamination *f* (das unerwünschte Vorhandensein von Radionukliden auf Oberflächen oder in geringer Tiefe unter der Oberfläche - DIN 25 415-1) ‖ ~ (Geol) / Kontamination *f* (eine Art Syntexis) ‖ ~ **layer** (Elec Eng) / Fremdschicht *f* (eine elektrolytisch leitende Schicht auf der Isolatoroberfläche) ‖ ~ **level** (Ecol) / Verschmutzungsgrad *m* (DIN EN 61 060, T 1) ‖ ~ **meter*** (Radiol) / Verseuchungsmessgerät *n*, Kontaminationsmesser *m*, Verunreinigungsmessgerät *n* ‖ ~ **potential** (Ecol) / Kontaminationspotential *n*
**content** *n* / Fassungsvermögen *n*, Inhalt *m* ‖ ~ / Gehalt *m* (an bestimmten Stoffen - DIN 1310) ‖ ~ (Comp, Elec Eng) / Content *m* (Informationsgehalt in einem Netz) ‖ ~ (Textiles) / Zusammensetzung *f* (des Gewebes) ‖ ~ **access** (Comp) / inhaltsbezogener Zugriff
**content-addressable random-access memory** (Comp) / inhaltsadressierbarer Schreib-/Lesespeicher, inhaltsadressierbares RAM, CARAM *m*
**content-addressed storage** (Comp) / assoziativer Speicher (DIN 44 300), Assoziativspeicher *m*
**content-adressable memory** (Comp) / assoziativer Speicher (DIN 44 300), Assoziativspeicher *m* ‖ ~ **storage*** (Comp) / assoziativer Speicher (DIN 44 300), Assoziativspeicher *m*
**content analysis** / inhaltliche Erschließung (des Textes) ‖ ~ **analysis** (AI, Telecomm) / Inhaltsanalyse *f* (Verfahren zur Analyse von Formen oder Inhalten sprachlicher, nicht sprachlicher oder symbolischer Kommunikation mit dem Ziel, anhand von objektiven Merkmalen inhaltliche Schlüsse zu ziehen) ‖ ~ **hosting** (Comp) / Hosting *n* (eine mögliche Dienstleistung von Online-Diensten oder von Internet-Service-Providern)
**contention** *n* (Comp) / Contention *f* (bei der Sternkonfiguration des Netzes) ‖ ~* (Comp) / Konkurrenzsituation *f* ‖ ~ **control** (Comp) / CSMA-Zugriffsverfahren *n*, Konfliktauflösung *f* (bei lokalen Netzen mit Busstruktur) ‖ ~ **mode** (Comp) / Konkurrenzbetrieb *m* (DIN 44302)
**content of free rosin** (Paper) / Freiharzgehalt *m* ‖ ~ **provider** (Comp) / Contentprovider *m* (Anbieter von Inhalten) ‖ ~ **provider** (Comp) / Anbieter *m* von Inhalten
**contents** *n* (Print) / Inhaltsverzeichnis *n* ‖ ~ **page** / Inhaltsfahne *f* (z.B. in Zeitschriften nach DIN 1428)
**conterminous** *adj* / angrenzend *adj*, anstoßend *adj*, eine gemeinsame Grenze habend, benachbart *adj*, anliegend *adj*, aneinander grenzend)
**context** *n* (Comp) / Kontext *m*
**context-free grammar** (Comp) / kontextfreie Grammatik ‖ ~ **language** (Comp) / kontextfreie Sprache, Chomsky-Sprache *f*, kontextunabhängige Sprache, algebraische Sprache, CF-Sprache *f*
**context-sensitive** *adj* / kontextabhängig *adj*, kontextsensitiv *adj* ‖ ~ **language** (Comp) / kontextsensitive Sprache ‖ ~ **menu** (menu that pops up when the user presses the right mouse button in the application window) (Comp) / Kontextmenü *n*, Pop-up-Menü *n*
**contextual** *adj* / kontextabhängig *adj*, kontextsensitiv *adj* ‖ ~ **meaning** (AI) / kontextuelle Bedeutung, Bedeutung *f* im Kontext (eines Wortes) ‖ ~ **search** (Comp) / Kontextsuche *f*
**contexture** *n* (Weaving) / Gewebeaufbau *m*, Gewebestruktur *f*
**contiguity** *n* (Maths) / Benachbartsein *n*, Benachbartheit *f*
**contiguous** *adj* / angrenzend *adj*, anstoßend *adj*, eine gemeinsame Grenze habend, benachbart *adj*, anliegend *adj*, aneinander grenzend) *adj* ‖ ~ (Comp) / zusammenhängend *adj* (Speicherbereich) ‖ ~ (Comp) / strukturabhängig *adj* (Datenfeld) ‖ ~ (Maths) / geschlossen *adj* (Kontur) ‖ ~ **file** (Comp) / Nachbardatei *f* ‖ ~ **seams** (Mining) / beieinander liegende Flöze
**contimelt process** (Met) / kontinuierliches Schmelzverfahren, Contimelt-Prozess *m*
**continent** *n* (Astron) / Terra *f* (pl. Terrae) (eine Oberflächenformation des Erdmondes) ‖ ~* (Geog) / Kontinent *m* (Festland; Erdteil)
**continental** *adj* (Geog) / zu (Kontinental)Europa gehörend ‖ ~* *adj* (GB) (Geog) / zu (Kontinental)Europa gehörend ‖ ~ *adj* (Geol) / Kontinental-, kontinental *adj* ‖ ~ **apron** (Geol) / Kontinentalanstieg *m* (über dem Kontinentalrand) ‖ ~ **Cambridge roller** (Agric) / Cambridge-Walze *f* (eine Rauwalze, bei der je ein Ring mit doppelkehligem Profil und eine Zackenscheibe abwechseln) ‖ ~ **climate*** (Meteor) / Kontinentalklima *n*, Landklima *n*, Binnenklima *n*, kontinentales Klima (das Klima im Innern großer Landmassen) ‖ ~ **crust*** (Geol) / kontinentale Kruste ‖ ~ **deposit*** (Geol) / Festlandsablagerung *f* ‖ ~ **displacement** (Geol) / Kontinentalverschiebung *f*, Kontinentaldrift *f* ‖ ~ **drift*** (proposed by Alfred Wegener) (Geol) / Kontinentalverschiebung *f*, Kontinentaldrift *f* ‖ ~ **finish** / amerikanische Bezeichnung für die Herstellung eines Silberbronze-Tones auf Aluminium ‖ ~ **horsepower** (Eng) / Pferdestärke *f*, PS (nach DIN 1301, T 3 nicht mehr zugelassene kontinentale Einheit der Leistung = 735,49875 W) ‖ ~ **island** (Geog, Geol) / kontinentale Insel, Schelfinsel *f* (kontinentale Insel)
**continentality** *n* (Meteor) / Kontinentalität *f*
**continental margin** (Geol) / Kontinentalrand *m*
**Continental-pattern trowel** (Build) / Dreieckskelle *f*
**continental platform** (Geol) / Festlandsockel *m*, Schelf *m n* (der vom Meer überspülte Saum der Kontinentaltafel), Kontinentalschelf *m n* ‖ ~ **quilt** (GB) (Textiles) / Steppdecke *f*, Quilt *m* (pl. -s) (gesteppte, mit Applikationen verzierte Bettüberdecke) ‖ ~ **rise*** (Geol) / Kontinentalanstieg *m* (über dem Kontinentalrand) ‖ ~ **shelf*** (Geol) / Festlandsockel *m*, Schelf *m n* (der vom Meer überspülte Saum der Kontinentaltafel), Kontinentalschelf *m n* ‖ ~ **slope*** (Geog, Geol) / Kontinentalhang *m*, Kontinentalböschung *f*, Kontinentalabfall *m*, Kontinentalabhang *m* (an der hypsografischen Kurve der Erdoberfläche) ‖ ~ (spinning) **system** (Spinning) / französisches Vorbereitungsverfahren, kontinentales System ‖ ~ **system** (Spinning) / französisches Vorbereitungsverfahren, kontinentales System ‖ ~ **system of drawing** (Spinning) / Strecken *n* auf der Nadelwalzenstrecke ‖ ~ **terrace** (Geol) / Kontinentalsockel *m* (Kontinentalschelf und Kontinentalhang)
**contingence** *n* (AI) / Kontingenz *f* (Beziehung zwischen zwei oder mehreren mehrfach-alternativen Zufallsgrößen) ‖ ~ (Stats) / Kontingenz *f* (Verbundenheit zwischen zwei kategorialen Merkmalen einer statistischen Masse)
**contingencies** *pl* / unvorgesehene Ausgaben
**contingency** *n* (AI) / Kontingenz *f* (Beziehung zwischen zwei oder mehreren mehrfach-alternativen Zufallsgrößen) ‖ ~ (Stats) / Kontingenz *f* (Verbundenheit zwischen zwei kategorialen Merkmalen einer statistischen Masse) ‖ ~ **plan** (Comp) / Katastrophenplan *m* (Handbuch, in dem mögliche Katastrophen mit ihren Ursachen und Auswirkungen erörtert und vorbeugende Sicherheitsmaßnahmen beschrieben werden) ‖ ~ **planning** (business continuity planning) / Ausfall-Vorsorge *f*, Contingency

Planning n (Ausfall-Vorsorge) ‖ ~ **rating** (Aero) / Auslegung f für Notbetrieb (bei Hubschraubern und Senkrechtstartflugzeugen) ‖ ~ **table** (a form of presentation of data to show the relationships between various factors or characteristics) (Comp) / Kontingenztafel f ‖ ~ **table*** (Stats) / Kontingenztafel f, Mehrfeldertafel f
**continuation** n (Comp, Maths) / Fortsetzung f (eine Abbildung), Erweiterung f ‖ ~ **address** (Comp) / Fortsetzungsadresse f ‖ ~ **bit** (Comp) / Fortsetzungsbit n ‖ ~ **card** (Comp) / Folgekarte f ‖ ~ **column** (Comp, Print) / Folgespalte f ‖ ~ **lead** (Elec Eng) / Verlängerungsleitung f, Verlängerungskabel n ‖ ~ **sheet** (Print) / Fortsetzungsblatt n
**continued employment** (Work Study) / Weiterbeschäftigung f ‖ ~ **fraction*** (Maths) / Kettenbruch m ‖ ~ **proportion** (Maths) / fortlaufende Proportion
**continuing professional development** / berufliche Weiterbildung
**continuity** n (Civ Eng) / Stabilität f (von eingespannten Elementen) ‖ ~ (Elec) / unterbrechungsloser Stromverlauf ‖ ~* (Maths, Phys) / Stetigkeit f, Kontinuität f ‖ ~ (Paint, Surf) / Geschlossenheit f (von Schutzschichten) ‖ ~ (the linking of broadcast items by a spoken commentary) (Radio) / Zwischenansage f ‖ ~* (Radio) / Programmablauf m ‖ ~ **check** (Elec Eng) / Kontinuitätsprüfung f, Durchgangsprüfung f, Prüfung f auf Durchgang ‖ ~ **condition** (Mech) / Stetigkeitsbedingung f, Kontinuitätsbedingung f (DIN 13316) ‖ ~ **domain** (Maths) / Stetigkeitsgebiet n ‖ ~ **equation** (Phys) / Kontinuitätsgleichung f
**continuity-fitting*** n (Elec Eng) / Verbinder m, Verbindungsstück n
**continuity girl** (a continuity clerk) (Cinema) / Scriptgirl n, Skriptgirl n, Filmateliersekretärin f, Ateliersekretärin f ‖ ~ **list** (Cinema) / Schnittliste f (mit allen verwendeten Szenen eines geschnittenen Films) ‖ ~ **report** (Cinema) / Drehtagebuch n ‖ ~ **script** (Cinema) / Drehbuch n (technisches, mit Informationen und Anweisungen für das Kamerateam) ‖ ~ **shot** (Cinema) / Zwischenschnitt m (eine Zwischenszene, die den Ablauf der geschilderten Vorgänge verdeutlicht) ‖ ~ **studio** (Radio, TV) / Ansagestudio n ‖ ~ **test** (Cables, Elec Eng) / Kontinuitätsprüfung f, Durchgangsprüfung f, Prüfung f auf Durchgang ‖ ~ **tester** (Elec Eng) / Durchgangsprüfer m ‖ ~ **testing** (Elec Eng) / Kontinuitätsprüfung f, Durchgangsprüfung f, Prüfung f auf Durchgang
**continuous*** adj / stetig adj (Förderer, Funktion) ‖ ~ / fortlaufend adj, kontinuierlich adj, anhaltend adj, unterbrechungsfrei adj ‖ ~ / geschlossen adj, zusammenhängend adj, durchgängig adj (Schutzschicht) ‖ ~* (Maths, Phys) / kontinuierlich adj, stetig adj ‖ ~ (Phys, Radio) / ungedämpft adj (Schwingung) ‖ ~ **absorption** (Phys) / kontinuierliche Absorption ‖ ~ **annealing** (Glass) / Durchlaufkühlung f ‖ ~ **annealing** (Met) / Kontiglühung f, Durchlaufglühung f ‖ ~ **annealing line** (Met) / Kontiglühlinie f, Kontiglühe f ‖ ~ **anodizing** (Surf) / kontinuierliche Anodisation, Bandanodisation f ‖ ~ **arch** (Const) / Durchlaufbogen m ‖ ~ **articulated beam** (Build, Civ Eng) / Gerber-Träger m (auf mehr als zwei Stützen durchlaufender Balken, bei dem durch Anordnung von Gelenken zwischen Unterteilungen des Balkens die statische Bestimmtheit des Trägers erzielt ist - nach H. Gerber, 1832-1912), Gelenkträger m (Gerber-Träger) ‖ ~ **beam*** (Build, Eng) / durchlaufender Balken, Durchlaufbalken m, Durchlaufträger m (DIN 1075), durchlaufender Träger, durchgehender Träger, Mehrfeldträger m ‖ ~ **bend test** / Hin- und Her-Biegeversuch m (mit einer einseitig eingespannten rechtwinkligen Biegeprobe nach DIN 50153) ‖ ~ **bleaching** (Textiles) / Kontinue-Bleiche f ‖ ~ **brake*** (Rail) / durchgewandte Bremse
**continuous-bucket conveyor** (Civ Eng) / Vollbecherwerk n ‖ ~ **elevator** (Civ Eng) / Vollbecherwerk n
**continuous bulk conveyor** (Civ Eng) / Stetigschüttgutförderer m ‖ ~ **camera** (Cinema, Photog) / Motorkamera f mit einem Zeitintervallschalter ‖ ~ **car-type furnace** (Met) / Herdwagen-Durchschubofen m, HD-Ofen m ‖ ~ **casting*** (Foundry) / Strangguss m (ein Verfahren zum Gießen von Metallen), Stranggießen n (Herstellung von profiliertem Stangenmaterial aus flüssigem Metall durch Gießen) ‖ ~ **casting and rolling plant** (Met) / Gießwalzanlage f ‖ ~ **channel** (San Eng) / Kreislaufbecken n, Umlaufbelebungsbecken n ‖ ~ **charging grate** (Eng) / Schüttrost m ‖ ~ **chip** (Eng) / Fließspan m (eine Spanart)
**continuous-cleaning** adj / selbstreinigend adj (Beschichtung)
**continuous coil** (Elec Eng) / fortlaufend gewickelte Spule ‖ ~ **contact printer** (Cinema) / Durchlaufkontaktkopiermaschine f ‖ ~ **control*** (Automation) / stetige Regelung oder Steuerung (wenn die Stellgröße innerhalb des Stellbereiches jeden beliebigen Zwischenwert annehmen kann) ‖ ~ **countercurrent decantation** (Chem Eng) / Gegenstromdekantation f ‖ ~ **covered electrode** (Welding) / Spiralnetzelektrode f ‖ ~ **covered electrode** (Welding) / Netzmantelelektrode f (eine Lieferform des Zusatzwerkstoffes) ‖ ~ **culture*** (Bacteriol, Biol) / Dauerkultur f, kontinuierliche Kultur (von Mikroorganismen) ‖ ~ **culture** (Biochem) / kontinuierliche Fermentation (Kultivierung von Zellen im Fermenter) ‖ ~ **cutter**

(Nut) / Durchlaufkutter m ‖ ~ **day and night service** / 24-Stunden-Kundendienst m, 24-Stunden-Service m ‖ ~ **dependence** / stetige Abhängigkeit ‖ ~ **diffusion*** (Nut) / kontinuierliche Diffusion ‖ ~ **discharge** / Dauerentladung f ‖ ~ **distillation*** (Chem Eng) / kontinuierliche Destillation ‖ ~ **distribution** (Maths, Stats) / stetige Verteilung ‖ ~ **disturbance** (Radio) / Dauerstörung f ‖ ~ **drier** / kontinuierlich arbeitender Trockner, Durchlauftrockner m ‖ ~ **drier** (For) / Kanaltrockner m (von Schnittholz oder Furnieren) ‖ ~ **duty** (Elec Eng) / DAB (Dauerbetrieb), Dauerbetrieb m (mit gleich bleibender Belastung)
**continuous-dyeing range** (Textiles) / Färbe-Kontinuestraße f
**continuous electrode*** (Elec Eng, Met) / Dauerelektrode f ‖ ~ **electrode** (Welding) / endlose Elektrode ‖ ~ **exposure** (Med) / chronische Exposition (den Schadstoffen) ‖ ~ **extraction*** (Chem Eng) / kontinuierliche Extraktion ‖ ~ **fanfold stock** (Comp, Paper) / Leporelloendlospapier n, Leporellopapier n, Faltpapier n ‖ ~ **feed** (Comp) / fortlaufende Belegzufuhr ‖ ~ **feeder*** (Print) / Anlegeapparat m
**continuous-filament mat** (Glass, Textiles) / Endlosmatte f, Glasendlosmatte f ‖ ~ **yarn*** (Textiles) / Endlosgarn n
**continuous filmprinter** (Cinema) / Durchlaufbildkopiermaschine f ‖ ~ **filter*** (San Eng) / Tropfkörperanlage f (ein Festbettreaktor zur biologischen Reinigung von Abwässern - DIN 19 557)
**continuous-flow analysis** (Chem) / Durchflussanalyse f ‖ ~ **chromatography** (Chem) / Elutionstechnik f, Elutionschromatografie f, Elutionsanalyse f, Durchlaufchromatografie f
**continuous-flow conveyor** (Eng) / Stetigförderer m (DIN 15201 und 22101)
**continuous-flow evaporator** (Chem Eng) / Durchlaufverdampfer m ‖ ~ **melting** (Met) / Überlaufschmelze f ‖ ~ **water heater** (Heat) / Durchlaufwassererhitzer m, Durchlaufwasserheizer m (als Gegensatz zum Boiler und zum Speicher), Durchflusserwärmer m (ein Wassererhitzer), Durchlauferhitzer m (ein Gerät, das das Wasser im Wesentlichen während des Durchlaufs erwärmt)
**continuous form** (Comp) / Endlosvordruck m, Endlosformular n, Endlospapier n ‖ ~ **forming conveyor** (fibreboard manufacture) (For) / Formband n (unter der Streustation) ‖ ~ **forms press** (Print) / Endlosformulardruckmaschine f ‖ ~ **forms printing** (Print) / Endlosdruck m (Formulardruck in Rotationsmaschinen), Endlosformulardruck m ‖ ~ **frame** (Civ Eng) / durchlaufender Rahmen, Durchlaufrahmen m ‖ ~ **function** (Maths) / stetige Funktion ‖ ~ **furnace** / kontinuierlich arbeitender Ofen, Durchlaufofen m, Ofen m für durchlaufenden Betrieb, Fließofen m, kontinuierlich beschickter Ofen ‖ ~ **galvanizing** (Surf) / kontinuierliches Feuerverzinken, Feuerverzinken n im Durchlaufverfahren, kontinuierliche Feuerverzinkung f ‖ ~ **girder*** (Build, Eng) / durchlaufender Balken, Durchlaufbalken m, Durchlaufträger m (DIN 1075), durchlaufender Träger, durchgehender Träger, Mehrfeldträger m ‖ ~ **girder bridge** (Civ Eng) / Durchlaufträgerbrücke f (deren Hauptträger kontinuierlich von einem Widerlager zum nächsten oder über eine oder mehrere Zwischenpfeiler verläuft) ‖ ~ **glass tank** (Glass) / Dauerwannenofen m, kontinuierliche Wanne ‖ ~ **grinder** (Paper) / Stetigschleifer m (ein Holzschleifer, z.B. ein Kettenschleifer) ‖ ~ **grinder and polisher** (Glass) / Bandschleif- und Polieranlage f ‖ ~ **group** (Maths) / kontinuierliche Gruppe (eine topologische Gruppe, deren Elemente eine Mannigfaltigkeit bilden)
**continuous-handling equipment** (Eng) / Stetigförderer m (DIN 15201 und 22101)
**continuous hand movement** (with one watch) (Work Study) / Fortschrittszeitverfahren n (bei Zeitstudien) ‖ ~ **hot-dip galvanizing** (Surf) / kontinuierliches Feuerverzinken, Feuerverzinken n im Durchlaufverfahren, kontinuierliche Feuerverzinkung
**continuous-immersion test** (Surf) / Dauertauchversuch m (DIN 50900) ‖ ~ **test** / Dauertauchversuch m (eine Korrosionsprüfung)
**continuous injection system** (Autos) / kontinuierliche Benzineinspritzung (als System) ‖ ~ **inventory** / permanente Inventur f ‖ ~ **kiln** / kontinuierlich arbeitender Ofen, Durchlaufofen m, Ofen m für durchlaufenden Betrieb, Fließofen m, kontinuierlich beschickter Ofen
**continuous-level signal** (Telecomm) / wertkontinuierliches Signal (die Signalamplitude kann jeden beliebigen Wert annehmen - DIN 40146, T 1)
**continuous line** / Volllinie f (technisches Zeichnen - DIN 15) ‖ ~ **line** (Autos) / durchgezogene Linie (auf der Fahrbahn) ‖ ~ **line processor** (Photog) / Durchlaufentwicklungsmaschine f ‖ ~ **loading*** (Elec Eng) / Krarupisierung f (ein Verfahren, bei dem Kupferkabel zur Erhöhung der Selbstinduktion mit dünnen Eisendrähten mit einem Durchmesser von 0,2 oder 0,3 mm umwickelt werden, um so die Leitungsdämpfung zu vermindern und längere Distanzen bei gegebener Sendeleistung überbrücken zu können), Krarupisieren n,

**continuous**

Krarup-Verfahren *n* ‖ **~ loading** (Eng, Materials) / Dauerbelastung *f* (Tätigkeit)
**continuous-loop projector** (Cinema) / Schleifenprojektor *m*, Endlosprojektor *m*
**continuous lubrication** / kontinuierliche Schmierung (eine Methode der Schmierstoffversorgung)
**continuously adjustable stand** (or bracket) (Tools) / Schraubbock *m* (stufenlos verstellbare Spannunterlage) ‖ **~ differentiable function** (Maths) / stetig differenzierbare Funktion (deren Ableitung stetig ist) ‖ **~ loaded** (Eng, Materials, Mech) / dauerbelastet *adj* ‖ **~ moving form** (Civ Eng) / Gleitschalung *f* (die am Bauwerk hochgedrückt wird) ‖ **~ running ropeway** / Umlaufseilbahn *f* ‖ **~ supported beam** (resting on more than two supports) (Build, Eng) / durchlaufender Balken, Durchlaufbalken *m*, Durchlaufträger *m* (DIN 1075), durchlaufender Träger, durchgehender Träger, Mehrfeldträger *m* ‖ **~ variable** (Eng) / stufenlos einstellbar, stufenlos regulierbar, stufenlos stellbar
**continuously-variable-crown system** (Met) / CVC-System *n* (der Walzspaltanpassung)
**continuous machine control** (Automation) / Stetigbahnsteuerung *f* von Maschinen ‖ **~ melting process** (Met) / kontinuierliches Schmelzverfahren, Contimelt-Prozess *m* ‖ **~ memory** (Comp) / Permanentspeicher *m* (des Taschenrechners)
**continuous-method timing** (Work Study) / Fortschrittszeitverfahren *n* (bei Zeitstudien)
**continuous mill*** (Met) / Kontiwalzanlage *f*, Kontiwalzwerk *n*, kontinuierliches Walzwerk, kontinuierliche Walzstraße ‖ **~ miner** (Mining) / Continuous-Miner *m* (auf Raupen fahrende Teilschnittmaschine) ‖ **~ mixer** / kontinuierlicher Mischer, Fließmischer *m*, Durchlaufmischer *m* ‖ **~ mix plant** (Civ Eng) / kontinuierlich arbeitende Mischanlage ‖ **~ motion** (Mech) / kontinuierliche Bewegung, stetige Bewegung
**continuous-motion projector** (Cinema) / Projektor *m* mit kontinuierlichem Filmlauf
**continuous noise** (Radio) / Dauerstörung *f*
**continuous-noise radar** (Radar) / Dauerrauschradar *m n*
**continuous numbering** / Durchnummerierung *f*, fortlaufende Nummerierung ‖ **~ operation** (Eng) / Dauerlauf *m* ‖ **~ oscillations*** (Phys, Radio) / ungedämpfte Schwingungen (nicht durch äußere Einflüsse gedämpft) ‖ **~ patenting** (Met) / Durchlaufpatentieren *n* (im Durchlaufofen nach DIN 17014, T 1)
**continuous-path cam-type control** (Eng) / wegabhängige Nockensteuerung
**continuous path control** (system) (Automation) / Stetigbahnsteuerung *f*, Bahnsteuerung *f* (numerisches Steuerungssystem, bei dem eine Bewegung in mehr als einer Achse gleichzeitig und kontinuierlich gesteuert wird), CP-Steuerung *f* ‖ **~ phase** (Chem, Phys) / Dispergiermedium *n*, Dispersionsmittel *n* (kontinuierliche Phase einer Dispersion), Dispersionsmedium *n* (z.B. bei Solen), Dispersionsphase *f*, zusammenhängende Phase, äußere Phase, disperse Phase ‖ **~ phase modulation** (Telecomm) / kontinuierliche Phasenmodulation ‖ **~ phase transition** (Phys) / Phasenübergang *m* 2. Ordnung, Phasenübergang *m* zweiter Art, kontinuierlicher Phasenübergang ‖ **~ plant** (Eng) / Fließanlage *f* ‖ **~ printing*** (Cinema) / Kopieren *n* auf der Durchlaufkopiermaschine ‖ **~ process** (Phys) / Fließprozess *m*, dynamischer Prozess ‖ **~ process** (Work Study) / kontinuierliches Verfahren ‖ **~ processing** (Photog) / Durchlaufverarbeitung *m* (des Fotomaterials) ‖ **~ processing machine*** (Photog) / Durchlaufentwicklungsmaschine *f*
**continuous-process press** (For) / Durchlaufpresse *f* (zur Herstellung von Faser- und Spanplatten), Endlospresse *f*, kontinuierliche Presse (zur Herstellung von Holzwerkstoffen)
**continuous pusher-type furnace** / Durchstoßofen *m* ‖ **~ radiation** (Radiol) / Bremsröntgenstrahlung *f*, Bremsstrahlung *f*, weiße Röntgenstrahlung ‖ **~ radio alert** (Radio) / Funkdauerbereitschaft *f* ‖ **~ random variable** (Stats) / stetige Zufallsgröße ‖ **~ rating*** (Elec Eng) / Leistung *f* im Dauerbetrieb, Dauerleistung *f*, Nenndauerleistung *f* ‖ **~ reaction series** (Geol) / kontinuierliche Reaktionsreihe (bei der Kristallisationsdifferentiation) ‖ **~ recording** (Acous, Mag) / Endlosaufnahme *m* ‖ **~ roller press** (For) / Kalanderpresse *f* ‖ **~ rolling** (Met) / kontinuierliches Walzen, Kontiwalzen *n* ‖ **~ ropeway** (Civ Eng) / Umlaufbahn *f*, Drahtseilbahn *f* mit Umlaufbetrieb ‖ **~ run** (Eng) / Dauerlauf *m* ‖ **~ run** (Paint) / Gleichlauf *m* (kontinuierliches Bestrahlen der Proben bei künstlichen Bewitterungsprüfungen) ‖ **~ running** (Eng) / Dauerlauf *m* ‖ **~ scanning** (Radar) / kontinuierliches Absuchen
**continuous-shot blasting line** (Foundry) / Durchlaufstrahllinie *f*
**continuous signal** / kontinuierliches Signal (dessen Signalwerte in jedem beliebigen Zeitpunkt die ihnen jeweils zugeordneten Informationen abbilden) ‖ **~ simulation** (Comp) / kontinuierliche Simulation ‖ **~ sintering** / kontinuierliches Sintern, Sintern *n* in Durchlauföfen, Bandsinterung *f* ‖ **~ slab caster** (Foundry) / Brammenstranggießanlage *f* ‖ **~ slab-casting plant** (Foundry) / Brammenstranggießanlage *f*
**continuous-space** *attr* (Phys) / ortskontinuierlich *adj*
**continuous spectrum*** (Light, Spectr) / kontinuierliches Spektrum, Kontinuitätsspektrum *n*
**continuous-speech recognition** (AI, Comp) / Erkennen *n* der kontinuierlichen Sprache, Erkennen *n* der (kontinuierlichen) Rede
**continuous speed** (Eng) / Dauerdrehzahl *f* ‖ **~ spun yarn** (Spinning) / Kontinue-Garn *n* ‖ **~ stationery*** (Comp) / Endlosvordruck *m*, Endlosformular *n*, Endlospapier *n* ‖ **~ sterilization** (Nut) / kontinuierliche Sterilisation
**continuous(ly) stirred tank reactor** (Chem Eng) / kontinuierlicher Rührkesselreaktor, kontinuierliches System RKR
**continuous-strand mat** (Glass, Textiles) / Endlosmatte *f*, Glasendlosmatte *f*
**continuous-stream** (ink-jet) **printer** (Comp) / Ink-Jet-Drucker *m* mit kontinuierlichem Tintenstrahl (der durch ein elektrisches Ablenkfeld bewegt wird)
**continuous-strip camera** (Aero) / Streifenkamera *f* (Spezialkamera zur Aufnahme eines kontinuierlichen Streifenbildes des Geländes aus einem schnellfliegenden Luftfahrzeug) ‖ **~ coating** (Vac Tech) / Bandbedampfung *f*
**continuous stripe** (Autos) / durchgehender Strich (Fahrbahnmarkierung)
**continuous-strip galvanizing** (Surf) / Bandstahlverzinkung *f*, Bandverzinkung *f* ‖ **~ weigher** (For) / Förderbandwaage *f* (in ein Förderband integrierte Ein-Rollen-Wägeeinrichtung, bestehend aus Messstation mit Wägezelle, Geschwindigkeitsaufnehmer und Auswertesystem zur kontinuierlichen Fördermassenerfassung von Schüttgut)
**continuous stroke** (Eng) / Dauerhub *m* (bei Pressen) ‖ **~ stuffer** (Nut) / kontinuierliche Füllmaschine (für Wurstmasse) ‖ **~ system** (of transport or handling) (Eng) / Stetigförderung *f* ‖ **~ system** (Phys) / kontinuierliches System (DIN 1345) ‖ **~ tank** (Glass) / Dauerwannenofen *m*, kontinuierliche Wanne ‖ **~ thin-layer chromatography** (Chem) / Durchlauf-Dünnschichtchromatografie *f*
**continuous-time signal** (Telecomm) / zeitkontinuierliches Signal (zu jedem beliebigen Zeitpunkt ist ein Signalwert vorhanden bzw. definiert - DIN 40146, T 1)
**continuous-timing technique** (Work Study) / Fortschrittszeitverfahren *n* (bei Zeitstudien)
**continuous tone** (Photog, Print, Telecomm) / Halbton *m*
**continuous-tone copy** (Print) / Halbtonvorlage *f*
**continuous train-control system** (Rail) / linienförmige Zugbeeinflussung, Linienzugbeeinflussung *f*, LZB ‖ **~ twill** (Weaving) / durchlaufender Köper ‖ **~ uniform distribution** (Maths, Stats) / stetige gleichmäßige Verteilung, Rechteckverteilung *f*
**continuous-value signal** (Telecomm) / wertkontinuierliches Signal (die Signalamplitude kann jeden beliebigen Wert annehmen - DIN 40146, T 1)
**continuous vent*** (Plumb) / senkrecht durchgehender Abzug, Abzugsrohr *n* für Klosettentlüftung, Dunstabzug *m*, durchgehender Abzug ‖ **~ vibration** (Phys) / Dauerschwingung *f* (des Kontinuums nach DIN 1314, T 4)
**continuous-vision lens** (Glass, Optics) / Progressivglas *n*, Gleitsichtglas *n*, Glas *n* mit gleitender Wirkung
**continuous wave** (Elec) / ungedämpfte Welle ‖ **~ wave** (Materials) / kontinuierlich abgestrahlte Welle (bei der Ultraschallwerkstoffprüfung)
**continuous-wave** *attr* (Electronics) / Dauerstrich- ‖ **~ jammer** (Radar) / Dauerstrichstörsender *m* ‖ **~ laser** (Phys) / Dauerstrichlaser *m* (kontinuierliche Emission von Licht)
**continuous·-wave radar*** (Radar) / Dauerstrichradar *m n* (bei dem eine hochfrequente Schwingung kontinuierlich abgestrahlt wird - DIN 45 025), CW-Radar *m n* ‖ **~-wave telegraphy** (Teleg) / Telegrafie *f* mit ungedämpften Wellen ‖ **~ web** (Paper) / endlose Bahn ‖ **~ weigher** / Bandwaage *f* (mit Förderband als Lastträger für kontinuierliches Wägen von Schüttgut) ‖ **~ weigh scale** / Bandwaage *f* (mit Förderband als Lastträger für kontinuierliches Wägen von Schüttgut) ‖ **~ weld** (along the entire length of the joint) (Welding) / durchlaufende Schweißnaht, kontinuierliche Schweißnaht ‖ **~ welded rail*** (Rail) / durchgehend geschweißte Schiene ‖ **~ window** (Arch, Build) / durchlaufendes Fenster ‖ **~ window** (Build) / Fensterband *n* (mehrere in einer Reihe bandartig unmittelbar nebeneinander liegende schmale Fenster), Bandfenster *n* ‖ **~ working** (Eng) / Dauerlauf *m*

**continuum*** *n* (pl. -uums or -ua) (a continuous range of values that can be taken by a physical quantity or random variable) (Maths, Phys) / Kontinuum *n* (pl. -ua) (DIN 1311, T 4) ‖ **~ at the series limit** (Spectr) / Seriengrenzkontinuum *n* ‖ **~ emission** (Phys) / Kontinuumsstrahlung *f* ‖ **~ hypothesis*** (Maths) / Kontinuumhypothese *f* (Cantors) (Axiom der Mengenlehre) ‖ **~**

**mechanics** (Mech) / Mechanik f der Kontinua, Mechanik f der deformierbaren Medien (mit Berücksichtigung ihrer Mikrostruktur) ‖ ~ **mechanics** (Mech) / Kontinuumsmechanik f, Mechanik f der deformierbaren Medien (ohne Berücksichtigung ihrer Mikrostruktur) ‖ ~ **mechanics** (Mech) / Kontinuumsmechanik f (als Gegensatz zu Quantenmechanik) ‖ ~ **mechanics** (Mech) s. also mechanics of deformable bodies ‖ ~ **of values** / Wertekontinuum n ‖ ~ **radiation** (Phys) / Kontinuumsstrahlung f
**continuum-radiation source** / Kontinuumsstrahler m
**continuum radiator** / Kontinuumsstrahler m ‖ ~ **rheology** (Phys) / Kontinuumsrheologie f (DIN 1342, T 1) ‖ ~ **theory** / Kontinuumstheorie f ‖ ~ **vibration** (Phys) / Schwingung f des Kontinuums
**contour** n / Profil n, Umriss m ‖ ~ (contour line) / Umriss m, Umrisslinie f, Kontur f ‖ ~ (Cartography) / Geländeprofil n, Profil n (Geländeprofil) ‖ ~ (Surv) / Isobathe f (Linie gleicher Wassertiefe) ‖ ~* (Surv) / Isohypse f (Meereshöhe bzw. Grundwasserspiegel), Höhenlinie f, Höhenschichtlinie f, Schichtlinie f ‖ ~ **acuity*** (Optics, Photog, Textiles) / Konturenschärfe f, k-Wert m ‖ ~ **analysis** (Comp) / Konturenanalyse f (in optical character recognition, a reading technique that employs a roving spot of light which searches out the character's outline by bouncing around its outer edges) ‖ ~ **band sawing** (Eng) / Sägen n von Innen- und Außenkonturen (mit der vertikalen Bandsäge), Sägen f von Konturen mit der vertikalen Bandsäge ‖ ~ **bank** (a ridge of earth built along a contour line for irrigation or as a soil conservation measure) (Agric) / Hangrinne f ‖ ~ **control system** (Automation) / Stetigbahnsteuerung f, Bahnsteuerung f (numerisches Steuerungssystem, bei dem eine Bewegung in mehr als einer Achse gleichzeitig und kontinuierlich gesteuert wird), CP-Steuerung f ‖ ~ **definition** (Optics, Photog, Print, Textiles) / Konturenschärfe f, k-Wert m ‖ ~ **diagram** (Spectr) / Konturdiagramm n (in der zweidimensionalen ₁H-NMR-Spektroskopie) ‖ ~ **die** (Met) / Matrize f (formgebendes Presswerkzeug, durch das der Strang beim Strangpressen austritt) ‖ ~ **ditch** (Agric) / Hanggraben m
**contoured** adj / dem Körper angepasst (z.B. eine Sitzgelegenheit) ‖ ~ **map** (Cartography) / Höhenlinienkarte f (in der die Geländeformen mittels Höhenlinien dargestellt sind)
**contour effect** (Acous, Mag) / Contour-Effekt m ‖ ~ **flight** (Aero) / Terrainfolgeflug m, Konturenflug m ‖ ~ **flying** (Aero) / Terrainfolgeflug m, Konturenflug m ‖ ~ **fringes*** (Optics) / Fizeau'sche Streifen (nach H. Fizeau, 1819-1896), Keilinterferenzen f pl ‖ ~ **gradient*** (Surv) / Falllinie f (auf einer geneigten Fläche)
**contouring control** (Eng) / Nachfahrsteuerung f, Nachformsteuerung f (bei der die Werkzeugbewegung von einer Leitkurve oder -fläche gesteuert wird) ‖ ~ **lathe** (Eng) / Nachformdrehmaschine f ‖ ~ **system by velocity vector control** (Eng) / zweiphasige Bahnsteuerung (bei CNC-Maschinen) ‖ ~ **tool** (Eng) / Formmeißel m
**contour integral** (the line integral of a complex function along a curve in the complex plane) (Maths) / Umlaufintegral n ‖ ~ **interval*** (Cartography) / Höhenlinienabstand m, Höhenunterschied m benachbarter Höhenlinien ‖ ~ **length** (Chem) / Konturlänge f (einer Kette, eines Moleküls) ‖ ~ **line** / Umriss m, Umrisslinie f, Kontur f ‖ ~ **map** (Cartography) / Höhenlinienkarte f (in der die Geländeformen mittels Höhenlinien dargestellt sind) ‖ ~ **measuring projector** (Eng) / Profilprojektor m (optisches Feinmessgerät) ‖ ~ **milling** (Eng) / Umrissfräsen n, Umfangfräsen n (ein Nachformfräsverfahren in zwei Koordinatenrichtungen) ‖ ~ **milling** (Eng) s. also copy milling ‖ ~ **planing** (Eng) / Nachformhobeln n, Kopierhobeln n ‖ ~ **plot** (in a 2D-NMR) (Chem) / Konturdiagramm n, Contour Plot m n (in dem gleich große Absorptionswerte als Höhenlinien dargestellt werden - in der Chromatografie) ‖ ~ **ploughing** (ploughing furrows at very low slopes along which scour by water is very slight) (Agric, Civ Eng, Ecol) / Hangpflügen n (in der Höhenschichtlinie) ‖ ~ **sewing** (Textiles) / Konturennähen n (auf der Nähmaschine) ‖ ~ **shaping** (Eng) / Formstoßen n, Profilstoßen n ‖ ~ **sharpness** / Umrissschärfe f, Randschärfe f, Konturenschärfe f ‖ ~ **sharpness** (Optics, Photog, Textiles) / Konturenschärfe f, k-Wert m
**contraceptive*** n (mean of preventing conception) (Pharm) / Kontrazeptivum n (pl. -tiva), Antifertilitätspräparat n, Ovulationshemmer m, Empfängnisverhütungsmittel n (meistens hormonales)
**contract** v (Optics, Physiol) / sich zusammenziehen v (z.B. Pupille), verengern (z.B. Pupille) ‖ ~ n / vertragliche Vereinbarung, Vertrag m ‖ ~ (Mining, Work Study) / Gedingearbeit f, Gedinge n (vertragliche Form des Akkordlohns) ‖ ~ **award** / Auftragserteilung f, Auftragsvergabe f ‖ ~ **carpet** (Textiles) / Teppich m für den Objektbereich, Objektteppich m
**contract-demand tariff*** (Elec Eng) / Maximaltarif m (ein Strombezugstarif, der neben dem Arbeitspreis noch eine Leistungsgebühr für die innerhalb eines bestimmten Zeitraumes aufgetretene Höchstlast beansprucht)

**contracted carrying capacity** / bestellte (vertraglich abgesicherte) Transportkapazität f ‖ ~ **tensor** (Maths, Phys) / verjüngter Tensor ‖ ~ **weir** (a measuring weir with a rectangular notch, which is narrower than the channel) (Hyd Eng) / Überfall m mit Seiteneinschnürung, Überlauf m mit Seiteneinschnürung
**contract for work** (and labour) / Werkvertrag m (zwischen Besteller und Unternehmer) ‖ ~ **furniture** / Möbel n pl für industriellen Gebrauch, Industriemöbel n pl
**contractile** adj (Biochem, Biol) / kontraktil adj (z.B. Protein) ‖ ~ (Bot, Zool) / kontraktil adj, zusammenziehbar adj
**contracting party** / Kontrahent m, der Vertragsschließende, Vertragspartner m, Vertragspartei f ‖ ~ **procedure for construction work(s)** (Build) / Verdingungsordnung f für Bauleistungen, VOB ‖ ~ **state** / Vertragsstaat m (bei Patenten)
**contraction** n / Verengung f (des Querschnitts) ‖ ~* (Foundry) / Lunkerbildung f (Volumendefizit nach dem Erstarren), Lunkern n, Lunkerung f ‖ ~ (Maths) / kontrahierende Abbildung (eines metrischen Raumes), Kontraktion f ‖ ~ (Maths, Phys) / Verjüngung f (eines Tensors oder Spinors) ‖ ~ (Nuc) / Kontraktion f (des Atomorbitals) ‖ ~ (Phys) / Volumenminderung f (Schrumpfung), Volumenkontraktion f (DIN 13343), Kontraktion f (Verkleinerung einer Länge einer Fläche oder eines Volumens durch Schrumpfung) ‖ ~* (Phys) / Schwund m (lineare Verkleinerung), Schwinden n, Schrumpfen n (Volumenverminderung), Schrumpfung f, Schwindung f ‖ ~ (Textiles) / Einsprung m (Schrumpfen von Elastikartikeln während der Lagerung) ‖ ~ **allowance** (Foundry) / Schwindmaß n (prozentuales Übermaß bei Modellen zur Herstellung von Formen - DIN EN 12 890), Schrumpfmaß n, Schwindungszuschlag m, Schwindzugabe f ‖ ~ **cavity*** (Met) / Lunker m (Außenlunker am Blockkopf) ‖ ~ **crack** (Foundry) / Schrumpfungsriss m, Schwindriss m (z.B. durch ungleichmäßiges Austrocknen), Schwindungsriss m, Schrumpfriss m ‖ ~ **crack** (Welding) / Schrumpfriss m ‖ ~ **in area*** (Materials) / Einschnürung f (beim Zugversuch), Brucheinschnürung f (DIN 50145) (Bruchquerschnittsverminderung eines zugbeanspruchten Probestabs nach dem Bruch) ‖ ~ **joint*** (a movement joint) (Civ Eng) / Schrumpffuge f, Schwindfuge f ‖ ~ **of thickness** (Welding) / Dickenschrumpfung f (beim Erkalten einer Schweißverbindung in Dickenrichtung der Naht eintretende bleibende Verkürzung des Schweißgutes und der von der Schweißwärme erfassten Werkstoffzonen) ‖ ~ **ratio*** (Aero) / Verengungsverhältnis n ‖ ~ **rule** (Foundry) / Schwindmaßstab m (ein Zollstock)
**contractive mapping** (Maths) / kontrahierende Abbildung (eines metrischen Raumes), Kontraktion f
**contract manager** (Build) / Oberbauleiter m ‖ ~ **of affreightment** (Ships) / Seefrachtvertrag m (durch den sich der Verfrachter zur entgeltlichen Beförderung von Gütern über See verpflichtet) ‖ ~ **of carriage of goods by sea** (Ships) / Seefrachtvertrag m (durch den sich der Verfrachter zur entgeltlichen Beförderung von Gütern über See verpflichtet) ‖ ~ **of work** (Work Study) / Arbeitsvertrag m
**contractometer** n (Surf) / Kontraktometer n (Gerät zur Messung der Eigenspannungen galvanischer Niederschläge)
**contractor** n / Kontrahent m, der Vertragsschließende, Vertragspartner m, Vertragspartei f ‖ ~ **Auftragnehmer** m ‖ ~ (Build) / Bauunternehmer m ‖ ~ **method** (Civ Eng) / Kontraktor-Verfahren n, Contractor-Verfahren n (eine veraltete Methode zur Einbringung von Unterwasserbeton) ‖ ~ **process** (Civ Eng) / Kontraktor-Verfahren n, Contractor-Verfahren n (eine veraltete Methode zur Einbringung von Unterwasserbeton)
**contractor's yard** (Build) / Bauhof m
**contract price** / Lieferpreis m ‖ ~ **price** / Vertragspreis m, Abschlusspreis m ‖ ~ **procedure for building works** (Build) / Verdingungsordnung f für Bauleistungen, VOB
**contract-rate tariff*** (Elec Eng) / Zweikomponenten-Strombezugstarif m, Grundpreistarif m (ein Strombezugstarif), Strombezugstarif m basierend auf Grund- und Arbeitspreis
**contract research** / Vertragsforschung f, Auftragsforschung f (z.B. Battelle-Institut) ‖ ~ **s.th. out to s.o.** / außer Haus geben (Arbeit)
**contractual claim** / Vertragsanspruch m ‖ ~ **commitment** / Vertragsverpflichtung f, Vertragspflicht f
**contradictory** adj / widersprüchlich adj (in der Logik)
**contraflexure** n / Biegung f (in entgegensetzte Richtung)
**contraflow** n (Autos) / Gegenverkehr m
**contraformal contact** (between two bodies) (Eng, Phys) / kontraformer Kontakt
**contragredient** adj (Maths) / kontragredient adj
**contraharmonic** adj (Maths) / kontraharmonisch adj (Mittel)
**contrailer** n / Contrailer m, fahrbarer Container
**contrails*** pl (Aero) / Kondensstreifen m pl (weiße, schmale Wolkenstreifen hinter den Triebwerken hochfliegender Flugzeuge)
**contraindication** n (Pharm) / Kontraindikation f, Gegenanzeige f
**Contran*** n (Comp) / Contran n (eine Programmiersprache)

**contraposition**

**contraposition** *n* / Kontraposition *f* (eine Aussagenverknüpfung), Umkehrung *f* (einer Aussage oder eines Urteils)
**contrapropeller** *n* (Ships) / Kontrapropeller *m*, Gegenpropeller *m* (Leitblech hinter Propeller bewirkt Umlenkung der Drehbewegung des Wassers in axiale Richtung)
**contraries*** *pl* (Paper) / Verunreinigungen *f pl*, Fremdstoffe *m pl*
**contrarotating** *adj* (Eng) / gegenläufig *adj*, gegeneinander laufend *adj* || ~ **propellers** (Aero) / Gegenlaufluftschrauben *f pl*, gleichachsige gegenläufige Propeller, Zwillings-Luftschrauben *f pl*
**contrary-flexure turnout** (Rail) / Außenbogenweiche *f*, ABW
**contrary to road traffic regulations** (Autos) / verkehrswidrig *adj*
**contrast** *v* / kontrastieren *v* || ~ * *n* (Acous, Radio) / Dynamikbereich *m*, Dynamik *f* (DIN 40146, T 2) || ~ * (Photog, TV) / Kontrast *m* (der wahrgenommene Helligkeitsunterschied benachbarter Sehobjekte) || ~ **advertising** / Kontrastwerbung *f*, Kontrastprogrammwerbung *f* || ~ **amplification*** (Acous) / Dynamiksteigerung *f* || ~ **bar** (Aero) / Kontrastbalken *m* || ~ **card** (Paint) / Kontrastkarton *m* || ~ **colour** (Optics) / Kontrastfarbe *f* || ~ **control*** (TV) / Kontrastausgleich *m*, Kontrastregelung *f*, Kontraststeuerung *f* || ~ **dyeing** (Textiles) / Gegenfärbung *f*, Kontrastfärbung *f* || ~ **enhancement** (Optics) / Kontrastverstärkung *f* || ~ **filter** (Photog, TV) / Kontrastfilter *n*
**contrasting device** / Kontrastiereinrichtung *f* (z.B. bei polierten Anschliffen)
**contrastive staining** / Kontrasfärbung *f* (in der Mikrobiologie)
**contrast•-light compensator metering** (Photog) / CLC-Verfahren *n* (Messung an zwei Motivpunkten und Mittelwertbildung bei Belichtungsmessern) || ~ **medium*** (Radiol) / Kontrastmittel *n* (zur Steigerung der optischen Kontraste), KM (Kontrastmittel), Röntgenkontrastmittel *n* || ~ **photometer*** (Phys) / Kontrastfotometer *n* (im visuellen Fotometer) || ~ **range*** (TV) / Kontrastumfang *m* || ~ **ratio** (Optics) / Kontrastverhältnis *n* || ~ **reduction** (Optics) / Kontrastminderung *f*, Kontrastverminderung *f* || ~ **sensitivity*** (TV) / Kontrastempfindlichkeit *f*, Unterschiedsempfindlichkeit *f* || ~ **threshold** (Light) / Kontrastschwelle *f* || ~ **threshold** (Optics, Physiol) / Unterschiedsschwelle *f* (Leuchtdichteunterschiedswahrnehmung) || ~ **variation ratio** (Print) / Druckkontrastverhältnis *n* (Maximum zu Minimum)
**contrasty** *adj* (Photog) / kontrastreich *adj* (Fotografie)
**contravane** *n* (Eng) / Schaufel *f* zur Umkehr oder zur Neutralisierung der Strömungsrichtung
**contravariant** *adj* (Maths) / kontravariant *adj* || ~ **functor** (Maths) / kontravarianter Funktor || ~ **index** (Maths) / kontravarianter Index || ~ **tensor** (Maths) / kontravarianter Tensor
**contravention** *n* / Nichteinhaltung *f*, Zuwiderhandlung *f* (gegen), Nichtbefolgung *f*
**contra wire** (Elec Eng) / Konstantan-Heizdraht *m*
**contre-jour** *attr* (Photog) / Gegenlicht- || ~ **photograph** (Photog) / Gegenlichtaufnahme *f*
**contrepente** *n* (Autos) / Contre-Pente *n* (Sicherheitskontur auf der Felgenschulter)
**control** *v* / überwachen *v*, kontrollieren *v* || ~ (Automation) / steuern *v* (einen Prozess, eine Steuerstrecke) || ~ (Automation) / regeln *v* (einen Regelkreis) || ~ (Autos) / Bedienung *f* (ein Fahrzeug) || ~ * *n* / Überwachung *f* (z.B. von Prozessabläufen), Kontrolle *f* || ~ / Betätigungseinrichtung *f* (im Sinne der DIN 70012) || ~ (Automation) / Steuerung *f* || ~ (Automation) / Eingriff *m* (regelnde Beeinflussung des Ablaufs) || ~ (Civ Eng, Hyd Eng) / Maßkanal *m* || ~ (graphical element used to get user input and to display output /e.g. text boxes command buttons, list boxes/) (Comp) / Steuerelement *n* (Comp, Eng) / Bedienungselement *n*, Bedienelement *n*, Bedienorgan *n* || ~ (Ecol) / Bekämpfung *f* (von Lärm usw.) || ~ * (Eng) / Betätigung *f* (Steuerung), Bedienung *f* || ~ (Pharm) / Kontrollversuch *m* || ~ * (Radio) / Einstellknopf *m*, Einsteller *m* (ein Bedienelement) || **not under** ~ (Ships) / manövrierunfähig *adj*, fahrtgestört *adj* || **under** ~ (Ships) / manövrierfähig *adj*
**control-adjustment microscope** (Eng, Micros) / Einrichtmikroskop *n* (Hilfsmittel für den Bediener einer CNC-Maschine)
**control aisle** (Elec Eng) / Bedienungsgang *m* (VDE 0660, T 500) || ~ **algorithm** (Automation) / Steuerungsalgorithmus *m* || ~ **algorithm** (Automation, Comp) / Regelalgorithmus *m* (eine Rechenvorschrift für einen digitalen Regler), Steuerungsalgorithmus *m* || ~ **and read-only memory** (Comp) / Mikroprogrammspeicher *m* || ~ **area** (Aero) / Kontrollbezirk *m* || ~ **area** (Automation) / Regelfläche *f* (Zeitintegral der Regelabweichung) || ~ **ball** (Comp) / Trackball *m* (Eingabevorrichtung für DV-Geräte), Rollkugel *f* (zur Eingabe einer Position in der grafischen Datenverarbeitung) || ~ **ball** (Radar) / Rollkugel *f*, Kontrollkugel *f* || ~ **bar** (Aero) / Haltestange *f* (des Hängegleiters) || ~ **bar** (Comp) / Symbolleiste *f* || ~ **bit** (Comp) / Steuerbit *n* || ~ **block** (Comp) / Kontrollblock *m* || ~ **board** (Elec Eng) / Schalttafel *f* (der Teil einer Schaltanlage, der auf einer senkrechten Tafel die erforderlichen Betätigungs-, Überwachungs- und Messgeräte enthält) || ~-**board*** *n* (Automation) / Steuerpult *n*, Steuerungspult *n*, Bedienungspult *n* || ~ **box** (Autos) / Schaltkasten *m*, Motorschaltkasten *m* || ~ **box** (Autos) / Regler *m* (des Generators) || ~ **box** (Comp) / Kontrollkästchen *n* (mit dem man eine nicht exklusive Option aktiviert oder deaktiviert) || ~ **bus*** (Comp) / Steuerbus *m* (der die Steuersignale überträgt), Kontrollbus *m* (Bus mit Steuerleitungen) || ~ **button** (Eng) / Bedienungsknopf *m* || ~ **cabinet** (Eng) / Steuerschrank *m* (bei Werkzeugmaschinen) || ~ **cable** (Aero) / Steuerseilzug *m* (bei älteren leichten Flugzeugen) || ~ **cable** (Cables, Elec Eng) / Steuerkabel *n* (im Allgemeinen) || ~ **card** (Comp) / Steuerkarte *f*, Parameterkarte *f* || ~ **centre** (Automation) / Messwarte *f* (zentrale), Steuerwarte *f* || ~ **centre** (Automation) / Leitstelle *f* || ~ **centre** (Space) / Kontrollzentrum *n* || ~ **character*** (Comp) / Steuerzeichen *n* (DIN 66233 - Geräte- oder Übertragungssteuerzeichen) || ~ **characteristic*** (Elec Eng) / Regelkennlinie *f*, Steuerkennlinie *f* || ~ **chart** / Qualitätsregelkarte *f* (in der Qualitätstechnik) || ~ **chart** (Automation) / Steuerdiagramm *n* || ~ **chart** (Stats) / Kontrollkarte *f* (in der statistischen Qualitätskontrolle) || ~ **circuit*** (Automation) / Steuerungskreis *m*, Steuerstromkreis *m* (zur Gerätesteuerung durch den Bediener), Steuerkreis *m* || ~ **circuit** (Teleph) / Meldeleitung *f* || ~ **cock** (Automation) / Stellhahn *m* || ~ **column*** (Aero) / Steuersäule *f* || ~ **command** (Aero) / Steuerkommando *n* || ~ **command** (Comp) / Steuerbefehl *m* (im Allgemeinen) || ~ **computer** (used in either plant or process control) (Automation, Comp) / Steuerrechner *m* || ~ **computer** (Comp) / Regelrechner *m*
**control-configured vehicle*** (Aero) / aktiv gesteuertes Flugzeug, Flugzeugkonfiguration *f* mit künstlicher Stabilität
**control console** (Automation) / Steuerpult *n*, Steuerungspult *n*, Bedienungspult *n* || ~ **contact** (Elec Eng) / Steuerkontakt *m* || ~ **cubicle** (Radio, TV) / Regieraum *m* || ~ **current*** (Automation, Electronics) / Steuerstrom *m* || ~ **current** (Electronics) / Steuerstrom *m* (eines Hallgenerators) || ~ **data** (Comp) / Steuerdaten *pl* (bei Datenübermittlung) || ~ **data input** (Comp) / Steuerdateneingang *m* || ~ **deflection** (Aero) / Steuerausschlag *m* || ~ **desk** (Automation) / Steuerpult *n*, Steuerungspult *n*, Bedienungspult *n* || ~ **desk** (Radio, TV) / Regiepult *n* || ~ **deviation** (Automation) / Regelabweichung *f* (des Istwerts einer Regelgröße vom Istwert der Führungsgröße) || ~ **device** (Automation) / Steuerung *f* (Einrichtung nach DIN 19237), Steuereinrichtung *f* || ~ **drift** (Electronics) / Aussteuerungsdrift *f* (durch den Grad der Aussteuerung eines Transistors bedingte Änderung der Transistoreigenschaften) || ~ **electrode*** (Electronics) / Steuerelektrode *f* || ~ **electronics** (Automation, Electronics) / Steuerungselektronik *f* || ~ **element** (Automation) / Stellglied *n* (Teil einer Steuer- oder Regelstrecke nach DIN 1926), Steller *m* (Stellglied), Stellorgan *f* || ~ **element** (Automation) / Regelglied *n*, Regelorgan *n* || ~ **element** (Comp, Eng) / Bedienungselement *n*, Bedienelement *n*, Bedienorgan *n* || ~ **element assembly** (Nuc Eng) / Steuerelement *n* (mit Fingersteuerstäben) || ~ **engineering** (Automation) / Steuerungstechnik *f* (derjenige Teil der Automatisierungstechnik, der sich mit der Realisierung von Steuerungen befasst) || ~ **engineering** (Automation) / Regelungstechnik *f* (deren Aufgabe ist es, vor allem in technischen Anlagen physikalische Größen (z.B. Druck, Füllstand, Temperatur), die Regelgröße, trotz der Einwirkens äußerer Störungen, konstant zu halten, oder, allgemeiner, dem zeitlichen Verlauf einer vorgegebenen Führungsgröße möglichst genau nachzuführen) || ~ **experiment** (Pharm) / Kontrollversuch *m* || ~ **factor** (Automation) / Regelfaktor *m* (bleibende Abweichung mit Regelung durch bleibende Abweichung ohne Regelung) || ~ **flip-flop** (Automation) / Steuerkippstufe *f* || ~ **flowchart** (Automation) / Steuerablaufdiagramm *n* || ~ **flume** (Civ Eng, Hyd Eng) / Maßkanal *m* || ~ **framer** (Comp) / Steuerblock *m* (ein DÜ-Block, der nur aus Steuerdaten besteht) || ~ **frequency** (Electronics) / Steuerfrequenz *f* || ~ **gear** (Elec Eng) / Schaltanlagen *f pl* und/oder Schaltgeräte für Energieverbrauch || ~ **grid** (an electrode placed between the cathode and the anode of a thermionic valve or cathode-ray tube for controlling the flow of electrons through the valve or tube) (Electronics) / Steuergitter *n* (Gitter 1 der Elektronenröhre) || ~ **hole** (Comp) / Steuerlochung *f*, Leitlochung *f* || ~ **hysteresis*** (Elec Eng) / Regelhysterese *f* || ~ **information** (Comp, Telecomm) / Steuerinformation *f* (welche die Initiative und den sequentiellen Ablauf innerhalb bestimmter Geräte oder auch Prozesse bestimmt) || ~ **instructions** (Comp) / Steuerbefehle *m pl* (innerhalb eines Programms) || ~ **instruction sequence** (Automation, Comp) / Steuerungsablauf *m* || ~ **joint** (Build) / Dehnungsfuge *f*, Dehnfuge *f*, Dilatationsfuge *f* (S) || ~ **joint** (Build) / Bewegungsfuge *f* (bei Gipsbauplatten) || ~ **key** (Comp) / Strg-Taste *f* (für eine Tastenkombination) || ~ **key** (Comp) / CONTROL-Taste *f* (die die Umschaltung in einen CONTROL-Modus ermöglicht), CRTL-Taste *f* || ~ **key** (Comp) / nichtschreibende Taste (die keine Veränderung der aktuellen Schreibposition bewirkt) || ~ **knob** (Eng) / Bedienungsknopf *m*

**controllability** *n* (Autos) / Beherrschbarkeit *f* (des Fahrzeugs)
**controllable** *adj* (Automation, Comp) / regelbar *adj*, steuerbar *adj* (System) ‖ **~-pitch airscrew** (Aero) / Verstellluftschraube *f*, Verstellpropeller *m* ‖ **~-pitch propeller*** (Aero) / Verstellluftschraube *f*, Verstellpropeller *m*
**control language** (Comp) / Betriebssprache *f* (DIN 44 300), Jobbetriebssprache *f*, Auftragssprache *f*
**controlled aerodrome** (Aero) / Flugplatz *m* mit Verkehrskontrolle, Flugplatz *m* mit Verkehrsleitung (S) ‖ **~ A/F ratio carburettor** (I C Engs) / geregelter Vergaser (mit definiertem Lambda-Wert) ‖ **~ airspace*** (Aero) / kontrollierter Luftraum ‖ **~ atmosphere** / kontrollierte Atmosphäre (Gasatmosphäre, Schutzgas), CA-geregelte Atmosphäre ‖ **~ atmosphere** (Welding) / Schutzatmosphäre *f*
**controlled-atmosphere furnace brazing** (Eng) / Schutzgashartlöten *n* ‖ **~ packing*** (Nut) / Schutzgasverpackung *f*, Schutzatmosphärenverpackung *f* ‖ **~ room** (Build) / klimatisierter Raum ‖ **~ storage** (Nut) / CA-Lagerung *f* ‖ **~ store** (Nut) / CA-Lager *n* (zur langfristigen Lagerung bestimmter Obst- und Gemüsearten in Lagerluft mit erhöhtem Kohlendioxidgehalt)
**controlled-avalanche diode** (Electronics) / Diode *f* mit stoßspannungsbegrenzender Sperrkennlinie ‖ **~ diode** (Electronics) / Lawinendiode *f* mit eingegrenztem Durchbruchbereich ‖ **~ transit-time triode** (Electronics) / CATT-Triode *f* (aus der Kombination von Transistor- und IMPATT-Technologie entstandenes Bauelement)
**controlled blasting** (Mining) / planmäßige Sprengung, gesteuertes Sprengen
**controlled-carrier modulation** (Telecomm) / HAPUG-Modulation *f*, Modulation *f* nach Harbich, Pungs und Gerth
**controlled circulation** / Gratisverteilung *f* (von Publikationen), Freiversand *m* (an eine genau umrissene Zielgruppe), CC-Vertrieb *m* (Zeitungen, Zeitschriften) ‖ **~ cracking** (Paint) / Reißlackierung *f*, Krakelure *f* ‖ **~ crystallization** (Crystal) / gesteuerte Kristallisation
**controlled-current potentiometric titration** (Chem) / potentiometrische Titration mit gesteuertem Strom, Voltametrie *f*
**controlled descent** (Space) / kontrollierter Abstieg ‖ **~ flight** (Aero) / kontrollierter Flug
**controlled-gravity stowing** (Mining) / Fließversatz *m*
**controlled language** (Comp) / begrenzte Sprache (mit formalisierten grammatischen Regeln und taxativ begrenztem Wortschatz) ‖ **~ lapping** (Eng) / Einlaufläppen *n* (bei dem die im Eingriff stehenden Räder kleine Zusatzbewegungen enthalten) ‖ **~ machine time** (Work Study) / beeinflussbare Maschinenzeit ‖ **~ pore filter** (Chem Eng) / Membranfilter *n*, Ultrafilter *n* (für die diskontinuierliche Ultrafiltration), Filtermembrane *f* ‖ **~ rectifier** (Elec Eng) / gesteuerter Gleichrichter ‖ **~ release** (Gen, Med) / kontrollierte Freisetzung
**controlled-release drug** (Pharm) / Depotpräparat *n* (zur länger anhaltenden Wirkung von Arzneimitteln entwickelte Arzneiform) ‖ **~ formulation** (Agric, Chem, Pharm) / Controlled-Release-Formulierung *f* (ein Depotpräparat), CRF (ein Depotpräparat) ‖ **~ penicillin** (Pharm) / Depotpenizillin *n*, Depotpenicillin *n*
**controlled spillway** (Hyd Eng) / gesteuerter Überfall (mit beweglichem Verschlussorgan) ‖ **~ spin** (Aero) / beherrschtes Trudeln, gesteuertes Trudeln ‖ **~ system** (Automation) / Steuerstrecke *f* (DIN 19226) ‖ **~ system** (Automation) / Regelstrecke *f* (Grundbestandteil eines Regelkreises nach DIN 19226), Strecke *f* ‖ **~ thermonuclear reaction** (Nuc Eng) / steuerbarer Reaktionsablauf bei der Kernfusion, gesteuerte (kontrollierte) thermonukleare Reaktion ‖ **~ thermonuclear reactor** (Nuc Eng) / Fusionsreaktor *m* (z.B. Tokamak), Kernverschmelzungsreaktor *m*, Kernfusionsreaktor *m* ‖ **~ tipping** (GB) (Ecol, San Eng) / geordnete Deponie, kontrollierte Müllablagerung *f* ‖ **~ variable*** (Automation) / Regelgröße *f* (die zu regelnde Größe, durch Messen als Istwert erfasst) ‖ **~ vehicle** (Autos) / Katalysatorfahrzeug *n*, Katalysatorauto *n*, Kat-Auto *n* ‖ **~ VFR flight** (Aero) / CVFR-Flug *m* (durch den Flugverkehrskontrolldienst überwachter Sichtflug) ‖ **~ visual flight rules** (Aero) / Regeln *f pl* für überwachte Sichtflüge ‖ **~ weathering** / Kurzbewitterung *f* (in Geräten, nach DIN 53384 und DIN 53387), KB (Kurzbewitterung) ‖ **~ weir** (Hyd Eng) / gesteuerter Überfall (mit beweglichem Verschlussorgan) ‖ **~ work** (Work Study) / durch Zeitrichtwerte erfasste Arbeiten
**controller** *n* (Aero) / Flugverkehrslotse *m*, Flugverkehrsleiter *m* (S), Flugverkehrskontrollor *m* (A), Flugsicherungslotse *m*, Flugleiter *m*, Fluglotse *m* ‖ **~*** (Automation) / Steuergerät *n* ‖ **~*** (Automation) / Regler *m*, Regelgerät *n* ‖ **~** (Comp) / verantwortliche Person, Datenverantwortlicher *m* ‖ **~** (Comp, Electronics) / Controller *m* ‖ **~** (Eng) / Regler *m* (des Aufzugs) ‖ **~** (Rail) / Fahrschalter *m*, Steuerschalter *m* ‖ **≏ Area Network** (Comp) / CAN *n* (ein Feldbus nach ISO DIS 11 519 und 11 898) ‖ **~ program** (Automation, Comp) / Programm *n* einer Steuerung (DIN 19237) (die Gesamtheit aller Anweisungen und Vereinbarungen für die Signalverarbeitung, durch die eine zu steuernde Anlage aufgabenmäßig beeinflusst wird), Steuerungsprogramm *n* ‖ **~ with auxiliary supply** (Automation) / Regler *m* mit Hilfsenergie
**control line** (Automation) / Steuerleitung *f* ‖ **~ line** (Telecomm) / Meldeleitung *f*
**controlling** *n* (Comp) / Controlling *n* (zielbezogene Erfüllung von Führungsaufgaben, die der systemgestützten Informationsbeschaffung und der Informationsverarbeitung zur Planerstellung, Koordination und Kontrolle dient) ‖ **~ device** (Automation) / Steuergerät *n* ‖ **~ firm** (Ships) / Kontrollfirma *f* (ein im Seehafen arbeitender Betrieb) ‖ **~ of power stations** / Kraftwerksleittechnik *f*
**control logic** (Automation) / Steuerlogik *f*, Steuerungslogik *f*, Ansteuerlogik *f* ‖ **~ loop** (Automation) / Regelkreis *m* (mit geschlossenem Wirkungsablauf), Kreis *m* mit Rückführung ‖ **~ loop** (Automation) / geschlossene Schleife, geschlossene Steuerkette, endlose Schleife, Closed Loop *m* ‖ **~ loop** (circuit) (Automation) / Regelkreis *m* (eine meist komplexe Anordnung zur Realisierung einer Regelung) ‖ **~ magnet*** (Elec Eng) / Steuermagnet *m* ‖ **~ mechanism** (Automation) / Steuerung *f* (Einrichtung nach DIN 19237), Steuereinrichtung *f* ‖ **~ medium** (Automation) / Steuermedium *n* ‖ **~ memory** (Comp) / Steuerspeicher *m* ‖ **~ memory address** (Comp) / Haltespeicheradresse *f* ‖ **~ menu** (the menu in the top left-hand corner of a Windows window, symbolized by a hyphen) (Comp) / Systemmenü *n*
**control-menu box** (Comp) / Systemmenüfeld *n*
**control mode** (Comp) / Steuermodus *m*, Control-Modus *m*, Kontroll-Modus *m* ‖ **~ model** (Automation) / Regelungsmodell *n* (ein Simulationsmodell) ‖ **~ module** (Comp) / Steuermodul *n* ‖ **~ nozzle** (Aero) / Steuerdüse *f* ‖ **~ of building** (Build) / Bauaufsicht *f* ‖ **~ out** *v* (Automation) / ausregeln *v* (Abweichungen) ‖ **~ panel*** (Automation) / Steuerpult *n*, Steuerungspult *n*, Bedienungspult *n* ‖ **~ panel** (Comp, Instr) / Bedienfeld *n* (des Druckers, des Geräts) ‖ **~ panel*** (Elec Eng) / Schalttafel *f* (der Teil einer Schaltanlage, der auf einer senkrechten Tafel die erforderlichen Betätigungs-, Überwachungs- und Messgeräte enthält) ‖ **~ panel** (Eng) / Steuertafel *f* (bei Werkzeugmaschinen), Bedienungstafel *f* ‖ **~ panel board** / Blende *f* (bei Hausgeräten) ‖ **~ part** (in do statement) (Comp) / Steuerteil *n* (einer Programmschleife) ‖ **~ performance** (Automation) / Regelgüte *f* ‖ **~ piston** (Hyd) / Steuerkolben *m* ‖ **~ plane** (Telecomm) / Steuerungsebene *f* (logische Ebene innerhalb der UTRA-Protokoll-Architektur) ‖ **~ plug** (Eng) / Regelkegel *m* (bei Regelarmaturen) ‖ **~ point*** (Automation) / Sollwert *m* (eine konstante Führungsgröße) ‖ **~ point** (Photog, Surv) / Passpunkt *m*, Festpunkt *m* ‖ **~ position** (Aero) / Ruderstellung *f* ‖ **~ pressure** (Automation) / Steuerdruck *m* ‖ **~ program** (the operating system program responsible for the overall management of the computer and its resources) (Comp) / Steuerprogramm *n* (z.B. auch in der NC-Technik) ‖ **~ program** (Comp) s. also monitor program and supervisor ‖ **~ punch** (Comp) / Steuerlochung *f*, Leitlochung *f* ‖ **~ range** (Automation) / Regelbereich *m*, Steuerbereich *m* ‖ **~ ratio** (Elec Eng) / Steuerausbeute *f* ‖ **~ read-only memory** (Comp) / Mikroprogrammspeicher *m* ‖ **~ register*** (Automation, Comp) / Steuerregister *n* (das Information zur Steuerung eines Geräts enthält) ‖ **~ register*** (Comp) s. also instruction counter ‖ **~ relay*** (Elec Eng) / Steuerrelais *n* ‖ **~ reversal*** (Aero) / Umkehrung *f* des Steuerungsmomentes ‖ **~ rod*** (Nuc Eng) / Steuerstab *m* (DIN 25401), Regelstab *m*, Stellstab *m* ‖ **~ rod** (for power control) (Nuc Eng) / Leistungsregelstab *m*, Regelstab *m* (für Leistungsregelung)
**control-rod cluster** (Nuc Eng) / Fingersteuerelement *n*, Fingerstabregelelement *n*, Cluster *m* ‖ **~ drive** (mechanism) (Nuc Eng) / Steuerstabantrieb *m* ‖ **~ failure** (Nuc Eng) / Steuerstabversagen *n* ‖ **~ worth*** (the change in reactivity of a critical reactor caused by the complete insertion or withdrawal of the control rod ) (Nuc Eng) / Reaktivitätswirksamkeit *f* eines Steuerstabes, Steuerstabwirksamkeit *f*, Wirksamkeit *f* eines Steuerstabes
**control room** / Steuerstand *m*, Leitstand *m*, Leitwarte *f* (in Kraftwerken), Leitstation *f* ‖ **~ room** (Elec Eng, Work Study) / Steuerstand *m*, Schaltwarte *f*, Schaltzentrale *f*
**controls*** *pl* (Aero, Autos) / Steuerorgane *n pl*, Steuerung *f* (Vorrichtungen), Steuerwerk *n*
**control sequence** (Automation, Comp) / Steuerungsablauf *m* ‖ **~ signal** (Automation) / Stellsignal *n* ‖ **~ signal** (Automation) / Steuersignal *n* (am Steuereingang eines steuerbaren Elements bzw. eines gesteuerten Geräts anliegendes Signal) ‖ **~ stack** (Comp) / Steuerkeller *m* ‖ **~ station** / Steuerstand *m*, Leitstand *m*, Leitwarte *f* (in Kraftwerken), Leitstation *f* ‖ **~ station** (Comp) / Leitstation *f* (DIN 44302) ‖ **~ stick** (Aero) / Steuerhebel *m*, Steuerknüppel *m*, Knüppel *m* (der Knüppelsteuerung bei Starrflügelflugzeugen) ‖ **~**

**control**

**stick**\* (Aero) s. also control column ‖ **~ storage** (Comp) / Steuerspeicher *m* ‖ **~ store** (Comp) / Steuerspeicher *m* ‖ **~ strategy** (Automation) / Steuerungsstrategie *f* ‖ **~ string** (Comp) / Steuerzeichenfolge *f* (DIN 66254) ‖ **~ surface** (Aero) / Steuerfläche *f* (an den Tragflügeln und Leitwerken, Ruderfläche *n* (bewegliche Steuerfläche am Tragflügel und Leitwerk) ‖ **~ surface** (Aero) / Steuerfläche *f* ‖ **~ switch** (Elec Eng) / Hilfsschalter *m*, Meldeschalter *m* (zur Steuerung des Betriebs einer Schaltanlage einschließlich der Melde- und elektrischen Verriegelungsvorgänge) ‖ **~ symbol** / ISO-Symbol *n* (des Toleranzrahmens) ‖ **~ system** (Automation) / Steuerstrecke *f* (DIN 19226) ‖ **~ system** (Automation) / Regelsystem *n* (Einkreis- oder Mehrkreissystem) ‖ **~ tape** (Comp) / Lochband *n* (zur Steuerung von Druckern), Steuerlochband *n*, Steuerlochstreifen *m* (z.B. in der NC-Technik) ‖ **~ terminal** (Comp) / Leitstation *f* (DIN 44302) ‖ **~ test** / Kontrolltest *m* ‖ **~ test** (Build, Civ Eng) / Kontrollprüfung *f* (der Güteeigenschaften der Baustoffe seitens des Auftraggebers) ‖ **~ the temperature** (by heating or cooling) (Heat) / temperieren *v* ‖ **~ tower** (a tall building at an airport from which the movements of air traffic are controlled) (Aero) / Kontrollturm *m* (des Flughafens), Tower *m* (des Flughafens), Controltower *m* (zur Überwachung des Flugverkehrs) ‖ **~ track** (Cinema) / Kontrollspur *f* ‖ **~ track** (Mag) / Steuerspur *f* (eine Hilfsspur auf dem Videomagnetband) ‖ **~ turns**\* (Elec Eng) / Steuerwicklung *f* (der Sättigungsdrossel) ‖ **~ unit** (Automation) / Steuergerät *n* ‖ **~ unit** (Automation) / Regler *m*, Regelgerät *n* ‖ **~ unit**\* (Comp) / Steuerungseinheit *f* ‖ **~ unit**\* (Comp) / Steuerwerk *n* (die Komponente eines Rechnersystems, welche die Instruktion vom Speicher empfängt, dekodiert und interpretiert sowie deren Ausführung im Rechnersystem überwacht), Leitwerk *n* (DIN 44300) ‖ **~ value** (San Eng) / Überwachungswert *m* (nach dem Wasserabgabengesetz) ‖ **~ valve** (Automation) / Steuerventil *n* ‖ **~ valve** (Eng, I C Engs) / Steuerventil *n* ‖ **~ variable** (Automation) / Stellgröße *f* (DIN 19226) ‖ **~ vector** (Comp) / Kontrollvektor *m*, Steuervektor *m* ‖ **~ voltage**\* (Automation, Elec Eng) / Steuerspannung *f* ‖ **~ wheel** / Steuerrad *n* ‖ **~ windings**\* (Elec Eng) / Steuerwicklung *f* (der Sättigungsdrossel) ‖ **~ wire** (Automation) / Steuerleitung *f* ‖ **~ word**\* (Comp) / Steuerwort *n* ‖ **~ zone**\* (Aero) / Kontrollzone *f*, CTR (Kontrollzone)

**conurbation** *n* (an extended urban area, typically consisting of several towns merging with the suburbs of a central city) (Arch) / Conurbation *f* (durch geschlossene Bebauung und durch eine sehr hohe Bevölkerungsdichte gekennzeichnete Form städtischer Agglomeration, Ballungsgebiet *n* (z.B. Ruhrgebiet), Konurbation *f*, Städteballung *f* (eine Form der Urbanisation), Ballungsraum *m* (Stadtregion)

**convallaria glycoside** (Pharm) / Convallariaglykosid *n* (das herzwirksame Glykosid der Convallaria majalis L.)

**convallatoxin** *n* (Pharm) / Convallatoxin *n* (ein Convallariaglykosid)

**convected** *adj* / konvektiv *adj*

**convection**\* *n* (Geol, Geophys, Heat, Meteor, Ocean, Phys) / Konvektion *f* ‖ **~ attr** / konvektiv *adj*

**convectional** *adj* / konvektiv *adj* ‖ **~ rain** (Meteor) / konvektiver Niederschlag, Konvektionsregen *m*

**convection bank** (Eng) / Rohrbündel *n* (in Wasserrohrkesseln) ‖ **~ cloud** (Meteor) / Konvektionswolke *f* (Kumulus + Kumulonimbus, die infolge Konvektion entstanden sind) ‖ **~ cooling** (Phys) / Konvektionskühlung *f* ‖ **~ current** (Glass) / Konvektionsströmung *f* (thermische - im Glasbad) ‖ **~ current**\* (Phys) / Konvektionsströmung *f*, Konvektionsstrom *m* (ein Strom bewegter Ladungen) ‖ **~ drier** / Konvektionstrockner *m* ‖ **~ drying** (For) / Frischluft-Abluft-Trocknung *f* (Konvektionstrocknung) ‖ **~ heater** (Build) / Konvektorheizkörper *m*, Konvektor *m* (ein Direktheizgerät), Konvektionsheizofen *m*, Konvektionsofen *m*, Konvektionsheizgerät *n*, Heizungstruhe *f* ‖ **~ heating** (Build) / Konvektionsheizung *f* ‖ **~ heat transfer** (Heat) / Wärmeübertragung *f* (Form der Wärmeübertragung), Wärmemitführung *f* ‖ **~ modulus** (Phys) / Grashof-Zahl *f* (dimensionslose Kennzahl, mit der die Auswirkung freier Wärmekonvektion auf Strömungsvorgänge in viskosen Medien erfasst wird - nach F. Grashof, 1826 - 1893, DIN 1314, Gr ‖ **~ of heat**\* (Heat) / Wärmekonvektion *f* (Form der Wärmeübertragung), Wärmemitführung *f* ‖ **~ superheater** (Eng) / Berührungsüberhitzer *m* (des Dampferzeugers)

**convective** *adj* / konvektiv *adj* ‖ **~ cloud** (Meteor) / Konvektionswolke *f* (Kumulus + Kumulonimbus, die infolge Konvektion entstanden sind) ‖ **~ discharge** (Elec) / elektrostatischer Wind, elektrischer Wind, Ionenwind *m* ‖ **~ Konvektionsentladung** *f* ‖ **~ heating** (Build) / Konvektionsheizung *f* ‖ **~ instability** (Meteor) / Konvektionsinstabilität *f*, Bénard-Instabilität *f* (nach H.C. Bénard, 1874 - 1939) ‖ **~ zone** (Astron) / Konvektionszone *f* (die die Strahlungszone der Sonne umgibt)

**convector**\* *n* (Build) / Konvektorheizkörper *m*, Konvektor *m* (ein Direktheizgerät), Konvektionsheizofen *m*, Konvektionsofen *m*, Konvektionsheizgerät *n*, Heizungstruhe *f*

**convenience foods** (typically a complete meal, that has been pre-prepared commercially and so requires minimum further preparation by the consumer) (Nut) / Convenience-Foods *pl* (bei denen wesentliche Bearbeitungsvorgänge in die Fabrikationsstufe vorverlegt wurden - z.B. Fertigteig, Kochbeutelreis) ‖ **~ goods** / Convenience Goods *pl* (Güter des täglichen Bedarfs, des mühelosen Kaufs) ‖ **~ outfitting** (Telecomm) / Komfortausstattung *f* ‖ **~ outlet** (Elec Eng) / Steckdose *f* (ein Teil der Steckvorrichtung), Dose *f* ‖ **~ store** (US) (Build) / Shoppingcenter *n*, Einkaufszentrum *n* (einheitlich geplante und errichtete Konzentration von Einzelhandels- und Dienstleistungsbetrieben), Verbrauchermarkt *m* (meistens außerhalb der Stadt) ‖ **~ telephone** (Teleph) / Komforttelefon *n* (ein Endgerät mit vielen zusätzlichen Leistungsmerkmalen)

**conventional** *adj* / herkömmlich *adj*, üblich *adj*, gebräuchlich *adj* ‖ (Mil) / konventionell *adj* (Rüstung) ‖ **~ coal-fired power plant** / herkömmliches Kohlekraftwerk *n* ‖ **~ design** / Normalausführung *f*, Regelausführung *f*, konventionelle Bauart ‖ **~ drive layout** (Autos) / Standardantrieb *m* (als Antriebskonzept) ‖ **~ ignition system** (Autos) / konventionelle Zündanlage ‖ **~ injection moulding** (Plastics) / Kompaktspritzguss *m*

**conventionalism** *n* (Phys) / Konventionalismus *m* (Lehre, nach der axiomatische Theorien lediglich aus Zweckmäßigkeitsgründen gewählte Übereinkommen sind)

**conventional logic** (AI) / klassische Logik ‖ **~ milling** (Eng) / Gegenlauffräsen *n* (DIN 3002) ‖ **~ mining** (Mining) / zyklische Arbeitsmethode, zyklischer Abbau, Abbau *m* mit festem Schichtzyklus ‖ **~ oxidation catalytic converter** (Autos) / Zweiwegekatalysator *m* (als Bauteil der Auspuffanlage), Oxidationskatalysator *m* ‖ **~ sign** (Civ Eng, Surv) / Zeichen *n*, Symbol *n* ‖ **~ spinning** (Eng) / Metalldrücken *v* von Hand ‖ **~ telephone network** (Teleph) / Festnetz *n* (als Gegensatz zu Mobilfunknetz) ‖ **~ truck** (Autos) / Haubenfahrzeug *n* (ein amerikanischer LKW), Hauber *m* (ein amerikanischer LKW) ‖ **~ true value** / richtiger Wert (DIN 55350, T 13)

**convention of signs**\* (Optics) / Vorzeichenregel *f* beim Optikrechnen, Vorzeichensystem *n*

**converge** *v* (to) / konvergieren *v* (konvergent verlaufen), zusammenlaufen *v* ‖ **~ vt** / bündeln *v* (konvergent)

**convergence**\* *n* (Biol) / Konvergenz *m* (Ausbildung ählicher Merkmale hinsichtlich Gestalt und Organen bei genetische verschiedenen Lebewesen, die im gleichen Lebensraum vorkommen) ‖ (Civ Eng, Geol) / Mächtigkeitsverringerung *f* ‖ **~**\* (Ecol, Geol, Maths, Meteor, Mining, Optics, Stats) / Konvergenz *f* ‖ **~**\* (Maths) / Konvergenz *f* (das Vorhandensein einer Annäherung oder eines Grenzwertes konvergenter Linien oder Reihen) ‖ (Meteor) / Konvergenz *f* (im Strömungsfeld der Atmosphäre), Strömungskonvergenz *f* ‖ **~** (Ocean) / Konvergenz *f* (Zusammentreffen von Oberflächenströmungen) ‖ **~**\* (Optics) / Konvergenz *f* (das Sichschneiden von Lichtstrahlen) ‖ **~**\* (TV) / Konvergenz *f* (optische Deckung der drei Farbauszüge), Farbbilddeckung *f* ‖ s. also divergence ‖ **~ almost certain** (Stats) / Konvergenz *f* fast sicher, Konvergenz *m* mit Wahrscheinlichkeit Eins (eine Konvergenzart für Folgen zufälliger Variabler) ‖ **~ circle** (Maths) / Konvergenzkreis *m* ‖ **~ coil** (TV) / Bündelungsspule *f* ‖ **~ coil**\* (TV) / Konvergenzkorrekturspule *f* ‖ **~ criterion** (Maths) / Konvergenzkriterium *n* (Angabe von Bedingungen, unter denen vor allem eine Reihe einen Grenzwert besitzt) ‖ **~ diode** (TV) / Konvergenzdiode *f* ‖ **~ electrode** (TV) / Konvergenzelektrode *f* ‖ **~ everywhere** (Maths) / beständige Konvergenz, Konvergenz überall ‖ **~ frequency** (Spectr) / Serienfrequenz *f*, Frequenz *f* der Seriengrenze ‖ **~ in probability** (Stats) / Konvergenz *f* in Wahrscheinlichkeit (von Zufallsgrößen über dem gemeinsamen Wahrscheinlichkeitsraum) ‖ **~ limit** (Nuc) / Seriengrenze *f* (in Atomspektren) ‖ **~ map** (Geol, Mining) / Karte *f* gleicher erbohrter Mächtigkeiten ‖ **~ of meridians** (Cartography) / Meridiankonvergenz *f* ‖ **~ test pattern** (TV) / Konvergenztestbild *n* ‖ **~ theorem** (Maths) / Konvergenzsatz *m* ‖ **~ zone** (Geol) / Konvergenzzone *f*

**convergency** *n* (Ecol, Geol, Mining, Stats) / Konvergenz *f*

**convergent** *n* (of a continued fraction)\* (Maths) / Näherungsbruch *m* ‖ **~ adj** (Maths) / konvergent *adj*, konvergierend *adj* ‖ **~** (nuclear chain reaction) (Nuc) / konvergent *adj*, unterkritisch *adj* ‖ **~ billing** (Comp, Telecomm) / Convergent Billing *n* (Sonderform des Charging, bei der die angefallenen Gebühren verschiedener Dienste eines Anbieters miteinander im Rahmen eines Rabattschemas verrechnet werden) ‖ **~ cone** (Autos) / Gegendiffusor *m*, Rückstoßkegel *m* (in der Auspuffanlage) ‖ **~-divergent nozzle**\* (Aero) / Entspannungsdüse *f*, Überschalldüse *f* ‖ **~ evolution**\* (Biol) / Konvergenz *m* (Ausbildung ählicher Merkmale hinsichtlich Gestalt und Organen bei genetische verschiedenen Lebewesen, die im gleichen Lebensraum vorkommen) ‖ ~ **filter** (Maths) / konvergentes Filter (in einem topologischen Raum) ‖ ~ **lens*** (Optics) / Sammellinse f, Positivlinse f, Linse f mit Sammelwirkung ‖ ~ **lens*** (Optics) / Plusglas n, Konvexglas n (in der Augenoptik) ‖ ~ **lens*** (Optics) s. also field lens ‖ ~ **sequence** (Maths) / konvergente Folge ‖ ~ **series** (Maths) / konvergente Reihe

**converging-field therapy*** (Radiol) / Konvergenzbestrahlung f (eine Form der Bewegungsbestrahlung)

**converging lens** (Optics) / Sammellinse f, Positivlinse f, Linse f mit Sammelwirkung ‖ ~ **lens** (Optics) / Plusglas n, Konvexglas n (in der Augenoptik) ‖ ~ **meniscus** (Optics) / sammelnder Meniskus ‖ ~ **plate boundary** (Geol) / Konvergenzzone f ‖ ~ **verticals** (Photog) / stürzende Linien (im Objekt senkrechte Linien, die auf dem Bild perspektivisch wiedergegeben werden)

**conversation** n (Comp) / Dialogführung f ‖ ~ (Comp, Teleph) / Gespräch n (Informationsaustausch zwischen zwei oder mehr Endstellen)

**conversational** adj (Comp) / dialogorientiert adj ‖ ~ **communication** (Comp) / Dialog m, Dialogkommunikation f, interaktive Kommunikation f ‖ ~ **graphics** (Comp) / Konversationsgrafik f, interaktive grafische Datenverarbeitung (mit einem Dialog am Bildschirm), interaktive Computergrafik ‖ ~ **mode** (Comp) / Dialogbetrieb m, interaktiver Betrieb, Dialogverkehr m

**conversational-mode programming** (Comp) / Dialogprogrammierung f

**conversational remote-job entry** (Comp) / Stapelferneingabe f im Dialogbetrieb

**converse** n / Konversion f (Veränderung einer Aussage durch Vertauschung von Subjekt und Prädikat) ‖ ~ (Maths) / Kehrsatz m ‖ ~ **partition ordering** (Maths) / konverse Halbordnung ‖ ~ **relation** (Maths) / konverse Relation, Umkehrrelation f

**conversion** n / Umstellung f (Gesamtheit aller technischen und organisatorischen Maßnahmen, die beim Übergang von der Versorgung mit einem Medium auf die Versorgung mit einem anderen Medium notwendig sind) ‖ ~ / Umwidmung f (von Mitteln) ‖ ~* / Überführung f, Umwandlung f (im Allgemeinen) ‖ ~ / Umrechnung f (in andere Einheiten) ‖ ~* / Umsetzung f (im Allgemeinen) ‖ ~ / Umkehrung f (einer Relation) ‖ ~ / Veredlung f (Umwandlung) ‖ ~ (Aero) / Konversion f (z.B. bei Senkrechtstartflugzeugen) ‖ ~ (Chem) / Umwandlung f, Konvertierung f ‖ ~ (Chem Eng) / Konvertierung f, Konversion f ‖ ~ (Chem Eng) / CO-Konvertierung f, Konvertierung f ‖ ~* (Comp) / Konversion f (Umkehrung der aussagenlogischen Verknüpfung) ‖ ~ (Eng) / Umrüstung f (Werkzeugwechsel) ‖ ~ (Eng) / Umbau m (zu einem anderem Zweck) ‖ ~ (For) / Ausformung f ‖ ~ (For) / Einschnitt m (Längsägen von Rundholz im Doppelschnitt oder im Rundschnitt), Holzeinschnitt m ‖ ~ (Instr) / Umstellung f (eines Geräts) ‖ ~ (Nuc) / Konversion f (ein Kernprozess) ‖ ~ (Nuc Eng) / Konversion f (Erzeugung neuer spaltbarer Substanz aus Brennstoffen in Kernreaktoren oder Umwandlung des vorhandenen Brennstoffs) ‖ ~ **angle** (Aero, Nav) / Großkreisbeschickung f ‖ ~ **coat(ing)** (Surf) / Umwandlungsschicht f, Konversionsschicht f (eine Oberflächenschutzschicht) ‖ ~ **coating*** (Surf) / schützende Deckschicht (durch Umwandlung entstanden), Umwandlungsschicht f (schützende) ‖ ~ **efficiency** (Biol) / Stoffwandlungsleistung f ‖ ~ **electron*** (an electron ejected from an atom or ion as a result of internal conversion) (Electronics, Nuc) / Konversionselektron n, Umwandlungselektron n (das bei der inneren Konversion emittierte Elektron)

**conversion-electron spectroscopy** (Spectr) s. also gamma-ray spectroscopy ‖ ~ **spectroscopy** (Spectr) / Konversionselektronenspektroskopie f

**conversion equipment** (Comp) / Umsetzer m (DIN 44300), Umwandler m, Konverter m ‖ ~ **error** (Instr) / Umsetzfehler m (durch die Umsetzung eines analogen Signalwertes in ein digitales Signal bedingter Fehler - er ist bestenfalls gleich dem Quantisierungsfehler) ‖ ~ **factor*** (BS 350) (Maths, Phys) / Umrechnungsfaktor m ‖ ~ **kit** (Eng) / Umrüstsatz m ‖ ~ **loss** (Electronics) / Mischdämpfung f (bei Mischdioden) ‖ ~ **mixer*** (Elec Eng) / Frequenzumformer m, Frequenzwandler m, Periodenwandler m (eine Wechselstrommaschine) ‖ ~ **plough** (Mining) / Umbauhobel m ‖ ~ **product** (Chem Eng) / Umwandlungsprodukt n, Konversionsprodukt n ‖ ~ **program** (Comp) / Umsetzprogramm n ‖ ~ **rate** (Autos) / Konvertierungsgrad m (prozentualer Schadstoffumsatz als Maß für die katalytische Wirksamkeit eines Katalysators), Umwandlungsrate f, Konvertierungsrate f ‖ ~ **ratio*** (Nuc Eng) / Brutfaktor m, Konversionsverhältnis n, Konversionsrate f ‖ ~ **saltpetre** (Chem) / Konvertsalpeter m, Konversionssalpeter m (Kaliumnitrat + Kaliumchlorid) ‖ ~ **system** (Print) / Übertragungsverfahren n (zur Anfertigung von Kopiervorlagen nach metallischen Hochdruckformen), Umwandlungsverfahren n, Konversionsverfahren n ‖ ~ **table** (Maths) / Umrechnungstabelle f ‖ ~ **time** (Instr) / Umsetzzeit f (zur Umsetzung eines analogen Signalwertes in den entsprechenden digitalen Wert durch einen Umsetzer benötigte Zeit) ‖ ~ **unit** (Eng) / Umbausatz m

**convert** v / umwandeln v (in) ‖ ~ (Eng) / umbauen v (zu einem anderen Zweck) ‖ ~ (Met) / verblasen v (im Konverter), windfrischen v

**converted building timber** (Build, For) / Bauschnittholz n ‖ ~ **fabrics** (Textiles) / ausgerüstete Stoffe, veredelte Ware ‖ ~ **goods** (Textiles) / ausgerüstete Stoffe, veredelte Ware ‖ ~ **rice** (Nut) / Parboiled-Reis m, in der Schale eingeweichter oder auch dampfbehandelter, wieder getrockneter und dann erst geschälter und polierter Reis ‖ ~ **timber** (US) (For) / Schnittholz n (DIN EN 13 556), Schnittware f ‖ ~ **water** / Reinwasser n (durch Entsalzung gewonnenes Trink- oder Betriebswasser), Frischwasser n (nach der Entsalzung) ‖ ~ **water** (Ocean) / entsalztes Seewasser (im Seewasserverdampfer gewonnen)

**converted-wood manufacture** (For) / Schnittholzerzeugung f

**converter** n / Messumsetzer m (Teil der Messeinrichtung, der der Umformung von Messsignalen dient, von denen Eingangs- oder Ausgangssignal oder beide digital sind und oder eine separierbare Gruppe darstellt) ‖ ~ (Automation, Instr) / Umformer m (ein Wandler, bei dem die Eingangs- und die Ausgangsgrößen analog sind), Umsetzer m (ein Wandler, der mit mindestens einer digitalen Größe arbeitet) ‖ ~ (Autos) / Wandler m (des vollautomatischen Kraftwagengetriebes) ‖ ~ (Autos) / Katalysator m (als ganze Anlage), Abgaskatalysator m (als ganze Anlage), Kat m, katalytischer Konverter ‖ ~ (Chem Eng) / Kontaktofen m ‖ ~* (Comp) / Umsetzer m (DIN 44300), Umwandler m, Konverter m ‖ ~ (Elec Eng) / Stromrichter m (Gleichrichter, Wechselrichter und Umrichter nach DIN 41750) ‖ ~ (Elec Eng) / Konverter m, Impedanzkonverter m, Immittanzkonverter m ‖ ~* (Elec Eng) / Frequenzumformer m, Frequenzwandler m, Periodenwandler m (eine Wechselstrommaschine) ‖ ~* (Elec Eng) / Umformer m (Electronics) / Umrichterschaltung f, Stromrichter m (Gleichrichter + Wechselrichter) ‖ ~ (Eng) / Energiewandler m (z.B. thermionischer), Konverter m ‖ ~ (Met) / Konverter m, Birne f (ein metallurgischer Schmelzofen für das Blasstahlverfahren) ‖ ~ (Nuc Eng) / Konverter m (wenn die Brutrate kleiner als 1 ist), Konverterreaktor m ‖ ~ (Nuc Eng) / Flussumwandler m (spaltbare Substanz, die man in die thermische Säule eines Reaktors einbringt), Konverter m, Flusskonverter m ‖ ~ (Optics) / Konverter m (negatives Linsensystem zwischen Kamerakörper und Objektiv) ‖ ~ (Radio) / Converter m, Konverter m (Vorsatzgerät für Kurzwellen- und RTTY-Empfang) ‖ ~ (Spinning, Textiles) / Konverter m (Maschine zur Herstellung von Chemiespinnfasern aus Filamentkabel), Converter m (Reiß- oder Schneid-) ‖ ~ (Textiles) / Konverter m (Maschine zum Herstellen eines Faserbandes aus Elementarfadenkabel durch Reißen oder Schneiden) ‖ ~ **bottom** (Met) / Konverterboden m ‖ ~ **bridge** (Elec Eng) / Stromrichterbrücke f ‖ ~ **charge** (Met) / Konvertercharge f, Schmelze f (im Konverter), Konvertereinsatz m ‖ ~ **circuit** (Elec Eng) / Stromrichterkreis m ‖ ~ **connection** (Elec Eng) / Stromrichterschaltung f

**converter-fed motor** (Elec Eng) / Stromrichtermotor m

**converter foil** (Nuc) / Konverterfolie f, Gammastrahlenkonverter m (dünne Folie aus einem Element hoher Ordnungszahl) ‖ ~ **hood** (Met) / Konverterhut m ‖ ~ **housing** (Autos) / Katalysatorgehäuse n, Katalysatortopf m ‖ ~ **lining** (Met) / Konverterfutter n, Konverterauskleidung f, Konverterzustellung f ‖ ~ **metal** (Met) / Konvertermetall m ‖ ~ **mouth** (Met) / Konvertermündung f (Teil des Konverterhuts), Konverterschnauze f, Konverteröffnung f ‖ ~ **nose** (Met) / Konverterhals m ‖ ~ **off-gas** (Met) / Konverterabgas n ‖ ~ **reactor*** (Nuc Eng) / Konverter m (wenn die Brutrate kleiner als 1 ist), Konverterreaktor m ‖ ~ **refining** (Met) / Verblasen n (im Konverter), Windfrischen n, Windfrischverfahren n ‖ ~ **shell** (Autos) / Katalysatorgehäuse n, Katalysatortopf m ‖ ~ **shop** (Met) / Konverterhalle f ‖ ~ **stack** (Met) / Konverterkamin m ‖ ~ **station** (Elec Eng) / Umrichterstation f ‖ ~ **station** (Elec Eng) / Umformerwerk n ‖ ~ **steel** (Met) / Konverterstahl m (Bessemer- oder Thomasstahl) ‖ ~ **steel process** (Met) / Konverterfrischverfahren n, Blasstahlverfahren n, Blasverfahren n, Konverterverfahren n (z.B. OBM-Verfahren), Konverterprozess m ‖ ~ **tilted for charging** (Met) / Stellung f des (Thomas-)Konverters beim Füllen ‖ ~ **tilted for tapping** (Met) / Stellung f des (Thomas-)Konverters beim Entleeren ‖ ~ **upright for blowing** (Met) / Blasstellung f des (Thomas-)Konverters ‖ ~ **valve** (Elec Eng) / Stromrichterventil n ‖ ~ **waste gas** (Met) / Konverterabgas n ‖ ~ **waste heat** (Met) / Konverterabhitze f

**convertible** n (Autos) / Kabriolett n (PKW mit zurückklappbarem Verdeck und versenkbaren Seitenfenstern), Kabrio n, offenes Auto, Cabrio n, Cabriolet n ‖ ~ adj / umwandelbar adj ‖ ~ (Paint) / chemisch trocknend (mit Hilfe von chemischen Reaktionen härtend, z.B. durch oxidative Vernetzung) ‖ ~ **landau** (Autos) / Kabriolimousine f ‖ ~ **lens** (Photog) / Satzobjektiv n ‖ ~ **saloon** (Autos) / Kabriolimousine f ‖ ~ **top** (Autos) / Verdeck n (bewegliches

**convertible**

Dach) ‖ ~ **top bow** (Autos) / Verdeckspriegel m ‖ ~ **with roll bar** (Autos) / Bügelkabrio n
**converting*** n (Met) / Verblasen n (im Konverter), Windfrischen n, Windfrischverfahren n ‖ ~ (Print) / Druckverarbeitung f, Druckweiterverarbeitung f ‖ ~ (Spinning) / Konverterverfahren n, Converterverfahren n, Spinnbandverfahren n, Kabelkonvertierungsmethode f ‖ ~* (Spinning) / Reißen n ‖ ~ **mill** (Met) / Blasstahlwerk n ‖ ~ **station*** (Elec Eng) / Umrichterstation f ‖ ~ **station*** (Elec Eng) / Umformerwerk n
**convert into data** (Comp) / verdaten v
**convertiplane*** n (Aero) / Verwandlungsflugzeug n, Konvertiplan m, Convertiplane n, Verwandlungshubschrauber m, Wandelflugzeug n
**convertor** n (Comp) / Umsetzer m (DIN 44300), Umwandler m, Konverter m
**convex** adj / gewölbt adj (nach oben) ‖ ~ (Eng) / ballig adj ‖ ~ (Optics) / konvex adj (erhaben gekrümmt) ‖ ~ **angle** (Maths) / überstumpfer Winkel (zwischen 180° und 360°), erhabener Winkel ‖ ~ **arch** (Arch) / Konvexbogen m ‖ ~ **bank** (Hyd Eng) / Gleithang m (des Flusses) ‖ ~ **body** (Maths) / Eikörper m, konvexer Körper ‖ ~ (form) **cutter** (Eng) / Halbkreisfräser m (ein Formfräser mit nach innen gewölbtem Schneidenteil) ‖ ~ **down curve** (Maths) / konvexe Kurve, konvexe Kurve abwärts, konkave Kurve aufwärts ‖ ~ **fillet weld** (Welding) / Wölbnaht f (eine Kehlnaht), überhöhte Naht (mit konvex gewölbter Fläche)
**convex-form cutter** (Eng) / Halbkreisfräser m (mit nach innen oder nach außen halbkreisförmig gewölbtem Schneidenteil nach DIN 855 und 856)
**convex function** (Maths) / konvexe Funktion
**convexity** n / Konvexität f ‖ ~ / Ausbauchung f, Ausbuchtung f ‖ ~ (Eng) / Balligkeit f
**convex lens*** (Optics) / Konvexlinse f ‖ ~ **mirror** (Autos) / Aspherix-Spiegel m, asphärischer Spiegel (der den Blick in den toten Winkel erlaubt), Panoramaspiegel m ‖ ~ **mirror*** (Optics) / Konvexspiegel m, Wölbspiegel m, Zerstreuungsspiegel m
**convexo-concave** adj (Optics) / konvex-konkav adj
**convexo-convex** adj (Optics) / bikonvex adj
**convex point set** (Maths) / konvexe Punktmenge (bei der mit je zwei beliebigen Punkten auch die gesamte Verbindungsstrecke zur Punktmenge gehört) ‖ ~ **polygon** (Maths) / konvexes Vieleck, konvexes n-Eck (ein einfaches n-Eck, in dem die Verbindungsstrecke zweier beliebiger Punkte des Inneren nur Punkte dieses Gebiets enthält) ‖ ~ **polyhedron** (Maths) / konvexes Polyeder (wenn die Neigungswinkel benachbarter Begrenzungsflächen im Inneren des Körpers gemessen, sämtlich kleiner als 180° sind ‖ ~ **programming** (Comp) / konvexe Optimierung, konvexe Programmierung ‖ ~ **set** (Maths) / konvexe Menge, konvexe Punktmenge ‖ ~ **spherical mirror** (Optics) / Konvexspiegel m, Wölbspiegel m, Zerstreuungsspiegel m ‖ ~ **tooth flank** (Eng) / ballige Zahnflanke ‖ ~ **up curve** (Maths) / konkave Kurve, konvexe Kurve aufwärts
**convey** v / befördern v, transportieren v, fördern v ‖ ~ / herbeifahren v, anfahren v (Materialien)
**conveyance** n / Beförderung f, Transport m (von Waren), Förderung f ‖ ~ (Auto, Eng) / Fahrzeug n, Beförderungsmittel n ‖ ~ / Fördermittel n ‖ ~ (Hyd Eng) / Durchlassfähigkeit f (des Bodens) ‖ ~ **graph** (Hyd Eng) / Füllungskurve f (Linienzug, der die Abhängigkeit der Wasserführung von der Füllhöhe des Querschnitts in einer Freispiegelleitung darstellt) ‖ ~ **graph** (Hyd Eng) / Füllungskurve f (Linienzug, der die Abhängigkeit der Wasserführung von der Füllhöhe des Querschnitts in einer Freispiegelleitung darstellt) ‖ ~ **loss** (the loss of water, largely unavoidable, in irrigation and water -supply channels) (Agric, Civ Eng) / Wasserverlust m (während des Transports), Leitungsverlust m (Wasserverlust) ‖ ~ **of luggage** (Rail) / Gepäckbeförderung f
**conveyer** n (Eng) / Förderanlage f (große), Förderwerk n, Fördersystem n (komplettes) ‖ ~ (Eng) / Förderer m, Conveyer m (Stetigförderer)
**conveying air** (Eng) / Förderluft f ‖ ~ **chute** (Mining) / Förderrinne f ‖ ~ **engineering** (Eng) / Fördertechnik f ‖ ~ **machine** (Eng) / Förderanlage f (große), Förderwerk n, Fördersystem n (komplettes) ‖ ~ **mean** (Eng) / Fördermittel n ‖ ~ **of welding current** (Welding) / Schweißstromübertragung f ‖ ~ **plant** (Eng) / Förderanlage f (große), Förderwerk n, Fördersystem n (komplettes) ‖ ~ **system** (Eng) / Transportsystem n (Beförderungssystem)
**conveyor*** n (Eng) / Förderanlage f (große), Förderwerk n, Fördersystem n (komplettes) ‖ ~* (Eng) / Förderer m, Conveyer m (Stetigförderer) ‖ ~ **band** (Eng) / Transportband n, Förderband n, Fördergurt m ‖ ~ **belt** (Eng) / Transportband n, Förderband n, Fördergurt m ‖ ~ **-belt dumping device** (Eng) / Bandabwurfgerät n (mit dem die Schüttgüter vor Bandende vom Band abgeworfen werden) ‖ ~ **boom** (Mining) / Bandausleger m (Stahlkonstruktion an Baggern und Absetzern in Tagebauen mit Gurtbandförderer zur Aufnahme und zum Transport von Förder- und Schüttgut) ‖ ~ **bridge** (Mining) / Abraumförderbrücke f, Förderbrücke f ‖ ~ **gallery** (Mining) / Bandbrücke f (ein Gerät für den Tagebau - teilweise geschlossen) ‖ ~ **gantry** (Mining) / Bandbrücke f (in der Portalform)
**conveyorization** n (Eng) / Einsatz m mechanisierter Stetigfördermittel, Umstellung f auf mechanisiertes Fördersystem
**conveyorized assembly** (Eng, Work Study) / Fließbandmontage f ‖ ~ **line** / Bandstraße f (wenn bei einer längeren Förderstrecke mehrere Bandförderer hintereinander gereiht sind)
**conveyor line** / Bandstraße f (wenn bei einer längeren Förderstrecke mehrere Bandförderer hintereinander gereiht sind) ‖ ~ **line** (Eng) / Fließband n (Stetigförderer mit Gurt- oder Kettenband) ‖ ~ **picking** / Griff m auf das laufende Band (bei Industrierobotern) ‖ ~ **system** (Eng) / Förderanlage f (große), Förderwerk n, Fördersystem n (komplettes) ‖ ~ **table** (Eng) / Wandertisch m (Kettenförderer für Stückgut mit Platten als Tragorgan) ‖ ~ **with articulated links** (Eng) / Gliederförderer m
**convolution** n (Geol) / Konvolution f, Faltung f (einer seismischen Welle) ‖ ~ (Maths) / Faltung f ‖ ~ (Met) / längliche Falte (in einem dünnwandigen Rohr) ‖ ~ (Textiles) / Verwindung f (der Baumwollfasern)
**convolutional code** (Comp) / Faltungscode m, Faltungskode m ‖ ~ **self-orthogonal code** (Comp) / selbstorthogonaler Faltungscode, selbstorthogonaler Faltungskode
**convolution integral*** (Maths) / Faltungsintegral n ‖ ~ **sum** (Maths) / Faltungssumme f
**Conway game** (Maths) / Conway-Spiel n
**co-occurrence** n (Comp) / Kookkurrenz f (gemeinsames Vorkommen sprachlicher Einheiten in einer Äußerung, in einem Satz)
**cook** v / frisieren v (z.B. Zahlenangaben) ‖ ~ (Nut) / kochen v (zubereiten), garen v ‖ ~ (Nut) / Speisen zubereiten ‖ ~ (Paper) / aufschließen v (zu Halbstoff), chemisch aufschließen ‖ ~ (Paper) / erkochen v (Zellstoff)
**cook-chilling** n (Nut) / Einfrieren n von zubereiteten Gerichten
**cooked flavour** (Nut) / Kochgeschmack m (der erhitzte Lebensmittel von nicht erhitzten unterscheidet)
**Cooke objective** (Optics) / Cooke'sches Triplett, Taylor'sches Triplett, Cooke-Linse f
**cooker** n **for thickness** (Textiles) / Verdickungskocher m (DIN 64 990) ‖ ~ **hood** / Dunstabzugshaube f (des Herdes) ‖ ~ **mash** (Brew) / Kochmaische f
**cookery** n (Nut) / Kochen n, Speisenzubereitung f (warme Küche)
**Cooke triplet** (Optics) / Cooke'sches Triplett, Taylor'sches Triplett, Cooke-Linse f
**cookie** n (a piece of information sent by a Web server to a Web browser that the browser software is expected to save and to send back to the server whenever the browser receives additional requests from the server) (Comp) / Cookie m ‖ ~ **filter** (software that blocks or disables cookies user-selectable) (Comp) / Cookie-Filter n ‖ ~ **manager** (software that allows to selectively block cookies and/or ads) (Comp) / Cookie-Manager m
**cooking** n (Nut) / Kochen n, Speisenzubereitung f (warme Küche) ‖ ~ (Paper) / Holzschliffherstellung f, Aufschließen n, Aufschluss m (chemischer), Schleifen n, Zellstoffauflösung f, Zellstoffgewinnung f (zu Halbstoff) ‖ ~ **appliance** / Kochgerät n ‖ ~ **fat** (Nut) / Kochfett n (meist flüssiges Fett oder eine wasserhaltige Fettemulsion, wie Margarine, die man gekochten Speisen zur Geschmacksabrundung zugibt) ‖ ~ **foil** (Nut) / Backfolie f, Kochfolie f ‖ ~ **foil** (Nut) / Bratschlauch m (Folie), Bratfolie f ‖ ~ **liquor** (Paper) / Kochflüssigkeit f, Kochlösung f, Aufschlusslösung f (Kochsäure oder Kochlauge) ‖ ~ **liquor** (Paper) s. also sulphite liquor ‖ ~ **oil** (Nut) / zum Kochen geeignetes, hitzestabiles Speiseöl ‖ ~ **process** (For) / Kochverfahren n ‖ ~ **time** / Kochdauer f, Kochzeit f ‖ ~ **timer** / Kurzzeitmesser m (für die Küche - meistens mit Klingelton und Aufhängevorrichtung) ‖ ~* **vat** (For) / Wasserbad n (Behälter zum Heißwässern von Furnierholz)
**Cook-Norteman process** (Surf) / Cook-Norteman-Verfahren n (ein kontinuierliches Trockenverzinkungsverfahren)
**cook to pieces** / zerkochen v (bis zum Zerfallen kochen lassen) ‖ ~ **to rags** / zerkochen v (bis zum Zerfallen kochen lassen)
**Cook-Torrance model** (an extension of the basic reflectance model to make objects look less like plastic) (Comp, Optics) / Cook-Torrance-Reflexionsmodell n
**cool** v / rückkühlen v (erwärmtes Kühlwasser zum Zweck der Wiederverwendung) ‖ ~ vi / kalt werden v, erkalten v, sich abkühlen v ‖ ~ vt / kühlen v, abkühlen v ‖ **keep dry and** ~ / trocken und kühl aufbewahren!
**coolabah** n (For) / Eucalyptus microtheca (eine Holzart)
**coolant** n (lubricant) / Kühlschmierstoff m (DIN 51 385), KSS (Kühlschmierstoff), Kühlschmiermittel n, KS (Kühlschmiermittel) ‖ ~* / Kälteträger m (Kühlmittel in der Kältetechnik, das die in der Kältemaschine erzeugte Kälte dem Verbrauch zuführt) ‖ ~* (Eng) / Kühlflüssigkeit f ‖ ~ (Phys) / Kühlmittel n

(Wärmeübertragungsmittel) ‖ ~ **lubrication pot** (Eng) / Kühlschmierbehälter *m* ‖ ~ **pump** (Nuc Eng) / Kühlmittelpumpe *f*, Kühlpumpe *f* ‖ ~ **recirculation loop** (Nuc Eng) / Kühlmittelumwälzschleife *f*, Umwälzschleife *f* (des Kühlmittels), Zwangsumwälzschleife *f* (des Kühlmittels) ‖ ~ **recovery bottle** (Autos) / Kühlmittelausgleichsbehälter *m* ‖ ~ **return system** (Autos) / geschlossener Kühlkreislauf ‖ ~ **temperature** (Autos) / Kühlmitteltemperatur *f* ‖ ~ **temperature gauge** (Autos) / Kühlmitteltemperaturanzeige *f*, Kühlmitteltemperaturanzeiger *m*
**cool bag** (a soft insulating container for keeping food and drink cool) (Nut) / Kühltasche *f* ‖ ~ **box** (a rigid insulating container for keeping food and drink cool) (Nut) / Kühlbox *f*, Kühlbehälter *m* (kleiner) ‖ ~ **brine** (Chem Eng) / kalte Sole, Kühlsole *f* (bei der Solekühlung) ‖ ~-**down** *n* (Phys) / Abkühlung *f*, Herunterkühlung *f*
**cooled-anode valve**\* (Electronics) / Röhre *f* mit Anodenkühlung
**cooler** *n* / Kühler *m*, Kühlvorrichtung *f* ‖ ~ (US) (Eng) / Kühlschrank *m* ‖ ~ (**cool box**) (Nut) / Kühlbox *f*, Kühlbehälter *m* (kleiner) ‖ ~ (**cool bag**) (Nut) / Kühltasche *f* ‖ ~ **column** / Kühlsäule *f* (mehrere übereinander angeordnete Kühlelemente, die senkrecht am Umfang eines Trockenkühlturms aufgestellt werden)
**cool flames** (Heat) / flammenlose Verbrennung, stille Verbrennung (Oxidationsprozess, der ohne Flammenbildung vor sich geht)
**coolibah** (a North Australian gum tree which typically grows near watercourses and yields very strong, hard timber) (For) / Eucalyptus microtheca *f* (eine Holzart)
**Coolidge tube**\* (Electronics) / Coolidge-Röhre *f* (Glühkatodenröntgenröhre nach W.D. Coolidge, 1873-1975)
**cooling** *n* / Kühlhalten *n* ‖ ~ / Rückkühlen *n* (von erwärmtem Kühlwasser zum Zweck der Wiederverwendung), Rückkühlung *f* ‖ ~ (Eng, Phys) / Kühlung *f*, Kühlen *n*, Wärmeentzug *m* ‖ ~\* (Nuc Eng) / Abklingenlassen *n*, Abkühlung *f* ‖ ~ (Phys) / Abkühlung *f*, Herunterkühlung *f* ‖ ~ s. also refrigeration ‖ ~ **agent** / Kälteträger *m* (Kühlmittel in der Kältetechnik, das die in der Kältemaschine erzeugte Kälte dem Verbrauch zuführt) ‖ ~ **agent** (Phys) / Kühlmittel *n* (Wärmeübertragungsmittel) ‖ ~ **air** / Kühlluft *f* ‖ ~ **bar** / Kühlkerze *f* (im Behälter) ‖ ~ **bath** / Kühlbad *n* ‖ ~ **bed** (cooling facility for products in hot rolling) (Met) / Kühlbett *n* ‖ ~ **box** / Kühlbox *f* ‖ ~ **box** (Met) / Kühlkasten *m* (eines Schachtofens) ‖ ~ **capacity** (heat removal capacity) / Kühlleistung *f*, Kühlwirkung *f* ‖ ~ **circuit** / Kühlkreis *m* ‖ ~ **coil**\* (Eng) / Kühlschlange *f*, Kühlwendel *f* ‖ ~ **crack** (Ceramics) / Kühlriss *m* ‖ ~ **crystallizer** (Crystal) / Kühlungskristallisator *m* ‖ ~ **curve**\* (Phys) / Abkühlkurve *f*, Abkühlungskurve *f* ‖ ~ **cycle** / Kühlkreislauf *m* ‖ ~ **degree-day** / Gradtag *m* (eine kühltechnische Kenngröße) ‖ ~ **delta** / Kühldelta *n*, Delta *n* (zwei Kühlelemente, die so aneinander gestellt werden, dass sie einen Winkel von 60 Grad einschließen)
**cooling-down period** (Glass) / Abstehen *n* (der Schmelze)
**cooling duct**\* (Elec Eng) / Kühlkanal *m*, Kühlschlitz *m* ‖ ~ **effect** / Kühlwirkung *f* (im Allgemeinen) ‖ ~ **effect** / Kühlleistung *f*, Kühlwirkung *f* ‖ ~ **effect** (measured with the katathermometer) (Phys) / Katawert *m*, Abkühlungsgröße *f*, Kühlstärke *f* ‖ ~ **efficiency** / Kühlleistung *f*, Kühlwirkung *f* ‖ ~ **fan** (Autos) / Ventilator *m* ‖ ~ **fan** (I C Engs) / Kühlgebläse *n* (bei luftgekühlten Motoren) ‖ ~ **fin** (Eng) / Kühlrippe *f* (meistens quer verlaufend) ‖ ~ **fluid** (Eng) / Kühlflüssigkeit *f* ‖ ~ **fountain** (Foundry) / Kühleinsatz *m* ‖ ~ **gill**\* (Aero) / Kühlerklappe *f* ‖ ~ **house** / Kühlhaus *n* ‖ ~ **liquid** (Eng) / Kühlflüssigkeit *f* ‖ ~ **load** (Build) / Kühllast *f* (die aus einem zu klimatisierenden Raum abzuführende Wärmemenge) ‖ ~ **lubricant** / Kühlschmierstoff *m* (DIN 51 385), KSS (Kühlschmierstoff), Kühlschmiermittel *n*, KS (Kühlschmiermittel) ‖ ~ **lubricant system** (Eng) / Kühlschmiersystem *n* ‖ ~ **medium** / Kühlmittel *n* ‖ ~ **mixture** / Kältemischung *f* (mit Wasser) ‖ ~ **plate** (For) / Kühlplatte *f* (der Heißpresse) ‖ ~ **pond**\* (Eng) / Kühlbecken *n* (zur Kühlwasserrückkühlung), Kühlteich *m* ‖ ~ **pond** (Nuc Eng) / Abklingbecken *n*, AKB (Abklingbecken), Brennelementlagerbecken *n*, Lagerbecken *n* (für abgebrannte Brennelemente) ‖ ~ **press** (For) / Kühlpresse *f* (zum Kühlen von Spanplatten) ‖ ~ **process** / Kühlverfahren *n* ‖ ~ **rate** (Crystal, Met) / Abkühlgeschwindigkeit *f*, Abkühlungsgeschwindigkeit *f*, Kühlgeschwindigkeit *f* ‖ ~ **rib** (Eng) / Kühlrippe *f* (meistens quer verlaufend) ‖ ~ **roll** / Kühlwalze *f* ‖ ~ **set** / Kältesatz *m* (ein kältetechnischer Maschinensatz) ‖ ~ **station** (For) / Kühlstation *f* (für Beschickbleche) ‖ ~ **stretch** (Textiles) / Kühlstrecke *f* (DIN 64990) ‖ ~ **surface** / Kühlfläche *f* ‖ ~ **tower**\* (Eng) / Kühlturm *m* (DIN 1947) ‖ ~ **tower with cable network shell** / Seilnetzkühlturm *m* (dessen Mantel aus einer Seilnetzkonstruktion besteht, die mit Aluminium verkleidet ist) ‖ ~ **tray** (Nut) / Kühlblech *n* ‖ ~ **tunnel** / Kühltunnel *m* ‖ ~ **unit** (I C Engs) / Kühlergruppe *f* (bei Dieselmotoren) ‖ ~ **water** / Kühlwasser *n* ‖ ~ **zone** / Kühlzone *f* (z.B. bei Tunnelöfen der Abschnitt vom Ende der Brennzone bis zur Ofenausfahrt)
**cool melt** (Met) / steife Schmelze

**coolship** *n* (Brew) / Kühlschiff *n* (zum Abkühlen heißer Bierwürze)
**cool wool** (Textiles) / Wollgewebe *n* mit Leinenoptik
**Coomassie blue**\* (Biol) / Coomassie-Brillantblau R 250 *n* (ein Säurefarbstoff der ICI)
**Coons' surface** (Maths) / Coons'sche Fläche, Summenfläche *f* nach Coons
**coontail ore** (Geol) / gebändertes Fluorit-Zinkblende-Erz
**cooper** *v* / Fässer herstellen, Bottiche herstellen ‖ ~ *n* / Böttcher *m*, Küper *m*, Küfer *m* (S), Küfner *m* (S) ‖ ~ / Fassbinder *m* (Handwerker)
**cooperage** *n* / Böttcherwerkstatt *f*, Böttcherei *f*, Küferei *f*
**co-operation** *n* / Kooperation *f*
**cooperation** *n* / Kooperation *f*
**co-operative** *adj* (Biochem) / kooperativ *adj*
**cooperative** *adj* (Biochem) / kooperativ *adj*
**co-operative** *adj* (Mag, Phys) / kooperativ *adj* (Verhalten)
**cooperative** *adj* (Mag, Phys) / kooperativ *adj* (Verhalten) ‖ ~ **advertising** / Gemeinschaftswerbung *f*, Co-op-Werbung *f* ‖ ~ **coal** (Fuels, Mining) / brennfreudige Kohle ‖ ~ **computing** (Comp) / Workgroup-Computing *n* (spezielle Art des Einsatzes von Geräten der Informationsverarbeitung, die es den Mitgliedern einer Arbeitsgruppe erlaubt, ihre Computer, Programme und Dateien gemeinsam zu nutzen, insofern ihre Geräte über ein Computernetz verbunden sind und eine spezielle Software den Datenaustausch ermöglicht) ‖ ~ **filtering** (Comp) / kooperative Filterung ‖ ~ **game** (Maths) / kooperatives Spiel (bei dem die beteiligten Spieler die Möglichkeit haben, Koalitionen zu bilden) ‖ ~ **information processing** (Comp) s. also cooperative computing ‖ ~ **information processing** (Comp) / kooperative Informationsverarbeitung ‖ ~ **mailing** / Gemeinschaftsversand *m*, Gemeinschaftswerbeversand *m* ‖ ~ **software** (Comp) / kooperative Software ‖ ~ **target** (Radar) / kooperatives Ziel
**cooperativity** *n* / Kooperativität *f* ‖ ~ (Biochem) / Kooperativität *f* (eine aufeinander folgende Bindung von Liganden an die Untereinheiten von oligomeren Proteinkomplexen)
**Cooper-Hewitt lamp** (Electronics) / Quecksilberdampflampe *f* (eine Gasentladungslichtquelle)
**cooperite**\* *n* (Min) / Cooperit *m* (wichtiges Platinmineral aus Südafrika)
**Cooper pair**\* (Phys) / Cooper-Paar *n* (in der Theorie der Supraleitung - nach L.N. Cooper, geb. 1930)
**cooper's pitch** (Brew) / Fasspech *n*
**cooper's rivet** / Küferniet *m*, Böttcherniet *m*
**co-ordinate** *v* / koordinieren *v*, abstimmen *v*
**coordinate** *v* / koordinieren *v*, abstimmen *v* ‖ ~ (Textiles) / passen *v* (zu - bei Coordinates) ‖ ~ *vt* (Chem) / koordinativ anlagern (z.B. Moleküle) ‖ ~ **axis** (Maths) / Koordinatenachse *f* ‖ ~ **bond**\* (Chem) / koordinative Bindung
**coordinate-covalent bond** (Chem) / koordinative Bindung
**coordinate displacement** (Maths) / Koordinatenverschiebung *f*
**coordinated look** (Textiles) / Trousseau *m* (eine aus mehreren genau zusammenpassenden Einzelteilen bestehende komplette Garderobe), Coordonnés *pl* ‖ ~ **Universal Time** / koordinierte Weltzeit (EN 28601), Weltnormalzeit, UTC (Weltnormalzeit, die den von den Radiosendern ausgestrahlten Zeitzeichen zugrunde liegt), UTC-Zeit *f*
**coordinate geometry** (Maths) / analytische Geometrie (Teilgebiet der Mathematik, in dem man sich mit der zahlenmäßigen Beschreibung von Eigenschaften geometrischer Figuren beschäftigt) ‖ ~ **graphics** (Comp) / Koordinatengrafik *f*, Liniengrafik *f*, Strichgrafik *f* ‖ ~ **indexing** (Comp) / gleichordnende Indexierung, koordinierte Indexierung, Coordinate Indexing *n* (eines Dokuments) ‖ ~ **measuring eyepiece** (Optics) / Koordinatenmessokular *n* (bei dem zwei Strichplattenskalen senkrecht gegeneinander verschiebbar sind) ‖ ~ **measuring instrument** (machine) / Koordinatenmessgerät *n* (zur Erfassung der Körpergeometrie - Ausleger-, Ständer-, Portal- und Brückenbauart) ‖ ~ **milling machine** (Eng) / Koordinatenfräsmaschine *f* ‖ ~ **paper** (Paper) / Koordinatenpapier *n* ‖ ~ **plane** (Maths) / Koordinatenebene *f* ‖ ~ **plotter** (Comp) / Koordinatenschreiber *m*, XY-Schreiber *m* (ein Messschreiber) ‖ ~ **potentiometer**\* (Elec Eng) / Koordinatenkompensator *m* ‖ ~ **resolver** (Comp) / Koordinatenwandler *m* (bei vektoriellen Größen), Resolver *m* ‖ ~ **rotation** (Maths) / Koordinatendrehung *f*
**co-ordinates**\* *pl* (Geog, Maths) / Koordinaten *f pl*
**coordinates** *pl* (Geog, Maths) / Koordinaten *f pl* ‖ ~ (matching items of clothing) (Textiles) / Coordinates *pl* (mehrere aufeinander abgestimmte Kleidungsstücke, die zusammen oder mit anderen Stücken kombiniert getragen werden können)
**coordinate space** (Maths) / Koordinatenraum *m* ‖ ~ **stage** (Optics) / Koordinatentisch *m*, Koordinatenmesstisch *m* ‖ ~ **storage** (Comp) / Matrixspeicher *m* (DIN 66 001), Koordinatenspeicher *m*
**coordinates trihedral** (Maths) / Koordinatendreibein *n*

**coordinate system** (Maths, Phys) / Koordinatensystem $n$ ‖ ~ **system** (Maths, Phys) s. also reference frame ‖ ~ **transformation** (Maths) / Koordinatentransformation $f$ (Umrechnung von Koordinatenwerten eines Koordinatensystems in ein anderes) ‖ ~ **transformation** (Maths) / Koordinatentransformation $f$ (z.B. Lorentz- oder Hauptachsentransformation) ‖ ~ **transformer** (Comp) / Koordinatenwandler $m$ (bei vektoriellen Größen), Resolver $m$ ‖ ~ **valence** (Chem) / koordinative Bindung
**co-ordinating gap*** (Elec Eng) / abgestimmte Schutzfunkenstrecke, Sicherheitsfunkenstrecke $f$
**coordination chemistry** (Chem) / Koordinationschemie $f$, Komplexchemie $f$ ‖ ~ **compound*** (Chem) / Koordinationschemie $f$ (nach A. Werner, 1866-1919) ‖ ~ **compound*** (Chem) s. also complex and complex compound ‖ ~ **entity** (Chem) / Koordinationseinheit $f$ (das Gebilde aus einem oder mehreren Zentralatomen und den zugehörigen Liganden) ‖ ~ **isomerism** (Chem) / Koordinationsisomerie $f$ (eine besondere Art der Konstitutionsisomerie) ‖ ~ **lattice** (Crystal) / Koordinationsgitter $n$ (z.B. Diamant oder Natriumchlorid) ‖ ~ **number*** (Chem) / Koordinationszahl $f$ (die Zahl der Liganden in einer Komplexverbindung, KZ (Koordinationszahl), Kz (Koordinationszahl) ‖ ~ **number** (Crystal) / Koordinationszahl $f$ (Anzahl der nächsten Nachbarn eines Gittebausteins) ‖ ~ **polyhedron** (Chem) / Koordinationspolyeder $n$ (gedachtes Polyeder, an dessen Ecken die an ein Zentralatom gebundenen Atome liegen) ‖ ~ **polymerization** (Chem) / Insertionspolymerisation $f$, Koordinationsverbindung $f$ (nach A. Werner, 1866-1919), Polyinsertion $f$ (mit Ziegler-Natta-Katalysatoren) ‖ ~ **sphere** (Chem) / Koordinationssphäre $f$ (erste, zweite) ‖ ~ **theory** (Chem) / Koordinationslehre $f$ ‖ ~ **unit** (Chem) / Koordinationseinheit $f$ (das Gebilde aus einem oder mehreren Zentralatomen und den zugehörigen Liganden)
**coordinative name** (Chem) / Koordinationsname $m$ (wie z.B. Hexacarbonylchrom) ‖ ~ **polymerization** (the carriers of chain growth are transition metal complexes) (Chem) / Insertionspolymerisation $f$, Koordinationspolymerisation $f$, Polyinsertion $f$ (mit Ziegler-Natta-Katalysatoren)
**co-ordinatograph** (Cartography, Maths, Surv) / Koordinatograf $m$, Koordinator $m$, Auftraggerät $n$, Kartiergerät $n$
**C.O.P.** (car operating panel) / Fahrkorb-Bedienungstafel $f$
**COP** (coefficient of performance) / Leistungsziffer $f$, Leistungszahl $f$ ‖ ≙ (cleaning out of place) (Eng, Nut) / COP-Reinigung $f$ (von Maschinenteilen außerhalb der Anlage)
**cop** $n$ (in a battlement) (Arch) / Zinnenzahn $m$ (als Gegensatz zum Einschnitt im Zinnenkranz) ‖ ~* (Spinning) / Kops $m$, Cops $m$, Kötzer $m$, Kop $m$, Cop $m$ (Spinnhülse mit aufgewickeltem Garn)
**copaiba** $n$ / Kopaivabalsam $m$ (von Copaifera-Arten), Kopaivaterpentin $n$ $m$ ‖ ~ **balsam** / Kopaivabalsam $m$ (von Copaifera-Arten), Kopaivaterpentin $n$ $m$ ‖ ~ **oil** / Kopaivaöl $n$ (von Copaifera-Arten)
**copal** $n$ (fossil) (Chem) / Kopal $m$ (Sammelname für rezent-fossile Harze), Kopalharz $n$
**cope** $n$ (Build) / Abdeckstein $m$ (der Abdeckschicht), Formstück $n$ (als Abdeckung) ‖ ~ (Build) / Mauerabdeckung $f$, Mauerdeckel $m$, Mauerkappe $f$ ‖ ~ (Build) / Abdeckung $f$ (Schutz gegen Eindringen von Feuchtigkeit von oben) ‖ ~* (Foundry) / Oberkasten-Formteil $n$ (Oberteil einer verlorenen Kastenform), Formoberteil $n$, Oberkasten $m$ ‖ ≙ **elimination** (Chem) / Cope-Eliminierung $f$ (Spaltung von Aminoxiden in Alken und Hydroxylamin - nach A.C. Cope, 1909 - 1966)
**cop end** (Spinning) / Garnrest $m$ auf abgewebtem Kötzer
**Cope rearrangement** (Chem) / Cope-Umlagerung $f$ (Valenzisomerisierung)
**Copernican system*** (Astron) / kopernikanisches System (nach N. Kopernikus, 1473-1543), kopernikanisches Weltsystem (heliozentrische Planetentheorie)
**cope stone** (Build) / Abdeckstein $m$ (der Abdeckschicht), Formstück $n$ (als Abdeckung)
**cophasal** adj / gleichphasig adj ‖ ~ **state** (Phys) / Gleichphasigkeit $f$
**cop holder** (Spinning) / Kopshalter $m$
**copier** $n$ / Kopiergerät $n$ (im Allgemeinen) ‖ ~ (Eng) / Nachformmaschine $f$, Kopiermaschine $f$
**copilot** $n$ (Aero) / Kopilot $m$, Copilot $m$, zweiter Pilot, zweiter Luftfahrzeugführer
**coping*** $n$ (Build) / Spaltung $f$ des Steins (mit Stahlkeilen), Spaltung $f$ der Steinplatten (und/oder Bearbeitung der Kanten) ‖ ~* (of a wall) (Build) / Mauerabdeckung $f$, Mauerdeckel $m$, Mauerkappe $f$ ‖ ~* (Build) / Abdeckung $f$ (Schutz gegen Eindringen von Feuchtigkeit von oben) ‖ ~ **brick** (Build) / Abschlussstein $m$ (in der obersten Mauerlage) ‖ ~ **brick*** (Build) / Abdeckstein $m$ (der Abdeckschicht), Formstück $n$ (als Abdeckung) ‖ ~ **saw*** (Join, Tools) / Laubsäge $f$ (eine Handsäge), Marketeriesäge $f$ ‖ ~ **stone** (Build) / Abdeckstein $m$ (der Abdeckschicht), Formstück $n$ (als Abdeckung)
**coplanar** adj (Maths, Phys) / koplanar adj, komplanar adj (auf einer gemeinsamen Ebene liegend) ‖ ~ **concurrent forces** (Mech) / zusammenwirkende Kräfte in einer Ebene ‖ ~ **forces** (Mech) / Kräfte $f$ $pl$ in der Ebene
**coplanarity** $n$ (Maths) / Komplanarität $f$
**coplanar line** (a stripline) (Electronics) / Koplanarleitung $f$ (eine Streifenleitung) ‖ ~ **prism** (Optics) / komplanares Prisma ‖ ~ **system of forces** (Mech) / Kräftesystem $n$ in der Ebene, ebenes Kräftesystem ‖ ~ **vectors*** (Maths, Phys) / komplanare Vektoren
**copolar attenuation** (Radio) / kopolare Dämpfung
**copolarization** $n$ (Radar) / Kopolarisation $f$
**copolymer*** $n$ (Chem) / Kopolymer $n$, Kopolymeres $n$, Kopolymerisat $n$, Copolymer $n$ ‖ ~* (Chem) s. also mixed polymer
**copolymerization** $n$ (Chem) / Kopolymerisation $f$, Copolymerisation $f$ ‖ ~ **parameter** (Chem) / Kopolymerisationsparameter $m$, Copolymerisationsparameter $m$
**copolymerize** $v$ (Chem) / kopolymerisieren $v$, copolymerisieren $v$
**cop paper** (Paper, Spinning) / Hülsenpapier $n$
**copper(II)-** (Chem) / Kupfer(II)-, Kupfer-
**copper(I)-** (Chem) / Kupfer-, Kupfer(I)-
**copper** $v$ / verkupfern $v$ ‖ ~ ‖ ~* (Chem) / Würzepfanne $f$ ‖ ~* (Chem) / Kupfer $n$, Cu (Kupfer) ‖ ~ (Elec Eng, Electronics) / Leiterbahn $f$ (Kupfer als elektrisch leitfähiges Material) ‖ ~ (Eng) / Waschkessel $m$, Kupferbehälter $m$, Kessel $m$
**copper-accelerated salt spray test** (Paint) / CASS-Test $m$ (eine Korrosions-Kurzprüfung mit Natriumchlorid, Kupferchlorid und Essigsäure)
**copper•(II) acetate** (Chem) / Kupfer(II)-acetat $n$, Kupfer(II)-azetat $n$ ‖ ~(II) **acetoarsenate(III)** (Chem) / Kupfer(II)-acetatarsenat(III) $n$, Kupfer(II)-azetatarsenat(III) $n$ (Schweinfurter Grün)
**copper(II) acetylacetonate** (Chem) / Kupferacetylacetonat $n$, Kupferazetylazetonat $n$
**copper aftertreatment** (Textiles) / Kupfernachbehandlung $f$, Nachkupfern $n$, Nachkupferung $f$ ‖ ~ **alloy*** (Met) / Kupferlegierung $f$ (DIN 1718) ‖ ~ **arsenate** (Chem) / Kupfer(II)-arsenat $n$ ($Cu_3(AsO_4)_2$)
**copper(II) arsenite** (Chem) / Kupfer(II)-arsenit $n$ ($CuHAsO_3$)
**copperas*** $n$ (Min) / Eisenvitriol $m$, Melanterit $m$ ‖ ~ **vat** (Chem) / Vitriolküpe $f$
**copper-base bearing metal** / Kupferlagermetall $n$
**copper** (plating) **bath** (Surf) / Kupferbad $n$ ‖ ~ **beech** (For) / Blutbuche $f$ (Rotbuche mit rotbraunen Blättern - Fagus sylvatica cuprea)
**copper-bit*** $n$ (Plumb) / [fremdbeheizter] Lötkolben $m$ ‖ ~ **soldering** / Kolbenlöten $n$
**copper blue** (Paint) / basisches Kupferkarbonat als blaues Pigment (z.B. Azurblau, Hamburgerblau, Mineralblau usw.), Kupferblau $n$ (Hamburgerblau, Mineralblau)
**copper(II) bromide** (Chem) / Kupfer(II)-bromid $n$
**copper brush*** (Elec Eng) / Kupferbürste $f$ ‖ ~ **carbonate** (Chem) / Kupfercarbonat $n$, Kupferkarbonat $n$ ‖ ~(I) **chloride** (Chem) / Kupfer(I)-chlorid $n$ ‖ ~(II) **chloride** (Chem) / Kupfer(II)-chlorid $n$ ‖ ~**-chloride process*** (Chem Eng, Oils) / Kupfersüßung $f$
**copper-clad** adj / kupferplattiert adj ‖ ~ (Electronics) / kupferkaschiert adj (z.B. Mikrowellensubstrat)
**copper cladding** (Electronics) / Kupferkaschierung $f$ (bei Leiterplatten)
**copper-clad steel** (Elec Eng, Met) / Staku $n$, Stahlkupfer $n$
**copper complex** (Nut) / kupferhaltiger Komplex ‖ ~ **core** (I C Engs) / Kupferkern $m$ (der Zündkerze) ‖ ~ **corrosion** (Oils) / Kupferstreifenkorrosion $f$
**copper-covered steel** (Elec Eng, Met) / Staku $n$, Stahlkupfer $n$
**copper cyanide** (Chem) / Kupfercyanid $n$, Kupferzyanid $n$ (entweder CuCN oder Cu(CN)$_2$) ‖ ~ **deficiency** $m$ (Agric) / Kupfermangel $m$ ‖ ≙ **Distributed Data Interface** (the copper version of FDDI) (Comp) / CDDI-Schnittstelle $f$
**coppered carbon** (Elec Eng, Light) / verkupferte Kohle, Kupferkohle $f$
**copper electrode** (Welding) / Kupferelektrode $f$ ‖ ~(II) **ethanoate** (Chem) / Kupfer(II)-acetat $n$, Kupfer(II)-azetat $n$
**copper-faced hammer** (Tools) / Kupferhammer $m$ (DIN 5130) ‖ ~ **hammer** (Tools) / Kupferhammer $m$
**copper factor*** (Elec Eng) / Füllfaktor $m$ (Kupferanteil am Wicklungsquerschnitt)
**copper(II) fluoride** (Chem) / Kupfer(II)-fluorid $n$ ($CuF_2$), Kupferdifluorid $n$
**copper frontispiece** (Print) / Titelkupfer $n$ ‖ ~ **glance*** (Min) / Kupferglanz $m$ (eine Kupfermineralgruppe) ‖ ~ **glazing*** (Arch, Build) / Bleiverglasung $f$ mit Kupferhaftern (zur Stabilisierung größerer Bleifelder) ‖ ~ **halide** (Chem) / Kupferhalogenid $n$ ‖ ~ **hammer** (Tools) / Kupferhammer $m$ (DIN 5130)
**copperhead** $n$ (Ceramics) / Kupferkopf $m$ (Fehler, der auf nicht optimaler Zusammensetzung der Grundfritte beruht)

**copper(II) hydroxide** (Chem) / Kupfer(II)-hydroxid n
**copper-indium diselenide** (Chem, Electronics) / Kupfer-Indium-Diselenid n
**coppering** n / Abscheidung f von Schwammkupfer (infolge selektiver Korrosion von Messing) || ~ / Verkupferung f
**copperize** v / kupfern v, verkupfern v
**copper laser** (Chem, Phys) / Kupferdampflaser m || ~ **lead** (Met) / Bleibronze f (ein Lagermetall aus mindestens 60% Cu und dem Hauptlegierungszusatz Pb mit etwa 5 - 18% - DIN 1718) || ~ **liquor** (Chem) / Kupferlauge f || ~ **loss*** (Elec Eng) / Kupferverlust m (ein Stromwärmeverlust) || ~ **loss*** (Elec Eng) s. also I²R loss || ~ **metaborate** (Chem) / Kupfermetaborat n (Cu(BO$_2$)$_2$) || ~ **mine** (Mining) / Kupfermine f, Kupferbergwerk n || ~ **monoxide** (Chem) / Kupfer(II)-oxid n (CuO) || ~ **naphthenate*** (Chem, Paint) / Kupfernaphthenat n (auch für Antifouling-Anstrichstoffe und als Wildverbissmittel) || ~ **nickel*** (Min) / Kupfernickel n (Nickelarsenid), Rotnickelkies m, Arsennickel n, Nickelin m, Niccolit m || ~ **(II) nitrate** (Chem) / Kupfer(II)-nitrat n || ~ **nucleus** (I C Engs) / Kupferkern m (der Zündkerze) || ~ **number** (Chem) / Kupferzahl f, CuZ (Kupferzahl)
**copperon** n (Chem) / Kupferron n, Cupferron (Ammoniumsalz des N-Nitroso-N-phenylhydroxylamins)
**copper orthoarsenite** (Chem) / Kupfer(II)-arsenit n (CuHAsO$_3$) || ~ **(I) oxide** (Chem) / Kupfer(I)-oxid n (Cu$_2$O) || ~ **(II) oxide** (Chem) / Kupfer(II)-oxid n (CuO) || ~ **oxide chloride** (Brunswick green) (Chem) / Kupfer(II)-oxidchlorid n (als Tetrahydrat = Braunschweiger Grün) || ~ **-oxide rectifier** (Elec Eng) / Kupferoxydulgleichrichter m, Kuproxgleichrichter m (heute nicht mehr gebräuchlicher Halbleitergleichrichter), Kupfer(I)-oxid-Gleichrichter m || ~ **pairs** (Cables, Teleph) / Kupferdoppelader f (für den Teilnehmeranschlussbereich im Fernsprechnetz) || ~ **phthalocyanine** (Chem) / Phthalocyaninblau n, Phthalozyaninblau n, Kupferphthalocyanin n, Kupferphthalozyanin n, Heliogenblau n (ein synthetischer, kräftig leuchtender Pigmentfarbstoff) || ~ **pigment** (Paint) / Kupferpigment n (z.B. Bremer Blau oder Schweinfurter Grün) || ~ **plate** / Kupferplatte f, Kupferblech n
**copper-plate** v (Elec Eng, Surf) / verkupfern v (galvanisch)
**copper-plated carbon** (Elec Eng) / verkupferte Kohle, Kupferkohle f
**copperplate engraving** (Print) / Chalkografie f, Kupferstich m (die früheste Tiefdrucktechnik) || ~ **ink** (Print) / Kupferdruckfarbe f || ~ **printing** (Print) / Kupferdruckverfahren n (Kunstblätter, Wertpapiere, Landkarten), Kupferdruck m (Tätigkeit) || ~ **printing process** (Print) / Kupferdruckverfahren n (Kunstblätter, Wertpapiere, Landkarten), Kupferdruck m (Tätigkeit)
**copper-plating** n (Surf) / Verkupferung f (galvanische)
**copper poisoning** (Med) / Kupfervergiftung f, Kuprismus m || ~ **protein** (Biochem) / Kupferprotein n || ~ **pyrites*** (Min) / Kupferkies m, Kupferpyrit m, Chalkopyrit m || ~ **quad** (Cables, Elec Eng) / Kupfervierer m || ~ **recovery** / Kupferrückgewinnung f
**copper-red** adj / kupferrot adj
**copper resinate** (Chem, For) / Kupferresinat n (auch als Holzschutzmittel) || ~ **ruby** (glass) (Glass) / Kupferrubin m (Anlaufglas von tiefroter Farbe; die Färbung wird durch Metallkolloide des Kupfers hervorgerufen), Kupferrubinglas n
**copper-sheathed cable*** (Cables) / Kupfermantelkabel n
**copper slate** (Min) / Kupferschiefer m || ~ **smelting plant** (Met) / Kupferhütte f
**coppersmith** n / Kupferschmied m || ~**'s hammer*** (Tools) / Polierhammer m für Kupferschmiede, Spannhammer m für Kupferschmiede
**copper space factor** (Elec Eng) / Kupferfüllfaktor m || ~ **standard** (Elec Eng) / Normkupfer n || ~ **steel** (Met) / kupferlegierter Stahl (mit über 0,3% Cu), Kupferstahl m || ~ **striking** (Surf) / Vorverkupfern n (elektrochemisches), Anschlagverkupferung f
**copper-strip corrosion** (Oils) / Kupferstreifenkorrosion f || ~ **field coil** (Elec Eng) / Blankpolspule f
**copper• (II) sulphate*** (Chem) / Kupfer(II)-sulfat n (CuSO$_4$) || ~ **sulphate bath** (Surf) / Kupfersulfatelektrolyt m || ~ **sulphate dip test** (Surf) / Kupfersulfat-Test (zur Bestimmung der Porosität und Oberflächenreinheit) || ~ **sweetening** (Chem Eng, Oils) / Kupfersüßung f || ~ **titanate** (Chem) / Kupfertitanat n (CuTiO$_3$) || ~ **trap** (Vac Tech) / Kupferfalle f || ~ **tube** (Met) / Kupferrohr n (blank, ummantelt) || ~ **uranite*** (Min) / Torbernit m (Kupferuranglimmer), Chalkolith m
**copper-washed** adj (Surf) / chemisch kupferbeschichtet adj
**copper winding** (Elec Eng) / Kupferwicklung f || ~ **wire** (Elec Eng, Met) / Kupferdraht m || ~ **works** (Met) / Kupferhütte f
**coppery** adj / kupferrot adj
**copper yellow** / Kupfergelb n || ~ **yellow** s. also quince yellow
**coppice*** n (For) / Stockausschlag m (an den Stümpfen gefällter Bäume und Sträucher) || ~ (For) / Dickicht n, Dickung f, Gehölz n || ~ **forest** (For) / Niederwald m, Ausschlagwald m (hervorgegangen aus Stockausschlag, schlafenden Augen der Stämme oder aus Wurzelbrut) || ~ **management** (For) / Niederwaldbetrieb m, Ausschlagholzbetrieb m, Ausschlagwaldbetrieb m || ~ **management** (For) s. also pollard system
**coppicing** n (For) / Niederwaldbetrieb m, Ausschlagholzbetrieb m, Ausschlagwaldbetrieb m
**copping** n (Spinning) / Umspulen n auf Kopse oder Kanetten || ~ **rail*** (Spinning) / Formschiene f
**Copr.** / Urheberrecht n, Copyright n
**copra** n / Kopra f (getrocknetes Nährgewebe der Kokosnuss)
**coprecipitation*** n (Chem) / [induzierte] Mitfällung f
**coprime*** adj (Maths) / teilerfremd adj (Zahlen, die als größten gemeinsamen Teiler die Zahl 1 haben), relativ prim, teilerfrei adj
**CO$_2$ process** (Foundry) / Kohlensäure-Erstarrungsverfahren n, Kohlendioxid-Erstarrungsverfahren n (ein Formverfahren, das auf der Verwendung eines Wasserglasbinders beruht, der durch Einleiten von Kohlendioxid zum Erhärten gebracht wird), CO$_2$-Verfahren n, CO$_2$-Wasserglas-Formverfahren n
**coprocessing** n (Comp, Work Study) / gemeinsame Verarbeitung, gemeinsame Bearbeitung
**coprocessor*** n (controlled by its master processor) (Comp) / Koprozessor m (ein Mikroprozessor, der in einem System bestimmte Aufgaben übernimmt), Coprozessor m
**coprolite*** n (Geol) / Koprolith m (versteinertes tierisches Exkrement), Kotstein m
**copropellers** pl (Aero) / Gegenlaufluftschrauben f pl, gleichachsige gegenläufige Propeller, Zwillings-Luftschrauben f pl
**coproportionation** (Chem) / Komproportionierung f, Synproportionierung f (das Gegenteil der Disproportionierung)
**cop sleeve** (Spinning) / Copsrohr n, Kopsrohr n || ~ **spinning machine for carded yarns** (Spinning) / Schlauchkops-Dosenspinnmaschine f für Streichgarn || ~ **tube paper** (Paper, Spinning) / Hülsenpapier n
**copulation** n (Agric) / Kopulation f (eine Form von Veredelung)
**copunctal** adj (Maths) / kopunktal adj || ~ (Maths) / durch denselben (einen) Punkt gehend, mit einem gemeinsamen Punkt
**copy** v / vervielfältigen v, kopieren v || ~ (on) / umkopieren v (auf), kopieren v (auf) || ~ (Eng) / nachformen v (kopieren), kopieren v || ~ n / Nachbildung f, Kopie f || ~ / Werbematerial n (Gesamtheit aller visuellen, audiovisuellen und Textelemente eines Werbemittels) || ~* (Comp) / Umspeicherung f, Kopierung f, Übertragung f || ~ (Eng) / Modell n (z.B. beim Kopierfräsen), Musterstück n (z.B. beim Kopierfräsen), Bezugsstück n || ~ (Foundry, Met) / Abdruck m || ~* (Photog, Print) / Kopie f, Abzug m (für Korrekturzwecke), Ablichtung f || ~* (Print) / Exemplar n || ~* (Print) / Manuskript n || ~ (Eng) s. also reference item || ~ **editing** (Print) / redaktionelle Bearbeitung (von Satzvorlagen) || ~ **feeder** (Print) / Magazinanleger m, Einzelanleger m || ~ **fitting** (Print) / Manuskriptberechnung f
**copyholder** n (Comp) / Copy-Holder m || ~* (Print, Typog) / Korrektorgehilfe m || ~ (Typog) / Manuskripthalter m, Blatthalter m, Vorlagenhalter m, Tenakel n, Originalhalter m || ~ **table** (Eng) / Modellaufspanntisch m (z.B. einer Kopierfräsmaschine)
**copying** n / Vervielfältigung f, Vervielfältigen n || ~ **attachment** (Tools) / Nachformeinrichtung f, Kopiereinrichtung f || ~ **lathe** (Eng) / Nachformdrehmaschine f || ~ **machine*** (Eng) / Nachformmaschine f, Kopiermaschine f || ~ **tool** (Tools) / Nachformdrehmeißel m, Kopierdrehmeißel m || ~ **tracer** (Eng) / Nachformfühler m
**copy lens*** (Optics, Print) / Reproobjektiv n || ~ **milling** (Eng) / Nachformfräsen n, Kopierfräsen n (mit der Übertragung der Form eines Nachformbezugsstücks)
**copy-milling machine** (Eng) / Nachformfräsmaschine f
**copy planing** (Eng) / Nachformhobeln n, Kopierhobeln n
**copy-protected** adj (Comp) / kopiergeschützt adj
**copy protection*** (hardware- or software-based scheme to prevent unlicensed usage of a software) (Comp) / Kopierschutz m || ~ **recipient** (Telecomm) / Kopieempfänger m
**copyright** n / Urheberrecht n, Copyright n || ~ **deposit** / Pflichthinterlegung f, Pflichtabgabe f (eines Pflichtexemplars an öffentliche Bibliotheken) || ~ **notice** (Print) / Copyright-Vermerk m || ~ **page** (Print) / Copyright-Seite f (meistens die Rückseite des Titelblattes)
**copy run** (Comp) / Kopierlauf m, Duplizierlauf m || ~ **shaping** (Eng) / Nachformstoßen n (Stoßvorgang, bei dem die Form des Bezugsstückes /z.B. Leitkurve, Schablone/ mittels Nachformeinrichtung selbsttätig auf das Werkstück übertragen wird), Kopierstoßen n || ~ **strategy** / Copy-Strategie f (Fixierung der inhaltlichen Grund-Werbekonzeption, die zu besprechen ist) || ~ **turning** (Eng) / Nachformdrehen n (eine Verfahrensvariante des Formdrehens), Kopierdrehen n
**copywriter** n / Werbetexter m
**coquille*** n (Glass, Optics) / Brillenglas n mit 3 1/2" Wölbungsradius || ~* (Optics) s. also microcoquille

311

**coquimbite**

**coquimbite*** *n* (Min) / Coquimbit *m* (Eisen(III)-sulfat-9-Wasser)
**coquina*** *n* (Geol) / Muschelkalk *m*, Schillkalk *m*
**coquito fibre** (Textiles) / Coquitofaser *f* (von Jubaea chilensis (Molina) Baill.)
**cora** *n* (pl. corae) (any column in the form of a young woman) (Arch) / Karyatide *f*, Kore *f*
**CORAL*** *n* (Comp) / CORAL 66 (eine Echtzeitsprache, deren Basis ALGOL 60 bildet)
**coral agate** (Min) / Korallenachat *m* (an Korallen erinnernde Varietät von Achat) || ~ **lime** (Geol) / Korallenkalk *m* || ~ **limestone** (Geol) / Korallenkalkstein *m*
**coralline** *adj* / korallrot *adj*
**coral-red** *adj* / korallrot *adj*
**coral reef*** (Geol, Ocean) / Korallenriff *n* (das durch Wachstum von Korallenbauten entstanden ist) || ~ **rock** (Geol) / Korallenkalkstein *m* || ~ **sand*** (Geol) / Korallensand *m* || ~ **shoal** (Geol) / Korallenbank *f* (von Riffkorallen bewachsene Untiefe, z.B. die Nazarethbank nordöstlich von Madagaskar)
**coralwood** *n* (For) / Korallenholz *n*, Coralwood *n*, Condoriholz *n* (feines Tischlerholz aus Adenanthera pavonina L.) || ~ (For) s. also red sanders
**corannulene** *n* (Chem) / Corannulen *n* (Bestandteil der Fullerene)
**CORBA** (Comp) / CORBA *n* (OMG-Spezifikation eines Objektmodells, dessen zentrales Element ORB ist)
**corbel*** *n* (bricks or stones) (Build) / Konsole *f*, Kragstein *m* (im Steinbau)
**corbel-arch** *n* (pseudo-arch formed of successive corbels, essentially cantilevers, anchored back, each projecting over the corbel below) (Arch) / Kragbogen *m* (unechter Bogen aus Kragsteinen)
**corbel-gable** *n* (Build) / Treppengiebel *m*, Staffelgiebel *m*
**corbelled arch** (Arch) / Kragbogen *m* (unechter Bogen aus Kragsteinen)
**corbelling*** *n* (Build) / Kragsteine *m pl* (als tragendes Gesamtelement)
**corbel-piece*** *n* (Carp) / Trumholz *n*, Sattelholz *n*, Schirrholz *n*
**corbel vault** (built using the same technique as in a corbel-arch) (Arch) / Kraggewölbe *n* (ein unechtes Gewölbe)
**corbie-gable** *n* (Build) / Treppengiebel *m*, Staffelgiebel *m*
**corbie-step gable*** (Build) / Treppengiebel *m*, Staffelgiebel *m*
**Corbino disk** (Electronics) / Corbino-Scheibe *f* (nach O.M. Corbino, 1876-1937)
**cord** *n* / Bindfaden *m* (zu Verpackungs- und technischen Zwecken), Kordel *f*, Schnur *f*, Strick *m*, Spagat *m* (A) || ~ / [dünnes] Seil *n* || ~ (Autos, Textiles) / Kord *m* (technischer Zwirn), Cord *m* (Cordgewebe) || ~* (For) / in den USA verwendete Holz-Raumeinheit (= 3,6245761 m³), Klafter *m f n* || ~ (Glass) / Schliere *f* (bei ungenügender Homogenität der Glasmasse), Inhomogenität *f* || ~ (Teleph) / Schnur *f*, Verbindungsschnur *f*, Leitungsschnur *f* || ~ (Teleph) / Litzenschnur *f* || ~ (Textiles) / Kord *m*, Cord *m*, Kordgewebe *n* || ~ (Textiles) / Kordel *f*, Einleseschnur *f* || ~ (Textiles) / Schnürlsamt *m* (leichter Kordsamt)
**cordage** *n* / Seilerware *f*, Tauwerk *n* (im Allgemeinen) || ~ (Ships) / Tauwerk *n* || ~ **rope** / Faserseil *n* (aus Chemie- oder Naturfasern - DIN 83305)
**cord angle** (Autos) / Fadenwinkel *m* (den die Kordfäden mit der Reifenmittelebene bilden)
**cordate*** *adj* / herzförmig *adj*
**cord board** (Weaving) / Gallierbrett *n*, Chorbrett *n*, Harnischbrett *n* || ~ **circuit*** (Teleph) / Schnurschaltung *f* || ~ **connector** (Elec Eng) / Schnurstecker *m*
**cord-de-chêne*** *n* (Textiles) / Halbseidenkord *m*
**cord de chine** (Textiles) / Halbseidenkord *m* || ~ **drive** (Radio) / Seilantrieb *m*, Seiltrieb *m* (der Skale)
**corded** *adj* / Rippen-, gerippt *adj*, verrippt *adj*
**cord edge** (Textiles) / Schnurbesatz *m*
**corded lava** (Geol) / Fladenlava *f*, Gekröselava *f*, Seillava *f*, Stricklava *f*, Pahoehoe-Lava *f* || ~ **plush** (Textiles) / Ripsplüsch *m* || ~ **selvedge** (Weaving) / Schlingenleiste *f*, Schlingenkante *f* (ein Webfehler)
**cordia wood** (For) / Freijo *n* (Cordia sp.)
**cordierite*** *n* (Min) / Cordierit *m* (nach P.L.A.Cordier, 1777-1861), Kordierit *m* || ~ **furniture** (Ceramics) / Brennhilfsmittel *n* aus Cordierit || ~ **whiteware** (Ceramics) / Cordierit-Kochgeschirr *n* (z.B. Pyroflam /US/ und Thomas-Feuerfest /BRD/)
**cordiform** *adj* / herzförmig *adj*
**cordillera** *n* (Geol) / Cordillere *f* (Gebirgssystem im Westen des amerikanischen Doppelkontinents), Kettengebirge *n* (z.B. Anden)
**cording** *n* (Textiles) / Biese *f* (Ziernaht)
**cordite** *n* / Kordit *m*, Cordit *m* (ein rauchschwaches Schießpulver)
**cordless** *adj* (Elec Eng, Teleph) / schnurlos *adj*, ohne Schnuranschluss, drahtlos *adj* (schnurlos) || ~ **communication** (Teleph) / Cordless-Kommunikation *f* (mit schnurlosen Telefonen) || ~ **digital DECT telephone** (Teleph) / schnurloses digitales DECT-Telefon || ~ **hammer-drill** (Eng) / Akku-Bohrhammer *m* || ~ **keypad** (Comp) /

schnurlose Tastatur || ~ **screwdriver** (Tools) / Akkuschrauber *m* || ~ **set** (Teleph) / schnurloser Fernsprechapparat, Schnurlostelefon *n*, schnurloser Fernsprecher || ~ **telephone** (Teleph) / schnurloser Fernsprechapparat, Schnurlostelefon *n*, schnurloser Fernsprecher
**cordon** *n* (Arch) / Stockgurt *m*, Gurtgesims *n* (das den Bau zwischen den einzelnen Geschossen umzieht), Stockwerkgesims *n*, Kordongesims *n* (A), Kordonsims *m n*
**cordonnet** *n* (Spinning, Textiles) / Kordonett *m* (mehrstufiger Zwirn mit schnurartigem Charakter), Kordonettzwirn *m* || ~ **silk** (Textiles) / Kordonettseide *f* (Handarbeits- und Knopflochseide)
**cordon off** *v* / absperren *v* (z.B. eine Verkehrsfläche)
**cordovan** *n* (leather made from the tight, firm portion of horse butts) (Leather) / Korduan *n* (weiches Leder, ursprünglich aus Córdoba), Korduanleder *n* || ~ **leather** (Leather) / Korduan *n* (weiches Leder, ursprünglich aus Córdoba), Korduanleder *n*
**cord reel** (Elec Eng) / Leitungsroller *m* (DIN 57620) || ~ **road** (Civ Eng) / Knüppeldamm *m* (ein Bohlenweg), Prügelweg *m*
**cords*** *pl* (Bind) / Bünde *m pl* (runde), Heftbünde *m pl* (runde)
**cord separation** (Autos) / Kordablösung *f* || ~ **set** (Elec Eng) / Geräteanschlussleitung *f* (mit Wandstecker und Geräteanschlussstecker)
**cords to raise the threads** (Weaving) / Arkaden *f pl*, Aufheber *m*
**cord tensioner** / Seilspanner *m* || ~**-to-cord printing** (Cinema) / Kopieren *n* von Klammer zu Klammer
**corduroy** *n* (US) (Civ Eng) / Knüppeldamm *m* (ein Bohlenweg), Prügelweg *m* || ~* (Textiles) / Schnürlsamt *m* (leichter Kordsamt) || ~* (Textiles) / Corduroy *m* (Baumwollsamt mit feinen Rippeneffekten) || ~ **road** (US) (Civ Eng) / Knüppeldamm *m* (ein Bohlenweg), Prügelweg *m*
**cord velvet** (Textiles) / Kordsamt *m*, Cordsamt *m* (Rippen-Baumwollsamt) || ~ **velvet** (light) (Textiles) / Schnürlsamt *m* (leichter Kordsamt)
**cordwood*** *n* (For) / Meterholz *n*, Klafterholz *n* || ~ **circuitry** (Electronics) / Bündelschaltungen *f pl* (als Sammelbegriff)
**cord yarn** (Spinning) / kordierter Zwirn (Zwirn mit Spezialdrehung) || ~ **yarn** (Spinning) / Kordelgarn *n*
**cordy glass** (Glass) / schlieriges Glas
**core** *n* (of a workpiece) / Lochbutzen *m* (technologisch bedingter Werkstückabfall bei der Herstellung durchgehender Öffnungen in Schmiedestücken durch Lochen) || ~* (Acous, Cinema, Mag) / Spulenkern *m*, Wickelkern *m*, Filmkern *m*, Bobby *m* || ~* (Build) / Abfallholz *n* aus dem Stemm-Zapfenloch || ~* (Cables) / Seele *f* (Gesamtheit der Leitungen) || ~ (GB) (Cables) / Kabelader *f*, Ader *f* (Leiter mit Isolierhülle), Aderleitung *f* || ~* (Cinema, Elec Eng) / Lichtbogenkern *m* || ~* (the above-ground watertight barrier of an earth dam) (Civ Eng) / innenliegende Dichtung (oberhalb der Bauwerkssohle), Dammkern *m* (Staudamm), Dichtungskern *m* || ~ (Civ Eng) / Hülse *f* (für die Drahtbündel beim Spannbeton mit nachträglichem Verbund) || ~ (Comp) / Speicherkern *m*, Core *m* (derjenige Teil des Hauptspeichers, in dem Teile des Betriebssystems während des Rechnerbetriebs liegen) || ~* (Elec Eng, Mag) / Kern *m* (Eisenteil eines magnetischen Kreises) || ~ (For, Join) / Mittellage *f* (mit dem gleichen Faserverlauf - bei Sperrholz, Verbundplatten usw.), Blindholz *n* (Mittelschicht von Tischlerplatten) || ~* (Foundry) / Kern *m*, Gießkern *m* (zum Aussparen von Hohlräumen) || ~* (Geol) / Erdkern *m* || ~ (Mech) / Kern *m*, Kernfläche *f* (eines Druck- oder Zugstabes) || ~ (Met) / Kernbereich *m* (beim Einsatzhärten) || ~ (Met) / Kernzone *f* (beim Einsatzhärten) || ~* (Mining) / Bohrkern *m*, Kern *m* || ~* (Nuc) / Atomrumpf *m* || ~* (Nuc Eng) / Core *n* (Reaktorkern), Spaltzone *f*, Reaktorkern *m* (DIN 25 401-3), Kern *m* || ~ (Optics) / Kern *m* (bei Lichtwellenleitern nach DIN 57888, T 1) || ~ (Paper) / Hülse *f*, Kern *m* (der Papierrolle) || ~ (Plastics) / Kern *m* (beim Spritzgießen) || ~ (Telecomm) / Faserkern *m* (des Lichtwellenleiters), Core *n* (der das Licht führende Kern einer Glasfaser)
**co-reactant** *n* (Chem) / Reaktant *m*, Reaktand *m*, Reaktionsteilnehmer *m*, Reaktionspartner *m*
**core analysis** (Geol, Mining) / Bohrkernuntersuchung *f*, Kernanalyse *f* || ~ **array** (Comp) / Kernmatrix *f*, Kernspeichermatrix *f*
**core-balance protective system*** (Elec Eng) / Fehlerstromschutzsystem *n*, Erdstromunsymmetrieschutz *m*
**core bar*** (Foundry) / Kerneisen *n* (ein Stab) || ~ **barrel** (Mining) / Kernrohr *n* (Gestängerohr zur Aufnahme von Bohrkernen) || ~ **binder** (Foundry) / Kernbindemittel *n*, Kernbinder *m*, Kernsandbinder *m* || ~ **binding** (Nuc) / Kernbindung *f* (die durch die Kernkräfte bewirkte Bindung mehrerer Nukleone zu einem Kern) || ~ **bit** (Mining) / Kernbohrkrone *f* || ~ **blower** (Foundry) / Kernblasmaschine *f*
**coreboard*** *n* (Join) / Tischlerplatte *f* (DIN 68791), Verbundplatte *f* mit Vollholzmittellage
**core box*** (Foundry) / Kernkasten *m* (Vorrichtung aus Kunststoff, Metall oder Holz, in der durch Formgebung und Verdichten von

Formstoffen Kerne hergestellt werden - DIN EN 12 890), Kernbüchse f || ~ **breaker** (Foundry) / Entkerner m, Kernausstoßer m, Kernausstoßgerät n || ~ **burning** (Elec Eng) / Eisenbrand m (thermische Zerstörung von Teilen des Blechpakets durch Wirbelströme) || ~ **cache** (Comp) / Hauptcache m
**core-catalysed laminate** (Electronics) / kernkatalysiertes Laminat (Additivtechnik), kernkatalysierter Schichtpressstoff
**core catcher** (Mining) / Kernfänger m (beim Tiefbohren), Kernfangring m, Kernheber m || ~ **catcher** (Nuc Eng) / Corecatcher m, Auffangeinrichtung f für einen abschmelzenden Reaktorkern || ~ **centre** / Kernmitte f (bei Lichtwellenleitern), Kernmittelpunkt n (bei LWL)
**core-cladding concentricity error** / Konzentrizitätsabweichung f zwischen Kern und Mantel (bei Lichtwellenleitern nach DIN 57888, T 1)
**core concrete** (Civ Eng) / Kernbeton m (als Gegenteil zu Betonrandzonen)
**$CO_2$-recorder*** n (Eng) / $CO_2$-Prüfer m
**core covering** (Cables) / Seelenbewicklung f
**cored carbon*** (Light) / Dochtkohle f || ~ **electrode*** (Elec Eng) / Seelenelektrode f (DIN 1913) || ~ **hole*** (Eng, Foundry) / vorgegossenes Loch, Kernloch n
**core diameter** (Eng) / Kerndurchmesser m (Gewinde - nach DIN 13) || ~ **diameter** (Nuc Eng) / Kerndurchmesser m, Coredurchmesser m || ~ **drawing** (a special process of mandrel drawing) (Met) / Kernziehen n || ~ **drill** (Eng) / Kernbohrmaschine f || ~ **drill** (US) (Eng) / Kronenbohrer m, Kernbohrer m, Hohlbohrer m || ~ **drill** (Mining) / Kernbohrer m, Hohlbohrer m (mit dem der Kern gewonnen wird) || ~ **drilling** (Eng) / Kernbohren n (DIN 8589, T 2), Hohlbohren n || ~ **drilling** (Mining) / kernendes Bohren (bei dem nur das Gestein um einen zu gewinnenden Bohrkern ringförmig zerstört wird), Kernbohren n (ein drehendes Tiefbohren)
**cored solder** / Hohldraht m mit Flussmittelseele, Röhrenlot n
**core duct** (Elec Eng) / Luftschlitz m (im Blechpaket, im Rotor) || ~ **dump** (Comp) / Kernspeicherabzug m || ~ **dump** (Comp) s. also hard copy
**cored-wire electrode** (Welding) / Fülldrahtelektrode f (eine Lieferform des Zusatzwerkstoffes)
**core emulsion** (Foundry) / Kernemulsion f (Verbindung aus Kernölrohstoffen und wasserlöslichen Bindern) || ~ **end plate** (Elec Eng) / Endplatte f am Rotor || ~ **engine** (Aero) / Kerntriebwerk n (Teil des Triebwerks, der nur vom Primärstrom durchlaufen wird, also Verdichter, Brennkammer und Turbine) || ~ **extrusion machine** (Foundry) / Kernstopfmaschine f || ~ **flooding** (Nuc Eng) / Kernfluten n || ~ **flooding system** (Nuc Eng) / Kernflutungssystem n, Reaktorflutungssystem n || ~ **flow** / Kernfluss m (beim Entladen aus Behältern) || ~ **frame** (Foundry) / Kerneisen n (Stabilisierungselement im Allgemeinen) || ~ **grid** (Foundry) / Kerneisen n (gitterartiges) || ~ **gripper** (Mining) / Kernfänger m (beim Tiefbohren), Kernfangring m, Kernheber m
**core-gripper case** (Mining) / Kernrohr n (Gestängerohr zur Aufnahme von Bohrkernen)
**core hardening** (Met) / Kernhärtung f, Kernhärten n (DIN 17014, T 1) || ~ **heat-up** (Eng) / Coreaufheizung f, Kernaufheizung f || ~ **hole** (Eng) / Kernlochdurchmesser m || ~ **image** (Comp) / Speicherabbild n (in Betriebssystemen) || ~ **image library** (Comp) / Bibliothek f der ladbaren Programme, Bibliothek f für Lademodulen || ~ **iron** (Foundry) / Kerneisen n (Stabilisierungselement im Allgemeinen) || ~ **lamination** (Elec Eng) / Kernblech(e) n(pl) (DIN 41302, T 1)
**coreless induction furnace*** / kernloser Induktionsofen, Induktionsschmelzofen m ohne magnetischen Kern, Induktionsofen m nach Northrup
**core level** (a discrete energy level) (Phys) / Bandlücke f zwischen Valenz- und Leitungsband || ~ **level** (Spectr) / Energieniveau n einer inneren Schale, Core-Niveau n || ~ **level shift** (Nuc) / Absenkung f der Rumpfniveaus des Kristalls gegenüber denen des freien Atoms (die durch die Summe der Potentiale aller Nachbaratome im Kristall verursacht wird), Core-Level-Shift m || ~ **lifter** (Mining) / Kernfänger m (beim Tiefbohren), Kernfangring m, Kernheber m || ~ **location** (Foundry) / Kernfixierung f (z.B. mit einer Stütze) || ~ **loss*** (Elec Eng, Mag) / Ummagnetisierungsverlust m im Eisenkern, Ummagnetisierungsverlust m (angegeben in W/kg bei 50 Hz - DIN 46400) || ~ **magnet** (Elec Eng, Mag) / Kernmagnet m
**coremaker** n (Foundry) / Kernmacher m, Kernarbeiter m
**core making** (Foundry) / Kernmachen n, Kernherstellung f, Kernformen n
**core-making machine** (Foundry) / Kernformmaschine f
**core matrix** (Comp) / Kernmatrix f, Kernspeichermatrix f || ~ **melt** (Nuc Eng) / Coreschmelzen n, Kernschmelze f, Kernschmelzen n, Zusammenschmelzen n des Kerns, Schmelzen n des Reaktorkerns (bei dem am meisten gefürchteten Reaktorstörfall) || ~ **meltdown** (Nuc Eng) / Coreschmelzen n, Kernschmelze f, Kernschmelzen n,

Zusammenschmelzen n des Kerns, Schmelzen n des Reaktorkerns (bei dem am meisten gefürchteten Reaktorstörfall) || ~ **meltdown accident** (Nuc Eng) / Kernschmelzunfall m, Störfall m mit Zusammenschmelzen des Reaktorkerns, Coreschmelzen-Störfall m, Coreschmelzen-Unfall m (z.B. Tschernobyl/Ukraine April 1986) || ~ **memory** (Comp) / Magnetkernspeicher m (wahlfreier permanenter Speicher mit kleinen Ferritringen als binäres Speichermedium), Kernspeicher m, Ferritkernspeicher m, Ringkernspeicher m, Ferritspeicher m || ~ **memory dump** (Comp) / Kernspeicherabzug m || ~ **metal** (Met) / Kernwerkstoff m (beim Einsatzhärten) || ~ **module** (Build, San Eng) / Installationszelle f, Wohnungssanitärzelle f, Installationsblock m, Sanitärzelle f, Installationskern m (sanitärer) || ~ **moulding** (Foundry) / Kernmachen n, Kernherstellung f, Kernformen n
**core-moulding department** (Foundry) / Kernmacherei f || ~ **material** (sand) (Foundry) / Kernformstoff m (für die Herstellung von Kernen in Kernkästen)
**core nail** (Foundry) / Kernnagel m || ~ **network** (Comp, Telecomm, Teleph) / Kernnetz n (an das die Funkzugangsnetze angeschlossen sind und das aus den Netzelementen besteht, welche die Vermittlungs- und Routingfunktionen für Gespräche und Datenverbindungen innerhalb des Netzes oder in andere Netze übernehmen) || ~ **network** (Comp, Telecomm) s. also backbone || ~ **nose** (Autos) / Isolatorfuß m (der Zündkerze) || ~ **of anticline** (Geol) / Antiklinalkern m, Sattelkern m || ~ **of fold** (Geol) / Faltenkern m || ~ **of syncline** (Geol) / Muldenkern m || ~ **oil** (Foundry) / Kernbinderöl n, Kernbinder m auf Ölbasis, Kernöl n || ~ **oven*** (Foundry) / Kerntrockenofen m || ~ **package** (Elec Eng) / Kernpaket n (Transformator) || ~ **panel** (Civ Eng) / Kernplatte f (z.B. bei Stahlbrücken) || ~ **pigment** (Paint) / Kernpigment n (bei dem der anorganische, inerte Kern von einer oder mehreren anorganischen Substanzen umhüllt ist - DIN 55943) || ~ **plate*** (Foundry) / Kerntrockenschale f, Kernschale f, Kernbrennschale f || ~ **plate** (Plastics) / Kernplatte f (Spritzgießen) || ~ **print*** (Foundry) / Kernmarke f (in der Gießform nach DIN EN 12 890) || ~ **protein** (Biochem) / Kernprotein n || ~ **puller** (Foundry, Plastics) / Kernzug m (beim Spritzgießen)
**corer** n (Mining) / Kernbohrvorrichtung f
**core rack** (Foundry) / Kerngestell n || ~ **removal** (Foundry) / Entkernen n, Auskernen n, Kernausstoßen n || ~ **run** (Mining) / Kernmarsch m (alle Arbeiten, die beim Kernbohren zur Gewinnung eines Bohrkerns notwendig sind) || ~ **sample*** (Mining) / Bohrkernprobe f, Kernprobe f || ~ **sand*** (Foundry) / Kernsand m
**core-sand mixer** (Foundry) / Kernsandmischmaschine f
**core screen** (Cables) / äußere Leitschicht (auf der äußeren Hülle aufgebracht), Aderabschirmung f || ~ **setting** (Foundry) / Kerneinlegen n
**core/sheath fibre** (Textiles) / Mantel-Kern-Faser f, Kern-Mantel-Faser f (Viskosefaser, bei der die Außenhaut [ = Mantel] eine höhere Faserdichte aufweist als die Innenschicht [ = Kern])
**core sheet** (Elec Eng) / Kernblech n (als ungestanztes Material) || ~ **shooter** (Foundry) / Kernschießmaschine f (eine Kernformmaschine)
**core-shooting machine** (Foundry) / Kernschießmaschine f (eine Kernformmaschine)
**core shop** (Foundry) / Kernmacherei f || ~ **slab** (Civ Eng) / Hohlplatte f (z.B. bei Stahlbrücken) || ~ **slide** (Foundry) / Schieber m (beim Druckguss) || ~ **solder** (Welding) / Hohldraht m mit Flussmittelfüllung || ~ **space factor** (Elec Eng) / Kernfüllfaktor m (beim Transformator und bei Eisendrosseln) || ~ **space factor** (Elec Eng) s. also lamination factor
**core-spun fabric** (Textiles) / Core-spun-Gewebe n || ~ **yarn*** (a compound structure consisting of a readily separable core surrounded by fibre and suitable for use as a yarn) (Spinning) / Umspinnungszwirn m (elastisch), Kombinationsgarn n (unelastisch), umsponnenes Garn, Kerngarn n, Kernmantelgarn n
**core stack** (Elec Eng) / Blechpaket n (einer elektrischen Maschine) || ~ **storage** (Comp) / Magnetkernspeicher m (wahlfreier permanenter Speicher mit kleinen Ferritringen als binäres Speichermedium), Kernspeicher m, Ferritkernspeicher m, Ringkernspeicher m, Ferritspeicher m || ~ **stove** (Foundry) / Kerntrockenofen m || ~ **strander** (Cables) / Seelenverseilmaschine f, Aderverseilmaschine f
**core-stranding machine** (Cables) / Seelenverseilmaschine f, Aderverseilmaschine f
**core stream** / Kernströmung f (z.B. des Kesselwassers) || ~ **taping** (Cables) / Seelenbewicklung f || ~ **test** (Elec Eng) / Eisenprobe f, Eisenschlussprobe f || ~ **test** (Textiles) / Coretest m (bei dem mit einem Hohlbohrer aus dem Wollballen eine Faserprobe entnommen wird) || ~ **time** (the central part of a working day in a flexitime system, when an employee must be present) (Work Study) / Kernzeit f (bei gleitender Arbeitszeit die Zeitspanne zwischen spätestmöglichem Arbeitsbeginn und frühestem Arbeitsende), Kernarbeitszeit f, Fixzeit f

**core-twisted yarn** (Spinning) / Core-twisted-Garn n
**core-type induction furnace*** (Met) / Rinnenofen m (ein Niederfrequenzinduktionsofen), Induktionsrinnenofen m
**core•-type transformer*** (Elec Eng) / Kerntransformator m, Kerntrafo m ‖ ~ **wire** (Foundry, Welding) / Kerndraht m ‖ ~ **wood** (For) / Herzteil m, Herzstreifen m, Herzholz n (marknahes Holz), Markholz n ‖ ~ **wood** (For) / Juvenilholz n, Jugendholz n, Holz n in der Juvenilphase ‖ ~ **wrapping** (Cables) / Seelenbewicklung f
**core-zone remelting** (Met) / Kernzonenumschmelzverfahren n
**corf** n (pl. corves) (Mining) / Hund m (kleiner kastenförmiger Förderwagen), Hunt m, Grubenwagen m, Förderwagen m (der Grubenbahn), Wagen m (Hund)
**Corhart** n (Ceramics) / Corhart-Stein m (schmelzflüssig gegossener Mullitstein der Corning Glass Works und Hartford Empire Comp.)
**coriander oil** (Nut, Pharm) / Korianderöl n (etherisches Öl aus Coriandrum sativum L.), Oleum n Coriandri, Corianderöl n
**coriandrol** n (Chem) / Coriandrol n, Koriandrol n (D-Linalool)
**coring** n (Aero) / Unregelmäßigkeiten bei dem Durchfluss des Öls durch die erhitzte mittlere Zone des Ölkühlers (Ursache: niedrigere Viskosität) ‖ ~ (Met) / Gussseigerung f (Unterschied in der chemischen Zusammensetzung verschiedener Körner nach dem Abguss einer Metallschmelze, die aus verschiedenen Legierungsbestandteilen besteht), Kristallseigerung f, Kornseigerung f ‖ ~ (Mining) / Kernen n ‖ ~ **up** (Foundry) / Kerneinlegen n
**Corinthian order** (Arch) / korinthische Säulenordnung
**Coriolis acceleration*** (Geophys) / Coriolis-Beschleunigung f (nach G.G. de Coriolis, 1792-1843) ‖ ≃ **effect*** (Phys) / Coriolis-Effekt m ‖ ≃ **force*** (a fictitious force) (Geophys, Meteor) / Corioliskraft f (Scheinkraft, die auf jedes sich bewegende Teilchen in einem rotierenden Polarkoordinatensystem wirkt, erforderlich bei der Übertragung der Bewegungsgleichungen von einem kartesischen in ein Polarkoordinatensystem) ‖ ≃ **parameter*** (Geophys) / Coriolis-Parameter m (die Horizontalkomponente der Coriolis-Kraft)
**corium*** n (pl. coria) (Leather) / Corium n, Lederhaut f, Dermis f, Cutis f, Kutis f (Lederhaut der Wirbeltiere), Korium n ‖ ~ (resulting from meltdown) (Nuc Eng) / Corium n
**cork** v (Carp) / verzapfen v (Balken), verkämmen v (einfach, doppelt, schwalbenschwanzförmig) ‖ ~ vi (Nut) / nach Kork schmecken ‖ ~* vt / verkorken v, mit einem Korken verschließen, korken v ‖ ~* n (Bot) / Korkgewebe n ‖ ~* (Bot) / Kork m, Phellem n, Korkrinde f (von Quercus suber L.) ‖ ~ (Nut) / Korken m, Korkstopfen m
**corkboard** n (Build) / Korkplatte (Natur- oder Presskork) ‖ ~ (Leather) / Krispelholz n (gewölbtes Brettchen mit Korkbelag auf der Unterseite)
**cork borer** (Chem) / Korkbohrer m (Messingrohr mit scharfem schneidendem Rand am unteren und einem Griff am oberen Ende) ‖ ~ **borer sharpener** (Chem) / Korkbohrerschärfer m
**cork-boring machine** (Chem) / Korkbohrgerät n
**cork cambium*** (Bot) / Korkkambium n, Phellogen n
**corked** adj (Nut) / mit Korkgeschmack (Wein), nach Kork schmeckend, korkig adj (nach Kork schmecken) ‖ **be ~** (Nut) / nach Korken schmecken (Wein)
**cork elm** (For) / Felsenrüster f, Felsenulme f (Ulmus thomasii Sarg.)
**corking*** n (Carp) / Verzapfung f (von Balken), Verkämmung f (von Balken)
**cork-laminated paper** (Paper) / Papier n mit Korbeschichtung
**cork oak** (For) / Korkeiche f (Quercus suber L.) ‖ ~ **pane** (Build) / Korkplatte (Natur- oder Presskork) ‖ ~ **plate** (Build) / Korkplatte (Natur- oder Presskork) ‖ ~ **powder** (Build) / Korkmehl n, Mahlkork m
**cork-producing layer** (Bot) / Korkkambium n, Phellogen n
**corkscrew** n (Spinning, Textiles) / Corkscrew m (Zwirnart und Kammgarnstoff für Abendkleidung) ‖ ~ **rule*** (Elec) / Korkenzieherregel f (eine Handregel), Rechtefaustregel f, Maxwell'sche Korkenzieherregel ‖ ~ **staircase*** (Build) / Wendeltreppe f (mit Treppenspindel), Spindeltreppe f ‖ ~ **weave** (Weaving) / Adriabindung f, Korkzieherbindung f ‖ ~ **yarn** (Spinning) / Korkzieherzwirn m, Corkscrew m
**cork sheet** (Build) / Korkplatte (Natur- oder Presskork) ‖ ~ **slab** (Build) / Korkplatte (Natur- oder Presskork) ‖ ~ **tile** / Korkstein m (aus Korkmehl und Hartpech oder Ton gepresstes Baumaterial) ‖ ~ **tissue** (Bot) / Korkgewebe n
**corkwood** n / Presskork m, agglomerierter Kork ‖ ~ (For) / Korkholz n
**corky** adj (Nut) / mit Korkgeschmack (Wein), nach Kork schmeckend, korkig adj (nach Kork schmecken)
**Corliss valve*** (Eng) / Corliss-Schieber m (nach G.H. Corliss, 1817-1888)
**corn** v (beef, ham) (Nut) / pökeln v, einpökeln v, in Lake pökeln ‖ ~* (US) (Agric, Bot) / Mais m (Zea L.), Türken m (A), Kukuruz m (A) ‖ ~* (Agric, Bot, Nut) / Getreide n, Korn n, Kornfrucht f ‖ ~ (Bot) / Getreidekorn n (einzelnes) ‖ ~ (Nut) / Pökellake f (zur Nasspökelung), Lake f ‖ ~ **beef** (Nut) / Cornedbeef n (gepökeltes, gekochtes Rindfleisch, das zum Erreichen einer bindefähigen Masse mit Schwarten und Knochenbrühe vermischt und in aller Regel in Dosen sterilisiert wird) ‖ ~ **borer** (Agric, Zool) / Gliedwurm m (Raupe des Maiszünslers), Raupe f des Maiszünslers (Ostrinia nubilalis Hbn., die den Bohrfraß in den Maisstängeln verursacht) ‖ ~ **chandler** (Agric) / Getreidehändler m
**corncob** n (US) (Agric, Bot) / Maiskolbenspindel f
**corncockle** n (Agric, Bot) / Gewöhnliche Kornrade (das Getreideunkraut Agrostemma githago L.), Rade f (Kornrade)
**corn-colored** adj (US) / maisfarben adv, maisgelb adj
**corn drying** (Agric) / Getreidetrocknung f
**corned beef** (Nut) / Cornedbeef n (gepökeltes, gekochtes Rindfleisch, das zum Erreichen einer bindefähigen Masse mit Schwarten und Knochenbrühe vermischt und in aller Regel in Dosen sterilisiert wird)
**corne** n **de vache** (Civ Eng) / Corne f de Vache (doppelt gekrümmte Abflachungen der Kanten eines Bogens beim Übergang zum Widerlager - bei einer Brücke)
**cornelian*** n (Min) / Karneol m (blutroter bis gelblicher Chalzedon), Carneol m ‖ ~ **cherry** (For) / Herlitze f, Kornelkirsche f, Dürlitze f, Dirlitze f (Cornus mas L.)
**corner** v (Autos) / um die Ecke fahren (biegen) ‖ ~ (Autos) / eine Kurve nehmen ‖ ~* n (Bind) / Ecke f, Bezugsecke f (Halbband) ‖ ~ (Build) / Winkel m, Ecke f (Vorsprung) ‖ ~* (Telecomm) / Hohlleiterwinkel m, Winkel m (eine scharfe Änderung der Hohlleiterachse) ‖ ~ **armature** (Civ Eng) / Eckbewehrung f (rechtwinklige oder schräge - einer Platte) ‖ ~ **block** (Join) / Knagge f (Bauteil zum Versteifen von Winkelverbindungen im Möbelbau) ‖ ~ **block** (Join) / Eckklotz m (zum Versteifen von Winkelverbindungen) ‖ ~ **bracing** (Civ Eng) / Eckversteifung f (mit Ecksteifen) ‖ ~ **clamp** (Join) / Kantenzwinge f ‖ ~ **clamp** (Join) / Kantenzwinge f ‖ ~ **cogging** (Build, Civ Eng) / Eckverkämmung f ‖ ~ **cut** (Comp) / Eckenabschnitt m (bei der Lochkarte) ‖ ~ **effect** (Geophys, Meteor) / Eckeneffekt m (Veränderung des Luftdruck- und Windfeldes an hervorspringenden Steilküsten und Landvorsprüngen) ‖ ~ **element** (Eng) / Eckelement n
**corner-fired burner** (Eng) / Eckenbrenner m
**corner fitting** / Eckbeschlag m (z.B. des Containers) ‖ ~ **frequency** (Automation, Electronics) / Eckfrequenz f, Knickfrequenz f (Frequenzwert an der Knickstelle) ‖ ~ **halving** (Join) / Ecküberblattung f
**cornering** n (Autos) / Kurvenfahrt f, Kurvenfahren n ‖ ~ **behaviour** (Autos) / Kurvenfahrverhalten n, Kurvenverhalten n ‖ ~ **force** (Autos) / Seitenführungskraft f (der Reifen) ‖ ~ **limit** (Autos) / Grenzbereich m, Kurvengrenzbereich m (wenn die Haftgrenze der Reifen beim Kurvenfahren fast erreicht ist) ‖ ~ **performance** (Autos) / Kurvenfahrverhalten n, Kurvenverhalten n ‖ ~ **safety** (Autos) / Kurvensicherheit f ‖ ~ **speed** (Autos) / Kurvengeschwindigkeit f ‖ ~ **wear** (Autos) / ungleichmäßiger Reifenabrieb (z.B. durch Kurvenbeanspruchung), Radieren n ‖ ~ **wear** (Autos) s. also uneven wear
**corner joint** (Carp) / Eckverband m, Eckverbindung f ‖ ~ **joint** (For, Join) / Rahmeneckverbindung f (Möbel- oder Holzbau) ‖ ~ **joint** (Welding) / Eckstoß m, Ecknahtverbindung f, Winkelstoß m (im rechten Winkel - DIN 1912, T 1) ‖ ~ **knot** (For) / edge knot containing the intersection of adjacent faces (For) / Kantenast m ‖ ~ **ledge** / Eckleiste f
**cornerlocked joint** (Join) / Zinkung f (eine Holzverbindung für Ecken), Zinkenverbindung f (eine Flächenverbindung), Zinkeneckverbindung f, gerade Verzinkung
**corner mark** (Cartography) / Passermarke f ‖ ~ **panel** (Autos, Eng) / Eckblech n ‖ ~ **post** / Eckpfosten m (z.B. bei einem Behälter) ‖ ~ **radius** / Eckenradius m ‖ ~ **reflector** (Optics) / Tripelspiegel m (ein Winkelinstrument), Winkelspiegel m (mit drei aufeinander senkrecht stehenden Spiegelflächen) ‖ ~ **reflector*** (Radar, Radio) / Corner-Reflektor m (eine Rückstreufläche), Tripelspiegel m, Winkelreflektor m (Tripelspiegel), Triederreflektor m
**corner-reflector aerial** (consisting of a feed and a corner reflector) (Radar, Radio) / Corner-Reflektor-Antenne f, Winkelreflektorantenne f (eine Antenne, deren Reflektor von zwei unter beliebigem Winkel sich schneidenden ebenen Flächen gebildet wird) ‖ ~ **antenna** (Radar, Radio) / Corner-Reflektor-Antenne f, Winkelreflektorantenne f (eine Antenne, deren Reflektor von zwei unter beliebigem Winkel sich schneidenden ebenen Flächen gebildet wird)
**corner reinforcement** (Eng) / Eckbewehrung f, Eckenverstärkung f ‖ ~ **rod** (Nuc Eng) / Eckstab m (eines Brennelementbündels) ‖ ~ **roller** (Paint) / Winkelroller m
**corner-rounding machine** (Join) / Eckenabrundungsmaschine f, Eckenzundungsmaschine f

**corner seam** (Welding) / Ecknaht f, äußere Kehlnaht ‖ ~ **staying** (Paper) / Eckversteifung f, Eckenverstärkung f (bei festen Schachteln) ‖ ~ **steady** (Autos) / Ausdrehstütze f (bei Anhängern), Kurbelstütze f ‖ ~ **stiffening** / Eckversteifung f (im Allgemeinen) ‖ ~ **stone** (Arch, Build) / Eckstein m ‖ ~ **strip** / Eckleiste f ‖ ~ **test** (Stats) / Eckentest m (ein Signifikanztest) ‖ ~ **tick** (Cartography) / Passermarke f ‖ ~ **tooth** (Civ Eng) / Eckzahn m
**corner-tube boiler** (Eng) / Eckrohrkessel m (in dem der gesamte Verdampfer in ein Rohrgestell eingehängt wird)
**corner vanes** pl / Umlenkgitter n (in einem Windkanal)
**cornet bag** (Paper) / Spitztüte f
**cornfactor** n (US) (Agric) / Getreidehändler m
**cornfield** n (Agric) / Getreidefeld n, Kornfeld n (besonders Roggenfeld), Getreideschlag m
**cornflour** n (GB) (Nut) / Maisstärke f
**cornflower blue** / Kornblumenblau n
**cornice*** n (Arch, Build) / Dachgesims n, Dachsims m, Kranzgesims n, Hauptgesims n, Obergesims n, Traufgesims n, Schlussgesims n ‖ ~* (Arch, Build) / Gesims n, Sims m n ‖ ~ (Build) / Deckengesims n (abgestufte Deckenkehle bei reich ausgestatteten Innenräumen) ‖ ~* (Build) / Gesimsvorsprung m (vorspringende horizontale Platte), Gesimsüberstand m ‖ ~ (Geol) / Wechte f, Wächte f (an Hochgebirgskämmen eine über den Grat auf der Leeseite hinausragende Schnee- oder Firnmasse) ‖ ~ **plane** (Join) / Simshobel m (zum Nachstoßen und Nachputzen von Fälzen), Gesimshobel m
**corniche** n (Civ Eng, Geol) / Klippenstraße f
**cornification** n (Cyt) / Verhornung f, Keratinisierung f
**Cornish boiler*** (Eng) / Cornwallkessel m ‖ ~ **clay** (Ceramics, Geol) / Cornishstone m (kaolinisierter Granit), Kalknatronfeldspat m des Granits ‖ ~ **stone** (used as flux in pottery) (Ceramics, Geol) / Cornishstone m (kaolinisierter Granit), Kalknatronfeldspat m des Granits ‖ ~ **valve** (Eng) / Doppelsitzventil n (z.B. bei Industrieturbinen), doppelsitziges Ventil
**corn mill** (US) (Agric) / Maiskolbenquetschmühle f ‖ ~ **mill** (GB) (Nut) / Getreidemühle f ‖ ~ **oil** (US)* (Nut) / Maisöl n, Maiskeimöl n, Cornöl n ‖ ~ **sheller** (US) (Agric) / Maisrebler m ‖ ~ **silage** (US) (Agric) / Maissilage f ‖ ~ **smut** (US) (Agric) / Maisbrand m
**corn steep liquor** (US) (Chem Eng) / Maisquellwasser n ‖ ~ **syrup** (US) (Nut) / Maisstärkesirup m ‖ ~ **thresher** (US) (Agric) / Maisdrescher m
**Cornu prism*** (Optics) / Cornu-Prisma n (aus Rechts- und Linksquarz) ‖ ~'s **spiral*** (Maths) / Klothoide f, Cornu-Spirale f (nach A.Cornu, 1841-1902)
**cornwallite** n (Min) / Cornwallit m, Erinit m (ein Montmorillonit aus Irland)
**corollary** n (a proposition that follows from /and is often appended to/ one already proved) / Korollar n (ein Satz, der sich aus einem schon bewiesenen Theorem in einfacher Weise ergibt), Folgesatz m (Korollar)
**coromandel** n (For) / Koromandelholz n, Coromandelebenholz n, Kalamanderholz n (aus Diospyros melanoxylon Roxb.) ‖ ~ **ebony** (For) / Koromandelholz n, Coromandelebenholz n, Kalamanderholz n (aus Diospyros melanoxylon Roxb.) ‖ ~ **wood** (For) / Koromandelholz n, Coromandelebenholz n, Kalamanderholz n (aus Diospyros melanoxylon Roxb.)
**Coromant cut** (Mining) / Paralleleinbruch m (bei Sprengarbeiten)
**corona** (pl. coronae)* (Arch) / Untersicht f (des Kranzgesimses in der dorischen Säulenordnung) ‖ ~ (pl. coronae) (Arch) / Geison n (pl. -s oder Geisa) (horizontal verlaufendes Kranzgesims einer dorischen Ordnung), Korona f (pl. -onen) (Geison) ‖ ~ (pl. coronae) (Arch) / vertikale Gesimsbegrenzung n ‖ ~* (pl. coronae) (Astron, Meteor) / Korona f (pl. -onen), Kranz m, Hof m (in einer atmosphärischen Optik), Corona f ‖ ~* (pl. coronae) (Elec, Elec Eng) / Koronaentladung f (eine Gasentladung), Korona f (pl. -onen) ‖ ~ (pl. coronae) (Elec Eng) / elektrische Teilentladung ‖ ~ (pl. coronae) (Geol) / Korona f, Kelyphit m ‖ ~ **discharge** (Elec Eng) / Koronaentladung f (eine Gasentladung), Korona f (pl. -onen)
**corona-discharge tube** (Electronics) / Koronaentladungsröhre f
**coronadite** n (Min) / Koronadit m, Coronadit m (ein Kryptomelan mit Pb)
**corona grading** (Elec Eng) / Glimmpotentialsteuerung f, Glimmschutz m
**coronagraph*** n (Astron) / Koronograf m (pl. -en)
**corona inception** (Elec Eng) / Glimmeinsatz m
**corona-inception voltage** (Elec Eng) / Glimmeinsetzspannung f
**coronal hole** (Astron) / koronales Loch (in der Sonnenkorona)
**corona loss** (Elec) / Koronaverluste m pl
**coronal transients** (Astron) / koronale Transients (rasche Struktur- und Helligkeitsänderungen in der Sonnenkorona)
**corona measurement** (Elec Eng) / Teilentladungsmessung f (in der Hochspannungstechnik)
**coronand** n (Chem) / Coronand m (z.B. Kronenether)

**corona probe** / Koronasonde f (Aufnehmer zur weitgehend verzögerungsfreien Messung der Strömungsgeschwindigkeit von Gasen) ‖ ~ **shielding** (Elec Eng) / Glimmpotentialsteuerung f, Glimmschutz m
**coronates** pl (Chem) / Coronate n pl, Kronenverbindungen f pl
**coronene*** n (Chem) / Coronen n, Koronen n
**coronizing** n (Met, Surf) / Koronisierung f (Elektroplattierung von Zink oder Nickel) ‖ ~ **process** (Glass) / Coronizing-Verfahren n (beim Glasseidengewebe)
**corotate** v / mitrotieren v (gleich schnell)
**corotating twin screw** (Plastics) / Gleichdrall-Doppelschnecke f
**co-routine*** n (Comp) / Coroutine f (jede Coroutine kann eine andere aufrufen)
**corozo nut** (Bot) / Elfenbeinnuss f (der Phytelephas macrocarpa Ruiz et Pav.), Steinnuss f ‖ ~ **palm** (Bot) / Elfenbeinpalme f (Astrocaryum sp.), Steinnusspalme f
**corporate advertising** / Firmenimagewerbung f ‖ ~ **behaviour** / Corporate Behaviour n (ein Teilinstrument der Corporate Identity) ‖ ~ **communications** (Comp) / Unternehmenskommunikation f ‖ ~ **computing** (Comp) / unternehmensweite Datenverarbeitung ‖ ~ **design** / Corporate Design n (einheitliches visuelles Erscheinungsbild eines Unternehmens) ‖ ~ **electronic publishing** (Comp, Print) / elektronisches Publizieren von Firmenschriften ‖ ~ **governance** / Corporate Governance f (Unternehmensführung) ‖ ~ **identity** / Corporate Identity f (im Rahmen der Öffentlichkeitsarbeit eines Unternehmens angestrebtes Firmenbild, in dem sich das Selbstverständnis hinsichtlich Leistungsangebot und Arbeitsweise widerspiegelt), Unternehmensidentität f ‖ ~ **image** / Firmenimage n, Unternehmensimage n, Betriebsimage n, Corporate Image n ‖ ~ **management** (Work Study) / Management n auf höchster Unternehmensebene ‖ ~ **network** (Comp) / Corporate Network n (ein Telekommunikationsnetz innerhalb eines Unternehmens oder einer Organisation mit geografisch verteilten Standorten), betriebsinternes Netz, Netz n für Kommunikationsgemeinschaft(en), CN (corporate network) ‖ ~ **portal** (company Web site that gives access to applications and resources for employees and business partners) (Comp, Telecomm) / Firmenportal n ‖ ~ **publishing** (Comp, Print) / Corporate Publishing n (innerhalb des Hauses) ‖ ~ **top management** (Work Study) / Management n auf höchster Unternehmensebene ‖ ~ **training** / innerbetriebliche Ausbildung
**corporation** n / Körperschaft f
**corporatise** v (GB) (Work Study) / privatisieren v (ein Staatsunternehmen)
**corporatize** v (Work Study) / privatisieren v (ein Staatsunternehmen)
**corposant** n (Elec) / Elmsfeuer n (bei Gewitterluft auftretende elektrische Lichterscheinung an hohen, spitzen Gegenständen, wie z.B. Masten), St.-Elms-Feuer n, Sankt-Elms-Feuer n
**corps de logis** (the main building as distinct from the wings or pavilions) (Arch) / Corps n de logis (bei Schlössern des 17. und 18. Jahrhunderts)
**corpus*** n (pl. corpora or -es) (Bot) / Corpus n (pl. -ora) (die Grundmasse des Apikalmeristems) ‖ ~ (pl. corpora or -es) (Comp) / Textkorpus n (pl. -ora), Korpus n (pl. -ora), Corpus n (pl. -ora) (Grundgesamtheit der Texte)
**corpuscle** n / Teilchen n (DIN 53206, T 1 und 66160), Partikel n f, Korpuskel f n
**corpuscular radiation** (Nuc) / Korpuskularstrahlung f (z.B. Alpha- oder Betastrahlung), Partikelstrahlung f, Teilchenstrahlung f
**corpus-luteum hormone** (Biochem) / Progesteron n (weibliches Keimdrüsenhormon) ‖ ~ **ripening hormone** (Biochem) / zwischenzellstimulierendes Hormon, interstitialzellenstimulierendes Hormon, Luteinisierungshormon n, Lutropin n, LH
**corrade** v (Geol) / korradieren v (Gesteine mechanisch angreifen - bewegte Medien)
**corrasion*** n (Geol) / Korrasion f (mechanischer Angriff bewegter Medien auf anstehende Gesteine)
**corrasive** adj (Geol) / Korrasions- adj, korrasiv adj, korradierend adj
**correct** v / verbessern v, korrigieren v, berichtigen v, Fehler beseitigen ‖ ~ (Automation) / ausregeln v (Abweichungen) ‖ ~ (Elec Eng) / entzerren v (ein Messgerät) ‖ ~ adj / sachgemäß adj (Umgang) ‖ ~ (Automation) / ausgeregelt adj ‖ ~ adj (Logikkalkül) ‖ ~ (Comp, Maths) / fehlerfrei adj (richtig), korrekt adj
**correctable** adj / korrekturfähig adj
**corrected grain** (Leather) / künstlicher Narben, Pressnarben m ‖ ~ **grain** (Leather) / geschliffener Narben, korrigierter Narben (bei Narbenschäden oder bei unansehnlich gewordenen Narbenbildern) ‖ ~ **mean** (Maths) / korrigierter Mittelwert ‖ ~ **white** (Paper) / aufgefärbtes Weiß
**correcting element** (Automation) / Korrekturglied n (Element zur Korrektur von Fehlern oder nicht erwünschten Einflüssen) ‖ ~ **key** / Korrekturtaste f (der Schreibmaschine)

**correction**

**correction** n / Fehlerbeseitigung f (Korrektur), Korrektur f, Berichtigung f, Verbesserung f, Korrektion f || ~ / Korrektion f (der gleiche absolute Zahlenwert wie der Fehler, aber mit dem entgegengesetzten Vorzeichen - DIN 1319, T 3) || ~ **circuit** (Acous) / Korrekturnetzwerk n, Korrekturschaltung f, Kompensationsschaltung f || ~ **curve** / Korrekturkurve f || ~ **curve** (Aero) / Funkbeschickungskurve f || ~ **element** (Automation) / Korrekturglied n (Element zur Korrektur von Fehlern oder nicht erwünschten Einflüssen) || ~ **for buoyancy**\* (Phys) / Auftriebskorrektur f (beim Wiegen) || ~ **function** / Korrekturfunktion f, Korrektionsfunktion f || ~ **manoeuvre** (Space) / Korrekturmanöver n || ~ **of angles**\* (Surv) / Winkelkorrektur f || ~ **pen** / Korrekturstift m || ~ **tape** (Comp, Print) / Korrekturband n || ~ **term** (Automation, Maths) / Korrekturglied n (in einer Gleichung) || ~ **time** (Automation) / Ausregelzeit f (die ein Regler nach dem Auftreten einer Störgröße benötigt, um die Regelgröße wieder in den vorgegebenen Bereich zu bringen) || ~ **value** (Automation) / Berichtigungswert m

**corrective** n (in building up active-substance material) / Beistoff m || ~ (Pharm) / Korrigens n (pl. Korrigentia, Korrigentien oder Korrigenzien), Corrigens n (pl. Corrigentia), Geschmackskorrigens n || ~ **action** (Automation) / korrigierender Eingriff, Berichtigung f, Stellgrößenänderung f, Korrekturwirkung f, Richtigstellung f || ~ **action** (Comp) / Korrekturmaßnahme f (DIN 55350) || ~ **action pulse** (Automation, Comp) / Stellimpuls m || ~ **maintenance** (Comp, Eng) / Instandsetzungswartung f, instandsetzende Unterhaltung, fehlerbehebende Wartung, Wartung f mit Reparaturen, Bedarfswartung f || ~ **maintenance** (Comp) s. also remedial maintenance

**correctness proof** (Comp) / Korrektheitsbeweis m (auf Richtigkeit eines Programms)

**corrector** n (Maths) / Korrektor m (im Prädiktor-Korrektor-Prozess) || ~ **lens** (Eng, Micros) / Stigmator m, Stigmatorspule f (dient zur Korrektur des Strahlquerschnitts und richtet Strahlbahnen parallel zur optischen Achse aus zur Erzielung eines kleineren Brennflecks mit größerer Leistungsdichte)

**correct stance** (Physiol, Work Study) / korrekte Körperhaltung (z.B. beim Feilen) || ~ **tension** / richtige Spannung || ~ **transmission** (Telecomm) / ungestörte Übermittlung

**correlated 2D spectrum** (Spectr) / korreliertes 2D-Spektrum || ~ **false plot** (Radar) / korrelierte Falschmeldung (durch irrige Spurzuordnung)

**correlation**\* n (Biol, Maths, Stats) / Korrelation f (wechselseitige stochastische Zusammenhänge zwischen Zufallsgrößen anhand einer vorliegenden Stichprobe) || ~ (Telecomm) / Korrelation f (bei empfangenen Kodesignalen) || ~ **analysis** (Maths, Stats) / Korrelationsanalyse f (Untersuchungen über stochastische Zusammenhänge zwischen Zufallsgrößen anhand einer vorliegenden Stichprobe) || ~ **calculus** (Maths, Stats) / Korrelationsrechnung f || ~ **coefficient**\* (Stats) / Korrelationskoeffizient m (das Maß der Korrelation nach DIN 1319, T 4) || ~ **computer** (Comp) / Korrelationsrechner m || ~ **curve** (Maths) / Korrelogramm n (grafische Darstellung der empirischen Korrelationsfunktion) || ~ **detection** (Radio) / Korrelationsempfang m || ~ **diagram** (Telecomm) / Korrelationsdiagramm n (z.B. Walsh-Diagramm) || ~ **energy** (Chem) / Korrelationsenergie f || ~ **function** (Maths, Stats) / Korrelationsfunktion f || ~ **gate** (Radar) / Erwartungsgebiet n (in dem Zielmeldungen erwartet werden) || ~ **matrix** (Maths) / Korrelationsmatrix f (DIN 1319, T 4) || ~ **of locations** (Eng) / Lagenbeziehungen f pl (bei Getriebesystemen) || ~ **peak** (Chem) / Korrelationspeak m

**correlation-protected ILS** (Aero) / korrelationsgeschütztes ILS

**correlation ratio** (Stats) / Korrelationsverhältnis n || ~ **sensor** / Korrelationssensor m (mit dem sich Korrelationstechniken mit Hilfe der Mikroelektronik umsetzen lassen) || ~ **spectroscopy** (Spectr) / Korrelationsspektroskopie f (zweidimensionale), COSY (Korrelationsspektroskopie)

**correlator** n (Telecomm) / RAKE-Finger m (ein Empfangszweig eines RAKE-Empfängers), Korrelator m (RAKE-Finger), Finger m (Korrelator)

**correlogram** n (Maths) / Korrelogramm n (grafische Darstellung der empirischen Korrelationsfunktion)

**correspond** v / übereinstimmen v, korrespondieren v, entsprechen v

**correspondence principle**\* (Phys) / [Bohr'sches] Korrespondenzprinzip n

**correspondence-quality printer** (Comp) / Schönschreibdrucker m (heute nur eine historische Benennung), Briefqualitätsdrucker m, Drucker m mit Korrespondenzqualität

**corresponding student** / Fernstudent m || ~ **tray** / Ablagekorb m

**corresponding angles**\* (Maths) / Stufenwinkel m pl (Winkelpaar an einer Transversalen durch zwei Geraden), Gegenwinkel m pl (an Parallelen) || ~ **states**\* (Phys) / korrespondierende Zustände (in der Thermodynamik)

**corridor**\* n (Aero) / Luftkorridor m (festgelegte Luftstraße, die Flugzeuge /beim Überqueren eines fremden Staates/ benutzen müssen) || ~ (Build) / Korridor m (Hausflur), Gang m, Flur m, Hausflur m, Hausgang m

**corrie**\* n (Geol) / Kar n, Botn n (pl. Botner)

**Corriedale wool** (Textiles) / Wolle f des Corriedaleschafes (Kombinationszüchtung aus Merino- und Langwollschafen in Australien, Neuseeland, Nordamerika und Südafrika)

**corrigent** n (Pharm) / Korrigens n (pl. Korrigentia, Korrigentien oder Korrigenzien), Corrigens n (pl. Corrigentia), Geschmackskorrigens n

**corrin nucleus** (four pyrrole rings) (Biochem) / Korrinring m, Corrinring m

**corroborate** v (findings, results) / bestätigen v

**corrode** vi / korrodieren vi (der Korrosion unterliegen) || ~ vt / korrodieren vt, angreifen v (korrodieren), anfressen v, zerfressen v (Metall)

**corrodent** n (Surf) / korrodierendes Mittel, Angriffsmittel n, Korrosionsmedium n (DIN 50900), Korrosionsmittel n, angreifendes Medium, aggressives Medium, korrodierendes Agens, korrosives Agens || ~ **adj** (Surf) / korrosionsaggressiv adj (Medium), korrosiv adj (Medium), korrodierend adj, zerfressend adj, aggressiv adj (korrosiv), korrosionsaktiv adj

**corrode out** v / auskorrodieren v || ~ **through** / durchfressen v (Korrosion), durchkorrodieren v

**corrodible** adj (Surf) / korrosionsempfindlich adj, korrosionsanfällig adj, korrosionsfähig adj, korrodierbar adj || ~ s. also corrosion-prone

**corroding agent** (Surf) / korrodierendes Mittel, Angriffsmittel n, Korrosionsmedium n (DIN 50900), Korrosionsmittel n, angreifendes Medium, aggressives Medium, korrodierendes Agens, korrosives Agens || ~ **lead** (Met) / Feinblei n (DIN 1719) || ~ **region** (Surf) / Korrosionsbezirk m

**Corrodkote test** (an accelerated corrosion test for electrodeposits in which a specimen is coated with a slurry of clay in a salt solution, and then is exposed for a specified time in a high-humidity environment) (Surf) / Corrodkote-Verfahren n (ein Korrosionstest nach DIN 50958), Corrodkote-Test m

**corrosion**\* n (Chem, Eng, Surf) / Korrosion f (DIN 50900) || ~\* (Geol) / Korrosion f (chemischer Angriff auf Gesteine) || ~\* (Geol) s. also corrasion || **suffer** ~ / korrodieren vi (der Korrosion unterliegen) || **undergo** ~ / korrodieren vi (der Korrosion unterliegen) || ~ **acceleration** (Surf) / Korrosionsbeschleunigung f || ~ **activity** (Chem, Surf) / Korrosivität f, Aggressivität f (Korrosivität), Ätzwirkung f || ~ **agent** (Surf) / korrosionsaggressiv adj (Medium), korrosiv adj (Medium), korrodierend adj, zerfressend adj, aggressiv adj (korrosiv), korrosionsaktiv adj || ~ **allowance** (Eng, Met) / Korrosionszuschlag m (z.B. bei Blechen), Dickenreserve f (Korrosionszuschlag), Rostzuschlag m, Abrostungszuschlag m || ~ **attack** (Surf) / Korrosionsangriff m || ~ **behaviour** (Surf) / Korrosionsverhalten n || ~ **by condensed water** (Surf) / Kondenswasserkorrosion f, Schwitzwasserkorrosion f || ~ **by molten salts** (Surf) / Korrosion f in der Salzschmelze || ~ **cause** (Surf) / Korrosionsursache f || ~ **cell** (Surf) / Korrosionselement n (DIN 50900, T 2) || ~ **characteristic** (Surf) / Korrosionsgröße f (in Korrosionsversuchen aus Messgrößen ermittelter Kennwert - DIN 50900, T 3), Korrosionskenngröße f || ~ **check** (Eng, Surf) / Korrosionsschutzprüfung f, Rostinspektion f || ~ **control** (Eng, Surf) / Korrosionsschutz m (DIN 50 900-1) || ~ **crack** (Surf) / Korrosionsriss m (von geringer Tiefe) || ~ **cracking** (Surf) / Korrosionsrissbildung f || ~ **current** (Surf) / Korrosionsstrom m || ~ **damage** (Surf) / Korrosionsschaden m (DIN 50900, T 1) || ~ **design** (Eng, Surf) / korrosionsschutzgerechtes Projektieren und Konstruieren || ~ **element** (Surf) / Korrosionselement n (DIN 50900, T 2) || ~ **engineering** (Surf) / Korrosionsschutztechnik f, Korrosionsschutz m (als technischer Zweig) || ~ **erosion** (Surf) / Korrosionserosion f (das Zusammenwirken von mechanischer Oberflächenabtragung und Korrosion, wobei die Korrosion durch Zerstörung von Schutzschichten als Folge der Erosion ausgelöst wird - nach DIN 50900, T 1) || ~ **exposure** (Surf) / Korrosionsbelastung f (DIN 50900, T 1), Korrosionsbeanspruchung f (DIN 50900, T 1) || ~ **failure** (Materials, Surf) / Korrosionsbruch m (durch elektrochemische Oberflächenwirkung) || ~ **failure** (Surf) / Ausfall m durch Korrosion || ~ **fatigue**\* (Surf) / Korrosionsermüdung f (DIN 50900), Schwingungsrisskorrosion f, ScRK (Schwingungsrisskorrosion) || ~ **fatigue limit** (Surf) / Korrosionswechselfestigkeit f (Wechselfestigkeit eines metallischen Bauteils bei gleichzeitiger Einwirkung des Korrosionsmediums), Korrosionszeitschwingfestigkeit f || ~ **film** (Surf) / Korrosionsschicht f (dünne), Korrosionsfilm m || ~ **fissure** (Surf) / Korrosionsriss m (tiefer und feiner) || ~ **hazard** (Eng, Surf) / Korrosionsgefahr f

**corrosion-increasing** adj (Surf) / korrosionsstimulierend adj, korrosionsfördernd adj, korrosionsbegünstigend adj, korrosionsanregend adj
**corrosion-inhibiting** adj (Surf) / Korrosionsschutz-, korrosionsschützend adj, korrosionshemmend adj
**corrosion inhibitor** (Surf) / Korrosionshemmstoff m, Korrosionsinhibitor m (Stoff, der die Korrosionsgeschwindigkeit verringert) || ~ **initiation** (Surf) / Korrosionsauslösung f || ~ **inspection** (Eng, Surf) / Korrosionsschutzprüfung f, Rostinspektion f || ~ **kinetics** (Surf) / Korrosionskinetik f || ~ **loss** (Surf) / Korrosionsverlust m (nach DIN 50901 der Quotient aus dem Gewichtsverlust einer Probe und der korrodierten Probenoberfläche) || ~ **meter** / Korrosimeter n || ~ **phenomenon** (Surf) / Korrosionserscheinung f (typisiertes Ergebnis eines Korrosionsvorganges) || ~ **pit** (Surf) / Rostnarbe f, Korrosionsnarbe f (örtlich flacher Korrosionsabtrag, der durch Lokalkorrosion hervorgerufen wird), korrosive Anfressung (örtliche kleine), Korrosionsgrübchen n || ~ **potential** (Surf) / Korrosionsspannung f (zwischen der korrodierenden Fläche und der Bezugselektrode), Korrosionspotential n (ein Elektrodenpotential)
**corrosion-preventing** adj (Surf) / korrosionsbehindernd adj, korrosionsverhindernd adj, Korrosionsschutz-
**corrosion prevention** (Surf) / Korrosionsschutz m (DIN 50 900-1)
**corrosion-preventive coating** (Paint) / Korrosionsschutzanstrichstoff m || ~ **varnish** (Paint) / Korrosionsschutzanstrichstoff m
**corrosion product** (Surf) / Korrosionsprodukt n (festes, gasförmiges, flüssiges oder im Elektrolyten gelöstes Reaktionsprodukt der Korrosion)
**corrosion-promoting** adj (Surf) / korrosionsstimulierend adj, korrosionsfördernd adj, korrosionsbegünstigend adj, korrosionsanregend adj
**corrosion-prone** adj (Surf) / korrosionsempfindlich adj, korrosionsanfällig adj, korrosionsfähig adj, korrodierbar adj
**corrosion-proof** attr / korrosionsschutzgerecht adj (Metallkonstruktion), korrosionssicher adj (Metallkonstruktion) || ~ **design** (Eng, Surf) / korrosionsgerechte Gestaltung || ~ **design** (construction) (Eng) / korrosionsschutzgerechtes Konstruieren, korrosionsschutzgerechte Gestaltung (DIN 5528, T 2)
**corrosion protection** (Surf) / Korrosionsschutz m (DIN 50 900-1) || ~ **protection by coating(s)** (Surf) / passiver Korrosionsschutz (Trennung des Korrosionsmediums vom zu schützenden Werkstoff mit Hilfe von Schutzschichten) || ~ **protection by conditioning** (Surf) / aktiver Korrosionsschutz
**corrosion-protection warranty** (Autos) / Korrosionsschutzgarantie f, Rostschutzgarantie f, Garantie f gegen Durchrostung
**corrosion-protective oil** (Eng, Surf) / Korrosionsschutzschutzöl n || ~ **undercoat** (Paint, Surf) / Korrosionsschutzvoranstrich m || ~ **value** (Surf) / Korrosionsschutzwert m (Wirksamkeit des Korrosionsschutzes)
**corrosion rate** (Surf) / Korrosionsgeschwindigkeit f (Reaktionsgeschwindigkeit der elektrochemischen Korrosion), Korrosionsrate f, Abtragungsgeschwindigkeit f
**corrosion-resistant** adj (Surf) / korrosionsbeständig adj, korrosionsfest adj (Surf), korrosionsresistent adj, nicht korrodierbar || ~ **steel** (Met) / korrosionsbeständiger Stahl
**corrosion•-resisting** adj (Surf) / korrosionsbeständig adj, korrosionsfest adj, korrosionsresistent adj, nicht korrodierbar || ~ **risk** (Surf) / Korrosionsgefahr f || ~ **science** (Surf) / Korrosionskunde f (DIN 50900), Korrosionslehre f || ~ **sensor** / Korrosionssensor m || ~ **site** (Surf) / Korrosionsstelle f, Fraßstelle f || ~ **stress** (Surf) / Korrosionsbelastung f (DIN 50900, T 1), Korrosionsbeanspruchung f (DIN 50900, T 1) || ~ **study** (Surf) / Korrosionsuntersuchung f || ~ **test** (Materials, Surf) / Korrosionstest m, Korrosionsversuch m || ~ **testing** (Materials) / Korrosionsprüfung f (nach DIN 50021 - z.B. Dauertauch-, Rühr- oder Kochversuch) || ~ **theory** (Surf) / Korrosionskunde f (DIN 50900), Korrosionslehre f
**corrosive** n (Surf) / korrodierendes Mittel, Angriffsmittel n, Korrosionsmedium n (DIN 50900), Korrosionsmittel n, angreifendes Medium, aggressives Medium, korrodierendes Agens, korrosives Agens || ~ adj (Med, San Eng) / ätzend adj (Gefahrensymbol) || ~ (Surf) / korrosionsstimulierend adj, korrosionsfördernd adj, korrosionsbegünstigend adj, korrosionsanregend adj || ~ (Surf) / korrosionsaggressiv adj (Medium), korrosiv adj (Medium), korrodierend adj, zerfressend adj, aggressiv adj (korrosiv), korrosionsaktiv adj || ~ **agent** (Surf) / korrodierendes Mittel, Angriffsmittel n, Korrosionsmedium n (DIN 50900), Korrosionsmittel n, angreifendes Medium, aggressives Medium, korrosives Agens || ~ **attack** (Surf) / Korrosionsangriff m || ~ (soldering) **flux** (a soldering flux that removes oxides from the base metal when the joint is heated to apply solder) (Welding) / ätzendes Flussmittel || ~ **gas** / korrosives Gas || ~ **medium** (Surf) / korrodierendes Mittel, Angriffsmittel n, Korrosionsmedium n (DIN 50900), Korrosionsmittel n, angreifendes Medium, aggressives Medium, korrodierendes Agens, korrosives Agens
**corrosiveness** n (the degree to which a substance causes corrosion) (Chem, Surf) / Korrosivität f, Aggressivität f (Korrosivität), Ätzwirkung f
**corrosive stress** (Surf) / Korrosionsbelastung f (DIN 50900, T 1), Korrosionsbeanspruchung f (DIN 50900, T 1) || ~ **sublimate**\* (Chem, Pharm) / Ätzsublimat n, Sublimat n (Quecksilber(II)-chlorid) || ~ **water** (Surf) / angreifendes Wasser, korrosives Wasser || ~ **wear** (Eng) / Abnutzung f durch Korrosion, Abtragung f durch Korrosion || ~ **wear** (Eng) s. also abrasive wear
**corrosivity** (Chem, Surf) / Korrosivität f, Aggressivität f (Korrosivität), Ätzwirkung f
**corrugated-asbestos sheeting** (Build) / Asbestzementwellplatte f (DIN 274), Asbestzementwelltafel f
**corrugated board**\* (Paper) / Wellpappe f (DIN 55 468-1 oder DIN 55 468-2)
**corrugated-board boxes** (Paper) / Wellpappenkartonage f || ~ **printing** (Print) / Wellpappendruck m
**corrugated buff** (Eng) / Wellenpolierring m, gewellter Polierring || ~ **expansion joint** (Eng) / Wellrohrausgleicher m, Wellrohrkompensator m, Faltenbalgkompensator m || ~ **fastener** (Build) / Wellendübel m (ein Schwellendübel), Wellennagel m || ~ **fibreboard** (Paper) / Wellpappe f (DIN 55 468-1 oder DIN 55 468-2) || ~ **guide** (Nuc) / Runzelröhre f (ein runder Hohlleiter mit longitudinalem elektrischem Feld entlang der Achse - in Linearbeschleunigern) || ~ **iron**\* (Build, Met) / Wellblech n || ~ **panel** (Build) / Wellplatte f, Welltafel f || ~ **paperboard** (Paper) / Wellpappe f (DIN 55 468-1 oder DIN 55 468-2) || ~ **roller** (Agric) / Profilwalze f (eine Ackerwalze) || ~ **sheath** (Cables) / Wellmantel m (ein Metallmantel) || ~ **sheet** (a type of cladding, roofing) (Build) / Wellplatte f, Welltafel f
**corrugated-sheet covering** / Wellblechverkleidung f
**corrugated sheet metal** (Build, Met) / Wellblech n || ~ **toothed ring** (a timber connector) (For) / eingepresster Ringdübel m (mit Verschraubung - bei Bretterverbindungen) || ~ **tube compensator** (Eng) / Wellrohrausgleicher m, Wellrohrkompensator m, Faltenbalgkompensator m || ~ **waveguide** (Nuc, Telecomm) / Runzelröhre f (ein runder Hohlleiter mit longitudinalem elektrischem Feld entlang der Achse - in Linearbeschleunigern)
**corrugated-web girder** (Build, Carp) / Wellstegträger m (Holzträger mit I-förmigem Querschnitt - die Flansche bestehen aus Vollholz, der aus Sperrholz gefertigte Steg wird in wellenförmige Nuten eingeklebt)
**corrugating machine** (Paper) / Wellpappenmaschine f || ~ **material** (Paper) / Wellpappenrohpapier n, Wellenpapier n (das als gewellte Bahn bei der Herstellung von Wellpappe verwendet wird) || ~ **medium** (Paper) / Wellpappenrohpapier n, Wellenpapier n (das als gewellte Bahn bei der Herstellung von Wellpappe verwendet wird)
**corrugmeter** n (Civ Eng) / Rauigkeitsmesser m
**corrupt** v (Comp) / verfälschen v (Daten)
**corrupt(ed)** adj (Comp) / beschädigt adj (Datei, Datenkopf, Datenpaket-Header)
**corruption** n (Comp) / Verfälschung f (von Daten) || ~ (Telecomm) / Zeichenverstümmelung f (des Nachrichtentextes - Ergebnis)
**corset-type tower** (Elec Eng) / Hirschgeweihmast m (der Freileitung)
**Corsican pine** (For) / Korsische Kiefer (Pinus nigra subsp. laricio (Poir.) Maire)
**cor-ten steel** (Met) / Cortenstahl m (ein korrosionsträger Stahl)
**cortex**\* n (pl. cortices) (Pharm) / Cortex m (pl. Cortices), Kortex m (pl. Kortizes oder -e) (Drogen liefernde Rinde) || ~ (pl. cortices) (Textiles) / Cortex m (pl. -tices) (eigentliche Faserschicht der Wolle)
**cortexolon** n (Biochem) / Cortexolon n (ein Nebennierenrindenhormon)
**cortexon** n (Biochem) / Desoxycorticosteron n, Desoxykortikosteron n, Cortexon n (ein Nebennierenrindenhormon), Kortexon n, DOC (Desoxycorticosteron)
**corticoid** n (Biochem, Med) / Corticosteroid n (Steroidhormon der Nebennierenrinde), Kortikosteroid n, Nebennierenrindenhormon n, Corticoid n, Kortikoid n
**corticosteroid**\* n (Biochem, Med) / Corticosteroid n (Steroidhormon der Nebennierenrinde), Kortikosteroid n, Nebennierenrindenhormon n, Corticoid n, Kortikoid n
**corticosterone** n (Biochem) / Corticosteron n, Kortikosteron n (ein 11-Hydroxysteroid)
**corticotrophin**\* n (Biochem) / adrenokortikotropes Hormon, Corticotropin n, Kortikotropin n, Adrenokortikotropin n, kortikotropes Hormon, ACTH
**corticotropin** (Biochem) / adrenokortikotropes Hormon, Corticotropin n, Kortikotropin n, Adrenokortikotropin n, kortikotropes Hormon, ACTH

**cortin** *n* (Biochem) / Cortin *n*, Kortin *n* (Nebennierenrindenextrakt)
**cortisol** *n* (Biochem, Med) / Hydrokortison *n* (Hormon der Nebennierenrinde), Hydrocortison *n*, Kortisol *n*, Cortisol *n* (ein Nebennierenrindenhormon)
**cortisone*** *n* (Biochem) / Kortison *n*, Cortison *n* (ein Hormon der Nebennierenrinde)
**corundum*** *n* (Min) / Korund *m* ($\alpha$-Aluminiumoxid) ‖ ~ **file** (Tools) / Korundfeile *f* ‖ ~ **product** / Korunderzeugnis *n* (feuerfestes Erzeugnis mit etwa 90-95% Korund)
**coruscation** *n* (Met) / Silberblick *m*
**corve*** *n* (Mining) / Hund *m* (kleiner kastenförmiger Förderwagen), Hunt *m*, Grubenwagen *m*, Förderwagen *m* (der Grubenbahn), Wagen *m* (Hund)
**corvette** *n* (Mil, Ships) / Korvette *f*
**corydalis alkaloids** (Pharm) / Corydalis-Alkaloide *n pl* (aus dem Lerchensporn sp. - z.B. Corydalin)
**corynanthein alkaloids** (Pharm) / Corynanthein-Alkaloide *n pl* (eine Gruppe von monoterpenoiden Indolalkaloiden)
**cos*** (Maths) / Kosinus *m* (pl. - oder -se), Cosinus *m*, cos (Cosinus)
**COS** (class of service) (Teleph) / Amtsberechtigung *f* ‖ ~ **changeover** (Telecomm) / Berechtigungsumschaltung *f* ‖ ~ **changeover key** (Telecomm) / Berechtigungsumschalttaste *f*, BU-Taste *f*
**cosec** (Maths) / Kosekans *m* (pl. - oder -nten), Cosecans *m* (eine der trigonometrischen Funktionen), Cosekans *m*, cosec (Kosekans)
**cosecant** *n* (Maths) / Kosekans *m* (pl. - oder -nten), Cosecans *m* (eine der trigonometrischen Funktionen), Cosekans *m*, cosec (Kosekans)
**cosecant-squared antenna*** (Radio) / cosec$^2$-Antenne *f*
**cosech*** (hyperbolic cosecant) (Maths) / Hyperbelkosekans *m*, Cosecans hyperbolicus *m*, cosech (Hyperbelkosekans)
**cosedimentation** (Geol) / gleichzeitige Ablagerung
**cosegregation** *n* (Met) / Mitausscheidung *f*
**coset*** *n* (Maths) / Nebenklasse *f*, Restklasse *f* (bei Untergruppen)
**cosh*** *n* (hyperbolic cosine) (Maths) / Hyperbelkosinus *m*, Cosinus hyperbolicus *m*, cosh (Hyperbelkosinus)
**cosine** *n* (Maths) / Kosinus *m* (pl. - oder -se), Cosinus *m*, cos (Cosinus) ‖ ~ **curve** (Maths) / Kosinuslinie *f*, Kosinuskurve *f*
**cosine-emission law** (Light) / Lambert'sches Kosinusgesetz, cos-Gesetz *n*, Lambert'sches Gesetz
**cosine filter** (Telecomm) / Cosinus-Filter *n*, Kosinus-Filter *n*
**cosine-hour** *n* (Light) / Kosinusstunde *f* (in der Heliotechnik)
**cosine integral** (Maths) / Integralkosinus *m* ‖ ~ **law*** (Light) / Lambert'sches Kosinusgesetz, cos-Gesetz *n*, Lambert'sches Gesetz ‖ ~ **matching** (Light) / Kosinusanpassung *f* ‖ ~ **model** (Materials, Met) / Kosinus-Modell *n* (bei Formgedächtnislegierungen nach Liang und Rogers) ‖ ~ **rule** (Maths) / Kosinussatz *m* (im ebenen Dreieck ist das Quadrat einer Seitenlänge gleich der Summe der Quadrate der beiden anderen Seitenlängen, vermindert um das doppelte Produkt aus diesen Seitenlängen und dem Kosinus des von diesen Seiten eingeschlossenen Winkels - ein grundlegender Satz der Trigonometrie ) ‖ ~ **transformation** (Comp, Telecomm) / Kosinustransformation *f*, Cosinustransformation *f*
**cosinusoidal pulse** (Electronics) / kosinusförmiger Impuls
**Coslettizing** *n* (Met) / Coslettverfahren *n* (Phosphatrostschutz), Coslettieren *n*
**Coslett process** (Met) / Coslettverfahren *n* (Phosphatrostschutz), Coslettieren *n*
**Cosmati work** (Arch) / Cosmatenarbeit *f* (Dekoration von Wänden, Fußböden und Säulen)
**cosmetic** *n* / Kosmetikartikel *m*, Kosmetikum *n* (pl. Kosmetika), Kosmetikprodukt *n*, kosmetisches Mittel ‖ ~ *adj* / kosmetisch *adj* ‖ ~ **chemist** (Chem) / Kosmetikchemiker *m* ‖ ~ **corrosion** (Surf) / kosmetische Korrosion (die nur das Aussehen, nicht die Funktionsfähigkeit beeinflusst) ‖ ~ **repair** / Schönheitsreparatur *f* ‖ ~ **tissue** (Paper) / Kosmetiktuch *n*
**cosmic** *adj* / kosmisch *adj* ‖ ~ **abundance*** (Astron, Chem) / kosmische Elementenhäufigkeit, kosmische Häufigkeit, Häufigkeit *f* im Kosmos (eines Elements)
**cosmical** *adj* / kosmisch *adj*
**cosmic background radiation*** (Astron) / Reliktstrahlung *f*, Drei-Kelvin-Strahlung *f*, Drei-Grad-Kelvin-Strahlung *f*, kosmische Hintergrundstrahlung, 3-K-Strahlung *f*, kosmische Urstrahlung ‖ ~ **chemistry** (Astron, Chem) / Kosmochemie *f* (Wissenschaftszweig, der sich mit dem Auftreten und der Verteilung der chemischen Elemente im Weltall befasst), Astrochemie *f* ‖ ~ **dust** (Astron) / kosmischer Staub (die staubförmige Komponente der interstellaren Materie) ‖ ~ **matter** (Astron) / kosmische Materie ‖ ~ **microwave radiation** (the almost isotropic radiation that permeates the Universe) (Astron) / Reliktstrahlung *f*, Drei-Kelvin-Strahlung *f*, Drei-Grad-Kelvin-Strahlung *f*, kosmische Hintergrundstrahlung, 3-K-Strahlung *f*, kosmische Urstrahlung ‖ ~ **noise*** (Radio) / kosmisches Rauschen ‖ ~ **radiation** (Geophys) / Hess'sche Strahlung (nach V.F. Hess, 1883-1964), kosmische Strahlung, Höhenstrahlung *f* (kosmische), Ultrastrahlung *f* ‖ ~ **rays*** (Astron) / Höhenstrahlen *m pl*, kosmische Strahlen ‖ ~**-ray shower** (Geophys) / Schauer *m* (in der Höhenstrahlphysik)
**cosmic-ray track** (Astron) / Teilchenspur *f* der kosmischen Strahlung
**cosmic speed** (Space) / astronautische Geschwindigkeit, kosmische Geschwindigkeit (erste, zweite) ‖ ~ **string** (Astron) / String *m* (pl. -s), kosmische Saite (fadenförmiges Relikt aus der Frühzeit des Universums) ‖ ~ **velocity** (Space) / astronautische Geschwindigkeit, kosmische Geschwindigkeit (erste, zweite)
**cosmid** *n* (Gen) / Cosmid *n* (Hybridplasmid), Kosmid *n*
**cosmochemistry** *n* (Astron, Chem) / Kosmochemie *f* (Wissenschaftszweig, der sich mit dem Auftreten und der Verteilung der chemischen Elemente im Weltall befasst), Astrochemie *f*
**cosmochlore** *n* (Min) / Kosmochlor *m*, Ureyit *m* (aus Eisenmeteoriten und Jade)
**cosmogenic*** *adj* (Astron) / kosmogen *adj* (aus dem All herkommend), aus kosmischer Strahlung entstanden
**cosmogonic** *adj* (Astron) / kosmogonisch *adj*
**cosmogonical** *adj* (Astron) / kosmogonisch *adj*
**cosmogony*** *n* (Astron) / Kosmogonie *f* (Weltentstehungslehre)
**cosmological constant** (Astron, Phys) / kosmologische Konstante ‖ ~ **principle*** (Astron) / kosmologisches Postulat ‖ ~ **redshift*** (Astron) / kosmologische Rotverschiebung (beobachtbarer Unterschied zwischen ausgesandter und empfangener Frequenz von Fotonen in einem expandierenden Kosmos)
**cosmology*** *n* (Astron) / Kosmologie *f*
**cosmonaut*** *n* (Space) / Raumfahrer *m*, Astronaut *m* (pl. -en), Kosmonaut *m* (pl. -en), Weltraumfahrer *m*
**cosmonautics** *n* (Space) / Raumfahrt *f* (als Disziplin), Kosmonautik *f*, Astronautik *f*, Weltraumfahrt *f*, Raumschifffahrt *f*
**cosmopolitan** *n* (Biol, Ecol) / Kosmopolit *m* (pl. -en) (Lebewesen, das in allen Bereichen der Erdoberfläche lebensfähig ist) ‖ ~ *adj* (Biol, Ecol) / kosmopolitisch *adj*
**cosmopolite** *n* (Biol, Ecol) / Kosmopolit *m* (pl. -en) (Lebewesen, das in allen Bereichen der Erdoberfläche lebensfähig ist)
**cosmos** *n* / Universum *n*, Kosmos *m*, All *n*, Weltall *n*, Weltraum *m*
**cosmotron*** *n* (Nuc Eng) / Cosmotron *n* (Name des Protonensynchrotrons im Brookhaven-Nationallaboratorium in Upton, N.Y.)
**cosolvency** *n* (Chem, Phys) / Kosolvenz *f*, Mischlösungsvermittlung *f*
**cosponsoring** *n* / Kosponsering *n*, Gemeinschaftsfinanzierung *f*, Cosponsoring *n*
**cosputtering** *n* (Electronics) / Cosputtern *n*, gleichzeitiges Sputtern aus einem Silicidtarget oder aus einem Silicid-Metall-Mosaik-Target
**cossettes** *pl* (Agric, Nut) / Zuckerrübenschnitzel *n pl* (vor der Extraktion), Rübenschnitzel *n pl* (vor der Extraktion), Schnitzel *n pl* (nicht ausgelaugte)
**COS switch-over button** (Telecomm) / Berechtigungsumschalttaste *f*, BU-Taste *f*
**cossyrite*** *n* (Min) / Cossyrit *n* (ein Aenigmatit mit höherem Gehalt an Sesquioxiden, besonders an $Fe_2O_3$)
**cost, at** ~ / zum Selbstkostenpreis ‖ **at no extra** ~ / ohne Aufpreis ‖ ~, **insurance, freight** / cif (Handelsklausel im Überseeverkehr, nach der alle Kosten für Beförderung und Versicherung bis zum Eintreffen der Ware im Bestimmungshafen im vereinbarten Preis enthalten sind) ‖ ~ **abatement** / Kostendämpfung *f*
**Costa bulb** (Ships) / Propulsionsbirne *f*, Costa-Birne *f* (eine Propulsionsbirne nach L. Costa, 1887-1967)
**cost accounting** / Kostenrechnung *f*, Kostenerfassung *f* ‖ ~ **analysis** / Kostenanalyse *f*
**Costas loop** (Telecomm) / Costas-Schleife *f* (spezielle PLL zur Trägerrückgewinnung)
**Costas-loop demodulator** (Telecomm) / Costas-Schleifen-Demodulator *n* (zur PSK-Signal-Demodulation)
**costate** *n* (Automation) the state of the adjoint system
**cost-based optimizer** (Comp) / kostenbasierender Optimierer
**cost-benefit analysis** / Kosten-Nutzen-Analyse *f* (im öffentlichen Sektor)
**cost centre** / Kostenstelle *f* (kleinstes rechnungsmäßiges Teilgebiet des Gesamtunternehmens, das selbstständig abgerechnet wird) ‖ ~ **composition** / Kostenzusammensetzung *f*
**cost-cutting** *adj* / kostensenkend *adj*
**costeaning*** *n* (Geol, Min, Mining) / Schürfen *n* (mit flachen Gräben) ‖ ~ **ditch** (Mining) / Schürfgraben *m* ‖ ~ **trench** (Mining) / Schürfgraben *m*
**cost-effective** *adj* / kostengünstig *adj*, kostensparend *adj*, Kosten sparend *adj*
**cost-effectiveness analysis** / Kosten-Wirksamkeit-Analyse *f*
**cost-efficient** *adj* / kostengünstig *adj*, kostensparend *adj*, Kosten sparend *adj*
**Coster-Kronig transition** (when an Auger process involves an electron from the same principal shell as the initial vacancy) (Nuc) / Coster-Kronig-Übergang *m*

**cost estimate** / Voranschlag m, Kostenvoranschlag m, Kostenanschlag m, Anschlag m (Kostenvoranschlag)
**costing** n / Kalkulation f ‖ ~ / Kostenrechnung f, Kostenerfassung f ‖ ~ **method using burden rates** (Work Study) / Zuschlagkalkulation f
**cost-intensive** adj / kostenintensiv adj
**cost location** / Kostenstelle f (kleinstes rechnungsmäßiges Teilgebiet des Gesamtunternehmens, das selbstständig abgerechnet wird)
**costly** adj / aufwendig adj, kostspielig adj, kostenträchtig adj
**cost of heating** / Heizkosten pl
**cost-of-living index** / Lebenshaltungsindex m
**cost of production** / Herstellungskosten pl, Herstellkosten pl, Fertigungskosten pl ‖ ~ **of storage** (Work Study) / Lagerkosten pl, Lagerungskosten pl ‖ ~ **of transport** / Beförderungskosten pl, Transportkosten pl (zu Lande), Frachtgebühr f, Rollgeld n, Fracht f (Frachtgebühr) ‖ ~ **optimization** / Kostenoptimierung f ‖ ~ **options** (Autos) / Extras n pl, Sonderausstattung f (auf Wunsch und gegen Aufpreis), aufpreispflichtige Sonderausstattung ‖ ~ **per page** (Print) / Kosten pro Seite pl ‖ ~ **per piece** / Stückkosten pl ‖ ~ **per thousand** / Tausenderpreis m (Werbekosten pro 1000 Zielgruppeneinheiten, die ein Werbemittel oder -träger erreicht) ‖ ~ **price** / Selbstkosten pl (DIN 32900), Gestehungskosten pl ‖ ~ **saving** / Kosteneinsparung f, Kostenersparnis f
**cost-saving** adj / kostengünstig adj, kostensparend adj, Kosten sparend adj
**costs of wind energy** / Windenergiekosten pl ‖ ~ **per machine hour** (Work Study) / Maschinenstundensatz m
**cost-to-power ratio** (Elec Eng, Eng) / Preis-/Leistungsverhältnis n
**cost type** / Kostenart f ‖ ~ **unit** / Kostenträger m
**costus root oil** (Chem) / Costuswurzelöl n (aus der Wurzel von Saussurea costus (Falc.) Lipsch.)
**cosurfactant** n (Chem, Phys) / Kotensid n, Cotensid n
**COSY** (correlation spectroscopy) (Spectr) / Korrelationsspektroskopie f (zweidimensionale), COSY (Korrelationsspektroskopie)
**COT** (cyclo-octatetraene) (Chem) / Cyclooctatetraen n, COT (Cyclooctatetraen), Zyklooctatetraen n
**cot*** (cotangent) (Maths) / Kotangens m (eine der trigonometrischen Funktionen), cot (Kotangens), cotg (Kotangens), ctg
**cotangent*** n (Maths) / Kotangens m (eine der trigonometrischen Funktionen), cot (Kotangens), cotg (Kotangens), ctg
**cotanh*** (hyperbolic cotangent) (Maths) / Hyperbelkotangens m, Cotangens hyperbolicus m, coth (Hyperbelkotangens)
**cotectic** adj (Chem, Crystal) / kotektisch adj (Kristallisation) ‖ ~ **crystallization** (simultaneous crystallization of two or more solid phases from a single liquid over a finite range of falling temperature without resorption) (Phys) / kotektische Kristallisation f
**cotelé** n (Textiles) / Cotelé m (Kleider-, Blusen- oder Mantelstoff mit feinen Längs- der Diagonalrippen)
**coteline** n (Textiles) / Coteline m (Möbelbezugsstoff mit kordartigen Rippen)
**coterminal angles*** (Maths) / Winkel m pl mit sich paarweise deckenden Schenkeln
**coterminous** adj / angrenzend adj, anstoßend adj, eine gemeinsame Grenze habend, benachbart adj, anliegend adj, aneinander grenzend) adj
**Cotes' rules** (Maths) / Cotes'sche Formeln, Newton-Cotes'sche Formeln (wenn die Lage der Stützstellen äquidistant ist)
**coth** (hyperbolic cotangent) (Maths) / Hyperbelkotangens m, Cotangens hyperbolicus m, coth (Hyperbelkotangens)
**cotidal lines** (Ocean) / Linien f pl gleicher Flutzeiten, Isorhachien f pl, Flutstundenlinein f pl
**cotolerance** n (Ecol) / Kotoleranz f
**cotorsion** n (Maths) / Kotorsion f, Cotorsion f
**cotranslational** adj / kotranslational adj (Modifikation während der Translation), cotranslational adj
**cotransmitter** n (Physiol) / Cotransmitter m (Neurotransmitter, der zusammen an derselben Synapse ausgeschüttet wird)
**co-tree** n (Elec) / komplementärer Baum, Co-Baum m (Menge der Zweige eines Netzes, die in einem vorgegebenen Baum nicht enthalten sind)
**cottage industry** (a business or manufacturing activity carried on in people's homes) / Heimindustrie f ‖ ~ **steamer** (Textiles) / Runddämpfer m (verschließbarer)
**cotter** v (Eng) / versplinten v ‖ ~ (Eng) / verkeilen v, keilen v (mit Querkeil) ‖ ~* (Eng) / Querkeil m (für auf Schub oder Zug beanspruchte Verbindungen) ‖ ~ (Eng) / geschlitzter (hohler) Spannstift (aus Federstahl)
**cottered cassette** / Tretlager n mit Keilwelle (DIN ISO 8090) ‖ ~ **joint** (with a tapered edge) (Eng) / Keilverbindung f ‖ ~ **joint** (Eng) / Querkeilverbindung f ‖ ~ **joint** (Eng) / Splintverbindung f
**cotter pin*** (Eng) / Splint m (DIN EN ISO 1234), Vorstecker m (zur Sicherung eines Maschinenteils)

**cotter-pin hole** (Eng) / Loch n (Öffnung) für den Splint ‖ ~ **hole** (Eng) / Splintloch n
**cotter-secured foundation bolt** (Civ Eng, Eng) / Splintanker m
**cotter slot** (Eng) / Loch n (Öffnung) für den Splint ‖ ~ **way*** (Eng) / Querkeilloch n
**cottle** n (the frame placed around a model to hold a plaster slurry until the plaster has set to form a mould) (Ceramics) / Umrandung f (Halterung beim Gießen von Gipsformen)
**cotton** n (US) (Med) / Verbandwatte f, Watte f (für medizinische Zwecke) ‖ ~* (Textiles) / Baumwolle f, Koton m, Cotton m n ‖ ~ **adulteration** (Textiles) / absichtliche Verunreinigung der Baumwolle durch Sand, Blätter, Samen usw., um das Gewicht zu vermehren ‖ ~ **bale** (Textiles) / Baumwollballen m ‖ ~ **baling press** (Textiles) / Baumwollballenpresse f, Baumwollpresse f ‖ ~ **ball*** (Min) / Boronatrocalcit m, Ulexit m (nach G.L. Ulex, 1811-1883), Fernsehstein m, Boronatrokalzit m ‖ ~ **batting** (US) (Med) / Verbandwatte f, Watte f (für medizinische Zwecke) ‖ ~ **bleaching** (Textiles) / Baumwollbleiche f
**cotton-boll weevil** (Agric, Zool) / Baumwollkapselkäfer m (Mexikanischer) (Anthonomus grandis - ein Baumwollkapselschädling)
**cotton bud** / Wattestäbchen n ‖ ~ **buff** (Eng) / Baumwollscheibe f (zum Polieren), Polierscheibe f aus Baumwolle ‖ ~ **buff** (Materials) / Baumwollscheibe f (für den Baumwollscheiben-Test - Prüfung der Eindringtiefe von eingefärbten Aluminiumoxidschichten) ‖ ~ **cake** (Agric) / Baumwollsaatkuchen m (als Futtermittel) ‖ ~ **candy** (US) (Nut) / Zuckerwatte f
**cotton-condenser spinning** (Spinning) / Zweizylinderspinnverfahren n (bei dem das Garn nicht in Streckwerken, sondern von einem Lieferwalzenpaar aus in einem weiten Verzugsfeld unter einer bestimmten Verzugsdrehung verzogen und anschließend fertig gesponnen wird), Zweizylinderspinnen v
**cotton count** (Textiles) / Baumwollnummerierung f ‖ ~-**covered wire** (Elec Eng) / baumwollumsponnener Draht, baumwollisolierter Draht ‖ ~ **dyeing** (Textiles) / Baumwollfärben n ‖ ~ **effect** (Optics) / Cotton-Effekt m (Anomalie in den Rotationsdispersionskurven optisch aktiver Stoffe, die im Bereich optischer Absorptionsbanden beobachtet wird - nach A. Cotton, 1869-1951) ‖ ~ **fibre** (Textiles) / Baumwollfaser f ‖ ~ **flannel** (Textiles) / Baumwollflanell m ‖ ~ **gin** (Textiles) / Egreniermaschine f, Baumwollentkörnungsmaschine f ‖ ~ **goods** (Textiles) / Baumwollwaren f pl ‖ ~ **grass** (Bot) / Wollgras n (Eriophorum sp.) ‖ ~ **grower** (Agric) / Baumwollpflanzer m
**cottonize** v (flax or hemp) (Spinning) / kotonisieren v, cottonisieren v (Bastbündel cellulosischer Pflanzenfasern wie Flachs oder Hanf durch chemische oder mechanische Verfahren in baumwollähnliche Einzelfasern zerlegen)
**cotton linters*** (Textiles) / Linters pl (kurze Baumwollfasern), Baumwoll-Linters pl ‖ ~ **machine** (Textiles) / Cottonmaschine f (nach W. Cotton, 1817 - 1887), Cottonstuhl m, Flachkulierwirkmaschine f (zur Herstellung von Regulärgewirken) ‖ ~ **maturity** (Bot) / Baumwollreife f ‖ ~ **mill** (Spinning) / Baumwollspinnerei f (Werk) ‖ ~ **mill** (Weaving) / Baumwollweberei f (Werk) ‖ ~-**mill fever** (Med) / Baumwolllunge f, Byssinose f (Erkrankung der Baumwollarbeiter), Erkrankung f der tieferen Atemwege und der Lunge durch Rohbaumwoll- oder Flachsstaub
**Cotton-Mouton effect*** / Cotton-Mouton-Effekt m (Stoffe mit magnetisch-polaren Molekülen werden im Magnetfeld doppelbrechend) ‖ ~ **effect*** s. also magnetic double refraction
**cotton oil** / Cottonöl n, Kottonöl n, Baumwollsamenöl n, Baumwollsaatöl n (Oleum gossypii) ‖ ~ **picker** (Agric) / Baumwollpflückmaschine f, Baumwollerntemaschine f, Baumwollpicker m, Picker m, Baumwollpflücker m (Maschine)
**cotton-picking machine** (Agric) / Baumwollpflückmaschine f, Baumwollerntemaschine f, Baumwollpicker m, Picker m, Baumwollpflücker m (Maschine)
**cotton planter** (Agric) / Baumwollsämaschine f ‖ ~ **print** (Textiles) / Baumwolldruck m (bedruckter Baumwollstoff)
**cotton-print cloth** (Textiles) / Baumwolldruckgewebe n, Druckkattun m (Baumwolldruck)
**cotton-root rot** (Bot) / Baumwollwurzelfäule f (durch Phymatotrichum omnivorum verursacht)
**cottons** pl (Textiles) / Baumwollwaren f pl
**cotton sateen** (Textiles) / Baumwollatlas m, Baumwollsatin m
**cottonseed** n (Bot) / Baumwollsamen m ‖ ~ **oil*** / Cottonöl n, Kottonöl n, Baumwollsamenöl n, Baumwollsaatöl n (Oleum gossypii)
**cotton-silk** n (Bot, Textiles) / Pflanzenseide f (Pflanzendaunen)
**cotton sliver** (Spinning) / Baumwollzug m
**Cotton's patent full-fashioned knitting machine** (Textiles) / Cottonmaschine f (nach W. Cotton, 1817 - 1887), Cottonstuhl m, Flachkulierwirkmaschine f (zur Herstellung von Regulärgewirken)
**cotton spinning** (Spinning) / Baumwollspinnerei f (Tätigkeit) ‖ ~ **spun yarn** (Spinning) / Baumwollspinngarn n ‖ ~ **staple** (Spinning) /

**cotton**

Baumwollstapel *m* ‖ ~ **stripper** (Agric) / Baumwollstripper *m* (eine Erntemaschine) ‖ ~ **swab** (US) / Wattestäbchen *n* ‖ ~ **tape** (Elec Eng) / Baumwollstreifen *m* (für Isolierzwecke) ‖ ~ **ticking** (Textiles) / Baumwolldrill *m* ‖ ~ **velvet** (Textiles, Weaving) / Baumwollsamt *m* (Schusssamt, dessen Flor aus Baumwolle besteht) ‖ ~ **waste** (Eng) / Putzwolle *f*, Putzbaumwolle *f* ‖ ~ **waste** (Spinning) / Baumwollabfall *m*
**cotton-waste shaker** (Spinning) / Klopfwolf *m* (für Baumwollabfall) ‖ ~ **spinning** (Spinning) / Baumwollabfallspinnerei *f*
**cotton wax** / Baumwollwachs *n*
**cottonwood\*** *n* (For) / Cottonwood *n* (Zusammenfassung einer größeren Gruppe von Hybriden und deren Auslesen, die wohl alle ihren Ursprung in Kreuzungen von Populus deltoides mit Populus nigra haben)
**cotton wool\*** (Med) / Verbandwatte *f*, Watte *f* (für medizinische Zwecke) ‖ ~ **wool** (US) (Textiles) / Rohbaumwolle *f*
**cottony rot** (Bot) / Sclerotiniafäule *f* (durch Sclerotinia sclerotiorum)
**Cottrell cloud** (Crystal) / Cottrell-Wolke *f* (durch Diffusion angereicherte Zwischengitteratome in Versetzungen, die deren Beweglichkeit blockieren) ‖ ≈ **filter** / Cottrell-Elektroabscheider *m* (nach F.G. Cottrell, 1877-1948), Cottrell-Staubfilter *n*, Cottrell-Elektrofilter *n* ‖ ≈ **precipitator\*** / Cottrell-Elektroabscheider *m* (nach F.G. Cottrell, 1877-1948), Cottrell-Staubfilter *n*, Cottrell-Elektrofilter *n*
**cotts** *pl* (Textiles) / filzige Wolle (mit der beim Entschweißen entstandenen Verfilzung), leicht verfilzte Wolle (DIN 60004)
**cotty wool** (Textiles) / filzige Wolle (mit der beim Entschweißen entstandenen Verfilzung), leicht verfilzte Wolle (DIN 60004)
**cotyledon\*** *n* (Bot) / Cotyledone *f*, Kotyledone *f*, Keimblatt *n*
**couch** *v* (Brew) / Malz ausbreiten ‖ ~\* (Paper) / gautschen *v*, abgautschen *v* ‖ ~ *n* (Paper) / Pressenpartie *f* (am Ende der Papiermaschine), Gautschpartie *f* (einer Langsiebentwässerungsmaschine)
**couchette** *n* (Rail) / Liegeplatz *m* ‖ ~ **coach** (Rail) / Liegewagen *m*
**couching** *n* (Brew) / Malzausbreiten *n* ‖ ~ (Paper) / Gautschen *n*, Abgautschen *n* ‖ ~ (Textiles) / Plattstickerei *f*
**couch jacket** (Paper, Print) / rundgewebter Filz, Manchon *m*, Filzschlauch *m* (als Überzug auf Walzen), Filzärmel *m*
**Couchman equation** (Chem, Plastics) / Couchman-Gleichung *f* (welche die Abhängigkeit der Glasübergangstemperatur eines weich gemachten Polymeren von den Masseanteilen des Weichmachers und des Polymeren beschreibt) ‖ ≈ **equation** (Chem, Plastics) s. also Fox equation
**couch mark** (Paper) / Gautschfehler *m*, Gautschmarkierung *f* ‖ ~ **roll\*** (Paper) / Gautschwalze *f* ‖ ≈ **roll\*** (Paper) s. also press rolls
**coudé flat** (Astron) / Planspiegel *m* des Coudé-Systems ‖ ≈ **mounting\*** (Astron) / Kniemontierung *f* (eine äquatoriale Montierung des Fernrohrs), Coudé-System *n* ‖ ~ **optical beam** (Optics) / geknickter Strahlengang ‖ ~ **telescope\*** (Astron) / Coudé-Teleskop *n*
**couepic acid** (Chem, Paint) / Licansäure *f*, Likansäure *f* (der Hauptbestandteil des Oiticica-Öls)
**Couette flow** (Mech) / einfache Scherströmung, Couette-Strömung *f* (stationäre laminare Strömung zwischen parallelen ebenen Wänden, die sich in ihrer Ebene relativ zueinander bewegen können) ‖ ≈ **viscometer** (Phys) / Rotationsviskosimeter *n* (mit einem rotierenden und einem koaxial fest stehenden Zylinder - DIN 53018, T 1 und 2)
**cough** *v* (I C Engs) / husten *v*
**coul** *n* (Elec) / Coulomb *n* (gesetzliche abgeleitete SI-Einheit der Elektrizitätsmenge oder der elektrischen Ladung - nach Ch. A. de Coulomb, 1736-1806), C (Coulomb - DIN 1301, T 1)
**coulee** *n* (US) (a deep ravine) (Geol) / Schlucht *f* (tief eingeschnittenes Erosionstal), Klamm *f* (enges, tief eingeschnittenes Tal, das nahezu senkrechte, oft überhängende Wände hat), Einschnitt *m* (Scharte im Hochgebirge), Tobel *m n*
**coulée** *n* (Geol) / Lavastrom *m*
**coulee** *n* (US) (Geol) / Lavastrom *m*
**coulier** *v* (Textiles) / kulieren *v* (Maschenware) ‖ ~ **cam** (Textiles) / Kulierexzenter *m* ‖ ~ **goods** (Textiles) / Kulierwirkware *f*, Kulierware *f*, Kuliergewirke *n*
**couliering** *n* (Textiles) / Kulieren *n* (nacheinander ablaufendes Umformen des Fadens in Schleifen)
**coulisse** *n* (Carp, Eng) / Kulisse *f* ‖ ~\* (Eng) / Kulissenführung *f*, Gleitführung *f*
**couloir** *n* (Geol) / Furche *f*, Rinne *f*, Couloir *m*
**coulomb\*** *n* (Elec) / Coulomb *n* (gesetzliche abgeleitete SI-Einheit der Elektrizitätsmenge oder der elektrischen Ladung - nach Ch. A. de Coulomb, 1736-1806), C (Coulomb - DIN 1301, T 1) ‖ ≈ **attraction** (Phys) / Coulomb'sche Anziehung ‖ ≈ **barrier** (Nuc) / Coulomb-Wall *m*, Coulomb-Barriere *f* ‖ ≈ **damping** (the dissipation of energy that occurs when a particle in a vibrating system is resisted by a force whose magnitude is a constant, independent of displacement and velocity, and whose direction is opposite to the direction of the velocity of the particle ) (Phys) / Reibungsdämpfung *f*, Coulomb-Dämpfung *f* ‖ ~ **damping** (Phys) / Reibungsdämpfung *f*, Coulomb-Dämpfung *f* ‖ ≈ **excitation** (Phys) / Coulomb-Anregung *f* (niedriger Kernniveaus durch die elektrostatische Wechselwirkung zwischen einem schweren geladenen Teilchen und den Protonen eines Kerns) ‖ ≈ **explosion** (imaging) (Chem) / Coulomb-Explosion *f* (zur Bestimmung von Molekülstrukturen) ‖ ≈ **field** (Elec Eng) / elektrostatisches Feld ‖ ≈ **field** (Nuc) / Coulomb'sches Kraftfeld, Coulomb-Feld *n* ‖ ~ **force\*** (Elec, Nuc) / Coulomb-Kraft *f* (die entsprechend dem Coulomb'schen Gesetz im Bereich eines Atoms wirksame, durch Ladung verursachte Kraft) ‖ ≈ **friction** (Eng, Mech) / Coulomb'sche Reibung (nach dem Coulombschen Reibungsgesetz) ‖ ≈ **friction** (Eng) s. also dry friction ‖ ≈ **gauge** (Nuc) / Coulomb-Eichung *f* (der elektrodynamischen Potentiale)
**Coulombian attraction** (Phys) / Coulomb-Anziehung *f* ‖ ≈ **field** (Nuc) / Coulomb'sches Kraftfeld, Coulomb-Feld *n*
**coulombic attraction** (Phys) / Coulomb-Anziehung *f* ‖ ~ **force** (a force between charged particles, such as ions) (Elec, Nuc) / Coulomb-Kraft *f* (die entsprechend dem Coulomb'schen Gesetz im Bereich eines Atoms wirksame, durch Ladung verursachte Kraft)
**Coulomb integral** (Nuc) / Coulomb-Integral *n* (ein Wechselwirkungsintegral nach der Hückel-Methode) ‖ ≈ **interaction** (Nuc) / Coulomb-Wechselwirkung *f* ‖ ≈ **line** (Civ Eng, Materials) / Schergerade *f* (die gemeinsame Tangente an mehrere Spannungskreise)
**coulombmeter** *n* (an instrument for measuring the quantity of electricity /in coulombs/ by integrating a storage charge in a circuit that has a high impedance) (Elec) / Coulombmeter *n*
**Coulomb modulus** (Eng, Phys) / Schermodul *m* (DIN 13343), Gleitmodul *m*, Schubmodul *m* (DIN 1304, DIN 13316 und DIN 13343), Scherungsmodul *m*, G-Modul *m*, Gestaltmodul *m*, Schubelastizitätsmodul *m* ‖ ≈ **phase** (Nuc) / Coulomb-Phase *f* (eine Phase des Eichfelds) ‖ ≈ **potential** (Elec Eng) / Coulomb-Potential *n* ‖ ≈ **scattering\*** (Phys) / Rutherford-Streuung *f*, Coulomb-Streuung *f*
**Coulomb's equation** (Civ Eng) / Coulomb'sches Schergesetz (Gleichung der Schergeraden) ‖ ≈ **law\*** (Elec) / Coulombsches Gesetz (für elektrische Ladungen, für Magnetpole), elektrostatisches Kraftgesetz
**coulometer\*** *n* (Elec Eng) / Voltameter *n*, Coulometer *n*
**coulometric** *adj* (Chem, Elec Eng) / voltametrisch *adj*, coulometrisch *adj* ‖ ~ **titration** (Chem) / galvanostatische Coulometrie, coulometrische Titration
**coulometry** *n* (a method of electrochemical analysis based on Faraday's laws) (Chem) / Coulometrie *f* (ein elektrochemisches Analysenverfahren - Ladungsmengenmessung) ‖ ~ **at controlled potential** (Chem) / potentiometrische Coulometrie, potentialkontrollierte Coulometrie, Coulometrie *f* bei konstantem Potential
**coulter\*** *n* (Agric) / Sech *n* (vor der Pflugschar) ‖ ≈ **counter** (Chem Eng) / Coulter-Counter *m* (Gerät zur Bestimmung von Teilchenzahl und Teilchengröße von elektrisch nicht leitenden Teilchen in einem elektrisch leitenden Dispersionsmedium) ‖ ≈ **counter\*** (Cyt) / Coulter-Counter *m* ‖ ≈ **counter principle** (Chem Eng) / Coulter-Verfahren *n*, Coulter-Counter-Prinzip *n* (ein Zählverfahren zur Ermittlung der Anzahlverteilung von Teilchenvolumina) ‖ ≈ **method** (Chem Eng) / Coulter-Verfahren *n*, Coulter-Counter-Prinzip *n* (ein Zählverfahren zur Ermittlung der Anzahlverteilung von Teilchenvolumina)
**coumachlor\*** *n* (Agric, Chem) / Coumachlor *n*, Cumachlor *n* (ein Cumarinderivat als Rodentizid)
**coumalic acid\*** (Chem) / Cumalinsäure *f*, Kumalinsäure *f*
**coumarin\*** *n* (2-hydroxycinnamic acid lactone) (Bot, Chem, Nut) / Cumarin *n* (auch zur Aromatisierung des Waldmeisters oder der Maibowle), Kumarin *n* (Tonkabohnenkampfer)
**coumarone\*** *n* (Chem) / Cumaron *n*, Kumaron *n* ‖ ~ **resins\*** (Plastics) / Cumaronharze *n pl*, Kumaronharze *n pl*
**coumaryl alcohol** (Chem) / p-Cumarylalkohol *m* (z.B. im Lignin)
**coumestan** *m* (Pharm) / Cumestan *n*
**council housing** (GB) (provided by a council at a subsidized rent) (Build) / Sozialwohnung *f* (kommunale)
**count** *v* (Maths) / zählen *v* (DIN 1319, T 1) ‖ ~ (Nuc, Nuc Eng, Radiol) / zählen *v* ‖ ~ *n* / Zählerstand *m*, Zähleranzeige *f* (Wert) ‖ ~ (Automation) / Zählimpuls *m*, Einzelimpuls *m* (im Zähler) ‖ ~ (Comp) / Feldvariable *f* (in PASCAL) ‖ ~ (recording an event) (Instr, Nuc Eng) / Zählrohrimpuls *m*, Zählimpuls *m* (des Zählrohrs) ‖ ~\* (Nuc Eng) / Zählen *n*, Zählung *f* ‖ ~\* (Nuc Eng) / Zählereignis *n*, Zählimpuls *m*, Zählstoß *m*
**countable** *adj* (Maths) / abzählbar *adj* (abzählbar unendlich) ‖ ~ **additivity** (Maths) / abzählbare Additivität, Volladditivität *f* ‖ ~ **set\*** (Maths) / abzählbare Menge (die sich umkehrbar eindeutig auf die Menge der natürlichen Zahlen abbilden lässt) ‖ ~ **subadditivity**

(Maths) / abzählbare Subadditivität ‖ ~ **superadditivity** (Maths) / abzählbare Superadditivität
**countably infinite set** (Maths) / abzählbare Menge (die sich umkehrbar eindeutig auf die Menge der natürlichen Zahlen abbilden lässt)
**count-by-four circuit** (Elec Eng) / 4 : 1-Untersetzerstufe f
**count down** v / rückwärts zählen v ‖ ~**-down**\* n (Space) / Countdown m n ‖ ~**-down marker** (Autos, Rail) / Bake f (vor dem Bahnübergang), Warnbake f
**counter** n / Schalter m (Post-, Bank-) ‖ ~ / Hinterkappe f (des Schuhes) ‖ ~ (Carp) / Gegenstab m ‖ ~\* (Instr) / Zähler m (nicht integrierender), Zählwerk n ‖ ~\* (Nuc, Nuc Eng, Radiol) / Zählrohr n (Messinstrument zum Nachweis und zur Zählung ionisierender Teilchen und Strahlungsquanten), Zähler m, Strahlenzähler m ‖ ~\* (Print) / Punzen m (der vertiefte, nicht druckende Raum innerhalb des Buchstabenbildes von Drucktypen nach DIN 16 507), Punze f ‖ ~\* (Ships) / Gilling n, Gillung f im Lateralplan ‖ ~ (Print) s. also cup
**counteract** v (sth.) / entgegenwirken v (einer Sache)
**counteracting** adj / Gegen-, entgegenwirkend adj
**counterbalance** v (Eng, Mech) / auswuchten v (durch Gegenmasse) ‖ ~ n (Mech) / Gegengewicht n, Ausgleichsgewicht n, Balanciergewicht n, Gegenmasse f ‖ ~ **weight** (Mech) / Gegengewicht n, Ausgleichsgewicht n, Balanciergewicht n, Gegenmasse f
**counterbalancing** n (Eng, Mech) / Auswuchten n (durch Gegenmasse)
**counter battens** (Carp) / Dachlatten, die f pl parallel zu den Dachsparren verlaufen (Unterkonstruktion des Daches)
**counter-battery radar** (Mil, Radar) / Artillerieortungsradar m n
**counterbeam lighting** (Autos, Light) / Gegenstrahlbeleuchtung f (eine Tunnelbeleuchtung), GSB f (Gegenstrahlbeleuchtung)
**counterbending** n / Rückbiegung f
**counter bit** (Comp) / Zählbit n
**counterblow hammer** / Gegenschlaghammer m (schabotteloser Oberdruckhammer mit zwei Bären, die zwangläufig gegeneinander bewegt werden)
**counterbore** v (Eng) / aufbohren v, ausbohren v ‖ ~ n (Eng) / Senker m (zur Nachbearbeitung vorgearbeiteter Bohrungen und Naben) ‖ ~ **cutter** (US) (Eng) / Aufstecksenker m (DIN 222)
**counterboring** n (Eng) / zylindrische Senkung ‖ ~\* (Eng) / Senken n (spanendes Verfahren zur Nachbearbeitung von Bohrungen und Naben mit fingerfräsartigen Werkzeugen nach DIN 8589, T 2) ‖ ~\* (Eng) / Aufbohren n (der vorgebohrten oder vorgegossenen Bohrung mit Hilfe nicht verstellbarer Bohrwerkzeuge - DIN 8589), Ausbohren n ‖ ~ **cutter** (Eng) / zylindrischer Senker
**counterbracing**\* n (Civ Eng) / Queraussteifung f, Querverband m, Querverstrebung f, Querabsteifung f
**countercapstan** (Acous) / Gegenkapstan n
**counterceiling** n (Build) / Unterdecke f (nichttragende Decke zur unterseitigen Bekleidung einer tragenden Decke, z.B. aus Drahtputz, Gipsdeckenplatten, Gipskartonplatten usw.)
**countercell** n (Elec Eng) / gegengeschaltete Akkumulatorzelle, Gegenzelle f
**countercheck** n / Gegenkontrolle f, Gegenprüfung f, Gegenversuch m
**counterclockwise** adj adv (US) / im Gegenuhrzeigersinn, linksdrehend adj, entgegen dem Uhrzeigersinn ‖ ~ **rotation** (Phys) / Linksdrehung f, Drehung f entgegen dem Uhrzeigersinn ‖ ~ **spiral grain** (For) / sonniger Drehwuchs (bei linksgedrehten Stämmen)
**counter collection with advice** (Telecomm) / Postlagerung f mit Hinweis
**counterconnection** n (Elec Eng) / Gegenschaltung f
**counter-controlled** adj (Nuc Eng) / zählrohrgesteuert adj
**countercurrent** n (Electronics) / Gegenstrom m ‖ ~ (Hyd Eng) / Gegenströmung f ‖ ~ **braking** (Elec Eng) / Bremsen n durch Gegendrehfeld (DIN 42005), Gegenstrombremsung f ‖ ~ **chromatography** (Chem) / Gegenstromchromatografie f ‖ ~ **classifier** (Min Proc) / Gegenstromklassierer m, Aufstromklassierer m ‖ ~ **contact**\* (Chem) / Gegenstromkontakt m ‖ ~ **distribution**\* (Chem Eng) / Gegenstromverteilung f (Spezialverfahren der Flüssig-Flüssig-Extraktion zur quantitativen Trennung von Substanzen mit geringen Löslichkeitsunterschieden unter Ausnutzung des Gegenstromprinzips) ‖ ~ **electrolysis** (Chem, Elec Eng) / Gegenstromelektrolyse f, Gegenstromionophorese f ‖ ~ **extraction** (Chem Eng) / Gegenstromextraktion f ‖ ~ **flow drier** (Chem Eng) / Gegenstromtrockner m ‖ ~ **process** (Chem Eng) / Gegenstromprozess m, Gegenstromverfahren n ‖ ~ **treatment** (Chem Eng) / Gegenstromprozess m, Gegenstromverfahren n ‖ ~ **treatment**\* (Min Proc) / Gegenstromwäsche f, Gegenstromauswaschung f ‖ ~ **washing** (Min Proc) / Gegenstromwäsche f, Gegenstromauswaschung f
**counter-cutting** n (Eng) / Konterschneiden n (Ausschneiden des Blechs in zwei bis drei gegenläufigen Schneidstufen)
**counterdiffuser** n (Autos) / Gegendiffusor m, Rückstoßkegel m (in der Auspuffanlage)

**counterdiffusion** n / Gegendiffusion f (bei der Durchmischung zweier Stoffe)
**counter efficiency** (Nuc) / Zählausbeute f ‖ ~ **efficiency**\* (Nuc) / Effektivität f (Kenngröße eines Strahlungsmessgerätes), Ansprechwahrscheinlichkeit f (eines Strahlungsmessgerätes)
**counterelectrode** n (Chem) / Gegenelektrode f (in der Voltammetrie) ‖ ~ (Elec Eng) / Gegenelektrode f
**counterelectromotive force** (Elec Eng) / gegenelektromotorische Kraft, Gegen-EMK f, Gegen-Urspannung f
**counter e.m.f.**\* (Elec Eng) / gegenelektromotorische Kraft, Gegen-EMK f, Gegen-Urspannung f
**counterexample** n (AI, Maths) / Gegenbeispiel n
**counterface** n (Eng) / Gegenlauffläche f
**counter-filling gas** (Nuc Eng) / Zählgas n
**counterfire** n / Gegenfeuer n (zur Bekämpfung eines Flächenbrandes, insbesondere eines Waldbrandes)
**counterflange** n (Eng) / Gegenflansch m
**counterflap hinge**\* (Build) / Spieltischband n
**counter-floor**\* n (Build, Carp) / Blindboden m, Blendboden m
**counterflow** n (Autos) / Gegenverkehr m ‖ ~ **drier** (Chem Eng) / Gegenstromtrockner m ‖ ~ **jet condenser**\* (Eng) / Gegenstrom-Einspritzkondensator m ‖ ~ **line** (Autos) / Gegenverkehrsfahrbahn f
**counterflush** n (Mining) / Verkehrtspülung f (beim Bohren), Gegenstromspülung f, Counterflush m ‖ ~ **drilling** (Oils) / Gegenstrombohrverfahren n
**counterforce** n (Phys) / Gegenkraft f
**counterfort** n (Arch) / Strebepfeiler m (eingezogener) ‖ ~\* (Arch, Civ Eng) / Widerlagerpfeiler m, Gegenpfeiler m
**counter/frequency meter** (Elec Eng) / Zählfrequenzmesser m, digitaler Frequenzmesser
**counterglow**\* n (Astron) / Gegenschein m (des Zodiakalbandes)
**counterimage** n (of a mapping) (Maths) / Urbildpunkt m, Original n (bei einer Abbildung) ‖ ~ (Maths) s. also image point
**counter-insurgency aircraft** (Mil) / COIN-Flugzeug n (leichtes und besonders einfaches militärisches Mehrzweckflugzeug zum Einsatz in begrenzten Konflikten und gegen Guerilla-Operationen)
**counterion**\* n (Chem) / Gegenion n (mit entgegengesetztem Ladungsvorzeichen)
**counter-lath** (Build) / Konterlatte f (in der Dachunterkonstruktion), Zwischenlatte f (bei einem Dach mit doppelter Dachhaut)
**counter-lathing**\* n (Build) / Schal-Lattenverlegung f (für Gips), Anbringen n der Putzträgerkonstruktion, Berliner Lattendecke
**countermove** n / Gegenzug m (Entscheidung eines Spielers während einer Partie)
**counter-offer** n / Gegenangebot n
**counterpart** n (Eng) / Pendant n, Gegenstück n
**counter-pile roller** (Spinning) / Gegenstrichwalze f (z. B. bei Kratzenraumaschinen)
**counterpoise** n (Mech) / Gegengewicht n, Ausgleichsgewicht n, Balanciergewicht n, Gegenmasse f ‖ ~\* (Radio) / künstliche Erde, Gegengewicht n (z.B. das Chassis bei Kraftwagen) ‖ ~ **bridge** (Civ Eng) / Klappbrücke f (eine bewegliche Brücke) ‖ ~ **weighing** (Phys) / Borda'sche Wägung (nach Ch. de Borda, 1733-1799), Substitutionswägung f (bei der Hebel der Hebelwaage auf beiden Hebelarmen stets gleichmäßig belastet ist)
**counterpressure die** (Foundry) / Gegendruckokille f
**counterpropeller** n (Ships) / Konterpropeller m, Gegenpropeller m (Leitblech hinter Propeller bewirkt Umlenkung der Drehbewegung des Wassers in axiale Richtung)
**counterradiation** n (Geophys) / Gegenstrahlung f (langwellige Himmelsstrahlung) ‖ ~ (Meteor) / atmosphärische Gegenstrahlung
**counter range**\* (Nuc Eng) / Anfahrbereich m, Zählrohrbereich m, Anlaufbereich m ‖ ~ **reading** (Zählerstand m, Zähleranzeige f (Wert) ‖ ~ **reading** / Zählerablesung f (als Tätigkeit) ‖ ~ **reset** / Zählerrückstellung f ‖ ~ **resetting** / Zählerrückstellung f
**counterrotating** adj (Eng) / gegenläufig adj, gegeneinander laufend adj ‖ ~ **balancer shaft** (Autos) / Ausgleichswelle f (gegenläufige) ‖ ~ **integrated shrouded prop-fan** (Aero) / Crisp-Propfan (der aus zwei gegenläufigen, ummantelten Propellern, die von einer Gasturbine angetrieben werden, besteht) ‖ ~ **rotors** (Aero) / gegenläufige Rotoren (eines Hubschraubers), gegenläufige Schrauben (eines Hubschraubers)
**counterscarp** n (Civ Eng) / äußere Böschung, Gegenböschung f
**countershaft**\* n (Eng) / Vorgelegewelle f, Zwischenwelle f
**countersink** n (Eng) / Krauskopf m, Kegelsenker m (DIN 334), Spitzsenker m, Aufreiber m ‖ ~ (Eng) / Senker m (zur Nachbearbeitung vorgearbeiteter Bohrungen und Naben) ‖ ~ **angle** (Eng) / Senkwinkel m (bei Kegelsenkern) ‖ ~ **for cheese-head screws** (Eng) / Senkung f für Senkschrauben (DIN 74, T 1)
**countersinking** n (Eng) / Senken n (spanendes Verfahren zur Nachbearbeitung von Bohrungen und Naben mit fingerfräsartigen

**countersinking**
Werkzeugen nach DIN 8589, T 2) || ~* (Eng) / kegelige Senkung, Spitzsenken n || ~ **bit** (Eng) / Krauskopf m, Kegelsenker m (DIN 334), Spitzsenker m, Aufreiber m
**counterslope** n / Gegenhang m
**counterstaining** n (Biochem, Micros) / Gegenfärbung f, Kontrastfärbung f
**counter-stern*** n (Ships) / ausfallendes Heck, Dampferheck n
**countersun** n (Meteor) / Gegensonne f (eine Haloerscheinung)
**countersunk external-tooth lock washer** (Eng) / Zahnscheibe, Form f V, außengezahnte kegelige Zahnscheibe || ~ **head** (GB)* / Senkkopf m (einer Schraube)
**countersunk-head screw** (Eng) / Senkschraube f
**countersunk mushroom-head rivet** (Eng) / Flachrundniet m (DIN 674) || ~ (**head**) **rivet** (Eng) / Senkniet m (Nietform mit kegelstumpfförmigem Setzkopf nach DIN 661) || ~ **serrated external-tooth lock washer** (Eng) / außengezahnte kegelige Fächerscheibe, Fächerscheibe, Form f V
**counter telescope** (Nuc) / Zählrohrteleskop n, Teleskop n (Zählrohrkombination)
**counter-time circuit** (Comp) / Zähler-Zeitgeber-Schaltung f (in Mikroprozessoren), Zähler-Zeitgeber-Schaltkreis m
**countertorque** n (Mech) / Gegendrehmoment n, Rückdrehmoment n (Gegendrehmoment)
**counter tube** (Electronics) / Zählröhre f (z.B. Dekadenzählröhre) || ~ **tube** (Nuc, Radiol) / Zählrohr n (Messinstrument zum Nachweis und zur Zählung ionisierender Teilchen und Strahlungsquanten), Zähler m, Strahlenzähler m || ~ **tube telescope** (Nuc) / Zählrohrteleskop n, Teleskop n (Zählrohrkombination)
**counterurbanization** n (Arch, Ecol) / Counterurbanisation f (räumliche Dekonzentration der Bevölkerung)
**countervane** n (Eng) / Schaufel f zur Umkehr oder zur Neutralisierung der Strömungsrichtung
**counterveneer** n (Eng) / Gegenfurnier n (Furnier ohne dekorative Ansprüche, das bei einseitig deckfurnierten Werkstoffen zur Verhinderung des Verziehens auf der Gegenseite aufgeklebt wird)
**counterweight** n (Mech) / Gegengewicht n, Ausgleichsgewicht n, Balanciergewicht n, Gegenmasse f || ~ **lift navigation lock** (Ships) / Gegengewichtshebewerk n (ein Schiffshebewerk), Gegengewichtsschiffshebewerk n
**count field** (Comp) / Kennungsfeld n
**counting** (Maths) / Zählen n (Ermittlung des Wertes der Messgröße "Anzahl der Elemente einer Menge" - DIN 1319, T 1) || ~ **chain** (Instr) / Zählregister n (ein Register zum Zählen von Impulsen und Speichern des Zählergebnisses), Zählkette f || ~ **circuit** (Elec Eng) / Zählschaltung f, Zählkreis m || ~ **decade** (Electronics) / Zähldekade f (eine elektronische Zähleinheit zur Zählung von diskreten Eingangsinformationen /Impulsen/, die nach dem Eingangsinformationen wieder ihre Ausgangslage annimmt) || ~ **error** / Zählfehler m || ~ **event** / Zählvorgang m (einmaliger) || ~ **geometry** (Nuc) / Zählgeometrie f (bei Dosimetern) || ~ **glass** (Weaving) / Fadenzähler m (Lupe mit verschiedenen Messbereichen zum Auszählen der Kett- und Schussfäden von Geweben sowie zum Bestimmen der Maschendichte von Wirk- und Strickwaren), Weberglas n, Fadenzähllupe f || ~ **machine*** (Paper) / Zählapparat m || ~ **pulse** (Automation) / Zählimpuls m, Einzelimpuls m (im Zähler) || ~ **rate-voltage characteristic** (Nuc) / Plateaucharakteristik f || ~ **tube*** (Electronics) / Zählröhre f (z.B. Dekadenzählröhre) || ~ **tube*** (Nuc, Radiol) / Zählrohr n (Messinstrument zum Nachweis und zur Zählung ionisierender Teilchen und Strahlungsquanten), Zähler m, Strahlenzähler m || ~ **unit** (Instr) / Zähler m (nicht integrierender), Zählwerk n || ~ **weight** / Zählwaage f
**count-key-data device** (Comp) / CKD-Einheit f (eine Plattenspeichereinheit, die die Daten in dem Format Satzadresse, normalerweise gefolgt von einem Schlüsselfeld und gefolgt von den aktuellen Daten eines Satzes, speichert)
**count of the reed** (Weaving) / Blattdichte f || ~ **of yarn*** (Spinning, Weaving) / Feinheitsnummer f, Feinheit f von Garn (Quotient aus Masse und Länge eines Garnes oder sein Kehrwert), Garnstärke f, Garnfeinheit f, Garnnummer f (DIN 60905) || ~ **ratemeter*** (Nuc Eng) / Ratemeter n, Mittelwertmesser m, Impulsdichtemesser m, Integrator m, Zählratenmessgerät n
**country almond** (For, Leather) / Indischer Mandelbaum, Katappenbaum m, Badam m (Terminalia catappa L.), Katappenterminalie f || ~ **atmosphere** (Ecol, Paint) / ländliche Atmosphäre, Landatmosphäre f || ~ **code** (Teleph) / Landeskennzahl f, Landeskode m
**country-dependent** adj / länderabhängig adj
**country hide** (Leather) / Haut f aus kleineren Landbetrieben (manchmal Sekundaware) || ~ **of destination** / Bestimmungsland n, Zielland n || ~ **of origin** / Herkunftsland n, Ursprungsland n || ~ **rock*** (Geol) / Nebengestein n

**count up** v / vorwärts zählen v
**county road** (GB)* (Civ Eng) / eine von der "county" unterhaltene Hauptstraße (nach dem Local Government Act)
**coupé** n (Autos) / Coupé n (sportlicher PKW mit abgeflachtem Dach)
**coupe** n (US) (Autos) / Coupé n (sportlicher PKW mit abgeflachtem Dach) || ~* (For) / Schlag m (von Bäumen befreite Fläche im Wald), Waldschlag m
**couplant** n (Materials) / Kopplungsflüssigkeit f (bei Ultraschallwerkstoffprüfung) || ~ (Materials) / Koppelmittel n (bei Ultraschallprüfungen)
**couple** v / koppeln v, verbinden v || ~ (Elec Eng, Electronics, Telecomm) / koppeln v, ankoppeln v, einkoppeln v, zusammenschalten v || ~ (Photog, Textiles) / kuppeln v || ~* n / Paar n || ~ (of common rafters) (Build, Carp) / Sparrengebinde n, Sparrenpaar n, Gespärre n || ~ (Elec Eng) / Thermopaar n (ein Thermoelement) || ~* (Mech) / Kräftepaar n (ein Kräftesystem nach DIN 13317)
**couple-close roof*** (Build, Carp) / einfaches Sparrendach mit Dachbalken
**coupled axle** (Rail) / Kuppelachse f || ~ **circuits** (Elec) / angekoppelte Stromkreise, gekoppelte Stromkreise, gekuppelte Stromkreise || ~ **cluster** (Chem) / CC (coupled cluster), Coupled Cluster m (ein Verfahren der Quantenchemie) || ~ **column** (Arch) / gekuppelte Säule
**coupled-columns technique** (Chem Eng) / Säulenumschalttechnik f
**coupled equations** (Maths) / gekoppelte Gleichungen f || ~ **oscillation(s)** (Phys) / gekoppelte Schwingung, Koppelschwingung f || ~ **oscillator*** (Electronics) / gekoppelter Oszillator || ~ **rangefinder*** (Photog) / Messsucher m, gekoppelter Entfernungsmesser || ~ **vibration(s)** (Mech) / Koppelschwingung(en) f(pl) (bei Systemen mit mehreren Freiheitsgraden) || ~ **wave** (Phys) / gekoppelte Welle || ~ **wheels*** (Eng) / gekuppelte Räder
**couple in cascade(s)** / kaskadieren v || ~ **of forces** (Mech) / Kräftepaar n (ein Kräftesystem nach DIN 13317) || ~ **of numbers** (Maths) / Zahlenpaar n
**coupler** n (Aero) / Koppler m || ~ (of a tubular scaffold) (Build) / Gerüstkupplung f (im Stahlrohrgerüstbau), Kupplung f (ein Bauteil zum Verbinden von zwei Rohren eines Gerüstes) || ~ (Cables) / Muffe f (eine Verbindungsgarnitur) || ~ (acoustic coupler) (Comp) / akustischer Koppler (DIN 44302), Akustikkoppler m (ein alter Modem zur Datenfernübertragung), Koppler m || ~ (Elec Eng) / Anschlussmittel n (Steckvorrichtung), Steckvorrichtung f (Stecker oder Steckdose) || ~ (Electronics) / Kopplungselement n, Koppler m || ~ (Mech) / Koppel f (Glied in einem Koppelgetriebe) || ~ (Optics) / Koppler m (passives optisches Bauelement zum Übertragen von Licht zwischen Lichtquelle und Lichtwellenleiter oder zwischen mehreren Lichtwellenleitern) || ~* (Photog) / Farbkuppler m (in der chromogenen Entwicklung), Kuppler m (Farbkuppler) || ~ (Plumb) / Rohrmuffe f, Hülse f || ~ (Rail) / Kupplung f || ~ **coordination** (Mech) / Koppelzuordnung f || ~ **curve** (Eng) / Koppelkurve f (eines viergliedrigen Drehgelenkgetriebes) || ~ **knuckle** (Rail) / Kupplungsklaue f, Klaue f (Mittelpufferkupplung)
**couple roof*** (Build, Carp) / Sparrendach n (einfaches - Aufeinanderfolge von Gespärren)
**coupler plane** (Rail) / Koppelebene f || ~ **plug** (Elec Eng) / Gerätestecker m || ~ **plug and socket connection** (Elec Eng) / Kupplung f (Steckvorrichtung, bei der sowohl die Dose als auch der Stecker beweglich sind) || ~ **point** (Mech) / Koppelpunkt m || ~ **point curve** (Eng) / Koppelkurve f (eines viergliedrigen Drehgelenkgetriebes) || ~ **ratchet** (Tools) / umsteckbare Knarre, Durchsteckknarre f, Umsteckknarre f || ~ **socket** (Elec Eng) / Kupplungsdose f
**coupling** n (Agric) / Gerätekopplung f (bei Bodenbearbeitungsgeräten) || ~ (Build) / Asbestzementrohr-Verbindungsstück n || ~ (Chem) / Kopplung f (die direkte Kombination zweier verschiedener Analysenmethoden) || ~ (Chem) / Kupplungsreaktion f || ~ (Chem) / Kupplung f (eine Reaktion bei den Azofarbstoffen) || ~ (Chem, Spectr) / Kopplung f (in der NMR-Spektroskopie) || ~ (Elec Eng, Electronics, Telecomm) / Ankopplung f, Kopplung f || ~ (Eng) / Verkopplung f, Verknüpfung f (Verkopplung) || ~* (Eng) / nicht schaltbare Kupplung (für Wellenverbindung) || ~* (Eng) / Kupplungsstück n, Verbindungsstück n || ~ (shaft coupling) (Eng) / Wellenkupplung f, Wellenschalter m || ~* (Plumb) / Rohrmuffe f, Hülse f || ~* (Rail) / Kupplung f || ~ (of a locomotive) (Rail) / Bespannen n (der Züge mit einem Triebfahrzeug) || ~ (Telecomm) / Kopplung f (Kopplung zweier Schwingkreise) || ~ (Glass) / **agent** / Haftvermittler m || ~ **aperture** (an aperture in the bounding surface of a cavity resonator, waveguide, transmission line, or waveguide component which permits the flow of energy to or from an external circuit) (Telecomm) / Ankoppelöffnung f (z.B. bei Hohlwellenleitern), Kopplungsfenster n (z. B. bei Hohlwellenleitern) || ~ **capacitor*** (Comp, Telecomm) / Koppelkondensator m, Kopplungskondensator m || ~ **capacitor** (Elec Eng) / Kopplungskondensator m (Kondensator

322

erhöhter Sicherheit für Anwendungen, bei denen er beim Versagen unmittelbar zu einem elektrischen Schlag führen kann) ‖ ~ **chain** (Mining) / Sicherheitskette f (am Förderkorb) ‖ ~ **coefficient** (Electronics, Telecomm) / Koppelfaktor m, Stromübertragungsverhältnis n (bei den Optokopplern) ‖ ~ **coefficient**\* (Mech, Telecomm) / Kopplungskoeffizient m ‖ ~ **coil**\* (Telecomm) / Kopplungsspule f, Koppelspule f ‖ ~ **component** (Textiles) / Kupplungskomponente f (z.B. bei Azofarbstoffen) ‖ ~ **constant** (Spectr) / Kernspinkopplungskonstante f, Kopplungskonstante f (der Abstand benachbarter Einzellinien in einem Multiplett) ‖ ~ **cubicle** (Elec Eng) / Kuppelzelle f (der Schaltanlage) ‖ ~ **degree** (Telecomm) / Kopplungsgrad m (DIN 1311, T 3) ‖ ~ **diode** (Electronics) / Koppeldiode f ‖ ~ **dye** (Textiles) / Kupplungsfarbstoff m ‖ ~ **dyestuff** (Textiles) / Kupplungsfarbstoff m ‖ ~ **efficiency** (Electronics, Telecomm) / Koppelfaktor m, Stromübertragungsverhältnis n (bei den Optokopplern) ‖ ~ **efficiency** (Telecomm) / Kopplungswirkungsgrad m (das Verhältnis der Lichtleistung nach einer Verbindungsstelle des LWL zur Lichtleistung vor der Verbindungsstelle), LWL-Ankoppelwirkungsgrad m ‖ ~ **element** (Electronics) / Kopplungselement n, Koppler m ‖ ~ **factor**\* (Telecomm) / Kopplungsfaktor m (Selbstinduktivität), Koppelfaktor m ‖ ~ **filter** (Radio) / Kopplungsfilter n (zur Kopplung von Hochfrequenz- und Zwischenfrequenzverstärkerstufen in Rundfunkempfängern) ‖ ~ **flange** (Eng) / Kupplungsflansch m ‖ ~ **hole** (Telecomm) / Ankopplungsöffnung f (z.B. bei Hohlwellenleitern), Kopplungsfenster n (z. B. bei Hohlwellenleitern) ‖ ~ **hook** (Rail) / Zughaken m, Kupplungshaken m ‖ ~ **impedance** (Cables) / Kopplungswiderstand m (bei der Verkabelung ein Maß für die Güte der Schirmung von einzelnen Aderpaaren) ‖ ~ (mutual) **impedance** (Elec Eng) / Koppelimpedanz f ‖ ~ **interface** (Comp) / Kopplungsanschluss m ‖ ~ **joint** (Eng) / Kupplungsgelenk n (eine bewegliche Kupplung) ‖ ~ **lever** (Rail) / Kupplungsschwengel m (der Schraubenkupplung) ‖ ~ **link** / Kopplungsglied n (im Allgemeinen) ‖ ~ **link** (Rail) / Kupplungslasche f (der Schraubenkupplung) ‖ ~ **loop**\* (Electronics) / Koppelschleife f, Kopplungsschleife f ‖ ~ **loss** (Telecomm) / Dämpfung f (bei Lichteinkopplung und der Auskopplung auftretender Effekt eines LWL), LWL-Ankoppeldämpfung f ‖ ~ **multiple** (Telecomm) / Koppelfeld n, KF (Koppelfeld), Koppelmatrix f ‖ ~ **network** (Spectr) / Kopplungsnetzwerk n ‖ ~ **point** (Eng) / Kupplungspunkt m (beim Drehmomentwandler) ‖ ~ **reaction** (Chem) / Kupplungsreaktion f ‖ ~ **rod** (Rail) / Kuppelstange f (bei Lokomotiven) ‖ ~ **screw** (Rail) / Kupplungsspindel f (der Schraubenkupplung) ‖ ~ **screw handle** (Rail) / Kupplungsschwengel m (der Schraubenkupplung) ‖ ~ **sleeve** (Elec Eng, Eng) / Muffe f (ein Maschinenelement in Hohlzylinderform), Verbindungsmuffe f ‖ ~ **slot** (Telecomm) / Ankopplungsöffnung f (z.B. bei Hohlwellenleitern), Kopplungsfenster n (z. B. bei Hohlwellenleitern) ‖ ~ **stage** (Telecomm) / Koppelstufe f

**coupon**\* n (Foundry) / Probestück n (angegossenes)

**Courant condition** (a condition on numerical hydrodynamics calculations requiring that the time interval employed be no greater than that required for a sound wave to cross a spatial cell) (Phys) / Courant-Bedingung f (nach R. Courant, 1888 - 1972)

**courbaril** n (from the locust tree) / amerikanischer Kopal (aus der Hymenaea courbaril L.) ‖ ~\* (For) / Courbaril n (Holz des Heuschreckenbaumes Hymenaea courbaril L.)

**courlene rope** / Polyethylenseil n (ein Kunstfaserseil)

**course** n / Ablauf m (eines Vorgangs, Bearbeitungsprozesses), Verlauf m (eines Prozesses) ‖ ~ / Schuss m (Behälter, Kamin) ‖ ~ / Steinlage f (in einem Schmelzofen) ‖ ~ (GB) (Aero, Nav) / Steuerkurs m, Richtung f ‖ ~ (a horizontal layer or row of brick, block, or other substance in a structure) (Build) / Schar f (Ziegel- oder Schindelreihe) ‖ ~\* (Build) / Reihe f, Schicht f (Mauerwerk) ‖ ~ (Nuc Eng) / Mantelschuss m, Ring m (bei einem Kernreaktorbehälter), Schuss m ‖ ~\* (Ships) / Kurs m ‖ ~\* (Surv) / Verlauf m ‖ ~\* (Textiles) / Maschenreihe f (waagrecht), Reihe f (von Maschen) ‖ ~ (Textiles) / Reihe f (der Kettenwirkmaschine) ‖ ~ **correction**\* (Space) / Kurskorrektur f

**coursed ashlar** (US) (Build) / regelmäßiges Schicht(en)mauerwerk, hammergerechtes Schichtenmauerwerk

**course deviation** / Kursablage f, Kursabweichung f ‖ ~ **deviation bar** (Aero, Nav) / Leitkursbalken m ‖ ~ **deviation indicator** (Aero) / Kursabweichanzeiger m ‖ ~ **directional error** (Aero) / Kursrichtungsfehler m

**coursed rubble wall** (Build) / Schichtenmauerwerk n (hammergerechtes, regelmäßiges, unregelmäßiges)

**course-line deviation**\* / Kursablage f, Kursabweichung f

**course of a** (the) **river** (Geog, Geol) / Flusslauf m ‖ ~ **of charging** (Elec Eng) / Ladeverlauf m (der zeitliche Verlauf der Spannung und des Stromes während des Ladens einer Batterie) ‖ ~ **scalloping** (Aero, Nav) / Kursschwingungen f pl ‖ ~ **sector** (Aero) / Kurssektor m

**courseware** n (Comp) / Teachware f (Unterrichts-, Lernprogramme), Courseware f

**coursing joint**\* (Build) / Lagerfuge f (waagrecht durchgehende Fuge zwischen Mauersteinen)

**courtesy copy** / Informationskopie (weitere Ausfertigung) ‖ ~ **light** (Autos) / Innenraumbeleuchtung f, Innenbeleuchtung f ‖ ~ **vehicle** / Kofferkuli m (auf Bahnhöfen und Flughäfen), Trolley m

**courtyard** n (of a castle or large house) (Arch) / Hof m

**coutil** n (Textiles) / Coutil m (Drell, meistens in Kettköperbindung 3/1)

**couverture** n (Nut) / Fettglasur f (eine der Schokolade ähnliche Überzugsmasse für Konditoreierzeugnisseoder Backwaren), Kuvertüre f (Überzugsmasse) ‖ ~ (Nut) / Schokoladeüberzugsmasse f

**covalence** n (US) (Chem) / Kovalenz f, Bindigkeit f, kovalente Wertigkeit, Atombindungszahl f, Atombindigkeit f, Bindungswertigkeit f

**covalency** n (GB)\* (Chem) / Kovalenz f, Bindigkeit f, kovalente Wertigkeit, Atombindungszahl f, Atombindigkeit f, Bindungswertigkeit f ‖ ~ **moment** (Chem) / Kovalenzmoment n (elektrisches Dipolmoment)

**covalent** adj (Chem) / homöopolar adj, kovalent adj, unpolar adj ‖ ~ **bond**\* (Chem) / kovalente Bindung, Atombindung f, unpolare Bindung, homöopolare Bindung, Austauschbindung f, Elektronenpaarbindung f ‖ ~ **bond angle** (Chem) / Kovalenzbindungswinkel m ‖ ~ **chromatography** (Chem) / kovalente Chromatografie (eine Unterart der Affinitätschromatografie) ‖ ~ **crystal** (Crystal) / kovalenter Kristall, Atomkristall m ‖ ~ **crystal** (Crystal) / Kristall m mit kovalenter Bindung ‖ ~ **hydride** (Chem) / Hydrid n mit kovalenter Bindung (meistens flüchtig oder gasförmig), kovalentes Hydrid ‖ ~ **nitride** (Chem) / kovalentes Nitrid ‖ ~ **radius** (Chem, Crystal) / Kovalenzradius m, kovalenter Radius, kovalenter Atomradius

**covariance** n (the property of a function of retaining its form when the variables are linearly transformed) (Maths) / Kovarianz f, Forminvarianz f ‖ ~ (Maths, Stats) / Kovarianz f (Korrelationsmoment stochastischer Größen - DIN 55350, T 23) ‖ ~ **analysis** (Stats) / Kovarianzanalyse f (eine Verallgemeinerung der Varianzanalyse) ‖ ~ **matrix** (Stats) / Kovarianzmatrix f (DIN 13303, T 1)

**covariant** adj (Maths, Stats) / kovariant adj ‖ ~ **derivative** (Maths) / kovariante Ableitung, absolute Differentiation ‖ ~ **functor** (Maths) / kovarianter Funktor ‖ ~ **tensor** (Maths) / kovarianter Tensor

**cove** v (Join) / kehlen v ‖ ~\* n (a concave tile or other moulding forming the junction between the ceiling of a room and the wall) (Arch) / Deckenvoute f, Deckenkehle f, Hohlkehle f zwischen Decke und Wand ‖ ~ (Build) / Zierprofil n (Geog) / kleine (seichte) Bucht

**coved ceiling**\* (Arch) / mit Rundungen (Kehlen) angesetzte Decke ‖ ~ **vault** (Arch) / Klostergewölbe n (mit Wangen und Kappen)

**cove lighting** (Build, Elec Eng) / Deckenbeleuchtung f (mit verdeckten Leuchten)

**covelline**\* n (Min) / Kovellin m, Covellin m, Kupferindig m

**covellite**\* n (Min) / Kovellin m, Covellin m, Kupferindig m

**cover** v / zudecken v ‖ ~ / abdecken v (verdecken), bedecken v ‖ ~ / decken v ‖ ~ / hüllen v, umhüllen v ‖ ~ (Build, Eng) / umkleiden v, verkleiden v (ummanteln), ummanteln v, umhüllen v, bekleiden v ‖ ~ (Textiles) / beziehen v (Polstermöbel) ‖ ~ (Welding) / umhüllen v ‖ ~ vt (Radio, TV) / berichten v ‖ ~ n / Haube f, [Schutz]Kappe f, Deckel m (Haube) ‖ ~ / Hülle f, Umhüllung f ‖ ~ / Cover n (Schallplattenhülle) ‖ ~ / Decke f, Belag m ‖ ~ (Autos) / Radzierblende f, Radblende f, Blende f, Radzierkappe f, Radkappe f ‖ ~ (Bind) / Buchdeckel m ‖ ~ (Bot, Ecol) / Vegetation f, Pflanzendecke f (die Gesamtheit der Pflanzen, die die Erdoberfläche bzw. ein bestimmtes Gebiet mehr oder weniger geschlossen bedecken), Bewachsung f, Vegetationsdecke f, Bewuchs m (Pflanzendecke) ‖ ~ (of the reinforcement) (Build, Civ Eng) / Betondeckung f (der Bewehrung) ‖ ~ (Build, Eng) / Verkleidung f (Ummantelung), Ummantelung f, Bekleidung f ‖ ~ (Eng) / Kappe f, Abdeckkappe f, Schutzkappe f, Verschlusskappe f ‖ ~\* (Eng) / Kopfplatte f ‖ ~ (Eng) / Schutzabdeckung f, Schutzhaube f, Abdeckhaube f ‖ ~ (Mining) / Deckschichten f pl, Abraum f, Deckgebirge n (als vertikale Abmessung) ‖ ~ (Print) / Umschlag m (eines Taschenbuchs, einer Zeitschrift) ‖ ~ (Weaving) / Rand m

**coverage** n / behandelte Themen (im Buch) ‖ ~ (Build) / überbaute Fläche, überdachte Fläche, überdeckte Fläche ‖ ~ (Paint) / Ergiebigkeit f (Größe der Fläche, die mit der Mengeneinheit eines Anstrichstoffes mit einem Anstrich in vereinbarter Schichtdicke theoretisch versehen werden kann), Ausgiebigkeit f ‖ ~\* (Photog) / Erfassungsbereich m (Bildwinkel, Leuchtwinkel) ‖ ~ (Radar) / Überdeckung f ‖ ~ (Radio) / Reichweite f, [erfasster] Bereich m, Sendeweite f ‖ ~ (Radio, TV) / Berichterstattung f, Bericht m ‖ ~ (Stats) / Erfassungsgrad m, Erhebungsumfang m, Erfassungsbereich m, Erhebungsbereich m ‖ ~ (of a network) (Telecomm) / Versorgung f ‖ ~ (Textiles) / Bedeckungsgrad m (beim Stoffdruck) ‖ ~ **area** (Nav) /

**coverage**
Überdeckungsbereich *m* (bei der Peilung) ‖ **~ area** (area where targets with given target parameters, system parameters and propagation parameters can be covered by a radar system, with graphic display) (Radar, Telecomm) / Erfassungsbereich *m*, erfasster Bereich ‖ **~ area** (Radio, Telecomm) / Versorgungsgebiet *n*, Versorgungsbereich *m*, Nutzungsgebiet *n* ‖ **~ factor** / Erweiterungsfaktor *m* k (bei der erweiterten Messunsicherheit nach DIN 1319, T 3) ‖ **~ factor** / Ausfallerkennungsfaktor *m* ‖ **~ level** (Agric) / Deckungsgrad *m* (bei Unkräutern) ‖ **~ rate** (Paint) / Ergiebigkeit *f* (Größe der Fläche, die mit der Mengeneinheit eines Anstrichstoffes mit einem Anstrich in vereinbarter Schichtdicke theoretisch versehen werden kann), Ausgiebigkeit *f* ‖ **~ ratio** / Abdeckungsquote *f* (bei Recherchen) ‖ **~ time** (Phys) / Bedeckungszeit *f* (bei der Adsorption)
**coverall(s)** *n(pl)* (US) (Textiles) / Arbeitskombination *f*, Overall *m*, Kombination *f* (einteiliger Schutzanzug)
**cover board** (Bind) / Buchdeckelpappe *f*, Deckelpappe *f* ‖ **~ button** (Join) / Blindkappe *f* ‖ **~ by spinning** / umspinnen *v* ‖ **~ coating** (Nut) / Überzugsmasse *f* (z.B. für Back- und Süßwaren) ‖ **~ crop** (Agric) / Zwischensaat *f* (z.B. zur Begrünung von Brachland oder Baumobst- und Weinbauanlagen) ‖ **~ crop** (Agric, Civ Eng) / Deckfrucht *f*, Schutzfrucht *f* ‖ **~ disk** (Eng) / Deckscheibe *f* (des Lagers)
**covered** *adj* (Build) / überdacht *adj*, mit Dach ‖ **~** gedeckt *adj* (Wagen) ‖ **~ area** (Build) / überbaute Fläche, überdachte Fläche, überdeckte Fläche ‖ **~ bridge** (Civ Eng) / gedeckte Brücke
**covered-coil electrode welding** (Welding) / Fusarc-Verfahren *n*, Netzmantelschweißen *n*
**covered digester** (San Eng) / geschlossener Faulbehälter (Faulbehälter mit den Möglichkeiten der Faulgasgewinnung und der Beheizung - DIN 4045) ‖ **~ dovetail** (Carp) / gedeckte Zinke ‖ **~ drain** (Agric) / Dränagerohr *n*, Dränrohr *n* (DIN 1180 und DIN 4047, T 1), Röhrendrän *m* ‖ **~ electrode** (Elec Eng, Welding) / Mantelelektrode *f*, ummantelte Elektrode, umhüllte Elektrode ‖ **~ in oil** / verölt *adj* (Strand nach einer Tankerkatastrophe) ‖ **~ market** (Arch) / Markthalle *f* ‖ **~ plate** (Elec Eng) / Mantelplatte *f* (des Akkumulators) ‖ **~ pot** (Glass) / gedeckter Hafen ‖ **~ thread** (Textiles) / umsponnener Faden ‖ **~ thread** (Weaving) / Gimpe *f* (auf Gimpenstühlen hergestelltes Posament) ‖ **~ trickling filter** (San Eng) / geschlossener Tropfkörper ‖ **~ waggon** (Rail) / gedeckter Güterwagen, G-Wagen *m* ‖ **~ with a layer of dust** / von einer Schicht Staub bedeckt ‖ **~ yarn** (Spinning, Textiles) / umzwirntes Garn, umsponnenes Garn, Umwindungsgarn *n*
**cover enamel coat** / Deckemail *n* ‖ **~ fabric** (Textiles) / Bezugsstoff *m* ‖ **~ flashing** (Plumb) / Kappleiste *f* (der Schornsteineinfassung) ‖ **~ gas** (Nuc Eng) / Schutzgas *n* ‖ **~ glass** (Micros) / Deckglas *n* (Glasplättchen zum Bedecken des zu untersuchenden Präparats)
**covering** *n* / Hülle *f*, Umhüllung *f* ‖ **~** Abdeckung *f* (Bedeckung), Bedeckung *f* ‖ **~** (Maths) / Überlagerung *f* (in der Topologie) ‖ **~** (Maths) / Überdeckung *f* (von Teilmengen) ‖ **~** (Welding) / Umhüllung *f* (der Elektrode) ‖ **~** *adj* (Agric) / rechtswendend *adj* (Pflug) ‖ **~** (Paint) / deckend *adj* ‖ **~ colour** (Paint) / Deckfarbe *f* ‖ **~ group** (Maths) / Überlagerungsgruppe *f* ‖ **~ layer** / Deckschicht *f* (im Allgemeinen) ‖ **~ material** (Bind) / Werkstoff *m* ‖ **~ of grass** / Grasdecke *f* ‖ **~ of yarn** (Textiles) / Garnumwindung *f* ‖ **~ paper** (Bind, Paper) / Überzugspapier *n* (DIN 6730), Bezugspapier *n* ‖ **~ power** (Ceramics) / Deckkraft *f* (der Glasur) ‖ **~ power** (Paint) / Deckvermögen *n* (DIN 55 987), Deckfähigkeit *f* (eines pigmentierten Stoffes) ‖ **~ power** (Photog) / Erfassungsbereich *m* (Bildwinkel, Leuchtwinkel) ‖ **~ theorem** (Maths) / Überdeckungssatz *m* (ein Lehrsatz der Topologie) ‖ **~ twist** (Textiles) / Umspinnzwirn *m* ‖ **~ warp** (Textiles) / Deckkette *f* (bei Teppichen)
**cover iron** (Carp, Join) / Klappe *f* (eines Doppelhobeleisens - zum Brechen der Späne), Hobeleisenklappe *f*, Spanbrecherklappe *f* ‖ **~ meter** (Build, Civ Eng) / Bewehrungssucher *m* ‖ **~ page** (Comp) / Deckblatt *n* (vom Anwendungsprogramm generierte Seite mit Absender-/Empfängerangaben, Dateinamen usw.) ‖ **~ paper** (Paper) / Umschlagpapier *n* ‖ **~ pass** (Welding) / Decklage *f* (DIN 1912-1) ‖ **~ plate** (Build) / Auflageplatte *f* (z.B. des Vollwandträgers) ‖ **~ plate** (Eng) / Lasche *f* (ein Verbindungsstück) ‖ **~ print** (Print, Textiles) / Überdruck *m* (Deckdruck)
**covers** (Maths) / Kosinusversus *m*, cos vers
**cover seam** (Textiles) / Decknaht *f*
**coversed sine** (Maths) / Kosinusversus *m*, cos vers
**cover shot** (Cinema) / Reserveaufnahme *f*
**coversine** *n* (Maths) / Kosinusversus *m*, cos vers
**coverslip** *n* (Micros) / Deckglas *n* (Glasplättchen zum Bedecken des zu untersuchenden Präparats)
**cover soil** (Ecol) / Abdeckerde *f* (bei Deponien), Abdeckmaterial *n* ‖ **~ strap** (Carp) / Verstärkungsplatte *f*, Verstärkungsband *n* (bei Holzverbindungen) ‖ **~ strap** (Eng) / Lasche *f* (ein Verbindungsstück) ‖ **~ strip** (Build, Carp) / Deckleiste *f*, Abdeckleiste *f*

**cover-strip welding** (Plastics) / Warmgasschweißen *n* mit Deckstreifen
**covert channel** (a communication path, usually indirect, by which information can be transmitted in violation of a security policy) (Comp, Telecomm) / verdeckter Kanal ‖ **~ coating** (Textiles) / Covercoat *m* (ein wetterfester Wollstoff, ähnlich dem Gabardine)
**cover unit** (Print) / Umschlagdruckwerk *n* ‖ **~ up** *v* / abdecken *v* (verdecken), bedecken *v* ‖ **~ with writing** / voll schreiben *v* (eine Tafel)
**cove vault** (Arch) s. also cloister vault
**covibrate** *v* (Phys) / mitschwingen *v*
**covibration** *n* (Mech) / Mitschwingung *f*, Resonanzschwingung *f*
**coving** *n* (a concave arch or arched moulding) (Build) / Zierprofil *n*
**covolume** *n* (Chem, Phys) / Kovolumen *n* (in der van-der-Waals'schen Zustandsgleichung), Covolumen *n*
**Cowburn valve** (Eng) / Schwergewichtsventil *n*
**cowcatcher** *n* (US) (Rail) / Bahnräumer *m* (der Lokomotive), Gleisräumer *m*, Schienenräumer *m*, Kuhfänger *m*
**$CO_2$-welding** *n* (Welding) / SG-($CO_2$)-Schweißen *n*, Lichtbogenschutzgasschweißen *n* unter $CO_2$, $CO_2$-Schweißen *n*
**cowhide** *n* (Leather) / Rindshaut *f*, Rindhaut *f* ‖ **~** (Leather) / Kuhhaut *f* ‖ **~** (Leather) s. also elk-leather
**cowl** *n* (Aero) / Verkleidung *f*, Haube *f*, Motorhaube *f* (z.B. NACA-Haube) ‖ **~** (Autos) / Windlauf *m*, Windlaufblech *n* ‖ **~** (Build) / Windkappe *f* (Schornsteinaufsatz), Schornsteinaufsatz *m* (zur Verbesserung der Schornsteinwirkung), Schornsteinkappe *f*, Windhutze *f*, Helm *m* (des Schornsteins) ‖ **~** (Eng) / Rohraufsatz *m* (bei Entlüftungsrohren) ‖ **~** (Mining) / Räumschild *m* ‖ **~ flaps** (Aero) / Kühlluftklappen *f pl* ‖ **~ gills** (Aero) / Kühlluftklappen *f pl*
**cowling** *n* (Aero) / Verkleidung *f*, Haube *f*, Motorhaube *f* (z.B. NACA-Haube)
**cowl panel** (Autos) / Windlauf *m*, Windlaufblech *n* ‖ **~ plenum chamber** (Autos) / Luftkasten *m* (der Raum zwischen Windlauf und Spritzwand, in dessen Bereich sich die Ansaugteile für die Luftzufuhr zum Fahrgastraum befinden) ‖ **~ screen** (Autos) / Frontgitter *n* (ein Kunststoffgitter vor der Windschutzscheibe), Windlaufgitter *n* ‖ **~ section** (Autos) / Vorderwand *f* (ein Teil der Rohbaukarosserie)
**Cowper chamber** (Met) / Winderhitzerschacht *m* ‖ **~ stove** (Met) / Winderhitzer *m*, Cowper *m* (Winderhitzer für Hochöfen nach E.A.Cowper, 1819-1893)
**cowshed** *n* (Agric) / Kuhstall *m*, Rinderstall *m*
**cow's lip** (a trimming tool of hard rubber) (Ceramics) / Kuhlippe *f* ‖ **~ milk** (Nut) / Kuhmilch *f*
**cox** *n* (Ships) / Steuermann *m*
**coxswain** *n* (the steersman of a ship's boat, life boat, racing boat, or other boat) (Ships) / Steuermann *m*
**coyote** *v* (Mining) / Raubbau treiben ‖ **~ blasting** (Civ Eng, Mining) / Kammerminensprengung *f*, Kammersprengung *f* ‖ **~ blasting** (Mining) s. also chambering ‖ **~ hole** (Civ Eng, Mining) / Sprengkammer *f*, Minenkammer *f*
**coyote-hole blasting** (Civ Eng, Mining) / Kammerminensprengung *f*, Kammersprengung *f*
**coyoting** *n* (Mining) / Raubbau *m*, unsystematischer Abbau
**CP** (code of practice) / Merkblatt *n*
**c.p.** (centre of pressure) (Aero) / Druckpunkt *m* (Schnittpunkt der Wirkungslinie der Resultierenden aller am Tragflügel angreifenden Luftkräfte mit der Flügelprofilsehne)
**CP** (centre of pressure) (Aero) / Druckpunkt *m* (Schnittpunkt der Wirkungslinie der Resultierenden aller am Tragflügel angreifenden Luftkräfte mit der Flügelprofilsehne) ‖ **≙ (contrepente)** (Autos) / Contre-Pente *f* (Sicherheitskontur auf der Felgenschulter) ‖ **≙** (central processor) (Comp) / Zentralprozessor *m* ‖ **≙** (communication processor) (Comp) / Kommunikationsrechner *m*, Datenkommunikationsrechner *m*
**c.p.** (close packing) (Crystal) / dichte Kugelpackung
**CP** (cooling pond) (Nuc Eng) / Abklingbecken *n*, AKB (Abklingbecken), Brennelementlagerbecken *n*, Lagerbecken *n* (für abgebrannte Brennelemente) ‖ **≙ (charge parity)** (Phys) / Ladungsparität *f*, C-Parität *f* ‖ **≙ (cross-polarization)** (Phys, Radar) / Kreuzpolarisierung *f*, Kreuzpolarisation *f* ‖ **≙ (cross-polarization)** (Spectr) / Cross-Polarisierung *f* (in der Kernresonanzspektroskopie), Kreuzpolarisation *f*, CP (Kreuzpolarisation) ‖ **≙ (cathodic protection)** (Surf) / katodischer Korrosionsschutz (durch Fremdstrom, durch galvanische Anoden), katodischer Schutz, kathodischer Korrosionsschutz (DIN 50900, T 2), KKS
**CPC** (compound parabolic concentrator) / CPC-Konzentrator *m* (in der Heliotechnik), CPC-Konzentrator *m* (in der Solarenergietechnik) ‖ **≙ bond** (Electronics) / Chipstreifenleiter *m*
**CP control** (Automation) / Stetigbahnsteuerung *f*, Bahnsteuerung *f* (numerisches Steuerungssystem, bei dem eine Bewegung in mehr als einer Achse gleichzeitig und kontinuierlich gesteuert wird), CP-Steuerung *f*

**CPD** (cross-polarization discrimination) (Telecomm) / Kreuzpolarisationsentkopplung *f* (Satellitenkommunikation)
**CPE** (chlorinated polyethylene) (Chem, Plastics) / chloriertes Polyethylen, PE-C (DIN 7728, T 1) ‖ ≗ (circle of probable error) (Nav) / Gleichwahrscheinlichkeitskreis *m* ‖ ≗ (customer premises equipment) (Telecomm) / kundeneigene Einrichtungen, Teilnehmereinrichtung *f* (eine kundeneigene Endeinrichtung)
**C-pillar** *n* (Autos) / C-Säule *f* (bei Stufenhecklimousinen), Heckscheibensäule *f*, hinterer Dachpfosten
**CPILS** (correlation-protected ILS) (Aero) / korrelationsgeschütztes ILS
**CP invariance** (Nuc) / CP-Invarianz *f* (Invarianz physikalischer Gesetze gegenüber der gemeinsamen Anwendung der Paritätsoperation und der Ladungskonjugation), PC-Invarianz *f*, CP-Symmetrie *f*
**CPL**\* (Aero) / Luftfahrerschein *m* für Berufsflugzeugführer (II. Klasse)
**C plane** (Telecomm) / Steuerungsebene *f* (logische Ebene innerhalb der UTRA-Protokoll-Architektur)
**C$_4$ plant**\* (Bot) / C$_4$-Pflanze *f* (mit einem besonderen Fotosynthesetypus, bei dem das Kohlendioxid zum limitierenden Faktor wird)
**C$_3$ plant**\* (Bot) / C$_3$-Pflanze *f* (bei der das primäre Produkt der Kohlendioxidassimilation eine C$_3$-Carbonsäure ist)
**CPM**\* / Methode *f* des kritischen Weges (eine Netzplantechnik), CPM-Verfahren *n*, Critical Path Method (für deterministische Vorgänge) ‖ ≗ (continuous phase modulation) (Telecomm) / kontinuierliche Phasenmodulation
**CP parity** (Phys) / CP-Parität *f*, kombinierte Parität
**C process** (Foundry) / Croning-Verfahren *n*, Croning-Formmaskenverfahren *n*, C-Verfahren *n*, Croning-Formmaskenguss *m*
**C-programming language** (Comp) / Programmiersprache *f* C, C-Programmiersprache *f*
**cps** (characters per second) (Comp) / Zeichen *n pl* pro Sekunde, Z/s (Zeichen pro Sekunde)
**CP symmetry** (Phys) / CP-Symmetrie *f*
**CPT symmetry** (Phys) / CPT-Symmetrie *f* ‖ ≗ **theorem** (Phys) / Lüders'sches Theorem, CPT-Theorem *n*, PTC-Theorem *n*, PCT-Theorem *n* (fundamentales Theorem der Quantenfeldtheorie)
**CPU** (central processing unit) (Comp) / Zentralrecheneinheit *f*, Zentraleinheit *f* (eines Digitalrechners), CPU, ZRE (Zentralrecheneinheit), ZE (Zentralrecheneinheit) ‖ ≗ **bus** (Comp) / CPU-Bus *m* ‖ ≗ **time** (US) (Comp) / CPU-Zeit *f*, Zentraleinheitszeit *f* ‖ ≗ **upgrading** (Comp) / CPU-Aufrüstung *f*
**CPVC** (Chem) / Chlorpolyvinylchlorid *n*, chloriertes Polyvinylchlorid, CPVC, PVCC ‖ ≗ (Paint) / kritische Pigmentvolumenkonzentration (DIN EN 971-1), CPVC, KPVK
**CP violation** (Phys) / CP-Verletzung *f*
**c quark** (Nuc) / Charm-Quark *n*, c-Quark *n* (eine Quarkart)
**CR** (polychloroprene rubber) / Polychloroprenkautschuk *m* ‖ ≗ (carriage return) / Wagenrücklauf *m* (der Schreibmaschine) ‖ ≗ (chloroprene rubber) / Chloroprenkautschuk *m* (Poly-2-chlorbutadien, Neopren), Chlorbutadien-Rubber *m*, CR (Chloroprenkautschuk)
**Cr** (chromium) (Chem) / Chrom *n*, Cr (Chrom)
**CR** (catalytic reforming) (Chem Eng, Oils) / katalytisches Reformieren, katalytisches Reforming (Reformieren mit Katalysator) ‖ ≗ (crystal rectifier) (Electronics) / Kristallgleichrichter *m* ‖ ≗ (cold-rolled) (Met) / kaltgewalzt *adj*
**crab** *v* (Textiles) / brühen *v* (Wolle durch eine Heißwasserbehandlung in einem Faserverband fixieren), einbrennen *v*, krabben *v*, kochen *v* (krabben), brennen *v* (krabben) ‖ ≗\* *n* (Cinema, TV) / seitliche Kamerafahrt ‖ ~ (Eng) / Seilwinde *f* ‖ ~ (Eng) / Kranlaufkatze *f*, Katze *f*, Laufkatze *f*, Laufwinde *f* (auf einem Brückenkran, Stahlträger oder an einem Seil fahrender Wagen mit einer Winde, der Lasten in horizontaler oder auch geneigter Richtung bewegt)
**crabbing** *n* (Aero) / Schieben *n* (Abdrängung eines Flugzeugs von der geraden Flugrichtung durch Seitenwind oder durch die Seitensteuerung) ‖ ~ (Cinema, TV) / seitliche Kamerafahrt ‖ ~\* (Textiles) / Einbrennen *n*, Krabben *n* (in feuchtem gespanntem Zustand auf Koch- oder Krabbmaschinen ausgeübte Nassbehandlung von Wolle und wollehaltigen Mischgeweben), Brennen *n*, Kochen *n*, Brühen *n* ‖ ~ **jack** (Textiles) / Brennbock *m* (DIN 64 990) ‖ ~ **machine** (Textiles) / Krabbmaschine *f*, Kochmaschine *f*, Brennmaschine *f* (die der Fixierung von Geweben zur Beseitigung der Krumpfneigung bei den nachfolgenden Appreturarbeiten dient), Brühmaschine *f* ‖ ~ **roller** (Textiles) / Brennbock *m* (DIN 64 990)
**crab dolly** (Cinema, TV) / Kamerawagen *m*, Dolly *m*, fahrbare Kameraplattform (schienenlos) ‖ ~ **landing** (Aero) / Schiebelandung *f*
**crabmeat** *n* (Nut) / Krebsfleisch *n*

**Crab nebula**\* (Astron) / Crabnebel *m*, Krebsnebel *m* (im Sternbild Taurus) ‖ ≗ **pulsar** (Astron) / Crabpulsar *m* (im Zentrum des Crabnebels), Krebspulsar *m* ‖ ~ **running on two rails** (Eng) / Zweischienenkatze *f*, Zweischienenlaufkatze *f*
**crabs** *pl* (Print) / Remittenden *f pl* (die an den Verlag zurückgeschickt werden)
**crab winch** (Eng) / Seilwinde *f*
**crabwood**\* *n* (For) / Crabholz *n*, Andirobaholz *n*, Crabwood *n* (meistens aus Carapa guianensis Aubl.)
**crack** *v* / bersten *v* (Risse bekommen) ‖ ~ / knacken *v* (zerbrechen) ‖ ~ (seam) / platzen *v* ‖ ~ (protection) (Comp) / knacken *v* ‖ ~ (Eng) / anlüften *v* ‖ ~ (Leather) / abplatzen *v* (Narben) ‖ ~ (US) (Nut) / schroten *v* ‖ ~ *vi* / aufspringen *v* (rissig werden), rissig werden, reißen *vi*, zerspringen *vi*, bersten *vi* ‖ ~ / aufreißen *vi* (z.B. Mauerwerk) ‖ ~ *vt* (Oils) / kracken *v*, cracken *v* ‖ ~ *n* (Geol, Mining) / Kluft *f* ‖ ~ (Leather) / Schnatte *f*, Schnate *f* ‖ ~ (Materials) / Riss *m* (durch Zerreißen entstandener Spalt), Sprung *m* (Riss) ‖ ~ (Med) / Crack *n* (ein Kokain enthaltendes synthetisches Rauschgift) ‖ ~ (Weaving) / Streifen *m* (ein Fehler bei textilen Flächengebilden) ‖ ~ **advance** (Materials) / Rissfortschritt *m*, Rissausbreitung *f*, Rissfortpflanzung *f* ‖ ~ **arrest** (Materials) / Rissstopp *m*, Rissarretierung *f*, Rissauffangen *n*, Rissarrest *m*, Rissauffang *m*, Behinderung *f* der Rissausbreitung ‖ ~ **arrester** (Aero, Build) / Rissefänger *m*, Rissstopper *m* ‖ ~ **arresting** (Materials) / Rissstopp *m*, Rissarretierung *f*, Rissauffangen *n*, Rissarrest *m*, Rissauffang *m*, Behinderung *f* der Rissausbreitung
**crack-arrest temperature** (Materials) / Rissauffangtemperatur *f* ‖ ~ **toughness** (Met) / Rissstoppzähigkeit *f*
**crack base** / Rissgrund *m* ‖ ~ **border** (Materials) / Rissufer *n*, Rissumrandung *f* ‖ ~ **bridging** (Build) / Rissüberbrückung *f* ‖ ~ **closure** (Materials) / Rissschließen *n* ‖ ~ **control** (Civ Eng) / Rissbeherrschung *f* (in Betonstraßendecken)
**crack-control reinforcement** (Civ Eng) / Rissbewehrung *f* (Zusatzbewehrung zur Aufnahme von Zugspannungen, die durch Temperaturänderungen oder Schwinden hervorgerufen werden)
**crack corrosion** (Surf) / Korrosion *f* mit Rissbildung ‖ ~ **deflection** (Materials) / Rissablenkung *f* ‖ ~ **depth** / Risstiefe *f* ‖ ~ **detector**\* (Elec Eng) / Rissdetektor *m*, Risssucher *m* ‖ ~ **detector** (Materials) / Rissprüfer *m* ‖ ~ **due to shrinkage** (Build, Civ Eng) / Schwindriss *m* (im Beton)
**cracked** *adj* / rissig *adj*, rissbehaftet *adj*, gesprungen *adj*, gerissen *adj* ‖ ~ **ends**\* (Textiles) / gerissene Enden (beim Fadenbruch) ‖ ~ **gas** (Oils) / Krackgas *n* (Brenngas aus flüssigen oder gasförmigen Kohlenwasserstoffen), Spaltgas *n*, SG ‖ ~ **gasoline** (Oils) / Krackbenzin *n*
**crackedness** *n* / Rissigkeit *f*
**cracked surface injection** (Build) / Rissverpressung *f* (nicht kraftschlüssige - in Massivbauteilen) ‖ ~ **wheat** (Nut) / Bulgur *m*, Burgul *m*, Bulgurweizen *m* ‖ ~ **wheat** (Nut) / Weizenschrot *m* (grober)
**cracker** *n* (someone who carries out unauthorized or criminal acts such as breaking into secure computer networks) (Comp) / Cracker *m* (der aus böswilligen Motiven hackt), Knacker *m* ‖ ~ (US) (Nut) / Schrotmühle *f* (für Getreide) ‖ ~ (Oils) / Krackanlage *f*, Cracker *m* ‖ ~ **gas** (Oils) / Krackgas *n* (Brenngas aus flüssigen oder gasförmigen Kohlenwasserstoffen), Spaltgas *n*, SG
**crack extension** (Materials) / Risserweiterung *f* ‖ ~ **extension** (Materials) / Rissfortschritt *n*, Rissausbreitung *f*, Rissfortpflanzung *f*
**crack-following pointing** (Build) / Stoß- bzw. Lagerfugenriss *m* (der den Verlauf der verwendeten Wandbildner zeigt)
**crack formation** (Materials) / Sprungbildung *f*, Rissbildung *f* (im Allgemeinen) ‖ ~ **front** / Rissfront *f* ‖ ~ **growth** (Materials) / Risswachstum *n* (bei der Charakteristik des Verhaltens eines Werkstoffs)
**crack-growth strain gauge** (Materials) / Rissfortpflanzungsmessstreifen *m*, RFMS
**crack inception** (Materials, Met) / Risskeimbildung *f*, Rissauslösung *f* ‖ ~ **inducer** (Civ Eng) / Scheinfuge *f* (Querfuge in der Straßenbetondecke, die die Risse aus Zugspannungen vermindern soll)
**cracking**\* *n* / Einreißen *n* ‖ ~ (the unauthorized entry into a computer system, usually a networked system, in order to carry out some illegal act such as reading secure files or infecting a system with a virus) (Comp) / Cracking *n* ‖ ~ (Materials) / Sprungbildung *f*, Rissbildung *f* (im Allgemeinen) ‖ ~\* (Oils) / Krackung *f*, Cracking *n*, Kracken *n*, Cracken *n* ‖ ~ **due to the intrinsic properties of the material** (Welding) / werkstoffbedingte Rissgefahr, werkstoffbedingte Bruchgefahr ‖ ~ **furnace** (Oils) / Krackofen *m*, Crackofen *m*, Spaltofen *m* ‖ ~ **gas** (Oils) / Krackgas *n* (Brenngas aus flüssigen oder gasförmigen Kohlenwasserstoffen), Spaltgas *n*, SG ‖ ~ **in welded joints** (Welding) / Schweißrissigkeit *f* (beim Gasschweißen bestimmter Stähle neben der Naht auftretende

**cracking**

Fehlerscheinung) ‖ ~ **path** / Rissverlauf m, Risspfad m ‖ ~ **plant** (Oils) / Krackanlage f, Cracker m ‖ ~ **roll** (Nut) / Brechstuhl m (in der Müllerei) ‖ ~ **salt** / Knistersalz n (eine Art Steinsalz, das Gaseinschlüsse enthält) ‖ ~ **test** / Rissprobe f ‖ ~ **tool** (Glass) / Brechwerkzeug n (für optisches Glas), Knackwerkzeug n, Knacker m (für optisches Glas)
**crack initiation** (Materials) / Rissinitiierung f (Beginn der Risserweiterung), Rissauslösung f
**crackle** v (Acous) / prasseln v, knistern v (Störgeräusche) ‖ ~ (fire) (Acous) / knistern v ‖ ~ (Acous, For) / knacken vi (Holz) ‖ ~ (Mining) / warnen v (Gebirge) ‖ ~ (Radio) / knattern v, knistern v (beim Empfang) ‖ ~ vt (Ceramics, Glass) / krakelieren v (mit Craquelée versehen), craquelieren v ‖ ~ n (Paper) / Klang m (bei mechanisch-technologischen Prüfungen)
**crackled*** adj (Glass) / krakeliert adj, craqueliert adj ‖ ~ **glass** (Glass) / Krakeleeglas n, krakeliertes Glas, craqueliertes Glas
**crackle finish** (Paint) / Schrumpflack m, Reißlack m (ein Effektlack, z.B. Eisblumenlack) ‖ ~ **glass** (Glass) / Krakeleeglas n, krakeliertes Glas, craqueliertes Glas ‖ ~ **glaze** (Ceramics) / Krakeleeglasur f, Haarrissglasur f, Craqueléglasur f
**crack length** (Materials) / Risslänge f
**crackle test** / Spratzprobe f (qualitativer Nachweis geringer Wassermengen in Öl)
**crack-line-wedge-loaded specimen** (Materials) / CLWL-Probe f
**crackling effect** (Textiles) / Eisblumeneffekt m
**crackly** adj (Nut) / krachig adj (Braten, Salat, Brötchen)
**crack morphology** / Rissgestalt f, Rissform f
**crack-mouth opening displacement** (Materials) / Rissspitzenöffnungsverschiebung f, Rissöffnungsverschiebung f
**crack nucleation** (Materials, Met) / Risskeimbildung f, Rissauslösung f ‖ ~ **off** (Glass) / absprengen v (z.B. durch Anritzen), abschränken v, abklopfen v (trennen), abschlagen v ‖ ~ **off** (Glass) s. also burn off
**crack-off** n (the process of separating a glass article from the moil by breaking, as by scratching and by sharp heating) (Glass) / Absprengen n (Verfahren zum Trennen von Glas meistens durch gezielte, eng begrenzte, thermisch erzeugte Spannungen)
**crack opening** (Materials) / Rissöffnung f
**crack-opening displacement** (Materials) / Rissspitzenöffnungsverschiebung f, Rissöffnungsverschiebung f ‖ ~ **displacement** (Materials) / Rissaufweitung f ‖ ~ **stretch** (Materials) / Rissöffnungsaufweitung f, Rissspitzenaufweitung f
**crack path** / Rissverlauf m, Risspfad m ‖ ~ **pattern** / Rissbild n ‖ ~ **periphery** (Materials) / Rissumgebung f, Randgebiet n des Risses ‖ ~ **propagation** (Materials) / Rissfortschritt m, Rissausbreitung f, Rissfortpflanzung f ‖ ~ **resistance** / Risswiderstand m ‖ ~ **route** / Rissverlauf m, Risspfad m ‖ ~ **sealing** / Rissversiegelung f
**crack-sensitive** adj (Materials) / rissanfällig adj
**crack sensitivity** (Materials) / Rissempfindlichkeit f ‖ ~ **sensor** / Risssensor m ‖ ~ **size** / Rissabmessungen f pl, Rissgröße f ‖ ~ **spacing** (Materials) / Rissabstand m ‖ ~ **stopper*** (Aero, Build) / Rissefänger m, Rissstopper m ‖ ~ **stopper pipe** / Rissauffangrohr n ‖ ~ **tip** (Materials) / Rissspitze f
**crack-tip opening displacement** (Materials) / Rissspitzenöffnungsverschiebung f, Rissöffnungsverschiebung f
**crack tolerance** / Risstoleranz f ‖ ~ **up** v / aufreißen vi (z.B. Mauerwerk) ‖ ~ **width** (Build, Civ Eng) / Rissbreite f (Abstand der Rissufer, gemessen auf der Bauteiloberfläche, senkrecht zum Rissverlauf) ‖ ~ **willow** (For) / Bruchweide f (Salix fragilis L.), Knackweide f
**cracky** adj / rissig adj, rissbehaftet adj, gesprungen adj, gerissen adj
**cradle*** n (Build, Eng) / Wiege f, Gestell n, Sattel m ‖ ~* (a type of suspended scaffold) (Build, Paint) / Hängebühne f, Hängeplattform f, Schwebebühne f ‖ ~* (Build, Paint, Ships) / Hängekorb m, Schwebekorb m (für eine Person) ‖ ~* (Elec Eng) / geerdetes Schutznetz n ‖ ~* (Spinning) / Oberriemchenkäfig m des Streckwerkes ‖ ~ (Teleph) / Gabel f (zur Aufnahme des Handapparats) ‖ ~ **dynamometer** (Eng) / Pendelgenerator m ‖ ~ **machine** / Fensterputzwagen m, Fassadenlift m (zum Fensterputzen) ‖ ~ **rocker** (Mining) / Schwingtrog m ‖ ~ **scaffold*** (Build) / Hängegerüst n (DIN 4420-3) ‖ ~ **switch** (Teleph) / Gabelumschalter m, Hakenumschalter m
**cradle-to-grave principle** (Ecol) / Cradle-to-Grave-Prinzip n (Prinzip der Überwachung gefährlicher Stoffe von ihrer Entstehung bis zu ihrer Beseitigung)
**cradle vault** (Arch) / Tonnengewölbe n, Fassgewölbe n, ellipsoidisch (räumlich) gekrümmtes Gewölbe
**cradling** n (Teleph) / Einhängen (Schaltkennzeichen)
**craft** v / fertigen v (meistens handwerklich) ‖ ~ n / handwerkliche Fertigkeit, handwerkliches Können ‖ ~ / Handwerk n, Gewerbe n, Gewerk n ‖ ~ (Mil) / Fahrzeug n (Wasser- oder Luftfahrzeug) ‖ ~ **bookbinding** (Bind) / handwerkliche Buchbinderei, Sortimentsbuchbinderei f ‖ ~ **dialogue** (Comp) / Bediendialog m ‖ ~ **knife** / Stanley-Messer n (Messerheft aus zwei Schalen mit einem grau lackierten Aluminiumgussheft), Kutto-Messer n
**craftsman** n / Handwerker m
**craftsmanship** n / (bewährte) handwerkliche Qualität f, Ausführungsqualität f, Verarbeitungsgüte f, handwerkliche Ausführung (guter Qualität), Bearbeitungsgüte f
**craft yarn** (Textiles) / Papiergarn n, Papierfäden m pl
**crag** n (a steep or rugged cliff or rock face) (Geol) / Felsklippe f ‖ ~ (a steep or rugged cliff or rock face) (Geol) / Klippe f
**cragged mountains** (Geol) / Felsklippengebirge n
**craggy** adj (Geol) / zerklüftet adj (Bergmassiv)
**Craig countercurrent distribution** (Chem Eng) / Craig-Verteilung f (eine Art Gegenstromverteilung) ‖ ≃ **distribution** (Chem Eng) / Craig-Verteilung f (eine Art Gegenstromverteilung)
**Cramer's rule** (Maths) / Cramer'sche Regel (zum Lösen linearer Gleichungssysteme mit n Unbekannten und n Gleichungen - nach G. Cramer, 1704-1752)
**crammed stripe** (Textiles) / gedrängte Streifung
**cramp** v / verklammern v (z.B. Baugerüst), mit Klammern verbinden ‖ ~ n (a metal strap fixed to a door frame or lining and built into a wall to fix the frame) (Build) / Schlauder f (bandförmiges, gelochtes Verbindungselement aus Flachstahl zur Befestigung von Zargen am Bauwerk), Bankeisen n ‖ ~ (Build) / Klammer f (für Natursteinmauerwerk) ‖ ~* (Eng) / Zwinge f (eine Spannvorrichtung) ‖ ~* (Join) / Zwinge f (ein Verleimwerkzeug)
**cramp-iron*** n (Build) / Klammer f (für Natursteinmauerwerk)
**crampon** / Steinschere f, Teufelsklaue f (zum Versetzen der Werksteine) ‖ ~* / Lastengreiferzange f, Hebezange f ‖ ~ (Build, Elec Eng) / Klettereisen n, Steigeisen n (auch in Schächten und Kaminen)
**crampoon*** n / Lastengreiferzange f, Hebezange f
**Cram's rule** (Chem) / Cram'sche Regel (eine empirische Regel zur qualitativen Vorhersage des sterischen Verlaufs und des bevorzugt gebildeten Produktes einer diastereoselektiven Additionsreaktion an Aldehyde oder Ketone mit Chiralitätszentrum in α-Position zur Carbonylgruppe - nach D.J. Cram, 1919 -)
**cranage** n / Krankosten pl, Krangebühren f pl ‖ ~ (Eng) / Kranarbeiten f pl
**crane** v (Eng) / mit einem Kran heben oder versetzen ‖ ~ n (Eng) / Kran m (pl. -e) ‖ ~ **barge*** (Civ Eng, Oils) / Kranbarge f, Ponton m mit dem Schwimmkran ‖ ~ **beam** (Eng) / Kranträger m ‖ ~ **boom** (Civ Eng) / Kranausleger m (schwenkbarer) ‖ ~ **bridge** (Eng) / Kranbrücke f ‖ ~ **cab** n (Eng) / Kranführerkabine f, Führerhaus n (des Kranes), Krankabine f ‖ ~ **cable** (Eng) / Kranseil n ‖ ~ **capacity** (Civ Eng) / Krankapazität f ‖ ~ **carrier** (Eng) / Kranwagenfahrgestell n ‖ ~ **crab** (Eng) / Kranlaufkatze f, Katze f, Laufkatze f, Laufwinde f (auf einem Brückenkran, Stahlträger oder an einem Seil fahrender Wagen mit einer Winde, der Lasten in horizontaler oder auch geneigter Richtung bewegt) ‖ ~ **cycle** (Ships) / Kranspiel n (Gesamtzeit vom Anschlagen einer Last bis zum Abschlagen der Last am anderen Ort (Arbeitsspiel) und dem Zurückfahren zur nächsten Last (Leerspiel)) ‖ ~ **drive** (Eng) / Kranantrieb m ‖ ~ **driver** (Eng) / Kranführer m ‖ ~ **engine** (Civ Eng) / Kranmotor m ‖ ~ **follower** (Eng) / Anschläger m, Binder m (am Kran) ‖ ~ **girder** (Eng) / Kranträger m ‖ ~ **hatch** (Nuc Eng) / Krankluke f (im Reaktorgebäude) ‖ ~ **helicopter** (Aero) / Kranhubschrauber m, fliegender Kran, Lastenhubschrauber m ‖ ~ **hoist** (Autos, Eng) / Fahrzeugkran m ‖ ~ **hook** (the hook at the end of the lifting cable of a crane to which the load or sling chain is attached) (Eng) / Kranhaken m, Lasthaken m des Krans, Kranlasthaken m
**crane-hook clearance** (Eng) / Kranhakenhöhe f
**crane jib** (Eng) / Kranausleger m (DIN 15 023), Kragarm m (des Krans) ‖ ~ **ladle** (Foundry) / Kranpfanne f ‖ ~ **magnet*** (Elec Eng, Eng) / Hubmagnet m, Hebemagnet m, Last(en)hebemagnet m ‖ ~ **motor*** (Eng) / Kranmotor m ‖ ~ **operator** (Eng) / Kranführer m ‖ ~ **post*** (Eng) / Kransäule f ‖ ~ **rail** (Eng) / Kranschiene f (DIN 536, T 1), Kranbahnschiene f ‖ ~ **runway** (Eng) / Kranbahn f, Kranfahrbahn f, Fahrbahn f (des Krans), Kranlaufbahn f ‖ ~ **shot** (Cinema) / Kranaufnahme f ‖ ~ **shovel** (Civ Eng) / Kranschaufler m ‖ ~ **skip** (Eng) / Krankübel m ‖ ~ **structure** (Eng) / Krantragwerk n ‖ ~ **tower** (Build) / senkrechter Derrickmast, Hauptmast m (des Derricks) ‖ ~ **trolley** (Eng) / Kranlaufkatze f, Katze f, Laufkatze f, Laufwinde f (auf einem Brückenkran, Stahlträger oder an einem Seil fahrender Wagen mit einer Winde, der Lasten in horizontaler oder auch geneigter Richtung bewegt) ‖ ~ **truck** (Autos, Eng) / Fahrzeugkran m ‖ ~ **vehicle** (Autos, Civ Eng) / Kranfahrzeug n, KF (Kranfahrzeug) ‖ ~ **waggon** (Rail) / Kranwagen m
**crane-way** n (Eng) / Kranbahn f, Kranfahrbahn f, Fahrbahn f (des Krans), Kranlaufbahn f
**crank** v (an engine) (Autos, Eng) / anlassen v, anwerfen v (einen Motor mit der Kurbel) ‖ ~ (Eng) / verkröpfen v, kröpfen v, abkröpfen v ‖ ~ vi (Autos) / durchdrehen v (Motor) ‖ ~ vt / ankurbeln v, kurbeln v ‖ ~ n (a refractory support for the firing of glazed flatware) (Ceramics) /

Tellerstütze *f* (für Flachwaren) ‖ ~ (a low sagger holding one porcelain plate) (Ceramics) / Sparkapsel *f* ‖ ~* (Eng) / Kurbel *f* ‖ ~ *adj* (Ships) / rank *adj* (von geringer Stabilität)
**crank-and-rocker mechanism** (Eng, Mech) / Kurbelschwinge *f*
**crank angle** (Eng, I C Engs) / Kurbelwellenwinkel *m*, Kurbelwinkel *m* ‖ ~ **arm** (Eng) / Kurbelarm *m* ‖ ~ **arm** (US) (I C Engs) / Kurbelwange *f* (Kurbelarm der Kurbelwelle nach DIN ISO 7967-2) ‖ ~ **assembly** (Eng) / Kurbelgestänge *n* ‖ ~ **axle** (Rail) / Kurbelachse *f*, gekröpfte Achswelle
**crank-brace*** *n* (Eng) / Handbohrmaschine *f* (mit Kurbelantrieb)
**crankcase*** *n* (Autos, Eng) / Kurbelgehäuse *n* (DIN ISO 7967) ‖ ~ **blow-by** (Autos, I C Engs) / Kurbelgehäusegase *n pl*, Blowby *n* (das Blowby-Volumen kann als Maß für den Zylinder-, Kolben- und Ringverschleiß sowie für den Ölverbrauch und die Ölverschmutzung betrachtet werden), Blowby-Gas *n*, Durchblasegase *n pl* ‖ ~ **bottom** (I C Engs) / Kurbelwanne *f* (DIN 6260) ‖ ~ **compression** (I C Engs) / Vorverdichtung *f* (bei Zweitaktmotoren) ‖ ~ **door** (Autos, Eng) / Kurbelgehäusedeckel *m* (DIN ISO 7967-1) ‖ ~ **emissions** (Autos) / Kurbelgehäuseemissionen *f pl* ‖ ~ **half** (Autos) / Kurbelgehäusehälfte *f* ‖ ~ **oil** (Autos) / Motorenöl *n* (Kurbelgehäuseöl) ‖ ~ **pumping chamber** (Autos) / Kurbelkastenpumpe *f* (Pumpwirkung des Kurbelkastens des Zweitaktmotors) ‖ ~ **sump** (I C Engs) / Kurbelwanne *f* (DIN 6260) ‖ ~ **ventilation** (Autos, I C Engs) / Kurbelgehäuseentlüftung *f*
**crank chain** / Kurbelkette *f* (in der Kinematik) ‖ ~ **cheek** (I C Engs) / Kurbelwange *f* (DIN ISO 7967-2), Kurbelschenkel *m* ‖ ~ **circle** (Eng) / Kurbelkreis *m* ‖ ~ **disk** (Eng) / Kurbelrad *n*, Kurbelscheibe *f* (der Waagerecht-Stoßmaschine) ‖ ~ **drive** (Eng) / Kurbeltrieb *m*, Kurbelantrieb *m*
**cranked** (Eng) / gebogen *adj* (z.B. Hobelmeißel) ‖ ~ (Eng, For) / gekröpft *adj* ‖ ~ **axle** (Rail) / Kurbelachse *f*, gekröpfte Achswelle ‖ ~ **lever** (Eng) / Gelenkhebel *m* ‖ ~ **tool** (Eng) / gebogener Meißel, Seitenstahl *m*
**crank effort*** (Eng) / Kurbelbelastung *f* ‖ ~ **forging press** (Eng) / Kurbelschmiedepresse *f*, Maxipresse *f* ‖ ~ **gear** (Eng) / Kulissenrad *n* ‖ ~ **handle** (Eng, Tools) / Kurbelgriff *m*, Kurbel *f* (als Griff) ‖ ~ **inductor** (Elec Eng) / Kurbelinduktor *m* (im Allgemeinen)
**cranking** *n* (Autos) / Durchdrehen *n* (des Motors) ‖ ~ (Eng) / Kröpfung *f* (Abbiegung aus der ursprünglichen Achse in eine andere, parallel dazu liegende), Verkröpfung *f* ‖ ~ **enrichment** (Autos) / Startanhebung *f*, Startanreicherung *f* (als Gegensatz zu Nachstartanhebung und Warmlaufanreicherung) ‖ ~ **motor** (Autos) / Anwurfmotor *m* (DIN 42005) ‖ ~ **power** (Autos) / Startleistung *f*
**crank mechanism** (Eng) / Kurbelgetriebe *n*, Hebelgetriebe *n*, Kurbeltrieb *m* (ein Gelenkgetriebe)
**crank-open sun roof** (Autos) / Stahlkurbeldach *n*
**crank path** (Eng) / Kurbelweg *m*
**crankpin*** *n* (Eng) / Kurbelwellenzapfen *m*, Kurbelzapfen *m* (DIN ISO 7967-2), Pleuelzapfen *m* (auf dem der Pleuelfuß gelagert ist) ‖ ~ **fillet** (I C Engs) / Hubzapfen *m* ‖ ~ **joint** (Eng) / Kurbeldrehgelenk *n*
**crank press** (Eng) / Kurbelpresse *f* (eine mechanische Presse) ‖ ~ **ring spanner** (Tools) / gekröpfter Ringschlüssel *m* ‖ ~ **schematic** (Eng, I C Engs) / Kurbelschema *n*
**crankshaft*** *n* (Eng, I C Engs) / Kurbelwelle *f* ‖ ~ **angle** (Eng, I C Engs) / Kurbelwellenwinkel *m*, Kurbelwinkel *m* ‖ ~ **drill** (Eng) / Kurbelwellenbohrer *m*, Ölkanalbohrer *m* (zum Bohren von Öllöchern in Kurbelwellen) ‖ ~ **lathe** (Eng) / Kurbelwellendrehmaschine *f* ‖ ~ **main bearing** (Autos) / Kurbelwellenhauptlager *n*, KW-Hauptlager *n*, Hauptlager *n* (der Kurbelwelle)
**crank sieve** / Kurbelsieb *n* (mit einem Kurbel- oder Exzenterantrieb) ‖ ~ **throw** (Eng) / Kurbelkröpfung *f* ‖ ~ **throw*** (Eng) / Kurbelradius *m* (Abstand der Pleuellagerzapfenmitte zur Kurbelwellenmitte, Hubradius *m* ‖ ~ **up** *v* / ankurbeln *v*, kurbeln *v* ‖ ~ **web*** (I C Engs) / Kurbelwange *f* (Kurbelarm der Kurbelwelle nach DIN ISO 7967-2) ‖ ~ **wheel** (Eng) / Kurbelrad *n*, Kurbelscheibe *f* (der Waagerecht-Stoßmaschine) ‖ ~ **with (attached) coupling link** (Mech) / Zweischlag *m*, Zwiegelenk *n*
**crape** *n* (Textiles) / Krepp *m*, Crêpe *m* ‖ ~ (Textiles) / Trauerflor *m* ‖ ~ (Textiles) s. also crêpe
**craquelé** *n* (Textiles) / Craquelé *n*, Krakelee *n* (Kreppgewebe, dessen Oberfläche ein narbig rissiges Aussehen hat) ‖ ~ *adj* (Glass) / krakeliert *adj*, craqueliert *adj* ‖ ~ **glaze** (Ceramics) / Krakeleeglasur *f*, Haarrissglasur *f*, Craqueléglasur *f*
**craquelure** *n* (Paint) / Krakelüre *f*, Craquelure *f*
**crash** *v* (Aero) / zerschellen *v*, Bruch machen ‖ ~ (a red traffic light) (Autos) / bei Rot fahren ‖ ~ (Comp) / abstürzen *v* ‖ ~ *n* (Aero) / Absturz *m*, Crah *m* (Absturz) ‖ ~ (Autos) / Verkehrsunfall *m*, Unfall *m*, Zusammenstoß *m* ‖ ~ (Autos) / Zusammenstoß *m*, schwerer Unfall ‖ ~ (Bind) / engmaschige Heftgaze ‖ ~ (system crash) (Comp) / Systemcrash *m*, Systemzusammenbruch *m*, Systemabsturz *m* (eine abnormale Beendigung des Systemablaufs), Systemausfall *m* ‖ ~ (the failure of either a program or a disk drive) (Comp) / Zusammenbruch *m*, Absturz *m* (eine fehler- oder störungsbedingte Beendigung eines Rechnerlaufs), Crash *m* (Absturz) ‖ ~ (Textiles) / Grobleinen *n*, grobe Leinenware ‖ ~ (Textiles) s. also drill and towelling ‖ ~ **bar** (Autos) / Überrollbügel *m* (der den Insassen Schutz bieten soll, falls das Fahrzeug sich überschlägt) ‖ ~ **barrier** (GB) (Autos) / Leitplanke *f*, Schutzplanke *f*
**crash-barrier test** (Autos) / Leitplankenversuch *m*
**crash behaviour** (Autos) / Crash-Verhalten *n* ‖ ~ **box** (Autos) / Crashbox *f* (Fahrtenschreiber in Autos zur Unfallrekonstruktion) ‖ ~ **box** (Autos) / Crashbox *f* (Konstruktion im Rennwagen zum Schutz der Beine des Fahrers) ‖ ~ **box** (Photog) / Crashbox *f* (Schutzbehälter für Kameras)
**crashed** *adj* (Comp) / aufgehängt *adj* (Rechner), blockiert *adj*, abgestürzt *adj*
**crasher** *n* (Comp) / Computersaboteur *m*, Crasher *m* (der fremde Daten mutwillig zerstört) ‖ ~ **virus** (Comp) / Crasher-Virus *m n* (der einen Systemabsturz verursacht) ‖ ~ **virus program** (Comp) / crashauslösendes Virusprogramm
**crash-free** *adj* (Comp) / unfallfrei *adj*
**crash helmet** (Autos) / Kraftfahrersturzhelm *m* (ECE-Regelung 22), Sturzhelm *m*
**crash-land** *v* (Aero) / bruchlanden *v* (nur Infinitiv und Partizip), eine Bruchlandung machen
**crash-landing** *n* (Aero) / Bruchlandung *f*
**crash-landing, make a ~** (Aero) / bruchlanden *v* (nur Infinitiv und Partizip), eine Bruchlandung machen
**crashmail** *n* (Comp, Telecomm) / Crashmail *f* (eine eilige E-Mail, die außerhalb der Zeit des Netcalls vom Sender zum Empfänger übertragen werden muss)
**crash of the system** (Comp) / Systemcrash *m*, Systemzusammenbruch *m*, Systemabsturz *m* (eine abnormale Beendigung des Systemablaufs), Systemausfall *m*
**crash-optimized** *adj* (Autos) / crashoptimiert *adj* (Konstruktion)
**crash pad** (Autos) / Prallplatte *f* (des Sicherheitslenkrads) ‖ ~ **recorder*** (Aero) / Flugdatenregistriergerät *n*, Flugschreiber *m*, Flugdatenschreiber *m*, Crashrecorder *m* (Flugdatenregistriergerät), Flight-Recorder *m*, FDR (Flugdatenregistriergerät) ‖ ~ **recorder** (Autos) / Unfalldatenschreiber *m*, Crashrecorder *m*, UDS (Unfalldatenschreiber), Crash-Computer *m* ‖ ~ **sensor** (Autos) / Aufprallsensor *m*, Crash-Sensor *m* ‖ ~ **site** (Aero) / Absturzstelle *f* ‖ ~ **stop** (Ships) / Notstopp *m* (plötzliches Stoppen der Hauptmaschine ggf. mit der Order, rückwärts zu arbeiten)
**crash-stop manoeuvre** (Ships) / Crash-Stop-Manöver *n*
**crash stopway** (Ships) / Stoppstrecke *f* (bei Notstoppen) ‖ ~ **survival space** (Autos) / Überlebensraum *m* (Sicherheitsfahrgastzelle) ‖ ~ **tender** (Aero) / Flughafenlöschfahrzeug *n* ‖ ~ **test** (Autos) / Crashtest *m* (mit dem das Unfallverhalten von Kraftfahrzeugen ermittelt werden kann) ‖ ~ **truck** (Aero) / Flughafenlöschfahrzeug *n*
**crashworthiness** *n* (Aero) / Bruchlandesicherheit *f* ‖ ~ (Autos) / Crashtauglichkeit *f* ‖ ~ **rating** (Autos) / Crashworthiness-Rating *n* (Unfallforschung in der Automobilindustrie), Zensuren *f pl* für die innere Sicherheit (der Autoinsassen)
**crassulacean acid metabolism*** (a form of photosynthesis) (Bot) / diurnaler Säurerhythmus, Crassulacean-Acid-Metabolismus *m* (bei Pflanzen mit Wasserspeichergeweben, die in der Nacht organische Säuren /vorwiegend Malat/ speichern und am Tag das $CO_2$ und die Reduktionsäquivalente freisetzen), CAM
**crate** *v* / in Lattenkiste (in Lattenverschlag) verpacken ‖ ~ *n* (composite packaging) / korbförmige Außenverpackung ‖ ~ / Kasten *m* (Getränkekasten) ‖ ~ / Verschlag *m* (Verpackungsmittel aus Schnittholz), Lattenverschlag *m* ‖ ~ (open) / Lattenkiste *f*, Steige *f* (flache Lattenkiste, in der Obst oder Gemüse zum Verkauf angeboten wird), Stiege *f* (flache Lattenkiste) ‖ ~ **liner** (Paper) / Lattenverschlags-Auskleidungspapier *n* ‖ ~ **pallet** / Gitterboxpalette *f*
**crater*** *n* (Astron, Geol) / Krater *m* ‖ ~ (Eng) / Mulde *f* (in der Oberfläche), Kolk *m* (Mulde in der Oberfläche), Auskolkung *f* (eine Verschleißerscheinung) ‖ ~ **at the end** (of a weld pass) (Welding) / Endkrater (trichterförmig eingesunkenes Ende einer durch Schmelzschweißen erzeugten Naht), Krater am Schweißnahtende ‖ ~ **corrosion** (Surf) / kraterförmige Lochfraßkorrosion ‖ ~ **depth** (Eng) / Kolktiefe *f* (Maß für den Kolkverschleiß), KT
**crateriform** *adj* / kraterförmig *adj*
**cratering** *n* / Kraterbildung *f* ‖ ~ (Eng) / Kolkverschleiß *m* (muldenförmiger Verschleiß auf der Spanfläche) ‖ ~ (Materials, Paint) / Fischaugen *n pl* (ein Anstrichfehler), Silikonkrater *m*
**crater lake** (Geol) / Kratersee *m* ‖ ~ **wear** (Eng) / Kolkverschleiß *m* (muldenförmiger Verschleiß auf der Spanfläche) ‖ ~ **width** (Eng) / Kolkbreite *f* (Maß für den Kolkverschleiß)
**craton*** *n* (Geol) / Kraton *n m* (ein Krustenteil), Kratogen *n*

**crawler** *n* (Comp) / Crawler *m* (Suchmaschine der Suchmaschine), Spider *m* (in der Suchmaschine) ‖ ~ (Eng) / Gleiskettenfahrzeug *n*, Raupenkettenfahrzeug *n*, Raupenfahrzeug *n*, Kettenfahrzeug *n* ‖ ~ *attr* (Eng) / Raupen-, Gleisketten- (Fahrzeug) ‖ ~ **crane** (Civ Eng) / Raupenkran *m* ‖ ~ **drive** (Eng) / Antrieb *m* zum Raupenfahrwerk ‖ ~ **gear** (Autos) / Geländegang *m*, Kriechgang *m* ‖ ~ **lane** (Autos) / Kriechstreifen *m*, Kriechspur *f*
**crawler-mounted** *adj* (Autos, Civ Eng, Eng) / auf Raupenfahrwerk, Raupen-
**crawler track** (Autos, Civ Eng, Eng, Mil) / Gleiskette *f*, Raupenkette *f*, Raupe *f* (Raupenkette), Kette *f* (Raupenkette)
**crawler-tracked vehicle** (Eng) / Gleiskettenfahrzeug *n*, Raupenkettenfahrzeug *n*, Raupenfahrzeug *n*, Kettenfahrzeug *n*
**crawler tractor** (Autos, Civ Eng) / Vollraupe *f* (ein Schlepper), Kettentraktor *m*, Raupenschlepper *m*, Gleiskettenzugmaschine *f* ‖ ~ **treads** (Eng) / Raupenfahrwerk *n* (z.B. des Schaufelradbaggers) ‖ ~ **truck** (Eng) / Raupenfahrwerk *n* (z.B. des Schaufelradbaggers)
**crawling\*** *n* (Elec Eng) / Schleichen *n* (mit Schleichdrehzahl laufen) ‖ ~* (a very pronounced form of cissing) (Paint) / Runzelbildung *f*, Zusammenziehung *f*, Faltenbildung *f*, Schrumpfen *n* (ein Anstrichschaden) ‖ ~ (Print) / Perlen *n* (Tief- und Flexodruck) ‖ ~ **speed** (Elec Eng) / Schleichdrehzahl *f*
**crawl roll** (Cinema, TV) / Textwalze *f*, Textrolle *f* ‖ ~ **space** (Build) / Kriechkeller *m*
**crawlway** *n* (a duct at least 1,05 m deep, but not high enough to walk through) (Build) / Kriechweg *m* (mindestens 1,05 m hoch)
**Cray computer** (der Cray Research Inc.) (Comp) / Cray-Supercomputer *m*
**crayon** *n* / Zeichenkreide *f*
**craze** *n* (Foundry) / Brandriss *m* (der Kokille) ‖ ~ (Plastics) / Craze *m* (Mikrohohlraum in amorphen thermoplastischen Polymeren, der sich bei Belastung orthogonal zur Belastungsrichtung ausbildet)
**craze-proof** *adj* / rissdicht *adj*
**crazes** *pl* (Plastics) / Crazes *pl* (Mikrohohlräume innerhalb von amorphen thermoplastischen Polymeren, die sich bei Belastung der Thermoplaste in orthogonaler Orientierung zur Belastungsrichtung ausbilden), Pseudobruch *m*, Weißbruch *m*
**crazing** *n* / Crazing *n* (bei ungespannten hellen Kautschukvulkanisaten) ‖ ~* (Build, Paint) / oberflächliche Rissbildung, Haarrissbildung *f*, Netzaderbildung *f*, Netzrisse *m pl* ‖ ~ (Ceramics) / Absplittern *n* (der gebrannten Glasur vom Scherben), Craquelé *n*, Abspringen *n* (der Glasur), Krakelee *n* (Krakelüren) ‖ ~ (Plastics) / Crazing *n* (Ausbildung von Crazes in Thermoplasten) ‖ ~ **crack** / Haarriss *m*, Kapillarriss *m* ‖ ~ **effect** (Chem Eng) / Elefantenhaut *f*, Bewetterungshaut *f*, Crazing-Effekt *m* (bei rußfreien Heißvulkanisaten)
**crazy paving** (Build) / Mosaikpflaster *n* (unregelmäßiges - aus Bruchstücken)
**CRC** (cyclic redundancy check) (Comp) / zyklische Blocksicherung, zyklische Blockprüfung (auf Richtigkeit einer übertragenen Nachricht)
**CR cable** (Cables) / Kryokabel *n*
**CRCC** (Comp) / CRC-Prüfzeichen *n*
**C-reactive protein\*** (Med) / C-reaktives Protein, CRP (C-reaktives Protein)
**creak** *v* / quietschen *v* (Tor, Tür) ‖ ~ / kreischen *v* (Tür in den Angeln), knarren *v* ‖ ~ (Acous) / knarren *v*
**cream** *v* (Nut) / entrahmen *v*, abrahmen *v* (die Sahne abschöpfen) ‖ ~ (Nut) / aufrahmen *v*, Sahne ansetzen lassen ‖ ~ (Nut) / schlagen *v*, schaumig schlagen ‖ ~ (Nut) / mit Sahne versetzen ‖ ~ *n* (Nut) / Sahne *f*, Rahm *m*, Obers *n* ‖ ~ (Pharm) / Creme *f*, Krem *f m* (Salbe besonders weicher Konsistenz, die größere Mengen an Wasser enthält) ‖ ~ *attr* / creme *adj*, cremefarben *adj*, cremefarbig *adj*, cremeweiß *adj*
**creamability** *n* / Aufrahmungsvermögen *n*, Aufrahmpotential *n*
**cream-coloured** *adj* / creme *adj*, cremefarben *adj*, cremefarbig *adj*, cremeweiß *adj*
**creamed latex** (a latex, the rubber concentration of which has been increased by creaming and removal of the separated serum) / aufgerahmter Latex ‖ ~ **potatoes** (Nut) / Kartoffelpüree *n*, Stampfkartoffeln *f pl*
**cream ice** / Eisbrei *m* (dichter, zäher Eisschlamm)
**creaming agent** / Aufrahmungsmittel *n* ‖ ~ **of an emulsion** (Phys) / Aufrahmung *f* einer Emulsion
**cream•-laid\*** *adj* (Paper) / cremegerippt *adj* (Papier), mit geraden Wasserstreifen (Papier) ‖ ~ **of magnesia** (Pharm) / Magnesiamilch *f* (Aufschwemmung von Magnesiumhydroxid in Wasser) ‖ ~ **of tartar\*** (Chem) / Weinsteinrahm *m*, [gereinigter] Weinstein (Kaliumhydrogentartrat) ‖ ~ **separator** (Agric, Nut) / Entrahmungszentrifuge *f*, Milchzentrifuge *f*, Milchschleuder *f*, Entrahmer *m* ‖ ~ **time** (Plastics) / Startzeit *f* (beim Reaktionsspritzgießen von Polyurethanschaumstoff)

**creamware** *n* (GB) (glazed earthenware pottery of a rich cream colour, developed by Josiah Wedgwood in about 1760) (Ceramics) / cremefarbene Irdenware, cremefarben brennende Töpferware
**cream-wove\*** *adj* (Paper) / cremefarben *adj* (Velinpapier)
**creamy** *adj* (cream-coloured) / creme *adj*, cremefarben *adj*, cremefarbig *adj*, cremeweiß *adj* ‖ ~ / sämig *adj* ‖ ~ (Nut) / kremig *adj* (Geschmack), sahnig *adj* (Geschmack) ‖ ~ (Nut) / sahneartig *adj*, sahnig *adj*, sahnehaltig *adj*
**creamy-white** *n* / weißlich gelb *adj*
**creasability** *n* (Paper) / Falzfähigkeit *f* (Möglichkeit eines riss- oder bruchfreien Falzens)
**crease** *v* / Falten schlagen, Falten werfen ‖ ~ (Plastics) / umlegen *v* (eine Kante), abkanten *v* ‖ ~ (Textiles) / zerknittern *v*, zerknautschen *v*, verknittern *v* ‖ ~ *n* (Textiles) / Knitterung *f*, Knittern *n* ‖ ~ (Textiles) / Knitter *m* (unregelmäßige, durch Sitzen oder Drücken entstandene kleine Falte in einem Stoff) ‖ ~ (Textiles) / Falte *f* (Bügel-, Knitter- oder Knautschfalte)
**creased** *adj* / faltig *adj*, zerknittert *adj* (faltig) ‖ ~ (Textiles) / verknittert *adj*, zerknittert *adj*, knittrig *adj*
**creaseless** *adj* (Textiles) / faltenfrei *adj*
**crease recovery** (Textiles) / Knittererholung *f* (Entknitterung des Gewebes nach Wegfall der Belastung - DIN 53 890 und 53 891)
**crease-recovery angle** (Textiles) / Knittererholungswinkel *m* (DIN 53890), Knitterwinkel *m* (Maß der Knittererholung) ‖ ~ **test** (Textiles) / Knittererholungsprüfung *f*, Entknitterungsprüfung *f*
**crease resistance** (Textiles) / Knitterresistenz *f*, Knitterfestigkeit *f*
**crease-resistance finish** (Textiles) / knitterfreie Ausrüstung, Knitterfreiausrüstung *f*, Knitterfestausrüstung *f*, Knitterechtausrüstung *f*
**crease-resistant** *adj* (Textiles) / knitterfrei *adj*, knitterresistent *adj*, knitterfest *adj*, knitterecht *adj*, knitterarm *adj*
**crease•-resist\* finish\*** (Textiles) / knitterfreie Ausrüstung, Knitterfreiausrüstung *f*, Knitterfestausrüstung *f*, Knitterechtausrüstung *f* ‖ ~ **retention** (Paper) / Falzbeständigkeit *f* (Verharren eines Papiers im gefalzten Zustand) ‖ ~ **retention** (Textiles) / Bügelfaltenbeständigkeit *f*
**creasing** *n* (Build) / Wandkopfabdichtung *f* (aus Dachziegeln) ‖ ~ (Plastics) / Umlegen *n* in der Kante, Abkanten *n* (von Halbzeug) ‖ ~ **strength** (Paper) / Druckfalzfähigkeit *f* (Restbruchlast nach dem Druckfalzen) ‖ ~ **test** (Textiles) / Knitterprüfung *f* ‖ ~ **with bending support** (Plastics) / Abkanten *n* mit Abkantklappe (für stärkere Platten)
**create** *v* / erstellen *v* (eine Datei, einen Beleg), anlegen *v* (eine Datei)
**creatine** *n* (a compound formed in protein metabolism) (Biochem) / Kreatin *n* (im Aminosäurederivat) ‖ ~ **phosphate\*** (Biochem) / Kreatinphosphat *n*, Phosphokreatin *n*
**creatinine** *n* (a compound which is produced by metabolism of creatine and excreted in the urine) (Biochem) / Kreatinin *n*, Creatinin *n*
**creation** *n* (Comp) / Einrichtung *f* (einer Datei, einer Kartei), Erstellung *f* (eines Belegs, einer Datei) ‖ ~ **of electronic manuscripts** (Comp, Electronics) / Erstellung *f* von elektronischen Manuskripten, elektronische Manuskripterstellung ‖ ~ **operator** (Nuc, Phys) / Erzeugungsoperator *m* (in der Quantentheorie)
**creative fare** (Aero) / Spezialtarif *m* (zur Stimulierung des Verkehrsaufkommens auf bestimmten Strecken und zur Verbesserung der Auslastung von Verkehrsflugzeugen)
**creativeness** *n* / Kreativität *f*
**creativity** *n* / Kreativität *f*
**creator of a virus** (Comp) / Autor *m* (eines Virenprogramms), Virusprogrammierer *m*
**credentials** *pl* (Telecomm) / Berechtigungsnachweis *m*, Berechtigung *f* (zum Zugriff)
**credibility** *n* (AI) / Glaubwürdigkeit *f* ‖ ~ **test** (Stats) / Plausibilitätskontrolle *f*
**credible accident** (Nuc Eng) / vorstellbarer Unfall, anzunehmender Unfall
**credit** *v* / gutschreiben *v* (einen Betrag), kreditieren *v* (ein Konto), erkennen *v* (auf der Habenseite buchen) ‖ ~ *n* / Kredit *m* (zur Verfügung gestellter Geldbetrag) ‖ ~ / Kredit *n* (als Gegensatz zu Debet in der Buchführung), Haben *n* (in der Buchführung) ‖ ~ / Ziel *n* (für eine Zahlung festgesetzte Frist) ‖ ~ **assignment** (AI) / Erfolgszuweisung *f*
**credit-based system** (Comp) / kreditbasiertes System (der bargeldlosen Transaktionen mit Hilfe eines elektronischen Datenaustausches)
**credit-card call** / Kreditkartenanruf *m*, Kreditkartengespräch *n* ‖ ~ **reader** (Comp) / Kreditkartenleser *m* ‖ ~ **service** (Comp, Telecomm) / Kreditkartendienst *m* ‖ ~ **terminal** (Comp) / Kreditkartenterminal *n*
**crediting** *n* (Ecol) / Crediting *n* (ein Anrechnungsmodus für Emissionen)
**credit note** (Cartography) / Impressum *n* (pl. Impressen)

**credits*** *pl* (Cinema, TV) / Vorspanntitel *m pl*, Vorspann *m*, Titelvorspann *m* (einem Film bzw. einer Sendung vorangestellte Angaben über Titel, Hersteller, Darsteller, u. Ä.)
**credit titles** (Cinema, TV) / Vorspanntitel *m pl*, Vorspann *m*, Titelvorspann *m* (einem Film bzw. einer Sendung vorangestellte Angaben über Titel, Hersteller, Darsteller, u. Ä.)
**creek** *n* (US) (Geog) / kleiner Flusslauf, Flüsschen *n* || ~ (Geog) / Creek *m* (pl. -s) (nur zur Regenzeit Wasser führender Fluss, z.B. in Australien )
**creel** *v* (Spinning) / aufstecken *v* (Spulen) || ~* *n* (Spinning, Textiles) / Aufsteckgatter *n*, Aufsteckrahmen *m*, Spulengatter *n*, Gatter *n*, Materialgatter *n* || ~ (Weaving) / Spulengatter *n* (DIN 62 500)
**creep** *v* / kriechen *v*, schleichen *v* || ~ (Mining) / quellen *v*, heben *v* (Sohle), blähen *v* (Sohle) || ~ *n* (Autos) / Kriechen *n* (Vortrieb von Automatikfahrzeugen bei eingelegter Fahrstufe und Motor im Leerlauf) || ~ (the permanent deformation of a material subjected to continuous stresses beyond its elastic limit) (Build, Eng, Materials, Met) / Kriechdehnung *f* (bei dem Zeitstandversuch nach 50118), Kriechen *n* (zeitabhängige Verformung unter gleich bleibender Beanspruchung) || ~* (Chem) / Auskristallisation *f* an der Gefäßwand bei Verdunstung || ~ (Eng) / Dehnschlupf *m* (beim Riemen) || ~ (Eng) / Kriechgang *m*, Schleichgang *m* (einer Werkzeugmaschine bei numerischer Steuerung) || ~ (the slow, almost imperceptible downslope movement of soil and rock debris under the influence of gravity) (Geol) / Gekriech *n* (langsame Bergabbewegung der oberen Gehängepartien) || ~* (Mining) / Sohlenhebung *f*, Sohlenauftrieb *m*, Aufblähen *n* der Sohle, Sohlenblähen *n* || ~ (Rail) / Gleiswanderung *f* || ~ (Geol) s. also solifluction
**creepage distance** (Elec Eng) / Kriechweg *m* (DIN 53480), Kriechüberschlagweg *m* || ~ **distance** (Elec Eng) / Kriechstrecke *f*, Kriechüberschlagstrecke *f* (längs einer Isolierstoffoberfläche zwischen zwei Bezugspunkten) || ~ **spark** (Elec Eng) / Gleitfunke *m*
**creep behaviour** (Materials) / Kriechverhalten *n*, Zeitstandverhalten *n* || ~ **curve** (Materials) / Kriechkurve *f* || ~ **deformation** (Materials) / Kriechverformung *f* || ~ **ductility** (Materials) / Kriechbruchdehnung *f*
**creeper** *n* (Autos) / Rollbrett *n* (für Arbeiten unter dem Fahrzeug ohne Bühne oder Grube), Montagerollbrett *n*, Montageroller *m*, Roller *m* (für die Autoreparaturen von unten) || ~ (Build, Elec Eng) / Klettereisen *n*, Steigeisen *n* (auch in Schächten und Kaminen) || ~ **gear** (Autos) / Geländegang *m*, Kriechgang *m* || ~ **lane** (Autos) / Kriechstreifen *m*, Kriechspur *f*
**creep-fatigue interaction** (Materials) / Überlagerung *f* von Kriech- und Ermüdungsschädigung
**creeping** *n* (Eng) / Kriechgang *m*, Schleichgang *m* (einer Werkzeugmaschine bei numerischer Steuerung) || ~ **air current** (Mining) / Schleichwetterstrom *m*, Schleichstrom *m* (kleiner unkontrollierter Wetterstrom) || ~ **flow** (Phys) / schleichende Strömung (die Reibungskräfte sind wesentlich größer als die Trägheitskräfte - DIN 1342, T 1) || ~ **strain** (Materials) / langsam anwachsende Spannung || ~ **stress** (Materials) / langsam anwachsende Spannung
**creep limit*** (Met) / Kriechgrenze *f* || ~ **limit for useful life** (Materials, Met) / Zeitstandkriechgrenze *f*, Zeitkriechgrenze *f* || ~ **material** (e.g. rock debris) (Geol) / Gekriech *n* (z.B. Wanderschutt) || ~ **material** (Geol) s. also hill-creep || ~ **rate** (Build, Eng, Materials, Met) / Kriechgeschwindigkeit *f* (zentrale Kenngröße des Kriechvorganges), Kriechrate *f* || ~ **recovery** / Kriecherholung *f* || ~ **resistance** (Materials) / Kriechfestigkeit *f*, Kriechfestigkeit *f*
**creep-resistant material** (Eng, Materials) / warmfester Werkstoff
**creep rupture*** (Materials, Met) / Zeitstandbruch *m*, Kriechbruch *m*
**creep-rupture test** (Met) / Zeitstandversuch *m* (bis zum Bruch)
**creep slide** (Geol) / Gekriech *n* (langsame Bergabbewegung der oberen Gehängepartien) || ~ **strain** (Build, Eng, Materials, Met) / Kriechdehnung *f* (bei dem Zeitstandversuch nach 50118), Kriechen *n* (zeitabhängige Verformung unter gleich bleibender Beanspruchung) || ~ **strain limit in tensile test** (Materials) / Zeitdehngrenze *f* || ~ **strength** (Materials) / Kriechbruchfestigkeit *f*, Kriechfestigkeit *f* || ~ **test** (Chem) / Kriechprobe *f* (Nachweis von Fluoriden) || ~ **test** (Eng) / Kriechstromprüfung *f* || ~ **test*** (Materials, Met) / Kriechversuch *m* || ~ **trench** (Build) / Kriechkeller *m* || ~ **trench** (a duct below floor level less then 1,05 m high) (Build) / Kriechweg *m* (unter 1,05 m hoch) || ~ **trench** (Build) s. also crawlway || ~ **value** (Civ Eng) / Kriechzahl *f* (Beton) || ~ **velocity** (Build, Eng, Materials, Met) / Kriechgeschwindigkeit *f* (zentrale Kenngröße des Kriechvorganges), Kriechrate *f* || ~ **velocity** (at ~ ~) (Eng) / Schleichgang *m* (z.B. im ~)
**crème fraîche** (Nut) / Crème fraîche *f* (saure Sahne mit hohem Fettgehalt)
**Cremnitz white** (Paint) / Kremser Weiß *n* (ein mit Mohnöl angerührtes Bleiweiß, in der Kunstmalerei verwendet)

**Cremona diagram** (Build, Civ Eng, Mech) / Cremona'scher Kräfteplan (nach L. Cremona, 1830 - 1903), Cremonaplan *m* (zur Ermittlung der Stabkräfte in Fachwerken)
**cremorne bolt*** (Build, Join) / Baskülverschluss *m* (für Türe oder Fenster, bei welchem durch den Handgriff /Beschlag/ über ein Zahnrad oder eine Stiftenscheibe je ein Riegel nach oben und unten geschoben wird), Espagnoletteverschluss *m*, Treibriegelverschluss *m*, Drehstangenverschluss *m*, Spagnolett *m*
**crenal** *n* (Ecol) / Krenal *n* (Quellbereich eines Flussgewässers)
**crenel** *n* (Arch) / Scharte *f* (im Zinnenkranz)
**crenellation** *n* (Arch) / Zinnenkranz *m*, Zinne *f*
**crenelle** *n* (Arch) / Scharte *f* (im Zinnenkranz)
**crenulation** *n* (Geol) / Kleinfältelung *f*, Mikrowellung *f* || ~ **cleavage** (Geol) / $S_2$-Schieferung *f*, Runzelschieferung *f*, Schubklüftung *f*
**creosol** *n* (Chem) / Methylbrenzkatechin *n*, Methylbrenzcatechin *n*, Kreosol *n*
**creosote** *v* / kreosotieren *v* (mit Kreosot behandeln; durch Kreosot gegen Fäulnis schützen; mit Kreosot tränken) || ~ (For) / teerölhaltige Holzschutzmittel (Kreosot) anwenden || ~ *n* (Chem Eng) / Kreosotöl *n*, Kreosot *n* (von Braun- oder Steinkohlenteer) || ~ (Chem Eng) / Kreosot *n* (aus den schweren Holzteer-Öl-Fraktionen) || ~ (For) / teerölhaltiges Holzschutzmittel (saure, phenolhaltige Teeröl-Fraktionen von Steinkohlen- und Braunkohlenteer) || ~ **bush** (Bot) / Kreosotstrauch *m* (vor allem Larrea tridentata) || ~ **oil*** (Chem Eng) / Kreosotöl *n*, Kreosot *n* (von Braun- oder Steinkohlenteer)
**creosoting** *n* (For) / Tränkung *f* mit Kreosotöl, Schutzbehandlung *f* mit Kreosotöl || ~ (For) / Holzschutz *m* (Tränkung) mit teerölhaltigen Holzschutzmitteln
**crêpe** *v* (Textiles) / krepponieren *v*, kreponieren *v*, kreppen *v* || ~ *n* (Chem Eng) / Kreppkautschuk *m*, Crêpekautschuk *m*, Kreppgummi *m* || ~* (Textiles) / Krepp *m*, Crêpe *m*
**crêpe-back satin** (Textiles) / Crêpe Satin *m* (Seidenkrepp mit einer glänzenden und einer matten Seite)
**crêpe de chine*** (Textiles) / Crêpe de Chine *m* (Gewebe aus Natur- oder Kunstseide mit fein genarbter Oberfläche), Chinakrepp *m* || ~ **fabric** (Textiles) / Krepp *m*, Crêpe *m*
**crêpeline** *n* (Textiles) / Crepeline *f*, Krepeline *f*
**crêpe marocain** (Textiles) / Marocain *m*, Crêpe marocain *m* (Wolle,Seide, Baumwolle), Marok *m* (ganz aus Chemiefasergarnen) || ~ **paper** (Paper) / Krepppapier *n* (Gärtner- oder Packkrepp nach DIN 6730) || ~ **rubber*** (Chem Eng) / Kreppkautschuk *m*, Crêpekautschuk *m*, Kreppgummi *m* || ~ **tape** (Build, Paint) / Klebstreifen *m*, Klebestreifen *m*, Kreppstreifen *m*, selbsthaftendes Kreppband, Abdeckband *n*, Abdeckklebeband *n*, Abdeckmaskenband *n*, Malerband *n* (gekrepptes), Abklebeband *n* (z.B. Tesa-Krepp) || ~ **weave** (Weaving) / Kreppbindung *f*, Crêpebindung *f* || ~ **yarn** (Spinning) / überdrehtes Garn (mit etwa 2000 Drehungen), Kreppgarn *n*
**crepidoma** *n* (Arch) / Krepis *f*, Krepidoma *f* (Stufenunterbau und Fundament eines antiken Bauwerks)
**creping** *n* (Textiles) / Kreppen *n* (ein Ausrüstungsvorgang bei Kreppgeweben), Krepponieren *n* (kreppen), Kreponieren *n*
**crêping** *n* (Textiles) / Kreppen *n* (ein Ausrüstungsvorgang bei Kreppgeweben), Krepponieren *n* (kreppen), Kreponieren *n*
**creping calender** (Textiles) / Kreppkalander *m*
**crêping doctor** (Paper) / Kreppschaber *m*
**crepon** *n* (Spinning) / Krepon *m* (Kreppgarne, die auf der Zwirnmaschine nochmals nachgedreht werden), Crepon *m*
**crepuscular arch** (Geophys, Phys) / Dämmerungsbogen *m* (Unstetigkeitsschicht zwischen dem erhellten und dem dunklen Teil des Himmels)
**crescent** *n* (Astron) / Halbmond *m*, Mondsichel *f* || ~ (Electronics) / sichelförmiger Defekt der Epitaxieschicht || ~ *attr* / halbmondförmig *adj*, sichelförmig *adj* (halbmondförmig)
**crescentic crack** (Geol, Min) / bogiger Bruch || ~ **fracture** (Geol, Min) / bogiger Bruch || ~ **lake** (Geog, Hyd Eng) / Altwassersee *m* (charakteristischer Seentyp in den Niederungen von Deltaregionen und großen Strömen - wenn die Flussschlinge vollständig vom Fließgewässer abgetrennt ist)
**crescent pump** (Eng) / Innenzahnradpumpe *f*, Sichelzahnradpumpe *f*, Sichelpumpe *f*
**crescent-shaped** *adj* / halbmondförmig *adj*, sichelförmig *adj* (halbmondförmig)
**crescent tear test** (Materials) / Weiterreißversuch *m* (mit bogenförmiger Probe) || ~ **wing*** (Aero) / Sichelflügel *m* (ein Pfeilflügel)
**cresol*** *n* (Chem) / Cresol *n*, Kresol *n*, Methylphenol *n*, Hydroxytoluol *n* || ~ **red*** (Chem) / Kresolrot *n*, Cresolrot *n* (ein Indikator) || ~ **resin*** (Plastics) / Kresolharz *n* (ein Phenolharz), CF-Harz *n*, Cresolharz *n* || ~ **soap** / Kresolseife *f*, Cresolseife *f*
**cresotic acid** (Chem) / Kresotinsäure *f*
**cresotinic acid** (Chem) / Kresotinsäure *f*

**cress** v (Eng) / kalthämmern v (Rohrenden)
**crest** n (Arch) / Bekrönung f, Krone f (Ornamentik) ‖ ~* (Build, Carp) / First m, Dachfirst m, Firstlinie f (die oberste, stets waagerecht verlaufende Dachkante) ‖ ~* (Civ Eng) / Krone f ‖ ~* (Eng) / Spitze f (Gewindespitze) ‖ ~ (Geol) / Scheitel m ‖ ~* (Geol) / First m, Sattelfirst m, Sattelscheitel m ‖ ~ (of a cuesta) (Geol) / Stufenstirn f, Trauf m (eine Schichtstufe), Stirn f (eine Schichtstufe) ‖ ~* (Hyd Eng) / Krone f (Damm-, Deich-, Wehr-) ‖ ~ (Rail) / Brechpunkt m (am Ablaufberg) ‖ ~ **area** (Eng) / Zahnkopffläche f (des Zahnrades) ‖ ~ **clearance** (Eng) / Kopfspiel n (nach DIN 3998) ‖ ~ **clearance** (Eng) / Spitzenspiel n (bei Gewinden nach DIN 13) ‖ ~ **cone** (Eng) / Kopfkegel m (um die Radachse nach DIN 3971) ‖ ~ **factor*** (Elec Eng) / Scheitelfaktor m (einer Wechselgröße: das Verhältnis des Scheitelwertes zum Effektivwert - DIN 40110, T 1), Crestfaktor m (Verhältnis von Spitzen- bzw. Scheitelwert zum Effektivwert) ‖ ~ **gate** (Hyd Eng) / Überfallverschluss m, Kronenverschluss m
**cresting*** n (Arch) / Bekrönung f, Krone f (Ornamentik)
**crest line** (Geol) / Firstlinie f ‖ ~ **of a dam** (Hyd Eng) / Dammkrone f ‖ ~ **of a weir** (the top) (Hyd Eng) / Wehrkrone f ‖ ~ **plane*** (Geol) / Scheitelfläche f ‖ ~ **tile*** (Build) / Firstziegel m, Firstanschlussziegel m, Firststein m (zur Eindeckung des Dachfirstes) ‖ ~ **value*** (Phys) / Spitzenwert m, Schwellenwert m, Höchstwert m, Größtwert m (der größte Betrag des Augenblickswertes einer Wechselgröße innerhalb einer Halbschwingung) (bei impulsartigen Funktionen) ‖ ~ **working line voltage** (Elec Eng) / Scheitelwert m der Netzspannung
**cresyl ester** (Chem) / Kresylester m, Cresylester m
**cresylic acid*** (Chem) / Kresylsäure f, Cresylsäure f, Kresolsäure f (ein Gemisch von Kresolen, Dimethylphenolen und Phenolen), Cresolsäure f
**Cretaceous** adj (Geol) / kretazisch adj, kretazeisch adj ‖ ~ **marly limestone** (Geol) / Pläner m (oberkretazisches Sedimentpaket), Plänerkalk m
**cretonne*** n (Textiles) / Cretonne f m, Kreton m, Kretonne f
**crevasse** n (US) (Civ Eng, Hyd Eng) / Deichbruch m (bei Flussdeichen), Dammbruch m ‖ ~* (Geol) / Gletscherspalte f, Schrund m ‖ ~ (Geol) / Riss m, Spalte f (Riss)
**crevice** n (a deep fissure or crack in a glacier) (Geol) / Gletscherspalte f, Schrund m ‖ ~ (Geol) / Riss m, Spalte f (Riss) ‖ ~ (Materials) / Riss m (durch Zerreißen entstandener Spalt), Sprung m (Riss) ‖ ~ **corrosion*** / Spaltkorrosion f (auf Stellen kleinerer Sauerstoffkorrosion - Spalten, Poren, Risse; z.B. bei punktgeschweißten Blechen) ‖ ~ **nozzle** / Fugendüse f (des Staubsaugers) ‖ ~ **oil** (Oils) / Spaltenöl n (in Gesteinsspalten vorkommendes Erdöl) ‖ ~ **water** (Geol) / Kluftwasser n, Spaltenwasser n
**crew** n / Mannschaft f ‖ ~ (Aero, Ships) / Besatzung f, Crew f ‖ ~ (Ships) / Bemannung f (die Mannschaft) ‖ ~ **car** (Rail) / Mannschaftswagen m ‖ ~ **corps** (US) (Mining) / Grubenwehr f
**crewel** n (Spinning) / Crewel n (ein Kräuselzwirn, aus zwei hartgedrehten Kammgarnzwirnen)
**crew member** (Aero, Ships) / Besatzungsmitglied n ‖ ~ **of three** (Aero, Ships) / dreiköpfige Besatzung ‖ ~ **quarters** (Oils) / Mannschaftsunterkunft f
**CRI*** (colour reversal intermediate) / Farbumkehrduplikat n ‖ ≃ (caisson-retained island) (Oils) / künstliches Caissonfundament für das Bohrgerät (Kombination von Kieseinsel und CIDS - mit Stahlbehältern als Schutzwall gegen Eisdruck und Wellen)
**crib** v (Mining) / verzimmern v, auszimmern v, in Holz ausbauen, zimmern v ‖ ~ n (Build) / Trägerrost m, Rost m, Rostwerk n (Gründung) ‖ ~ (Build) / Abfangkonstruktion f ‖ ~* (Civ Eng, Mining) / Schrotzimmerung f (aus geschlossenen Holzrahmen), Vollschrotausbau m (bei nicht standhaftem Gestein)
**cribbing*** n (Civ Eng, Mining) / Schrotzimmerung f (aus geschlossenen Holzrahmen), Vollschrotausbau m (bei nicht standhaftem Gestein)
**cribwork*** n (steel or timber cribs or boxes, sometimes filled with stones, boulder and concrete and sunk below water level to carry the foundations of bridges) (Civ Eng, Hyd Eng) / Steinkasten m, Steinkiste f ‖ ~* (Civ Eng, Hyd Eng) / [betongefüllte] Senkkästen m pl ‖ ~ (Mining) / Geviert n (vierteiliger, meistens aus Kanthölzern bestehender rechteckiger Ausbaurahmen für Blindschächte und Rolllöcher)
**Criegee cleavage** (Biochem) / Glykolspaltung f nach Criegee (R. Criegee, 1902 - 1975)
**crimmer** n (Leather, Textiles) / Krimmer m (Fell des auf der Krim und in der Ukraine beheimateten Fettschwanzschafes) ‖ ~ (an imitation astrakhan) (Textiles) / Krimmer m (persianerähnliche Pelzimitation)
**crimp** v (Electronics) / quetschen v ‖ ~ (Electronics) / crimpen v (durch Zusammenpressen mit einer speziellen Zange eine elektrisch gut leitende Verbindung zwischen Drähten und Kontakten herstellen) ‖ ~ (Glass) / einfalzen v ‖ ~ (Textiles) / kräuseln v, plissieren v, fälteln v ‖ ~ n / Tubenfalz m (glatt oder gerieffelt) ‖ **showing good ~ retention** (Spinning) / kräuselstabil adj ‖ ~ **area** (Electronics) / Quetschzone f ‖ ~ **cloth** (Textiles) / Crimps m (durch Webeeffekt gekräuseltes Baumwollgewebe) ‖ ~ **connection** (Electronics) / Crimpung f (durch Crimpen hergestellte Verbindung), Quetschverbindung f (eine lötfreie Verbindung), Quetschanschluss m ‖ ~ **connexion** (Electronics) / Crimpung f (durch Crimpen hergestellte Verbindung), Quetschverbindung f (eine lötfreie Verbindung), Quetschanschluss m ‖ ~ **contact** (Elec Eng, Electronics) / Crimpkontakt m, gequetschter Kontakt, Quetschkontakt m ‖ ~ **contraction** (Spinning) / Kräuselkontraktion f, Einkräuselung f ‖ ~ **crepe** (Textiles) / Kräuselkrepp m (mit Natronlauge bearbeitet) ‖ ~ **crepe** (Textiles) s. also seersucker ‖ ~ **determination** (Textiles) / Kräuselprüfung f, Kräuseltest m
**crimped contact** (Elec Eng, Electronics) / Crimpkontakt m, gequetschter Kontakt, Quetschkontakt m ‖ ~ **yarn** (a bulk yarn) (Spinning) / Kräuselgarn n
**crimper** n (Agric) / Crimper m, Halmbrecher m (ein Heuaufbereiter), Walzenknicker m (für dickstängliges Ackerfutter) ‖ ~* (Civ Eng) / Riffelwalze f, Zahnwalze f ‖ ~ (Mining) / Anwürgezange f, Würgezange f
**crimping** n (Electronics) / Crimpung f (mit der Crimpzange), Crimpen n ‖ ~ (Electronics) / Crimpen n (ein lötfreies Verbindungsverfahren) ‖ ~ (Eng) / Herstellung f von Quetschverbindungen ‖ ~* (Eng) / Eindrücken n von Versteifungsgliedern ‖ ~* (Eng) / Sicken n (ein Hohlprägen, das eine Versteifungswirkung hat) ‖ ~ (Glass) / Einfalzen n ‖ ~ (Nut) / Anpressen n (von Kronkorken in der Flaschenverschließmaschine) ‖ ~ (Textiles) / Kräuseln n, Plissieren n, Fälteln n ‖ ~ **arc** (Spinning) / Kräuselungsbogen m, Kräuselbogen m ‖ ~ **elasticity** (Textiles) / Kräuselelastizität f, Kräuselungselastizität f ‖ ~ **equipment** (Electronics) / Crimpausrüstung f (zum Quetschen von Kerbkabelschuhen), Kerbausrüstung f ‖ ~ **machine** (Eng) / Bördelpresse f ‖ ~ **pliers** (Electronics) / Crimpzange f ‖ ~ **pliers** (Mining) / Anwürgezange f, Würgezange f ‖ ~ **tool** (Elec Eng) / Kerbzange f ‖ ~ **tool** (Electronics) / Quetschwerkzeug n ‖ ~ **tool** (Electronics) / Crimpzange f
**crimp interchange** (Weaving) / Kräuselungsverschiebung f
**crimp-rigidity test** (Textiles) / Kräuselprüfung f, Kräuseltest m
**crimps** pl (resulting from faulty kilning) (For) / Zelleinbruch m, Zellkollaps m (ein Trocknungsfehler)
**crimp snap-in contact** (Elec Eng, Electronics) / Crimpkontakt m, gequetschter Kontakt, Quetschkontakt m ‖ ~ **stability*** (Spinning, Textiles) / Kräuselbeständigkeit f (Maß für die Kräuselungselastizität)
**crimson lake** (Paint) / Karminlack m (ein Farblack)
**C-ring** n (specimen) (Materials, Surf) / C-Ringprobe f (für eine Korrosionsprüfung), Halbring m (Probe), Halbringprobe f ‖ ≃ **specimen** (Materials, Surf) / C-Ringprobe f (für eine Korrosionsprüfung), Halbring m (Probe), Halbringprobe f
**crinkle** v / faltig machen v ‖ ~ (Textiles) / kräuseln v, plissieren v, fälteln v ‖ ~ **effect** (Textiles) / Crinkle-Effekt m, Crash-Optik f ‖ ~ **process** (Textiles) / Crinkle-Verfahren n (Knautschausrüstung)
**crinkling** n (a fine wrinkled or rippled appearance of the porcelain-enamel surface) (Ceramics) / Runzeln n ‖ ~ (Textiles) / Kräuseln n, Plissieren n, Fälteln n
**crinoidal limestone** (Geol) / Krinoidenkalk m, Crinoidenkalk m
**criollo** n (Bot, Nut) / Criollo m (ein Kakaobaum von großer wirtschaftlicher Bedeutung)
**cripple** v (Mech) / knicken v (Knickstab), ausknicken v ‖ ~ n (Build) / Ausleger m (kurzer - für das Auslegergerüst) ‖ ~ (e.g. cripple rafter) (Build) / verkürztes Element (der hölzernen Dachkonstruktion)
**crippled** adj (Comp) / abgemagert adj (Version) ‖ ~ **version** (a version of a program which has had many of its functions disabled- used for demonstration purposes) (Comp) / abgemagerte Version (ein System, das nur einen Teil der Funktionen einer anderen Version umfasst) ‖ ~ **version** s. also full-bore version
**crippleware*** n (Comp) / Crippleware f (die für die Testphase der Shareware "verkrüppelten" Programme, also keine Vollversion)
**crippling** n (Mech) / Ausknicken n (Nachgeben unter Druck), Knicken n, Ausknickung f (bei Knickbelastung), Krümmen n (z.B. eines Metallstabes bei Knickbelastung) ‖ ~ **load** (Mech) / Knicklast f ‖ ~ **stress** (Mech) / Knickspannung f (seitliches Ausweichen eines gedrückten Stabes) ‖ ~ **test** (Mech) / Knickversuch m, Knickprüfung f
**CRISP** (Aero) / Crisp-Propfan m (der aus zwei gegenläufigen, ummantelten Propellern, die von einer Gasturbine angetrieben werden, besteht)
**crisp** v (Nut) / knusprig braten ‖ ~ vt (Nut) / braun rösten, knusprig braten ‖ ~ adj (Meteor) / verharscht adj (Schnee) ‖ ~ (Nut) / rösch adj, knusprig adj, kross adj ‖ ~ (Nut) / knackfest adj (Salat und Gemüse) / krachig adj, knackig adj ‖ ~ (Photog, TV) / gestochen adj (scharf) ‖ ~ (Textiles) / nervig adj, kernig adj (Griff)
**crispbread** n (Nut) / Knäckebrot n

**crispening** *n* (TV) / Crispening *n* (ein Verfahren zur Verbesserung der Bildschärfe), Umrissversteilerung *f*
**criss-cross addition** (Chem) / Criss-cross-Addition *f*
**cristobalite*** *n* (Min) / Cristobalit *m* (Hochtemperaturmodifikation des Quarzes) ‖ ~ **structure** (Crystal) / Cristobalit-Typ *m*, Cristobalit-Struktur *f* ‖ ~ **type** (Crystal) / Cristobalit-Typ *m*, Cristobalit-Struktur *f*
**crit*** *n* (Nuc Eng) / kritische Masse (kleinste Spaltstoffmasse, die unter festgelegten Bedingungen eine sich selbst erhaltende Kettenreaktion in Gang setzt)
**Critchfield reaction** / Critchfield-Reaktion *f*
**criterion** *n* (pl. -ria or -rions) / Kriterium *n* (pl. -rien) ‖ ~ **of convergence** (Maths) / Konvergenzkriterium *n* (Angabe von Bedingungen, unter denen vor allem eine Reihe einen Grenzwert besitzt) ‖ ~ **of failure** (Mech) / Bruchkriterium *n*
**crith*** *n* / eine alte angloamerikanische Masseeinheit (= $8{,}9885 \cdot 10^{-5}$ kg)
**critical** *adj* (injury) / lebensgefährlich *adj* ‖ ~ / kritisch *adj* (Bereich, Blende, Masse, Punkt) ‖ ~ / entscheidend *adj* (Faktor, Test) ‖ ~ (Med) / lebensgefährlich *adj* (Verletzung) ‖ ~ **air blast** (Met) / kritische Luftmenge ‖ ~ **angle*** (Optics) / Grenzwinkel *m* (der Totalreflexion), kritischer Winkel ‖ ~ **angle*** (Radio) / Grenzwinkel *m*, kritischer Winkel (bei der Reflexion der Raumwelle in der Ionosphäre) ‖ ~ **aperture** (Optics) / kritische Blende (bei der die Bildschärfe ein Optimum wird) ‖ ~ **assembly** (Nuc Eng) / kritische Anordnung (DIN 25401) ‖ ~ **band** (Acous) / Frequenzgruppe *f* (kritisches Frequenzband nach DIN 1320) ‖ ~ **breakdown potential** (Surf) / Durchbruchspotential *n* (kritisches Potential, bei dessen Überschreiten transpassive Korrosion auftritt - DIN 50 900) ‖ ~ **build-up resistance** (Elec Eng) / kritischer Selbsterregungswiderstand, kritischer Erregerwiderstand ‖ ~ **component** (Eng) / wichtig(st)er Maschinenteil (für das Funktionieren der jeweiligen Maschine) ‖ ~ **concentration** (Chem, Nuc) / kritische Konzentration ‖ ~ **constants** (Phys) / kritische Größen, kritische Konstanten ‖ ~ **cooling rate*** (Met) / kritische Abkühlungsgeschwindigkeit ‖ ~ **corona voltage*** (Elec Eng) / Koronaeinsatzspannung *f* ‖ ~ **coupling** (Telecomm) / kritische Kopplung ‖ ~ **crack length** (Materials) / kritische Risslänge ‖ ~ **damping*** (Phys, Telecomm) / kritische Dämpfung ‖ ~ **deformation** (Mech) / kritischer Verformungsgrad, kritische Verformung ‖ ~ **density** (Chem, Phys) / kritische Dichte ‖ ~ **density** (Ecol) / kritische Dichte (von Tieren, Schädlingen), kritische Zahl (von Tieren, Schädlingen) ‖ ~ **depth** (Hyd) / Grenztiefe *f* (bei der Strömung), kritische Tiefe (bei der Strömung) ‖ ~ **dimension** (Nuc Eng) / kritische Größe (Mindestabmessung einer Brennstoffanordnung, die bei bestimmter geometrischer Anordnung und Materialzusammensetzung kritisch wird) ‖ ~ **engine** (Aero) / kritischer Motor, kritisches Triebwerk ‖ ~ **engine failure speed** (Aero) / kritische Triebwerksausfallgeschwindigkeit ‖ ~ **failure** (Eng) / kritischer Ausfall (eines Systems) ‖ ~ **flicker frequency** (Cinema, Light, Optics, TV) / Verschmelzungsfrequenz *f*, kritische Frequenz (die Bildwechselzahl je Zeiteinheit, bei der kein Flimmern mehr auftritt, Flimmerverschmelzungsfrequenz *f* ‖ ~ **flicker frequency** (Cinema, Comp, Optics) / Flimmergrenze *f* (im Kino oder bei Betrachtung eines Bildschirms) ‖ ~ **flow** (Hyd, Hyd Eng, Phys) / kritische Strömung ‖ ~ **focusing** / Scharffokussierung *f* ‖ ~ **frequency** (Radio) / Grenzfrequenz *f* (in der Ionosphäre) ‖ ~ **frequency*** (Radio) / Grenzfrequenz *f* (in der Hohlleitertechnik) ‖ ~ **fusion frequency** (Cinema, Light, Optics, TV) / Verschmelzungsfrequenz *f*, kritische Frequenz (die Bildwechselzahl je Zeiteinheit, bei der kein Flimmern mehr auftritt, Flimmerverschmelzungsfrequenz *f* ‖ ~ **grid voltage** of multielectrode gas tubes (Electronics) / kritische Gitterspannung (bei Entladungsröhren), Gitterzündspannung *f* (bei Entladungsröhren) ‖ ~ **group** (Radiol) / kritische Gruppe ‖ ~ **heat flux ratio** (Nuc Eng) / Siedeabstand *m* ‖ ~ **height** (Aero) / kritische Höhe ‖ ~ **illumination** (Micros) / kritische Beleuchtung
**criticality*** *n* (Nuc Eng) / Kritikalität *f* (DIN 25403) (das Kritischwerden eines Reaktors, bei dem eine eingetretene Kettenreaktion nicht abreißt) ‖ ~ **accident** (Nuc Eng) / Kritikalitätsstörfall *m*, Kritikalitätsunfall *m* ‖ ~ **incident*** (Nuc Eng) / Kritikalitätsstörfall *m*, Kritikalitätsunfall *m*
**critical length** (Spinning) / Feinheitsfestigkeit *f*, Reißlänge *f* ‖ ~ **Mach number*** (Aero) / kritische Machzahl (Zuström-Machzahl, bei der auf der Oberfläche umströmter Körper gerade Schallgeschwindigkeit auftritt) ‖ ~ **magnetic field** (Elec, Phys) / kritisches Magnetfeld (bei der Supraleitung) ‖ ~ **mass*** (the minimum size of fissionable isotope which will sustain a chain reaction) (Nuc Eng) / kritische Masse (kleinste Spaltstoffmasse, die unter festgelegten Bedingungen eine sich selbst erhaltende Kettenreaktion in Gang setzt) ‖ ~ **micellization concentration** (Chem) / kritische Micellbildungskonzentration, kritische Mizellbildungskonzentration, KMK (kritische Micellbildungskonzentration) ‖ ~ **number** (Ecol) / kritische Dichte (von Tieren, Schädlingen), kritische Zahl (von Tieren, Schädlingen) ‖ ~ **opalescence** (Phys) / kritische Opaleszenz (extrem starkes Anwachsen der Lichtstreuung in Dämpfen und Flüssigkeiten in der Nähe des kritischen Punktes) ‖ ~ **organ** (Chem, Med) / kritisches Organ (in der Toxikologie) ‖ ~ **part** (Eng) / wichtig(st)er Maschinenteil (für das Funktionieren der jeweiligen Maschine) ‖ ~ **path method** / Methode *f* des kritischen Weges (eine Netzplantechnik), CPM-Verfahren *n*, Critical Path Method (für deterministische Vorgänge) ‖ ~ **path planning*** (Work Study) / Netzplantechnik *f* (z.B. PERT, CPM, MPM), Netzwerkplanung *f*, NPT ‖ ~ **phenomenon** (Phys) / kritisches Phänomen ‖ ~ **pigment-volume concentration** (Paint) / kritische Pigmentvolumenkonzentration (DIN EN 971-1), CPVC, KPVK ‖ ~ **point*** (Met) / Umwandlungspunkt *m*, Haltepunkt *m* (Unstetigkeit auf der Erhitzungs- oder Abkühlungskurve bei reinen Metallen und eutektischen Legierungen) ‖ ~ **point** (Phys) / kritischer Punkt (im Druck/Temperatur-Zustandsdiagramm eines Einstoffsystems) ‖ ~ **point on heating** (Met) / Haltepunkt *m* bei der Erwärmung ‖ ~ **pressure** (Phys) / kritischer Druck ‖ ~ **reactor** (Nuc Eng) / kritischer Reaktor (wenn ebenso viele Neutronen erzeugt werden wie durch Absorption und Ausfluss verloren gehen) ‖ ~ **region** (in hypothesis testing) (Stats) / Ablehnungsbereich *m* (in der Testtheorie) ‖ ~ **region** (Stats) / kritischer Bereich (bei Signifikanztesten) ‖ ~ **Reynolds number** (Phys) / kritische Reynolds-Zahl (beim Umschlag) ‖ ~ **size** (Nuc Eng) / kritische Masse (kleinste Spaltstoffmasse, die unter festgelegten Bedingungen eine sich selbst erhaltende Kettenreaktion in Gang setzt) ‖ ~ **slope** (Civ Eng) / zulässiger Böschungswinkel, maximale Böschungsneigung ‖ ~ **solution temperature** (upper, lower) (Chem) / kritische Lösungstemperatur, kritischer Lösungspunkt ‖ ~ **speed*** (Aero) / kritische Geschwindigkeit (beim Start) ‖ ~ **speed** (Eng) / kritische Drehzahl (wenn die Resonanz eintritt) ‖ ~ **speed for bending** (Eng) / biegekritische Drehzahl (bei der die Welle die Schwingungen selbst verstärkt) ‖ ~ **state*** (Phys) / kritischer Zustand, Cagniard-de-la-Tours'cher Zustand (nach Ch. Baron Cagniard de la Tour, 1777-1859) ‖ ~ **stress** (Met) / kritische Spannung ‖ ~ **surface** (interface between multifocal segments, buttons and majors) (Optics) / Verschmelzfläche *f* (zwischen Fern- und Nahteil und Ergänzungsstärke bei Mehrstärken-Brillengläsern) ‖ ~ **surface tension** (Paint) / kritische Oberflächenspannung (Oberflächenspannung, die eine Flüssigkeit nicht überschreiten darf, um auf einem Feststoff spreiten zu können) ‖ ~ **temperature*** (Phys) / kritische Temperatur ‖ ~ **torsional speeds** (Eng) / torsionskritische Drehzahlen ‖ ~ **transition temperature** (Phys) / Sprungtemperatur *f* (eines Supraleiters), Übergangstemperatur *f* (eines Supraleiters) ‖ ~ **velocity** (for a given fluid, the average linear velocity marking the upper limit of streamline flow and the lower limit of turbulent flow, at a given temperature and pressure, in a given confined flowpath) (Hyd Eng, Phys) / Grenzgeschwindigkeit *f*, kritische Geschwindigkeit ‖ ~ **velocity** (Hyd, Phys) / kritische Geschwindigkeit (in der Strömungslehre) ‖ ~ **volume*** (Phys) / kritisches Volumen (meistens kritisches Molvolumen)
**crizzle** *n* (Glass) / Haarrissbildung *f* infolge örtlicher Unterkühlung, Wasserfleck *m* (Glasherstellung)
**crizzling*** *n* (Glass) / Haarrissbildung *f* infolge örtlicher Unterkühlung, Wasserfleck *m* (Glasherstellung)
**CRJ** (call-record journalling) (Comp) / Rufdatenaufzeichnung *f*, RDA (Rufdatenaufzeichnung)
**CRJE** (conversational remote-job entry) (Comp) / Stapelferneingabe *f* im Dialogbetrieb
**CRM** (customer relationship management) / Customer Relationship Management *n*, CRM (Customer Relationship Management)
**CRO** (cathode-ray oscilloscope) (Electronics) / Elektronenstrahloszilloskop *n*, Katodenstrahloszilloskop *n*
**Crocco's equation** (Phys) / Crocco'scher Wirbelsatz (für ein ideales Fluid) ‖ ~ **theorem** (Phys) / Crocco'scher Wirbelsatz (für ein ideales Fluid)
**crocetin** *n* (Chem, Nut) / Crocetin (ziegelrote Verbindung aus der Gruppe der Carotinoide - als Lebensmittelfarbstoff in Deutschland nicht zugelassen, Krozetin)
**crochet** *v* (Textiles) / häkeln *v* ‖ ~ *n* (Textiles) / Häkelarbeit *f* (eine Nadelarbeit), Häkeln *n* (eine Handarbeitstechnik) ‖ ~ **cotton** (Spinning) / Häkelgarn *n* (aus Baumwolle) ‖ ~ **galloon machine** (Textiles) / Häkelgalonmaschine *f* (eine Variante der Raschelmaschine) ‖ ~ **hook** (Textiles) / Häkelnadel *f*, Häkelhaken *m* ‖ ~ **lace** (Textiles) / Häkelspitze *f* ‖ ~ **needle** (Textiles) / Häkelnadel *f*, Häkelhaken *m* ‖ ~ **silk** (Spinning) / Häkelgarn *n* ‖ ~ **thread** (Spinning) / Häkelgarn *n* ‖ ~ **work** (Textiles) / Häkelarbeit *f* (eine Nadelarbeit), Häkeln *n* (eine Handarbeitstechnik) ‖ ~ **yarn** (Spinning) / Häkelgarn *n*

**crocidolite**

**crocidolite*** *n* (riebeckite asbestos) (Min) / Krokydolith *m* (asbestartiges dunkelblaues oder blaugraues Silikat, zur Amphibolgruppe gehörend), Blaueisenstein *m*, Blauasbest *m*
**crocin** *n* (Chem, Nut) / Crocin *n* (gelber Hauptfarbstoff des Safrans), Krozin *n*, Gardenin *n*
**crock** *n* (Leather) / Schleifstaub *m* (Veloursleder)
**crockery** *n* (Ceramics) / Töpferware *f* (irdenes Geschirr für den Haushalt)
**crocket** *n* (a bud or curled leaf) (Arch) / Krabbe *f*, Knolle *f* (gotische Kriechblume)
**crocking** *n* (Leather, Textiles) / Abreiben *n* (bei fehlerhaften, schlecht nachbehandelten Färbungen), Abfärben *n* durch Reibung ‖ ~ (Textiles) / Abrußen *n* (Farbstoffabgabe an weiße Stoffe) ‖ ~ **fastness** (US) (Materials, Textiles) / Reibechtheit *f*, Scheuerechtheit *f*, Scheuerbeständigkeit *f*
**crock-resistant** *adj* (US) (Materials, Textiles) / reibecht *adj* (Farbe), scheuerecht *adj* (Farbe), scheuerbeständig *adj*, scheuerfest *adj*
**crocodile** *n* (Nuc) / Megavolt *n* (Laborslang), MV ‖ ~ **clip** / Krokodilklemme *f*, Abgreifklemme *f* ‖ ~ **shears** (Eng) / Hebelschere *f* mit Handantrieb, Handhebelschere *f*, Hebelblechschere *f*, Blechschere *f* mit Übersetzung
**crocodiling*** *n* (Paint) / Borkenbildung *f* (bei Anstrichen auf Ölbasis), Schollenbildung *f* (bei Anstrichen auf Ölbasis)
**crocoisite*** *n* (Min) / Rotbleierz *n*, Krokoit *m*
**crocoite*** *n* (Min) / Rotbleierz *n*, Krokoit *m*
**crocus** *n* (Ceramics) / Englischrot *n*, [purpurfarbenes] Polierrot *n* ‖ ~ **martis** (a purple or brownish red iron oxide used as a pigment in decalcomania and glazes) (Ceramics) / Englischrot *n*, [purpurfarbenes] Polierrot *n* ‖ ~ **martis** s. also Mars red ‖ ~ **of antimony** / Goldschwefel *m* (orangegelbes Pulver) ‖ ~ **powder** / geglühtes Eisenrot
**crofting** *n* (Textiles) / Leinenbleiche *f*
**croisé** *n* (Textiles) / Croisé *n* (gleichseitiger und somit effektloser Köper mit glänzender Oberfläche)
**CROM** (control and read-only memory) (Comp) / Mikroprogrammspeicher *m*
**cromoglycic acid** (Chem, Pharm) / Cromoglicinsäure *f*
**Crompton's dobby** (Weaving) / Schaftmaschine *f* Modell Crompton, Schemelschaftmaschine *f* (meistens für Buckskin ), Crompton-Schemelschaftmaschine *f* (nach S. Crompton, 1753 - 1827)
**Croning process** (Foundry) / Croning-Verfahren *n*, Croning-Formmaskenverfahren *n*, C-Verfahren *n*, Croning-Formmaskenguss *m* ‖ ≃ **process** (Foundry) s. also shell moulding
**crook** *n* (For) / Längskrümmung *f* der Schmalfläche (von Schnittholz) ‖ ~ (For) / Längskrümmung *f*, Krümmung *f* (s-förmige, z.B. ein Trocknungsfehler)
**crooked** *adj* (For) / sperrwüchsig *adj*, krummwüchsig *adj* ‖ ~ **cloth** (Textiles) / welliges Gewebe (das auf dem Zuschneidetisch nicht glatt aufliegt)
**crooked-grown** *adj* (For) / sperrwüchsig *adj*, krummwüchsig *adj*
**crooked growth** (For) / Krummwuchs *m*, Sperrwuchs *m* ‖ ~ **growth** (For) / Knickwuchs *m* (Ausknickung des Schaftes von Jungbäumen, insbesondere Eichen)
**crooked-stemmed** *adj* (For) / krummstämmig *adj*, krummschäftig *adj*, krummschäftig *adj*
**Crookes dark space*** (Electronics) / Crookes'scher Dunkelraum (nach Sir W. Crookes, 1832 - 1919) ‖ ≃ **glass** (Glass) / Crookesglas *n* (Brillenglas, das durch Zusatz absorbierender Substanzen für infrarote und ultraviolette Strahlen undurchlässig gemacht ist) ‖ ≃ **radiometer*** (Radiol) / Crookes'sche Lichtmühle (nach Sir W. Crookes, 1832-1919)
**crooking** *n* (For) / Längskrümmung *f* der Schmalfläche (von Schnittholz) ‖ ~ (For) / Längskrümmung *f*, Krümmung *f* (s-förmige, z.B. ein Trocknungsfehler)
**crop** *v* / abschneiden *v* ‖ ~ **Agric)** / abweiden *v* (z.B. eine Wiese), abfressen *v* ‖ ~ (Agric) / ernten *v*, abernten *v* ‖ ~ (Comp) / zurichten *v* ‖ ~ (Leather) / crouponieren *v* (die Flanken und die Halspartie vom Kernstück abtrennen), kruponieren *v* ‖ ~ (Met) / schopfen *v* (nicht mehr verwendbare Enden von Rohlingen, Formstahl und Blechen abschneiden), abschopfen *v* (Blockenden abschneiden) ‖ ~* (Textiles) / scheren *v* (die Gewebeoberfläche) ‖ ~ *vi* (Agric) / Ernte tragen *vt* ‖ ~ *vt* (Agric) / bepflanzen *v* (mit Feldfrüchten) ‖ ~ (Agric, For) / verbeißen *v* (junge Bäume, Triebe), abfressen *v* (junge Zweige, Triebe) ‖ ~ *n* (Agric) / eingebrachte Ernte, Ernte *f* (Ertrag), Ernteertrag *m* ‖ ~ (Agric) / Ackerfrüchte *f pl*, Feldfrüchte *f pl* ‖ ~ (Arch) / gotischer Knauf ‖ ~ (Arch) / Turmknopf *m* ‖ ~* (Geol) / Austrich *m* (Schnitt einer Gesteinsschicht mit der Erdoberfläche), Ausbiss *m*, Ausstreichen *n*, Ausgehendes *n*, Schichtkopf *m* ‖ ~* (Geol) / Anstehen *n* (Hervortreten), Ausgehen *n* ‖ ~ (US) (Leather) / Hecht *m* ‖ ~ (Met) / abgeschopftes Ende (des Blocks), abgeschopftes Blockende, Blockende *n* (unteres) ‖ ~ (Arch) s. also pommel ‖ ~ **age** (For) / Bestandsalter *n* ‖ ~ **area** (Agric) / Ernteflache *f* ‖ ~ **area** (Agric) / Anbaufläche *f* ‖ ~ **coal** (Mining) / minderwertige Kohle am Schichtkopf ‖ ~ **damage** (Agric) / Erntegutschädigung *f* ‖ ~ **disease** (Agric) / Kulturpflanzenkrankheit *f* ‖ ~ **drier** (Agric) / Ernteguttrockner *m* ‖ ~ **dusting** (Agric) / Verstäuben *n*, Schädlingsbekämpfung *f* aus der Luft (mit Stäubemitteln), Bestäuben *n*
**crope** *n* (Arch) / gotischer Knauf
**crop failure** (Agric) / Missernte *f* ‖ ~ **failure** (Agric) / Ernteausfall *m* ‖ ~ **farming** (Agric) / Pflanzenbau *m* (Anbau von Kulturpflanzen), Kulturpflanzenbau *m* ‖ ~ **husbandry** (Agric) / Pflanzenbau *m* (Anbau von Kulturpflanzen), Kulturpflanzenbau *m* ‖ ~ **loader** (Agric) / Fuderlader *m*, Futterlader *m*, Sammellader *m*, Feldlader *m* ‖ ~ **loss** (Agric) / Ernteverlust *m* ‖ ~ **out** *v* (Geol) / ausstreichen *vi*, ausbeißen *vi*, anstehen *v*, ausgehen *v*, zutage streichen, zutage liegen, zutage treten
**cropout** *n* (Geol) / Ausstrich *m* (Schnitt einer Gesteinsschicht mit der Erdoberfläche), Ausbiss *m*, Ausstreichen *n*, Ausgehendes *n*, Schichtkopf *m* ‖ ~ (Geol) / Anstehen *n* (Hervortreten), Ausgehen *n*
**cropped piece** (Eng) / Spaltstück *n* (ein Flachstahl-Rohling)
**cropper** *n* (Textiles) / Tuchscherer *m*
**cropping*** *n* / Abschneiden *n* ‖ ~* (Eng) / Zerschneiden *n* (mit Verschnitt - z.B. eines Blechstreifens) ‖ ~* (Met) / Schopfen *n* (Abtrennen fehlerhafter Werkstofflängen aus dem ehemaligen Blockkopf und -fuß beim Blockwalzen und Blockschmieden), Abschopfen *n* ‖ ~* (Met) / Scheren (von der Stange bzw. dem Knüppel) ‖ ~ (Textiles) / Scheren *n* (des Gewebes), Tuchscheren *n*, Stoffscheren *n* ‖ ~ **machine** (Textiles) / Schermaschine *f* ‖ ~ **shears** (Met) / Schopfschere *f* (z.B. eine Kreismesser-, Pendel- oder Kurbelschere)
**crop protection** (Agric) / Pflanzenschutz *m* und Vorratsschutz (vor Schadorganismen und Krankheiten) ‖ ~-**protection product** (Agric) / Pflanzenschutzmittel *n* (nach dem Pflanzenschutzgesetz vom 15.IX.1986 bzw. vom 27.VII.1971), PSM (Pflanzenschutzmittel) ‖ ~ **rotation** (Agric) / Fruchtfolge *f* (in der Fruchtwechselwirtschaft), Rotation *f* (Fruchtfolge)
**crop-rotation farming** (Agric) / Fruchtwechselwirtschaft *f*
**crops** *pl* (Agric, Bot) / Kulturpflanzen *f pl*
**crop up** *v* (Geol) / ausstreichen *vi*, ausbeißen *vi*, anstehen *v*, ausgehen *v*, zutage streichen, zutage liegen, zutage treten ‖ ~ **year** (Stats) / Erntejahr *n* (beginnend mit der Ernte und dauernd bis zum Beginn derselben Ernte im darauf folgenden Jahr, z.B. 1.VII. - 30.VI. für den US-Weizen)
**croquis** *n* / Kroki *n* (pl. -s), Croquis *n* (pl. -)
**crosby** *n* (Cables) / Bride *f* (S), Kabelschelle *f* (DIN VDE 0100-200), Kabelbefestigungsklemme *f*, Kabelklemme *f* (zum Verbinden, Abzweigen und Anschließen) ‖ ≃ **clip** (Cables) / Bride *f* (S), Kabelschelle *f* (DIN VDE 0100-200), Kabelbefestigungsklemme *f*, Kabelklemme *f* (zum Verbinden, Abzweigen und Anschließen)
**cross** *v* / kreuzen *v* ‖ ~ / sich kreuzen *v* (Wege) ‖ ~ / schneiden *v* (sich) ‖ ~ *n* / Kreuz *n* ‖ ~ / Kreuzung *f* (Querung eines Verkehrsweges durch einen anderen), Kreuzungsstelle *f*, Kreuzungspunkt *m* ‖ ~* (Eng, Plumb) / Kreuz *n* (Fitting nach DIN 2950), Kreuzstück *n* (ein Formstück) ‖ ~ *adj* (as opposed to 'resident') (Comp) / systemfremd *adj* ‖ ~ **ampere-turns*** (Elec Eng) / Querfeld-Amperewindungen *f pl*, Quer-Amperewindungen *f pl*
**cross-arm*** *n* (Elec Eng) / Querträger *m* (eine Haltekonstruktion an Masten), Traverse *f*
**cross-assembler*** *n* (an assembler for use in a computer with an instruction set other than the one which the application program is written for) (Comp) / Cross-Assembler *m*, Kreuz-Assembler *m*
**crossband** *v* (For, Join) / absperren *v* (Furniere) ‖ ~ *n* (For, Join) / Blindfurnier *n* (zur Absperrung von Qualitätsmöbeln), Absperrfurnier *n* (DIN EN 313-2), Sperrfurnier *n* (meist als Schälfurnier zur Absperrung auf Ober- und Unterseite in gekreuzter Faserlage), Unterfurnier *n* (DIN 68 330) ‖ ~ (For, Join) / Mittellage *f* (mit dem kreuzweisen Faserverlauf - bei Sperrholz, Verbundplatten usw. - DIN EN 313-2) ‖ ~ (Spinning) / (Woll)Garn *n* mit S-Drehung ‖ ~ **transponder** (a transponder which replies in a different frequency band from that of the received interrogation) (Radar) / Transponder *m* mit Frequenzumsetzung ‖ ~ **veneer** (For, Join) / Blindfurnier *n* (zur Absperrung von Qualitätsmöbeln), Absperrfurnier *n* (DIN EN 313-2), Sperrfurnier *n* (meist als Schälfurnier zur Absperrung auf Ober- und Unterseite in gekreuzter Faserlage), Unterfurnier *n* (DIN 68 330) ‖ ~ **yarn** (Spinning) / (Woll)Garn *n* mit S-Drehung
**crossbar** (Aero) / Querbalken *m* ‖ ~ (Eng) / Querbalken *m*, Querträger *m* ‖ ~ **exchange*** (Teleph) / Koordinatenschalteramt *n* ‖ ~ **switch** (Teleph) / Koordinatenschalter *m*, Crossbar-Wähler *m*, Kreuzschienenwähler *m* ‖ ~ **system** (Teleph) / Kreuzschienenwählersystem *n*

**cross-beam** *n* (Carp) / Querbalken *m* ‖ ~ (Carp) / Riegel *m* (horizontales Trag- oder Aussteifelement) ‖ ~ (Eng) / Traverse *f* (Gestellbauteil an Werkzeugmaschinen) ‖ ~ (Eng) / Querbalken *m*, Querträger *m* ‖ ~ (Eng) / Querjoch *n*, Querhaupt *n* (zur Verbindung der Ständerenden bei Portalfräsmaschinen)
**cross-bearing** *n* (Nav) / Kreuzpeilung *f* (Standortbestimmung eines Fahrzeugs als Schnittpunkt zweier Peilstandlinien, von denen jede Resultat einer optischen oder einer Funkpeilung ist)
**cross-bedding*** *n* (Geol) / Schrägschichtung *f*, Kreuzschichtung *f*, Diagonalschichtung *f*
**cross bombardment*** (Nuc) / gekreuzte Kernreaktionen, Kreuzfeuer *n*, Kreuzbeschuss *m*
**cross-bond** *n* (Build) / Kreuzverband *m* ‖ ~* (Rail) / Gleisquerverbinder *m*
**cross-border dobby** (Weaving) / Wechselschaftmaschine *f* ‖ ~ **lease** / grenzüberschreitendes Leasing
**cross-bracing*** (Civ Eng) / Queraussteifung *f*, Querverband *m*, Querverstrebung *f*, Querabsteifung *f*
**cross-breaking strength test** (Materials) / Knickfestigkeitsprüfung *f*
**crossbred** *n* (Textiles) / Mittelwolle *f*, Crossbredwolle *f*
**crossbreed** *v* (Agric, Biol) / kreuzen *v*
**crossbreeding** *n* (Agric) / Crossbreeding *n*, Kreuzung *f* (von Individuen verschiedener Rassen)
**cross-bridging** *n* (Build) / paarweise Diagonalaussteifung (von Deckenträgern), Diagonalversteifung *f* von Deckenträgern
**cross capacitor** (Elec Eng) / Kreuzkondensator *m*
**cross-checking method** (Comp) / Kreuzsicherung *f* (Verfahren der Datensicherung, bei dem gleichzeitig die Prüfung der Querparität /VRC/ und der Längsparität angewendet wird)
**cross-coat** *v* (Paint) / im Kreuzgang sprühen (erst horizontal, dann vertikal)
**cross-coating** *n* (Paint) / Kreuzgang *m* (des Pinsels)
**cross-coil mechanism** (Elec Eng) / Kreuzspulmesswerk *n* (ein Quotientenmesser)
**cross-color** *n* (US) (TV) / Farbübersprechen *n* (DIN 45060), Cross Colour *n* (Störung bei der Wiedergabe von Farbfernsehbildern)
**cross-colour** *n* (TV) / Farbübersprechen *n* (DIN 45060), Cross Colour *n* (Störung bei der Wiedergabe von Farbfernsehbildern) ‖ ~ **effect** (TV) / Crosscolor-Effekt *m* (Beeinflussung des Helligkeitssignals durch das Farbsignal)
**cross-compiler*** *n* (Comp) / Crosscompiler *m*, Kreuz-Compiler *m*
**cross-conjugated** *adj* (Chem) / gekreuzt-konjugiert *adj*
**cross conjugation** (Chem) / gekreuzte Konjugation, Kreuzkonjugation *f*
**cross-connection** *n* (Electronics) / Kreuzschaltung *f* (ein Umkehrstromrichter für Vierquadrantenbetrieb)
**cross-connexion** *n* (Electronics) / Kreuzschaltung *f* (ein Umkehrstromrichter für Vierquadrantenbetrieb)
**cross-correlation** (UMTS) (Radio, Teleph) / Kreuzkorrelation *f* (die den Grad der Ähnlichkeit zweier Signale zueinander angibt) ‖ ~ *n* (Stats) / Kreuzkorrelation *f* ‖ ~ **analysis** (Stats) / Kreuzkorrelationsanalyse *f*
**cross-country** *attr* (Autos) / geländegängig *adj* ‖ ~ **flight** (Aero) / Überlandflug *m* ‖ ~ **gas line** / Ferngasleitung *f* ‖ ~ **mill** (Met) / Cross-Country-Walzwerk *n*, Zickzackwalzwerk *n*, Zickzackstraße *f* (eine offene Walzstraße) ‖ ~ **performance** (Autos) / Geländegängigkeit *f*, Geländetauglichkeit *f* ‖ ~ **reduction gear** (Autos) / Geländegang *m*, Kriechgang *m* ‖ ~ **tyre** (Autos) / Geländereifen *m*
**cross-coupling*** *n* (Telecomm) / Kreuzkopplung *f* (ungewollte Übernahme des Nachrichteninhaltes einer elektromagnetischen Welle durch eine andere elektromagnetische Welle, deren Polarisationsrichtung senkrecht zur Polarisationsrichtung der ersten Welle verläuft)
**cross-covariance function** (Stats) / Kreuzkovarianzfunktion *f*
**cross-current bolting machine** (Min Proc) / Querstromsichter *m* ‖ ~ **classifier** (Min Proc) / Querstromsichter *m* ‖ ~ **haze scrubber** (Chem Eng) / Ströderwäscher *m*, Kreuzschleierwäscher *m*
**cross-cut** *v* (For) / querschneiden *v* (nur Infinitiv oder Partizip), ablängen *v* (Rund- oder Schnittholz in Abschnitte bestimmter Länge zerteilen) ‖ ~ *n* (Carp, For) / Querschnitt *m*, Ablängschni *m* ‖ ~* (Civ Eng, Mining) / Querschlag *m* (quer zum Streichen der Gebirgsschichten aufgefahrene Strecke), Querstollen *m* ‖ ~ (For) / Hirnschnitt *m*, Querschnitt *m* (des Holzes) ‖ ~ (a saw) (For) / Querzuschneide-Kreissägemaschine *f* ‖ ~ (Tools) / Doppelhieb *m*, Kreuzhieb *m*
**cross•-cut chisel*** (Eng) / Kreuzmeißel *m* (DIN 6451) ‖ ~-**cut file*** (Eng, Tools) / doppelhiebige Feile, Doppelhiebfeile *f*, Kreuzhiebfeile *f*
**cross-cut milling machine** (Eng) / Ablängfräsmaschine *f* (aus zwei Fräseinheiten aufgebaute Maschine zur beidseitigen Bearbeitung von Rohteilen auf eine vorgegebene Länge)
**cross-cut saw*** (Carp, For) / Gegenzugsäge *f* für Querschnitt, Ablängsäge *f*
**cross-cut** (circular) **saw** (For) / Querzuschneide-Kreissägemaschine *f* ‖ ~ **station** (For) / Kappstation *f* ‖ ~ **test** (Paint) / Gitterschnittprüfung *f* (zur raschen Prüfung eines Anstrichfilms auf Haftfestigkeit gemäß DIN ISO 2409)
**cross-cutting** *n* (For) / Einschneiden *n* (Zersägen eines Stammes in die gewünschten Längen)
**cross-cut wood** (For) / Hirnholz *n* (Querschnitt an Vollholz)
**cross development** (Photog) / Cross-Entwicklung *f* (wenn z.B. Diafilme mit Chemikalien entwickelt werden, die für Farbnegative bestimmt sind)
**cross-direction*** *n* (Paper) / Querrichtung *f* (Bahnbreite)
**cross-dye** *v* (Textiles) / nachfärben *v*, überfärben *v*
**cross-dyeing*** *n* (Textiles) / Überfärben *n*, Überfärbung *f*, Nachdecken *n* (Überfärben), Nachfärben *n*, Nachfärbung *f* (einer Komponente in Faserstoffmischungen) ‖ ~ **in acid liquor** (Textiles) / saures Überfärben, saures Nachdecken
**crossed-belt drive** (with a driving belt which passes from the upper side of one pulley to the lower side of another pulley, the pulleys revolving in opposite directions) (Eng) / gekreuztes Riemengetriebe, gekreuzter Riementrieb
**crossed classification** (Stats) / Kreuzklassifizierung *f*, Kreuztabellierung *f* ‖ ~ **coil** (Elec Eng) / Kreuzspule *f*
**crossed-field multiplier** (Elec Eng) / Kreuzfeldvervielfacher *m* ‖ ~ **tube** (Electronics) / Magnetfeldröhre *f* (z.B. Magnetron) ‖ ~ **tube*** (Electronics) / Kreuzfeldröhre *f*, M-Typ-Röhre *f*
**crossed helical gear** (Eng) / Schraubgetriebe *n* (Stirnradgetriebe mit nicht parallelen Achsen) ‖ ~ **helical gears** (Eng) / Stirnschraubräder *n pl*
**crossed-loop antenna** (Radio) / Bellini-Tosi-Richtantenne *f*, Kreuzrahmenantenne *f* (ein Goniometerpeiler)
**crossed molecular beams** (Chem) / gekreuzte Molekularstrahlen ‖ ~ **Nicols*** (Light) / gekreuzte Nicols ‖ ~ **position** / Überkreuzlage *f* ‖ ~ **twill** (Weaving) / Köper mit versetzter Köper ‖ ~ **twinning** (Geol) / gegittertes Lamellenwerk von Zwillingen (nach dem Albit- und nach dem Periklingesetz, z.B. bei Mikroklinen)
**cross-fade** *v* (Acous) / überblenden *v* ‖ ~ (Acous) / Überblendung *f* ‖ ~ (Cinema) / Tonüberblendung *f* ‖ ~ (Photog) / pausenlose Überblendung (in einem Stehbildwerfer)
**cross-fading** *n* (Acous) / Überblendung *f*
**cross-fall*** *n* (Civ Eng) / Querneigung *f* (der Straße), Überhöhung *f* (einseitige)
**cross-fertilization*** *n* (Bot) / Allogamie *f*, Fremdbestäubung *f*, Xenogamie *f*
**cross-field*** *n* (Elec) / Querfeld *n*
**cross-field generator** (Elec Eng) / Querfeldgenerator *m*
**cross-field machine** (Elec Eng) / Querfeldmaschine *f* (eine Kommutatormaschine) ‖ ~ **method** (Acous, Radio) / Cross-Field-Technik *f* (zur Erweiterung des Frequenzbereichs von Tonbandgeräten)
**cross-fired furnace** / Querflammenofen *m*
**cross-fire technique*** (Radiol) / Kreuzfeuertechnik *f* (eine Bestrahlungstechnik, bei der aus verschiedenen Einfallswinkeln nacheinander Nutzstrahlungsbündel auf den Herd gerichtet werden)
**cross-fitting** *n* (Eng, Plumb) / Kreuz *n* (Fitting nach DIN 2950), Kreuzstück *n* (ein Formstück)
**cross-flow** *n* (Chem Eng, Phys) / Querstrom *m*, Kreuzstrom *m* (ein Bewegungsprinzip für zwei miteinander in Beziehung stehende Stoffströme) ‖ ~ **cooling tower** / Querstromkühlturm *m*, Kreuzstromkühlturm *m* (ein Nasskühlturm) ‖ ~ **cylinder head** (Autos) / Querstrom-Zylinderkopf *m* ‖ ~ **fan** (Eng) / Querstromlüfter *m* ‖ ~ **filtration** (Chem Eng) / Querstromfiltration *f*, Cross-Flow-Titration *f* (in der Biotechnologie eine reine Siebfiltration, wobei die zu filtrierende Lösung tangential über die Siebmembran gepumpt wird) ‖ ~ **laser** / quergeströmter Laser ‖ ~ **scavenging** (Autos) / Kreuzstromspülung *f* (von Zweitaktmotoren), Kreuzspülung *f*
**cross-fold(ing)** *n* (Bind) / Querfalzung *f*
**cross-folding** *n* (Geol) / Querfaltung *f*
**crossfoot** *v* (Comp) / querrechnen *v* (nur Infinitiv oder Partizip), Quersummen bilden
**crossfooting** *n* (Comp) / Bildung *f* der Quersumme, Querrechnen *n*
**crossfoot operation** (Comp) / Bildung *f* der Quersumme, Querrechnen *n*
**cross-frog*** *n* (Rail) / Herzstück *n* (Kreuzung, Weiche, Kreuzungsweiche)
**cross-front*** *n* (Photog) / seitlich verstellbare Standarte
**cross-girder*** *n* (Eng) / Querbalken *m*, Querträger *m*
**cross-grain** *n* (For) / geriegelte Maserung, Riegeltextur *f* (z.B. beim Ahorn)
**cross-grating** *n* (Optics) / gekreuzte Beugungsgitter *n pl*
**cross-grooved dowel** (For) / Kreuzrillendübel *m*

**cross-guide**

**cross-guide coupler** (Radar) / Doppel-T-Richtkoppler *m*
**crosshair*** *n* (Instr, Optics, Surv) / Fadenkreuz *n*, Strichkreuz *n* ‖ ~ **cursor** (Comp) / Cross-Hair-Cursor *m*, Fadenkreuz-Cursor *m*
**cross hairs** (Instr, Optics, Surv) / Fadenkreuz *n*, Strichkreuz *n*
**cross-halving** *n* (Carp) / rechtwinklige Überschneidung, Kreuzband *n* (eine Holzverbindung)
**cross-handle** *n* (Eng) / Handkreuz *n*, Griffkreuz *n*, Drehkreuz *n*, Kreuzgriff *m* (DIN 6335), Griffstern *m*
**cross-hatched** *adj* / kreuzgerippt *adj* (z.B. Stahlstufe) ‖ ~ **face** (Autos) / karierte Bahn (des Karosseriehammers), Bahn *f* mit Kreuzlinien (des Karosseriehammers), Waffelkopf *m* (des Karosseriehammers)
**cross•-hatching** *n* / Kreuzschraffur *f*, Schattieren *n* mit Kreuzlagen ‖ ~**-hatch pattern*** (TV) / Gittertestbild *n*, Kreuzlinientestbild *n* ‖ ~**head*** (Typog) / auf die Mitte zentrierte Nebenüberschrift ‖ ~**-head*** *n* (Eng) / Kreuzkopf *m* (der Kreuzkopfdampfmaschine oder des Kreuzkopfmotors)
**cross-head** *n* (Eng) / Laufholm *m*, bewegliches Oberhaupt, bewegliches Querhaupt ‖ ~ (an extruder head) (Plastics) / Querspritzkopf *m* (der Spritzmaschine), Winkelkopf *m* ‖ ~ **compressor** (Eng) / Kreuzkopfverdichter *m*
**cross-headed screw*** (Eng, Join) / Kreuzschlitzschraube *f* (DIN 918)
**cross-head engine** (Eng) / Kreuzkopfmotor *m* (z.B. ein Großdieselmotor) ‖ ~ **for net extrusion** (Plastics) / Querspritzkopf *m* zum Extrudieren schlauchartiger Netze
**cross heading** (Typog) / auf die Mitte zentrierte Nebenüberschrift
**cross-heads** *pl* (Eng) / Geradführung *f* (der Dampfmaschine)
**cross-head screwdriver** (Tools) / Kreuzschlitzschraubendreher *m* ‖ ~ **screwdriver** (Tools) s. also Phillips screwdriver
**cross-hole** *n* (Eng) / Kreuzloch *n* (DIN 918)
**crossing** *n* / Kreuzung *f* (Querung eines Verkehrsweges durch einen anderen), Kreuzungsstelle *f*, Kreuzungspunkt *m* ‖ ~ (the space at the intersection of the nave, chancel, and transepts of a church) (Arch) / Vierung *f* (Raumteil einer Kirche) ‖ ~ (of a footpath, of a footway) (Civ Eng) / Straßenkreuzung *f* ‖ ~ (of a footpath, of a footway) (Civ Eng) / Überweg *m* (höhengleiche Kreuzung eines Fußweges mit einem anderen Verkehrsweg) ‖ ~ (Elec Eng, Telecomm) / Kreuzung *f* (von Leitungen), X-ing *n* (US) ‖ ~ (Hyd Eng) / Kreuzungsbauwerk *n* ‖ ~ (Maths) / Schnittpunkt *m* (von Kurven) ‖ ~ (Paint) / Kreuzgang *m* (des Pinsels) ‖ ~ (Paint) / Verschlichten *n* ‖ ~ **barrier** (Rail) / Schranke *f* ‖ ~ **cupola** (Arch) / Vierungskuppel *f* ‖ ~ **cupola** (Arch) s. also crossing tower ‖ ~ **for turntable** (Rail) / Herzstück *n* für Drehscheiben ‖ ~ **gap** (Rail) / Herzstücklücke *f*, Unterbrechung *f* der Fahrkante im Herzstück ‖ ~ **gate** (Rail) / Schranke *f* ‖ ~ **guard** (US) / Schülerlotse *m*, Verkehrslotse *m* (für Kinder - Erwachsene oder ältere Schüler) ‖ ~ **over** (Biol, Gen) / Cross-over *n* (Erbfaktorenaustausch zwischen homologen Chromosomen), Crossing-over *n*, Genaustausch *m*, Kopplungsbruch *m* (von Genen einer Kopplungsgruppe)
**crossing-point** / Kreuzungspunkt *m* (von zwei Verkehrswegen) ‖ ~ (Eng) / Kreuzungspunkt *m* (DIN 868) ‖ ~ (Weaving) / Bindungspunkt *m*
**crossing reinforcement** (bridging the contraction joints) (Civ Eng) / Abreißbewehrung *f* (Stäbe zur Sicherung gegen das Abreißen zeitlich nacheinander betonierter Teile in der dadurch bedingten Fuge) ‖ ~ **site** / Übergangsstelle *f* (z.B. an einem Fluss) ‖ ~ **station** (Rail) / Kreuzungsbahnhof *m* ‖ ~ **symmetry** (Nuc) / Crossingsymmetrie *f* (Symmetrie bzw. Äquivalenz von Reaktionen bei der Wechselwirkung von dazwischenliegenden Elementarteilchen) ‖ ~ **thread** (Weaving) / Drehfaden *m* ‖ ~ **tower** (Arch) / Vierungsturm *m*
**cross-interleaved Reed-Solomon code** (Comp) / CIRC-Kode *m* (Publizieren auf CD-ROM), CIRC-Code *m*
**cross-joint** *n* (Build) / Stoßfuge *f* (senkrechte Fuge zwischen Mauersteinen nach DIN 1045)
**cross-joint** *n* (Carp) / Querverband *m*, Querverbindung *f* ‖ ~ (Eng) / Kreuzscharnier *n* (z.B. der Ziehfeder) ‖ ~ (Foundry) / Querversatz *m* (Gussfehler, der dadurch entsteht, dass die Formkastenteile gegeneinander versetzt zugelegt werden) ‖ ~ (Welding) / Kreuzstoß *m* (zwei in einer Ebene liegende Teile stoßen je mit einem Ende rechtwinklig gegen ein dazwischenliegendes drittes), Kreuzungsstoß *m*, Doppel-T-Stoß *m* (DIN EN 12 345) ‖ ~ **cable** (Telecomm) / Auskreuzkabel *n*
**Crosskill roller** (Agric) / Crosskillwalze *f* (eine Rauwalze mit Scheibenringen und Querstegen)
**cross-knurling** *n* (Eng) / Kordieren *n*, Kreuzrändeln *n* (Erzeugen einer griffigen Fläche an Drehteilen durch Einwalzen sich kreuzender Riefen mit Hilfe von zwei Rändelrollen), Kordeln *n* (DIN 8583, T 5)
**cross-laminate** *n* (Plastics) / kreuzweise geschichteter Kunststoff (Laminat)
**cross-lamination** *n* (Geol) / Kreuzschichtung *f*, Schrägschichtung *f*
**cross-lath** *n* (Build) / Konterlatte *f* (in der Dachunterkonstruktion), Zwischenlatte *f* (bei einem Dach mit doppelter Dachhaut)
**cross-level** *n* (Surv) / Querlibelle *f*
**cross-licensing** *n* / Lizenzaustausch *m* (gegenseitige Lizenzerteilung)

**cross-light** *n* (Photog) / Kreuzlicht *n*, Doppelseitenlicht *n*
**cross-lighting** *n* / Überzündung *f* (Zündvorgang, bei dem ein Brenner durch die Wach- und/oder Zündflamme gezündet wird)
**cross-line screen** (Cartography, Print) / Kreuzraster *m*, Kreuzlinienraster *m*
**cross-link** *n* (Chem, Paint) / Vernetzungsstelle *f*, Verknüpfungsstelle *f*
**cross-linkable** *adj* (Chem) / vernetzbar *adj*
**cross-linkage** *n* (Chem) / Vernetzung *f* (von Polymeren), Quervernetzung *f*
**cross-link density*** (Chem, Paint) / Vernetzungsgrad *m* (Angabe über die Zahl der Vernetzungsstellen in einem gegebenen Volumen des Polymers), Vernetzungsdichte *f*
**cross-linked** *adj* (Chem) / quervernetzt *adj* ‖ ~ **polyethylene insulation** (Cables) / VPE-Isolierung *f* (aus vernetztem Polyethylen) ‖ ~ **polymer** (Chem) / vernetztes Polymer, Netzpolymer *n*
**cross-linking*** *n* (Chem) / Vernetzung *f* (von Polymeren), Quervernetzung *f*
**cross-linking** *n* (Textiles) / Crosslinking *n* (ein Verfahren der kunstharzfreien Pflegeleichtausrüstung bei Baumwolle) ‖ ~ **agent** (Chem) / Vernetzungsmittel *n*, Vernetzer *m* ‖ ~ **by activated species of inert gases** (Plastics) / Casing-Verfahren *n* (zur Oberflächenvernetzung von Polymeren) ‖ ~ **reaction** (Chem) / Vernetzungsreaktion *f*
**cross-link polymer** (Chem) / vernetztes Polymer, Netzpolymer *n*
**cross-machine direction** (Paper) / Querrichtung *f* (Bahnbreite)
**cross-magnetizing*** *n* (Elec Eng) / Quermagnetisierung *f*, transversale Magnetisierung ‖ ~ **effect** (Elec Eng) / Quermagnetisierung *f*, transversale Magnetisierung
**cross-measurement** *n* (Autos) / Diagonalmessung *f* (Vermessung von Karosserien)
**cross-media publishing** (Comp) / Cross-Media-Publishing *n*, Cross-Media-Produktion *f*
**cross-member** *n* (Autos) / Querversteifung *f* (quer zur Fahrzeugrichtung verlaufender Hauptträger), Querträger *m* (des Rahmens) ‖ ~ (Autos) / Achsträger *m* (ein quer zur Fahrtrichtung verlaufender Träger) ‖ ~ (Eng) / Querbalken *m* (z.B. eines Brechers)
**cross-membered grating** (Civ Eng, San Eng) / Stegrost *m* (z.B. einer Abwasserleitung)
**cross-metathesis** *n* (Chem) / Kreuzmetathese *f*
**Cross** (moment distribution) **method** (Civ Eng) / Cross-Methode *f* (zur Ermittlung der Stabendmomente von Durchlaufbalken und Rahmentragwerken), Cross-Verfahren *n*, Momentenausgleichsverfahren *n* nach Cross (H.Cross, 1885-1959)
**cross-milled serrated face** (Autos) / karierte Bahn (des Karosseriehammers), Bahn *f* mit Kreuzlinien (des Karosseriehammers), Waffelkopf *m* (des Karosseriehammers)
**cross-modulation*** *n* (Radio) / Kreuzmodulation *f* (bei nichtlinearen Übertragungsgliedern auftretende Modulation) ‖ ~ (Teleph) / nichtlineares Nebensprechen ‖ ~ **test** (Cinema) / Doppeltonprobe *f* (zur Messung der unerwünschten Diffusion in einem Lichttonnegativ)
**cross-movement** *n* (Eng) / Planbewegung *f* (beim Drehen), Plangang *m*
**cross multiplication** (Maths) / kreuzweise Multiplikation, Multiplikation über Kreuz
**cross-neutralization*** *n* (Electronics) / Gegentaktneutralisation *f*
**cross out** *v* / streichen *v* (in Formularen), durchstreichen *v* (z.B. einen Namen) ‖ ~ **out** / durchstreichen *v* (Angaben im Formular) ‖ ~**over*** *n* (Electronics) / Kreuzungspunkt *m*
**crossover** *n* (Electronics) / Cross-over *n* (die Ebene des kleinsten Strahlquerschnittes quellenseitig) ‖ ~* (Eng, Plumb) / Rohrformstück *n* für die Rohrüberführung ‖ ~* (Gen) / Cross-over *n* (Erbfaktorenaustausch zwischen homologen Chromosomen), Crossing-over *n*, Genaustausch *m*, Kopplungsbruch *m* (von Genen einer Kopplungsgruppe) ‖ ~* (Rail) / Gleisverbindung *f* ‖ ~ **frequency** (Acous) / Übergangsfrequenz *f* ‖ ~ **frequency*** (Acous, Cinema) / Schnittfrequenz *f* (bei einem System mit getrennten Lautsprechern für die verschiedenen Frequenzbereiche) ‖ ~ **network*** (Acous) / [elektrische] Weiche *f* ‖ ~ **of two ducts** (Civ Eng) / Kreuzung *f* zweier Rohrleitungen ohne Verbindungsstelle ‖ ~ **pipe** (Eng) / querlaufendes Rohr ‖ ~ **pipe** (Eng, Nuc Eng) / Überströmleitung *f* (einer Turbine), Dampfüberströmleitung *f* ‖ ~ **range** (Acous) / kritische Reichweite (beim Wasserschall - DIN 1320)
**cross-pane hammer** (the wedge is horizontal when the handle is vertical)* (Tools) / Kreuzhammer *m*, Vorschlaghammer *m* (die Finne steht senkrecht zum Stiel)
**cross pattée formée** (Arch) / Tatzenkreuz *n*
**cross-peen** *n* (Tools) / Kreuzpinne *f* (des Hammers)
**cross-peened hammer** (Tools) / Kreuzhammer *m*, Vorschlaghammer *m* (die Finne steht senkrecht zum Stiel)
**cross-pit spreader** (for direct dumping) (Civ Eng) / Direktversturzabsetzer *m*
**cross-ply*** *n* (Autos) / Diagonalreifen *m* (heute nicht mehr benutzt)

**cross-ply laminate** (Plastics) / Kreuzlaminat *n*, Crossplylaminat *n* ‖ ~ **tyre** (Autos) / Diagonalreifen *m* (heute nicht mehr benutzt)
**cross-point** *n* (Elec Eng) / Koppelpunkt *m* (Schaltmittel in einer Koppelanordnung, über die Leitungen zusammengeschaltet werden)
**cross-pointer instrument** (Aero) / Kreuzzeigerinstrument *n*
**cross-point screwdriver** (Eng, Tools) / Kreuzschlitzschraubendreher *m* ‖ ~ **screwdriver** (Tools) s. also Philips screwdriver
**cross-polarization** *n* (Phys, Radar) / Kreuzpolarisierung *f*, Kreuzpolarisation *f* ‖ ~ (Spectr) / Cross-Polarisierung *f* (in der Kernresonanzspektroskopie), Kreuzpolarisation *f*, CP (Kreuzpolarisation) ‖ ~ **discrimination** (Telecomm) / Kreuzpolarisationsentkopplung *f* (Satellitenkommunikation)
**cross-pollination\*** *n* (Bot) / Allogamie *f*, Fremdbestäubung *f*, Xenogamie *f*
**cross-post** *v* (i.e., to post a message to several newsgroups simultaneously) (Comp) / cross-posten *v*
**cross-product** *n* (of a vector)\* (Maths) / äußeres Produkt, Vektorprodukt *n* (im engeren Sinne), Kreuzprodukt *n* ‖ ~ **ratio** (Stats) / Kreuzproduktverhältnis *n*
**cross-rail** *n* (Eng) / Querbalken *m* ‖ ~ (Eng) / Querbalken *m* (der Hobel- und Stoßmaschine) ‖ ~ (Eng) / Querbalken *m* (bei Langfräsmaschinen) ‖ ~ (Join) / Mittelfries *m* (ein Querfries der Rahmentür) ‖ ~ **tool head** (Eng) / Querbalkensupport *m*
**cross raising** (in open width) (Textiles) / Breitrauen *n*
**cross-ratio\*** *n* (Maths) / anharmonisches Verhältnis, Doppelverhältnis *n* (für 4 Punkte auf einer Geraden)
**cross recess** (Phillips) (Eng) / Kreuzschlitz *m* H (mit abgerundeten Ecken), Kreuzschlitz *m* (Phillips), Phillips-Kreuzschlitz *m* ‖ ~ **recess** (Eng) / Kreuzschlitz *m* (DIN 918) ‖ ~ **recess** (Pozidriv) (Eng, Tools) / Kreuzschlitz *m* (Pozidriv), Kreuzschlitz *m* Z, Pozidriv-Kreuzschlitz *m* (eine Weiterentwicklung des gewöhnlichen Kreuzschlitzes)
**cross-recessed-head screw** (Eng, Join) / Kreuzschlitzschraube *f* (DIN 918)
**cross-reference dictionary** (Comp) / Cross-Referenz-Tabelle *f* (die meist auf Wunsch von einem Assembler oder Compiler erzeugt wird)
**cross-rib** *n* (Autos) / Querrippe *f* (des Reifens)
**cross-ribbed** *adj* / querverrippt *adj*
**cross-ribbed vault** (Arch) / Kreuzrippengewölbe *n* (mit unterlegten Rippen)
**cross-rib vault** (Arch) / Kreuzrippengewölbe *n* (mit unterlegten Rippen)
**crossroad** *n* (Autos) / Straßenkreuzung *f*
**cross-rolling** *n* (Met) / Schrägwalzen *n* (bei dem das Walzgut um die eigene Achse gedreht wird, wobei eine Axialbewegung des Werkstückes durch die Schrägstellung der Walzen zustande kommt - DIN 8583) ‖ ~ **mill** (Met) / Schrägwalzwerk *n* (ein Rohrwalzwerk)
**cross-roll-piercing Diescher process** (Met) / CPD-Rohrwalzverfahren *n* (bei dem in einem Durchgang zylindrische Rohre aus Vollmaterial hergestellt werden) ‖ ~ **elongation** (Met) / CPE-Rohrwalzverfahren *n* (zur Herstellung nahtloser Stahlrohre)
**cross-ruling** *n* (Cartography, Print) / Kreuzraster *m*, Kreuzlinienraster *m*
**cross-scavenging** *n* (Autos) / Querstromspülung *f* (bei Zweitaktmotoren), Querspülung *f*
**cross-screen filter** (Photog) / Gitterfilter *n* (ein Lichtfilter)
**cross section** (Carp, For) / Querschnitt *m*, Ablängschnitt *m* ‖ ~ **section\*** (Nuc, Phys) / Wirkungsquerschnitt *m* (the scattering cross section for the scattering of particles by an atomic nucleus) ‖ ~ **section\*** *n* (Eng) / Querschnittzeichnung *f* ‖ ~ **section\*** (Eng, Maths) / Querschnitt *m* ‖ ~ **section** (For) / Hirnschnitt *m*, Querschnitt *m* (des Holzes) ‖ ~ **section\*** (a plane surface produced by cutting or its representation) (Maths) / Schnitt *m* ‖ ~**-sectional area** / Querschnitt[s]fläche *f*
**cross-section data** (Stats) / Querschnittsdaten *pl* ‖ ~ **for connexion** (Telecomm) / Anschlussquerschnitt *m*
**cross-section paper** (Paper) / Zeichenpapier *n* mit einem aufgedruckten Netz zweier sich rechtwinklig schneidender Geradenscharen
**cross-section reduction** (Paper) / Querschnittsabnahme *f*, Querschnittsverminderung *f*
**cross-sensitivity** *n* / Querempfindlichkeit *f* (eines Konzentrationsmessgerätes), Störempfindlichkeit *f*
**cross-shaped** *adj* / kreuzförmig *adj*
**cross-shed** *n* (Weaving) / Kreuzfach *n*
**cross-sill\*** *n* (Rail) / Gleisschwelle *f*, Eisenbahnschwelle *f* (Teil des Eisenbahnoberbaus), Querschwelle *f*, Schwelle *f*
**cross-slide\*** *n* (Eng) / Planschlitten *m*, Querschlitten *m* (der Drehmaschine)
**cross-slide** (Eng) / Querschlitten *m* der Fräsmaschine (auf Bett oder Konsole geführter Tisch zur Aufnahme des Längsschlittens)
**cross-sliding turret** (Eng) / Planrevolverkopf *m*
**cross-slip** *n* (Crystal) / Quergleitung *f*, Quergleiten *n* ‖ ~ **line** (Crystal) / Quergleitlinie *f*
**cross-span** *n* (Elec Eng, Rail) / Querseil *n* (zur Aufhängung)
**cross-spoke** *n* (Autos) / Gitterspeiche *f* (eines Alurades) ‖ ~ **wheel** (Autos) / Kreuzspeichenrad *n*
**cross-spray** *v* (Paint) / im Kreuzgang sprühen (erst horizontal, dann vertikal)
**cross-spring** *n* (Autos) / Kreuzfeder *f* (z.B. bei Scheibenbremsen)
**cross-staff\*** *n* (Surv) / Winkelkreuz *n*, Rechtwinkelinstrument *n*
**cross-stitch** *n* (Textiles) / Kreuzstich *m* (beim Sticken)
**cross-stitches** *pl* (Textiles) / Poren *f pl*, Löcher *n pl*, Nadelstiche *m pl*, Krater *m pl* (Fehler)
**cross-stripe** *n* (Civ Eng) / Querstrich *m* (als Fahrbahnmarkierung)
**cross-T** *v* (Aero) / fliegen mit *v* (starkem) Seitenwind
**crosstalk** *n* (Acous) / Crosstalk *m* (der Klangqualität abträgliches Sichvermischen der beiden Lautsprecherinformationen bei stereophoner Wiedergabe) ‖ ~ (Acous, Mag) / Kopiereffekt *m* (die gegenseitige Beeinflussung von in einem Bandwickel nebeneinander liegenden magnetisierten Schichten über ihre Streufelder) ‖ ~ (Optics, Telecomm) / Verlust *m* der optischen Wirkung (in der Faseroptik - z.B. durch gestörte Totalreflexion) ‖ ~\* (Radio, Telecomm) / Übersprechen *n* (unerwünschter Übertritt von Signalenergie einer Leitung auf eine benachbarte Leitung) ‖ ~\* (Teleph) / Nebensprechen *n* ‖ ~ **attenuation** (Acous, Radio, Telecomm, Teleph) / Übersprechdämpfung *f*, Nebensprechdämpfung *f* ‖ ~ **coupling** (Teleph) / Nebensprechkopplung *f* (ein Maß für die gegenseitige Beeinflussung der Leitungskreise - Mit- oder Übersprechkopplung) ‖ ~ **damping** (Radio, Telecomm) / Übersprechdämpfung *f*, Nebensprechdämpfung *f*
**crosstalk-free** *adj* (Teleph) / nebensprechfrei *adj*
**cross-tee** *v* (Aero) / fliegen mit *v* (starkem) Seitenwind
**cross tie\*** (Rail) / Gleisschwelle *f*, Eisenbahnschwelle *f* (Teil des Eisenbahnoberbaus), Querschwelle *f*, Schwelle *f* ‖ ~ **tie** (Weaving) / verkreuzter Harnisch, Hin- und Herschnürung *f*
**cross-tongued\*** *adj* (Carp, Join) / mit Hirnholzfeder
**cross-trade** *n* (Ships) / Seetransport *m* von Gütern mit Schiffen der eigenen Flotte zwischen Häfen des Auslands
**cross twill** (Weaving) / Kreuzköper *m*, versetzter Köper *m* ‖ ~ **vault** (Arch, Build) / Kreuzgewölbe *n*, Kreuzkappengewölbe *n*, Kreuzgratgewölbe *n*
**cross-veneer** *n* (For, Join) / Blindfurnier *n* (zur Absperrung von Qualitätsmöbeln), Absperrfurnier *n* (DIN EN 313-2), Sperrfurnier *n* (meist als Schälfurnier zur Absperrung der Ober- und Unterseite in gekreuzter Faserlage), Unterfurnier *n* (DIN 68 330)
**crosswalk** *n* (US) (Autos, Civ Eng) / Fußgängerüberweg *m*, Fußgängerschutzweg *m*, Fußgängerwegmarkierung *f*
**cross-wall construction\*** (Build) / Querwandbauart *f*, Scheibenbauart *f*, Schottenbauart *f* (bei der alle Lasten auf den Baugrund vorwiegend durch Querwände übertragen werden)
**cross-welding** *n* (Welding) / Überkreuzschweißen *n* (beim Widerstandsschweißen)
**crosswind** *n* (Aero, Autos) / Seitenwind *m*, Querwind *m* ‖ ~ **component** (Aero, Autos) / Seitenwindkomponente *f*, Querwindkomponente *f*
**cross-winding** *n* (Spinning) / Kreuzspulen *n*, Kreuzspulerei *f* (DIN 61801), Kreuzwicklung *f*
**crosswind landing gear** (Aero) / Seitenwindfahrwerk *n* (für Start und Landung bei starkem Seitenwind), Schiebefahrwerk *n*, Querwindfahrwerk *n* ‖ ~ **leg** (Aero) / Seitenwindteil *m* (der Platzrunde)
**cross-window** *n* (Build) / Fenster *n* mit Fensterkreuz
**crosswind-stable** *adj* (Aero) / seitenwindunempfindlich *adj*
**crosswind undercarriage** (Aero) / Seitenwindfahrwerk *n* (für Start und Landung bei starkem Seitenwind), Schiebefahrwerk *n*, Querwindfahrwerk *n*
**crosswise** *adv adj* / quer *adj*, in Querrichtung
**cross-working** *n* (Mining) / Querbau *m* (bei steil stehenden mächtigen Lagerstätten)
**cross-wound** *adj* (Elec, Elec Eng) / kreuzgewickelt *adj* ‖ ~ **bobbin** (Spinning) / Kreuzspule *f* (mit sich kreuzenden Wicklungslagen auf einer Hülse), Kreuzwickel *m* (DIN 61800) ‖ ~ **coil** (Elec Eng) / kreuzgewickelte Spule
**cross zigzag twill** (Weaving) / Querzickzackköper *m*
**crotch** *n* (For) / Wirbel *m* (örtlich begrenzte, spiralförmige Faserabweichung, hervorgerufen durch Überwallungen, die sich bei der Furnierbereitung durch Aufrauungen unangenehm bemerkbar macht) ‖ ~\* (For) / Halbschlitten *m* (für die Rundholzförderung) ‖ ~ (For) / Astgabel *f* ‖ ~ (For) / Gabelungszwiesel *m*, [unechter] Zwiesel *m*, falscher Zwiesel ‖ ~ (Textiles) / Schritt *m* (Teil der Hose, an dem die Beine zusammentreffen)
**crotched** *adj* (For) / gabelförmig *adj*, gegabelt *adj*, gezwieselt *adj*
**crotch veneer** (For) / Gabelholzfurnier *n*
**crotonaldehyde\*** *n* (Chem) / Krotonaldehyd *m*, Crotonaldehyd *m* (2-Butenal)

**Croton bug** (Med, Nut) / Deutsche Schabe, Hausschabe f (Blatella germanica L.)
**crotonic acid**\* (Chem) / Crotonsäure f (einfach ungesättigte, unverzweigte Fettsäure), Krotonsäure f
**croton oil** / Krotonöl n, Oleum n Crotonis, Crotonöl n (vom Krotonölbaum = Croton tiglium L.)
**crotoxin** n (Chem, Med, Pharm) / Crotoxin n (der Hauptbestandteil des Giftes von Klapperschlangen)
**croupon** n (untanned) (Leather) / Krupon m (Kernstück der Haut), Croupon m, Kern m || ~ (untanned) (Leather) s. also double bend
**croûte calcaire** (Geol) / Kalkkruste f
**Crout reduction** (Maths) / Crout'sches Verfahren, Verfahren n von Crout
**Crova wavelength** (Phys) / Crova-Wellenlänge f, wirksame Wellenlänge, effektive Wellenlänge (in der optischen Pyrometrie)
**crow** n (Tools) / Brecheisen n, Brechstange f
**crowbar** n (Elec Eng) / Überspannungs-Crowbar-Schutz m (eine Schaltung, die den Ausgang eines Netzgerätes steuert) || ~\* (Tools) / Brecheisen n, Brechstange f
**crowd** v / zusammendrängen v
**crowd-back position** (Civ Eng) / Ankippstellung f (der Ladeschaufel)
**crowded spectrum** (Light, Spectr) / linienreiches Spektrum, überhäuftes Spektrum
**crowder program** (Comp) / Crowder-Programm n (für den rechnergestützten Unterricht)
**crowding effect** (Ecol, Zool) / Gedrängefaktor m (bei Nagetieren, Vögeln, Insekten usw.), Kollisionseffekt m, Masseneffekt m
**crowdion** n (Crystal) / Crowd-Ion n (metastabiles Zwischengitteratom)
**crowd safety** (Build) / bauordnungsrechtliche und bautechnische Maßnahmen zur Gefahrenabwehr bei Menschenansammlungen (z.B. in Theatern, Sportanlagen usw.) || ~ **scene** (Cinema) / Massenszene f || ~ **shovel** (Civ Eng, Eng) / Hochlöffel m (des Hochlöffelbaggers) || ~ **shovel excavator** (Civ Eng, Eng) / Hochlöffelbagger m
**crowfoot spanner** (Tools) / Hahnenfußschlüssel m || ~ **wrench** (US) (Tools) / Hahnenfußschlüssel m
**crown** v (Eng) / ballig bearbeiten || ~ n (Aero) / Scheitelpunkt m (der Profilwölbung) || ~ (Arch) / Gewölbekappe f, Kappe f || ~ (Arch) / Scheitel m (höchster Punkt eines Gewölbes oder eines Bogens) || ~ (Build, Civ Eng) / Tunnelscheitel m, Gewölbescheitel m || ~\* (Build, Civ Eng) / Scheitelpunkt m, Scheitel m || ~ (Chem) / Krone f (Trivialname für makrozyklische Polyether) || ~ (Civ Eng) / Tunnelgewölbe n, Streckengewölbe n || ~ (Civ Eng) / Straßenkrone f || ~ (Eng) / Kalotte f (eines gewölbten Kesselbodens) || ~ (Eng) / Boden m (des Tauchkolbens) || ~ (Eng) / Querhaupt n (ein Teil des Presserahmens) || ~ (Eng) / Wölbung f (z.B. der Riemenscheibe nach DIN 111) || ~ (Eng, Met) / Balligkeit f, Bombierung f, Bombage f (der Walzen zur Kompensation der Durchbiegung beim Walzen) || ~\* (For) / Krone f, Baumkrone f || ~ (Glass) / Gewölbe n, Kappe f (eine Deckenkonstruktion) || ~ (Horol) / Krone f (zum Aufziehen und Stellen von Taschen- und Armbanduhren) || ~ (Hyd Eng) / Krone f (Damm-, Deich-, Wehr-) || ~ (Met) / Gewölbe n, Haube f (bei Schmelzöfen), gewölbte Decke (eines Ofens) || ~ (GB)\* (Paper) / ein altes Papierformat (385x505 mm) || ~ (Rail) / Krone f (Ballast) || ~ **block** (Oils) / Turmrolle f, Turmrollenblock m || ~ **canopy** (the topmost layer of leaves and branches of forest trees and other plants) (Bot) / Schlussgrad m, Kronenschluss m, Bestandesschluss m, Beschirmungsgrad m || ~**-cap** n (Brew, Nut) / Kronenverschluss m || ~ **compounds** (Chem) / Coronate n pl, Kronenverbindungen f pl || ~ **cork** (Brew, Nut) / Kronenverschluss m || ~ **cover** (For) / Schutzhaube f der Kreissäge || ~ **drop** (Glass) / Gewölbetropfen m
**crowned** adj (Eng, Met) / ballig adj (Zahnradzahn, Ziehhol) || ~ **pulley** (whose circumferential surface is convex to prevent lateral movement of the belt which drives it) (Eng) / ballig gedrehte Riemenscheibe, ballig ausgeführte Riemenscheibe, Riemenscheibe f mit gewölbter Lauffläche (DIN 111) || ~ **raceway** (Eng) / ballige Laufbahn (DIN ISO 5593) || ~ **roller** (Eng) / bombierte Rolle (DIN ISO 5593)
**crown ether**\* (Chem) / Kronenether m
**crown-face pulley** (Eng) / ballig gedrehte Riemenscheibe, ballig ausgeführte Riemenscheibe, Riemenscheibe f mit gewölbter Lauffläche (DIN 111)
**crown filler** (Paper) / feingeschlämmtes Kalziumsulfat (als Füller), Brillantweiß n ($CaSO_4 \cdot 2 H_2O$) || ~ **fire** (For) / Kronenfeuer n, Wipfelfeuer n (ein Waldbrand), Gipfelfeuer n || ~ **flint glass** (Glass) / Kronflintglas n (ein altes optisches Glas), Kronflint m, KF (Kronflint)
**crown-formed wood** (For) / Juvenilholz n, Jugendholz n, Holz n in der Juvenilphase
**crown gall**\* (Agric, Bot) / Wurzelkrebs m, Wurzelhalsgalle f (ein Wurzeltumor), Wurzelhalstumor m, Wurzelkropf m (eine Pflanzenkrankheit) || ~ **gall** (Bot) s. also tumour inducing principle || ~ **gall disease** (Agric, Bot) / Wurzelkrebs m, Wurzelhalsgalle f (ein Wurzeltumor), Wurzelhalstumor m, Wurzelkropf m (eine Pflanzenkrankheit)
**crown-gate**\* n (Hyd Eng) / oberes Schleusentor, Obertor n
**crown gear** (Eng) / Planrad n (DIN 3971 und 3998), Zahnscheibe f || ~ **glass**\* (Glass) / Kronglas n (ein altes optisches Glas mit schwacher Brechung und geringer Dispersion, meistens Bariumkronglas), Crownglas n, Kron n
**crowning** n (Eng) / Balligkeit f (gewollte Abweichung einer Zahnflanke von der theoretischen Flankenfläche - verstärkte Krümmung nach DIN 3960) || ~ adj (Arch) / Abschluss-, bekrönend adj
**crown knot** (Ships) / Krone f (als Teil anderer Knoten) || ~ **lamp** (Elec Eng) / Kopfspiegel-Glühlampe f || ~ **lapping** (Eng) / Balligläppen n || ~ **optical glass** (Glass) / Kronglas n (ein altes optisches Glas mit schwacher Brechung und geringer Dispersion, meistens Bariumkronglas), Crownglas n, Kron n || ~ **plate** (Carp) / Trumholz n, Sattelholz n, Schirrholz n || ~ **rafter** (Carp) / Mittelschifter m (beim Walmdach) || ~ **rot** (Agric, Bot) / Phytophtora-Erkrankung f (der Kartoffeln) || ~ **rot** (For) / Herzfäule f, Kernfäule f || ~ **saw** (Tools) / Zylindersäge f (z.B. zum Einschneiden von Fassdauben für Flüssigkeitsfässer), Trommelsäge f || ~ **saw** s. also padsaw
**crown-shave** v (Eng) / ballig schaben
**crown stand** (Met) / Kronengestell n (Ablaufvorrichtung für Drähte) || ~ **thinning** (For) / Kronenverlichtung f, Kronentransparenz f, Kronendurchforstung f || ~ **thinning** (For) s. also crown transparency || ~**-tile**\* n (Build) / Biberschwanzziegel m (Dachziegel einfachster Form - DIN 456), Plattenziegel m, Flachziegel m (ein Strangziegel) || ~ **toothing** (Eng) / Planverzahnung f || ~ **transparency** (For) / Kronentransparenz f || ~ **wheel** (Autos) / großes Tellerrad (des Ausgleichsgetriebes) || ~ **wheel**\* (Eng) / Antriebskegelrad n || ~ **wheel** (Horol) / Steigrad n (des Aufziehmechanismus)
**crown-wheel escapement** (Horol) / Hemmung f mit Steigrad
**crow's feet** (Tools) / Ziehfehler in Form von krähenfußähnlichen Anrissen der Oberfläche des Zieherzeugnisses, der meist auf eine ungeeignete Werkzeuggeometrie zurückzuführen ist) || ~ **feet** pl (Textiles) / Krähenfüße m pl, Waschfalten f pl, Waschknitter m pl || ~ **foot** / Verzweigung f (in einem Diagramm) || ~ **foot** (Cinema, Photog) / Stativspinne f, Bodenspinne f (Stativzubehör), Spinne f (Stativzubehör), Stativspreize f
**crowsfooting** n (Paint) / Krähenfüße m pl (ein Anstrichfehler)
**crow's nest** (Oils) / Kronenbühne f || ~ **nest antenna** (Radar) / Krähennestantenne f (eine räumliche Gruppenantenne)
**crow-step gable**\* (with a stepped top) (Build) / Treppengiebel m, Staffelgiebel m
**crow-stepped gable** (Build) / Treppengiebel m, Staffelgiebel m
**crow twill** (Weaving) / Köper m im Grätenmuster
**croy**\* n (Hyd Eng) / Buhne f (vom Ufer aus in das Wasser hineingebauter Dammkörper - DIN 4054), Flussbuhne f
**croze** n (a groove at the end of a cask or barrel to receive the edge of the head) / Nut f (des Fasses), Fassbodennut f || ~ (Join) / Gargelreißer m, Kimmhobel m
**crozzle**\* n (Build) / halbgeschmolzener (verformter) Ziegel
**CRP** (C-reactive protein) (Med) / C-reaktives Protein, CRP (C-reaktives Protein)
**CRT**\* (cathode-ray tube) (Electronics) / Katodenstrahlröhre f, Elektronenstrahlröhre f, Braun'sche Röhre (nach K.F. Braun, 1850 - 1918) || ~\* (Chinese remainder theorem) (Maths) / chinesischer Restesatz, Hauptsatz m über simultane Kongruenzen || ~ **display screen** (Comp, Electronics) / Schirm m, Bildschirm m, Screen m (pl. -s)
**cru** n (a vineyard or group of vineyards, especially one of recognized superior quality) (Bot, Nut) / Cru n (pl. -s) (Qualitätsbezeichnung)
**crucial** adj / entscheidend adj (Einfluss) || ~ (AI, Comp) / kruzial adj (Eigenschaft, die als Abgrenzungskriterium bei der Gestaltung selbsterklärungsfähiger Systeme dienen kann) || ~ **component** / Schlüsselkomponente f (einer Mischung)
**crucible**\* n (Chem Eng, Met) / Tiegel m, Schmelztiegel m || ~ (Glass) / kleiner Hafen, Tiegel m (Hafen aus anderen Materialien als Schamotte) || ~ **clay** (Glass) / Glashafenton m || ~ **furnace**\* (Met) / Tiegelofen m (elektrisch oder mit Brennstoffen beheiztes Schmelzaggregat, das sich durch geringe Badoberfläche bei großer Badtiefe auszeichnet) || ~ **process** (Glass, Optics) / Zweitiegelverfahren n (bei der Glasfaserherstellung) || ~ **pulling method** (Crystal) / Tiegelziehverfahren n (z.B. nach Czochralski, Bridgman usw.) || ~ **steel**\* (Met) / Tiegelstahl m || ~ **swelling number** (Mining) / Blähungsgrad m, Blähgrad m (Maß für das Backvermögen von Steinkohlen, bestimmt durch Vergleich einer Tiegelprobe in einem genormten Tiegel mit Standardprofilen) || ~ **tongs**\* (Chem, Met) / Tiegelzange f
**crucible-type induction furnace** / kernloser Induktionsofen, Induktionsschmelzofen m ohne magnetischen Kern, Induktionsofen m nach Northrup

**cruciform** *adj* / kreuzförmig *adj* ‖ **~ building** (Arch) / Kreuzbau *m* ‖ **~ control rod** (Nuc Eng) / kreuzförmiger Steuerstab ‖ **~ joint** (Welding) / Kreuzstoß *m* (zwei in einer Ebene liegende Teile stoßen je mit einem Ende rechtwinklig gegen ein dazwischenliegendes drittes), Kreuzungsstoß *m*, Doppel-T-Stoß *m* (DIN EN 12 345) ‖ **~ tail** (Aero) / Kreuzleitwerk *n* ‖ **~ tail unit** (Aero) / Kreuzleitwerk *n* ‖ **~ twin** (Crystal) / Durchkreuzungszwilling *m* ‖ **~ wing missile** (Mil) / Kreuzflügler *m* (eine Rakete)
**crud** *n* (a substance which is considered disgusting or unpleasant, typically because of its dirtiness) (Chem Eng) / Fremdstoff *m*, Verunreinigung *f* ‖ **~** (Nuc Eng) / Crud *m* (Niederschläge bei der Wiederaufarbeitung, die aus Spaltprodukten, hauptsächlich Zirkon, mit Radiolyseprodukten des Lösungsmittels entstehen )
**crude** *n* (Geol, Oils) / Rohöl *n* (unverändertes Erdöl, wie es aus der geologischen Lagerstätte entnommen wird), Roherdöl *n*, rohes Öl (Erdöl) ‖ **~** *adj* / roh *adj*, Roh-, unbearbeitet *adj* ‖ **~** (Chem) / crudus *adj* ‖ **~** (Nut) / ungekocht *adj*, Roh-, unzubereitet *adj*, roh *adj* ‖ **~ asbestos** (Min Proc) / handsortierter Querfaserasbest ‖ **~ carrier** (Ships) / Öltanker *m*
**crude-carrying vessel** (Ships) / Öltanker *m*
**crude copper** (Met) / Rohkupfer *n* ‖ **~ cream of tartar** (Chem) / roher Weinstein, Rohweinstein *m* ‖ **~ fibre material** / Faserrohstoff *m* ‖ **~ gas** / Rohgas *n* ‖ **~ (pig) lead** (Met) / Werkblei *n* ‖ **~ linseed oil** (Paint) / Rohleinöl *n* (DIN 55945 und 55930) ‖ **~ natural gas** / Roherdgas *n* ‖ **~ oil*** (oil of the formation in its crude form) (Geol, Oils) / Rohöl *n* (unverändertes Erdöl, wie es aus der geologischen Lagerstätte entnommen wird), Roherdöl *n*, rohes Öl (Erdöl) ‖ **~ oil containing natural gas** (Oils) / gasreiches Erdöl, gashaltiges Erdöl
**crude-oil distillation** (Oils) / Rohöldestillation *f*, Erdöldestillation *f* ‖ **~ fraction** (Oils) / Rohölfraktion *f*, Erdölfraktion *f* ‖ **~ processing** (Oils) / Mineralölverarbeitung *f*, Erdölverarbeitung *f* ‖ **~ pyrolysis** (Oils) / Rohölpyrolyse *f* ‖ **~ recovery** (Oils) / Rohölförderung *f*, Rohölgewinnung *f* ‖ **~ recovery** (Oils) / Erdölförderung *f*, Erdölgewinnung *f*, Erdölbergbau *m* ‖ **~ tank** (Oils) / Rohöltank *m*
**crude ore** (Mining) / Roherz *n* (gefördertes), Fördererz *n*, Rohhaufwerk *n* (im Erzbergbau) ‖ **~ ore** (Min Proc) / Fördererz *n*, Roherz *n* ‖ **~ petroleum** (in its natural state as it emerges from a well) (Geol, Oils) / Rohöl *n* (unverändertes Erdöl, wie es aus der geologischen Lagerstätte entnommen wird), Roherdöl *n*, rohes Öl (Erdöl) ‖ **~ salt** (Mining) / Rohsalz *n* (aus den Kali- und Steinsalzlagerstätten) ‖ **~ sewage** (San Eng) / Rohabwasser *n* (unbehandeltes Abwasser nach DIN 4045, das einer Abwasserreinigungsanlage zufließt) ‖ **~ sheet** (Plastics) / Walzfell *n*, Fell *n* ‖ **~ steel** (Met) / Rohstahl *m* (Roherzeugnis der eisenproduzierenden Industrie) ‖ **~ tall oil** / Roh-Tallöl *n* ‖ **~ turpentine** / Terpentin *n* (Terpentinharz) ‖ **~ water** (Eng, San Eng) / Rohwasser *n* (vor der Aufbereitung, z.B. zu Speisewasser) ‖ **~ wax** (Oils) / Erdölwachs *n*
**crufomate** (Agric, Pharm) / Crufomat *n* (ein Anthelminthikum)
**cruise** *n* (Aero) / Reiseflug *m* ‖ **~** (For) / Waldbewertung *f*, Forsttaxation *f*, Waldabschätzung *f*, Waldwertrechnung *f*, Waldwertschätzung *f* ‖ **~ altitude** (Mil) / Marschflughöhe *f* ‖ **~ at high subsonic speed** (Mil) / Marschflug *m* im hohen Unterschallbereich ‖ **~ control** (a system in a road vehicle that automatically maintains a selected speed until cancelled) (Autos) / Tempomat *m* ‖ **~ control*** (Autos) / Geschwindigkeitsregelanlage *f* ‖ **~ control*** (Autos) / Autopilot *m* ‖ **~ missile** (Mil) / Marschflugkörper *m* (ein Lenkflugkörper, der seinen Auftrieb von aerodynamischen Flächen erhält und während des gesamten Marschfluges von einem luftatmenden Triebwerk mit konstanter Geschwindigkeit angetrieben wird - mit konventionellem oder nuklearem Gefechtskopf), Cruise-Missile *n*, Missile *n*, MFK ‖ **~ missile carrier** (Mil) / MFK-Träger *m*, Marschflugkörperträger *m* ‖ **~ performance** (Aero) / Reiseleistung *f* ‖ **~ power** (Aero) / Reiseleistung *f*
**cruiser** *n* (US) / Funkstreifenwagen *m*, Streifenwagen *m*, Einsatzwagen *m* (der Polizei) ‖ **~** (For) / Taxator *m*, Forstschätzer *m*
**cruise range** (Autos) / Aktionsradius *m*
**cruiser car** (US) / Funkstreifenwagen *m*, Streifenwagen *m*, Einsatzwagen *m* (der Polizei)
**cruise speed** (Aero, Autos) / Reisegeschwindigkeit *f* (DIN 70020)
**cruising** *n* (Aero) / Reiseflug *m* ‖ **~** (Autos) / Langstreckenbetrieb *m* (auf Autobahnen und Landstraßen), Langstreckenverkehr *m* ‖ **~** (For) / Waldbewertung *f*, Forsttaxation *f*, Waldabschätzung *f*, Waldwertrechnung *f*, Waldwertschätzung *f* ‖ **~ altitude** (Aero) / Reiseflughöhe *f* (über Meer) ‖ **~ ceiling** (Aero) / Reisefluggipfelhöhe *f* ‖ **~ flight** (Aero) / Reiseflug *m* ‖ **~ height** (Mil) / Marschflughöhe *f* ‖ **~ speed** (Aero, Autos) / Reisegeschwindigkeit *f* (DIN 70020)
**crumble** *v* / zerkrümeln *v*, zerbröckeln *vt*, bröckeln *vt* ‖ **~** bröckeln *vi* ‖ **~** (For) / vermorschen *v*, morsch werden ‖ **~** *vi* (away) / zerbröckeln *vi* ‖ **~** / herausbrechen *vi* (von Schleifkörnern) ‖ **~** (Textiles) / Crumble *m* (Knautschausrüstung auf Kleiderstoffen mit unregelmäßigem Bild) ‖ **~ to dust** / zu Staub zerfallen
**crumbling** *adj* (Build) / mürbe *adj* (Putz), sandend *adj* (Putz)

**crumbly** *adj* / bröcklig *adj*, mürbe *adj* ‖ **~** / krümelig *adj* ‖ **~** (Agric, Civ Eng) / kohäsionslos *adj*, nicht bindig *adj*, nichtbindig *adj* (Boden nach DIN 1054), leicht *adj*, krümelig *adj* (Boden)
**crumb structure** (Agric) / Krümelgefüge *n* (Typ des Bodengefüges, der durch rundliche, stabile Aggregate von etwa 1 bis 10 mm Durchmesser gekennzeichnet ist), Krümelstruktur *f* (des Bodens)
**crumby** *adj* / krümelig *adj*
**crump*** *n* (Geol) / Gebirgsschlag *m* (plötzliche und schlagartige Gebirgsbewegung als Folge von Entspannungsvorgängen in der Erzlagerstätte)
**crumple** *v* / zerknüllen *v* (Papier), zerknittern *v* (Papier) ‖ **~** (Textiles) / zerknittern *v*, zerknautschen *v*, verknittern *v*
**crumpled** *adj* (Textiles) / verknittert *adj*, zerknittert *adj*, knittrig *adj*
**crumple look** (Textiles) / Knautschlook *m* ‖ **~ zone** (Autos) / Knautschzone *f*
**crumpling** *n* (Textiles) / Knitterung *f*, Knittern *n* ‖ **~ test** (Textiles) / Knitterprüfung *f*
**crunch** *v* / knirschen *v* (Schnee, Kies) ‖ **~** (Comp) / crunchen *v*, zusammenpacken *v* (ein Programm oder eine Datei)
**cruncher** *n* (Comp) / Supercomputer *m* (mit mehr als 10 Milliarden Gflops), Großrechner *m* (mit höchstem Leistungsvermögen), Höchstleistungsrechner (z.B. Blue Gene aus dem Hause IBM) ‖ **~** (Comp) / Cruncher *m* (der ein Programm oder eine Datei zusammenpackt)
**crunchy** *adj* (Nut) / knusprig *adj* (Gebäck, Nüsse), crunchig *adj* (Keks) ‖ **~** (pleasantly crisp) (Nut) / knackfest *adj* (Salat und Gemüse), krachig *adj*, knackig *adj* ‖ **~ handle** (Textiles) / Krachgriff *m*, Knirschgriff *m* (der Seide), Seidengriff *m*
**crunode** *n* (Maths) / gewöhnlicher Doppelpunkt ‖ **~*** (Maths) / Knotenpunkt *m* (einer Kurve)
**crup butt** (Leather) / Doppelspiegel *m*
**crush** *v* / zusammendrücken *v*, zerquetschen *vt* ‖ **~** / brechen *v*, zerkleinern *v* ‖ **~** (Bind) / niederhalten *v* (einen Buchblock), abpressen *v* ‖ **~** (Brew) / schroten *v* (Malz) ‖ **~*** (Min Proc) / pochen *v* (Erz) ‖ **~** (Min Proc, Mining) / grob zerkleinern, brechen *v* ‖ **~** (Paper) / verdrücken *v* (feuchte Papierbahn oder Papier im Glättwerk oder im Kalander) ‖ **~** *n* (Glass) / Scheuerfleck *m* (örtlich begrenzter Abdruck, der auf der Oberfläche des Glases durch Zerdrücken eines Fremdkörpers hervorgerufen wird) ‖ **~** (Mining) / Hereinbrechen *n* des Hangenden, Setzen *n* des Hangenden (nach Überschreiten der Pfeilertragfähigkeit) ‖ **~** (US) (Nut) / Lesegut *n* (Trauben) ‖ **~** (Optics, Photog) / Kratzer *m*
**crushable** *adj* (Eng, Min Proc) / brechbar *adj* ‖ **~ ampoule** (Glass, Med) / Brechampulle *f*
**crush barrier** (especially a temporary one, for restraining a crowd) / Abriegelungsanlage *f* (z.B. polizeiliche), Absperranlage *f* ‖ **~ breccia*** (Geol) / Reibungsbrekzie *f* (entstanden durch Reibung an Verwerfungsflächen), tektonische Brekzie ‖ **~ breccia*** (Geol) s. also fault breccia ‖ **~ capacity** (Rail) / maximales Platzangebot ‖ **~ conglomerate*** (Geol) / tektonisches Geröll, Pseudokonglomerat *n*
**crush-cutting process** (Spinning) / Schneid-Quetsch-Verfahren *n*
**crushed brick(s)** (Build) / Ziegelsplitt *m* (gebrochenes Ziegeltrümmergut oder Ziegeleibruch)
**crushed-brick aggregate** (Build) / Ziegelsplittzuschlag *m*
**crushed coal** (Fuels, Mining) / Brechkohle *f* ‖ **~ glass** (Glass) / Glasgrieß *m* (gemahlenes Glas), Glaskrösel *m* ‖ **~ gravel** (Civ Eng) / Betonsplitt *m* (Zuschlagstoff für Beton in der Körnung von 7-30 mm) ‖ **~ leather** (Leather) / Ecraséleder *n* (farbiges, pflanzlich gegerbtes, grobnarbiges Ziegenleder für die Buchbinderei und für Täschnereizwecke) ‖ **~ limestone** (as filter medium) (Chem Eng) / Filterkalk *m* (gekörnter Kalkstein als Filterfüllung) ‖ **~ morocco** (Leather) / Maroquin *n* écrasé *m* ‖ **~ sand** (Civ Eng) / Brechsand *m* (eine durch Brechen und Sieben gewonnene Korngruppe von 0,09 bis 4mm) ‖ **~ stone** (Civ Eng) / Schotter *m* (zwischen 32 und 56 mm Prüfkorngröße) ‖ **~ stone fines** (Civ Eng) / Kiesbrechsand *m*
**crusher** *n* (Agric) / Crimper *m*, Halmbrecher *m* (ein Heuaufbereiter), Walzenknicker *m* (für dickstängliges Ackerfutter) ‖ **~*** (Min Proc) / Vorbrecher *m*, Brecher *m*, Brechwerk *n*, Grobzerkleinerungsmaschine *f* ‖ **~ bowl** (Eng) / Brechermantel *m* ‖ **~ cone** (Eng) / Brechkegel *m* ‖ **~ gap** (Eng) / Brechspalt *m* (bei Brechern) ‖ **~ mantle** (Eng) / Brechkegel *m* ‖ **~ run** (stone) (Civ Eng) / unsortiertes gebrochenes Gestein, unsortierter Schotter
**crush height** (Eng) / Überstand *m* (bei Lagerschalen)
**crushing*** *n* (Bind) / Abpressen *n*, Niederhalten *n* (des Buchblocks) ‖ **~** (Mech) / Bruch *m* (durch Druck, Stauchen) ‖ **~** (Min Proc) / Pochen *n* (von Erz) ‖ **~** (Min Proc) / Zerkleinerung *f*, Zerkleinern *n* ‖ **~** (Min Proc, Mining) / Mahlen *n*, Brechen *n* ‖ **~*** (TV) / Gammaverzerrung *f* ‖ **~ hard materials** (Min Proc) / Hartzerkleinerung *f* ‖ **~ load** (Mech) / Bruchlast *f* (beim Bruch durch Stauchung) ‖ **~ plant** (Mining) / Brechanlage *f*, Zerkleinerungsanlage *f* (für Erze) ‖ **~ point** / Quetschstelle *f* (DIN 31001, T 1) ‖ **~ roll** (Eng) / Brechwalze *f* ‖ **~ roller** (Eng) / Pressrolle *f* (für Schleifscheiben) ‖ **~ strength** (Materials,

337

**crushing**

Mech) / Druckfestigkeit *f* (die maximal erzielbare Bruchspannung bei dem Druckversuch - DIN 50106) ‖ ~ **strength** (Min Proc) / Druckfestigkeit *f* (z.B. von Steinen) ‖ ~ **test*** (Build, Materials) / Druckversuch *m* (an Baustoffen), Druckprüfung *f* ‖ ~ **test** (Eng, Met) / Stauchversuch *m* (an Rohren)
**crush preparation** (Micros) / Quetschpräparat *n*
**crush-resistant** *adj* (Textiles) / widerstandsfähig *adj*, strapazierfähig *adj*, trittfest *adj* (z.B. Teppich)
**crust** *vi* / verkrusten *v*, eine Kruste bekommen, eine Kruste bilden ‖ ~ *vt* / verkrusten *v*, eine Kruste bekommen, eine Kruste bilden ‖ ~ *n* / Kruste *f* ‖ ~ (Geol) / Erdkruste *f* (äußere Erdschale über der Moho), Kruste *f* ‖ ~ (Geol) / Kruste *f* (örtlich begrenzte) ‖ **in the** ~ (Leather) / im Borkenzustand (ausgegerbt und getrocknet, aber noch nicht zugerichtet)
**crustal** *adj* (Geol) / Krusten-, die Erdkruste betreffend ‖ ~ **abundance** (Geol) / Clarke-Zahl *f* (die das Gewichtsprozent der jeweiligen Elemente am Aufbau der Erdkruste angibt - nach F.W. Clarke, 1847-1931), Clarke-Wert *m* ‖ ~ **movement** (Geol) / Krustenbewegung *f* ‖ ~ **rest** (Geol) / Krustenruhe *f*
**crust condition** (Leather) / Borkenzustand *m*
**crustified** *adj* (said of a vein in which the mineral filling is deposited in layers on the wall rock) (Geol) / verheilt *adj* (Gang), zugewachsen *adj* (Gang)
**crusting** *n* (Leather) / Zwischentrocknung *f* (nach der Gerbung für eine spätere Weiterverarbeitung)
**crust leather** (Leather) / Crust-Leder *n*, Borkenleder *n* (gegerbtes, noch nicht zugerichtetes, trockenes Leder), Leder *n* im Borkenzustand ‖ ~ **leather** s. also crust condition ‖ ~ **of the earth*** (Geol) / Erdkruste *f* (äußere Erdschale über der Moho), Kruste *f*
**crusty** *adj* (Meteor) / harsch *adj* (Schnee), harschig *adj*
**crutch** *n* (For) / Gabelungszwiesel *m*, [unechter] Zwiesel *m*, falscher Zwiesel ‖ ~* (Horol) / Pendelzwischenstück *n* ‖ ~ (Textiles) / Schritt *m* (Teil der Hose, an dem die Beine zusammentreffen) ‖ ~ **handle** (For) / Krückenheft *n*, Vogelgriff *m* (offenes Heft ungefähr in der Form eines S)
**crutchings** *pl* (Textiles) / Crutchings *pl* (DIN 60004)
**Crux*** *n* (Astron) / Südliches Kreuz (eine bekannte Konstellation des Südhimmels), Crux *f* (Australis), Kreuz *n* des Südens ‖ ~ **Australis*** (Astron) / Südliches Kreuz (eine bekannte Konstellation des Südhimmels), Crux *f* (Australis), Kreuz *n* des Südens
**cryobiochemistry** *n* (Biochem) / Kryobiochemie *f*
**cryobiology** *n* (Biol) / Kryobiologie *f*
**cryochemical** *adj* (Chem) / kryochemisch *adj*
**cryochemistry** *n* (Chem) / Kryochemie *f*, Tieftemperaturchemie *f* (bei sehr tiefen Temperaturen etwa im Bereich -196 bis -270 °C)
**cryocomminution** *n* (Min Proc) / kryogene Zerkleinerung, Tieftemperaturzerkleinerung *f*
**cryoconite** *n* (Ecol) / Kryokonit *m* (Staubdeposition und kryophile Organismen auf Schnee und Eis)
**cryoelectronics** *n* (Electronics) / Kryoelektronik *f*
**cry of tin** / Zinnschrei *m* (knirschendes Geräusch beim Biegen eines Zinnstabes), Zinngeschrei *n*
**cryogen** *n* / Kryoflüssigkeit *f*, Kryomittel *n*
**cryogenic*** *adj* / kryogenisch *adj* ‖ ~ **bubble chamber** (Nuc) / Kryogenblasenkammer, Tieftemperaturblasenkammer *f* ‖ ~ **cable** (Cables) / Tieftemperaturkabel *n* ‖ ~ **crushing** (Chem Eng, Civ Eng) / Kaltmahlen *n* (Zerkleinerung von Produkten, die bei den üblichen Mahltemperaturen nicht vermahlen werden können), Gefriermahlen *n*, Kryomahlen *n* ‖ ~ **fluid** / Kryoflüssigkeit *f*, Kryomittel *n* ‖ ~ **freezing** (Nut) / Schockgefrieren *n* ‖ ~ **generator** (Elec Eng) / Generator *m* mit supraleitender Wicklung ‖ ~ **maser** (Phys) / Tieftemperaturmaser *m* ‖ ~ **memory** (Comp) / supraleitender Schichtspeicher, Kryogenspeicher *m*, kryogenischer Speicher, Kryospeicher *m*, Tieftemperaturspeicher *m* (der bei der Temperatur von flüssigem Helium arbeitet), Supraleitungsspeicher *m* ‖ ~ **pump** (Vac Tech) / Kryopumpe *f* (eine Vorrichtung zum Pumpen von Gasen zur Vakuumerzeugung durch Kondensation und Adsorption an Oberflächen mit sehr tiefen Temperaturen) ‖ ~ **pumping** (Vac Tech) / Kryopumpen *n* ‖ ~ **resistive cable** (Cables) / Kryokabel *n*
**cryogenics*** *n* / Kryogenik *f*, Tieftemperaturforschung *f* ‖ ~* (Phys) / Kryotechnik *f*, Tieftemperaturtechnik *f*
**cryogenic steel** (suitable for service at very low temperatures, such as those containing about 9% nickel) (Met) / kaltfester Stahl ‖ ~ **storage** (Comp) / supraleitender Schichtspeicher, Kryogenspeicher *m*, kryogenischer Speicher, Kryospeicher *m*, Tieftemperaturspeicher *m* (der bei der Temperatur von flüssigem Helium arbeitet), Supraleitungsspeicher *m* ‖ ~ **store** (Comp) / supraleitender Schichtspeicher, Kryogenspeicher *m*, kryogenischer Speicher, Kryospeicher *m*, Tieftemperaturspeicher *m* (der bei der Temperatur von flüssigem Helium arbeitet), Supraleitungsspeicher *m* ‖ ~ **tank** / Kryogentank *m* (wärmeisolierter Transportbehälter für verflüssigte Gase bei Normaldruck und sehr niedrigen Temperaturen ) ‖ ~ **trap** (Vac Tech) / Kühlfalle *f* (zur Abscheidung von Dämpfen aus Gasströmen oder in Vakuumsystemen durch Kondensation) ‖ ~ **trapping** (Vac Tech) / Kryotrapping *n* (zum Pumpen schwer kondensierbarer Gase) ‖ ~ **valves and fittings** (Eng) / Kältemittelarmaturen *f pl*
**cryohydrate** *n* (Chem) / Kryohydrat *n* (eutektische Salzlösung, deren Schmelz- oder Gefriertemperatur konstant bleibt), eutektische Sole
**cryohydric** *adj* (Chem) / kryohydratisch *adj* ‖ ~ **point** (Phys) / kryohydratischer Punkt, Kryopunkt *m* (Sättigungspunkt eines eutektischen Gemischs von Eis und Salz)
**cryoelectronics** *n* (Electronics) / Kryoelektronik *f*
**cryolite*** *n* (Min) / Kryolith *m* (Natriumfluoroaluminat), Eisstein *m*
**cryology** *n* / Kryologie *f* (der Zweig der Hydrologie, der sich mit den festen Formen des Wassers, also Schnee und Eis, beschäftigt)
**cryomagnet** *n* (Mag) / Kryomagnet *m*
**cryomagnetism** *n* (Mag) / Kryomagnetismus *m*
**cryometer*** *n* (Heat) / Kryometer *n* (Thermometer für tiefe Temperaturen)
**cryopedology** *n* (the science dealing with intense frost action and ground which is perennially frozen) (Agric, Civ Eng, Geol) / Kryopedologie *f* (Wissenschaft zum Studium sämtlicher, mit der Wirkung des Frostes auf den Boden zusammenhängender Fragen), Lehre *f* vom Frostboden, Frostbodenkunde *f*
**cryophysics** *n* (Phys) / Kryophysik *f*, Tieftemperaturphysik *f*
**cryoplanation** *n* (Geol) / Kryoplanation *f*, Oberflächeneinebnung *f* durch Frostwirkung
**cryoprotectant** *n* (Biochem) / Kryoprotektor *m*, Cryoprotektor *m*
**cryo pump** (Vac Tech) / Kryopumpe *f* (eine Vorrichtung zum Pumpen von Gasen zur Vakuumerzeugung durch Kondensation und Adsorption an Oberflächen mit sehr tiefen Temperaturen)
**cryopumping** *n* (Vac Tech) / Kryopumpen *n*
**cryoresistive cable** (Cables) / Kryokabel *n*
**cryosar*** *n* (Electronics) / Kryosar *m* (Tieftemperatur-Halbleiterelement)
**cryoscope*** *n* (Chem) / Kryoskop *n*
**cryoscopic** *adj* (Phys) / kryoskopisch *adj* ‖ ~ **constant** (Phys) / kryoskopische Konstante, molare Gefrierpunktserniedrigung, molare Depression ‖ ~ **method*** / Kryoskopie *f* (Messverfahren bei der Gefrierpunktserniedrigung einer Lösung)
**cryoscopy** *n* / Kryoskopie *f* (Messverfahren bei der Gefrierpunktserniedrigung einer Lösung)
**cryosel** *n* (Chem) / Kryohydrat *n* (eutektische Salzlösung, deren Schmelz- oder Gefriertemperatur konstant bleibt), eutektische Sole
**cryosensor** *n* / Kryosensor *m* (kapazitiver Sensor, der zum Erfassen extrem tiefer Temperaturen eingesetzt wird)
**cryosorption** *n* (Chem, Phys, Vac Tech) / Kryosorption *f* (bei schwer kondensierbaren Gasen)
**cryosphere** *n* (Geol) / Kryosphäre *f* (die Erde bedeckende Eis- und Schneemasse)
**cryostat*** *n* (Automation, Heat) / Kryostat *m* (Thermostat für tief(st)e Temperaturen), Kältethermostat *m*
**cryotherapy*** *n* (Med) / Kryotherapie *f*, Kältetherapie *f*
**cryotrapping** *n* (Vac Tech) / Kryotrapping *n* (zum Pumpen schwer kondensierbarer Gase)
**cryotron*** *n* (Electronics) / Tieftemperaturschaltelement *n*, Kryotron *n*, Cryotron *n* (ein kryoelektronisches Schaltelement)
**cryoturbation** *n* (Geol) / Kryoturbation *f* (ein Translokationsprozess der Bodenbildung), Mikrosolifluktion *f* (im Bereich des Frostbodens), Froststauchung *f*
**crypt** *n* (Arch) / Krypta *f* (pl. -ten) (meistens unter dem Chor einer Kirche)
**cryptanalysis** *n* / Kryptoanalyse *f* (ein Teilgebiet der Kryptologie)
**cryptand** *n* (Chem) / Kryptand *m* (pl. -en) (Azapolyether)
**cryptate** *n* (Chem) / Kryptat *n* (chemische Verbindung höherer Ordnung aus Kryptanden und ionischen Verbindungen)
**crypto** *adj* / kryptografisch *adj*
**crypto-application** *n* (Comp) / kryptografische Anwendung, Kryptoanwendung *f*
**cryptobase** *n* (hydride-ion donor which can release carbanions) (Chem) / Kryptobase *f*
**cryptocard** *n* (Comp) / Kryptokarte *f*
**cryptoclastic** *adj* (Geol) / kryptoklastisch *adj*
**cryptocontroller** *n* (Comp) / Kryptocontroller *m*
**cryptocrystalline** *adj* (Min) / kryptokristallin *adj*
**cryptographic** *adj* / kryptografisch *adj* ‖ ~ (Telecomm) / kryptografisch *adj* ‖ ~ **algorithm** (Comp) / Verschlüsselungsalgorithmus *m*, Chiffrieralgorithmus *m* (die Menge der Vorschriften, die die Art der kryptografischen Transformation festlegen) ‖ ~ **system*** (Comp) / Schlüsselsystem *n* ‖ ~ **transformation** (Comp) / kryptografische Datenverschlüsselung
**cryptography** *n* / Kryptografie *f* (ein Teilgebiet der Kryptologie) ‖ ~ / (konkrete) Verschlüsselung *f*, Chiffrierung *f* ‖ ~ / Kryptografie *f*

(Wissenschaft von den Methoden der Verschlüsselung und Entschlüsselung von Daten zum Zwecke der Unkenntlichmachung der Informationen)
**crypto-ionic reaction** (Chem) / kryptoionische Reaktion
**cryptolite** n (Min) / Kryptolith m (ein in fast mikroskopischen Nädelchen in Apatit von Arendal eingewachsener Monazit)
**cryptology** n / Kryptologie f (Wissenschaft, deren Aufgabe die Entwicklung von Methoden zur Verschlüsselung von Informationen und deren mathematische Absicherung gegen unberechtigte Entschlüsselung ist)
**cryptomelane** n (Min) / Kryptomelan m (ein Manganomelan)
**cryptomeria** n (For) / Sicheltanne f (Cryptomeria japonica (L. f.) D. Don), Japanzeder f
**cryptomerous** adj / kryptomer adj (mit bloßem Auge nicht erkennbar - Bestandteile eines Gesteins)
**cryptometer*** n (Paint) / Kryptometer n, Deckfähigkeitsmesser m
**cryptoperthite** n (Geol) / Kryptoperthit m
**cryptosecurity** n (Comp) / Schlüsselsicherheit f
**cryptosystem*** n (Comp) / Schlüsselsystem n
**cryptotext** n (Comp) / Schlüsseltext m, Geheimtext m
**cryptovirus** n (a virus that enters a computing system and carries out encryption on the files in the system) (Comp) / Kryptovirus m n
**cryptovolcanic** adj (Geol) / kryptovulkanisch adj
**cryptoxanthin** n (Chem, Nut) / Kryptoxanthin n (ein Carotinoid - E 161c)
**cryptozoon** n (Geol) / Stromatolith m (Kalkausscheidungen mariner Algen)
**crystal*** n (Crystal) / Kristall m ǁ ~* (Electronics) / piezoelektrisches Element (z.B. aus Quarz) ǁ ~* (Glass) / Kristall n (z.B. Bleikristall), Kristallglas n ǁ ~ attr / Kristall- ǁ ~ **aerugo** (Chem) / Grünspan m (Gemisch aus basischen Kupfer(II)-azetaten - je nach Arbeitsbedingungen entweder grün oder blau), Kugelgrünspan m, spanisches Grün (früher eine Malerfarbe), Aerugo m (auf Kupfer oder Messing) ǁ ~ **aggregate** (Crystal) / Kristallaggregat n ǁ ~ **analysis** (Crystal) / Kristallstrukturanalyse f ǁ ~ **angle** (Crystal) / Kristallwinkel m ǁ ~ **anisotropy*** (Crystal) / Kristallanisotropie f ǁ ~ **axes*** (Crystal) / Kristallachsen f pl ǁ ~ **blank** (Electronics) / Rohkristall m, Kristallrohling m ǁ ~ **boiling** (Nut) / Kochen n auf Korn, Kornkochen n (Zuckergewinnung) ǁ ~ **boundary*** (Crystal) / Kristallgrenze f ǁ ~ **carbonate** (sal soda) (Chem) / Kristallsoda f (Natriumkarbonat-Dekahydrat), Waschsoda f, wasserhaltige Soda ǁ ~ **chemistry** (Chem, Crystal) / Kristallchemie f (chemische Kristallografie, Festkörperchemie f ǁ ~ **class** (Crystal) / Symmetrieklasse f, Kristallklasse f (insgesamt 32)
**crystal-controlled** adj (Elec Eng) / quarzgesteuert adj
**crystal counter*** (Nuc) / Kristallzähler m (zum Nachweis von Gammastrahlung) ǁ ~ **cut** (Crystal) / Schnittorientierung f, Quarzschnitt m (Winkelangabe über die Lage des Quarzelementes in Bezug auf die Kristallachsen des Quarzkristalls) ǁ ~ **defect** (Crystal) / Störstelle f, Baufehler m, Kristallfehler m, Fehlstelle f, Kristallbaufehler m (struktureller oder mechanischer), Defekt m ǁ ~ **detector*** (Electronics) / Kristalldetektor m (Electronics) / Kristalldiode f ǁ ~ **drive*** (Electronics) / Kristallsteuerung f, Quarzsteuerung f ǁ ~ **edge** (Crystal) / Kristallkante f ǁ ~ **element** (Crystal) / Kristallelement n (Länge oder Längenverhältnis) ǁ ~ **engineering** (Crystal, Materials) / Kristall-Engineering n (Herstellung von maßgeschneiderten Festkörperstrukturen) ǁ ~ **face*** (Crystal) / Kristallfläche f ǁ ~ **field** (Crystal) / kristallelektrisches Feld, Kristallfeld n (elektrisches Feld, das die in der Umgebung eines Kristallgitterplatzes angeordneten Atome oder Ionen an diesem Ort erzeugen)
**crystal-field theory** (Chem, Phys) / Kristallfeldtheorie f (wenn die Liganden in vereinfachender Weise als Punktladungen oder Punktdipole dargestellt werden)
**crystal filter*** (Phys) / Quarzfilter n ǁ ~ **form** (Crystal) / Kristallform f ǁ ~ **formation** (Crystal) / Kristallisation f, Kristallbildung f ǁ ~ **generator** (Electronics) / Quarzgenerator m (in dessen Oszillatorteil ein Schwingquarz die Frequenzbestimmung übernimmt) ǁ ~ **geometry** (Crystal) / Kristallgeometrie f (Kristallometrie und Kristallsymmetriekunde), Geometrie f des Kristalls ǁ ~ **glass*** (Glass) / Kristall n (z.B. Bleikristall), Kristallglas n ǁ ~ **glass with > 30 % PbO** (Glass) / Hochbleikristall n (mit > 30% PbO) ǁ ~ **glass with 18-24% PbO** (Glass) / Pressbleikristall n ǁ ~ **goniometer*** (Crystal) / Goniometer n (zur Messung der Kristallwinkel - z.B. ein Anlegegoniometer) ǁ ~ **growing*** (Crystal) / Kristallzüchtung f (synthetische Herstellung von Einkristallen) ǁ ~ **growing from melts** (Crystal, Electronics) / Kristallzüchtung f aus der Schmelze, Kristallisierung f (aus einer nicht kristallinen Phase), Schmelzziehverfahren n (Kristallzüchtung aus der Schmelze) ǁ ~ **growing from solution** (Crystal) / Kristallzüchtung f aus der Lösung ǁ ~ **growing from the gas phase** (Crystal) / Kristallzüchtung f aus der Gasphase ǁ ~ **growth** (Crystal) / Kristallwachstum n ǁ ~ **growth rate** (Crystal) / Kristallwachstumsgeschwindigkeit f ǁ ~ **habit** (the external form of a crystal) (Crystal) / Kristallhabitus m, Habitus m (stängeliger, tafeliger, säuliger, würfeliger) ǁ ~ **indices*** (Crystal) / Millers'che Indizes (reziproke, ganzzahlige Werte der Abschnitte einer Kristallfläche im kristallografischen Achsenkreuz - nach W.H. Miller, 1801-1880), Miller-Indizes m pl ǁ ~ **lattice*** (Crystal) / Raumgitter n der Kristalle, Kristallgitter n (Raumgitter der Kristalle + Kristallstruktur)
**crystalline** n (consisting of crystals) (Geol) / Kristallin n (Grundgebirge) ǁ ~* adj / Kristall- ǁ ~ / kristallklar adj ǁ ~* (Crystal, Min) / kristallin adj (nicht amorph), kristallinisch adj ǁ ~ **chloral** (Chem, Pharm) / Chloralhydrat n (Hydrat des Chlorals - das älteste künstlich hergestellte Schlafmittel) ǁ ~ **form*** (Crystal) / Kristallform f ǁ ~ **fracture** / kristalliner Bruch ǁ ~ **fracture** (a pattern of brightly reflecting crystal facets on the fracture surface of a polycrystalline metal, resulting from cleavage fracture of many individual crystals) (Materials, Met) / Trennbruchfläche f (Aussehen) ǁ ~ **glaze** (Ceramics) / Kristallglasur f (mit einer Komponente übersättigter Glasfluss), kristallisierte Glasur ǁ ~ **phase** (Phys) / Kristallphase f, kristalline Phase ǁ ~ **rocks*** (Geol) / kristalline Gesteine ǁ ~ **schists*** (Geol) / kristalline Schiefer m pl (Metamorphite) ǁ ~ **silicon** (Chem) / kristallines Silizium, kristallines Silicium ǁ ~ **solid*** (Chem) / kristalliner Feststoff, kristalliner Festkörper ǁ ~ **solution** (Chem, Phys) / feste Lösung (Mischkristalle oder Legierungen) ǁ ~ **state** (Crystal) / kristalliner Zustand ǁ ~ **structure** (Crystal) / Kristallstruktur f, Kristallbau m ǁ ~ **veratrine** (Chem, Med) / Veracevin n, Cevadin n, Cevin n
**crystallinity** n / Kristallinität f, Kristallform f (Kristallinität)
**crystallisable** adj (GB) (Crystal) / kristallisierbar adj, kristallisationsfähig adj
**crystallisation** n (GB) (Crystal) / Kristallisation f, Kristallbildung f
**crystallise** v (GB) / kristallisieren v, Kristalle bilden
**crystallite*** n (Chem, Crystal) / Kristallit m (Kristall, dessen Durchmesser zwischen $10^{-3}$ und $10^{-7}$ cm beträgt)
**crystallizable** adj / kristallisierbar adj, kristallisationsfähig adj
**crystallizand** n / Kristallisiergut n
**crystallization*** n (Crystal) / Kristallisation f, Kristallbildung f ǁ ~ **aid** (Nut) / Kristallisierhilfsmittel n, Kristallisationshilfsmittel n ǁ ~ **apparatus** (Crystal) / Kristallisator m (in dem Kristalle wachsen), Kristallisierer m, Kristaller m ǁ ~ **from solution** (Chem) / Lösungskristallisation f (aus Lösungen) ǁ ~ **inhibitor** (Nut) / Kristallisationsinhibitor m ǁ ~ **interval** (Min) / Kristallisationsbereich m, Kristallisationsintervall n, Erstarrungsbereich m, Erstarrungsintervall n ǁ ~ **of the weld** (Welding) / Schweißnahtkristallisation f, Kristallisation f der Schweißnaht ǁ ~ **schistosity** (Geol) / Kristallisationsschieferung f
**crystallize** v / kristallisieren v, Kristalle bilden ǁ ~ vt / auskristallisieren v (zur Kristallisation bringen) ǁ ~ **out** v / auskristallisieren vt (lassen) (aus der Lösung)
**crystallizer** n (Crystal) / Kristallisator m (in dem Kristalle wachsen), Kristallisierer m, Kristaller m
**crystallizing dish** / Kristallisierschale f
**crystalloblast** n (Geol) / Kristalloblast m
**crystalloblastesis** n (pl. -ses) (Geol) / Kristalloblastese f, Blastese f
**crystalloblastic** adj (Geol) / kristalloblastisch adj ǁ ~ **texture*** (Geol) / kristalloblastisches Gefüge (bei Metamorphiten)
**crystallochemical** adj (Chem, Crystal) / kristallchemisch adj
**crystallogram*** n (Crystal) / Kristallogramm n, Röntgenbeugungsbild n
**crystallographic** adj (Crystal) / kristallografisch adj
**crystallographical** adj (Crystal) / kristallografisch adj
**crystallographic axes*** (Crystal) / kristallografisches Achsenkreuz ǁ ~ **class** (Crystal) / Symmetrieklasse f, Kristallklasse f (insgesamt 32) ǁ ~ **cleavage** (Crystal) / Spaltung f von Kristallen ǁ ~ **corrosion** (Surf) / kristalline Korrosion (Sammelbezeichnung für interkristalline Korrosion, Spannungsrisskorrosion und Schwingungsrisskorrosion) ǁ ~ **group of n-dimensional space** (Crystal) / Raumgruppe f (Symmetriegruppe dreidimensional periodischer Gebilde, die nicht beliebig kleine Translationen als Symmetrieoperatoren enthält), Raumsymmetriegruppe f ǁ ~ **notation*** (Crystal) / kristallografische Symbolik ǁ ~ **system*** (Crystal) / Kristallsystem n (kubisch, hexagonal, tetragonal, rhombisch, monoklin, triklin) ǁ ~ **zone** (Crystal) / kristallografische Zone
**crystallography*** n (Crystal) / Kristallografie f (Wissenschaft vom kristallinen Zustand der Materie), Kristallkunde f
**crystalloid*** n (Crystal) / Kristalloid n (ein kristallähnlicher Körper oder ein Stoff mit kristallähnlicher Struktur)
**crystalloluminescence** n / Kristallolumineszenz f (bei der Kristallisation aus Schmelzen)
**crystallometric** adj (Crystal) / kristallometrisch adj
**crystallometry** n (Crystal) / Kristallometrie f (Messung der Winkel zwischen Kristallflächen mit Hilfe von Goniometern)

**crystal loudspeaker**

**crystal loudspeaker*** (Acous) / piezoelektrischer Lautsprecher, Kristalllautsprecher *m*
**crystallurgy** *n* (Crystal, Phys) / Kristallurgie *f* (Teilgebiet der Kristallphysik, das sich mit Messungen und anderen Hantierungen an Einkristallen beschäftigt)
**crystal malt** (Brew) / Karamellmalz *n* (zur Herstellung dunkler Biere) || **~ microphone*** (Acous) / piezoelektrisches Mikrofon, Kristallmikrofon *n* || **~ mixer*** (Electronics) / Kristallmischer *m* || **~ momentum** (Crystal) / Kristallimpuls *m* || **~ monochromator** (Nuc, Spectr) / Kristallmonochromator *m* || **~ morphology** (Crystal) / Kristallmorphologie *f* (Lehre von der Gestalt und der Form der Kristalle) || **~ nucleus*** (Chem, Crystal) / Kristallkeim *m*, Kristallisationszentrum *n*, KZ (Kristallisationszentrum), Keim *m* (Kristallkeim) || **~ optics** (Optics, Phys) / Kristalloptik *f* (ein Spezialgebiet der Kristallphysik) || **~ orientation** (Crystal) / Kristallorientierung *f* || **~ oscillator*** (Electronics, Phys) / Q-Oszillator *m*, Kristalloszillator *m*, Quarzschwinger *m*, Quarzoszillator *m* (DIN 45174) || **~ physics** (Crystal, Phys) / Kristallphysik *f* || **~ pick-up*** (Acous) / piezoelektrischer Tonabnehmer (bei Plattenspielern), Kristalltonabnehmer *m* || **~ plane** (Crystal) / Kristallebene *f* || **~ plane** (Crystal) / rationale Ebene, Netzebene *f* (die durch drei Gitterpunkte, die nicht in einer Geraden liegen, festgelegt ist), Gitterebene *f* (in Richtungen, die vom Kristall abhängig sind) || **~ plate** (Elec Eng) / Kristallplatte *f* || **~ potential** (Crystal) / Kristallpotential *n* (das effektive Potential, in dem sich ein Elektron im Kristall bewegt) || **~ projection** (Crystal) / Kristallprojektion *f* (Darstellung ausgezeichneter Richtungen eines Kristalls durch Punkte auf einer Kugelfläche oder Ebene) || **~ pulling*** (Crystal) / Czochralski-Verfahren *n* (der Kristallzüchtung), Kristallziehverfahren *n*, Kyropoulos-Verfahren *n*, Kristallziehen *n* (aus einem Tiegel) || **~ rectifier*** (Electronics) / Kristallgleichrichter *m* || **~ rectifier*** (Electronics) s. also semiconductor diode || **~ refractometer** (Optics) / Kristallrefraktometer *n* || **~ regeneration temperature** (Crystal) / Kristallerholungstemperatur *f* || **~ shape** (Crystal) / Kristallgestalt *f* (Habitus + Tracht) || **~ sheet glass** (Glass) / Dickglas *n* (DIN 1249) || **~ size** (Crystal) / Kristallgröße *f* || **~ slice** (Electronics) / Kristallscheibe *f* || **~ soda** (Chem) / Kristallsoda *f* (Natriumkarbonat-Dekahydrat), Waschsoda *f*, wasserhaltige Soda
**crystals of Venus** (Chem) / Grünspan *m* (Gemisch aus basischen Kupfer(II)-azetaten - je nach Arbeitsbedingungen entweder grün oder blau), Kugelgrünspan *m*, spanisches Grün (früher eine Malerfarbe), Aerugo *m* (auf Kupfer oder Messing)
**crystal spectrometer*** (Phys, Spectr) / Kristallspektrometer *n*
**crystal-stabilized oscillator** (Electronics) / quarzgesteuerter Oszillator
**crystal structural defect** (Crystal) / Kristallbaufehler *m* (struktureller) || **~ structure*** (Crystal) / Kristallstruktur *f*, Kristallbau *m*
**crystal-structure analysis** (Crystal) / Kristallstrukturanalyse *f*
**crystal sugar** (Nut) / Kristallzucker *m*, Kristallraffinade *f*
**crystal-symmetry** (Crystal) / Kristallsymmetrie *f* || **~ theory** (Crystal) / Kristallsymmetriekunde *f*
**crystal system*** (Crystal) / Kristallsystem *n* (kubisch, hexagonal, tetragonal, rhombisch, monoklin, triklin) || **~ texture*** (Crystal) / Kristalltextur *f*, Kristallanordnung *f* || **~ thermometer** / Quarzkristallthermometer *n* (Berührungsthermometer, das als Messeffekt die Temperaturabhängigkeit der Resonanzfrequenz eines Quarzkristalls ausnutzt) || **~ tuff** (Geol) / Kristalltuff *m* || **~** (structure) **type** (Crystal) / Kristallstrukturtyp *m*, Kristalltyp *m* || **~ violet*** (Chem) / Kristallviolett *n* (Hexamethylpararosanilinchlorhydrat) || **~ violet*** s. also gentian violet || **~ whisker** (Chem, Crystal) / Whisker *m* (Wachstumsform eines Einkristalls mit besonderen physikalischen Eigenschaften), Nadelkristall *m*, Haarkristall *m*, Faserkristall *m*
**CS** (cognitive science) / Kognitionswissenschaft *f*, kognitive Wissenschaft (über die kognitiven und perzeptiven Fähigkeiten des Menschen, die simulative Modelle benutzt)
**Cs** (caesium) (Chem) / Cäsium *n*, Caesium *n*, Cs (Caesium), Zäsium *n*
**CS** (cirrostratus) (Meteor) / Zirrostratus *m* (pl. -ti), Schleierwolke *f*, Cirrostratus *m* (pl. -ti), Cs
**Cs*** (Meteor) / Zirrostratus *m* (pl. -ti), Schleierwolke *f*, Cirrostratus *m* (pl. -ti), Cs
**CSA** (cross-sectional area) / Querschnitt[s]fläche *f*
$_{13}$**C satellite** (Spectr) / Kohlenstoff-13-Satellit *m*, $_{13}$C-Satellit *m*
**c.& s.c.** (caps and small caps) (Typog) / Kapitälchen *n* *pl* (mit Anfangsversal)
**CSC process** (Foundry) / CSC-Verfahren *n* (ein Schleudergussverfahren)
**CS gas*** (Chem) / CS-Gas *n* (ein Reizstoff, der in fein verteilten Partikeln zur Bekämpfung von Krawallen und Tumulten eingesetzt wird - nach den Namen der amerikanischen Chemiker Ben Carson und R. Staughton)
**C-shaped** *adj* / C-förmig *adj*

**CSJFET** (charge-storage junction field-effect transistor) (Electronics) / Feldeffekttransistor *m* mit Ladungsspeicherung, CSJFE-Transistor *m*
**CSJFE transistor** (Electronics) / Feldeffekttransistor *m* mit Ladungsspeicherung, CSJFE-Transistor *m*
**CSM** (command-service module) (Space) / Kommando- und Versorgungskabine *f*, Kommando- und Versorgungseinheit *f*, CSM (Kommando- und Versorgungseinheit)
**CSMA** (carrier sense multiple access) (Comp) / CSMA (Mehrfachzugriff mit Trägerkennung), Mehrfachzugriff *m* mit Trägerkennung, Vielfachzugriff *m* mit Trägerkennung, Vielfachzugriff *m* mit Leitungsüberwachung
**CSMA/CD** (carrier sense multiple access with collision detection) (Comp) / Mehrfachzugriff *m* mit Kollisionserkennung, Vielfachzugriff *m* mit Leitungsabfrage und Kollisionserkennung, CSMA/CD-Zugriffsverfahren *n*
**CSOC** (convolutional self-orthogonal code) (Comp) / selbstorthogonaler Faltungscode, selbstorthogonaler Faltungskode
**C-spanner*** *n* (Tools) / Hakenschlüssel *m* für Nutmuttern (DIN 1810)
**CSP laser** (Phys) / CSP-Laser *m*
**C$_3$ splitter** (Chem) / C$_3$-Splitter *m*, Propylenfraktionator *m*, Propylensplitter *m*
**C$_2$ splitter** (Chem Eng) / C$_2$-Splitter *m*, Ethylen/Ethylen-Trennapparat *m*, C$_2$-Trennapparat *m*
**CSR** (customer-service representative) (Teleph) / Agent *m* (Mitarbeiter in einem Callcenter)
**CS signal** (Comp) / Bausteinauswahlsignal *n*
**CSTA** (computer-supported telecommunications application) (Telecomm) / CSTA-System *n* (direkte Verbindung von Telefonanlagen mit dem Rechnernetz)
**C-stage*** *n* (Plastics) / C-Zustand *m* (bei Phenolharzen) || **~ *** (Plastics) s. also resite || **~ resin** (Chem) / Resit *n* (Phenolharz im C-Zustand)
**CSW** (Comp) / Kanalstatuswort *n*, CSW
**CT** (centre tap) (Elec Eng) / Mittelanzapfung *f*, Mittelabgriff *m* || **~** (coherence transfer) (Phys) / Populationstransfer *m*, Kohärenztransfer *m*, Magnetisierungstransfer *m*
**C.T.** (computed tomography) (Radiol) / Computertomografie *f*, CT (Computertomografie)
**CT** (call transfer) (Teleph) / Umlegen *n* im Inhouse-Bereich (ein ISDN-Leistungsmerkmal), Anrufumlegung *f*
**CTC** (counter-time circuit) (Comp) / Zähler-Zeitgeber-Schaltung *f* (in Mikroprozessoren), Zähler-Zeitgeber-Schaltkreis *m*
**CTCA** (channel-to-channel adapter) (Comp) / CTC-Adapter *m*, CTCA *m* (CTC-Adapter)
**CTD** (charge-transfer device) (Electronics) / Ladungsverschiebebeschaltung *f*, Ladungsverschiebeelement *n*
**C-terminal amino acid** (Biochem) / C-terminale Aminosäure, Carboxyende *n*, Karboxyende *n*
**CTI** (computer telephone integration) (Teleph) / CTI (die Möglichkeit einer Schnittstelle, von einer Telefonanlage zu Anwendungsprogrammen, die auf einem Computer laufen, z.B. in der Kundenbetreuung einer Bank, zu schalten)
**CTOD** (crack-tip opening displacement) (Materials) / Rissspitzenöffnungsverschiebung *f*, Rissöffnungsverschiebung *f*
**CTP imagesetter** (Comp, Print) / CTP-Belichter *m*, Computer-to-Plate-Belichter *m*
**CTR** (control zone) (Aero) / Kontrollzone *f*, CTR (Kontrollzone) || **~ *** (controlled thermonuclear reaction) (Nuc Eng) / steuerbarer Reaktionsablauf bei der Kernfusion, gesteuerte (kontrollierte) thermonukleare Reaktion || **~** (controlled thermonuclear reactor) (Nuc Eng) / Fusionsreaktor *m* (z.B. Tokamak), Kernverschmelzungsreaktor *m*, Kernfusionsreaktor *m*
**Ctrl** (key) (Comp) / Strg-Taste *f* (für eine Tastenkombination), Steuerungstaste *f*
**CTS** (clear to send) (Comp) / sendebereit *adj* (Terminal) || **~ wheel** (Autos) / CTS-Rad *n* (mit Notlaufeigenschaften)
**CTV** (cable television) (TV) / Kabelfernsehen *n*, Kabel-TV *n*, KFS (Kabelfernsehen) || **~** (colour television) (TV) / Farbfernsehen *n*, Colorfernsehen *n*
**CTW** (console typewriter) (Comp) / Bedienungsblattschreiber *m*, Konsolblattschreiber *m*, BBS (Bedienungsblattschreiber)
**CTX** (ciguatoxin) (Chem) / Ciguatoxin *n* (ein starkes Fischgift)
**c-type frame** (Eng) / C-Gestell *n* (eine Baugruppe der Presse nach DIN 55170 bis 55174)
**Cu** (copper) (Chem) / Kupfer *n*, Cu (Kupfer)
**CU** (cumulus) (Meteor) / Kumulus *m* (pl. -li), Cumulus *m*, Cu, Haufenwolke *f*
**Cu*** (Meteor) / Kumulus *m* (pl. -li), Cumulus *m*, Cu, Haufenwolke *f*
**cuam** (Chem) / Schweizers Reagens (eine tiefblau gefärbte Lösung von Tetramminkupfer(II)-hydroxid in Wasser - nach M.E. Schweizer, 1818-1860)

**cubage** n (Build) / umbauter Raum, Brutto-Rauminhalt m, BRI (Brutto-Rauminhalt), Kubatur f (A) || ~ (Build, Civ Eng) / Baumasse f (die nach den Außenmaßen der Gebäude zu ermitteln ist) || ~ (Maths) / Kubikinhalt m
**cubane** n (Chem) / Cuban n (ein platonischer Kohlenwasserstoff)
**cubanite\*** n (Min) / Cubanit m
**Cuban mahogany\*** (For) / Mahagoniholz n (Westindisches - aus Swietenia mahagoni (L.) Jacq.), Westindisches Mahagoni
**cubature** n (Maths) / Kubikinhalt m
**cubbyhole** n (S. Africa) (Autos) / Handschuhfach n
**cube** v / in Würfel schneiden, formen, pressen || ~ (Maths) / den Rauminhalt ermitteln, den Inhalt berechnen || ~ (Maths) / kubieren v, zur dritten Potenz erheben || ~ n (Agric) / Futterwürfel m || ~ (Comp) / Würfel m (Anordnung von Prozessoren) || ~ (Comp) / Cube n (Rechnerarchitektur), Kubus m || ~\* (Maths) / Würfel m, Kubus m || ~\* (Maths) / dritte Potenz (Kubus), Kubus m, Kubikzahl f
**cubeb oil** (Pharm) / Kubebenöl n, Oleum n Cubebae, Kubebenpfefferöl n, Cubebenpfefferöl n (aus Piper cubeba L.)
**cube dicer** (US) (Plastics) / Bandgranulator m, Würfelschneider m || ~ **ice maker** / Würfeleiserzeuger m || ~ **of glass** / Glaswürfel m || ~ **ore** (Min) / Pharmakosiderit m, Würfelerz n (Eisen(III)-hexahydroxidtriorthoarsenat)
**cuber** n (Agric) / Pelletpresse f, Futtermittelpresse f, Würfelpresse f (zur Herstellung würfelförmiger Futtermittel)
**cube root** (Maths) / Kubikwurzel f (mit dem Wurzelexponenten n = 3)
**cube-shaped** adj / würfelförmig adj
**cube size** / Würfelgröße f || ~ **spar** (Min) / Anhydrit m (würfelähnlicher) || ~ **strength** (Civ Eng) / Würfeldruckfestigkeit f (des Betons in N/mm²), Würfelfestigkeit f || ~ **sugar** (Nut) / Würfelzucker m || ~ **sugar** s. also lump sugar || ~ **technology** (Electronics) / Cube-Technik f (Ausführungsform des Unijunction-Transistors) || ~ **texture** (Met) / Würfeltextur f
**cubic** adj / kubisch adj (würfelförmig) || ~ / Kubik-
**cubical** adj / würfelförmig adj || ~ / kubisch adj (würfelförmig) || ~ **aerial** (Radio) / Würfelantenne f || ~ **antenna\*** (Radio) / Würfelantenne f || ~ **capacity** (Maths) / Kubikinhalt m || ~ **contents** (Maths) / Kubikinhalt m || ~ **quad** (Radio) / Cubical-Quad f (DX-Antenne aus einer quadratischen Ganzwellenschleife)
**cubical-quad antenna** (Radio) / Viereckantenne f, Quad-Antenne f
**cubical rot** (For) / würfelförmiger Zerfall (bei Trockenfäule), Würfelbruch m (Erkennungsmerkmal einer Destruktionsfäule)
**cubic boron nitride** (Chem) / kubisch kristallines Bornitrid, kubisches Bornitrid, CBN (kubisches Bornitrid) || ~ **close packing\*** (Crystal) / kubisch dichteste Kugelpackung || ~ **content(s)** (Build) / umbauter Raum, Brutto-Rauminhalt m, BRI (Brutto-Rauminhalt), Kubatur f (A) || ~ **contents** (Maths) / Kubikinhalt m || ~ **equation\*** (Maths) / Gleichung f dritten Grades, kubische Gleichung || ~ **function** (Maths) / kubische Funktion (wenn die unabhängige Variable in der dritten Potenz auftritt) || ~ **lattice** (Crystal) / Würfelgitter n (das dreidimensionale Analogon zum Quadratnetz der Ebene)
**cubicle** n (a small partitioned-off area of a room) / Zelle f, Kabine f (Umkleideraum) || ~ (Agric) / Boxenliegestall m || ~ (Instr) / Schrank m (für Messgeräte) || ~ **attr** (Elec Eng) / metallumkleidet adj (Schaltanlage), gussgekapselt adj
**cubicle-type switchboard\*** (Elec Eng) / zellenförmige Schaltanlage
**cubic measure** / Raummaß n || ~ **system\*** (Crystal) / kubisches System
**cubing** n / Kubatur f, Kubikinhaltsberechnung f || ~\* (Build) / Berechnung f des umbauten Raums || ~\* (Build) / Raummeterpreisermittlung f || ~ (Build, Civ Eng) / Ermittlung f der Baumasse || ~ (Maths) / Erhebung f in die dritte Potenz, Kubierung f, Kubatur f || ~ **machine** (Agric) / Pelletpresse f, Futtermittelpresse f, Würfelpresse f (zur Herstellung würfelförmiger Futtermittel)
**cuboid\*** n (a solid that has six rectangular faces with adjacent faces being normally perpendicular) (Maths) / Quader m (Prisma mit einem Rechteck als Grundfläche)
**cubooctahedron** n (pl. -hedrons or -hedra) (Crystal, Maths) / Kubooktaeder n, Kuboktaeder n
**cucujid** n (Agric) / Plattkäfer m (ein Vorratsschädling, z.B. Getreideplattkäfer oder Leistenkopfplattkäfer) || ~ **beetle** (Agric) / Plattkäfer m (ein Vorratsschädling, z.B. Getreideplattkäfer oder Leistenkopfplattkäfer)
**cucumber mosaic virus** (Biochem) / Gurken-Mosaik-Virus n m
**cucurbit** n (Chem) / Kolben m (einer alten Destillierblase)
**cudbear** n / Cudbear m (Flechtenfarbstoff mit Orcein als farbgebendem Prinzip)
**cue** n (Acous) / Mithöreinrichtung f bei Tonbandgeräten (zum Suchen einer bestimmten Bandstelle im schnellen Vorlauf), Cue n || ~ (Comp) / Unterprogrammaufruf m, Unterprogrammsprungbefehl m || ~ (Comp) / Führungstext m, Bedienerführungstext m || ~ (Radio, TV) / Regiesignal n, Regiezeichen n || ~ **card** (Comp) / Cue-Card f, Ratgeber m (Cue-Card) || ~ **head** (TV) / Merkkopf m

**cueing** n (Acous, Electronics) / schneller Vorlauf (bei gedrückter Wiedergabetaste) || ~ (Radar) / Einweisung f (bei dem einweisenden Radar) || ~ **radar** (Radar) / einweisendes Radar (zur Einweisung und Zuteilung von anderen Sensoren)
**cue key** (Cinema) / Cue-Taste f (zum Markieren von diktierten Textstellen) || ~ **mark\*** (Cinema) / Marke f, Markierung f
**cuene** n (Chem) / Cuen n, Kupferethylendiamin-Komplex m (Lösungsmittel für Zellulose)
**cue review function** (Electronics) / Cue-Review-Funktion f (bei Videorecordern) || ~ **signal** (TV) / Achtungssignal n
**cuesta** n (Geol) / Schichtstufe f, Cuesta f (pl. -s)
**cue track** (Cinema) / Regiespur f (bei professionellen Videoaufzeichnungen), Cuespur f, Markierspur f || ~ **track** (Mag) / Cuespur f (eine Synchronspur am Rande des Magnetbandes)
**cuff** n (Eng) / Dichtmanschette f, Dichtungsmanschette f || ~ (Textiles) / Ärmelumschlag m, Umschlag m (des Ärmels)
**CUG** (closed user group) (Comp) / geschlossene Benutzergruppe (ISDN-Leistungsmerkmal)
**cuite silk** (Textiles) / Cuiteseide f (entbastete, glänzende Naturseide), Cuitseide f
**cularine alkaloids** (Pharm) / Cularin-Alkaloide n pl (aus dem Lerchensporn)
**cul-de-sac** n (pl. culs-de-sac or cul-de-sacs) (Arch, Autos) / Sackgasse f, Stichstraße f
**culicide** n / stechmückentötendes Mittel, Stechmückentötungsmittel n
**cull** v (Agric) / merzen v, ausmerzen v || ~ (Min Proc) / verlesen v, lesen v, klauben v, auslesen v, sortieren v (von Hand) || ~ (Weaving) / noppen v (Noppen entfernen) || ~ n (Ceramics, Glass) / Ausschussmaterial n || ~ (For, Glass) / Ausschuss m, Ausschussholz n, Abfall m || ~ **cow** (Agric) / Schlachtkuh f
**cullender** vt (Nut) / kolieren v, durchschlagen v, durchseihen v, seihen v, sieben v || ~ n (Eng, Nut) / Durchschlag m (Sieb), Seiher m, Sieb n (Durchschlag)
**cullet\*** n (Glass) / Glasbruch m, Glasscherben f pl, Bruchglas n, Scherben f pl || ~ **crusher** (Glass) / Scherbenbrecher m
**culling** n (Min Proc) / Verlesen n, Lesen n, Klauben n, Auslesen n, Sortieren n (von Hand) || ~ (Weaving) / Noppen n (Entfernung von Noppen)
**cullis** n (Carp, Eng) / Kulisse f
**culm\*** n (Geol) / Kulm m (klastische Fazies des Unterkarbons) || ~\* (Mining) / Steinkohlenklein n, Kohlengrus m (Durchfall bei 1/8' Maschenweite) || ~ (Mining) / Anthrazitfeinkohle f (4,8 bis 7,9 mm), Feinkohle f (Anthrazit) || ~ (Nut) / Malzkeim m || ~ s. also anthracite duff
**Culmann lines** (Mech) / Culmann'sche Hilfsgeraden (zur grafischen Zerlegung einer Kraft)
**Culmann's auxiliary force** (Mech) / Culmannsche Hilfskraft || ~ **diagram** (Mech) / Culmann-Diagramm n (grafische Zerlegung einer Kraft in drei Richtungen) || ~ **method** (Mech) / Culmann'sches Verfahren (zeichnerisches Verfahren der Statik zur Ermittlung von Stützkräften und Stabkräften in Fachwerken - nach K. Culmann, 1821-1881), Vierkräfteverfahren n
**culmiferous plant** (Bot) / Halmpflanze f
**culmination\*** n (Astron) / Kulmination f
**culm stabilizer** (Agric) / Halmfestiger m
**culpability-dependent** adj / verschuldensabhängig adj (Produzentenhaftung)
**cultivar\*** n (Bot) / Cultivar n (Kurzform von CULTIvated VARiety - Begriff der botanischen Systematik für in der Kultur entstandene Varietäten und Formen)
**cultivate** v (Agric) / bebauen v, bewirtschaften v, bestellen v, bearbeiten v (Boden) || ~ (Agric, Bacteriol) / züchten v (Bakterien, Bienen, Perlen)
**cultivated plant** (Agric, Bot) / Kulturpflanze f (eine Art von Nutzpflanzen) || ~ **plant** s. also crops
**cultivating and sowing combination** (Agric) / Bestellkombination f || ~ **tractor** (Agric) / Pflegeschlepper m || ~ **tractor** (Agric) s. also agricultural tractor
**cultivation** n (Agric) / Neulandgewinnung f, Urbarmachung f, Erschließung f || ~ (Agric) / Bestellung f, Bearbeitung f, Bebauung f || ~ (Agric) / Anbau m (ohne Plural), Bau m (ohne Plural) || ~ (Bacteriol, Biol) / Züchtung f, Kultivierung f, Zucht f, Züchten n
**cultivator\*** n (Agric) / Grubber m (meistens mit federnden Zinken), Skarifikator n (ein Bodenbearbeitungsgerät)
**cultural control** (Agric, Ecol) / Schädlingsbekämpfung f durch pflanzenbauliche Maßnahmen || ~ **landscape** (Ecol) / Landschaft f aus Menschenhand (von Menschen gestaltete oder verunstaltete Landschaft), Kulturlandschaft f (Anthropogaea nach DIN 4047-1) || ~ **literacy** / interkulturelle Kompetenz || ~ **paper** (Paper) / Schreib- und Druckpapier (für schöngeistige Produkte) || ~ **tractor** (Agric, Autos) / Ackerschlepper m (DIN 11085 und 70010)

**culture** v (Agric, Bacteriol) / züchten v (Bakterien, Bienen, Perlen) ‖ ~ (Agric) / Anbau m (ohne Plural), Bau m (ohne Plural) ‖ ~ (Agric) / Züchtung f, Zucht f, Aufzucht f ‖ ~* (Bacteriol) / Kultur f ‖ ~* (Bacteriol, Biol) / Züchtung f, Kultivierung f, Zucht f, Züchten n ‖ ~ **broth** (Bacteriol, Biochem) / Kulturlösung f, Kulturflüssigkeit f
**cultured butter** (Nut) / Sauerrahmbutter f (aus bakteriell gesäuerter Milch oder gesäuertem Rahm) ‖ ~ **dairy products** (Nut) / durch Mikroorganismen gereifte Milcherzeugnisse
**culture dish** (Bacteriol) / Petrischale f (nach dem deutschen Arzt J.R. Petri, 1852-1921) ‖ ~ **flask** (Biochem) / Kulturkolben m ‖ ~ **medium** (Bacteriol, Biochem) / Kulturmedium n (z.B. Nährbouillon, Nähragar, Bierwürze usw.), Nährmedium n (zur Kultivierung von Mikroorganismen und Kulturen), Wachstumsmedium n, Substrat n (Kulturmedium), Kultursubstrat n ‖ ~ **plate** (Bacteriol) / Kulturschale f, Kulturplatte f ‖ ~ **solution** (Bacteriol, Biochem) / Kulturlösung f, Kulturflüssigkeit f ‖ ~ **yeast** (Nut) / Kulturhefe f (gezüchtete), Reinzuchthefe f, Zuchthefe f
**culver-hole** n (Build) / Gerüstloch n (in der Wand), Rüstloch n
**culvert*** n (Civ Eng) / Durchlass m (manchmal auch Brücke über diesen Durchlass - DIN 4047-5), Dole f ‖ ~* (Civ Eng) / überwölbter Abzugskanal ‖ ~ (Hyd Eng) / Umlaufkanal m (der Schleuse) ‖ ~ **system** (Hyd Eng) / kanalartiger Umlauf (in den Wänden oder in der Sohle einer Schiffsschleuse)
**cumarone*** n (Chem) / Cumaron n, Kumaron n
**cumec** n (Hyd Eng) / Kubikmeter m je Sekunde (1 m³/s)
**cumene*** n (Chem, Fuels) / Isopropylbenzol n, Cumol n ‖ ~ **hydroperoxide*** (an isopropyl hydroperoxide of cumene; an oily liquid, used to make phenol and acetone) (Chem) / Cumolhydroperoxid n
**cumene-phenol process** / Hock'sche Spaltung (nach H. Hock, 1887-1971), Hock-Verfahren n (z. B. zur synthetischen Gewinnung von Phenol und Azeton)
**cumene process** (a useful industrial synthesis of phenol and propanone) (Chem Eng) / Hock'sche Spaltung (nach H. Hock, 1887-1971), Hock-Verfahren n (z. B. zur synthetischen Gewinnung von Phenol und Azeton)
**cummingtonite*** n (Min) / Cummingtonit m (Grünerit mit wesentlichem bis überwiegendem Gehalt an MgO)
**cumulant** n (Maths) / Semiinvariante f, Halbinvariante f, Kumulante f
**cumulate** n (an igneous rock formed by the accumulation of crystals that settle out from a magma by the action of gravity) (Geol) / Bodensatz m (eines Magmas)
**cumulated double bonds** (two double bonds on the same carbon atom) (Chem) / kumulierte Doppelbindungen (z.B. bei Allenen)
**cumulative** adj / kumulativ adj ‖ ~ **action** / kumulative Wirkung, Summenwirkung f ‖ ~ **by-product tape** (Comp) / kumulativer Synchronstreifen ‖ ~ **compound excitation** (Elec Eng) / Mitverbunderregung f ‖ ~ **compounding** (Elec Eng) / feldverstärkende Kompoundierung, Mitcompoundierung f ‖ ~ **damage** (Materials) / kumulativer Schaden ‖ ~ **detection** (Radar) / kumulative Entdeckung (durch Hinzufügen von Informationen mehrerer Messungen) ‖ ~ **distribution function*** (Phys, Stats) / Verteilungsfunktion f, Verteilungssummenfunktion f (DIN 66160) ‖ ~ **dose*** (Radiol) / akkumulierte Dosis, kumulative Dosis, Summendosis f ‖ ~ **double bonds** (Chem) / kumulierte Doppelbindungen (die drei oder mehr unmittelbar aufeinander folgende C-Atome einer C-Kette verbinden) ‖ ~ **earned leave** (Work Study) / angesparter Urlaubsanspruch ‖ ~ **effect** / kumulative Wirkung, Summenwirkung f ‖ ~ **error*** (Civ Eng, Maths) / Summenfehler m, integrierender Fehler ‖ ~ **excitation*** (Electronics) / kumulative Anregung ‖ ~ **figure** (Comp, Maths) / Fortschrittszahl f, FZ (Fortschrittszahl) ‖ ~ **fracture** (Materials) / kumulativer Bruch ‖ ~ **frequency** (Stats) / Summenhäufigkeit f (Integral der Häufigkeitsdichte)
**cumulative-frequency curve** (Stats) / Summenkurve f
**cumulative poison** (Pharm) / Gift n mit kumulativer Wirkung ‖ ~ **speed** (important for lubrication pressure) / Summengeschwindigkeit f ‖ ~ **timing** (Work Study) / Fortschrittszeitverfahren n (bei der Stoppuhrzeitmessung)
**cumulene** n (Chem) / Kumulen n (Verbindung mit zwei oder mehr kumulierten Doppelbindungen), Cumulen n
**cumulo dome** (Geol) / vulkanischer Dom, Vulkankuppe f
**cumulonimbus*** n (Meteor) / Kumulonimbus m, Cumulonimbus m, Cb
**cumulus*** n (pl. cumuli) (Meteor) / Kumulus m (pl. -li), Cumulus m, Cu, Haufenwolke f
**cumulus clouds** (mounds, domes or towers) (Meteor) / Quellbewölkung f
**cuneate*** adj / keilförmig adj, keilartig adj
**cuneiform*** adj / keilförmig adj, keilartig adj
**cu-nim** n (Meteor) / Kumulonimbus m, Cumulonimbus m, Cb
**cup** v (Eng) / anflanschen v, mit einem Flansch befestigen, flanschen v ‖ ~ (For) / anzapfen v (Bäume beim Harzen), harzen vt (Bäume) ‖ ~ n / Küvette f (des Eintauchkolorimeters) ‖ ~ / Formmulde f (einer Brikettpresse) ‖ ~ (Chem) / Eintauchbecher m (des Kolorimeters) ‖ ~ (Chem) / Pfanne f (beim Kugelschliff) ‖ ~ (Elec Eng) / Becher m (der Zelle) ‖ ~ (Eng) / Topfmanschette f (Lederdichtung) ‖ ~ (Eng) / Dichtmanschette f, Dichtungsmanschette f ‖ ~ (Eng) / Becher m, Schale f, Topf m ‖ ~ (For) / Querkrümmung f, Verziehen n quer zur Faser, Muldenverwerfung f, Muldung f (z.B. beim Trocknen), Schüsseln n (ein Trocknungsfehler), Querverwerfung f, Verwerfen n quer zur Holzfaser ‖ ~ (or-operation) (Maths) / Symbol für Vereinigung (in der Boole'schen Algebra) ‖ ~ (Met) / Napf m (Hohlkörper mit Boden, der durch Tiefziehen entstanden ist) ‖ ~ (Print) / die den Punzen umrandenden Grundstriche ‖ ~ (Welding) / Krater m ‖ ~ (Print) s. also counter
**cup-and-ball joint** (Geol) / kugelschalige Klüftung (in den Säulen von Effusivgesteinen)
**cup and cone** (Met) / Glocken- und Trichterverschluss m
**cup-and-cone fracture** (Materials, Met) / Becherbruch m (Zugprobe)
**cup anemometer** (Meteor) / Schalenkreuzanemometer n (zur kontinuierlichen Messung der Windgeschwindigkeit) ‖ ~ **barometer** (Meteor) / Gefäßbarometer n (ein Quecksilberbarometer) ‖ ~ **board** (Paper) / Becherkarton m
**cupboard** n (Chem) / Wandschrank m, Schrank m ‖ ~ (Chem Eng) / Digestorium n (pl. -ien), Abzug m (ein völlig vom Arbeitsraum des Labors abgetrennter Experimentiertisch, der Arbeiten mit gesundheitsschädlichen und giftigen Dämpfen, Gasen und Stäuben gestattet - DIN 12924), Abzugsschrank m, Kapelle f, Digestor m
**cup-bottom fracture** (Met) / Bodenreißer m (beim Tiefziehen)
**cup broaching** (Eng) / Umfangsräumen n (auf Senkrechträummaschinen), Tubusräumen n, Topfräumen n ‖ ~ **center** (US) (Eng) / Reitstockspitze f (stehende, ruhende, nicht umlaufende), feste Spitze, feste Drehmaschinenspitze ‖ ~ **chuck** (Eng) / Vierschraubenfutter m
**cupel*** n (Met) / Kapelle f, Kupelle f
**cupellation*** n (Met) / Kapellation f, Kupellation f, Kupellieren n, Abtreiben n, Treib(e)prozess m, Treiben n
**cup extrusion** (US) (Eng) / Napffließpressen n
**cup-feed drill** (Agric) / Löffelradsämaschine f
**cupferron** n (Chem) / Kupferron n, Cupferron n (Ammoniumsalz des N-Nitroso-N-phenylhydroxylamins)
**cup flow figure*** (Plastics) / Becherschließzeit f, Becherfließzahl f ‖ ~ **formation** (Welding) / Kraterbildung f (bei Schweißarbeiten) ‖ ~ **fracture** (Materials) / kegelförmiger Bruch ‖ ~ **fracture** (Materials, Met) / Becherbruch m (Zugprobe) ‖ ~ **grease** (Eng) / Staufferfett n (Schmierfett für gering belastete Gleitlager, mit niedrigem Tropfpunkt) ‖ ~ **gun** (Paint) / Spritzpistole f mit integriertem Behälter ‖ ~ **head** (Eng) / Halbrundkopf m (DIN ISO 1891) ‖ ~ **holder** (Autos) / Becherhalter m (im Auto)
**cupid's darts*** (Min) / Haarstein m (faseriger Rutil, Titandioxid, Venushaar n, Crinis m Veneris
**cup leather** (Eng) / Nutringmanschette f (lederne), Topfmanschette f ‖ ~ **leather*** (Eng) / Topfmanschette f (Lederdichtung)
**cuplump** n / Cuplump n (koagulierter Latexkuchen am Baum)
**cupola*** n (Arch) / Kuppel f ‖ ~ (Foundry) / Kupolofen m (zum Erschmelzen von Gusseisen), Kuppelofen m, Gießereischachtofen m ‖ ~* (Geol) / Dom m (Brachyantikline) ‖ ~ **blast gate** (Foundry) / Kupolofen-Windschieber m ‖ ~**-furnace*** n (Foundry) / Kupolofen m (zum Erschmelzen von Gusseisen), Kuppelofen m, Gießereischachtofen m ‖ ~ **lining** (Foundry) / Kupolofenfutter n ‖ ~ **shell** (Foundry) / Kupolofenmantel m ‖ ~ **tapping temperature** (Foundry) / Temperatur f des Rinneneisens (beim Abstich aus dem Kupolofen), Rinnentemperatur f
**cup packing** (Eng) / Topfmanschette f (Lederdichtung) ‖ ~ **paper** (Paper) / Becherkarton m
**cupped*** adj (Eng) / überzogen adj (Draht) ‖ ~ **bottom washer** (Elec Eng) / Bodenscheibe f (z.B. bei der Leclanché-Rundzelle)
**cupping** n (Eng) / Erstzug m, Erstziehen n (beim Tiefziehen), Ziehen n im Anschlag, Anschlagzug m, Tiefziehen n im Erstzug ‖ ~ (For) / Querkrümmung f, Verziehen n quer zur Faser, Muldenverwerfung f, Muldung f (z.B. beim Trocknen), Schüsseln n (ein Trocknungsfehler), Querverwerfung f, Verwerfen n quer zur Holzfaser ‖ ~ (For) / Anzapfen n ‖ ~ (Met) / Napfziehen n, Tiefziehen n (kleiner Hohlteile) ‖ ~ (Met) / Gesenkbördeln n (des Blechrandes), Stanzbördeln n (des Blechrandes) ‖ ~ (Welding) / Kraterbildung f (bei Schweißarbeiten) ‖ ~ **test** (Materials) / Napftiefziehversuch m, Näpfchenziehversuch m ‖ ~ **test** (Met) / Tiefungsversuch m (technologische Prüfung nach DIN 50101), Einbeulversuch m ‖ ~ **test** (Paint) / Tiefungsprüfung f (DIN ISO 1520 - mit der man das Verhalten von Beschichtungen bei Verformung ermittelt) ‖ ~ **tool** (Eng) / Bördelwerkzeug n (Stempel + Gegenstempel)

**cup point** (Eng) / Ringschneide *f* (als Schraubenende - nach DIN 78), RS ‖ **~ product** (Maths) / Cup-Produkt *n* (in der algebraischen Topologie)
**cuppy** *adj* (Met) / überzogen *adj* (Draht)
**cupram** *n* (Chem) / Schweizers Reagens (eine tiefblau gefärbte Lösung von Tetramminkupfer(II)-hydroxid in Wasser - nach M.E. Schweizer, 1818-1860)
**cuprammonia*** *n* (Chem) / Kuoxamlösung *f*, Kupfertetramminhydroxidlösung *f*
**cuprammonium cellulose** (Chem Eng) / Kuoxamzellulose *f*, Kupferoxidammoniakzellulose *f*, Blaumasse *f*, Cuoxamzellulose *f* ‖ **~ fibre** (Textiles) / Cuprofaser *f*, Kupferspinnfaser *f* ‖ **~ hydroxide** (Chem) / Schweizers Reagens (eine tiefblau gefärbte Lösung von Tetramminkupfer(II)-hydroxid in Wasser - nach M.E. Schweizer, 1818-1860) ‖ **~ hydroxide solution** (Chem) / Kuoxamlösung *f*, Kupfertetramminhydroxidlösung *f* ‖ **~ rayon** (Textiles) / Chemie-Kupferseide *f*, CC (DIN 60 001, T 1), Kupferfilamentgarn *n*, Cupro *n* (nach einem bestimmten Verfahren auf Zellulosebasis hergestellte synthetische, meist seidenähnliche Faser ), KUS (Chemie-Kupferseide) ‖ **~ rayon** (Textiles) / Kuoxamfaserstoff *m*, Kupferseide *f* (z.B. Bemberg - heute bedeutungslos), Cuoxamfaserstoff *m*, CUP (DIN 60001, T 4)
**cuprate** *n* (Chem) / Kuprat *n*, Cuprat *n*
**cupric*** *adj* (Chem) / Kupfer(II)-, Kupfer- ‖ **~ acetate** (Chem) / Kupfer(II)-acetat *n*, Kupfer(II)-azetat *n* ‖ **~ arsenite** (Chem) / Kupfer(II)-arsenit *n* ($CuHAsO_3$) ‖ **~ bromide** (Chem) / Kupfer(II)-bromid *n* ‖ **~ carbonate** ($CuCO_3 \cdot Cu(OH)_2$) (Chem) / Kupfer(II)-dihydroxidcarbonat *n*, Kupfer(II)-dihydroxidcarbonat *n* ‖ **~ chloride** (Chem) / Kupfer(II)-chlorid *n* ‖ **~ fluoride** (Chem) / Kupfer(II)-fluorid *n* ($CuF_2$), Kupferdifluorid *n* ‖ **~ hydroxide** (Chem) / Kupfer(II)-hydroxid *n* ‖ **~ oxide** (Chem) / Kupfer(II)-oxid *n* (CuO) ‖ **~ sulphate** (Chem) / Kupfer(II)-sulfat *n* ($CuSO_4$)
**cuprien** *n* (Chem) / Cuen *n*, Kupferethylendiamin-Komplex *m* (Lösungsmittel für Zellulose)
**cupriethylenediamine** *n* (Chem) / Cuen *n*, Kupferethylendiamin-Komplex *m* (Lösungsmittel für Zellulose)
**cuprite*** *n* (Min) / Cuprit *m*, Rotkupfererz *n*, Kuprit *m*
**cupro** *n* (Textiles) / Chemie-Kupferseide *f*, CC (DIN 60 001, T 1), Kupferfilamentgarn *n*, Cupro *n* (nach einem bestimmten Verfahren auf Zellulosebasis hergestellte synthetische, meist seidenähnliche Faser ), KUS (Chemie-Kupferseide)
**cupro-fibre** *n* (Textiles) / Cuprofaser *f*, Kupferspinnfaser *f*
**cupro-nickel*** *n* (Met) / Kupfernickel *n* (eine Cu-Ni-Legierung)
**cupro-staple** *n* (Textiles) / Kupferfaser *f*, KUF (Kupferfaser)
**cuprouranite*** *n* (Min) / Torbernit *m* (Kupferuranglimmer), Chalkolith *m*
**cuprous*** *adj* (Chem) / Kupfer-, Kupfer(I)- ‖ **~ chloride** (Chem) / Kupfer(I)-chlorid *n* ‖ **~ oxide** (Chem) / Kupfer(I)-oxid *n* ($Cu_2O$)
**cup seal** (Eng) / Topfmanschette *f* (Lederdichtung) ‖ **~ seaming** (Textiles) / Überwendlingsnähen *n*, Überwendlichnähen *n* (z.B. zum Umstechen und Sichern von Stoffrändern) ‖ **~ shake*** (For) / Ringriss *m*, Ringkluft *f*
**cup-shaped wire brush** / Topfdrahtbürste *f*, Topfbürste *f* (Bohrervorsatzgerät)
**cup square bolt** (Eng) / Flachrundschraube *f* mit Vierkantansatz (DIN 603), Torbandschraube *f*
**cup-type pycnometer** (Chem) / Pyknometer *n* mit Kappe (und eingeschliffenem Thermometer)
**cup wheel*** (Eng) / gerade Topfschleifscheibe (DIN 69139)
**curare*** *n* (Pharm) / Kurare *n* (Pfeilgift aus Strychnos toxifera R.H. Schomb. ex Benth. oder Chondrodendron tomentosum Ruiz et Pav.), Curare *n*, Woorari *n*
**curari** *n* (Pharm) / Kurare *n* (Pfeilgift aus Strychnos toxifera R.H. Schomb. ex Benth. oder Chondrodendron tomentosum Ruiz et Pav.), Curare *n*, Woorari *n*
**curarine*** *n* (Pharm) / Kurarin *n*, Curarin *n* (ein Alkaloid des Kurare)
**curative** *adj* (Med) / kurativ *adj*, heilend *adj*, Heil- ‖ **~ fungicide** (Agric, Chem) / kuratives Fungizid
**curb** *v* / einschränken *v* (Ausgaben, Ausfuhr) ‖ **~** *n* / Curb *m* (eine Skate-Einrichtung, die eine Bordsteinkante simuliert und z.B. ein Entlangrutschen ermöglicht) ‖ **~** (Build) / Dachbruch *m*, Dachknick *m* (Trennungslinie, an der eine Dachfläche von einer Dachneigung in eine andere Dachneigung gebrochen wird) ‖ **~*** (Build, Carp) / Kranz *m* ‖ **~** (Civ Eng) / Senkschneidenring *m*, Tragring *m* mit Schneide, Senkschuh *m* ‖ **~** (US) (Civ Eng) / Rinnstein *m*, Bordstein *m* (DIN 482), Bordeinfassung *f* ‖ **~*** (Mining) / Ausbaukranz *m* ‖ **~ idle speed** (Autos) / Grundleerlauf *m*, abgesenkte Leerlaufzahl, langsamer Leerlauf ‖ **idle speed ~** (US) (Autos) / normal idle speed on a warm engine) (Autos) / normale Leerlaufdrehzahl, Leerlaufdrehzahl *f* bei betriebswarmem Motor ‖ **~ light** (US) (Autos) / Ausstiegsleuchte *f* (unten in der Türverkleidung)
**curb-roof*** *n* (Build) / Mansarddach *n* (geknicktes Dach mit steilerer Neigung im unteren Teil), Mansardendach *n* (das eine Dachwohnung enthält)
**curb scuffing** (US) (Autos) / Bordsteinanscheuerung *f* (des Reifens) ‖ **~ side** (US) (Autos) / Ausstiegsseite *f*, Bordsteinseite *f*, dem Bürgersteig zugewandte Seite (eines Verkehrsmittels)
**curbstone** *n* (US) (Civ Eng) / Rinnstein *m*, Bordstein *m* (DIN 482), Bordeinfassung *f*
**curb weight** (Autos) / Leergewicht *n* (das in den Fahrzeugpapieren angegebene)
**curcas nut** (Bot, Pharm) / Schwarze Brechnuss (Jatropha curcas L.), Purgiernuss *f*, Curcasnuss *f* ‖ **~ oil** / Purgiernussöl *n*, Curcasöl *n*
**curcuma paper** (Chem) / Kurkumapapier *n*, Curcumapapier *n* (ein Reagenzpapier für Laugen) ‖ **~ starch** (Nut) / Kurkumastärke *f*, Ostindisches Arrowroot (aus Curcuma angustifolia Roxb.), Curcumastärke *f*, Malabar-Arrowroot *n*, Tikormehl *n*, Shotistärke *f*
**curcumene** *n* (Chem) / Kurkumen *n*, Curcumen *n*
**curcumin** *n* (Chem, Nut, Textiles) / Curcumin *n* (E 100), Kurkumin *n* (E 100), Kurkumagelb *n*, Curcumagelb *n*
**curcuminoid** *n* (Chem) / Curcuminoid *n* (Farbstoff aus den Rhizomen von Curcuma-Arten), Kurkuminoid *n*
**curd** *vi* (Biol, Chem) / gerinnen *v*, koagulieren *vi*, coagulieren *vi* ‖ **~** *vt* (Biol, Chem) / gerinnen lassen, zum Gerinnen bringen, koagulieren *vt*, coagulieren *vt* ‖ **~** *n* (Nut) / Käsebruch *m*, Bruch *m* (Käseteig) ‖ **~ formation** (Nut) / Bruchbildung *f* (in der Käseherstellung)
**curdle** *vi* (Biol, Chem) / gerinnen *v*, koagulieren *vi*, coagulieren *vi* ‖ **~** *vt* (Biol, Chem) / gerinnen lassen, zum Gerinnen bringen, koagulieren *vt*, coagulieren *vt*
**curdling** *n* (Nut) / Dicklegung *f* (der Milch in der Käserei) ‖ **~*** (Paint) / Eindickung *f* ‖ **~ slip** (Ceramics) / geronnener Schlicker
**curd particle** (Nut) / Bruchkorn *n*, Käseteilchen *n* ‖ **~ salting** (Nut) / Bruchsalzen *n* (bei der Käseherstellung) ‖ **~ soap** / Seifenkern *m* (die obere halbflüssige Schicht bei der Seifenfabrikation)
**cure** *v* / aushärten *vt* (Klebstoff) ‖ **~** (Brew) / darren *v*, abdarren *v*, rösten *v* (Grünmalz) ‖ **~** (Chem Eng) / vulkanisieren *v* ‖ **~** (Leather) / konservieren *v* ‖ **~** (Nut) / pökeln *v*, einpökeln *v*, in Lake pökeln ‖ **~*** *n* (Leather) / Konservierungssalz *n* (z.B. Natriumchlorid) ‖ **~** (Nut) / Haltbarmachung *f* (besonders durch Räuchern, Salzen und Pökeln)
**cured malt** (Brew) / Spitzmalz *n*, Braumalz *n*, Darrmalz *n*
**curemeter** *n* / Vulkameter *n* (Messgerät zur Untersuchung des Vulkanisationsverhaltens von Kautschukmischungen bei unterschiedlichen Temperaturen) ‖ **~** (Chem Eng) / Curometer *n* (Apparat zur Bestimmung der Vulkanisationskurve von Elastomeren)
**cure time** (Chem Eng) / Vulkanisationsgeschwindigkeit *f* (gemessen mit dem Mooney-Viskometer) ‖ **~ up** *v* (Chem Eng) / anvulkanisieren *v*, anbrennen *v* (eine Gummimischung)
**curie** *n* (Radiol) / Ci, Curie *n* (nicht mehr zugelassene Einheit der Aktivität = 37 GBq) ‖ **~ balance*** (Phys) / Curie-Waage *f* ‖ **~ constant** (Phys) / Curie-Konstante *f* ‖ **~ point*** / Curie-Temperatur *f*, Curie-Punkt *m* (ferromagnetische roder ferroelektrischer - nach P. Curie, 1859-1906)
**Curie-point pyrolyser** (Chem) / Curie-Punkt-Pyrolysator *m*
**Curie's law** (Phys) / Curie-Gesetz *n* (nach dem bei vielen paramagnetischen Stoffen die magnetische Suszeptibilität der absoluten Temperatur umgekehrt proportional ist)
**Curie temperature*** / Curie-Temperatur *f*, Curie-Punkt *m* ferromagnetische oder ferroelektrische - nach P. Curie, 1859-1906)
**Curie-Weiss law*** (Phys) / Curie-Weiss'sches Gesetz (die Suszeptibilität der vom Curie-Punkt aus gemessenen Temperatur ist umgekehrt proportional)
**curing** *n* (Brew) / Abdarren *n* (des Grünmalzes) ‖ **~*** (Chem Eng) / Vulkanisation *f*, Vulkanisierung *f* (Umwandlung des Kautschuks aus dem vorwiegend plastischen in den elastischen Zustand durch dreidimensionale Vernetzung) ‖ **~** (Chem Eng) / Curing *n* (Bildung von Stoffen durch Polymerisation, Addition oder Kondensation) ‖ **~*** (Civ Eng) / Nachbehandlung *f* (des Betons, meistens nur Feuchthalten) ‖ **~** (Leather) / Konservierung *f* ‖ **~** (Nut) / Umrötung *f* (eines Pökelfleischerzeugnisses) ‖ **~** (Nut) / Haltbarmachung *f* (besonders durch Räuchern, Salzen und Pökeln) ‖ **~** (Paint) / Härtung *f* ‖ **~*** (Paint, Plastics) / Härten *n*, Aushärten *n* ‖ **~ accelerator** (Paint) / Härtungsbeschleuniger *m* ‖ **~ agent** (Paint) / Härter *m* (bei Zweikomponentenklebern) ‖ **~ agent** (Nut) / Umrötungsmittel *n*, Umrötehilfsmittel *n* (zur Farbstabilisierung der Wurstmasse), Pökelhilfsstoff *m* ‖ **~ agent** (Paint, Plastics) / Härter *m* (bei Zweikomponentenlacken), Härtungsmittel *n* ‖ **~ bag** / Heizschlauch *m* (zur Vulkanisation von Reifen) ‖ **~ bladder** (Chem Eng) / Bladder *m*, Balg *m*, Heizbalg *m* (für die Reifenherstellung) ‖ **~ by heat** / Hitzehärten *n* ‖ **~ compound** (a liquid sealant sprayed on the surface of fresh concrete as protection against loss of moisture) (Build, Civ Eng) / Nachbehandlungsmittel *n* (flüssiger Stoff, der nach dem gleichmäßigen, möglichst maschinellen Aufsprühen auf die

**curing**

noch mattfeuchte Betonoberfläche einen Nachbehandlungsfilm bildet) ‖ ~ **ingredient** (Nut) / Umrötungsmittel n, Umrötehilfsmittel n (zur Farbstabilisierung der Wurstmasse), Pökelhilfsstoff m ‖ ~ **machine** (for resin-finished goods) (Chem Eng) / Polymerisieranlage f ‖ ~ **membrane** (Civ Eng) / Nachbehandlungsfilm m (auf jungem Beton durch vollflächiges Ansprühen des Nachbehandlungsmittels) ‖ ~ **powder** (Nut) / Pökelsalz n ‖ ~ **premix** (Nut) / Pökelmischung f ‖ ~ **press** (Chem Eng) / Vulkanisierpresse f (Etagen-, Maul-, Kessel- und Autoklavenpresse) ‖ ~ **salt** (Nut) / Pökelsalz n ‖ ~ **time** (Build) / Liegezeit f (des Mörtels)
**curing-up** n (Chem Eng) / Anvulkanisation f, Anbrennen n, Scorch n, Scorching n (einer Gummimischung)
**curium** n (Chem) / Curium n, Cm (Curium)
**curl*** n (Elec Eng) / Quirl m (Maß der Wirbelgröße) ‖ ~ (Eng) / Locke f, Spirale f (eines Langspans) ‖ ~ (For) / Wirbel m (örtlich begrenzte, spiralförmige Faserabweichung, hervorgerufen durch Überwallungen, die sich bei der Furnieraufbereitung durch Aufrauungen unangenehm bemerkbar macht) ‖ ~* (For) / Furnierstamm m ‖ ~ (For) / aufgerollter Span, Wendelspan m ‖ ~ (For) / Astgabel f ‖ ~ (For) / Gabelungszwiesel m, [unechter] Zwiesel m, falscher Zwiesel ‖ ~* (Maths, Phys) / Rotation r (eines Vektors), Rotor m ‖ ~ (Met) / Schlinge f, Windung f (Draht) ‖ ~* (Paper) / Rollen n, Rollneigung f ‖ ~ (Textiles) / Schlinge f (im einlaufenden Faden)
**curled** adj (For) / gemasert adj, vermasert adj ‖ ~ **edge** / gerollte Kante ‖ ~ **selvedge** (Weaving) / einrollende Leiste (ein Webfehler), rollende Leiste
**curl figure** (For) / geflammte Textur (z.B. bei der finnischen Birke) ‖ ~ **grain** (For) / geflammte Textur (z.B. bei der finnischen Birke)
**curling** n / Rollen n, Kräuseln n, Kringeln n ‖ ~ (Eng) / Rollen n (Blechbearbeitung) ‖ ~ (Mag, Nuc) / Curling n (Form der inkohärenten Drehung) ‖ ~ **die** (Eng) / Rollstempel m, Rollwerkzeug n (bei der Blechbearbeitung) ‖ ~ **elasticity** (Textiles) / Kräuselelastizität f, Kräuselungselastizität f ‖ ~ **factor** (Pharm) / Griseofulvin n (ein altes Antimykotikum) ‖ ~ **selvedge** (Weaving) / einrollende Leiste (ein Webfehler), rollende Leiste ‖ ~ **tool** (Eng) / Rollstempel m, Rollwerkzeug n (bei der Blechbearbeitung)
**curling-up** n / Aufrollen n, Zusammenrollen n
**curl veneer** (For) / Maserfurnier n ‖ ~ **yarn** (Spinning) / Bouclé n (Garn mit Knoten und Schlingen), Bouclégarn n, Buklee n (Garn mit Knoten und Schlingen)
**curly cotton** (Textiles) / zähe Baumwolle ‖ ~ **grain*** (For) / Wirbel m pl ‖ ~ **scrap** (Bot, For) / Latex m auf dem Zapfschnitt (trockener)
**current*** n / Strom m, Strömung f ‖ ~ (Build) / Gefälle n, Neigung f (z.B. der Dachfläche) ‖ ~* (Elec) / Strom m (DIN 5485), Stromstärke f (elektrische) ‖ ~ **address register** (Comp) / Befehlsregister n (in einem Leitwerk nach DIN 44300) ‖ ~ **alarm** / aktiver Alarm ‖ ~ **algebra** (Phys) / Stromalgebra f (ein theoretischer Zugang zur Hochenergiephysik) ‖ ~ **amplification*** (Elec Eng) / Stromverstärkung f ‖ ~ **amplifier** (Elec Eng) / Stromverstärker m ‖ ~ **amplifier** (Elec Eng) s. also power amplifier ‖ ~ **annual increment** (For) / laufender jährlicher Zuwachs, LZ ‖ ~ **antinode*** (Elec Eng) / Strombauch m (bei Stehwellen) ‖ ~ **arrow** (Elec Eng) / Stromzählpfeil m ‖ ~ **attenuation*** (Elec Eng) / Stromabschwächung f ‖ ~ **balance*** (Elec Eng) / Stromwaage f (eine Messeinrichtung zur fundamentalen Bestimmung der elektrischen Stromstärke)
**current-balance relay** (Elec Eng) / Stromausgleichsrelais n
**current bedding*** (Geol) / Schrägschichtung f, Kreuzschichtung f, Diagonalschichtung f ‖ ~ **bit** (Telecomm) / stromerfülltes Schritt
**current-carrying** adj (Elec Eng) / unter Strom (stehend), stromdurchflossen adj, Strom führend adj, stromführend adj ‖ ~ (Elec) s. also live
**current-carrying capacity*** (Cables) / Strombelastbarkeit f, Belastbarkeit f (des Kabels)
**current-carrying lug** (Autos) / Stromfahne f, Plattenfahne f (der Starterbatterie)
**current chart** (Hyd Eng) / Stromkarte f ‖ ~ **circuit*** (Elec Eng) / Strompfad m (in einem Messgerät) ‖ ~ **coil*** (Elec Eng) / Stromspule f (des elektrischen Leistungsmessers) ‖ ~ **collector*** (Elec Eng) / Stromabnehmer m (bei Elektrofahrzeugen mit Oberleitungsbetrieb) ‖ ~ **conduction** (Elec) / Stromleitung f (als physikalische Eigenschaft) ‖ ~ **consumer** (Elec Eng) / Stromverbraucher m, Stromabnehmer m (Konsument) ‖ ~ **consumption** (Elec Eng) / Stromverbrauch m
**current-controlled** adj (Elec Eng) / stromgesteuert adj ‖ ~ **voltage source** (Elec Eng) / stromgesteuerte Spannungsquelle (DIN 5489)
**current correction-angle** (Ships) / Beschickung f für Strom (ein Abdriftwinkel) ‖ ~ **delivery** (Elec Eng) / Stromabgabe f ‖ ~ **density*** (Elec) / Stromdichte f (auf die geometrische Flächeneinheit bezogener Strom), elektrische Stromdichte (in A/m$^2$ nach DIN 1301, T 2)
**current-dependent** adj (Elec Eng) / stromabhängig adj

**current-distribution system** (Elec Eng) / Stromverteilsystem n (Leitungssystem mit den erforderlichen Schutzeinrichtungen für den Transport elektrischer Energie)
**current drain** (Elec Eng) / Stromentnahme f ‖ ~ **efficiency*** (Elec Eng, Surf) / Stromausbeute f (Wirkungsgrad von Elektrolyseprozessen), SA (Stromausbeute), Stromeffektivität f ‖ ~ **electricity** (Elec) / dynamische Elektrizität ‖ ~ **element** (Elec) / Stromelement n (z.B. im Ampère'schen Gesetz) ‖ ~ **error** (Elec Eng) / Stromfehler m (eines Stromwandlers) ‖ ~ **feed*** (Radio) / Stromkopplung f (bei Antennen) ‖ ~ **feedback*** (Elec Eng, Electronics) / Stromrückkopplung f ‖ ~ **flow** (Elec Eng) / Stromfluss m ‖ ~ **fluctuation** (Elec Eng) / Stromschwankung f ‖ ~ **gain*** (Elec Eng) / Stromverstärkung f ‖ ~ **generator*** (Elec Eng) / Urstromquelle f (whose impedance is much higher than that of its load) ‖ ~ **heat** (Elec) / Joule'sche Wärme, Stromwärme f, Joule-Aufheizung f (Wärmewirkung des elektrischen Stroms im leitenden Material) ‖ ~ **hogging** (Electronics) / Current Hogging n (bei Bipolartransistoren), Überstromaufnahme f
**current-hogging logic** (Electronics) / CHL-Technik f (Schaltkreistechnik mit Lateralinjektion)
**current-injection logic** / CIL f (extrem schnelle Logik mit Josephson-Brücken)
**current interruption** (Elec Eng) / Stromunterbrechung f ‖ ~ **leakage path** (Elec Eng) / Stromleckpfad m
**currentless** adj (Elec, Telecomm) / stromlos adj, spannungslos adj, tot adj, abgetrennt von der Stromquelle ‖ ~ **metallization** (Surf) / stromloser Metallauftrag
**current limitation** (Elec Eng) / Strombegrenzung f ‖ ~ **limiter*** (Elec Eng) / Strombegrenzer m
**current-limiting circuit-breaker** (Elec Eng) / strombegrenzender Leistungsschalter ‖ ~ **fuse** (Elec Eng) / strombegrenzende Sicherung, Strombegrenzungssicherung f ‖ ~ **reactor** (Elec Eng) / Strombegrenzungsdrossel f, SDr (Strombegrenzungsdrossel)
**current line** (Comp) / laufende Zeile (z.B. in der Textverarbeitung)
**current-line deletion** (Comp) / Löschen n der laufenden Zeile
**current-mode logic** (Electronics) / emittergekoppelte Logik, ECL-Schaltung f, stromgeschaltete Logik, stromgesteuerte Logik, Stromschaltlogik f, Strombetriebslogik f
**current node*** (Elec Eng) / Stromknoten n ‖ ~ **offset** (Automation, Electronics) / Stromoffset m, Stromversatz m ‖ ~ **of warm air** (Heat) / Warmluftstrom m
**current-on period** (Welding) / Stromzeit f (beim Stromschweißen diejenige Zeit, während der der Schweißstrom tatsächlich fließt)
**current passage** (Elec Eng) / Stromdurchgang m ‖ ~ **path** (Elec Eng) / Strompfad m (im Allgemeinen) ‖ ~ **path** (Elec Eng) / Strombahn f (Teil des Strompfades zwischen den Anschlüssen) ‖ ~ **phase** (Elec Eng) / Stromphase f ‖ ~ **phase-balance protection** (Elec Eng) / Stromdifferentialschutz m ‖ ~ **program** (Comp) / laufendes Programm ‖ ~ **protection** (Elec Eng) / Stromschutz m ‖ ~ **pulsation** (Elec Eng) / Strompendlung f ‖ ~ **pulse** (Elec) / Stromimpuls m
**current-rate schedule** (Elec Eng) / Strombezugstariftabelle f
**current rating** (Elec Eng) / Stromnennwert m ‖ ~ **record** (Comp) / aktueller Satz (die letzte in jeder Datei zu lesende oder zu schreibende Eintragung) ‖ ~ **recorder** (Elec Eng) / Stromschreiber m ‖ ~ **recuperation** (Elec Eng) / Netzrückspeisung f ‖ ~ **regeneration** (Elec Eng) / Netzrückspeisung f ‖ ~ **regulator*** (Elec Eng) / Stromregler m, Stromvergleichsregler m ‖ ~ **relay** (Elec Eng) / Stromrelais n ‖ ~ **resonance** (Elec Eng) / Sperr-Resonanz f, Stromresonanz f, Parallelresonanz f, Antiresonanz f ‖ ~ **robber** (Surf) / leitfähige Blende (zum Abschirmen von Kanten)
**current-sensitive** adj (Elec Eng) / stromempfindlich adj
**current sensitivity*** (Elec Eng) / Stromempfindlichkeit f ‖ ~ **sensor** / I$^2$R-Sensor m (Stromsensor, der aus einem Lichtleiter gebildet wird)
**current-setting range** (Elec Eng) / Stromeinstellbereich m (eines Überstromauslösers)
**current sheet** (Phys) / Stromfläche f, Stromblatt n ‖ ~ **source** (Elec Eng) / Stromquelle f (z.B. DIN 5489)
**current-source d.c.link converter** (Elec Eng) / Stromzwischenkreisstromrichter m, Stromrichter m mit Stromzwischenkreis
**current system** (Elec Eng) / Stromsystem n (DIN 40108) ‖ ~ **theft** (Elec Eng) / Stromentwendung f, Energieentziehung f ‖ ~ **thief** (in anodizing) (Surf) / leitfähige Blende (zum Abschirmen von Kanten) ‖ ~ **transformer** (Elec Eng) / Stromwandler m ‖ ~ **value** / Gegenwartswert m, Zeitwert m, Marktzeitwert m, Tageswert m
**current-value coating** (Autos, Paint) / Zeitwertlackierung f (zeitwertgerechte Lackierung zur Altlackierungen)
**current version** (Comp) / aktuelle Version, gegenwärtige Version
**current-voltage characteristic** (curve) (Elec Eng) / Strom-Spannungs-Charakteristik f, Strom-Spannung-Kennlinie f
**current weigher*** (Elec Eng) / Stromwaage f (eine Messeinrichtung zur fundamentalen Bestimmung der elektrischen Stromstärke)
**curriculum vitae** / Lebenslauf m (bei den Bewerbungen)

**currying** *n* (Leather) / Fetten *n* (des Leders mit Tran oder Öl), Abölen *n* (der pflanzlich gegerbten, nur schwach zu fettenden Unterleder, Einbrennen *n* (der Geschirr- oder Manschettenleder), Schmieren *n* (Fass-, Tafel-) ‖ ~ (and finishing) (Leather) / Zurichtung *f* (nach der Gerbung)
**cursor*** *n* (a special on-screen indicator, such as a blinking underline or rectangle, that marks the place of which keystrokes will appear when typed) (Comp) / Cursor *m*, Schreibmarke *f*, Lichtzeiger *m* (auf einem Datendisplay), Positionsanzeigesymbol *n*, Positionsanzeiger *m* ‖ ~* (Eng) / Läufer *m* ‖ ~* (Instr) / Läufer *m* (des Rechenschiebers) ‖ ~ (Radar) / Messlinie *f* (zur Bestimmung von Richtung und Entfernung) ‖ ~ (Radar, Ships) / Peilstrich *m* (mechanisches Peillineal) ‖ ~ **arrow** (Comp) / Cursorpfeil *m*, Cursorsteuerungspfeil *m* ‖ ~ **block** (Comp) / Cursorblock *m* (der Tastatur) ‖ ~ **control key** (Comp) / Cursortaste *f* (Taste auf dem Keyboard eines PC, mit deren Hilfe der Cursor auf dem Bildschirm bewegt wird), Cursorpositioniertaste *f*, Cursorsteuertaste *f* ‖ ~ **file** (Comp) / Cursordatei *f* ‖ ~ **key** (Comp) / Cursortaste *f* (Taste auf dem Keyboard eines PC, mit deren Hilfe der Cursor auf dem Bildschirm bewegt wird), Cursorpositioniertaste *f*, Cursorsteuertaste *f* ‖ ~ **location** (Comp) / Cursorpositionierung *f* (Tätigkeit) ‖ ~ **location** (Comp) / Cursorlage *f*, Cursorposition *f* ‖ ~ **lock** (Comp) / Cursorsperre *f* ‖ ~ **pad** (Comp) / Cursorblock *m* (der Tastatur) ‖ ~ **position** (Comp) / Cursorlage *f*, Cursorposition *f*
**curtail step*** (Build) / abgerundete Antrittsstufe
**curtain** *n* (Aero) / Schürze *f* (des Bodeneffektgeräts) ‖ ~ (Build) / ausgelaufenes Mörtelnest ‖ ~ (Build) / (aus der Schalung) ausgelaufener Beton, der die Wand herabläuft ‖ ~ (Mining) / Wettergardine *f* (Vorhang aus flexiblem Material zum Wetterabschluss oder zur Wetterlenkung in lokalem Einsatz), Wettertuch *n* ‖ ~ (Nuc Eng) / Neutronenabschirmfolie *f* ‖ ~ (Paint) / Lackgießschicht *f* (beim Lackgießverfahren) ‖ ~ (Paint) / Vorhang *m* (unruhige Lackoberfläche) ‖ ~ (Photog) / Vorhang *m* (aus Gummituch oder Metalllamellen) ‖ ~ **antenna*** (Radio) / Vorhangantenne *f* (eine Dipolwand für den Kurzwellenbereich) ‖ ~ **coater** (Paint) / Lackgießanlage *f* ‖ ~ **coating** (Paint) / Gießlackierung *f*, Lackgießverfahren *n*, Gießen *n* ‖ ~ **coating** (Paper) / Strömungsvorhang *m* (beim Düsenauftrag) ‖ ~ **coating** (Paper) / Florstreichverfahren *n*
**curtain-coating plant** (Paint) / Lackgießanlage *f*
**curtain drainage** (Agric) / Fangdränung *f* ‖ ~ **fabric** (Textiles) / Gardinenstoff *m*
**curtaining** *n* (Paint) / Vorhangbildung *f* ‖ ~ (Paint) / Gardinenbildung *f* (Ablaufphänomen in größeren Bereichen ), Läuferbildung *f* (einzeln auftretende Erscheinung) ‖ ~ (Textiles) / Gardinenstoff *m* ‖ ~ (Paint) s. also veiling
**curtain machine*** (Weaving) / Gardinenmaschine *f*, Vorhangstoffwebmaschine *f* ‖ ~ **material** (Textiles) / Gardinenstoff *m* ‖ ~ **rail** / Vorhangschiene *f*
**curtains** *pl* (Paint) / Läufer *m pl*, Nasen *f pl*, Gardinen *f pl*, Lackläufer *m pl* (bei ungleichmäßiger Verteilung von Anstrichmitteln an senkrechten Flächen)
**curtain wall*** (Arch) / Vorhangwand *f* (eine nichttragende vorgehängte Fassadenhaut), Vorhangfassade *f*, Curtainwall *m* (pl. -s)
**curtate*** *n* (Comp) / Lochungszone *f* (untere oder obere) ‖ ~ **cycloid*** (Maths) / verkürzte Zykloide, gestreckte Zykloide
**Curtis steam turbine** (Eng) / Curtis-Turbine *f* (einstufige Gleichdruckaxialturbine mit Geschwindigkeitsstufung - nach Ch.G. Curtis, 1860-1953) ‖ ~ **turbine** (Eng) / Curtis-Turbine *f* (einstufige Gleichdruckaxialturbine mit Geschwindigkeitsstufung - nach Ch.G. Curtis, 1860-1953)
**Curtius degradation** (Chem) / Curtius-Abbau *m* (von Säureaziden zu primären Aminen - nach T. Curtius, 1857-1928) ‖ ~ **reaction** (Chem) / Curtius-Abbau *m* (von Säureaziden zu primären Aminen - nach T. Curtius, 1857-1928) ‖ ~ **transformation** (Chem) / Curtius-Abbau *m* (von Säureaziden zu primären Aminen - nach T. Curtius, 1857-1928)
**curvature** *n* (Arch) / Kurvatur *f* (Krümmung) ‖ ~ (Civ Eng, Surv) / gekrümmte Trassierung ‖ ~* (Maths) / Krümmung *f* (einer Kurve oder einer Fläche von einer Geraden oder einer Ebene) ‖ **of positive** ~ / positiv gekrümmt ‖ ~ **of field*** (Optics) / Bildfeldwölbung *f* (ein Abbildungsfehler), Bildfeldkrümmung *f*, Feldkrümmung *f* ‖ ~ **tensor** (Maths) / Krümmungstensor *m* (tensorielle Darstellung der durch Parallelverschiebung längs infinitesimaler geschlossener Kurven gemessenen Krümmungseigenschaften des Raumes)
**curve** *v* (with a sweep-saw) (For, Tools) / schweifen *v* (mit der Schweifsäge) ‖ ~ *vt* / krümmen *v*, biegen *v* (in Form einer Kurve) ‖ ~ *n* / Kennlinie *f* (nicht lineare), Schaulinie *f*, Kurve *f*, Kennkurve *f*, Kurvenlinie *f* (in einem Diagramm) ‖ ~ (Autos, Civ Eng) / Kurve *f*, Biegung *f* ‖ ~ (Civ Eng) / Bogen *m* (z.B. bei der Linienführung der Verkehrswege) ‖ ~ (Hyd Eng) / Krümmung *f*, Windung *f*, Biegung *f*, Schleife *f* (des Flusses) ‖ ~* (Instr) / Kurvenlineal *n* (z.B. Burmester-Kurve), Kurvenzeichner *m* (mathematisches Zeichengerät), Spline *m* (biegsames Kurvenlineal, das man zum Zeichnen einer glatten Kurve durch vorgegebene Punkte benutzt), Kurvenschablone *f* (biegsames Kurvenlineal) ‖ ~* (Maths) / Kurve *f* ‖ ~ (Rail) / krummer Strang
**curved** *adj* (Kurven-, gekrümmt *adj* (Kurven-) ‖ ~ (tree-trunk) (For) / krummstämmig *adj*, krummschäftig *adj*, krummschaftig *adj* ‖ ~ (For) / einschnürig *adj* (einseitig gekrümmt - Stamm)
**curved-back tooth** (Eng) / Bogenzahn *m* (eines Fräsers)
**curved beam** (Build, Mech) / Bogenbalken *m*
**curved-belt conveyor** (Eng) / kurvengängiges Förderband, Kurvenband *n* (ein Förderer), Kurvenförderer *m*
**curved bridge** (Civ Eng) / gekrümmte Brücke ‖ ~ **corkboard** (Leather) / Krispelholz *n* (gewölbtes Brettchen mit Korkbelag auf der Unterseite) ‖ ~ **crimps** (Spinning) / gedehnte Kräuselung ‖ ~ **curb** (Civ Eng) / Bogenstein *m* (ein Bordstein) ‖ ~ **cutting** (Eng) / Kurvenschneiden *n* ‖ ~ **mirror** (Optics) / gekrümmter Spiegel ‖ ~ **neck** (-type) **torch** (Welding) / Rüsselbrenner *m*, Schweißbrenner *m* in Rüsselform ‖ ~ **points** (Rail) / Bogenweiche *f* ‖ ~ **rail** (Rail) / gebogene Schiene ‖ ~ **roller table** (Met) / Kurvenrollgang *m* ‖ ~ **ruler** (Instr) / Kurvenlineal *n* (z.B. Burmester-Kurve), Kurvenzeichner *m* (mathematisches Zeichengerät), Spline *m* (biegsames Kurvenlineal, das man zum Zeichnen einer glatten Kurve durch vorgegebene Punkte benutzt), Kurvenschablone *f* (biegsames Kurvenlineal) ‖ ~ **screen** (San Eng) / Bogenrechen *m* (viertelkreisförmiger Rechen, der tangential an die Kanalsohle anschließt) ‖ ~ **section** / Bogenstück *n* (z.B. bei einer Hängebahn) ‖ ~ **section** (Civ Eng) / Krümme *f* (in der Straßentrasse) ‖ ~ **sieve** (San Eng) / Bogensieb *n* (das die Zentrifugalkräfte in einem bogenförmig umgelenkten Produktstrom zum Eindicken, Entwässern oder Klassieren ausnutzt) ‖ ~ **space** (Maths) / gekrümmter Raum ‖ ~ **spring washer** (Eng) / gewölbte Federscheibe (DIN ISO 1891) ‖ ~ **surface** (Phys) / gekrümmte Oberfläche
**curved-tooth gear coupling** (Eng) / Bogenzahnkupplung *f*
**curved track** (Mech) / Kurvenbahn *f* ‖ ~ **track** (Rail) / Bogengleis *n* ‖ ~ **twill** (Weaving) / krummer Köper
**curve fitting** / Kurvenanpassung *f* ‖ ~ **fitting*** (Phys) / stochastische Kurvenermittlung, Ausprobieren *n* einer Kurve (Punkt für Punkt) ‖ ~ **follower** (Comp) / Kurvenleser *m* (Eingabegerät zum Umsetzen von Kurven in Signale - DIN 44300) ‖ ~ **follower** (Elec Eng) / Kurvenschreiber *m* (elektrisches Messgerät mit einer Schreibeinrichtung für Messgrößen, deren zeitlicher Verlauf festgehalten werden soll) ‖ ~ **generator** (Comp) / Kurvengenerator *m* (der eine Kurve analog oder digital erzeugt) ‖ ~ **length** (Maths) / Bogenlänge *f* (ein Kurvenstück) ‖ ~ **negotiation** (Rail) / Kurvenlauf *m*, Bogenlauf *m* ‖ ~ **of constant breadth** (Maths) / Kurve *f* gleicher Breite, Orbiforme *f*, Kurve *f* konstanter Breite, Gleichdick *n* (z.B. ein Reuleaux-Dreieck) ‖ ~ **of double curvature** (Maths, Phys) / Raumkurve *f*, räumliche Kurve *f* ‖ ~ **of penetration** (Welding) / Einbrandkurve *f* ‖ ~ **of pursuit*** (Aero) / Verfolgungskurve *f*, Hundekurve *f*, Fluchtkurve *f*, Fliehkurve *f* ‖ ~ **of righting arms** (Ships) / Hebelarmkurve *f* (charakteristische Kurve für die Stabilität eines Schiffs) ‖ ~ **of sectional areas** (Ships) / Spantarealkurve *f*, Spantflächenkurve *f* ‖ ~ **of statical stability** (Ships) / Hebelarmkurve *f* (charakteristische Kurve für die Stabilität eines Schiffs) ‖ ~ **passage** (Maths) / Kurvenlauf *m*, Bogenlauf *m*
**curve-passing-behaviour curve** (Rail) / Kurvenläufigkeit *f* (der Lokomotive), Kurvengängigkeit *f*, Bogenlaufverhalten *n* (der Lokomotive)
**curve shape** (Maths) / Kurvenverlauf *m* ‖ ~ **shears** (Eng) / Kurvenschere *f* (eine Blechschere) ‖ ~ **sheet** / Kurvenblatt *n* ‖ ~ **template** / Kurvenschablone *f* (für das Zeichnen ganz bestimmter Kurven - im Gegensatz zu einem Kurvenlineal) ‖ ~ **tracer** (Electronics) / Kennlinienschreiber *m*
**curvilinear** *adj* (Maths) / kurvenförmig *adj*, krummlinig *adj* ‖ ~ **coordinates*** (Maths) / krummlinige Koordinaten *f* ‖ ~ **distortion*** (Telecomm) / lineare Verzerrung, Linearverzerrung *f* ‖ ~ **flight** (Aero) / kurvenförmiger Flug (auf gekrümmter Bahn in der Vertikal- oder Horizontalebene oder gleichzeitig in beiden Ebenen unter Einwirkung der Zentripetalkraft) ‖ ~ **integral** (Maths) / Kurvenintegral *n*, Linienintegral *n* ‖ ~ **motion** (along a curved path that may be planar or in three dimensions) (Mech) / krummlinige Bewegung ‖ ~ **weld seam** (Welding) / kurvenförmige Naht, Kurvennaht *f*, krümmte Naht
**curving-belt conveyor** (Eng) / kurvengängiges Förderband, Kurvenband *n* (ein Förderer), Kurvenförderer *m*
**curving conveyor** (Eng) / kurvengängiges Förderband, Kurvenband *n* (ein Förderer), Kurvenförderer *m* ‖ ~ **inwards** / nach innen gewölbt ‖ ~ **outwards** / nach außen gewölbt
**cuscus oil** / Vetiveröl *n* (ein Grasöl aus Vetiveria zizanioides (L.) Nash), Ivarancusaöl *n*
**cusec*** *n* (Hyd Eng) / Kubikfuß je Sekunde (0,0283 m$^3$)

**cushion** v / polstern v (eine Unterlage), auspolstern v ‖ ~ / abfangen v (Anprall) ‖ ~ n / Polster n m (Schulter-) ‖ ~* (Arch, Build) / Kämpfer m (Widerlager von Mauerbögen und Gewölben), Bogenanfang m ‖ ~ (Autos) / Kissengummi m, Polstergummi m, Gummipolster n ‖ ~* (Civ Eng) / Auflager n (federndes) ‖ ~ (Eng) / Kissen n (der Presse) ‖ ~ (Eng) / Ziehkissen n (ein Pressenzubehör) ‖ ~ **course**\* (Civ Eng) / Bettungsschicht f, Bettung f (beim Klinkerpflaster) ‖ ~ **craft**\* (Ships) / Luftkissenschiff n, Hovercraft n, Surface-Effekt-Schiff n, SES-Schiff n ‖ ~ **gas** / Gaskissen n (bei der Untertagespeicherung), Kissengas n (bei Untertagespeicherung) ‖ ~ **gas** / Kissengas n (in einem Untertagespeicher zur Erstfüllung erforderliches Gas, das jedoch nicht zur Abgabe verfügbar ist) ‖ ~ **gas** (Oils) / Schutzgas n ‖ ~ **head** (US) (Civ Eng) / Rammpfahlkopfschutz m, Pfahlkopfschutz m (gegen Aufsplittern beim Rammen, z.B. Pfahlring), Schlaghaube f (des Rammpfahls), Rammhaube f
**cushioning** n / Polsterung f (bei der Packung) ‖ ~ (Acous) / akustische Abschirmung, Dämpfung f (Abschirmung) ‖ ~ (Autos, Civ Eng) / Polsterung f (der Unterlage, Funktion des Reifens)
**cusp** n (Arch) / Nase f (im gotischen Maßwerk) ‖ ~ (Geophys) / Cusp f (magnetosphärische) ‖ ~* (Maths) / Rückkehrpunkt m (1. oder 2. Art), Spitze f (wenn zwei Tangenten möglich sind, aber zusammenfallen)
**cuspidal point** (Maths) / Rückkehrpunkt m (1. oder 2. Art), Spitze f (wenn zwei Tangenten möglich sind, aber zusammenfallen)
**custom** n (Autos) / Custom Car m (individuell umgebautes Fahrzeug) ‖ ~ attr / Maß-, kundenspezifisch adj, individuell angefertigt, einzeln angefertigt, nach Maß angefertigt, maßgeschneidert adj (individuell angefertigt), zugeschnitten adj (für etwas konkret vorgesehen)
**custom-build** v / anpassen an Kundenwünsche, abstimmen auf Kundenbelange, auf die Forderungen der Benutzer abstimmen
**custom-built** adj / Maß-, kundenspezifisch adj, individuell angefertigt, einzeln angefertigt, nach Maß angefertigt, maßgeschneidert adj (individuell angefertigt), zugeschnitten adj (für etwas konkret vorgesehen) ‖ ~ **machine** (Eng) / Sondermaschine f, Maschine f nach Kundenwunsch
**custom car** (Autos) / Custom Car m (individuell umgebautes Fahrzeug) ‖ ~ **circuit** (Electronics) / kundenspezifischer Schaltkreis ‖ ~ **design** (Comp) / Kundenentwurf m (Sonderausführung) ‖ ~ **design** (Electronics) / kundenspezifische Konstruktion (der Baugruppen) ‖ ~ **Device Module** (Comp, Telecomm) / Custom-Device Modul n, CDM (Custom-Device Modul)
**customer** n / Kunde m (DIN EN ISO 8402), Abnehmer m, Käufer m ‖ ~ **assurance** / Qualitätssicherung f im Kundeneinsatz ‖ ~ **churn rate** (Teleph) / Kundenfluktuation f (Verlust eines Kunden nach Ablauf der Mindestlaufzeit seines Vertrages), Kundenfluchtrate f (der prozentuale Anteil der wechselnden Kunden zu allen Kunden) ‖ ~ **design** (Comp) / Kundenentwurf m (Sonderausführung) ‖ ~ **design** (Electronics) / kundenspezifische Konstruktion (der Baugruppen) ‖ ~ **device group link** (Comp) / Anwendergeräteguppenverbindung f ‖ ~ **engineer** / Kundendienstfachmann m ‖ ~ **engineering** / Kundendienst m (als technischer Bereich) ‖ ~ **engineering** (Comp) / Wartungsdienst m (technischer Außendienst beim Kunden) ‖ ~ **equipment** (Telecomm) / Kundeninstallation f ‖ ~ **equipment** (Telecomm) / kundeneigene Einrichtungen, Teilnehmereinrichtung f (eine kundeneigene Endeinrichtung), TKD (technischer Kundendienst) ‖ ~ **field service** / technischer Kundendienst (als Servicedienst), TKD (technischer Kundendienst) ‖ ~ **file** (Comp) / Kundendatei f ‖ ~ **gateway** (Comp) / Kundengateway n ‖ ~ **mock-up** / Kundenmodell n (z.B. für die Innenausstattung) ‖ ~ **premises equipment**\* (Telecomm) / kundeneigene Einrichtungen, Teilnehmereinrichtung f (eine kundeneigene Endeinrichtung) ‖ ~ **production** (Work Study) / Einzelproduktion f, Einzelfertigung f (eine Fertigungsart), Stückproduktion f (mit der Auftragsmenge "1") ‖ ~ **Relationship Management** / Customer Relationship Management n, CRM (Customer Relationship Management) ‖ ~ **relations management** / Customer Relationship Management n, CRM (Customer Relationship Management)
**customers** pl / Kundschaft f, Kunde /A/ f
**customer-service representative** (Teleph) / Agent m (Mitarbeiter in einem Callcenter)
**customer set** (Teleph) / Teilnehmerapparat m
**customer's installation** (Build) / Inneninstallation f, Abnehmeranlage f ‖ ~ **loop** (US) (Teleph) / Anschlussleitung f, Asl (Anschlussleitung), Teilnehmeranschlussleitung f, Teilnehmerleitung f ‖ ~ **plant** (Build) / Inneninstallation f, Abnehmeranlage f
**customer substation** (Elec Eng) / Betreiberstation f (z.B. firmeneigenes Unterwerk) ‖ ~ **support** (Comp) / Support m (technische Unterstützung von Software- oder Hardware-Kunden durch Hersteller oder Händler) ‖ ~ **support services** / Kundenbetreuung f
**custom-fit** adj / passgenau adj (ein Anbauteil)
**custom form** / auf Bestellung gefertigtes Formular ‖ ~ **help** (Comp) / benutzerdefinierte Hilfe

**customizable** adj (Comp) / konfigurierbar adj (vom Anwender definiert)
**customization** n / Anpassung f an Kundenwünsche (an die Forderungen der Benutzer)
**customize** v / anpassen an Kundenwünsche, abstimmen auf Kundenbelange, auf die Forderungen der Benutzer abstimmen ‖ ~ / maßschneidern v
**customized** adj / maßgeschneidert adj, aufgabenangepasst adj (z.B. Werkstoff) ‖ ~ / Maß-, kundenspezifisch adj, individuell angefertigt, einzeln angefertigt, nach Maß angefertigt, maßgeschneidert adj (individuell angefertigt), zugeschnitten adj (für etwas konkret vorgesehen) ‖ ~ (Comp) / benutzerdefiniert adj (vom Anwender festgelegt, z.B. Zuordnung von Funktionen zu Steuerelementen) ‖ ~ **wiring** (Elec Eng) / Verdrahtung f nach Kundenwunsch
**custom-made** adj (US) / Maß-, kundenspezifisch adj, individuell angefertigt, einzeln angefertigt, nach Maß angefertigt, maßgeschneidert adj (individuell angefertigt), zugeschnitten adj (für etwas konkret vorgesehen)
**custom-made** adj (US) s. also full-custom and semi-custom ‖ ~ **machine** (Eng) / Sondermaschine f, Maschine f nach Kundenwunsch ‖ ~ **software** (Comp) / Individualsoftware f (eine Anwendungssoftware)
**custom-programmable** adj (Comp) / kundenprogrammierbar adj
**customs aerodrome** (Aero) / Zollflugplatz m ‖ ~ **airport** (Aero) / Zollflugplatz m ‖ ~ **clearance** / Zollabfertigung f ‖ ~ **of the port** (Ships) / Hafenusancen f pl ‖ ~ **plant**\* (Min Proc) / Zentralaufbereitungsanlage f (für mehrere Erzgruben - die als Lohnanlage arbeitet) ‖ ~ **rate** / Zolltarif m, Zollsatz m ‖ ~ **warehouse** / Zolllager n
**custom-tailor** v (For) / zuschneiden v (nach den Kundenwünschen)
**custom-tailored** adj / passgenau adj (auf Passform gearbeitet)
**CUT** (Coordinated Universal Time) / koordinierte Weltzeit (EN 28601), Weltnormalzeit f, UTC (Weltnormalzeit, die den von den Radiosendern ausgestrahlten Zeitzeichen zugrunde liegt), UTC-Zeit f ‖ ~ (circuit under test) (Elec Eng) / geprüfter Schaltkreis (der gerade geprüft wird)
**cut** v / schneiden v (auftrennen - Blech) ‖ ~ (into, first slice) / anschneiden v ‖ ~ / abscheren v (durch zwei sich aneinander vorbeibewegende Schneiden) ‖ ~ / schleifen v (Edelsteine, Glas) ‖ ~ / herabsetzen v (senken), verringern v, vermindern v, reduzieren v, senken v, mindern v ‖ ~ (Brew) / aufhacken v (Malz) ‖ ~* (Cinema) / schneiden v, cuttern v (Film, Tonband), cutten v ‖ ~ (Civ Eng) / abtragen v ‖ ~ (Comp) / ausschneiden v ‖ ~ (Elec Eng) / stromlos machen, abschalten v, von der Stromquelle trennen ‖ ~ (Eng) / schneiden v (DIN 8580) ‖ ~ (Eng) / aufhauen v (Feilen), hauen v ‖ ~ (Eng) / abschroten v (ein Freiform-Schmiedestück), schroten v ‖ ~ (Leather, Textiles) / zuschneiden v, schneiden v ‖ ~ (Mining) / lösen v (Kohle), hereingewinnen v ‖ ~ (Mining) / unterschrämen v, schrämen v (einen Schram herstellen) ‖ ~ (Mining) / köpfen v (Proben) ‖ ~ (Ships) / kappen v (eine Leine, eine Kette) ‖ ~ (Work Study) / kürzen v (Lohn) ‖ ~* n / Schnitt m (im Allgemeinen) ‖ ~ (a share of profits) / Anteil m (z.B. am Gewinn) ‖ ~ / Kürzung f, Streichung f (z.B. der Mittel im Werbeetat) ‖ ~ (Agric) / Mahd f, Schur f (der Wiese) ‖ ~ (Chem Eng) / Fraktion f (bei der Destillation), Destillationsanteil m, Destillationsschnitt m ‖ ~* (Chem Eng, Oils) / Schnitt m ‖ ~* (Cinema) / Schnitt m (weicher, harter), Cut m ‖ ~ (Cinema, Photog) / Absorptionskante f (eines Filters) ‖ ~ (Civ Eng) / Einschnitt m (in die Oberfläche eingeschnittenes Erdbauwerk) ‖ ~ (Civ Eng, Hyd Eng) / Durchstich m ‖ ~* (Eng) / Spantiefe f ‖ ~ (Eng) / Schnittausführung f ‖ ~ (Eng) / Hieb m (Gestaltung und Anordnung der Feilzähne), Feilenhieb m (nach DIN 7285) ‖ ~ (For) / Schlag m (von Bäumen befreite Fläche im Wald), Waldschlag m ‖ ~ (For) / Hieb m, Schlag m (Hieb) ‖ ~ (For) / Exploitation f (in forstlich wenig oder überhaupt nicht erschlossenen Gebieten, z.B. in Sibirien oder Kanada) ‖ ~ (Gen) / Doppelstrangbruch m ‖ ~ (Glass) / Schliff m (Ergebnis des Schleifens) ‖ ~* (Hyd Eng) / Durchlass m (bei der Pontonbrücke) ‖ ~ (Leather, Textiles) / Zuschnitt m (als Produkt) ‖ ~ (Med) / Schnittverletzung f ‖ ~ (Mining) / Einbruch m (zuerst hereingesprengter Teil eines Abschlages) ‖ ~ (Mining) / Schram m (in der schneidenden Gewinnung) ‖ ~* (Nuc Eng) / Teilstrom m (angereicherter - bei der Anreicherung von Isotopen) ‖ ~ (Nuc Eng) / Schnitt m, Aufteilungsverhältnis n, Teilungskoeffizient m ‖ ~ (Powder Met) / Korngrößengruppe f, Korngruppe f (DIN 66 160), Korngrößenklasse f, Fraktion f, Kornklasse f, Kornfraktion f ‖ ~ (US)\* (Print) / Druckstock m, Klischee n ‖ ~ (Rail) / Ablauf m (ein Rangiervorgang) ‖ ~ (Rail) / Wagengruppe f (am Ablaufberg) ‖ ~ (Textiles) / Stoffabschnitt m, Stücklänge f (einer abgeschnittenen Stoffbahn) ‖ ~ (Textiles) / Schnitt m (modischer), Fasson f ‖ ~ (Work Study) / Kürzung f (des Lohnes), Abstrich m (Kürzung des Lohnes) ‖ ~ adj / geschliffen adj (Diamant) ‖ ~ **a chip** (Eng) / spanabhebend bearbeiten, spanen v, zerspanen v, Span abheben, abspanen v, bearbeiten v (spanend), spanend formen ‖ ~ **across** vt (Nut) / quer

zur Faser schneiden || **~-and-cover**\* *n* (Civ Eng) / offene Bauweise (einer Untergrundbahn, eines Tunnels)
**cut-and-cover method** (Civ Eng) / offene Bauweise (einer Untergrundbahn, eines Tunnels)
**cutaneous**\* *adj* (Med) / kutan *adj* (die Haut betreffend)
**cut a notch** (Eng, Materials) / einkerben *v*, kerben *v* (mit Kerben versehen) || **~ away** *v* / abschneiden *v*, wegschneiden *v*
**cutaway** *n* (Eng, Maths) / aufgeschnittene Darstellung, Schnittperspektive *f*, Schnittdarstellung *f* (in der Schnittperspektive), Phantombild *n* (eines Gegenstandes) || **~ model** / Schnittmodell *n*
**cut back** *v* / fluxen *v* (Bitumen)
**cutback** *n* / Verschnittbitumen *n* (dessen Zähigkeit durch Verschnittmittel herabgesetzt ist), Cutback *n*, Fluxbitumen *n* (DIN 1995 und 55946), VB || **~** (Aero) / Drosselung *f* (des Schubs) || **~** (Work Study) / Kürzung *f* (des Lohnes), Abstrich *m* (Kürzung des Lohnes) || **~** (Work Study) / Abbau *m* (von Personalbeständen, von Überstunden) || **~ asphalt** (US) / Verschnittbitumen *n* (dessen Zähigkeit durch Verschnittmittel herabgesetzt ist), Cutback *n*, Fluxbitumen *n* (DIN 1995 und 55946), VB || **~ bitumen** (bitumen which has been rendered fluid at atmospheric temperatures by the addition of a suitable diluent) / Verschnittbitumen *n* (dessen Zähigkeit durch Verschnittmittel herabgesetzt ist), Cutback *n*, Fluxbitumen *n* (DIN 1995 und 55946), VB
**cut by microwire EDM** / Mikrodraht-erosiv geschnitten
**cutch** *n* / [braunes] Katechu *n* (aus Acacia catechu), Catechu *n* || **~** (Leather) / Cutchextrakt *m n* (Gerbstoffextrakt aus der Mangrovenrinde), Mangroverindenextrakt *m n* || **~ extract** (Leather) / Cutchextrakt *m n* (Gerbstoffextrakt aus der Mangrovenrinde), Mangroverindenextrakt *m n*
**cut configuration** (Eng) / Schnittgestalt *f*, Schnittausformung *f* || **~ down** *v* (For) / fällen *v* (Bäume), einschlagen *v*, hauen *v*, schlagen *v* || **~ down** (Welding) / verputzen *v* (Schweißnähte) || **~ edge** (produced by cutting) (Eng, Tools) / Schnittfläche *f* (durch einen Schnitt erzeugte kleine schmale Fläche) || **~ edge** (produced by cutting) (Eng, Tools) / Schnittkante *f* (Begrenzungskante der Schnittfläche nach DIN 8588) || **~ edges**\* (Bind) / beschnittene Kanten (meistens auf Dreimessermaschinen) || **~ fresh tread** (a kind of recapping) (Autos) / nachschneiden *v* (die Lauffläche bei Reifen) || **~ glass** (Glass) / geschliffenes Glas || **~ glaze** (a glazed area in which the coating is of insufficient thickness for good coverage) (Ceramics) / Glasurroller *m* (glasurfreie Stelle - ein Glasurfehler), fehlerhafte Glasurstelle || **~ hole** (Mining) / Einbruchsloch *n*
**cuticle**\* *n* (Leather) / Kutikula *f* (pl.: -s od. -lä) (äußerstes Häutchen der Epidermis)
**cut in** *v* / einschalten *v* (z.B. Motor, Batterie) || **~ in** (pull in too closely in front of another vehicle after having overtaken it) (Autos) / schneiden *vt* (den Fahrer, den Wagen - beim Überholen) || **~ in** (Mining) / aufbrechen *v* (Stoß)
**cutin**\* *n* (Bot, Chem) / Kutin *n*, Cutin *n* (pflanzliches Biopolymer, ein Baustein der Kutikula)
**cut-in** *n* (Cinema) / Insert *n* (eine Einschnittszene) || **~** (Cinema) / Anfang *m* eines Filmschnittpunkts || **~** (Teleph) / Aufschalten *n* (Herstellen einer - meist kurzzeitigen - Verbindung zu einer besetzten Endstelle; ein Leistungsmerkmal)
**cutinite** *n* (Min) / Kutinit *m* (ein Kohlemazeral), Cutinit *n* (ein Kohlemazeral)
**cut into length(s)** (For) / querschneiden *v* (nur Infinitiv oder Partizip), ablängen *v* (Rund- oder Schnittholz in Abschnitte bestimmter Länge zerteilen)
**cut-in windspeed** / Einschaltwindgeschwindigkeit *f* (bei der die Windturbine anfängt, Leistung zu erzeugen)
**cutis** *n* (Leather) / Corium *n*, Lederhaut *f*, Dermis *f*, Cutis *f*, Kutis *f* (Lederhaut der Wirbeltiere), Korium *n*
**cut lead** (Typog) / Stückdurchschuss *m* || **~ length** / Schnittlänge *f*
**cutler** *n* / Messerschmied *m*
**cutlery** *n* (domestic) / Essbesteck *n* || **~** (US) / Schneidwaren *f pl* (Messer, Scheren, Tafelbestecke usw.) || **~ insert** (Join) / Besteckeinlage *f* (in der Schublade), Einsatz *m* (für Besteck), Besteckeinschub *m* || **~ paper** (Paper) / Rostschutzpapier *n* für Schneidwaren und Bestecke || **~ steel** (Met) / Messerstahl *m*, Besteckstahl *m*, Schneidwarenstahl *m*
**cutline** *n* (Typog) / Zeichenerklärung *f*, Legende *f* (erklärender Text), Bildunterschrift *f* (Legende)
**cut list** (Rail) / Rangierzettel *m* || **~ lock** (Join) / Einlassschloss *n* (für Möbel) || **~ loop** (Textiles) / Schnittflor *m*, geschnittener Flor || **~ loop** (Textiles) / Cut-Loop *m* (Dessintechnik bei Tuftingteppichboden) || **~ nail** (Build, Tools) / Polsternagel *m*, Tapeziernagel *m* || **~ nail** (Eng) / geschnittener Nagel (aus Blechstreifen oder Bandstahl) || **~ off** *v* / abschneiden *v*, wegschneiden *v* || **~ off** (AI) / beschneiden *v* (einen Baum), stutzen *v* (einen Baum), abschneiden *v* (einen Baum), kappen *v* (einen Baum) || **~ off** (Comp) / abstreichen *v* (eine bestimmte Anzahl von Stellen einer Zahl, beginnend mit der niedrigsten Stelle, weglassen - DIN 9757) || **~ off** (Comp) / abschneiden *v* (einen Teil des Entscheidungsbaumes) || **~ off** (Elec Eng) / stromlos machen, abschalten *v*, von der Stromquelle trennen || **~ off** (Eng) / abstechen *v* (ein Freiform-Schmiedestück), schroten *v* || **~ off** (Met) / schopfen *v* (nicht mehr verwendbare Enden von Rohlingen, Formstahl und Blechen abschneiden), abschopfen *v* (Blockenden abschneiden)
**cut-off** *n* (AI) / Abbruch *m* (beim Baumsuchverfahren für Spiele) || **~** (Autos) / Schubabschaltung *f* (elektronische Unterbrechung der Kraftstoffzufuhr im Schiebebetrieb) || **~** (Chem Eng) / Trenngrenze *f* (bei der Filtration) || **~** (Civ Eng, Hyd Eng) / Durchstich *m* || **~** (Comp) / Abschneiden *n* (eines Teiles des Entscheidungsbaumes), Beschneiden *n* (eines Baumes) || **~** (Elec Eng, Eng) / Abschalten *n*, Abschaltung *f*, Ausschaltung *f* || **~** (Electronics) / Rückhaltevermögen *n* (eines Filters) || **~** (Electronics) / Cutoff *m n*, Cut-off *m n*, Sperrpunkt *m*, Dunkelpunkt *m* || **~** (Eng) / Abstechen *n* (Stangen oder Rohre mit Hilfe eines Stechdrehmeißels), Abstechdrehen *n* || **~** (Eng) / Abschroten *n* (eines Freiform-Schmiedestücks), Schroten *n* || **~** (Hyd Eng) / Herdmauer *f* (unter der Bauwerkssohle), Sporn *m* (unter dem Dammkörper)
**cut • -off**\* *n* (I C Engs) / Ansaugabschluss *m* || **~-off** *n* (Phys) / Abschneidevorschrift *f* (in der Quantenfeldtheorie)
**cut-off** *n* (Plastics) / Abquetschrand *m* || **~** (Space) / Brennschluss *m* (durch Abschalten der Treibstoffzufuhr)
**cut-off**\* *n* (Typog) / Schneidewerk *n* der Druckmaschine (im Rollendruck)
**cut-off bias** (Electronics) / Strahllöschspannung *f* (Katodenstrahlröhre) || **~ bias** (Electronics) / Gittersperrspannung *f* (Elektronenröhre)
**cut-off circuit** (Elec Eng) / Abschaltkreis *m*
**cut-off coupling** (Eng) / schaltbare Kupplung, [lösbare] Kupplung *f*, Ausrückkupplung *f*, Schaltkupplung *f*, aus- und einrückbare Kupplung *f* || **~ current** (Elec Eng) / Ausschaltspitzenstrom *m* (bei Sicherungen) || **~ current**\* (Electronics) / Reststrom *m* (eines Sperrschicht-FET) || **~ floor** (Glass) / Brechbühne *f* (bei dem Fourcault-Verfahren) || **~ frequency**\* (Elec Eng, Telecomm) / Eckfrequenz *f*, Grenzfrequenz *f* (im Allgemeinen) || **~ frequency** (Electronics) / Grenzfrequenz *f* (bei Transistoren) || **~ key** (Teleph) / Trenntaste *f* || **~ level** (Stats) / Rückweisungsgrenze *f*, Ablehnungsgrenze *f*, Rückweisegrenze *f* || **~ machine** (Eng) / Abstechdrehmaschine *f* || **~ parabola** (Electronics) / kritische Parabel (eines Magnetrons) || **~ process** (Meteor) / Cutoff-Prozess *m* (Entwicklung eines Höhentiefs durch Abschnürung eines Wellentals in der Höhenströmung, Abschnürungsprozess *m* || **~ region** (Electronics) / Sperrbereich *m* (der Diode, des Transistors) || **~ relay** (Elec Eng) / Abschaltrelais *n* || **~ rubbers**\* (Print) / Gummileisten *f pl* (im Falzmesser-Sammelzylinder der Hochdruck-Rollenrotationsmaschine) || **~ saw** (Tools) / Trennsäge *f* || **~ slope** (of optical filters) (Optics) / Steilkante *f* || **~ steepness** (Optics) / Steilkante *f* || **~ trench** (any trench, wall, or barrier of impervious material placed within and below an earth dam or embankment to prevent or reduce seepage) (Hyd Eng) / Herdgraben *m* || **~ trench** (Hyd Eng) s. also diaphragm wall || **~ voltage** (of a depletion-type field-effect transistor) (Electronics) / Abschnürspannung *f* (eines Verarmungs-FET) || **~ wall** (Hyd Eng) / Herdmauer *f* (unter der Bauwerkssohle), Sporn *m* (unter dem Dammkörper)
**cut-off water** (Agric, Hyd Eng) / Sickerwasser *n* (das im Untergrund zum Grundwasser absinkende Niederschlags- und Oberflächenwasser)
**cut-off waveguide** (Telecomm) / Wellenleiter *m* im Sperrbetrieb || **~ wheel** (Eng) / Trennscheibe *f* (für freihändiges Trennen, z.B. "Sonnenflex")
**cut out** *v* (Elec Eng) / stromlos machen, abschalten *v*, von der Stromquelle trennen
**cut-out** *n* / Ausschnitt *m* || **~** (Cinema) / Ende *n* eines Filmschnittpunkts
**cut-out**\* *n* (Elec Eng) / Leitungsschutzschalter *m*, Sicherungsautomat *m*, Selbstschalter *m*, Ausschalter *m*, [selbsttätiger] Unterbrecher *m*
**cut-out** *n* (I C Engs) / Kohlenfenster *n*, Fenster *n* (eines Fensterkolbens) || **~**\* *adj* (Print) / frei stehend *adj* (Reproduktion - ohne Hinter- oder Vordergrund) || **~ box** (Elec Eng) / Sicherungskasten *m*, Sicherungsdose *f* || **~ to earth** (Elec Eng) / Abschaltfunkenstrecke *f* || **~ windspeed** / Abschaltwindgeschwindigkeit *f* (bei der Abschaltung der Windturbine)
**cut picks** (Weaving) / gerissene Schussfäden, Schussplatzer *m pl* || **~ pile** (Textiles) / Schnittflor, geschnittener Flor
**cut-pile carpet** (Textiles) / Veloursteppich *m* (hochpolig), Schnittpolteppich *m* || **~ fabric** (Textiles) / Schnittflorgewebe *n*, Schnittpolware *f*
**cut pit timber** (For, Mining) / Grubenschnittholz *n* || **~ plush** (Textiles) / Scherplüsch *m* (bei dem die Schlingen aufgeschnitten werden, so dass er dadurch wesentlich weicher und samtähnlicher wirkt), Schneidplüsch *m* || **~ price** / (stark) ermäßigter Preis || **~ rate** / (stark) ermäßigter Preis

**cut-resistant** *adj* / schnittfest *adj*
**cut selvedge** (Weaving) / eingerissene Webkante
**cut-sheet handling** (Comp) / Einzelbelegzuführung *f*, Einzelblattzuführung *f* (Option beim Drucker), Einzelblatteinzug *m*, Einzelformularzuführung *f*
**cut shot** (Mining) / Einbruchsschuss *m*
**cut-shot arrangement** (Mining) / Sprengbild *n* (Anordnung der Bohrlöcher verschiedener Einbrucharten)
**cut sizes** (For) / Furnierholzzuschnitte *m pl*
**cut-steel shot** (Eng, Foundry) / Stahldrahtkorn *n* (ein Strahlmittel), Drahtkorn *n* (Hilfsstoff zum Putzen von Gieß- und Schmiedestücken) ‖ ~ **wire** (Eng, Foundry) / Stahldrahtkorn *n* (ein Strahlmittel), Drahtkorn *n* (Hilfsstoff zum Putzen von Gieß- und Schmiedestücken)
**cut stock** (For) / Nadelholz-Dimensionsware *f* ‖ ~ **stock** (Leather) / Schuhunterbau *m* ‖ ~**-stone*** *n* (Build) / hammerrechter Stein, behauener Stein, Haustein *m*
**cut-stone*** *n* s. also hewn stone
**cut string*** (Carp) / Sattelwange *f* (einer aufgesattelten Holztreppe), aufgesattelter Treppenbaum, stufenförmig ausgeschnittene Treppenwange (einer aufgesattelten Holztreppe) ‖ ~ **surface** / Schnittfläche *f* (technisches Zeichnen) ‖ ~ **surface** (Eng, Tools) / Schnittfläche *f* (DIN 6580) ‖ ~ **surface** (Welding) / Schnittflanke *f* (beim Brennschneiden)
**cuttable** *adj* / schneidbar *adj*, schneidgeeignet *adj*
**cutter*** *n* (Acous) / Schneiddose *f*, Schreibdose *f* ‖ ~ (rubber brick) (Ceramics) / weich gebrannter, sandhaltiger Ziegelstein (der sich leicht abreiben lässt) ‖ ~ (Ceramics) / Abschneidevorrichtung *f* (zum Trennen von Formlingen von einem kontinuierlich aus einer Schneckenpresse austretenden Massestrang) ‖ ~ (Cinema) / Schnittmeister *m*, Filmcutter *m*, Cutter *m*, Schneidtechniker *m* ‖ ~ (Civ Eng) / Schneidkopf *m* (des Schneidkopfsaugbaggers) ‖ ~ (Eng) / Schneidmaschine *f*, Schneider *m* ‖ ~ (Eng) / Schneidrad *n*, Stoßrad *n* (zum Wälzstoßen) ‖ ~* (Eng, Weaving) / Schneidwerkzeug *n*, spanendes Werkzeug (DIN 6582), Schnittwerkzeug *n* (für Zerspanung) ‖ ~ (a glass-cutting instrument) (Glass, Tools) / Glasschneider *m* (Diamantglasschneider, Stahlradglasschneider) ‖ ~ (Leather) / Stanzmaschine *f* ‖ ~ (Nut) / Kutter *m* (zur Herstellung der Brätmasse), Cutter *m* ‖ ~ (Nut) / Cutter *m*, Kutter *n* ‖ ~ (GB) (Plastics) / Bandgranulator *m*, Würfelschneider *m* ‖ ~ (Textiles) / Zuschneider *m* ‖ ~ (Welding) / Brennschneider *m* (ein Facharbeiter) ‖ ~ (Welding) / Brennschneider *m* ‖ ~ **arbor** (Eng) / Fräsdorn *m* (Werkzeugspanner zur indirekten Aufnahme eines Fräswerkzeuges in der Antriebsspindel einer Fräsmaschine) ‖ ~ **auxiliary** (Nut) / Kutterhilfsmittel *n* (das die Wasserbindung des Brühwurstbräts und das Emulgieren des Fetts fördert) ‖ ~ **bar** (Agric) / Messerbalken *m* (des Mähdreschers), Schnittbalken *m*, Mähbalken *m*, Balkenmähwerk *n* ‖ ~ **bar** (Eng, Tools) / Werkzeughalter *m* ‖ ~ **bar** (Mining) / Schrämausleger *m* ‖ ~ **blade** (Eng) / Zahnstollen *m*, Schneidstollen *m* (eines Gewindeschneidkopfs)
**cutter-block** *n* (For) / Messerwelle *f* (rotierendes Werkzeug der Abricht-, Dicken- sowie anderer Fräs- und Zerspanungsmaschinen) ‖ ~ **chipper** (For) / Messerwellenspaner *m*, Messerkopfspaner *m*, Messerwellenzerspaner *m*
**cutter-blower** *n* (Agric) / Gebläsehäcksler *m*
**cutter bushing** (Eng) / Fräserhülse *f* (Reduzierhülse) ‖ ~ **chain** (Mining) / Schrämkette *f* (z.B. an Streckenvortriebsmaschinen) ‖ ~ **dredge** (Civ Eng) / Fräsbagger *m*, Schneidkopfsaugbagger *m*, Cuttersauger *m*, Cutterbagger *m*, Saugbagger *m* mit Schneidkopf ‖ ~ **dredger** (Civ Eng) / Fräsbagger *m*, Schneidkopfsaugbagger *m*, Cuttersauger *m*, Cutterbagger *m*, Saugbagger *m* mit Schneidkopf ‖ ~ **dust** (Paper) / Schnittstaub *m* ‖ ~ **forage harvester** (Agric) / Mähhäcksler *m* (Feldhäcksler mit einem Schneidwerk) ‖ ~ **for planetary thread milling** (US) (Eng) / Wirbelmeißel *m* (im Messerkopf einsetzbarer Formmeißel zum Gewindewirbeln) ‖ ~ **head** (Civ Eng) / Schneidkopf *m* ‖ ~ **head** (Eng) / Stoßkopf *m* (der Wälzstoßmaschine) ‖ ~ **head** (Eng) / Fräskopf *m*, Messerkopf *m* (zum Fräsen) ‖ ~ **head** (Eng) / Bohr- und Ausdrehkopf *m*, Bohrkopf *m* (zum Aufbohren von Bohrungen) ‖ ~ **loader*** (Mining) / Schrämlader *m* (eine Maschine der schneidenden Gewinnung) ‖ ~ **location** (Automation, Eng) / Werkzeugpositionierung *f* (numerische Steuerung)
**cutter-location data** (Automation, Eng) / Werkzeugpositionsdaten *pl* (numerische Steuerung)
**cutter location data** (Comp) / CLDATA *n* (Sprache für Prozessorausgabedaten, die als Eingabe für NC-Postprozessoren verwendet werden) ‖ ~ **oil** / Verschnittöl *n* ‖ ~ **pick** (Mining) / Schrämpicke *f*, Schrämmeißel *m*, Schrämhaue *f*
**cutter-radius compensation** (Eng) / Fräserradius-Kompensation *f* (die in eine CNC eingegeben wird)
**cutter ram** (Eng) / Stoßspindel *f* (einer Wälzstoßmaschine)
**cutters*** *pl* (Build) / leicht zu behauende Ziegel (weiche)

**cutter shank** (Eng) / Fräserschaft *m* ‖ ~ **slide** (Eng) / Stoßspindel *f* (einer Wälzstoßmaschine) ‖ ~ **spindle** (Eng) / Frässpindel *f* ‖ ~ **stall** (Mining) / Maschinenstall *m* (an beiden Strebenden) ‖ ~ **tip** (Tools) / gelötete, eingesetzte oder geschweißte Schneidplatte, Schneidplatte *f* (z.B. aus Hartmetall - nach DIN 4950 und 4966), Schneidplättchen *n*, Plättchen *n* (Schneidplättchen) ‖ ~ **tooth** (Join) / Schneidzahn *m* (bei Handsägeblättern)
**cutthroat** *n* (Leather) / Schächtschnitt *m* ‖ ~ (Leather) / Rohhaut *f* von der rituellen (jüdischen) Schlachtung (durch Schächtschnitt) ‖ ~ **competition** / Verdrängungswettbewerb *m*, ruinöse Konkurrenz
**cut through** (Telecomm) / durchschalten *v* ‖ ~ **through** *v* / durchschneiden *v* (in mehrere Teile) ‖ ~ **through** (Leather) / durchprägen *v* (ein Zurichtfehler)
**cut-through** *n* (Mining) / Durchhieb *m*
**cutting** *n* (Agric, Bot) / Schössling *m* (eine aus einem Trieb gezogene junge Pflanze) ‖ ~ (Bot) / Pfropfreis *n*, Impfreis *n*, Pfröpfling *m*, Edelreis *n* (Pfropfreis zur Veredlung) ‖ ~* (Cinema) / Schneiden *n*, Cutten *n*, Cuttern *n* ‖ ~* (Civ Eng) / Aushub *m*, Bodenaushub *m*, Erdaushub *m*, Abtrag *m*, Bodenabtrag *m* (mit Baumaschinen) (Tätigkeit) ‖ ~* (Civ Eng) / Einschnitt *m* (im Erdbau) ‖ ~ (Eng) / Schneiden *n* (Zerteilen nach DIN 8588) ‖ ~ (Eng) / Abschroten *n* (eines Freiform-Schmiedestücks), Schroten *n* ‖ ~ (Eng) / Hauen *n* (von Feilen) ‖ ~ (For) / Hieb *m*, Schlag *m* (Hieb) ‖ ~ (For) / Fällen *n*, Holzeinschlag *m*, Holzwerbung *f*, Hauungsbetrieb *m*, Einschlag *m* (Holzeinschlag), Holzfällung *f*, Baumfällen *n*, Holzfällen *n*, Holzschlag *m*, Nutzung *f* ‖ ~ (Glass) / Schliff *m* (eine Tätigkeit) ‖ ~ (Leather, Textiles) / Schneiden *n*, Schnitt *m*, Zuschneiden *n* ‖ ~ (Mining) / Verhieb *m* (Art und Weise, in der der in Angriff genommene Lagerstättenteil hereingewonnen wird), Verhau *m* ‖ ~ **angle** (Eng, Tools) / Schneidwerkzeugwinkel *m* ‖ ~ **angle** (Tools) / Schnittwinkel *m* ‖ ~ **blowpipe** (Eng) / Schneidbrenner *m* (im Allgemeinen) ‖ ~ **board** (Textiles) / Zuschneidetisch *m* ‖ ~ **buffers*** (Print) / Gummileisten *f pl* (im Falzmesser-Sammelzylinder der Hochdruck-Rollenrotationsmaschine) ‖ ~ **capacity** (Eng) / Schnittleistung *f* (Produkt aus Schnittkraft und Schnittgeschwindigkeit - DIN 6584), Zerspanleistung *f* ‖ ~ **ceramics** (ceramic sintered materials which are very hard and resist high temperatures, and which are relatively resistant to changes in temperature) (Ceramics, Eng, Tools) / Schneidkeramik *f* (naturharter Schneidstoff auf Oxidbasis) ‖ ~ **chain** (Mining) / Schneidkette *f* (z.B. an Streckenvortriebsmaschinen) ‖ ~ **check** (For) / Schälriss *m* ‖ ~ **circle** (For, Tools) / Schneidenflugkreis *m* ‖ ~ **compound** (oil-free)* / Fluid *n* (Spanungshilfsstoff, der eine mineralölfreie wässrige Lösung von Wirkstoffkombinationen auf organischer und/oder anorganischer Basis, Korrosionsinhibitoren und Tensiden darstellt) ‖ ~ **compound*** (Eng) / Schneidmedium *n*, Schneidflüssigkeit *f* (Bohröl) ‖ ~ **compound** (Paint) / Polierpaste *f* (für die Lackbehandlung) ‖ ~ **conditions** (Eng) / Schnittgrößen *f pl* (beim Spanen an der Werkzeugmaschine einzustellende Parameter) ‖ ~ **consumables** / Schneidhilfsstoffe *m pl* ‖ ~ **control** (Automation) / Schneidsteuerung *f*, Schnittsteuerung *f* ‖ ~ **crest** (For) / Waldbart *m* (am gefällten Stamm), Bart *m*, Waldbär *m* (im Falle beim Fällen verursachte Beschädigung des Stammes), Waldspan *m* (am gefällten Stamm), Kamm *m* (am gefällten Stamm) ‖ ~ **curb** (Civ Eng) / Senkschneidenring *m*, Tragring *m* mit Schneide, Senkschuh *m* ‖ ~ **curb** (Civ Eng) / Schneide *f* (des Senkbrunnens) ‖ ~ **cylinder*** (Print) / Messerzylinder *m* (der Hochdruck-Rollenrotationsmaschine) ‖ ~ **depth** (Eng) / Schnitttiefe *f* (eine Schnittgröße nach DIN 6580) ‖ ~ **diamond** / Schneiddiamant *m* ‖ ~ (screw) **die** (Eng) / Schneidbacke *f* ‖ ~ **direction** (Eng) / Schneidrichtung *f* (DIN 857), Schnittrichtung *f* ‖ ~ **disk*** (Print) / Tellermesser *n*, Kreismesser *n*, Rundmesser *n* ‖ ~ **disk** (Tools) / Schneidrad *n* (des Rohrschneiders) ‖ ~ **edge** (Civ Eng) / Schneide *f* (z.B. des Schrappers, der Baggerschaufel), Messer *n* (Schneidkante) ‖ ~ **edge** (Eng) / Schneidkante *f* ‖ ~ **edge** (Tools) / Schneide *f* (der Axt, des Beils)
**cutting-edge** *attr* / Spitzen- (z.B. Technik) ‖ ~ **life** (Eng, Tools) / Nutzungsvermögen *n* (eines Schneidwerkzeugs), Gesamtlebensdauer *f* (eines Schneidwerkzeugs) ‖ ~ **life** (Eng) s. also tool life ‖ ~ **normal plane** (Tools) / Schneiden-Normalebene *f* ‖ ~ **plane** (Tools) / Schneidenebene *f* (eine die Schneide enthaltende Ebene senkrecht zur jeweiligen Wirk- bzw. Werkzeug-Bezugsebene)
**cutting electrode** (Eng) / Schneidelektrode *f*, Elektrode *f* zum Schmelzschneiden ‖ ~ **excavator** (Mining) / Schrämbagger *m* ‖ ~ **flame** (Welding) / Schneidflamme *f* ‖ ~ **fluid** (Eng) / Schneidmedium *n*, Schneidflüssigkeit *f* (Bohröl) ‖ ~ **force** (Eng) / Schnittkraft *f* (Komponente der Zerspankraft in Schnittrichtung) ‖ ~ **force** (Eng) / Zerspankraft *f* (Summe aller Kräfte, die am Schneidkeil eines Zerspanwerkzeuges wirken - DIN 6584), Spanungskraft *f* ‖ ~ **force** (Tools) / Schneidkraft *f* (die zum Schneiden von Werkstücken erforderliche Kraft) ‖ ~ **gas** / Schneidgas *n* ‖ ~ **gauge*** (Carp) / schneidendes Streichmaß ‖ ~ **head** (Electronics) / Schneidkopf *m* ‖ ~ **height** / Schnitthöhe *f*

348

**cutting-in** n / Einschnitt m ‖ ~ **brush** (Paint) / Schrägstrichzieher m
**cutting iron** (Carp, Join) / Hobeleisen n, Hobelmesser n, Hobelstahl m ‖ ~ **lathe** (Glass) / Kugelstuhl m, Kuglerzeug n ‖ ~ **layout** (Eng) / Zerspanungsschema n (die Arbeitsverteilung auf einzelne Räumzähne) ‖ ~ **length** / Schnittlänge f ‖ ~ **line** (Autos) / Trennlinie f (auf Karosserieblechen) ‖ ~ **line** (Eng, Textiles) / Schnittlinie f ‖ ~ **lip** (Eng) / Schneidlippe f, Schneide f (des Bohrers) ‖ ~ **list** (Build, Civ Eng) / Stahlauszug m (tabellarische Zusammenstellung aller Stähle eines Bewehrungsplanes), Zuschneideliste f ‖ ~ **list** (Cinema) / Schnittliste f, ‖ ~ **list*** (Carp, Join) / Schnittliste f, Zuschneideliste f ‖ ~ **list** (Cinema) / Schnittliste f (mit allen verwendeten Szenen eines geschnittenen Films) ‖ ~ **list** (For, Join) / Holzliste f, Holzauszug m, Schnittliste f ‖ ~ **machine** (Brew) / Aufhackmaschine f (in der Mälzerei) ‖ ~ **machine*** (Eng) / Schneidmaschine f, Schneider m ‖ ~ **machine** (Leather) / Stanzmaschine f ‖ ~ **material** (Eng, Tools) / Schneidstoff m (zur Herstellung der Schneidteile von Zerspanwerkzeugen), Schneidenwerkstoff m ‖ ~ **mill** (Plastics) / Schneidmühle f, Hackapparat m ‖ ~ **motor** (Mining) / Schrämmotor m (schlagwettergeschützter Drehstromasynchronmotor mit Wasserkühlung) ‖ ~ **nozzle** (Welding) / Schneidbrennermundstück n, Schneidbrennerdüse f, Schneiddüse f ‖ ~ **oil** (Eng) / Schneidöl n (ein Spanungshilfsstoff) ‖ ~ **order** (Cinema) / Schnittfolge f ‖ ~ **order** (Eng) / Schnittfolge f (Reihenfolge gleicher oder verschiedener Schneidverfahren beim Schneiden von Werkstücken) ‖ ~ **oxygen** (Welding) / Schneidsauerstoff m ‖ ~ **part** (of a cutting tool) (Tools) / Schneidteil m (zerspantechnisch wirksamer Teil eines Zerspanwerkzeuges - DIN 6581) ‖ ~ **performance** (Eng) / Schnittleistung f (Produkt aus Schnittkraft und Schnittgeschwindigkeit - DIN 6584), Zerspanleistung f ‖ ~ **plane** (Eng) / Schneidebene f (die Tangentialebene an die Schneidebewegungsfläche im betrachteten Schneidenpunkt) ‖ ~ **plane** (Maths) / Schnittebene f ‖ ~ **point** / Schneidstelle f (DIN 31001, T 1) ‖ ~ **power** (Eng) / Schnittleistung f (Produkt aus Schnittkraft und Schnittgeschwindigkeit - DIN 6584), Zerspanleistung f ‖ ~ **quality** (Welding) / Brennschnittgüte f (Qualitätsziffer für die beim Brennschneiden erreichte Oberflächenform und Kontur der Schnittfläche), Schnittgüte f ‖ ~ **rack** (Eng) / Schneidkamm m, Hobelkamm m, Stoßkamm m (eine gerad- oder schrägverzahnte Zahnstange zum Wälzstoßen) ‖ ~ **room** (Cinema) / Schneideraum m ‖ ~ **room** (Textiles) / Zuschneideraum m, Zuschneiderei f
**cutting-room log** (Cinema) / Schnittliste f (mit allen verwendeten Szenen eines geschnittenen Films)
**cutting run** (Mining) / Bergfahrt f (von Gewinnungsmaschinen - im Allgemeinen ansteigend)
**cuttings** pl (Mining) / Schrämklein n, Kohleklein n ‖ ~ (Oils) / Bohrklein n, Bohrmehl n
**cutting schedule** (For) / Schnittliste f (im Sägewerk) ‖ ~ **solution** (Eng) / Schneidmedium n, Schneidflüssigkeit f (Bohröl) ‖ ~ **speed** (Eng) / Schnittgeschwindigkeit f (momentane Geschwindigkeit des betrachteten Schneidenpunktes in Schnittrichtung - DIN 6580) ‖ ~ **strips*** (Print) / Gummileisten f pl (im Falzmesser-Sammelzylinder der Hochdruck-Rollenrotationsmaschine) ‖ ~ **stylus** (Acous) / Schneidstichel m (Schallplattenherstellung) ‖ ~ **surface** (Tools) / Schneidfläche f (die mit der gegenüber liegenden Schneidfläche den Schneidkeil bildet) ‖ ~ **table** (Cinema) / Schneidetisch m ‖ ~ **table** (Textiles) / Zuschneidetisch m ‖ ~ **through** (Mining) / Durchhieb m ‖ ~ **time** (Tools) / Standzeit f eines Schneidwerkzeugs, Schneidwerkzeug-Standzeit f (bis zum Nachschleifen) ‖ ~ **tip** (Eng) / Schneidbrennermundstück n, Schneidbrennerdüse f, Schneiddüse f ‖ ~ **tip** (Tools) / gelötete, eingesetzte oder geschweißte Schneidplatte, Schneidplatte f (z.B. aus Hartmetall - nach DIN 4950 und 4966), Schneidplättchen n, Plättchen n (Zerspanung) ‖ ~ **tool*** (Eng, Weaving) / Schneidwerkzeug n, spanendes Werkzeug (DIN 6582), Schnittwerkzeug n (für Zerspanung) ‖ ~ **tool material** (Eng, Tools) / Schneidstoff m (zur Herstellung der Schneidteile von Zerspanwerkzeugen), Schneidenwerkstoff m ‖ ~ **tool metal** (Met) / Schneidemetall n, Schneidlegierung f, metallischer Schneidstoff ‖ ~ **torch** (Eng) / Schneidbrenner m (im Allgemeinen)
**cutting-torch tip** (Eng) / Schneidbrennermundstück n, Schneidbrennerdüse f, Schneiddüse f
**cutting to steel template** (Eng) / Schneiden n nach Stahlblechschablone ‖ ~ **waste** (For) / Schnittverluste m pl (beimSägen) ‖ ~ **wedge** (Eng) / Schneidkeil m (Keil am Schneidteil des Zerspanwerkzeuges) ‖ ~ **wheel** (Glass) / Schneidrädchen n ‖ ~ **width** / Schnittbreite f (im Allgemeinen) ‖ ~ **wire** (Weaving) / Schneidrute f
**cuttle** v (Textiles) / abtafeln v, ablegen v
**cuttlebone** n / Sepiaschale f (als Schleifmittel), Sepiaknochen m, Schulp m (des Tintenfisches), weißes Fischbein
**cuttlefish-bone** n / Sepiaschale f (als Schleifmittel), Sepiaknochen m, Schulp m (des Tintenfisches), weißes Fischbein
**cuttling*** n (Textiles) / Abtafeln n, Breitfalten n, Ablegen n ‖ ~ **device** (Textiles) / Gewebeablegevorrichtung f, Abtafler m

**cut to length** (For) / querschneiden v (nur Infinitiv oder Partizip), ablängen v (Rund- oder Schnittholz in Abschnitte bestimmter Länge zerteilen) ‖ ~ **up** v / klein schneiden v (nur Infinitiv und Partizip) ‖ ~ **up** (Textiles) / aufschneiden v (Ware in der Wirkerei) ‖ ~ **upwards** (Mining) / hochbrechen v (einen Grubenbau von unten nach oben bauen) ‖ ~ **velour(s)** (Textiles) / Schnittvelours m ‖ ~ **volume** (Eng, Tools) / Schnittvolumen n (das Volumen der von einem Werkzeugschneidteil bei einem Schnitt vom Werkstück abzuspanenden Werkstoffschicht nach DIN 6580)
**cutwater*** n (Civ Eng, Hyd Eng) / Pfeilervorkopf m, Vorkopf m (die meist spitz zulaufende und gegen den Flusslauf gerichtete Schmalseite eines Brückenpfeilers), Wellenbrecher m (bei Brücken), Pfeilerkopf m, Pfeilerhaupt n, Sporn m, Strompfeilerkopf m
**cut width** / Schnittbreite f (im Allgemeinen) ‖ ~ **wire** (Eng, Foundry) / Stahldrahtkorn n (ein Strahlmittel), Drahtkorn n (Hilfsstoff zum Putzen von Gieß- und Schmiedestücken) ‖ ~ **wire shot** (Eng, Foundry) / Stahldrahtkorn n (ein Strahlmittel), Drahtkorn n (Hilfsstoff zum Putzen von Gieß- und Schmiedestücken)
**cuvée** n (Nut) / Cuvee f n (Verschnitt von Weinen, besonders bei der Herstellung von Schaumwein), Cuvée f
**cuvette** n (Chem) / Küvette f
**cv*** (cultivated variety) (Bot) / Cultivar n (Kurzform von CULTIvated VARiety - Begriff der botanischen Systematik für in der Kultur entstandene Varietäten und Formen)
**CV** (constant voltage) (Elec Eng) / konstante Spannung, Konstantspannung f, Dauerspannung f ‖ ~* (cheval-vapeur) (Eng) / Pferdestärke f, PS (nach DIN 1301, T 3 nicht mehr zugelassene kontinentale Einheit der Leistung = 735,49875 W)
**c.v.** (calorific value) (Heat) / Heizwert m (Wärmemenge, die bei der vollkommenen Verbrennung der Gewichts- bzw. Volumeneinheit eines Stoffes frei wird - im Gegensatz zur Verbrennungswärme ist im Heizwert die Kondensationswärme des Wasseranteils nicht enthalten - Kurzzeichen H)
**CV** (calorific value) (Nut) / kalorischer Wert, Wärmewert m der Nahrungsstoffe (in kJ)
**CVAAS** (cold-vapour atomic absorption spectrometry) (Spectr) / Kaltdampfabsorptionsspektrometrie f, Kaltdampfatomabsorptionsspektrometrie f, Kaltdampftechnik f (der Atomabsorptionsspektrometrie)
**CVC** (compact video cassette) / Kleinvideokassette f, Kompaktvideokassette f
**CVD*** (chemical vapour deposition) (Surf) / chemische Abscheidung aus der Gasphase, CVD-Verfahren n, CVD-Beschichtungstechnik f, chemische Bedampfung, Gasphasenabscheidung f
**CVFR** (controlled visual flight rules) (Aero) / Regeln f pl für überwachte Sichtflüge ‖ ~ **flight** (Aero) / CVFR-Flug m (durch den Flugverkehrskontrolldienst überwachter Sichtflug)
**CVJ** (constant-velocity joint) (Autos) / Gleichlaufgelenk n, homokinetisches Gelenk, CV-Gelenk n ‖ ~ **knock** (Autos, Eng) / Kugelrasseln n (bei Gleichlaufgelenkwellen), Gelenkklopfen n, Gelenkknacken n
**CV joint** (constant-velocity joint) (Autos) / Gleichlaufgelenk n, homokinetisches Gelenk, CV-Gelenk n
**CVR** (contrast variation ratio) (Print) / Druckkontrastverhältnis n (Maximum zu Minimum)
**CVS** (constant-volume sampling) (Autos) / CVS-Test m, CVS-Prüfverfahren n (ein amerikanisches Prüfverfahren mit Teilstromentnahme nach Verdünnung) ‖ ~ **system** (Met) / CVC-System n (der Walzspaltanpassung)
**cw** (clockwise) / rechtsdrehend adj, im Uhrzeigersinn
**C.W.** (cooling water) / Kühlwasser n
**CW** (continuous wave) (Elec) / ungedämpfte Welle ‖ ~ (continuous wawe) (Electronics) / Dauerstrich-
**cw** (continuous wave) (Electronics) / Dauerstrich-
**CW** (chemical warfare) (Mil) / chemische Kriegführung ‖ ~ (carrier wave) (Telecomm) / Trägerwelle f
**C-washer** f (Eng) / Vorsteckscheibe f (DIN 6372)
**cw dye laser** (Phys) / CW-Farbstofflaser m
**C.W.G.** (carburetted water gas) (Chem Eng) / karburiertes Wassergas
**cw high-power CO$_2$ laser** (Phys) / kontinuierlicher Hochleistungs-CO$_2$-Laser
**CWIS** (campus-wide information system) (Comp) / Campus-wide-Informationssystem n, CWIS (Campus-wide-Informationssystem)
**cw key** (Radio, Teleg) / Morsetaste f ‖ ~ **laser** (Phys) / CW-Laser m (Gaslaser mit Dauerstrahl)
**CW laser** (Phys) / Dauerstrichlaser m (kontinuierliche Emission von Licht)
**cw laser** (Phys) / Dauerstrichlaser m (kontinuierliche Emission von Licht) ‖ ~ **operation** (Phys) / kontinuierlicher Betrieb (Laser)
**cwr** (continuous welded rail) (Rail) / durchgehend geschweißte Schiene

**CW radar**

**CW radar*** (Radar) / Dauerstrichradar m n (bei dem eine hochfrequente Schwingung kontinuierlich abgestrahlt wird - DIN 45 025), CW-Radar m n

**cw radiation** (Spectr) / Gleichlicht n (im sichtbaren Spektralbereich), CW-Strahlung f

**cwt** / Hundredweight n (50,8023 kg - eine Einheit des alten Avoirdupois-Systems)

**cw telegraphy** (Radio, Teleg) / Tastfunk m, drahtlose Telegrafie, Funktelegrafie f || ~ **transmission** (Radio) / Tastfunksendung f

**Cx-band*** n (Radar, Telecomm) / X-Band n (mittlere Wellenlänge zwischen 8 bis 12 GHz)

**CY** (carry) (Maths) / Übertrag m (die von Stelle zu Stelle weitergeleitete Eins bei der Addition oder bei der Subtraktion)

**cyan** m (Chem, Light) / Zyan n, Cyan n

**cyanalcohol** n (Chem) / Zyanohydrin n, Zyanhydrin n, Cyanhydrin n, Cyanohydrin n (Sammelbezeichnung für α-Hydroxynitrile)

**cyanamide** n (Chem) / Zyanamid n (Amid der Zyansäure), Cyanamid n || ~ **process*** (Chem Eng) / Kalkstickstoffverfahren n, Cyanamidverfahren n, Zyanamidverfahren n (zur Ammoniakgewinnung)

**cyanate*** n (Chem) / Cyanat n, Zyanat n

**cyanation** n (Chem) / Zyanierung f, Cyanierung f

**cyanhydrin*** n (Chem) / Zyanohydrin n, Zyanhydrin n, Cyanhydrin n, Cyanohydrin n (Sammelbezeichnung für α-Hydroxynitrile)

**cyanic** adj / zyanblau adj (grünstichig blau) || ~ **Cyan-**, cyansauer adj (-cyanat), zyansauer adj (-zyanat), Zyan- || ~ **acid** (Chem) / Zyansäure f (HO-C≡N) (reizt zu Tränen und verursacht auf der Haut die Bildung schmerzhafter Blasen), Cyansäure f || ~ **acid** s. also fulminic acid

**cyanicide*** n (Met, Min Proc) / Zyanidfresser m, Cyanidfresser m, Zyanidverbraucher m, Cyanidverbraucher m

**cyanidation** n (Chem) / Zyanierung f, Cyanierung f || ~ (Met) / Zyanidlaugerei f, Cyanidlaugerei f, Zyanidlaugung f (Gold- und Silbergewinnungsverfahren), Cyanidlaugung f || ~ **vat** (Mining) / Zyanidlaugenbad n, Cyanidlaugenbad n, Sickerlaugetank m

**cyanide*** n (Chem) / Cyanid n, Zyanid n (Salz der Blausäure) || ~* (Chem) s. also nitrile || ~ **bath** (Met) / Zyanidbad n, Zyanidschmelze f, Zyansalzschmelze f || ~ **detoxication** (Chem) / Cyanidentgiftung f, Zyanidentgiftung f || ~ **hardening*** (Met) / Zyanbadhärten n (Einsatzhärten, bei dem die Randschicht des Werkstücks durch Karbonitrieren im Zyanbad aufgekohlt und aufgestickt wird), Cyanbadhärten n || ~ **leaching** (Met) / Zyanidlaugerei f, Cyanidlaugerei f, Zyanidlaugung f (Gold- und Silbergewinnungsverfahren), Cyanidlaugung f || ~ **process** (a process of extraction of silver or gold by treating the ores or residues from the amalgam process with 0,1 to 0,25% sodium or potassium cyanide solution) (Met) / Zyanidlaugerei f, Cyanidlaugerei f, Zyanidlaugung f (Gold- und Silbergewinnungsverfahren), Cyanidlaugung f

**cyanidin** n (Chem) / Cyanidin n (ein Aglykon zahlreicher Anthocyane), Zyanidin n

**cyaniding** n (Met) / Zyanbadhärten n (Einsatzhärten, bei dem die Randschicht des Werkstücks durch Karbonitrieren im Zyanbad aufgekohlt und aufgestickt wird), Cyanbadhärten n || ~* (Met) / Zyanidlaugerei f, Cyanidlaugerei f, Zyanidlaugung f (Gold- und Silbergewinnungsverfahren), Cyanidlaugung f

**cyanin*** n (Chem) / Zyanin n, Cyanin n (ein Zyanidin der Kornblume, des Veilchens usw.)

**cyanine dye** / Zyaninfarbstoff m (kationischer Polymethinfarbstoff), Cyaninfarbstoff m

**cyanite*** n (Min) / Zyanit m, Disthen m, Kyanit m (Aluminiumoxidorthosilikat)

**cyanizing*** n (Build, For) / Kyanisierung f, Kyanisieren n (ein altes Holzschutzverfahren) (mit Quecksilber(II)-chlorid)

**cyanoacetamide** n (Chem) / Cyanoacetamid n, Zyanoazetamid n, Malonamidnitril n

**cyanoacetic acid** (Chem) / Malonsäuremononitril n, Zyanoessigsäure f, Cyanoessigsäure f

**cyanoacrylate** n (Chem) / 2-Zyanoakrylsäureester m, 2-Cyanoacrylsäureester m, Zyanakrylat n, Cyanacrylat n || ~ **adhesive** (Chem) / Cyanacrylatklebstoff m, Zyanakrylatkleber m, Sekundenkleber m, Blitzkleber m (Einkomponenten-Reaktionsklebstoff)

**cyanobacteria** pl (Bacteriol) / Blaualgen f pl (prokaryontische Algengruppe), Cyanobakterien f pl

**cyanocarbon** n (a derivative of hydrocarbon in which all of the hydrogen atoms are replaced by the CN group) (Chem) / Cyankohlenwasserstoff m, Zyankohlenwasserstoff m

**cyanocobalamin** n (Biochem) / Cyanocobalamin n (zur Vitamin-$B_{12}$-Gruppe zählendes Vitamin), Zyanokobalamin n (Antiperniziosafaktor)

**cyanocobalamine** n (Biochem) / Cyanocobalamin n (zur Vitamin-$B_{12}$-Gruppe zählendes Vitamin), Zyanokobalamin n (Antiperniziosafaktor)

**cyanoethanoic acid** (Chem) / Malonsäuremononitril n, Zyanoessigsäure f, Cyanoessigsäure f

**cyanoethylation** n (a chemical reaction involving the addition of acrylonitrile to compounds with a reactive hydrogen) (Chem) / Zyanethylierung f, Cyanethylierung f, Zyanoethylierung f, Cyanoethylierung f

**cyanoferrate • (II)** n (Chem) / Cyanoferrat(II) n, Zyanoferrat(II) n, Hexacyanoferrat(II) n, Hexazyanoferrat(II) n, Ferrocyanid n, Ferrozyanid n || ~ **(III)** (Chem) / Cyanoferrat(III) n, Zyanoferrat(III) n, Hexacyanoferrat(III) n, Hexazyanoferrat(III) n, Ferricyanid n, Ferrizyanid n

**cyanogen*** n (Chem) / Dizyan n ($C_2N_2$), Dicyan n || ~ (a univalent radical, CN) (Chem) / Zyanradikal n, Cyanradikal n || ~ **amide** (Chem) / Zyanamid n (Amid der Zyansäure), Cyanamid n || ~ **bromide** (CNBr) (Chem) / Bromcyan n, Bromzyan n, Cyanbromid n, Zyanbromid n || ~ **chloride** (ClCN) (Chem) / Chlorzyan n, Chlorcyan n

**cyanogenetic glycoside** (Biochem, Bot) / zyanogenes Glykosid (z.B. Amygdalin), cyanogenes Glykosid, Blausäureglykosid n, Nitrilosid n

**cyanogenic glycoside** (Biochem, Bot) / zyanogenes Glykosid (z.B. Amygdalin), cyanogenes Glykosid, Blausäureglykosid n, Nitrilosid n

**cyanogen iodide** (Chem) / Iodzyanid n, Iodcyanid n

**cyanoguanidine** n (Chem) / Zyanguanidin n, Dicyandiamid n, Cyanguanidin n, Dizyandiamid n (das Dimere des Zyanamids)

**cyanohydrin*** n (an old-fashioned but useful nomenclature indicating the 2-hydroxynitrile formed from a carbonyl compound by the nucleophilic addition of hydrogen cyanide) (Chem) / Zyanohydrin n, Zyanhydrin n, Cyanhydrin n, Cyanohydrin n (Sammelbezeichnung für α-Hydroxynitrile)

**cyanometry** n (Chem) / Zyanometrie f, Cyanometrie f (eine Art Komplexometrie)

**cyanopaper** n (Paper) / Eisenblaudruckpapier n, Blaupauspapier n (für die Zyanotypie)

**cyanophoric glycoside** (Biochem, Bot) / zyanogenes Glykosid (z.B. Amygdalin), cyanogenes Glykosid, Blausäureglykosid n, Nitrilosid n

**Cyanophyceae*** pl (Bot) / Blaualgen f pl (Klasse der Algen)

**Cyanophyta** pl (Bot) / Blaualgen f pl (Klasse der Algen)

**cyanoplatinate(II)** n (Chem) / Zyanoplatinat(II) n, Cyanoplatinat(II) n, Tetrazyanoplatinat(II) n, Tetracyanoplatinat(II) n

**cyanosilicone** n (Chem) / Cyanosilicon n, Nitrilosilicon n, Zyanosilikon n, Nitrilosilikon n

**cyanosis** n (Med) / Cyanose f (bläuliche Verfärbung der Haut und Schleimhäute infolge der Abnahme des Sauerstoffgehalts im Blut), Blausucht f, Zyanose f

**cyanotrichite** n (Min) / Kyanotrichit m, Lettsomit m, Kupfersamterz n, Cyanotrichit m

**cyanotype*** n (Print) / Zyanotypie f (Herstellung von Blaupausen), Eisenblaudruck m, Eisensalzverfahren n, Cyanotypie f

**cyanuric acid*** (Chem) / Cyanursäure f (Triazin-2,4,6-trion), Zyanursäure f || ~ **chloride** (Chem) / Cyanurchlorid n, Zyanurchlorid n || ~ **dyes** (Chem, Textiles) / Cyanursäurefarbstoffe m pl, Zyanurfarbstoffe m pl

**cyberbuck** n (Comp) / Cyberdollar m (eine fiktive Währung im Internet)

**cybercafé** n (Comp, Telecomm) / Internetcafé n

**cyber citizen** (AI, Comp) / Cyborg m (Cyberianer - eine Computerfigur in der virtuellen Realität)

**cyberdollar** n (Comp) / Cyberdollar m (eine fiktive Währung im Internet)

**cybernaut** n (someone who uses sensory devices to experience virtual reality worlds) (AI, Comp) / Cybernaut m (pl. -en) || ~ (anyone who uses the Internet) (Comp) / Internet-Freak m

**cybernetic** adj / kybernetisch adj

**cybernetician** n / Kybernetiker m

**cyberneticist** n / Kybernetiker m

**cybernetics*** n / Kybernetik f

**cybernetic system** / kybernetisches System

**cyberpet*** n (Comp) / virtuelles Haustier (Cyberpet)

**cyberpunk** n (a type of science fiction which is characterized by a dystopic vision of an oppressive society dominated by computer technology) (Comp) / Cyberpunk m

**cyberspace** n (AI, Comp) / kybernetischer Raum (von Rechnern erzeugte virtuelle Scheinwelt, die eine perfekte Illusion räumlicher Tiefe und realitätsnaher Bewegungsabläufe vermittelt), Cyberspace m

**cyberspeak** n (natural language augmented with technical terms such as applet, jargon as disk dancer, and specialized abbreviations) (Comp) / Cybersprache f

**cyborg** *n* (AI, Comp) / Cyborg *m* (Cyberianer - eine Computerfigur in der virtuellen Realität)
**cybotactic** *adj* (Chem) / zybotaktisch *adj*, cybotaktisch *adj*
**cybotaxis** *n* (pl. cybotaxes) (Chem) / cybotaktische Struktur, zybotaktische Struktur (Entmischungserscheinung in submikroskopischen Bereichen von Lösungen)
**Cyc** *n* (AI project trying to infuse a knowledge base of common sense into a computer) (AI) / Cyc *n* ‖ **~-arc welding**\* (Welding) / Cyc-Arc-Schweißen *n*, Cyc-Arc-Verfahren *n* (eine Art Lichtbogenschweißen)
**cyclamate** *n* (a non•-nutritive sweetener)\* (Chem, Nut) / Zyklamat *n* (Zyklohexylsulfamat, wie z.B. Assugrin, Ilgonetten), Cyclamat *n* (Natrium- oder Calciumsalz der Cyclohexylsulfamidsäure - E 952) ‖ **~ sodium** (Chem) / Natriumzyklamat *n* (ein Zuckeraustauschstoff), Natriumcyclamat *n*
**cyclamen pink** / Zyklamrot *n*, Cyclamrot *n* ‖ **~ red** / Zyklamrot *n*, Cyclamrot *n*
**cyclane**\* *n* (Chem) / Zykloalkan *n*, Cycloalkan *n*, Cycloparaffin *n*, Zykloparaffin *n*, Cyclan *n*, Zyklan *n* (eine isozyklische Kohlenstoffverbindung)
**cycle** *v* / periodisch betätigen (zyklisieren) ‖ **~** / periodisch wiederkehren, sich periodisch wiederholen ‖ **~** / schwingen *v* (z.B. Regelschwingungen) ‖ **~** *n* / Programm *n* (z.B. des Waschautomaten) ‖ **~** / Schleife *f* (ein gerichteter Graf, der durch einen geschlossenen gleichgerichteten Kantenzug darstellbar ist) ‖ **~** (Acous, Elec, Phys) / Periode *f* (Schwingungs-, Umlauf-) ‖ **~** (Chem) / Ring *m* ‖ **~**\* (Comp) / Zyklus *m* ‖ **~** (Comp, Work Study) / Zykluszeit *f* (die kleinstmögliche Zeitspanne zwischen dem Beginn des ersten und dem Beginn des zweiten von zwei aufeinander folgenden gleichartigen, zyklisch wiederkehrenden Vorgängen - DIN 44300) ‖ **~** (Eng) / Prüftemperaturenbereich *m* (bei einem Prüfzyklus) ‖ **~** (Eng, I C Engs) / Arbeitsspiel *n* ‖ **~** (Geol) / Zyklus *m* (pl. Zyklen) ‖ **~** (Materials) / Spiel *n* ‖ **~**\* (Maths) / Zyklus *m* (eine Anordnung von Objekten zur Beschreibung gewisser Permutationen) ‖ **~** (Maths) / Zyklus *m*, geschlossene Kette (in der Grafentheorie), geschlossener Weg (bei Grafen) ‖ **~** (Phys) / Periode *f* (kleinstes Intervall der unabhängigen Veränderlichen, nach dem sich ein periodischer Vorgang wiederholt - DIN 5031, T 8), Zyklus *m* (bei einem periodischen Vorgang) ‖ **~**\* (Phys) / Kreisprozess *m*, Zyklus *m*, Kreislauf *m* ‖ **~** (Textiles) / Passage *f* (beim Färben) ‖ **~** (Work Study) / Arbeitstakt *m*, Takt *m* (in der Fließfertigung) ‖ **~ accuracy** (Instr) / Ganggenauigkeit *f* (bei Geräten, die ihre Ergebnisse von Taktfrequenzen ableiten) ‖ **~ count register** (Comp) / Zykluszählregister *n*, ZZZ ‖ **~ index** (Comp) / Iterationsindex *m*, Schleifenindex *m* ‖ **~ lane** (a division of a road marked off with painted lines, for use by cyclists) / Radfahrspur *f* ‖ **~ of charges** (Met) / Gichtenfolge *f* ‖ **~ of denudation** (Geol) / Erosionszyklus *m* ‖ **~ of erosion**\* (Geol) / Erosionszyklus *m* ‖ **~ of fluctuation** (Geol) / Grundwasserspiegelschwankung *f* ‖ **~ oil** / Kreislauföl *n*, Umlauföl *n* ‖ **~ operation** (Elec Eng) / Lade-Entlade-Betrieb *m* (bei Batterien), Zyklisieren *n* ‖ **~ path** / Radweg *m* (§237 der StVO), Radfahrweg *m* (meist neben einer Straße, Fahrbahn laufender, schmaler Fahrweg für Radfahrer), Sonderweg *m* für Radfahrer, Radfahrbahn *f* ‖ **~ period** (Elec Eng) / Spieldauer *f* (periodische Wiederkehr eines Betriebszustandes) ‖ **~ precision** (Instr) / Ganggenauigkeit *f* (bei Geräten, die ihre Ergebnisse von Taktfrequenzen ableiten) ‖ **~ shift** (Comp) / zyklische Stellenwertverschiebung, zyklische Stellenverschiebung, zyklisches Verschieben *n*, zyklische Verschiebung *f* ‖ **~ stealing** (Comp) / Cycle-Stealing-Verfahren *n* (zur Erhöhung der Auslastung der einzelnen Komponenten eines Digitalrechners), Cycle-stealing *n* ‖ **~ stock** (Chem Eng) / Rückführmaterial *n*, Rückgut *n* ‖ **~ stock** (Oils) / Kreislaufstrom *m* ‖ **~ thread** (Eng) / Fahrradgewinde *n*, Gewinde *n* für Fahrräder (DIN 79012) ‖ **~ time**\* (Comp, Work Study) / Zykluszeit *f* (die kleinstmögliche Zeitspanne zwischen dem Beginn des ersten und dem Beginn des zweiten von zwei aufeinander folgenden gleichartigen, zyklisch wiederkehrenden Vorgängen - DIN 44300) ‖ **~ time** (Elec Eng) / Spieldauer *f* (periodische Wiederkehr eines Betriebszustandes) ‖ **~ time** (Work Study) / Taktzeit *f* ‖ **~ time** (Work Study) / Zeit *f* je Arbeitsvorgang (die zur Ausführung der den Arbeitsvorgang bildenden Teilvorgänge erforderlich ist) ‖ **~ track** (a path or road for bicycles and not motor vehicles) / Radweg *m* (§237 der StVO), Radfahrweg *m* (meist neben einer Straße, Fahrbahn laufender, schmaler Fahrweg für Radfahrer), Sonderweg *m* für Radfahrer, Radfahrbahn *f*
**cycleway** *n* / Radweg *m* (§237 der StVO), Radfahrweg *m* (meist neben einer Straße, Fahrbahn laufender, schmaler Fahrweg für Radfahrer), Sonderweg *m* für Radfahrer, Radfahrbahn *f*
**cyclic** *adj* / zyklisch *adj* ‖ **~** (Chem) / ringförmig *adj*, Ring-, Zyklo-, zyklisch *adj*, cyclisch *adj* ‖ **~ accelerator** (Nuc Eng) / zyklischer Teilchenbeschleuniger *m* ‖ **~ access** (Comp) / zyklischer Zugriff (in bestimmten Intervallen) ‖ **~ adenosine 3',5'-monophosphate**\* (Biochem) / cyclisches Adenosinmonophosphat, zyklisches Adenosin-3',5'-monophosphat, zyklisches Adenosinmonophosphat, cAMP, cyclo-AMP *n* ‖ **~ adenylic acid** (Biochem) / cyclisches Adenosinmonophosphat, zyklisches Adenosin-3',5'-monophosphat, zyklisches Adenosinmonophosphat, cAMP, cyclo-AMP *n*
**cyclical** *adj* / zyklisch *adj* ‖ **~** / konjunkturabhängig *adj* (Industriezweig) ‖ **~** / konjunkturell *adj* (Entwicklung) ‖ **~** s. also periodic ‖ **~ load variation** (Materials) / wechselnder Lastangriff (bei der Werkstoffprüfung) ‖ **~ movements** (Stats) / Konjunkturbewegungen *f pl* (in der Wirtschaft) ‖ **~ redundancy check character** (Comp) / CRC-Prüfzeichen *n*
**cyclic AMP** (Biochem) / cyclisches Adenosinmonophosphat, zyklisches Adenosin-3',5'-monophosphat, zyklisches Adenosinmonophosphat, cAMP, cyclo-AMP *n* ‖ **~ anhydride** (Chem) / zyklisches Anhydrid, cyclisches Anhydrid ‖ **~ assembly** (Work Study) / Taktmontage *f*
**cyclic-clutch-orifice-tube system** (Autos) / Klimaanlage *f* mit Kapillarrohr
**cyclic coil** (any of various irregularly coiled polymers than can occur in solution) (Chem, Gen) / ungeordnete Gerüstkonformation (bei denaturierten Proteinen, bei Helix-Coil-Übergängen oder bei synthetischen Polyaminosäuren), Zufallsknäuel *n* ‖ **~ compound**\* (Chem) / zyklische Verbindung, cyclische Verbindung (mit kleinen, gewöhnlichen, mittleren und großen Ringen), Ringverbindung *f*, Zykloverbindung *f*, Cycloverbindung *f* ‖ **~ coordinates** (Phys) / zyklische Koordinaten, ignorable Koordinaten (bei Lagrangeschen Bewegungsgleichungen) ‖ **~ curve** (Maths) / zyklische Kurve (die Bahnkurve eines mit einer ebenen starren Scheibe fest verbundenen Punktes bei stetiger Abrollbewegung an einer ebenen Polbahn, z.B. die Trochoide, speziell die Zykloide) ‖ **~ duration factor** (Elec Eng) / relative Einschaltdauer (Verhältnis von Belastungszeit zu Spieldauer), ED ‖ **~ function** (Maths) / zyklische Funktion ‖ **~ GMP** (Biochem) / Guanosin-3'-, 5'-monophosphat, cyclisches GMP, cGMP (cyclisches GMP), zyklisches GMP ‖ **~ group**\* (Maths) / zyklische Gruppe ‖ **~ hydrocarbon** (Chem) / ringförmiger Kohlenwasserstoff, Zyklokohlenwasserstoff *m*, Ringkohlenwasserstoff *m*, zyklischer Kohlenwasserstoff ‖ **~ ion** (Chem) / Brückenion *n* ‖ **~ loading** (Materials, Mech) / wiederkehrende Beanspruchung, zyklische Beanspruchung ‖ **~ mining** (Mining) / zyklische Arbeitsmethode, zyklischer Abbau, Abbau *m* mit festem Schichtzyklus ‖ **~ operation** (Elec Eng) / Lade-Entlade-Betrieb *m* (bei Batterien), Zyklisieren *n* ‖ **~ permutation** (Maths) / zyklische Vertauschung, zyklische Permutation ‖ **~ permuted code** (Comp) / zyklisch permutierter Kode ‖ **~ pitch control**\* (Aero) / zyklische Blattverstellung, periodische Blattverstellung (Anstellwinkeländerung - bei Rotorflugzeugen) ‖ **~ program** (Comp) / zyklisches Programm (das Befehle enthält, die in Abhängigkeit von Testergebnissen wenigstens zweimal durchlaufen werden können), Schleife *f*, Programmschleife *f* ‖ **~ quadrilateral**\* (Maths) / Sehnenviereck *n* (Viereck, bei dem alle vier Eckpunkte auf einem Kreis liegen) ‖ **~ redundancy check** (Comp) / zyklische Blocksicherung, zyklische Blockprüfung (auf Richtigkeit einer übertragenen Nachricht)
**cyclic-redundancy-check character** (Comp) / CRC-Prüfzeichen *n*
**cyclic running** (of a program) (Comp) / Rundlauf *m* ‖ **~ sedimentation** (Geol) / Repetitionsschichtung *f*, zyklische Sedimentation ‖ **~ shift**\* (Comp) / zyklische Stellenwertverschiebung, zyklische Stellenverschiebung, zyklisches Verschieben, zyklische Verschiebung ‖ **~ shift register** (Comp) / Ringschieberegister *n*, Umlaufregister *n* ‖ **~ storage** (Comp) / Umlaufspeicher *m* ‖ **~ stress** (Mech) / Schwingungsspannung *f* ‖ **~ subgroup** (Maths) / zyklische Untergruppe ‖ **~ sulphur** (Chem) / Zykloschwefel *m*, Cycloschwefel *m* ‖ **~ symmetry** (Elec Eng) / zyklische Symmetrie (in Drehstromnetzen nach DIN 13 321) ‖ **~ symmetry** (Maths) / zyklische Symmetrie, Symmetrie *f* gegenüber zyklischer Vertauschung ‖ **~ testing** (Materials) / Dauerprüfung *f*, Dauerversuch *m* (ein Schwingversuch) ‖ **~ triangular-wave voltammetry** (Chem) / zyklische Dreieckspannungsvoltammetrie ‖ **~ ureide** (Chem) / zyklisches Ureid (z.B. Barbitursäure), cyclisches Ureid *n* ‖ **~ voltammetry** (the current at a working electrode is monitored as the applied potential difference is changed back and forth at a constant rate between preset limits) (Chem) / cyclische Voltammetrie, zyklische Voltammetrie
**cycling**\* *n* (Automation, Elec Eng, Eng) / Pendeln *n* (um die Nenndrehzahl), Oszillieren *n* (um die Nenndrehzahl), Pendelung *f* (des Messwertes), Nachpendeln *n* ‖ **~** (Comp) / Taktablauf *m* ‖ **~** (Comp) / Durchlaufen *n* von periodischen Arbeitsgängen ‖ **~** (Materials) / Spiel *n* ‖ **~** (Materials) / Dauerprüfung *f*, Dauerversuch *m* (ein Schwingversuch) ‖ **~** (Oils) / Gaskreislaufverfahren *n* (sekundäre Gewinnung), Kreislauf *m* (des Gases durch eine Lagerstätte) ‖ **no ~** (Autos) / Fahrverbot *n* für Radfahrer (ein Verkehrszeichen) ‖ **~ chest** (Paper) / Umwälzbütte *f*

351

**cyclitols**

**cyclitols** *n pl* (Chem) / Cyclitole *n pl* (Cycloalkane mit je einer Hydroxygruppe an mindestens drei ihrer Ringatome), Cyclite *m pl* (Gruppenbezeichnung für bestimmte Cycloalkane)
**cyclization** *n* (the closing of a ring structure during a chemical reaction) (Chem) / Zyklisierung *f*, Ringschließung *f*, Ringbildung *f*, Ringschluss *m*, Cyclisierung *f*, Cyclisation *f* (Bildung einer cyclischen Verbindung aus einer oder mehreren offenkettigen Verbindungen)
**cyclize** *vi* (Chem) / sich zum Ring schließen || ~ *vt* (Chem) / zyklisieren *vt*, einem Ringschluss unterwerfen, ringschließen *vt*
**cyclized rubber**\* (Chem Eng) / cyclisierter Kautschuk, Zyklokautschuk *m*, zyklisierter Kautschuk, RUI (DIN 55950)
**cycloaddition** *n* (an addition reaction that forms a ring - by far the most important for synthesis is the Diels-Alder reaction) (Chem) / Zykloaddition *f*, Cycloaddition *f* (eine Untergruppe der pericyclischen Reaktionen)
**cycloaliphatic** *adj* (Chem) / alicyclisch *adj*, alizyklisch *adj*, cycloaliphatisch *adj*, zykloaliphatisch *adj*
**cycloalkane**\* *n* (Chem) / Zykloalkan *n*, Cycloalkan *n*, Cycloparaffin *n*, Zykloparaffin *n*, Cyclan *n*, Zyklan *n* (eine isozyklische Kohlenstoffverbindung)
**cycloalkene** (Chem) / Zykloalken *n*, Cycloalken *n*, Zykloolefin *n*, Cycloolefin *n*
**cycloate** *n* (Agric, Chem) / Cycloat *n* (selektives systemisches Herbizid gegen Ungräser und einjährige Unkräuter im Zuckerrüben- und Spinatanbau)
**cyclobutadiene** *n* (Chem) / Zyklobutadien *n*, Cyclobutadien *n*
**cyclobutane**\* *n* (Chem) / Tetramethylen *n*, Cyclobutan *n*, Zyklobutan *n* (ein Kohlenwasserstoff der Cycloalkanreihe)
**cyclobutene polymer** (Chem) / Polyzyklobuten *n*, Polycyclobuten *n*
**cycloconverter** *n* (Elec Eng) / Direktumrichter *m* (ein Stromrichter)
**cyclodextrin** *n* (Chem) / Zykloamylose *f*, Schardinger-Dextrin *n*, Cycloamylose *f*, Zyklodextrin *n*, Cyclodextrin *n*
**cyclodiene insecticide** / Cyclodien-Insektizid *n* (Chlordan, Heptachlor, Dihydroheptachlor, Telodrin, Thiodan, Alodan)
**cycloelimination** *n* (Chem) / Cycloreversion *f* (die Umkehrung der Cycloaddition), Zykloreversion *f*, Cycloeliminierung *f*, Zykloeliminierung *f*
**cyclogenesis** *n* (pl. -geneses) (Meteor) / Zyklogenese *f* (Entstehungsprozess von Tiefdruckgebieten an der Polarfront)
**cyclogyro**\* *n* (Aero) / Schaufelradflügler *m*
**cycloheptane** *n* (Chem) / Zykloheptan *n*, Cycloheptan *n*, Suberan *n*
**cycloheptatriene** (Chem) / Cycloheptatrien *n*, Tropiliden *n* (1,3,5-Cycloheptatrien), Tropyliden *n*, Zykloheptatrien *n*
**cyclohexanamine**\* *n* (Chem) / Zyklohexylamin *n*, Cyclohexylamin *n*, Aminozyklohexan *n*, Aminocyclohexan *n*
**cyclohexane**\* *n* (Chem, Paint, Spectr) / Cyclohexan *n*, Zyklohexan *n*, Hexahydrobenzol *n*, Hexamethylen *n*
**cyclohexanedimethanol, 1,4-~** (Chem) / 1,4-Cyclohexandimethanol *n*, CHDM (1,4-Cyclohexandimethanol)
**cyclohexanol**\* *n* (Chem, Paint) / Zyklohexanol *n*, Cyclohexanol *n*, Anol *n*
**cyclohexanone**\* *n* (Chem, Paint) / Zyklohexanon *n*, Cyclohexanon *n*, Anon *n* || ~ **oxime** (Chem) / Zyklohexanonoxim *n*, Cyclohexanonoxim *n* || ~ **peroxide** (Chem) / Zyklohexanonperoxid *n*, Cyclohexanonperoxid *n*
**cyclohexasulphur** *n* (Chem) / Zyklohexaschwefel *m*, Cyclohexaschwefel *m* ($S_6$), Engel'scher Schwefel, Aten'scher Schwefel
**cyclohexyl acetate** (Chem) / Essigsäurezyklohexylester *m*, Essigsäurecyclohexylester *m*, Zyklohexylazetat *n*, Cyclohexylacetat *n*
**cyclohexylamine**\* *n* (Chem) / Zyklohexylamin *n*, Cyclohexylamin *n*, Aminozyklohexan *n*, Aminocyclohexan *n*
**cyclohexylsulphamidic acid** (Chem) / Zyklohexylsulfamidsäure *f*, Cyclohexylsulfamidsäure *f*
**cycloid**\* *n* (a curve generated by a point on a circle rolling on a straight line) (Maths) / Zykloide *f* (eine Rollkurve)
**cycloidal curve** (Maths) / Zykloide *f* (eine Rollkurve) || ~ **mass spectrometer** (Nuc Eng, Spectr) / Zykloidenmassenspektrometer *n*, Trochoidenmassenspektrometer *n*, Massenspektrometer *n* mit trochoidalen Ionenbahnen, Trochoidmassenspektrometer *n* || ~ **motion** (Phys) / Zykloidenbewegung *f* (von Elektronen in gekreuzten elektrischen und magnetischen Feldern infolge der Lorentz-Kraft) || ~ **pendulum** (Phys) / Zykloidenpendel *n* (mit dem man Isochronie für beliebige Ausschläge erzielen kann) || ~ **propeller** (Ships) / Voith-Schneider-Propeller *m*, VSP *n* (ein Flügelradpropeller) || ~ **teeth**\* (Eng) / Zykloidenverzahnung *f* || ~ **wave** (Hyd Eng) / Welle *f* mit maximaler Steilheit (Kronenwinkel 120°)
**cyclolysis** *n* (pl. -lyses) (Meteor) / Zyklolyse *f* (Auflösung von Zyklonen)
**cyclometer** *n* (an instrument attached to a bicycle for measuring the distance it travels) (Instr) / Kilometerzähler *m*
**cyclometric equation** (Maths) / Kreisteilungsgleichung *f*
**cyclone**\* *n* (Meteor) / Zyklon *m* (tropischer Wirbelsturm) || ~\* (Meteor) / Tief *n* (Zyklone), Zyklone *f* (ein Tiefdruckgebiet) || ~\* (Min Proc) / Zyklon *m* (Fliehkraftabscheider) || ~\* (Meteor) s. also low || ~ **cleaner** (Paper) / Rohrschleuder *f*
**cyclone-fired boiler** (Eng) / Zyklonkessel *m*
**cyclone furnace** / Zyklonfeuerung *f* (eine spezielle Art der Schmelzkammerfeuerung) || ~ **impeller** (Chem Eng) / Trommelkreiselrührer *m*, Zyklonrührer *m*, Ekato-Korbkreiselrührer *m*
**Cyclonite**\* *n* (Chem) / Cyclonite *n*, K-Salz *n* (Zyklotrimethylentrinitramin als Sprengstoff), SH-Salz *n*, Hexogen *n*
**cyclooctadiene**\* *n* (Chem) / Zyklooktadien *n*, Cyclooctadien *n*, COD
**cyclooctane** *n* (Chem) / Zyklooktan *n*, Cyclooctan *n*
**cyclooctasulphur** *n* (Chem) / Zyklooktaschwefel *m*, Cyclooctaschwefel *m* ($S_8$) || ~ **oxide** (Chem) / Zyklooktaschwefeloxid *n*, Cyclooctaschwefeloxid *n*
**cyclo-octatetraene** *n* (Chem) / Cyclooctatetraen *n*, COT (Cyclooctatetraen), Zyklooktatetraen *n*
**cycloolefin** *n* (Chem) / Cycloalken *n*, Cycloalken *n*, Zykloolefin *n*, Cycloolefin *n*
**cyclooligomerization** *n* (Chem) / Zyklooligomerisation *f*, Cyclooligomerisation *f* (Sonderfall der Oligomerisation, bei der die Zusammenlagerung von Monomeren Ringe statt Ketten ergibt)
**cyclooxygenase** *n* (Biochem, Pharm) / Cyclooxygenase *f*, Prostaglandinendoperoxid-Synthase *f*
**cycloparaffin**\* *n* (Chem) / Zykloalkan *n*, Cycloalkan *n*, Cycloparaffin *n*, Zykloparaffin *n*, Cyclan *n*, Zyklan *n* (eine isozyklische Kohlenstoffverbindung)
**cyclopean**\* *n* (Build) / Zyklopenmauerwerk *n* (aus sehr großen Steinen mit vieleckigen, unregelmäßigen, aber dicht schließenden Fugen) || ~ (Civ Eng) / Bruchsteinbeton *m* || ~ *adj* (Build) / zyklopisch *adj* (Mauer, Mauerwerk) || ~ **masonry** (Build) / Zyklopenmauerwerk *n* (aus sehr großen Steinen mit vieleckigen, unregelmäßigen, aber dicht schließenden Fugen)
**cyclopentadiene** *n* (Chem) / Zyklopentadien *n*, Cyclopentadien *n*
**cyclopentadienyl** *n* (Chem) / Zyklopentadienyl *n*, Cyclopentadienyl *n*
**cyclopentane**\* *n* (Chem) / Zyklopentan *n*, Cyclopentan *n*, Pentamethylen *n*
**cyclopentanol** *n* (Chem) / Zyklopentanol *n*, Cyclopentanol *n*
**cyclopentanone** *n* (Chem, Pharm) / Cyclopentanon *n*
**cyclopentyl alcohol** (Chem) / Zyklopentanol *n*, Cyclopentanol *n*
**cyclophane** *n* (Chem) / Cyclophan *n*
**cyclophosphamide**\* *n* (Chem, Pharm) / Cyclophosphamid *n* (ein N-Lostderivat), Zyklophosphamid *n*
**cyclopolymerization** *n* (Chem) / cyclisierende Polymerisation, Zyklopolymerisation *f*, Cyclopolymerisation *f*, zyklisierende Polymerisation (z.B. von 1,6-Heptadien)
**cyclopropane**\* *n* (Chem, Med) / Trimethylen *n*, Zyklopropan *n*, Cyclopropan *n*
**cyclopropenalcanoic acid** (Chem) / Zyklopropenfettsäure *f* (Fettsäure mit Zyklopropenring), Cyclopropenfettsäure *f*
**cycloreversion** *n* (Chem) / Cycloreversion *f* (die Umkehrung der Cycloaddition), Zykloreversion *f*, Cycloeliminierung *f*, Zykloeliminierung *f*
**cyclosilane** *n* (Chem) / Zyklosilan *n*, Cyclosilan *n* (z.B. Cyclotrisilan)
**cyclosilicate**\* *n* (Min) / Ringsilikat *n* (z.B. Benitoit), Ringsilicat *n*, Zyklosilikat *n*, Cyclosilicat *n*
**cyclosporin** *n* (a drug with immunosuppressive properties used to prevent the rejection of grafts and transplants) (Pharm) / Cyclosporin *n*
**cyclosporine** *m* (Pharm) / Cyclosporin *n*
**cyclosteel** *n* (Met) / aus Erzpulver hergestellter Stahl
**cyclostereoisomerism** *n* (Chem) / Zyklostereoisomerie *f*, Cyclostereoisomerie *f*
**cyclostrophic wind** (Meteor) / zyklostrophischer Wind (der Wind bei gekrümmten Isobaren)
**cyclostyle** *n* / Zyklostyl *m* (ein alter Schablonendrucker)
**cyclosymmetry** *n* (Maths) / zyklische Symmetrie, Symmetrie *f* gegenüber zyklischer Vertauschung
**cyclothem** *n* (Geol) / Zyklothem *n* (Kleinzyklus bei Sedimenten), Cyclothem *n*
**cyclotomic equation** (Maths) / Kreisteilungsgleichung *f* || ~ **polynomial** (Maths) / Kreisteilungspolynom *n*
**cyclotomy** *n* (Maths) / Kreisteilung *f*
**cyclotrimethylene trinitroamine** (Chem) / Cyclotrimethylentrinitramin *n*, Zyklotrimethylentrinitramin *n*
**cyclotron**\* *n* (Nuc, Nuc Eng) / Zyklotron *n* || ~ *attr* (Nuc Eng) / zyklotronisch *adj* || ~ **cataract** (Biol, Med) / Strahlenstar *m* (ein Strahlenschaden) || ~ **Ds** (Nuc Eng) / Dees *pl*, Duanten *m pl* (eines Zyklotrons) || ~ **frequency**\* (Nuc) / Zyklotronfrequenz *f* (die Umlauffrequenz eines Elektrons im homogenen Magnetfeld) || ~ **radiation** (Nuc Eng) / Synchrotronstrahlung *f* (polarisierte elektromagnetische Strahlung, die von Elektronen in

Kreisbeschleunigern emittiert wird, wenn sie in den Magneten senkrecht zu ihrer Flugrichtung abgelenkt werden) || ~ **resonance**\* (Nuc, Phys) / diamagnetische Resonanz, Zyklotronresonanz *f*, Cyclotronresonanz *f*

**Cyd** (Biochem) / Zytidin *n*, Cytidin *n*, C, Cyd

**cyhexatin** *n* (Agric, Chem) / Cyhexatin *n* (Common Name für Tricyclohexylzinnhydroxid - ein Kontaktakarizid)

**cylinder** *n* / Flasche *f* (mit oder für Gas), Gasflasche *f*, Stahlflasche *f*, Bombe *f* (mit oder für Gas) || ~ (Civ Eng) / Stützrohr *n* für Unterfangen (z.B. bei Hochhäusern) || ~ (Comp) / Zylinder *m* (Spuren im Plattenspeicher) || ~\* (Eng, Maths) / Zylinder *m* || ~ (I C Engs) / Zylinder *m* (Gehäuse, in dem sich der Kolben auf- und abbewegt) || ~ (Maths) / Zylinder *m* || ~ (Mil) / Trommel *f* (des Revolvers) || ~ (Plastics) / Spritzgehäuse *n* (einer Spritzmaschine) || ~ (Spinning) / Haspel *f m*, Weife *f* (zum Umweifen), Haspeltrommel *f*, Krone *f*, Windekrone *f* || ~ (Textiles) / Tambour *m* (mit Stahlzähnen besetzte Trommel der Karde) || ~ **acetylene** (Welding) / Flaschenacetylen *n*, Flaschenazetylen *n* || ~ **bank** (Aero, Autos) / Zylinderreihe *f* (rechts oder links - bei einem V-Motor) || ~ **barrel**\* (Eng) / Zylinder *m* ohne Zylinderkopf || ~ **barrel**\* (Eng, I C Engs) / Zylinderwand *f* (als Ganzes gesehen - ohne Zylinderkopf) || ~ **batten** / Prismalade *f* || ~ **battery** (Welding) / Flaschenbatterie *f* || ~ **bearer** (Civ Eng) / Walzenlager *n* (als Rohrunterstützung)

**cylinder-bed sewing machine** (Textiles) / Armnähmaschine *f*

**cylinder bit**\* (Carp) / Forstnerbohrer *m* (ein Holzbohrer, meistens bei Durchmessern über 8 mm), Universalbohrer *m*, Zylinderkopfbohrer *m* || ~ **bit** (Eng) / Kanonenbohrer *m* (ein Tieflochbohrer) || ~ **block** (I C Engs) / Zylinderblock *m* (bei wassergekühlten Motoren nach DIN 6260), Motorblock *m* || ~ **board** (Paper) / Handpappe *f* || ~ **bore**\* (I C Engs) / Zylinderbohrung *f* (Innendurchmesser eines Arbeitszylinders - DIN 1940) || ~ **boring mill** (Eng) / Zylinderbohrmaschine *f*, Zylinderbohrwerk *n* || ~ **caisson**\* (Civ Eng) / Senkbrunnen *m* (für die heute veraltete Senkbrunnengründung), Schachtbrunnen *m*, Brunnenkörper *m* || ~ **charging** (I C Engs) / Zylinderfüllung *f* || ~ **[vacuum] cleaner** / Bodenstaubsauger *m* || ~ **clearance** (Eng) / Schadraum *m* (der Teil des Arbeitsraumes des Verdichters, der nicht zum Hubvolumen zählt) || ~ **clothing** (Spinning) / Trommelbeschlag *m* (der Kammwollkrempel) || ~ **core** (Build, Join) / Zylinderkern *m* (des Zylinderschlosses) || ~ **cover** (Eng) / Zylinderdeckel *m* || ~ **cover** (Eng) / Gehäusedeckel *m* (der Turbine) || ~ **drier** (Paper) / Yankee-Trockner *m*, Zylindertrockner *m* || ~ **drier** (Paper) s. also MG machine || ~ **escape valve** (Ships) / Zylindersicherheitsventil *n* || ~ **fleshing machine** (Leather) / Walzenentfleischmaschine *f* || ~ **for the counter-nap** (Spinning) / Gegenstrichwalze *f* (z. B. bei Kratzenraumaschinen) || ~ **fulling machine** (US) (Textiles) / Zylinderwalke *f* (die zur Entspannung, Verdichtung und Verfilzung von Wollgeweben dient) || ~ **function** (Maths) / Zylinderfunktion *f* (Lösung der Bessel'schen Differentialgleichung) || ~ **function** (Maths) / Bessel-Funktion *f* erster Art, gewöhnliche Bessel'sche Funktion *f* || ~ **glass** (blown or drawn) (Glass) / Walzenglas *n* || ~ **ground joint** (Chem) / Zylinderschliffverbindung *f* || ~ **head** (Eng) / Zylinderdeckel *m* || ~ **head**\* (I C Engs) / Zylinderkopf *m* (der obere Abschluss des Arbeitsraums von Verbrennungsmotoren) || ~ **in the direction of the nap** (Spinning) / Strichwalze *f* (z.B. bei Kratzenraumaschinen) || ~ **jacket** (I C Engs) / Zylindermantel *m* (DIN ISO 7967-1) || ~ **liner** (I C Engs) / Zylinderlaufbuchse *f* (trockene, nasse - nach DIN ISO 7967 - 1), Zylinderbuchse *f*, Laufbuchse *f* (des Zylinders) || ~ **liner surface** (Autos) / Zylinderlauffläche *f* (tribologische Laufpartner und Dichtfläche für Kolben und Kolbenringe) || ~ **lock** (Build, Join) / Zylinderschloss *n* (ein Sicherheitsschloss) || ~ **machine** (Paper) / Rundsiebmaschine *f* || ~ **manifold** (Welding) / Flaschenbatterie *f* || ~ **milling machine** (Textiles) / Zylinderwalke *f* (die zur Entspannung, Verdichtung und Verfilzung von Wollgeweben dient) || ~ **mould** (Paper) / Rundsiebzylinder *m* || ~ **mould machine**\* (Paper) / Rundsiebmaschine *f* || ~ **oil**\* (Paper) / Zylinderöl *n* (Öl mit Viskosität über 20cST/100° - DIN 51510) || ~ **paper** (Paper) / Imitationsbüttenpapier *n* (imitiertes Büttenpapier nach DIN 6730), Maschinenbütten *n* (mit der Rundsiebmaschine hergestellt), Büttenpapierersatz *m*, Rundsiebpapier *n* || ~ **plug** (Build, Join) / Zylinderkern *m* (des Zylinderschlosses) || ~ **port** (Eng) / Öffnung *f* des Dampfzylinders || ~ **press**\* (Print) / Zylinderflachformpresse *f* (Zylinder gegen Fläche), Schnellpresse *f* || ~ **prestressed-concrete pipe** (Civ Eng, Welding) / Spannbetonrohr *n* (zylindrisches) || ~ **printing** (Textiles) / Walzendruck *m*, Rouleauxdruck *m* (mit gravierten Walzen auf dem Prinzip des Tiefdrucks) || ~ **process** (Glass) / Zylinderblasverfahren *n* (zur Herstellung von Walzenglas) || ~ **reboring** (I C Engs) / Ausbohren *n* der unrundgelaufenen Zylinderbohrung || ~ **refinishing** (I C Engs) / Nacharbeiten *n* der unrundgelaufenen Zylinderbohrung (Ausbohren oder Honen) || ~ **saw** (Tools) / Zylindersäge *f* (z.B. zum Einschneiden von Fassdauben für Flüssigkeitsfässer), Trommelsäge *f* || ~ **set** (Stats) / Zylindermenge *f* || ~ **sizing machine** (Textiles) / Zylinderschlichtmaschine *f* || ~ **tedder** (Agric) / Trommelzetter *m* (eine Heuwerbemaschine) || ~ **wall** / Zylinderwand *f* || ~ **weir** (Hyd Eng) / Walzenwehr *n* || ~ **wheel** (Eng) / Schleifring *m*, Schleifzylinder *m* || ~ **wrench**\* (Plumb, Tools) / Rohrschlüssel *m* (mit Rändelradverstellung), Rohrzange *f*

**cylindrical** *adj* / Zylinder-, zylindrisch *adj*, zylinderförmig *adj* || ~ / walzenförmig *adj* || ~ **antenna** (Radio) / zylindrische Antenne, Zylinderantenne *f* || ~ **armature** (Elec Eng) / Trommelanker *m* || ~ **array** (Radar, Radio) / Zylindergruppenantenne *f* || ~ **battery** (Elec Eng) / Stabbatterie *f* || ~ **bore** (Eng) / zylindrische Bohrung (DIN 625) || ~ **bowl clarifier** (Nut) / Kammerzentrifuge *f* || ~ **buoy** (Ships) / Stumpftonne *f*, stumpfe Tonne || ~ **bush** (Eng) / zylindrische Buchse || ~ **bush with** (cleaning) **grooves** (Eng) / zylindrische Buchse mir Reinigungsnuten || ~ **cam** (Eng) / Kurventrommel *f* (ein Nocken), Kurvenzylinder *m*, Nutkurvenzylinder *m* || ~ **capacitor** (Elec Eng) / Zylinderkondensator *m* || ~ **cheese** (Spinning) / zylindrische Kreuzspule (DIN 61 800) || ~ **condition** (Phys) / Zylinderbedingung *f* || ~ **co-ordinates**\* (Maths, Surv) / Zylinderkoordinaten *f pl*, zylindrische Koordinaten || ~ **die thread rolling** (Eng) / Gewindewalzen *n* (DIN 8583, T 2), Gewinderollen *n* || ~ **dipole** (a dipole, all of whose transverse cross sections are the same, the shape being circular) (Radio) / Zylinderdipol *m* (breitbandige Dipolantenne) || ~ **fit** (Eng) / Rundpassung *f* || ~ **gear** (Eng) / Stirnradgetriebe *n* (DIN 3960) || ~ **grinding** (Eng) / Längsschleifen *n* (DIN 8589, T 11), Längsrundschleifen *n* || ~ **grinding** (Eng) / Außen- oder Innenrundschleifen mit stetigem axialem Vorschub und schrittweiser radialer Zustellung) || ~ **grinding**\* (Eng) / Rundschleifen *n* (Außen-, Innen-), Rundschliff *m* || ~ **guide** (Eng) / Zylinderführung *f* || ~ **helical compression spring** (Eng) / zylindrische Schraubendruckfeder || ~ **helical extension spring** (Eng) / zylindrische Schraubenzugfeder || ~ **helical spring** (Eng) / zylindrische Schraubenfeder || ~ **helix** (Maths) / Schraubenlinie *f* (gemeine), Schneckenlinie *f*, Wendel *f*, Helix *f* (pl. Helices), Böschungslinie *f* || ~ **lapping** (Eng) / Rundläppen *n* || ~ **lens**\* (Cinema, Optics) / Zylinderlinse *f* || ~ **limit gauge** (Eng) / Rundpassungslehre *f* || ~ **map projection** (Cartography, Geog) / Zylinderabbildung *f*, Zylinderprojektion *f*, zylindrische Abbildung (z.B. nach Mercator) || ~ **mill** (Eng) / Trommelmühle *f* mit zylindrischem Mahlraum || ~ **milling cutter** (US) (Eng) / Walzenfräser *m* || ~ **mirror analyser** (GB) (Spectr) / Zylinderspiegelanalysator *m* (in der Auger-Spektroskopie) || ~ **mirror analyzer** (Spectr) / Zylinderspiegelanalysator *m* (in der Auger-Spektroskopie) || ~ **plain bearing** (Eng) / zylindrisches Gleitlager || ~ **plug** (Elec Eng) / Walzenstecker *m* || ~ **plug gauge** (Eng) / Grenzlehrdorn (mit Gut- und Ausschussseite), Grenzbohrungslehre *f* || ~ **polar co-ordinates** (Maths, Surv) / Zylinderkoordinaten *f pl*, zylindrische Koordinaten || ~ **projection** (Cartography, Geog) / Zylinderabbildung *f*, Zylinderprojektion *f*, zylindrische Abbildung (z.B. nach Mercator)

**cylindrical-roller bearing** (Eng) / Zylinderrollenlager *n* (DIN 5412)

**cylindrical rotor**\* (Elec Eng) / Zylinderläufer *m*

**cylindrical-rotor machine** (Elec Eng) / Vollpolmaschine *f*, Trommelläufermaschine *f*

**cylindrical shaft** (Eng) / zylindrische Welle || ~ **shaft end** (Eng) / zylindrisches Wellenende (nach DIN 73031) || ~ **shell** (Eng) / Zylinderschale *f* (Trommeln, Sammler, Rohre, Rohrleitungen) || ~ **surface** (Maths) / Zylinderfläche *f*, Zylindermantel *m*

**cylindrical-surface method** (Civ Eng, Hyd Eng) / Gleitkreisverfahren *n* (bei der Grundbruchuntersuchung in der Bodenmechanik)

**cylindrical thread-rolling die head** (Eng) / Gewinderollkopf *m* || ~ **vault** (Arch) / Tonnengewölbe *n*, Fassgewölbe *n*, ellipsoidisch (räumlich) gekrümmtes Gewölbe || ~ **vault** (Arch) / Tonnengewölbe *n*, Fassgewölbe *n*, ellipsoidisch (räumlich) gekrümmtes Gewölbe || ~ **wave**\* (Phys) / Zylinderwelle *f* (DIN 1311, T 4 und 1324, T 3), zylindrische Welle || ~ **winding**\* (Elec Eng) / Röhrenwicklung *f* (bei Transformatoren) || ~ **worm** (Eng) / Zylinderschnecke *f* (Schnecke mit zylindrischer Hüllform, deren Flanken von Schraubenflächen gebildet werden - zur Paarung mit dem Globoidrad)

**cylindricity** *n* / Zylindrizität *f* || ~ (Eng) / Zylinderform *f* (Abweichung von der Kreiszylinderform nach DIN 7184, T 1) || ~ **tolerance** (Eng) / Zylinderform *f* (Abweichung von der Kreiszylinderform nach DIN 7184, T 1)

**cylpeb** *n* / Cylpeb *n* (Mahlkörper für Rohr- und Trommelmühlen in der Form eines kleinen Zylinders)

**cyl. tol.** (Eng) / Zylinderform *f* (Abweichung von der Kreiszylinderform nach DIN 7184, T 1)

**cyma**\* *n* (Arch) / Kymation *n*, Kyma *n* (dorisches, lesbisches, ionisches) || ~ **inversa**\* (Arch) / Cyma reversa *f*, stützendes steigendes Karnies, Karnies *n* (stützendes steigendes), Glockenleiste *f* || ~ **recta** (Arch) / bekrönendes steigendes Karnies, Cyma recta *f*, Karnies *n* (bekrönendes steigendes), Glockenleiste *f* || ~ **reversa**\* (Arch) /

**cymatium**

Cyma reversa *f*, stützendes steigendes Karnies, Karnies *n* (stützendes steigendes), Glockenleiste *f*
**cymatium** *n* (Arch) / Kymation *n*, Kyma *n* (dorisches, lesbisches, ionisches)
**cymene*** *n* (Chem) / Isopropylmethylbenzol *n*, Zymol *n*, Cymol *n*, Cymen *n*
**cymenol** *n* (Chem, Pharm) / Cymenol *n* (z.B. Carvacrol oder Thymol), Zymenol *n*
**cymophane*** *n* (Min) / Echtes Katzenauge, Cymophan *m*, Kymophan *m* (Chrysoberyll-Katzenauge)
**cynipid wasp** (Bot, For) / Gallwespe *f* (Erzeuger von Pflanzengallen)
**cypher** *n* (Maths) / Null *f*
**cypress oil** (Pharm) / Zypressenöl *n* (etherisches Öl der Echten Zypresse)
**Cyril-Bath process** (Met) / Cyril-Bath-Verfahren *n* (bei dem die Spannzangen beim Streckziehen horizontal und vertikal CNC-gesteuert verfahrbar sind)
**Cyrillic** *n* (Typog) / kyrillisches Alphabet, Kyrilliza *f* (kyrillische Schrift)
**cyrtolite** *n* (Min) / Zyrtolith *m* (durch Kernzerfall isotropisierter Zirkon), Cyrtolith *m* ‖ ~ (Min) s. also malacon
**Cys*** (cysteine) (Biochem) / Zystein *n*, Cystein *n* (proteinogene nicht essentielle Aminosäure), Cys (Cystein) (Baustein der Eiweißkörper)
**cystamine** *n* (Chem, For, Med) / Methenamin *n*, Hexamin *n*, Hexamethylentetramin *n*, Urotropin *n* (ein Warenzeichen), Cystamin *n*
**cysteine*** *n* (Biochem) / Zystein *n*, Cystein *n* (proteinogene nicht essentielle Aminosäure), Cys (Cystein) (Baustein der Eiweißkörper)
**cysteinic acid** (Biochem) / Zysteinsäure *f*, Cysteinsäure *f*
**cystine*** *n* (Agric, Biochem, Nut) / Zystin *n*, Cystin *n* (Disulfid des Cysteins) ‖ ~* (Biochem) s. also disulphide bridge
**Cyt** (cytosine) (Biochem) / Zytosin *n* (zu den Nukleinsäurebasen zählende Pyrimidinbase, die in der RNS bzw. in der DNS enthalten ist), Cytosin *n*, Cyt (Cytosin)
**Cytac** *n* (Nav, Radar) / Loran *n* C (Unterschiede gegenüber dem Standard-Loran: Verringerung der Frequenz auf 100 kHz, Vergrößerung des Abstandes Hauptstation-Nebenstation bis zu 2800 km), Lorac-System *n*
**cytase*** *n* (Biochem) / Zytase *f*, Cytase *f*, Hemicellulase *f* (Hemicellulose spaltendes Ferment), Hemizellulase *f*
**cytidine** *n* (Biochem) / Zytidin *n*, Cytidin *n*, C, Cyd
**cytisine** *n* (Chem, Pharm) / Laburnin *n*, Zytisin *n* (Alkaloide aus Laburnum anagyroides Medik., Sophora japonica, L., Baptisia tinctoria (L.) Vent. und Ulex europaeus L.), Cytisin *n*, Sophorin *n*, Baptitoxin *n*, Ulexin *n*
**cytobiology** *n* (Biol, Cyt) / Zytobiologie *f* (Biologie der Zellen), Zellbiologie *f*, Cytobiologie *f*
**cytochemistry** *n* (Chem, Cyt) / Cytochemie *f* (ein Teilgebiet der Cytologie, das sich mit der chemischen Zusammensetzung und Wirkungsweise der Zellen und deren Inhaltsstoffen befasst), Zytochemie *f*, Zellchemie *f*
**cytochrome*** *n* (Chem) / Zytochrom *n*, Cytochrom *n* (ein Eisenprotein, das in den Mitochondrien und Chloroplasten an Elektronentransportvorgängen der Atmungskette bzw. der Fotosynthese sowie im endoplasmatischen Retikulum an Oxidationsprozessen beteiligt ist) ‖ ~ **oxidase** (Physiol) / Zytochromoxidase *f*, Cytochromoxidase *f*, Warburg'sches gelbes Atmungsferment (nach O.H. Warburg, 1883-1970, benannt), Warburg'sches Atmungsferment
**cytokine** *n* (Cyt) / Zytokin *n*, Cytokin *n*
**cytokinesis** *n* (pl. -kineses) (Cyt) / Zytokinese *f*, Zellteilung *f*, Cytokinese *f*
**cytokinin*** *n* (Biochem, Physiol) / Zytokinin *n* (ein Pflanzenwuchsstoff), Cytokinin *n* (ein Phytohormon), pflanzliches Kinin
**cytology*** *n* (Cyt) / Zellenlehre *f*, Zytologie *f* (Wissenschaft und Lehre von der Zelle, ihrem Aufbau und ihren Funktionen), Cytologie *f*, Zelllehre *f*, Zellforschung *f*
**cytolysis** *n* (pl. -lyses) (Cyt) / Cytolyse *f* (Auflösung, Abbau von Zellen), Zytolyse *f*
**cytomorphology** *n* (Cyt) / Zellmorphologie *f*, Cytomorphologie *f*, Zytomorphologie *f*
**cytoplasm*** *n* (Cyt) / Zytoplasma *n*, Cytoplasma *n*, Plasma *n*
**cytoplasmic** *adj* (Cyt) / zytoplasmatisch *adj*, cytoplasmatisch *adj*, plasmatisch *adj*
**cytosine*** *n* (one of the five major bases found in nucleic acids) (Biochem) / Zytosin *n* (zu den Nukleinsäurebasen zählende Pyrimidinbase, die in der RNS bzw. in der DNS enthalten ist), Cytosin *n*, Cyt (Cytosin)
**cytoskeleton** *n* (Biol, Cyt) / Zytoskelett *n*, Cytoskelett *n*, Zellskelett *n*
**cytosol** *n* (Cyt) / Zytosol *n*, Cytosol *n* (ein Teil des Cytoplasmas)

**cytostatic** *adj* (Biochem, Cyt, Pharm) / zytostatisch *adj* (das Zellwachstum und -vermehrung hemmend), cytostatisch *adj* ‖ ~ **agent** (Biochem, Cyt, Pharm) / Cytostatikum *n* (pl. -ika) (Chemotherapeutikum gegen Krebs), Zytostatikum *n* (pl. -ika)
**cytotoxic** *adj* (toxic or poisonous to cells) (Biochem, Biol, Cyt) / zytotoxisch *adj*, cytotoxisch *adj* (zellvergiftend, zellschädigend)
**cytotoxin*** *n* (Biochem, Biol, Cyt) / Zytotoxin *n*, Zellgift *n* (das Cytolyse auslöst und wichtige Zellfunktionen zum Erliegen bringt), Cytotoxin *n*
**Czapek-Dox medium** (Bacteriol) / Czapek-Dox-Nährmedium *n* (synthetischer Nährboden oder synthetische Nährlösung zur Isolierung und Züchtung von Pilzen, Hefen und anspruchslosen Bodenbakterien sowie zur makroskopisch-morphologischen Differenzierung von Schimmelpilzen)
**Czerny-Turner mounting** (Spectr) / Czerny-Turner-Aufstellung *f* (des Monochromators)
**CZL** (charging zone list) (Telecomm) / Verzonungsliste *f*, VZL (Verzonungsliste)
**Czochralski method** (Crystal) / Czochralski-Verfahren *n* (der Kristallzüchtung), Kristallziehverfahren *n*, Kyropoulos-Verfahren *n*, Kristallziehen *n* (aus einem Tiegel) ‖ ~ **process** (Crystal) / Czochralski-Verfahren *n* (der Kristallzüchtung), Kristallziehverfahren *n*, Kyropoulos-Verfahren *n*, Kristallziehen *n* (aus einem Tiegel)

# D

**D** / drive (Stellung des Wählhebels im automatischen Getriebe)
**d.** / dezi-, Dezi- (Kurzzeichen d)
**D\*** (diffusion coefficient) (Chem) / Diffusionskoeffizient *m* (DIN 41 852)
**D** (displacement) (Elec) / elektrische Verschiebung (DIN 1324), elektrische Verschiebungsdichte, elektrische Flussdichte
**3D** (three-dimensional) (Maths, Phys) / dreidimensional *adj* (DIN 1311, T 4), räumlich *adj* (dreidimensional)
**2D** (two-dimensional) (Maths, Phys) / zweidimensional *adj*
**D\*** (angle of deviation) (Optics) / Ablenkungswinkel *m*
**D, 1-⁓ flow** (Phys) / eindimensionale Strömung, Fadenströmung *f*
**D, 3-⁓ flow** (Phys) / dreidimensionale Strömung, räumliche Strömung
**da** / deka-, Deka- (Kurzzeichen da)
**DA** (demand assignment) (Comp) / bedarfsweise Kanalzuteilung ‖ ⁓ (data acquisition) (Comp) / Datenerfassung *f*, Datengewinnung *f*, Datenaufnahme *f*, Datenerhebung *f*, Erfassung *f* von Daten ‖ ⁓ (differential analyser) (Comp) / Integrieranlage *f*, Differentialanalysator *m*, Integriermaschine *f* ‖ ⁓ (design automation) (Electronics) / Entwurfsautomation *f*
**DAB\*** (Radio) / digitaler Hörfunk (über terrestrische Funktürme)
**dab** *v* / betupfen *v*, abtupfen *v*
**dabber** *n* (Foundry) / Sandhaken *m*, Sandheber *m*, Aushebeband *n* (ein Formerwerkzeug) ‖ ⁓ (Foundry) / Kernhaltestift *m* ‖ ⁓ (Print) / Druckerballen *m*, Ballen *m*, Farbballen *m*, Tampon *m* (Druckerballen)
**dabbing** *n* / Betupfen *n*, Abtupfen *n* ‖ ⁓\* (Build) / Bestich *m*, Berapp *m*, Rauputz *m* (einlagig), Rapputz *m* (rauer Bewurf für untergeordnete Räume) ‖ ⁓\* (Build) / Abspitzen *n*, Spitzen *n* (des Steins), Abschlagen *n* (grobes Behauen des Steins)
**dabrey** *n* (For) / Harzsammelgefäß *n* (bei Lebendharzung), Harzauffanggefäß *n*, Auffangbecher *m*, Latexbecher *m*, Auffanggefäß *n*, Sammelbecher *m* (beim Zapfen von Latex oder Weichharz)
**DAC** (digital-to-analogue converter) (Comp, Electronics) / Digital-analog-Umsetzer *m*, D/A-Umsetzer *m*, DAU, Digital-analog-Wandler *m*, D/A-Wandler *m*
**dac** (digital-to-analogue converter) (Comp, Electronics) / Digital-analog-Umsetzer *m*, D/A-Umsetzer *m*, DAU, Digital-analog-Wandler *m*, D/A-Wandler *m*
**DAC** (derived activity concentration) (Ecol, Radiol) / abgeleitete Aktivitätskonzentration in der Luft, DAC-Wert *m*
**dachiardite** *n* (Min) / D'Achiardit *n*
**dacian cloth** (Textiles) / Gaufré *n* (Gewebe mit eingepresstem Muster)
**dacite\*** *n* (Geol) / Dacit *m*, Dazit *m*
**D-A converter** *n* (Comp, Electronics) / Digital-analog-Umsetzer *m*, D/A-Umsetzer *m*, DAU, Digital-analog-Wandler *m*, D/A-Wandler *m*
**D/A converter** *n* (Comp, Electronics) / Digital-analog-Umsetzer *m*, D/A-Umsetzer *m*, DAU, Digital-analog-Wandler *m*, D/A-Wandler *m*
**Dacromet** *n* / wasserlösliche Dispersion auf der Basis Zinkstaub und Chromsäure (bei der Herstellung des Zincrometalls)
**dacrometization** *n* / Dacrometisierung *f* (durch eine mechanische mineralische Beschichtung)
**Dacron** *n* (US name for Terylene) (Plastics) / Dacron *n*
**D-action** *n* (Automation) / Vorhalt *m* (die Aufschaltung einer Größe auf den Reglereingang, die der Änderungsgeschwindigkeit der Regelgröße proportional ist), D-Aufschaltung *f*, Vorhaltwirkung *f*, D-Verhalten *n*, differenzierendes Verhalten
**DAD** (digital audio disk) (Acous) / digitale Schallplatte
**DADI** (direct analysis of daughter ions) (Spectr) / Ionenenergiespektrometrie *f* (zum Nachweis metastabiler Zerfälle)
**dado** *v* (Carp, Join) / gratnuten *v* (nur Infinitiv oder Partizip) ‖ ⁓ (For) / kehlen *v*, nuten *v* ‖ ⁓ *n* (Arch) / Sockelschaft *m* (einer Säule) ‖ ⁓ (Carp, Join) / Gratnut *f* ‖ ⁓\* (Join) / untere Wandbekleidung (DIN EN 235), Sockeltäfelung *f* ‖ ⁓ (Join) / Nut *f* ‖ ⁓ **capping\*** (Build) / obere Wandsockelleiste, obere Abschlussleiste der Wandtäfelung ‖ ⁓ **framing** (Join) / untere Wandbekleidung (DIN EN 235), Sockeltäfelung *f* ‖ ⁓ **plane\*** (Join) / Grundhobel *m* (Handhobel zum Räumen des Grundes der mit der Gratsäge eingeschnittenen Gratnut) ‖ ⁓ **rail\*** / Sesselleiste *f* (welche die Beschädigung der Wände durch Stühle verhindert) ‖ ⁓ **rail\*** (Build) / obere Wandsockelleiste, obere Abschlussleiste der Wandtäfelung
**daemon** *n* (Comp) / Daemon *m* (Hintergrundprozess, der nach Aktivierung permanent läuft und auf vorher festgelegte Zustände des Systems reagiert - insbesondere in der UNIX-Welt zu finden), Demon *m*
**DAF** (dry, ash-free) / wasser- und aschefrei *adj* (Kohle), waf (wasser- und aschefrei)
**daf** (dry, ash-free) / wasser- und aschefrei *adj* (Kohle), waf (wasser- und aschefrei)
**daffodil yellow** (Chem) / "Postgelb" *n*, Kadmiumgelb *n* (Kadmiumsulfid, CdS), Ginstergelb *n*
**dagger** *n* (Typog) / Kreuz *n* (z.B. als Fußnotenzeichen) ‖ ⁓ (Weaving) / Stecher *m* (des Schützenwächters) ‖ ⁓ **operation** (Comp) / Peirce-Funktion *f* (weder-noch - nach Ch.S. Peirce, 1839-1914), NOR-Verknüpfung *f* (DIN 44 300-5), Nicod-Wahrheitsfunktion *f*, Antialternative *f*, NOR-Funktion *f* ‖ ⁓ **sign** (Typog) / Kreuz *n* (z.B. als Fußnotenzeichen) ‖ ⁓ **weld** (Welding) / schmale und tiefe Naht (beim Elektronenstrahlschweißen)
**daggings** *pl* (Textiles) / Crutchings *pl* (DIN 60004)
**Dagor lens** (Photog) / Dagor-Objektiv *n*
**dags** *pl* (Textiles) / Crutchings *pl* (DIN 60004)
**dah** *n* (Teleg) / Strich *m*, Morsestrich *m*
**Dahlander pole-changing circuit** (Elec Eng) / Dahlander-Schaltung *f* (bei Kurzschlussläufermotoren)
**dahoma\*** *n* (For) / Dabéma *n*, Dahoma *n* (Holz von Piptadeniastrum africanum Brenan - ein Konstruktionsholz und Holz für Drechslerarbeiten), Agboin *n*, DA
**DAI** (distributed artificial intelligence) (AI) / verteilte KI
**dailies\*** *pl* (Cinema) / Musterkopie *f*, Bildmuster *n*, Arbeitskopie *f* (Filmmuster), AK (Arbeitskopie) (Tageskopie des ungeschnittenen Films) ‖ ⁓ **viewing** (Cinema) / Mustervorführung *f*
**daily** *n* (Cinema) / Musterkopie *f*, Bildmuster *n*, Arbeitskopie *f* (Filmmuster), AK (Arbeitskopie) (Tageskopie des ungeschnittenen Films) ‖ ⁓ **dose** (Pharm) / Tagesdosis *f*, TD (Tagesdosis) ‖ ⁓ **intake** (Pharm) / Tagesdosis *f*, TD (Tagesdosis) ‖ ⁓ **output** (Mining) / Tagesförderung *f* ‖ ⁓ **output of 1000 units** / Tagesproduktion *f* von 1000 Einheiten ‖ ⁓ **storage basin** (Elec Eng, Hyd Eng) / Tagesspeicher *m* ‖ ⁓ **tonnage** (Mining) / Tagesförderung *f* (in Tonnen)
**dairy** *n* (Nut) / Molkerei *f*, Milchwerk *n* ‖ ⁓ **cattle** (Agric) / Milchvieh *n* ‖ ⁓ **equipment** / Molkereieinrichtung *f* ‖ ⁓ **farming** (Agric) / Milchviehhaltung *f*, Milchwirtschaft *f* (als Tätigkeit) ‖ ⁓ **industry** (Nut) / Milchwirtschaft *f* (als Industriezweig), Molkereiwesen *n*, Milchverwertung *f* (als industrielle)
**dairying** *n* (Agric) / Milchviehhaltung *f*, Milchwirtschaft *f* (als Tätigkeit)
**dairy products** (Nut) / Milcherzeugnisse *n pl*, Molkereiprodukte *n pl*, Milchprodukte *n pl* ‖ ⁓ **products industry** (Nut) / Milchwirtschaft *f* (als Industriezweig), Molkereiwesen *n*, Milchverwertung *f* (industrielle)
**daisy chain** (Comp) / Verkettung *f* (Daisy-Chain-Betrieb), Daisy-Chain-Betrieb *m*, Daisy-Chain *f*
**daisy-chain bus structure** (Comp) / verkettete Busstruktur ‖ ⁓ **cable** (Cables) / Girlandenkabel *n*
**daisy-chained ribbon cable** (Cables) / angequetschtes Flachbandkabel, Quetschverbinder-Flachbandkabel *n*
**daisy-chain flat cable** (Cables) / angequetschtes Flachbandkabel, Quetschverbinder-Flachbandkabel *n*
**daisy printwheel** / Typenscheibe *f* (z.B. des elektronischen Fernschreibers)
**daisywheel** *n* / Typenscheibe *f* (z.B. des elektronischen Fernschreibers) ‖ ⁓ **printer\*** (Comp) / Typenscheibendrucker *m*
**Dakin's solution** (Pharm) / Dakin'sche Lösung (ein altes Antiseptikum nach H. Dakin, 1880-1952)
**dalapon\*** *n* (Agric, Chem) / Dalapon *n* (Natrium-2,2-dichlorpropionat - ein Halogenkarbonsäureherbizid)
**Dalitz pair\*** (Nuc, Phys) / Dalitz-Paar *n*, Dalitz-Elementarteilchenpaar *n* ‖ ⁓ **plot** (Nuc) / Dalitz-Diagramm *n* (nach R.H.Dalitz, geb. 1925), Dalitz-Plot *n* (Darstellung der einzelnen Ereignisse einer Streuung von zwei Teilchen)
**Dalmatian insect powder** (Chem) / Dalmatinisches Insektenpulver, Pyrethrum *n* (pl. -thra) (ein Pulver, das durch mechanische Zerkleinerung aus den getrockneten Blüten verschiedener Chrysanthemum-Arten gewonnen wird), Persisches Insektenpulver
**DALR** (dry-adiabatic lapse rate) (Meteor) / trockenadiabatisches Temperaturgefälle, trockenadiabatischer Temperaturgradient
**dalton** *n* (Phys) / Dalton *n* (alte Einheit der Masse nach DIN 1301, T 3)
**daltonide** *n* (Chem) / stöchiometrische Verbindung, daltonide Verbindung, Daltonid *n*
**daltonism\*** *n* (Med) / Daltonismus *m* (Rot- und Grünblindheit)
**Dalton's law\*** (Chem) / Dalton'sches Gesetz (der multiplen Proportionen - nach J. Dalton, 1766-1844) ‖ ⁓ **law of partial pressures\*** (Chem) / Dalton'sches Gesetz der Partialdrücke (in Gasgemischen)
**DAM** (direct-access memory) (Comp) / direkt adressierbarer Speicher, Speicher *m* mit wahlfreiem Zugriff, Random-Speicher *m*, RAM *n*, RAM-Speicher *m*, Direktzugriffsspeicher *m* (DIN 44 300), Speicher

## DAM

**m** mit direktem Zugriff ‖ ≙ (diagnostic acceptability measure) (Comp, Telecomm) / DAM *n* (Maß zur Beschreibung der Qualität digitaler Sprachcodierungsverfahren)

**dam** *v* (Hyd Eng) / einstauen *v*, anstauen *v*, eindämmen *v*, eindeichen *v*, abdämmen *v*, dämmen *v*, absperren *v*, zudämmen *v*, stauen *v*, aufstauen *v* ‖ ~ *n* / Überfahrblech *n* (zum Befahren mit Flurförderern) ‖ ~ (Civ Eng) / Hochstraße *f* (über Moor oder nasses Gelände), Dammstraße *f*, angehobene Straße (in flacher, morastiger Landschaft - mit Dammschüttung) ‖ ~ (Civ Eng) / Stahlplatte *f* (zur Errichtung von Behelfsbrücken im Straßenbau) ‖ ~ (Civ Eng) / Behelfsbrücke *f* (aus Stahlplatten - im Straßenbau) ‖ ~* (for impounding water) (Civ Eng, Hyd Eng) / Damm *m* (Staudamm) ‖ ~ (Foundry) / Damm *m*, Überlauf *m* im Gießtümpel ‖ ~ (erected across a valley)* (Hyd Eng) / Stauanlage *f* (größere), Talsperre *f* ‖ ~* (Mining) / Damm *m* (zur Trennung der Grubenbaue) ‖ ~* (Mining) / Branddamm *m* (der den zum oder vom Brandherd führenden Wetterweg abdichtet) ‖ ~ (Paper) / Staubrett *n* (Holzschliffherstellung)

**damage** *v* / beschädigen *v*, schädigen *v* ‖ ~ (Paint) / verletzen *v* (eine Lackschicht) ‖ ~ *n* / Schaden *m* ‖ ~ (Paint) / Verletzung *f* (der Lackschicht) ‖ ~ (Plastics) / Schädigung *f* (Prüfung von Kunststoffen) ‖ ~ **accumulation** (Materials) / Schadensakkumulation *f* (die durch eine Schadensakkumulationshypothese beschrieben wird) ‖ ~ **by exposure to light** (Leather) / Lichtschaden *m* ‖ ~ **by frost** / Frostschaden *m* ‖ ~ **by game** (Agric, For) / Wildschaden *m* ‖ ~ **caused by hail** (Agric, For) / Hagelschlagschaden *m*, Hagelschaden *m* ‖ ~ **curve** (Materials, Mech) / Schadenslinie *f* (gibt an, wie viele Lastspiele eine Probe oberhalb der Dauerfestigkeit erträgt, ohne dass eine Werkstoffschädigung eintritt)

**damaged edge** / beschädigte Kante, ausgefranste Kante ‖ ~ **selvedge** (Weaving) / eingerissene Webkante ‖ ~ **wagon** (Rail) / Schadwagen *m*

**damage mechanics** (Materials) / Werkstoffschädigungsmechanik *f* ‖ ~ **process** (Mech) / Schädigungsprozess *m*, Schädigungsablauf *m* (z.B. bei Überbeanspruchung) ‖ ~ **resistance** (Eng) / physikalische Widerstandsfähigkeit

**damages** *pl* / Schaden(s)ersatz *m* ‖ ~ **for non-delivery** / Schaden(s)ersatz *m* für Nichtlieferung

**damage to farmland** (Agric) / Flurschaden *m* ‖ ~ **to flesh surface** (with a fleshing knife) (Leather) / Ausheber *m*, Kerbschnitt *m* (Fehler)

**damage-tolerant** *adj* (design) (Eng) / schadenstolerant *adj* (Auslegung, Konstruktion) ‖ ~ *adj* s. also linear elastic fracture mechanics

**damage to the bodywork** (Autos) / Blechschaden *m*, Karosserieschaden *m*, Karosseriedefekt *m* ‖ ~ **to the inherited characteristics** (Gen) / Erbgutschaden *m*, Erbschaden *m* ‖ ~ **to the paintwork** (Paint) / Lackschaden *m*

**damaging action** (Comp) / Schadensreaktion *f* (eines Virus), Schadenswirkung *f* (eines Virus) ‖ ~ **after-effects** / Folgeschaden *m*, schädliche Nachwirkung ‖ ~ **effect** / Schadwirkung *f* ‖ ~ **energy** (Plastics) / Schädigungsarbeit *f* (bei der Prüfung von Kunststoffen)

**damar** *n* / Dammar *n*, Dammarharz *n*, Katzenaugenharz *n* (aus den verschiedensten Bäumen der Familie der Dipterocarpaceae)

**damascening** *n* / Tauschierung *f* (Verzierung der Oberfläche von unedlen Metallgegenständen durch Einlagen andersfarbiger Drähte aus meist edlem Metall) ‖ ~ / Damaszierung *f* (dünne Vierkantstäbe verschiedener Dicke und Drähte aus weichem und hartem Stahl werden mehrfach übereinander gelegt, verschweißt und durch Hämmern zu neuen Stäben gestreckt - die Berührungslinien der Stahlschichten ergeben das Muster)

**Damascus steel** (Met) / Damaszener Stahl

**damask** *n* (Met) / Damaszener Stahl ‖ ~* (Textiles) / Damast *m* (ein jacquardgemusterter Dekorations- und Bettbezugsstoff) ‖ ~* (Textiles) / Damastleinen *n*, Damastleinwand *f* ‖ ~ *attr* (Textiles) / Damast-, damasten *adj*, damastähnlich *adj*

**damaskeen** *n* / Tauschierung *f* (Verzierung der Oberfläche von unedlen Metallgegenständen durch Einlagen andersfarbiger Drähte aus meist edlem Metall) ‖ ~ / Damaszierung *f* (dünne Vierkantstäbe verschiedener Dicke und Drähte aus weichem und hartem Stahl werden mehrfach übereinander gelegt, verschweißt und durch Hämmern zu neuen Stäben gestreckt - die Berührungslinien der Stahlschichten ergeben das Muster)

**damask steel** (Met) / Damaszener Stahl ‖ ~ **weave** (Weaving) / Damastbindung *f*

**damassé** *n* (Textiles) / Damassé *m* (pl. -s) (ein- oder mehrschüssiges Jacquardgewebe für Krawatten oder Steppdecken, meist aus Seide oder Viskose) ‖ ~ **fabric** (Textiles) / Damassé *m* (pl. -s) (ein- oder mehrschüssiges Jacquardgewebe für Krawatten oder Steppdecken, meist aus Seide oder Viskose)

**dam crest** (Hyd Eng) / Dammkrone *f* ‖ ~ **failure** (Civ Eng, Hyd Eng) / Deichbruch *m* (bei Flussdeichen), Dammbruch *m* ‖ ~ **foundation** (Hyd Eng) / Dammgründung *f* ‖ ~ **geology** (Geol, Hyd Eng) / Geologie *f* des Talsperrenumfeldes

**Damköhler number** (Phys) / Reynolds'sche Zahl, Reynolds-Zahl *f* (dimensionslose Kennzahl nach DIN 1341, 1342-1 und 5491), Re-Zahl *f*, Re (Zahl nach dem britischen Physiker O.Reynolds, 1842 - 1912)

**dammar*** *n* / Kopal *m* aus dem Dammarabaum (Agathis dammara) ‖ ~* / Dammar *n*, Dammarharz *n*, Katzenaugenharz *n* (aus den verschiedensten Bäumen der Familie der Dipterocarpaceae)

**dammed lake** (Geol) / Stausee *m*, Abdämmsee *m*

**damming** *n* (Hyd Eng) / Abdämmung *f* (eines Flusslaufs)

**damp** *v* (Acous) / dämpfen *v* (Schallenergie in Wärme umwandeln) ‖ ~ *n* / Feuchtigkeit *f* (absolute, relative, spezifische), Feuchte *f* ‖ ~ *adj* / feucht *adj* ‖ ~ / dumpfig *adj*, muffig *adj*, nasskalt *adj* ‖ ~ **course** (Build) / Feuchtigkeitsisolierschicht *f*, Feuchtigkeitssperrschicht *f*, Sperrschicht *f* (Feuchtigkeitsschutz)

**damped balance*** (Eng) / Waage *f* mit Dämpfungseinrichtung ‖ ~ **flywheel clutch** (Autos) / Kompakt-ZMS *n*, Kompakt-Zweimassenschwungrad *n* ‖ ~ **forced vibration(s)** (Phys) / gedämpfte erzwungene Schwingung ‖ ~ **oscillation*** (Phys) / gedämpfte Schwingung ‖ ~ **sine** (function) (Maths, Mech) / abklingende Sinusfunktion ‖ ~ **vibration(s)** (Phys) / gedämpfte Schwingung

**dampen** *v* / nass machen, befeuchten *v*, anfeuchten *v*, feucht machen, nässen *v* ‖ ~ (Textiles) / einsprengen *v* (durch Bespritzen mit Wasser anfeuchten)

**dampener*** *n* (Eng) / Dämpfungsvorrichtung *f* ‖ ~ (Print) / Feuchtwalze *f*, Wischwalze *f*

**dampening device** (Print) / Feuchtwerk *n* (bei Flachdruckmaschinen) ‖ ~ **roller*** (Print) / Feuchtwalze *f*, Wischwalze *f* ‖ ~ **solution** (Print) / Feuchtmittel *n* (DIN 16 529), Wischwasser *n* (ein Flüssigkeitsgemisch zur Benetzung der Flachdruckform), Feuchtwasser *n* (im Allgemeinen) ‖ ~ **system** (Print) / Feuchtwerk *n* (bei Flachdruckmaschinen) ‖ ~ **water** (Print) / Feuchtmittel *n* (DIN 16 529), Wischwasser *n* (ein Flüssigkeitsgemisch zur Benetzung der Flachdruckform), Feuchtwasser *n* (im Allgemeinen)

**damper*** *n* (Aero) / Dämpfer *m* ‖ ~* (Aero, Autos, Eng) / Stoßdämpfer *m* ‖ ~ (Autos) / Luftklappe *f*, Regelklappe *f* (eines Luftfilters) ‖ ~ (Build, Eng) / Schornsteinzugregler *m*, Schornsteinschieber *m*, Schornsteinregler *m* ‖ ~* (Elec Eng) / Dämpfer *m* (z.B. Dämpfungskäfig, Dämpferwicklung oder sonstiges Bauelement) ‖ ~ (a device for dissipating energy in a mechanical system by the suppression of vibrations of infavourable non-linear characteristics) (Eng) / Dämpfer *m* ‖ ~ **bar** (Elec Eng) / Dämpferstab *m* ‖ ~ **diode** (TV) / Zeilendiode *f* ‖ ~ **springs** (Autos) / Torsionsdämpfer *m* (in der Kupplungsscheibe) ‖ ~ **strut** (Autos) / Dämpferbein *n* ‖ ~ **winding*** (Elec Eng) / Dämpferwicklung *f* (eine in sich kurzgeschlossene Wicklung zur Dämpfung von magnetischen Feldern)

**damp finishing** (Textiles) / Nassappretur *f* ‖ ~ **heat** (Heat) / feuchte Wärme (z.B. bei der Klimaprüfung)

**damping** *n* / Anfeuchtung *f*, Befeuchtung *f*, Nassmachen *n* ‖ ~ (Acous) / Dämpfung *f* (Umwandlung der Schallenergie in Wärme) ‖ ~* (Mech, Phys) / Dämpfung *f* (Verminderung des Energieinhalts) ‖ ~ **capacity** (of the material) (Materials) / Werkstoffdämpfung *f* (die Eigenschaft von Werkstoffen, bei Wechselbeanspruchung einen Teil der mechanischen Schwingungsenergie infolge innerer Reibung und nichtelastischen Verhaltens in Wärme umzusetzen), innere Dämpfung (des Materials) ‖ ~ **capacity** (Mech) / Dämpfungsfähigkeit *f* (z.B. durch innere Reibung der Dämpfungsflüssigkeit) ‖ ~ **cone** (Eng) / Pufferkegel *m* (elastisches Element aus Gummi oder Kunststoffschaum, das zur Modulation der Federrate von anfangs weich bis später hart dient) ‖ ~ **constant** (Elec) / Dämpfungskonstante *f* (Kehrwert der Kreisgüte eines Schwingkreises) ‖ ~ **down** (Met) / Dämpfen *n* (des Hochofens), Drosseln *n* (eines Schmelzofens), Dämpfung *f* (des Hochofens) ‖ ~ **due to constant friction force** (Phys) / Dämpfung *f* durch konstante Reibungskraft (Coulomb'sche Reibkraft) ‖ ~ **factor** (Mech) / Dämpfungsverhältnis *n*, Dämpfungsfaktor *m*, Dämpfungsdekrement *n* (logarithmisches Dekrement) ‖ ~ **factor*** (Phys) / Abklingkoeffizient *m*, Abklingkonstante *f*, Abklingfaktor *m*, Dämpfungsfaktor *m* ‖ ~ **magnet*** (Elec Eng) / Dämpfungsmagnet *m*, Dämpfermagnet *m*

**damping-off** *n* (of seedlings) (Bot, For) / Keimlingskrankheit *f*, Keimlingsbrand *m*, Wurzelbrand *m*

**damping-out** *n* (Phys) / Unterdrückung *f* (der Schwingung)

**damping parameter** (Phys) / Dämpfungskenngröße *f* ‖ ~ **ratio** (Mech) / Dämpfungsverhältnis *n*, Dämpfungsdekrement *n* (logarithmisches Dekrement) ‖ ~ **rope** (Mining) / Abstandsseil *n*, Reibseil *n*, Ablenkseil *n* (Schachtführung) ‖ ~ **test** (Materials) / Dämpfungsprüfung *f* (meistens bei Kunststoffen) ‖ ~ **unit** (Print) / Feuchtwerk *n* (bei Flachdruckmaschinen) ‖ ~ **winding*** (Elec Eng) / Dämpferwicklung *f* (eine in sich kurzgeschlossene Wicklung zur Dämpfung von magnetischen Feldern)

**dam plate**\* (Eng, Met) / Schlackenblech *n* (des Hochofens)
**dampness** *n* / Feuchtigkeit *f* (absolute, relative, spezifische), Feuchte *f*
**damp patch** (Build) / nasser Fleck
**damp-proof cable** (Cables) / Feuchtraumkabel *n*
**damp-proof course**\* (Build) / Feuchtigkeitsisolierschicht *f*, Feuchtigkeitssperrschicht *f*, Sperrschicht *f* (Feuchtigkeitsschutz)
**damp-proof fittings** (Elec Eng) / Feuchtraumarmaturen *f pl*
**damp proofing** (Build) / Feuchtigkeitsschutz *m*, Feuchteschutz *m* (gegen Durchfeuchtung)
**damp-proof installation** (Elec Eng) / Feuchtraumanlage *f* || ~ **installation cable** (Elec Eng) / Feuchtraumleitung *f* || ~ **membrane** (Build) / Dichtungshaut *f* (eine Bauwerksabdichtung), Feuchtigkeitsisolierhaut *f* || ~ **wiring cable** (Elec Eng) / Feuchtraumleitung *f*
**dam retting** (Textiles) / Kaltwasserröste *f* in stehendem Wasser, Grubenröste *f* || ~ **slide** (Hyd Eng) / Dammrutsch *m*
**damson cheese** (Nut) / käselaibartig verpresstes Mus der Haferpflaume || ~ **gum** / Damsongummi *n* (Pflanzengummi aus der Haferpflaume/ Prunus domestica ssp. insititia (L.) C.K. Schneid./)
**dam stone** (Met) / Wallstein *m* || ~ **up** *v* (Hyd Eng) / einstauen *v*, anstauen *v*, eindämmen *v*, eindeichen *v*, abdämmen *v*, dämmen *v*, absperren *v*, zudämmen *v*, stauen *v*, aufstauen *v*
**dan** *n* (a small temporary marker buoy with a lightweight flagpole) (Mil, Ships) / Boje *f* (in der Hochseefischerei und bei der Minenabwehr), Markierungsboje *f* || ~ (Mining) / Wasserkübel *m* (zum Sümpfen von Grubenbauen), Sümpfkübel *m* || ~ (Mining) / Schleppkasten *m* (für Kohle oder Berge)
**danaite** *n* (Min) / Kobaltarsenopyrit *m*, Danait *m* (Kobaltarsenkies)
**dan buoy** (Mil, Ships) / Boje *f* (in der Hochseefischerei und bei der Minenabwehr), Markierungsboje *f*
**danburite**\* *n* (Min) / Danburit *m* (Kalziumdiborodisilikat)
**dancing roller**\* (Print) / Tänzerwalze *f* || ~ **step**\* (Build) / Übergangsstufe *f* zwischen gerader Treppe und Wendeltreppe || ~ **step** (Build, Carp) / ausgeglichene Trittstufenfläche (bei gewundenen Treppen)
**Dancoff correction** (Nuc) / Dancoff-Korrektur *f*
**Dandelin sphere** (Maths) / Dandelin'sche Kugel (zur Herleitung der charakteristischen Eigenschaften der eigentlichen Kegelschnitte - nach P.G. Dandelin, 1794-1847)
**D and I can** (Met, Nut) / gezogene und abgestreckte Dose
**dandruff shot** (Cinema) / Aufnahme *f* über die Schulter (des Schauspielers)
**dandy frame** (Spinning) / Dandy-Frame *m* (Spindelstrecke des englischen Vorspinnverfahrens) || ~ **roll**\* (Paper) / Egoutteur *m* (heute kaum mehr benutzt), Dandyroller *m* || ~ **rover** (Spinning) / Vorgarnstrecke *f*
**danger** *n* / Gefahr *f* || **other** ~(**s**) (Autos) / Gefahrenstelle *f* (ein Verkehrszeichen) || ~ **board** / Gefahrenschild *n* (z.B. mit Gefahrensymbolen) || ~ **bonus** (Work Study) / Gefahrenzulage *f* || ~ **class** / Gefahrenklasse *f*, Gefahrklasse *f*, Gefahrgutklasse *f* || ~ **coefficient**\* (Nuc Eng) / Gefährdungsfaktor *m*, Reaktivitätskoeffizient *m*, Massenkoeffizient *m* (der Reaktivität)
**dangerless** *adj* / ungefährlich *adj*, ohne Gefährdung, ohne Risiko
**danger line** (Cartography, Ships) / Gefahrengrenze *f* || ~ **money** (Work Study) / Gefahrenzulage *f* || ~ **of burning-through** / Durchbrenngefahr *f*, Gefahr *f* des Durchbrennens || ~ **of burn-through** / Durchbrenngefahr *f*, Gefahr *f* des Durchbrennens || ~ **of collapse** / Einsturzgefahr *f* || ~ **of explosion** / Explosionsgefahr *f* || ~ **of icing** (Aero, Autos) / Vereisungsgefahr *f* || ~ **of suffocation** (Med) / Erstickungsgefahr *f*
**dangerous** *adj* / gefährlich *adj*, gefährdend *adj*, schädlich *adj*, gefahrbringend *adj* || ~ s. also noxious || ~ **area** / gefährdeter Bereich || ~ **cargo** / gefährliches Gut (beim Transport), gefährliche Ladung (im Allgemeinen) || ~ **goods** / Gefahrgüter *n pl*
**dangerous-goods transport** / Gefahrguttransport *m*
**dangerous reaction** (Chem) / gefährliche Reaktion || ~ **substance** (Ecol, Med) / Gefahrenstoff *m*, Schadstoff *m* (gefährlicher), gefährlicher Stoff, Gefahrstoff *m* || ~ **to bees** (Ecol) / bienengefährlich *adj* (gefährlich für Bienen) || ~ **voltage** (Elec Eng) / Gefährdungsspannung *f*
**danger paint** (Paint) / Warnanstrich *m* || ~ **pay** (US) (Work Study) / Gefahrenzulage *f* || ~ **point** / Gefahrstelle *f* (DIN 31001, T 1) || ~ **position** (Rail) / Haltstellung *f* (eines Signals) || ~ **report** *n* / Gefahrenmeldung *f* || ~ **room** / Gefährdungsraum *m* (eines IR) || ~ **signal** / Gefahrensignal *n* (DIN 33404, T 1) || ~ **symbol** (pictograph used as warning) / Gefahrensymbol *n* || ~ **voltage** (Elec Eng) / Gefährdungsspannung *f* || ~ **zone** / Gefahrenzone *f*, Gefahrengebiet *n*
**Daniell cell**\* (Elec Eng) / Daniell-Element *n* (ein altes galvanisches Element), Daniell-Zelle *f* || ~ **tap** / Daniell'scher Hahn (ein Brenner - nach dem englischen Chemiker J.F. Daniell, 1790 - 1845)

**Danish agar** (Chem, Nut) / Dänischer Agar, Furcellaran *n* || ~ **cultivator** (Agric) / Feingrubber *m*
**dank** *adj* / dumpfig *adj*, muffig *adj*, nasskalt *adj*
**dannemorite**\* *n* (Min) / Dannemorit *m* (manganhaltiger Cummingtonit von asbestartiger Beschaffenheit)
**Danner process** (Glass) / Danner-Verfahren *n* (auf der Danner-Röhrenziehmaschine)
**Dano composting plant**\* (Build, Ecol) / Dano-Rottezelle *f*
**dansyl amino acid** (Biochem, Chem) / Dansylaminosäure *f* || ~ **chloride** (Chem) / Dansylchlorid *n* (5-Dimethylaminonaphthalin-1-sulfonylchlorid)
**dant** *n* (Geol, Mining) / Fusit *m*, Fusain *m* (zerreibbare, schwärzende Streifenart, petrografische Bezeichnung für Faserkohle)
**danta** *n* (For) / Danta *n*, Ototutu *n*, Kotibé *n* (Nesogordonia papaverifera Capuron), KOB
**DANTE** *m* (Delivery of Advanced Network Technologies) (Comp, Telecomm) / Delivery *f* of Advanced Network Technologies (ein älteres Forschungsprojekt zur breitbandigen Vernetzung der einzelnen nationalen Wissenschaftsnetze - Cambridge), DANTE (ein älteres Forschungsprojekt)
**Dantzig algorithm** (Maths) / Dantzig-Algorithmus *m*, Simplexmethode *f* (nach dem amerikanischen Mathematiker G.B. Dantzig, geb. 1914), Simplexverfahren *n*
**DAP** (diallylphthalate) (Chem, Plastics) / Diallylphthalat *n*, DAP (Diallylphthalat) || ~ (distributed array processor) (Comp) / additiver Feldrechner
**daphnia test** (Ecol) / Daphnientest *m* (ein Prüfverfahren zur Ermittlung toxischer Wirkungen von Wasser, Abwasser und chemischen Verbindungen auf den Großen Wasserfloh)
**daphnite**\* *n* (Min) / Daphnit *m* (ein Mineral der Chlorit-Reihe)
**DAPS** (disappearance potential spectroscopy) (Spectr) / Disappearance Potential Spectroscopy *f* (bei den elastisch reflektierten Elektronen ist als Funktion der Primärenergie eine vorübergehende Abnahme zu verzeichnen), Disappearance-Potential-Spektroskopie *f*
**DAR** (differential absorption ratio) (Radiol) / differentielles Absorptionsverhältnis (Verhältnis der Radioaktivität in einem Organ zur Radioaktivität im ganzen Körper), DAR (differentielles Absorptionsverhältnis)
**daraf**\* *n* / veraltete amerikanische Einheit für die reziproke Kapazität ((1/Farad) oder die kapazitive Leitfähigkeit von elektrolytischen Lösungen = V/C)
**darapskite** *n* (Min) / Darapskit *m*
**darby**\* *n* (Build) / Kartätsche *f* (ein altes Putzwerkzeug)
**darcy**\* *n* (Geol) / Darcy *n* (Einheit für die mechanische Permeabilität der Gesteinsschichten)
**Darcy's law**\* (Geol, Hyd Eng) / Darcy'sches Fließgesetz, Darcy'sches Gesetz (nach H.P.G. Darcy, 1803-1858)
**Darcy velocity** (Hyd Eng) / Filtergeschwindigkeit *f* (nach dem Darcy'schen Gesetz)
**dark** *adj* / dunkel *adj*, Dunkel-
**dark-adapt** *v* (Optics) / dunkeladaptieren *v* (sich) (nur Infinitiv und Partizip)
**dark adaptation** (Optics) / Dunkeladaptation *f*
**dark-adaptation curve** (Optics) / Dunkeladaptationskurve *f*
**dark-adapted** *adj* (Optics) / dunkeladaptiert *adj* (Auge)
**dark area** (Astron) / Sternleere *f* || ~ **background** / dunkler Untergrund || ~ **blue** / Dunkelblau *n* || ~ **brightness** (Optics) / Dunkelleuchtdichte *f* || ~ **brown** *adj* / dunkelbraun *adj* || ~ **brown** s. also brownish black
**dark-burn fatigue**\* (Phys) / Ermüdung *f* (eines Leuchtstoffs)
**dark conduction** (Electronics) / Dunkelleitung *f*, Dunkelleitfähigkeit *f* || ~ **conductivity** (Electronics) / Dunkelleitung *f*, Dunkelleitfähigkeit *f* || ~ **current**\* (Electronics, Phys) / Dunkelstrom *m* (eines fotoelektronischen Bauelements nach DIN 44020)
**dark-current noise** (Electronics) / Dunkelstromrauschen *n* (das durch das Schrotrauschen des in der unbeleuchteten Fotodiode fließenden Stromes entsteht)
**dark-cutting beef** (Nut) / im Anschnitt dunkles Rindfleisch, Dark-cutting-Beef *n*
**dark discharge** (Elec) / dunkle Entladung, stille Entladung || ~ **discharge** (Elec Eng) / Dunkelentladung *f* (elektrische Gasentladung bei sehr niedrigen Stromstärken und ohne merkliche Lichtemission), Townsend-Entladung (nach Sir J.S.E. Townsend, 1868-1957)
**darken** *v* (For, Surf, Textiles) / dunkler färben, nachdunkeln *v* || ~ *vi* / sich dunkel verfärben, dunkel werden || ~ *vt* / dunkel färben, abdunkeln *v* || ~ **factor** (Chem, Phys) / Darken-Faktor *m* (in der Theorie der Diffusion)
**darkening** *n* / Abdunkelung *f* (der Farbe)
**dark fibre**\* (Telecomm) / unbeschaltete Faser, Reservefaser *f*
**dark-field condenser** (a condenser forming a hollow cone of light with its apex /or focal point/ in the plane of the specimen) (Micros, Optics) / Dunkelfeldkondensor *m*

**dark-field**

**dark-field illumination** (Micros) / Dunkelfeldbeleuchtung *f* (indirekte Beleuchtung)
**dark-field imaging** (Micros) / Dunkelfeld-Abbildung *f* ‖ ~ **incident light** (Optics) / Dunkelfeldauflicht *n* (z.B. in einem Profilprojektor), Auflicht *n* bei Dunkelfeld ‖ ~ **microscope** (Micros) / Dunkelfeldmikroskop *n*
**dark glass** (Welding) / dunkles Schweißglas, Dunkelglas *n*
**dark-ground illumination**\* (Micros) / Dunkelfeldbeleuchtung *f* (indirekte Beleuchtung) ‖ ~ **incident light** (Optics) / Dunkelfeldauflicht *n* (z.B. in einem Profilprojektor), Auflicht *n* bei Dunkelfeld
**dark knot** (For) / dunkler Ast ‖ ~ **lightning** (Photog) / schwarzer Blitz (beim Clayden-Effekt)
**dark-line spectrum** (Geophys) / kontinuierliches Sonnenspektrum mit überlagerten Absorptionslinien ‖ ~ **spectrum** (Phys, Spectr) / Absorptionsspektrum *n* (mit dunklen Spektrallinien auf hellem Hintergrund)
**dark malt** (Brew) / dunkles Malz, Langmalz *n* ‖ ~ **matter**\* (Astron) / dunkle Materie (unsichtbare, nicht leuchtende oder strahlungsabsorbierende kosmische Materie, die sich nur durch ihre Gravitationswirkung bemerkbar macht), Dunkelmaterie *f* ‖ ~ **nebula**\* (Astron) / Dunkelnebel *m* (Gebiet erhöhter Dichte der interstellaren Materie, das das Licht der dahinter befindlichen Sterne absorbiert), Dunkelwolke *f* ‖ ~ **orange** *adj* / saturnrot *adj* ‖ ~ **purple** (Met) / violett *adj* (eine Anlauffarbe) ‖ ~ **radiator** (Eng, Phys) / Dunkelstrahler *m* ‖ ~ **reaction**\* (Bot, Chem) / Dunkelreaktion *f* (der Fotosynthese) ‖ ~ **red** *adj* / dunkelrot *adj*, amarant *adj*
**dark-red heat**\* (Met) / purpurrote Glühhitze, Dunkelrotglut *f* (Glühfarbe) ‖ ~ **meranti** (a light hardwood) (For) / Dunkelrotes Meranti (im Allgemeinen - Shorea spp.) ‖ ~ **meranti** (For) / Tanguile *n* (Holz der Shorea curtisii oder Shorea pauciflora King) ‖ ~ **seraya** (For) / Dunkelrotes Meranti (im Allgemeinen - Shorea spp.) ‖ ~ **silver ore**\* (Min) / Dunkles Rotgültigerz, Dunkles Rotgültig, Pyrargyrit *m*, Antimonsilberblende *f*
**dark resistance**\* (Electronics) / Dunkelwiderstand *m* (Widerstandswert eines unbeleuchteten Fotowiderstandes) ‖ ~ **respiration** (Biochem) / Dunkelatmung *f* (bei den zur Fotosynthese befähigten Organismen) ‖ ~ **room** *n* (Photog) / Dunkelkammer *f*
**darkroom camera**\* (Print) / Dunkelraumkamera *f* ‖ ~ **chemicals** (Chem, Photog) / Dunkelkammerchemikalien *f pl* ‖ ~ **illumination** (Photog) / Dunkelkammerbeleuchtung *f*, Dukabeleuchtung *f*
**dark satellite** (Radio, Space, Telecomm) / schweigender ("toter") Nachrichtensatellit ‖ ~ **slide** (Photog) / Plattenkassette *f* (Kamera) ‖ ~ **slide**\* (Photog) / Kassettenschieber *m* ‖ ~ **space**\* (Electronics) / Dunkelraum *m* (nicht leuchtendes Gebiet in einer Gasentladung) ‖ ~ **star** (Astron) / Dunkelstern *m* ‖ ~ **straw** *attr* (Met) / goldgelb *adj* (eine Anlauffarbe) ‖ ~ **straw colour** (Met) / Strohgelb *f* (eine Anlauffarbe um 220°) ‖ ~ **tint** / dunkle Tönung ‖ ~ **trace screen**\* (Electronics) / Dunkelschriftschirm *m*
**dark(ness) yellowing** (Paint) / Dunkelgilbung *f*, Dunkelvergilbung *f*
**Darlington all-pass** (Electronics) / Darlington-Allpass *m* ‖ ~ **amplifier** (Electronics) / Darlington-Verstärker *m*, Darlington-Transistor *m*, Tandemtransistor *m*, Darlistor *m* ‖ ~ **arrangement** (Electronics) / Tandemschaltung *f*, Darlington-Schaltung *f*, Darlington-Stufe *f* (Kettenschaltung zweier Emitterfolger) ‖ ~ **circuit** (Electronics) / Tandemschaltung *f*, Darlington-Schaltung *f*, Darlington-Stufe *f* (Kettenschaltung zweier Emitterfolger) ‖ ~ **configuration** (Electronics) / Tandemschaltung *f*, Darlington-Schaltung *f*, Darlington-Stufe *f* (Kettenschaltung zweier Emitterfolger) ‖ ~ **pair** (Electronics) / Darlington-Paar *n* (ausgesuchtes Paar von Darlington-Transistoren gleicher elektrischer Kenngrößen für Leistungsverstärker-Endstufen) ‖ ~ **power transistors** (Electronics) / Darlington-Paar *n* (ausgesuchtes Paar von Darlington-Transistoren gleicher elektrischer Kenngrößen für Leistungsverstärker-Endstufen)
**darn** *v* (Textiles) / stopfen *v* (vor allem Strümpfe) ‖ ~ *n* (Textiles) / Stopfstelle *f*, gestopfte Stelle
**darner** *n* (darning needle) (Textiles) / Stopfnadel *f* ‖ ~ (Textiles) / Textilstopfer *m*
**darning** *n* (Textiles) s. also mending ‖ ~ **cotton** (Textiles) / Stopfgarn *n* ‖ ~ **needle** (Textiles) / Stopfnadel *f* ‖ ~ **yarn** (Textiles) / Stopfgarn *n*
**Darrieus rotor** / Darrieus-Rotor *m* (einer Windkraftanlage mit senkrechter Achse - nach G. Darrieus, 1888 - 1979)
**DART** (digital acquisition reporting technique) (Oils) / DART-Verfahren *n* (mit dem man die Bohrparameter ermitteln kann)
**dart** *n* (Textiles) / Abnäher *m*, Cisson *m* (ein abgenähter Ausschnitt oder abgenähter überschüssiger Stoffbereich an Kleidungsstücken)
**darting flame** / Stichflamme *f* (Flamme, die bei einer explosionsartigen Verbrennung auftritt und eine ausgeprägte Richtung aufweist)
**Darwin glass** (Geol) / Queenslandit *m* (ein Tektit aus Tasmanien) ‖ ~ **glass** (Geol) / Darwin-Glas *n* (ein Australit)

**Darzens-Erlenmeyer-Claisen condensation** / Darzens-Erlenmeyer-Claisen-Kondensation *f*, Glycidesterkondensation *f*, Glyzidesterkondensation *f*
**Darzens glycidic ester condensation** / Darzens-Erlenmeyer-Claisen-Kondensation *f*, Glycidesterkondensation *f*, Glyzidesterkondensation *f* ‖ ~ **procedure** (Chem Eng) / Darzens-Alkylchlorid-Synthese *f* (Umsetzung von primären oder sekundären Alkoholen mit Thionylchlorid in Gegenwart von Pyridin) ‖ ~ **reaction** / Darzens-Erlenmeyer-Claisen-Kondensation *f*, Glycidesterkondensation *f*, Glyzidesterkondensation *f*
**DAS** (data acquisition system) (Comp) / Datenerfassungssystem *n*
**DASD** (direct-access storage device) (Comp) / Direct Access Storage Device, DASD (Direct Access Storage Device)
**dash** *n* (Autos) / Instrumentenanlage *f*, Armaturenbrett *n*, Instrumententafel *f* ‖ ~ (Chem) / Strich *m* (z.B. in der Valenzstrichformel) ‖ ~ (a small amount) (Nut) / Spritzer *m*, Schuss *m* (Flüssigkeiten) ‖ ~ (Print) / Gedankenstrich *m* ‖ ~ (Teleg) / Strich *m*, Morsestrich *m*
**dashboard** *n* (Autos) / Instrumentenanlage *f*, Armaturenbrett *n*, Instrumententafel *f* ‖ ~ **support** (Instr) / Instrumententräger *m*, Armaturenträger *m*
**dash coat** (of rough plaster) (Build) / Spritzbewurf *m*
**dash-dot line** / strichpunktierte Linie, Strichpunktlinie *f*
**dashed finish** (Build) / Spritzbewurf *m* ‖ ~ **leader** (Comp) / gestrichelte Linie (Füllzeichen zwischen Tabstops) ‖ ~ **line** / Strichlinie *f* (DIN 15)
**dasheen** *n* (Nut) / Taro *m*, Wasserbrotwurzel *f* (essbare Wurzelknolle der Colocasia esculenta (L.) Schott oder Colocasia esculenta 'Antiquorum')
**dasher** *n* (Nut) / Butterstößel *m*
**dash line** / Strichlinie *f* (DIN 15) ‖ ~ **panel** (Instr) / Instrumententräger *m*, Armaturenträger *m* ‖ ~ **plate** (San Eng) / Prallteller *m* (tellerförmige Platte, die zum Zweck der Änderung der Strömungsrichtung und Strömungsenergieumwandlung vor den meist kreisförmigen Einlauföffnungen von Absetzbecken angebracht wird)
**dashpot**\* (Eng) / hydraulischer Stoßdämpfer ‖ ~\* (Eng) / Dämpfungszylinder *m*, Bremszylinder *m* (hydraulischer) ‖ ~\* (Phys) / Dämpfungsglied *n* (z.B. Newton'sches nach DIN 1342, T 1) ‖ ~ *n* (Autos, I C Engs) / Drosselklappenschließverzögerer *m* (bei Drosselklappenvergasern), Drosselklappenschließdämpfer *m* ‖ ~ (Eng) / Dämpfer *m* (Schwingungsdämpfer bei Kolbenmaschinen) ‖ ~ **region** (of a fuel element) (Nuc Eng) / Stoßdämpferteil *n*, Stoßdämpferzylinder *m*, Dämpfungszylinder *m* ‖ ~ **shock absorber** (Eng) / hydraulischer Stoßdämpfer
**dasymeter** *n* (Phys) / Dasymeter *n* (Gerät zur Demonstration des Auftriebs der Körper in Luft)
**DAT** (Acous) / digitales Tonband ‖ ~\* (digital audiotape) (Acous, Comp, Mag) / Digitalmagnetband *n*, DAT (Digitalmagnetband), Magnetband *n* für Digitalaufzeichnungen ‖ ~ (dynamic address translation) (Comp) / dynamische Adressumsetzung
**data**\* *pl* (also singular) (Comp) / Daten *n pl* (DIN 44300), Daten *f pl*
**data abuse** (Comp) / Datenmissbrauch *m* ‖ ~ **access** (Comp) / Datenzugriff *m*, Zugriff *m* auf Daten ‖ ~ **accuracy** (Comp) / Richtigkeit der Daten *f*, Fehlerfreiheit *f* der Daten ‖ ~ **acquisition** / Messwerterfassung *f* ‖ ~ **acquisition** (usually implying that data is collected on-line) (Comp) / Datenerfassung *f*, Datengewinnung *f*, Datenaufnahme *f*, Datenerhebung *f*, Erfassung *f* von Daten ‖ ~ **acquisition system** (Comp) / Datenerfassungssystem *n* ‖ ~ **administration** (Comp) / Data-Management *n*, Datenmanagement *n*, Datenverwaltung *f*, Datenhaltung *f* ‖ ~ **analysis** (Comp, Stats) / Datenanalyse *f* ‖ ~ **archive(s)** (Comp) / Datenarchiv *n* (Zusammenstellung von Daten einer Datenkategorie in einem Speicher, bei dem nach dem Wert der konstituierenden Variablen geordnete Dateieinheiten mit einem einheitlichen Datenformat nur für die konstituierende Variable verzeichnet) ‖ ~ **attribute** (Comp) / Datenattribut *n*
**databank**\* (Comp) s. also data base ‖ ~\* *n* (Comp) / Datenbank *f* (redundanzfreie Integration mehrerer Rechnerdateien, die es erlaubt, gespeicherte Daten zu pflegen, zu aktualisieren und im Direktzugriff wiederzugewinnen, wobei sich im Gegensatz zur Datenbasis auch Daten gewinnen lassen, die in dieser Form nicht explizite eingespeichert worden sind), DB (Datenbank) ‖ ~\* (Comp) / Datenbank *f* (eine Datenbasis unter einem Datenbasis-Verwaltungssystem, die von mehreren Anwendungsprogrammen gemeinsam genutzt werden kann), DB (eine Datenbasis unter einem Datenbasis-Verwaltungssystem, die von mehreren Anwendungsprogrammen gemeinsam genutzt werden kann) ‖ ~ **management system** (Comp) / Datenbankverwaltungssystem *n*, Datenbankmanagementsystem *n*,

**data**

DBMS (Datenbankmanagementsystem) ‖ ~ **owner** (Comp) / Datenbankhalter *m* (eine juristische oder natürliche Person) **database*** *n* (Comp) / Datenbank *f* (eine Datenbasis unter einem Datenbasis-Verwaltungssystem, die von mehreren Anwendungsprogrammen gemeinsam genutzt werden kann), DB (eine Datenbasis unter einem Datenbasis-Verwaltungssystem, die von mehreren Anwendungsprogrammen gemeinsam genutzt werden kann) ‖ ~* (ISO/IEC 2382, Part 17) (Comp) / Datenbasis *f* (die Menge der strukturierten Daten in einem Speicher, in den sie abgelegt und aus dem sie zur Verarbeitung bereitgestellt werden) ‖ **patent** ~ (Comp) / Patentdatenbank *f* ‖ ~ **administrator** (Comp) / Datenbankverwalter *m*, Datenbankadministrator *m*, DB-Verwalter *m* (Person, die für den Aufbau, die Entwicklung, den Betrieb, die Sicherung, die Aktualisierung und die Benutzung einer Datenbank verantwortlich ist), DBA ‖ ~ **computer** (Comp) / Datenbankrechner *m* ‖ ~ **design** (Comp) / Datenbankentwurf *m*, Datenbankdesign *n* ‖ ~ **developer** (Comp) / Datenbankentwickler *m*, Datenbankdeveloper *m* ‖ ~ **development** (Comp) / Datenbankentwicklung *f* ‖ ~ **machine** (Comp) / Datenbankmaschine *f* (Spezialrechner für die Verwaltung von relationalen Datenbanken) ‖ ~ **management system*** (Comp) / Datenbankverwaltungssystem *n*, Datenbankmanagementsystem *n*, DBMS (Datenbankmanagementsystem) ‖ ~ **manager** (Comp) / Datenbankverwalter *m*, Datenbankadministrator *m*, DB-Verwalter *m* (Person, die für den Aufbau, die Entwicklung, den Betrieb, die Sicherung, die Aktualisierung und die Benutzung einer Datenbank verantwortlich ist), DBA ‖ ~ **model** (Comp) / Datenbankmodell *n* ‖ ~ **publishing** (Comp) / datenbankgestütztes Publizieren ‖ ~ **publishing** (Comp) / Database Publishing *n* ‖ ~ **query language** (Comp) / Datenbankabfragesprache *f* ‖ ~ **search** (Comp) / Datenbankrecherche *f* ‖ ~ **server** (Comp) / Datenbasisserver *m* ‖ ~ **system** (Comp) / Datenbanksystem *n*, DBS ‖ ~ **transaction** (Comp) / Datenbanktransaktion *f* (ein abgeschlossener Kommunikationsvorgang mit der Datenbank) ‖ ~ **window** (Comp) / Datenbankfenster *n* (eine Art Schaltzentrale, über die sich alle Access-Datenbankobjekte öffnen und bearbeiten lassen)
**data bit** (Comp) / Datenbit *n* ‖ ~ **block** (Comp) / Block *m* (im Gegensatz zum Datensatz), Datenblock *m* ‖ ~ **bus** (Comp) / Datenbus *m* (spezielle Form des Bussystems, über das Daten parallel übertragen werden), Datenbusschiene *f*, Datenbusleitung *f* ‖ ~ **bus coupler** (Comp) / Datenbuskoppler *m* ‖ ~ **capture** (Comp) (data acquisition + data gathering) (Comp) / Datenerfassung *f* (Umsetzen von in beliebiger, aber nicht maschinenlesbarer Form vorliegenden Daten in maschinenlesbare Form) ‖ ~ **carrier** (Comp) / Datenträger *m* (ein physisches Mittel, auf dem Daten aufbewahrt werden können) ‖ ~ **carrier** (Comp) s. also volume ‖ ~ **cartridge** (Comp) / Datenkassette *f*, Cartridge *f*, Magnetband-Cartridge *f* ‖ ~ **cell** (Comp) / Zelle *f* ‖ ~ **centre** (Comp) / Datenzentrum *n* (eine Datenbank, die ihre Tätigkeit zentral für eine geografische, organisatorische oder politische Einheit durchführt), zentrale Datenbank ‖ ~ **chaining** (Comp) / Datenkettung *f*, Datenadressenkettung *f*, Datenverkettung *f* ‖ ~ **channel** (Comp) / Datenkanal *m* (ein Informationspfad in einem nachrichtentechnischen System, in dem Daten übertragen werden) ‖ ~ **channel** (Telecomm) / D-Kanal *m* (Signalisierungskanal beim ISDN mit einer Kapazität von 16 kbit/s beim Basis- und 64 kbit/s beim Primärmultiplexanschluss), Steuerkanal *m* (ISDN), Zeichengabekanal *m* ‖ ~ **check** (Comp) / Datenprüfung *f* ‖ ~ **circuit** (Comp) / Datenübertragungsstrecke *f* ‖ ~ **circuit** (Comp) / Datenverbindung *f* (DIN 44302)
**data-circuit terminating equipment** (Comp) / Datenübertragungseinrichtung *f* (ein vom Netzbetreiber zur Verfügung gestelltes Gerät, das den Netzabschluß für ein Endgerät nutzbar macht - DIN 44 302), DÜE (Datenübertragungseinrichtung)
**data code** (Comp) / Datenkode *m*, Datencode *m* ‖ ~ **collection** (Comp) / Datenerfassung *f* (Umsetzen von in beliebiger, aber nicht maschinenlesbarer Form vorliegenden Daten in maschinenlesbare Form) ‖ ~ **collection** (Comp) s. also data pooling
**data-collection platform** (Meteor) / Datensammelstelle *f*, DCP *n* (in schwer zugänglichen Gebieten eingesetzte elektronische Anlage, welche die automatische Datensammlung ermöglicht)
**data combination** (Comp) / Datenverbund *m* (ein Datensatz, in dem zu einer determinierenden Variablen mehrere verschiedene Variablenwerte gehören) ‖ ~ **combination system** (Comp) / Datenverbundsystem *n* ‖ ~ **communication** (Comp) / Datenübertragung *f* (im weitesten Sinne), Datenübermittlung *f* (DIN 44302) ‖ ~ **communication** (Comp) / Datenkommunikation *f* (für den Informationstransfer vorgesehene Form der Telekommunikation zwischen Datenverarbeitungsanlagen) ‖ ~ **communication equipment (DCE)** (Comp) / Datenkommunikationseinrichtungen *f pl* ‖ ~ **communication terminal** (Comp) / Terminal *n*, Datenendplatz *m*, Datenendgerät *n*, Daten(end)station *f* (DIN 44302) ‖ ~ **compaction*** (Comp) / Kompaktifizierung *f* von Daten ‖ ~ **compression** (Comp) / Kompaktifizierung *f* von Daten ‖ ~ **compression*** (Comp) / Datenkompression *f*, Datenverdichtung *f*, Datenkomprimierung *f* ‖ ~ **concentrator** (Comp) / Datenkonzentrator *m* ‖ ~ **connection with accompanying speech transmission** (Comp) / sprachbegleitete Datenverbindung ‖ ~ **consistency** (Comp) / Datenkonsistenz *f* ‖ ~ **contamination** (Comp) / Verletzung *f* der Integrität der Daten (beabsichtigte oder irrtümliche) ‖ ~ **control** (Comp) / Data-Control *n* (sieht ähnlich wie das VCR-Control aus, kann zur Laufzeit versteckt werden, bestimmt die Datenbank und die Tabelle, die es kontrolliert) ‖ ~ **control block** (Comp) / Dateisteuerblock *m*, File Control Block *m* (im Hauptspeicher), FCB (File Control Block), Data Control Block *m* ‖ ~ **conversion** (Comp) / Datenumsetzung *f*, Datenkonversion *f*, Datenumwandlung *f* ‖ ~ **converter** (Comp) / Datenumsetzer *m*, Datenwandler *m* ‖ ~ **convertor** (Comp) / Datenumsetzer *m*, Datenwandler *m* ‖ ~ **corruption** (Comp) / Verletzung *f* der Integrität der Daten (beabsichtigte oder irrtümliche) ‖ ~ **corruption** (Comp) / Datenverfälschung *f* ‖ ~ **cryptographic transformation** (Comp) / Verschlüsselung *f* von Daten ‖ ~ **definition** (Comp) / Datendefinition *f*
**data-definition language** (Comp) / Datendefinitionssprache *f* ‖ ~ **name** (Comp) / DD-Name *m*
**data delimiter** (Comp) / Begrenzungszeichen *n*, Trennzeichen *n*
**data-dependent access control** (Comp) / datenabhängige Zugriffskontrolle
**data description language*** (Comp) / Datenbeschreibungssprache *f* (zur formalen Festlegung einer Datenbank) ‖ ~ **dictionary** (Comp) / Data Dictionary *n* (ein Datenhaltungssystem) ‖ ~ **dictionary*** (Comp) / Datendiktionär *n* (ein strukturiertes Programmsystem), DD (Datendiktionär), Data Dictionary *n*, repository *n* ‖ ~ **disc** (Comp) / Data Disc *f* ‖ ~ **disk** (Comp) / Data Disc *f* ‖ ~ **display console** (Comp) / Datensichtplatz *m*, DSPL (Datensichtplatz), Bildschirmkonsole *f* ‖ ~ **display device** (Comp) / Datensichtstation *f* ‖ ~ **display terminal** (Comp) / Datensichtstation *f* ‖ ~ **division** (COBOL) (Comp) / Datenteil *m* (der dritte Teil eines COBOL-Programms, der die Deklarationen für die im Programm verwendeten Größen enthält)
**data-driven** *adj* (AI) / erwartungsgesteuert *adj*, datengesteuert *adj* (Vorgehensweise bei Vorwärtsverkettung)
**data element** (Comp) / Datenelement *n* (Bestandteil einer Dateneinheit, der innerhalb dieser nicht weggelassen oder ausgetauscht werden kann, ohne die Bedeutung der Dateneinheit zu ändern) ‖ ~ **encryption** (Comp) / Verschlüsselung *f* von Daten ‖ ~ **Encryption Standard** (Comp) / Data Encryption Standard *m*, DES (weit verbreitetes Text-Verschlüsselungsverfahren) ‖ ~ **entry** (Comp) / Dateneingabe (DE) *f*, Datenerfassung *f*, DE ‖ ~ **entry** (Comp) s. also data input
**data-entry administrator** (Comp) / Datenerfassungsüberwacher *m* (Person), DE-Überwacher *m*, Administrator *m*
**data exchange** (Comp) / Datenaustausch *m* ‖ ~ **exchange service** (Comp) / Datexdienst *m* (der Deutschen Telecom AG) ‖ ~ **explosion** (Comp) / Datenentkomprimierung *f* (der Datenkomprimierung entgegengesetzter Vorgang) ‖ ~ **extraction** (Surv) / Auswertung *f* (von Luft- oder Fernerkundungsbildern - digitale) ‖ ~ **extractor** (Mil) / Datenextraktor *m* (Gerät zur Zieldatengewinnung) ‖ ~ **field** (Comp) / Datenfeld *n* (kleinste adressierbare logische Einheit innerhalb einer aus Datensätzen bestehenden Datei) ‖ ~ **file** (Comp) / Datendatei (im Gegensatz zu Systemdatei) *f* ‖ ~ **file** (Comp) / Datei *f* (Menge von Dateneinheiten nach DIN 44 300), File *n* ‖ ~ **filtering** (Comp) / Datenfilterung *f* ‖ ~ **flow*** (Comp) / Datenfluss *m* (DIN 44300) ‖ ~ **flowchart*** (Comp) / Datenflussplan *m* (DIN 44300) ‖ ~ **format** (Comp) / Datenformat *n* ‖ ~ **frame** (Comp) / Datenrahmen *m* ‖ ~ **gathering** (usually implying that data is captured off-line) (Comp) / Datenerfassung *f*, Datengewinnung *f*, Datenaufnahme *f*, Datenerhebung *f*, Erfassung *f* von Daten ‖ ~ **glove** (a graphical input device consisting of a glove with sensors that detect hand and finger movements) (Comp) / Datenhandschuh *m*
**datagram** *n* (a self-contained, independent entity of data carrying sufficient information to be routed from the source to the destination computer without reliance on earlier exchanges between this source and destination computer and the transporting network) (Comp) / Datagramm *n* (Dienstart eines paketübertragungssortierten Netzwerks)
**data handling** (Comp) / Datenaufbereitung *f* (Vorstufe der Datenerfassung), Datenbearbeitung *f* ‖ **~-handling capacity*** (Comp) / Datenbearbeitungskapazität *f*, Kapazität *f* der Datenbearbeitungsanlage ‖ **~-handling system*** (Comp) / Datenverarbeitungssystem *n*, Rechensystem *n* ‖ ~ **haven** (country having liberal data bank laws to which data-processing operations are moved from those countries having more restrictive regulations) (Comp) / Datenoase *f* (ein Land, das durch Art oder Inhalte seiner Datenschutzgesetze eine eher großzügige Benutzung

**data**

personenbezogener Daten, mit allenfalls geringen Rechten der Betroffenen, erlaubt) || ~ **heaven** (Comp) / Datenoase f (ein Land, das durch Art oder Inhalte seiner Datenschutzgesetze eine eher großzügige Benutzung personenbezogener Daten, mit allenfalls geringen Rechten der Betroffenen, erlaubt) || ~ **hierarchy** (Comp) / Datenhierarchie f
**data-hold time** (Comp) / Datenhaltezeit f (bei integrierten Speicherschaltungen)
**data image** (Comp) / Datenabbild n || ~ **independence** (Comp) / Datenunabhängigkeit f (Isolierung von Daten von einzelnen Programmen und Anwendungsgebieten) || ~ **input** (Comp) / Dateneingabe (DE) f, Datenerfassung f, DE
**data-input bus** (Comp) / Dateneingabebus m || ~ **channel** (Comp) / Dateneingabekanal m, DEK
**data integrated network** (Comp) / Datenverbundnetz n (Rechnerverbund zum Zwecke der Zugänglichmachung von Datenbeständen für die Mehrfachnutzung an verschiedenen Orten) || ~ **integrity** (Comp) / Datensicherheit f (Bewahrung von Daten vormeist - unbeabsichtigter Beeinträchtigung), Datenintegrität f || ~ **interchange** (Comp) / Datenaustausch m
**data-interchange format** (Comp) / Datenaustauschformat n || ~ **tape** (Comp) / Austauschband n (nach DIN 2341)
**data item** (Comp) / Datenelement n (Bestandteil einer Dateneinheit, der innerhalb dieser nicht weggelassen oder ausgetauscht werden kann, ohne die Bedeutung der Dateneinheit zu ändern) || ~ **item** (Comp) / Datenfeld n (ein Zeichen oder mehrere zusammengehörende Zeichen - Cobol) || ~ **item** (Comp) / [COBOL] Datenwort n || ~ **items** (Comp) / Daten n pl (DIN 44300), Daten f pl || ~ **liability** (Comp) / Datenhaftung f, Datenverantwortung f, Datenverantwortlichkeit f || ~ **line** (Comp) / Datenleitung f || ~ **link** (Comp) / Übermittlungsabschnitt m, Datenübermittlungsabschnitt m
**data-link escape** (Comp) / Zeichenumschaltung f (ein CCITT-Steuerzeichen für Datenübertragung) || ~ **escape character** (Comp) / Zeichen n für Datenübertragungsumschaltung || ~ **layer** (Comp, Telecomm) / Sicherungsschicht f (Übertragungssteuerung, abschnittsweise Fehlerüberwachung, Block- oder Rahmensynchronisation - Schicht 2 im OSI-Referenzmodell, DIN ISO 7498), Verbindungsschicht f (im OSI-Referenzmodell), Verbindungssicherungsschicht f, Sicherungsebene f || ~ **system** (Comp) / Datenlinksystem n (Nav) / Datalinksystem n
**data logger** (Automation, Comp) / Datenlogger m || ~ **logging** (Comp) / Datenerfassung f (von Analogdaten am Messgerät, ohne Bearbeitung) || ~ **management** (Comp) / Data-Management n, Datenmanagement n, Datenverwaltung f, Datenhaltung f || ~ **manipulation** (i.e., the performance of data processing operations common to most users, such as sorting, input-output, data modification, etc.) (Comp) / Datenmanipulation f, Datenbehandlung f || ~ **manipulation language*** (Comp) / Datenmanipulationssprache f, Datenhandhabungssprache f, Datenbehandlungssprache f || ~ **marshalling** (Comp) / Datensammlung f (Tätigkeit)
**datamation** n (Comp) / automatische Datenverarbeitung, ADV (automatische Datenverarbeitung)
**data medium** (Comp) / Datenträger m (ein physisches Mittel, auf dem Daten aufbewahrt werden können) || ~ **merging** (Comp) / Datenmischen n || ~ **migration** (Comp) / Data Migration f (NetWare 4.0 Feature, das selten benötigte Dateien auf externe Massenspeicher auslagert), Datenmigration f || ~ **mining** (Comp) / Data Mining n (Methode zur Auffindung von Zusammenhängen und Trends in großen Datenbeständen) || ~ **model*** (Comp) / Datenmodell n (formale Methode, Information aus einem wohldefinierten, abgegrenzten Informationsbereich strukturiert darzustellen) || ~ **modification** (Comp) / Datenmodifikation f || ~ **module** (Comp) / Datenmodul n || ~ **multiplexer** (Comp) / Datenmultiplexer m (DIN 44302) || ~ **name** (Comp) / Datenname m || ~ **network** (a communication network that is devoted to carrying computer information, as opposed to voice, video, etc.) (Comp) / Datennetz n (DIN 44302), DN (Datennetz) || ~ **network identification code** (Telecomm) / Datennetzkennung f || ~ **oasis** (Comp) / Datenoase f (ein Land, das durch Art oder Inhalte seiner Datenschutzgesetze eine eher großzügige Benutzung personenbezogener Daten, mit allenfalls geringen Rechten der Betroffenen, erlaubt) || ~ **object** (Comp) / Datenobjekt n || ~ **organization** (Comp) / Datenorganisation f || ~ **origin** (Comp) / Datenursprung m || ~ **origination** (Comp) / Datenerfassung f in maschinenlesbarer Form || ~ **-out line** (Comp) / Datenausgabeleitung f, DA-Leitung f (Datenausgabeleitung) || ~ **output** (Comp) / Datenausgabe (DA) f, DA || ~ **overrun** (Comp) / Datenverlust m || ~ **packet** (Comp, Telecomm) / Datenpaket n (DIN 44302), Paket n (für die Paketvermittlung) || ~ **path** (Comp) / Datenweg m || ~ **path** (Comp) s. also data bus || ~ **path compiler** (Comp) / Datenwegkompilierer m || ~ **path logic** (Comp) / Datenwegsteuerung f || ~ **pen** (Comp) / Datapen n, Lesepistole f, Lesestift m,

Handlesekopf m, Handleser m (z.B. für den EAN-Kode) || ~ **phone** (Comp) / Datenfernsprecher m, Datentelefon n || ~ **plotter** (Comp) / Plotter m (koordinatengesteuertes Aggregat zur grafischen Ausgabe von Informationen bei den digitalen Rechenanlagen), Digitalplotter m, Zeichengerät n (zum Zeichnen von Kurven und Einzelpunkten), Zeichenautomat m (Plotter), Kurvenschreiber m (DIN 44300) || ~ **pointer** (Comp) / Datenadressregister n || ~ **pooling** (Comp) / Datensammlung f (Tätigkeit) || ~ **preparation** (Comp) / Datenaufbereitung f (Vorstufe der Datenerfassung), Datenbearbeitung f || ~ **privacy** (Comp) / Datenschutz m (Maßnahmen oder Einrichtungen oder deren abschirmende Wirkung gegen die Beeinträchtigung von Persönlichkeitsrechten durch Missbrauch von personenbezogenen Daten) || ~ **processing*** (Comp) / Datenverarbeitung f, Informationsverarbeitung f
**data-processing** adj (Comp) / Daten verarbeitend adj || ~ **centre** (Comp) / Datenverarbeitungszentrum n, DV-Zentrum n, Rechenzentrum n || ~ **department** (Comp) / EDV-Abteilung f, DV-Abteilung f (DIN 44300)
**data • -processing equipment** (Comp) / Datenverarbeitungsanlage f, DV-Anlage f, DVA (Datenverarbeitungsanlage) || ~ **protection*** (Comp) / Datenschutz m (im weitesten Sinne) || ~ **purification** (Comp) / Datenüberprüfung f (mit Korrekturen und Ergänzungen) || ~ **quality** (Comp) / Datenqualität f, DQ (Datenqualität) || ~ **rate** (Comp) / Datenrate f (Anzahl der binären Daten, die pro Sekunde übertragen werden können) || ~ **receiver** (Comp) / Datenempfänger m || ~ **receiver** (Comp) s. also data sink || ~ **record** (basic block of data on input or output device) (Comp) / Datensatz m (mehrere zusammengehörige Datenfelder), Satz m (Datensatz), Record n (eine bei der Bearbeitung durch ein Programm als Einheit betrachtete Datenmenge, die durch einen Schlüssel bzw. seinen Wert eindeutig identifiziert werden kann und deren einzelne Bestandteile einen inhaltlichen Zusamemnhang aufweisen) || ~ **recording** (Comp) / Datenaufzeichnung f, Datenregistrierung f || ~ **reduction*** (Comp) / Datenkompression f, Datenverdichtung f, Datenkomprimierung f || ~-**reduction system** (Comp) / Datenverarbeitungssystem n, Rechensystem n || ~ **register** (Comp) / Register n für allgemeine Anwendungen (bei Mikroprozessoren) || ~ **register** (Comp) / Datenregister n, DR (Datenregister) || ~ **representation** (Comp) / Datendarstellung f || ~ **resolution** (Comp) / Datenauflösung f || ~ **retrieval*** (Comp) / Informationswiedergewinnung f, Information-Retrieval n, Wiederauffinden n (von Informationen), Retrieval n || ~ **safety** (Comp) / Datensicherheit f (Bewahrung von Daten vor - meist unbeabsichtigter Beeinträchtigung), Datenintegrität f || ~ **safety filter** (Comp) / Datenschutzfilter n || ~ **secrecy** (Comp) / Datengeheimnis n || ~ **security** (Comp) / Datensicherung f (Maßnahmen oder Einrichtungen, die den Zustand der Datensicherheit herbeiführen sollen), Datensicherheit f || ~ **selector** (Comp) / Datenweiche f || ~ **send ready** (Comp, Telecomm) / Betriebsbereitschaft f
**data-sensitive fault** (Comp) / datenabhängiger Maschinenfehler (der nur bei bestimmter Anordnung von Daten auftritt)
**data set** (Comp) / Datenmenge f || ~ **set** (Comp) / Datei f (im weiteren Sinne), physische Datei || ~ **set attachment** (Comp) / Fernleitungsanschluss m || ~ **sheet** (Comp) / Datenblatt n, Datenbogen m || ~ **signal** (Comp) / Datensignal n (DIN 44302) || ~ **signalling rate*** (Comp) / Übertragungsgeschwindigkeit f (Produkt aus Schrittgeschwindigkeit und der Anzahl der Binärzeichen, die je Schritt übertragen werden, angegeben in Bit pro Sekunde - DIN 44302) || ~ **signalling rate*** (Comp) s. also data rate || ~ **sink** (Comp) / Datensenke f (derjenige Teil der Dateneinrichtung, der Datensignale aufnehmen kann - DIN 44302) || ~ **source** (Comp) / Datenquelle f (DIN 44302) || ~ **stack** (Comp) / Datenkeller m || ~ **station** (Comp) / Datenstation f (DIN 44 302), DST (Datenstation) || ~ **station** (Comp) s. also data terminal || ~ **storage*** (Comp) / Datenspeicherung f, Speicherung f von Daten || ~ **stream** (Comp) / Datenstrom m || ~ **structure*** (Comp) / Datenstruktur f (DIN 44 300), Datenaufbau m || ~ **subject** (Comp) / Betroffener m (dessen Daten geschützt werden sollen) || ~ **superhighway** (Comp) / Datenautobahn f, Infobahn f, Informationshighway m, Datenhighway m || ~ **suppression** (Comp) / Datenunterdrückung f || ~ **switch** (Comp) / Datenschalter m || ~ **switching** (Comp) / Datenvermittlung f || ~ **switching centre** (Comp) / Datenvermittlungsstelle f || ~ **switching exchange** (Comp) / Datenvermittlungsstelle f || ~ **systems engineering** (Comp) / Datentechnik f || ~ **systems technology** (Comp) / Datentechnik f || ~ **tablet** (Comp) / Datentablett n || ~ **tablet** (Comp) / Tablett n (ein grafisches Eingabegerät) || ~ **tablet** (Comp) s. also graphics tablet || ~ **terminal** (Comp) / Terminal n, Datenendplatz m, Datengerät n, Daten(end)station f (DIN 44302) || ~ **terminal equipment** (Comp) / Datenendeinrichtung f, DEE f (Datenendeinrichtung nach DIN 44 302) || ~ **terminating equipment** (Comp) / Datenendeinrichtung f,

DEE *f* (Datenendeinrichtung nach DIN 44 302) ‖ ~ **throughput** (Comp) / Datendurchsatz *m*
**data-throughput rate** (Comp) / Datendurchschalteleistung *f*
**data to be processed** (Comp) / zu verarbeitende Daten ‖ ~ **track** (Comp) / Datenspur *f* ‖ ~ **traffic** (Comp) / Datenverkehr *m* ‖ ~ **transfer** (Comp) / Datenübertragung *f* (zwischen den einzelnen Teilen einer DVA am gleichen Ort), Datentransfer *m*, Datenübermittlung *f* ‖ ~ **transfer cycle** (Comp) / Datentransferzyklus *m* ‖ ~ **transfer rate** (Comp) / Transfergeschwindigkeit *f* (DIN 44302), Datentransferrate *f* (MByte/s), effektive Übertragungsgeschwindigkeit ‖ ~ **transmission** (Comp) / Datenübertragung *f*, DÜ (Datenübertragung nach DIN 44 300) ‖ ~ **transmission block** (Comp) / Datenübertragungsblock *m*, DÜ-Block *m* (DIN 44302) ‖ ~ **transmission capacity** (Comp) / Datenübertragungskapazität *f* ‖ ~ **transmission circuit** (Comp) / Datenübertragungsstrecke *f* ‖ ~ **type**\* (Comp) / Daten-Bauart *f* (DIN 44300), Datentyp *m* (bei Programmiersprachen die grundsätzlich zur Verfügung stehende Variante von Daten, die man definieren und manipulieren kann), Datenart *f* ‖ ~ **typist** (male) (Comp) / Datentypist *m* ‖ ~ **typist** (female) (Comp) / Datentypistin *f* ‖ ~ **unit** (Comp) / Dateneinheit *f* (Wort usw.) ‖ ~ **user** (Comp) / Datenbenutzer *m* ‖ ~ **validation** (Comp) / Datenprüfung *f* ‖ ~ **vaulting** (the long-term storage of data which does not need to be accessed immediately) (Comp) / Datenbevorratung *m* ‖ ~ **volume** (Comp) / Datenträger *m* (derjenige Teil eines einzelnen Speichermediums, auf den durch einen Lese-/Schreibmechanismus zugegriffen werden kann; ein Aufzeichnungsmedium, das als Ganzes montiert oder entfernt werden kann), Magnetschichtdatenträger *m* ‖ ≙ **Warehouse** (Comp) / Data Warehouse *n* (Realisierung eines Management-Informationssystems), DW (Data Warehouse), DWH (Data Warehouse) ‖ ~ **window** (Comp) / Datenfenster *n* ‖ ~ **word** (Comp) / [COBOL] Datenwort *n*
**DAT drive** (Electronics, Mag) / DAT-Laufwerk *n*, Laufwerk *n* des digitalen Magnetbandgerätes
**date** *n* / Datum *n* (pl. Daten) (Kalenderdatum oder Ordinaldatum nach EN 28601 - z.B. 2009-12-31) ‖ **effective** ~ **1 1 2007** / Stand per 1.1.2007 ‖ **out of** ~ / veraltet *adj* ‖ ≙ **Line** (International Date Line) / Datumsgrenze *f* (Grenzlinie auf der Erdoberfläche durch den Pazifischen Ozean)
**dateline** *n* (Typog) / punktierte Linie (für das Datum)
**Datel service** (Comp) / Dateldienst *m* (Sammelbegriff für die Datenübertragungsdienste der Deutschen Bundespost)
**date of filing** / Anmeldetag *m* (bei Patenten) ‖ ~ **of forwarding** / Absendetag *m*, Versandtag *m*, Aufgabetag *m* ‖ ~ **of minimum shelf life** (Nut) / Mindesthaltbarkeitsdatum *n* (der Tag, bis zu dem ein Produkt haltbar bleibt - kein Verfallsdatum), MHD (Minedsthaltbarkeitsdatum) ‖ ~ **of** (original) **purchase** / Kaufdatum *n* ‖ ~ **of receipt** / Tag *m* des Eingangs (einer Patentanmeldung)
**dater** *n* / Datumsstempel *m*, Tagesstempel *m*
**date-stamp** *n* / Datumsstempel *m*, Tagesstempel *m*
**DATEX-M service** (the German equivalent to SMDS) (Comp) / DATEX-M-Dienst *m* (B-ISDN-basierter Service der Deutschen Telekom AG für die LAN-LAN-Kopplung)
**DATEX network** (Comp) / Datexnetz *n* (Sammelbegriff für Datenübertragungsnetze) ‖ ≙ **service** (Comp) / Datexdienst *m* (der Deutschen Telecom AG)
**DAT feature** (dynamic address translation feature) (Comp) / dynamische Adressumsetzungseinrichtung, DAT-Einrichtung *f*
**dating** *n* / Altersbestimmung *f*, Datierung *f*
**dative bond**\* (Chem) / koordinative Bindung ‖ ~ **covalent bond** (Chem) / koordinative Bindung
**datolite**\* *n* (Min) / Datolith *m* (Kalziumhydroxidborosilikat)
**DAT technology** (Electronics, Mag) / DAT-Technik *f*, Digitaltonbandtechnik *f*
**datum**\* *n* (Cartography) / Normalnull *n* (physikalisch definierte Bezugsfläche für Höhenangaben), N.N., NN (z.B. der Amsterdamer oder der Kronstädter Pegel) ‖ ~ *n* (Comp) / Datenelement *n* (Bestandteil einer Dateneinheit, der innerhalb dieser nicht weggelassen oder ausgetauscht werden kann, ohne die Bedeutung der Dateneinheit zu ändern) ‖ ~\* (pl. data) (Eng) / Bezugspunkt *m*, Bezugslinie *f*, Bezugsebene *f* ‖ ~\* (pl. data) (Eng) / Bezugsgröße *f* (in technischen Zeichnungen), Bezugsgröße *f* (DIN 7184, T 1)
**datum dimensioning** (Eng) / Bezugsbemaßung *f* (von einer einheitlichen Bezugslinie - DIN 406, T 3) ‖ ~ **face** (Eng) / Bezugsfläche *f* (in technischen Zeichnungen) ‖ ~ **feature** (Eng) / Bezugswert *m* (in technischen Zeichnungen) ‖ ~ **level** (Aero) / Bezugsfläche *f* ‖ ~ **line** (Eng) / Nulllinie *f* (eine gedachte Linie, auf welche die Abmaße bezogen sind) ‖ ~ **plate** / Peilplatte *f* (fest angebrachte Platte am Boden eines Tanks als Fixpunkt für Tankeichung und Tankpeilung) ‖ ~ **surface** (Eng) / Bezugsfläche *f* (in technischen Zeichnungen)

**datura alkaloid** (a tropane alkaloid) (Pharm) / Stechapfelalkaloid *n* (z.B. Hyoscyamin)
**daub** *v* (Ceramics) / verschmieren *v* (ein Ofenmauerwerk mit plastischer Tonmasse) ‖ ~ *n* (Build) / Lehmverputz *m*, Lehmverstrich *m*
**daubing**\* *n* (Build) / Bestich *m*, Berapp *m*, Rauputz *m* (einlagig), Rapputz *m* (rauer Bewurf für untergeordnete Räume) ‖ ~\* (Build) / Abspitzen *n*, Spitzen *n* (des Steins), Abschlagen *n* (grobes Behauen des Steins)
**daughter** *n* (Comp) / Tochter *f* (ein Nachkomme in einem binären Baum) ‖ ~ (Nuc) / Tochterprodukt *n* (DIN 25401), Tochtersubstanz *f*, Folgeprodukt *n* ‖ ~ **activity** (Nuc) / Tochteraktivität *f* ‖ ~ **atom** (Nuc) / Tochteratom *n* ‖ ~ **board** (Comp, Electronics) / Tochterboard *n* ‖ ~ **board** (Electronics) / Huckepackplatine *f*, Huckepackkarte *f* (Leiterplatte, die auf eine andere Leiterplatte aufgesteckt wird), Steckkarte *f*, Tochterplatte *f* ‖ ~ **ion** (Spectr) / Tochterion *n* ‖ ~ **node** / Kindknoten *m* (in der Grafentheorie) ‖ ~ **nucleus** (Nuc) / Tochterkern *m*, Folgekern *m* ‖ ~ **product**\* (Nuc) / Tochterprodukt *n* (DIN 25401), Tochtersubstanz *f*, Folgeprodukt *n* ‖ ~ **product**\* (Nuc) s. also decay product
**daunomycin** *n* (Pharm) / Daunomycin *n* (ein Anthracyclin)
**daunorubicin** *n* (Pharm) / Daunomycin *n* (ein Anthracyclin)
**Dauphiné law** (Crystal) / Schweizer Gesetz, alpines Gesetz, Dauphinéer Gesetz ‖ ≙ **twin** (Crystal) / Dauphinéer Zwilling
**davana oil** (Chem, Nut) / Davanaöl *n* (aus Artemisia pallens L.)
**Davao hemp** (Bot, Textiles) / Abakafaser *f* (eine Hartfaser), Manilafaser *f*, Musafaser *f*, Abacá *m*, Abaka *m* (Spinnfaser der Faserbanane), Manilahanffaser *f* (Faserbündel aus den Blattscheiden der Musa textilis), Pisanghanffaser *f*
**davidite** *n* (Min) / Davidit *m* (ein Uranmineral)
**David's maple** (For) / Davids Ahorn (Acer davidii Franch.)
**Davisson-Germer experiment** (Chem, Crystal) / Davisson-Germer-Versuch *m* (Nachweis des Welle-Teilchen-Dualismus der Elektronen - nach C.J. Davisson, 1881 - 1958, und L.H. Germer, 1896 - 1971)
**davit** *n* (Ships) / Davit *m* (galgenartige Vorrichtung zum Aussetzen von Gegenständen nach außenbord)
**Davy lamp**\* (Mining) / Wetterlampe *f*, Sicherheitslampe *f*, Grubenlampe *f*, Davy-Lampe *f*
**Dawidoff splitting** (Spectr) / Dawidow-Aufspaltung *f* (bei Chromophoren)
**dawn-chorus** *n* (Radio) / Dawnchorus *m* (eine VLF-Emission) ‖ ~ (Radio) s. also hiss and whistler
**dawn-grey** *adj* (Textiles) / dämmergrau *adj*
**dawn redwood** (For) / Urweltmammutbaum *m* (Metasequoia glyptostroboides Hu et W.C. Cheng), Metasequoia *f* ‖ ~ **rocket** (Space) / Dämmerungsrakete *f*
**dawsonite** *n* (Min) / Dawsonit *n* (Natriumaluminiumdihydroxidkarbonat)
**day**\* *n* (Astron) / Tag *m* (DIN 1301, T 1), d ‖ ~ (Mining) / Tagesoberfläche *f*
**day-and-night capability** (Mil) / Tag- und Nachteinsatzfähigkeit *f*, Einsatzfähigkeit *f* bei Tag und Nacht (von Jagdflugzeugen und Bombern)
**day bin** / Tagessilo *m n* (als Gegensatz zu Lagersilo), Tagesbunker *m* (mit Fassungsvermögen für rund eine Tagesproduktion) ‖ ~ **blindness** (Med, Optics) / Tagblindheit *f*, Hemeralopie *f* ‖ ~ **fall** (Mining) / Binge *f*, Pinge *f* (trichter- oder schüsselförmige Vertiefung im Gelände in geringer Teufe umgegangenen Bergbaus) ‖ ~ **for night** (Cinema) / Nachteffekt *m*, amerikanische Nacht (Eindruck einer Nachtaufnahme bei einer am Tag gedrehten Szene)
**Day-Glo** *n* (Paint) / Tagesleuchtfarbe *f* (z.B. für Reflexfolien)
**dayglo color** (US) (Paint) / Tagesleuchtfarbe *f* (z.B. für Reflexfolien)
**dayglow** *n* (Geophys) / Dayglow *n* (in der hohen Atmosphäre) ‖ ~ (Geophys) / Himmelsstrahlung *f* (am Tage), Taghimmelslicht *n*, Luftleuchten *n* am Tage ‖ ~ **colour** (Paint) / Tagesleuchtfarbe *f* (z.B. für Reflexfolien)
**day interior zone** (Civ Eng) / Tunnelinnenstrecke *f* (DIN 67 524-1) ‖ ~ **joint** (Civ Eng) / Arbeitsfugenbrett *n*, Tagesabschlussstopp *m*, Tagesendfuge *f*
**daylight** *v* (Light) / mit Tageslicht beleuchten ‖ ~ *n* (Chem Eng) / Etagenhöhe *f* (der Vulkanisierpresse) ‖ ~\* (Eng) / Einbauhöhe *f* (größter Abstand zwischen Tisch und Stößeloberkante) ‖ ~\* (Eng) / Durchgang *m* (der Presse), lichte Höhe (z.B. bei Pressen), Einbauhöhe *f* (lichte - einer Presse) ‖ ~ (Light) / Tageslicht *n* (DIN 5034) ‖ **to** ~ / auf Gelände führend (bei Kanälen - Angabe auf Bauplänen) ‖ ~ **display** (Comp) / Tageslichtanzeige *f*, Hellraum-Sichtanzeige *f* ‖ ~ **factor**\* (Build, Light) / Tageslichtquotient *m* (bei verglasten Fenstern im Innenraum), Himmelsfaktor *m* (bei der Helligkeitsbeurteilung) ‖ ~ **filter** (Photog) / Tageslichtfilter *n* ‖ ~ **fluorescent colour** (Paint) / Tagesleuchtfarbe *f* (z.B. für Reflexfolien) ‖ ~ **fluorescent lamp** (Elec Eng) / Tageslichtleuchtstofflampe *f* ‖ ~ **fluorescent pigment** (Paint) /

**daylight**

Tagesleuchtpigment *n* ‖ ~ **glass** (Glass) / Glas *n* für Tageslichtleuchten ‖ ~ **hot press** (For) / Etagenheißpresse *f* (für Faser-Spanplattenherstellung)
**daylighting** *n* (Light) / Tageslichtbeleuchtung *f*, Tagesbeleuchtung *f*, Beleuchtung *f* mit Tageslicht, natürliche Beleuchtung
**daylight lamp**\* / Tageslichtlampe *f* ‖ ~ **magazine** (Cinema) / Tageslichtmagazin *n* ‖ ~ **press** (Eng) / Mehretagenpresse *f*, Etagenpresse *f*
**daylight-saving time** / Sommerzeit *f* (die im Sommerhalbjahr meist um eine Stunde gegen die Einheits- oder Zonenzeit vorverlegte Uhrzeit)
**daylight screen** (Civ Eng, Light) / Tageslichtraster *n* (lichtdurchlässiges Bauteil, das - als Rasterdecke ausgebildet - für die Beleuchtung eines Tunnels eingesetzt werden kann) ‖ ~ **screening structure** (Civ Eng, Light) / Rasterdecke *f* (Teil der Tunneldecke, auf dem Tageslichtraster eingebaut sind) ‖ ~ **test** (Eng) / Lichtspaltprüfung *f* (der Ebenheit der Flächen)
**day mark** (Ships) / Tagessignal *n* (Ball oder Kegel) ‖ ~ **mark** (Ships) / Tagmarke *f* (ein Tagsignal)
**day-neutral plant**\* (Bot) / tagneutrale Pflanze, Tagneutrale *f* (meistens zu den Kosmopoliten gehörend)
**day/night adjustment tab** (US) (Autos) / Abblendtaste *f* (des abblendbaren Innenspiegels) ‖ ~ **lever** (Autos) / Abblendtaste *f* (des abblendbaren Innenspiegels) ‖ ~ **mirror** (US) (Autos) / abblendbarer Innenspiegel, Abblendspiegel *m*
**day-running light** (Autos) / Tagesfahrlicht *n*, Zwangsschaltung *f* für Licht am Tage (in den skandinavischen Ländern)
**day shape** (Ships) / Tagessignal *n* (Ball oder Kegel) ‖ ~ **shift** (Work Study) / Tagschicht *f* ‖ ~ **signal** (Ships) / Tagessignal *n* (ein Signalkörper), Tagsignal *n* (Signal bei Tag)
**day's pay** (Work Study) / Tagelohn *m*
**day tank** (a periodic glass-melting tank consisting of a single compartment designed to be charged, fired, and emptied during each day of hand gathering) (Glass) / Tageswanne *f* (Schmelzaggregat zur diskontinuierlichen Glasschmelze) ‖ ~ **tank** (Ships) / Tagestank *m* (der den Bunkern und Verbrauchern zwischengeschaltet ist und einen Tagesvorrat an Kraftstoff aufnehmen soll)
**daytime-running light** (Autos) / Tagesfahrlicht *n*, Zwangsschaltung *f* für Licht am Tage (in den skandinavischen Ländern)
**dazomet** *n* (Chem) / Dazomet *n* (gegen Nematoden, zur Bodenentseuchung, gegen keimende Unkräuter), DMTT (gegen Nematoden, zur Bodenentseuchung, gegen keimende Unkräuter)
**dazzle** *v* (Light, Med) / blenden *v* ‖ ~ *n* / Glanz *m* (blendender Schein)
**dazzlepaint** *n* (Paint) / Tarnfarbe *f*
**dazzling** *adj* (Light) / blendend *adj*, gleißend *adj*
**dB**\* (decibel) (Acous, Telecomm) / Dezibel *n*, dB (Dezibel) (Verstärkungs- oder Dämpfungsmaß nach DIN 5493)
**Db** (dubnium) (Chem) / Dubnium *n* (Element 105), Db (Dubnium)
**DB** (database) (Comp) / Datenbasis *f* (die Menge der strukturierten Daten in einem Speicher, in den sie abgelegt und aus dem sie zur Verarbeitung bereitgestellt werden)
**D-bank** *n* (Nuc Eng) / Doppler-Bank *f*, D-Bank *f*
**3dB beamwidth** (Radio) / Keulenhalbwertsbreite *f* (Winkelbereich der Hauptkeule einer Antenne, in dem die Feldstärke auf nicht weniger als die Hälfte des Maximalwerts zurückgeht), Hauptkeulenbreite *f*, Leistungshalbwertsbreite *f* (bei Antennen)
**D-bit** *n* (Eng) / Kanonenbohrer *m* (ein Tieflochbohrer)
**d-block element** (Chem) / d-Block-Element *n* (äußeres Übergangsmetall)
**DBMS**\* (database management system) (Comp) / Datenbankverwaltungssystem *n*, Datenbankmanagementsystem *n*, DBMS (Datenbankmanagementsystem)
**DBP** (dibutyl phthalat) (Chem) / Phthalsäuredibutylester *m*, Dibutylphthalat *n* (DIN 7723), DBP (Dibutylphthalat) ‖ ~ **absorption** (Chem, Paint) / Dibutylphthalatabsorption *f* (zur Bestimmung der Struktur von Rußen), DBP-Absorption *f*
**D.B. pull** (Eng) / Zugkraft *f* am Haken
**DBR laser** (Phys) / DBR-Halbleiterlaser *m*
**DBS** (Doppler beam sharpening) (Radar) / Dopplerkeulenschmälerung *f* (wenn Ziele, die sich in der gleichen Entfernungszelle und in der gleichen Antennenkeule befinden, aufgrund der unterschiedlichen Dopplerfrequenzen separiert werden können) ‖ ~ \* (direct broadcast satellite) (Telecomm, TV) / direkt strahlender Satellit, Rundfunksatellit *m* (für die direkte Ausstrahlung von Fernsehrundfunkprogrammen an eine Vielzahl von Empfängern) ‖ ~ **terminal** (Radio, TV) / DBS-Terminal *n* (Einrichtung für den direkten Empfang von Fernseh- oder Hörfunkprogrammen, die von einem als Relaisstation arbeitenden Kommunikationssatelliten abgestrahlt werden)
**D-bus** *n* (Comp) / Datenbus *m* (spezielle Form des Bussystems, über das Daten parallel übertragen werden), Datenbusschiene *f*, Datenbusleitung *f*

**DC** (decimal classification) / Dezimalklassifikation *f*, DK (Dezimalklassifikation) ‖ ~ (drop centre) (Autos) / Tiefbett *n*, Felgentiefbett *n* ‖ ~ (device control) (Comp) / Gerätesteuerung *f* ‖ ~ (data conversion) (Comp) / Datenumsetzung *f*, Datenkonversion *f*, Datenumwandlung *f* ‖ ~ (device coordinate) (Comp) / Gerätekoordinate *f* (Koordinate eines Koordinatensystems, das geräteabhängig ist), GK (Gerätekoordinate)
**d-c** (direct current) (Elec Eng) / Gleichstrom *m* (DIN 40 110, T 1)
**d.c.**\* (direct current) (Elec Eng) / Gleichstrom *m* (DIN 40 110, T 1)
**DC** (direct current) (Elec Eng) / Gleichstrom *m* (DIN 40 110, T 1)
**dc**\* (Elec Eng) / Gleichstrom *m* (DIN 40 110, T 1)
**DCA** (domain-closure assumption) (AI) / Annahme *f* der Domänenabgeschlossenheit
**d.c. amplifier**\* (Elec Eng) / Gleichstromverstärker *m* ‖ ~ **arc** (Elec Eng) / Gleichstromlichtbogen *m* ‖ ~ **armature winding resistance** (Elec Eng) / Gleichstromwiderstand *m* des Drehstromwicklung
**DCB** (data control block) (Comp) / Dateisteuerblock *m*, File Control Block *m* (im Hauptspeicher), FCB (File Control Block), Data Control Block *m* ‖ ~ **specimen** (Materials) / DCB-Probe *f*, Doppelbalkenbiegeprobe *f*
**d.c.c.** (double-cotton-covered) (Cables) / doppeltbaumwollumsponnen *adj*
**dc casting** (Met) / Strangguss *m* mit beschränkter Stranglänge
**DCCC** (droplet countercurrent chromatography) (Chem) / Tropfen-Gegenstromchromatografie *f*
**DCC chromatography** (Chem) / Tropfen-Gegenstromchromatografie *f*
**d.c. conductivity** (Elec Eng) / Gleichstromleitfähigkeit *f*
**d.c./d.c. converter**\* (Elec Eng) / Gleichstromumrichter *m* (Stromrichter zur Umformung einer Gleichspannung in eine andere)
**DCE** (data-circuit terminating equipment) (Comp) / Datenübertragungseinrichtung *f* (vom Netzbetreiber zur Verfügung gestelltes Gerät, das den Netzabschluß für ein Endgerät nutzbar macht - DIN 44 302), DÜE (Datenübertragungseinrichtung) ‖ ~ (data communication equipment) (Comp) / Datenkommunikationseinrichtungen *f pl*
**d.c. electric locomotive** (Elec Eng, Rail) / Gleichstromelektrolokomotive *f*
**DCFL** (direct-coupled FET logic) (Electronics) / direktgekoppelte FET-Logik, DCFL (direktgekoppelte FET-Logik)
**d.c. generator**\* (Elec Eng) / Gleichstromgenerator *m*, Dynamo *m*, Dynamomaschine *f*, Gleichstrommaschine *f*, GSM (Gleichstrommaschine)
**D channel**\* (Telecomm) / D-Kanal *m* (Signalisierungskanal beim ISDN mit einer Kapazität von 16 kbit/s beim Basis- und 64 kbit/s beim Primärmultiplexanschluss), Steuerkanal *m* (ISDN), Zeichengabekanal *m*
**3D-chip** *n* (Electronics) / dreidimensionaler Chip, geschichteter Chip
**DCI** (direct chemical ionization) (Spectr) / direkte chemische Ionisation, DCI (direkte chemische Ionisation)
**DC-isolated communication line** (Telecomm) / abgeriegelte Fernmeldeleitung
**d.c.level** (Elec Eng) / Gleichstrompegel *m*
**d.c. meter**\* (Elec Eng) / Gleichstromzähler *m* (ein Elektroenergieverbrauchszähler, z.B. eine Elektrolytzähler)
**DCMO** (Agric, Chem) / Carboxin *n*, DCMO (ein Fungizid)
**d.c. modem** (Comp, Telecomm) / Gleichstromdatenübertragungseinrichtung *f*, GDÜ (Gleichstromdatenübertragungseinrichtung) ‖ ~ **motor** (Elec Eng) / Gleichstrommotor *m*
**DCO** (dehydrated castor oil) (Paint) / Rizinenöl *n*, Ricinenöl *n* (DIN 55940), Derizolenöl *n*
**D control** (Automation) / Differentialregelung *f* (proportional zur Ableitung von Abweichung nach der Zeit)
**DCP** (data-collection platform) (Meteor) / Datensammelstelle *f*, DCP *n* (in schwer zugänglichen Gebieten eingesetzte elektronische Anlage, welche die automatische Datensammlung ermöglicht) ‖ ~ (digital colour printing) (Print) / Digitalfarbdruck *m*, digitaler Farbdruck
**d.c. plasma furnace** (Met) / Gleichstromplasmaofen *m*
**DC plasma furnace** (Met) / Gleichstromplasmaofen *m* ‖ ~ **process** (Glass, Optics) / Zweitiegelverfahren *n* (bei der Glasfaserherstellung)
**d.c. push-button dialling** (Teleph) / Gleichstromtastwahl *f* ‖ ~ **relay**\* (Elec Eng) / Gleichstromrelais *n* ‖ ~ **resistance**\* (Elec) / Gleichstromwiderstand *m* (DIN 40110), Ohm'scher Widerstand ‖ ~ **restoration** (TV) / Schwarzsteuerung *f* ‖ ~ **restoring** (TV) / Schwarzsteuerung *f*
**DC-rim** (Autos) / 5-Grad-Tiefbettfelge *f*, Tiefbettfelge *f* (DIN 70023)
**DCS** (distributed-collector system) / Farmanlage *f* (des Sonnenkraftwerks) ‖ ~ (diagnostic communications system) (Comp) / Diagnostik-Kommunikationssystem *n*, DCS *n* (Diagnostik-Kommunikationssystem) ‖ ~ (digital cellular system) (Teleph) / digitales zellulares System (Standard der Handys im E-Netz), DCS (digitales zellulares System)

**d.c. series machine** (Elec Eng) / Gleichstrom-Reihenschlussmaschine f, GS-RSM f (Gleichstrom-Reihenschlussmaschine) || **~ series-wound machine** (Elec Eng) / Gleichstrom-Reihenschlussmaschine f, GS-RSM f (Gleichstrom-Reihenschlussmaschine) || **~ servomotor** (Elec Eng) / Gleichstrom-Servomotor m || **~ shunt-wound machine** (Elec Eng) / Gleichstrom-Nebenschlussmaschine f, GS-NSM f (Gleichstrom-Nebenschlussmaschine) || **~ system** (Elec Eng) / Gleichstromsystem n (DIN 40 108) || **~ telegraphy** (Teleg) / Gleichstromtelegrafie f, GT (Gleichstromtelegrafie)
**DCTL** (direct-coupled transistor logic) (Electronics) / direktgekoppelte Transistorlogik, DCTL (direktgekoppelte Transistorlogik)
**dc-to-ac converter** (Elec Eng) / Wechselrichter m (Stromrichter zum Umformen von Gleichstrom in ein- oder mehrphasigen Wechselstrom mit einstellbarer Frequenz), WE
**d.c. transformer*** (Elec Eng) / Gleichstromumrichter m (Stromrichter zur Umformung einer Gleichspannung in eine andere) || **~ transformer*** (Elec Eng) / Gleichstromwandler m (zur Umwandlung der Werte hoher Gleichströme in bequem messbare Werte)
**DCV** (direct-current voltage) (Elec Eng) / Gleichspannung f (DIN 40 110 - 1)
**d.c. voltage** (Elec Eng) / Gleichspannung f (DIN 40 110 - 1) || **~ welding** (Welding) / Gleichstromschweißung f, DC-Schweißung f, Gleichstromschweißen n
**DD** (data dictionary) (Comp) / Data Dictionary n (ein Datenhaltungssystem) || ≏ (data definition) (Comp) / Datendefinition f || ≏ (data dictionary) (Comp) / Datendiktionär n (ein strukturiertes Programmsystem), DD (Datendiktionär), Data Dictionary n, repository n || ≏ (dipolar decoupling) (Spectr) / dipolare Entkopplung (in der magnetischen Resonanzspektroskopie)
**DDA** (digital differential analyser) (Comp) / Digital-Differentialanalysator m
**DDC** (Dewey Decimal Classification) / DDC, Dewey Decimal Classification f (Dezimalklassifikationssystem von Melvil Dewey, 1851-1931) || ≏ (direct digital control) (Automation) / digitale Vielfachregelung, direkte digitale Steuerung, direkte digitale Regelung, DDC-Regelung f (mit Hilfe eines Prozessrechners) || ≏ (dideoxycytidine) (Pharm) / Dideoxycytidin n (ein Nukleosidanalogon gegen AIDS), DDC n (Hivid), Dideoxyzytidin n || **~ proofer** (Comp, Print) / direkter digitaler Farbproofer
**DDD** (direct distance dialling) (Teleph) / Selbstwählferndienst m, Teilnehmerfernwahl f, Selbstwählfernverkehr m, Fernwahl f (automatische), SWFD (Selbstwählferndienst), SWF-Dienst m || ≏ n (Agric, Chem, Ecol) / DDD n (einer der Hauptmetaboliten des DDT) || **~ network** (Teleph) / Fernwahlnetz n
**DDE** (dynamic data exchange) (Comp) / Dynamic Data Exchange, DDE (Dynamic Data Exchange) || ≏ n (dichlordiphenyldichloroethane) (Agric, Chem, Ecol) / DDE n (Hauptmetabolit des DDT) || **~ channel** (Comp) / DDE-Kanal m
**d-delay** n (of a contact element) (Elec Eng) / Verzögerung f "d" (eines Schaltgliedes)
**DDI** (dideoxyinosine) (Pharm) / Dideoxyinosin n (ein Nukleosidanalogon gegen AIDS), DDI n (Videx) || ≏ (direct dialling-in) (Teleph) / Durchwahl f zur Endstelle, Hereinwählen n || ≏ (direct dialling) (Teleph) / Selbstwahl f, Direktwahl f, direkte Wahl, Durchwahl f zur Endstelle
**D display*** (Radar) / D-Darstellung f
**DDL** (document description language) (Comp) / Dokumentbeschreibungssprache f || ≏ (data description language) (Comp) / Datenbeschreibungssprache f (zur formalen Festlegung einer Datenbank) || ≏ (data-definition language) (Comp) / Datendefinitionssprache f
**DD name** (Comp) / DD-Name m
**DDP** (distributed data processing) (Comp) / verteilte (dezentralisierte) Datenverarbeitung (mit räumlich getrennten Rechnern)
**d-d process** (Nuc Eng) / d-d-Prozess m, d-d-Reaktion f
**DDR** (digital data receiver) (Comp) / Digitalempfänger m
**d-d scattering** (Nuc) / Deuteron-Deuteron-Streuung f, d-d-Streuung f
**DDT*** (Agric, Chem, Ecol) / Dichlordiphenyltrichlorethan n, DDT n (in der BRD verbotenes Kontaktinsektizid)
**DDVP** (dichlorvos) (Agric, Chem) / Dichlorvos n, DDVP n (Kontakt-, Fraß- und Atemgift)
**DE** (digital exchange) (Teleph) / digitale Vermittlungseinrichtung, digitale Vermittlungsstelle
**DEA** (diethanolamine) (Chem) / Diethanolamin n (2,2'-Iminodiethanol)
**deaccentuator*** n (Telecomm) / Vorentzerrer m, Vorentzerrungsschaltung f (in der Frequenzmodulationstechnik)
**deacetylate** v (Chem) / desazetylieren v, entazetylieren v, desacetylieren v, entacetylieren v
**deacetylated acetate fibres** (Textiles) / desazetyliertes Azetat (DIN 60001)
**deacidify** v (Chem) / entsäuern v (auch bei der Wasseraufbereitung)
**deacon** n (Leather) / Jungkalbleder n || **~** (US) (Leather) / Fell n eines neugeborenen Kalbes
**Deacon's process** (Chem) / Deacon-Prozess m (ein altes Verfahren zur Herstellung von Chlor aus Chlorwasserstoff durch Oxidation mit Luftsauerstoff und Kupferchlorid als Katalysator, wobei Chlor /mit Luftstickstoff verdünnt/ und Wasserdampf entstehen - nach H. Deacon, 1822 - 1876)
**deactivate** v (Chem, Med) / deaktivieren v, entaktivieren v, desaktivieren v, inaktivieren v (auch Krankheitserreger), inertisieren v
**deactivating agent** (Chem) / Desaktivator m, Deaktivator m, Deaktivierungsmittel n, Inaktivator m, Desaktivierungsmittel n || **~ group** (Chem) / Substituent m mit desaktivierender Wirkung
**deactivation*** n (Chem) / Deaktivierung f, Entaktivierung f, Desaktivierung f, Inaktivierung f || **~ fee** (Teleph) / Deaktivierungsgebühr f (wenn der Kartenvertrag endet) || **~ point** (Comp) / Ausschaltpunkt m
**deactivator** n (Chem) / Desaktivator m, Deaktivator m, Deaktivierungsmittel n, Inaktivator m, Desaktivierungsmittel n
**dead** adj / drallfrei adj (Seil - im Allgemeinen) || **~** / matt adj, stumpf adj (Farbton) || **~** / glanzlos adj, matt adj (im Allgemeinen), mattiert adj, stumpf adj || / tot adj (Ende, Gleis) || **~*** (Acous) / tot adj (schalldämpfend) || **~** (Acous) / klanglos adj (Stimme) || **~** (Comp) / tot adj (ein nichtterminales Zeichen bei kontextfreien Grammatiken) || **~** (Elec Eng) / erschöpft adj, leer adj (Batterie), entladen adj (Batterie), verbraucht adj (Batterie) || **~** (Elec, Telecomm) / stromlos adj, spannungslos adj, tot adj, abgetrennt von der Stromquelle || **~** (For) / dürr adj, abständig adj (Geol, Mining) / taub adj || **~** (Nut) / passé adj (Wein), tot adj (Wein) || **~ air** (Mining) / schwere Wetter n pl, matte Wetter n pl (bei denen der für die Atmung erforderliche Sauerstoffgehalt unter dem Normalwert von 21 Vol.-% liegt) || **~ air** (Radio, TV) / Pause f (in der Sendung) || **~ angle*** (Eng) / toter Winkel || **~ area** (Autos) / ungenutzte Filterfläche || **~ axle*** (Rail) / festgelagerte Achse, steife Achse
**dead-beat** attr (Elec Eng, Instr) / überschwingungsfrei adj (Messinstrument), aperiodisch gedämpft
**dead-beaten pulp** (Paper) / schmieriger Papierstoff
**dead-beat galvanometer** (Elec Eng) / aperiodisches Galvanometer
**dead black** / tiefschwarz adj (von tiefem Schwarz) || **black** s. also coal-black
**dead-blow hammer** (Tools) / rückschlagfreier Hammer
**dead bolt** (Build, Join) / Schlossriegel m
**dead-burn** v / totbrennen v (Gips od. Kalk)
**dead-burned** adj / totgebrannt adj
**dead-burnt*** adj / totgebrannt adj || **~ dolomite** (Ceramics) / Sinterdolomit m (das oberhalb 1600° erbrannte MgO.CaO)
**dead centre*** (Autos, I C Engs) / Totpunkt m (Umkehrpunkt des Kolbens am jeweiligen Ende des Kolbenhubs), toter Punkt, Totlage f || **~ centre** (Eng) / Reitstockspitze f (stehende, ruhende, nicht umlaufende, feste Spitze, feste Drehmaschinenspitze || **~-centre lathe*** (Eng) / Spitzendrehmaschine f mit zwei nicht umlaufenden Spitzen || **~ cone** (Aero) / Totkegel m (bei Funkfeuern) || **~ door** (Build) / zugemauerte Tür || **~ door** (Build) / Blendtür f || **~ drawing** (Met) / Totziehen n || **~ earth*** (Elec Eng) / völliger Erdschluss
**deaden** v (Build) / auffüllen v (zur Wärme- und Schalldämmung bei Holzbalkendecken) || **~** (Eng) / tot abschließen (Rohrleitung) || **~** (Paint) / abstumpfen v
**dead end** (Elec Eng) / stromloses Ende || **~ end*** (Eng) / totes Ende, blindes Ende || **~ end** (Mining) / Streckenende n ohne Bewetterung || **~ end** (Mining) / Blindort n, Sackstrecke f
**dead-end** v (Eng) / tot abschließen (Rohrleitung)
**dead-ended feeder*** (Elec Eng) / Strahlennetz n (eine Versorgungsnetzart)
**dead-end insulator** (Elec Eng) / Abspannisolator m || **~ line** (US) (Eng) / Stichleitung f, Abzweigleitung f || **~ line** (Rail) / Stumpfgleis n (nur einseitig an andere Gleise angebundenes, meist kurzes Gleis mit Abschluss durch einen Prellbock) || **~ pathway** (Biol) / Dead-End-Pathway m (Stoffwechselweg von Mikroorganismen, wobei kein biologischen Abbau bzw. durch Biotransformation ein Stoff entsteht, der nicht bzw. sehr langsam abgebaut wird und der noch wesentliche Strukturelemente der Ausgangssubstanz aufweist) || **~ polymerization** (Chem) / Dead-End-Polymerisation f || **~ siding** (Rail) / Stumpfgleis n (nur einseitig an andere Gleise angebundenes, meist kurzes Gleis mit Abschluss durch einen Prellbock) || **~ station** (Rail) / Sackbahnhof m, Kopfbahnhof m || **~ street** (Arch, Autos) / Sackgasse f, Stichstraße f || **~ tower** (Rail) / Endmast m (ein Abspannmast) || **~ track** (Rail) / Stumpfgleis n (nur einseitig an andere Gleise angebundenes, meist kurzes Gleis mit Abschluss durch einen Prellbock)
**deadening*** n (Build) / Auffüllung f (zur Wärme- und Schalldämmung bei Holzbalkendecken) || **~** (Paint) / Abstumpfen n || **~*** (Build) s. also pugging || **~ felt** (Build) / Geräuschdämmpappe f

**dead eye**

**dead eye**\* / Kausche *f* (an einem Tauende; für Drahtseile DIN 3090 und 3091), Seilkausche *f*, Kausch *f*, Seilkausch *f*
**deadfall** *n* (For) / gefallener Baum (infolge Alters oder Fäulnis)
**dead fingers**\* (Med) / Weißfingerkrankheit *f* (ein vibrationsbedingtes vasospastisches Syndrom, z.B. bei der Arbeit mit Druckluftwerkzeugen) ‖ ~ **finish**\* (Paint) / Mattlackierung *f*, Mattlacküberzug *m* ‖ ~ **fire** (Elec) / Elmsfeuer *n* (bei Gewitterluft auftretende elektrische Lichterscheinung an hohen, spitzen Gegenständen, wie z.B. Masten), St.-Elms-Feuer *n*, Sankt-Elms-Feuer *n* ‖ ~ **frame yarn** (Spinning) / blindes Chor-Füllgarn ‖ ~ **freight** (Ships) / Fautfracht *f*, Reufracht *f*, Fehlfracht *f* (Abstandssumme, die ein Befrachter bei Rücktritt vom Vertrag bezahlen muss) ‖ ~ **ground** (US) (Elec Eng) / völliger Erdschluss ‖ ~ **ground** (Mining) / taubes Gestein, Berge *m pl* ‖ ~ **ground**\* (US) (Mining) / Flözvertaubung *f*, Vertaubung *f* (in der Vertaubungszone) ‖ ~ **ground** (Surv) / Gebiet, das *n* der Geodät nicht direkt einsehen kann ‖ ~ **head** (Met) / verlorener Kopf (unmittelbar auf das Gussteil aufgesetzter, offener Speiser) ‖ ~ **horizontal** (Mining) / totsöhlig *adj* ‖ ~ **ice** (Geol) / Toteis *n* (in Moränen der Eisrandlagen) ‖ ~ **knot** (For) / Trockenast *m* ‖ ~ **knot** (For) / Einschlussast *m*, nichtverwachsener Ast, loser Ast, Durchfallast *m*, Ausfallast *m*, ausfallender Ast ‖ ~ **knot** (For) / toter Ast ‖ ~ **leg**\* (Eng) / totes Ende, blindes Ende
**deadlight**\* *n* (Build) / rahmenloses Fenster, Festfenster *n*, feststehendes Fenster
**dead lime** (Leather) / Fauläscher *m*, toter Äscher, fauler Äscher ‖ ~ **line** (Oils) / Totseilende *n* (das unten am Bohrturm befestigt ist)
**deadline** *n* / Deadline *f* (äußerster Termin, Frist) ‖ ~ (Work Study) / Termin *m* (DIN 69900), Fälligkeitsdatum *n* ‖ **within the** ~ / termingerecht *adj*
**deadlined job** / termingebundener Auftrag
**deadline document** (Comp) / Termin bestimmende Unterlage ‖ ~ **monitoring** / Terminüberwachung *f*
**dead load**\* (Build, Eng) / Eigenlast *f* ‖ ~ **load**\* (Eng, Materials, Mech) / konstante Belastung, bleibende Belastung, Dauerbelastung *f* ‖ ~ **lock**\* (Build) / Riegelschloss *n*
**deadlock** *n* (AI) / Deadlock *m* (alle Teilprobleme warten auf Informationen bzw. Lösungen von anderen Teilproblemen) ‖ ~ (Comp) / Deadlock *m*, gegenseitige Blockierung (aufgrund fehlender Zugriffssynchronisierung)
**deadly embrace** (Comp) / Systemverklemmung *f*, Systemblockade *f*
**deadman** (Civ Eng) / Ankerelement *n* (Bodenverankerung), Anker *m*, Verankerung *f*
**dead man•'s handle**\* (Elec Eng, Rail) / Sicherheitsfahrschaltung *f*, Sicherheitsfahrschalter *m*, Sifa *f*, Totmanneinrichtung *f*, Totmannsknopf *m*, Wachsamkeitstaste *f* ‖ ~ **man's pedal** (Elec Eng, Rail) / Sicherheitsfahrschaltung *f*, Sicherheitsfahrschalter *m*, Sifa *f*, Totmanneinrichtung *f*, Totmannsknopf *m*, Wachsamkeitstaste *f* ‖ ~ **matter**\* (Typog) / Ablegesatz *m*
**deadmen**\* *pl* (Civ Eng) / Ankerelement *n* (Bodenverankerung), Anker *m*, Verankerung *f*
**dead-mild steel** (Met) / weicher Stahl (mit 0,07 bis 0,15% C), weicher Kohlenstoffstahl
**dead mortise** (Carp) / blindes Zapfenloch ‖ ~ **oil** (Civ Eng, For) / Steinkohlenteeröl *n* (Bestandteil des Straßenpechs) ‖ ~ **oil**\* (Oils) / entgastes Öl, gasleeres Öl, totes Öl ‖ ~ **pedal** (Autos) / Fußstütze *f* (links vom Kupplungspedal) ‖ ~ **piling** (For) / Stapeln *n* ohne Stapellatten (Holz ohne Zwischenräume) ‖ ~ **plate** (Glass) / Absetzplatte *f*, Abstellplatte *f* (in der automatischen Glasherstellung) ‖ ~ **point**\* (I C Engs) / Totpunkt *m* (Umkehrpunkt des Kolbens am jeweiligen Ende des Kolbenhubs, toter Punkt, Totlage *f* ‖ ~ **polymer** (Chem) / totes Polymer (das nicht wachstumsfähig ist) ‖ ~ **reckoning** (Nav, Ships) / Koppelnavigation *f* (Bestimmung der geografischen Koordinaten des Schiffsorts mit bordeigenen Mitteln), Koppeln *n* ‖ ~ **roasting**\* (Met) / Totrösten *n*, Totröstung *f* ‖ ~ **roll** (Eng, Met) / Blindwalze *f* ‖ ~ **room**\* (Acous) / schalltoter Raum, reflexionsarmer Raum (DIN 1320), reflexionsfreier Raum ‖ ~ **rope** (Mining) / Ablenkseil, Kerbseil *n*
**deads**\* *pl* (Mining) / Versatz *m*, Bergeversatz *m*, Versatzgut *n* (Material) ‖ ~\* (Mining) / taubes Gestein, Berge *m pl*
**dead sector** (Teleg) / toter Winkel (beim Faxen) ‖ ~ **segment**\* (Elec Eng) / tote Lamelle ‖ ~ **shore**\* (Build, Carp) / Stütze *f*, Baustütze *f*, Abstützung *f* (lotrechte), Steife (lotrecht stehender Druckstab) ‖ ~ (saturated) **short circuit** (Elec Eng) / satter Kurzschluss (durch metallische Berührung), metallischer Kurzschluss
**dead-smooth file**\* (Eng) / Doppelschlichtfeile *f* ‖ ~ **file** (Eng, Tools) / Schlichtfeile *f* (zum Glätten oder Abziehen) ‖ ~ **sea** (Ships) / spiegelglatte See (ein Seezustand), vollkommen glatte See
**dead-soft steel** (Met) / weicher Stahl (mit 0,07 bis 0,15% C), weicher Kohlenstoffstahl
**dead sounding** (Build) / Auffüllung *f* (zur Wärme- und Schalldämmung bei Holzbalkendecken) ‖ ~ **sounding**\* (Build) / Isolierung *f* gegen Trittschall (bei Fußböden), Schallisolation *f* durch Auffüllen des Fehlbodens, Fußbodenschallisolation *f* ‖ ~ **space** (Autos) / Totraum *m* (des Kurbelkastens eines Zweitaktmotors) ‖ ~ **space** (Comp) / ungenutzter Raum ‖ ~ **spot** (Automation) / Unempfindlichkeitspunkt *m*, Unempfindlichkeitszone *f* ‖ ~ **spot**\* (Radio) / Funkschatten *m*, Empfangsloch *n*
**dead-standing tree** (For) / abständiger Baum, Dürrling *m*, Abständer *m*, Dürrständer *m*
**dead steam** / Abdampf *m* (bei den Kraftmaschinen) ‖ ~ **steep** (Brew) / Totweiche *f* (in der Mälzerei)
**deadstock** *n* (Agric) / notgeschlachtetes Vieh
**dead stop** (Eng) / fester Anschlag, Festanschlag *m*
**dead-stop titration** (Chem) / Dead-Stop-Methode *f* (eine Form der amperometrischen Titration), Dead-Stop-Titration *f*
**dead storage** (capacity) (Hyd Eng) / Totraum *m* (einer Talsperre), verlorener Speicherraum ‖ ~ **studio** (Cinema, Radio, TV) / Studio *n* ohne Nachhall ‖ ~ **swell** (Ocean) / tote Dünung ‖ ~ **sync** (Cinema) / Schnittsynchronisierung *f*
**dead-tank circuit breaker** (Elec Eng) / Kesselleistungsschalter *m*
**dead time**\* (Nuc) / Totzeit *f* (die Zeit, die nach einem Registrierakt vergehen muss, bis der Detektor /das Zählrohr/ für weitere Messungen bereit ist) ‖ ~ **time** (Radar, Telecomm) / Totzeit *f* (Zeitverschiebung bei der Übertragung eines Eingangssignals auf den Ausgang)
**dead-time element** (Automation) / Totzeitglied *n* (ein Übertragungsglied)
**dead valley** (a streamless valley) (Geol) / Trockental *n* ‖ ~ **volume** (Chem) / Totvolumen *n* (in der Gaschromatografie) ‖ ~-**volume space** / schädlicher Raum ‖ ~ **water** (Geol, Mining) / Standwasser *n* (untertägige Wasseransammlung in Verwerfungszonen oder Klüften oder in alten Grubenbauen) ‖ ~ **water** (Hyd) / Kielwasser *f* (Totstrom ohne Wirbel) ‖ ~ **weight** (Autos) / totes Gewicht, Totlast *f*, tote Masse ‖ ~ **weight** (Build) / Eigenmasse *f*, Eigengewicht *n* ‖ ~ **weight**\* (Ships) / Tragfähigkeit *f* (Gesamtzuladung), Deadweight *n*, Bruttotragfähigkeit *f*
**deadweight capacity** (Ships) / Tragfähigkeit *f* (Gesamtzuladung), Deadweight *n*, Bruttotragfähigkeit *f* ‖ ~ **safety valve**\* (Eng) / Schwergewichtsventil *n* ‖ ~ **tonnage** (Ships) / Tragfähigkeit *f* (Gesamtzuladung), Deadweight *n*, Bruttotragfähigkeit *f*
**dead well**\* (an absorbing well) (Hyd Eng) / Sickerschacht *m* (für Grundwasser)
**deadwood** *n* (BS 565) (For) / Dürrholz *n*
**dead wool** (Textiles) / Sterblingswolle *f*, abgestorbene Wolle ‖ ~ **works** (Ships) / Oberwerk *n*, totes Werk (die über der Konstruktionswasserlinie liegenden Teile des Schiffs /Überwasserschiff/)
**dead-zero system** (Telecomm) / Dead-Zero-System *n* (Signalübertragungssystem, bei dem der unterste Wert des Signals Null beträgt)
**dead zone** (Automation) / Totbereich *m* ‖ ~ **zone** (Phys) / Totzone *f* (Entfernungsbereich eines Rückstreumessgeräts)
**dead-zone controller** (Automation) / Dreipunktregler *m*
**DEAE cellulose** (Chem) / DEAE-Zellulose *f*
**de-aerate** *v* / entlüften *v*
**de-aeration** *n* / Entlüftung *f*
**de-aerator** *n* / Entlüfter *m*, Entlüftungsanlage *f*, Entlüftungsapparat *m* ‖ ~ (Eng) / Entgaser *m* (thermischer - in Trommelkesseln)
**deaf aid** (Acous) / Hörgerät *n*, Hörhilfe *f*
**deafen** *v* (Acous, Med) / taub machen *v* (durch Lärmeinwirkung) ‖ ~ (Build) / auffüllen *v* (zur Wärme- und Schalldämmung bei Holzbalkendecken)
**deafening** *n* (Build) / Auffüllung *f* (zur Wärme- und Schalldämmung bei Holzbalkendecken) ‖ ~\* (Build) / Isolierung *f* gegen Trittschall (bei Fußböden), Schallisolation *f* durch Auffüllen des Fehlbodens, Fußbodenschallisolation *f* ‖ ~ *adj* / betäubend *adj* (Lärm)
**deair** *v* (clay) (Ceramics) / entlüften *v*
**deal** *n* / Handel *m*, Geschäft *n*, Deal *m* (einmalige Transaktion) ‖ ~ / Übernahme *f* (Firmenübernahme), Take-over *n* (pl. -s) ‖ ~ (48 - 102 mm thick, 229 - 279 mm wide)\* (Carp, For) / Bohle *f* (40 - 120 mm dick, Mindestbreite 140 bzw. 200 mm), Planke *f*, Doppeldiele *f*
**dealer** *n* / Einzelhändler *m* ‖ ~ **imprint** (Print) / Eindruck *m* der Händleradresse, Händlereindruck *m*
**dealer's brand** / Hausmarke *f* (einer Einzelhandelsfirma)
**Deal-Grove law** (Electronics) / Deal-Grove-Gesetz *n* (ein Wachstumsgesetz)
**dealkylate** *v* (Chem Eng) / entalkylieren *v*, dealkylieren *v*
**dealkylation** *n* (Chem) / Desalkylierung *f*, Entalkylierung *f*, Dealkylierung *f*
**deallocate** *v* (Comp) / freigeben *v*
**deallocated resources** (Comp) / freigegebene Betriebsmittel
**deallocation** *n* (f a storage space) (Comp) / Freigabe *f* (des Arbeitsspeichers)

**dealloying** *n* (Met) / selektive Korrosion einer Legierungskomponente, Ablegieren *n*
**deamidate** *v* (Chem) / desamidieren *v* (die $NH_2$-Gruppe aus Säureamiden entfernen)
**deaminate** *v* (Chem) / desaminieren *v* (die $NH_2$-Gruppe entfernen)
**deaminize** *v* (Chem) / desaminieren *v* (die $NH_2$-Gruppe entfernen)
**Dean and Stark test method** (Chem) / Wassergehaltsprüfung *f* für Öl, Wasserbestimmung *f* in Ölen (nach Dean und Stark)
**Deans' column switching** (Chem) / Deans-Schaltung *f* (Serien-Parallel-Schaltung für gaschromatografische Untersuchungen), Deans-Säulenschaltung *f* ‖ ≃ **switching** (Chem) / Deans-Schaltung *f* (Serien-Parallel-Schaltung für gaschromatografische Untersuchungen), Deans-Säulenschaltung *f*
**deap-sea fishery** (Nut, Ocean) / Hochseefischerei *f* ‖ ~ **fishing** (Nut, Ocean) / Hochseefischerei *f*
**deash** *v* / entaschen *v* (Asche entfernen)
**deasphalt** *v* / entasphaltieren *v*, deasphaltieren *v*
**deasphalting** *n* / Entasphaltierung *f*, Entasphaltieren *n*, Deasphaltieren *n*
**deassembler** *n* (Comp) / Disassemblierer *m*, Disassembler *m* (ein Rückübersetzungsprogramm), Rückassembler *m*
**death-charge polymerization** (Chem) / Death-Charge-Polymerisation *f* (die unter Aufgabe der in den zwitterionischen Monomeren zunächst vorhandenen Ladungen sowie Ringöffnungen erfolgt)
**deathnium centre**\* (Electronics) / Reaktionshaftstelle *f* (die die Erzeugung und Rekombination von Ladungsträgern fördert)
**death rate** (Med, Stats) / Sterberate *f*, Sterbeziffer *f* (in der Bevölkerungsstatistik)
**death-watch** *n* (For) / Totenuhr *f* (Anobium punctatum de Geer.)
**death-watch beetle** (For) / Totenuhr *f* (Anobium punctatum de Geer.)
**deattenuation** *n* (Telecomm) / Entdämpfung *f*
**DEB** (detailed billing) (Teleph) / Einzelgebührennachweis *m*
**débâcle**\* *n* (Hyd Eng) / Eisaufbruch *m* (von Flüssen) ‖ ~ (Hyd Eng) s. also ice run
**debark** *v* (For) / entrinden *v*, schälen *v*
**debarker** *n* (Paper) / Entrinder *m* ‖ ~ **chipper** (For) / Entrindungshackmaschine *f*
**debarking** *n* (For) / Rindenschälung *f* ‖ ~ (For, Paper) / Entrindung *f* ‖ ~ **machine** (Paper) / Entrinder *m*
**debatable** *adj* / bedenklich *adj* (Herstellungsmethode)
**debead** *v* / entwulsten *v* (Reifen)
**debenzolizing** *n* (Chem) / Entbenzolung *f*
**debenzylation** *n* (Chem Eng) / Entbenzylierung *f*
**DE bit** (Comp) / DE-Bit *n*
**debit** *v* / belasten *v* (ein Konto auf der Sollseite), debitieren *v* (ein Konto) ‖ ~ *n* / Abbuchung *f*
**debit-based system** (Comp) / abbuchungsbasiertes System (der bargeldlosen Transaktionen mit Hilfe eine elektronischen Datenaustausches)
**debit entry** / Abbuchung *f*
**debiteuse** *n* (Glass) / Ziehdüse *f* (beim alten Fourcault-Verfahren)
**debitter** *v* (Agric, Nut) / entbittern *v*
**debitterize** *v* (Agric, Nut) / entbittern *v*
**deblock** *v* (Comp, Elec Eng, Eng) / entblocken *v* ‖ ~ (Optics) / loskitten *v* (Linsen) ‖ ~ (Telecomm) / entsperren *v* (eine Leitung)
**deblooming** *n* (Oils) / Entscheinung *f*, Entscheinen *n* (des Öls mit gelben fluoreszierenden Farbstoffen), Fluoreszenzbeseitigung *f* (beim Öl), Blaustichunterdrückung *f* ‖ ~ **agent** (Oils) / Entscheinungsmittel *n*, Fluoreszenzverhinderungsmittel *n*
**deblurring filter** (Photog) / Scharfzeichnungsfilter *n*
**debone** *v* (Nut) / ausbeinen *v*, entbeinen *v* (Knochen entfernen), auslösen *v* (Knochen aus dem Fleisch) ‖ ~ (Nut) / entgräten *v* (Fisch)
**deboost** *v* (Space) / abbremsen *v*
**Deborah number** (Mech) / Deborazahl *f* (das Produkt aus der den Viskoelastizitätseffekt kennzeichnenden Relaxationszeit der Flüssigkeit und der Quadratwurzel der substantiellen Ableitung der Quadratwurzel der zweiten Grundinvariante des Verzerrungsgeschwindigkeitstensors nach der Zeit)
**deboration** *n* (Chem) / Borentzug *m*, Entborierung *f*, Deborierung *f*
**debossing** *n* (Bind, Paper) / Tiefprägung *f* (z.B. der Buchtitel)
**debouch** *v* / münden *v* (Fluss)
**debouchment** *n* (Geog) / Mündung *f* (eines Flusses), Einmündung *f* (eines Flusses)
**debouchure** *n* (Geog) / Mündung *f* (eines Flusses), Einmündung *f* (eines Flusses) ‖ ~ (Geol, Hyd Eng) / Wiederaustritt *m* (eines versiegten Flusses)
**debouncing** *n* (Comp, Elec Eng) / Entprellen *n* (durch Hard- und Software erreichte Unterdrückung schneller Signalfluktuationen bei Betätigung mechanischer Schalter und Tasten)
**debranching enzyme** (amylo-1,6-glucosidase) (Biochem) / Debranching-Enzym *n*
**debridging** *n* (Electronics) / brückenloses Löten

**debriefing** *n* / Debriefing *n* (Abschlussgespräch der Versuchsteilnehmer eines Experiments über dessen Ziele, Methoden und Resultate)
**debris** *n* / Brandschutt *m* (Überreste der bei einem Brand vernichteten Objekte) ‖ ~ (Eng) / Abriebteilchen *n pl*, Verschleißteilchen *n pl* ‖ ~ (Geol) / Trümmer *pl*, Schutt *m*, akkumulierte Gesteinsbruchstücke, aufgeschüttete Gesteinsbruchstücke, Trümmerschutt *m*, Trümmersplitt *m* ‖ ~ (Mining) / Bergeklein *n*, Schrämklein *n* ‖ ~ (Mining) / hereingeschossenes Gestein, Haufwerk *n* (herausgelöstes Mineral oder Gestein) ‖ ~ (Nuc Eng) / subatomare Teilchen (die durch den Atombeschuss entstanden sind) ‖ ~ **avalanche** (Geol) / Steinlawine *m*, Schuttlawine *f*, Lahngang *m* (Steinlawine) ‖ ~ **cone** (Geog) / Schwemmkegel *m*, Schwemmfächer *m* ‖ ~ **cone** (Geol) / Schuttkegel *m* ‖ ~ **dam** (a dam or barrier erected across a stream valley for retention of debris, driftwood, gravel, and silt) (Hyd Eng) / Sperre *f* (zur Zurückhaltung von Geschiebe - Wildbachverbauung) ‖ ~ **due to congelifraction** (Geol) / Frostverwitterungsschutt *m*, Frostschutt *m* ‖ ~ **fall** (Geol) / Steinschlag *m* (von Felswänden herabstürzende Gesteinsstrümmer), Steinfall *m* ‖ ~ **fan** (Geol) / Schuttfächer *m* (flacher Schuttkegel)
**debris-filled valley** (Geol) / vermurtes Tal
**debris flow** (Geol) / Schuttstrom *m*, Schuttfließen *n* ‖ ~ **flow** (Geol) / quasiviskoses Fließen, Schlammstrom *m* (im Hochgebirge), Breistrom *m* ‖ ~ **load** (Geol) / feste Sedimentteile (die in den Flüssen meistens durch Reptation transportiert werden - z.B. Flussgeröll)
**de Broglie wave** (Phys) / Materiewelle *f*, De-Broglie-Welle *f* (nach L.V. Prinz von Broglie, 1892-1987) ‖ ~ **Broglie wavelength**\* (Phys) / De-Broglie-Wellenlänge *f*
**debromination** *n* (Chem) / Bromabspaltung *f*, Entbromung *f*, Debromierung *f*
**debt capital** / Fremdkapital *n* (als Gegensatz zum Eigenkapital) ‖ ~ **financing** / Fremdfinanzierung *f* (mit Fremdkapital)
**debug**\* *v* (Comp) / Fehler oder Störstellen beseitigen, entstören *v*, von Fehlern bereinigen, debuggen *v* ‖ ~ (Electronics) / Wanzen (Abhörgeräte) beseitigen
**debuggee** *n* (Comp) / Debuggee *n* (das zu debuggende Programm)
**debugger** *n* (Comp) / Debugger *m*, Debugprogramm *n*
**debugging aid** (Comp) / Testhilfe *f* (Hardware) ‖ ~ **routine** (Comp) / Debugger *m*, Debugprogramm *n* ‖ ~ **routine** (Comp) s. also diagnostic programme ‖ ~ **tool** (Comp) / Debugging-Tool *n*
**debunching**\* *n* (Electronics) / Entbündeln *n*, Zerstreuen *n*
**deburr** *v* (Foundry) / entgraten *v*, abgraten *v* ‖ ~ (Textiles) / entkletten *v*
**deburrer** *n* (Eng) / Entgratmaschine *f*, Abgratmaschine *f*
**deburring** *n* (Foundry) / Entgraten *n*, Abgraten *n* ‖ ~ (Plastics) / Entgraten *n* ‖ ~\* (Textiles) / Entkletten *n* (Rohwolle)
**debutanization** *n* (of crude petroleum) (Oils) / Butanabtrennung *f* (bei Rohöl), Entbutanisierung *f* (des Rohöls), Entbutanung *f*
**debye** *n* (Elec) / Debye *m*, D (alte Einheit für Dipolmomente von Molekülen = $3,36 \cdot 10^{-30}$ C . m) ‖ ~ **and Scherrer method**\* (Crystal) / Debye-Scherrer-Methode *f* (eine Pulvermethode), Debye-Scherrer-Verfahren *n* (nach P. Scherrer, 1890-1969), Hull-Methode *f* (eine Pulvermethode) ‖ ~ **cutoff frequency** (Crystal) / Debye-Frequenz *f* (höchste im Modell der Debye-Theorie vorkommende Frequenz der Schwingungen des Atomgitters eines Festkörpers) ‖ ~ **equation** (Elec) / Debye-Gleichung *f* (Frequenzabhängigkeit der komplexen Dielektrizitätskonstante eines Dielektrikums)
**Debye-Falkenhagen effect** (Elec) / Debye-Falkenhagen-Effekt *m* (die elektrische Leitfähigkeit einer Elektrolytlösung nimmt zu, wenn sie mit hochfrequenter Wechselspannung gemessen wird)
**Debye forces** (Nuc) / Induktionskräfte *f pl*, Debye-Kräfte *f pl* ‖ ~ **frequency** (Crystal) / Debye-Frequenz *f* (höchste im Modell der Debye-Theorie vorkommende Frequenz der Schwingungen des Atomgitters eines Festkörpers)
**Debye-Hückel limiting law** (Chem) / Debye-Hückel'sches Grenzgesetz
**Debye-Hückel-Onsager theory** (of ionic conductivity of strong electrolytes) (Chem) / Debye-Hückel-Onsager-Theorie *f* (zur Erklärung der Eigenschaften stark verdünnter Lösung starker Elektrolyte)
**Debye-Hückel theory**\* (Chem) / Debye-Hückel-Theorie *f* (nach P.J.W.Debye, 1884-1966, und E.Hückel, 1896-1980)
**Debye length**\* (Plasma Phys) / Debye'scher Abschirmradius, Debye-Länge *f* ‖ ~ **potential** (Plasma Phys) / Debye-Potential *n* (in der Plasmastatistik) ‖ ~ **relaxation time** (Elec) / Debye'sche Relaxationszeit (bei Debye-Gleichungen) ‖ ~ **ring** (Crystal) / Debye-Ring *m* (bei Pulveraufnahmen)
**Debye-Scherrer method** (Crystal) / Debye-Scherrer-Methode *f* (eine Pulvermethode), Debye-Scherrer-Verfahren *n* (nach P. Scherrer, 1890-1969), Hull-Methode *f* (eine Pulvermethode)
**Debye-Sears effect** (Phys) / Debye-Sears-Effekt *m* (die Gitterwirkung von Ultraschallwellen)

**Debye shielding**

**Debye shielding length** (Plasma Phys) / Debye'scher Abschirmradius, Debye-Länge f ‖ ~ **temperature**\* (Phys) / Debye-Temperatur f (charakteristischer Parameter der Debye'schen Theorie der spezifischen Wärmekapazität) ‖ ~ **theory**\* (Crystal) / Debye-Theorie f (einfache Vorstellung zur mikroskopischen Beschreibung des Gitteranteils der spezifischen Wärme von Festkörpern) ‖ ~ $T^3$**-law** (Heat) / Debye'sches $T^3$-Gesetz (für die Wärmekapazität) ‖ ~ **unit**\* (Elec) / Debye n, D (alte Einheit für Dipolmomente von Molekülen = 3,36 . $10^{-30}$C . m)
**Debye-Waller factor**\* (Crystal) / Debye-Waller-Faktor m (im Wirkungsquerschnitt bei der Streuung an Kristallgittern), Debye'scher Wärmefaktor
**DEC** (Digital Equipment Corporation) (Comp, Telecomm) / Digital Equipment Corporation f (ein US-Systemhersteller), DEC (ein US-Systemhersteller)
**deca-** (SI-prefix denoting x 10) / deka-, Deka- (Kurzzeichen da)
**decade** n / Dekade f (Zeitabschnitt von 10 Tagen) ‖ ~ (Elec) / Dekade f (Satz oder Serie von 10 Stück) ‖ ~\* (Telecomm) / Dekade f, dec (Dekade), Frequenzdekade f (ein Frequenzmaßintervall, dessen Frequenzverhältnis 10 ist - DIN 13 320) ‖ ~ **box**\* (Elec Eng) / dekadischer Satz ‖ ~ **capacitance box** (Elec Eng) / dekadisch einstellbarer Kondensator, Dekadenkondensator m ‖ ~ **counter** (Electronics, Nuc Eng) / Dekadenzähler m, dekadischer Zähler ‖ ~ **scaler** (Telecomm) / Zehnfachuntersetzer m, Zehnerteiler m, Zehnfachteiler m, Dekadenuntersetzer m, dekadischer Untersetzer ‖ ~ **switch** (Electronics, Eng) / Dekadenschalter m (ein digitales Eingabeelement mit 10 Schaltstellungen zur Handeingabe von Ziffern einer Dekade an NC-Maschinen)
**decadic** adj / dekadisch adj ‖ ~ **counter** / Dezimalzähler m (der 10 Zustände annehmen kann) ‖ ~ **number** (Maths) / Dezimalzahl f
**decaffeinate** v (Nut) / entkoffeinieren v (<0,1 % Koffein)
**decaffeinated** adj (Nut) / koffeinfrei adj (Kaffee)
**decagon** n (Maths) / Dekagon n, Zehneck n
**decahydrate** n (Chem) / Dekahydrat n, 10-Hydrat n
**decahydro-naphthalene**\* n (Chem) / Decalin n, Decahydronaphthalen n, Dekalin n, Dekahydronaphthalen n
**decal** n (US) (Ceramics) / Abziehbild n (Buntdruck, der vom Druckpapier auf nicht unmittelbar bedruckbare Porzellan- und Steingutoberflächen übertragen wird)
**decalage** n (Aero) / Schränkung f (bei Doppeldeckern)
**decalcify** v (Chem) / entkalken v ‖ ~ (Med) / Kalzium entziehen (z.B. den Knochen), entkalken v
**decalcomania** n (Ceramics) / Abziehbild n (Buntdruck, der vom Druckpapier auf nicht unmittelbar bedruckbare Porzellan- und Steingutoberflächen übertragen wird) ‖ ~ **paper**\* (Ceramics) / Abziehbilderpapier n (Meta-, Duplex-, Kollodiumpapier), Dekalkierpapier n ‖ ~ **simplex paper** (Paper) / Abziehetikettenpapier n
**decalescence**\* n (Met) / Dekaleszenz f (Absorption von Wärme, üblicherweise durch eine Legierung, ohne Temperaturerhöhung infolge einer allotropen Umwandlung), Wärmeaufnahme f von Stahl in den kritischen Punkten ‖ ~ **point** (Met) / Haltepunkt m bei der Erwärmung
**decalescent point** (Met) / Haltepunkt m bei der Erwärmung
**decalin**\* n (Chem) / Decalin n, Decahydronaphthalen n, Dekalin n, Dekahydronaphthalen n
**decameter** n / Dekameter n (Gerät zur Messung eder Dielektrizitätskonstanten fester, pastoser oder flüssiger Körper)
**decametric waves**\* (Radio) / Dekameterwellen f pl (3-30 MHz)
**decametry** n (Chem) / Dielektrometrie f (die Messung der Dielektrizitätskonstanten), Dekametrie f, DK-Metrie f
**decanal** n (Chem) / Kaprinaldehyd m, Dekanal n, Decanal n, Caprinaldehyd m
**decane** n (Chem) / n-Dekan n (Kohlenwasserstoff der Alkanreihe)
**decanedioic acid** (Chem) / Sebazinsäure f, Sebacinsäure f, Decandisäure f, Dekandisäure f
**decanning** n (Nuc Eng) / Enthülsen n, Entmantelung f, Entfernung f der Brennelementhülle
**decanoic, n-~ acid**\* (Chem) / n-Kaprinsäure f, n-Caprinsäure f, Dekansäure f, Decansäure f
**decanol** n (Chem) / Dekanol n, Decanol n, Dezylalkohol m, Decylalkohol m
**decant** v / umfüllen v ‖ ~\* (Chem) / dekantieren v (vorsichtig abgießen)
**decantate** n (Chem) / dekantierte Flüssigkeit, Dekantat n
**decantation** n (Chem) / Dekantation f, Dekantieren n (vorsichtiges Abgießen)
**decantation-settling** n (Chem Eng) / Auslaugen n, Auslaugung f
**decanter** n (Chem) / Dekantiergefäß n, Dekantiertopf m ‖ ~ (San Eng) / Dekanter m (Maschine zur Entwässerung z.B. von konditioniertem Überschussschlamm)
**decanting** n (Civ Eng) / stufenweises Ausschleusen (der Arbeiter aus dem Caisson bei der Druckluftgründung) ‖ ~ **centrifuge** (Chem Eng) / Dekanter m, Dekantierzentrifuge f ‖ ~ **vessel** (Chem) / Dekantiergefäß n, Dekantiertopf m
**decapper** n (Nut) / Verschlusskapselabheber m, Entschrauber m (von leeren Getränkeflaschen)
**decapping machine** (Nut) / Verschlusskapselabheber m, Entschrauber m (von leeren Getränkeflaschen)
**decapsulation** n (Comp) / Entkapselung f (Vorgang, bei dem Datenformate, die zum Zwecke ihrer Übertragung in andere Übertragungsformate eingesetzt wurden und am Ziel der Übertragung dann wieder getrennt werden)
**decarbonation** n (Chem, Nut) / Austreiben n von $CO_2$ oder $H_2CO_3$, Entkohlensäuerung f
**decarbonization** n (Chem Eng) / Entcarbonisierung f, Entkarbonisierung f (Entfernung der Karbonathärte des Wassers) ‖ ~ (Met) / Entkohlung f (zielgerichtete Verringerung des Kohlenstoffgehalts)
**decarbonizing** n (Chem Eng) / Entcarbonisierung f, Entkarbonisierung f (Entfernung der Karbonathärte des Wassers) ‖ ~ (Chem, Nut) / Austreiben n von $CO_2$ oder $H_2CO_3$, Entkohlensäuerung f ‖ ~\* (I C Engs) / Entkohlen n, Dekarbonisierung f (Entfernung der Ölkohle), Entkohlung f
**decarbonylation** n (Chem) / Dekarbonylierung f, Decarbonylierung f
**decarboxylase**\* n (Biochem) / Dekarboxylase f, Decarboxylase f (zu den Lyasen gehörendes Enzym, das die Abspaltung von Kohlendioxid aus organischen Säuren katalysiert)
**decarburization**\* (Met) / Entkohlung f (zielgerichtete Verringerung des Kohlenstoffgehalts) ‖ ~\* (Met) / Auskohlung f (der Eisenwerkstoffe nach DIN 17014, T 1) ‖ ~ **depth** (Met) / Entkohlungstiefe f
**decascaler** n (Telecomm) / Zehnfachuntersetzer m, Zehnerteiler m, Zehnfachteiler m, Dekadenuntersetzer m, dekadischer Untersetzer
**decasilane** n (Chem) / Dekasilan n, Decasilan n
**decating** n (Textiles) / Dekatieren n (durch Warmwasser- oder Dampfbehandlung), Dekatur f
**decatize** v (Textiles) / dekatieren v
**decatizing**\* n (Textiles) / Dekatieren n (durch Warmwasser- oder Dampfbehandlung), Dekatur f
**decavanadate** n (Chem) / Decavanadat n, Dekavanadat n
**decay** v (Biol) / verwesen v ‖ ~ (Biol) / verrotten v, verfaulen v, ausfaulen v (z.B. bis zum technischen Abbaugrad) ‖ ~ vi (Nuc) / zerfallen v, sich zersetzen v ‖ ~ n (Biol) / Verrottung f, Verfaulung f, Verwesung f (der unter Luftzufuhr stattfindende Abbau organischer Substanz durch Mikroorganismen) ‖ ~ (Elec Eng) / Abfall m (eines Strom- oder Spannungssprunges) ‖ ~ (For) / Holzfäule f (Zersetzung der Holzsubstanz) ‖ ~ (For) / Zersetzung f, Abbau m ‖ ~ (Nuc) / Abklingen n (der Aktivität) ‖ ~ (Nuc) / Zerfall m (radioaktiver - DIN 25 401-1), Zerfallsprozess m, Zerfallsvorgang m ‖ ~ (Nut) / aerober Verderb (der Lebensmittel) ‖ ~ **branch** (Nuc) / Zerfallszweig m, Zweig m, Zerfallsanteil m ‖ ~ **chain** (Nuc) / radioaktive Familie, Zerfallsreihe f ‖ ~ **clock** (Geol, Nuc) / Zerfallsuhr f (in der Geochronologie) ‖ ~ **coefficient** (Phys) / Abklingkoeffizient m, Abklingkonstante f, Abklingfaktor m, Dämpfungsfaktor m ‖ ~ **constant**\* (Nuc) / Zerfallskonstante f ‖ ~ **constant** (Phys) / Abklingkoeffizient m, Abklingkonstante f, Abklingfaktor m, Dämpfungsfaktor m ‖ ~ **constant**\* (Nuc) s. also exponential decay ‖ ~ **current** (Elec Eng) / Ausschwingstrom n ‖ ~ **curve** (Nuc) / Zerfallskurve f
**decayed** adj / morsch adj (besonders durch Fäulnis, auch durch Alter, Verwitterung o.Ä. brüchig, leicht zerfallend) ‖ ~ (Biol) / verwest adj (zersetzt), verfault adj, verrottet adj ‖ ~ **knot** (a knot that, due to advanced decay, is softer than the surrounding wood) (For) / Faulast m, fauler Ast
**decay effect** / nachlassende Wirkung (der Werbung), Nachlassen n (der Werbewirkung), Verfall m (der Werbewirkung) ‖ ~ **energy** (Nuc) / Zerfallsenergie f ‖ ~ **factor**\* (Phys) / Abklingkoeffizient m, Abklingkonstante f, Abklingfaktor m, Dämpfungsfaktor m ‖ ~ **heat** (Nuc) / Zerfallswärme f ‖ ~ **heat**\* (Nuc Eng) / Nachwärme f, Abschaltwärme f (die durch den Zerfall der radioaktiven Spalt- und Aktivierungsprodukte in einem Kernreaktor nach Abschalten des Reaktors auch weiterhin erzeugt wird), Nachzerfallswärme f (der verzögerte Anteil der bei der Kernspaltung frei werdenden Gesamtenergie, die sich auf einen prompten und einen verzögerten Anteil verteilt)
**decaying** adj (Comp) / veraltet adj (Daten) ‖ ~ **current** (Elec Eng) / Ausschwingstrom n ‖ ~ **oscillation** (Phys) / abklingende Schwingung
**decay law**\* (Nuc) / Zerfallsgesetz n ‖ ~ **product**\* (Nuc) / Zerfallsprodukt n, Folgeprodukt n (in einer Zerfallsreihe) ‖ ~ **rate** (Nuc) / Zerfallsrate f, Umwandlungsrate f, Zerfallsgeschwindigkeit f
**decay-resistant** adj (For) / fäulnisfest adj
**decay scheme** (Nuc) / Zerfallsschema n ‖ ~ **series** (Nuc) / radioaktive Familie, Zerfallsreihe f ‖ ~ **series** (Nuc) / radioaktive Familie, radioaktive Zerfallsreihe ‖ ~ **time**\* (Elec Eng) / Abfallzeit f (eines

Strom- oder Spannungssprunges im Allgemeinen) ‖ ~ **time** (Nuc) / Zerfallszeit *f* ‖ ~ **time**\* (Nuc, Phys) / Relaxationszeit *f* (DIN 1342, T 1), Abklingzeit *f*
**Decca** *n* (Aero, Nav) / Decca-Verfahren *n* (ein Hyperbel-Navigationsverfahren)
**deccan hemp** (Bot) / Gambohanf *m*, Bimlipatamjute *f*, Bimlijute *f*, Kenaf *n* (Hibiscus cannabinus L.), Ambari *m*, Dekkanhanf *m*, Hanfeibisch *m*
**decelerate** *v* / verlangsamen *v* (z.B. eine Reaktion), verzögern *v* (verlangsamen) ‖ ~ (Autos) / verlangsamen *v*
**decelerated motion** (Phys) / verzögerte Bewegung
**decelerating electrode** (TV) / Bremselektrode *f* ‖ ~ **relay** (Elec Eng) / Verzögerungsrelais *n* (in Antriebssystemen)
**deceleration** *n* (Autos) / Verlangsamung *f* ‖ ~ (Autos) / Schiebebetrieb *m* (durch Lastwechsel ausgelöste Fahrzeugverzögerung) ‖ ~\* (Phys) / Verzögerung *f*, negative Beschleunigung ‖ ~ **fuel cut-off** (Autos) / Schubabschaltung *f* (elektronische Unterbrechung der Kraftstoffzufuhr im Schiebebetrieb) ‖ ~ **lane** (Autos) / Verzögerungsstreifen *m*, Verzögerungsspur *f* ‖ ~ **lane** (Autos) s. also slow-moving traffic lane ‖ ~ **parameter** / Bremsparameter *m* (in der Kosmologie), Verzögerungsparameter *m*, Dezelerationsparameter *m* ‖ ~ **rate** (Autos) / Bremsverzögerung *f* ‖ ~ **test** (Eng) / Auslaufversuch *m* (Verfahren zur Bestimmung der mittleren Reibzahl bei Gleitlagern) ‖ ~ **time** (Comp) / Stoppzeit *f* (DIN 66010) ‖ ~ **weakening** (Autos) / Schubabmagerung *f*
**decel fuel cut-off** (Autos) / Schubabschaltung *f* (elektronische Unterbrechung der Kraftstoffzufuhr im Schiebebetrieb)
**decenter** (US) / dezentrieren *v*
**decentral handover** (Teleph) / dezentraler Handover
**decentralised** *adj* (GB) / dezentral *adj*, dezentralisiert *adj*
**decentralized** *adj* / dezentral *adj*, dezentralisiert *adj* ‖ ~ **data processing** (Comp) / dezentrale Datenverarbeitung (Ausführung der in einem Unternehmen anfallenden Arbeiten auf mehreren Kleinrechnern statt auf einem zentralen Großrechner) ‖ ~ **power supply** (Elec Eng) / dezentrale Energieversorgung, dezentrale Stromversorgung ‖ ~ **printing** (Comp, Print) / dezentrales Drucken ‖ ~ **signalling** (Telecomm) / dezentrale Kennzeichengabe ‖ ~ **software** (Comp) / dezentrale Software
**decentre** *v* / dezentrieren *v*
**decent(e)ring** *n* (Radar) / Mittenverschiebung *f*, Dezentrierung *f* (des Bildes)
**deception** *n* (Mil, Radar) / Täuschung *f* ‖ ~ **echo** (Radar) / Täuschecho *n* (von einem Täuschziel) ‖ ~ **signal** (Telecomm) / Täuschungssignal *n*, Täuschsignal *n*
**deceptive advertising** / betrügerische Werbung, irreführende Werbung ‖ ~ **package** / Mogelpackung *f*
**dechirping** *n* (Radar) / Verschiebungskompensation *f*
**dechlorinating agent** (Chem) / Entchlorungsmittel *n*
**de-choked condition** (Autos) / Stand *m* nach dem Hineindrücken des Chokers (beim Start)
**deci-**\* (SI-prefix denoting x 10⁻¹) / dezi-, Dezi- (Kurzzeichen d)
**decibel**\* *n* (Acous, Telecomm) / Dezibel *n*, dB (Dezibel) (Verstärkungs- oder Dämpfungsmaß nach DIN 5493)
**decidability** *n* (Maths) / Entscheidbarkeit *f*
**deciduous forest** (Bot, For) / Laubwald *m* (in dem Laubbäume die vorherrschende Vegetationsform darstellen) ‖ ~ **timber** (For) / Laubholz *n* (das Holz bedecksamiger Pflanzen), LH (Laubholz) ‖ ~ **tree** (Bot, For) / Laubbaum *m* (sommergrüner)
**deciduous-wood species** (For) / Laubholzart *f*
**deciduous woody plant** (For) / Falllaubgehölz *n*
**decigram** *n* / Dezigramm *n*
**decile** *n* (Stats) / Dezil *n* (das dem Fall q = 10 entspricht)
**decimal** *n* (Maths) / Dezimalbruch *m*, Zehnerbruch *m* ‖ ~ (Maths) / Dezimalzahl *f* ‖ ~ *adj* (Maths) / Dezimal-, dezimal *adj* ‖ ~ **arithmetic** (Maths) / Dezimalbruchrechnung *f*, Dezimalarithmetik *f*, dezimale Arithmetik *f* ‖ ~ **balance** / Dezimalwaage *f* ‖ ~ **carry** (Comp) / Zehnerübertrag *m* ‖ ~ **classification** / Dezimalklassifikation *f*, DK (Dezimalklassifikation) ‖ ~ **digit** (Comp, Maths) / Dezimalziffer *f* ‖ ~ **digit** (Maths) / Dezimalstelle *f* (Ziffer), Dezimale *f* (bei Dezimalbrüchen) ‖ ~ **expansion** (Maths) / Dezimalbruchentwicklung *f* ‖ ~ **fraction**\* (Maths) / Dezimalbruch *m*, Zehnerbruch *m*
**decimal-geometric series of preferred numbers** (Eng, Maths) / dezimalgeometrische Normzahlreihe, Renard-Reihe *f* (nach C. Renard, 1847-1905)
**decimal instruction** (Comp) / Dezimalbefehl *m* ‖ ~ **marker** (Comp, Maths) / Radixpunkt *m* (im Dezimalsystem) ‖ ~ **marker** (Maths) / Dezimalzeichen *n* (Komma oder Punkt) ‖ ~ **multiple** (Maths) / dezimales Vielfaches (z.B. einer Einheit) ‖ ~ **multiplier** (Maths) / Zehnerfaktor *m* (Anzahl der Nullen) ‖ ~ **number** (Maths) / Dezimalzahl *f* ‖ ~ **part** (Maths) / Dezimalteil *m* (hinter dem Komma) ‖ ~ **place** (Maths) / Zehnerstelle *f* ‖ ~ **place** (Maths) / Dezimalstelle *f* (Stelle) ‖ ~ **point** (Maths) / Dezimalpunkt *m*, Komma *n* (pl. -s oder -ta), Dezimalkomma *n* (Trennungszeichen zwischen den ganzen und den Bruchzahlen bei den Dezimalbrüchen) ‖ ~ **power** (Maths) / Zehnerpotenz *f* ‖ ~ **scale** (Cartography) / Dezimalmaßstab *m*, metrischer Maßstab ‖ ~ **scaler** (Telecomm) / Zehnfachuntersetzer *m*, Zehnerteiler *m*, Zehnfachteiler *m*, Dekadenuntersetzer *m*, dekadischer Untersetzer ‖ ~ **submultiple** (Maths) / dezimaler Teil (z.B. einer Einheit) ‖ ~ (**number**) **system** (Maths) / Dezimalsystem *n*, dezimales System, dekadisches System, Zehnersystem *n* (Stellenwertsystem zur Basis 10) ‖ ~ **tabbing** (Comp) / Dezimaltabulation *f* ‖ ~ **tabulation** (Comp) / Dezimaltabulation *f*
**decimal-to-binary conversion** (Comp) / Dezimal-Binär-Umwandlung *f*
**decimal value** (Maths) / Dezimalwert *m*
**decimetre**\* *n* / Dezimeter *n*, dm
**decimetric waves**\* (Radio) / Dezimeterwellen *f pl*
**decimillimetric waves** (Radio) / Dezimillimeterwellen *f pl* (300-3000 GHz)
**decimolar calomel electrode**\* (Chem) / dezimolare Kalomelelektrode (aq . c = 0,1 mol/l)
**decineper**\* *n* (Telecomm) / Dezineper *n* (0,8686 dB)
**decinormal** *adj* (Chem) / dezinormal *adj* (0,1n), decinormal *adj* ‖ ~ **solution** (Chem) / 0,1ⁿ-Lösung *f*, zehntelnormale Lösung, Zehntelnormallösung *f*
**decipher** *v* / dechiffrieren *v*, entziffern *v*, entschlüsseln *v*
**decision** *n* (AI, Comp) / Entscheidung *f* ‖ ~ **box** (Comp) / Programmablaufsymbol *n* "Verzweigung", Programmablaufsinnbild *n* "Verzweigung", Entscheidungskästchen *n*, Entscheidungssymbol *n* ‖ ~ **circuit** (Comp) / Entscheider *m* ‖ ~ **content** (Comp) / Entscheidungsgehalt *m* (DIN 5493, T 1, und 44301) ‖ ~ **element** (Comp) / Entscheidungselement *n*, Entscheidungsglied *n* ‖ ~ **fan** (AI) / Entscheidungsfächer *m* ‖ ~ **function** (Stats) / Entscheidungsfunktion *f* ‖ ~ **height** (the height at which a decision must be made during an ILS or PAR instrument approach - either to continue the approach or to execute a missed approach) (Aero) / Entscheidungshöhe *f* (bei der Allwetterlandung) ‖ ~ **instruction** (Comp) / Entscheidungsbefehl *m* ‖ ~ **logic** (AI) / Entscheidungslogik *f* ‖ ~**-maker** *n* / Entscheidungsträger *m*
**decision-making** *n* (AI) / Entscheidungsfällung *f*, Entscheidungsfindung *f*, Treffen *n* von Entscheidungen
**decision matrix** (AI) / Entscheidungsmatrix *f* (bei Variantenvergleichen) ‖ ~ **model** (Comp, Maths) / Entscheidungsmodell *n* ‖ ~ **problem** (AI, Comp) / Entscheidungsproblem *n* ‖ ~ **procedure** (AI, Comp) / Entscheidungsverfahren *n* (Algorithmus zur Entscheidung eines Prädikats) ‖ ~ **process** (AI) / Entscheidungsprozess *m* ‖ ~ **rule** (AI) / Entscheidungsregel *f* ‖ ~ **speed**\* (Aero) / kritische Geschwindigkeit (beim Start) ‖ ~ **support** (AI, Comp) / Entscheidungshilfe *f*, Entscheidungsunterstützung *f*
**decision-support graphics** (AI, Comp) / grafische Entscheidungshilfen ‖ ~ **system** (AI) / Entscheidungshilfesystem *n*, Decision-Support-System *n* ‖ ~ **system** (Comp) / Managementinformationssystem *n* für die Entscheidungsvorbereitung
**decision symbol** (Comp) / Programmablaufsymbol *n* "Verzweigung", Programmablaufsinnbild *n* "Verzweigung", Entscheidungskästchen *n*, Entscheidungssymbol *n* ‖ ~ **system** (AI, Comp) / Entscheidungssystem *n* ‖ ~ **table** (Comp, Work Study) / Beurteilungstabelle *f*, Entscheidungstabelle *f* (Hilfsmittel zur Variantenauswahl, besonders bei der Erstellung von Fertigungs- und Arbeitsunterlagen für die genormte Fertigung)
**decision-taking** *n* (AI) / Entscheidungsfällung *f*, Entscheidungsfindung *f*, Treffen *n* von Entscheidungen
**decision theory** (AI, Stats) / Entscheidungstheorie *f* ‖ ~ **tree** (AI, Comp) / Entscheidungsbaum *m*, Baum *m* der Entscheidung (bei Ja-Nein-Entscheidungen)
**decision-tree method** (AI, Comp) / Entscheidungsbaumverfahren *n* (ein rechnergestütztes Verfahren der Unternehmensforschung)
**decision variable** (AI) / Entscheidungsvariable *f*
**decisive** *adj* / maßgebend *adj*, entscheidend *adj*, äußerst wichtig, wesentlich *adj* (äußerst wichtig), ausschlaggebend *adj* ‖ ~ / entscheidend *adj* (Einfluss)
**decit** *n* (Comp, Maths) / Dezimalziffer *f*
**decitex**\* *n* (Textiles) / Decitex *n*, Dezitex *n*, dtex (Garnsortierung nach dem Tex-System)
**deck** *n* / Deck *n* (eines Siebes) ‖ ~\* (Acous) / Deck *n* (Gerät ohne eingebauten Verstärker oder Lautsprecher in der Hi-Fi-Technik) ‖ ~ (Aero) / Fläche, auf der man landen od. wassern kann ‖ ~ (US) (Autos) / Deckel *m* (des Kofferraums) ‖ ~ (Civ Eng) / Tafel *f* (Brücke, Fahrbahn) ‖ ~ (Civ Eng) / Fahrbahn *f* (einer Brücke) ‖ ~ (Civ Eng, Eng) / Oberbau *m*, Oberwagen *m* (bei einem Bagger) ‖ ~ (Comp) / Stapel *m* (Kartenstapel) ‖ ~ (Elec Eng) / Schalterdeck *n* ‖ ~ (Eng) / Plattform *f*, Ladefläche *f* (eines Flurfördermittels) ‖ ~ (For) / Polteranlage *f* (Land-Rundholzlagerung), Polter *m n*, provisorischer Sammelplatz

**deck**
(zwischen Fällungsort und Holzlager) ∥ ~ (Mining) / Etage *f* (im Förderkorb) ∥ ~ (Print) / Überschriftszeile *f* ∥ ~* (Ships) / Deck *n* ∥ ~ **arch** (Civ Eng) / Bogen *m* mit aufgeständerter Fahrbahn (die über dem Bogen liegt) ∥ ~ **beam**\* (Ships) / Decksbalken *m* (der die oberen Enden von Spanten verbindet) ∥ ~ **bridge**\* (Civ Eng) / Brücke *f* mit obenliegender Fahrbahn, Deckbrücke *f* ∥ ~ **bridge**\* (Civ Eng) s. also through bridge ∥ ~ **capacity** (For) / Polterkapazität *f* (Lagerkapazität eines Polters) ∥ ~ **cargo** (Ships) / Deckladung *f* ∥ ~ **crane**\* (Ships) / Schiffskran *m* (ein Bordkran), Bordkran *m*
**decke** *n* (Geol) / Überschiebungsdecke *f*, Decke *f* (tektonische)
**deckel** *n* (Paper) / Deckel *m*
**deck extension board** / Ansteckbrett *n* (für Flachpaletten) ∥ ~ **girder** (Ships) / Deckstäger *m*
**deckhouse** *n* (a cabin on the deck of a ship or boat, used for navigation or accommodation) (Ships) / Deckshaus *n*
**decking** *n* (Build, Carp) / Dachunterkonstruktion *f* (z.B. beim Flachdach) ∥ ~ (the loading of ware in multiple layers on kiln cars preparatory for firing) (Ceramics) / Stapeln *n* des Brenngutes ∥ ~ (Mining) / Aufschieben *n*, Wagenwechsel *m* (im Förderkorb)
**deckle** *n* (Paper) / Randbegrenzungsleiste *f* ∥ ~ (Paper) / Deckel *m* ∥ ~ **adjustment** (Paper) / Formatverstellung *f*, Formatstellen *n* ∥ ~ **board** (Paper) / Formatbegrenzungsleiste *f*, Formatleiste *f* (in der Siebpartie der Papiermaschine) ∥ ~ **edge**\* (Paper) / Büttenrand *m*, Schöpfrand *m* (beim handgeschöpften Papier) ∥ ~ **edge** (Paper) / Formatbegrenzungsleiste *f*, Formatleiste *f* (in der Siebpartie der Papiermaschine)
**deckle-edge paper** (Paper) / handgeschöpftes Papier, Büttenpapier *n*, Bütten *n* (handgeschöpftes), Schöpfpapier *n*
**deckle strap** (Paper) / Deckelriemen *m*
**deck lid** (US) (Autos) / Kofferraumdeckel *m*, Kofferdeckel *m* ∥ ~ **machinery** (Ships) / Decksmaschinen *f pl* ∥ ~ **mating** (Oils) / Aufsetzen *n* des Decks (die letzte Bauphase am Tiefwasserliegeplatz) ∥ ~ **plating** (Ships) / Decksbeplattung *f* ∥ ~ **sheer** (Ships) / Decksprung *m* (ansteigender Verlauf des Oberdecks von Schiffsmitte zum Heck und besonders zum Bug bei seegehenden Frachtschiffen), Sprung *m* ∥ ~ **stringer**\* (Ships) / Decksstringer *m* (im Bereich der Verbindung von Deck und Bordwand) ∥ ~ **switch** (Elec Eng) / Gruppenschalter *m* (ein Umschalter)
**declaration** *n* (Comp) / Deklaration *f* (Teil einer Programmeinheit, der die Bedeutung eines Bezeichners festlegt und ihn dabei mit einem Datenobjekt verknüpft, so dass bei Ausführung des Programms und Auftreten des Bezeichners immer das deklarierte Datenobjekt aufgerufen und mit ihm operiert wird), Vereinbarung *f* ∥ ~ **of priority** / Prioritätserklärung *f* (des Patentanmelders)
**declarative** *adj* (AI, Comp) / deklarativ *adj* ∥ ~ **knowledge** (AI) / deklaratives Wissen (als Gegensatz zu prozeduralem Wissen) ∥ ~ **language** (with a declarative language a program explicitly states what properties the desired result is required to exhibit but does not state how the desired result is to be obtained ) (Comp) / deklarative Sprache ∥ ~ **semantics** (AI) / deklarative Semantik
**declarator** *n* (Comp) / Vereinbarungssymbol *n*
**declared efficiency**\* (Elec Eng) / Nennwirkungsgrad *m*, Sollwirkungsgrad *m* ∥ ~ **efficiency** (Eng) / Bemessungswirkungsgrad *m*
**declination**\* *n* (the angular distance of a heavenly body from the celestial equator) (Astron) / Deklination *f* (im Äquatorialsystem) ∥ ~* (Surv) / erdmagnetische Deklination, Missweisung *f* (Winkel zwischen Magnetisch-Nord und Geografisch-Nord; Linien gleicher Missweisung heißen Isogonen), magnetische Deklination, magnetische Abweichung ∥ ~ **axis** (Astron) / Deklinationsachse *f* (bei der äquatorialen Montierung) ∥ ~ **circle**\* (Astron, Optics) / Stundenkreis *m* (bei der äquatorialen Montierung ein auf der Deklinationsachse angebrachter Teilkreis, mit dem die Deklination eines Gestirns eingestellt werden kann), Deklinationskreis *m* ∥ ~ **compass** (Geophys) / Deklinatorium *n*, Deklinator *m*, Deklinationsmessgerät *n*, Abweichungskompass *m*, Deklinationsmesser *m*, Deklinometer *n* (Bestimmung der erdmagnetischen Deklination)
**decline** *n* (Stats) / Rückgang *m* (einer statistischen Größe) ∥ ~ **in economic activity** / Konjunkturabschwächung *f*
**declinimeter**\* *n* (Geophys) / Deklinatorium *n*, Deklinator *m*, Deklinationsmessgerät *n*, Abweichungskompass *m*, Deklinationsmesser *m*, Deklinometer *n* (Bestimmung der erdmagnetischen Deklination)
**declinometer** *n* (Geophys) / Deklinatorium *n*, Deklinator *m*, Deklinationsmessgerät *n*, Abweichungskompass *m*, Deklinationsmesser *m*, Deklinometer *n* (Bestimmung der erdmagnetischen Deklination)
**declivitous** *adj* / steil abfallend, jäh abfallend, schroff *adj* (steil abfallend), abschüssig *adj*, stark abfallend

**declivity** *n* / Abwärtsneigung *f*, Abschüssigkeit *f* ∥ ~ (Geol) / absteigender Hang, Böschung *f* (absteigende) ∥ ~ s. also slope
**declutch**\* *v* (Eng) / auskuppeln *v*
**decobaltify** *v* (Chem) / entkobalten *v*
**decoct** *v* (Pharm) / abkochen *v*
**decoction**\* *n* (Pharm) / Abkochung *f*, Dekokt *n*, Absud *m*, Sud *m* ∥ ~ **mash** (Brew) / Kochmaische *f*
**decode** *v* (Comp, Radio, TV) / dekodieren *v*, decodieren *v*
**decoder**\* *n* (Radio, Telecomm) / Dekodierer *m*, Dekoder *m*, Decodierer *m*, Decoder *m*, Entschlüssler *m* ∥ ~* (TV) / Dekoder *m* (z.B. PAL/Secam), Decoder *m*
**decoding circuit** (Elec Eng) / Schaltung *f* für Entschlüsselung
**decohesion** *n* (Phys) / Dekohäsion *f*
**decoil** *v* (pay off coils) (Met) / abcoilen *v* (Coils abwickeln)
**decoke** *v* (Chem Eng) / entkoken *v*
**decollate**\* *v* (separate multipart sets of continuous stationery) (Comp) / trennen *v* (Mehrfach-Schnelldruckerpapier)
**decollator** *n* (a machine that can process multicopy printed output into separate stacks of copy and used carbon paper) (Comp) / Formulartrenner *m*
**décollement** *n* (Geol) / Abscherung *f*
**decolorise** *v* (GB) / entfärben *v*
**decolorization** *n* / Entfärben *n*
**decolorize**\* *vt* / entfärben *v*
**decolorizer**\* *n* (Glass) / Entfärbungsmittel *n*, Entfärber *m*
**decolorizing carbon** (Chem) / E-Aktivkohle *f*, Entfärbungskohle *f*, Bleichkohle *f* ∥ ~ **charcoal** (Chem) / E-Aktivkohle *f*, Entfärbungskohle *f*, Bleichkohle *f*
**decommission** *v* (a nuclear power plant) (Nuc Eng) / außer Dienst stellen, stilllegen *v*
**decommissioning**\* *n* (of a nuclear power plant) (Nuc Eng) / Außerdienststellung *f*, Stilllegung *f* ∥ ~* s. also dismantlement, entombment and mothballing
**decompaction** *n* (Civ Eng) / Auflockerung *f* (des Bodens)
**decomposable** *adj* (Chem, Eng, Maths) / zerlegbar *adj*
**decompose** *v* (Biol) / verwesen *vi* ∥ ~ (Chem) / aufschließen *v* (in der chemischen Analyse) ∥ ~ (Maths, Phys) / zergliedern *v* ∥ ~ (Chem) / zerfallen *v*, sich zersetzen *v* ∥ ~ *vt* (Chem) / zerlegen *v*, zersetzen *v*
**decomposers**\* *pl* (organisms, such as certain bacteria and fungi, that break down dead organisms or organic waste materials) (Biol, Ecol) / Destruenten *m pl*, Zerleger *m pl*, Reduzenten *m pl* (Bakterien und Pilze, die organische Stoffe bis zu anorganischen Verbindungen abbauen), Zersetzer *m pl*
**decompose under heating** *v* / in der Hitze zerfallen
**decomposition** *n* (AI) / Dekomposition *f*, Zerlegung *f* (einer Aufgabe, eines Tasks) ∥ ~ (Biol) / Verrottung *f*, Verfaulung *f*, Verwesung *f* (der unter Luftzufuhr stattfindende Abbau organischer Substanz durch Mikroorganismen) ∥ ~* (the breaking up of chemical compounds) (Chem) / Abbau *m* (bei komplizierten Verbindungen), Zerlegung *f*, Zersetzung *f* ∥ ~* (Chem) / Aufschließen *n*, Aufschluss *m* (in der chemischen Analyse) ∥ ~ (Geol) / Auflösung *f* (von Gesteinen als Folge der chemischen Verwitterung) ∥ ~ (Maths) / Dekomposition *f* (Zerlegung großer Gleichungssysteme oder großer Modelle) ∥ ~ (Phys) / Abbau *m* (des Feldes) ∥ ~ s. also degradation ∥ ~ **field** (Maths) / Zerfällungskörper *m* (eines Polynoms), Wurzelkörper *m* ∥ ~ **potential** (Elec Eng) / Zersetzungsspannung *f* (bei der Elektrolyse) ∥ ~ **product** (Biochem) / Spaltprodukt *n*, Abbauprodukt *n* ∥ ~ **product** (Chem) / Zerfallsprodukt *n* ∥ ~ **rate** (Chem, Phys) / Zersetzungsgeschwindigkeit *f* ∥ ~ **reaction** (Chem) / Zersetzungsreaktion *f* ∥ ~ **reaction** (Chem) / Zerfallsreaktion *f* ∥ ~ **reaction** (Chem) / Abbaureaktion *f* (bei der komplizierte, meist organische Verbindungen zu einfacheren Reaktionsprodukten zerlegt werden) ∥ ~ **sum** (Maths) / Zerlegungssumme *f* ∥ ~ **temperature** (Chem, Phys) / Zersetzungstemperatur *f* ∥ ~ **theorem** (Maths) / Zerlegungssatz *m* ∥ ~ **tree** (AI, Maths) / Dekompositionsbaum *m* ∥ ~ **voltage**\* (Elec Eng) / Zersetzungsspannung *f* (bei der Elektrolyse)
**decompounding winding** (Elec Eng) / Gegenreihenschlusswicklung *f*, abwärts compoundierende Wicklung
**decompress** *v* (Comp) / dekomprimieren *v* (Daten)
**decompression** *n* (Comp) / Entkomprimierung *f* ∥ ~ (Phys) / Druckentlastung *f*, Dekompression *f* (Druckabfall, Drucksturz) ∥ ~ **panel** (Aero) / Druckausgleichsklappe *f* (zwischen Kabine und Frachtraum) ∥ ~ **sickness** / Taucherkrankheit *f* (eine Luftdruckkrankheit) ∥ ~ **sickness** (Civ Eng, Med) / Dekompressionskrankheit, Druckfallkrankheit *f* ∥ ~ **sickness** s. also aeroembolism and caisson disease ∥ ~ **wave** (Phys) / Druckentlastungswelle *f*
**decompressor** *n* (I C Engs) / Dekompressor *m*, Ventilausheber *m*
**deconditioning** *n* (Med, Space) / Dekonditionierung *f*
**deconsolidate** *v* (Civ Eng) / dekonsolidieren *v*, entfestigen *v*
**deconsolidation** *n* (Civ Eng) / Dekonsolidation *f*, Entfestigung *f*

**deconstruct** v (Arch) / dekonstruieren v
**deconstructionism** n (Arch) / Dekonstruktivismus m (eine Richtung, in deren Entwürfen das Verhältnis von Tragen und Lasten sowie traditionelle statische Verhältnisse aufgelöst werden - z.B. F.O. Gehry)
**decontaminability** n (Nuc Eng, Paint) / Dekontaminierbarkeit f (DIN 55 945)
**decontamination** n (cleanup of inherited environmental damage) (Ecol) / Altlastsanierung f || ~* (Mil, Nuc Eng) / Dekontamination f (DIN 25401, T 1), Entaktivierung f, Entgiftung f, Entseuchung f, Entstrahlung f, Dekontaminierung f || ~ **bay** (US) (Nuc Eng) / Dekontaminierstation f, Dekontaminationsstation f || ~ **factor*** (Nuc Eng) / Dekontfaktor m (Maßstab der Dekontamination), Dekontaminationsfaktor m, Dekofaktor m || ~ **of sewage sludge** (San Eng) / Klärschlammentseuchung f || ~ **station** (Nuc Eng) / Dekontaminierstation f, Dekontaminationsstation f
**deconvolution** n (Chem) / iteratives Aufrollen (des Syntheseprozesses), Wiederaufrollen n (des Syntheseprozesses) || ~ (Geol) / Dekonvolution f (Wiederherstellung des ursprünglichen Signals in der Seismik) || ~ (Radar) / Entfaltung f (bei der Verschiebungskompensation)
**decopperize** v / entkupfern v
**decorate** v / verzieren v, schmücken v
**Decorated style** (Arch) / Decorated Style n (Stilphase der englischen Hochgotik, etwa 1250 - 1350)
**decorating fire** (Ceramics) / Dekorbrand m (Einbrennen der Aufglasurfarben, der Edelmetallpräparate und der Inglasurfarben) || ~ **kiln** (Ceramics) / Dekorbrandofen m, Dekorbrennofen m, Schmelze f (Dekorbrennofen)
**decoration** n / Dekorieren n, Dekoration f || ~ (Ceramics) / Dekor m n, Dekoration f
**decorative** adj / Zier-, Schmuck-, Dekorativ-, dekorativ adj, schmückend adj, Dekor- || ~ / ornamental adj, Ornamental-, schmückend adj, zierend adj, Zier- || ~ s. also ornamental || ~ **bond** (Build) / Zierverband m || ~ **border** / Zierkante f || ~ **border** (Print, Typog) / Zierleiste f || ~ **canvas** (closely woven jute canvas) (Textiles) / Malerleinwand f || ~ **china** (Ceramics) / Zierporzellan n (Figuren, Vasen, Zierteller, Zierdosen usw.) || ~ **chromium plating** (Surf) / dekoratives Verchromen (eine Art Dekorationsgalvanik) || ~ **concrete** (Arch, Build, Met) / Sichtbeton m (dessen Ansichtsfläche gestalterische Funktionen erfüllt und ein vorausbestimmtes Aussehen hat) || ~ **cover** (Autos) / Zierkappe f || ~ **electrodeposition** (Surf) / Dekorationsgalvanik f (vorwiegend zur Verbesserung des Aussehens) || ~ **fabric** (Textiles) / Dekostoff m, Dekorationsstoff m || ~ **film** (For) / Dekorfilm m || ~ **foil** (Plastics) / Dekorfolie f, Finishfolie f || ~ **gravure ink** (Print) / Dekortiefdruckfarbe f || ~ **ink** (Print) / Schmuckfarbe f (eine Druckfarbe) || ~ **masonry** (Build) / Sichtmauerwerk n (einschaliges Verblendmauerwerk), Verblendschale f || ~ **sheet** (Plastics) / Dekorfolie f, Finishfolie f || ~ **stain** (Join) / Deko-Beize f || ~ **stitch** (Textiles) / Zierstich m || ~ **stone** (Build) / Zierstein m || ~ **stripes** (Textiles) / Effektstreifen m pl || ~ **technique** (Ceramics) / Dekortechnik f || ~ **veneer** (For) / Edelfurnier n || ~ **wood** (For) / Ausstattungsholz n
**decorator** n (Paint) / Maler m, Lackierer m, Anstreicher m
**decorer** n (Foundry) / Entkerner m, Kernausstoßer m, Kernausstoßgerät n
**decoring** n (Foundry) / Entkernen n, Auskernen n, Kernausstoßen n
**decorporation** n (Radiol) / Dekorporierung f, Dekorporation f (Entfernung radioaktiver Stoffe aus dem menschlichen oder tierischen Organismus)
**decorrelation** n (Radar) / Dekorrelation f (in Inhomogenitäten)
**decorticate** v (For) / entrinden v, schälen v || ~ (Nut) / enthülsen v (Getreide)
**decorticating machine** (Textiles) / Entholzer m, Enthölzer m, Stängelbrechmaschine f (Flachs- und Hanfaufbereitung) || ~ **machine** (Textiles) / Dekortikator m, Entfaserungsmaschine f (für Hartfasern)
**decorticator** n (Textiles) / Entholzer m, Enthölzer m, Stängelbrechmaschine f (Flachs- und Hanfaufbereitung) || ~ (Textiles) / Dekortikator m, Entfaserungsmaschine f (für Hartfasern)
**decoupling*** n (Electronics) / Entkopplung f || ~ **modulation** (Electronics, Radio) / Auskoppelmodulation f (wenn die im optischen Resonator vorhandene Lichtenergie gesteuert ausgekoppelt wird) || ~ **of circuits** (Elec Eng) / Stromkreisentkopplung f
**decoy** n (Mil, Radar) / Täuschziel n (ein Köderflugkörper), Köder m (Attrappe, Täuschziel), Zielköder m
**decrease** v (in) / abfallen vi (von Messwerten), abnehmen vi (Messwerte) || ~ / absinken vi (Geschwindigkeit) || ~ vt / herabsetzen v, senken v, reduzieren v (senken), ermäßigen v (Preise) || ~ n / Rückgang m, Abnahme f, Verringerung f || ~ (Stats) / Rückgang m (einer statistischen Größe) || ~ **in volume** (Phys) / Volumenabnahme f || ~ **in weight** (Textiles) / Gewichtsschwund m, Gewichtsverlust m || ~ **of gain** (Telecomm) / Verstärkungsabfall m || ~ **of power** (Eng) / Leistungsabfall m
**decreasing function** (Maths) / monoton nicht wachsende Funktion, monoton fallende Funktion || ~ **function** (Maths) / antitone Funktion, fallende Funktion || ~ **semi-martingale** (Stats) / Supermartingal n, fallendes Halbmartingal || ~ **trough(ing)** (Civ Eng) / Abmuldung f (des Bandes)
**decrement** n (Comp, Maths) / dekrementieren v (eine Größe vermindern) || ~* n (Biol, Elec, Maths, Med) / Dekrement n || ~* (Phys) / Abnahme f, Verringerung f (der Schwingungen)
**decrementer** n (Comp) / Abwärtszähler m (bei den Mikroprozessoren)
**decrepit** adj / altersschwach adj
**decrepitate** v (Chem, Crystal) / dekrepitieren v
**decrepitation*** n (the crackling of some crystals when heated, caused by loss of water from within the crystals) (Chem, Crystal) / Dekrepitation f, Dekrepitieren n
**decrimp** v (Textiles) / entkräuseln v
**decrypt** v / dechiffrieren v, entziffern v, entschlüsseln v
**Dectra** n (Decca Track and Range)* (Aero, Nav) / Dectra-Verfahren n (eine Erweiterung des Decca-Verfahrens für den Mittelstreckenbereich)
**decuplet** n (Nuc) / Dekuplett n
**decussate*** adj (Bot) / dekussiert adj (kreuzweise gegenständig, d.h. sich kreuzweise abgestuft in Paaren gegenüberstehend ) || ~ (**texture**)* (Geol) / feingranoblastisch adj
**decyl alcohol** (Chem) / Dekanol n, Decanol n, Dezylalkohol m, Decylalkohol m
**Dedekind cut*** (Maths) / Dedekind'scher Schnitt m (nach J.W.R. Dedekind, 1831-1916) || ~ **domain** (Maths) / Dedekind-Ring m, ZPI-Ring m || ~ **ring** (Maths) / Dedekind-Ring m, ZPI-Ring m
**dedendum*** n (pl. dedenda) (Eng) / Fußhöhe f (DIN 3998), Zahnfußhöhe f, Fußtiefe f (des Zahnrads) || ~ (pl. dedenda) (Eng) / Differenz f zwischen Flanken- und Kernradius (Bolzen), Differenz f zwischen Flanken- und Gewinderadius (Mutter)
**dedeuterize** v (Nuc Eng) / entdeuterieren v, dedeuterieren v
**dedicate** v / dedizieren v (für spezielle Zwecke bestimmen bzw. abzweigen)
**dedicated** adj (exclusively assigned or allocated) / zweckorientiert adj, zweckbestimmt adj || ~ (Comp) / dediziert adj (System) || ~ **bus interface** (Comp) / dedizierte Busschnittstelle || ~ **circuit** (Comp) / Schaltung, die auf eine bestimmte Aufgabe oder einen bestimmten Einsatz zugeschnitten ist || ~ **circuit** (Comp) s. also permanent circuit || ~ **computer*** (Comp) / Spezialrechner m || ~ **connection** (GB) (Telecomm) / Punkt-zu-Punkt-Verbindung f (DIN 44302), Punktverbindung f (festgeschaltete Verbindung von zwei Endgeräten), Festverbindung f, Standverbindung f, feste Verbindung, festgeschaltete Verbindung (von zwei Endgeräten) || ~ **line** (leased or privately owned) (Comp, Elec Eng, Telecomm) / Standleitung f (feste Verbindung zwischen zwei Endstellen nach DIN 44302), festgeschaltete Verbindung, festgeschaltete Leitung, dedizierte Leitung, Festverbindung f (Standleitung), Standverbindung f (festgeschaltete Verbindung) || ~ **network** (Comp, Telecomm) / Standverbindungnetz n || ~ **peripheral-equipment system** (Comp) / dediziertes Peripheriesystem || ~ **server** (Comp) / dedizierter Server || ~ **software** (Comp) / Individualsoftware f (eine Anwendungssoftware)
**dedication copy** (Print) / Widmungsexemplar n, Dedikationsexemplar n (mit einer Widmung)
**de dicto belief** (AI) / indirekter Glauben || ~ **Dion axle** (Autos) / Halbschwingachse f (eine Antriebsachse, bei der das Ausgleichsgetriebe starr mit dem Rahmen verbunden ist), De-Dion-Achse f (nach A. Marquis de Dion, 1856-1946) || ~ **Dion tube** (Autos) / De-Dion-Rohr n
**dedolomitization*** n (Geol) / Dedolomitisation f, Dedolomitisierung f
**deduce** v (AI) / deduzieren v
**deducibility** n (Maths) / Ableitbarkeit f (logische, in einem Kalkül)
**deducible** adj (Comp, Maths) / ableitbar adj (in einem Kalkül), erzeugbar adj
**deduct** v / abschreiben v (den anteiligen Wert der Wirtschaftsgüter, deren Nutzung sich über mehrere Geschäftsperioden erstreckt), amortisieren v || ~ (Maths) / subtrahieren v, abziehen v, abrechnen v, absetzen v
**deduction** n (AI, Maths) / Deduktion f, logisches Schließen, logischer Schluss, Deduzieren n || ~ **chain** (AI) / Deduktionskette f || ~ **engine** (AI) / Deduktionskomponente f || ~ **rule** (AI) / Deduktionsregel f || ~ **system** (AI) / Deduktionssystem n || ~ **tree** (AI) / Deduktionsbaum m
**deductive** adj (AI) / deduktiv adj || ~ **rule** (AI) / Deduktionsregel f || ~ **system** (AI) / Deduktionssystem n
**dedung** v (Leather) / abmisten v, entmisten v (die Haut)
**deduster** n / Entstauber m, Entstaubungsanlage f
**dee[s]*** n(pl) (Electronics, Nuc Eng) / Dees pl, Duanten m pl (eines Zyklotrons)

**de-emphasis**

**de-emphasis*** n (Acous) / Entzerrung f, Nachentzerrung f (ein zur Preemphasis komplementärer Vorgang am Ausgang eines Übertragungssystems), Deemphasis f
**Deemter, van ~ equation** (Chem) / van-Deemter-Gleichung (für jedes chromatografische Trennsystem gibt es nur eine Strömungsgeschwindigkeit, bei der die Trennstufenhöhe ein Minimum aufweist und somit die Trennstufenzahl ihren Maximalwert erreicht)
**de-emulsification** n (Chem) / Entmischung f (einer Emulsion), Dismulgierung f, Brechen n (einer Emulsion), Demulgierung f, Emulsionsspaltung f, Entemulsionieren n
**de-enamelling** n / Entemaillieren n
**de-energize** v (Elec Eng) / aberregen v || ~* (Elec Eng) / stromlos machen, abschalten v, von der Stromquelle trennen || ~* (Elec Eng) / unterbrechen v (den Betätigungskreis des Relais)
**de-energized** adj (Elec, Telecomm) / stromlos adj, spannungslos adj, tot adj, abgetrennt von der Stromquelle || ~ **position** (Elec Eng) / nicht erregte Stellung
**deep** v (For) / trennen v (Schnittholz) || ~ n (Geol, Ocean) / Ozeantief n, Tiefseegraben m (z.B. Marianengraben) || ~ adj / tiefliegend adj, tief adj || ~ / kräftig adj, satt adj (Farbton), tief adj (Farbton)
**deep-bar cage motor** (Elec Eng) / Tiefnutankermotor m, Tiefnutläufer m (Elektromotor) || ~ **rotor** (Elec Eng) / Tiefnutläufer m || ~ **rotor** (Elec Eng) / Hochstabläufer m
**deep black** / tiefschwarz adj (von tiefem Schwarz) || ~ **blasting** (Civ Eng) / Explosionsverdichtung f, Explosivverdichtung f (des Bodens)
**deep-blue** adj / sattblau adj, tiefblau adj
**deep chrome green** / Seidengrün n (im Allgemeinen)
**deep-coloured** adj (Nut) / hochfarbig adj (Wein)
**deep cooling** (Chem) / Tiefkühlung f || ~ **cut** (Civ Eng) / Tiefschnitt m
**deep-cycle** attr (battery) (Elec Eng) / wiederaufladbar adj, aufladbar adj
**deep depletion** (Electronics) / weitgehende Verarmung
**deep-digger plough** (Agric) / Tiefkulturpflug m, Pflug m für schwere Bodenarten
**deep digger plough** (Agric) / Tiefpflug m
**deep-drawable** adj (Met) / tiefziehfähig adj
**deep drawing*** (Met) / Tiefziehen n (Umwandlung ebener Blechzuschnitte in einen Hohlkörper nach DIN 8584)
**deep-drawing brass** (Met) / Messing n 70 || ~ **press** (Met) / Tiefziehpresse f || ~ **sheet** (Met) / Tiefziehblech n (kaltgewalztes Flachzeug zum Kaltumformen, vor allem zum Tiefziehen) || ~ **steel** (Met) / Tiefziehstahl m || ~ **tool** (Met) / Tiefziehwerkzeug n
**deep-drawn part** (Met) / Tiefziehteil n || ~ **pressing** (Met) / Tiefziehteil n
**deep earthquake** (Geol) / Tiefherdbeben n, Tiefbeben n
**deepen** v / tiefer machen, vertiefen v || ~ (Mining) / weiterteufen v, vertiefen v || ~ (Mining) / aufbrechen v (Sohle)
**deepening** n / Deepening n (Vertiefung des Marketinggedankens)
**deep etch*** (Electronics, Met, Print) / Tiefätzung f || ~ **etching** (Electronics, Met) / Tiefätzung f || ~ **fat fryer** (Elec Eng, Nut) / Fritteuse f, Frittüre f, Frittiermaschine f
**deep-focus earthquake** (Geol) / Tiefherdbeben n (mit Epizentrum über 300 km)
**deep foundation** (Civ Eng) / Tiefgründung f (wenn die Bauwerkslasten über besondere Gründungselemente, z.B. Pfähle oder Brunnen, in tieferliegende, ausreichend dicke und tragfähige Schichten eingeleitet werden) || ~ **freeze** / Deep-Freezer m || ~ **freezer** (a refrigerator in which food can be quickly frozen and kept for long periods at a very low temperature) / Deep-Freezer m
**deep-freezing** n (Nut) / Einfrieren n, Gefrierverfahren n (z.B. Tauch- oder Sprühgefrieren), Gefrieren n, Tiefkühlen n
**deep-frozen food** (Nut) / tiefgefrorene Lebensmittel
**deep-fry** v (Nut) / frittieren v (in schwimmendem Fett braun braten)
**deep fryer** (Elec Eng, Nut) / Fritteuse f, Frittüre f, Frittiermaschine f
**deep-grey** adj / tiefgrau adj
**deep grinding** (Eng) / Vollschnittschleifen n, Tiefschleifen n (verfahrensübergreifende Bezeichnung für ein Schleifverfahren, bei dem der einzustellende Zustellweg relativ groß und die Vorschubgeschwindigkeit entsprechend klein ist - DIN 8589, T 11), Kriechgangschleifen n
**deep-groove ball bearing** (Eng) / Schulterkugellager n (DIN 615) || ~ **ball bearing** (Eng) / Rillenkugellager n (DIN 625, T 1)
**deep-hole boring** (Eng) / Tiefaufbohren n || ~ **boring machine** (Eng) / Tieflochbohrmaschine f (eine Ausbohrmaschine), Tiefbohrmaschine f || ~ **drill** (Eng) / Tieflochbohrer m, Langlochbohrer m, Einlippenbohrer m (aus dem Vollen) || ~ **drilling** (Eng) / Tiefbohren n (Rundbohren, bei dem die Bohrungstiefe im Verhältnis zum Bohrungsdurchmesser sehr groß ist), Tieflochbohren n (aus dem Vollen)
**deep inelastic** (Phys) / tief inelastisch || ~ **inelastic collision** (Nuc, Phys) / tief unelastischer Stoß, tief inelastischer Stoß || ~ **litter** (Agric) / Tiefstreu f

**deeply indented** (Geol) / zerklüftet adj (Küste) || ~ **pitted** (Surf) / mit Lochfraß
**deep-minable** adj (Mining) / im Tiefbau gewinnbar
**deep mine** (Mining) / Tiefbauzeche f || ~ **mining** (Mining) / Tiefbau m (ohne Plural), Untertagebau m, Bergbau m unter Tage, Grubenbetrieb m (durch Schächte oder Stollen)
**deep-penetration effect** (Welding) / Tiefeinbrandeffekt m || ~ **electrode** (Welding) / Tiefeinbrandelektrode f, Tiefbrandelektrode f, Elektrode f mit Tiefeinbrandeffekt || ~ **test** (Civ Eng) / Kegeleindringungsversuch m, Kegeldruckversuch m, Kegeldruckprobe f || ~ **welding** (Welding) / Tiefeinbrandschweißen n (Schmelzschweißen, bei dem größere Einbrandtiefen, etwa 10 mm, erreicht werden können, wodurch der Einsatz wirtschaftlicher Fugenformen mit entsprechend großen Stegen möglich wird)
**deep-pile sleeve** (Paint) / Langfellmantel m (eines Rollwerkzeugs)
**deep-red** adj / dunkelrot adj, amarant adj
**deep refiner** (Glass) / Deep-Refiner m (ein Wannentyp)
**deep-rooted** adj (Bot, For) / tief wurzelnd, mit tiefen Wurzeln
**deep-rooting** adj (Bot, For) / tief wurzelnd, mit tiefen Wurzeln
**deep sea** (Ocean) / Tiefsee f || ~**-sea deposits*** (Geol) / Tiefseeablagerungen f pl, pelagische Sedimente, abyssische Gesteine, pelagische Ablagerungen, Tiefseesedimente n pl
**deep-sea drilling** (Mining, Oils) / Tiefseebohrung f
**deep-seated** adj (Geol) / plutonisch adj
**deep-shaft aeration** (San Eng) / Tiefstrombelüftung f (in einem Belebungsbecken von 65 bis 150 m Tiefe) || ~ **loop reactor** (Chem Eng) / Deep-Shaft-Schlaufenreaktor m
**deep sitting** (Nuc Eng) / Tieflage f (des Kernkraftwerks) || ~ **space** (beyond the gravitational influence of the Earth) (Astron, Space) / [erd]ferner Weltraum, Tiefraum m
**deep-space station** (Space) / Tiefraumstation f
**deep stall** (Aero) / überzogener Flugzustand mit dem Leitwerk in der abgelösten Strömung des Flügels || ~ **structure** / Tiefenstruktur f (einer Sprache) || ~ **submergence rescue vessel** (Ships) / Tauchrettungsboot n, Tieftauchrettungsfahrzeug n || ~ **tank*** (Ships) / Hochtank m || ~ **tectonics** (Geol) / Tiefentektonik f || ~ **therapy*** (Radiol) / Tiefentherapie f (mit ionisierender Strahlung) || ~ **track bed** (Rail) / Tieflage f der Gleise || ~ **trap** (Electronics) / tiefe Haftstelle, tief liegende Haftstelle || ~ **violet** / Tiefviolett n || ~ **water** (Ocean) / Tiefsee f
**deep-water production technology** (Oils) / Offshore-Bohrung f in großen Wassertiefen || ~ **waves** (Ocean) / Wellen f pl im Tiefwasser, Tiefwasserwellen f pl
**deep well** (Civ Eng) / Tiefbrunnen m || ~ **well** (Mining, Oils) / Tiefbohrung f, Tiefbohrloch n, tiefes Bohrloch || ~**-well pump*** (Civ Eng) / Tiefbrunnenpumpe f, Tiefbohrpumpe f, Tiefpumpe f, Tiefsauger m || ~ **working** (Mining) / Unterwerksbau m (Abbau unterhalb einer Fördersohle, bei dem das gewonnene Mineral aufwärts zur Fördersohle gefördert wird)
**deer repellent** (preparation based on animal oils of petroleum residues which is applied to plants to protect them from foraging by deer ) (For) / Wildverbissschutzmittel n, Verbissschutzmittel n, Wildverbissmittel n
**de-essing** n (Acous) / Zischlautkorrektur f
**dee stem** (Nuc Eng) / Deehals m, Deehalterung f, Hals m des Dee
**DEET** (diethyltoluamide) (Chem) / N,N- Diethyl-m-toluamid n (ein Insekten-Repellent), DEET
**de-ethanizer** n (Chem Eng) / Entethaner m, Deethanisierungskolonne f, Entethanisierungskolonne f
**de-excitation** n (Nuc) / Abregung f, Übergang m in einen niedrigeren Energiezustand || ~ (Phys) / Entregung f
**de-excite** v (Elec Eng) / aberregen v || ~ (Nuc) / abregen v
**defacement** n (Foundry) / Modellbeschädigung f
**defactor** v (Comp) / entklammern v (Vereinbarungen)
**defaecation** n (Physiol) / Defäkation f, Egestion f, Stuhlentleerung f
**default** n (AI) / Standardauswahl f, Vorbesetzung f (plausible Annahme), Vorgabe f || ~ (Comp) / Vorbelegung f (standardmäßig vorgegebene, ausgewählte), Default m (Wert von vorgegebenen Parametern), eingesetzter Wert (standardmäßig vorgegebenes) || ~ attr (AI) / voreingestellt adj (Default-Schließen), vorbesetzt adj, vorgegeben adj (Default-Schließen), standardmäßig vorgegeben adj (AI, Comp) / Vorgabe- (mit voreingestellten Parametern) || ~ **font** (Comp) / Default-Font m, Vorgabefont m, Vorgabeschriftart f || ~ **format** (Comp, Print) / Grundformat n (wenn der Kunde nicht anders entscheidet) || ~ **logic** (AI) / Default-Logik f || ~ **option*** (Comp) / Voreinstellung f (als Standardoption) || ~ **packet length** (Comp) / Ausgangspaketlänge f || ~ **printer** (Comp) / Vorgabedrucker m || ~ **reasoning** (AI) / Defaultschließen n, Defaultreasoning n, Ermangelungsschließen n, Schließen n aus Standardwerten (Vorgaben) mangels besseren Wissens || ~ **setting** (Comp, Print) / Standardeinstellung f (Standardwerte für Schriftart, Layout usw., die automatisch in Kraft treten, wenn vom Anwender keine anderen

Anweisungen eingegeben werden), Voreinstellung *f* (standardmäßige) || ~ **value** (AI) / Defaultwert *m* (ein vorbesetzter Wert einer Variablen, der gelten soll, sofern kein anderer Wert spezifiziert wird), Vorgabewert *m*, Standardwert *m*
**defecate** *v* (by liming) (Nut) / scheiden *v* (Zuckerrohrsaft mit Kalkmilch reinigen), kalken *v* (Zuckerrohsaft)
**defecation** *n* (by liming) (Nut) / Defäkation *f*, Scheidung *f*, Kalkung *f* (zur Gewinnung des Scheidesafts in der Zuckerherstellung) || ~* (Physiol) / Defäkation *f*, Egestion *f*, Stuhlentleerung *f* || ~ **mud** (Nut) / Scheideschlamm *m* (in der Zuckergewinnung), Saturationsschlamm *m* || ~ **pan** (Nut) / Karbonatationspfanne *f* (bei der Zuckergewinnung), Scheidepfanne *f*, Scheidegefäß *n*, Kalkscheidepfanne *f* || ~ **scum** (Nut) / Scheideschlamm *m* (in der Zuckergewinnung), Saturationsschlamm *m* || ~ **tank** (Nut) / Karbonatationspfanne *f* (bei der Zuckergewinnung), Scheidepfanne *f*, Scheidegefäß *n*, Kalkscheidepfanne *f*
**defecator** *n* (Nut) / Karbonatationspfanne *f* (bei der Zuckergewinnung), Scheidepfanne *f*, Scheidegefäß *n*, Kalkscheidepfanne *f*
**defect** *m* (For) / Fehler *m* (der eine Beeinträchtigung der Verwendbarkeit bedeutet), Mangel *m*, Holzfehler *m* || ~ *n* / Fehler *m* (Mangel), Defekt *m* || ~ / Fehler *m* (Nichtübereinstimmung des Ist-Zustands eines Merkmals mit einem vorgegebenen Zustand, insbesondere dem Soll-Zustand nach DIN 40042) || ~* (Crystal) / Störstelle *f*, Baufehler *m*, Kristallfehler *m*, Fehlstelle *f*, Kristallbaufehler *m* (struktureller oder mechanischer), Defekt *m* || ~ (Materials) / Schadstelle *f*, Fehlstelle *f* || ~ **chemistry** (Chem, Crystal) / Chemie *f* der Kristallbaufehler, Störstellenchemie *f* || ~ **cluster** / Fehlstellenhäufung *f* || ~ **conduction** (Electronics) / Störstellenleitung *f*, Störleitung *f* (bei Halbleitern) || ~ **deduction** / Minderbewertung *f* bei Fehlerhaftigkeit, Fehlerabzug *m* (ein Preisnachlass) || ~ **due to seasoning** (For) / Trocknungsfehler *m* || ~ **echo** (Materials) / Fehlerecho *n* (bei der Ultraschallprüfung) || ~ **electron** (Electronics) / Loch *n* (DIN 41852), Defektelektron *n*, Elektronenlücke *f*, Elektronendefektstelle *f* || ~ **in growth** (For) / Wuchsfehler *m* || ~ **in material** / Materialfehler *m* || ~ **in wine** (Nut) / Weinfehler *m*
**defective** *adj* / Fehl-, fehlerhaft *adj*, defekt *adj*, mangelhaft *adj* || **if the motor is** ~ (I C Engs) / bei Motorschäden || ~ **colour-vision** (Med, Optics) / Farbenfehlsichtigkeit *f*, Dyschromatopsie *f* || ~ **contact** (Elec Eng) / fehlerhafter Kontakt, Wackelkontakt *m* || ~ **equation** *f* (Maths) / Gleichung *f* mit weniger Wurzeln, als die vorgegebene Gleichung hat || ~ **number** (Maths) / defiziente Zahl || ~ **paint** (Materials, Paint) / Lackfehler *m* (Materialfehler) || ~ **spot** (For) / Fehlstelle *f* || ~ **track** (Comp, Mag) / schadhafte Spur, fehlerhafte Spur || ~ **vision** (Med, Optics, Physiol) / Fehlsichtigkeit *f*, Ametropie *f* || ~ **wagon** (Rail) / Schadwagen *m*
**defect lattice** (Crystal) / gestörtes Gitter || ~ **liability** / Garantiepflicht *f*, Haftung *f* für (Sach)Mängeln || ~ **location** (Materials) / Fehlerlokalisierung *f* || ~ **mutant** (Gen) / auxotropher Mutant, Defektmutant *m*, Mangelmutant *m*, Verlustmutant *m* || ~ **of material** / Materialfehler *m* || ~ **of wood** (For) / Fehler *m* des Holzes, Holzfehler *m* (im Allgemeinen)
**defectoscope** *n* (Materials) / Defektoskop *n* (Gerät zur zerstörungsfreien Werkstoffprüfung)
**defect structure*** (Crystal) / strukturelle Fehlordnung
**defelt** *v* (Textiles) / entfilzen *v*
**defence** *n* (Eng) / Berührungsschutz *m* (eine Schutzvorrichtung) || ~ **chemistry** (Chem) / Militärchemie *f*, Wehrchemie *f* || ~ **contractor** (Eng, Mil) / Rüstungsfirma *f* (als Vertragspartner des Militärs), Rüstungsbetrieb *m* || ~ **electronics** (Electronics, Mil) / Verteidigungselektronik *f* || ~ **industry** (Mil) / Rüstungsindustrie *f* || ~ **technology** (Mil) / Wehrtechnik *f*
**defender** *n* (Acous, Med) / Gehörschutzmittel *n* (individuelles Lärmschutzmittel, wie z.B. Gehörgangsstöpsel, hermetische Kappen usw.), Lärmschützer *m* (individueller), Gehörschützer *m*
**defense electronics** (US) (Electronics, Mil) / Verteidigungselektronik *f*
**defensive driving** (Autos) / defensive Fahrweise, defensives Fahrverhalten || ~ **lock-out** (Work Study) / Abwehraussperrung *f* (der streikenden Arbeiter) || ~ **patent** / Sperrpatent *n* || ~ **programming** (Comp) / defensive Programmierung || ~ **secretion** (Chem, Zool) / Wehrsekret *n* (bei Tieren und Insekten)
**defer** *v* (Telecomm) / rückstellen *v* (Zustellung von Nachrichten)
**deferral** *n* / Rechnungsabgrenzung *f*
**deferred** (alarm status) / zurückgehalten *adj* || ~ / zeitversetzt *adj* (Bearbeitung) || ~ (Comp) / asynchron *adj* (Eingang, Ausgang) || ~ **address** (Comp) / indirekte Adresse || ~ **addressing** (Comp) / indirekte Adressierung || ~ **curing** (Textiles) / verzögerte Kondensation, verzögerte Formfixierung (bei Permanent-Press-Verfahren) || ~ **curing** (Textiles) / Deferred-Curing *n* (ein Permanent-Press-Verfahren mit verzögerter Kondensation) || ~ **maintenance** (i.e., maintenance which is designed to correct an existing fault, which does not necessarily prevent continued operation of the system) (Comp) / Nachrüstungswartung *f*, verzögerte Wartung
**deferrize** *v* / enteisenen *v* (Wasser)
**defiberize** *v* (Paper) / zerfasern *v*, defibrieren *v*
**defibrate** *v* (Paper) / zerfasern *v*, defibrieren *v*
**defibre** *v* (Paper) / zerfasern *v*, defibrieren *v*
**defibrillize** *vt* (For) / defibrillieren *v* (Holzschliff oder Zellstoff), fibrillieren *v* (Holzschliff oder Zellstoff)
**defibrinate** *v* (Med, Physiol) / defibrinieren *v* (Blut)
**deficiency*** *n* (Gen) / Defizienz *f* (Verlust endständiger Chromosomenstücke als Chromosomenmutation) || ~ **disease*** (characterized by pathological symptoms caused by a lack of an essential factor in the diet) (Med) / Mangelkrankheit *f*, Mangelerkrankung *f* || ~ **in weight** / Mindergewicht *n*, Untergewicht *n*, Fehlgewicht *n*
**deficient*** *adj* (Build, Mech) / statisch unstabil, labil *adj*, nicht stabil || ~ **number** (Maths) / defiziente Zahl || ~ **site** (Agric, Bot) / Mangelstandort *m* (Pflanzenstandort, bei dem Nährstoffmangel auftritt)
**definability** *n* / Definierbarkeit *f*
**definable** *adj* / definierbar *adj*
**define** *v* / definieren *v* || ~ (Radiol) / umgrenzen *v* (z.B. Röntgenstrahlen), begrenzen *v*
**defined grain** (Leather) / ausgeprägtes Korn
**defining argument** (Comp) / Ordnungsbegriff *m* (um Beziehungen zwischen Objekten und Gegenständen der abstrakten und realen Welt herzustellen) || ~ **equation** (Maths, Phys) / Definitionsgleichung *f* || ~ **relations** (Maths) / definierende Relationen
**definite** *adj* (Maths) / definit *adj*, bestimmt *adj* || ~ **event** (Stats) / definites Ereignis || ~ **integral*** (Maths) / bestimmtes Integral
**definitely toxic** (hazardous) (Chem) / sehr giftig (Stoff)
**definiteness** *n* (Maths) / Definitheit *f* (Eigenschaft eines mathematischen Terms, stets das gleiche Vorzeichen zu besitzen)
**definite proportions** (Chem) / konstante Proportionen || ~ **time-lag*** / feste Zeitverzögerung, vorgegebene Zeitverzögerung, unabhängige Zeitverzögerung
**definition** *n* / Definition *f* || ~* (Acous) / Klarheit *f* (Auflösung), Tonschärfe *f* || ~ (Electronics) / Konturentreue *f* (bei gedruckten Schaltungen) || ~ (Leather) / Zeichnung *f* (Narbenporen) || ~* (the sharpness of an image formed by a lens, mirror,or other optical system) (Optics, Photog) / Auflösungsgrenze *f*, Auflösungsvermögen *n*, Auflösung *f* || ~* (Photog) / Bildschärfe *f*, Bildgüte *f* || ~* (TV) / Wiedergabeschärfe *f* (durch Raster bedingt), Bildauflösung *f*
**definitional** *adj* (Maths) / definitorisch *adj*
**definition category** (AI) / Definitionskategorie *f* || ~ **function** (Comp) / Definitionsfunktion *f* || ~ **language** (Comp) / Definitionssprache *f* || ~ **matrix** (AI) / Definitionsmatrix *f* || ~ **of a straight line** (Comp) / Geradendefinition *f* || ~ **phase** / Systemdefinition *f* (als Phase eines Projekts)
**definitive host** (Biol, Chem) / Endwirt *m*, endgültiger Wirt, Definitivwirt *m*
**deflagrating spoon** (Chem) / Verbrennungslöffel *m*
**deflagration*** *n* (Chem) / Deflagration *f* (Wärmeexplosion meistens fester Explosivstoffe, die im Unterschied zur Detonation unterhalb der Schallgeschwindigkeit abläuft)
**deflake** *v* (Paper) / entstippen *v* (Holz)
**deflaker** *n* (Paper) / Entstipper *m* (Maschine der Stoffaufbereitung)
**deflash** *v* (Plastics) / entgraten *v* (beim Blasformen), entbutzen *v* (beim Blasformen)
**deflashing** *n* (Plastics) / Entgraten *n* (beim Blasformen), Entbutzen *n* (beim Blasformen) || ~ **machine** (Plastics) / Entgratmaschine *f*
**deflate** *v* (Autos) / ablassen *v* (Luft aus einem Reifen) || ~ *vi* (Autos) / Luftdruck verlieren (Reifen)
**deflation*** *n* (Geol) / Windabtragung *f* (Deflation), Deflation *f*, Abblasung *f*, Abhebung *f* (Verlagerung des durch Verwitterung gelockerten Gesteinsmaterials durch den Wind), ausblasende Tätigkeit des Windes
**deflect** *v* (yield elastically, e.g. spring) (Eng, Mech) / durchfedern *v* || ~ (Instr) / ausschlagen *v* (Zeiger) || ~ (Instr, Mag) / ablenken *v* (Magnetnadel) || ~ (yield laterally) (Mech) / auslenken *v*
**deflected ray** (Phys) / abgelenkter Strahl || ~ **slipstream** (Aero) / ausgelenkter Gasstrahl (des Marschtriebwerkes bei V/STOL-Flugzeugen)
**deflecting electrode*** (Electronics) / Ablenkelektrode *f*, Ablenkplatte *f* (der Elektronenstrahlröhre) || ~ **force** (Geophys, Meteor) / Corioliskraft *f* (Scheinkraft, die auf jedes sich bewegende Teilchen in einem rotierenden Polarkoordinatensystem wirkt, erforderlich bei der Übertragung der Bewegungsgleichungen von einem kartesischen in ein Polarkoordinatensystem) || ~ **shoe** (Oils) / Ablenkschuh *m*
**deflection*** *n* / Durchbiegung *f*, Biegung *f* (unter Last) || ~ (Civ Eng) / Setzung *f* (der Fahrbahn) || ~ (Elec Eng) / Abgang *m* (der Leitung) ||

**deflection**

~ (Electronics) / Ablenkung f ‖ ~ (of a spring) (Eng) / Weg m, Durchbiegung f (der Feder) ‖ ~* (Instr) / Ausschlag m, Ausschlagen n (bei Zeigern) ‖ ~ (Mech) / Auslenkung f (Entfernen eines schwingungsfähigen Körpers aus seiner Ruhelage; der Betrag, um den ausgelenkt wird) ‖ ~ (Radar) / Auslenkung f (in der Radardarstellung) ‖ ~ **angle*** (Electronics) / Auslenkwinkel m, Auslenkungswinkel m ‖ ~ **angle*** (Surv) / Richtungsänderungswinkel m, Richtungswinkel m ‖ ~ **at load** (Eng) / Durchbiegung unter Last f, elastische Verformung unter Belastung (der Feder) ‖ ~ **coil*** (Electronics) / Ablenkspule f, Jochspule f ‖ ~ **curve** (Mech) / elastische Linie, Biegelinie f ‖ ~ **of beams** (Build) / Balkendurchbiegung f, Balkenträgerdurchbiegung f ‖ ~ **of the plumb bob line** (Build, Surv) / Lotabweichung f ‖ ~ **plate** (Electronics) / Ablenkelektrode f, Ablenkplatte f (der Elektronenstrahlröhre) ‖ ~ **sensitivity** / Ablenkempfindlichkeit f (in der Messtechnik) ‖ ~ **shaft** (Eng) / Umlenkwelle f (des Riemengetriebes) ‖ ~ **test** (Paint) / Biegeprüfung f ‖ ~ **yoke*** (Electronics) / Ablenkjoch n

**deflectometer*** n (Eng) / Durchbiegungsmesser m, Durchbiegemesser m

**deflector** n (Eng) / Leitblech n (zur Führung der Strömung), Leiteinrichtung f (der Gasturbine) ‖ ~ (Eng) / Strahlablenker m (der Wasserturbine), Strahlabweiser m (Regeleinrichtung bei Pelton-Wasserturbinen) ‖ ~ (Eng) / Ablenkvorrichtung f, Ablenkblech n, Ablenkplatte f, Abweiser m (Ablenkvorrichtung) ‖ ~ (Nuc Eng) / Deflektor m, Ablenkvorrichtung f ‖ ~ **coil*** (Electronics) / Ablenkspule f, Jochspule f ‖ ~ **piston** (Autos) / Nasenkolben m (für Zweitaktmotoren), Deflektorkolben m, Ablenkkolben m ‖ ~ **plate*** (Electronics) / Ablenkelektrode f, Ablenkplatte f (der Elektronenstrahlröhre) ‖ ~ **plate** (Eng) / Leitblech n (zur Führung der Strömung), Leiteinrichtung f (der Gasturbine)

**deflexion** n (GB) / Durchbiegung f, Biegung f (unter Last) ‖ ~ (GB) (Elec Eng) / Abgang m (der Leitung) ‖ ~ (GB) (Electronics) / Ablenkung f ‖ ~ (GB) (Radar) / Auslenkung f (in der Radardarstellung) ‖ ~ **curve** (GB) (Mech) / elastische Linie, Biegelinie f

**deflocculant** n (Chem) / Dispersionsmittel n, Dispergiermittel n (DIN 53 900), Dispergator m ‖ ~ (Chem Eng) / Peptisator m, Peptisiermittel n, Peptisierungsmittel n

**deflocculate*** v (Chem) / dispergieren v, entflocken v

**deflocculating agent** (Chem) / Dispersionsmittel n, Dispergiermittel n (DIN 53 900), Dispergator m

**defluorinate** v (Chem) / entfluorieren v, Fluor austreiben (aus)

**deflux** n (Electronics) / Lötmittelrückstände entfernen

**defoamer** n (Chem, Phys) / Schaumbekämpfungsmittel n, Entschäumer m, Schaumbrecher m, Schaumbremser m, Schaumzerstörungsmittel n, Schaumdämpfer m, Schaumgegenmittel n, Antischaummittel n, Entschäumungsmittel n

**defoaming** n (Chem, Phys) / Schaumbrechen n, Entschäumen n, Schäumbekämpfung f, Entschäumung f, Schaumzersetzung f ‖ ~ **agent*** (Chem, Phys) / Schaumbekämpfungsmittel n, Entschäumer m, Schaumbrecher m, Schaumbremser m, Schaumzerstörungsmittel n, Schaumdämpfer m, Schaumgegenmittel n, Antischaummittel n, Entschäumungsmittel n

**defocus** v / defokussieren v (Bild, Streustrahlenraster) ‖ ~ **series** (Micros) / Durchfokusserie f (bei Durchstrahlungsmikroskopen)

**defog** v (Glass) / beschlagene Flächen putzen (reinigen)

**defogger** n / Demister m (Vorrichtung zur zwangsweise Abscheidung feinster Flüssigkeitströpfchen aus Gasen, Dämpfen oder Nebeln), Entnebler m

**Defo-hardness** n (Materials) / Defohärte f, DH (Maß für die Plastizität von Elastomeren und Mischungen nach DIN 53 514)

**defoliant** n (Chem) / Entlaubungsmittel n, Defolians n (pl. -antien oder -anzien), Defoliationsmittel n, Entblätterungsmittel n

**Defo-plastometer** n (Materials) / Defo-Plastometer n, Defometer n (DIN 53 514)

**deforest** v (For) / entwalden v ‖ ~ (For) / abholzen v, abforsten v

**deform** v / verformen v, deformieren v, Form ändern

**deformability** n (Materials, Mech) / Verformbarkeit f, Formänderungsvermögen n

**deformation** n (Mech) / Verformung f (Gestalt- und Volumenänderung eines Körpers nach DIN 13316 und 13343), Deformation f, Formänderung f (Deformation), Umformung f (Deformation)

**deformational behaviour** (Materials, Mech) / Formänderungsverhalten n, Verformungsverhalten n (Fähigkeit eines Werkstoffs, sich vor dem Bruch plastisch zu verformen) ‖ ~ **vibrations** (Chem) / Deformationsschwingungen f pl (ebene oder nicht ebene - bei den sich die Bindungswinkel ändern)

**deformation at break** (Materials) / Bruchverformung f ‖ ~ **band** (Mech) / Deformationsband n ‖ ~ **behaviour** (Materials, Mech) / Formänderungsverhalten n, Verformungsverhalten n (Fähigkeit eines Werkstoffs, sich vor dem Bruch plastisch zu verformen) ‖ ~ **curve** (Mech) / Formänderungskurve f ‖ ~ **efficiency** (Mech) / Umformwirkungsgrad m (Verhältnis der reibungsfrei gedachten Umformarbeit zur tatsächlichen Arbeit), Formänderungswirkungsgrad m ‖ ~ **ellipsoid** (Crystal, Mech) / Strain-Ellipsoid n, Deformationsellipsoid n (Bezugskörper zur Veranschaulichung der durch homogene elastische Deformationen hervorgerufenen Veränderungen von Volumen und Achsenverhältnis eines Kristalls) ‖ ~ **energy** (Mech) / Formänderungsenergie f (DIN 13316), Deformationsenergie f, Verformungsenergie f ‖ ~ **field** (Meteor) / Deformationsfeld n (Luftdruckfeld, das von je zwei Hoch- und zwei Tiefdruckgebieten, die einander kreuzweise gegenüberliegen, gebildet wird) ‖ ~ **force** (Eng, Mech) / Umformkraft f, Formänderungskraft f

**deformation-induced** adj (Materials, Mech) / verformungsinduziert adj

**deformation-mechanism map** (Mech) / Ashby-Diagramm n (zweidimensionale Karte der Verformungsmechanismen)

**deformation plane** (Geol) / ac-Ebene f, Deformationsebene f ‖ ~ **potential*** (Crystal, Electronics) / Deformationspotential n ‖ ~ **production** (Materials) / Krafterzeugung f (bei Zerreißmaschinen) ‖ ~ **rate** (Mech) / Verformungsgeschwindigkeit f, Formänderungsgeschwindigkeit f, Umformgeschwindigkeit f ‖ ~ **rate of a spring** (Eng) / Federnachgiebigkeit f (Kehrwert der Federsteifigkeit) ‖ ~ **resistance** (Mech) / Formänderungswiderstand m, Verformungswiderstand m ‖ ~ **state** (Mech) / Verformungszustand m ‖ ~ **tensor** (Mech) / Verformungstensor m, Formänderungstensor m, Verzerrungstensor m, Deformationstensor m (DIN 13343) ‖ ~ **texture** (Materials) / Verformungstextur f ‖ ~ **twins** (Crystal) / Verformungszwillinge m pl, Deformationszwillinge m pl ‖ ~ **under load** (Mech) / Verformung f unter Belastung ‖ ~ **value** (Textiles) / Rückformvermögen n (des Teppichs) ‖ ~ **work** (Mech) / Umformarbeit f, Gestaltänderungsarbeit f, Formänderungsarbeit f (äußere), Deformationsarbeit f ‖ ~ **zone** (Eng) / Umformzone f (der Teil eines Werkstücks, der während eines Umformvorganges in einen bildsamen Zustand gekommen ist)

**deformed bar** (Civ Eng) / Betonformstahl m ‖ ~ **bars** (Build, Civ Eng, Met) / Rippenstahl m (Betonstabstahl, der im Gegensatz zum Betonrundstahl mit Schräg- und Querrippen versehen ist, um mit dem Beton eine bessere Verbundwirkung zu erzielen) ‖ ~ **zone** (Eng) / Umformzone f (der Teil eines Werkstücks, der während eines Umformvorganges in einen bildsamen Zustand gekommen ist)

**deformer** n (Instr) / Deformationsprüfgerät n

**defragger** n (Comp) / Defragmentierungsprogramm n

**defragment** v (Comp) / defragmentieren v

**defragmentation utility** (Comp) / Defragmentierungsprogramm n

**defragmenter** n (utility for defragmenting disk files) (Comp) / Defragmentierungsprogramm n

**defrost** v / entfrosten v

**defroster** n / Entfroster m, Entfrosteranlage f, Defroster m ‖ ~ **nozzle** (Autos) / Defrosterdüse f ‖ ~ **vent** (Autos) / Defrosterdüse f

**defrosting** n / Entfrosten n ‖ ~ / Abtauen f (des Kühlschranks)

**defruiter** n (Radar) / Synchronfilter n, SSR-Störunterdrücker m (zur Unterdrückung nichtsynchroner Antworten)

**defruiting** n (deletion of random non-synchronous unintentional returns in a beacon system) (Radar) / Unterdrückung f nichtsynchroner Antworten, Asynchronunterdrückung f

**defuel** v (Fuels) / enttanken v

**defuzzification** n (AI) / Defuzzifizierung f

**deg** / Grad m (Altgrad nach DIN 1315 - für ebene Winkel; Skalenteil - Aräometer, Thermometer usw.)

**degarbling** n (Radar) / Degarbling n (Codeentwirrung)

**degas** v (Chem, Electronics) / entgasen v, ausgasen v

**degasifier** n (Eng) / Entgaser m ($CO_2$-Rieseler - in Trommelkesseln)

**degasify** v (Chem, Electronics) / entgasen v, ausgasen v

**degasser** n (Eng) / Entgaser m ($CO_2$-Rieseler - in Trommelkesseln)

**degassing*** n (Chem, Electronics) / Entgasen n, Entgasung f, Ausgasen n, Ausgasung f ‖ ~ (Mining) / Ausgasung f (Austritt von Grubengas aus dem Gebirge)

**degate** v (Foundry) / enttrichtern v (Gießsystem entfernen)

**degaussing*** n (Mag, Ships) / Entmagnetisierung f (die Kompensation des natürlichen Magnetismus des stählernen Schiffskörpers durch besondere Schutzanlagen, die eine Gefährdung durch Magnet- oder Induktionsminen verringern soll) ‖ ~* (Mag, Ships) s. also demagnetization

**degelatinize** v / entleimen v (Knochen)

**degeneracy** n (Biol) / Entartung f, Degeneration f ‖ ~* (Phys) / Entartung f (von bestimmten Gesetzmäßigkeiten oder Normen abweichende Verhaltensweise physikalischer Systeme), Degeneration f ‖ ~ **pressure** (Astron, Phys) / Entartungsdruck m

**degenerate*** adj / entartet adj ‖ ~ **conic section** (Maths) / singulärer Kegelschnitt, zerfallender Kegelschnitt, entarteter Kegelschnitt

**degenerated distribution** (Stats) / Deltaverteilung $f$, Einpunktverteilung $f$, ausgeartete Verteilung, entartete Verteilung, uneigentliche Verteilung ‖ ~ **Fermi gas** (Phys) / entartetes Fermi-Gas
**degenerate gas*** (Electronics, Phys) / entartetes Gas ‖ ~ **isomerization** (Chem) / degenerierte Isomerisierung, Topomerisierung $f$ ‖ ~ **mapping** (Maths) / ausgeartete Abbildung, singuläre Abbildung ‖ ~ **quadric** (Maths) / ausgeartete Fläche zweiter Ordnung, ausgeartete Quadrik ‖ ~ **semiconductor** (Electronics) / entarteter Halbleiter ‖ ~ **state** (Phys) / entarteter Zustand
**degeneration** $n$ (Automation) / negative Rückführung, Gegenkopplung $f$ ‖ ~ (Biol) / Entartung $f$, Degeneration $f$ ‖ ~ (Radio, Telecomm) / negative Rückkopplung, Gegenkopplung $f$ ‖ ~ **of gas** (Phys) / Gasentartung $f$
**degenerative feedback** (Automation) / negative Rückführung, Gegenkopplung $f$ ‖ ~ **feedback** (Radio, Telecomm) / negative Rückkopplung, Gegenkopplung $f$
**degerminator** $n$ (Agric) / Keimentferner $m$, Entkeimungsvorrichtung $f$, Entkeimungsgerät $n$, Entkeimungsmaschine $f$
**degging** $n$ (Textiles) / Auswaschen $n$ mit Säurebrause (beim Bleichen)
**deglaciation** $n$ (Geol) / Entgletscherung $f$
**deglitcher** $n$ (Electronics) / Deglitcher $m$ (der Störspannungsspitzen unterdrückt)
**deglomeration** $n$ (Arch) / Deglomeration $f$ (Auflockerung eines Ballungsgebietes durch städtebauliche und landesplanerische Maßnahmen)
**deglutination** $n$ (Nut) / Entglutinierung $f$, Kleberentzug $m$
**DEGN** (diethylene glycol dinitrate) (Chem) / Diglykoldinitrat $n$, Diglycoldinitrat, Diethylenglykoldinitrat $n$, Diethylenglycoldinitrat $n$, Didi $n$, Dinitrodiglycol $n$, Dinitrodiglykol $n$
**degradability** $n$ (Chem, Ecol) / Abbaubarkeit $f$ (Eigenschaft eines Stoffes, Stoffgemisches oder Abwassers)
**degradable** *adj* (Chem, Ecol) / abbaubar *adj*
**degradation** $n$ / Qualitätsverlust $m$, Güteverlust $m$ ‖ ~ / Verschlechterung $f$, Güteverlust $m$, Qualitätseinbuße $f$, Deterioration $f$ ‖ ~ (Agric) / Degradierung $f$, Degradation $f$ (des Bodens), Degeneration $f$ (des Bodens) ‖ ~ (the breakdown of molecules into simpler fragments) (Chem) / Abbau $m$ ‖ ~* (Nuc) / Kollisionsbremsung $f$, Energieverlust $m$ infolge eines Stoßes ‖ ~* (Nuc) / Degradation $f$ (eines Teilchens) ‖ ~ (Plastics) / Degradation $f$ (Kollektivbezeichnung für unterschiedliche Prozesse, die das Aussehen und die Eigenschaften von Kunststoffen im Allgemeinen negativ verändern) ‖ ~ (San Eng) / Abbau $m$ (ein physikalischer, chemischer oder biochemischer Vorgang, bei dem organische Abwasserinhaltsstoffe zerlegt werden - DIN 4045) ‖ ~ **efficiency** (San Eng) / Abbauleistung $f$ (DIN 4045) ‖ ~ **failure** / Alterungsausfall $m$ (eines Systems) ‖ ~ **limit** (San Eng) / technischer Abbaugrad (Abbaugrenze), Abbaugrenze $m$ ‖ ~ **of energy** (Phys) / Energieentwertung $f$, Degradation $f$ der Energie, Energiedegradation $f$ ‖ ~ **of performance** / Minderung $f$ der Arbeitsleistung ‖ ~ **product** (Biochem) / Spaltprodukt $n$, Abbauprodukt $n$ ‖ ~ **rate** (San Eng) / Abbaurate $f$ (der zu untersuchenden Substanz) ‖ ~ **rate** (San Eng) / Abbaugeschwindigkeit $f$ (die Zeit, die zum Abbau benötigt wird - DIN 38 412-24) ‖ ~ **reaction** (Chem) / Abbaureaktion $f$ (bei der komplizierte, meist organische Verbindungen zu einfacheren Reaktionsprodukten zerlegt werden)
**degradative ability** (Chem, Ecol) / Abbaubarkeit $f$ (Eigenschaft eines Stoffes, Stoffgemisches oder Abwassers) ‖ ~ **metabolism** (Biochem) / Katabolie $f$, Katabolismus $m$, Betriebsstoffwechsel $m$ (die Gesamtheit der Abbauprozesse des Stoffwechsels) ‖ ~ **reaction** (Chem) / Abbaureaktion $f$ (bei der komplizierte, meist organische Verbindungen zu einfacheren Reaktionsprodukten zerlegt werden)
**degraded mode** (US) (Aero) / Einsatz $m$ bei (technischen) Störungen ‖ ~ **service** (Telecomm) / verminderte Dienstgüte ‖ ~ **surface** (Aero) / beeinträchtigte Flugbetriebsfläche (z.B. durch Schnee, Matsch oder stehendes Wasser)
**degrain** $v$ (Leather) / Narben abstoßen, Narben abziehen ‖ ~ $n$ (Leather) / auf der Fleischseite zugerichtetes Rauleder (dessen Narben nach der Gerbung ganz oder teilweise durch Spalten oder Schleifen entfernt wurde)
**degras** $n$ (Leather) / Degras $n$ (Lederfettungsmittel), Moellon $n$ (beim Abwelken gewonnenes Fett)
**degreasant** $n$ (Paint, Surf) / Entfettungsmittel $n$, Entfetter $m$
**degrease** $v$ (Paint, Surf, Textiles) / entfetten $v$ (meistens Metalle reinigen)
**degreaser** $n$ (Paint, Surf) / Entfettungsmittel $n$, Entfetter $m$
**degreasing** $n$ (Paint, Surf, Textiles) / Entfetten $n$ (von Metallen) ‖ ~ (Textiles) / Entschweißen $n$, Entfetten $n$ (der Wolle) ‖ ~ **agent** (Paint, Surf) / Entfettungsmittel $n$, Entfetter $m$ ‖ ~ **apparatus** (Textiles) / Entschweißapparat $m$ ‖ ~ **bath** (Paint, Surf, Textiles) / Entfettungsbad $n$
**degree*** $n$ / Grad $m$ (Altgrad nach DIN 1315 - für ebene Winkel; Skalenteil - Aräometer, Thermometer usw.) ‖ ~ (Maths) / Valenz $f$ (eines Knotenpunkts) ‖ ~ (Maths) / formaler Grad (des Polynoms), Grad $m$ (des Polynoms) ‖ ~ **Brix** / Brix-Grad $m$ (Brix-Grade bedeuten n Gramm Zucker in 100 g Zuckerlösung bei 20° C - nach A.F.W. Brix, 1798-1870)
**degree-day** $n$ / Gradtag $m$ (allgemein - für Heizung oder Klimaanlagen)
**5-degree DC rim** (Autos) / 5-Grad-Tiefbettfelge $f$, Tiefbettfelge $f$ (DIN 70023)
**degree Engler** (Phys) / Engler-Grad $m$, ° E (Engler-Grad) (nicht mehr zugelassene Einheit der kinematischen Viskosität - nach C. Engler, 1842-1925)) ‖ ~ **Fisher** / Brix-Grad $m$ (Brix-Grade bedeuten n Gramm Zucker in 100 g Zuckerlösung bei 20° C - nach A.F.W. Brix, 1798-1870) ‖ ~ **mark** (Print) / Circellus $m$ (pl. -lli), Gradzeichen $n$ (hochstehende kleine Null) ‖ ~ **measure** (Maths) / Gradmaß $n$ (eines Winkels) ‖ ~ **Oechsle** (Nut) / Öchslegrad $m$ (Einheit für das spezifische Gewicht des Mostes), Öchsle $n$ ‖ ~ **of accuracy** (Eng) / Genauigkeitsgrad $m$ ‖ ~ **of association** / Assoziationsgrad $m$ ‖ ~ **of branching** (Phys) / Verzweigungsgrad $m$ ‖ ~ **of chalking** (Paint) / Kreidungsgrad $m$ (DIN 55945) ‖ ~ **of coherence** / Kohärenzgrad $m$ (des Lichtes) ‖ ~ **of cross-linking** (Chem, Paint) / Vernetzungsgrad $m$ (Angabe über die Zahl der Vernetzungsstellen in einem gegebenen Volumen des Polymers), Vernetzungsdichte $f$ ‖ ~ **of crystallinity** / Kristallisationsgrad $m$ ‖ ~ **of damping** (Phys) / Dämpfungsgrad $m$ (DIN 1311, T 2), Dämpfungsmaß $n$ (eine Dämpfungskenngröße) ‖ ~ **of deformation** / bezogene Formänderung ‖ ~ **of deformation** (Mech) / Umformgrad $m$, logarithmische Formänderung ‖ ~ **of degeneracy** (Phys, Spectr) / Entartungsgrad $m$ ‖ ~ **of dissociation*** (Chem) / Dissoziationsgrad $m$ ‖ ~ **of dissociation** (Min Proc) s. also degree of interstratification ‖ ~ **of dissociation*** (Chem) s. also degree of ionization and ionization constant ‖ ~ **of drawing** (Spinning) / Verstreckung $f$ (als Verhältniszahl), Verstreckungsgrad $m$, Verzug $m$ (als Verhältniszahl) ‖ ~ **of effective covered area** (Paint, Print) / Flächendeckungsgrad $m$ ‖ ~ **of equation** (Maths) / Grad $m$ der (algebraischen) Gleichung ‖ ~ **of freedom** (Phys) / Freiheitsgrad $m$ (freie Bewegungsrichtung eines Körpers - DIN 1311, T 3), Freiheit $f$ (Freiheitsgrad) ‖ ~ **of hardness** (Materials) / Härtegrad $m$ (z.B. nach Brinell) ‖ ~ **of interstratification** (Min Proc) / Verwachsungsgrad $m$ (der prozentuale zahlenmäßige Ausdruck für den verwachsenen Anteil eines Minerals oder technisch kristallisierten Feststoffes in einem Haufwerk) ‖ ~ **of ionization*** (Chem, Phys) / Ionisationsgrad $m$ ‖ ~ **of mechanism freedom** (Eng) / Getriebelaufgrad $m$, Getriebefreiheitsgrad $m$ ‖ ~ **of order** (Maths) / Ordnungsgrad $m$ ‖ ~ **of polymerization** (Chem) / Polymerisationsgrad $m$ ‖ ~ **of protection** (Elec Eng) / Schutzgrad $m$ ‖ ~ **of RFI** (Radio) / Funktstörgrad $m$ ‖ ~ **of ripeness** / Reifegrad $m$ (z.B. der Baumwolle) ‖ ~ **of roll-out** (Met) / Auswalzgrad $m$, Verwalzungsgrad $m$ ‖ ~ **of rusting** / Rostgrad $m$ (DIN 53210) ‖ ~ **of saturation** / Sättigungsgrad $m$ (relatives Maß für den Dampfgehalt) ‖ ~ **of saturation** (the volume of voids filled with water expressed as a percentage of the total volume of voids in a soil) (Hyd Eng) / Sättigungsgrad $m$ (z.B. des Bodens) ‖ ~ **of straining** (Eng, Met) / Reckgrad $m$ (bei Zugumformung) ‖ ~ **of stretching** (Eng, Met) / Reckgrad $m$ (bei Zug-Druck-Umformung) ‖ ~ **of substitution** (Chem) / Substitutionsgrad $m$, DS (Substitutionsgrad) ‖ ~ **of swelling** (Phys) / Quellungsgrad $m$ ‖ ~ **of tannage** (Leather) / Durchgerbungszahl $f$ ‖ ~ **of toxic hazard** / Grad $m$ der Vergiftungsgefahr, toxischer Gefährlichkeitsgrad $m$ ‖ ~ **of turbulence** (Phys) / Turbulenzgrad $m$ ‖ ~ **of upsetting** (logarithmic deformation) (Materials, Met) / Stauchgrad $m$ (logarithmische Formänderung) ‖ ~ **of utilization** / Nutzungsgrad $m$ ‖ ~ **of vulcanization** (Chem Eng) / Vulkanisationskoeffizient $m$ (Anteil des gebundenen Schwefels in Prozenten, bezogen auf den Kautschukgehalt), VK (Vulkanisationskoeffizient - Anteil des gebundenen Schwefels in Prozenten, bezogen auf den Kautschukgehalt) ‖ ~ **sign** (Print) / Circellus $m$ (pl. -lli), Gradzeichen $n$ (hochstehende kleine Null)
**degum** $v$ / entschleimen $v$ (Öl) ‖ ~ (Textiles) / entbasten $v$, abkochen $v$, degummieren $v$ (Rohseide)
**degumming** $n$ (Textiles) / Entbasten $n$, Abkochen $n$, Degummieren $n$ (Entfernen des Seidenleims am Kokon) ‖ ~ **agent** (Textiles) / Entbastungsmittel $n$, Abkochmittel $n$ (z.B. Seife)
**degustation** $n$ (Nut) / Degustation $f$, Verkosten $n$
**de Haas-van Alphen effect*** (Mag) / De-Haas-van-Alphen-Effekt $m$ (Auftreten von Quantenoszillationen der magnetischen Suszeptibilität von Metallen als Funktion eines homogenen Magnetfeldes)
**dehalogenation** $n$ (Chem) / Dehalogenation $f$, Dehalogenierung $f$
**DE headlight** (Autos) / DE-Scheinwerfer $m$
**dehissing** $n$ (Acous) / Zischlautkorrektur $f$
**Dehottay process** (for foundations) (Civ Eng) / Gefriergründung $f$ ‖ ~ **process** (Civ Eng) / Dehottay-Gefrierverfahren $n$ (mit flüssigem Kohlendioxid als Kälteträger)
**dehumidification** $n$ / Entfeuchtung $f$, Feuchtigkeitsentzug $m$
**dehumidify** $v$ / entfeuchten $v$, Feuchtigkeit entziehen

**dehydrase**

**dehydrase** n (Biochem) / Dehydratase f
**dehydratase** n (Biochem) / Dehydratase f
**dehydrate** v / trocknen v ‖ ~ (Chem) / dehydrieren v, entwässern v
**dehydrated castor oil** (Paint) / Rizinenöl n, Ricinenöl n (DIN 55940), Derizolenöl n ‖ ~ **vegetables** (Nut) / Trockengemüse n, Dörrgemüse n
**dehydrating agent** (Chem) / wasserabspaltendes Mittel, Dehydratisierungsmittel n
**dehydration*** n (Chem) / Dehydratation f (eine Eliminierungsreaktion), Dehydratisierung f (Abspaltung von H und OH als Wasser aus Verbindungen), Entwässern n (Abspaltung von H und OH als Wasser aus Verbindungen), Entwässerung f, Wasserabspaltung f, Dehydration f ‖ ~* (Chem) / Absolutierung f (Entwässerung von organischen Flüssigkeiten) ‖ ~ (Cyt) / Dehydration f
**dehydroabietic acid** (Chem) / Dehydroabietinsäure f (ein Harzsäure)
**dehydroacetic acid** (6-methylacetopyranone) (Chem) / Dehydroacetsäure f, Dehydroazetsäure f, Dehydroessigsäure f
**dehydroascorbic acid** (Chem) / Dehydroaskorbinsäure f, Dehydroascorbinsäure f
**dehydrobenzene** n (Chem) / Benz-in n (das einfachste Dehydroaromat oder Arin), Dehydrobenzol n, Benzyn n (ein Arin)
**dehydrocanning** n (Nut) / Eindosen n nach Vortrocknen
**dehydrochlorinate** v (Chem) / dehydrochlorieren v
**dehydrocholesterol** n (Biochem) / Dehydrocholesterin n
**dehydrocyclization** n (Chem Eng, Oils) / Dehydrozyklisierung f, Dehydrocyclisierung f (von Alkanen zu Aromaten)
**dehydrodimerization** n (Chem) / Dehydrodimerisation f (Dimerisation von organischen Verbindungen, deren erster Schritt die univalente Dehydrierung dieser Verbindungen durch einen Wasserstoffakzeptor ist)
**dehydrofreezing** n / Gefriertrocknung f (schonende Konservierung), Lyophilisation f, Sublimationstrocknung f, Gefrieren n nach Vortrocknen, Dehydrogefrieren n
**dehydrogenase*** n (Physiol) / Dehydrogenase f (ein Ferment)
**dehydrogenation** n (Chem) / Wasserstoffabspaltung f, Dehydrogenierung f, Dehydrierung f (eine Eliminierungsreaktion - Wasserstoffentzug), Wasserstoffzug m
**dehydrohalogenate** v (Chem) / dehydrohalogenieren v
**dehydrohalogenation** n (Chem) / Dehydrohalogenierung f
**dehydrosulphurization** n (Chem Eng) / Hydrodesulfurierung (HDS) f (Entfernung von Schwefel unter Hydrierungsbedingungen), HDS (Entfernung von Schwefel unter Hydrierungsbedingungen)
**dehydrothiotoluidine** n (Chem, Textiles) / Dehydrothiotoluidin n
**de-ice** v / enteisen v
**de-icer** n (Aero) / Enteisungsanlage f (Bordanlage eines Luftfahrzeugs zur Verhinderung oder Beseitigung des fluggefährdenden Eisansatzes an bestimmten Bauteilen oder Bereichen) ‖ ~ **boot** (Aero) / Gummihaut f (der Vorderkanten, die zur mechanischen Enteisung dient)
**de-icing*** n / Enteisung f (Befreiung von dem Eisansatz) ‖ ~* s. also anti-icing ‖ ~ **coat(ing)** (Aero, Paint) / eishemmende Beschichtung ‖ ~ **ring** / Winterrohr n (am unteren Umfang der Kühlturmschale von Naturzugkühltürmen) ‖ ~ **salt** (Civ Eng) / Tausalz n (z.B. vergälltes Steinsalz), Auftausalz n (im Straßenwinterdienst verwendetes Salz, das Schnee- und Eisschichten zum Auftauen bringt), Streusalz n
**deictic** adj / deiktisch adj (hinweisend)
**de-ink** v (Paper) / deinken v (Altpapier)
**de-inking** n (Paper) / Deinken n, Deinking n (bei Altpapier)
**deinstall** v (Comp) / deinstallieren v (ein Programm einschließlich aller Hilfsdateien von der Festplatte entfernen)
**deinstallation program** (Comp) / Deinstallationsprogramm n (zur Deinstallation von Windows-Programmen), Deinstallation-Utility f
**deinstaller** n (Comp) / Deinstallationsprogramm n (zur Deinstallation von Windows-Programmen), Deinstallation-Utility f
**deionate** v / entionisiertes Wasser, demineralisiertes Wasser, deionisiertes Wasser, vollsalztes Wasser, Deionat n (Weichwasser), VE-Wasser n
**deionization** n (complete) / Vollsalzung f (in der Wassertechnik), Entsalzung f (Entfernen von Ionen aus Wasser), Deionisation f ‖ ~ **chamber** (Elec Eng) / Deionkammer f (eine Löschblechkammer) ‖ ~ **circuit breaker** (Elec Eng) / Leistungsschalter m mit magnetischer Bogenlöschung, Deionisationsschalter m
**deionize** v / entionisieren v, deionisieren v
**deionized water*** / entionisiertes Wasser, demineralisiertes Wasser, deionisiertes Wasser, vollentsalztes Wasser (Weichwasser), VE-Wasser n
**deiron** v / enteisenen v (Wasser)
**deisohexanizer** n (Chem Eng) / Entisohexaner m, Entisohexanierungskolonne f
**deisohexanizing column** (Chem Eng) / Entisohexaner m, Entisohexanierungskolonne f

**dejitterize** v (Comp, Telecomm) / entjittern v
**de-Jong-Bouman method** (Crystal) / De-Jong-Bouman-Methode f (zu den Bewegtfilmmethoden zählendes Verfahren der Strukturanalyse)
**Dekatron*** n (Electronics) / Dekatron n (Gasentladungsröhre mit zehn Katoden)
**DEL** (delete) (Comp) / löschen v, annullieren v, unterdrücken v, streichen v (eine Eintragung in der Datenbank) ‖ ~ (delete character) (Comp) / Löschzeichen n
**del*** n (Maths) / Nablaoperator m (ein Differentialoperator), Nablavektor m (in der Vektoranalysis), Nabla n
**Delaborne prism** (Optics) / Dove-Prisma n (ein Polarisations- oder Reflexionsprisma nach H.W. Dove, 1803-1879)
**delaine** n (Textiles) / leichter (Woll)Musselin n ‖ ~ (Textiles) s. also mousseline de laine
**Delambre's analogies** (in the solution of spherical triangles) (Maths) / Mollweide-Formeln f pl (in der sphärischen Trigonometrie), Gauß'sche Formeln f pl, Delambre-Formeln f pl (nach J.B.J. Delambre, 1749 - 1822)
**delamination** n (For) / Aufblätterung f (von Sperrholz) ‖ ~ (Plastics) / schichtenweise Trennung, Schichtentrennung f, Schicht(en)spaltung f, Aufspaltung f (von Schichten), Abschichtung f (Schichtentrennung), Ablösung f einer Schicht, Delaminierung f (Schichtentrennung), Delamination f
**De la Rue cell*** (Elec Eng) / Silberchloridelement n, Chlorsilberelement n
**Delaunay curve** (Maths) / Delaunay-Kurve f (nach Ch.E. Delaunay, 1814 - 1872)
**Delauney reduction** (Crystal) / Delauney-Reduktion f
**de la Vallée-Poussin test** (for convergence) (Maths) / de-la-Vallée-Poussin'sches Kriterium (nach Charles Jean Gustave Nicolas de la Vallée-Poussin, 1866 - 1962) ‖ ~ **Laval nozzle** (a con-di nozzle) / Lavaldüse f (Düsenbauart in Dampfturbine nach dem schwedischen Ingenieur G. de Laval, 1845 - 1913)
**DeLavaud process** (Foundry) / Briede-de-Lavaud-Verfahren n (ein Schleudergussverfahren mit wassergekühlter Kokille)
**delay** v / verzögern v ‖ ~* n (Acous) / Verzögerung f, Verzug m ‖ ~* (Acous, Telecomm) / Laufzeit f (der Zeitverzug des Signals), Delay n (zwischen Senden und Empfangen eines Signals) ‖ ~ (Aero, Rail) / Verspätung f ‖ ~ (Elec Eng) / Verzögerung f (der begrenzte Zeitraum, während der oder die äußeren Stromkreise durch den Zeitschalter geschlossen bleiben) ‖ ~ **characteristic** (Telecomm) / Laufzeitgang m (die Frequenzabhängigkeit der Laufzeit) ‖ ~ **circuit** (Telecomm) / Verzögerungsschaltung f ‖ ~ **control** (Autos) / Intervallschaltung f (für Scheibenwischer) ‖ ~ **courtesy light** (Autos) / Innenraumbeleuchtung f mit Ausschaltverzögerung ‖ ~ (**frequency**) **distortion** (Telecomm) / Laufzeitverzerrung f (durch die Frequenzabhängigkeit der Gruppenlaufzeit), Phasenverzerrung f ‖ ~ **distortion** (of a phase) (Telecomm) / Phasenverzögerung f ‖ ~ **distortion** (Telecomm) / Laufzeitverzerrung f (durch die Frequenzabhängigkeit der Gruppenlaufzeit), Phasenverzerrung f
**delay-distortion correction** (Acous) / Laufzeitentzerrung f
**delay Doppler spectrum** (Teleph) / Verzögerungs-Doppler-Spektrum n
**delayed** adj (Phys) / verzögert adj ‖ ~ **action*** (Elec Eng) / Verzögerung f (beim Einsatz), Einsatzverzögerung f, verzögertes Arbeiten, verzögertes Ansprechen
**delayed-action accelerator** (Chem Eng) / Sicherheitsbeschleuniger m (bei der Vulkanisation)
**delayed•-action fuse** (Elec Eng) / träge Sicherung ‖ ~ **automatic gain control*** (Radio) / automatische Verzögerungslichkeitsregelung mit Schwellenwerteinstellung ‖ ~ **bed** (Nuc Eng) / Verzögerungsstrecke f (für Gase) ‖ ~ **boiling** (Phys) / Siedeverzug m ‖ ~ **call** (Teleph) / Vormerkgespräch n ‖ ~ **call** (Teleph) / wartende Belegung
**delayed-call advancement** (Teleph) / Verbindungsaufbau m nach Voranmeldung
**delayed coincidence** (Chem) / verzögerte Koinzidenz ‖ ~ **coking** (Chem Eng) / Delayed Coking n, verzögertes Verkoken ‖ ~ **critical*** (Nuc Eng) / verzögert-kritisch adj (Reaktor) ‖ ~ **curing** (Textiles) / verzögerte Kondensation, verzögerte Formfixierung (bei Permanent-Press-Verfahren) ‖ ~ **curing** (Textiles) / Deferred-Curing n (ein Permanent-Press-Verfahren mit verzögerter Kondensation) ‖ ~ **deformation** (Materials) / Kriechverformung f ‖ ~ **drop*** (Aero) / Sprung m mit verzögerter Öffnung, Verzögerungssprung m ‖ ~ **effect** / Spätwirkung f ‖ ~ **feedback** (Automation) / verzögerte Rückführung ‖ ~ **fluorescence** (Phys) / verzögerte Fluoreszenz f ‖ ~ **fluorescence** (Phys) / langsame Fluoreszenz ‖ ~ **germination** (Bot) / Keimverzug m, verzögerte Keimung ‖ ~ **neutrons*** (Nuc Eng) / verzögerte Neutronen (diejenigen Neutronen, die nicht unmittelbar bei der Kernspaltung entstehen)
**delayed-off brake** (Eng) / abfallverzögerte Bremse
**delayed opening*** (of a parachute) (Aero) / verzögerte Öffnung

**delay flip-flop** (Electronics) / D-Flipflop n (bei dem die an seinem Dateneingang D im Taktzeitintervall n liegende Information um ein Zeitintervall verzögert am Ausgang erscheint), Latch n || ~ **in boiling** (Phys) / Siedeverzug m || ~ **in delivery** / Lieferverzug m || ~ **line**\* (Telecomm) / Verzögerungsleitung f (mit definierter Signallaufzeit), Laufzeitverzögerungsleitung f (ein Laufzeitglied)
**delay-line memory** (Comp) / Laufzeitspeicher m, Verzögerungsspeicher m (der die endliche Ausbreitungsgeschwindigkeit elektrischer oder mechanischer Schwingungen in einem Medium nutzt) || ~ **storage** (Comp) / Laufzeitspeicher m, Verzögerungsspeicher m (der die endliche Ausbreitungsgeschwindigkeit elektrischer oder mechanischer Schwingungen in einem Medium nutzt) || ~ **store**\* (Comp) / Laufzeitspeicher m, Verzögerungsspeicher m (der die endliche Ausbreitungsgeschwindigkeit elektrischer oder mechanischer Schwingungen in einem Medium nutzt)
**delay message** (Aero, Rail) / Verspätungsmeldung f || ~ **network** (Elec Eng) / Laufzeitkette f, Verzögerungsschaltung f || ~ **relay** (Elec Eng) / Verzögerungsrelais n (Schaltrelais ohne Einstellskala), verzögertes Relais || ~ **relay** (Elec Eng) / Zeitrelais n (mit beabsichtigtem Zeitverhalten), verzögertes Relais, Zeitverzugsrelais n || ~ **time** (Acous, Telecomm) / Laufzeit f (der Zeitverzug des Signals), Delay n (zwischen Senden und Empfangen eines Signals) || ~ **time** (Automation) / Verzugszeit f (bei Übergangsfunktionen höherer Ordnung die Zeit, die vergeht bis der Anstieg des Ausgangssignals beginnt) || ~ **time** (Automation) / Laufzeit f || ~ **time** (Electronics) / Verzögerungszeit f || ~ **time** (in seismic refraction work) (Geol) / Verzögerungszeit f || ~ **valve** (Eng) / Verzögerungsventil n (z.B. für Unterdruck)
**Delbrück scattering**\* (Phys) / Delbrück-Streuung f (nach M.Delbrück, 1906-1981), elastische Kernpotentialstreuung
**delead** v / entbleien v
**d electron** (Electronics) / d-Elektron n (dessen Energiezustand die Bahndrehimpulsquantenzahl l = 2 besitzt)
**d-element** n (Chem) / äußeres Übergangsmetall (d-Block-Element)
**Delépine reaction** (reaction of hexamethylenetetramine with primary alkyl halides yields a salt - this compound can be easily hydrolysed to give formaldehyde, ammonia and a primary amine) (Chem) / Delépine-Reaktion f
**delessite**\* n (Min) / Delessit m (ein Mineral der Chloritgruppe)
**delete** v / streichen v (in Formularen), durchstreichen v (z.B. einen Namen) || ~ (Comp) / löschen v, annullieren v, unterdrücken v, streichen v (eine Eintragung in der Datenbank) || ~ (Comp) / auslochen v (mittels Volllochung) || ~ (Comp) / eliminieren v (beim Sortieren) || ~ (Comp) / ausfügen v (Zeichen usw. am Bildschirm löschen, wobei die rechts von der Schreibmarke stehenden Zeichen um die gelöschte Anzahl Zeichen nach links geschoben werden) || ~ (Print) / löschen v || ~ **character** (Comp) / Löschzeichen n
**deleted neighbourhood**\* (Maths) / reduzierte Umgebung
**delete mark** (Print) / Deleatur n, Deleaturzeichen n, del. || ~ **play** (Comp) / Ausschluss m von Titeln (z.B. bei Wiedergabe einer CD) || ~ **right** (Comp) / Löschrecht n
**deleterious** adj (Med) / gesundheitsschädlich adj, deletär adj
**delete statement** (Comp) / Löschanweisung f
**deletion** n (Comp) / Löschen n || ~\* (loss of one or more nucleotides of DNA, or of an entire segment of a chromosome - a form of mutation) (Gen) / Deletion f (Chromosomenmutation mit Verlust eines Chromosomenstückchens) || ~\* (Gen) s. also deficiency
**delft** n (Dutch or English tin-glazed earthenware, typically decorated by hand in blue on a white background) (Ceramics) / Delfter Fayence (Tonwaren mit Zinnglasur aus Delft), Delfter Ware
**delftware** n (Ceramics) / Delfter Fayence (Tonwaren mit Zinnglasur aus Delft), Delfter Ware
**Delian** (altar) **problem** (Maths) / delisches Problem (der Würfelverdopplung)
**delicate cycle** / Schonwaschgang m (bei den Waschautomaten)
**delicatessen** n (Nut) / Feinkost f || ~ **paper** (Paper) / weißes (meistens gewachstes) Lebensmittelverpackungspapier || ~ **paper** s. also glassine
**delicious** adj (highly pleasant to the taste) (Nut) / wohlschmeckend adj, schmackhaft adj, lecker adj
**Delic problem** (Maths) / delisches Problem (der Würfelverdopplung)
**delignify** v / delignifizieren v, Lignin entfernen, Lignin herauslösen (aus)
**delimb** v (For) / entasten v, aufasten v, abästen v (gefällte Bäume), entästen v (liegende Bäume) || ~ (For) / aufasten v, aufästen v (stehende Bäume)
**delimber** v (For) / ausästen v, ausästeln v, schneiden v (beschneiden), ästen v
**delime** v (Chem) / entkalken v || ~ (Leather) / entkälken v (mit Säuren oder Salzen), entkalken v
**deliming** n (Leather) / Entkälken n (mit Säuren oder Salzen), Entkalken n || ~ **acid** (Leather) / Entkälkungssäure f
**delimit** v / begrenzen v, limitieren v

**delimiter** n (Comp) / Begrenzungszeichen n, Trennzeichen n
**delineate** v / zeichnen v (Form, Linien)
**delineator** n (Civ Eng) / Leitpflock m (im Straßenbau)
**delinting** n (Textiles) / zweites Entkörnen (der Baumwolle)
**deliquesce** v (Chem) / zerfließen v, zergehen v (zerfließen)
**deliquescence**\* n (the process in which a solid absorbs water and subsequently dissolves in it) (Chem, Phys) / Hygroskopie f, Zerfließen n, Zergehen n (Zerfließen), Zerfließlichkeit f
**deliquescent** adj (Chem, Phys) / zerfließlich adj (Eigenschaft fester, stark hygroskopischer Stoffe, sich in dem aus der Luftfeuchtigkeit aufgenommenen Wasser allmählich aufzulösen) || ~ (For) / sich verzweigend adj, sich verästelnd adj || ~ **salt** (Paint) / Salz n (das Ausblühungen verursacht)
**Delisle thread** (Eng) / Löwenherzgewinde n (mit Flankenwinkel 53°8' - in der feinmechanischen und in der optischen Industrie)
**deliver** v / liefern v (Ware), einliefern v (Ware) || ~ / liefern v, bereitstellen v, beschaffen v || ~ / herbeifahren v, anfahren v (Materialien) || ~ (Ceramics) / entformen v || ~ (Eng) / abgeben v (eine Leistung) || ~ (Eng) / fördern v (Pumpe) || ~ (Print) / auslegen v || ~ (Telecomm) / aushändigen v || ~ (Telecomm) / übergeben v, ausliefern v
**deliverable form** / Lieferform f
**delivered fuel** / Kraftstofffördermenge f
**delivering operator** (Aero) / ausliefernde Luftverkehrsgesellschaft
**delivery** n / Abgabe f (z. B. des Kraftstoffs an der Tanksäule) || ~ / Auslieferung f, Anlieferung f, Zustellung f, Lieferung f || ~\* (Eng) / Fördermenge f, Fördervolumen n (der Pumpe) || ~\* (Eng) / Förderung f (z.B. der Pumpe) || ~\* (Foundry) / Entnahme f, Herausnahme f (des Modells) || ~\* (Print) / Auslegevorrichtung f || ~ (Print) / Auslage f (Tätigkeit), Auslegen n || ~ (Telecomm) / Nachrichtenabfragebetrieb m, Abfragebetrieb m || ~ (Telecomm) / Auslieferung f, Übergabe f || **for ~ by 2007-12-31** / lieferbar zum 31.12. 2007 || ~ **air chamber** (Eng) / Druckwindkessel m (einer Kolbenpumpe) || ~ **board** (Comp) / Papierauflage m || ~ **board** (Comp) / Deliveryboard n (für die Wiedergabe von DVI-Applikationen) || ~ **branch** (Eng) / Druckstutzen m (der Pumpe) || ~ **charge** (Autos) / Überführungskosten pl || ~ **chute** (Mining) / Ladeschurre f || ~ **conditions** / Lieferungsbedingungen f pl, Lieferbedingungen f pl || ~ **date** / Liefertermin m (z.B. am 31.12. 2007), Lieferungstermin m, Liefertag m || ~ **deadline** / Lieferfrist f || ~ **device** (Print) / Auslegevorrichtung f || ~ **device** (Spinning) / Lieferwerk n (zum Abziehen der zu zwirnenden Garne vom Ablaufgatter der Zwirnmaschine und zur Weiterführung des gesammelten Fadenverbandes an die Spindeln) || ~ **end** (Eng) / Auslaufende n (einer Maschine) || ~ **flight** (Aero) / Ablieferungsflug m, Überstellungsflug m || ~ **free of charge** / kostenlose Lieferung || ~ **line** (Hyd) / Druckleitung f || ~ **mileage** (Autos) / Überführungskilometerstand m || ~ **of Advanced Network Technologies** (Comp, Telecomm) / Delivery f of Advanced Network Technologies (ein älteres Forschungsprojekt zur breitbandigen Vernetzung der einzelnen nationalen Wissenschaftsnetze - Cambridge), DANTE (ein älteres Forschungsprojekt) || ~ **of water** / Wasserabgabe f (Lieferung im Allgemeinen) || ~ **on a short-term basis** / kurzfristige Lieferung || ~ **on call** / Lieferung f auf Abruf || ~ **order** / Auslieferungsschein m, Ablieferungsschein m, Lieferschein m (die schriftliche Anweisung des Wareneigentümers an den Lagerhalter zur Auslieferung von Waren an den im Lieferschein Bezeichneten) || ~ **pipette** (Chem) / Abfüllpipette f || ~ **price** / Lieferpreis m || ~ **quality** / Lieferqualität f || ~ **rate** (of a pump) (Eng) / Fördermenge f (einer Pumpe je Zeiteinheit), Förderleistung f (einer Pumpe) || ~ **report** (Telecomm) / Übergabebericht m (bei der Mitteilungsübermittlung) || ~ **service** / Lieferservice m n, Heimservice m n || ~ **side** (Eng) / Druckseite f, Förderseite f (der Pumpe, des Verdichters) || ~ **side** (Met) / Austrittsseite f (von Walzen) || ~ **side** (Met) / Auslaufseite f (eines Walzgerüsts, einer Maschine) || ~ **slip** / Auslieferungsschein m, Ablieferungsschein m, Lieferschein m (die schriftliche Anweisung des Wareneigentümers an den Lagerhalter zur Auslieferung von Waren an den im Lieferschein Bezeichneten) || ~ **spool** (Cinema) / Abwickelspule f (eines Laufbildwerfers oder eines Tonbandgeräts) || ~ **standard** / Liefernorm f (DIN 820-1) || ~ **system** (Comp) / Ablaufsystem n (ausschließlich zum Ablauf, nicht zur Entwicklung von Software) || ~ (roller) **table** (Met) / Auslaufrollgang m, Abfuhrrollgang m (hinter dem Arbeitsrollgang in einem Walzwerk), Ausförderungsrollgang m || ~ **time** / Lieferfrist f || ~ **truck** (US) (Autos) / Lieferwagen m (im Allgemeinen) || ~ **tube** (Agric) / Drillrohr m (der Drillmaschine) || ~ **valve** (of a pump) (Eng) / Druckventil n (der Pumpe) || ~ **van** (Autos) / Lieferwagen m (Kastenfahrzeug, Kofferfahrzeug), Transporter m (z.B. Volkswagen) || ~ **weight** / Liefergewicht n
**Del key** (Comp) / Entf (Taste)
**Dellinger effect** (Geophys, Radio) / Mögel-Dellinger-Effekt m (exzessive Dämpfung der Funkwellen im Kurzwellenbereich als Auswirkung des Sonneneruptionseffekts) || ~ **fade-out**\* (Geophys, Radio) /

deload

Mögel-Dellinger-Effekt *m* (exzessive Dämpfung der Funkwellen im Kurzwellenbereich als Auswirkung des Sonneneruptionseffekts)
**deload** *v* (Cables, Elec Eng) / entspulen *v*, entpupinisieren *v*
**deloading** *n* (Cables, Elec Eng) / Entspulung *f*, Entpupinisierung *f*
**delocalization** *n* (the sharing of a single electron pair between more than two atoms) (Chem) / Delokalisierung *f* ‖ **~ energy** (Chem) / Delokalisierungsenergie *f*
**delocalized bond** (Chem) / nichtlokalisierte Bindung (Bindung in einem Molekül, dessen Struktur nicht durch eine einzige Valenzstrichformel dargestellt werden kann, sondern durch Überlagerung von zwei oder mehreren Grenzstrukturen beschrieben werden muss), delokalisierte Bindung
**Delon rectifier** (Elec Eng) / Greinacher-Schaltung *f* (eine Gleichrichterschaltung zur Spannungsverdopplung mit zwei Gleichrichterventilen und zwei Kondensatoren in Brückenschaltung - nach H. Greinacher, 1880-1974), Delon-Schaltung *f*, Liebenow-Schaltung *f*
**del operator** (Maths) / Nablaoperator *m* (ein Differentialoperator), Nablavektor *m* (in der Vektoranalysis), Nabla *n*
**delphinin** *n* (Chem) / Delphinin *n* (ein Anthozyanglucosid des Granatapfels und des Ackerrittersporns - Consolida regalis S.F. Gray)
**delphinine** *n* (Chem) / Delphinin *n* (ein Alkaloid des Stephanskrauts - Delphinium staphisagria L.), Staphisagrin *n*
**Delphi technique** (Comp) / Delphi-Methode *f* (ein Prognosesystem in der Betriebswirtschaft), Delphi-Technik *f*
**delta** *n* / Kühldelta *n*, Delta *n* (zwei Kühlelemente, die so aneinander gestellt werden, dass sie einen Winkel von 60 Grad einschließen) ‖ **~*** (Geog) / Delta *n* (pl. -s oder -ten), Flussdelta *n* (eine Form der Flussmündung), Mündungstrichter *m* ‖ **~** (a type of river deposit, roughly semicircular in outline, and formed where a river loses its carrying capacity by flowing into a relatively quiet body of water such as the sea, lake, or reservoir) (Geol) / Deltasedimente *n pl*, Ablagerungen *f pl* in Deltamündungen, Deltaablagerungen *f pl* ‖ **~ arrangement** (of strain gauges) / Delta-Rosette *f* (Anordnung von Dehnungsmessstreifen in Dreiecksform) ‖ **~ bond** (Chem) / Delta-Bindung *f*, δ-Bindung *f* ‖ **~ channel** (Telecomm) / D-Kanal *m* (Signalisierungskanal beim ISDN mit einer Kapazität von 16 kbit/s beim Basis- und 64 kbit/s beim Primärmultiplexanschluss), Steuerkanal *m* (ISDN), Zeichengabekanal *m* ‖ **~ circuit** (Elec Eng) / Dreieckschaltung *f* (eine Ringschaltung in einem dreiphasigen Drehstromsystem - DIN 40 108) ‖ **~ connection** (of a transformer) (Elec Eng) / Dreieckschaltung *f* (eine Ringschaltung in einem dreiphasigen Drehstromsystem - DIN 40 108) ‖ **~ ferrite** (Met) / Deltaferrit *m* ‖ **~ function** (Maths) / Deltafunktion *f*, Impulsfunktion *f* (eine Distribution) ‖ **~ function** (Nuc) / Dirac'sche Deltafunktion, Dirac-Funktion *f* (DIN 13 343), Deltafunktional *n*, Deltafunktion *f* (Dirac'sche), Stoßfunktion *f*, Einheitsimpulsfunktion *f* ‖ **~ function** s. also Dirac pulse
**deltaic deposits*** (Geol) / Deltasedimente *n pl*, Ablagerungen *f pl* in Deltamündungen, Deltaablagerungen *f pl*
**delta iron*** (Met) / Deltaeisen *n* (bei hohen Temperaturen beständiges Eisen mit kubisch-raumzentriertem Gitter), δ-Eisen *n* ‖ **~ layer** (an intermetallic phase) (Surf) / Deltaschicht *f* (Teilschicht der beim Feuerverzinken von Eisen und Stahl entstehenden Eisen-Zink-Legierungsschicht mit einem Eisenanteil von 7 bis 12%), Deltaphase *f* ‖ **~ loop antenna** (Radio) / Delta-Loop-Antenne *f*
**delta-matched antenna** (Radio) / Antenne *f* mit Deltaanpassung
**delta metal** (an alloy of copper /55%/ and zinc /43%/ with small amounts of iron and other metals) (Met) / Deltametall *n* (Sondermessing nach DIN 17 660), Reichsmetall *n* (alte Bezeichnung für eine CuZn-Legierungsgruppe) ‖ **~ modulation*** (an audio-compression technique recording the changes in a data stream instead of the input data stream itself) (Comp, Telecomm) / Deltamodulation *f* ‖ **~ modulation line** (Telecomm) / Differenzübertragungsleitung *f* ‖ **~ network*** (Radio) / Delta-Netznachbildung *f* ‖ **~ particle*** (Nuc) / Deltateilchen *n* ‖ **~ particle*** (Nuc) s. also delta-ray ‖ **~ plain** (Geol) / Deltaebene *f* ‖ **~ pulse-code modulation** (Telecomm) / Deltapulscodemodulation *f*, Deltapulscodemodulation *f* ‖ **~ radiation** (Nuc) / Deltastrahlung *f*, δ-Strahlung *f* ‖ **~ ray*** (an electron ejected from an atom by a fast-moving ionizing particle) (Nuc) / Deltastrahl *m*, δ-Strahl *m* ‖ **~ region** (Meteor) / Deltazone *f*, Delta *n* (einer Frontalzone) ‖ **~ resonances** (Nuc) / Deltaresonanzen *f pl* (die bei der Pion-Nukleon-Streuung entstehen) ‖ **~ ring** (Eng) / Delta-Ring *m* (selbsttätige Hartdichtung) ‖ **~ scale** (for measuring chemical shifts in nuclear magnetic resonance) (Spectr) / δ-Skale *f*, Deltaskale *n* ‖ **~ voltage*** (in a three-phase system) (Elec Eng) / Dreieckspannung *f* (bei der Dreieckschaltung nach DIN 40108) ‖ **~ wing*** (Aero) / Deltaflügel *m* (Flugzeugtragflügel mit dreieckförmigem Grundriss)
**delta-winged** *adj* (Aero) / mit Deltaflügeln

**deltic acid** (Chem) / Dreiecksäure *f* (Trivialname für Dihydroxycyclopropenon), Deltasäure *f*, Triangelsäure *f*
**deltoid** *n* (Maths) / Deltoid *n* (ein konkaves Viereck), Windvogelviereck *n*, Ochsenkopf *m* ‖ **~*** (Maths) / dreispitzige Hypozykloide (mit drei Rückkehrpunkten), Steiner'sche Kurve ‖ **~*** *adj* / deltaförmig *adj*, deltoid *adj*, dreieckig *adj*, dreiecksförmig *adj*
**deltoidicositetrahedron** *n* (pl. -hedrons or -hedra) (Crystal) / Deltoidikositetraeder *n* (von 24 Deltoiden begrenztes Polyeder)
**deluster** *v* (US) (Textiles) / mattieren *v*, entglänzen *v*, abstumpfen *v*, den Glanz abziehen
**delustering** *n* (Textiles) / Mattierung *f*, Entglänzung *f*
**delustrant*** *n* (Textiles) / Mattierungsmittel *n*
**delustre** *v* (GB) (Textiles) / mattieren *v*, entglänzen *v*, abstumpfen *v*, den Glanz abziehen
**delustred casing** (Nut) / Mattdarm *m*
**delustring calender** (Textiles) / Matt-Kalander *m*
**de luxe*** / Luxus-, in Luxusausführung ‖ **~ luxe coach** (Rail) / Salonwagen *m*, [Bundesbahn] *m* Sonderwagen Typ Sümz ‖ **~ luxe outfitting** (Telecomm) / Komfortausstattung *f*
**DEM** (digital elevation map) (Radar) / digitale Höhenkarte ‖ **~** (demodulator) (Radio) / Detektor *m* (Bauelement der Funktechnik), Hochfrequenzgleichrichter *m*, Demodulator *m*
**demagnetization*** *n* (the process of depriving a body of its ferromagnetic properties) (Elec, Phys) / Entmagnetisierung *f*, Abmagnetisierung *f* ‖ **~ factor*** (Elec) / Entmagnetisierungsfaktor *m*, magnetischer Entpolarisierungsfaktor
**demagnetizing factor** (Elec) / Entmagnetisierungsfaktor *m*, magnetischer Entpolarisierungsfaktor ‖ **~ field** (difference between the strength of the magnetic field inside and outside a magnetic material) (Phys) / entmagnetisierendes Feld
**demand** *n* / Anforderung *f* ‖ **~** (Elec Eng) / kurzzeitig gemittelte Belastung (ein Kraftwerkkennwert) ‖ **on ~** / bei Bedarf ‖ **~ assignment** (Comp) / bedarfsweise Kanalzuteilung
**demand-controlled** *adj* / bedarfsgesteuert *adj*
**demand-driven program** (Comp) / anforderungsabhängiges Programm
**demand factor*** (Elec Eng) / Verbrauchsfaktor *m* (ein Kraftwerkkennwert)
**demanding** *adj* (Chem) / strukturempfindlich *adj* (Reaktion)
**demand paging** (Comp) / Seitenaustausch *m* auf Anforderung, Seitenabruf *m* ‖ **~ processing** (Comp) / unmittelbare Verarbeitung, mitlaufende Verarbeitung, sofortige Verarbeitung
**demand-responsive** *adj* / bedarfsgesteuert *adj*
**demand-totalizing relay** (Telecomm) / Gesamtverkehrsrelais *n*
**demand working** (Teleph) / Verkehr *m* ohne Wartezeiten, Sofortverkehr *m*
**demanganization** *n* (San Eng) / Entmanganung *f* (des Wassers)
**demanning** *n* / Entlassungen *f pl*, Arbeitskräfteeinsparung *f*, Arbeitskräfteabbau *m*
**demantoid*** *n* (Min) / Demantoid *n* (grüne Abart des Andradits), Uralgranat *m*
**demanure** *v* (Leather) / abmisten *v*, entmisten *v* (die Haut)
**demarcate** *v* (Agric, Surv) / vermarken *v* (das Land)
**demarcation potential** (Elec Eng) / Verletzungsspannung *f*, Verletzungspotential *n*, Beschädigungsspannung *f*, Demarkationspotential *n*
**demark** *v* (Agric, Surv) / vermarken *v* (das Land)
**demarkate** *v* (Agric, Surv) / vermarken *v* (das Land)
**Dember effect** (Electronics) / Dember-Effekt *m* (wenn ein Bereich eines fotoleitenden Halbleiters beleuchtet wird)
**demerara** *n* (For) / Greenheart *n* (südamerikanische Holzsorte von dem Baum Ocotea rodiaei (R.H. Schomb.) Mez) ‖ **~** (Nut) / Demerarazucker *m* ‖ **~ sugar** (GB) (light brown cane sugar coming originally and chiefly from Guyana) (Nut) / Demerarazucker *m*
**demerit** *n* / Nachteil *m*, ungünstige Eigenschaft (z.B. einer Organisationsstruktur, einer Legierung) ‖ **~ rating** / Einstufung *f* nach festgestellten Fehlern, Fehlerbewertungskennzahl *f*
**demersal** *adj* (Biol) / benthonisch *adj*
**demesh** *v* (Autos) / ausspuren *v* (Starterritzel) ‖ **~** (Eng) / außer Eingriff bringen, ausrücken *v*
**demethanize** *v* (Chem Eng) / entmethanisieren *v*, demethanisieren *v*
**demeton*** *n* (Agric, Chem) / Demeton *n* (Insektizid und Akarizid)
**demeton-S-methylsulfoxide** (Chem) s. also oxydemeton methyl ‖ **~** *n* (Chem) / Demeton-S-methylsulfoxid *n*
**demi-** (prefix denoting half-size)* / Halb-, halb-, Semi-, semi-, demi-, Demi-
**demijohn*** *n* / Demijohn *m* (pl. -s)
**demilune** *n* / Halbmond *m* (Gegenstand, Gebilde, Figur in der Form des Halbmondes)
**demi-lustre** *adj* / glanzarm *adj* (Wolle)
**demineralization*** *n* / Vollentsalzung *f* (in der Wassertechnik), Entsalzung *f* (Entfernen von Ionen aus Wasser), Deionisation *f* ‖ **~**

(Chem Eng, Med) / Entmineralisierung *f*, Demineralisierung *f*, Entfernen *n* mineralischer Substanzen
**demineralized water** / entionisiertes Wasser, demineralisiertes Wasser, deionisiertes Wasser, vollentsalztes Wasser, Deionat *n* (Weichwasser), VE-Wasser *n*
**demin water** / entionisiertes Wasser, demineralisiertes Wasser, deionisiertes Wasser, vollentsalztes Wasser, Deionat *n* (Weichwasser), VE-Wasser *n*
**demishaft** *n* (Arch) / Dienst *m* in Form eines Halbsäulchens ‖ ~ (Arch) / Halbsäule *f* (z.B. eines Bündelpfeilers), Halbsäulchen *n*
**demist** *v* (Glass) / beschlagene Flächen putzen (reinigen)
**demister*** *n* / Demister *m* (Vorrichtung zur zwangsweise Abscheidung feinster Flüssigkeitströpfchen aus Gasen, Dämpfen oder Nebeln), Entnebler *m* ‖ ~ (Eng) / Tropfenabscheider *m* (Monsanto-Müllverbrennung) ‖ ~* s. also defroster
**demo** *n* (Comp) / Demonstrationsprogramm *n*, Demoprogramm *n*
**demobilization** *n* (Build) / Baustellenabbau *m* ‖ ~ **of the job site** (Build, Civ Eng) / Baustellenräumung *f* (die Schlussphase der Einrichtungsplanung)
**DEMOD** (demodulator) (Radio) / Detektor *m* (Bauelement der Funktechnik), Hochfrequenzgleichrichter *m*, Demodulator *m*
**demodulation*** *n* (Radio) / Empfangsgleichrichtung *f* (Abtrennung der durch einen modulierten hochfrequenten Träger übertragenen niederfrequenten Schwingung in einem Empfänger), Demodulation *f* (Rückgewinnung einer modulierenden Schwingung) ‖ ~ **of an exalted carrier*** (Radio, Telecomm) / Homodynempfang *m* (bei Schwebungsnull)
**demodulator*** *n* (Radio) / Detektor *m* (Bauelement der Funktechnik), Hochfrequenzgleichrichter *m*, Demodulator *m*
**demographic increase** (Stats) / Bevölkerungszuwachs *m*, Wachstum *n* der Bevölkerung, Bevölkerungswachstum *n*
**demography** *n* / Demografie *f*, Bevölkerungswissenschaft *f*
**de Moivre's theorem*** (Maths) / Moivre'scher Satz (nach A. de Moivre, 1667-1754), Moivre'sche Formel (für die Potenz einer komplexen Zahl), Moivre-Lehrsatz *m*
**demold** *v* (US) (Build, Civ Eng) / entformen *v* (im Betonbau) ‖ ~ (US) (Plastics) / entformen *v*
**demolish** *v* / destruieren *v*, zerstören *v* ‖ ~ (Build, Civ Eng) / schleifen *vt* (- habe geschleift - Wall, Festung), abreißen *v*, abtragen *v*, niederreißen *v* (Gebäude), abbrechen *v* (ein altes Haus), demolieren *v*
**demolisher** *n* (Build) / Abbrucharbeiter *m*
**demolition** *n* (Build, Civ Eng) / Abbruch *m*, Demolition *f*, Demolierung *f*, Abreißen *n* (Demolition), Zerstörung *f*, Abtragung *f*, Niederreißung *f*, Abriss *m* (von baulichen Anlagen) ‖ ~ **ball** (Build) / Abrissbirne *f* (ein birnenförmiger Stahlkörper, welcher bei bestimmten Abbruchverfahren, wie z.B. dem Einschlagen, zum Einsatz kommt), Fallbirne *f* ‖ ~ **hook** (Eng) / Abbruchhaken *m* (am Bagger) ‖ ~ **permission** (Build) / Abbruchgenehmigung *f* (bauaufsichtliche Genehmigung zum Abbrechen baulicher Anlagen) ‖ ~ **site** (Build, Civ Eng) / Baustelle *f* (auf der ein Bauwerk abgerissen wird) ‖ ~ **work(s)** (Build, Civ Eng) / Abbrucharbeiten *f pl*
**demon** *n* (a procedure that is invoked without being called explicitly whenever an alteration, an addition, a deletion, or another event occurs - ISO/IEC 2328-28) (Comp) / Dämon *m* (eine aktivierbare Datenstruktur, die in Wartestellung steht)
**demonstrate** *v* (Maths) / beweisen *v*, nachweisen *v*
**demonstrated reserves** (Mining) / Summe aus berechneten und angezeigten Vorräten
**demonstration board** (Comp) / Demo-Platine *f* ‖ ~ **car** (Autos) / Vorführwagen *m* ‖ ~ **flight** (Aero) / Vorführungsflug *m* ‖ ~ **model** / Vorführmodell *n*, Anschauungsmodell *n*, Demonstrationsmodell *n* ‖ ~ **plant** / Demonstrationsanlage *f*, Vorführanlage *f* ‖ ~ **program** (Comp) / Demonstrationsprogramm *n*, Demoprogramm *n* ‖ ~ **run** (Autos) / Probefahrt *f* ‖ ~ **van** (Autos) / Ausstellungsbus *m*, Ausstellungsfahrzeug *n* ‖ ~ **version** (Comp) / Demoversion *f* (eine Version einer Software, die das grundlegende Prinzip und die grundlegende Funktionalität beherrscht, gegenüber einer Vollversion der Software jedoch mit Restriktionen belastet ist), Demonstrationsversion *f*, Light-Version *f*
**demonstrator*** *n* / Vorführmodell *n*, Anschauungsmodell *n*, Demonstrationsmodell *n* ‖ ~ (US) (Autos) / Vorführwagen *m* ‖ ~ **plant** / Demonstrationsanlage *f*, Vorführanlage *f*
**demo program** (Comp) / Demonstrationsprogramm *n*, Demoprogramm *n*
**de Morgan's laws** (Maths) / De Morgan'sche Formeln *f pl* (nach A. De Morgan, 1806-1871), De Morgan'sche Regeln (für die Komplementbildung), Regeln *f pl* von De Morgan, De-Morgan-Gesetze *n pl*, Morgan'sche Gesetze ‖ ~ **Morgan's rules** (Maths) / De Morgan'sche Formeln *f pl* (nach A. De Morgan, 1806-1871), De Morgan'sche Regeln (für die Komplementbildung), Regeln *f pl* von De Morgan, De-Morgan-Gesetze *n pl*, Morgan'sche Gesetze

**demould** *v* (Build, Civ Eng) / entformen *v* (im Betonbau) ‖ ~ (Nut) / ausklopfen *v* (Schokolade auf der Klopfbahn) ‖ ~ (Plastics) / entformen *v*
**demount** *v* (Eng) / zerlegen *v* (DIN 8591), abbauen *v*, demontieren *v*, abmontieren *v*, auseinander nehmen *v*, auseinander bauen *v*
**demountable*** *adj* (Elec Eng) / zerlegbar *adj*, auseinander nehmbar *adj* ‖ ~ (Electronics, Eng) / ausbaubar *adj*, abnehmbar *adj*, auswechselbar *adj*, abtragbar *adj* ‖ ~ (Eng) / abmontierbar *adj*, demontierbar *adj* (abmontierbar)
**demo version** (Comp) / Demoversion *f* (eine Version einer Software, die das grundlegende Prinzip und die grundlegende Funktionalität beherrscht, gegenüber einer Vollversion der Software jedoch mit Restriktionen belastet ist), Demonstrationsversion *f*, Light-Version *f* ‖ ~ **virus** (Comp) / Demovirus *m n*
**Dempster mass spectrometer** (Chem, Spectr) / Dempster-Massenspektrometer *n* (nach A.J. Dempster, 1886-1950)
**Dempster-Shafer theory** (AI) / Dempster-Shafer-Theorie *f* (des unsicheren Schließens)
**demulgation characteristics** (Chem) / Demulgiervermögen *n* (DIN 51 599)
**demulsibility** *f* (Chem, Phys) / Entemulgierbarkeit *f*, Demulgierbarkeit *f*
**demulsification** *n* (Chem, Phys) / Entmischung *f* (einer Emulsion), Dismulgierung *f*, Brechen *n* (einer Emulsion), Demulgierung *f*, Emulsionsspaltung *f*, Entemulsionieren *v* ‖ ~ **number*** (Chem Eng) / Demulgierungszahl *f*
**demulsifier** *n* (Chem) / Demulgator *m*, Dismulgator *m*, Emulsionsspalter *m*
**demulsifying agent** (Chem) / Demulgator *m*, Dismulgator *m*, Emulsionsspalter *m*
**demultiplexer*** *n* (Comp, Telecomm) / Demultiplexer *m*, DMX (Demultiplexer)
**demultiplexing** *n* (Comp, Telecomm) / Demultiplexierung *f*
**demultiplexor** *n* (Comp, Telecomm) / Demultiplexer *m*, DMX (Demultiplexer)
**demultiplier** *n* (Elec Eng, Telecomm) / Untersetzer *m*, Teiler *m*
**demurrage** *n* (Rail) / Wagenstandgeld *n* ‖ ~ (Ships) / Überliegezeit *f* ‖ ~ (Ships) / Liegegeld *n* ‖ ~ (Ships) / Demurrage *n*, Liegegeld *n* (für Überschreitung der Lade- bzw. Löschzeit)
**DEMUX** (demultiplexer) (Comp, Telecomm) / Demultiplexer *m*, DMX (Demultiplexer)
**D enantiomer** (Chem) / D-Enantiomer *n*
**denationalization** *n* / Entstaatlichung *f* (z.B. im ehemaligen Ostblock)
**denaturant** *n* (Chem, Nut) / Denaturierungsmittel *n* (z.B. Methanol für Ethanol od. Eisenoxid für Kochsalz), Vergällungsmittel *n* ‖ ~* (Nuc Eng) / Denaturierungssubstanz *f* (nichtspaltbare Isotope - für den Kernbrennstoff)
**denaturation** *n* (Biochem) / Denaturation *f*, Denaturierung *f* (bei Proteinen) ‖ ~* (Biochem) / Denaturierungserscheinung (bei Proteinen in Lebensmitteln), Denaturierung *f* (bei Proteinen) ‖ ~ (Chem, Nut) / Vergällung *f*, Denaturation *f*, Denaturierung *f* (z.B. des Ethanols) ‖ ~ (Chem, Nut) s. also methylation
**denature** *v* (to produce a structural change in a soluble protein, either chemically or by heating, so that it loses most of its solubility) (Biochem) / denaturieren *v* (Proteine)
**denatured alcohol*** (Chem) / vergällter Alkohol, Spiritus denaturatus, denaturierter Alkohol (im Allgemeinen) ‖ ~ **alcohol*** (Chem) s. also methylated spirit
**denaturing agent** (Chem, Nut) / Denaturierungsmittel *n* (z.B. Methanol für Ethanol od. Eisenoxid für Kochsalz), Vergällungsmittel *n*
**dendrimer** *n* / Dendrimer *n* (durch wiederholte Reaktion hergestelltes Polymer, das sich von einem Zentralmolekül aus nach außen hin immer wieder verästelt)
**dendrite** *n* (Med, Physiol) / Dendrit *m* (verästelter Protoplasmafortsatz einer Nervenzelle) ‖ ~* (Met, Min) / Tannenbaumkristall *m*, Dendrit *m* (baumartiges Kristallskelett, Kristallbildung von zweig- oder moosartigem Aussehen) ‖ ~ **arm** (Met, Min) / Dendritenarm *m*
**dendritic** *adj* / dendritisch *adj* ‖ ~ **copper powder** (Paint) / dendritisches Kupferpulver (ein Kupferpigment) ‖ ~ **(web) growth** (Electronics, Phys) / dendritisches Wachstum ‖ ~ **markings*** (Geol) / dendritische Markierungen ‖ ~ **powder** (Met) / dendritisches Pulver
**dendrobates alkaloids** (Pharm) / Dendrobates-Alkaloide *n pl*
**dendrobium alkaloids** (Pharm) / Dendrobiumalkaloide *n pl* (Alkaloide, die in der Orchideengattung Dendrobium vorkommen)
**dendrochronology*** *n* (For) / Dendrochronologie *f* (Verfahren zur Datierung vorgeschichtlicher Kulturreste aus den Jahresringen der darin enthaltenen Hölzer), Baumringchronologie *f*, Jahrringchronologie *f*, Jahresringchronologie *f* (absolute Altersbestimmung)

**dendroclimatology** n (For, Meteor) / Dendroklimatologie f (Bestimmung früherer Klimaverhältnisse mit Hilfe der Jahresringe sehr alter Bäume)
**dendroctonus** n (For) / Bastkäfer m (ein tierischer Holzschädling - ein Borkenkäfer)
**dendrolith** n (For) / versteinertes Holz, Dendrolith m
**dendrological** adj (For) / gehölzkundlich adj, dendrologisch adj
**dendrology** n (the branch of botany concerned with trees and shrubs) (Bot, For) / Dendrologie f, Gehölzkunde f
**dendrometer** n (For, Optics) / Dendrometer n (Baummessgerät)
**dendrometry** n (For) / Dendrometrie f, Baummesskunde f
**dendrotoxin** n (Chem) / Dendrotoxin n (ein Neurotoxin)
**de-needle** v / ausnadeln v (im Allgemeinen), entnadeln v
**denial of service** (Comp) / Verweigerung f von Rechenleistung, Denial of Service m
**denickel** v / entnickeln v
**denickelify** v / entnickeln v
**denicotinization** n (Chem) / Entnikotinisierung f, Entnicotinisierung f
**denier** n (9 000 m yarn weigh 1 gram) (Textiles) / Denier n (nicht mehr zugelassene Einheit nach DIN 1301, T 3) || ~ **system** (Textiles) / Denier-System n (ein altes System der Garnnummerierung)
**denigratory** adj / verunglimpfend adj, herabsetzend adj (Werbung)
**DENIM** n (Directory-Enabled Net Infrastructure Model) (Comp) / DENIM n (plattformübergreifende Netztechnologie von Novell, die im Kern auf NDS aufbaut)
**denim*** n (Textiles) / Denim-Gewebe n, Denim m n, Berufsanzugköper m (z.B. auch für Bluejeans) || ~* (Textiles) s. also dungaree
**denitration** n (Chem) / Denitrieren n, Denitrierung f, Entstickung f
**denitrification*** n (Biol) / Denitrifikation f (Reduktion von Nitraten durch Bodenbakterien), Nitratatmung f || ~ **rate** (Ecol, San Eng) / Denitrifikationsgeschwindigkeit f
**denitrifying bacteria** (bacteria in the soil that, in the absence of oxygen, break down nitrates and nitrites with the evolution of free nitrogen ) (Bacteriol) / Denitrifikationsbakterien f pl, denitrifizierende Bakterien
**denitrogenation** n (Chem) / Denitrieren n, Denitrierung f, Entstickung f
**denominate number** (Maths) / benannte Zahl (Symbol zur Kennzeichnung einer Größe)
**denominational number system*** (Maths) / Stellenwertsystem n, Positionssystem n
**denominator*** n (Maths) / Nenner m (eines Bruchs, einer Übertragungsfunktion)
**denotational semantics** (AI, Comp) / Fixpunktsemantik f, Scott'sche Semantik, denotationale Semantik, funktionale Semantik, mathematische Semantik
**DeNOX catalytic converter** (Autos) / DeNOX-Katalysator m (zur Umwandlung von Stickoxiden in Stickstoff und Kohlendioxid oder Wasser)
**dense** adj (Maths) / überall dicht (Menge) || ~* (Optics) / [optisch] dicht adj || ~ (Optics, Phys) / dicht adj || ~ **barium crown** (Glass) / Schwerkronglas n, Schwerkron n || ~ **bed** (Chem Eng) / Festbett n (z.B. beim katalytischen Kracken), Feststoffbett n || ~ **binary code** (Comp) / vollständiger Binärcode, vollständiger Binärkode || ~ **concrete** (more then 2000 kg/m³) (Build, Civ Eng) / Schwerbeton m (mit Schwerzuschlag), Beton m mit höherer Rohdichteklasse (mehr als 2,8 kg/dm³) || ~ **flint** (Glass) / Schwerflint n, Schwerflintglas n, SF (Schwerflint)
**dense-graded aggregate** (Build, Civ Eng) / gut abgestufter Zuschlagstoff (DIN 1045)
**dense in itself** (Maths) / in sich dicht (Menge)
**densely wooded** (Ecol, For) / waldreich adj, baumreich adj
**dense•-media process*** (Min Proc) / Sink-Schwimm-Aufbereitung f, Schwertrübeaufbereitung f, Schwerflüssigkeitaufbereitung f, Schwimm-Sink-Verfahren n (mit Schwertrübe - ein Sortierverfahren, das die unterschiedliche Dichte der Teilchen eines Feststoffgemenges als Trennmerkmal nutzt), Schwertrübeverfahren n, Schwertrübesortieren n, Sinkscheidung f, Sinkabscheidung f || ~ **medium** (Min Proc) / Schwertrübe f (durch Mischen von Wasser mit Feststoffen entstandene Trübe größerer Dichte, die beim Schwimm-Sink-Verfahren verwendet wird), Trübe f
**densen** v (Foundry) / Kühleisen anlegen (um ein dichtes Gefüge zu erhalten)
**densener** n (Foundry) / Kokille f (ein Kühlelement für den Einbau in Sandgussformen und Kernen), Kühlkokille f
**dense packaging technology** (Telecomm) / Speichertechnik f hoher Dichte || ~ **set*** (Maths) / dichte Menge, überall dichte Menge || ~ **smoke** / Qualm m (dichter, quellender Rauch) || ~ **tar surfacing** (Civ Eng) / Teerbetondecke f
**densification*** n (Phys, Powder Met) / Verdichten n, Verdichtung f
**densified impregnated wood** (For) / Plast-Presslagenholz n, Pressschichtholz n (Plast-Presslagenholz, bei dem die Faserrichtung der Furniere parallel zueinander angeordnet ist) || ~ **plywood** (For) / Presssperrholz n || ~ **wood** (For, Join) / Pressholz n (DIN EN 60 893-1 und -2), PVH (Pressholz)
**densify** v / verdichten v (Struktur)
**densimeter** n (Instr, Phys) / Dichtemesser m, Densimeter n (für Flüssigkeiten, Gase und feste Stoffe) || ~ s. also hydrometer
**densitometer*** n (Instr) / Densitometer n (zur objektiven Messung der Filmschwärzung), Mikrofotometer n || ~ (instrument for measuring the density or specific gravity of liquids, gases, or solids) (Instr, Phys) / Dichtemesser m, Densimeter n (für Flüssigkeiten, Gase und feste Stoffe)
**densitometric analysis** (Photog, Phys) / Densitometrie f
**densitometry** n (Photog, Phys) / Densitometrie f
**density** n (optische) (Optics) / Dichte f || ~* (Photog) / Densität f (Menge des durch Belichtung und Entwicklung in einer fotografischen Schicht hervorgerufenen kristallinen Silbers /Schwärzung/ oder der Farbstoffpartikel /Farbdichte/), fotografische Dichte || ~* (Phys) / Dichte f (DIN 1306), Massendichte f (Masse je Volumeneinheit) || ~ (Weaving) / Warendichte f, Gewebedichte f, Dichte f, Fadendichte f (DIN 53853), Einstellung f
**density-adjusting agent** (Phys) / die Dichte veränderndes Mittel (z.B. bromiertes Öl)
**density bottle*** (Chem) / Wägefläschchen n || ~ **current** (Phys) / Konzentrationsströmung f || ~ **discontinuity** (Meteor) / Dichtesprung m, Dichtediskontinuität f || ~ **effect** (reduction in the stopping power of a dense material) (Nuc) / Dichteeffekt m || ~ **function** (Maths, Stats) / Wahrscheinlichkeitsdichte f, Verteilungsdichte f, Dichtefunktion f || ~ **functional** (Chem) / Dichtefunktional n (in der Quantenchemie) || ~ **functional theory** (Chem) / Dichtefunktionaltheorie m (in der Quantenchemie) || ~ **gauge** (Instr, Phys) / Dichtemesser m, Densimeter n (für Flüssigkeiten, Gase und feste Stoffe)
**density-gradient centrifugation** (Chem, Phys) / Dichtegradientenverfahren n (zur Trennung von Feststoffen unterschiedlicher Dichte aus Dispersionen oder kolloidalen Lösungen durch Sedimentation), Dichtegradientenzentrifugation f (Auftrennung von Teilchen in einem Medium stufenweise oder kontinuierlich zunehmender Dichte unter Anwendung eines durch Ultrazentrifuge erzeugten Schwerefeldes) || ~ **centrifuge** (Chem, Phys) / Dichtegradientenzentrifuge f
**density index** (Civ Eng) / Lagerungsdichte f (Grad der Verdichtung, in dem sich ein nichtbindiges Lockergestein befindet - DIN 18 126) || ~ **matrix** (Phys) / Dichtematrix f, Dichteoperator m, statistischer Operator (ein quantenmechanischer Operator) || ~ **modulation** (Electronics) / Dichtemodulation f || ~ **of electric charge** (Elec, Elec Eng) / Ladungsdichte f || ~ **of states** (Electronics) / Zustandsdichte f (die Dichte der für die Ladungsträger innerhalb des Valenz- und Leitungsbandes möglichen Energiezustände) || ~ **of traffic** (Autos) / Verkehrsaufkommen n, Verkehrsstärke f, Verkehrsdichte f, Verkehrsmenge f || ~ **step** (Photog) / Tonwert m || ~ **stratification** (Geol) / gradierte Schichtung (z.B. bei Grauwacken), Gradierung f (bei Sedimenten) || ~ **tapering** (Radar, Radio) / Dichtebelegung f
**dent** v (Autos) / verbeulen v (Blech), eindrücken v (Blech) || ~ (Autos) / eindellen v (Karosserieblech), verbeulen v (Karosserieblech) || ~ n (Autos) / Delle f (ein Blechschaden), Beule f (Druckstelle), Einbeulung f (Druckstelle) || ~ (Electronics) / Vertiefung f (ein Fehler bei Leiterplatten) || ~ (Eng) / Kerbe f, Schlitz m, Kerb m || ~* (Weaving) / Rietstab m
**dental** n (Hyd Eng) / Schütz n (zahnförmiges) || ~ **alloy** (Met) / Dentallegierung f (Metalllegierung für Zahnersatz) || ~ **amalgam** (Med) / Zahnamalgam n || ~ **ceramics** (Ceramics) / Dentalkeramik f, Zahnporzellan n || ~ **gold** (Med, Met) / Dentalgold n, Zahngold n || ~ **plaster** (an unmodified hemihydrate gypsum plaster similar to plaster of Paris) / Dentalgips m || ~ **porcelain** (a dense, tinted, specially shaped porcelain used in prosthetic applications) (Ceramics) / Dentalkeramik f, Zahnporzellan n
**dentate*** adj / gezähnt adj, gezahnt adj, gezackt adj, zackig adj (sägeartig)
**dentated sill** (San Eng) / Zahnschwelle f (gezahnte Überlaufschwelle an Ablaufrinnen von Absetzbecken, bestehend aus einer Vielzahl von Dreieckswehren, zur gleichmäßigen Abführung des Abwassers, die nachträglich und höhenverstellbar an die Betonkonstruktion der Rinnen montiert wird und spätere Nacheinstellung zum Ausgleich von Setzungen ermöglicht)
**dented** adj (Autos) / eingedellt adj, verbeult adj || ~ **rim** (Autos) / verbeulte Felge
**denticulation** n (Arch) / Zahnschnitt m (in der ionischen Säulenordnung) || ~ (Arch) / Kälberzähne m pl (in der korinthischen Säulenordnung)
**dentifrice** n (Chem) / Zahnputzmittel n
**dentils*** pl (Arch) / Kälberzähne m pl (in der korinthischen Säulenordnung) || ~* (Arch) / Zahnschnitt m (in der ionischen Säulenordnung)
**dentin** n (US) (Med) / Dentin n, Zahnbein n

**dentine*** n (Med) / Dentin n, Zahnbein n
**dent puller** (Autos) / Kraftsauger m (zum Herausziehen von Beulen), Saugplatte f ‖ **~ puller** (Autos, Tools) / Schlagbeule f (zum Ausbeulen von Dellen), Beulenausreißer m (ein Karosseriewerkzeug) ‖ **~ removal** (Autos) / Ausbeulen n (verbeulter Blechteile)
**dent-resistant** adj (Autos, Met) / widerstandsfähig gegen Einbeulung (z.B. Karosserieblech)
**denuclearize** v (Mil) / Kernwaffen abziehen, eine kernwaffenfreie Zone bilden
**denudation*** n (Geol) / Denudation f ‖ **~ base level** (Geol) / Erosionsbasis f (das Endniveau der Tiefenerosion), Denudationsniveau n, Denudationsbasis f ‖ **~ terrace** (Geol, rock terrace) / Erosionsterrasse f, Felsterrasse f, Denudationsterrasse f
**denuded zone** (Electronics) / Denuded-Zone f (ein Gebiet, das an Sauerstoff verarmt ist)
**denuder** n / Denuder m (ein Diffusionstrennrohr)
**denumerable set*** (Maths) / abzählbare Menge (die sich umkehrbar eindeutig auf die Menge der natürlichen Zahlen abbilden lässt)
**denumeration** n / Abzählung f, Abzählen n
**Denver boot** (US) (Autos) / Parkkralle f, Radblockierer m, Parkriegel m ‖ **~ cell** (Min Proc) / Unterluftmaschine f (Bauart Denver)
**deodar*** n (For) / Himalajazeder f (Cedrus deodara (Roxb.) G.Don)
**deodara** n (For) / Himalajazeder f (Cedrus deodara (Roxb.) G.Don)
**deodorant** n (a substance which removes or conceals unpleasant smells, especially bodily odours) (Chem) / Deodorant n (pl. -e oder -s), Desodorans n (pl. Desodoranzien oder Desodorantia)
**deodorising** n (Chem) / Deodorierung f, Desodorierung f, Geruchtilgung f
**deodorization** n (Chem) / Deodorierung f, Desodorierung f, Geruchtilgung f
**deodorizer** n (Chem) / Deodorant n (pl. -e oder -s), Desodorans n (pl. Desodoranzien oder Desodorantia) ‖ **~** (Chem) / Desodoriseur m (der durch Wasserdampfdestillation, z.B. bei Speiseölen, störende Geruchsstoffe entfernt)
**deodorizing*** n (Chem) / Deodorierung f, Desodorierung f, Geruchtilgung f ‖ **~** adj / desodorierend adj, geruchtilgend adj
**deoil** v / entölen v (z.B. Kakao, Lecithin)
**deoiler** n / Ölseparator m, Entöler m
**deoiling** n / Entölen n, Entölung f
**deontic logic** / Sollenslogik f (die die formale Struktur von Normen behandelt), deontische Logik, Normlogik f
**deorbit** v (Space) / die Umlaufbahn verlassen, die Umlaufbahn ändern
**deoxidant*** n (Chem, Met) / Desoxidationsmittel n, Reduktionsmittel n
**deoxidation*** n (Chem) / Desoxidieren n, Desoxidation f, Desoxidierung f ‖ **~ alloy** (Met) / Desoxidationslegierung f
**deoxidize** v (Chem) / desoxidieren v
**deoxidizer*** n (Chem, Met) / Desoxidationsmittel n, Reduktionsmittel n
**deoxycholic acid** (Biochem, Physiol) / Desoxycholsäure f
**deoxycorticosterone** n (Biochem) / Desoxycorticosteron n, Desoxykortikosteron n, Cortexon n (ein Nebennierenrindenhormon), Kortexon n, DOC (Desoxycorticosteron)
**deoxygenate** v (Chem) / desoxygenieren v, Sauerstoff abspalten (von einer Verbindung), Sauerstoff entziehen
**deoxygenation** n (Chem) / Sauerstoffabspaltung f, Desoxygenierung f (Eliminierung von Sauerstoff insbesondere aus organischen Verbindungen), Sauerstoffentzug m
**deoxyguanosine** n (Biochem) / Desoxyguanosin n, dGuo n (Desoxyguanosin)
**deoxynucleoside** n (Biochem) / Desoxynucleosid n (das als Zuckerkomponenten einen Desoxyzucker enthält), Desoxynukleosid n
**deoxyribonuclease** n (Biochem) / Desoxyribonuclease f, Desoxyribonuklease f (eine Hydrolase), Dornase f, DNase f
**deoxyribonucleic acid** (Biochem, Gen) / Desoxyribonukleinsäure f, DNS f (Desoxyribonukleinsäure), Desoxyribonukleinsäure f, DNA (Desoxyribonukleinsäure)
**deoxyribose** n (Chem) / Desoxyribose f, 2-Desoxy-D-ribose f (eine zu den Desoxyzuckern gehörende Pentose), Thyminose f
**deoxy sugar** (Chem) / Desoxyzucker m (der anstelle einer Hydroxylgruppe ein Wasserstoffatom enthält)
**DEP** (departure) (Aero) / Abflug m
**depalletize** v / entpalettieren v, depalettieren n
**depalletizer** n / Entpalettisierungsmaschine f, Depalettiermaschine f, Depalettierer m
**deparaffinization** n (Chem Eng) / Entparaffinierung f
**depart** v (Rail) / abfahren v (Zug)
**departmental computer** (Comp) / Abteilungsrechner m ‖ **~ hub** (Comp) / Abteilungs-Hub m
**departure** n (from) / Abweichung f (Nichteinhalten von Größen, Regeln oder Werten) ‖ **~** (Aero) / Abflug m ‖ **~** (Rail) / Abfahrt f, Ausfahrt f ‖ **~** (Ships) / Auslaufen n (eines Schiffs) ‖ **~** (Ships, Surv) / Abweitung f (Längenunterschied zwischen 2 Orten auf einem Breitenkreis) ‖ **~ aerodrome** (Aero) / Startflughafen m, Abflughafen m ‖ **~ airport** (Aero) / Startflughafen m, Abflughafen m ‖ **~ angle** (Autos) / Böschungswinkel m (beim Verlassen einer Böschung) ‖ **~ area** (Aero) / Abflugfläche f ‖ **~ building** (Aero) / Abflugterminal m n ‖ **~ from nucleate boiling** (Nuc Eng) / beginnende kritische Wärmestromdichte, Siedekrisis f, kritische Überhitzung, DNB (beginnende kritische Wärmestromdichte) ‖ **~ from nucleate boiling ratio** (Nuc Eng) / Siedeabstand m ‖ **~ route** (Aero) / Abflugstrecke f ‖ **~ slot** (Aero) / Abflugraster m ‖ **~ time*** (Aero) / Abflugzeit f ‖ **~ track** (Rail) / Abfahrtsgleis n
**depassivate** v / entpassivieren v, depassivieren v
**DEPC** (diethylpyrocarbonate) (Chem, Nut) / Diethyldikarbonat n, Diethyldicarbonat n
**depend** v (upon) / abhängen v (von)
**dependability** n (Automation) / Systemstabilität f ‖ **~ software** (Comp) / Sicherungssoftware f
**dependable** adj / betriebssicher adj, zuverlässig adj
**dependence** n / Abhängigkeit f
**dependency** n / Abhängigkeit f
**dependency-directed** adj (AI) / abhängigkeitsgesteuert adj
**dependent claim** / Unteranspruch m (Patentanspruch, mit dem im Kennzeichen eines selbständigen Anspruchs angegebene Merkmale in vorteilhafter Weise konkretisiert werden) ‖ **~ event** (Stats) / abhängiges Ereignis ‖ **~ failure** / Folgeausfall m (der entweder direkt oder indirekt auf den Ausfall einer anderen Einheit zurückzuführen ist) ‖ **~ joint action** (Med) / Beeinflussung f der toxischen Wirkung durch ein anders wirkendes Gift ‖ **~ (up)on** / abhängig adj (von) ‖ **~ on economic trends** / konjunkturabhängig adj (Industriezweig) ‖ **~ variable*** (Maths) / abhängige Variable (in der Analysis) ‖ **~ variate** (Maths, Stats) / abhängige Zufallsvariable
**depending on temperature** (Chem, Phys) / temperaturabhängig adj ‖ **~ on the rotational speed difference** / differenzdrehzahlabhängig adj
**depentanizer** n (Chem Eng) / Entpentaner m, Entpentanerkolonne f, Entpentanisierungsapparat m ‖ **~ column** (Chem Eng) / Entpentaner m, Entpentanerkolonne f, Entpentanisierungsapparat m
**deperming** n (Mag, Ships) / Entmagnetisierung f (die Kompensation des natürlichen Magnetismus des stählernen Schiffskörpers durch besondere Schutzanlagen, die eine Gefährdung durch Magnet- oder Induktionsminen verringern soll)
**depersonalize** v (Comp) / anonymisieren v (Daten), depersonalisieren v
**depeter*** n (Build) / Steinputz m, Edelputz m (S) (mit aufgedrückten Kieseln, Muscheln, Glassplittern)
**dephase** v (Phys) / dephasieren v
**dephenolizing plant** (San Eng) / Entphenolungsanlage f
**dephlegmation** n (Chem) / fraktionierte Kondensation, Dephlegmation f, Teilkondensation f, partielle Kondensation
**dephlegmator** n (a partial condenser) (Chem Eng) / Dephlegmator m (ein Teilkondensator, an dessen Kühlflächen aus einem Gemischdampf mehr Schwersiedendes kondensiert, als der Dampf prozentual enthält)
**dephosphorization*** n (Chem) / Entphosphorung f
**dephosphorize** v (Chem Eng) / entphosphoren v
**depickle** v (Leather) / entpickeln v
**depickling** n (Leather) / Entpickeln n
**depigment** v (Paint) / entpigmentieren v
**depigmentate** v (Paint) / entpigmentieren v
**depilate** v / Haare entfernen, enthaaren v, depilieren v (Haare entfernen)
**depilation** n / Haarentfernung f, Enthaarung f, Depilation f (Enthaarung)
**depilatory*** n / Haarentfernungsmittel n, Epiliermittel n (Enthaarungsmittel), Enthaarungsmittel n, Depilatorium n (pl. Depilatorien) ‖ **~ agent** / Haarentfernungsmittel n, Epiliermittel n (Enthaarungsmittel), Enthaarungsmittel n, Depilatorium n (pl. Depilatorien)
**depile** v / ausstapeln v, entstapeln v
**depiler** n / Entstapelungsanlage f, Entstapler m
**depitching** n / Pechentfernung f, Entpechen n, Entpichen n
**depith** v (Nut) / das Mark (des Zuckerrohrs) entfernen
**deplane** v (Aero) / aussteigen v (aus einem Flugzeug)
**deplasmolysis** n (pl. -lyses) (Biol) / Deplasmolyse f
**deplastify** v / entplastifizieren v
**deplate** v (Surf) / entmetallisieren v (einen Metallüberzug elektrolytisch ablösen), den galvanischen Überzug entfernen, entplattieren v, abziehen v (einen galvanischen Überzug)
**deplating** n (Chem, Surf) / Entmetallisieren n, Entplattieren n, Abziehen n (eines galvanischen Überzugs) ‖ **~ bath** (Chem, Surf) / Entmetallisierungsbad n (zum Ablösen von Metallüberzügen), Entmetallisierungselektrolyt m

**deplete**

**deplete** v (Electronics, Nuc Eng) / verarmen v, abreichern v (z.B. Uran) ‖ ~ (Leather) / entquellen v (Blößen nach dem Äscher durch pH-Senkung, Entkälken und Beizen weich und elastisch machen)
**depleted** adj (Mining) / erschöpft adj (Lagerstätte), abgebaut adj (Lagerstätte) ‖ ~ **fuel** (a nuclear fuel with a lower than natural concentration of fissile material, for example after use in a nuclear reactor) (Nuc Eng) / abgereicherter Brennstoff ‖ ~ **gas reservoir** / leergefördertes Gasfeld, ausgefördertes Gasfeld ‖ ~ **uranium*** (Nuc Eng) / abgereichertes Uran (z.B. bei der Uranisotopentrennung), verarmtes Uran
**depleted-uranium ammunition** (Mil) / uranhaltige Munition
**depleted well** (Oils) / erschöpfte Bohrung, versiegte Bohrung
**depletion*** n (Electronics, Nuc, Nuc Eng) / Abreicherung f, Verarmung f ‖ ~ (Leather) / Verfallen n (der Blöße) ‖ ~ (Mining) / Erschöpfung f ‖ ~ **gas drive** (Geol, Oils) / Gaslösungsdruck m (Expansionsdruck des im Öl gelösten Gases), Gaslösungstrieb m (in einer Erdöllagerstätte) ‖ ~ **layer*** (Electronics) / Verarmungsrandschicht f (eine Randschicht, bei der die Dichte der freien Ladungsträger an der Halbleiteroberfläche kleiner als im Innern des Halbleiters ist) ‖ ~ **layer*** (Electronics) / Sperrschicht f (in einem Halbleiter ein Gebiet, in dem die Ladungsdichte der beweglichen Ladungsträger kleiner ist als die resultierende Ladungsdichte von Akzeptoren und Donatoren und das deswegen elektrisch nicht neutral ist - DIN41 852)
**depletion-layer capacitance** (Electronics) / Sperrschichtkapazität f, Kapazität f einer Sperrschicht
**depletion-mode FET** (Electronics) / Ausschöpfungstyp m (der selbstleitende MOS-FET), Verarmungstyp m, A-Typ m (des Feldeffekttransistors), Depletionstyp m, Verarmungsisolierschicht-Feldeffekttranistor m, Drosseltyp m (des Feldeffekttransistors, dessen Source-Drain-Strom durch eine entsprechende Gatespannung gedrosselt werden muß) ‖ ~ **field-effect transistor** (Electronics) / Ausschöpfungstyp m (der selbstleitende MOS-FET), Verarmungstyp m, A-Typ m (des Feldeffekttransistors), Depletionstyp m, Verarmungsisolierschicht-Feldeffekttranistor m, Drosseltyp m (des Feldeffekttransistors, dessen Source-Drain-Strom durch eine entsprechende Gatespannung gedrosselt werden muß) ‖ ~ **operation** / Verarmungsbetrieb m ‖ ~ **transistor*** (Electronics) / Ausschöpfungstyp m (der selbstleitende MOS-FET), Verarmungstyp m, A-Typ m (des Feldeffekttransistors), Depletionstyp m, Verarmungsisolierschicht-Feldeffekttranistor m, Drosseltyp m (des Feldeffekttransistors, dessen Source-Drain-Strom durch eine entsprechende Gatespannung gedrosselt werden muß)
**depletion transistor** (Electronics) / Depletionstransistor m, Verarmungstransistor m
**depletion-type transistor** (Electronics) / Depletionstransistor m, Verarmungstransistor m
**depletion width** (Electronics) / Sperrschichtbreite f
**deploy** v (Autos) / auslösen v (Airbag) ‖ ~ (Mil) / dislozieren v, stationieren v ‖ ~ (Ships) / ausbringen v (ins Wasser bringen, z.B. Anker, Netze)
**deployment** n (Aero) / Entfaltung f (des Fallschirms), Öffnung f (des Fallschirms) ‖ ~ (Mil) / Dislozierung f, Stationierung f ‖ ~ **area** (Mil) / Stationierungsraum m (z.B. bei Kernwaffen)
**depocentre** n (an area or site of maximum deposition in a depositional basin) / Sedimentationszentrum n, Raum m maximaler Sedimentation, Stelle f der maximalen Ablagerung
**depolarization*** n (Phys) / Depolarisation f ‖ ~ **ratio** (Spectr) / Depolarisationsgrad m (in der Ramanspektroskopie)
**depolarizer** n (manganese dioxide) (Elec Eng) / Depolarisator m (Braunstein im Leclanché-Element)
**depolymerization*** n (Chem) / Depolymerisation f
**depolymerize** v (Chem) / depolymerisieren v
**deposit** v / abladen v, entladen v (auf eine bestimmte Stelle) ‖ ~ (Comp) / hinterlegen v (Daten im Speicher) ‖ vi / sedimentieren v, sich absetzen v, sich ablagern v, sich abscheiden v, einen Niederschlag bilden, absinken v (sedimentieren) ‖ ~ vt / abscheiden vt, ablagern v ‖ ~* n / Niederschlag m (Bodensatz), Bodensatz m, Satz m (Niederschlag), Sediment n, Bodenkörper m, Bodenniederschlag m, Ablagerung f (das Abgelagerte) ‖ ~ (Agric, Ecol) / Pestizidkonzentration f pro Fläche, Schädlingsbekämpfungsmittel n pro Flächeneinheit ‖ ~* (Elec Eng) / Abschlammung f, Schlamm m (bei Sekundärzellen) ‖ ~* (Elec Eng, Surf) / [galvanische] Abscheidung f (eine Schutzschicht), Überzug m (eine Schutzschicht) ‖ ~ (of economic value) (Geol, Mining) / Vorkommen n, Lagerstätte f (DIN 21918), Lager n (abbauwürdiger Fundort von Erdschätzen) ‖ ~ (Met) / aufgetragene Schicht ‖ ~ (Nut) / Depot n (bittere feste Ablagerungen aus alten Weinen) ‖ ~ (of weld metal) (Welding) / Schweißgut n (die Schweißnaht bildendes Stoffgemisch), SG (Schweißgut) ‖ ~ **account** / Sparkonto n

**depositary authority** / Hinterlegungsstelle f (bei Patentanmeldungen) ‖ ~ **copy** (Print) / Pflichtexemplar n (für die Bibliotheken)
**deposit attack** / Korrosion f unter Ablagerungen (DIN 50900, T 1), Berührungskorrosion f, Belagskorrosion f (eines Metallgegenstandes unter Ablagerung bei Berührung mit anderen nichtmetallischen/ nicht leitenden/ Festkörpern) ‖ ~ **bottle** / Pfandflasche f ‖ ~ **circulation** (Chem) / Ablagerungskreislauf m (Sonderfall des Stoffkreislaufs eines Elementes) ‖ ~ **copy** (Print) / Pflichtexemplar n (für die Bibliotheken) ‖ ~ **corrosion** / Korrosion f unter Ablagerungen (DIN 50900, T 1), Berührungskorrosion f, Belagskorrosion f (eines Metallgegenstandes unter Ablagerung bei Berührung mit anderen nichtmetallischen/ nicht leitenden/ Festkörpern) ‖ ~ **corrosion** (Surf) / Belagkorrosion f (Spalt- und Kontaktkorrosion)
**deposited matter** (Chem Eng, Min Proc) / Sinkstoff m, Sinkgut n (Feststoffe, die sich in der flüssigen Phase während der Absetzzeit am Boden absetzen)
**deposit efficiency** (Welding) / Abschmelzleistung f (in kg/h) ‖ ~ **forming** / Bildung f von Ablagerungen ‖ ~ **gauge** (Meteor) / Totalisator m, Niederschlagssammler m (ein Niederschlagsmesser in entlegenen Gebieten, der in bestimmten Zeitabständen abgelesen wird - meistens mit einem Nipher-Ring) ‖ ~ **growth** (Surf) / Schichtwachstum n
**depositing station** (Eng) / Abgabestelle f (in der Fördertechnik)
**deposition** n (Ecol) / Deposition f (die Ablagerung atmosphärischer Spurenstoffe am Boden, im Wasser, an Pflanzen und an Gebäuden) ‖ ~* (Geol) / Sedimentation f, Ablagerung f (von lockerem, durch die Verwitterung entstandenem Gesteinsmaterial oder von chemischen oder biogenen Sedimenten - Prozess), Absatz m (von Schlamm und Kies) ‖ ~ (Surf) / Abscheidung f
**depositional area** (Geol) / Ablagerungsfläche f, Ablagerungsgebiet n ‖ ~ **basin** (Geol) / Ablagerungsbecken n ‖ ~ **break** (Geol) / Sedimentationsunterbrechung f, Sedimentationslücke f (z.B. Diastem) ‖ ~ **fabric** (Geol) / Sedimentationsgefüge n, Anlagerungsgefüge n ‖ ~ **magnetization** (Geol) / remanente Magnetisierung (festgelegt durch sedimentäre Korneinregelung) ‖ ~ **remanent magnetization** (Geol) / remanente Magnetisierung (festgelegt durch sedimentäre Korneinregelung)
**deposition corrosion** / Korrosion f unter Ablagerungen (DIN 50900, T 1), Berührungskorrosion f, Belagskorrosion f (eines Metallgegenstandes unter Ablagerung bei Berührung mit anderen nichtmetallischen/ nicht leitenden/ Festkörpern) ‖ ~ **corrosion** (Surf) / Belagkorrosion f (Spalt- und Kontaktkorrosion) ‖ ~ **efficiency** (Welding) / Abschmelzleistung f (in kg/h) ‖ ~ **of alloy coatings** / Legierungsabscheidung f (Teilgebiet der Galvanotechnik - das gleichzeitige elektrochemische Abscheiden zweier oder mehrerer Metalle, die je nach ihrem Anteil in der abgeschiedenen Schicht bestimmte Legierungen bilden) ‖ ~ **of a protective** (coating) **layer** (Surf) / Schichtabscheidung f ‖ ~ **of metals** (Surf) / Metallabscheidung f (Vorgang) ‖ ~ **potential** (Elec Eng, Surf) / Abscheidungspotential n ‖ ~ **velocity** (Ecol, Geol) / Ablagerungsgeschwindigkeit f ‖ ~ **welding** (Welding) / Auftragsschweißen n (Aufschweißen von Zusatzstoff nach DIN 1910-1) ‖ ~ **welding of buffer layers** (Welding) / Auftragsschweißen n von Pufferschichten, Puffern n ‖ ~ **welding of cladding** (Welding) / Auftragsschweißen n von Plattierungen, Schweißplattieren n
**deposit modifier** (Autos) / Antipreignition-Wirkstoff m ‖ ~ **scavenging** (I C Engs) / Freibrennen n (der Zündkerze), Selbstreinigung f (der Zündkerze) ‖ ~ **simulation** (Mining) / Lagerstättensimulation m n ‖ ~ **system** (Ecol) / Pfandsystem n (ein ökonomisches Instrument der Umweltpolitik)
**deposit-welding** n (Welding) / Auftragsschweißen n (Aufschweißen von Zusatzstoff nach DIN 1910-1)
**depot** n / Depot n (Aufbewahrungsort, Lager) ‖ ~ (US) (Rail) / Bahnhofsgebäude n, Empfangsgebäude n ‖ ~ (US) (Rail) / Bahnhof m (bauliche Anlage mit Bahnhofsgebäude, Lagerhalle usw.), Station f, Bf. (Bahnhof), Bhf. (Bahnhof) ‖ ~ **facing** (Plastics, Textiles) / Depot-Teppich m (als Randzonenarmierung), Grundmatte n (Depotvlies und Verankerungsvlies) ‖ ~ **fat** (Biochem) / Depotfett n ‖ ~ **grease** (in sintered porous bearings) (Eng) / Depotfett n ‖ ~ **repair service** (i.e., a service generally provided on a noncontractual basis permitting the user to send the faulty equipment to a repair depot) (Comp) / Werkstatt-Reparaturdienst m
**depot-ship** n (Mil, Ships) / Begleitschiff n
**deprecated usage** / abgelehnt adj (Bemerkung bei der Bewertung eines Terminus, z.B. in DIN 2336)
**depreciation** n (of money, currency, property) / Wertverlust m ‖ ~ / Wertminderung f (Abschreibung), Entwertung f ‖ ~ **charge(s)** / Abschreibung f (Abschreibungsbetrag), Abschreibungsbetrag m ‖ ~ **factor*** (Elec Eng) / Verminderungsfaktor m (in der Beleuchtungstechnik)

**depress** v (Autos) / durchtreten v (Kupplung) ‖ ~ (Autos) / treten v (den Fahrfußhebel) ‖ ~ (Comp, Print) / anschlagen v (Taste) ‖ ~ (Eng) / niederdrücken v, herabdrücken v

**depressant** n (Min Proc) / Drücker m, drückender Zusatz (regelndes Schwimmmittel) ‖ ~ (Pharm) / Depressorsubstanz f ‖ ~ **drug** (Pharm) / Depressorsubstanz f

**depressed arch** (Arch) / gedrückter Spitzbogen, flacher Spitzbogen ‖ ~ **area** / Notstandsgebiet n

**depressing agent*** (Min Proc) / Drücker m, drückender Zusatz (regelndes Schwimmmittel) ‖ ~ **table** (Met) / Wipptisch m (bei Scheren mit beweglichem Obermesser)

**depression** n (Astron) / Depression f (negative Höhe unter dem Horizont) ‖ ~ (Eng) / Vertiefung f ‖ ~ (Eng, Meteor) / Unterdruck m ‖ ~ (Geol) / Delle f (flache Einsenkung) ‖ ~ (Geol) / Bodensenkung f ‖ ~ (Mining) / Depression f (Unterdruck bei der Bewetterung an der Saugseite des Ventilators) ‖ ~ **angle** (Radar) / Depressionswinkel n (bezogen auf die Flugebene der Plattform) ‖ ~ **angle** (Surv) / Depressionswinkel m, Tiefenwinkel m, negative Höhe ‖ ~ **cone** (Civ Eng) / Entnahmetrichter m (bei der Entnahme von Grundwasser mittels eines Brunnens) ‖ ~ **of freezing point*** (Phys) / Gefrierpunktserniedrigung f (eines Lösungsmittels durch gelöste Stoffe, die mit dem Lösungsmittel keine Mischkristalle bilden) ‖ ~ **of freezing point*** (Phys) / Depression f des Eispunkts (beim Thermometer) ‖ ~ **of land*** (Geol) / Depression f (negativ morphologisches Element der Landoberfläche, z.B. Totes Meer) ‖ ~ n **of order** (if a particular integral of a linear homogeneous differential equation is known, the order of the equation can be lowered) (Maths) / Erniedrigung f der Ordnung, Reduktion f der Ordnung ‖ ~ **storage** (in puddles, ditches) (Hyd Eng, Meteor) / Speichervolumen n in Geländemulden

**depressor** n (Min Proc) / Drücker m, drückender Zusatz (regelndes Schwimmmittel)

**depressurisation** m (GB) (Aero) / plötzlicher (lebensgefährlicher) Druckverlust (z.B. in der Kabine)

**depressurise** v (GB) (Aero, Eng) / Druck ablassen, Druck abbauen (z.B. in der Kabine), Druck mindern v

**depressurization** n (Aero) / plötzlicher (lebensgefährlicher) Druckverlust (z.B. in der Kabine) ‖ ~ (Eng, Nuc Eng) / Abblasen n, Systemdruckerniedrigung f, Blowdown n ‖ ~ **accident** (Nuc Eng) / Blowdown-Störfall m, Störfall m mit Systemdruckerniedrigung

**depressurize** v (Aero, Eng) / Druck ablassen, Druck abbauen (z.B. in der Kabine), Druck mindern n ‖ ~ (Aero) s. also repressurize

**depreter*** n (Build) / Steinputz m, Edelputz m (S) (mit aufgedrückten Kieseln, Muscheln, Glassplittern)

**depropanizer** n (Chem Eng, Oils) / Entpropanisierungskolonne f, Depropanisierungskolonne f, Entpropaner m (z.B. des Rohöls), Entpropanisierungsapparat m

**deprotect** v (Chem) / deprotektieren v, Schutzgruppen entfernen

**deproteinize** v / enteiweißen v, deproteinisieren v

**deprotolysis** n (pl. -lyses) (Chem) / Deprotolyse f

**deprotonation** n (Chem) / Deprotonierung f

**depside** n (Chem, Leather) / Depsid n (Ester einer Phenolkarbonsäure)

**depsipeptide** n (Chem) / Depsipeptid n, Peptolid n

**DEPT** (distortionless enhancement by polarization transfer) (Spectr) / DEPT-Technik f (verzerrungsfreie Verstärkung durch Polarisationstransfer)

**depth** n / Tiefe f ‖ ~ (of the beam) / Höhe f ‖ ~ (Cartography) / Tiefenstufe f ‖ ~* (Eng, Horol) / Eingriff m, Eingriffstiefe f (gemeinsame Zahnhöhe) ‖ ~ (Mining) / Teufe f (eines Schachtes, einer Bohrung), Tiefe f

**depth-adjustable** adj / tiefenverstellbar adj

**depth buffer** (Comp) / Tiefenpuffer m (in der Computergrafik) ‖ ~ **buffering** (Comp) / Z-Pufferung f, Z-Buffering n, Tiefenpufferverfahren n ‖ ~ **control** (Eng) / Tiefeneinstellung f, Tiefenregulierung f ‖ ~ **cue** (Comp) / Tiefeninformation f (über die Lage eines Körpers bezüglich anderer Körper im dreidimensionalen Raum bei einer zweidimensionalen Projektion durch perspektivische Darstellungen, Elimination von verdeckten Linien oder verdeckten Flächen, Schattierungen usw.), Bildtiefeninformation f ‖ ~ **cueing** (Comp) / Bildtiefensimulation f (in der grafischen Datenverarbeitung) ‖ ~ **difference** / Tiefenunterschied m ‖ ~ **dose** (Radiol) / Tiefendosis f (biologischer Strahlenschutz), TD ‖ ~ **earth electrode** (Elec Eng) / Tiefenerder m (der lotrecht in größeren Tiefen eingebracht wird) ‖ ~ **effect** (Photog) / Tiefenwirkung f, Tiefeneffekt m ‖ ~ **filter** (Chem Eng) / Tiefenfilter n

**depth-first search** (AI, Comp) / tiefenorientiertes Suchverfahren, Tiefensuche f (Suchstrategie, bei der der Lösungsraum zuerst bis in die tiefste Ebene durchsucht wird), Tiefe-zuerst-Suche f (Suchstrategie, bei der der Lösungsraum zuerst bis in die tiefste Ebene durchsucht wird)

**depth gauge*** (Eng) / Anschlag m beim Bohren, Tiefenanschlag m, Tiefenstop m ‖ ~ **gauge** (Eng) / Tiefenlehre f, Tiefenmesser m, Tiefenmaß f ‖ ~ **growth** (Crystal, Met) / Tiefenwachstum n (von Gleitstufen) ‖ ~ **hardening** (Met) / Einhärtung f (eingedrungene Härtung in den Querschnitt eines Werkstückes, gekennzeichnet durch die erreichte Einhärtungstiefe und den Verlauf der Härte in Abhängigkeit vom Abstand vom Rand - DIN EN 10 052) ‖ ~ **indicator** (Mining) / Teufenzeiger m (an der Fördermaschine) ‖ ~ **line** (Maths) / Tiefengerade f, Tiefenlinie f (in der Zentralperspektive) ‖ ~ **micrometer** (Instr) / Tiefenmikrometer n, Tiefenmessschraube f ‖ ~ **multiplex recording*** (Acous) / Tiefenschriftaufzeichnung f, Tiefenaufzeichnung f ‖ ~ **of aileron** (Aero) / Querrudertiefe f ‖ ~ **of application** (Agric) / Einbringungstiefe f (bei Düngemitteln) ‖ ~ **of attack** (Surf) / Angriffstiefe f (eine Korrosionsgröße) ‖ ~ **of cut** (Eng) / Spantiefe f ‖ ~ **of cut** (Eng) / Schnitttiefe f (eine Schnittgröße nach DIN 6580) ‖ ~ **of cut** (Mining) / Schrämtiefe f ‖ ~ **of cut** (Eng) s. also infeed ‖ ~ **of decarburization** (Met) / Entkohlungstiefe f ‖ ~ **of draw(ing)** (Met) / Ziehtiefe f (Hub des Ziehstempels zwischen dem Aufsetzen auf den Zuschnitt und dem unteren Umkehrpunkt) ‖ ~ **of engagement** (GB) (Eng) / Überdeckung f (bei Gewinden nach DIN 13), Tragtiefe f ‖ ~ **of field*** (of a three-dimensional object) (Optics, Photog) / Abbildungstiefe f (Schärfebereich), Schärfentiefe f, Tiefenschärfe f, Schärfentiefenbereich m (im Dingraum), Tiefe f der scharfen Abbildung

**depth-of-field preview button** (Photog) / Abblendknopf m

**depth of focus*** (the range of distances between the lens and the film) (Optics, Photog) / Abbildungstiefe f (Schärfebereich), Schärfentiefe f, Tiefenschärfe f, Schärfentiefenbereich m (im Dingraum), Tiefe f der scharfen Abbildung ‖ ~ **of fusion** (the distance to which fusion extends into a body from its original surface following exposure of the body to its fusion temperature) / Aufschmelztiefe f ‖ ~ **of fusion*** (Welding) / Aufschmelztiefe f, Einschmelztiefe f ‖ ~ **of hardening** (zone) (Foundry) / Härtetiefe f (DIN 50 190, T 1 bis 3), Einhärtungstiefe f (DIN 50 190) ‖ ~ **of modulation*** (Radio, Telecomm) / Modulationsgrad m, Aussteuerungsgrad m ‖ ~ **of page** (Comp, Print) / Seitenlänge f, Länge f der Seite ‖ ~ **of penetration** (Civ Eng, Eng, Materials, Surf) / Eindringtiefe f (des Eindringkörpers, des Korrosionsmediums) ‖ ~ **of penetration** (Elec Eng) / Eindringtiefe f (bei Skineffekt) ‖ ~ **of penetration** (Welding) / Einbrandtiefe f, Einbrand m (Einbrandtiefe) ‖ ~ **of penetration under the initial load** (Materials) / Eindringtiefe f bei Vorkraft (DIN 50103) ‖ ~ **of profile** (chord) (Aero) / Flügeltiefe f, Profiltiefe f (Sehnenlänge der einzelnen Profilabschnitte) ‖ ~ **of ranging** (Mil) / Suchtiefe f (vom Zielsuchkopf abgesuchter Entfernungsbereich) ‖ ~ **of round** (Mining) / Abschlaglänge f (Länge des Abschnitts, um den der Ortsbrust nach der Sprengarbeit in Streckenrichtung vorrückt) ‖ ~ **of the borehole** (Oils) / Bohrlochteufe f ‖ ~ **of thread** (Eng) / Gewindetiefe f (DIN 13) ‖ ~ **of wing root** (Aero) / Wurzeltiefe f ‖ ~ **rudder** (Ships) / Tiefenruder n, Höhenruder n ‖ ~ **setting** (Eng) / Schnitttiefe f (eine Schnittgröße nach DIN 6580) ‖ ~ **velocity curve** (Hyd Eng) / Geschwindigkeitskurve f über der Messlotrechten ‖ ~ **zone of metamorphism** (Geol) / Tiefenstufe f der Metamorphose

**depurate** v / reinigen v, läutern v

**deputy*** n (Mining) / Steiger m (der meistens für Grubensicherheit zuständig ist), Sicherheitsmann m ‖ ~ **overman** (Mining) / Obersteiger m (dem ein bis drei Fahrsteiger unterstehen)

**dequeue** v (Comp, Teleph) / aus einer Warteschlange entfernen, aushängen v (einen Prozess aus einer Warteschlange) ‖ ~ n (Comp) / Doppelstapel m (eine lineare Liste, bei der nur am Anfang und Ende Listenelemente hinzugefügt oder gelöscht werden können)

**derail** vi (GB) (Rail) / entgleisen vi, aus den Gleisen springen

**derailing points** / Entgleisungsweiche f

**dérailleur*** n (Eng) / Kettenschaltung f (bei Fahrrädern)

**deramping** n (Radar) / Verschiebungskompensation f

**deranging parameter** (Stats) / störender Parameter

**derating*** n (Elec Eng) / Herabsetzung f, Minderung f (der Betriebswerte) ‖ ~* (Elec Eng) / Unterlastung f (eines Bauelements, z.B. mit dem Ziel der Verbesserung der Zuverlässigkeit) ‖ ~* (Elec Eng) / Lastminderung f, Lastdrosselung f ‖ ~* (Elec Eng) / Derating n (bei der Deratingkurve eines Gleichrichters) ‖ ~ **curve** (Elec Eng) / Deratingkurve f (Leistungsverminderungskurve) ‖ ~ **factor** (Electronics) / Deratingfaktor m (Quotient aus Betriebsgröße und dem Nennwert eines elektronischen Bauteils)

**deratization** n (Ships) / Entrattung f, Rattenvernichtung f, Rattenvertilgung f

**Derby doubler** (Spinning) / Bandwickelmaschine f, Bandwickler m (DIN 64 100) ‖ ~ **float*** (Build) / Kartätsche f (ein altes Putzwerkzeug) ‖ ~ **red** (Paint) / Persischrot n (farbstarkes, leuchtend rot/rotbraunes Chromatpigment), Chromrot n (grobkristallines basisches Blei(II)-chromat), Derbyrot n, Wienerrot n (farbstarkes, leuchtend rot/rotbraunes Chromatpigment)

**Derbyshire**

**Derbyshire spar**\* (Min) / Flussspat *m*, Fluorit *m*
**derby shoe** / Derbyschuh *m* (bei dem die zwei Quartierteile über dem Vorderblatt liegen)
**de re belief** (AI) / direkter Glauben
**de-reel** *v* (Cables) / abwickeln *v* (Kabel)
**dereferencing operation** (Comp) / Derefenzierung *f*
**deregulation** *n* / Deregulierung *f* (Einschränkung der störenden staatlichen Eingriffe in den Marktmechanismus), Dereglementierung *f* (der Wirtschaft)
**derelict** *adj* (Build) / abbruchreif *adj*, baufällig *adj*
**dereliction** *n* / Aufgabe *f* (Einstellung des Geschäftsbetriebs), Geschäftsaufgabe *f* ǁ ~ (Hyd Eng) / Landgewinn *m* infolge Rückgangs des Wasserspiegels
**deresinate** *v* / entharzen *v*, Harz auswaschen
**deresination** *n* / Entharzen *n*, Auswaschen *n* des Harzes
**deresinification** *n* / Entharzen *n*, Auswaschen *n* des Harzes
**deresinify** *v* / entharzen *v*, Harz auswaschen
**derestriction** *n* (Autos) / Aufhebung *f* einer Verkehrsbeschränkung
**dereverberation** *n* (Acous) / Hallbeseitigung *f*
**de Rham cohomology group** (Maths) / De-Rham-Kohomologiegruppe *f*
**Dériaz turbine** (Eng) / Dériaz-Turbine *f* (halbaxial durchströmte Wasserturbine)
**dericin oil** / Derizinöl *n* (mineralöllösliches Rizinusöl)
**Deri motor** (Elec Eng) / Déri-Motor *m* (Abart des Repulsionsmotors, nach M.Déri, 1854-1938)
**derivation** *n* / Herleitung *f*, Ableitung *f* ǁ ~ (Comp) / Ableitung *f* (in einer Grammatik), Derivation *f* ǁ ~ (Maths) / Differenzieren *n*
**derivative** *n* (Chem) / Derivat *n*, Abkömmling *m* ǁ ~ (Maths) / Derivierte *f* ǁ ~\* (Maths) / Ableitung *f* (die einer differenzierbaren Funktion durch Bilden ihres Differentialquotienten zugeordnete Funktion), Differentialquotient *m*, abgeleitete Funktion ǁ ~ (control) **action** (Automation) / Vorhalt *m* (die Aufschaltung einer Größe auf den Reglereingang, die der Änderungsgeschwindigkeit der Regelgröße proportional ist), D-Aufschaltung *f*, Vorhaltwirkung *f*, D-Verhalten *n*, differenzierendes Verhalten
**derivative-action control** (Automation) / Differentialregelung *f* (proportional zur Ableitung von Abweichung nach der Zeit) ǁ ~ **time** (Automation) / Vorhaltezeit *f* (Bestimmungsgröße des PD-Reglers), Vorhaltzeit *f*, Differentialzeitkonstante *f*
**derivative balance** (Aero) / Derivativwaage *f* ǁ ~ **feedback**\* (Telecomm) / geschwindigkeitsabhängige Rückführung ǁ ~ **polarography** (Chem) / Derivativpolarografie *f*, derivative Polarografie
**derivative-rate time** (Automation) / Vorhaltezeit *f* (Bestimmungsgröße des PD-Reglers), Vorhaltzeit *f*, Differentialzeitkonstante *f*
**derivative spectroscopy** (Spectr) / Derivationsspektroskopie *f*, Ableitungsspektroskopie *f* ǁ ~ **thermogravimetry** (Chem) / derivative Thermogravimetrie, DTG (derivative Thermogravimetrie)
**derivatization** *n* (Chem) / Derivatisierung *f* (eine methodische Variante der Gaschromatografie)
**derive** *v* (Maths) / differenzieren *v* ǁ ~ (Maths) / herleiten *v*, ableiten *v* (z.B. eine Formel)
**derived activity concentration** (Ecol, Radiol) / abgeleitete Aktivitätskonzentration in der Luft, DAC-Wert *m* ǁ ~ **function**\* (Maths) / Ableitung *f* (die einer differenzierbaren Funktion durch Bilden ihres Differentialquotienten zugeordnete Funktion), Differentialquotient *m*, abgeleitete Funktion ǁ ~ **map** (Cartography) / Folgekarte *f*, abgeleitete Karte ǁ ~ **quantity** / abgeleitete Größe ǁ ~ **set** (Maths) / abgeleitete Menge ǁ ~ **subgroup** (Maths) / Kommutatorgruppe *f* ǁ ~ **units**\* / abgeleitete Einheiten (DIN 1301, T 1) ǁ ~ **weave** (Weaving) / abgeleitete Bindung (von den drei Grundbindungen)
**deriving** *n* (Maths) / Differenzieren *n*
**derm**\* *n* (Leather) / Corium *n*, Lederhaut *f*, Dermis *f*, Cutis *f*, Kutis *f* (Lederhaut der Wirbeltiere), Korium *n*
**derma** *n* (Leather) / Corium *n*, Lederhaut *f*, Dermis *f*, Cutis *f*, Kutis *f* (Lederhaut der Wirbeltiere), Korium *n*
**dermal toxicity** (Med) / hautschädigende Wirkung (z.B. eines Pestizids)
**dermis**\* *n* (Leather) / Corium *n*, Lederhaut *f*, Dermis *f*, Cutis *f*, Kutis *f* (Lederhaut der Wirbeltiere), Korium *n*
**derrick** *v* / mit einem Derrick heben oder verladen ǁ ~\* *n* (Eng) / Mastenkran *m*, Derrick *m*, Derrickkran *m* ǁ ~ (Oils) / Förderturm *m* (in der Erdöl- und Erdgasförderung), Bohrturm *m* (in der Erdöl- und Erdgasförderung), Bohrgerüst *n* ǁ ~ (mast) (Ships) / Lademast *m* (mit Ladebaum) ǁ ~ **angle** (Ships) / Baumneigung *f* (eines Ladebaumes) ǁ ~ **barge** (Civ Eng, Oils) / Kranbarge *f*, Ponton *m* mit dem Schwimmkran ǁ ~ **boom** (Ships) / Ladebaum *m* (bordeigenes Hebezeug) ǁ ~ **car** (US) (Rail) / Kranwagen *m* ǁ ~ **crane** (Eng) / unverspannter Derrickkran ǁ ~ **floor** (Oils) / Bohrdeck *n* ǁ ~ **floor** (Oils) / Arbeitsbühne *f*, Bohrbühne *f*
**derricking** *n* (Eng) / Wippen *n* (des Wippkrans mit horizontalem Lastweg) ǁ ~ **jib crane** (Eng) / Mastenkran *m*, Derrick *m*, Derrickkran *m* ǁ ~ **jib crane**\* (Eng) / Wippdrehkran *m*, Wippauslegerkran *m*, Wippkran *m* (bei dem die Reichweite des Auslegers durch Kippen verändert werden kann)
**derrick man** (Oils) / Bühnenmann *m* (auf der Gestängebühne) ǁ ~ **man's working platform** (Oils) / Gestängebühne *f*
**derris**\* *n* (Chem) / Inhaltsstoffe *m pl* der Derriswurzel (aus Derris elliptica - wie z.B. Rotenon, Ellipton usw.)
**derust** *v* / entrosten *v*, Rost entfernen
**derusting** *n* / Rostentfernung *f*, Entrostung *f* ǁ ~ **solution** / Entrostungslösung *f*
**derv** (diesel-engined road vehicle) (Autos) / Straßenfahrzeug *n* mit Dieselantrieb ǁ ~ (GB) (diesel oil for road vehicles) (Fuels) / Dieselkraftstoff *m* (DIN 51 601), Diesel *m*, DK (Dieselkraftstoff)
**Deryagin-Landau and Verwey-Overbeck theory** (Chem) / DLVO-Theorie *f* (der elektrostatischen Abstoßung gleichsinnig aufgeladener Tröpfchen in Emulsionen)
**DES** (diethylstilboestrol) (Chem, Pharm) / Stilbestrol *n*, Diethylstilbestrol *n*, Diethylstilböstrol *n* (ein synthetisches Östrogen) ǁ ~ (Data Encryption Standard) (Comp) / Data Encryption Standard *m*, DES (weit verbreitetes Text-Verschlüsselungsverfahren) ǁ **2,4-**~ (Chem) / Disul *n* (2-(2,4-Dichlor-phenoxy)-ethyl-hydrogensulfat - als herbizider Wirkstoff von der Biologischen Bundesanstalt für Land- und Forstwirtschaft nicht anerkannt)
**desalinate** *v* / entsalzen *v*, absalzen *v*
**desalination**\* *n* / Teilentsalzung *f* (ein Wasser von Trinkwassergüte aus dem salzreichen Meerwasser herstellen), Entsalzen *n*, Entsalzung *f*, Absalzen *n*
**desalt** *v* / entsalzen *v*, absalzen *v*
**desalting** *n* / Teilentsalzung *f* (ein Wasser von Trinkwassergüte aus dem salzreichen Meerwasser herstellen), Entsalzen *n*, Entsalzung *f*, Absalzen *n* ǁ ~ (Eng) / Absalzung *f* (Kontrollieren und Regeln der Kesselwasserdichte, die einen bestimmten Sollwert nicht überschreiten darf)
**desamidate** *v* (Chem) / desamidieren *v* (die $NH_2$-Gruppe aus Säureamiden entfernen)
**desaminate** *v* (Chem) / desaminieren *v* (die $NH_2$-Gruppe entfernen)
**desampling** *n* (Automation) / Interpolation *f* von Messpunkten
**Desargues's theorem** (Maths) / Desargues-Satz *m*, Satz *m* von Desargues, Desargues'scher Satz (Fundamentalsatz der projektiven Geometrie - nach G. Desargues, etwa 1591-1661)
**desaturation**\* *n* (Optics, Photog) / Grauanteil *m* ǁ ~ (Photog, TV) / Desaturierung *f* (des Farbbildes), Entsättigung *f*, Farbenentsättigung *f*
**DeSauty's bridge** (Elec Eng) / De-Sauty-Brücke *f* (eine Kapazitätsmessbrücke)
**descale** *vt* (Nut) / abschuppen *v* (einen Fisch), entschuppen *v* (einen Fisch)
**descaling**\* *n* (Eng) / Kesselsteinentfernung *f*, Entfernen *n* von Kesselstein, Entsteinung *f* ǁ ~\* (Met) / Entzundern *n* (mechanisch, thermisch oder chemisch)
**Descartes' law** (of refraction) (Phys) / Snellius'sches Brechungsgesetz (nach W. Snellius, 1580-1626) ǁ ~ **ray** (a ray of light incident on a sphere of transparent material, such as a water droplet, which after one internal reflection leaves the drop at the smallest possible angle of deviation from the direction of the incident ray; these rays make the primary rainbow) (Optics) / Descartes'scher Strahl (mindestgedrehter Strahl) ǁ ~ **rule of signs**\* / Descartes-Zeichenregel *f*, kartesische Zeichenregel (nach R. Descartes, 1596-1650) ǁ ~ **sign convention** / Descartes-Zeichenregel *f*, kartesische Zeichenregel (nach R. Descartes, 1596-1650)
**DESC = Defense Electronics Supply Center** (US)
**descend** *v* / heruntersteigen *v*, hinuntersteigen *v*, heruntergehen *v*, absteigen *v* ǁ ~ (Aero) / sinken *v* (an Höhe verlieren), niedergehen *v* ǁ ~ (Mining) / einfahren *vi*, anfahren *v* ǁ ~ (into a mine) (Mining) / befahren *v* (eine Grube)
**descendant** *n* (AI, Comp) / Nachfolger *m* (in einem Baum) ǁ ~ (Chem) / Reaktionsprodukt *n*, Folgeprodukt *n* (einer Reaktion) ǁ ~ *adj* (Geol) / deszendent *adj*, absteigend *adj*
**descendent** *adj* (Geol) / deszendent *adj*, absteigend *adj*
**descender** *n* (Comp, Typog) / Unterlänge *f* (bei Buchstaben)
**descenders** *pl* (Typog) / Buchstaben *m pl* (des kleinen Alphabets) mit Unterlänge
**descending** *adj* / absteigend *adj* (Luftstrom, Wasser) ǁ ~ (Geol) / deszendent *adj*, absteigend *adj* ǁ ~ (Maths) / absteigend *adj*, fallend *adj* ǁ ~ **difference** (Maths) / Vorwärtsdifferenz *f*, absteigende Differenz, vorwärts genommene Differenz ǁ ~ **letters**\* (Comp, Typog) / Buchstaben *m pl* (des kleinen Alphabets) mit Unterlänge ǁ ~ **node**\* (Space) / absteigender Knoten (Schnittpunkt, an dem der betreffende Körper die Grundebene von Norden nach Süden überschreitet) ǁ ~ **order** (Maths) / absteigende Anordnung ǁ ~ **paper chromatography** (Chem) / absteigende Papierchromatografie ǁ ~

**path** (Telecomm) / absteigender Weg ‖ **~ stroke** (I C Engs) / Abwärtshub *m* ‖ **~ vertical angle** (Surv) / Depressionswinkel *m*, Tiefenwinkel *m*, negative Höhe ‖ **~ water** (Geol) / deszendierendes Wasser

**descensional ventilation** (Mining) / absteigende Bewetterung, abfallende Bewetterung, Abwärtsbewetterung *f*

**descent** *n* (Aero) / Sinkflug *m*, Abstieg *m* ‖ **~** (Eng) / Niedergang *m* (des Kolbens) ‖ **~** (Space) / Abstieg *m* (eines Satelliten) ‖ **~ of charge** (Met) / Absinken *n* der Gicht ‖ **~ rate** (Aero) / Sinkgeschwindigkeit *f* ‖ **~ rate** (Space) / Abstiegsgeschwindigkeit *f* (z.B. eines Satelliten) ‖ **~ trajectory** (Space) / Abstiegsbahn *f* (z.B. eines Satelliten) ‖ **~ velocity** (Space) / Abstiegsgeschwindigkeit *f* (z.B. eines Satelliten)

**descloizite*** *n* (Min) / Descloizit *m* (ein Vanadiumerz)

**descrambler** *n* (Telecomm) / Entwürfler *m*, Descrambler *m* (eine Einrichtung)

**descreen** *v* (Print) / entrastern *v* (Bilder)

**descreening** *n* (Print) / Entrasterung *f* (Beseitigung oder Milderung der Rasterstruktur)

**describable** *adj* / beschreibbar *adj* (z.B. ein Prozess)

**describe** *v* / beschreiben *v* (darstellen) ‖ **~** (Maths) / beschreiben *v*, deskribieren *v*

**described angle** (Maths) / überstrichener Winkel

**description** *n* / Beschreibung *f* ‖ **~ error** (Comp) / Beschreibungsfehler *m* ‖ **~ space** (AI) / Beschreibungsraum *m*

**descriptive geometry** (Maths) / darstellende Geometrie (die die Abbildungen des dreidimensionalen Raumes in einer Zeichenebene behandelt) ‖ **~ language** (Comp) / nichtprozedurale Sprache, deskriptive Sprache ‖ **~ learning** (AI) / deskriptives Lernen, Lernen *n* durch Beschreiben ‖ **~ region** (Comp) / Informationsbereich *m* (als abgegrenztes Gebiet) ‖ **~ statistics** (Stats) / beschreibende Statistik (DIN 13303, T 1), deskriptive Statistik, allgemeine Statistik

**descriptor** *n* (Comp) / Deskriptor *m* (auch in der Dokumentation nach DIN 31623, T 2) ‖ **~ assignment** (Comp) / Deskriptorzuteilung *f*, Indexierung *f* (eines Dokuments), Schlagwortzuteilung *f* ‖ **~ definition language** (Comp) / Deskriptordefinitionssprache *f*

**deseal** *v* (Build, Ecol) / entsiegeln *v* (Betonflächen)

**deseam** *v* (Foundry) / putzen *v* (mechanisch oder mit der Flamme)

**deseaming*** *n* (Foundry) / Putzen *n* (mechanisch oder mit der Flamme nachbehandeln) ‖ **~ blowpipe** (Met) / Sauerstoffhobler *m*

**deseasonalization** *n* (Stats) / saisonbedingte Bereinigung (der statistischen Angaben)

**deseasonalize** *v* (Stats) / von saisonalen Schwankungen bereinigen

**deseasonalized series** (Stats) / saisonbereinigte Reihe

**deselect** *v* / deselektieren *v*

**desensitization** *n* (Electronics) / Reduzierung *f* der Ansprechempfindlichkeit ‖ **~** (Photog) / Desensibilisierung *f*, Hyposensibilisierung *f*

**desensitizer** *n* (Chem) / Phlegmatisierungsmittel *n* (für Explosivstoffe) ‖ **~*** (Photog) / Desensibilisator *m*

**desensitizing** *n* (Chem) / Phlegmatisierung *f* (von Explosivstoffen) ‖ **~** (Electronics) / Reduzierung *f* der Ansprechempfindlichkeit ‖ **~** (Photog) / Desensibilisierung *f*, Hyposensibilisierung *f* ‖ **~** (Radio) / Stummschaltung *f*, Muting *n* (Unterdrückung der Störgeräusche und der schwachen Sender im UKW-Bereich), automatische Störaustastung

**deserialization** *n* (providing each application with a private input queue) (Comp) / Deserialisierung *f*

**deserpidine** *n* (Pharm) / Deserpidin *n* (freie internationale Kurzbezeichnung für ein Rauwolfia-Alkaloid)

**desert*** *n* (Geog, Geol) / Wüste *f* ‖ **~ belt** (Geog, Geol) / Wüstengürtel *m* ‖ **~ crust** (Geol) / Wüstenrinde *f* (dickes Gesteinsüberzug) ‖ **~ crust** (Geol) / Wüstenlack *m* (lackartig glänzende, meist braunschwarze Mineralkruste auf einzelnen Steinen oder Felsflächen) ‖ **~ crust** (Geol) s. also desert varnish

**deserted** *adj* / öde *adj* (verlassen)

**desertic soil** / Wüstenboden *m*

**desertification*** *n* (Ecol) / Wüstenbildung *f*, Desertifikation *f* (Ausbreitung von Wüsten- und Steppengebieten), Einwüstung *f*

**desert lacquer** (Geol) / Wüstenlack *m* (lackartig glänzende, meist braunschwarze Mineralkruste auf einzelnen Steinen oder Felsflächen) ‖ **~ patina** (Geol) / Wüstenlack *m* (lackartig glänzende, meist braunschwarze Mineralkruste auf einzelnen Steinen oder Felsflächen) ‖ **~ polish** (Geol) / Wüstenlack *m* (lackartig glänzende, meist braunschwarze Mineralkruste auf einzelnen Steinen oder Felsflächen) ‖ **~ polish** (a smooth, shiny surface imparted to rocks of desert region by windblown sand and dust) (Geol) / Windschliff *m* (Ergebnis) ‖ **~ polish** (Geol) s. also desert varnish ‖ **~ rose*** (Geol) / Sandrose *f* (blättrig-rosettenartige Verbackung von Sandkörnern im Wüstensand), Wüstenrose *f* ‖ **~ sand** (Geol) / Wüstensand *m* (ein Flugsand) ‖ **~ soil** / Wüstenboden *m* ‖ **~ varnish** (Geol) / Wüstenlack *m* (lackartig glänzende, meist braunschwarze Mineralkruste auf einzelnen Steinen oder Felsflächen)

**deshield** *v* (Spectr) / entschirmen *v*

**deshielding** *n* (Chem, Spectr) / Entschirmung *f*

**desiccant*** *n* / Trockenmittel *n* (das Wasser und Feuchtigkeit aufnimmt), Trocknungsmittel *n* (chemisch oder physikalisch wirkendes) ‖ **~** (Agric) / Sikkant *n* (pl. -s) (im Kartoffelanbau), Krautabtötungsmittel *n*, Desiccans (pl. Desiccantia), Desikkans *n* (pl. -kanzien)

**desiccate** *v* / trocknen *v* ‖ **~** / austrocknen *vt* ‖ **~** (Nut) / dörren *v*, darren *v* (Obst)

**desiccation** *n* / Austrocknen *n*, Trocknen *n*, Trocknung *f* ‖ **~** (Agric, Chem) / Desikkation *f* (Vertrocknung von Kulturpflanzen oder deren Teilen durch chemische Mittel) ‖ **~** (Chem) / Labortrocknung *f* ‖ **~*** (For) / Trocknen *n*, Trocknung *f* ‖ **~** (a climatic change with a marked decrease in rainfall, drying up of streams and lakes, and loss of vegetation and surface soil) (Hyd Eng, Meteor) / Austrocknung *f* ‖ **~ crack** (Geol) / Trockenriss *m* (Schrumpfungsriss im Boden bei natürlicher Austrocknung)

**desiccator*** *n* (an apparatus containing a desiccant used for the physical removal of water from a substance; common desiccants include calcium chloride, silica gel and magnesium perchlorate) (Chem) / Exsikkator *m*

**design*** *v* / designen *v* (das Design von Gebrauchs- und Verbrauchsgütern entwerfen) ‖ **~** / projektieren *v* (ein Projekt entwerfen) ‖ **~** (Electronics, Eng) / entwerfen *v*, entwickeln *v* ‖ **~** (Eng) / konstruieren *v* ‖ **~** (Eng) / gestalten *v* (konstruktiv) ‖ **~** (Textiles) / dessinieren *v* ‖ **~** (Typog) / gestalten *v* ‖ **~** *n* / Bauart *f* (Design), Ausführung *f* (Bauart), Baumuster *n*, Konstruktion *f*, Modell *n*, Bauform *f* ‖ **~** / Dessin, Muster *n* (Dessin), Design *n* ‖ **~*** / Geschmacksmuster *n* ‖ **~** / Projekt *n* ‖ **~** (Electronics, Eng) / Entwicklung *f*, Entwurf *m* (der Schaltung) ‖ **~** (Eng) / Gestaltung *f* (konstruktive, eines Arbeitsplatzes), Formgestaltung *f*, Formgebung *f* ‖ **~** (Eng) / Konstruktion *f* (als geistiges Konzept) ‖ **~** (Eng) / Bauweise *f* (z.B. einer Turbine), Bauform *f* ‖ **~** (Eng) / Auslegung *f* (z.B. nach DIN) ‖ **~** (Textiles) / Patrone *f* (auf Patronen- oder Punktpapier) ‖ **~** (Typog) / Gestaltung *f*, Formgestaltung *f*, Formgebung *f* (konstruktive) ‖ **~** (Work Study) / Entwicklung *f* (schöpferisches Vorausbestimmen eines technischen Gebildes oder Verfahrens oder Prozesses) ‖ **~ attr** / Soll-, Rechen-, theoretisch *adj* (rechnerisch ermittelt), rechnerisch *adj* (ermittelt) ‖ **~ of compact ~** (Eng) / in Kompaktbauweise, in gedrungener Bauart ‖ **~ and construction of tools** (Eng, Tools) / Konstruktion und Bau von Werkzeugen ‖ **~ assumption** (Eng) / Bemessungsannahme *f*

**designated operational range** (Aero, Telecomm) / festgelegte Betriebsreichweite

**designation** *n* / Nennung *f* (des Erfinders in Patentsachen) ‖ **~** / Bezeichnung *f* (die Zusammenfassung von Benennung und weiteren identifizierenden Merkmalen) ‖ **~** / Bezeichnung *f*, Name *m* (z.B. eines Produkts) ‖ **~ marks*** *pl* (Print, Typog) / Bogennorm *f* (unter der Prime der Bogensignatur), Norm *f* ‖ **~ of contracting states** / Benennung *f* von Vertragsstaaten (bei Patentanmeldungen) ‖ **~ of inventor** / Erfindernennung *f* ‖ **~ punch** (Comp) / Steuerlochung *f*, Leitlochung *f*

**design automation** (Electronics) / Entwurfsautomation *f*

**design-basis accident** (a postulated accident that a nuclear facility must be designed and built to withstand without loss to the systems, structures, and components necessary to assure public health and safety) (Nuc Eng) / größter anzunehmender Unfall (der schwerste Störfall in einer kerntechnischen Anlage, dessen Beherrschung sichergestellt ist), GAU (stattgefunden in Tschernobyl/Ukraine - April/Mai 1986) ‖ **~ accident** (Nuc Eng) / Auslegungsstörfall *m* (bei Kernkraftwerken)

**design calculation** (Eng) / Entwurfsberechnung *f* (beim Konstruieren) ‖ **~ change** (Eng) / konstruktive Änderung ‖ **~ data** (Eng) / Auslegungsdaten *pl*, Auslegungsparameter *m* ‖ **~ defect** (Eng) / Konstruktionsfehler *m* ‖ **~ department** / Konstruktionsabteilung *f* ‖ **~ diagram** (Eng) / Auslegungsdiagramm *n*

**designed for field use** (Instr) / feldtauglich *adj* (Gerät) ‖ **~ for stability and to avoid resonances** (Eng) / stabilitäts- und resonanzgerecht *adj* (Gestaltung) ‖ **~ to be reused** / für mehrfache Verwendung gebaut ‖ **~ to suit the customer's requirements** / für die Kundenanforderungen ausgelegt

**design engineer** (Eng) / Konstrukteur *m* ‖ **~ engineering** / [methodisches] Konstruieren *n* (heute rechnergestützt)

**designer** *n* / Designer *m* / Schöpfer und Formgestalter von Industrie- und Gebrauchsgegenständen) ‖ **~** / Projektant *m* (der Projekte entwirft) ‖ **~** (Eng) / Konstrukteur *m* ‖ **~** (Eng) / Konstruktionszeichner *m* ‖ **~** (Textiles) / Dessinateur *m* (Modeschöpfer) ‖ **~ drug** (Med) / Designerdroge *f* (künstliche Drogenmischung, die anhand von Computerberechnungen als Abwandlung bereits bekannter Drogen hergestellt wurde) ‖ **~ fashion** (Textiles) / Designermode *f* (von Modedesignern entworfen) ‖ **~ food** (Nut) / Functional Food *n* (Lebensmittel mit

**designer**

gesundheitsfördernden Zusatzstoffen), Lebensmittel, denen man zusätzlich zu ihrer ernährungsphysiologischen Bedeutung Gesundheit fördernde Funktionen zuschreibt || **~ food** (Nut) / Designerfood *n* (Lebensmittel, die aus gentechnisch veränderten Organismen bestehen, mit deren Hilfe hergestellt werden oder gentechnisch hergestellte Zusätze enthalten), Novel-Food *n* || **~ gear** (Textiles) / Designerkleidung *f* || **~ polymer** (Chem) / Designerpolymer *n*

**design failure** (Eng) / konstruktionsbedingter Ausfall || **~ feature** (Eng) / Konstruktionsmerkmal *n* || **~ flood** (the flood statistics which are used when designing a specific dam, barrage, or other works for the control of a river) (Hyd Eng) / Bemessungshochwasser *n* || **~ flood** (Hyd Eng) / Flut, mit der man bei den Schutzmaßnahmen gerechnet hat || **~ for testability** / prüfgerechter Entwurf || **~ graphics** (Comp) / Designgrafik *f*, Freigrafik *f* || **~ landing weight** (Aero) / Bemessungslandemasse *f* || **~ life** (Eng, Work Study) / nominelle Betriebsdauer, rechnerische Betriebsdauer, Entwurfs-Betriebsdauer *f* (theoretisch ausgelegte), erwartete (nominelle) Lebensdauer || **~ load** (Build) / Bemessungslast *f* || **~ load** (Mech) / Rechnungslast *f* || **~ load** (Mech) / rechnerische Belastung, Lastannahme *f* (genormte), Belastungsannahme *f*, Regelbelastung *f* || **~ maximum weight** (Aero) / Bemessungshöchstmasse *f* || **~ measure** / konstruktive Maßnahme || **~ modification** (Eng) / Konstruktionsänderung *f* || **~ of experiments** (Stats) / statistische Versuchsplanung (in der Qualitätstechnik) || **~ office** / Konstruktionsbüro *n* || **~ of workplaces** / Arbeitsplatzgestaltung *f* || **~ out** *v* (Eng) / vermeiden *v*, umgehen *v* (bei der Konstruktion - potentielle Fehlerquellen) || **~ painting** (Autos) / Designlackierung *f* || **~ parameters** (Eng) / Auslegungsdaten *pl*, Auslegungsparameter *m* || **~ patent** / Form geschützt durch Geschmacksmuster || **~ patent** / Geschmacksmusterpatent *n*, Musterpatent *n* || **~ philosophy** (Eng) / Konstruktionsprinzipien *n pl*, Hauptlinien *f pl* des Designs, Entwurfsprinzipien *n pl* || **~ pressure** (Eng) / Berechnungsdruck *m*, Auslegungsdruck *m* || **~ pressure** (Eng) / Genehmigungsdruck *m* (eines Druckbehälters) || **~ principles** (Eng) / Konstruktionsprinzipien *n pl*, Hauptlinien *f pl* des Designs, Entwurfsprinzipien *n pl* || **~ problem** (Eng) / Entwurfsproblem *n* (bei der Konstruktion von Maschinen) || **~ product** / Designprodukt *n* (Gegenstand, der serienmäßig hergestellt und unter Berücksichtigung funktionaler und formaler Gesichtspunkte bewusst gestaltet wird)

**design-related defect** (of a fuel element) (Nuc Eng) / auslegungsbedingter Fehler, Auslegungsfehler *m*

**design reliability** / Sollzuverlässigkeit *f* || **~ rule** (Ecol, Eng) / Vorschrift *f* zur umweltfreundlichen Konstruktion von Maschinen (Lärm, Emission) || **~ rule** (Electronics) / Entwurfsregel *f* (für integrierte Schaltkreise) || **~ rule check** (Electronics) / Entwurfsregelüberprüfung *f* || **~ sheet** / Entwurfsblatt *n* || **~ throat thickness** (Welding) / Nahtdicke *f* (diejenige Dicke einer Schweißnaht, die zur Festigkeitsberechnung von Schweißverbindungen verwendet wird - DIN EN 12 345), Nahthöhe *f* (mit der Nahtüberhöhung)

**design-to-cost approach** / Design-to-Cost-Methode *f*, kostenoptimierte Produktentwicklung, DTC-Ansatz *m* (kostenoptimierte Produktentwicklung) || **~ method** / Design-to-Cost-Methode *f*, kostenoptimierte Produktentwicklung, DTC-Ansatz *m* (kostenoptimierte Produktentwicklung)

**design ultimate load** (Mech) / Grenzlast *f* (rechnerische Grenzbelastung mal Latfaktor), rechnerische Grenzbelastung (Belastung mal Lastfaktor) || **~ voltage** (Elec Eng) / Nennspannung *f* || **~ waterline** (Ships) / Konstruktionswasserlinie *f* (die Wasserlinie, die dem Konstruktionstiefgang entspricht), KWL (Konstruktionswasserlinie) || **~ wave** (Ocean) / Bemessungswelle *f* (bei der Berechnung von Konstruktionen der Meerestechnik) || **~ wing area** (Aero) / Bemessungsflügelfläche *f*, Bezugsflügelfläche *f*

**desilification** *n* (Chem) / Entkieselung *f*, Entsilizierung *f*

**desilting basin** (a basin-shaped enlargement in a stream, where silt and debris carried in suspension may be deposited) (Hyd Eng, San Eng) / Schluffabsetzbecken *n*, Schlickabsetzbecken *n* || **~ basin** (Hyd Eng, San Eng) s. also sand trap

**desilverization**\* *n* (Met) / Entsilberung *f*

**desired dimension** / Sollmaß *n* (DIN 7182, T 1) || **~ reliability** / Sollzuverlässigkeit *f* || **~ size** / Sollmaß *n* (DIN 7182, T 1) || **~ trajectory** (Space) / Sollflugbahn *f* || **~ value** (reference input) (Automation) / Sollwert *m* (eine konstante Führungsgröße)

**de Sitter space** (Astron, Phys) / Einstein-de-Sitter-Welt *f* (nach W. de Sitter, 1872 - 1934), De-Sitter-Kosmos *m* (Lösung der Einstein'schen Gleichung mit kosmologischem Glied für das Vakuum), De-Sitter-Welt *f*, Einstein-de Sitter-Universum *n*

**desize** *v* (Textiles) / entschlichten *v*

**desizing**\* *n* (Textiles) / Entschlichten *n*, Entschlichtung *f*, Entschlichtungswäsche *f*

**desk** *n* / Pult *n* || **~** (Comp) / Tisch *m* || **~** (Join) / Schreibtisch *m*, Tisch *m* (Schreibtisch) || **~ calculator** (hand-operated) / Tischrechner *m*, Tischrechenmaschine *f* (meistens eine Vierspeziesrechenmaschine) || **~ check** (Comp) / Schreibtischtest *m* (für ein Programm) || **~ checking** (Comp) / Schreibtischtest *m* (für ein Programm) || **~ copier** / Tischkopierer *m*

**deskew** / den Schräglauf kompensieren, Schräglauffolgen eliminieren (bei Magnetbändern)

**deskewing** *n* (Comp) / Deskewing *n* (ein Leistungsmerkmal bei Hochleistungsscannern - zur Steigerung der Bildqualität)

**desk-like fault block** (Geol) / Pultscholle *f* (schräggestellter, von Verwerfungen umgrenzter Erdkrustenkomplex, z.B. der Harz)

**desk phone** (Teleph) / Tischfernsprecher *m*, Tischapparat *m* || **~ research** (Stats) / Sekundärforschung *f* (Gegensatz zu Fieldresearch), Deskresearch *n* (Auswertung sekundärstatistischen Materials) || **~ set** (Teleph) / Tischfernsprechapparat *m*

**deskstand telephone set** (Teleph) / Fernsprechtischapparat *m*

**desk switchboard**\* (Elec Eng) / Schaltpult *n* (eine schräg angeordnete Schalttafel) || **~ telephone** (Teleph) / Fernsprechtischapparat *m*

**desktop** *n* (Comp) / Desktop-Computer *m* (PC/Workstation als Tischgerät) || **~** (screen area where all icons, menus, and other tools are displayed, the user's workplace) (Comp) / Desktop *m* || **~**\* (Comp) / Desktop *m* (eine Form von Gehäusen für die Aufnahme der Hauptbestandteile des PCs), Desktop-Gehäuse *n* || **~ calculator** / Tischrechner *m*, Tischrechenmaschine *f* (meistens eine Vierspeziesrechenmaschine) || **~ case** (Comp) / Desktop *m* (eine Form von Gehäusen für die Aufnahme der Hauptbestandteile des PCs), Desktop-Gehäuse *n* || **~ computer** (Comp) / Desktop-Computer *m* (PC/Workstation als Tischgerät) || **~ computer** (Comp) / Tischrechner *m* (Kleinrechner als Tischgerät), Tischcomputer *m* || **~ engineering** (Comp) / Desktop Engineering *n* (CAD- und DTP-verknüpfte Systeme zur Textbearbeitung), DTE *n* (Desktop Engineering) || **~ facsimile equipment** (Telecomm) / Tischfernkopierer *m* (DIN 32742, T 1) || **~ functiones** (diary, notepad) (Comp) / Schreibtischfunktionen *f pl* (Terminkalender, Notizbuch) || **~ Integrated Media Environment** (Comp) / Desktop Integrated Media Environment *n*, DIME (Desktop Integrated Media Environment) || **~ management interface** (Comp) / Desktop-Management-Interface *n*, DMI-Schnittstelle *f* (Schnittstelle, welche von der DMTF zum Management von an ein Netz angeschlossenen Endstationen definiert wurde), DMI (Desktop-Management-Interface) || **~ Management Task Force** (Comp) / Desktop Management Task Force *f* (eine Gruppe von Herstellern, die ein Netzwerkmanagementsystem für das Management auch der Endgeräte entwickelt hat), DMTF (Desktop Management Task Force) || **~ metaphor** (Comp) / Desktopmetapher *f* (Nachbildung einer Schreibtischoberfläche auf einem Bildschirm) || **~ model** (Comp) / Tischgerät *n* || **~ plotter** (Comp) / Tischplotter *m* (Plotter als Tischgerät) || **~ prepress** (Comp, Print) / Druckvorstufe *f* auf Desktopebene || **~ publishing**\* (Comp) / Desktop-Publishing *n* (bis hin zur fertigen Druckvorlage oder bis zur Filmbelichtung - eine Art elektronisches Publizieren), DTP (Desktop-Publishing) || **~ text scanner** (Comp) / Desktoptextscanner *m*

**deslag** *v* (Met) / entschlacken *v*, abschlacken *v*, ausschlacken *v*, Schlacke ziehen

**deslagging** *n* (Met) / Entschlackung *f*, Abschlackung *f*

**Deslandres equation**\* (Phys, Spectr) / Deslandres-Formel *f* (zur Erfassung der Wellenzahlen der Linienfolge bei Rotationsschwingungsspektren), Deslandres-Bandenformel *f* || **~ term** (Phys) / Deslandres-Term *m* (nach H. Deslandres, 1853-1948)

**deslime** *vt* (Min Proc) / entschlämmen, entschleimen *v*

**desliming**\* *n* (Min Proc) / Entschleimen *n*, Entschlämmen *n* || **~** (Nut) / Entschleimen *n* (des Weins), Vorklären *n* (des Weins), Stummschwefeln *n* (des Weins)

**desludge** *v* / entschlammen *v*

**desludger** *n* / Entschlammer *m* || **~** (San Eng) / Schlammabscheider *m*, Schlammseparator *m* (ein Schlammsammelraum der Kläranlage)

**desludging** *n* / Entschlammung *f*

**desmear** *v* (Electronics) / rückätzen *v* (Harzverschmierungen)

**desmearing** *n* (Electronics) / Desmearing *n* (von Harzverschmierungen auf Multilayern), Rückätzen *n* (von Harzverschmierungen auf Multilayern), Zurückätzen *n*

**desmine**\* *n* (Min) / Stilbit *m* (ein Blätterzeolith), Desmin *m*, Strahlzeolith *m*

**desmodromics** *n* (Autos) / Zwangssteuerung *f* (z.B. der Ventile von Viertaktmotoren), Desmodromik *f*

**Desmodur**\* *n* (Plastics) / Desmodur *n* (ein Warenzeichen für Diisocyanate, die nach dem Polyisocyanat-Polyadditionsverfahren mit Polyolen zu Polyurethanen umgesetzt werden)

**desmog** *v* (Autos) / entgiften *v* (Motor) || **~** (Autos) / stilllegen *v* (das Abgasreinigungssystem des Kraftwagens)

**desmogged car** (Autos) / Automobil *n* mit stillgelegter Abgaseinrichtung
**desmogging** *n* (Autos) / Stilllegung *f* (des Abgasreinigungssystems des Kraftwagens)
**desmosome*** *n* (spot desmosome, belt desmosome) (Biol) / Desmosom *n* (knötchenförmiges Gebilde in Protoplasmabrücken zwischen benachbarten Epithelzellen)
**desmotropism*** *n* (Chem) / Desmotropie *f* (Bindungstendenz der Anionen - eine Art von Tautomerie)
**desmut** *v* (Surf) / nachbeizen *v* (den nach einer vorangegangenen Behandlung entstandenen Belag entfernen)
**desolder** *v* (Electronics) / ablöten *v*, auslöten *v*, entlöten *v* || **~ braid** (Electronics) / Entlötlitze *f*
**desoldering iron** (Electronics) / Entlötkolben *m* (mit einer Vorrichtung zur Beseitigung des flüssigen Lotes) || **~ iron** (Electronics) / Gobbler *m*
**desolder wick** (Electronics) / Entlötlitze *f*
**desorb** *v* (Chem) / desorbieren *v*
**desorbed solvent** (Chem) / Desorbat *n*
**desorber** *n* (Chem Eng) / Austreiberkolonne *f*, Desorber *m* (ein Bauteil einer Sorptionsanlage)
**desorption*** *n* (Chem) / Austreiben *n* (Desorption gelöster Gase aus Flüssigkeiten oder von festen Grenzflächen) || **~*** (Chem, Phys) / Desorption *f* (Entweichen oder Entfernen sorbierter Gase vom Sorptionsmittel; Umkehrung der Absorption oder der Adsorption - DIN 28400, T 1) || **~ energy** (Phys) / Desorptionsenergie *f* || **~ spectrometry** (Spectr) / Desorptionsspektrometrie *f* || **~ spectrum** (Spectr) / Desorptionsspektrum *n* || **~ tower** (Chem Eng) / Austreiberkolonne *f*, Desorber *m* (ein Bauteil einer Sorptionsanlage)
**despatch** *v* (Ships) / abfertigen *v* || **~** *n* (Ships) / Abfertigung *f*
**despeckling** *n* (Comp) / Despeckling *n* (ein Leistungsmerkmal bei Hochleistungsscannern - zur Steigerung der Bildqualität)
**despin** *v* (Space) / lagefest machen, stabilisieren *v*, raumfest machen
**despotic** (synchronized) **network** (Comp) / zwangssynchronisiertes Netz
**despun antenna*** (Space, Telecomm) / entdrallte Antenne
**desquamation*** *n* (Med) / Desquamation *f* (Abschuppung der Haut bei Säugetieren und beim Menschen), Abschilferung *f*
**DEST** (destination aerodrome) (Aero) / Zielflughafen *m*, Zielflugplatz *m*, DEST (Zielflughafen) || **~** (destination) (Comp) / Zielbereichsname *m*, DEST
**destack** *v* / [aus] einem Stapel entnehmen || **~** (i.e., move data from a stacking device to a mass-storage volume) (Comp) / ausspeichern *v*
**destacking unit** / Entstapelungsanlage *f*, Entstapler *m*
**destaticizer** / antistatisches Mittel, Antistatikum *n* (pl. Antistatika), Antistatikmittel *n*
**destimulating agent** (Surf) / Destimulator *m* (Agens, das die Korrosion hemmt)
**destimulator** *n* (Surf) / Destimulator *m* (Agens, das die Korrosion hemmt)
**destination** *n* / Bestimmungsort *m* || **~** (Comp) / Zielbereichsname *m*, DEST || **~ address** (Comp) / Zieladresse *f* (in einem Datennetz) || **~ aerodrome** (Aero) / Zielflughafen *m*, Zielflugplatz *m*, DEST (Zielflughafen) || **~ airport** (Aero) / Zielflughafen *m*, Zielflugplatz *m*, DEST (Zielflughafen) || **~ area** (Comp) / Zielbereich *m* || **~ board** (Aero) / Wegweiser *m* || **~ board** (Rail) / Wagenlaufschild *n* || **~ document** (Comp) / Zieldokument *n* || **~ exchange** (Teleph) / Zielvermittlungsstelle *f* || **~ file** (Comp) / Zieldatei *f* || **~ floppy-disk** (Comp) / Zieldiskette *f* || **~ indicator** (Rail) / Zuglaufanzeiger *m* || **~ panel** (Aero) / Wegweiser *m* || **~ panel** (Rail) / Wagenlaufschild *n* || **~ point** (Nav) / Zielwegpunkt *m*, Bestimmungswegpunkt *m*, ausgewählter Wegpunkt || **~ railway** (Rail) / Empfangsbahn *f* || **~ register** (Comp) / Bestimmungsregister *n* || **~ speed dialling** (Teleph) / Zielwahl *f* || **~ station** (Rail) / Zielknoten *m* (Endpunkt eines Abschnitts im Güterstrom) || **~ station** (Rail) / Zielbahnhof *m*, Bestimmungsbahnhof *m* || **~ waypoint** (Nav) / Zielwegpunkt *m*, Bestimmungswegpunkt *m*, ausgewählter Wegpunkt
**destinator** *n* (message handling system) (Comp, Telecomm) / Letztempfänger *m*
**destinezite** (Min) / Destinezit *m* (ein mikrokristallines Mineral der Diadochitgruppe)
**destocking** *n* (of a retailer) / Lagerabbau *m*
**destraction** *n* (Chem Eng) / Destraktion *f* (ein Verfahren der Stofftrennung, das zwischen Destillation und Extraktion einzuordnen ist)
**destress** *v* (Mech) / entspannen *v*
**Destriau effect*** (Phys) / Destriau-Effekt *m* (Elektrolumineszenz von Festkörpern, wenn die Anregung durch ein elektrisches Wechselfeld erfolgt - nach G.Destriau, 1903-1961)
**destroy** *v* / vernichten *v* || **~** / destruieren *v*, zerstören *v*
**destruct** *v* / vernichten *v*
**destructible** *adj* / zerstörbar *adj*

**destruction** *n* / Destruktion *f*, Zerstörung *f* || **~ by insolation** (Geol) / Insolationsverwitterung *f*, Temperaturverwitterung *f* || **~ operator** (Nuc) / Vernichtungsoperator *m* (in der Quantentheorie)
**destructive** *adj* / destruktiv *adj*, vernichtend *adj*, zerstörend *adj*, zersetzend *adj* (destruktiv) || **~ cursor** (Comp) / löschendes Positionsanzeigesymbol, löschender Cursor || **~ distillation*** (the continuous distillation of a substance in the absence of air until all the volatile matter has been driven off) / destruktive Destillation, Zersetzungsdestillation *f* (z.B. trockene Destillation) || **~ interference** (Phys) / destruktive Interferenz (ein Sonderfall - Auslöschung im Überlagerungsgebiet), Auslöschung *f* (im Überlagerungsgebiet) || **~ interference** (Optics) / Auslöschung *f* (sichtbar als dunkle Streifen)
**destructively distilled wood turpentine** (Chem) / DDW-Terpentinöl *n*
**destructive read** (Comp) / destruktives Auslesen, löschendes Lesen, zerstörendes Lesen || **~ read operation** (Comp) / destruktives Auslesen, löschendes Lesen, zerstörendes Lesen || **~ read-out*** (Comp) / destruktives Auslesen, löschendes Lesen, zerstörendes Lesen || **~ read-out operation** (Comp) / destruktives Auslesen, löschendes Lesen, zerstörendes Lesen || **~ testing** (Materials) / zerstörende Prüfung, zerstörendes Prüfverfahren, Zerstörungsprüfung *f* || **~ virus** (Comp) / zerstörerischer Virus, Destruktivvirus *m*
**destructor** *n* (Biochem) / Destruktor *m* (Effektor, der sich praktisch nicht umkehrbar an ein Enzymteilchen bindet und dessen Aktivität hemmt) || **~** (Ecol) / Müllverbrennungsofen *m*, Incinerator *m* (Mil) / Antiraketenrakete *f*, Abfangrakete *f*, Abwehrflugkörper *m* gegen ballistische Flugkörper, Abfangflugkörper *m*, Antirakete *f* (zur Abwehr von ballistischen Flugkörpern) || **~ plant** (Ecol) / Müllverbrennungsanlage *f*, MVA (Müllverbrennungsanlage), Kehrichtverbrennungsanlage *f* (S) || **~ station*** (Ecol) / Müllkraftwerk *n* (in dem kommunaler oder industrieller Müll als Brennstoff dient)
**destruct range** (Mil) / Selbstzerlegungsentfernung *f* (vorprogrammierte Entfernung, in der sich der Flugkörper bei Nichterfassen des Zieles selbsttätig zerstört)
**desublimation** *n* (Chem, Phys) / Solidensation *f*, Desublimation *f*, Solidensieren *n*, Kondensation *f* eines Dampfes zu einem Feststoff
**desuinting** *n* (Textiles) / Entschweißen *n*, Entfetten *n* (der Wolle) || **~ apparatus** (Textiles) / Entschweißapparat *m* || **~ plant** (Textiles) / Entschweißapparat *m*
**desulphurization** *n* (the removal of sulphur, typically from a fuel) (Chem) / Desulfurierung *f*, Desulfurieren *n*, Entschwefeln *n*, Entschwefelung *f*, Schwefelentfernung *f* || **~ plant** / Entschwefelungsanlage *f*
**desulphurize** *v* (Chem) / desulfurieren *v*, entschwefeln *v*, Schwefel entfernen
**desulphurized natural gas** / Süßgas *n* (unter 2 Vol.-% Kohlendioxid, kein Schwefelwasserstoff), schwefelwasserstofffreies Erdgas (mit unter 2 Vol.-% Kohlendioxid, entschwefeltes Erdgas
**desulphurizing** *n*, (Chem) / Desulfurierung *f*, Desulfurieren *n*, Entschwefeln *n*, Entschwefelung *f*, Schwefelentfernung *f*
**desuperheater*** *n* / Dampfumformer *m* (zur salzfreien Zusatzwassergewinnung bei hohem Zusatzwasserbedarf)
**desurbanization** *n* (Arch) / Desurbanisation *f* (Entstädterung), Entstädterung *f*
**desurface** *v* (Eng) / die Oberflächenschicht abtragen (abdrehen)
**desynchronize** *v* (Comp, Elec Eng) / die Synchronisation aufheben
**DET** (diethyltoluamide) (Chem) / N,N- Diethyl-m-toluamid *n* (ein Insekten-Repellent), DEET
**det** (Maths) / Determinante *f* (algebraischer Ausdruck, der quadratischen Matrizen zugeordnet wird)
**DETA** (diethylenetriamine) (Chem) / Diethylentriamin *n*
**detach** *v* / lösen *v* (abnehmen), abnehmen *v* (ablösen - etwas wieder zu Befestigendes), ablösen *v* (Aufgeklebtes) || **~** (Eng) / ausbauen *v* (aus einer Baugruppe herausmontieren) || **~** (Teleph) / abmelden *v* (z.B. IMSI)
**detachable** *adj* / ausknöpfbar *adj* (Futter) || **~** / abziehbar *adj*, ablösbar *adj*, abstreifbar *adj* (obere Schicht) || **~** (Electronics, Eng) / ausbaubar *adj*, abnehmbar *adj*, auswechselbar *adj*, abtragbar *adj* || **~** (Eng) / lösbar *adj* (Verbindung) || **~ bit** (Mining) / Einsatzschneide *f*, abnehmbare Bohrkrone, abnehmbarer Bohrer || **~ bit** (Mining) s. also insert bit || **~ groove ball bearing** (Eng) / Schulterkugellager *n* (DIN 615) || **~ handle** (Tools) / Aufsteckrohr *n* (für Zugringschlüssel)
**detachable-jaw cut nippers** / Hebelvorschneider *m*
**detachable key switch*** (Elec Eng) / Schlüsselschalter *m*
**detached** *adj* (Build) / Einzel-, frei stehend *adj* (z.B. Haus) || **~ control panel** (Comp) / freibewegliches Bedienteil || **~ keyboard** (Comp) / abgesetzte Tastatur || **~ starting motor** (Autos) / ausgebauter Anlasser
**detacher** *n* (Nut) / Detacheur *m* (Müllereimaschine zum Feinzerkleinern von groben Mehlkörnern zu Grießen)

**detaching**

**detaching mill** (Met) / Lösewalzwerk n (Schrägwalzwerk, das ähnlich dem Glättwalzwerk das Rohr aufweitet und von Stangen abwalzt, die vom Warmpilgerwalzwerk, von der Stoßbank oder vom Kaltziehen der Rohre über Stange fest im Rohr sitzen)
**detachment of the flow** (I C Engs) / Strahlablösung f (beim Durchstrom des Arbeitsmediums durch den Motorzylinder)
**detackify** v (Paint) / entkleben v
**detail** v / detaillieren v, ausführlich behandeln, in Einzelheiten beschreiben || ~ **drawing**\* / Teilzeichnung f (eines Details)
**detailed billing** (Teleph) / Einzelgebührennachweis m || ~ **geological map** (Cartography) / geologische Spezialkarte || ~ **wall** (Build) / gegliederte Wand
**detailer** n / Teilzeichner m, Detailzeichner m
**detail file** (Comp) / Änderungsdatei f, Bewegungsdatei f || ~ **paper**\* (Eng, Paper) / Teilzeichenpapier n, Detailzeichenpapier n || ~ **printing** (Comp) / Einzelgang m (Lochkartentechnik) || ~ **view** / Teilansicht f (die vergrößerte Darstellung eines Details mit allen Einzelheiten)
**detar** v (Chem Eng) / entteeren v, Teer abscheiden
**detarrer** n (Chem Eng) / Teerabscheider m, Teerscheider m
**detearing** n (Paint) / Tropfenabziehen n (elektrostatisches)
**detect** v / erkennen v (Fehler) || ~ / ermitteln v (nachweisen), bestimmen v, nachweisen v, detektieren v, feststellen v (bei der Analyse)
**detectable** adj (Chem) / nachweisbar adj, detektierbar adj, erkennbar adj
**detecting element** (Electronics) / Fühler m (in einem Signalumformer)
**detection** n (Chem) / Nachweis m (eines Elements oder einer Verbindung) || ~ (Chem) / Erfassung f (in der Analyse) || ~ (Radar) / Entdeckung f (Feststellen der Anwesenheit eines Ziels oder einer Strahlungsquelle, allgemein durch Zielentscheidung), Ermittlung f (des Zieles) || ~ **fusion** (Radar) / Verbundentdeckung f (durch Zusammenfassung von Informationen mehrerer Sensoren) || ~ **limit** (Chem) / Nachweisgrenze f (bei Analysen die kleinste Stoffkonzentration, die noch statistisch gesichert erfasst werden kann - DIN 32 645), NG (Nachweisgrenze) || ~ **limit** (Chem) / Erfassungsgrenze f (die kleinste Menge eines Stoffes, die durch eine chemische Reaktion gerade noch eindeutig nachgewiesen werden kann - DIN 32 645) || ~ **limit** (of a radiation by a detector) (Radiol) / Nachweisgrenze f (bei Kernstrahlungsmessungen) || ~ **probability** (Radar) / Entdeckungswahrscheinlichkeit f || ~ **sensitivity** (Chem, Radiol) / Nachweisempfindlichkeit f || ~ **threshold** (Radar) / Erfassungsschwelle f || ~ **zone** / Meldelinie f (bei einer Brandmeldeanlage)
**detectivity** n (Electronics) / Detektivität f (Kehrwert der äquivalenten Rauschleistung)
**detector** n (Build) / Melder m (zur Signalisierung von Betriebszuständen), Meldegerät n (z.B. Flammenmelder) || ~ (Chem) / Detektor m (in der Gas- oder Flüssigkeitschromatografie) || ~ (Instr, Phys) / Indikator m (Gerät oder Substanz, mit deren Hilfe der ungefähre Wert oder Wertebereich einer physikalischen Größe bestimmt werden kann) || ~\* (Nuc, Radiol) / Detektor m (Gerät oder Einrichtung der Strahlungsmesstechnik), Nachweisgerät n, Strahlungsnachweisgerät n, Strahlungsdetektor m, Strahlungsmessgerät n, Strahlendetektor m || ~ (Radar) / Detektor m (Schaltung zur Zielextraktion mit einer Schwelle zur Vorgabe der Falschmeldewahrscheinlichkeit) || ~\* (Radio) / Detektor m (Bauelement der Funktechnik), Hochfrequenzgleichrichter m, Demodulator m || ~ **diode** (Telecomm) / Detektordiode f || ~ **efficiency** (Radiol) / Ansprechwahrscheinlichkeit f, Effektivität f (eines Detektors) || ~ **finger**\* (Print) / Papiereinfalzschalter m, Papierreißwächter m, Bahnrisskontrolleinrichtung f || ~ **geometry** (Radiol) / Detektorgeometrie f || ~ **loop** (Civ Eng) / Schleifendetektor m (im Fahrbahnbelag) || ~ **range** (Chem, Radiol) / Detektormessbereich m || ~ **tube** / Prüfröhrchen n (eines Gasspürgeräts)
**detent**\* n (Eng) / Verrastung f, Arretierung f, Verriegelung f, Sperrung f || ~ (Eng) / Rastpunkt m || ~ **escapement** (Horol, Ships) / Riegelhemmung f, Chronometerhemmung f, Gang m des Chronometers (positiv, negativ)
**detention dam** (Hyd Eng) / Absperrbauwerk n eines Rückhaltebeckens || ~ **reservoir** (Hyd Eng) / Rückhaltebecken n (Sammelbehälter), Sammelbehälter m, Sammelbecken n, Speicherbecken n, Reservoir n
**detent pawl** (Eng) / Sperrklinke f
**detergency** n (the removal of soil, using a detergent) (Chem, Textiles) / Waschkraft f (waschaktive Eigenschaften), Waschvermögen n, Reinigungsvermögen n, Reinigungskraft f, reinigende Eigenschaften (positiv) || ~ (Oils) / Waschwirkung f, Detergency f (eine HD-Eigenschaft des Motorenöls)
**detergent**\* n (Chem) / Syndet n, Detergens n (pl. -tia, -tien oder -zien) (veralteter Oberbegriff für konfektionierte gebrauchsfertige Waschmittel oder Geschirrreinigungsmittel), synthetisches Tensid || ~ (Chem) / Waschmittel n, Reinigungsmittel n (oberflächenaktives) || ~ **additive** (Oils) / Detergentadditiv n, Detergentzusatz m (bei Schmierölen) || ~ **base material** (Chem) / Waschrohstoff m (die technisch wichtigste Gruppe unter den Tensiden) || ~ **booster** (Chem, Textiles) / Waschmittelverstärker m, Waschkraftverstärker m (der das Wasch- und Reinigungsvermögen von Tensiden unterstützt, ohne deswegen selbst über grenzflächenaktive Eigenschaften verfügen zu müssen) || ~ **container** / Einspülkammer f (des Waschautomaten) || ~**-dispersant additive** (Oils) / DD-Additiv n, Detergent-Dispersant-Zusatz m (ein Schmierstoffadditiv) || ~ **enzyme** (Biochem, Textiles) / Waschmittelenzym n (z.B. Protease oder Amylase) || ~ **FWA** (Textiles) / Waschmittel-Weißtöner m || ~ **liquor** (Textiles) / Waschlauge f || ~ **powder** / Waschpulver n || ~ **resistance** (Chem) / Reinigungsmittelbeständigkeit f || ~**-resistant** adj (Chem) / reinigungsmittelbeständig adj || ~ **solution** (Textiles) / Waschlauge f || ~ **solution** (Textiles) / Waschflotte f || ~ **surfactant** (Chem) / WAS, waschaktiver Stoff (in Tensiden, Wasch- und Reinigungsmitteln)
**deteriorate** v / verschlechtern v (Qualität), herabsetzen v
**deterioration** n / Verschlechterung f, Güteverlust m, Qualitätseinbuße f, Deterioration f || ~ / Entmischung f (von Additiven) || ~ (Nut) / Verderb m (von Lebensmitteln) || ~ **of wood caused by fungi** (For) / holzschädigende Wirkung von Pilzen
**determinant**\* n (of a square matrix) (Maths) / Determinante f (algebraischer Ausdruck, der quadratischen Matrizen zugeordnet wird)
**determinate** v / determinieren v
**determination** n / Determination f (nähere Begriffsbestimmung) || ~ (Surf) / Ermittlung f, Bestimmung f, Nachweis m || ~ **interval** (AI) / Determinationsintervall n || ~ **limit** (Chem) / Bestimmungsgrenze f (DIN 32 645) || ~ **of content** (Chem) / Gehaltsbestimmung f, Bestimmung f der Bestandteile (einer unbekannten Substanz)
**determine** v / ermitteln v (nachweisen), bestimmen v, nachweisen v, detektieren v, feststellen v (bei der Analyse)
**determining triangle** (Maths) / Bestimmungsdreieck n (eines regelmäßigen Vielecks)
**deterministic**\* adj / deterministisch adj (DIN 1311-1) || ~ **chaos** (Phys) / deterministisches Chaos || ~ **function** / deterministische Funktion || ~ **model** (which contains no random elements) (Stats) / deterministisches Modell || ~ **model** (Stats) s. also stochastic model
**deterpenation** n (Chem) / Entterpenisierung f
**deterrence** n (Mil) / Abschreckung f
**deterrent** n (Agric) / Deterrens n (pl. -rentien, -renzien oder -rentia) (ein Abschreckmittel, das Fraß und Eiablage verhindern soll)
**detersion** n (Geol) / Detersion f (Abschleifung des Felsuntergrundes durch das Eis oder durch das mitgeführte feine Gesteinsmehl und eingefrorene Gesteinstrümmer)
**detinning**\* n (Met) / Entzinnen n, Entzinnung f
**detonate** vi / detonieren v, zerknallen v (detonieren) || ~ vt / zur Detonation bringen, initiieren v
**detonating fuse**\* (Mining) / Sprengschnur f, detonierende Zündschnur, Knallzündschnur f || ~ **gas** (Chem) / Knallgas n (2 Wasserstoff + 1 Sauerstoff) || ~ **gas** (Chem Eng) / Knallgas n (2 Wasserstoffgas + 1 Sauerstoffgas) || ~ **silver** (Chem) / knallsaures Silber (AgONC), Silberfulminat n (Silbersalz der Knallsäure), Knallsilber n
**detonation**\* n (Chem) / Detonation f (stoßartig erfolgende, extrem schnelle chemische Reaktion von explosiven Gas- bzw. Dampfgemischen oder brisanten Sprengstoffen mit starker Gasentwicklung) || ~\* (Fuels) / Klopfen n (im Vergasermotor) || ~ (Chem) s. also deflagration || ~ **coating** (Paint) / Detonationsspritzen n (ein thermisches Spritzen), Explosionsspritzen n, Flammschockspritzen n || ~ **gun** (Paint) / Detonationskanone f, Explosionsspritzgerät n, Beschichtungskanone f
**detonation-gun coating** (Paint) / Detonationsspritzen n (ein thermisches Spritzen), Explosionsspritzen n, Flammschockspritzen n
**detonation meter**\* (Fuels) / Klopfstärkemessgerät n, Klopfmessgerät n || ~ **sensor** (Autos) / Klopfsensor m (ein Fühler im Motorblock) || ~ **spraying** (Paint) / Detonationsspritzen n (ein thermisches Spritzen), Explosionsspritzen n, Flammschockspritzen n || ~ **value** (Mil) / Detonationswert m (die in Kilo- oder Megatonnen des konventionellen Sprengstoffs Trinitrotoluol angegebene Explosionsenergie eines Atomkörpers) || ~ **wave** / Knallwelle f, Detonationswelle f, Explosionswelle f
**detonator** n / Zündhütchen n, Sprengkapsel f (DIN 20163) || ~ / Sprengzünder m (z.B. Detonator, Sprengkapsel usw.) || ~ (Rail) / Knallkapsel f || ~ (Ships) / Nebelsignal n (vorgeschriebenes Schallsignal der Schiffe bei Nebel)
**detonics** n / Sprengstofflehre f
**detosylation** n (Chem) / Detosylierung f
**detour** n (Autos) / Umleitung f
**detoxicate** v (Nut, Pharm) / entgiften v

**detoxication*** *n* (Nut, Pharm) / Entgiftung *f*, Entgiften *n*, Detoxikation *f* ||
~ **mechanism** (Chem, Pharm) / Entgiftungsmechanismus *m*
**detoxification** *n* (Nut, Pharm) / Entgiftung *f*, Entgiften *n*, Detoxikation *f*
**detoxify** *v* (Nut, Pharm) / entgiften *v*
**detrimental to health** (Med) / gesundheitsschädlich *adj*, deletär *adj* || ~
**to hearing** (Acous, Med) / gehörschädlich *adj*
**detrital** *adj* (Geol) / detritisch *adj* || ~ **layer** (Geol) / Schuttschicht *f* || ~
**minerals** *pl* (Geol) / Detritus *m* (Gesteinsschutt und Zerreibsel von Organismenresten) || ~ **ratio** (Geol) / Verhältnis *n* klastisch zu nichtklastisch
**detrition*** *n* (Geol) / Detritus erzeugender Prozess
**detritivorous** *adj* (Biol) / saprophag *adj*, detritivor *adj*, saprovor *adj*, detritophag *adj*, detritusfressend *adj*
**detritor** *n* (San Eng) / Sandfang *m* (zur Entfernung schwerer, leicht sedimentierbarer Bestandteile aus dem Abwasser), Sandfänger *m*
**detritus*** *n* (Biol) / Detritus *m* (Gesamtheit der fein partikulären, toten organischen Stoffe in aquatischen und terrestrischen Lebensräumen) || ~* (Geol) / Detritus *m* (Gesteinsschutt und Zerreibsel von Organismenresten) || ~* (Geol) / Trümmer *pl*, Schutt *m*, akkumulierte Gesteinsbruchstücke, aufgeschüttete Gesteinsbruchstücke, Trümmerschutt *m*, Trümmersplitt *m* || ~ **chamber** (San Eng) / Absetzbecken *n* (zum Abscheiden ungelöster Sink- und Schwimmstoffe aus dem Abwasser) || ~ **slide** (Geol) / Gekriech *n* (langsame Bergabbewegung der oberen Gehängepartien) || ~ **tank** (San Eng) / Absetzbecken *n* (zum Abscheiden ungelöster Sink- und Schwimmstoffe aus dem Abwasser)
**detuning*** *n* (Radio) / Verstimmung *f*
**detwist** *v* (twisted yarn) (Spinning) / aufdrehen *v*, rückdrehen *v*
**detwisting** *n* (Spinning) / Aufdrehen *n*, Rückdrehen *n*
**deuterate** *v* (Chem) / deuterieren *v*
**deuterated compound** *n* (Nuc) / deuterierte Verbindung, Deuteroverbindung *f* (eine markierte Verbindung) || ~ **solvent** (Spectr) / deuteriertes Lösungsmittel
**deuteration*** *n* (Nuc) / Deuterieren *n*, Deuterierung *f* (Markierung mit oder Einbau von Deuterium)
**deuteric** *adj* (Geol) / spätmagmatisch *adj*, deuterisch *adj*, epimagmatisch *adj*
**deuteriochloroform** *n* (Chem, Spectr) / Deuteriochloroform *n* (Lösemittel für die NMR-Spektroskopie)
**deuterium*** *n* (the isotope of hydrogen with nuclear number 2) (Chem) / $^1_2H$, schwerer Wasserstoff, Deuterium (D), D || ~ **arc-discharge lamp** (Spectr) / Deuteriumlampe *f* (eine UV-Strahlungsquelle mit Deuteriumfüllung) || ~ **bromide** (Chem) / Deuteriumbromid *n* (DBr) || ~ **cycle** (Nuc) / Proton-Proton-Kettenreaktion *f* || ~ **exchange** (Chem, Spectr) / H/D-Austausch *m* (eine Markierungsreaktion)
**deuterium-fluoride laser** (Phys) / DF-Laser *m*
**deuterium lamp** (Spectr) / Deuteriumlampe *f* (eine UV-Strahlungsquelle mit Deuteriumfüllung)
**deuterium-moderated reactor** (Nuc Eng) / deuteriummoderierter Reaktor
**deuterium oxide** (Chem) / Deuteriumoxid *n* (schweres Wasser - $D_2O$) || ~ **reactor** (Nuc Eng) / Schwerwasserreaktor *m*, schwerwassermoderierter Reaktor, SWR (mit $D_2O$ als Moderatorsubstanz) || **~-tritium burner** / Deuterium-Tritium-Brenner *m*
**deuterium-tritium plasma** / Deuterium-Tritium-Plasma *n*, D-T-Plasma *n* || ~ **reaction** (Nuc Eng) / Deuterium-Tritium-Reaktion *f*, D-T-Reaktion *f*
**deuterized triglycin sulphate** (Spectr) / deuteriertes Triglycinsulfat, deuteriertes Triglyzinsulfat, DTGS (deuteriertes Triglycinsulfat - für Detektoren)
**deuterizing** *n* (Nuc, Nuc Eng) / Deuterieren *n*, Deuterierung *f* (Markierung mit oder Einbau von Deuterium)
**deuterolysis** *n* (pl. -lyses) (Chem) / Deuterolyse *f* (eine Reaktion mit Deuteriumoxid)
**deuteron*** *n* (Chem, Nuc) / Deuteron *n*
**deuteron-deuteron scattering** (Nuc) / Deuteron-Deuteron-Streuung *f*, d-d-Streuung *f*
**deuteron mass** (Chem, Nuc) / Deuteronmasse *f*
**deuton** *n* (Chem, Nuc) / Deuteron *n*
**Devarda's alloy** (Met) / Devarda'sche Legierung (50 % Cu, 45 % Al, 5 % Zn - nach A.Devarda, 1859-1944)
**devastate** *v* / verwüsten *v*, devastieren *v*, zerstören *v* (devastieren)
**devastation** *n* (Bot, Geol) / Devastierung *f* (Verwüstung bzw. Entblößung einer Landschaft von Pflanzen)
**develop** *v* / entwickeln *v*, fördern *v*, ausbauen *v* || ~ / ausarbeiten *v*, erstellen *v* (erarbeiten,ausarbeiten), erarbeiten *v* || ~ (Build) / erschließen *v* (ein Gebiet) || ~ (onto a plane without any distortion) (Maths) / abwickeln *v* (Fläche) || ~ (Maths) / entwickeln *v* (Funktionen) || ~ (Mining) / aufschließen *v*, ausrichten *v* (Lagerstätten), vorrichten *v* || ~ (Photog) / entwickeln *v* || ~ (Photog, Textiles) / kuppeln *v*
**developable** *adj* / entwicklungsfähig *adj* (ausbaufähig) || ~ (Maths) / entwickelbar *adj* (Funktion) || ~ (Maths) / abwickelbar *adj* (Fläche) || ~ **function** (Maths) / entwickelbare Funktion || ~ **surface*** (that can be rolled out flat onto a plane without any distortion) (Maths) / abwickelbare Fläche, Torse (eine spezielle Regelfläche, die Tangentenfläche einer Kurve ist) || ~ **surface*** (Maths) s. also tangent surface
**developed dye*** (Textiles) / Entwicklungsfarbstoff *m* || ~ **ore** (Mining) / vorgerichtetes Erz, bauwürdig nachgewiesenes Erz (durch Vorrichtungsstrecken), ausgeblockter Erzvorrat || ~ **reserves** (Mining) / gewinnbare (erschlossene, nachgewiesene) Erzvorräte || ~ **view** / Abwicklung *f* (in einer Zeichnung)
**developer** *n* / Entwicklungsingenieur *m*, Entwickler *m* (Person), Developer *m* (Entwicklungsingenieur) || ~ (Build) / Bauherr *m* oder Bauunternehmer, der Neuland erschließt oder alte Wohngebiete neu bebaut || ~ (Eng, Materials) / Entwickler *m* (z.B. Kalkmilch oder Kreideaufschlämmung - im Eindringverfahren) || ~* (Photog) / Entwickler *m*, Developer *m* || ~ (Eng) s. also dry developer
**developing** *n* (Photog) / Entwicklung *f*, Entwickeln *n* || ~ **agent*** (Photog) / Entwicklersubstanz *f*, Entwicklungssubstanz *f* || ~ **chamber** (Chem) / Entwicklungskammer *f* (in der Chromatografie) || ~ **countries** / Entwicklungsländer *n pl* || ~ **paper** (Print) / Entwicklungspapier *n* || ~ **tank** (Chem) / Entwicklungskammer *f* (in der Chromatografie) || ~ **tank** (Photog) / Entwicklerdose *f*, Entwicklungsdose *f*, Filmentwicklungstank *m*, Tank *m*
**development** *n* (Build) / Erschließung *f* (eines Gebietes) || ~ (of site) (Build) / Verbauung *f*, Bebauung *f* (Art und Umfang der baulichen Nutzung eines Gebietes) || ~ (Build) / Bauvorhaben *n* || ~ (Chem) / Entwicklung *f* (in der Chromatografie) || ~ (Maths) / Netz *n* (eines Körpers oder Polyeders) || ~ (Maths) / Entwicklung *f* (von Funktionen) || ~ (Maths) / Netz *n* (eines Körpers oder Polyeders) || ~* (Mining) / Aufschließen *n* (Herstellung des Zugangs zur Lagerstätte durch Grubenbaue der Ausrichtung), Ausrichtung *f* (Herstellung von Grubenbauen zur Erschließung einer Lagerstätte für den späteren Abbau), Vorrichtung *f* (Auffahrung der Grubenbaue, die zur Freilegung der Abbaufront für den planmäßigen Abbau dienen) || ~ (Oils) / Erschließung *f* (Maßnahmen zur Vorbereitung der wirtschaftlichen Ausnutzung eines durch Exploration als ergiebig erkannten Erdöl- und Erdgasvorkommens) || ~* (Photog) / Entwicklung *f*, Entwickeln *n* || ~ (Work Study) / Entwicklung *f* (schöpferisches Vorausbestimmen eines technischen Gebildes oder Verfahrens oder Prozesses) || **under ~** / in Entwicklung (befindlich), in der Entwicklungsphase || ~ **aid** / Entwicklungshilfe *f* (für Entwicklungsländer)
**developmental work** / Entwicklungsarbeiten *f pl*
**development area** / Entwicklungsregion *f* (meistens gefördert) || ~ **assistance** / Entwicklungshilfe *f* (für Entwicklungsländer) || ~ **centre** (Photog) / Entwicklungskeim *m*, Entwicklungszentrum *n* || ~ **drift** (Mining) / Ausrichtungsstrecke *f*, Ausrichtungsbau *m* || ~ **dye** (Textiles) / Entwicklungsfarbstoff *m* || ~ **effect** (Photog) / Entwicklungseffekt *m* (z.B. Eberhard- oder Gelatineeffekt) || ~ **engineer** / Entwicklungsingenieur *m*, Entwickler *m* (Person), Developer *m* (Entwicklungsingenieur) || ~ **environment** (for expert systems) (AI) / Entwicklungsumgebung *f* (für Expertensysteme) || ~ **factor** (Photog) / Entwicklungsfaktor *m*, Gamma *n*, Gammawert *m*, $\gamma$-Wert *m* (Höchstwert des Gradienten einer vorgegebenen Schwärzungskurve) || ~ **fog** (Photog) / Entwicklungsschleier *m* || ~ **of a surface** (Maths) / Abwicklung *f* einer Fläche || ~ **of building sites** (Build) / Baulanderschließung *f* || ~ **opening** (Mining) / Ausrichtungsstrecke *f*, Ausrichtungsbau *m* || ~ **plan** / Entwicklungsplan *m* || ~ **plan** (Build) / Bebauungsplan *m* (der verbindliche Bauleitplan ) || ~ **priority** / Entwicklungsschwerpunkt *m* (in der Entwicklungsplanung) || ~ **road** (Mining) / Vorrichtungsstrecke *f* || ~ **site** (Build) / Bauland *n*, Baugelände *n* || ~ **system** (Comp) / Entwicklungssystem *n* (das schwerpunktmäßig zur Entwicklung von Software eingesetzt wird) || ~ **tools** (Comp) / Entwicklungswerkzeuge *n pl*, Entwicklungstools *n pl* || ~ **trend** / Entwicklungstendenz *f* || ~ **well** (Oils) / Feldesentwicklungsbohrung *f*, Erweiterungsbohrung *f* || ~ **well** (Oils) / Bohrung *f* in der Nachbarschaft von produzierenden Quellen
**develop out** *v* (Photog) / ausentwickeln *v*
**deviance*** *n* (Stats) / Summe *f* der Abweichungsquadrate
**deviated drilling*** (Oils) / Schrägbohren *n* || ~ **drilling*** (Oils) s. also whipstock
**deviating prism** (Optics) / Umlenkprisma *n* (das die Abbildungsrichtung ändert)
**deviation*** *n* / Abweichung *f* (Nichteinhalten von Größen, Regeln oder Werten) || ~ / Fehler *m* (Nichtübereinstimmung des Ist-Zustandes eines Merkmals mit einem vorgegebenen Zustand, insbesondere dem Soll-Zustand nach DIN 40042) || ~ (Automation, Phys) /

**deviation**

Abweichung f (vorzeichenbehaftete Differenz zwischen dem Ist-Wert einer physikalischen Größe und deren Soll-Wert), Regelabweichung f || ~ (Eng) / Abmaß n (vorhandener Unterschied zwischen einem Grenz-, Ist- oder Paarungsmaß und dem Nennmaß - DIN 7182, T 1) || ~ (Eng) / Positionierfehler m || ~ (Oils) / Abweichung f (des Bohrgestänges von der zur Bohrung im Erdölbereich vorgesehenen Stelle), Neigung f || ~* (Ships) / Deviation f || ~* (Stats) / Abweichung f || ~* (Telecomm) / Frequenzhub m (DIN 45021) || ~ **bollard** (Ships) / Deviationsdalbe f, Deviationsdalben m (der sich an einem für die Deviationskontrolle günstigen Ort befindet) || ~ **buoy** (Ships) / Deviationsboje f || ~ **clock** (Aero) / Stelle, an der die Luftfahrzeuge (am Boden) drehen können (ein Teil des Rollfelds) || ~ **distortion**\* (Radio) / Abweichungsverzerrung f || ~ **error** (Automation) / Sollwertabweichung f || ~ **from a straight line** / Abweichung f von der Geraden, Formabweichung f von der Geraden || ~ **of position** / Lageabweichung f || ~ **ratio**\* (Radio) / Hubverhältnis n (in einem mit Frequenzmodulation arbeitenden System)
**deviator** n (Maths) / Deviator m (Tensor mit verschwindender Spur) || ~ **stress** (Civ Eng) / Deviatorspannung f (beim dreiaxialen Druckversuch)
**device** n (Build, Elec Eng, Electronics) / Einzelteil n, Bauteil n, Bauelement n || ~ (Comp) / Device n (eine universell genutzte Bezeichnung für reale Hardwareeinrichtungen, die an einen Computer angeschlossen werden können und Daten empfangen, speichern, aussenden oder auch verarbeiten können) || ~ (Eng) / Einrichtung f (Ausrüstung) || ~ (Instr) / Vorrichtung f, Apparat m, Gerät n || ~ (Print) / Verlegerzeichen n, Signet n, Druckerzeichen n, Verlagssignet n (z.B. der Greifvogel der O. Brandstetter Verlag GmbH & Co. KG) || ~ **bay** (Comp) / Einschubschacht m (in den neue Komponenten eingeschoben werden können), Device Bay f (Konzept, mit dem es Laien ermöglicht werden soll, ihre PCs einfacher zu konfigurieren, mit Zusatzgeräten aufzurüsten oder zu modernisieren) || ~ **configuration block** (Comp) / Steckbrücke f, Jumper m, Brücke f (zum Einstellen der Gerätekonfiguration) || ~ **control** (Comp) / Gerätesteuerung f || ~ **control character** (Comp) / Gerätesteuerzeichen n || ~ **coordinate** (Comp) / Gerätekoordinate f (Koordinate eines Koordinatensystems, das geräteabhängig ist), GK (Gerätekoordinate)
**device-dependent** adj / geräteabhängig adj
**device driver** (Comp) / Gerätetreiber m (der Teil des Betriebssystems, der für die Steuerung der Ein-/Ausgabekanäle zuständig ist) || ~ **family** (Electronics) / Bausteinfamilie f (aufeinander abgestimmte Bausteine) || ~ **for producing** (Light) / Leuchtmittel n (z.B. Glühbirne) || ~ **for unspinning** (Textiles) / Ausnadeleinrichtung f (DIN 64 990) || ~ **handling** (Comp) / Geräteverwaltung f (Verwaltung und Zuteilung von Hardware-Ressourcen)
**device-independent** adj / geräteunabhängig adj
**device mark** (GB) / Bildzeichen n (ein Warenzeichen) || ~ **under test** (Electronics) / das eben geprüfte oder kontrollierte Gerät || ~ **under test** (Instr) / Prüfobjekt n, Prüfgegenstand m, Prüfling m (z.B. eine Maschine oder ein Gerät, deren Eigenschaften durch Prüfen ermittelt werden)
**devil** v (Build) / griffig machen, aufrauen v (den Putzgrund) || ~ n (Build) / Putzkratzer m (ein Werkzeug) || ~ (a wheeled iron firegrate) (Civ Eng) / Asphaltkochmaschine f, Asphaltkocher m, Asphaltbrenner m || ~ (Plumb) / tragbarer Lötofen || ~ **float**\* (Build) / Putzkratzer m (ein Werkzeug)
**devilling**\* n (Build) / Aufrauen n des Putzgrundes (für die nächste Putzlage)
**devil's claw** (Ships) / Teufelsklaue f (zweiteiliger Haken, der am Ring und Hals mit den glatten Seiten der beiden Teile aufeinander liegt) || ~ **dung** (Bot, Chem, Pharm) / Teufelsdreck m, Stinkasant m (eingetrocknetes Gummiharz), Asa foetida f, Asant m
**devil tree** (For) / Pulai n (Alstonia scholaris (L.) R.Br.)
**devise** v / erfinden v (nicht im patentrechtlichen Sinne), konstruieren v (gedanklich)
**devitrification**\* n (the formation of crystalline structures in a glassy matrix, such as may occur in a glass, glaze or porcelain enamel during the cooling of a vitreous mass) / Entglasung f, Devitrifikation f
**devitrify** v / entglasen vt
**devolatilization** n (Chem) / Entfernen n der flüchtigen Bestandteile || ~ (Chem) / Abnahme f der flüchtigen Bestandteile
**devolution** n (Nuc) / Umwandlung f (durch radioaktiven Zerfall)
**devorant pattern** (Textiles) / Ausbrennmuster n
**devore** (Textiles) / Samt m mit Ausbrennmuster
**devoré** (Textiles) / Samt m mit Ausbrennmuster
**dew**\* n (Meteor) / Tau m
**dewar** (Chem) / Weinhold-Dewar'sches Gefäß, Dewar-Gefäß n (nach J. Dewar, 1842-1923) || ~ **benzene** (Chem) / Dewar-Benzol n (Trivialname für ein Valenzisomeres des Benzols) || ~ **flask**\* (Chem) / Weinhold-Dewar'sches Gefäß, Dewar-Gefäß n (nach J. Dewar, 1842-1923) || ~ **structure** (Chem) / Dewar-Struktur f || ~ **vessel** (Chem) / Weinhold-Dewar'sches Gefäß, Dewar-Gefäß n (nach J. Dewar, 1842-1923)
**dewater** v / entwässern v, Wasser entziehen || ~ (Mining) / sümpfen v (den Wasserspiegel in überfluteten Gruben- oder Tagebauen auspumpen oder teilweise absenken)
**dewaterable** adj (San Eng) / entwässerbar adj (Schlamm)
**dewatering**\* n (Chem) / Entwässerung f, Entwässern n, Wasserentzug m || ~ **fluid** (Chem, Surf) / Dewatering-Fluid n (zur fleckenfreien Trocknung der wasserfeuchten Metallteile, z.B. nach dem Galvanisieren), wasserverdrängende Flüssigkeit || ~ **system** (Agric) / Entwässerungsanlage f (DIN 1986)
**dewax** v / entwachsen v (im Allgemeinen), entkonservieren v (entwachsen)
**dewaxed orange shellac** (Join) / Blätterschellack m
**dewaxing** n (Chem Eng) / Entparaffinierung f
**dew cap** (Astron, Optics) / Taukappe f, Tauschutzkappe f
**dew-cell hygrometer** (Meteor) / Taupunkthygrometer n, Kondensationshygrometer n, Taupunktspiegel m
**dewet** v (Chem) / entnetzen v
**dewetting** n (Chem) / Entnetzen n, Entnetzung f || ~ **effect** (Chem, Paint) / Dewetting-Effekt m (Entnetzungserscheinung)
**Dewey Decimal Classification** / DDC, Dewey Decimal Classification f (Dezimalklassifikationssystem von Melvil Dewey, 1851-1931)
**dewing** n (Bot, For) / abflügeln v (Samen), entflügeln v (Samen) || ~ **machine** (Textiles) / Befeuchtungsmaschine f (mit Dampf)
**dewlap** n (Leather) / Wamme f (von der Kehle bis zur Brust reichende Hautfalte an der Unterseite des Halses, z.B. bei Rindern) || ~ **wool** (Textiles) / Wammenwolle f
**dewool** v (Leather) / entwollen v
**dew-point**\* n (Meteor, Phys) / Taupunkttemperatur f, Taupunkt m (DIN 4108), Sättigungstemperatur f (Temperatur, bis zu der die feuchte Luft abgekühlt werden muss, damit die Sättigungsfeuchte erreicht wird)
**dew-point corrosion** (caused by flue gases below dew point) (Eng, Surf) / Rauchgaskorrosion f (eine Hochtemperaturkorrosion) || ~ **corrosion** (Surf) / Taupunktkorrosion f (die bei Taupunktunterschreitung zur Kondensation von Wasser oder Säure führt - z.B. bei Blechschornsteinen), Säurekondensatkonzentration f (Korrosion mit Säure, die durch Taupunktunterschreitung kondensiert) || ~ **curve** (Phys) / Taukurve f || ~ **hygrometer**\* (Meteor) / Taupunkthygrometer n, Kondensationshygrometer n, Taupunktspiegel m || ~ **sensor** (Meteor) / Taupunktfühler m (Messeinrichtung für den Wasserdampfgehalt der Luft) || ~ **spread** (Aero, Meteor) / Taupunktdifferenz f, Spread m (Differenz zwischen Lufttemperatur und Taupunkt) || ~ **temperature** (Meteor, Phys) / Taupunkttemperatur f, Taupunkt m (DIN 4108), Sättigungstemperatur f (Temperatur, bis zu der die feuchte Luft abgekühlt werden muss, damit die Sättigungsfeuchte erreicht wird)
**dew-retted tow** (Textiles) / Tauröstewerg n
**dew retting** (Textiles) / Taurotte f, Tauröste f || ~ **sensor** / Feuchtigkeitssensor m (für Videorekorder)
**dewy** adj / taunass adj, taufeucht adj
**dexterity** n (Eng) / Gewandtheit f (eines IR), Geschicklichkeit f (eines IR)
**dextral**\* adj (Geol) / rechtsdrehend adj, rechtshändig adj, dextral adj, rechtsinnig adj || ~ **fault**\* (Geol) / rechtshändige Blattverschiebung, dextrale Blattverschiebung, Rechtsverwerfung f
**dextran**\* n (Chem, Med) / Dextran n (ein Biopolysaccharid)
**dextranase** n (prevention of caries) (Biochem, Med) / Dextranase f (Dextran spaltendes Enzym)
**dextranomer** n (Chem, Pharm) / Dextranomer n
**dextran sulphate** (Chem, Med) / Dextransulfat n
**dextrin**\* n (Chem) / Dextrin n (Abbauprodukt der Stärke), Stärkegummi n || ~ **adhesive** / Dextrinleim m
**dextrinate** v (Chem) / verzuckern v (Stärke) || ~ (Chem) / zu Dextrin abbauen, in Dextrin überführen
**dextrinize** v (Chem) / verzuckern v (Stärke) || ~ (Chem) / zu Dextrin abbauen, in Dextrin überführen
**dextro** adj (Chem, Optics) / rechtsdrehend adj, d-drehend adj, dextrogyr adj
**dextrogyrate** adj (Chem, Optics) / rechtsdrehend adj, d-drehend adj, dextrogyr adj
**dextrogyratory** adj (Chem, Optics) / rechtsdrehend adj, d-drehend adj, dextrogyr adj
**dextrogyric** adj (Chem, Optics) / rechtsdrehend adj, d-drehend adj, dextrogyr adj
**dextronic acid** (Chem, Nut) / Glukonsäure f (D-Glukonsäure), Gluconsäure f (eine Aldonsäure - E 574), Dextronsäure f
**dextropropoxyphene** n (Pharm) / Dextropropoxyphen n

**dextrorotary** *adj* (Chem, Optics) / rechtsdrehend *adj*, d-drehend *adj*, dextrogyr *adj* ‖ ~ **camphor** (Chem) / Japankampfer *m* (rechtsdrehende Form des Kampfers), d-Kampfer *m*

**dextrorotating** *adj* (Chem, Optics) / rechtsdrehend *adj*, d-drehend *adj*, dextrogyr *adj*

**dextrorotatory*** *adj* (Chem, Optics) / rechtsdrehend *adj*, d-drehend *adj*, dextrogyr *adj* ‖ ~ **acid** (Chem) / rechtsdrehende Säure, Rechtssäure *f*, (+)-Säure *f* ‖ ~ **tartaric acid** (Chem) / rechtsdrehende Weinsäure, Rechtsweinsäure *f*

**dextrorse helix** (Maths) / rechtsgängige Schraubenlinie

**dextrose*** *n* (Biochem, Chem) / D-Glucose *n*, D-Glukose *f*, Traubenzucker *m*, Dextrose *f* ‖ ~ **equivalent** (Chem) / DE-Wert *m* (empirisches Maß für den Hydrolysegrad bei Glucosesirup), Dextroseäquivalent *n*

**dextrotartaric acid** (Chem) / rechtsdrehende Weinsäure, Rechtsweinsäure *f*

**dezincification** *n* / Entzinkung *f* (selektive Korrosion bei Kupfer-Zink-Legierungen)

**DF** (dense flint) (Glass) / Schwerflint *n*, Schwerflintglas *n*, SF (Schwerflint) ‖ ~ (direction-finder) (Nav, Radar, Radio) / Peiler *m*, Peilgerät *n*

**D/F** (depth of focus) (Optics, Photog) / Abbildungstiefe *f* (Schärfebereich), Schärfentiefe *f*, Tiefenschärfe *f*, Schärfentiefenbereich *m* (im Dingraum), Tiefe *f* der scharfen Abbildung

**DF antenna** (Radar, Radio, Telecomm) / Funkpeilantenne *f*, Peilantenne *f*

**DFB laser** (Phys) / DFB-Laser *m*, Laser *m* mit verteilter Rückkopplung, DFB-Halbleiterlaser *m*

**DFC** (direct fuel cell) / Direktbrennstoffzelle *f*

**DFD** (differential Doppler) (Radar) / Differenzdopplerverfahren *n* ‖ ~ **meat** (dark, firm, dry) (Nut) / DFD-Fleisch *n* (dunkles, festes, trockenes Schweinefleisch)

**DFET** (drift-field-effect transistor) (Electronics) / Driftfeldeffekttransistor *m*, DFET (Driftfeldeffekttransistor)

**DFG** (diode function generator) (Comp, Electronics) / Diodenfunktionsgenerator *m*, Funktionsgenerator *m* mit Dioden, Diodenfunktionsgeber *m*

**DF laser** (Phys) / DF-Laser *m*

**D flip-flop** *n* (Electronics) / D-Flipflop *n* (bei dem die an seinem Dateneingang D im Taktzeitintervall n liegende Information um ein Zeitintervall verzögert am Ausgang erscheint), Latch *n*

**D-flute** *n* (Paper) / Midiwelle *f* (bei Wellpappen), D-Welle *f* (bei Wellpappen)

**DFP** (diisopropyl fluorophosphate) (Pharm) / Fluostigmin *n*, Diisopropylfluorophosphat *n*, Isofluorphat *n*, DFP (Diisopropylfluorophosphat)

**DFS** (depth-first search) (AI, Comp) / tiefenorientiertes Suchverfahren, Tiefensuche *f* (Suchstrategie, bei der der Lösungsraum zuerst bis in die tiefste Ebene durchsucht wird), Tiefe-zuerst-Suche *f* (Suchstrategie, bei der der Lösungsraum zuerst bis in die tiefste Ebene durchsucht wird) ‖ ~ (Donnan free space) (Bot) / Donnan-Freiraum *m* (bei der passiven Aufnahme der Nährelemente)

**DFSK** (differential phase shift keying) (Radar) / Differenzphasenabtastung *f*

**DFT** (design for testability) / prüfgerechter Entwurf ‖ ~ (discrete Fourier transformation) (Maths) / diskrete Fourier-Transformation, DFT (diskrete Fourier-Transformation)

**D-glass** *n* (a high-boron-content glass made especially for laminates requiring a precisely controlled dielectric constant) (Glass) / D-Glas *n* (Spezialglas für erhöhte dielektrische Anforderungen)

**D-glucitol** *n* (Chem, Nut) / Sorbit *m* (ein sechswertiger Zuckeralkohol, aus Traubenzucker hergestellter Zuckeraustauschstoff - E 420)

**d-gluconic acid*** (Chem, Nut) / Glukonsäure *f* (D-Glukonsäure), Gluconsäure *f* (eine Aldonsäure - E 574), Dextronsäure *f*

**D-glucose*** *n* (Biochem, Chem) / D-Glucose *n*, D-Glukose *f*, Traubenzucker *m*, Dextrose *f*

**D-glucurono-6,3-lactone** *n* (Bot, Pharm) / Glucuronsäure-γ-lacton *n*, Glucurolacton *n*, Glukurolakton *n*, Glucuron *n*, Glukuron *n*, Glucurono-6,3-lacton *n*, Dicuron *n*

**D-gun coating** (Paint) / Detonationsspritzen *n* (ein thermisches Spritzen), Explosionsspritzen *n*, Flammschockspritzen *n*

**d. h.** (decision height) (Aero) / Entscheidungshöhe *f* (bei der Allwetterlandung)

**DH** (decision height) (Aero) / Entscheidungshöhe *f* (bei der Allwetterlandung)

**DHA** (dihydroxyacetone) (Chem) / Dihydroxyazeton *n* (1,3-Dihydroxypropan-2-on), Dihydroxyaceton *n*, DHA (Dihydroxyaceton) ‖ ~ (docosahexaenoic acid) (Chem) / Docosahexaensäure *f* (eine Omega-3-Fettsäure), Dokosahexaensäure *f* (sechsfach ungesättigte, unverzweigte Fettsäure)

**D-handle** *n* (Join) / Bügelgriff *m*

**DHCP** (Dynamic Host Configuration Protocol) (Comp, Telecomm) / Dynamic Host Configuration Protocol *n* (im Internet genutztes Protokoll) ‖ ~ **server** (Comp) / DHCP-Server *m* (der jedem Rechner im Netzwerk automatisch eine IP-Adresse zuweist)

**DH laser** (Phys) / D-H-Laser *m*, Doppelheterostrukturlaser *m*, Halbleiterlaser *m* mit Doppelheterostruktur (z.B. GaAlAs) ‖ ~ **laser diode** (Phys) / Doppelheterolaser *m*

**D.H.N.** (dynamic hardness number) (Materials) / durch ein dynamisches Härteprüfverfahren ermittelte Härtezahl

**DHO theory** (Debye-Hückel-Onsager theory) (Chem) / Debye-Hückel-Onsager-Theorie *f* (zur Erklärung der Eigenschaften stark verdünnter Lösung starker Elektrolyte)

**Dhrystone** *n* (Comp) / Dhrystone-Test *m* ‖ ~ (Comp) / Dhrystone *m* (Einheit des Dhrystone-Tests) ‖ ~ **test** (Comp) / Dhrystone-Test *m* ‖ ~ **test** (Comp) s. also benchmark test

**DHT** *n* (dihydrotestosterone) (Biochem, Gen, Med) / Dihydrotestosteron *n*

**D.I.** (direct injection) (Aero, Autos) / Direkteinspritzung *f* (wenn der Kraftstoff direkt in den Brennraum gelangt), direkte Einspritzung, Hochdruckeinspritzung *f*

**DI** (discomfort index) (Physiol) / Behaglichkeitsziffer *f*, Comfort-Index *m*

**dia** *n* / Durchmesser *m*

**diabase*** *n* (Geol) / Dolerit *m* ‖ ~ (Geol) / Diabas *m* (ein Ergussstein)

**diabasic** *adj* (Geol) / diabasisch *adj* ‖ ~ **texture** (Geol) / ophitische Struktur (basischer Ergussteine)

**diabatic** *adj* (Phys) / diabatisch *adj*

**diabetic food** (Nut) / Diabetiker-Lebensmittel *n pl*

**Diac** *n* (General Electric Company) (Electronics) / Zweiwegthyristor *m*, Zweigeschaltdiode *f*, Zweirichtungsthyristordiode *f* (DIN 41786), Diac *m n*, bidirektionale Triggerdiode

**diacaustic** *n* (Light, Optics) / Diakaustik *f* (Hüllenkurve gebrochener Strahlen)

**diacetic acid** (Chem) / Azetessigsäure *f*, Acetessigsäure *f*, 3-Oxobutansäure *f*

**diacetin** *n* (Chem) / Glycerindiacetat *n*, Glyzerindiazetat *n*, Diacetin *n*, Diazetin *n*

**diacetone alcohol*** (Chem) / Diazetonalkohol *m* (4-Hydroxy-4-methyl-2-pentanon), Diacetonalkohol *m*, Diaceton *n*, Diazeton *n*

**diacetyl*** *n* (Chem) / Diazetyl *n* (Butan-2,3-dion), Biazetyl *n*, Biacetyl *n*

**diacetyldioxime** *n* (Chem) / Diazetyldioxim *n*, Dimethylglyoxim *n*, Diacetyldioxim *n*

**diacetyltartrate** *n* (Chem) / Diazetylweinsäureester *m*, Diacetylweinsäureester *m*

**diachronism*** *n* (Geol) / Diachronismus *m* (verschieden zeitliche Position einer Transgressionsfläche)

**diachronous** *adj* (Geol) / diachron *adj* (im geologischen Alter differierend), diachronisch *adj*

**diacid** *n* (Chem) / zweiwertige Säure, zweibasige Säure, zweibasische Säure ‖ ~ **salt** (Chem) / Dihydrogensalz *n*

**diacritical marks** (Comp, Typog) / diakritische Zeichen (z.B. Tilde, Akzent, Haken)

**diacyl peroxide** (Chem) / Diazylperoxid *n*, Diacylperoxid *n*

**diad** *n* (Chem) / zweiwertige Atomgruppe ‖ ~ (axis) (Crystal) / zweizählige (Drehungs)Achse (um 180°), Digyre *f*

**diadochite** *n* (Min) / Diadochit *m* (ein Mineral der Diadochitgruppe)

**diadochy*** *n* (Crystal) / Diadochie *f* (isomorphe Vertretbarkeit einzelner Bestandteile einer Kristallstruktur)

**diaeresis** *n* (pl. diaereses) (Typog) / Trema *n* (pl. Tremas oder Tremata) (DIN 66009), Umlautzeichen *n* (z.B. in "Löß"), Diärese *f*

**diafiltration** *n* (Chem Eng) / Diafiltration *f* (eine Entsalzungsmethode durch Ultrafiltration während der Enzymreinigung)

**diagenesis*** *n* (pl. -geneses) (Geol) / Diagenese *f*

**diagnose** *v* (Comp, Med) / diagnostizieren *v*

**diagnosis** *n* (pl. diagnoses) (Comp) / Fehldiagnose *f* (Feststellen, Prüfen und Klassifizieren von Merkmalen mit dem Ziel der Einordnung, ob ein fehlerfreier oder fehlerhafter Zustand vorliegt) ‖ ~ (pl. diagnoses) (Comp, Med) / Diagnose *f* ‖ ~ **start** (Comp) / Diagnoseanstoß *m*

**diagnostic** *adj* (Comp, Med) / diagnostisch *adj* ‖ ~ **acceptability measure** (Comp, Telecomm) / DAM *n* (Maß zur Beschreibung der Qualität digitaler Sprachcodierungsverfahren) ‖ ~ **capability** (all capabilities associated with the detection and isolation of faults, including built-in test, automatic test systems, and manual test) (Comp) / Diagnosefähigkeit *f* ‖ ~ **centre** (Autos) / Diagnosezentrum *n* (meistens eine Autowerkstatt) ‖ ~ **check** (Comp) / Diagnosetest *m* (Fehlersuche) ‖ ~ **code** (Comp) / Diagnoseprüfung *f* ‖ ~ **communications system** (Comp) / Diagnostik-Kommunikationssystem *n*, DCS *n* (Diagnostik-Kommunikationssystem) ‖ ~ **disk** (Comp) /

**diagnostic**

Diagnosediskette *f* ‖ **~ equation** (Meteor) / diagnostische Gleichung (für die numerische Wettervorhersage) ‖ **~ function** (Comp) / Diagnosefunktion *f* ‖ **~ link** (Autos) / Diagnoseanschluss *m* ‖ **~ message** (an error message in a programming routine to help the programmer identify the error) (Comp) / Fehlerhinweismeldung *f*, Diagnosemeldung *f* ‖ **~ package** (Comp) / Fehlersuchpaket *n*, Diagnosepaket *n* ‖ **~ program** (computer program that isolates equipment malfunctions or programming errors) (Comp) / Diagnoseprogramm *n*, Fehlersuchprogramm *n*, Diagnostikprogramm *n* (Programm, das entweder einen Fehler in der Einrichtung oder einen Fehler in einem Computerprogramm erkennt, lokalisiert und erklärt) ‖ **~ radiology** (Med, Radiol) / Strahlendiagnostik *f*, Röntgendiagnostik *f* ‖ **~ routine** (a sequence of tests or fault tree logic designed to use data inputs and predetermined standards or operational limits to establish condition status and locate a malfunction or discrepancy) (Comp) / Testhilfe *f* ‖ **~ software** (Comp) / Diagnosesoftware *f* ‖ **~ status byte** (Comp) / Diagnosebyte *n* ‖ **~ strategy** (AI, Comp) / Diagnosestrategie *f* ‖ **~ system** (AI, Comp) / Diagnosesystem *n* (ein Expertensystem) ‖ **~ test** (Comp) / Diagnosetest *m* (Fehlersuche), Diagnoseprüfung *f* ‖ **~ test sequence** (Comp) / Diagnosetestablauf *m*, DTA ‖ **~ tool** (Comp) / Diagnose-Tool *n*

**diagonal\*** *n* (Build, Eng) / Kreuzstrebe *f*, Diagonale *f*, Schräge *f*, Spreize *f*, Diagonalstab *m* ‖ **~** (Materials) / Eindruckdiagonale *f* (beim Vickershärteprüfverfahren) ‖ **~\*** (Maths) / Eckenlinie *f* (die zwei nicht benachbarte Ecken miteinander verbindet), Diagonale *f* (im Vieleck, bei Vielflachen) ‖ **~\*** (Maths) / Diagonale *f* (der Matrix) ‖ **~** (Ships) / Sente *f* (ein Linienriss) ‖ **~** (Textiles) / Diagonal *m* (Sammelbezeichnung für alle Gewebe mit ausgeprägtem Diagonalgrat) ‖ **~** (Typog) / Schrägstrich *m*, Slash *m* (pl. -s) ‖ **~** *adj* / diagonal *adj* (quer verlaufend), Diagonal-, schräg laufend *adj* ‖ **~ arrangement** (of the layers of the double fabric) (Textiles) / Diagonalschlag *m*

**diagonal-band veneer** (For, Join) / Blindfurnier *n* (zur Absperrung von Qualitätsmöbeln), Absperrfurnier *n* (DIN EN 313-2), Sperrfurnier *n* (meist als Schälfurnier zur Absperrung auf Ober- und Unterseite in gekreuzter Faserlage), Furnier *n* (DIN 68 330)

**diagonal beam** (Build) / Schrägbalken *m* ‖ **~ bond\*** (Build) / Festungsverband *m*, Stromverband *m*, Kornährenverband *m* (ein alter Mauersteinverband bei starken Backsteinfundamentmauern) ‖ **~ brace** (Build, Eng) / Kreuzstrebe *f*, Diagonale *f*, Schräge *f*, Spreize *f*, Diagonalstab *m* ‖ **~ brushing machine** (Textiles) / Diagonalbürstmaschine *f* (DIN 64 990) ‖ **~ cutting pliers** (Eng, Tools) / Schrägschneider *m*

**diagonal-cyclic symmetry** (Elec Eng) / diagonal-zyklische Symmetrie (in Drehstromnetzen nach DIN 13 321)

**diagonal entry** (for a square matrix the diagonal entries are the entries which form the main diagonal) (Maths) / Diagonalelement *n* ‖ **~ eyepiece\*** (Surv) / Zenitokular *n*, Steilsichtokular *n* ‖ **~ eyepiece\*** (Surv) / gebrochenes Okular ‖ **~ fault** (Geol) / Diagonalverwerfung *f* (spießeckige Verwerfung)

**diagonal-flow compressor** (Aero) / Diagonalverdichter *m*

**diagonal fold** (Print) / Diagonalfalz *m* ‖ **~ installation** (Work Study) / Schrägaufstellung *f* (der Maschinen in der Halle)

**diagonalizable** *adj* (Maths) / diagonalisierbar *adj*

**diagonalization** *n* (Comp, Maths) / Diagonalisierung *f*

**diagonalizing** *n* (Comp, Maths) / Diagonalisierung *f* ‖ **~** (Radio) / Ausstrahlung *f* desselben Programms zu verschiedenen Zeiten und auf verschiedenen Wellenlängen

**diagonal joint** (Geol) / Diagonalkluft *f*, D-Kluft *f*

**diagonal-lead shaving** (Eng) / Diagonalschaben *n*

**diagonal matrix\*** (a square matrix in which all the entries not in the main diagonal are zero) (Maths) / Diagonalmatrix *f* ‖ **~ method of Cauchy** (Maths) / Cauchys Diagonalverfahren, erstes Diagonalverfahren ‖ **~ of impression** (Materials) / Eindruckdiagonale *f* (beim Vickershärteprüfverfahren) ‖ **~ of indentation** (Materials, Mech) / Eindruckdiagonale *f* (beim Vickershärteprüfverfahren) ‖ **~ parking** (Autos) / Schrägparken *n*, schräges Parken, schräges Einparken, schräge Aufstellung der Fahrzeuge (auf dem Parkplatz) ‖ **~ pitch** (of a riveted joint) (Eng) / Abstand *m* der Nachbarnieten voneinander (beim Zickzacknieten) ‖ **~ point** (Maths) / Diagonalpunkt *m* (bei einem vollständigen Viereck) ‖ **~ polarization** (Elec, Phys, Radio) / diagonale Polarisation ‖ **~ procedure** (Maths) / Cantors Diagonalverfahren (in der Mengenlehre), zweites Diagonalverfahren (nach G. Cantor, 1845-1918) ‖ **~ pump** (Eng) / Halbaxialpumpe *f*, Diagonalradpumpe *f* ‖ **~ ram longwall face** (Mining) / Rammstreb *m* in steiler Lagerung ‖ **~ relationship** (Chem) / Diagonalbeziehung *f*, Schrägbeziehung *f* (im Periodensystem) ‖ **~ rib** (Arch) / Kreuzrippe *f* (an einem Diagonalbogen), Diagonalrippe *f* ‖ **~ road** (Mining) / Diagonalstrecke *f* ‖ **~ ruling** (Cartography) / Diagonalraster *m* ‖ **~ sum** (Maths) / Spur *f* (Summe der Diagonalelemente einer quadratischen Matrix), Diagonalsumme *f* ‖ **~ symmetry** (Elec Eng) / diagonale Symmetrie (in Drehstromnetzen nach DIN 13 321) ‖ **~ tension** (Mech) / schiefe Hauptzugspannung ‖ **~ tie** (Carp) / Zugstrebe *f* (des Fachwerkträgers) ‖ **~ trilateral** (Maths) / Diagonaldreiseit *n* (das von den Diagonalen in einem vollständigen Vierseit gebildet wird) ‖ **~ weave** (Weaving) / Diagonalbindung *f* ‖ **~ zigzag twill** (Weaving) / Diagonalzickzackköper *m*

**diagram** *v* / in einem Diagramm darstellen, schematisch darstellen, bildlich darstellen ‖ **~\*** *n* / Diagramm *n*, Graf *m*, Schaubild *n*, Graph *m* ‖ **~\* / Ablaufdiagramm** *n* ‖ **~ map** (Cartography, Stats) / Diagrammkarte *f*, Kartodiagramm *n* (thematische Karte, bei der die - meist statistischen - Aussagen in Diagrammen dargestellt sind), Diakartogramm *n*

**diagrammatic** *adj* / Diagramm-, als Diagramm, zeichnerisch *adj* (in einem Diagramm dargestellt)

**diagrammatical** *adj* / Diagramm-, als Diagramm, zeichnerisch *adj* (in einem Diagramm dargestellt) ‖ **~ representation** / grafische Darstellung (DIN 461)

**diagrammatic map** (Cartography, Stats) / Kartendiagramm *n*, Kartogramm *n*

**diagram of stress vs. creep rate** (Materials) / Zustandsdiagramm *n*, Zeitstandschaubild *n*

**diagrid** *n* / Blechkonstruktion *f* mit diagonalen Verstärkungsrippen

**DIAL** (differential-absorption laser) (Phys) / Differentialabsorptionslaser *m*

**dial** *v* (Instr) / anzeigen *v* (auf einer Skale) ‖ **~** (Teleph) / wählen *v* (mit Wählscheibe) ‖ **~** *n* (of a gauge or radio) (Eng, Instr) / Skale *f* ‖ **~\*** (Horol, Instr) / Zifferblatt *n* ‖ **~\*** (Mining, Surv) / Markscheiderkompass *m*, Grubenkompass *m*, Bergkompass *m*, Stativkompass *m* ‖ **~\*** (Teleph) / Wählscheibe *f*, Nummernscheibe *f*, Nummernschalter *m*, Drehwählscheibe *f* ‖ **~** (of the knitting machine) (Textiles) / Rippscheibe *f* (bei Strickmaschinen)

**dial-access system** (Comp) / Dial-Access-System *n* (Weiterentwicklung des Sprachlabors, bei der Tonbandübungsmaterial von zentralen Speichern abgerufen werden kann)

**dial and point-to-point** (Teleph) / Wählstandverbindung *f* ‖ **~ and ring** (Teleph) / Sicherheitsvorrichtung, die *f* verhindert, dass unberechtigte Personen anhand von Impulsen der Wählscheibe die gewählte Nummer ermitteln können ‖ **~ attempt** (Teleph) / Wählversuch *m* ‖ **~ back** (Comp) / Dialback *m* (ein Sicherheitsmerkmal von Modems, das sicherstellen soll, dass nicht autorisierte Personen über Modemverbindungen keinen Zugang in Rechnersysteme erhalten) ‖ **~ calliper** (Instr) / Messschieber *m* mit Messuhr ‖ **~ connection** (Teleph) / Wählverbindung *f* ‖ **~ connexion** (GB) (Teleph) / Wählverbindung *f*

**dialdehyde\*** *n* (Chem) / Dialdehyd *m*

**dialect** *n* (a non-standard version of a programming language) (Comp) / Dialekt *m*

**dialer** *n* (US) (Mining, Surv) / Markscheider *m* (akademischer Vermessungsingenieur, der eine zusätzliche staatliche Ausbildung und Konzession erhalten hat)

**dial feed** (Eng) / Drehteller *m* (für die automatische Werkstückhandhabung bei der Blechbearbeitung an Universalpressen), Schaltteller *m*, Revolverteller *m* ‖ **~ finger plate** (Teleph) / Lochkranz *m*, Fingerlochscheibe *f* (bei alten Fernsprechapparaten) ‖ **~ finger stop** (Teleph) / Anschlag *m* der Fingerlochscheibe ‖ **~ gauge\*** (Eng) / Messzeiger *m*, Messuhr *f* (DIN 878) ‖ **~ gauge indicator** (Eng) / Messzeiger *m*, Messuhr *f* (DIN 878) ‖ **~ in(to)** *v* (Telecomm) / sich einwählen (in ein System)

**dial-in** *n* (Telecomm) / Einwahl *f*, Netzeinwahl *f*, Einwählen *n*

**dial indicator** (a mechanical gauge) (Eng) / Messzeiger *m*, Messuhr *f* (DIN 878)

**dialing** *n* (US) (Mining, Surv) / Markscheiden *n*, Markscheidezug *m*, Vermessung *f* mit dem Markscheiderkompass ‖ **~** (US) (Teleph) / Wahl *f*, Wählen *n*

**dialkene\*** *n* (Chem) / Dien *n*

**dialkyl** *n* (Chem) / Dialkyl *n*

**dialkylate** *v* (Chem) / dialkylieren *v*

**diallage\*** *n* (Min) / Diallag *m* (Abart des Diopsids)

**dialler** *n* (Mining, Surv) / Markscheider *m* (akademischer Vermessungsingenieur, der eine zusätzliche Ausbildung und Konzession erhalten hat) ‖ **~** (Teleph) / Dialler *m* (technische Funktionseinheit, welche automatisch wählt, bis der Angerufene entweder frei ist oder an den Apparat geht, z.B. in einem Callcenter), Power-Dialler *m*

**dialling\*** *n* (Mining, Surv) / Markscheiden *n*, Markscheidezug *m*, Vermessung *f* mit dem Markscheiderkompass ‖ **~** (Teleph) / Wahl *f*, Wählen *n* ‖ **~ chip** (Teleph) / Wählbaustein *m* ‖ **~ equipment** (Teleph) / Wähleinrichtung *f* ‖ **~ machine** (Teleph) / Dialler *m* (technische Funktionseinheit, welche automatisch wählt, bis der Angerufene entweder frei ist oder an den Apparat geht, z.B. in einem Callcenter), Power-Dialler *m* ‖ **~ network** (Telecomm) / Wählnetz *n*

(Kommunikationsnetz, bei dem die Verbindung durch Anwahl des Teilnehmers hergestellt wird) || ~ **time** (Teleph) / Wähldauer f || ~ **tone** (GB) (Teleph) / W-Ton m, Wählzeichen n, Wählton m (Hörton, der dem anrufenden Teilnehmer signalisiert, dass er nun wählen kann), WT (Wählton)
**diallyl phthalate** (Chem, Plastics) / Diallylphthalat n, DAP (Diallylphthalat)
**dialogite**\* n (Min) / Himbeerspat m, Rhodochrosit m, Manganspat m (Mangan(II)-karbonat)
**dialogue box** (Comp) / Dialogbox f, Dialogfeld n
**dialogue-box title** (Comp) / Titel m des Dialogfelds
**dialogue continuity** (Cinema) / Textdrehbuch n || ~ **control** (Comp) / Dialogsteuerung f (Programm- oder Benutzersteuerung) || ~ **mode** (Comp) / Dialogbetrieb m, interaktiver Betrieb, Dialogverkehr m || ~ **model** (Comp) / Dialogmodell n (Mensch-Maschine-Dialog)
**dialogue-oriented** adj (Comp) / dialogorientiert adj
**dialogue protocol** (Comp) / Dialogprotokoll n || ~ **system** (Comp) / Dialogsystem n || ~ **terminal** (Comp) / Dialogterminal n || ~ **track** (Cinema) / Sprachband n || ~ **window** (Comp) / Dialogfenster n
**dial-out** n (Telecomm) / Auswahl f (Netzauswahl), Netzauswahl f
**dial pointer** (Instr) / Skalenzeiger m || ~ **prefix** (Teleph) / Verkehrsausscheidungsziffer f (im nationalen Bereich), Verkehrsausscheidungszahl f (im internationalen Bereich) || ~ **preparation** (Teleph) / Wahlvorbereitung f || ~ **pulse** (Teleph) / Wählimpuls m || ~ **pulsing** (Teleph) / Nummernschalterwahl f || ~ **receiver** (Teleph) / Wahlempfänger m || ~ **service assistance** (Teleph) / Mitwirkung f bei Wählverbindungen
**dial-templet ocular** (Optics) / Revolverokular n (ein Messokular)
**dial test indicator** (Eng) / Messzeiger m, Messuhr f (DIN 878) || ~ **thermometer** / Thermometer n mit runder Skale || ~ **through** v (Teleph) / durchwählen v || ~ **tone** (Teleph) / Amtszeichen n || ~ **tone** (US) (Teleph) / W-Ton m, Wählzeichen n, Wählton m (Hörton, der dem anrufenden Teilnehmer signalisiert, dass er nun wählen kann), WT (Wählton) || ~ **traffic** (Teleph) / wahlfähiger Verkehr || ~ **transmitter** (Teleph) / Wahlgeber m
**dial-type instrument** (Instr) / Rundinstrument n
**dial up** v (Teleph) / anwählen v
**dial-up access** (the use of a normal telephone line to gain access to a network, usually the Internet) (Comp, Teleph) / Dial-up-Zugang m || ~ **account** (Comp) / Einwahlkonto n (Benutzerkonto, das einen Netzzugang über Einwählverbindungen erlaubt) || ~ **connection** (Teleph) / Wählverbindung f, Dial-up-Verbindung f || ~ **networking** (an early form of networking) (Teleph) / DFÜ-Netzwerk n || ~ **terminal** (Comp) / Datenstation f mit Anschluss für Wählverkehr (eine Datenstation an einer Wählleitung)
**dial wind-up plate** (Teleph) / Lochkranz m, Fingerlochscheibe f (bei alten Fernsprechapparaten)
**dialysate** n (Chem) / Dialysat n (durch Dialyse gewonnene Flüssigkeit)
**dialyse** v (GB) (Chem) / dialysieren v
**dialyser**\* n (GB) (Chem) / Dialysator m, Dialysierzelle f
**dialysis**\* n (pl. dialyses) (Chem) / Dialyse f
**dialyze** v (US) (Chem) / dialysieren v
**dialyzer** n (US) (Chem) / Dialysator m, Dialysierzelle f
**diamagnetic** n (Mag) / diamagnetischer Stoff, Diamagnetikum n (pl. Diamagnetika) (DIN EN 1330-1) || ~ adj (Mag) / diamagnetisch adj || ~ **material** (whose relative permeability is less than 1.00 and is therefore weakly repelled by a magnetic field) (Mag) / diamagnetischer Stoff, Diamagnetikum n (pl. Diamagnetika) (DIN EN 1330-1) || ~ **resonance** (Nuc, Phys) / diamagnetische Resonanz, Zyklotronresonanz f, Cyclotronresonanz f || ~ **susceptibility** (Mag) / diamagnetische Suszeptibilität
**diamagnetism**\* n (Phys) / Diamagnetismus m
**diamantane** n (Chem) / Diamantan n, Congressan n
**diamant dresser** (Eng) / Diamantabrichter m (Abrichtdiamant)
**diamantine lustre** (Min) / Diamantglanz m
**diameter**\* n / Durchmesser m || ~ **accretion** (For) / Durchmesserzuwachs m || ~ **group** (For) / Durchmessergruppe f, DGr (Durchmessergruppe) || ~ **increment** (For) / Durchmesserzuwachs m || ~ **norm** (For) / Nennweite f, NW (Nennweite), DN (Nennweite) || ~ **of the castle** (Eng) / Kronendurchmesser m (der Kronenmutter) || ~ **of the hole** (Eng) / Lochdurchmesser m || ~ **over bark** (For) / Durchmesser m mit Rinde, DmR (bei der Holzmessung) || ~ **under bark** (For) / Durchmesser m ohne Rinde, DoR (bei der Holzmessung)
**diametral** adj (Maths) / diametral adj || ~ **brush** (Elec Eng) / Durchmesserbürste f || ~ **clearance** (Eng) / Umfangsfreifläche f (bei einem Bohrer) || ~ **pitch** (Eng) / Diametral Pitch m, DP (die Anzahl der Zähne je Zoll Teilkreisdurchmesser) || ~ **winding**\* (Elec Eng) / Durchmesserwicklung f
**diametrical** adj (Maths) / diametral adj
**diametrically opposite points** (Maths) / Diametralpunkte m pl (eines Kreises oder einer Kugelfläche)

**diametrical pitch**\* (Eng) / Diametral Pitch m, DP (die Anzahl der Zähne je Zoll Teilkreisdurchmesser) || ~ **voltage**\* (Elec Eng) / Durchmesserspannung f, verkettete Spannung im 6-Phasensystem
**diamide** n (Chem) / Diazan n, Diamid n, Hydrazin n (auch Raketentreibstoff)
**diamine**\* n (Chem) / Diamin n (eine organische Base) || ~ **oxidase** (Biochem) / Histaminase f, Diaminoxidase f
**diaminobenzenes** pl (Chem) / Phenylendiamine n pl, Diaminobenzole n pl
**diaminobenzidine** n (Chem) / Diaminobenzidin n
**diaminoethane** n (Chem) / Ethylendiamin n (1,2-Ethandiamin), EDA
**diaminohexane**\*, **1,6-~** (Chem, Plastics) / Hexamethylendiamin n (aus Adipinsäure oder Acetylen und Formaldehyd hergestellter Rohstoff für Nylon), 1,6-Diamino-hexan, 1,6-Hexandiamin n
**diaminopimelic acid** (Chem) / Diaminopimelinsäure f (2,6-Diaminoheptandisäure), Dpm (Diaminopimelinsäure)
**diammine mercury chloride** (Chem) / Diamminquecksilber(II)-chlorid n, schmelzbares weißes Präzipitat
**diamond** n (Autos, Civ Eng) / Rautenanschluss m, Raute f (ein Kreuzungsbauwerk) || ~ (Comp) / Raute f (auf der grafischen Benutzeroberfläche) || ~ (Glass) / Glaserdiamant m, Diamantglasschneider m, Schneidediamant m || ~\* (Min) / Diamant m || ~ (Textiles) / Kreuzeffektgarn n || ~ (Textiles) / Diamant m (des Reißverschlusses) || ~ (Textiles) / Diamantmuster n, Rautenmuster n, Rhombenmuster n || ~\* (Typog) / Diamant f (veraltete Bezeichnung für einen Schriftgrad) || ~ **antenna**\* (Radio) / Rhombusantenne f (Sende- und Empfangsantenne der Kurzwellentechnik) || ~ **bit**\* (Mining) / Diamantbohrkrone f || ~ **code** (Comp) / Diamond-Kode m || ~ **cone** (Materials) / Diamantkegel m (Eindringkörper der Rockwell-Härteprüfmaschine) || ~ **crossing** (Rail) / doppeltes Herzstück, Doppelherzstück n || ~ **crossing with slips** (Rail) / Kreuzungsweiche f, KW || ~ **crown** (Mining) / Diamantbohrkrone f || ~ **cutter** (Optics) / Diamantfräser m || ~ **cutting disk** (Eng) / Diamanttrennscheibe f || ~ **die**\* (Met) / Diamantdüse f, Diamantziehstein m || ~**-drill** (Mining, Oils) / Diamantbohrer m, Diamantbohrgerät n || ~ **dust**\* / Diamantstaub m || ~ **fret** (Arch) / Diamantschnitt m (Friesausbildung), Diamantfries m || ~ **grey** (Paint) / Zinkgrau n (Malerfarbe), Diamantgrau n, Platingrau n, Silbergrau n
**diamond-ground** adj / diamantgeschliffen adj
**diamond harrow** (Agric) / Diagonalackeregge f, Diagonalegge f
**diamondiferous** adj (Mining) / diamantführend adj, diamanthaltig adj
**diamond impregnation** (Tools) / Diamantbesatz m (bei Werkzeugen) || ~ **indenter** (Materials) / Diamanteindringkörper m || ~ **ink** (Glass) / Diamanttinte f (Ätzmittel für Glas) || ~ **insert** (Met) / Diamantkern m (des Ziehsteins) || ~ **interchange** (Autos, Civ Eng) / Rautenanschluss m, Raute f (ein Kreuzungsbauwerk)
**diamondite** n / ein gesintertes Wolframcarbid
**diamond knurl** / Kordel f (rautenförmiges Rändelmuster) || ~**-knurling** n (Eng) / Kordieren n, Kreuzrändeln n (Erzeugen einer griffigen Fläche an Drehteilen durch Einwalzen sich kreuzender Riefen mit Hilfe von zwei Rändelrollen), Kordeln n (DIN 8583, T 5) || ~ **lattice** (Crystal) / Diamantgitter n (Gitterbau des Kohlenstoffs in Diamantform) || ~ **linen** (Textiles) / rhombenförmig gemusterte Leinwand n || ~ **mat** (Glass, Textiles) / Rautenmatte f (eine Textilglasmatte mit Rautenmuster) || ~ **mesh**\* (Build, Civ Eng) / Streckmetall n mit rautenförmigen Maschen || ~ **metal** (Met) / Diamantmetall n (ein Sinterwerkstoff) || ~ **mortar** / Diamantmörser m || ~ **pass** (Met) / Rautenkaliber m, Spießkantkaliber m (zwischen den Walzenpaaren)
**diamond-paste grinding** (Eng) / Schleifen n mit Diamantpaste
**diamond plate** (Ships) / Diamantplatte f (die die Gurte der Lukenlängs- und der Lukenquerträger verbindet) || ~ **point** (Mining, Oils, Tools) / Diamantspitze f
**diamond-point chisel** (Tools) / Spitzmeißel m
**diamond-pointed stone** (Arch) / Diamantquader m (ein Quader, dessen Ansichtsfläche einem geschliffenen Diamanten ähnlich bearbeitet ist)
**diamond powder** / Diamantpulver n || ~ **pyramid** (Materials) / Diamantpyramide f (mit 136° Spitzenwinkel als Eindringkörper der Vickers-Härteprüfmaschine)
**diamond-pyramid hardness** / Vickershärte f (DIN EN ISO 6507)
**diamond saw**\* / diamantbesetzte Säge, Diamantsäge f || ~ **structure** (Crystal) / Diamantstruktur f, Diamanttyp m
**diamond-tested metal** (Paint) / diamantgetestet adj
**diamond•-tip turning tool** (Eng, Tools) / Drehdiamant m || ~ (turning) **tool** (Eng, Tools) / Drehdiamant m || ~ **tool**\* (Eng, Tools) / Diamantwerkzeug n (für die spanende und umformende Bearbeitung)
**diamond-tool holder** (Tools) / Drehdiamanthalter m, Diamanthalter m (Meißelhalter zur Aufnahme eines Drehdiamanten)
**diamond turning** (Eng) / Diamantdrehen n

**diamond-type**

**diamond-type coil** (Elec Eng) / Fassspule f, Korbspule f
**diamond vault** (Arch) / Netzgewölbe n, Rautengewölbe n (eine Gewölbeform der späten Gotik) ‖ ~ **vault** (Arch) s. also net vault ‖ ~ **wheel**\* (Eng) / Diamantschleifscheibe f (ein Diamantschleifkörper), Diamantscheibe f (ein Schleifkörper) ‖ ~ **wired glass** (Glass) / Drahtglas n (mit rautenförmiger Drahteinlage)
**diamond-work** n (Arch) / Diamantierung f (Ornamentierung von Baugliedern) ‖ ~\* (Arch) / Diamantmauerwerk n
**diamorphine** n (diacetylmorphine) (Pharm) / Heroin n (Diazetylmorphin - ein Rauschgift), Diamorphin n
**dianion** n (Phys) / Doppelanion n
**dianisidine** n (Chem) / Dianisidin n (4,4'-Diamino-3,3'-dimethoxy-biphenyl) ‖ ~ **dyestuff** (Textiles) / Dianisidinfarbstoff m (ein Azofarbstoff)
**dianite** n (Min) / Kolumbit m (Mischkristalle von Tantalit und Niobit), Columbit m
**diaper** n (Textiles) / Gänseaugenstoff m, Diaper m (Jacquardgewebe) ‖ ~ (Textiles) / rautenförmig gemustertes Gewebe, Gewebe n mit Rhombenmuster ‖ ~ **cloth** (Textiles) / Windelmull m ‖ ~ **linen** (Textiles) / rhombenförmig gemusterte Leinwand
**diaper-work**\* n (Arch) / flächenfüllendes ornamentales Muster auf der Oberfläche des Mauerwerks (z.B. Sgraffito)
**diaphanous** adj / durchscheinend adj, diaphan adj
**diaphoretic**\* n (Pharm) / Sudoriferum n (pl. -fera), Diaphoretikum n (pl. -tika), schweißtreibendes Arzneimittel, Hidrotikum n (pl. -tika) (schweißtreibendes Arzneimittel) ‖ ~\* adj (Pharm) / sudorifer adj, diaphoretisch adj, schweißtreibend adj
**diaphragm** v (Optics, Photog) / abblenden v ‖ ~\* n (Acous) / Membrane f, Membran f ‖ ~ (Chem) / Scheidewand f (z.B. bei der Dialyse), Diaphragma n (pl. -gmen) ‖ ~ (Chem Eng) / poröse Scheidewand (bei elektrochemischen Prozessen und beim Filtrieren) ‖ ~ (Civ Eng) / Aussteifungsträger m (wandartiger) ‖ ~\* (Elec Eng) / Scheider m (des Akkumulators), Plattenscheider m, Scheiderplatte f, Separator m, Trennelement n (des Akkumulators) ‖ ~ (Eng) / Diaphragma n (pl. -gmen), Membrane f, Membran f ‖ ~ (Eng) / Versteifungswand f, Bindeblech n (Versteifungswand), Versteifungsblech n (z.B. in geschweißten Stahlträgern) ‖ ~ (Optics, Photog) / Blende f (im Objektiven), Diaphragma n (pl. -gmen), Abblendvorrichtung f ‖ ~ (Eng) s. also diaphragm valve ‖ ~ **actuator drive** (Automation) / Membranantrieb m ‖ ~ **arch** (Arch) / Schwibbogen m (waagrecht gespannter Bogen zur Übertragung des Horizontalschubes zwischen zwei Gebäuden, meist über engen Gassen), Schwebebogen m
**diaphragm-box level detector** / Membranschalter m (zur Niveaustandmessung)
**diaphragm cell**\* (Chem Eng) / Diaphragmazelle f (für das Diaphragmaverfahren der Chloralkalielektrolyse) ‖ ~ **compressor** (Eng) / Membrankompressor m, Membranverdichter m (ein Hubkolbenverdichter) ‖ ~ **control** (Optics, Photog) / Blendenregelung f ‖ ~ **coupling** (Eng) / Membrankupplung f ‖ ~ **down** v (Optics, Photog) / abblenden v ‖ ~ **drive** (Automation) / Membranantrieb m ‖ ~ **gate** (Plastics) / Schirmanschnitt m (beim Spritzgießen) ‖ ~ **gauge** (Eng) / Plattenfedermanometer n, Membranfedermanometer n ‖ ~ **gauge** (Eng) s. also aneroid barometer ‖ ~ **jig** (Min Proc) / Diaphragmasetzmaschine f, Membrankolbensetzmaschine f ‖ ~ **meter** / trockener Gaszähler, Balgengaszähler m, Messbalgenzähler m (Gasmessung) ‖ ~ **plate**\* (Civ Eng) / Stegverbinder m (bei Kastenträgern) ‖ ~ **pump**\* (Eng) / Membranpumpe f ‖ ~ **shutter** (between-the-lens) (Photog) / Zentralverschluss m ‖ ~ **spring** (Eng) / Membranfeder f, Tellerfeder f ‖ ~ **valve** (Eng) / Membranventil n (Absperrarmatur mit einer Membran als Absperrkörper), Ventil n mit Mebranabschluss ‖ ~ **wall** (a concrete retaining wall underground, which may be as much as 25 m deep, built in a mechanically excavated trench that has been filled with bentonite-loaded or ordinary mud to support it during excavation) (Civ Eng) / Schlitzwand f (für tiefe Keller und U-Bahn-Schächte)
**diaphthoresis** n (Geol) / retrograde Metamorphose, Diaphthorese f, Retrometamorphose f
**diapir**\* n (Geol) / Diapir m ‖ ~\* (Geol) s. also salt dome
**diapositive**\* n (Photog) / Diapositiv n, Dia n
**diaryl** n (Chem) / Biaryl n
**diarylide yellow pigment** (Print) / Diarylgelbpigment n, Biarylgelbpigment n
**diaryl ketone** (Chem) / Aryl-o-tolyl-keton n ‖ ~ **ketone** (Chem) s.also Elbs reaction
**diaschistic** adj (Geol) / diaschist adj (der chemischen Zusammensetzung von der verwandter Gesteine abweichend)
**diascope** n (Light, Photog) / Diaprojektor m, Diaskop n, Diabildwerfer m
**diascopic projection** (Light, Optics) / Diaprojektion f, diaskopische Projektion, Durchlichtprojektion f
**diaspore**\* n (Min) / Diaspor m ($\alpha$-Aluminiumoxidhydroxid)
**diastase**\* n (Biochem) / Amylase f (stärkespaltendes Enzym), Diastase f

**diastem** n (a hiatus of brief duration) (Geol) / Diastem n (kurzzeitige Sedimentationsunterbrechung), Sedimentationsunterbrechung f (kurzzeitige)
**diastereoisomer**\* n (Chem) / Diastereoisomer n, Diastereomer n
**diastereoisomerism** n (Chem) / Diastereoisomerie f, Diastereomerie f
**diastereomer** n (Chem) / Diastereoisomer n, Diastereomer n ‖ ~ **excess** (Chem) / Diastereomerenüberschuss m
**diastereoselective** adj (Chem) / diastereoselektiv adj (Synthese) ‖ ~ **synthesis** (Chem) / diastereoselektive Synthese
**diastereospecific** adj (Chem) / diastereospezifisch adj
**diastereotopic** adj (Chem) / diastereotop adj ‖ ~ **group** (Chem) / diastereotope Gruppe
**diastrophism**\* n (Geol) / Diastrophismus m (Gesamtheit der tektonischen Deformation der Erdkruste)
**diathermal wall** (Phys) / diatherme Wand
**diathermancy** n (Phys) / Wärmedurchlässigkeit f, Wärmedurchlasszahl f, Wärmedurchgangszahl f (DIN 4108)
**diathermanous**\* adj / wärmedurchlässig adj, diatherman adj (Wärmestrahlen hindurchlassend)
**diathermic** adj / wärmedurchlässig adj, diatherman adj (Wärmestrahlen hindurchlassend)
**diathermy**\* n (Med) / Diathermie f (therapeutische Anwendung hochfrequenter Ströme)
**diatomaceous earth**\* (Min) / Diatomeenerde f, Kieselgur f (ein Festgestein aus den Kieselsäuregerüsten der Diatomeen), Infusorienerde f, Bergmehl n ‖ ~ **silica** (Min) / Diatomeenerde f, Kieselgur f (ein Festgestein aus den Kieselsäuregerüsten der Diatomeen), Infusorienerde f, Bergmehl n
**diatomic** adj (Chem, Nuc) / zweiatomig adj ‖ ~ **molecule** (heteronuclear, homonuclear) (Chem) / zweiatomiges Molekül
**diatomite**\* n (Min) / Diatomeenerde f, Kieselgur f (ein Festgestein aus den Kieselsäuregerüsten der Diatomeen), Infusorienerde f, Bergmehl n ‖ ~ **brick** (Build) / Kieselgurstein m, Diatomit m (aus Kieselgur hart gebrannter, feuerfester Formstein mit guter Wärmedämmung) ‖ ~ **brick** (Build) s. also moler brick
**diatom ooze**\* (Geol) / Diatomeenschlamm m (silikathaltiges Meeressediment)
**diatreme** n (Geol) / Durchschlagsröhre f, Diatreme f, Diatrema n (pl. -ta), Explosionsröhre f
**diaxial** adj (Crystal, Min) / [optisch] zweiachsig adj, biaxial adj
**diazepam**\* n (Pharm) / Diazepam n (freie internationale Kurzbezeichnung eines Tranquilizers - z.B. "Valium")
**diazine** n (Chem) / Diazin n (sechsgliedrige heterozyklische Verbindung mit zwei Stickstoffatomen im Ring)
**diaziridine** n (Chem) / Diaziridin n
**diazirine** n (Chem) / Diazirin n
**diazo**\* n (Print) / Diazotypie-Verfahren n (positives), Lichtpausverfahren n, Ammoniak-Kopierverfahren n (entweder trocken, wie z.B. Ozalid-Verfahren, oder nass) ‖ ~ (Textiles) / Diazofarbstoff m
**diazoate** n (Chem) / Diazotat n, Diazoat n
**diazo compounds**\* (Chem) / Diazoverbindungen f pl
**diazodinitrophenol** n (Chem) / Diazodinitrophenol n (4,6-Dinitro-2-diazo-hydroxybenzol)
**diazo dye** (Textiles) / Diazofarbstoff m ‖ ~ **dye** (Textiles) s. also developed dye ‖ ~ **dyestuff** (Textiles) / Diazofarbstoff m
**diazohydrate** n (Chem) / Diazohydrat n
**diazomethane**\* n (Chem) / Diazomethan n (die einfachste aliphatische Diazoverbindung - $CH_2N_2$)
**diazonium compounds** (Chem) / Diazoniumverbindungen f pl, Diazoniumsalze n pl ‖ ~ **salts**\* (Chem) / Diazoniumverbindungen f pl, Diazoniumsalze n pl
**diazo oxide** (Chem) / Diazooxid n, Diazophenol n
**diazophenol** n (Chem) / Diazooxid n, Diazophenol n
**diazo process** (Chem) / Diazotierung f, Diazotieren n ‖ ~ **process**\* (Print) / Diazotypie-Verfahren n (positives), Lichtpausverfahren n, Ammoniak-Kopierverfahren n (entweder trocken, wie z.B. Ozalid-Verfahren, oder nass) ‖ ~ **reaction** (Chem) / Diazoreaktion f ‖ ~ **resin** (Chem) / Diazoharz n (lichtempfindliches Harz, das Naphthochinondiazidsulfonyl-Gruppen enthält)
**diazotate** n (Chem) / Diazotat n, Diazoat n
**diazotization** n (Chem) / Diazotierung f, Diazotieren n
**diazotize** v (Chem) / diazotieren v
**diazotypy** n (Print) / Diazotypie-Verfahren n (positives), Lichtpausverfahren n, Ammoniak-Kopierverfahren n (entweder trocken, wie z.B. Ozalid-Verfahren, oder nass)
**DIB** (data-input bus) (Comp) / Dateneingabebus m ‖ ~ (directory information base) (Telecomm) / Informationsbasis f eines Verzeichnisses
**dibasic** adj (Chem) / zweisäurig adj (Base) ‖ ~ (Chem) / zweibasig adj, zweibasisch adj ‖ ~ **acid**\* (Chem) / zweiwertige Säure, zweibasige Säure, zweibasische Säure ‖ ~ **calcium phosphate** (Agric, Chem) /

Calciumhydrogenphosphat n (sekundäres oder zweibasisches Calciumphosphat), Kalziumhydrogenphosphat n, Dikalziumphosphat n, Dicalciumphosphat n (CaHPO$_4$)
**dibber** n (Agric) / Pflanzlochgerät n (ein Handgerät)
**dibble** v (Agric) / dibbeln v || ~ n (Agric) / Pflanzlochgerät n (ein Handgerät)
**dibbler** n (Agric) / Pflanzlochmaschine f
**dibbling** n (Agric) / Dibbelsaat f
**dibenzenecarbonyl peroxide** (Chem, Nut) / Benzoylperoxid n, Dibenzoylperoxid n (Radikalstarter für die Polymerisation)
**dibenzenechromium** n (a sandwich compound) (Chem) / Dibenzolchrom n (eine Sandwichverbindung)
**dibenzodioxin** n (Chem) / Dibenzodioxin n, DD, Oxanthren n
**dibenzofurane** n (Chem) / Dibenzofuran n, Diphenylenoxid n
**dibenzopyrrole** n (Chem) / Carbazol n, Karbazol n, Dibenzopyrrol n
**dibenzothiophene** n (Chem) / Dibenzothiophen n (Diphenylensulfid) || ~ (Chem) s. also dibenzofurane
**dibenzyl**\* n (1,2-diphenylethane) (Chem) / Bibenzyl n, 1,2-Diphenylethan n || ~ **disulphide** (an antioxidant in compounding of rubber and additive to silicone oils) (Chem) / Dibenzyldisulfid n || ~ **sebacate** (Chem) / Dibenzylsebakat n (äußerst schwerflüchtiger Weichmacher, der fast die Schwerflüchtigkeit von Trikresylphosphat erreicht, geeignet für Ethylcellulose und Polyvinylbutyral), Dibenzylsebacat n
**dibétou** n (For) / Afrikanischer Nussbaum (ein Ausstattungs- und Konstruktionsholz), Dibétou n (Lovoa sp.), Eyan n (Afrikanischer Nussbaum)
**dibit** n (Comp) / Dibit n, Doppelbit n (zwei Bits)
**DIBK** (diisobutyl ketone) (Chem) / Diisobutylketon n (2,6-Dimethyl-4-heptanon)
**diborane**\* n (Chem) / Diboran n
**diboron tetrachloride** (Chem) / Dibortetrachlorid n
**dibromoethane, 1,2-~** (Chem, Fuels) / 1,2-Dibromethan n, Ethylendibromid n
**dibromomethane** n (Chem) / Dibrommethan n, Methylenbromid n
**dibutyl oxalate** (Chem) / Dibutyloxalat n || ~ **phthalate** (Chem) / Phthalsäuredibutylester m, Dibutylphthalat n (DIN 7723), DBP (Dibutylphthalat) || ~ **sebacate** (Chem, Paint) / Dibutylsebakat n, Dibutylsebacat n, DBS (Dibutylsebacat nach DIN 7723) || ~ **tartrate** (Chem) / Dibutyltartrat n
**dibutyltin dilaurate** (Chem) / Dibutylzinndilaurat n
**dicalcium diphosphate** (Chem) / Calciumdiphosphat n, Kalziumdiphosphat n, Calciumpyrophosphat n, Kalziumpyrophosphat n || ~ **orthophosphate** (Agric, Chem) / Calciumhydrogenphosphat n (sekundäres oder zweibasisches Calciumphosphat), Kalziumhydrogenphosphat n, Dikalziumphosphat n, Dicalciumphosphat n (CaHPO$_4$) || ~ **phosphate** (Agric, Chem) / Calciumhydrogenphosphat n (sekundäres oder zweibasisches Calciumphosphat, Kalziumhydrogenphosphat n, Dikalziumphosphat n, Dicalciumphosphat n (CaHPO$_4$)
**dicapryl adipate** (Chem) / Dikapryladipat n, Dicapryladipat n
**dicap-storage** n (Comp) / kapazitiver Speicher, Kondensatorspeicher m
**dicarbide** n (Chem) / Dikarbid n, Dicarbid n
**dicarbonate** n (Chem) / Dikarbonat n (Ester der hypothetischen Dikohlensäure), Dicarbonat n
**dicarboxylic acid** (Chem) / Dikarbonsäure f, Dicarbonsäure f (mit zwei Carboxylgruppen)
**dice** n (Glass) / (würfelartiger) Glassplitter, würfelartig zersplittertes Glas
**diced line** (Cartography) / Band n in Kästchenmanier (als kartografisches Ausdrucksmittel, z.B. für die Darstellung der Eisenbahnlinien), gekästeltes Band
**dice pattern** (Textiles) / Würfelmuster n
**dicer** n / Schnitzelmaschine f (Wachs, Ozokerit, Paraffin) || ~ (Plastics) / Bandgranulator m, Würfelschneider m
**dichalcogenide** n (Chem) / Dichalkogenid n
**dichlobenil** n (Agric, Chem) / Dichlobenil n (selektives systemisches Herbizid)
**dichlone** n (Chem) / Dichlon n (2,3-Dichlor-1,4-naphthochinon)
**dichloride** n (Chem) / Dichlorid n
**dichlorine heptoxide** (Chem) / Dichlorheptoxid n, Chlor(VII)-oxid n || ~ **hexoxide** (Chem) / Dichlorhexoxid n, Chlor(VI)-oxid n || ~ **oxide** (Chem) / Dichloroxid n, Chlor(I)-oxid n, Chlormonoxid n
**dichloroacetic acid** (Chem) / Dichloressigsäure f
**dichloroaldehydoacrylic acid** (Chem) / Mukochlorsäure f, Mucochlorsäure f
**dichlorobenzene** n (Chem, Paint) / Dichlorbenzol n || **1,4-~** (Chem) / Paradichlorbenzol n, para-Dichlorbenzol n, 1,4-Dichlorbenzol n
**dichlorodiethyl sulphide** (Chem) / Dichlordiethylsulfid n (Senfgas)
**dichlorodifluoromethane**\* n (Chem) / Dichlordifluormethan n (Freon 12, Frigen 12, R 12)
**dichlorodimethylsilane** n (Chem) / Dichlordimethylsilan n

**dichlorodiphenyltrichloroethane** n (Agric, Chem, Ecol) / Dichlordiphenyltrichlorethan n, DDT n (in der BRD verbotenes Kontaktinsektizid)
**dichloroethane**\*, **1,2-~** (Chem) / Ethylenchlorid n, Ethylendichlorid n, 1,2-Dichlorethan n
**dichloroethanoic acid** (Chem) / Dichloressigsäure f
**dichloroethene** n (Chem) / Dichlorethylen n
**dichloroethylene**\* n (Chem) / Dichlorethylen n
**dichloromethane**\* n (Chem) / Dichlormethan n, Methylenchlorid n
**dichloromethylbenzene**\* n (Chem) / Benzylidendichlorid n, Benzalchlorid n, α,α-Dichlor-toluol n
**dichlorophenoxyacetic, 2,4-~ acid**\* (Agric, Chem) / Dichlorphenoxyessigsäure f (selektives Herbizid), 2,4-D-Mittel n
**dichloropropane**\*, **1,2-~** (Chem) / Propylendichlorid n, 1,2-Dichlorpropan n
**dichlorsilane** n (Chem) / Dichlorsilan n (SiH$^2$Cl$^2$)
**dichlorvos** (Agric, Chem) / Dichlorvos n, DDVP n (Kontakt-, Fraß- und Atemgift)
**dichotomizing search** (Comp) / eliminierende Suche
**dichotomy** n / gabelige Verzweigung, gabelförmige Verzweigung, Gabelung f, Gabelteilung f || ~\* (Astron) / Dichotomie f (auch bei der Klassifizierung) || ~ (Stats) / Dichotomie f, alternative Variabilität
**dichrograph** n (Min) / Dichrograph m (Gerät zur Bestimmung und zur automatischen Aufzeichnung des Circulardichroismus gelöster Moleküle)
**dichroic**\* adj / zweifarbig adj (in verschiedenen Richtungen zwei Farben zeigend), dichroitisch adj (in verschiedenen Richtungen zwei Farben zeigend), doppelfarbig adj || ~ **fog**\* (Photog) / dichroitischer Schleier || ~ **mirror**\* (Light, TV) / dichroitischer Spiegel
**dichroism**\* n (Crystal) / Dichroismus m, Zweifarbigkeit f, Doppelfarbigkeit f
**dichroite**\* n (Min) / Dichroit m (Cordierit zwischen violblau und rauchgrau)
**dichromate • (VI)**\* n (Chem) / Dichromat n || ~ **treatment** (Met, Surf) / Natriumdichromat(VI)-behandlung f
**dichromatic** adj / zweifarbig adj, Zweifarben-, dichromatisch adj
**dichromium trioxide** (Ceramics, Chem, Glass) / Chrom(III)-oxid n, Chromoxid n
**dichroscope**\* n (Crystal) / Haidinger'sche Lupe (ein einfaches Dichroskop), Dichroskop n
**dicing** n (Electronics) / Plättchenschneiden n (Halbleitertechnik), Stanzen n || ~ (Nut) / Würfeln n, Schneiden n in Würfel || ~ **cutter** (Nut) / Würfelschneider m || ~ **machine** / Schnitzelmaschine f (Wachs, Ozokerit, Paraffin) || ~ **machine** (Nut) / Würfelschneider m
**Dicke radiometer** (Phys) / Dickeradiometer n (ein Strahlungsmessgerät)
**dickey** n (seat) (Autos) / Schwiegermuttersitz m (Notsitz im Heck zum Aufklappen)
**dickite**\* n (Min) / Dickit m (ein Mineral der Kaolingruppe)
**Dick test**\* (Med) / Dick-Test m (Probe zum Nachweis der Scharlachimmunität)
**dicky** n (seat) (Autos) / Schwiegermuttersitz m (Notsitz im Heck zum Aufklappen)
**dicoordinate(d)** adj (Chem) / zweifach koordinativ gebunden, mit zwei koordinativen Bindungen, zweifach koordiniert
**DICT** (digital in-circuit test) (Electronics) / digitaler In-Circuit-Test
**dictating machine** / Diktiergerät n
**dictation software** (computer program that can recognize spoken words as input - used as alternative to keyboard input) (Comp) / Diktiersoftware f
**dictionary** n (Comp) / Wörterbuch n || ~ (Comp) s. also data dictionary || ~ **hyphenation** (Comp) / Silbentrennung f auf Wörterbuchbasis || ~ **of instructions** (Comp) / Instruktionswörterbuch n || ~ **order** (Maths) / lexikografische Ordnung, Ordnung f nach ersten Differenzstellen
**dictyogenesis** n (pl. -geneses) (Geol) / Diktyogenese f, Rahmenfaltung f
**dicumarol** n (Chem, Pharm) / Dicumarol n (Antikoagulans oder Rodentizid), Dikumarol n
**dicumene chromium** / Dicumene-Chrom n (eine Organochromverbindung, die zur thermischen Herstellung von Chromüberzügen im Vakuum geeignet ist), DCC (eine Organochromverbindung, die zur thermischen Herstellung von Chromüberzügen im Vakuum geeignet ist)
**dicyandiamide** n (Chem) / Zyanguanidin n, Dicyandiamid n, Cyanguanidin n, Dizyandiamid n (das Dimere des Zyanamids)
**dicyanoacetylene** n (Chem) / Dicyanoacetylen n, Dizyanoazetylen n
**dicyanogen** n (Chem) / Dizyan n (C$_2$N$_2$), Dicyan n
**dicyclic** adj (Chem) / bizyklisch adj (z.B. Terpen), bicyclisch adj (einen Kohlenstoffdoppelring enthaltend)
**dicysteine** n (Agric, Biochem, Nut) / Zystin n, Cystin n (Disulfid des Cysteins)

393

**DID**

**DID** (direct inward dialling) (Teleph) / Durchwahl *f* (zur Nebenstelle), Duwa *f* (Durchwahl)
**didactic computer** (Comp) / Lerncomputer *m*, Lernrechner *m* ‖ ~ **module** (Comp) / Lehrbaustein *m* ‖ ~ **program** (Comp) / Lehrprogramm *n*
**didecyl phthalate** (Chem) / Didecylphthalat *n*, Didezylphthalat *n*, DDP (Didecylphthalat nach DIN 7723)
**dideoxycytidine** *n* (Pharm) / Dideoxycytidin (ein Nukleosidanalogon gegen AIDS), DDC *n* (Hivid), Dideoxyzytidin *n*
**dideoxyinosine** *n* (Pharm) / Dideoxyinosin *n* (ein Nukleosidanalogon gegen AIDS), DDI *n* (Videx)
**Didot point system**\* (Typog) / Didot-System *n* (Maßsystem, benannt nach seinen Schöpfern, den französischen Druckern und Schriftgießern François Ambroise Didot und Firmin Didot - Ende des 18. Jahrh.)
**DIDP** (diisodecyl phthalate) (Chem) / Diisodecylphthalat *n*, Diisodezylphthalat *n*, DIDP (Diisodecylphthalat nach DIN 7723)
**didymium** *n* (Chem, Glass) / Didymium *n* (meistens eine Nd-Pr-Legierung)
**die** *v* (Autos) / sterben *v*, absterben *v*, ausgehen *v* (Motor) ‖ ~ (Autos) s. also stall ‖ ~\* *n* (Arch) / Sockelschaft *m* (einer Säule) ‖ ~\* (pl. dies) (Build) / Kopf- *f* oder Säulenschwellung des Balusters ‖ ~\* (pl. dice) (Electronics) / Plättchen *n*, Mikroplättchen *n*, Rohchip *m*, Die *n* (das den Schaltkreis tragende Siliciumplättchen) (aus Halbleitermaterial) ‖ ~\* (Eng) / Schneidwerkzeug *n* (bestehend meistens aus Stempel und Schneidplatte - DIN 9869) ‖ ~\* (Eng) / Schneidplatte *f* (Gegenstück zum Stempel), Schnittplatte *f* ‖ ~\* (Eng) / Matrize *f* (der Teil des Werkzeugs, der die Außenform des Werkstücks bestimmt) ‖ ~\* (Eng) / Gesenk *n* (Stahlblock, in den als Gravur die Gegenform des Schmiedestücks eingearbeitet ist), Schmiedegesenk *n* (Werkzeug zum Gesenkschmieden) ‖ ~\* (Eng) / Schneideisen *n* (zum Gewindeschneiden - in runder oder sechskantiger Ausführung), nach DIN 223) ‖ ~\* (Eng) / Gegenstempel *m* (zum Prägen) ‖ ~ (tool through which the extrusion is pressed) (Eng, Met) / Pressmatrize *f*, Matrize *f* (Pressmatrize) ‖ ~\* (Eng, Tools) / Gewindeschneidbacke *f* ‖ ~ (Foundry) / Dauerform *f* (meistens metallisch), Dauerform *f*, Kokille *f* (für Kokillenguss) ‖ ~ (Foundry) / Druckgießform *f*, Form *f* (beim Druckguss) ‖ ~ (Met) / Matrize *f* (formgebendes Presswerkzeug, durch das der Strang beim Strangpressen austritt) ‖ ~\* (Met) / Ziehstein *m* (Ziehwerkzeug zum Gleitziehen von Drähten, bestehend meistens aus einer Stahlfassung mit eingeschrumpftem Hartmetall-, Keramik- oder Diamantkern mit einer sich in Ziehrichtung verjüngenden Öffnung, die dem herzustellenden Querschnitt entspricht - DIN 1547, T 2 und 3 und DIN 1546) ‖ ~ (Met, Powder Met) / Presswerkzeug *n* ‖ ~ (Mining, Oils) / Fangglocke *f* ‖ ~ (Plastics) / Mundstück *n* (Teil der Düse, der die äußere Umrisslinie des Erzeugnisses formt - DIN 25450) ‖ ~ (Plastics) / Spritzmundstück *n*, Düse *f* (zur Extrusion) ‖ ~ (pl. dice) (Stats) / Würfel *n* (zum Spielen) ‖ ~ **angle** (Met) / Ziehwinkel *m*, Ziehsteinwinkel *m*, Werkzeugwinkel *m* (beim Ziehen) ‖ ~ **away** *v* (Acous, Phys) / verhallen *v*, ausschwingen *v*, abklingen *v* ‖ ~ **away** (Elec) / abbauen *v* (sich) (z.B. ein elektrisches Feld)
**die-away test** (San Eng) / Die-Away-Test *m* (Testverfahren zur Bestimmung des Endabbaus organischer Substanzen)
**dieback**\* *n* (a condition in which a tree or shrub begins to die from the tip of its leaves or roots backwards, owing to disease or an unfavourable environment) (Bot, For) / Gipfeldürre *f* (das von der Spitze ausgehende Verdorren von Bäumen und Sträuchern), Zopftrocknis *f*, Wipfeldürre *f*, Spitzendürre *f*
**die body** (Plastics) / Düsenkörper *m* ‖ ~ **body** (Powder Met) / Matrizenkörper *m*, Matrize *f* ‖ ~ **box**\* (Eng) / Gewindeschneidkopf *m* (der Gewindeschneidmaschine) ‖ ~ **broaching** (Eng) / Kalteinsenken *n* (Gesenk) ‖ ~ **case**\* (Typog) / Gießrahmen *m* (der alten Monotype-Gießmaschine), Matrizenrahmen *m* ‖ ~ **casting**\* (Met) / Druckguss *m*, Druckgießen *n* (ein Urformverfahren), Druckgießverfahren *n* ‖ ~ **casting** (Met) / Druckgussteil *n*
**die-casting alloy**\* (Met) / Druckgusslegierung *f* (z.B. nach DIN 1725, 1741 und 1742) ‖ ~ **machine** (Foundry) / Druckgießmaschine *f* (DIN 24480)
**die-cast part** (Met) / Druckgussteil *n*
**die cavity** (Eng) / Gesenkgravur *f* ‖ ~ **cavity wear** (Eng) / Gravurverschleiß *m*
**Dieckmann condensation** (Chem) / Dieckmann-Kondensation *f* (eine Esterkondensation nach W. Dieckmann, 1869-1925)
**die clearance** (Eng) / Schneidspalt *m* (bei Umform- und Zerteilwerkzeugen der gleichmäßig umlaufende Spalt zwischen Schneidstempel und Schneidplatte bei eingetauchtem Schneidstempel) ‖ ~ **clearance** (Met) / Ziehspalt *m* (das Spiel zwischen Ziehstempel und Ziehring) ‖ ~ **cone** (tapered part of the die face of conical dies, covering all or part of the face) (Met) / Matrizenkonus *m*, Matrizenkegel *m* ‖ ~ **cushion** (Eng) / Ziehkissen *n* (ein Pressenzubehör)
**die-cutting machine** (Textiles) / Stanze *f* (eine Maschine der Bekleidungsindustrie), Stanzmaschine *f*
**die debugging** (Foundry) / Formkorrektur *f* (beim Druckguss) ‖ ~ **development** (Foundry) / Formkorrektur *f* (beim Druckguss) ‖ ~ **down** *v* / sich beruhigen *v* (Wind, Sturm) ‖ ~ **down** (Chem) / zum Stillstand kommen *v* (Reaktion) ‖ ~ **draught** (Eng) / Gesenkschräge *f* ‖ ~ **end face** (Met) / Matrizenstirnfläche *f* (die dem Block zugewandte Fläche der Matrize) ‖ ~ **face** (face of the die towards the billet) (Met) / Matrizenstirnfläche *f* (die dem Block zugewandte Fläche der Matrize) ‖ ~ **forging** (Eng) / Gesenkschmieden *n*, Schmieden *n* im Gesenk (umschließendes Druckumformen) ‖ ~ **forging** (Eng) / Gesenkschmiedeteil *n*, Gesenkschmiedestück *n*
**die-forging component** (Eng) / Gesenkschmiedeteil *n*, Gesenkschmiedestück *n* ‖ ~ **furnace** (Eng) / Gesenkschmiedeofen *m* (meistens Kleinschmiedeofen bis etwa 4 m² Herdfläche) ‖ ~ **hammer** (Eng) / Gesenkschmiedehammer *m* (arbeitsgebundene Umformmaschine zum Gesenkschmieden) ‖ ~ **press** (Eng) / Gesenkschmiedepresse *f*
**die forming** (Eng) / Gesenkformen *n* (gebundenes Umformen nach DIN 8580) ‖ ~ **guide** (Eng) / Gesenkführung *f* ‖ ~ **half** (Foundry) / Formhälfte *f* (in der Druckgießmaschine) ‖ ~ **head**\* (Eng) / Gewindeschneidkopf *m* (der Gewindeschneidmaschine) ‖ ~ **holder** (for threading) (Eng) / Schneideisenhalter *m* (DIN 225) ‖ ~ **impression** (Eng) / Schmiedegravur *f* ‖ ~ **impression** (Eng) / Gesenkgravur *f* ‖ ~ **insert** (Eng) / Gesenkeinsatz *m* (Block mit vollständiger Gravur sowie ggf. Gratbahn und Stoßfläche, der in einen Werkzeughalter eingesetzt wird) ‖ ~ **insert** (Plastics) / Düseneinsatz *m* ‖ ~ **insert** (Powder Met) / Matrizenauskleidung *f* ‖ ~ **land** (Eng) / Gratbahn *f* (Flächen in Ober- und Untergesenk)
**dieldrin**\* *n* (Chem) / Dieldrin *n* (ein Cyclodien-Insektizid, zu Ehren von O. Diels benannt - in Deutschland nicht mehr zugelassen)
**dielectric**\* *n* (Elec) / Nichtleiter *m*, Dielektrikum *n* (ein Isolierstoff zwischen zwei Elektroden, insbesondere bei Kondensatoren) ‖ ~ (Eng) / dielektrische Flüssigkeit, Funkenflüssigkeit *f* (bei der Funkenerosion), Arbeitsflüssigkeit *f* (für die ED-Maschinen) ‖ ~ *adj* (Elec) / dielektrisch *adj* ‖ ~ **absorption** (Elec) / dielektrische Absorption (die zum dielektrischen Verlust führt) ‖ ~ **absorption**\* (Elec) s. also dielectric loss ‖ ~ **amplifier** (Elec Eng) / dielektrischer Verstärker ‖ ~ **antenna**\* (Radio, Telecomm) / dielektrische Antenne, Stielstrahler *m* (dielektrische Antenne) ‖ ~ **breakdown**\* (Elec Eng) / dielektrischer Durchschlag, Spannungsdurchschlag *m* ‖ ~ **breakdown voltage** (Elec Eng) / Durchschlagspannung *f* ‖ ~ **coating** (Optics) / dielektrische Schicht ‖ ~ **constant**\* (Elec) / Permittivität *f* (DIN 1324, T 2), Kapazitivität *f* (bei linearen Dielektriken), Dielektrizitätskonstante *f*, DK ‖ ~ **current** (Elec Eng) / dielektrischer Strom ‖ ~ **diode** (Electronics) / dielektrische Diode (eine Gleichrichter- Halbleiterdiode, deren Verhalten von Volumeneffekten im Inneren des Halbleiterwerkstoffs bestimmt wird) ‖ ~ **dispersion**\* (Elec, Elec Eng) / dielektrische Dispersion (Frequenzabhängigkeit der Dielektrizitätskonstante) ‖ ~ **displacement** (Elec) / dielektrische Verschiebung ‖ ~ **drying** (Elec Eng) / Hochfrequenztrocknung *f* (eine Art Elektrowärmetrocknung), dielektrische Trocknung ‖ ~ **fatigue**\* (Elec Eng) / dielektrische Nachwirkung ‖ ~ **film** (Electronics) / dielektrische Folie ‖ ~ **fluid** (Eng) / dielektrische Flüssigkeit, Funkenflüssigkeit *f* (bei der Funkenerosion), Arbeitsflüssigkeit *f* (für die ED-Maschinen) ‖ ~ **guide**\* (Elec Eng) / dielektrischer Leiter ‖ ~ **heating**\* (Elec Eng) / dielektrische Erwärmung (HF-Erwärmung) ‖ ~ **hysteresis**\* (Elec, Elec Eng) / dielektrische Hysterese ‖ ~ **lens**\* (Elec Eng, Radar) / dielektrische Linse ‖ ~ **loss**\* (Elec) / dielektrischer Verlust (Ursache für die dielektrische Erwärmung eines Dielektrikums in einem elektrischen Wechselfeld), Dielektrizitätsverlust *m* ‖ ~ **loss angle**\* (Elec) / Verlustwinkel *m* (bei Spulen oder Kondensatoren nach DIN 1344) ‖ ~ **loss index** (Elec) / dielektrische Verlustzahl (Produkt aus Dielektrizitätszahl und dem Verlustfaktor) ‖ ~ **medium** (Eng) / dielektrische Flüssigkeit, Funkenflüssigkeit *f* (bei der Funkenerosion), Arbeitsflüssigkeit *f* (für die ED-Maschinen) ‖ ~ **phase angle**\* (Elec Eng) / dielektrischer Phasenwinkel *m* ‖ ~ **polarizability** (Elec) / dielektrische Polarisierbarkeit (gegenseitige, meist reversible Verschiebbarkeit von Ladungen in einem dielektrischen Werkstoff bzw. Isolator unter dem Einfluss eines elektrischen Feldes) ‖ ~ **polarization**\* (Elec Eng) / dielektrische Polarisation ‖ ~ **relaxation**\* (Elec Eng) / dielektrische Nachwirkung ‖ ~ **screen** (Cables) / äußere Leitschicht (auf der äußeren Hülle aufgebracht), Aderabschirmung *f* ‖ ~ **sealing** (Plastics) / dielektrisches Schweißen (von Folien), Hochfrequenzsiegeln *n* ‖ ~ **spot** (Elec Eng) / Keimpunkt *m* einer fortschreitenden Werkstoffermüdung bei heterogenen Isolierstoffen ‖ ~ **strain**\* (Elec) / elektrische Verschiebung (DIN 1324), elektrische Verschiebungsdichte, elektrische Flussdichte ‖

**strength**\* (Elec Eng) / Durchschlagsfestigkeit *f* (Widerstandsfähigkeit eines Isolierstoffes gegen elektrischen Durchschlag) ‖ ~ **test voltage** (Elec Eng) / Prüfspannung *f* (für Isoliermaterial) ‖ ~ **waveguide** (consisting of dielectric structure) (Telecomm) / dielektrischer Wellenleiter, dielektrische Leitung ‖ ~ **welding equipment** (Welding) / dielektrische Schweißeinrichtung

**dielectrometer** *n* (Chem) / Dekameter *m n* (Gerät zur Messung der Dielektrizitätskonstanten fester, pastöser oder flüssiger Körper), DK-Messer *m*

**dielectrometry** *n* (an electrochemical analytical method which measures the dielectric constant as an indicator of concentration) (Chem) / Dielektrometrie *f* (die Messung der Dielektrizitätskonstanten), Dekametrie *f*, DK-Metrie *f*

**dielectronic recombination** (Nuc) / Zweielektronenrekombination *f*

**dielectrophoresis** *n* (pl. -reses) (the migration of uncharged particles towards the position of maximum field strength in a non-uniform electric field) (Chem, Phys) / Dielektrophorese *f*

**die lock-up system** (Foundry) / Formenschluss *m* (beim Druckguss)

**Diels-Alder reaction**\* (Chem) / Diels-Alder-Synthese *f*, Diels-Alder-Reaktion *f* (eine Diensynthese nach O. Diels, 1876-1954, und K. Alder, 1902-1958)

**die lubricant** / Gesenkschmiedeofen *m* (meistens Kleinschmiedeofen bis etwa 4 m² Herdfläche) ‖ ~ **lubricant** / Gesenkschmierstoff *m* ‖ ~ **lubricant**\* (Powder Met) / Matrizengleitmittel *n* ‖ ~ **mandrel** (Plastics) / Werkzeugdorn *m* ‖ ~ **milling** (Eng) / Gesenkfräsen *n*

**diene**\* *n* (Chem) / Dien *n* ‖ ~ **polymer** (Chem) / Dienpolymer *n*, Dienpolymerisat *n* ‖ ~ **rubber** (Chem Eng) / Dienkautschuk *m* (stereospezifischer Kautschuk) ‖ ~ **synthesis**\* (Chem) / Diensynthese *f*

**dienochlor** *n* (Agric, Chem) / Dienochlor *n* (ein Akarizid)

**dienophile** *n* (Chem) / dienophile Komponente (bei der Diels-Alder-Reaktion), Dienophil *n*, Philodien *n*

**dienophilic** *adj* (Chem) / dienophil *adj*

**die nut**\* (Eng) / selbstschneidende Mutter ‖ ~ **out** *v* (Acous, Phys) / verhallen *v*, ausschwingen *v*, abklingen *v* ‖ ~ **out** (Autos) / sterben *v*, absterben *v*, ausgehen *v* (Motor)

**die-parting line** (Eng) / Teilfuge *f* (der Matrize) ‖ ~ **plane** (Foundry) / Formtrennebene *f* (beim Druckguss), Formentrennebene *f* (beim Druckguss)

**die pattern** (Eng) / Gesenkgravur *f*

**die-press** *v* (Eng) / gesenkpressen *v* (nur Infinitiv und Partizip), pressen im Gesenk

**die pressing** (Eng) / Gesenkpressen *n*

**diequatorial** *adj* (Chem) / diäquatorial *adj* (Kopplung)

**die radius** (Met) / Ziehkante *f* (beim Tiefziehen)

**diergol** *n* (Space) / Zweifachtreibstoff *m*, Diergol *n* (Zweistoffsystem-Raketentreibstoff)

**Diescher mill** (Met) / Diescher-Walzwerk *n* (Schrägwalzwerk, mit dem in einem Durchgang zylindrische Rohre aus Vollmaterial hergestellt werden)

**diesel** *n* (I C Engs) / Dieselmotor *m* (nach R. Diesel, 1858-1913), Diesel *m* ‖ ≃ **cat** (I C Engs) / Diesel-Abgaskatalysator *m*, Diesel-Kat *m* ‖ ≃ **cutter** (Fuels) / Dieselkraftstoffverschnittkomponente *f* ‖ ~ **cycle**\* (I C Engs) / Gleichdruckprozess *m* (des Dieselmotors), Dieselkreisprozess *m*, Dieselprozess *m* (ein Kreisprozess)

**diesel-driven** *adj* / dieselgetrieben *adj*

**diesel-electric** *adj* / dieselelektrisch *adj*

**diesel-electric caterpillar swing crane** / Dierkran *m* (dieselelektrischer Raupendrehkran)

**diesel-electric drive** / dieselelektrischer Antrieb ‖ ~ **generating set** (Elec Eng, I C Engs) / Dieselaggregat *n* (mit einem Dieselmotor in einer Baugruppe zusammengefasste Arbeitsmaschine oder Generator)

**diesel-electric locomotive**\* (Rail) / dieselelektrische Lokomotive, Dieselelektrolok *f*

**diesel-electric plant** (Elec Eng, I C Engs) / Dieselaggregat *n* (mit einem Dieselmotor in einer Baugruppe zusammengefasste Arbeitsmaschine oder Generator) ‖ ~ **power plant** / Dieselkraftwerk *n* (in dem Dieselmotoren die elektrischen Generatoren antreiben)

**Diesel engine** (I C Engs) / Dieselmotor *m* (nach R. Diesel, 1858-1913), Diesel *m* ‖ ~ **engine**\* (I C Engs) / Dieselmotor *m* (nach R. Diesel, 1858-1913), Diesel *m*

**diesel-engined car** / Dieselfahrzeug *n* ‖ ~ **road vehicle** (Autos) / Straßenfahrzeug *n* mit Dieselantrieb

**diesel engine with direct injection** (I C Engs) / Dieselmotor *m* mit Strahleinspritzung, Dieselmotor *m* mit Direkteinspritzung, Direkteinspritzer *m* ‖ ~ **exhaust particulate filter** (Autos) / Rußfilter *n* (zur Minderung der partikelförmigen Emissionen von Dieselmotoren), Dieselpartikelfilter *n*, Dieselrußfilter *n* ‖ ~ **filter** (Autos) / Rußfilter *n* (zur Minderung der partikelförmigen Emissionen von Dieselmotoren), Dieselpartikelfilter *n*,

Dieselrußfilter *n* ‖ ~ **filtration** (Autos) / Rußbeseitigung *f* (bei Dieselmotoren) ‖ ~ **fuel** (Fuels) / Dieselkraftstoff *m* (DIN 51 601), Diesel *m*, DK (Dieselkraftstoff) ‖ ~ **generating station**\* / Dieselkraftwerk *n* (in dem Dieselmotoren die elektrischen Generatoren antreiben)

**diesel-generator set** (Elec Eng, I C Engs) / Dieselsatz *m* (ein Dieselmotor mit einem direkt gekuppelten Synchrongenerator) ‖ ~ **unit** (Elec Eng, I C Engs) / Dieselsatz *m* (ein Dieselmotor mit einem direkt gekuppelten Synchrongenerator)

**Diesel hammer** (Civ Eng) / Dieselramme *f* ‖ ~ **house** / Dieselzentrale *f*, Dieselanlage *f* (in einem separaten Haus untergebracht)

**diesel-hydraulic** *adj* / dieselhydraulisch *adj*

**diesel‧-hydraulic locomotive**\* (Rail) / dieselhydraulische Lokomotive ‖ ≃ **ignition improver** (Fuels) / Zündwilligkeitsverbesserer *m*, Zündverbesserer *m*, Zetanzahlverbesserer *m*, Zündbeschleuniger *m* (Zusatz zur Verbesserung der Zündwilligkeit bei Dieselkraftstoffen), Klopfpeitsche *f*, Cetanzahlverbesserer *m* ‖ ~ **index** (Fuels) / Dieselindex *m*

**dieseling** *n* (Autos, I C Engs) / Nachlaufen *n*, Nachdieseln *n*, Dieseln *n* (bei Ottomotoren)

**dieselise** *v* (GB) (I C Engs) / verdieseln *v*

**dieselize** *v* (I C Engs) / verdieseln *v*

**diesel locomotive**\* (Rail) / Diesellokomotive *f*, Diesellok *f*, Lokomotive *f* mit Dieselmotor

**diesel-mechanical** *adj* / dieselmechanisch *adj*

**diesel oil** (Fuels) / Dieselkraftstoff *m* (DIN 51 601), Diesel *m*, DK (Dieselkraftstoff) ‖ ~ **particulate filter** (Autos) / Rußfilter *n* (zur Minderung der partikelförmigen Emissionen von Dieselmotoren), Dieselpartikelfilter *n*, Dieselrußfilter *n* ‖ ~ **particulates** (Autos) / Dieselruß *m*, Rußpartikel *n pl* (in Dieselmotorabgasen) ‖ ~ **power truck** (Autos) / Dieselkarren *m*, Dieselameise *f* ‖ ~ **rig** (Eng) / Dieselanlage *f* (größere) ‖ ~ **roller** (Civ Eng) / Dieselwalze *adj* ‖ ~ **soot filter** (Autos) / Rußfilter *n* (zur Minderung der partikelförmigen Emissionen von Dieselmotoren), Dieselpartikelfilter *n*, Dieselrußfilter *n* ‖ ~ **traction** (Rail) / Dieselzugförderung *f*, Dieseltraktion *f* ‖ ~ **trap** (Autos) / Rußfilter *n* (zur Minderung der partikelförmigen Emissionen von Dieselmotoren), Dieselpartikelfilter *n*, Dieselrußfilter *n*

**die set**\* (Eng) / Säulengestell *n* (Unterplatte, Oberplatte, Führungssäulen, Einspannzapfen), Säulenführungsgestell *n* ‖ ~ **set** (Eng) / Säulenführungsschnitt *n* (ein Schneidwerkzeug) ‖ ~ **sinking**\* (Eng) / Gesenkfräsen *n*, Matrizenfräsen *n*, Gravieren *n* (Herstellen der Innenform einer Matrize)

**die-sinking electrode** (Eng) / Senkelektrode *f*, Formelektrode *f*

**die sintering** (Powder Met) / Presssintern *n*, Drucksintern *n* ‖ ~ **spray equipment** (Foundry) / Formsprüheinrichtung *f* (beim Druckguss) ‖ ~ **square** (For) / Kantholz *n* von quadratischem Querschnitt (über 10 x 10 cm)

**die-square** *v* (For) / rechtwinklig oder quadratisch beschneiden

**die stamping**\* (Bind, Paper) / Tiefprägung *f* (z.B. der Buchtitel) ‖ ~ **stamping** (Print) / Stahlstichprägedruck *m* ‖ ~ **steel** (Met) / Gesenkstahl *m*, Matrizenstahl *m*

**diestock**\* *n* (Eng) / Schneideisenhalter *m* (DIN 225) ‖ ~\* (Eng) / Gewindeschneidkopf *m* (der Gewindeschneidkluppe)

**die support car** (Plastics) / Werkzeugwagen *m* ‖ ~ **swell** (Phys) / Strangaufweitung *f* (Querschnittsvergrößerung des frei aus einer Kapillare austretenden Strahls einer viskoelastischen Flüssigkeit - DIN 1342-1)

**dietary fibres** (Nut) / Faserstoff *m* (in Nahrungsmitteln), Nahrungsmittelfasern *f pl* (Faserstoffe in Nahrungsmitteln), Rohfasern *f pl* ‖ ~ **fibres** (Nut) s. also roughage ‖ ~ **intolerance** (Nut) / Lebensmittelintoleranz *f* ‖ ~ **salt** (Nut) / Kochsalzersatzmittel *n* (z.B. Adipate oder Citrate), Diätsalz *n* (kochsalzarm) ‖ ~ **value** (Nut) / Nährwert *m* (der Gehalt an verwertbaren Nährstoffen), Nahrungswert *m*

**die temperature** (Eng) / Gesenktemperatur *f* (die ein Gesenk während der Warmumformung oder beim Vorwärmen annimmt)

**Dieterici's equation** (of state)\* / Dieterici-Gleichung *f* (empirische thermische Zustandsgleichung)

**Dieter process** (Foundry) / Dieter-Verfahren *n* (mit einem kalten Metallmodell)

**diethanolamine**\* *n* (Chem) / Diethanolamin *n* (2,2'-Iminodiethanol)

**die throat** (Eng) / formgebende Werkzeugöffnung (bei Umformwerkzeugen)

**diethylamine** *n* (Chem, Pharm) / Diethylamin *n*

**diethylaminoethyl cellulose** (Chem) / DEAE-Zellulose *f*

**diethyldithiocarbamic acid**\* (Chem) / Diethyldithiokarbamidsäure *f*, Diethyldithiocarbamidsäure *f*

**diethylenediamine** *n* (Chem) / Diethylendiamin *n* ‖ ~ (Chem) s. also piperazine

**diethylene dioxide** (Chem) / Tetrahydro-1,4-dioxin *n*, Diethylendioxid *n*, 1,4-Dioxan *n* ‖ ~ **glycol**\* (Chem) / Diethylenglykol *n*

**diethylene**

(2,2'-Oxydiethanol), Diglykol *n*, Digol *n* ‖ ~ **glycol dinitrate** (Chem) / Diglykoldinitrat *n*, Diglycoldinitrat, Diethylenglykoldinitrat *n*, Diethylenglycoldinitrat *n*, Didi *n*, Dinitrodiglycol *n*, Dinitrodiglykol *n*

**diethylenetriamine** *n* (Chem) / Diethylentriamin *n* ‖ ~ **pentaacetate** (Chem) / Diethylentriaminpentaacetat *n*, Diethylentriaminpentaazetat *n*, DTPA (Diethylentriaminpentaacetat)

**diethylenetriamine-pentaacetic acid** (Chem) / Diethylentriaminpentaessigsäure *f*, DTPA (Diethylentriaminpentaessigsäure)

**diethyl ether**\* (Chem) / Ethoxyethan *n*, Diethylether *m* ‖ ~ **ketone** (Chem) / Diethylketon *n* (3-Pentanon) ‖ ~ **malonate** (Chem) / Malonsäurediethylester *m*, Diethylmalonat *n*, Malonester *m* ‖ ~ **oxalate** (Chem) / Oxalsäurediethylester *m*, Diethyloxalat *n* ‖ ~ **phthalate** (Chem) / Phthalsäurediethylester *m*, Diethylphthalat *n* (DIN 7723), DEP (Diethylphthalat)

**diethylpyrocarbonate** *n* (Chem, Nut) / Diethyldikarbonat *n*, Diethyldicarbonat *n*

**diethylstilbestrol** *n* (US) (Chem, Pharm) / Stilbestrol *n*, Diethylstilbestrol *n*, Diethylstilböstrol *n* (ein synthetisches Östrogen)

**diethylstilboestrol** *n* (Chem, Pharm) / Stilbestrol *n*, Diethylstilbestrol *n*, Diethylstilböstrol *n* (ein synthetisches Östrogen)

**diethyl sulphate** (Chem) / Diethylsulfat *n*, Schwefelsäurediethylester *m*

**diethyltoluamide** *n* (Chem) / N,N- Diethyl-m-toluamid *n* (ein Insekten-Repellent), DEET

**die tonnage** (Met) / Ziehsteinleistung *f*, Ziehdüsenleistung *f* (in Tonnen - bei der Drahtherstellung)

**diet salt** (Nut) / Kochsalzersatzmittel *n* (z.B. Adipate oder Citrate), Diätsalz *n* (kochsalzarm)

**DIF** (data-interchange format) (Comp) / Datenaustauschformat *n*

**diffeomorphic mapping** (Maths) / diffeomorphe Abbildung, Diffeomorphismus *m*

**diffeomorphism** *n* (Maths) / diffeomorphe Abbildung, Diffeomorphismus *m*

**differ** *v* / sich unterscheiden *v*, differieren *v*

**difference** *n* (Maths) / Differenz *f* (Ergebnis einer Subtraktion) ‖ ~\* (Maths) / Unterschied *m* (Ergebnis einer Subtraktion), Differenz *f*, Δ ‖ ~ (of an arithmetic progression) (Maths) / Differenz *f* (in der arithmetischen Zahlenfolge) ‖ (**common**) ~ (Maths) / Differenz *f* (in der arithmetischen Zahlenfolge) ‖ ~ **amplifier** (Electronics) / Differenzverstärker *m*, Differentialverstärker *m* ‖ ~ **equation** (Maths) / Differenzengleichung *f* (eine Funktionalgleichung) ‖ ~ **frequency** (Telecomm) / Differenzfrequenz *f* ‖ ~ **in altitude** (Geog, Surv) / Höhenunterschied *m* ‖ ~ **ionization chamber** (Nuc Eng) / Differential-Ionisationskammer *f* ‖ ~ **limen** (Optics, Physiol) / Unterschiedsschwelle *f* (bei normaler Beobachtung) ‖ ~ **of head** (Hyd Eng) / Gefälle *n* ‖ ~ **of phase**\* (Elec Eng, Telecomm) / Phasendifferenz *f*, Phasenunterschied *m* ‖ ~ **of sets** (Maths) / Differenzmenge *f* (A\B), Restmenge *f* ‖ ~ **operator**\* (Maths) / Differenzenoperator *m* ‖ ~ **pattern** (Radar) / Differenzcharakteristik *f* ‖ ~ **quotient** (Maths) / Steigung *f* (Differenzenquotient), Differenzenquotient *m* ‖ ~ **rule** (Maths) / Differenzregel *f* ‖ ~ **sequence** (Maths) / Differenzenfolge *f* ‖ ~ **set** (Maths) / Differenzmenge *f* (A\B), Restmenge *f* ‖ ~ **signal** (Acous) / Differenzsignal *n* (in der Stereophonie) ‖ ~ **spectroscopy** (Spectr) / Differenzspektroskopie *f* (wenn man das normale Spektrum vom Doppelresonanz-Spektrum subtrahiert) ‖ ~ **threshold**\* (Optics, Physiol) / Unterschiedsschwelle *f* (bei normaler Beobachtung) ‖ ~ **tone**\* (Acous) / Differenzton *m* (eine Art Kombinationston)

**differentiable** *adj* (Maths) / differenzierbar *adj* ‖ ~ **manifold** (Maths) / differenzierbare Mannigfaltigkeit

**differential** *n* (Autos) / Ausgleichsgetriebe *n*, Differentialgetriebe *n*, Differential *n*, Differenzial *n*, Differenzialgetriebe *n* ‖ ~\* (Electronics) / Differentialglied *n* ‖ ~\* (Maths) / Differential *n* ‖ ~ (Spinning) / Differentialwickler *m* ‖ ~ *adj* / differential *adj*, differentiell *adj*, Differential-, Differenz-, differenziell *adj* ‖ ~ (Geol) / selektiv *adj* (Erosion, Verwitterung) ‖ ~ **absorption** (Phys) / differentielle Absorption

**differential-absorption laser** (Phys) / Differentialabsorptionslaser *m*

**differential absorption ratio**\* (Radiol) / differentielles Absorptionsverhältnis (Verhältnis der Radioaktivität in einem Organ zur Radioaktivität im ganzen Körper), DAR (differentielles Absorptionsverhältnis) ‖ ~ **aeration cell** (Surf) / Sauerstoffkonzentrationszelle *f*, Belüftungszelle *f*, Belüftungselement *n* (ein durch unterschiedliche Belüftung entstehendes Korrosionselement, in dem die stärker belüfteten Stellen die Katode und die schwächer belüfteten die Anode bilden) ‖ ~ **aileron** (Aero) / Differentialquerruder *n* (mit unterschiedlichen Ausschlagwinkeln) ‖ ~ **amplifier**\* (Electronics) / Differenzverstärker *m*, Differentialverstärker *m* ‖ ~ **analyser**\* (Comp) / Integrieranlage *f*, Differentialanalysator *m*, Integriermaschine *f* ‖ ~ **analyzer** (Comp) / Integrieranlage *f*, Differentialanalysator *m*, Integriermaschine *f* ‖ ~ **and integral calculus** (Maths) / Differential- und Integralrechnung *f*, Infinitesimalrechnung *f* (zusammenfassende Bezeichnung für Differential- und Integralrechnung) ‖ ~ **anode conductance**\* (Electronics) / Anodenwechselstromleitwert *m* ‖ ~ **anode resistance**\* (Electronics) / Innenwiderstand *m* ‖ ~ **assembly** (Autos) / Ausgleichsgetriebe *n*, Differentialgetriebe *n*, Differential *n*, Differenzial *n*, Differenzialgetriebe *n* ‖ ~ **back-up** (Comp) / differentielles Backup ‖ ~ **booster**\* (Elec Eng) / Zusatzmaschine *f* mit Differentialerregung ‖ ~ **brake** (Eng) / Differentialbremse *f* ‖ ~ **cage** (Autos) / Differentialgehäuse *n*, Ausgleichskorb *m*, Ausgleichsgehäuse *n*, Differentialkäfig *m* ‖ ~ **calculus**\* (Maths) / Differentialrechnung *f* ‖ ~ **calorimeter** (Chem, Phys) / Differentialkalorimeter *n*, Zwillingskalorimeter *n*, Differenzialkalorimeter *n* ‖ ~ **capacitor**\* (Elec Eng) / Differentialkondensator *m*, Differenzkondensator *m* ‖ ~ **case** (Autos) / Differentialgehäuse *n*, Ausgleichskorb *m*, Ausgleichsgehäuse *n*, Differentialkäfig *m* ‖ ~ **chain block**\* (Eng) / Differentialflaschenzug *m* (eine endlose Kette oben über zwei koaxiale, fest miteinander verbundene feste Rollen von unterschiedlichem Durchmesser und unten über eine lose Rolle geführt, wobei die Rollen meist als Zahnräder ausgebildet sind), Differenzialflaschenzug *m* ‖ ~ **circuit** (Automation) / Differentialschaltung *f* ‖ ~ **coefficient**\* (Maths) / Ableitung *f* (die einer differenzierbaren Funktion durch Bilden ihres Differentialquotienten zugeordnete Funktion), Differentialquotient *m*, abgeleitete Funktion ‖ ~ **coil** (Elec Eng) / Kompensationsspule *f*, Ausgleichsspule *f*

**differential-compounded** *adj* (Elec Eng) / gegenverbundgeschaltet *adj* ‖ ~ **machine** (Elec Eng) / Gegenverbundmaschine *f*

**differential construction** / Differentialbauweise *f* (durch Zusammenfügen einzelner Bauelemente) ‖ ~ **cross section**\* (Nuc) / Differentialwirkungsquerschnitt *m*, differentieller Wirkungsquerschnitt (ein Streuquerschnitt) ‖ ~ **curve** (Chem) / Differentialthermogramm *n* (als Produkt der DTA) ‖ ~ **detector** (Chem) / Differentialdetektor *m* ‖ ~ **distillation** (Chem Eng) / Differentialdestillation *f* (wenn die Dämpfe in der Blase oder im Sumpfverdampfer unter dem dort herrschenden Druck entwickelt und direkt oder über die Kolonne dem Kondensator zugeführt werden), differentielle Destillation, offene Destillation ‖ ~ **Doppler** (which can be used for classification of rotating blades or moving sensors) (Radar) / Differenzdopplerverfahren *n* ‖ ~ **Doppler frequency** (the time rate of change of difference in phase path at two frequencies in a dispersive medium) (Radar, Radio) / Differentialdoppler-Frequenz *f* ‖ ~ **dyeing**\* (Textiles) / Differential-Dyeing *n*, Kontrastfärbeverfahren *n* (von Stückwaren) ‖ ~ **equation**\* (Maths) / Differentialgleichung *f* [gewöhnliche] ‖ ~ **erosion** (Geol) / selektive Erosion ‖ ~ **excitation** (Elec Eng) / Differentialerregung *f*, Gegenverbunderregung *f* ‖ ~ **fading** (Radio) / Selektivschwund *m*, selektives Fading (auf einem schmalen, wandernden Frequenzbereich), selektiver Schwund ‖ ~ **fill-up shoe** (Oils) / Differential-Druckausgleichsschuh *m* ‖ ~ **flotation**\* (Min Proc) / differentielle Flotation, selektive Flotation ‖ ~ **fly frame** (Spinning) / Kammgarnflyer *m*, Differentialflyer *m* (eine Endpassage des deutschen Vorbereitungsverfahrens) ‖ ~ **form** (Maths) / Differentialform *f* ‖ ~ **gain** (in a transmission system) (Telecomm) / Differenzverstärkung *f*, differentielle Verstärkung *f* ‖ ~ **gain stage** (IC design) (Electronics) / Differenzverstärkungsstufe *f* ‖ ~ **galvanometer** (Elec Eng) / Differentialgalvanometer *n* ‖ ~ **gear**\* (Autos) / Ausgleichsgetriebe *n*, Differentialgetriebe *n*, Differential *n*, Differenzial *n*, Differenzialgetriebe *n* ‖ ~ **geometry** (Maths) / Differentialgeometrie *f* (ein Zweig der höheren Mathematik) ‖ ~ **grinding**\* (Min Proc) / selektive Mahlung, selektive Zerkleinerung ‖ ~ **head** (Aero) / Druckdifferenz *f*, Differenzdruck *m* (bei dem Fahrtmesser) ‖ ~ **head of the filter** (San Eng) / Filterdruckhöhe *f* (Höhenunterschied zwischen dem Rohwasserspiegel eines Filters und dem Ablaufspiegel des Filtrats) ‖ ~ **hoist** (Eng) / Differentialflaschenzug *m* (eine endlose Kette oben über zwei koaxiale, fest miteinander verbundene feste Rollen von unterschiedlichem Durchmesser und unten über eine lose Rolle geführt, wobei die Rollen meist als Zahnräder ausgebildet sind), Differenzialflaschenzug *m* ‖ ~ **housing** (Autos) / Differentialgehäuse *n*, Ausgleichskorb *m*, Ausgleichsgehäuse *n*, Differentialkäfig *m* ‖ ~ **indexing** (Eng) / Ausgleichsteilen *n*, Differentialteilen *n* ‖ ~ **interference** (Micros) / differentielle Interferenz ‖ ~ **interference contrast** (Micros) / differentieller Interferenzkontrast, Differentialinterferenzkontrast *m* ‖ ~ **ionization** (Phys) / differentielle Ionisation ‖ ~ **ionization chamber**\* (Nuc Eng) / Differential-Ionisationskammer *f* ‖ ~ **levelling** (Surv) / Nivellieren *n*, Nivellierung *f*, Nivellement *n* (ein Messverfahren zur Bestimmung von Höhenunterschieden im Gelände), Einnivellierung *f* ‖ ~ **lock** (a

device which disables the differential of a motor vehicle in slippery conditions to improve grip) (Autos) / Ausgleichssperre f, Differentialsperre f, Differentialbremse f
**differentially wound** (Elec Eng) / differential gewickelt
**differential measuring** / Differenzmessung f ‖ **~ microphone** / Doppelkapselmikrofon n ‖ **~ mode attenuation** (Telecomm) / differentielle Modendämpfung (optische Kommunikationstechnik) ‖ **~ mode delay** (Telecomm) / Gruppenlaufzeitdifferenz f durch Modendispersion (optische Kommunikationstechnik) ‖ **~ motion*** (Mech) / Differentialbewegung f ‖ **~ of arc** (Maths) / Bogenelement n (das Differential der Bogenlänge einer Kurve), Linienelement n, Bogendifferential n ‖ **~ operator** (Maths) / Differentialoperator m ‖ **~ PCM** (Comp) / Differenz-Puls-Kode-Modulation f, DPCM (Differenz-Puls-Kode-Modulation) ‖ **~ phase modulation** (Telecomm) / Differenzphasenumtastung f ‖ **~ phase shift keying** (a modulation system) (Telecomm) / Phasendifferenzmodulation f (der Wert eines zeitdiskreten Eingangssignals wird durch eine Phasenänderung gegenüber der vorhergehenden Phasenlage dargestellt) ‖ **~ phase shift keying** (Radar) / Differenzphasenabtastung f ‖ **~ pinion gear** (Autos) / Ausgleichskegelrad n, Ausgleichsritzel n (Teil des Kegelraddifferentials) ‖ **~ piston** (Eng) / Stufenkolben m, Differentialkolben m (z.B. einer Kolbenpumpe) ‖ **~ pressure** (Phys) / Druckdifferenz f (Differenz zweier Drücke) ‖ **~ pressure** (Phys) / Differenzdruck m (wenn die Differenz zweier Drücke selbst die Messgröße ist - DIN 1314)
**differential-pressure counter** (Eng) / Drosselgerät n (ein Durchflussmesser, z.B. Normblende oder Normdüse) ‖ **~ flowmeter** (Instr) / Wirkdruckdurchflussmesser m (für Gase und Flüssigkeiten, der auf der Grundlage des Bernoulli'schen Gesetzes arbeitet), Wirkdruck(gas)zähler m, Durchflussmessumformer m ‖ **~ flowmeter** (Aero) / Strömungssonde, die f mit Druckdifferenz arbeitet ‖ **~ gauge*** (Phys) / Differenzdruckmesser m
**differential principle** (Eng) / Differentialprinzip n (bei dem benachbarte Augenblickszustände verglichen werden) ‖ **~ protective system*** (Elec Eng) / Vergleichsschutzsystem n, Differentialschutz m (Stromvergleichsschutz) ‖ **~ pulley block*** (Eng) / Differentialflaschenzug m (eine endlose Kette oben über zwei koaxiale, fest miteinander verbundene feste Rollen von unterschiedlichem Durchmesser und unten über eine lose Rolle geführt, wobei die Rollen meist als Zahnräder ausgebildet sind), Differenzialflaschenzug m
**differential-pulse anodic stripping voltammetry** (Chem) / differentielle Puls-Anodic-Stripping-Voltammetrie, DPASV (differentielle Puls-Anodic-Stripping-Voltammetrie)
**differential pulse-code modulation*** (Comp) / Differenz-Puls-Kode-Modulation f, DPCM (Differenz-Puls-Kode-Modulation)
**differential-pulse polarography** (Chem) / Differenzpulspolarografie f, Differentialpulspolarografie f, differentielle Pulspolarografie
**differential refraction** (Optics) / unterschiedliche Brechung (z.B. der verschiedenen Lichtkomponenten) ‖ **~ relaxation spectrum** (Phys, Spectr) / differentielles Relaxationsspektrum (DIN 13 343) ‖ **~ relay*** (Elec Eng) / Differentialrelais n (ein Schutzrelais) ‖ **~ resistance** (Elec Eng, Electronics) / differentieller Widerstand (in Halbleitersystemen) ‖ **~ retardation function** (Spectr) / differentielle Retardationsfunktion (DIN 13 343) ‖ **~ retardation spectrum** (Phys, Spectr) / differentielles Retardationsspektrum (DIN 13 343) ‖ **~ scanning calorimetry** / Kalorimetrie f mit Differentialabtastung, Differentialscanningkalorimetrie f, DSK (Differentialscanningkalorimetrie), dynamische Differentialkalorimetrie, DDK (dynamische Differenzkalorimetrie) ‖ **~ scattering cross-section** (Nuc) / differentieller Streuquerschnitt ‖ **~ screw** (Eng) / Differentialschraube f (auf deren Schaft zwei Gewinde mit gleichem Windungssinn, aber unterschiedlicher Ganghöhe aufgebracht sind) ‖ **~ settlement** (Build, Civ Eng) / ungleichmäßige Setzung, unterschiedliches Setzungsverhalten ‖ **~ side gear** (Autos) / Hinterachswellenrad n, Achswellenkegelrad n ‖ **~ staining** (Biochem, Micros) / Differentialfärbung f ‖ **~ tackle** (Eng) / Differentialflaschenzug m (eine endlose Kette oben über zwei koaxiale, fest miteinander verbundene feste Rollen von unterschiedlichem Durchmesser und unten über eine lose Rolle geführt, wobei die Rollen meist als Zahnräder ausgebildet sind), Differenzialflaschenzug m ‖ **~ tariff** (Elec Eng) / Staffeltarif m ‖ **~ thermal analysis*** (Chem) / Differenzthermoanalyse f (die die Änderung der Enthalpie untersucht - DIN 51 007), Differentialthermoanalyse f, DTA (Differenzthermoanalyse) ‖ **~ thermoanalysis** (Chem) / Differenzthermoanalyse f (die die Änderung der Enthalpie untersucht - DIN 51 007), Differentialthermoanalyse f, DTA (Differenzthermoanalyse) ‖ **~ thermogravimetric analysis** (Phys) / Differentialthermogravimetrie f, DTG ‖ **~ thermogravimetry** (Chem) / derivative Thermogravimetrie, DTG (derivative Thermogravimetrie) ‖ **~ timing** (Work Study) / Folgezeitverfahren n (bei der Stoppuhrzeitmessung) ‖ **~ titration*** (Chem) / Differentialtitration f, Simultantitration f ‖ **~ transformer** (Telecomm) / Brückenübertrager m, Differentialübertrager m, Übertrager m (in einer Gabelschaltung) ‖ **~ transformer** (Elec Eng) / Differentialtransformator m (der mechanische Größen in elektrische umwandelt) ‖ **~ transport** (Textiles) / Differentialtransport m (bei Nähmaschinen) ‖ **~ wear** (Textiles) / durch unterschiedlichen Abrieb entstandene Farbdifferenz ‖ **~ weathering** (Geol) / selektive Verwitterung ‖ **~ weathering** (of sandstones) (Geol) / Wabenverwitterung f (löcherige, wabenförmige Verwitterungserscheinung an porösen Gesteinen) ‖ **~ winding*** (Elec Eng) / Differentialwicklung f ‖ **~ windlass** (a windlass that has a barrel with two sections of different diameter) (Eng) / Differentialseilwinde f (mit unterschiedlichem Durchmesser bei den Trommeln)
**differentiate** v / differenzieren v, ausdifferenzieren v
**differentiating circuit*** (Automation, Elec Eng) / Differenzierschaltung f (DIN 40 146-1), Differenzierer m, Differenzierkreis m, Differenzierglied n, D-Glied n (welches das Eingangssignal nach der Zeit differenziert) ‖ **~ element** (Automation, Elec Eng) / Differenzierschaltung f (DIN 40 146-1), Differenzierer m, Differenzierkreis m, Differenzierglied n, D-Glied n (welches das Eingangssignal nach der Zeit differenziert) ‖ **~ network** (Elec Eng) / differenzierendes Netz ‖ **~ network** (Automation, Elec Eng) / Differenzierschaltung f (DIN 40 146-1), Differenzierer m, Differenzierkreis m, Differenzierglied n, D-Glied n (welches das Eingangssignal nach der Zeit differenziert)
**differentiation** n (Biol) / Differenzierung f ‖ **~*** (Geol) / Differentiation f (magmatische, metamorphe) ‖ **~*** (Maths) / Differentiation f, Differenzieren n ‖ **~ factor** (Cyt) / Differenzierungsfaktor m (niedermolekulare Substanz, die bei Mikroorganismen die Zelldifferenzierung auslöst)
**differentiator*** n (Automation, Elec Eng) / Differenzierschaltung f (DIN 40 146-1), Differenzierer m, Differenzierkreis m, Differenzierglied n, D-Glied n (welches das Eingangssignal nach der Zeit differenziert) ‖ **~*** (Maths) / Differenziergerät n (z.B. Spiegellineal, Tangentenlineal oder Derivimeter nach Ott), Differentiator m
**differently coloured** / farblich abgesetzt
**difficult matter** (Typog) / Satzerschwernis f (Faktor, der beim Setzen die Buchstabenleistung im Vergleich zum glatten Satz vermindert - z.B. Schriftmischung, Marginalien usw.) ‖ **~ of access** / schwer zugänglich ‖ **~ starting** (Autos) / Startschwierigkeiten f pl
**diffluence*** n (Geog, Meteor) / Diffluenz f (Auffächern von Stromlinien) ‖ **~** (Phys) / Richtungsänderung f (der Strömung)
**difform system** (Chem, Phys) / difformes System (ein Stoffsystem aus Teilchen, die sich entweder in einer oder in zwei Raumrichtungen wesentlich stärker erstrecken als in der dritten)
**diffract** v (Light, Phys) / beugen v (Lichtstrahlen, Wellen)
**diffracted ray** (Optics) / gebeugter Strahl
**diffraction*** n (Light, Optics) / Beugung f des Lichts, Lichtbeugung f ‖ **~*** (Light, Phys) / Beugung f (von elektromagnetischen und Materiewellen), Diffraktion f ‖ **~ analysis*** (Crystal, Optics) / Beugungsuntersuchung f, Beugungsanalyse f, Diffraktometrie f (meistens mit Röntgenstrahlen) ‖ **~ angle*** (Optics) / Beugungswinkel m ‖ **~ at a slit** (Optics) / Beugung f am Spalt ‖ **~ disk** (Optics, Photog) / Beugungsscheibchen n (z.B. ein Airy Scheibchen) ‖ **~ electron microscope** (Micros) / Elektronenmikroskop n (Durchstrahlungstyp) mit Elektronenbeugung ‖ **~ fringes** (Optics) / Beugungsstreifen m pl, Beugungsringe m pl ‖ **~ grating*** (Phys) / Beugungsgitter n, optisches Gitter, Gitter n
**diffraction-grating mounting** (Optics, Phys) / Beugungsgitteraufstellung f
**diffraction-limited** adj (Optics) / beugungsbegrenzt adj
**diffraction pattern** (Optics) / Beugungsmuster n ‖ **~ pattern*** (Optics) / Beugungsbild n, Beugungsfigur f ‖ **~ ring** (Micros) / Beugungsring m ‖ **~ scattering** (Nuc) / Schattenstreuung f, Diffraktionsstreuung f, Beugungsstreuung f (innerhalb des geometrischen Schattens hinter dem streuenden Objekt) ‖ **~ spectrum** (Light, Optics, Phys) / Beugungsspektrum n
**diffractometer*** n (Crystal, Optics) / Diffraktometer n (zum Studium von Beugungserscheinungen)
**diffractometry** n (Crystal, Optics) / Beugungsuntersuchung f, Beugungsanalyse f, Diffraktometrie f (meistens mit Röntgenstrahlen)
**diffusable** adj (Chem, Phys, Physiol) / diffusionsfähig adj
**diffusant** n (Electronics) / in der Diffusionstechnik eingebrachtes Dotiermittel
**diffusate** n (Chem, Phys) / Diffusat n (durch Diffusion entstandene Mischung)

**diffuse**

**diffuse** v / diffundieren v ‖ ~ (Optics) / zerstreuen vt ‖ ~ vt / eindiffundieren lassen ‖ ~ adj / diffus adj ‖ ~ **away** v / abdiffundieren v

**diffused** adj / diffus adj ‖ ~ **aeration** (San Eng) / Druckbelüftung f

**diffused-air system** (San Eng) / Druckbelüftung f ‖ ~ **tank** (San Eng) / Druckbelüftungsbecken n, Druckluftbecken n

**diffused-alloy transistor** (Electronics) / Drifttransistor m ‖ ~ **transistor** (Electronics) / diffusionslegierter Transistor, DA-Transistor m

**diffused·-base transistor** (Electronics) / Diffusionstransistor m, Transistor m mit diffundierter Basis ‖ ~ **coating** (Surf) / Diffusionsschicht f (eine Schutzschicht), Diffusionsüberzug m

**diffuse density**\* (Photog) / die durch Durchlichtmessung ermittelte Dichte (im diffusen Licht) ‖ ~ **density**\* (Photog) / Bildschwärze f im diffusen Tageslicht oder auf dem Leuchttisch ‖ ~ **density**\* (Photog) s. also Callier effect

**diffused junction** (Electronics) / diffundierter Übergang, Diffusionsübergang m ‖ ~ **layer** (Electronics) / Diffusionsschicht f, diffundierte Schicht ‖ ~ **light** (Light, Optics) / diffuses Licht ‖ ~ **light** (Optics, Photog) / Streulicht n (durch Lichtstreuung abgelenktes Licht) ‖ ~ **transistor** (Electronics) / diffundierter Transistor

**diffuse emission** / diffuse Emission (bei der Luftreinhaltung), fugitive Emission (wenn der Luftvolumenstrom nur geschätzt, nicht gemessen werden konnte) ‖ ~ **field** (Acous) / Diffusfeld n, diffuses Feld (ein Schallfeld)

**diffuse-field distance** (Acous) / Hallabstand m (diejenige Entfernung vom akustischen Mittelpunkt einer Schallquelle, bei welcher die Effektivwerte des Schalldruckes des Direktschalles in einer angegebenen Richtung und des reflektierten Schalles im Raum gleich sind - DIN 1320) ‖ ~ **distance** (for omnidirectional source) (Acous, Radio) / Hallradius m (Hallabstand bei einer Schallquelle mit kugelförmiger Richtcharakteristik - DIN 1320) ‖ ~ **response** (Acous) / Diffusfrequenzgang m, Frequenzgang m für das diffuse Schallfeld ‖ ~ **sensitivity** (Acous) / Diffusempfindlichkeit f, Übertragungsfaktor m für das diffuse Feld

**diffuse halo** (Photog) / Diffusionslichthof m (der durch diffuse Streuung des auf die Filmschicht auftreffenden Lichts an den lichtempfindlichen Silbersalzkristallen der Emulsionen entsteht), Streuungslichthof m ‖ ~ **illumination** (Light) / diffuse Beleuchtung ‖ ~ **lighting** (Light) / diffuse Beleuchtung ‖ ~ **luminous reflectance factor** (Optics) / Remissionsgrad m (quantitatives Maß für die Remission), Remissionskoeffizient m ‖ ~ **nebula** (pl. nebulae) (Astron) / diffuser Nebel (galaktischer Nebel von unregelmäßiger Form aus interstellarer Materie)

**diffuseness** n (Nuc) / Diffuseness f

**diffuse outwards** (Surf) / herausdiffundieren v ‖ **~-porous wood**\* (For) / mikroporöses Holz, zerstreutporiges Laubholz (z.B. Ahorn, Birke, Buche, Erle, Linde, Pappel)

**diffuser** n / Staudüse f (in der Strömungstechnik) ‖ ~\* (Acous) / Streukörper m, Diffusor f (schallstreuender Einbau) ‖ ~\* (Aero, Eng) / Diffusor m (strömungstechnisches Bauteil) ‖ ~ (Autos) / Ladeleitrad n (im Lader) ‖ ~ (Autos) / Expansionskegel m (in der Auspuffanlage) ‖ ~\* (Cinema, Optics, TV) / Diffusor m (lichtstreuender Körper), Lichtdiffusor m ‖ ~\* (Cinema, TV) / Streulichtschirm m (Seidenblende), Seidenblende f, Tüllschirm m ‖ ~\* (Eng) / Verzögerungsteil m (bei Turboverdichtern) ‖ ~ (Light, Optics) / lichtstreuender Körper ‖ ~ (Nut) / Extraktionsanlage f, Diffusionsgerät n ‖ ~ (Nut) / Diffuseur m (zum Auslaugen der Zuckerrübenschnitzel), Diffusionsapparat m ‖ ~ (Optics) / Streukörper m ‖ ~ (San Eng) / Druckluftbelüfter m (beim Belebungsverfahren), Belüfter m (bei Druckbelüftung)

**diffuse radiation** (Phys) / diffuse Strahlung, gestreute Strahlung

**diffuser cone** (Photog) / Diffusorkalotte f (für die Mittelwertbildung bei den Belichtungsmessern)

**diffuse reflectance** (Optics) / Remissionsgrad m (quantitatives Maß für die Remission), Remissionskoeffizient m

**diffuse-reflectance spectroscopy** (Spectr) / diffuse Reflexionsspektroskopie

**diffuse reflection**\* (Light, Optics) / Remission f (an nicht spiegelnden Objekten), Lichtremission f, diffuse Reflexion (aufrauen Grenzflächen) ‖ ~ **reflector** (Optics) / zerstreut reflektierender Körper

**diffuser spray nozzle** / Sprühstrahlrohr n, Nebelstrahlrohr n

**diffuse series**\* (Phys) / diffuse Nebenserie (in Atomspektren) ‖ ~ **sky-light** (Geophys) / Himmelsstrahlung f ‖ ~ **sky radiation** (Geophys) / Himmelsstrahlung f ‖ ~ **solar radiation** (Geophys, Meteor) / diffuse Sonneneinstrahlung ‖ ~ **sound field** (Acous) / diffuses Schallfeld (in dem der Schallintensitätsvektor in jedem Augenblick isotrop ist - DIN 1320) ‖ ~ **sound level** (Acous) / Diffusschallpegel m ‖ ~ **transmission** (Phys) / gestreute Transmission ‖ ~ **transmittance**\* (Phys) / gestreute Transmission

**diffusible** adj (Chem, Phys, Physiol) / diffusionsfähig adj

**diffusing disk** (Photog) / Dutoscheibe f (farblose Vorsatzscheibe für Objektive, die eine Weichzeichnung ermöglicht) ‖ ~ **glass** (Optics) / Streuscheibe f (ein Teil eines Scheinwerfers) ‖ ~ **glass** (Optics) / Streuglas n ‖ ~ **screen** (Cinema, TV) / Streulichtschirm m (Seidenblende), Seidenblende f, Tüllschirm m ‖ ~ **screen** (Optics) / Streuscheibe f (ein Teil eines Scheinwerfers) ‖ ~ **surface** (Optics) / diffus strahlende Fläche

**diffusion**\* n (Chem, Phys, Physiol) / Diffusion f ‖ ~ (Light) / Streuung f ‖ ~ (Materials) / Diffusion f (zeit- und temperaturabhängige Wanderung von Atomen und Molekülen in Stoffen) ‖ ~ (Optics) / Zerstreuen n ‖ ~ (as towards a surface) (Surf) / Herandiffusion f ‖ ~ **annealing** (Met) / Diffusionsglühen n (zum Seigerungsausgleich nach DIN EN 10 052) ‖ ~ **area**\* (Nuc Eng) / Diffusionsfläche f ‖ ~ **attachment**\* (Optics, Photog) / Weichzeichnerscheibe f ‖ ~ **barrier**\* (Nuc, Nuc Eng) / Trenndiaphragma n, Diffusionsdiaphragma f

**diffusion-barrier film** (Paint) / Diffusionssperrschicht f (dünne)

**diffusion battery** / Diffusionsbatterie f ‖ ~ **bonding** (Electronics) / Diffusionskontaktieren n ‖ ~ **brazing** (Met) / Diffusionslöten n ‖ ~ **cloud chamber** (Nuc) / kontinuierliche Nebelkammer, Diffusionsnebelkammer f ‖ ~ **coating** (Met) / Metalldiffusionsverfahren n, Diffusionsmetallisierung f, Diffusionsbeschichten n, Diffusionslegieren n, Diffusionsmetallisieren n (Sammelbegriff für Stahl- und Gusseisen-Oberflächenbehandlungsverfahren) ‖ ~ **coating**\* (Met, Surf) / Diffusionsschicht f (eine Schutzschicht), Diffusionsüberzug m ‖ ~ **coefficient**\* (the constant of proportionality between the diffusion flux and the concentration gradient in Fick's first law) (Chem) / Diffusionskoeffizient m (DIN 41 852)

**diffusion-controlled** adj / diffusionsgesteuert adj, diffusionsbedingt adj

**diffusion current**\* (Chem) / Diffusionsstrom m, Diffusionsgrenzstrom m, Grenzstrom m (Elektrochemie) ‖ ~ **depth** (Met) / Diffusionstiefe f, Eindringtiefe f (Kenngröße zur Charakterisierung der Dicke von Diffusionsschichten) ‖ ~ **diode** (Electronics) / Diffusionsdiode f (eine Halbleiterdiode) ‖ ~ **disk** (Photog) / Dutoscheibe f (farblose Vorsatzscheibe für Objektive, die eine Weichzeichnung ermöglicht) ‖ ~ **disk** (Photog) s. also soft-focus lens

**diffusion-ejector pump** (Vac Tech) / Diffusionsejektorpumpe (eine Treibmittelvakuumpumpe)

**diffusion equation** (Chem) / Diffusionsgleichung f ‖ ~ **flame**\* / Diffusionsflamme f (bei der Brennstoffe und Oxidationsmittel getrennt zugeführt werden - z.B. Kerze) ‖ ~ **flame burner** / Gleichstrombrenner m (ein Gasbrenner), Leuchtflammenbrenner m, Diffusionsbrenner m ‖ ~ **flux** (Chem) / Diffusionsstrom m (in dem Fick'schen Gesetz) ‖ ~ **juice** (Nut) / Rohsaft m (bei der Zuckerherstellung) ‖ ~ **layer** (Electronics) / Diffusionsschicht f, diffundierte Schicht ‖ ~ **length** (Elec, Nuc) / Diffusionslänge f ‖ ~ **metallization** (Met) / Metalldiffusionsverfahren n, Diffusionsmetallisierung f, Diffusionsbeschichten n, Diffusionslegieren n, Diffusionsmetallisieren n (Sammelbegriff für Stahl- und Gusseisen-Oberflächenbehandlungsverfahren) ‖ ~ **method** (For) / Diffusionsverfahren n (ein Holzschutzverfahren), Diffusionstränkung f, Osmoseverfahren n (Tränkung des weißgeschnittenen saftfrischen Holzes) ‖ ~ **plant**\* (Nuc Eng) / Diffusionstrennanlage f (zur Anreicherung von Isotopen) ‖ ~ **plant** (Nut) / Diffuseur m (zum Auslaugen der Zuckerrübenschnitzel), Diffusionsapparat m ‖ ~ **potential**\* (Chem, Elec) / Diffusionspotential n, Flüssigkeitspotential n (eine elektrische Potentialdifferenz, die an der Phasengrenzfläche zweier verschiedener Elektrolytlösungen oder von zwei Lösungen des gleichen Elektrolyten unterschiedlicher Konzentration auftritt) ‖ ~ **potential** (Electronics) / Diffusionsspannung f (an einem Halbleiter-p-n-Übergang), Diffusionspotential n ‖ ~ **process** (Electronics) / Diffusionsverfahren n (eine Art Dotierungsverfahren in der Halbleitertechnik) ‖ ~ **process** (For) / Diffusionsverfahren n (ein Holzschutzverfahren), Diffusionstränkung f, Osmoseverfahren n (Tränkung des weißgeschnittenen saftfrischen Holzes) ‖ ~ **process** (Stats) / Diffusionsprozess m (spezieller zeitstetiger Markow-Prozess) ‖ ~ **pump** (Vac Tech) / Diffusionspumpe f (entweder Öl- oder Quecksilber-) ‖ ~ **pump**\* (Vac Tech) / Diffusionspumpe f (von Gaede), Kondensationspumpe f ‖ ~ **ratio** (San Eng) / Diffusionsverhältnis n (Verhältnis der Diffusionskoeffizienten) ‖ ~ **screen** (Optics) / Streuscheibe f (ein Teil eines Scheinwerfers) ‖ ~ **stack** (Nuc Eng) / Sigma-Anordnung f, Diffusionsanordnung f mit Neutronenquelle ‖ ~ **stream** / Diffusionsstrom m (ein Teil des Tabak-Nebenstromrauches) ‖ ~ **theory**\* (Nuc) / Diffusionstheorie f ‖ ~ **time** (Nuc Eng) / Diffusionszeit f (bei Neutronen mit thermischer Energie) ‖ ~ **transistor** (Electronics) / Diffusionstransistor m, Transistor m mit diffundierter Basis ‖ ~ **velocity** (Phys) / Diffusionsgeschwindigkeit f ‖ ~ **voltage** (Electronics) / Diffusionsspannung f (an einem Halbleiter-p-n-Übergang), Diffusionspotential n ‖ ~ **welding**\* (Welding) / Diffusionsschweißen n, Schweißen n im festen Zustand ‖

**~ welding\*** (Welding) / Diffusionsschweißen n (in einem Vakuum- oder Schutzgasofen)
**diffusivity** n (Acous) / Diffusität f (in der Raumakustik) ‖ **~\*** (Chem) / Diffusionskoeffizient m (DIN 41 852) ‖ **~\*** (Heat) / Temperaturleitfähigkeit f, Temperaturleitzahl f ($m^2S^{-1}$) ‖ **~\*** (Phys) / Diffusionsfähigkeit f, Diffusionsvermögen n ‖ **~\*** (Phys) s. also Schmidt number
**diffusor** n (Acous) / Streukörper m, Diffusor m (schallstreuender Einbau) ‖ **~** (Cinema, Optics, TV) / Diffusor m (lichtstreuender Körper), Lichtdiffusor m ‖ **~** (San Eng) / Anemostat m, Diffusor m (Deckenluftauslass mit mehrfach gerichtetem Luftstrom)
**difluoromethane** n (Chem) / Difluormethan n (ein Chlorkohlenwasserstoff)
**DIFO** (Chem) / Dimefox n (ein insektizider Phosphorsäureester)
**difunctional** adj / bifunktionell adj, bifunktional adj, difunktionell adj
**dig** v (for) / graben v (nach Kohle, Wasser usw.) ‖ **~** (Civ Eng) / abtragen v ‖ **~** (Civ Eng) / ausbaggern v, ausschachten v, baggern v ‖ **~** (Mining) / lösen v (Kohle), hereingewinnen v ‖ **~** n (deep, short scratch) (Glass) / Kratzer m (kleiner, tiefer)
**digallic acid** (Chem, Leather) / m-Galloylgallussäure f, Digallussäure f (ein Depsid), m-Digallussäure f, Gallussäure-3-monogallat n ‖ **~ acid** (Chem, Leather) s. also gallic acid and tannic acid
**digamma function** (Maths) / Gauß'sche ψ-Funktion f (die logarithmische Ableitung der Gammafunktion), Digammafunktion f
**digenite\*** n (Min) / Digenit m (blauer isotroper Kupferglanz)
**digest** v (Brew) / vormaischen v ‖ **~** (Nut, Physiol) / verdauen v ‖ **~** (Paper) / aufschließen v (zu Halbstoff), chemisch aufschließen ‖ **~** (San Eng) / faulen v (Schlamm) ‖ **~** n (Comp) / Digest m n (Zusammenfassung, die mehrere Postings in einer Newsgroup des Usenets im Internet bündelt)
**digestant** n (Pharm) / Digestivum n (pl. -iva) (verdauungsförderndes Mittel)
**digested sludge** (San Eng) / ausgefaulter Schlamm
**digester** m (San Eng) / Faulbehälter m (Bauwerk mit Reaktionsraum zum Faulen - nach DIN 4045) ‖ **~** n (For) / Kochkessel m (für kurze Stammstücke), Kocher m ‖ **~\*** (Paper) / Zellstoffkocher m, Kocher m ‖ **~** (San Eng) / Schlammfaulraum m (Reaktionsraum zum Faulen, Schlammfaulbehälter m ‖ **~** (Textiles) / Eiweißverdauer m, Eiweißspalter m, Enzymdetachiermittel n (zur Vordetachur bei eiweißhaltigen Flecken) ‖ **~ circulation system** (Paper) / Kocherumwälzanlage f ‖ **~ gas** (San Eng) / Faulgas n (beim anaeroben Abbau von Klärschlamm anfallendes Gas), Klärgas n ‖ **~ gas** s. also sewage gas
**digestible** adj (Nut, Physiol) / verdaulich adj
**digesting agent** (Nut) / Aufschlussmittel n (das auf chemischem Wege unlösliche Bestandteile löslich macht - z.B. Kalium- oder Natriumhydroxid)
**digestion** n (Chem) / Aufschließen n, Aufschluss m (durch Hitze und/oder Lösungsmittel) ‖ **~** (Min Proc) / Aufschluss m (von Erzen - mit Aufschlussreagenzien) ‖ **~** (Nut, Physiol) / Verdauung f, Digestion f ‖ **~** (Paper) / Holzschliffherstellung f, Aufschließen n, Aufschluss m (chemischer), Schleifen f, Zellstoffauflösung f, Zellstoffgewinnung f (zu Halbstoff) ‖ **~** (Pharm) / Digerieren n, Auszichen n, Auslaugen n ‖ **~** (Pharm, Physiol) / Digestion f ‖ **~** (San Eng) / Faulung f, Faulen n (des Schlamms) ‖ **~** (San Eng) / Ausfaulen n (von Schlamm) ‖ **~ chamber** (Ecol) / Komposter m, Rottezelle f ‖ **~ chamber** (San Eng) / Schlammfaulraum m (Reaktionsraum zum Faulen), Schlammfaulbehälter m ‖ **~ liquor** (Paper) / Kochlauge f (alkalisches Verfahren) ‖ **~ liquor** (Paper) / Kochsäure f (Sulfitverfahren)
**digestive** n (Pharm) / Digestivum n (pl. -iva) (verdauungsförderndes Mittel) ‖ **~ enzyme** (Nut, Physiol) / Verdauungsenzym n, Verdauungsferment n ‖ **~ ferment** (Nut, Physiol) / Verdauungsenzym n, Verdauungsferment n
**diggable** adj / lösbar adj (Boden)
**digger** n (Agric) / Kartoffelroder m, Kartoffelrodemaschine f, Roder m (eine Kartoffelerntemaschine) ‖ **~** (Build, Civ Eng) / Erdarbeiter m
**digging** n / Stechen n (Torf) ‖ **~** (Civ Eng) / Ausbaggern n, Baggerung f, Ausschachtung f, Ausbaggerung f, Baggern n, Exkavation f, Erdabtrag m ‖ **~** (Civ Eng) / Grabenbau m, Graben n ‖ **~ and riddling machine** (Agric) / Vorratsroder m (eine Kartoffelerntemaschine) ‖ **~ arc** (Civ Eng) / Grabkurve f (Bogen des Grabgefäßes) ‖ **~ face** (Civ Eng) / Baggerböschung f (Vor-Kopf-Böschung des Baggers) ‖ **~ ladder** (Civ Eng) / Eimerleiter f (Führungseinrichtung für die Eimerkette von Eimerkettenbaggern) ‖ **~ machine** (Agric) / Kartoffelroder m, Kartoffelrodemaschine f, Roder m (eine Kartoffelerntemaschine) ‖ **~ out** n (Civ Eng) / Ausbaggern n, Baggerung f, Ausschachtung f, Ausbaggerung f, Baggern n, Exkavation f, Erdabtrag m
**diggings** pl (Civ Eng) / Aushubmaterial n, Aushub m, ausgehobene Erdmasse, Baggergut n

**digging share** (Agric) / Rodeschar n f (des Kartoffelroders)
**digging-up** n (Geol) / Evorsion f (aushöhlende Wirkung von strudelndem Wasser)
**digicam** (Cinema, Comp, Photog) / Digitalkamera f
**digicom** n (Telecomm) / digitale Kommunikation
**digilin** adj / digilin adj (digital + linear)
**digimatics** n (Comp) / Digimatik f (Wissenschaft von der digitalen Informationsverarbeitung)
**dig in** v (Civ Eng) / eingraben v (Pfahl)
**digipeater** n (Radio) / Digipeater m (im Bereich des Amateurfunks)
**digipeating** n (Radio, Telecomm) / digitale Umsetzung (die Wiederholung)
**digit\*** n (Comp, Maths) / einstellige Zahl, Ziffer f, Digit n ‖ **~** (Maths) / arabische Ziffer ‖ **~** (Print) / Hand f (ein Verweiszeichen)
**digital\*** adj / digital adj ‖ **~ access** (Telecomm) / digitaler Zugang ‖ **~ acquisition reporting technique** (Oils) / DART-Verfahren n (mit dem man die Bohrparameter ermitteln kann) ‖ **~ adder** (Comp) / Volladdierglied n, Addierglied n, Volladdierer m
**digital/analogue converter** (Comp, Electronics) / Digital-analog-Umsetzer m, D/A-Umsetzer m, DAU, Digital-analog-Wandler m, D/A-Wandler m
**digital animation** (Cinema) / Digitalanimation f ‖ **~ assembly** (Electronics) / Baugruppe f (für digitale Technik) ‖ **~ audio broadcasting\*** (Radio) / digitaler Hörfunk (über terrestrische Funktürme) ‖ **~ audio disk** (Acous) / digitale Schallplatte ‖ **~ audio disk** s. also compact disk ‖ **~ audiotape** (Acous) / digitales Tonband ‖ **~ audiotape\*** (magnetic tape which is used to make digital sound recordings of very high quality) (Acous, Comp, Mag) / Digitalmagnetband n, DAT (Digitalmagnetband), Magnetband n für Digitalaufzeichnungen ‖ **~ audiotape technology** (Electronics, Mag) / DAT-Technik f, Digitaltonbandtechnik f ‖ **~ bit rate adaption** (Telecomm) / digitale Bitratenanpassung, DIB ‖ **~ board** (Electronics) / Digitalplatte f ‖ **~ camera\*** (that converts images into electrical signals for digital storage) (Cinema, Comp, Photog) / Digitalkamera f ‖ **~ cartography** (Cartography) / digitale Kartografie, Digitalkartografie f ‖ **~ cash** (Comp) / Electronic Cash n (Oberbegriff für eine Reihe verschiedener Verfahren, die finanzielle Transaktionen bargeldlos mit Hilfe eines elektronischen Datenaustausches ermöglichen), Electronic Money n, Digital Money n ‖ **~ cassette** (Comp) / Digitalkassette f, Magnetbandkassette f (DIN 66235), Kassette f (DIN 66229) ‖ **~ cellular system** (Teleph) / digitales zellulares System (Standard der Handys im E-Netz), DCS (digitales zellulares System) ‖ **~ circuit** (Electronics) / Digitalschaltung f, digitale Schaltung ‖ **~ clock\*** (Horol) / Digitaluhr f (bei der die Ziffern sprungweise schalten) ‖ **~ colour printing** (Print) / Digitalfarbdruck m, digitaler Farbdruck ‖ **~ communication(s)** (Telecomm) / digitale Kommunikation ‖ **~ computer\*** (Comp) / Digitalrechner m, digitaler Rechner, digitale Rechenanlage, Ziffernrechner m ‖ **~ concentrator** (Comp) / Digitalkonzentrator m ‖ **~ content** (Comp) / digitalisierter Inhalt (eines Dokuments) ‖ **~ control** (Automation) / digitale Regelung, Digitalregelung f ‖ **~ controller** (Automation) / digitaler Regler, Digitalregler m ‖ **~ counter** (Instr) / Digitalzähler m, Ziffernzähler f ‖ **~ cross-connect** (system) (Comp) / digitales Crossconnect-System ‖ **~ darkroom** (Photog) / elektronische Dunkelkammer ‖ **~ data** (Comp) / digitale Daten (die nach DIN 44300 nur aus Zeichen bestehen) ‖ **~ data receiver** (Comp) / Digitalempfänger m ‖ **~ data tablet** (Comp) / Digitalisierungsgerät n, Digitalisierbrett n, Digitizer m, Digitalisiergerät n, Digitalisiertablett n, Digitalisierer m ‖ **~ differential analyser\*** (Comp) / Digital-Differentialanalysator m ‖ **~ display** (Comp) / Numerikanzeige f, digitale Anzeige, numerische Anzeige, Digitalanzeige f, Ziffernanzeige f ‖ **~ divider** (Comp, Elec Eng) / Dividierwerk n ‖ **~ elevation map** (Radar) / digitale Höhenkarte ‖ **~ Equipment Corporation** (Comp, Telecomm) / Digital Equipment Corporation f (ein US-Systemhersteller), DEC (ein US-Systemhersteller) ‖ **~ error** (Comp) / Digitalfehler m ‖ **~ exchange** (Teleph) / digitale Vermittlungseinrichtung, digitale Vermittlungsstelle ‖ **~ facsimile recorder** (Comp, Telecomm) / digitaler Fernkopierer ‖ **~ filter** (Telecomm) / numerisches Filter ‖ **~ filter\*** (Telecomm) / Digitalfilter n (bei dem das Signal zeit- und wertdiskret verarbeitet und die Dämpfungscharakteristik durch einen Rechenprozess gewonnen wird) ‖ **~ fingerprint** / digitaler Fingerabdruck ‖ **~ geometry** (Comp) / Digitalgeometrie f (rechnerunterstützte Lösung geometrischer Probleme) ‖ **~ hierarchy** (Telecomm) / Digitalhierarchie f, digitale Hierarchie ‖ **~ IC** (Electronics) / digitales IC ‖ **~ image** (Comp, Print) / digitalisiertes Bild ‖ **~ image processing** (Comp, Print) / Digital-Imaging n, digitale Bildverarbeitung ‖ **~ image storage** (Comp) / digitale Bildspeicherung, Digitalbildspeicherung f ‖ **~ imaging** (Comp, Print) / Digital-Imaging n, digitale Bildverarbeitung
**digitalin** n (Chem, Pharm) / Digitalin n (ein Digitalisglykosid)

**digital in-circuit**

**digital in-circuit test** (Electronics) / digitaler In-Circuit-Test ‖ ~ **input** (Comp) / Digitaleingabe *f* ‖ ~ **integrated circuit** (Electronics) / digitales IC ‖ ~ **interface unit** (Teleph) / digitale Schnittstelleneinheit, DIU (digitale Schnittstelleneinheit)
**digitalis glycoside** (Pharm) / Digitalisglykosid *n* (stark giftiges Glykosid aus Fingerhut-Arten), Digitalisglycosid *n*
**digitalization** *n* (Comp) / Digitaldarstellung *f*, Digitalisierung *f* (A/D-Wandlung), digitale Darstellung ‖ ~* (Med) / Digitalisierung *f* (Behandlung mit Digitalispräparaten) ‖ ~ (Telecomm) / Digitalisierung *f* (Übergang von der analogen, oft noch elektromechanischen, Übertragungs- und Vermittlungstechnik hin zu digitaler Übertragungs- und Vermittlungstechnik)
**digitalize** *v* (Comp) / digitalisieren *v*
**digitalized image** (Comp, Print) / digitalisiertes Bild
**digital LCD monitor** (Comp) / Digitalflachbildschirm *m* (mit digitaler Schnittstelle) ‖ ~ **leased circuit** (Telecomm) / digitale Mietleitung ‖ ~ **Light Processing** (Cinema, Comp) / DLP-Technologie *f* ‖ ~ **line** (Telecomm) / digitale Leitung ‖ ~ **link** (Telecomm) / digitaler Übertragungsabschnitt ‖ ~ **local exchange*** (Telecomm) / digitale Ortsvermittlungstelle, DIVO *f* (digitale Ortsvermittlungsstelle) ‖ ~ **local office** (Telecomm) / digitale Ortsvermittlungstelle, DIVO *f* (digitale Ortsvermittlungsstelle) ‖ ~ **local switching facility** (Telecomm) / digitale Ortsvermittlungstelle, DIVO *f* (digitale Ortsvermittlungsstelle) ‖ ~ **locator** / digitaler Geber (der den Messwert als ganzzahliges Vielfaches des Weg- oder Winkelinkrements erfasst - bei Industrierobotern ) ‖ ~ **logic** (AI) / Digitallogik *f*, digitaleLogik ‖ ~ **logic circuit** (Electronics) / digitale logische Schaltung
**digitally connected PBX** (Teleph) / Nebenstellenanlage *f* mit Digitalanschluss
**digital magnetic tape** (Acous, Comp, Mag) / Digitalmagnetband *n*, DAT (Digitalmagnetband), Magnetband *n* für Digitalaufzeichnungen ‖ ~ **map** (Aero, Mil) / digitalisierte Geländehöhenkarte ‖ ~ **measurement engineering** / Digitalmesstechnik *f* ‖ ~ **memory** (Comp) / Digitalspeicher *m*, digitaler Speicher ‖ ~ **meter*** (Elec Eng) / Digitalmessgerät *n* ‖ ~ **micromirror device*** (used in high-resolution video projection displays; unlike liquid-crystal displays, which generate images by passing an electrical current through the liquid crystal material, DMD systems reflect light from a powerful source onto a wall or screen) (Comp) / DMD-Chip *m* ‖ ~ **microscopy** (Micros) / digitale Mikroskopie, Digitalmikroskopie *f* ‖ ~ **microwave transmission system** (Radio) / digitales Richtfunksystem, Digitalsignal-Richtfunksystem *n* ‖ ~ **mobile radio** (Radio) / digitaler Mobilfunk ‖ ~ **model** / digitales Modell ‖ ~ **modulation** / digitale Modulation (Verfahren, die zu übertragende digitale Informationen in für analoge Signale und analoge Übertragung geeignete Signalformen überführen), Digitalmodulation *f* ‖ ~ **money** (Comp) / Electronic Cash *n* (Oberbegriff für eine Reihe verschiedener Verfahren, die finanzielle Transaktionen bargeldlos mit Hilfe eines elektronischen Datenaustausches ermöglichen), Electronic Money *n*, Digital Money *n* ‖ ~ **multimeter** (Elec Eng, Electronics, Instr) / Digitalmultimeter *n* (elektronisches Vielfachmessgerät), digitales Multimeter, DMM (digitales Multimeter) ‖ ~ **network** (Telecomm) / Digitalnetz *n*, digitales Netz ‖ ~ **noise reduction** (Acous) / digitale Rauschminderung
**digitaloid** *n* (Pharm) / Digitaloid *n* (ein herzwirksames Pflanzenglykosid)
**digital optical disk** (Comp) / optische Speicherplatte (mit Laserstrahlenaufzeichnung), Optical Disk *f*, Optical Disc *f* ‖ ~ **optical recording** / digitale optische Aufzeichnung (auf Bildplatten) ‖ ~ **optics** (Optics) / digitale Optik ‖ ~ **output** (Comp) / Digitalausgabe *f* ‖ ~ **path** (Telecomm) / Digitalsignalverbindung *f* ‖ ~ **phase shifter** (Radar, Radio) / digitaler Phasenschieber ‖ ~ **photogrammetric system** (Surv) / digitales fotogrammetrisches System ‖ ~ **photography** (Photog) / digitale Fotografie, Digitalfotografie *f* ‖ ~ **plotter*** (Comp) / Digitalplotter *m* ‖ ~ **printer** (Comp) / Digitaldrucker *m* ‖ ~ **printing service centre** (Comp, Print) / Dienstleistungszentrum *n* für digitalen Druck ‖ ~ **publishing** (Comp, Print) / digitales Publizieren ‖ ~ **pulse duration modulation** (Automation) / Schrittdauermodulation *f* ‖ ~ **pushbutton dialling** (Comp) / digitale Tastenwahl ‖ ~ **radar** (Radar) / Digitalradar *m n* ‖ ~ **radio-relay system** (Radio) / digitales Richtfunksystem, Digitalsignal-Richtfunksystem *n* ‖ ~ **record** (Acous) / Digitalaufzeichnung *f* (als Produkt), digitale Aufnahme (als Produkt) ‖ ~ **recorder** (Acous) / Digitalrekorder *m* (mit integriertem PCM-Prozessor), Digitalrecorder *m* ‖ ~ **recording** / Digitalaufzeichnung *f* (als Tätigkeit), Digital Recording *n* ‖ ~ **repeater** (Radio, Telecomm) / Digitaler Repeater, PCM repeater ‖ ~ (signal) **repeating** (Radio, Telecomm) / digitale Umsetzung (die Wiederholung) ‖ ~ **satellite broadcasting** (Radio) / digitaler Satellitenrundfunk, DSR (digitaler Satellitenfunk) ‖ ~ **satellite receiver** (Radio, TV) / digitaler Satellitenempfänger ‖ ~ **signal** (Telecomm) / Digitalsignal *n*, digitales Signal (DIN 44300) ‖ ~ **signal connection** (Telecomm) / Digitalsignalverbindung *f* ‖ ~ **signal processing*** (Telecomm) / Digitalsignalverarbeitung *f* ‖ ~ **signal processor** (Comp, Electronics, Telecomm) / digitaler Signalprozessor ‖ ~ **signature** (Comp) / Digitalsignatur *f* (zur eindeutigen und nachvollziehbaren Kennzeichnung eines in elcktronischer /digitaler/ Form vorliegenden Dokumentes), digitale Unterschrift ‖ ~ **spark control** (Autos) / Kennfeldzündung *f* (digitalgesteuerte Zündanlage) ‖ ~ **storage** (Comp) / Digitalspeicher *m*, digitaler Speicher ‖ ~ **subscriber line** (Comp, Telecomm, Teleph) / digitaler Teilnehmeranschluss ‖ ~ **Subscriber System No. 1** (European or international D-channel protocol) (Comp) / DSS1-Protokoll *n* (Signalisierungsprotokoll zwischen dem ISDN-Endgerät und der Vermittlungsstelle) ‖ ~ **switching** (Teleph) / digitale Vermittlung (als Tätigkeit) ‖ ~ **switching facility** (Teleph) / digitale Vermittlungseinrichtung, digitale Vermittlungsstelle ‖ ~ **telecommunication** (Telecomm) / digitale Nachrichtenübertragung ‖ ~ **telecopier** (Comp, Telecomm) / digitaler Fernkopierer ‖ ~ **telephone** (Teleph) / digitaler Fernsprechapparat, DigFeAp, Digitaltelefon *n* ‖ ~ **television** (TV) / digitales Fernsehen ‖ ~ **termination system** (Telecomm) / digitalisiertes breitbandiges Zugangsnetz ‖ ~ **terrain map** (Aero, Cartography) / digitale Geländekarte ‖ ~ **terrain map** (Radar) / digitale Geländekarte ‖ ~ **terrain model** (Aero, Cartography) / digitale Geländekarte ‖ ~ **Theater Sound** (Acous, Cinema) / digitales Tonsystem (für Filmkopien - der Firma Digital Theater System) ‖ ~ **time-division multiplex network** (Teleph) / digitales Zeitmultiplex-Durchschaltenetz
**digital-to-analogue converter*** (Comp, Electronics) / Digital-analog-Umsetzer *m*, D/A-Umsetzer *m*, DAU, Digital-analog-Wandler *m*, D/A-Wandler *m*
**digital transfer** (Telecomm) / Digitalübertragung *f* (mit digitalen Signalen, die nicht moduliert werden), Digitalsignalübertragung *f* ‖ ~ **transmission** (Telecomm) / Digitalübertragung *f* (mit digitalen Signalen, die nicht moduliert werden), Digitalsignalübertragung *f* ‖ ~ **transmission link** (Telecomm) / digitaler Übertragungsabschnitt ‖ ~ **trunk exchange** (Telecomm) / digitale Fernvermittlungsstelle, DIFV (digitale Fernvermittlungsstelle), digitale Durchgangsvermittlungsstelle ‖ ~ **trunk-switching facility** (Telecomm) / digitale Fernvermittlungsstelle, DIFV (digitale Fernvermittlungsstelle), digitale Durchgangsvermittlungsstelle ‖ ~ **type** (Comp, Print) / Digitalschrift *f* ‖ ~ **typeface** (Comp, Print) / Digitalschrift *f* ‖ ~ **versatile disk*** (high-density CD format) (Comp) / Digital Versatile Disk *f* (mit einer Speicherkapazität bis zu 30 Gigabyte), DVD (Digital Versatile Disk), Digital Video Disk *f* ‖ ~ **video camera** (Photog) / Digitalvideokamera *f* ‖ ~ **Video Disk** (Comp) / Digital Versatile Disk *f* (mit einer Speicherkapazität bis zu 30 Gigabyte), DVD (Digital Versatile Disk), Digital Video Disk *f* ‖ ~ **voice compression** (Acous, Electronics) / digitale Sprachkomprimierung ‖ ~ **voice terminal** (Telecomm) / digitales Sprachendgerät ‖ ~ **voice terminal** (Teleph) / digitale Sprechstelle ‖ ~ **voltmeter** (Elec Eng) / Digitalvoltmeter *n*, DVM (Digitalvoltmeter) ‖ ~ **watch*** (Horol) / Digitaluhr *f* (bei der die Ziffern sprungweise schalten) ‖ ~ **X-ray detector** (Radiol) / Röntgenpixeldetektor *m* ‖ ~ **zoom** (Cinema, Photog) / Digitalzoom *n* (elektronische Funktion, bei der ein Ausschnitt des Fotos vergrößert wird, um den Teleeffekt zu simulieren), digitales Zoom
**digit analysis** (Comp) / Zifferauswertung *f*, Ziffernumwertung *f*
**digitization** *n* (Comp) / Digitaldarstellung *f*, Digitalisierung *f* (A/D-Wandlung), digitale Darstellung
**digitize** *v* (Comp) / digitalisieren *v*
**digitized image** (Comp) / digitalisiertes Bild
**digitizer** *n* (Comp) / Digitalisierungsgerät *n*, Digitalisierbrett *n*, Digitizer *m*, Digitalisiergerät *n*, Digitalisiertablett *n*, Digitalisierer *m* ‖ ~ (Comp) / Grafiktableau *n*, Digitalisierbrett *n*, Digitalisiertablett *n*, grafisches Tablett, Grafiktablett *n* ‖ ~* (Comp, Electronics) / A/D-Umsetzer *m*, Analog-Digital-Umsetzer *m*, A/D-Wandler *m*, ADU (Analog-Digital-Umsetzer)
**digitizing** *n* (Comp) / Digitaldarstellung *f*, Digitalisierung *f* (A/D-Wandlung), digitale Darstellung ‖ ~ **board** (Comp) / Digitalisierungskarte *f*, Digitalisierkarte *f* ‖ ~ **pad** (Comp) / Digitalisierungsgerät *n*, Digitalisierbrett *n*, Digitizer *m*, Digitalisiergerät *n*, Digitalisiertablett *n*, Digitalisierer *m* ‖ ~ **puck** (an input device that defines a location by sensing its position on a data tablet - a lens can be incorporated ) (Comp) / Digitalisierlupe *f*, Lupe *f* eines Digitalisiertabletts, Digitalisierungspuck *m*, Puck *m* (Digitalisierlupe)
**digit key** (Comp) / Zifferntaste *f*
**digitonin** *n* (Chem, Pharm) / Digitonin *n* (ein Digitalis-Steroidsaponin)
**digitoxigenin** *n* (Chem, Pharm) / Digitoxigenin *n* (ein Digitalisglykosid)
**digitoxin*** *n* (Chem, Pharm) / Digitoxin *n* (ein Digitalisglykosid)

**digit place** (Maths) / Stelle *f* (im Stellenwertsystem - als abstrakte Zuweisung) ‖ ~ **position** (Maths) / Stelle *f* (in der konkreten Ziffernfolge)
**digitron** *n* (Electronics) / Digitron *n* (Anzeigeröhre für 10 Zeichen)
**diglycine** *n* (Chem) / Iminodiessigsäure *f*
**diglycol** *n* (Chem) / Diethylenglykol *n* (2,2'-Oxydiethanol), Diglykol *n*, Digol *n*
**diglycolic acid** (Chem, Plastics) / Diglykolsäure *f* (2,2-Oxydiessigsäure), Oxydiethansäure *f*, Oxydiessigsäure *f*
**diglyme** *n* (the common name for a colourless liquid used as a high-temperature solvent) (Chem) / Diglyme *n* (Diethylenglycol-Dimethylether)
**diglyph** *n* (Arch) / Zweischlitz *m* (Sonderform einer Triglyphe), Diglyph *m* (Platte mit zwei Schlitzen als Verzierung am Fries)
**digol** *n* (Chem) / Diethylenglykol *n* (2,2'-Oxydiethanol), Diglykol *n*, Digol *n*
**digon** *n* (Maths) / Zweieck *n*
**digonal*** *adj* (Maths) / digonal *adj*
**dig out** *v* (Civ Eng) / ausbaggern *v*, ausschachten *v*, baggern *v*
**digoxin*** *n* (therapeutically most significant lanata glycoside) (Pharm) / Digoxin *n* (ein Lanataglykosid)
**digram** *n* (Print) / Digraf *m*, Digramma *n* (pl. -s oder -ta) (Gruppe von zwei Buchstaben)
**digraph** *n* / gerichteter Graf, Digraf *m* ‖ ~ (Print) / Digraf *m*, Digramma *n* (pl. -s oder -ta) (Gruppe von zwei Buchstaben)
**digression** *n* (Astron) / Digression *f*
**digyre** *n* (Crystal) / zweizählige (Drehungs)Achse (um 180°), Digyre *f*
**dihedral*** *n* (Maths) / Zweiflach *n*, Dieder *n* (Aussprache: Di-eder) ‖ ~ *adj* (Crystal, Maths) / zweiflächig *adj* ‖ ~ **angle*** (Aero) / V-Form *f* (die Tragflächen sind gegenüber der Querachse geneigt), V-Stellung *f* (positive, negative) ‖ ~ **angle** (Chem) / Interplanarwinkel *n*, Diederwinkel *m* (bei der geometrischen Isomerie - Maß für die gegenseitige Verdrehung der Liganden), Torsionswinkel *m* (bei der Konformation) ‖ ~ **angle*** (a non-planar angle - the opening between two intersecting planes) (Maths) / Flächenwinkel *m*, Neigungswinkel *m* zweier Ebenen ‖ ~ **corner** (US) (Radio) / Reflektor, der von zwei unter beliebigem Winkel sich schneidenden ebenen Flächen gebildet wird
**dihedron** *n* (pl. -hedrons or -hedra) (Maths) / Zweiflach *n*, Dieder *n* (Aussprache: Di-eder)
**dihexagonal** *adj* (Crystal) / dihexagonal *adj*
**dihomology** *n* (Maths) / Dihomologie *f*
**dihydrate** *n* (Chem) / Dihydrat *n*
**dihydric** *adj* (containing two hydroxyl groups in the molecule) (Chem) / zweiwertig *adj* (Alkohol) ‖ ~ **alcohol** (Chem) / Dialkohol *m*, zweiwertiger Alkohol, Diol *n*
**dihydroazirine** *n* (Chem) / Aziridin *n*
**dihydrochalcone** *n* (Chem, Nut) / Dihydrochalkon *n*
**dihydrodimerization** *n* (Chem) / Dihydrodimerisation *f* (Dimerisation, bei der das Dimere zwei H-Atome mehr als zwei monomere Moleküle enthält), Dihydrodimerisierung *f*
**dihydrogen** *n* (Chem) / Diwasserstoff *m*, $H_2$ ‖ ~ **phosphate** (Chem) / primäres Phosphat, Dihydrogenphosphat *n*
**dihydroisoxazole** *n* (Chem) / Dihydroisoxazol *n* (partiell hydriertes Isoxazol)
**dihydroorotic acid** (Biochem) / Dihydroorotsäure *f*
**dihydrotestosterone** *n* (Biochem, Gen, Med) / Dihydrotestosteron *n*
**dihydroxyacetone*** *n* (Chem) / Dihydroxyazeton *n* (1,3-Dihydroxypropan-2-on), Dihydroxyaceton *n*, DHA (Dihydroxyaceton)
**dihydroxybenzene** *n* (Chem) / Dihydroxybenzol *n*, Dihydroxybenzen *n* ‖ **1,2-~** (Biochem) / Katechin *n*, Catechin *n*
**dihydroxybenzoic acid** (Chem) / Dihydroxybenzoesäure *f*
**dihydroxybutane** *n* (Chem) / Butandiol *n*, Butylenglykol *n* (konstitutionsisomerer zweiwertiger Alkohol)
**dihydroxybutanedioic, 2,3-~ acid** (Ceramics, Chem, Photog, Textiles) / Weinsteinsäure *f*, Weinsäure *f* (E 334), 2,3-Dihydroxybernsteinsäure *f* ‖ **2,3-~** (Ceramics, Chem, Photog, Textiles) / Weinsteinsäure *f*, Weinsäure *f* (E 334), 2,3-Dihydroxybernsteinsäure *f*
**dihydroxycyclopropenone** *n* (Chem) / Dihydroxycyclopropenon *n* (Dreiecksäure), Dihydroxyzyklopropenon *n*
**dihydroxyethane, 1,2-~** (Chem) / Ethylenglykol *n* (ein Diol), Et-Glykol *n*, Ethan-1,2-diol *n*, "Glykol" *n*
**dihydroxyphenylalanine, 3,4- ~** (Chem) / Dopa *n*, 3-(3,4-Dihydroxyphenyl)-alanin *n*
**dihydroxypropanone** *n* (Chem) / Dihydroxyazeton *n* (1,3-Dihydroxypropan-2-on), Dihydroxyaceton *n*, DHA (Dihydroxyaceton)
**diimide** *n* (Chem) / Diimin *n*, Diazen *n*, Diimid *n*
**diimine** *n* (Chem) / Diimin *n*, Diazen *n*, Diimid *n*
**diiodide** *n* (Chem) / Diiodid *n*
**diiodine pentaoxide** (Chem) / Diiodpentoxid *n*, Iod(V)-oxid *n* ($I_2O_5$)

**di-iodomethane*** *n* (Chem) / Diiodmethan *n*, Methyleniodid *n*
**diisobutylene** *n* (2,4,4-trimethylpentene-1 and 2,4,4-trimethylpentene-2) (Chem) / Diisobuten *n*, Trimethylpenten *n*, Isoocten *n* (2,4,4-Trimethyl-1-penten), α-Diisobutylen *n*, Isookten *n*
**diisobutyl ketone** (Chem) / Diisobutylketon *n* (2,6-Dimethyl-4-heptanon)
**diisodecyl phthalate** (Chem) / Diisodecylphthalat *n*, Diisodezylphthalat *n*, DIDP (Diisodecylphthalat nach DIN 7723)
**diisopentyl phthalate** (Plastics) / Diisopentylphthalat *n*, DIPP (DIN 7723)
**diisopropanolamine** *n* (Chem) / Diisopropanolamin *n*, DIPA (1,1'-Iminodi-2-propanol)
**diisopropyl adipate** (Chem) / Adipinsäurediisopropylester *m*, Diisopropyladipat *n* ‖ ~ **fluorophosphate** (Chem, Pharm) / Fluostigmin *n*, Diisopropylfluorophosphat *n*, Isofluorphat *n*, DFP (Diisopropylfluorophosphat)
**diisotactic** *adj* (Chem) / diisotaktisch *adj* (Polymer)
**Dijkstra algorithm** (Comp) / Dijkstra-Algorithmus *m* (ein Baumalgorithmus)
**dika oil** (Nut) / Dikafett *n*, Dikabutter *f*, Obaöl *n*, Wildmangoöl *n* (aus verschiedenen westafrikanischen Irvingia-Arten)
**dike** *v* (Hyd Eng) / einstauen *v*, anstauen *v*, eindämmen *v*, eindeichen *v*, abdämmen *v*, dämmen *v*, absperren *v*, zudämmen *v*, stauen *v*, aufstauen *v* ‖ ~ *n* (Civ Eng) / Hochstraße *f* (über Moor oder nasses Gelände), Dammstraße *f*, angehobene Straße (in flacher, morastiger Landschaft - mit Dammschüttung) ‖ ~* (Geol, Mining) / querschlägiger Gang, diskordanter Gang (ein Plutonit) ‖ ~* (Hyd Eng) / Deich *m* (See-), Damm *m* (aus Erdbaustoffen) ‖ ~ **rock** (Geol) / Ganggestein *n* (hypabyssisches Gestein) ‖ ~ **swarm** (Geol) / Gangschwarm *m*
**diketene*** *n* (Chem) / Diketen *n* (ein Dimerisierungsprodukt des Ketens - 4-Methylen-2-oxetanon)
**diketone*** *n* (Chem) / Diketon *n* (mit zwei Ketogruppen im Molekül)
**diketopyrrolopyrrole pigment** (Paint) / Diketopyrrolopyrrolpigment *n*, DPP-Pigment *n*
**DIL** (drop-in loading) (Cinema, Photog) / Drop-in-Loading-Verfahren *n* (beim Filmeinlegen) ‖ ~ (dual-in-line package) (Electronics) / Dual-in-Line-Gehäuse *n* (IC mit Gehäuse), DIP-Gehäuse *n*, DIL-Gehäuse *n* (mit zwei parallelen Reihen rechtwinklig abgebogener Anschlussstifte)
**dilapidated** *adj* (Build) / abbruchreif *adj*, baufällig *adj*
**dilapidation** *n* (Build) / Verfall *m*, Baufälligwerden *n*
**dilatancy*** *n* (Phys) / dilatantes Scherverhalten, Dilatanz *f* (DIN 1342, T 1) (isotrope Volumenänderung unter Schubbeanspruchung; negative Dilatanz = Volumenverkleinerung, positive Dilatanz = Volumenvergrößerung), Scherverzähung *f* (DIN 1342, T 1), dilatantes Fließverhalten (eine Fließanomalie, die sich in einer Zunahme der Viskosität bei steigendem Geschwindigkeitsgefälle äußert) ‖ ~ **module** (Phys) / Dilatanzmodul *n*
**dilatant** *adj* (Phys) / dilatant *adj* (z.B. Flüssigkeit)
**dilatation** *n* / Dilatationsverlauf *m* (Längenänderung eines Kohlenpresslings in Abhängigkeit von der Temperatur) ‖ ~ (Meteor) / Dilatation *f* (die horizontale Dehnung oder Streckung eines Luftkörpers) ‖ ~ (Phys) / Dilatation *f* (mit Temperaturerhöhung verbundene Volumenvergrößerung)
**dilatational wave** (Geophys) / P-Welle *f* (Longitudinalwelle beim Erdbeben), Verdichtungswelle *f*, Kompressionswelle *f* (longitudinale Raumwelle) ‖ ~ **wave** (Phys) / Dehnungswelle *f*, Dehnwelle *f*, Dilatationswelle *f*
**dilation** *n* (a general word for increase in a dimension) (Phys) / Dilatation *f* (mit Temperaturerhöhung verbundene Volumenvergrößerung)
**dilatometer*** *n* (Materials) / Dilatometer *n* (Gerät zur Messung der Dilatation beim Erwärmen oder Abkühlen)
**dilatometric** *adj* (Chem) / dilatometrisch *adj*
**dilatometry*** *n* (Chem) / Dilatometrie *f* (ein Verfahren der Thermoanalyse)
**dilauryl thiodipropionate** (Chem, Nut) / Dilaurylthiodipropionat *n*
**dilead(II) lead(IV) oxide** (Chem, Paint) / Blei(II,IV)-oxid *n* (Bleimennige)
**diline** *n* (Telecomm) / dielektrischer Wellenleiter, dielektrische Leitung
**dill ether** (Chem) / Dillether *m* (das den Aromacharakter des Dillöls bestimmt) ‖ ~ **oil** (Chem) / Dillöl *n* (gewonnen durch Wasserdampfdestillation aus dem Kraut des Dills vor der Reife der Früchte), Oleum *n* Anethi, Dillkrautöl *n*
**dilsh** *n* (Mining) / Bank *f* minderwertiger Kohle
**diluent*** *n* (Chem, Paint) / Verschnittmittel *n* (für Lösemittel - DIN EN 971-1) ‖ ~* (Chem, Paint) / Verdünnungsmittel *n*, Verdünner *m* ‖ ~ (Print) / Verschnitt *m* (für Druckfarben), Verschnittmittel *n* ‖ ~ **air*** (Build) / Verdünnungsluft *f* (für schädliche Gase - zur Senkung der Konzentration der Schadstoffe)
**dilutable** *adj* (Chem) / verdünnbar *adj* (Flüssigkeit)

**dilute**

**dilute** *v* (Agric) / auswaschen *v* (Nährstoffe aus dem Oberboden) || ~ (Chem) / verdünnen *v* || ~ (Paint) / verschneiden *v* || ~ *adj* (Chem) / verdünnt *adj* || ~ (Chem) / schwach *adj* (Säure, Lauge) || ~ **acid** (Chem) / verdünnte Säure
**diluted** *adj* (Chem) / verdünnt *adj*
**dilute hydrochloric acid** (about 7 -12.5% HCl, density 1.035 to 1.065) (Chem) / verdünnte Salzsäure || ~ **sewage** (San Eng) / dünnes Abwasser
**diluting agent** (Chem, Paint) / Verdünnungsmittel *n*, Verdünner *m* || ~ **air** (Build) / Verdünnungsluft *f* (für schädliche Gase - zur Senkung der Konzentration der Schadstoffe)
**dilution*** *n* (Chem) / Verdünnen *n*, Verdünnung *f* (einer Flüssigkeit) || ~ (Chem) / verdünnte Lösung || ~ (Print) / Verschneiden *n* (Verminderung des Farbmittelanteils in der Druckfarbe durch Zugabe von Verschnitt) || ~ **law*** (Chem) / Ostwald'sches Verdünnungsgesetz (nach W.Ostwald, 1853 - 1932) || ~ **pond** (San Eng) / Verdünnungsteich *m* (in der Abwasserbehandlung) || ~ **power** (Paint) / Verschneidfähigkeit *f*, Verschneidbarkeit *f* || ~ **refrigerator** (an apparatus used in experimental low-temperature physics) (Phys) / 3He-$^4$He-Entmischungsapparat *m* || ~ **series** (Biol) / Verdünnungsreihe *f* (z.B. zur Gewinnung von Reinkulturen in der Mikrobiologie)
**dim** *v* (US) (Autos) / abblenden *v* (Scheinwerfer) || ~ (menu options, indicating unavailabilty) (Comp) / ausgrauen *v*, kontrastvermindert darstellen, abblenden *v* || ~ (Light) / verdunkeln *v*, trüben *v* || ~ *adj* (Light) / trüb *adj* (Beleuchtung), matt *adj*
**dimanganese decacarbonyl** (Chem) / Dimangandecacarbonyl *n*, Dimangandekakarbonyl *n* || ~ **trioxide** (Chem) / Dimangantrioxid *n*, Mangansesquioxid *n*, Mangan(III)-oxid *n*
**DIME** (Desktop Integrated Media Environment) (Comp) / Desktop Integrated Media Environment *n*, DIME (Desktop Integrated Media Environment)
**dimedone** *n* (Chem) / Dimedon *n* (5,5-Dimethyl-1,3-cyclohexandion), Methon *n*
**dimefox** (Chem) / Dimefox *n* (ein insektizider Phosphorsäureester)
**dimension** *v* / vermaßen *v*, dimensionieren *v*, die Größe bestimmen, bemessen *v* (dimensionieren), auslegen *v* (dimensionieren) || ~ *n* / Dimensionsprodukt *n*, Dimension *f* (z.B. Dimension x = Ausdruck, der aus dem Potenzprodukt der Grundgrößenarten mit dem Zahlenfaktor 1 für eine betrachtete Größenart x gebildet wird - DIN 1313) || ~ (Eng) / Maßzahl *f* (z.B. Fertigungszeichnungen) || ~ (the maximum cardinal number of a linearly independent set of vectors of a vector space) (Maths) / Dimension *f*, Rang *m* (Dimension des Vektorraumes) || ~* (Maths, Phys) / Abmessung *f*, Dimension *f* (im Rahmen eines Einheiten- oder Maßsystems) || ~* (Phys) / Maß *n* (Wert der physikalischen Größe "Länge" - DIN 7182, T 1), Maßangabe *f* (Längenmaß)
**dimensional** *adj* / Maß-, Dimensions-, dimensional *adj* || ~ **accuracy** (Eng, Maths) / Maßhaltigkeit *f* || ~ **allowance** / Maßzugabe *f* || ~ **analysis*** (a method of examining physical situation that considers the dimensions of the quantities involved and how they relate to each other, without considering in detail the mathematical relationships between them) (Phys) / Dimensionsanalyse *f* || ~ **change** (Eng) / Maßänderung *f*, Größenänderung *f* (z.B. Verformung) || ~ **characteristics** (Eng) / Geometrie *f* (Gesamtheit der räumlichen Bestimmungen eines technischen Gebildes) || ~ **equation** (Phys) / Dimensionsgleichung *f* (zur Bestimmung der Dimension einer physikalischen Größe) || ~ **formula** (Phys) / Dimensionsformel *f*, Dimensionsausdruck *m*, Dimensionszeichen *n* (z.B. für die Schwerebeschleunigung LT$^{-2}$) || ~ **inspection** (Eng, Materials) / Prüfung *f* auf Maßhaltigkeit, Maßkontrolle *f* || ~ **instability** / Formunbeständigkeit *f*
**dimensionally stable** / formstabil *adj*, formbeständig *adj* || ~ **stable** / maßbeständig *adj* (dimensionsstabil), maßhaltig *adj*, dimensionsstabil *adj* || ~ **stable anode** (of titanium covered with platinum or ruthenium oxide) / justierbare aktivierte Titananode (für das Diaphragmenverfahren)
**dimensional metrology** (Eng) / Längenprüftechnik *f* (DIN 2257, T 1) || ~ **product** / Dimensionsprodukt *n* (DIN 1313) || ~ **stability*** / Dimensionsstabilität *f*, Maßbeständigkeit *f*, Maßhaltigkeit *f* || ~ **synthesis** (Eng) / Maßsynthese *f* || ~ **system** (Phys) / Dimensionssystem *n* (DIN 1313) || ~ **testing** (Eng, Materials) / Prüfung *f* auf Maßhaltigkeit, Maßkontrolle *f* || ~ **tolerance** (Eng) / Maßtoleranz *f* (im Allgemeinen)
**dimension diagram** (Eng) / Maßbild *n* (nach DIN 199) || ~ **drawing** (Eng) / Maßzeichnung *f*
**dimensioned drawing** (Eng) / Maßzeichnung *f*
**dimension goods** (For) / Holzzuschnitte *m pl*, auf Maß (individuell) geschnittenes Holz
**dimensioning** *n* (Build) / Vermaßung *f* (von Mauerwerk) || ~ (Eng) / Dimensionierung *f* (Arbeitsstufe der Betriebsprojektierung), Größenbestimmung *f*, Bemessung *f*, Auslegung *f* (Dimensionierung) || ~ (Eng) / Bemaßung *f* (DIN 823), Maßeintragung *f* (DIN 406), Anordnen *n* der Maße || ~ **from a common datum** (Eng) / Bezugsbemaßung *f* (von einer einheitlichen Bezugslinie - DIN 406, T 3)
**dimension in unfinished state** (Build) / Rohbaumaß *n*
**dimensionless** *adj* / dimensionslos *adj* (z.B. Naturkonstante), unbenannt *adj* || ~ / entdimensionalisiert *adj* (z.B. Grundgleichung der Physik) || ~ **group** (Phys) / Kennzahl *f* (z.B. Prandtl-Zahl) || ~ **number** (Phys) / Kennzahl *f* (z.B. Prandtl-Zahl) || ~ **quantity** / Größe *f* mit dem Dimensionsprodukt 1 (DIN 1313)
**dimension line** (Eng) / Maßlinie *f* (DIN 406) || ~ **lumber** (For) / Holzzuschnitte *m pl*, auf Maß (individuell) geschnittenes Holz || ~ **specification** (Eng) / Maßzahl *f* (z.B. Fertigungszeichnungen) || ~ **stock** (BS 565)* (For) / Listenware *f*, Listenholz *n*, Dimensionsware *f* || ~ **stock** (For) / Holzzuschnitte *m pl*, auf Maß (individuell) geschnittenes Holz || ~ **stone** (Build) / Werkstein *m* (regelmäßig bearbeiteter Naturstein), Haustein *m*, [als Parallelepiped] Quader *m f* || ~ **system** (Phys) / Dimensionssystem *n* (DIN 1313) || ~ **timber** (For) / Holzzuschnitte *m pl*, auf Maß (individuell) geschnittenes Holz
**dimer*** *n* (Chem) / Dimer *n*, Dimeres *n* || ~ **acid** (Chem) / dimerisierte Fettsäure (flüssige, oxidationsstabile Polycarbonsäure, welche durch Polymerisation ungesättigter Fettsäuren, vornehmlich der Ölsäure oder der Tallölfettsäure gewonnen wird), Dimerfettsäure *f*, Dimersäure *f*
**dimercaprol** *n* (British antilewisite) (Chem) / Dimercaprol *n* (internationaler Freiname für 2,3-Dimercapto-1-propanol), British antilewisite , BAL (British antilewisite)
**dimerization** *n* (the process of forming a dimer) (Chem) / Dimerisierung *f*, Dimerisation *f* (die Vereinigung von zwei gleichartigen Molekülen zu einem größeren Molekül)
**dimethoate** *n* (Agric, Chem) / Dimethoat *n* (ein bienengefährliches Insektizid und Akarizid mit Kontakt- und Fraßgiftwirkung gegen saugende und beißende Insekten)
**dimethoxymethane** *n* (Chem) / Methylal *n*, Dimethoxymethan *n*, Formaldehyddimethylazetal *n*, Formaldehyddimethylacetal *n*
**dimethylacetic acid** (Chem) / Isobuttersäure *f* (gesättigte verzweigte Fettsäure), 2-Methylpropionsäure *f*
**dimethylamine** *n* (Chem, Leather, Pharm, Textiles) / Dimethylamin *n*
**dimethylaniline** *n* (Chem) / Xylidin *n*, Aminoxylol *n*, Dimethylanilin *n*
**dimethylarsinic acid** (Agric, Chem) / Cacodylsäure *f*, Kakodylsäure *f*, Dimethylarsinsäure *f*
**dimethylbenzene*** *n* (Chem) / Xylol *n*, Dimethylbenzol *n* (aromatischer Kohlenwasserstoff in reiner Darstellung)
**dimethylbenzoic acid** (Chem) / Xylylsäure *f*, Dimethylbenzoesäure *f*
**dimethylcarbonate** *n* (Chem) / Kohlensäuredimethylester *m*, Dimethylkarbonat *n*, Dimethylcarbonat *n*
**dimethyl dicarbonate** (Chem) / Dimethyldikarbonat *n*, Dimethyldicarbonat *n*, DMDC, Dimethylpyrokarbonat *n*, Dimethylpyrocarbonat *n* || ~ **disulphide** (Chem) / Dimethyldisulfid *n*, Methyldithiomethan *n* || ~ **ether** (Chem) / Methoxymethan *n*, Oxybismethan *n*, Dimethylether *m*, Methylether *m*
**dimethylformamide*** *n* (Chem) / Dimethylformamid *n*, DMF (Dimethylformamid)
**dimethylglyoxime*** *n* (Chem) / Diazetyldioxim *n*, Dimethylglyoxim *n*, Diacetyldioxim *n*
**dimethylhydrazine*, 1,1-~** (Chem, Space) / 1,1-Dimethylhydrazin *n*, unsymmetrisches Dimethylhydrazin (Raketentreibstoff), UDMH
**dimethyl ketone** (Chem) / Azeton *n*, Aceton *n* (2-Propanon), Dimethylketon *n*
**dimethylmercury** *n* (Agric, Chem) / Dimethylquecksilber *n* (ein quecksilberorganisches Fungizid)
**dimethylnitrosamine** *n* (Chem) / N,N- Dimethylnitrosamin *n*
**dimethyl phthalate*** (Chem) / Phthalsäuredimethylester *m* (ein Insektenrepellent), Dimethylphthalat *n* (DIN 7723), DMP (Dimethylphthalat)
**dimethylpropanoic, 2,2-~ acid** (Chem) / Trimethylessigsäure *f* (eine Valeriansäure), Pivalinsäure *f*, 2,2-Dimethylpropionsäure *f*
**dimethylsterol** (Chem) / Dimethylsterin *n* (z.B. Oleanolsäure)
**dimethyl sulphate*** (Chem) / Dimethylsulfat *n*, Schwefelsäuredimethylester *m* || ~ **sulphide** (Chem) / Dimethylsulfid *n*, DMS (Dimethylsulfid) || ~ **sulphoxide** (Chem) / Dimethylsulfoxid *n*, Methylsulfonylmethan *n*, DMSO (Dimethylsulfoxid) || ~ **terephthalate** (Chem) / Dimethylterephthalat *n*, Terephthalsäuredimethylester *m*, DMT (Dimethylterephthalat) || ~ **thioether** (Chem) / Dimethylsulfid *n*, DMS (Dimethylsulfid)
**dimethylurea** *n* (Chem) / Dimethylharnstoff *m*
**dimethyl yellow** (Chem) / Buttergelb *n* (4-(Dimethylamino)azobenzol), Dimethylgelb *n* (auch in Indikator)
**dimetric** *adj* / dimetrisch *adj* (zweimaßstäblich) || ~ **projection** / dimetrische Projektion (DIN 5, T 2)
**dimidium bromide** (Chem) / Dimidiumbromid *n*

**diminish** v / vermindern v, verringern v, reduzieren v ‖ ~ / abschwächen v (Farbe)
**diminished arch** (segmental arch, less than a semicircular arch) (Arch) / verkürzter Bogen ‖ ~ **radix complement** (Comp) / B-minus-1-Komplement n
**diminishing increment sort** (Comp) / Shellsort n (eine Art Sortieren durch Einschieben) ‖ ~ **pipe*** (Eng, Plumb) / Übergangsmuffe f, Übergangsstück n, Übergangsrohr n, Übergangsformstück n, Reduzierstück n, Reduzierhülse f, Taper m, Reduzierverschraubung f, Überstück n (ein Formstück)
**diminution** n / Rückgang m, Abnahme f, Verringerung f ‖ ~ s. also reduction
**dimity*** n (Textiles) / Dimity m, Barchent m
**dimmed** adj (of menu options, indicating unavailability) (Comp) / abgeblendet adj ‖ ~ **light** (Light) / gedämpftes Licht
**dimmer*** n (Elec Eng) / Dimmer m (stufenloser Helligkeitseinsteller), Helligkeitsregler m (stufenloser) ‖ ~ **switch** (US) (Autos) / Abblendschalter m ‖ ~ **switch** (Elec Eng) / Dimmer m (stufenloser Helligkeitseinsteller), Helligkeitsregler m (stufenloser)
**dimming** n (US) (Autos) / Abblenden n, Abblendung f ‖ ~ (Glass) / Erblindung f, Blindwerden n ‖ ~ (Light) / Vedunkelung f, Trübung f (Verdunkelung) ‖ ~ (Glass) s. also tarnish ‖ ~ **class** (Glass, Optics) / Verwitterungsklasse f (bei optischen Gläsern), Fleckenempfindlichkeit f (in Klassen unterteilt) ‖ ~ **resistor** (Elec Eng) / Helligkeitsregelwiderstand m
**dimorphic*** adj (Biol) / dimorph adj (in zwei verschiedenen Formen, Gestalten auftretend - Tiere und Pflanzen) ‖ ~* (having two crystalline forms) (Crystal, Min) / dimorph adj
**dimorphism*** n (Biol) / Dimorphie f ‖ ~* (Biol, Chem, Crystal, Min) / Dimorphie f (bei zwei Modifikationen einer Substanz)
**dimorphous*** adj (Biol) / dimorph adj (in zwei verschiedenen Formen, Gestalten auftretend - Tiere und Pflanzen) ‖ ~* (Crystal, Min) / dimorph adj
**dimple** n / Montagemarkierung f (Delle) ‖ ~ (Electronics) / Vertiefung f (in dem Halbleiterplättchen, mit einem Durchmesser größer als 3 mm) ‖ ~ (Eng) / gebohrte Körnermarke, leichte Anbohrung ‖ ~ (Eng) / Vertiefung f (kleine, leichte)
**dimpled aluminium foil** / Aluminiumknitterfolie f ‖ ~ **structure** / Wabenstruktur f (Hohlraumkoaleszenz infolge Beanspruchung)
**dimple fracture** (Surf) / Wabenbruch m
**dimples** pl (Ceramics) / Eierschaligkeit f (kleine trichterförmige Vertiefungen in der Glasur)
**Dimroth condenser** (Chem) / Dimroth-Kühler m (mit einem Mantel versehener Einhängekühler - nach O. Dimroth, 1872 - 1940)
**DIN*** / DIN Deutsches Institut für Normung e.V., Berlin (1917 gegründet, heute die nationale Normungsorganisation gemäß Vertrag zwischen der Bundesrepublik Deutschland und dem DIN vom 5.VI.1975) ‖ ~* / DIN (Verbandszeichen des Deutschen Instituts für Normung e.V., Berlin) ‖ ~* (Photog) / DIN (eine Einheit für die Empfindlichkeit der fotografischen Emulsionen, z.B. 30 DIN = 800 ASA = 41° Scheiner usw. nach DIN 1301, T 1 und 4512, T 1), DIN-Grad m, DIN-Zahl f
**din** n (Elec Eng) / DIN-Steckvorrichtung f
**Dinas brick*** (Build, Met) / Dinasstein m (ein Quarz-Schamotte-Stein)
**DIN colour chart** (Paint) / DIN-Farbenkarte f (in dem Farbordnungssystem nach DIN 6314) ‖ ~ **cup** / DIN-Becher m (zur Viskositätsbestimmung)
**dinegative** adj / doppelnegativ adj, zweifach negativ
**dineutron*** n (Nuc) / Doppelneutron n, Dineutron n, Bineutron n
**ding** v (Autos) / glätten v (verbeulte Blechstellen mit Hammer und Handfaust)
**dinghy** n (inflatable dinghy) (Aero) / Rettungsfloß n (ein Seenotrettungsmittel - meistens ein Schlauchboot)
**dinging*** n (rough plastering for walls, a single coat being put on with a trowel and brush) (Build) / Rauputz m (einlagiger) ‖ ~* (Build) / Bürstenputz m (einlagiger), Pinselputz m
**dinickel trioxide** (Chem) / Nickel(III)-oxid n, Dinickeltrioxid n
**dining car** (Rail) / Speisewagen m ‖ ~ **recess** (Build) / Essecke f
**dinitride** n (Chem) / Dinitrid n
**dinitrile** n (Chem) / Dinitril n
**dinitroaniline** n (Agric, Chem) / Dinitroanilin n (ein Herbizid)
**dinitrobenzene** n (Chem) / Dinitrobenzol n (ein in 3 Strukturisomeren existierendes Benzolderivat mit 2 Nitrogruppen - $NO_2$)
**dinitrocresol*** n (Agric, Chem) / Dinitrokresol n, Dinitrocresol n, DNOC (Dinitrocresol als Herbizid und Ovizid), Dinitroorthokresol n, Gelbspritzmittel n
**dinitrofluorobenzenes, 2,4-~** (Chem) / Sanger'sches Reagens (1-Fluor-2,4-dinitrobenzol zum Nachweis von Aminosäuren und Proteinen - nach F. Sanger, geb. 1918)
**dinitrogen** n (Chem) / Distickstoff m, $N_2$ ‖ ~ **fixation** (Bacteriol) / Stickstoffbindung f, Luftstickstoffbindung f, N-Fixierung f, Stickstofffixierung f (biologische Ammoniaksynthese aus atmosphärischem Stickstoff), Distickstofffixierung f
**dinitrogen-fixing** adj (Bacteriol) / stickstofffixierend adj, stickstoffbindend adj
**dinitrogen monoxide** (Chem) s. also laughing gas ‖ ~ **oxide** (Chem) / Distickstoffoxid n ($N_2O$ - Lachgas), Distickstoffmonoxid n ‖ ~ **pentoxide** (Chem) / Salpetersäureanhydrid n, Stickstoff(V)-oxid n, Distickstoffpentoxid n ‖ ~ **tetroxide** (Chem, Space) / Distickstofftetroxid n, Dinitrogentetraoxid n ($N_2O_4$) ‖ ~ **trioxide** (Chem) / Distickstofftrioxid n, Salpetrisäureanhydrid n
**dinitrophenol** n (Chem) / Dinitrophenol n
**dinitrophenylhydrazine, 2,4-~** (DNP) (Chem) / 2,4-Dinitrophenylhydrazin n, DNP
**dinitrotoluene** n (Chem) / Dinitrotoluol n
**dinking** n / Lochung f (mit dem Lochstempel)
**dinnerware** n (ceramic and glass articles employed in table service) (Ceramics, Glass) / Tafelgeschirr n
**dinocap*** n (Agric, Chem) / Dinocap n (ein Akarizid und Fungizid), DNOPC (Dinocap)
**dinoseb** n / Dinoseb n (Common name von 2,4-Dinitro-6-sec.-butylphenol
**DIN sizes** (Paper) / DIN-Papierformate n pl (nach DIN 476 - Reihe A,B,C)
**dinuclear** adj (Chem, Phys) / zweikernig adj
**dioctahedral** adj (Crystal) / dioktaedrisch adj, doppelachtflächig adj
**dioctylphthalate** n (Agric, Chem, Plastics) / Dioktylphthalat n (nach DIN 7723) (Phthalsäuredi-n-oktylester - ein Weichmacher), Dioctylphthalat n, DEHP (Di-(2-ethylhexylphthalat)), DOP (Dioctylphthalat nach DIN 7723)
**dioctyl sebacate** (Chem) / Dioktylsebakat n, Dioctylsebacat n
**diode*** n (a two-electrode electron tube containing an anode and a cathode) (Electronics) / Diode f ‖ ~ **array** (Electronics) / Diodenfeld n ‖ ~ **characteristic*** (Electronics) / Diodencharakteristik f, Diodenkennlinie f ‖ ~ **clipper*** (Electronics) / Diodenbegrenzer m ‖ ~ **current** (Electronics) / Diodenstrom m ‖ ~ **demodulator** (Electronics) / Diodendemodulator m ‖ ~ **detector** (Electronics) / Diodendetektor m ‖ ~ **equation** (Electronics) / Diodengleichung f ‖ ~ **function generator** (Comp, Electronics) / Diodenfunktionsgenerator m, Funktionsgenerator m mit Dioden, Diodenfunktionsgeber m ‖ ~ **laser** (Electronics) / Laserdiode f (eine Halbleiterdiode), Diodenlaser m, LD (Diodenlaser) ‖ ~ **lead** (Electronics) / Diodenanschlussleitung f ‖ ~ **logic** (Electronics) / Diodenlogik f (eine mit Dioden realisierte Digitalschaltung), DL (Diodenlogik) ‖ ~ **matrix** (Comp, Electronics) / Diodenmatrix f (ein digitales Schaltnetz) ‖ ~ **mixer** (Electronics) / Diodenmischer m (eine Mischstufe) ‖ ~ **rectifier** (Electronics) / Diodengleichrichter m ‖ ~ **thyristor** (Electronics) / Thyristordiode f ‖ ~ **thyristor** (Electronics) s. also trigger diode ‖ ~ **transistor logic*** (Electronics) / Dioden-Transistor-Logik f, DTL (Dioden-Transistor-Logik)
**diode-triode*** n (Electronics) / Diode-Triode f
**diode tuning** (Radio, TV) / Diodenabstimmung f (das Abstimmelement ist eine Kapazitätsdiode) ‖ ~ **voltage** (Electronics) / Diodenspannung f ‖ ~ **voltage regulator** (Electronics) / Spannungskonstanthalter m mit Z-Diode ‖ ~ **voltmeter*** (Elec) / Diodenvoltmeter n
**diol** n (a compound having two hydroxyl groups) (Chem) / Dialkohol m, zweiwertiger Alkohol, Diol n ‖ ~ **amide** (Chem) / Diolamid n
**diolefin*** n (Chem) / Diolefin n (ein Dien mit isolierten Doppelbindungen)
**Diophantine** adj (Maths) / diophantisch adj (nach Diophantos von Alexandrien, der wahrscheinlich in der 2. Hälfte des 3. Jahrhunderts n. Chr. lebte) ‖ ~ **equations*** (algebraic equations in one or more unknowns, with integer coefficients, for which integer solutions are required) (Maths) / diophantische Gleichungen ‖ ~ **problem** (Maths) / diophantisches Problem, diophantische Aufgabe
**diopside*** n (Min) / Diopsid m (Kalziummagnesiumdisilikat)
**dioptase*** n (Min) / Dioptas m (Kupfer(II)-trisilikat), Kieselkupfersmaragd m
**diopter** n (US) (Optics) / Dioptrie f (Einheit des Brechwerts von optischen Systemen nach DIN 1301, T 1 /außerhalb des SI/), dpt (Dioptrie)
**dioptometer** n (Optics) / Dioptometer n
**dioptre*** n (Light, Optics) / Dioptrie f (Einheit des Brechwerts von optischen Systemen nach DIN 1301, T 1 /außerhalb des SI/), dpt (Dioptrie) ‖ ~ **adjustment** (Cinema) / Verstellung f des Sucherokulars, Justierung f des Sucherokulars (zur Korrektur eines Sehfehlers)
**dioptric** adj (Optics) / dioptrisch adj ‖ ~ **power** (Optics) / optische Wirkung, Brechwert m
**dioptrics** n (Optics) / Dioptrik f (Lehre von der Lichtbrechung)
**dioptric system*** (Optics) / Dioptriensystem n
**diorite*** n (Geol) / Diorit m (ein Tiefengestein)
**diosgenin** n (Chem, Pharm) / Nitogenin n, Diosgenin n

**diosphenol**

**diosphenol** n (Nut, Pharm) / Buchukampfer m, Bukkokampfer m (aus getrockneten Blättern verschiedener südafrikanischer Barosma-Arten), Buccocampher m, Diosphenol n
**dioxan(e)*** n (Chem) / Tetrahydro-1,4-dioxin n, Diethylendioxid n, 1,4-Dioxan n ‖ ~ **lignin** (Chem, For) / Dioxan-Lignin n, Pepperlignin n
**dioxethedrin** n (Pharm) / Dioxethedrin n (Broncholytikum und Dopingmittel)
**dioxide** n (Chem) / Dioxid n (chemische Verbindung von einem Atom eines chemischen Elements mit zwei Atomen Sauerstoff, z.B. $PbO_2$)
**dioxin*** n (PCDD or PCDF) (Chem) / Dioxin n (polychloriertes Dibenzo/1,4/dioxin) ‖ ~* (Chem) s. also ..2,3,7,8-tetrachlorodibenzo-p-dioxin
**dioxin-contaminated** adj (Chem, Ecol, San Eng) / dioxinverseucht adj
**dioxin#*** n (Chem) / Dioxin n (Verbindung mit einem ungesättigten sechsgliedrigen Ring mit zwei Sauerstoffatomen, meist mit 1,4-Dioxin-Ring)
**dioxoboric acid** (Chem) / Metaborsäure f ($HBO_2$), Dioxoborsäure f
**dioxolane** n (a cyclic acetal that is a liquid, used as a solvent and extractant) (Chem) / 1,.3-Dioxolan n
**dioxonitric(III) acid** (Chem) / salpetrige Säure ($HNO_2$)
**dioxopurine** n (Biochem) / Xanthin n, Xan (Xanthin)
**dioxygen** n (Chem) / Disauerstoff m, $O_2$
**dioxygenase** n (Biochem) / Dioxygenase f, Sauerstofftransferase f
**DIP** (document image processing) (Comp) / elektronische Dokumentenverwaltung (automatische Bildverarbeitung bei EDI) ‖ ≙ (digital image processing) (Comp, Print) / Digital-Imaging n, digitale Bildverarbeitung ‖ ≙* (dual-in-line package) (Electronics) / Dual-in-Line-Gehäuse n (IC mit Gehäuse), DIP-Gehäuse n, DIL-Gehäuse n (mit zwei parallelen Reihen rechtwinklig abgebogener Anschlussstifte)
**dip** v / eintauchen vt, untertauchen vt, tauchen vt, eintunken v ‖ ~ (Autos) / abblenden v (Scheinwerfer) ‖ ~ (Ceramics) / glasieren v (durch Tauchen) ‖ ~ (Nut) / dippen v (in einen Dip eintauchen) ‖ ~ n (Agric) / Tauchdesinfektionspräparat n ‖ ~ (Eng) / Einsenkung f, Senkung f ‖ ~* (Geol) / Fallen n, Einfallen n, Fallwinkel m ‖ ~* (Geophys, Mag) / Inklination f (der Winkel zwischen den Feldlinien des Erdmagnetfeldes und der Horizontalebene), magnetische Inklination ‖ ~ (Glass) / Blattnahme f ‖ ~ (Glass) / Glasprobe f (der Schmelze entnommene) ‖ ~ (Mining) / einfallende Strecke ‖ ~ (Nut) / Dip m (kalte dickflüssige Soße zum Eintauchen kleiner Happen) ‖ ~ (dip bath) (Surf) / Tauchbad n ‖ ~ (Textiles) / Bad n (zur Verbesserung der Adhäsionsfähigkeit bei gummierten Stoffen)
**DIPA** (diisopropanolamine) (Chem) / Diisopropanolamin n, DIPA (1,1'- Iminodi-2-propanol)
**dip-aluminize** v (Surf) / feueraluminieren v, tauchaluminieren v, tauchveraluminieren v, tauchalitieren v (nur Infinitiv und Partizip Perfekt)
**dip aluminizing** (Surf) / Tauchaluminieren n, Feueraluminieren n, Tauchalitieren n ‖ ~ **angle** (Geol) / Fallwinkel m ‖ ~ **bath** (Surf) / Tauchbad n ‖ ~ **blow moulding** (Plastics) / Tauchblasen n ‖ ~ **brazing** (Met) / Tauchlöten n (ein Hartlöten), Badlöten n (ein Hartlöten) ‖ ~ **circle*** (Mag, Surv) / Inklinationskompass m ‖ ~ **coating** (Electronics, Plastics) / Tauchbeschichten n, Tauchbeschichtung f, Beschichten n im Tauchverfahren ‖ ~ **coating** (Paint) / Tauchlackierung f, Tauchlackieren n ‖ ~ **coating** (Paper) / Tauchstreichverfahren n (DIN 6730) ‖ ~ **compass** (Mag, Surv) / Inklinatorium n (mit einer freibeweglichen Magnetnadel) ‖ ~ **component** (Geol) / Sprungweite f ‖ ~ **direction** (Geol) / Fallrichtung f
**dip-dressed leather** (Leather) / eingebranntes Leder (das durch Eintauchen in heißes Fett imprägniert wurde)
**dip-dye** v (Textiles) / tauchfärben v
**dip dyeing** (Textiles) / Dip-Dyeing n, Tauchfärbung f
**dipentene*** n (Chem, Paint) / Dipenten n (DIN 53249 - das Razemat von Limonen)
**dipeptidase** n (Biochem) / Dipeptidase f
**dipeptide** n (Biochem) / Dipeptid n
**dip etching** (Eng) / Tauchätzen n (in einem Ätzbad) ‖ ~-**feed lubrication** (Eng) / Tauchschmierung f (Verfahren, bei dem die Reibflächen partiell, ständig oder periodisch in einem flüssigen Schmierstoff eintauchen)
**dip-forge** v (Eng) / gesenkschmieden v (nur Infinitiv und Partizip), schmieden im Gesenk
**dip forming** (Foundry) / Dip-Forming n, Tauchformung f ‖ ~ **forming** (Met) / Tauchformverfahren n (zur kontinuierlichen Herstellung von Draht) ‖ ~ **freezing** / Tauchgefrierverfahren n ‖ ~ **gilding** / stromloses Vergolden ‖ ~ **hardening** (Met) / Badhärtung
**diphase*** adj (Elec Eng, Phys) / zweiphasig adj, Zweiphasen- ‖ ~ **cleaning** / Zweiphasenreinigung f
**diphasic** adj (Elec Eng, Phys) / zweiphasig adj, Zweiphasen-
**dip hatch** (Oils) / Messluke f (des Erdöltanks)

**diphead** n (Mining) / fallend aufgefahrene Strecke, Fallort n ‖ ~ (Mining) / Abhauen n (Auffahren der Grubenbaue im Flöz in Abwärtsrichtung)
**dipheading** n (Mining) / fallend aufgefahrene Strecke, Fallort n ‖ ~ (Mining) / Abhauen n (Auffahren der Grubenbaue im Flöz in Abwärtsrichtung)
**diphenhydramine** n (Pharm) / Diphenhydramin n (Antihistaminikum mit sedierendem Effekt und ein Mittel gegen Reiseübelkeit)
**diphenic acid** (Chem) / Diphensäure f (Ausgangsprodukt für Polyester)
**diphenyl*** n (Chem) / Biphenyl n, Diphenyl n
**diphenylacetic acid** (Chem) / Diphenylessigsäure f
**diphenylamine** n (Chem) / Diphenylamin n
**diphenylaminochloroarsine** n (Chem, Mil) / Adamsit m (ein alter Kampfstoff)
**diphenyl carbonate** (Chem) / Diphenylkarbonat n, Diphenylcarbonat n
**diphenylchloroarsine** n (Chem, Mil) / Diphenylarsinchlorid n (Blaukreuz, Clark I), Chlordiphenylarsan n
**diphenylcyanoarsine** n (Chem, Mil) / Diphenylarsincyanid n (Blaukreuz, Clark II), Diphenylarsinzyanid n
**diphenyl diselenide** (Chem) / Diphenyldiselenid n ‖ ~ **ether*** (Chem) / Diphenylether m, Phenylether m, Diphenyloxid n (veraltet!)
**diphenyl-glyoxal*** n (Chem) / Diphenylethandion n, Benzil n, Bibenzoyl n
**diphenylguanidine** n (a rubber accelerator) (Chem) / Diphenylguanidin n
**diphenylhydrazine, 1,2-~** (Chem) / Hydrazobenzol n, 1,2-Diphenylhydrazin n
**diphenyl ketone** (Chem) / Benzophenon, Diphenylketon n, Benzoylbenzol n
**diphenylmethane*** n (used in perfumery, dyes, and organic synthesis) (Chem) / Diphenylmethan n
**diphenyl oxide** (Chem) / Diphenylether m, Phenylether m, Diphenyloxid n (veraltet!) ‖ ~ **phthalate** (Chem) / Diphenylphthalat n
**diphenylthiocarbazone** n (Chem) / Dithizon n, 1,5-Diphenyl-thiocarbazon n (ein Schwermetallionen-Reagens)
**dip honing** (Eng) / Tauchhonen n
**diphosgene** n (Chem) / Diphosgen n, Chlorameisensäuretrichlormethylester m
**diphosphane** n (Chem) / Diphosphan n, Diphosphin n
**diphosphate(V)** n (Chem) / Pyrophosphat n, Diphosphat(V) n (E 450)
**diphosphate(IV)** n (Chem) / Diphosphat(IV) n, Hypodiphosphat n (Salz der Diphosphorsäure(IV))
**diphosphate plating bath** (Surf) / Diphosphatelektrolyt m
**diphosphine** n (Chem) / Diphosphan n, Diphosphin n
**diphosphoglyceric acid** (an ester of glyceric acid, with two molecules of phosphoric acid, characterized by high-energy phosphate bond) (Chem) / Diphosphoglyzerinsäure f, Diphosphoglycerinsäure f
**diphosphoric acid** (Chem) / Diphosphor(V)-säure f, Pyrophosphorsäure f
**dipicrylamine** n (Chem) / Dipikrylamin n (gelbe, giftige, explosive Kristalle), Dipicrylamin n
**diplacusis** n (Acous, Med) / Diplakusis f (das Hören verschiedener Töne auf beiden Ohren beim Erklingen eines einzigen Tones - DIN 1320), Diplacusis f
**diplex*** n (Teleg) / Diplexsystem n, Diplexbetrieb m, Diplexverkehr m
**diplexer** n (Optics, TV) / Diplexer m (eine optische Einrichtung für die Fernsehkamera) ‖ ~* (Radio, Telecomm, TV) / Diplexer m (eine Senderweiche zur rückwirkungsfreien Zusammenschaltung der Ausgangsleistungen des Bildsenders und des Tonsenders)
**diplohedron** n (pl. -hedrons or -hedra) (Crystal) / Disdodekaeder n, Dyakisdodekaeder n
**diploid** (Crystal) / Disdodekaeder n, Dyakisdodekaeder n ‖ ~* adj (Gen) / diploid adj, mit doppeltem Chromosomensatz
**diplontic** n (Gen) / Diplont m (pl. -en)
**diplopia** n (Med) / Diplopie f, Doppeltsehen n, Doppelsichtigkeit f
**dip meter** (Elec Eng) / Dipmeter n, Dipper m, Absorptionsfrequenzmesser m ‖ ~ **meter** (Geol, Surv) / Klinometer n, Neigungsmesser m ‖ ~ **needle*** (Mag, Surv) / freibewegliche Magnetnadel (im Inklinatorium), Inklinationsnadel f ‖ ~ **of the horizon** (Ships) / Kimmtiefe f (Winkel am Auge des Beobachters, der vom Lichtstrahl Kimm - Auge mit der Ebene des scheinbaren Horizonts gebildet wird) ‖ ~ **oil** (Agric) / Öl n zur Tierdesinfektion
**dipolar** adj (Chem) / dipolar adj ‖ **1,3 ~ cycloaddition** (Chem) / 1,3-dipolare Cycloaddition, 1,3-dipolare Zykloaddition ‖ **1,3-~ cycloreversion** (Chem) / 1,3-dipolare Cycloreversion, 1,3-dipolare Zykloreversion ‖ ~ **aprotic solvent** (Chem) / dipolares aprotisches Lösemittel ‖ ~ **broadening** (Spectr) / Dipolverbreiterung f ‖ ~ **decoupling** (Spectr) / dipolare Entkopplung (in der magnetischen Resonanzspektroskopie) ‖ ~ **ion** (which contains both a negative and a positive charge) (Chem) / Zwitterion n (Ion, das Ladungen

entgegengesetzten Vorzeichens im gleichen Molekül trägt) ‖ ~ **molecule** (Phys) / Dipolmolekül *n* (in dem die Schwerpunkte der /positiven/ Kernladungen und der /negativen/ Ladungen der Elektronenhülle nicht in einem Punkt zusammenfallen), polares Molekül ‖ ~ **non-protolytic solvent** (Chem) / dipolares aprotisches Lösemittel ‖ ~ **solvent** (Chem) / dipolares Lösungsmittel
**dipole*** *n* (Phys) / Dipol *m* (elektrischer, magnetischer, zentraler) ‖ ~ **antenna*** (Radio) / Dipolantenne *f*, Dipol *m* ‖ ~ **charge** (Phys) / Dipolladung *f*
**dipole-dipole broadening** (Spectr) / Dipolverbreiterung *f* ‖ ~ **interaction** (Nuc) / Dipol-Dipol-Wechselwirkung *f* (eine elektrostatische Wechselwirkung zwischenmolekularer Kräfte) ‖ ~ **interaction** (Nuc) s. also spin-spin coupling
**dipole domain** (Phys) / Dipoldomäne *f* ‖ ~ **flow** (Phys) / Dipolströmung *f* (inkompressible Potentialströmung) ‖ ~ **forces** (Elec, Mag) / Dipolkräfte *f pl* (zwischen zwei elektrischen oder magnetischen Dipolen)
**dipole-induced dipole interaction** (Nuc) / Dipol-Induktions-Wechselwirkung *f*
**dipole layer** (Phys) / Dipolschicht *f* ‖ ~ **magnet** (Nuc Eng) / Dipolmagnet *m* ‖ ~ **molecule*** (Elec, Phys) / Dipolmolekül *n* (in dem die Schwerpunkte der /positiven/ Kernladungen und der /negativen/ Ladungen der Elektronenhülle nicht in einem Punkt zusammenfallen), polares Molekül ‖ ~ **moment*** (Elec, Phys) / Dipolmoment *n* (DIN 1324, T 1) ‖ ~ **polarization** (Elec, Electronics, Phys) / paraelektrische Polarisation, Orientierungspolarisation *f* ‖ ~ **radiation** (Elec, Mag) / Dipolstrahlung *f* (eines schwingenden elektrischen oder magnetischen Dipols) ‖ ~ **sound source** (Acous) / Schallquelle *f* erster Ordnung
**dipositive** *adj* / doppelpositiv *adj*, zweifach positiv
**dip paint** (Paint) / Tauchlack *m* (der durch Tauchen appliziert wird) ‖ ~ **painting** (Paint) / Tauchlackierung *f*, Tauchlackieren *n* ‖ ~ **patenting** (Met, Surf) / Badpatentieren *n* (Tauchpatentieren, bei dem bis ca. 400 bis 500 °C in einer Blei- oder Salzschmelze und anschließend in einem beliebigen Medium abgekühlt wird - DIN 17 014, T 1)
**dipped beam** (Autos) / Abblendlicht *n*, Fahrlicht *n* ‖ ~ **electrode** (Welding) / getauchte Elektrode ‖ ~ **electrode** (Welding) / Tauchmantelelektrode *f*, Tauchelektrode *f*
**Dippel's oil** / Dippels Tieröl (Oleum animale aeth.), Dippels Öl, etherisches Tieröl
**dipper** *n* (Civ Eng) / Löffel *m* (des Löffelbaggers) ‖ ~ **arm** (Civ Eng) / Löffelstiel *m* (des Baggers)
**dipper-bucket dredger** (Civ Eng) / Löffelbagger *m* (ein Nassbagger), Nasslöffelbagger *m*
**dipper dredge** (Civ Eng) / Löffelbagger *m* (ein Nassbagger), Nasslöffelbagger *m* ‖ ~ **dredger** (Civ Eng) / Löffelbagger *m* (ein Nassbagger), Nasslöffelbagger *m* ‖ ~ **relay** (Elec Eng) / Tauchkontaktrelais *n* ‖ ~ **shovel** (Civ Eng) / Löffelbagger *m* (ein Nassbagger), Nasslöffelbagger *m* ‖ ~ **stick** (Civ Eng) / Löffelstiel *m* (des Baggers) ‖ ~ **switch** (Autos) / Abblendschalter *m*
**dip pick-up** (Textiles) / Aufnahme *f* (des Appreturmittels)
**dipping** *n* / Flüssigkeitsmengenbestimmung *f* (durch Messung des Flüssigkeitsstandes im Behälter), Flüssigkeitsstandbestimmung *f* ‖ ~ / Tauchbehandlung *f*, Tauchverfahren *n* ‖ ~ (Autos) / Abblenden *n*, Abblendung *f* ‖ ~ (Eng, Plastics) / Eintauchen *n*, Tauchen *n*, Abtauchen *n* ‖ ~ (Nut) / Dippen *n* (von Obst in alkalische Lösung - vor dem Trocknen zur Entfernung des Oberflächenwachses) ‖ ~* (Paint) / Tauchlackierung *f*, Tauchlackieren *n* ‖ ~ (Paper) / Tauchen *n* (der Papierbahn - Beschichtung, Streichen, Färbung, Imprägnierung - DIN 6730) ‖ ~* (Surf) / Tauchbad *n* ‖ ~ (Textiles, Weaving) / Präparation *f* (Behandlung mit Textilhilfsmitteln für Avivage, Schmälzen, Schlichten usw.) ‖ ~ **bath** (Surf) / Tauchbad *n* ‖ ~ **compass** (Mag, Surv) / Inklinatorium *n* (mit einer freibeweglichen Magnetnadel) ‖ ~ **mandrel blowing** (Electronics, Plastics) / Tauchbeschichten *n*, Tauchbeschichtung *f*, Beschichten *n* im Tauchverfahren ‖ ~ **method** (Surf) / Tauchverfahren *n* ‖ ~ **mirror** (Autos) / abblendbarer Innenspiegel, Abblendspiegel *m* ‖ ~ **needle*** (Mag, Surv) / freibewegliche Magnetnadel (im Inklinatorium), Inklinationsnadel *f* ‖ ~ **paint** (formulated especially for dip application) (Paint) / Tauchlack *m* (der durch Tauchen appliziert wird) ‖ ~ **pyrometer** (Met) / Eintauchpyrometer *n* (zum Messen der Temperatur in Schmelzen) ‖ ~ **refractometer*** (Optics) / Eintauchrefraktometer *n* ‖ ~ **roller** (Print) / Tauchwalze *f* ‖ ~ **sonar** (Acous) / Tauchsonar *n*, Tauchsonargerät *n* ‖ ~ **tank** / Tauchbecken *n* (Reinigung, Vorbehandlung, Tauchlackierung) ‖ ~ **tongs** (Ceramics) / Glasurzange *f*, Glasierzange *f* ‖ ~ **weight** (of a coating retained on dipped ware per unit of area, reported either as wet or dry weight, the dry weight being the more accurate) (Ceramics) / Tauchgewicht *n* (Gewicht der nach dem Trocknen am Scherben haftenden Glasur pro Maßflächeneinheit)
**dip pipe** / Tauchrohr *n* ‖ ~ **pipe** s. also dip tube ‖ ~ **plating** (Surf) / Abscheidung *f* im Tauchverfahren (stromlos), Abscheidung *f* durch Ionenaustausch ‖ ~ **point** (Maths) / Einsattelungspunkt *m* (der Kurve) ‖ ~ **pretreatment** (Surf) / Tauchvorbehandlung *f* ‖ ~ **primer** (Paint) / Tauchgrundmittel *n*, Tauchgrund *m*, Tauchgrundierung *f* (Material) ‖ ~ **roller** (Print) / Tauchwalze *f*
**dipropylene glycol** (Chem, Paint) / Dipropylenglykol *n*
**diprotic acid** (Chem) / zweiwertige Säure, zweibasige Säure, zweibasische Säure
**diproton** *n* (Nuc) / Diproton *n*, Doppelproton *n*
**dip slip** (Geol) / fallende Sprunghöhe ‖ ~ **slip** (Geol) / Sprungweite *f*
**dip-slip component** (Geol) / Sprungweite *f*
**dip soldering*** (Met) / Tauchlöten *n* (ein Weichlöten), Badlöten *n* (ein Weichlöten) ‖ ~ **solution** / Tauchlösung *f*
**dip-spin coating** / Tauchschleuderverfahren *n* (ein organisches Beschichtungsverfahren)
**dipstick** *n* (a calibrated stick for manually determining the quantity of fuel contained in a fuel tank) / Tauchmessstab *m* (für Kraft- und Brennstofftanks) ‖ ~ (Autos) / Peilstab *m* (für Motor- oder Getriebeölstand), Ölpeilstab *m*, Ölmessstab *m*, Pegelstab *m* ‖ ~ (Autos) s. also oil-level indicator ‖ ~ **tube** (Autos) / Ölmessstabführungsrohr *n* (am Motorblock oder Getriebe, in dem der Messstab steckt), Ölmessstabrohr *n*
**dip switch** (GB) (Autos) / Abblendschalter *m*
**DIP switch*** (small device having a row of switches, used on adapter cards to control settings) (Comp) / DIP-Switch *m*, DIP-Schalter *m*, Mäuseklavier *n*
**dip test** / Eintauchtest *m* ‖ ~ **test** (Materials) / Dip-Test *m* (zur Ermittlung des Spannungsterms in der Theorie des Kriechens) ‖ ~ **treatment** / Tauchbehandlung *f*, Tauchverfahren *n* ‖ ~ **tube** / Steigrohr *n*, Standrohr *n* (z.B. einer Sprühdose) ‖ ~ **wetting** / Tauchbenetzung *f* (z.B. bei der Tauchmetallisierung)
**dip-wetting ability** (Textiles) / Tauchnetzvermögen *n* (DIN 53901) ‖ ~ **method** (Chem) / Tauchnetzmethode *f* (standardisierte Methode zur Ermittlung des Netzvermögens von Tensiden)
**dip working** (Mining) / Unterwerksbau *m* (Abbau unterhalb einer Fördersohle, bei dem das gewonnene Mineral aufwärts zur Fördersohle gefördert wird)
**dipy** *n* (Agric, Chem) / 2,2'-Bipyridin *n* (Ligand in Koordinationsverbindungen)
**dipyramid** *n* (Min) / Bipyramide *f*, Dipyramide *f*, Doppelpyramide *f*
**dipyridyl, 2,2'-** (Agric, Chem) / 2,2'-Bipyridin *n* (Ligand in Koordinationsverbindungen)
**diquark** *n* (Nuc) / Diquark *n*
**Diquat** *n* (Chem) / Diquat *n* (eine giftige Bipyridiniumverbindung, die als Herbizid eingesetzt wird)
**Dirac delta function** (Nuc) / Dirac'sche Deltafunktion, Dirac-Funktion *f* (DIN 13 343), Deltafunktional *n*, Deltafunktion *f* (Dirac'sche), Stoßfunktion *f*, Einheitsimpulsfunktion *f* ‖ ~ **equation*** (Nuc) / Dirac'sche Wellengleichung, Dirac-Gleichung *f* (relativistische quantenmechanische Bewegungsgleichung für kräftefreie Teilchen und ihre Antiteilchen mit dem Spin 1/2 - nach P.A.M. Dirac, 1902-1984) ‖ ~ **h** (Phys) / Planck'sche Konstante (Planck'sches Wirkungsquantum dividiert durch $2\pi$) ‖ ~ **hole theory** (Nuc) / Dirac'sche Löchertheorie ‖ ~ **matrix** (Nuc) / Dirac'sche Gammamatrix, Dirac'sche Matrix ‖ ~ **monopole** (Nuc) / magnetischer Monopol (ein hypothetisches Teilchen) ‖ ~ **pulse** / Dirac-Impuls *m* (DIN 5483, T 1), Einheitsimpulsfunktion *f* ‖ ~ **quantization** (Phys) / Dirac'sche Quantisierung(sbedingung) ‖ ~'s **constant*** (Phys) / Planck'sche Konstante (Planck'sches Wirkungsquantum dividiert durch $2\pi$) ‖ ~ **sea** (Nuc) / Dirac'scher See, Dirac'scher Elektronensee, Dirac-See *m* ‖ ~ **spinor** (Maths, Nuc) / Dirac-Spinor *m*
**diradical** *n* (Chem) / Diradikal *n* (z.B. $O_2$), Biradikal *n*
**direct** *v* / richten *v*, lenken *v*, leiten *v* ‖ ~ *adj* / direkt *adj* (Ablesung, Antrieb, Farbstoff, Steuerung, Wahl), unmittelbar *adj* ‖ ~ **access*** (Comp, Telecomm) / direkter Zugriff, wahlfreier Zugriff (bei dem die Zugriffszeit vom Platz der Daten tatsächlich unabhängig ist), Zufallszugriff *m*, Erstzugriff *m*
**direct-access** *attr* / amtsberechtigt *adj* ‖ ~ **call** (Telecomm) / Direktruf *m* (DIN 44 302), selbsttätiger Verbindungsaufbau (ein Leistungsmerkmal von Komforttelefonen oder Nebenstellenanlagen), Direktanruf *m* ‖ ~ **extension** (Teleph) / amtsberechtigter Teilnehmer (eine Nebenstellenanlage) ‖ ~ **memory** (Comp) / direkt adressierbarer Speicher, Speicher *m* mit wahlfreiem Zugriff, Random-Speicher *m*, RAM *n*, RAM-Speicher *m*, Direktzugriffsspeicher *m* (DIN 44 300) mit direktem Zugriff ‖ ~ **storage** (Comp) / direkt adressierbarer Speicher, Speicher *m* mit wahlfreiem Zugriff, Random-Speicher *m*, RAM *n*, RAM-Speicher *m*, Direktzugriffsspeicher *m* (DIN 44 300), Speicher *m* mit direktem Zugriff ‖ ~ **storage device** (Comp) / Direct Access Storage Device, DASD (Direct Access Storage Device)
**direct-acting brake** (US) / nichtselbsttätige Druckluftbremse, direktwirkende Bremse ‖ ~ **pump*** (Eng) / Duplexpumpe *f*

**direct addressing**
(schwungrad- und triebwerklose zweizylindrische Zwillingskolbenpumpe)
**direct addressing** (Comp) / direkte Adressierung ‖ **~ analysis of daughter ions** (Spectr) / Ionenenergiespektrometrie *f* (zum Nachweis metastabiler Zerfälle) ‖ **~ approach** (Aero) / Direktanflug *m* ‖ **~-arc furnace*** (Elec Eng) / direkter Lichtbogenofen, Lichtbogenofen *m* mit direkter Beheizung (das Schmelzgut wirkt als Elektrode des Lichtbogens)
**direct-axis component of voltage** (Elec Eng) / Längsspannung *f* ‖ **~ subtransient reactance** (Elec Eng) / Subtransient-Längsreaktanz *f* ‖ **~ synchronous reactance** (Elec Eng) / Synchronlängsreaktanz *f*
**direct banking** (Comp, Telecomm) / Telebanking *n* (Abwicklung von Bankgeschäften über Post und Telekommunikation), Direktbanking *n*, Telefonbanking *n* ‖ **~ bearing** (Nav) / Seitenpeilung *f*
**direct-bonded brick** (a fired refractory in which the grains are bonded by solid-state diffusion) (Ceramics) / direktgebundener Stein
**direct broadcast satellite*** (Telecomm, TV) / direkt strahlender Satellit, Rundfunksatellit *m* (für die direkte Ausstrahlung von Fernsehrundfunkprogrammen an eine Vielzahl von Empfängern) ‖ **~ burial** (Civ Eng) / Einerdung *f*, Erdverlegung *f*, Eingrabung *f* ‖ **~ burner** (Fuels) / Parallelstrombrenner *m* ‖ **~ call** (Telecomm) / Direktruf *m* (DIN 44 302), selbsttätiger Verbindungsaufbau (ein Leistungsmerkmal von Komforttelefonen oder Nebenstellenanlagen), Direktanruf *m* ‖ **~ call** (Teleph) / Auslandsgespräch *n* über eine Grenze ‖ **~ call line** (Telecomm, Teleph) / Hauptanschluss *m* für Direktruf, HfD ‖ **~ capacitance*** (between two conductors, as if no other conductors are present) (Elec Eng) / Teilkapazität *f* ‖ **~ capacitance** (Electronics) / Durchgriffskapazität *f* ‖ **~ cargo handling** (Ships) / Direktumschlag *m* (zwischen zwei Transportmitteln) ‖ **~ central impact** (Phys) / gerader zentraler Stoß ‖ **~ channel access** (Radio, TV) / direkte Kanalwahl, Kanaldirektwahl *f* ‖ **~ chemical corrosion** (Surf) / chemische Korrosion ‖ **~ chemical ionization** (Spectr) / direkte chemische Ionisation, DCI (direkte chemische Ionisation)
**direct-chill casting*** (Met) / Strangguss *m* mit beschränkter Stranglänge
**direct cleaning** / katodische Reinigung ‖ **~ code** (Comp) / absoluter Kode (Maschinenkode) ‖ **~ connexion** (Telecomm) / Direktanschluss *m*
**direct-contact condenser** (Eng) / Mischkondensator *m* (der fein vernebeltes Kühlwasser in den Dampf einspritzt), Einspritzkondensator *m* ‖ **~ heat exchanger** (Heat) / Direktkontaktwärmetauscher *m* (wenn die Trennwand zwischen den wärmeaustauschenden Medien entfällt und die Wärme durch Berührung oder Mischung der Medien direkt übertragen wird) ‖ **~ heat interchanger** (Heat) / Direktkontaktwärmetauscher *m* (wenn die Trennwand zwischen den wärmeaustauschenden Medien entfällt und die Wärme durch Berührung oder Mischung der Medien direkt übertragen wird)
**direct control** (Automation) / direkte Regelung, unmittelbare Regelung, Regelung *f* ohne Hilfsenergie
**direct-conversion reactor** (Nuc Eng) / Reaktor *m* mit Energiedirektumwandlung
**direct cooling** (Eng) / Kühlung *f* durch hohle Leiter ‖ **~ cost(s)** / Einzelkosten *pl* (die einem Kostenträger direkt zugerechnet werden können), Direktkosten *pl* ‖ **~ costing** (Work Study) / Direct Costing *n* (Teilkostenrechnung) ‖ **~ costing** (Work Study) / Grenzplankostenrechnung *f* (weiterentwickelte Plankostenrechnung, Deckungsbeitragsrechnung *f* (ein Verfahren der betrieblichen Erfolgsplanung und -kontrolle , das auf der Teilkostenrechnung aufbaut)
**direct-coupled amplifier** (Electronics) / direktgekoppelter Verstärker, Gleichspannungsverstärker *m* ‖ **~ exciter*** (Elec Eng) / eigenerregte Maschine, direktgekoppelte Erregermaschine, Maschine *f* mit Eigenerregung, angebaute Erregermaschine, Eigenerregermaschine *f* ‖ **~ FET logic** (Electronics) / direktgekoppelte FET-Logik, DCFL (direktgekoppelte FET-Logik)
**direct-coupled generator*** (Elec Eng) / direktgekoppelter Generator
**direct-coupled transistor logic** (Electronics) / direktgekoppelte Transistorlogik, DCTL (direktgekoppelte Transistorlogik)
**direct coupling*** (Electronics) / galvanische Kopplung ‖ **~ current*** (Elec Eng) / Gleichstrom *m* (DIN 40 110, T 1)
**direct-current amplifier*** (Elec Eng) / Gleichstromverstärker *m* ‖ **~ generator** (Elec Eng) / Gleichstromgenerator *m*, Dynamo *m*, Dynamomaschine *f*, Gleichstrommaschine *f*, GSM (Gleichstrommaschine) ‖ **~ machine** (Elec Eng) / Gleichstrommaschine *f*, GSM (Gleichstrommaschine) ‖ **~ motor** (Elec Eng) / Gleichstrommotor *m* ‖ **~ polarogram** (Chem, Elec Eng) / Gleichstrom-Polarogramm *n* ‖ **~ relay** (Elec Eng) / Gleichstromrelais *n* ‖ **~ voltage** (Elec Eng) / Gleichspannung *f* (DIN 40 110 - 1)
**direct-cutting forage harvester** (Agric) / Mähhäcksler *m* (Feldhäcksler mit einem Schneidwerk)

**direct cycle** (Nuc Eng) / direkter Prozess (einer Gasturbine) ‖ **~ cycle*** (Nuc Eng) / Direktkreislauf *m*, direkter Kreislauf (eines Reaktors)
**direct-cycle plant** (Nuc Eng) / Einkreisanlage *f* (der entstehende Dampf wird direkt zum Antrieb der Turbine verwendet) ‖ **~ reactor** (Nuc Eng) / Einkreislaufreaktor *m*, Einkreisreaktor *m*, Direktkreisreaktor *m*
**direct data entry*** (Comp) / direkte Dateneingabe
**direct-debit authorization** / Einzugsermächtigung *f* (Ermächtigung des Schuldners gegenüber dem Gläubiger)
**direct debiting** / Lastschriftverfahren *n*, Einzugsverfahren *n*
**direct-debit order** / Abbuchungsauftrag *m* (des Schuldners an seine Bank)
**direct development** (Photog) / Positiventwicklung *f* ‖ **~ dialling** (Teleph) / Selbstwahl *f*, Direktwahl *f*, direkte Wahl, Durchwahl *f* zur Endstelle ‖ **~ dialling-in** (Teleph) / Durchwahl *f* zur Endstelle, Hereinwählen *n* ‖ **~ digital colour proofer** (Comp, Print) / direkter digitaler Farbproofer ‖ **~ digital control** (Automation) / digitale Vielfachregelung, direkte digitale Steuerung, direkte digitale Regelung, DDC-Regelung *f* (mit Hilfe eines Prozessrechners) ‖ **~ discharger** (Ecol, Hyd Eng, San Eng) / Direkteinleiter *m* (ein oberirdisches Gewässer oder in das Grundwasser) ‖ **~ distance dialling** (Teleph) / Selbstwählferndienst *m*, Teilnehmerfernwahl *f*, Selbstwählfernverkehr *m*, Fernwahl *f* (automatische), SWFD (Selbstwählferndienst), SWF-Dienst *m* ‖ **~ drilling** (Agric) / bodenbearbeitungsloser Anbau, Nullbodenbearbeitung *f* ‖ **~ drive** (Acous) / Direktantrieb *m*, Direct Drive *n* (wenn der Plattenteller direkt auf der Achse des Motors sitzt)
**direct-drive propeller** (Aero) / Propeller *m* mit Direktantrieb
**direct dry cooling system** / GEA-System *n* (ein Trockenkühlverfahren), direkte Luftkondensation (des Abdampfs)
**direct-dumping excavator** (Eng) / Direktsturzbagger *m*
**direct dye** (Textiles) / Direktfarbstoff *m*, direkt aufziehender Farbstoff, substantiver Farbstoff, Substantivfarbstoff *m* (wasserlöslicher Farbstoff, der auf Cellulosefasern direkt aufzieht) ‖ **~ dyke** (Hyd Eng) / Schardeich *m* (unmittelbar am Ufer)
**directed** *adj* / gerichtet *adj* (Menge, Strecke, Graf) ‖ **~ acyclic graph** (Comp) / gerichteter azyklischer Graf ‖ **~ angle** (Maths) / orientierter Winkel (mit Anfangs- und Endschenkel)
**directed-beam display** (Comp) / kalligrafischer Bildschirm (ein grafisches Gerät), Vektorbildschirm *m* mit Bildwiederholung
**directed-energy weapon** (Mil) / Strahlenwaffe *f* (im Allgemeinen)
**directed graph** / gerichteter Graf, Digraf *m* ‖ **~ lubrication** (Eng) / geleitete Schmierung, gelenkte Schmierung ‖ **~ quantity** (Phys) / Vektorgröße *f*, vektorielle Größe (z.B. Kraft, Geschwindigkeit, Drehmoment - DIN 13 ^ 13) ‖ **~ (line) segment** (Maths) / gerichtete Strecke ‖ **~ slipstream** (Aero) / ausgelenkter Gasstrahl (des Marschtriebwerkes bei V/STOL-Flugzeugen) ‖ **~ tree** (Maths) / gerichteter Wurzelbaum (ein gerichteter Graf, der keine Maschen und Schleifen enthält), Arboreszenz *f* ‖ **~ valency** (Chem) / gerichtete Valenz
**direct energy conversion** / Energiedirektumwandlung *f*, Direktumwandlung *f* der Energie ‖ **~ extrusion** (Eng, Met) / Vorwärtsstrangpressen *n*, direktes Strangpressen (DIN 8583), Vorwärtsfließpressen *n* (in Wirkrichtung des Stößels) ‖ **~ extrusion without lubricant or skull** (Eng) / direktes Strangpressen ohne Schmiermittel und ohne Schale ‖ **~ file organization** (Comp) / direkte Dateiorganisation
**direct-fired*** *adj* (Eng) / direktbefeuert *adj*, direktbeheizt *adj*, mit direkter Beheizung (Ofen)
**direct firing** (in direct contact with the products of combustion in the furnace or kiln) (Ceramics) / Brennen *n* in offener Ofenatmosphäre (ohne Kapseln) ‖ **~ flight** (Aero) / durchgehender Flug ‖ **~ flood damage** (all damage caused by flood waters, mainly inundation of land, including stock and property) (Hyd Eng) / unmittelbarer Hochwasserschaden
**direct-flow turbine** (Eng) / Michell-Turbine *f* (eine Gleichdruck-Wasserturbine), Durchströmturbine *f*, Bánki-Turbine *f* (nach D. Bánki, 1859-1912), Ossberger-Turbine *f*
**direct flushing** (Mining, Oils) / Normalspülung (durch das Gestänge), direkte Spülung ‖ **~ force** (Mech) / Direktkraft *f*, direkte Kraft ‖ **~ force control** (Aero) / Direktkraftsteuerung *f* (bei der die zur Steuerung erzeugten Kräfte die gewünschten Änderungen von Lagewinkel oder Flugbahn direkt und ohne gegenseitige Kopplung bewirken) ‖ **~ forward off-state voltage** (Electronics) / Sperrgleichspannung *f* in Vorwärtsspannung ‖ **~ frequency modulation** (Radio) / direkte Frequenzmodulation ‖ **~ fuel cell** / Direktbrennstoffzelle *f*
**direct-gap semiconductor** (Electronics) / Halbleiter *m* mit direktem Bandabstand
**direct gassing** (Plastics) / Direktbegasungsverfahren *n* ‖ **~ gating** (Plastics) / Stangenanguss *m* (beim Spritzgießen) ‖ **~ hardening** (Met) / Direkthärten *n* (die Werkstücke werden nach Beendigung des

Aufkohlungsprozesses direkt von der Aufkohlungstemperatur abgeschreckt) ‖ ~ **heating** (Heat) / direkte Heizung, unmittelbare Beheizung, direkte Beheizung ‖ ~ **hydration** (Chem) / direkte Hydratisierung (bei der synthetischen Herstellung von Ethanol) ‖ ~ **ignition** (Autos) / Direktzündung f ‖ ~ **image offset master** / Offsetfolie f ‖ ~ **impact** (when the motion is perpendicular to the striking surface) (Phys) / gerader Stoß ‖ ~ **impact** (Phys) s. also oblique impact
**direct-indicating** adj (Instr) / direktanzeigend adj (Messgerät)
**directing station** (Telecomm) / Leitfunkstelle f
**direct injection*** (Aero, Autos) / Direkteinspritzung f (wenn der Kraftstoff direkt in den Brennraum gelangt), direkte Einspritzung, Hochdruckeinspritzung f
**direct-injection burner** (Eng) / Direktzerstäuberbrenner m
**direct •-injection diesel engine** (Autos, I C Engs) / Dieselmotor m mit Strahleinspritzung, Dieselmotor m mit Direkteinspritzung, Direkteinspritzer m ‖ ~-**injection pump*** (Aero) / Zylindereinspritzpumpe f ‖ ~ **inlet** (Spectr) / Direkteinlass m (bei Massenspektrometern)
**direct-insert subroutine** (Comp) / offenes Unterprogramm (das zwar nur einmal programmiert, aber in anderen Programmfolgen so oft eingesetzt werden kann, wie es nötig ist)
**direct interaction*** (Nuc) / direkte Wechselwirkung, Oberflächenwechselwirkung f ‖ ~ **interesterification** (Chem) / gelenkte Umesterung (von Fetten) ‖ ~ **inward dialling** (Teleph) / Durchwahl f (zur Nebenstelle), Duwa f (Durchwahl)
**direction*** n (oriented) / Richtungssinn m, Sinn m, Richtung f (orientierte) ‖ ~, **additive variable** ~ **sign** (Autos) / additiver Wechselwegweiser (als Wechselverkehrszeichen ausgebildeter orangefarbener Pfeil zur wegweisenden Beschilderung)
**directional** adj (Oils, Radio) / Richt-, gerichtet adj ‖ ~ **antenna*** (Radio) / Richtstrahler m (DIN 45030), Richtantenne f ‖ ~ (**radio**) **beacon** (Aero) / Richtfunkfeuer n, Kursfunkfeuer n ‖ ~ **beacon** (Ships) / Richtbake f (ein Seezeichen) ‖ ~ **beam** (Aero, Mil, Radio) / Richtstrahl m ‖ ~ **circuit-breaker*** (Elec Eng) / Rückstromschalter m ‖ ~ **clutch** (Eng) / richtungsgeschaltete Kupplung ‖ ~ **control** (Aero) / Seitensteuerung f (um die Hochachse durch das Seitenruder) ‖ ~ **control valve** (Eng) / Wegeventil n (ein Hydroventil nach DIN 24300) ‖ ~ **coupler** (Elec Eng) / Richtkoppler m, Richtungskoppler m (bei Hochfrequenzleitungen) ‖ ~ **current protection** (Elec Eng) / gerichteter Stromschutz ‖ ~ **derivative** (Maths) / Ableitung f in einer Richtung, Richtungsableitung f ‖ ~ **diagram** (Radio) / Richtdiagramm n (grafische Bildschirmanzeige der Antennencharakteristik), Strahlungsdiagramm n (einer Antenne) ‖ ~ **drilling** (Mining, Oils) / gerichtetes Bohren, Richtbohren n (bei dem das Bohrgestänge absichtlich in definierter Weise von der Lotrechten abweicht), Schrägbohren n, Zielbohren n (Herstellen eines Bohrlochs, durch das ein bestimmter Punkt im Gebirge oder im Grubengebäude erreicht werden soll) ‖ ~ **field** (Maths) / Richtungsfeld n (bei Differentialgleichungen) ‖ ~ **filter*** (Telecomm) / Bandpasskombination f (im TF-System) ‖ ~ **gain*** (Acous, Radio) / Richtungsmaß n, Richtmaß (zehnfacher dekadischer Logarithmus des Quadrates des Betrages des Richtfaktors nach DIN 1320) ‖ ~ **gyro** (Aero) / Kurskreisel m (ein Zusatzgerät zum Flugzeug-Magnetkompass) ‖ ~ **gyroscope** (Aero) / Kurskreisel m (ein Zusatzgerät zum Flugzeug-Magnetkompass) ‖ ~ **hearing** (Acous, Med) / Richtungshören n (das Unterscheiden und Erkennen der Richtung von Schallquellen)
**directionality** n / Richtungsabhängigkeit f (z.B. der Spiegelung) ‖ ~ (Phys) / Richtungsbündelung f (z.B. des Laserstrahls)
**directional-light emitter** / gerichtete Lichtquelle, Lichtsender m (eine Lichtquelle, die gerichtetes Licht ausstrahlt)
**directional lighting** (Light) / Beleuchtung f durch gerichtetes Licht
**directional-light source** / gerichtete Lichtquelle, Lichtsender m (eine Lichtquelle, die gerichtetes Licht ausstrahlt)
**directional microphone*** (Acous) / Mikrofon n mit Richtwirkung, Richtmikrofon n (das eine bevorzugte Schallaufnahmerichtung aufweist - DIN 1320) ‖ ~ **null** (Radar, Radio, Telecomm) / Nullstelle f (Winkel, bei dem die Richtfunktion auf Null absinkt) ‖ ~ **quantization** (Phys) / Richtungsquantelung f (Einstellung von Spin und magnetischem Moment), Richtungsquantisierung f ‖ ~ **radio** (Radio) / Richtfunk m ‖ ~ **radio receiver** (Radio) / Richtfunkempfänger m (ein Empfänger der Richtfunktechnik) ‖ ~ **radio relay link** (Radio) / Richtfunklinie f, Richtfunkstrecke f, Funkrelaislinie f, Radiorelaislinie f ‖ ~ **receiver** (Telecomm) / Richtempfänger m, Richtempfangsanlage f ‖ ~ **reception** (Radio, Telecomm) / Richtempfang m, gerichteter Empfang ‖ ~ **recrystallization** (Chem, Crystal) / gerichtete Rekristallisation ‖ ~ **relay*** (Elec Eng) / Richtungsrelais n ‖ ~ **resistance** (Elec Eng) / Richtwiderstand m (Belastungswiderstand eines Gleichrichters) ‖ ~ **sensor** / Richtungssensor m (ein Durchflusssensor) ‖ ~ **signal**

(Autos) / Fahrtrichtungsanzeiger m (elektromagnetisches Gerät, welches den beabsichtigten Richtungswechsel eines Kraftfahrzeugs anzeigt), Richtungsanzeiger m ‖ ~ **solidification** (Crystal) / gerichtetes Erstarren (Kristallreinigung und -züchtung), gerichtete Erstarrung ‖ ~ **stability** (Aero) / Richtungsstabilität f (um die Hochachse) ‖ ~ **stability** (Autos) / Geradeauslauf (des Fahrzeugs), Spurtreue f (des Fahrzeugs), Geradeauslaufstabilität f
**directional-throw conveyor** (Eng) / Wurfförderer m
**directional transmitter*** (Telecomm) / Richtsender m, Richtsendeanlage f ‖ ~ **tread pattern** (Autos) / laufrichtungsgebundenes Reifenprofil ‖ ~ **tread pattern tyre** (Autos) / Reifen m mit laufrichtungsgebundenem Profil
**direction angles*** (Maths) / Richtungswinkel m pl ‖ ~ **antenna** (Radio) / Richtstrahler m (DIN 45030), Richtantenne f ‖ ~ **controls** (Aero) / Giersteuerflächen f pl (Seitenruder) ‖ ~ **cosines*** (Maths) / Richtungskosinusse m pl (einer orientierten Geraden) ‖ ~ **coupling*** (Elec Eng) / Richtkopplung f ‖ ~ **field** (Maths) / Feld n von Linienelementen
**direction-finder*** n (Nav, Radar, Radio, Telecomm) / Peiler m, Peilgerät n ‖ ~ **antenna** (Radar, Radio, Telecomm) / Funkpeilantenne f, Peilantenne f ‖ ~ **deviation** (Nav) / Funkdeviation f, Funkfehlweisung f
**direction-finding*** n (Aero, Radio, Ships) / Funkpeilen n (als Betrieb)
**direction-finding** n (Nav, Radar, Radio) / Peilung f ‖ ~ **antenna** (Radar, Radio, Telecomm) / Funkpeilantenne f, Peilantenne f ‖ ~ **correction** (Aero) / Funkbeschickung f (Korrektur von Fehlern eines Funkpeilers und das Verfahren, mit dem korrigiert wird) ‖ ~ **receiver** (Radar) / Peilempfänger m
**direction focussing** (Spectr) / Richtungsfokussierung f
**direction-giving beacon** (Aero) / Richtfunkfeuer n, Kursfunkfeuer n
**direction indicator** (Autos) / Fahrtrichtungsanzeiger m (elektromagnetisches Gerät, welches den beabsichtigten Richtungswechsel eines Kraftfahrzeugs anzeigt), Richtungsanzeiger m
**direction-indicator control** (Autos) / Blinkerschalter m
**direction •-indicator lamp** (Autos) / Fahrtrichtungsanzeiger m (elektromagnetisches Gerät, welches den beabsichtigten Richtungswechsel eines Kraftfahrzeugs anzeigt), Richtungsanzeiger m ‖ ~ **in space** (Mech) / Raumrichtung f ‖ ~ **of affinity** (Maths) / Affinitätsrichtung f ‖ ~ **of arc blow** (Elec Eng) / Blasrichtung f ‖ ~ **of arrival** (Radar, Radio) / Einfallsrichtung f (aus der die Strahlung eintrifft) ‖ ~ **of arrow** / Pfeilrichtung f ‖ ~ **of circulation** (Eng) / Umlaufrichtung f ‖ ~ **of cut** (Eng) / Schneidrichtung f (DIN 857), Schnittrichtung f ‖ ~ **of development** (Chem) / Laufrichtung f (in der Chromatografie) ‖ ~ **of feed motion** (Eng) / Vorschubrichtung f ‖ ~ **of flux** (Phys) / Flussrichtung f ‖ ~ **of force** (Phys) / Kraftwirkungsrichtung f ‖ ~ **of incidence** (Radar, Radio) / Einfallsrichtung f (aus der die Strahlung eintrifft) ‖ ~ **of lighting** (Cinema) / Lichtführung f ‖ ~ **of magnetization** (Mag) / Magnetisierungsrichtung f ‖ ~ **of main feed motion** (Eng) / Hauptvorschubbewegung f (in Richtung des Hauptarbeitsfortschritts), Hauptvorschubrichtung f (DIN 6580) ‖ ~ **of maximum radiation** (Radio) / Hauptstrahlrichtung f (der Richtcharakteristik einer Antenne) ‖ ~ **of mining** (Mining) / Abbaurichtung f ‖ ~ **of motion** (Mech, Phys) / Bewegungsrichtung f ‖ ~ **of motion** (Phys) s. also sense of rotation ‖ ~ **of movement** (Mech) / Bewegungsrichtung f ‖ ~ **of primary motion** (Eng) / Schnittrichtung f (momentane Richtung der Schnittbewegung nach DIN 6580) ‖ ~ **of revolution** (Phys) / Drehrichtung f ‖ ~ **of rolling** (Met) / Walzrichtung f ‖ ~ **of rotation** (Phys) / Drehrichtung f ‖ ~ **of slip** (Crystal) / Translationsrichtung f, Gleitrichtung f ‖ ~ **of time** (Phys) / Zeitrichtung f ‖ ~ **of traffic** (Autos) / Verkehrsrichtung f ‖ ~ **of travel** / Fahrtrichtung f (z.B. bei Flurfördersystemen) ‖ ~ **of twist** (Spinning) / Drehungsrichtung f, Drallrichtung f, Drehungssinn m (z.B. Z- oder S-Draht) ‖ ~ **of welding** (Welding) / Schweißrichtung f ‖ ~ **ratios** (Maths) / Richtungskosinusse m pl (einer orientierten Geraden)
**directions for use** / Gebrauchsanweisung f, Gebrauchsanleitung f
**direction sign** (Autos) / Wegweiser m, Hinweiszeichen n (bei Wegweisern) ‖ ~ **sign** (Autos) / Richtzeichen n (nach der StVO)
**directions image*** (Crystal) / Interferenzbild n, Interferenzfigur f
**direction staff** (Surv) / Bake f ‖ ~ **switch*** (Elec Eng) / Richtungsschalter m
**directive** n (Comp) / Übersetzungsanweisung f (DIN 44300) ‖ ~ adj / Richt-, gerichtet adj ‖ ~ **antenna** (Radio) / Richtstrahler m (DIN 45030), Richtantenne f ‖ ~ **efficiency*** (Radio) / Richtwirkung f (der Antenne - als Maß) ‖ ~ **force*** (Elec Eng, Phys) / Rückstellkraft f, Richtgröße f (Richtkraft), Richtkraft f, Federkonstante f, Direktionskraft f, Richtvermögen n ‖ ~ **gain** (Radio) / Bündelungsgewinn m (bei einer Richtantenne) ‖ ~ **gain*** (Radio) / Richtfunktion f ‖ ~ **gain*** (Radio) / Richtverstärkungsfaktor m, Richtfaktor m (Strahlungsgewinn) ‖ ~ **radio** (Radio) / Richtfunk m
**directivity** n (Radio) / Richtverstärkungsfaktor m, Richtfaktor m (Strahlungsgewinn) ‖ ~* (Radio) / Richtwirkung f (der Antenne - als

**directivity**

Maß) ‖ ~* (Radio) / Richtvermögen *n*, Richtfähigkeit *f* (der Antenne) ‖ ~ **characteristic** (Acous) / Richtcharakteristik *f* (für einen Schallstrahler oder -aufnehmer nach DIN 1320) ‖ ~ **factor** (Acous) / Richtwirkungsmaß *n* (zehnfacher dekadischer Logarithmus des Quadrates des statistischen Richtfaktors nach DIN 1320) ‖ ~ **factor** (Acous) / Richtfaktor *m* (beim Schallstrahler nach DIN 1320) ‖ ~ **index*** (Acous, Radio) / Richtungsmaß *n*, Richtmaß (zehnfacher dekadischer Logarithmus des Quadrates des Betrages des Richtfaktors nach DIN 1320) ‖ ~ **pattern** (Acous) / Richtcharakteristik *f* (für einen Schallstrahler oder -aufnehmer nach DIN 1320)

**direct juice** (Nut) / Direktsaft *m* (nicht aus Konzentrat) ‖ ~ **labour*** (GB) (Build, Civ Eng) / Arbeitskräfte, die der Bauherr selbst stellt ‖ ~ **laying*** (Cables, Eng) / Erdverlegung *f* ‖ ~ **lift** (Aero) / Direktauftrieb *m* (bei VTOL-Flugzeugen) ‖ ~ **lift control** (Aero) / direkte Auftriebssteuerung, Direktauftriebssteuerung *f*

**direct-light holography** (Phys) / Auflichtholografie *f*

**direct lighting*** (Light, Photog) / direkte Beleuchtung ‖ ~ **liquefaction** (Chem Eng) / direkte Verflüssigung (Kohle, Holz) ‖ ~ **listening** (Teleph) / Lauthören *n* (Leistungsmerkmal bei Fernsprechern)

**directly congruent** (Maths) / gleichsinnig kongruent (Figuren, die kongruent sind und gleichen Umlaufsinn haben), direkt kongruent ‖ ~ **heated cathode*** (Electronics) / direktgeheizte Katode (DIN 44400) ‖ ~ **moulded sole** / direkt angeschäumte Sohle (bei Schuhen)

**direct-mail advertising** / Direktwerbung *f*, Briefwerbung *f* (adressierte Werbung per Post)

**direct manipulation** (Comp) / direkte Manipulation ‖ ~ **marketing** / Direktmarketing *n* ‖ ~ **measurement** / direkte Messung, Direktmessung *f*, unmittelbares Messen, direktes Messverfahren (DIN 1319, T 1) ‖ ~ **memory access** (Comp) / direkter Speicherzugriff, Direktspeicherzugriff *m*, DMA (direkter Speicherzugriff) ‖ ~ **metal mastering** (Acous) / DMM-Technik *f* (bei der Schallplattenherstellung) ‖ ~ **modulation** (Telecomm) / Direktmodulation *f* (in der Trägerfrequenztechnik) ‖ ~ **motion** (Astron) / rechtläufige Bewegung, rechtläufige Bewegungsrichtung (eines Himmelskörpers), direkte Bewegung (eines Himmelskörpers) ‖ ~ **nuclear reaction** (Nuc, Nuc Eng) / direkter Prozess, direkte Kernreaktion, Reaktion *f* mit direkter Wechselwirkung ‖ ~ **numerical control** (Comp) / direkte numerische Steuerung, numerische Direktsteuerung, Rechnerdirektsteuerung *f*, DNC, DNC-Betrieb *m* (numerische Steuerung online mit übergeordnetem Prozessrechner)

**direct-on enamelling** / Direktemaillierung *f*

**direct-on-line starting** (Elec Eng) / Anlauf *m* mit direktem Einschalten, direktes Einschalten, direktes Anlassen

**direct-on porcelain enamel application** / Direktemaillierung *f*

**director** *n* (Aero, Radar) / Radarleitoffizier *m*, Radarkontrollor *m* (A), Radarverkehrsleiter *m* (S) ‖ ~ (Crystal) / Direktor *m* (Vorzugsrichtung bei flüssigen Kristallen) ‖ ~* (Radio) / Direktor *m* (ein Dipolantennenelement nach DIN 45030) ‖ ~* (Teleph) / Register *n* ‖ ~ **circle** (Maths) / Leitkreis *m* (um einen der beiden Brennpunkte einer Ellipse oder Hyperbel), Hauptkreis *m* (um den Mittelpunkt einer Ellipse oder Hyperbel), Direktorkreis *m* (bei der Parabel) ‖ ~ **of photography** (Cinema) / Chefkameramann *m*, erster Kameramann

**director's cut** (Cinema) / Schnittfassung *f* des Regisseurs

**director system** (Telecomm, Teleph) / Direktorsystem *n*

**directory*** *n* (Comp) / Adressbuch *n* (DIN 7498) ‖ ~* (Comp) / Verzeichnis *n* (zur Lokalisierung von einem oder mehreren sequentiellen Programminformationsblöcken) ‖ ~ (Telecomm) / Verzeichnis *n*

**Directory-Enabled Net Infrastructure Model** (Comp) / DENIM *n* (plattformübergreifende Netztechnologie von Novell, die im Kern auf NDS aufbaut)

**directory enquiry** (Teleph) / Fernsprechauskunft *f* ‖ ~ **entry** (Telecomm) / Verzeichniseintrag *m* ‖ ~ **hierarchy** (Comp) / Verzeichnishierarchie *f* ‖ ~ **information base** (Telecomm) / Informationsbasis *f* eines Verzeichnisses ‖ ~ **information service** (Teleph) / Rufnummernauskunft *f* ‖ ~ **information tree** (Telecomm) / Informationsbaum *m* eines Verzeichnisses ‖ ~ **inquiries** (service) (Teleph) / Fernsprechauskunft *f* ‖ ~ **management domain** (Telecomm) / Versorgungsbereich *m* eines Verzeichnisses ‖ ~ **paper** (Paper) / Fernsprechbücherpapier *n* ‖ ~ **structure** (Comp) / Verzeichnishierarchie *f* ‖ ~ **system** (in the X.500 directory service) (Comp, Telecomm) / Directory-System *n* ‖ ~ **temp** (under Windows, default directory for temporary files) (Comp) / Temp-Verzeichnis *n* ‖ ~ **tree** (Comp) / Verzeichnisbaum *m*

**direct outward dialling** (Teleph) / Vollamtsberechtigung *f* ‖ ~ **overcurrent release** (Elec Eng) / Primärauslöser *m* ‖ ~ **overcurrent release** (Elec Eng) / Primärauslöser *m* (ein Überstromauslöser) ‖ ~ **oxygen service** / direkte Berührung mit Sauerstoff (z.B. bei Kolbenringen der Sauerstoffkompressoren) ‖ ~ **peering** (Comp, Telecomm) / direktes Peering (zwei IP-Netze von zwei verschiedenen ISPs werden an einem Peering Point zusammengeschaltet) ‖ ~ **piezoelectric effect** (Verformung des Materials, eine elektrische Verschiebung, die sich als elektrische Ladung an der Materialoberfläche abgreifen lässt) (Crystal, Elec, Materials) / direkter piezoelektrischer Effekt ‖ ~ **precipitation** (Meteor) / abgesetzter Niederschlag (Form des Niederschlags in flüssigem oder festem Zustand, die unmittelbar an der Erdoberfläche, an Pflanzen oder Gegenständen entsteht, wenn diese kälter als die umgebende Luft sind - DIN 4049, T 101) ‖ ~ **printing*** (Print) / direktes Druckverfahren (z.B. Buchdruck, Flexodruck, Lichtdruck, Rakeltiefdruck usw.), Direktdruck *m* ‖ ~ **problem** (Mech) / direktes Problem (bei der Behandlung von Schwingungsproblemen an Maschinen) ‖ ~ **process** (Met) / Direktreduktionsverfahren *n* (z.B. Kammerverfahren, Schachtprozess, Tieftemperatur-Reduktionsverfahren, Hojalata-y-Lamina-Verfahren, Hyl-Verfahren), Verfahren *n* zur direkten Eisengewinnung ‖ ~ **product** (Maths) / direktes Produkt (Zusammensetzung zweier gleichartiger mathematischer Strukturen) ‖ ~ **ray*** (Radio) / direkte Welle (eine Raumwelle) ‖ ~ **reading** (Instr) / direkte Ablesung ‖ ~ **reading** (Instr) / Direktanzeige *f* ‖ ~**-reading instrument*** (Instr) / direktzeigendes Instrument, direktanzeigendes Gerät, Messgerät *n* für direkte Anzeige

**direct-reading potentiometer** (Elec Eng) / Kompensator *m* mit direkter Ablesung ‖ ~ **tacheometer** (Surv, Telecomm) / Diagrammtachymeter *n*

**direct recombination** (Electronics) / direkte Rekombination ‖ ~ **recording** / Direktaufzeichnung *f* (Tätigkeit) ‖ ~ **recursion** (Comp) / direkte Rekursion ‖ ~ **recycling** (Paint) / Direktrecycling *n* (von Overspray) ‖ ~ **reduction** (Met) / Direktreduktion *f* ‖ ~**-reduction process** (Met) / Direktreduktionsverfahren *n* (z.B. Kammerverfahren, Schachtprozess, Tieftemperatur-Reduktionsverfahren, Hojalata-y-Lamina-Verfahren, Hyl-Verfahren), Verfahren *n* zur direkten Eisengewinnung ‖ ~ **reflection** (Light, Phys) / regelmäßige Reflexion, spiegelnde Reflexion, reguläre Reflexion (an spiegelnden Oberflächen, gerichtete Reflexion (bei sehr ebenen Grenzflächen) ‖ ~ **relay** (Telecomm) / Direktübertragung *f* ‖ ~ **release** (Elec Eng) / Primärauslöser *m* ‖ ~ **reversal** (Photog) / Direktumkehr *f*

**directrix*** *n* (pl. directrices) (Maths) / Direktrix *f*, Leitlinie *f*, Leitgerade *f*, Leitkurve *f*

**directrix circle** (for the parabola) (Maths) / Leitkreis *m* (um einen der beiden Brennpunkte einer Ellipse oder Hyperbel), Hauptkreis *m* (um den Mittelpunkt einer Ellipse oder Hyperbel), Direktorkreis *m* (bei der Parabel)

**direct rope haulage*** (Mining) / Einseilförderung *f*, Haspelförderung *f* mit dem Trommelhaspel ‖ ~ **route** (Telecomm) / Querleitung *f* (zwischen Vermittlungen), direkte Leitung ‖ ~ **run-off** (Hyd Eng) / Direktabfluss *m*, abflusswirksamer Niederschlag ‖ ~ **satellite broadcasting** (Radio) / direkte Rundfunksendung von einem Satelliten ‖ ~ **satellite reception** (Electronics) / Direktsatellitenempfang *m* ‖ ~ **scanning** (Materials) / Methode *f* des halben Sprungabstands (bei der Ultraschallprüfung) ‖ ~ **search** (Comp) / direktes Suchen ‖ ~ **semiconductor** (Electronics) / direkter Halbleiter ‖ ~ **similitude** (Maths) / Drehstreckung *f* (eine Ähnlichkeitsabbildung), gleichsinnige Ähnlichkeit ‖ ~ **smelting of concentrates** (Met) / Konzentratdirektschmelzen *n* (in der Pyrometallurgie) ‖ ~ **solar irradiance** (Geophys) / direkte Sonnenbestrahlungsstärke, Direktbestrahlungsstärke *f* ‖ ~ **solar radiation** (Geophys, Meteor) / direkte Sonneneinstrahlung ‖ ~ **sound level** (Acous) / Direktschallpegel *m* ‖ ~ **spinning** (yarn from filament tow) (Spinning) / Direktspinnen *n*, Direktspinnverfahren *n*

**direct-spinning process** (Spinning) / Direktspinnen *n*, Direktspinnverfahren *n*

**direct storage access** (Comp) / direkter Speicherzugriff, Direktspeicherzugriff *m*, DMA (direkter Speicherzugriff) ‖ ~ **stress** (Mech) / Längskraft *f* ohne Biegung (in statischen Berechnungen) ‖ ~ **stress*** (by a load whose resultant passes through the centre of gravity of the section) (Mech) / Normalspannung *f* (DIN 13316) ‖ ~ **stress and bending** (Mech) / Längskraft *f* mit Biegung (in statischen Berechnungen) ‖ ~ **stroke*** (Elec Eng) / direkter Blitzschlag, direkter Blitzeinschlag ‖ ~ **sunlight** (Geophys, Meteor) / direkte Sonneneinstrahlung

**direct-switching starter*** (Elec Eng) / Anlassschalter *m*

**direct synthesis from carbonyls** (Met) / Karbonylprozess *m*, Karbonylverfahren *n* (Verfahren zur Gewinnung sehr reiner Metalle der Eisengruppe über die leichtflüchtige Verbindung Me(CO)$_x$), Carbonylprozess *m*, Carbonylverfahren *n* ‖ ~ **transition** (Phys) / direkter Übergang ‖ ~ **transmission** (Telecomm) / Direktübertragung *f* ‖ ~ **trunking** (Telecomm) / Nachrichtenabfragebetrieb *m*, Abfragebetrieb *m*

**direct-type film** (Radiol) / Ohne-Folie-Film *m* (ein Röntgenfilm)

**direct vernier*** (Surv) / nachtragender Nonius (dessen Teilung weiter geteilt ist als die Hauptskale) || **~ viewfinder** (Photog) / Durchsichtsucher m (z.B. Albada- oder Newton-Sucher)
**direct-view position** (Micros) / Einblick m || **~ storage tube** (Electronics) / Sichtspeicherröhre f (eine Signal-Bild-Wandlerröhre, bei der ein Leuchtschirmbild während einer gewollten Zeit mittels einer steuernden Speicherelektrode erhalten bleibt)
**direct•-vision prism*** (Light, Optics) / Geradsichtprisma n, Gradsichtprisma n || **~-vision viewfinder*** (Photog) / Durchsichtsucher m (z.B. Albada- oder Newton-Sucher) || **~ warping** (Weaving) / Kettbaumherstellung f, Bäumen n, Zetteln n, Kettschären n (DIN 62500), Aufbäumen n
**direct-warping machine** (Weaving) / Zettelmaschine f (DIN 62500), Breitschärmaschine f
**direct wave*** (Radio) / direkte Welle (eine Raumwelle) || **~ weighing** (Phys) / Proportionalwägung f, Kompensationswägung f, einfache Wägung, Proportionalitätswägung f
**Dirichlet drawer principle** (Maths) / Dirichlet'scher Schubkastensatz || **~ problem** (Maths) / Dirichlet'sches Problem (Randwertaufgabe erster Art für die Poissonsche Differentialgleichung, Dirichlet-Randwertproblem n (nach P.Dirichlet, 1805-1859) || **~ series** (Maths) / Dirichlet-Reihe f (eine Funktionenreihe)
**dirigible*** n (Aero) / Luftschiff n, LS (Luftschiff)
**dirt*** n (Mining) / Abfallerz n || **~** (GB) (Mining) / Grubengas n (vor allem aus Methan bestehendes Gas), Schlagwetter n pl, schlagende Wetter || **~*** (Mining) / taubes Gestein, Berge m pl || **~*** (Textiles) / Schmutz m, Schmutzablagerung f || **~** (Textiles) s. also smudge || **~ band** (Geol) / Ogive f (bogenartige Texturform im Bereich der Gletscherzunge) || **~ box** (Eng) / Schmutzfänger m, Siebfilter n (das Verunreinigungen in fester Form aus den Durchflussmedien zurückhalten soll) || **~ collection** (Paint) / Schmutzansammlung f, Schmutzablagerung f || **~ content** / Schmutzgehalt m
**dirt-dissolving capacity** (Textiles) / Schmutzlösevermögen n || **~ power** (Textiles) / Schmutzlösevermögen n
**dirt-holding space** / Schmutzraum m (der Zentrifuge)
**dirt pan** (Textiles) / Schleppermulde f (der Krempel) || **~ particle** / Schmutzteilchen n, Schmutzpartikel n f || **~ penetration** (Textiles) / tief greifende Verschmutzung
**dirt-proof** adj / staubdicht adj
**dirt•-repellent** adj (Textiles) / fleckabstoßend adj, schmutzabstoßend adj, fleckengeschützt adj, schmutzabweisend adj (durch eine spezielle Ausrüstung) || **~ resistance** (Paint) / Schmutz abweisende Eigenschaft (des Anstrichs) || **~ retention** (Textiles) / Verschmutzungsneigung f, Anfälligkeit f gegen Verschmutzung (als Eigenschaft eines Gewebes) || **~ retention** (Textiles) / Verschmutzung f (als Tatsache) || **~ road** (US) (Autos, Civ Eng) / unbefestigte Straße (Fahrweg), unbefestigter Fahrweg, Feldweg m (unbefestigte Straße) || **~ track** (Autos) / Speedway m, Dirt Track m || **~ trap** / Schmutzfänger m (im Allgemeinen)
**dirty** adj / verschmutzt adj, schmutzig adj, unsauber adj || **~** (Aero) / unsauber adj (aerodynamische Form) || **~** (Agric) / ungereinigt adj (Getreide) || **~ bit** (cache) (Comp) / Dirty-Bit n (vom Cache-Controller gesetzt) || **~ cargo** (Oils, Ships) / schwarze Ware, schwarze Ladung, schmutzige Ladung (meistens schwere Öle) || **~ colour** / Schmutzfarbe f, schmutzige Farbe || **~ money** (Work Study) / Schmutzzulage f (Lohnzulage wegen der Schmutzigkeit der zu verrichtenden Arbeit)
**dis*** (Elec Eng) / Unterbrechung f (des Stromkreises)
**disability glare** (Optics) / physiologische Blendung
**disable** v / unwirksam machen || **~** (Comp) / deaktivieren v (Kommando, Konto, Menü), inaktivieren v || **~** (Elec Eng) / abschalten v (sperren) || **~** (Electronics) / sperren v (ein Gatter)
**disabled** (Autos) / nicht fahrtüchtig, nicht verkehrssicher || **~** (Autos) / fahruntüchtig adj (Fahrzeug) || **~ aircraft** (Aero) / bewegungsunfähiges Luftfahrzeug
**disable input** (Comp) / Sperreingang m (DIN 41859) || **~ instruction** (Comp) / Sperrbefehl m
**disaccharidase** n (Biochem) / Disaccharidase f (ein disaccharidhydrolysierendes Enzym)
**disaccharide*** n (Chem) / Disacharid n, Disaccharid n (z.B. Saccharose)
**disadvantage factor*** (Nuc Eng) / Disadvantage-Faktor m, Absenkungsfaktor m
**disagglomeration** n (Arch, Build) / Deglomeration f (Auflockerung eines Ballungsgebietes durch städtebauliche und landesplanerische Maßnahmen)
**disambiguation** n (AI) / Disambiguierung f ("Vereindeutung")
**disappear** v / verschwinden v
**disappearance potential spectroscopy** (Spectr) / Disappearance Potential Spectroscopy f (bei den elastisch reflektierten Elektronen ist als Funktion der Primärenergie eine vorübergehende Abnahme zu verzeichnen), Disappearance-Potential-Spektroskopie f

**disappearing-filament pyrometer*** (Heat) / Glühfadenpyrometer n, Leuchtdichtepyrometer n, Fadenpyrometer n (ein Teilstrahlungspyrometer)
**disappearing-filament pyrometer*** (Heat) s. also optical pyrometer
**disappearing stair** (Build) / hochschiebbare Treppe, Einschiebetreppe f, Bodeneinschubtreppe f, Einschubtreppe f, Schiebetreppe f, Ziehtreppe f, Bodentreppe f, herunterklappbare Stufenleiter, Einschubstiege f (zum Dachboden) || **~ stream** (Geol, Hyd Eng) / versinkender Fluss (in Flussschwinden) || **~ wiper** (Autos) / verdeckter Scheibenwischer, versenkter Scheibenwischer
**disassemble** v (Eng) / zerlegen v (DIN 8591), abbauen v, demontieren v, abmontieren v, auseinander nehmen v, auseinander bauen v
**disassembler*** n (tool to produce assembler source code out of executables) (Comp) / Disassemblierer m, Disassembler m (ein Rückübersetzungsprogramm), Rückassembler m
**disassembly** n (Eng) / Demontieren n, Demontage f, Abbau m (Demontage), Abbruch m (Demontage)
**disaster** n (Agric) / Kalamität f (durch Schädlinge, Hagel, Sturm usw. hervorgerufener schwerer Schaden in Pflanzenkulturen) || **~ control** (Ecol, Hyd Eng) / Katastrophenschutz m || **~ manual** (Comp) / Katastrophenhandbuch n
**disaster-tolerant** adj (Comp) / ausfallsicher adj (auch im Katastrophenfall: schwerer Vandalismus, Feuer oder Wassereinbruch)
**disazo condensation pigment** (Paint) / Disazokondensationspigment n, Bisazokondensationspigment n || **~ dyes*** (Textiles) / Disazofarbstoffe m pl, Bisazofarbstoffe m pl || **~ dyestuffs** (Textiles) / Disazofarbstoffe m pl, Bisazofarbstoffe m pl
**disbond** vi / sich lösen v (eine Klebeverbindung) || **~ vt** / lösen v (eine Klebeverbindung)
**disbound** adj (Bind) / mit gelöstem Umschlag
**disbranch** v (For) / entasten v, aufasten v, abästen v (gefällte Bäume), entästen v (liegende Bäume)
**disc*** n / Scheibe f, Rundscheibe f, Platte f (kreisförmige) || **~** (Mech) / Scheibe f (ebenes Flächentragwerk)
**discard** v / ausscheiden vt (als Ausschuss), ausmustern v (als Ausschuss), zum Ausschuss erklären v (Min Proc) / austragen v (aussondern) || **~ n** (part of the billet remaining in the container after extrusion) (Met) / Pressrest m || **~*** (Met) / abgeschopftes Ende (des Blocks), abgeschopftes Blockende, Blockende n (unteres)
**discarded oil** / Gebrauchtöl n, Altöl n, Abfallöl n || **~ tyre** (Autos) / Altreifen m (bereits ausgemusterter)
**discard eligible bit** (Comp) / DE-Bit n
**discharge** v / ausströmen v, herausfließen v, abströmen v || **~** / ausbringen v || **~** / ausfließen v, auslaufen v || **~** / abladen v, entladen v (z.B. ein Fahrzeug) || **~** / abmustern v (Seeleute) || **~** (Eng) / austragen v (z.B. Mahlgut), ausstoßen v (z.B. Mahlgut) || **~*** (Nuc Eng) / beseitigen v (abgebrannten Kernbrennstoff) || **~** (Ships) / löschen v || **~ vi** (Elec) / sich entladen v || **~ vt** (Elec) / entladen v (elektrisch) || **~ n** (Build, Civ Eng) / Entlastung f (Abfangen von Belastungen) || **~** (Ecol) / Ausstoß m (von Schadstoffen) || **~** (Ecol, San Eng) / Einleitung f (Abgabe von Abwässern) || **~*** (Elec) / Entladung f (der mit Stromfluss verbundene Ladungs- und Spannungsausgleich zwischen entgegengesetzt aufgeladenen Elektroden) || **~** (Eng) / Entnahme f || **~** (Eng) / Austrag m (des Mahlguts), Ausstoß m (des Mahlguts) || **~** (Eng) / Abwurf m, Lastabwurf m (bei Fördermitteln) || **~** (Eng) / Beaufschlagung f (allgemein - bei Strömungsmaschinen) || **~** (Geol, Hyd Eng) / Quellschüttung f, Ergiebigkeit f, Schüttung f (Wassermenge, die eine Quelle innerhalb einer bestimmten Zeit abgibt) || **~** (Glass) / Entnahme f (aus dem Ofen) || **~** (the volume of water flowing past a discharge section line in unit time) (Hyd) / Volumenabfluss m, Volumenausfluss m, Volumenergiebigkeit f, Ergiebigkeit f (Volumenabfluss) || **~** (Hyd) / Durchfluss m || **~** (Hyd) / Ausfluss m, Auslauf m || **~** (Hyd) / Ausflussmenge f, Auslaufmenge f || **~*** (Hyd Eng) / Abfluss m (Menge nach DIN 4045), Abflussmenge f || **~** (Hyd, Phys) / Ausströmen n, Ausfließen n, Auslaufen n, Herausfließen n, Ablauf m (Tätigkeit), Abfluss m (das Abfließen) || **~*** (Nuc Eng) / Beseitigung f des abgebrannten Kernbrennstoffs || **~** (Textiles) / Ätze f, Ätzen n, Atzung f || **~** (Hyd) s. also mass flow || **~ agent** (Textiles) / Ätzmittel n || **~ air** / Abluft f (die gesamte abströmende Luft), Fortluft f (die ins Freie geht) || **~ air shaft** (Mining) / Ausziehschacht m (Abwetteröffnung einer Grube mit Ventilator über Tage) || **~ area** (area of water flow at discharge section line of stream, channel, or any other waterway) (Hyd Eng) / Abflussquerschnitt m (z.B. eines Flusses) || **~ at bank-full stage** (Hyd Eng) / bordvoller Abfluss, Abfluss m bei ufervollem Fließquerschnitt || **~ branch** (Eng) / Druckstutzen m (der Pumpe) || **~ by gravity** / Schwerkraftentleerung f || **~ circuit*** (Elec Eng) / Entladungskreis m, Entladestromkreis m || **~ coefficient** (Phys) / Geschwindigkeitsziffer f (das Verhältnis der beim Ausströmen von Flüssigkeiten und Gasen tatsächlich auftretenden Geschwindigkeit zur theoretisch möglichen bei reibungsfreier Strömung) || **~ coefficient** (Phys) /

**discharge**

Ausflussziffer *f* (das Verhältnis der tatsächlich aus einer Mündung in der Sekunde austretenden Masse einer Flüssigkeit oder eines Gases zu der theoretisch möglichen Masse) || ~ **conditions** (Ecol) / Ableitbedingungen *f pl* (die Gesamtheit der physikalischen, chemischen und technischen Bedingungen, unter denen die Abgase in die Atmosphäre emittiert werden) || ~ **conveyor** (system) / Abgabeförderer *m* || ~ **conveyor** (Eng) / Abwurfband *n*
**discharge-conveyor boom** (Civ Eng, Eng) / Verladebandausleger *m*
**discharge current** (Elec Eng) / Entladestrom *m* || ~ **curve** (Elec Eng) / Entladekurve *f*, Entladecharakteristik *f* || ~ **curve** (Eng) / Abwurfbahn *f* (eines Wurfförderers)
**discharged** *adj* (Elec Eng) / erschöpft *adj*, leer *adj* (Batterie), entladen *adj* (Batterie), verbraucht *adj* (Batterie)
**discharge door** (Eng) / Entladeklappe *f*, Entladetür *f* || ~ **electrode*** / Sprühelektrode *f* (des Elektrofilters)
**discharge-electrode rapper** / Sprühklopfwerk *n* (des Elekrofilters)
**discharge end** (Eng) / Abwurfende *n* (des Abwurfbandes) || ~ **fabric** (Textiles) / Ätzgewebe *n* (modisches Gewebe, in dem aus Musterungsgründen Faserzerstörungen vorgenommen worden sind) || ~ **flap** (Eng) / Entladeklappe *f*, Entladetür *f* || ~ **gap** (Elec Eng) / Funkenstrecke *f* (der Raum zwischen den Elektroden bei einer Funkenladung) || ~ **head*** (Eng) / Förderhöhe *f* (einer Pumpe) || ~ **hydrograph** (Hyd Eng) / Abflussganglinie *f*, Durchflussmengenganglinie *f*, Abflussmengenlinie *f*, Abflussmengenkurve *f* || ~ **in gases** (Elec) / Gasentladung *f* (elektrische), gasförmige Entladung || ~ **into** *v* (San Eng) / einleiten *v* (Abwässer) || ~ **lamp*** (Light) / Gasentladungslichtquelle *f*, Gasentladungslampe *f*, Entladungslampe *f* || ~ **lamp*** (Elec Eng) s. also gas-discharge lamp || ~ **line** (Oils) / Entleerleitung *f* || ~ **mass curve** (Hyd Eng) / Abflusskurve *f* || ~ **of thrust** (Geol) / Schubweite *f* || ~ **path** (Elec Eng) / Entladungsstrecke *f*, Entladungsweg *m* || ~ **per minute** (Civ Eng) / Schüttungszahl pro min *f* (z.B. bei Baggern) || ~ **point** (Ecol) / Entladestelle *f*, Abwurfstelle *f* || ~ **prediction** (Hyd Eng) / Abflussvorhersage *f* || ~ **pressure** (Eng) / Förderdruck *m* (der Pumpe) || ~ **pressure** (Eng) / Enddruck *m* (bei Verdichtern) || ~ **printing*** (Textiles) / Ätzdruck *m* (Tätigkeit - Weißätzen oder Buntätze)
**discharger*** *n* (Elec Eng) / elektrischer Zünder || ~* (Elec Eng) / Parallelfunkenstrecke *f* || ~ (Met) / Austrager *n* (Maschine, die das Wärmgut vom Ofenherd abhebt und auf den Abfuhrrollgang legt)
**discharge rate*** (Elec Eng) / Entladedauer *f* (einer Batterie) || ~ **rate** *n* (of a pump) (Eng) / Fördermenge *f* (einer Pumpe je Zeiteinheit), Förderleistung *f* (einer Pumpe) || ~ **resistance*** (Elec Eng) / Entladewiderstand *m*, Entladungswiderstand *m* || ~ **resist process** (Textiles) / Ätzreserveverfahren *n* || ~ **side** (Eng) / Druckseite *f*, Förderseite *f* (der Pumpe, des Verdichters) || ~ **spout** / Ausgusstülle *f*, Ausgussschnauze *f* || ~ **spout** (Eng) / Entladungsschurre *f* || ~ **structure** (Hyd Eng) / Auslaufbauwerk *n* || ~ **the ash** (Eng) / entaschen *v* (die Feuerung) || ~ **tube*** (Electronics) / Gasentladungsröhre *f*, Ionenröhre *f* (z.B. Thyratron oder Ignitron)
**discharge-type headlight** (Autos) / Gasentladungsscheinwerfer *m* (z.B. Litronic)
**discharge valve*** (Eng) / Ausflussventil *n*, Auslassventil *n* || ~ **valves*** (Eng) / Auslaufarmatur *f* || ~ **velocity** (Civ Eng) / Filtergeschwindigkeit *f* (auf den Querschnitt einer Bodenprobe bezogen) || ~ **velocity** (Hyd, Phys) / Ausströmungsgeschwindigkeit *f*, Ausflussgeschwindigkeit *f* (mit der ein Fluid aus einem Behälter ausströmt) || ~ **voltage** (Elec Eng) / Entladespannung *f*
**discharging arch*** (Build, Civ Eng) / Überfangbogen *m*, Entlastungsbogen *m*, Ablastbogen *m* || ~ **current** (Elec Eng) / Entladestrom *m* || ~ **pier head** (Ships) / Löschkopf *m* || ~ **tongs*** *pl* (Elec Eng) / Isolierstange *f* zur Kondensatorentladung
**disciplined fabrics** (US) (Textiles) / Sammelbezeichnung für knitterarm ausgerüstete Baumwollgewebe
**disclination** *n* (Geol) / Disklination *f* (linienförmiger Fehler in einer geordneten Struktur, ähnlich der gewöhnlichen Versetzung)
**disclosure** *n* / Offenbarung *f* (der Erfindung) || ~ (Comp) / Weitergabe *f* (Offenlegung von Daten), Offenlegung *f* (von Daten)
**disco effect** / Diskoeffekt *m* (bei Windrotoren)
**discoid** *adj* / scheibenförmig *adj*
**discoidal** *adj* / scheibenförmig *adj*
**discoloration** *n* (Glass) / Missfärbung *f*
**discolour** *vi* (GB) (Textiles) / verbleichen *v*, verschießen *v* (von Farben), ausbleichen *vi* (von Farbtönen) || ~ *vt* (GB) / entfärben *v*
**discolouration** *n* (GB) / Entfärben *n* (GB) / Verfärbung *f* (unerwünschter Zustand), Farbänderung *f*, Farbveränderung *f* (unerwünschte) || ~ (GB) (Glass) / Missfärbung *f* || ~ (GB) (Textiles) / Verbleichen *n* (des Farbtones), Verschießen *n*, Ausbleichen *n*
**discoloured** *adj* / missfarbig *adj* || ~ (Textiles) / schlechtfarbig *adj* (Wolle) || ~ **heartwood** (For) / Farbkern *m* || ~ **pick** (Weaving) / verwechselter Schuss (farblich)
**discomformable** *adj* (Geol) / ungleichförmig *adj*, diskordant *adj*

**discomfort** *n* (Meteor, Physiol) / Discomfort *m* (subjektives Empfinden, das sich einstellt, wenn der Bereich der Behaglichkeit verlassen wird, und zwar als Kalt-Dsicomfort oder Warm-Discomfort) || ~ **glare** (Optics) / psychologische Blendung || ~ **index** (Physiol) / Discomfortindex *m* (Repräsentationsgröße für Behaglichkeits- oder Schwüleempfinden) || ~ **index** (Physiol, San Eng) / Behaglichkeitsziffer *f*, Comfort-Index *m*
**discomposition effect*** (Nuc Eng) / Wigner-Effekt *m* (Änderung in den physikalischen Eigenschaften des Graphits beim Reaktorbetrieb als Folge atomarer Gitterstörungen durch Neutronen hoher Energie und andere energiereiche Teilchen, DIN 25 401-2 - nach E. Wigner, 1902-1995)
**discone antenna*** (a biconical antenna) (Radio) / Diskonantenne *f* (eine Breitband-Dipolantenne), Scheibenkonusantenne *f*
**disconformity*** *n* (Geol) / ungleichförmige Lagerung, Winkeldiskordanz *f* || ~* (Geol) / Diskonformität *f* (partielle erosive Ausräumung der Liegendserie vor konkordanter Sedimentation einer Hangendfolge), Erosionsdiskordanz *f*
**disconnect** *v* (Comp) / freischalten *v* (z.B. Register) || ~ (Comp) / abkoppeln *v* (z.B. Systemeinheiten) || ~ (Elec) / trennen *v* || ~ (Elec Eng) / stromlos machen, abschalten *v*, von der Stromquelle trennen || ~ (Eng) / auslösen *v* (trennen), ausrücken *v* (trennen) || ~ (Telecomm) / abbrechen *v* (den vorher geltenden Modus aufheben)
**disconnected** *adj* (Telecomm) / unterbrochen *adj*
**disconnecting device** (Eng) / Ausrücker *m* (Maschinenelement zum Trennen von rotierenden Maschinenteilen)
**disconnection** *n* (Comp, Telecomm) / Verbindungsabbau *m*, Auslösen *n* der Verbindung || ~* (Elec Eng) / Trennung *f*, Abschaltung *f*, Unterbrechung *f* (Trennung), Isolierung *f* || ~ (Eng) / Lösung *f* || ~ (Eng) / Auslösen *n* (Trennen), Ausrücken *n*
**disconnector** *n* (Elec Eng) / Trennschalter *m* (mechanisches Schaltgerät, das in der Offenstellung für Sicherheitszwecke Trennstecker in Übereinstimmung mit festgelegten Anforderungen hat), Trenner *m* || ~* (San Eng) / Trap *m*, Geruchverschluss *m*, Geruchsverschluss *m*, Siphon *m*, U-Verschluss *m*
**disconnect send state** (Comp, Telecomm) / verbindungsloser Sendestatus
**disconnexion** *n* (GB) (Comp, Telecomm) / Verbindungsabbau *m*, Auslösen *n* der Verbindung || ~ (GB) (Eng) / Auslösen *n* (Trennen), Ausrücken *n*
**discontinuance** *n* (Civ Eng, Mil) / Aussetzung *f* (z.B. von Kernwaffenversuchen)
**discontinue** *v* / abbrechen *v* || ~ (Radio, TV) / absetzen *v* (ein Programm) || ~ *vt* / abbestellen *v* (eine Zeitschrift)
**discontinued approach** (Aero) / abgebrochener Anflug || ~ **article** / auslaufender Artikel
**discontinuity*** *n* (Elec Eng) / Unterbrechung *f* (des Stromkreises) || ~ (Geol) / Diskontinuität *f* || ~* (Maths) / Diskontinuität *f*, Unstetigkeit *f* (einer Funktion im Allgemeinen) || ~ **layer** (Ecol, Geol) / Sprungschicht *f* (in tiefen stehenden Gewässern - DIN 4049, T 2), Metalimnion *n* (pl. -limnia) (zwischen Epilimnion und Hypolimnion) || ~ **point** (Maths) / Unstetigkeitspunkt *m* (z.B. Pol), Unstetigkeitsstelle *f*, Sprungstelle *f* (eine Unstetigkeitsstelle) || ~ **surface** (Geol, Phys) / Sprungfläche *f*, Diskontinuitätsfläche *f*, Unstetigkeitsfläche *f*
**discontinuous** *adj* / intermittierend *adj*, aussetzend *adj*, diskontinuierlich *adj*, mit Unterbrechungen, stoßweise *adj* (intermittierend) || ~ (Maths) / diskontinuierlich *adj*, unstetig *adj*, nicht stetig, unterbrochen *adj* (diskontinuierlich) || ~ **chip** (Eng) / Reißspan *m* (kurz und brüchig), Bruchspan *m*, Bröckelspan *m* || ~ **control** (Telecomm) / unstetige Regelung, diskontinuierliche Regelung || ~ **distribution** (Maths, Stats) / diskrete Verteilung (z.B. Bernoulli'sche) || ~ **feed** (Comp) / unterbrochene Belegzufuhr || ~ **function** (Maths) / unstetige Funktion || ~ **grading curve** / unstetige Sieblinie (wenn einzelne Korngruppen fehlen) || ~ **growth ring** (For) / auskeilender Jahrring || ~ **phase transition** (Phys) / Phasenübergang *m* 1. Ordnung, Phasenübergang *m* erster Art, diskontinuierlicher Phasenübergang || ~ **series** (Geol) / diskontinuierliche Reaktionsreihe (bei der Kristallisationsdifferentiation) || ~ **signal** (Telecomm) / diskontinuierliches Signal (dessen Signalwerte zu allen Zeitpunkten die zu signalisierenden Informationen abbilden)
**discontinuum** *n* (pl. -uums or -ua) (Maths, Phys) / Diskontinuum *n* (Mannigfaltigkeit, die die Eigenschaften des Kontinuums nicht besitzt - pl. -ua)
**discord** *n* (Acous) / Misston *m* || ~ (Acous) / Dissonanz *f*
**discordance** *n* (Geol) / Diskordanz *f*
**discordant** *adj* (Geol) / ungleichförmig *adj*, diskordant *adj*
**discorhabdine** *n* (Pharm) / Discorhabdin *n* (eine Antitumorverbindung), Diskorhabdin *n*
**discotic** *adj* (Chem) / diskusförmig *adj* (Molekül), diskotisch *adj*, scheibchenförmig *adj*

**discount** v (Maths) / diskontieren v (Barwert eines Geldbetrages zu einem früheren Zeitpunkt bei der Zinsrechnung berechnen) ‖ ~ n / Preisabschlag m, Preisnachlass m, Preisermäßigung f ‖ ~ **factor** (reciprocal growth factor) (Maths) / Diskontierungsfaktor m, Abzinsungsfaktor m, Abzinsfaktor m ‖ ~ **order quantity** / Rabattmenge f (bei der Bestellung) ‖ ~ **price** / Discountpreis m (meistens bei Massenprodukten) ‖ ~ **rate** / Diskontsatz m (zu dem die Zentralnotenbank, z.B. die Bundesbank, Wechsel ankauft)
**discourse knowledge** (AI) / Diskursionswissen n
**discover** v (Geol, Min, Mining) / fündig werden v (eine Lagerstätte auffinden) ‖ ~ (**by prospecting**) (Geol, Min, Mining) / erschürfen v (Bodenschätze durch Schürfen ermitteln)
**discoverable** adj (Chem) / nachweisbar adj, detektierbar adj, erkennbar adj
**discovery** n / Entdeckung f ‖ ~ (Chem) / Nachweis m (eines Elements oder einer Verbindung) ‖ ~ **learning** (AI) / entdeckendes Lernen (Gegensatz zu: geleitetes Lernen) ‖ ~ **well**\* (an exploratory well that encounters a new and previously untapped petroleum deposit) (Oils) / fündige Bohrung
**discreet** adj (Textiles) / dezent adj (Farbe), subtil adj (Farbton), diskret adj (Farbe)
**discrete** adj / diskret adj (Gruppe, Bauelement, Kanal, Variable) ‖ ~ **channel** (Comp) / diskreter Kanal (DIN 44301)
**discrete-component circuit** (Electronics) / Schaltung f mit Einzelbauelementen
**discrete data** (Comp) / diskrete Daten (die in Form festgelegter Werte einer physikalischen Größe dauerhaft fixiert werden können und singuläre Sachverhalte charakterisieren) ‖ ~ **device** (Electronics) / diskretes Bauelement, Einzelbauelement n ‖ ~ **distribution** (Maths, Stats) / diskrete Verteilung (z.B. Bernoulli'sche) ‖ ~ **event** (Stats) / diskretes Ereignis ‖ ~ **event simulation** (Comp) / diskrete Simulation ‖ ~ **Fourier transform(ation)** (Maths) / diskrete Fourier-Transformation, DFT (diskrete Fourier-Transformation) ‖ ~ **group** (Maths) / diskrete Gruppe (eine topologische Gruppe), diskontinuierliche Gruppe
**discrete-level signal** (Telecomm) / wertdiskretes Signal (die Signalamplitude kann nur eine begrenzte Anzahl unterschiedlicher Werte annehmen - DIN 40146, T 1)
**discrete mathematics** (Maths) / diskrete Mathematik
**discreteness** n (Maths, Phys) / Diskretheit f
**discrete optimization** (Comp, Maths) / diskrete Optimierung (ganzzahlige Optimierung) ‖ ~ **product** / geometrisch bestimmtes Produkt (z.B. ein Gussstück) ‖ ~ **product** s. also bulk product ‖ ~ **programming** (Comp) / ganzzahlige Programmierung, ganzzahlige Optimierung, Ganzzahlplanungsrechnung f, GP ‖ ~ **pulse** (Phys) / diskreter Impuls ‖ ~ **radio sources** (Astron) / Radioquellen f pl (diskrete) ‖ ~ **random variable** (a random variable that takes a finite or countable set of values) (Stats) / diskrete Zufallsgröße ‖ ~ **representation** / diskrete Darstellung ‖ ~ **resistor** (Elec Eng) / diskreter Widerstand ‖ ~ **sampling pulse** (Telecomm) / Einzelabtastimpuls m ‖ ~ **series** (Maths) / diskrete Reihe ‖ ~ **signal** (Comp, Telecomm) / diskretes Signal (dessen Informationsparameter nur endlich viele Werte annehmen können) ‖ ~ **signal** (Telecomm) / Digitalsignal n, digitales Signal (DIN 44300) ‖ ~ **simulation** (Comp) / diskrete Simulation ‖ ~ **source** (Comp, Telecomm) / diskrete Quelle, Quelle f diskreter Signale ‖ ~ **spectrum** (in which the component wavelengths constitute a discrete sequence of values rather than a continuum of values) (Spectr) / diskretes Spektrum ‖ ~ **speech** (Acous, Comp) / diskretes Sprechen (Sprechweise, bei der zwischen den einzelnen Wörtern deutliche Pausen gemacht werden, ohne dass die Wörter wie in einem normalen Sprachfluss ineinander übergehen)
**discrete-time signal** (Telecomm) / zeitdiskretes Signal (das nur zu diskreten Zeitpunkten vorhanden bzw. definiert ist - DIN 40146, T 1) ‖ ~ **system** (Automation) / Diskretzeitsystem n
**discrete topology** (Maths) / diskrete Topologie ‖ ~ **transistor** (Electronics) / diskreter Transistor ‖ ~ **valuation** (Maths) / diskrete Bewertung (eines Körpers) ‖ ~ **value** / diskreter Wert
**discrete-value signal** (Telecomm) / wertdiskretes Signal (die Signalamplitude kann nur eine begrenzte Anzahl unterschiedlicher Werte annehmen - DIN 40146, T 1)
**discrete wiring** (Elec Eng) / Einzelverdrahtung f
**discrete-words recognition** (AI, Comp) / Einzelworterkennung f, Erkennen n einzelner Wörter
**discretionary** adj (Comp) / benutzerbestimmbar adj (Zugriffsberechtigungszuweisung) ‖ ~ **access control** (Comp) / benutzerbestimmbare Zugriffsberechtigungsvergabe, benutzerbestimmbare Zugriffsberechtigungszuweisung (Zugriffskonzeption, in der er es in das Belieben des Eigentümers eines Objekts gestellt ist, wer dazu zugriffsberechtigt ist) ‖ ~ **hyphen** (Comp) / weicher Trennstrich, Bedarfstrennstrich m, Pseudotrennstrich m, bedingter Trennstrich, Trennfuge f (die nur dann vom Satzprogramm aktiviert wird, wenn am Zeilenende eine Trennung nötig ist) ‖ ~ **security** (Comp) / benutzerbestimmbare Zugriffsberechtigungsvergabe, benutzerbestimmbare Zugriffsberechtigungszuweisung (Zugriffskonzeption, in der er es in das Belieben des Eigentümers eines Objekts gestellt ist, wer dazu zugriffsberechtigt ist)
**discretization** n (Maths) / Diskretisierung f, Diskretisation f ‖ ~ (of a domain) (Phys) / Diskretisierung f ‖ ~ **error** (the error in a numerical method that has been constructed by a discretization of a "continuous" problem) (Instr, Maths) / Diskretisierungsfehler m, Diskretisationsfehler m (der von der Auflösung des Wandlers direkt abhängig ist), Quantisierungsfehler m, Abschneidefehler m, Trunkationsfehler m, Truncationsfehler m (bei der Digitalisierung analoger Messsignale oder bei digitalem Messen entstehender Messfehler) ‖ ~ **error** (Instr, Maths) s. also truncation error
**discriminance analysis** (Stats) / Diskriminanzanalyse f, Trennverfahren n (nach R.A. Fisher), Unterscheidungsanalyse f ‖ ~ **function** (Stats) / Diskriminanzfunktion f, Trennfunktion f (in der Diskriminanzanalyse)
**discriminant**\* n (Maths) / Diskriminante f (einer quadratischen Gleichung) ‖ ~ **analysis**\* (Stats) / Diskriminanzanalyse f, Trennverfahren n (nach R.A. Fisher), Unterscheidungsanalyse f ‖ ~ **of a field** (Maths) / Körperdiskriminante f
**discriminating protection** (Elec Eng) / Selektivschutz m (das Ansprechen einer Schutzeinrichtung, die einer Fehlerstelle am nächsten liegt) ‖ ~ **protective system**\* (Elec Eng) / Selektivschutzsystem n
**discrimination** n / Diskriminierung f (z.B. von Formen der Signale), Unterscheidung f (des Signals, des Ziels) ‖ ~\* (Radio) / Trennschärfe f
**discriminator**\* n (Telecomm) / Diskriminator m (Einrichtung der Modulationstechnik - DIN 45021), Modulationswandler m ‖ ~\* (Teleph) / Zählerumschaltwerk n ‖ ~\* (Teleph) / Umsteuerwähler m
**discriminatory analysis** (Stats) / Diskriminanzanalyse f, Trennverfahren n (nach R.A. Fisher), Unterscheidungsanalyse f
**discussion of a function** (Maths) / Kurvendiskussion f ‖ ~ **software** (Comp) / Diskussionssoftware f
**disease of civilization** (Med) / Zivilisationskrankheit f
**disembark** v (Aero, Ships) / aussteigen v (aus einem Flugzeug oder Schiff) ‖ ~ vt (Ships) / ausschiffen v, an Land setzen ‖ ~ (Ships) / ausbooten v (Passagiere oder Ladung)
**disembowel** v (Nut) / ausweiden v (Wild)
**disengage** v (Elec Eng) / schalten v (Relais beim Rückfallvorgang) ‖ ~ (Eng) / loskuppeln v, ausklinken v, ausrücken v, lösen v ‖ ~ (Eng) s. also demesh
**disengageable** adj (Autos) / abschaltbar adj (Hinterradantrieb, bei Allradantrieben)
**disengagement** n (Eng) / Lösung f
**disentangle** v / entwirren v
**disgorge** v (Nut) / degorgieren v (Schaumwein - vor der endgültigen Verkorkung von Heferückständen auf dem Pfropfen und im Flaschenhals befreien)
**dish** v / schüsselartig vertiefen ‖ ~ (Eng) / kümpeln v (einen ebenen Blechzuschnitt zu einem flachen Hohlkörper wölben) ‖ ~ n (Chem, Eng, Photog) / Schale f ‖ ~\* (Radio) / Parabolreflektor m, Parabolspiegel m (einer Parabolantenne) ‖ ~ **antenna** (Telecomm) / Satellitenantenne f (eine Parabolantenne zum Empfang von Programmen des Satellitenfernsehens), Satellitenschüssel f, Schüssel f (Satellitenschüssel)
**disharmonic fold** (Geol) / disharmonische Falte
**dishboard** n (Paper) / Karton m für Pappteller
**dish development** (Photog) / Schalenentwicklung f
**dished**\* adj / gewölbt adj, schalenförmig adj ‖ ~ (Eng) / gewölbt adj, gekümpelt adj (Kesselboden) ‖ ~ **plate** (Eng) / gekümpeltes Blech ‖ ~ **plate** (Met) / Buckelblech n
**dishing** n (a metal-forming operation in which a shallow concave surface is formed) (Eng) / Kümpeln n (Wölben eines ebenen Blechzuschnitts)
**dishwasher** n / Geschirrspülmaschine f, Geschirrspüler m
**dishwasher-proof** adj / spülmaschinenfest adj (Geschirr), spülmaschinengeeignet adj
**dishwasher-safe** adj / spülmaschinenfest adj (Geschirr), spülmaschinengeeignet adj
**dishwashing agent** (Chem) / Geschirrspülmittel n (manuell, maschinell) ‖ ~ **detergent** (Chem) / Geschirrspülmittel n (manuell, maschinell) ‖ ~ **machine** (Chem) / Geschirrspülmaschine f, Geschirrspüler m
**dish wheel**\* (Eng) / gerade Topfschleifscheibe (DIN 69139) ‖ ~ **wheel**\* (Eng) / Tellerschleifscheibe f (DIN 69149 und 69151)
**disilane** n (Chem) / Disilan n ($Si_2H_6$)
**disilicate** n (Chem) / Disilikat n, Disilicat n
**disilicic acid** (Chem) / Dikieselsäure f, Pyrokieselsäure f
**disilver fluoride** (Chem) / Disilberfluorid n ($Ag_2F$)

**disincentive** *n* / Disinzentiv *n* (staatliche, vor allem steuerliche oder sozialpolitische Maßnahme, die hemmend auf den Leistungswillen wirkt)
**disincrustant*** *n* (Chem, Eng) / Kesselsteinverhütungsmittel *n*, Kesselsteingegenmittel *n*
**disinfect** *v* (Med, Pharm) / desinfizieren *v* (von Krankheitserregern befreien, entkeimen, entseuchen)
**disinfectant*** *n* (Med, Pharm) / Desinfiziens *n* (pl. Desinfizienzien, Desinfizientien oder Desinfizientia), Desinfektionsmittel *n*
**disinfecting agent** (that kills or restricts the growth of certain bacteria) (Med, Pharm) / Desinfiziens *n* (pl. Desinfizienzien, Desinfizientien oder Desinfizientia), Desinfektionsmittel *n*
**disinfection** *n* (Med, Pharm) / Desinfektion *f*, Desinfizierung *f* ‖ ~ (San Eng) / Entseuchung *f* (Prozess zur Inaktivierung oder Zerstörung von pathologischen Mikroorganismen durch Wärme, Bestrahlung oder chemische Oxidation), Hygienisierung *f*
**disinfestation*** *n* (Med, Pharm) / Desinsektion *f*, Desinfestation *f* (Entwesung, Vernichtung schädlicher Kleinlebewesen), Entwesung *f*
**disinsection** *n* / Desinsektion *f*, Ungeziefervertilgung *f*
**disintegrate** *v* (For) / zerfasern *v* (Cellulose), aufschlagen *v* (Cellulose) ‖ ~ *vi* (Nuc) / zerfallen *v*, sich zersetzen *v*
**disintegrating mill*** (Foundry) / Desintegrator *m*, Schleudermühle *f*, Schlagkorbmühle *f*, Korbschleudermühle *f*, Schlagmühle *f*
**disintegration** *n* (Chem) / Abbau *m* (bei komplizierten Verbindungen), Zerlegung *f*, Zersetzung *f* ‖ ~* (Nuc) / Zerfall *m* (radioaktiver - DIN 25 401-1), Zerfallsprozess *m*, Zerfallsvorgang *m* ‖ ~ **branch** (Nuc) / Zerfallszweig *m*, Zweig *m*, Zerfallsanteil *m* ‖ ~ **constant*** (Nuc) / Zerfallskonstante *f* ‖ ~ **energy** (Nuc) / Zerfallsenergie *f* ‖ ~ **law** (Nuc) / Zerfallsgesetz *n* ‖ ~ **product** (Nuc) / Zerfallsprodukt *n*, Folgeprodukt *n* (in einer Zerfallsreihe) ‖ ~ **rate** (Nuc) / Zerfallsrate *f*, Umwandlungsrate *f*, Zerfallsgeschwindigkeit *f* ‖ ~ **scheme** (Nuc) / Zerfallsschema *n*
**disintegrations per second** (Nuc) / Zerfallsvorgänge pro Sekunde *m pl*, Zerfallsgeschwindigkeit *f* pro Sekunde
**disintegration time** (Nuc) / Zerfallszeit *f*
**disintegrator** *n* (Foundry) / Desintegrator *m*, Schleudermühle *f*, Schlagkorbmühle *f*, Korbschleudermühle *f*, Schlagmühle *f* ‖ ~ **crusher** (Foundry) / Desintegrator *m*, Schleudermühle *f*, Schlagkorbmühle *f*, Korbschleudermühle *f*, Schlagmühle *f*
**disintegrin** *n* (Biochem) / Disintegrin *n* (ein Polypeptid)
**disinvestment** *n* / Desinvestition *f*, Devestition *f*
**disjoint** *adj* (Maths) / elementefremd *adj*, disjunkt *adj*
**disjointness** *n* (Maths) / Disjunktheit *f*, Durchschnittsfremdheit *f*, Elementfremdheit *f*
**disjoint sets** (two or more sets that have no elements in common) (Maths) / disjunkte Mengen, elementfremde Mengen, durchschnittsfremde Mengen
**disjunction** *n* (Comp, Maths) / Adjunktion *f* (DIN 44300, T 5), Disjunktion *f*, ODER-Verknüpfung *f*, Kontravalenz *f*, OR (Disjunktion) (mit dem einschließenden ODER)
**disjunctive normal form** (Maths) / disjunktive Normalform
**disjunct sets** (Maths) / disjunkte Mengen, elementfremde Mengen, durchschnittsfremde Mengen
**disk** *v* (Agric) / mit der Scheibenegge bearbeiten ‖ ~* *n* / Scheibe *f*, Rundscheibe *f*, Platte *f* (kreisförmige) ‖ ~ (Acous) / Schallplatte *f* (als Trägermedium) ‖ ~ (Autos) / Lamelle *f* (der Kupplung) ‖ ~ (Comp) / Diskette *f* (eine Magnetplatte, die mit dem entsprechenden Laufwerk als Direktzugriffsspeicher eingesetzt wird), Floppy Disk *f*, Floppydisk *f*, Floppy *f* ‖ ~ (Comp) / Platte *f* ‖ ~ (Maths) / offene Kreisscheibe, Innere *n* des Kreises, Kreisinhalt *m*, Kreisfläche *f* ‖ ~ (Mech) / Scheibe *f* (ebenes Flächentragwerk)
**disk-and-doughnut** *n* (Chem Eng) / Kombination aus einem Siebboden mit zentralem Rücklauf und einem ähnlichen mit peripherem ringförmigem Rücklauf
**disk-and-drum turbine*** (Eng) / Aktions-Reaktions-Turbine *f*, gemischte Gleichdruck-Überdruck-Dampfturbine
**disk-and-execution monitor** (Comp) / Daemon *m* (Hintergrundprozess, der nach Aktivierung permanent läuft und auf vorher festgelegte Zustände des Systems reagiert - insbesondere in der UNIX-Welt zu finden), Demon *m*
**disk anode** (Electronics) / Rundplattenanode *f* ‖ ~ **area*** (Aero) / Propellerkreisfläche *f*, Luftschraubenkreisfläche *f* ‖ ~ **area*** (Aero) / Rotorfläche *f* (Kreisfläche des rotierenden Rotors) ‖ ~ **armature*** (Elec Eng) / Scheibenläufer *m*, Scheibenanker *m* ‖ ~ **attrition mill** (Eng) / Scheibenmühle *f* ‖ ~ **barker** (For) / Messerscheibenentrindungsmaschine *f*, Messerscheibenentrinder *m* ‖ ~ **brake*** (Aero, Autos) / Scheibenbremse *f* (DIN 15433) ‖ ~ **cache** (Comp) / Festplattencache *m* (Cache-Bereich auf der Festplatte)
**disk-caching program** (Comp) / Festplatten-Cache-Programm *n* (wirkt durch Zwischenspeicherung von Daten, die von der Festplatte gelesen werden, im Erweiterungsbereich)

**disk caddy** (Comp) / Caddy *m* (Schutzkassette für CD-ROMs) ‖ ~ **cam** (Eng) / Scheibenkurve *f* (für die Kurvensteuerung) ‖ ~ **cam** (Eng) / Kurvenscheibe *f* (ein Nocken), Scheibennocken *m*, Nockenscheibe *f* ‖ ~ **camera*** (Photog) / Disk-Kamera *f* (mit einer Filmscheibe, die nach jeder Belichtung automatisch weitergedreht wird) ‖ ~ **capacitor*** (Elec Eng) / Scheibenkondensator *m* (meistens ein Keramikkondensator) ‖ ~ **cartridge** (Comp) / Magnetplattenkassette *f*, Plattenkassette *f* ‖ ~ **centrifuge*** / Tellerzentrifuge *f* (mit Tellereinbauten), Tellerseparator *m*
**disk-chart recording instrument** / Kreisblattschreiber *m*
**disk chipper** (For) / Scheibenhacker *m* (zur Herstellung von Hackschnitzeln), Scheibenhackmaschine *f* ‖ ~ **clutch*** (Autos, Eng) / Scheibenkupplung *f* (DIN 116) ‖ ~ **coil** (Elec Eng) / Scheibenspule *f*, Flachspule *f* ‖ ~ **controlling** (Comp) / Plattenspeichersteuerung *f* ‖ ~ **coulter*** (Agric) / Scheibensech *n*, Rundsech *n* ‖ ~ **crusher** (Min Proc) / Scheibenbrecher *m* ‖ ~ **drier** / Tellertrockner *m* (zur kontinuierlichen Trocknung bzw. Kühlung rieselfähiger oder zumindest schaufelbarer Güter) ‖ ~ **drive*** (Comp) / Magnetplattenlaufwerk *n* ‖ ~ **drive*** (Comp) / Plattenlaufwerk *n* (DIN 5653) ‖ ~ **drive** (Comp) / Diskettenlaufwerk *n* (DIN 66010)
**disk-drive loading slot** (Comp) / Laufwerksschacht *m* (im PC-Gehäuse), Diskettenschacht *m*
**disk electrophoresis** (Chem) / diskontinuierliche Elektrophorese (z.B. Isotachophorese), Diskelektrophorese *f* ‖ ~ **error** (Comp) / Plattenfehler *m*
**diskette*** *n* (Comp) / Diskette *f* (eine Magnetplatte, die mit dem entsprechenden Laufwerk als Direktzugriffsspeicher eingesetzt wird), Floppy Disk *f*, Floppydisk *f*, Floppy *f* ‖ ~ **back-up** (Comp) / Sicherung *f* auf Diskette ‖ ~ **box** (Comp) / Diskettenbox *f* ‖ ~ **drive** (Comp) / Diskettenlaufwerk *n* (DIN 66010) ‖ ~ **storage** (Comp) / Diskettenspeicher *m*
**disk feeder** / Tellerbeschicker *m* ‖ ~ **fertilizer distributor** (Agric) / Schleuderdüngerstreuer *m*, Kreiselstreuer *m*, Zentrifugalstreuer *m*, Schleuderstreuer *m* ‖ ~ **file** (Comp) / Plattendatei *f* ‖ ~ **file** (Comp) / Diskettendatei *f* ‖ ~ **filter*** (Met, Min Proc) / Scheibenfilter *n* (ein kontinuierliches Filter) ‖ ~ **flaker** (For) / Flachscheibenzerspaner *m*, Messerscheibenzerspaner *m* ‖ ~ **friction*** (Eng) / Scheibenreibung *f*, Radreibung *f* ‖ ~ **grooming** (Comp) / Festplattenpflege *f* ‖ ~ **harrow*** (Agric) / Scheibenegge *f* (mit Scharscheiben)
**disking*** *n* (Aero) / Flacheinstellung *f* der Luftschraube (beim Starten eines PTL-Triebwerks)
**disk key** (Eng) / Scheibenkeil *m* (Scheibenfeder, welche sich auf die Nabennutneigung selbst einstellt - DIN 6888) ‖ ~ **knife** (Eng) / Kreismesser *n* ‖ ~ **knife** (Print) / Tellermesser *n*, Kreismesser *n*, Rundmesser *n*
**diskless** *adj* (Comp) / laufwerklos *adj* (ohne Festplatte, und oft ohne Diskettenlaufwerk) ‖ ~ **workstation** (Comp) / laufwerklose Workstation (bei Online-Publishing) ‖ ~ **workstation** (Comp) / Diskless-Workstation *f*
**disk magazine** (Eng) / Scheibenspeicher *m* (ein Werkzeugspeicher) ‖ ~ **memory** (Comp) / Magnetplattenspeicher *m*, Plattenspeicher *m* (aus mehreren Magnetplatten, die auf eine gemeinsame Achse montiert sind), PSP ‖ ~ **method** (visioplastic method of investigating material flow in extrusion) (Met) / Scheibenmethode *f* ‖ ~ **mill** (Eng) / Scheibenmühle *f* ‖ ~ **mill** (Met) / Scheibenwalzwerk *n*, Scheibenlochwalzwerk *n* ‖ ~ **mirroring** (Comp) / Festplattenspiegelung *f* (jeder Datenblock wird auf zwei Platten abgelegt; dadurch entsteht ein exaktes Duplikat einer Platte, und bei Ausfall sofort zugegriffen werden kann) ‖ ~ **model** (Phys) / Scheibenmodell *n* (Modellvorstellung in der Plastizitätstheorie) ‖ ~ **operating system*** (Comp) / Plattenbetriebssystem *n*, PBS (Plattenbetriebssystem) ‖ ~ **pack** (Comp) / Magnetplattenstapel *m*, Plattenstapel *m* (DIN 66001) ‖ ~ **parking** (Autos) / Parken *n* mit der Parkscheibe ‖ ~ **pelletizer** (Met) / Pelletierteller *m* ‖ ~ **pile*** (Civ Eng) / Scheibenpfahl *m* ‖ ~ **piston** (Eng) / Scheibenkolben *m* ‖ ~ **plough*** (Agric) / Scheibenpflug *m* ‖ ~ **plow*** (US) (Agric) / Scheibenpflug *m* ‖ ~ **population** (Astron) / Scheibenpopulation *f* (eine Sternpopulation) ‖ ~ **record*** (Acous) / Schallplatte *f* (als Trägermedium) ‖ ~ **recording instrument** / Kreisblattschreiber *m* ‖ ~ **refiner** (For, Paper) / Scheibenaufschläger *m*, Scheibenrefiner *m* (zum kontinuierlichen Zerfasern von Hackschnitzeln sowie anderen vorzerkleinerten lignozellulosehaltigen Rohstoffen, oder Nachzerfasern von zu grobem Faserstoff), Scheibenmühle *f*
**disk-resident** *adj* (Comp) / plattenspeicherresident *adj*, plattenresident *adj* ‖ ~ **virus** (Comp) / plattenresidenter Virus, Plattenvirus *m*
**disk ruling*** (Print) / Linieren *n* mit der Liniermaschine (die mit Messingscheibchen verschiedener Strichdicken arbeitet) ‖ ~ **sander** (Eng) / Tellerschleifer *m* ‖ ~ **sander** (Join) / Scheibenschleifmaschine *f*, Tellerschleifmaschine *f* ‖ ~ **sanding** (Join) / Scheibenschleifen *n* (mit Schleifpapier bespannten Scheiben oder Tellern)
**disk-seal tube** (US)* (Electronics) / Scheibenröhre *f* (eine Mikrowellenröhre), Leuchtturmröhre *f* (für die

Hochfrequenztechnik), Scheibentriode *f* ‖ **~ valve** (Electronics) / Scheibenröhre *f* (eine Mikrowellenröhre), Leuchtturmröhre *f* (für die Hochfrequenztechnik), Scheibentriode *f*
**disk sector** (Comp) / Plattensektor *m* ‖ **~ separator** (Agric) / Scheibentrieur *m*, Cartertrieur *m* ‖ **~ server** (Telecomm) / Disk-Server *m* (ein Knoten in einem lokalen Netzwerk)
**disk-shaped** *adj* / scheibenförmig *adj*
**disk shutter** (GB) (Cinema) / Umlaufverschluss *m* ‖ **~ spring** (Eng) / Tellerfeder *f* (scheibenförmige Biegefeder nach DIN 2092 und 2093) ‖ **~ storage** (Comp) / Magnetplattenspeicher *m*, Plattenspeicher *m* (aus mehreren Magnetplatten, die auf eine gemeinsame Achse montiert sind), PSP ‖ **~ storage** (Comp) / Diskettenspeicher *m* ‖ **~ stripping** (Comp) / RAID-Level *m* 0 (gleichzeitiges, paralleles Schreiben oder Lesen der Nutzdaten auf mehreren Platten) ‖ **~ thyristor** (Electronics) / Scheibenthyristor *m* ‖ **~ track** (Comp) / Plattenspur *f* ‖ **~ transfer area** (Comp) / Diskettentransferbereich *m*, DTB (Diskettentransferbereich) ‖ **~ tray** (Comp) / Schublade *f* (für die CD)
**disk-type aerial** (Radio) / Scheibenantenne *f* ‖ **~ flywheel** (Eng) / Scheibenschwungrad *n* ‖ **~ refiner** (For, Paper) / Scheibenaufschläger *m*, Scheibenrefiner *m* (zum kontinuierlichen Zerfasern von Hackschnitzeln sowie anderen vorzerkleinerten lignozellulosehaltigen Rohstoffen, oder Nachzerfasern von zu grobem Faserstoff), Scheibenmühle *f* ‖ **~ turret** / Scheibenrevolver *m*
**disk unit** (Comp) / Magnetplatteneinheit *f*, Platteneinheit *f* ‖ **~ unit** (Comp) s. also disk drive ‖ **~ valve*** (Eng) / Tellerventil *n*, Plattenventil *n* ‖ **~ wheel** (Eng) / Scheibenrad *n* ‖ **~ wheel with holes** (Autos) / Lochscheibenrad *n* ‖ **~ winding*** (Elec Eng) / Scheibenwicklung *f*
**dislocation*** *n* (Crystal) / Dislokation *f* (ein linienhafter Gitterfehler), Versetzung *f* (ein zweidimensionaler Gitterfehler) ‖ **~** (Geol) / Dislokation *f* (durch Faltung, Überschiebung, Bruch oder Verwerfung gestörte Lagerung eines Gesteins) ‖ **~ annihilation rate** (Crystal) / Versetzungsauflösungsgeschwindigkeit *f* ‖ **~ density** (Crystal) / Versetzungsdichte *f* ‖ **~** (tectonic) **earthquake** (Geol) / tektonisches Erdbeben, Dislokationsbeben *n* (das durch Verschiebungen der Erdkruste verursacht wird) ‖ **~ forest** (Crystal) / Versetzungswald *m*
**dislocation-free** *adj* (Crystal, Materials) / versetzungsfrei *adj*
**dislocation jog** (Crystal) / Versetzungssprung *m*, Sprung *m* in einer Versetzung ‖ **~ line** (the line that extends along the end of the extra half-plane of atoms for an edge dislocation, and along the centre of the spiral of a screw dislocation) (Crystal) / Versetzungslinie *f* ‖ **~ loop** (Crystal) / Versetzungsschleife *f*, Versetzungsdipol *m* ‖ **~ node** (Mech) / Versetzungsknoten *m* ‖ **~ of higher order** (Crystal) / Kinke *f*, Überversetzung *f* (eine in der Gleitebene verlaufende Stufe in einer Versetzung) ‖ **~ ring** (Crystal) / Versetzungsring *m* ‖ **~ source** (Crystal) / Versetzungsquelle *f* ‖ **~ tangle** (Crystal) / Knäuel *m n* (bei der Versetzung), Versetzungsknäuel *m f*
**dislodge** *v* (Build) / verrücken *v* (ein Bauwerk) ‖ **~** (Build) / ablösen *v* (z.B. Putz)
**dismantle** *v* (Eng) / zerlegen *v* (DIN 8591), abbauen *v*, demontieren *v*, abmontieren *v*, auseinander nehmen *v*, auseinander bauen *v* ‖ **~** (Eng) / ausbauen *v* (aus einer Baugruppe herausmontieren)
**dismantlement** *n* (Eng) / Demontieren *n*, Demontage *f*, Abbau *m* (Demontage), Abbruch *m* (Demontage) ‖ **~** (Nuc Eng) / Endbeseitigung *f* (einer Kernanlage), totaler Abriss, Abbruch *m* (einer Kernanlage)
**dismantling** *n* (Eng) / Demontieren *n*, Demontage *f*, Abbau *m* (Demontage), Abbruch *m* (Demontage)
**dismember** *v* / zerstückeln *v*, auseinander nehmen *v*
**dismiss** *v* (Work Study) / entlassen *v* (Arbeitnehmer)
**dismount** *v* (Eng) / zerlegen *v* (DIN 8591), abbauen *v*, demontieren *v*, abmontieren *v*, auseinander nehmen *v*, auseinander bauen *v*
**dismutation** *n* (Chem) / Dismutation *f* (eine Reaktion, bei der durch intermolekularen Ligandenaustausch aus einer chemischen Verbindung mehrere Verbindungen gebildet werden)
**disodium hydrogen phosphate • (V)** (Chem) / sekundäres Natriumorthophosphat ($Na_2HPO_4$), Natriumhydrogenorthophosphat *n*, Dinatriumhydrogenphosphat *n* ‖ **~ methylarsonate** (Chem, Pharm) / Dinatriummethylarsonat *n* ‖ **~ orthophosphate** (Chem) / sekundäres Natriumorthophosphat ($Na_2HPO_4$), Natriumhydrogenorthophosphat *n*, Dinatriumhydrogenphosphat *n* ‖ **~ pentacyanonitrosylferrate(III)** (Chem) / Nitroprussidnatrium *n*, Natriumnitroprussiat *n*, Natriumpentacyanonitrosylferrat(III) *n*, Natriumpentazyanonitrosylferrat(III) *n* ‖ **~ phosphate** (Chem) / sekundäres Natriumorthophosphat ($Na_2HPO_4$), Natriumhydrogenorthophosphat *n*, Dinatriumhydrogenphosphat *n* ‖ **~ tartrate** (Chem, Nut) / Natriumtartrat *n* (zugelassen auch als Lebensmittelzusatzstoff - E 335) ‖ **~ tetraborate-10-water** (Chem) / Natriumtetraborat-Decahydrat *n*, Natriumtetraborat-Dekahydrat *n* (Borax)
**disorder** *n* / Unordnung *f*, Regellosigkeit *f* (Unordnung) ‖ **~** (Crystal) / Fehlordnung *f* (Abweichung vom ideal-kristallinen Aufbau) ‖ **~** (Crystal, Electronics) / Störstelle *f* (mit atomarer Ausdehnung, wie Lücken, Besetzungen und Zwischengitterplätze)
**disordered** *adj* (Crystal) / fehlgeordnet *adj* ‖ **~ crystal** (Crystal) / fehlgeordneter Kristall
**disorder entropy** (Crystal) / Fehlordnungsentropie *f* ‖ **~ parameter** (Phys) / Unordnungsparameter *m*
**disorient** *v* (Crystal) / entorientieren *v*
**disparity** *n* (Comp) / Disparität *f* (bei Binärkodierung die Differenz zwischen der Anzahl der mit 1 und mit 0 belegten Stelle einer gegebenen Folge von Binärelementen) ‖ **~** (Med, Optics) / Disparation *f* (stereoskopisches Sehen)
**dispatch** *v* (Ships) / abfertigen *v* ‖ **~** *n* / Auslieferung *f* (Expedition), Expedition *f* ‖ **~** (Ships) / Abfertigung *f*
**dispatcher** *n* (Aero) / Flugdienstberater *m* ‖ **~** (Comp) / Dispatcher *m*, Zuteiler *m*, Zuteilerroutine *f* ‖ **~** (Comp) / Verteiler *m* (in der Speichertechnik) ‖ **~** (Rail) / Streckenfahrdienstleiter *m* ‖ **~** (Work Study) / Dispatcher *m* (Person mit koordinierender Tätigkeit in der Produktion) ‖ **~** (Work Study) / Arbeitsverteiler *m*
**dispatching priority** (Comp) / Auswahlpriorität *f*, Abfertigungspriorität *f*
**dispatch money** (Ships) / Eilgeld *n* (beim Unterschreiten der vorgesehenen Lade- bzw. Löschzeit) ‖ **~ note** / Versandanzeige *f* ‖ **~ packing** / Versandverpackung *f*, Transportverpackung *f* (z.B. Fässer oder Kisten), Emballage *f*
**dispel** *v* / vertreiben *v* (flüchtiges Öl)
**dispensable circuit*** (Elec Eng) / Stromabnehmerkreis, der in Belastungsspitzen abgeschaltet werden kann
**dispensary*** *n* (Pharm) / Apotheke *f*
**dispense** *v* (Pharm) / dispensieren *v* (eine Arznei zubereiten und abgeben)
**dispenser** *n* / Spender *m* (Behälter, der eine größere Menge oder Anzahl von etwas enthält, was einzeln oder in kleineren Mengen daraus entnommen werden kann) ‖ **~** / einteilige Einspülkammer (des Waschautomaten) ‖ **~** (Aero) / Servicer *m*, Dispenser *m* (meist auf einem Fahrzeug montiertes Gerät zum Betanken von Luftfahrzeugen aus Unterflurtankanlagen) ‖ **~** (Brew) / Ausschankgerät *n* ‖ **~ cathode*** (Electronics) / Vorratskatode *f* (eine Metallfilmkatode mit einem durch konstruktive Maßnahmen gegen Entladungseinflüsse geschützten Vorrat an Emissionssubstanz, der innerhalb eines Metallgerippes oder in einer Vorratskammer unmittelbar oder aus einer Verbindung abscheidbar bereitgehalten wird - DIN 44400)
**dispensing burette** (Chem) / Abfüllbürette *f*, Vorratsbürette *f* ‖ **~ chemist** (Pharm) / Apotheker *m* ‖ **~ hose** (Autos) / Zapfschlauch *m* (der Zapfsäule) ‖ **~ package** / Spenderverpackung *f*
**dispersal*** *n* (Ecol) / Dispersal *n* (Vorgang der Ausbreitung)
**dispersancy** *n* (Fuels) / Dispersancy *f* (eine HD-Eigenschaft des Motorenöls), Dispergierfähigkeit *f* (von Verunreinigungen)
**dispersant** *n* (Chem) / Dispersionsmittel *n*, Dispergiermittel *n* (DIN 53 900), Dispergator *m* ‖ **~** (Chem, Oils) / Dispersantadditiv *n*, Dispersant *m*, Dispersionswirkstoff *m* (ein Schmierstoffadditiv), Dispersionsadditiv *n*
**disperse** *v* (Chem) / dispergieren *v*, entflocken *v* ‖ **~** (Elec Eng, Optics) / streuen *v* ‖ **~** (Light) / zerstreuen *v* ‖ **~** (Paint) / dispergieren *v* (DIN 55 943)
**dispersed fuel** (Nuc Eng) / dispergierter Brennstoff ‖ **~ intelligence** (Comp) / verteilte Intelligenz (bei nicht-von-Neumann'schen Rechnerarchitekturen) ‖ **~ phase*** (Chem, Phys) / Dispersum *n*, dispergierte Phase, disperser Bestandteil
**disperse dye** (Textiles) / Dispersionsfarbstoff *m* ‖ **~ phase** (Chem, Phys) / Dispersum *n*, dispergierte Phase, disperser Bestandteil
**disperser** *n* (Chem Eng) / Dispergiermaschine *f*, Dispergiergerät *n* (Gerät oder Maschine, mit denen die festen Komponenten von Lacken und Druckfarben in der flüssigen Phase dispergiert werden), Dispergieraggregat *n*
**disperse system** (a two-phase system consisting of a dispersion medium and a disperse phase) (Chem, Phys) / disperses System (DIN 53900)
**dispersible** *adj* (Chem, Phys) / dispergierbar *adj*
**dispersing additive** (Chem, Oils) / Dispersantadditiv *n*, Dispersant *m*, Dispersionswirkstoff *m* (ein Schmierstoffadditiv), Dispersionsadditiv *n* ‖ **~ agent** (Chem) / Dispersionsmittel *n*, Dispergiermittel *m* (DIN 53 900), Dispergator *m* ‖ **~ apparatus** (Chem Eng) / Dispergiermaschine *f*, Dispergiergerät *n* (Gerät oder Maschine, mit denen die festen Komponenten von Lacken und Druckfarben in der flüssigen Phase dispergiert werden), Dispergieraggregat *n* ‖ **~ prism** (Optics) / Dispersionsprisma *n*

**dispersion**

**dispersion** *n* / Dispersion *f* (bei Glasfasern die zeitliche Verbreiterung des optischen Eingangsimpulses bei der Signalübertragung durch Laufzeitunterschiede der verschiedenen Lichtwellen) ‖ ~ / Dispergierung *f* (von Pigment- oder Füllstoffpulvern) ‖ ~ (Biol, Ecol) / Ausbreitung *f* (einer Tierart), Dispersion *f* ‖ ~* (Chem, Phys) / Dispersion *f* (ein System nach DIN 53900) ‖ ~* (Ecol) / Individuenverteilung *f*, Dispersion *f* ‖ ~* (Light) / Brechungsdispersion *f* (bei Lichtwellen), Dispersion *f* ‖ ~ (Phys) / Dispersion *m* (Variation von Ausbreitungsparametern in Abhängigkeit von der Frequenz) ‖ ~* (Stats) / Varianz *f* (mittlere quadratische Abweichung einer Zufallsvariablen von ihrem Erwartungswert), Streuung *f*, mittlere quadratische Abweichung, Dispersion *f* (alte Bezeichnung für Varianz) ‖ ~ **adhesive** (Chem) / Dispersionskleber *m*, Dispersionsklebstoff *m* (auf der Basis einer wässrigen Dispersion) ‖ ~ **ceramics** (Ceramics) / Dispersionskeramik *f* ‖ ~ **coating** (Surf) / Dispersionsüberzug *m* (ein galvanischer Überzug) ‖ ~ **coefficient** (Elec Eng) / Streuziffer *f* (eines Asynchronmotors), Streukoeffizient *m*, Streugrad *m*, Streufaktor *m* ‖ ~ **colloid** (Chem) / Dispersionskolloid *n* ‖ ~ **curve*** (Phys) / Dispersionskurve *f* ‖ ~ **drying** / Stromtrocknung *f* ‖ ~ **effect** (Nuc) / Dispersionseffekt *m* (bei den zwischenmolekularen Kräften) ‖ ~ **equation** (Phys) / Dispersionsformel *f* ‖ ~ **filter** (Optics) / Dispersionsfilter *n*, Dispersionslichtfilter *n* ‖ ~ **forces*** (Nuc) / London-Kräfte *f pl* (Dispersionskräfte nach Fritz London, 1900-1954) ‖ ~ **formula** (Optics, Phys) / Dispersionsformel *f* ‖ ~ **gate** (Comp) / NAND-Gate *n* (Torschaltung, bei der das Ausgangssignal mit umgekehrter Polarität erscheint, wenn alle Eingänge mit positiven Impulsen beaufschlagt werden) ‖ ~ **halo** (Geophys, Min) / Dispersionshof *m* (geochemische Prospektion) ‖ ~ **hardening** (Met) / Dispersionshärten *n* ‖ ~ **interaction** (Electronics) / Dispersionswechselwirkung *f* ‖ ~ **interaction** (Nuc) / London-Kräfte *f pl* (Dispersionskräfte nach Fritz London, 1900-1954)

**dispersion-limited operation** / dispersionsbegrenzter Betrieb (eines LWL)

**dispersion matrix** (Stats) / Streuungsmatrix *f* ‖ ~ **medium*** (Chem, Phys) / Dispergiermedium *n*, Dispersionsmittel *n* (kontinuierliche Phase einer Dispersion), Dispersionsmedium *n* (z.B. bei Solen), Dispersionsphase *f*, zusammenhängende Phase, äußere Phase, disperse Phase ‖ ~ **microstructure** (Met) / Dispersionsgefüge *n* ‖ ~ **of gases** (Chem Eng) / Begasen *n* (eine Dispergieroperation zur Herstellung einer Gas/Flüssigkeits-Dispersion) ‖ ~ **of the material** (Optics, Telecomm) / Materialdispersion *f* (die Wellenlängenabhängigkeit des Stoffes nach DIN 57888, T 1) ‖ ~ **paint*** (Paint) / Dispersionsfarbe *f* (DIN 55945), Binderfarbe *f* (auf der Grundlage von Kunstharzdispersionen), Kunststoffdispersionsfarbe *f* (DIN EN 971, T 1), Dispersionsanstrichfarbe *f* ‖ ~ **prism** (Optics) / Dispersionsprisma *n* ‖ ~ **relation** (Phys) / Dispersionsrelation *f*, Dispersionsbeziehung *f* (zwischen dem Realteil und dem Imaginärteil der ins Komplexe fortgesetzten Fourier-Transformierten einer physikalischen Größe)

**dispersion-shifted single-mode fibre** (Telecomm) / dispersionsverschobene Einmodenfaser

**dispersion-strengthened material** (Materials) / dispersionsverstärkter Werkstoff (z.B. eine ODS-Legierung), dispersionsverfestigter Werkstoff, Dispersionswerkstoff *m*

**dispersity** *n* (Chem) / Dispersität *f* (Grad der Zerteilung) ‖ ~ (Chem, Phys) / Dispersität *f*, disperser Zustand

**dispersive** *adj* (Optics, Spectr) / dispersiv *adj* (Gerät) ‖ ~ **Doppler frequency** (Radar, Radio) / Differentialdoppler-Frequenz *f* ‖ ~ **medium** (Chem, Phys) / Dispergiermedium *n*, Dispersionsmittel *n* (kontinuierliche Phase einer Dispersion), Dispersionsmedium *n* (z.B. bei Solen), Dispersionsphase *f*, zusammenhängende Phase, äußere Phase, disperse Phase ‖ ~ **power*** (Light) / Zerstreuungsvermögen *n*, Dispersionskraft *f* ‖ ~ **prism** (Optics) / Dispersionsprisma *n*

**dispersoid** *n* (Chem, Met) / Dispersoid *n* (z.B. in den Teilchenverbundwerkstoffen) ‖ ~ **analysis** (Chem) / Dispersoidanalyse *f*

**disphenoid** *n* (Crystal) / Disphenoid *n*

**dispiro compound** (Chem) / Dispiroverbindung *f*

**displace** *v* / verdrängen *v* ‖ ~ / umlagern *v*, verlagern *v*, versetzen *v*

**displaced liquid** (Phys) / verdrängte Flüssigkeit ‖ ~ **phase-centre antenna** (Radar) / Antenne *f* mit versetztem Phasenzentrum ‖ ~ **threshold** (Aero) / versetzte Schwelle

**displacement** *n* / Verdrängung *f*, Verschiebung *f*, Wegverschiebung *f* (eine Lageabweichung) ‖ ~ / Verlagerung *f* (Ortswechsel), Versetzung *f*, Umlagerung *f* ‖ ~* (Aero) / Luftverdrängung *f* ‖ ~ (Autos) / Verformungsweg *m* (bei einem Crash) ‖ ~* (Autos, Eng, I C Engs) / Hubraum *m* (eines Zylinders), Hubvolumen *n* ‖ ~ (the number that specifies the difference between the absolute address and the base address) (Comp) / Distanz *f* ‖ ~ (of an address) (Comp) / Distanz *f* ‖ ~ (Crystal, Mech) / Verrückung *f* (DIN 13316) ‖ ~* (Elec) / elektrische Verschiebung (DIN 1324), elektrische Verschiebungsdichte, elektrische Flussdichte ‖ ~ (Eng) / Versatz *m* (von Wellen) ‖ ~* (Eng) / Fördermenge *f*, Fördervolumen *n* (der Pumpe) ‖ ~* (Eng) / eine von dem Pumpen-Verdrängerkörper abgeteilte Menge des Fördermittels ‖ ~* (Hyd Eng) / Masse-Deplacement *n*, Deplacement *n* (Masse der vom eingetauchten Schiffskörper verdrängten Wassermenge) ‖ ~ (Phys) / Elongation *f*, momentane Auslenkung (der momentane Wert der schwingenden Größe) ‖ ~ **address** (Comp) / Distanzadresse *f* (ein Teil der Gesamtadresse für die Adressierung von Arbeitsspeicherstellen) ‖ ~ **assignment** (Comp) / Zuordnung *f* relativer Adressen ‖ ~ **chromatography** (Chem) / Verdrängungschromatografie *f* (chromatografische Arbeitsmethode, bei der ein Eluent wirksamer zurückgehalten wird als die Bestandteile der Probe), Verdrängungstechnik *f* ‖ ~ **current*** (Elec) / Verschiebungsstrom *m* ‖ ~ **deposition** (Surf) / Abscheidung *f* im Tauchverfahren (stromlos), Abscheidung *f* durch Ionenaustausch ‖ ~ **flux** (Elec) / Kraftfluss *m*, elektrischer Fluss *m* (DIN 1324, T 1) / Verschiebungsfluss *m* ‖ ~ **gyro** (Aero, Space) / Lagekreisel *m* ‖ ~ **law*** (Chem, Nuc) / Fajans-Soddy'sche Verschiebungsregel, Fajans-Soddy'scher Verschiebungssatz, radioaktiver Verschiebungssatz ‖ ~ **law*** (Spectr) / Verschiebungssatz *m* (beim Vergleich verschiedener Spektren) ‖ ~ **meter** (Eng) / Verdrängungszähler *m* (unmittelbarer Volumenzähler mit beweglichen Messkammerwänden) ‖ ~ **nickel** (Surf) / im Tauchverfahren abgeschiedenes Nickel ‖ ~ **on demand** (I C Engs) / Ventilsteuerung *f* mit Zylinderabschaltung ‖ ~ **parameter** (Comp) / Distanzparameter *m* ‖ ~ **pile** (Civ Eng) / Verdrängungspfahl *m* ‖ ~ **pile** (Civ Eng) s. also driven pile ‖ ~ **plating** (Elec Eng, Surf) / Abscheidung *f* im Tauchverfahren (stromlos), Abscheidung *f* durch Ionenaustausch ‖ ~ **polarization** (Elec) / Verschiebungspolarisation *f* ‖ ~ **power** (Eng) / Verdrängerleistung *f* (z.B. bei Hydropumpen) ‖ ~ **prime mover** (Autos, Eng) / Kolbenkraftmaschine *f* ‖ ~ **pump*** (Eng) / Verdrängerpumpe *f* (nach dem Verdrängungsprinzip arbeitende Pumpe, z.B. eine Kolbenpumpe) ‖ ~ **range** (Comp) / Verstellbereich *m* (bei Druckern) ‖ ~ **reaction** (Chem) / Substitutionsreaktion *f*, Verdrängungsreaktion *f* ‖ ~ **rudder** (Ships) / Profilruder *n*, Verdrängungsruder *n* ‖ ~ **rule** (Chem, Nuc) / Fajans-Soddy'sche Verschiebungsregel, Fajans-Soddy'scher Verschiebungssatz, radioaktiver Verschiebungssatz ‖ ~ **series** (Chem, Elec) / elektrochemische Spannungsreihe (geordnete Zusammenstellung der chemischen Elemente nach der zunehmenden Größe ihres Normalpotentials)

**displacements per atom** (Nuc Eng) / Umlagerungen *f pl* je Atom, Verlagerungen *f pl* pro Atom

**displacement titration** (Chem) / Verdrängungstitration *f* (von Anionen schwacher Säuren mit starken Säuren) ‖ ~ **transducer** / Wegmesswandler *m* ‖ ~ **vector** (Mech) / Verrückungsvektor *m*, Verschiebungsvektor *m* ‖ ~ **work** (Eng, Phys) / Verdrängungsarbeit *f*

**displacer** *n* (Civ Eng) / Verdränger *m* (z.B. Verdrängerrohr - um die Betonkonstruktion leichter zu machen), Bruchstein *m* (als Verdränger), Betonfüllstein *m* (großer) ‖ ~ (Eng) / Verdränger *m* (Verdrängungskörper) ‖ ~ **piston** (in some gas engines) (Eng) / Verdrängungskolben *m*

**display** *v* / wiedergeben *v* (grafisch darstellen), darstellen *v* (grafisch) ‖ ~ / ausstellen *v* (Waren) ‖ ~ (Electronics) / anzeigen *v*, sichtbar machen ‖ ~ (Print, Typog) / setzen *v* (mit Auszeichnungsschriften) ‖ ~ *n* / Display *n* (pl. -s) (Anzeigesystem in Endgeräte, das elektrische Signale in optische, dem menschlichen Auge verständliche Zeichen umwandelt) ‖ ~ / Darstellung *f* (grafische, bildliche), Wiedergabe *f* (Darstellung) ‖ ~ / Aufsteller *m* (aufstellbares Werbeelement), Display *n* (pl. -s) (werbewirksames Aufstellen von Waren) ‖ ~ (Comp) / Anzeige *f* (sichtbare, hörbare oder fühlbare Darstellung von Daten nach DIN 66 233, T 1) ‖ ~ (unit) (Comp) / Sichtanzeigegerät *n*, optische Anzeigeeinheit, Bildschirmgerät *n*, Bildschirmterminal *n*, Bildsichtgerät *n*, Display *n* (pl. -s), Datensichtgerät *n*, Bildschirmeinheit *f* ‖ ~* (Comp, Elec Eng) / Sichtanzeige *f* ‖ ~* (Comp, Radar) / Schirmbilddarstellung *f*, Anzeige *f*, Schirmbildanzeige *f* (ein- bis dreidimensional) ‖ ~ (Electronics) / Anzeigeeinheit *f*, anzeigende Funktionseinheit ‖ ~ (Typog) / Satz *m* mit Auszeichnungsschriften

**displayable** *adj* (Comp) / auf dem Bildschirm darstellbar ‖ ~ **character** (Comp) / darstellbares Zeichen

**display adapter** (Comp) / Anzeigesteuergerät *n* ‖ ~ **area** (Comp) / Anzeigefeld *n* ‖ ~ **attribute** (Comp) / Anzeigeattribut *n* ‖ ~ **board** (Comp) / Anzeigetafel *f* ‖ ~ **component** / Anzeigebauelement *n* ‖ ~ **console** (Comp) / Datensichtplatz *m*, DSPL (Datensichtplatz), Bildschirmkonsole *f* ‖ ~ **console plotter** (Comp) / grafischer Bildschirmarbeitsplatz ‖ ~ **controller** (Comp) / Anzeigesteuerung *f* ‖ ~ **controller** (Comp) / Anzeigesteuergerät *n* ‖ ~ **design** (Comp) / Bildschirmgestaltung *f* ‖ ~ **device** (Comp) / Sichtanzeigegerät *n*, Sichtgerät *n*, optische Anzeigeeinheit, Bildschirmgerät *n*,

414

Bildschirmterminal n, Bildsichtgerät n, Display n (pl. -s), Datensichtgerät n, Bildschirmeinheit f ‖ ~ **device** (Electronics) / Anzeigeeinheit f, anzeigende Funktionseinheit ‖ ~ **driver** (Comp) / Bildschirmtreiber m ‖ ~ **driver** (Comp) / Anzeigetreiber m ‖ ~ **duration** (Comp) / Anzeigedauer f
**displayed beam width** (Radar) / Anzeigebreite f ‖ ~ **structural formula** (Chem) / Raumformel f (die auch die räumliche Geometrie deutlich machen soll), Stereoformel f (welche die räumliche Anordnung der Atome im Molekül darstellt)
**display element** (Bauelement zur Darstellung oder Anzeige von Betriebszuständen und Signalen sowie zum Aufbau von Displays zur Zeichendarstellung) / Anzeigebauelement n ‖ ~ **element** (Comp) / Darstellungselement n, grafisches Grundelement, Ausgabegrundelement n (mit dessen Hilfe eine grafische Darstellung aufgebaut wird) ‖ ~ **field** (Comp) / Anzeigefeld n ‖ ~ **file** (Comp) / Konsolausgabedatei f ‖ ~ **file** (Comp) / Anzeigedatei f ‖ ~ **foreground** (Comp) / Vordergrund m, dynamisches Bild (in der grafischen Datenverarbeitung), Vordergrundbild n, Anzeigevordergrund m ‖ ~ **function** (Comp) / grafische Funktion, Displayfunktion f (zur Erzeugung grafischer Befehle für die Steuerung des Stifts beim Plotter bzw. des Elektronenstrahls beim Bildschirm) ‖ ~ **house** (Build) / Musterhaus n ‖ ~ **image** (Comp) / sichtbares Bild, dargestelltes Bild (das augenblicklich sichtbare Bild), momentanes Bild ‖ ~ **item** / Ausstellungstück n (im Schaufenster) ‖ ~ **menu** (Comp) / Menüanzeige f, Anzeige f mit Wahlmöglichkeiten (die im Menüdialog realisiert werden können), Anzeigemenü n ‖ ~ **mode** (Comp) / Anzeigemodus m ‖ ~ **pallet** / Displaypalette f ‖ ~ **place** (Comp) / Darstellungsbereich m (Teil der Darstellungsfläche, der für das Bild zur Verfügung steht) ‖ ~ **refrigerator** / Kühlvitrine f ‖ ~ **refrigerator** / Schaukühlschrank m (ein Gewerbekühlschrank mit mindestens einer verglasten Wand) ‖ ~ **segment** (Comp) / Displaysegment n ‖ ~ **set-up** / Gesamtheit f der Anzeigeparameter ‖ ~ **surface** (Comp) / Darstellungsfläche f, Sichtfläche f ‖ ~ **technology** (Comp) / Bildschirmtechnik f, Bildschirmtechnologie f, Displaytechnik f ‖ ~ **terminal** (Comp) / Sichtanzeigegerät n, Sichtgerät n, optische Anzeigeeinheit, Bildschirmgerät n, Bildschirmterminal n, Bildsichtgerät n, Display n (pl. -s), Datensichtgerät n, Bildschirmeinheit f ‖ ~ **tube** (Electronics) / Sichtspeicherröhre f (eine Signal-Bild-Wandlerröhre, bei der ein Leuchtschirmbild während einer gewollten Zeit mittels einer steuernden Speicherelektrode erhalten bleibt) ‖ ~ **types** (Typog) / [größere] Auszeichnungsschriften f pl, Titelschriften f pl ‖ ~ **n(unit)** (Comp) s. also data terminal
**display-unit signal cable** (Comp) / Monitorsignalkabel n, Monitorkabel n
**display work*** (Typog) / Satz m mit Auszeichnungsschriften ‖ ~ **workstation** (Comp) / Displayarbeitsplatz m, Bildschirmarbeitsplatz m (DIN EN ISO 9241)
**disposable blade** / Wechselklinge f (z.B. des Stanley-Messers) ‖ ~ **bottle** / Einwegflasche f ‖ ~ **felt** (Textiles) / Wegwerffilz m ‖ ~ **filter** (Chem) / Wegwerffilter n ‖ ~ **insert** (tip, bit) (Med) / Wendeschneidplatte f (eine Wegwerfplatte mit mehreren Schneidkanten aus Hartmetall oder Keramik - DIN 4968 und 4969) ‖ ~ **load*** (Aero) / Gesamtzuladung f ‖ ~ **load capacity** (Aero) / verfügbarer Laderaum ‖ ~ **package** / Einwegverpackung f, Wegwerfverpackung f ‖ ~ **pattern** (Foundry) / verlorenes Modell (nur einmal verwendbares Modell, das in der Gießform verbleibt und beim bzw. von dem Gießen zerstört wird)
**disposables** pl / Wegwerfartikel m pl, Einwegartikel m pl
**disposable syringe** (Med) / Wegwerfspritze f ‖ ~ **towel** / Einmalhandtuch n
**disposal** n / Beseitigung f (des Mülls) ‖ ~ (Ecol) / Schuttabladen n, Müllablagerung f, Ablagern n von Müll, Ablagerung f auf der Deponie, Abfallablagerung f (z.B. auf der Deponie) ‖ ~ **cost** (San Eng) / Deponiekosten pl (für die Ablagerung auf der Deponie) ‖ ~ **facility** (Ecol, San Eng) / Mülldeponie f (eine Abfallentsorgungsanlage), Deponie f (geordnete, wilde, unter Tage, über Tage), Müllabladeplatz m, Müllgrube f ‖ ~ **of sludge of paint** (Ecol, Paint) / Lackschlammentsorgung f ‖ ~ **site** (Ecol, San Eng) / Mülldeponie f (eine Abfallentsorgungsanlage), Deponie f (geordnete, wilde, unter Tage, über Tage), Müllabladeplatz m, Müllgrube f
**disposal-site percolating water** (Ecol, San Eng) / Sickerwasser n (der Deponie), Deponiesickerwasser n
**disposal well** (Ecol) / Bohrloch n zur Endlagerung (giftiger oder korrosiver Abfallstoffe) ‖ ~ **well** (Ecol, Oils) / Schluckbohrung f (zur Ableitung pumpfähiger unerwünschter Substanzen in größere Tiefen)
**dispose** v (of) / beseitigen v (Müll) ‖ ~ (Eng) / abführen v (Späne)
**disproportionate** adj / nicht proportional
**disproportionation*** n (Chem) / Disproportionierung f
**disprove** v (a scientific theory) / widerlegen v

**disqualification from driving** (Autos) / Fahrverbot n
**disrepair** n (Build) / schlechter baulicher Zustand, Baufälligkeit f ‖ **in a state of severe** ~ (Build) / abbruchreif adj, baufällig adj
**disrotatory** adj (Chem) / disrotatorisch adj
**disrupt** v (Elec) / durchschlagen v
**disruptive discharge*** (Elec Eng) / Durchschlag m (bei Kondensatoren) ‖ ~ **strength** (Elec Eng) / Durchschlagsfestigkeit f (Widerstandsfähigkeit eines Isolierstoffes gegen elektrischen Durchschlag) ‖ ~ **voltage*** (Elec Eng) / Durchschlagspannung f
**dissected image** (Optics) / Rasterbild n
**dissecting microscope** (Micros, Optics) / Präpariermikroskop n
**dissection** n (Maths) / Unterteilung f (eines Intervalls)
**dissector tube** (Electronics) / Sondenröhre f, Elektronenbildzerleger m ‖ ~ **tube** (Electronics) s. also image dissector
**disseminated copper ores** (Mining) / Kupfererz-Imprägnationen f pl in Silikatgesteinen (Kupferglanz, Kupferkies, Enargit u. a.) ‖ ~ **values*** (Mining) / eingesprengtes Erz, verteilter Werkstoff (Erz)
**dissemination** n / Verbreitung f (neuer Techniken) ‖ ~ (Comp) / Übermitteln n (von Daten), Weitergabe f (von Daten)
**dissimilar** adj / unähnlich adj, nicht ähnlich ‖ ~ (Welding) / artfremd adj (Zusatzwerkstoff)
**dissimilarity** n (Maths) / Unähnlichkeit f, Nichtähnlichkeit f, Dissimilarität f
**dissimilar metals** (Surf) / verschiedene Metalle, unterschiedliche Metalle (z.B. bei einer Kontaktkorrosion) ‖ ~ **terms*** (Maths) / unähnliche Glieder (die einander nicht entsprechen) ‖ ~ **welding** (Welding) / Schweißen n von nicht artgleichen Metallen
**dissimilation** n / Dissimilation f (auch Atmung bei vegetabilen Gütern) ‖ ~ (Biochem) / Katabolie f, Katabolismus m, Betriebsstoffwechsel m (die Gesamtheit der Abbauprozesse des Stoffwechsels)
**dissipate** v (Chem, Phys) / dissipieren v ‖ ~ (Heat) / abführen v (Wärme)
**dissipated heat** (Phys) / Verlustwärme f, abgegebene Wärme
**dissipation*** n (loss of electric energy as heat) (Elec Eng, Radio) / Verlustleistung f, Dissipationsleistung f, Leistungsverlust m ‖ ~ (Electronics) / Elektrodenverlustleistung f, Elektrodenverluste m pl ‖ ~ (Phys) / Dissipation f (der Energie) ‖ ~ **factor*** (Elec Eng) / Verlustfaktor m (der reziproke Wert des Gütefaktors DIN 1344)
**dissipation-factor test** (Elec Eng) / Verlustfaktormessung f, tan-delta-Prüfung f
**dissipationless line*** (Telecomm) / verlustlose Leitung, verlustfreie Leitung, ideale Leitung
**dissipation trails*** (Aero) / sich auflösende Wirbelschleppe ‖ ~ **work** (Phys) / Dissipationsarbeit f (stets positiv)
**dissipative** adj / dissipativ adj (z.B. Schalldämpfer, Struktur, System) ‖ ~ (Elec, Phys) / mit Verlust behaftet, verlustbehaftet adj ‖ ~ **muffler** (Acous) / dissipativer Schalldämpfer (der der Schallenergie unmittelbar in Wärme umsetzt) ‖ ~ **regulator** (Telecomm) / Verlustregler m ‖ ~ **silencer** (Acous) / dissipativer Schalldämpfer (der die Schallenergie unmittelbar in Wärme umsetzt) ‖ ~ **structure** (Chem, Maths, Phys) / dissipative Struktur (eine Nichtgleichgewichtsstruktur) ‖ ~ **system** (Phys) / dissipatives System
**dissipator** n (Electronics) / Wärmeabfuhrelement n, Kühlvorrichtung f, Kühlkörper m, Wärmeableitvorrichtung f, Wärmeableiter m
**dissociation*** n (Chem) / Dissoziation f ‖ ~ (Met) / Entmischung f (beim Möller) ‖ ~ **constant*** (Chem) / Dissoziationskonstante f ‖ ~ **constant*** (Chem) s. also instability constant and ionization constant ‖ ~ **energy** (Chem, Phys) / Dissoziationsenergie f ‖ ~ **fraction** (Chem) / Dissoziationsgrad m ‖ ~ **limit** (Chem) / Dissoziationsgrenze f ‖ ~ **pressure** (Chem) / Dissoziationsspannung f
**dissociative** adj / dissoziativ adj ‖ ~ **attachment** (Phys) / dissoziatives Attachment ‖ ~ **detachment** (Phys) / dissoziatives Detachment
**dissolution** n (Chem) / Dissolution f (Übergang kolloiddisperser Stoffe in den molekulardispersen Zustand) ‖ ~* (Chem, Phys) / Lösen n, Auflösen n, Auflösung f, Lösung f (Tätigkeit) ‖ ~ **of brackets** (Maths) / Klammerauflösung f
**dissolve** v (Chem, Phys) / lösen v (feste Stoffe oder Gase in einer Flüssigkeit zergehen lassen), auflösen v ‖ ~ (Cinema) / überblenden v ‖ ~* n (Cinema) / Überblendung f, Bildüberblendung f (mit Hilfe einer Addierstufe)
**dissolved acetylene** (Chem Eng) / Dissousgas n (in Azeton gelöstes Azetylen + poröse Masse), Flaschenazetylen n (Kennzeichnung: gelb mit weißem Ring), Flaschenacetylen n
**dissolved-air flotation** (San Eng) / Entspannungsflotation f (bei der die Blasen durch die Entspannung einer unter Druck stehenden und belüfteten Wassermenge entstehen)
**dissolved bitumen** (Civ Eng) / Kaltbitumen n (mit Lösungsmittel gemischtes Bitumen - DIN 1995, T 3), KB
**dissolved-gas drive** (Geol, Oils) / Gasentlösungsdruck m (Expansionsdruck des im Öl gelösten Gases), Gasentlösungstrieb m (in einer Erdöllagerstätte) ‖ ~ **drive** (Geol, Oils) / Entlösungstrieb m, Gasexpansionstrieb m

415

**dissolved matter**

**dissolved matter** (Chem) / aufgelöster Stoff, Gelöstes n, gelöster Stoff ‖ ~ **organic carbon** (San Eng) / gelöster organischer Kohlenstoff (der Anteil an organischem Kohlenstoff in Gewässern, der durch einen spezifizierten Filtrationsschritt nicht entfernt werden kann - ISO 6107/5), DOC ‖ ~ **organic matter** (San Eng) / gelöste organische Stoffe ‖ ~ **substance** (Chem) / aufgelöster Stoff, Gelöstes n, gelöster Stoff
**dissolve•-in** n (Cinema) / Einblendung f (Übergang von einer Szene zur anderen) ‖ ~ **out** (Chem) / herauslösen v ‖ ~ **out** (Cinema) / ausblenden v (neue Szene)
**dissolver** n (Chem, Paint) / Dissolver m (Dispergieraggregat, bei dem sich eine Rührerseite mit sägeblattartiger Zahnung mit hoher Drehzahl in einem offenen Gefäß bewegt), schnelllaufendes Rührscheibengerät ‖ ~ (Nuc Eng) / Dissolver m (Behälter zur Auflösung des Kernbrennstoffes in Säure bei der Wiederaufbereitung)
**dissolving action** (of the molten solder) / Ablegieren n (beim Löten) ‖ ~ **and reprecipitation** (growth) (in a multiphase system) (Phys) / Umlösung f ‖ ~ **capacity** (Chem) / Lösevermögen n (eines Lösungsmittels), Lösefähigkeit f ‖ ~ **power** (Chem) / Lösungsvermögen n ‖ ~ **power** (Chem) / Lösevermögen n (eines Lösungsmittels), Lösefähigkeit f ‖ ~ **pulp*** (Paper, Textiles) / Textilzellstoff m, Chemiezellstoff m, Chemiefaserzellstoff m, Edelzellstoff m, Kunstfaserzellstoff m ‖ ~ **tank** (Eng) / Schmelzlösebehälter m
**dissonance*** n (Acous) / Dissonanz f
**dissymmetrical*** adj / nichtsymmetrisch adj, asymmetrisch adj, unsymmetrisch adj
**dissymmetry** n / Asymmetrie f, Unsymmetrie f ‖ ~ (Chem) / Dissymmetrie f (in der Stereochemie) ‖ ~ **factor** (Chem) / Dissymmetriefaktor m
**distance*** n (Maths, Surv) / Distanz f, Entfernung f, Abstand m ‖ ~ (Nav, Space) / Entfernung f (vom Mittelpunkt des Himmelskörpers gemessen) ‖ ~ **area** (Optics) / Fernteil m (des Mehrstärkenbrillenglases) ‖ ~ **between buildings** (Build) / Bauwich m (seitlicher Abstand eines Gebäudes von den Nachbargrenzen) ‖ ~ **between centres** (Eng) / Spitzenweite f (an der Drehmaschine - größter Abstand zwischen Spindelstockspitze und Reitstockspitze) ‖ ~ **between trains** (Rail) / Zugfolgeabstand m, Zugfolge f (räumlicher Abstand) ‖ ~ **block*** (Eng) / Abstandshalter m, Abstandsstück n, Abstandhalter m, Trennstück n, Trennelement n, Distanzstück n ‖ ~ **bush** (Eng) / Distanzbuchse f ‖ ~ **control*** (Automation) / Fernbedienung f, Fernsteuerung f ‖ ~ **covered** / zurückgelegter Weg, zurückgelegte Strecke, durchlaufene Strecke ‖ ~ **covered between bearings taken** (Aero, Nav, Ships) / Versegelung f, Versegelung f (die Strecke, die ein Luft- oder Wasserfahrzeug in der Zeitspanne zwischen zwei Peilungen zurücklegt)
**distance-dependent attenuation** (Telecomm) / entfernungsabhängige Dämpfung
**distance error** (Photog, Surv) / Entfernungsfehler m ‖ ~ **fading** (Radio) / Fernschwund m (wenn sich zwei Raumwellen mit ungünstiger Phasenlage überlagern) ‖ ~ **field** (Optics) / Fernteil m (des Mehrstärkenbrillenglases) ‖ ~ **freight** (Ships) / Distanzfracht f ‖ ~ **learning** / Distance Learning n (alle Anwendungen, bei denen eine Telekommunikationsinfrastruktur für Anwendungen aus den Bereichen Fortbildung und Erziehung zur Verfügung gestellt wird, um räumlich voneinander getrennte Lehrer und Schüler zu verbinden), Telelearning n, Teletraining n ‖ ~ **mark*** (Radar) / Markierkreis m, Entfernungskreis m ‖ ~ **marker** (Autos, Rail) / Bake f (vor dem Bahnübergang), Warnbake f ‖ ~ **measurement** (Surv) / Streckenmessung f, Entfernungsmessung f, Distanzmessung f, Telemetrie f (Entfernungsmessung) ‖ ~-**measuring equipment*** (Aero) / Entfernungsmesssystem n (ein Ortungsverfahren mit Standlinie: Kreis) ‖ ~ **meter*** (Photog) / Entfernungsmesser m ‖ ~ **moved by effort** (Eng) / Kraftweg m (bei einem Flaschenzug) ‖ ~ **moved by load** (Eng) / Lastweg m (bei einem Flaschenzug) ‖ ~ **of ascent** (Aero, Mil) / Steigstrecke f (nach dem Start) ‖ ~ **of climb** (Aero, Mil) / Steigstrecke f (nach dem Start) ‖ ~ (run) **per axle measured in km** (Rail) / Achskilometer m, Achs-km m ‖ ~ **piece** (Build, Civ Eng) / Abstandhalter m (der die Abstände des Bewehrungsgeflechts gegen die Schalung sichert) ‖ ~ **piece*** (Eng) / Abstandshalter m, Abstandsstück n, Abstandhalter m, Trennstück n, Trennelement n, Distanzstück n ‖ ~ **protection*** (Elec Eng) / Distanzschutz m (der Netzschutz mittels Distanzschutzrelais) ‖ ~ **radar** (Radar) / Abstandsmessradar m (zur Messung von Entfernung und Geschwindigkeit bei Eisenbahn, Kraftfahrzeug oder Hubschrauber oder zur Füllstandsmessung) ‖ ~ **range** (Telecomm) / Messbereich m (wie lang eine eingeschlossene LWL-Strecke höchstens sein kann, um in einem Rückstreusgerät vollständig dargestellt werden zu können) ‖ ~ **ratio** (Eng, Mech) / Übersetzungsverhältnis n, Geschwindigkeitsverhältnis n (Quotient aus Drehzahl des treibenden und Drehzahl des getriebenen Elements eines technischen Triebes) ‖ ~ **relay*** (Elec Eng) / Distanzschutzrelais n (ein Schutzrelais für vermaschte Netze mit mehrfacher Einspeisung, welches bei Fehlerstrom mit widerstands- (d.i. entfernungs-) und stromrichtungsabhängiger Zeit auslöst), Distanzrelais n ‖ ~ **segment** (Optics) / Fernteil m (des Mehrstärkenbrillenglases) ‖ ~ **sensor** (Eng) / Abstandssensor m, Distanzsensor m (bei IR) ‖ ~ **shot** (Cinema) / Totale f (weiteste Einstellung eines Motivs), Gesamtaufnahme f ‖ ~ **sleeve** (Eng) / Distanzbuchse f ‖ ~ **to be bridged** / zu überbrückende Entfernung ‖ ~ **to go** (Aero) / Reststrecke f ‖ ~ **travelled** / zurückgelegter Weg, zurückgelegte Strecke, durchlaufene Strecke ‖ ~ **tube** (Eng) / Distanzrohr n ‖ ~ **washer** (Eng) / Abstandsscheibe f
**distant earthquake** (Geol) / Fernbeben n ‖ ~ **earthquake** (Geol) / Fernbeben n ‖ ~ **effect** (Phys) / Fernwirkung f ‖ ~ **exchange** (Teleph) / Gegenvermittlungsstelle m, Gegen-VST f, Gegenamt n ‖ ~ **field** (Acous, Elec, Phys) / Fernfeld n ‖ ~ **ignition** / Fernzündung f
**distant-indicating instrument** (Instr) / Instrument n mit Fernanzeige
**distant reading** / Fernablesung f, Fernanzeige f (Fernablesung) ‖ ~-**reading instrument*** (Instr) / Instrument n mit Fernanzeige ‖ ~ **shot** (Cinema) / Totale f (weiteste Einstellung eines Motivs), Gesamtaufnahme f ‖ ~ **signal** (Rail) / Vorsignal n, Ankündigungssignal n (das den Signalbegriff des zugehörigen Hauptsignals ankündigt)
**distarch glycerol** (Nut) / Distärkeglycerinether m, Distärkeglyzerinether m ‖ ~ **phosphate** (Chem, Nut) / Distärkephosphat n (E 1411)
**distearyl dimethylammonium chloride** (Chem) / Distearyldimethylammoniumchlorid n (ein Kationtensid, früher als Weichspülerwirkstoff benutzt), DSDMAC (Distearyldimethylammoniumchlorid) ‖ ~ **thiodipropionate** (Chem) / Distearylthiodipropionat n
**distemper*** n (Paint) / Kalkkaseinfarbe f ‖ ~ **brush** (used for the application of distempers, water paints and emulsion paints) (Paint) / Flachpinsel m, Flächenstreicher m
**disthene*** n (Min) / Zyanit m, Disthen m, Kyanit m (Aluminiumoxidorthosilikat) ‖ ~* (Min) s. also mullite
**distil** v (Chem Eng) / destillieren v ‖ ~ (Nut) / brennen v
**distill** v (US) (Chem Eng) / destillieren v ‖ ~ (US) (Nut) / brennen v
**distilland** n (Chem Eng) / Destillans n (pl. -antien oder -anzien), Destillationsgut n, Destilliergut n
**distillate** n (Chem) / Destillat n, Destillationsprodukt n ‖ ~ (Nut) / Destillat n, Abtrieb m ‖ ~ (Oils) / Destillat n (Normalöl) ‖ ~ **drain** (Chem) / Destillatabzug m ‖ ~ **fuel** (Fuels) / Destillatkraftstoff m ‖ ~ **fuel oil** (Fuels) / Destillatheizöl n, destilliertes Heizöl ‖ ~ **hydrotreating** (Oils) / Hydroraffination f von Destillaten, Destillathydroraffination f ‖ ~ **sweetening** (Chem Eng, Oils) / Süßung f von Destillaten, Destillatsüßung f
**distillation*** n (Chem, Chem Eng) / Destillation f, Destillieren n ‖ ~ (Nut) / Brennen n, Abbrennen n (Schnaps) ‖ ~ **analysis** (Chem, Phys) / Siedeanalyse f (bei destillierbaren Flüssigkeiten) ‖ ~ **apparatus** (Chem Eng) / Destillationsapparat m, Destillierapparat m, Destillator m ‖ ~ **assembly** (Chem Eng) / Destillationsapparat m, Destillierapparat m, Destillator m ‖ ~ **boiler** (Chem Eng) / Blase f (zum Verdampfen oder zur diskontinuierlichen Destillation), Destillationsblase f, Destilliergefäß n, Destillierblase f ‖ ~ (brown) **coal** (Mining) / Schwelkohle f (bitumenreiche Braunkohle zur Braunkohleschwelung) ‖ ~ **column** (Chem, Chem Eng) / Destillationskolonne f, Destillierkolonne f ‖ ~ **flask*** (Chem) / Destillierkolben m, Destillationskolben m ‖ ~ **furnace** (Met) / Destillierofen m (z.B. Faber-du-Faur-Ofen) ‖ ~ **gas** (Chem) / Destillationsgas n (das sich bei der Destillation bildet) ‖ ~ **head** / Destillieraufsatz m (der obere Teil des Destillierapparates), Destillationskopf m, Destillationsaufsatz m ‖ ~ **plant** (Chem Eng) / Destillieranlage f ‖ ~ **receiver** (Chem Eng, Met) / Vorlage f (die bei der Destillation das Destillat auffängt), Destilliervorlage f, Destillationsvorlage f ‖ ~ **residue** (Chem Eng) / Destillationsrückstand m (bei der diskontinuierlichen Destillation) ‖ ~ **stage** (Chem Eng) / Trennstufe f, Destillationsstufe f ‖ ~ **tower** (Chem Eng) / Destillationsturm m ‖ ~ **zone** / Entgasungszone f (bei der Verbrennung), Schwelzone f
**distilled water** / destilliertes Wasser
**distiller** (Chem Eng) / Destillationsapparat m, Destillierapparat m, Destillator m
**distiller's barley malt** (Brew) / Brennereidarrmalz n, Brennereimalz n
**distillers' grain(s)** (Brew, Nut) / Brennereiabfälle m pl
**distiller's grain(s)** (Nut) / Brennereiabfälle m pl ‖ ~ **grains** (Brew) / Getreideschlempe f
**distillers' grains** (Brew) / Getreideschlempe f
**distiller's yeast** (Brew) / Brennereihefe f (eine obergärige Zuchthefe, die zur Herstellung von Ethanol und Branntwein dient)
**distillery** n (pl. -ries) (Nut) / Brennerei f (zur Herstellung von Branntwein)

**distiller yeast** (Brew) / Brennereihefe *f* (eine obergärige Zuchthefe, die zur Herstellung von Ethanol und Branntwein dient)
**distillery malt** (Brew) / Brennereidarrmalz *n*, Brennereimalz *n* ‖ ~ **mash** (Nut) / Destillatmaische *f*, Brennereimaische *f* ‖ ~ **waste water** (Nut, San Eng) / Brennereiabwasser *n*
**distilling head** (Chem) / Destillieraufsatz *m* (der obere Teil des Destillierapparates), Destillationskopf *m*, Destillationsaufsatz *m* ‖ ~ **industry** (Nut) / Brennereiindustrie *f*, Brennereigewerbe *n* ‖ ~ **receiver** (Chem Eng, Met) / Vorlage *f* (die bei der Destillation das Destillat auffängt), Destilliervorlage *f*, Destillationsvorlage *f*
**distil off** *v* (Chem) / abdestillieren *v*
**distinct** *adj* / eindeutig *adj* (Grenze), scharf *adj* (Grenze), ausgeprägt *adj* (Grenze) ‖ ~ / verständlich *adj* (deutlich) ‖ ~ / klar *adj* (scharf), deutlich *adj*, scharf *adj*
**distinctness of image** (Paint) / DOI-Wert *m* (Maßzahl für den Schleier)
**distinctness-of-image gloss** (Optics) / Bildschärfe *f* (auf der spiegelnden Oberfläche)
**distinguished name** (Telecomm) / herausgehobener Name (in einem Verzeichnis), Unterscheidungsname *m*
**distinguishing stain** (an organic colourant added to a body, glaze, or porcelain-enamel slip as a means of identification of the slip before use, particularly when slips of different compositions are of the same colour ) (Ceramics) / organischer Farbkörper (mit identifizierender Funktion)
**distn** (distillation) (Chem Eng) / Destillation *f*, Destillieren *n*
**distomer** *n* (Chem, Pharm) / Distomer *n* (weniger wirksamer oder unwirksamer Enantiomer)
**distort** *v* (Optics, Photog, TV) / verzeichnen *adj* ‖ ~ (Telecomm) / verzerren *v*, verformen *v* (verzerren)
**distorted loop** (Textiles) / verzogene Masche ‖ ~ **pattern** (Foundry) / verzogenes Modell ‖ ~ **pattern** (Textiles) / verzerrtes Muster ‖ ~ **picture** / verzerrtes Bild ‖ ~ **print** (Plastics) / Zerrdruck *m* (beim Streckformen von Kunststofffolien) ‖ ~ **wave*** (Elec Eng) / nicht sinusförmige Welle ‖ ~ **waveform** (Elec Eng) / verzerrte Wellenform
**distorting lens** (Optics) / Zerrlinse *f*
**distortion** *n* (Eng) / Verzug *m* (ungewünschte Maß-, Form- und Gestaltänderung), Verziehen *n* ‖ ~ (Geol) / Schichtenbiegung *f*, Schleppung *f* ‖ ~ (Mech) / Verzerrung *f* (DIN 13316) ‖ ~ (Mech) / Gestaltänderung *f* (Verzerrung nach DIN 13 316) ‖ ~ (Mech) / Verkrümmung *f* (DIN 13 316), Aufkrümmung *f* ‖ ~* (Photog, TV) / Distorsion *f*, Verzeichnung *f* ‖ ~* (Telecomm) / Verformung *f* (Verzerrung), Verzerrung *f* ‖ ~ **allowance** (Foundry) / Zugabe, die *f* den Verzug des Modells ausgleichen soll
**distortional wave** (Geophys) / S-Welle *f* (Transversalwelle beim Erdbeben), Scherungswelle *f*, Scherwelle *f* (transversale Raumwelle)
**distortion energy** (Mech) / Gestaltsänderungsenergie *f*, Verzerrungsenergie *f* ‖ ~ **energy** (Telecomm) / Verzerrungsenergie *f* ‖ ~ **factor*** (Elec Eng) / Klirrfaktor *m*
**distortion-free** *adj* / verzerrungsfrei *adj*, verzeichnungsfrei *adj*, verzugsfrei *adj*, unverzerrt *adj*
**distortionless** *adj* / verzerrungsfrei *adj*, verzeichnungsfrei *adj*, verzugsfrei *adj*, unverzerrt *adj* ‖ ~ **enhancement by polarization transfer** (Spectr) / DEPT-Technik *f* (verzerrungsfreie Verstärkung durch Polarisationstransfer) ‖ ~ **line*** (Elec) / verzerrungsfreie Leitung
**distortion measurement** / Verzerrungsmessung *f* ‖ ~ **noise** (Acous, Electronics) / Verzerrungsgeräusch *n* ‖ ~ **of a surface due to frost heaving** (Geol) / Frostaufbruch *m* ‖ ~ **of competition** (Wettbewerbsverzerrung *f* ‖ ~ **of field*** (Elec Eng) / Feldverzerrung *f* ‖ ~ **of the drivetrain** (Autos) / Versperrung *f* im Antriebsstrang, Verspannungen *f pl* im Antriebsstrang ‖ ~ **polarization** (Elec, Electronics, Phys) / Verschiebungspolarisation *f* ‖ ~ **strain work** (Mech) / Gestaltsänderungsarbeit *f* ‖ ~ **wedge** (Met) / Zipfel *m* (beim Tiefziehen)
**distrails** *n* (Aero) / sich auflösende Wirbelschleppe
**distress** *v* (with simulated marks of age and wear) (Join) / antikisieren *v* (Möbel) ‖ ~ **at sea** (Aero, Ships) / Seenot *f* ‖ ~ **frequency** (Radio) / Notfrequenz *f* (international festgelegte Frequenz für Notfälle) ‖ ~ **frequency** (Ships) / Seenotfrequenz *f* ‖ ~ **signal** (Telecomm) / Notsignal *n*, Notzeichen *n* ‖ ~ **wave** (Telecomm) / Notwelle *f*
**distributary** *n* (Agric) / Verteilungsgraben *m* ‖ ~ (Geog) / Deltaarm *m*, Flussarm *m* (in einem Delta) ‖ ~ **channel** (Geog) / Deltaarm *m*, Flussarm *m* (in einem Delta)
**distribute** *v* / distribuieren *v*, verteilen *v* (distribuieren) ‖ ~* (Typog) / ablegen *v* (in der Handsetzerei)
**distributed AI** (AI) / verteilte KI ‖ ~ **amplifier*** (Telecomm) / Kettenverstärker *m* (DIN 44280) ‖ ~ **application** (Comp) / verteilte Anwendung ‖ ~ **array processor*** (Comp) / additiver Feldrechner ‖ ~ **artificial intelligence** (an approach to artificial intelligence in which processing takes place not in a single algorithm but is distributed across a number of agents, possibly many) (AI) / verteilte KI ‖ ~ **backbone** (Comp) / Distributed Backbone *n* (eine weitere Realisierungsvariante von Backbones, bei der ein echtes Backbone in Form eines LANs oder MANs vorhanden ist und unterschiedliche Arbeitsgruppen oder Netze mittels Switches oder Router verbindet) ‖ ~ **Bragg reflector laser** (Phys) / DBR-Halbleiterlaser *m* ‖ ~ **capacitance*** (Elec Eng) / verteilte Kapazität
**distributed-collector system** / Farmanlage *f* (des Sonnenkraftwerks)
**distributed constants*** (Phys) / verteilte Parameter, verteilte Konstanten (bei Systemen mit nicht konzentrierten Gliedern) ‖ ~ **data processing** (Comp) / verteilte (dezentralisierte) Datenverarbeitung (mit räumlich getrennten Rechnern) ‖ ~ **denial-of-service attack** (Comp) / DDos-Angriff *m*, Distributed Dos-Angriff *m*
**distributed-feedback laser** (Phys) / DFB-Laser *m*, Laser *m* mit verteilter Rückkopplung, DFB-Halbleiterlaser *m*
**distributed information system** (distributed data processing + distributed database + distributed operating systems) (Comp) / Informationsverbundsystem *n* ‖ ~ **intelligence** (Comp) / verteilte Intelligenz (bei nicht-von-Neumann'schen Rechnerarchitekturen) ‖ ~ **load** (Build, Civ Eng) / Flächenlast *f*, verteilte Last ‖ ~ **logic** (Comp) / verteilte Logik
**distributed-loop computer network** (Telecomm) / DLCN *n* (Ringsystem, das die Nachrichten durch Registerinsertion transportiert)
**distributed numerical control** (Automation, Comp) / verteilte numerische Steuerung
**distributed-parameter control system** (Automation) / Regelstrecke *f* mit verteilten Parametern
**distributed processor** (Comp) / dezentraler Prozessor ‖ ~ **queue dual bus** (Comp) / Doppelbus *m* mit verteilten Warteschlangen ‖ ~ **sensor** / verteilter Sensor (mehrkanaliger faseroptischer Sensor, welcher die Werte einer Messgröße über Lichtleiter erfasst) ‖ ~ **system** (Comp) / verteiltes System (Rechnersystem, in dem eine Reihe einzelner Funktionseinheiten, unter denen Zusammenhänge bestehen, in verschiedenen Standorten in Zusammenarbeit Anwendungen bewältigen) ‖ ~ **target** (Radar) / Volumenziel *n* (dreidimensionales Ziel, besonders beim Wetterradar) ‖ ~ **termination** (Comp) / verteilte Terminierung (bei nebenläufigen Prozessen) ‖ ~ **winding*** (Elec Eng) / verteilte Wicklung, verteilte Windung
**distributed-wound** *adj* (Elec Eng) / verteilt gewickelt, mit verteilter Wicklung
**distributing centre*** (Elec Eng) / Hauptverteilung *f* ‖ ~ **frame** (for rack rows) (Comp) / Verteiler *m* (für Gestellreiheneinbau) ‖ ~ **frame** (Teleph) / Hauptverteiler *m* (in Ortsnetzen der Punkt in einer Ortsvermittlung, an dem das Hauptkabel angeschlossen ist), HVt (Hauptverteiler) ‖ ~ **launder** (Foundry) / Verteilrinne *f* ‖ ~ **main*** (Elec Eng) / Verteiler *m* ‖ ~ **point*** (Elec Eng) / Speisepunkt *m*, Einspeisepunkt *m*, Einspeisungspunkt *m*
**distribution** *n* (Chem) / Verteilung *f* (nach dem Nernst'schen Verteilungsgesetz) ‖ ~ (Cinema) / Verleih *m*, Filmverleih *m* ‖ ~* (Ecol) / Distribution *f* (Verbreitung einer Tier- od. Pflanzenart), Verbreitung *f* (in der Natur) ‖ ~ (in low-voltage networks) (Elec Eng) / Verteilen *n* (in Niederspannungsnetzen) ‖ ~* (I C Engs) / Kraftstoffverteilung *f* ‖ ~ (Maths) / Distribution *f* (Verallgemeinerung des Funktionsbegriffs), verallgemeinerte Funktion ‖ ~* (Stats) / Verteilung *f* (z.B. Bernoulli'sche) ‖ ~ (Typog) / Ablegen *n* (des Satzes beim Handsatz) ‖ ~ **area** (Comp) / Zielbereich *m* ‖ ~ **basin** / Warmwasserbecken *n*, Verteilerbecken *n* (eines Querstromkühlturms) ‖ ~ **board** (Elec Eng) / Verteilungstafel *f* ‖ ~ **box** (Elec Eng) / Verteilerkasten *m*, Verteilerdose *f* ‖ ~ **cable*** (Cables) / Verteilerkabel *n*
**distribution-class expulsion-type arrester** (Elec Eng) / Löschrohrableiter *m* (Netztyp)
**distribution coefficient*** (Chem) / Verteilungskoeffizient *m* (nach dem Nernst'schen Verteilungssatz) ‖ ~ **curve** (Stats) / Verteilungskurve *f* ‖ ~ **equilibrium** (Chem) / Verteilungsgleichgewicht *n* ‖ ~ **factor*** (Elec Eng) / Zonenfaktor *m* (bei Teillochwicklungen) ‖ ~ **frame*** (Teleph) / Verteilergestell *n*, Leitungsverteiler *m*
**distribution-free** *adj* (Stats) / verteilungsfrei *adj* ‖ ~ **method*** (Stats) / nichtparametrischer Test, verteilungsfreier Test, parameterfreier Test (z.B. Kolmogorow-Smirnow-Test)
**distribution function*** (Phys, Stats) / Verteilungsfunktion *f*, Verteilungssummenfunktion *f* (DIN 66160) ‖ ~ **fuse-board*** (Elec Eng) / Verteilersicherungstafel *f* ‖ ~ **law*** (Chem) / Verteilungsgesetz *n*, Distributionsgesetz *n* (nach Nernst) ‖ ~ **line** (Radio) / Stamm *m* (einer Großgemeinschafts-Antennenanlage) ‖ ~ **logistics** (Work Study) / Distributionslogistik *f* ‖ ~ **multimedia** (Comp) / Distributionsmultimedia *n* ‖ ~ **of cumulative failure frequency** / Ausfallsummenverteilung *f* ‖ ~ **of stress** (Mech) / Spannungsverteilung *f*, Spannungsverlauf *m* ‖ ~ **of the cargo** (Ships) / Ladungsverteilung *f* ‖ ~ **of variables** (Stats) / Merkmalsverteilung *f*, Verteilung *f* von Merkmalen ‖ ~ **pan** / Warmwasserbecken *n*,

**distribution**

**distribution** Verteilerbecken *n* (eines Querstromkühlturms) ‖ **~ panel** (Elec Eng) / Verteilertafel *f* ‖ **~ parameter** (Stats) / Verteilungsparameter *m* ‖ **~ pillar*** (Elec Eng) / Schaltsäule *f*, Verteilersäule *f* ‖ **~ pole** (Elec Eng) / Verteilermast *m* ‖ **~ reinforcement** (Civ Eng) / Verteilerbewehrung *f*, Verteilerstäbe *m* (Bewehrungsstäbe, die die Querzugkräfte der Hauptbewehrung aufnehmen), Querbewehrung *f* (in Stahlbetonplatten) ‖ **~ reservoir*** (Hyd Eng) / Reinwasserbehälter *m* ‖ **~ service** (Telecomm) / Verteildienst *m* (Telekommunikationsdienst, der eine Verteilung nicht adressierter Nachrichten vornimmt) ‖ **~ steel** (Civ Eng) / Verteilerbewehrung *f*, Verteilerstäbe *m* (Bewehrungsstäbe, die die Querzugkräfte der Hauptbewehrung aufnehmen), Querbewehrung *f* (in Stahlbetonplatten) ‖ **~ switchboard*** (Elec Eng) / Verteilerschalttafel *f* ‖ **~ temperature** (Phys) / Verteilungstemperatur *f* (einer Strahlungsquelle) ‖ **~ transformer** (Elec Eng) / Verteilungstransformator *m*

**distributive*** *adj* (Maths) / distributiv *adj* (Verknüpfung) ‖ **~ faulting** (Geol) / verzweigtes Verwerfungssystem ‖ **~ lattice** (Maths) / distributiver Verband ‖ **~ law** (Maths) / Distributivgesetz *n*, Zerlegungsgesetz *n*, Verteilungsgesetz *n*, Distributionsgesetz *n*

**distributivity** *n* (Maths) / Distributivität *f*

**distributor** *n* (Autos, I C Engs) / Zündverteiler *m*, Verteiler *m* ‖ **~*** (Elec Eng) / Verteiler *m* ‖ **~** (Telecomm) / Kanalverteiler *m* ‖ **~ body** (Autos) / Verteilergehäuse *n* ‖ **~ boom** (Civ Eng) / Verteiler *m* (der Autobetonpumpe) ‖ **~ cap** (Autos) / Verteilerkappe *f*, Verteilerdeckel *m* ‖ **~ connector** (Autos, I C Engs) / Zündverteilerstecker *m*, Verteilerstecker *m* ‖ **~ contact points** (Autos) / Unterbrecherkontakte *m pl* (einzelne Kontakte) ‖ **~ frame** (Teleph) / Rangierverteiler *m* ‖ **~ housing** (Autos) / Verteilergehäuse *n*

**distributorless ignition** (Autos, I C Engs) / vollelektronische Zündung, verteilerlose Zündung

**distributor rollers*** (Print) / Verreibwalzen *f pl*, Reibwalze *f* ‖ **~ rotor** (Autos) / Verteilerläufer *m* (ein umlaufender Kontakt), Verteilerfinger *m* ‖ **~ tester** (Autos) / Synchroskop *n*

**district*** *n* (Mining) / Abbaufeld *n*, Bauabteilung *f*, Baufeld *n* ‖ **~** (Mining) / Revier *n* (eine organisatorische Einheit) ‖ **~ heating** / Fernwärmeversorgung *f* (Wärmeversorgung mehrerer Gebäude, ganzer Stadtteile oder Städte durch ein zentrales Heizwerk oder Blockheizkraftwerk), Fernheizung *f* ‖ **~ heating main** / Fernheizleitung *f* ‖ **~ heating plant** (Heat) / Heizwerk *n* (Kraftwerk, das zur Erzeugung der Heizwärme für die Fernheizung dient), Heizzentrale *f* ‖ **~ heating power station** / Fernheizkraftwerk *n* ‖ **~ heating station** (Heat) / Heizwerk *n* (Kraftwerk, das zur Erzeugung der Heizwärme für die Fernheizung dient), Heizzentrale *f* ‖ **~ road** (GB) (Civ Eng) / eine von dem "district" unterhaltene Nebenstraße (nach dem Local Government Act)

**disturb** *v* (Civ Eng, Geol, Telecomm) / stören *v*

**disturbance** *n* (Automation) / Störgröße *f* (die eine Abweichung der Regelgröße von der Führungsgröße bewirkt - DIN 19226) ‖ **~*** (Telecomm) / Störung *f* ‖ **~ variable** (Automation) / Störgröße *f* (die eine Abweichung der Regelgröße von der Führungsgröße bewirkt - DIN 19226) ‖ **~ voltage** (Radio) / Funkstörspannung *f*

**disturbed channel** (Telecomm) / gestörter (Nachrichtenübertragungs)Kanal ‖ **~ orbit** (Astron) / gestörte Bahn ‖ **~ reception** (Radio) / gestörter Empfang ‖ **~ sample** (Build, Civ Eng) / gestörte Bodenprobe (Lagerungszustand und Wassergehalt wurden durch die Probenahme geändert), Bohrprobe *f* (gestörte Bodenprobe)

**disturbing** *adj* / störend *adj* (Geräusch, Echo) ‖ **~ action** / Störeinfluss *m* (durch eine Störgröße hervorgerufene Wirkung) ‖ **~ force** (Mech) / störende Kraft ‖ **~ signal** (Radio, Telecomm) / Störsignal *n* (Störgröße oder unerwünschter Anteil eines Messsignals) ‖ **~ wave** (Phys) / Störwelle *f*

**disubstituted** *adj* (Chem) / disubstituiert *adj*, zweifach substituiert

**disul** *n* (Chem) / Disul *n* (2-(2,4-Dichlor-phenoxy)-ethyl-hydrogensulfat - als herbizider Wirkstoff von der Biologischen Bundesanstalt für Land- und Forstwirtschaft nicht anerkannt)

**disulphate** *n* (Chem) / Disulfat *n* (Salz der Dischwefelsäure), Pyrosulfat *n*

**disulphide** *n* (Chem) / Disulfid *n* ‖ **~ bond** (Chem) / Disulfidbrücke *f* (die den Zusammenhalt zwischen den einzelnen Polypetidketten der Proteine mit bewirkt, aber auch innerhalb einer Polypeptidkette vorkommt und deren Konformation stabilisiert), Disulfidspange *f*, Cystinbrücke *f*, Zystinbrücke *f*, -S-S-Spange *f*, Disulfidbindung *f* ‖ **~ bridge** (Chem) / Disulfidbrücke *f* (die den Zusammenhalt zwischen den einzelnen Polypetidketten der Proteine mit bewirkt, aber auch innerhalb einer Polypeptidkette vorkommt und deren Konformation stabilisiert), Disulfidspange *f*, Cystinbrücke *f*, Zystinbrücke *f*, -S-S-Spange *f*, Disulfidbindung *f* ‖ **~ of carbon** (Chem) / Kohlenstoffdisulfid *n*, Kohlendisulfid *n*, Schwefelkohlenstoff *m*

**disulphiram** *n* (Chem) / Disulfiram *n* (internationaler Freiname für Tetraethylthiuramdisulfid)

**disulphite** *n* (Chem) / Disulfit *n*, Disulfat *n* (IV), Pyrosulfit *n*

**disulphonic acid** (a molecule that has two sulphonic acid groups) (Chem) / Disulfonsäure *f*

**disulphur decafluoride** (Chem) / Dischwefeldecafluorid *n*, Dischwefeldekafluorid *n* ‖ **~ dichloride** (Chem) / Dischwefeldichlorid *n*, Schwefelmonochlorid *n*

**disulphuric acid** (Chem) / Dischwefelsäure *f*, Pyroschwefelsäure *f* ‖ **~(VI) acid** (Chem) s. also Nordhausen acid

**disulphurous acid** (Chem) / dischweflige Säure, pyroschweflige Säure

**disurbanization** *n* (Arch, Civ Eng) / Desurbanisierung *f*, Entstädterung *f*

**disused runway** (Aero) / außer Gebrauch stehende Piste

**disyndiotactic** *adj* (Chem) / disyndiotaktisch *adj* (Polymer)

**DIT** (directory information tree) (Telecomm) / Informationsbaum *m* eines Verzeichnisses

**ditactic** *adj* (Chem) / ditaktisch *adj* (Polymer) ‖ **~ polymer** (Chem) / ditaktisches Polymer (wenn der Grundbaustein der Polymerkette zwei Asymmetriezentren hat)

**ditantalum pentaoxide** (Chem) / Tantalsäureanhydrid *n*, Tantalpentoxid *n*, Tantal(V)-oxid *n*, Ditantalpentoxid *n*

**ditch** *vi* (US) (Rail) / entgleisen *vi*, aus den Gleisen springen ‖ **~** *n* (a drainage channel) (Agric) / Drängraben *m*, Entwässerungsgraben *m*, Entwässerungskanal *m* ‖ **~** (Agric, Civ Eng) / Graben *m* (geböschter, z.B. Berieselungsgraben, Entwässerungsgraben, Straßengraben) ‖ **~** (an irrigation channel) (Agric, Hyd Eng) / Bewässerungsgraben *m* ‖ **~** (Civ Eng) / Seitenentnahme *f* (in der man Füllmaterial gewinnt), Bodenentnahmestelle *f*, Entnahmegrube *f* (für Erdstoff) ‖ **~** (Mining) / Wasserrösche *f*, Wasserseige *f* (in der Streckensohle befindlicher Graben, in dem die anfallenden Grubenwässer zum Schachtsumpf geleitet werden), Seige *f* ‖ **~ bin reclaimer** (Civ Eng, Eng) / Grabenbunkerbagger *m* ‖ **~ bottom** (Civ Eng) / Grabensohle *f* (die Unterseite eines Grabens) ‖ **~ canal*** (Hyd Eng) / schleusenloser Kanal ‖ **~ cleaner** (Civ Eng) / Grabenräummaschine *f*

**ditch-digger** *n* (Civ Eng) / Grabenzieher *m*, Grabenbagger *m*, Grabenpflug *m*, Rigolpflug *m*

**ditch drainage** (Agric) / Grabenentwässerung *f*

**ditcher** *n* (a self-propelled machine, usually on crawler tracks, specialized for digging trenches) (Civ Eng) / Grabenzieher *m*, Grabenbagger *m*, Grabenpflug *m*, Rigolpflug *m*

**ditching*** *n* (emergency alighting on water) (Aero) / Notwasserung *f* (durch eine Notsituation notwendig gewordenes vorzeitiges Niedergehen eines Flugzeugs o.Ä. auf dem Wasser), Notwassern *n* (Notlandung auf dem Wasser), Notwasserung *f* ‖ **~** (Civ Eng) / Grabenbau *m*, Graben *m* ‖ **~ plough** (Civ Eng) / Grabenzieher *m*, Grabenbagger *m*, Grabenpflug *m*, Rigolpflug *m* ‖ **~ risk** (Mil) / Absturzrisiko *n* (bei den Seaskimmer-FK)

**ditch piping** (Civ Eng) / Grabenverrohrung *f* ‖ **~ profile** (Civ Eng) / Grabenprofil *n*

**ditchwater** *n* (Civ Eng) / stehendes, fauliges Wasser (in einem Graben)

**diterpene** *n* (Chem) / Diterpen *n* (z.B. Phytol od. Abietinsäure) ‖ **~ alkaloid** (Chem, Pharm) / Diterpenalkaloid *n*

**dither** *v* (Comp) / dithern *v* ‖ **~** (Comp, Photog) / aufrastern *v* ‖ **~** *n* (Automation) / Unruhe *f*, Unruhesignal *n* (einem Signal absichtlich überlagertes periodisches oder stochastisches "Unruhe"-Signal, meist von vergleichsweise geringer Amplitude und wesentlich höherer Frequenz), Dither *n*

**dithering** *n* (manipulating the values of adjacent pixels) (Comp) / Dithern *n*, Dithering *n* ‖ **~** (Comp, Photog) / Aufrasterung *f* ‖ **~** (Elec Eng) / Pendeln *n* (zur Überwindung der Anlaufreibung) ‖ **~ algorithm** (Comp, Photog) / Dither-Algorithmus *m*

**dither pattern** (Photog) / Dither-Muster *n* (Fehler bei dem Farbausdruck)

**dithio*** *n* (Chem) / Sulfotep *n* (Insektizid und Akarizid)

**dithiocarbamate** *n* (Chem) / Dithiocarbamat *n*, Dithiocarbamat *n* (stabile Salze und Ester der instabilen Dithiocarbamidsäure und ihrer Derivate) ‖ **~ fungicide** (Agric, Chem) / Dithiokarbamatfungizid *n*, Dithiocarbamatfungizid *n* (z.B. Zineb)

**dithiocarbamic acid** (Chem) / Dithiokarbaminsäure *f*, Dithiocarbamidsäure *f* (der Grundkörper der Dithiocarbamate und der Thiurame)

**dithiocarbonic acid** (Chem) / Dithiokohlensäure *f* (HOCSSH)

**dithionate** *n* (Chem) / Dithionat *n* (Salz der Dithionsäure)

**dithionic acid*** (Chem) / Dithionsäure *f*, Unterdischwefelsäure *f*

**dithionite** *n* (Chem) / Dithionit *n* (Salz der dithionigen Säure)

**dithionous acid** (Chem) / dithionige Säure (in freiem Zustand nicht bekannte zweibasige Säure)

**dithio-oxamide*** *n* (Chem) / Dithiooxamid *n*, Rubeanwasserstoffsäure *f*, Rubeanwasserstoff *m*

**dithiophosphate** *n* (Chem) / Dithiophosphat *n* ‖ **~ ester** (Chem) / Dithiophosphorsäureester *m*

**dithioTEPP*** *n* (Chem) / Sulfotep *n* (Insektizid und Akarizid)

**dithiothreitol** *n* (Biochem) / Dithiothreit *n* (1,4-Dimercapto-2,3-butandiol)

**dithizone** *n* (Chem) / Dithizon *n*, 1,5-Diphenyl-thiocarbazon *n* (ein Schwermetallionen-Reagens)
**diititanium trioxide** (Chem) / Titan(III)-oxid *n*
**ditrigonal** *adj* (Crystal) / ditrigonal *adj*
**Dittus-Boelter equation*** (Heat) / Dittus-Boelter-Beziehung *f*
**ditungsten carbide** (Chem) / Wolframdikarbid *n*, Wolframdicarbid *n* (W₂C) ‖ **~ carbide** (Chem) / Diwolframkarbid *n*, Diwolframcarbid *n*
**DIU** (digital interface unit) (Teleph) / digitale Schnittstelleneinheit, DIU (digitale Schnittstelleneinheit)
**diundecylphthalate** *n* (Chem) / Diundecylphthalat *n*, Diundecylphthalat *n*, DUP (DIN 7723)
**di-unsaturated** *adj* (Chem) / doppelt ungesättigt, zweifach ungesättigt
**diuretic*** *n* (Pharm) / harntreibendes Mittel, Diuretikum *n* (pl. -tika) ‖ **~** *adj* (Pharm) / harntreibend *adj*, wassertreibend *adj*, diuretisch *adj*
**diurnal*** *adj* / Tages-, täglich *adj*, diurnus *adj*, diurnal *adj* ‖ **~ aberration** (Astron) / tägliche Aberration ‖ **~ arc** (Astron) / Tagbogen *m* ‖ **~ motion** (Astron) / die scheinbare Bewegung der Himmelssphäre im Verlauf eines Tages in Ost-West-Richtung, verursacht durch die in umgekehrter Richtung erfolgende Erdrotation) ‖ **~ parallax*** (Astron) / tägliche Parallaxe ‖ **~ rhythm** (Biol) / 24-Stunden-Rhythmus *m*, zirkadiane Rhythmik, circadiane Rhythmik, Tag-Nacht-Rhythmus *m* ‖ **~ rhythm** (Biol) s. also biological clock ‖ **~ tide** (Ocean) / eintägige Gezeit, Eintagstide *f*, Tagesgezeit *f*
**diuron** *n* (Agric, Chem) / Diuron *n* (ein Harnstoffherbizid)
**divacancy** *n* (Crystal) / Doppelleerstelle *f* (eine Punktfehlstelle)
**divalent*** *adj* (having a valency of two) (Chem) / zweiwertig *adj*, bivalent *adj*
**divariant** *adj* (Phys) / zweifachfrei *adj*, bivariant *adj*, divariant *adj*, mit zwei Freiheitsgraden
**dive** *v* / tauchen *v*, eintauchen *v* ‖ **~** (Aero) / im Sturzflug fliegen ‖ **~*** *n* (Aero) / Sturzflug *m*, Stechflug *m* ‖ **~ brake** (Aero) / Sturzflugbremse *f*, Stechflugbremse *f* ‖ **~-recovery flap*** (Aero) / Sturzflugbremse *f*, Sturzflugklappe *f* (um ein Flugzeug aus einer Sturzfluglage in die normale Fluglage zurückzubringen)
**diverge** *v* / divergieren *v*, auseinander laufen *v*, auseinander gehen *v*, auseinander streben *v* ‖ **~ vt** (Optics) / zerstreuen *vt*
**divergence*** *n* (Aero) / angefachte aperiodische Bewegung ‖ **~** (Arch) / Divergenz (um ein Bauwerk aus der perspektivischen Einengung zu befreien) ‖ **~*** (Bot) / Divergenz *f* (unterschiedlich verlaufende, zur Artbildung führende Entwicklung bei Nachkommen einer gemeinsamen Stammform) ‖ **~** (Elec Eng) / Divergenz *f* (der elektrischen Verschiebungsdichte) ‖ **~** (Maths) / Divergenz *f* (das Auseinanderstreben von Folgen und Reihen, das Nichtvorhandensein von Grenzwerten) ‖ **~** (Maths, Optics) / Divergenz *f* (das Auseinanderstreben von Lichtstrahlen, div ~*** (Meteor) / Divergenz *f* (das Auseinanderströmen des Windes), Strömungsdivergenz *f* ‖ **~** (Nuc) / Divergenz *f*, divergierende Kettenreaktion (beim Durchgehen des Reaktors) ‖ **~** (Ocean) / Divergenz *f* (Strömungsgrenze, entlang der sich ein Strom teilt) ‖ **~*** (Phys) / Divergenz *f* (in der Vektoranalysis) ‖ **~ angle*** (Electronics, Optics) / Divergenzwinkel *m* ‖ **~ line** (Meteor) / Divergenzlinie *f* ‖ **~ theorem** (Maths) / Integralsatz *m* von Gauß, Gauß-Ostrogradski'scher Integralsatz (nach M. W. Ostrogradski, 1801 - 1862), Gauß'scher Integralsatz ‖ **~ theorem*** (Maths) / Gauß'scher Satz der Vektoranalysis, Gauß-Ostrogradski'sche Formel ‖ **~ zone** (Geol) / Divergenzzone *f*
**divergency** *n* (Optics) / Divergenz *f* (das Auseinanderstreben von Lichtstrahlen), div
**divergent*** *adj* / divergent *adj*, divergierend *adj* ‖ **~** (Crystal) / radialstrahlig *adj*, radialstengelig *adj*
**divergent*** *adj* (nuclear chain reaction) (Nuc) / divergent *adj*, überkritisch *adj*
**divergent cone** (Autos) / Expansionskegel *m* (in der Auspuffanlage) ‖ **~ evolution*** (Bot) / Divergenz *f* (unterschiedlich verlaufende, zur Artbildung führende Entwicklung bei Nachkommen einer gemeinsamen Stammform) ‖ **~ lens*** (Optics) / Zerstreuungslinse *f* ‖ **~ lens*** (Optics) / Minusglas *n*, Konkavglas *n* (in der Augenoptik) ‖ **~ nozzle*** (Eng) / divergierende Düse, erweiterte Düse ‖ **~ plate boundary** (Geol) / divergierende (Krusten produzierende) Plattengrenze ‖ **~ plate boundary** (Geol) / Divergenzzone *f* ‖ **~ route** (Rail) / Zweiggleis *n* ‖ **~ sequence*** (Maths) / divergente Folge ‖ **~ series*** (Maths) / divergente Reihe
**diverging lens** (Optics) / Zerstreuungslinse *f* ‖ **~ lens** (Optics) / Minusglas *n*, Konkavglas *n* (in der Augenoptik) ‖ **~ meniscus** (Optics) / streuender Meniskus, zerstreuender Meniskus ‖ **~ outlet** (of a delta) (Geog) / Deltaarm *m*, Flussarm *m* (in einem Delta) ‖ **~ points** (Rail) / Trennungsweiche *f*
**diversification** *n* (Work Study) / Diversifikation *f* (gezielte Ausweitung des Produktions- und/oder Absatzprogramms)
**diversion** *n* / Verlagerung *f* (des Verkehrs) ‖ **~** (Aero, Autos) / Umleitung *f* (des Verkehrs) ‖ **~** (an alternative route for use by traffic when the usual road is temporarily closed) (Autos) / Umleitung *f* ‖ **~** (Build, Hyd Eng) / Umführung *f*, Umleitung *f* (einer Strömung), Bypass *m*, Bypassleitung *f*, Nebenleitung *f* (z.B. in Turbinentriebwerken) ‖ **~** (Hyd Eng) / Verlegung *f* (eines Wasserlaufs)
**diversionary landing** (Aero) / Ausweichlandung *f*
**diversion cut*** (Hyd Eng) / Umgehungskanal *m*, Umleitungskanal *m* ‖ **~ dam** (a barrier constructed across a stream to divert all or some of the water into another channel or water supply conduit) (Hyd Eng) / Überleitungsdamm *m*, Damm *m* zur Umleitung eines Flusses, Damm *m* zur Flussabzweigung, Damm *m* zur Ableitung eines Flusses ‖ **~ tunnel** (Hyd Eng) / Umleitungsstollen *m* (der oft das Triebwasser zum Maschinenhaus einer Wasserkraftanlage zuführt) ‖ **~ weir** (Hyd Eng) / Entnahmewehr *n* (z.B. für die Bewässerung)
**diversity*** *n* (Biol, Ecol) / Artendiversität *f* (Artenmannigfaltigkeit eines Lebensraumes im Verhältnis zu den Individuenzahlen), Diversität *f* (von Arten), Artenvielfalt *f*, Artenreichtum *m*, Biodiversität *f* (Vielfalt der Arten in einem bestimmten Ökosystem) ‖ **~** (Radar) / Wechselbetrieb *m* (abwechselnder Betrieb eines Systems mit mehreren ähnlichen Teilen oder Verfahren, eventuell mit Auswahl des günstigsten) ‖ **~** (Radio) / Diversity-Übertragung *f*, Diversity *f* (gleichzeitig mehrfache Übertragung von Nachrichten) ‖ **~** (Radio) / Diversität *f*, Diversity *f* (Raum-, Frequenz-, Polarisations- und Winkel-) ‖ **~ antenna*** (Radio) / Diversity-Antenne *f* ‖ **~ factor*** (Elec Eng) / Abweichungsfaktor *m*, Verschiedenheitsfaktor *m* (Kehrwert des Gleichzeitigkeitsfaktors - ein Kraftwerkkennwert) ‖ **~ ratio** (Light) / Variationsbereich *m* (der Beleuchtungsstärke) ‖ **~ reception*** (the use of two or more radio receivers, each being connected to different antennas, to improve the signal level) (Radio) / Mehrfachempfang *m*, Diversity-Empfang *m* (im Überseefunkverkehr)
**divers' palsy*** (Taucherkrankheit *f* (eine Luftdruckkrankheit) ‖ **~ paralysis*** (Taucherkrankheit *f* (eine Luftdruckkrankheit)
**divert** *v* / vorbeiführen *v*, umführen *v*, umgehen *v* (Partizip: umgangen - durch Umgehungs- oder Nebenschlussleitungen), umleiten *v* ‖ **~** / verlagern *v* (Verkehr) ‖ **~** (Hyd Eng) / verlegen *v* (einen Wasserlauf) ‖ **~** (Telecomm) / umleiten *v* (Verkehr)
**diverted flight** (Aero) / umgeleiteter Flug ‖ **~ time** (Work Study) / Zeit *f* für auftragsfremde Tätigkeit
**diverter*** *n* (Elec Eng) / Nebenschlussdämpfungswiderstand *m* ‖ **~** (Hyd Eng) / Wasserentnahmeberechtigter *m* ‖ **~** (Nuc Eng) / Divertor *m* ‖ **~** (Oils) / Diverter *m* ‖ **~ relay*** (Elec Eng) / Nebenschlussrelais *n* (bei bestimmten Schutzarten) ‖ **~ switch** (Elec Eng) / Lastumschalter *m* (der den Strom führen und auf die vorgewählte Anzapfung umschalten kann)
**divertor*** *n* (Nuc Eng) / Divertor *m* ‖ **~** (Phys) / magnetische Ablenkvorrichtung
**divide** *v* / zerteilen *v*, teilen *v*, einteilen *v* ‖ **~** (Eng) / teilen *v* (mit der Teileinrichtung) ‖ **~** (Maths) / teilen *v*, dividieren *v* ‖ **~** *n* (US) (Hyd Eng) / Wasserscheide *f* (Grenzlinie zwischen zwei Abfluss- oder Niederschlagsgebieten)
**divided bearing*** (Eng) / geteiltes Lager
**divided-chamber-type diesel engine** (I C Engs) / Dieselmotor *m* mit geteilten Brennräumen (z.B. Wirbelkammer- oder Luftspeicher-)
**divided circuit** (Elec Eng, Teleg) / verzweigter Stromkreis, abgezweigter Stromkreis ‖ **~ difference** (Maths) / Steigung *f* (Differenzenquotient), Differenzenquotient *m* ‖ **~ driveshaft** (Autos) / geteilte Kardanwelle, zweiteilige Kardanwelle ‖ **~ highway** (Autos) / Autoschnellstraße *f* mit Richtungsfahrbahnen ‖ **~ highway** (US) (Autos) / Straße *f* mit getrennten Fahrbahnen (meistens eine Fernverkehrsstraße) ‖ **~ pitch** (Eng) / Teilsteigung *f* (mehrgängiger Schnecken) ‖ **~ prop shaft** (Autos) / geteilte Kardanwelle, zweiteilige Kardanwelle ‖ **~ winding*** (Elec Eng) / Wicklung *f* mit parallelen Zweigen
**dividend*** *n* (Maths) / Dividend *m*, Teilungszahl *f* (die durch eine andere Zahl geteilt werden kann)
**divider** *n* / Trennwand *f*, Trennelement *n* (in einem Container) ‖ **~** (Agric) / Halmteiler *m* (am Schneidwerk der Halmfruchterntemaschinen) ‖ **~** (Build) / Raumteiler *m* ‖ **~*** Elec Eng) / Teiler *m* (Frequenzteiler, Spannungsteiler) ‖ **~** (Elec Eng) / Dividierschaltung *f*, Divisionsschaltung *f* ‖ **~** (Eng) / Teilapparat *m* ‖ **~** (Optics) / Teiler *m* (der nur einen Teil des Lichts durchlässt) ‖ **~** (Rail) / Schottwand *f*, Zwischenwand *f* ‖ **~** (Textiles) / Verteilplatine *f* (die den zugeführten Faden über den Nadelschäften in Schleifen legt) ‖ **~** (Textiles) / Florteilapparat *m* (bei Teppichen)
**dividers** *pl* / Spitzzirkel *m* (Messwerkzeug in Zirkelform mit zwei geraden, spitzen Schenkeln zum Markieren und Übertragen von Maßen auf Blechen und Metallteilen) ‖ **~*** Stechzirkel *m* (Zirkel mit Stahlspitze zum Abgreifen und Abtragen der Maße) ‖ **~** (Mining) / Einstriche *m pl* (horizontale Trennbauten in Haupt- und Blindschächten)
**divide symbol** (Maths) / Divisionszeichen *n*

**dividing**

**dividing** n (Eng) / Teilen n (Herstellung von genauen Kreisteilungen) ‖ ~ **amplifier** (Electronics) / Dividierverstärker m (ein Messverstärker) ‖ ~ **apparatus** (Eng) / Teileinrichtung f (an Werkzeugmaschinen) ‖ ~ **box**\* (Cables) / Aufteilungsmuffe f ‖ ~ **circuit** (Elec Eng) / Dividierschaltung f, Divisionsschaltung f ‖ ~ **cut** (For) / Aufteilschnitt m (bei Platten) ‖ ~ **engine**\* (Eng) / Skalenteilmaschine f, Teilmaschine f ‖ ~ **head**\* (Eng) / Teilkopf m (zur Herstellung von genauen Kreisteilungen) ‖ ~ **line** (Met) / Längsteilanlage f, Längsteillinie f ‖ ~ **machine** (Eng) / Skalenteilmaschine f, Teilmaschine f ‖ ~ **network** (Acous) / Lautsprecherweiche f (Netzwerk, bestehend aus C- und L-Gliedern zur Aufteilung der Frequenzbereiche für die einzelnen Teilbereiche der verwendeten Lautsprecher) ‖ ~ **network**\* (Acous) / [elektrische] Weiche f ‖ ~ **plate** (Eng) / Teilscheibe f (des Teilkopfs) ‖ ~ **screw** (Eng) / Teilschnecke f ‖ ~ **shears** (Eng) / Teilschere f ‖ ~ **sinker** (Textiles) / Verteilplatine f (die den zugeführten Faden über den Nadelschäften in Schleifen legt) ‖ ~ **unit** (Comp, Elec Eng) / Dividierwerk n ‖ ~ **wall** (Rail) / Schottwand f, Zwischenwand f
**divi-divi** n (pl. -divis) (Leather) / Dividivi pl (gerbstoffreiche, getrocknete Hülsenfrüchte des Baumes Caesalpinia coriaria (Jacq.) Willd.), Libilibi pl
**diving** n (Aero) / Sturzflug m, Stechflug m ‖ ~ (Autos) / Bremsnicken n, Bremstauchen n ‖ ~ (Hyd Eng) / im Sturzflug ‖ ~**-bell**\* n (Civ Eng) / Taucherglocke f (wiedergewinnbarer Senkkasten) ‖ ~ **gear** / Tauchgerät n ‖ ~ **lock** (Hyd Eng, Ships) / Tauchschleuse f (die aus einem vom Unter- bis in das Oberwasser reichenden Wasserbehälter besteht, in dem sich ein dicht abgeschlossener zylinderförmiger Trog auf- und abbewegt, der das Schiff aufnimmt), Verdrängerschleuse f ‖ ~ **overfall** (Hyd Eng) / unvollkommener Überfall (wenn es nicht zm Schießen kommt) ‖ ~ **rudder** (Ships) / Tiefenruder n, Höhenruder n
**diving-suit** n / Tauchanzug m
**divining rod** (the device used by diviners when locating underground water) / Wünschelrute f
**divinity calf**\* (Bind) / Kalbledereinband m (dunkelbrauner - für theologische Werke) ‖ ~ **circuit binding** (Bind) / Einband m aus weichem Leder mit übergreifenden Kanten (für Bibeln und Gebetbücher)
**divinyl acetylene** (Chem) / Divinylazetylen n (Hexa-1,5-dien-3-in), Divinylacetylen n
**divinylbenzene** n (Chem) / Divinylbenzol n
**divinyl ether** (Chem) / Vinylether m (Ether des im freien Zustand nicht stabilen Vinylalkohols) ‖ ~ **ether** (Chem) / Divinylether m
**divisibility rule** (Maths) / Teilbarkeitsregel f
**divisible** adj / teilbar adj
**division**\* n / Zerteilung f, Teilung f, Einteilung f ‖ ~ \* (Maths) / Division f (eine Grundrechenart) ‖ ~ (Work Study) / Unternehmensbereich m ‖ ~ (Work Study) / Geschäftsbereich m ‖ ~ (Work Study) / Division f (kleine dezentrale quasiautonome Wirtschaftseinheit in einem großen Unternehmen)
**divisional application** / Teilanmeldung f (eine Patentanmeldung)
**division algorithm** (Maths) / Divisionsalgorithmus m
**divisional island** (Autos, Civ Eng) / Fahrbahnteiler m
**divisionalization** n (Work Study) / Divisionalisierung f (des Unternehmens)
**division into lots** (Build) / Ausweisung f, Parzellierung f, Erschließung f (eines neuen Baugebiets) ‖ ~ **of labour** (Work Study) / Arbeitsteilung f ‖ ~ **of polynomials** (Maths) / Polynomdivision f ‖ ~ **plate**\* (Eng) / Teilscheibe f (des Teilkopfs) ‖ ~ **ratio** (Maths) / Teilverhältnis n, Abstandsverhältnis n ‖ ~ **ring** (Maths) / Schiefkörper m, schiefer Körper, Divisionsring m ‖ ~ **ring of quaternions** (Maths) / Quaternionenkörper n ‖ ~ **scale** / Strichskale f (DIN 1319, T 2 und DIN 2257, T 1), Sks ‖ ~ **sign** (Maths) / Divisionszeichen n ‖ ~ **sinker** (Textiles) / Verteilplatine f (die den zugeführten Faden über den Nadelschäften in Schleifen legt) ‖ ~ **transformation** / Division f mit Rest ‖ ~ **unit** (Comp, Elec Eng) / Dividierwerk n ‖ ~ **wall** / Trennwand f (auch in einem Schrank) ‖ ~ **wall** (GB) (Build) / Brandmauer f, Brandwand f (die das ganze Haus durchzieht), Feuerwand f (A) (mindestens brandbeständige Trennwand zur Bildung von Brandabschnitten) ‖ ~ **wall** s. also party wall ‖ ~ **with remainder** (Maths) / Division f mit Rest
**divisor**\* n (Maths) / Teiler m, Divisor m ‖ ~ **of zero** (Maths) / Nullteiler m
**divorced pearlite** (Met) / kugeliger (eingeformter) Perlit
**Dixon rings** (Chem Eng) / Dixon-Ringe m pl (Raschig-Ringe mit Mittelsteg - Füllkörper einer Rektifiziersäule)
**DIY kit** / Bastler-Bausatz m
**djave butter** (Nut) / Djavefett n (aus den Samenkörnern des Baumes Mimusops elengi L.), Djavebutter f, Adjabbutter f
**djenkolic acid** (Chem) / Djenkolsäure f (nichtproteinogene Aminosäure aus der Djenkolbohne)
**DL** (data link) (Comp) / Übermittlungsabschnitt m, Datenübermittlungsabschnitt m ‖ ≙ (diode laser) (Electronics) / Laserdiode f (eine Halbleiterdiode), Diodenlaser m, LD (Diodenlaser) ‖ ≙ (diode logic) (Electronics) / Diodenlogik f (eine mit Dioden realisierte Digitalschaltung), DL (Diodenlogik)
**D-layer**\* n (the lowest layer of the ionosphere, between altitudes of 60 and 90 km) (Geophys, Meteor, Radio) / D-Schicht f (der Ionosphäre)
**D-L configuration** (Chem) / D-L-Konfiguration f, D-L-Konvention f (Konfigurationsbezeichnung nach E. Fischer)
**dl-configuration** n (Chem) / D-L-Konfiguration f, D-L-Konvention f (Konfigurationsbezeichnung nach E. Fischer)
**D-L convention** (Chem) / D-L-Konfiguration f, D-L-Konvention f (Konfigurationsbezeichnung nach E. Fischer)
**DLIM** (double-sided linear induction motor) (Elec Eng) / zweiseitiger linearer Induktionsmotor, doppelseitiger linearer Induktionsmotor ‖ ≙ (double-sided linear motor) (Elec Eng) / doppelseitiger Linearmotor, zweiseitiger Linearmotor
**d-limonene** n (Chem) / D-Limonen n (in Kümmel-, Zitronen- und Pomeranzenschalenöl)
**D-lines**\* pl (of sodium, in sodium) (Spectr) / Natrium-D-Linien f pl, Na-D-Linien f pl
**D-link** (Rail) / Kupplungsbügel m (der Schraubenkupplung)
**DLL** (dynamic link library) (Comp) / Laufzeitbibliothek f
**DL layer** (data-link layer) (Comp, Telecomm) / Sicherungsschicht f (Übertragungssteuerung, abschnittsweise Fehlerüberwachung, Block- und Rahmensynchronisation - Schicht 2 im OSI-Referenzmodell, DIN ISO 7498), Verbindungsschicht f (im OSI-Referenzmodell), Verbindungssicherungsschicht f, Sicherungsschicht f
**DLP** (Digital Light Processing) (Cinema, Comp) / DLP-Technologie f
**D/L system** (Chem) / D/L-System n (zur Beschreibung der absoluten Konfiguration von Aminosäuren und Kohlenhydraten)
**DLVO theory** (Chem) / DLVO-Theorie f (der elektrostatischen Abstoßung gleichsinnig aufgeladener Tröpfchen in Emulsionen)
**DM** (US) (adamsite) (Chem, Mil) / Adamsit m (ein alter Kampfstoff) ‖ ≙ (docking module) (Space) / Kopplungseinheit f
**DMA** (disodium methylarsonate) (Chem, Pharm) / Dinatriummethylarsonat n ‖ ≙ (direct memory access) (Comp) / direkter Speicherzugriff, Direktspeicherzugriff m, DMA (direkter Speicherzugriff)
**D-MAC** n (TV) / D-MAC n (Variante D von MAC)
**D2-MAC** n (TV) / D2-MAC n (Variante D2 von MAC - internationale Fernsehnorm für das Satellitenfernsehen)
**DMA controller** (a chip located at the motherboard of every PC, performing DMA transfers) (Comp) / DMA-Controller m ‖ ≙ **mode** (Comp) / DMA-Betrieb m
**DMC**\* (dough moulding compound) (Plastics) / Alkydpressmasse f
**DMD**\* (digital micromirror device) (Comp) / DMD-Chip m ‖ ≙ (directory management domain) (Telecomm) / Versorgungsbereich m eines Verzeichnisses
**DMDAC** (dual MAC ) (Comp) / DMDAC m
**DMDT**\* (methoxychlor) (Chem) / Methoxychlor n (Common name für das Insektizid $C_{16}H_{15}Cl_3O_2$), DMDT (Methoxychlor)
**DME**\* (distance-measuring equipment) (Aero) / Entfernungsmesssystem n (ein Ortungsverfahren mit Standlinie: Kreis) ‖ ≙ (dropping mercury electrode) (Chem) / Quecksilbertropfelektrode f
**DMF**\* (dimethylformamide) (Chem) / Dimethylformamid n, DMF (Dimethylformamid)
**DMI** (desktop management interface) (Comp) / Desktop-Management-Interface n, DMI-Schnittstelle f (Schnittstelle, welche von der DMTF zum Management von an ein Netz angeschlossenen Endstationen definiert wurde), DMI (Desktop-Management-Interface)
**DMI-ready** adj (Comp) / vorbereitet für DMI
**DML**\* (data manipulation language) (Comp) / Datenmanipulationssprache f, Datenhandhabungssprache f, Datenbehandlungssprache f
**DMM** (direct metal mastering) (Acous) / DMM-Technik f (bei der Schallplattenherstellung) ‖ ≙ (digital multimeter) (Elec Eng, Electronics, Instr) / Digitalmultimeter n (elektronisches Vielfachmessgerät), digitales Multimeter, DMM (digitales Multimeter)
**dmmf** / trocken und mineralstofffrei
**DMOS**\* n (double-diffused metal-oxide semiconductor) (Electronics) / Doppeldiffusions-MOS m, DIMOS m (Doppeldiffusions-MOS), DMOS (Doppeldiffusions-MOS)
**DMP** (dimethyl phthalate) (Chem) / Phthalsäuredimethylester m (ein Insektenrepellent), Dimethylphthalat n (DIN 7723), DMP (Dimethylphthalat)
**DMS** (dimethyl sulphide) (Chem) / Dimethylsulfid n, DMS (Dimethylsulfid)
**DMSO** (dimethyl sulphoxide) (Chem) / Dimethylsulfoxid n, Methylsulfonylmethan n, DMSO (Dimethylsulfoxid) ‖ ≙ **lignin** (Bot) / DMSO-Lignin n

**DMS oxidation** (Chem) / DMS-Oxidation f, Dimethylsulfidoxidation f
**DMT** (dimethyl terephthalate) (Chem) / Dimethylterephthalat n, Terephthalsäuredimethylester m, DMT (Dimethylterephthalat) ‖ ~* (dot-matrix printer) (Comp) / Matrixdrucker m, Rasterdrucker m, Mosaikdrucker m
**DMTF** (Desktop Management Task Force) (Comp) / Desktop Management Task Force f (eine Gruppe von Herstellern, die ein Netzwerkmanagementsystem für das Management auch der Endgeräte entwickelt hat), DMTF (Desktop Management Task Force)
**DMTT** (dazomet) (Chem) / Dazomet n (gegen Nematoden, zur Bodenentseuchung, gegen keimende Unkräuter), DMTT (gegen Nematoden, zur Bodenentseuchung, gegen keimende Unkräuter)
**DMU** (dimethylurea) (Chem) / Dimethylharnstoff m
**DN** (data network) (Comp) / Datennetz n (DIN 44302), DN (Datennetz) ‖ ~ (diameter norm) (Eng) / Nennweite f, NW (Nennweite), DN (Nennweite) ‖ ~ (delayed neutrons) (Nuc Eng) / verzögerte Neutronen (diejenigen Neutronen, die nicht unmittelbar bei der Kernspaltung entstehen)
**DNA** (deoxyribonucleic acid) (Biochem, Gen) / Desoxyribonukleinsäure f, DNS f (Desoxyribonukleinsäure), Desoxyribonukleinsäure f, DNA (Desoxyribonucleinsäure) ‖ ~ **amplification** (Gen) / DNA-Amplifikation f, DNS-Amplifikation f
**DNAase** n (Biochem) / DNA spaltendes Enzym, DNS spaltendes Enzym
**DNA-binding protein** (Gen) / DNA bindendes Protein, DNS bindendes Eiweiß
**DNA blotting** (Gen) / Southern-Blotting n (die von E.M. Southern /geb. 1938/ entwickelte Methode zur Lokalisierung und Identifizierung von klonierten und genomischen DNA-Fragmenten mit Hilfe der Hybridisierungstechnik), Southern-Transfer m ‖ ~ **cloning** (Gen) / DNS-Klonierung f ‖ ~ **fingerprint** (Gen) / DNA-Fingerprint m, DNS-Fingerabdruck m ‖ ~ **fingerprinting** (Gen) / DNA-Fingerprinting n, DNS-Fingerabdruckverfahren n ‖ ~ **methylation** (by methylating enzymes) (Gen) / DNA-Methylierung f, DNS-Methylierung f ‖ ~ **microarray** (Biol, Comp, Electronics) / Genchip m ‖ ~ **polymerase** (Biochem, Gen) / DNS-Polymerase ‖ ~ **profiling** (Gen) / DNA-Fingerprinting n, DNS-Fingerabdruckverfahren n ‖ ~ **repair enzyme** (Gen) / Reparaturenzym n (das Teilschritte des Reparaturprozesses katalysiert), Repair-Enzym n
**DNase** n (deoxyribonuclease) (Biochem) / Desoxyribonuclease f, Desoxyribonuklease f (eine Hydrolase), Dornase f, DNase f
**DNB** (departure from nucleate boiling) (Nuc Eng) / beginnende kritische Wärmestromdichte, Siedekrisis f, kritische Überhitzung, DNB (beginnende kritische Wärmestromdichte)
**DNBP** (dinoseb) / Dinoseb n (Common name von 2,4-Dinitro-6-sec.-butylphenol)
**DNBR** (departure from nucleate boiling ratio) (Nuc Eng) / Siedeabstand m
**DNC** (dinitrocresol) (Agric, Chem) / Dinitrokresol n, Dinitrocresol n, DNOC (Dinitrocresol als Herbizid und Ovizid), Dinitroorthokresol n, Gelbspritzmittel n ‖ ~ (distributed numerical control) (Automation, Comp) / verteilte numerische Steuerung ‖ ~ (direct numerical control) (Comp) / direkte numerische Steuerung, numerische Direktsteuerung, Rechnerdirektsteuerung f, DNC, DNC-Betrieb m (numerische Steuerung online mit übergeordnetem Prozessrechner)
**D.N. draft** (Spinning) / Intersekting n, Intersekting-Nadelstrecke f, Doppel-Nadelstabstrecke f
**dneprovskite** n (Min) / Holzzinn n (ein ehemals gelförmiger, aber stets feinkristallin gewordener Zinnstein in glaskopfartigen Massen, oft mit achatartiger heller und dunkler brauner Bänderung)
**D network** (Telecomm) / D-Netz n
**DNF** (2,4-dinitrofluorobenzene - Sanger's reagent) (Chem) / Sanger'sches Reagens (1-Fluor-2,4-dinitrobenzol zum Nachweis von Aminosäuren und Proteinen - nach F. Sanger, geb. 1918)
**DNOC** (dinitrocresol) (Agric, Chem) / Dinitrokresol n, Dinitrocresol n, DNOC (Dinitrocresol als Herbizid und Ovizid), Dinitroorthokresol n, Gelbspritzmittel n
**DNOPC** (dinocap) (Agric, Chem) / Dinocap n (ein Akarizid und Fungizid), DNOPC (Dinocap)
**DNOSBP** / Dinoseb n (Common name von 2,4-Dinitro-6-sec.-butylphenol)
**DNR** (digital noise reduction) (Acous) / digitale Rauschminderung
**DNS** (domain name system) (Comp) / Domänenname-System n (übersetzt die für den Benutzer leichter zu merkenden Namen von Internet-Rechnern in numerische Adressen, so genannte IP-Nummern), Domänen-Namensystem n, DNS (Domänennamen-System)
**DNSBP** (dinoseb) / Dinoseb n (Common name von 2,4-Dinitro-6-sec.-butylphenol)

**DNS spoofing** (Comp) / DNS-Spoofing n (Begriff aus der Szene der Hacker), IP-Spoofing (Begriff aus der Szene der Hacker)
**DNT** (dinitrotoluene) (Chem) / Dinitrotoluol n
**d/o** / Auslieferungsschein m, Ablieferungsschein m, Lieferschein m (die schriftliche Anweisung des Wareneigentümers an den Lagerhalter zur Auslieferung von Waren an den im Lieferschein Bezeichneten)
**DOA** (direction of arrival) (Radar, Radio) / Einfallsrichtung f (aus der die Strahlung eintrifft)
**doable** adj / machbar adj ‖ ~ s. also feasible
**doat** n (For) / Verstockung f (durch Pilzbefall bei Laubbäumen)
**dobbie** n (Weaving) / Schaftmaschine f, Dobby m (eine zusätzliche Fachbildevorrichtung an der Webmaschine)
**dobbin** n (Ceramics) / Karuselltrockner m
**dobby** n (Weaving) / Schaftgewebe n ‖ ~* (Weaving) / Schaftmaschine f, Dobby m (eine zusätzliche Fachbildevorrichtung an der Webmaschine) ‖ ~ **fabric*** (Weaving) / Schaftgewebe n ‖ ~ **for lifting** (Weaving) / Schaftmaschine f ‖ ~ **for lowering** (Weaving) / Schaftmaschine f für Tieffach ‖ ~ **head** (Weaving) / Schaftmaschine f, Dobby m (eine zusätzliche Fachbildevorrichtung an der Webmaschine) ‖ ~ **loom** (Weaving) / Schaftwebstuhl m, Schaftwebmaschine f
**dobby-patterned** adj (Weaving) / schaftgemustert adj
**dobby weaving** (Weaving) / Schaftweberei f (mit Schäften, die durch eine Schaftmaschine gesteuert werden)
**dobe** n (US) (Geol) / Adobe m (in tropischen Ländern vorkommende Lehmart zur Herstellung luftgetrockneter Ziegel)
**Do body** (of DO statement) (Comp) / Schleifenrumpf m (einer Programmschleife)
**Dobson spectrophotometer*** (Meteor, Phys) / Spektralfotometer n nach Dobson (zur Bestimmung des Ozongehalts der Erdatmosphäre) ‖ ~ **unit** / Dobson-Einheit f (der Ozonmenge - nach G.M.B. Dobson, 1889 -1976), DU (Dobson-Einheit)
**doc** (document) (Comp) / Beleg m
**DOC** (dissolved organic carbon) (San Eng) / gelöster organischer Kohlenstoff (der Anteil an organischem Kohlenstoff in Gewässern, der durch einen spezifizierten Filtrationsschritt nicht entfernt werden kann - ISO 6107/5), DOC
**docimasia** n (Min) / Dokimasie f (Analyse von Edelmetallen in Erzen), Dokimastik f, Probierkunst f
**dock** v (For) / abkappen v (Rundholz, Bretter, Bohlen), kappen v (Rundholz, Bretter, Bohlen) ‖ ~* (For) / querschneiden v (nur Infinitiv oder Partizip), ablängen v (Rund- oder Schnittholz in Abschnitte bestimmter Länge zerteilen) ‖ ~ (Space) / andocken v (Raumfahrzeuge), ankoppeln v (Raumfahrzeuge) ‖ ~ (Work Study) / kürzen v (Lohn) ‖ ~ vi (Ships) / docken v, ins Dock gehen ‖ ~ vt (Ships) / docken vt, eindocken v, ins Dock bringen ‖ ~ n (Aero) / Montageplatz m ‖ ~ (Ships) / Dock n (auf Schiffswerften)
**docker** n (Ships) / Schauermann m (der im Laderaum arbeitet)
**dock gate** (Ships) / Docktor n ‖ ~ **harbour** (Hyd Eng) / Schleusenhafen m ‖ ~ **harbour** (Ocean, Ships) / Dockhafen m (gegen das Meer durch eine Schleuse abgeschlossener Seehafen an Küsten mit hohen Tidenhüben)
**docking** n (Chem) / Docking n (Einpassen von Substraten in Rezeptoren beim Molecular Modelling) ‖ ~ (Comp) / Docking n (Einschieben eines Laptops in die Dockingstation) ‖ ~* (Space) / Docking n (Ankopplung eines Raumfahrzeuges an ein anderes), Kopplung f, Ankopplung f ‖ ~ **manoeuvre** (Space) / Dockingmanöver n, Kopplungsmanöver n ‖ ~ **module** (Space) / Kopplungseinheit f ‖ ~ **orbit** (Space) / Rendezvousbahn f ‖ ~ **ring** (Space) / Kopplungsring m ‖ ~ **saw** (Carp, For) / Kappsäge f ‖ ~ **station** (stationary device to connect notebooks or laptops to networks or peripheral devices, as e.g. large monitors, printers, etc.) (Comp) / Dockingstation f ‖ ~ **system** (Space) / Kopplungsmechanismus m ‖ ~ **unit** (Space) / Kopplungseinheit f
**dockland** n / Gelände n um die Docks, Hafenviertel n
**dock out** v (Ships) / ausdocken v
**dockship** n (Mil, Ships) / Dockschiff n
**dockside crane** / Kaikran m, Hafenkran m ‖ ~ **shed** (Ships) / Kaischuppen m, Hafenschuppen m
**dock trial** (Ships) / Standprobe f, Standerprobung f (von Schiffsmaschinen) ‖ ~ **up** v (Ships) / aufdocken v ‖ ~ **worker** (Ships) / Schauermann m (der im Laderaum arbeitet)
**dockyard** n (a naval establishment where ships are equipped, repaired, and maintained) (Ships) / Werft f, Schiffswerft f
**docosahexaenoic acid** (Chem) / Docosahexaensäure f (eine Omega-3-Fettsäure), Dokosahexaensäure f (sechsfach ungesättigte, unverzweigte Fettsäure)
**docosanoic acid** (Chem) / Behensäure f, Dokosansäure f, Docosansäure f

**docosapentaenoic**

**docosapentaenoic acid** (Chem) / Klupanodonsäure *f* (ein fünffach ungesättigte, unverzweigte Fettsäure), Clupanodonsäure *f* (4,8,12,15,19-Docosapentaensäure)
**doctor** *v* / verfälschen *v* (Belege, Tonbänder) ‖ ~ / frisieren *v* (z.B. Zahlenangaben) ‖ ~ (Nut) / panschen *v* (Wein) ‖ ~ (Print, Textiles) / rakeln *v* ‖ ~* *n* (Paper) / Abstreichmesser *n*, Rakel *f*, Pressschaber *m* ‖ ~* (Print) / Rakel *f* (eine Vorrichtung an Tiefdruckmaschinen) ‖ ~ (Textiles) / Rakel *f* (Rakelmesser, Streichrakel, Rollrakel) ‖ **apply with a ~ blade** / aufrakeln *v* ‖ ~ **bar** / Rakelmesser *n* (bei Klebeaggregaten) ‖ ~ **blade** / Rakelmesser *n* (bei Klebeaggregaten) ‖ ~ **blade** (Print) / Rakel *f* (eine Vorrichtung an Tiefdruckmaschinen)
**doctor-blade photogravure** (Print) / Rakeltiefdruck *m*
**doctor broke** (Paper) / Pressenausschuss *m* (an den Pressschabern bei Abriss anfallender Ausschuss) ‖ ~ **coating** (Paper) / Rakelauftrag *m* (von zähen Veredlungsmassen) ‖ ~ **dust** (Paper) / Schaberstoff *m*, Schabstoff *m* ‖ ~ **finish** (Textiles) / Rakelappretur *f*, Streichappretur *m*
**doctoring** *n* / Doctoring *n* (Versilbern kleiner Flächen)
**doctor knife** (Print) / Rakel *f* (eine Vorrichtung an Tiefdruckmaschinen) ‖ ~ **knife*** (Textiles) / Rakelmesser *n* (geschliffene Metallschiene, die von den Druckwalzen der Rouleaux-Maschine die überflüssige Farbe abstreicht) ‖ ~ **knife*** (Textiles) s. also doctor ‖ ~ **marks** (Paper) / Schabermarkierung *f*, Schaberriefen *f pl* ‖ ~ **off** *v* / abschaben *v* (mit der Rakel), abrakeln *v* ‖ ~ **ridges** (Paper) / Schabermarkierung *f*, Schaberriefen *f pl* ‖ ~ **solution** (Oils) / Doktorlösung *f*, Doctorlösung *f* (Natriumplumbitlösung) ‖ ~ **streak** (Textiles) / Rakelstreifen *m* ‖ ~ **sweeting** (Oils) / Doktorverfahren *n*, Doctorverfahren *n* (ein Süßungsverfahren zur Geruchsverbesserung von Destillat- oder Krackbenzinen) ‖ ~ **test*** (Oils) / Doktortest *m*, Doctortest *m* (DIN 51765) ‖ ~ **treatment** (Oils) / Doktorverfahren *n*, Doctorverfahren *n* (ein Süßungsverfahren zur Geruchsverbesserung von Destillat- oder Krackbenzinen)
**document** *n* (Comp) / Beleg *m*
**documentalist** *n* / Dokumentar *m*, Dokumentalist *m*
**document analysis** (Comp) / Dokumentanalyse *f*
**documentary** *n* (Cinema) / Dokumentarfilm *m* (als Gattung des Films), dokumentarischer Film ‖ ~ **data bank** (Comp) / Dokumentationsdatenbank *f* ‖ ~ **film** (Cinema) / Dokumentarfilm *m* (als Gattung des Films), dokumentarischer Film ‖ ~ **language** (Comp) / Dokumentationssprache *f* ‖ ~ **letter of credit** / Dokumentenakkreditiv *n* (ein Geschäftsbesorgungsauftrag nach 675 BGB)
**documentation*** *n* / Dokumentation *f* (Zusammenstellung, Ordnung und Nutzbarmachung von Dokumenten und Materialien jeder Art), Informationswesen *n*
**document body** / Hauptteil *m* des Dokuments, Hauptteil *m* des Belegs
**document-centred** *adj* (Comp) / dokumentorientiert *adj*, dokumentenzentriert *adj*
**document-centric** *adj* (Comp) / dokumentorientiert *adj*, dokumentenzentriert *adj*
**document delivery** (Comp) / Dokumentlieferung *f* ‖ ~ **description language** (for describing the structure and contents of a document , for example Interpress and DDL) (Comp) / Dokumentbeschreibungssprache *f*
**document-destroying machine** (Paper) / Aktenvernichtungsmaschine *f* (DIN 32 757), Reißwolf *m*, Aktenvernichter *m*, Papierwolf *m*
**document export** (into a different system environment) (Comp) / Dokumentenexport *m* ‖ ~ **flow** (Work Study) / Belegfluss *m* ‖ ~ **glass** (Glass) / Dokumentenglas *n* (das UV-Strahlen absorbiert) ‖ ~ **handling** (Comp) / Dokumentverarbeitung *f*, Belegverarbeitung *f* (z.B. Schecks, Zahlungsanweisungen usw.) ‖ ~ **image processing** (Comp) / elektronische Dokumentenverwaltung (automatische Bildverarbeitung bei EDI)
**document-managing system** (Comp) / Dokumenten-Management-System (in der Wirtschaftsinformatik), DMS *n* (Dokumenten-Management-System)
**document mark** (Comp) / Dokumentenmarke *f* ‖ ~ **mark** (Comp, Print) / Bildmarke *f* (einbelichtete Markierung, die bei der Verfilmung unter der Mikrokopie einbelichtet wird und von Maschinen gelesen werden kann)
**documentor** *n* (a documentation specialist) (Comp) / Dokumentar *m* (mit einer Fachausbildung)
**document paper** (Paper) / urkundenfähiges Papier (DIN 6730), urkundenechtes Papier (DIN 6730), Urkundenpapier *n* ‖ ~ **pass** (Comp) / Belegdurchlauf *m* ‖ ~ **processing** (Comp) / Dokumentverarbeitung *f*, Belegverarbeitung *f* (z.B. Schecks, Zahlungsanweisungen usw.) ‖ ~ **reader*** (Comp) / Belegleser *m* (der bei der Belegverarbeitung genormte Schriftzeichen erfasst) ‖ ~ **retrieval** (Comp) / Dokumentenretrieval *n* (Form des Retrievals, bei der durch den Suchvorgang Dokumente selektiert werden)

**document-retrieval system** (Comp) / Dokumentenretrieval-System *n* ‖ ~ **system** (Comp) s. also fallout, precision and recall
**documents** *pl* (to be processed) (Comp) / Schriftgut *n* (zur Textverarbeitung)
**document shredder** (Paper) / Aktenvernichtungsmaschine *f* (DIN 32 757), Reißwolf *m*, Aktenvernichter *m*, Papierwolf *m* ‖ ~ **sorter** (Comp) / Belegsortierer *m* ‖ ~ **stop** / Vorlagensperre *f*, Doppelblattsperre *f* (in der Durchlaufkamera) ‖ ~ **to be transmitted** (Telecomm) / Übertragungsvorlage *f*
**document-type definition** (text which describes the structure of a document expressed in the XML markup language) (Comp) / Dokumenttypdefinition *f*, DTD (Dokumententypdefinition)
**document window** (Comp) / Dokumentfenster *n*
**DOD** (displacement on demand) (I C Eng) / Ventilsteuerung *f* mit Zylinderabschaltung ‖ ~ (direct outward dialling) (Teleph) / Vollamtsberechtigung *f*
**dodder oil** / Deutsches Sesamöl, Leindotteröl *n* (aus Camelina sativa /L./ Crantz), Rüllöl *n*, Saat-Leindotteröl *n*, Rapsdotteröl *n*
**dodecagon*** *n* (Maths) / Dodekagon *n*, Zwölfeck *n* ‖ ~* (Maths) / Zwölfkant *n m*
**dodecahedron*** *n* (pl. -s or -hedra) (Crystal, Maths) / Dodekaeder *n* (Polyeder, das von zwölf regelmäßigen Fünfecken begrenzt wird), Zwölfflächner *m*, Zwölfflach *n*
**dodecane** *n* (Chem) / Dodekan *n*, Dodecan *n*
**dodecanoic acid*** (Chem) / Laurinsäure *f*, n-Dodekansäure *f*, Dodecansäure *f*
**dodecanthiol** *n* (Chem) / Dodecylmerkaptan *n*, Dodezylmerkaptan *n*, 1-Dodecanthiol *n*, 1-Dodekanthiol *n*
**dodecavanadate** *n* (Chem) / Dodecavanadat *n*, Dodekavanadat *n*
**dodecene** *n* (Chem) / Dodezen *n*, Dodezylen *n*, Dodecen *n*, Dodecylen *n*
**dodecyl alcohol** (Chem, Pharm) / Laurylalkohol *m*, Dodecan-1-ol *m*, Dodekan-1-ol *n*
**dodecylamine** *n* (Chem) / Dodezylamin *n*, Dodecylamin *n*, Laurylamin *n*
**dodecyl benzene*** (Chem) / Dodezylbenzol *n*, Dodecylbenzol *n* (1-Phenyldodecan)
**dodecylbenzenesulphonate** *n* (Chem) / Dodezylbenzolsulfonat *n* (wichtigste waschaktive Substanz aus der Reihe der Alkylbenzolsulfonate), Dodecylbenzolsulfonat *n*
**dodecyl chloride** (Chem) / Laurylchlorid *n*, Dodezylchlorid *n* (1-Chlordodecan), Dodecylchlorid *n* ‖ ~ **mercaptan** (Chem) / Dodecylmerkaptan *n*, Dodezylmerkaptan *n*, 1-Dodecanthiol *n*, 1-Dodekanthiol *n* ‖ ~ **sodium sulphate** (Biol, Chem, Textiles) / Natriumlaurylsulfat *n*, Natriumdodecylsulfat *n*, Natriumdodezylsulfat *n*, SDS (Natriumlaurylsulfat)
**Dodge crusher** (Eng) / Dodge-Backenbrecher *m*, Backenbrecher *m* mit unten liegender Schwingachse
**dodging*** *n* (Photog) / Abwedeln *n*, Abhalten *n*
**dodine*** *n* (Agric, Chem) / Dodin *n* (N-Dodecylguanidinacetat - ein Fungizid für den Obstbau und den Zierpflanzenanbau)
**Doeblin's condition** (Stats) / Doeblin'sche Bedingung (bei Markov'schen Prozessen)
**doeskin** *n* (Textiles) / Doeskin *m* (eine nicht mehr hergestellte Art Buckskin)
**doff** *v* (Spinning) / abnehmen *v* (volle Spulen)
**doffer** *n* (Spinning) / Abnehmer *m* (der Kammwollkrempel) ‖ ~* (Spinning) / Abnehmer *m* (Arbeiter), Abzieher *m* (Arbeiter) ‖ ~* (Spinning) / Abnehmerwalze *f*, Peigneur *m* ‖ ~ **comb** (Spinning) / Hacker *m* (zur Abnahme des Faservlieses vom Abnehmer der Kammwollkrempel), Hackerkamm *m*, Abnehmerkamm *m*, Fixkamm *m* (der Krempel)
**doffing cylinder** (Spinning) / Abnehmer *m* (der Kammwollkrempel) ‖ ~ **of pirns** (Spinning) / Schussspulenentnahme *f* (DIN 62510)
**dog*** *n* (Build) / Gerüstklammer *f*, Bauklammer *f*, Maurerklammer *f*, Eisenklammer *f* (eine Bauklammer) ‖ ~ (Eng) / Klemmbacke *f*, Spannbacke *f*, Backe *f* (des Futters) ‖ ~ (Eng) / Klaue *f* (der Klauenkupplung) ‖ ~ (Eng) / Schienennagel *m*, Hakennagel *m* ‖ ~* (Eng) / Anschlag *m*, Mitnehmer *m* ‖ ~ (For) / Mitnehmer *m* (der Furnierschälmaschine) ‖ ~ (Mining) / Hund *m* (kleiner kastenförmiger Förderwagen), Hunt *m*, Grubenwagen *m*, Förderwagen *m* (der Grubenbahn), Wagen *m* (Hund) ‖ ~ **bone** (Met) / Hundeknochen *m* (Querschnittsform von rechteckigem Walzgut nach dem Staustich)
**dog-bone model** (of a plastic zone) (Materials) / Hundeknochen-Modell *n* (der plastischen Zone), Dogbone-Modell *n*
**dog button** (Pharm) / Brechnuss *f*, Semen *n* Strychni, Nux *f* vomica (reifer Same des Strychninbaums) ‖ ~ **chuck** (Eng) / Backenfutter *n*, Backenspannfutter *n* ‖ ~ **clutch*** (Eng) / Klauenkupplung *f* (eine formschlüssige Schaltkupplung)
**dog-ear** *n* (Print) / Eselsohr *n* (umgeknickte Ecke einer Seite in einem Buch oder Heft)

**dog-ears** *pl* (Ceramics) / Drachenzähne *m pl* (schuppenförmiges Aufreißen des Tonstranges beim Austritt aus der Strangpresse)
**dog-fight** *n* (Aero, Mil) / Luftkampf *m* (zwischen gegnerischen Jagdflugzeugen)
**dogging carriage** (For) / Spannwagen *m* ‖ ~ **crane** (Foundry) / Zangenkran *m*
**dog guard** (Autos) / Hundeschutzgitter *n* (für Kombis)
**doggy wool** (Textiles) / verzüchtete glänzende Wolle (DIN 60 004)
**dog hair** (Textiles) / Schielhaar *n*, Grannenhaar *n*, Stichelhaar *n* ‖ **~-house*** *n* (Glass) / Einlegevorbau *m* (Nische am Einleegende der Schmelzwanne)
**dog-house** *n* (Oils) / Doghouse *n* (Standort des Bohrmeisters und des Steuerpultes auf der Arbeitsbühne)
**dog-house** *n* (Radio) / Abstimmhäuschen *n* (für Senderantennen), Antennenabstimmhäuschen *n*
**dog-leg** *n* (an abrupt change in course or direction) (Aero) / Verfolgungskurve *f*, Hundekurve *f*, Fluchtkurve *f*, Fliehkurve *f* ‖ ~ (two parallel flights, each rising half a storey, with a half-landing joining them but no well between the strings) (Arch, Build) / gerade, zweiläufige (gegenläufige) Treppe mit Richtungswechsel ‖ ~ (Oils) / scharfer Knick (im Bohrlochverlauf), Dogleg *n*
**dog-legged stair*** (Arch, Build) / gerade, zweiläufige (gegenläufige) Treppe mit Richtungswechsel
**dog-leg path** (Aero) / Verfolgungskurve *f*, Hundekurve *f*, Fluchtkurve *f*, Fliehkurve *f* ‖ ~ **section** (Autos) / Steinschlagblech *n* ‖ ~ **staircase** (Arch, Build) / gerade, zweiläufige (gegenläufige) Treppe mit Richtungswechsel
**dog point** (Eng) / Zapfen *m* (Schraubenende nach DIN 918) ‖ ~ **point** (Eng) / Ansatzspitze *f* (DIN 78)
**dogs** *pl* (Mining) / Aufsetzvorrichtung *f* (Falle)
**dog's ear** (Print) / Eselsohr *n* (umgeknickte Ecke einer Seite in einem Buch oder Heft)
**dogskin** *n* (Leather) / Hundefell *n*
**dog's leg** (Autos) / Steinschlagblech *n*
**dog spike** (Eng) / Schienennagel *m*, Hakennagel *m* ‖ ≈ **Star** (Astron) / Sirius *m* (Hundsstern, Canicula - Hauptstern des Großen Hundes, hellster Stern am Himmel)
**dog's-tooth** (Textiles) / Hahnentritt *m* (ein klassisches Dessin), Hahnentrittmusterung *f*, Hahnentrittmuster *n*, Pied-de-poule *n*
**dogstooth** *n* (Textiles) / Hahnentritt *m* (ein klassisches Dessin), Hahnentrittmusterung *f*, Hahnentrittmuster *n*, Pied-de-poule *n*
**dog-teeth** *pl* (Ceramics) / Drachenzähne *m pl* (schuppenförmiges Aufreißen des Tonstranges beim Austritt aus der Strangpresse)
**dog-tooth** *n* (Aero) / Sägezahn *m* (Tiefensprung in der Vorderkante von Pfeilflügeln, der zur Bildung eines Wirbelbands auf der Tragflügeloberseite führt, wodurch wie durch einen Grenzschichtzaun ein Abwandern der Grenzschicht nach außen verhindert wird) ‖ ~ **spar*** (Min) / gezahnt ausgebildeter skalenoedrischer Kalzit
**dog wheel** (Eng) / Klinkenrad *n*, Sperrrad *n*
**dogwood** *n* (For) / Hartriegel *m* (Cornus sp.)
**DOHC engine** (Autos) / Doppelnockenmotor *m*, Doppelnockenwellenmotor *m*, Motor *m* mit zwei obenliegenden Nockenwellen
**Doherty amplifier** (a radio-frequency linear power amplifier) (Electronics, Telecomm) / Doherty-Verstärker *m* ‖ ≈ **modulation** (Elec Eng, Electronics, Telecomm) / Doherty-Modulation *f* (eine Sonderart der Amplitudenmodulation)
**DOI** (distinctness of image) (Paint) / DOI-Wert *m* (Maßzahl für den Schleier)
**do-it-yourself enthusiast** / Bastler *m*, Heimwerker *m*, Hobbyist *m*, Handyman *m* (pl. -men)
**do-it-yourselfer** *n* / Bastler *m*, Heimwerker *m*, Hobbyist *m*, Handyman *m* (pl. -men)
**do-it-yourself kit** / Bastler-Bausatz *m* ‖ ~ **paint** (Paint) / Do-it-yourself-Lack *m*
**dolarenite** *n* (Geol) / arenitischer Dolomit
**Dolby AC-3** *n* (Acous) / AC-3 *n* (Dolby Digital) ‖ ≈ **Digital** (Acous) / AC-3 *n* (Dolby Digital) ‖ ≈ **method** (Acous) / Dolbysierung *f*, Dolby-Verfahren *n* (zur Verminderung des Störpegels - heute Dolby C oder Dolby Hx Pro) ‖ ≈ **noise reduction** (Acous) / Dolbysierung *f*, Dolby-Verfahren *n* (zur Verminderung des Störpegels - heute Dolby C oder Dolby Hx Pro) ‖ ≈ **Stereo Digital** *n* (Acous, Cinema) / Dolby Stereo Digital ‖ ≈ **stretcher** (audio noise reduction system) (Acous) / Dolby-Stretcher *m* (ein System zur Verminderung des Störpegels auf Tonbändern - nach R.M. Dolby, geb. 1933, benannt - Warenzeichen der Dolby Laboratories Licensing Corporation)
**dold down** *v* / umknicken *v* (Buchseite)
**doldrums*** *pl* (Meteor) / Doldrums *pl* (ein Gebiet mit Windstillen in den Äquatorregionen zwischen Nordost- und Südostpassat), Kalmen *f pl*, Mallungen *f pl*
**dolerite*** *n* (Geol) / Dolerit *m*

**Dolezalek electrometer** (Elec, Instr) / Dolezalek-Elektrometer *n*, Elektrometer *n* nach Dolezalek ‖ ≈ **quadrant electrometer*** (Elec, Elec Eng, Instr) / Dolezalek-Elektrometer *n*, Elektrometer *n* nach Dolezalek
**dolichol** *n* (Biochem) / Dolichol *n*
**dolichyl phosphate** (Biochem) / Dolichylphosphat *n*, Dolicholphosphat *n*
**dolina** *n* (Geol) / Doline *f* (Vertiefung der Karstoberfläche), Karsttrichter *m* (Vertiefung der Karstoberfläche)
**doline** *n* (Geol) / Doline *f* (Vertiefung der Karstoberfläche), Karsttrichter *m* (Vertiefung der Karstoberfläche)
**doll*** *n* (Eng) / Armsignal *n* (der Signalbrücke)
**dollar*** *n* (Nuc Eng) / Dollar *m* (= 100 Cents) (die auf den Anteil verzögerter Neutronen bezogene Reaktivität) ‖ ~ **sign** (Comp) / Dollarzeichen *n* (ein Sonderzeichen) ‖ ~ **symbol** (Comp) / Dollarzeichen *n* (ein Sonderzeichen)
**dolly** *n* / Rollbock *m* (ein Handfahrgerät) ‖ ~ (converts a semitrailer in a full trailer) (Autos) / Deichselachse *f*, Dolly *m* ‖ ~ (a towing device) (Autos) / Nachläufer *m* (ein Abschleppgerät, das die Vorderachse eines fahruntüchtigen Fahrzeugs mit angehobener Hinterachse stützt) ‖ ~* (Autos) / Handfaust *f*, Ausbeulklotz *m*, Ausbeulwerkzeug *n* ‖ ~ (Autos) / Anhängerstütze *f* ‖ ~ (Cinema) / Fahrstativ *n*, Rollstativ *n* ‖ ~* (Cinema, TV) / Kamerawagen *m*, Dolly *m*, fahrbare Kameraplattform (schienenlos) ‖ ~* (Civ Eng) / Rammjungfer *f*, Afterramme *f*, Rammknecht *m* ‖ ~* (Elec Eng) / Hebel *m* (des Kippschalters) ‖ ~ (low truck or cart with small wheels for moving heavy loads) (Eng) / Rollbrett *n* ‖ ~* (Eng) / Gegenhalter (beim Nieten), Setzkopfeisen *n* ‖ ~ (Eng) / Rollplattform *f*, Rollpritsche *f*, Roller *m* (Rollplattform) ‖ ~ (Eng) / fahrbares Montagegestell ‖ ~ (Eng) / Dolly *m* / Bodengerät, das zum Transport von Flachpaletten und Containern dient) ‖ ~ (For) / Rückewagen (kleiner) ‖ ~ (Nut) / Brätwagen *m* ‖ ~ **block** (Autos) / Handfaust *f*, Ausbeulklotz *m*, Ausbeulwerkzeug *n* ‖ ~ **blue** (Textiles) / Wäscheblau *n*, Waschblau *n* (Berliner Blau, Ultramarin oder Indigokarmin - zur Verhinderung der Gelbfärbung der Wäsche)
**dolly-in** *n* (Cinema, TV) / Kameraanfahrt *f*, Kamerafahrt vorwärts
**dollying** *n* (Autos) / Ausbeulen *n* mit dem Ausbeulklotz (ohne Karosseriehammer) ‖ ~ **shot** (Cinema) / Fahraufnahme *f* (vom fahrenden Kamerawagen aus)
**dolly leg** (Autos) / Stützfuß *m*
**dolly-out** *n* (Cinema, TV) / Kameraabfahrt *f*, Kamerarückfahrt *f*, Kamerafahrt rückwärts
**dolly shot** (Cinema) / Fahraufnahme *f* (vom fahrenden Kamerawagen aus) ‖ ~ **shot** (Cinema) / Fahraufnahme *f* (vom fahrenden Kamerawagen aus) ‖ ~ **truck** (Print) / Papierrollentransportwagen *m*, Rollenwagen *m*
**dolomite*** *n* (Min) / Dolomit *m* (Kalziummagnesiumkarbonat) ‖ ~ **matte** (a matte glaze finish produced by the formation of calcium and magnesium silicates in the glaze during firing) (Ceramics) / Dolomitmattglasur *f* ‖ ~ **rock*** (Geol) / Dolomitgestein *n*, Dolomit *m* (ein Sedimentgestein), Gesteindolomit *m*
**dolomitic brick** / Dolomitstein *m* (basisches feuerfestes Erzeugnis) ‖ ~ **lime** (Build) / Dolomitkalk *m* (DIN 1060), Graukalk *m* ‖ ~ **limestone*** (Geol) / Dolomitkalkstein *m*, dolomitischer Kalkstein (mit etwa 35-46% $MgCO_3$)
**dolomitization*** *n* (Geol) / Dolomitisierung *f*
**dolomol** *n* (Nut, Paint, Pharm) / Magnesiumstearat *n* (E 572)
**dolostone*** *n* (Geol) / Dolomitgestein *n*, Dolomit *m* (ein Sedimentgestein), Gesteindolomit *m*
**Dolph-Chebyshev distribution** (Radio) / Tschebyschow'sche Anordnung (bei Antennen)
**dolphin*** *n* (Civ Eng) / Duckdalbe *f*, Dalbe *f* (in den Grund eingerammte Pfähle aus Holz oder Stahl, die einen Verband bilden), Dückdalbe *f*, Duckdalben *m*, Dückdalben *m* ‖ ~ **oil** (Nut) / Delphinöl *n* (aus Delphinus delphis)
**DOM** (dissolved organic matter) (San Eng) / gelöste organische Stoffe
**domain** *n* / Fachbereich *m* ‖ ~ (AI) / Domäne *f*, Bereich *m* (des Wissens) ‖ ~ (Biochem) / Domäne *f* (strukturell gegliederter bzw. abgegrenzter Bereich innerhalb der Tertiärstruktur von Proteinen) ‖ ~ (Comp) / Domain *n* (bei Datenbanken die Menge aller zulässigen Ausprägungen, die ein Feld in einem Datensatz annehmen kann), Domäne *f* ‖ ~ (a group of commonly administered clients and servers) (Comp) / Domain *f*, Domäne *f* (im Internet) ‖ ~ (Crystal) / Domäne *f* ‖ ~* (a volume region of a ferromagnetic or ferrimagnetic material in which all atomic, or ionic magnetic moments are aligned in the same direction) (Elec, Mag) / Domäne *f* (kleinster Bereich gleicher Polarisation bei ferroelektrischen Werkstoffen) ‖ ~* (Maths) / Bereich *m*, Gebiet *n* (Menge von Punkten eines topologischen Raumes) ‖ ~* (left) (Maths) / Vorbereich *m*, Definitionsbereich *m* (Menge aller Elemente, denen durch eine Funktion ein Element einer anderen Menge zugeordnet wird), Urbildbereich *m*, Argumentbereich *m*, Ausgangsmenge *f* (bei

**domain-closure**

mengentheoretischer Definition der Funktion), Originalbereich *m* ‖ ~ (Telecomm) / Versorgungsbereich *m*
**domain-closure assumption** (AI) / Annahme *f* der Domänenabgeschlossenheit
**domain controller** (Comp) / Domänen-Controller *m* (NT-Server, der die Anmeldungen in der Domäne überprüft und die Master-DB der Domäne enthält) ‖ ~ **decomposition** (Comp) / Gebietsdekomposition *f* (bei MIMD-orientierten Algorithmen)
**domain-defined attribute** / Attribut, gültig für einen Versorgungsbereich (Verzeichnissystem, Mitteilungsübermittlung), Attribut *n* eines Versorgungsbereichs
**domain integral** (Maths) / Gebietsintegral *n* ‖ ~ **name system** (Comp) / Domänennamen-System *n* (übersetzt die für den Benutzer leichter zu merkenden Namen von Internet-Rechnern in numerische Adressen, so genannte IP-Nummern), Domänen-Namensystem *n*, DNS (Domänennamen-System) ‖ ~ **of individuals** (AI) / Individuenbereich *m* (beliebige nicht-leere Menge, die zum Aufbau einer Struktur oder einer Interpretation benutzt wird) ‖ ~ **of integration** (Maths) / Integrationsbereich *m* ‖ ~ **of interpretation** (AI) / Individuenbereich *m* (beliebige nicht-leere Menge, die zum Aufbau einer Struktur oder einer Interpretation benutzt wird) ‖ ~ **of rationality** (Maths) / Körper *m*, Rationalitätsbereich *m*
**domain-specific knowledge** (AI) / fachbezogenes Wissen, gebietsbezogenes Wissen
**domain-tip memory** (Comp) / DOT-Speicher *m*, Domänen-Magnetspeicher *m*, Wandverschiebespeicher *m* ‖ ~ **propagation storage device** (Comp) / DOT-Speicher *m*, Domänen-Magnetspeicher *m*, Wandverschiebespeicher *m*
**domain wall** (Elec, Mag) / Domänenwand *f*
**dome**\* *n* (Arch) / Kuppel *f* ‖ ~\* (Crystal) / Doma *n* (pl. Domen) ‖ ~ (Eng) / Haube *f*, Kappe *f* ‖ ~\* (Eng, Rail) / Dampfdom *m* ‖ ~\* (Geol) / Kuppel *f* (gewölbte Oberfläche z.B. eines Lakkoliths) ‖ ~ (Radio) / Kalotte *f* (des Lautsprechers) ‖ ~\* (Arch) s. also lantern ‖ ~ **antenna** (Radar) / Domantenne *m* (eine räumliche Gruppenantenne) ‖ ~ **brick** (Ceramics) / Kuppelstein *m*
**dome-cone** *attr* (Radio) / aufgekelcht *adj* (Lautsprecher)
**domed** *adj* / gewölbt *adj* (nach oben) ‖ ~ **electrode** (Welding) / ballige Elektrode, Elektrode *f* mit ballig aufsetzender Elektrodenspitze
**domed-head-type lubricating nipple** (Eng) / Kugelschmiernippel *n*
**dome dolly** (Autos, Tools) / Ovalhandfaust *f*
**domed roof** (Build) / Kuppeldach *n*
**dome electrode** (Welding) / ballige Elektrode, Elektrode *f* mit ballig aufsetzender Elektrodenspitze ‖ ~ **head** (Civ Eng, Eng) / Pilzkopf *m* (als Rohrunterstützung) ‖ ~ **head** (Eng) / Halbrundkopf *m* (DIN ISO 1891) ‖ ~ **loudspeaker** (Acous) / Kalottenlautsprecher *m* (mit einer Kugelkappe als Membran ausgestatteter elektrodynamischer Lautsprecher, besonders als Mittel- und Hochtonlautsprecher geeignet) ‖ ~ **nut**\* (Eng) / Hutmutter *f* (hohe Form = DIN 1587, niedrige Form = DIN 917; s. auch DIN ISO 1891) ‖ ~ **opening** (Astron) / Kuppelöffnung *f* (der Sternwarte)
**dome-shaped** *adj* (Welding) / ballig *adj* (Schweißelektrodenspitze)
**domestic** *n* (US) / einheimisches Produkt ‖ ~ (Textiles) / Domestic *m*, Domestik *m*, Kingleinen *n* ‖ ~ *adj* / Haus- ‖ ~ (For) / einheimisch *adj* (Holzart), heimisch *adj*, indigen *adj*, inländisch *adj* ‖ ~ **aerodrome** (Aero) / Inlandflughafen *m* ‖ ~ **airport** (Aero) / Inlandflughafen *m* ‖ ~ **appliance** (Elec Eng, Electronics) / Haushaltsgerät *n* ‖ ~ **architecture** (Arch) / Wohnungsbauarchitektur *f* ‖ ~ **boiler** (Build, Eng) / Kessel *m* (für Zentral- oder Stockwerksheizung), Heizkessel *m* (für Zentral- und Stockwerksheizung) ‖ ~ **carpet** (light, medium, general, heavy) (Textiles) / Teppich *m* für den Wohnbereich ‖ ~ **coal** (Fuels) / Hausbrandkohle *f* ‖ ~ **coke** (Fuels) / Hausbrandkoks *m* ‖ ~ **construction** (Arch, Build) / Wohnungsbau *m* ‖ ~ **cullet** (Glass) / Eigenscherben *f pl* ‖ ~ **demand** / inländischer Bedarf (an bestimmten Produkten) ‖ ~ **dust** / Hausstaub *m* ‖ ~ **fitting** (Build, Join) / Beschlag *m*, Beschlagteil *n* (Band, Scharnier, Schließe) ‖ ~ **flight** (Aero) / Inlandflug *m* ‖ ~ **fuel** / Heizöl *n* für den Hausbedarf (leichtes Heizöl) ‖ ~ **fuel-oil** / Heizöl *n* für den Hausbedarf (leichtes Heizöl) ‖ ~ **glassware** (Glass) / Haushaltsglas *n*, Hauswirtschaftsglas *n* (im Allgemeinen) ‖ ~ **heating** (Build) / Hausbeheizung *f* (mit dem Hausbrand in der Heizperiode), Hausheizung *f*, Hausbrand *m* (Haushaltsfeuerung) ‖ ~ **heating oil** / Heizöl *n* für den Hausbedarf (leichtes Heizöl) ‖ ~ **lighting** (Light) / Innenraumbeleuchtung *f* (in einem Wohnhaus), Privatbeleuchtung *f* ‖ ~ **longhorn beetle** (For) / Hausbock *m* (Hylotrupes bajulus L. - der gefährlichste Nadelholzschädling) ‖ ~ **market** / Binnenmarkt *m* ‖ ~ **network** (Telecomm) / Inlandsnetz *n* ‖ ~ **refrigerating machine** / Haushaltskühlschrank *m*, Haushaltskühlautomat *m* ‖ ~ **refrigerator** / Haushaltskühlschrank *m*, Haushaltskühlautomat *m* ‖ ~ **satellite** (Telecomm) / ein leistungsfähiger amerikanischer Kommunikationssatellit ‖ ~ **service** (Aero) / Inlandflugverkehr *m* ‖ ~ **sewage** (San Eng) / Haushaltsabwässer *n pl*, häusliche Abwässer, häusliches Abwasser ‖ ~ **trade** / Inlandshandel *m*, Binnenhandel *m* ‖

~ **ware** (Ceramics) / Haushaltsgeschirr *n* ‖ ~ **waste** (Ecol) / Haushaltsmüll *m* (aus Privathaushalten), Hausmüll *m*, Haushaltsabfälle *m pl*, Siedlungsabfälle *m pl*
**domical vault** (raises from a polygonal or square base, and is not the true dome, having curved surfaces) (Arch) / Klostergewölbe *n* (mit Wangen und Kappen) ‖ ~ **vault** (Arch) / Domikalgewölbe *n* (Sonderform des achtteiligen Gewölbes mit starker Busung, z.B. im Mindener Dom)
**dominance**\* *n* (AI, Arch, Biol, Ecol, Maths) / Dominanz *f*
**dominant** *adj* (AI, Arch, Biol, Ecol, Maths) / dominant *adj*, dominierend *adj* ‖ ~ (AI, Arch, Biol, Ecol, Maths) s. also predominant ‖ ~ **in the market** / marktbeherrschend *adj* ‖ ~ **mode**\* (Phys, Telecomm) / Grundtyp *m* (einer Welle), Grundschwingung *f*, Haupttyp *m*, Hauptmode *m* ‖ ~ **wavelength**\* (of dominant hue) (Light, Optics) / farbtongleiche Wellenlänge ‖ ~ **wavelength** (Optics) / farbtongleiche Wellenlänge ‖ ~ **wavelength** (Phys) / dominierende Wellenlänge
**doming** *adj* (Welding) / ballig *adj* (Schweißelektrodenspitze)
**Dominican mahogany** (For) / Mahagoniholz *n* (Westindisches - aus Swietenia mahagoni (L.) Jacq.), Westindisches Mahagoni
**domino logic** (Electronics) / Dominologik *f*
**Domin scale**\* (Ecol) / Domin-Skale *f* (nach K. Domin, 1882-1953)
**domoic acid** (Chem) / Domonsäure *f*, Domoinsäure *f*
**dom palm** (Nut) / Doum Palm *f* (Hyphaene thebaica (L.) Mart.), Dumpalme *f*
**DOMSAT** (Telecomm) / ein leistungsfähiger amerikanischer Kommunikationssatellit
**Donald Duck effect** (Acous) / Donald-Duck-Effekt *m* (beim Tauchen)
**donate** *v* (Phys) / abgeben *v* (z.B. Elektronen)
**done** *adj* (Comp) / fertig *adj* (Meldungstext, der nach Beendigung einer Verarbeitung angezeigt wird)
**Donegal tweed** (Textiles) / Donegal *m* (rustikales Noppenstreichgarngewebe für sportliche Kleidung)
**dongery** *n* (made with one weft and two warps) (Textiles) / Dongery *m* (Denimgewebe)
**dongle** *n* (Comp) / Kopierschutzstecker *m*, Dongle *m* (eine besondere Form des Software-Kopierschutzes) ‖ ~ **ware** (Comp) / Dongleware *m* (eine spezielle Art der Public-Domain-Software)
**Dongola leather** (Leather) / Dongolaleder *n* (in Dongolagerbung hergestelltes Schuhoberleder)
**donicity** *n* (Chem) / Donizität *f*, Donorzahl *f*
**donjon** *n* (Arch) / Donjon *m* (pl. -s), Wohnturm *m* (in mittelalterlichen Burgen)
**donkey** *n* (Mining) / Gestell *n* (eintrümig, zweitrümig), Fördergestell *n* (Bremsbergförderung) ‖ ~ **boiler**\* (Eng, Ships) / Donkey *m* (Hilfskessel, der während der Hafenliegezeit den für Ladewinden und andere Maschinen notwendigen Dampf erzeugt) ‖ ~ **pump**\* (Ships) / Hilfspumpe *f*
**Donnan equilibrium** (Chem, Phys) / Donnan-Gleichgewicht *n* (ein Membrangleichgewicht - nach F.G. Donnan, 1870-1956) ‖ ~ **free space** (Bot) / Donnan-Freiraum *m* (bei der passiven Aufnahme der Nährelemente) ‖ ~ **membrane equilibrium** (Chem, Phys) / Donnan-Gleichgewicht *n* (ein Membrangleichgewicht - nach F.G. Donnan, 1870-1956) ‖ ~ **potential** (Phys) / Donnan-Potential *n* (bei einem Donnan-Gleichgewicht auftretende elektrische Potentialdifferenz)
**donor**\* *n* (Chem) / Donor *m*, Donator *m* ‖ ~ (Cyt) / Donor *m* (bei der Aggregation von Zellen), Donator *m* ‖ ~\* (Electronics) / Donator *m* (DIN 41852), Elektronenspender *m* ‖ ~ **car** (Autos) / Ersatzteilträger *m* (ein altes Auto zum Ausschlachten), Schlachtfahrzeug *n* ‖ ~ **density** (Electronics) / Donatordichte *f* ‖ ~ **DNA** (Biochem) / Fremd-DNS *f*, Spender-DNS *f* ‖ ~ **film** (Comp) / Kunststofffolie *f* als Trägermaterial (für die Farbe - bei einem Thermotransferdrucker) ‖ ~ **impurity** (Electronics) / Donator *m* (DIN 41852), Elektronenspender *m* ‖ ~ **ionization energy** (Phys) / Donatorionisierungsenergie *f* (in J) ‖ ~ **level** (Electronics) / Störstellenniveau *n*, Verunreinigungsniveau *n*, Donatorniveau *n* (ein durch Elektronen besetzbares Energieniveau eines Donatoratoms) ‖ ~ **number** (Chem) / Donizität *f*, Donorzahl *f*
**do-not-disturb facility** (Teleph) / Anrufschutz *m* (ein Leistungsmerkmal) ‖ ~ **service** (Teleph) / Ruhe *f* vor dem Telefon (ein Leistungsmerkmal)
**do-nothing instruction** (Comp) / Überspringbefehl *m*, Nulloperationsbefehl *m*, NOP-Befehl *m*, Übersprungbefehl *m*
**donut**\* *n* (Nuc) / torusförmiger Beschleunigungsraum, Toroidkammer *f* (im Betatron)
**donutron** *n* (Electronics) / Magnetron *n* mit Doppelkäfig
**doodlebug** *n* (Geol) / unwissenschaftliches Lagerstättensuchgerät
**door** *n* / Klappe *f* (große, angelenkte) ‖ ~ (Build) / Tür *f* ‖ ~ (Teleph) / Door *f* (Schnittstelle in einer Mailbox) ‖ ~ **alignment** (Autos) / Türpassung *f* ‖ ~ **anchor** (Build) / Schlauder *f* (bandförmiges, gelochtes Verbindungselement aus Flachstahl zur Befestigung von Zargen am Bauwerk), Bankeisen *n* ‖ ~ **aperture** (Autos) /

Türausschnitt *m*, Türrahmen *m* || ~ **assembly** (Build) / Türanlage *f*, Tür *f* (als komplette bestückte Einheit)
**door-back shelf** / Türablageschale *f* (z.B. in einem Badezimmerschrank, im Kühlschrank)
**door beam** (Autos) / Flankenschutz *m* (Seitenaufprallschutz) || ~ **bevel** (Build, Join) / Türanschlagschräge *f* || ~ **bolt** (Build) / Türriegel *m* || ~ **bottom** (Autos) / Türunterkante *f* || ~ **bumper** (Carp, Join) / Türanschlag *m* (zum Offenhalten der Tür), Türöffnungsbegrenzer *m*, Türpuffer *m* (Stoß- oder Belastungsfänger aus Gummi oder Kunststoff) || ~ **canopy** (Build) / Haustürvordach *n* || ~ **case*** (Carp) / Türzarge *f* (Stahltürrahmen), Türgerüst *n* || ~ **case*** (Carp) / Türfutter *n*, Futter *n* (die Holzauskleidung der Leibung bei Türen), Umfassungszarge *f* || ~ **casing** (Build, Join) / Türlaibung *f*, Türleibung *f* || ~ **casing** (Carp) / Türeinfassung *f*, Türbekleidung *f* || ~ **check*** (Build) / Türschließer *m* (Vorrichtung zum langsamen, geräuscharmen Schließen einer Tür) || ~ **check and spring** (Build) / Türschließer *m* (Vorrichtung zum langsamen, geräuscharmen Schließen einer Tür) || ~ **check strap** (Autos) / Türfangband *n* || ~ **cheek*** (Build) / Türpfosten *m* (ein Seitenteil des Stockes) || ~ **closer*** (Build) / Türschließer *m* (Vorrichtung zum langsamen, geräuscharmen Schließen einer Tür) || ~ **closer*** (Build) / Türschließer *m* (im Aufzug)
**door-edge moulding** (Autos) / Türkantenschoner *m*, Türkantenschutzleiste *f*
**door fittings** (Build) / Türbeschläge *m pl* || ~ **frame** (Autos) / Türausschnitt *m*, Türrahmen *m* || ~ **frame** (Carp) / Türrahmen *m*, Türaußenrahmen *m* || ~ **furniture** (Build) / Türbeschläge *m pl* || ~ **gasket** (Build) / Türdichtung *f* || ~ **guide** (Build, Join) / Türführung *f* || ~ **handle** (Build) / Drücker *m*, Türdrücker *m*, Türklinke *f*, Türgriff *m*, Klinke *f*, Türschnalle *f* (A) || ~ **handsfree device** (Teleph) / Türfreisprecheinrichtung *f* || ~ **handsfree unit** (Teleph) / Türfreisprecheinrichtung *f* || ~ **head** (the horizontal wood member forming the top of a door frame) (Join) / Türrahmenabschluss *m* || ~ **hinge** (Autos) / Türscharnier *n*
**doorjamb** *n* (Build) / Türpfosten *m* (ein Seitenteil des Stockes)
**doorknob** *n* (Build, Join) / Türknopf *m* (ein Türbeschlag)
**door-knob transformer*** (Telecomm) / Keulenwandler *m*
**doorknocker** *n* (Build, Join) / Türklopfer *m* (ein Baubeschlag)
**door leaf** (Build, Join) / Türblatt *n* (der bewegliche Verschluss der Öffnung einer Tür), Türflügel *m* || ~ **lifter** (Build) / Türheber *m* (ein Beschlag, z.B. bei Balkontüren)
**door-lifting bar** (Build) / Türheber *m* (ein Beschlag, z.B. bei Balkontüren) || ~ **mechanism** (Build) / Türheber *m* (ein Beschlag, z.B. bei Balkontüren)
**door lining** (Autos) / Türverkleidung *f* (z. B. Kunststoff oder textile Materialien), Türinnenverkleidung *f*, Türpolsterung *f* || ~ **lining** (Carp) / Türfutter *n*, Futter *n* (die Holzauskleidung der Leibung bei Türen), Umfassungszarge *f* || ~ **lintel** (Build, Carp) / Türsturz *m* || ~ **lock** (Build, Join) / Türschloss *n* || ~ **lock** (Build) / Türverschluss *m* (des Fahrkorbs)
**door-lock cylinder** (Autos, Build, Join) / Türschließzylinder *m*
**door mirror** (Autos) / Außenspiegel *m* || ~ **opener** (Build) / Türöffner *m* || ~ **opening** (Build) / Türöffnung *f* || ~ **outer panel** (Autos) / Türhaut *f* (das äußere Blech auf dem Türrahmen) || ~ **panel** (Join) / Türfüllung *f* (bei gestemmten Türen)
**doorphone** *n* (Teleph) / Türsprechanlage *f*
**door pillar** (Autos) / Türsäule *f*, Türholm *m*, Türpfosten *m* || ~ **pin** (Autos) / Türbolzen *m*
**doorpost** *n* (Autos) / Türsäule *f*, Türholm *m*, Türpfosten *m* || ~ * (Build) / Türpfosten *m* (ein Seitenteil des Stockes)
**door rebate** (Carp, Join) / Türfalz *f* (einer gefälzten Sperrtür nach DIN 18 101) || ~ **re-open button** (Build) / Befehlsgeber *m* zum Wiederöffnen der Tür (bei Aufzügen)
**doors** *pl* (with BBSs, an exit of the main program allowing users to run other accessible programs) (Comp) / Doors *pl*
**door seal** (Autos) / Türdichtung *f* || ~ **seal** (Build) / Türdichtung *f* || ~ **set** (Build) / Türanlage *f*, Tür *f* (als komplette bestückte Einheit) || ~ **sill** (Build, Join) / Schwelle *f* (bei der Tür), Bodenschwelle *f* || ~ **sill** (Carp, Join) / Türschwelle *f*
**door-sill moulding** (Autos) / Schwellerleiste *f*
**door skin** (Autos) / Türhaut *f* (das äußere Blech auf dem Türrahmen) || ~ **speaker** (Autos) / Türlautsprecher *m* || ~ **speaker** (Teleph) / Türsprechanlage *f*
**doorstop*** *n* (Carp, Join) / Türanschlag *m* (zum Offenhalten der Tür), Türöffnungsbegrenzer *m*, Türpuffer *m* (Stoß- oder Belastungsfänger aus Gummi oder Kunststoff)
**doorstopper** *n* (Carp, Join) / Türanschlag *m* (zum Offenhalten der Tür), Türöffnungsbegrenzer *m*, Türpuffer *m* (Stoß- oder Belastungsfänger aus Gummi oder Kunststoff)
**door strip*** (Autos) / Türdichtungsstreifen *m* || ~ **switch*** (Elec Eng) / Türschalter *m*, Türkontaktschalter *m* (im Aufzug)

**door-to-door sale** / Haustürverkauf *m* (Direktverkauf), Direktverkauf *m* || ~ **selling** / Haustürverkauf *m* (Direktverkauf), Direktverkauf *m* || ~ **service** / Haus-Haus-Verkehr *m* || ~ **time** (Work Study) / Durchlaufzeit *f* (die gesamte Verweilzeit im Werk) || ~ **transport** / Haus-Haus-Verkehr *m*
**door trim** (Autos) / Türverkleidung *f* (z. B. Kunststoff oder textile Materialien), Türinnenverkleidung *f*, Türpolsterung *f* || ~ **unit** (Build) / Türanlage *f*, Tür *f* (als komplette bestückte Einheit) || ~ **viewer** (Build) / Spion *m* (in der Wohnungstür), Türguckloch *n* || ~ **warning system** (Aero) / Türwarnanlage *f* (zur Anzeige, ob alle Türen geschlossen und verriegelt sind)
**doorway** *n* (Build) / Türöffnung *f* || ~ (Ceramics) / Tür *f* (des Hofmann'schen Ringofens) || ~ **mode** (Comp) / Doorway-Modus *m* (Betriebsart eines Terminalprogramms)
**door weather strip** (Autos) / Türdichtungsstreifen *m* || ~ **width** (Build) / Türbreite *f* (die Breite des Türblattes einschließlich der Türfalze nach DIN EN 1154)
**DOP** (dioctylphthalat) (Agric, Chem, Plastics) / Dioktylphthalat *n* (nach DIN 7723) (Phthalsäuredi-n-oktylester - ein Weichmacher), Dioctylphthalat *n*, DEHP (Di-(2-ethylhexylphthalat)), DOP (Dioctylphthalat nach DIN 7723)
**dopa*** *n* (Chem) / Dopa *n*, 3-(3,4- Dihydroxyphenyl)-alanin *n*
**dopamine*** *n* (Biochem, Pharm, Physiol) / Dopamin *n* (ein Katecholamin, das auch als Neurotransmitter des sympathiko-adrenalen Systems fungiert) || ~ **receptor** (Biochem, Med) / dopaminerger Rezeptor, Dopaminrezeptor *m*, DA-Rezeptor *m*
**dopaminergic** *adj* (Med) / dopaminerg *adj* (durch Dopamin bewirkt; auf Dopamin ansprechend)
**dopant** *n* (Electronics) / Dotiermittel *n*, Dotierungsstoff *m*, Dotand *m*, Dotierungsmittel *n*, Dotant *m* (pl. -en), Dopant *m* (pl. -en) || ~ **concentration** (Electronics) / Dotierungsgrad *m*, Dotierungsdichte *f*, Dotierungskonzentration *f*
**dope** *v* / legieren *v* (Schmierstoffe) || ~ / dopen *v* (Öl), legieren *v* (Öl) || ~ (Electronics) / dotieren *v*, dopen *v* || ~ * *n* / kohlenstoffhaltiger Zusatz (Dynamit) || ~ (a type of lacquer used in aeroplane manufacture for the tautening and protection of stretched linen fabric) (Aero, Paint) / Spannlack *m*, Zellon *n*, Zellonlack *m* || ~ * (Electronics) / Dotiermittel *n*, Dotierungsstoff *m*, Dotand *m*, Dotierungsmittel *n*, Dotant *m* (pl. -en), Dopant *m* (pl. -en) || ~ (Glass) / Schmiermittel *n*, Formenschmiermittel *n* || ~ (Oils) / Zusatzstoff *m*, Wirkstoff *m*, Additiv *n*, Zusatzmittel *n*, Zusatz *m* (in Mineralölprodukten, meistens unter 1%) || ~ * (Spinning) / Spinnlösung *f* || ~ (to make fabric impervious to water or air or both) (Textiles) / Beschichtungsmasse *f* || ~ **additive*** (Electronics) / Dotiermittel *n*, Dotierungsstoff *m*, Dotand *m*, Dotierungsmittel *n*, Dotant *m* (pl. -en), Dopant *m* (pl. -en) || ~ **delustring** (Textiles) / Spinnmattierung *f* (Minderung des natürlichen Glanzes von Chemiefasern)
**doped gold** (Electronics, Met) / Doped Gold *n* (bei etwa 500 ° C auf Germaniumplättchen aufgesinterter Goldüberzug mit 0,3-0,6% Sb) || ~ **junction*** (Electronics) / gedopte Schicht || ~ **oil** / legiertes Öl (mit Wirkstoffen, z.B. Hochdruckzusätzen)
**dope-dyed** *adj* (Textiles) / spinngefärbt *adj*, düsengefärbt *adj*, in der Spinnlösung gefärbt
**dope dyeing** (Textiles) / Massefärbung *f*, Spinnfärbung *f*, Düsenfärbung *f* (von Chemiefasern) || ~ **matting** (Textiles) / Spinnmattierung *f* (Minderung des natürlichen Glanzes von Chemiefasern) || ~ **sheet** (Cinema) / Dopesheet *n*, Bildaufnahmebericht *m* || ~ **vector** (Comp) / Dope-Vektor *m* (die Zeigerinformation fester Länge für ein Datenfeld eines Programms)
**doping*** (Aero, Paint) / Spannlackbehandlung *f* || ~ (Chem) / Legierung *f* (von Mineralölprodukten) || ~ * (Electronics) / Dotieren *n* (Zugabe von Fremdstoffen zu Kristallen, um deren Eigenschaften zu verändern, speziell das Einbringen von Fremdatomen in Halbleitern), Dotierung *f*, Dopen *n* || ~ (Glass) / Formenschmierung *f* || ~ (Med, Pharm) / Doping *n* (vorübergehende Leistungssteigerung durch Verabreichung von bestimmten Pharmaka) || ~ (Oils) / Wirkstoffzusatz *m* (bei Schmierstoffen), Additivierung *f* (von Schmierstoffen) || ~ **agent** (Electronics) / Dotiermittel *n*, Dotierungsstoff *m*, Dotand *m*, Dotierungsmittel *n*, Dotant *m* (pl. -en), Dopant *m* (pl. -en) || ~ **compensation** (Electronics) / Gegendotieren *n*, Gegendotierung *f*, Dotierungskompensation *f* (bei einem Kompensationshalbleiter) || ~ **ion** (Electronics) / Dotierungsion *n* || ~ **level** (Electronics) / Dotierungsgrad *m*, Dotierungsdichte *f*, Dotierungskonzentration *f* || ~ **sequence** (Electronics) / Dotiersequenz *f*, Dotierungsfolge *f* || ~ **superstructure** (Electronics) / Dotierungsüberstruktur *f*
**Doppler anemometer** (Phys) / Doppler-Anemometer *n* || ~ **bank** (Nuc Eng) / Doppler-Bank *f*, D-Bank *f* || ~ **beam sharpening** (Radar) / Dopplerkeulenschmälerung *f* (wenn Ziele, die sich in der gleichen Entfernungszelle und in der gleichen Antennenkeule befinden, aufgrund der unterschiedlichen Dopplerfrequenzen separiert

**Doppler**

werden können) ‖ ~ **broadening**\* (Phys, Spectr) / Doppler-Verbreiterung f (wichtigste Spektrallinienverbreiterung)
**Doppler-CW radar** (Radar) / Doppler-CW-Radar m (bei dem nicht die Phasendifferenz, sondern die durch den Dopplereffekt hervorgerufene Frequenzverschiebung ausgewertet wird)
**Doppler direction-finder** (Radar) / Dopplerpeiler m ‖ ~ **effect**\* (Phys, Spectr) / Dopplereffekt m (Veränderung der beobachteten Frequenz von Wellen bei einer Relativbewegung von Quelle und Beobachter; auch bei der Rotverschiebung der Spektrallinien - nach Ch.J. Doppler, 1803-1853) ‖ ~ **effect in acoustics** (Acous, Phys) / akustischer Dopplereffekt ‖ ~ **effect in optics** (Phys) / optischer Dopplereffekt ‖ ~ **effect of the first order** (Phys) / Doppler-Effekt m erster Ordnung, linearer Doppler-Effekt ‖ ~ **effect of the second order** (Phys) / Doppler-Effekt m zweiter Ordnung, quadratischer Doppler-Effekt ‖ ~ **estimator** (Radar) / Dopplerschätzer m (zur Bestimmung des maximalen Signals im Basisband) ‖ ~ **filter** (Radar) / Dopplerfilter n (Schaltung zur Unterscheidung von Zielen mit unterschiedlicher Dopplerfrequenz und Schätzung der Radialgeschwindigkeit) ‖ ~ **filter bank** (Radar) / Dopplerfilterbank f (mit mehreren angepassten Filtern)
**Doppler-free spectroscopy** (Chem, Phys, Spectr) / Doppler-freie Spektroskopie (spektroskopische Technik, bei der der Dopplereffekt und damit die Doppler-Verschiebung und die Doppler-Verbreiterung weitgehend vermieden wird) ‖ ~ **two-photon spectroscopy** (a version of Doppler-free spectroscopy in which the wavelength of a transition induced by the simultaneous absorption of two photons is measured by placing a sample in the path of a laser beam reflected on itself, so that the Doppler shifts of the incident and reflected beams cancel) (Chem, Phys, Spectr) / Doppler-freie Zweiphotonenspektroskopie f (die Zweiphotonenanregung mit entgegenlaufenden Laserstrahlen benutzt)
**Doppler frequency** (Aero, Radar) / Dopplerfrequenz f (Frequenzunterschied von ausgesendetem und empfangenem Signal)
**dopplerite** n (Geol) / Dopplerit m (eine Braunkohlen- bzw. Torfvarietät)
**Doppler moving-target indicator** (Radar) / Dopplerbewegtzielfilter n ‖ ~ **navigation system** (Aero, Nav, Radar) / Zielverfolgungsradaranlage f, Doppler-Navigationssystem n, Doppler-Navigationsanlage f ‖ ~ **navigator**\* (Aero, Nav, Radar) / Doppler-Navigator m ‖ ~ **radar**\* (Radar) / Dopplerradar m n (Sammelbezeichnung für alle Radargeräte mit kontinuierlicher oder impulsgetasteter Abstrahlung, die es gestatten, die radiale Geschwindigkeitskomponente eines Ziels durch Auswertung der Dopplerverschiebung seiner Echokomponenten zu bestimmen - DIN 45 025), Geschwindigkeitsmessradar m ‖ ~ **reflector** (with modulation for an artificial Doppler frequency) (Radar) / Dopplerreflektor m ‖ ~ **rod bank** (Nuc Eng) / Doppler-Bank f, D-Bank f ‖ ~ **shift** (Aero, Radar) / Dopplerfrequenzverschiebung f, Dopplerverschiebung f, Frequenzverschiebung f durch Doppler-Effekt, Doppler-Shift m ‖ ~ **shift** (Phys, Spectr) / Doppler-Verschiebung f (der Spektrallinien) ‖ ~ **spectroscopy** (Chem, Phys, Spectr) / Doppler-Spektroskopie f
**Doppler's principle** (Phys, Spectr) / Dopplereffekt m (Veränderung der beobachteten Frequenz von Wellen bei einer Relativbewegung von Quelle und Beobachter; auch bei der Rotverschiebung der Spektrallinien - nach Ch.J. Doppler, 1803-1853)
**Doppler tracker** (Radar) / Dopplerschätzer m (zur Bestimmung des maximalen Signals im Basisband) ‖ ~ **tracking** (Aero, Nav, Radar) / Zielverfolgungsradaranlage f, Doppler-Navigationssystem n, Doppler-Navigationsanlage f ‖ ~ **velocity and position** (Aero, Nav, Radar) / Zielverfolgungsradaranlage f, Doppler-Navigationssystem n, Doppler-Navigationsanlage f ‖ ~ **very-high-frequency omnidirectional** (radio) **range** (Radar) / Doppler-VOR n (Frequenzbereich 112 - 118 MHz, Mittelstreckennavigation)
**DOR** (digital optical recording) / digitale optische Aufzeichnung (auf Bildplatten)
**doran**\* n (Doppler range) (Radar) / Doransystem n
**d-orbital** n (Phys) / d-Orbital n
**doré silver**\* (Met) / Dorémetall n, Güldisch-Silber n (goldhaltige Silberlegierung)
**doric**\* (Typog) / serifenlose Linear-Antiqua, Groteskschrift f (DIN 1451), Grotesk f, Steinschrift f ‖ ~ **order** (Arch) / dorische Säulenordnung
**DORIS** n (Nuc Eng) / DORIS (Doppelspeicherringsystem beim Deutschen Elektronen-Synchrotron)
**dormancy**\* n (Bot) / Ruhezustand m, Dormanz f, Keimruhe f, Knospenruhe f
**dormant** adj (Geol) / ruhend adj, schlummernd adj (Vulkan), untätig adj (Vulkan) ‖ ~ **bolt**\* (Join) / eingelassener Riegel ‖ ~ **spraying** (Agric) / Winterspritzung f (gegen Überwinterungsformen der Obst-

und Weinbauschädlinge) ‖ ~ **volcano** (Geol) / untätiger Vulkan, ruhender Vulkan
**dormer**\* n (Arch, Build) / stehendes Dachfenster (mit besonderem Aufbau auf dem Sparrenwerk), Dachaufbau m ‖ ~\* (Build) / Gaube f, Gaupe f, Dachgaube f, Dachgaupe f ‖ ~ **rafter** (Carp) / Reitersparren m (ein Schifter bei der Klauenschiftung) ‖ ~ **window** (Arch, Build) / stehendes Dachfenster (mit besonderem Aufbau auf dem Sparrenwerk), Dachaufbau m
**dormin**\* n (Biol) / Dormin n (Phytohormon, z.B. Abscisinsäure)
**dormitory car** (Rail) / Schlafwagen m (für Zugpersonal) ‖ ~ **suburb** (Arch) / Schlafstadt f ‖ ~ **town** (Arch) / Schlafstadt f
**Dorn effect**\* (Chem) / elektrophoretisches Potential, Sedimentationspotential n, Dorn-Effekt m
**Dorno radiation** (Phys) / UV-B-Strahlung f, Dornostrahlung f (280 bis 315 nm - nach C. Dorno, 1865-1942), mittleres Ultraviolett (DIN 5031, T 7), UV-B n (mittleres Ultraviolett)
**Dorr agitator** (Chem Eng) / Dorr-Eindicker m ‖ ~ **classifier** / Dorr-(Rechen)Klassierer m ‖ ~ **thickener** (Chem, Chem Eng) / Dorr-Eindicker m
**dorsal fin**\* (Aero) / Seitenflosse f (Flosse des Seitenleitwerks) ‖ ~ **parachute** (Aero) / Rückenfallschirm m
**Dortmund tank**\* (San Eng) / Dortmundbrunnen m (einstöckiges Bauwerk, das zentral im unteren Bereich mit Abwasser beschickt wird und eine radiale Durchströmung hat), Trichterbecken n, Dortmundbecken n
**DoS** (denial of service) (Comp) / Verweigerung f von Rechenleistung, Denial of Service m
**DOS** (disk operating system) (Comp) / Plattenbetriebssystem n, PBS (Plattenbetriebssystem)
**dosage** n / Einsatzmenge f ‖ ~ (Eng) / Dosieren n (DIN 1319, T 1), Dosierung f, Zudosierung f, Zumessung f ‖ ~ (Nut) / Dosage f (Sektherstellung) ‖ ~ (Pharm) / Dosis f (pl. Dosen) (Menge der Arzneigabe), Gabe f ‖ ~ (Radiol) / Dosis f (pl. Dosen) (Ionen- oder Energiedosen) ‖ ~ **rate** (Radiol) / Dosisleistung f (je Zeiteinheit aufgenommene Dosis), Dosisrate f
**Dosco miner** (Mining) / Dosco-Miner m (Kohlegewinnungsmaschine mit senkrecht arbeitenden Schrämketten, querliegendem Ladeband und eigenem Fahrwerk)
**dose** v (Eng) / zumessen v, dosieren v (DIN 1319, T 1), zudosieren v ‖ ~\* n (Pharm) / Dosis f (pl. Dosen) (Menge der Arzneigabe), Gabe f ‖ ~\* (Radiol) / Dosis f (pl. Dosen) (Ionen- oder Energiedosen) ‖ ~ **build-up factor** (Nuc) / Dosisaufbaufaktor m
**dose-effect curve** (Radiol) / Dosis-Effekt-Kurve f (grafische Korrelation der beobachteten biologischen Strahleneffekte mit der Dosis)
**dose equivalent** (Radiol) / Äquivalentdosis f (gemessen in Sv nach DIN 1301, T 1)
**dose-equivalent commitment** (Radiol) / Folgeäquivalentdosis f, Äquivalentdosiscommitment n ‖ ~ **rate** (Radiol) / Äquivalentdosisrate f (DIN 1301-2)
**dosemeter**\* n (Radiol) / Dosimeter n
**dose rate**\* (Radiol) / Dosisleistung f (je Zeiteinheit aufgenommene Dosis), Dosisrate f ‖ ~ **reduction factor**\* (Radiol) / Dosisreduktionsfaktor m (zur Beschreibung der Wirkung einer chemischen Strahlenschutzsubstanz), DRF (Dosisreduktionsfaktor - zur Beschreibung der Wirkung einer chemischen Strahlenschutzsubstanz)
**dose-response curve** (Radiol) / Dosis-Effekt-Kurve f (grafische Korrelation der beobachteten biologischen Strahleneffekte mit der Dosis)
**dose transmission factor** (Nuc Eng) / Dosistransmissionsfaktor m (Kehrwert des Schwächungsfaktors)
**dosey** adj (For) / stockig adj (Holz)
**dosimeter** n (Radiol) / Dosimeter n ‖ ~ **glass** (Glass, Radiol) / Dosimeterglas n
**dosimetry** n (Radiol) / Dosismessung f, Dosimetrie f ‖ ~ **glass** (Glass, Radiol) / Dosimeterglas n
**dosing** n (Eng) / Dosieren n (DIN 1319, T 1), Dosierung f, Zudosierung f, Zumessung f ‖ ~ **nozzle** / Zumessdüse f ‖ ~ **screw** (Eng) / Dosierschnecke f
**DOS merger** (Comp) / DOS-Merger m (DOS-Emulation unter UNIX)
**dossier** n (Comp) / Dossier n (Akten mit personenbezogenen Daten)
**DO statement** (Comp) / Schleifenanweisung f (Fortran)
**do statement** (Comp) / Schleifenanweisung f (Fortran)
**dot** v / tüpfeln v, punktieren v ‖ ~\* n (Build) / Lehrkopf m, Lehrpunkt m (z.B. ein Nagel - zur Festlegung der Putz- oder Estrichdicke) ‖ ~ (a refractory spacer used with kiln furniture) (Ceramics) / Brennstütze f ‖ ~ (Chem, Materials, Med) / Dot m (in der Nanotechnologie) ‖ ~ (Teleg) / Punkt m, Morsepunkt m ‖ ~ (Textiles) / Tüpfchen n, Tupfen m ‖ ~ **coating** (Textiles) / Punktbeschichtung f
**DOT code** (Autos) / DOT-Code m (mehrstellige Identifikationsnummer auf der Reifenflanke), DOT-Kode m
**dot-com** (company) (Comp, Telecomm) / Internetfirma f

**dot•-dash line** / strichpunktierte Linie, Strichpunktlinie *f* ‖ **~ density** (Comp, Print, TV) / Punktdichte *f* ‖ **~ diagram** / Punktdiagramm *n* ‖ **~ distortion** (Print) / Ausbrechen *n* (Spitzlaufen der Lichter)
**dote** *n* (For) / Verstockung *f* (durch Pilzbefall bei Laubbäumen)
**doted junction** (Electronics) / dotierter Übergang
**dot etching** / Punktätzen *n* ‖ **~ for blind persons** (Comp) / Fühltaste *f* für Blinde
**dot-for-dot work** (Print) / registerhaltige Arbeit
**dot frequency*** (Teleg) / Telegrafierfrequenz *f* ‖ **~ generator** (Comp, Print) / Rasterpunktgenerator *m* ‖ **~ graphics** (Comp) / Punktgrafik *f* ‖ **~ leaders** (Print) / Führungspunkte *m pl*, punktierte Linie (in Inhaltsverzeichnissen, Tabellen)
**dotless i** (Typog) / türkisches i
**dot matrix** (Comp) / Punktmatrix *f* ‖ **~ matrix character generator** (Comp) / Punktzeichengenerator *m* (ein Zeichengenerator)
**dot-matrix printer*** (Comp) / Matrixdrucker *m*, Rasterdrucker *m*, Mosaikdrucker *m*
**dot matrix tube** (TV) / Lochmaskenröhre *f* (mit dreieckigem Strahlsystem - heute veraltet), Deltafarbröhre *f* (mit dreieckigem Strahlsystem - heute veraltet), Schattenmaskenröhre *f*, Maskenröhre *f*
**DOT memory** (Comp) / DOT-Speicher *m*, Domänen-Magnetspeicher *m*, Wandverschiebespeicher *m*
**dot product** (Maths) / Skalarprodukt *n*, inneres Produkt, Punktprodukt *n* ‖ **~ punch** (Eng) / Anreißkörner *m* ‖ **~ sequential** (system)* (TV) / Punktfolgefarbenverfahren *n*
**dot-sequential** *adj* (TV) / punktsequentiell *adj*
**dot shape** (Comp) / Punktform *f*
**dots per inch** (Comp, Print) / Punkte *m pl* pro Zoll (ein Maß für die Auflösung als Leistungsmerkmal bei den Druckern, z.B. heute über 2000 dpi bei Laserdruckern)
**dotted** *adj* / tüpfelig *adj*, getupft *adj* ‖ **~ indices** (Maths) / punktierte Indizes (eines Spinors) ‖ **~ line** / punktierte Linie (im Allgemeinen) ‖ **~ line** (Civ Eng) / punktierte Linie (als Fahrbahnmarkierung) ‖ **~ marquee** (Comp) / Laufrahmen *m* (GUI-Objekt, das Anzeigen in Laufschrift liefert) ‖ **~ muslin** (Textiles) / Tupfenmull *m*, Tupfenmusselin *m*, Punktmull *m* ‖ **~ swiss** (Textiles) / Tupfenmull *m*, Tupfenmusselin *m*, Punktmull *m*
**dotting recorder** / Punktschreiber *m* (ein Messschreiber, der in gleich bleibenden Intervallen eine Punktfolge registriert)
**dottling** *n* (placement of flatware on refractory pins in kilns) (Ceramics) / Brennstützenanordnung *f* (bei der zwischen die Flachware Dreifüße oder Pins gelegt werden, die nach dem Brand Abdruckpunkte hinterlassen), Einsatz *m* auf Brennstützen (bei Flachwaren) ‖ **~** (Ceramics) s. also pinning
**double 8** (Cinema) / Normalachtfilm *m*, Doppelachtfilm *m*, Doppelacht *f* (ein Schmalfilm) ‖ **~ v** / zusammenfalten *v*, zusammenlegen *v* ‖ **~** (Spinning) / fachen *v* (zwei oder mehr Garne oder Fäden ohne Drehung bei gleicher Fadenspannung für alle Komponenten auf eine Spule aufwickeln), filieren *v* ‖ **~** (Spinning) / fachen *v* (um Mehrfachgarne zu erhalten), doublieren *v*, dublieren *v* ‖ **~ vi** / sich verdoppeln *v* ‖ **~ vt** / verdoppeln *v*, doppeln *v* ‖ **~ n** (Print) / "Hochzeit" *f* (doppelt gesetzte Wörter, Satzteile oder Sätze) ‖ **~ adj** / doppelt *adj*, Doppel- ‖ **~** / zweifach *adj*, doppelt *adj*, zweizählig *adj* ‖ **~** (Bot) / gefüllt *adj*
**double-acting** *adj* (Eng) / doppelt wirkend *adj* ‖ **~ door** (Build) / Pendeltür *f*, Schwingflügeltür *f*, Schwingtür *f* (mit zwei ausschwingenden Türblättern)
**double-acting engine*** (Eng) / doppelt wirkende Maschine (bei der der Kolben abwechselnd von der einen und der anderen Seite durch ein Arbeitsmedium angetrieben wird), doppelt wirkende Kraftmaschine, doppelt wirkender Motor
**double-acting hammer** (Civ Eng, Eng) / Schnellschlagbär *m*, Schnellschlaghammer *m*, Rammhammer *m* ‖ **~ hammer** (Eng) / Oberdruckhammer *m* (bei dem der Bär durch einen Kolben beschleunigt wird, der durch Druckluft, Dampf oder eine Flüssigkeit beaufschlagt ist) ‖ **~ hinge** (Join) / Pendeltürband *n*, Bommerband *n* (doppelt wirkender Spezialbeschlag für Pendeltüren) ‖ **~ press** (Eng) / zweifachwirkende Presse, doppelwirkende Presse, doppelt wirkende Presse ‖ **~ pump*** (Eng) / Saug- und Druckpumpe *f*, doppelt wirkende Pumpe ‖ **~ steam hammer** (Eng) / Oberdampfhammer *m*, Oberdruckdampfhammer *m*
**double-action** *attr* (Eng) / doppelt wirkend *adj* ‖ **~ door** (Build) / Pendeltür *f*, Schwingflügeltür *f*, Schwingtür *f* (mit zwei ausschwingenden Türblättern)
**double-action press*** (Eng) / zweifachwirkende Presse, doppelwirkende Presse, doppelt wirkende Presse
**double-action pump** (Eng) / Saug- und Druckpumpe *f*, doppelt wirkende Pumpe
**double air valve** (Eng) / Belüftungs- und Entlüftungsventil *n* ‖ **~ amplitude*** (Elec) / Doppelamplitude *f* ‖ **~ anastigmat** (Photog) / Doppelanastigmat *m n*

**double-anchor non-servo brake** (Autos) / Duplexbremse *f*
**double-angle cutter** (Eng) / Winkelfräser *m* mit doppelseitiger Schräge (für Drallspannuten) ‖ **~ formulae** (Maths) / Doppelwinkelformeln *f pl* ‖ **~ formulas** (Maths) / Doppelwinkelformeln *f pl*
**double armature** (Elec Eng) / Doppelanker *m*
**double-armature motor** (Elec Eng) / Doppelläufermotor *m*, Doppelmotor *m*
**double-arm manipulator** (Eng) / Doppelarmmanipulator *m* (mit zwei kompletten, im Winkel zueinander eingestellten Armen, die beide gemeinsam schwenken)
**double-axis tracing** (Eng) / zweiachsiges Nachformen
**double axle** (Eng) / Doppelachse *f*
**double-balanced mixer** (Radio) / Balancemischer *m*, Gegentaktmischer *m* (zur SSB-Signalaufbereitung) ‖ **~ modulator** (Telecomm) / doppelsymmetrischer Modulator
**double-ball catch** (Build) / Doppelkugelschnäpper *m* (als Beschlag)
**double-base diode** (Electronics) / Unijunktion-Transistor *m*, Unijunction-Transistor *m*, Doppelbasistransistor *m*, Doppelbasisdiode *f* ‖ **~ propellant** (Space) / doppelbasiger Treibstoff, Doppelbasistreibstoff *m*
**double-beam cathode-ray tube*** (Electronics) / Zweistrahlröhre *f*, Doppelstrahlröhre *f* ‖ **~ spectrometer** (Spectr) / Zweistrahlspektrometer *n* ‖ **~ technique** (Spectr) / Zweistrahlverfahren *n*
**double-beat valve*** (Eng) / Doppelsitzventil *n* (z.B. bei Industrieturbinen), doppelsitziges Ventil
**double bell-and-hopper arrangement** (Met) / doppelter Gichtverschluss ‖ **~ bell-and-hopper arrangement** (Met) / Doppelglockenverschluss *m* (ein Gichtverschluss) ‖ **~ bell-jar principle** (Vac Tech) / Doppelwandprinzip *n*, Doppelglockenprinzip *n* (bei der Erzeugung von Ultrahochvakuum) ‖ **~ bend** (first to left) (Autos) / Doppelkurve (zunächst links) (ein Verkehrszeichen) ‖ **~ bend** (Leather) / Krupon *m* (aus zwei Kernstückhälften) ‖ **~ beta decay** (Nuc) / doppelter Betazerfall
**double-bevel butt** (groove) **weld** (Welding) / K-Naht *f* (bei dem Schmelzschweißen)
**double bit** (Comp) / Dibit *n*, Doppelbit *n* (zwei Bits) ‖ **~-bit axe** (Tools) / zweischneidige Axt, Beil *n* mit zwei Schneiden
**double-bitted ax** (US) (For) / Doppelaxt *f*
**double-bladed axe** (For) / Doppelaxt *f*
**double-blind test** (Pharm) / Doppelblindversuch *m* ‖ **~ trial** (Pharm) / Doppelblindversuch *m*
**double bond*** (Chem) / Doppelbindung *f* (zwei bindende Elektronenpaare zwischen den Bindungspartnern), doppelte Bindung
**double-bond isomerism** (Chem) / Doppelbindungsisomerie *f* (eine Abart der Strukturisomerie) ‖ **~ rule** (Chem) / Doppelbindungsregel *f*
**double bottom** (Eng, Ships) / Doppelboden *m*
**double-bowl sink** / Doppelspüle *f*
**double-break** *attr* (Elec Eng) / mit Doppelunterbrechung (Schalter) ‖ **~ relay** (Elec Eng) / Relais *n* mit zwei Trennkontakten
**double-breasted** *adj* (Textiles) / zweireihig *adj* (Jackett), doppelreihig *adj*
**double bridge*** (Elec Eng) / Doppelbrücke *f*, Doppelmessbrücke *f* ‖ **~ bridge*** (Elec Eng) s. also Kelvin bridge ‖ **~ buffering*** (Comp) / doppelte Pufferung
**double-burned** *adj* (Ceramics) / zweifach gebrannt (Schrüh- und Glattbrand)
**double burner** (Eng) / Doppelbrenner *m*
**double-burnt** *adj* (Ceramics) / zweifach gebrannt (Schrüh- und Glattbrand) ‖ **~ gypsum** (Build) / Doppelbrandgips *m*
**double bus** (bar) (Elec Eng) / Doppelsammelschiene *f*, doppelte Sammelschiene
**double-button** (carbon) **microphone** / Doppelkapselmikrofon *n*
**double-cage induction motor** (Elec Eng) / Doppelkäfigläufermotor *m*, Doppelkäfigankermotor *m* ‖ **~ short-circuit motor** (Elec Eng) / Doppelkurzschlussankermotor *m*, Dokamotor *m* ‖ **~ synchronous motor** (Elec Eng) / Synchronmotor *m* mit Dämpferkäfig
**double calender** (Textiles) / Doppelkalander *m*
**double-cantilever-beam specimen** (Materials) / DCB-Probe *f*, Doppelbalkenbiegeprobe *f*
**double cardan joint** (Eng) / Doppelkreuzgelenk *n*, Doppelgelenk *n*
**double-casement** *attr* (Build) / zweiflügelig *adj* (Fenster)
**double-cassette system** (Acous) / Doppelkassettensystem *n*
**double-catenary construction*** (Elec Eng, Rail) / Fahrleitung *f* mit Doppeltragseil, Dreieckkettenfahrleitung *f*
**double-cavity mould** (Glass) / Doppelform *f*
**double centner** / Meterzentner *m* (100 kg), Doppelzentner *m*, dz (DIN 1301, T 3), Dezitonne *f*
**double-centre theodolite** (Surv) / Repetitionstheodolit *m*, zweiachsiger Theodolit

427

**double-chain grab** (Civ Eng, Eng) / Zweiseilgreifer m
**double-chamber mill** (Chem Eng) / Doppelkammermühle f (eine geschlossene, kontinuierlich arbeitende Rührwerksmühle zum Dispergieren von Lacken und Druckfarben)
**double-charged** adj (Phys) / zweifach geladen
**double-circuit line** (Elec Eng) / Doppelleitung f
**double-clad** adj (Surf) / doppelseitig plattiert
**double click** (Comp) / Doppelklick m (mit einer Maus)
**double-click** v (Comp) / doppelklicken v (nur Infinitiv)
**double-clip wool** (Textiles) / Zweischurwolle f
**double cloth**\* (Textiles) / Doppelgewebe n, Doublegewebe n (aus zwei Gewebelagen), Double n (ein Doppelgewebe) || ~ **clutching** (Autos) / Zwischenkuppeln n
**double-coated film**\* (Photog) / Zweischichtenfilm m, Doppelschichtfilm m
**double cone coconut** / Doppelkokosnuss f, Seychellennuss f, Maledivische Nuss, Meereskokosnuss f (Frucht der Palme Lodoicea maldivica (J.F. Gmel) Pers.)
**double-coil loudspeaker**\* (Acous) / Doppelspulenlautsprecher m
**double cold pressing** (Eng) / Doppel-Kaltpressverfahren n (z.B.bei Legierungen mit Bronze- und Nickel/Kupfer-Basis) || ~ **collar** (Textiles) / Umlegekragen m || ~ **column** (Eng) / Portal m (Hobelmaschine, Fräsmaschine)
**double-column planer** (Eng) / Zweiständerhobelmaschine f (eine Langhobelmaschine), Doppelständerhobelmaschine f || ~ **planing machine** (Eng) / Zweiständerhobelmaschine f (eine Langhobelmaschine), Doppelständerhobelmaschine f
**double combing** (Spinning) / doppeltes Kämmen, zweifaches Kämmen, Nachkämmen n
**double-concave** adj (Optics) / bikonkav adj
**double-condenser spinning** (Spinning) / Zweizylinderspinnverfahren n (bei dem das Garn nicht in Streckwerken, sondern von einem Lieferwalzenpaar aus in einem weiten Verzugsfeld unter einer bestimmten Verzugsdrehung verzogen und anschließend fertig gesponnen wird), Zweizylinderspinnen n
**double conductor** (Elec Eng) / Doppelleiter m
**double-conductor line** (Elec Eng) / Doppelleitung f
**double cone** (Maths) / Doppelkonus m, Doppelkegel m (der durch Spiegelung eines Kegels an seiner Spitze entsteht)
**double-contact catalysis** (Chem Eng) / Doppelkontaktverfahren n (mit einer Zwischenabsorption des gebildeten Schwefeltrioxids)
**double containment** (Nuc Eng) / Doppelcontainment n || ~ **contraction**\* (Foundry) / doppeltes Schwindmaß || ~ **conversion receiver** (Radio) / Doppelsuperhet m, Doppelsuperhetempfänger m (mit zwei Mischstufen bzw. Zwischenfrequenzen) || ~ **convertor** (Electronics) / Doppelstromrichter m
**double-convex** adj (Optics) / bikonvex adj
**double-core barrel** (Oils) / Doppelkernrohr n (beim Rotary-Bohrverfahren) || ~ **cable** (Elec Eng) / doppeladriges Kabel, Zweileiterkabel n
**double correlation** (Phys) / Zweipunktkorrelation f, Doppelkorrelation f (Turbulenz)
**double-cotton-covered** adj (Cables) / doppeltbaumwollumsponnen adj
**double-counterlaid folds** (Textiles) / Quetschfalte f
**double coupler** (Build) / Normalkupplung f (bei Stahlrohrgerüsten - eine Kupplung zum Verbinden von sich unter einem rechten Winkel kreuzenden Rohren nach DIN EN 74) || ~ **crank** (Eng) / Doppelkurbel f
**double-crank mechanism** (Eng) / Doppelkurbelmechanismus m, Doppelkurbelgetriebe n || ~ **press** (Eng) / Doppelkurbelpresse f, Kurbelpresse f mit zweifach gekröpfter Welle
**double cross-cut circular saw** (For) / Doppel-Abkürzungskreissägemaschine f || ~ **cross-grain** (For) / Wechseldrehwuchs m (ein Holzfehler)
**double-crucible method** (Glass) / Doppeltiegelverfahren n (zur Herstellung von Mehrkomponentenglasfasern) || ~ **process** (Glass, Optics) / Zweitiegelverfahren n (bei der Glasfaserherstellung)
**double curing** (Textiles) / Double-Curing n (Zweistufenverfahren, um Wash-and-Wear- und Permanent-Press-Effekte unter größtmöglicher Schonung der Baumwolle zu erzielen)
**double-current generator**\* (Elec Eng) / Doppelstromerzeuger m || ~ **key** (Telecomm) / Doppelstromtaste f || ~ **signalling** (Teleg) / Doppelstrombetrieb m || ~ **working** (Teleg) / Doppelstrombetrieb m
**double cusp** (Maths) / Berührungspunkt m, Selbstberührungspunkt m (Knotenpunkt zweiter Art) || ~ **cut** (For) / Prismenschnitt m (Vorschnitt mit zwei parallelen Schnittflächen), Modellschnitt m, Kantschnitt m || ~ **cut** (Tools) / Doppelhieb m, Kreuzhieb m
**double-cut file** (Tools) / doppelhiebige Feile, Doppelhiebfeile f, Kreuzhiebfeile f
**double cut-off saw** (For) / Doppel-Abkürzungskreissägemaschine f
**double-cut saw** (Tools) / zweischneidige Säge

**double-cylinder knitting machine**\* (Textiles) / Doppelzylinder-Strickmaschine f || ~ **machine** (jacquard) (Weaving) / Zweiprismenmaschine f, Zweiprismen-Jacquardmaschine f
**double cylindrical boiler** (Eng) / Kessel m mit Unterkessel || ~ **damask** (Textiles) / atlasbindige Damast
**double-deck bridge** (Civ Eng) / Doppelstockbrücke f (mit zwei Brückenfahrbahnen übereinander), zweistöckige Brücke || ~ **car carrier** (Rail) / Doppelstockwagen m für den Autotransport
**double-decker** n (Aero) / Doppeldecker m (mit zwei übereinander liegenden Tragflächen)
**double-decker bus** (Autos) / Doppelstockomnibus m, Doppeldecker m
**double-deck pallet** / Doppeldeckpalette f || ~ **plane** (Aero) / Doppeldecker m (mit zwei übereinander liegenden Tragflächen) || ~ **screen** / Zweilagensieb n (mit zwei übereinander angeordneten Siebebenen) || ~ **twister** (Spinning) / Zweietagenzwirnmaschine f || ~ **twisting machine** (Spinning) / Zweietagenzwirnmaschine f
**double decomposition**\* (Chem) / Metathese f, Metathesis f, doppelte Umsetzung, Wechselumsetzung f || ~ **decomposition**\* (Chem) s. also ionic association || ~ **defruiting** (Radar) / Doppelasynchronunterdrückung f || ~ **delta** (Aero) / Doppeldeltaflügel m
**double-delta connection**\* (Elec Eng) / Doppeldreieckschaltung f || ~ **wing** (Aero) / Doppeldeltaflügel m
**double-density recording** (Comp) / Double-Density-Verfahren n, Aufzeichnung mit doppelter Schreibdichte f
**double-detection receiver** (Radio, Telecomm) / Überlagerungsempfänger m, Superhet m, Superheterodynempfänger m, Super m
**double-diameter piston** (Eng) / Stufenkolben m, Differentialkolben m (z.B. einer Kolbenpumpe)
**double-diaphragm pump** (Eng) / Doppelmembranpumpe f
**double differential cross section** (Nuc) / doppeltdifferentieller Wirkungsquerschnitt, raumwinkel- und energiebezogener Wirkungsquerschnitt (ein Streuquerschnitt)
**double-diffused** adj (Electronics) / doppeldiffundiert adj, doppeltdiffundiert adj || ~ **metal-oxide semiconductor**\* (Electronics) / Doppeldiffusions-MOS m, DIMOS m (Doppeldiffusions-MOS), DMOS (Doppeldiffusions-MOS)
**double diffusion**\* (Electronics) / Doppeldiffusion f || ~ **diode**\* (Electronics) / Doppeldiode f (zwei in einem gemeinsamen Gehäuse untergebrachte Seleneinzeldioden mit sehr hohem Sperrwiderstand), Duodiode f || ~ **dipping** (Autos) / Abblenden n beider Scheinwerfer
**double-disk clutch** (Autos, Eng) / Zweischeibenkupplung f || ~ **gate valve** (Eng) / Plattenschieber m (in einer Rohrleitung) || ~ **valve** (Eng) / Plattenschieber m (in einer Rohrleitung) || ~ **winding** (Elec Eng) / Doppelscheibenwicklung f, Doppelspulenwicklung f || ~ **winding**\* (Elec Eng) / Doppelspulenwicklung f
**double door** (Build) / doppelflügelige Tür, zweiflügelige Tür || ~ **door** (Build) / Doppeltür f (Türanlage mit zwei hintereinander in einer Wandöffnung angeordneten Türblättern)
**double-double face corrugated fibreboard** (Paper) / zweiwellige Wellpappe (DIN 6730 - bestehend aus zwei Lagen gewellten Papiers, die durch eine Lage Papier oder Pappe miteinander verklebt sind und deren freie Außenflächen ebenfalls mit je einer Lage Papier oder Karton geklebt sind), Doppel-Doppel-Wellpapier n
**double draw(ing)** (Met) / Doppelzug m (Ziehvorgang, bei dem das Ziehgut zwischen dem Ab- und Aufhaspeln zwei Ziehwerkzeuge durchläuft)
**double-drawing machine** (Met) / Doppelziehmaschine f, Doppelzug m (Doppelziehmaschine)
**double-drum hoist** (Mining) / Doppeltrommelhaspel f m, Doppeltrommelfördermaschine f
**double-duo stand** (Met) / Doppel-Zweiwalzengerüst n (alte Gerüstbauweise, die durch Drei- und Vierwalzengerüste ersetzt wurde), Doppelduogerüst n, Doppelduowalzwerk n
**doubled yarn**\* (Spinning) / mehrstufiger Zwirn (DIN 60900)
**double-earth fault**\* (Elec Eng) / Doppelerdschluss m (leitende Verbindung zweier örtlich getrennter Kurzschlussstellen über den Erdboden), Erdschluss m zweier Phasen, zweiphasiger Erdschluss
**double-edge(d)** adj (Eng, Tools) / zweischneidig adj (Werkzeug)
**double-edge-notched specimen** (Materials) / Doppelkerbprobe f
**double edger** (For) / Doppelbesäumkreissägemaschine f
**double-emulsion** attr / beidseitig beschichtet (Film)
**double-end box spanner** (Eng) / Doppelringschlüssel m || ~ **box wrench** (Eng) / Doppelringschlüssel m
**double-ended bolt**\* (Eng) / Bolzen m mit Gewinde an beiden Enden || ~ **open-jawed spanner** (Eng, Tools) / Doppelgabelschlüssel m, Doppelmaulschlüssel m || ~ **queue** (Comp) / Doppelstapel m (eine lineare Liste, bei der nur am Anfang und Ende Listenelemente hinzugefügt oder gelöscht werden können)

**double ender** (For) / Doppelendprofiler m, Doppelendprofiliermaschine f, Alleskönner m ‖ ~ **ender** (Rail) / Tenderlokomotive f (mit vorderen und hinteren Laufachsen)
**double-end stud** (Eng) / Schraubenbolzen m ohne Kopf
**double-engine scraper** (Civ Eng) / Doppelmotorscraper m (der einen zusätzlichen Antrieb auf die durch die Kübellast beanspruchte Hinterachse und damit einen besseren Kraftschluss hat)
**double-entry turbocompressor** (Eng) / doppelflutiger Turbokompressor, Turboverdichter m in doppelflutiger Bauweise, zweiseitig saugender Turbokompressor
**double enveloping worm** (Eng) / Globoidschnecke f (DIN 3998) ‖ ~ **enveloping worm gear pair** (Eng) / doppelt einhüllendes Schneckengetriebe, Globoidgetriebe n, Globoidschnecken-Radsatz m ‖ ~ **Europe card** (Comp) / Doppeleuropakarte f ‖ ~ **excitation** (Nuc) / Doppelanregung f (bei der Autoionisation) ‖ ~ **exposure*** (Photog) / Doppelbelichtung f, Zweitbelichtung f
**double-exposure lock** (Photog) / Doppelbelichtungssperre f, Auslösesperre m
**double extra-dense glass** (Glass, Optics) / Doppelschwerflintglas n ‖ ~ **eye** (Optics) / Doppelöse f
**double-face** n (Textiles) / Zweiseitenstoff m, Doubleface m n, Double n (mit umgekehrter Musterung der beiden Seiten), doppelseitiges Gewebe (mit zwei rechten Warenseiten)
**double-faced corrugated board** (Paper) / kaschierte Wellpappe, doppelseitige Wellpappe
**double-face double double-density diskette drive** (Comp) / Diskettenlaufwerk n mit beidseitiger Aufzeichnung und doppelter Aufzeichnungsdichte
**double-face[d] fabric** (Textiles) / Zweiseitenstoff m, Doubleface m n, Double n (mit umgekehrter Musterung der beiden Seiten), doppelseitiges Gewebe (mit zwei rechten Warenseiten)
**double-face[d] fabric** (Textiles) / Abseitenstoff m (mit zwei unterschiedlichen Stoffseiten), Reversible m
**double-face printed circuit board** (Electronics) / doppeltkaschierte Leiterplatte, beidseitig kaschierte Leiterplatte, doppelseitige Leiterplatte
**double facer** (Paper) / kaschierte Wellpappe, doppelseitige Wellpappe
**double-face** (adhesive) **tape** / doppelseitig klebendes Klebeband, doppelseitiges Klebeband ‖ ~ **twill** (Weaving) / beidrechter Köper
**double-fed repulsion motor** (Elec Eng) / ständergespeister Repulsionsmotor (heute nicht mehr gebraucht)
**double-filament bulb** (Autos) / Zweifadenlampe f (Kraftfahrzeug-Glühlampe mit zwei Leuchtkörpern), Bilux-Lampe f ‖ ~ **lamp** (Autos) / Zweifadenlampe f (Kraftfahrzeug-Glühlampe mit zwei Leuchtkörpern), Bilux-Lampe f ‖ ~ **lamp** (Light) / Doppelfadenlampe f
**double-fillet weld** (Welding) / Doppelkehlnaht f, zweiseitige Kehlnaht
**double-flanged 1/4 bend** (Eng) / O-Stück n, Flanschbogen m 90° ‖ ~ **1/8 bend** (Eng) / FFK-Stück n 45°, Flanschbogen m 45° ‖ ~ **1/4 duck foot bend** (Eng) / N-Stück n, Flanschfußbogen m 90° ‖ ~ **pressure pipe** (Eng) / Flanschendruckrohr n ‖ ~ **taper** (Eng) / FFR-Stück n, Flanschübergangsstück n
**double flannel** (Textiles) / Doppelflanell m ‖ ~ **Flemish bond*** (Build) / flämischer Verband, polnischer Verband, gotischer Verband (beide Sichtflächen der Mauer) ‖ ~ **float** (Hyd Eng) / Tiefenschwimmer m ‖ ~ **floor** (Build) / Doppelfußboden m ‖ ~ **floor*** (Build, Carp) / englische Balkenlage (bei einer Holzbalkendecke)
**double-floor kiln** (Brew) / Zweihordendarre f
**double-flow** attr / zweiflutig adj, zweiströmig adj ‖ ~ / doppelflutig adj (Ausführung eines Turboverdichters) ‖ ~ **cooling tower** / zweiflutiger Kühlturm (Querstromkühlturm mit zwei gegenüberliegenden Lufteintrittsöffnungen und Kühleinbauflächen) ‖ ~ **turbine*** (Eng) / doppelflutige Turbine, zweiflutige Turbine f (eine Wasserturbine)
**double-focusing spectrometer** (Spectr) / doppelt fokussierendes Massenspektrometer
**double-folding test** (Materials) / Doppelfaltversuch m, Taschentuchversuch m
**double fork** / Doppelgabel f (z.B. bei Gabelschleppern)
**double-gantry bucket-chain excavator** (Civ Eng) / Eimerketten-Doppelportalbagger m
**double-gate MOSFET** (Electronics) / Doppelgate-MOSFET m (in MOS-Technik hergestellter Feldeffekttransistor mit zwei unabhängig voneinander den Drainstrom steuernden und dadurch das Ausgangssignal beeinflussenden Gate-Elektroden)
**double-Gauss' objective** (lens) (Optics, Photog) / Gauß'sches Doppelobjektiv
**double gauze** (Textiles) / polnischer Dreher, Doppeldreher m, Volldreher m
**double-girder overhead travelling crane** (Eng) / Zweiträgerlaufkran m ‖ ~ **suspension crane** (Eng) / Zweiträgerhängekran m
**double glazing*** (Build) / Doppelverglasung f (in einem Rahmen)

**double-glazing unit** (Build) / Doppelscheibe f (Fenster)
**double gripper** (Eng) / Doppelgreifer m (zwei unabhängig voneinander zu betätigende Greifer, die mitunter auch rotatorisch oder translatorisch ihre Positionen tauschen können) ‖ ~ **gripper for automatic tool change** (Eng) / Doppelgreifer m für den automatischen Werkzeugwechsel
**double-groove** adj (Eng) / doppelrillig adj (Scheibe)
**double-guard** (safety) **gates** (Hyd Eng) / Sperrschleuse f
**double•-handed saw** (For) / Zweimannsäge f (Zugsäge + Spaltsäge), Handgegenzugsäge f ‖ ~ **hardening** (Met) / Doppelhärten n (DIN 17 014, T 1)
**double-headed nail** (Carp) / Doppelkopfnagel m
**double-head needle** (Textiles) / Doppelhakennadel f, Doppelkopfnadel f, Links/Links-Nadel f
**double helical coil filament** (Light) / Doppelwendelglühdraht m, Doppelwendel f ‖ ~**-helical gears*** (Eng) / Pfeilradverzahnung f, Doppelschrägverzahnung f ‖ ~ **helix** (Biochem) / Doppelspirale f (eines DNS-Moleküls nach Watson und Crick), Doppelhelix f (pl. -ices) (bei Desoxyribonucleinsäure) ‖ ~ **heterojunction** (Electronics) / Doppelheterostruktur f, DH-Struktur f (Schichtfolge des pn-Übergangs einer Laserdiode)
**double-heterojunction laser diode** (Phys) / Doppelheterolaser m
**double-heterostructure laser** (Phys) / D-H-Laser m, Doppelheterostrukturlaser m, Halbleiterlaser m mit Doppelheterostruktur (z.B. GaAlAs)
**double-hoist crane** (Eng) / Kran m mit zwei Hubvorrichtungen, Kran m mit zwei Hubwerken
**double hook** (Eng) / Doppelhebehaken m, Doppelhaken m (ein Lasthaken nach DIN 699)
**double-hook needle** (Textiles) / Doppelhakennadel f, Doppelkopfnadel f, Links/Links-Nadel f
**double house** (US) (Build) / Doppelhaus n
**double-housing** attr (Eng) / zweigehäusig adj (Turbine)
**double-housing planer** (Eng) / Zweiständerhobelmaschine f (eine Langhobelmaschine), Doppelständerhobelmaschine f
**double-housing planing machine** (Eng) / Zweiständerhobelmaschine f (eine Langhobelmaschine), Doppelständerhobelmaschine f
**double hump** (Autos) / Doppelhump m, Rundhump m auf beiden Felgenschultern
**double-hump effect*** (Electronics) / Doppelhöckereffekt m
**double-hung sash window** (Build) / Doppelschiebefenster n (senkrecht) ‖ ~ **window*** (Build) / Doppelschiebefenster n (senkrecht)
**double ignition** (Autos) / Doppelzündung f (Zündsystem mit zwei Zündkreisen pro Zylinder) ‖ ~ **image** / Doppelbild n ‖ ~ **image** (a spurious image) (TV) / Störbild n (beim Fernsehempfang rechts neben dem Originalbild), Geisterbild n, Reflexbild n, überlagertes Fernsehbild n ‖ ~ **implanted MOS** (Electronics) / Doppeldiffusions-MOS m, DIMOS m (Doppeldiffusions-MOS), DMOS (Doppeldiffusions-MOS)
**double-injection diode** (Electronics) / Doppelinjektionsdiode f (eine dielektrische Diode, bei der beide Ladungsträgersorten /Elektronen und Löcher/ injiziert werden)
**double instrument equipment** (Instr) / Doppelinstrumentierung f
**double-insulated*** adj (Elec Eng) / schutzisoliert adj
**double integral*** (a multiple integral involving two variables) (Maths) / Doppelintegral n (bei dem über zwei Variable integriert wird)
**double-J butt** (groove) **weld** (Welding) / Doppel-J-Naht f, DH-J-Naht f
**double jersey*** (Textiles) / Doppel-Jersey m ‖ ~ **joint** (Mech) / Zweischlag m, Zwiegelenk n ‖ ~ **jump offset** (Eng) / Doppelsprungstaffelung f (der Zähne eines Räumwerkzeugs) ‖ ~ **junction** (Elec Eng) / Doppelabzweig m (von Leitern) ‖ ~ **junction*** (Eng, Plumb) / Kreuz n (Fitting nach DIN 2950), Kreuzstück n (ein Formstück)
**double-J weld** (Welding) / Doppel-J-Naht f, DH-J-Naht f
**double-knife cutter bar** (Agric) / Doppelmesserschneidwerk n
**double-knit fabrics** (knitted on circular knitting machine) (Textiles) / Doppelrundstrickware f, zweiflächige Rundstrickware ‖ ~ **fabrics** (made by interlocking the loops from two strands of yarn with a double stitch) (Textiles, Weaving) / zweiflächige Jerseyware, doppelflächige Ware, doppelflächige Strickware, doppelflächige Kulierware (Maschenware, bei der die Vorderseite und Rückseite von verschiedenen Nadelreihen gearbeitet wird und auf beiden Seiten rechte Maschen erhält), Doppelmaschenware f
**double knits** (Textiles) / Doppelrundstrickware f, zweiflächige Rundstrickware ‖ ~ **knits** (Textiles) / zweiflächige Jerseyware, doppelflächige Ware, doppelflächige Strickware, doppelflächige Kulierware (Maschenware, bei der die Vorderseite und Rückseite von verschiedenen Nadelreihen gearbeitet wird und auf beiden Seiten rechte Maschen erhält), Doppelmaschenware f
**double-lactate method** (Agric) / Doppellaktatmethode f, DL-Methode f (zur Bestimmung des pflanzenverfügbaren Kaliums und Phosphors im Boden)

429

**double layer**

**double layer*** (Chem, Phys) / Doppelschicht f (an der Grenzfläche zweier Phasen)
**double-layer** attr / zweilagig adj, zweischichtig adj ‖ **~ nickel** (Surf) / Doppelnickel n ‖ **~ nickel coating** (Surf) / Doppelvernicklung f (Abscheidung von zwei Ni-Schichten zum Korrosionsschutz) ‖ **~ winding*** (Elec Eng) / zweilagige Wicklung, Zweischichtwicklung f, Zweistabwicklung f
**double-length number** (Comp) / doppeltlange Zahl, Zahl f doppelter Länge, Zahl f doppelter Wortlänge, Zahl f doppelter Genauigkeit ‖ **~ register** (Comp) / Register n doppelter Wortlänge
**double leno** (Textiles) / polnischer Dreher, Doppeldreher m, Volldreher m
**double-lift dobby** (Weaving) / Doppelhubschaftmaschine f, Schaftmaschine f für Hoch- und Tieffach ‖ **Jacquard loom** (Weaving) / Doppelhub-Jacquardmaschine f
**double line** (Phys) / Doppellinie f (im Spektrum) ‖ **~ link** (Mech) / Zweischlag m, Zwiegelenk n ‖ **~ link** (Stats) / doppelte Verkettung ‖ **~ linkage** (Stats) / doppelte Verkettung
**double-linkage leakage** (Elec Eng) / doppelt verkettete Streuung
**double lock*** (Hyd Eng) / Doppelkammerschleuse f, Doppelschleuse f, Zwillingsschleuse f
**double-lock stitch** (Textiles) / Doppelsteppstich m
**double-loop antenna** (Radio) / Doppelrahmenantenne f
**double-low colza** (Agric, Bot, Nut) / Doppelnull-Raps m, 00-Raps m (mit niedrigem Erukasäure- und Glukosinatgehalt), Null-Null-Raps m (erukasäurearme Sorte) ‖ **~ rapeseed** (Agric, Bot, Nut) / Doppelnull-Raps m, 00-Raps m (mit niedrigem Erukasäure- und Glukosinatgehalt), Null-Null-Raps m (erukasäurearme Sorte)
**double modulation*** (Radio, Telecomm) / Doppelmodulation f ‖ **~ monochromator** (Optics) / Doppelmonochromator m
**double-needlebar raschel machine** (Textiles) / zweifonturige Raschelmaschine
**double-needle draft** (Spinning) / Intersekting n, Intersekting-Nadelstrecke f, Doppel-Nadelstabstrecke f
**double nickel salt** (Chem, Surf) / Ammoniumnickel(II)-sulfat-6-Wasser n, Nickel(II)-ammoniumsulfat n
**double-offset universal joint** (US) (Autos) / Gleichlauftopfgelenk n, Gleichlaufverschiebegelenk n
**double oil of vitriol** (Chem) / hochkonzentrierte Schwefelsäure ‖ **~ open-ended wrench** (Tools) / Doppelgabelschlüssel m, Doppelmaulschlüssel m ‖ **~ open-end wrench** (Tools) / Doppelgabelschlüssel m, Doppelmaulschlüssel m ‖ **~-overhead-camshaft engine** (Autos) / Doppelnockenmotor m, Doppelnockenwellenmotor m, Motor m mit zwei obenliegenden Nockenwellen ‖ **~ oxide** (Chem) / Doppeloxid n (das sich aus den Oxiden zweier Elemente zusammensetzt) ‖ **~ page** (Print) / Doppelseite f
**double-page spread** (Print) / doppelseitige Abbildung (Zeichnung) ‖ **~ spread** (Print) / Doppelseite f (zwei gegenüberliegende Seiten als grafische Einheit)
**double parking** (Autos) / Parken n in der zweiten Reihe
**double-pass arrangement** (Spectr) / Doppelweganordnung f ‖ **~ type interferometer** (Optics) / Zweistrahlinterferometer n
**double pendulum** (Phys) / Doppelpendel n (ein gekoppeltes Pendel) ‖ **~ phantom circuit** (Telecomm) / Superphantomschaltung f ‖ **~ pick** (Weaving) / Doppelschuss m (ein Webfehler) ‖ **~ pilaster** (Arch) / Doppelpilaster m
**double-pile** attr (Textiles) / zweiflorig adj
**double-pipe condenser** (Eng) / Doppelrohr-Verflüssiger m (für Kältemitteldampf) ‖ **~ exchanger*** (Chem Eng) / Doppelrohrwärmetauscher m
**double-piston engine** (Autos, Eng) / Doppelkolbenmotor m (ein Zweitaktmotor)
**double-pitch skylight*** (Build) / asymmetrische Lichtkuppel, unsymmetrisches Satteloberlicht
**double pith** (For) / Doppelkern m (aus zwei zusammengesetzten Bäumen)
**double-pivot steering** (Autos) / Achsschenkellenkung f, Ackermann-Lenkung f, A-Lenkung f
**double plane** (For, Join) / Doppelhobel m, Putzhobel m (mit feiner eingestelltem Doppeleisen zum Sauberputzen)
**double-plane iron** (Join) / Doppelmesser n (ein Hobeleisen mit Klappe), Doppeleisen n
**double plant** (Eng) / Zweikreisanlage f (aus getrennten Teilen, die aber der gleichen Funktion dienen) ‖ **~ plush** (Weaving) / Doppelplüsch m (ein Doppelgewebe) ‖ **~ point*** (Maths) / Doppelpunkt m (der zwei Zweigen einer Kurve angehört)
**double-pointed pick** (Textiles) / Kreuzhacke f
**double-pole*** attr (Elec Eng) / zweipolig adj, doppelpolig adj ‖ **~ double-throw switch** (Elec Eng) / zweipoliger Umschalter ‖ **~ two-way switch** (Elec Eng) / zweipoliger Umschalter

**double postcard** / Doppelpostkarte f (Werbepostkarte, die auseinander getrennt werden kann, so dass der Empfänger seine Rückantwort von der Karte, die er erhalten hat, abreißen oder abschneiden kann) ‖ **~ precision*** (the use of double the usual number of bits to represent a number) (Comp) / doppelte Genauigkeit, Doppelgenauigkeit f (bei der Darstellung und Berechnung einer Zahl)
**double-precision arithmetic** (Comp) / doppeltgenaue Arithmetik (bei der speicherinternen Darstellung von Zahlen werden doppelt so viele Bits verwendet als bei normaler Darstellung) ‖ **~ arithmetic** (Comp) / Rechnen n mit doppelter Wortlänge ‖ **~ number** (Comp) / doppeltlange Zahl, Zahl f doppelter Länge, Zahl f doppelter Wortlänge, Zahl f doppelter Genauigkeit
**double prime** (Maths, Phys) / Doppelstrich m (z.B. als Zeichen für Winkeleinheiten) ‖ **~ print** (Textiles) / Doppeldruck m ‖ **~ printing*** (Cinema) / Übereinanderkopieren n ‖ **~ projection** (Cinema) / Doppelprojektion f ‖ **~ quantum filter** (Spectr) / Doppelquantenfilter n, DQF (Doppelquantenfilter) ‖ **~ quantum spectroscopy** (Spectr) / Doppelquantenspektroskopie f ‖ **~ quotation marks** (Typog) / doppelte Anführungszeichen ‖ **~ quotes** (Typog) / doppelte Anführungszeichen
**doubler** n (Aero) / verstärkende Schicht der Behäutung ‖ **~** (Spinning) / Doubliermaschine f, Facher m
**double-rail** attr (Elec Eng, Rail) / Zweischienen-, zweischienig adj ‖ **~ crab** (Eng) / Zweischienenkatze f, Zweischienenlaufkatze f
**double ratio** (Maths) / anharmonisches Verhältnis, Doppelverhältnis n (für 4 Punkte auf einer Geraden)
**doubler circuit*** (Elec Eng) / Verdopplerschaltung f
**double reaction** (Radio) / gleichzeitige induktive und kapazitive Kopplung n ‖ **~ reception** (Radio) / Doppelempfang m (von zwei Signalen für zwei Empfänger mit der gleichen Antenne)
**double-refracting** adj (Min, Optics) / doppelbrechend adj
**double refraction*** (Min, Optics) / Doppelbrechung f ‖ **~ register** (Comp) / Register n doppelter Wortlänge
**double-replacement reaction** (Chem) / Metathese f, Metathesis f, doppelte Umsetzung, Wechselumsetzung f
**double resonance** (Nuc, Spectr) / Doppelresonanz f (in der Hochfrequenzspektroskopie)
**double-resonance method** (of Feher) (Nuc, Spectr) / Elektron-Kern-Doppelresonanz f, ENDOR-Technik f (eine Doppelresonanzmethode) ‖ **~ method** (Spectr) / Doppelresonanzmethode f (ein Verfahren der Hochfrequenzspektroskopie), Doppelresonanzverfahren n
**double-resonant optical parametric oscillator** (Electronics) / doppelresonanter optischer parametrischer Oszillator
**double rocker** (Eng) / Doppelschwinge f (im Gelenkgetriebe) ‖ **~ roller chain** (Eng) / Zweifachrollenkette f, Duplexkette f ‖ **~ roof** (Build) / Dach n (Hauptdach) und Nebendach ‖ **~ roof*** (Build, Carp) / Pfettendach n (ein Dachtragwerk), Pfettendachstuhl m ‖ **~ root** (Maths) / Doppelwurzel f
**double-rope tramway** (US) (Civ Eng, Eng) / Zweiseilschwebebahn f, Zweiseil-Luftseilbahn f (mit zwei Tragseilen und einem Zugseil)
**double-rotor regulator** (Elec Eng) / Doppeldrehtransformator m (bei dem die Winkelabweichung zwischen der Primärspannung und der resultierenden Spannung vermieden wird)
**double roving** (Spinning, Textiles) / Doppelvorgespinst n
**double-row** attr (Eng) / zweireihig adj (Lager, Nietverbindung), doppelreihig adj ‖ **~ determinant** (Maths) / zweireihige Determinante, 2-reihige Determinante ‖ **~ grooved ball bearing** (Eng) / zweireihiges Rillenkugellager (DIN 625, T 3) ‖ **~ matrix** (Maths) / zweireihige Matrix
**double·-row radial engine*** (Aero) / Doppelsternmotor m ‖ **~ Rueping process** (For) / Doppeltränkverfahren n nach Rüping, Doppel-Rüping-Sparverfahren n
**double-ruling pen** (Cartography) / Doppelziehfeder f
**double Rüping process** (For) / Doppeltränkverfahren n nach Rüping, Doppel-Rüping-Sparverfahren n
**doubles** pl (2 to 1 in.)* (Mining) / [etwa] Nuss II (30 - 50 mm - Steinkohle)
**double salt*** (Chem) / Doppelsalz n (z.B. Alaun oder Chlorkalk) ‖ **~ sampling** / Doppelstichprobennahme f ‖ **~ satin** (Textiles) / Doppelatlas m (ein Doppelgewebe) ‖ **~ scattering** (Nuc) / Doppelstreuung f, Zweifachstreuung f (Ablenkung eines Teilchenstrahls an zwei verschiedenen Targets) ‖ **~ seam*** (Nut) / Bördelrand m (bei Dosen) ‖ **~ seam** (Textiles) / Doppelsaum m ‖ **~ seam** (Textiles) / doppelte Naht, Doppelnaht f
**double-seated valve** (Eng) / Doppelsitzventil n (z.B. bei Industrieturbinen), doppelsitziges Ventil
**double-seater** n (Autos) / Zweisitzer m
**double-seat valve** (Eng) / Doppelsitzventil n (z.B. bei Industrieturbinen), doppelsitziges Ventil

**double-section driveshaft** (Autos) / geteilte Kardanwelle, zweiteilige Kardanwelle ‖ **~ longitudinal driveshaft with intermediate bearing** (Autos) / zweiteilige Längswelle mit Zwischenlager
**double selvedge** (Weaving) / einrollende Leiste (ein Webfehler), rollende Leiste ‖ **~ sequence** (Maths) / Doppelfolge *f* (aus abzählbar unendlich vielen unendlichen Zahlenfolgen) ‖ **~ series*** (Maths) / Doppelreihe *f*, zweifach unendliche Reihe, Reihe *f* mit doppeltem Eingang
**double-shaft gearing** (Eng) / Zweiwellengetriebe *n* (an Werkzeugmaschinen) ‖ **~ hammer crusher** (Eng) / Doppelwellenhammerbrecher *m* ‖ **~ mixer** (Eng) / Doppelwellenmischer *m*
**double shear*** (Eng) / Doppelscherung *f*
**double-shear lap** (Eng) / zweischnittige Überlappung ‖ **~ riveting joint** (Eng) / zweischnittige Nietverbindung
**double shed** (Weaving) / Doppelfach *n* ‖ **~-shell** attr (Build, Civ Eng) / doppelschalig *adj*, Doppelschalen-
**double-shoe brake** / Doppelbackenbremse *f*
**double shrinkage*** (Foundry) / doppeltes Schwindmaß
**double-sideband modulation** (Telecomm) / Zweiseitenbandmodulation *f* ‖ **~ system*** (Radio) / Zweiseitenbandsender *m*
**double-sided** *adj* / beidseitig *adj*, doppelseitig *adj* ‖ **~** / zweiseitig *adj* (auf beiden Seiten) ‖ **~** (Textiles) / doppelflorig *adj*, zweiseitig *adj* (Plüsch) ‖ **~ cooled** / zweiseitig gekühlt ‖ **~ eccentric press** (Eng) / Zweiständerexzenterpresse *f* ‖ **~ floppy disk** (Comp) / doppelseitige Diskette, beidseitig beschreibbare Diskette ‖ **~ LIM** (Elec Eng) / zweiseitiger linearer Induktionsmotor, doppelseitiger linearer Induktionsmotor ‖ **~ LIM** (Elec Eng) / doppelseitiger Linearmotor, zweiseitiger Linearmotor ‖ **~ linear induction motor** (Elec Eng) / zweiseitiger linearer Induktionsmotor, doppelseitiger linearer Induktionsmotor ‖ **~ linear motor** (Elec Eng) / doppelseitiger Linearmotor, zweiseitiger Linearmotor ‖ **~ press** (Eng) / Zweiständerpresse *f*, Doppelständerpresse *f* ‖ **~ printed circuit board** (Electronics) / Zweiebenenleiterplatte *f* (die auf beiden Seiten Leiterbahnen trägt) ‖ **~ quad density diskette** (Comp) / doppelseitige Diskette mit vierfacher Schreibdichte, DSQD-Diskette *f*
**double-silk-covered wire*** (Elec Eng) / doppeltseidenumsponnener Draht
**double-skin pressure vessel** / Zweilagendruckbehälter *m*
**double-slider coupling** (a pair of flanges, with opposed faces carrying diametral slots, between which a floating disk is supported through corresponding diametral tongues arranged at right angles so as to connect two misaligned shafts) (Eng) / Oldham-Kupplung *f*, Kreuzscheibenkupplung *f* (die einen großen Parallelversatz ausgleichen kann)
**double slip** (Rail) / doppelte Kreuzungsweiche, DKW (doppelte Kreuzungsweiche) ‖ **~ slit** (Optics) / Doppelspalt *m*
**double-slotted flap** (Aero) / Doppelspaltklappe *f* ‖ **~ Fowler flap** (Aero) / Doppelspalt-Fowlerklappe *f*
**double-socket 1/16 bend** (Eng) / MMK-Stück *n* 22, Doppelmuffenbogen *m* 22 1/2° ‖ **~ 1/32 bend** (Eng) / MMK-Stück *n* 11, Doppelmuffenbogen *m* 11 1/4° ‖ **~ 1/4 bend** (Eng) / MMQ-Stück *n*, Doppelmuffenbogen *m* 90° ‖ **~ 1/8 bend** (Eng) / MMK-Stück *n* 45, Doppelmuffenbogen *m* 45° ‖ **~ tee** (Eng) / MMR-Stück *n*, Doppelmuffen-Übergangsstück *n* ‖ **~ tee with flanged branch** (Eng) / MMA-Stück *n*, Doppelmuffenstück *n* mit Flanschstutzen
**double-speed CD-ROM drive** (Comp) / Double-Speed-CD-ROM-Laufwerk *n*, Zweifach-CD-ROM *f*
**double spindle** (Spinning) / Doppelspindel *f*
**double-spindle hammer crusher** (Eng) / Doppelwellenhammerbrecher *m*
**double spread** (For) / Zweiseitenkleberauftrag *m* ‖ **~ spread*** (Print) / Doppelseite *f* (zwei gegenüberliegende Seiten als grafische Einheit)
**double-spread*** *n* (Print) / doppelseitige Abbildung (Zeichnung)
**double squirrel** (Elec Eng) / Doppelkäfig *m* (des Käfigläufermotors) ‖ **~ squirrel-cage motor*** (Elec Eng) / Doppelkäfigläufermotor *m*, Doppelkäfigankermotor *m*
**double-stage** *attr* / Zweistufen-, zweistufig *adj*
**double staining** (Micros) / Doppelfärbung *f*, Zweifachfärbung *f*
**double-staining method** (Chem) / Double-Staining-Methode *f* (aufeinander folgende Coomassie-Färbung und Silberfärbung)
**double star*** (Astron) / Doppelstern *m* [physischer]
**double-start thread** (Eng) / doppelgängiges Gewinde, zweigängiges Gewinde, Doppelgewinde *n*
**double-step shed** (Weaving) / Doppelfach *n*
**double stopper** (Met) / doppelter Gichtverschluss ‖ **~ strand** (Biochem, Gen) / Doppelstrang *m*
**double-strand chain** (Eng) / Doppelkette *f*
**double-stranded** *adj* (Biochem, Gen) / doppelstrangig *adj* (eine Nucleotidsequenz) ‖ **~ helix** (Biochem) / Doppelspirale *f* (eines DNS-Moleküls nach Watson und Crick), Doppelhelix *f* (pl. -ices) (bei Desoxyribonucleinsäure)

**double-strength window glass** (US) (Glass) / Fensterglas *n* doppelter Dicke, DD-Glas *n* (bis 4 mm)
**double string** (Elec Eng) / Doppelkette *f* (von Isolatoren) ‖ **~ stroke** (Eng) / Doppelhub *m* ‖ **~ sugar** (Chem) / Disacharid *n*, Disaccharid *n* (z.B. Saccharose) ‖ **~ superhet receiver*** (Radio) / Doppelsuperhet *m*, Doppelsuperhetempfänger *m* (mit zwei Mischstufen bzw. Zwischenfrequenzen) ‖ **~ superphosphate** (Agric) / Doppelsuperphosphat *n* (Phosphorsäuredüngemittel mit etwa 38% $P_2O_5$) ‖ **~-surface treatment** (Civ Eng) / doppelte Oberflächenbehandlung ‖ **~ swing bridge** (Civ Eng) / doppelarmige Drehbrücke, Doppeldrehbrücke *f*
**double-switch call** (Teleph) / Gespräch *n* über drei zwischenstaatliche Leitungen (über zwei Grenzen)
**doublet*** *n* (a pair of lines in a spectrum of any sort that have common origin but have been split in frequency, typically by spin-orbit coupling) (Light, Spectr) / Dublettspektrallinie *f*, Dublett *n* (Gruppe von Linien im Linienspektrum) ‖ **~*** (Nuc) / Dublett *n*, Elektronendublett *n* (gemeinsames Elektronenpaar zweier Atome) ‖ **~*** (Optics, Photog) / Duplett *n*, zweiteiliges Objektiv, Zweilinser *m* ‖ **~** (Photog) / Doppelobjektiv *n* (aus zwei gleichartig gebauten Gliedern)
**double-tail unit** (Aero) / Doppelleitwerk *n*
**double tangential knot** (Maths) / zweitangentiger Knoten (bei dem alle Scharkurven bis auf eine im Knoten die gleiche Tangente haben)
**doublet antenna*** (Radio) / Dipolantenne *f*, Dipol *m*
**double-tariff meter** (Elec Eng) / Doppeltarifzähler *m* ‖ **~ tee** (Eng, Plumb) / Kreuz *n* (Fitting nach DIN 2950), Kreuzstück *n* (ein Formstück)
**double-tensioning idler** / Doppelspannrolle *f* (bei Riementrieb)
**double tensor** (Maths, Phys) / Tensor *m* zweiter Stufe, Dyade *f*
**doublet flow** (Phys) / Dipolströmung *f* (inkompressible Potentialströmung)
**double-thickness sheet glass** (Glass) / Fensterglas *n* doppelter Dicke, DD-Glas *n* (bis 4 mm) ‖ **~ window glass** (US) (Glass) / Fensterglas *n* doppelter Dicke, DD-Glas *n* (bis 4 mm)
**double thread** (Eng) / doppelgängiges Gewinde, zweigängiges Gewinde, Doppelgewinde *n*
**double-thread** *attr* (Textiles) / zweifädig *adj*
**double-threaded screw*** (Eng) / Schraube *f* mit zweigängigem Gewinde
**double-thread extrusion screw** (Plastics) / zweigängige Schnecke
**double-throat burner** (US) (Eng) / Doppelbrenner *m*
**double-throw** *attr* (Elec Eng) / Umschalt-
**double•-throw switch*** (Elec Eng) / Umschalter *m* ‖ **~ thrust-bearing*** (Eng) / Wechsellager *n*
**double-T joint** (Welding) / Kreuzstoß *m* (zwei in einer Ebene liegende Teile stoßen je mit einem Ende rechtwinklig gegen ein dazwischenliegendes drittes), Kreuzungsstoß *m*, Doppel-T-Stoß *m* (DIN EN 12 345)
**doublet lens** (Optics, Photog) / Duplett *n*, zweiteiliges Objektiv, Zweilinser *m*
**double-toggle jaw crusher** (Eng) / Blake-Backenbrecher *m*, Doppelkniehebelbackenbrecher *m*, Pendelschwingenbrecher *m*
**double•-tone ink*** (Print) / Duochromfarbe *f*, Doppeltondruckfarbe *f* ‖ **~ top** (Textiles) / Doppelrand *m* (des Strumpfs)
**double-torsion specimen** (Materials) / Doppeltorsionsprobe *f*, DT-Probe *f*
**double track** (Acous) / Doppelspur *f* ‖ **~ track** (Acous) / Doppelspur *f*
**double-track plane** (Mining) / zweitrümiger Bremsberg ‖ **~ printing** (TV) / Zweibandkopierung *f* ‖ **~ railway bridge** (Rail) / zweigleisige Eisenbahnbrücke ‖ **~ running** (Rail) / zweigleisiger Betrieb ‖ **~ tape recorder** (Acous) / Doppelspurtonbandgerät *n*
**double transformer** (Elec Eng) / Doppeltrafo *m*, Doppeltransformator *m* ‖ **~ traverse technique** (Materials) / Methode *f* des einfachen Sprungabstands (bei der Ultraschallprüfung) ‖ **~ tricot** (Textiles) / Doppeltrikot *m* ‖ **~ triode*** (Electronics) / Doppeltriode *f*, Duotriode *f*
**double-trolley system*** (Elec Eng) / Doppelfahrleitung *f*
**double T section** (Met) / Doppel-T-Profil *n* (DIN 9712)
**doublet spectrum** (Spectr) / Dublettspektrum *n*
**double-T strut** (Aero) / Stiel *m* in Doppel-T-Form
**doublet system** (Phys) / Dublettsystem *n* (Termsystem mit der permanenten Multiplizität 2)
**double-tube boiler** (Eng) / Zweirohrkessel *m* ‖ **~ dashpot** (Autos) / Zweirohrstoßdämpfer *m*
**double-tuned amplifier** (Elec Eng) / Zweikreisverstärker *m*
**double turnout** (Rail) / Doppelweiche *f*, DW (Doppelweiche)
**double-twisted** *adj* (Spinning) / zweifach gezwirnt
**double-twist frame** (Spinning) / Doppeldrahtzwirnmaschine *f* (DIN 64100)
**double two-high (rolling) mill** (Met) / Doppel-Zweiwalzengerüst *n* (alte Gerüstbauweise, die durch Drei- und Vierwalzengerüste ersetzt wurde), Doppelduogerüst *n*, Doppelduowalzwerk *n* ‖ **~**

**double universal**

**universal joint** (Eng) / Doppelkreuzgelenk n, Doppelgelenk n ‖ ~ **up** v / zusammenfalten v, zusammenlegen v
**double-valued** adj (Maths) / zweiwertig adj (Variable, Funktion, Logik, Relation)
**double-V antenna** (Radio) / X-Antenne f, Doppel-V-Antenne f, Spreizdipol m ‖ ~ **butt** (groove) **weld** (Welding) / X-Naht f (eine Schweißnahtform nach DIN 1910-1)
**double-vee weld** (Welding) / X-Naht f (eine Schweißnahtform nach DIN 1910-1)
**double vision** (Med) / Diplopie f, Doppeltsehen n, Doppelsichtigkeit f
**double-voltage generator** (Elec Eng) / Generator m für zwei Spannungen
**double-V weld** (Welding) / X-Naht f (eine Schweißnahtform nach DIN 1910-1)
**double wall*** (Acous) / zweischalige Wand ‖ ~ **wall** (Build) / Doppelwand f
**double-wall cofferdam** (Hyd Eng) / Zellenfangedamm m ‖ ~ **principle** (Vac Tech) / Doppelwandprinzip n, Doppelglockenprinzip n (bei der Erzeugung von Ultrahochvakuum)
**double warp frame** (Textiles) / Doppelkettenstuhl m, Doppelkettenwirkmaschine f
**double-webbed girder*** (Eng) / doppelstegiger Träger, zweistegiger Träger
**double-wedge aerofoil*** (Aero) / Doppelkeilprofil n (für Flugkörper, die mit mehrfacher Schallgeschwindigkeit in großen Höhen operieren)
**double weighing** (Phys) / Vertauschungswägen n, Vertauschungsverfahren n (Doppelwägung), Gauß'sche Doppelwägung, Gauß'sche Wägung
**double-welded butt joint** (Welding) / beiderseitig geschweißter Stumpfstoß
**double window*** (Build) / Doppelfenster n
**double-wing door** (Build) / doppelflügelige Tür, zweiflügelige Tür
**double-wire system*** (Elec Eng) / Doppeldrahtsystem n
**double-word** n (an ordered set of 32 bits operated on as a pair of words or as a single unit) (Comp) / Doppelwort n
**double-zero colza** (Agric, Bot, Nut) / Doppelnull-Raps m, 00-Raps m (mit niedrigem Erukasäure- und Glukosinatgehalt), Null-Null-Raps m (erukasäurearme Sorte)
**double zeta basis** (Chem) / Doppel-Zeta-Basis f, DZB (Doppel-Zeta-Basis)
**doubling** n / Verdopplung f, Verdoppeln n, Dopplung f, Doppeln n, Doppelung f ‖ ~ (Print) / Schieben n (durch Druckabwicklungsfehler verursachtes Verwischen des Abdruckes von Druckbildelementen), Dublieren n ‖ ~ (Spinning) / Doublieren n, Dublieren n (von Faserbändern) ‖ ~* (Spinning) / Filieren n, Fachen n (Zusammenführen von zwei oder mehreren parallel laufenden Fäden auf einer Spule) ‖ ~ **mill** (Textiles) / Zwirnerei f (ein Veredlungsbetrieb) ‖ ~ **ratio** (Spinning) / Verfachungszahl f ‖ ~ **spindle** (Spinning) / Zwirnspindel f ‖ ~ **tension** (Spinning) / Zwirnspannung f ‖ ~ **the angle of the bow** (Ships) / Versegelungspeilung f ‖ ~ **time** (Cyt) / Verdopplungszeit f, Generationszeit f (Zeitintervall zwischen zwei aufeinander folgenden Zellteilungen) ‖ ~ **time*** (Nuc Eng) / Verdopplungszeit f (in der sich der Spaltstoffeinsatz eines Brutreaktors verdoppelt), Brutverdopplungszeit f (bei einem Brutreaktor), Spaltstoffverdopplungszeit f ‖ ~ **time*** (Nuc Eng) / Verdopplungszeit f (Neutronenflussverdopplung), Flussverdopplungszeit f (Neutronen) ‖ ~ **triangle** (Spinning) / Zwirndreieck n
**doublure** n (Bind) / Doublure f (Verzierung auf dem Vorsatz-Leder, Pergament oder Seide, meist handvergoldet), Dublüre f (Verzierung von Buchdeckeln)
**doubly charged** (Phys) / zweifach geladen ‖ ~ **fed repulsion motor*** (Elec Eng) / ständergespeister Repulsionsmotor (heute nicht mehr gebraucht)
**douce** v (Mining) / schlagende Wetter löschen
**dough** n / teigartige Masse, Teig m, formbare Masse, knetbare Masse ‖ ~ (Nut) / Brotteig m ‖ ~ (Nut) / Teig m ‖ ~ **acidifier** (Nut) / Teigsäuerungsmittel n ‖ ~ **acidifying agent** (Nut) / Teigsäuerungsmittel n ‖ ~ **aeration** (Nut) / Teiglockerung f ‖ ~ **conditioner** (Nut) / Teigkonditioniermittel n, Teigverbesserungsmittel n ‖ ~ **divider** (Nut) / Teigteilmaschine f ‖ ~ **divider** (Nut) / Kopfmaschine f (zur Brötchenherstellung) ‖ ~ **improver** (Nut) / Teigkonditioniermittel n, Teigverbesserungsmittel n
**doughiness** n / Teigigkeit f, teigige Beschaffenheit, Teigkonsistenz f
**dough kneader** (Nut) / Teigkneter m
**dough-kneading machine** (Nut) / Teigkneter m
**dough leavening** (Nut) / Teiglockerung f (Einbringen eines Gases in die Teigmasse)
**doughlike** adj (Nut) / teigig adj
**dough loosening** (Nut) / Teiglockerung f ‖ ~ **mixer** (Nut) / Teigmischer m ‖ ~ **moulding compound*** (Plastics) / Alkydpressmasse f

**doughnut** n (Aero) / Niederdruckreifen m (kleiner) ‖ ~* (Nuc) / torusförmiger Beschleunigungsraum, Toroidkammer f (im Betatron)
**dough-portioning machine** (Nut) / Teigteilmaschine f
**dough strengthener** (Nut) / Teigkonditioniermittel n, Teigverbesserungsmittel n ‖ ~ **water** (Nut) / Schüttwasser n (zur Teigherstellung)
**doughy** adj (Nut) / teigig adj
**dough yield** (Nut) / Teigausbeute f
**Douglas fir*** (For) / Douglasie (Pseudotsuga menziesii (Mirb.) Franco), Douglastanne f (ein raschwüchsiges Kieferngewächs), Douglasfichte f (nach D. Douglas, 1798-1834), Oregonkiefer f, DGA (Douglastanne nach DIN 4076) ‖ ≃ **fir adelgid** (For, Zool) / Douglasienlaus f (Gilletteella cooleyi - ein Forstschädling), Douglasienwollläus f ‖ ≃ **scale** (Ocean) / Douglas-Skale f (zur Beschreibung der Dünung) ‖ ≃ **scale** (Ships) / Seegangsstufung f (nach Douglas) ‖ ≃ **spruce** (For) / Douglasie f (Pseudotsuga menziesii (Mirb.) Franco), Douglastanne f (ein raschwüchsiges Kieferngewächs), Douglasfichte f (nach D. Douglas, 1798-1834), Oregonkiefer f, DGA (Douglastanne nach DIN 4076)
**douka** n (For) / Douka f (Holz aus Thieghemella africana A. Chev.), Okola n
**doum palm** (a palm tree with a forked trunk, producing edible fruit and a vegetable ivory substitute) (Nut) / Doum Palm f (Hyphaene thebaica (L.) Mart.), Dumpalme f
**do up** v (Join) / aufarbeiten v (z.B. alte Möbel)
**doup** n (Weaving) / halbe Helfe, Weblitze f für Drehergewebe
**douped crossing gauze** (Textiles) / polnischer Dreher, Doppeldreher m, Volldreher m
**doupion** n (Textiles) / Doupion m (bei Seidengeweben wird in der Kette Grègeseide, im Schuss Schappgarn aus Tussahseide oder Maulbeerseide eingesetzt; es entsteht ein leicht genoppter Effekt, der auch bei Chemiefasererzeugnissen imitiert wird)
**doup warp heald frame** (Weaving) / Dreherschaft m
**douse** v (Mining) / schlagende Wetter löschen
**douser*** n (Cinema) / Feuerschutzklappe f, Wärmefilter n (gegen Überhitzung des Films, z.B. bei der Stillstandprojektion)
**DOUT** (Comp) / Datenausgabeleitung f, DA-Leitung f (Datenausgabeleitung)
**d.o.v.** (Chem) / hochkonzentrierte Schwefelsäure
**dovap** n (Doppler velocity and position) (Aero, Nav, Radar) / Zielverfolgungsradaranlage f, Doppler-Navigationssystem n, Doppler-Navigationsanlage f
**dove-colour** attr / taubengrau adj
**dove-coloured** adj / taubengrau adj
**Dove prism** (Optics) / Dove-Prisma n (ein Polarisations- oder Reflexionsprisma nach H.W. Dove, 1803-1879)
**dove-shade** attr / taubengrau adj
**dovetail** v (Carp, Join) / einschwalben v ‖ ~* n (Carp, Join) / Schwalbenschwanzzinke f (in der Schwalbenschwanzverbindung), Schwalbenschwanz m, Schwalbe f, Zapfen m ‖ ~ **cutter** (for the machining of dovetail guides) (Eng) / Schwalbenschwanzfräser m, Winkelstirnfräser m (zur Herstellung von Schwalbenschwanzführungen - nach DIN 842) ‖ ~ **groove** (Eng) / Schwalbenschwanznut f ‖ ~ **guides** (Eng) / Schwalbenschwanzführung f (Geradführung, die beliebig gerichtete Kräfte aufnehmen kann) ‖ ~ **halving** (Carp, Join) / Schwalbenschwanzüberblattung f ‖ ~ **jointing machine** (Join) / Schwalbenschwanzfügemaschine f ‖ ~ **key*** (a parallel key in which the part sunk in the boss is of dovetail section, the portion on the shaft being of rectangular cross-section) (Eng) / Schwalbenschwanzkeil m ‖ ~ **saw*** (Carp, Join) / Zinkensäge f, Zapfensäge f (kleine, mit 12 Zähnen je Zoll) ‖ ~ **saw*** (Carp) s. also foxtail saw and tenon saw
**Dow ductilometer** (Materials) / Duktilometer n nach Dow (zur Prüfung von Bitumen)
**dowel** v (Build, Carp) / dübeln v, verdübeln v ‖ ~ (Eng) / verstiften v, mit Passstift verbinden ‖ ~* n (Build, Carp) / Dollen m, Dübel m (schubübertragendes Verbindungselement) ‖ ~ (wood dowel) (Build, Join) / Holzdübel m (DIN 68 150-1) ‖ ~ (Civ Eng) / Dübel m (an Fugen in Betonfahrbahnen), Fugendübel m ‖ ~* (Eng) / Passstift m ‖ ~ (of a die) (Eng) / Haltestein m (Passstück zwischen Gesenkhälften und Bär bzw. Schabotte) ‖ ~ **assembly** (Civ Eng) / Dübelkorb m (eines Fugendübels) ‖ ~ **bar** (Civ Eng) / Dübel m (an Fugen in Betonfahrbahnen), Fugendübel m ‖ ~ **basket** (Civ Eng) / Dübelkorb m (eines Fugendübels) ‖ ~ **bit** (Build, Carp) / Zapfenlochbohrer m, Dübelbohrer m, Dübellochbohrer m ‖ ~ **chair** (Civ Eng) / Dübelkorb m (eines Fugendübels) ‖ ~ **drill** (Build, Carp) / Zapfenlochbohrer m, Dübelbohrer m, Dübellochbohrer m ‖ ~ **gluer** (Build, Carp) / Dübellochbeleimmaschine f ‖ ~ **hole** (Carp, Join) / Zapfenloch n, Stemmloch n (für Zapfen), gestemmter Einschnitt für Zapfen ‖

**hole** (Electronics, Eng) / Aufnahmeloch *n* ‖ **~ hole drill** (Build, Carp) / Zapfenlochbohrer *m*, Dübelbohrer *m*, Dübellochbohrer *m* ‖ **~ joint** (Build, Carp) / Dübelverbindung *f* ‖ **~ jointing** (Build, Carp) / Verdübelung *f*, Verbindung *f* mit Dübeln
**dowelling** *n* (Build) / Dübeln *n*, Verdübeln *n* ‖ **~ (For)** / Dübelholz *n* (meistens Hartholz) ‖ **~ jig** (Build, Carp) / Dübelbohrlehre *f*
**dowel pin** / Dollen *m*, Dübel *m* (schubübertragendes Verbindungselement) ‖ **~ pin** (Carp) / Zapfen *m* ‖ **~ screw** (Eng) / Passschraube *f* (mit Passschaft) ‖ **~ strip** (Build, Carp) / Dübelband *n*, Dübelstreifen *m* ‖ **~ trimmer** (Build, Carp) / Dübelspitzer *m*
**Dow-etch plate**\* (Print) / Magnesiumplatte *f* für das Dow-Einstufen-Ätzverfahren
**do-while loop** (Comp) / Do-While-Schleife *f*, Bedingungsschleife *f*
**dowlas** *n* (Textiles) / Dowlas *m* (schwere gebleichte Baumwollware in Tuchbindung - für Wäsche und Schürzen)
**down** *v* (Aero, Mil) / abschießen *v* (ein Flugzeug) ‖ **~ *n*** (Med, Pharm) / sedierendes Mittel, Sedativ *n*, Sedativum *n* (pl. Sedativa), Beruhigungsmittel *n* ‖ **~ (Textiles)** / Wollhaare *n pl*, Flaumhaare *n pl*, Flaum *m* (die das Unterhaar bildenden Haare), Daune *f* (kleine, zarte Feder mit weichem Kiel, die sich unter den Deckfedern der Vögel befindet) ‖ **~ attr** (Comp) / heruntergefahren *adj* (Server)
**downbonding** *n* (Electronics) / Runterbonden *n*, Bonden *m* beim höher liegenden ersten Bond
**down by the bow** (Ships) / kopflastig *adj* ‖ **by the nose** (Aero) / kopflastig *adj* ‖ **by the stern** (Ships) / hecklastig *adj*, achterlastig *adj*
**downcast** *n* (shaft)\* (Mining) / Einziehschacht *m*, einziehender Schacht ‖ **~ gate** (Mining) / einfallende Strecke
**downchange** *v* (Autos) / herunterschalten *v*, einen niedrigeren Gang einlegen, zurückschalten *v* ‖ **~ *n*** (Autos) / Herunterschalten *n*, Einlegen *n* eines niedrigeren Ganges
**downcoiler** *n* (Met) / Wickelmaschine *f* (von oben nach unten wickelnd)
**downcomer**\* *n* (Build) / Regenfallrohr *n* (DIN 18 460), Abfallrohr *n* (A), Regenrohr *n*, Regenabflussrohr *n* ‖ **~ (Chem Eng)** / Rückflussrohr *n*, Fallrohr *n* (bei der Destillation) ‖ **~ (Eng)** / Fallrohr *n* (eines Wasserrohrkessels) ‖ **~**\* (Met) / Gichtgasabzugsrohr *n*, Gichtgasleitung *n*, Gasabfang *m* (Rohr) ‖ **~ tube** (Eng) / Fallrohr *n* (eines Wasserrohrkessels)
**downcoming radio waves** (Radio) / von oben einfallende Radiowellen
**down counter** / Rückwärtszähler *m* (der im gewählten Zahlensystem rückwärts zählt) ‖ **~ cutting** (Eng) / Gleichlauffräsen *n* (DIN 6580)
**downcutting** *n* (Geol) / Seitenerosion *f* (Einschneiden des Flusses in die Tiefe), Tiefenerosion *f* (bei Flüssen)
**downdraft carburetor** (US) / Fallstromvergaser *m* (mit senkrechtem Ansaugluftkanal) ‖ **~ kiln** (Ceramics) / unterzügiger Ofen
**downdraught** *n* (carburettor)\* / Fallstromvergaser *m* (mit senkrechtem Ansaugluftkanal) ‖ **~ (Aero, Meteor)** / Abwind *m* (abwärts gerichtete Luftbewegung entlang von Berghängen oder schwach geneigtem Gelände) ‖ **~ (Ecol)** / Leewirbel *m* (auf der Leeseite von Gebäuden und anderen Hindernissen) ‖ **~ kiln** (Ceramics) / unterzügiger Ofen
**downer** *n* (Med, Pharm) / sedierendes Mittel, Sedativ *n*, Sedativum *n* (pl. Sedativa), Beruhigungsmittel *n* ‖ **~ (Pharm)** / Tranquilizer *m* (schwach: Ataraktikum; stark: Neuroleptikum), Tranquillans *n* (pl. -anzien), Downer *m*
**down-feed** *n* (Eng) / Zustellbewegung *f*, Zustellung *f* (des Fräswerkzeuges oder der Schleifscheibe) ‖ **~ (Eng)** / Fallspeisung *f*
**down firing** (Eng) / Beheizung *f* von unten, Unterbeheizung *f*
**down-firing system** / Deckenfeuerung *f* (bei Industrieöfen)
**downflow** *n* (Phys) / Abwärtsstrom *f*, Abwärtsstrom *m* ‖ **~ evaporator** (Chem Eng) / Fallfilmverdampfer *m*, Fallstromverdampfer *m* ‖ **~ radiator** (Autos) / Fallstromkühler *m* (mit oberem und unterem Wasserkasten)
**down-force** *n* (Autos) / Abtrieb *m* (mit Hilfe des Spoilers)
**down-frequency** *n* (Telecomm) / Abwärtsfrequenz *f* (bei Nachrichtensatelliten)
**down-gate** *n* (Foundry) / Einlauf *m* (Teil des Eingusssystems)
**downgrade** *v* / verschlechtern *v* (Qualität), herabsetzen *v* ‖ **~ *n*** (a downward gradient) (Autos, Rail) / Abstieg *m*, Gefälle *n*, Gefällstrecke *f*
**down gust** (Aero, Meteor) / Fallbö *f* (heftige, abwärts gerichtete Luftströmung in der freien Atmosphäre)
**downhand position** (Welding) / Wannenposition *f*, Wannenlage *f*
**downhand-position welding** (Welding) / Wannenlagenschweißen *n*, Normallagenschweißen *n*
**downhand welding** (Welding) / waagerechtes Schweißen (von Stumpf- und Kehlnähten in Wannenposition) ‖ **~ welding** (Welding) / Abwärtsschweißen *n*
**downhill-cast** *v* (Foundry) / fallend gießen
**downhill casting** (Foundry) / fallende Gießweise (bei der das flüssige Gießgut von oben in den Formhohlraum einströmt), fallender Guss, Kopfguss *m* ‖ **~ run** (Autos, Ships) / Talfahrt *f* ‖ **~ weld** (Welding) /

Fallnaht *f* (in vertikaler Position von oben nach unten gefertigte Schweißnaht)
**downhole deviation drilling** (Oils) / Schrägbohren *n* ‖ **~ hammer drill** / Lochhammer *m* (eine Bohrausrüstung) ‖ **~ instrument** (Mining, Oils) / im Bohrloch einsetzbares Werkzeug ‖ **~ junk** (Mining, Oils) / im Bohrloch befindlicher Schrott (Gegenstände, die unbeabsichtigt im Bohrloch gelassen wurden)
**downlead** *n* (Radio) / Niederführung *f* (der Antenne)
**downlight** *n* / Downlight *n* (eine Leseleuchte) ‖ **~ fitting** (Light) / Tiefstrahler *m*
**down-line loading** (Comp) / Fernladen *n* (eines Programms), Fernprogrammeingabe *f*
**downlink** *n* (Telecomm) / Abwärtsstrecke *f* (bei Nachrichtensatelliten), Downlink *m n* ‖ **~ (Teleph)** / Downlink *m n* (in Mobilfunksystemen das Frequenzband für das Senden der Basisstation oder des Satelliten zur Mobilstation bzw. von einer Basisstation zum immobilen Endgerät beim Kunden) ‖ **~ (Teleph)** s. also uplink ‖ **~ frequency** (Telecomm) / Abwärtsfrequenz *f* (bei Nachrichtensatelliten)
**download** *v* (Comp) / downloaden *v* (nur Infinitiv und Partizip), herunterladen *v* ‖ **~ *n*** (Comp) / Download *m n*, Herunterladen *n*
**downloadable font**\* (Comp) / Softfont *m* (ladbarer Druckerfont), nachladbare Schrift
**download capability** (Comp) / Downloadfähigkeit *f* (Möglichkeit des Herunterladens)
**downloading** *n* (Comp) / Fernladen *n* (eines Programms), Fernprogrammeingabe *f* ‖ **~ (Comp)** / Herunterladen *n* (vom Großrechner zum Mikrocomputer), Downloaden *n*, Download *n* (Herunterladen)
**downlock** *n* (a mechanism or device for locking the landing gear in the down or extended position preparatory to landing) (Aero) / Ausfahrverriegelung *f* (des Fahrwerks)
**downmarket** *adj* (product/service that is cheap, has little prestige, is poor in quality) / billig *adj* (Ware, Produkt), von niedriger Qualität
**down milling** (Eng) / Gleichlauffräsen *n* (DIN 6580) ‖ **~-path signal** (Space, Telecomm) / Rücksignal *n* (vom Satelliten zur Erde)
**downpipe**\* *n* (Build) / Regenfallrohr *n* (DIN 18 460), Abfallrohr *n* (A), Regenrohr *n*, Regenabflussrohr *n* ‖ **~ (Build, Plumb, San Eng)** / senkrechtes Abflussrohr, Fallrohr *n*, Fallleitung *f* (die das Abwasser einer Sammel- oder Grundleitung zuführt) ‖ **~ angle** (Plumb) / Fallrohrbogen *m*
**down position** (Aero) / Ausfahrstellung *f* (des Fahrwerks)
**downpour** *n* (Meteor) / Starkregen *m* ‖ **~ (Meteor)** / Platzregen *m* (heftiger, großtropfiger Niederschlag hoher Intensität)
**downproof** *adj* (Textiles) / daunendicht *adj* (Gewebe) ‖ **~ batiste** (Textiles) / Einschütte *f*, Daunenbatist *m*, Daunenperkal *m*, Daunenkambrik *m* ‖ **~ properties** (Textiles) / Daunendichtheit *f* (von Geweben)
**down-quark** *n* (Nuc) / Down-Quark *n* (eine Quark-Art), d-Quark *n*
**downrange** *v* (Instr) / auf einen kleineren (niedrigeren) Messbereich umschalten (ein Mehrbereichsinstrument)
**down-resistant** *adj* (Textiles) / daunendicht *adj* (Gewebe)
**downriver** *attr* (Hyd Eng) / flussabwärts *adv*, stromabwärts *adv*
**downshift** *v* (US) / herunterschalten *v*, einen niedrigeren Gang einlegen, zurückschalten *v* ‖ **~ *n*** (US) (Autos) / Herunterschalten *n*, Einlegen *n* eines niedrigeren Ganges
**down sinker** (Textiles) / Einschließplatine *f* (die die alten Maschen beim Hochgehen der Nadel zurückhält)
**downsize** *v* / [maßstabgerecht] verkleinern *v*
**downsizing** *m* (I C Engs) / Downsizing *n* ‖ **~ *n*** / maßstabsgerechte Verkleinerung *n* ‖ **~ (Comp, Telecomm)** / Downsizing *n* (Übertragung von Anwendungssystemen, die bisher auf Mainframes liefen, auf UNIX-, PC- und LAN-orientierte Strukturen) ‖ **~ (I C Engs)** / Downsizing *n*
**downslope** *n* (Agric, Geol) / absteigendes Gelände, absteigender Hang
**downslope-moving mass of rock and soil material** (Geol) / Bergsturzmasse *f*
**downslope time** (Welding) / Stromabfallzeit *f*, Abschwellzeit *f*
**downspout**\* *n* (Build) / Regenfallrohr *n* (DIN 18 460), Abfallrohr *n* (A), Regenrohr *n*, Regenabflussrohr *n*
**downspray** *attr* / abwärts sprühend *adj* (z.B. Düse des Kühlturms)
**Down's process**\* (Met) / Downs-Verfahren *n* (zur Gewinnung von Natrium durch Schmelzflusselektrolyse von metallischem Natrium und von Chlor)
**downstand beam** (Build, Carp) / Unterzug *m* (ein Träger, der die Last einer über ihm liegenden Balkenlage, Decke oder Wand aufnimmt und auf Wände, Stützen oder Pfeiler überträgt)
**downstream** *n* (Hyd Eng) / Austrittsseite *f* (der Wasserturbine) ‖ **~ attr** (Eng) / nachgeschaltet *adj* (in einem Fertigungszyklus) ‖ **~ (Hyd Eng)** / unterwasserseitig *adj* ‖ **~ (Hyd Eng)** / luftseitig *adj* (Talsperre) ‖ **~ adv** (Biochem) / flussabwärts *adv* (relative Position von Sequenzen auf Nukleinsäuren) ‖ **~ (Hyd Eng)** / flussabwärts *adv*, stromabwärts *adv* ‖

**downstream**

~ (Telecomm) / netzabwärts adv || ~ **conveyor** (Eng) / abförderndes Band || ~ **end** (Hyd Eng) / Luftseite f (der Staumauer) || ~ **end** (Hyd Eng) / Austrittsseite f (der Wasserturbine) || ~ **end** (Hyd Eng) / Unterhaupt n (der Schiffsschleuse) || ~ **face** (Hyd Eng) / Luftseite f (der Staumauer) || ~ **navigation** (Ships) / Talfahrt f || ~ **pressure** (Eng) / Hinterdruck m (der unmittelbar hinter der Armatur nach dem Mediendurchfluss anstehende Druck) || ~ **processing** (Biochem) / Downstream Processing n (technologische Aufarbeitung der gewünschten Metabolite) || ~ **process stage** (Chem Eng) / nachgeschaltete Verfahrensstufe || ~ **side** (Hyd Eng) / Luftseite f (der Staumauer) || ~ **the valve** / hinter dem Ventil (z.B. Druck) || ~ **toe** (Hyd Eng) / luftseitiger Dammfuß || ~ **wall** (Hyd Eng) / Abfallwand f (einer Stauanlage)

**downstroke** n (Eng, I C Engs) / Abwärtshub m || ~ **press*** (Eng) / Oberdruckpresse f (eine hydraulische Presse)

**downswing** n / Konjunkturabschwächung f

**downtake*** n (Met) / Gichtgasabzugsrohr n, Gichtgasleitung f, Gasabfang m (Rohr)

**down-the-hole hammer drill** / Lochhammer m (eine Bohrausrüstung)

**down the river** (Hyd Eng) / flussabwärts adv, stromabwärts adv

**downthrow*** attr (Geol) / gesenkt adj (Flügel bei der Verwerfung) || ~ **block** (Geol) / Liegendscholle f (bei Verwerfungen)

**downthrown fault** (Geol, Mining) / Sprung m ins Liegende

**down timber** (For) / liegendes Trockenholz || ~ **time*** / Ausfallzeit f (Zeitspanne, bei der Maschinen und/oder Anlagen nicht im Einsatz sind - z.B. organisatorische und technische Wartungszeit), Ausfalldauer f, Brackzeit f || ~ **time*** (Eng) / [technisch bedingte] Betriebsmittelstillstandszeit f

**downtown** n (US) (Arch) / Stadtzentrum n, Innenstadt f

**down train** (Rail) / Nahverkehrszug m (aus der Stadt in die Umgebung) || ~ **train** (Rail) / Zug m aus der Stadt heraus

**downturn in profits** / Ertragseinbruch m

**downward air current** (Aero, Meteor) / Abwind m (abwärts gerichtete Luftbewegung entlang von Berghängen oder schwach geneigtem Gelände) || ~ **air current** (Aero, Meteor) s. also katabatic wind || ~ **arrow** (Comp, Print) / nach unten gerichteter Pfeil, Pfeil m nach unten || ~ **axial-flow turbine** (Hyd Eng) / Jonval-Turbine f

**downward(s) compatible** (Comp) / abwärtskompatibel adj || ~ **diffusion** (Chem, Phys) / Abwärtsdiffusion f

**downward enrichment** (Geol) / supergene Erzanreicherung, sekundäre Anreicherung (in der Verwitterungszone), Anreicherung f durch deszendente Lösungen || ~ **gas passage** / fallender Zug, Fallzug m || ~ **gradient** (Autos, Rail) / Abstieg m (Straße, Bahnstrecke) || ~ **modulation*** (Radio) / subtraktive Modulation || ~ **modulation*** (TV) / Negativmodulation f

**downward-pointing arrow** (Comp, Print) / nach unten gerichteter Pfeil, Pfeil m nach unten

**downward slope** (Agric, Geol) / absteigendes Gelände, absteigender Hang || ~ **slope** (Electronics, Telecomm) / Abfallflanke f (eines Signals nach DIN 40 146-3), negative Flanke (eines Impulses), abfallende Flanke f || ~ **stroke** (I C Engs) / Abwärtshub m || ~ **stroke** (Typog) / Abstrich m (Strich nach unten) || ~ **transition** (Phys) / Übergang m von einem höheren (energiereicheren) auf ein tieferes (energieärmeres) Niveau || ~ **travel** (Eng) / Abwärtslauf m (z.B. einer Rolltreppe) || ~ **welding** (Welding) / fallendes Schweißen, Schweißen n von oben nach unten || ~ **welding** (Welding) / Abwärtsschweißen n

**downwash*** n (Aero) / Abwindwinkel m || ~ (Aero, Meteor) / Abwind m (abwärts gerichtete Luftbewegung entlang von Berghängen oder schwach geneigtem Gelände) || ~ **angle** (Aero) / Abwindwinkel m

**downweight** n (Aero) / Landemasse f, Landegewicht n

**downwind landing** (Aero) / Landung f mit dem (Rücken)Wind, Rückenwindlandung f || ~ **leg** (Aero) / Rückenwindteil m (der Platzrunde), Gegenanflugteil m || ~ **tail** (Aero) / Rückenwindteil m (der Platzrunde), Gegenanflugteil m || ~ **turbine** / Leeläufer m (eine Windturbine)

**downy** adj (Textiles) / flaumenweich adj, daunig adj, daunenartig adj, flaumig adj || ~ **ash** (For) / Rotesche f (Fraxinus pennsylvanica Marshall) || ~ **hairs** (Textiles) / Wollhaare n pl, Flaumhaare n pl, Flaum m (die das Unterhaar bildenden Haare), Daune f (kleine, zarte Feder mit weichem Kiel, die sich unter den Deckfedern der Vögel befindet) || ~ **mildew*** (Agric, Nut) / Falscher Mehltau

**Dow process** (Chem Eng) / Dow-Verfahren n (Gewinnung von Magnesium - nach H.H. Dow, 1866 -1930)

**dowse** v (Mining) / schlagende Wetter löschen

**dowser** n / Wünschelrute f

**dowsing rod** / Wünschelrute f

**Dowtherm*** n (Chem Eng) / Dowtherm n (ein Warenzeichen von The Dow Chemical Co. für eine Wärmeübertragungsflüssigkeit aus Aromaten, Glykolen od. Glykolethern)

**doxorubicin** n (Pharm) / Adriamycin n (ein Anthracyclin), Doxorubicin n

**doxycyclin** n (Pharm) / Doxycyclin n (internationaler Freiname für das antibiotisch wirksame 6-Desoxy-5-hydroxytetracyclin), Vibramycin n

**doze** adj (For) / angefault adj, modrig adj

**dozer*** n (Civ Eng) / Dozer m (z.B. Planierraupe), Planiergerät n (ein Flachbagger)

**dozy** adj (For) / stockig adj (Holz) || ~ (For) / angefault adj, modrig adj

**DP** (degree of polymerization) (Chem) / Polymerisationsgrad m || ≃ (data processing) (Comp) / Datenverarbeitung f, Informationsverarbeitung f || ≃ (Comp) / Magnetplattenstapel m, Plattenstapel m (DIN 66001) || ≃ (data path) (Comp) / Datenweg m || ≃ (deflector plate) (Electronics) / Ablenkelektrode f, Ablenkplatte f (der Elektronenstrahlröhre) || ≃ (dial pulse) (Teleph) / Wählimpuls m

**DPA** (docosapentaenoic acid) (Chem) / Klupanodonsäure f (ein fünffach ungesättigte, unverzweigte Fettsäure), Clupanodonsäure f (4,8,12,15,19-Docosapentaensäure)

**dpa** (displacements per atom) (Nuc Eng) / Umlagerungen f pl je Atom, Verlagerungen f pl pro Atom

**DPASV** (differential pulse anodic stripping voltammetry) (Chem) / differentielle Puls-Anodic-Stripping-Voltammetrie, DPASV (differentielle Puls-Anodic-Stripping-Voltammetrie)

**DP band** (Acous) / Doppelspielband n (eine Tonbandsorte)

**dpc** (damp course) (Build) / Feuchtigkeitsisolierschicht f, Feuchtigkeitssperrschicht f, Sperrschicht f (Feuchtigkeitsschutz)

**DPCA** (Radar) / Antenne f mit versetztem Phasenzentum

**DPCM** (differential pulse-code modulation) (Comp) / Differenz-Puls-Kode-Modulation f, DPCM (Differenz-Puls-Kode-Modulation)

**DP equipment** (Comp) / Datenverarbeitungsanlage f, DV-Anlage f, DVA (Datenverarbeitungsanlage)

**DPF** (diesel particulate filter) (Autos) / Rußfilter n (zur Minderung der partikelförmigen Emissionen von Dieselmotoren), Dieselpartikelfilter n, Dieselrußfilter n

**DPG** (diphenylguanidine) (Chem) / Diphenylguanidin n

**d.p.h.** (diamond-pyramid hardness) / Vickershärte f (DIN EN ISO 6507)

**DPH** (diamond-pyramid hardness) / Vickershärte f (DIN EN ISO 6507)

**dpi** (Comp, Print) / Punkte m pl pro Zoll (ein Maß für die Auflösung als Leistungsmerkmal bei den Druckern, z.B. heute über 2000 dpi bei Laserdruckern)

**dpm** (Build) / Dichtungshaut f (eine Bauwerksabdichtung), Feuchtigkeitsisolierhaut f

**DPP** (differential-pulse polarography) (Chem) / Differenzpulspolarografie f, Differentialpulspolarografie f, differentielle Pulspolarografie || ≃ **pigment** (Paint) / Diketopyrrolopyrrolpigment n, DPP-Pigment n

**DPSC** (Comp, Print) / Dienstleistungszentrum n für digitalen Druck

**DPSK** (differential phase shift keying) (a modulation system) (Telecomm) / Phasendifferenzmodulation f (der Wert eines zeitdiskreten Eingangssignals wird durch eine Phasenänderung gegenüber der vorhergehenden Phasenlage dargestellt)

**dpt** (Optics) / Dioptrie f (Einheit des Brechwerts von optischen Systemen nach DIN 1301, T 1 /außerhalb des SI/), dpt (Dioptrie)

**DQ** (data quality) (Comp) / Datenqualität f, DQ (Datenquelität)

**DQDB** (distributed queue dual bus) (Comp) / Doppelbus m mit verteilten Warteschlangen

**DQF** (double quantum filter) (Spectr) / Doppelquantenfilter n, DQF (Doppelquantenfilter)

**DQS** (double quantum spectroscopy) (Spectr) / Doppelquantenspektroskopie f

**d quark** (Nuc) / Down-Quark n (eine Quark-Art), d-Quark n

**DR** (data register) (Comp) / Datenregister n, DR (Datenregister) || ≃ (destructive read-out) (Comp) / destruktives Auslesen, löschendes Lesen, zerstörendes Lesen || ≃ (dead reckoning) (Nav, Ships) / Koppelnavigation f (Bestimmung der geografischen Koordinaten des Schiffsorts mit bordeigenen Mitteln), Koppeln n || 3-≃ (Radar) / dreidimensionaler Radar, 3D-Radarsystem n

**dracone*** n (Hyd Eng) / Kunststoffbehälter m (schwimmender)

**draconitic month** (Astron) / drakonitischer Monat (die Zeit bis zur Rückkehr zum gleichen Bahnknoten)

**draff** pl (Agric, Brew) / Treber pl (Rückstände bei der Bierherstellung)

**draft** v (Autos) / im Windschatten fahren || ~ (Met) / ziehen v (Draht, Stäbe, Rohre und Profile) || ~ (Spinning) / strecken v || ~ (Weaving) / einziehen v, patronieren v || ~ n (US) / Zug m (der Auftrieb, die Rauchführung), Windzug m, Luftzug m (im Schornstein), Luftströmung f || ~ (US) / Zugluft f, Zug m (Zugluft) || ~ / Entwurfszeichnung f, Skizze f || ~ / Konzept n || ~ / Skizze f (Plan), Plan m, Entwurf m || ~ (US) (Build) / Zugstärke f (natürlicher Druckunterschied am Schornsteinfuß zwischen Außenluft und Gas im Schornstein) || ~ (US) (Eng) / Aushebeschräge f (des Gesenkschmiedewerkzeugs nach DIN 7523-2) || ~ (Foundry) /

Konizität f ‖ ~ (US) (Foundry) / Aushebeschräge f (des Modells), Formschräge f (DIN EN 12 890), Entformschräge f ‖ ~ (Met) / Anzug m (des Walzkalibers) ‖ ~ (US) (Ships) / Tiefgang m (Spinning) / Verstreckung f, Verzug m (als Ergebnis) ‖ ~ (Weaving) / Einzug m, Patronieren n ‖ ~ beer (US) (Brew, Nut) / Fassbier n (traditionelles, im Gegensatz zum karbonisierten Kegbier)
**drafting** n (Spinning) / Verstreckung f, Strecken n (als Tätigkeit), Verzug m (als Tätigkeit) ‖ ~ (Weaving) / Einzug m, Patronieren n ‖ ~ **accuracy** / Zeichnungsgenauigkeit f ‖ ~ **board** / Zeichenbrett n, Reißbrett n ‖ ~ **equipment** (Spinning) / Strecke f (DIN 64050), Streckmaschine f, Streckwerk n ‖ ~ **machine** (US) / Zeichenmaschine f (Gerät für technisches Zeichnen) ‖ ~ **table** / Zeichentisch m (im Allgemeinen)
**draft mode** (Comp) / Draft-Mode m (bei Druckern)
**draftsman** n (US)* / Zeichner m
**draftsperson** n (US) / Zeichner m (oder Zeichnerin)
**draft spinning** (Spinning) / Spinnstrecken n, Streckspinnverfahren n, Streckspinnen n (wenn Spinnen und Verstrecken der Filamente zusammengefasst werden) ‖ ~ **standard** / Vornorm f (nach der versuchsweise gearbeitet werden soll - DIN 820) ‖ ~ **standard** / Normentwurf m ‖ ~ **stop** (US)* (Build) / feuerschützende Trennwand, Brandschutz m (feuerschützende Trennwand), Brandblende f ‖ ~ **tube*** (Eng, Hyd Eng) / Saugrohr n, Diffusor m (einer Wasserturbine) ‖ ~ **zone** (Spinning) / Verzugsfeld n
**drag** v / ziehen v (schleppen), schleppen v ‖ ~ (Autos) / schleifen vi (Bremsen, Kupplung) ‖ ~ (Comp) / ziehen v (in der grafischen Datenverarbeitung, mit gedrückter Maustaste) ‖ ~ n / Schleppen n, Ziehen n ‖ ~* (Aero, Phys) / Strömungswiderstand m (im Allgemeinen) ‖ ~* (Build) / Kratzeisen n (für Außenputzbearbeitung), gezahnter Spachtel, [grober] Kamm m ‖ ~ (Civ Eng) / Planiersschleppe f (einfache) ‖ ~* (Foundry) / Unterkasten-Formteil n, Formunterteil n, Unterkasten m ‖ ~ (Glass) / Froschhaut f (glänzende, aber mikrowellige Oberfläche) ‖ ~ (Paint) / Ziehen n, Widerstand m (eines schlecht verlaufenden Anstrichmittels) ‖ ~ (Phys) / Luftwiderstand m (im Allgemeinen) ‖ ~* (Space) / Luftwiderstand m (bei erdnahem Verlauf der Bahn oder eines Bahnteils des künstlichen Erdsatelliten), aerodynamische Bremsung
**dragade** v (Glass) / ausschöpfen und im Wasser abschrecken
**dragaded cullet*** (Glass) / abgeschrecktes und in Brocken zerfallenes Glas
**drag anchor** (Aero, Ships) / Treibanker m (bei Flugbooten und Wasserflugzeugen) ‖ ~ **anchor** (Ships) / Draggen m (stockloser kleiner Anker mit 3 - 6 Flunken) ‖ ~ **anchor** (Ships) / Schleppanker m, Suchanker m
**drag-and-drop** v (move an icon or other image to another part of the screen using a mouse or similar device, typically in order to perform some operation on a file or document) (Comp) / mit der Drag-and-drop-Technik arbeiten v, ziehen und ablegen v
**drag-bar*** n (Eng, Rail) / Zugstange f, Kuppelstange f
**drag-bar feeder** (Eng) / Tragkettenförderer m (mit Buchsenketten)
**drag bit** (Oils) / Fischschwanzmeißel m, Blattmeißel m ‖ ~ **box** (Foundry) / Unterkasten-Formteil n, Formunterteil n, Unterkasten m ‖ ~ **cable** / Schleppkabel n ‖ ~ **cart** (For) / Rückewagen m (kleiner)
**drag-chain conveyor*** (Eng) / Schleppkettenförderer m
**drag chute** (Aero) / Bremsfallschirm m, Bremsschirm m ‖ ~ **classifier*** (Min Proc) / Kratzkettenklassierer m, Kratzbandklassierer m ‖ ~ **coefficient** (Aero, Autos) / Widerstandsbeiwert m (der Proportionalitätsfaktor Cw), Luftwiderstandsbeiwert m, Cw-Wert m ‖ ~ **coefficient** (Mech, Optics) / Mitführungskoeffizient m ‖ ~ **conveyor*** (Eng) / Schleppkettenförderer m ‖ ~ **conveyor*** (Eng) / Kratzerförderer m (mit Kratzerblechen oder -stegen) ‖ ~ **cooling bed** (Met) / Schlepperkühlbett n (über das das Walzgut mit Seil- oder Kettenschleppzügen einzeln befördert wird)
**drag-cup generator*** (Elec Eng) / Ferraris-Tachodynamo m, Ferraris-Tachometermaschine f ‖ ~ **tachometer** (Elec Eng) / Ferraris-Tachodynamo m, Ferraris-Tachometermaschine f
**drag diameter** (Min Proc, Paint) / Sinkgeschwindigkeits-Äquivalentdurchmesser m (DIN 66 160) ‖ ~ **draw** (Met) / Schleppzug m (Hohl-Gleitziehen von Rohren) ‖ ~ **effect** (Electronics) / Drageffekt m (ein Transporteffekt, der beim Phononen in Halbleitern auftritt)
**Dragendorff's reagent*** (Chem) / Dragendorffs Reagens (ein Farbreagens auf Alkaloide)
**drag fault** (Geol) / Schleppverwerfung f, Schleppung f (Schichtenverbiegung an Bewegungsfugen) ‖ ~ **flow** (Phys) / Widerstandsströmung f ‖ ~ **flow** (Phys) / Schleppströmung f ‖ ~ **fold** (a minor fold, usually one of a series, formed in an incompetent bed lying between more competent beds, produced by movement of the competent bed in the opposite direction relative to one another ) (Geol) / Schleppfalte f ‖ ~ **force** (Phys) / Widerstandskraft f (beim Strömungswiderstand)

**dragging** n (Comp) / Dragging n (Nachziehtechnik) ‖ ~ (Comp) / Ziehen n (in der grafischen Datenverarbeitung) ‖ ~ (For) / Schleifrücken n, Schleifen n (von Holzernte) ‖ ~ (Textiles) / Verziehen n (des Stoffes)
**dragging-beam*** n (Carp) / Gratstichbalken m
**dragging door** (Autos) / hängende Tür (ein Passungsfehler an Fahrzeugtüren) ‖ ~ **of anchor** (Ships) / Schlieren n (Rutschen des Ankers über den Ankergrund oder auch durch Ankergrund mit geringer Bindekraft) ‖ ~ **ship** (Ships) / vor Anker treibendes Schiff ‖ ~ **welding** (technique) (Autos, Welding) / schleppendes Schweißen
**drag gyro** (Phys) / Schleppkreisel m
**drag-harrow** n (Agric) / schwere Starregge f (mit gebogenen Zinken), Grubberegge f
**draghead dredger** (Civ Eng) / Schleppkopfsaugbagger m
**drag hinge*** (Aero) / Schwenkgelenk n (des Rotorflugzeugs)
**drag-hook** n (Rail) / Zughaken m, Kupplungshaken m
**drag-in** n (Elec Eng) / eingeschleppte Lösung (bei der elektrolytischen Abscheidung), Eintrag m ‖ ~ (Weaving) / Schusseinschlepper m
**dragladle** v (Glass) / ausschöpfen und im Wasser abschrecken
**dragladled cullet*** (Glass) / abgeschrecktes und in Brocken zerfallenes Glas
**dragline** n (Civ Eng) / Schürfkübelbagger m, Dragline m, Schleppschaufelbagger m, Seilschrapperbagger m, Eimerseilbagger m ‖ ~ **excavator*** (Civ Eng) / Schürfkübelbagger m, Dragline m, Schleppschaufelbagger m, Seilschrapperbagger m, Eimerseilbagger m ‖ ~ **scraper** (Civ Eng) / Seilschaufler m, Schrapper m (mit Voll- und Leerseil)
**drag link*** (Autos) / Lenkschubstange f, Lenkstange f
**dragon-beam*** n (Carp) / Gratstichbalken m
**dragon piece** (Carp) / Gratstichbalken m ‖ ~'s **blood*** / [afrikanisches, ostindisches] Drachenblut n, Drachenblutharz n (meistens aus Dracaena draco oder Daemonorops draco Bl.)
**dragon's blood process** (Print) / Anstaubverfahren n, Drachenblutverfahren n, Vierweg-Pinselverfahren n (ein altes Mehrstufen-Strichätzverfahren) ‖ ~ **teeth** (Ceramics) / Drachenzähne m pl (schuppenförmiges Aufreißen des Tonstranges beim Austritt aus der Strangpresse) ‖ ~ **teeth** (San Eng) / Zahnschwelle f (gezahnte Überlaufschwelle an Ablaufrinnen von Absetzbecken, bestehend aus einer Vielzahl von Dreieckswehren, zur gleichmäßigen Abnahme des Abwassers, die nachträglich und höhenverstellbar an die Betonkonstruktion der Rinnen montiert wird und spätere Nacheinstellung zum Ausgleich von Setzungen ermöglicht)
**dragon tie*** (Carp) / Winkelband n, Querband n (bei abgewalmten Dächern)
**drag ore** (fragments of rock and ore torn from an ore body and contained in and along a fault zone) (Geol) / abgeschertes Erz, Ruschelerz n ‖ ~ **out** (Surf) / austragen v, ausschleppen v (anhaftende Elektrolytmenge)
**drag-out** n (Elec Eng, Surf) / herausgeschleppte Lösung (bei der elektrolytischen Abscheidung), ausgeschleppte Elektrolytmenge, Austrag m
**drag-over mill** (Met) / Umführwalzgerüst n (das Walzgut wird über die Oberwalze zurückgeführt)
**drag parachute** (Aero) / Bremsfallschirm m, Bremsschirm m ‖ ~ **pump** (Vac Tech) / mechanische kinetische Vakuumpumpe ‖ ~ **racing** (Autos) / Dragracing n, Drag Racing n (mit Dragstern) ‖ ~ **rake** (Agric) / Schleppprechen m
**drag-roll device** (Met) / Schleppwalzapparat m (zum Walzziehen mit drei oder vier nicht angetriebenen Walzen, die in einer oder zwei Ebenen senkrecht zur Ziehrichtung angeordnet sind) ‖ ~ **machine** (Met) / Schleppwalzapparat m (zum Walzziehen mit drei oder vier nicht angetriebenen Walzen, die in einer oder zwei Ebenen senkrecht zur Ziehrichtung angeordnet sind)
**drag shoe** (Mining) / Hemmschuh m ‖ ~ **shovel** (Civ Eng) / Tieflöffelbagger m, Löffeltiefbagger m ‖ ~ **shovel** (a face shovel acting in reverse) (Civ Eng) / Tieflöffel m (des Tiefbaggers), TL (Tieflöffel) f ‖ ~ **soldering** (Electronics) / Schleppplöten n
**dragster** n (Autos) / Dragster m (hochgezüchteter, formelfreier Spezialwagen für Drag Racing)
**drag torque** (Autos) / Schleppmoment n (von Kupplung, Getriebe, Scheibenbremsen)
**drain** v / ablassen v (Teich) ‖ ~ / ablaufen v (Flüssigkeit) ‖ ~ (Aero) / ablassen v (z.B. Schmierstoff) ‖ ~ (Leather, Textiles) / ablassen v (Flotte) ‖ ~ (Mining) / sümpfen v (den Wasserspiegel in überfluteten Gruben- oder Tagebauen auspumpen oder teilweise absenken) ‖ ~ n (Agric) / Dränagerohr n, Dränrohr n (DIN 1180 und DIN 4047, T 1), Röhrendrän m ‖ ~ (Agric) / Drängraben m, Entwässerungsgraben m, Entwässerungskanal m ‖ ~ (Civ Eng) / Abflussgraben m (Civ Eng) / Gebäudeentwässerungsleitung f ‖ ~ (Comp, Telecomm) / Senke f (derjenige Teil eines datenverarbeitenden Systems, dem man die Aufnahme von Daten zuschreibt) ‖ ~ (Elec Eng) / Stromentnahme f ‖ ~* (Electronics) / Senke f (die Austrittselektrode des Kanals bei

435

**drain**

Feldeffekttransistoren), Drain *m* (Elektrode eines Feldeffekttransistors nach DIN 41 858), Drän *m*, d-Pol *m* (des Feldeffekttransistors) ‖ ~ (Eng) / Ablass *m*, Abfluss *m*, Ablauf *m*, Auslass *m*, Ausfluss *m* ‖ ~ (Eng) / Leckanschluss *m* (der Pumpe)
**drainability test** (Paper) / Prüfung *f* des absoluten Feuchtigkeitsgehalts
**drainable** *adj* / entwässerbar *adj* ‖ ~ (San Eng) / entwässerbar *adj* (Schlamm)
**drainage*** *n* (Agric) / Dränage *f*, Dränung *f* (DIN 1185 und DIN 4047, T 1), Drainage *f* ‖ ~* (Agric, Build, Paper) / Entwässerung *f* (DIN 1185, T 1) ‖ ~ (Build, Civ Eng) / Wasserhaltungsarbeit *f* (DIN 18305), Wasserhaltung *f* (alle Maßnahmen, welche die Beherrschung des Wasserandrangs zu Baugruben, Baustellen und Bauwerken betreffen) ‖ ~ (Civ Eng) / Entwässerung *f*, Wasserhebung *f* ‖ ~ (Civ Eng) / Trockenlegung *f* (von Sümpfen) ‖ ~ (Civ Eng, Mining) / Wasserhaltung *f* (Teilgebiet der bergmännischen Wasserwirtschaft) ‖ ~ (Elec Eng) / Streustromableitung *f*, Drainage *f* (Ableitung von Streuströmen aus streustromgefährdeten Anlagen über eine metallene Verbindung zu den Punkten der störenden Anlage, die ein negatives Potential gegen den umgebenden Elektrolyten haben) ‖ ~ (Mining) / Wasserlösung *f* (Maßnahmen, die der Beseitigung von Wasseransammlungen dienen) ‖ ~ (Nut) / Abtropfen *n* ‖ ~ (Paint) / Ablaufen *n*, Abtropfen *n* ‖ ~ **adit** (Mining) / Wasserhaltungsstollen *m* ‖ ~ **area** (Agric, Hyd Eng) / Entwässerungsgebiet *n* (DIN 4045) ‖ ~ **area** (Agric, Hyd Eng) / Einzugsgebiet *n* (das ober- und unterirdische Entwässerungsgebiet eines Flusses mit allen seinen Nebenflüssen - DIN 4045), Abflussgebiet *n* ‖ ~ **area** (Mining, Oils) / Bohrlocheinzugsbereich *m*, Einzugsgebiet *n* (bei der Gasförderung) ‖ ~ **area** (Agric, Hyd Eng) s. also river basin ‖ ~ **basin** (Agric, Hyd Eng) / Entwässerungsgebiet *n* (DIN 4045) ‖ ~ **basin** (Hyd Eng) / Einzugsgebiet *n* (das ober- und unterirdische Entwässerungsgebiet eines Flusses mit allen seinen Nebenflüssen - DIN 4045), Abflussgebiet *n* ‖ ~ **blanket** (Agric, Civ Eng) / Entwässerungsteppich *m* ‖ ~ **canal** (Agric) / Drängraben *m*, Entwässerungsgraben *m*, Entwässerungskanal *m* ‖ ~ **channel** (Autos) / Entwässerungsrille *f* (in der Reifenlauffläche) ‖ ~ **coil*** (Elec Eng) / Saugdrossel *f*, Erdungsdrossel *f* ‖ ~ **design** (Agric, Meteor) / kritische Regenspende (bei Entwässerungsprojekten) ‖ ~ **ditch** (Agric) / Drängraben *m*, Entwässerungsgraben *m*, Entwässerungskanal *m* ‖ ~ **divide** (Hyd Eng) / Wasserscheide *f* (Grenzlinie zwischen zwei Abfluss- oder Niederschlagsgebieten) ‖ ~ **effective porosity** (Agric) / nutzbarer Porenraum, Nutzporosität *f* ‖ ~ **equilibrium** (Geol, Hyd Eng) / konstanter Grundwasserspiegel (Niederschlag, Verbrauch und Verluste heben sich auf) ‖ ~ **foil** (Paper) / Hydrofoil *n*, Streichleiste *f* (einer Langsiebpapiermaschine) ‖ ~ **pattern*** (the arrangement or layout of the youthful streams draining a valley) (Cartography, Geol) / Gewässernetz *n* (einer Karte), Flussnetz *n* (einer Karte) ‖ ~ **pore space** (storage capacity) (Agric) / nutzbarer Porenraum, Nutzporosität *f* ‖ ~ **tank** (Ships) / Abwässertank *m*, Lenztank *m*, Sammeltank *m* ‖ ~ **trench** (Agric) / Drängraben *m*, Entwässerungsgraben *m*, Entwässerungskanal *m* ‖ ~ **tunnel** (Mining) / Wasserstollen *m* ‖ ~ **well** (Agric) / Schlucker *m* (mit wasserdurchlässigem Material gefüllter Erdschacht, durch den das Niederschlagswasser kleiner Geländemulden gefasst und einem Drän zugeführt wird) ‖ ~ **wind** (Aero, Meteor) / katabatischer Wind (mit abwärts gerichteter Bewegungskomponente)
**drainboard** *n* (US) (Eng) / Abtropfbrett *n*
**drain casting** (Ceramics) / Hohlguss *m* (Gießverfahren in der Geschirr- und Zierkeramik)
**draincock*** *n* (Eng) / Entleerungshahn *m*, Ablasshahn *m*, Auslasshahn *m*, Abflusshahn *m*
**drain current** (Electronics) / Drainstrom *m* (bei Feldeffekttransistoren - von der Source zum Drain)
**drained shear test** (Civ Eng) / dränierter Versuch, entwässerter Versuch, Langsamscherversuch *m*, D-Versuch *m* (in der Bodenmechanik) ‖ ~ **test** (Civ Eng) / dränierter Versuch, entwässerter Versuch, Langsamscherversuch *m*, D-Versuch *m* (in der Bodenmechanik) ‖ ~ **weight** (Nut) / Abtropfgewicht *n* (die Menge des essbaren Anteils - ohne Lake, ohne Zuckerlösung usw.)
**drainer** *n* (Build) / Abtropffläche *f*, Ablauffläche *f* (einer Spüle) ‖ ~* (Paper) / Eindickbütte *f*, Absetzbütte *f* ‖ ~ (Photog) / Abtropfschale *f*
**drain hat** (Ships) / Lenzbrunnen *m* (zylindrischer), Sammelbrunnen *m* (zylindrischer) ‖ ~ **hole*** (Mining) / Wasserhaltungsbohrloch *n*, Entwässerungsbohrloch *n* ‖ ~ **hole** (Oils) / Drainagebohrung *f* (eine Hilfsbohrung)
**draining** (Agric) / Dränage *f*, Dränung *f* (DIN 1185 und DIN 4047, T 1), Draining *f* ‖ ~ (Agric, Build, Paper) / Entwässerung *f* (DIN 1185, T 1) ‖ ~ (Civ Eng) / Entwässerung *f*, Wasserhebung *f* ‖ ~ (Civ Eng) / Trockenlegung *f* (von Sümpfen) ‖ ~ **board** (Eng) / Abtropfbrett *n* ‖ ~ **ditch** (Agric) / Drängraben *m*, Entwässerungsgraben *m*, Entwässerungskanal *m*
**draining-off** *n* (Hyd, Phys) / Ausströmen *n*, Ausfließen *n*, Auslaufen *n*, Herausfließen *n*, Ablauf *m* (Tätigkeit), Abfluss *m* (das Abfließen)

**draining of fat** (Leather) / Fettabschwemmung *f* (Entfetten)
**drain line** (Agric) / Dränageleitung *f*, Entwässerungsleitung *f*, Dränstrang *m* ‖ ~ **off** *v* / abführen *v* (Flüssigkeit) ‖ ~ **out** / ablassen *v* (Teich) ‖ ~ **out** (Autos) / ablassen *v* (Öl) ‖ ~ **pan** (Autos, I C Engs) / Ölfangwanne *f*, Ölablasswanne *f*
**drainpipe** *n* / Abfallrohr *n* ‖ ~ (Agric) / Dränagerohr *n*, Dränrohr *n* (DIN 1180 und DIN 4047, T 1), Röhrendrän *m*
**drain plug** (Autos) / Ablassschraube *f* ‖ ~ **plug** (Eng) / Abflussstöpsel *m*
**drain-plug key** (Autos, Tools) / Öldienstschlüssel *m* (für Ablassschrauben mit Innenantrieb) ‖ ~ **spanner** (Autos, Tools) / Öldienstschlüssel *m* (im allgemeinen) ‖ ~ **wrench** (Autos, Tools) / Öldienstschlüssel *m* (im allgemeinen)
**drain pot** / Entleerungsgefäß *n* ‖ ~ **rod** (Build) / Stange *f* zum Rohrreinigen
**drain-source breakdown voltage** (Electronics) / Drain-Source-Durchbruchsspannung *f*
**drain tank** (Ships) / Abwässertank *m*, Lenztank *m*, Sammeltank *m* ‖ ~ **tile** (tile of circular cross section designed to collect and convey surface and subsurface water away from an area) (Ceramics) / Dränstein *m*
**drain-trap*** *n* (San Eng) / Trap *m*, Geruchverschluss *m*, Geruchsverschluss *m*, Siphon *n*, U-Verschluss *m*
**drain trough** (Autos) / Wasserablaufrinne *f* ‖ ~ **valve** (Eng) / Entwässerungsventil *n*, Ablassventil *n* ‖ ~ **voltage** (Electronics) / Drainspannung *f* ‖ ~ **-well** *n* (Hyd Eng) / Sickerschacht *m* (für Grundwasser)
**DRAM** (a dynamic memory where the logic state to be entered in each cell is stored as a voltage on the small capacitance associated with the gate of the MOS output transistor for the cell) (Comp) / dynamisches RAM , DRAM (dynamisches RAM)
**dram** *n* / Dram *n* (veraltete Einheit der Masse = 1,772 g)
**dramatic** *adj* / drastisch *adj* (Kostensenkung)
**Dr Angus Smith's process** (Build, Surf) / Angus-Smith-Verfahren *n* (eine alte Korrosionsschutzbehandlung mit einer speziellen Lösung /4 Teile Steinkohlenteer, 3 Teile Öl und 1 Teil Paranaphthalin/)
**Dr Angus Smith's solution** (any black bituminous composition applied by brush) (Surf) / Korrosionsschutzmittel *n* (nach Dr. Angus Smith)
**drapability** *n* (Textiles) / Drapierfähigkeit *f*, Drapierverhalten *n*
**drap-de-soie** *n* (Textiles) / Drap-de-soie *m*, Liberty *m* (Kleider- und Futtersatin)
**drape** (men's suiting) (Textiles) / Drapé *m* (Herrenanzugstoff), Drapee *m* ‖ ~ (Textiles) / Fallvermögen *n* (von Textilien), Fallverhalten *n* ‖ ~ (of a fabric) (Textiles) / Draperie *f*, Faltenwurf *m*, Faltenschlag *m*, Fall *m*, Warenfall *m*
**drapeability** *n* (Textiles) / Drapierfähigkeit *f*, Drapierverhalten *n*
**drape forming** (Plastics) / Streckformen *n*
**Draper catalog** (Astron) / Henry-Draper-Katalog *m* (in den Jahren 1918 bis 1924 bzw. 1925 bis 1936 am Harvard-College-Observatorium erstellter Sternkatalog - nach H. Draper, 1837 - 1882, benannt), HD-Katalog *m*, HD (Henry-Draper-Katalog), Draper-Katalog *m* (ein Durchmusterungskatalog) ‖ ~ **loom** (Weaving) / Draper-Webmaschine *f* (schützen- und oberaulose)
**drapery** *n* (Textiles) / Schnittwaren *f pl*, Textilien *pl*, Textilwaren *pl* ‖ ~ (Textiles) / Dekostoff *m*, Dekorationsstoff *m*
**draping** *n* (Plastics) / Streckformen *n* ‖ ~ (Textiles) / Draperie *f*, Faltenwurf *m*, Faltenschlag *m*, Fall *m*, Warenfall *m* ‖ ~ **property** (Textiles) / Fallvermögen *n* (von Textilien), Fallverhalten *n*
**drastic** *adj* / drastisch *adj* (Kostensenkung) ‖ ~ (Chem) / drastisch *adj* (Reaktionsbedingungen)
**draught*** (der Auftrieb, die Rauchführung), Windzug *m*, Luftzug *m* (im Schornstein), Luftströmung *f* ‖ ~* / Zugluft *f*, Zug *m* (Zugluft) ‖ ~ (Build) / Zugstärke *f* (natürlicher Druckunterschied am Schornsteinfuß zwischen Außenluft und Gas im Schornstein) ‖ ~ (Eng) / Aushebeschräge *f* (des Gesenkschmiedewerkzeugs nach DIN 7523-2) ‖ ~ (of the die impressions) (Eng) / Gesenkschräge *f* ‖ ~ (Foundry) / Aushebeschräge *f* (des Modells), Formschräge *f* (DIN EN 12 890), Entformschräge *f* ‖ ~ (Met) / Ziehen *n* (Ziehumformung von Drähten, Stäben, Rohren und Profilen), Zug *m* (ein Durchgang des Ziehgutes durch ein Ziehwerkzeug) ‖ ~ (Met) / Anzug *m* (des Walzkalibers) ‖ ~ (Met) / Walzen *n* mit Zug ‖ ~* (Ships) / Tiefgang *m* ‖ ~ (Spinning) / Verstreckung *f*, Verzug *m* (als Ergebnis) ‖ ~ **aft** (Ships) / Tiefgang *m* hinten, Tiefgang *m* achtern, hinterer Tiefgang ‖ ~ **angle** (Eng) / Neigungswinkel *m* (z.B. des Gesenks), Anzug *m* (beim Gesenkschmieden)
**draught-bar*** *n* (Eng, Rail) / Zugstange *f*, Kuppelstange *f*
**draught beer** (Brew, Nut) / Fassbier *n* (traditionelles, im Gegensatz zum karbonisierten Kegbier) ‖ ~ **excluder*** (Build) / Dichtung *f* für Fenster und Türen (z.B. Tesamoll) ‖ ~ **forward** (Ships) / Tiefgang *m* vorn, vorderer Tiefgang
**draught-free flow-through ventilation** (Autos) / zugfreies Be- und Entlüftungssystem

**draught gauge\*** / Zugmesser *m* (bei Feuerungsanlagen) ‖ **~ indicator** / Zugmesser *m* (bei Feuerungsanlagen)
**draughting machine** / Zeichenmaschine *f* (Gerät für technisches Zeichnen) ‖ **~ machine with parallel motion** / Zeichenmaschine *f* mit Geradführung
**draught limiter** (Build) / Zugbegrenzer *m* (Abbrandverminderer), Abbrandverminderer *m* ‖ **~ loss** (Eng) / Zugverlust *m* ‖ **~ marks** *pl* (Ships) / Ahming *f* (an Bug und Heck) ‖ **~ of the fibre** (Spinning) / Faserverzug *m*
**draughtproof** *adj* (Build) / zugdicht *adj* (abgedichtet - z.B. Fenster)
**draughtsman\*** *n* / Zeichner *m*
**draughtsperson** *n* / Zeichner *m* (oder Zeichnerin)
**draught stop** (Autos) / Windblocker *m* (bei Kabrios), Windschott *n* ‖ **~ stop** (Build) / feuerschützende Trennwand, Brandschutz *m* (feuerschützende Trennwand), Brandblende *f* ‖ **~ strip** (Build) / Dichtung *f* für Fenster und Türen (z.B. Tesamoll) ‖ **~ tube** (Eng, Hyd Eng) / Saugrohr *n*, Diffusor *m* (einer Wasserturbine)
**dr avdp** / Dram *n* (veraltete Einheit der Masse = 1,772 g)
**dravite\*** *n* (Min) / Dravit (brauner Magnesiumturmalin - nach dem Draugebiet in Kärnten benannt)
**draw** *n* / zeichnen *v* ‖ **~** (remove a charge of fired ware from a kiln) (Ceramics) / ausnehmen *v* (Ware aus dem Brennofen) ‖ **~** (a curbstone) (Civ Eng) / auskoffern *v* (Randsteingraben) ‖ **~** (Elec Eng) / zünden *v* (einen Lichtbogen) ‖ **~** (Foundry) / Modell ziehen, ausheben *v* (aus der Form) ‖ **~** (Glass) / ziehen *v* ‖ **~** (Maths) / fällen *v* (z.B. ein Lot) ‖ **~** (a parallel) (Maths) / ziehen *v* (eine Parallele) ‖ **~** (Met) / ziehen *v* (Draht, Stäbe, Rohre und Profile) ‖ **~\*** (timbers) (Mining) / rauben *v* (den Ausbau) ‖ **~** (pillars) (Mining) / abpfeilern *v* ‖ **~** (Nut) / ausnehmen *v* (Geflügel, Fisch) ‖ **~** (Nut) / ausweiden *v* (Wild) ‖ **~** (Spinning) / strecken *v* ‖ **~** *n* / Zug *m* (der Auftrieb, die Rauchführung), Windzug *m*, Luftzug *m* (im Schornstein), Luftströmung *f* ‖ **~** / Ziehen *n* (einmaliger Vorgang), Zug *m* ‖ **~** (Foundry) / Saugstelle *f* (ein Gussfehler) ‖ **~\*** (Foundry) / Einfallstelle *f* (eine Werkstoffeinbuchtung) ‖ **~** (US) (a coulee whose water results from periodic rainfall) (Geol) / Trockenschlucht *f*, Trockental *n* ‖ **~** (Glass) / Ausstoß *m* (einer Schmelzwanne) ‖ **~** (Met) / Ziehen *n* (Ziehumformung von Drähten, Stäben, Rohren und Profilen), Zug *m* (ein Durchgang des Ziehgutes durch ein Ziehwerkzeug)
**drawability\*** *n* (Eng, Met) / Ziehbarkeit *f*, Ziehfähigkeit *f*, Ziehvermögen *n*
**draw-back** *n* (Weaving) / Spannstelle *f*
**drawbar** *n* (Autos) / Deichsel *f* (beim Caravan oder Kleinanhänger), Deichselstange *f*, Anhängerdeichsel *f* ‖ **~** (Eng) / Spannstange *f* (zylindrische Stange in der Längsbohrung der Hauptspindel einer Drehmaschine, die die axiale Spannbewegung eines Kraftspannantriebs am hinteren Ende der Spindel auf den Werkstück- oder Werkzeugspanner am Spindelkopf überträgt) ‖ **~\*** (Eng, Rail) / Zugstange *f*, Kuppelstange *f*
**drawbar** *n* (Glass) / Ziehbalken *m* (im Pittsburgh-Verfahren)
**drawbar pull** (Eng) / Zugkraft *f* am Haken ‖ **~ pull\*** (Rail) / Zug *m* an der Zugstange
**draw barrier** (Rail) / Zugschranke *f* ‖ **~ bead** (Met) / Ziehwulst *m f*, Ziehsicke *f*, Ziehleiste *f* (bei Tiefziehwerkzeugen) ‖ **~ bench** (Met) / Ziehbank *f* (eine Ziehmaschine, bei der das Ziehgut mittels geeigneten Spannwerkzeuges im Ziehschlitten oder Ziehwagen gegriffen und durch geradlinige Bewegung des Schlittens /Wagens/ durch das Ziehwerkzeug gezogen wird), Ziehmaschine *f*
**draw-box** *n* (Spinning) / Abnehmerwalzen *f pl*, Lieferwalzen *f pl*
**draw-bridge\*** *n* (Civ Eng) / Zugbrücke *f*
**draw bucket** (Ships) / Schlagpütz *f* ‖ **~ cladding** (Met) / Ziehplattieren *n* (Verfahren, um Stangen, Rohre oder Hohlkörper mit einer Plattierung zu versehen)
**draw-crank mechanism** (Eng) / Schleppkurbelmechanismus *m*, Schleppkurbelgetriebe *n*
**drawcut** *n* (Mining) / Dreieckseinbruch *m*
**draw-cut-type seater** (Eng) / Keilnutenziehmaschine *f*
**draw-door weir\*** (Hyd Eng) / Hubschützenwehr *n*
**drawdown** *n* (Hyd Eng) / Absenkziel *n* (niedrigster zulässiger Oberwasserstand an der Stauanlage eines Wasserlaufs) ‖ **~\*** (Hyd Eng) / Absenkung des Wasserspiegels nach Nassentnahme *f* (als Ergebnis, in Längeneinheiten ausgedrückt) ‖ **~** (Paint) / Drawdown *m n* (Farbaufstrich auf ein bestimmtes Substrat für Prüfzwecke) ‖ **~ additive** (Paint) / Ablaufmittel *n* ‖ **~ blade** (US) (Paint) / Lackhantel *f*
**drawer** *n* (Join) / Schublade *f* ‖ **~** (Build, Join) / Schubladengleiter *m* ‖ **~ handle** (Build, Join) / Schubladengriff *m*
**drawer-lining paper** (Paper) / Schrankpapier *n*
**drawer-lock chisel** (Join, Tools) / Riegellocheisen *n*
**drawer run** (Elec Eng) / Laufleiste *f* (auf der die Seite des Schiebekastens gleitet) ‖ **~ runner** (Build, Join) / Schubladenführung *f* ‖ **~ runner** (Elec Eng) / Laufleiste *f* (auf der die Seite des Schiebekastens gleitet)

**drawing**

**drawframe** *n* (Spinning) / Strecke *f* (DIN 64050), Streckmaschine *f*, Streckwerk *n* ‖ **~ sliver** (Spinning) / Streckenband *n*
**draw-gate\*** *n* (Hyd Eng) / Schleusen-Füll- und -Entleervorrichtung *f* ‖ **~** (Rail) / Zugschranke *f*
**drawhook** *n* / Zughaken *m* ‖ **~** (Rail) / Zughaken *m*, Kupplungshaken *m*
**draw in** *v* / ansaugen *v* (Luft) ‖ **~ in** (Cables) / einziehen *v* (Kabel) ‖ **~ in** (Weaving) / einziehen *v* (Kette), passieren *v* (Kette automatisch einziehen) ‖ **~-in box\*** (Cables, Elec Eng) / Kabelbrunnen *m*
**draw-in collet** (Eng, Tools) / Zugspannzange *f* ‖ **~ cotter** (Eng) / Einziehkeil *m* (Querkeil zum schonenden Einziehen des Kegelschaftes in die Kegelaufnahme der Bohr- und Frässpindel)
**drawing** *n* / Zeichnen *n* ‖ **~** / Zeichnung *f* (DIN 199, T 1), Riss *m* (Zeichnung) ‖ **~** (Ceramics) / Ausnehmen *n* (eines Brennofens) ‖ **~** (US) (Eng, Met) / Anlassen *n* (DIN EN 10 052) ‖ **~\*** (Met) / Ziehen *n* (Ziehumformung von Drähten, Stäben, Rohren und Profilen), Zug *m* (ein Durchgang des Ziehgutes durch ein Ziehwerkzeug) ‖ **~** / Blechziehen *n* ‖ **~\*** (Spinning) / Verstreckung *f*, Strecken *n* (als Tätigkeit), Verzug *m* (als Tätigkeit) ‖ **~ bead** (Met) / Ziehwulst *m f*, Ziehsicke *f*, Ziehleiste *f* (bei Tiefziehwerkzeugen) ‖ **~ bench** (Met) / Ziehbank *f* (eine Ziehmaschine, bei der das Ziehgut mittels geeigneten Spannwerkzeuges im Ziehschlitten oder Ziehwagen gegriffen und durch geradlinige Bewegung des Schlittens /Wagens/ durch das Ziehwerkzeug gezogen wird), Ziehmaschine *f* ‖ **~ bill of materials** (Work Study) / Zeichnungsstückliste *f* ‖ **~ board** / Zeichenbrett *n*, Reißbrett *n* ‖ **~ board** (Paper) / Zeichenkarton *m* ‖ **~ carriage** (Met) / Ziehwagen *n*, Zangenwagen *m* (einer Ziehbank) ‖ **~ chain** (Met) / Ziehkette *f* (der Ziehbank) ‖ **~ chamber** (of a glass-melting tank) (Glass) / Ziehkammer *f* (in der Fourcault'schen Ziehanlage) ‖ **~ character** (Comp) / Zeichnungszeichen *n* ‖ **~ chuck** (Met) / Ziehzange *f* (Werkzeug zum Übertragen der Ziehkraft auf das Ziehgut) ‖ **~ compound** (Met) / Ziehschmiergemisch *n* ‖ **~ conditions** (Met) / Ziehbedingungen *f pl* ‖ **~ defect** (Met) / Ziehfehler *m* (Fehlererscheinung an durch Ziehen hergestellten Werkstücken infolge unsachgemäßer Verfahrensgestaltung) ‖ **~ die** (Met) / Ziehstein *m* (Ziehwerkzeug zum Gleitziehen von Drähten, bestehend meistens aus einer Stahlfassung mit eingeschrumpftem Hartmetall-, Keramik- oder Diamantkern mit einer sich in Ziehrichtung verjüngenden Öffnung, die dem herzustellenden Querschnitt entspricht - DIN 1547, T 2 und 3 und DIN 1546) ‖ **~ die** (Met) / Ziehmatrize *f*
**drawing-die cone angle** (Met) / Ziehkegelwinkel *m* (Öffnungswinkel des Ziehkegels nach DIN 1547), Ziehholöffnungswinkel *m* ‖ **~ cooling** (Met) / Ziehsteinkühlung *f* ‖ **~ holder** (Met) / Ziehwerkzeughalter *m*, Ziehsteinhalter *m*
**drawing die with a kernel made of carbide** (Met) / Hartmetallziehstein *m* ‖ **~ dimensioning** / Zeichnungsbemaßung *f* ‖ **~ direction** / Ziehrichtung *f* ‖ **~ disk** (Met) / Ziehscheibe *f* (von der Welle der Drahtziehmaschine angetriebener zylindrischer oder kegeliger, wasser- oder luftgekühlter Körper zum Aufwickeln des Drahtes), Ziehtrommel *f*, Schollscheibe *f* (der Drahtziehmaschine) ‖ **~-down\*** *n* (Eng, Met) / Recken *n* (Freiformschmieden), Reckschmieden *n* ‖ **~ drum** (Met) / Ziehscheibe *f* (von der Welle der Drahtziehmaschine angetriebener zylindrischer oder kegeliger, wasser- oder luftgekühlter Körper zum Aufwickeln des Drahtes), Ziehtrommel *f*, Schollscheibe *f* (der Drahtziehmaschine) ‖ **~ floor** (Build) / Schnürboden *m*, Werksatz *m*, Reißboden *m*, Werkbühne *f*, Zulage *f* ‖ **~ force** / Ziehkraft *f* (die aufgewendet werden muss, um das Ziehgut durch den Ziehstein zu ziehen) ‖ **~ force** (Met) / Ziehkraft *f* (die zum Ausführen einer Ziehoperation von der Presse aufzubringende Kraft) ‖ **~ for electrical trades** (Elec Eng) / Fachzeichnen *n* in der Elektrotechnik ‖ **~ format** / Zeichnungsformat *n* (DIN 823) ‖ **~ frame** (Spinning) / Strecke *f* (DIN 64050), Streckmaschine *f*, Streckwerk *n* ‖ **~ from glass rods** (Glass) / Stababziehverfahren *n* (für Glas-Endlosfasern) ‖ **~ grease** (Met) / Drahtziehfett *n* (nicht reaktives), Ziehseife *f* (Schmiermittel beim Ziehen von Draht), Drahtziehschmiermittel *n* ‖ **~ head** / Zeichenkopf *m* (der Zeichenmaschine) ‖ **~-in\*** *n* (Weaving) / Einzug *m*, Patronieren *n*
**drawing-in fault** (Weaving) / Einzugsfehler *m*
**drawing ink** / Ausziehtusche *f*, Zeichentusche *f* ‖ **~ iron** (Met) / Zieheisen *n* (ein altes Ziehwerkzeug, heute durch Ziehsteine und Ziehringe ersetzt) ‖ **~ knife** (Carp, For) / Zieheisen *n*, Schnitzmesser *n* (ein Handentrinder), Reifmesser *n*, Zugmesser *n* ‖ **~ lines** (Glass) / Kämmung *f*, gekämmtes Glas (feine Fäden, die bündelweise parallel zur Ziehrichtung auftreten) ‖ **~ lubricant** (Met) / Ziehschmiermittel *n*, Ziehgleitmittel *f* (zum Vermindern der Reibung beim Ziehen und Tiefziehen verwendete, meist fetthaltige Flüssigkeit) ‖ **~ machine** (Glass) / Ziehmaschine *f* (zum Abziehen von Glassträngen in vertikaler oder horizontaler Richtung) ‖ **~ mandrel** (Met) / Ziehdorn *m* ‖ **~ nozzle** (Met) / Ziehdüse *f* (in der

437

**drawing**
Praxis übliche Bezeichnung des Ziehsteins oder des Ziehrings) ǁ ~ **number** / Zeichnungsnummer *f*
**drawing-off** *n* (Weaving) / Warenabzug *m*, Abzug *m*
**drawing office** / Zeichenbüro *n* ǁ ~ **office** (Arch) / Architekturbüro *n* ǁ ~ **of non-symmetrical parts** (Met) / Ziehen *n* unsymmetrischer Teile (z.B. Karosserieteile) ǁ ~ **of patterns*** (Foundry) / Ausheben *n* (der Modelle), Ziehen *n* (der Modelle), Herausheben *n* (der Modelle), Modellausheben *n* (aus der Form) ǁ ~ **of tubes*** (Met) / Hohl-Gleitziehen *n* (Gleitziehen von Hohlkörpern ohne Innenwerkzeug - DIN 8584), Hohlzug *m*, Druckzug *m* (Hohl-Gleitziehen), Rohrziehen *n* ǁ ~ **oil** (Met) / Ziehöl *n* ǁ ~ **over mandrel** (Met) / Stangenrohrziehen *n* ǁ ~ **paper** (Paper) / Zeichenpapier *n* (holzfreies oder hadernhaltiges, gut geleimtes, radierfestes Papier von über 90 g/m² Flächengewicht und geringer Vergilbungsneigung) ǁ ~ **paper for schools** (Paper) / Schulzeichenpapier *n* (geleimtes holzfreies oder holzhaltiges Papier mit guter Radier- und Tuschfestigkeit zum Malen und Zeichnen - DIN 6730) ǁ ~ **pattern** / Zeichenvorlage *f* ǁ ~ **pin** (GB) / Reißzwecke *f*, Reißnagel *m*, Reißbrettstift *m* ǁ ~ **pit** (Glass) / Ziehschacht *m* (über der Ziehkammer der Fourcaultschen Ziehanlage) ǁ ~ **plate** (Met) / Drahtzieheisen *n*, Zieheisen *n* ǁ ~ **point** (Met) / Ziehangel *f* (angespitztes Ende des Ziehgutes beim Durchziehen) ǁ ~ **pot** (Glass) / Ziehherd *m* (der Ziehkammer bei dem Libbey-Owens-Verfahren) ǁ ~ **pressure** (Met) / Ziehdruck *m* ǁ ~ **product** (Met) / Ziehgut *n* (zu ziehendes oder gezogenes Erzeugnis) ǁ ~ **program** (Comp) / Zeichenprogramm *n* ǁ ~ **punch** (Met) / Ziehstempel *m* (die Hauptziehbewegung ausführender konvexer Teil eines Tiefziehwerkzeugs)
**drawing-quality** *attr* (Met) / von hoher Ziehqualität (wichtig für die Weiterverarbeitung von Qualitätsblechen)
**drawing ratio** (Met) / Ziehverhältnis *n* (als Maß für die Verformung beim Ziehen) ǁ ~ **ready for reproduction** / Reinzeichnung *f* (druckfertige) ǁ ~ **ring** (Met) / Ziehring (ein Ziehwerkzeug) ǁ ~ **ring** (Met) / Ziehring *m* (der konkave formgebende Teil eines Tiefziehwerkzeugs) ǁ ~ **ring** (Met) s. also wear ring ǁ ~ **rollers*** (Print, Spinning) / Zugrollen *f pl* ǁ ~ **rollers*** (Spinning) / Strecke *f* (DIN 64050), Streckmaschine *f*, Streckwerk *n*
**drawings copier** / Zeichnungskopierer *m*
**drawing set** / Reißzeug *n* ǁ ~ **shave** (Carp, For) / Ziehmesser *n*, Schnitzmesser *n* (ein Handentrinder), Reifmesser *n*, Zugmesser *n* ǁ ~ **sheet** (Met) / Ziehblech *n* (für geringe Formänderung oder lediglich zum Schneiden/Stanzen/ vorgesehen - DIN 1623-3) ǁ ~ **shop** (Met) / Zieherei *f* (eine Betriebsabteilung) ǁ ~ **sled** (Met) / Ziehschlitten *n* (Element der Ziehbank, das auf Kufen im Maschinenbett gleitet und elektrisch oder hydraulisch angetrieben wird) ǁ ~ **sledge** (Met) / Ziehschlitten *m* ǁ ~ **sliver** (Spinning) / Streckenband *n* ǁ ~ **soap** (Met) / Ziehseife *f* ǁ ~ **stock** (Met) / Ziehgut *n* (zu ziehendes oder gezogenes Erzeugnis) ǁ ~ **stress** (Met) / Ziehspannung *f* ǁ ~ **substrate** (Electronics) / Zeichnungsträger *m* (Träger zur Herstellung von Leiterbildoriginalen als Grundlage für die Herstellung von Leiterplatten) ǁ ~ **table** / Zeichentisch *m* (im Allgemeinen) ǁ ~ **texture** (Met) / Ziehtextur *f* (bevorzugte Orientierung der Kristallite in Bezug auf die Richtung der größten Formänderung als Folge des Ziehprozesses) ǁ ~ **tool** (Met) / Ziehwerkzeug *n* (Werkzeug zum Gleit- oder Walzziehen)
**drawing-tool holder** (Met) / Ziehwerkzeughalter *m*, Ziehsteinhalter *m*
**drawing velocity** (Met) / Ziehgeschwindigkeit *f* ǁ ~ **with annealing** (Met) / Ziehglühen *n* (Kombination von Durchziehen und Durchlaufglühen) ǁ ~ **with back pull** (Met) / Ziehen *n* mit Gegenzug (bei dem auf das ins Ziehwerkzeug einlaufende Ziehgut eine Gegenzugkraft wirkt, die eine Verminderung der Radialspannungen im Ziehhol und eine Erhöhung der Ziehkräfte bewirkt) ǁ ~ **with hydrodynamic generation of pressure** (Met) / hydrodynamisches Ziehen, Ziehen *n* mit hydrodynamischer Druckerzeugung ǁ ~ **with hydrostatic generation of pressure** (Met) / hydrostatisches Ziehen (mit hydrostatischer Druckerzeugung), Ziehen *n* mit hydrostatischer Druckerzeugung ǁ ~ **without replacement** (Stats) / Stichprobenentnahme *f* ohne Zurücklegen, Ziehen *n* ohne Zurücklegen ǁ ~ **with replacement** (Stats) / Stichprobenentnahme *f* mit Zurücklegen, Ziehen *n* mit Zurücklegen
**draw-in key** (Eng) / Einziehkeil *m* (Querkeil zum schonenden Einziehen des Kegelschaftes in die Kegelaufnahme der Bohr- und Frässpindel) ǁ ~ **length** (Cables) / Einziehlänge *f*
**draw-in pit*** (Cables, Elec Eng) / Kabelbrunnen *m*
**draw-in roller** (Spinning) / Einzugswalze *f*
**draw-in system*** (Cables) / Kabelverlegen *n* in Kanälen, Einziehsystem *n*
**drawknife*** *n* (Carp, For) / Ziehmesser *n*, Schnitzmesser *n* (ein Handentrinder), Reifmesser *n*, Zugmesser *n*
**draw-nail*** *n* (Foundry) / Aushebestift *m* (des Modells)
**drawn and ironed can** (Met, Nut) / gezogene und abgestreckte Dose ǁ ~ **and redrawn can** (Met, Nut) / gezogene und weitergezogene Dose ǁ ~

**can** (Met, Nut) / gezogene Dose ǁ ~ **cup** (Met) / Napf *m* (Hohlkörper mit Boden, der durch Tiefziehen entstanden ist) ǁ ~ **glass** (from a glass-melting tank) (Glass) / Ziehglas *n* ǁ ~ **grain** (Leather) / Narbenzug *m*
**drawn-in antenna** (Radio) / eingefahrene Antenne
**drawn part** (Eng, Met) / Ziehteil *n* ǁ ~ **scraper** (Civ Eng) / Anhängeschürfmaschine *f* ǁ ~ **wood** (For) / Holzdraht *m* (für die Herstellung von Zündhölzern)
**draw off** *v* (San Eng) / abziehen *v* (durch Ablassen der Flüssigkeit), abreinigen *v* ǁ ~ **off** (Spinning) / abziehen *v* (fertige Garnkörper)
**draw-off cock** (Eng) / Entleerungshahn *m*, Ablasshahn *m*, Auslasshahn *m*, Abflusshahn *m* ǁ ~ **pipe** (Plumb) / Zapfhahn *m*, Entnahmehahn *m* ǁ ~ **tap** (Eng) / Entleerungshahn *m*, Ablasshahn *m*, Auslasshahn *m*, Abflusshahn *m* ǁ ~ **valve** (Plumb) / Zapfhahn *m*, Entnahmehahn *m*
**draw out** *v* / herausziehen *v* (aus), ausziehen *v*
**draw-out metal-clad switchgear*** (Elec Eng) / ausfahrbares metallgekapseltes Schaltgerät
**draw over a floating mandrel** (Met) / gleitziehen über losen (fliegenden oder schwimmenden) Stopfen (Dorn) ǁ ~ **over a mandrel** (Met) / mit Stange rohrziehen (nur Infinitiv und Partizip Perfekt), stangenrohrziehen *v* (nur Infinitiv und Partizip Perfekt), gleitziehen über festen oder losen Stopfen (Rohre)
**drawpiece** *n* (Eng, Met) / Ziehteil *n*
**draw plating** (Met) / Ziehplattieren *n* (Verfahren, um Stangen, Rohre oder Hohlkörper mit einer Plattierung zu versehen) ǁ ~ **ratio*** (Spinning) / Verstreckungsverhältnis *n*, Streckverhältnis *n* ǁ ~ **ratio*** (Spinning) / Verstreckung *f* (als Verhältniszahl), Verstreckungsgrad *m*, Verzug *m* (als Verhältniszahl) ǁ ~ **rollers** (Print) / Zugringe *m pl*, Zugrollen *f pl* ǁ ~**-screw*** *n* (Foundry) / Ausheheschraube *f* (des Modells) ǁ ~ **shave** (Carp, For) / Ziehmesser *n*, Schnitzmesser *n* (ein Handentrinder), Reifmesser *n*, Zugmesser *n* ǁ ~ **sheet*** (Print) / Grundstraffer *m*, Grundblatt *n* ǁ ~ **sheet*** (Print) / Straffe *n* (Deckbogen im feuchten Zustand), Deckbogen *m* ǁ ~ **sleeve** (Eng) / Ziehhülse *f* ǁ ~ **spike** (Foundry) / Modellausheber *m*, Modellspitze *f* ǁ ~ **spinning** (Spinning) / Streckspinnen *n*, Streckspinnverfahren *n*, Streckspinnen *n* (wenn Spinnen und Verstrecken der Filamente zusammengefasst werden) ǁ ~ **texturizing** (Spinning) / Strecktexturierung *f* ǁ ~ **the harness cords through the comber board** (Weaving) / gallieren *v* ǁ ~ **the perpendicular to a line from a point** / das Lot von einem Punkt auf eine Linie fällen ǁ ~ **through** *v* / durchziehen *v* ǁ ~ **tongs** (Eng) / Froschklemme *f*, Parallelklemme *f*
**draw-twister** *n* (Spinning) / Streckzwirnmaschine *f* (meist doppelseitige Ringzwirnmaschine)
**draw-twisting machine** (Spinning) / Streckzwirnmaschine *f* (meist doppelseitige Ringzwirnmaschine)
**draw up** *v* (Ships) / aufslippen *v* (ein Schiff mit einer Slipanlage aus dem Wasser ziehen) ǁ ~ **up a list** / eine Liste aufstellen ǁ ~ **up an estimate** / Kostenvoranschlag machen ǁ ~ **works*** (Oils) / Hebewerk *n*
**DRCS** (dynamically redefinable character set) (Comp, TV) / frei definierbarer Zeichenvorrat (im Bildschirmtext)
**DRD can** (drawn and redrawn can) (Met, Nut) / gezogene und weitergezogene Dose
**dredge** *v* / Puderemail aufsieben, aufpudern *v* (Email) ǁ ~ (Civ Eng, Ships) / nassbaggern *v*, ausbaggern *v* (unter Wasser), baggern *v* (unter Wasser) ǁ ~ (Mining) / dredgen *v* (im marinen Erzbau) ǁ ~ * *n* (Civ Eng, Ships) / Nassbagger *m*, Schwimmbagger *m* (z.B. zum Offenhalten von Fahrrinnen)
**dredged channel** (Hyd Eng) / ausgebaggerte Fahrrinne ǁ ~ **material** (Civ Eng) / Baggergut *n* (beim Nassbaggern)
**dredger** *n* (Civ Eng, Ships) / Nassbagger *m*, Schwimmbagger *m* (z.B. zum Offenhalten von Fahrrinnen) ǁ ~ **excavator*** (Civ Eng) / Eimerkettengrabenbagger *m*, Eimerkettentrockenbagger *m*
**dredgerman** *n* (Civ Eng) / Baggerführer *m* (Nassbagger)
**dredging*** *n* (Civ Eng, Ships) / Unterwasserbaggern *n*, Ausbaggern *n* (unter Wasser), Nassbaggern *n*, Baggern *n* (unter Wasser) ǁ ~ **barge** (Civ Eng) / Klappenprahm *m*, Baggerschute *f*, Baggerprahm *m*, Klappschute *f* ǁ ~ **buoy** (Civ Eng) / Baggerboje *f*
**dredgings** *pl* (Civ Eng) / Baggergut *n* (beim Nassbaggern)
**D-region** (Geophys, Meteor, Radio) / D-Schicht *f* (der Ionosphäre)
**dregs of wine** (Nut) / Geläger *n* (beim Wein), Bodensatz *m* (beim Wein), Grund *m* (beim Wein)
**Dreiding stereo model** (Chem) / Dreiding-Stereomodell *n*
**dreierkette** *n* (Min) / Dreierkette *f*
**dreikanter*** *n* (Geol) / Dreikanter *m* (Windkanter mit drei Kanten)
**drench** *v* / einweichen *v* (durchnässen), durchnässen *v*, durchtränken *v* (einweichen) ǁ ~ (Met) / bestrahlen *v* (Ziehgut mit flüssigem Schmiermittel) ǁ ~ **bate** (Leather) / Kleinbeize *f*, Schrotbeize *f*
**drencher installation** / Feuerschutzsprenganlage *f* (außerhalb des Gebäudes), Außensprinkleranlage *f*, Drencheranlage *f* (eine Löschanlage) ǁ ~ **system** / Feuerschutzsprenganlage *f* (außerhalb

des Gebäudes), Außensprinkleranlage f, Drencheranlage f (eine Löschanlage)
**drenching** n (Leather) / Beizbehandlung f mit Säure, Schrotbeize f, Kleienbeize f
**Dresden china** (Ceramics) / Dresdner Porzellan (aus der Sächsischen Porzellan-Manufactur) ‖ ~ **china** (Ceramics) s. also meissen ‖ ~ **porcelain** (Ceramics) / Dresdner Porzellan (aus der Sächsischen Porzellan-Manufactur)
**dress** v (Agric) / beizen v (Saat- und Pflanzgut schützen) ‖ ~ (with a fertilizer) (Agric) / düngen v ‖ ~ (Eng) / abrichten v (Schleifkörper) ‖ ~ (For) / dressen v (das Rundholz im Abladeland behauen und zurichten) ‖ ~ (Foundry) / schlichten v ‖ ~ (Leather) / zurichten v (nach der Gerbung) ‖ ~ (Met) / kalt nachwalzen (dünnes Blech und Band), dressieren v ‖ ~ (Textiles) / appretieren v ‖ ~ (Welding) / nacharbeiten v (Elektrode) ‖ ~ n (Textiles) / Kleid n ‖ ~ **career apparel** (Textiles) / Berufskleidung f (modisch beeinflusste, repräsentative, nicht strapazierfähige)
**dressed cotton** (Textiles) / Baumwollartikel m pl mit Wash-and-Wear-Ausrüstung auf Kunstharzbasis ‖ ~ **crude** (crude mica from which the dirt and rock has been mainly removed) (Elec Eng) / aufbereiteter Glimmer ‖ ~ **stone** / steinmetzmäßig bearbeiteter (Natur)Stein ‖ ~ **timber**\* (Carp) / zugerichtetes Holz, Hobelware f, behobeltes Schnittholz ‖ ~ **timber**\* (For) / Hobelware f, gehobeltes Holz, abgerichtetes Holz, besäumtes Schnittholz
**dresser** n / Gerät n zur Nachbearbeitung, Einrichtung f zur Nachbearbeitung ‖ ~\* (Build, Eng) / Abrichtwerkzeug n ‖ ~ (Eng) / Biegeblock m
**dress fabric** (Textiles) / Kleiderstoff m ‖ ~ **goods** (Textiles) / Kleiderstoffe m pl
**dressing** n (Agric) / Düngergabe f ‖ ~ (Agric) / Düngemittel n (DIN ISO 8157), Dünger m ‖ ~ (Agric) / Beizen n (von Saatgut) ‖ ~\* (Build) / Oberflächenbearbeitung f (steinmetzmäßige) der (Natur)Steine ‖ ~\* (Eng) / Abrichten n (des Schleifkörpers) ‖ ~ (Eng) / Schärfen n (des Schleifsteins) ‖ ~ (Eng) / Nachbearbeitung f (Foundry) / Formüberzug m, Überzug m (der Form) ‖ ~ (Foundry) / Schlichte f (ein Form- bzw. Kernüberzugsstoff zur Verbesserung der Gussoberfläche), Formschlichte f ‖ ~\* (Foundry) / Gussputzen n, Putzen n ‖ ~ (Leather) / Zurichtung f (nach der Gerbung) ‖ ~\* (Med) / Verband m ‖ ~ (a piece of material placed on a wound to protect it) (Med, Textiles) / Verbandstoff m ‖ ~ (Nut) / Dressing (Salatsoße) ‖ ~ (Plumb) / Bossieren n (des Blei- oder Zinkblechs), Weichmetallklopfen n, Profilklopfen n (des Blei- oder Zinkblechs) ‖ ~ (Textiles) / Appreturmittel n ‖ ~ (Textiles) / Appretieren n, Appretur f ‖ ~ (Textiles, Weaving) / Präparation f (Behandlung mit Textilhilfsmitteln für Avivage, Schmälzen, Schlichten usw.) ‖ ~\* (Typog) / vorbereitender Arbeitsgang beim Formschließen ‖ ~ (Welding) / Nacharbeiten n (der Elektrode) ‖ ~ **agent** (Textiles) / Appreturmittel n ‖ ~ **department** (Foundry) / Putzerei f (Betriebsabteilung einer Gießerei) ‖ ~ **device** (Eng) / Abdrehvorrichtung f fürs Schleifen), Abrichtvorrichtung f ‖ ~ **gauze** (Textiles) / Verbandmull m (als Verbandmaterial dienender Mull), Verbandsmull m ‖ ~ **leather** (Leather) / Vachetteleder n (aus Rindhäuten)
**dressings**\* pl (Build) / Fassadenschmuck m, Fassadengestaltungselemente n pl, Stuckaturschmuck m
**dressing shop** (Foundry) / Putzerei f (Betriebsabteilung einer Gießerei) ‖ ~ **shop** (Met) / Zurichterei f (in Walzwerken) ‖ ~ **stick** (Eng) / Abrichtstab m ‖ ~ **wheel** (Eng) / Abrichträdchen n (ein Handabrichtwerkzeug)
**dress linen** (Textiles) / Kleiderleinen n
**dressmaking pattern** (Textiles) / Schnittmuster n (nach dem Stoffe für die Herstellung von Kleidungsstücken zugeschnitten werden)
**dress material** (Textiles) / Kleiderstoff m ‖ ~ **pattern** (Textiles) / Schnittmuster n (nach dem Stoffe für die Herstellung von Kleidungsstücken zugeschnitten werden) ‖ ~ **trimmings** (Textiles) / Posamenten n pl (textile Besatzartikel)
**drex system** (US) (Spinning) / Drex-System n (ein veraltetes System der Garnnummerierung in drex = $10^{-1}$ tex)
**dribble** v / tröpfeln v, träufeln v ‖ ~ n (Mining) / Rieselkohle f (aus Fördereinheiten, wie Wagen, Fördergefäßen, durch Undichtigkeiten austretende Feinkohle, welche sich auf der Sohle oder im Schachtsumpf ansammelt)
**dribbling** n (Mining) / leichter Steinfall (als Vorankündigung einer größeren Hangendbewegung)
**dried alum** / gebrannter Alaun (Alumen ustum) ‖ ~ **egg** (Nut) / Eipulver n ‖ ~ **film** (Paint) / Trockenfilm m ‖ ~ **fruit** (Nut) / Trockenobst n, Dörrobst n, Backobst n
**dried-fruit beetle** (Nut, Zool) / Saftkäfer m, Backobstkäfer m (Carpophilus sp. - ein Vorratsschädling)
**dried in the forest** (For) / waldtrocken adj (Zustand von Holz, das einige Zeit nach der Fällung im Walde gelagert hat), waldfeucht adj
**dried-out zone** (Cables, Civ Eng) / Bodenaustrocknungsbereich m

**dried peel** (Nut) / Sukkade f (kandierte Schale von Zitrusfrüchten), Citronat n, Zitronat n, Zedrat n ‖ ~ **vegetables** (Nut) / Trockengemüse n, Dörrgemüse n ‖ ~ **yeast** (Nut) / Trockenhefe f
**drier**\* n / Trockner m, Trockenvorrichtung f ‖ ~\* (Chem, Paint) / Trockenstoff m (DIN EN 971-1), Sikkativ n ‖ ~ (Photog) / Schnelltrockenpresse f, Heizpresse f, Trockenpresse f ‖ ~ (Textiles) / Trockenmaschine f (für Gewebe)
**drier-blender** n / Mischtrockner m
**drier car** (Ceramics) / Hordenwagen m (z. B. in einem Tunneltrockner) ‖ ~ **exit** / Trocknerausfallseite f, Trockneraustragende n, Trockneraustragseite f, Trocknerausfallende n ‖ ~ **section** (Paper) / Trockenpartie f (einer Langsiebpapiermaschine)
**drift** v (Autos) / driften v (in der Kurve) ‖ ~ (Eng) / dornen v (mit einem Dorn aufweiten) ‖ ~ (Mining) / vortreiben v, treiben v, auffahren v (Strecke), herstellen v (einen horizontalen unterirdischen Hohlraum) ‖ ~ n / Drift f (allmähliche Änderung eines oder mehrerer Parameter von Erzeugnissen, Prozessen oder Systemen) ‖ ~ / Messgerätedrift f (DIN 1319, T 1), Drift f (langsame zeitliche Änderung des Wertes eines messtechnischen Merkmals eines Messgerätes) ‖ ~\* (Aero) / Abdrift f (seitliche Versetzung), Abtrift f, Drift f, Trift f ‖ ~ (Agric) / Trift f ‖ ~ (Agric) / Drift f (bei der Pflanzenschutzmittelausbringung), Abdrift f, Abtreiben n (des Pestizids) ‖ ~ (Civ Eng) / Abdrift f (Drift f), Richtung, in der eine Strecke aufgefahren wird ‖ ~\* (Comp, Electronics, Geophys, Mag) / Drift f ‖ ~ (Crystal) / Drift f (durch ein Kraftfeld bzw. durch einen Potentialgradienten verursachter diffusionsgesteuerter Stofftransport einer Teilchensorte in einer Matrix, insbesondere im Sinne eines verzögernden Nachziehens) ‖ ~\* (Eng) / Austreiber m (Treibdorn), Durchschlag m, Dorn m (pl. Dorne) (Austreiber), Durchschläger m, Durchtreiber m ‖ ~ (Eng) / Verlaufen n (des Bohrers) ‖ ~ (Eng, Tools) / Treibdorn m (Werkzeug vergleichbar mit Durchtreibern und Spitztreibern zum Ein- und Austreiben von Teilen beim Ein- und Ausbau), Treiber m, Dorn m ‖ ~\* (Geol) / Geschiebe n, Gletschergeschiebe n ‖ ~ (Mil) / Drall m (im Lauf oder Rohr) ‖ ~ (Mining) / Ausrichtungsstrecke f, Ausrichtungsbau m ‖ ~\* (Mining) / Querschlag m in Kohle ‖ ~\* (Mining) / Stollen m (Grubenbau, der in hügeligem Gelände von der Tagesoberfläche aus in die Lagerstätte führt) ‖ ~\* (Mining) / Richtstrecke f (die in Richtung des Streichens verläuft) ‖ ~\* (Mining) / Gangstrecke f, Feldortstrecke f, Gezeugstrecke f, Lagerstrecke f (im Erzbergbau) ‖ ~\* (Mining) / Abbaustrecke f, Flözstrecke f ‖ ~ (Oils) / Abweichung f (des Bohrgestänges von der zur Bohrung im Erdölbereich vorgesehenen Stelle), Neigung f ‖ ~ (San Eng) / Treibzeug n (auf dem Wasser schwimmendes Treibgut) ‖ ~ (Ships) / Kursversetzung f ‖ ~ (Ships) / Abdrift f (seitliche Versetzung), Abtrift f, Abtreiben m, Abtrieb m ‖ ~ (Tools) / Aufweitdorn m (DIN 50 135) ‖ ~\* (Eng) s. also drift punch and punch ‖ ~ **anchor** (Ships) / Drifttanker m ‖ ~ **angle**\* (Aero, Ships) / Abdriftwinkel m ‖ ~ **bottom sinking** (Civ Eng) / Tunnelsohlbruch m ‖ ~ **chamber** (Nuc) / Driftkammer f
**drift-correction angle** (Aero, Nav) / Luvwinkel m (Winkel zwischen der Flugzeuglängsachse und dem Kartenkurs, um den vorgehalten werden muss, damit die Abdrift bei Windeinfluss ausgeglichen wird) ‖ ~ **angle** (Ships) / Vorhaltwinkel m (Korrektur, mit der das Abtreiben des Schiffs durch den Einfluss des Windes und der Strömung korrigiert werden soll)
**drift current** (Electronics) / Driftstrom m (gerichtete Bewegung der Ladungsträger im Driftstrom n Leiter und Halbleiter unter dem Einfluss eines elektrischen Feldes) ‖ ~ **currents**\* (Meteor, Ocean) / Triftstrom m, Driftströmung f, Drift f, Trift f (auf der Meeresoberfläche)
**drift-dam lake** (a lake formed by a glacier advancing across a river valley and impounding the water) (Geol) / Gletschersee m (ein Stausee), Glazialsee m
**drift dusting** (Agric) / Stäuben n von Baumbeständen zur Schädlingsbekämpfung unter Ausnutzung der Abdrift ‖ ~ **eliminator** / Tropfenabscheider m, Tropfenfang m (eine Schikane im Kühlturm), Tröpfchenabscheider m (im Kühlturm)
**drifter**\* n (Mining) / Bohrhammer m für Vortrieb ‖ ~\* (Mining) / schwerer Bohrhammer (für den Streckenvortrieb) ‖ ~\* (Mining) / Bohrmaschine f mit Spindelvorschub
**drift error** (Comp) / Driftfehler m (bei einem analogen Rechenelement)
**drift-expanding test** (Met) / Aufweitversuch m (eine Rohrprüfung nach DIN 50135)
**drift failure** / Driftausfall m (eines Systems) ‖ ~ **field** (Electronics) / Driftfeld n (in der Basiszone der Drifttransistoren)
**drift-field-effect transistor** (Electronics) / Driftfeldeffekttransistor m, DFET (Driftfeldeffekttransistor)
**drift ice** / Treibeis n (auf Gewässern schwimmende Eisschollen), Trifteis n, Drifteis n ‖ ~ **indicator** (Aero) / Abdriftmesser m
**drifting** n (Autos) / Drifting n, Driften n, Broadside-Technik f (eine Kurventechnik bei Rennwagen) ‖ ~ (Eng) / Dornen n ‖ ~ (Eng) /

**drifting**

Dornen n (mit dem Treibdorn) || ~* (Mining) / Streckenvortrieb m (in Gestein), Streckenauffahren n || ~ (Oils) / Ablenken n (eines Bohrlochs), Ablenkung f (eines Bohrlochs) || ~* (Mining) s. also driving || ~ **dust** (Meteor) / Staubfegen n (unmittelbar in Bodennähe)

**drifting-parameter process** / Prozess m mit driftenden Parametern

**driftings** pl (San Eng) / Treibzeug n (auf dem Wasser schwimmendes Treibgut)

**drifting snow** (Autos, Meteor) / Treibschnee m || ~ **snow** (Meteor) / Schneetreiben n (vom Wind übermannshoch aufgewirbelter Schnee, der die Sichtweite in Augenhöhe stark beeinträchtigt, so dass Himmel und Sonne verschleiert erscheinen) || ~ **test*** (Met) / Kegelaufweitversuch m

**drift landing** (Aero) / Schiebelandung f || ~ **loss** / Verlust m durch mitgerissene Wassertropfen (z.B. in einem Kühlturm) || ~ **meter** (Aero) / Abdriftmesser m || ~ **mining** (Mining) / Stollenbergwerk n, Stollenbergbau m || ~ **mobility*** (Electronics) / Driftbeweglichkeit f || ~ **of the well** / Bohrlochneigung f

**drift-pin** n (Eng) / Passstift m zum Nieten || ~ (Eng) / Splinteintreiber m, Keiltreiber m, Splintentreiber m

**drift punch** (Eng) / Austreiber m (Treibdorn), Durchschlag m, Dorn m (pl. Dorne) (Austreiber), Durchschläger m, Durchtreiber m || ~ **punch** (Eng) / Durchtreiber m (für Schmiede, nach DIN 5253) || ~ **region** (Spectr) / Flugstrecke f, Laufstrecke f || ~ **shell** (Geophys) / L-Schale f, Driftschale f (ein Schalenmodell der Magnetosphäre) || ~ **sight*** (Aero) / optischer Abdriftmesser || ~ **space*** (Electronics) / Laufraum m, Driftraum m (eines Klystrons) || ~ **speed** / Driftgeschwindigkeit f (Plasmaphysik + Magnetosphärenphysik) || ~ **transistor*** (Electronics) / Drifttransistor m || ~ **tube** (Nuc Eng) / Driftröhre f (des Linearbeschleunigers)

**drift-tube linear accelerator** (Nuc Eng) / Driftröhren-Linearbeschleuniger m (heute nicht mehr verwendete Bauart)

**drift velocity** / Driftgeschwindigkeit f (Plasmaphysik + Magnetosphärenphysik) || ~ **velocity** (Electronics) / Driftgeschwindigkeit f (DIN 41852) || ~ **wall** (Mining) / Streckenstoß m, Ulm f, Ulme f

**driftway** n (For, Hyd Eng) / Triftstraße f

**driftwood** n (For, Hyd Eng) / Triftholz n, triftendes Holz, Treibholz n (meistens auf dem Meer)

**drill** v (Agric) / drillen v || ~ n (Agric) / Saatrille f || ~ (Agric) / Reihe f (für das Saatkorn) || ~ (Agric) / Drillmaschine f, Reihensämaschine f || ~ (Civ Eng, Mining) / Druckluftbohrhammer m || ~ (Eng) / Bohrmaschine f || ~* (Eng, Mining, Tools) / Bohrer m, Bohrwerkzeug n || ~* (Mining) / Bohrgerät n || ~* (Textiles) / Drell m, Drillich m, Zwillich m, Zwilch m

**drillability** n (Eng) / Bohrbarkeit f (ins Volle)

**drillable** adj (Eng) / bohrbar adj (ins Volle)

**drill ahead** v (Mining) / vorbohren v, vorausbohren v || ~ **and blast method** (Civ Eng) / Sprengvortrieb m (eine Tunnelbauweise), Sprengverfahren n (Sprengvortrieb) || ~ **axis** (Eng) / Bohrerachse f || ~ **bit*** (Mining, Oils) / Bohrmeißel m (das Bohrwerkzeug einer Stoßbohranlage)

**drill+blast method** (Civ Eng) / Sprengvortrieb m (eine Tunnelbauweise), Sprengverfahren n (Sprengvortrieb)

**drill bush** (Eng) / Bohrlehre f (ein Messhilfsmittel beim Bohren), Bohrschablone f || ~ **bush** (Eng) / Bohrbuchse f (DIN 179) || ~ **carriage** (Civ Eng) / Bohrwagen m, auf Lafette montierter schwerer Bohrhammer || ~ **chuck*** (Eng) / Bohrfutter n (Werkzeugspanner) || ~ **collar*** (a heavy, tubular connector between drill pipe and bit) (Oils) / Schwerstange f (beschwertes Gestängerohr mit dickerer Rohrwandung unmittelbar über dem Bohrkopf zum Erzeugen des erforderlichen Andrucks auf der Bohrlochseite bei Großlochbohrungen) || ~ **coulter*** (Agric) / Drillschar n f (das die parallelen Bodenrillen vor der Ablage der Samenkörner in der Ackerkrume zieht - Schlepp-, Säbel- oder Stiefelschar) || ~ **cuttings** (Oils) / Bohrklein n, Bohrmehl n

**drilled passage** (Autos) / Rohrleitung f (des Schmiersystems), Bohrung f

**driller** n (Oils) / Bohrmeister m

**driller's log** n (Oils) / Bohrjournal n, Bohrbericht m || ~ **mud** (Mining, Oils) / Bohrspülmittel n, Spültrübe f (zum Herausspülen des Bohrkleins sowie zur Kühlung und Schmierung des Bohrwerkzeugs), Tonsuspension f, Spülung f (Spülflüssigkeit), Spülflüssigkeit f, Bohrspülung f (Flüssigkeit), Dickspülung f

**drill feed*** (Eng) / Bohrvorschub m, Bohrvorschubmechanismus m || ~ **floor*** (Mining) / Arbeitsbühne f, Bohrbühne f || ~ **for oil** (Oils) / auf Erdöl bohren, nach Öl bohren || ~ **head** (Eng) / Bohrfutter n (Werkzeugspanner) || ~ **head** (Mining, Oils) / Bohrkopf m (der auf das Bohrgestänge aufgeschraubt, aufgesteckt oder mit ihm fest verbunden ist)

**drill-hole logging** (Mining, Oils) / Karottage f, Messung f (im Bohrloch), Bohrlochmessung f, Geophysik f im Bohrloch, Carottage f || ~ **pattern** (Oils) / Bohrschema n, Bohrlochanordnung f

**drilling** n (Agric) / Drillen n || ~ (Agric) / Eindrillen n (des Düngers) || ~ (from the solid) (Eng) / Einbohren n, Vollbohren n, Bohren n (DIN 8589, T 2), Bohren n ins Volle (mit dem Werkzeug ohne Vorbohren in den Werkstückstoff - DIN 8589, T 2), Ausbohren n (Vollbohrverfahren) || ~* (Mining) / Bohren n (nach Metallerzen) || ~* (Mining, Oils) / Bohren n (nach Erdöl, nach Erdgas) || ~ **burr** (Eng) / Bohrgrat m || ~ **crew** (Mining, Oils) / Bohrmannschaft f || ~ **cycle** (Eng) / Bohrzyklus m (in einer CNC-Steuerung) || ~ **equipment** (Oils) / Bohrinstallation f || ~ **fluid** (Mining, Oils) / Bohrspülmittel n, Spültrübe f (zum Herausspülen des Bohrkleins sowie zur Kühlung und Schmierung des Bohrwerkzeugs), Tonsuspension f, Spülung f (Spülflüssigkeit), Spülflüssigkeit f, Bohrspülung f (Flüssigkeit), Dickspülung f

**drilling-fluid column** (Mining, Oils) / Spülungssäule f

**drilling friction** / Bohrreibung f || ~ **head** (Eng) / Bohrschlitten m (Radialbohrmaschine) || ~ **head slide** (Eng) / Bohrspindelschlitten m (an Ständer- und Radialbohrmaschinen) || ~ **jig*** (Eng) / Bohrvorrichtung f, Bohrlehre f || ~ **job** (Eng) / Bohrschablone f || ~ **jumbo** (Civ Eng) / Bohrwagen m, auf Lafette montierter schwerer Bohrhammer || ~ **line** (Oils) / Bohrseil n || ~ **machine*** (Eng) / Bohrmaschine f (für Bohren aus dem Vollen) || ~ **machine*** (Eng) / Bohrmaschine f || ~ **machine operator** (Eng) / Bohrer m (Arbeiter) || ~ **mud*** (Mining) / Bohrschlamm m, Bohrschmant m, Bohrwurst f, Schmant m || ~ **mud*** (Mining, Oils) / Bohrspülmittel n, Spültrübe f (zum Herausspülen des Bohrkleins sowie zur Kühlung und Schmierung des Bohrwerkzeugs), Tonsuspension f, Spülung f (Spülflüssigkeit), Spülflüssigkeit f, Bohrspülung f (Flüssigkeit), Dickspülung f || ~ **oil** (Eng) / Bohröl n (beim Bohren verwendetes emulgierbares Schneid- und Kühlmittelöl) || ~ **permit** (Oils) / Bohrgenehmigung f || ~ **pipe*** (Oils) / Gestängerohr n (beim Erdölbohren) || ~ **platform** (Oils) / Bohrplattform f (Offshore), Produktionsplattform f, Plattform f (ein Offshore-Bauwerk) || ~ **rig*** (the derrick and surface equipment of a drilling unit) (Mining, Oils) / Bohranlage f (sowohl zu Lande als auch offshore), Rig m (unabhängige Bohrinsel) || ~ **ship** (Oils) / Bohrschiff n (eine Art Bohrinsel in der Offshoretechnik) || ~ **site** (Oils) / Bohrlokation f || ~ **spindle** (Eng) / Bohrspindel f (Werkzeugträger der Bohrmaschine) || ~ **superintendent** (Oils) / Bohrbetriebsführer m || ~ **table** (Eng) / Bohrtisch m || ~ **template** (Eng) / Bohrschablone f

**drilling-time log** (Mining, Oils) / Bohrfortschrittsaufzeichnung f

**drilling vessel** (Oils) / Bohrschiff n || ~ **with mud circulation** (Oils) / Spülbohren n (Tiefbohren, bei dem die Abführung des Bohrkleins aus dem Bohrloch mit einem Spülmittel bewirkt wird), Spülungsbohren n

**drill marker** (Agric) / Pflanzrillenzieher m

**drillometer** n (Oils) / Drillometer n (in der Bohrtechnik)

**drill pipe*** (Oils) / Gestängerohr n (beim Erdölbohren) || ~ **pipes** (Oils) / Bohrgestänge n (im Bohrturm aufgehängt), Gestänge n || ~ **press** (US) (Eng) / Bohrmaschine f (für Bohren aus dem Vollen) || ~ **return** (Eng) / Bohrerrücklauf m || ~**-rod*** n (Oils) / Bohrstange f

**drill-rods** pl (Oils) / Bohrgestänge n (im Bohrturm aufgehängt), Gestänge n

**drill*-ship** n (Oils) / Bohrschiff n (eine Art Bohrinsel in der Offshoretechnik) || ~ **slide** (Eng) / Bohrschlitten m (Ständerbohrmaschine) || ~ **spindle** (Eng) / Bohrspindel f (Werkzeugträger der Bohrmaschine) || ~ **stand** (Tools) / Bohrständer m || ~ **steel** (Met) / Bohrerstahl m || ~ **steel** (Met) s. also crucible steel || ~ **stem** (Oils) / Treibstange f (des Drillbohrers) || ~ **stem** (Oils) / Bohrgestänge n (im Bohrturm aufgehängt), Gestänge n

**drill-stem test** (Oils) / Gestängetest m, Bohrstrangtest m

**drill string** (Oils) / Gestängestrang m || ~ **template** (a metal plate attached to the work and providing a drill bush where each hole is to be drilled) (Eng) / Bohrlehre f (ein Messhilfsmittel beim Bohren), Bohrschablone f || ~ **template** (Eng) / Bohrschablone f || ~ **through** v (Eng) / durchbohren v || ~ **wear** (Tools) / Bohrerverschleiß m

**drink dispenser** / Getränkeautomat m

**drink-driving** n (Autos) / Alkohol m am Steuer, Trunkenheit f im Verkehr

**drinking straw** / Trinkhalm m

**drinking-straw paper** (Paper) / Trinkhalmpapier n

**drinking water** (Med, Nut, San Eng) / Trinkwasser n (DIN 2000, 2001 und 4046)

**drinking-water conditioning plant** (San Eng) / Trinkwasseraufbereitungsanlage f || ~ **fluoridation** (Med, San Eng) / Trinkwasserfluoridierung f || ~ **processing plant** (San Eng) / Trinkwasserwerk n || ~ **protection area** (Ecol, Med, San Eng) / Trinkwasserschutzgebiet n || ~ **pump** (San Eng, Ships) / Trinkwasserpumpe f || ~ **pumping station** (San Eng) / Trinkwasserpumpanlage f

**drink-vending machine** / Getränkeautomat m

**driography** n (Print) / wasserloser Offsetdruck, Driografie f || ~* (Print) / Letterset m, Hochoffset n, indirekter Hochdruck, Trockenoffset n

(von einer Hochdruckform über einen Gummizylinder auf das Papier)
**drip** *v* / tropfen *v* || **~** / tropfen *v* (Wasserhahn), tröpfeln *v* (Wasserhahn) || **~** *n* / Wassertopf *m* (topfförmiger Kondensatsammler einer Gasleitung mit einem bis zum Geländeniveau führenden Auspumprohr) || **~** / abtropfende Flüssigkeit, Abtropfflüssigkeit *f*, Tropfflüssigkeit *f* || **~** / Tropfen *n*, Tröpfeln *n* || **~*** (Build) / Unterschneidung *f* (die als Wassernase dient), Wassernase *f* || **~** (Nut) / Fleischsaft *m*, Jus *f m n*, Bratensaft *m*, Saft *m* (A) || **~ band** (Aero) / Regenschutzleiste *f* (am Freiballon) || **~ catcher** / Tropffänger *m* || **~-dry*** (Textiles) / hängetrocken *adj*, tropftrocken *adj* || **~-feed lubrication** / Tropfschmierung *f*, Tropfölschmierung *f* (DIN ISO 4378-3) || **~-feed lubricator*** (Eng) / Öltropfapparat *m*, Tropföler *m*
**drip-feed lubricator*** s. also needle lubricator
**drip flap** (Aero) / Regenschutzleiste *f* (am Freiballon) || **~ gauge** / Tropfenmessgerät *n* || **~ irrigation** (Agric) / Tropfbewässerung *f* (für Obst- und Gemüseanlagen sowie Staudenkulturen - das Wasser wird durch am Boden liegende, mit Löchern versehene Schläuche oder Rohre tropfenweise den Pflanzen zugeführt) || **~ loss** (Nut) / Tropfsaft *m* (aus dem Fleisch), Tropfsaftverlust *m* || **~ melting** (Met) / Abtropfschmelzen *n* || **~ mould*** (Build) / Wasserschlag *m* (z.B. am Kaffgesims) || **~-moulding** *n* (Autos) / Regenleiste *f* (Karosserieblechkante an den Dachrändern, die die Regenrinne bildet) || **~ off** *v* / abtropfen *v* || **~ oil** / Kondensatöl *n* || **~ pan** (Eng) / Abtropfschale *f*, Tropfschale *f*, Ablaufschale *f*, Auffangwanne *f*
**dripping** *n* / abtropfende Flüssigkeit, Abtropfflüssigkeit, Tropfflüssigkeit *f* || **~** / Tropfen *n*, Tröpfeln *n* || **~** (Nut) / abtropfendes Bratfett || **~** (fat that has melted and dripped from roasting meat, used in cooking or eaten cold as a spread) (Nut) / Topfsaft *m* (aus dem Fleisch), Tropfsaftverlust *m* || **~** (Nut) / Fleischsaft *m*, Jus *f m n*, Bratensaft *m*, Saft *m* (A) || **~** *adj* tropfend *adj* (Wasserhahn) || **~ eave*** (Build) / Dachtraufe *f* (unter der sich keine Dachrinne befindet)
**drippings** *n* (US) (Nut) / Tropfsaft *m* (aus dem Fleisch), Tropfsaftverlust *m* || **~ pl** (US) (Nut) / abtropfendes Bratfett
**dripping water** / Tropfwasser *n* || **~ wet** (Textiles) / tropfnass *adj* (Kleidung)
**drip-plate** *n* (Eng) / Abtropfblech *n*, Tropfblech *n* || **~** (Eng) / Tropfbühne *f*
**drip pot** (US) (Eng) / Kondensatsammler *m*
**drip-proof** *adj* / tropffrei *adj*
**drip-proof*** *adj* (Elec Eng) / tropfwassergeschützt *adj* (DIN 42005), tropfwasserdicht *adj*
**drip-proof fitting** (Elec Eng) / tropfwassergeschützte Leuchte
**dripstone*** (Build) / Wasserschlag *m* (z.B. am Kaffgesims) || **~*** (Build) / Türgesims *n*, Fenstergesims *n*, Fensterverdachung *f* || **~** (Geol) / Tropfstein *m* (z.B. Stalagmit oder Stalaktit)
**drip strip** (Aero) / Regenschutzleiste *f* (am Freiballon) || **~ through** *v* / durchtropfen *v*
**drip-tight** *adj* (Elec Eng) / tropfwassergeschützt *adj* (DIN 42005), tropfwasserdicht *adj*
**drip tray** (Eng) / Abtropfblech *n*, Tropfblech *n* || **~ tube** (Chem) / Tropfrohr *n*
**drivability** *n* (Autos) / Fahreigenschaften *f pl*, Fahrverhalten *n* (des Wagens - motorseitiges) || **~** (of a screw) (Eng) / Antriebsart *f* (bei Schrauben)
**drivage** *n* (Mining) / Streckenauffahren *n*, Streckenvortrieb *m* (in der Lagerstätte)
**drive** *v* (Autos) / lenken *v*, steuern *v* (lenken), fahren *v* (ein Kraftfahrzeug) || **~** (Civ Eng) / rammen *v*, pilotieren *v*, einrammen *v*, eintreiben *v* (Pfähle), treiben *v* (Pfähle) || **~** (Elec Eng) / treiben *v*, steuern *v* || **~** (Eng) / treiben *v* (Maschine), antreiben *v* || **~** (Eng) / einschlagen *v* (Nägel), schlagen *v* (Nägel) || **~** (Mining) / vortreiben *v*, treiben *v*, auffahren *v* (Strecke), herstellen *v* (einen horizontalen unterirdischen Hohlraum) || **~*** *n* (Acous) / Aussteuerung *f*, Steuerung *f* || **~** (Autos) / D-Stellung *f* (alle Gänge werden geschaltet - im automatischen Getriebe) || **~** (GB) (Autos) / Zufahrtsweg *m*, Zufahrt *f*, Garageneinfahrt *f*, Garagenzufahrt *f* || **~** (US) (Civ Eng) / Straße, die *v* von einer Kommunalbehörde ("local authority") unterhalten wird || **~*** (Elec Eng) / Gitteransteuerung *f* || **~** (of a screw) (Eng) / Antrieb *m* (z.B.Kreuzschlitz) || **~*** (Eng, Mech) / Antrieb *m* (der einem Körper zugeführte Impuls) || **~** (Geol, Oils) / Trieb *m* || **~*** (Mining) / Strecke *f* (Ergebnis des Streckenauffahrens) || **~*** (Radio) / Ansteuerung *f* (von Senderstufen) || **~** (GB) (Autos) s. also driveway
**driveability** *n* (Autos) / Fahreigenschaften *f pl*, Fahrverhalten *n* (des Wagens - motorseitiges) || **~** (of a screw) (Eng) / Antriebsart *f* (bei Schrauben)
**drive access opening** (in the jacket) (Comp) / Öffnung *f* (in der Plattenhülle einer Diskette) || **~ axle** (Eng) / Antriebsachse *f*, Treibachse *f* || **~ bay** (Comp) / Laufwerksschacht *m* (im PC-Gehäuse),

Diskettenschacht *m* || **~ belt** (Eng) / Treibriemen *m* (zur Übertragung von Drehbewegung und Drehmoment von einem Antriebsmotor auf eine oder mehrere Werkzeugwellen), Transmissionsriemen *m* || **~ belt** (Eng) / Antriebsriemen *m* || **~ by wire** (Autos) / Drive-by-Wire *n* (mechanisch entkoppelte Betätigung der Lastregelorgane eines Ottomotors durch elektrisch angetriebene Stellglieder) || **~ centre** (Eng) / Mitnehmerspitze *f* || **~ circuit** (Comp, Electronics) / Treiberschaltung *f* || **~ cover** (Comp) / Laufwerksverschlussdeckel *m* || **~ electronics** (Electronics) / Treiberelektronik *f* || **~ element** (Eng) / Antriebsorgan *n* (Vorrichtung zur Kraftübertragung)
**drive-end bearing** (Autos) / Antriebslager *n* (an der Riemenscheibe, z.B. beim Generator)
**drive fit** (Eng) / Treibsitz *m*, TS (Treibsitz) || **~ handle** (Tools) / Antriebswerkzeug *n* (zum Betätigen von Steckschlüsseleinsätzen) || **~ impulse** (Electronics) / Ansteuerimpuls *m* || **~ in** *v* (Civ Eng) / rammen *v*, pilotieren *v*, einrammen *v*, eintreiben *v* (Pfähle), treiben *v* (Pfähle) || **~ in** (Eng) / einschlagen *v* (Nägel), schlagen *v* (Nägel)
**drive-in*** *n* (Cinema) / Drive-in-Kino *n* || **~** (Nuc Eng) / Einfahren *n* (eines Steuerstabes in die Spaltzone), Absenken *n* (des Steuerstabes) || **~ bank** / Bank *f* mit Autoschalter || **~ nut** (For) / Einschlagmutter *f*
**drive letter** (Comp) / Laufwerkbuchstabe *m*
**driveline** *n* (Autos) / Antriebsstrang *m* (zwischen dem Motor und den Antriebsrädern), Powertrain *m* || **~ system** (Eng) / Antriebssystem *n*
**drive list box** (Comp) / Laufwerkliste *f* || **~ magnet** (Elec Eng) / Antriebsmagnet *m* || **~ module** (Autos) / Antriebsmodul *n* (bei Hybridantrieben)
**drivenail*** *n* (Eng) / Nagelschraube *f*, Treibschraube *f*
**driven element** (Radar, Radio) / Primärelement *n* (ein Antennenelement) || **~ elements*** (Radio) / gespeiste Elemente (eines Dipols) || **~ girder** (Civ Eng) / Rammträger *m* || **~ head** (Eng) / Schließkopf *m* (einer Nietverbindung) || **~ link** (Eng) / angetriebenes Glied, Abtriebsglied *n* || **~ member** (Eng) / angetriebenes Glied, Abtriebsglied *n* || **~ pile** (a pile of steel, wood or reinforced concrete which is forced into the ground by blows from a pile hammer) (Civ Eng) / Rammpfahl *m* (DIN 4026), Pilote *f*
**driven-pile foundation** (Civ Eng) / Rammpfahlgründung *f*
**driven plate** (Autos, Eng) / Reibscheibe *f* (der Trockenkupplung), Kupplungsscheibe *f* (Mitnehmerscheibe bei Trockenkupplungen) || **~ shaft** (Eng) / getriebene Welle, angetriebene Welle || **~ well** (US) (Civ Eng, Hyd Eng) / Rammbrunnen *m*
**drive off** *v* / vertreiben *v* (flüchtiges Öl) || **~ off** (Autos) / wegfahren *v* || **~ off** (Autos) / abfahren *v*
**drive-on ramp** (Autos) / Auffahrrampe *f*, Auffahrbühne *f*, Rampe *f*
**drive out** *v* / austreiben *v* (Gase), heraustreiben *v* || **~ out** / vertreiben *v* (flüchtiges Öl) || **~ out** (Typog) / austreiben *v* (eine Zeile, um eine Verlängerung der Dimensionen der Satzkolumne zu erreichen), ausbringen *v* (Wortzwischenräume beim Setzen vergrößern), erweitern *v* (Wortzwischenräume über den Grundausschluss hinaus vergrößern) || **~ pin** (Comp) / Mitnehmerstift *m* (bei Druckern) || **~ pipe** (Civ Eng) / Rammrohr *n* (z.B. bei abessinischen Brunnen) || **~ plate** (of the torque converter) (Eng) / Zahnkranzscheibe *f* (der hydrodynamischen Kupplung)
**driver** (Autos) / Kraftfahrer *m*, Fahrer *m*, Kraftfahrzeugführer *m*, Lenker *m* (A) || **~*** (Comp) / Treiber *m*, Driver *m* (Schaltung zur Erzeugung der für das Ansteuern entsprechender Bausteine erforderlichen Leistung) || **~** (Eng) / treibendes Teil, Trieb *m* || **~** (Eng, Tools) / Treibdorn *m* (Werkzeug vergleichbar mit Durchtreibern und Spitztreibern zum Ein- und Austreiben von Teilen beim Ein- und Ausbau), Treiber *m*, Dorn *m* || **~** (Leather) / Driver *m* (spezielles Hilfsmittel für die Schleifgrundierung) || **~** (Radio) / Treiberstufe *f*, Treiber *m* (Leistungsvorverstärker im Sender) || **~ air bag** (Autos) / Fahrer-Airbag *m*
**drive range** (Acous) / Aussteuerbereich *m*, Aussteuerungsbereich *m* (Lautstärkeumfang)
**driver information system** (Autos) / Autofahrer-Rundfunk-Information *f*, ARI (auf der ARI-Trägerfrequenz) || **~ installation** (Comp) / Installation *f* des Treibers
**driverless** *adj* (Autos) / ohne Fahrer, fahrerlos *adj*, schaffnerlos *adj*
**drive roll** (Welding) / Vorschubrolle *f*
**driver plate** (Eng) / Mitnehmerscheibe *f* || **~ routine** (Comp) / Treiberroutine *f*
**driver's brake valve** (Rail) / Führerbremsventil *n* || **~ cab** (Rail) / Führerstand *m*, Fahrerkabine *f* || **~ console** (Elec Eng, Rail) / Fahrertisch *m* || **~ door mirror** (Autos) / Außenspiegel *m* an der Fahrerseite
**driver seat** (Autos) / Fahrersitz *m*
**driver-side door mirror** (Autos) / Außenspiegel *m* an der Fahrerseite
**driver's licence** (Autos) / Fahrerlaubnis *f*, Lenkerberechtigung *f* (A) || **~ license** (US) (Autos) / Führerschein *m* || **~ license** (US) (Autos) / Fahrerlaubnis *f*, Lenkerberechtigung *f* (A)

**driver's**

**driver•'s mate** (Autos) / Beifahrer *m* (berufsmäßiger Mitfahrer im Lkw) ‖ **~ software** (Comp) / Treibersoftware *f* ‖ **~'s seat** (Autos) / Fahrersitz *m* ‖ **~ stage*** (Radio) / Treiberstufe *f*, Treiber *m* (Leistungsvorverstärker im Sender)
**driver's test** (US) (Autos) / Fahrprüfung *f* ‖ **~ valve** (Rail) / Führerbremsventil *n*
**driver-training field** (Autos) / Verkehrsübungsplatz *m*
**driver tube** (Electronics) / Treiberröhre *f* (in einem Verstärker, nach DIN 44400) ‖ **~ unit** (Radio) / Steuersender *m* (Sender ohne Endstufe) ‖ **~ virus** (Comp) / Treibervirus *m*
**drive screw** (Eng) / Nagelschraube *f*, Treibschraube *f*
**driveshaft** *n* (Autos) / Gelenkwelle *f*, Kardanwelle *f* (beim Hinterradantrieb) ‖ **~ (Eng)** / Antriebswelle *f* (im Allgemeinen) ‖ **~ tunnel** (Autos) / Wellentunnel *m*, Kardantunnel *m* (bei Hinterradantrieb)
**drive shoe** (Civ Eng) / Rammspitze *f* (eines Rammrohrs) ‖ **~ slip** (Autos) / Antriebsschlupf *m* (zwischen Reifen und Fahrbahn), Schlupf *m* (beim Anfahren) ‖ **~ slip control** (Autos) / Antriebsschlupfregelung *f*, Antischlupfregelung *f*, ASR ‖ **~ slot** (Comp) / Mitnehmerschlitz *n* (bei Druckern) ‖ **~ spindle** (Eng) / Antriebsspindel *f*
**drive-spindle hole** (Comp) / Antriebsloch *n* (einer Diskette)
**drive through** *v* (Carp, Eng) / durchschlagen *v* (einen Nagel) ‖ **~ time** (Autos, Radio) / verkehrsreiche Zeit ‖ **~ tool** (Tools) / Antriebswerkzeug *n* (zum Betätigen von Steckschlüsseleinsätzen) ‖ **~ traction** (of the belt conveyor) (Eng) / Gurtzugkraft *f* (bei Bändergurten)
**drivetrain** *n* (Autos) / Antriebsstrang *m* (zwischen dem Motor und den Antriebsrädern), Powertrain *m*
**drive tumbler** (Civ Eng, Eng) / Turas *m* (pl. Turasse) (Maschinenelement zum Umlenken bzw. zum Antrieb von Förderketten, Kettenstern *m* ‖ **~ unit** (Eng) / Antriebsstation *f* (des Förderers)
**drive-up ramp** (Autos) / Auffahrrampe *f*, Auffahrbühne *f*, Rampe *f*
**driveway** *n* (US) (Autos) / Privatfahrt *f*, Privatanfahrstraße *f*, Privateinfahrt *f*, Gebäudezufahrt *f* (private)
**drive winding** (Comp) / Steuerwicklung *f*, Treiberleitung *f*
**driving** *n* (Autos) / Fahrverhalten *n* (Fahrweise des Fahrers) ‖ **~ (Elec Eng) / Treiben *n*, Steuern *n* ‖ **~ (Eng)** / Antreiben *n* ‖ **~*** (Mining) / Streckenauffahren *n*, Streckenvortrieb *m* (in der Lagerstätte) ‖ **~ anchor** (Ships) / Seeanker *m*, Treibanker *m* ‖ **~ axle*** (Eng) / Antriebsachse *f*, Treibachse *f* ‖ **~ ban** (Autos) / Fahrverbot *n* ‖ **~ band** (Civ Eng) / Pfahlring *m*, Stahlring *m* am Pfahlkopf (gegen Aufsplitterung beim Rammen) ‖ **~ belt** (an endless band of leather or other flexible material for transmitting power from one shaft to another running over flat, convex or grooved rim pulleys) (Eng) / Treibriemen *m* (zur Übertragung von Drehbewegung und Drehmoment von einem Antriebsmotor auf eine oder mehrere Werkzeugwellen), Transmissionsriemen *m* ‖ **~ by wire** (Autos) / Drive-by-Wire *n* (mechanisch entkoppelte Betätigung der Lastregelorgane eines Ottomotors durch elektrisch angetriebene Stellglieder) ‖ **~ cap** (Civ Eng) / Rammpfahlkopfschutz *m*, Pfahlkopfschutz *m* (gegen Aufsplitterung beim Rammen, z.B. Pfahlring), Schlaghaube *f* (des Rammpfahls), Rammhaube *f* ‖ **~ capacity** (Elec Eng, Eng) / Antriebsleistung *f* ‖ **~ chain*** (Eng) / Treibkette *f*, Antriebskette *f* ‖ **~ chuck** (Eng) / Mitnehmerplatte *f* mit Spannschlitzen ‖ **~ clock** (Elec Eng, Horol) / Zentraluhrenanlage *f*, Hauptuhr *f*, Mutteruhr *f* (eine Normaluhr) ‖ **~ clock pulse** (Comp) / steuernder Takt ‖ **~ comfort** (Autos) / Fahrkomfort *m* ‖ **~ cycle** (Autos) / Fahrzyklus *m* ‖ **~ device** (Eng) / treibendes Teil, Trieb *m* ‖ **~ dog** (For) / Mitnehmer *m* (der Furnierschälmaschine) ‖ **~ drum** (Eng) / Antriebstrommel *f* (des Bandförderers) ‖ **~ electronics** (Comp, Electronics) / Treiberelektronik *f* ‖ **~ element** (Eng) / Antriebsorgan *n* (Vorrichtung zur Kraftübertragung) ‖ **~ end** (Eng) / Antriebsseite *f* ‖ **~ experience** (Autos) / Fahrpraxis *f* ‖ **~ feature** (Eng) / Antriebsart *f* (bei Schrauben) ‖ **~ fit*** (Eng) / Presspassung *f* ‖ **~ force** (Autos, Eng, Phys) / Antriebskraft *f*, Triebkraft *f* ‖ **~ force** (Phys) / dem Schwingungssystem zugeführte Energie ‖ **~ formula** (Civ Eng) / Rammplan *m* (für den Ablauf der Rammung) ‖ **~ frequency** (Acous, Mech) / Resonanzfrequenz *f* (der äußeren Kräfte) ‖ **~ gear*** (Eng) / Antriebsorgan *n*, Triebwerk *n* ‖ **~ habits** (Autos) / Fahrgewohnheiten *f pl*, Fahrstil *m* ‖ **~ key** (Eng) / Mitnehmerstein *m* (am Frässpindelkopf mit Steilkegel nach DIN 2079) ‖ **~ lamp** (Autos) / Weitstrahler *m* (ein Zusatzscheinwerfer) ‖ **~ lamp** (Autos) / Fernscheinwerfer *m* (ein Zusatzscheinwerfer) ‖ **~ lesson** (Autos) / Fahrstunde *f* ‖ **~ licence** (Autos) / Führerschein *m* ‖ **~ licence** (Autos) / Fahrerlaubnis *f*, Lenkberechtigung *f* (A) ‖ **~ light** (US) (Autos) / Fernlicht *n* ‖ **~ link** (Eng) / Antriebsglied *n*, antreibendes Glied ‖ **~ magnet** (Elec Eng) / Antriebsmagnet *m* ‖ **~ member** (Eng) / Antriebsglied *n*, antreibendes Glied ‖ **~ mode** (Autos) / Fahrbetriebsart *f* (bei Autotests) ‖ **~ noise** (Autos) / Fahrgeräusch *n* (von verschiedenen Teilschallquellen eines Kraftfahrzeugs) ‖ **~ period** (Autos) / Lenkzeit *f* (zwischen zwei aufeinander folgenden Ruhezeiten) ‖ **~ plate*** (Eng) / Mitnehmerscheibe *f*

**driving-point impedance** (Elec Eng) / Zweipolimpedanz *f*
**driving potential** (Elec Eng) / Treibspannung *f*, treibende Spannung (wirksame Spannung nach Abzug der Polarisation) ‖ **~ power** (Elec Eng, Eng) / Antriebsleistung *f* ‖ **~ power** (Radio) / Treiberstufenleistung *f*, Steuerleistung *f* ‖ **~ properties** (Autos) / Fahreigenschaften *f pl*, Fahrverhalten *n* (des Wagens - motorseitiges) ‖ **~ pulley** (Eng) / Antriebsscheibe *f* (z.B. eines Aufzugs) ‖ **~ rain** (Meteor) / Schlagregen *m* (wenn die Tropfen unter der Wirkung des Windes merklich aus der lotrechten Fallrichtung abgelenkt werden) ‖ **~ recess** (Tools) / Kraftinnenangriff *m*, Innenangriff *m*, Innenantrieb *m* ‖ **~ safety** (Autos) / Fahrsicherheit *f* ‖ **~ school** (Autos) / Fahrschule *f* ‖ **~ shaft** (Eng) / Antriebswelle *f* (im Allgemeinen) ‖ **~ sheave** (Eng) / Antriebsscheibe *f* (z.B. eines Aufzugs) ‖ **~ side*** (Eng) / Antriebsseite *f* ‖ **~ side*** (of a belt) (Eng) / Lasttrum *m n* (des Riemengetriebes) ‖ **~ slot** (Comp) / Mitnehmerschlitz *n* (bei Druckern) ‖ **~ style** (Autos) / Fahrverhalten *n* (Fahrweise des Fahrers) ‖ **~ support** (Civ Eng) / Rammträger *m* ‖ **~ system** (Eng) / Antriebssystem *n* ‖ **~ test** (Autos) / Fahrprüfung *f* ‖ **~ torque** (of thread forming screws) (Eng) / Eindrehmoment *n* ‖ **~ torque** (Eng, Mech) / Antriebsmoment *n* ‖ **~ torque** (Mech) / Antriebsdrehmoment *n*
**driving-trailer*** *n* (Rail) / Steuerwagen *m* (an der Spitze eines Zugs fahrendes, jedoch nicht selbstfahrendes Schienenfahrzeug zur Personenbeförderung mit Steuereinrichtung zur Regelung der Antriebsleistung eines schiebenden Triebfahrzeugs)
**driving tube** (Civ Eng) / Vortreibrohr *n*, Bohrrohr *n* (für Bohrpfähle) ‖ **~ under the influence** (of alcohol) (Autos) / Alkohol *m* am Steuer, Trunkenheit *f* im Verkehr ‖ **~ unit** (Rail) / Triebkopf *m* (eines ICE-Zuges) ‖ **~ voltage** (Elec Eng) / Treibspannung *f*, treibende Spannung (wirksame Spannung nach Abzug der Polarisation) ‖ **~ wheel*** (Autos) / Antriebsrad *n* ‖ **~ wheel*** (Rail) / Antriebsrad *n*, Treibrad *n*, Triebrad *n* ‖ **~ while intoxicated** (alcohol) (Autos) / Alkohol *m* am Steuer, Trunkenheit *f* im Verkehr ‖ **~ with the top down** (Autos) / Offenfahren *n* mit offenem Verdeck
**drizzle** *n* (light rain falling in very fine drops) (Meteor) / Sprühregen *m* (kleine fallende Wassertropfen, die kleiner als 0,5 mm im Durchmesser sind), Nieseln *n*, Nieselregen *m* (leichter Regen in feinen dichten Tropfen)
**DRO*** (destructive read-out) (Comp) / destruktives Auslesen, löschendes Lesen, zerstörendes Lesen ≙ (double-resonant optical parametric oscillator) (Electronics) / doppeltresonanter parametrischer Oszillator
**drogue** *n* (Aero) / Steuerschirm *m*, Stabilisierungsschirm *m*, Stabilisierungsfallschirm *m* ‖ **~ (Aero)** / Fangtrichter *m*, Trichtermundstück *n* (des Schlauchs beim Lufttanken) ‖ **~*** (Aero, Mil) / Schleppziel *n* ‖ **~*** (Aero, Ships) / Treibanker *m* (bei Flugbooten und Wasserflugzeugen) ‖ **~ (Space)** / Fokussierungstrichter *m* ‖ **~ assembly** (Space) / Fokussierungstrichter *m* ‖ **~ parachute*** (Aero) / Bremsfallschirm *m*, Bremsschirm *m*
**drome** *n* (Aero) / Flugplatz *m* (im Allgemeinen)
**drone** *v* (Autos, Eng) / brummen *v* ‖ **~*** *n* (Aero, Mil) / Drohne *f* (Ziel- oder Aufklärungsdrohne) ‖ **~ fly** (San Eng) / Mistbiene *f*, Schlammfliege *f* (Eristalis tenax - gelbe Fliegenart, die sich bevorzugt auf nicht vollständig ausgefaultem Klärschlamm niederlässt und daher als Indikator unvollständiger Schlammfaulung gelten kann) ‖ **~ mine-sweeper** (Mil, Ships) / ferngelenktes Minensuchboot
**droning noise** (Autos) / Dröhngeräusch *n*
**droop** *n* (the offset resulting from a no-load to full-load change or other specified limits) (Automation) / Proportionalabweichung *f*, P-Abweichung *f*, proportionale Regelabweichung ‖ **~ (Telecomm)** / Dachschräge *f* (eines Impulses - negative, positive)
**drooping** *n* (Autos) / Absacken *n* (der Karosserie durch mangelnde Steifigkeit des Fahrzeugrahmens), Sacken *n* (der Karosserie), Durchsacken *n*
**droop nose*** (Aero) / Kippnase *f*, absenkbare Rumpfnase (meistens an Überschallverkehrsflugzeugen) ‖ **~ snoot*** (Aero) / Kanzel *f* mit Bodensicht ‖ **~ snoot*** (Aero) / Kippnase *f*, absenkbare Rumpfnase (meistens an Überschallverkehrsflugzeugen)
**drop** *v* / sinken *v* (Temperatur, Preise), nachlassen *v* (Preise, Leistung, Produktion) ‖ **~** / tropfen *v* ‖ **~** / fällen *v* (Lot) ‖ **~** / abfallen *v* (Gelände) ‖ **~** / abfallen *vi* (von Messwerten), abnehmen *vi* (Messwerte) ‖ **~** / sinken *v*, abfallen *v* ‖ **~ (Aero, Mil)** / abwerfen *v* (Bomben, Nahrungsmittel) ‖ **~ (Elec Eng)** / träufeln *v* (Wicklung) ‖ **~ (Meteor)** / sich legen *v* (Wind), nachlassen *v* (Wind) ‖ **~ (Ships)** / werfen *v* (Anker) ‖ **~** *vt* (Ships) / absetzen *v* (einen Lotsen) ‖ **~*** *n* / Tropfen *m* ‖ **~** / Fallen *n*, Nachgeben *n* (der Preise) / Rückgang *m* (z.B. der Beschäftigtenzahl) ‖ **~*** (Elec Eng) / Abfall *m* (eines Strom- oder Spannungssprunges) ‖ **~ (Elec Eng, Teleph)** / Einführungsleitung *f*, Hauszuführungsleitung *f* ‖ **~ (Foundry)** / abgefallener Sand ‖ **~ (Geol)** / Gefälle *n* (starkes), Gefällestufe *f* ‖ **~*** (Geol, Mining) / Sprunghöhe *f* (Größe der Vertikalkomponente

**drop**

des Verwerfungsbetrages an einem tektonischen Sprung), Verwurf m || ~ (Phys) / Fall m, Sturz m (der Temperatur) || ~ (Print) / Vorschlag m (leerer Raum zwischen oberem Satzspiegelrand und Kapitelanfang) || ~ (Stats) / Rückgang m (einer statistischen Größe) || ~ (Teleph) / Fallklappe f || do not ~ / Nicht stürzen! (Aufschrift auf der Kiste) || ~ and insert (Electronics, Telecomm) / Abzweigtechnik f
**drop-annunciator** n (Teleph) / Fallklappenanlage f, Fallklappentafel f, Signaltafel f
**drop arch** (Arch) / gedrückter Spitzbogen, flacher Spitzbogen || ~ **arm**\* (Autos) / Lenkstockhebel m (DIN 70023) || ~ **axle** (Eng) / gekröpfte Achse || ~ **back** v (Leather) / zurückklatschen v (Häute im Fass) || ~ **ball** (Eng) / Fallgewicht n
**drop-bar** n (Hyd Eng) / Dammbalken m (zum Aufbau eines Notverschlusses bei Ausbesserungsarbeiten von Deichscharten, Schleusen und Wehren oder eines behelfsmäßigen Staukörpers)
**drop black** / Frankfurter Schwarz n, Rebenschwarz n, Drusenschwarz n
**drop-bottom bucket** (Civ Eng) / Bodenentleerungskübel m, Kübel m mit Bodenentleerung || ~ **bucket** (Met) / Setzkübel m (für die Begichtung) || ~ **bucket charging** (Met) / Setzkübelbegichtung f || ~ **car** (Mining) / Bodenentleerer m (selbstentleerender Förderwagen), Grängesbergwagen m, Bodenentladewagen m, Bodenentlader m
**drop•-bow compasses** pl / Nullenzirkel m (zum Zeichnen von Kreisen sehr kleiner Durchmesser) || ~ **box** (Weaving) / Steigkasten m, Hubwechsel m, Wechselkasten m, Schützenwechsel m mit Steiglade
**drop-box sley** (Weaving) / Wechsellade f (für den abwechselnden Lauf mehrerer Schützen)
**drop by drop** / tropfenweise adv || ~ **cable** (Telecomm) / Drop-Kabel n (Koaxialkabel zwischen dem Geräteanschluss und dem Netzwerkmedium im LAN) || ~ **capital** (Typog) / Initial n mit Unterlänge || ~ **ceiling** (Build) / Unterdecke f (nichttragende Decke zur unterseitigen Bekleidung einer tragenden Decke, z.B. aus Drahtputz, Gipsdeckenplatten, Gipskartonplatten usw.) || ~ **ceiling** (Build) / untergehängte Decke, Hängedecke f || ~ **centre** (Autos) / Tiefbett n, Felgentiefbett n || ~ **centre rim** (Autos) / 5-Grad-Tiefbettfelge f, Tiefbettfelge f (DIN 70023) || ~ **cloth** (US) (Build, Paint) / Abdeckfolie f, Abdeckplane f, Malerplane f || ~ **compass** (Instr) / Fallnullenzirkel m || ~ **corrosion** (Surf) / Tropfkorrosion f (in strömenden Flüssigkeiten), Tropfenkorrosion f || ~ **counter** (Chem, Pharm) / Tropfenzähler m || ~ **current** (Elec Eng) / Abfallstrom m (Strom durch eine Relaisspule, der den Ruhezustand des Relais herbeiführt)) || ~ **dead** (Comp) / vollständiger Halt || ~ **dead halt** (Comp) / vollständiger Halt
**dropdeck** n (Autos) / Tiefbett n
**drop-down curve** (Hyd Eng) / Senkungslinie f (Wasserspiegel im Längsschnitt bei einer Gerinneströmung mit beschleunigtem Abfluss), Senkungskurve f || ~ **curve** (Hyd Eng) / Längsschnitt m im Gefälle (bei offenen Gerinnen) || ~ **menu** (Comp) / Pulldown-Menü n (bei dem die Hauptpunkte nebeneinander in der Menüzeile des Bildschirms stehen und nach unten aufklappen), Dropdown-Menü n || ~ **section** (of a river) (Hyd Eng) / Flusslängsschnitt m im Gefällebereich
**drop electrode**\* (Chem) / Tropfelektrode f || ~ **end** (Rail) / Stirnwandklappe f
**drop-end gondola** (Rail) / offener Güterwagen mit klappbaren Stirnwänden
**drop fall** (Textiles) / Tropfenfall m || ~ **feed** (Textiles) / Untertransport m (bei Nähmaschinen - eine Nähgutvorschubart, bei der die Vorschubbewegung auf der Nähgutunterseite eingeleitet wird)
**drop-feed lubrication** / Tropfschmierung f, Tropfölschmierung f (DIN ISO 4378-3) || ~ **oiler** (Eng) / Öltropfapparat m, Tropföler m
**drop-forge** v (Eng) / gesenkschmieden v (nur Infinitiv und Partizip), schmieden im Gesenk
**drop-forging**\* n (Eng) / Gesenkschmieden n, Schmieden n im Gesenk (umschließendes Druckumformen) || ~ (Eng) / Gesenkschmiedeteil n, Gesenkschmiedestück n || ~ **hammer** (Eng) / Gesenkschmiedehammer m (arbeitsgebundene Umformmaschine zum Gesenkschmieden) || ~ **press** (Eng) / Gesenkschmiedepresse f
**drop funnel** (Glass) / Fülltrichter m (Tropfentrichter), Tropfentrichter m (mit Hahn), Führungstrichter m || ~ **glass** (Chem) / Tropfer m, Tropfpipette f || ~ **guide funnel** (Glass) / Fülltrichter m (Tropfentrichter), Tropfentrichter m (mit Hahn), Führungstrichter m || ~ **hammer**\* (Eng) / Fallhammer m (ein Schmiedehammer, z.B. Brettfallhammer, Riemenfallhammer, Kettenfallhammer, Stangenfallhammer)
**drop-hammer test**\* (Paper) / Fallversuch m || ~ **working inside the tube** (Civ Eng) / Innenrohrrammung f (z.B. bei Franki-Pfählen)
**drop head** / Tropfenkuppe f
**drophead** n (GB) (Autos) / Kabriolett n (PKW mit zurückklappbarem Verdeck und versenkbaren Seitenfenstern), Kabrio n, offenes Auto, Cabrio n, Cabriolet n || ~ (Autos) / Faltverdeck n
**drop-hitch bumper** (Autos) / Drop-Hitch-Stoßfänger m

**drop-hole** n (Eng) / Durchfallöffnung f (z.B. in der Mitte des Pressentisches) || ~ (Mining) / Rollloch n (zur Abwärtsförderung von Haufwerk oder Bergen), Rolle f (Rollloch)
**drop•-in**\* n (Comp) / Störsignal n (DIN 66010) || ~ **initial** (Typog) / Initial n mit Unterlänge
**drop-in loading** (Cinema, Photog) / Drop-in-Loading-Verfahren n (beim Filmeinlegen)
**drop in speed** (Automation) / Drehzahlabfall m || ~ **in temperature** (Phys) / Temperaturabfall m, Temperaturabnahme f, Temperaturrückgang m || ~ **in the river bed** (Hyd Eng) / Sohlenabsturz m (eine Sohlenstufe in Fließgewässern) || ~ **in viscosity** (Phys) / Viskositätsabfall m
**drop-in winding** (Elec Eng) / Träufelwicklung f, Runddrahtwicklung f
**droplet** n (Meteor) / Tröpfchen n (kleiner Tropfen) || ~ **countercurrent chromatography** (Chem) / Tropfen-Gegenstromchromatografie f || ~ **fall** / Tropfenschlag m (im Allgemeinen), Tropfenschlag m (eine Verschleißart), Tropfenschlag m (eine Verschleißart)
**drop-line chart** (Cartography) / Höhenschraffenkarte f
**drop off** v / sinken v (Temperatur, Preise), nachlassen v (Preise, Leistung, Produktion)
**drop-off** n (US) (Geol) / Klippe f || ~ **system** (Ecol) / Bringsystem n (der Gewinnung von Wertstoffen aus Hausmüll)
**drop of power** (Eng) / Leistungsabfall m
**drop-on** (Civ Eng, Rail) / tragbare Weiche, Kletterweiche f || ~ **demand** (Comp) / Drop-on-Demand n (eine Technik bei Tintenstrahldruckern)
**drop out** v / ausbröckeln v (bei rissiger Struktur) || ~ **out** (Elec Eng) / abfallen v (Relais)
**dropout** n (Acous, Comp, Mag) / Drop-out n (unbeschichtete Stelle), Fehlstelle f (des Magnetbandes) || ~\* (Elec Eng) / Abfall m (Relais), Abfallen n (Relais) || ~ (Hyd Eng) / Abflussöffnung f || ~\* (Mag) / Drop-out-Flitzer m, Drop-out m (durch unbeschichtete Stellen im Magnetonband bzw. Schmutz zwischen Band und Tonkopf verursachter Aussetzer in der Schallaufzeichnung), Aussetzer m, Signalausfall m (DIN 66010), Aussetzfehler m || ~ **colour** (Comp) / Blindfarbe f (bei der optischen Zeichenerkennung) || ~ **compensator** (Mag) / Drop-out-Kompensator m || ~ **current** (Elec Eng) / Abfallstrom m (Strom durch eine Relaisspule, der den Ruhezustand des Relais herbeiführt)) || ~ **fuse** (Elec Eng) / Drop-out-Sicherung f (in Deutschland nicht übliche Sicherung) || ~ **fuse** (Elec Eng) / abfallende Sicherung || ~ **time** (Electronics) / Abfallzeit f (beim Relais) || ~ **value** (Elec Eng) / Abfallwert m (bei Relais), Rückfallwert m
**dropped axle** (Eng) / gekröpfte Achse || ~ **ceiling** (Build) / untergehängte Decke, Hängedecke f || ~ **head**\* (Print) / Überschrift f auf der Seite mit Vorschlag || ~ **kerb** (Civ Eng) / Flachbordstein m (behindertengerecht) || ~ **shoulder** (Textiles) / überschnittener Ärmel || ~ **stitch** (Textiles) / Laufmasche f (bei glatter Kulierware)
**drop-penetration sounding apparatus** (Civ Eng) / Rammsondiergerät n (DIN 4094)
**dropper** n (Chem) / Tropfer m, Tropfpipette f || ~\* (Elec Eng) / Fahrdrahthänger m, Hängerklemme f (der Kettenwerksfahrleitung) || ~ (Elec Eng) / Vorsteckwiderstand m || ~ (Weaving) / Fadenreiter m
**dropping** n / Tropfen m, Tröpfeln n || ~\* (Elec Eng) / Abfall m || ~ **bottle** (Chem) / Tropfflasche f, Tropffläschchen n, Tropfglas n || ~ **electrode** (Chem) / Tropfelektrode f || ~ **funnel** (Chem) / Tropftrichter m (Glasgefäß mit Hahn nach DIN 12 566 und 12 567) || ~ **mercury electrode**\* (Chem) / Quecksilbertropfelektrode f || ~ **pipette** (Chem) / Tropfer m, Tropfpipette f || ~ **pipette** (Chem) / Stechpipette f || ~ **point** (Chem) / Tropfpunkt m (bei teigigen, salben- und brikettartigen Schmierstoffen nach DIN 51801) || ~ **resistor**\* (Elec Eng) / Vorsteckwiderstand m
**droppings** pl / abgetropfte Flüssigkeit || ~ (Build) / herabfallende Gegenstände (die vom Fanggerüst aufgefangen werden können)
**dropping test** (Paint, Surf) / Tropfversuch m (zur Schichtdicke), Tropfverfahren n (zur Schichtdickenmessung von Metallüberzügen), Tropfmethode f (zur Dickenbestimmung von Überzügen) || ~ **zone** (Aero) / Absetzplatz m (für Material und Personen), Abwurfplatz m
**drop point** (Chem) / Tropfpunkt m (bei teigigen, salben- und brikettartigen Schmierstoffen nach DIN 51801)
**drop-point apparatus** (Chem) / Tropfpunktapparat m
**drop reaction** (Chem, Met) / Tüpfelreaktion f (zum Ermitteln von Legierungsbestandteilen und Verunreinigungen)
**drop-repellent effect** (Textiles) / Wasserabperleffekt m, Abperleffekt m (an Geweben)
**drop rod** (Phys) / Fallstab m (des Fallstabviskosimeters)
**drop-rod viscometer** (Phys) / Fallstabviskosimeter n (zur Bestimmung der dynamischen Viskosität)
**drop roller** (Print) / Farbheber m, Farbhebewalze f (Walze, die im Farbkasten in die Druckfarbe eintaucht) || ~ **separator** / Tropfenabscheider m (im Allgemeinen) || ~ **shaft** (Civ Eng) /

443

**drop**
Senkbrunnen *m* (für die heute veraltende Senkbrunnengründung), Schachtbrunnen *m*, Brunnenkörper *m* ‖ ~ **shaft** (Mining) / Senkschacht *m* ‖ ~ **shape** / Tropfenform *f*
**drop-shaped** *adj* / tropfenförmig *adj*
**drop shatter test** (Fuels) / Sturzfestigkeitsprüfung *f*, Sturzprüfung *f*, Sturzversuch *m*, Sturzprobe *f* (zur Ermittlung der Sturzfestigkeit von Koks) ‖ ~ **shoulder** (Textiles) / überschnittener Ärmel ‖ ~ **shutter** (Teleph) / Fallklappe *f*
**dropside** *n* (that drops down to open) (Autos) / klappbare Bordwand ‖ ~ **truck** (Autos) / Pritschenwagen *m* (klein)
**drop siding** (Build) / Tropfbrettverschalung *f* ‖ ~ **signal** (Teleph) / Fallklappe *f* ‖ ~ **size** (Meteor) / Tropfengröße *f* (und Form)
**dropsonde** *n* (radiosonde equipped with a parachute, dropped from an aircraft to transmit measurement of atmospheric conditions as it descends) (Aero) / Abwurfsonde *f* (eine spezielle Radiosonde), Dropsonde *f*, Fallsonde *f* (eine spezielle Radiosonde)
**drop spillway** (Hyd Eng) / vollkommener Überfall (bei Eintritt eines Fließwechsels vom Strömen zum Schießen) ‖ ~ **stamp** (Eng) / Fallhammer *m* (ein Schmiedehammer, z.B. Brettfallhammer, Riemenfallhammer, Kettenfallhammer, Stangenfallhammer) ‖ ~ **stamping*** (Eng) / Gesenkschmieden *n*, Schmieden *n* im Gesenk (umschließendes Druckumformen)
**drop-stitch** *n* (Textiles) / Laufmasche *f* (bei glatter Kulierware)
**drop structure** (San Eng) / Absturzbauwerk *n* (innerhalb einer Kanalisation, wenn man große Höhenunterschiede auf kurzer Entfernung überwinden muss) ‖ ~ **switchboard** (Teleph) / Klappenschrank *m* ‖ ~ **tank*** (Aero) / Abwurfbehälter *m* (Anordnung u.a. als Flügelspitzentank unter den Tragflächenspitzen, als Rumpfaußentank unter dem Rumpf), Droptank *m* ‖ ~ **test*** (Elec Eng) / Fehlerbestimmung *f* aus dem Spannungsabfall ‖ ~ **test** (Eng, Materials) / Fallversuch *m* ‖ ~ **the perpendicular to a line from a point** / das Lot von einem Punkt auf eine Linie fällen
**drop-top** *n* (GB) (Autos) / Kabriolett *n* (PKW mit zurückklappbarem Verdeck und versenkbaren Seitenfenstern), Kabrio *n*, offenes Auto, Cabrio *n*, Cabriolet *n*
**drop weight** (Eng) / Fallgewicht *n* ‖ ~ **weight** (Leather) / Grüngewicht *n*
**drop-weight impact test** (Materials) / Fallgewichtsversuch *m* ‖ ~ **test** (Materials) / Fallgewichtsversuch *m*
**drop-wire** *n* (Elec Eng, Teleph) / Einführungsleitung *f*, Hauszuführungsleitung *f* ‖ ~ (Weaving) / Kettfadenwächterlamelle *f*
**dropwise** *adv* / tropfenweise *adv* ‖ ~ **addition** (Phys) / Zutropfen *n* ‖ ~ **condensation** (Phys) / Tropfenkondensation *f*
**drop worm** (Eng) / Fallschnecke *f* ‖ ~ **zone** (Aero) / Absetzplatz *m* (für Material und Personen), Abwurfplatz *m*
**drosometer*** *n* (an instrument for measuring the amount of dew that condenses on a given surface) (Meteor) / Taumesser *m*, Drosometer *n*
**drosophila** *n* (Gen, Nut, Zool) / Drosophila *f* (pl. -lae) (meistens Drosophila melanogaster), Kleine Essigfliege ‖ ~ **melanogaster*** (Gen, Nut, Zool) / Drosophila *f* (pl. -lae) (meistens Drosophila melanogaster), Kleine Essigfliege
**dross** *n* (Agric) / Fremdkörper *m pl* (die in der Getreidereinigungsmaschine ausgesondert werden - z.B. Unkrautsamen, Bruchkörner, Stroh, Spreu usw.) ‖ ~ (waste and impurities collected on the surface of a molten glass bath) (Glass) / Dross *m*, Dross-Fleck *m* ‖ ~ (Met) / Schlacke *f* (Oxidablagerungen) ‖ ~* (Met) / Krätze *f* (Abbrandprodukte, in der Hauptsache unlösliche Oxide des Basismetalls und seiner Legierungen), Schaum *m*, Oxidablagerungen *f pl* (Krätze), Garschaum *m*, Gekrätz *n* (bei NE-Metallen) ‖ ~ (Met) / Schlicker *m* (teigiges Seigerungsprodukt bei der Raffination von Rohblei) ‖ ~* (Mining) / Fördergrus *m* ‖ ~ (Surf) / Hartzink *n* (beim Feuerverzinken) ‖ ~ **formation** (Met) / Verkrätzung *f* (Bildung von Oxiden an der Oberfläche), Krätzebildung *f*
**drossing** *n* (Met) / Verkrätzung *f* (Bildung von Oxiden an der Oberfläche), Krätzebildung *f* ‖ ~ (Met) / Schlickerarbeit *f* ‖ ~* (Met) / Schaumabheben *n* (Nichteisenmetalle), Abziehen *n* (Schaum abheben - bei Nichteisenmetallen) ‖ ~ **oven** (Met) / Abstrichofen *m*
**dross print** (US) (Glass) / Dross *m*, Dross-Fleck *m* ‖ ~ **spot** (Glass) / Dross *m*, Dross-Fleck *m*
**drought*** *n* (Meteor) / Dürre *f*, Trockenperiode *f* (Zeitraum mit ausgeprägter trockener Witterung), Trockenheit *f* ‖ ~ **avoidance** (Bot) / Vermeiden *n* der Austrocknung (um den Dürreschäden zu entgehen) ‖ ~ **resistance** (Agric) / Dürreresistenz *f* ‖ ~ **ring** (For) / Dürrering *m* ‖ ~ **tolerance** (Agric) / Dürreresistenz *f* ‖ ~ **tolerance** (Bot) / Austrocknungsvermögen *n* (z.B. bei poikilohydrischen Pflanzen)
**drove*** *n* (Agric, Hyd Eng) / schmaler Bewässerungsgraben ‖ ~* (Build, Tools) / Scharriereisen *n* (meistens Vierteleisen - 4-7 cm breit)
**drown** *v* (Acous) / übertönen *v* ‖ ~ *vt* (Mining) / versaufen *vt* (eine Grube), ersaufen *vt* (eine Grube)

**drowned*** *adj* (Mining) / ersoffen *adj* (Sohle) ‖ ~ **valleys*** (Geol) / "ertrunkene" *n pl* (Kerb)Täler (z.B. die galicischen Rias oder die Täler in Devon und Cornwall) ‖ ~ **weir** (Hyd Eng) / Grundwehr *n* (Wehrkrone liegt unter dem Unterwasserspiegel)
**drown out** *v* (Acous) / übertönen *v* ‖ ~ **the miller** (Nut) / verwässern *v* (zu viel Wasser zugeben)
**droxy** *adj* (For) / anbrüchig *adj* (Holz - verwesend, verfaulend)
**DRS** (digital radio-relay system) (Radio) / digitales Richtfunksystem, Digitalsignal-Richtfunksystem *n* ‖ ~ (diffuse-reflectance spectroscopy) (Spectr) / diffuse Reflexionsspektroskopie
**Drude equation** (Optics) / Drude-Gleichung *f* (nach P. K. L. Drude, 1863-1906) ‖ ~ **law*** (Optics) / Drude-Gleichung *f* (nach P. K. L. Drude, 1863-1906)
**Drude's theory of conduction** (Phys) / Drude'sche Theorie der freien Elektronen
**drug*** *n* (Pharm) / Inhaltsstoff *m* ‖ ~ (Pharm) / Rauschgift *n*, Droge *f*
**drug***, **(medicinal)** ~ (Pharm) / Pharmazeutikum *n* (pl. Pharmazeutika), Arzneimittel *n*, Droge *f* (Arzneimittel), Pharmakon *n* (pl. Pharmaka)
**drug abuse** (Pharm) / Pharmakomanie *f*, Arzneimittelmissbrauch *m*, Medikamentenmissbrauch *m* ‖ ~ **abuse** (Pharm) / Drogenmissbrauch *m* ‖ ~ **addict** (Med) / Süchtiger *m* ‖ ~ **addiction** (Pharm) / Arzneimittelsucht *f* (mit Arzneimittelmissbrauch und -gewöhnung) ‖ ~ **dependence** (Pharm) / Drogenabhängigkeit *f* (Missbrauch, Gewohnheit und Sucht)
**drugget** *n* (Textiles) / Drogget *m* (grober Wollstoff als Teppichunterlage)
**druggist** *n* (US) (Pharm) / Apotheker *m*
**druggists' twine** (Textiles) / Apothekerzwirn *m*
**drug library** (Pharm) / Wirkstoffbibliothek *f* ‖ ~ **of abuse** (Pharm) / Suchtgift *n*, Suchtdroge *f*, Suchtmittel *n* ‖ ~ **of addiction** (Pharm) / Suchtgift *n*, Suchtdroge *f*, Suchtmittel *n* ‖ ~ **of plant origin** (Pharm) / Arzneimittel *n* auf pflanzlicher Basis, Phytopharmakon *n* (pl. Phytopharmaka) ‖ ~ **on the market** (Pharm) / Ladenhüter *m* ‖ ~ **resistance** (Pharm) / Arzneimittelresistenz *f* ‖ ~ **screening** (Agric, Pharm) / Wirkstoff-Screening *n* (Methode zur Durchmusterung einer Vielzahl von potentiellen Wirkstoffen auf eine gewünschte biologische Aktivität)
**drugstore beetle** (Zool) / Brotbohrer *m*, Brotkäfer *m* (Stegobium paniceum L.) ‖ ~ **weevil** (Zool) / Brotbohrer *m*, Brotkäfer *m* (Stegobium paniceum L.)
**drug targeting** (Pharm) / Drug Targeting *n* (zielgerichteter Transport des Arzneimittels im Organismus) ‖ ~ **test** (Med) / Drogentest *m* ‖ ~ **tolerance** (Pharm) / Arzneimitteltoleranz *f*
**drum** *v* / in Fässer abfüllen ‖ ~ *n* (Arch) / Tambour *m*, Trommel *f* (zwischen Zwickeln und Kuppel) ‖ ~ (Eng) / Metallfass *n* (walzenförmiger Behälter), Drum *f* (ein Sickenfass) ‖ ~ (Eng) / Laufrad *n* (einer Reaktionsturbine) ‖ ~* (Eng, Mining) / Seiltrommel *f*, Fördertrommel *f*, Trommel *f* der Trommelfördermaschine ‖ ~ (Eng, Textiles) / Trommel *f* ‖ ~ (Glass) / Brennermaul *n*, Brennermündung *f*, Brenneröffnung *f* (im Wannenofen) ‖ ~ (Leather) / Fass *n* ‖ ~ (Leather) / Gerbfass *n* (aus Kiefern- oder Lärchenholz) ‖ ~ **address** (Comp) / Trommeladresse *f* ‖ ~ **apparatus** (Telecomm) / Trommelgerät *n* ‖ ~ **armature*** (Elec Eng) / Trommelanker *m* ‖ ~ **barker** (Paper) / Trommelentrinder *m*, Trommelschälmaschine *f*, Schältrommel *f* ‖ ~ **brake** (Autos) / Trommelbremse *f* (Bremsenbauart nach DIN 70012 und DIN 15431) ‖ ~ **breaker starter*** (Elec Eng) / Walzenanlasser *m* mit Unterbrecher
**drum-chart recorder** / Trommelschreiber *m*
**drum chipper** (For) / Trommelhackmaschine *f*, Zylinderhackmaschine *f* ‖ ~ **controller*** (Elec Eng) / Trommelanlasser *m* (bei dem die feststehenden Schaltstücke einen Zylinder bilden)
**drum-curb** *n* (Civ Eng) / Senkschneidering *m*, Tragring *m* mit Schneide, Senkschuh *m* ‖ ~ (Civ Eng) / Schneide *f* (des Senkbrunnens)
**drum drier** (Eng) / Trommeltrockner *m* (ein Kontakttrockner), Trockentrommel *f*, Drehtrommeltrockner *m* ‖ ~ **drier** (Nut) / Walzentrockner *m*, Filmtrockner *m* (für die Verdampfungstrocknung) ‖ ~ **drive** (Leather) / Fassantrieb *m* ‖ ~ **dyeing** (Leather) / Flottenfärbung *f* im Fass, Fassfärbung *f* ‖ ~ **dyeing** (Textiles) / Trommelfärben *n* ‖ ~ **filter** (Chem Eng) / Trommelzellenfilter *m* (aus drehbaren, in Zellen eingeteilten Trommeln mit gelochter Mantelfläche, die mit Filtertuch bespannt ist) ‖ ~ **filter*** (Chem Eng) / Trommelfilter *n* (die Filterfläche befindet sich auf dem Mantel einer Trommel, die während einer Drehung mehrere Behandlungsstufen durchläuft und einen konstanten Durchsatz an Filterkuchen und Filtrat erzeugen kann) ‖ ~ **fittings** (Leather) / Fassausrüstung *f* ‖ ~ **gate** (Hyd Eng) / Sektorverschluss *m* (eines Sektorwehrs)
**drum-head insulation** (Eng) / Trommelkopfisolierung *f* (bei Kesseln)
**drum hog** (For) / Trommelhackmaschine *f*, Zylinderhackmaschine *f* ‖ ~ **liming** (Leather) / Fassäscher *m*

**drumlin*** *n* (Geol) / Drumlin *n* (in Richtung der ehemaligen Eisbewegung elliptisch gestreckte Hügel, die meistens aus Grundmoränenmaterial bestehen)
**drum malting** (Brew) / Trommelmälzerei *f* || **~ mill** (Eng) / Trommelmühle *f* (Oberbegriff für Kugel-, Rohr- und Stabmühle) || **~ mill** (Met) / Trommelwalzwerk *n* (zur Herstellung dünnwandiger, nahtloser Hohlkörper großen Durchmessers aus gegossenem oder geschmiedetem Vormaterial) || **~ milling machine** (Eng) / Trommelfräsmaschine *f* (mit einer Trommel als Werkstückträger)
**drumming** *n* (Acous, Eng) / Dröhnen *n*, Lärmen *n* (von Maschinen) || **~** (Leather) / Durcharbeiten *n* von Häuten in der Lattentrommel oder im Fass, Zurichtung *f* im Fass || **~** (Mining) / Abklopfen *n* der Firste
**drum mixer** (Build) / Freifallmischer *m*, Trommelmischer *m* (für Beton und Mörtel) || **~ off** *v* (Leather) / abwalken *v* (Flotte) || **~ pelletizer** (Met) / Pelletiertrommel *f* || **~ plotter** (Comp) / Trommelplotter *m* || **~ predyeing** (Leather) / Fassvorfärbung *f* || **~ pressure** (Eng) / Trommeldruck *m* (bei Kesseln) || **~ printer** (Comp) / Trommeldrucker *m* (ein mechanischer Drucker), Typenwalzendrucker *m*, Walzendrucker *m* || **~ printing** (Textiles) / Trommeldruck *m* || **~ processing** (Photog) / Rotationsentwicklung *f* || **~ pump** (Eng) / Fasspumpe *f* || **~ sander** (For) / Trommelschleifmaschine *f* (auf der Zylinderschleifmaschine, deren Trommeln mit Sandpapier bespannt sind), Walzenschleifen *n* || **~ sanding machine** (For) / Trommelschleifmaschine *f* || **~ scale** / Trommelskale *f*, Trommelskala *f* || **~ screen** / Siebtrommel *f* (Siebmaschine mit zylindrischer Form des Siebes), Trommelsieb *n* (rotierendes) || **~ screen** (shaped like a cylinder or cut-off cone, turning on its centre line) (San Eng) / Trommelrechen *m* (beweglicher Abwasserrechen aus einer um eine lotrechte Welle drehbaren im Abwasser stehenden Trommel, deren Mantel aus ringförmigen Rechenstäben gebildet wird) || **~ separator** (Min Proc) / Trommelscheider *m* || **~ starter*** (Elec Eng) / Trommelbahnanlasser *m* (bei dem die feststehenden Schaltstücke einen Zylinder bilden)
**drumstick tree** (For) / Röhrenkassie *f* (Cassia fistula L.)
**drum stuffing** (Leather) / Warmfetten *n* (mechanisches), Fassschmieren *n* || **~ stuffing** (Leather) / Fassfettung *f* || **~ tannage** (Leather) / Fassgerbung *f* || **~ truck** / Fasskarre *f* || **~ turbine** (Eng) / Trommelturbine *f* || **~ turret** (Eng) / Trommelrevolver *m* (Werkzeug-Wechseleinrichtung mit koaxial angeordneten Werkzeugen), Trommelrevolverkopf *m*
**drum-type armature** (Elec Eng) / Trommelanker *m* || **~ boiler** (Eng) / Trommelkessel *m* || **~ cam** (Eng) / Trommelkurve *f* (für die Kurvensteuerung) || **~ controller** / Walzenbahnanlasser *m* (bei dem die beweglichen Schaltstücke eine drehbare zylindrische Walze bilden, wobei die feststehenden Schaltstücke auf zugehörigen Ringsegmenten gleisen) || **~ furnace** (Met) / Trommelofen *m* (eine spezielle Form der Drehrohröfen) || **~ magnetic separator** (Min Proc) / Magnettrommelscheider *m*, Trommelmagnetscheider *m* || **~ starter** / Walzenbahnanlasser *m* (bei dem die beweglichen Schaltstücke eine drehbare zylindrische Walze bilden, wobei die feststehenden Schaltstücke auf zugehörigen Ringsegmenten gleiten)
**drum washer*** (Paper) / Waschtrommel *f* || **~ waterproofing** (Leather) / Fasshydrophobierung *f* || **~ weir** (Hyd Eng) / Trommelwehr *n* || **~ winch** (Eng) / Trommelwinde *f* || **~ winding*** (Elec Eng) / Trommelwicklung *f*, Gewölbewicklung *f* || **~ winding** (Textiles) / Umspulen *n* auf Trommelspulmaschinen
**drunk-driving** *n* (US) (Autos) / Alkohol *m* am Steuer, Trunkenheit *f* im Verkehr
**drunken** *adj* / mit versetzter Bewegungsebene || **~** (Eng) / mit Taumelfehler || **~ blade** (Carp) / Wanknutsägeblatt *n*, Taumelkreissägeblatt *n* || **~ saw*** (Carp) / Wanknutsäge *f*, Taumel(kreis)säge *f*
**drupe*** *n* (Bot, Nut) / Steinfrucht *f* (Obstsorten aus der Gattung Prunus), Steinobst *n*
**drusy*** *n* (Mining) / Druse *f* || **~*** *adj* (Geol, Mining) / mit Hohlräumen, drusig *adj* || **~ cavity** (Mining) / Druse *f*
**druxy** *adj* (For) / anbrüchig *adj* (Holz - verwesend, verfaulend)
**Dr Watson** (postmortem debugging tool for Windows) (Comp) / Dr. Watson
**dry** *v* / trocknen *v* || **~** (Brew) / darren *v*, abdarren *v*, rösten *v* (Grünmalz) || **~** (Nut) / trocknen *v* (Obst), backen *v* (Obst) || **~** (Nut) / dörren *v*, darren *v* (Obst) || **~** *adj* / trocken *adj*, Trocken- || **~** (Elec Eng) / nicht benetzt *adj* (Kontakt) || **~** (Elec, Telecomm) / stromlos *adj*, spannungslos *adj*, tot *adj*, abgetrennt von der Stromquelle || **~** (Nut) / trocken *adj* (Wein) || **~** (Nut) / herb *adj* (Wein), dry *adj* (herb - alkoholisches Getränk) || **~**, **ash-free** / wasser- und aschefrei *adj* (Kohle), waf *adj* (wasser- und aschefrei) || **~ keep** ~ **and cool** / trocken und kühl aufbewahren! || **~**, **mineral-matter free** *adj* / trocken und mineralstofffrei || **unaffected by ~ cleaning** (Textiles) / trockenreinigungsecht *adj*, trockenreinigungsbeständig *adj*,

chemischreinigungsecht *adj*, chemischreinigungsbeständig *adj* || **~ adhesive** (US) (Paint) / Hotmelt *n* (zum Kleben und Versiegeln), thermoplastischer Klebstoff, Hotmelt-Kleber *m*, Heißkleber *m* (zum Verbinden zweier Packstoffe durch Wärme und Druck), Schmelzkleber *m*, Warmkleber (der bei höheren Temperaturen aushärtet), Schmelzklebstoff *m*, Warmklebstoff *m*, Heißschmelzkleber *m*, Haftschmelzklebstoff *m*, Schmelzhaftklebstoff *m*, Hotmelt-Plastleim *m* || **~ adiabatic*** (Meteor) / Trockenadiabate *f*
**dry-adiabatic lapse rate*** (Meteor) / trockenadiabatisches Temperaturgefälle, trockenadiabatischer Temperaturgradient
**dry air** / trockene Luft || **~ air cleaner** (Autos) / Trockenluftfilter *n*
**dry-air cure** (Chem Eng) / Heißluftvulkanisation *f* || **~ curing** (Chem Eng) / Heißluftvulkanisation *f*
**dry and ash-free** / trocken und aschefrei || **~ anionics** (Chem) / trockene anionische Tenside || **~ application** (Eng, Materials) / ungeschmierte Anwendung (von Lagerwerkstoffen) || **~ ash** (refuse in the solid state, usually in granular or dust form) / Trockenasche *f*
**dry-ashed** *adj* (Chem Eng) / trocken verascht
**dry ashing** (Chem Eng) / Veraschen *n* auf trockenem Wege, trockenes Veraschen || **~ assay*** (Chem, Met) / trockene Probe, Trockenprobe *f* || **~ barking** (For) / Trockenentrindung *f* || **~ barrel** / ein altes US-Trockenmaß (115,627 l) || **~ basis** (Nut) / Trockensubstanz *f*, Trockenmasse *f*
**dry-basis** *attr* (Nut) / bezogen auf die Trockensubstanz
**dry battery*** (Elec Eng) / Trockenbatterie *f* (aus Trockenelementen - DIN IEC 86, T 1) || **~ bearing** (Eng) / wartungsfreies Lager, Trockenlauflager *n*
**dry-blast cleaning** / Trockenstrahlen *n*, trockenes Abstrahlen, trockenes Strahlen
**dry blasting** / Trockenstrahlen *n*, trockenes Abstrahlen, trockenes Strahlen || **~ blend** (Paint) / Dry Blend *m n* (z.B. Wirbelsinterpulver) || **~ blend** (Plastics) / Trockenmischung *f* (aus mehreren Kunststoffen oder aus Kunststoffen mit Weichmachern sowie Mischung aus mehreren Einzeldüngern), Pulvermischung *f*
**dry-blend extrusion** (Plastics) / Dry-Blend-Technik *f* (Extrusion, von Trockenmischungen ausgehend, die besonders bei der Verarbeitung von PVC-weich angewandt wird), Strangpressen *n* von Trockenmischungen || **~ technology** (Plastics) / Dry-Blend-Technik *f* (Extrusion, von Trockenmischungen ausgehend, die besonders bei der Verarbeitung von PVC-weich angewandt wird), Strangpressen *n* von Trockenmischungen
**dry body** (for dry pressing) (Ceramics) / Trockenpressmasse *f*, Trockenstanzmasse *f*
**dry-bond adhesive** (Plastics) / Kontaktklebstoff *m* (der auf beide Oberflächen der zu verklebenden Teile aufgebracht wird), Kontaktkleber *m*
**dry bonding** / Kontaktkleben *n* (mit Kontaktklebstoff) || **~ bonding** (Textiles) / Trockenkaschieren *n*, Trockenbondieren *n*, Trockenkleben *n* (Textiles) / Trockenkaschieren *n* || **~ bone** (ore - the honeycombed variety) (Min) / Edler Galmei, Zinkspat *m*, Smithsonit *m*, Karbonatgalmei *m*
**dry-bottom boiler** (Eng) / Kessel *m* mit trockener Entaschung, Feuerung *f* mit trockenem Aschenabzug || **~ furnace** (Eng) / trockenentaschte Feuerung
**dry·-bound macadam** (Civ Eng) / Streumakadam *m n* || **~ box*** (Eng, Nuc) / Trockenschrank *m*
**dry-bright emulsion** / Selbstglanzpflegemittel *n* (meistens ein Fußbodenpflegemittel)
**dry-brush cleaner** (for potatoes) (Agric) / Bürstenreinigungsmaschine *f*
**dry brushing*** (Textiles) / Trockenbürsten *n*
**dry-bulb temperature** (the temperature of the ambient air, for example, the temperature that is measured by the dry-bulb thermometer ) (Phys) / Temperatur *f* des trockenen Thermometers, Trockentemperatur *f*, Trockenthermometertemperatur *f*, Trockenkugeltemperatur *f* || **~ thermometer** / trockenes Thermometer (des Psychrometers), Trockenthermometer *n*
**dry bulk** (Nut) / Trockensubstanz *f*, Trockenmasse *f*
**dry-bulk container** / Container *m* für trockene Schüttladung
**dry butterfat** (Nut) / Butterschmalz *n*, Schmelzbutter *f*
**dry-cake solids** (Chem Eng) / Kuchenfeststoffgehalt *m* (beim Filtrieren), Trockensubstanzgehalt *m* des Filterkuchens
**dry capacitor** (Elec Eng) / Kondensator *m* mit Festelektrolyt || **~ carbonizing** (Textiles) / trockenes Karbonisieren, trockene Karbonisation *f*, Trockenkarbonisation *f* (der Wolle) || **~-cargo freighter** (Ships) / Trockenfrachter *m*
**dry-cargo ship** (Ships) / Trockenfrachter *m*
**dry cell*** (Chem, Elec Eng) / Trockenelement *n*, Trockenzelle *f* || **~-charged battery** (Elec Eng) / ungefüllte geladene Batterie, trocken geladene Batterie || **~ chemical** (for fire fighting) / festes Löschmittel, Trockenlöschmittel *n*, Löschpulver *n* (sehr oft NaCl + $NaHCO_3$) || **~ chemicking** (Textiles) / Trockenbehandlung *f* (z.B. Chloren oder Bleichen) || **~ chemistry** (Chem) / Trockenchemie *f*

**dry**

(Analyse von Körperflüssigkeiten mit getrockneten Reagenzträgern) || **~ chip** (For) / Trockenspan *m*
**dry-clean** *v* (Chem, Textiles) / trockenreinigen *v* (nur Infinitiv oder Partizip Perfekt), chemisch reinigen
**dry-cleanable** *adj* (Textiles) / für die Chemischreinigung geeignet *adj*
**dry-cleaning** *n* (Chem, Textiles) / chemische Reinigung, Chemischreinigung *f*, Volltrockenreinigung *f*, Vollreinigung *f*, Chemischputzerei *f* (A), Textilreinigung *f*, chemisches Putzen (A) || **~** (Min Proc) / trockene Aufbereitung, Trockenaufbereitung *f*, Luftaufbereitung, Luftwäsche *f* || **~ aid** (Chem, Textiles) / Trockenreinigungsverstärker *m*, Reinigungsverstärker *m* (ein Hilfsmittel, das in der Chemischreinigung eingesetzt wird, um den Reinigungseffekt zu verbessern) || **~ by machine** (Textiles) / Kleiderbad *n* (vereinfachtes Reinigungsverfahren) || **~ detergent** (Chem, Textiles) / Trockenreinigungsverstärker *m*, Reinigungsverstärker *m* (ein Hilfsmittel, das in der Chemischreinigung eingesetzt wird, um den Reinigungseffekt zu verbessern) || **~ machine** (Textiles) / Chemischreinigungsmaschine *f* (DIN 11915) || **~ promoter** (that when added to a dry-cleaning solvent, increases cleaning effectiveness) (Chem, Textiles) / Trockenreinigungsverstärker *m*, Reinigungsverstärker *m* (ein Hilfsmittel, das in der Chemischreinigung eingesetzt wird, um den Reinigungseffekt zu verbessern) || **~ soap** (Textiles) / Benzinseife *f*, Fettlöserseife *f*
**dry clutch** (Autos) / Trockenkupplung *f* || **~ coating process** (Paint) / Trockenlackierung *f* (z.B. Pulverlackierung) || **~ coke** (a laboratory term applied to coke which has been dried to constant weight in accordance with definite prescribed methods) (Chem Eng) / getrockneter Koks (für Laboruntersuchungen) || **~ colour** (Chem, Paint) / Pigment *n* (ein in Lösungsmitteln und/oder Bindemitteln unlösliches, organisches oder anorganisches, buntes oder unbuntes Farbmittel - DIN 55943 und 55945) || **~ compass** / Trockenkompass *m* || **~ construction*** (Build) / Trockenbauweise *f*, Montagebauweise *f* (ohne Mörtel) || **~ content** (Nut, Paper) / Trockengehalt *m* (DIN 6730) || **~ cooling tower** / Trockenkühlturm *m* (der die 3,5fache Luftmenge eines Nasskühlturms benötigt und daher im Bauvolumen und Grundflächenbedarf wesentlich aufwendiger ist) || **~ copier** / Trockenkopierer *m* || **~ copy** / Trockenkopie *f* (die ohne Verwendung von Flüssigkeit entwickelt wird) || **~-core cable*** (Cables) / Papier-Luftraumkabel *n*, Kabel *n* mit Luftraumisolierung || **~ corrosion** (Surf) / trockene Korrosion (DIN 50 900) || **~ criticality** (Nuc Eng) / trockene Kritikalität (ohne Kühlmittel)
**dry-cure** *v* (Nut) / trocken pökeln
**dry curing** (Nut) / Trockenpökelung *f* (mit Pökelsalz, das 0,5-0,6% Natriumnitrit enthält) || **~ cycling** (Foundry) / Leerlauf *m* (Druckgießmaschine) || **~ cycling** (Foundry) / Leerlauf *m* (bei Druckgießmaschinen) || **~ cylinder sleeve** (I C Engs) / trockene Zylinderlaufbuchse, trockene Laufbuchse || **~ dash** (Build) / Kieselputz *m* (in den aufgezogenen Oberputz werden Kiesel aufgedrückt) || **~ dedusting** / Trockenentstaubung *f* || **~ degreasing** / Trockenentfettung *f* || **~ density** (Civ Eng) / Trockendichte *f* (des Bodens) || **~ deposit** (Ecol, Nuc Eng) / trockener Fallout || **~ deposition*** (Ecol, Meteor) / trockene Deposition (wenn die Spurenstoffe an Stäube gebunden oder direkt an Oberflächen abgelagert werden) || **~ developer** (Eng, Materials) / Trockenentwickler *m* (feiner saugfähiger Puder, mit dem die Oberfläche des Prüfstücks beim Eindringverfahren eingepudert wird) || **~ developer** (Photog) / lösungsfest abgepackte Entwicklungssubstanz || **~ diazo copy** / Trockenpause *f* (deren Entwicklung durch Gase oder Wärme erfolgt) || **~-disk clutch** (Autos, Eng) / Einscheiben-Trockenkupplung *f*
**dry-disk rectifier** (Elec Eng) / Trockengleichrichter *m*, Trockenplattengleichrichter *m*
**dry distillation** (Chem, For) / Zersetzungsdestillation *f*, trockene Destillation, Trockendestillation *f* || **~ dock*** (Ships) / Trockendock *n* (durch Ausbaggerung entstandenes) || **~ down** *v* (For) / heruntertrocknen *v* (Schnittholz) || **~ drawing** (Met) / Trockenziehen *n* (bei dem pulverförmige Schmierstoffe oder Stearate verwendet werden), Trockenzug *m* (Trockenziehen) || **~ drawing soap** (Met) / Trockenziehseife *f* || **~ drilling** (Mining) / Trockenbohren *v* (mit trockenem Bohrgutaustrag)
**dry-drum** *v* (Leather) / millen *v* (verklebte Faserbündel durch trockenes Walken im Millfass auflockern, um Narbenstruktur und Weichheit zu verbessern)
**dry-drumming grain pattern** (Leather) / Millnarben *m* || **~ resistance** (Leather) / Millfestigkeit *f*
**dry electrofilter** (Ecol) / Trockenfilter *n* (ein Elektrofilter) || **~ electrolyte** (Surf) / fester Elektrolyt, Festelektrolyt *m* || **~ electrolytic capacitor*** (Elec Eng) / Trockenelko *m*, Trockenelektrolytkondensator *m* || **~ electrostatic filter** (Ecol) / Trockenfilter *n* (ein Elektrofilter) || **~ enamelling** / Puderemaillierung *f* || **~ enamel powder** / Puderemail *n*, Emailpuder *m* || **~ end** (Paper) / Trockenpartie *f* (einer Langsiebpapiermaschine)
**dryer** *n* / Trockner *m*, Trockenvorrichtung *f*
**dry etching technique** (Electronics) / Trockenätzverfahren *n* (für die Strukturübertragung auf Halbleiterbauelemente), Trockenätzen *n* || **~ extract** (Pharm) / Trockenextrakt *m n*, Extractum *n* siccum || **~ fallout** (Ecol, Nuc Eng) / trockener Fallout || **~ farming** (Agric) / Trockenfarmsystem *n*, Trockenfarmerei *f*, Dryfarming *n*, Trockenfeldbau *m* (bewässerungsloser, z.B. auf Lanzarote) || **~ feed** (Agric) / Trockenfutter *n*, Dürrfutter *n* || **~ feeder** (Agric) / Trockenfutterautomat *m* || **~ felt** (Paper) / Trockenfilz *m* || **~ film** (Paint) / Trockenfilm *m* || **~-film lubrication** / Trockenfilmschmierung *f* || **~ filter** (water treatment) (San Eng) / Trockenfilter *n* || **~ finishing** (Textiles) / Trockenappretur *f* || **~ flashover voltage*** (Elec Eng) / Trockenüberschlagsspannung *f* || **~ flat** / "flachliegend trocknen" (Aufschrift auf dem Pflegeetikett) || **~ flong** (Print) / Trockenmater *f* (in der Trockenstereotypie) || **~ flue gas*** / trockenes Abgas (aus dem Ofen) || **~ fog** (Meteor) / trockener Nebel || **~ fracture strength** (Ceramics) / Trockenbruchfestigkeit *f* (Widerstandsfähigkeit getrockneter Formlinge gegen äußere Kräfte)
**dry-freight container** (Ships) / Stückgutcontainer *m*
**dry friction** (Eng) / trockene Reibung (wenn die Flächen ohne Schmierung aufeinander gleiten), Trockenreibung *f*
**dry-friction damping** (Phys) / Reibungsdämpfung *f*, Coulomb-Dämpfung *f*
**dry-fry** *v* (Nut) / braten ohne Fett *v*
**dry fuel** (Space) / Feststoff *m* (für chemische Triebwerke) || **~ galvanizing** (Surf) / Trockenverzinkung *f*, Staubverzinkung *f* || **~ gas*** / Trockengas *n* || **~ gas** / trockenes Erdgas (>+ 10g/m³ kondensierbare Kohlenwasserstoffe) || **~ gas meter** / trockener Gaszähler, Balgengaszähler *m*, Messbalgenzähler *m* (Gasmessung) || **~ glazing** (Build) / kittlose Verglasung (ohne Dichtungsmassen, mit Dichtungsbändern), Trockenverglasung *f* || **~ goods** (solid commodities traded in bulk) / Trockenware *f* (z.B. Kaffee, Tee, Zucker) || **~ goods** (US) (Textiles) / Schnittwaren *f pl*, Textilien *pl*, Textilwaren *pl*
**dry-hiding pigment** (Paint) / Dry-Hiding-Effekt *m* (bei Weißpigmenten)
**dry hole** (a well drilled for oil or gas but yielding none) (Oils) / nichtfündige Bohrung, trockene Bohrung, Fehlbohrung *f* || **~ hopping** (Brew) / Hopfenstopfen *n* || **~ horizon** (Oils) / sterile Zwischenschicht (bei mehreren Förderhorizonten)
**dryhouse** *n* (Mining) / Kaue *f* (Schwarz- oder Weißkaue) || **~** (Mining) / Waschkaue *f* (und Garderobe)
**dry hydrate** (hydrated lime powder bought in bags) (Build) / Sackkalk *m* || **~ ice*** (solid phase of carbon dioxide, so called because the solid sublimes to gaseous carbon dioxide, therefore not becoming wet in the process) / Trockeneis *n* (Kohlensäureschnee), Trockenschnee *m* (Handelsbezeichnung für Kohlendioxid in fester Form)
**drying** *n* / Austrocknen *n*, Trocknen *n*, Trocknung *f* || **~** (For) / Trocknen *n*, Trocknung *f* || **~ agent** / Trockenmittel *n* (das Wasser und Feuchtigkeit aufnimmt), Trocknungsmittel *n* (chemisch oder physikalisch wirkendes) || **~ air** / Trocknungsluft *f* || **~ apparatus** (Textiles) / Trockenmaschine *f* (für Gewebe) || **~ bed** (San Eng) / Trockenbeet *n* (zur natürlichen Schlammentwässerung) || **~ by evaporation** (Chem Eng, Phys) / Verdampfungstrocknung *f* (in der Nähe des Siedepunktes), Verdunstungstrocknung *f* (mit einem gasförmigen Trockenmittel, das die erforderliche Wärme heranführt) || **~ by evaporation of the solvent** (Paint) / physikalische Trocknung (einfaches Zusammenfließen der Bindemittelteilchen nach Verdunsten der Lösungsmittel) || **~ by oxidation** (of oil content) (Paint) / oxidative Trocknung (der Anstrichstoffe) || **~ cabinet*** (Build, Photog, Textiles) / Trockenschrank *m* || **~ chamber** (Textiles) / Trockenkammer *f*, Trockenmansarde *f* (in der Textildruckerei) || **~ crack** (Paint) / Trockenriss *m* || **~ cupboard** (Chem) / Trockenschrank *m* || **~ cupboard (drying) oven** (Chem) / Luftbad *n* || **~ curve** (For) / Trocknungsdiagramm *n* (nach dem Trocknungsplan), Trocknungsverlauf *m* (in grafischer Darstellung) || **~ cylinder** (Paper, Textiles) / Trockenzylinder *m* || **~ defect** (For) / Trocknungsfehler *m* || **~ degradation** (For) / Trocknungsverlust *m* (bei der Holztrocknung) || **~ degree** (Paint) / Trockengrad *m* (z.B. staubtrocken oder klebfrei - DIN 53150), Trocknungsgrad *m* || **~ gradient** / Trocknungsgefälle *n* || **~ heater** / Heiztrockner *m* || **~ machine** (Textiles) / Trockenmaschine *f* (für Gewebe) || **~ marks** (Photog) / Wasserflecken *m pl* || **~ of printing inks** (Print) / Druckfarbentrocknung *f* (chemische, physikalische) || **~ oil*** (one of the many natural, usually vegetable oils that harden in air by oxidation to a resinous skin - the linseed oil is the commonest drying oil) (Paint) / trocknendes Öl (ein fettes Öl mit IZ > 170)
**drying-out** *n* / Austrocknen *n*, Trocknen *n*, Trocknung *f*

**drying pistol** (Chem) / Trockenpistole f (ein Laborgerät) ‖ **~ properties** / Trocknungsverhalten n ‖ **~ rack** / Trockengestell n ‖ **~ retardation** (Paint) / Trocknungsverzögerung f ‖ **~ rigidity** (Textiles) / Trockenstarre f ‖ **~ shrinkage** (Ceramics) / Trockenschwindung f ‖ **~ stage** (Paint) / Trockengrad m (z.B. staubtrocken oder klebfrei - DIN 53150), Trocknungsgrad m ‖ **~ stove*** (Foundry) / Trockenofen m, Gießereiofen m (ein Trockenofen) ‖ **~ time** (Paint) / Trocknungszeit f (die Zeitdauer zwischen dem Aufbringen des Anstrichstoffes und dem Erreichen eines bestimmten Trocknungszustandes unter definierten Prüfbedingungen - DIN 55945), Trocknungsdauer f ‖ **~ tower** (Chem Eng) / Trockenturm m (senkrecht stehendes zylindrisches, mit körnigem Trockenmittel gefülltes Absorptionsgefäß) ‖ **~ tube** (Chem) / Trockenrohr n
**dry in the open air** / lufttrocknen v (nur Infinitiv und Partizip) ‖ **~ iron** / Trockenbügelautomat m (ein Bügeleisen ohne Dampfentwicklung) ‖ **~ joint*** (Eng) / kalte Lötstelle (ein Lötfehler) ‖ **~ kiln** (Met, Min Proc) / Trockenofen m, Trockenkammer f
**dry-laid non-wovens** (Textiles) / Trockenvlies n
**dry-land farming** (Agric) / Trockenfarmsystem n, Trockenfarmerei f, Dryfarming n, Trockenfeldbau m (bewässerungsloser, z.B. auf Lanzarote)
**dry laying*** (Textiles) / Vliesbildung f auf trockenem Wege ‖ **~ lease** (Aero) / Leasing n (des Luftfahrzeugs) ohne Treibstoff und Besatzung ‖ **~ lease** (Aero) / Dryleasing n (eines Flugzeugs) ‖ **~ line** (Paper) / Siebspiegel m (Begrenzungslinie, bei der die freie, glänzende Wasseroberfläche verschwindet) ‖ **~ liner*** (I C Engs) / trockene Zylinderlaufbuchse, trockene Laufbuchse f ‖ **~ lining** (a lining to an interior wall that does not need to be plastered) (Build) / Trockenputz m (Bauweise unter Verwendung von Gipsbauplatten und Gipskarton-Bauplatten - DIN 18 350) ‖ **~ liquid** (Chem Eng) / pulverförmige Zubereitung schwer verarbeitbarer klebriger, zäh- und dünnflüssiger Materialien ‖ **~ loft** (Leather) / Trockenplatz m (zur Rohhautkonservierung) ‖ **~ lubricant** / Feststoffschmierstoff m (z.B. Graphit) ‖ **~ lubricant** / Festschmierstoff m, Trockenschmiermittel m (z.B. Graphit, Molybdändisulfid) ‖ **~ main** / Trockenleitung f (Rohrleitung, die normalerweise kein Wasser, sondern Druckluft enthält; Wasser strömt erst bei Bedarf ein) ‖ **~ masonry** (Build) / Trockenmauerung f (ohne Mörtelverbund) ‖ **~ masonry** (walling laid without mortar) (Build) / Trockenmauerwerk n (als Ergebnis der Trockenmauerung nach DIN 1053-1) ‖ **~ mass*** (Aero) / Trockenmasse f (eines Triebwerks ohne Kraft-, Schmier- und Kühlstoff) ‖ **~ matter** (Nut) / Trockensubstanz f, Trockenmasse f
**dry-matter content(s)** (Nut) / Trockensubstanzgehalt m, TS-Gehalt m
**dry measure** / Trockenmaß n (Hohlmaß für Trockensubstanzen oder Schnittgüter) ‖ **~ metallurgy** (Met) / Pyrometallurgie f (Gewinnung und Raffination von Metallen bei höheren Temperaturen), Thermometallurgie f, Trockenmetallurgie f, Schmelzflussmetallurgie f ‖ **~ method** / Trockenverfahren n (Zementherstellung) ‖ **~ milk** (Chem Eng) / Trockenmilch f, Milchpulver n
**dry-milling machine** (Textiles) / Trockenwalkmaschine f (DIN 64 990)
**dry mix** (Ceramics) / Trockenaufbereitung f (ohne nennenswerte Zusätze von Feuchtigkeit) ‖ **~ mixing** (Ceramics) / Trockenaufbereitung f (ohne nennenswerte Zusätze von Feuchtigkeit) ‖ **~ mortar** (Build) / Trockenmörtel m ‖ **~ moulding*** (Foundry) / Trockensandformen n, Trockengussformen n
**dry-mounting tissue** (Photog) / Trockenklebefolie f
**dryness** n / Trockenheit f ‖ **~ fraction*** (Eng) / Trockendampfanteil m
**dry objective** (Micros) / Trockenobjektiv n ‖ **~ offset*** (Print) / Letterset n, Hochoffset n, indirekter Hochdruck, Trockenoffset n (von einer Hochdruckform über einen Gummizylinder auf das Papier) ‖ **~ on** v / antrocknen v ‖ **~ out** / austrocknen vi ‖ **~ packing** (Chem Eng) / Trockenpackung f (z.B. der Trennsäule) ‖ **~ pan** (a muller-type mixer in which materials are ground or blended with a minimum amount of moisture) (Ceramics) / Trockenkollergang m ‖ **~ paper** (Paper) / Drypapier n (für Trockenkopierprozesse) ‖ **~ part** (Paper) / Trockenpartie f (einer Langsiebpapiermaschine)
**dry-penetration pavement** (Civ Eng) / Einstreudecke f
**dry pint** / ein altes US-Hohlmaß (0,550 l) ‖ **~ pipe*** (Eng) / Dampfsammelrohr n (im Kessel)
**dry-pipe sprinkler system** (Build) / Sprinklertrockenanlage f, Feuerschutzanlage f mit wasserfreiem Rohrsystem
**dry-piston compressor** (Eng) / ölfreier Kompressor, ölfreier Verdichter (ein Hubkolbenverdichter), Trockenlaufverdichter m, Trockenlaufkompressor m
**dry plate** (a glass plate coated with a light-sensitive gelatin-based emulsion, used formerly as an improvement on the earlier wet plate) (Photog) / Trockenplatte f
**dry-plate rectifier*** (Elec Eng) / Trockengleichrichter m, Trockenplattengleichrichter m
**dry point** (Chem) / Trockenpunkt m (bei der Destillationsanalyse) ‖ **~ point** (Print) / Kaltnadel f (für Radierungen), kalte Nadel ‖ **~ powder*** / festes Löschmittel, Trockenlöschmittel n, Löschpulver n (sehr oft NaCl + NaHCO$_3$)
**dry-powder extinguisher** / Pulverlöscher m (tragbarer Handfeuerlöscher nach DIN 14406), Trockenlöscher m
**dry power** (Aero) / Leistung f (eines Flugtriebwerks) ohne Wassereinspritzung ‖ **~ precipitator** (Ecol) / Trockenfilter n (ein Elektrofilter) ‖ **~ preparation** / Trockenpräparat n
**dry-pressed** adj (Ceramics) / trockengepresst adj (mit 5 - 10% Wasser)
**dry·-presses brick** (Ceramics) / Trockenpressziegel m ‖ **~ pressing** (Ceramics) / Trockenpressen n (mit 5-10% Wasser) ‖ **~ process** (Ceramics) / Trockenverfahren n (Zementherstellung) ‖ **~ process** (Ceramics) / Trockenaufbereitung f (ohne nennenswerte Zusätze von Feuchtigkeit)
**dry-process enamelling** / Puderemaillierung f
**dry qt** / Dry quart (1,101228 dm$^3$) / Dry quart (1,101228 dm$^3$) ‖ **~ quart** (US) / Dry quart ‖ **~ rainforest** (Ecol, For) / temperierter Regenwald ‖ **~ rectifier** (Elec Eng) / Trockengleichrichter m, Trockenplattengleichrichter m ‖ **~ rectifier** (Elec Eng) s. also blocking-layer rectifier ‖ **~ reed contact** (Elec Eng) / Schutzgaskontakt m ‖ **~ rot*** (by water-conducting fungi) (For) / Trockenfäule f (Endzustand einer Destruktionsfäule) ‖ **~ rubber gel** / Gelkautschuk m (der in Benzol unlösliche Anteil von Kautschuk) ‖ **~ rub fastness** (Textiles) / Trockenreibechtheit f (von Drucken und Färbungen) ‖ **~ run*** (Comp) / Schreibtischtest m (für ein Programm) ‖ **~ run** (Eng) / Trockenlauf m (einer Maschine ohne Produkt) ‖ **~ running** (Comp) / Schreibtischtest m (für ein Programm) ‖ **~ running** (Eng) / Trockenlauf m (einer Maschine ohne Produkt) ‖ **~ rupture strength** (Ceramics) / Trockenbruchfestigkeit f (Widerstandsfähigkeit getrockneter Formlinge gegen äußere Kräfte) ‖ **~ salting** (Leather, Nut) / Trockensalzung f (von Fleisch und Häuten) ‖ **~ sand*** (Foundry) / Trockensand m, Trockengussformsand m
**dry-sand casting** (Foundry) / Trockenguss m (in getrockneten verlorenen Formen), Gießen n in Trockengussformen ‖ **~ core** (Foundry) / Trockensandkern m ‖ **~ mould** (Foundry) / getrocknete Form, Trockenform f, Trockengussform f ‖ **~ moulding** (Foundry) / Trockensandformen n, Trockengussformen n
**dry sawmill** (For) / Sägemühle f ohne Klotzteich, Sägewerk n ohne Klotzteich
**dry-seal fine taper pipe thread** (US) (Eng) / trockendichtendes kegeliges Rohrgewinde (ein Feingewinde)
**dry section** (Paper) / Trockenpartie f (einer Langsiebpapiermaschine) ‖ **~ separation** / Trockenabscheidung f ‖ **~ separator** / Trockenabscheider m ‖ **~ service** (Mining) / Trockendienst m ‖ **~ side** (Photog) / trockene Sektion (des Labors)
**dry-silver process** (Photog) / Dry-Silver-Verfahren n (ein fotografisches Kopierverfahren)
**dry slag** (Met) / trockene Schlacke (ohne schmelzflüssigen Anteil)
**dry-soldered connection** (Elec Eng) / Kaltlötstelle f (Fehler in einem elektrischen Anschluss)
**dry solder(ed) joint** (Eng) / kalte Lötstelle (ein Lötfehler)
**dry-solids content** (Paper) / Trockengehalt m (DIN 6730)
**dry spinning*** (Plastics, Spinning) / Trockenspinnverfahren n, Trockenspinnen n ‖ **~ spot** (Elec Eng) / Fehlstelle f (bei Isolatoren) ‖ **~ spot** (Plastics) / klebstofffreie Stelle, Fehlstelle f, Luftstelle f ‖ **~ spot** (Plastics) / harzfreie Stelle (in verstärkten Kunststoffen) ‖ **~ spray** (Paint) / Trockenspritzen n (Fehler) ‖ **~ spray** (Paint) / raue Oberfläche (ein Anstrichfehler)
**dry-spun** adj (Textiles) / trockenversponnen adj
**dry standpipe** (Build) / Trockensteigleitung f (Feuerlöschanlagen) ‖ **~ steam*** (Aero) / trockengesättigter Dampf, Trockendampf m ‖ **~ steam coal** (Mining) / Anthrazit f (mit 7-14% flüchtigen Bestandteilen) ‖ **~ sterilization** (Nut) / Kaltsterilisation f (mit mikrobiziden Gasen)
**drystone wall** (Build) / Trockenmauerwerk n (als Ergebnis der Trockenmauerung nach DIN 1053-1)
**dry strength** (Textiles) / Trockenfestigkeit f
**dry-strippable** adj / trocken abziehbar (Tapete)
**dry substance** (Nut) / Trockensubstanz f, Trockenmasse f
**dry-substance content(s)** (Nut) / Trockensubstanzgehalt m, TS-Gehalt m
**drysuit** n / Trockentauchanzug m (der den Körper nicht direkt in Berührung mit dem Wasser kommen lässt)
**dry sump** (lubrication)* (I C Engs) / Trockensumpfschmierung f (das zu viel geförderte Öl sammelt sich am Boden des Kurbelgehäuses und wird durch die Trockensumpfpumpe wieder zum Öltank zurückgepumpt)
**dry-tack** attr / klebend adj (Klebstoff auf Kautschukbasis, Anstrich)
**dry-through** v (highest degree of hardness) (Paint) / durchtrocknen v (in der letzten Trockenstufe)
**dry toner** (Print) / Trockentoner m, trockener Toner, Zweikomponententoner m (mit Entwickler) ‖ **~ to touch** (Paint) / handtrocken adj, angezogen adj, berührungstrocken adj ‖ **~ (seed) treatment** (Agric) / Trockenbeizung f (eine Saatgutbeizung)

**dry-type**

**dry-type compass** / Trockenkompass *m* ‖ ~ **gas meter** / trockener Gaszähler, Balgengaszähler *m*, Messbalgenzähler *m* (Gasmessung) ‖ ~ **transformer** (Elec Eng) / Trockentransformator *m* (dessen Kern und Wicklungen sich nicht in einer Kühl- und Isolierflüssigkeit befinden - bis etwa 1 MVA)
**dry up** *vt* / austrocknen *vt* ‖ ~ **valley*** (cut by water erosion but containing no permanent surface stream, typically one occurring in an area of porous rock such as limestone) (Geol) / Trockental *n* ‖ ~ **vault** (Cables) / Kabelschacht, der nicht überflutet werden kann
**drywall** *n* (Build) / Trockenmauer *f* ‖ ~ (Build) s. also plasterboard
**dry-walling** *n* (Build) / Trockenmauerwerk *n* (als Ergebnis der Trockenmauerung nach DIN 1053-1)
**dry-weather flow** (San Eng) / Trockenwetterzufluss *m* (DIN 4045), Trockenwetterabfluss *m* (von Abwässern nach DIN 4045), Abwasserdurchfluss *m* bei Trockenwetter, Abwassermenge *f* bei Trockenwetter
**dry weight*** (Aero) / Trockenmasse *f* (eines Triebwerks ohne Kraft-, Schmier- und Kühlstoff) ‖ ~ **weight** (Phys) / Trockensubstanzmasse *f*, Trockenmasse *f* (als Gewichtskraft), Trockengewicht *n* ‖ ~ **well** (US) (Build, San Eng) / Sickerschacht *m*, Versickerungsschacht *m* (für Oberflächenwasser), Sickerbrunnen *m* (für Oberflächenwasser, mit Schotter oder Kies gefüllt), Sickergrube *f* ‖ ~ **well** (Eng) / Pumpenraum *m* (im Pumphaus) ‖ ~ **well** (Nuc Eng) / Druckkammer *m*, innere Druckschale (bei Siedewasserreaktoren) ‖ ~ **well** (Oils) / nichtfündige Bohrung, trockene Bohrung, Fehlbohrung *f* ‖ ~ **winding** (Plastics) / Trockenwickelverfahren *n* (mit Prepregs) ‖ ~ **wood** (For) / Trockenholz *n*
**dry-wood insects** (For) / Trockenholzinsekten *n pl* (holzbewohnende Insekten, die trocknendes oder trockenes, berindetes Holz oder trockenes Werkholz befallen) ‖ ~ **weight** (For) / Trockenholzmasse *f*
**dry yeast** (Nut) / Trockenhefe *f*
**DS** (decision support) (AI, Comp) / Entscheidungshilfe *f*, Entscheidungsunterstützung *f* ‖ ≃ (degree of substitution) (Chem) / Substitutionsgrad *m*, DS (Substitutionsgrad) ‖ ≃ (data set) (Comp) / Datenmenge *f* ‖ ≃ (US) (double-thickness window glass) (Glass) / Fensterglas *n* doppelter Dicke, DD-Glas *n* (bis 4 mm)
**DSB** (diagnostic status byte) (Comp) / Diagnosebyte *n* ‖ ≃ (direct satellite broadcasting) (Radio) / direkte Rundfunksendung von einem Satelliten ‖ ≃ **modulation** (Telecomm) / Zweiseitenbandmodulation *f*
**DSC** (differential scanning calorimetry) / Kalorimetrie *f* mit Differentialabtastung, Differentialscanningkalorimetrie *f*, DSK (Differentialscanningkalorimetrie), dynamische Differenzkalorimetrie, DDK (dynamische Differenzkalorimetrie) ‖ ≃ (digital satellite broadcasting) (Radio) / digitaler Satellitenrundfunk, DSR (digitaler Satellitenfunk)
**d.s.c. wire*** (double-silk-covered wire) (Elec Eng) / doppelseidenumsponnener Draht
**DSE** (data switching exchange) (Comp) / Datenvermittlungsstelle *f*
**DSL** (digital subscriber line) (Comp, Telecomm, Teleph) / digitaler Teilnehmeranschluss *m* ‖ ≃ (Comp, Telecomm, Teleph) s. also ADSL, HDSL and VDSL
**DSM** (double-sided modulation) (Telecomm) / Zweiseitenbandmodulation *f* ‖ ≃ **semiconductor laser** (Phys) / DSM-Halbleiterlaser *m*, dynamisch einmodiger Laser (ein Halbleiterlaser, der auch bei hohen Modulationsfrequenzen nur eine longitudinale Mode emittiert)
**DSP** (digital signal processing) (Comp, Telecomm) / Digitalsignalverarbeitung *f*
**DSQD diskette** (Comp) / doppelseitige Diskette mit vierfacher Schreibdichte, DSQD-Diskette *f*
**DSR** (data send ready) (Comp, Telecomm) / Betriebsbereitschaft *f*
**D.S.R.** (diffuse solar radiation) (Geophys, Meteor) / diffuse Sonneneinstrahlung
**DSRV** (deep submergence rescue vessel) (Ships) / Tauchrettungsboot *n*, Tieftauchrettungsfahrzeug *n*
**DSS** (decision-support system) (AI) / Entscheidungshilfesystem *n*, Decision-Support-System *n*
**DSS1** (Digital Subscriber System No. 1) (Comp) / DSS1-Protokoll *n* (Signalisierungsprotokoll zwischen dem ISDN-Endgerät und der Vermittlungsstelle)
**DSS** (decision-support system) (Comp) / Managementinformationssystem *n* für die Entscheidungsvorbereitung ‖ ≃ (disconnect send state) (Comp, Telecomm) / verbindungsloser Sendestatus ‖ ≃ (deep-space station) (Space) / Tiefraumstation *f*
**D-state** *n* (Nuc) / D-Zustand *m* (eines atomaren Systems) ‖ ~ *n* (Nuc) / d-Zustand *m* (eines atomaren Systems mit einem Leuchtelektron)
**DSTN display** (Cinema) / Passivmatrixdisplay *n*, Passivmatrix-Farbbildschirm *m*
**DT** (Dynamical Time) (Astron) / Dynamical Time *f* (eine mit der Internationalen Atomzeit verknüpfte Ephemeridenzeit) ‖ ≃ (decay time) (Elec Eng) / Abfallzeit *f* (eines Strom- oder Spannungssprunges im Allgemeinen)
**DTA*** (differential phase analysis) (Chem) / Differenzthermoanalyse *f* (die die Änderung der Enthalpie untersucht - DIN 51 007), Differentialthermoanalyse *f*, DTA (Differenzthermoanalyse) ‖ ≃ (disk transfer area) (Comp) / Diskettentransferbereich *m*, DTB (Diskettentransferbereich)
**DTC method** / Design-to-Cost-Methode *f*, kostenoptimierte Produktentwicklung, DTC-Ansatz *m* (kostenoptimierte Produktentwicklung)
**DTD** (document-type definition) (Comp) / Dokumenttypdefinition *f*, DTD (Dokumententypdefinition)
**DTE** (desktop engineering) (Comp) / Desktop Engineering *n* (CAD- und DTP-verknüpfte Systeme zur Textbearbeitung), DTE *n* (Desktop Engineering) ‖ ≃ (data terminal equipment) (Comp) / Datenendeinrichtung *f*, DEE *f* (Datenendeinrichtung nach DIN 44 302) ‖ ≃ **restart request** (Comp) / DEE-Restartanforderung *f*
**DTG** (distance to go) (Aero) / Reststrecke *f* ‖ ≃ (derivative thermogravimetry) (Chem) / derivative Thermogravimetrie, DTG (derivative Thermogravimetrie)
**DTGS** (deuterized triglycin sulphate) (Spectr) / deuteriertes Triglycinsulfat, deuteriertes Triglyzinsulfat, DTGS (deuteriertes Triglycinsulfat - für Detektoren)
**DTL** (diode transistor logic) (Electronics) / Dioden-Transistor-Logik *f*, DTL (Dioden-Transistor-Logik)
**DTM** (digital terrain map) (Aero, Cartography) / digitale Geländekarte ‖ ≃ (digital terrain map) (Radar) / digitale Geländekarte
**DTMF** (signalling) (Teleph) / Tonwahlverfahren *n*, Mehrfrequenzverfahren *n*, MFV (Mehrfrequenzverfahren), Multifrequenzwahlverfahren *n*
**DTP** (desktop publishing) (Comp) / Desktop-Publishing *n* (bis hin zur fertigen Druckvorlage oder bis zur Filmbelichtung - eine Art elektronisches Publizieren), DTP (Desktop-Publishing)
**DTPA** (diethylenetriamine-pentaacetic acid) (Chem) / Diethylentriaminpentaessigsäure *f*, DTPA (Diethylentriaminpentaessigsäure) ‖ ≃ (diethylenetriamine pentaacetate) (Chem) / Diethylentriaminpentaacetat *n*, Diethylentriaminpentaazetat *n*, DTPA (Diethylentriaminpentaacetat)
**DTP designer** (Comp) / DTP-Layouter *m*
**DTS** (Digital Theater Sound) (Acous, Cinema) / digitales Tonsystem (für Filmkopien - der Firma Digital Theater System) ‖ ≃ (dense tar surfacing) (Civ Eng) / Teerbetondecke *f* ‖ ≃ (digital termination system) (Telecomm) / digitalisiertes breitbandiges Zugangsnetz
**DT specimen** (Materials) / Doppeltorsionsprobe *f*, DT-Probe *f*
**D-type flip-flop** (Electronics) / D-Flipflop *n* (bei dem die an seinem Dateneingang D im Taktzeitintervall *n* liegende Information um ein Zeitintervall verzögert am Ausgang erscheint), Latch *n*
**D.U.** (Dobson unit) / Dobson-Einheit *f* (der Ozonmenge - nach G.M.B. Dobson, 1889 -1976), DU (Dobson-Einheit)
**dual** *adj* / dual *adj* (Entsprechung nach DIN 4898) ‖ ~ / zweifach *adj*, doppelt *adj*, zweizählig *adj* ‖ ~ (Maths) / dyadisch *adj*, dual *adj* ‖ ~ **air knife** (Paper) / Doppelluftmesser *n* ‖ ~ **assembly** (Autos, Civ Eng) / Zwillingsbereifung *f* (bei Nutzfahrzeugen, Baumaschinen und Traktoren)
**dual-band** *adj* (Teleph) / Dualband- (Handy)
**dual-beam oscilloscope** (Electronics) / Zweistrahloszilloskop *n* ‖ ~ **spectrometer** (Spectr) / Zweistrahlspektrometer *n*
**dual beta decay*** (Nuc) / dualer Betazerfall ‖ ~ **boot** (Comp) / Rechnerkonfiguration *f* mit zwei startfähigen Betriebssystemen
**dual-boot computer** (Comp) / Dual-Boot-Rechner *m* ‖ ~ **installation** (Comp) / Dual-Boot-Installation *f* ‖ ~ **machine** (Comp) / Dual-Boot-Rechner *m*
**dual braking system** (Autos) / Zweikreisbremse *f*, Zweikreisbremsanlage *f* (die zur Erhöhung der Sicherheit in zwei voneinander unabhängige Bremskreise getrennt ist) ‖ ~ **bus** (Comp) / Dualbus *m* ‖ ~ **bus** (Comp) / Doppelbus *m*
**dual-capacity brake** (Rail) / Bremse *f* mit zweistufigem Lastwechsel
**dual carburettor** (I C Engs) / Doppelvergaser *m*
**dual-carriage printer** (Comp) / zweibahniger Drucker, Zweibahnen-Schnelldrucker *m*
**dual carriageway*** (GB) (Autos) / Straße *f* mit getrennten Fahrbahnen (meistens eine Fernverkehrsstraße)
**dual-cassette recorder** (Acous) / Duo-Kassettendeck *n* ‖ ~ **system** (Acous) / Doppelkassettensystem *n*
**dual-circuit braking system** (Autos) / Zweikreisbremse *f*, Zweikreisbremsanlage *f* (die zur Erhöhung der Sicherheit in zwei voneinander unabhängige Bremskreise getrennt ist) ‖ ~ **oil circulation** (Eng) / Zweikreisölumlauf *m*
**dual collision** (Phys) / Zweierstoß *m* (wenn zwei Körper zusammenstoßen)

448

**dual-cone loudspeaker** (Radio) / Doppelkonuslautsprecher m, Dual-Cone-Lautsprecher m || **~ speaker** (Radio) / Doppelkonuslautsprecher m, Dual-Cone-Lautsprecher m
**dual control** (Aero) / Doppelsteuerung f (in Schul- und Übungsflugzeugen)
**dual-cycle plant** (with secondary-side steam cycle) (Nuc Eng) / Zweikreisanlage f (Druckwasserreaktor)
**dual downpipe** (I C Engs) / Zweifachflammrohr n || **~ drive** (Met) / Zwillingsantrieb m (Walzenantrieb für Zweiwalzengerüste, wobei jede der beiden Walzen von einem Antriebsmotor angetrieben wird), Twindrive m
**dual-entry car** (Eng) / Fahrkorb m mit zwei Zugängen
**dual expressway** (US) (Autos) / Autoschnellstraße f mit Richtungsfahrbahnen || **~ fitment** (Autos, Civ Eng) / Zwillingsbereifung f (bei Nutzfahrzeugen, Baumaschinen und Traktoren)
**dual-flame photometric detector** (Spectr) / Flammenemissionsdetektor m mit Dualflamme
**dual form** (Maths) / duale Form || **~ FPD** (Spectr) / Flammenemissionsdetektor m mit Dualflamme || **~-fuel engine** (Autos) / Wechselmotor m (bei dem von einem flüssigen Kraftstoff zu einem gasförmigen ohne Betriebsunterbrechung übergegangen werden kann), Zweistoffmotor m (z.B. Diesel-/Gas-) || **~ graph** / Dualgraf m, dualer Graf
**dual-head method** (Paint) / Doppelkopfverfahren n (bei Polyesterlacken) || **~ nail** (Carp) / Doppelkopfnagel m
**dual headpipe** (I C Engs) / Zweifachflammrohr n || **~-in-line package*** (Electronics) / Dual-in-Line-Gehäuse n (IC mit Gehäuse), DIP-Gehäuse n, DIL-Gehäuse n (mit zwei parallelen Reihen rechtwinklig abgebogener Anschlussstifte) || **~ instrumentation** (Instr) / Doppelinstrumentierung f || **~ ion*** (Chem) / Zwitterion n (Ion, das Ladungen entgegengesetzten Vorzeichens im gleichen Molekül trägt)
**dualise** v (Maths) / dualisieren v
**dualism** n (Phys) / Dualismus m
**duality** n (the property exhibited by the laws and rules of set algebra, the propositional calculus, and Boolean algebra) (Comp, Maths) / Dualität f || **~** (Maths) / Dualität f (Reziprozität), Reziprozität f (in der projektiven Geometrie) || **~ principle** (Maths) / Dualitätssatz m, Dualitätsprinzip n (in der projektiven Geometrie) || **~ theorem** (Maths) / Dualitätssatz m, Dualitätsprinzip n (in der projektiven Geometrie)
**dualize** v (Maths) / dualisieren v
**dualizing*** n (Maths) / Polarsystem n, Polarität f, Polarreziprozität f (Zuordnung zwischen Punkten und Geraden in der projektiven Ebene bzw. zwischen Punkten und Ebenen im projektiven Raum)
**dual-lamp circuit** (Elec Eng, Electronics) / Duoschaltung f (bei Leuchtstoffröhren)
**dual-lane** attr (Autos, Civ Eng) / zweispurig adj (Verkehrsstraße)
**dual MAC dual attached concentrator** (Comp) / DMDAC m || **~ master cylinder** (Autos) / Tandemhauptzylinder m (bei Zweikreisbremsanlagen)
**dual-metal piston** (Autos) / Zweimetallkolben m (Boden aus Leichtmetall, Schaft aus Grauguss)
**dual modulation*** (Radio, Telecomm) / Doppelmodulation f || **~ operational amplifier** (Comp) / Doppeloperationsverstärker m, Zweifachoperationsverstärker m || **~ partition ordering** (Maths) / konverse Halbordnung
**dual-phase steel** (Met) / Dualphasenstahl m (ferritischer Stahl mit etwa 20 bis 30% inselartig eingelagertem Martensitanteil)
**dual-piston engine** (Autos) / Doppelkolbenmotor m (ein Zweitaktmotor)
**dual precedence** (Comp) / Doppelpriorität f || **~ problem** (in linear programming) (Comp) / duales Problem, duale Aufgabe || **~ processor** (Comp) / Dualprozessor m
**dual-purpose meter** (Elec Eng) / Zweizweckmessgerät n, Doppelzweckmessgerät n || **~ reactor** (Nuc Eng) / Zweizweckreaktor m || **~ sewer** (San Eng) / Mischwasserkanal m
**dual ram-type vertical broaching machine** (Eng) / Senkrechträummaschine f in Zweizylinderbauweise || **~ routing** (Telecomm) / Zweiwegeführung f
**dual-scan colour display** (Cinema) / Passivmatrixdisplay n, Passivmatrix-Farbbildschirm m
**dual-screen workstation** (Comp) / Arbeitsplatz, bei dem über ein Datensichtgerät die ein Anwenderprogramm steuernden Kommandos eingegeben werden und ein anderes Bildschirmgerät für die grafische Darstellung benutzt wird
**dual-sided disk** (Comp) / doppelseitige Diskette, beidseitig beschreibbare Diskette
**dual-side mounting pc board** (Electronics) / Zweiebenenleiterplatte f (die auf beiden Seiten Leiterbahnen trägt)

**dual slope** (Electronics) / Zweiflankenwandler m, Zweirampenumsetzer m, Dual-Slope-Umsetzer m
**dual-slope converter** (Electronics) / Zweiflankenwandler m, Zweirampenumsetzer m, Dual-Slope-Umsetzer m || **~ converter** (Electronics) / integrierender Zweirampenumsetzer, A/D-Zweirampenumsetzer m || **~ method** (Electronics) / Zweirampenverfahren n (Methode der Analog-Digital-Umsetzung), Dual-Slope-Verfahren n
**dual-speed drill** (Tools) / Zweigangbohrer m
**dual spray-gun** (Paint) / Doppelpistole f (mit zwei Farbbechern) || **~ temperature process** (Nuc) / Heiß-Kalt-Verfahren n (Isotopentrennung auf der Basis des chemischen Austauschverfahrens) || **~ theorem** (Comp) / duales Problem, duale Aufgabe
**dual-tone multifrequency dialling** (signalling) (Teleph) / Tonwahlverfahren n, Mehrfrequenzverfahren n, MFV (Mehrfrequenzverfahren), Multifrequenzwahlverfahren n
**dual-trace oscilloscope** (Electronics) / Zweistrahloszilloskop n
**dual track** (Acous) / Doppelspur f
**dual-track tape recorder** (Acous) / Doppelspurtonbandgerät n
**dual transistor** (Electronics) / Doppeltransistor m (zwei Transistoren in gemeinsamer Kapsel), Dualtransistor m
**dual-trumpet horn** (US) (Autos) / Zweiklanghorn n, Zweiklangfanfare f, Zweiklangkompressorfanfare f
**dual tyres** (Autos) / Doppelbereifung f || **~ voltage** (Elec Eng) / Möglichkeit f der Spannungswahl (aus 2 Spannungen - Angabe an den Geräten)
**dual-voltage transformer** (Elec Eng) / spannungsumschaltbarer Transformator
**dual wheels** (Aero, Autos) / Radpaar n, Doppelräder n pl
**dual-wheel undercarriage** (Aero) / Doppelrad-Fahrwerk n
**DU ammunition** (Mil) / uranhaltige Munition
**Duane and Hunt's law*** (Radiol) / Duane-Hunt'sches Gesetz (nach W. Duane, 1872-1935, und F.L. Hunt, 1883- )
**duants** pl (Nuc Eng) / Dees pl, Duanten m pl (eines Zyklotrons)
**dub** v (Acous) / kopieren v (Kassette, Band) || **~** (Cinema) / synchronisieren v (einen fremdsprachigen Film) || **~** n (Cinema) / synchronisierte Fassung
**dubbed version** (Cinema) / synchronisierte Fassung
**dubbin** n (Leather) / Tafelschmiere f (zum Kaltfetten)
**dubbing*** n (Acous) / Mischung f || **~*** (Build) / Ausflicken n mit Grobputz || **~** (Cinema) / Synchronisierung f (eines fremdsprachigen Films) || **~** (Cinema) / Dubbing n, Synchronisation f (eines Filmes aus einer Fremdsprache in die eigene Sprache) || **~*** (Leather) / Tafelschmiere f (zum Kaltfetten) || **~ print** (Cinema) / Arbeitskopie f zur Nachsynchronisation || **~ speaker** (Cinema) / Synchronsprecher m || **~ theatre** (Cinema) / Synchronstudio n
**Dubbs process** (Oils) / Dubbs-Verfahren n (mehrstufiges thermisches Kracken)
**dubious** adj / bedenklich adj (Herstellungsmethode)
**dubnium** n (Chem) / Dubnium n (Element 105), Db (Dubnium)
**Du Bois Reymond's test for convergence** (Maths) / Du Bois-Reymond'sches Kriterium (nach P. Du Bois-Reymond, 1831 - 1887)
**Dubosq colorimeter** (Chem) / Eintauchkolorimeter n nach Dubosq
**duchesse** n (Textiles) / Duchesse f (schweres /Kunst/Seidengewebe mit glänzender Vorder- und matter Rückseite in Atlasbindung) || **~ satin** (Textiles) / Duchesse f (schweres /Kunst/Seidengewebe mit glänzender Vorder- und matter Rückseite in Atlasbindung)
**duck** v / tauchen v, eintauchen v || **~*** n (Textiles) / Duck m (grobfädiges starkes Baumwollgewebe in Leinwandbindung)
**duckbill loader** (Mining) / Entenschnabellader m, Stoßschaufellader m
**duckboard** n (Build) / Dachleiter f (fest angebrachte)
**duck eyes** (Textiles) / Poren f pl, Löcher n pl, Nadelstiche m pl, Krater m pl (Fehler)
**duckfoot bend** (Eng) / Hydrantenkrümmer m, Krümmer m mit Standfuß || **~ bend*** (Plumb) / Fußrohrkrümmer m, Fußkrümmer m, N-Stück n || **~ quotes*** (Typog) / französische Anführungszeichen n pl (<< ... >>)
**duct** n (Aero) / Strömungskanal m || **~*** (Civ Eng) / Kanal m, Graben m (Rohrgraben), großer Rohrgraben || **~** (Civ Eng) / Spannkanal m (Hüllrohr, in dem die Spannglieder geführt werden, um sie bei nachträglichem Verbund mit Einpressmörtel zum Zwecke des Korrosionsschutzes zu verfüllen), Spanngliedkanal m, Hüllrohr n (in dem die Spannglieder geführt werden) || **~*** (Elec Eng) / Kanal m (Elec Eng) / Installationskanal m, Leitungskanal m || **~*** (Eng) / Kanal m (für Lüftung oder Kühlung) || **~** (Eng) / Rohr n (für Heizung und Lüftung) || **~*** (Eng) / Kanalzug m, Rohrzug m || **~*** (Eng, Mining) / Strahlrohr n || **~*** (Mining) / Lutte f, Wetterlutte f || **~ roller** (Print) / Farbduktor m (im Farbkasten) || **~*** (Print) / Farbkasten m (im Farbwerk) || **~ blade** (Print) / Rakel f (eine Vorrichtung an

Tiefdruckmaschinen) || ~ (wall bushing) **capacitor** (Elec Eng) / Durchführungskondensator m, Vierpolkondensator m
**ducted fan*** (Aero) / Ducted Fan n (ein Zweistrom-TL-Triebwerk, in dem die Zusatzluft hinter dem Niederdruckverdichter den "heißen Kern" des Triebwerkes wie ein Mantel umgibt), Bläsertriebwerk n, Mantelstromstrahltriebwerk n
**ducted-fan engine** (Aero) / Ducted Fan n (ein Zweistrom-TL-Triebwerk, in dem die Zusatzluft hinter dem Niederdruckverdichter den "heißen Kern" des Triebwerkes wie ein Mantel umgibt), Bläsertriebwerk n, Mantelstromstrahltriebwerk n
**ducted propeller** (Aero) / Mantelpropeller m
**duct fan** (Mining) / Luttenlüfter m (zur Druckerzeugung bei der saugende oder blasende Sonderbewetterung)
**ductile** adj (Materials, Mech) / duktil adj (wenn bleibende Dehnung vor dem Bruch größer ist als die elastische Dehnung), plastisch adj, umformbar adj, dehnbar adj || ~ **cast iron*** (Met) / Gusseisen n mit Kugelgraphit (DIN 1693), Sphäroguss m, GGG (Gusseisen mit Kugelgraphit) || ~ **failure** (Materials) / duktiles Versagen n || ~ **fracture** (a mode of fracture that is attended by extensive gross plastic deformation) (Materials, Mech) / zäher Bruch, Verformungsbruch m, duktiler Bruch, Dehnungsbruch m
**ductility** n / Fähigkeit f des Fadenziehens (z.B. bei Schmiermitteln) || ~* (Materials, Mech) / Duktilität f, Dehnbarkeit f (nicht streng definierter Begriff zur Kennzeichnung der Verformungsfähigkeit eines plastischen Stoffes) || ~ **test** (Met) / Tiefungsversuch m (technologische Prüfung nach DIN 50101), Einbeulversuch m
**ducting** n (blowing or exhaust ventilation) (Mining) / Luttenstrang m, Luttenleitung f
**ductless gland** (Physiol) / endokrine Drüse, inkretorische Drüse, Drüse f mit innerer Sekretion
**ductor** n (Print) / Farbduktor m (im Farbkasten) || ~ **roller** (Print) / Farbduktor m (im Farbkasten)
**duct propulsion** (Aero) / autogener Reaktivantrieb, Strahlantrieb m, Düsenantrieb m, Rückstoßantrieb m || ~ **propulsion** (Phys) / Kanalströmungs-Strahlantrieb m || ~ **system** / Kanalnetz n (für raumlufttechnische Anlagen)
**duct-ventilated machine** (Elec Eng) / Maschine f für Luftkanalanschluss
**duct waveguide*** (Radio) / atmosphärischer Wellenleiter
**dud** n (Mil) / Blindgänger m (Geschoss, dessen Sprengladung infolge Versagens der Zündvorrichtung nicht detoniert ist)
**Duddell arc** (Elec Eng) / singender Lichtbogen, tönender Lichtbogen
**due** adj / fällig adj (Rechnung) || **in ~ time** / termingerecht adj || ~ **date** / Zahlungsziel n || ~ **date** (Work Study) / Termin m (DIN 69900), Fälligkeitsdatum n || ~ **for demolition** (Build) / abbruchreif adj, baufällig adj
**duff*** n (Mining) / Staubkohle f || ~ (Mining) / Schrämklein n, Kohleklein n || ~ **Abrams' law** (the strength of a concrete or mortar depends inversely on the weight of water divided by the weight of cement in the mix) (Civ Eng) / Wasserzementwertgesetz n nach Abrams
**duffel*** n (Textiles) / Düffel m (ein schweres Gewebe für Wintermäntel)
**Duffin-Kemmer equation** (Phys) / Duffin-Kemmer-Gleichung f (ein relativistische Wellengleichung)
**duffle*** n (Textiles) / Düffel m (ein schweres Gewebe für Wintermäntel)
**Dufour effect** (Heat) / Diffusionsthermoeffekt m (Umkehrung der Thermodiffusion), Dufour-Effekt m (nach L. Dufour, 1832-1892)
**dufrenite** n (Min) / Grüner Glaskopf, Dufrenit m
**duftite** n (Min) / Duftit m (ein olivgrünes basisches Mineral)
**Duhamel's theorem** (Maths) / Duhamel'sche Formel, Duhamel'scher Satz
**Duhem equation** (Chem) / Gibbs-Duhem-Gleichung f (nach P.M.M. Duhem, 1861 - 1916)
**Duhem-Margules equation** (Phys) / Duhem-Margules-Gleichung f (die Beziehung zwischen den Partialdrücken $p^1$ und $p^2$ einer binären flüssigen Mischung mit den Molenbrüchen $x^1$ und $x^2$ in der flüssigen Phase)
**Dühring's rule*** (Chem, Phys) / Dühring'sche Regel (zur Berechnung der Siedepunktserhöhung von Lösungen - nach E. Dühring, 1833-1921)
**dulcin*** n (Chem) / Dulcin n, Dulzin n, Sucrol n, Sukrol n (4-Ethoxyphenylharnstoff - als Süßstoff nicht zugelassen)
**dulcitol*** n (Chem) / Dulzit m (ein Hexit), Dulcit m
**dull** v / stumpf machen, abstumpfen vt || ~ (Paint) / abstumpfen v || ~ (Paint) / mattieren v || ~ vi (Tools) / abstumpfen vi (stumpf werden) || ~ adj (non-reflective) / matt adj || ~ adj (Paint) / matt adj (Farbton) || ~ / glanzlos adj, matt adj (im Allgemeinen), mattiert adj, stumpf adj || ~ / gedrückt adj (Markt) || ~ **blind** adj (Oberfläche) || ~ (Acous) / dumpf adj, hohl adj (klingend) || ~ (Nut) / blind adj (Wein und Sekt) || ~ (Tools) / stumpf adj (Messer, Schneidwerkzeug), unscharf adj || ~**-black** adj / mattschwarz adj
**dull-bright** adj / mattglänzend adj
**dull brown coal** (Mining) / Mattbraunkohle f || ~ **coal** (Geol) / Durit m (eine Streifenart) || ~ **coal** (Mining) / Mattkohle f (Durit) || ~ **coal**

(Mining) s. also durain and jet coal || ~ **edge** (For) / Fehlkante f, Waldkante f, Wahnkante f, Baumkante f
**dull-emitter cathode*** (Electronics) / Oxidkatode f (mit einer Erdalkalioxidschichtbedeckung des Grundmetalls), Schichtkatode f
**dull finish** (Paper) / Mattglanz m || ~ **finish** (Surf) / matte Oberflächenschicht || ~ **finish** (Textiles) / Mattappretur f || ~ **glaze** (Ceramics) / Mattglasur f, matte Stellen, matte Glasur (Kristallausscheidungen - ein Glasurfehler) || ~ **gloss** / Mattglanz m
**dull-green** adj / schmutzig grün adj
**dull grinding** / Mattschleifen n
**dulling** n (Paint) / Abstumpfen n || ~ (Paint, Surf) / Mattierung f
**dull lustre** / Mattglanz m
**dullness** n (Ceramics, Paint) / Stumpfheit f, Glanzlosigkeit f, Stumpfmattheit f, Mattheit f, mattes Aussehen
**dull-red heat** (Met) / purpurrote Glühhitze, Dunkelrotglut f (Glühfarbe)
**Dulong and Petit's law*** (Chem) / Dulong-Petit-Regel f, Dulong-Petit'sche Regel (nach P.L. Dulong, 1785-1838, und A.T. Petit, 1791-1820)
**Dumas' method** (Chem) / Dumas-Methode f (der Elementaranalyse - nach J.B.A. Dumas, 1800-1884), Stickstoffbestimmung f nach Dumas (und Pregl - eine Methode der Elementaranalyse)
**dumb barge** (Civ Eng, Ships) / Schleppkahn m, Schute f ohne Eigenantrieb
**dumbbell** n (Chem Eng) / Normalstab m 1, T-Probe f, Dumbbell m (hantelförmiger Probekörper für Gummi nach DIN 53504 und ASTM D 412-68) || ~ **nebula*** (Astron) / Hantelnebel m (der planetarische Nebel M 27 im Sternbild Fuchs - hellster Nebel des nördlichen Himmels), Dumbbellnebel m
**dumbbell-shaped specimen** (Plastics) / Schulterprobe f
**dumbbell specimen** (Chem Eng) / Normalstab m 1, T-Probe f, Dumbbell m (hantelförmiger Probekörper für Gummi nach DIN 53504 und ASTM D 412-68) || ~ **specimen** (Plastics) / Schulterprobe f
**dumb iron*** (Autos) / Federlager n, Federbock m, Federaufnahme f || ~ **terminal*** (Comp) / nichtintelligentes Terminal, unintelligentes Terminal, nicht programmierbare Datenstation, Einfachterminal n || ~ **waiter** (Build) / Speiseaufzug m, Speisenförderer m, Küchenaufzug m
**Dumet wire** (Elec Eng) / Dumet-Draht m (ein Glühdraht aus Fe-42 Ni mit einem dünnen Kupfermantel)
**dummy** v (Eng) / vorschmieden v (vorformen) || ~ (Surf) / einarbeiten v (Elektrolyte mit Gleichstrom), durcharbeiten v (Elektrolyte mit Gleichstrom) || ~ / Attrappe f, Schaupackung f, Dummy m (Attrappe), Makette f || ~ (Autos) / Versuchspuppe f (für Crashtests), Testpuppe f, Messpuppe f (Dummy), Dummy m (lebensgroße, bei Unfalltests bei Kraftfahrzeugen verwendete Puppe), Hybrid m (Dummy) || ~ (Bind, Print) / Blindband f ("Messemuster" mit teilweise bedruckten Seiten) || ~* (Bind, Print) / Stärkeband m, Stärkemuster n (das nur die buchbinderische Gestaltung veranschaulicht) || ~ (Comp, Maths) / Dummy m (ein leeres Element), Pseudoelement n || ~ (Comp, Typog) / Blindmuster n (ein Illustrationsmuster für ein Layout oder eine grafische Darstellung) || ~ (Elec Eng, Surf) / Reinigungskatode f, Blindkatode f (zum Abfangen von Verunreinigungen beim Galvanisieren) || ~ (Met) / Stauchkaliber n beim Schienenwalzen || ~* (Plumb) / Bleirohr-Richtwerkzeug n || ~* (Plumb) / Rohrrichtvorrichtung f || ~ (Print) / Dummy m (Modellnummer einer Zeitschrift) || ~ adj / nachgemacht adj, unecht adj, Schein- (unecht), simuliert adj || ~ **activity** / Scheintätigkeit f (PERT) || ~ **antenna*** (Radio) / künstliche Antenne (die strahlungsfreie elektrische Nachbildung einer Antenne durch einen Ersatzwiderstand, dessen Wert dem Wellenwiderstand der Antenne an ihrem Eingang entspricht) || ~ **argument** (Comp) / formaler Parameter (Fortran), Formalparameter m (Fortran) || ~ **bar** (Met) / Anfahrbolzen m || ~ **block** (Eng, Met) / Pressscheibe f (z.B. bei Fließpressen) || ~ **cathode** (Surf) / Reinigungskatode f, Blindkatode f (zum Abfangen von Verunreinigungen beim Galvanisieren) || ~ **character** (Comp) / Blindzeichen n || ~ **coil*** (Elec Eng) / tote Spule, Hilfsspule f || ~ **copy** / Nullnummer f (vor der ersten Nummer erscheinendes kostenloses Testexemplar einer Zeitschrift oder einer Zeitung) || ~ **data** (Comp) / Blinddaten n pl || ~ **data set** (Comp) / Pseudodatei f || ~ **element** (Radar, Radio) / Sekundärelement n (ein Antennenelement) || ~ **head** (Acous) / Kopf- und Rumpfsimulator m (DIN 1320), Kunstkopf m (zur stereophonen Aufnahme von Klangereignissen) || ~ **header label** (Comp) / leeres Anfangsetikett
**dummying*** n (Eng) / Vorschmieden n, Vorformen n (Vorschmieden)
**dummy instruction** (Comp) / Scheinbefehl m || ~ **instruction** (Comp) / Blindbefehl m || ~ **joint** / Scheinfuge f (Sollbruchstelle im Allgemeinen) || ~ **joint** (Civ Eng) / Scheinfuge f (Querfuge in der Straßenbetondecke, die die Risse aus Zugspannungen vermindern soll) || ~ **line** (Telecomm) / Leeranschluss m || ~ **load** (Build, Mech)

fiktive Traglast, Scheinbelastung f || ~ **load**\* (Radio) / Blindlast f, Dummy-Load f (Lastwiderstand als künstliche Antenne)
**dummy-load method** (Mech) / Mohr'sches Verfahren
**dummy module** (Electronics) / Blindeinschub m || ~ **package** / Mogelpackung f || ~ **page** (Comp, Typog) / Blindtext m (ein Entwurfsblatt für ein Layoutmuster, bei dem Schriftart, Größe und Zeilenabstand dem später zu setzenden Text entsprechen) || ~ **pass** (Met) / blindes Kaliber (bei Schienenwalzung) || ~ **piston**\* (Eng) / Druckausgleichskolben m, Ausgleichskolben m (bei Reaktionsturbinen) || ~ **plug** (Telecomm) / Blindstecker m || ~ **roll** (Eng) / Blindwalze f || ~ **run** / Probebetrieb m, Probelauf m, Testlauf m, PB || ~ **shuttle** (Weaving) / Greiferschützen m (Schussfadenzugkörper, z.B. bei Sulzer-Webmaschinen), Harpune f || ~ **statement** (Comp) / Blindanweisung f || ~ **traffic** (Teleph) / Blindverkehr m || ~ **variable**\* (a variable on which the actual value of a given expression does not in fact depend) (Comp) / Scheinvariable f || ~ **virus** (Comp) / Scheinvirus m
**Dumont blue** / Cobaltblau n (ein Mischphasenpigment), Kobaltblau n (ein Kobaltaluminat), Kobaltultramarin n, Thenard-Blau n (nach L.J. Baron Thenard, 1777-1857), Dumonts Blau
**dumortierite** (Ceramics, Min) / Dumortierit m
**dump** v / abladen v, entladen v (auf eine bestimmte Stelle) || ~ (Aero) / ablassen v (Treibstoff - als Notmaßnahme) || ~ (Civ Eng, Mining) / verstürzen v (Abraum), verkippen v || ~ (Civ Eng, Mining) / absetzen v (Abraum), abwerfen v (Abraum) || ~\* (contents of memory) (Comp) / ausgeben v || ~ (Ecol) / ablagern v (auf der Deponie) || ~ (Ecol) / verklappen v, verdumpen v || ~ (Mining) / Aufhalden (Berge) || ~ (Nuc Eng) / abblasen v (Dampf zum Kondensator) || ~ n (of a bucket) (Autos, Civ Eng) / Auskippwinkel m || ~ (Comp) / Dump m (Speicherausdruck), Speicherabzug m (das Sichtbarmachen eines zusammenhängenden Teils eines Datenspeichers durch Ausgabe mit einem Drucker oder auf dem Bildschirm) || ~ (Ecol, San Eng) / Mülldeponie f (eine Abfallentsorgungsanlage), Deponie f (geordnete, wilde, unter Tage, über Tage), Müllabladeplatz m, Müllgrube f || ~\* (Mining) / Kippe f, Halde f || ~\* (Mining) / Abraumhalde f, Abraumkippe f (über Tage angelegte Aufschüttung von Abraum), Halde f (künstliche Aufschüttung von Schlacke oder tauben Gesteinsmassen) || ~ (Mining) / Wipper m (zum Entladen von Förderwagen) || ~ (Nuc Eng) / Schnellablass m (des Moderators), Moderatorschnellablass m || ~ (Nuc Eng) / Dampfabblasen n (in den Kondensator), Abblasen n (von Dampf zum Kondensator) || ~ **barge** (Civ Eng) / Klappenprahm m, Baggerschute f, Baggerprahm m, Klappschute f || ~ **body** (Autos) / Kipppritsche f || ~ **chest** (Paper) / Ableerbütte f (bei der Stoffaufbereitung) || ~ **condenser**\* (Nuc Eng) / Überschusskondensator m || ~ **energy** (which is in excess of the needs of the electric system and which cannot be stored or conserved) (Elec Eng) / Überschussenergie f
**dumper**\* n (Autos) / Muldenkipper m, Autoschütter m, Dumper m || ~ (Autos, Civ Eng) / Schütter m (kleiner Muldenkipper)
**dump gas** (Ecol, San Eng) / Deponiegas n (das aufgrund anaerober biologischer Abbauprozesse entstandene Biogas)
**dumping** n (Civ Eng, Mining) / Verstürzen v (von Abraum), Verkippen n || ~ (Ecol) / Schuttabladen n, Müllablagerung f, Ablagern n von Müll, Ablagerung f auf der Deponie, Abfallablagerung f (z.B. auf der Deponie) || ~ (Nuc Eng) / Dampfabblasen n (in den Kondensator), Abblasen n (von Dampf zum Kondensator) || ~ **ability** (Ecol, San Eng) / Deponierbarkeit f (der Abfallstoffe) || ~ **area** (Ecol, San Eng) / Mülldeponie f (eine Abfallentsorgungsanlage), Deponie f (geordnete, wilde, unter Tage, über Tage), Müllabladeplatz m, Müllgrube f || ~ **at sea** (Ecol) / Hohe-See-Einbringung f, Ocean-Dumping n, Verklappung f (Ausbringung von Abfallstoffen mit Spezialschiffen auf dem Meer), Meeresversenkung f, Meereseinleitung f || ~ **boom** (Mining) / Abwurfausleger m || ~ **costs** (San Eng) / Deponiekosten pl (für die Ablagerung auf der Deponie) || ~ **height** / Abkipphöhe f || ~ **reach** (Mining) / Schüttweite f (z.B. eines Absetzers) || ~ **scow** (Civ Eng) / Klappenprahm m, Baggerschute f, Baggerprahm m, Klappschute f || ~ **truck** (Autos) / Muldenkipper m, Autoschütter m, Dumper m
**dump leaching** (Met) / Haldenlaugung f
**dumpling** n (Civ Eng) / Erdkegel m || ~\* (Civ Eng) / Sicherheitsstreifen m (zwischen zwei Ausschachtungen) || ~\* (Civ Eng) / Aushubrest m, unberührte Aushubmasse (in der Mitte der Aushubgrube) || ~ (Rail) / Kern m (Erdkörper des Unterbaus) || ~ **cactus** (Bot) / Peyote m (Lophophora williamsii /Lem. ex Salm-Dyck/ J.M. Coult.)
**dump point** (Comp) / Fixpunkt m, bedingter Programmstopp, Checkpoint m || ~ **scow** (Civ Eng) / Klappenprahm m, Baggerschute f, Baggerprahm m, Klappschute f
**dumpster** n (US) (Ecol) / Abfallcontainer m
**dump stock** (Min Proc, Mining) / Halde f, Vorratshalde f (Reservevorrat, Reservebestand, Bevorratungsform) || ~ **truck** (US) (Autos) / Muldenkipper m, Autoschütter m, Dumper m || ~ **valve**\* (Aero) / Schnellablassventil n, Entleerventil n

**dumpy level**\* (Surv) / Teleskopwaage f
**DUN** (dial-up networking) (Teleph) / DFÜ-Netzwerk n
**Duncan test** (Stats) / Duncan-Test m (ein Signifikanztest zum Vergleich je zweier Erwartungswerte aus einer Reihe von p Erwartungswerten)
**dune**\* n (Geol) / Sanddüne f, Düne f || ~ **lake** (Geol) / Dünensee m || ~ **ridge** (Geol) / Dünenrücken m || ~ **sand** (Geol) / Dünensand m (ein Flugsand)
**dung** v (Agric) / düngen v || ~ n (Agric) / Mist m, Dung m, Stalldünger m, Stalldung m, Stallmist m
**dungaree**\* n (Textiles) / Monteurköper m, Overallbaumwollstoff m
**dung burial** (Agric) / Stallmisteinarbeitung f (in den Boden), Dungeinarbeitung f || ~ **dozer** (Agric) / Dungschieber m || ~ **pit** (Agric) / Dungstätte f, Dunggrube f || ~ **removal** (Agric) / Entmistung f (des Stalls) || ~ **unit** (Agric) / Dungeinheit f, DE (Dungeinheit) || ~ **vat** (Textiles) / Mistbeize f || ~ **water** (Agric) / Jauche f (natürlicher organischer Dünger), Mistjauche f, Sickersaft m (aus der Festmistbereitung, der überwiegend aus Harn und Kot besteht), Adel m (A)
**dunite**\* n (Geol) / Dunit m (ein Tiefengestein)
**dunk** v (to produce decorative crazing in the glaze) (Ceramics) / in kalte Flüssigkeit tauchen (um dekorative Glasurrisse zu erzielen), abschrecken v (kurz)
**Dunkerley formula** (Mech) / Dunkerley'sche Formel (mit der eine untere Schranke für die niedrigste Eigenfrequenz von Biegeschwingungssystemen mit n Punktmassen angegeben werden kann)
**dunking sonar** (Acous) / Tauchsonar n, Tauchsonargerät n
**dunnage** n (Build, Carp) / Abfallholz n (aus Sägewerken) || ~\* (Ships) / Stauholz n, Garnierholz n || ~ (Ships) / Stapellatte f, Stapelleiste f
**dunting** n (the cracking of fired ware which has been cooled too rapidly) (Ceramics) / Brenn- oder Kühlrissbildung f, Reißen n (in der Kühlzone), Zerspringen n (bei zu rascher Abkühlung) || ~ **point** (the temperature at which the inversion of silica from the alpha crystalline form to the beta form occurs, and vice versa) (Ceramics) / Rissbildungstemperatur f (Umwandlungspunkt des Siliciumdioxids)
**duobinary** adj (Comp) / duobinär adj
**duo-binary MAC** (TV) / D2-MAC n (Variante D2 von MAC - internationale Fernsehnorm für das Satellitenfernsehen)
**duo bus** (Elec Eng) / Duo-Bus m (Omnibus, der seine Antriebsenergie wahlweise von einer Oberleitung oder von mitgeführten Batterien bezieht)
**duo-cone loudspeaker** (Radio) / Doppelkonuslautsprecher m, Dual-Cone-Lautsprecher m
**duodecal base** (Electronics) / Zwölfstiftsockel m, Duodekalsockel m
**duodecimal** adj (Maths) / duodezimal adj (auf das Zwölfersystem bezogen) || ~ **system**\* (Maths) / Zwölfersystem n, Dodekadik f (mit der Basis 12), Duodezimalsystem n
**duodiode** n (Electronics) / Doppeldiode f (zwei in einem gemeinsamen Gehäuse untergebrachte Seleneinzeldioden mit sehr hohem Sperrwiderstand), Duodiode f
**duolateral coil**\* (Elec Eng) / Bienenkorbspule f
**duo-pitched roof** (Build) / Satteldach n, Giebeldach n (nach zwei gegenüberliegenden Gebäudeseiten geneigtes Dach mit hochgeführten Giebelwänden an den zwei übrigen Seiten)
**duoplay** n (Acous, Mag) / Duoplay n (getrennte Tonbandaufnahme auf 2 Spuren mit der Möglichkeit einer späteren gleichzeitigen Wiedergabe)
**duo-servo brake** (Autos) / Duoservobremse f
**duotriode** n (Electronics) / Doppeltriode f, Duotriode f
**duo-twist method** (Spinning) / Trennzwirnverfahren n
**DUP** (Chem) / Diundezylphthalat n, Diundecylphthalat n, DUP (DIN 7723)
**dup** n / Zweitexemplar n, Duplikat n
**dupe** v (Cinema, Photog) / dupen v (von einer Positivkopie eine Negativkopie herstellen) || ~ n / Zweitexemplar n, Duplikat n
**duped print** (Cinema) / Dup-Kopie f
**Dupin's cyclide** (Maths) / Dupin'sche Zyklide (nach Baron Ch. Dupin, 1784-1873), Zyklide f von Dupin
**duple** adj / zweifach adj, doppelt adj, zweizählig adj
**duplet** n (a pair of electrons shared between two atoms forming a single covalent bond) (Nuc) / Dublett n, Elektronendublett n (gemeinsames Elektronenpaar zweier Atome)
**duplex** n (Arch, Build) / Maisonette f, Maisonnette f (zweistöckige Wohnung in einem Haus) || ~ (US) (Build) / Zweifamilienhaus n || ~\* (Comp, Telecomm) / Zweirichtungsbetrieb m, Duplexbetrieb m, Duplexverkehr m, Vollduplexbetrieb m, Gegenbetrieb m || ~\* (Teleg) / Duplexsystem n || ~ **apartment** (US) (Arch, Build) / Maisonette f, Maisonnette f (zweistöckige Wohnung in einem Haus) || ~ **bag** / doppelwandiger Beutel || ~ **balance**\* (Teleg) / Leitungsnachbildung f || ~ **board** (Paper) / Duplexkarton m || ~ **burner**\* (Eng) / Doppelbrenner m || ~ **channel** (Telecomm) /

**duplex**
Gegensprechkanal *m*, Duplexkanal *m* ‖ ~ **circuit** (Elec Eng) / Duplexverbindung *f*, Duplexleitung *f* ‖ ~ **coating** (Surf) / Duplexschicht *f*, Duplexschutzschicht *f*
**duplexer*** *n* (Radar, Radio) / Sende-Empfangs-Weiche *f*, Duplexer *m*, Duplexgerät *n*
**duplex-head nail** (Build) / Schalungsnagel *m* ‖ ~ **nail** (Carp) / Doppelkopfnagel *m*
**duplex house** (US) (Build) / Zweifamilienhaus *n*
**duplexing** *n* (Comp, Telecomm) / Zweirichtungsbetrieb *m*, Duplexbetrieb *m*, Duplexverkehr *m*, Vollduplexbetrieb *m*, Gegenbetrieb *m* ‖ ~ (Teleg) / Duplexsystem *n*
**duplex lathe*** (Eng) / Zweimeißeldrehmaschine *f* ‖ ~ **(micro)structure** (Crystal, Met) / Duplexgefüge *n* ‖ ~ **nickel** (Surf) / Doppelnickel *n* ‖ ~ **nickel coating** (Surf) / Doppelvernicklung *f* (Abscheidung von zwei Ni-Schichten zum Korrosionsschutz) ‖ ~ **operation** (Comp, Telecomm) / Zweirichtungsbetrieb *m*, Duplexbetrieb *m*, Duplexverkehr *m*, Vollduplexbetrieb *m*, Gegenbetrieb *m* ‖ ~ **operation** (Telecomm) / Gegenschreibverkehr *m* (Telexverkehr) ‖ ~ **paper*** (Paper) / Duplexpapier *n* (meistens mit verschiedenfarbigen Seiten) ‖ ~ **photographic film paper** (Photog) / Duplexfilmpapier *n* (ein Fotoschutzpapier zum Schutz von Rollfilmen) ‖ ~ **print** (Textiles) / Doppeldruck *m* ‖ ~ **process*** (Met) / Duplexschmelzverfahren *n*, Duplexverfahren *n* (ein Verfahren zur wirtschaftlichen Erzeugung von Stahl durch aufeinander folgende Anwendung von zwei Schmelzöfen) ‖ ~ **(protection) layer** (Surf) / Duplexschicht *f*, Duplexschutzschicht *f* ‖ ~ **pump*** (Eng) / Duplexpumpe *f* (schwungrad- und triebwerklose zweizylindrische Zwillingskolbenpumpe) ‖ ~ **star connection** (Elec Eng) / Doppelsternschaltung *f* ‖ ~ **steam engine** (Eng) / Zwillingsmaschine *f* (einstufige Dampfmaschine mit zwei Zylindern in stehender Anordnung) ‖ ~ **steel** (Met) / Duplexstahl *m* (mit #*gα*- und #*gγ*-Gefüge) ‖ ~ **system** (Paint, Surf) / Duplex-System *n* (ein Korrosionsschutzsystem, bei dem ein metallischer Überzug mit einer organischen Beschichtung kombiniert wird, z.B. Feuerverzinkung + Beschichtung) ‖ ~ **toolholder** (Eng) / Doppelmeißelhalter *m* ‖ ~ **transmission** (Comp, Telecomm) / Zweirichtungsbetrieb *m*, Duplexbetrieb *m*, Duplexverkehr *m*, Vollduplexbetrieb *m*, Gegenbetrieb *m* ‖ ~ **transmission on 2-wire circuits** (Comp, Telecomm) / Gegenbetrieb *m* über Zweidrahtleitungen ‖ ~ **variable area track** (Acous, Cinema) / Doppelzackenschrift *f* (auf dem Filmträger) ‖ ~ **winding** (Elec Eng) / zweifache Wicklung, zweigängige Wicklung
**duplicate** *v* / zweifach ausfertigen, zweite Ausfertigung machen ‖ ~ / vervielfältigen *v*, kopieren *v* ‖ ~ / verdoppeln *v*, doppeln *v* ‖ ~ (Cinema, Photog) / dupen *v* (von einer Positivkopie eine Negativkopie herstellen) ‖ ~ (Eng) / nachformen *v* (kopieren), kopieren *v* ‖ ~ *n* / Zweitexemplar *n*, Duplikat *n* ‖ ~ **plate*** (Print) / Duplikat *n* (von Druckstöcken bei dem Druck: Galvano, Stereo usw.) ‖ ~ **specimen** (Materials) / Parallelprobe *f*
**duplicating** *n* / Vervielfältigung *f*, Vervielfältigen *n* ‖ ~ **attachment** (Tools) / Nachformeinrichtung *f*, Kopiereinrichtung *f* ‖ ~ **lathe** (Eng) / Nachformdrehmaschine *f* ‖ ~ **machine** / Vervielfältigungsmaschine *f* ‖ ~ **paper** (Paper) / Vervielfältigungspapier *n*, Duplizierpapier *n*, Kopierpapier *n* ‖ ~ **run** (Comp) / Kopierlauf *m*, Duplizierlauf *m*
**duplication** *n* / Verdopplung *f*, Verdoppeln *n*, Dopplung *f*, Doppeln *n*, Doppelung *f* ‖ ~ **check** (Comp) / Doppelprüfung *f*, Dup-Kontrolle *f* ‖ ~ **of a cube** (Maths) / Verdopplung *f* eines Würfels ‖ ~ **of the cube** (Maths) / Würfelverdopplung *f*
**duplicator** *n* / Vervielfältigungsmaschine *f* ‖ ~ (Eng) / Nachformmaschine *f*, Kopiermaschine *f* ‖ ~ (Photog) / Dupliziergerät *n* ‖ ~ (Tools) / Nachformeinrichtung *f*, Kopiereinrichtung *f* ‖ ~ **control** (Eng) / Nachführsteuerung *f*, Nachformsteuerung *f* (bei der die Werkzeugbewegung von einer Leitkurve oder -fläche gesteuert wird) ‖ ~ **fluid** (Print) / Umdruckflüssigkeit *f* ‖ ~ **paper*** (Paper) / Vervielfältigungspapier *n*, Duplizierpapier *n*, Kopierpapier *n*
**dura** *n* (Nut) / Durra *f* (eine Art Mohrenhirse)
**durability** *n* / Dauerhaftigkeit *f* (DIN EN 335), Haltbarkeit *f* ‖ ~ s. also resistance to wear
**durable at edges** / kantensicher *adj* ‖ ~ **finish** (Textiles) / Permanentappretur *f*, Permanentausrüstung *f* ‖ ~ **press** (Textiles) / Permanent-Press-Ausrüstung *f*, Ausrüstung *f* mit PP-Effekt (Hochveredlung von Textilien)
**durable-press finish** (Textiles) / Permanent-Press-Ausrüstung *f*, PP-Ausrüstung *f*
**durable set** (Mech) / Verformungsrest *m*, Formänderungsrest *m*
**durain*** *n* (Geol) / Durit *m* (eine Streifenart)
**Duralumin** (Met) / Duralumin *n*, Duraluminium *n* (eine Aluminiumlegierung)
**duramen*** *n* (For) / Kernholz *n* (Herzholz um die Markröhre), Herzholz *n*
**duramination** *n* (For) / Kernholzbildung *f*, Verkernung *f*, Kernbildung *f*

**duraminization** *n* (For) / Kernholzbildung *f*, Verkernung *f*, Kernbildung *f*
**Durand's rule** (Maths) / Durand'sche Regel (für die Flächenberechnung bei nicht geradlinig begrenzten Flächen)
**duration of exposure** (Materials) / Einwirkdauer *f*, Einwirkungsdauer *f* ‖ ~ **of solar radiation** (Meteor) / Sonnenscheindauer *f* ‖ ~ **of stimulus** (Physiol) / Dauer *f* des Reizes ‖ ~ **of sunshine** (Meteor) / Sonnenscheindauer *f* ‖ ~ **of the duty cycle** (Elec Eng) / Spieldauer *f* (periodische Wiederkehr eines Betriebszustandes) ‖ ~ **of vision** (Optics) / Gesichtswahrnehmungsdauer *f*
**durchmusterung** *n* (Astron) / Durchmusterung *f* (ein Sternverzeichnis, das sämtliche Sterne heller als eine bestimmte Grenzhelligkeit in gewissen Gebieten des Himmels oder am gesamten Himmel enthält - z.B. die Bonner Durchmusterung von F.W.A. Argelander)
**durene*** *n* (Chem) / Durol *n* (1,2,4,5-Tetramethylbenzol - ein aliphatisch-aromatischer Kohlenwasserstoff)
**durian** *n* (For) / Durianbaum *m* (Durio zibethinus Murray), Durian *m*, Zibetbaum *m* ‖ ~ **tree** (For) / Durianbaum *m* (Durio zibethinus Murray), Durian *m*, Zibetbaum *m*
**duricrust*** *n* (Geol) / Kruste *f* (örtlich begrenzte)
**duriron*** *n* (Met) / Duriron *n* (säurefestes Gusseisen mit etwa 14% Si, 2% Mn, 1% C und 0,1% S)
**durmast oak** (For) / Traubeneiche *f*, Wintereiche *f* (Quercus petraea (Matt.) Liebl.)
**Dur-Nickel process** (US) (Surf) / Nickel-Seal-Verfahren *n* (zur Abscheidung von Nickelschichten)
**durometer** *n* (Instr, Materials) / Durometer *n* (zur Bestimmung der Härte von Elastomeren)
**durra** *n* (Nut) / Durra *f* (eine Art Mohrenhirse)
**durum** *n* (Agric, Nut) / Hartweizen *m*, Glasweizen *m*, Durumweizen *m* (Triticum durum Desf.) ‖ ~ **wheat** (Agric, Nut) / Hartweizen *m*, Glasweizen *m*, Durumweizen *m* (Triticum durum Desf.)
**Dushman equation** (Phys) / Richardson-Dushman-Gleichung *f* (nach S. Dushman, 1883 - 1954), Richardson-Dushman'sches Gesetz (eine Form des Richardson'schen Gesetzes)
**dusk rocket** (Space) / Dämmerungsrakete *f*
**dust** *v* / stauben *v* ‖ ~ / stäuben *v* (mit Stäubemitteln) ‖ ~ / Puderemail aufsieben, aufpudern *v* (Email) ‖ ~ / bestauben *v*, pudern *v*, bestäuben *v*, bepudern *v*, bestreuen *v* ‖ ~ / abstauben *v*, entstauben *v*, abblasen *v* (Staub), Staub wischen ‖ ~ (Chem Eng) / zerrieseln *v* (z.B. Calciummetasilicat) ‖ ~ (Foundry) / einstäuben *v*, einpudern *v* (Form) ‖ ~ (Mining) / bestauben *v*, einstauben *v* (aus Sicherheitsgründen) ‖ ~ *vt* (Agric) / verstäuben *vt* ‖ ~* *n* / Staub *m* (bis etwa 76 μm) ‖ ~ (Nut) / Dust *m* (feinste Teeaussiebung) ‖ ~ **covered with a layer of** / von einer Schicht Staub bedeckt ‖ ~ **analysis** / Staubanalyse *f* ‖ ~ **arrester** (Eng) / Entstaubungsanlage *f* (z.B. bei Großfeuerungsanlagen), Staubabscheider *m* ‖ ~ **aspiration** / Staubabsaugung *f* (z.B. aus Bohrlöchern oder im Allgemeinen zum Entstauben von Betriebspunkten mit besonders starkem Staubanfall) ‖ ~ **bag** / Staubbeutel *m*, Staubsack *m* (des Staubsaugers) ‖ ~ **bag** (Foundry) / Beutel *m* mit dem Puder, Staubbeutel *m*
**dust-bag-full indicator** / Staubfüllanzeiger *m* (des Staubsaugers), Staublupe *f* (für die Anzeige des Füllgrades des Staubsaugers)
**dust barrier** (Mining) / Gesteinsstaubsperre *f* (heute durch Wassertrogsperre abgelöst)
**dustbin** *n* (GB) (Ecol) / Koloniekübel *m* (A), Mülltonne *f* (Hausmüllsammelbehälter nach DIN 6629), Mülleimer *m* (DIN 6628), Abfalleimer *m*, Müllgefäß *n* ‖ ~ **bag** (Ecol, San Eng) / Müllsack *m*
**dust binding** (Mining) / Staubbindeverfahren *n*
**dust-binding oil** / Haftöl *n* (in Kehrpulvern), staubbindendes Öl, Stauböl *n* ‖ ~ **oil** (Textiles) / Reißöl *n* (zum Lumpenreißen)
**dustbin man** (GB) (Ecol) / Müllarbeiter *m*, Müllwerker *m*, Müllmann *m* (pl. Müllmänner)
**dust boot** (Eng) / Staubschutzmanschette *f* ‖ ~ **brush** (Paint) / Abstauber *m* (ein Pinsel) ‖ ~ **burden** (Ecol, Med) / Staubgehalt *m*, Staubkonzentration *f* (Anzahl der Staubteilchen je Liter Luft für eine bestimmte Staubteilchenklasse), Staubbeladung *f* ‖ ~ **cap** / Staubkappe *f* (des Ventils) ‖ ~ **carry-over** / mitgerissener Staub
**dustcart** *n* (GB) (Ecol) / Müllwagen *m*
**dust-catcher** *n* / Staubfänger *m*, Staubsammler *m*
**dust chamber*** (Eng) / Staubkammer *f*, Absetzkammer *f*
**dust-cloth** *n* / Staubtuch *n*, Staubwischer *m*
**dust-coat** *n* (Textiles) / Staubmantel *m*
**dust collector** / Staubfänger *m*, Staubsammler *m* ‖ ~ **collector** (Eng) / Entstaubungsanlage *f* (z.B. bei Großfeuerungsanlagen), Staubabscheider *m*
**dust-colour** *attr* / staubfarbig *adj*, staubfarben *adj*
**dust-coloured** *adj* / staubfarbig *adj*, staubfarben *adj* ‖ ~ s. also khaki
**dust concentration** (Ecol, Med) / Staubgehalt *m*, Staubkonzentration *f* (Anzahl der Staubteilchen je Liter Luft für eine bestimmte

Staubteilchenklasse), Staubbeladung f ‖ ~ **content** (Ecol, Med) / Staubgehalt m, Staubkonzentration f (Anzahl der Staubteilchen je Liter Luft für eine bestimmte Staubteilchenklasse), Staubbeladung f ‖ ~ **control** / Staubbekämpfung f ‖ ~ **core**\* (Elec Eng) / Massekern m (DIN 41281), Eisenpulverkern m ‖ ~ **counter**\* (Meteor, Mining) / Staubzähler m ‖ ~ **cover** / Staubschutzhaube f, Staubhaube f, Abdeckhaube f ‖ ~ **cover**\* (Bind) / Schutzumschlag m (den Einband schützender Umschlag) ‖ ~ **deposit(ion)** / Staubablagerung f ‖ ~ **devil** (Meteor) / Kleintrombe f (Sand- oder Staubhose) ‖ ~ **devil** (Meteor) / Staubdevil m, Staubteufel m (eine Kleintrombe), Staubhose f ‖ ~ **-dry** adj (Paint) / staubtrocken adj (Lackschicht in der ersten Trockenstufe)
**dusted** adj / bestäubt adj, bepudert adj
**dust emission** (Ecol) / Staubemission f, Staubauswurf m (staubförmige Emission)
**duster** n / Staubtuch n, Staubwischer m ‖ ~ (Aero, Meteor) / Staubsturm m ‖ ~ (Agric) / Stäubegerät n, Stäuber m, Bestäubungsgerät n, Stäubemaschine f (die unter Zusatz von Pulvern und Mehlen die Stäubemittel durch einen Trägerluftstrom ausbringt) ‖ ~ (a completely dry hole) (Oils) / nichtfündige Bohrung, trockene Bohrung, Fehlbohrung f ‖ ~ (Paint) / Staubpinsel m (zum Staubwischen) ‖ ~ (Textiles) / Staubmantel m
**dust evaluation** / Staubanalyse f ‖ ~ **exclusion air lock** (Comp) / Staubschleuse f ‖ ~ **explosion**\* / Staubexplosion f (z.B. Kohlen-, Holz-, Getreide-, Mehl- usw.) ‖ ~ **exposure** (Biol, Med) / Staubexposition f (bei Menschen und Tieren) ‖ ~ **extraction** / Staubabsaugung f (z.B. aus Bohrlöchern oder im Allgemeinen zum Entstauben von Betriebsräumen mit besonders starkem Staubanfall) ‖ ~ **fall** (Ecol) / Staubfall m ‖ ~ **figure**\* (Elec Eng) / Lichtenberg'sche Figur (Ladungsbild auf der Isolier- oder Fotoplatte - nach G.Ch. Lichtenberg, 1742-1799)
**dust-filter installation** (Ecol, San Eng) / Staubfilteranlage f ‖ ~ **plant** (Ecol, San Eng) / Staubfilteranlage f
**dust fire** (Mining) / Staubbrand m ‖ ~ **formation** (Autos) / Staubbildung f (auf der Fahrbahn) ‖ ~**-free** adj / nichtstaubend adj, staubfrei adj ‖ ~**-free** (Paint) / staubtrocken adj (Lackschicht in der ersten Trockenstufe)
**dust-free blasting** (Eng) / staubloses Strahlen (eine Variante des Druckstrahlens)
**dust-fuel reactor** (Nuc Eng) / Reaktor m mit staubförmigem Brennstoff, Staubphasenreaktor m, Staubreaktor m
**dust goggles** / Staubbrille f ‖ ~ **hood** / Staubschutzhaube f, Staubhaube f, Abdeckhaube f ‖ ~ **hopper** / Staubbunker m
**dust-ignition-proof machine** (Elec Eng, Mining) / zünddurchschlagsichere Maschine
**dusting** (Agric) / Verstäuben n, Schädlingsbekämpfung f aus der Luft (mit Stäubemitteln), Bestäuben n ‖ ~ (Autos) / Staubbildung f (auf der Fahrbahn) ‖ ~ (Chem Eng, Met) / Zerrieseln n (z.B. von Wollastonitmassen) ‖ ~ (Foundry) / Einstäuben n, Einpudern n (der Form) ‖ ~ (Mining) / Pulververfahren n (ein Staubbindeverfahren) ‖ ~ (Paint) / Absanden n (Ablösung feiner Zuschlagkörner von einer Putz- oder Betonfläche infolge zu geringer Gefügebindung) ‖ ~ (Paper) / Haderndreschen n (Trockenreinigung des Hadernmaterials in den Haderndreschern) ‖ ~ (Paper, Print) / Linting n, Stauben n des Papiers ‖ ~ (Textiles) / Lumpenreinigung f, Hadernstäuben n ‖ ~ **agent** / Stäubemittel n ‖ ~ **brush** (Paint) / Staubpinsel m (zum Staubwischen) ‖ ~ **equipment** (Agric) / Stäubemaschinen f pl, Stäubegeräte n pl, Bestäubungsgeräte n pl ‖ ~ **paper** (Join) / Staub- und Polierpapier (für Möbel) ‖ ~ **powder** / Streupuder m, Pudermittel n ‖ ~ **willey** (Spinning) / Lumpenentstäuber m, Lumpenklopfer m (zum Entstauben), Staubwolf m
**dust jacket** (a removable paper cover, generally with a decorative design, used to protect a book from dirt or damage) (Bind) / Schutzumschlag m (den Einband schützender Umschlag)
**dust-laden** adj / staubbeladen adj, staubig adj, verstaubt adj, staubhaltig adj, voll Staub, staubend adj, staubbedeckt adj
**dust-laden air** (Med, Work Study) / staubhaltige Luft, staubige Luft, Staubluft f
**dust-laying oil** / Haftöl n (in Kehrpulvern), staubbindendes Öl, Stauböl n
**dustless** adj / nichtstaubend adj, staubfrei adj
**dust lip** (Eng) / Dichtlippe f (der Dichtung) ‖ ~ **loading** (Ecol, Med) / Staubgehalt m, Staubkonzentration f (Anzahl der Staubteilchen je Liter Luft für eine bestimmte Staubteilchenklasse), Staubbeladung f
**dustman** n (pl. dustmen) (GB) (Ecol, San Eng) / Müllarbeiter m, Müllwerker m, Müller m (pl. Müllmänner)
**dust monitor**\* (Nuc Eng) / Staubüberwachungsanlage f ‖ ~ **nuisance** / Staubbelästigung f ‖ ~ **off** v / abstauben v, entstauben v, abblasen v (Staub), Staub wischen ‖ ~ **oil** / Haftöl n (in Kehrpulvern), staubbindendes Öl, Stauböl n ‖ ~ **on** v (Ceramics) / überpudern v, aufpudern v ‖ ~ **ore** (Mining) / mulmiges Erz ‖ ~ **output** (Ecol) / Staubemission f, Staubauswurf m (staubförmige Emission) ‖ ~ **over** v (Ceramics) / überpudern v, aufpudern v ‖ ~ **particle** / Staubteilchen n, Staubpartikel n, Staubkörnchen n, Staubkorn n ‖ ~ **precipitation** (Ecol) / Staubniederschlag m ‖ ~ **precipitator** / Staubabscheider m (Elektrofilter)
**dust-pressed** adj (Ceramics) / trockengepresst adj (mit maximal 1,5% Wasser)
**dust pressing** (Ceramics) / Trockenpressen n (mit maximal 1,5% Wasser) ‖ ~**-proof**\* adj / staubdicht adj
**dust-proof fitting** (Elec Eng) / staubgeschützte Leuchte ‖ ~ **seal** (Elec Eng) / Staubdichtung f
**dust removal** / Entstaubung f
**dust-resistant** adj / staubbeständig adj
**dust respirator** (Mining) / Staubmaske f (Atemschutzgerät mit einem am Maskenkörper angeschraubten mechanischen Filter) ‖ ~ **seal** (Elec Eng) / Staubdichtung f ‖ ~ **sealing** / Staubabdichtung f ‖ ~ **separator** (Eng) / Entstaubungsanlage f (z.B. bei Großfeuerungsanlagen), Staubabscheider m ‖ ~ **sheet** / Staubschutzhaube f, Staubhaube f, Abdeckhaube f ‖ ~ **sheet** (Build, Paint) / Abdeckfolie f, Abdeckplane f, Malerplane f ‖ ~ **sheet** (Textiles) / Schonbezug m (im Allgemeinen) ‖ ~ **shot** (the smallest size of gunshot) / Dunst m (feinster Schrot für die Vogeljagd) ‖ ~ **storm** (Aero, Meteor) / Staubsturm m ‖ ~ **suppression** / Staubbekämpfung f ‖ ~ **tail** (Astron) / Staubschweif m (des Kometen)
**dust-tight** adj / staubdicht adj
**dust-trap** n / Staubfänger m, Staubsammler m
**dust-trapping cloth** (Paint) / Staubbindetuch n (DIN EN ISO 4618), Lackierstaubtuch n
**dust-veil index** (Geol, Meteor) / Staubschleierindex m, Dust-Veil-Index m (Maßzahl zur allgemeinen Vergleichbarkeit vulkanischer Staubausbrüche und zur Abschätzung ihrer Wirkung in der Erdatmosphäre)
**dust washer** (Eng) / Staubschutzring m ‖ ~ **wetting agent** / Staubbenetzungsmittel n ‖ ~ **willey** (Spinning) / Lumpenentstäuber m, Lumpenklopfer m (zum Entstauben), Staubwolf m ‖ ~ **willow** (Spinning) / Lumpenentstäuber m, Lumpenklopfer m (zum Entstauben), Staubwolf m
**dust-wrapper** n (Bind) / Schutzumschlag m (den Einband schützender Umschlag)
**dusty** adj / staubbeladen adj, staubig adj, verstaubt adj, staubhaltig adj, voll Staub, staubend adj, staubbedeckt adj ‖ ~ / staubfarbig adj, staubfarben adj ‖ ~ / staubgrau adj ‖ ~ **grey** / staubgrau adj ‖ ~ **rose** / gedämpft pink, puderrosa adj
**DUT** (delivery on a short term basis) / kurzfristige Lieferung ‖ ~ (device under test) (Electronics) / das eben geprüfte oder kontrollierte Gerät ‖ ~ (device under test) (Instr) / Prüfobjekt n, Prüfgegenstand m, Prüfling m (z.B. eine Maschine oder ein Gerät, deren Eigenschaften durch Prüfen ermittelt werden)
**Dutch arch** (Arch) / scheitrechter Bogen (ein gemauerter Sturz über einer Öffnung ganz oder fast ohne Stich) ‖ ~ **barn** (Agric) / offene Feldscheune, Offenscheune f (wetterseitig geschlossene - für Heu) ‖ ~ **bond**\* (Build) / flämischer Verband, polnischer Verband, gotischer Verband ‖ ~ **boy** (Chem Eng) / verschiedene Bleiverbindungen, die als Stabilisatoren für Vinylharze verwendet werden ‖ ~ **door** (Build) / zweiteilige Tür (horizontal geteilt), quergeteilte Tür, Klöntür f ‖ ~ **elm beetle** (For, Zool) / Großer Ulmensplintkäfer m (Scolytus scolytus - der durch den Pilz Ceratocystis ulmi hervorgerufene Ulmensterben überträgt) ‖ ~ **elm disease**\* (For) / Ulmenkrankheit f, Ulmensterben n (verursacht durch Ceratocystis ulmi) ‖ ~ **engine** (Paper) / Holländer m, Ganzzeugholländer m (ein altes Mahlaggregat zur Stoffaufbereitung, Stoffauflöser m ‖ ~ **gold**\* (Met) / Reingoldlegierung f (etwa 78% Cu und 22% Zn), Dutch Metal n (Messinglegierung für Musikinstrumente und Schmuck) ‖ ~ **leaf** (Met) / Reingoldlegierung f (etwa 78% Cu und 22% Zn), Dutch Metal n (Messinglegierung für Musikinstrumente und Schmuck) ‖ ~ **liquid** (Chem) / Ethylenchlorid n, Ethylendichlorid n, 1,2-Dichlorethan n
**dutchman** n (a thin wedge of leather or fibreboard inserted between the insole and outsole of a shoe, or between the lifts of a built-up heel, to throw the foot inward or outward and to correct foot posture) / Absatzkeil m, Keilfleck m, Kederfleck m ‖ ~ (Build) / Abdeckleiste f (z.B. für schlechte Fugen, Fehlstellen) ‖ ~\* (US) (Carp) / Einsatzstück n, Keilstück n (als Notbehelf)
**dutch marble** (Bind) / Kamm-Marmor m (z.B. auf dem Buchschnitt) ‖ ~ **metal** (Met) / Reingoldlegierung f (etwa 78% Cu und 22% Zn), Dutch Metal n (Messinglegierung für Musikinstrumente und Schmuck) ‖ ~ **metal** (an alloy of copper and zinc which comes in very thin sheets) (Met) / Reingoldlegierung f (etwa 78% Cu und 22% Zn), Dutch Metal n (Messinglegierung für Musikinstrumente und Schmuck) ‖ ~ **pink** / Quercitrongelb n (auf der Basis des Quercetins) ‖ ~ **process**\* (Chem, Chem Eng) / Fällungsverfahren n, französisches Verfahren (Bleiweißherstellung) ‖ ~ **roll**\* (Aero) / Holländische Rolle, Dutch-Roll-Bewegung f (kombinierte Gier-

und Rollbewegung) || ≃ **tile** (Ceramics) / Ofenkachel *f* (zur Verkleidung von Öfen) || ≃ **tongs** (Eng) / Froschklemme *f*, Parallelklemme *f* || ≃ **wheel crane** (Eng) / leichter Derrickkran, leichter Mastenkran
**dutiable weight** / Zollgewicht *n* (im Außenhandel)
**duty\*** *n* (Elec Eng, Eng) / Betriebsweise *f*, Betrieb *m*
**duty-and tax-free** / abgabenfrei *adj*
**duty cycle** (for the device that operates intermittently, the ratio of working time to total time, usually expressed as a percent) (Elec Eng) / relative Einschaltdauer (Verhältnis von Belastungszeit zu Spieldauer), ED || ~ **cycle** (Elec Eng) / Spiel *n* (Gesamtheit der Betriebszustände, die bei periodischem Betrieb einer Anlage auftreten) || ~ **cycle** (Electronics) / Tastgrad *m* (das Verhältnis von Impulsdauer zu Impulsperiodendauer) || ~ **cycle** (Eng) / Spiel *n* (Arbeitszyklus) || ~ **cycle** (Nuc) / Impulsverhältnis *n* || ~ **cycle** (Nuc Eng) / Betriebszyklus *m* (z.B. eines Beschleunigers) || ~ **cycle time** (Elec Eng) / Spieldauer *f* (periodische Wiederkehr eines Betriebszustandes) || ~ **factor** (Elec Eng) / relative Einschaltdauer (Verhältnis von Belastungszeit zu Spieldauer), ED || ~ **factor** (Electronics) / Tastverhältnis *n* (Kehrwert des Tastgrades) || ~ **flag** (Ships) / Dienstflagge *f*
**duty-free** *adj* / zollfrei *adj* || ~ / abgabenfrei *adj*
**duty•-free port** / Freihafen *n*, Zollfreihafen *m* || ~ **of water** (Agric) / Wasserbedarf *m* (für Bewässerungsprojekte), Wasserbedarf *m* für die Bewässerung || ~ **type** (Elec Eng) / Betriebsart *f* (bei elektrischen Maschinen)
**duvet** *n* (Textiles) / Steppdecke *f*, Quilt *m* (pl. -s) (gesteppte, mit Applikationen verzierte Bettüberdecke)
**duvetine** *n* (Textiles) / Duvetine *m* (Baumwoll- oder Zellwollgewebe mit stark aufgerauter, samtartiger Oberfläche - Pfirsichhaut, Aprikosenhaut, falscher Samt) || ~ (Textiles) s. also velveton
**duvetyn** *n* (Textiles) / Duvetine *m* (Baumwoll- oder Zellwollgewebe mit stark aufgerauter, samtartiger Oberfläche - Pfirsichhaut, Aprikosenhaut, falscher Samt)
**D-valve** *n* (Eng) / Muschelschieber *m*, D-Schieber *m*
**DV camera** (Photog) / Digitalvideokamera *f*
**DVD\*** (digital versatile disk) (Comp) / Digital Versatile Disk *f* (mit einer Speicherkapazität bis zu 30 Gigabyte), DVD (Digital Versatile Disk), Digital Video Disk *f* || ≃ **acceleration** (Comp) / DVD-Beschleunigung *f* || ≃ **drive** (Comp) / DVD-Laufwerk *n* || ≃ **player** (Acous, Comp) / DVD-Player *m*, DVD-Abspielgerät *n*
**DVM** (digital voltmeter) (Elec Eng) / Digitalvoltmeter *n*, DVM (Digitalvoltmeter)
**DVORAK keyboard\*** (used on modern American typewriters) (Comp) / DVORAK-Tastatur *f* (nach A. Dvorak benannt)
**DVT** (digital voice terminal) (Teleph) / digitale Sprechstelle
**dwang\*** *n* (Tools) / Brecheisen *n*, Brechstange *f*
**dwarf** *n* (a star on the main sequence of the Hertzsprung-Russell diagram) (Astron) / Zwergstern *m* (ein Stern mit relativ kleinem Durchmesser und daher relativ geringer absoluter Helligkeit), Zwerg *m*
**dwarfism\*** *n* (Biol) / Nanismus *m*, Zwergwuchs *m*, Verzwergung *f*
**dwarf partition** (Build) / Kleintrennwand *f*, Zwergtrennwand *f* || ~ **pine** (For) / Zwergkiefer *f*, Latsche *f*, Legföhre *f* (Pinus mugo subsp. pumilio (Haenke) Franco)
**dwarf-pine needle oil** (Pharm) / Latschenkiefernöl *n*
**dwarf star\*** (Astron) / Zwergstern *m* (ein Stern mit relativ kleinem Durchmesser und daher relativ geringer absoluter Helligkeit), Zwerg *m* || ~ **wall** (Build) / halbhohe Wand || ~ **waves** (Radio) / Millimeterwellen *f pl*
**dwell** *n* (I C Eng) / geschlossen sein (Unterbrecherkontakte) || ~\* *n* (Autos) / Schließwinkel *m* (des Zündnockens, des Impulsgeberrades bei kontaktloser Steuerung der Zündung) || ~\* (Chem Eng, Work Study) / Verweilzeit *f*, Aufenthaltszeit *f*, Stehzeit *f* (innerhalb eines Prozesses), Verweildauer *f* (in einem Reaktionsapparat) || ~ (Eng) / Rastperiode *f* (des Getriebes) || ~ (Eng) / Druckberührzeit *f* (Zeit, während der der Stempel in der Nähe des unteren Umkehrpunktes mit dem Werkstück unter Last in Berührung steht und auf diesem ruht) || ~\* (Eng) / kurzer, regelmäßiger Stillstand || ~\* (Plastics) / Druckabfangen *n* (zum Gasentweichen) || ~ **angle** (Autos) / Schließwinkel *m* (des Zündnockens, des Impulsgeberrades bei kontaktloser Steuerung der Zündung)
**dwelling** *n* (a house, flat, or other place of residence) (Build) / Wohnstätte *f*, Wohnung *f* || ~ (Eng) / Rastperiode *f* (des Getriebes) || ~ **house** (Build) / Wohngebäude *n*, Wohnhaus *n*, Wohnobjekt *n* (A) || ~ **sewage** (San Eng) / Haushaltsabwässer *n pl*, häusliche Abwässer, häusliches Abwasser || ~ **unit** (Build) / Wohneinheit *f*, Wohnung *f* (abgeschlossene)
**dwell mechanism** (Eng) / Rastgetriebe *n*, Stillstandgetriebe *n* || ~ **meter** (Autos) / Schließwinkeltester *m*, Schließwinkelmesser *m*, Schließwinkelmessgerät *n* || ~ **period** (Autos) / Schließzeit *f* (während der der Primärstromkreis geschlossen ist und Primärstrom durch die

Zündspule fließt) || ~ **shed** (Weaving) / Stehfach *n*, Ruhefach *n* || ~ **time** (Chem Eng, Work Study) / Verweilzeit *f*, Aufenthaltszeit *f*, Stehzeit *f* (innerhalb eines Prozesses), Verweildauer *f* (in einem Reaktionsapparat) || ~ **time** (time-on-target) (Radar) / Zielbeobachtungszeit *f*
**DWF** (dry-weather flow) (San Eng) / Trockenwetterzufluss *m* (DIN 4045), Trockenwetterabfluss *m* (von Abwässern nach DIN 4045), Abwasserdurchfluss *m* bei Trockenwetter, Abwassermenge *f* bei Trockenwetter
**dwf** (dry-weather flow) (San Eng) / Trockenwetterzufluss *m* (DIN 4045), Trockenwetterabfluss *m* (von Abwässern nach DIN 4045), Abwasserdurchfluss *m* bei Trockenwetter, Abwassermenge *f* bei Trockenwetter
**DWI** (driving while intoxicated) (Autos) / Alkohol *m* am Steuer, Trunkenheit *f* im Verkehr
**Dwight Lloyd machine\*** (Met) / Dwight-Lloyd-Apparat *m*, Dwight-Lloyd-Sintermaschine *f* (zum Dwight-Lloyd-Sinterverfahren)
**DWL** (design waterline) (Ships) / Konstruktionswasserlinie *f* (die Wasserlinie, die dem Konstruktionstiefgang entspricht), KWL (Konstruktionswasserlinie)
**dwt\*** / Pennyweight *n* (eine veraltete Einheit der Masse = 1,555174 · $10^{-3}$ kg), ....dwt
**d.w.t.** (Ships) / Tragfähigkeit *f* (Gesamtzuladung), Deadweight *n*, Bruttotragfähigkeit *f*
**DX** (data exchange) (Comp) / Datenaustausch *m* || ≃ (long-distance radio transmission) (Radio) / Fernfunkverkehr *m*, DX-Verkehr *m* (Fernfunkverkehr) || ≃ **band** (Radio) / DX-Band *n* (Amateurfunkband für den Fernfunkverkehr)
**DX-coded** *adj* (Photog) / mit DX-Abtastung
**DX coding** (Photog) / DX-Kodierung *f* (eine Kennung für die Filmempfindlichkeit auf der Filmpatrone)
**Dy** (dysprosium) (Chem) / Dysprosium *n*, Dy (Dysprosium) || ~ (Ecol) / Torfmudde *f* (organischer Schlamm, der aus pflanzlichem Detritus mit Algenresten und ausgeflocktem Humus besteht), Dy *m* (subhydrischer Boden), Torfschlamm *m*
**dyad\*** *n* (Maths, Phys) / Tensor *m* zweiter Stufe, Dyade *f*
**dyadic\*** *adj* (Maths) / dyadisch *adj*, dual *adj* || ~ **Boolean operation** (Comp) / dyadische Boole'sche Verknüpfung || ~ **number system** (Maths) / dyadisches System, duales Zahlensystem, Dualsystem *n* (ein spezielles Binärsystem mit den ganzzahligen Zweierpotenzen als Gewichten), Zweiersystem *n*, dyadisches Zahlensystem || ~ **operation** (Comp) / Binäroperation *f* (eine Funktion mit zwei Eingangs- und einer Ausgangsvariablen) || ~ **operation** (Comp) / dyadische Verknüpfung || ~ **operation** (Maths) / binäre algebraische Operation || ~ **processor** (Comp) / dyadischer Prozessor
**dyakisdodecahedron** *n* (pl. -hedrons or -hedra) (Crystal) / Disdodekaeder *n*, Dyakisdodekaeder *n*
**DYB** (display board) (Comp) / Anzeigetafel *f*
**Dyck's language** (Comp) / Dyck'sche Sprache
**dye** *v* (Ceramics) / aufhellen *v* (Präparate) || ~ (Textiles) / einfärben *v*, anfärben *v*, färben *v* || ~ (Paint, Textiles) / Farbstoff *m* (im Anwendungsmedium löslicher Farbmittel nach DIN 55943), [ungenau auch] Farbe *f*
**dyeable** *adj* (Textiles) / färbbar *adj*
**dye acid** (Textiles) / Farbsäure *f* || ~ **affinity chromatography** (Chem) / Farbstoffaffinitätschromatografie *f* || ~ **at the boil** (Textiles) / kochend färben || ~**-bath** (Textiles) / Färbebad *n*, Färbeflotte *f*, Farbbad *n*, Farbflotte *f*, Flotte *f* (Färbeflotte) || ~ **beam** (Textiles) / Färbebaum *m* || ~ **bobbin** (Textiles) / Färbespule *f* || ~ **chemist** (Chem) / Farbstoffchemiker *m* || ~ **chemistry** (Chem) / Farbstoffchemie *f*
**dyed as loose stock** (Textiles) / flockengefärbt *adj* || ~ **fabrics** (Textiles) / Farbware *f*, Farbartikel *m pl* || ~ **goods** (Textiles) / Farbware *f*, Farbartikel *m pl* || ~ **in the piece** (Textiles) / stückgefärbt *adj*, stückfarbig *adj*
**dye fastness** / Farbechtheit *f* (im Allgemeinen) || ~ **fixing** (Textiles) / Farbfixierung *f*
**dyehouse effluents** (Ecol, San Eng) / Färbereiabwässer *n pl*
**dye in a single bath** (Textiles) / einbadig färben
**dyeing\*** *n* (Textiles) / Anfärben *n*, Färben *n*, Färbung *f*, Anfärbung *f*, Färberei *f*, Ausfärbung *f* || ~ **and sizing** (in one operation) (Textiles) / Färbeschlichten *n* || ~ **machine** (with circulating goods) (Textiles) / Färbemaschine *f* (mit bewegtem Färbegut) || ~ **machine** (with circulating liquor) (Textiles) / Färbeapparat *m* (mit zirkuliendem Färbebad) || ~ **machine for garment panels** (Textiles) / Fertigteile-Färbemaschine *f* (für Kleidungsstücke) || ~ **of cheeses** (Spinning) / Kreuzspulfärberei *f* (eine Art Garnfärberei) || ~ **of hat bodies** (Textiles) / Färben von Stumpen || ~ **of tops** (Textiles) / Kammzugfärben *n*, Kammzugfärberei *f*
**dyeing-out oscillation** (Phys) / abklingende Schwingung
**dye laser\*** (Electronics, Phys) / Farbstofflaser *m*, Dye Laser *m*

**dyeline**\* *n* (Print) / Diazotypie-Verfahren *n* (positives), Lichtpausverfahren *n*, Ammoniak-Kopierverfahren *n* (entweder trocken, wie z.B. Ozalid-Verfahren, oder nass) || ~ **paper**\* (Paper) / Ozalidpapier *n*, Diazopapier *n* || ~ **print** / Braunpause *f*, Sepiapause *f*

**dye lot** (Textiles) / Färbepartie *f* || ~ **marker bag** (Aero) / Farbbeutel *m* (als Seenotausrüstung) || ~ **method** *f* (Nuc) / Anfärbungsmethode (zur Sichtbarmachung von Spuren) || ~ **molecule** (Chem, Textiles) / Farbstoffmolekül *n* || ~ **mordant** (Textiles) / Farbbeize *f* || ~ **on the beam** (Textiles) / baumfärben *v* (nur Infinitiv oder Partizip) || ~ **pad** (Textiles) / Färbefoulard *m*

**dye-penetrant method** (Materials) / Penetrierverfahren (mit Farbstoffen), Farbeindringprüfung *f*, Farbeindringverfahren *n* (zur Feststellung von Haarrissen), Farbrissprüfung *f* || ~ **testing** (Materials) / Penetrierverfahren (mit Farbstoffen), Farbeindringprüfung *f*, Farbeindringverfahren *n* (zur Feststellung von Haarrissen), Farbrissprüfung *f*

**dye penetration method** (Materials) / Penetrierverfahren (mit Farbstoffen), Farbeindringprüfung *f*, Farbeindringverfahren *n* (zur Feststellung von Haarrissen), Farbrissprüfung *f* || ~ **plant** (Bot, Textiles) / Färbepflanze *f* (z.B. Färberdistel, -eiche, -ginster, -knöterich usw.)

**dyer** *n* / Färber *m*

**dyer's alkanet** (Bot) / Alkannawurzel *f* (Alkanna tuberculata (Forssk.) Meikle), Schminkwurz *f* || ~ **oak** (For) / Färbereiche *f* (Quercus velutina Lam.) || ~ **oak** (For) / Gallapfeleiche *f*, Galleiche *f* (Quercus infectoria Olivier)

**dye salt** (Print) / Farbstoffsalz *m* (organisches Pigment, das den Triarylcarbeniumpigmenten zuzuordnen ist)

**dye-spot** *n* (Textiles) / Farbstofffleck *m*

**dye-stain** *n* (Textiles) / Farbstofffleck *m*

**dyestuff**\* *n* (Paint, Textiles) / Farbstoff *m* (im Anwendungsmedium lösliches Farbmittel nach DIN 55943), [ungenau auch] Farbe *f* || ~ **chemistry** (Chem) / Farbstoffchemie *f* || ~ **decomposition** (Textiles) / Farbstoffabbau *m* || ~ **intermediate** (Chem Eng) / Farbstoffzwischenprodukt *n* || ~ **with high affinity** (Textiles) / hochaffiner Farbstoff

**dye take-up** (Textiles) / Aufziehen *n* des Farbstoffs || ~ **toning**\* (Photog) / Tonen *n* (direktes, indirektes), Tonung *f*, Farbtonen *n*, Farbtonung *f* || ~ **transfer** (Chem) / Farbübertragung *f* || ~ **transfer** (Photog) / Dye-Transfer *m*, Farbabzug *m* von einem Dia (Papierbild von einer Diapositivvorlage)

**dye-transfer inhibitor** (Chem) / Farbübertragungsinhibitor *m* (funktioneller Inhaltsstoff in Waschmitteln)

**dye uptake** (Textiles) / Aufziehen *n* des Farbstoffs

**dyewood** *n* (For) / Färberholz *n*, Farbholz *n* (dessen Kernholz zur Gewinnung technisch verwertbarer Farbstoffe dient) || ~ **extract** (Chem, Leather, Paper, Textiles) / Farbholzextrakt *m n*

**dying**•**-away** *n* (Acous, Phys) / Verhallen *n*, Ausschwingen *n*, Abklingen *n* || ~ **battery** (Elec Eng) / nachlassende Batterie

**dying-off of forests** (caused by environmental pollution) (Ecol, For) / Waldsterben *n*

**dying-out** *n* (Acous, Phys) / Verhallen *n*, Ausschwingen *n*, Abklingen *n* || ~ **oscillation** (Phys) / abklingende Schwingung || ~ **time** (Acous, Phys) / Ausschwingzeit *f*

**dying shift**\* (Mining) / Nachtschicht *f*

**dyke** *v* (Hyd Eng) / einstauen *v*, anstauen *v*, eindämmen *v*, eindeichen *v*, abdämmen *v*, dämmen *v*, absperren *v*, zudämmen *v*, stauen *v*, aufstauen *v* || ~ *n* (Civ Eng) / Hochstraße *f* (über Moor oder nasses Gelände), Dammstraße *f*, angehobene Straße (in flacher, morastiger Landschaft - mit Dammschüttung) || ~\* (Geol, Mining) / querschlägiger Gang, diskordanter Gang (ein Plutonit) || ~\* (Hyd Eng) / Deich *m* (See-), Damm *m* (aus Erdbaustoffen) || ~ **direct along the waterway** (Hyd Eng) / Schardeich *m* (unmittelbar am Ufer)

**dyked tank** / umwallter Tank

**dyke opening** (Hyd Eng) / Deichscharte *f* || ~ **path** (Civ Eng) / Dammweg *m*

**Dykes ring** (I C Engs) / L-Ring *m* (eine Kolbenringbauart), L-Kolbenring *m*

**Dykes-section ring** (I C Engs) / L-Ring *m* (eine Kolbenringbauart), L-Kolbenring *m*

**dyke swarm**\* (Geol) / Gangschwarm *m*

**dynactivity** *n* (Phys) / Dynaktivität *f* (Wirbelbildung und Fließen im Mikrobereich von Flüssigkeiten an Oberflächen oder Grenzflächen)

**dynamic** *adj* / dynamisch *adj* || ~ **addressing** (Comp) / dynamische Adressierung || ~ **address translation** (Comp) / dynamische Adressumsetzung || ~ **address translation feature** (Comp) / dynamische Adressumsetzungseinrichtung, DAT-Einrichtung *f*

**dynamical** *adj* / dynamisch *adj*

**dynamic allocation** (Comp) / dynamische Speicherzuweisung

**dynamically positioned platform** (Oils) / Plattform *f* mit dynamischer Positionierung || ~ **redefinable character set** (Comp, TV) / frei definierbarer Zeichenvorrat (im Bildschirmtext)

**dynamical meteorology** (Meteor) / dynamische Meteorologie, theoretische Meteorologie || ~ **stability**\* (Ships) / dynamische Stabilität (durch Gleichgewicht der krängenden und aufrichtenden Arbeit) || ~ **Time** (Astron) / Dynamical Time *f* (eine mit der Internationalen Atomzeit verknüpfte Ephemeridenzeit)

**dynamic axle-load shift** (Autos) / dynamische Achslastverlagerung (beim Bremsen ober Beschleunigen) || ~ **balancing**\* (Acous, Mech) / dynamische Auswuchtung, dynamisches Auswuchten || ~ **bearing loading** (Eng) / dynamische Lagerbelastung || ~ **behaviour** (Eng) / dynamisches Verhalten || ~ **braking** (Elec Eng) / dynamisches Bremsen || ~ **calorimeter** (Phys) / dynamisches Kalorimeter || ~ **characteristic**\* (Electronics) / dynamische Kennlinie (z.B. einer Elektronenröhre) || ~ **check** (Comp) / Betriebsprüfung *f*, dynamische Prüfung (Betriebsprüfung) || ~ **clause** (Ecol) / Dynamisierungsklausel *f* (emissionsbegrenzende Anforderung) || ~ **CMOS** (Electronics) / dynamische CMOS-Schaltung || ~ **consolidation** (Civ Eng) / dynamische Bodenverdichtung, Bodenverdichtung *f* mit Rüttel- und Schlaggeräten (bei nichtbindigen Böden), Impulsverdichtung *f* (des Bodens)

**dynamic-contact seal** (Eng) / Berührungsdichtung *f* an gleitenden Flächen

**dynamic convergence** (TV) / dynamische Konvergenz || ~ **data exchange** (Windows interprocess communication that supports the exchange of data and commands between two simultaneously running applications) (Comp) / Dynamic Data Exchange, DDE (Dynamic Data Exchange) || ~ **dump** (Comp) / dynamischer Speicherabzug (Abschrift des Speicherinhaltes während der Ausführung eines Programms) || ~ **electricity**\* (Elec, Elec Eng) / dynamische Elektrizität || ~ **equilibrium** (a steady-state situation in which a reverse process is occurring at such a rate that it exactly balances the correspoinding forward process) (Mech) / dynamisches Gleichgewicht || ~ **error** (Comp) / dynamischer Fehler || ~ **fatigue** (Materials) / dynamische Ermüdung || ~ **filter** (Acous) / Dynamikfilter *n* || ~ **friction**\* (that acts between a body and a surface when the body is moving) (Phys) / Bewegungsreibung *f*, Reibung *f* der Bewegung (zwischen zwei sich bewegenden Körpern), dynamische Reibung, kinetische Reibung || ~ **geology** (Geol) / dynamische Geologie || ~ **hardness number** (Materials) / durch ein dynamisches Härteprüfverfahren ermittelte Härtezahl || ~ **hashing** (Comp) / dynamisches Hashing, erweiterbares Hashing || ~ **head** (Hyd, Hyd Eng) / dynamische Druckhöhe (in der Bernoulli'schen Gleichung für stationäre inkompressible Strömung), Geschwindigkeitshöhe *f* (als Flüssigkeitssäule ausgedrückter Staudruck) || ~ **heating**\* (Phys) / kinetische Erwärmung (Molekülverzögerung der Luft und dadurch in der Grenzschicht bewirkte Umsetzung der kinetischen Energie in Wärme) || ~ **Host Configuration Protocol** (Comp, Telecomm) / Dynamic Host Configuration Protocol *n* (im Internet genutztes Protokoll) || ~ **image** (Comp) / Vordergrund *m*, dynamisches Bild (in der grafischen Datenverarbeitung), Vordergrundbild *n*, Anzeigevordergrund *m* || ~ **imbalance** (Mech) / dynamische Unwucht *f* || ~ **isomerism**\* (Chem) / Tautomerie *f*

**dynamicizer** *n* (Comp) / Parallelserienumsetzer (PSU) *m*, Parallelserienwandler *m*, PSU (DIN 44300)

**dynamic leak test** (Vac Tech) / dynamische Leckprüfung || ~ **lift** (Aero) / dynamischer Auftrieb || ~ **linking** (Comp) / dynamisches Linken (das Exportieren von DLL-Funktionen und ihr Import in Programme) || ~ **link library** (a Windows code module that can be loaded on request and linked at run time; when the code is no longer needed it can be unloaded) (Comp) / Laufzeitbibliothek *f* || ~ **load** (Build, Civ Eng, Mech) / dynamische Beanspruchung, dynamische Last || ~ **loading** (Build, Civ Eng, Mech) / dynamische Beanspruchung, dynamische Last || ~ **loudspeaker**\* (Acous) / elektrodynamischer Lautsprecher, Schwingspullautsprecher *m*, dynamischer Lautsprecher, Tauchspullautsprecher *m* || ~ **luminous sensitivity** (of a photoelectric device) / Wechsellichtempfindlichkeit *f* || ~ **magnetization curve** (Elec Eng, Mag) / dynamische Magnetisierungskurve || ~ **magnetizing curve** (Elec Eng, Mag) / dynamische Magnetisierungskurve || ~ **memory**\* (a form of volatile semiconductor memory) (Comp) / dynamischer Speicher || ~ **memory**\* (Comp) s. also DRAM || ~ **memory access** (Comp) / direkter Speicherzugriff, Direktspeicherzugriff *m*, DMA (direkter Speicherzugriff) || ~ **memory allocation** (Comp) / dynamische Speicherzuweisung || ~ **menu** (AI) / dynamisches Menü || ~ **metamorphism**\* (Geol) / Dynamometamorphose *f* (durch tektonische Vorgänge verursachte Umbildung des Gesteins), Dislokationsmetamorphose *f*, kinetische Metamorphose, Kinetometamorphose *f* || ~ **meteorology** (Meteor) / dynamische Meteorologie, theoretische Meteorologie || ~ **metre** (Geophys) / geodynamisches Meter, dynamisches Meter, gdm || ~ **microphone**

**dynamic**
(Acous) / elektrodynamisches Mikrofon (ein Mikrofon, das im Prinzip die Umkehrung eines dynamischen Lautsprechers ist), dynamisches Mikrofon, Tauchspulmikrofon n ‖ ~ **model** / dynamisches Modell ‖ ~ **noise limiter** (Acous) / Dynamic Noise Limiter m (Schaltung zum Vermindern des Bandrauschens bei Kassettenrekordern), DNL, DNL-Schaltung f ‖ ~ **noise suppressor** (Acous) / Dynamic Noise Limiter m (Schaltung zum Vermindern des Bandrauschens bei Kassettenrekordern), DNL, DNL-Schaltung f ‖ ~ **packing** (Eng) / bewegte Dichtung, Bewegungsdichtung f ‖ ~ **parameter** (Comp) / programmerzeugter Parameter ‖ ~ **positioning** (Oils) / dynamische Positionierung (das Verfahren, eine schwimmende Bohranlage ohne Anker auf einer Stelle zu halten), Selbstpositionierung f ‖ ~ **pressure*** (Aero) / dynamischer Druck ‖ ~ **process** (Comp) / dynamischer Prozess ‖ ~ **process model** (Comp) / dynamisches Prozessmodell ‖ ~ **programming** (Maths) / dynamische Programmierung, dynamische Optimierung, dynamische Planungsrechnung ‖ ~ **RAM** (Comp) / dynamisches RAM , DRAM (dynamisches RAM) ‖ ~ **random-access memory** (Comp) / dynamisches RAM , DRAM (dynamisches RAM) ‖ ~ **range** (Acous, Electronics) / Aussteuerbereich m, Aussteuerungsbereich m (Lautstärkeumfang) ‖ ~ **range*** (between the overload level and the minimum acceptable signal level) (Acous, Radio) / Dynamikbereich m, Dynamik f (DIN 40146, T 2) ‖ ~ **range** (Phys) / Dynamikbereich m (in dem maximale Verluste eines angeschlossenen LWL von einem Rückstreumessgerät noch verarbeitet werden können) ‖ ~ **range*** (TV) / Kontrastumfang m ‖ ~ **range control** (Acous) / Dynamikregelung f ‖ ~ **resistance*** (Elec Eng) / dynamischer Widerstand ‖ ~ **response** (Automation) / Zeitverhalten n, Zeitcharakteristik f ‖ ~ **response** (Automation) / Übergangsverhalten n (der zeitliche Verlauf des Ausgangssignals eines technischen oder kybernetischen Systems während eines Ausgleichsvorgangs)
**dynamics** n (of a measuring system) / Messdynamik f (bei Messsystemen) ‖ ~* (Mech) / Kinetik f, Dynamik f
**dynamic scattering** mode (Comp) / dynamische Streuung (bei Flüssigkristallanzeigen) ‖ ~ **seal** (Eng) / Dichtung f (zwischen beweglichen Teilen), Abdichtung f ‖ ~ **signal** (Automation) / dynamisches Signal (in der Zuverlässigkeitstechnik) ‖ ~ **similarity** (Mech) / dynamische Ähnlichkeit, dynamisches Analogon ‖ ~ **single-mode semiconductor laser** (Phys) / DSM-Halbleiterlaser m, dynamisch einmodiger Laser (ein Halbleiterlaser, der auch bei hohen Modulationsfrequenzen nur eine longitudinale Mode emittiert)
**dynamics of fluids** (Mech) / Dynamik f der Fluide ‖ ~ **of magnetic fluids** (Mag) / Dynamik f magnetischer Flüssigkeiten (Bewegungsvorgänge von magnetischen Flüssigkeiten und deren Zurückwirken auf einwirkende Kräfte) ‖ ~ **of relative motion** (Mech) / Kinetik f der Relativbewegung ‖ ~ **of vehicle movement** (Mech) / Fahrdynamik f
**dynamic spectral phonocardiograph** (Electronics, Med) / DSP-Gerät n (zur Sichtbarmachung der Herztöne) ‖ ~ **stability** (Aero) / dynamische Stabilität ‖ ~ **stationing** (Oils) / dynamische Positionierung (das Verfahren, eine schwimmende Bohranlage ohne Anker auf einer Stelle zu halten), Selbstpositionierung f ‖ ~ **storage*** (Comp) / dynamischer Speicher ‖ ~ **storage*** (Comp) s. also delay-line store ‖ ~ **store** (Comp) / dynamischer Speicher ‖ ~ **strength** (Materials, Mech) / Schwingfestigkeit f ‖ ~ **strength** (Materials) / dynamische Festigkeit ‖ ~ **system** / dynamisches System ‖ ~ **test** (Comp) / Betriebsprüfung f, dynamische Prüfung (Betriebsprüfung) ‖ ~ **time warping** (Comp) / dynamische Zeitnormierung (ein nichtlineares Verfahren zur zeitlichen Anpassung von Test- und Referenzmustern bei der Spracherkennung) ‖ ~ **track following** (TV) / automatische Spurfolgenregelung ‖ ~ **variable** (Mech) / dynamische Variable ‖ ~ **verification of the authorization** (Comp) / Verifizierung f der Zugriffsberechtigung zum Zeitpunkt der Anforderung ‖ ~ **viscosity*** (Eng, Phys) / Scherviskosität f, dynamische Viskosität (DIN 1342) ‖ ~ **viscosity** (Phys) / Wirkviskosität f (DIN 13 343) ‖ ~ **wheel-load shifting** (Autos) / dynamische Radlastverlagerung (quer zur Fahrtrichtung, zu den kurvenäußeren Rädern bei Kurvenfahrten)
**dynamite** v / mit Dynamit sprengen ‖ ~* n (Chem) / Dynamit n (ein alter Sprengstofftyp)
**dynamo*** n (Autos) / Lichtmaschine f (ein Gleichstromgenerator) ‖ ~ (Elec Eng) / Dynamometer n (zum unmittelbaren Messen des Drehmoments von Kraft- und Arbeitsmaschinen), Leistungsprüfstand m, Kraftmesser m, Pendelmaschine f ‖ ~* (Elec Eng) / Gleichstromgenerator m, Dynamo m, Dynamomaschine f, Gleichstrommaschine f, GSM (Gleichstrommaschine)
**dynamoelectric** adj / dynamoelektrisch adj
**dynamograph** n (Instr) / Dynamograf m (registrierendes Dynamometer)
**dynamometamorphism** n (Geol) / Dynamometamorphose f (durch tektonische Vorgänge verursachte Umbildung des Gesteins),

Dislokationsmetamorphose f, kinetische Metamorphose, Kinetometamorphose f
**dynamometer*** n (Elec Eng) / Dynamometer n (zum unmittelbaren Messen des Drehmoments von Kraft- und Arbeitsmaschinen), Leistungsprüfstand m, Kraftmesser m, Pendelmaschine f ‖ ~* (Eng) / Leistungsmesser m, Bremsdynamometer n ‖ ~ **car** (Rail) / Messwagen m (Eisenbahnfahrzeug der Versuchsämter mit Mess-, Prüf- und Registriereinrichtungen) ‖ ~ **prop** (Mining) / Dynamometerstempel m ‖ ~ **test** (Elec Eng) / Versuch m mit einer Pendelmaschine (Bremsversuch, Motorbetrieb) ‖ ~ **wattmeter*** (Elec Eng) / elektrodynamischer Leistungsmesser, elektrodynamisches Wattmeter
**dynamometric** adj / dynamometrisch adj
**dynamo sheet** (Elec Eng, Met) / Dynamoblech n (für den Aufbau von Eisenkernen elektrischer Maschinen und Eisendrosseln - meistens ein weichmagnetisches Blech aus einer Eisen-Silicium-Legierung) ‖ ~ **sheet** (Elec Eng, Met) s. also electric sheet
**dynamothermal metamorphism*** (Geol) / regionale Thermo-Dynamometamorphose (Regionalmetamorphose im engeren Sinne)
**dynamotor*** n (Elec Eng) / Dynamotor m, Gleichstrom-Gleichstrom-Einankerumformer m
**Dynaset** n (a set of records resulting from a query or filter; as Dynasets are not separate tables, but a subset of the actual records in a table, they can be edited) (Comp) / Dynaset n (MS Access)
**dynatron*** n (Electronics) / Dynatron n (Elektronenröhre, die den Dynatroneffekt zur Erzeugung von Schwingungen ohne Rückkopplungsschaltung ausnutzt) ‖ ~ **characteristic** (Electronics) / Dynatronwirkung f (mit einem fallenden Kennlinienteil, in dem der differentielle Widerstand negativ wird) ‖ ~ **effect** (Electronics) / Dynatronwirkung f (mit einem fallenden Kennlinienteil, in dem der differentielle Widerstand negativ wird) ‖ ~ **effect** (Electronics) / Dynatroneffekt m ‖ ~ **oscillator*** (Electronics) / Dynatronoszillator m, Dynatrongenerator f, Dynatronschaltung f (zur Entdämpfung und zur Erzeugung von Schwingungen)
**dyndump** n (Comp) / dynamischer Speicherabzug (Abschrift des Speicherinhaltes während der Ausführung eines Programms)
**dyne*** n (Phys) / Dyn n, dyn (nicht mehr zugelassene Einheit der Kraft = $10^{-5}$ N)
**Dynistor** n (Electronics) / Dynistor m (eine Vierschichtdiode - ein Halbleitersystem mit diodenähnlicher Charakteristik) ‖ ~ (Electronics) / Dynistor m (eine Vierschichtdiode - ein Halbleitersystem mit diodenähnlicher Charakteristik) ‖ ~ **diode** (Electronics) / Dynistordiode f
**dynode*** n (Electronics) / Dynode f (Sekundäremissions- oder Vervielfachungselektrode eines Fotovervielfachers)
**dyno mill** / Dyno-Mill n (eine Rührwerksmühle)
**dynorphine** n (Pharm) / Dynorphin n (ein Peptid mit Opiatwirkung)
**dyotropic rearrangement** (Chem) / dyotrope Umlagerung
**dypnone** n (Chem) / Dypnon n (Trivialname für 1,3-Diphenyl-2-buten-on)
**dysaerobic** adj (Chem, San Eng) / dysaerobisch adj, sauerstoffverarmt adj
**dysanalyte** n (Min) / Dysanalyt m (ein unter Valenzausgleich substituierter Perowskit)
**dysbarism** n (Med) / Luftdruckkrankheit f, Erkrankung f durch Arbeit in Druckluft oder in verdünnter Luft
**dyschromatopsy** n (Med, Optics) / Farbenfehlsichtigkeit f, Dyschromatopsie f
**dyscrasite*** n (Min) / Dyskrasit m, Antimonsilber n (Silberantimonid)
**dysodil** n (Geol) / Dysodil m, Blätterkohle f, Papierkohle f
**Dyson's chronological product** (Phys) / chronologisches Produkt, zeitgeordnetes Produkt, T-Produkt n (von zeitabhängigen Operatoren)
**dysphotic** adj (Ocean) / lichtschwach adj, dysphotisch adj, lichtarm adj
**dysprosium*** n (Chem) / Dysprosium n, Dy (Dysprosium) ‖ ~ **oxide** (Chem) / Dysprosium(III)oxid n ($Dy_2O_3$) ‖ ~ **sulphide** (Chem) / Dysprosiumsulfid n (z. B. $Dy_5S_7$)
**dysprotide** n (Chem) / Protonendonator m
**dystectic mixture*** (Met) / dystektisches Gemisch (mit konstantem höchsten Schmelzpunkt) ‖ ~ **point** (Met) / dystektischer Punkt (Maximum der Schmelzpunktskurve im Schmelzdiagramm, in dem die Schmelze im Gleichgewicht mit einer festen Phase gleicher Zusammensetzung ist)
**dystrophic*** adj (Ecol, Physiol) / dystroph adj ‖ ~ **lake** (Geol) / dystropher m See
**DZB** (double zeta basis) (Chem) / Doppel-Zeta-Basis f, DZB (Doppel-Zeta-Basis)

# E

**E** (SI-prefix denoting x $10^{18}$) / Exa- (Vorsatz vor Einheiten = $10^{18}$ - Kurzzeichen E)
**e** (Napierian base - 2.718 281 83 /to 8 decimal places/) (Maths) / Euler'sche Zahl e (Basis des natürlichen Logarithmus), e (Basis des natürlichen Logarithmus)
**E** (Nut) / E-Nummer f (Kodenummer der EG zur Identifizierung von Lebensmittelzusatzstoffen auf Fertigpackungen), E (E-Nummer)
**EA** (external alarm) (Comp) / externer Alarm, EA (externer Alarm), Fremdalarm m || ~ (effective address) (Comp) / effektive Adresse
**eager-to-rev engine** (Autos) / drehfreudiger Motor
**Eagle mounting*** (Optics) / Eagle'sche Aufstellung (eine Beugungsgitteraufstellung)
**eagre** n (Hyd Eng) / Bore f (stromaufwärts gerichtete Flutwelle)
**EAN** (effective atomic number) (Nuc) / effektive Kernladungszahl || ~ **code** (fully compatible with UPC) / EAN-Kode m (Europäische Artikelnummerierung - ein dreizehnstelliger Strichkode, dem amerikanischen UPC-Kode ähnlich), EAN-Strichkode m
**EAP** (electro-active polymer) (Chem, Med) / elektroaktives Polymer
**ear** n / Henkel m, Griff m || ~* (Acous, Med) / Ohr n || ~ (Agric, Bot) / Ähre f (Blüten- bzw. Fruchtstand von Getreidearten) || ~* (Eng) / Öhr n, Öse f, Ohr n, Auge n || ~ (Met) / Zipfel m (beim Tiefziehen) || ~ **defender** (Acous, Med) / Gehörschutzmittel n (individuelles Lärmschutzmittel, wie z.B. Gehörgangsstöpsel, hermetische Kappen usw.), Lärmschützer m (individueller), Gehörschützer m
**earing*** n (forming a scalloped edge around a deep-drawn sheet-metal part due to directional properties in the blank material) (Met) / Zipfelung f, Zipfelbildung f (beim Tiefziehen)
**ear lifter*** (Agric) / Ährenheber m (des Mähdreschers)
**early bark** (For) / Frühbast m (ein Rindenjahrring)
**early-bearing prop** (Mining) / frühtragender Stempel
**early blowing** (Nut) / Frühblähung f (ein Käsefehler) || ~ **effect*** (Electronics) / Early-Effekt m (in einem Bipolartransistor) || ~ **failure** (Comp) / Frühausfall m, Anfangsausfall m (eines Systems) || ~ **failure** (Electronics, Eng) / Frühausfall m (der gegenüber der vorgesehenen Gesamtfunktionsdauer schon nach kurzer Zeit eintritt), frühzeitiger Ausfall (von Bauelementen), Frühfehler m || ~ **frost** (Meteor) / Frühfrost m, Herbstfrost m || ~ **Gothic** (Arch) / Frühgotik f
**early-life-stage test** (Ecol) / Fischtest m (im frühen Lebensstadium)
**early maturity** (Nut) / Frühreife f (von Früchten), Notreife f (die eintritt, bevor die Frucht voll ausgebildet ist) || ~ **potatoes** (Agric, Nut) / Frühkartoffeln f pl || ~ **retirement scheme** / Vorruhestandsregelung f || ~ **season** / Vorsaison f || ~ **slag** (Met) / Primärschlacke f || ~ **stiffening** (Civ Eng) / vorzeitiges Abbinden (eines Bindemittels - Fehler) || ~ **voltage** (Electronics) / Early-Spannung f || ~-**warning radar*** (Radar) / Frühwarnradar m n
**early-warning system** (Radar) / Frühwarnsystem n (z.B. AWACS mit Boeing 707)
**early wood*** / Frühlingsholz n, Frühjahrsholz n, Frühholz n, Weitholz n
**earmarking** n / Zweckbestimmung f (z.B. der finanziellen Mittel) || ~ (Comp) / Kennzeichnung f (der Daten, um den Missbrauch zu erschweren)
**ear muff*** (Acous) / Ohrmuschel f (des Kopfhörers)
**EARN** n (European Academic Research Network) (Comp) / Europäisches Hochschul- und Forschungsnetz (ein Teil von Terena), European Academic Research Network, EARN (European Academic Research Network)
**earned income** / Arbeitseinkommen n, Erwerbseinkommen n
**earnings retention** (financing with retained earnings) / Selbstfinanzierung f
**EAROM** (electrically alterable ROM) (Comp) / elektrisch veränderbares ROM , EAROM (elektrisch veränderbares ROM)
**ear pad** (Acous) / Ohrmuschel f (des Kopfhörers)
**earphone** n (Acous) / Kopfhörer m (DIN 1320) || ~ (Teleph) / Hörmuschel f (des Handapparats) || ~* (TV) / Ohrhörer m, Einsteckkopfhörer m || ~ **cable plug** (Radio) / Kopfhöreranschluss m (Stecker), Kopfhörerstecker m, Kopfhöreranschlussstecker m || ~ **socket** (Radio) / Kopfhöreranschluss m (Buchse), Kopfhörerbuchse f
**earpiece** n (Teleph) / Hörmuschel f (des Handapparats)
**ear-piercing** adj (Acous) / durchdringend adj, schrill adj, grell adj (durchdringend laut), gell adj (Ton), gellend adj
**ear-plug** n (Acous, Med) / Gehörschutzstöpsel m, Ohrpfropfen m, Ohrstöpsel m

**ear-protection plug** (Acous, Med) / Gehörschutzstöpsel m, Ohrpfropfen m, Ohrstöpsel m || ~ **wadding** / Gehörschutzwatte f
**ear protector** (Acous, Med) / Gehörschutzmittel n (individuelles Lärmschutzmittel, wie z.B. Gehörgangsstöpsel, hermetische Kappen usw.), Lärmschützer m (individueller), Gehörschützer m
**ear-response characteristic** (Acous) / Ohrempfindlichkeitskurve f
**earshot** n (Acous) / Hörbarkeitsbereich m, Hörweite f, Hörbereich m (Hörweite)
**ear simulator** (Acous) / Ohrsimulator m (DIN 1320) || ~-**splitting** adj (Acous) / ohrenzerreißend adj, sehr laut, schmerzhaft laut
**earth** n (mostly pl) (Chem) / Erde f (farblose, erdige Metalloxide; Seltenerden; saure Erden; alkalische Erden) || ~ v (Elec Eng) / erden v (einen elektrisch leitfähigen Teil über eine Erdungsanlage mit der Erde verbinden), an Erde legen || ~* n (Astron) / Erde f (als Planet) || ~ n (Civ Eng) / Aushubmaterial n, Aushub m, ausgehobene Erdmasse, Baggergut n || ~ (Civ Eng) / Boden m, Erdboden m, Erdreich n, Erde f || ~ (Elec Eng) / Erde f, Masse f || ~ (in contrast to the water surface) (Geog) / Festland n, Land n (festes) || ~ (Civ Eng) s. also spoil || ~ **antenna** (Telecomm) / eingegrabene Antenne, Erdantenne f (eingegrabene) || ~ **basin** (San Eng) / Erdbecken n (ein provisorischer Faulbehälter) || ~ **borer** (tractor-mounted) (Civ Eng) / Erdlochbohrer m || ~ **bus** (Elec Eng) / Erdungssammelschiene f, Erdungsschiene f, Erdschiene f || ~ **cable** (Autos) / Masseleitung f || ~ **capacitance*** (Elec) / Kapazität f gegen Erde, Erdkapazität f || ~ **clamp** (Elec Eng) / Erdschelle f || ~ **coil*** (Elec Eng) / Erdinduktor m, Rotationsinduktor m || ~ **colour*** (Paint) / Mineralpigment n, Farberde f, Erdfarbe f, Erdpigment n (anorganisches natürliches Pigment) || ~ **conductor** (Elec Eng) / Erdleiter m (der normalerweise Erdpotential hat - DIN 40108) || ~ **connection** (Elec Eng) / Masseverbindung f (Erdanschluss) || ~ **contact** (Elec Eng) / Erdkontakt m || ~ **continuity conductor*** (Elec Eng) / durchgehender Erdleiter || ~ **crosser** (Astron) / Apollo-Objekt n (ein Planetoid) || ~ **crust** (Geol) / Erdkruste f (äußere Erdschale bis zum Moho), Kruste f || ~ **current*** (Elec Eng) / Erdstrom m (DIN 40 108), tellurischer Strom || ~ **curvature** (Surv) / Erdkrümmung f || ~ **dam*** (Civ Eng, Hyd Eng) / Erddamm m, Erdwall m, Erdschüttdamm m || ~ **dam for confining water** (Hyd Eng) / Erdstaudamm m || ~ **detector*** (Elec Eng) / Erdschlussanzeiger m, Erdschlussprüfer m
**earth-dry** adj (Build) / erdfeucht adj (Beton, der durch Stampfen verdichtet werden soll)
**earthed** adj (connected by a low-resistance path to the Earth) (Elec Eng) / mit Masseschluss, geerdet adj, an Erde gelegt || ~ **circuit*** (Elec Eng) / geerdeter Stromkreis || ~ **conductor** (Elec Eng) / geerdeter Leiter || ~ **neutral** (Elec Eng) / geerdeter Sternpunkt || ~ **neutral conductor** (Elec Eng) / PEN-Leiter m (ein geerdeter Leiter, der zugleich die Funktionen des Schutz- und des Neutralleiters erfüllt) || ~ **neutral system** (Elec Eng) / geerdetem Nullpunkt || ~ **neutral system** (Elec Eng) / Netz n mit geerdetem Sternpunkt, geerdetes Netz || ~ **socket** (Elec Eng) / Schutzkontaktsteckdose f, Schukosteckdose f || ~ **system*** (Elec Eng) / geerdetes System
**earth electrode** (Autos) / Seitenelektrode f, Masseelektrode f (der Zündkerze) || ~ **electrode** (Elec Eng) / Erdelektrode f, Erder m (der ins Erdreich eingebettet ist und mit ihm in leitender Verbindung steht - DIN 40108)
**earth-electrode network** (Elec Eng) / Erdernetz n
**earthen** adj (Ceramics) / tönern adj, aus Ton || ~ **chute** (For) / Erdriese f, Erdrutsche f || ~ **dam** (Civ Eng, Hyd Eng) / Erddamm m, Erdwall m, Erdschüttdamm m || ~ **slide** (For) / Erdriese f, Erdrutsche f
**earthenware** n (Ceramics) / einfache Töpferware (mit porösem Scherben), Tonware f, Irdenware f, Hafnerware f, Irdengut n || ~ (a glazed or unglazed, non-vitreous, opaque ceramic whiteware having a water absorption greater than 3%) (Ceramics) / Steingut n, Tonsteingut n
**earth fault** (Elec Eng, Radio) / Störung f durch Erdschluss || ~ **fault*** (Elec Eng, Radio) / Erdschluss m, Erdfehler m
**earth-fault current** (Elec Eng) / Erdschlussstrom m || ~ **detection** (Elec Eng) / Erdschlusserfassung f, Erdschlussermittlung f || ~ **relay** (Elec Eng) / Erdschlussrelais n || ~ **release** (Elec Eng) / Erdschlussauslöser m
**earthfill dam** (Civ Eng, Hyd Eng) / Erddamm m, Erdwall m, Erdschüttdamm m
**earth filling** (Civ Eng) / Bodenanschüttung f, Erdanschüttung f, Bodenauftrag m, Erdaufschüttung f
**earth-fixed axis system** (Nav) / erdfestes Achsenkreuz
**earthflow** n (Geol) / Solifluktion f, Bodenfließen n (infolge Porenwasserüberdrucks), Erdfließen n || ~ (Geol) / quasiviskoses Fließen, Schlammstrom m (im Hochgebirge), Breitstrom m
**earth-free** adj (Elec Eng) / ungeerdet adj, erdfrei adj, nicht geerdet
**earth inductor*** (Elec Eng) / Erdinduktor m, Rotationsinduktor m
**earthing** n (Elec Eng) / Erdung f (Gesamtheit aller Mittel und Maßnahmen zum Erden), Masseanschluss m || ~ **autotransformer*** (Elec Eng) / Erdschlussreaktanz f, Erdungsdrossel f,

457

**earthing**

Erdschlussdrossel f, EDr (Erddrossel) ‖ **~ bus** (Elec Eng) / Erdungssammelschiene f, Erdungsschiene f, Erdschiene f ‖ **~ contact** (Elec Eng) / Schutzkontakt m ‖ **~ electrode** (Elec Eng) / Erdelektrode f, Erder m (der ins Erdreich eingebettet ist und mit ihm in leitender Verbindung steht - DIN 40108) ‖ **~ lead** (Elec Eng) / Erdungsleitung f (DIN 40108) ‖ **~ reactor** (Elec Eng) / Erdschlussspule f, Erdschlusslöschspule f, Petersen-Spule f, Löschdrossel f, Kompensationsdrossel f ‖ **~ screw** (Elec Eng) / Erdungsschraube f ‖ **~ strip** (Elec Eng) / Erdungsband n ‖ **~ switch** (Radio) / Erdtrennschalter m, Erdungsschalter m (mechanisches Schaltgerät zum Erden von Teilen eines Stromkreises), Erdungstrenner m ‖ **~ terminal** (Elec Eng) / Erdungsklemme f (die bei einem Unglücksfall Spannung annimmt und so bemessen ist, dass sie den Anschluss eines Erdleiters ermöglicht) ‖ **~ transformer** (Elec Eng) / Sternpunkttransformator m
**earth insulation** (Elec Eng) / Erdisolation f ‖ **~ lead*** (Elec Eng) / Erdungsleitung f (DIN 40108) ‖ **~ lead*** (Elec Eng) / Erdleiter m (der normalerweise Erdpotential hat - DIN 40108) ‖ **~ leakage** (Elec Eng) / schleichender Erdschluss
**earth-leakage protection*** (Elec Eng) / Erdschlussschutz m (z.B. im Leuchtröhrenstromkreis) ‖ **~ relay** (Elec Eng) / Erdschlussrelais n ‖ **~ resistance** (Build) / Erdableitungswiderstand m (bei Bodenbelägen), Erdableitwiderstand m (von Fußbodenbelägen)
**earthlight** n (Astron) / Erdschein m, Erdlicht n (aschgraues Mondlicht)
**earth loop** (Elec Eng) / Erdschleife f ‖ **~ mantle** (the zone of the earth below the crust and above the core) (Geol) / Erdmantel m, Mantel m (Erdmantel) ‖ **~ metals** (Chem) / Erdmetalle n pl ‖ **~ mover** (Civ Eng) / Erdbaugerät n, Erdbaumaschine f, Erdbewegungsmaschine f ‖ **~-moving** n (Civ Eng) / Erdbewegung f, Erdarbeiten f pl (DIN 18300)
**earth-moving** (Civ Eng) s. also earthwork ‖ **~ equipment** (Civ Eng) / Erdbaugerät n, Erdbaumaschine f, Erdbewegungsmaschine f ‖ **~ plant** (Civ Eng) / Erdbaugerät n, Erdbaumaschine f, Erdbewegungsmaschine f
**earth-nut** n (Bot, Nut) / Erdnuss f (aus Arachis hypogaea L.) ‖ **~ oil** / Erdnussöl n, Arachisöl n
**earth observatory satellite** (Geog) / Landsat-Satellit m, Erderkundungssatellit m, Erderforschungssatellit m ‖ **~ orbit** (Astron) / Erdumlaufbahn f ‖ **≃ orbit** (Astron) / Erdbahn f ‖ **~ parking orbit** (Space) / erdnahe Parkbahn ‖ **~ pigment** (Paint) / Mineralpigment n, Farberde f, Erdfarbe f, Erdpigment n (anorganisches natürliches Pigment) ‖ **~-pillar*** n (Geol) / Erdpyramide f, Erdpfeiler m (z.B. um Bozen oder Meran) ‖ **~ plate*** (Elec Eng) / Erdplatte f, Plattenerder m (Erdblech) (eine Erdelektrode) ‖ **~ potential*** (Elec Eng) / Erdpotential n, Nullpotential n ‖ **~ pressure** (Civ Eng) / Erddruck m (aktive, passive oder ruhende Kraftwirkung; Kräfte, die der Boden auf die Rückseite einer Stützkonstruktion ausübt) ‖ **~ pressure at rest** (Civ Eng) / Erdruhedruck m
**earthquake*** n (Geol, Geophys) / Erdbeben n ‖ **~ due to collapse** (Geol) / Einsturzbeben n ‖ **~ forecast** (Geophys) / Erdbebenvorhersage f ‖ **~ intensity*** (Geophys) / Erdbebenstärke f ‖ **~ intensity scale** (Geophys) / Erdbebenskale f (z.B. Richter-Skale) ‖ **~ magnitude** (Geol, Geophys) / Richter-Magnitude f, Magnitude f (die die Stärke eines Erdbebens objektiv charakterisiert) ‖ **~ prediction** (Geophys) / Erdbebenvorhersage f ‖ **~-resistant** adj (Geophys) / erdbebensicher adj ‖ **~ shock** (Geol) / Erdbebenstoß m ‖ **~ zone** (Geol, Geophys) / Schüttergebiet n (DIN 4149), Erdbebenzone f, Erdbebengebiet n
**earth radiation** (Meteor) / die in die Atmosphäre abgestrahlte Wärmeenergie der Erde, terrestrische Strahlung, Erdstrahlung f ‖ **~ reactor*** (Elec Eng) / Erdschlussreaktanz f, Erdungsdrossel f, Erdschlussdrossel f, EDr (Erddrossel) ‖ **~ resistance*** (Elec Eng) / Erdwiderstand m, Erdungswiderstand m
**earth-resistance meter** (Elec Eng) / Erdungsmessgerät n
**Earth Resources Technology Satellite** (Space) / amerikanischer Erderforschungssatellit, der zur genauen Kartierung der Erde, zur Kontrolle von landwirtschaftlichen Anbauflächen, zur Auffindung von Fischgründen usw. eingesetzt wird ‖ **~ return** (Elec Eng) / Erdrückleitung f, Masserückleitung f ‖ **~-return circuit*** (Elec Eng) / Erdrückschlusskreis m, Erdungskreis m
**earth-return system** (Elec Eng) / Netz n mit Erde als Rückleitung
**earth road** (Autos, Civ Eng) / unbefestigte Straße (Fahrweg), unbefestigter Fahrweg, Feldweg m (unbefestigte Straße) ‖ **~ rod** (Elec Eng) / Erdungsrohr n, Rohrerder m, Staberder m ‖ **≃ satellite** (Space) / Erdsatellit m (künstlicher) ‖ **≃ satellite** (Space) / Erdsatellit m (natürlicher), Erdtrabant m (Mond), Erdmond m
**Earth's atmosphere*** (Geophys) / Atmosphäre f, Erdatmosphäre f, Lufthülle f (der Erde) ‖ **≃ attraction** (Phys) / Erdanziehung f, Erdgravitation f
**earth sciences*** / Erdwissenschaften f pl, Geowissenschaften f pl
**earth's core** (Geol) / Erdkern m ‖ **≃ gravitational field** (Geophys) / Schwerefeld n der Erde

**earthshine*** n (Astron) / Erdschein m, Erdlicht n (aschgraues Mondlicht)
**earth-slide** n (Geol) / Erdschlipf m, Gleitbewegung von weichem oder felsigem Material
**Earth's magnetism** (Geophys) / Erdmagnetismus m, Geomagnetismus m ‖ **≃ structure** (Geol) / Erdaufbau m
**Earth station** (Radio) / Erdefunkstelle f, Bodenfunkstelle f, Bodenstation f ‖ **~ station** (Radio) / Erdefunkstelle f, Bodenfunkstelle f, Bodenstation f ‖ **~ station** (Space) / Erdefunkstelle f (Bodenstation für den Funkverkehr mit Nachrichtensatelliten) ‖ **~ subsidence** (Geol) / Erdfall m (infolge unterirdischer Auslaugung von Salz oder Gips durch plötzlichen Einsturz an der Erdoberfläche entstehender Trichter) ‖ **~ system*** (Elec Eng, Radio) / Erdungsanlage f ‖ **~ table** (Build) / Mauerschicht f über der Gründung (die erste) ‖ **~ table** (Build) / Streifenfundament n (aus Bruchsteinen) ‖ **~ tank** (Hyd Eng) / Erdbehälter m (zur Wasserversorgung) ‖ **~ terminal** (Elec Eng) / Erdungsklemme f (die bei einem Unglücksfall Spannung annimmt und so bemessen ist, dass sie den Anschluss eines Erdleiters ermöglicht) ‖ **~ thermometer*** (Meteor) / Bodenthermometer n ‖ **~ tides** (Geophys) / Gezeiten f pl des Erdkörpers (durch die Anziehungskraft zwischen Sonne, Mond und Erde erzeugte Gezeitenwelle der festen Erdkruste) ‖ **~ tremor** (Geol) / schwaches Erdbeben, Bodenerschütterung f, Beben n (leichtes), Erschütterung f ‖ **~ wax** (Min) / Ozokerit, Erdwachs n, Riechwachs n ‖ **~ wire** (Elec Eng) / Erdleiter m (der normalerweise Erdpotential hat - DIN 40108)
**earthwork** (Civ Eng) / Erdbewegung f, Erdarbeiten f pl (DIN 18300) ‖ **~*** (Civ Eng) / Erdbau m (DIN 18196)
**earthy** adj / erdig adj ‖ **~ circuit*** (Elec Eng) / geerdeter Stromkreis ‖ **~ cobalt*** (Min) / Asbolan m, Erdkobalt m n ‖ **~ fracture** (Min) / erdiger Bruch (z.B bei Pyrolusit) ‖ **~ lime** / erdiger Kalk ‖ **~ smell** / Erdgeruch m ‖ **~ taste** (Nut) / Erdgeschmack m (des Weins), erdiger Geschmack
**E.A.S.** (RAS minus compressibility correction) (Aero) / äquivalente Fluggeschwindigkeit
**EAS*** (equivalent airspeed) (Aero) / äquivalente Fluggeschwindigkeit ‖ **≃** (extended-area service) (Telecomm) / Nachwahlbereichsdienst m
**ease** n (Autos) / Leichtgängigkeit f (der Lenkung)
**easement** n / Grunddienstbarkeit f (Belastung eines Grundstücks zugunsten des jeweiligen Eigentümers eines fremden Grundstücks, z.B. das Geh-, Fahrt- und Leitungsrecht nach 1018 des BGB) ‖ **~ curve*** (Civ Eng, Rail, Surv) / Übergangsbogen m (von der Bogenkrümmung in die Gerade mit einem flachen Bogenstück), Übergangskurve f, Kurve f mit Klothoide
**ease of access** (Eng) / leichte Zugänglichkeit f ‖ **~ of breathing** (Physiol) / Atembarkeit f (z.B. unter Tage) ‖ **~ of deposition** / Abscheidefreudigkeit f
**ease-off** n (Eng) / Zurücknahme f (beim Zahnradprofil)
**ease of manufacture** / Leichtigkeit f der Herstellung ‖ **~ of sawing** (For) / gute Schnitteigenschaften (des Holzes) ‖ **~ of use** / Benutzerfreundlichkeit f
**easer** n (Mining) / Kranzschuss m ‖ **~** (Mining) / Hilfsbohrloch n (geladenes Sprengbohrloch am Umfang des Ausbruchsquerschnittes), Kranzloch n (beim Sprengen) ‖ **~*** (Print) / Druckhilfsmittel n (als Zusatzmittel zur Druckfarbe) ‖ **~** (Weaving) / Spannungsverminderer m, Spannschiene f ‖ **~ shot** (Mining) / Kranzschuss m
**easily accessible** (Eng) / leicht zugänglich ‖ **~ detectable** / leicht erkennbar ‖ **~ digestible** (Nut, Physiol) / bekömmlich adj ‖ **~ fusible** / leichtflüssig adj, leichtschmelzend adj ‖ **~ workable** / leicht bearbeitbar ‖ **~ worked** / leicht bearbeitbar
**easing*** (Build, Civ Eng, Surv) / Entwurf m des Übergangsbogens ‖ **~ lever** (Automation) / Anlüfthebel m
**easing-off** n (Eng) / Zurücknahme f (beim Zahnradprofil)
**easing wedge*** (Civ Eng) / Doppelkeil m (um ein Absenken der Schalung beim Ausschalen zu ermöglichen)
**Easter-egging** n (Electronics) / Überprüfung f der elektronischen Einrichtung
**easterly** n (Meteor) / Ostwind m ‖ **~ waves** (Meteor) / Easterly Waves pl (in der tropischen Ostströmung auf der Äquatorseite der subtropischen Hochdruckgürtel von O nach W wandernde Wellenstörungen) ‖ **~ wind** (Meteor) / Ostwind m
**Eastern hemlock** (For) / Kanadische Hemlocktanne, Sprossentanne f (Tsuga canadensis (L.) Carrière) ‖ **≃ larch** (For) / Amerikanische Lärche (Larix laricina (Du Roi) K. Koch), Sumpflärche f ‖ **≃ red cedar** (For) / Virginischer Wacholder, Virginische Bleistiftzeder (Juniperus virginiana L.) ‖ **≃ white cedar** (For) / Abendländischer Lebensbaum, Amerikanische Thuje (Thuja occidentalis L.) ‖ **≃ white pine** (For) / Weymouthskiefer f (Pinus strobus L. - nach Th. Thynne, I. Viscount of Lord Weymouth, †1714), Strobe f, Weimutskiefer f

**East-India leather** (Leather) / Ostindisches Leder (vegetabilisch vorgegerbte Häute und Felle Indiens)

**East Indian rosewood** (For) / Ostindisches Rosenbaumholz, Ostindischer Palisander, Palissandre m Asie, Java-Palisander m (aus Dalbergia latifolia Roxb. ex DC.) ‖ ≈ **Indian sandalwood oil** (For) / Ostindisches Sandelholzöl (aus Santalum album L.) ‖ ≈ **Indian satinwood*** (For) / Ostindisches Satinholz (von dem Rautengewächs Chloroxylon swietenia DC.)

**easting*** n (Cartography) / Rechtswert m, y-Gitterwert, R m (rechtwinkliger Abstand von der Abszissenachse bei der Gauß-Krüger-Abbildung nach Meridianstreifen)

**east key** (Comp) / Cursorpfeil m links (Taste) ‖ ≈ **London boxwood** (For) / Kap-Buchsbaum m, Südafrikanischer Buchsbaum (Buxus macowani Oliv.) ‖ ~ **point** (Astron) / Ostpunkt m, Morgenpunkt m

**east-west asymmetry** (Geophys) / Ost-West-Asymmetrie f, Ost-West-Effekt m (kosmische Strahlung) ‖ ~ **orientation** (in church architecture) (Arch) / Ostung f (Ausrichtung der Bauachse einer Kirche nach Osten)

**easy** adj (Autos) / leichtgängig adj (Lenkung) ‖ ~ **access** (Eng) / leichte Zugänglichkeit

**easy-break ampoule** (Glass, Med) / Brechampulle f

**easy-care*** adj (Textiles) / pflegeleicht adj, leicht zu pflegen

**easy-care finish** (Textiles) / Pflegeleichtausrüstung f (Textilveredlung) ‖ ~ **properties** (Textiles) / Pflegeleichteigenschaften f pl, Pflegeleichtigkeit f ‖ ~ **properties** (Textiles) / gute Pflegeeigenschaften (z.B. Reinigungs- oder Trocknungsverhalten)

**easy gradient** (Rail) / unschädliche Neigung

**easy-grip** attr / griffsicher adj, griffgünstig adj, gut in der Hand liegend, griffig adj

**easy-iron** attr (Textiles) / bügelleicht adj

**easy-open end** / Aufreißdeckel m

**easy path of corrosion** (Surf) / Pfad m leichter Korrosion

**easy-processing channel black** (Chem Eng) / Easy-Processing-Channel-Ruß m, EPC-Ruß m (gut verarbeitbarer Kanalruß)

**easy to care for** (Textiles) / pflegeleicht adj, leicht zu pflegen ‖ ~-**to-follow instructions** / leicht verständliche Gebrauchsanweisung ‖ ~-**to-grip** attr / griffsicher adj, griffgünstig adj, gut in der Hand liegend, griffig adj ‖ ~ **to install** (Eng) / montageleicht adj ‖ ~ **to iron** adj (Textiles) / bügelleicht adj

**easy-to-maintain** attr (Eng, Work Study) / kundenfreundlich adj ‖ ~ (Eng, Work Study) / wartungsfreundlich adj, instandhaltbar adj, instandhaltungsgerecht adj, wartbar adj, wartungsgerecht adj

**easy to mount** (Eng) / montageleicht adj

**easy-to-read** attr / leicht leserlich

**easy-to-separate** attr (Mining) / gutartig adj (Kohle), aufbereitungsfreundlich adj

**easy-to-service** attr (Eng, Work Study) / kundenfreundlich adj

**easy-to-understand instructions** / leicht verständliche Gebrauchsanweisung

**easy-to-use operation** / leichte Bedienbarkeit

**easy-working vessel** (Ships) / leicht im Seegang laufendes Schiff

**EAT** (expected approach time) (Aero) / voraussichtlicher Anflugzeitpunkt, voraussichtliche Anflugzeit

**eatable** adj (Nut) / essbar adj

**eat away** v / korrodieren vt, angreifen v (korrodieren), anfressen v, zerfressen v (Metall)

**Eaton pump** (Autos) / Rotorpumpe f (eine Motorölpumpe mit taumelndem Innenrotor), Eatonpumpe f

**eat through** v / durchfressen v (Korrosion), durchkorrodieren v

**eau-de-cologne** n (pl. eaux-de-cologne) / Kölnisch Wasser n, Eau de Cologne n f, EDC (Eau de Cologne)

**eau de Javelle*** (Chem) / Javelle'sche Lauge, Javelle'sche Lösung, Javel-Lauge f, Eau de Javel f (Kaliumhypochloritlösung, Liquor Kalii hypochlorosi) ‖ ~ **de Nil** n (Nile green) / Nilgrün n

**eave*** n (Build) / Dachtraufe f, Traufe f, Traufkante f, Trauflinie f, Saum m (A)

**eave-board*** n (Carp) / Aufschiebling m (ein Ausgleichsstück, das den Übergang zwischen der Sparrenschräge und den überstehenden Enden der Dachbalken vermittelt)

**eaves** pl (Build) / Dachtraufe f, Traufe f, Traufkante f, Trauflinie f, Saum m (A) ‖ ~ **board** (Carp) / Aufschiebling m (ein Ausgleichsstück, das den Übergang zwischen der Sparrenschräge und den überstehenden Enden der Dachbalken vermittelt) ‖ ~ **catch** (Carp) / Aufschiebling m (ein Ausgleichsstück, das den Übergang zwischen der Sparrenschräge und den überstehenden Enden der Dachbalken vermittelt)

**eavesdropping** n / Lauschangriff m (ideologisch verbrämter Begriff für das Abhören)

**eaves-fronted house** (Build) / Traufenhaus n (das der Straße die Traufe zukehrt)

**eaves gutter*** (Build, Plumb) / Traufrinne f, Dachrinne f, Rinne f (vorgehängte) ‖ ~ **iron support** (Build, Plumb) / Rinnenhalter m, Dachrinnenhalter m, Dachrinneneisen n ‖ ~ **tile** (Build) / Traufziegel m (ein Zubehörziegel zu Flachdachpfannen zur Eindeckung des Dachfußes)

**EB** (entity bean) (Comp) / Entity-Bean n, EB (Entity-Bean)

**eba** n (For) / Bongossi n (dunkelbraunes, schweres Eisenholz der Art Lophira lanceolata aus dem westafrikanischen Äquatorialwald), Azobé n, Ekki n

**ebb** n (Ocean) / Ebbe f ‖ ~ **channel** (Ocean) / Ebberinne f (eines Ästuars) ‖ ~ **current** (tidal current associated with the decrease in the height of the tide) (Ocean) / Ebbstrom m, Ebbestrom m ‖ ~ **tide** (Ocean) / fallende Tide, ablaufende Tide ‖ ~ **tide** (Ocean) / Ebbe f

**ebb-tide gate** (Ocean) / Ebbetor n

**E.B.C.** (electron-beam curing) (Met, Paint) / Elektronenstrahlhärtung f (der äußeren Randschicht), ESH-Verfahren n (Elektronenstrahlhärtung), EBC, ESH (Elektronenstrahlhärtung)

**EBCDIC** (a character code) (Comp) / EBCDI-Kode m (ein auf acht Bit erweiterter BCD-Kode - heute veraltet)

**EBCDI code** (Comp) / EBCDI-Kode m (ein auf acht Bit erweiterter BCD-Kode - heute veraltet)

**e-beam** n (Electronics) / Elektronenstrahl m (ein Strahl in bestimmter Richtung bewegter Elektronen)

**E-bend*** n (Telecomm) / E-Bogen m, E-Krümmer m (bei Wellenleitern)

**Eberhard effect*** (Photog) / Eberhard-Effekt m (ein Entwicklungseffekt) ‖ ≈ **effect*** (Photog) s. also border effect

**Ebert mounting** (Optics, Spectr) / Ebert'sche Gitteraufstellung, Ebert-Aufstellung f (des Gittermonochromators)

**EB evaporation** / Elektronenstrahlverdampfung f

**Ebex process** (Oils) / Ebex-Verfahren n (Ethylbenzolabtrennung mit Hilfe von Molekularsieben)

**EBIC** (electron-bombardment-induced conductivity) (Electronics) / elektronenbeschussinduzierte Leitfähigkeit, elektronenstrahlinduzierte Leitfähigkeit ‖ ≈ **signal** (Electronics) / EBIC-Signal n (bei Halbleitern)

**EBL** (electron-beam lithography) (Electronics) / Elektronenstrahllithografie f ‖ ≈ (electronic bearing line) (Radar) / Peillinie f (als Richtung zu einem Ziel, einem Störer oder einem Funkfeuer)

**EBM*** (electron-beam machining) (Eng) / Elektronenstrahlbearbeitung f (ein thermisches Abtragen), Elektronenstrahlabtragung f

**ebonite*** n / hornisierter Kautschuk, Hartkautschuk m, Hartgummi m (ein Elastomer nach DIN 7711), Ebonit n (mit 25-47% S)

**ebony** n (For) / Ebenholzbaum m (Diospyros ebenum J.G. König), Ebène m Asie ‖ ~* (For) / Ebenholz n (echtes schwarzes - Diospyros ebenum J. G. Koenig) ‖ ~ **attr** / ebenholzschwarz adj

**ebony-black** adj / ebenholzschwarz adj

**EBR** (electron-beam recording) / Elektronenstrahlaufzeichnung f

**ebsicon** n (TV) / Ebsicon n (eine Bildspeicherröhre mit durch Elektronenbeschuss in Silicium hervorgerufener Leitfähigkeit)

**EBT system** (eccentric bottom tapping system) (Met) / exzentrische Bodenabstichtechnologie (bei Lichtbogenschmelzöfen)

**E.B.U.*** (European Broadcasting Union) (Radio) / Union Europäischer Rundfunkanstalten (Sitz: Genf), Europäische Rundfunkunion

**ebullating bed** (Chem Eng) / Sprudelbett n, Sprudelschicht f (eine Variante der Wirbelschicht)

**ebullator*** n (Heat, Phys) / Heizfläche f (ein flacher Wärmeüberträger)

**ebullient bed** (Chem Eng) / wallendes Bett (im Reaktor zur katalytischen Hydrierung von Kohlenaufschlämmungen)

**ebulliometer*** n (Phys) / Ebulliometer n (ein Gerät zur Messung der Siedepunktserhöhung), Ebullioskop n

**ebullioscopic constant** (Chem, Phys) / ebullioskopische Konstante, molale Siedepunktserhöhung

**ebullioscopy*** n (Phys) / Ebullioskopie f (Messverfahren bei der Siedepunktserhöhung)

**ebulliscope** n (Phys) / Ebulliometer n (ein Gerät zur Messung der Siedepunktserhöhung), Ebullioskop n

**ebullism** n (Med, Space) / Ebullismus m (durch den Druck frei werdender Gasblasen im Gewebe bei schnellem Aufstieg in große Höhen ausgelöste Schmerzreaktionen)

**ebullition*** n (the act of boiling or bubbling) / Kochen n, Sieden n

**Ebus** (expansion bus) (Comp) / AT-Bus m, Erweiterungsbus m

**e-business** n (Comp) / E-Business n (mit der Einkaufs- und Verkaufsseite), Electronic Business n

**EBW*** (electron-beam welding) (Welding) / Elektronenstrahlschweißen n, Elektronenstrahlschweißung f, EB-Schweißung f

**EB welding** (electron-beam welding) (Welding) / Elektronenstrahlschweißen n, Elektronenstrahlschweißung f, EB-Schweißung f

**EC** (European Communities) / Europäische Gemeinschaften, EG (Europäische Gemeinschaften) ‖ ≈ (epichlorhydrin rubber) (Chem

## EC

Eng) / Polyepichlorhydrin n, Epichlorhydrinkautschuk m (gute Ölbeständigkeit und Flammenresistenz), CO (Epichlorhydrinkautschuk) ‖ ≙ (Nuc) / Elektroneneinfang m, E-Einfang m ‖ ≙ (echo canceller) (Telecomm) / Echocanceller m (zur Echokompensation bei Videokonferenzen)
**ecart probable** (Stats) / wahrscheinlicher Fehler (der Zufallsfehler, dessen Wahrscheinlichkeit genau 0,5 ist)
**ECC** (epoxy cement concrete) (Build, Civ Eng) / kunstharzmodifizierter Zementbeton (mit wasseremulgierten EP-Harzen) ‖ ≙ (elliptic curve cryptography) (Comp) / ECC-Methode f (der Kryptografie) ‖ ≙ (error-connecting code) (Comp) / selbstkorrigierender Kode, fehlerkorrigierender Kode, Fehlerkorrekturkode m (DIN 44300) ‖ ≙ (error checking and correction) (Comp, Telecomm) / Error Checking and Correction f, ECC (Error Checking and Correction) ‖ ≙* (earth continuity conductor) (Elec Eng) / durchgehender Erdleiter
**eccentric*** n (Eng) / Exzenter m, Exzenterscheibe f ‖ ~* adj / exzentrisch adj, außermittig adj ‖ ~ **anomaly*** (Astron) / exzentrische Anomalie ‖ ~ **bit** (Mining) / Exzentermeißel m (zum Saugbohren) ‖ ~ **bolt** (Eng) / Exzenterbolzen m ‖ ~ **bottom tapping system** (Met) / exzentrische Bodenabstichtechnologie (bei Lichtbogenschmelzöfen) ‖ ~ **buckle** (For) / Exzenterangel f (eine Sägeangel) ‖ ~ **buckling** (Mech) / exzentrische Ausknickung ‖ ~ **bush** (Eng) / Exzenterbuchse f (z.B. der Exzenterpresse), Exzenterbüchse f ‖ ~ **cam** (Eng) / Kreisexzenterscheibe f ‖ ~ **circle** (Maths) / Scheitelkreis m (einer Ellipse) ‖ ~ **dobby** (Weaving) / Exzentermaschine f, Exzenterschaftmaschine f (zur Fachvorbildung) ‖ ~ **drive** (Eng) / Exzenterantrieb m ‖ ~ **groove*** (Acous) / endlose Auslaufrille ‖ ~ **growth** (For) / exzentrischer Wuchs ‖ ~ **hoop** (Eng) / Exzenterbügel m ‖ ~ **impact** (Phys) / nichtzentraler exzentrischer Stoß (wenn die Impulse der beiden Körper kurz vor dem Stoß unterschiedliche Richtung haben)
**eccentricity** (Maths) / Exzentrizität f (bei Kegelschnitten) ‖ ~ n (Eng) / Rundlauffehler m, Schlag m (Radial-, Axial-), Unrundlauf m (exzentrischer Lauf), Rundlaufabweichung f ‖ ~* (Mech) / Außermittigkeit f, Exzentrizität f, exzentrische Lage ‖ ~ **error** (Optics) / Exzentrizitätsfehler m
**eccentric load*** (Mech) / außermittige Belastung, exzentrische Belastung ‖ ~ **loom** (Weaving) / Exzenterstuhl m, Exzenterwebmaschine f ‖ ~ **orbit** (Space) / exzentrische Umlaufbahn ‖ ~ **pin** (Eng) / Exzenterzapfen m ‖ ~ **press** (Eng) / Exzenterpresse f (eine mechanische Presse, bei der ein oder mehrere Stößel über einen oder mehrere Kurbeltriebe mit Exzenterbuchse bewegt werden) ‖ ~ **relieved tooth** (US) (Eng) / Bogenzahn m (eines Fräsers)
**eccentric-rotor pump** (Autos) / Rotorpumpe f (eine Motorölpumpe mit taumelndem Innenrotor), Eatonpumpe f
**eccentric shaft** (Eng) / Exzenterwelle f ‖ ~ **sheave** (Eng) / Exzenterscheibe f ‖ ~ **station*** (Surv) / exzentrischer Standpunkt ‖ ~ **strap*** (Eng) / Exzenterbügel m ‖ ~ **turning** (Eng) / Außermitteldrehen n
**eccentric-wall bearing** (Eng) / Ovallager n (Zitronenform)
**ecclesiastical building** (Arch) / Sakralbau m
**Eccles-Jordan circuit*** (Electronics) / Eccles-Jordan-Schaltung f
**ECCM** (electronic counter-countermeasure) (Mil, Radar) / elektronische Schutzmaßnahme, ELoSM
**ECCS** (emergency core-cooling system) (Nuc Eng) / Kernnotkühlsystem n, Corenotkühlsystem n, Notkühlsystem n für den Reaktorkern
**ECD** (electron-capture detector) (Chem, Nuc) / Elektroneneinfangdetektor m (für die gaschromatografische Spurenanalyse), EED (Elektroneneinfangdetektor), Electron-Capture-Detektor m, ECD (Electron-Capture-Detektor), Elektronenanlagerungsdetektor m (für die gaschromatische Spurenanalyse), EAD (Elektronenanlagerungsdetektor) ‖ ≙ (electrochromic display) (Comp) / elektrochrome Anzeige (deren lichtabsorbierende Eigenschaften erst bei Vorliegen eines elektrischen Feldes auftreten)
**ecdysone** n (Biochem, Cyt) / Ecdyson n, Ekdyson n, Verpuppungshormon n, Schlüpfhormon n, Häutungshormon n (ein Ecdysteroid)
**ecdysteroid** n (Biochem) / Ecdysteroid n (Steroidhormon bei bestimmten Wirbellosen), Ekdysteroid n
**ECE test** (for automotive emissions) (Autos) / Europa-Fahrtest m, ECE-Test m (mit simuliertem Stadtverkehr), ECE-Zyklus m
**ECE-test cycle** (Autos) / Europa-Fahrtest m, ECE-Test m (mit simuliertem Stadtverkehr), ECE-Zyklus m
**ECF** (electrochemical forming) (Eng) / elektrolytisches Senken, elektrochemisches Senken, Elysiersenken n, EC-Senken n (elektrochemisches Senken) ‖ ≙ (elemental-chlorine free) (Paper) / elementarchlorfrei adj (gebleichter Kraftzellstoff)
**ECG*** (Med) / Elektrokardiogramm n, EKG n

**ecgonine** n (Chem) / Ekgonin n, Ecgonin n (ein Bestandteil der Tropanalkaloide der Erythroxylaceae - stark giftiger Grundkörper der Koka-Inhaltsstoffe)
**echelette grating** (Optics) / Echelettegitter n (ein Beugungsgitter)
**echelle grating** (Optics) / Echellegitter n (ein Beugungsgitter)
**echelon** n (Aero) / Staffel f ‖ ~ (Optics) / Michelson-Gitter n (ein Beugungsgitter), Stufengitter n, Echelon n
**echeloned** adj (Geol) / staffelförmig adj
**echelon fold** (Geol) / Kulissenfalte f, Relaisfalte f ‖ ~ **grating*** (Optics) / Michelson-Gitter n (ein Beugungsgitter), Stufengitter n, Echelon n
**Echinacea purpurea** (L.) **Moench** (Pharm) / Roter Sonnenhut (die Wurzel wird als Droge eingesetzt)
**echinoderm saponin** (Chem) / Echinodermata-Toxin n (z.B. Holothurin) ‖ ~ **toxin** (Chem) / Echinodermata-Toxin n (z.B. Holothurin)
**echinus*** n (Arch) / Echinus m (am dorischen Kapitell)
**echo** v (Acous) / echoen v, widerhallen v ‖ ~ n (Acous) / Echolaut n (DIN 1320) ‖ ~* (Acous, Phys) / Echo n, Widerhall m ‖ ~* (Comp) / Echo n (sofortige Anzeige des aktuellen, vom Eingabegerät gelieferten Wertes) ‖ ~* (Radar) / Echo n ‖ ~ **box** (Acous) / Echobox f, Echohohlraumresonator m (dessen Resonanzwellenlänge durch seine geometrischen Abmessungen bestimmt ist) ‖ ~ **cancellation** (Acous, Nav, Teleph) / Echounterdrückung f, Echoausblendung f, Echosperre f (als Tätigkeit) ‖ ~ **canceller** (Acous, Nav, Teleph) / Echosperre f (als Vorrichtung), Echounterdrücker m ‖ ~ **canceller** (Telecomm) / Echocanceller m (zur Echokompensation bei Videokonferenzen) ‖ ~ **canceller** (Telecomm) / Echolöscher m (beim Ping-Pong-Verfahren) ‖ ~ **chamber*** (Acous) / Nachhallstudio n, Nachhallraum m, hallender Raum, Hallraum m (ISO 354) ‖ ~ **check** (when the data is received it is stored and also transmitted back to its point of origin in the transmission loop where it can be compared with the original data) (Comp) / Prüfung f durch Rückübertragung, Echokontrolle f, Echosicherung f ‖ ~ **checking** (Comp) / Prüfung f durch Rückübertragung, Echokontrolle f, Echosicherung f ‖ ~ **compensation method** (Telecomm) / Echokompensationsverfahren n (beim digitalen Teilnehmeranschluss)
**echo-delay time** (Radar) / Echolaufzeit f
**echo depth finder** (Acous, Ships) / Echolot n (Gerät zur Messung der Wassertiefe), Behm-Lot n (nach A. Behm, 1880-1952)
**echo-distorted** adj (Acous, Cinema) / hallverzerrt adj
**echo effect** (Acous, Cinema) / Echowirkung f, Echoeffekt m ‖ ~ **go** (Acous, Cinema) / Hallausgang m
**echogram** n (Acous, Ships) / Echogramm n (grafische Aufzeichnung einer Echofolge, die von einem Echolot ausgesendet und empfangen wurde)
**echoic memory*** (AI) / Echogedächtnis n
**echo killer** (Acous, Nav, Teleph) / Echosperre f (als Vorrichtung), Echounterdrücker m ‖ ~ **killing** (Acous, Nav, Teleph) / Echounterdrückung f, Echoausblendung f, Echosperre f (als Tätigkeit) ‖ ~ **location** (Radar) / Echoortung f
**echolocation** n (Radar) / Echoortung f
**echo matching** (Radar) / Echoabgleich m ‖ ~ **meter** (Acous) / Echometer n (Teil des Echolots) ‖ ~ **path** (Acous, Phys) / Echoweg m
**echoplex** n (Telecomm) / Echoplex n (eine Betriebsweise, bei welcher die von einer DEE ausgesendeten Zeichen dieser DEE sofort über das Netz befindliche Einrichtung automatisch zurückgesendet werden)
**echoplexing** n (Telecomm) / Echobetrieb m (Informationsrückmeldung über Zeitmultiplexverbindungen)
**echoplex transmission** (Telecomm) / Echobetrieb m (Informationsrückmeldung über Zeitmultiplexverbindungen)
**echo-propagation time** (Radar) / Echolaufzeit f
**echo ranging** (Radar) / Echoortung f ‖ ~ **return** (Acous, Cinema) / Halleingang m ‖ ~ **sounder** (Acous, Ships) / Echolot n (Gerät zur Messung der Wassertiefe), Behm-Lot n (nach A. Behm, 1880-1952) ‖ ~ **sounding*** / Echolotung f ‖ ~ **sounding system** / Echolotsystem n ‖ ~ **splitting** (Telecomm) / Echoteilung f ‖ ~ **studio*** (Acous) / Nachhallstudio n, Nachhallraum m, hallender Raum, Hallraum m (ISO 354) ‖ ~ **suppression*** (Acous, Nav, Teleph) / Echounterdrückung f, Echoausblendung f, Echosperre f (als Tätigkeit) ‖ ~ **suppressor** (Acous, Nav, Teleph) / Echosperre f (als Vorrichtung), Echounterdrücker m ‖ ~ **time** (Radar) / Echolaufzeit f
**echo-transmission time** (Radar) / Echolaufzeit f
**eckermannite*** n (Min) / Eckermannit m (eine besonders Na-reiche Hornblende)
**Eckert projection** (Cartography) / Eckerts kartografische Abbildung (I bis VI), Eckert-Projektion (nach M. Eckert-Greifendorff, 1868-1938)
**E²CL** (Electronics) / Emitter-Emitter-gekoppelte logische Schaltung, E²L-Schaltung f
**ECL** (emitter-coupled logic) (Electronics) / emittergekoppelte Logik, ECL-Schaltung f, stromgeschaltete Logik, stromgesteuerte Logik, Stromschaltlogik f, Strombetriebslogik f

**eclector** *n* (For) / Eklektor *m* (kastenartige Falle zum quantitativen Nachweis von Insekten)
**E-clip** *n* (Eng) / Benzingsicherungsring *m* (nach Hugo Benzing, Stuttgart), Bz-Sicherung *f*
**eclipse*** *n* (Astron) / Finsternis *f* (Mond- und Sonnen-), Eklipse *f*
**eclipsed conformation** (Chem) / ekliptische Konformation, verdeckte Konformation (die als Übergangszustand zwischen zwei gestaffelten Konformationen betrachtet werden kann)
**eclipsing** *n* (Radar) / Empfangsverdeckung *f* ǁ ~ **variables** (Astron) / Bedeckungsveränderliche *m pl* (z.B. Algol)
**ecliptic*** *n* (Astron) / Ekliptik *f* (ein Großkreis am Himmel) ǁ ~ *adj* (Astron) / ekliptikal *adj*, ekliptisch *adj* ǁ ~ **coordinate system** (Astron) / ekliptikales System, Ekliptikalsystem *n* (ein astronomisches Koordinatensystem - ekliptikale Länge, ekliptikale Breite) ǁ ~ **system of coordinates** (Astron) / ekliptikales System, Ekliptikalsystem *n* (ein astronomisches Koordinatensystem - ekliptikale Länge, ekliptikale Breite)
**eclogite*** *n* (Geol) / Eklogit *m* (ein metamorphes Gestein) ǁ ~ **facies** (Geol) / Eklogitfazies *f*
**ECM*** (Eng) / elektrochemische Bearbeitung, elektrochemisches Abtragen (Fertigungsverfahren, bei dem ein metallischer Werkstoff unter Einwirkung eines elektrischen Stromes und einer Elektrolytlösung anodisch aufgelöst wird), Elysieren *n*, elektrochemische Metallbearbeitung, elektrolytische Metallbearbeitung, ECM, EC-Abtragen *n* ǁ ~* (electronic countermeasure) (Mil) / elektronische Gegenmaßnahme, ELoGM (elektronische Gegenmaßnahme)
**ECMA cassette** (Comp) / ECMA-34-Kassette *f*, ECMA-Kassette *f* ǁ ~ **data cassette** (Comp) / ECMA-34-Kassette *f*, ECMA-Kassette *f*
**ECM aircraft** (Mil) / ECM-Flugzeug *n*, ELoGM-Flugzeug *n*
**eco-awareness** *n* (Ecol) / Umweltbewusstsein *n*
**ecocatastrophe** *n* (Ecol) / Umweltkatastrophe *f*, Ökokatastrophe *f*
**ecocidal** *adj* (Ecol) / ökozid *adj*, umweltzerstörend *adj*, umweltvernichtend *adj*
**ecocide** *n* (Ecol) / "Umweltmord" *m*, Umweltzerstörung *f*
**ecoclimate*** *n* (Ecol) / Biotopklima *n*, Ökoklima *n*, Standortklima *n*
**ecodoom** *n* (Ecol) / Umweltkatastrophe *f*, Ökokatastrophe *f*
**ecofactor** *n* (Ecol) / ökologischer Faktor, Ökofaktor *n*, Umweltfaktor *m*
**ecofood** *n* (Nut) / Lebensmittel *n pl* aus dem "alternativen" Anbau
**eco-friendly** *adj* (Ecol) / umweltfreundlich *adj*, umweltverträglich *adj*, umweltkonform *adj*, umweltschonend *adj*
**ecogeographic** *adj* (Ecol, Geog) / ökogeografisch *adj*
**ecogeographical** *adj* (Ecol, Geog) / ökogeografisch *adj*
**ecogeographic rule** (Ecol) / Klimaregel *f* (z.B. Allen'sche oder Gloger'sche), ökogeografische Regel
**E. coli** (Bacteriol) / Escherichia coli *f*, Colibakterie *f*, Colibakterium *n* (pl. -ien), Kolibakterie *f*, Kolibakterium *n* (pl. -ien)
**ecologic** *adj* (Ecol) / ökologisch *adj*
**ecological** *adj* (Ecol) / Umwelt-, umweltbedingt *adj* ǁ ~ (Ecol) / ökologisch *adj* ǁ ~ **advantage** (Ecol) / ökologischer Vorteil ǁ ~ **amplitude** (Ecol) / ökologische Amplitude (Wirkungsbreite eines Umweltfaktors für eine Art) ǁ ~ **awareness** (Ecol) / ökologisches Umweltbewusstsein *n* ǁ ~ **balance** (Ecol) / ökologisches Gleichgewicht ǁ ~ **balance** (Ecol) / Ökobilanz *f*, Umweltbilanz *f* ǁ ~ **benefit** (Ecol) / ökologischer Vorteil ǁ ~ **chemistry** (Chem, Ecol) / Ökochemie *f* (eine interdisziplinäre Fachrichtung, die sich mit den stofflichen Konsequenzen anthropogenen Handelns chemisch auseinander setzt und die ökologisch relevanten stofflichen Veränderungen in der Umwelt zum Gegenstand hat), Umweltchemie *f*, ökologische Chemie ǁ ~ **disaster** (Ecol) / Umweltkatastrophe *f*, Ökokatastrophe *f* ǁ ~ **efficiency** (Ecol) / ökologische Effizienz, ökologischer Wirkungsgrad ǁ ~ **equilibrium** (Ecol) / ökologisches Gleichgewicht
**ecologically harmful** (Ecol) / umweltverschmutzend *adj*, umweltfeindlich *adj*, umweltbelastend *adj*, umweltschädlich *adj*
**ecological marketing** / Ökomarketing *n* (Vermarktung von Produkten oder Dienstleistungen unter ökologischen Aspekten) ǁ ~ **niche*** (Ecol) / ökologische Nische (Bereich innerhalb eines Biotops, der einer Pflanzen- oder Tierart mit spezifischen Lebensansprüchen die Einnischung ermöglicht) ǁ ~ **potency** (Ecol) / ökologische Potenz (Reaktionsbreite einer Art gegenüber einem Umweltfaktor), ökologische Toleranz, ökologische Plastizität, ökologische Valenz ǁ ~ **recovery** *n* (man-made) (Ecol) / Umweltsanierung *f* ǁ ~ **reservoir** (Ecol) / ökologische Zellen, ökologische Reserve ǁ ~ **system** (Ecol) / Ökosystem *n* (funktionelle Einheit von Lebewesen und ihrer Umwelt) ǁ ~ **transformation** (Ecol) / ökologische Wende ǁ ~ **valency** (Ecol) / ökologische Potenz (Reaktionsbreite einer Art gegenüber einem Umweltfaktor), ökologische Toleranz, ökologische Plastizität, ökologische Valenz
**ecologic facies** (Geol) / ökologische Fazies, Umweltfazies *f*
**ecologist** *n* (Ecol) / Ökologe *m*

**ecology*** *n* (Ecol) / Ökologie *f* ǁ ~ **cullet** (Glass) / Kreislaufscherben *m pl*, Altglas *n*
**e-commerce** *n* (Comp) / Electronic Commerce *m* (Vertrieb der Waren und Dienstleistungen über elektronische Medien), E-Commerce *m*, EC (Electronic Commerce)
**ecommerce** *n* (Comp) / Electronic Commerce *m* (Vertrieb der Waren und Dienstleistungen über elektronische Medien), E-Commerce *m*, EC (Electronic Commerce)
**ecomone** *n* (Chem, Physiol, Zool) / Ökomon *n*, Allelochemikalie *f* (interspezifisch wirkender Insektensignalstoff)
**Econet*** *n* (Comp) / Econet *n* (ein Netzwerk des Institute for Global Communications)
**econobox** *n* (US) (Autos, Ecol) / kleines, leistungsfähiges, sparsames Auto
**econometrics*** *n* (Stats) / Ökonometrie *f*
**economic** *adj* / wirtschaftlich *adj*, volkswirtschaftlich *adj*
**economical** *adj* / sparsam *adj*
**economically priced** / preisgünstig *adj*
**economic bearing** / Economiclager *n* (ein Wälzlager, das für den Hersteller wie auch Anwender wirtschaftlich ist) ǁ ~ **cycle** / Konjunkturzyklus *f* ǁ ~ **dispatch** (the distribution of total generation requirements among alternative sources for optimum system economy with due consideration of both incremental generating costs and incremental transmission losses) (Elec Eng) / wirtschaftliche Lastverteilung ǁ ~ **geography** (Geog) / Wirtschaftsgeografie *f* (Zweig der Anthropogeografie, der die räumliche Ordnung und die räumliche Organisation der Wirtschaft untersucht) ǁ ~ **geology*** (Geol) / Wirtschaftsgeologie *f*, ökonomische Geologie, Geologie *f* der nutzbaren Mineralien, Bergbaugeologie *f* (der nutzbaren Mineralien) ǁ ~ **geology*** (Geol) s. also geology of mineral deposits ǁ ~ **mineral** (a mineral of commercial interest or value) (Mining) / bauwürdiges Mineral, nutzbares Mineral ǁ ~ **practicability** / wirtschaftliche Vertretbarkeit *f* ǁ ~ **ratio*** (Civ Eng) / wirtschaftliches Verhältnis Stahl/Beton (bei Stahlbetonkonstruktionen) ǁ ~ **viability** / Wirtschaftlichkeit *f* ǁ ~ **yield** (Hyd Eng) / verlässliches Wasserdargebot
**economies** *pl* / Sparmaßnahmen *f pl*
**economiser** *n* (GB) (Eng) / Ekonomiser *m* (für Speisewasser), Eko *m* (Ekonomiser), Economiser *m* (zur Vorwärmung von Luft bzw. Speisewasser oder zur Erzeugung von Niederdruckdampf)
**economizer*** *n* (Eng) / Ekonomiser *m* (für Speisewasser), Eko *m* (Ekonomiser), Economiser *m* (zur Vorwärmung von Luft bzw. Speisewasser oder zur Erzeugung von Niederdruckdampf)
**economy** *n* / Wirtschaftlichkeit *f* ǁ ~ **circuit** (Elec Eng) / Sparschaltung *f* ǁ ~ **class** (Aero, Ships) / Economyklasse *f*, Touristenklasse *f* (eine preiswerte Reiseklasse) ǁ ~ **measures** / Sparmaßnahmen *f pl* ǁ ~ **model** / einfache Ausführung ǁ ~ **pack** / Sparpackung *f* ǁ ~ **ratio** (Autos) / Schongang *m* (drehzahlsenkendes Übersetzungsverhältnis) ǁ ~ **resistance*** (Elec Eng) / Vorwiderstand *m* der Haltespule (z.B. bei Relais), Haltewiderstand *m* ǁ ~ **resistance*** (Elec Eng) / Sparwiderstand *m*
**economy-sized pack** / Großpackung *f*
**economy-size pack** / Großpackung *f*
**economy valve** (Plumb) / Sparventil *n*
**E core** (Elec Eng) / E-Kern *m* (eines Transformators)
**eco-safe** *adj* (Agric, Ecol) / aus biologischem Anbau
**ecosphere** *n* (Biol) / Ökosphäre *f*, Biosphäre *f* (der von den Lebewesen bewohnbare Teil der Erde)
**écossaise** *n* (Textiles) / Ecossais *m* (durch ineinander geschobene Quadrate und Rechtecke farbig gemusterter Kleider-, Futter- und Blusenstoff)
**ecosystem*** *n* (Ecol) / Ökosystem *n* (funktionelle Einheit von Lebewesen und ihrer Umwelt) ǁ ~ **modelling** (Ecol) / Ökosystemmodellierung *f*
**ecotope** *n* (Ecol) / Monotop *n*, Ökotop *n* ǁ ~ (Ecol) s. also biotope
**ecotoxicity** *n* (Ecol) / Ökotoxizität *f*, Umwelttoxizität *f* (die biologische Wirkung von Chemikalien auf die belebte Umwelt)
**ecotoxicology** *n* (Ecol) / ökologische Toxikologie, Ökotoxikologie *f*, Umwelttoxikologie *f*
**ecotype** *n* (Ecol) / Ökotyp *m*, Ökotypus *m* (pl. -typen)
**écoulement** *n* (Geol) / Fließbewegung *f* (des Bodenbreis bei bestimmten Gefällewinkeln)
**ECP** (extended capability port) (Comp) / IEEE-1284-Standard *m* (für eine bidirektionale und parallele Schnittstelle bei PCs und Druckern mit einem IRQ-gesteuerten und DMA-unterstützten Datentransfer)
**ECR** (electron-cyclotron resonance) (Electronics, Nuc) / Elektronenzyklotronresonanz *f*, ECR (Elektronenzyklotronresonanz)
**écrasé leather** (Leather) / Ecraséleder *n* (farbiges, pflanzlich gegerbtes, grobnarbiges Ziegenleder für die Buchbinderei und für Täschnereizwecke)

**E-CR-glass**

**E-CR-glass** *n* (E-glass compositions modified for improved resistance to corrosion by most acids) (Glass) / Glas *n* mit besonders hoher Säurebeständigkeit
**ecru** *n* (Textiles) / Rohleinen *n* || ~ *adj* / beige *adj*, beigefarben *adj* (von der Farbe des Dünensands)
**Ecstasy** *n* (a drug) / Ecstasy *f* (Szenenbezeichnung für das Rauschgift 3,4-Methylendioxy-N-methylamphetamin), MDMA *n* (ein Amphetaminderivat, E (Ecstasy)
**ECT** (emission computer tomography) (Med, Radiol) / Emissionscomputertomografie *f* (nuklearmedizinische Untersuchungsmethode zur Ermittlung der Aktivitätsverteilung eines Radiopharmakons), ECT (Emissionscomputertomografie)
**ectoderm**\* *n* (Zool) / Ektoderm *n*, äußeres Keimblatt, Außenblatt *n*, Hautblatt *n*
**ectodynamic soil** (Geol) / Boden, dessen Eigenschaften durch äußere Einflüsse bestimmt werden
**ectodynamomorphic soil** (Geol) / Boden, dessen Eigenschaften durch äußere Einflüsse bestimmt werden
**ectoenzyme** *n* (Biochem) / Ektoenzym *n* (ein Enzym, das auch außerhalb der Zellen auftritt, z.B. Fermente des Speichels, des Pankreas), sekretorisches Enzym
**ectohumus** *n* (Agric) / Auflagehumus *m*, Humusauflage *f*
**ectoparasite**\* *n* (Biol) / Ektoparasit *m* (pl. -en)
**ECU** (electronic control unit) (Electronics) / elektronisches Steuergerät
**écurie** *n* (Autos) / Rennstall *m*
**ED** (electrodialysis) / Elektrodialyse *f* (elektrochemisches Verfahren, bei dem Ionen durch mehrere semipermeable Membranen unter der Wirkung eines elektrischen Feldes transportiert werden - eine Kombination von Dialyse und Elektrolyse), ED (Elektrodialyse) || ~ (electrodeposition) (Surf) / elektrochemisches Abscheiden, elektrolytisches (katodisches) Abscheiden, galvanisches Auftragen, galvanische Beschichtung
**edaphic** *adj* (Biol) / edaphisch *adj* (auf den Erdboden bezüglich, bodenbedingt) || ~ **climax**\* (Bot, Ecol) / edaphische Klimax
**edaphon** *n* (Ecol) / Edaphon *n* (Boden als Lebensraum)
**EDAX** (energy-dispersive analysis of X-rays) (Spectr) / energiedispersive Röntgenspektroskopie, EDRS (energiedispersive Röntgenspektroskopie), EDS (energiedispersive Röntgenspektroskopie)
**EDC** (electronic Diesel control) (Autos, Eng) / elektronische Dieselregelung, EDC (elektronische Dieselregelung)
**ED diagram** (Spectr) / Extinktionsdifferenzen-Diagramm *n*, ED-Diagramm *n*
**Eddington limit** (Astron) / Eddington-Grenze *f* (Grenze des Massenstroms in ein Schwarzes Loch)
**eddo** *n* (a taro corm) (Nut) / Taro *m*, Wasserbrotwurzel *f* (essbare Wurzelknolle der Colocasia esculenta (L.) Schott oder Colocasia esculenta 'Antiquorum')
**eddy** *v* / wirbeln *v* (strudeln), strudeln *v* || ~\* *n* / Wirbel *m* (kreisförmig oder spriralig rotierender Stofftransport in Fluiden), Strudel *m* || ~ (Meteor) / Wirbel *m* mit vertikaler Rotationsachse (z.B. Zyklon) || ~ **brake** (Elec Eng) / Wirbelstrombremse *f* || ~ **current** (Elec Eng) / Wirbelstrom *m* (durch Induktion in einem Eisenkern entstehender elektrischer Strom, der eine Erwärmung des Eisenkerns hervorruft) || ~**-current brake**\* (Elec Eng) / Wirbelstrombremse *f*
**eddy-current flaw detection** (Met) / Wirbelstromprüfung *f*, Wirbelstromprüfmethode *f*
**eddy-current heating** / Wirbelstromerwärmung *f*, direkte Induktionserwärmung
**eddy-current inspection** (Elec Eng, Met, Paint) / Wirbelstromverfahren *n* (DIN EN ISO 2360), elektroinduktive Werkstoffprüfung (eine zerstörungsfreie Werkstoffprüfung), Wirbelstromprüfung *f* || ~ **loss** (Elec Eng) / Wirbelstromverluste *m pl* (eine Art Eisenverluste)
**eddy currents**\* (Elec Eng) / Foucault'sche Ströme *m pl*, Wirbelströme *m pl* (in Metallen)
**eddy-current test** (Elec Eng, Met, Paint) / Wirbelstromverfahren *n* (DIN EN ISO 2360), elektroinduktive Werkstoffprüfung (eine zerstörungsfreie Werkstoffprüfung), Wirbelstromprüfung *f* || ~ **testing**\* (a non-destructive testing) (Elec Eng, Met, Paint) / Wirbelstromverfahren *n* (DIN EN ISO 2360), elektroinduktive Werkstoffprüfung (eine zerstörungsfreie Werkstoffprüfung), Wirbelstromprüfung *f*
**eddy diffusion**\* (Chem Eng) / Eddy-Diffusion *f*, turbulenzüberlagerte Diffusion, turbulente Scheindiffusion, Wirbeldiffusion *f* || ~ **diffusivity**\* (Phys) / Koeffizient *m* der turbulenten Scheindiffusion || ~ **flow**\* (Phys) / turbulente Strömung (ungeordnete Bewegung von Flüssigkeits- oder Gasteilchen), Flechtströmung *f* || ~ **loss** (Elec Eng) / Wirbelstromverluste *m pl* (eine Art Eisenverluste) || ~**-making drag** (Phys) / Formwiderstand *m* (Komponente des Strömungswiderstands) || ~ **velocity** (Phys) / Schwankungsgeschwindigkeit *f* || ~ **viscosity** (Phys) / Wirbelzähigkeit *f* (scheinbare Erhöhung der Zähigkeit bei der Turbulenz)

**e-delay** *n* (of a contact element) (Elec Eng) / Verzögerung *f* "e" (eines Schaltgliedes)
**Edeleanu process**\* (Oils) / Edeleanu-Verfahren *n* (Extraktionsverfahren zur Petroleum-, Gasöl- und Schmieröl-Raffination mit verflüssigtem Schwefeldioxid, das physikalisch die aromatischen Bestandteile aus den zu raffinierenden Produkten herauslöst - nach L. Edeleanu, 1861-1941)
**edelopal**\* *n* (Min) / Edelopal *m* (schönste Art des Opals als Schmuckstein) || ~\* (Min) s. also hydrophane
**edenite**\* *n* (Min) / Edenit *m* (grüne Hornblende)
**edge** *v* (Carp, Join) / bestoßen *v* (Kanten, Überstände) || ~ (Eng, Tools) / scharf schleifen *v* (Werkzeuge), schärfen *v*, wetzen *v* (scharf schleifen), schleifen *v* (Werkzeuge schärfen) || ~ (For) / besäumen *v* (Baumkanten entfernen) || ~ (Glass) / Borten schneiden ~ (Glass) / Kanten bearbeiten, bekanten *v* || ~ (Met) / stauchen *v* (beim Walzen) || ~ (Print) / rändern *v* (Autotypien) || ~ (Textiles) / einfassen *v*, säumen *v* || ~ *n* / Schnitt *f* (Schuhsohlenkante) || ~ / Kante *f* (auch eines Grafen) || ~ / Rand *m* (Kante) || ~ (Bind) / Buchschnitt *m*, Schnitt *m* (eines Buchblocks) || ~ (Bind) / Kante *f* (des Buchdeckels) || ~ (Comp) / Kante *f* (DIN 8805) || ~ (Elec) / Flanke *f* (der zeitliche Übergang zwischen zwei unterschiedlichen Signalwerten) || ~ (Elec, Telecomm) / Flanke *f* (des Impulses) || ~ (Print) / Plattenrand *m* (Begrenzung von Druckplatten für den Hochdruck) || **on** ~ / hochkant *adv* || ~ **absorption** (For) / Feuchtabsorption *f* an Kanten(flächen) || ~ **acuity** (Optics) / Kantenschärfe *f* || ~ **angle** (Maths) / Kantenwinkel *m* (bei Polyedern) || ~ **as cut** (Glass) / rohe Kante, Schneidkante *f*, abgesprengte Kante, Bruchkante *f*, raue Kante || ~ **band** (For, Join) / Anleimer *m*, Umleimer *m*, Einkleber *m*, Einleimer *m* (zum Schmalflächenschutz bei Spanplatten) || ~ **bander** (Join) / Kantenverleimpresse *f*, Schmalflächenfurnierpresse *f*, Schmalflächenfurniermaschine *f*, Kantenverleimmaschine *f*
**edge-banding machine** (Join) / Kantenverleimpresse *f*, Schmalflächenfurnierpresse *f*, Schmalflächenfurniermaschine *f*, Kantenverleimmaschine *f*
**edge beam** (Build, For) / Randbalken *m* || ~ **binder** (Textiles) / Bandeinfasser *m* (der Nähmaschine) || ~ **binding** (Textiles) / Kanteneinfassung *f* (bei Teppichen) || ~ **binding** (Textiles) / Einfassband *n*
**edge-board connector** (Electronics) / Steckerleiste *f* (eines Leiterplattenchassis) || ~ **contact** (Electronics) / Kontaktkamm *m* || ~ **contact** (Electronics) / Randkontakt *m* (bei Leiterplatten)
**edge buckles** (Met) / Randwellen *f pl* (Planheitsfehler beim Walzen von relativ dünnem Blech und Band infolge größerer Streckung der Randbereiche gegenüber dem Mittelbereich) || ~ **chip** (Electronics) / ausgebrochene Kante, abgesplitterte Oberfläche (des Chips) || ~ **clamp** (Join) / Kantenzwinge *f* || ~ **clamp** (Join) / Kantenzwinge *f* || ~ **configuration** (Eng, For) / Kantenausbildung *f* || ~ **connector** (Electronics) / Steckerleiste *f* (eines Leiterplattenchassis) || ~ **contouring** (Electronics) / Kantengestaltung *f* || ~ **control** (Electronics) / Flankensteuerung *f* (Auslösung von Schaltvorgängen durch eine Flanke des Eingangssignals) || ~ **corrosion** (Surf) / Kantenkorrosion *f* || ~ **crack** (For) / Kantenriss *m* (am Schnittholz) || ~ **crack** (Glass) / Einlauf *m* (von einer Kante her einlaufender Sprung) || ~ **crack** (Met) / Kantenriss *m* (Ziehfehler an Profilen)
**edge-crimped yarn** (Spinning, Textiles) / Kantenkräuselgarn *n*
**edge crimping** (Spinning, Textiles) / Klingentexturierung *f*, Kantenziehverfahren *n* (ein Texturierverfahren), Kantenkräuselverfahren *n* (von endlosen Monofilen) || ~ **cutter** (Electronics) / Schnittfräser *m* (Schuhfabrikation) || ~ **cutting** / Schnittfräsen *n* (bei Schuhen) || ~ **damage** (Cinema, Photog) / Einriss *m* (Randverletzung des Films) || ~ **defect** (For) / Kantenfehler *m* (am Schnittholz)
**edge-defined film-fed growth** (Electronics, Phys) / EFG-Verfahren *n*
**edge definition** / Kantenschärfe *f* (beim Zeichnen) || ~ **definition** (Optics) / Randschärfe *f* || ~ **definition** (Optics) / Kantenschärfe *f* || ~ **densification** (For) / Schmalflächenverdichtung *f* (bei Spanplatten) || ~ **detection** (Comp) / Kantendetektion *f* || ~ **detection operator** (Comp) / Kantenoperator *m* || ~ **detector** (Comp) / Kantendetektor *m* || ~ **dislocation** (which travels parallel to the slip) (Crystal) / Stufenversetzung *f* (zweidimensionale Gitterstörung durch eine zusätzlich eingeschobene Halbebene) || ~ **distance** (Eng) / Randabstand *m* (allgemein) || ~ **disturbance** (Mech) / Randstörung *f*
**edged lens** (Optics) / zentrierte Linse
**edge effect**\* (Elec Eng) / Randeffekt *m* (z.B. Streufeld am Plattenkondensator) || ~ **effect**\* (Photog) / Kanteneffekt *m* (ein Nachbareffekt), Saumeffekt *m* (ein Entwicklungseffekt) || ~ **emission** (Electronics) / Kantenemission *f*
**edge-emitting LED** (Electronics) / Randemitter-LED *f*, Kantenemitterlumineszenzdiode *f*, Kantenemitter-LED *f*
**edge erasing** (Photog) / Maskentechnik *f* (beim Kopieren - um die schwarzen Ränder zu verhindern) || ~ **feeler** (Textiles) / Kantenfühler *m* || ~ **fillet weld** (Welding) / Stirnkehlnaht *f* || ~ **filter**\* (Chem) / Spaltfilter *n* (heute meistens durch Papierfilter ersetzt)

**edge-fold** v (Leather) / umbuggen v, einschlagen v (beim Schuhoberteil)
**edge folding** (Leather) / Umbuggen n, Einschlagen n (Umlegen und Festkleben der Kante eines Lederteils)
**edge-folding machine** (Leather) / Umbuggmaschine f, Einschlagmaschine f
**edge frequency** (Telecomm) / Eckfrequenz f, Grenzfrequenz f (im Allgemeinen) || ~ **gilding** (Bind) / Schnittvergoldung f || ~ **glueing** (For) / Kantenleimung f (-verleimung, -umleimung)
**edge-glu(e)ing machine** (Join) / Kantenverleimpresse f, Schmalflächenfurnierpresse f, Schmalflächenfurniermaschine f, Kantenverleimmaschine f
**edge grain** (For) / Spiegel m (auf dem Radialschnitt des Holzes sichtbare, glänzende Bänder, die durch das An- und Aufschneiden der Holzstrahlen entstehen)
**edge-grain cut** (For) / Viertelschnitt m, Vierteln n, Quartierschnitt m, Quarterschnitt m || ~ **sawing** (US) (For) / Radialschnitt m (bei dem die Jahrringe als parallele Linien in Längsrichtung verlaufen), Spiegelschnitt m (strenger)
**edge grinding** (Eng) / Umfangschleifen n (mit der Mantelfläche einer Schleifscheibe - DIN 8589, T 11), Umfangschleifen n (mit dem Umfang eines zylindrischen, rotationssymmetrischen Schleifkörpers)
**edge-grinding machine** (Optics) / Rundiermaschine f
**edge guide** (Textiles) / Kantenlineal n (an der Nähmaschine)
**edge-holding** n (property) (Tools) / Schneidhaltigkeit f (DIN 6583) || ~ **adj** / kantenfest adj
**edge joint** (For) / Breitenverbindung f (mit der stumpfen oder gedübelten Fuge) || ~ **joint** (Welding) / Eckstoß m (zwei Teile stoßen mit ihren Enden unter einem stumpfen oder spitzen Winkel gegeneinander) || ~ **joint** (Welding) / Stirnverbindung f, Stirnnaht f (Schweißnahtart für das Schmelzschweißen, bei der die Fügeteile im Schweißbereich breitflächig aufeinander liegen und an ihren Stirnflächen miteinander verbunden werden) || ~ **knot** (located at the edge of the face in a piece of lumber) (For) / Kantenast m || ~ **life** (Tools) / Standzeit f eines Schneidwerkzeuges, Schneidwerkzeug-Standzeit f (bis zum Nachschleifen) || ~ **loading** (Eng) / Kantentragen n (bei Gleitlagern)
**edge-mounted** adj (Optics) / randgefasst adj
**edge mounting** (Optics) / Randfassung f || ~ **mower** (Agric) / Rasenkantenmäher m, Kantenmäher m, Rasenkantenschneider (DIN 57730, T 2) || ~ **numbers*** (Cinema) / Perforationsnummer f, Fußnummer f || ~ **of a gypsum board** (Build) / Längsschmalfläche f der Gipskartonplatte || ~ **of carriageway** (Autos) / Fahrbahnbegrenzung f, Fahrbahnrand m || ~ **of concrete slab** (Civ Eng) / Plattenrand m (bei Betonfahrbahnen) || ~ **of film** (Cinema) / Filmrand m || ~ **of plate** (Met) / Blechkante f || ~ **of platform** (Rail) / Bahnsteigkante f || ~ **of the kerb** (Civ Eng) / Bordsteinkante f, Bordkante f || ~ **planing*** (Print) / Bestoßen n (von Stereos und Galvanos) || ~ **preparation** (Welding) / Fugenvorbereitung f (Bearbeitung der Werkstücke zur Schaffung von Schweiß- und Lötfugen) || ~ **preparation** (Welding) / Kantenvorbereitung f || ~ **protection** / Kantenschutz m (als Maßnahme) || ~ **protector** / Kantenschutz m (z.B. eine Leiste), Kantenschutzleiste f, Kantenschutzprofil n
**edge-punched card** (Comp) / Lochstreifenkarte f (DIN 31631)
**edger** n (Agric) / Rasenkantenmäher m, Kantenmäher m, Rasenkantenschneider (DIN 57730, T 2) || ~ (Eng) / Vorschmiedegravur f (der Gesenkteil, in dem der Werkstoff so verteilt wird, dass er die folgende Gravur füllt) || ~ (For) / Besäumer m || ~ (Met) / Stauchgerüst n (Walzgerüst /meist mit vertikalen Walzen/ zur Erzeugung ebener Seitenflächen oder genauer Breite beim Walzen von Blöcken, Brammen, oder Flacherzeugnissen)
**edge radiusing** / Kantenverrundung f || ~ **rolling** (Met) / Rollbiegen n (DIN 8586), Rollstanzen n, Einrollen n, Rollen n (bei der Blechbearbeitung) || ~ **runner** (Eng, Min Proc) / Kollergang m || ~ **runner** (Eng) s. also muller
**edge-sealed bag** / Siegelrandbeutel m
**edge sensor** (Textiles) / Kantenfühler m || ~ **setter** (Autos) / Absetzzange f (zum Absetzen von Kanten in Feinblechen) || ~ **shake** (For) / Kantenriss m (am Schnittholz) || ~ **staining** (Bind, Print) / Schnittfärbung f || ~ **steepness** (Telecomm) / Flankensteilheit f (des Impulses) || ~ **stress** (Materials) / Randspannung f
**edge-tear resistance** (Paper) / Einreißfestigkeit f
**edge-tip-solderability test** (Electronics) / Lötbarkeitsprüfung f (bei Leiterplatten)
**edge tool*** (Eng, Weaving) / Schneidwerkzeug n, spanendes Werkzeug (DIN 6582), Schnittwerkzeug n (für Zerspanung) || ~ **treatment** / Kantenbearbeitung f (im Allgemeinen)
**edge-triggered** adj (Electronics) / taktflankengetriggert adj, taktflankengesteuert adj, flankengesteuert adj || ~ **flip-flop** (Electronics) / taktflankengesteuertes Flipflop

**edge triggering** (Electronics) / Flankensteuerung f (Auslösung von Schaltvorgängen durch eine Flanke des Eingangssignals) || ~ **trim** / Kantenschutz m (z.B. eine Leiste), Kantenschutzleiste f, Kantenschutzprofil n
**edge-trimmed** adj (Eng) / kantenbeschnitten adj
**edge trimmer** / Schnittfräser m (Schuhfabrikation) || ~ **trimmer** (Print) / Kantenfräsmaschine f (zum Bestoßen von Stereos und Galvanos) || ~ **trimming** / Schnittfräsen n (bei Schuhen) || ~ **trimming** (Eng) / Kantenbeschneidung f || ~ **trimming** (Met) / Beschneiden n (der Kanten von Band oder Blech), Besäumen n (der Kanten von Band und Blech) || ~ **trimming** (Paper, Print) / Randbeschnitt m (Tätigkeit) || ~ **trimming** (Print) / Bestoßen n (von Stereos und Galvanos) || ~ **vent** (Glass) / Einlauf m (von einer Kante her einlaufender Sprung) || ~ **water*** (Geol, Oils) / Ölfeldwasser n, Randwasser n (das eine Erdöllagerstätte begleitende Formationswasser) || ~ **water*** (Geol, Oils) s. also formation water
**edgeways** adj / hochkant adv
**edge weld** (Welding) / Stirnverbindung f, Stirnnaht f (Schweißnahtart für das Schmelzschweißen, bei der die Fügeteile im Schweißbereich breitflächig aufeinander liegen und an ihren Stirnflächen miteinander verbunden werden) || ~ **winding*** (Elec Eng) / Hochkantstabwicklung f, Hochkantwicklung f
**edgewise** adv (US) / hochkant adv || ~ **instrument*** (Elec Eng) / Profilgerät n, Profilinstrument n (ein Schalttafelmessinstrument)
**edgework** n (Glass) / Kantenbearbeitung f, Bekanten f
**edging** n (Build, Civ Eng) / Bordpflasterstein m || ~ (For) / Kantenfolie f (zum Umkleiden der Kanten von billigen Pressholzmöbeln), Umleimer m || ~ (For) / Besäumen n (Entfernen der Baumkanten) || ~ (For) / Kantenleiste f || ~ (For) / Säumling m (beim Besäumen von Brettern anfallender Holzabschnitt mit Baumkante - mit oder ohne Rinde), Spreißel m || ~ (Glass) / Kantenbearbeitung f, Bekanten f || ~ (Glass) / Kantenschliff m || ~ (Glass, Optics) / Rundieren n (der Kanten) || ~ (Met) / Stauchen n (beim Walzen), Stauchung f || ~ (Textiles) / Vorstoß m (aus einem ein wenig vorstehenden Besatz bestehende Verzierung an der Kante eines Kleidungsstücks), Paspel f m, Schnurbesatz m, Litzenbesatz m, Passepoil m (pl. -s) || ~ **circular sawing machine** (For) / Besäumkreissäge f (Maschine), Besäumkreissägemaschine f || ~ **mill stand** (Met) / Stauchgerüst n (Walzgerüst /meist mit vertikalen Walzen/ zur Erzeugung ebener Seitenflächen oder genauer Breite beim Walzen von Blöcken, Brammen, oder Flacherzeugnissen) || ~ **pass** (Met) / Staustich m (Walzen eines rechteckigen Querschnittsteiles, wobei die größere Querschnittsabmessung vermindert wird) || ~ **pass** (Met) / Stauchkaliber n (Kaliber innerhalb einer Flachstahlkalibrierung, mit dem die ausgebauchten Seitenflächen der Produktbreite eingestellt wird) || ~ **press** (Eng, Met) / Abkantpresse f, Gesenkbiegepresse f (DIN 55222) || ~ **roll** (Met) / Stauchwalze f || ~ **stand** (Met) / Stauchgerüst n (Walzgerüst /meist mit vertikalen Walzen/ zur Erzeugung ebener Seitenflächen oder genauer Breite beim Walzen von Blöcken, Brammen, oder Flacherzeugnissen)
**EDI** (electronic data interchange) (Comp) / elektronischer Datenaustausch, EDI (elektronischer Datenaustausch), elektronischer Geschäftsverkehr
**edible** adj (Nut) / genießbar adj, genusstauglich adj || ~ s. also eatable || ~ **coating film** (Nut) / Überzugsmittel n (aus B. Bienen- oder Carnaubawachs, Schellack usw.) || ~ **fat** (Nut) / Speisefett n || ~ **gelatin** (Nut) / Speisegelatine f || ~ **oil** (Nut) / Speiseöl n (bei Zimmertemperatur flüssiges Speisefett pflanzlicher Herkunft) || ~ **starch** (Nut) / Speisestärke f
**edinam** n (For) / Tiama-Mahagoni n, Tiama n (aus Entandrophragma angolense (Welw.) C. DC.), Edinam n, TIA (Tiama-Mahagoni)
**Edirectory** n (similar to Banyan VINES Street Talk) (Comp) / Edirectory n
**Edison accumulator*** (Elec Eng) / Nickel-Eisen-Akkumulator m (ein alkalischer Akkumulator), Eisen-Nickel-Akkumulator m, Edison-Akkumulator m, NiFe-Akkumulator m, Nickel-Eisen-Batterie f, Stahlakkumulator m || ~ **effect** (Electronics) / thermische Elektronenemission, Glühemission f, Glühelektronenemission f, Thermoemission f || ~ **effect*** (Electronics) / Richardson-Effekt m, glühelektrischer Effekt, Edison-Effekt m (nach T.A. Edison, 1847-1931) || ~ **effect*** (Electronics) s. also thermionic emission || ~ **screw-cap*** (Elec Eng) / Edison-Sockel m (Glühlampensockel mit Schraubgewinde, normal E 27 bis 200 Watt, Goliathgewinde E 40 für größere Lampenleistungen) || ~ **screw-holder*** (Elec Eng) / Edison-Glühlampenfassung f || ~ **screw lamp cap** (Elec Eng) / Edison-Sockel m (Glühlampensockel mit Schraubgewinde, normal E 27 bis 200 Watt, Goliathgewinde E 40 für größere Lampenleistungen) || ~ **screw lampholder** (Elec Eng) / Lampenfassung f mit Edisongewinde || ~ **screw-thread** (Elec Eng) / Elektrogewinde n (nach DIN 40400), E-Gewinde n, Edison-Gewinde n, Lampengewinde n

**E-display**

**E-display*** n (Radar) / E-Darstellung f (Anzeige in rechtwinkligen Koordinaten: die Abszisse zeigt die Entfernung, die Ordinate den Höhenwinkel an)
**edit** v (Cinema) / schneiden v, cuttern v (Film, Tonband), cutten v || ~ (Comp) / aufbereiten zum Drucken, editieren v, redigieren v || ~ (Comp) / edieren v (bei der Textverarbeitung und bei der Programmentwicklung), editieren v || ~ n (Cinema) / Schnitt m (weicher, harter), Cut m
**editable PostScript** (Comp) / editierbares PostScript, ePS (editierbares PostScript)
**edit bench** (Cinema) / Schneidetisch m
**edit-in** n (Cinema) / Anfang m eines Filmschnittpunkts
**editing** n (Cinema) / Nachbearbeitung f, Editierung f || ~* (Cinema) / Schneiden n, Cutten n, Cuttern n || ~ (Comp) / Druckaufbereitung f (für den Rechnersatz), Editieren n, Redigieren n, Redaktion f, Aufbereitung f zum Druck || ~ **arrow key** (Comp) / Aufbereitungspfeiltaste f || ~ **bench** (Cinema) / Schneidetisch m || ~ **copier** (Comp) / Editierkopierer m || ~ **function** (Comp) / Editierfunktion f, Edit-Funktion f || ~ **key** (Comp) / Editiertaste f || ~ **mode** (Comp) / Editiermodus m || ~ **pulse** (Cinema) / Schneidimpuls m (auf der Steuerspur eines Videomagnetbandes) || ~ **station** (Electronics) / Editierstation f (im Bildschirmtext) || ~ **system** (Comp) / Editiersystem n || ~ **table** (Cinema) / Schneidetisch m || ~ **terminal** (Comp) / Btx-Editiereinrichtung f (zur Informationseingabe) || ~ **terminal*** (Print) / Redaktionsterminal n || ~ **workstation** (Comp) / Editierplatz m
**edition*** n (Print) / Auflage f, Druckauflage f, Auflagenzahl f (Auflagenhöhe) || ~* (Print) / Ausgabe f (überarbeitete, unveränderte) || ~* (Print) / Auflage f (zweite, dritte) || ~ **binding*** (Bind) / Verlagseinband m (ein vom Verlag in Auftrag gegebener Einband, der maschinell in größerer Auflage gefertigt wird)
**editor** n / Lektor m (im Verlag), Verlagslektor m || ~* (Cinema) / Schnittmeister m, Filmcutter m, Cutter m, Schneidtechniker m || ~* (Comp) / Editor m (ein Hilfsprogramm) || ~ (Print) / Herausgeber m, Editor m || ~* (Comp) s. also link editor and text editor
**editorial** adj (of or relating to the commissioning or preparing of material for publication) (Comp, Print) / redaktionell adj || ~ **sync** (Cinema) / Schnittsynchronisierung f (das Anbringen von Synchronmarken auf Bildfilm)
**editor program** (Comp) / Editor m (ein Hilfsprogramm)
**edit-out** n (Cinema) / Ende n eines Filmschnittpunkts
**edit script** (Cinema) / Schnittplan m || ~ **search** / Schnittsuchlauf m (bei Videosystemen)
**EDM*** (electroerosive machining) (Eng) / elektroerosives Abtragen, elektroerosive Bearbeitung, Elektroerosion f (abtragendes Verfahren zur Bearbeitung von harten, schlecht zerspanbaren, aber elektrisch leitfähigen Werkstoffen), ED-Bearbeitung f, EDM || ~ (electronic distance measurement) (Surv) / funktechnische Entfernungsmessung, elektronische Entfernungsmessung
**Edman degradation** (Chem) / Edman-Abbau m (nach P. Edman, 1916-1977)
**EDO-DRAM** n (Comp) / EDO-DRAM n (schneller dynamischer Halbleiterspeicherbaustein, der beim Lesevorgang Vorteile gegenüber herkömmlichen DRAMS bietet)
**EDO-RAM** n (Comp) / RAM-Bauart, die für eine beschleunigte Datenausgabe aus dem Speicher sorgt
**EDP** (electronic data processing) (Comp) / elektronische Datenverarbeitung, EDV (elektronische Datenverarbeitung), DV (Datenverarbeitung - elektronische) || ~ **centre** (Comp) / Datenverarbeitungszentrum n, DV-Zentrum n, Rechenzentrum n
**EDRAM** (Enhanced Dynamic RAM) (Comp) / Enhanced Dynamic RAM n, EDRAM n (Enhanced Dynamic RAM)
**EDS** (exchangeable disk store) (Comp) / Wechselplattenspeicher m || ~ (energy-distribution spectroscopy) (Spectr) / Energieverteilungsspektroskopie f
**Edser and Butler's bands*** (Optics) / Interferenzen f pl gleicher chromatischer Ordnung
**EDT** (ethylenediamine tartrate) (Chem, Electronics) / Ethylendiamintartrat n (Verbindung mit ausgeprägten piezoelektrischen Eigenschaften), Tartrat n des Ethylendiamins, EDT (Ethylendiamintartrat - Verbindung mit ausgeprägten piezoelektrischen Eigenschaften) || ~ (editor) (Comp) / Editor m (ein Hilfsprogramm)
**EDTA*** (ethylenediaminetetraacetic acid) (Chem) / Ethylendiamintetraessigsäure f, EDTA (Ethylendiamintetraessigsäure), AeDTE, Ethylendinitrilotetraessigsäure f
**educational centre** / Bildungszentrum n || ~ **program** (Comp) / Lehrprogramm n || ~ **robot** / Schulungsroboter m (der zu Ausbildungs-, Schulungs- und Trainingszwecken von Bedienern und Programmierern genutzt wird) || ~ **software** (Comp) / Teachware f (Unterrichts-, Lernprogramme), Courseware f || ~ **television** (TV) / Unterrichtsfernsehen n, Bildungsfernsehen n || ~ **television** s. also school television || ~ **toy** / pädagogisches Spielzeug, Lehrspielzeug n
**educt** n (Eng) / Aufgabegut n, Einsatzmaterial n (das Ausgangsmaterial eines technologischen Prozesses), Einsatzgut n, Edukt n
**eduction pipe** (Eng) / Förderrohr n (der Mammutpumpe)
**eductor** n / Ejektor m (Gerät zur Entgasung von Leitungen oder Anlagen mittels Unterdruck) || ~ (Eng) / Ejektor m (absaugende Dampfstrahlpumpe), Saugstrahlpumpe f, Strahlsaugpumpe f, Strahlsauger m (absaugende Dampfstrahlpumpe), Dampfstrahlpumpe f (absaugende)
**edutainment** n (multimedia software providing both education and entertainment) (Comp) / Edutainment n (Computerprogramme, die Wissen auf unterhaltsame und spielerische Weise vermitteln) || ~ **software** (Comp) / Edutainment-Software f (Lernprogramme mit Spielcharakter)
**EDXRF** (energy-dispersive X-ray fluorescence) (Spectr) / energiedispersive Röntgenfluoreszenz
**EEC** (estimated environmental concentration) (Chem, Ecol) / geschätzte Umweltkonzentration, EEC (geschätzte Umweltkonzentration)
**EECS** (evaporative emission control system) (Autos) / Kraftstoffverdunstungsanlage f, Kraftstoffverdampfungsanlage f, Kraftstoffdampfrückhaltesystem n
**EEE** (exo-electron emission) (Electronics) / Exoelektronenemission f, EEE (Exoelektronenemission)
**EEG*** (electroencephalograph) (Med) / Elektroenzephalograf m
**eelgrass*** n (Bot) / (Gewöhnliches) Seegras (Zostera marina L.) n
**EELS** (electron energy loss spectroscopy) (Spectr) / Energieverlustspektroskopie f, Elektronenenergieverlustspektroskopie f, EELS (Elektronenenergieverlustspektroskopie)
**EEPROM** (electrically erasable programmable read-only memory) (Comp) / E$^2$PROM n
**EEROM** (electrically erasable ROM) (Comp) / elektrisch löschbares ROM, EEROM (elektrisch löschbarer ROM)
**EET** (estimated elapsed time) (Aero) / voraussichtliche Flugdauer
**EF** (Fermi energy) (Nuc) / Fermi'sche Grenzenergie (am absoluten Nullpunkt), Fermi-Energie f (eines Elektronengases), Fermi-Grenze f
**E.F.** (English finish) (Paper) / halbglänzende Oberfläche, Mattsatinage f
**EFA** (essential fat acid) (Biochem) / essentielle Fettsäure
**effect** v / bewirken v, hervorrufen v || ~ n / Auswirkung f, Wirkung f, Einwirkung f, Folge f (Auswirkung) || ~ / Konsequenz f, Ergebnis n, Resultat n || ~ (Phys) / Effekt m (Erscheinung, Phänomen) || ~ **coat** (Paint) / Effektlack m (z.B. Hammerschlaglack, Narbenlack, Fadenlack, Kleckerlack usw.) || ~ **coating** (Paint) / Effektlackierung f (bei der eine gewollte, visuell erfassbare Unregelmäßigkeit gleichmäßig über die Oberfläche verteilt ist)
**effective** adj / effektiv adj, wirksam adj (effektiv), wirkend adj, wirkungsvoll adj || ~ / Nutz-, nutzbar adj || ~ (yield, demand) / tatsächlich adj, wirklich adj || ~ **acceptance angle** / effektiver Öffnungswinkel (DIN 58140) || ~ **address*** (Comp) / effektive Adresse f || ~ **antenna height*** (Radio) / effektive Antennenhöhe || ~ **aperture** (Photog) / wirksame Öffnung (des Objektivs), effektive Blendenöffnung, effektive Apertur || ~ **area of an orifice** / effektive Öffnungsfläche (bei den Strömungsberechnungen) || ~ **atomic number*** (Chem) / effektive Ordnungszahl || ~ **atomic number** (Nuc) / effektive Kernladungszahl || ~ **bandwidth*** (Telecomm) / Bandbreite f eines äquivalenten idealen Filters || ~ **column length*** (Build, Mech) / Knicklänge f, freie (wirksame) Länge (eines Stabes) || ~ **computability** (Maths) / effektive Berechenbarkeit || ~ **conductance** (Elec) / Wirkleitwert m, Konduktanz f (DIN 40110) || ~ **date 1 1 2007** / Stand per 1.1.2007 || ~ **depth*** (Civ Eng) / Nutzhöhe f (Betondeckung) || ~ **diameter** (GB) (Eng) / Flankendurchmesser m (achssenkrechter Abstand der Gewindeflankenmitten nach DIN 13) || ~ **echoing area** (Radar) / äquivalente Echofläche || ~ **energy*** (Radiol) / effektive Wellenlänge, effektive Quantenenergie || ~ **half-life*** (Nuc) / effektive Halbwertszeit || ~ **head** (Elec Eng) / Nutzfallhöhe f (bei Wasserkraftwerken) || ~ **height** (of a column) (Build, Mech) / Knicklänge f, freie (wirksame) Länge (eines Stabes) || ~ **instruction** (Comp) / effektiver Befehl || ~ **length** / gestreckte Länge || ~ **mass*** (Electronics) / effektive Masse (eine Rechengröße, die sich aus der Bandstruktur ergibt) || ~ **molarity** (Chem) / effektive Molarität (mit der Dimension einer Konzentration)
**effectiveness** n / Wirkungsgrad m (im Allgemeinen)
**effective particle density*** (Powder Met) / effektive Teilchendichte || ~ **pitch** (Aero) / wirksame Steigung (der Flügelblätter der Luftschraube) || ~ **porosity*** (Powder Met) / wirksame Porosität || ~ **power** f (Eng) / Effektivleistung f, effektive Leistung || ~ **pressure** (Civ Eng) / Korngrenzendruck m, Korngrenzenspannung f || ~ **procedure** (AI, Comp) / Entscheidungsverfahren n (Algorithmus zur

Entscheidung eines Prädikats) ‖ ~ **protection** / wirksamer Schutz ‖ ~ **radiated power**\* (Telecomm) / effektive Strahlungsleistung, wirksame Strahlungsleistung, Sendeleistung *f* (Antenne) ‖ ~ **radiated power**\* (Telecomm) / äquivalente Strahlungsleistung (Halbwellenstrahler) ‖ ~ **range** (Automation) / Stellbereich *m* (innerhalb dessen sich die Stellgröße eines Reglers bewegt), wirksamer Bereich ‖ ~ **range**\* (Instr) / Messbereich *m* (Teil des Anzeigebereichs nach DIN 1319, T 1 und T 2 und DIN 2257, T 2), Nutzmessbereich *m* ‖ ~ **range** (Radio) / wirksame Reichweite ‖ ~ **reference plane** (Eng) / Wirkbezugsebene *f* (eine Ebene durch den betrachteten Schneidenpunkt, die senkrecht zur Wirkrichtung steht) ‖ ~ **resistance**\* (Elec, Elec Eng) / Wirkwiderstand *m*, Resistanz *f* (DIN 40110) (der Quotient aus Wirkleistung und dem Quadrat des Effektivwertes des Wechselstromes) ‖ ~ **sieve aperture size**\* (Eng, Powder Met) / wirksame Sieböffnung ‖ ~ **source height** (Ecol) / Quellhöhe *f* (effektive - bei Schornsteinen) ‖ ~ **span**\* (Build, Civ Eng) / wirksame Spannweite ‖ ~ **stress** (Civ Eng) / Effektivspannung *f* ‖ ~ **stroke** (I C Engs) / Nutzhub *m* ‖ ~ **surface** / Ist-Oberfläche *f* (das messtechnisch erfasste, angenäherte Abbild der wirklichen Oberfläche eines Formelements nach DIN 4762) ‖ ~ **temperature**\* (Astron) / Effektivtemperatur *f* ‖ ~ **throat thickness** (Welding) / Nahtdicke *f* (diejenige Dicke einer Schweißnaht, die zur Festigkeitsberechnung von Schweißverbindungen angewendet wird - DIN EN 12 345), Nahthöhe *f* (mit der Nahtüberhöhung) ‖ ~ **travel** (Eng) / Wirkweg *m* (den der betrachtete Schneidenpunkt auf dem Werkstück in Wirkrichtung schneidend zurücklegt) ‖ ~ **value**\* (Elec Eng, Eng) / Effektivwert *m* ‖ ~ **value**\* (Phys) / quadratischer Mittelwert, Effektivwert *m* (einer periodischen Größe) ‖ ~ **velocity** (Hyd Eng) / Momentangeschwindigkeit *f* (z.B. des Grundwassers)
**effect lighting** (Light) / Effektbeleuchtung *f* ‖ ~ **of depth** (Photog) / Tiefenwirkung *f* ‖ ~ **of notches** (Materials) / Kerbeinfluss *m*
**effector** *n* (Automation) / Effektor *m* (Gerät bzw. System, mit dessen Hilfe der Regler in einem Regelkreis auf die Regelgröße einwirken kann) ‖ ~\* (chemical compound, which regulates the activity of a gene or enzyme, usually by allosteric interaction with a regulator protein or the enzyme protein) (Biochem, Gen) / Effektor *m* (chemische Verbindung, die die Gen- oder Enzymaktivität steuert) ‖ ~ (Eng) / Effektor *m*, Wirkorgan *n* (eines Industrieroboters) ‖ ~ (Automation) s. also actuator
**effect related to materials** (Materials) / werkstoffbedingter Einfluss
**effects box** (Cinema, Photog) / Kompendium *n* (pl.: -ien)
**effect sliver** (Textiles) / Effektband *n*
**effects of an accident** / Unfallfolgen *f pl*
**effect spot** (Cinema) / Effektscheinwerfer *m*
**effects track**\* (Cinema) / Geräuschtonspur *f*
**effect thread**\* (Spinning) / Effektfaden *m* ‖ ~ **varnish** (Paint) / Effektlack *m* (z.B. Hammerschlaglack, Narbenlack, Fadenlack, Kleckerlack usw.) ‖ ~ **yarn** (Spinning) / Effektgarn *n*, Effektzwirn *m*, Phantasiegarn *n*, Phantasiezwirn *m*
**efferent**\* *adj* (Med) / efferent *adj*, efferens *adj* (in der terminologischen Wortgruppe immer nachgestellt)
**effervesce** *v* (give off bubbles) (Nut) / perlen *v* (moussieren), moussieren *v* (Getränk), schäumen *v*
**effervescence**\* *n* / Schäumen *n* (Aufbrausen), Brausen *n*, Aufbrausen *n*, Moussieren *n*, Sprudeln *n*
**efficacy** *n* (Eng) / Leistungsfähigkeit *f*, Leistungsstärke *f*
**efficiency**\* *n* / Nutzleistung *f*, effektive Leistung ‖ ~ (Elec Eng) / Nutzeffekt *m* (Kennzahl für die Lichtstromeffektivität der Strahlung) ‖ ~\* (Elec Eng, Eng, Phys) / Wirkungsgrad *m* (elektrischer, mechanischer, thermischer) ‖ ~ (Eng) / Gütegrad *m* (der indizierte Wirkungsgrad einer Kraftmaschine) ‖ ~\* (Eng) / Leistungsfähigkeit *f*, Leistungsstärke *f* ‖ ~ (Nuc) / Effektivität *f* (Kenngröße eines Strahlungsmessgerätes), Ansprechwahrscheinlichkeit *f* (eines Strahlungsmessgerätes) ‖ ~ (Print) / Leistungsfähigkeit *f* (im LTF-farbmetrischen System) ‖ ~ (Ships) / Leistungsfähigkeit *f* (eines Hafens) ‖ ~ (Stats) / Effizienz *f* (eine erwartungstreue Schätzungsvariable) ‖ ~ (Work Study) / Effizienz *f*, Effektivität *f* ‖ ~ **diode** (Electronics) / Boosterdiode *f* ‖ ~ **factor** (Eng) / Nutzungsgrad *m* (der Feder) ‖ ~ **of Carnot cycle** (Phys) / Carnot'scher Wirkungsgrad (im Carnot'schen Kreisprozess) ‖ ~ **of catch** (Ships) / Fängigkeit *f* (spezifische Fangleistung eines Fischfanggerätes) ‖ ~ **of the riveted joint** (Eng) / Schwächungsverhältnis *n* (bei einer Nietverbindung) ‖ ~ **ratio**\* (Elec Eng, Eng, Phys) / Wirkungsgrad *m* (elektrischer, mechanischer, thermischer) ‖ ~ **scrutiny** / Leistungsüberprüfung *f*
**efficient** *adj* / leistungsfähig *adj*, leistungsstark *adj* (effizient) ‖ ~ rationell *adj* (wirtschaftlich), effizient *adj*, wirkungsgradgünstig *adj*
**effloresce** *v* (Agric, Build, Ceramics) / ausblühen *v*
**efflorescence** *n* (Agric) / Ausblühung *f* (auf Böden in Trockengebieten) ‖ ~\* (calcium nitrate) (Build) / Mauersalpeter *m* (Kalziumnitrat), Mauerfraß *m* (Salzausblühung), Mauersalz *n* (Kalksalpeter) ‖ ~\* (Build, Ceramics) / Ausblühung *f*, Ausblühen *n*, Auswitterung *f* (Verfärbung der Bauteiloberfläche durch auffällige Ablagerung von Salzen, die mit Hilfe von Wasser an die Oberfläche transportiert oder dort umgewandelt wurden) (von Salzen an der Oberfläche von Mauersteinen) ‖ ~\* (Chem) / Verwitterung *f* unter Kristallwasserverlust ‖ ~ (Geol) / Auswitterung *f* (die Erscheinung, dass gelöste Substanzen in einem porösen Körper durch Kapillarität an die Oberfläche steigen und dort einen Überzug bilden - z.B. in der Salzsteppe) ‖ ~\* (Geol, Min) / Beschlag *m* ‖ ~\* (Min) / Effloreszenz *f* (einfache Ausblühung), Anflug *m*
**effluent** *n* / ausfließendes Medium, Ausfluss *m* ‖ ~ / [radioaktive] Abfalllösung *f* ‖ ~\* (liquid waste discharged from an industrial processing facility or waste-treatment plant) (Ecol, San Eng) / Abwasser *n* (häusliches, städtisches, industrielles - DIN 4045), Schmutzwasser *n* (durch Gebrauch verunreinigtes), SW (Schmutzwasser) ‖ ~ **charge(s)** (Ecol) / Abgaben *f pl* für Umweltverschmutzung ‖ ~ **charge** (a fixed fee levied by a regulating body against a polluter for each unit of waste discharged into public waters) (Ecol) / Abwasserabgabe *f* (bei Nichteinhaltung vorgegebener Grenzwerte nach dem Abwasserabgabengesetz) ‖ ~ **disposal** (San Eng) / Abwasserbeseitigung *f* (Rückführung des Abwassers in den natürlichen Wasserkreislauf), Abwasserentsorgung *f* ‖ ~ **fee** (Ecol) / Abwasserabgabe *f* (bei Nichteinhaltung vorgegebener Grenzwerte nach dem Abwasserabgabengesetz) ‖ ~ **monitor**\* (Nuc Eng) / Auswurfüberwachungsgerät *n*, Emissionsüberwachungsgerät *n* ‖ ~ **river** (Geol, Hyd Eng) / effluenter Fluss ‖ ~ **volume** (Chem) / Elutionsvolumen *n*
**effluve**\* *n* (Elec Eng) / Koronaentladung *f*
**effluvium** *n* (pl. -uvia or -s) (Ecol) / Ausdünstung *f* (meistens schädliche oder unangenehme)
**efflux**\* *n* (Aero) / Treibstrahl *m* ‖ ~ (Hyd) / Ausflussmenge *f*, Auslaufmenge *f* ‖ ~ **time** (Chem) / Auslaufzeit *f* (bei Viskosimetern) ‖ ~ **velocity** (Hyd, Phys) / Ausströmungsgeschwindigkeit *f*, Ausflussgeschwindigkeit *f* (mit der ein Fluid aus einem Behälter ausströmt)
**effort** *n* (Mech) / Kraft *f* (z.B. am Kraftarm des Hebels) ‖ ~ **arm** (Mech) / Kraftarm *m* (des Hebels) ‖ ~ **required to keep a machine serviced** (Eng) / Wartungsaufwand *m* (geleistete Arbeit)
**effusiometer**\* *n* (Chem, Phys) / Effusiometer *n* (Gerät zur Bestimmung der Gasdichte - z.B. nach Bunsen-Schilling)
**effusion** *n* (Geol) / Effusion *f* (ein magmatischer Prozess) ‖ ~\* (Phys) / Effusion *f* (Ausströmen von Gas unter Druck aus einer kleinen Öffnung) ‖ ~ **stream** (Med) / Effusionsstrom *m* (ein Teil des Tabak-Nebenstromrauches)
**effusive rocks** (Geol) / Vulkanite *m pl*, vulkanische Gesteine, Extrusiva *n pl* (Ergussgesteine), Ergussgesteine *n pl*, Effusivgesteine *n pl*, Extrusivgesteine *n pl*, Oberflächengesteine *n pl*
**EF hand** (Biochem) / EF-Hand *f*, Calmodulin-Faltung *f*, Kalmodulin-Faltung *f*
**EFL** (emitter-follower logic) (Electronics) / Emitterfolgerlogik *f*, Verknüpfungsschaltung *f* mit Kollektorverstärker ‖ ~ (equivalent focal length) (Optics) / Äquivalentbrennweite *f*
**E-flute** *n* (Paper) / Feinstwelle *f* (bei Wellpappen), E-Welle *f* (bei Wellpappen) ‖ ~ (Paper) / Feinstwelle *f* (bei Wellpappen - Riffelteilung etwa 3,2 mm)
**EFM** (eight-to-fourteen modulation) (Telecomm) / EFM-Modulation *f*
**EFP**\* (electronic field production) (Cinema) / Außenaufnahmen *f pl* (mit der Handkamera)
**E-free** *adj* (Nut) / ohne Fremd- und Zusatzstoffe
**EF steel-making** (Met) / Elektrostahlerzeugung *f*, Elektrostahlverfahren *n* ‖ ~ **steel-melting shop** (Met) / Elektrostahlwerk *n*
**EFT** (S) (electronic funds transfer /system/) (Comp) / elektronischer Zahlungsverkehr, elektronische Banküberweisung
**EFW plant** (Ecol) / Anlage *f* zur Gewinnung von Energie aus Müll, Müllkraftwerk *n*
**EGA** (evolved-gas analysis) (Chem) / Emissionsgasthermoanalyse *f* (eine Gasdetektionsmethode), Analyse *f* der freigesetzten Gase (bei der thermischen Analyse), EGA (Emissionsgasthermoanalyse)
**E galaxy** (Astron) / elliptische Galaxie (deren optisches Erscheinungsbild einer mehr oder weniger langgestreckten Ellipse ähnelt, im Grenzfall auch Kugelgestalt zeigt)
**EGF** (epidermal growth factor) (Biochem) / epidermaler Wachstumsfaktor
**egg**\* *n* (Biol, Nut) / Ei *n* ‖ ~ **albumen** (Nut) / Eiweiß *m*, Eiklar *n* (A) (das Weiße im Ei) ‖ ~ **albumin**\* (Biochem) / Ovalbumin *n* (Hauptprotein des Eiklars), Eialbumin *n*, Eieralbumin *n* ‖ ~ **beater** / Quirl *m* für Eierschnee
**eggbeater** *n* (US) (Aero) / Hubschrauber *m*, Helikopter *m*
**egg bin** / Eierfach *n* (im Kühlschrank) ‖ **~-box lens**\* (Radio) / Rechteck-Rasterlinse *f*, Linse *f* mit gekreuzten Platten
**egg-breaking machine** (Nut) / Eieraufschlagmaschine *f*

**egg bucket** / Eierfach *n* (im Kühlschrank) ‖ ~ **candler** (Agric) / Eierdurchleuchter *m* ‖ ~ **candling** (Agric) / Eierdurchleuchtung *f*
**eggcrate diffuser** (Light) / eierwabenförmiger Lichtstreuvorsatz ‖ ~ **grille** (Autos) / Wabengrill *m* (ein Kühlergrill)
**eggette** *n* (Fuels) / eiförmiges Brikett, Eierbrikett *n*, Eibrikett *n*
**egg glair*** (Bind) / Eipoliment *n*, Grundiermittel *n* auf Eiweißgrundlage (zum Handvergolden) ‖ ~ **grader** (Nut) / Eiersortiermaschine *f*
**egging** *n* (Leather) / Eigelbnachgare *f*
**egg oil** / Eieröl *n* ‖ ~ **powder** (Nut) / Eipulver *n* ‖ ~ **preservation** (Nut) / Eierkonservierung *f* ‖ ~ **rack** / Eierfach *n* (im Kühlschrank)
**egg-shaped** *adj* / eiförmig *adj*, ovoidisch *adj*, ovoid *adj*, ovaloid *adj* ‖ ~ **sewer*** (San Eng) / Turmfaulbehälter *m* (in Eiform), Ovalfaulbehälter *m*, Faulbehälter *m* in Eiform
**egg shelf** / Eierfach *n* (im Kühlschrank)
**eggshell** *n* (Agric, Nut) / Eischale *f*, Eierschale *f* ‖ ~ (Ceramics) / Eierschaligkeit *f* (matte Oberfläche - ein Glasurfehler) ‖ ~ *attr* (Ceramics) / hauchdünn *adj* ‖ ~ **finish** (Paint) / Lackierung *f* mit Eierschalenglanz (im Allgemeinen) ‖ ~ **finish*** (Paper) / Eierschalenglätte *f*, matte Glätte mit Eierschalenglanz ‖ ~ **flat** (Paint) / Mattlackierung *f* mit Eierschalenglanz ‖ ~ **gloss*** (Paint) / Halbmattlackierung *f* mit Eierschalenglanz, Eierschalenglanz *m*, Halbmattglanz *m*
**eggshelling** *n* (Ceramics) / Eierschaligkeit *f* (matte Oberfläche - ein Glasurfehler)
**eggshell porcelain** (a very thin, highly translucent porcelain) (Ceramics) / Eierschalenporzellan *n*, sehr dünnes, durchscheinendes Porzellan, Eggshell-Porzellan *n* ‖ ~ **sheen** (Paint) / Sheen *m*
**egg sleeker*** (Foundry) / Polierknopf *m* (eiförmiger, Formglättwerkzeug *n*
**eggstone** *n* (Geol) / Oolith *m* (aus zahlreichen Ooiden zusammengesetztes Gestein), Eierstein *m*
**egg substitute** (Nut) / Eiaustauschstoff *m* ‖ ~ **tray** / Eierfach *n* (im Kühlschrank) ‖ ~**-white** *n* (Nut) / Eiweiß *n*, Eiklar *n* (A) (das Weiße im Ei)
**E-glass*** *n* (of low alkali content) (Glass) / E-Glas *n*, alkaliarmes Borosilicatglas (mit hohem Erdalkalioxidgehalt)
**EGP** (electrostatic gas purification) / elektrostatische Gasreinigung
**EGR** (exhaus-gas recirculation) (Autos) / Abgasrückführung *f*, AGR-System *n* (Abgasrückführung), AGR (die Zufuhr von Abgas zum Frischgemisch bzw. zur angesaugten Luft)
**egress** (Astron) / Emersion *f* (Heraustreten eines Mondes aus dem Schatten seines Planeten)
**EGR valve** (Autos) / Abgasrückführventil *n*, AGR-Ventil *n*
**EG welding** (Welding) / Elektrogasschweißen *n* (Fügen durch teilautomatisches Schutzgasschweißen in senkrechter Position), EG-Schweißen *n*
**Egyptian*** *n* (Typog) / serifenbetonte Linear-Antiqua, Egyptienne *f* ‖ ~ **black** (Ceramics) / Basaltsteingut *n*, Basaltgut *n*, Basaltware *f* (schwarze Biskuitkeramik, von J. Wedgwood entwickelt) ‖ ~ **blue*** / Ägyptisch Blau *n* (Kupferpigment von himmelblauer bis ultramarinblauer Farbe, chemisch Kalzium-Kupfersilikat - es wurde früher zur Wandmalerei verwendet) ‖ ~ **cotton** (Textiles) / ägyptische Baumwolle (z.B. Ashmouni, Menoufi usw.) ‖ ~ **henna** (Bot) / Hennastrauch *m* (Lawsonia inermis L.), Henna *f*
**EHB** (electrohydraulic brake) (Autos) / elektrohydraulische Bremse, EHB (elektrohydraulische Bremse)
**EHD ionization** (Phys, Spectr) / elektrohydrodynamische Ionisation, EHD-Ionisation *f*
**EHF** (extremely high frequency) (Radar, Radio) / Höchstfrequenz *f* (Millimeterwellen), HHF (30 - 300 GHz)
**EHL** (elastohydrodynamic lubrication) / elastohydrodynamische Schmierung, EHD-Schmierung *f*
**E horizon** (Agric, Geol) / Eluvialhorizont *m*, E-Horizont *m* (ein Bodenhorizont)
**ehp*** (total equivalent brake horsepower) (Aero) / gesamte äquivalente Bremsleistung
**Ehrenfest equation** (Phys) / Ehrenfestsche Gleichung (eine Verallgemeinerung der Clausius- Clapeyronschen Gleichung bei Phasenübergängen 2. Ordnung)
**Ehrenfest's theorem** (Phys) / Ehrenfestsches Theorem (nach dem österreichischen Physiker Paul Ehrenfest, 1880-1933)
**Ehrhardt process** (Met) / Stoßbankverfahren *n* (nach Ehrhardt), Ehrhardt-Verfahren *n* (mit Rollenkäfigen)
**Ehrlich's reagent** (Chem) / Ehrlichs Reagens (z.B. Ehrlichs Diazoreagens, Ehrlichs Porphobilinogenreagens usw.)
**EHT** (extended Hückel theory) (Chem) / erweiterte Hückel-Molekülorbital-Methode (nach R. Hoffmann), EHT (erweiterte Hückel-Molekülorbital-Methode)
**EHV** (extra-high voltage) (Elec Eng) / Höchstspannung *f*
**E.I.** (emulsion in) (Cinema) / Schichtlage *f* innen (E.I.)
**EI** (exposure index) (Photog) / Empfindlichkeitsindex *m*, Belichtungsindex *m*

**EIA** (enzyme immunoassay) (Biochem) / Enzymimmunassay *m n*, Enzymimmunoassay *m n* (mit Enzymen als Markern) ‖ ~* (environmental impact assessment) (Ecol) / Umweltverträglichkeitsprüfung *f*, UVP (Umwelverträglichkeitsprüfung) ‖ ~ **code** (Electronics Industries Association) / EIA-Kode *m* (industrieller Standardkode)
**EIAJ = Electronic Industries Association of Japan**
**eiconagon** *n* (Maths) / Zwanzigeck *n*
**eicosane** (Chem) / Eicosan *n* (ein Kohlenwasserstoff der Alkanreihe), Eikosan *n*, Icosan *n*
**eicosanoic acid** (Biochem, Chem) / Arachinsäure *f* (Fettsäure, die als Bestandteil von Glyceriden in der Natur in geringer Konzentration weit verbreitet ist), n-Eikosansäure *f*, Eicosansäure *f*
**eicosapentaenoic acid** (Biochem, Chem, Pharm) / Eicosapentaensäure *f* (eine Omega-3-Fettsäure), Eikosapentaensäure *f*
**eicosatetraenoic, 5,8,11,14-~ acid** (Biochem) / Arachidonsäure *f* (vierfach ungesättigte, essentielle Fettsäure)
**EID** (electron-induced desorption) (Chem) / elektroneninduzierte Desorption (eine Oberflächenanalyse-Methode), EID (elektroneninduzierte Desorption)
**E-IDE** *n* (Enhanced IDE) (Comp) / Enhanced IDE *f* (verbesserte IDE-Spezifikation mit einer Datenrate von 13,3 MByte), E-IDE *n* (Enhanced IDE), Enhanced-IDE-Spezifikation *f*
**eider** *n* (Textiles) / Eiderdaune *f* (Flaum der Eiderente - Somateria mollissima)
**eiderdown** *n* (Textiles) / Eiderdaune *f* (Flaum der Eiderente - Somateria mollissima)
**Eidophor*** *n* (TV) / Eidophorverfahren *n* (zur Großprojektion von Fernsehbildern)
**Eiffel wind tunnel*** (Aero) / Windkanal *m* Eiffel'scher Bauart, offener Windkanal (ohne Luftrückführung)
**eigenfrequency*** *n* (Acous, Phys) / Eigenfrequenz *f*
**eigenfunction*** *n* (Maths, Phys) / Eigenfunktion *f*
**eigenstate** *n* (Phys) / Eigenzustand *m* (jeder quantenmechanische Zustand eines mikrophysikalischen Systems, der durch eine sich als Eigenfunktion der zeitunabhängigen Schrödinger-Gleichung des Systems ergebende quantenmechanische Wellenfunktion beschrieben wird)
**eigentone*** *n* (Phys) / Eigenton *m*, Eigenschwingung *f*
**eigenvalue*** *n* (Maths) / Eigenwert *m* (einer Matrix) ‖ ~* (Maths, Phys) / Eigenwert *m* ‖ ~ **problem** (Maths) / Sturm-Liouville'sches Eigenwertproblem ‖ ~ **problem** (Maths) / Eigenwertproblem *n*
**eigenvector** *n* (Maths, Mech) / Eigenvektor *m*
**eight** *n* (Aero) / Acht *f* (eine Kunstflugfigur) ‖ ~ **bend** (Eng, Plumb) / 22,5°-Bogen *m*, 22,5°-Krümmer *m*
**eight-bit byte** (Comp) / Acht-Bit-Byte *n*, 8-Bit-Byte *n*
**eight curve** (Maths) / Lemniskate *f* von Gerono (eine Cassini'sche Kurve), Geronos Lemniskate, Achterkurve *f*
**eight-digit number** (Maths) / achtstellige Zahl
**eighteen-electron shell** (Nuc) / Achtzehnerschale *f*
**eight-electron shell** (Nuc) / Achterschale *f* (bei der Edelgaskonfiguration)
**eight-element dipole array** (Radio) / Achterfeldantenne *f*
**eight-end satin** (Textiles) / achtbindiger Atlas
**eightfold way model** (Nuc) / Oktettmodell *n*, Achtfachweg-Modell *n*
**eight-harness** *attr* (Weaving) / achtbindig *adj* ‖ ~ **satin** (Textiles) / achtbindiger Atlas
**eight-membered ring** (Chem) / achtgliedriger Ring, Achterring *m*, Achtring *m*
**eight-tangent figure** (Maths) / Achttangentenfigur *f* (Zeichnung einer Ellipse)
**eight-to-fourteen modulation** (Telecomm) / EFM-Modulation *f*
**eikonal** *n* (Optics) / Eikonal *n* (Bruns'sches, Schwarzschild'sches, Seidel'sches) ‖ ~ **equation** (Optics) / Eikonalgleichung *f* (eine fundamentale Gleichung der Wellenausbreitung) ‖ ~ **function** (Optics) / Eikonal *n* (Bruns'sches, Schwarzschild'sches, Seidel'sches)
**EIN** (engine type and identification number) (Autos) / Motornummer *f* (eingeprägte), Motorkennnummer *f*
**Einhorn reaction** (Chem) / Einhorn-Reaktion *f*, Einhorn-Benzoylierung *f*
**einkanter** *n* (a ventifact) (Geol) / Einkanter *m* (Windkanter mit einer Kante)
**Einschluss thermometer** (Chem) / Einschlussthermometer *n* (bei dem ein dünnes Kapillarröhrchen in einem Umhüllungsrohr eingeschlossen ist, meist zusammen mit dem Skalenträger)
**einstein** *n* / Einstein *n* (nichtkohärente Einheit der fotochemischen Energie - nach A. Einstein, 1879-1955) ‖ ~ **coefficient** (Phys) / Einstein-Koeffizient *m* (in der Laser-Theorie) ‖ ~ **condensation** (Phys) / Bose-Einstein-Kondensation *f* (wenn sich in der Nähe des Nullpunktes der Temperatur alle Teilchen im Grundzustand befinden), Einstein-Kondensation *f* ‖ ~**-de Haas effect*** (Phys) / Richardson-de-Haas-Effekt *m*, Einstein-de-Haas-Effekt *m*

(Umkehrung des Barnett-Effektes) || ≙ **diffusion equation**\* (Chem) / Einstein'sche Diffusionsgleichung || ≙ **displacement** (Astron) / Rotverschiebung $f$ im Schwerefeld || ≙ **field equation** (the pivotal equation of general relativity) (Phys) / Einstein'sche Feldgleichung
**einsteinium**\* $n$ (Chem) / Einsteinium $n$, Es (Einsteinium)
**Einstein mass-energy equation** (Phys) / Einstein'sche Masse-Energie-Gleichung, Masse-Energie-Beziehung $f$ nach Einstein ($E = mc_2$) || ≙ **photochemical equivalence law** (Chem) / fotochemisches Äquivalentgesetz, Einstein'sches Äquivalentgesetz, Stark-Einstein'sches Äquivalentgesetz, Quantenäquivalentgesetz $n$
**Einstein-Podolsky-Rosen experiment** (Phys) / EPR-Experiment $n$, Einstein-Podolsky-Rosen-Experiment $n$
**Einstein relation** (for mobility) (Chem) / Einstein-Relation $f$ (zwischen dem Diffusionskoeffizienten, der Beweglichkeit und der Temperatur der einzelnen Trägerarten) || ≙ **ring** (Astron) / Einstein-Ring $m$
**Einstein-Schrödinger theory** (Nuc) / einheitliche Feldtheorie (z.B. nach Mie), Einstein-Schrödinger-Theorie $f$
**Einstein shift**\* (Astron) / Rotverschiebung $f$ im Schwerefeld || ≙ **shift**\* (Astron) s. also red shift || ≙ **summation convention** (Maths) / Einstein'sche Summationskonvention, Summationskonvention $f$ (Übereinkunft, dass über zwei Indizes, die in einem Ausdruck doppelt auftreten, summiert wird, ohne dass ein Summenzeichen ausführlich ausgeschrieben wird) || ≙ **transition probability** (Phys) / Einstein'sche Übergangswahrscheinlichkeit || ≙ **(static) universe** (Astron) / Einstein-Kosmos $m$, Zylinderwelt $f$ (von Einstein)
**Einthoven galvanometer**\* (Elec Eng) / Saitengalvanometer $n$ (nach dem niederländischen Physiologen W. Einthoven, 1860-1927 benannt)
**EIS** (extended instruction set) (Comp) / erweiterter Befehlsvorrat $m$ || ≙ (executive information system) (Comp) / EIS || ≙\* (US) (environmental impact statement) (Ecol) / Umweltverträglichkeitsprüfung $f$, UVP (Umweltverträglichkeitsprüfung) || ~ (environmental impact statement) (Ecol) / Umweltverträglichkeitsprüfbericht $m$, Umweltverträglichkeitsgutachten $n$
**EISA** (Comp) / erweiterte Industriestandardarchitektur, EISA
**eisenkiesel** $n$ (Min) / Eisenkiesel $m$ (grobkristalline durch Eisenoxide gefärbte Varietät von Quarz)
**Eisenkreuz** $n$ (Prussian iron cross, designed by Schinkel as a form of pattée cross) (Arch) / Eisenkreuz $n$
**Eiswein** $n$ (pl. -s or -e) (Nut) / Eiswein $m$ (hochwertiger Weißwein, hergestellt aus ausgereiften, gefrorenen Trauben, die bei mindestens - 7° C gekeltert werden)
**either-direction working of** (reversible) **tracks** (Rail) / Gleiswechselbetrieb $m$
**EITHER-OR operation** (Comp) / ODER-Funktion $f$ (mit einschließendem ODER), ODER-Verknüpfung $f$ (DIN 44300)
**eject** $v$ / hinausschleudern $v$ || ~ / auswerfen $v$, ausstoßen $v$ || ~ (the casting) (Foundry) / entformen $v$
**ejecta**\* $pl$ (Geol) / Auswurf $m$ (Material), Auswurfsmaterial $n$ (vulkanisches), Auswurfmasse $f$ || ~ **blanket** (Geol) / oberflächendeckendes Auswurfmaterial (durch Meteoriteneinschläge herausgeschleudertes Material) || ~ **dam** (Civ Eng) / Damm $m$ aus ausgeworfenem Gestein
**ejectamenta**\* $pl$ (Geol) / Auswurf $m$ (Material), Auswurfsmaterial $n$ (vulkanisches), Auswurfmasse $f$
**eject button** / Kassettenausschubtaste $f$, Auswerfertaste $f$ (des Recorders), Eject-Taste $f$
**ejected beam** (Nuc Eng) / herausgeführter Strahl (aus einem Beschleuniger oder aus einem Reaktor) || ~ **matter** (Space) / Stützmasse $f$ (der Rakete)
**ejection** $n$ / Auswerfen $n$, Ausstoßen $n$ (einer Kassette) || ~ **capsule**\* (Aero) / Rettungskapsel $f$, [selten auch] Schleudersitz $m$ || ~ **seat**\* (Aero) / Schleudersitz $m$
**eject key** / Kassettenausschubtaste $f$, Auswerfertaste $f$ (des Recorders), Eject-Taste $f$
**ejector** $n$ (Aero) / Katapultiereinrichtung $f$ (für Schleudersitze) || ~ (Autos) / Ejektor $m$ (am Auspuff) || ~\* (Eng) / Ejektor $m$ (absaugende Dampfstrahlpumpe), Saugstrahlpumpe $f$, Strahlsaugpumpe $f$, Strahlsauger $m$ (absaugende Dampfstrahlpumpe), Dampfstrahlpumpe $f$ (absaugende) || ~\* (Eng) / Ausstoßvorrichtung $f$, Auswerfer $m$, Materialausstoßer $m$, Ejektor $m$, Ausstoßer $m$ (z.B. an Pressen) || ~ **aeration** (San Eng) / Ejektorbelüftung $f$ || ~ **bit** (Mining) / Ejektorbohrer $m$ || ~ **die half** (Foundry) / Auswerferformhälfte $f$ (bewegliche Formhälfte) || ~ **half** (Foundry) / Auswerferformhälfte $f$ (bewegliche Formhälfte) || ~ **pin** (Eng) / Auswerferstift $m$ || ~ **pin** (Plastics) / Ausdrückstift $m$ || ~ **plate** (Eng) / Auswerferplatte $f$ || ~ **pump** (Eng) / Ejektor $m$ (absaugende Dampfstrahlpumpe), Saugstrahlpumpe $f$, Strahlsaugpumpe $f$, Strahlsauger $m$ (absaugende Dampfstrahlpumpe), Dampfstrahlpumpe $f$ (absaugende) || ~ **pump** (Vac Tech) / Strahlvakuumpumpe $f$ (eine Treibmittelvakuumpumpe) || ~ **rod**

Auswerferstange $f$ (beim Spritzgießen) || ~ **seat**\* (Aero) / Schleudersitz $m$
**ekki** $n$ (For) / Bongossi $n$ (dunkelbraunes, schweres Eisenholz der Art Lophira lanceolata aus dem westafrikanischen Äquatorialwald), Azobé $n$, Ekki $n$
**Ekman dredge** (Ocean) / Ekman-Bagger $m$ (zur Probeentnahme) || ≙ **layer** (Meteor) / Ekman-Schicht $f$ (der Hauptteil der atmosphärischen Grenzschicht, der in etwa 100 m Höhe an der Obergrenze der Prandtl-Schicht beginnt und bis etwa 1000 m Höhe, die Grenze der atmosphärischen Grenzschicht, reicht), Drehungsschicht $f$ || ≙ **spiral** (Meteor, Ocean) / Ekman-Spirale $f$ (nach W. Ekman, 1874-1954) || ≙ **transport** (Ocean) / Massentransfer $m$ des Triftstroms
**E²L** (Electronics) / Emitter-Emitter-gekoppelte logische Schaltung, E²L-Schaltung $f$
**el** (elevated railroad) (Rail) / Hochbahn $f$ (in Großstädten angelegte Schnellbahn, die oberhalb des Straßennetzes auf einem eigenen Bahnkörper verkehrt)
**elaeolite**\* $n$ (Min) / Eläolith $m$ (getrübter Nephelin, wichtiges gesteinsbildendes Mineral)
**elaeostearic acid** (Chem) / Elaeostearinsäure $f$ (dreifach ungesättigte, unverzweigte Fettsäure), Holzölfettsäure $f$, Eläostearinsäure $f$, Holzfettsäure $f$
**elaidic acid** (Chem) / Elaidinsäure $f$
**elaidin** $n$ (Chem) / Elaidin $n$ (Elaidinsäureglycerinester)
**elaidinization** $n$ (the process of changing the geometric cis form of an unsaturated fatty acid or a compound related to it into the trans form, resulting in an acid that is more resistant to oxidation) (Chem) / Elaidinierung $f$, Elaidinisierung $f$
**elaidin reaction** (a test that differentiates non-drying oils as olein from semi-drying oils and drying oils) (Chem) / Elaidinprobe $f$ (zur Unterscheidung von trocknenden und nichttrocknenden Ölen) || ~ **test** (Chem) / Elaidinprobe $f$ (zur Unterscheidung von trocknenden und nichttrocknenden Ölen)
**elapse** $v$ / verstreichen $v$ (Zeit), vergehen $v$ || ~ / ablaufen $vi$ (Frist)
**elapsed time** (Work Study) / Beobachtungszeit $f$ (die Gesamtzeit vom Beginn bis zum Ende der Zeitstudie)
**elapsed-time meter** (Instr) / Zeitsummenmessgerät $n$, Betriebsstundenzähler $m$
**elastance**\* $n$ (Elec) / Kehrwert $m$ der Kapazität, Elastanz $f$
**elastane** $n$ (Plastics) / Elastan $n$ (eine britische Elastofaser), EL
**elastase** $n$ (Biochem) / Pankreatopeptidase $f$ E, Elastase $f$
**elastic** $n$ (Textiles) / Gummiband $n$ (mit eingewebten Gummifäden), Gummizug $m$ || ~ (Textiles) / Elastik $f n$ (Gewebe oder Gewirke mit Elastomergarnen) || ~ $adj$ (Eng) / elastisch $adj$, rein elastisch || **be ~** / federn $vi$ || ~ **after-effect** (Mech) / elastische Nachwirkung (bei der Elastizitätsverzögerung)
**elastic-aftereffect error** (Instr) / Umkehrspanne $f$ (quantitatives Maß für die Hysterese eines Messgerätes nach DIN 1319, T 1)
**elastic bearing** (Eng) / Verformungslager $n$ || ~ **bitumen**\* (Min) / Elaterit $m$, Mineralkautschuk $m$ || ~ **bond** (Eng) / elastische Bindung (der Schleifscheibe) || ~ **buckling** (Mech) / Knicken $n$ im elastischen (Euler-)Bereich, elastische Knickung || ~ **collision**\* (between bodies under ideal conditions, such that their total kinetic energy before collision equals their total kinetic energy after collision) (Phys) / [vollkommen] elastischer Stoß $m$ || ~ **constant** (modulus of elasticity, shear modulus, bulk modulus, Poisson's ratio) (Mech, Phys) / elastische Konstante (nach dem Hooke'schen Gesetz), Elastizitätskonstante $f$ || ~ **curve** (Mech) / elastische Linie, Biegelinie $f$ || ~ **deformation**\* (Mech) / elastische Verformung, elastische Formänderung || ~ **design** (Civ Eng) / Berechnung nach der Elastizitätstheorie $f$, n-Verfahren $n$ (in der Stahlbetontheorie) || ~ **design** (Civ Eng) s. also limit design || ~ **discontinuity** (a boundary between strata of different elastic moduli and/or density, at which seismic waves are reflected and refracted) (Geol) / seismische Grenzfläche || ~ **energy** (Phys) / elastische Energie $f$ || ~ **fabric**\* (Textiles) / elastisches Gewebe || ~ **fatigue**\* (Mech) / elastische Nachwirkung (bei der Elastizitätsverzögerung) || ~ **force** (Eng) / Federkraft $f$ || ~ **force of the shaft** (Eng) / Wellenspannkraft $f$ (bei Flachriemengetrieben) || ~ **gripper** (Eng) / elastischer Greifer (für empfindliche Werkstücke) || ~ **gusset** / Gummizug $m$ (in Stiefeln) || ~ **impact** (Phys) / [vollkommen] elastischer Stoß $m$
**elasticity** $n$ (Eng) / Federkraft $f$ (im Allgemeinen) || ~ (I C Engs) / Elastizität $f$ (eines Motors) || ~\* (Mech) / Elastizität $f$ (DIN 1342, 13316 und DIN 7724) || ~ **of bulk**\* (Phys) / Volumenelastizität $f$ || ~ **of elongation**\* (Phys) / Zugelastizität $f$ (DIN 53835) || ~ **of flexure** (Phys) / Biegeelastizität $f$ || ~ **of form** (Phys) / Formelastizität $f$ || ~ **of shear** (Eng, Phys) / Schermodul $m$ (DIN 13343), Gleitmodul $m$, Schubmodul $m$ (DIN 1304, DIN 13316 und DIN 13343), Scherungsmodul $m$, G-Modul $m$, Gestaltmodul $m$, Schubelastizitätsmodul $m$
**elasticized** $adj$ (Textiles) / mit elastischem Bündchen

**elastic joint** (Build) / elastische Fuge ‖ **~ lag** (Mech) / elastische Nachwirkung (bei der Elastizitätsverzögerung) ‖ **~ limit*** (Materials, Mech) / Elastizitätsgrenze *f*, E-Grenze *f* ‖ **~ medium*** (Phys) / Stoff, der *m* sich nach Hooke'schem Gesetz richtet ‖ **~ modulus*** (Mech) / E-Modul *m*, Elastizitätsmodul *m* (DIN 13316) ‖ **~ neutron scattering** (Nuc) / elastische Neutronenstreuung ‖ **~ packing*** (Eng) / Gummidichtung *f* mit Gewebeeinlage
**elastic-plastic fracture** (Materials, Met) / elastisch-plastischer Bruch ‖ **~ fracture mechanics** (Materials) / elastisch-plastische Bruchmechanik, EPBM (elastisch-plastische Bruchmechanik), Konzept *n* der elastisch-plastischen Bruchmechanik
**elastic range** (Materials, Mech) / Elastizitätsbereich *m*, elastischer Bereich ‖ **~ raschel machine** (Textiles) / Gummiraschel *f*, Gummiraschelmaschine *f* ‖ **~ rebound** (Geol) / elastische Rückformung ‖ **~ recovery** (Eng) / Rückfederung *f* ‖ **~ recovery** (Materials, Mech) / elastische Erholung (z.B. bei mechanischen Prüfungen) ‖ **~ resilience** (Textiles) / Sprungelastizität *f* (z.B. eines Vliesstoffes) ‖ **~ ribbon** (Textiles) / Gummiband *n* (mit eingewebten Gummifäden), Gummizug *m* ‖ **~ scattering*** (Nuc) / elastische Streuung (bei der die Summe der kinetischen Energie vor und nach dem Stoß unverändert bleibt) ‖ **~ strain*** (Materials, Mech) / elastische Dehnung ‖ **~ stress** (Mech) / elastische Spannung ‖ **~ sulphur** (Chem) / elastischer Schwefel, amorpher Schwefel, *μ*-Schwefel *m* ‖ **~ tape** / elastisches Band (mit Gummi oder anderen Elastomeren) ‖ **~ wave** (Phys) / elastische Welle (Längs-, Quer-) ‖ **~ web** / elastisches Band (mit Gummi oder anderen Elastomeren) ‖ **~ wedge** (Eng) / elastischer Keil, Flexi-Keil *m* (eines Schiebers)
**elastifying agent** (Chem Eng) / Elastifizierungsmittel *n*, Elastifikator *m* (Weichmacher, der dem Kautschuk hohe Elastizität und Kältebeständigkeit verleiht), Elastikator *m*
**elastin*** *n* (elastic fibrous protein found in the connective tissues of vertebrates) (Biochem) / Elastin *n* (Hauptbestandteil der elastischen Fasern des Bindegewebes)
**elastivity*** *n* (Elec) / Kehrwert *m* der Dielektrizitätskonstante
**elastodiene** *n* (Plastics) / Elastodien *n* (eine Elastofaser), ED
**elastodynamics** *n* (Mech) / Elastodynamik *f*
**elastofibre** *n* (Textiles) / Elastofaser *f* (aus Polyadditionsprodukten hergestellte synthetische Filamentgarne mit hoher Elastizität, z. B. Spandex oder Elastan - DIN 60 001, T. 3)
**elastohydrodynamic** *adj* / elastohydrodynamisch *adj* ‖ **~ lubrication** / elastohydrodynamische Schmierung, EHD-Schmierung *f*
**elastomer*** *n* (can be stretched at room temperature repeatedly to at least twice its original length and, on immediate release of the stress, will return with force to its approximate original length) (Chem, Materials) / Elastomere *n*, Elastomer *n* (Kunststoff mit elastischem Verhalten nach DIN 7724), Elast *n*
**elastomeric** *adj* / elastomerisch *adj*, elastomerisiert *adj*, elastomer *adj* ‖ **~ fibre** (Textiles) / Elastofaser *f* (aus Polyadditionsprodukten hergestellte synthetische Filamentgarne mit hoher Elastizität, z. B. Spandex oder Elastan - DIN 60 001, T. 3) ‖ **~ yarn*** (Textiles) / Elastomerfaden *m*
**elastometer** *n* (Instr) / Elastizitätsmesser *m*, Verformungsmessgerät *n* (im elastischen Bereich)
**elastoplastic** *adj* (Mech) / elastoplastisch *adj*
**elastostatics** *n* (Mech) / Elastostatik *f*
**elastoviscous substance** (Phys) / elastoviskoses Medium, viskoelastisches Medium
**elaterite*** *n* (a brown asphaltic pyrobitumen) (Min) / Elaterit *n*, Mineralkautschuk *m*
**elaulic** *adj* / ölhydraulisch *adj*
**E-layer*** *n* (Geophys, Meteor, Radio) / E-Gebiet *n* (der Ionosphäre - früher Heavisideschicht), Heaviside-Schicht *f* (nach O. Heaviside, 1850 - 1925), E-Schicht *f* (der Ionosphäre)
**elbaite*** *n* (Min) / Elbait *n* (ein Li-haltiger Turmalin)
**elbow*** *n* (Eng, Plumb) / L-Stück *n*, Winkelstück *n* (ein Ansatzrohr), Winkelrohr *n*, Winkelstutzen *m* ‖ **~*** (Plumb) / 90° -Bogen *m* (selten auch 45° ), 90° -Krümmer *m* ‖ **~** (Telecomm) / Hohlleiterwinkel *m*, Winkel *m* (eine scharfe Änderung der Hohlleiterachse) ‖ **~-board*** *n* (Build) / Simsbrett *n*, Fensterbrett *n*, Latteibrett *n* (innere Abdeckung der Fensterbrüstung) ‖ **~ coupling** (Plumb) / Winkelverschraubung *f* (ein Fitting)
**elbowed** *adj* / winklig *adj*, winkelig *adj*, verwinkelt *adj*, winkelförmig *adj*, Winkel-
**elbow ingot** (Met) / Schenkelkokille *f* ‖ **~ meter** (the most inexpensive device for calculating flow rate by the pressure difference meter) / Krümmungsdurchflussmengenmesser *m* ‖ **~ pipe** (Met) / Windleitung *f* (z.B. bei der Bessemerbirne) ‖ **~ screw joint** (Plumb) / Winkelverschraubung *f* (ein Fitting) ‖ **~ screw joint with female thread** (Plumb) / Winkelverschraubung *f* mit Innengewinde ‖ **~ snips** (Plumb) / Winkelschere *f*
**Elbs reaction** (the formation of anthracene derivatives by dehydration and cyclization of diaryl ketone compounds which have a methyl group or methylene group - heating to an elevated temperature is usually required) (Chem) / Elbs-Reaktion *f* (nach K. Elbs, 1858 - 1933)
**ELCD** (electrochemical detector) (Chem) / elektrochemischer Detektor, ELCD (elektrochemischer Detektor)
**ELC steel** (extra-low-carbon steel) (Met, Surf) / ELC-Stahl *m* (mit weniger als 0,03% C)
**elderly care robot** (Med) / Pflegeroboter *m*, geriatrischer Roboter (für die Altenpflege), Altenroboter *m* (für die Altenpflege)
**electret*** *n* (Elec Eng) / Elektret *m n* (ein Dielektrikum mit einem permanenten Dipolmoment) ‖ **~ microphone** (Acous) / Elektretmikrofon *n* (ein Kondensatormikrofon)
**electric** *n* / Elektrofahrzeug *n* ‖ **~*** *adj* / elektrisch *adj* (bezieht sich auf Objekte, die Elektrizität enthalten, erzeugen, führen oder führen können, aus Elektrizität bestehen oder entstehen oder durch Elektrizität betrieben werden)
**electrical*** *adj* / elektrisch *adj* (bei Benennungen von Allgemeinbegriffen - electrical machinery; wenn die elektrische Eigenschaft des folgenden Substantivs als solche gekennzeichnet werden soll) ‖ **~ absorption*** (Phys) / Elektroabsorption *f* (Änderung des Absorptionsvermögens eines Festkörpers aufgrund des Franz-Keldyš-Effektes) ‖ **~ absorption*** (Phys) s. also Franz-Keldysh effect ‖ **~ accident** (Elec Eng, Med) / elektrischer Unfall, E-Unfall *m*, Unfall durch elektrischen Strom, Stromunfall *m*, Elektrotrauma *n* ‖ **~ admittance** (Elec) / Scheinleitwert *m* (in S), Admittanz *f* (der Kehrwert der Impedanz - DIN 40 110) ‖ **~ analogy*** (Elec) / elektrische Analogie, Elektroanalogie *f* ‖ **~ analysis** (Chem) / Elektroanalyse *f*, elektrochemische Analyse, elektrolytische Analyse ‖ **~ appliance** (Elec Eng) / elektrisches Verbrauchsmittel (Betriebsmittel, die die Aufgabe haben, elektrische Energie in einer nichtelektrischen Energieart oder zur Nachrichtenübertragung nutzbar zu machen) ‖ **~ breakdown** (Elec Eng) / Durchschlag *m* (zwischen zwei voneinander isolierten Leitern oder Elektroden, der meistens zur Zerstörung des Isolierstoffs führt) ‖ **~ calorimeter** (Chem, Phys) / elektrisches Kalorimeter ‖ **~ circuit** (Elec) / elektrischer Kreis, elektrischer Stromkreis (im Allgemeinen) ‖ **~ conductivity*** (Elec) / elektrische Leitfähigkeit (in S m$^1$ - DIN 1324-1), Konduktivität *f* (DIN 1324, T 2) ‖ **~-control cabinet** (Automation, Electronics, Eng) / Schaltschrank *m* (z.B. bei Werkzeugmaschinen) ‖ **~ corrosion** (Elec Eng) / Korrosion *f* der Isolierstoffe (durch Entladungserscheinungen verursacht) ‖ **~ degree*** (Elec Eng) / elektrischer Grad (Phasenverschiebungswinkel) ‖ **~ discharge machining*** (Eng) / elektroerosives Abtragen, elektroerosive Bearbeitung, Elektroerosion *f* (abtragendes Verfahren zur Bearbeitung von harten, schlecht zerspanbaren, aber elektrisch leifähigen Werkstoffen), ED-Bearbeitung *f*, EDM ‖ **~ double layer*** (Chem, Elec, Phys) / elektrische Doppelschicht (an der Phasengrenze zwischen zwei elektrisch leitenden oder halbleitenden Phasen ausgebildete Ladungs- oder Potentialverteilung), Dipolschicht *f* ‖ **~ drawing** (Elec Eng) / Fachzeichnen *n* in der Elektrotechnik ‖ **~ drying** / Elektrowärmetrocknung *f* ‖ **~ energy** (Elec) / elektrische Energie (DIN 40110, T 1), Elektroenergie *f* ‖ **~ engineering*** (Elec Eng) / Elektrotechnik *f* (als Industriezweig) ‖ **~ (household) equipment** (Elec Eng) / Haushaltselektrogeräte *n pl* ("weiße Ware") ‖ **~ equipment** (Elec Eng) / elektrische Betriebsmittel (alle Gegenstände, die als Ganzes oder in einzelnen Teilen dem Anwender elektrischer Energie dienen) ‖ **~ equipment** (Elec Eng) / elektrische Ausrüstung, Elektroausrüstung *f*, Elektrogeräte *n pl* ‖ **~ equipment** (Elec Eng) / Elektrik *f* (Gesamtheit einer elektrischen Anlage oder Einrichtung) ‖ **~ equivalent** (in conductometric analysis of electrolyte solutions) (Chem) / elektrisches Äquivalent ‖ **~ fault** (Elec Eng) / Fehler *m* (Störung), elektrischer Fehler ‖ **~ fitter** (Elec Eng) / Elektriker *m* (Handwerker im Bereich der Elektrotechnik, besonders Elektroinstallateur), Elektroinstallateur *m*, Elektromonteur *m* ‖ **~ fuse** (Elec Eng) / Sicherung *f*, Schmelzsicherung *f* (eine elektrische Sollbruchstelle nach DIN 18 015-1) ‖ **~ generating plant driven by steam power** (Elec Eng) / Dampfkraftwerk *n* (mit Wasserdampf betriebenes Wärmekraftwerk) ‖ **~ geophysics** (Geol) / Geoelektrik *f* (als wissenschaftliche Disziplin, als Teilgebiet der angewandten Geophysik) ‖ **~ goods** (Elec Eng) / Elektroartikel *m pl* ‖ **~ hammer break** (Elec Eng) / Neef'scher Hammer, magnetischer Selbstunterbrecher, Wagner'scher Hammer (nach J.P. Wagner, 1799-1879) ‖ **~ heating** / elektrische Heizung, Elektroheizung *f* ‖ **~ hoist** (Eng) / Elektrohebezeug *n*
**electrical-installation conduit** (Elec Eng) / Elektroinstallationsrohr *n*
**electrical installation for outdoor sites** (Elec Eng) / elektrische Anlage im Freien ‖ **~ insulating material** (Elec Eng) / Isolierstoff *m* (isolierender Werkstoff), Isolator *m* (Material), Isoliermaterial *n*, Isolierwerkstoff *m* ‖ **~ insulating varnish** (Elec Eng, Paint) / Isolierlack *m* (DIN 46456), Elektroisolierlack *m*, Träufellack *m*, Drahtlack *m* (Tränklack oder Überzugslack) ‖ **~ insulation** (Elec Eng) / Isolation *f* (der Grad der galvanischen Trennung von leitenden

Teilen, die gegeneinander oder gegen Erde betriebsmäßig unter Spannung stehen)
**electrical-insulation paper** (Elec Eng, Paper) / Elektroisolierpapier *n*, Isolierpapier *n* (DIN 6740 und 6741)
**electrical interference** (Elec, Radio) / Störung *f*, Interferenz *f*
**electrically alterable ROM** (Comp) / löschbares PROM (zwar umprogrammierbar, aber nicht beliebig oft), elektrisch veränderbarer Festwertspeicher || ~ **alterable ROM** (Comp) / elektrisch veränderbares ROM, EAROM (elektrisch veränderbares ROM) || ~ **commutated motor** (Elec Eng, Electronics) / Elektronikmotor *m*, EC-Motor *m* || ~ **conductive varnish** (Elec Eng, Paint) / elektrisch leitender Lack, Leitlack *m* (zum Leitendmachen nichtmetallischer Grundwerkstoffe) || ~ **driven** (Elec Eng) / elektrisch angetrieben, mit elektrischem Antrieb || ~ **driven chain hoist** (Eng) / Elektrokettenzug *m* || ~ **erasable programmable read-only memory** (Comp) / E²PROM *n* || ~ **erasable ROM** (Comp) / elektrisch löschbares ROM, EEROM (elektrisch löschbarer ROM) || ~ **fired** / elektrisch beheizt (z.B. ein Industrieofen) || ~ **operated** (Automation) / elektrisch betätigt, elektrisch gesteuert, mit elektrischer Steuerung || ~ **powered** (Elec Eng) / mit Elektroantrieb
**electrical machine** (Elec Eng) / elektrische Maschine (bidirektionaler Energiewandler, der elektrische in mechanische Energie umwandelt /Motorprinzip/ oder umgekehrt /Generatorprinzip/), Elektromaschine *f* || ~ **machine construction** (Elec Eng, Eng) / Elektromaschinenbau *m* || ~ **measurement** (Elec Eng) / Messung *f* elektrischer Größen || ~ **measuring instrument** (Elec Eng) / Instrument *n* zur Messung elektrischer Größen || ~ **noise** / elektrischer Lärm || ~ **oil** (Elec Eng) / Isolieröl *n* (DIN-IEC 1039) || ~ **outlet** (Elec Eng) / Steckdose *f* (ein Teil der Steckvorrichtung), Dose *f* || ~ **outlet** (US) (Elec Eng) / Energiequelle *f* (z.B. Wandsteckdose) || ~ **porcelain** (Ceramics, Elec Eng) / elektrotechnisches Porzellan, Elektroporzellan *n* (Porzellan mit elektrotechnisch günstigen Eigenschaften) || ~ **power** (Elec) / elektrische Leistung (Elec) || ~ **power distribution**\* (Elec Eng) / elektrische Energieverteilung, Elektroenergieverteilung *f* || ~ **prospecting methods** (Geol, Mining) / Geoelektrik *f* (als praktische Tätigkeit) || ~ **protection** (Elec Eng) / elektrischer Schutz || ~ **rating** (Elec) / elektrischer Nennwert
**electrical-resistance strain gauge** (Electronics) / Dehnmessstreifen *m*, Dehnungsmessstreifen *m* (ein passiver Messwandler), DMS *m* (Dehnungsmessstreifen), Widerstandsdehnungsmessstreifen *m* (ein Ohm'scher Messgrößenumformer), Widerstandsdehnungsmesser *m* (mit dem Dehnungsmessstreifen) || ~ **thermometer** / Widerstandsthermometer *n* (Berührungsthermometer, bei dem die Temperaturabhängigkeit des elektrischen Widerstandes eines Leiters aus Metall oder aus halbleitenden Materialien als Messeffekt benutzt wird)
**electrical road vehicle** (Elec Eng) / Elektrostraßenfahrzeug *n* (DIN 57122)
**electricals** *pl* (Elec Eng) / elektrische Ausrüstung, Elektroausrüstung *f*, Elektrogeräte *n pl*
**electrical science** (Elec Eng) / Elektrotechnik *f* (als Lehrgebäude), Elektrik *f*, Elektrizitätslehre *f* || ~ **sheet** (Elec Eng, Met) / Elektroblech *n* (DIN 46400) || ~ **solenoid-controlled carburettor** (I C Engs) / geregelter Vergaser (mit definiertem Lambda-Wert) || ~ **spanner** (Tools) / kleiner Doppelmaulschlüssel, Kleingabelschlüssel *m*, Elektrikerschlüssel *m*, Elektriker-Doppelmaulschlüssel *m* || ~ **steel** (Met) / Elektrostahl *m* (nach dem Herdschmelzverfahren im Elektroofen hergestellter Stahl) || ~ **survey methods** (Geol, Mining) / Geoelektrik *f* (als praktische Tätigkeit) || ~ **technology** (Elec Eng) / Elektrotechnik *f* (derjenige Zweig der Technik, der sich mit Erzeugung, Verteilung und Anwendung der Elektrizität und mit der Herstellung der dafür erforderlichen Maschinen und Geräte befasst), E-Technik *f* (Elektrotechnik) || ~ **testing** (Elec Eng) / elektrische Prüfung || ~ **testing facility** (Elec Eng) / Prüfstelle *f* || ~ **thread**\* (Elec Eng) / Elektrogewinde *n* (nach DIN 40400), E-Gewinde *n*, Edison-Gewinde *n*, Lampengewinde *n* || ~ **unit** (Elec) / elektrische Einheit || ~ **work** (Elec) / elektrische Arbeit (DIN 40 110, T 1)
**electric(al) apparatus(es)** *pl* (Elec Eng) / elektrische Betriebsmittel (alle Gegenstände, die als Ganzes oder in einzelnen Teilen dem Anwenden elektrischer Energie dienen)
**electric arc** (Elec Eng) / Bogen *m* (bei einer Entladung zwischen den Elektroden auftretende intensive Leuchterscheinung), Lichtbogen *m*
**electric-arc erosion** (Eng) / Lichtbogenerosion *f*, Lichtbogenabtragen *n* (ein fertigungstechnisches Verfahren), Lichtbogenerodieren *n* || ~ **furnace**\* (Elec Eng, Met) / Lichtbogenschmelzofen *m*, Lichtbogenofen *m*, Lichtrichtbogenofen *m* || ~ **gun** (Paint) / Lichtbogenspritzpistole *f* || ~ **heating** (Elec Eng) / Lichtbogenheizung *f*, Lichtbogenerwärmung *f* || ~ **melting** (Met) / Lichtbogenschmelzen *n* || ~ **remelting** (Met) / Lichtbogenumschmelzen *n* || ~ **welding**\* (Welding) / Lichtbogenschweißen *n*

**electric axis**\* (Crystal) / elektrische Achse || ~ **balance**\* (Elec Eng) / Stromwaage *f* (eine Messeinrichtung zur fundamentalen Bestimmung der elektrischen Stromstärke) || ~ **ballast** (Elec Eng) / Vorschaltwiderstand *m* (der Leuchtstofflampe), Vorschaltgerät *n* (mit einer Entladungslampe in Reihe geschaltetes elektrisches Gerät zur Begrenzung des Lampenstroms), Ballastwiderstand *m*
**electric-battery forklift truck** / Elektrogabelhubwagen *m*
**electric bell**\* / elektrische Klingel || ~ **blue** / leuchtendes Stahlblau || ~ **boiler** / Elektrokessel *m* || ~ **bonding** (Electronics) / Bondierung *f*, Bonden *n*, Kontaktieren *n*, Kontaktierung *f* || ~ **brake** (Elec Eng) / elektrische Bremse (z.B. eine Wirbelstrombremse) || ~ **braking**\* (Elec Eng) / elektrische Bremsung, elektrisches Bremsen || ~ **cable** (Cables, Elec Eng) / Kabel *n*, Leitungskabel *n* || ~ **calamine**\* (Min) / Silikatgalmei *m*, Hemimorphit *m*, Gemeiner Galmei, Kieselzinkerz *n*, Kieselgalmei *m*, Kalamin *n* || ~ **capacitance** (Elec) / Kapazität *f* (die SI-Einheit: Farad), elektrische Kapazität || ~ **cell** (Elec Eng) / Zelle *f*, Element *n* || ~ **chain hoist** (Eng) / Elektrokettenzug *m* || ~ **charge** (Elec Eng) / elektrische Ladung (DIN 1324, T 1), Elektrizitätsmenge *f* (Einheit C) || ~ **charge density** (Elec Eng) / Ladungsdichte *f* || ~ **circuit** (Elec) / elektrischer Kreis, elektrischer Stromkreis (im Allgemeinen) || ~ **circuit theory** (Elec) / Schaltungstheorie *f*, Theorie *f* elektrischer Schaltungen, Schaltungslehre *f* || ~ **conductor** (Elec) / elektrischer Leiter || ~ **conduit** (Cables, Civ Eng) / Rohrleitung *f*, Röhre *f*, Kabelrohr *n*, Kabelkanal *m*, Leitungsrohr *n*, Rohr *n* (Leitungsrohr) || ~ **constant** (Elec) / elektrische Feldkonstante (im materiefreien Raum nach DIN 1324-1), Permittivität *f* im leeren Raum || ~ **contact** (Elec Eng) / Kontaktstück *n* (eines Schalters, eines Relaiskontaktes), Kontaktelement *n*, Schaltstück *n*, Kontakt *m* (ein Schaltstück) || ~ **contact** (Elec Eng) / elektrischer Kontakt || ~ **contact** (Elec Eng) / Kontakt *m*, elektrischer Kontakt (ein Zustand) || ~ **contactor** (Elec Eng) / Schütz *n* (der klassische Schalter für Maschinen und Anlagen am 230-V/400-V-Netz mit häufigen Schaltvorgängen ), Schaltschütz *n* || ~ **continuous-flow** (water) **heater** (Elec Eng) / elektrischer Durchlauferhitzer (ein Heißwasserbereiter) || ~ **cooker** (Elec Eng) / Elektroherd *m* (ein Küchengerät) || ~ **cord** (Elec Eng) / Anschlussschnur *f* (flexible) || ~ **corona** (Elec Eng) / Koronaentladung *f* (eine Gasentladung), Korona *f* (pl. -onen) || ~ **current**\* (Elec) / elektrischer Strom (Einheit: A) || ~ **dipole**\* (Elec) / elektrischer Dipol || ~ **dipole moment**\* (Elec, Phys) / elektrisches Dipolmoment (DIN 1324, T 1) || ~ **discharge**\* (Elec) / elektrische Entladung
**electric-discharge lamp**\* (Light) / Gasentladungslichtquelle *f*, Gasentladungslampe *f*, Entladungslampe *f*
**electric displacement** (a quantity introduced in classical electromagnetism that describes the electric field due to external or free charges, as opposed to the polarization charge induced by the presence of the field itself) (Elec) / elektrische Verschiebung (DIN 1324), elektrische Verschiebungsdichte, elektrische Flussdichte || ~ **double layer**\* (Chem, Elec, Phys) / elektrische Doppelschicht (an der Phasengrenze zwischen zwei elektrisch leitenden oder halbleitenden Phasen ausgebildete Ladungs- oder Potentialverteilung), Dipolschicht *f* || ~ **doublet**\* (Elec, Electronics) / elektrischer Dipol || ~ **drainage** (Elec, Elec Eng) / Streustromableitung *f*, Drainage *f* (Ableitung von Streuströmen aus streustromgefährdeten Anlagen über eine metallene Verbindung zu den Punkten der störenden Anlage, die ein negatives Potential gegen den umgebenden Elektrolyten haben) || ~ **drill** (Elec Eng, Eng) / Handbohrmaschine *f* (elektrische) || ~ **drive** (Elec Eng) / elektromotorischer Antrieb, elektrischer Antrieb, Elektroantrieb *m* (im Allgemeinen)
**electric-driven tool** (Tools) / Elektrowerkzeug *n*
**electric dynamometer**\* (Eng) / elektrische Bremse || ~ **ear** (Min Proc) / elektrische Abhorchvorrichtung (z.B. an Kugelmühlen) || ~ **electron lens** (Electronics) / elektrische Elektronenlinse || ~ **emergency lantern** (Autos) / Warnblinkleuchte *f* || ~ **energy** (Elec) / elektrische Energie (DIN 40110, T 1), Elektroenergie *f* || ~ **energy transmission** (Elec Eng) / Elektroenergieübertragung *f* || ~ **excavator** (Civ Eng) / Elektrobagger *m*, E-Bagger *m* || ~ **eye**\* (Radio) / magisches Auge (alte Abstimmanzeigeröhre) || ~ **fence** (Agric, Elec Eng) / Elektrozaun *m* (z.B. für Portionsweiden), Elektroweidezaun *m*, Elektrozaungerät *n*, Elektrozaunanlage *f* (DIN 57131) || ~ **fencer** (Agric) / Weidezaungerät *n* (Versorgungsgerät des Elektroweidezauns) || ~ **fencer** (US) (Agric, Elec Eng) / Elektrozaun *m* (z.B. für Portionsweiden), Elektroweidezaun *m*, Elektrozaungerät *n*, Elektrozaunanlage *f* (DIN 57131) || ~ **field**\* (Elec) / elektrisches Feld (DIN 1324, T 1) || ~ **field constant** (Elec) / allgemeine Dielektrizitätskonstante
**electric-field effect** (Stark effect) (Phys, Spectr) / Stark-Effekt *m* (ein elektrooptischer Effekt nach J. Stark, 1874-1957)
**electric field strength** (Elec) / elektrische Feldstärke (DIN 1324, T 1) || ~ **field vector** (Elec Eng) / elektrischer Feldstärkevektor, Vektor *m*

469

**electric**

der elektrischen Feldstärke || ~ **filter** (a device designed to block signals in one or more chosen frequency bands, while transmitting signals in other bands) (Comp, Electronics, Telecomm) / Filter *n m*, Siebschaltung *f* || ~ **fire** (GB) / Elektroheizgerät *n* || ~ **fishing** (Nut, Ships) / Elektrofischerei *f* || ~ **flux**\* (Elec) / Kraftfluss *m*, elektrischer Fluss *m* (DIN 1324, T 1), Verschiebungsfluss *m* || ~ **flux density**\* (Elec) / elektrische Verschiebung (DIN 1324), elektrische Verschiebungsdichte, elektrische Flussdichte || ~ **furnace** / Elektroofen *m* (ein Schmelzaggregat), E-Ofen *m* || ~ **-furnace steel** (Met) / Elektrostahl *m* (nach dem Herdschmelzverfahren im Elektroofen hergestellter Stahl)
**electric-furnace steel-melting shop** (Met) / Elektrostahlwerk *n*
**electric fusion** / Elektroschmelze *f* || ~ **generator** (Elec Eng) / Stromerzeuger *m* || ~ **generator**\* (Elec Eng) / Generator *m* (Maschine zur Erzeugung elektrischer Energie aus mechanischer Energie) || ~ **heat** (Elec Eng) / Elektrowärme *f* || ~ **heater** / Elektroheizgerät *n* || ~ **hoist** (Eng) / Elektrowinde *f*, Elektrozug *m* (elektromotorisch betriebene Seil- oder Kettenwinde in kompakter Bauform - ein Kleinhebezeug) || ~ **hook-up point** (Autos) / Steckdosensäule *f* (auf einem Campingplatz), Anschlusssäule *f*
**electrician** *n* (Elec Eng) / Elektrotechniker *m* || ~ (Elec Eng) / Elektriker *m* (Handwerker im Bereich der Elektrotechnik, besonders Elektroinstallateur), Elektroinstallateur *m*, Elektromonteur *m*
**electrician's knife** (Cables) / Kabelmesser *n*
**electric image** (Electronics) / Ladungsbild *n* || ~ **inductance** (Elec) / Induktivität *f* (SI-Einheit = Henry) || ~ **induction** (Elec) / Influenz *f*, elektrostatische Induktion, elektrische Influenz (Trennung und Verteilung elektrischer Ladungen in einem Leiter unter dem Einfluss eines elektrischen Feldes) || ~ **induction brake** (Elec Eng) / elektromagnetische Induktionsbremse || ~ **iron** / elektrisches Bügeleisen
**electricity**\* *n* (Elec, Elec Eng) / Elektrizität *f* || ~ **cable** (Cables) / Stromkabel *n* || ~ **meter** (Elec Eng) / elektrischer Zähler || ~ **meter**\* (Elec Eng) / Stromzähler *m*, Elektroenergieverbrauchszähler *m*, Elektrizitätszähler *m* || ~ **of the opposite kind** (Elec) / ungleichnamige Elektrizität, Elektrizität *f* ungleichnamiger Polarität || ~ **of the opposite name** (Elec) / ungleichnamige Elektrizität, Elektrizität *f* ungleichnamiger Polarität || ~ **of the opposite sign** (Elec) / ungleichnamige Elektrizität, Elektrizität *f* ungleichnamiger Polarität || ~ **supplier** (Elec Eng) / Stromversorgungsunternehmen, Elektrizitätsversorgungsunternehmen *n*, Stromlieferant *m* (Betrieb) || ~ **supply company** (Elec Eng) / Stromversorgungsunternehmen *n*, Elektrizitätsversorgungsunternehmen *n*, Stromlieferant *m* (Betrieb) || ~ **supply meter** (Elec Eng) / Stromzähler *m*, Elektroenergieverbrauchszähler *m*, Elektrizitätszähler *m*
**electric lamp**\* *n* (Elec Eng) / elektrische Lampe || ~ **lift truck** (GB) / Elektrostapler *m* || ~ **light bulb** (Elec Eng, Light) / Kolben *m* (der Glühlampe), Lampenkolben *m*, Birne *f*, Glühbirne *f*
**electric-light fitting** (Light) / Leuchte *f* (ein Gerät zur Aufnahme und zum Betrieb künstlicher Lichtquellen - DIN 5039), Beleuchtungskörper *m*
**electric lighting** (Light) / elektrische Beleuchtung || ~ **lighting cable** (Elec Eng) / Lichtkabel *n* || ~ **line of force** (Elec) / elektrische Feldlinie || ~ **loading** (Elec Eng) / Strombelag *m* (bei einer Maschine oder aufgeteilten Wicklung) || ~ **locomotive**\* (Elec Eng, Rail) / Elektrolokomotive *f*, elektrische Lokomotive, Elektrolok *f*, E-Lok *f* || ~ **log** (Oils) / elektrische Bohrlochmessung || ~ **loss** (Elec Eng) / Elektroenergieverlust *m* || ~ **machine**\* (Elec Eng) / elektrische Maschine (bidirektionaler Energiewandler, der elektrische in mechanische Energie umwandelt /Motorprinzip/ oder umgekehrt /Generatorprinzip/), Elektromaschine *f* || ~ **machine for kitchen use** (Elec Eng) / elektrische Küchenmaschine, elektrisches Küchengerät || ~ **melting** (Elec Eng) / elektrothermisches Schmelzen, Schmelzen *m* im Elektroofen || ~ **meter** (Elec Eng) / elektrischer Zähler || ~ **meter** (Elec Eng) / elektrischer Leistungsmesser (für Netzwechselstrom) || ~ **migration** (Elec) / Elektromigration *f* (Materialtransport unter Einfluss des elektrischen Stromes in metallischen Leitern) || ~ **migration** (Phys) / Ionenwanderung *f* (DIN 41852), Ionenmigration *f* || ~ **moment**\* (Elec) / elektrisches Moment || ~ **motor**\* (Elec Eng) / Elektromotor *m*, elektrischer Motor, E-Motor *m* || ~ **network** (an aggregation of interconnected conductors consisting of feeders, mains, and services) (Elec Eng) / elektrisches Netz (DIN 13 322) || ~ **operation** (Automation) / elektrische Betätigung, elektrische Steuerung || ~ **oscillations**\* (Elec) / elektrische Schwingungen || ~ **plug** (Elec Eng, Radio) / Stecker *m* (ein Teil der Steckvorrichtung) || ~ **polarization**\* (Elec) / elektrische Polarisation (in C/m$_2$ - nach DIN 1324, T 1), Elektrifizierung *f* (elektrische Polarisation) || ~ **porcelain** (Ceramics, Elec Eng) / elektrotechnisches Porzellan, Elektroporzellan *n* (Porzellan mit elektrotechnisch günstigen Eigenschaften) || ~ **potential**\* (Elec) / elektrisches Potential (DIN 1324, T 1), Spannungspotential *n*

**electric-potential difference** (Elec) / elektrisches Potential (DIN 1324, T 1), Spannungspotential *n*
**electric power** (Elec) / elektrische Leistung (DIN 40110) || ~ **power cable** (Cables, Elec Eng) / Leistungskabel *n*, Energiekabel *n*, Starkstromkabel *n* (DIN VDE 0289), Kraftstromkabel *n* || ~ **power consumption** (Elec Eng) / Elektroenergieverbrauch *m* || ~ **power demand** (Elec Eng) / Strombedarf *m*
**electric-powered car** (Autos, Elec Eng) / Elektrofahrzeug *n*, Elektromobil *n*, Elektroauto *n*, E-Mobil *n*
**electric power engineering** (Elec Eng) / elektrische Energietechnik, Elektroenergietechnik *f* || ~ **power generation** (Elec Eng) / Verstromung *f*, elektrische Energieerzeugung, Stromerzeugung *f*, Elektroenergieerzeugung *f* || ~ **powerhouse** (Elec Eng) / Wasserkraftzentrale *f*, Maschinenhaus *n* (des Kraftwerks), Krafthaus *n* (bei Wasserkraftwerken) || ~ **power network** (Elec Eng) / Stromversorgungsnetz *n*, Versorgungsnetz *n*, Stromnetz *n* || ~ **power station** (Elec Eng) / Kraftwerk *n* || ~ **power substation** (Elec Eng) / Unterstation *f*, Unterwerk *n*, Station *f* || ~ **power transmissiopn** (Elec Eng) / Elektroenergieübertragung *f* || ~ **propulsion**\* (Eng, Space) / Elektroantrieb *m*, elektrischer Antrieb, E-Antrieb *m* || ~ **protective device** / Schutzanlage *f*, Sicherungsvorrichtung *f* || ~ **raceway** (Elec Eng) / Durchführungskanal *m*, Leitungskanal *m*, Wandkanal *m* || ~ **razor** / Trockenrasierer *m*, Elektrorasierer *m*, elektrischer Rasierapparat
**electric-reactance sensor** (Elec Eng) / Reaktanzsensor *m*
**electric-reduction furnace** (Met) / Elektroreduktionsofen *m*
**electric resistance** (Elec) / Widerstand *m* (als physikalische Größe)
**electric-resistance-welded tube**\* (Welding) / widerstandsgeschweißtes Rohr
**electric rocket engine** (Space) / elektrisches Raketentriebwerk || ~ **rope hoist** (Eng) / Elektroseilzug *m*
**electrics** *n* (the system of electric wiring and parts) (Elec Eng) / Elektrik *f* (z.B. Auto-)
**electric screen** (Elec Eng) / elektrische Abschirmung || ~ **screen** s. also Faraday cage || ~ **screwdriver** (Tools) / Elektroschrauber *m* || ~ **shaver** / Trockenrasierer *m*, Elektrorasierer *m*, elektrischer Rasierapparat || ~ **sheet** (Elec Eng, Met) / Elektroblech *n* (siliciertes Stahlblech) || ~ **shielding**\* (Elec Eng) / elektrische Abschirmung || ~ **shock** (Elec Eng, Med) / elektrischer Schlag, Elektroschock *m* || ~ **socket** (Elec Eng) / Steckdose *f* (ein Teil der Steckvorrichtung), Dose *f* || ~ **spark** (Elec Eng) / elektrische Funke
**electric-spark machining** (Eng) / Funkenerosion *f* (DIN 8590), funkenerosive Bearbeitung, Elektrofunkenerosion *f*, Funkenabtragen *n* (ein fertigungstechnisches Verfahren), Funkenerosionsbearbeitung *f* (ein funkenerosives Abtragen)
**electric spectrum** (Light) / Lichtbogenspektrum *n* || ~ **spray gun** (Paint) / Lichtbogenspritzpistole *f* || ~ **steel** (Met) / Elektrostahl *m* (nach dem Herdschmelzverfahren im Elektroofen hergestellter Stahl) || ~ **steel-making plant** (Met) / Elektrostahlwerk *n* || ~ **storm**\* (Meteor) / elektrischer Sturm || ~ **strength**\* (Elec Eng) / Durchschlagsfestigkeit *f* (Widerstandsfähigkeit eines Isolierstoffes gegen elektrischen Durchschlag) || ~ **strip steel** (Elec Eng, Met) / Elektroband *n* (DIN 46400) || ~ **submersible pump** (Eng) / elektrische Tauchpumpe
**electric-supply meter** (Elec Eng) / elektrischer Zähler
**electric susceptibility**\* (Elec Eng) / elektrische Suszeptibilität (DIN 1324) || ~ **tank** (Elec Eng) / elektrolytischer Trog (in dem Potential- und Kraftlinienverläufe durch den Verlauf von Strömen nachgebildet werden) || ~ **tape** (Elec Eng) / Isolierband *n* (pl. Isolierbänder) || ~ **(power) tool** (Tools) / Elektrowerkzeug *n* || ~ **top** (Autos) / elektrisches Verdeck, Elektrodach *n* || ~ **torch** (GB) (Light) / Taschenlampe *f*, Taschenleuchte *f* || ~ **traction**\* (Rail) / elektrische Traktion, elektrische Zugförderung, Elektrotraktion *f* || ~ **transducer** (Automation, Comp, Electronics) / Transducer *m*, Wandler *m* (eine Vorrichtung, die am Eingang liegende zeitlich veränderliche physikalische Größe in eine am Ausgang abgreifbare, der Eingangsgröße äquivalente Größe umwandelt - Umformer und Umsetzer) || ~ **(industrial) truck** (Elec Eng) / Elektrokarren *m*, E-Karren *m*, Elektrozugmaschine *f*, EK (DIN 43551) || ~ **uninterruptible power system** (Elec Eng) / unterbrechungsfreie Stromversorgung || ~ **unit** (Elec) / elektrische Einheit || ~ **utility** (Elec Eng) / Stromversorger *m* (Anlage), Stromversorgunganlage *f* || ~ **vector** (Elec Eng) / elektrischer Feldstärkevektor, Vektor *m* der elektrischen Feldstärke || ~ **vehicle** / Elektrofahrzeug *n* || ~ **vertical furnace** (Glass) / Elektrowanne *f* mit Vertikalschmelze || ~ **vibrator** (Build, Civ Eng) / Elektrorüttler *m* || ~ **voltage** (Elec, Elec Eng) / elektrische Spannung (DIN 1324, T 1), Spannung *f* (in V) || ~ **wave** (Elec, Phys) / elektrische Welle
**electric-wave filter**\* (Telecomm) / elektrisches Wellenfilter, Frequenzsieb *n*
**electric welding** (Welding) / Elektroschweißen *n*, E-Schweißen *n*, elektrische Schweißung || ~ **wind**\* (Elec) / elektrostatischer Wind, elektrischer Wind, Ionenwind *m* || ~ **wiring** (Elec Eng) / Verdrahtung

*f*, Beschaltung *f*, Bedrahtung *f* ‖ ~ **work** (Elec) / elektrische Arbeit (DIN 40 110, T 1)
**electride** *n* (a member of a class of ionic compounds in which the anion is believed to be an electron) (Chem) / Elektrid *n*
**electrification*** *n* (Elec Eng) / Elektrifizierung *f* (Ausstattung mit elektrischen Maschinen; Umstellung auf elektrischen Betrieb), Elektrifikation *f* ‖ ~* (Elec) / Elektrisierung *f*, Aufladung *f* (eines festen Körpers)
**electrified line** (Rail) / elektrifizierte Strecke ‖ ~ **track** (Rail) / elektrifizierte Strecke
**electrization** *n* (Elec) / Elektrisierung *f* (in V/m)
**electro*** *n* (Print) / Galvano *n*
**electro-acoustic** *adj* (Acous) / elektroakustisch *adj* (z.B. Gerät)
**electro-acoustical transducer** (Acous, Electronics) / Schallwandler *m*
**electro-acoustics*** *n* (Acous) / Elektroakustik *f*, Ela *f* (Elektroakustik)
**electro-acoustic transducer** (Acous, Electronics) / elektroakustischer Wandler (der akustische Schwingungen in elektrische oder elektrische in akustische umwandelt - DIN 1320)
**electro-active** *adj* / elektrochemisch aktiv, elektroaktiv *adj* ‖ ~ **polymer** (Chem, Med) / elektroaktives Polymer
**electroaerosol** *n* / Elektroaerosol *n*
**electroanalysis*** *n* (Chem) / Elektroanalyse *f*, elektrochemische Analyse, elektrolytische Analyse
**electroanalytical chemistry** (Chem) / elektroanalytische Chemie ‖ ~ **method** (Chem) / Elektroanalyse *f*, elektrochemische Analyse, elektrolytische Analyse
**electrobalance** *n* (analytical microbalance) (Chem) / elektronische Feinwaage, elektromagnetische Waage
**electrobiology** *n* (Biol) / Elektrobiologie *f*
**electroblotting** *n* (Gen) / Elektroblotting *n* (elektrophoretische Übertragung des Immunoblots)
**electrobrightening*** *n* (Eng) / elektrolytisches Glänzen, elektrochemisches Polieren, elektrolytisches Polieren (Erzeugung einer mikroskopisch glatten Metalloberfläche mit Hilfe elektrochemischer Verfahren), Elektropolieren *n*, anodisches Polieren
**electrocaloric effect** / elektrokalorischer Effekt (die Umkehrung der Pyroelektrizität)
**electrocapillarity** *n* (Elec Eng) / Elektrokapillarität *f*
**electrocapillary** *adj* (Elec Eng) / kapillarelektrisch *adj*, Elektrokapillar-, elektrokapillar *adj* ‖ ~ **effect*** (Chem) / Elektrokapillarität *f*
**electrocardiogram*** *n* (Med) / Elektrokardiogramm *n*, EKG *n*
**electrocardiograph** *n* (Med) / Elektrokardiograf *m*
**electrocast brick** (Ceramics) / elektrisch geschmolzener feuerfester Stein
**electrocatalysis** *n* (pl. -lyses) (Chem Eng) / Elektrokatalyse *f* (wenn der Katalysator elektrochemisch erzeugt wird)
**electrocauterizing apparatus** (Med) / Elektrokauter *m*, Glühkauter *m*
**electrocement** *n* / Elektrozement *m*
**electroceramic processing*** (Ceramics) / Elektrokeramik *f* (Technik der Herstellung von elektrokeramischen Erzeugnissen und die entsprechende Industrie)
**electroceramics** *n* (Ceramics, Elec Eng) / Elektrokeramik *f* (Sammelbezeichnung für keramische Werkstoffe, die in den Zweigen der Elektrotechnik eingesetzt werden)
**electrochemical** *adj* / elektrochemisch *adj* ‖ ~ **cell** / elektrochemisches Element (primäres oder sekundäres - als Stromquelle), galvanisches Element (DIN 70853), galvanische Kette (Hintereinanderschaltung von Halbzellen), elektrochemische Kette ‖ ~ **cleaning** (Surf) / elektrolytisches Auftragen von Schutzüberzügen ‖ ~ **coating** (Surf) / elektrolytisches Auftragen von Schutzüberzügen ‖ ~ **constant*** (Phys) / Faraday-Konstante *f* (96 485, 309 C/mol nach DIN 4896) ‖ ~ **corrosion** (Surf) / elektrochemische Metallkorrosion, elektrochemische Korrosion (DIN EN ISO 8044), elektrolytische Korrosion ‖ ~ **detector** (Chem) / elektrochemischer Detektor, ELCD (elektrochemischer Detektor) ‖ ~ **double layer** (Chem, Phys) / elektrochemische Doppelschicht (z.B. zwischen Metall und Elektrolytlösung) ‖ ~ **electrode** (Chem) / elektrochemische Elektrode ‖ ~ **engineering** (Chem Eng) / elektrochemische Verfahrenstechnik ‖ ~ **equilibrium** (Chem) / elektrochemisches Gleichgewicht ‖ ~ **equivalent*** (Chem) / elektrochemisches Äquivalent (Strommenge, durch die ein Mol einwertiger Ionen oder allgemein ein Äquivalent eines Elements oder einer Verbindung an den Elektroden einer Elektrolysenzelle abgeschieden oder abgesetzt wird) ‖ ~ **etching** (Surf) / elektrochemisches Metallätzen ‖ ~ **forming** (Eng) / elektrochemisches Senken, elektrochemisches Senken, Elysiersenken *n*, EC-Senken *n* (elektrochemisches Senken) ‖ ~ **kinetics** (Chem) / elektrochemische Kinetik ‖ ~ **lapping** (Eng) / Elysierläppen *n*, elektrochemisches Läppen, elektrolytisches Läppen, EC-Läppen *n* ‖ ~ **machining*** (Eng) / elektrochemische Bearbeitung, elektrochemisches Abtragen (Fertigungsverfahren, bei dem ein metallischer Werkstoff unter Einwirkung eines elektrischen Stromes und einer Elektrolytlösung anodisch aufgelöst wird), Elysieren *n*, elektrochemische Metallbearbeitung, elektrolytische Metallbearbeitung, ECM, EC-Abtragen *n* ‖ ~ **microdrilling** (Eng) / elektrochemisches Feinbohren ‖ ~ **polymerization** (Chem) / elektrochemische Polymerisation, Elektropolymerisation *f* ‖ ~ **potential** / elektrochemisches Potential ‖ ~ **potential series*** (Chem, Elec) / elektrochemische Spannungsreihe (geordnete Zusammenstellung der chemischen Elemente nach der zunehmenden Größe ihres Normalpotentials) ‖ ~ **sensor** (Chem) / elektrochemischer Sensor (chemischer Sensor, der spezifisch für bestimmte Stoffe ein konzentrationsabhängiges elektrisches Signal liefert) ‖ ~ **series** (Chem, Elec) / elektrochemische Spannungsreihe (geordnete Zusammenstellung der chemischen Elemente nach der zunehmenden Größe ihres Normalpotentials) ‖ ~ **tension** / elektrochemisches Potential ‖ ~ **turning** (Eng) / Elysierdrehen *n*, elektrochemisches Drehen, elektrolytisches Drehen
**electrochemistry*** *n* / Elektrochemie *f*
**electrochromatographic** *adj* (Chem) / elektrochromatografisch *adj*
**electrochromatography** *n* (Chem) / Trägerelektrophorese *f*, Elektrophorese *f* auf Trägern, Elektropherografie *f*, Elektrochromatografie *f* ‖ ~ (Chem) / Elektrochromatografie *f*
**electrochromic** *adj* (Elec) / elektrochrom *adj* ‖ ~ **display** (Comp) / elektrochrome Anzeige (deren lichtabsorbierende Eigenschaften erst bei Vorliegen eines elektrischen Feldes auftreten)
**electrochromism** *n* (Elec) / Elektrochromie *f*, Elektropleochroismus *m* (Änderungen der optischen Eigenschaften von Molekülen durch ein äußeres elektrisches Feld)
**electrocoagulation*** *n* (Chem) / Elektrokoagulation *f*
**electrocoating** *n* (Paint) / Elektrotauchlackierung *f* (mit wasserverdünnbaren Elektrotauchlacken), Elektrotauchen *n*, Elektrotauchbeschichtung *f* (von elektrisch leitfähigen Teilen), Elektrocoating *n* ‖ ~ (Paint) / Elektrophoreseverfahren *n*, elektrophoretischer Farbauftrag, elektrophoretische Lackierung, elektrophoretische Beschichtung, Electro-Coating *n* (Oberflächenbeschichtung), Elektrobeschichtung *f* ‖ ~ **paint** (Paint) / Elektrophoreseanstrichstoff *m*, Elektrotauchanstrichstoff *m*, ET-Anstrichstoff *m* (Elektrotauchanstrichstoff), Elektrotauchlack *m* (Kataphorese- oder Anaphoreselack)
**electrocopper** *n* (Met) / Elektrolytkupfer *n* (DIN 1708), E-Kupfer *n*, E-Cu
**electrocorundum** *n* / Schmelzkorund *m*
**electrocratic** *adj* (referring to the repulsion exhibited by soap films and other colloids in solutions, such repulsion involves a strong osmotic contribution but is largely controlled by electrical forces) (Chem) / elektrokratisch *adj*
**electrocrystallization** *n* (Crystal) / Elektrokristallisation *f*
**electrocution*** *n* (Elec Eng, Med) / Tod *m* durch elektrischen Strom, tödlicher Elektroschock, tödlicher Stromunfall
**electrocyclic reaction** (Chem) / elektrocyclische Reaktion, elektrozyklische Reaktion
**electrode*** *n* (Elec Eng, Electronics, I C Engs, Welding) / Elektrode *f*
**electrode-adjusting gear** / Elektrodennachsteller *m*, Elektrodenverstellwerk *n* ‖ ~ **tool** (Autos, Tools) / Elektrodeneinsteller *m*, Elektrodenbieger *m*
**electrode admittance*** (quotient of dividing the alternating component of the electrode current by the alternating component of the electrode voltage, all other electrode voltages being maintained constant) (Elec Eng) / Elektrodenadmittanz *f*, Elektrodenscheinleitwert *m* ‖ ~ **arrangement** / Elektrodenanordnung *f* ‖ ~ **bender** (Autos, Tools) / Elektrodeneinsteller *m*, Elektrodenbieger *m* ‖ ~ **boiler*** (Elec Eng) / Elektrodendurchlauferhitzer *m*, Elektrodenkessel *m* (Gerät, bei dem der Betriebsstrom durch eine zu erhitzende stromleitende Flüssigkeit geleitet wird) ‖ ~ **breaking** / Elektrodenbruch *m* ‖ ~ **burn** (Welding) / Elektrodenschmorstelle *f* ‖ ~ **burning** (Welding) / Elektrodenabbrand *m*, Abbrand *m* der Elektroden ‖ ~ **burn-off** (Welding) / Elektrodenabbrand *m*, Abbrand *m* der Elektroden
**electrodecantation** *n* (Chem) / Elektrodekantierung *f*, Elektrodekantation *f* (Reinigungsverfahren für Kolloidelektrolyte, die dabei einer Elektrophorese in Kammern mit senkrechten halbdurchlässigen Membranen unterworfen werden)
**electrode change** / Elektrodenaustausch *m*, Elektrodenwechsel *m* ‖ ~ **characteristic*** (Elec Eng) / Elektrodencharakteristik *f*, Elektrodenkennlinie *f* ‖ ~ **clearance** (I C Engs) / Elektrodenabstand *m* ‖ ~ **coal** (Elec Eng) / Elektrodenkohle *f* ‖ ~ **coating** (Elec Eng, Welding) / Elektrodenumhüllung *f*, Elektrodenüberzug *m*
**electrode-coating press** (Welding) / Elektrodenpresse *f* (in der die Umhüllung auf den Kerndraht der Stabelektrode aufgebracht wird)
**electrode coke** (Met) / Elektrodenkoks *m* (zur Herstellung von Elektroden für elektrische Schmelzöfen verwendeter Koks) ‖ ~ **compartment** (Elec Eng) / Elektrodenraum *m* ‖ ~ **conductance** (Elec

**electrode**

Eng) / Elektrodenwirkleitwert m, Elektrodenkonduktanz f || ~ **configuration** / Elektrodenanordnung f || ~ **consumption** (Welding) / Elektrodenabbrand m, Abbrand m der Elektroden || ~ **couple** / Elektrodenpaar n || ~ **covering** (Elec Eng, Welding) / Elektrodenumhüllung f, Elektrodenüberzug m || ~ **current**\* (Electronics) / Elektrodenstrom m || ~ **dark current**\* (Electronics) / Elektrodendunkelstrom m || ~ **designation** (Welding) / Elektrodenbezeichnung f (DIN 1913) || ~ **dissipation**\* n (Electronics) / Elektrodenverlustleistung f, Elektrodenverluste m pl || ~ **force** (Welding) / Elektrodendruckkraft f (Wirkung, mit der die Elektroden beim Widerstandspressschweißen gegen die Fügeteile pressen), Elektrodenkraft f || ~ **force** (Welding) s. also welding force || ~ **from remelted material** (Elec Eng) / Elektrode f aus Umschmelzmaterial || ~ **furnace** / Elektrodenofen m || ~ **gap** (I C Engs) / Elektrodenabstand m || ~ **glass** (Glass) / Elektrodenglas n

**electrode-grade coke** (Met) / Elektrodenkoks m (zur Herstellung von Elektroden für elektrische Schmelzöfen verwendeter Koks)

**electrode holder**\* (Welding) / Schweißzange f || ~ **holder**\* (Welding) / Elektrodenhalter m (beim Lichtbogenschweißen) || ~ **identification** (Welding) / Elektrodenbezeichnung f (DIN 1913) || ~ **impedance**\* (Elec Eng) / Elektrodenimpedanz f, Elektrodenscheinwiderstand m || ~ **kinetics** / Kinetik f der Elektrodenprozesse, Elektrodenkinetik f

**electrodeless** adj (Elec Eng, Electronics) / elektrodenlos adj

**electrode-making machine** (Welding) / Elektrodenpresse f (in der die Umhüllung auf den Kerndraht der Stabelektrode aufgebracht wird)

**electrode material** (Welding) / Elektrodenwerkstoff m, Elektrodenmaterial n

**electrodeposit** v (Surf) / galvanisch abscheiden (eine Überzugsschicht), galvanisch beschichten, galvanisch niederschlagen, elektrochemisch abscheiden || ~ n (Surf) / [galvanischer] Überzug m (als Oberflächenschutzschicht), galvanischer Niederschlag

**electrodeposited coating** (electroplated coating + electroformed coating) (Surf) / galvanischer Überzug (nach DIN 50 961-1), Galvanikschicht f

**electrodeposition** n (Autos, Paint) / Elektrotauchlackieren n (DIN EN ISO 4618) || ~ (Surf) / elektrochemisches Abscheiden, elektrolytisches (katodisches) Abscheiden, galvanisches Auftragen, galvanische Beschichtung || ~\* (by electrolysis or electrophoresis, e.g. electroplating, electroforming, electrorefining and electrowinning) (Surf) / Galvanotechnik f

**electrodeposition analysis** (Chem) / Elektrogravimetrie f (eine Methode der Elektroanalyse) || ~ **system** (Autos, Paint) / Elektrotauchanlage f

**electrode potential** (Elec) / Elektrodenpotential n (absolutes, dynamisches, relatives, statisches - DIN 50 900), Elektrodenpotenzial n || ~ **potential** s. also Galvani tension || ~ **potential series**\* (Chem, Elec) / elektrochemische Spannungsreihe (geordnete Zusammenstellung der chemischen Elemente nach der zunehmenden Größe ihres Normalpotentials) || ~ **pressure** (Welding) / Elektrodendruck m || ~ **process** (Elec Eng) / Elektrodenprozess m (summarische Beschreibung aller Veränderungen, welche an oder in der Nähe von Elektroden beim Stromdurchgang eintreten) || ~ **reaction** (Elec Eng) / Elektrodenreaktion (eine heterogene Teilreaktion der Zellreaktion an der Grenzfläche benachbarter leitender Phasen - anodische oder katodische - DIN 50900) || ~ **replacement** / Elektrodenaustausch m, Elektrodenwechsel m || ~ **resistance**\* (Elec Eng) / Elektrodenwirkwiderstand m || ~ **response time** / Elektrodenansprechzeit f

**electrode-solution interface** / Elektrode-Lösung-Grenzfläche f

**electrode spacing** (Elec, Phys) / Elektrodenabstand m || ~ **spacing** (I C Engs) / Elektrodenabstand m || ~ **surface** / Elektrodenoberfläche f || ~ **system** / Elektrodenanordnung f || ~ **tip** (Welding) / Elektrodenspitze f || ~ **voltage** (Elec Eng) / Elektrodenspannung f (gegen eine Bezugselektrode) || ~ **wear** (Welding) / Elektrodenverschleiß m || ~ **wheel head** (Welding) / Rollenkopf m || ~ **wire** (Welding) / Elektrodendraht m

**electrodiagnostics** n (Med) / Elektrodiagnostik f (ein Teil der Elektromedizin)

**electrodialysis**\* n (pl. -lyses) / Elektrodialyse f (elektrochemisches Verfahren, bei dem Ionen durch mehrere semipermeable Membranen unter der Wirkung eines elektrischen Feldes transportiert werden - eine Kombination von Dialyse und Elektrolyse), ED (Elektrodialyse)

**electrodialytic** adj / elektrodialytisch adj

**electro-diesel locomotive** (Rail) / dieselelektrische Lokomotive, Dieselelektrolok f

**electro dipcoat** (Paint) / Elektrotauchlackierung f (mit wasserverdünnbaren Elektrotauchlacken), Elektrotauchen n, Elektrotauchbeschichtung f (von elektrisch leitfähigen Teilen), Elektrocoating n || ~ **dip paint** (Paint) / Elektrophoreseanstrichstoff m, Elektrotauchstrichstoff m, ET-Anstrichstoff m

(Elektrotauchanstrichstoff), Elektrotauchlack m (Kataphorese- oder Anaphoreselack)

**electrodisintegration**\* n (Nuc) / Elektrodesintegration f, Elektron-Kern-Reaktion f, Elektronenzertrümmerung f, Elektronendesintegration f

**electrodispersion** n (Chem) / Elektrodispersion f

**electrodissolution**\* n (Elec Eng) / elektrolytische Auflösung

**electrodrill** n (Elec Eng, Eng) / Handbohrmaschine f (elektrische)

**electrodynamic** adj (Elec) / elektrodynamisch adj || ~ **energy** (Elec) / elektrodynamische Energie || ~ **instrument**\* (Elec Eng) / elektrodynamisches Instrument (Messinstrument) || ~ **levitation** / elektrodynamisches Schweben (in der Magnetfeld-Fahrtechnik), EDS || ~ **loudspeaker**\* (Acous) / elektrodynamischer Lautsprecher, Schwingspullautsprecher m, dynamischer Lautsprecher, Tauchspullautsprecher m || ~ **microphone**\* (Acous) / elektrodynamisches Mikrofon (ein Mikrofon, das im Prinzip die Umkehrung eines dynamischen Lautsprechers ist), dynamisches Mikrofon, Tauchspulmikrofon n || ~ **potential** (Elec) / elektrodynamisches Potential || ~ **relay** (Elec Eng) / elektrodynamisches Relais (dessen Arbeitsweise auf der Kraftwirkung zwischen zwei oder mehreren stromdurchflossenen Spulen, von denen eine beweglich ist, beruht)

**electrodynamics**\* n (Elec) / Elektrodynamik f

**electrodynamic shielding** (Elec Eng) / elektrodynamische Abschirmung || ~ **wattmeter** (Elec Eng) / elektrodynamischer Leistungsmesser, elektrodynamisches Wattmeter

**electroencephalograph**\* n (Med) / Elektroenzephalograf m

**electroendosmosis**\* n (pl. electroendosmoses) (Chem, Phys) / Elektroosmose f (elektrokinetische Erscheinung), Elektroendosmose f

**electroerosion** n (Eng) / elektroerosives Abtragen, elektroerosive Bearbeitung, Elektroerosion f (abtragendes Verfahren zur Bearbeitung von harten, schlecht zerspanbaren, aber elektrisch leitfähigen Werkstoffen), ED-Bearbeitung f, EDM

**electroerosive machining** (Eng) / elektroerosives Abtragen, elektroerosive Bearbeitung, Elektroerosion f (abtragendes Verfahren zur Bearbeitung von harten, schlecht zerspanbaren, aber elektrisch leitfähigen Werkstoffen), ED-Bearbeitung f, EDM || ~ **wear** (Elec) / elektroerosiver Verschleiß (durch die Wirkung von elektrischen Entladungen)

**electroetching** n (Surf) / galvanisches Ätzen, elektrolytisches Ätzen

**electroextraction**\* n (Elec Eng, Met) / Gewinnung f von Metallen durch Elektrolyse (ein Teil der Elektrometallurgie), elektrolytische Extraktion

**electrofacing**\* n (Surf) / galvanische Hartmetallauflage

**electrofax dry copier** / Elektrofax-Trockenkopierer m

**electrofiltration** n (Ecol) / Elektrofiltration f (als Vorstufe bei Abluftreinigungsverfahren)

**electrofishing** n (Nut, Ships) / Elektrofischerei f || ~ **equipment** / Elektrofischereianlage f (DIN 57136)

**electroflotation** n (San Eng) / Elektroflotation f (Flotationsverfahren, bei dem Gasblasen /Wasserstoff und Sauerstoff/ durch Elektrolyse erzeugt werden; Einsatz vorwiegend bei der Behandlung von ölemulgierten Abwässern)

**electrofluor** n (Phys) / Elektrofluor n (durchsichtiges Material, das elektrische Energie in sichtbares Licht umwandelt)

**electrofocusing** n (Chem) / isoelektrische Fokussierung (Trennung von Stoffen mit verschiedenen isoelektrischen Punkten), IEF (isoelektrische Fokussierung), Elektrofokussierung f (eine Trennmethode der Elektrophorese)

**electroforming**\* n (Eng, Surf) / Elektroformung f (Teilgebiet der Galvanotechnik), Galvanoformung f, Galvanoplastik f (wenn die abgeschiedene Schicht vom Grundwerkstoff abgetrennt werden kann)

**electrofuge group** (Chem) / elektrofuge Gruppe (die sich aus dem Molekül unter Zurücklassung des bindenden Elektronenpaars löst)

**electrofusion** n / Elektroschmelze f || ~ (Biochem) / Elektrofusion f (Membranverschmelzung)

**electrogalvanize** v (Surf) / elektrochemisch verzinken, galvanisch verzinken

**electrogalvanizing** n (Surf) / elektrochemische Verzinkung (DIN 50 961), galvanische Verzinkung, galvanisches Verzinken

**electrogasdynamics** n (Phys) / Elektrogasdynamik f

**electrogas welding** (Welding) / Elektrogasschweißen n (Fügen durch teilautomatisches Schutzgasschweißen in senkrechter Position), EG-Schweißen n

**electrograph**\* n (Elec Eng) / Elektrograf m (Elektrometer mit Einrichtung zur Registrierung luftelektrischer Größenwerte)

**electrographic ink** (Comp) / leitfähige Tinte || ~ **printer** (Comp) / elektrografischer Drucker (ein Sammelbegriff)

**electrographite**\* n (Powder Met) / Elektrographit m

**electrographitic brush** (Elec Eng) / Elektrographitbürste f

**electrography** *n* / Elektrografie *f* (eine Weiterentwicklung der Elektrofotografie - direkte, indirekte)
**electrogravimetric** *adj* (Chem) / elektrogravimetrisch *adj* ‖ ~ **analysis** (Chem) / Elektrogravimetrie *f* (eine Methode der Elektroanalyse)
**electrogravimetry** *n* (Chem) / Elektrogravimetrie *f* (eine Methode der Elektroanalyse)
**electrogravitational separation** (Chem) / Elektrodekantierung *f*, Elektrodekantation *f* (Reinigungsverfahren für Kolloidelektrolyte, die dabei einer Elektrophorese in Kammern mit senkrechten halbdurchlässigen Membranen unterworfen werden)
**electrogyro bus** (Autos) / Gyrobus *m* (Omnibus mit Antrieb durch in einem Schwungrad gespeicherte Energie), Gyroomnibus *m*
**electroheat** *n* (Elec Eng) / Elektrowärme *f* ‖ ~ **technology** (Elec Eng) / Elektrowärmetechnik *f* (ein Teilgebiet der elektrischen Energietechnik)
**electrohydraulic** *adj* / elektrohydraulisch *adj* ‖ ~ **brake** (Autos) / elektrohydraulische Bremse, EHB (elektrohydraulische Bremse) ‖ ~ **brake-lifting device** (Eng) / ELDRO-Gerät *n* (elektrohydraulisches Bremslüftgerät für Windwerke und andere Hebeanlagen) ‖ ~ **clutch** (Autos) / Steuerkupplung *f* (elektronische Lamellenkupplung) ‖ ~ **forming*** (Eng) / hydroelektrisches Umformen (durch eine hydraulische Druckwelle, welche durch einen Hochspannungslichtbogen entsteht) ‖ ~ **valve** (Elec Eng) / elektrohydraulisches Ventil
**electrohydrodimerization** (Chem Eng) / Elektrohydrodimerisierung *f*
**electrohydrodynamic ionization** (Phys, Spectr) / elektrohydrodynamische Ionisation, EHD-Ionisation *f* ‖ ~ **lubrication** / elektrohydrodynamische Schmierung
**electro-impulse process** (Nut) / Elektroimpulsverfahren *n* (Abtötung von Mikroorganismen durch starke elektrische Impulse)
**electro-inactive** *adj* / elektrochemisch inaktiv, elektro-inaktiv *adj*
**electrojet** *n* (Eng) / elektrochemisches Feinbohren ‖ ~ (Phys) / Elektrojet *m*, elektrischer Strahlstrom (gebündelter elektrischer Strom in begrenzten Gebieten, die im Vergleich zu ihrer Umgebung gut elektrisch leitend sind und in denen die elektrische Stromdichte relativ groß ist)
**electrokinetic** *adj* (Phys) / elektrokinetisch *adj* ‖ ~ **effect*** (Chem) / elektrokinetische Erscheinung (z.B. Elektroosmose) ‖ ~ **potential*** (Chem) / elektrokinetisches Potential, Zeta-Potential *n*, ζ-Potential *n*
**electrokinetics*** *n* (Phys) / Elektrokinetik *f* (Zweig der Physik, der sich mit bewegten elektrischen Ladungen beschäftigt)
**electroless deposition** (Surf) / gesamtstromlose Metallabscheidung, fremdstromloses Abscheiden, außenstromloses Metallabscheiden aus wässrigen Lösungen (DIN 50902), chemische Metallabscheidung ‖ ~ **gilding** / stromlose Vergoldung ‖ ~ **nickel plating** (Surf) / stromlose Vernickelung (in chemischen Reduktionsbädern), reduktiv-chemische Vernickelung ‖ ~ **plating** (Surf) / gesamtstromlose Metallabscheidung, fremdstromloses Abscheiden, außenstromloses Metallabscheiden aus wässrigen Lösungen (DIN 50902), chemische Metallabscheidung
**electrolier** *n* (a chandelier in which the lights are electrical) (Elec Eng) / Kronleuchter *m* (mit Glühlampen bestückt)
**electrolinkage** *n* (Mining) / Elektrolinking *n* (Verfahren der Untertagevergasung)
**electroluminescence*** *n* (Elec Eng, Light) / Elektrolumineszenz *f* (Anlegen eines elektrischen Feldes an einen Festkörper)
**electroluminescent cell** (Elec Eng) / Elektrolumineszenzzelle *f* ‖ ~ **diode** (Electronics) / Lumineszenzdiode *f*, Leuchtdiode *f*, lichtemittierende Diode, LED-Diode *f* ‖ ~ **display** (Electronics) / Lumineszenzanzeige *f* ‖ ~ **lamp** (Elec Eng, Light) / Lumineszenzplatte *f*, Leuchtplatte *f*, Elektrolumineszenzplatte *f* (plattenförmige Lichtquelle), Elektrolumineszenzlampe *f* ‖ ~ (**light**) **panel** (Elec Eng, Light) / Lumineszenzplatte *f*, Leuchtplatte *f*, Elektrolumineszenzplatte *f* (plattenförmige Lichtquelle), Elektrolumineszenzlampe *f* ‖ ~ **source** (a panel lamp) (Elec Eng, Light) / Lumineszenzplatte *f*, Leuchtplatte *f*, Elektrolumineszenzplatte *f* (plattenförmige Lichtquelle),
**electrolyse** *v* (Chem, Elec Eng) / elektrolysieren *v*, elektrolytisch zerlegen, elektrolytisch zersetzen
**electrolyser** *n* (Chem Eng, Elec Eng) / Elektrolyseur *m*
**electrolysis*** *n* (pl. electrolyses) (Chem, Elec Eng) / Elektrolyse *f* ‖ ~ **of alkali-metal chlorides** (Chem Eng) / Chloralkalielektrolyse *f* (großtechnisches Verfahren zur Gewinnung von Chlor und Alkalilauge sowie Wasserstoff) ‖ ~ **of water** (Chem Eng) / Wasserelektrolyse *f* (Spaltung des Wassers in Wasserstoff und Sauerstoff durch Elektrolyse) ‖ ~ **unit** (Chem Eng, Elec Eng) / Elektrolyseur *m*
**electrolyte*** *n* (Chem, Elec Eng, Surf) / Elektrolyt *m* ‖ ~ (Elec Eng) / Batteriesäure *f*, Akkumulatorensäure *f* (20-26%ige Schwefelsäure besonderer Reinheit für Bleiakkumulatoren) ‖ ~ **cell** (Chem Eng, Elec Eng) / Elektrolysierzelle *f* (z.B. eine Haring-Zelle), Elektrolysezelle *f* ‖ ~ **level** (Elec Eng) / Elektrolytstand *m* (in der Batterie), Säurestand *m* (in der Batterie) ‖ ~ **resistance** (Surf) / Elektrolytwiderstand *m* (ohmscher Widerstand des ionenleitenden Korrosionsmediums) ‖ ~ **solution** (Surf) / Elektrolytlösung (ionenleitende wässrige Lösung) ‖ ~ **strength*** (Chem) / Konzentration *f* des Elektrolyten
**electrolytic** *adj* (Chem, Elec Eng, Surf) / elektrolytisch *adj*, Elektrolyt-
**electrolytical** *adj* (Chem, Elec Eng, Surf) / elektrolytisch *adj*, Elektrolyt-
**electrolytic analysis** (basic electrochemical technique for quantitative analysis of conducting solutions containing oxidizable or reducible material - measurement is based on the weight of material plated out onto the electrode) (Chem) / Elektroanalyse *f*, elektrochemische Analyse, elektrolytische Analyse ‖ ~ **bath** (Chem, Surf) / Elektrolysebad *n* (als Verbraucher arbeitende elektrolytische Zelle) ‖ ~ **bleach** (Paper) / Elektrolytbleiche *f* ‖ ~ **capacitor*** (in which the dielectric is a layer of metal oxide deposited on the anode by electrolysis) (Elec Eng) / Elektrolytkondensator *m* (gepolter, ungepolter), Elko *m* ‖ ~ **cell*** (Chem, Chem Eng, Elec Eng) / Elektrolysierzelle *f* (z.B. eine Haring-Zelle), Elektrolysezelle *f* ‖ ~ **cleaning** / elektrolytische Reinigung, elektrochemische Reinigung ‖ ~ **colouring** (Build) / elektrolytisches Färben (z.B. von Fassaden) ‖ ~ **conductance** (Chem) / elektrolytische Leitfähigkeit ‖ ~ **conductivity** (in the context of solutions of electrolytes, the reciprocal of the resistivity) (Chem) / elektrolytische Leitfähigkeit ‖ ~ **conductor** (Chem) / Ionenleiter *m* (Festkörperelektrolyt, der elektrischen Strom aufgrund freibeweglicher Ionen leitet), elektrischer Leiter, Leiter *m* II. Ordnung, Leiter *m* zweiter Klasse ‖ ~ **copper*** (Met) / Elektrolytkupfer *n* (DIN 1708), E-Kupfer *n*, E-Cu ‖ ~ **corrosion*** (Surf) / elektrochemische Metallkorrosion, elektrochemische Korrosion (DIN EN ISO 8044), elektrolytische Korrosion ‖ ~ **corrosion test** (Surf) / EC-Test *m* (ein elektrochemisches Korrosionsprüfverfahren) ‖ ~ **decomposition** (Chem) / elektrolytische Dissoziation, elektrolytische Zersetzung ‖ ~ **deposition** (Surf) / elektrochemisches Abscheiden, elektrolytisches (katodisches) Abscheiden, galvanisches Auftragen, galvanische Beschichtung ‖ ~ **dissociation*** (Chem) / elektrolytische Dissoziation, elektrolytische Zersetzung ‖ ~ **gas** (Chem) / Knallgas *n* (2 Wasserstoff + 1 Sauerstoff) ‖ ~ **grinding*** (Eng) / elektrolytisches Schleifen ‖ ~ **hygrometer** (Meteor) / Elektrolysehygrometer *n*, Elektrolythygrometer *n*, Leitfähigkeitshygrometer *n* (das die Änderung der elektrischen Leitfähigkeit eines Elektrolyten durch Absorption von Wasserdampf misst) ‖ ~ **instrument*** (Elec Eng) / elektrolytisches Messinstrument (z.B. ein Elektrolytzähler) ‖ ~ **interrupter** (Elec Eng) / Wehnelt-Unterbrecher *m* ‖ ~ **iron** (Met) / Elektrolyteisen *n*, E-Eisen *n* ‖ ~ **lead*** (Met) / Elektrolytblei *n* (Betts-Verfahren), E-Blei *n* ‖ ~ **machining*** (Eng) / elektrochemische Bearbeitung, elektrochemisches Abtragen (Fertigungsverfahren, bei dem ein metallischer Werkstoff unter Einwirkung eines elektrischen Stromes und einer Elektrolytlösung anodisch aufgelöst wird), Elysieren *n*, elektrochemische Metallbearbeitung, elektrolytische Metallbearbeitung, ECM, EC-Abtragen *n* ‖ ~ **meter*** (Elec Eng) / Elektrolytzähler *m* (ein Elektrizitätszähler für Gleichstrom) ‖ ~ **oxalic acid etch test** (for intergranular corrosion) (Chem) / Oxalsäuretest *m*, Streicher-Test *m* ‖ ~ **oxidation** (Surf) / anodische Oxidation ‖ ~ **pickling** (Met) / elektrochemisches Beizen ‖ ~ **polarization*** (Elec Eng) / elektrochemische Polarisation, elektrolytische Polarisation, galvanische Polarisation ‖ ~ **polarization** (based on chemical transformations) (Chem) / chemische Polarisation, Abscheidungspolarisation *f* ‖ ~ **polishing*** (Eng) / elektrolytisches Glänzen, elektrochemisches Polieren, elektrolytisches Polieren (Erzeugung einer mikroskopisch glatten Metalloberfläche mit Hilfe elektrochemischer Verfahren), Elektropolieren *n*, anodisches Polieren ‖ ~ **protection** (of a metal from electrochemical corrosion) (Surf) / elektrochemischer Korrosionsschutz (von Metallen - durch elektrochemische Polarisation) ‖ ~ **rectifier** (Elec Eng) / Elektrolytgleichrichter *m* ‖ ~ **refining*** (Met) / elektrolytische Raffination (Reinigung von Rohmetallen durch Elektrolyse) ‖ ~ **separation of isotopes** (Nuc Eng) / elektrolytische Isotopentrennung ‖ ~ **solution** (Surf) / Elektrolytlösung (ionenleitende wässrige Lösung) ‖ ~ **tank*** (Elec Eng) / elektrolytischer Trog (in dem Potential- und Kraftlinienverläufe durch den Verlauf von Strömen nachgebildet werden) ‖ ~ **tin plate** (Surf) / Weißband *n* (elektrochemisch verzinntes Weißblech mit Dicken im Bereich von 0,15 bis 0,49 mm), Elektrolytweißblech *n* ‖ ~ **tough pitch** (copper) (Met) / elektrolytisches Garkupfer, Elektrolytzähkupfer *n* ‖ ~ **zinc*** (Met) / Elektrolytzink *n*, E-Zink *n*
**electrolyze** *v* (US) (Chem, Elec Eng) / elektrolysieren *v*, elektrolytisch zerlegen, elektrolytisch zersetzen
**electrolyzer** *n* (US) (Chem Eng, Elec Eng) / Elektrolyseur *m*
**electromagnet*** *n* (Elec Eng, Mag) / Elektromagnet *m*
**electromagnetic** *adj* (Mag) / elektromagnetisch *adj* (Bremse, Induktion, Lautsprecher, Pumpe, Spektrum, Welle) ‖ ~ **brake*** /

**electromagnetic**

elektromagnetische Bremse || ~ **clutch**\* (Elec Eng) / elektromagnetische Schlupfkupplung, Elektromagnetkupplung f, magnetische Kupplung, Magnetkupplung f, elektrische Kupplung || ~ **compatibility** (Ecol, Electronics) / elektromagnetische Verträglichkeit, elektromagnetische Kompatibilität (Funktionstüchtigkeit unter elektromagnetischer Umgebungsbeeinflussung), EMV (elektromagnetische Verträglichkeit), EMC (elektromagnetische Kompatibilität) || ~ **constant** (Phys) / Vakuumlichtgeschwindigkeit f (DIN 5031, T 8), Lichtgeschwindigkeit f im Vakuum (299792458 ms$^{-1}$) || ~ **coupling** (coupling that exists between circuits when they are mutually affected by the same electromagnetic field) (Mag) / elektromagnetische Kopplung || ~ **cover meter** (Build, Civ Eng) / Bewehrungssucher m || ~ **deflection**\* (Mag) / elektromagnetische Ablenkung, Ablenkung f im Magnetfeld || ~ **disturbance** (Radio) / elektromagnetische Störung || ~ **environmental compatibility** (Ecol) / elektromagnetische Umweltverträglichkeit, EMVU || ~ **field** (Phys) / elektromagnetisches Feld (DIN 1324) || ~ **focusing**\* (Eng) / elektromagnetische Fokussierung || ~ **forming** (Eng) / elektromagnetische Umformung, Magnetumformung f, Umformung f im Magnetfeld || ~ **forming** (Eng) / elektromagnetisches Umformen (z.B. von Rohren) || ~ **horn**\* (Radio) / Hornantenne f, Hornstrahler m (eine Ausführungsform der Kurzwellenantenne) || ~ **induction** (Elec Eng) / magnetische Flussdichte (Einheit Tesla nach DIN 1325), magnetische Induktion || ~ **induction** (Eng) / elektromagnetische Induktion || ~ **instrument**\* (Elec Eng) / Dreheiseninstrument n (ein Messinstrument mit beweglichem Eisenteil, das vom Magnetfeld der feststehenden Spule abgelenkt wird), Weicheiseninstrument n || ~ **interaction** (Nuc) / elektromagnetische Wechselwirkung (etwa 1/137) || ~ **interference** (Electronics, Radar) / elektromagnetische Beeinflussung, elektromagnetische Störung, elektromagnetischer Brumm, EMB (elektromagnetische Beeinflussung)
**electromagnetic-interference shielding** (Paint) / EMI-Shielding n (Abschirmung von störenden elektromagnetischen Wellen in Lacken mit Metallpigmenten)
**electromagnetic isotope separation** (Nuc Eng) / elektromagnetische Isotopentrennung || ~ **lens**\* (Electronics) / elektromagnetische Linse || ~ **levitation** / elektromagnetisches Schweben (in der Magnetfeld-Fahrtechnik), EMS || ~ **loudspeaker**\* (Acous) / elektromagnetischer Lautsprecher (heute kaum gebraucht), magnetischer Lautsprecher || ~ **moment**\* (Elec, Mag) / elektromagnetisches Moment (in A.m$^2$ nach DIN 1325) || ~ **pollution** (Ecol) / elektromagnetischer Smog || ~ **prospecting**\* (Mining) / elektromagnetisches Erkundungsverfahren (ein elektrisches Verfahren der Geophysik) || ~ **pulse** (Mil, Nuc) / elektromagnetischer Impuls, nuklearer elektromagnetischer Puls (bei exosphärischen Kernwaffenexplosionen), elektromagnetischer Puls, EMP (elektromagnetischer Puls), NEMP (nuklearer elektromagnetischer Puls) || ~ **pump**\* (Elec Eng) / elektromagnetische Pumpe (zur Förderung flüssiger Metalle mit Hilfe eines starken Magnetfeldes) || ~ **radiation**\* (Phys) / elektromagnetische Strahlung (DIN 1301-2) || ~ **radiation of radio frequency** (radio signals, radio energy) (Astron) / Radiofrequenzstrahlung f, Radiostrahlung f (elektromagnetische Strahlung kosmischer Objekte im Wellenlängenbereich der Kurz-, Ultrakurz- und Mikrowellen, deren Erforschung Aufgabe der Radioastronomie ist) || ~ **reaction** (Elec) / induktive Reaktion, elektromagnetische Reaktion || ~ **relay** (Elec Eng) / elektromagnetisches Relais || ~ **relay** (Elec Eng) s. also armature relay
**electromagnetics**\* n (Mag) / Elektromagnetik f (Lehre vom Elektromagnetismus)
**electromagnetic separation**\* (Min Proc) s. also magnetic separation || ~ **separation**\* (Nuc Eng) / elektromagnetische Isotopentrennung, elektromagnetisches Verfahren der Isotopentrennung || ~ **separation**\* (Min Proc) / elektromagnetische Aufbereitung, elektromagnetische Trennung || ~ **smog** (Ecol) / elektromagnetischer Smog || ~ **spectrum** (Phys) / elektromagnetisches Spektrum || ~ **spray gun** (Paint) / elektromagnetische Spritzpistole (mit Saugspeisung) || ~ **strain gauge** (Eng) / Induktionsdehnungsmesser m || ~ **switch**\* (Elec Eng) / elektromagnetischer Schalter, Schalter m mit Magnetantrieb || ~ **unit**\* (Phys) / elektromagnetische Einheit (in dem alten elektromagnetischen CGS-System), emE (elektromagnetische Einheit) || ~ **vibrator** / elektromagnetischer Vibrator (ein Vibrationsantrieb) || ~ **wave**\* (Phys) / elektromagnetische Welle (DIN 1324-3)
**electromagnetism**\* n (Mag) / Elektromagnetismus m || ~\* (Mag) / Elektromagnetismus m (Lehre vom Elektromagnetismus)
**electromechanical** adj / elektromechanisch adj, mechanisch-elektrisch adj || ~ **brake**\* / elektromechanische Bremse || ~ **relay** (Elec Eng) / elektromechanisches Relais || ~ **storage** (Comp) / elektromechanischer Speicher

**electromechanics** n / Elektromechanik f (Teilgebiet der Elektro- und der Feinwerktechnik)
**electromedical** adj (Electronics, Med) / elektromedizinisch adj
**electromelter** n (Glass) / Elektrowanne f
**electromeric** adj (Chem) / elektromer adj
**electrometallization**\* n (Met) / Elektrometallisierung f (Herstellung metallischer Überzüge auf nicht leitendem Material)
**electrometallurgy**\* n (Met) / Elektrometallurgie f (mit Anwendung der Elektroenergie)
**electrometer**\* n (Elec Eng) / Elektrometer n (elektrostatisches Messinstrument) || ~\* (Elec Eng) s. also electrostatic instrument || ~ **amplifier** (Electronics) / Elektrometerverstärker m (elektronischer Verstärker, der extrem hohen Eingangswiderstand aufweist und damit auch die Spannungsmessung an Quellen hoher Innenimpedanz /z.B. Glaselektroden-Messketten zur pH-Messung /erlaubt) || ~ **bridge** (Elec Eng) / Elektrometerbrücke f || ~ **tube** (US) (Electronics) / Elektrometerröhre f || ~ **valve** (Electronics) / Elektrometerröhre f
**electrometric** adj (Chem) / elektrometrisch adj || ~ **analysis** (Chem) / Elektroanalyse f, elektrochemische Analyse, elektrolytische Analyse || ~ **titration**\* (Chem) / potentiometrische Titration (potentiometrische Endpunktbestimmung in der Maßanalyse)
**electrometry** n (Chem) / elektrometrische Maßanalyse (ein Teilbereich der Elektroanalyse), Elektrometrie f
**electromigration** n (Elec) / Elektromigration f (Materialtransport unter Einfluss des elektrischen Stromes in metallischen Leitern)
**electromobile** n (Autos, Elec Eng) / Elektrofahrzeug n, Elektromobil n, Elektroauto n, E-Mobil n
**electromotance** n (Elec) / Urspannung f (die Leerlaufspannung einer Spannungsquelle), Quellenspannung f, elektromotorische Kraft, EMK f
**electromotive force**\* (Elec) / Urspannung f (die Leerlaufspannung einer Spannungsquelle), Quellenspannung f, elektromotorische Kraft, EMK f || ~ **force**\* (Elec) s. also voltage
**electromotive-force series** (of metals) (Chem, Elec) / elektrochemische Spannungsreihe (geordnete Zusammenstellung der chemischen Elemente nach der zunehmenden Größe ihres Normalpotentials)
**electromotive series**\* (Chem, Elec) / elektrochemische Spannungsreihe (geordnete Zusammenstellung der chemischen Elemente nach der zunehmenden Größe ihres Normalpotentials)
**electromotor** n (Elec Eng) / Elektromotor m, elektrischer Motor, E-Motor m
**electromotored** adj (Elec Eng) / mit Elektromotorantrieb
**electron**\* n (Nuc) / Elektron n, Negaton n, Negatron n || ~ **absorption** (Nuc) / Elektronenabsorption f
**electron-abstracting group** (Chem) / Substituent m mit desaktivierender Wirkung
**electron accelerator** (Nuc) / Elektronenbeschleuniger m || ~ **acceptor** (Chem, Electronics) / Elektronenakzeptor m || ~ **affinity**\* (Electronics) / Elektronenaffinität f, Elektroaffinität f || ~ **attachment**\* (Chem, Phys) / Elektronenanlagerung f, Attachment n (Anlagerung eines Elektrons an ein neutrales Atom oder Molekül unter Bildung eines Anions) || ~ **avalanche** (Electronics, Nuc) / Lawine f || ~ **beam**\* (Electronics) / Elektronenstrahl m (ein Strahl in bestimmter Richtung bewegter Elektronen)
**electron-beam continuous-flow melting** (Met) / Elektronenstrahl-Überlaufschmelze f || ~ **curing** (Met, Paint) / Elektronenstrahlhärtung f (der äußeren Randschicht), ESH-Verfahren n (Elektronenstrahlhärtung), EBC, ESH (Elektronenstrahlhärtung) || ~ **curing paint** (Paint) / ESH-Lack m, Elektronenstrahlhärtungslack m || ~ **curing plant** (Paint) / Elektronenstrahlhärtungsanlage f, ESH-Anlage f || ~ **dry scrubber process (EBDS)** (Chem Eng) / EBDS-Prozess m (zur Emissionsminderung in Abgasen fossil befeuerter Verbrennungsanlagen) || ~ **evaporation** / Elektronenstrahlverdampfung f || ~ **furnace** (Met) / Elektronenstrahlofen m (zum Umschmelzen von Edelstählen und Sonderwerkstoffen) || ~ **heating** / Elektronenstrahlerwärmung f
**electron-beam-induced-current signal** (Electronics) / EBIC-Signal n (bei Halbleitern)
**electron-beam laser** (Electronics, Phys) / Elektronenstrahllaser m || ~ **lithography** (Electronics) / Elektronenstrahllithografie f || ~ **machine** (Electronics, Eng) / Elektronenstrahlmaschine f, Elektronenstrahlerzeuger m, Elektronenstrahlkanone f || ~ **machining**\* (Eng) / Elektronenstrahlbearbeitung f (ein thermisches Abtragen), Elektronenstrahlabtragung f || ~ **melting furnace** (Met) / Elektronenstrahlschmelzofen m || ~ **memory** (Comp) / Elektronenstrahlspeicher m || ~ **process** (Ecol) / Elektronenstrahlverfahren n (trockenes Entschwefeln und Entsticken von Rauchgasen) || ~ **recording**\* / Elektronenstrahlaufzeichnung f || ~ **remelting** (Met) / Elektronenstrahlschmelzen n || ~ **store** (Comp) /

Elektronenstrahlspeicher m ‖ ~ **tube** (US) (Electronics) / Katodenstrahlröhre f, Elektronenstrahlröhre f, Braun'sche Röhre (nach K.F. Braun, 1850 - 1918) ‖ ~ **valve** (Electronics) / Katodenstrahlröhre f, Elektronenstrahlröhre f, Braun'sche Röhre (nach K.F. Braun, 1850 - 1918) ‖ ~ **valve** (Electronics) s. also cathode-beam tube ‖ ~ **welding**\* (Welding) / Elektronenstrahlschweißen n, Elektronenstrahlschweißung f, EB-Schweißung f
**electron-binding energy**\* (Nuc) / Ionisierungsspannung f, Ionisierungspotential n, Ionisationspotential n, Ionisationsspannung f
**electron-bombardment-induced conductivity** (Electronics) / elektronenbeschussinduzierte Leitfähigkeit, elektronenstrahlinduzierte Leitfähigkeit
**electron bunching** (Electronics) / Elektronenballung f ‖ ~ **camera**\* (TV) / elektronische Kamera, E-Kamera f ‖ ~ **capture**\* (Nuc) / Elektroneneinfang m, E-Einfang m
**electron-capture detector** (Chem, Nuc) / Elektroneneinfangdetektor m (für die gaschromatografische Spurenanalyse), EED (Elektroneneinfangdetektor), Electron-Capture-Detektor m, ECD (Electron-Capture-Detektor), Elektronenanlagerungsdetektor m (für die gaschromatische Spurenanalyse), EAD (Elektronenanlagerungsdetektor)
**electron capturer** / Elektroneneinfangstrahler m, Elektronenfänger m, E-Fänger m
**electron-capture radioisotope** / Elektroneneinfangstrahler m, Elektronenfänger m, E-Fänger m
**electron-carrying** adj / Elektronen übertragend ‖ ~ **protein** (Biochem) / Elektronenüberträgerprotein n, Elektronen-Carrier-Protein n
**electron cloud**\* (Chem, Electronics) / Elektronenwolke f (abschirmend wirkende Ansammlung von Elektronen) ‖ ~ **collision** (Nuc) / Elektronenzusammenstoß m ‖ ~ **compound** (Chem, Met) / intermediäre Phase, intermetallische Phase, intermetallische Verbindung, metallische intermediäre Phase ‖ ~ **concentration** (Electronics, Nuc) / Elektronenkonzentration f (DIN 1326, T 3), Elektronendichte f (Anzahl der Elektronen pro Volumeneinheit) ‖ ~ **conduction**\* (Chem, Elec) / Elektronenleitung f, Leitung I. Ordnung ‖ ~ **conduction** (Plasma Phys) / Elektronenleitfähigkeit f, elektronische Leitfähigkeit ‖ ~ **configuration** (Nuc) / Elektronenkonfiguration f (Gesamtheit der in einem gegebenen Zustand der Atomhülle besetzten Einteilchenzustände) ‖ ~ **correlation** (Chem, Nuc) / Elektronenkorrelation f ‖ ~ **counter** (Nuc) / Elektronenzähler m
**electron-coupled oscillator** (Electronics) / elektronengekoppelter Oszillator
**electron coupling**\* (Electronics) / Elektronenkopplung f
**electron-cyclotron resonance** (Electronics, Nuc) / Elektronenzyklotronresonanz f, ECR (Elektronenzyklotronresonanz)
**electron-deficient compound**\* (Chem) / Elektronenmangelverbindung f
**electron delivery** (Chem, Electronics, Nuc) / Elektronenabgabe f ‖ ~ **density**\* (Electronics, Nuc) / Elektronenkonzentration f (DIN 1326, T 3), Elektronendichte f (Anzahl der Elektronen pro Volumeneinheit) ‖ ~ **device**\* (Electronics) / elektronisches Bauteil (in dem die Stromleitung grundsätzlich durch Elektronenbewegung im Vakuum, Gas oder in Halbleitern stattfindet) ‖ ~ **diffraction**\* (Electronics, Nuc) / Elektronenbeugung f, Elektroneninterferenz f ‖ ~ **discharge**\* (Electronics) / Elektronenentladung f ‖ ~ **distribution** (Nuc) / Elektronenverteilung f ‖ ~ **donation** (Chem, Electronics, Nuc) / Elektronenabgabe f ‖ ~ **donor**\* (Chem, Electronics) / Elektronendonator m (Verbindung mit niedriger Ionisierungsenergie, geringer Elektronenaffinität und der Neigung, Elektronen abzugeben), Elektronenspender m
**electron-dot formula** (Chem) / Elektronenformel f
**electron drift**\* (Electronics) / Elektronendrift f, Elektronenwanderung f
**electronegative**\* adj (for an atom, having a tendency to accept valence electrons; also a term to describe non-metallic elements) (Chem, Elec) / elektronegativ adj
**electronegativity**\* n (Chem, Elec) / Elektronegativität f, EN (Elektronegativität) ‖ ~\* (Chem, Elec) s. also Mulliken scale ‖ ~ **scale** (Chem) / Elektronegativitätsskala f (z.B. nach Allred-Rochow, Pauling and Mulliken), EN-Skala f
**electron-electron interaction** (Nuc) / Elektron-Elektron-Wechselwirkung f ‖ ~ **scattering**\* (Nuc) / Møller-Streuung f, Elektron-Elektron-Streuung f
**electron emission**\* (Electronics) / Elektronenemission f, Elektronenaustritt m ‖ ~ **emission microscope** (Electronics, Micros) / Elektronenemissionsmikroskop n ‖ ~ **energy analyser** (GB) (a device for measuring the number of electrons as a function of kinetic energy) (Spectr) / Elektronenenergieanalysator m ‖ ~ **energy analyzer** (US) (Spectr) / Elektronenenergieanalysator m ‖ ~ **energy-loss spectroscopy** (Spectr) / Energieverlustspektroskopie f,

Elektronenenergieverlustspektroskopie f, EELS (Elektronenenergieverlustspektroskopie)
**electroneutral** adj (Chem, Elec) / elektroneutral adj
**electroneutrality** n (Chem, Elec) / Elektroneutralität f
**electron exchange** (Nuc) / Elektronenaustausch m ‖ ~ **formula** (Chem) / Elektronenformel f ‖ ~ **fractography** (Materials, Met) / Mikrofraktografie f (Mikrountersuchung von Bruchflächen mit dem Rasterelektronenmikroskop) ‖ ~ **gas**\* (Electronics, Phys) / Elektronengas n (Gesamtheit aller Leitungselektronen in Metallen) ‖ ~ **gas theory** (Electronics, Phys) / Elektronengastheorie f ‖ ~ **gun**\* (Electronics) / Elektronenstrahlerzeuger m, Elektronenkanone f, Elektronenschleuder f ‖ ~ **gun**\* (Micros) / Elektronenstrahler m (des Elektronenmikroskops) ‖ ~ **hole** (Electronics) / Loch n (DIN 41852), Defektelektron n, Elektronenlücke f, Elektronendefektstelle f
**electron-hole pair** (Electronics) / Elektron-Loch-Paar n ‖ ~ **plasma** (Electronics, Plasma Phys) / Elektron-Loch-Plasma n (elektronisches Anregungszustand in Halbleitern)
**electronic**\* adj (Electronics) / Elektronen-, elektronisch adj
**electronically controlled carburettor** (I C Engs) / geregelter Vergaser (mit definiertem Lambda-Wert) ‖ ~ **scanned array** (Radar) / elektronisch gesteuerte Gruppenantenne ‖ ~ **steered array** (ESA) (Radar) / elektronisch gesteuerte Gruppenantenne
**electronic analytical balance** (with a digital read-out) (Chem) / elektronische Analysenwaage (mit Tarierautomatik, vollautomatischer Gewichtsschaltung und Digitalanzeige) ‖ ~ **antenna** (AM/FM) (Autos) / elektronische Antenne, elektronische Autoantenne, Kurzantenne f ‖ ~ **balance** (Electronics) / elektronische Waage ‖ ~ **banking** (Comp) / elektronischer Bankverkehr (alle kundenbezogenen, rechnergestützten Bankdienstleistungen), Electronic Banking n ‖ ~ **bearing line** (Radar) / Peillinie f (als Richtung zu einem Ziel, einem Störer oder einem Funkfeuer) ‖ ~ **book** (Comp) / elektronisches Buch (elektronisches Textmedium, in dem die Benutzeroberfläche am Modell von Büchern orientiert ist) ‖ ~ **business** (Comp) / E-Business n (mit der Einkaufs- und Verkaufsseite), Electronic Business n ‖ ~ **camera** (TV) / elektronische Kamera, E-Kamera f ‖ ~ **car** (Autos) / vollelektronischer Wagen ‖ ~ **cash** (Comp) / Electronic Cash n (Oberbegriff für eine Reihe verschiedener Verfahren, die finanzielle Transaktionen bargeldlos mit Hilfe eines elektronischen Datenaustausches ermöglichen), Electronic Money n, Digital Money n ‖ ~ **cash system** (Autos) / Electronic Cash System n (bargeldlose Bezahlung an Tankstellen) ‖ ~ **cash system** (Comp) / Electronic Cash n (EDV-System zum bargeld- und scheckenlosen Bezahlen) ‖ ~ **ceramics** (Ceramics, Electronics) / Keramik für die Elektronik ‖ ~ **charge**\* (Nuc) / Elementarquantum n, Elektronenladung f, Elementarladung f (im Allgemeinen) ‖ ~ **commerce** (Comp) / Electronic Commerce m (Vertrieb der Waren und Dienstleistungen über elektronische Medien), E-Commerce m, EC (Electronic Commerce) ‖ ~ **conductor** (Chem, Elec) / Elektronenleiter m, Leiter I. Ordnung ‖ ~ **configuration**\* (Nuc) / Elektronenkonfiguration f (Gesamtheit der in einem gegebenen Zustand der Atomhülle besetzten Einteilchenzustände) ‖ ~ **contact rectifier** (Elec Eng) / Sperrschichtgleichrichter m ‖ ~ **continuous-injection system** (Autos) / KE-Jetronic f (elektronisch gesteuerte, mechanisch-hydraulische Einspritzanlage für Ottomotoren mit Katalysator) ‖ ~ **control unit** (Electronics) / elektronisches Steuergerät ‖ ~ **cottage** (Comp) / Telearbeitsplatz m ‖ ~ **counter-countermeasure** (Mil, Radar) / elektronische Schutzmaßnahme, ELoSM ‖ ~ **countermeasure**\* (Mil) / elektronische Gegenmaßnahme, ELoGM (elektronische Gegenmaßnahme) ‖ ~ **coupling** (Electronics) / Elektronenkopplung f ‖ ~ **cross-connect system** (Electronics) / elektronischer Rangierverteiler ‖ ~ **cut** (Cinema) / elektronischer Schnitt (sequentielles Überspielen von Szenen) ‖ ~ **darkroom** (Photog) / elektronische Dunkelkammer ‖ ~ **data interchange** (Comp) / elektronischer Datenaustausch, EDI (elektronischer Datenaustausch), elektronischer Geschäftsverkehr ‖ ~ **data processing** (Comp) / elektronische Datenverarbeitung, EDV (elektronische Datenverarbeitung), DV (Datenverarbeitung - elektronische) ‖ ~ **data-processing machine** (Comp) / [elektronische] Datenverarbeitungsmaschine f ‖ ~ **deception** (Mil) / elektronische Täuschung ‖ ~ **dictionary** (Comp) / elektronisches Wörterbuch ‖ ~ **Diesel control** (Autos, Eng) / elektronische Dieselregelung, EDC (elektronische Dieselregelung) ‖ ~ **directory** (Comp) / elektronisches Verzeichnis (CCITT-Empfehlung F.500) ‖ ~ **distance measurement** (Surv) / funktechnische Entfernungsmessung, elektronische Entfernungsmessung ‖ ~ **eavesdropping** (Telecomm) / Lauschoperation f, Lauschaktion f, Lauschangriff m ‖ ~ **editing** (Cinema) / elektronischer Schnitt (sequentielles Überspielen von Szenen) ‖ ~ **editing** (Comp, Print) / elektronisches Redigieren ‖ ~ **editorial system** (Comp, Print) / elektronisches Redaktionssystem ‖ ~ **engineering**\* (Electronics) / Elektronik f ‖ ~ **engraving**\* (Print) /

**electronic**

elektronisch gesteuerte Gravierung, elektronisches Gravieren (nach DIN 16364) || **~ eraser** (Comp) / elektronischer Radiergummi || **~ field production*** (Cinema, TV) / Außenaufnahmen *f pl* (mit der Handkamera) || **~ filing** (Comp) / elektronische Ablage (als Vorgang) || **~ flash*** (Photog) / Röhrenblitz *m*, Elektronenblitz *m* || **~ flash lamp** (GB) (Electronics) / Lichtblitzentladungslampe *f* (eine Gasentladungslichtquelle) || **~ fuel-injection system** (Autos, I C Engs) / elektronisch gesteuerte Kraftstoffeinspritzung (als Anlage) || **~ funds transfer*** (system) (Comp) / elektronischer Zahlungsverkehr, elektronische Banküberweisung || **~ game** (Comp, Electronics, TV) / Videospiel *n* (das auf Konsolen abläuft), Videogame *n* || **~ ignition system** (I C Engs) / elektronisches Zündsystem, EZ-System *n* (elektronische Zündung)
**electronic-imaging system** (Comp) / elektronisches Bilddatenverarbeitungssystem, EBVS (elektronisches Bilddatenverarbeitungssystem), System *n* für elektronische Bildverarbeitung
**electronic in-house mail** (Comp) / elektronische Hauspost || **~ intelligence** (Electronics, Mil) / elektronische Aufklärung || **~ keying*** (Telecomm) / elektronisches Tasten || **~ mail*** (Comp, Telecomm) / elektronische Post (Sammelbezeichnung für schriftliche Nachrichtenübermittlung von Person zu Person bzw. von Büro zu Büro auf elektronischem Wege), E-Mail *f*, Electronic Mail *f*, Mail *f* (E-Mail) || **~ mailbox** (Comp, Telecomm) / elektronischer Briefkasten (bei Fernkopierern) || **~ mailbox** (Teleph) / elektronisches Postfach (Leistungsmerkmal bei Nebenstellenanlagen zum Empfang und zur Speicherung von Nachrichten in natürlicher Sprache) || **~ make-up terminal** (Comp) / elektronisches Umbruchterminal || **~ mall** (Comp) / Electronic Mall *f* (virtuelles Einkaufszentrum im Web, in dem man Waren und Dienstleistungen online einkaufen kann), elektronischer Marktplatz || **~ manuscript** (Comp, Electronics, Print) / elektronisches Manuskript (einer Publikation)
**electronic-map ignition system** (Autos) / Kennfeldzündung *f* (digitalgesteuerte Zündanlage)
**electronic media** (Electronics) / elektronische Medien, Non-Print-Medien *pl* || **~ money** (Comp) / Electronic Cash *n* (Oberbegriff für eine Reihe verschiedener Verfahren, die finanzielle Transaktionen bargeldlos mit Hilfe eines elektronischen Datenaustausches ermöglichen), Electronic Money *n*, Digital Money *n* || **~ music*** (Electronics) / elektronische Musik || **~ notebook** (Comp) / elektronisches Notizbuch || **~ office** (Comp) / papierloses Büro, elektronisches Büro || **~ orbital** (Nuc) / Elektronenorbital *n* || **~ organ** (Acous, Electronics) / E-Orgel *f*, Elektronenorgel *f* || **~ paintbrush** (Comp) / Farbpinsel *m* (ein Gestaltungselement bei Grafikprogrammen) || **~ paper** / elektronisches Papier, E-Papier *n* || **~ paramagnetism** (Mag) / Elektronenparamagnetismus *m* || **~ pencil** (Comp) / elektronischer Bleistift (ein Zeichenwerkzeug bei Grafikprogrammen) || **~ photoengraving** (Print) / elektronisch gesteuerte Gravierung, elektronisches Gravieren (nach DIN 16364) || **~ photoengraving machine** (Print) / elektronische Graviermaschine (für den Buchdruck: D Klischograph der Fa. Hell, GB Scan-a-Graver der Fa. Fairchild, Sw Elgrama der Elgrama AG, und F Luxography), elektronisches Graviergerät
**electronic-point-of-sale terminal** (Comp) / elektronisches Kassenterminal, Scannerkasse *f*
**electronic polarization** (polarization arising from the displacement of electrons with respect to the nuclei with which they are associated, upon application of an external electric field) (Elec, Electronics, Phys) / Elektronenpolarisation *f* || **~ power switch** (Electronics) / leistungselektronischer Schalter || **~ prepress** (Comp) / elektronische Druckvorstufe (elektronisches Publizieren) || **~ printing** (Comp, Print) / elektronisches Druckverfahren || **~ protection measure** (Mil, Radar) / elektronische Schutzmaßnahme, ELoSM || **~ publishing** (Comp, Print) / Electronic Publishing *n* (Herausgabe von Verlagserzeugnissen auf elektronischen Medien), elektronisches Publizieren || **~ rectifier** (Elec Eng, Electronics) / elektronischer Gleichrichter
**electronics** *n* (Electronics) / Elektronik *f* (als Lehrgebäude) || **~*** (Electronics) / Elektronik *f*
**electronic scanning** (of an antenna, by electronic or electric means without moving parts) (Radio) / elektronische Strahlschwenkung || **~ scrap** (Ecol, Electronics) / Elektronikschrott *m* (weiße Ware, braune Ware, Haushaltskleingeräte usw.) || **~ selector** (Teleph) / elektronische Wähleinrichtung
**electronics engineering** (Electronics) / Elektronik *f* || **~ for leisure** (Electronics) / Unterhaltungselektronik *f*
**electronic shopping** (over the Internet) (Comp, TV) / Homeshopping *n* (eine Vertriebsform), Teleshopping *n* (per Internet), Electronic Shopping *n* || **~ stability program** (Autos) / elektronisches Stabilitätsprogramm || **~ stencil** (Electronics) / Elektronikschablone *f* (zur Vervielfältigung) || **~ storage** (Comp) / elektronischer Speicher || **~ storefront** (Comp) / Storefront *f* (virtueller

"Ladeneingangsbereich" bei Electronic Malls) || **~ structure** (Nuc) / Elektronenkonfiguration *f* (Gesamtheit der in einem gegebenen Zustand der Atomhülle besetzten Einteilchenzustände) || **~ structure** (Nuc) / Elektronenaufbau *m* || **~ support measure** (Radar) / elektronische Unterstützungsmaßnahme || **~ telephone directory** (Teleph) / elektronisches Telefonbuch, ETB (elektronisches Telefonbuch) || **~ theory of valency*** (Chem) / Elektronentheorie *f* der Valenz || **~ timing machine** (Horol) / Zeitwaage *f* (zur Bestimmung des Ganges von mechanischen Uhren) || **~ transition** (a transition in which an electron moves from one orbital to another) (Nuc) / Elektronenübergang *m* || **~ tuning*** (Electronics) / elektronische Abstimmung || **~ video recording** (Electronics, TV) / EVR *n* (elektronische Speicherung der Fernsehsignale auf Film) || **~ viewfinder*** (Cinema) / Suchermonitor *m* (der Filmkamera), elektronischer Sucher || **~ voltmeter*** (Elec Eng) / elektronisches Voltmeter, Röhrenvoltmeter *n* || **~ warfare*** (Mil) / elektronische Kampfführung, EloK(a) *f* (elektronische Kampfführung)
**electronic-warfare aircraft** (Mil) / EloKa-Flugzeug *n* (ein mit Spezialelektronik ausgerüstetes Kampfflugzeug) || **~ equipment** (Mil) / Gerät *n* für elektronische Kampfführung, EloKa-Gerät *n*
**electronic work function** (Nuc) / Elektronenaustrittsarbeit *f*, Austrittsarbeit *f* (die Energie, die aufgebracht werden muss, um ein Elektron aus dem Innern eines Stoffes durch seine Oberfläche nach außen zu bringen)
**electronify** *v* (Electronics) / die Elektronik einführen, auf elektronische Arbeitsweise umstellen
**electron image** / Elektronenabbildung *f*, Elektronenbild *n* || **~ impact** (Electronics, Phys) / Elektronenstoß *m*
**electron-impact mass spectroscopy** (Spectr) / Massenspektrometrie *f* mit Elektronenstoßionenquelle
**electron-induced desorption** (Chem) / elektroneninduzierte Desorption (eine Oberflächenanalyse-Methode), EID (elektroneninduzierte Desorption)
**electron injection** (Electronics) / Elektroneneinschuss *m* || **~ ionization** (Nuc) / Elektronenionisation *f*
**electronization** *n* (Electronics) / Elektronisierung *f* (Einführung der Elektronik)
**electronize** *v* (Electronics) / die Elektronik einführen, auf elektronische Arbeitsweise umstellen
**electron jet** (Electronics) / Elektronenjet *m*, Elektronenstrahl *m* (meistens nicht gebündelt) || **~ jump** (Electronics) / Elektronensprung *m* || **~ lens*** (Electronics) / Elektronenlinse *f* (elektrische, magnetische, nach DIN 44 400) || **~ linac** (Nuc) / Elektronenlinearbeschleuniger *m*, Elektronenlinac *m* (linear angeordneter Beschleuniger zur Erzeugung hochenergetischer Elektronenstrahlen) || **~ linear accelerator** (Nuc) / Elektronenlinearbeschleuniger *m*, Elektronenlinac *m* (linear angeordneter Beschleuniger zur Erzeugung hochenergetischer Elektronenstrahlen) || **~ magnetic moment** (Nuc) / magnetisches Moment des Elektrons || **~ mass*** (Phys) / Elektronenmasse *f* (eine atomare Konstante) || **~ microprobe** (Electronics) / Elektronenmikrosonde *f* (Elektronenstrahlbündel im Nanometerbereich) || **~ microscope*** (Micros) / Elektronenmikroskop *n*, ELMI (Elektronenmikroskop) || **~ mirror*** (Electronics) / Elektronenspiegel *m* (DIN 44400) || **~ mobility*** (Electronics) / Elektronenbeweglichkeit *f* || **~ multiplier*** (Electronics) / Elektronenvervielfacher *m* || **~ neutrino** (a lepton) (Nuc) / Elektronneutrino *n*
**electron-nuclear double resonance** (Nuc, Spectr) / Elektron-Kern-Doppelresonanz *f*, ENDOR-Technik *f* (eine Doppelresonanzmethode)
**electron octet*** (Chem, Nuc) / Elektronenoktett *n* || **~ optics*** (the study of the refraction of electrons in electromagnetic fields) (Optics) / Elektronenoptik *f* || **~ orbit** (Nuc) / Elektronen(kreis)bahn *f* || **~ pair*** (Chem, Nuc) / Elektronenpaar *n* (zwei Elektronen entgegengesetzten Spins)
**electron-pair angle** (Nuc) / Winkel *m* zwischen zwei benachbarten Elektronenpaaren || **~ bond** (Chem) / kovalente Bindung, Atombindung *f*, unpolare Bindung, homöopolare Bindung, Austauschbindung *f*, Elektronenpaarbindung *f*
**electron•-pair theory of acids and bases** (Chem) / Säure-Base-Theorie *f* (Lewis, Brønsted und Bjerrum) || **~ paramagnetic resonance*** (Nuc, Spectr) / paramagnetische Elektronenresonanz, Elektronenspinresonanz *f*, ESR (Elektronenspinresonanz) || **~ path** (Nuc) / Elektronen(kreis)bahn *f*
**electron-phonon interaction** (Phys) / Elektron-Phonon-Wechselwirkung *f*, Elektron-Phonon-Kopplung *f*
**electron plasma** (Plasma Phys) / Elektronenplasma *n* || **~ polarization** (Nuc) / Elektronenpolarisation *f*
**electron-positron pair** (Nuc) / Elektron-Positron-Paar *n*, Elektronenzwilling *m* || **~ pair production** (Nuc) / Elektronenpaarerzeugung *f*

**electron probe analysis**\* (Spectr) / Elektronenstrahlmikroanalyse f, ESMA (Elektronenstrahlmikroanalyse), EMA (Elektronenstrahlmikroanalyse) ‖ ~ **probe microanalysis** (Spectr) / Elektronenstrahlmikroanalyse f, ESMA (Elektronenstrahlmikroanalyse), EMA (Elektronenstrahlmikroanalyse) ‖ ~ **probe X-ray analysis** (Spectr) / Elektronenstrahlmikroanalyse f, ESMA (Elektronenstrahlmikroanalyse), EMA (Elektronenstrahlmikroanalyse) ‖ ~ **promotion** (Phys) / Promotion f, Promovierung f (Übergang eines Elektrons aus dem Grundzustand in den Valenzzustand eines Atoms) ‖ ~ **pyrolysis** (Chem) / Elektronenbrennen n ‖ ~ **radiation** (Nuc) / Elektronenstrahlung f ‖ ~ **radius**\* (Nuc) / Elektron(en)radius m ‖ ~**-ray indicator tube** (Radio) / Abstimmanzeigeröhre f
**electron-ray indicator tube** (Radio) s. also display tube
**electron release** (Chem, Electronics, Nuc) / Elektronenabgabe f ‖ ~ **ring** (Nuc, Nuc Eng) / Elektronenring n ‖ ~ **runaway**\* (Electronics, Nuc) / Durchgehen n von Elektronen, Runaway n von Elektronen ‖ ~ **scanning**\* (Electronics) / Elektronenabtastung f ‖ ~ **semiconductor** (Electronics) / Elektronenhalbleiter m ‖ ~ **sextet** (Chem, Nuc) / Elektronensextett n ‖ ~ **sheath**\* (Electronics) / Elektronenansammlung f (an der Anode) ‖ ~ **sheath**\* (Electronics) s. also electron cloud ‖ ~ **shell**\* (Nuc) / Elektronenschale f ‖ ~ **shells** (one to seven) (Nuc) / Atomhülle f, Elektronenhülle f ‖ ~ **sink** (Nuc Eng) / Elektronensenke f ‖ ~ **source** (Electronics) / Elektronenquelle f ‖ ~ **spectroscopy** (Spectr) / Elektronenspektroskopie f ‖ ~ **spectroscopy for chemical application** (Spectr) / ESCA-Methode f (in der Fotoelektronenspektroskopie), Fotoelektronenspektroskopie f mit Röntgenstrahlanregung (mit der Bindungszustände analysiert werden können), Röntgen-Fotoelektronenspektroskopie f (mit weichen Röntgenstrahlen als Sonde), ESCA (eine Methode der Elektronenspektroskopie), XPS-Methode f (in der Elektronenspektroskopie) ‖ ~ **spin**\* (Nuc) / Elektronenspin m ‖ ~**-spin resonance**\* (Spectr) / paramagnetische Elektronenresonanz, Elektronenspinresonanz f, ESR (Elektronenspinresonanz) ‖ ~ **stopping power** (Nuc) / Elektronenbremsvermögen n, Bremsvermögen n für Elektronen ‖ ~ **synchrotron** (Nuc Eng) / Elektronensynchrotron n ‖ ~ **temperature** / Elektronentemperatur f ‖ ~ **trajectory** (the path of an electron) (Nuc) / Elektronen(kreis)bahn f ‖ ~ **transfer** (Nuc) / Elektronentransfer m, Elektronenübertragung f
**electron-transfer chain**\* (Biochem) / Atmungskette f (eine Folge von Reaktionen ), oxidative Phosphorylierung ‖ ~ **flavins** (Biochem) / elektronenübertragende Flavine ‖ ~ **reaction** (Chem) / Elektronenübertragungsreaktion f (nach der Marcus-Theorie)
**electron-transferring** adj / Elektronen übertragend
**electron transition** (Nuc) / Elektronenübergang m
**electron-transport chain**\* (Biochem) / Atmungskette f (eine Folge von Reaktionen ), oxidative Phosphorylierung ‖ ~ **particle** (Biochem) / Elektronentransportpartikel f
**electron trap**\* (Electronics) / Elektronenfalle f, Elektronenhaftstelle f ‖ ~ **tube** (US)\* (Electronics) / Elektronenröhre f (DIN 44400), Röhre f
**electron-tube tip** (Electronics) / Pumpspitze f zum Evakuieren einer Elektronenröhre
**electron velocity** (the rate of motion of an electron) (Electronics, Nuc) / Elektronengeschwindigkeit
**electronvolt**\* n (Nuc) / Elektronvolt n (die Energie, die ein Elektron beim Durchlaufen einer Potentialdifferenz von 1 Volt im leeren Raum gewinnt), eV (SI-fremde Einheit der Energie oder der Arbeit in der Atomphysik - DIN 1301-1)
**electron-wave tube** (Electronics) / Elektronenwellenröhre f
**electrooptic** adj (Optics) / elektrooptisch adj (Wandler, Kristall, Effekt)
**electrooptical** adj (Optics) / elektrooptisch adj (Wandler, Kristall, Effekt) ‖ ~ **birefringence** (Phys) / elektrooptischer Kerr-Effekt, elektrische Doppelbrechung ‖ ~ **effect** (Phys) / elektrooptischer Effekt (z.B. Stark-Effekt, Pockels-Effekt usw.) ‖ ~ **Kerr effect** (Phys) / elektrooptischer Kerr-Effekt, elektrische Doppelbrechung ‖ ~ **shutter** (Elec Eng) / Karolus-Zelle f (Lichtsteuerzelle nach A. Karolus, 1893-1972), Kerr-Zelle f, Polarisationsschalter m (unter Verwendung des elektrooptischen Kerr-Effekts)
**electrooptic modulator** / elektrooptischer Modulator (für Gütemodulation), elektrooptischer Schalter
**electrooptics** n (Optics) / Elektrooptik f (Erscheinungen, die durch Beeinflussung der optischen Eigenschaften von Festkörpern durch äußere elektrische Felder hervorgerufen werden)
**electrooptic transmitter** (Electronics) / elektrooptischer Umsetzer
**electroorganic synthesis** (Chem) / elektroorganische Synthese
**electro-osmosis**\* n (pl. electro-osmoses) (Chem, Phys) / Elektroosmose f (elektrokinetische Erscheinung), Elektroendosmose f
**electro-osmotic** adj (Chem, Phys) / elektroosmotisch adj ‖ ~ **flow** (Chem, Phys) / elektroosmotischer Fluss, EOF

**electropaint** n (Paint) / Elektrophoreseanstrichstoff m, Elektrotauchanstrichstoff m, ET-Anstrichstoff m (Elektrotauchanstrichstoff), Elektrotauchlack m (Kataphorese- oder Anaphoreselack)
**electropainting** n (Paint) / Elektrotauchlackierung f (mit wasserverdünnbaren Elektrotauchlacken), Elektrotauchen n, Elektrotauchbeschichtung f (von elektrisch leitfähigen Teilen), Elektrocoating n
**electroparting**\* n (Met) / elektrolytische Scheidung, elektrolytische Trennung
**electropercussive welding** (Welding) / Widerstandsstoßschweißen n
**electropherogram** n (Chem) / Pherogramm n ‖ ~ (Chem) / Elektropherogramm n (Resultat einer Trägerelektrophorese)
**electropherography** n (Chem) / Trägerelektrophorese f, Elektrophorese f auf Trägern, Elektropherografie f, Elektrochromatografie f
**electrophile** n (Chem) / elektrophiles Reagens, elektrophiles Agens, Elektrophil n
**electrophilic** adj (Chem) / elektrophil adj, elektronensuchend adj ‖ ~ **addition** (Chem) / elektrophile Addition
**electrophilicity** n (Chem) / Azidität f nach Lewis
**electrophilic reaction** (Chem) / elektrophile Reaktion ‖ ~ **reagent** (Chem) / elektrophiles Reagens, elektrophiles Agens, Elektrophil n ‖ ~ **substitution** (Chem) / elektrophile Substitution
**electrophonic music**\* (Electronics) / elektronische Musik
**electrophoresis**\* n (pl. -phoreses) (Chem, Phys) / Elektrophorese f (Kataphorese + Anaphorese)
**electrophoretic** adj (Chem, Phys) / elektrophoretisch adj ‖ ~ **coating** (Paint) / Elektrophoreseverfahren n, elektrophoretischer Farbauftrag, elektrophoretische Lackierung, elektrophoretische Beschichtung, Electro-Coating n (Oberflächenbeschichtung), Elektrobeschichtung f ‖ ~ **coating** s. also electro-dipcoat ‖ ~ **dip paint** (Paint) / Elektrophoreseanstrichstoff m, Elektrotauchanstrichstoff m, ET-Anstrichstoff m (Elektrotauchanstrichstoff), Elektrotauchlack m (Kataphorese- oder Anaphoreselack) ‖ ~ **effect** (Nuc) / elektrophoretischer Effekt (eine interionische Wechselwirkung) ‖ ~ **mobility** (Chem) / elektrophoretische Beweglichkeit ‖ ~ **painting** (Paint) / Elektrophoreseverfahren n, elektrophoretischer Farbauftrag, elektrophoretische Lackierung, elektrophoretische Beschichtung, Electro-Coating n (Oberflächenbeschichtung), Elektrobeschichtung f ‖ ~ **potential** (Chem) / elektrophoretisches Potential, Sedimentationspotential n, Dorn-Effekt m
**electrophorus**\* n (Elec Eng) / Elektrophor m (Anordnung zur "Erzeugung" von Elektrizität; die Scheibe eines Dielektrikums, die auf einer geerdeten, leitenden Platte liegt, wird durch Reiben aufgeladen)
**electrophosphorescence** n (Phys) / Elektrophosphoreszenz f
**electrophotographic** adj / elektrofotografisch adj ‖ ~ **printer** (the image is formed by a light source /laser, laser diode, CRT, LED, or other controlled light source/ which erases or discharges a static image charge on the photoconductor according to information being supplied through the input data stream) (Comp) / elektrofotografischer Drucker
**electrophotography** n / Elektrostatografie f, Elektrofotografie f (bei der eine fotoleitfähige Schicht elektrostatisch auf mehrere tausend Volt aufgeladen und dann mittels Projektions-, Kontakt- oder Reflexbelichtung bildmäßig exponiert wird), Elektrokopierverfahren n
**electrophotoluminescence** n (Light) / Gudden-Pohl-Effekt m, Elektrofotolumineszenz f
**electrophotophoresis** n (pl. -phoreses) (Phys) / Elektrofotophorese f
**electrophysics** n (Phys) / Elektrophysik f ‖ ~ s. also electrology
**electropicker** n (Autos, Tools) / Elektropicker m (Handgerät zum Öffnen abgeschlossener Autotüren ohne Schlüssel)
**electroplate** v (Surf) / galvanisieren v, elektrochemisch beschichten, galvanisch formen, elektroformen v, elektroplattieren v
**electroplated nickel silver** (Surf) / elektrochemisch hergestellte Neusilberschicht
**electroplating**\* n (Chem, Elec Eng, Surf) / elektrochemisches Beschichten, Elektroplattieren n (Herstellung der elektrochemischen Überzüge), Galvanisieren n, Galvanoformung f ‖ ~ (Print) / Galvanoplastik f (mit Galvano als Produkt), Elektrotypie f ‖ ~\* (Surf) / Galvanostegie f (Abscheidung von dünnen festhaftenden Metallschichten) ‖ ~ **bath** (Surf) / Galvanisierbad n (Elektrolyt), galvanisches Bad ‖ ~ **bath**\* (Surf) / Galvanisierbehälter m ‖ ~ **brightener** (Surf) / Glanznickelbadzusatz m ‖ ~ **of plastics** (Plastics, Surf) / Kunststoffgalvanisierung f ‖ ~ **plant** (Surf) / galvanischer Betrieb, Galvanisierbetrieb m, Galvanik f (Galvanisierbetrieb), Galvanisierwerkstatt f, galvanische Werkstatt, Galvanisieranstalt f, Galvanik f (Galvanisierraum) ‖ ~ **shop** (if small) (Surf) / galvanischer Betrieb, Galvanisierbetrieb m, Galvanik f

(Galvanisierbetrieb), Galvanisierwerkstatt f, galvanische Werkstatt, Galvanisieranstalt f, Galvanik f (Galvanisierraum)
**electropneumatic*** adj / elektropneumatisch adj || **~ brake*** / elektropneumatische Bremse || **~ contactor*** (Elec Eng) / Druckluftschütz n (mit Magnetsteuerung)
**electropneumatics** n / Elektropneumatik f
**electropolishing*** n (Eng) / elektrolytisches Glänzen, elektrochemisches Polieren, elektrolytisches Polieren (Erzeugung einer mikroskopisch glatten Metalloberfläche mit Hilfe elektrochemischer Verfahren), Elektropolieren n, anodisches Polieren
**electroporation*** n (a technique used in molecular biology and genetic engineering to encourage the uptake of DNA in recipient cells) (Biol, Gen) / Elektroporation f (zur Genübertragung bei Pflanzenzellen mit Hilfe von Stromimpulsen), Elektrotransformation f
**electropositive*** adj (for an atom, having a tendency to release valence electrons; also a term to describe metallic elements) (Chem, Elec) / elektropositiv adj
**electroradiography** n (Crystal, Radiol) / Ionografie f, Elektroradiografie f
**electroreducible** adj (Chem) / elektrisch reduzierbar
**electrorefining*** n (Met) / elektrolytische Raffination (Reinigung von Rohmetallen durch Elektrolyse)
**electroreflexion** n (Phys) / Elektroreflexion f (Änderung des Reflexionsvermögens eines Festkörpers durch ein äußeres elektrisches Feld)
**electrorheological fluid** (a colloidal suspension of finely divided particles in a carrier fluid, usually an insulating oil, whose rheological properties are changed through an increase in resistance when an electric field is applied) (Chem, Phys) / elektrorheologische Flüssigkeit
**electroscope*** n (Elec Eng) / Elektroskop n, Blättchenelektroskop n (Nachweisgerät für elektrische Ladungen)
**electrosensitive printer** (Comp) / elektrosensitiver Drucker (ein Sofortdrucker) || **~ printer** (Comp) / Metallpapierdrucker m || **~ recording** / elektrosensitive Aufzeichnung (z.B. bei Fernkopierern)
**electrosherardizing** n (Met, Surf) / Sherardisieren n in einem Elektroofen
**electroslag refining** (Met) / ESU-Verfahren n, Elektro-Schlacke-Umschmelzverfahren n (zur Qualitätsverbesserung und zum Reinigen von Stahl) || **~ remelting process** (Met) / ESU-Verfahren n, Elektro-Schlacke-Umschmelzverfahren n (zur Qualitätsverbesserung und zum Reinigen von Stahl) || **~ welding** (Welding) / Elektro-Schlacke-Schweißen n (die Werkstückkanten werden in einem elektrisch leitenden Schlackenbad erwärmt), ES-Schweißen n
**electrosmog** n (Ecol, Elec Eng) / Elektrosmog m (elektromagnetische Strahlung, die von Hochspannungsleitungen, Fernseh-, Radar- und Mikrowellen sowie auch von elektrischen Haushaltsgeräten ausgeht)
**electrosmosis** n (pl. -oses) (Chem, Phys) / Elektroosmose f (elektrokinetische Erscheinung), Elektroendosmose f
**electrosonic music*** (Electronics) / elektronische Musik
**electrospray ionization** (Spectr) / Elektrosprayionisation f, ESI (Elektrosprayionisation)
**electrostatic** adj (Elec) / elektrostatisch adj || **~ accelerator*** (Nuc Eng) / elektrostatischer Beschleuniger || **~ atomizer** (Paint) / elektrostatische Sprühpistole || **~ bond[ing]*** (Chem) / elektrovalente Bindung, Ionenbindung f (eine Art der chemischen Bindung), heteropolare Bindung, elektrostatische Bindung, polare Bindung || **~ charge*** (Elec, Print) / elektrostatische Aufladung || **~ collector** (Ecol) / Elektrofilter n (eine Gasreinigungsanlage), Elektroabscheider m || **~ copying** (Print) / elektrostatischer Druck, elektrostatisches Druckverfahren, elektrostatischer Siebdruck || **~ deflection*** (Electronics) / elektrostatische Ablenkung || **~ detearing** (Paint) / elektrostatisches Tropfenabziehen || **~ discharge** (a large electrical potential moving from one surface or substance to another) (Elec) / elektrostatische Entladung, Entladung f statischer Elektrizität || **~ enamelling** / elektrostatisches Emaillieren (Auftragen von Emailleschlicker mit Hilfe einer elektrostatischen Versprüheinrichtung) || **~ feedback** (Elec Eng) / kapazitive Rückkopplung || **~ field*** (Elec Eng) / elektrostatisches Feld || **~ filter** (Ecol) / Elektrofilter n (eine Gasreinigungsanlage), Elektroabscheider m || **~ force** (the force that exists between static charges) (Elec) / elektrostatische Kraft || **~ force** (Elec) s. also coulomb force || **~ gas purification** / elektrostatische Gasreinigung || **~ generator** (Elec) / Influenzmaschine f (eine Elektrisiermaschine) || **~ generator*** / elektrostatischer Generator (ein Bandgenerator oder eine Elektrisiermaschine) || **~ generator*** (e.g. the Wimshurst machine) (Elec) / Elektrisiermaschine f (Reibungs- oder Influenz-) || **~ induction*** (Elec) / Influenz f, elektrostatische Induktion, elektrische Influenz (Trennung und Verteilung

elektrischer Ladungen in einem Leiter unter dem Einfluss eines elektrischen Feldes) || **~ instrument*** (Elec Eng) / elektrostatisches Instrument (Messinstrument) || **~ lens*** (Electronics) / elektrostatische Linse (der Elektronenkanone) || **~ loudspeaker*** (Acous) / elektrostatischer Lautsprecher, Kondensatorlautsprecher m || **~ machine*** (Elec Eng) / elektrostatischer Generator (ein Bandgenerator oder eine Elektrisiermaschine) || **~ memory*** (Comp) / elektrostatischer Speicher (eine veraltete Speicherkonstruktion) || **~ microphone*** (Acous) / Kondensatormikrofon n, elektrostatisches Mikrofon, C-Mikrofon n || **~ painting** (Paint) / elektrostatische Lackierung (Sammelbezeichnung für Beschichtungsverfahren, bei denen der elektrostatisch aufgeladene, zerstäubte Beschichtungsstoff durch ein Gleichstrom-Hochspannungsfeld vom Zerstäuber zum geerdeten Werkstück bewegt wird) || **~ powder coating** (process) (Paint) / elektrostatische Pulverlackierung, elektrostatische Pulverbeschichtung, elektrostatisches Pulversprühen, EPS, EPC-Verfahren n || **~ precipitator** (Ecol) / Elektrofilter n (eine Gasreinigungsanlage), Elektroabscheider m
**electrostatic-precipitator ash** / Elektrofilterasche f, EFA (Elektrofilterasche)
**electrostatic printer** (Comp) / elektrostatischer Drucker || **~ printing** (Print) / filmloser Offsetdruck, Direktplattendruck m (filmlos) || **~ printing*** (Print) / elektrostatischer Druck, elektrostatisches Druckverfahren, elektrostatischer Siebdruck || **~ relay** (Elec Eng) / elektrostatisches Relais || **~ repulsion** (Paint, Phys) / elektrostatische Abstoßung || **~ rocket engine** (Space) / elektrostatisches Raketentriebwerk, Ionentriebwerk n
**electrostatics*** n (Elec) / Elektrostatik f
**electrostatic screen** (Elec) / Faraday'scher Käfig (zur Abschirmung elektrostatischer Felder), Faraday-Käfig m || **~ spray gun** (Paint) / elektrostatische Spritzpistole || **~ spraying*** (Paint) / elektrostatisches Spritzen (Werkstücke und der Anstrichstoff werden gegenpolig elektrisch aufgeladen), elektrostatisches Sprühen || **~ storage*** (Comp) / elektrostatischer Speicher (eine veraltete Speicherkonstruktion) || **~ unit** / elektrostatische Einheit (in dem alten elektrostatischen CGS-System), esE (elektrostatische Einheit) || **~ voltmeter*** (Elec Eng) / elektrostatisches Voltmeter
**electrostatography** n / Elektrostatografie f, Elektrofotografie f (bei der eine fotoleitfähige Schicht elektrostatisch auf mehrere tausend Volt aufgeladen und dann mittels Projektions-, Kontakt- oder Reflexbelichtung bildmäßig exponiert wird), Elektrokopierverfahren n
**electrostriction*** n (Elec, Elec Eng) / Elektrostriktion f (die der Piezoelektrizität reziproke Erscheinung) || **~ transducer** (Electronics) / piezoelektrischer Messgrößenwandler
**electrostrictive** adj (Elec Eng) / elektrostriktiv adj
**electrosyntonic switch*** (Elec Eng) / tonfrequenzgesteuerter Schalter
**electrotechnic** adj (Elec Eng) / elektrotechnisch adj
**electrotechnical** adj (Elec Eng) / elektrotechnisch adj
**electrotechnology** n (Elec Eng) / Elektrotechnik f (derjenige Zweig der Technik, der sich mit Erzeugung, Verteilung und Anwendung der Elektrizität und mit der Herstellung der dafür erforderlichen Maschinen und Geräte befasst), E-Technik f (Elektrotechnik)
**electrotherapeutics*** n (Med) / Elektrotherapie f (ein Teil der Elektromedizin)
**electrotherapy*** n (Med) / Elektrotherapie f (ein Teil der Elektromedizin)
**electrothermal** adj (Elec Eng) / elektrothermisch adj, Elektrowärme- || **~ atomization** (Spectr) / elektrothermische Atomisierung || **~ process** (Met) / elektrothermisches Verfahren, Elektrothermie f (Erhitzen von Stoffen mittels elektrischen Stromes) || **~ rocket engine** (Space) / elektrothermisches Raketentriebwerk
**electrothermic*** adj / elektrothermisch adj, Elektrowärme-
**electrothermics** n (Elec) / Elektrowärmelehre f, Elektrothermie f (als wissenschaftliche Disziplin
**electrothermoluminescence*** n (Phys) / Elektrothermolumineszenz f (Anregung meistens durch Elektronenstoß)
**electrotin** v (Surf) / elektrochemisch verzinnen, galvanisch verzinnen
**electrotransfection** n (Biol, Gen) / Elektroporation f (zur Genübertragung bei Pflanzenzellen mit Hilfe von Stromimpulsen), Elektrotransformation f
**electrotransformation** n (Biol, Gen) / Elektroporation f (zur Genübertragung bei Pflanzenzellen mit Hilfe von Stromimpulsen), Elektrotransformation f
**electrotype*** n (Print) / Galvano n
**electrotyping** n (Print) / Galvanoplastik f (mit Galvano als Produkt), Elektrotypie f
**electro-upsetting machine** (Eng, Met) / Elektrostauchmaschine f (Umformmaschine zum Stauchen von Stahlstäben)
**electrovalence*** n (Chem) / elektrovalente Bindung, Ionenbindung f (eine Art der chemischen Bindung), heteropolare Bindung, elektrostatische Bindung, polare Bindung

**electrovalency** *n* (Chem) / elektrovalente Bindung, Ionenbindung *f* (eine Art der chemischen Bindung), heteropolare Bindung, elektrostatische Bindung, polare Bindung
**electrovalent bond** (Chem) / elektrovalente Bindung, Ionenbindung *f* (eine Art der chemischen Bindung), heteropolare Bindung, elektrostatische Bindung, polare Bindung ‖ ~ **crystal** (Crystal) / Ionenkristall *m* (Kristall mit Ionengitter)
**electrovalve** *n* (Autos, Elec Eng) / Elektroventil *n*, elektromagnetisches Ventil, Magnetventil *n*
**electroviscous** *adj* / elektroviskos *adj*
**electroweak** *adj* (Nuc) / elektroschwach *adj* (Eichfeldtheorie, Effekt, Wechselwirkung) ‖ ~ **interaction** (electromagnetic + weak interaction) (Nuc) / elektroschwache Wechselwirkung ‖ ~ **theory** (a unified theory for the electromagnetic and weak interactions) (Nuc) / Glashow-Salam-Weinberg-Theorie *f* der elektroschwachen Wechselwirkung, elektroschwache Theorie
**electrowinning**\* *n* (Elec Eng, Met) / Gewinnung *f* von Metallen durch Elektrolyse (ein Teil der Elektrometallurgie), elektrolytische Extraktion ‖ ~\* (Elec Eng, Met) s. also electrometallurgy
**electrum**\* *n* (a natural alloy of gold and silver, ranging from pale to deep yellow) / Elektrum *n* (natürliche Gold-Silber-Legierung) ‖ ~\* (Met) / eine Neusilber-Legierung (52% Cu, 26% Ni und 22% Zn)
**electuary**\* *n* (Pharm) / Electuarium *n*, Latwerge *f*
**ELED** (edge-emitting LED) (Electronics) / Randemitter-LED *f*, Kantenemitterlumineszenzdiode *f*, Kantenemitter-LED *f*
**eledoisin** *n* (Biochem) / Eledoisin *n* (ein Tachykinin), ELE (Eledoisin)
**elegant** *adj* / formschön *adj*, gut proportioniert ‖ ~ / geschmackvoll *adj*, elegant *adj* ‖ ~ **pine weevil** (Carp, For) / Großer Brauner Rüsselkäfer, Fichtenrüsselkäfer *m* (Hylobius abietis L.)
**Elektron alloy**\* (Met) / Elektron *n* (eine Magnesiumlegierung)
**elemene** *n* (Chem) / Elemen *n* (ein Sesquiterpen aus Elemi, Java-Zitronellöl usw.)
**element** *n* (of the invention) / Merkmal *n* (der Erfindung) ‖ ~ (component part) (Build, Elec Eng, Electronics) / Einzelteil *n*, Bauteil *n*, Bauelement *n* ‖ ~\* (Chem) / Element *n*, Grundstoff *m* ‖ ~\* (Comp) / Element *n* (logisches) ‖ ~ (Comp) / Grundelement *n*, Element *n* (der grafischen Darstellung) ‖ ~ (Elec Eng) / Plattenblock *m* (Einheit aus positivem und negativem Plattensatz einer Zelle) ‖ ~\* (Elec Eng) / Heizkörper *m*, Heizelement *n* (des Elektroherdes) ‖ ~\* (Maths) / Element *n* (einer Matrix) ‖ ~ (Maths) / Element *n* (einer Menge) ‖ ~\* (Optics) / Objektivglied *n*, Einzellinse *f* (in einem Objektiv), Glied *n* (eines Objektivs), Teil *m* (eines Objektivs) ‖ ~ (Work Study) / Teilvorgang *m* ‖ ~ (Work Study) / Element *n* (eines Arbeitsganges) ‖ **be an** ~ *of* (Maths) / Element sein (von)
**elemental** *adj* / Elementar-, elementar *adj* ‖ ~ (Min) / gediegen *adj* (mit Elementen im freien, ungebundenen Zustand) ‖ ~ **analysis**\* (Chem) / Elementaranalyse *f* (Verfahren zur Ermittlung der Gewichtsprozente chemischer Elemente in einer organischen Verbindung)
**elemental-chlorine free** (Paper) / elementarchlorfrei *adj* (gebleichter Kraftzellstoff)
**elemental operation** (Work Study) / Teilvorgang *m* ‖ ~ **semiconductor** (Electronics) / Elementhalbleiter *m* ‖ ~ **sulphur** (Chem) / elementarer Schwefel
**elementary** *adj* / Elementar-, elementar *adj* ‖ ~ **charge** (Elec) / elektrische Elementarladung ‖ ~ **charge** (Nuc) / Elementarquantum *n*, Elektronenladung *f*, Elementarladung *f* (im Allgemeinen) ‖ ~ **colour**\* (Light) / Grundfarbe *f* (DIN 16 508), Primärfarbe *f* ‖ ~ **counter** (Electronics) / T-Flipflop *n* (mit nur einer einzigen Eingangsvariablen - bei Anliegen eines H-Signals) ‖ ~ **diagram** (Elec Eng) / Schaltschema *n*, Prinzipschaltbild *n*, Prinzipskizze *f* ‖ ~ **dipole** (e.g. Hertzian) / elementarer Dipol (DIN 1324, T 3) ‖ ~ **event** (Stats) / Elementarereignis *n* (Grundbegriff der Wahrscheinlichkeitstheorie) ‖ ~ **excitation** (Phys) / elementare Anregung, Elementaranregung *f* (in der Festkörperphysik) ‖ ~ **fibre** (Textiles) / Elementarfaser *f* (bei Bastfasern die isolierte einzelne Zelle des Bastfaserbündels) ‖ ~ **filter** (Maths) / Elementarfilter *n* ‖ ~ **function** (Maths) / elementare Funktion (deren Funktionsgleichung durch einen geschlossenen analytischen Ausdruck dargestellt werden kann - rationale, transzendente und Wurzelfunktionen) ‖ ~ **geometry** (Maths) / Elementargeometrie *f* ‖ ~ **magnet** (Mag) / Elementarmagnet *m* ‖ ~ **mathematics** (Maths) / Elementarmathematik *f* (als Gegensatz zur höheren Mathematik) ‖ ~ **number theory** (Maths) / elementare Zahlentheorie *f* ‖ ~ **operation** (in microprogramming the smallest elementary machine operation) (Comp) / Elementaroperation *f*, Verknüpfungsoperation *f* ‖ ~ **particle**\* (Nuc) / Elementarteilchen *n*
**elementary-particle physics** (Nuc) / Hochenergiephysik *f* (Physik der Elementarteilchen)
**elementary process** (Chem, Nuc) / Elementarprozess *m* (Wechselwirkung einzelner Teilchen in definierten Anregungszuständen) ‖ ~ **reaction** (Chem) / Elementarreaktion *f* (die in einem Schritt, d.h. ohne Bildung von Zwischenprodukten abläuft) ‖ ~ **relation** (Comp) / elementare Beziehung (kleinstes informationstragendes Element eines Informationsbereichs) ‖ ~ **relationship** (Comp) / elementare Beziehung (kleinstes informationstragendes Element eines Informationsbereichs) ‖ ~ **surface** (Maths) / Flächenelement *n* ‖ ~ **unit** (Stats) / Elementarereignis *n* (Grundbegriff der Wahrscheinlichkeitstheorie) ‖ ~ **wave** (Crystal) / Huygens'sche Elementarwelle (sekundäre Kugelwelle bei der Beugung am Spalt), Elementarwelle *f*
**element capacitance** (Elec Eng) / Teilkapazität *f*
**element-carrier**\* *n* (Ceramics, Elec Eng) / Heizkörperträger *m*
**element•-former**\* *n* (Ceramics, Elec Eng) / Heizkörperträger *m* ‖ ~ **of length** (Maths) / Bogenelement *n* (das Differential der Bogenlänge einer Kurve), Linienelement *n*, Bogendifferential *n* ‖ ~ **of reserve** (Stats) / Reserveelement *n* (in der Zuverlässigkeitstheorie - heiße, warme, kalte Reserve)
**element-organic compound** (Chem) / elementorganische Verbindung (in der ein Kohlenstoffatom bzw. mehrere Kohlenstoffatome mit einem Fremdatom verknüpft sind), Organoelementverbindung
**elements of an orbit**\* (Astron) / Bahnelemente *n pl* (wie z.B. die große Halbachse, die numerische Exzentrizität, Länge des aufsteigenden Knotens usw.)
**element-specific** *adj* (Chem) / elementspezifisch *adj*
**elemi** *n* / Elemiharz *n*, Elemi *n* (Sammelname für natürliche Harze der tropischen Balsambaumgewächse)
**elephant grass** (Bot) / Elefantengras *n*, Mariankagras *n* (Pennisetum purpureum Schum.)
**Elephantide pressboard**\* (Elec Eng) / Pressspan *m* mit hohem Gehalt an Baumwolle
**elephant's trunk** (Civ Eng) / Schlammpumpe *f* (Schluffpumpe), Schluffpumpe *f*
**elephant trunk** (Build) / Schlauch *m* (von Hand geführter am Ende der Rohrleitung bei Betonpumpen)
**eleuthera bark** (Pharm) / Cascarillarinde *f*, Kaskarillarinde *f* (aus dem Kaskarillabaum - Croton eluteria oder cascarilla Benn.)
**elevate** *v* / steigern *v* (Temperatur), erhöhen *v*
**elevated** *n* (railroad) (US) (Rail) / Hochbahn *f* (in Großstädten angelegte Schnellbahn, die oberhalb des Straßennetzes auf einem eigenen Bahnkörper verkehrt) ‖ ~ **antenna** (Radio) / Hochantenne *f* (z.B. auf dem Hausdach) ‖ ~ **bridge** (Civ Eng) / Hochbrücke *f* ‖ ~ **flare** / Hochfackel *f* (beim Abfackeln) ‖ ~ **highway** (Civ Eng) / Hochstraße *f* ‖ ~ **light** (Aero) / Überflurfeuer *n* ‖ ~ **position of the motor** (Elec Eng) / Motorerhöhung *f* (bei Fahrmotoren elektrischer Triebfahrzeuge) ‖ ~ **railway** (Rail) / Hochbahn *f* (in Großstädten angelegte Schnellbahn, die oberhalb des Straßennetzes auf einem eigenen Bahnkörper verkehrt) ‖ ~ **rapid** (municipal) **railway** (Rail) / Schnellbahn *f* (Oberbegriff für Schienenbahnen auf eigenem Bahnkörper im öffentlichen Personennahverkehr von Großstädten und Ballungsräumen) ‖ ~ **reservoir** (Elec Eng, Hyd Eng) / Oberbecken *n* (des Pumpspeicherwerkes), oberes Speicherbecken (des Pumpspeicherwerkes) ‖ ~ **steel road** (Civ Eng) / Stahlhochstraße *f* (eine typisierte Stahlbrücke) ‖ ~ **storage reservoir** / Hochbehälter *m* ‖ ~ **tank** / Hochbehälter *m* ‖ ~ **temperature** (Phys) / erhöhte Temperatur
**elevated-temperature age hardening** (Met) / Warmauslagerung *f*, Warmauslagern *n* (von Eisenwerkstoffen nach DIN 17014, T 1)
**elevated-temperature strength** (US) (Materials, Met) / Warmfestigkeit *f* (des Stahls)
**elevated-temperature test** (Materials, Met) / Warmversuch *m*
**elevated throat** (Glass) / erhöhter Durchlass
**elevating grader** (Civ Eng) / Schürflader *m* ‖ ~ **grader** (Civ Eng) / Förderlader *m*, Elevating Grader *m* ‖ ~ (articulated) **platform** (Eng) / Hebekanzel *f*, Hebebühne *f* (ortsfest oder verfahrbar), Gelenkbühne *f*, Gelenkmast *m*, Steiger *m*, Hubarbeitsbühne *f*, Gelenksteiger *m*, Hubsteiger *m*
**elevating-platform truck** / Hochhubwagen *m* mit Plattform
**elevating scraper** (Civ Eng) / Selbstladeschürfzug *m*, Elevatorschürfzug *m* ‖ ~ **screw** (Eng) / Hubspindel *f* (zum Verstellen des Querbalkens der Hobel- und Stoßmaschine)
**elevation** *n* (north ~) (Arch, Build) / Ansicht *f* (von Norden) ‖ ~\* (Eng) / Riss *m* (entweder Seiten- oder Aufriss) ‖ ~ (Eng, Tools) / Heben *n*, Emporheben *n*, Aufheben *n* ‖ ~ (Geog) / Bodenerhebung *f* (Meereshöhe) ‖ ~ (Radar) / Elevation *f* ‖ ~\* (Surv) / Höhe *f* (lotrechter Abstand von einem Höhenbezugspunkt - sehr oft Ortshöhe über dem Meer) ‖ ~ **alignment** (Radar) / Elevationsausrichtung *f* ‖ ~ **angle** (Radar) / Elevationswinkel *m* (bezogen auf die Horizontebene), Höhenwinkel *m* (des Zieles) ‖ ~ **correction** / Höhenkorrektur *f*, Korrektur *f* auf das Höhen-Bezugsniveau ‖ ~ **difference** (Surv) / Höhenunterschied *m* ‖ ~ **head** (Eng) / Druckhöhe *f* (Pumpe) ‖ ~ **head** (Phys) / Ortshöhe *f* (in der Bernoulli'schen Gleichung für stationäre inkompressible Strömung) ‖ ~ **of boiling point**\* (Chem, Phys) / Siedepunktserhöhung

**elevation**

*f* ‖ ~ **rod** (Elec Eng) / Metallstange *f* (als Auffangeinrichtung der Blitzschutzanlage) ‖ ~ **scanning** (Radar) / Elevationsabsuchen *n*

**elevator*** *n* (Aero) / Höhenruder *n* ‖ ~ (US) (Agric) / Kornspeicher *m*, Getreidesilo *m n*, Getreidespeicher *m*, Kornsilo *m n* ‖ ~* (Eng) / Senkrechtförderer *m*, Höhenförderer *m*, Elevator *m* (Senkrechtförderer) ‖ ~ (US)* (Eng) / Aufzug *m*, Lift *m* ‖ ~* (Eng) / Hebewerk *n* ‖ ~ (Typog) / Elevator *m* (einer alten Zeilensetzmaschine) ‖ ~ **bolt** (Eng) / Tellerschraube *f* mit Nasen (DIN ISO 1891) ‖ ~ **car** (US) (Eng) / Aufzugskabine *f*, Fahrstuhl *m* ‖ ~ **chain** (Agric) / Siebkette *f* (eines Siebkettenroders) ‖ ~ **chain*** (Eng) / Elevatorkette *f* ‖ ~ **digger** (Agric) / Siebkettenroder *m* (eine Kartoffelerntemaschine) ‖ ~ **dredger** (a dredger equipped with a bucket ladder in which the buckets dig the underwater material as well as lifting it) (Civ Eng, Hyd Eng) / Eimerkettennassbagger *m*, Eimerkettenschwimmbagger *m* ‖ ~ **hinge** (Aero) / Höhenruderscharnier *n* ‖ ~ **landing** (US) (Eng) / Aufzughaltestelle *f* ‖ ~ **lock** (Eng) / Aufzugschloss *n* ‖ ~ **operator** (US) / Fahrstuhlführer *m* ‖ ~ **tripod** (Cinema, Photog) / Kurbelstativ *n*

**elevon*** *n* (Aero) / kombiniertes Höhen- und Querruder, Elevon *n* (Klappenruder an Flugzeugen, das die Funktionen von Quer- und Höhenruder vereint), Höhenquerruder *n*

**elex** *n* (Electronics) / Elektronik *f*

**Eley-Rideal mechanism** (Chem) / Eley-Rideal-Mechanismus *m* (der heterogenen Katalyse)

**elfin forest*** (For) / Krummholz *n*, Knieholz *n*

**elfinwood** *n* (For) / Krummholz *n*, Knieholz *n*

**elicitor** *n* (a substance which induce formation of phytoalexins in plant tissue) (Biochem) / Elicitor *m*

**eligible area** (Comp) / markierter Bereich (DIN 66254)

**eliminant** *n* (Maths) / Resultante *f* (bei zwei Polynomen)

**eliminate** *v* / aufheben *v* (Wirkung) ‖ ~ / beseitigen *v* (einen Fehler) ‖ ~ / entfernen *v*, beseitigen *v* ‖ ~ (interference) (Elec Eng) / entstören *v* ‖ ~ (Heat) / abführen *v* (Wärme)

**elimination** *n* / Entfernen *n*, Entfernung *f* (Beseitigung), Beseitigung *f* ‖ ~* (Chem) / Eliminierung *f*, Eliminierungsreaktion *f* (z.B. Dehydrierung), Elimination *f* ‖ ~ (Chem, Phys) / Ausscheidung *f* ‖ ~ (Gen) / Ausschaltung *f* (nachteiliger Gene) ‖ ~ **filter*** (Radio, Telecomm) / Bandsperre *f* (Gegensatz zu Bandpass), Bandsperrfilter *n*, BS (Bandsperre) ‖ ~ **reaction** (Chem) / Eliminierung *f*, Eliminierungsreaktion *f* (z.B. Dehydrierung), Elimination *f*

**E limit** (Maths) / E-Limes *n* (nach dem E-Verfahren)

**ELINT** (electronic intelligence) (Electronics, Mil) / elektronische Aufklärung

**Elinvar*** *n* (Met) / Elinvar *n* (thermoelastisch stabile Fe-Legierung mit etwa 36% Ni und 12% Cr)

**ELISA*** *n* (enzyme-linked immunosorbent assay) (Biochem) / ELISA (Festphasentechnik des Enzymimmunoassays)

**elixir*** *n* (Pharm) / Elixier *n* (weingeistige oder weinige Tinktur mit Zusätzen von Zucker, Extrakten, etherischen Ölen usw.)

**elk-finished cowhide** (Leather) / Elkleder *n* (Chrom-Aluminium-gegerbte Rindshaut)

**elk leather** (Leather) / Elkleder *n* (Chrom-Aluminium-gegerbte Rindshaut) ‖ ~ **test** (Autos) / Elchtest *m* (Sicherheitstest, bei dem das Fahrverhalten eines Autos bei ungebremsten Ausweichmanövern getestet wird), Elk-Ausweichtest *m*

**ell*** *n* (Eng, Plumb) / L-Stück *n*, Winkelstück *n* (ein Ansatzrohr), Winkelrohr *n*, Winkelstutzen *m*

**ellagic acid** (Chem, Nut, Pharm) / Ellagsäure *f* (auch als Antioxidans und Geschmacksstoff)

**ellagitannin** *n* (Chem, Leather) / blumebildender (hydrolysierbarer) Gerbstoff (z.B. Myrobalanen)

**ell-beam** *n* (Build) / L-förmiger Balken

**Elliott axle** (Autos) / Gabelachse *f* (eine Starrachsbauart) ‖ ~ **tester** (Chem) / Elliott-Flammpunktprüfer *m*

**ellipse*** *n* (Maths) / Ellipse *f* (einer der Kegelschnitte) ‖ ~ **of inertia** (Mech) / Trägheitsellipse *f* (zweidimensionale Methode zur Darstellung der Trägheitsradien für ein gedrehtes Koordinatensystem) ‖ ~ **of stress** (Mech) / Spannungsellipse *f*

**ellipsis** *n* (pl. ellipses) (AI) / Ellipse *f* (situations- oder kontextbedingt verkürzter Satz)

**ellipsograph** *n* (Maths) / Ellipsenzirkel *m* (zur Konstruktion einer Ellipse), Ellipsograf *m*, Ellipsenzeichner *m*

**ellipsoid*** *n* (Maths) / Ellipsoid *n* (geschlossene Fläche zweiter Ordnung)

**ellipsoidal** *adj* (Maths) / ellipsoidisch *adj*, ellipsenähnlich *adj* ‖ ~ **cooling tower** / Ellipsoidkühlturm *m* ‖ ~ **floodlight** (Cinema, Photog) / Oberlicht *n* (ein sphärischer, schalenförmiger Scheinwerfer mit einer einzigen Lampe - ohne vorgesetzte Linsen) ‖ ~ **headlight** (Autos) / Ellipsoidscheinwerfer *m* ‖ ~ **lava** (Geol) / Pillowlava *f*, Kissenlava *f* (wulst- bis kissenartige Struktur mit Durchmessern bis etwa 1 m)

**ellipsoid of revolution** (Maths) / Rotationsellipsoid *n* ‖ ~ **of wave normals** (Crystal) / Normalenellipsoid *n* (in der Kristalloptik), Fletcher'sche Indikatrix (nach Sir L. Fletcher, 1854 - 1921), Cauchy'sches Polarisationsellipsoid (eine einschalige Hilfsfläche), Indexellipsoid *n*, Indikatrix *f*, optische Indexfläche

**ellipsometer** *n* (Optics) / Polarimeter *n* zur Bestimmung elliptisch polarisierten Lichtes

**ellipsometry** *n* (Eng) / Ellipsometrie *f* (optische Methode zur Untersuchung von Oberflächen) ‖ ~ (Optics) / Ellipsometrie *f* (die Bestimmung des Polarisationszustandes von reflektiertem Licht) ‖ ~ (Surf) / Ellipsometrie *f* (Messung der Dicke dünner Filme, hauptsächlich zu Korrosionsuntersuchungen)

**elliptic** *adj* (Maths) / elliptisch *adj*

**elliptical** *adj* (Maths) / elliptisch *adj* ‖ ~ **galaxy*** (Astron) / elliptische Galaxie (deren optisches Erscheinungsbild einer mehr oder weniger langgestreckten Ellipse ähnelt, im Grenzfall auch Kugelgestalt zeigt)

**elliptically polarized** (Light, Phys) / elliptisch polarisiert (DIN 5483, T 3) ‖ ~ **polarized wave** (Optics) / elliptisch polarisierte Welle

**elliptical orbit*** (Space) / elliptische Bahn, Ellipsenbahn *f* ‖ ~ **plate** (Build, Mech) / elliptische Platte ‖ ~ **point*** (Maths) / elliptischer Punkt (bei Krümmungen) ‖ ~ **polarization*** (Phys) / elliptische Polarisation ‖ ~ **wing** (Aero) / Ellipsenflügel *m*

**elliptic compass** (Maths) / Ellipsenzirkel *m* (zur Konstruktion einer Ellipse), Ellipsograf *m*, Ellipsenzeichner *m* ‖ ~ **coordinates** (Maths) / elliptische Koordinaten ‖ ~ **curve cryptography** (Comp) / ECC-Methode *f* (der Kryptografie) ‖ ~ **cylinder** (Maths) / elliptischer Zylinder ‖ ~ **differential equation** (Maths) / elliptische Differentialgleichung, elliptischer Typus der partiellen Differentialgleichung ‖ ~ **function*** (Maths) / elliptische Funktion (eine meromorphe Funktion, die doppeltperiodisch ist) ‖ ~ **gear** (Eng) / elliptische Zahnräder (eine Verzahnungsgeometrie) ‖ ~ **geometry*** (Maths) / elliptische Geometrie (eine nichteuklidische Geometrie)

**ellipticine** *n* (Chem) / Ellipticin *n* (ein Alkaloid aus Hahnenfuß- und Immergrüngewächsen), Ellipticin *n*

**elliptic integral*** (of the first, second and third kind) (Maths) / elliptisches Integral

**ellipticity** *n* (Astron) / Elliptizität *f* (Unterschied zwischen dem Äquatordurchmesser und dem Poldurchmesser eines Planeten) ‖ ~ (Maths) / Elliptizität *f* (Abweichung eines rotierenden Körpers von der Kugelgestalt)

**elliptic paraboloid** (Maths) / elliptisches Paraboloid ‖ ~ **partial differential equation** (Maths) / elliptische Differentialgleichung, elliptischer Typus der partiellen Differentialgleichung ‖ ~ **plane** (Maths) / elliptische Ebene ‖ ~ **spring** (Autos, Eng) / Elliptikfeder *f* (eine Blattfeder) ‖ ~ **trammel*** (Maths) / Ellipsenzirkel *m* (zur Konstruktion einer Ellipse), Ellipsograf *m*, Ellipsenzeichner *m*

**elm*** *n* (For) / Ulme *f*, Rüster *f* (Ulmus sp.) ‖ ~ **bark beetle** (For, Zool) / Großer Ulmensplintkäfer *m* (Scolytus scolytus - der durch den Pilz Ceratocystis ulmi hervorgerufene Ulmensterben übertragt)

**Elmendorf tear tester*** (for testing the tearing strength) (Paper, Textiles) / Elmendorf-Durchreißprüfer *m*, Elmendorf-Reißprüfgerät *n*

**E-log** *n* (Oils) / elektrische Bohrlochmessung

**elongate** *v* / verlängern *v*, längen *v* (DIN 8580)

**elongated** *adj* / länglich *adj*, oblong *adj* ‖ ~ **single domain** (Mag) / Einbereichsteilchen *n* mit Durchmesser/Längenverhältnis 1 : 10 ‖ ~ **single-domain particle magnet** / ESD-Magnet *m* (ein Pulvermagnet) ‖ ~ **twill** (Textiles) / Stufenköper *m*

**elongation*** *n* (Astron) / Elongation *f* (die Winkeldistanz eines Planeten von der Sonne gemessen in ekliptikaler Länge), Ausweichung *f* (Elongation) ‖ ~ (Biochem, Cyt) / Elongation *f* (Kettenverlängerung bei der Translation) ‖ ~* (Eng) / Bruchdehnung *f* (Dehnung nach dem Bruch in % der Anfangslänge - DIN 50145) ‖ ~ (Eng, Maths) / Verlängerung *f*, Längen *n*, Längenzunahme *f* (eine positive Dehnung) ‖ ~ (DIN 1342, T 1), Ausdehnung *f*, Streckung *f* (auf die ursprüngliche Länge bezogen)

**elongational flow** (Phys) / Dehnströmung *f* (DIN 1342, T 1) ‖ ~ **viscosity** (Phys) / Dehnviskosität *f* (DIN 1342, T 1)

**elongation at break** (Textiles) / Reißdehnung *f* ‖ ~ **at fracture** (Eng) / Bruchdehnung *f* (Dehnung nach dem Bruch in % der Anfangslänge - DIN 50145) ‖ ~ **at rupture** (Paper) / Reißdehnung *f*, Bruchdehnung *f* ‖ ~ **factor*** (in protein biosynthesis) (Biochem) / Elongationsfaktor *m* ‖ ~ **modulus** (Materials) / Dehnsteifigkeit *f* (Produkt aus dem Querschnitt eines Werkstücks oder Probestabs und dem Elastizitätsmodul eines Werkstoffs), Dehnsteife *f* ‖ ~ **potential** (Eng, Phys) / Verdehnungsfähigkeit *f*, Verdehnbarkeit *f*

**elongator** *n* (Met) / Elongator *m*, Elongatorwalzwerk *n*, Rohrstreckenwalzwerk *n*

**elpasolite** *n* (Min) / Elpasolith *m* (Kaliumnatriumhexafluoroaluminat)

**elpidite** *n* (Min) / Elpidit *m* (Natriumzirkoniumhexasilikat)

**ELS** (energy-loss spectroscopy) (Spectr) / Energieverlustspektroskopie f, Elektronenenergieverlustspektroskopie f, EELS (Elektronenenergieverlustspektroskopie)
**Elsasser's radiation chart** (Meteor) / Elsasser-Strahlungsdiagramm n (nach W. Elsasser, 1904- )
**elsewhere taken*** (Build) / anderweitig entnommen
**eluant** n (Chem) / Elutionsmittel n, Eluens n, Eluant m ‖ ~ **volume** (Chem) / Elutionsvolumen n
**eluate** n (Chem) / Eluat n (durch Herauslösen adsorbierter Stoffe gewonnene Flüssigkeit)
**eluent** n (Chem) / Elutionsmittel n, Eluens n, Eluant m
**elutant** n (Chem) / Elutionsmittel n, Eluens n, Eluant m
**elute** v (Chem) / eluieren v
**elution*** n (Chem) / Elution f (in der Chromatografie - Herauslösen oder Verdrängen von adsorbierten Stoffen aus festen oder mit Flüssigkeit getränkten Adsorbentien und Ionenaustauschern), Eluieren n ‖ ~ **agent** (Chem) / Elutionsmittel n, Eluens n, Eluant m ‖ ~ **analysis** (Chem) / Elutionstechnik f, Elutionschromatografie f, Elutionsanalyse f, Durchlaufchromatografie f ‖ ~ **chromatography** (Chem) / Elutionstechnik f, Elutionschromatografie f, Elutionsanalyse f, Durchlaufchromatografie f ‖ ~ **volume** (Chem) / Elutionsvolumen n
**elutriate** v / schlämmen v (feinste Bestandteile aus einem körnigen Gut in fließendem Wasser herausspülen), abschlämmen v
**elutriation*** n (Chem Eng) / Elutriation f, Schlämmen n, Abschlämmen n, Auswaschen n, Ausschlämmen n ‖ ~ **analysis** (Min Proc) / Schlämmanalyse f
**elutriator*** n (Chem Eng) / Schlämmapparat m (zur Korngrößenbestimmung unterhalb der Siebgrenze), Aufstromklassierer m ‖ ~* (Chem Eng) / Entstauber m (Elutriator), Elutriator m (beim Kracken mit bewegtem Katalysatorbett)
**elutropic** adj (Chem) / elutrop adj (Reihe - Anordnung von Lösemitteln nach ihrer Elutionswirkung)
**eluvial** adj (Geol) / eluvial adj ‖ ~ **horizon** (Agric, Geol) / Eluvialhorizont m, E-Horizont m (ein Bodenhorizont) ‖ ~ **placer** (Mining) / eluviale Seife
**eluviation** n (Geol) / Auslaugen n ‖ ~ (Geol) / Ausfällung f (als Prozess)
**EM** (end of medium) (Comp) / Ende n der Aufzeichnung (DIN 66 303) ‖ ~ (electron microprobe) (Electronics) / Elektronenmikrosonde f (Elektronenstrahlbündel im Nanometerbereich) ‖ ~ (electromagnetic) (Mag) / elektromagnetisch adj (Bremse, Induktion, Lautsprecher, Pumpe, Spektrum, Welle) ‖ ~ (electron microscope) (Micros) / Elektronenmikroskop n, ELMI (Elektronenmikroskop)
**em*** n (Typog) / Geviert n (Ausschlussstück)
**Emacs** n (Comp) / Emacs m (vorwiegend in Lisp geschriebenes Textsystem)
**emagram** n (Meteor) / Emagramm n (ein thermodynamisches Diagramm von A. Refsdal)
**E-mail*** n (Comp, Telecomm) / elektronische Post (Sammelbezeichnung für schriftliche Nachrichtenübermittlung von Person zu Person bzw. von Büro zu Büro auf elektronischem Wege), E-Mail f, Electronic Mail f, Mail f (E-Mail)
**email*** n (Comp, Telecomm) / elektronische Post (Sammelbezeichnung für schriftliche Nachrichtenübermittlung von Person zu Person bzw. von Büro zu Büro auf elektronischem Wege), E-Mail f, Electronic Mail f, Mail f (E-Mail)
**e-mail address** (Comp) / Mail-Adresse f
**emanate** v / ausfließen v, auslaufen v
**emanation*** n (Chem, Phys) / Ausstrahlung f, Ausströmen n, Emanation f (von radioaktiven Gasen), Ausfluss m ‖ ~ **thermal analysis** (Chem) / Emanationsgasanalyse f (eine spezielle Form der Emissionsgasthermoanalyse)
**emanometer** n (Chem) / Emanometer n (zur Messung des in Gasen und Flüssigkeiten enthaltenen Radons)
**embank** v (Hyd Eng) / eindeichen v (einen Fluss)
**embanked road** (Civ Eng) / Straße f im Auftrag, Straße f in Dammlage
**embanking** n (Civ Eng) / Dammaufschüttung f, Dammschüttung f
**embankment** n (a ridge of earth or rock shaped to contain river water or to support a canal or other construction) (Civ Eng, Hyd Eng, Ships) / Damm m (Schutzwall, Baukörper) ‖ ~ **path** (Civ Eng) / Dammweg m ‖ ~ **slope** (Civ Eng) / Böschung f im Auftrag, Dammböschung f, Auffüllböschung f
**embark** vi (Aero, Ships) / einsteigen v (von Fahrgästen), an Bord gehen, besteigen v (ein Schiff) ‖ ~ (Ships) / einschiffen v (sich)
**embarkation** n (Ships) / Einschiffung f ‖ ~ **deck** (Ships) / Einschiffungsdeck n, Einbootungsdeck n
**embattlement** n (Arch) / Zinnenkranz m, Zinne f
**embattlemented*** adj (Arch) / mit Zinnen versehen
**embayment** n (Geol) / Einbuchtung f
**Embden-Meyerhof-Parnas pathway** (Biochem) / Glykolyse f (bedeutendster anaerober Abbauweg der Kohlenhydrate),

Embden-Meyerhof-Parnas-Weg m (nach G. Embden, 1874-1933, O. Meyerhof, 1884-1951, und J.K. Parnas), Glycolyse f, Embden-Meyerhof-Abbauweg m
**Embden-Meyerhof pathway** (a series of reactions in which glucose is converted into two molecules of pyruvic acid which are then converted into either lactate or into ethanol and carbon dioxide - this process is anaerobic) (Biochem) / Glykolyse f (bedeutendster anaerober Abbauweg der Kohlenhydrate), Embden-Meyerhof-Parnas-Weg m (nach G. Embden, 1874-1933, O. Meyerhof, 1884-1951, und J.K. Parnas), Glycolyse f, Embden-Meyerhof-Abbauweg m
**embed** v (Eng) / einbetten v, einschließen v, einlagern v (einbetten), einlassen v (einbetten)
**embeddability** n (Eng) / Einbettfähigkeit f (Fähigkeit eines Lagerwerkstoffs, harte Partikeln in der Gleitschicht einzubetten, wodurch Riefenbildung oder Verschleiß vermindert werden)
**embedded ANSI code** (Comp) / eingebetteter ANSI-Kode ‖ ~ **chart** (Comp) / eingebettetes Diagramm ‖ ~ **column*** (Arch) / Halbsäule f (zur Hälfte in die Mauer eingebundene) ‖ ~ **computer system** (Comp, Work Study) / Rechnersystem n als unterstützendes Glied eines Fertigungssystems ‖ ~ **conduit** (Elec Eng) / eingelassene Leitung, eingebettete Leitung ‖ ~ **control** (Comp) / eingebettete Steuerung ‖ ~ **lights** (Aero) / Unterflurfeuer n pl (z.B. der Startbahnbefeuerung) ‖ ~ **processor** (Comp) / integrierter Prozessor ‖ ~ **tap** (Build) / Unterputzhahn m ‖ ~ **thermometer** (in a slot) (Elec Eng) / Nutthermometer n (das die Wicklungstemperatur überwacht)
**embedding** n (Civ Eng) / Einbetten n der Rohre (nach DIN 4033) ‖ ~* (Eng) / Einbettung f, Einlagerung f, Einschluss m, Einlassung f ‖ ~ (Maths) / Einbettung f ‖ ~ **into bitumen** / Einschluss m in Bitumen, Einbituminierung f ‖ ~ **medium** (Micros) / Einbettungsmittel n, Einschlussmittel n ‖ ~ **space** (Maths) / Einbettungsraum m
**embellish** v (Arch, Build) / verzieren v, verschönern v, ausschmücken v
**embellishment*** n (Arch, Build) / Verschönerung f, Ausschmückung f, Verzierung f
**embezzlement** n (Comp) / Buchführungsmanipulation f (z.B. Überziehungsmanipulation)
**embodiment** n (Eng) / Ausführung f, Gestaltung f, Ausgestaltung f
**embold** v (Comp, Typog) / in Fett oder Halbfett auszeichnen
**embolite** n (Min) / Embolit m, Bromchlorargyrit m
**embonate** n (Chem) / Embonat n (Salz der Embonsäure), Pamoat n
**embonic acid** (Chem) / Embonsäure f, Pamoasäure f
**emboss** v / treiben v (Metall mit dem Treibhammer), punzen v ‖ ~ (Bind, Paper, Plastics, Print, Textiles) / prägen v, einprägen v, reliefprägen v (nur Infinitiv oder Partizip), reliefdrucken v (nur Infinitiv oder Partizip), gaufrieren v ‖ ~ (Ceramics) / bossieren v ‖ ~ (Eng, Met) / tiefen v (Vertiefungen in einem ebenen oder gewölbten Blech anbringen)
**embossed** adj (Build) / Relief-, reliefartig adj, geprägt adj ‖ ~ **design** (Textiles) / Prägedessin n ‖ ~ **fabric** (Textiles) / Gaufré n (Gewebe mit eingepresstem Muster) ‖ ~ **finish** (Textiles) / Prägeausrüstung f ‖ ~ **paper*** (Paper) / gaufriertes Papier, geprägtes Papier ‖ ~ **pattern** (Textiles) / Prägedessin n
**embossed-plate addressing machine** / Prägeplatten-Adressiermaschine f
**embossed sheet** (Met) / geprägtes Blech ‖ ~ **wallpaper** (which has been passed through rollers which mould it so that either the pattern is raised in relief or a raised background texture is produced) / Prägetapete f
**embosser** n (Paper) / Prägekalander m
**embossing*** n (Bind, Paper, Plastics, Print, Textiles) / Einprägung f, Prägung f, Reliefprägung f, Reliefdruck m (Prägung von Mustern), Prägedruck m ‖ ~ (Eng) / Hohlprägen n (durch Stempel und Gegenstempel - DIN 8585, T 4), Formstanzen n (flacher Teile mit Prägecharakter) ‖ ~ (Leather) / Narben n (bei der Herstellung von Kunstleder oder auf einem beschichteten Gewebe), Narbenpressen n, Chagrinieren n ‖ ~ (Met) / Treiben n (Freiformen), Treibschmieden n ‖ ~ (Textiles) / Gaufrage f (von Mustern) ‖ ~ **calender** (Paper) / Prägekalander m ‖ ~ **calender** (Textiles) / Gaufrierkalander m, Prägekalander m ‖ ~ **finish** (Textiles) / Prägeausrüstung f ‖ ~ **hammer** (Eng, Tools) / Treibhammer m ‖ ~ **press** (Bind) / Prägepresse f ‖ ~ **punch** (Eng) / Prägestempel m
**embossment** n (Welding) / Schweißbuckel m (eingepresster), Schweißwarze f
**embrasure** n (Arch) / Einschnitt m (im Zinnenkranz)
**embrittlement*** n (Materials) / Versprödung f (Verlust der Zähigkeit), Sprödwerden n
**embroider** v (Textiles) / sticken v
**embroidery** n (Textiles) / Sticken n, Stickerei f (als Tätigkeit) ‖ ~* (Textiles) / Stickerei f (durch Sticken verzierter Gegenstand) ‖ ~ **loom** (Weaving) / Lanzierstuhl m (für mehrschüssige Arbeit), Lancierstuhl m ‖ ~ **metal yarn** (Textiles) / Metallstickgarn n ‖ ~ **silk** (Textiles) / Stickseide f

**embryonic** adj (Geol) / embryonal adj || ~ **crack** (Materials, Met) / Risskeim m

**embryotoxic** adj (Gen, Med) / fruchtschädigend adj (chemische oder biologische Noxen), embryotoxisch adj

**EMC** (Comp) / Mathematik-Chip m || ~ (electromagnetic compatibility) (Ecol, Electronics) / elektromagnetische Verträglichkeit, elektromagnetische Kompatibilität (Funktionstüchtigkeit unter elektromagnetischer Umgebungsbeeinflussung), EMV (elektromagnetische Verträglichkeit), EMC (elektromagnetische Kompatibilität) || ~ (Nut) / künstlich überreifter Käse

**EM character** (Comp) / Datenträgerendezeichen n

**Emde degradation** (Chem) / Emde-Abbau m (Abbau quartärer Ammoniumsalze durch reduktive Spaltung der Kohlenstoff-Stickstoff-Bindung mit Natriumamalgam zu tertiären Aminen)

**E1-mechanism** n (of elimination) (Chem) / E1-Eliminierung f

**E2-mechanism** n (of elimination) (Chem) / E2-Eliminierung f

**emerald*** n (Min) / Smaragd m || ~ **copper*** (Min) / Dioptas m (Kupfer(II)-trisilikat), Kieselkupfersmaragd m || ~ **green** / Smaragdgrün (im Allgemeinen als Farbton) || ~ **green*** (Agric, Chem) / Pariser Grün n, Schweinfurter Grün n (wegen hoher Giftigkeit nicht mehr verwendet), Neuwieder Grün n (Kupfer(II)-acetatarsenat(III)), Uraniagrün n, Mitisgrün n, Deckpapiergrün n

**emerge** v / auftauchen v, hervortreten v || ~ (Agric) / auflaufen v, aufgehen v (keimende Nutzpflanzen) || ~ (Optics) / austreten v, heraustreten v (von Strahlen)

**emergence** n (Agric, Bot) / Auflauf m (vor- und nachlaufender Pflanzenschutz) || ~ (Geol, Hyd Eng) / Wiederaustritt m (eines versiegten Flusses) || ~ (Optics) / Austritt m (eines Strahls) || ~ **angle** (Optics) / Austrittswinkel m (eines Strahls) || ~ **hydrophyte treatment system** (San Eng) / Pflanzenkläranlage f (Kläranlage, bestehend aus einem mit ausgewählten Sumpfpflanzen besetzten Bodenkörper definierter Abmessungen), Pflanzenbeet n || ~ **of land*** (Geol) / Emersion f (durch Landhebung oder Meeresspiegelsenkung)

**emergency** n / Notlage f, Notfall m || ~ **for** ~ **use only** / nur im Notfall verwenden || ~ **access** / Notzufahrtsweg m || ~ **action plan** / Katastrophenplan m, Notplan m (z.B. zur Sicherstellung der Fortführung eines Betriebs) || ~ **bay** (Civ Eng) / Notfallnische f (videoüberwachte Nische in der Tunnelwand, in der Notrufstationen und Handfeuerlöscher untergebracht sind) || ~ **bilge-pumping equipment** (Ships) / Notlenzsauger m, Notlenzeinrichtung f || ~ **brake** (Eng) / Notbremse f, Hilfsbremse f, Schnellbremse f || ~ **braking** (Autos) / Vollbremsung f (schreckbedingte Notbremsung) || ~ **call** (Telecomm) / Notruf m || ~ **changeover** (Elec Eng) / Notfall-Lastübernahme f || ~ **circuit** (Elec Eng) / Notstromkreis m || ~ **closure** (Hyd Eng) / Notverschluss m || ~ **connexion** (Telecomm) / Notschaltung f

**emergency-cooling system** (Nuc Eng) / Notkühlsystem n

**emergency core-cooling system** (Nuc Eng) / Kernnotkühlsystem n, Corenotkühlsystem n, Notkühlsystem n für den Reaktorkern || ~ **cut-off** (Space) / Notbrennschluss m || ~ **cut-out** (Elec Eng) / Notausschaltung f || ~ **diesel-driven generating set** (Elec Eng, I C Engs) / Dieselnotaggregat n, Diesel-Notstromaggregat n || ~ **diesel-generating set** (Elec Eng, I C Engs) / Dieselnotaggregat n, Diesel-Notstromaggregat n || ~ **disk** (Comp) / Rettungsdiskette f (durch entsprechende Utilities erstellte Sicherungsdiskette, auf der betriebswichtige Daten gespeichert sind) || ~ **eject** (Comp) / Notauswurf m (über den man die Schublade im spannungslosen Zustand öffnen kann) || ~ **electrical installation** (Elec Eng) / elektrisches Notstromsystem || ~ **equipment** (Aero) / Notausrüstung f (Sammelbegriff für die Hilfsmittel im Flugzeug, die zur Rettung von Passagieren und Besatzung in Notfällen dienen), Rettungsausrüstung f

**emergency-escape smoke hood** / Brandfluchthaube f (Maske zum Überziehen, die Atem-, Augen- und Kopfschutz bietet und gegen Qualm, Hitze und Partikel schützt)

**emergency exit** (Aero) / Notausstieg m (im Flugzeug), Notausgang m || ~ **exit** (Build) / Notausstieg m (aus einem Raum - z.B. Falltür mit Steigeisen - zur Selbstrettung von Menschen im Brandfall) || ~ **exit** (Build) / Notausgang m (zusätzlicher Ausgang zur Selbstrettung von Menschen im Brand- oder Panikfall) || ~ **field** (Agric) / Springschlag m (in der Fruchtfolge) || ~ **fire door** (Build, Civ Eng) / Brandschutztür f (ein Feuerschutzabschluss - mindestens brandhemmende Tür, die aus Gründen der Brandsicherheit vorgeschrieben ist) || ~ **flight manoeuvre** (Aero) / Notflugmanöver n || ~ **floor lighting** (Aero) / Fluchtwegmarkierung f (Lichtermarkierung auf dem Boden, die zu den Notausgängen führt) || ~ **generator** (Elec Eng) / Notstromaggregat n, Notstromgenerator m, Reservegenerator m, Bereitschaftsaggregat n || ~ **landing** (Aero) / Notlandung f || ~ **landing ground** (Aero) / Notlandegelände n || ~ **lane** (Autos, Civ Eng) / Standstreifen m (neben der Fahrbahn auf gleicher Höhe liegende Spur zum Halten in Notfällen), Standspur f (der Autobahn) || ~ **lay-by** (Autos) / Nothaltebucht f || ~ **lighting** (Elec Eng, Light) / Notbeleuchtung f (die bei Störung der Stromversorgung der allgemeinen künstlichen Beleuchtung rechtzeitig wirksam wird - Sicherheitsbeleuchtung und Ersatzbeleuchtung) || ~ **lighting** (Elec Eng, Light) s. also security lighting and standby lighting || ~ **locking retractor** (Autos) / Rückhalteautomatik f (automatische Sicherheitseinrichtung in Kraftfahrzeugen zum Festhalten der Insassen bei Unfällen, um ein gefährliches Aufprallen des Körpers zu verhindern) || ~ **locking retractor** (Autos) / im Gefahrenfall sperrende Aufrollautomatik (bei Sicherheitsgurten) || ~ **lubrication** (Eng) / Notlaufschmierung f || ~ **maintenance** (on a non-scheduled basis) / Sofortwartung f, Eilwartung f (bei Störungen) || ~ **measure** / Notmaßnahme m || ~ **number** (Teleph) / Notrufnummer f || ~ **operation** / Havariebetrieb m (bei funktionsgefährdenden Störungen) || ~ **operation** (Elec Eng) / Notbetrieb m, Notlauf m || ~ **parachute** (Aero) / Rettungsfallschirm m || ~ **phone** (Teleph) / Notrufmelder m, Notruf m (Einrichtung) || ~ **plan** / Katastrophenplan m, Notplan m (z.B. zur Sicherstellung der Fortführung eines Betriebs) || ~ **power** / Ersatzenergie f || ~ **power generating set** (Elec Eng) / Notstromaggregat n, Notstromgenerator m, Reservegenerator m, Bereitschaftsaggregat n || ~ **power supply** (Elec Eng) / Notstromversorgung f || ~ **power unit** (Elec Eng) / Notstromaggregat n, Notstromgenerator m, Reservegenerator m, Bereitschaftsaggregat n || ~ **reflective triangle** (US) (Autos) / Warndreieck n (tragbare Warneinrichtung zur Sicherung liegen gebliebener Fahrzeuge) || ~ **roadside telephone** (Autos, Teleph) / Notrufsäule f (an der Autobahn) || ~ **rod** (Nuc Eng) / Schnellschlussstab m, Havariestab, Schnellabschaltstab m, SAS-Stab m

**emergency-running property** (Eng) / Notlaufeigenschaft f (bei Lagern)

**emergency shutdown*** (Nuc Eng) / Schnellschluss m, Schnellabschaltung f, Schnellabfahren n (des Kernreaktors), Notabschaltung f (zur Verhinderung oder Begrenzung einer gefährlichen Situation), Scram n, Havarieabschaltung f, SAF || ~ **shutdown rod** (Nuc Eng) / Schnellschlussstab m, Havariestab m, Schnellabschaltstab m, SAS-Stab m || ~ **signal system** (Autos) / Warnblinkanlage f (die ein synchrones Aufblinken aller Blinkleuchten bewirkt) || ~ **steam dump** (Nuc Eng) / Notabblasen n von Dampf (meistens störfallbedingt) || ~ **stop*** (Elec Eng) / Notbremse f, Notschalter m (im Fahrstuhl) || ~ **switch*** (Elec Eng) / Notausschalter m, Panik-Druckschalter m || ~ **telephone** (Teleph) / Notrufmelder m, Notruf m (Einrichtung) || ~ **tender** (Autos) / Rüstfahrzeug n (ein Feuerwehrfahrzeug, das vorwiegend mit Geräten für technische Hilfeleistungen ausgerüstet ist) || ~ **tender** (Build, Civ Eng) / Pölzfahrzeug n (z.B. bei Hauseinsturz) || ~ **tool kit** (Autos) / Pannenkoffer m || ~ **transmitter** (Telecomm) / Notrufsender m || ~ **tyre inflator** (Autos) / Pannenspray m n (für Reifenpannen) || ~ **use only** / nur für Notfälle || ~ **water** (Chem Eng) / Notwasser n || ~ **windscreen** (Autos) / Ersatzwindschutzscheibe f (aus Kunststoff)

**emergent angle** (Optics) / Austrittswinkel m (eines Strahls) || ~ **beam** (Optics) / austretender Strahl, ausfallender Strahl

**emerge undeviated** (Optics) / unabgelenkt austreten

**emerging beam** (Optics) / austretender Strahl, ausfallender Strahl

**emerize** v (Textiles) / emerisieren v (Gewebe), abschmirgeln v (Gewebe)

**emersion*** n (Astron) / Emersion f (Heraustreten eines Mondes aus dem Schatten seines Planeten)

**emery** v / schmirgeln v, abschmirgeln v || ~* n (a grey to black granular impure variety of corundum) (Min) / Schmirgel m, Smirgel m || ~ **away** v / abschmirgeln v || ~ **away** / schmirgeln v, abschmirgeln v || ~ **cake** / Schmirgelagglomerat n, Schmirgelpulverkörper m

**emery-cloth** n / Schleifleinen n (mit Schmirgel als Bestreuungsmittel)

**emery•-cloth*** n / Schmirgelleinen n, Schmirgelleinwand f || ~ **off** v / abschmirgeln v || ~ **off** / schmirgeln v, abschmirgeln v || ~**-paper*** / Schmirgelpapier n || ~ **rock** (Min) / Schmirgel m, Smirgel m || ~**-wheel*** n / Schmirgelscheibe f

**emetic** n (Pharm) / Brechmittel n, Emetikum n (pl. -ika), Vomitiv n

**emetine*** n (a dimeric isoquinoline alkaloid which is the principal alkaloid of ipecac) (Chem, Pharm) / Emetin n, Emetinum purum (ein Ipecacaalkaloid)

**e.m.f.*** (Elec) / Urspannung f (die Leerlaufspannung einer Spannungsquelle), Quellenspannung f, elektromotorische Kraft, EMK f

**E.M.F. series** (Chem, Elec) / elektrochemische Spannungsreihe (geordnete Zusammenstellung der chemischen Elemente nach der zunehmenden Größe ihres Normalpotentials)

**EMI** (electromagnetic interference) (Electronics, Radar) / elektromagnetische Beeinflussung f, elektromagnetische Störung f, elektromagnetischer Brumm, EMB (elektromagnetische Beeinflussung)

**emigrant worker** / Arbeitsemigrant m (pl. -en)

**eminent domain** / Enteignungsrecht n (hoheitlicher Eingriff)
**eminently hydraulic lime** (Build) / hochhydraulischer Kalk (>25 % Tonerde - DIN 1060)
**EMI shielding** (Paint) / EMI-Shielding n (Abschirmung von störenden elektromagnetischen Wellen in Lacken mit Metallpigmenten)
**emission** n (Ecol) / Emission f (meistens von Schadstoffen im Sinne des Bundesimmissionsschutzgesetzes) ‖ ~ (Geol) / Auswurf m (von Staub) ‖ ~* (Phys) / Emission f (die Aussendung der Strahlungsenergie nach DIN 5031, T 8) ‖ ~ **band** (Spectr) / Emissionsbande f ‖ ~ **certificate** (Ecol) / Emissionszertifikat n (mengenregulierendes umweltpolitisches Instrument des Staates oder der obersten regionalen Umweltbehörde), Umweltlizenz f, Ökolizenz f, Umweltzertifikat n ‖ ~ **characteristic** (Phys) / Emissionscharakteristik f, Emissionskennlinie f ‖ ~ **computed tomography** (Med, Radiol) / Emissionscomputertomografie f (nuklearmedizinische Untersuchungsmethode zur Ermittlung der Aktivitätsverteilung eines Radiopharmakons), ECT (Emissionscomputertomografie) ‖ ~ **computer tomography** (Med, Radiol) / Emissionscomputertomografie f (nuklearmedizinische Untersuchungsmethode zur Ermittlung der Aktivitätsverteilung eines Radiopharmakons), ECT (Emissionscomputertomografie) ‖ ~ **control** (Autos) / Emissionsminderung f ‖ ~ **control** (US) (Autos) / Abgasverringerung f, Abgasverbesserung(sanlage) f
**emission-controlled car** (Autos) / umweltfreundliches Auto, "Umweltauto" n, schadstoffarmes Auto ‖ ~ **engine** (I C Engs) / Motor m mit vermindertem Schadstoffausstoß
**emission current*** (Electronics) / Emissionsstrom m ‖ ~ **declaration** (Ecol) / Emissionserklärung f (des Betreibers einer genehmigungsbedürftigen Anlage) ‖ ~ **electrode** / Sprühelektrode f (des Elektrofilters) ‖ ~ **electron microscope** (Micros) / Emissionsmikroskop n (ein elektronenoptisches Gerät zur direkten Abbildung elektronenemittierender Oberflächen), Elektronenemissionsmikroskop n ‖ ~ **limits** (Ecol) / Schadstoffgrenzwerte m pl, Emissionsgrenzwerte m pl (Kennziffern für die Begrenzung der Schadstoffabgabe in die Außenwelt) ‖ ~ **line** (Spectr) / Emissionslinie f (eine Spektrallinie) ‖ ~ **microscope** (Micros) / Emissionsmikroskop n (ein elektronenoptisches Gerät zur direkten Abbildung elektronenemittierender Oberflächen), Elektronenemissionsmikroskop n ‖ ~ **monochromator** (Spectr) / Emissionsmonochromator m ‖ ~ **nebula** (Astron) / Emissionsnebel m (interstellare Materie), Emissionsgasnebel m ‖ ~ **quantometer** / Emissionsquantometer n ‖ ~ **rate** (Radiol) / Auswurfrate f, Abgaberate f ‖ ~ **reflector** (Radio) / Reflektorstrahler m (der Antenne) ‖ ~ **regulations** (Ecol) / Emissionsvorschriften f pl, Abgasvorschriften f pl, Emissionsnormen f pl, Abgasbestimmungen f pl
**emissions** pl (Ecol) / Schadstoffemissionen f pl, Schadstoffausstoß m
**emission source** (Ecol) / Emissionsquelle f (Punkt-, Linien- oder Flächenquelle), Emittent m ‖ ~ **spectrophotometry** (Spectr) / Emissionsspektralanalyse f (bei der durch Messung der Wellenlänge und der Intensität von optischen Spektrallinien der Elementegehalt einer Probe bestimmt wird) ‖ ~ **spectroscopy** (Spectr) / Emissionsspektroskopie f ‖ ~ **spectrum*** (Phys, Spectr) / Emissionsspektrum n ‖ ~ **spectrum analysis** (Chem, Spectr) / Emissionsspektralanalyse f (bei der durch Messung der Wellenlänge und der Intensität von optischen Spektrallinien der Elementegehalt einer Probe bestimmt wird) ‖ ~ **standards** (Ecol) / Emissionsvorschriften f pl, Abgasvorschriften f pl, Emissionsnormen f pl, Abgasbestimmungen f pl ‖ ~ **tomography** (ECT or SPECT) (Med, Radiol) / Emissionstomografie f
**emissive** adj (Ecol, Phys) / Emissions-, emissiv adj, emittierend adj ‖ ~ **power*** (Phys) / Emissionsgrad m (DIN 5496), Emissionsverhältnis n, Emissionsvermögen n (die in den Hohlraum je Zeiteinheit ausgestrahlte Energie)
**emissivity*** n (Phys) / Emissionsgrad m (DIN 5496), Emissionsverhältnis n, Emissionsvermögen n (die in den Hohlraum je Zeiteinheit ausgestrahlte Energie)
**emit** v (Ecol, Electronics, Phys) / emittieren v (abstrahlen), abgeben v (Strahlung) ‖ ~ **rays** (Phys) / ausstrahlen v, strahlen v, abstrahlen v, Strahlen aussenden
**emittance** n (Nuc) / Emittanz f (eines Beschleunigers) ‖ ~ (Phys) / Emissionsgrad m (DIN 5496), Emissionsverhältnis n, Emissionsvermögen n (die in den Hohlraum je Zeiteinheit ausgestrahlte Energie)
**emitter** n (Ecol) / Emissionsquelle f (Punkt-, Linien- oder Flächenquelle), Emittent m ‖ ~* (Electronics) / Emitter m (Abkürzung für Emitteranschluss, -elektrode oder -zone nach DIN 41854) ‖ ~ **area** (Electronics) / Emitterfläche f ‖ ~ **barrier** (Electronics) / Emittersperrschicht f
**emitter-base diode** (Electronics) / Emitter-Basis-Diode f
**emitter contact** (Electronics) / Emitteranschluss m ‖ ~-**coupled logic** (Electronics) / emittergekoppelte Logik, ECL-Schaltung f, stromgeschaltete Logik, stromgesteuerte Logik, Stromschaltlogik f, Strombetriebslogik f ‖ ~ **diffusion** (Electronics) / Emitterdiffusion f (z.B. in der Bipolartechnik) ‖ ~-**emitter-coupled logic** (Electronics) / Emitter-Emitter-gekoppelte logische Schaltung, E²L-Schaltung f ‖ ~ **follower** (Electronics) / Emitterverstärker m, Emitterfolger m (Verstärkerschaltung, bei der das Emitterpotential einer Transistorstufe dem Basispotential nachfolgt) ‖ ~ **follower** (Electronics) / Kollektorverstärker m ‖ ~ **follower*** (Electronics) / Kollektorbasisstufe f
**emitter-follower logic** (Electronics) / Emitterfolgerlogik f, Verknüpfungsschaltung f mit Kollektorverstärker
**emitter junction*** (Electronics) / Emitterübergang m ‖ ~ **pellet** (Electronics) / Emitterpille f (bei Transistoren) ‖ ~ **region** (Electronics) / Emitterbereich m ‖ ~ **series resistance** (Electronics) / Emitterbahnwiderstand m ‖ ~ **stripe** (Electronics) / Emitterkontaktstreifen m ‖ ~ **terminal** (Electronics) / Emitteranschluss m ‖ ~-**to-emitter-coupled logic** (Electronics) / Emitter-Emitter-gekoppelte logische Schaltung, E²L-Schaltung f ‖ ~ **width** (Electronics) / Emitterbreite f
**emitting power** (Radar, Radio) / Sendeleistung f ‖ ~ **source** (Ecol) / Emissionsquelle f (Punkt-, Linien- oder Flächenquelle), Emittent m
**EMM** (Expanded Memory Manager) (Comp) / Expanded Memory Manager m
**Emmerie-Engel reaction** (Chem, Pharm) / Emmerie-Engel-Reaktion f (zum Vitamin-E-Nachweis)
**emmetropia*** n (Optics) / Rechtsichtigkeit f, Normalsichtigkeit f, Emmetropie f
**emodin** n (Bot, Pharm) / Schuttgelb n (ein Farbstoff), Emodin n (1,3,8-Trihydroxy-6-methyl-anthrachinon), Emodol n
**emollient** n (Pharm) / Emolliens n (pl. -zien, -tien oder -tia)
**emotag** n (pseudo HMTL tags used in Web pages and emails) (Comp) / Emotag m
**emoticon** n (used chiefly to mark the tone of the preceding sentence, or to indicate the writer's feelings about something they have just mentioned; it typically represents a facial expression) (Comp) / Emoticon n (Bild aus ASCII-Zeichen, das eine Gefühlsregung ausdrückt) ‖ ~ (Comp) s. also smiley
**EMP** (electromagnetic pulse) (Mil, Nuc) / elektromagnetischer Impuls, nuklearer elektromagnetischer Puls (bei exosphärischen Kernwaffenexplosionen), elektromagnetischer Puls, EMP (elektromagnetischer Puls), NEMP (nuklearer elektromagnetischer Puls)
**empennage*** n (Aero) / Heckleitwerk n, Leitwerk n
**emphasis** n (pl. emphases) (Acous) / Anhebung f (von Tonfrequenzbereichen)
**emphasize** v / betonen v (z.B. Beize die Maserung)
**emphasizer** n (Acous, Electronics) / Anhebungsschaltung f (zur Vorverzerrung), Anheber m, Einrichtung f zur Anhebung
**empire cloth** (Elec Eng) / Firnisleinen n ‖ ~ **cloth*** (Elec Eng) / Ölleinen n (als Isolierstoff), leinölimprägnierter Stoff, leinölimprägniertes Gewebe ‖ ~ **furniture** (Join) / Empiremöbel pl
**empirical** adj / empirisch adj ‖ ~ **correlation function** (Stats) / empirische Korrelationsfunktion ‖ ~ **dispersion** (Stats) / empirische Streuung f ‖ ~ **distribution function** (Stats) / empirische Verteilungsfunktion f ‖ ~ **formula*** (Chem) / empirische Formel, Summenformel f, Bruttoformel f, Analysenformel f (eine Molekularformel) ‖ ~ **formula*** (Eng, Phys) / empirisch abgeleitete Formel ‖ ~ **moment** (Stats) / empirisches Moment f ‖ ~ **quantile** (Stats) / empirisches Quantil ‖ ~ **skewness** (Stats) / empirische Schiefe ‖ ~ **temperature scale** (Phys) / empirische Temperaturskale (z.B. Celsiusskale nach DIN 1345) ‖ ~ **value** / Erfahrungswert m
**empiricism*** n / Empirismus m
**emplacement** n (Geol) / Platznahme f (eines Gesteins oder Magmas), Raumgewinnung f (eines Gesteins oder eines Magmas)
**emplane** vi / einsteigen v (von Fluggästen) ‖ ~ vt (Aero) / einladen v (Luftfrachtgut)
**emplectite** n (Min) / Emplektit m (ein Kupferspießglanz)
**employee** n / Arbeitnehmer m ‖ ~ **invention** / Arbeitnehmererfindung f (von einem oder mehreren Arbeitnehmern mit einem Arbeitsverhältnis in innerem Zusammenhang stehende Erfindung)
**employee's car** (Autos) / Jahreswagen m (von einem Mitarbeiter eines Automobilwerkes zu sehr günstigem Preis erworbener neuer PKW, den dieser erst nach Ablauf eines Jahres veräußern darf) ‖ ~ **suggestion** (for improvement) / Verbesserungsvorschlag m (aus den Reihen der Belegschaft)
**employer** n / Arbeitgeber m
**employment contract** (Work Study) / Arbeitsvertrag m ‖ ~ **level** (Work Study) / Beschäftigungsgrad m ‖ ~ **office** (US) / Arbeitsagentur f, Arbeitsvermittlungsstelle f (offizielle) ‖ ~ **option** (Mil) / Einsatzoption f ‖ ~ **tribunal** / Arbeitsgericht n
**EMP pathway** (Embden-Meyerhof-Parnas pathway) (Biochem) / Glykolyse f (bedeutendster anaerober Abbauweg der

**emprotide**

Kohlenhydrate), Embden-Meyerhof-Parnas-Weg *m* (nach G. Embden, 1874-1933, O. Meyerhof, 1884-1951, und J.K. Parnas), Glycolyse *f*, Embden-Meyerhof-Abbauweg *m*
**emprotide** *n* (Chem) / Protonenakzeptor *m*, Brønsted-Base *f*, Emprotid *n*
**empties** *pl* (returned) / Leergut *n*, Fastage *f*, Fustage *f* (Frachtverpackung - Kisten, Säcke und anderes Leergut)
**emptings** *pl* (US) (Nut) / Geläger *n* (beim Wein), Bodensatz *m* (beim Wein), Grund *m* (beim Wein)
**empty** *v* (bucket, bowl, container, dustbin) / ausleeren *v* || ~ *adj* / Leer-, leer *adj* (Behälter, Geschmackseindruck) || ~ (Acous, Comp) / unbeschrieben *adj*, unbespielt *adj* || ~ (Autos) / unbeladen *adj*, nichtbeladen *adj* || ~ (Build) / unbewohnt *adj* (Haus), unbelegt *adj*, leer *adj* (Haus) || ~ (Leather) / lose *adj* (Narben), losnarbig *adj*, doppelhäutig *adj* || ~ **and load brake** (Rail) / Bremse *f* mit zweistufigem Lastwechsel || ~ **band**\* (Phys) / leeres Energieband, unbesetztes Energieband
**empty-cell process** (For) / Spartränkverfahren *n* (ein Kesseldruckverfahren, bei dem nur eine Benetzung der Zellwände des Holzes mit Tränkmittel beabsichtigt ist)
**emptying device** (Eng) / Entleerungsgerät *n*, Entladungsgerät *n*
**empty-lattice band** (Crystal) / Empty-Lattice-Band *n* (bei der Darstellung des Energiespektrums freier Elektronen im reduzierten Zonenschema eines Kristallgitters)
**empty leather** (Leather) / leeres Leder || ~ **list** (Comp) / Leerliste *f* || ~ **list** (Comp) / Nullliste *f* (n = 0), leere Liste
**empty-load brake** (Rail) / Bremse *f* mit zweistufigem Lastwechsel
**empty magnification** (Optics) / leere Vergrößerung, Leervergrößerung *f*, Übervergrößerung *f* (über die obere Grenze der förderlichen Vergrößerung) || ~ **mass** (Aero) / Leermasse *f*, Leergewicht *n* || ~ **media** (Comp) / unbeschriebene Datenträger, unvorbereitete Datenträger, frische Datenträger || ~ **running** (Rail) / Leerlauf *m* (des Wagens) || ~ **set** (Maths) / leere Menge (DIN 5473), Nullmenge *f* (Menge vom Maß Null)
**empty-slot scheme** (Comp) / Empty-Slot-Verfahren *n* (bei dem auf dem Ring eines Ringnetzes dauernd Datenpakete zirkulieren, die als leer oder voll gekennzeichnet sind) || ~ **technique** (Comp) / Empty-Slot-Verfahren *n* (bei dem auf dem Ring eines Ringnetzes dauernd Datenpakete zirkulieren, die als leer oder voll gekennzeichnet sind)
**empty stock** (Rail) / Leerwagenpark *m* || ~ **string** (Comp) / Leerstring *m* (der keine Zeichen enthält und dessen Länge somit null ist) || ~ **trip** / Leerfahrt *f* (eines Fördermittels) || ~ **weight** (Aero) / Leermasse *f*, Leergewicht *n*
**empyreumatic** *adj* / empyreumatisch *adj* (durch trockene Destillation organischer Körper gewonnen)
**em quad**\* (Typog) / Geviert *n* (Ausschlussstück) || ~ **quadrat** (Typog) / Geviert *n* (Ausschlussstück)
**EMR** (electromagnetic radiation) (Phys) / elektromagnetische Strahlung (DIN 1301-2)
**em rule**\* (Typog) / Geviertstrich *m*
**EMS** (equilibrium-mode simulator) (Telecomm) / Gleichgewichtsmodensimulator *m* || ≈ **memory** (Comp) / EMS-Speicher *m*, Expansionsspeicher *m*
**EMT** (equivalent megatonnage) (Mil) / äquivalenter Megatonnenwert
**e.m.u.** (electromagnetic unit) (Phys) / elektromagnetische Einheit (in dem alten elektromagnetischen CGS-System), emE (elektromagnetische Einheit)
**EMU** (electromagnetic unit) (Phys) / elektromagnetische Einheit (in dem alten elektromagnetischen CGS-System), emE (elektromagnetische Einheit) || ≈ (extravehicular mobility unit) (Space) / Außenbordfahrzeug *n*
**emulate** *v* (Comp) / emulieren *v*
**emulation** *n* (Comp) / Emulation *f* (softwaremäßige Nachbildung eines Rechnersystems, wobei nur das äußere Verhalten des Systems nachgebildet wird) || ~ **test** (Comp) / Emulationstest *m*
**emulator** *n* (Comp) / Emulator *m* (Zusatz zur Zentraleinheit einer Rechenanlage, der das Befehlssystem einer anderen Rechenanlage simuliert und dadurch den Austausch von Programmen ermöglicht)
**emulgator** *n* (Chem) / Emulgator *m* (DIN 53 900), Emulsionsbildner *m*, Emulgens *n* (pl. -enzien, -entien oder -entia), Emulgiermittel *n*
**emulsible** *adj* / emulgierbar *adj*
**emulsifiable** *adj* / emulgierbar *adj* || ~ **concentrate** (Agric, Chem, Ecol) / emulgierbares Konzentrat (eine Flüssigformulierung der Pflanzenschutz- und Schädlingsbekämpfungsmittel)
**emulsification** *n* (Chem) / Emulgierung *f*, Emulgieren *n*, Emulsionsbildung *f*, Emulsionieren *n*
**emulsified coolant**\* (Eng) / Kühlschmieremulsion *f*, Kühlemulsion *f* || ~ **water** (Oils) / emulgiertes Wasser
**emulsifier** *n* (Chem) / Emulgator *m* (DIN 53 900), Emulsionsbildner *m*, Emulgens *n* (pl. -enzien, -entien oder -entia), Emulgiermittel *n* || ~\* *n* (Chem Eng) / Emulgiermaschine *f*, Emulgator *m* (Maschine)

**emulsify** *v* (Chem) / emulgieren *v* (eine Emulsion herstellen), emulsionieren *v*
**emulsifying** *n* (Chem) / Emulgierung *f*, Emulgieren *n*, Emulsionsbildung *f*, Emulsionieren *n* || ~ **agent**\* (Chem) / Emulgator *m* (DIN 53 900), Emulsionsbildner *m*, Emulgens *n* (pl. -enzien, -entien oder -entia), Emulgiermittel *n* || ~ **salt** (Nut) / Schmelzsalz *n* (für Schmelzkäse)
**emulsion**\* *n* (Chem) / Emulsion *f* (ein kolloides System nach DIN 53900) || ~\* (Photog) / lichtempfindliche Schicht, fotografische Emulsion (Suspension der lichtempfindlichen Silberhalogenidkristalle)
**emulsion-breakdown plant** (Chem Eng) / Emulsionsspaltanlage *f*, Emulsionstrennanlage *f*
**emulsion cleaner** (Chem) / Emulsionsreiniger *m* || ~ **cleaning** / Emulsionsreinigung *f*, Emulsionsreinigen *n* || ~ **degreasing** / Emulsionsentfetten *n* || ~ **explosive** (Mil) / Emulsionssprengstoff *m* || ~ **glaze** (Paint) / Dispersionslasur *f* (wasserverdünnbare Lasur zumeist auf Basis wässriger Kunststoffdispersionen) || ~ **in** (Cinema) / Schichtlage *f* innen (E.I.) || ~ **layer** (Photog) / Emulsionsschicht *f* || ~ **lubrication** (Eng) / Emulsionsschmierung *f* (meistens Öl/Wasser) || ~ **number** (Cinema) / Emulsionsnummer *f* || ~ **oil** / Emulsionsöl *n* || ~ **out** (Cinema) / Schichtlage *f* außen (E.O.) || ~ **paint**\* (Paint) / Emulsionsfarbe *f* (DIN 55945) || ~ **paint**\* (Paint) / Dispersionsfarbe *f* (DIN 55945), Binderfarbe *f* (auf der Grundlage von Kunstharzdispersionen), Kunststoffdispersionsfarbe *f* (DIN EN 971, T 1), Dispersionsanstrichfarbe *f* || ~ **polymer** (Chem) / Emulsionspolymerisat *n*, Emulsionspolymer *n* || ~ **polymerization** (Chem) / Emulsionspolymerisation *f* || ~ **side** (Cinema, Photog) / Schichtseite *f*, lichtempfindliche Seite || ~ **stabilizer** (Chem) / Emulsionsstabilisator *m* || ~ **star** (Nuc) / Emulsionsstern *m* (Kernspuremulsion), Zertrümmerungsstern *m* in der Kernspuremulsion, Stern *m* (in der Kernspuremulsion) || ~ **support** (Photog) / Unterlage *f* (z.B. Polyethylenterephthalat) || ~ **technique**\* (Nuc) / Kernspurtechnik *f* (bei der Untersuchung der Hyperfragmente und der kosmischen Strahlung) || ~ **tube** (Autos) / Mischrohr *n*, Mischdüse *f* (im Vergaser)
**emulsion-type sausage** (Nut) / Brühwurst *f* (z.B. Fleischwurst, Bockwurst und Frankfurter Würstchen)
**emulsive** *adj* / emulgierbar *adj*
**emulsoid**\* *n* (Chem) / Emulsoid *n*
**EMW** (electromagnetic wave) (Phys) / elektromagnetische Welle (DIN 1324-3)
**en**\* *n* (Typog) / Halbgeviert *n*
**enable** *v* (Comp) / bereitstellen *v*, freigeben *v*, aktivieren *v* || ~ **access time** (Comp) / Freigabe-Zugriffszeit *f* (DIN DIN 44 476, T 2) || ~ **input** (Comp) / Freigabeeingang *m* || ~ **pulse** (Comp) / Stellenschreibimpuls *m* || ~ **signal** (Comp) / Freigabesignal *n*
**enabling signal** (Comp) / Freigabesignal *n*
**enamel** *v* / emaillieren *v* || ~ *n* / Emaille *f*, Email *n* (RAL 529 A2) (ein Glasfluss, der dekorative Aufgaben und Schutzfunktionen auf einer metallischen Unterlage erfüllt) || ~\* (Build, Paint) / Emaillelackfarbe *f*, Emaillelack *m* (Lackfarbe zum Erzeugen einer hochglänzenden, gut verlaufenden Lackierung nach DIN 55945) || ~\* (Ceramics) / Glasur *f* (Überzug auf keramischen Erzeugnissen) || ~\* (Elec Eng, Paint) / Isolierlack *m* (DIN 46456), Elektroisolierlack *m*, Träufellack *m*, Drahtlack *m* (Tränklack oder Überzugslack) || ~ (Med) / Zahnschmelz *m*
**enamel-blue** *adj* / emailblau *adj*
**enamel brick** (Build, Ceramics) / glasierter Ziegel, Glasurstein *m*, Glasurziegel *m*
**enamel-coated glass** (Glass) / emailliertes Glas
**enamel colour** (Ceramics) / Muffelfarbe *f*, Aufglasurfarbe *f*, Schmelzfarbe *f*, Überglasurfarbe *f*, Emailfarbe *f* || ~ **firing** (Ceramics) / Dekorbrand *m* (Einbrennen der Aufglasurfarben, der Edelmetallpräparate und der Inglasurfarben) || ~ **glaze** (Ceramics) / Schmelzglasur *f*, Emailglasur *f*
**enameling iron** (US) (Met) / Emaillierblech *n* (ein Stahlblech, das sich zum Emaillieren eignet)
**enamel-insulated wire**\* (Elec Eng) / lackisolierter Draht, Lackdraht *m* (ein Wickeldraht), emaillierter Draht
**enamelled brick**\* (Build, Ceramics) / glasierter Ziegel, Glasurstein *m*, Glasurziegel *m* || ~ **copper wire** (Elec Eng) / Kupferlackdraht *m* || ~ **glass** (Glass) / emailliertes Glas || ~ **hide** (Leather) / Emailleleder *n* || ~ **paper** (Paper) / gestrichenes Papier (z.B. Kunstdruck- und Chromopapier), Streichpapier *n* || ~ **wire** (Elec Eng) / lackisolierter Draht, Lackdraht *m* (ein Wickeldraht), emaillierter Draht
**enameling kiln** / Emailbrennofen *m* || ~ **kiln** (in which porcelain enamels are fired) (Ceramics) / Emaillierofen *m*, Emailofen *m* || ~ **pigment** / Emailfarbkörper *m* || ~ (**steel**) **sheet** (Met) / Emaillierblech *n* (ein Stahlblech, das sich zum Emaillieren eignet) || ~ **steel** (Met) / Emaillierblech *n* (ein Stahlblech, das sich zum Emaillieren eignet)

**enamel paint*** (Build, Paint) / Emaillelackfarbe f, Emaillelack m (Lackfarbe zum Erzeugen einer hochglänzenden, gut verlaufenden Lackierung nach DIN 55945) || ~ **paper** (Paper) / Glanzpapier n, Glacépapier n || ~ **paper** (Paper) / gestrichenes Papier (z.B. Kunstdruck- und Chromopapier), Streichpapier n || ~ **printing** (Textiles) / Lackdruck m || ~ **process** / Emailkopierverfahren n (zur Gruppe der Chromatkolloidkopierverfahren gehörendes Negativ-Kopierverfahren) || ~ **scrapings** pl (porcelain enamel recovered from spray booths, dip tanks, settling tanks, and other sources, which are suitable for reconditioning for future use) (Ceramics) / Emailrücklauf m || ~ **slip** (Ceramics) / Emailschlicker m || ~ **varnish** (Build, Paint) / Emaillelackfarbe f, Emaillelack m (Lackfarbe zum Erzeugen einer hochglänzenden, gut verlaufenden Lackierung nach DIN 55945)
**enamelware** f / Emailwaren pl
**enamides** pl (Chem) / Enamide n pl (Gruppenbezeichnung für ungesättigte Säureamide)
**enamines** pl (Chem) / Enamine n pl (Gruppenbezeichnung für ungesättigte Amine, die auch als vinyloge Amine aufgefasst werden können)
**enanthic acid** (Chem) / Heptansäure f, Önanthsäure f
**enantiomer** n (Chem) / Enantiomer n (Stereoisomer, das zu einem anderen Enantiomer spiegelbildlich steht und nicht zur Deckung gebracht werden kann), Antimer n, Spiegelbildisomer n, optisches Isomer, optischer Antipode
**enantiomeric excess** (Chem) / Enantiomerenüberschuss m (der Anteil eines reinen Enantiomers in einem Gemisch, dessen übriger Teil das Razemat der Verbindung ist) || ~ **excess** (Chem) s. also optical purity
**enantiomerism*** n (Chem) / Enantiomerie f (eine Form der Stereoisomerie, insbesondere der Chiralität von Molekülen)
**enantiomerization** n (Chem) / Enantiomerisierung f (bei einzelnen Molekülen)
**enantiomorph** n (Chem) / Enantiomer n (Stereoisomer, das zu einem anderen Enantiomer spiegelbildlich steht und nicht zur Deckung gebracht werden kann), Antimer n, Spiegelbildisomer n, optisches Isomer, optischer Antipode
**enantiomorphism*** n (Chem, Min) / Spiegelbildisomerie f, Enantiomorphie f (wenn sich die Enantiomerie auch im spiegelbildlichen Bau von Kristallen ausdrückt)
**enantioselective** adj (Chem) / enantioselektiv adj || ~ (Chem) s. also stereoselective || ~ **synthesis** (Chem) / enantioselektive Synthese
**enantiotopic** adj (Chem) / enantiotop adj || ~ **group** (Chem) / enantiotope Gruppe
**enantiotropy** n (Chem) / Enantiotropie f (die Erscheinung, dass zwei Modifikationen reversibel ineinander umwandelbar sind)
**enargite*** n (Min) / Enargit m (wichtiges Kupfererz)
**en-block dialling** (Teleph) / Blockwahl f (ein Leistungsmerkmal)
**en-bloc signalling** (Teleph) / Blockwahl f (ein Leistungsmerkmal)
**encapsulate** v / einschließen v (in Vergussmasse) || ~ / einkapseln v, verkapseln v, abkapseln v, kapseln v || ~ (Acous) / einhausen v (Schallquelle)
**encapsulated adhesive** / gekapselter Klebstoff || ~ **machine** (Elec Eng) / Maschine f mit vergossener Wicklung || ~ **network** (Telecomm) / Netz n im Netz (ein nach innen geschlossenes, von außen zugängliches Netzwerk) || ~ **PostScript** (Comp) / Encapsulated PostScript n (ein standardisiertes Datenformat, welches den Austausch von PostScript-Bilddaten zwischen verschiedenen Anwendungsprogrammen erlaubt), EPS || ~ **transformer** (Elec Eng) / Transformator m mit vergossener Wicklung
**encapsulation** n (Acous) / Einhausung f (der Schallquelle) || ~ (Comp) / Einkapselung f (objektorientierte Implementierungsmethode, bei der Daten und Funktionslogik eines Funktionsbausteins in einem Objekt zusammengefasst werden; dieses kann über prädefinierte Nachrichten mit anderen Objekten kommunizieren), Encapsulation f (Einkapselung), Kapselung f || ~ (Comp) / Encapsulation f (Router-Verfahren, bei dem Pakete eines Protokolls in Pakete eines fremden Protokolls eingebettet und diese dann durch das Fremdnetz geschleust werden) || ~ (Eng) / Einkapselung f, Kapselung f || ~ **layer** (Electronics) / Verkappungsschicht f
**encase** v (Build, Eng) / umkleiden v, verkleiden v (ummanteln), ummanteln v, umhüllen v, bekleiden v || ~* (Eng) / einschließen v (in ein Gehäuse), einhausen v, mit einem Gehäuse versehen, ummanteln v, verkleiden v
**encased knot** (a knot whose rings of annual growth are not intergrown with those of the surrounding wood) (For) / eingewachsener Ast || ~ **magnet** (Mag) / Mantelmagnet m
**encastered*** adj (Build) / eingespannt adj (Träger)
**encastré*** adj (Build) / eingespannt adj (Träger)
**encaustic painting*** (Build) / Enkaustik f (Wachsmalerei) || ~ **tile** (Build) / glasierter Dachziegel || ~ **tile*** (Build) / glasierte Fliese
**encephalin** n (Biochem, Physiol) / Enkephalin n (ein körpereigenes Peptid im Gehirn), Encephalin n

**encephalography*** n (Radiol) / Enzephalografie f (Röntgenografie des Gehirns)
**encipher** v / verschlüsseln v, chiffrieren v
**enciphered telephony** (Teleph) / verschlüsseltes Fernsprechen
**encircling coils** (Materials) / Durchlaufspulen f pl, Außen-Durchlaufspulen f pl (die das zu untersuchende Teil umgeben)
**Encke division** (Astron) / Encke'sche Teilung f (die wichtigste, ca. 200 km breite Teilung im A-Ring von Saturn, nach J.F. Encke, 1791 - 1865), Encke-Keeler-Teilung f
**enclose** v / umbauen v (Partizip: umbaut) || ~ / einkapseln v, verkapseln v, abkapseln v, kapseln v || ~ / einfrieden v, einfriedigen v
**enclosed arc** (Elec Eng) / eingeschlossener Lichtbogen || ~ **arc lamp** / Dauerbrandlampe f (die unter Luftabschluss betrieben wird) || ~ **blister** (Paint) / ungeplatzte Blase || ~ **fuse** (US)* / Patronensicherung f, Sicherungspatrone f || ~ **fuse** (Elec Eng) / gekapselte Sicherung || ~ **motor** (Eng) / gekapselter Motor, Kapselmotor m || ~ **resistance welding** (Welding) / Kammerschweißen n
**enclosed-scale thermometer** (Chem) / Einschlussthermometer n (bei dem ein dünnes Kapillarröhrchen in einem Umhüllungsrohr eingeschlossen ist, meist zusammen mit dem Skalenträger)
**enclosed self•-cooled machine*** (Elec Eng) / geschlossene selbstkühlende Maschine, gekapselte selbstbelüftete Maschine || ~ **self-ventilation** (Elec Eng) / Kühlung f im offenen Kreislauf, Durchzugskühlung f (bei der das Kühlmittel durch das Innere der Maschine strömt), Durchzugsbelüftung f || ~ **separately ventilated machine** (Elec Eng) / gekapselte fremdbelüftete Maschine || ~-**ventilated*** adj (Elec Eng) / durchzugbelüftet adj, mit Außenbelüftung
**enclose with pales** / einpfählen v, mit Pfählen umgeben
**enclosing** n (Elec Eng) / Gehäuse n || ~ **wall** (Build) / Umfassungswand f (Außenwand eines Gebäudes)
**enclosure** n / Einfassung f, Rand m, Randabschluss m || ~ / Einhausung f (bei Öfen) || ~ (Acous) / geschlossener Raum || ~ (Build) / Umbauung f || ~ (Elec Eng) / Gehäuse n (der elektrischen Maschine) || ~ (Eng) / Einkapselung f, Kapselung f || ~ (Eng) / Gehäuse n || ~ **compound** (Chem) / Klathrat n (Einschlussverbindung mit käfigartigen Hohlräumen), Klathratverbindung f, Clathrat n, Käfigeinschlussverbindung f, Inklusionsverbindung f
**encode*** v / kodieren v, codieren v
**encoder** n / Kodierer m (ein Kodeumsetzer)
**encoding** n / Kodieren n, Kodierung f, Codieren n, Codierung f
**encompass** v / einschließen v (umfassen), umfassen v
**encounter complex** (Chem) / Übergangszustand m (eine transiente Spezies in der Reaktionstechnik, aktivierter Komplex, Begegnungskomplex m
**encrinal limestone*** (Geol) / Krinoidenkalk m, Crinoidenkalk m
**encrinital limestone** (Geol) / Krinoidenkalk m, Crinoidenkalk m
**encroachment** n (Geol, Ocean) / Transgression f (Vorrücken des Meeres in Landgebiete), positive Strandverschiebung || ~ (Oils) / Eindringen n, Vordringen n (des Wassers in Speicherhorizonte)
**encrust** v / verkrusten v, mit einer Kruste (einem harten Belag) versehen || ~ vt / überkrusten v, mit einer Kruste überziehen, inkrustieren v
**encrustant** n (Chem) / Krustenbildner m, Inkrustsubstanz f
**encrustating material** (Chem) / Krustenbildner m, Inkrustsubstanz f
**encrustation** n / Verkrustung f, Krustenbildung f || ~ (Eng) / Rohransatz m (Schicht, die sich in den Rohren angesetzt hat) || ~ (For, Join) / Inkrustation f (Einlegearbeit, z.B. bei den Möbeln) || ~ (Geol) / Inkrustation f (Krustenbildung), Inkrustierung f
**encrypt** v / verschlüsseln v, chiffrieren v
**encrypted message** (Telecomm) / verschlüsselte Nachricht
**encryption** n / (konkrete) Verschlüsselung f, Chiffrierung f || ~ **algorithm** (Comp) / Verschlüsselungsalgorithmus m, Chiffrieralgorithmus m (die Menge der Vorschriften, die die Art der kryptografischen Transformation festlegen)
**-end** (e.g. 5-end satin) (Textiles) / bündig adj (z.B. 5-bündiger Atlas) || ~ v / enden v || ~ n / Anfangsstück n || ~ / Ende n || ~ / Stirn f, Stirnfläche f || ~ / Ende n (Spitze), Spitze f || ~ / Ende n (Endzeitpunkt), Beendigung f, Schluss m || ~ (Eng) / Boden m (des Dampferzeugers) || ~ (of a belt) (Eng) / Trum m n (der Riemenstrang beim Riemengetriebe), Riementrum n n || ~* (Mining) / Stoß m (Angriffsfläche für die Gewinnung), Kohlenstoß m, Ortsstoß m, Kohlegewinnungsstoß m || ~ (Mining) / Ort n (pl. Örter) (Stelle im Bergwerk mit einem bergbautechnischen Zweck) || ~ (Rail) / Stirnwand f || ~* (Weaving) / Kettfaden m (einzelner) || **at the ~ of one calendar year** / mit Ablauf eines Kalenderjahres || ~ **address** (Comp) / Endadresse f
**end-address register** (Comp) / Endadressregister n, EAR

end anchorage

**end anchorage** (Civ Eng) / Endverankerung f (im Spannbeton) ‖ **~-and-end** n (Weaving) / Doppelkette f aus abwechselnd aufgenommenen Kettfäden
**endangered** adj / gefährdet adj ‖ **~ species** (Ecol, Zool) / [durch Aussterben] bedrohte Tierart f
**end-arch brick** (Arch, Build, Ceramics) / Bogenstein m, Schlussstein m (Scheitelstein eines Bogens), Scheitelstein m
**end-around carry** (Comp) / Endübertrag m, Rückwärtsübertrag m, Übertrag des Überlaufs in die niederste Stelle m ‖ **~ shift*** (Comp) / zyklische Stellenwertverschiebung, zyklische Stellenverschiebung, zyklisches Verschieben, zyklische Verschiebung ‖ **shift*** (Comp) / Endverschiebung f, Ringschieben n, Ringshift m
**end atom** (Chem) / endständiges Atom ‖ **~ bearing** (Civ Eng) / Endlager n (Brückenlager, welches sich auf einem Widerlager befindet) ‖ **~ bearing** (Eng) / Endlager n
**end-bearing pile** (Civ Eng) / stehender Pfahl, Spitzendruckpfahl m (der die Last mit seiner Spitze auf die tragfähige Schicht überträgt) ‖ **~ resistance** (Civ Eng) / Kegelwiderstand m (bei der Bodenuntersuchung)
**end bell*** (Elec Eng) / Läuferkappe f, Endkappe f (eines Läufers) ‖ **~ bracket*** (Eng) / Lagerbrücke f ‖ **~ brake** (Rail) / Schlussbremse f ‖ **~ breakage** (Weaving) / gerissene Fäden, Fadenbrüche m pl (meistens Schussfäden) ‖ **~-centred** adj (Crystal) / einfach flächenzentriert ‖ **~ character** (Comp) / Endezeichen n, Endsymbol n ‖ **~ check** (a seasoning check occurring on the end of a board or other piece of wood) (For) / Stirnriss m, Endriss m ‖ **~ cloth** (Textiles) / Vorläufer m (in der Textilfärbung) ‖ **~ coaming** (Ships) / Quersüll m n (einer stählernen Luke) ‖ **~ consumer** (Eng) / Endverbraucher m, Letztverbraucher m ‖ **~ contraction** (Hyd Eng) / Seiteneinschnürung f ‖ **~ cover** (Autos, Elec Eng) / Verschlusskapsel f (zum Schutz der Kommutator- bzw. Schleifringseite von umlaufenden Maschinen) ‖ **~ crater** (Welding) / Endkrater m (trichterförmig eingesunkenes Ende einer durch Schmelzschweißen erzeugten Naht), Krater am Schweißnahtende m ‖ **~ credits** (Cinema) / Abspann m (im Anschluss an die Film- und/oder Videoproduktion), Nachspann m
**end-cutting nippers** (Tools) / Vornschneider m (DIN ISO 5742) ‖ **~ pliers** (Tools) / Vornschneider m (DIN ISO 5742) ‖ **~ reamer** (US) (Eng) / Stirnreibahle f (zum Reiben von Sacklöchern)
**end-cut turning tool** (Eng) / Stirndrehmeißel m (DIN 4977)
**end dumper** (Autos, Civ Eng) / Hinterkipper m
**end-dump truck** (US) (Autos, Civ Eng) / Hinterkipper m
**end effect** (Elec Eng) / Randeffekt m (z.B. Streufeld am Plattenkondensator) ‖ **~ elevation** (Eng) / Seitenriss m
**endellionite*** n (Min) / Bournonit m, Rädelerz n
**endemic*** adj (Med) / endemisch adj (auf ein enges Gebiet begrenzt - von Krankheiten) ‖ **~*** (Med) s. also epidemic
**endergonic process** (Chem) / endergonischer Vorgang (der sich durch einen positiven Wert der freien Reaktionsenthalpie auszeichnet)
**end face** / Stirnfläche f (z.B. eines Werkstückes) ‖ **~ face** (Eng) / Planfläche f
**end-facing** n (Eng) / Flachsenken n, Plansenken n, Stirnsenken n, Flachsenkverfahren n, Plansenkverfahren n, Stirnsenkverfahren n ‖ **~** (Eng) / Stirnflächenplanen n
**end-feather brick** (Arch, Build, Ceramics) / Federkantenstein f (an einer Breitseite abgeschrägter Stein) ‖ **~ brick** (Arch, Build, Ceramics) s. also end skew (brick)
**end feed** (Radio) / Fußpunktspeisung f ‖ **~ finger** (Elec Eng) / Druckfinger m (eine im Zahnbereich eines Läuferendblechs elektrischer Maschinen wirkende, meist angeschweißte Versteifung zur Übertragung der Presskraft)
**end-fire aerial array*** (Radar, Radio) / Längsrichtstrahler m ‖ **~ antenna** (Radio) / Längsstrahler m (dessen Gewinn durch einen dem Speiseelement gegenüberliegenden ebenen Reflektor erhöht wird) ‖ **~ array*** (Radar, Radio) / Längsrichtstrahler m
**end-fired** (tank) **furnace** (Glass) / U-Flammenwanne f, Umkehrflammenwanne f, Stirnbrennerwanne f
**end-fire direction** (Radar) / Längsstrahlrichtung f (in der Antennenebene bei speziellen Gruppenantennen)
**end-fixed** adj (Build) / eingespannt adj (Träger)
**end flange** (Build) / Ausleger m (über die Unterstützung hinausragender Träger oder hinausragende Tragwerksteile) ‖ **~ gauge*** (Eng) / Parallelendmaß n (ein Längenmaß-Normal nach DIN 861), Endmaß n (mit rechteckigem Querschnitt und parallelen Messflächen - DIN EN ISO 3650)
**end-gauge interferometer** (Optics) / Interferenzkomparator m (ein Messgerät)
**end grain** (For) / Hirnschnitt m, Querschnitt m (des Holzes)
**end-grain cutting** (For) / Hirnschnitt m, Querschnitt m (des Holzes) ‖ **~ nailing** (Carp) / Hirnholznagelung f, Einschlagen n der Nägel in das Hirnholz
**end group** (Chem) / endständige Gruppe, Endgruppe f
**end-group analysis** (Chem) / Endgruppenbestimmung f

**end-hats*** pl (Electronics) / Abschlussschirme m pl (bei einem Magnetron)
**ending*** n (Textiles) / Endenungleichheit f (beim Färben)
**end joint** (For, Join) / Querfuge f (bei Furnieren) ‖ **~ knob** (Build) / Endknopf m (z.B. für Treppenstangen) ‖ **~ lap** (Surv) / Längsüberdeckung f ‖ **~ launching** (Ships) / Längsablauf m (ein Stapellauf), Längsstapellauf m
**end-leaf paper** (Bind, Print) / Vorsatzpapier n
**endless** adj / endlos adj ‖ **~ chain** (Eng) / geschlossene Kette, endlose Kette
**endless-chain fertilizer distributor** (Agric) / Kettendüngerstreuer n
**endless chain transporter** (Eng) / Kettenbahn f (ein Stetigförderer) ‖ **~ conveyor** (Eng) / Kreisförderer m (meistens mit einer endlosen Kette) ‖ **~ crawler track** (Autos, Civ Eng, Eng, Mil) / Gleiskette f, Raupenkette f, Raupe f (Raupenkette), Kette f (Raupenkette) ‖ **~ felt** (Paper) / Filzschleife f ‖ **~ floor** (Agric) / Rollboden m (z.B. des Stalldungstreuers) ‖ **~ form** (Comp) / Endlosvordruck m, Endlosformular n, Endlospapier n ‖ **~ loop** (Cinema) / Endlosschleife f (DIN 45 510), endlose Filmschleife, endlose Schleife ‖ **~ loop** (Comp, Mag) / Endlosband n, endloses Band (eine Magnetbandkassette), Bandschleife f ‖ **~ rope haulage*** (Mining) / Seilbahnförderung f, Förderung f mit geschlossenem Seil ‖ **~ saw*** / Bandsäge f, Bandsägemaschine f ‖ **~ wire** (Paper) / Endlossieb n ‖ **~ woven felt** (Paper, Print) / rundgewebter Filz, Manchon m, Filzschlauch m (als Überzug auf Walzen), Filzärmel m
**end link*** (Eng) / Endglied n (der Kette) ‖ **~ liquor** (Leather) / Endbrühe f (Farbengang) ‖ **~ loader** (Eng) / Frontstapler m
**end-loading siding** (Rail) / Gleisstumpf m, Kopfgleis n
**end marking** (Comp) / Endmarkierung f ‖ **~ match** (For) / Endprofil n ‖ **~-matter** n (Typog) / Anhang m (Schlussbogen als Gegensatz zum Titelbogen)
**end-member** n (Min) / Endglied n (einer Reihe)
**end mill*** (Eng) / Schaftfräser m (mit Zylinderschaft nach DIN 844 und mit Morsekegel nach DIN 845), Fingerfräser m ‖ **~ mill** (US)* (Eng) / Nuten-Schaftfräser m, Langlochfräser m ‖ **~ milling** (Eng) / Stirnfräsen n (die Werkstückfläche wird von an der Stirnseite des Werkzeuges liegenden Schneide erzeugt - nach DIN 6580), Stirnen n (die Fräserachse liegt senkrecht zur Arbeitsfläche) ‖ **~ moraine** (Geol) / Endmoräne f, Stirnmoräne f ‖ **~ node** (AI) / terminaler Knoten, Endknoten m
**endocarp*** n (Bot) / Endokarp n (die innerste Schale der Fruchtwand)
**endocrine*** adj (Physiol) / endokrin adj, innersekretorisch adj, mit innerer Sekretion ‖ **~ gland** (Physiol) / endokrine Drüse, inkretorische Drüse, Drüse f mit innerer Sekretion ‖ **~ gland** (Physiol) s. also exocrine gland
**endocrinology** n (Med, Physiol) / Endokrinologie f (Lehre von den endokrinen Drüsen)
**endocyclic double bond** (Chem) / endocyclische Doppelbindung, endozyklische Doppelbindung
**endoderm*** n (Zool) / inneres Keimblatt, Entoderm n, Darmblatt n
**endodynamic soil** (Geol) / endodynamomorpher Boden (dessen Eigenschaften durch innere Einflüsse bestimmt werden)
**endodynamomorphic soil** (Geol) / endodynamomorpher Boden (dessen Eigenschaften durch innere Einflüsse bestimmt werden)
**endodyne*** n (Radio) / Selbstüberlagerer m, Autodyn n
**endoenergetic process*** (Chem, Nuc) / endoergetischer Prozess (eine nukleare oder thermische Reaktion)
**endoenzyme** n (Biochem) / Endoenzym n (das seine Wirksamkeit während des Lebens nur innerhalb der Zelle entfaltet)
**endoergic** adj (Phys) / endergonisch adj (Energie verbrauchend), endoenergetisch adj ‖ **~ collision** (Phys) / Stoß m erster Art ‖ **~ process** (Chem, Nuc) / endoergetischer Prozess (eine nukleare oder thermische Reaktion) ‖ **~ process*** (Phys) / endothermer Prozess
**endo-exo configuration*** (Chem) / Endo-Exo-Isomerie f (z.B. bei Brückenringsystemen vom Kamphantyp)
**end of beam** (Build) / Balkenkopf m (das in oder auf einer Wand liegende oder über diese hinausragende Ende eines Balkens) ‖ **~ of block** (Comp) / Blockende n ‖ **~ of block section** (Rail) / Zugfolgestelle f, Blockstelle f (die die Strecke in Blockabschnitte unterteilt) ‖ **~ of data** (Comp) / Datenende n ‖ **~ of fabric** (Textiles) / Stoffrest m, Stoffabschnitt m (zweiter Qualität) ‖ **~ of file** (Comp) / Dateiende n, Dateiabschluss m
**end-of-file label** (Comp) / Dateiendetikett n, Dateiende-Kennsatz m, Dateinachsatz m, Trailer-Etikett n ‖ **~ marker*** (Comp) / Dateiendemarke f
**end of image** (Comp, Telecomm) / Ende n des Bildes ‖ **~ of job** (Comp) / Auftragsende n (DIN 66 200-1), Jobende n ‖ **~ of life** / Lebensdauerende n, Ende n der Lebensdauer, Ende n der Funktionsfähigkeit ‖ **~ of line** (Comp, Print) / Zeilenende n
**end-of-line character** (Comp) / Zeilenendezeichen n ‖ **~ decision** (Comp) / Umbruchentscheidung f am Zeilenende (bei automatischen

Trennungsprogrammen) ‖ ~ **test** (Work Study) / Endabnahme *f*, Fertigungsendprüfung *f*
**end of medium** (Comp) / Ende *n* der Aufzeichnung (DIN 66 303)
**end-of-medium character** (Comp) / Datenträgerendezeichen *n*
**end of message** (Comp) / Nachrichtenende *n*
**end-of-message signal** (Telecomm) / Nachrichtenschlusszeichen *n*, Nachrichtenendekriterium *n* ‖ ~ **signal** (Telecomm) / Meldungsschlusszeichen *n*
**end of motorway** (Autos) / Ende der Autobahn (ein Verkehrszeichen nach StVO) ‖ ~ **of page** (Comp, Print) / Seitenende *n*
**end-of-paper warning** (Comp) / Papieralarm *m*
**end of priority** (Autos) / Ende der Hauptstraße (ein Verkehrszeichen) ‖ ~ **of program** (Automation, Comp, Eng) / Programmende *n* ‖ ~ **of record** (Comp) / Satzende *n*
**end-of-reel marker** (Comp) / Spulenendemarke *f*
**end of restriction** (Autos) / Ende einer Verbotsstrecke (ein Verkehrszeichen) ‖ ~ **of run** (Chem Eng) / Ende *n* der Betriebsperiode ‖ ~ **of run** (Comp) / Ende *n* des Laufs ‖ ~ **of seam** (Welding) / Nahtende *n*
**end-of-selection signal*** (Teleph) / Wahlendezeichen *n* (DIN 44302), WEZ (Wahlendezeichen)
**end of stroke** (Eng) / Hubende *n* ‖ ~ **of tape** (physical) (Comp) / Bandende *n*
**end-of-tape marker** (Comp) / Bandendemarke *f* (DIN 66 010)
**end of text** (Comp) / Ende *n* des Textes (ein CCITT-Steuerzeichen für Datenübertragung), Textende *n*
**end-of-text character** (Comp) / Textendezeichen *n*
**end of thread** (Eng) / Gewindeauslauf *m* (DIN 76) ‖ ~ **of transmission** (Comp) / Ende der Übertragung (ein CCITT-Steuerzeichen für Datenübertragung) ‖ ~ **of volume** (Comp) / Datenträgerende *n*
**end-of-word character** (Comp) / Wortendezeichen *n* ‖ ~ **mark** (Comp) / Wortendezeichen *n*
**endogas** *n* (Met) / Endogas *n* (durch endotherme Umsetzung von Brenngas mit Luft aufbereitetes Schutz- und Reaktionsgas für die Wärmebehandlung metallischer Werkstoffe)
**endogenetic** *adj* (Bot, Geol) / endogen *adj*
**endogenic** *adj* (Bot, Geol) / endogen *adj*
**endogenous** *adj* (Biol) / körpereigen *adj* ‖ ~* (Bot, Geol) / endogen *adj* ‖ ~ **rhythm** (Biol) / physiologische Uhr (endogener Tagesrhythmus), innere Uhr
**endomorphism** *n* (Geol) / Endomorphose *f* ‖ ~ (Maths) / Endomorphismus *m*
**end-on** *n* (Mining) / bankrechter Abbau (rechtwinklig zum Hangenden oder Liegenden)
**end-on*** *attr* (Mining) / mit senkrecht zu den Schlechten gestellter Abbaufront (Abbau) ‖ ~ **aerial array** (Radar, Radio) / Längsstrahler *m*
**endoparasite*** *n* (Biol) / Endoparasit *m* (pl. -en)
**ENDOR** (technique) (Nuc, Spectr) / Elektron-Kern-Doppelresonanz *f*, ENDOR-Technik *f* (eine Doppelresonanzmethode)
**endoradiosonde*** *n* (Med) / Endoradiosonde *f* (z.B. Heidelberger Kapsel), Intestinalsender *m*
**endorphin*** *n* (Biochem, Physiol) / Endorphin *n* (ein Eiweißstoff) ‖ ~* (Biochem, Physiol) s. also opioid peptide
**endorsement** *n* (AI) / Bestätigung *f* (bei der Repräsentation von Ungewissheit), Beipflichtung *f* ‖ ~ (GB) (Autos) / Eintragung *f* im Führerschein (bei Verkehrsstößen)
**endoscope*** *n* (Autos) / Endoskop *n* (z.B. zur Kontrolle der Hohlraumversiegelung) ‖ ~* (Med) / Endoskop *n* (zur direkten Untersuchung von Körperhöhlen und Hohlorganen) ‖ ~* (Met) / Endoskop *n*, Innensehgerät *n* (z.B. für Rohre), Inneninspektionsgerät *n*
**endosmosis** *n* (pl. endosmoses) (Chem) / Endosmose *f* (das Eindringen einer Flüssigkeit aus der Umgebung in einen von porösen Wänden umschlossenen Raum)
**endosperm*** *n* (Bot) / Endosperm *n*, Nährgewebe *n*
**endothermal** *adj* (Phys) / endotherm *adj*, endotherm *adj*
**endothermic*** *adj* (Phys) / endothermisch *adj*, endotherm *adj* ‖ ~ **atmosphere** (Met) / Endogas *n* (durch endotherme Umsetzung von Brenngas mit Luft aufbereitetes Schutz- und Reaktionsgas für die Wärmebehandlung metallischer Werkstoffe) ‖ ~ **gas** (Met) / Endogas *n* (durch endotherme Umsetzung von Brenngas mit Luft aufbereitetes Schutz- und Reaktionsgas für die Wärmebehandlung metallischer Werkstoffe) ‖ ~ **process*** (Heat, Phys) / endothermer Prozess
**endotoxin*** *n* (Bacteriol, Biol) / Endotoxin *n* (ein bakterielles Toxin)
**end out** (Weaving) / fehlender Kettfaden ‖ ~ **out** (Weaving) s. also ends down
**endpapers*** *pl* (Bind, Print) / Vorsätze *n pl* (die meist an Titel- und Endbogen angeklebten, mitunter auf der Innenseite bedruckten Doppelblätter, welche dazu beitragen, die Verbindung zwischen Buchblock und Buchdecke herzustellen) ‖ ~* (Bind, Print) s. also self-endpapers
**end pier** (Civ Eng) / Landpfeiler *m* (Pfeiler einer Flussbrücke, welcher sich an Land befindet - Gegensatz zu Strompfeiler), Endpfeiler *m* (der Brücke), Uferpfeiler *m* (der Brücke), Schipfe *f* (schweizerischer Ausdruck für einen Landpfeiler) ‖ ~ **plate** (Electronics, Phys) / Spiegel *m* (des Lasers) ‖ ~ **plate** (Eng) / Endplatte *f*, Stirnplatte *f* ‖ ~ **play** (Elec Eng, Eng) / Axialspiel *n* (Längsspiel der Welle) ‖ ~ **play** (Eng) / Leerlauf *m*, toter Gang (des Gewindes) ‖ ~ **plug** (Eng) / Stopfen *m*, Stöpsel *m*, Pfropfen *m*, Verschlussstopfen *m* ‖ ~ **point** (Automation, Eng) / Endpunkt *m*, Endstellung *f* ‖ ~ **point*** (Chem) / Umschlagspunkt *m*, Endpunkt *m* (in der Volumetrie) ‖ ~ **point** (Chem, Phys) / Siedepunkt *m* (Siedeende), SE (Siedeendpunkt), Siedeendpunkt *m*, Siedeende *n*, Endkochpunkt *m* ‖ ~ **point** (Maths) / Randpunkt *m* ‖ ~ **point** (Plastics) / Rohrbruch *m*
**end-point detection** (Automation, Chem, Eng) / Endpunktbestimmung *f* ‖ ~ **determination** (Automation, Chem, Eng) / Endpunktbestimmung *f* ‖ ~ **gasoline** (US) (Oils) / Benzin *n* mit definierten Siedegrenzen ‖ ~ **location** (Automation, Chem, Eng) / Endpunktbestimmung *f* ‖ ~ **reference electrode** (Chem) / Endpunktbezugselektrode *f*
**end-port furnace** (Glass) / U-Flammenwanne *f*, Umkehrflammenwanne *f*, Stirnbrennerwanne *f*
**end preparation** (Welding) / Fugenvorbereitung *f* (bei Bandeisen und Rohren) ‖ ~ **product** / Enderzeugnis *n*, Endprodukt *n*, Finalerzeugnis *n*, Finalprodukt *n* ‖ ~ **product*** (Nuc) / Schlussglied *n* der radioaktiven Zerfallsreihe
**end-product inhibition** (Biochem) / Rückkopplung *f* (von Inhibitoren), Feedback-Hemmung *f* (am Ende eines Stoffwechsels), Endproduktthemmung *f*, Rückkopplungshemmung *f*, Feedback-Inhibierung *f* (am Ende eines Stoffwechsels)
**end protection** (For) / Hirnendenschutz *m* (bei der Schnittholztrocknung sowie bei der Rundholzlagerung)
**end-quench hardenability test** (Eng) / Stirnabschreckversuch *m* (nach Jominy), Jominy-Versuch *m* (zur Beurteilung der Härtbarkeit von Stählen oder zur Aufstellung von ZTU-Bildern)
**end·-quench test*** (Eng) / Stirnabschreckversuch *m* (nach Jominy), Jominy-Versuch *m* (zur Beurteilung der Härtbarkeit von Stählen oder zur Aufstellung von ZTU-Bildern) ‖ ~ **radiation** (Radiol, Spectr) / Grenzwellenlänge *f*
**end-reflection loss** (Acous) / Dämpfung *f* durch Reflexion an einem Kanalende
**end relief** (Eng) / Endrücknahme *f* (DIN 868)
**endrin*** *n* (Chem) / Endrin *n* (ein Cyclodien-Insektizid und Rodentizid, das in Deutschland nicht zugelassen ist)
**end-ring** *n* (of a squirrel-cage rotor) (Elec Eng) / Kurzschlussring *m*
**ends** *pl* (Carp, For) / Abschnitte *m pl*, Ablängreste *m pl* ‖ ~ **down*** (Weaving) / gerissene Kettfäden
**end sealing** (Plastics) / Verschlussschweißen *n* (von Beuteln) ‖ ~ **seam** (Nut) / Deckelfalz *m* (der Konservendose), Bodenfalz *m* (der Konservendose) ‖ ~ **shake** (Carp, For) / Hirnholzriss *m* ‖ ~ **shake** (For) / Hirnholzriss *m*, Stirnflächenriss *m* ‖ ~ **shears** (Met) / Schopfschere *f* (z.B. eine Kreismesser-, Pendel- oder Kurbelschere)
**endsheets** *pl* (US) (Bind, Print) / Vorsätze *n pl* (die meist an Titel- und Endbogen angeklebten, mitunter auf der Innenseite bedruckten Doppelblätter, welche dazu beitragen, die Verbindung zwischen Buchblock und Buchdecke herzustellen)
**end shield*** (Elec Eng) / Gehäuseschild *m*, Lagerschild *m* ‖ ~ **skew** (brick) (Build, Ceramics) / Pfeilereckstein *m* (70°), Widerlagerstein *m* (45°) ‖ ~ **span** (Civ Eng) / Endfeld *m pl* (ein Brückenfeld) ‖ ~ **split** (For) / Endriss *m* (im Schnittholz) ‖ ~ **spring*** (Elec Eng) / Federelement *n* zur Vibrationsunterdrückung (in Bleiakkumulatoren) ‖ ~ **standard** (Phys) / Endmaßstab *m* (die Verkörperung einer Längeneinheit; die Länge ist dabei durch den Abstand der Endflächen gegeben) ‖ ~ **step** (Build) / Austrittsstufe *f*, letzte Stufe (eines Treppenlaufs) ‖ ~ **support** (Build, Mech) / Endauflager *n* (bei einem Durchlaufträger) ‖ ~ **switch** (Elec Eng) / Endschalter *m*, Endlagenschalter *m*, Grenzwertschalter *m* (binärer Schalter, der beim Überschreiten von Endlagen betätigt wird) ‖ ~ **symbol** (Comp) / Endezeichen *n*, Endsymbol *n* ‖ ~ **tape marker** (Comp) / Bandendemarke *f* (DIN 66 010) ‖ ~ **tipper** (Autos, Civ Eng) / Hinterkipper *m*
**end-tipping lorry** (Autos, Civ Eng) / Hinterkipper *m*
**end titles** (Cinema) / Abspann *m* (im Anschluss an die Film- und/oder Videoproduktion), Nachspann *m* ‖ ~ **titles** (Cinema) / Endetitel *m pl* (Titel am Ende des Films)
**end-to-end** *n* (Weaving) / Doppelkette *f* aus abwechselnd aufgenommenen Kettfäden ‖ ~ **compatibility** (Telecomm) / durchgehende Verträglichkeit ‖ ~ **dimension** (Eng) / Baulänge *f* (bei Armaturen mit Gewindeanschlüssen oder Einschweißenden) ‖ ~ **encryption** (Comp) / Verschlüsselung *f* von Daten von Endstelle zu Endstelle, Übermittlungsverschlüsselung *f* ‖ ~ **scavenging** (Autos) / Gleichstromspülung *f* (mit Auslassventilen, mit Gegenkolben - bei

**end-to-end**

Zweitaktmotoren) ‖ ~ **signalling** (Telecomm) / durchgehende Zeichengabe
**end turns** (Elec Eng) / Wicklungskopf *m*, Wickelkopf *m* ‖ ~ **up** *v* / enden *v*
**endurance** *n* (the capacity of something to last or to withstand wear and tear) / Dauerhaftigkeit *f* (DIN EN 335), Haltbarkeit *f* ‖ ~* (Aero) / Höchstflugdauer *f* ‖ ~ (of a tool) (Eng, Tools) / Lebensdauer *f* des Werkzeugs, Standzeit *f* (Standvermögen des Zerspanungswerkzeugs, ausgedrückt in Zeiteinheiten), Werkzeugstandzeit *f* (eine Standgröße eines Zerspanungswerkzeugs) ‖ ~ (Materials) / Lastspielzahl *f* (Prüfdauer bis zum vollen Durchbruch der Probe) ‖ ~ **crack** (Materials) / Daueranriss *m* ‖ ~ **limit*** (Materials, Mech) / Dauerschwingfestigkeit *f*, Dauerfestigkeit *f* ‖ ~ **limit at repeated stress** (between positive and negative values) (Materials) / Dauerschwingfestigkeit *f* (für die Mittelspannung Null) ‖ ~ **limit at repeated stress** (from zero to maximum positive or negative values) (Materials, Mech) / Schwellfestigkeit *f* (Sonderfall der Dauerfestigkeit für die Unterspannung Null) ‖ ~ **range*** (Materials) / Dauerschwingfestigkeit *f* (für die Mittelspannung Null) ‖ ~ **test** (Materials, Mech) / Dauertest *m*, Dauerprüfung *f* (durch die festgestellt werden soll, wie sich die Eigenschaften einer Einheit durch Beanspruchungen verändern, die über einen längeren Zeitraum einwirken - Zeitstandversuch oder Schwingversuch)
**end user** (Comp) / Endkunde *m* (meistens als Gegensatz zu OEM-Kunde), Endbenutzer *m*
**end-user computing** (Comp) / individuelle Datenverarbeitung, IDV ‖ ~ **goods** (US) / Konsumgüter *n pl* (welche vom Endverbraucher geoder verbraucht werden), Verbrauchsgüter *n pl*
**end wall** (of a glass-melting furnace) (Glass) / Stirnwand *f* (der Arbeitswanne)
**end-wall** (-located) (Glass) / einlegeseitig *adj* (Stirnwand)
**end windings** (Elec Eng) / Wicklungskopf *m*, Wickelkopf *m* ‖ ~ **window counter*** (Nuc) / Glockenzählrohr *n* (Geiger-Müller-Zählrohr mit einem Eintrittsfenster, das meistens mit einer dünnen Glimmerfolie bedeckt ist), Fensterzählrohr *n*
**en-echelon fault** (Geol) / Staffelbruch *m* (eine geologische Störung), Treppenverwerfung *f*, Schollentreppe *f* ‖ ~ **fold** (Geol) / Kulissenfalte *f*, Relaisfalte *f*
**enemy aircraft** (Aero, Mil) / feindliches Flugzeug
**energetic** *adj* (Phys) / energiereich *adj* (reich an Energie oder Energieträgern) ‖ ~ **manoeuvrability** (Aero, Mil) / energetische Manövrierbarkeit
**energetics*** *n* (Phys) / Energetik *f* (Lehre von den Gesetzmäßigkeiten der Energie und deren Umwandlungen)
**energise** *v* (GB) / speisen *v* (mit Energie), Energie zuführen ‖ ~ (GB) (Elec Eng) / erregen *v* (Relais) ‖ ~ (GB) (Elec Eng) / ans Netz legen, unter Strom setzen
**energize** *v* / speisen *v* (mit Energie), Energie zuführen ‖ ~ (Elec Eng) / erregen *v* ‖ ~ (Elec Eng) / erregen *v* (Relais) ‖ ~ (Elec Eng) / ans Netz legen, unter Strom setzen
**energized** *adj* (Elec Eng) / unter Strom (stehend), stromdurchflossen *adj*, Strom führend *adj*, stromführend *adj* ‖ ~ **electron** (Phys) / aktiviertes Elektron ‖ ~ **in field /phase/ rotation** (Radar, Radio) / drehfeldgespeist *adj* (Antenne)
**energizer** *n* (Elec Eng) / Kraftanlage *f*, Kraftzentrale *f* ‖ ~ (Pharm) / Energiepräparat *n*, Energiespender *m*, Präparat *n* mit hohem Energiewert
**energizing quantity** (Elec Eng) / Erregungsgröße *f* (bei Relais) ‖ ~ **winding** (Elec Eng) / Erregerwicklung *f* (eines Zusatztransformators, die Leistung an die Reihenwicklung abgeben soll)
**energy*** *n* (Phys) / Energie *f* (Arbeitsvermögen mit der SI-Einheit Joule) ‖ ~ **absorber** (Eng) / Energieabsorber *m*
**energy-absorbing** *adj* (Eng, Phys) / energieabsorbierend *adj* ‖ ~ **steering column** (Autos) / Lenksäule *f* mit Pralltopf (eine Sicherheitslenksäule), Lenksäule *f* mit Faltelementen, teleskopartig zusammenschiebbare Sicherheitslenksäule
**energy•-absorbing zone** (Autos) / [Aufprallenergie absorbierende] Knautschzone *f* ‖ ~ **absorption** (Eng, Phys) / Energieabsorption *f*, Energieaufnahme *f* ‖ ~ **at break** / Bruchenergie *f* ‖ ~ **balance*** (Biol) / Energieumsatz *m* ‖ ~ **balance** (Eng) / Energiebilanz *f*, Energiehaushalt *m* ‖ ~ **band*** (Nuc, Phys) / Energieband *n* (die durch einen festen Bandindex charakterisierten Energieeigenwerte eines Elektrons im kristallsymmetrischen Potential)
**energy-band model** (Phys) / Energiebändermodell *n*, Bändermodell *n* ‖ ~ **overlap** (Phys) / Energiebandüberlappung *f*
**energy barrier*** (Chem) / Energieschranke *f*, Energieberg *m*, Energiebarriere *f* ‖ ~ **blur** (Light) / Energieunschärfe *f*, Energiebandbreite *f* (die Darstellung der erlaubten und verbotenen Energiebereiche für Ladungsträger in einem Festkörper in Abhängigkeit vom Ort) ‖ ~ **capability** (Eng) / Arbeitsvermögen *n* (der Presse) ‖ ~ **capability** (Hyd Eng) / Arbeitsvermögen *n*

(Wasserkraftwerk) ‖ ~ **cascading** / Energiekaskade *f* (Projekt zur Verwendung nutzbarer Kraft in verschiedenen Verbrauchsstufen in der Weise, dass die Abfallenergie in der nächstfolgenden Stufe verwendet werden kann) ‖ ~ **chain** / Energiekette *f* (in der Energiewirtschaft) ‖ ~ **chain** (GB) / Energiekette *f* (in dem Maschinen- und Anlagenbau) ‖ ~ **component*** (Elec) / Wirkkomponente *f*, Wattkomponente *f*, Wirkanteil *m* ‖ ~ **confinement time*** (Nuc Eng) / Energieeinschlusszeit *f* ‖ ~ **constant** (Electronics) / Energiekonstante *f* (Größe, die die Temperaturabhängigkeit eines Heißleiters beschreibt) ‖ ~ **consultant** / Energieberater *m*
**energy-consuming** *adj* / energieintensiv *adj*
**energy consumption** / Energieverbrauch *m* ‖ ~ **content** (Phys) / Energieladung *f*, Energieinhalt *m* (eines abgeschlossenen Systems), Energiegehalt *m* ‖ ~ **conversion** (Phys) / Energieumwandlung *f* (einer Energieträgerart oder Energieform), Energiekonversion *f* ‖ ~ **cost** / Energiekosten *pl* (für den Verbrauch aller Energiearten) ‖ ~ **crisis** / Energiekrise *f* ‖ ~ **crop** (Agric) / Energiepflanzenkultur *f*, Energiekultur *f* ‖ ~ **cycle** (Phys) / Energiezyklus *m* ‖ ~ **degradation** (Phys) / Energieentwertung *f*, Degradation *f* der Energie, Energiedegradation *f* ‖ ~ **demand** / Energiebedarf *m* ‖ ~ **density** (Phys) / Energiedichte *f* (in J/m$^3$ - DIN 1311, T 4 ) ‖ ~ **density of sound*** (Acous) / Schallenergiedichte *f* (Quotient aus Schallenergie und zugehörigem Volumen - nach DIN 1320)
**energy-density spectrum** / Energiedichtespektrum *n* (DIN 13 320)
**energy difference** (Phys) / Energieunterschied *m*, Energiedifferenz *f* ‖ ~ **dispersal** (Radio) / Energieverwischung *f*
**energy-dispersive analysis of X-rays** (Phys, Spectr) / energiedispersive Röntgenspektroskopie, EDRS (energiedispersive Röntgenspektroskopie), EDS (energiedispersive Röntgenspektroskopie) ‖ ~ **spectrometer** (Spectr) / energiedispersives Spektrometer ‖ ~ **X-ray analysis** (Spectr) / energiedispersive Röntgenanalyse, EDX (energiedispersive Röntgenanalyse) ‖ ~ **X-ray fluorescence** (Spectr) / energiedispersive Röntgenfluoreszenz ‖ ~ **X-ray fluorescence analysis** (Spectr) / energiedispersive Röntgenfluoreszenzanalyse, EDRFA (energiedispersive Röntgenfluoreszenzanalyse)
**energy dissipator** / Energieverzehrer *m* (z.B. ein Tosbecken) ‖ ~ **distribution** / Energieverteilung *f*
**energy-distribution spectroscopy** (Spectr) / Energieverteilungsspektroskopie *f*
**energy efficiency** (Phys) / energetischer Wirkungsgrad, Energieeffizienz *f*
**energy-efficient, most** ~ (Space) / mit geringster Vortriebsenergie (Hohmann-Übergang)
**energy eigenstate** (Phys) / Eigenzustand *m* (jeder quantenmechanische Zustand eines mikrophysikalischen Systems, der durch eine sich als Eigenfunktion der zeitunabhängigen Schrödinger-Gleichung des Systems ergebende quantenmechanische Wellenfunktion beschrieben wird) ‖ ~ **equivalent** (Heat, Phys) / effektive Wärmekapazität (des Kalorimeters), Wasserwert *m* (ein Gerätefaktor für Kalorimeterteile) ‖ ~ **equivalent** (Phys) / Wärmeäquivalent *n* (elektrisches, mechanisches), Energieäquivalent *n* der Wärme, kalorisches Arbeitsäquivalent ‖ ~ **equivalent** (Phys) / Energieäquivalent *n* ‖ ~ **exchange** (Phys) / Energieaustausch *m* ‖ ~ **expenditure** (Phys) / Energieaufwand *m* ‖ ~ **farm** (Agric) / Energiepflanzenfarm *f* ‖ ~ **farming** (Agric) / Energiefarming *n* (aufgrund der Biomassen) ‖ ~ **fluence** (Radiol) / Energiefluenz *f* (ionisierende Strahlung) ‖ ~ **fluence rate** (Radiol) / Energieflussdichte *f* (Watt je Quadratmeter), Energiefluenzleistung *f* (Gesamtheit des Zustands- und Raumveränderungen von Energien bzw. Energieträgern) ‖ ~ **flux** (Phys) / Energiefluss *m*
**energy-flux density** (Elec Eng) / Energiestromdichte *f* (SI-Einheit: W/m$_2$)
**energy forecast** / Energieprognose *f* ‖ ~ **from waste** / Energie *f* aus Abfällen
**energy-from-waste plant** (Ecol) / Anlage *f* zur Gewinnung von Energie aus Müll, Müllkraftwerk *n*
**energy gain** (Phys) / Energiegewinn *m* ‖ ~ **gap** (Phys) / Energielückenparameter *m*, Energielückenbreite *f* ‖ ~ **gap*** (Phys) / Bandabstand *m* (Energiedifferenz zwischen zwei Bändern nach DIN 41852), Gap-Energie *f*, Energielücke *f* (verbotene Zone), Gap *f* (Gap-Energie), Bandlücke *f* (in der keine Elektronenzustände erlaubt sind) ‖ ~ **industry** / Energiewirtschaft *f* ‖ ~ **input** / Energiezuführung *f*, Energiezufuhr *f*, Energieeintrag *m* ‖ ~ **input** (Paint) / Energieeintrag *m* (die beim Dispergieren von Pigmenten und Füllstoffen in einen Mahlansatz eingetragene Energie) ‖ ~ **intake** (Eng, Phys) / Energieabsorption *f*, Energieaufnahme *f* ‖ ~**-intensive** *adj* / energieintensiv *adj* ‖ ~ **level** (Phys) / Energieterm *m* (Spektralterm), Term *m* (dem Energieniveau eines quantenmechanischen Systems zugeordnete Größe) ‖ ~ **level*** (Phys) / Energieniveau *n* ‖ ~ **level** (Phys) / Energiezustand *m* (durch

seinen Energiewert gekennzeichneter stationärer Zustand eines mikrophysikalischen Systems)
**energy-level diagram** (Nuc) / Energieschema $n$, Termschema $n$, Termsystem $n$, Niveauschema $n$, Energieniveauschema $n$, Energieniveaudiagramm $n$ ‖ **~ distribution** (Phys) / Energieniveauverteilung $f$
**energy loss** (Phys) / Energieverlust $m$
**energy-loss spectroscopy** (Spectr) / Energieverlustspektroskopie $f$, Elektronenenergieverlustspektroskopie $f$, EELS (Elektronenenergieverlustspektroskopie)
**energy management** / Energiemanagement $n$, Energiewirtschaft $f$ (als Management) ‖ **~ market** / Energiemarkt $m$ ‖ **~/mass equivalence** (Phys) / Energie-Masse-Äquivalenz $f$ ‖ **~ metabolism** (Biol) / Energiestoffwechsel $m$, Ergobolismus $m$, Betriebsstoffwechsel $m$ ‖ **~ method** (Mech) / Energiemethode $f$ (Näherungsverfahren zur Knicklastberechnung) ‖ **~ mineral** / energetisch nutzbares Mineral ‖ **~ mix** / Energiemix $m$
**energy-momentum density** (Phys) / Energie-Impuls-Dichte $f$ ‖ **~ tensor** (Phys) / Energie-Impuls-Tensor $m$
**energy needs** / Energiebedarf $m$ ‖ **~ of absolute zero** (Phys) / Nullpunktsenergie $f$ (die Energieportion eines Systems am absoluten Nullpunkt der Temperatur), Nullpunktenergie $f$ ‖ **~ of deformation** (Mech) / Formänderungsenergie $f$ (DIN 13316), Deformationsenergie $f$, Verformungsenergie $f$ ‖ **~ of flow** (Phys) / Strömungsenergie $f$ ‖ **~ of fracture** / Bruchenergie $f$ ‖ **~ of sea swell** (Ocean) / Energie $f$ der Dünung ‖ **~ operator** (for a system - the operator for its total energy) (Phys) / Hamiltonoperator $m$, Energieoperator $m$ (der Hermite'sche Operator der Gesamtenergie eines quantenmechanischen Systems) ‖ **~ output** (Phys) / Energieabgabe $f$ (des Systems) ‖ **~ per unit length** (Phys) / Energiebelag $m$ (der im eindimensionalen Kontinuum gebrauchte Quotient aus Energie und Länge - DIN 1311, T 4) ‖ **~ per unit of area** (Phys) / Energiebedeckung $f$ (der im zweidimensionalen Kontinuum gebrauchte Quotient aus Energie und Fläche - DIN 1311, T 4) ‖ **~ plant** (Agric) / energieliefernde Pflanze (mit hohem Energiegehalt), Energiepflanze $f$
**energy-producing technology** / technische Energetik
**energy product** (Mag) / Energieprodukt $n$ (Qualitätsmaß für Dauermagnete, welches das für ein gegebenes Magnetfeld in einem gegebenen Raum erforderliche Magnetvolumen bestimmt) ‖ **~ production** (Phys) / Energieproduktion $f$, Energiegewinnung $f$ (im Allgemeinen) ‖ **~ profile** (Chem) / Energieprofil $n$ (einer Reaktion) ‖ **~ quantum** (Phys) / Energiequant $n$, Energiequantum $n$
**energy-range relation** (Nuc) / Energie-Reichweite-Beziehung $f$
**energy recovery** (Ecol) / Energierückspeisung $f$, Energierückgewinnung $f$, Rekuperation $f$ (der Energie) ‖ **~ release** (Phys) / Energieabgabe $f$ (des Systems) ‖ **~ release** (Phys) / Energiefreisetzung $f$ ‖ **~ release rate** (Materials) / Energiefreisetzungsrate $f$ (in der linear-elastischen Bruchmechanik) ‖ **~ requirements** / Energiebedarf $m$
**energy-requiring** adj (Phys) / endergonisch adj (Energie verbrauchend), endoenergetisch adj
**Energy Research and Development Administration** (US) / höchste amerikanische Behörde für Energiefragen (Nachfolger der Atomic Energy Commission in allen Bereichen, die keine Verwaltungsbefugnisse voraussetzen) ‖ **~ resolution** (Spectr) / Energieauflösung $f$
**energy-rich** adj (Phys) / energiereich adj (reich an Energie oder Energieträgern) ‖ **~ bond** (Chem) / energiereiche Bindung ‖ **~ phosphate bond** (Biochem) / energiereiche Phosphatbindung
**energy saving** / Energieeinsparung $f$
**energy-saving** adj / energiesparend adj
**energy shortage** / Energieverknappung $f$ ‖ **~ source** / Energiequelle $f$ (im Allgemeinen) ‖ **~ spectrum** (Phys) / Energiespektrum $n$ ‖ **~ star computer program** (Comp) / Energy-Star-Computer-Programm $n$ (EPA-Programm mit dem Ziel, den Stromverbrauch von Bürogeräten zu senken) ‖ **~ state** (Phys) / Eigenzustand $m$ (jeder quantenmechanische Zustand eines mikrophysikalischen Systems, der durch eine sich als Eigenfunktion der zeitunabhängigen Schrödinger-Gleichung des Systems ergebende quantenmechanische Wellenfunktion beschrieben wird) ‖ **~ state** (Phys) / Energiezustand $m$ (durch seinen Energiewert gekennzeichneter stationärer Zustand eines mikrophysikalischen Systems) ‖ **~ storage** (Eng) / Nutzungsgrad $m$ (der Feder) ‖ **~ storage** (of a spring) (Eng) / Arbeitsaufnahmefähigkeit $f$ (einer Feder), Arbeitsvermögen $n$ (einer Feder) ‖ **~ strategy** (Phys) / Energiestrategie $f$ / Energiestrategie $f$ (bei der Zukunftsorientierung der Energiewirtschaft) ‖ **~ supply** (Elec Eng) / Stromzufuhr $f$, Stromversorgung $f$, Elektroenergielieferung $f$, Energieversorgung $f$, EV (Energieversorgung), Elektroenergieversorgung $f$ ‖ **~ supply** (Phys) / Energieangebot $n$ ‖ **~ (-producing) technology** / technische Energetik, Energietechnik $f$ (im Allgemeinen) ‖ **~ transfer** (Chem, Phys) / Energieübertragung $f$ (Transport von Energie im molekularen Bereich), Energietransport $m$ ‖ **~ transfer** (Ecol) / Energietransfer $m$ ‖ **~ transformation** (Phys) / Energieumwandlung $f$ (einer Energieträgerart oder Energieform), Energiekonversion $f$ ‖ **~ transmission** (Phys) / Energieumsetzung $f$ ‖ **~ transport** (Chem, Phys) / Energieübertragung $f$ (Transport von Energie im molekularen Bereich), Energietransport $m$ ‖ **~ utilization** (Phys) / Energienutzung $f$ ‖ **~ value** / Energiewert $m$ ‖ **~ value of a food** (Nut) / kalorischer Wert, Wärmewert $m$ der Nahrungsstoffe (in kJ) ‖ **~ variation principle** (Chem) / Energievariationsprinzip $n$ ‖ **~ wastage** (Ecol) / Energievergeudung $f$, Energieverschwendung $f$ ‖ **~ yield** (Phys) / Energieausbeute $f$
**ene synthesis** (Chem) / En-Reaktion $f$, En-Synthese $f$
**e-net** $n$ (Comp) / Rechnerbewertungsnetz $n$, E-Netz $n$ (mit Entscheidungsstellen)
**enfilade** $n$ (Arch) / Enfilade $f$, Zimmerflucht $f$ (bei der die Türen an einer Achse liegen, so dass bei geöffneten Türen eine Durchsicht möglich ist)
**enfleurage*** $n$ / Enfleurage $f$ (Gewinnung von Duftstoffen mittels Adsorption an Fette - à chaud und à froid)
**eng*** $n$ (For) / Yang $n$ (rotbraunes, hartes, schweres Konstruktionsholz aus Ostasien - Dipterocarpus turbinatus C.F. Gaertn.)
**engage** $v$ (Ships) / anmustern $v$ (Seeleute) ‖ **~** $vi$ (Eng) / eingreifen $vi$, kämmen $vi$ (Zahnräder), im Eingriff stehen, ineinander greifen $v$ ‖ **~** $vt$ (Build) / einspannen $vt$ (Träger) ‖ **~** (Eng) / einkuppeln $v$, einspuren $v$, einrücken $vt$, in Eingriff bringen, einschalten $vt$
**engaged** adj (Eng) / im Eingriff (Werkzeug) ‖ **~** (Teleph) / besetzt adj, belegt adj ‖ **~ column** (Arch) / Halbsäule $f$ (zur Hälfte in die Mauer eingebundene) ‖ **~ column** (Arch, Build) / (eingebundene) Wandsäule (meist Halbsäule) ‖ **~ condition** (Teleph) / Besetztfall $m$ ‖ **~ pediment** (Arch) / Wandgiebel $m$ (z.B. beim Pantheon) ‖ **~ test** (Teleph) / Besetztprüfung $f$ ‖ **~ tone** (Teleph) / Besetztton $m$, Besetztzeichen $n$, BZ (450 Hz, Morsezeichen e)
**engagement** $n$ (Eng) / Ineinandergreifen $n$, Eingriff $m$ (der Verzahnung mit der Gegenverzahnung), Kämmen $n$ (DIN 3960) ‖ **~ envelope** (Mil) / Bekämpfungsreichweite $f$ ‖ **~ length** (Eng) / Verschraubungslänge $f$, Einschraublänge $f$ (DIN 13), Einschraubtiefe $f$ ‖ **~ range** (Mil) / Bekämpfungsreichweite $f$
**engage the hook** / einhaken $v$, anhaken $v$, am Haken befestigen
**engaging** $n$ (Eng) / Schaltung $f$, Schaltvorgang $m$ ‖ **~ member** (positive connection) / Formschlussglied $n$ ‖ **~ wheel** (Eng) / Zahnrad $m$ im Eingriff
**Engelhardt ductility test** (Eng, Materials, Met) / Tiefungsversuch $m$ nach Engelhardt (mit zylindrischem Pressstempel)
**Engel-Precht process** (Chem Eng) / Engel-Precht-Verfahren $n$, Magnesiaverfahren $n$ (Gewinnung des Kaliumkarbonats), Staßfurter Verfahren (zur Gewinnung von Kaliumkarbonat)
**Engel's salt** (Chem Eng) / Doppelsalz (MgCO$_3$. KHCO$_3$.4 H$_2$O), das bei dem Magnesiaverfahren anfällt
**Engesser equation** (Mech) / Engesser-Gleichung $f$, Engesser-Formel $f$ (für Knickspannungen im unelastischen Bereich)
**engine*** (internal-combustion) (I C Engs) / Motor $m$ (Verbrennungsmotor) ‖ **~** (Aero) / Flugtriebwerk $n$, Flugmotor $m$, Flugzeugtriebwerk $n$ ‖ **~** (Eng) / Kraftmaschine $f$ (als Gegensatz zur Arbeitsmaschine), Antriebsmaschine $f$ (im breitesten Sinne), Energiemaschine $f$ ‖ **~*** (Rail) / Lokomotive $f$, Lok $f$ ‖ **~ acoustics** (I C Engs) / Motorakustik $f$ ‖ **~ bay** (Aero) / Triebwerkszelle $f$ ‖ **~ bay** (Autos) / Motorraum $m$ (in dem sich der Motor befindet) ‖ **~ bed** (Eng) / Maschinenfundament $n$ (das die Lasten auf den tragfähigen Boden überträgt) ‖ **~ bedplate** (Eng) / Motortragplatte $f$ ‖ **~ bleed air** (Aero) / Triebwerkabzapfluft $f$ (z.B. bei Senkrechtstartflugzeugen) ‖ **~ block** (I C Engs) / Zylinderblock $m$ (bei wassergekühlten Motoren nach DIN 6260), Motorblock $m$ ‖ **~ bracket** / Motorkonsole $f$ ‖ **~ brake** (Autos) / Motorbremse $f$ (Ausnutzung der bremsenden Wirkung des Motors beim Herunterschalten in einen niedrigeren Gang) ‖ **~ braking effect** (Autos) / Motorbremse $f$ (Ausnutzung der bremsenden Wirkung des Motors beim Herunterschalten in einen niedrigeren Gang) ‖ **~ breakdown** (I C Engs) / Motorschaden $m$ (Totalschaden) ‖ **~ builder** (Eng) / Maschinenbauer $m$ ‖ **~ cogeneration system** (Elec Eng) / Blockheizkraftwerk $n$, BHKW (Blockheizkraftwerk) ‖ **~ compartment** (Autos) / Motorraum $m$ (in dem sich der Motor befindet) ‖ **~ coolant** (I C Engs) / Motorkühlmittel $n$, Kühlflüssigkeit $f$ (für Motoren) ‖ **~ coolant temperature** (Autos) / Kühlmitteltemperatur $f$ ‖ **~ cylinder*** (Autos) / Motorzylinder $m$ ‖ **~ damage** (I C Engs) / Motorschaden $m$, Motordefekt $m$, Motorpanne $f$ ‖ **~ deposit** (I C Engs) / Ablagerung $f$ im Motor ‖ **~ diagnostic connector** (Autos) / Motordiagnosestecker $m$ ‖ **~ distillate** (Fuels) / Traktorenkraftstoff $m$
**engine-driven** adj (Eng) / motorgetrieben adj, mit Motorantrieb, motorisch angetrieben, motorisch betrieben, durch Motor angetrieben ‖ **~ cogenerator** (Elec Eng) / Blockheizkraftwerk $n$,

**engine-driven**

BHKW (Blockheizkraftwerk) || ~ **cogenerator** / Blockheizkraftwerk n, BHKW n (Blockheizkraftwerk)
**engine-driver** n (Rail) / Lokomotivführer m
**engineer** v (Civ Eng) / bauen v (Maschinen, Straßen, Brücken) || ~* n (a person who designs, builds, or maintains engines, machines or public works) / Ingenieur m, Techniker m || ~* / Maschinist m || ~ / Mechaniker m || ~* (Eng) / Maschinenbauer m || ~ (US) (Rail) / Lokomotivführer m
**engineered antibody** (Gen) / gentechnisch hergestellter Antikörper || ~ **brick** (Build) / Ziegel m (3,2 x 4 x 8 in.) || ~ **foods** (Nut) / Lebensmittel, die n pl auf der Grundlage modernster Technologie hergestellt wurden || ~ **storage** (Nuc Eng) / Engineered Storage f (das Lager bleibt zugänglich, zu einem späteren Zeitpunkt erfolgt eine weitergehende Behandlung)
**engineering** n / Technik f (als Verbindung von Theorie und Praxis) || ~ / Engineering n (Ingenieurwesen) || ~ / (konkrete) Auslegung f (einer Anlage) || ~ (Eng) / Maschinenwesen n || ~ **acoustics** (Acous) / technische Akustik || ~ **adhesive** (Eng) / Strukturklebstoff m, Konstruktionsklebstoff m || ~ **brick** (Build) / Klinker m (bis zur Dichtsinterung gebrannter Ziegel), Keramikklinker m, Hartbrandziegel m || ~ **brick*** (Accringtons, Hunzikers, Southwaters, Staffordshire Blues) (Build) / Konstruktionsziegel m || ~ **ceramics** (Ceramics) / technische Keramik (für Anwendungen in technischen Bereichen) || ~ **ceramics** (Eng) / Ingenieurkeramik f (Schneid- und Formwerkzeuge, Motorenkeramik, Verschleißteile usw.) || ~ **corrosion** (Surf) / durch konstruktive Mängel begünstigte Korrosion || ~ **database** (Comp) / Ingenieurdatenbank f, technische Datenbank || ~ **drawing** / technisches Zeichnen || ~ **flow sheet** (Work Study) / Engineering Flow Sheet n, technologisches Fließschema || ~ **geology*** (Geol) / Ingenieurgeologie f, Baugeologie f || ~ **geometry** (Maths) / technische Geometrie || ~ **graduate** / graduierter Ingenieur (Absolvent der Fach- oder Gesamthochschule), Ing. grad. || ~ **material** (Materials) / Ingenieurwerkstoff m || ~ **mechanics** (Mech) / technische Mechanik || ~ **metrology** / technisches Messwesen || ~ **mock-up** / Ingenieurmodell n || ~ **parallels** (Eng) / Richtschiene f || ~ **plastic** (e.g. nylon, acetal resins, polycarbonate resins, ABS resins) (Plastics) / Technokunststoff m, Kunststoff m für technische Weiterverarbeitung, technisches Harz, technischer Kunststoff, Chemiewerkstoff m (Grundstoff für Anstriche, Lacke, Klebstoffe, Bindemittel usw.) || ~ **plastic** (Plastics) s. also high-performance polymer || ~ **practice** / Betriebspraxis f || ~ **print** (Textiles) / Engineering Print n (Druckdessins, die in Rapport und Anlage des Musters bereits auf den Zuschnitt in der Konfektion abgestimmt sind) || ~ **steel** (Met) / Maschinenbaustahl m || ~ **steel chain** (Eng) / schwere Stahlgelenkkette (für rauen Betrieb) || ~ **strain** (Mech) / Beanspruchung f (auf einen Körper wirkende verformende Spannung) || ~ **strength** (Mech) / Betriebsfestigkeit f || ~ **stress-strain curve** (Materials) / technische Spannungs-Dehnungs-Kurve || ~ **surface** / technische Oberfläche (wirkliche oder geometrische) || ~ **survey** (Surv) / Ingenieurvermessung f, Ingenieurgeodäsie f || ~ **thermodynamics** (Phys) / technische Thermodynamik || ~ **units** / technische Notation (Exponentialdarstellung, bei der der Exponent gleich oder kleiner ein Vielfaches von +* 3 ist) || ~ **use** (Materials) / technische Verwendung
**engineer's brake valve** (US) (Rail) / Führerbremsventil || ~ **cab** (US) (Rail) / Führerstand m, Fahrerkabine f || ~ **chain*** (Surv, Telecomm) / eine obsolete Längeneinheit = 30,48 m
**engineers' file** (Eng) / Messerfeile f || ~ **half-round file** (Tools) / Halbrundfeile f
**engineer's hammer** (Tools) / Schlosserhammer m (deutsche Form mit Bahn und Pinne - DIN 1041) || ~ **handset** (Teleph) / Diensttelefon n || ~ **pliers** (Eng, Tools) / Universalzange f, Kombinationszange f, Kombizange f || ~ **square** (Eng) / Winkelmaß n (ein Mess- und Zeichengerät), Winkel m (Messwerkzeug) || ~ **transit** (US) (Surv) / Theodolit m (DIN 18 718), Präzisionstheodolit m || ~ **try square** / Stahlwinkel m (eine Winkelverkörperung nach DIN 875)
**engine family** (Autos, Eng) / Motorenfamilie f (Motoren gleicher Grundbauart, die in verschiedene Fahrzeugtypen eingebaut werden) || ~ **frame** (I C Engs) / Motorgestell n || ~ **house** (Mining) / Fördermaschinenraum m || ~ **house** (Rail) / Lokomotivschuppen m || ~ **indicator** (Autos) / Indikator m (der Arbeitsdiagramme des Motors erstellt) || ~ **lathe** (US) (Eng) / Spitzendrehmaschine f (eine Grundform der Drehmaschine) || ~ **lubrication** (Autos) / Motorschmierung f
**engine-man** n / Maschinist m
**engine management** (Autos, Eng) / Motormanagement n (jegliche Art von automatischen Regelungen und Steuerungen zur Erreichung einer optimalen Betriebszielen) || ~ **modification** (Autos) / motorseitige Maßnahme, motorinterne Maßnahme || ~ **mount** (Autos) / Motoraufhängung f (Befestigungspunkte) || ~ **mounting** (Autos) / Motorträger m || ~ **mounting(s)** (Autos) / Motoraufhängung f (z.B. Gummilager) || ~ **nacelle** (Aero) / Triebwerksgondel f || ~ **noise** (I C Engs) / Motorgeräusch n, Motorengeräusch n, Motorenlärm m
**engine-off flight** (Aero) / Flug m mit abgeschalteten (oder ausgefallenen) Triebwerk
**engine oil** (Eng, I C Engs) / Motoröl n, Motorenöl n (im Allgemeinen)
**engine-out** (Aero) / Motorausfall m (bei einem mehrmotorigen Flugzeug)
**engine output** (Eng, I C Engs) / Motorleistung f (Ausgangsleistung) || ~ **overhaul** (Eng) / Motorüberholung f || ~ **performance** (Eng, I C Engs) / Motorleistung f (unter den jeweiligen Betriebsbedingungen) || ~ **pit*** (Autos) / Reparaturgrube f (in der Autowerkstatt) || ~ **pit*** (Eng) / Maschinengrube f || ~ **pit*** (Autos) / Arbeitsgrube f || ~ **pit*** (I C Engs) / Kurbelwannensumpf m || ~ **plane*** (Mining) / Haspelberg m || ~ **pod*** (Aero) / Motorgondel f || ~ **rig** (Eng) / Motorenprüfstand m || ~ **room** (Ships) / Maschinenraum m || ~ **shaft** (Eng) / Antriebswelle f (im Allgemeinen) || ~ **shed** (Rail) / Lokomotivschuppen m || ~ **-sized paper*** (Paper) / massegeleimtes Papier || ~ **sizing** (Paper) / Masseleimung f, Leimung f im Stoff, Holländerleimung f || ~ **speed** (I C Engs) / Motordrehzahl f || ~ **speed sensor** (Autos) / Drehzahlgeber m || ~ **support** (Autos) / Motoraufhängung f (Befestigungspunkte)
**engine-temperature sensor** (Autos) / Motortemperaturfühler m
**engine test** (Eng, I C Engs) / Motorentest m || ~ **test bench** (Eng) / Motorenprüfstand m || ~ **test stand** (Eng) / Motorenprüfstand m || ~ **trouble** (I C Engs) / Motorschaden m, Motordefekt m, Motorpanne f
**engine-turned ware** (lined or fluted in a special lathe) (Ceramics) / Biskuit-Porzellan n mit eingeritztem Liniendekor
**engine type and identification number** (Autos) / Motornummer f (eingeprägte), Motorkennnummer f || ~ **unit** (I C Engs) / Einbaumotor m (der zum Einbau bestimmt ist) || ~ **weight** (I C Engs) / Motorgewicht n
**englacial** adj (Geol) / intraglazial adj, inglazial adj || ~ **moraine** (Geol) / Innenmoräne f || ~ **stream*** (Geol) / Gletscherbach m (im Gletscher)
**Engler degree** (Phys) / Engler-Grad m, ° E (Engler-Grad) (nicht mehr zugelassene Einheit der kinematischen Viskosität - nach C. Engler, 1842-1925) || ≃ **flask*** (Chem) / Engler-Kolben m (ein alter Destillierkolben nach C. Engler, 1842-1925), Saybolt-Kolben m || ≃ **viscometer** (Phys) / Engler-Viskosimeter n (DIN 51560), Engler-Gerät n || ≃ **viscosimeter** (Phys) / Engler-Viskosimeter n (DIN 51560), Engler-Gerät n
**English bond*** (Build) / Blockverband m (wenn der Fugenversatz einen halben Kopf /eine viertel Steinlänge/ beträgt) || ≃ **cross-bond*** (Build) / holländischer Verband, Blockverband m mit versetzten Fugen, Kreuzverband m || ≃ **degree** / englischer Härtegrad (des Wassers) || ≃ **elm** (For) / Haarulme f, Englische Ulme (Ulmus procera Salisb.) || ≃ **finish** (Paper) / halbglänzende Oberfläche, Mattsatinage f || ≃ **garden-wall bond*** (Build) / amerikanischer Mauersteinverband, Amerikanischer Verband (ein spezieller Verband mit erhöhter Zahl von Läuferschichten) || ≃ **lead crystal** / Hochbleikristall n (mit > 30% PbO) || ≃ **oak** (For) / Stieleiche f, Sommereiche f (Quercus robur L.) || ≃ **pink** / Quercitrongelb n (auf der Basis des Quercetins) || ≃ **plane** (For) / Bastardplatane f, Gewöhnliche Platane (Platanus x hispanica Münchh.), Ahornblättrige Platane || ≃ **red** / Potée f, Englischrot n ($Fe_2O_3$ mit Verunreinigungen von $SiO_2$), Polierrot n (geschlämmtes Eisenoxidrot) (Caput mortuum) || ≃ **red** s. also iron oxide red || ≃ **vermilion** (Paint) / Zinnoberrot n (heute als Anstrichstoff ohne Bedeutung) || ≃ **walnut** (US) (For) / Walnussbaum m (Juglans regia L.)
**engobe** v (Ceramics) / engobieren v || ~ n (Ceramics) / Engobe f (dünner Masseüberzug oder -anguss), Beguss m
**engrafted** adj (Geol) / aufgepfropft adj (Fluss, Tal)
**engram** n (Physiol) / Engramm n (physiologische Spur, die ein Reiz im Gehirn hinterläßt)
**engrave** v / eingravieren v, eingraben v (eingravieren)
**engraving** n (Print) / Gravierung f, Gravieren n, Gravüre f, Gravur f || ~ **milling machine** (Eng) / Gravierfräsmaschine f (die auf der Grundlage eines in der Ebene oder im Raum beweglichen Pantografen arbeitet), Pantograf-Nachformfräsmaschine f || ~ **recorder** / Schneidschreiber m (bei dem der Messgrößenverlauf durch einen /eventuell elektrisch beheizten/ Griffel in eine dünne Wachsschicht eingraviert wird)
**engulf** v (Geol) / verschlingen v, verschlucken v
**enhance** v / steigern v (Empfindlichkeit) || ~ (Electronics) / anreichern v, steigern v || ~ (Photog) / verstärken v (Bildkontrast)
**Enhanced Dynamic RAM** (Comp) / Enhanced Dynamic RAM n, EDRAM n (Enhanced Dynamic RAM) || ≃ **IDE** (Comp) / Enhanced IDE f (verbesserte IDE-Spezifikation mit einer Datenrate von 13,3 MByte), E-IDE n (Enhanced IDE), Enhanced-IDE-Spezifikation f || ~ **keyboard** (Comp) / erweiterte Tastatur || ~ **oil recovery** (Oils) / forcierte Erdölfördermaßnahme (z.B. Einpressen von heißem Dampf oder Untertageteilverbrennung) || ~ **oil recovery** s. also

tertiary recovery ‖ ~ **parallel port** (Comp) / Enhanced Parallel Port *m* (der Datenraten im Bereich 400 bis 500 Kbyte/s bietet), EPP *m* (Enhanced Parallel Port)
**enhanced-radiation warhead** (Mil) / Gefechtskopf *m* mit verstärkter Strahlung (eine Neutronenwaffe) ‖ ~ **weapon** (Mil) / Neutronenbombe *f* (eine Sonderwaffe nur mit Strahlungswirkung)
**enhanced service** (Telecomm) / erweiterter Dienst ‖ ~ **small device interface** (Comp) / Enhanced Small Device Interface *n* (heute veraltet), ESDI (Enhanced Small Device Interface) ‖ ~ **voice quality** (Acous, Telecomm) / erhöhte Sprachqualität
**enhancement** *n* / Steigerung *f* (der Empfindlichkeit) ‖ ~ (Electronics) / Anreicherung *f*, Steigerung *f*
**enhancement-mode FET** (Electronics) / Steigerungstyp *m*, Anreicherungstyp *m*, S-Typ *m*, Enhancementtransistor *m*, Enhancement-Typ *m* (des Feldeffekttransistors)
**enhancement·-mode transistor*** (Electronics) / Steigerungstyp *m*, Anreicherungstyp *m*, S-Typ *m*, Enhancementtransistor *m*, Enhancement-Typ *m* (des Feldeffekttransistors) ‖ ~ **zone** (Electronics) / Anreicherungsschicht *f* (eine Randschicht)
**enhancer** *n* (Gen) / Enhancer *n*
**enkephalin*** *n* (a mixture of endogenous peptides with morphine-like effects) (Biochem, Physiol) / Enkephalin *n* (ein körpereigenes Peptid im Gehirn), Encephalin *n*
**enlarge** *v* / erweitern *v* ‖ ~ (Photog) / vergrößern *v*
**enlarged base** (Civ Eng) / verdickter Fuß, Fußverbreiterung *f* (bei Pfählen)
**enlarged-base pile** (Civ Eng) / Bohrpfahl *m* mit Fuß (DIN 4014, T 1) ‖ ~ **pile** (a bored pile) (Civ Eng) / Rammpfahl *m* mit verdicktem Fuß
**enlargement** *n* / Vergrößerung *f* (bei technischen Zeichnungen nach DIN 823) ‖ ~ / Erweiterung *f* ‖ ~ / Wulst *m f* ‖ ~ (Photog) / Vergrößerung *f*, Blow-up *n* ‖ ~ **ratio** (Optics) / Vergrößerungsfaktor *m*, Vergrößerungsverhältnis *n*
**enlarger*** *n* (Optics) / Vergrößerungsgerät *n*, Vergrößerungsapparat *m* (optisches Projektionsgerät zur Herstellung von Vergrößerungen) ‖ ~ **lens** (Optics) / Vergrößerungsobjektiv *n*
**enlarging bit** (Mining) / Erweiterungsbohrkopf *m* (mit dem ein Zielbohrloch auf einen größeren Durchmesser erweitert wird) ‖ ~ **lens** (Optics) / Vergrößerungsobjektiv *n*
**enlisting** *n* / Aufnahme *f* (in eine Liste)
**en-masse conveyor** (Eng) / Massengutförderer *m*
**enmesh** *v* (Chem) / räumlich vernetzen *v* (z.B. Stärkemoleküle)
**enneagon** *n* (Maths) / Nonagon *n*, Neuneck *n*
**ennoble** *v* (Elec) / veredeln *v* (Potential)
**enol** *n* (Chem) / Enol *n* (α,β-ungesättigter Alkohol)
**enolase** *n* (Biochem) / Enolase *f* (eine Lyase)
**enolate** *n* (Chem) / Enolat *n* (Anion von Enolen)
**enol form*** (Chem) / Enolform *f*
**enolizable** *adj* (Chem) / enolisierbar *adj*
**enolize** *v* (Chem) / enolisieren *v*
**enophile** *n* (Chem) / Enophil *n* (in der En-Synthese)
**enough injectives** (Maths) / genügend viele injektive Objekte ‖ ~ **projectives** (Maths) / genügend viele projektive Objekte
**enplane** *vi* / einsteigen *v* (von Fluggästen) ‖ ~ *vt* (Aero) / einladen *v* (Luftfrachtgut)
**ENQ** (enquiry) (Comp) / Aufforderung *f* zum Empfang (ein CCITT-Steuerzeichen für Datenübertragung), Stationsaufforderung *f* (der Sendestation an eine Empfangsstation)
**en quad*** (Typog) / Halbquadrat *n* ‖ ~ **quadrat** (Typog) / Halbquadrat *n*
**enqueue** *v* (Comp) / in eine Warteschlange einreihen, in eine Warteschlange eintragen
**enquiry** *n* (Comp) / Aufforderung *f* zum Empfang (ein CCITT-Steuerzeichen für Datenübertragung), Stationsaufforderung *f* (der Sendestation an eine Empfangsstation)
**ENR** (en route) (Aero) / Strecken-
**enrich** *v* / anreichern *v* ‖ ~ (Agric) / anreichern *v* (Boden, z.B. mit bestimmten Substanzen) ‖ ~ (Arch, Build) / verzieren *v*, verschönern *v*, ausschmücken *v* ‖ ~ (Crystal) / abfangen *v* (Spurenelemente in Kristallgittern anreichern) ‖ ~ (Fuels) / im Brennwert steigern ‖ ~ (Nut) / anreichern *v* (Mehl, Reis)
**enriched output** (Chem Eng) / Ausbeute *f* an angereichertem Material ‖ ~ **reactor** (Nuc Eng) / angereicherter Reaktor ‖ ~ **uranium*** (Nuc Eng) / angereichertes Uran (heute meistens durch Laseranreicherung) ‖ ~ **water gas** (Chem Eng) / karburiertes Wassergas
**enriching section** (Chem Eng) / Verstärkungssäule *f* ‖ ~ **section** (of a column) (Nuc Eng) / Verstärkungssäule *f*, Rektifizierapparat *m* (Teil der Trennsäule, der sich zwischen dem Zulaufsort und dem Kondensator befindet) , Rektifizierer *m*, Anreicherungsteil *m* einer Kaskade, Verstärkersäule *f*
**enrichment** *n* (Agric) / Anreicherung *f* (des Bodens, z.B. mit bestimmten Substanzen) ‖ ~* (Arch) / Ornament *n* (Verzierung und schmückendes Beiwerk an Bauwerken, Flächen und Gegenständen)

‖ ~* (Arch, Build) / Verschönerung *f*, Ausschmückung *f*, Verzierung *f* ‖ ~ (Autos, IC Engs) / Anreicherung *f*, Anfettung *f* (des Gemischs) ‖ ~ (Crystal) / Abfangen *n* (Anreichern von Spurenelementen in Kristallgittern) ‖ ~ (Nuc Eng) / Anreicherungsgrad *m* (Anreicherungsfaktor minus 1) ‖ ~* (Nuc Eng) / Anreicherung *f* (durch Aufbereitung) ‖ ~ (Nut) / Verbesserung *f* (durch Nährstoffe), Anreicherung *f* (mit Nährstoffen) ‖ ~ **factor*** (Nuc Eng) / Anreicherungsfaktor *m* (Kurzzeichen q), Anreicherung *f* (prozentuale) ‖ ~ **factor*** (US) (Nuc Eng) / Trennfaktor *m* (der angibt, wie sich die Zusammensetzung des Isotopengemischs am Ausgang aus einer einfachen Anreicherungsapparatur von der am Eingang unterscheidet - Kurzzeichen f - DIN 25 401-6) ‖ ~ **plant** (Nuc Eng) / Anreicherungsanlage *f*
**enrobe** *v* (Nut) / überziehen *v* (Süßwaren)
**enrockment*** *n* (Civ Eng) / Felsschüttung *f*, Felspackung *f*, Steinschüttung *f*, Steinpacklage *f*, Steinpackung *f*, Steinwurf *m*
**enrolment** *n* / Aufnahme *f* (in eine Liste)
**en-route** *attr* (Aero) / Strecken-
**en route** *adv* (Aero) / Strecken-
**en-route flight** (Aero) / Streckenflug *m* ‖ ~ **landing** (Aero) / Zwischenlandung *f* (Zwischenhalt auf einem langen Flug) ‖ ~ **stop** (Aero) / Zwischenlandung *f* (Zwischenhalt auf einem langen Flug) ‖ ~ **surveillance radar** (Radar) / Weitbereichsanlage *f* (mit einer Reichweite über 500 km)
**ENRT** (en route) (Aero) / Strecken-
**en rule*** (Typog) / Halbgeviertstrich *m*, Halbgeviertgedankenstrich *m*, Bindestrich *m* von 1/2 Quadrat Länge
**ENS** (elastic neutron scattering) (Nuc) / elastische Neutronenstreuung
**en score** (Typog) / Halbgeviertstrich *m*, Halbgeviertgedankenstrich *m*, Bindestrich *m* von 1/2 Quadrat Länge
**ensemble** *n* / Ensemble *n* (pl. -s) (Anzahl von unter vergleichbaren Bedingungen aufgenommenen Messreihen bzw. Messwertverläufen, wobei diese zeitlich parallel oder sequentiell aufgenommen worden sein können) ‖ ~ (Phys) / Gesamtheit *f* ‖ ~ (Textiles) / Ensemble *n* (pl. -s) (mehrere Kleidungsstücke, die im Stil oder Material aufeinander abgestimmt sind und sich ergänzen) ‖ ~ **average** (Phys) / Scharmittel *n* (in der statistischen Physik), Ensemblemittel *n* ‖ ~ **average** (Stats) / Kollektivmittelwert *m* (einer stochastischen Größe)
**ensign** *n* (Ships) / Flagge *f*, Fahne *f* ‖ ~ (Ships) / Heckflagge *f* ‖ ~ (Ships) s. also red ensign and white ensign
**ensilage*** *n* (Agric) / Einsäuern *n* (von Futtermitteln), Einsilierung *f*, Silieren *n* (milchsaure Gärung), Silierung *f* (Einlagerung von Futter in Silos), Silage *f*, Ensilage *f* (Gärfutterbereitung), Silierungsverfahren *n*, Gärfutterbereitung *f* ‖ ~* (Agric) / Ensilage *n* (DIN 11 622), Ensilage *f* (Gärfutter), Silage *f*, Sauerfutter *n*, Silofutter *n* (Gärfutter)
**ensile** *v* (Agric) / einsäuern *v*, einsilieren *v*, silieren *v*
**ensiling** *n* (Agric) / Einsäuern *n* (von Futtermitteln), Einsilierung *f*, Silieren *n* (milchsaure Gärung), Silierung *f* (Einlagerung von Futter in Silos), Silage *f*, Ensilage *f* (Gärfutterbereitung), Silierungsverfahren *n*, Gärfutterbereitung *f*
**Enskog formula** (Phys) / Enskog-Formel *f* (für den Koeffizienten der inneren Reibung)
**enstatite*** *n* (Min) / Enstatit *m* (stabile Tiefform des Magnesiummetasilikats)
**ensuring maintainability** (Eng, Work Study) / wartungsfreundlich *adj*, instandhaltbar *adj*, instandhaltungsgerecht *adj*, wartbar *adj*, wartungsgerecht *adj*
**entablature*** *n* (Arch) / Gebälk *n* (aus Architrav, Fries, Gesims), Säulengebälk *n*, Balkenwerk *n* ‖ ~* (Autos) / Kurbelgehäuseoberteil *n* ‖ ~* (Eng) / Maschinenplattform *f* (auf Ständern), Maschinenrahmen *m*
**entail** *v* / implizieren *v* (nach sich ziehen)
**entangle** *vi* (Textiles) / sich verheddern *v*, sich verfilzen *v* ‖ ~ *vt* (Textiles) / verschlingen *v* (miteinander), verwirbeln *v* (miteinander verschlingen), verwirren *v*
**entanglement** *n* (Chem) / Verhakung *f* (von Polymerketten)
**entasis*** *n* (Arch) / Entasis *f* (pl. -sen) (das kaum merkliche Dickerwerden des Schaftes antiker Säulen nach der Mitte, Entase *f* (pl. Entasen)
**enter** *v* / einschreiben *v* (in ein Formular), eintragen *v* ‖ ~ (Comp) / eingeben *v*, eintragen *v* (Daten) ‖ ~ (Rail, Ships) / einlaufen *v*, einfahren *v* ‖ ~ (Ships) / anlaufen *v* (einen Hafen) ‖ ~ **a curve** (Autos) / in die Kurve gehen
**entering** *n* / Einströmen *n* (Eindringen), Eindringen *n* (eines Fluids in einen Raum) ‖ ~ **edge** (of a brush)* (Elec Eng) / auflaufende Bürstenkante, Bürstenvorderkante *f* ‖ ~ **group** (Chem) / eintretende Gruppe (in eine Reaktion) ‖ ~ **plan** (Weaving) / Kettfadeneinziehschema *n* ‖ ~ **side** (Met) / Eintrittsseite *f* (von Walzen)

**enter key** (Comp) / Eingabetaste f, Enter-Taste f ‖ ~ **mode** (Comp) / Eingabemodus m (bei Tabellenkalkulationen)
**enterokinase** n (Biochem) / Enterokinase f, Enteropeptidase f
**enteropeptidase** n (a highly specific duodenal protease which acts only on trypsinogen) (Biochem) / Enterokinase f, Enteropeptidase f
**entertainment electronics** (Electronics) / Unterhaltungselektronik f
**enthalpy*** n (of solution, dilution, solvation, adsorption, crystallization and mixing) (Chem, Heat) / Enthalpie f (Zustandsfunktion, die den Wärmeinhalt eines Stoffes bei konstantem Druck angibt - DIN 1345), Wärmeenthalpie f
**enthalpy-entropy chart** (Phys) / Enthalpie-Entropie-Diagramm n, i,s-Diagramm n (ein Mollier-Diagramm)
**enthalpy • -entropy diagram** (Phys) / Enthalpie-Entropie-Diagramm n, i,s-Diagramm n (ein Mollier-Diagramm) ‖ ~ **of activation** (Chem) / Aktivierungsenthalpie f (die thermodynamische Grenze zwischen dem Ausgangszustand und dem Zwischenzustand, der bei der chemischen Reaktion durchlaufen wird) ‖ ~ **of dilution** (Chem, Phys) / Verdünnungsenthalpie f (eine Mischungsenthalpie) ‖ ~ **of evaporation** (Phys) / Verdampfungsenthalpie f, molare Verdampfungsenthalpie f ‖ ~ **of formation** (Chem) / Bildungsenthalpie f ‖ ~ **of fusion** (Phys) / Schmelzenthalpie f ‖ ~ **of mixing** (Phys) / Mischungsenthalpie f ‖ ~ **of reaction** (Chem) / Reaktionsenthalpie f (Änderung der Enthalpie bei einer chemischen Reaktion) ‖ ~ **of solution** (Chem) / Lösungsenthalpie f ‖ ~ **of sublimation** (Phys) / Sublimationsenthalpie f
**enthalpy-pressure chart** (Phys) / Enthalpie-Druck-Diagramm n, i,p-Diagramm n (ein Mollier-Diagramm)
**enthalpy titration** (Chem) / thermometrische Titration, enthalpometrische Titration
**enticement** n / Abwerbung f (von Arbeitskräften)
**entire function*** (Maths) / ganze Funktion
**entirely transcendent** (Maths) / ganztranszendent adj (holomorphe Funktion)
**entire rational function** (Maths) / ganze rationale Funktion
**entisol** n (Agric) / Entisol m (Boden ohne ausgeprägtes Horizontprofil)
**entity** n / Instanz f (z.B. in der Hierarchie des Managements) ‖ ~ (OSI terminology for a layer protocol machine) (Comp) / Instanz f (abstrakter Begriff, der einen Prozess in einer Schicht des OSI-Referenzmodells beschreibt), Entity n, Entität f ‖ ~ (Comp) / Entität f (Element eines Informationsbereichs, über das etwas ausgesagt wird) ‖ ~ (Telecomm) / Instanz f (Funktionseinheit) ‖ ~ **bean** (Comp) / Entity-Bean n, EB (Entity-Bean)
**entity-relationship model** (Comp) / Entity-Relationship-Modell n, Entity-Relationship-Datenmodell n, ERM (Entity-Relationship-Modell)
**entity set** (AI, Comp) / Entitätsmenge f, Objektklasse f (die gleichartige Objekte umfasst) ‖ ~ **type** (AI, Comp) / Objekttyp m (der eine Objektklasse durch eine Menge von Attributen und/oder Operationen, die auf der gleichen Objektklasse definiert sind, typisiert)
**Entner-Doudoroff pathway** (a degradation pathway for carbohydrates in microorganisms) (Biochem) / Entner-Doudoroff-Weg m, ED-Weg m (Entner-Doudoroff-Weg), KDPG-Weg m (des Glucoseabbaus)
**entoderm*** n (Zool) / inneres Keimblatt, Entoderm n, Darmblatt n
**entombment** n (Nuc Eng) / teilweise Demontage (der Kernanlage)
**entomology** n (Zool) / Entomologie f, Insektenkunde f
**entomopter** n (Aero) / Entomoptere f (Versuchsflugzeug, das nach den Gesetzen der Aerodynamik die Insektenfluges gebaut ist)
**entoptic** adj (Optics) / entoptisch adj (Wahrnehmung)
**entrain*** v (of a current or fluid - incorporate and sweep along in its flow) / mitführen v, mitreißen v, mitschleppen v ‖ ~ (Rail) / verladen v (in einen Zug)
**entrained air** / Falschluft f ‖ ~ **air** (Civ Eng) / Lufteinschluss m (unter 1 mm)
**entrained-bed reactor** (Chem Eng) / Flugstromreaktor m
**entrained-phase gasification** (Mining) / Flugstromvergasung f
**entrainer*** n (Chem Eng) / Zusatzstoff m, Zusatzkomponente f, Schleppmittel n, Mitnehmer m, Schlepper m (bei der Azeotropdestillation)
**entrainment** n (Meteor) / Entrainment n (das Einbeziehen von Luft der Umgebung in die Randbereiche von Kumuluswolken) ‖ ~ (Ocean) / Entrainment n (Anwachsen der Mächtigkeit turbulenter Schichten unter Abbau der Dichteschichtung in der benachbarten Schicht)
**entrance** n / Einstieg m, Eintritt m, Eingang m, Einlass m, Zugang m ‖ ~ / Einlauf m (eines Mediums) ‖ ~ (Ships) / Einlaufen n (eines Schiffes) ‖ ~ (Ships) / Einfahrt f (eines Hafens) ‖ ~ **angle** (Optics) / Eintrittswinkel m (eines Strahls) ‖ ~ **beam** (Optics) / Eintrittsstrahl m ‖ ~ **burr** (Electronics) / Eintrittsgrat m (beim Bohren) ‖ ~ **dose** (Radiol) / Einfalldosis f ‖ ~ **gate** (Arch) / Einfahrttor n ‖ ~ **hall** (Arch) / Vorhalle f, Eingangshalle f ‖ ~ **lock*** (Hyd Eng) / Schleuse f des Dockhafens ‖ ~ **of the axle** (Eng) / Achseingang m (in der Nabe) ‖ ~ **port** (Optics) / Eintrittsöffnung f (z.B. eines Objektivs),
Eintrittspupille f ‖ ~ **portal** (Civ Eng) / Eintrittsportal n (eines Tunnels), Einfahrtsportal n (eines Tunnels) ‖ ~ **pupil*** (Optics) / Eintrittsöffnung f (z.B. eines Objektivs), Eintrittspupille f ‖ ~ **ramp** (Autos) / Stichstraße f (Verbindung zwischen Einbahnstraße und Stadtautobahn) ‖ ~ **slit** (Spectr) / Eintrittsspalt m (des Massenspektrometers) ‖ ~ **stair** (Arch) / Eingangstreppe f (meistens überdacht) ‖ ~ **telephone system** (Teleph) / Türfreisprecheinrichtung f
**entrant beam** (Optics) / Eintrittsstrahl m
**entrapment** n (Comp) / Fallenstellen n, Einbau m von Fallen, Einbau m von Pseudoschwachstellen (um Eindringungsversuche aufzudecken oder Eindringlinge zu verunsichern) ‖ ~ **pump** (Vac Tech) / gasbindende Vakuumpumpe
**entrapped air** (Civ Eng) / eingeschlossene Luft (z.B. im Beton), Lufteinschluss m (über 1 mm) ‖ ~ **cold shot** (Foundry) / Spritzkugel f (ein Gussfehler)
**entrenched meander** (Geol) / eingesenkter Mäander, Talmäander m, Erosionsmäander m (der durch Tiefenerosion eines Flusses in den Gesteinsgrund entsteht)
**entrepreneur** n / Unternehmer m
**entrepreneurial** adj / Unternehmer-, unternehmerisch adj
**entreprise** n (Comp) / Unternehmen n (Betrieb - juristische und wirtschaftliche Einheit) ‖ ~ **beau** (Comp) / Entreprise beau n (JAVA) ‖ ~ **information system** (Comp) / EIS (Executive-Informationssystem), Executive-Informationssystem n ‖ ~ **resource planning system** (Comp) / ERP-System n (z.B. SAP R/3)
**entresol*** n (Arch, Build) / Mezzanin n (ein niedriges Halb- oder Zwischengeschoss überm Erdgeschoss oder unterm Dach), Mezzaningeschoss n ‖ ~* (Arch, Build) / Entresol n, Beigeschoss n, Halbgeschoss n
**entropic** adj (Phys) / entropisch adj
**entropy*** n (Phys) / Entropie f (Größe, die den Zustand eines makroskopischen thermodynamischen Systems beschreibt - DIN 1345) ‖ ~* (Telecomm) / Informationsentropie f (mittlerer Informationsgehalt) ‖ ~ **conservation law** (Phys) / Erhaltungssatz m der Entropie ‖ ~ **elasticity** / Entropieelastizität f (DIN 7724), Gummielastizität f ‖ ~ **equation** (Phys) / Entropiegleichung f ‖ ~ **maximum** (Chem, Phys) / Entropiemaximum n ‖ ~ **of a transformation** (Phys) / Kolmogorow-Sinai-Invariante f, Entropie f eines dynamischen Systems ‖ ~ **of fusion*** (Phys) / Schmelzentropie f ‖ ~ **of mixing** (Phys) / Mischungsentropie f ‖ ~ **of reaction** (Chem) / Reaktionsentropie f (mit einer chemischen Reaktion verknüpfte Änderung der Entropie) ‖ ~ **of vaporization** (Phys) / Verdampfungsentropie f ‖ ~ **of variables** (Stats) / Entropie f von Zufallsgrößen ‖ ~ **principle** (Phys) / zweiter Hauptsatz der Thermodynamik, Entropiesatz m ‖ ~ **production** (Phys) / Entropieerzeugung f
**entry** (Maths) / Zahl f (in einer Matrix) ‖ ~ n (in a list) / Aufnahme f (in eine Liste) ‖ ~ / Lemma n (pl. -ta) (Stichwort in einem Wörterbuch), Eintrag m (in einem Wörterbuch), Wortstelle f ‖ ~ (in the register of patents) / Eintragung f (in das Patentregister) ‖ ~ / Einfahröffnung f (bei Paletten) ‖ ~ / Einstieg m, Eintritt m, Eingang m, Einlass m, Zugang m ‖ ~ / Zugang m (in der Lagerkartei) ‖ ~ (Aero) / angeströmter Teil (der Tragfläche) ‖ ~ (Aero) / Einflug m ‖ ~ (Autos) / Einfahrt f (bei den Autobahnen) ‖ ~ (a unit of information or an item in a list or table) (Comp) / Eintrag m ‖ ~ (Ecol) / Eintritt m (Übergang eines Stoffes aus seiner ursprünglichen Anwendung heraus in die Umwelt - punktuell, flächenhaft, diffus, einmalig und kontinuierlich) ‖ ~ (Maths) / Element n (einer Matrix) ‖ ~ (Mining) / Stolleneingang m, Stollenausgang m, Stollenmundloch n (Ansatzpunkt eines Stollens an der Tagesoberfläche, der bei gebrächem Nebengestein durch Gewölbeausbau aus Stein gesichert ist) ‖ ~* (atmospheric) (Space) / Wiedereintritt m (in dichtere Schichten der Atmosphäre), Reentry m n ‖ ~ **no** (Autos) / Einfahrt verboten, Verbot der Einfahrt (ein Verkehrszeichen) ‖ ~ **angle** (to gradients) (Autos) / Hanganfahrwinkel m, Böschungswinkel m (beim Angehen einer Böschung) ‖ ~ **arbor** (Paint) / Ablaufhaspel f m (z.B. der Breitbandbeschichtungsanlage) ‖ ~ **clearance** (Eng) / Eintrittsspiel n (DIN 868) ‖ ~ **control terminal** (Comp) / Zutrittskontrollterminal n ‖ ~ **field** (Comp) / Eingabefeld n ‖ ~ **field** (allowing the user to type text accepted by the application - not to be confused with text box) (Comp) / Bearbeitungsfeld n, Editierfeld n ‖ ~ **fix** (Aero) / Einflugfixpunkt m, festgelegter Einflugort ‖ ~ **lane** (Aero) / Einflugschneise f ‖ ~ **line** (Met) / Einlauflinie f (Linie, an der das Walzgut die Arbeitswalze erstmals berührt bzw. einlaufseitige Begrenzungslinie der gedrückten Fläche) ‖ ~ **point** (Aero) / Eintrittspunkt m (im Landemanöver) ‖ ~ **point** (Aero) / Einflugpunkt m (z.B. in den kontrollierten Luftraum) ‖ ~ **point** (any point in a routine or program to which control may be passed) (Comp) / Einsprungstelle f ‖ ~ **point** (on the roll) (Met) / Einlaufpunkt m (an der Walze) ‖ ~ **portal** (Civ Eng) / Eintrittsportal n (eines Tunnels), Einfahrtsportal n (eines Tunnels) ‖ ~ **portal*** (Radiol) /

Einstrahlungsstelle f ‖ ~ **roller** / Einlaufwalze f ‖ ~ **route** (Ecol) / Eintrittspfad m (z.B. von Chemikalien in die Umwelt) ‖ ~ **sequence** (Comp) / Eintragsfolge f, Zugangsfolge f, Eingangsfolge f

**ntry-sequenced file** (Comp) / Datei f in Zugangsfolge, Datei f in Eingangsfolge

**ntry side** (Met) / Eintrittsseite f (von Walzen) ‖ ~ **side** (Met) / Einlaufseite f (eines Walzgerüsts) ‖ ~ **signal** (Rail) / Einfahrsignal n ‖ ~ **symbol** (Comp) / Entry-Adresse f

**-number** n (Nut) / E-Nummer f (Kodenummer der EG zur Identifizierung von Lebensmittelzusatzstoffen auf Fertigpackungen), E (E-Nummer)

**numerable set*** (Maths) / abzählbare Menge (die sich umkehrbar eindeutig auf die Menge der natürlichen Zahlen abbilden lässt)

**numeration** n (Comp) / Aufzählung f ‖ ~ / Abzählung f, Abzählen n ‖ ~ (For) / Enumeration f (z.B. von Waldbeständen), Aufzählung f ‖ ~ **survey** (For) / Enumeration f (z.B. von Waldbeständen), Aufzählung f ‖ ~ **survey** (For) s. also forest inventory

**numerator** n (Comp) / Enumerator m (ein Plug-&-Play-Gerätetreiber)

**nvelop** v / einschlagen v (einpacken), einhüllen v, umhüllen v, einwickeln v (einpacken) ‖ ~ / hüllen v, umhüllen v ‖ ~ (Autos, Elec Eng) / eintaschen v (Batterie in einen Folienseparator) ‖ ~ (Nut) / kuvertieren v (Tee in Teebeuteln)

**nvelope*** n (Aero) / Hülle f ‖ ~ (Astron) / Koma f (pl. -s) (des Kometen) ‖ ~ (Bacteriol) / Envelope f (bei Viren), Virushülle f ‖ ~ (Comp) / Envelope f (durch ein Zustands- und ein Synchronisierbit ergänzte Bitgruppe zu übertragender Daten), Bitvollgruppe f ‖ ~ (Comp) / Tasche f (zum Aufbewahren und Transport einer Diskette) ‖ ~ (Electronics) / Kolben m (Röhrenkolben) ‖ ~ (Electronics) / Entladungsgefäß n, Entladungskolben m ‖ ~* (Maths) / einhüllende Kurve, Enveloppe n (die alle Kurven einer gegebenen Schar berührt), Hüllkurve f (einer Kurvenschar), Einhüllende f, Umhüllende f ‖ ~* (Paper) / Briefumschlag m, Umschlag m, Briefhülle f ‖ ~ (Telecomm) / Hüllkurve f (eines Signals) ‖ ~* (Telecomm) / Gruppe f (in der Trägerfrequenztechnik) ‖ ~ **average depth** (a surface parameter) (Eng) / Glättungstiefe f, RP, mittlere Rautiefe (DIN 4762) ‖ ~ **delay*** (Telecomm) / Gruppenlaufzeit f (DIN 40148, T 1)

**nvelope-delay distortion*** (Telecomm) / Gruppenlaufzeitverzerrung f

**nvelope feeder** (Comp) / Briefumschlagzuführung f ‖ ~ **kiln** (a box-type kiln in which ware placed on kiln cars is pushed into the entrance end of the kiln, thereby displacing cars of fired ware at the other end) (Ceramics) / Herdwagenofen m ‖ ~ **of failure** (Civ Eng, Materials) / Schergerade f (die gemeinsame Tangente an mehrere Spannungskreise) ‖ ~ **of the flame** (Welding) / Beiflamme f ‖ ~ **paper** (Paper) / Briefhüllenpapier n (DIN 6730) ‖ ~ **separator** (Elec Eng) / Folienseparator m (der wartungsfreien Batterie), Taschenseparator (der wartungsfreien Batterie) ‖ ~ **velocity*** (Telecomm) / Gruppengeschwindigkeit f (einer Wellengruppe nach DIN 1324, T 3)

**nveloping** n (Autos) / Schluckvermögen n (der Reifen) ‖ ~ **haze** (Meteor) / Dunstglocke f (die durch Emissionen aus Industrie, Verkehr und Hausbrand verursachte und optisch erkennbare Anreicherung von Aerosolen in der Grenzschicht - im Extremfall kann sich die Dunstglocke zum Smog verdichten), Dunsthaube f, Dunstfahne f, Dunstkalotte f ‖ ~ **machine** / Kuvertiermaschine f (DIN 32759) ‖ ~ **worm drive** (Eng) / doppelt einhüllendes Schneckengetriebe, Globoidgetriebe n, Globoidschnecken-Radsatz m

**environment*** n / Milieu n ‖ ~ (Comp) / Systemumgebung f, Umgebung f (eines Systems) ‖ ~* (Ecol) / Umwelt f ‖ **not harmful to the** ~ (Ecol) / umweltfreundlich adj, umweltverträglich adj, umweltkonform adj, umweltschonend adj

**environmental** adj (Ecol) / Umwelt-, umweltbedingt adj ‖ ~ (Ecol) s. also ecological ‖ ~ **acceptability** (Ecol) / Umweltfreundlichkeit f ‖ ~ **analysis** (Ecol) / Umweltanalytik f ‖ ~ **architecture** (Arch) / landschaftsgebundene Architektur ‖ ~ **audit** (a systematic, documented verification process of objectively obtaining and evaluating audit evidence to determine whether specified environmental activities or management systems conform with audit criteria) (Ecol) / Umweltaudit m n, Ökoaudit m n, Environmental Audit n ‖ ~ **capacity** (Ecol) / Belastbarkeit f (eines Raumes) unter den Gesichtspunkten des Umweltschutzes, Umweltbelastbarkeit f, ökologische Belastbarkeit ‖ ~ **chamber** (Materials) / Klimaprüfkammer f (zur Werkstoffprüfung) ‖ ~ **chemicals** (Chem) / Umweltchemikalien f pl (Stoffe, welche in die Umwelt gebracht werden und in Mengen und Konzentrationen auftreten können, die geeignet sind, Lebewesen, insbesondere den Menschen, zu gefährden) ‖ ~ **chemistry** (Chem, Ecol) / Ökochemie f (eine interdisziplinäre Fachrichtung, die sich mit den stofflichen Konsequenzen anthropogenen Handelns chemisch auseinander setzt und die ökologisch relevanten stofflichen Veränderungen in der Umwelt zum Gegenstand hat), Umweltchemie f, ökologische Chemie ‖ ~ **control*** (Ecol) / Umweltschutz m, Umweltpflege f ‖ ~ **costs** (Ecol) / Folgekosten der Umweltverschmutzung pl (einschließlich der Kosten für den Verlust von Natur) ‖ ~ **criminal law** / Umweltstrafrecht n ‖ ~ **damage** (Ecol) / Umweltschaden m ‖ ~ **deterioration** (Ecol) / umgebungsbedingte Verschlechterung f ‖ ~ **disease** (Med) / Umweltkrankheit f (die durch umweltbedingte Faktoren verursacht wurde - z.B. Itai-Itai-Krankheit) ‖ ~ **economy** (Ecol) / Umweltökonomie f ‖ ~ **engineer** (Ecol) / Umweltschutzingenieur m ‖ ~ **engineering** (Ecol) / Umwelttechnik f, technischer Umweltschutz (als Ingenieurdisziplin) ‖ ~ **facies** (Geol) / ökologische Fazies, Umweltfazies f ‖ ~ **factor** (Ecol) / ökologischer Faktor, Ökofaktor m, Umweltfaktor m ‖ ~ **forecasting** (Ecol) / Umweltplanung f ‖ ~ **forecasting** (Build, Ecol) / Umweltanalyse f (ein Arbeitsschritt der Unternehmensplanung) ‖ ~ **geolog*** (Geol) / Umweltgeologie f ‖ ~ **hazard** (Ecol) / Umweltgefahr f, Gefahr f für die Umwelt ‖ ~ **health** (Ecol, Med) / Umwelthygiene f ‖ ~ **hygiene** (Ecol, Med) / Umwelthygiene f ‖ ~ **impact** (Ecol) / Umwelteinwirkung f, Einwirkung f von Umweltveränderungen, Umweltbeeinträchtigung f, Umweltbelastung f (z.B. durch bauliche Maßnahmen) ‖ ~ **impact assessment*** (Ecol) / Umweltverträglichkeitsprüfung f, UVP (Umweltverträglichkeitsprüfung) ‖ ~ **impact statement** (Ecol) / Umweltverträglichkeitsprüfbericht m, Umweltverträglichkeitsgutachten n ‖ ~ **impact statement*** (US) (Ecol) / Umweltverträglichkeitsprüfung f, UVP (Umweltverträglichkeitsprüfung) ‖ ~ **influence** (Ecol) / Umgebungseinfluss m, Umwelteinfluss m (physikalischer, organisatorischer, sozialer)

**environmentalist** n (Ecol) / Umweltschutzexperte m, Umweltschützer m ‖ ~ (Geog) / Anhänger m des geografischen Determinismus

**environmental law** (the legal regulation of human conduct in relation to air, water, land, plant and animal life and natural resources) (Ecol) / Umweltrecht n ‖ ~ **legacy** (Ecol, Mil) / militärische Altlast, Rüstungsaltlast f ‖ ~ **legacy** (Ecol) / Altlast f (Sammelbezeichnung für alte Ablagerungen umweltgefährdender Abfälle aus der Zeit ungeordneter Abfallbeseitigung - Paragraph 1, Absatz 5 des Bundesbodengesetzes vom 17. März 1998) ‖ ~ **liability** (Ecol) / Umwelthaftung f (nach dem Umwelthaftungsgesetz vom 10.12. 1990) ‖ ~ **loss time** / umgebungsbedingte Ausfallzeit

**environmentally acceptable** (Ecol) / umweltfreundlich adj, umweltverträglich adj, umweltkonform adj, umweltschonend adj ‖ ~ **hazardous** (Ecol) / umweltgefährdend adj ‖ ~ **relevant** (Ecol) / umweltrelevant adj ‖ ~ **relevant legislation** (Ecol) / Umweltschutzgesetzgebung f ‖ ~ **safe** (Ecol) / umweltfreundlich adj, umweltverträglich adj, umweltkonform adj, umweltschonend adj ‖ ~ **sensitive** (Ecol) / umweltsensibel adj ‖ ~ **sound** (Ecol) / umweltfreundlich adj, umweltverträglich adj, umweltkonform adj, umweltschonend adj

**environmental monitoring** (Ecol) / Umweltüberwachung f (Gesamtheit der Maßnahmen zur Überwachung der Umweltmedien zum frühzeitigen Erkennen von Umweltschäden), Umweltbeobachtung f, Umweltmonitoring n ‖ ~ **physics** (Ecol, Phys) / Umweltphysik f, Physik f der Biosphäre ‖ ~ **pollution** (Ecol) / Umweltverschmutzung f ‖ ~ **protection** (Ecol) / Umweltschutz m, Umweltpflege f ‖ ~ **Protection Agency** / höchste US-amerikanische Umweltschutzbehörde ‖ ~ **quality** (Ecol) / Stand m der Umwelt, Umweltbeschaffenheit f, Umweltqualität f ‖ ~ **research** (Ecol) / Umweltforschung f, ökologische Forschung ‖ ~ **resistance** (Ecol) / Beständigkeit f gegen Umwelteinflüsse, Umweltwiderstand m ‖ ~ **scanning** (Build, Ecol) / Umweltanalyse f (ein Arbeitsschritt der Unternehmensplanung) ‖ ~ **science** (Ecol) / Ökologie f (angewandte - als Wissenschaft), Umweltwissenschaft f

**environmental-stress cracking*** (Materials) / Spannungsrissbildung f unter dem Einfluss des umgebenden Mediums

**environmental tax** (Ecol) / Ökosteuer f, Umweltsteuer f, ökologische Steuer ‖ ~ **technology** (Ecol) / umweltschonende Technik ‖ ~ **technology** (Ecol) / Umwelttechnik f, technischer Umweltschutz (als konkrete Maßnahmen) ‖ ~ **test** / Prüfung f unter normalen Prüfbedingungen ‖ ~ **test** (Ecol) / Prüfung f auf Umgebungseinflüsse ‖ ~ **test** (Materials) / Klimaprüfung f (bei der Freiluftklima oder Klimamodelle auf den Werkstoff einwirken) ‖ ~ **test** s. also weathering ‖ ~ **test chamber** (Materials) / Klimaprüfkammer f (zur Werkstoffprüfung) ‖ ~ **testing laboratory** (Materials) / Klimalabor n ‖ ~ **tobacco smoke** / Nebenstromrauch m (ein Teil des Tabakrauches) ‖ ~ **water engineering** (San Eng) / Siedlungswasserwirtschaft f ‖ ~ **zone** (Autos) / verkehrsberuhigte Zone (aus Gründen des Umweltschutzes), verkehrsberuhigter Bereich

**environment division** (COBOL) (Comp) / Maschinenteil m (der die benötigte Geräteausstattung beschreibt)

**environment-friendly** adj (Ecol) / umweltfreundlich adj, umweltverträglich adj, umweltkonform adj, umweltschonend adj

**environment protection**

**environment protection** (by pollution control) (Ecol) / Umweltschutz *m*, Umweltpflege *f* ‖ ~ **variable** (Comp) / Umgebungsvariable *f*
**environtology** *n* (Ecol) / Environtologie *f* (Teilgebiet der Futurologie, das die Wirkungen der Technik und Technologie auf die Umweltfaktoren untersucht)
**enweave** *v* (Weaving) / verweben *v*, einweben *v*, ineinander weben *v*
**enzymatic** *adj* (Biochem) / enzymatisch *adj*, fermentativ *adj* ‖ ~ **analysis** (Biochem, Nut) / enzymatische Analyse ‖ ~ **bating agent** (Leather) / enzymatisches Beizmittel ‖ ~ **browning** (Nut) / enzymatische Bräunung (Reaktion, bei der in pflanzlichen Materialien vorkommende phenolische Verbindungen insbesondere Polyphenole unter Beteiligung von Enzymen in braun gefärbte polymere Produkte umgewandelt werden) ‖ ~ **conversion** (Biochem) / enzymatische Umwandlung, enzymatische Umsetzung, Enzymumwandlung *f* ‖ ~ **hydrolysis** (Biochem) / enzymatische Hydrolyse ‖ ~ **liming** (Leather) / Enzymäscher *m* ‖ ~ **reaction** (Biochem) / enzymkatalysierte Reaktion, enzymatische Reaktion, Enzymreaktion *f* ‖ ~ **sensor** (Biochem, Med) / Enzymsensor *m*, enzymatischer Sensor
**enzyme*** *n* (Biochem) / Enzym *n*, Ferment *n* ‖ ~ **activity** (Biochem) / Enzymaktivität *f* (in Katals), enzymatische Aktivität ‖ ~ **analyser** (GB) (Biochem) / Enzymanalysator *m* ‖ ~ **analyzer** (US) (Biochem) / Enzymanalysator *m*
**enzyme-catalysed** *adj* (Biochem) / enzymkatalysiert *adj*
**enzyme catalysis** (Biochem) / Enzymkatalyse *f*
**enzyme-catalyzed** (US) (Biochem) / enzymkatalysiert *adj*
**enzyme complex** (Biochem) / Enzymkomplex *m*, Multienzymsystem *n* ‖ ~ **defect** (Biochem, Med) / Enzymopathie *f*, Enzymdefekt *m* ‖ ~ **electrode** (Chem Eng) / Enzymelektrode *f* (elektrochemischer Messfühler, der als biologisch aktive Komponente immobilisierte Enzyme benutzt) ‖ ~ **fixation** (Biochem) / Enzymfixierung *f* ‖ ~ **graph** (a way of representing the stoichiometry of an enzyme reaction as a network) (Biochem) / Enzymdiagramm *n* (Darstellung der Enzymreaktionenkette) ‖ ~ **hydrolysis** (Biochem) / enzymatische Hydrolyse ‖ ~ **immunoassay** (Biochem, Med, Radiol) / Enzymimmunassay *m n*, Enzymimmunoassay *m n* (mit Enzymen als Markern) ‖ ~ **immunodetection assay** (Biochem) / Enzymimmunassay *m n*, Enzymimmunoassay *m n* (mit Enzymen als Markern) ‖ ~ **inactivation** (Biochem) / Enzyminaktivierung *f* ‖ ~ **induction** (Biol) / Enzyminduktion *f* (Auslösung der Synthese von Enzymen durch einen Induktor)
**enzyme-inhibiting** *adj* (Biochem) / enzymblockierend *adj*, enzymhemmend *adj*
**enzyme inhibitor** (Biochem) / Enzyminhibitor *m*, Enzymgift *n*, Enzymblocker *m*, Antienzym *n*, Antiferment *n*, Antizym *n* ‖ ~ **kinetics** (the mathematical treatment of enzyme-catalysed reactions) (Biochem, Maths) / Enzymkinetik *f* (ein Teilgebiet der Biochemie)
**enzyme-linked immunosorbent assay*** (Biochem) / ELISA (Festphasentechnik des Enzymimmunoassays)
**enzyme-membrane reactor** (Biochem) / Enzym-Membran-Reaktor *m*, EMR *m* (zur Durchführung von enzymkatalysierten Reaktionen)
**enzyme-modified cheese** (Nut) / künstlich überreifter Käse
**enzyme network** (Biochem) / Enzymdiagramm *n* (Darstellung der Enzymreaktionenkette) ‖ ~ **prills** (Chem Eng) / Enzymprills *pl* (verkapselte Form in den Waschmitteln) ‖ ~ **protein** (Biochem) / Enzymprotein *n* ‖ ~ **purification** (Biochem) / Enzymreinigung *f* ‖ ~ **reaction** (Biochem) / enzymkatalysierte Reaktion, enzymatische Reaktion, Enzymreaktion *f* ‖ ~ **repression** (Biochem) / Enzymrepression *f* (Unterdrückung der Bildung von Enzymen)
**enzyme-resistant** (Biochem) / enzymresistent *adj*
**enzyme sensor** (Biochem, Med) / Enzymsensor *m*, enzymatischer Sensor ‖ ~ **solution** (Biochem) / Enzymlösung *f*
**enzyme-stimulating** *adj* (Biochem) / enzymstimulierend *adj*, enzymfördernd *adj*
**enzyme-substrate complex** (Biochem) / Enzym-Substrat-Komplex *m*, ES-Komplex *m*
**enzyme synthesis** (Biochem) / Enzymsynthese *f* ‖ ~ **technology** (Biochem) / Enzymtechnik *f*, Enzymtechnologie *f* ‖ ~ **thermistor** (Biochem) / Enzymthermistor *m* (ein Biosensor) ‖ ~ **unit** (Biochem) / Enzymeinheit *f* (internationale), U ‖ ~ **wool** (Textiles) / Enzymwolle *f* (DIN 60004)
**enzymic** *adj* (Biochem) / enzymatisch *adj*, fermentativ *adj*
**enzymological** *adj* (Biochem) / enzymologisch *adj*
**enzymology** *n* (Biochem) / Enzymologie *f*
**enzymopathy** *n* (Biochem, Med) / Enzymopathie *f*, Enzymdefekt *m*
**E.O.** (emulsion out) (Cinema) / Schichtlage *f* außen (E.O.)
**EO** (elementary operation) (Comp) / Elementaroperation *f*, Verknüpfungsoperation *f*
**EOB** (end of block) (Comp) / Blockende *n*
**EOD** (end of data) (Comp) / Datenende *n*
**EO-end** (of cans) / Aufreißdeckel *m*

**EOF** (end of file) (Comp) / Dateiende *n*, Dateiabschluss *m* ‖ ≙ **label** (Comp) / Dateiendetikett *n*, Dateiende-Kennsatz *m*, Dateinachsatz *m*, Trailer-Etikett *n* ‖ ≙ **marker*** (Comp) / Dateiendemarke *f*
**EOJ** (end of job) (Comp) / Auftragsende *n* (DIN 66 200-1), Jobende *n*
**EOL** (end of life) / Lebensdauerende *n*, Ende *n* der Lebensdauer, Ende *n* der Funktionsfähigkeit
**eolation** *n* (Geol) / Windabtragung *f* (Deflation), Deflation *f*, Abblasung *f*, Abhebung *f* (Verlagerung des durch Verwitterung gelockerten Gesteinsmaterials durch den Wind), ausblasende Tätigkeit des Windes
**eolian** *adj* (Geol) / äolisch *adj* ‖ ~ **deposits*** (Geol) / Äolinite *mpl*, äolische Ablagerungen ‖ ~ **placer** (Mining) / äolische Seife ‖ ~ **soil** (US) (Civ Eng, Geol) / Windabsatzboden *m*, angewehter Boden, äolischer Boden
**eolotropy** *n* (Bot, Mag, Phys) / Anisotropie *f* (DIN 13316)
**EOLT** (end-of-line test) (Work Study) / Endabnahme *f*, Fertigungsendprüfung *f*
**EOM** (end of medium) (Comp) / Ende *n* der Aufzeichnung (DIN 66 303) ‖ ≙ (end of message) (Comp) / Nachrichtenende *n*
**e-o modulator** / elektrooptischer Modulator (für Gütemodulation), elektrooptischer Schalter
**EOM signal** (Telecomm) / Nachrichtenschlusszeichen *n*, Nachrichtenendekriterium *n*
**eon*** *n* (Geol) / Äon *m* (pl. -en) (größter chronologischer Abschnitt)
**EOR** (end of record) (Comp) / Satzende *n* ‖ ≙ (end of run) (Comp) / Ende *n* des Laufs ‖ ≙ (enhanced oil recovery) (Oils) / forcierte Erdölförderungsmaßnahme (z.B. Einpressen von heißem Dampf oder Untertageteilverbrennung)
**EOS** (earth observatory satellite) (Geog) / Landsat-Satellit *m*, Erderkundungssatellit *m*, Erderforschungssatellit *m*
**eosin*** *n* (Chem) / Eosin *n* (Natriumsalz des Tetrabromfluoreszeins; Farbstoff, auch für Genussmittel, auch ein Fluoreszenzindikator)
**eosinophil*** *adj* (Chem, Med) / eosinophil *adj*
**eosinophile** (Chem, Med) / eosinophil *adj*
**eosinophilic** *adj* (Chem, Med) / eosinophil *adj*
**EOT** (end of transmission) (Comp) / Ende der Übertragung (ein CCITT-Steuerzeichen für Datenübertragung) ‖ ≙ (end of text) (Comp) / Ende *n* des Textes (ein CCITT-Steuerzeichen für Datenübertragung), Textende *n* ‖ ≙ (end of tape) (Comp) / Bandende *n* ‖ ≙ **marker** (Comp) / Bandendemarke *f* (DIN 66 010)
**eötvös** *n* (Geophys) / Eötvös *n* (eine veraltete Einheit des Gradienten der Beschleunigung - nach L. Baron von Eötvös, 1848-1919) ‖ ≙ **balance*** (Geophys) / Eötvös'sche Drehwaage (zur Messung anziehender oder abstoßender Kräfte), Schwerevariometer *n* ‖ ≙ **torsion balance** (Geophys) / Eötvös'sche Drehwaage (zur Messung anziehender oder abstoßender Kräfte), Schwerevariometer *n*
**EOV** (end of volume) (Comp) / Datenträgerende *n*
**EP** (Acous) / Extended-Play-Schallplatte *f* (mit 45 U/min, mit mehreren Titeln bzw. längerer Spielzeit), EP-Schallplatte *f*
**E.P.** (electrode potential) (Elec) / Elektrodenpotential *n* (absolutes, dynamisches, relatives, statisches - DIN 50 900), Elektrodenpotenzial *n*
**EP** (expanded polystyrene) (Plastics) / Polystyrolschaum *m* (z.B. Styropor oder Hostapor), Schaumpolystyrol *n*, expandierbares Polystyrol, EPS (expandierbares Polystyrol), geschäumtes Polystyrol
**E.P.** (electroplating) (Surf) / Galvanostegie *f* (Abscheidung von dünnen festhaftenden Metallschichten) ‖ ≙ **electroplating** (Surf) / elektrochemisches Beschichten, Elektroplattieren *n* (Herstellung der elektrochemischen Überzüge), Galvanisieren *n*, Galvanoformung *f*
**EPA** (Environmental Protection Agency) / höchste US-amerikanische Umweltschutzbehörde ‖ ≙ (eicosapentaenoic acid) (Biochem, Pharm) / Eicosapentaensäure *f* (eine Omega-3-Fettsäure), Eikosapentaensäure *f* ‖ ≙ (electron probe analysis) (Spectr) / Elektronenstrahlmikroanalyse *f*, ESMA (Elektronenstrahlmikroanalyse), EMA (Elektronenstrahlmikroanalyse)
**EP additive** / Hochdruckwirkstoff *m*, EP-Additiv *n* (bei Schmierölen), Hochdruckzusatz *m* (ein Schmierstoffadditiv)
**EPA estimated fuel economy** (US) (Autos) / Verbrauchswerte nach amerikanischer EPA-Norm *m pl*
**EPC** (European Patent Convention) / Europäisches Patentübereinkommen ‖ ≙ **channel black** (Chem Eng) / EPC-Ruß *m*
**EPDM*** (ethylene-propylene-diene terpolymer) (Chem Eng) / Ethylen-Propylen-Elastomer *n* (EPM- oder EPDM-Typ), Ethylen-Propylen-Terpolymer *n* (Ethylen-Propylen-Kautschuk mit eingebauten konjugierten Dienen), EPDM (Ethylen/Propylen-Dien-Terpolymer nach DIN 7728-1), EPT (Ethylen-Propylen-Terpolymer)
**epeiric sea** (Ocean) / epikontinentales Meer, Schelfmeer *n* (z.B. die Nordsee und die Ostsee), Epikontinentalmeer *n*
**epeirogenesis** *n* (pl. -geneses) (Geol) / Epirogenese *f*, Epeirogenese *f*

**epeirogenic earth movements*** (Geol) / Epirogenese *f*, Epeirogenese *f*
**epeirogeny** *n* (Geol) / Epirogenese *f*, Epeirogenese *f*
**EPFM** (elastic-plastic fracture mechanics) (Materials) / elastisch-plastische Bruchmechanik, EPBM (elastisch-plastische Bruchmechanik), Konzept *n* der elastisch-plastischen Bruchmechanik
**ephedra alkaloid** (Pharm) / Ephedraalkaloid *n* (aus dem Meerträubel)
**ephedrine*** *n* (Pharm) / Ephedrin *n* (Hauptalkaloid aus Ephedraarten)
**ephemeral stream** (any intermittent stream, most of them found in moisture-deficient areas such as deserts) (Geol) / intermittierender Wasserlauf, jahreszeitlicher Wasserlauf
**ephemeris*** *n* (pl. -rides) (Astron) / Ephemeride *f* (Gestirnberechnungstafel)
**ephemeris second** (Astron) / Ephemeridensekunde *f* ‖ **~ time*** (Astron) / Ephemeridenzeit *f* (ein konstantes Zeitmaß - der Unterschied zwischen der Ephemeridenzeit und der Sonnenzeit beträgt gegenwärtig etwa 40 s), ET (Ephemeridenzeit)
**epi** *n* (epichlorhydrin) (Chem) / Epichlorhydrin *n* (1-Chlor-2,3-epoxypropan)
**epibiosis*** *n* (Ecol) / Epibiose *f*
**epibole** *n* (Ecol, Geol) / biostratigrafische Einheit, gekennzeichnet durch die maximale Häufigkeit einer Art, Gattung bzw. eines anderen Taxons
**epicadmium neutron** (Nuc) / Epikadmiumneutron *n*, Epicadmiumneutron *n*
**epicarp*** *n* (Bot) / Ektokarp *n*, Exokarp *n* (die äußere Schale der Fruchtwand)
**epicatechin** *n* (Chem) / Epicatechin *n*, Epikatechin *n* (Epimeres des Katechins)
**epicatechol** *n* (Chem) / Epicatechin *n*, Epikatechin *n* (Epimeres des Katechins)
**epicentral area** (Geol) / Epizentralgebiet *n* (des Erdbebens), Schüttergebiet *n*
**epicentre*** *n* (Geol) / Epizentrum *n* (senkrecht über dem Erdbebenherd liegender Erdoberflächenpunkt) ‖ **~*** (Geol, Mil) / Nullpunkt *m* (der Kernwaffendetonation)
**epichlorhydrin*** *n* (Chem) / Epichlorhydrin *n* (1-Chlor-2,3-epoxypropan) ‖ **~ rubber** (Chem Eng) / Polyepichlorhydrin *n*, Epichlorhydrinkautschuk *m* (gute Ölbeständigkeit und Flammenresistenz), CO (Epichlorhydrinkautschuk)
**epichlorohydrin** *n* (Chem) / Epichlorhydrin *n* (1-Chlor-2,3-epoxypropan)
**epiclastic** *adj* (Geol) / epiklastisch *adj*
**epicontinental sea** (Ocean) / epikontinentales Meer, Schelfmeer *n* (z.B. die Nordsee und die Ostsee), Epikontinentalmeer *n*
**epicormic branch** (For) / Wasserreiser *m*, Klebeast *m*, Klebast *m* (dicker Wasserreiser)
**EPIC process** (Electronics) / EPIC-Verfahren *n*
**epicycle*** *n* (Astron) / Epizykel *m* (auch in der Epizykeltheorie von Ptolemäus), Epizyklus *m*
**epicyclic** *adj* (Maths) / epizykloidisch *adj*, Epizykloiden- ‖ **~ centre differential** (Autos) / Planetenrad-Zentraldifferential *n*, Planetenrad-Zentralausgleichsgetriebe *n* ‖ **~ gear train*** (Eng) / Planetengetriebe *n* (rotationssymmetrisches Zahnradgetriebe nach DIN 3998), Umlaufgetriebe *n*, Umlaufrädergetriebe *n* (DIN 3998) ‖ **~ tooth system** (Eng) / Epizykloidenverzahnung *f*, Eloidverzahnung *f*
**epicycloid** *n* (Maths) / Epizykloide *f* (eine Rollkurve), Aufradlinie *f*
**epicycloidal** *adj* (Maths) / epizykloidisch *adj*, Epizykloiden- ‖ **~ gear** (Eng) / Planetengetriebe *n* (rotationssymmetrisches Zahnradgetriebe nach DIN 3998), Umlaufgetriebe *n*, Umlaufrädergetriebe *n* (DIN 3998)
**epicyclotron** *n* (Nuc Eng) / Epizyklotron *n*, Zyklotron *m* mit epizykloidenähnlichen Ionenbahnen
**epidemic*** *n* (Med) / Epidemie *f* ‖ **~*** *adj* (Med) / Epidemie-, epidemisch *adj*
**epidemiology*** *n* (Med) / Epidemiologie *f* (Lehre von der Entstehung, Verbreitung und Bekämpfung von Infektionskrankheiten)
**epidermal growth factor** (Biochem) / epidermaler Wachstumsfaktor
**epidermis*** *n* (Biol, Leather, Textiles) / Epidermis *f*, Oberhaut *f*
**epidiascope*** *n* (Optics) / Epidiaskop *n*, Epidiaprojektor *m* (ein Bildwerfer)
**epidioxide** *n* (Chem) / Epidioxid *n* (Endoperoxid), Endoperoxid *n*
**epidisulphide** *n* (Chem) / Epidisulfid *n*
**epidote*** *n* (Min) / Epidot *m* (eine Mineralgruppe)
**epifauna*** *n* (animals living on the surface of the seabed or river bed, or attached to submerged objects or aquatic animals or plants) (Ecol, Zool) / Epifauna *f* (ein Teil des Benthos)
**epigenetic*** *adj* (Geol) / epigenetisch *adj* (Bildung, die jünger ist als die Umgebung)
**epi growth** (Crystal, Electronics) / Epitaxie *f* (orientiertes Kristallwachstum auf einem monokristallinen Substrat)

**epilation*** *n* / Haarentfernung *f*, Enthaarung *f*, Depilation *f* (Enthaarung)
**epilator** *n* / Haarentfernungsmittel *n*, Epiliermittel *n* (Enthaarungsmittel), Enthaarungsmittel *n*, Depilatorium *n* (pl. Depilatorien)
**epilimnion*** *n* (pl. -limnia) (Ecol, Geol) / Epilimnion *n* (pl. -limnia), Epilimnium *n* (pl. -limnia) (Tiefenschicht stehender Gewässer oberhalb der Sprungschicht zwischen 0 und 10 m - nach DIN 4049, T 1), Eulimnion *n* (pl. -limnia - oberhalb der Sprungschicht in stehenden Gewässern)
**epimagmatic** *adj* (Geol) / spätmagmatisch *adj*, deuterisch *adj*, epimagmatisch *adj*
**Epimenides contradiction** (AI, Maths) / Antinomie *f* vom Lügner, Antinomie *f* des Lügners
**epimer** *n* (Chem) / Epimer *n* (ein Diastereomer)
**epimerization*** *n* (Chem) / Epimerisierung *f*
**epimorphism** *n* (Maths) / Epimorphismus *m*, surjektiver Homomorphismus
**epinephrine*** *n* (Biochem, Physiol) / Adrenalin *n*, Epinephrin *n* (ein Hormon des Nebennierenmarks)
**epineritic** *adj* (Geol, Ocean) / epineritisch *adj*
**epineuston** *n* (Ecol) / Epineuston *n* (Lebensgemeinschaft auf dem Oberflächenhäutchen der Gewässer, dem Luftleben angepasst)
**epinglé** *n* (Textiles) / Ösenrips *m*, Nadelrips *m*, Epinglé *m*
**epipelagic** *adj* (Ocean) / epipelagisch *adj* (Zone des freien Meeres)
**epiphyte*** *n* (Bot) / Epiphyt *m* (Pflanze, die auf anderen Pflanzen wächst, sich aber selbständig ernährt)
**epiplankton** *n* (Ecol, Ocean) / Plankton *n* aus den oberen Meeresschichten, Epiplankton *n*
**epi scanner** (Electronics) / Epiabtaster *m* (für nicht transparente Vorlagen)
**episcope*** *n* (Optics) / Episkop *n*, Epiprojektor *m* (ein Bildwerfer)
**episcopic projection** (Optics) / episkopische Projektion, Epiprojektion *f*
**episodic** *adj* / episodisch *adj* (Wissen, Lexikon) ‖ **~ movements** (Stats) / isolierte Einflüsse
**episome** *n* (a segment of DNA that can exist more or less independently in a cell) (Biochem) / Episom *n*
**epistemological knowledge** (AI) / erkenntnistheoretisches Wissen
**epistemology** *n* / Erkenntnistheorie *f*, Erkenntnislehre *f*, Epistemologie *f* (eine philosophische Grundlagenlehre)
**epistilbite*** *n* (Min) / Epistilbit *m* (ein Tektosilikat)
**epistyle*** *n* (Arch) / Epistyl *n*, Epistylion *n*, Architrav *m*
**episulphide** *n* (Chem) / Episulfid *n* (eine alte Bezeichnung für komplizierte Thiirane - heute Epithio-) ‖ **~** (Chem) / Episulfid *n* (kompliziertes und besonders in höhere Ringsysteme eingebautes Thiiran)
**epitaxial*** *adj* (Crystal, Electronics) / Epitaxie-, epitaxial *adj*, epitaktisch *adj*
**epitaxial-diffused mesa transistor** (Electronics) / Epitaxiediffusionsmesatransistor *m*
**epitaxial film** (Crystal, Electronics) / Epitaxieschicht *f* (durch Epitaxie auf einem einkristallinen Substrat erhaltene Einkristallschicht), epitaktische Schicht ‖ **~ growth** (Crystal, Electronics) / Epitaxie *f* (orientiertes Kristallwachstum auf einem monokristallinen Substrat) ‖ **~ growth technique** (Electronics) / Aufwachsverfahren *n*, Van-Arkel-de-Boer-Verfahren *n* (zur Gewinnung von hochreinen Metallen und Halbmetallen), Glühdrahtmethode *f* ‖ **~ layer** (Crystal, Electronics) / Epitaxieschicht *f* (durch Epitaxie auf einem einkristallinen Substrat erhaltene Einkristallschicht), epitaktische Schicht ‖ **~ passivated integrated circuit process** (Electronics) / EPIC-Verfahren *n* ‖ **~ transistor*** (Electronics) / Epitaxialtransistor *m* (ein Transistor mit einer Kollektorzone, welche durch Abscheiden einer schwach dotierten, einkristallinen dünnen Schicht auf ein hoch dotiertes Halbleitermaterial entsteht)
**epitaxy*** *n* (Crystal, Electronics) / Epitaxie *f* (orientiertes Kristallwachstum auf einem monokristallinen Substrat)
**epithermal** *adj* (Geol) / epithermal *adj* (wässriges Transportmedium in Erzlagerstätten - unter 150° C) ‖ **~** (Nuc) / epithermisch *adj* (Energiebereich oberhalb des thermischen Gebiets) ‖ **~ deposit** (Geol, Mining) / epithermale Erzlagerstätte *f* ‖ **~ neutron*** (Nuc) / epithermisches Neutron, intermediäres Neutron ‖ **~ reactor*** (Nuc Eng) / epithermischer Reaktor, Reaktor *m* mit epithermischen Neutronen ‖ **~ reactor*** (Nuc Eng) s. also intermediate reactor ‖ **~ thorium reactor** (Nuc Eng) / epithermischer Thoriumreaktor, Thoriumreaktor *m* mit epithermischen Neutronen
**epitope** *n* (Biochem, Med) / Antigendeterminante *f*, Epitop *m*, antigene Determinante (an der Oberfläche eines Antigens)
**epitrochoid*** *n* (Maths) / Epitrochoide *f* (verlängerte oder verkürzte Epizykloide)
**epitrochoidal engine** (I C Engs) / Epitrochoidenmotor *m* (Motor mit einem dreibogigen rotierenden Kolben)
**epizone** *n* (Geol) / Epizone *f* (Tiefenstufe der Metamorphose)

**E-plane**

**E-plane bend** (Telecomm) / E-Bogen *m*, E-Krümmer *m* (bei Wellenleitern) ‖ ≈ **pattern** (Radio) / E-Diagramm *n* (bei Antennen)
**EP lubricant** (an oil or grease containing additives that enhance the ability of the lubricant to adhere to a surface and reduce friction under high bearing loads) / Höchstdruckschmiermittel *n*, EP-Schmiermittel *n*
**EPM** (ethylene-propylene rubber) (Chem Eng) / Ethylen-Propylen-Kautschuk *m* (hergestellt durch Lösungsmittelpolymerisation von molaren Teilen Ethylen und Propylen), Ethylen-Propylen-Elastomer *n*, EPM (Ethylen-Propylen-Kautschuk), PEP (Ethylen-Propylen-Kautschuk) ‖ ≈ (electron probe microanalysis) (Spectr) / Elektronenstrahlmikroanalyse *f*, ESMA (Elektronenstrahlmikroanalyse), EMA (Elektronenstrahlmikroanalyse)
**EPMA** (electron probe microanalysis) (Spectr) / Elektronenstrahlmikroanalyse *f*, ESMA (Elektronenstrahlmikroanalyse), EMA (Elektronenstrahlmikroanalyse)
**EPNS** (electroplated nickel silver) (Surf) / elektrochemisch hergestellte Neusilberschicht
**EPO** (European Patent Office) / Europäisches Patentamt (München), EPA (Europäisches Patentamt) ‖ ≈ (earth parking orbit) (Space) / erdnahe Parkbahn
**epoch*** *n* (a geologic-time unit) (Geol) / Epoche *f* (ein chronologischer Abschnitt)
**EPOS terminal** (Comp) / elektronisches Kassenterminal, Scannerkasse *f*
**epoxidation** *n* (Chem) / Epoxidieren *n*, Epoxidation *f*, Epoxidierung *f*
**epoxide** *n* (Chem) / Epoxid *n* (eine heterozyklische Verbindung, die die Epoxidgruppierung enthält) ‖ ~ **paint** (Paint) / Epoxidharzanstrichstoff *m* ‖ ~ **plasticizer** / Epoxidweichmacher *m* (selbststabilisierender Weichmacher auf Basis epoxidierter Triglyzeride, Alkylepoxystearate usw.), Epoxyweichmacher *m* ‖ ~ **resin*** (Chem, Plastics) / Epoxidharz *n*, Epoxyharz *n*, Ethoxylinharz *n*, EP (DIN 7728, T 1), EP-Harz *n* ‖ ~ **rubber** (Chem Eng) / Epoxidkautschuk *m*
**epoxidize** *v* (Chem) / epoxidieren *v*
**epoxidized soybean oil** / epoxidiertes Sojaöl (Weichmacher), EPSO (epoxidiertes Sojaöl nach DIN 7723)
**epoxidizing** *n* (Chem) / Epoxidieren *n*, Epoxidation *f*, Epoxidierung *f*
**epoxy** *n* (Chem, Plastics) / Epoxidharz *n*, Epoxyharz *n*, Ethoxylinharz *n*, EP (DIN 7728, T 1), EP-Harz *n* ‖ ~ **adhesive** (Chem) / Epoxidharzklebstoff *m*, Epoxidkleber *m*, Epoxidklebstoff *m* ‖ ~ **cement concrete** (Build, Civ Eng) / kunstharzmodifizierter Zementbeton (mit wasseremulgierten EP-Harzen) ‖ ~ **enamel** (Paint) / Epoxidharzlack *m*
**epoxyethane** *n* (Chem) / Ethylenoxid *n*, EO (das einfachste Oxiran)
**epoxy injection** (Chem, For) / Epoxidharzverpressung *f*, Epoxidharzinjektion *f* (bei Holzbausanierung) ‖ ~ **paint** (Paint) / Epoxidharzanstrichstoff *m* ‖ ~ **powder** (Paint) / Epoxidpulver *n*
**epoxypropane, 1,2-~** (Chem, Paint, Plastics) / Propylenoxid *n* (1,2-Epoxypropan), Methyloxiran *n*
**epoxy repair of timber** (For, Join) / polymerchemische Holzergänzung ‖ ~ **resin*** (Chem, Plastics) / Epoxidharz *n*, Epoxyharz *n*, Ethoxylinharz *n*, EP (DIN 7728, T 1), EP-Harz *n* ‖ ~ **resin adhesive** (Chem) / Epoxidharzklebstoff *m*, Epoxidkleber *m*, Epoxidklebstoff *m* ‖ ~ **resin ester** (Chem) / Epoxidharzester *m*, Epoxyester *m*, EPE ‖ ~ **rubber** (Chem Eng) / Epoxidkautschuk *m* ‖ ~ **stopper** (Paint) / Epoxidharzspachtel *m*, EP-Spachtel *m*
**EPP** (enhanced parallel port) (Comp) / Enhanced Parallel Port *m* (der Datenraten im Bereich 400 bis 500 Kbyte/s bietet), EPP *m* (Enhanced Parallel Port)
**Eppley pyrheliometer** (a thermoelectric device for measuring direct and diffuse solar radiation) (Meteor) / Pyrheliometer *n* nach Eppley
**EPR** (ethylene-propylene rubber) (Chem Eng) / Ethylen-Propylen-Kautschuk *m* (hergestellt durch Lösungsmittelpolymerisation von molaren Teilen Ethylen und Propylen), Ethylen-Propylen-Elastomer *n*, EPM (Ethylen-Propylen-Kautschuk), PEP (Ethylen-Propylen-Kautschuk)
**E.P.R.** (electron paramagnetic resonance) (Spectr) / paramagnetische Elektronenresonanz, Elektronenspinresonanz *f*, ESR (Elektronenspinresonanz)
**EPR experiment** (Phys) / EPR-Experiment *n*, Einstein-Podolsky-Rosen-Experiment *n*
**EPROM*** (erasable programmable ROM) (Comp) / löschbares PROM (zwar umprogrammierbar, aber nicht beliebig oft), elektrisch veränderbarer Festwertspeicher ‖ ≈ **emulator** (combination of hardware and software to emulate an EPROM) (Comp) / EPROM-Emulator *m* ‖ ≈ **eraser** (Comp) / EPROM-Löschgerät *n*

**EPR rubber** (Chem Eng) / EPR-Kautschuk *m* ‖ ≈ **spectroscopy** (Chem, Phys, Spectr) / paramagnetische Resonanzspektroskopie, ESR-Spektroskopie *f*, EPR-Spektroskopie *f*, Elektronenspinresonanzspektroskopie *f*
**ePS** (editable PostScript) (Comp) / editierbares PostScript, ePS (editierbares PostScript) ‖ ≈ (expandable polystyrene) (Plastics) / schäumbares Polystyrol, expandierbares Polystyrol
**EPscript** (Comp) / editierbares PostScript, ePS (editierbares PostScript)
**epsilon carbide** (Met) / Epsilonkarbid *n*, E-Carbid *n* (eine Eisencarbidausscheidung mit hexagonal dichter Packung der Formel $Fe_{2,4}$ C), Epsiloncarbid *n* ‖ ~ **tensor** (Maths) / Levi-Civita-Tensor *m*, Epsilontensor *m*
**epsomite*** *n* (Min) / Reichardtit *m* (als Umwandlungsprodukt des Kieserits auf den Kalklagerstätten), Epsomit *m*
**Epsom salt*** (Chem, Min) / Bittersalz *n*
**Epstein hysteresis tester** (Elec Eng) / Epstein-Apparat *m*, Epstein-Rahmen (zur Ermittlung spezifischer Eisenverluste von Transformatorblechen), Epstein-Gerät *n* ‖ ≈ **square** (Elec Eng) / Epstein-Apparat *m*, Epstein-Rahmen (zur Ermittlung spezifischer Eisenverluste von Transformatorblechen), Epstein-Gerät *n*
**EPT** (ethylene-propylene terpolymer) (Chem Eng) / Ethylen-Propylen-Elastomer *n* (EPM- oder EPDM-Typ), Ethylen-Propylen-Terpolymer *n* (Ethylen-Propylen-Kautschuk mit eingebauten konjugierten Dienen), EPDM (Ethylen/Propylen-Dien-Terpolymer nach DIN 7728-1), EPT (Ethylen-Propylen-Terpolymer)
**Epton's titration** (Chem) / Epton-Titration *f* (zur Bestimmung von Aniontensiden)
**EPT rubber** / EPT-Kautschuk *m* (ein Terpolymer-Kautschuk)
**EPU** (emergency power unit) (Elec Eng) / Notstromaggregat *n*, Notstromgenerator *m*, Reservegenerator *m*, Bereitschaftsaggregat *n*
**epuré** *n* (Civ Eng, Geol) / Trinidad-Epuré *m*, raffinierter und entwässerter Asphalt
**EPXMA** (electron probe X-ray analysis) (Spectr) / Elektronenstrahlmikroanalyse *f*, ESMA (Elektronenstrahlmikroanalyse), EMA (Elektronenstrahlmikroanalyse)
**eq.** (Maths) / Gleichung *f*
**EQ gate*** (Automation, Comp) / Äquivalenzglied *n* (das die Äquivalenz realisiert)
**equal** *adj* (to) / gleich *adj*
**equal-angle cutter** (Eng) / Prismenfräser *m* (Formfräser mit prismatischem Schneideteil zum Fräsen von Führungsbahnen - DIN 847)
**equal-area projection** (Cartography, Geog) / flächentreue Abbildung (bei der die Flächenverzerrung gleich Null ist)
**equal-arm balance** / gleicharmige Balkenwaage
**equal-energy** *attr* / energiegleich *adj* ‖ ~ **white** / Weiß *n* gleicher Energien
**equal-falling** *adj* (Min Proc) / gleichfällig *adj*
**equal in value** / wertgleich *adj*
**equality** *n* (Maths) / Gleichheit *f* (A = B) ‖ ~ **circuit** (Comp) / Gleichheitsglied *n* ‖ ~ **relation** (Maths) / Gleichheitsrelation *f* ‖ ~ **unit** (Comp) / Gleichheitsglied *n*
**equalization** *n* / Ausgleich *m* (Druck, Kräfte, Temperatur), Ausgleichen *n*, Abgleich *m*, Abgleichung *f* ‖ ~* (Telecomm) / Entzerrung *f* ‖ ~ **of pressure** (Med) / Druckausgleich *m* ‖ ~ **of speed difference** (Autos) / Ausgleich *m* der Drehzahldifferenz (Funktion des Differentials) ‖ ~ **of winding load** (Mining) / Seilgewichtsausgleich *m*
**equalize** *v* (sawn wood) (For) / abkappen *v* (Rundholz, Bretter, Bohlen), kappen *v* (Rundholz, Bretter, Bohlen)
**equalizer** *n* (Acous, Radio) / Equalizer *m* (ein Baustein für Hi-Fi-Anlagen) ‖ ~ (Comp, Telecomm) / Entzerrungsnetzwerk *n*, Entzerrerschaltung *f* ‖ ~ (Maths) / Differenzkern *m* ‖ ~ **ring** (Elec Eng) / Ausgleichsring *m* ‖ ~ **switch** (Elec Eng) / Ausgleichsschalter *m*
**equalizing bar** (Elec Eng) / Ausgleichsschiene *f* (bei Wellenmaschinen) ‖ ~ **charge** (Elec Eng) / Ausgleichsladung *f* ‖ ~ **current** (Elec Eng) / Ausgleichsstrom *m* ‖ ~ **frame** (Textiles) / Egalisierrahmen *m* (DIN 64 990) ‖ ~ **network*** (Comp, Telecomm) / Entzerrungsnetzwerk *n*, Entzerrerschaltung *f* ‖ ~ **pulse*** (TV) / Ausgleichsimpuls *m* ‖ ~ **reservoir** (Hyd Eng) / Ausgleichsbecken *n*, Ausgleichbecken *n* (bei Wasserbauten) ‖ ~ **tank** (Civ Eng, Hyd Eng, San Eng) / Gegenbehälter *m* (zum Ausgleich von Wasserspitzen und zur Erzielung gleichbleibenden Versorgungsdrucks)
**equal-loudness contour** (Acous) / Isophone *f* (in der physiologischen Akustik), Kurve *f* gleichen Lautstärkepegels, Kurve *f* gleicher Lautstärke, Kurve *f* gleicher Pegellautstärke, Kurve *f* gleicher Lautstärkeempfindung

**equally continuous** (Maths) / gleichgradig stetig (eine Funktionenfolge) ‖ **~ spaced** (Cartography, Geog) / äquidistant *adj* (gleich weit voneinander entfernt, gleiche Abstände aufweisend), abstandsgleich *adj*, abstandstreu *adj*, mit gleichem Abstand, gleichabständig *adj* ‖ **~ spaced** (Civ Eng) / in gleichem Abstand verteilt (Bewehrungsstahl) ‖ **~ tempered** (Acous) / gleichschwebend *adj*
**equal-phase** *attr* / gleichphasig *adj* ‖ **~** (Elec Eng) / in Phase, phasengleich *adj*, gleichphasig *adj*
**equal-probability distribution** (Stats) / Gleichverteilung (in der Wahrscheinlichkeitstheorie)
**equal set** (Maths) / gleiche Menge
**equal-settling** *adj* (Min Proc) / gleichfällig *adj*
**equal-sided** *adj* (Maths) / seitengleich *adj* ‖ **~ angle steel** (Met) / gleichschenkliges Winkelprofil, gleichschenkliger Winkelstahl
**equals key** (Comp) / Ist-gleich-Taste *f*
**equate** *v* (Crystal, Maths) / gleichsetzen *v* (mit)
**equating** *n* (Maths) / Gleichsetzen *n*, Gleichsetzung *f*
**equation*** *n* (Maths) / Gleichung *f* ‖ **~ of an oscillation** (Maths, Phys) / Schwingungsgleichung *f* ‖ **~ of a plane** (Maths) / Ebenengleichung *f* (z.B. nach Hesse) ‖ **~ of a straight line** (Maths) / Geradengleichung *f* (die eine Gerade im Koordinatensystem definiert) ‖ **~ of continuity** (Phys) / Kontinuitätsgleichung *f* ‖ **~ of maximum work*** (Phys) / Gibbs-Helmholtz'sche Gleichung (der Thermodynamik) ‖ **~ of motion*** (an equation, based on the second of Newton's laws of motion, that governs the motion of a particle) (Phys) / Bewegungsgleichung *f* ‖ **~ of periods** (Elec Eng) / Periodengleichung *f* ‖ **~ of radiative transfer** (Phys) / Strahlungstransportgleichung *f* (beim Durchgang elektromagnetischer Strahlung durch ein partikuläres Medium, in dem die Strahlung partiell gestreut und/oder absorbiert wird) ‖ **~ of state*** (an equation interrelating the variables of a thermodynamic system, typically the pressure, volume, temperature and amount of substance of a gas) (Phys) / Zustandsgleichung *f* (Beziehung zwischen thermodynamischen Zustandsgrößen) ‖ **~ of telegraphy** (Phys) / Telegrafengleichung *f* (verallgemeinerte Wellengleichung) ‖ **~ of the first degree** (Maths) / lineare Gleichung (in der alle Gleichungsvariablen in der ersten Potenz auftreten und nicht miteinander multipliziert werden), Gleichung *f* ersten Grades ‖ **~ of the second degree** (Maths) / quadratische Gleichung, Gleichung *f* zweiten Grades ‖ **~ of time*** (the difference between the apparent solar time and mean solar time that results from the eccentricity of the Earth) (Astron) / Zeitgleichung *f* (der periodisch sich ändernde Unterschied zwischen wahrer und mittlerer Sonnenzeit) ‖ **~ of wave motion** (Phys) / Wellengleichung *f* (total-hyperbolische Differentialgleichung nach DIN 1324, T 3)
**equations of gyroscopic motion** (Phys) / Kreiselgleichungen *f pl*
**equation solver** (Comp, Maths) / Gleichungsauflöser *m*, Gleichungslöser *m* ‖ **~ with several unknowns** (Maths) / Gleichung *f* mit mehreren Unbekannten
**equator*** *n* (Geog) / Äquator *m*
**equatorial*** *n* (Astron) / Äquatoreal *n* (Fernrohr mit parallaktischer Montierung) ‖ **~** *adj* (Chem) / äquatorial *adj* ‖ **~** (Geog) / äquatorial *adj* ‖ **~ bond** (Chem) / äquatoriale Bindung (in der Konformationstheorie) ‖ **~ bulge** (the excess radius of the Earth at the equator over that at the poles) (Geog) / Äquatorwulst *m* ‖ **~ convergence zone** (Geog, Meteor) / innertropische Konvergenzzone (der äquatorialen Tiefdruckrinne zwischen den Passatgürteln der Nord- und Südhalbkugel) ‖ **~ mounting** (Astron) / parallaktische Montierung, äquatoriale Montierung (des Fernrohrs) ‖ **~ orbit** (Astron, Space) / äquatoriale Umlaufbahn, Äquatorialorbit *m* ‖ **~ plane** (Optics) / Äquatorebene *f* (z.B. des Vierkreisdiffraktometers) ‖ **~ plate*** (Gen) / Metaphasenplatte *f*, Äquatorialplatte *f* (in der Metaphase) ‖ **~ projection** (Cartography) / Äquatorialprojektion *f* ‖ **~ radius** (Surv) / Äquatorradius *m* (der Erde) ‖ **~ rainforest** (For) / tropischer Regenwald (in Äquatornähe) ‖ **~ satellite** (Space) / Satellit *m* auf äquatorialer Umlaufbahn ‖ **~ system** (Astron) / Äquatorsystem *n*, Äquatorialsystem *n* (ein Koordinatensystem) ‖ **~ system of coordinates** (Astron) / Äquatorsystem *n*, Äquatorialsystem *n* (ein Koordinatensystem)
**equiangular hyperbola** (Maths) / gleichseitige Hyperbel, rechtwinklige Hyperbel ‖ **~ spiral** (Maths) / logarithmische Spirale (bei der der Radiusvektor mit der Tangente in einem Kurvenpunkt einen konstanten Winkel bildet)
**equiaxed** *adj* (Eng) / gleichachsig *adj*
**equiconcave** *adj* (Optics) / gleichkonkav *adj*
**equiconcentration line** (Chem) / Linie *f* gleicher Konzentration, Isokonzentrate *f*, Isokonzentrationslinie *f*
**equicontinuous** *adj* (Maths) / gleichgradig stetig (eine Funktionenfolge)
**equiconvergence** *n* (Maths) / Konvergenzgleichheit *f*
**equiconvex** *adj* (Optics) / gleichkonvex *adj*
**equidensities** *pl* (Photog) / Äquidensiten *pl*

**equidimensional** *adj* / dimensionsgleich *adj*
**equidistant** *adj* (Cartography, Geog) / äquidistant *adj* (gleich weit voneinander entfernt, gleiche Abstände aufweisend), abstandsgleich *adj*, abstandstreu *adj*, mit gleichem Abstand, gleichabständig *adj* ‖ **~ projection** (Cartography, Geog) / abstandstreue Abbildung (bei der Längen abstandstreu abgebildet sind)
**equienergy** *attr* / energiegleich *adj*
**equifacial** *adj* (Bot) / äquifazial *adj*, äquifacial *adj*
**equifrequent** *adj* (Elec Eng, Phys) / mit gleicher Frequenz, gleichfrequent *adj* ‖ **~ conductor** (Elec Eng) / mitschwingender Leiter
**equigranular** *adj* / gleichkörnig *adj*, gleichmäßig körnig, von gleichmäßiger Korngröße
**equilateral** *adj* / gleichseitig *adj* ‖ **~ arch*** (pointed) (Arch) / Spitzbogen *m* (gleichseitiger) ‖ **~ hyperbola** (Maths) / gleichseitige Hyperbel, rechtwinklige Hyperbel ‖ **~ rectangular cubical hyperbola** (Maths) / gleichseitige Kurve (Raumkurve 3. Ordnung mit paarweise rechtwinkligen Asymptoten) ‖ **~ triangle*** (Maths) / gleichseitiges Dreieck
**equilibrate** *v* (Eng, Mech) / Gleichgewicht herstellen, ausbalancieren *v* (ins Gleichgewicht bringen)
**equilibration** *n* (Chem) / Äquilibrierung (Erreichen eines Gleichgewichts in der Dünnschichtchromatografie), Herstellung *f* eines Gleichgewichts (in der Dünnschichtchromatografie) ‖ **~*** (Eng, Phys) / Herstellung *f* des Gleichgewichts, Ausbalancierung *f*
**equilibrium*** *n* (pl. equilibria or equilibriums) (Mech) / Ruhelage *f* ‖ **~** (pl. equilibria or equilibriums) (Mech) / Gleichgewicht *n*
**equilibrium composition** (Chem) / Gleichgewichtszusammensetzung *f* (der Reaktionsmischung) ‖ **~ concentration** (Chem, Phys) / Gleichgewichtskonzentration *f* ‖ **~ conditions** (Mech) / Glweichgewichtsbedingungen *f pl* ‖ **~ constant*** (Chem) / Gleichgewichtskonstante *f* (thermodynamische), Massenwirkungskonstante *f*
**equilibrium-controlled conversion** (Chem) / Gleichgewichtsumsatz *m*
**equilibrium diagram*** (Met, Phys) / Zustandsdiagramm *n* (das thermodynamische Eigenschaften mehrkomponentiger Stoffe in verschiedenen Phasen darstellt), Phasendiagramm *n*, Gleichgewichtsschaubild *n*, Zustandsschaubild *n* ‖ **~ distillation** (Chem) / Gleichgewichtsdestillation *f*, (kontinuierliche) Entspannungsdestillation, Flash Distillation *f*, Flashdestillation *f* ‖ **~ galvanic voltage** (Elec) / Gleichgewichtsgalvanispannung *f*, Gleichgewichtspotential *n* (ein Elektrodenpotential) ‖ **~ geometry** (Chem, Nuc) / Gleichgewichtsgeometrie *f* (der Atomkerne) ‖ **~ humidity** (Chem Eng, For) / Gleichgewichtsfeuchtigkeitsgehalt *m*, Gleichgewichtsfeuchtigkeit *f*, Gleichgewichtsfeuchte *f* ‖ **~ magnetization** (Acous, Mag, Spectr) / longitudinale Magnetisierung, Längsmagnetisierung *f*, Gleichgewichtsmagnetisierung *f*
**equilibrium-mode distribution** (Telecomm) / stationäre Modenleistungsverteilung (DIN 57 888-1), Modengleichgewichtsverteilung *f* ‖ **~ simulator** (Telecomm) / Gleichgewichtsmodensimulator *m*
**equilibrium moisture (content)*** (Chem Eng, For) / Gleichgewichtsfeuchtigkeitsgehalt *m*, Gleichgewichtsfeuchtigkeit *f*, Gleichgewichtsfeuchte *f* ‖ **~ of forces** (Mech) / Kräftegleichgewicht *n*, Gleichgewicht *n* der Kräfte ‖ **~ orbit** (Nuc) / Gleichgewichtsbahn *f* ‖ **~ plasma** (Plasma Phys) / Gleichgewichtsplasma *n*, im thermodynamischen Gleichgewicht befindliches Plasma ‖ **~ potential** (Elec) / Gleichgewichtsgalvanispannung *f*, Gleichgewichtspotential *n* (ein Elektrodenpotential) ‖ **~ radius** (Nuc Eng) / Sollkreisradius *m* (bei zyklischen Beschleunigern) ‖ **~ reaction*** (Chem) / umkehrbare Reaktion, reversible Reaktion, Gleichgewichtsreaktion *f* ‖ **~ still*** (Chem Eng) / Gleichgewichtsapparatur *f* (bei der Destillation)
**equilux** *n* (Light) / Isoluxkurve *f*, Isoluxe *f* (Linie gleicher Beleuchtungsstärke)
**equimolar** *adj* (Chem) / äquimolar *adj*
**equimolecular** *adj* (Chem) / äquimolar *adj*
**equimultiples** *pl* (Maths) / Gleichvielfache *n pl*
**equinoctial** *n* (Astron) / Himmelsäquator *m* ‖ **~ line** (Astron) / Himmelsäquator *m* ‖ **~ point*** (Astron) / Äquinoktialpunkt *m* (auf der Ekliptik) ‖ **~ storm** (Meteor) / Äquinoktialsturm *m* ‖ **~ year** (Astron) / tropisches Jahr (365 d 5 h 48 min 45,51 s), Sonnenjahr *n*, Solarjahr *n*
**equinox*** *n* (Astron) / Tagundnachtgleiche *f*, Äquinoktium *n*
**equipartition** *n* / Gleichverteilung *f*, Äquipartition *f* ‖ **~ law** (Chem) / Äquipartitionsprinzip *n*, Gleichverteilungssatz *m* (der Energie), Äquipartitionstheorem *n*, Gesetz *n* der Gleichverteilung der Energie
**equiphase** *adj* / gleichphasig *adj* ‖ **~** (Elec Eng) / in Phase, phasengleich *adj*, gleichphasig *adj*
**equipment** *n* (that performs a specific function) / Ausrüstung *f* (Ausrüsten und Gesamtheit der Geräte), Gerät(e) *n (pl)*,

**equipment**

Geräteausrüstung f, Ausstattung f, Apparatur f (Gesamtheit der Geräte), Einrichtung f || ~ (Build) / Einrichtung f (eines Hauses), Einrichtungsgegenstände m pl, Ausstattungsgegenstände m pl (für ein Haus) || ~ **for dynamic subsoil soundings** (Civ Eng) / Rammsondiergerät n (DIN 4094) || ~ **hatch** (Nuc Eng) / Materialschleuse f || ~ **layout** / Geräteaufstellung f (Lageplan) || ~ **list** / Geräteliste f || ~ **list** (Comp) / Geräteübersicht f, GU (Geräteübersicht) || ~ **package** (Autos) / Ausstattungspaket n || ~ **planning** (Work Study) / Arbeitsmittelplanung f, Betriebsmittelplanung f || ~ **safety act** / Gerätesicherheitsgesetz n (das überwachungsbedürftige Anlagen betrifft)

**equipollent** adj (Maths, Phys) / verschiebungsgleich adj, äquipollent adj (geordnete Punktpaare) || ~ **segment** (Maths) / äquipollente Strecke

**equipotential** adj (Biol) / äquipotentiell adj || ~ **cathode** (Electronics) / Äquipotentialkatode f || ~ **cathode** (Electronics) s. also indirectly-heated cathode || ~ **line** (Civ Eng, Geol, Hyd Eng) / Äquipotentiallinie f (Linie konstanter hydraulischer Druckhöhe) || ~ **point** (Phys) / Äquipotentialpunkt m, Punkt m gleichen Potentials || ~ **surface**\* (Phys) / Äquipotentialfläche f (in wirbelfreien physikalischen Feldern), Niveaufläche f, Isopotentialfläche f

**equipotent sets** (Maths) / gleichmächtige Mengen (A ~ B), äquivalente Mengen (Mengen gleicher Mächtigkeit), gleichzahlige Mengen

**equiprobability curve** (Stats) / Gleichwahrscheinlichkeitskurve f

**equiprobable** adj (Stats) / gleich wahrscheinlich adj, mit gleicher Wahrscheinlichkeit

**equisignal** n (Nav) / Gleichsignal n (beim Consolverfahren) || ~ **line** (Aero, Nav) / Leitstrahl m (ein Funkstrahl)

**equisingular** adj (Maths) / äquisingulär adj

**equisized** adj / gleich groß adj

**equispaced** adj (Cartography, Geog) / äquidistant adj (gleich weit voneinander entfernt, gleiche Abstände aufweisend), abstandsgleich adj, abstandstreu adj, mit gleichem Abstand, gleichabständig adj

**equitangential curve** (Maths) / Äquitangentialkurve f

**equity** n / Eigenkapital n (im Gegensatz zum Fremdkapital) || ~ **capital** / Eigenkapital n (im Gegensatz zum Fremdkapital) || ~ **crude** (Oils) / nichtstaatlicher Erdölförderanteil (meistens in einem fremden Förderland, das die Bohrungen konzessioniert hat)

**equivalence** n (AI, Maths) / Äquivalenz f (auch eine Aussageverbindung), Bisubjunktion f, Bijunktion f, Äquijunktion f (DIN 44300, T 5) || ~\* (Phys) / Äquivalenz f || ~ **by completion** (Maths) / Ergänzungsgleichheit f || ~ **by dissection** (Maths) / Zerlegungsgleichheit f || ~ **class**\* (Maths) / Äquivalenzklasse f, Faser f (Menge aller Elemente, die eine bestimmte Äquivalenzrelation erfüllen) || ~ **element exclusive NOR-circuit** (Automation, Comp) / Äquivalenzglied n (das die Äquivalenz realisiert) || ~ **gate**\* (Automation, Comp) / Äquivalenzglied n (das die Äquivalenz realisiert) || ~ **operation** (Comp) / Äquivalenzverknüpfung f || ~ **point** (the composition during a titration where there is just enough of one reagent to react with the other exactly) (Chem) / Äquivalenzpunkt m (theoretischer Endpunkt bei der Titration), stöchiometrischer Punkt, theoretischer Endpunkt (bei der Titration)

**equivalence-preserving** adj / äquivalenzerhaltend adj

**equivalence relation**\* (Maths) / Äquivalenzrelation f || ~ **symbol** (Maths) / Äquivalenzzeichen n, Entsprichtzeichen n || ~ **theorem** (Maths) / Cantor-Bernstein'scher Äquivalenzsatz, Äquivalenzsatz m von Bernstein

**equivalency** n (AI, Maths) / Äquivalenz f (auch eine Aussageverbindung), Bisubjunktion f, Bijunktion f, Äquijunktion f (DIN 44300, T 5) || ~\* (Phys) / Äquivalenz f

**equivalent** n (Chem, Comp, Maths) / Äquivalent n || ~ adj / Äquivalent-, äquivalent adj (DIN 4898), gleichwertig adj || ~ **airspeed**\* (Aero) / äquivalente Fluggeschwindigkeit f || ~ **by completion** (Maths) / ergänzungsgleich adj (zwei ebene Figuren) || ~ **by dissection** (Maths) / zerlegungsgleich adj (zwei einfache Polygone) || ~ **circuit**\* (Elec Eng) / Ersatzschaltkreis m (der gleiches oder ähnliches Verhalten zeigt wie ein anderer Schaltkreis), Ersatzstromkreis m, gleichwertiges Netzwerk, Ersatzschaltung f, Ersatzstromkreis m, äquivalente Schaltung || ~ **circuit**\* (Elec Eng) / Analogstromkreis m

**equivalent-circuit analysis** (Elec Eng) / Ersatzstromkreisanalyse f || ~ **diagram** (Elec Eng) / elektrisches Ersatzschaltbild

**equivalent concentration** (Chem, Phys) / Äquivalentkonzentration f || ~ **conductance**\* (Chem, Phys) / Äquivalentleitfähigkeit f (die im Falle mehrwertige Elektrolyte auf die Äquivalentkonzentration bezogene Leitfähigkeit) || ~ **conductance at infinite dilution** (Chem, Phys) / Äquivalentleitfähigkeit f bei unendlicher Verdünnung, Grenzleitfähigkeit f (bei unendlicher Verdünnung) || ~ **conductivity** (Chem, Phys) / Äquivalentleitfähigkeit f (die im Falle mehrwertige Elektrolyte auf die Äquivalentkonzentration bezogene Leitfähigkeit) || ~ **current source** (Elec Eng) / Ersatzstromquelle f (DIN 5489) || ~ **diameter** (Phys) / Äquivalentdurchmesser m || ~

**echoing area** (Radar) / äquivalente Echofläche || ~ **electrons**\* (Electronics) / äquivalente Elektronen || ~ **entity** (Chem) / Äquivalentteilchen n (als Stoffmengenangabe nach DIN 32625) || ~ **focal length**\* (Optics) / Äquivalentbrennweite f || ~ **height**\* (Radio) / äquivalente Höhe, Strahlungshöhe f || ~ **hiding power**\* (Powder Met) / Äquivalent-Deckvermögen n || ~ **length of pendulum** (Phys) / korrespondierende Pendellänge, reduzierte Pendellänge f || ~ **megatonnage** (Mil) / äquivalenter Megatonnenwert || ~ **network** (Elec Eng) / Ersatzschaltkreis m (der gleiches oder ähnliches Verhalten zeigt wie ein anderer Schaltkreis), Ersatzstromkreis m, gleichwertiges Netzwerk, Ersatzschaltung f, Ersatzstromkreis m, äquivalente Schaltung

**equivalent-network diagram** (Elec Eng) / elektrisches Ersatzschaltbild

**equivalent nitrogen pressure** / Stickstoff-Äquivalentdruck m || ~ **noise resistance** (Elec Eng) / äquivalenter Rauschwiderstand (z.B. eines Potentiometers), Gitterrauschwiderstand m (der dieselbe Rausch-EMK wie die Rauschquelle erzeugt und damit ein Maß zu ihrer Charakterisierung darstellt) || ~ **of exposition for cancerogenic substances** (Med) / EKA-Wert m (Wert zur Angabe von Expositionsäquivalenten für krebserzeugende Arbeitsstoffe) || ~ **of heat** (Phys) / Wärmeäquivalent n (elektrisches, mechanisches), Energieäquivalent n der Wärme, kalorisches Arbeitsäquivalent || ~ **of light** (Light) / Lichtäquivalent n || ~ **point** (Chem) / Äquivalenzpunkt m (theoretischer Endpunkt bei der Titration), stöchiometrischer Punkt, theoretischer Endpunkt (bei der Titration) || ~ **projection** (Cartography, Geog) / flächentreue Abbildung (bei der die Flächenverzerrung gleich Null ist) || ~ **radius** (Chem) / Äquivalentradius m (eines Makromoleküls) || ~ **sets** (Maths) / gleichmächtige Mengen (A ~ B), äquivalente Mengen (Mengen gleicher Mächtigkeit), gleichzahlige Mengen || ~ **step-index profile** (Optics, Telecomm) / äquivalentes Stufenprofil || ~ **stress** (Mech) / Vergleichsspannung f (bei Festigkeitshypothesen) || ~ **transformation** (Maths) / Äquivalenzumformung f (einer Gleichung oder Ungleichung in eine andere, die dieselbe Lösungsmenge hat) || ~ ~ **weight**\* (Chem) / Äquivalentgewicht n, äquivalentbezogene Masse, Äquivalentmasse f || ~ **wind** (Aero) / Äquivalentwind m (die durch die herrschende Luftströmung verursachte Verminderung oder Erhöhung der Fluggeschwindigkeit über Grund unter Berücksichtigung der Flugzeugeigengeschwindigkeit)

**equiviscosity** n (Phys) / Äquiviskosität f

**equivocation** n (Phys) / Äquivokation f (bei bedingter Entropie)

**Er** (erbium) (Chem) / Erbium n, Er (Erbium)

**era** n (a geologic-time unit) (Geol) / Ära f, Zeitalter n, Erdzeitalter n (ein chronologischer Abschnitt)

**eradiation** n (Meteor) / die in die Atmosphäre abgestrahlte Wärmeenergie der Erde, terrestrische Strahlung, Erdstrahlung f

**eradicate** v (Agric) / vertilgen v (Ungeziefer), vernichten v || ~ (Comp) / entfernen v (Viren aus einem System)

**eradication** n (Agric, Med) / Eradikation f, Entfernung f (Eradikation) || ~ (Ecol) / Beseitigung f von Restbeständen an Bioziden und biozidhaltigen Abwässern

**eradicative fungicide** (Agric, Chem) / eradikatives Fungizid

**erasability** n (Paper) / Radierfestigkeit f

**erasable** adj (Acous, Comp) / löschbar adj || ~ **programmable read-only memory**\* (Comp) / löschbares PROM (zwar umprogrammierbar, aber nicht beliebig oft), elektrisch veränderbarer Festwertspeicher || ~ **programmable ROM** (Comp) / löschbares PROM (zwar umprogrammierbar, aber nicht beliebig oft), elektrisch veränderbarer Festwertspeicher || ~ **PROM** (Comp) / löschbares PROM (zwar umprogrammierbar, aber nicht beliebig oft), elektrisch veränderbarer Festwertspeicher

**erase**\* v / ausradieren v || ~ (Comp) / löschen v, annullieren v, unterdrücken v, streichen v (eine Eintragung in der Datenbank) || ~\* (Comp) / löschen v (DIN 9757) || ~ **character** (Comp) / Löschzeichen n || ~ **head** (Acous, Mag) / Löschkopf m (des Magnettongerätes) || ~ **key** (Comp) / Löschtaste f || ~ **prevention** (Comp) / Löschsperre f

**eraser** n (a piece of rubber) / Radiergummi m || ~ / Radierer m (Gummi, Weich-PVC oder Faktisse)

**erase signal** (Comp) / Löschsignal n

**erasing head** (Acous, Mag) / Löschkopf m (des Magnettongerätes)

**erasure** n / ausradierte Stelle, Rasur f || ~ / Ausradieren n || ~ (Comp) / Löschen n (DIN 9757), Annullieren n || ~ **channel** (Comp) / Kanal m mit Auslöschung

**erasure-prevention tab** (Cinema) / Löschschutzlasche f

**erasure-proof** adj (Paper) / radierfest adj (z.B. Schreibpapier)

**E ray** (Light, Optics) / außergewöhnlicher Strahl, außerordentlicher Strahl (eine Teilwelle bei der Doppelbrechung), extraordinärer Strahl

**Erb Gray** n (Met) / ein Mikrohärteprüfgerät

**erbia** n (Chem) / Erbiumoxid n ($Er_2O_3$)

**erbium**\* n (Chem) / Erbium n, Er (Erbium)

**erbium-doped** *adj* (Electronics) / erbiumdotiert *adj*
**erbium laser*** (Phys) / Erbiumlaser *m* (ein Festkörperlaser) ‖ ~ **nitrate** (Chem) / Erbiumnitrat *n* ‖ ~ **oxide** (Chem) / Erbiumoxid *n* ($Er_2O_3$)
**ERC*** (ever-ready case) (Photog) / Bereitschaftstasche *f*
**ERDA** *n* (Energy Research and Development Administration) / höchste amerikanische Behörde für Energiefragen (Nachfolger der Atomic Energy Commission in allen Bereichen, die keine Verwaltungsbefugnisse voraussetzen)
**Erdmann's salt** (Chem) / Erdmann-Salz *n* ($NH_4[Co(NH_3)_2(NO_2)_4]$)
**erect** *v* / einzieh*en v* (Wand) ‖ ~ / aufrichten *v* ‖ ~ (Build) / errichten *v*, bauen *v* ‖ ~ (Eng) / aufbauen *v* (am Aufstellungsort), aufstellen *v*, montieren *v* (am Aufstellungsort) ‖ ~ (Maths) / errichten *v* (eine Senkrechte) ‖ ~ (Mining) / setzen *vt* (Stempel) ‖ ~ **image** (Optics) / aufrecht stehendes Bild, aufrechtes Bild / Fernrohr *n* mit Bildaufrichtung
**erecting crane** (Eng) / Montagekran *m* ‖ ~ **prism*** (Optics, Photog) / Aufrichteprisma *n* ‖ ~ **prism*** (Optics, Photog) s. also reversing prism ‖ ~ **shop*** (Eng) / Montagewerkstatt *f*, Montagehalle *f*, Montageabteilung *f*, Zusammenbauhalle *f*, Montagebereich *m* ‖ ~ **system** (Optics) / Aufrichtesystem *n*, Umkehrsystem *n* ‖ ~ **telescope** (Optics) / Fernrohr *n* mit Bildaufrichtung
**erection*** *n* (Build) / Errichten *n*, Bauen *n* ‖ ~* (Eng) / Aufbau *m*, Aufstellung *f*, Montage *f* (am Aufstellungsort) ‖ ~ (Maths) / Errichten *n* (einer Senkrechten) ‖ ~* (Ships) / Aufbau *m* (Decksaufbau), Decksaufbau *m* ‖ ~ **platform** / Montagebühne *f*
**erector** *n* (Eng) / Monteur *m*, Montagearbeiter *m* (am Aufstellungsort) ‖ ~ (Mil) / Aufrichter *m* (für Flugkörper) ‖ ~* (Optics, Photog) / Umkehrlinse *f* (zur Bildaufrichtung), Linse zur Bildaufrichtung *f*
**erector-launcher** *n* (Space) / Aufricht- und Startgerät *n*
**E-region** *n* (a layer of the ionosphere able to reflect medium-frequency radio waves) (Geophys, Meteor, Radio) / E-Gebiet *n* (der Ionosphäre - früher Heavisideschicht), Heaviside-Schicht *f* (nach O. Heaviside, 1850 - 1925), E-Schicht *f* (der Ionosphäre)
**e-reluctance microphone** (Acous) / magnetisches Mikrofon
**erepsin** *n* (an outdated term for the amino- and dipeptidases secreted by the mucous membranes of the small intestine) (Biochem) / Erepsin *n*
**Erfle eyepiece** (Optics) / Erfle-Okular *n* (ein Weitwinkelokular)
**erg*** *n* (Phys) / Erg *n* (eine nicht mehr zugelassene Einheit für Arbeit, Energie und Wärmemenge = $10^{-7}$ J), erg
**ergobasine** *n* (Chem, Med) / Ergobasin *n*, Ergometrin *n* (ein Mutterkornalkaloid)
**ergocalciferol** *n* (Biochem, Pharm) / Ergokalziferol *n* (internationaler Freiname für Vitamin $D_2$), Ergocalciferol *n*
**ergochrome** *n* (Bot, Chem) / Ergochrom *n*
**ergocornine** *n* (Chem, Med) / Ergocornin *n* (ein Alkaloid der Ergotoxingruppe - ein Mutterkornalkaloid), Ergokornin *n*
**ergocristine** *n* (Chem, Med) / Ergocristin *n* (ein Alkaloid der Ergotoxingruppe - ein Mutterkornalkaloid), Ergokristin *n*
**ergodic** *adj* / Ergoden-(Hypothese), ergodisch *adj* (Bewegung)
**ergodicity** *n* / Ergodizität *f* (in der statistischen Mechanik)
**ergoline alkaloid** (Chem, Med, Pharm) / Ergotalkaloid *n* (aus den Sklerotien des Mutterkornpilzes), Clavicepsalkaloid *n*, Mutterkornalkaloid *n*, Secale-Alkaloid *n*
**ergometrine** *n* (an alkaloid present in ergot) (Chem, Med, Pharm) / Ergobasin *n*, Ergometrin *n* (ein Mutterkornalkaloid)
**ergometrinine** *n* (Chem, Med) / Ergobasin *n*, Ergometrin *n* (ein Mutterkornalkaloid)
**ergonomic keyboard** (Comp) / ergonomische Tastatur (verschiedene Tastaturkonstruktionen, die helfen sollen, Gelenkerkrankungen zu vermeiden), Ergotastatur *f*
**ergonomics*** *n* (Med, Work Study) / Ergonomie *f* (Lehre von der menschlichen Arbeit)
**ergosterol*** *n* (Chem, Med) / Ergosterin *n* (Provitamin $D_2$)
**ergot** *n* (Bot, Pharm) / Ergot *n* (getrocknete Sklerotien der Claviceps purpurea), Mutterkorn *n* ‖ ~ (Chem, Med, Pharm) / Ergotalkaloid *n* (aus den Sklerotien des Mutterkornpilzes), Clavicepsalkaloid *n*, Mutterkornalkaloid *n*, Secale-Alkaloid *n* ‖ ~ **alkaloid** (Chem, Med, Pharm) / Ergotalkaloid *n* (aus den Sklerotien des Mutterkornpilzes), Clavicepsalkaloid *n*, Mutterkornalkaloid *n*, Secale-Alkaloid *n*
**ergotamine** *n* (Chem, Med) / Ergotamin *n* (ein Alkaloid der Ergotamingruppe - ein Mutterkornalkaloid)
**ergotherapy** *n* / Ergotherapie *f* (Arbeits- + Beschäftigungstherapie)
**ergotism*** *n* (Chem, Med) / Kribbelkrankheit *f*, Ergotismus *m*, St. Antons-Brand *m*, St.-Antonius-Feuer *n*
**ergotized** *adj* (Agric) / mutterkorninfiziert *adj*, mit Mutterkorn befallen (vergiftet)
**ergotoxine** *n* (Chem) / Ergotoxin *n* (ein Alkaloid der Ergotoxingruppe - ein Mutterkornalkaloid)
**ergotropic** *adj* (Biochem) / ergotropisch *adj* (die Leistungsfähigkeit des Organismus steigernd)
**eria silk** (Textiles) / Eriaseide *f* (eine wilde Seide)

**Erichsen cup depth** (Materials, Met) / Erichsen-Tiefung *f* ‖ ≏ **cupping test** (Materials, Met) / Erichsen-Tiefungsversuch *m* (DIN 50101), Tiefungsversuch *m* nach Erichsen, Erichsen-Tiefungsprobe *f* ‖ ≏ **test*** (Materials, Met) / Erichsen-Tiefungsversuch *m* (DIN 50101), Tiefungsversuch *m* nach Erichsen, Erichsen-Tiefungsprobe *f* ‖ ≏ **value** (Met) / Tiefziehbarkeit *f* (von Blechen)
**Ericsson cycle** (Eng, Phys) / Ericsson-Prozess *m* (ein Vergleichsprozess für Gasturbinen - nach J. Ericsson, 1803-1899) ‖ ≏ **process** (Eng, Phys) / Ericsson-Prozess *m* (ein Vergleichsprozess für Gasturbinen - nach J. Ericsson, 1803-1899)
**erinite** *n* (Min) / Cornwallit *m*, Erinit *m* (ein Montmorillonit aus Irland)
**eriochrome black** (Chem) / Eriochromschwarz *n* (das Natriumsalz einer Sulfonsäure) ‖ ~ **black T** (Chem) / Eriochromschwarz *n* T, Erio *n* T
**erlang*** *n* (Teleph) / Erlang *n* (eine Einheit der Nachrichtentechnik für die mittlere Intensität des Verkehrs während einer bestimmten Zeitspanne - nach A.K. Erlang, 1878-1929), Erl (Erlang), Verkehrseinheit *f* ‖ ≏ **distribution** (Comp, Stats) / Erlangverteilung *f* (eine spezielle Gammaverteilung für die Beschreibung von Bedienzeitverteilungen von Warteschlangen)
**Erlang's distribution** (Comp, Stats) / Erlangverteilung *f* (eine spezielle Gammaverteilung für die Beschreibung von Bedienzeitverteilungen von Warteschlangen)
**Erlang unit** (Teleph) / Erlang *n* (eine Einheit der Nachrichtentechnik für die mittlere Intensität des Verkehrs während einer bestimmten Zeitspanne - nach A.K. Erlang, 1878-1929), Erl (Erlang), Verkehrseinheit *f*
**Erlanger blue** (Paint) / ein Eisenblaupigment
**Erlenmeyer azlactone synthesis** (Chem) / Erlenmeyer-Synthese *f* (eine Variante der Perkin-Reaktion) ‖ ≏ **flask*** (Chem) / Erlenmeyerkolben *m* (Reaktionsgefäß in der Maßanalyse nach E. Erlenmeyer, 1825-1909 - DIN 12380, 12385) ‖ ≏ **synthesis** (Chem) / Erlenmeyer-Synthese *f* (eine Variante der Perkin-Reaktion)
**ERM** (Comp) / Entity-Relationship-Modell *n*, Entity-Relationship-Datenmodell *n*, ERM (Entity-Relationship-Modell)
**ERMA** (extended-red multialkali) (Electronics) / Multialkalikatode *f* mit erhöhter Rotempfindlichkeit
**ERMES** (European Radio Messaging System) (Radio) / Europäisches Funkmitteilungssystem, ERMES *m* (digital arbeitender Funkrufdienst, der europaweit genormt ist)
**erode** *v* (Agric, Geol) / erodieren *v*
**erodibility** *n* (Agric, Geol, Hyd Eng) / Erodierbarkeit *f* (des Bodens), Erosionsanfälligkeit *f*
**erodible** *n* / erodierfähiges Medium ‖ ~ *adj* (Agric, Geol) / erosionsanfällig *adj*, anfällig für die erosive Wirkung, erosionsempfindlich *adj*, erodierbar *adj*
**eroding medium** / erodierendes (bewegtes) Medium
**erosion*** *n* / Erosion *f*
**erosional unconformity** (Geol) / Erosionsdiskordanz *f*, Semidiskordanz *f*
**erosion break** (Geol) / Diskonformität *f* (partielle erosive Ausräumung der Liegendserie vor konkordanter Sedimentation einer Hangendfolge), Erosionsdiskordanz *f* ‖ ~ **corrosion** (Surf) / Erosionskorrosion *f* (das Zusammenwirken von mechanischer Oberflächenabtragung und Korrosion, wobei die Korrosion durch Zerstörung von Schutzschichten als Folge der Erosion ausgelöst wird - nach DIN 50900, T 1) ‖ ~ **cycle** (Geol) / Erosionszyklus *m* ‖ ~ **rate** (Agric, Geol) / Erosionsgeschwindigkeit *f* ‖ ~ **remnant** (Geol) / Erosionsrest *m* ‖ ~ **remnant** (Geol) s. also outlier
**erosion-resistant** *adj* (Agric, Geol) / erosionsbeständig *adj*, erosionsfest *adj*, nicht erosionsfähig
**erosion surface** (Geol) / Erosionsfläche *f*, Abtragungsfläche *f* ‖ ~ **valley** (Geol) / Erosionstal *n*
**erosive** *n* / erodierendes (bewegtes) Medium ‖ ~ *adj* / erosiv *adj*, erodierend *adj*
**erosivity** *n* (Agric, Geol, Hyd Eng) / Erosivität *f*, Erosionsgefährlichkeit *f* (der die Erosion verursachenden Faktoren)
**ERP** (external routing protocol) (Comp, Telecomm) / externes Routingprotokoll (zwischen autonomen Systemen) ‖ ≏ **system** (Comp) / ERP-System *n* (z.B. SAP R/3)
**erratic*** *n* (Geol) / Findling *m*, erratischer Block, Feldstein *m*, Wanderblock *m* (über 100 mm Größe) ‖ ~ **arc** (Elec Eng) / wandernder Lichtbogen ‖ ~ **motion** (Chem, Phys) / regellose Bewegung (z.B. bei der Brown'schen Molekularbewegung) ‖ ~ **movements** (Stats) / unregelmäßige Bewegungen ‖ ~ **value** / sprunghaft sich ändernder Wert
**erratum** *n* (pl. -ta) (Print) / Druckfehler *m*, Erratum *n* (pl. Errata)
**erroneous bit** (Comp) / fehlerhaftes Bit ‖ ~ **interpretation** / Fehlinterpretation *f*
**error** *n* / Beurteilungsfehler *m*, Beurteilungsabweichung *f* ‖ ~* (Comp, Maths) / Fehler *m* (Abweichung zwischen einem berechneten, beobachteten oder gemessenen Wert / oder einer Bedingung / und

**error**

dem wahren, spezifizierten oder theoretisch richtigen Wert / oder der Bedingung - DIN 55350, T 11) || ~ (Eng) / Fertigungsabweichung f || ~ s. also malfunction and mistake || ~ **amplifier** (Electronics) / Korrektursignalverstärker m, Korrekturverstärker m || ~ **analysis** / Fehleranalyse f || ~ **burst** (Comp) / Burst-Fehler m (gehäuftes Auftreten von durch ein einziges Ereignis hervorgerufenen Fehlern in einem Datenstrom), Fehlerbündel n (zeitlich geballt auftretende Störung) || ~ **check** / Fehlerprüfung f || ~ **checking** / Fehlerprüfung f || ~ **checking and correction** (Comp, Telecomm) / Error Checking and Correction f, ECC (Error Checking and Correction) || ~ **classification** / Fehlerklassifikation f || ~ **code** (Comp) / Fehlerzeichen n, Fehlerkode m, Fehlerartkennzeichen n || ~ **control** (Comp) / Fehlerüberwachung f (DIN 44302) || ~ **-correcting code**\* (Comp) / selbstkorrigierender Kode, fehlerkorrigierender Kode, Fehlerkorrekturkode m (DIN 44300) || ~ **correction** / Fehlerkorrektur f, Fehlerbehebung f (DIN ISO 7498) || ~ **count** (Stats) / Fehleranzahl f || ~ **curve** (Stats) / Glockenkurve m (ein Wahrscheinlichkeitsraum) || ~ **deletion by iterative transmission** (Telecomm) / Fehlerbeseitigung f durch wiederholte Übertragung || ~ **detection** (Comp) / Fehlererkennung f, Fehlernachweis m

**error-detection code** (Comp) / fehlererkennender Kode, Fehlererkennungskode m

**error display** (Comp) / Flag n (z.B. Fehlerkennzeichen in einem Übersetzungsprogramm, das auf einen formalen Verstoß gegen die Regeln der verwendeten Programmiersprache hinweist), Fehlerkennzeichen n || ~ **due to capillarity** / Kapillaritätsfehler m (bei U-Rohr-Manometern)

**errored** adj (Comp) / fehlerhaft adj (Zeichen)

**error flag** (Comp) / Flag n (z.B. Fehlerkennzeichen in einem Übersetzungsprogramm, das auf einen formalen Verstoß gegen die Regeln der verwendeten Programmiersprache hinweist), Fehlerkennzeichen n || ~ **function** (Maths) / Fehlerfunktion f (Gaußsche) || ~ **handling** / Fehlerkorrektur f, Fehlerbehebung f (DIN ISO 7498) || ~ **in bearing** (Nav, Radar) / Peilfehler m

**error-independent** adj / fehlerunabhängig adj

**error in experimentation** / Versuchsfehler m, Experimentierfehler m

**error-influencing factor** (Instr) / Fehler m (als ermittelter Faktor)

**error in indication**\* (Elec Eng, Instr) / Anzeigefehler m || ~ **in logic** (AI) / logischer Fehler || ~ **in measurement** / Messfehler m (DIN 1319, T 3), Messabweichung f (Verfälschung eines Messergebnisses) || ~ **in position** (Eng) / Lagenfehler m || ~ **in position** (Eng) / Lageabweichung f (DIN ISO 1101) || ~ **limit** (Instr) / Fehlergrenze f (DIN 1319, T 3) || ~ **message**\* (Comp) / Fehlermeldung f (seitens des Programms), Fehlernachricht f || ~ **multiplication** / Fehlervervielfachung f || ~ **of alignment** (Build, Eng) / Fluchtungsfehler m, Nichtfluchten n || ~ **of closure**\* (Surv) / Schlussfehler m im Polygonzug || ~ **of form** / Formfehler m, Profilfehler m || ~ **of form** (Eng) / Formtoleranz f (DIN 7184, T 1) || ~ **of result** / Ergebnisabweichung f (DIN 55 350, T 13) || ~ **of size** (Eng) / Maßtoleranz f (DIN 7184, T 1) || ~ **of the first kind** (Stats) / Fehler m erster Art, Fehler m 1. Art (beim Testen von Hypothesen), Alphafehler m || ~ **of the second kind** (Stats) / Fehler m zweiter Art, Fehler m 2. Art (beim Testen von Hypothesen), Betafehler m || ~ **probability** (Stats) / Fehlerwahrscheinlichkeit f

**error-prone** adj / fehleranfällig adj

**error propagation** (Comp, Maths) / Fehlerfortpflanzung f (DIN 1319, T 3)

**error-propagation theorem** (Maths) / Fehlerfortpflanzungsgesetz n

**error protection** (Comp) / Fehlerschutz m || ~ **rate** / Fehlersatz m, Fehlerrate f (die auf ein Zeitintervall bezogene Fehlerquote), Fehlerhäufigkeit f || ~ **ratio** / Fehlerquote f (Anteil fehlerhafter Werkstücke oder Erzeugnisse an der Gesamtmenge hergestellter Werkstücke oder Erzeugnisse) || ~ **recovery** / Fehlerkorrektur f, Fehlerbehebung f (DIN ISO 7498) || ~ **recovery procedure** (Comp) / Fehlerbehebungsprozedur f, Fehlerbehebungsroutine f, Fehlerbehandlungsroutine f || ~ **recovery routine** (Comp) / Fehlerbehandlungsroutine f, Fehlerbehebungsroutine f, Fehlerroutine f || ~ **report** (Comp) / Fehlermeldung f (des Anwenders über Programmfehler)

**error-robust** adj (Comp) / fehlerrobust adj (Dialog)

**error routine** (Comp) / Fehlerbehandlungsroutine f, Fehlerbehebungsroutine f, Fehlerroutine f || ~ **signal** (US) (Automation, Phys) / Abweichung f (vorzeichenbehaftete Differenz zwischen dem Ist-Wert einer physikalischen Größe und deren Soll-Wert), Regelabweichung f || ~ **signal**\* (Telecomm) / Fehlersignal n || ~ **stop** (Comp) / Fehlerstopp m || ~ **vector** (Automation) / Vektor m der Abweichungen

**ersatz** n / Imitat n || ~ (of inferior kind) / Surrogat n || ~ adj / substitutionell adj, stellvertretend adj, Ersatz-

**ERTS** (Earth Resources Technology Satellite) (Space) / amerikanischer Erderforschungssatellit, der zur genauen Kartierung der Erde, zur Kontrolle von landwirtschaftlichen Anbauflächen, zur Auffindung von Fischgründen usw. eingesetzt wird

**erubescite**\* n (Min) / Bornit m, Buntkupferkies m, Buntkupfererz n

**erucic acid**\* (Chem) / Erukasäure f, Erucasäure f (einfach ungesättigte, unverzweigte Fettsäure)

**erucin** (Chem) / Erucin n (ein Senföl aus den Samen von Eruca sativa Mill.), Eruzin n

**erucyl alcohol** (Chem) / Erucylalkohol m (13-cis-Docosen-1-ol)

**erupt** v (Geol) / eruptieren v, ausbrechen v (Asche, Lava, Gas, Dampf)

**eruption** n (Geol) / Vulkanausbruch m || ~ (Geol, Mining) / Ausbruch m, Eruption f || ~ **cloud** (Geol) / Eruptionswolke f

**eruptive** adj (Geol) / eruptiv adj || ~ **production** (Oils) / eruptive Förderung || ~ **rock**\* (either an extrusive or intrusive rock) (Geol) / Erstarrungsgestein n (eine Gesteinshauptgruppe), Massengestein n, magmatisches Gestein, Magmatit m, Eruptivgestein n || ~ **stock** (Geol) / Eruptivstock m

**ERV** (expiratory reserve volume) (Physiol) / Exspirationsreservevolumen n, ERV (Exspirationsreservevolumen)

**ERW** (enhanced-radiation warhead) (Mil) / Gefechtskopf m mit verstärkter Strahlung (eine Neutronenwaffe)

**Erwin screen** (Print) / eine Art von Kornraster

**e.r.w. tube** (electric-resistance-welded tube) (Welding) / widerstandsgeschweißtes Rohr

**erythema dose** (Radiol) / Hauteinheitsdosis f, Erythemdosis f (ein veraltetes Dosismaß)

**erythorbic acid** (Nut) / Isoascorbinsäure f (E 315, E 316), Isoaskorbinsäure f, Erythorbinsäure f, Isovitamin n C

**erythrina alkaloids** (Pharm) / Erythrina-Alkaloide n pl (Isochinolinalkaloide aus Erythrina-Arten)

**erythrite**\* n (Min) / Erythrin m, Kobaltblüte f

**erythritol**\* n (Chem) / Erythrit m (einfachster vierwertiger Zuckeralkohol)

**erythrocyte** n (Physiol) / rotes Blutkörperchen, Erythrocyt m (pl. -en), Erythrozyt m (pl. -en)

**erythrodextrin** n (Chem) / Erythrodextrin n (ein hochmolekulares Dextrin)

**erythromycin**\* n (Pharm) / Erythromycin n (ein Makrolidantibiotikum aus dem Strahlenpilz Streptomyces erythreus), Erythromyzin n

**erythropoietin** (Biochem, Med) / Erythropoietin n, EPO (Erythropoietin)

**erythrose**\* n (Chem) / Erythrose f (in der Natur nicht vorkommende synthetische Tetrose)

**erythrosin** n (Micros, Nut) / Erythrosin (rotbrauner Eosinfarbstoff - E 127)

**erythrosine** n (Micros, Nut) / Erythrosin n (rotbrauner Eosinfarbstoff - E 127)

**ES** (echo suppressor) (Acous, Nav, Teleph) / Echosperre f (als Vorrichtung), Echounterdrücker m

**Es** (einsteinium) (Chem) / Einsteinium n, Es (Einsteinium)

**ESA**\* (Eurpean Space Agency) (Space) / Europäische Weltraumorganisation (Sitz: Paris), ESA (Europäische Weltraumorganisation)

**Esaki diode**\* (Electronics) / Esaki-Diode f (nach L. Esaki, 1925 -), Tunneldiode f (meist Germaniumdiode mit fallender Strom-Spannungs-Kennlinie - DIN 41 856)

**ESCA** (electron spectroscopy for chemical application) (Spectr) / ESCA-Methode f (in der Fotoelektronenspektroskopie), Fotoelektronenspektroskopie f mit Röntgenstrahlanregung (mit der Bindungszustände analysiert werden können), Röntgen-Fotoelektronenspektroskopie f (mit weichen Röntgenstrahlen als Sonde), ESCA (eine Methode der Elektronenspektroskopie), XPS-Methode f (in der Elektronenspektroskopie)

**escalator** n (Build, Eng) / Fahrtreppe f (DIN 15341), Rolltreppe f

**Escalol 507** (Chem) / Dimethylaminobenzoesäureethylhexylester m (ein Lichtfilterstoff), Padimate n O

**escape** n / Austreten n (von Gasen), Entweichen n, Entweichung f || ~ (Astron) / Flucht f, Fluchtbewegung f || ~ **capsule** (Oils) / Rettungskapsel f (Rettungseinrichtung beim Offshore-Bohren) || ~ **character** (Comp) / Kodeumschaltzeichen n, Umschaltzeichen n, Escape-Zeichen n (Änderung der Kodiervorschriften für die nachfolgenden Zeichen) || ~ **chute** (inflatable) (Aero) / Rettungsrutsche f (aufblasbare), Notrutsche f || ~ **hatch** (Build) / Notausstieg m (aus einem Raum - z.B. Falltür mit Steigeisen - zur Selbstrettung von Menschen im Brandfall) || ~ **hole** (For) / Flugloch n (das von den Vollinsekten beim Ausschlüpfen aus dem Holz genagt wird) || ~ **key** (Comp) / Escape-Taste f (Befehlskodeumschaltungstaste), ESC-Taste f || ~ **lighting** (Build, Light) / Beleuchtung f der Fluchtwege || ~ **line** (Oils) / Rettungsseil n (z.B. für den Bühnenmann)

**escapement** n (Comp) / Dicktenwert m (ein in Schriftlinien ausgedrückter Wert, der die Dicke eines Buchstabens bei digitalen Schriften angibt) || ~ (Elec Eng) / Ankerhub m (bei Relais) || ~\*

(clock, watch) (Horol) / Hemmung f, Gang m, Echappement n ‖ ~ (Tools) / Hobelspanloch n, Spanloch n, Maul n
**escape path** / Fluchtweg m (zur Selbstrettung von Menschen), Rettungsweg m
**escape-path marking** (Aero) / Fluchtwegmarkierung f (Lichtermarkierung auf dem Boden, die zu den Notausgängen führt)
**escape respirator** (Mining) / Selbstretter m (abhängiger, unabhängiger) ‖ ~ **rope** (Aero) / Notseil n, Rettungsleine f (mit der sich Flugzeuginsassen in einem Notfall aus dem Flugzeug abseilen können) ‖ ~ **route** / Fluchtweg m (zur Selbstrettung von Menschen), Rettungsweg m ‖ ~ **sequence** (Comp) / Escape-Sequenz f (Kommandozeichenfolge, die an das Modem geschickt wird, um vom Datenmodus in den Befehlsmodus umzuschalten), Escape-Folge f (DIN 66254) ‖ ~ **shaft** (Mining) / Rettungsschacht m ‖ ~ **slide** (Aero) / Rettungsrutsche f (aufblasbare), Notrutsche f ‖ ~ **speed** (Astron, Space) / Entweichgeschwindigkeit f, [planetare] Fluchtgeschwindigkeit f, 2. kosmische Geschwindigkeit, parabolische Geschwindigkeit ‖ ~ **stair** (Build) / Feuertreppe f, Nottreppe f ‖ ~ **tower** (Space) / Rettungsturm m (ein Gittermast auf der Spitze einer Raumkapsel) ‖ ~ **tunnel** (Civ Eng) / Fluchttunnel m, Rettungstunnel m, Rettungsröhre f (ein Fluchttunnel), Fluchtstollen m ‖ ~ **valve** (Eng) / Sicherheitsventil n (DIN 3320) ‖ ~ **velocity**\* (Astron, Space) / Entweichgeschwindigkeit f, [planetare] Fluchtgeschwindigkeit f, 2. kosmische Geschwindigkeit, parabolische Geschwindigkeit ‖ ~ **wheel** (Horol) / Hemmungsrad n (bei mechanischen Uhren), Steigrad n (des Gehwerkes), Ankerrad n, Gangrad n
**escaping key** (Comp) / schreibende Taste mit Vorschub
**escarpment** n (Geol) / Steilhang m, Steilböschung f, Abhang m ‖ ~\* (Geol) / Stufenstirn f, Trauf m (eine Schichtstufe), Stirn f (eine Schichtstufe) ‖ ~ (Geol) / Escarpment n (Steilkanten und Abrisse in allen Größenmaßstäben)
**Escherichia coli** (Bacteriol) / Escherichia coli f, Colibakterie f, Colibakterium n (pl. -ien), Kolibakterie f, Kolibakterium n (pl. -ien)
**Eschka's reagent**\* (Chem) / Eschka-Mischung f (zur Schwefelbestimmung in Kohle)
**Eschweiler-Clarke modification** (a modification of the Leuckart reaction) (Chem) / Eschweiler-Clarke-Reaktion f (eine Variante der Leuckart-Reaktion), Eschweiler-Reaktion f ‖ ≗ **reaction** (Chem) / Eschweiler-Clarke-Reaktion f (eine Variante der Leuckart-Reaktion), Eschweiler-Reaktion f
**ESC key** (Comp) / Escape-Taste f (Befehlskodeumschaltungstaste), ESC-Taste f
**escort fighter** (Aero) / Begleitjäger m ‖ ~ **jammer** (Mil, Radar) / Störer, der das Ziel begleitet
**escribed circle**\* (of a triangle) (Maths) / angeschriebener Kreis (eines Dreiecks), Ankreis m (eines Dreiecks)
**esculetin** n (Chem) / Aesculin n (ein Cumarin), Aesculetin n, Esculetin n
**esculin** n (Chem) / Aesculin n (ein Cumarin), Aesculetin n, Esculetin n
**escutcheon**\* n (Build) / Schlüssellochdeckel m, Sicherheitstürschild n (DIN 18321), Schlossschild n
**ESD** (electrostatic discharge) (Elec) / elektrostatische Entladung, Entladung f statischer Elektrizität ‖ ≗ (elongated single domain) (Mag) / Einbereichsteilchen n mit Durchmesser/Längenverhältnis 1 : 10
**ESDI** (an interface standard for hard disks) (Comp) / Enhanced Small Device Interface n (heute veraltet), ESDI (Enhanced Small Device Interface)
**ESD magnet** (elongated single-domain particle magnet) / ESD-Magnet m (ein Pulvermagnet)
**esdragol** n (Chem) / Estragol n, Chavicolmethylether m, Methylchavicol n
**eserine** n (Chem) / Physostigmin n (Alkaloid aus den Samen von Physostigma venenosum), Eserin n
**ESI** (electrospray ionization) (Spectr) / Elektrosprayionisation f, ESI (Elektrosprayionisation) ‖ ≗ **profile** (Optics, Telecomm) / äquivalentes Stufenprofil
**ESJ** (escort jammer) (Mil, Radar) / Störer, der das Ziel begleitet
**esker**\* n (Geol) / Wallberg m, Esker m, Os m n (pl. Oser) (in Gebieten ehemaliger Vereisung als eisenbahndammartig lang gestreckte, wallartige, schmale Rücken ausgebildete Formen, die schwach gewunden verlaufen und auch seitliche Äste ausbilden können)
**ESM** (electronic support measure) (Radar) / elektronische Unterstützungsmaßnahme
**ESO** (Eurpean Southern Observatory) (Astron) / Europäische Südsternwarte (auf dem chilenischen Berg La Silla, etwa 600 km nördlich von Santiago de Chile), ESO (La-Silla-Observatorium in Chile), La-Silla-Observatorium (in Chile)

**ESOC** (European Space Operations Centre) (Space) / Europäisches Operationszentrum für Weltraumforschung (der ESA in Darmstadt), ESOC
**ESP** (electronic stability program) (Autos) / elektronisches Stabiltätsprogramm n ‖ ≗ (electrostatic precipitator) (Ecol) / Elektrofilter n (eine Gasreinigungsanlage), Elektroabscheider m ‖ ≗ (electric submersible pump) (Eng) / elektrische Tauchpumpe
**espagnolette**\* n (Build, Join) / Basküleverschluss m (für Türe oder Fenster, bei welchem durch den Handgriff /Beschlag/ über ein Zahnrad oder eine Stiftenscheibe je ein Riegel nach oben und unten geschoben wird), Espagnoletteverschluss m, Treibriegelverschluss m, Drehstangenverschluss m, Spagnolett m
**esparto** n (Bot) / Alfagras n, Halfagras n, Espartogras n, Spart m n, Fadengras n (aus der Stipa tenacissima L.) ‖ ~\* (Paper) / Alfapapier n, Espartopapier n ‖ ~ (Spinning) / Esparto m (Spinnmaterial) ‖ ~ **grass** (Bot) / Alfagras n, Halfagras n, Espartogras n, Spart m n, Fadengras n (aus der Stipa tenacissima L.) ‖ ~ **paper** (Paper) / Alfapapier n, Espartopapier n ‖ ~ **pulp** (Paper) / Espartozellstoff m (aus Stipa tenacissima L.) ‖ ~ **pulp** (Paper) / Albardinzellstoff m (aus Lygeum spartum Loefl. ex L.) ‖ ~ **wax** (Chem, Paper) / Espartowachs n
**esperamycin** n (Pharm) / Esperamycin n (hochwirksames Tumor-Antibiotikum)
**ESPRIT** n (European Strategic Programme for Research and Development in Information Technology) (Comp) / ESPRIT n (Europäisches Strategisches Programm für Forschung und Entwicklung auf dem Gebiet der Informationstechnologien)
**ESR**\* (electron spin resonance) (Spectr) / paramagnetische Elektronenresonanz, Elektronenspinresonanz f, ESR (Elektronenspinresonanz)
**ESRIN** (European Space Research Institute) (Space) / Europäisches Weltraumforschungsinstitut (der ESA in Frascati), ESRIN (Europäisches Weltraumforschungsinstitut in Frascati)
**ESR spectroscopy** (Spectr) / paramagnetische Resonanzspektroskopie, ESR-Spektroskopie f, EPR-Spektroskopie f, Elektronenspinresonanzspektroskopie f
**ESRV** (experimental safety research vehicle) (Autos) / Versuchssicherheitsauto n, experimentelles Sicherheitsauto, Experimental Safety Research Vehicle n (experimentelles Sicherheitsauto)
**essence** n (Chem) / Essenz f (konzentrierter, meist alkoholischer Auszug bzw. entsprechende Lösung von etherischen Ölen und anderen Duftstoffen)
**essential** adj / grundlegend adj, wesentlich adj (grundlegend), elementar adj ‖ ~ (Biochem) / essentiell adj ‖ ~ (Maths) / wesentlich adj (z.B. Singularität) ‖ ~ **aerodrome traffic** (Aero) / zu beachtender Flugplatzverkehr ‖ ~ **amino acid** (Biochem) / essentielle Aminosäure (Valin, Leuzin, Isoleuzin, Threonin, Histidin, Methionin, Phenylalanin, Tryptophan, Lysin und Arginin) ‖ ~ **boundary condition** (Maths) / wesentliche Randbedingung ‖ ~ **element** (Agric, Biol, Chem, Nut) / Spurenelement n ‖ ~ **fatty acid** (Biochem) / essentielle Fettsäure ‖ ~ **mineral**\* (Geol) / Hauptgemengteil m ‖ ~ **oil**\* (Chem) / etherisches Öl
**essential-oil plant** (Bot) / etherische Pflanze
**essential redundancy** / förderliche Redundanz, fördernde Redundanz ‖ ~ **singularity** (Maths) / wesentliche singuläre Stelle, wesentliche Singularität (isolierte) ‖ ~ **state** (Stats) / wesentlicher Zustand
**Essex board**\* (Build, For) / schwer entflammbare Spanplatte (mit Zement als Feuer hemmendem Zusatzstoff)
**essexite**\* n (Geol) / Essexit n (ein Tiefengestein)
**essia** n (For) / Essia n (Combretodendron africanum Exell), Abalé n, ESS (Essia)
**Esson coefficient**\* (Elec Eng) / Ausnutzungsziffer f, Esson-Ziffer f
**essonite** n (Min) / Hessonit m (wesentlich Kalktongranat), Kaneelstein m (roter Grossular)
**Esso test** (Materials) / Esso-Test m (von großen dicken Platten mit Seitenkerben)
**establish** v / etablieren v, einrichten v, errichten v ‖ ~ / herstellen v (Gleichgewicht, Kontakt, Verbindung) ‖ ~ / erstellen v (einen Thesaurus) ‖ ~ (Eng) / festlegen v (Toleranzen) ‖ ~ (Telecomm) / aufbauen v (Verbindung, Gespräch), herstellen v
**establishing shot** (Cinema) / Übersichtsaufnahme f (Einführung in eine Szenenfolge), Anfangseinstellung f (die einen Überblick über die Szene gibt), Eröffnungseinstellung f, Eingangseinstellung f
**establishment** n / Herstellung f, Einstellung f (des Gleichgewichts, Kontakts) ‖ ~ (Telecomm) / Aufbau m (einer Verbindung), Herstellung f (einer Verbindung)
**establishment**\*, **be on the** ~ (Print) / Wochenlohn beziehen
**establishment charges**\* / Overheads pl (Gemeinkosten), Gemeinkosten pl, allgemeine Kosten ‖ ~ **of land planting** (Civ Eng, Ecol) / Begrünung f (vegetationsloser Flächen) ‖ ~ **of vegetation cover** (Civ Eng, Ecol) / Begrünung f (vegetationsloser Flächen) ‖ ~ **of**

**vegetative cover** (Civ Eng, Ecol) / Begrünung *f* (vegetationsloser Flächen)
**estate** *n* (Arch, Build) / Wohnsiedlung *f* ‖ ~ (GB) (Autos) / Kombinationskraftwagen *m*, Kombiwagen *m*, Kombi *m* ‖ ~ (Build) / Baugrundstück *n* (großen Ausmaßes) ‖ ~ **car** (GB) (Autos) / Kombinationskraftwagen *m*, Kombiwagen *m*, Kombi *m* ‖ ~ **derivative** (Autos) / Kombiversion *f* (einer Limousine)
**ESTEC** (European Space Research and Technology Centre) (Space) / Europäisches Zentrum für Weltraumforschung und -technologie (der ESA in Noordwijk-aan-Zee), ESTEC
**ester*** *n* (Chem) / Ester *m* (chemische Verbindung, die bei Einwirkung von Alkoholen auf organische oder anorganische Säuren unter Wasserabspaltung entsteht)
**esterase*** *n* (Biochem) / Esterase *f* (eine Hydrolase, die die Bildung und Verseifung von Estern katalysiert)
**ester-based** *adj* (Chem) / auf Esterbasis
**ester condensation** (Chem) / Esterkondensation *f* ‖ ~ **gum** (a resin made from rosin or rosin acids and a polyhydric alcohol, such as glycerine or pentaerythritol) (Chem, Paint, Plastics) / Esterharz *n*, Harzsäureglycerinester *m*, Harzsäureglycerinester *m*
**esterification*** *n* (Chem) / Veresterung *f*, Verestern *n*
**esterify** *vt* (Chem) / verestern *v*
**ester interchange** (Chem) / Umesterung *f* ‖ ~ **linkage** (Chem) / Esterbindung *f* ‖ ~ **of starch** (Chem) / Stärkeester *m* (Umsetzungsprodukt von Stärke mit anorganischen und organischen Säuren) ‖ ~ **pool** (Biochem) / Esterpool *m* (Sammelname für eine Gruppe von Phosphorsäure-Zuckerestern) ‖ ~ **pyrolysis** (Chem Eng) / Esterpyrolyse *f* (Methode zur Herstellung von Alkenen)
**esterquat** *n* (Chem) / Esterquat *n* (Kationentensid, das als Strukturmerkmal eine quartäre Mono- oder Dialkylammoniumester-Funktion aufweist - ein Weichspülerwirkstoff)
**ester saponification** (Chem) / Esterverseifung *f* ‖ ~ **sulphonate** (Chem) / Estersulfonat *n*, Sulfofettsäureester *m* ‖ ~ **-type oil** (Chem) / Esteröl *n* (technisches Öl auf Esterbasis) ‖ ~ **value*** (Chem) / Esterzahl *f*, EZ *f* (Esterzahl bei Fetten und fetten Ölen) ‖ ~ **wax** (Chem, Micros) / Esterwachs *n*
**estimate** *v* / einschätzen *v*, schätzen *v*, berechnen *v* (schätzen), bewerten *v* ‖ ~ (rough) / Voranschlag *m*, Kostenvoranschlag *m*, Kostenanschlag *m*, Anschlag *m* (Kostenvoranschlag) ‖ ~ / Einschätzung *f*, Schätzung *f*, Berechnung *f* (Schätzung), Abschätzung *f*, Bewertung *f* ‖ ~ (Stats) / Schätzwert *m* ‖ ~ **by guess** (Aero, Ships) / gissen *v* (den Standort schätzen)
**estimated elapsed time** (Aero) / voraussichtliche Flugdauer ‖ ~ **environmental concentration** (Chem, Ecol) / geschätzte Umweltkonzentration (Chem, Ecol), EEC (geschätzte Umweltkonzentration) ‖ ~ **error** / geschätzter Fehler ‖ ~ **service life** / voraussichtliche Lebensdauer ‖ ~ **time of arrival** (Aero) / voraussichtliche Ankunftszeit ‖ ~ **time of departure** (Aero) / voraussichtliche Abflugzeit ‖ ~ **time of overfly** (Aero) / voraussichtliche Überflugzeit ‖ ~ **value** (Stats) / geschätzter Wert
**estimation** *n* (of cost) / Kalkulation *f* ‖ ~ / Einschätzung *f*, Schätzung *f*, Berechnung *f* (Schätzung), Abschätzung *f*, Bewertung *f* ‖ ~ (Maths, Stats) / Hochrechnung *f* ‖ ~ **theory** (Stats) / Estimationstheorie *f*, Schätztheorie *f*
**estimator** *n* / Kalkulator *m* ‖ ~ (a method or rule for estimating from a sample a characteristic of the population being studied) (Stats) / Schätzfunktion *f* (die auf dem Stichprobenraum erklärte Funktion), Schätzer *m* ‖ ~ (Stats) / Schätzungsvariable *f*
**estradiol*** *n* (US) (Physiol) / Östradiol *n* (ein Follikelhormon), Estradiol *n*
**estragole** *n* (Chem) / Estragol *n*, Chavicolmethylether *m*, Methylchavicol *n*
**estragon oil** (Nut) / Estragonöl *n* (auch z.B. Parfümherstellung in frisch würzigen Kompositionen), Esdragonöl *n* (etherisches Öl der Artemisia dracunculus L.)
**estrin** *n* (Physiol) / Östron *n* (ein Follikelhormon), Estron *n* ‖ ~ (Physiol) / Östrogen *n*, Estrogen *n* (weibliches Sexualhormon)
**estriol** *n* (Physiol) / Östriol *n* (ein Follikelhormon), Estriol *n*
**estrogen*** *n* (US) (Physiol) / Östrogen *n*, Estrogen *n* (weibliches Sexualhormon)
**estrogenic** *adj* (US) (Physiol) / östrogen *adj*
**estrone** *n* (Physiol) / Östron *n* (ein Follikelhormon), Estron *n*
**estuarine deposition*** (Geol) / Sedimentation *f* im Ästuar, Flussmündungssediment *n*
**estuary*** *n* (Geog) / Ästuar *n* (Flussmündung, die durch den freien Zutritt von Ebbe und Flut vom Gezeitenstrom trichterartig erweitert wurde) ‖ ~ **trading** (Ships) / Revierfahrt *f* (die vom Hafenliegeplatz bis zur freien See zurückzulegende Strecke, für die besondere Sicherheitsmaßnahmen [wenn vorgeschrieben Lotse usw.] erforderlich sind)

**e.s.u.** (electrostatic unit) / elektrostatische Einheit (in dem alten elektrostatischen CGS-System), esE (elektrostatische Einheit)
**ESV** (experimental safety (research) vehicle) (Autos) / Versuchssicherheitsauto *n*, experimentelles Sicherheitsauto, Experimental Safety Research Vehicle *n* (experimentelles Sicherheitsauto)
**ET*** (ephemeris time) (Astron) / Ephemeridenzeit *f* (ein konstantes Zeitmaß - der Unterschied zwischen der Ephemeridenzeit und der Sonnenzeit beträgt gegenwärtig etwa 40 s), ET (Ephemeridenzeit) ‖ ≃ (exchange termination) (Telecomm) / Vermittlungsabschluss *m*
**ETA*** (estimated time of arrival) (Aero) / voraussichtliche Ankunftszeit
**etacrynic acid** (Pharm) / Etacrynsäure *f*, Ethacrynsäure *f* (internationaler Freiname für ein Diuretikum)
**eta-function of Jacobi** (Maths) / Etafunktion *f*, H-Funktion *f*
**etale mapping** (Maths) / Etalabbildung *f*
**etalon*** *n* / Etalon *m* (Verkörperung einer Einheit)
**eta-meson** *n* (Nuc) / Etameson *n*
**etamine** *n* (Textiles) / Etamine *f*, Etamin *n m*
**étang** *n* (Geophys) / Strandsee *m*
**Etard reaction** (Chem) / Etard'sche Reaktion (Oxidation von Methylgruppen mit Chromylchlorid, die Aldehyde liefert)
**Etard's reaction*** (Chem) / Etard'sche Reaktion (Oxidation von Methylgruppen mit Chromylchlorid, die Aldehyde liefert)
**etch** *v* / ätzen *v*
**etchant*** *n* (Chem) / Ätzmittel *n*
**etch away** *v* / wegätzen *v*, abätzen *v* ‖ ~ **back** (Electronics) / rückätzen *v* (Harzverschmierungen)
**etch-back** *n* (Electronics) / Hinterätzen *n* (bei Mehrlagenleiterplatten) ‖ ~ (Electronics) / Desmearing *n* (von Harzverschmierungen auf Multilayern), Rückätzen *n* (von Harzverschmierungen auf Multilayern), Zurückätzen *n*
**etched** *adj* / geätzt *adj* ‖ ~ / wetterbeeinflusst *adj* (Oberfläche), rau *adj* ‖ ~ **circuit** (Electronics) / geätzte Schaltung ‖ ~ **figure*** (Crystal) / Ätzfigur *f*
**etched-foil through-hole process** (Electronics) / Folienätzdurchkontaktierungsverfahren *n*
**etched-out pattern** (Textiles) / Ausbrennmuster *n*
**etch-figure*** *n* (Crystal) / Ätzfigur *f*
**etching*** *n* / Ätzen *n* (selektiver Kristallabbau auf einer Einkristalloberfläche bzw. unterschiedlicher Abbau auf der Oberfläche eines polykristallinen Gefüges), Ätzung *f* ‖ ~* (Print) / Radierung *f* (ein künstlerisches Tiefdruckverfahren) ‖ ~ **bath** / Ätzbad *n* ‖ ~ **blanking** (Eng) / Formätzen *n* (Ausschneiden dünner Blechteile aus Platinen durch fotomechanisches Ätzen) ‖ ~ **pit*** (Surf) / Ätzgrube *f*, Ätzgrübchen *n*, Ätzvertiefung *f* ‖ ~ **primer** (Paint, Surf) / Washprimer *m* (Anstrichmittel, das eine haftungsvermittelnde Schicht auf der Metalloberfläche ergibt - DIN 55945), Reaktionsgrundierung *f*, Haftgrundmittel *n*, Reaktionsprimer *m* (für Metalle) ‖ ~ **reagent** (Chem) / Ätzmittel *n* ‖ ~ **test** (Met) / Ätzversuch *m*, Ätzen *n* (eine metallografische Prüfung)
**etch inspection** (Met) / Ätzversuch *m*, Ätzen *n* (eine metallografische Prüfung) ‖ ~ **pit** (Surf) / Ätzgrube *f*, Ätzgrübchen *n*, Ätzvertiefung *f* ‖ ~ **primer** (Paint, Surf) / Washprimer *m* (Anstrichmittel, das eine dünne haftungsvermittelnde Schicht auf der Metalloberfläche ergibt - DIN 55945), Reaktionsgrundierung *f*, Haftgrundmittel *n*, Reaktionsprimer *m* (für Metalle) ‖ ~ **stop** / Ätzschutzschicht *f* ‖ ~ **test** (Met) / Ätzversuch *m*, Ätzen *n* (eine metallografische Prüfung)
**ETD*** (estimated time of departure) (Aero) / voraussichtliche Abflugzeit ‖ ≃ (electronic telephone directory) (Teleph) / elektronisches Telefonbuch, ETB (elektronisches Telefonbuch)
**ethacrynic acid** (a powerful diuretic drug used in the treatment of fluid retention) (Pharm) / Etacrynsäure *f*, Ethacrynsäure *f* (internationaler Freiname für ein Diuretikum)
**ethambutol** *n* (a synthetic compound with bacteriostatic properties, used in combination with other drugs in the treatment of tuberculosis) (Pharm) / Ethambutol *n* (internationaler Freiname)
**ethanal*** *n* (Chem) / Ethanal *n*, Azetaldehyd *m*, Acetaldehyd *m*, Essigsäurealdehyd *m* ‖ ~ **tetramer** (Chem) / Metaldehyd *m* (tetramere Form des Azetaldehyds) ‖ ~ **trimer** (Chem, Pharm) / Paraldehyd *m* (trimere Form des Azetaldehyds), Paraacetaldehyd *m*, Paraazetaldehyd *m*
**ethanamide*** *n* (Chem) / Azetamid *n*, Acetamid *n*, Ethanamid *n*, Essigsäureamid *n*
**ethandiamide*** *n* (Agric, Chem) / Oxalsäurediamid *n*, Oxamid *n* (ein Depotdünger), Oxalamid *n*
**ethandioate*** *n* (Chem) / Oxalat *n* (Salz der Oxalsäure bzw. Oxalsäureester)
**ethane*** *n* (Chem) / Ethan *n* (Kohlenwasserstoff der Alkanreihe)
**ethane-1,2-dial*** *n* (Chem, Photog) / Glyoxal *n*, Oxalaldehyd *m*, 1,2-Ethandial *n*

**ethane-1,2-diol** *n* (Chem) / Ethylenglykol *n* (ein Diol), Et-Glykol *n*, Ethan-1,2-diol *n*, "Glykol" *n*
**ethanedioic acid** (the simplest dicarboxylic acid, which exists as toxic white crystals) (Chem) / Oxalsäure *f*, Kleesäure *f*, Ethandisäure *f*
**ethanediol, 1,2-~** (Chem) / Ethylenglykol *n* (ein Diol), Et-Glykol *n*, Ethan-1,2-diol *n*, "Glykol" *n*
**ethane extraction** (Chem Eng) / Ethangewinnung *f* (aus Erdgas)
**ethanenitrile** *n* (Chem) / Essigsäurenitril *n*, Azetonitril *n*, Acetonitril *n*
**ethane recovery** (Chem Eng) / Ethangewinnung *f* (aus Erdgas) ‖ **~ thiol***  (Chem) / Ethanthiol *n*, Ethylmerkaptan *n*, Ethylmercaptan *n*, Thioethanol *n*, Ethylthioalkohol *m*, Ethylhydrosulfid *n* (der wichtigste Thioalkohol, ein Kakosmophor)
**ethanoate*** *n* (Chem) / Azetat *n*, Acetat *n*, Ethanoat *n* (Salz oder Ester der Essigsäure)
**ethanoic acid*** (Chem, Nut) / Essigsäure *f* (E 250), Ethansäure *f* ‖ **~ anhydride*** (Chem) / Essigsäureanhydrid *n*, Azetanhydrid *n*, Acetanhydrid *n*
**ethanol*** *n* (Chem) / Ethanol *n*, Ethylalkohol *m*, Alkohol *m* (Ethanol) ‖ **~*** (Chem) s. also alcohol
**ethanolamine*** *n* (Chem) / Aminoethanol *n*
**ethanol synthesis** (Chem Eng) / Ethanolsynthese *f*
**ethanoyl*** *n* (Chem) / Ethanoyl *n*, Azetyl *n*, Acetyl *n*
**ethanoylating agent** (a compound, such as ethanoyl chloride or ethanoic anhydride, capable of replacing a hydrogen atom with an ethanoyl group) (Chem) / Azetylierungsmittel *n*, Acetylierungsmittel *n*
**ethanoylation*** *n* (Chem) / Azetylierung *f*, Azetylieren *n*, Acetylierung *f*, Acetylieren *n*
**ethanoyl chloride*** (Chem) / Azetylchlorid *n*, Acetylchlorid *n* (CH₃COCl) ‖ **~ group*** (Chem) / Acetylrest *m*, Acetylgruppe *f*, Azetylrest *m*, Azetylgruppe *f*
**ethene*** *n* (Chem) / Ethen *n*, Ethylen *n* ‖ **~ carboxylic acid** (Chem) / Acrylsäure *f* (einfach ungesättigte, unverzweigte Fettsäure), Akrylsäure *f*, Propensäure *f*, Vinylcarbonsäure *f*, Vinylkarbonsäure *f*, Ethencarbonsäure *f*, Ethenkarbonsäure *f*
**ethenoid resins*** (Plastics) / Sammelname für Plaste aus Akrylharz, Styrol und Vinylesterharz
**ethenol** *n* (Chem) / Ethenol *n*, Vinylalkohol *m* (nur in Form von Ethern und Estern bekannter Alkohol)
**ethenyl ethanoate** (Chem) / Vinylacetat *n*, Essigsäurevinylester *m*, Vinylazetat *n*, VAC
**ethephon*** *n* (Agric, Bot, Chem) / Ethephon *n* (ein Phytohormon)
**ether*** *n* / Ether *m* (1. Licht-, Weltether (heute obsolet); 2. organische Verbindung der Struktur ROR'), Äther *m* ‖ **~*** (Chem) / Ethoxyethan *n*, Diethylether *m* ‖ **~ carboxylic acid** (Chem) / Etherkarbonsäure *f*, Ethercarbonsäure *f*
**ethereal oil** (Chem) / etherisches Öl
**ether extract** (For) / Etherextrakt *m n* (aus frischem Birken- oder Aspenholz)
**etherify** *v* (Chem) / verethern *v*
**ether-insoluble** *adj* (Chem) / etherunlöslich *adj*
**Ethernet*** *n* (Comp) / Ethernet *n* (ein LAN-Standard)
**ether of starch** (Chem) / Stärkeether *m* (durch Veretherung der Hydroxygruppen der Glucose-Einheiten der Stärke erhaltenes Produkt)
**ether-proof paper** (Paper) / etherfestes Papier
**ether-soluble** *adj* (Chem) / etherlöslich *adj*
**ether vapour** (Chem Eng) / Etherdampf *m*
**ethical drug** (available only on a doctor's prescription and usually not advertised to the general public) (Pharm) / rezeptpflichtiges Arzneimittel, verschreibungspflichtiges Arzneimittel, ethisches Präparat, ethisches Medikament, verschreibungspflichtiges Medikament, ethisches Produkt ‖ **~ medicine** (Pharm) / rezeptpflichtiges Arzneimittel, verschreibungspflichtiges Arzneimittel, ethisches Präparat, ethisches Medikament, verschreibungspflichtiges Medikament, ethisches Produkt ‖ **~ preparation** (Pharm) / rezeptpflichtiges Arzneimittel, verschreibungspflichtiges Arzneimittel, ethisches Präparat, ethisches Medikament, verschreibungspflichtiges Medikament, ethisches Produkt
**ethidium bromide*** (a purple synthetic dye used in the treatment of trypanosome blood infection, to stain DNA, and to destroy the superhelical structure of DNA - it is a derivative of phenanthridine) (Biol, Pharm) / Homidiumbromid *n*, Ethidiumbromid *n*
**ethinyl** *n* (Chem) / Ethinyl *n* (eine Atomgruppierung)
**ethinylate** *v* (Chem) / ethinylieren *v*
**ethinylation** *n* (Chem) / Ethinylierung *f* (Einführung der Ethinylgruppe in organische Verbindungen)
**ethinyltestosterone** *n* (Pharm) / Ethisteron *n* (eine gestagen wirkende Verbindung)
**ethionic acid** (Chem) / Ethensulfonsäure *f*, Ethylensulfonsäure *f*, Vinylsulfonsäure *f*

**ethisterone** *n* (Pharm) / Ethisteron *n* (eine gestagen wirkende Verbindung)
**ethnic print design** (Textiles) / folkloristisches Druckmuster
**ethology*** *n* (Biol) / Verhaltensforschung *f* (vergleichende), Ethologie *f*
**ethoxide** *n* (Chem) / Ethanolat *n*, Ethoxid *n* (Alkoholat, das sich von Ethanol ableitet), Ethylat *n*
**ethoxyaniline, 4-~** (Pharm, Textiles) / Phenetidin *n*, Aminophenolethylether *m*, Aminophenetol *n* (Ethylether der Aminophenole), Ethoxyanilin *n*
**ethoxybenzene** *n* (Chem) / Phenetol *n*, Ethoxybenzol *n* (Phenetol), Ethylphenylether *m*
**ethoxyethane*** *n* (Chem) / Ethoxyethan *n*, Diethylether *m*
**ethoxy group** (Chem) / Ethoxyl *n*
**ethoxylate** *n* (Chem) / Ethoxylat *n*, Oxethylat *n*, EO-Addukt *n*
**ethoxylation** *n* (Chem) / Ethoxylierung *f*, Oxethylierung *f* (ein Spezialfall der Hydroalkylierung)
**ethoxyl group*** (Chem) / Ethoxyl *n*
**ethoxyphenylurea*, p-~** (Chem) / Dulcin *n*, Dulzin *n*, Sucrol *n*, Sukrol *n* (4-Ethoxyphenylharnstoff - als Süßstoff nicht zugelassen)
**ethoxyquin** *n* (Chem) / Ethoxyquin *n* (oxidationshemmender Wachstumsregulator)
**ethyl*** *n* (Chem) / Ethyl *n* (ein Alkyl) ‖ **~ acetate*** (Chem) / Essigester *m*, Ethylacetat *n*, Essigsäureethylester *m*, Ethylethanoat *n*, Ethylazetat *n* ‖ **~ acetoacetate*** (Chem) / Azetessigester *m*, Acetessigester *m* (3-Oxobutansäureester) ‖ **~ acrylate*** (Chem) / Akrylsäureester *m*, Acrylsäureester *m* ‖ **~ alcohol*** (Chem) / Ethanol *n*, Ethylalkohol *m*, Alkohol *m* (Ethanol)
**ethylamine*** *n* (Chem) / Aminoethan *n*, Ethylamin *n* (primäres, sekundäres und tertiäres Ethylderivat des Ammoniaks)
**ethylate** *n* (Chem) / Ethanolat *n*, Ethoxid *n* (Alkoholat, das sich von Ethanol ableitet), Ethylat *n*
**ethylation** *n* (Chem) / Ethylierung *f* (Einführung der Ethylgruppe in eine organische Verbindung) ‖ **~ plant** (Chem Eng) / Ethylierungsanlage *f*
**ethylbenzene** *n* (Chem) / Ethylbenzol *n* (aromatischer Kohlenwasserstoff)
**ethyl bromide** (Chem) / Ethylbromid *n*, Bromethyl *n*, Bromethan *n*
**ethylbromoacetate** *n* (Chem) / Bromessigsäureethylester *m*, Bromessigester *m*
**ethyl butyrate** (Chem) / Ethylbutyrat *n*, Buttersäureethylester *m*, Butansäureethylester *m* ‖ **~ caprate** (Chem, Nut) / Kaprinsäureethylester *m*, Caprinsäureethylester *m*, Ethylkaprinat *n*, Ethylcaprinat *n*, Dekansäureethylester *m*, Decansäureethylester *m* ‖ **~ caproate** (Chem, Nut) / Kapronsäureethylester *m*, Capronsäureethylester *m*, Hexansäureethylester *m*, Ethylcapronat *n*, Ethylkapronat *n* ‖ **~ caprylate** (Chem) / Oktansäureethylester *m*, Octansäureethylester *m*, Kaprylsäureethylester *m*, Caprylsäureethylester *m*, Ethylkaprylat *n*, Ethylcaprylat *n* ‖ **~ carbamate** (Nut, Pharm) / Urethan *n* (Karbamidsäureethylester) ‖ **~ cellulose** (Chem, Paint) / Ethylcellulose *f*, Ethylzellulose *f* (ein Zelluloseether), ET-Zellulose *f*, EC (Ethylzellulose nach DIN 7728-1) ‖ **~ chloride** (Chem) / Ethylchlorid *n*, Chlorethan *n*, Monochlorethan *n* (der Ethylester der Chlorwasserstoffsäure) ‖ **~ chlorocarbonate** (Chem) / Chlorameisensäureester *m*, Chlorkohlensäureester *m*, Chlorformiat *n*, Chloroformiat *n* ‖ **~ chloroformate** (Chem) / Chlorameisensäureester *m*, Chlorkohlensäureester *m*, Chlorformiat *n*, Chloroformiat *n* ‖ **~ citrate** (Chem) / Citronensäureester *m*, Zitronensäureester *m*, Ethylcitrat *n*, Ethylzitrat *n* ‖ **~ citrate** s. also triethyl citrate ‖ **~ cyanoacetate** (Chem) / Ethylcyanoacetat *n*, Ethylcyanoazetat *n*, Ethylcyanoessigsäureester *m*, Ethylzyanoessigsäureester *m* ‖ **~ decanoate** (Chem, Nut) / Kaprinsäureethylester *m*, Caprinsäureethylester *m*, Ethylkaprinat *n*, Ethylcaprinat *n*, Dekansäureethylester *m*, Decansäureethylester *m*
**ethyldiglycol acetate** (Chem) / Ethyldiglykolazetat *n*, Ethyldiglykolacetat *n*
**ethylene*** *n* (Chem) / Ethen *n*, Ethylen *n* ‖ **~ bromide** (Chem, Fuels) / 1,2-Dibromethan *n*, Ethylendibromid *n* ‖ **~ chlorohydrin** (Chem) / Ethylenchlorhydrin *n*, 2-Chlor-ethanol *n* ‖ **~ cyanide** (Chem) / Bernsteinsäuredinitril *n*, Sukzinonitril *n*, Succinonitril *n* ‖ **~ diacetate** (Chem) / 1,2-Diacetoxyethan *n*, Ethylenglykoldiazetat *n*, Ethylenglykoldiacetat *n*
**ethylenediamine** *n* (Chem) / Ethylendiamin *n* (1,2-Ethandiamin), EDA ‖ **~ tartrate** (Chem, Electronics) / Ethylendiamintartrat *n* (Verbindung mit ausgeprägten piezoelektrischen Eigenschaften), Tartrat *n* des Ethylendiamins, EDT (Ethylendiamintartrat - Verbindung mit ausgeprägten piezoelektrischen Eigenschaften)
**ethylenediaminetetraacetic acid*** (Chem) / Ethylendiamintetraessigsäure *f*, EDTA (Ethylendiamintetraessigsäure), AeDTE, Ethylendinitrilotetraessigsäure *f*

**ethylene dibromide**

**ethylene dibromide** (Chem, Fuels) / 1,2-Dibromethan *n*, Ethylendibromid *n* ‖ ~ **dichloride**\* (Chem) / Ethylenchlorid *n*, Ethylendichlorid *n*, 1,2-Dichlorethan *n* ‖ ~ **dinitrate** (Chem) / Ethylenglykoldinitrat *n*, Ethylenglycoldinitrat *n*, Glykoldinitrat *n*, Glycoldinitrat *n*, Nitroglykol *n*, Nitroglycol *n*, Dinitroglykol *n*, Dinitroglycol *n* ‖ ~ **dinitrate** s. also blasting oil ‖ ~ **glycol**\* (Chem) / Ethylenglykol *n* (ein Diol), Et-Glykol *n*, Ethan-1,2-diol *n*, "Glykol" *n* ‖ ~ **glycol diacetate** (Chem) / 1,2-Diacetoxyethan *n*, Ethylenglykoldiazetat *n*, Ethylenglykoldiacetat *n* ‖ ~ **glycol dimethylacrylate** (Chem) / Ethylenglykoldimethylakrylat *n*, Ethylenglykoldimethylacrylat *n*, EGDMA (Ethylenglykoldimethylacrylat) ‖ ~ **glycoldinitrate** (Chem) / Ethylenglykoldinitrat *n*, Ethylenglycoldinitrat *n*, Glykoldinitrat *n*, Glycoldinitrat *n*, Nitroglykol *n*, Nitroglycol *n*, Dinitroglykol *n*, Dinitroglycol *n* ‖ ~ **glycol ethyl ether** (Chem, Paint) / 2-Methoxyethanol *n*, Methylglykol *n* ‖ ~ **glycol monoethyl ether** (Chem) / Ethylenglykolethylether *m* ('Cellosolve') ‖ ~ **hydrocarbons** (Chem) / Olefine *n pl*, Ethene *n pl*, Alkene *n pl*, Ethenkohlenwasserstoffe *m pl*
**ethyleneimine** *n* (Chem) / Ethylenimin *n* (Grundkörper der Aziridine)
**ethylene nitrate** (Chem) / Ethylenglykoldinitrat *n*, Ethylenglycoldinitrat *n*, Glykoldinitrat *n*, Glycoldinitrat *n*, Nitroglykol *n*, Nitroglycol *n*, Dinitroglykol *n*, Dinitroglycol *n* ‖ ~ **oxide**\* (Chem) / Ethylenoxid *n*, EO (das einfachste Oxiran)
**ethylene-propylene-diene terpolymer** (Chem Eng) / Ethylen-Propylen-Elastomer *n* (EPM- oder EPDM-Typ), Ethylen-Propylen-Terpolymer *n* (Ethylen-Propylen-Kautschuk mit eingebauten konjugierten Dienen), EPDM (Ethylen/Propylen-Dien-Terpolymer nach DIN 7728-1), EPT (Ethylen-Propylen-Terpolymer)
**ethylene-propylene rubber**\* (Chem Eng) / Ethylen-Propylen-Kautschuk *m* (hergestellt durch Lösungsmittelpolymerisation von molaren Teilen Ethylen und Propylen), Ethylen-Propylen-Elastomer *n*, EPM (Ethylen-Propylen-Kautschuk), PEP (Ethylen-Propylen-Kautschuk)
**ethylene sulphide** (Chem) / Thiiran *n*, Ethylensulfid *n* (das einfachste Thiiran) ‖ ~ **sulphonic acid** (Chem) / Ethensulfonsäure *f*, Ethylensulfonsäure *f*, Vinylsulfonsäure *f* ‖ ~ **thiourea** (Agric, Chem Eng) / Imidazolidin-2-thion *n* (N,N'-Ethylenthioharnstoff) ‖ ~ **vinyl acetate** (Chem) / Ethylenvinylazetat *n*, Ethylenvinylacetat *n*, EVA (Ethylenvinylacetat - DIN 7728, T 1), E/VA ‖ ~ **vinyl alcohol** (Chem) / Ethylenvinylalkohol *m* (DIN 7728-1), E/VAL (Ethylenvinylalkohol)
**ethylenic hydrocarbons** (Chem) / Olefine *n pl*, Ethene *n pl*, Alkene *n pl*, Ethenkohlenwasserstoffe *m pl*
**ethyl ethanoate** (Chem) / Essigester *m*, Ethylacetat *n*, Essigsäureethylester *m*, Ethylethanoat *n*, Ethylazetat *n* ‖ ~ **fluid** (Autos) / Ethylfluid *n* (ein altes Antiklopfmittel) ‖ ~ **fluoride** (Chem) / Fluorethan *n*, Ethylfluorid *n* (CH₃CH₂Cl) ‖ ~ **formate** (Chem) / Ameisensäureethylester *m*, Ethylformiat *n* ‖ ~ **gasoline** (Autos, Fuels) / verbleiter Kraftstoff (heute - Juli 2005 - weltweit verboten), Bleibenzin *n*
**ethylglycinate** *n* (Chem) / Glycinethylester *m*, Glyzinethylester *m*, Ethylglycinat *n*, Ethylglyzinat *n*
**ethyl group**\* (Chem) / Ethyl *n* (ein Alkyl) ‖ ~ **hexanoate** (Chem, Nut) / Kapronsäureethylester *m*, Capronsäureethylester *m*, Hexansäureethylester *m*, Ethylcapronat *n*, Ethylkapronat *n* ‖ ~ **hydrogen sulphate** (Chem) / Ethylhydrogensulfat *n*, Schwefelsäuremonoethylester *m*, Ethylsulfat *n*
**ethylic ether** (Chem) / Ethoxyethan *n*, Diethylether *m*
**ethylidene**\* *n* (Chem) / Ethyliden *n* ‖ ~ **chloride** (Chem) / Ethylidenchlorid *n*, 1,1-Dichlorethan *n*
**ethyl iodide** (Chem) / Ethyliodid *n*, Iodethan *n* ‖ ~ **lactate** (Chem, Paint) / Milchsäureethylester *m*, Ethyllactat *n*, Ethyllaktat *n* (ein höhersiedendes Lösungsmittel) ‖ ~ **maltol** (Nut) / Ethylmaltol *n* (ein Geschmacksverstärker) ‖ ~ **mercaptan**\* (is used as an intermediate in organic syntheses, and is added to other gases, such as natural gas, as an alarm gas which can easily be smelled if there is a gas leak) (Chem) / Ethanthiol *n*, Ethylmerkaptan *n*, Ethylmercaptan *n*, Thioethanol *n*, Ethylthioalkohol *m*, Ethylhydrosulfid *n* (der wichtigste Thioalkohol, ein Kakosmophor) ‖ ~ **methyl ketone** (Chem, Nut) / 2-Butanon *n* (ein Extraktionsmittel), Methylethylketon *n*, Ethylmethylketon *n* ‖ ~ **nitrate** (Chem) / Salpetersäureethylester *m*, Ethylnitrat *n* ‖ ~ **nitrite** (sweet spirits of nitre) (Chem) / Ethylnitrit *n*, Salpetrigsäureethylester *m* ‖ ~ **octanoate** (Chem) / Oktansäureethylester *m*, Octansäureethylester *m*, Kaprylsäureethylester *m*, Caprylsäureethylester *m*, Ethylcaprylat *n* ‖ ~ **3-oxobutanoate** (Chem) / Azetessigester *m*, Acetessigester *m* (3-Oxobutansäureester) ‖ ~ **palmitate** (Chem) / Ethylpalmitat *n*, Palmitinsäureethylester *m* ‖ ~ **phenyl ketone** (Chem) / Propiophenon *n* ‖ ~ **red** (Chem) / Ethylrot *n* (ein Indikator)

**ethylsalicylate** *n* (Chem) / Salizylsäureethylester *m*, Salicylsäureethylester *m*, Ethylsalizylat *n*, Ethylsalicylat *n*
**ethyl silicate** (Chem) / Ethylsilicat *n*, Ethylsilikat *n* (ein Kieselsäureester) ‖ ~ **sulphide** (Chem) / Ethylthioethan *n*, Ethylsulfid *n*
**ethylsulphuric acid** (Chem) / Ethylhydrogensulfat *n*, Schwefelsäuremonoethylester *m*, Ethylsulfat *n*
**ethylthioethane** *n* (Chem) / Ethylthioethan *n*, Ethylsulfid *n*
**ethyltriglycol** *n* (Chem) / Triethylenglykol-monoethylether *m*, Ethyltriglycol *n*
**ethyl triglycol methacrylate** (Chem) / Triethylenglykol-monoethylester-methacrylat *n*, Ethyltriglykol-methakrylat *n*, Ethyltriglycol-methacrylat *n*, ETGMA ‖ ~ **urethane** (Nut, Pharm) / Urethan *n* (Karbamidsäureethylester)
**ethylvanillin** *n* (Chem, Nut) / Bourbonal *n* (3-Ethoxy-4-hydroxybenzaldehyd), Ethylvanillin *n* (ein künstlicher Aromastoff)
**ethyl vinyl ether** (Chem) / Ethylvinylether *m*, Ethoxyethen *n*, EVE
**ethyne**\* *n* (systematic name for acetylene) (Chem) / Acetylen *n*, Azetylen *n*, Ethin *n*
**ethynide**\* *n* (Chem) / Acetylenid *n*, Azetylenid *n*, Acetylid *n*, Azetylid *n*
**ethynyl** *n* (Chem) / Ethinyl *n* (eine Atomgruppierung)
**etiolation**\* *n* (Bot) / Vergeilung *f*, Etiolement *n*
**etiology**\* *n* (Med) / Ätiologie *f* (Lehre von den Krankheitsursachen; Gesamtheit der ursächlichen Faktoren, die zu einer bestehenden Krankheit geführt haben)
**ET marker** (Comp) / Bandendemarke *f* (DIN 66 010)
**ETO** (estimated time of overfly) (Aero) / voraussichtliche Überflugzeit
**etofenamate** *n* (Pharm) / Etofenamat *n* (ein Analgetikum und Antirheumatikum)
**etofibrate** *n* (Pharm) / Etofibrat *n* (ein Lipidsenker)
**Eton blue** / Blassblau *n*, Bleu *n*
**ETP** (electron-transport particle) (Biochem) / Elektronentransportpartikel *f* ‖ ~ **copper** (Met) / elektrolytisches Garkupfer, Elektrolytzähkupfer *n*
**E-transformer**\* *n* (Elec Eng) / Differentialdrosselsystem *n*
**ETS** (environmental tobacco smoke) / Nebenstromrauch *m* (ein Teil des Tabakrauches)
**ETSI** (European Telecommunications Standards Institute) (Telecomm) / Europäisches Institut für Telekommunikationsstandards (in Sophia-Antipolis bei Antibes), ETSI *n*
**Ettingshausen effect**\* (Mag, Phys) / Ettingshausen-Effekt *m* (ein galvanomagnetischer Effekt nach dem österreichischen Physiker A. Frhr. v. Ettingshausen, 1850-1932) ‖ ~ **-Nernst effect** (Phys) / Ettingshausen-Nernst-Effekt *m* (ein thermomagnetischer Effekt), Nernst-Effekt *m*
**ettringite** *n* (Min) / Ettringit *m* (erstes kristallisiertes Produkt beim Anmachen sulfathaltiger Zemente - Kalziumsulfoaluminat)
**ETU** (ethylene thiourea) (Agric, Chem Eng) / Imidazolidin-2-thion *n* (N,N'-Ethylenthioharnstoff)
**etude** (Nuc Eng) / ein verbesserter Stellarator (zum Studium der Kernfusion)
**ETV** (educational television) (TV) / Unterrichtsfernsehen *n*, Bildungsfernsehen *n*
**ETX character** (end-of-text character) (Comp) / Textendezeichen *n*
**E-type repeater** (Teleph) / Negativleitungsverstärker *m*, NLT-Verstärker *m*
**EU** (European Union) / Europäische Union, EU (Europäische Union)
**Eu** (europium) (Chem) / Europium *n*, Eu (Europium)
**EUA** (European Unit of Account) / Europäische Rechnungseinheit, ERE *f* (Europäische Rechnungseinheit)
**eucalyptole** *n* (Chem) / Cineol *n* (1,8-Epoxy-p-menthan), Zineol *n*, Eukalyptol *n*, Eucalyptol *n*
**eucalyptus gum** / Rotgummi *n* (meistens von Eucalyptus camaldulensis Dehnh.), Redgum *n* ‖ ~ **kino** / Rotgummi *n* (meistens von Eucalyptus camaldulensis Dehnh.), Redgum *n* ‖ ~ **oil** / Eukalyptusöl *n* (aus Blättern und Holz einiger Eukalyptusarten), Eucalyptusöl *n* ‖ ~ **oil** (from Eucalyptus globulus Labill.) / Globulusöl *n* (das bekannteste Eukalyptusöl)
**eucarvone** *n* (Chem) / Eucarvon *n* (2,6,6-Trimethyl-2,4-cycloheptadien-1-on)
**eucaryote** *n* (Biochem, Cyt, Nut, Pharm) / Eukaryont *m* (pl. -ten), Eukaryot *m* (Organismus, dessen Zellen in Zellkern und Zytoplasma differenziert sind)
**Euchlorin** *n* (a mixture of fuming hydrochloric acid and chloric acid) / Euchlorin *n* (ein gelbes Gemisch aus rauchender Salzsäure und Chlorsäure /oder Kalium- bzw. Natriumchlorat/)
**euchroite**\* *n* (Min) / Euchroit *m* (Kupfer(II)-hydroxidorthoarsenat)
**euchromatin**\* *n* (Biochem, Cyt) / Euchromatin *n*
**euclase**\* *n* (Min) / Euklas *m* (Aluminiumberylliumhydroxidorthosilikat)

**Euclidean** *adj* (Maths) / euklidisch *adj* (Algorithmus, Geometrie, Lehrsatz, Raum) ‖ ≃ **algorithm** (Maths) / euklidischer Algorithmus (Bestimmung des größten gemeinsamen Teilers) ‖ ≃ **domain** (Maths) / euklidischer Ring (ein Integritätsbereich) ‖ ≃ **geometry**\* (Maths) / euklidische Geometrie ("klassische" Geometrie) ‖ ≃ **plane** (Maths) / euklidische Ebene ‖ ≃ **ring** (Maths) / euklidischer Ring (ein Integritätsbereich) ‖ ≃ **space**\* (Maths) / euklidischer Raum ‖ ≃ **theorem** (of the legs of a rectangular triangle) (Maths) / Kathetensatz *m* (Satz von Euklid), euklidischer Lehrsatz, Kathetensatz *m* des Euklid

**Euclidian** *adj* (Maths) / euklidisch *adj* (Algorithmus, Geometrie, Lehrsatz, Raum)

**Euclid's algorithm** (for the highest common factor) (Maths) / euklidischer Algorithmus (Bestimmung des größten gemeinsamen Teilers) ‖ ≃ **factorization theorem for rational integers** (Maths) / Fundamentalsatz *m* der elementaren Zahlentheorie, Satz *m* von der Primfaktorzerlegung ‖ ≃ **parallel postulate** (an axiom of plane Euclidean geometry) (Maths) / Parallelenaxiom *n*, Parallelenpostulat *n* (von Euklid) ‖ ≃ **theorem** (of the legs of a rectangular triangle) (Maths) / Kathetensatz *m* (Satz von Euklid), euklidischer Lehrsatz, Kathetensatz *m* des Euklid

**eucolite** *n* (Min) / Eukolit *m* (ein niobhaltiger Eudialyt)

**eucolloid**\* *n* (Chem) / Eukolloid *n* (Kettengliederzahl 500 bis etwa 6000)

**eucrite** *n* (Astron, Geol) / Eukrit *m* (Meteorit aus Anorthit und Augit - ein Achondrit) ‖ ≃\* (Geol) / Eukrit *m* (Varietät von Gabbro)

**eucryptite**\* *n* (Min) / Eukryptit *m* (Lithiumaluminiumsilikat)

**eucrystalline** *adj* (Geol) / vollkristallin *adj*, eukristallin *adj*

**eudialite**\* *n* (Min) / Eudialyt *m* (ein bräunlich- und pfirsichblütrotes Silikat, ein Zr-Mineral) ‖ ~\* (Min) s. also eucolite

**eudialyte**\* *n* (Min) / Eudialyt *m* (ein bräunlich- und pfirsichblütrotes Silikat, ein Zr-Mineral)

**eudiometer**\* *n* (Chem) / Eudiometer *n* (ein altes Gerät zum Abmessen von Gasen)

**Eudoxus' axiom** (Eudoxus of Cnidos) (Maths) / archimedisches Axiom, Axiom *n* des Eudoxos (von Knidos), Axiom *n* des Messens, Axiom *n* der Messbarkeit, Stetigkeitsaxiom *n* (Axiom des Eudoxos)

**eugenol**\* *n* (Chem, For) / Eugenol *n* (Bestandteil zahlreicher etherischer Öle - 4-Allyl-2-methoxyphenol)

**eugeosyncline** *n* (Geol) / Eugeosynklinale *f*

**euhedral**\* *adj* (Crystal, Geol, Min) / automorph *adj*, idiomorph *adj* (Mineral, das bei der Auskristallisation seine Eigengestalt voll entwickelt hat), eigengestaltig *adj*

**eukaryote**\* *n* (Biochem, Cyt, Nut, Pharm) / Eukaryont *m* (pl. -ten), Eukaryot *m* (Organismus, dessen Zellen in Zellkern und Zytoplasma differenziert sind)

**eukolite** *n* (Min) / Eukolit *m* (ein niobhaltiger Eudialyt)

**eukolyte** *n* (Min) / Eukolit *m* (ein niobhaltiger Eudialyt)

**eulanize** *v* (Textiles) / eulanisieren *v* (mit Eulan /Schutzmittel für Wolle der Fa. Bayer/ behandeln)

**Euler angles** (Maths) / Euler'sche Winkel *m pl* (nach L. Euler, 1707 - 1783), Euler-Winkel *m pl* (bei Behandlung von Kreiselproblemen) ‖ ≃ **buckling** (Mech) / Knicken *n* im elastischen (Euler-)Bereich, elastische Knickung ‖ ≃ **coordinates** (Maths) / Euler'sche Koordinaten *f pl* (raumfeste) ‖ ≃ **crippling stress** (Build) / Eulerlast *f* (bei Knickung) ‖ ≃ **diagram** (Maths) / Venn-Diagramm *n*, Euler-Venn-Diagramm *n* (nach J. Venn, 1834-1923) ‖ ≃ **force** (Mech) / Euler'sche Knicklast

**Eulerian angles** (Maths) / Euler'sche Winkel *m pl* (nach L. Euler, 1707 - 1783), Euler-Winkel *m pl* (bei Behandlung von Kreiselproblemen) ‖ ≃ **coordinates** (Maths) / Euler'sche Koordinaten *f pl* (raumfeste) ‖ ≃ **graph** (a connected graph) / Euler'scher Graf, unikursaler Graf, geschlossener Graf ‖ ≃ **path**\* (Maths) / geschlossene Euler'sche Linie, geschlossener Euler'scher Kantenzug

**Euler-Lagrange equation** (Maths) / Euler-Lagrange-Differentialgleichung *f* (in der Variationsrechnung), Euler-Differentialrechnung *f*

**Euler limitation method** (Maths) / Euler-Knopp'sches Limitierungsverfahren, E-Verfahren *n* ‖ ≃ **line** (Maths) / Euler'sche Gerade, Euler-Gerade *f* (durch Schwerpunkt, Höhenschnittpunkt und Mittelpunkt des Umkreises sowie des Feuerbach'schen Kreises eines Dreiecks)

**Euler-Mascheroni constant** (Maths) / Euler'sche Konstante ($\gamma = 0{,}57721566...$), Mascheroni'sche Konstante (nach L. Mascheroni, 1750-1800), Euler-Mascheroni-Konstante *f*

**Euler multiplier** (Maths) / Euler-Multiplikator *m*, integrierender Faktor (eine Funktion) ‖ ≃ **number** (Phys) / Eulerzahl *f* (Eu - eine Kennzahl bei reibungsbehafteten Strömungen) ‖ ≃ **number 1** (Phys) / Eulerzahl *f* (Eu - eine Kennzahl bei reibungsbehafteten Strömungen) ‖ ≃ **range** (Materials, Mech) / Euler-Bereich *m*

**Euler's constant**\* (a constant used in numerical analysis) (Maths) / Euler'sche Konstante ($\gamma = 0{,}57721566...$), Mascheroni'sche Konstante (nach L. Mascheroni, 1750-1800), Euler-Mascheroni-Konstante *f* ‖ ≃ **constant gamma** (Maths) / Euler'sche Konstante ($\gamma = 0{,}57721566...$), Mascheroni'sche Konstante (nach L. Mascheroni, 1750-1800), Euler-Mascheroni-Konstante *f* ‖ ≃ **crippling load** (Mech) / Euler'sche Knicklast ‖ ≃ **criterion** (Maths) / Euler'sches Kriterium ‖ ≃ **equation** (Maths) / Euler-Lagrange-Differentialgleichung *f* (in der Variationsrechnung), Euler-Differentialrechnung *f* ‖ ≃ **formula**\* (Maths) / Euler'sche Formel (Eulersche Relation)

**Euler's formula** (for long columns)\* (Mech) / Euler'sche Knickformel (für Euler'sche Knickfälle - kritische Druckkraft, Eulerlast = $F_{krit} = \pi^2 EI / l^2$)

**Euler's function** (Maths) / Euler'sche Funktion ‖ ≃ **hyperbola** (Mech) / Euler-Hyperbel *f* (beim Knicken) ‖ ≃ **square** (Maths, Stats) / griechisch-lateinisches Quadrat (in der Varianzanalyse), Euler'sches Quadrat ‖ ≃ **theorem**\* (for planar graphs, for polyhedra) (Maths) / Euler'scher Satz, Satz *m* von Euler ‖ ≃ **theorem for polyhedra** (Maths) / Euler'scher Polyedersatz ‖ ≃ **velocity equation** (Mech) / Euler'scher Geschwindigkeitssatz

**eulittoral zone**\* (Ecol, Geog, Ocean) / Eulitoral *n* (Uferbereich der natürlichen Wasserstandsschwankungen bei einem See)

**eulytine** *n* (Min) / Wismutblende *f*, Bismutblende *f*, Eulytin *m* (Bismut(III)-orthosilikat)

**eulytite** *n* (Min) / Wismutblende *f*, Bismutblende *f*, Eulytin *m* (Bismut(III)-orthosilikat)

**eumelanine** *n* (Chem) / Eumelanin *n*

**euosmophore** *n* (Chem) / Euosmophor *m* (Riechstoff mit angenehmer Geruchswirkung)

**eupelagic zone** (region) (Ocean) / eupelagischer Bereich (der Tiefsee - etwa -2400 bis -6000 m)

**euphorbia** *n* (Bot) / Wolfsmilch *f* (Euphorbia L. - ein Kautschukträger)

**Euphorbiaceae**\* *pl* (Bot) / Wolfsmilchgewächse *n pl* (die sich auch als Rohstoff für die Gewinnung von Kraftstoffen eignen)

**euphoriant** *n* (euphoriant drug) (Pharm) / euphorisierende Droge, Euphorikum *n* (pl. Euphorika)

**euphotic zone**\* (Ecol) / polyphotischer Bereich, euphotischer Bereich, photischer Bereich (gut durchlichteter Bereich in Gewässern)

**EURATOM**\* (Nuc Eng) / Europäische Atomgemeinschaft, Euratom *f* (1957 gegründet, Sitz: Brüssel)

**EURECA** (Space) / EURECA (Europäischer wiederverwendbarer Träger - von der ESA entwickelt, 1992 zum ersten Mal gestartet)

**eureka** *n* (Elec Eng, Met) / Eureka *f* (eine Cu-Ni-Legierung) ‖ ≃\* *n* (Elec Eng, Met) / Eureka *f* (eine Cu-Ni-Legierung) ‖ ≃ **process** (Chem Eng) / Eureka-Verfahren *n* (eine Variante des Delayed Coking)

**euro** *n* / Euro *m* (europäische Währungseinheit)

**Eurobeam** *n* (Build, Mech) / Europaträger *m* (alte Bezeichnung des I-Profils mit mittelbreiten Flanschen)

**Euroboard** *n* (Electronics) / Europakarte *f* (genormte Leiterplatte), Europaplatte *f* (Leiterplatte mit der Abmessung 100 mm x 168 mm)

**Eurobottle** *n* / Euroflasche *f* (innerhalb der EG genormte Flasche)

**Eurocard** *n* (Electronics) / Europakarte *f* (genormte Leiterplatte), Europaplatte *f* (Leiterplatte mit der Abmessung 100 mm x 168 mm)

**euro-connector**\* *n* (Electronics) / Scart-Steckvorrichtung *f*, Scart-Stecker *m* (Syndicat des Constructeurs d'Appareils Radiorécepteurs et Téléviseurs), Euro-AV-Steckvorrichtung *f*, Euro-AV-Anschluss *m* (ein 21-Pol-Steckersystem)

**EUROCONTROL** (Aero) / Europäische Organisation zur Sicherung der Luftfahrt, EUROCONTROL (gegr. 1960, Sitz: Brüssel)

**Euro-ISDN** *n* / Euro-ISDN *n* (harmonisiertes paneuropäisches ISDN)

**Euromessage** *n* (Teleph) / Cityruf *m* (innerhalb eines bestimmten Rufbereiches), Ortsgespräch *n*, City Call *m*

**Euronet**\* *n* (Telecomm) / EURONET *n* (ein europaweites Telekommunikationsnetz, das Benutzern aller Mitgliedstaaten der EG Zugriff auf wissenschaftlich-technische Informationen gibt, die in Datenbasen der DIANE gespeichert sind)

**EURONORM** / Euronorm *f* (ab 1953 von der Hohen Behörde der Europäischen Gemeinschaft für Kohle und Stahl herausgegeben; heute im Rahmen der Kommission der EG)

**Europa band** (Radio) / Europaband *n* (das 49m-Kurzwellenband)

**EURO pallet** / EURO-Palette *f*

**European Academic Research Network** *n* (Comp) / Europäisches Hochschul- und Forschungsnetz (ein Teil von Terena), European Academic Research Network, EARN (European Academic Research Network) ‖ ≃ **alder** (For) / Schwarzerle *f* (Alnus glutinosa (L.). Gaertn.) ‖ ≃ **Association for the Transfer of Industrial Information** / Europäische Vereinigung für den Transfer industrieller Information (der EU) ‖ ≃ **Atomic Energy Community**\* (Nuc Eng) / Europäische Atomgemeinschaft, Euratom *f* (1957 gegründet, Sitz: Brüssel) ‖ ≃ **Broadcasting Union**\* (Radio) / Union Europäischer Rundfunkanstalten (Sitz: Genf), Europäische Rundfunkunion ‖ ≃ **Committee for Electrotechnical Standardization** (Elec Eng) / Europäisches Komitee für

## European

elektrotechnische Normung ‖ ~ **Communities** / Europäische Gemeinschaften, EG (Europäische Gemeinschaften) ‖ ~ **Communities' Core Inventory** (Chem, Ecol) / ECOIN (europäisches Verzeichnis, das etwa 33 000 Altstoffe enthält) ‖ ~ **Computer Manufacturers Association cassette** (Comp) / ECMA-34-Kassette $f$, ECMA-Kassette $f$ ‖ ~ **corn borer** (the most important insect pest of maize throughout the world) (Agric, Zool) / Maiszünsler $m$ (Ostrinia nubilalis Hübn. - Schädling, dessen Raupe in dicken Stängeln von Mais, Hirse, Baumwolle und Dahlien frisst), Hirsezünsler $m$ ‖ ~ **corn borer** (Agric, Zool) / Gliedwurm $m$ (Raupe des Maiszünslers ), Raupe $f$ des Maiszünslers (Ostrinia nubilalis Hbn., die den Bohrfraß in den Maisstängeln verursacht) ‖ ~ **design racing mirror** (Autos) / Talbot-Außenrückspiegel $m$, Talbot-Spiegel $m$ ‖ ~ **elm** (For) / Haarulme $f$, Englische Ulme (Ulmus procera Salisb.) ‖ ~ **elm bark-beetle** (For) / Kleiner Ulmensplintkäfer (Scolytus multistriatus Marsh.) ‖ ~ **grain moth** (Agric) / Kornmotte $f$ (Nemapogon granellus - die Raupe /Weißer Kornwurm/ frisst an verschiedenen pflanzlichen Stoffen, häufig auch an trocken gelagertem Getreide) ‖ ~ **hazel** (For) / Haselnussstrauch $m$, Haselnuss $f$ (Corylus avellana var. avellana L.) ‖ ~ **hornbeam** (For) / Hainbuche $f$ (Gewöhnliche), Weißbuche $f$, HB (Hornbaum), Hornbaum $m$ (Carpinus betulus L.) ‖ ~ **house-borer** (For) / Hausbock $m$ (Hylotrupes bajulus L. - der gefährlichste Nadelholzschädling) ‖ ~ **Inventory of Existing Chemical Substances** (Chem, Ecol) / EINECS (europäisches Verzeichnis der auf dem Markt vorhandenen chemischen Stoffe, das von der Kommission der EG erstellt wurde) ‖ ~ **larch** (For) / Europäische Lärche, Gemeine Lärche (Larix decidua Mill.) ‖ ~ **maple** (For) / Spitzahorn $m$ (Acer platanoides L.), Deutscher Zuckerahorn $m$, Leinbaum $m$ ‖ ~ **Organization for the Safety of Air Navigation** (Aero) / Europäische Organisation zur Sicherung der Luftfahrt, EUROCONTROL (gegr. 1960, Sitz: Brüssel) ‖ ~ **patent application** / europäische Patentanmeldung ‖ ~ **Patent Convention** / Europäisches Patentübereinkommen ‖ ~ **Patent Office** / Europäisches Patentamt (München), EPA (Europäisches Patentamt) ‖ ~ **Pharmacopoeia** (Pharm) / Europäisches Arzneibuch (Band I - Verordnung des Bundesministers für Jugend, Familie und Gesundheit vom 21.6.1974, Band II vom 22.7.1975 - heute sind die europäischen und nationalen Vorschriften verschmolzen), P.E., Ph. Eur. ‖ ~ **porcelain** (Ceramics) / Hartporzellan $n$ (mit hohem Feldspatanteil) ‖ ~ **Radio Messaging System** (Radio) / Europäisches Funkmitteilungssystem, ERMES $m$ (digital arbeitender Funkrufdienst, der europaweit genormt ist) ‖ ~ **retrievable carrier** (Space) / EURECA (Europäischer wiederverwendbarer Träger - von der ESA entwickelt, 1992 zum ersten Mal gestartet) ‖ ~ **Southern Observatory** (Astron) / Europäische Südsternwarte (auf dem chilenischen Berg La Silla, etwa 600 km nördlich von Santiago de Chile), ESO (La-Silla-Observatorium in Chile), La-Silla-Observatorium (in Chile) ‖ ~ **Space Agency*** (Space) / Europäische Weltraumorganisation (Sitz: Paris), ESA (Europäische Weltraumorganisation) ‖ ~ **Space Operations Centre** (Space) / Europäisches Operationszentrum für Weltraumforschung (der ESA in Darmstadt), ESOC ‖ ~ **Space Research and Technology Centre** (Space) / Europäisches Zentrum für Weltraumforschung und -technologie (der ESA in Noordwijk-aan-Zee), ESTEC ‖ ~ **Space Research Institute** (Space) / Europäisches Weltraumforschungsinstitut (der ESA in Frascati), ESRIN (Europäisches Weltraumforschungsinstitut in Frascati) ‖ ~ **standard** / Europäische Norm, EN-Norm $f$ (vom CEN oder CENELEC) ‖ ~ **standard ISDN** / Euro-ISDN $n$ (harmonisiertes paneuropäisches ISDN) ‖ ~ **standard size pc board** (Electronics) / Europakarte $f$ (genormte Leiterplatte), Europaplatte $f$ (Leiterplatte mit der Abmessung 100 mm x 168 mm) ‖ ~ **Telecommunications Satellite Organization** (Telecomm) / Europäische Nachrichtensatelliten-Organisation (Sitz: Paris), Eutelsat $f$ ‖ ~ **Telecommunications Standards Institute** (Telecomm) / Europäisches Institut für Telekommunikationsstandards (in Sophia-Antipolis bei Antibes), ETSI $n$ ‖ ~ **test procedure** (Autos) / Europa-Fahrtest $m$, ECE-Test $m$ (mit simuliertem Stadtverkehr), ECE-Zyklus $m$ ‖ ~ **Union** / Europäische Union, EU (Europäische Union) ‖ ~ **Unit of Account** / Europäische Rechnungseinheit, ERE $f$ (Europäische Rechnungseinheit) ‖ ~ **white birch** (For) / Hängebirke $f$ (Betula pendula Roth), Warzenbirke $f$ ‖ ~ **white elm** (For) / Flatterulme $f$ (Ulmus laevis (Pall.)), Flatterrüster $f$

**europia** $n$ (Chem) / Europiumoxid ($Eu_2O_3$)
**europium*** $n$ (Chem) / Europium $n$, Eu (Europium) ‖ ~ **oxide** (Chem) / Europiumoxid ($Eu_2O_3$)
**Europlug** $n$ (Elec Eng) / Eurostecker $m$ (der genormte Stecker für den Bereich der EU)
**Europoint** $n$ / Europoint $m$ (europäische Standardisierung der Größenbezeichnungen für Schuhe auf der Basis des metrischen Systems in mm-Längeneinteilung)
**Euros, ten ~ apiece** / zehn Euro pro Stück

**Eurosignal receiver** (Telecomm) / Eurosignalempfänger $m$
**Eurovision*** $n$ (TV) / Eurovision $f$ (europäische Organisation zur Kettenübertragung von Fernsehsendungen - Sitz: Genf)
**eurybathic** adj (Ecol, Zool) / eurybath adj (in allen Tiefenbereichen eines Gewässers lebend)
**euryhaline** adj (Biol, Ecol) / euryhalin adj (Organismus, der Schwankungen des Salzgehalts in weiten Grenzen ertragen kann)
**euryoecious** adj (Biol, Ecol) / euryök adj (unspezialisiert, anpassungsfähig - Art), eurypotent adj (Lebewesen, das in der Lage ist, ein weites Spektrum abiotischer Faktoren zu tolerieren)
**eurythermal** adj (Biol, Ecol) / eurytherm adj (Lebewesen, das in einem sehr weiten Temperaturbereich leben kann)
**eurytopic** adj (Biol, Ecol) / eurytop adj (anpassungsfähig an viele Standorte)
**eusol** $n$ (GB) (an antiseptic solution of chlorinated lime and boric acid) (Med, Pharm) / Eusol $n$ (ein altes Antiseptikum)
**eustasy** $n$ (Geol) / Eustasie $f$ (Schwankung des Meeresspiegels)
**eustatic** adj (Geol) / eustatisch adj ‖ ~ **movements*** (Geol) / eustatische Meeresspiegelschwankungen
**eustyle*** $n$ (Arch) / Eustylos $m$ (eine Säulenstellung der hellenistischen Zeit)
**eutaxitic*** adj (Geol) / geschichtet adj (Lagerstätte, vulkanisches Gestein)
**eutectic*** $n$ (Met) / eutektisches Gemisch, Eutektikum $n$ (charakteristisches Gemenge aus zwei oder mehreren im flüssigen Zustand vollständig mischbaren, im festen Zustand nicht mischbaren Stoffen, das bei einer bestimmten Temperatur erstarrt) ‖ ~* adj (Met) / eutektisch adj ‖ ~* (Met) s. also cotectic ‖ ~ **alloy** (Met) / eutektische Legierung ‖ ~ **bonding** (Electronics) / eutektisches Bondieren ‖ ~ **equilibrium** (Met) / eutektisches Gleichgewicht (einer Schmelze) ‖ ~ **line** (Met) / Eutektikale $f$ ‖ ~ **mixture** (Met) / eutektisches Gemisch, Eutektikum $n$ (charakteristisches Gemenge aus zwei oder mehreren im flüssigen Zustand vollständig mischbaren, im festen Zustand nicht mischbaren Stoffen, das bei einer bestimmten Temperatur erstarrt) ‖ ~ **point*** (Met) / eutektischer Punkt ‖ ~ **solidification** (Met) / eutektische Erstarrung ‖ ~ **structure*** (Met) / eutektisches Gefüge ‖ ~ **system*** (Met) / eutektisches System ‖ ~ **temperature** (Met) / eutektischer Punkt ‖ ~ **trough** (Met) / eutektische Rinne (in Dreistoffsystemen) ‖ ~ **valley** (Met) / eutektische Rinne in Dreistoffsystemen
**eutectoid*** $n$ (Crystal, Met) / Eutektoid $n$ (Kristallgemisch, das beim Zerfall eines Mischkristalls im festen Zustand entsteht und der Entstehung eines Eutektikums ähnelt) ‖ ~* adj (Met) / eutektoid adj, eutektoidisch adj ‖ ~ **breakdown** (Met) / eutektoider Zerfall (im festen Zustand) ‖ ~ **equilibrium** (Met) / eutektoides Gleichgewicht (einer Schmelze) ‖ ~ **point** (Met) / eutektoider Punkt ‖ ~ **steel*** (Met) / eutektoider Stahl
**eutomer** $n$ (Chem, Pharm) / Eutomer $n$ (stärker oder besser wirksamer Enantiomer) ‖ ~ (Chem, Pharm) s. also distomer
**eutrophic*** adj (Ecol) / nährstoffreich adj, eutroph adj
**eutrophicate** $v$ (Ecol) / eutrophieren $v$
**eutrophication** $n$ (Ecol) / Eutrophierung $f$ (des Wassers - natürliche oder künstliche)
**EUV** (extreme ultraviolet) (Phys) / extremes Ultraviolett, EUV (extremes Ultraviolett), XUV (extremes Ultraviolett)
**euxenite*** $n$ (Min) / Euxenit $m$ (ein Seltenerdmineral)
**euxinic** adj (Geol, Ocean) / euxinisch adj
**eV** (electronvolt) (Nuc) / Elektronvolt $n$ (die Energie, die ein Elektron beim Durchlaufen einer Potentialdifferenz von 1 Volt im leeren Raum gewinnt), eV (SI-fremde Einheit der Energie oder der Arbeit in der Atomphysik - DIN 1301-1) ‖ ~ (exposure value) (Photog) / Lichtwert $m$ (Zahlenwert zur Festlegung der von einer bestimmten Verschlusszeit-Blenden-Kombination an fotografischen Kameras durchgelassenen Lichtmenge), Belichtungswert $m$, LW (Lichtwert) ‖ ~ (expected value) (Stats) / Erwartungswert $m$ (DIN 1319, T 4)
**EVA** (ethylene vinyl acetate) (Chem) / Ethylenvinylazetat $n$, Ethylenvinylacetat $n$, EVA (Ethylenvinylacetat - DIN 7728, T 1), E/VA ‖ ~ (extended viewing angle) (Comp, Phys) / erhöhter Betrachtungswinkel (beim Flüssigkristalldisplay) ‖ ~* (extravehicular activity) (Space) / Außenbordtätigkeit $f$, Aufenthalt $m$ im Raum, Außenbordbetätigung $f$, Tätigkeit $f$ außerhalb des Raumfahrzeugs (außerhalb des Satelliten)
**evacuate** $v$ (Vac Tech) / evakuieren $v$ (ein Gas aus physikalisch-technischen Apparaturen entfernen; ein Vakuum herstellen), auspumpen $v$, abpumpen $v$
**evacuated** adj (Vac Tech) / luftleer adj (evakuiert)
**evacuation tunnel** (Civ Eng) / Fluchttunnel $m$, Rettungstunnel $m$, Rettungsröhre $f$ (ein Fluchttunnel), Fluchtstollen $m$
**EVAL** (ethylene vinyl alcohol) (Chem) / Ethylenvinylalkohol $m$ (DIN 7728-1), E/VAL (Ethylenvinylalkohol)
**evaluation** $n$ (of a system) / Auswertung $f$ ‖ ~ / Wertung $f$, Bewertung $f$ (Wertung) ‖ ~ (Comp) / Evaluation $f$ (Bewertung einer

Datenverarbeitungsanlage vom Kundenstandpunkt aus) ‖ ~ **kit** (Comp) / vollständiges Entwicklungssystem, das mit einem Typ des Mikroprozessors aufgebaut ist, für den die Programme erstellt werden sollen ‖ ~ **net** (Comp) / Rechnerbewertungsnetz $n$, E-Netz $n$ (mit Entscheidungsstellen) ‖ ~ **of surfactant biodegradability** (Ecol) / Abbaubarkeitsbewertung $f$ bei Tensiden ‖ ~ **of tests** (Stats) / Testauswertung $f$, Versuchsauswertung $f$
**evanescence** $n$ (Phys) / Abklingen $n$ (einer Schwingung), Evaneszenz $f$
**evanescent** adj (Phys) / evaneszent adj ‖ ~ **field** (Phys) / abklingendes Feld, Evaneszenzfeld $n$
**evanescent-field sensor** (Phys) / Evaneszenzfeldsensor $m$
**evanescent mode*** (Telecomm) / nichtausbreitungsfähiger Mode ‖ ~ **wave*** (Acous, Optics) / abklingende Welle ‖ ~ **waveguide** (Telecomm) / Wellenleiter $m$ mit herabgesetzter kritischer Frequenz ‖ ~ **waveguide** (Telecomm) / Wellenleiter $m$ im Sperrbetrieb
**Evans cell** (Chem, Elec Eng) / Evans-Element $n$ (ein Konzentrationselement, das durch unterschiedliche Belüftung des Elektrolyten gebildet wird) ‖ ~ **diagram** / Potential-Strom-Diagramm $n$ nach Evans (mit Schnittpunkt der anodischen und katodischen Potentialgeraden am Korrosionspotential) ‖ ~ **element** (Chem, Elec Eng) / Evans-Element $n$ (ein Konzentrationselement, das durch unterschiedliche Belüftung des Elektrolyten gebildet wird) ‖ ~ **method** (Automation) / Evans-Methode $f$ (bei der Stabilitätsuntersuchung)
**evaporant** $n$ (Electronics, Surf) / Aufdampfmaterial $n$
**evaporate** $v$ / ausdünsten $v$ ‖ ~ (Chem Eng) / eindampfen $v$, abdampfen $v$
**evaporated milk** (Nut) / Kondensmilch $f$, kondensierte Milch (ungezuckert), evaporierte Milch (ungezuckert) ‖ ~ **salt** (Nut) / Siedesalz $n$
**evaporate with fuming** (Chem Eng) / abrauchen $vt$ (flüchtige Anteile aus Feststoffen durch Erhitzen entfernen)
**evaporating dish** (Chem) / Abdampfschale $f$ (DIN 12903)
**evaporation*** $n$ / Eindunstung $f$ ‖ ~ (Build, Civ Eng) / Verdunstung $f$ (des Anmachwassers) ‖ ~ (Chem Eng) / Eindampfung $f$ (Konzentration) ‖ ~* (Chem Eng) / Eindampfen $n$ (von Stoffgemischen, das der Konzentrierung zur Gewinnung des Feststoffes oder eines Konzentrats mit höherem Feststoffanteil dient, wobei der aus der Lösung entweichende Dampf als Brüden bezeichnet wird), Abdampfen $n$ (einer Flüssigkeit) ‖ ~* (Chem Eng, Phys) / Verdampfung $f$ (die über der Flüssigkeit vorhandene Dampfspannung ist gleich dem Systemdruck), Verdampfen $n$ ‖ ~* (Phys) / Verdunstung $f$ (die über der Flüssigkeit vorhandene Dampfspannung ist kleiner als der Systemdruck) ‖ ~ **area** (Phys) / Verdampfungsfläche $f$, Verdunstungsfläche $f$ ‖ ~ **coating** (BS 2951, Part 2 : 1975) (Surf) / Vakuumbedampfen $n$ (DIN 28400, T 4), Vakuumaufdampfen $n$ (das Target wird durch Erzeugung eines Unterdrucks in einem mit Inertgas gefüllten Verdampfungsgefäß verdampft) ‖ ~ **coefficient** (Chem) / Verdunstungskoeffizient $m$ (eine empirisch ermittelte Kenngröße für die Flüchtigkeit von Riechstoffen und etherischen Ölen), VK ‖ ~ **coefficient** (Vac Tech) / Verdampfungskoeffizient $m$, Transmissionsfaktor $m$ (Verhältnis von tatsächlicher zu maximaler Verdampfungsrate) ‖ ~ **control canister** (Autos) / Aktivkohlebehälter $m$ (in dem die Kohlenwasserstoffe adsorbiert werden), Aktivkohlefilter-Behälter $m$ ‖ ~ **cooling** (Chem Eng, Phys) / Verdampfungskühlung $f$ ‖ ~ **crystallizer** / Verdampfungskristallisator $m$ ‖ ~ **discharge** (Geophys) / Verdampfungsabgabe $f$ ‖ ~ **enthalpy** (Phys) / Verdampfungsenthalpie $f$ ‖ ~ **gauge** (Meteor) / Evaporimeter $n$, Evaporometer $n$, Verdunstungsmesser $m$, Atmometer $n$ ‖ ~ **getter** (Electronics) / Verdampfungsgetter $m$ (Barium, Magnesium usw.) ‖ ~ **loss** / Verdampfungsverlust $m$ ‖ ~ **number** (Chem, Phys) / Verdunstungszahl $f$ (Verhältnis der Verdunstungszeit eines Stoffes zu der von Ethylether - DIN 53170), VD (Verdunstungszahl), VZ (Verdunstungszahl) ‖ ~ **of intercepted water** (Geophys, Meteor) / Interzeptionsverdunstung $f$ ‖ ~ **pan** / Verdampfungspfanne $f$, Eindampfpfanne $f$ ‖ ~ **rate*** (Vac Tech) / Verdampfungsrate $f$, Verdampfungsgeschwindigkeit $f$ ‖ ~ **residue** (Chem) / Abdampfrückstand $m$ (DIN 53172) ‖ ~ **time** (Chem, Phys) / Verdunstungszeit $f$ ‖ ~ **with fuming** (Chem Eng) / Abrauchen $n$ (Zersetzung schwer löslicher Stoffe durch Verdrängung flüchtiger Anteile durch Erhitzen)
**evaporative area** (Phys) / Verdampfungsfläche $f$, Verdunstungsfläche $f$ ‖ ~ **capacity*** (Vac Tech) / Verdampfungsrate $f$, Verdampfungsgeschwindigkeit $f$ ‖ ~ **cooling*** (Aero, Chem Eng) / Verdunstungskühlung $f$ ‖ ~ **cooling tower** / Verdunstungskühlturm $m$, Nasskühlturm $m$ ‖ ~ **crystallizer** / Verdampfungskristallisator $m$ ‖ ~ **emission control system** (Autos) / Kraftstoffverdunstungsanlage $f$, Kraftstoffverdampfungsanlage $f$, Kraftstoffdampfrückhaltesystem $n$ ‖ ~ **emissions** (Autos, Ecol) / Verdunstungsemissionen $f$ $pl$
**evaporator*** $n$ (Chem Eng) / Verdampfungsanlage $f$, Verdampfungsapparat $m$, Verdampfer $m$ ‖ ~* (Chem Eng) / Eindampfungsanlage $f$, Eindampfer $m$, Eindampfapparat $m$ ‖ ~ **crystallizer** / Verdampfungskristallisator $m$ ‖ ~ **plant** (Chem Eng) / Eindampfungsanlage $f$, Eindampfer $m$, Eindampfapparat $m$
**evaporimeter*** $n$ (Meteor) / Evaporimeter $n$, Evaporometer $n$, Verdunstungsmesser $m$, Atmometer $n$ ‖ ~* (Meteor) s. also lysimeter
**evaporite*** $n$ (Geol) / Evaporit $n$, Eindampfungssediment $n$, Evaporat $n$
**evaporography** $n$ / Evaporografie $f$ (ein altes Abbildungsverfahren)
**evapotranspiration*** $n$ (Bot) / Wasserabgabe $f$ (eines Pflanzenbestandes an die Atmosphäre) ‖ ~* (Bot, Geol, Meteor) / Evapotranspiration $f$
**evapotranspire** $v$ (Bot, Geol, Meteor) / evapotranspirieren $v$
**evasive action** (Aero) / Ausweichmanöver $n$ ‖ ~ **explosion** (Mil, Nuc Eng) / verschleierte Explosion
**evection*** $n$ (Astron) / Evektion $f$ (Ungleichförmigkeit in der Bewegung des Mondes)
**even** $v$ (irregularities, differences in height) / ausgleichen $v$ ‖ ~ (Textiles) / egalisieren $v$, ausgleichen $v$ (Farbtöne) ‖ ~ adj ‖ eben adj ‖ ~ / regelmäßig adj ‖ ~ gleichmäßig adj (Reifenprofilabnutzung) ‖ ~ (Maths) / gerade adj, geradzahlig adj ‖ ~ **attack** (Surf) / ebenmäßige Korrosion, gleichmäßiger Angriff, gleichmäßiger Angriff (eines Korrosionsmediums)
**evener** $n$ (Spinning) / Ausgleicher $m$, Abstreifer $m$ ‖ ~ **frame** (Spinning) / Ausbreiter $m$
**even‧-even nuclei*** (Nuc) / gg-Kerne $m$ $pl$ (Kerne mit gerader Protonenzahl und gerader Neutronenzahl), Gerade-gerade-Kerne $m$ $pl$ ‖ ~ **fracture** (Min) / ebener Bruch (z.B. beim Kalkspat) ‖ ~ **function*** (Maths) / gerade Funktion ‖ ~ **grain** (For) / gleichmäßige Maserung, gleichmäßige Holzzeichnung
**even-grained** adj / gleichkörnig adj, gleichmäßig körnig, von gleichmäßiger Korngröße
**evening** $n$ / Ausgleich $m$ (von Unregelmäßigkeiten) ‖ ~ **civil twilight** (Astron) / bürgerliche Abenddämmerung
**evening-out** $n$ / Ausgleich $m$ (von Unregelmäßigkeiten)
**evening shade** (Textiles) / Abendfarbe $f$ (Farbton oder Farbtonverschiebung unter künstlichem Licht) ‖ ~ **tariff** (Teleph) / Abendtarif $m$
**even local corrosion** / fleckenförmige Korrosion, fleckige Korrosion
**evenly absorbent** (Textiles) / egalaufziehend adj (Farbstoff) ‖ ~ **spaced** / gleichabständig adj, mit (in) gleichem Abstand
**evenness** $n$ / Gleichmäßigkeit $f$, Regelmäßigkeit $f$ ‖ ~ (Eng, Materials) / Ebenheit $f$ (einer Oberfläche) ‖ ~ (Maths) / Geradheit $f$ (der Zahl) ‖ ~ (Textiles) / Egalität $f$ (der Ausfärbung)
**even number** (Maths) / gerade Zahl (eine ganze Zahl, welche durch zwei teilbar ist) ‖ ~-**numbered page** (Print, Typog) / linke Buchseite (mit gerader Seitenzahl)
**even-odd check** (Comp) / Paritykontrolle $f$, Paritätsprüfung $f$ (eindimensionale, zweidimensionale - nach DIN 44 302), Paritätskontrolle $f$, Prüfbitkontrolle $f$
**even‧-odd nuclei*** (Nuc) / gu-Kerne $m$ $pl$ (Kerne mit gerader Protonenzahl und ungerader Neutronenzahl), Gerade-ungerade-Kerne $m$ $pl$ ‖ ~ **out** $v$ (Textiles) / egalisieren $v$, ausgleichen $v$ (Farbtöne) ‖ ~ **parity*** (Nuc) / gerade Parität, positive Parität
**even-parity check** (Comp) / geradzahlige Paritätskontrolle, Prüfung $f$ auf gerade Parität
**even permutation** (Maths) / gerade Permutation (wenn die Anzahl der Inversionen einer Permutation eine gerade Zahl ist)
**even-sided** adj (twill) (Textiles) / gleichseitig adj (Köper)
**even small caps*** (Typog) / Kapitälchen $n$ $pl$ (ohne Anfangsversal)
**event** $n$ (Comp) / Event $m$ $n$ ‖ ~ (Comp, Teleph) / Anreiz $m$ ‖ ~ (a subset of the sample space relating to an experiment) (Stats) / Einzelprozess $m$, Ereignis $n$ (auch in der Netzplantechnik)
**event-driven** adj (applications that operate primarily by responding to events) (Comp) / ereignisgesteuert adj ‖ ~ **computer** (Comp) / ereignisgesteuerter Rechner
**event horizon*** (Astron, Phys) / Ereignishorizont $m$
**eventing** $n$ (Comp) / Eventing $n$ (Synchronisation von verschiedenen Tasks, die in einer DV-Anlage unabhängig voneinander ablaufen)
**event management** (Comp) / Ereignismanagement $n$ (erst nach Eintreten eines Ereignisses werden entsprechende Schritte vom System eingeleitet) ‖ ~ **manager** (AI) / Eventmanager $m$ (im Expertensystem) ‖ ~ **marketing** / Eventmarketing $n$ (mit emotionalisierenden Werbeveranstaltungen)
**even touch** (Comp) / gleichmäßiger Anschlag (auf der Tastatur)
**event space** (Maths, Stats) / Ereignisraum $m$ ‖ ~ **tree** (Nuc Eng) / Ereignisbaum $m$ (in der Reaktorsicherheitsforschung)
**even working*** (Print) / Druck $m$ auf volle Bogen aus (zu je 16, 24 oder 32 Seiten - keine Restbogenteile)
**Everett's interpolation formula** (Maths) / Everett'sche Interpolationsformel
**everglaze** $n$ (Textiles) / Everglaze $n$ (geschützte Bezeichnung für eine waschfeste und dauerhafte Prägeausrüstung auf zellulosischen Fasern)

**evergreen**

**evergreen** *n* (Bot) / Immergrün *n* ‖ ~ *adj* (Bot) / immergrün *adj* (Baum, Strauch, Pflanze) ‖ ~ **oak** (For) / Steineiche *f* (Quercus ilex L.) ‖ ~ **olive tree** (For) / Ölbaum *m*, Olivenbaum *m* (meistens Olea europaea L.)
**everlasting snow** (Geol) / ewiger Schnee
**ever-ready case**\* (Photog) / Bereitschaftstasche *f*
**everyday wear** (Textiles) / Alltagskleidung *f*, Streetwear *f*
**everywhere dense** (Maths) / überall dicht (Menge) ‖ ~ **dense set** (Maths) / dichte Menge, überall dichte Menge
**EVF**\* *n* (Cinema) / Suchermonitor *m* (der Filmkamera), elektronischer Sucher
**evidence** *n* / Evidenz *f*
**evil-smelling** *adj* / widerlich riechend, Übelkeit erregend (Geruch), widerwärtig *adj* (Geruch), übelriechend *adj*, ekelerregend *adj* (Geruch)
**eviscerate** *v* (Nut) / ausweiden *v* (Wild) ‖ ~ (Nut) / ausnehmen *v* (Geflügel, Fisch)
**evolute**\* *n* (Maths) / Evolute *f* (der geometrische Ort der Krümmungsmittelpunkte einer ebenen Kurve)
**evolution**\* *n* (Biol) / Evolution *f*, Entwicklung *f* ‖ ~ (Heat, Maths, Phys) / Entwicklung *f* ‖ ~\* (Maths) / Radizieren *n*, Wurzelziehen *n*, Wurzelrechnung *f* ‖ ~ **strategy** (Comp) / Evolutionsstrategie *f*, künstliche Evolution
**evolve** *v* / entwickeln *v* (Gase) ‖ ~ *vi* / sich entwickeln *v*
**evolved-gas analysis** (Chem) / Emissionsgasthermoanalyse *f* (eine Gasdetektionsmethode), Analyse *f* der freigesetzten Gase (bei der thermischen Analyse), EGA (Emissionsgasthermoanalyse)
**evolvent check** (Eng) / Evolventenprüfung *f* (Prüfung der Abweichung der Flanke eines evolventenverzahnten Zahnrades von der Sollevolvente) ‖ ~ **test** (Eng) / Evolventenprüfung *f* (Prüfung der Abweichung der Flanke eines evolventenverzahnten Zahnrades von der Sollevolvente)
**evorsion** *n* (Geol) / Evorsion *f* (aushöhlende Wirkung von strudelndem Wasser) ‖ ~ **hollow** (Geol) / Evorsion *f* (ein Strudelloch) ‖ ~ **hollow** (Geol) s. also pot-hole
**EVR** (electronic video recording) (Electronics, TV) / EVR *n* (elektronische Speicherung der Fernsehsignale auf Film)
**EW**\* (electronic warfare) (Mil) / elektronische Kampfführung, EloK(a) *f* (elektronische Kampfführung) ‖ ~ **aircraft** *n* (Aero, Mil) / EloKa-Flugzeug *n* (ein mit Spezialelektronik ausgerüstetes Kampfflugzeug)
**Ewald method** (Crystal) / Ewald'sche Konstruktion (mit der Ausbreitungskugel) ‖ ~ **sphere** (a geometric construction, of radius equal to the reciprocal of the wavelength of the incident radiation, with its surface at the origin of the reciprocal lattice) (Crystal, Eng) / Ewald-Kugel *f* (Hilfskonstruktion zur einfachen Ermittlung der Richtungen, in denen bei Beugung von Wellen an einer gegebenen Anordnung von streuender Materie Sekundärwellen auftreten), Ewald'sche Ausbreitungskugel (nach P.P. Ewald, 1888-1985)
**E-wave**\* *n* (Telecomm) / E-Welle *f*, TM-Welle *f* (Wellenleiter - DIN 1324-3)
**ewe milk** (Nut) / Schafsmilch *f*, Schafmilch *f*
**Ewens-Bassett system** (Chem) / Ewens-Bassett-System *n* (bei den Namen von anorganischen Verbindungen)
**ewe's wool** (Textiles) / Mutterwolle *f* (DIN 60004)
**Ewing curve tracer** (Elec Eng) / Hystereseprüfgerät *n* nach Ewing
**EWNN** (iron-sodium tartrate) (Chem) / Eisen-Weinsäure-Natrium-Natron-Lauge *f*, Eisennatriumtartrat *n* (ein Lösungsmittel für Zellulose), EWNN (Eisen-Weinsäure-Natrium-Natron-Lauge)
**EW radar** (Radar) / Frühwarnradar *m n*
**EWT**\* (elsewhere taken) (Build) / anderweitig entnommen
**exa-** / Exa- (Vorsatz vor Einheiten = $10^{18}$ - Kurzzeichen E)
**exact differential equation** (Maths) / exakte Differentialgleichung, totale Differentialgleichung ‖ ~ **division** (without a remainder) (Maths) / aufgehende Division, exakte Division, Division *f* ohne Rest ‖ ~ **equation**\* (Maths) / exakte Differentialgleichung ‖ ~ **match with sample** / Musterkonformität *f*
**exactness axiom** (Maths) / Exaktheitsaxiom *n* ‖ ~ **principle** (of Euler) (Maths) / Exaktheitsaxiom *n*
**exact science** / exakte Wissenschaft (die messende, nachprüfbare Methoden oder logische und mathematische Beweise verwendet), exakte Naturwissenschaft ‖ ~ **solution** (Chem) / strenge Lösung
**EXAFS** (extended X-ray absorption fine structure /spectroscopy/) (Spectr) / EXAFS (eine moderne Methode der Röntgenspektroskopie)
**exajoule** *n* / Exajoule *n* ($10^{18}$)
**exaltant** *n* (electroless plating) (Surf) / Beschleuniger *m*
**exaltation** *n* (Chem, Optics) / Exaltation *f* (Überhöhung eines gemessenen gegenüber dem berechneten Wert) ‖ ~ (Telecomm) / Anhebung *f* (des Trägers)
**exalted carrier**\* (Telecomm) / angehobener Träger, überhöhter Träger

**exalted-carrier reception** (Telecomm) / Empfang *m* mit Trägeranhebung
**examinate** *v* / nachforschen *v*, untersuchen *v*
**examination** *n* / Nachforschung *f*, Untersuchung *f* ‖ ~ **copy** (Print) / Prüfstück *n*, Prüfexemplar *n* (ein Ansichtsexemplar für Lehrer) ‖ ~ **of the application** / Prüfung *f* der Anmeldung (bei Patenten)
**examiner** *n* (Textiles) / Warenbeschauer *m*, Stoffbeschauer *m*
**example-based** *adj* (AI) / beispielgesteuert *adj* (Lernen) ‖ ~ **system** (AI) / beispielgesteuertes System, induktives System
**example-driven system** (AI) / beispielgesteuertes System, induktives System
**EXAPT** *n* (Eng) / EXAPT *n* (extended subset of "automatic programming for tools" - problemorientierte Programmiersprache zur maschinellen Programmierung von NC-Arbeitsmaschinen)
**exaration** *n* (Geol) / Exaration *f* (durch vordringendes Eis hervorgerufene Erosion)
**excavate** *v* (Civ Eng) / abtragen *v* (mit dem Bagger) ‖ ~ (Civ Eng) / ausbaggern *v*, ausschachten *v*, baggern *v*
**excavated cross section** (Mining) / Ausbruchsquerschnitt *m* ‖ ~ **material** (Civ Eng) / Aushubmaterial *n*, Aushub *m*, ausgehobene Erdmasse, Baggergut *n* ‖ ~ **volume** (in m³) (Civ Eng) / Aushubmaterial *n*, Aushub *m*, ausgehobene Erdmasse, Baggergut *n*
**excavation** *n* (Civ Eng) / Auskofferung *f* (auf wenig tragfähigem Untergrund) ‖ ~\* (Civ Eng) / Ausbaggern *n*, Baggerung *f*, Ausschachtung *f*, Ausbaggerung *f*, Baggern *n*, Exkavation *f*, Erdabtrag *m* ‖ ~ (digging, breaking and removing soil or rock) (Civ Eng) / Aushub *m*, Bodenaushub *m*, Erdaushub *m*, Abtrag *m*, Bodenabtrag *m* (mit Baumaschinen) (Tätigkeit) ‖ ~ (Mining) / Grubenbau *m* (pl. -baue) (planmäßig hergestellter bergmännischer Hohlraum wie Schacht, Strecke, Querschlag und Abbauraum) ‖ ~ (Mining) / Ausbruch *m* (im Gestein) ‖ ~ **true to profile** (Civ Eng) / profilgerechter Erdaushub
**excavator**\* *n* (Civ Eng) / Bagger *m*, Trockenbagger *m*, Universalbagger *m*, Exkavator *m* ‖ ~ **crew** (Civ Eng) / Baggerpersonal *n* (Baggerführer, Fahrsteiger, Disponent, Einweiser am Baggerabwurf) ‖ ~ **on floats** (Civ Eng) / Bagger *m* auf Schwimmkörper (ohne Fahrwerk, auf einem Ponton) ‖ ~ **plant** (Civ Eng) / Baggeranlage *f* ‖ ~ **track** (Civ Eng) / Baggergleis *n*
**exceed** *v* / übersteigen *v* ‖ ~ / überschreiten *v* (Plankosten)
**excellent** *adj* (Autos) / tadellos (Zustand des Wagens), Top- (Zustand des Wagens)
**excelsin** *n* (Chem) / Exzelsin *n* (Globulin aus Bertholletia excelsa Humb. et Bonpl.)
**excelsior** *n* (US) (For) / Holzwolle *f*
**excentre** *n* (the centre of the excircle) (Maths) / Mittelpunkt *m* des Ankreises, Ankreismittelpunkt *m*
**except for access** (Autos) / [für] Anlieger frei (ein Verkehrszeichen)
**exceptional value** (Maths, Stats) / Ausnahmewert *m*
**exception-based** *adj* (AI) / ausnahmegesteuert *adj*
**exception dictionary** (Comp) / Ausnahmelexikon *n* (für Trennprogramme als Ausnahmefälle gespeicherte Worttrennungen), Ausnahmewörterbuch *n* ‖ ~ **reporting** (Comp) / Aufzeichnung *f* von Ausnahmen ‖ ~ **to patentability** / Ausnahme *f* von der Patentierbarkeit ‖ ~ **word dictionary** (Comp) / Ausnahmelexikon *n* (für Trennprogramme als Ausnahmefälle gespeicherte Worttrennungen), Ausnahmewörterbuch *n*
**EXCEPT operation** (Comp) / Inhibition *f* (eine zweistellige Boole'sche Funktion)
**excess** *n* (Autos) / Selbstbeteiligung *f* (bei der Fahrzeugversicherung) ‖ ~ **air**\* (Eng) / überschüssige Luft, Luftüberschuss *m*
**excess-air ratio** / Luftverhältnis *n* (bei Feuerungen)
**excess baggage** (Aero) / Übergepäck *n* ‖ ~ **capacity** (Aero) / Überkapazität *f*, Überschusskapazität *f* ‖ ~ **-3 code**\* (an 8421 code for which the weighted sum of the four bits in each codeword is three greater than the decimal digit represented by that codeword) (Comp) / Stibitzkode *m*, Exzess-3-Kode *m*, Drei-Exzess-Kode *m* ‖ ~ **coefficient** / Koeffizient *m* des Luftüberschusses ‖ ~ **conduction**\* (Electronics) / Überschussleitung *f*, n-Leitung *f* ‖ ~ **current** (Elec, Elec Eng) / Überstrom *m* (der den Wert des Nennstroms überschreitet) ‖ ~ **current** (Elec Eng) / Überschussstrom *m* ‖ ~ **demand** / Nachfrageüberhang *m* ‖ ~ **electron**\* (Electronics) / Überschusselektron *n* ‖ ~ **energy** / Überschussenergie *f* ‖ ~ **enthalpy** (Phys) / Zusatzenthalpie *f* (eine Mischungsenthalpie), Exzessenthalpie *f* ‖ ~ **feed**\* (Print) / Voreilung *f* ‖ ~ **fill** (Mining) / Fremdberge *m pl* (Versatzmaterial), Fremdversatz *m* (Material) ‖ ~ **function** (Phys) / Exzessgröße *f* (thermodynamische Zusatzgröße) ‖ ~ **gas** / Überschussgas *n*
**excessive bating** (Leather) / Überbeizung *f* ‖ ~ **cross-linking** (Chem) / Übervernetzung *f* ‖ ~ **current** (Elec, Elec Eng) / Überstrom *m* (der den Wert des Nennstroms überschreitet) ‖ ~ **gradient** (Rail) / schädliche Neigung ‖ ~ **holding** (Met) / Überzeiten *n* (Erwärmen mit so langen Haltezeiten, dass bei üblichen Temperaturen eine unerwünschte Kornvergröberung auftritt, welche jedoch durch Wärmebehandlung

oder Verformung wieder rückgängig gemacht werden kann - DIN EN 10 052), Überhitzen und Überzeiten $n$ ‖ ~ **penetration** (Welding) / Wurzeldurchfall $m$
**excessive-pressure welding** (Welding) / Überdruckschweißen $n$ (bei Unterwasserschweißungen)
**excessive steering free play** (Autos) / zu großes Lenkungsspiel, zu viel Spiel in der Lenkung
**excessive-stress failure** (Eng, Materials) / Ausfall $m$ bei unzulässiger Beanspruchung
**excess material** (Eng) / Aufmaßmaterial $n$ ‖ ~ **material** (Plastics) / überfließendes Material (bei einem Abquetschwerkzeug) ‖ ~ **of acid(s)** (Chem) / Säureüberschuss $m$ ‖ ~ **of elevens** (Maths) / Elferrest $m$ ‖ ~ **pressure** (Eng) / Überdruck $m$ (in einer Anlage) ‖ ~ **reactivity** (Nuc Eng) / Überschussreaktivität $f$ ‖ ~ **sludge** (San Eng) / ÜS, Überschussschlamm $m$ (der im biologischen Verfahren gebildete Zuwachs an belebtem Schlamm, der entfernt wird - DIN 4045) ‖ ~ **sludge production** (San Eng) / Überschussschlammproduktion $f$ (DIN 4045) ‖ ~ **storage** (time) (Nut) / Überlagerung $f$ (von Lebensmitteln)
**excess-three code** (Comp) / Stibitzkode $m$, Exzess-3-Kode $m$, Drei-Exzess-Kode $m$
**excess voltage*** (Elec Eng) / Überspannung $f$ (Scheitelwert der Spannung gegen Erde, der größer ist als der normale Scheitelwert der entsprechenden höchsten Netzspannung) ‖ ~ **voltage*** (Elec Eng) / irreversible Polarisation, Überspannung $f$ (ein Elektrodenvorgang) ‖ ~ **weight** / Übergewicht $n$ (der Ware) ‖ ~ **work** (Work Study) / Mehrarbeiten $f$ $pl$
**exchange** $n$ / Auswechslung $f$, Austausch $m$, Ersetzung $f$ ‖ ~* (Chem, Nuc, Phys) / Austausch $m$ ‖ ~ (Telecomm) / Vermittlungsstelle $f$, Vermittlungsamt $n$ ‖ ~ (Teleph) / Fernsprechamt $n$, Fernsprechvermittlung $f$, Zentrale $f$, Vermittlungsstelle $f$ ‖ ~ (Teleph) / Vermittlungsamt $n$, Amt $n$ ‖ ~ (Teleph) s. also operator
**exchangeable** $adj$ / austauschbar $adj$, auswechselbar $adj$, einbaugleich $adj$ ‖ ~ / austauschbar $adj$, auswechselbar $adj$ ‖ ~ **disk** (Comp) / Wechselplatte $f$ (eine leicht austauschbare Festplatte, die man ähnlich wie eine Diskette aus ihrem Schacht herausnehmen kann und - samt der auf ihr enthaltenen Daten - an einen anderen Ort mitnehmen kann) ‖ ~ **disk store** (Comp) / Wechselplattenspeicher $m$
**exchange adsorption** (Chem, Phys) / Austauschadsorption $f$ ‖ ~ **area** (Teleph) / Anschlussbereich $f$ einer Vermittlungsstelle ‖ ~ **bit rate** (Teleph) / Vermittlungstakt $m$ ‖ ~ **broadening** (Spectr) / Austauschverbreiterung $f$, Linienverbreiterung $f$ bei Austauschphänomenen ‖ ~ **capacity** (Agric, Chem) / Austauschkapazität $f$ (Fähigkeit von Böden oder Bodenbestandteilen, Anionen oder Kationen aus der Bodenlösung reversibel zu sorbieren - DIN ISO 13 536), T-Wert (die Menge der austauschbaren Kationen und /selten/ Anionen eines Bodens, ausgedrückt in Milliäquivalenten je 100 g Boden ‖ ~ **capacity** (Chem) / Austauschvermögen $n$, Austauschkapazität $f$ ‖ ~ **chromatography** (Chem) / Austauschchromatografie $f$ ‖ ~ **chromatography** s. also ion-exchange chromatography ‖ ~ **coefficient** (Phys) / Austauschkoeffizient $m$ (in der Strömungslehre) ‖ ~ **constant** (Chem) / Austauschkonstante $f$
**exchange-current density** (Chem) / Austauschstromdichte $f$ (die für die Hin- und Rückreaktion beim Gleichgewichtspotential gilt) ‖ ~ **density** (Chem) / Austauschstromdichte $f$ (z.B. in der Butler-Volmer-Gleichung)
**exchange degeneracy** (Nuc) / Austauschentartung $f$
**exchanged plot** (Radar) / vertauschte Zielmeldung (durch falsche Spurzuordnung von benachbarten Zielen)
**exchange effect** (Phys) / Austauscheffekt $m$ ‖ ~ **energy** (Nuc) / Austauschenergie $f$ ‖ ~ **force*** (Nuc, Phys) / Austauschkraft $f$ (jede auf eine Austauschwechselwirkung zurückführbare Wechselwirkungskraft zwischen gleichartigen mikrophysikalischen Teilchen) ‖ ~ **input** (Teleph) / Eingang $m$ der Vermittlungsstelle ‖ ~ **integral** (Nuc) / Austauschintegral $n$ ‖ ~ **interaction** (Phys, Spectr) / Austauschwechselwirkung $f$ ‖ ~ **lattice** (Maths) / Austauschverband $m$
**exchange-line barring button** (Teleph) / Amtssperrtaste $f$ ‖ ~ **holding coil** (Teleph) / Amtshaltedrossel $f$
**exchange narrowing** (Spectr) / Austauschverschmälerung $f$, Linienverschmälerung $f$ bei Austauschphänomenen ‖ ~ **of members** (according to Henneberg) (Mech) / Stabvertauschungsverfahren $n$ nach Henneberg ‖ ~ **operator** (a quantum-mechanical operator that exchanges identical particles) (Nuc) / Austauschoperator $m$, Permutationsoperator $m$ ‖ ~ **output** (Teleph) / Ausgang $m$ der Vermittlungsstelle ‖ ~ **particle** (Nuc) / Austauschteilchen $n$ ‖ ~ **phenomenon** (Spectr) / Austauschphänomen $n$ ‖ ~ **plate** (Chem) / Rektifizierboden $m$ ‖ ~ **point** (Comp, Telecomm) / Peering Point $m$ (von Teilnetzen verschiedener Betreiber im Internet)
**exchanger** $n$ (Chem Eng, Heat) / Austauscher $m$
**exchange reaction** (Chem, Nuc) / Austauschreaktion $f$ ‖ ~ **software** (Comp, Teleph) / Vermittlungsstellen-Software $f$, Exchange-Software $f$, Amtssoftware $f$ ‖ ~ **sort** (Comp) / paarweiser Austausch, Sortieren $n$ durch Austausch
**exchange-specific** $adv$ (Teleph) / amtsabhängig $adj$, vermittlungsstellenabhängig $adj$, vermittlungsstellenspezifisch $adj$
**exchange syntan** (Leather) / Austauschgerbstoff $m$ (ein synthetischer Gerbstoff) ‖ ~ **termination** (Telecomm) / Vermittlungsabschluss $m$
**excimer** $n$ (an excited dimer, formed by the association of the excited and unexcited molecules) (Chem) / Excimer $m$ (ein nur im Anregungszustand existierender Molekülkomplex) ‖ ~ **laser** (Electronics, Phys) / Excimerlaser $m$ (Gaslaser, bei dem der Laserübergang von einem Excimerzustand ausgeht)
**excipient** $n$ (Pharm) / Exzipient $m$ (Grundmasse), Hilfsmittel $n$
**exciplex** $n$ (Chem) / Exciplex $m$ (ein Molekülkomplex mit voneinander verschiedenen Molekülen)
**excircle** $n$ (Maths) / angeschriebener Kreis (eines Dreiecks), Ankreis $m$ (eines Dreiecks)
**excise duty on mineral oils** (Oils) / Mineralölsteuer $f$
**excision repair** (Gen) / Exzisionsreparatur $f$, Excisionsreparatur $f$, Dunkelreparatur $f$
**excitable** $adj$ (Elec, Nuc) / erregbar $adj$
**excitant*** $n$ (Elec Eng) / Elektrolyt $m$ im galvanischen Primärelement
**excitation*** $n$ (Elec, Electronics, Nuc, Phys) / Anregung $f$ ‖ ~* (Elec Eng) / Erregung $f$ ‖ ~ (Med) / Exzitation $f$ ‖ ~ **anode*** (Electronics) / Erregeranode $f$ ‖ ~ **coil** (Elec Eng) / Erregerspule $f$, Polspule $f$, Feldspule $f$ (des Elektromagneten) ‖ ~ **curve** (Elec Eng) / Erregungskurve $f$ ‖ ~ **energy** (Phys) / Anregungsenergie $f$ (Differenz zwischen den Energieeigenwerten des angeregten Zustands und des Grundzustands) ‖ ~ **flux** (Elec Eng) / Erregungsfluss $m$ ‖ ~ **function** (Automation) / Erregungsfunktion $f$ (eines Gliedes) ‖ ~ **level** (Elec Eng) / Erregungsniveau $n$ ‖ ~ **loss** (Phys) / Erregungsverlust $m$ ‖ ~ **monochromator** (Spectr) / Anregungsmonochromator $m$ ‖ ~ **potential*** (Electronics) / Anregungspotential $n$ ‖ ~ **purity** (Light) / spektraler Farbanteil (DIN 5033, T 3) ‖ ~ **purity** (TV) / Farbreinheit $f$ ‖ ~ **response** (Elec Eng) / Erregungsgeschwindigkeit $f$ ‖ ~ **spectrum** (Acous) / Anregungsspektrum $n$ (Erregeramplituden in Abhängigkeit von der Frequenz) ‖ ~ **spectrum** (Spectr) / Anregungsspektrum $n$ (z.B. eines Spektrofluorimeters)
**excite** $v$ (Elec, Elec Eng, Nuc) / erregen $v$ ‖ ~ (Elec, Nuc, Phys) / anregen $v$ ‖ ~ (Med) / exzitieren $v$
**excited atom*** (Nuc, Phys) / angeregtes Atom ‖ ~ **complex** (Chem) / Exciplex $m$ (ein Molekülkomplex mit voneinander verschiedenen Molekülen) ‖ ~ **ion** (Phys) / angeregtes Ion ‖ ~ **nucleus*** (Nuc) / angeregter Atomkern ‖ ~ **state** (a state, usually electronic, that is of higher energy than the ground state) (Electronics, Nuc, Phys) / angeregter Zustand, Anregungszustand $m$ (ein stationärer Zustand größerer Energie, verglichen mit dem Grundzustand)
**exciter*** $n$ (Elec Eng) / Erregermaschine $f$ (Gleichstromgenerator, der die Erregerwicklung einer anderen Maschine speist) ‖ ~ (Radio) / Steuersender $m$ (Sender ohne Endstufe) ‖ ~ (Radio) / aktiver Strahler, aktive Antenne, gespeiste Antenne ‖ ~ **field rheostat*** (Elec Eng) / Erregerfeldwiderstand $m$, Feldregler $m$ ‖ ~ **generator** (Elec Eng) / Erregermaschine $f$ (Gleichstromgenerator, der die Erregerwicklung einer anderen Maschine speist) ‖ ~ **lamp*** (Cinema) / Tonlampe $f$ (die Lichtquelle in einem Aufnahme- oder Wiedergabesystem für Lichtton) ‖ ~ **set** (Elec Eng) / Erregergruppe $f$, Erregersatz $m$
**exciting anode** (Electronics) / Erregeranode $f$ ‖ ~ **power** (Elec Eng) / Erregerleistung $f$ ‖ ~ **winding*** (Elec Eng) / Erregerwicklung $f$ (bei einer elektrischen Maschine die Feldwicklung, die das Hauptfeld erzeugt)
**exciton*** $n$ (a bound electron state in a semiconductor based around a defect in the crystal structure) (Crystal, Electronics) / Exciton $n$ (ein Elektron-Loch-Paar in einem gebundenen Zustand, der durch die gegenseitige Anziehung der beiden entgegengesetzt geladenen Teilchen infolge ihrer Coulomb-Wechselwirkung zustande kommt), Exziton $n$ ‖ ~ **absorption** (Electronics) / Exzitonenabsorption $f$, Excitonenabsorption $f$
**excitron*** $n$ (Electronics) / Excitron $n$ (ein Hg-Stromrichter, der im Gegensatz zum Ignitron mit Dauererregung arbeitet) ‖ ~* (Electronics) s. also mercury-arc rectifier
**exclamation mark** (Maths) / Ausrufezeichen $n$ (Zeichen für die Fakultät)
**excluded volume*** (Chem) / ausgeschlossenes Volumen (bei Hochpolymeren) ‖ ~ **volume effect** (Chem) / Effekt $m$ des ausgeschlossenen Volumens (bei Hochpolymeren)
**exclusion** $n$ / Ausschluss $m$ (Ausgeschlossenwerden) ‖ ~ (Comp) / Inhibition $f$ (eine zweistellige Boole'sche Funktion) ‖ ~ **area** (Nuc Eng) / Sperrbereich $m$ ‖ ~ **chromatography** (Chem) / Gelchromatografie $f$ (eine als Säulenchromatografie durchgeführte Flüssigkeitschromatografie, Ausschlusschromatografie $f$, AC (Ausschlusschromatografie), Gelpermeationschromatografie $f$, Gelfiltration $f$, GFC (Gelfiltration), Molekularsiebchromatografie $f$,

**exclusion**
Permeationschromatografie *f*, GPC (Gelpermeationschromatografie), Größenausschlusschromatografie *f* ‖ ~ **limit** (Chem) / Ausschlussgrenze *f* (in der Gel-Permeationschromatografie) ‖ ~ **of air** / Luftabschluss *m* ‖ ~ **principle*** (Nuc) / Ausschließungsprinzip *n*, Pauli-Prinzip *n*, Pauli-Verbot *n* (nach W. Pauli, 1900-1958)
**exclusive** *adj* / exklusiv *adj* ‖ ~ **agency** / Alleinvertretung *f* ‖ ~ **distribution** / Alleinverkauf *m*, Alleinvertrieb *m* ‖ ~ **licence** / ausschließliche Lizenz (die dem Lizenznehmer das Recht zur alleinigen Nutzung gibt) ‖ ~ **NOR-gate** (Automation, Comp) / Äquivalenzglied *n* (das die Äquivalenz realisiert) ‖ ~ **OR** (Automation, Comp) / Antivalenz *f* (wenn von zwei Eingängen nur der eine oder nur der andere ein Signal führt - DIN 44300, T 5), exklusives ODER, ausschließendes ODER, XOR (exklusives ODER), Kontravalenz *f*, EXOR (Exklusiv-Oder), Exklusiv-Oder *n* ‖ ~ **OR-circuit** (Automation, Comp) / Antivalenzglied *n* (das ausschließliche ODER realisiert) ‖ ~ **OR-gate** (Automation, Comp) / Antivalenzglied *n* (das ausschließendes ODER realisiert) ‖ ~ **patent** / Ausschließlichkeitspatent *n* ‖ ~ **selling rights** / Alleinverkauf *m*, Alleinvertrieb *m*
**ex-core instrumentation** (Nuc Eng) / Instrumentierung *f* außerhalb des Kerns, Excore-Instrumentierung *f*, Kernaußeninstrumentierung *f*
**excretion*** *n* (Biol, Med) / Ausscheidung *f*, Exkretion *f* ‖ ~ **measurement** (Radiol) / Ausscheidungsmessung *f*
**excretory** *adj* (Biol) / ekretorisch *adj*
**excurrent** *adj* (For) / astlos bis zum Wipfel auslaufend (Baumstamm)
**excursion** *n* (Ecol) / Überschreitung *f* (der Emissionswerte - kurzfristige) ‖ ~ (Instr) / Ausschlag *m*, Ausschlagen *n* (bei Zeigern) ‖ ~ (Nuc Eng) / Exkursion *f*, Leistungsexkursion *f*, Reaktorexkursion *f* ‖ ~ **fare** (Aero) / Exkursionstarif *m* (im Fluggastverkehr)
**exec** *n* (executive) (Work Study) / Führungskraft *f*
**executable** *n* (Comp) / ablauffähiges Programm, ablaufbereites Programm ‖ ~ *adj* (Comp) / ladefähig *adj*, ablaufbereit *adj* (Programm), ablauffähig *adj* (Programm) ‖ ~ (Comp) / ausführbar *adj* (Anweisung) ‖ ~ **machine instruction** (Comp) / ablauffähiger Maschinenbefehl ‖ ~ **program** (Comp) / ablauffähiges Programm, ablaufbereites Programm
**execute** *v* (AI) / feuern *vt*, anwenden *v* (feuern) ‖ ~ (Comp) / ablaufen *v* ‖ ~* (Comp) / ausführen *v* (z.B. Programm) ‖ ~ **cycle** (Comp) / Ausführungszyklus *m* (eines Befehls usw.) ‖ ~ **instruction** (Comp) / Tue-Befehl *m* ‖ ~ **phase** (Comp) / Ausführungszyklus *m* (eines Befehls usw.)
**execution** *n* / Ausführung *f* ‖ ~ **bond** (Eng) / Vollzugsgarantie *f*, Erfüllungsgarantie *f* (bei Verträgen), Leistungsgarantie *f* (bei Verträgen) ‖ ~ **cycle** (Comp) / Ausführungszyklus *m* (eines Befehls usw.) ‖ ~ **error** (Comp) / Laufzeitfehler *m* ‖ ~ **time** (Comp) / Laufzeit *f*, Durchlaufzeit *f*, Ausführungszeit *f* (z.B. eines Programms) ‖ ~ **time** (Comp) / Ausführungszeit *f* (eines Befehls), Befehlsausführungszeit *f*, Operationszeit *f*
**executive** *n* (Comp) / Supervisor *m* (Ablaufteil des Organisationsprogramms) ‖ ~ (the permanently resident part of a large operating system, dealing most directly with the physical components of the system as distinct from the virtual resources handled by most processes) (Comp) / Supervisor *m* ‖ ~ (Work Study) / leitender Angestellter ‖ ~ (Work Study) / Führungskraft *f* ‖ ~ *adj* / geschäftsführend *adj* ‖ ~ **board** (Work Study) / Direktorium *n* (Gemeinschaft von mehreren Personen, die zur Leitung eines Unternehmens berufen sind) ‖ ~ **car** (Autos) / [Firmen-, Dienst-]Wagen *m* der gehobenen Preisklasse (häufig mit Fahrer), Direktionswagen *m* ‖ ~ **information system** (Comp) / EIS (Executive-Informationssystem), Executive-Informationssystem *n* ‖ ~ **officer** (Work Study) / leitender Angestellter ‖ ~ **program*** (Comp) / Organisationsprogramm *n*, ORG (Organisationsprogramm) ‖ ~ **set** (Teleph) / Chefapparat *m* ‖ ~ **system** (Teleph) / Vorzimmeranlage *f*, Vorzimmersystem *n*, Sekretäranlage *f* ‖ ~ **telephone system** (Teleph) / Chef-Telefonanlage *f*
**EXE file** (executable file type) (Comp) / EXE-Datei *f*
**exempted spaces*** (Ships) / Räume für Teile der Antriebsanlage, Hilfs- und Verarbeitungsmaschinen, Küchen, Sanitärzellen, Licht- und Luftzufuhr, Niedergänge usw. (in die Ermittlung des Bruttorauminhalts nicht einbezogen)
**exemption** *n* (Ecol) / Ausnahmebewilligung *f*, Ausnahmegenehmigung *f*, Dispens *m* (Befreiung von Auflagen), Befreiung *f* (von Auflagen)
**exercise** *n* (Maths) / Übungsaufgabe *f* ‖ ~ **bicycle** / Heimtrainer *m* (stationäres Fahrrad)
**exerciser** *n* (Comp) / Prüfsystem *n* (für Speicher, Platten-, Bandgeräte usw.)
**exergonic process** (Phys) / exergonischer Vorgang (der sich durch einen negativen Wert der freien Reaktionsenthalpie auszeichnet)
**exergy** *n* (Phys) / Exergie *f* (eine thermodynamische Zustandsgröße - technische Arbeitsfähigkeit) ‖ ~ **balance** (Phys) / Exergiebilanz *f*

**exert** *v* (Mech) / aufbringen *v* (Kraft), aufbieten *v* (Kraft) ‖ ~ / (Phys) / ausüben *v* (Druck)
**Exeter hammer*** (Tools) / leichter Kreuzhammer
**ex factory** / ab Werk (eine Liefervereinbarung)
**ex-factory price** / Preis *m* ab Werk
**exfiltration** *n* (Agric, San Eng) / Abwasserverrieselungsmenge *f*
**exfoliation*** *n* (Eng) / schichtförmige Korrosion, Schichtkorrosion *f* (ein selektiver Angriff) ‖ ~* (Geol) / Abspaltung *f* nach Entspannungsrissen ‖ ~* (Geol) / Desquamation *f* (schuppen- oder schalenförmiges Abspringen von Teilchen der Gesteinsoberfläche, besonders bei Massengesteinen wie Granit), Abschuppung *f* (schalenförmige), schalige Verwitterung ‖ ~* (Geol) / Abblätterung *f*, Abplatzung *f* ‖ ~ **corrosion** (Eng) / schichtförmige Korrosion, Schichtkorrosion *f* (ein selektiver Angriff)
**exhalation** *n* (Geol, Mining) / Exhalation *f* ‖ ~ **deposit** (Geol, Mining) / Exhalationslagerstätte *f* (von Schwefel und Bor)
**exhaust** *v* / aufbrauchen *v* (Vorräte), verbrauchen *v* (Vorräte), aufarbeiten *v* (aufbrauchen) ‖ ~ / absaugen *v*, entnehmen *v*, abnehmen *v* (Flüssigkeiten oder Gase) ‖ ~ / erschöpfen *v* ‖ ~ (Leather, Textiles) / abarbeiten *v* (Flotte), auszehren *v* (Flotte) ‖ ~ (Nut) / exhaustieren *v* (die Luft im Kopfraum der Konservendosen) ‖ ~ (Textiles) / ausziehen *v*, erschöpfen *v*, auszehren *v* (ein Färbebad) ‖ ~ (Vac Tech) / evakuieren *v* (ein Gas aus physikalisch-technischen Apparaturen entfernen; ein Vakuum herstellen), auspumpen *v*, abpumpen *v* ‖ ~* / Auslass *m*, Auspuff *m* ‖ ~* (Autos) / Auspuffgas *n*, Abgas *n* ‖ ~* (I C Engs) / Ausschieben *n* (der Abgase des Kreiskolbenmotors) ‖ ~* (I C Engs) / Ausstoßen *n* (der Abgase) ‖ ~ **air** / Abluft *f* (die gesamte abströmende Luft), Fortluft *f* (die ins Freie geht) ‖ ~ **air** s. also **foul air**
**exhaust-air concentration** (Civ Eng, Mining) / Abluftkonzentration *f* ‖ ~ **duct** (Civ Eng, Ecol) / Abluftkanal *m* ‖ ~ **shaft** (Civ Eng, Ecol) / Abluftschacht *m*, Abluftkamin *m*
**exhaust and tailpipe cutter** (Autos) / Ketten-Rohrschneider *n* (zum Abtrennen von Auspuffrohren) ‖ ~ **back-pressure** (Autos) / Auspuffstaudruck *m* (beim Zweitakter), Auspuffrückstau *m*
**exhaust-back-pressure modulated EGR** (Autos) / abgasstaugesteuertes AGR-System, abgasdruckgesteuerte Abgasrückführung, druckwandlergesteuerte Abgasrückführung
**exhaust back-pressure transducer** (valve) (Autos) / Abgasdruckwandler *m*, Abgasdruckventil *n* ‖ ~ **blast** (Aero) / Abgasstrahl *m* ‖ ~ **brake** (Autos) / Motorbremse *f* (DIN 70012) (bei der der Auspuffstrom durch eine Drosselklappe gestaut wird), Auspuffklappenbremse *f*, Staudruckbremse *f* ‖ ~ **cam** (I C Engs) / Auslassnocken *m* ‖ ~ **camshaft** (Autos) / Auslassnockenwelle *f* (bei Doppelnockenwellenmotoren) ‖ ~ **cone*** (Aero) / Abgaskonus *m* ‖ ~ **control** (Autos) / Auslasssteuerung *f* ‖ ~-**driven supercharger*** (I C Engs) / Turbolader *m*, Abgasturbolader *m* (Abgasturbine + Turbokompressor nach DIN ISO 7967-3), ATL (Abgasturbolader)
**exhaust-driven turbine** (Eng) / Abgasturbine *f*, Auspuffturbine *f*
**exhaust duct** (Civ Eng, Ecol) / Abluftkanal *m* ‖ ~ **dyeing** (Textiles) / Ausziehfärbeverfahren *n* (ein diskontinuierliches Verfahren zum Aufbringen von Farben auf Stoffe), Ausziehverfahren (Gegenstück zu Klotzen)
**exhausted** *adj* (Chem) / verbraucht *adj*, erschöpft *adj* (Lösung) ‖ ~ (Vac Tech) / luftleer *adj* (evakuiert) ‖ ~ **bath** (Photog) / erschöpftes Bad, gebrauchtes Bad, verbrauchtes Bad ‖ ~ **bath** (Textiles) / ausgezogenes Bad, ausgezehrtes Bad, erschöpfte Flotte ‖ ~ **slices** (Agric, Nut) / extrahierte Schnitzel, ausgelaugte Zuckerrübenschnitzel, Schnitzel *n pl* (abgepresste, ausgelaugte)
**exhaust emission** (Autos) / Abgasemission *f* (z. B. 3,4-Benzpyren, Blei usw.)
**exhaust-emission regulations** (Ecol) / Emissionsvorschriften *f pl*, Abgasvorschriften *f pl*, Emissionsnormen *f pl*, Abgasbestimmungen *f pl* ‖ ~ **roller test stand** (Autos, Ecol) / Abgasrollenprüfstand *m*
**exhauster** *n* (Eng) / Exhaustor *m* (ein Ventilator), Saugzuglüfter *m*, Absauggebläse *n*, Sauglüfter *m*
**exhaust fan*** (Eng) / Exhaustor *m* (ein Ventilator), Saugzuglüfter *m*, Absauggebläse *n*, Sauglüfter *m* ‖ ~ **gas*** (Autos) / Auspuffgas *n*, Abgas *n* ‖ ~ **gas*** (Ecol, Eng) / Abgas *n* (DIN 4705-1)
**exhaust-gas analyser*** (Autos) / Abgasanalysator *m*, Abgastester *m*, Abgasanalysegerät *n* ‖ ~ **component** (Ecol) / Abgaskomponente *f*, Abgasbestandteil *m*
**exhaust-gas-heated** *adj* / abgasbeheizt *adj*, abgasgeheizt *adj*
**exhaust-gas opacity** (Autos) / Abgastrübung *f* (optischer Eindruck) ‖ ~ **purification** (Ecol) / Abgasreinigung *f* ‖ ~ **recirculation** (Autos) / Abgasrückführung *f*, AGR-System *n* (Abgasrückführung), AGR (die Zufuhr von Abgas zum Frischgemisch bzw. zur angesaugten Luft) ‖ ~ **turbine** (Eng) / Abgasturbine *f*, Auspuffturbine *f*
**exhaustible** *adj* / erschöpfbar *adj* (Vorrat)
**exhausting agent** (Chem, Textiles) / Ausziehhilfsmittel *n* (in der Textilfärberei)

**exhaustion** n (Leather, Textiles) / Abarbeitung f (der Flotte), Auszehrung f || ~ **curve** (Textiles) / Ausziehkurve f, Absorptionskurve f (in der Textilfärberei) || ~ **cycle** (Chem Eng) / Beladung f (bei Ionenaustauschern) || ~ **diagram** (Textiles) / Ausziehkurve f, Absorptionskurve f (in der Textilfärberei) || ~ **dyeing*** (Textiles) / Ausziehfärbeverfahren n (ein diskontinuierliches Verfahren zum Aufbringen von Farben auf Stoffe), Ausziehverfahren (Gegenstück zu Klotzen) || ~ **plant** (Eng, San Eng) / Absauganlage f (größere) || ~ **rate** (Vac Tech) / Pumpgeschwindigkeit f, Saugvermögen n

**exhaustive** adj (Maths, Stats) / hinreichend adj, erschöpfend adj, suffizient adj || ~ **enumeration** (Stats) / Vollerhebung f, Totalerhebung f (wenn die Stichprobe der Grundgesamtheit gleicht) || ~ **methylation*** (Chem) / erschöpfende Methylierung (nach v. Hofmann)

**exhaust lap*** (Eng) / innere Schieberdeckung, Auslassdeckung f || ~ **losses** (Autos) / Abgasverluste m pl, Auspuffgasverluste m pl (Energieverluste des Motors) || ~ **manifold*** (Autos) / Abgaskrümmer m, Auspuffkrümmer m (Übergangsstück von den Zylindern zur Rohrleitung) || ~ **noise** (Autos) / Auspuffgeräusch n || ~ **note** (Autos) / Auspuffsound m, Auspufften n || ~ **nozzle** (Aero) / Schubdüse f (strömungstechnisches Bauteil zur möglichst verlustarmen Umwandlung von Druckenergie in Geschwindigkeitsenergie) || ~ **pipe*** (Autos) / Abgasleitung f, Auspuffleitung f (DIN 70023) || ~ **pipe*** (Autos) / Auspuffrohr n (DIN 70023) || ~ **port*** (Autos, I C Engs) / Auslasskanal m (in einem Viertaktmotor) || ~ **port*** (Autos, I C Engs) / Auspuffschlitz m, Auslassschlitz m (in einem Zweitaktmotor)

**exhaust-proof** adj (For) / Industriefest adj (Baum)

**exhaust recycling** (Autos) / Abgasrückführung f, AGR-System n (Abgasrückführung), AGR (die Zufuhr von Abgas zum Frischgemisch bzw. zur angesaugten Luft) || ~ **shaft*** (Build) / Abluftschacht m || ~ **stack** (Civ Eng, Ecol) / Abluftschacht m, Abluftkamin m || ~ **steam*** (Build) / Abdampf m (bei den Kraftmaschinen)

**exhaust-steam turbine** (Eng) / Abdampfturbine f (die mit dem Abdampf anderer Energie- oder Industriedampfanlagen gespeist wird)

**exhaust stroke*** (I C Engs) / Auspuffhub m || ~ **system** (Autos) / Abgasanlage f, Abgassystem n, [komplette] Auspuffanlage f || ~ **system** (Mining) / saugende Bewetterung || ~ **test** (Autos) / Abgasprüfung f || ~ **timing** (Autos) / Auslasssteuerung f || ~ **trail** (Aero) / Abgasschleppe f || ~ **train** (Autos) / Auspufftrakt m || ~ **tube** (Elec Eng) / Pumpröhrchen (in der Glühbirne), Pumpröhr n (in der Glühbirne) || ~ **tubulation** (Vac Tech) / Vakuumstutzen m, Pumpstängel m || ~ **turbine** (Eng) / Abgasturbine f, Auspuffturbine f || ~ **turbosupercharging** (Autos) / Turboaufladung f, Turboladung f || ~ **valve*** (I C Engs) / Auslassventil n (im Verbrennungsmotor) || ~ **valve lag*** (Autos) / Nachauslass m (bei dem Auslassventil) || ~ **velocity*** (Space) / Ausströmgeschwindigkeit f (Bewegungsgeschwindigkeit, mit der die Teilchen des Antriebsstrahls die Austrittsöffnung des Raketentriebwerks verlassen) || ~ **vent** (Autos) / Abblasöffnung f (im Airbag), Abströmöffnung f (im Airbag) || ~ **ventilation** (Mining) / saugende Bewetterung

**exhibit** v (activity, fluorescence) / aufweisen v (bestimmte Eigenschaft), zeigen v (bestimmte Eigenschaft), vorweisen v (z.B. bestimmte Leistungsmerkmale) || ~ / ausstellen v (Waren) || ~ n / Ausstellungsstück n

**exhibition** n / Ausstellung f (z.B. Messe) || ~ **premises** / Ausstellungsgelände n, Ausstellungsareal n || ~ **room** / Ausstellungsraum m

**exinite*** n (Geol, Min, Mining) / Exinit m (eine Mazeralgruppe), Liptinit m

**existence theorem** (Maths, Phys) / Existenzsatz m

**existent gum** (Chem, Chem Eng) / Existent Gum m, aktueller Gum, vorhandenes Harz (Abdampfrückstand des Benzine)

**existential generalization** (Maths) / Partikularisierung f (Umwandlung einer allgemeinen in eine partikuläre Aussage), Existenzquantifizierung f || ~ **operator** (Maths) / Existenzquantor m (DIN 5474), Existenzoperator m, Seinszeichen n, Partikularisator m || ~ **quantifier** (Maths) / Existenzquantor m (DIN 5474), Existenzoperator m, Seinszeichen n, Partikularisator m

**existing coating** (undercoat) (Autos) / Altlackierung f (der als Lackierung vorhandene Untergrund) || ~ **light** (Photog) / Umlicht n, Raumlicht n, vorhandenes Licht (das zur Verfügung steht)

**existing-light camera** (Cinema) / XL-Kamera f (für Aufnahmen unter ungünstigen Lichtverhältnissen)

**exit** v (Comp) / verlassen v (ein Programm), beenden v (einen Programmablauf) || ~ n / Ausgang m (Tür ins Freie) || ~ (Autos) / Ausfahrt f (der Autobahn) || ~ (US) (Build) / Ausgang m (als Aufschrift oder Hinweis) || ~ **(to)** (Comp) / Beenden n (Name eines Menüpunktes, der zur Rückkehr in eine höhere Menüebene oder zum Verlassen des Programms dient) || ~* (Comp) / Ausprungstelle f || ~ (Comp) / Ausgang m (letzter Befehl eines Programms) || ~ **(to)** (Comp) / Ausgang m (der Punkt, an dem die Steuerung ein Unterprogramm verlässt) || ~ (Eng) / Austritt m (der Düse) || **keep ~ clear!** / Ausfahrt frei halten! || ~ **air** / Abluft f (die gesamte abströmende Luft, Fortluft f (die ins Freie geht)

**exitance** n (Phys) / Emissionsgrad m (DIN 5496), Emissionsverhältnis n, Emissionsvermögen n (die in den Hohlraum je Zeiteinheit ausgestrahlte Energie)

**exit arbor** (Paint) / Aufrollhaspel f m (z.B. der Breitbandbeschichtungsanlage) || ~ **end** (Eng) / Austragseite f (einer Fließstrecke) || ~ **fix** (Aero) / festgelegter Ausflugort, Ausflugfixpunkt m || ~ **gas** (Ecol, Eng) / Abgas n (DIN 4705-1) || ~ **hole** (For) / Flugloch n (das von den Vollinsekten beim Ausschlüpfen aus dem Holz genagt wird)

**exiting cross section** (cross section of the rolling stock on the exit line) (Met) / Auslaufquerschnitt m (des Walzgutes an der Auslauflinie)

**exit light** (Autos) / Ausstiegsleuchte f (unten in der Türverkleidung) || ~ **lights** (Autos) / Ausstiegsbeleuchtung f || ~ **line** (Met) / Auslauflinie f (Linie, an der das Walzgut die Arbeitswalze letztmals berührt bzw. ihre auslaufseitige Begrenzungslinie der gedrückten Fläche) || ~ **mine air** (Mining) / Abwetter pl || ~ **nozzle** (Aero) / Schubdüse f (strömungstechnisches Bauteil zur möglichst verlustarmen Umwandlung von Druckenergie in Geschwindigkeitsenergie) || ~ **point** (Aero, Nav) / Ausflugpunkt m (z.B. aus dem kontrollierten Luftraum) || ~ **point** (Comp) / Ausprungstelle f || ~ **port** (Optics) / Austrittsöffnung f, Austrittspupille f (z.B. eines Objektivs) || ~ **portal** (Civ Eng) / Austrittsportal n (eines Tunnels), Ausfahrtsportal n (eines Tunnels) || ~ **pupil*** (Optics) / Austrittsöffnung f, Austrittspupille f (z.B. eines Objektivs) || ~ **side** (Met) / Auslaufseite f (eines Walzgerüsts, einer Maschine) || ~ **taxiway** (Aero) / Abrollbahn f, Abrollweg f

**ex-libris** n (Print) / Exlibris n (pl. -)

**ex mill** (e.g., paper-mill, saw-mill) / ab Werk (eine Liefervereinbarung)

**ex-mould** attr (finish) (Civ Eng) / schalrau adj, schalungsrau adj (Beton, Oberfläche)

**Exner function*** (Meteor) / Exner-Funktion f (nach F.M. Exner, Ritter von Ewarten, 1876-1930)

**exobiology*** n (Biol) / Kosmobiologie f, Astrobiologie f, Ektobiologie f, Exobiologie f

**exocarp*** n (Bot) / Ektokarp n, Exokarp n (die äußere Schale der Fruchtwand)

**exocrine*** adj (Physiol) / exokrin adj, mit äußerer Sekretion || ~ **gland** (Physiol) / exokrine Drüse, Drüse f mit der äußerer Sekretion

**exocyclic** adj (Chem) / exocyclisch adj, exozyklisch adj (außerhalb von Ringsystemen liegend)

**exo-electron*** n (Electronics) / Exoelektron n (bei exotherm verlaufenden Vorgängen frei werdendes Elektron geringer Energie)

**exo-electron emission** (Electronics) / Exoelektronenemission f, EEE (Exoelektronenemission)

**exoenergetic process*** (Phys) / exothermer Prozess

**exoenzyme** n (Biochem) / Exoenzym n (das von der Zelle ausgeschieden wird)

**exoergic collision** (Phys) / Stoß m zweiter Art || ~ **process*** (Phys) / exothermer Prozess || ~ **reaction** (Chem) / exergonische Reaktion, energieliefernde Reaktion (in der Thermochemie)

**exogas** n (Chem Eng, Met) / Exogas n (durch exotherme Teilverbrennung eines Brennstoff-Luft-Gemischs aufbereitetes Schutzgas für die Wärmebehandlung metallischer Werkstoffe)

**exogenetic** adj (Geol) / außenbürtig adj, exogen adj || ~ **rock** (Geol) / exogenes Gestein, Oberflächengestein n

**exogenic** adj (Geol) / außenbürtig adj, exogen adj

**exogenous** adj (Geol) / außenbürtig adj, exogen adj || ~ **inclusion** (Geol) / xenogener Einschluss, Xenolith m (Fremdgesteineinschluss in magmatischen Gesteinen) || ~ **inclusion** (Met) / Einschluss m fremden Ursprungs

**exomorphism** n (Geol) / Exomorphose f

**exon*** n (a part of the DNA) (Biochem, Gen) / Exon n (der kodierende Abschnitt bei den Eukaryonten)

**exonuclease*** n (Biochem) / Exonuklease f, Exonuclease f (sequenzunabhängige Nuclease, die Nucleinsäuremoleküle von einem Ende her abbauen, wobei einzelne Nucleotide oder Oligonucleotide freigesetzt werden)

**exopeptidase** n (Biochem) / Exopeptidase f

**exopolysaccharide** n (Chem) / Exopolysaccharid n

**EXOR** (exclusive OR) (Automation, Comp) / Antivalenz f (wenn von zwei Eingängen nur der eine oder nur der andere ein Signal führt - DIN 44300, T 5), exklusives ODER, ausschließliches ODER, XOR (exklusives ODER), Kontravalenz f, EXOR (Exklusiv-Oder), Exklusiv-Oder n

**exorciser** n (Comp) / Exorciser m (Gerät für das Testen und die Fehlersuche bei Komponenten elektrischer Geräte)

**EXOR gate** (Automation, Comp) / Antivalenzglied *n* (das ausschließendes ODER realisiert)
**exoskeleton** *n* (Comp, Eng) / Exoskelett *n* (Hilfsvorrichtung zur Roboterprogrammierung)
**exosmosis** *n* (pl. exosmoses) (Chem) / Exosmose *f* (Austreten einer Flüssigkeit aus einem von porösen Wänden umschlossenen Raum)
**exosphere*** *n* (Astron, Geophys, Meteor) / Dissipationssphäre *f* (äußerste Schicht der Atmosphäre), Exosphäre *f* (Übergangszone zum Weltraum)
**exothermal** *adj* (Phys) / exotherm *adj*, exothermisch *adj*
**exothermic*** *adj* (Phys) / exotherm *adj*, exothermisch *adj* || ~ **atmosphere** (Chem Eng, Met) / Exogas *n* (durch exotherme Teilverbrennung eines Brennstoff-Luft-Gemisches aufbereitetes Schutzgas für die Wärmebehandlung metallischer Werkstoffe) || ~ **gas** (Chem Eng, Met) / Exogas *n* (durch exotherme Teilverbrennung eines Brennstoff-Luft-Gemisches aufbereitetes Schutzgas für die Wärmebehandlung metallischer Werkstoffe)
**exotic** *adj* / exotisch *adj*, fremdartig *adj* || ~ **(fuel)** (Fuels) / Hochleistungs-, hochleistungsfähig *adj* || ~ (Met) / neuartig *adj* || ~ (Mil) / experimentell *adj* (Waffe) || ~ **atoms** (Nuc) / exotische Atome (kurzlebige Atome, in denen eines der üblichen Elementarteilchen durch ein anderes Lepton, ein Meson oder Hyperon ersetzt ist) || ~ **metals** (Chem, Met) / Sammelname für bisher selten verarbeitete Metalle || ~ **rock** (Geol) / ortsfremdes Gestein || ~ **space** (Maths) / exotischer Raum || ~ **timber** (For) / Exoten *pl* (Sammelname für Holzarten tropischer Herkunft)
**exotoxin*** *n* (Biol) / Exotoxin *n* (ein Bakterientoxin), Ektotoxin *n*
**expand** *v* / erweitern *v* || ~ / sich ausdehnen *v* (meistens räumlich), expandieren *v* || ~ (Biochem) / auffalten *v* (Peptid) || ~ (Build) / treiben *vi* || ~ (Civ Eng, Plast, Plastics) / blähen *v* || ~ (Maths) / entwickeln *v* (Funktionen) || ~ (Met) / aufweiten *v* (einen Hohlkörper) || ~ (Plastics) / schäumen *v* || ~ *vi* (Foundry) / wachsen *v* (Formsand) || ~ *vt* (Comp, Print) / ausbauen *v*, erweitern *v* (z.B. Zeichenvorrat) || ~ (Eng) / spreizen *v*, auseinander spreizen *v*
**expandable** *adj* / ausbaubar *adj*, ausbaufähig *adj*, erweiterungsfähig *adj* (Anlage), aufrüstbar *adj*, erweiterbar *adj* || ~ / nachgebend *adj*, dehnbar *adj* || ~ (Plastics) / verschäumbar *adj*, schaumfähig *adj*, schäumbar *adj*, aufschäumbar *adj* || ~ **paper** (Paper) / hochdehnbares Papier || ~ **polystyrene** (Plastics) / schäumbares Polystyrol, expandierbares Polystyrol
**expandate** *n* / Expandat *n* (bei Aufblähung von Graphiten)
**expand drawing** (Met) / Aufweiteziehen *n*
**expanded blast-furnace slag** (Met) / Hüttenbims *m* (schnellgekühlte geschäumte gebrochene Hochofenschlacke), Schaumschlacke *f*, Hochofenschaumschlacke *f*
**expanded-centre plan display** (Radar) / Rundsichtdarstellung *f* mit Mittelpunktvergrößerung
**expanded clay** (a lightweight cellular clay heated suddenly to a temperature sufficient to cause bubbles to be formed and retained in the clay particles) (Build) / Blähton *m* (ein künstlicher Zuschlagstoff) || ~ **cork** (Build) / expandierter Kork (für Wärme- und Schalldämmstoffe), Blähkork *m* || ~ **leathercloth** / Schaumkunstleder *n* (wie z.B. Skai) || ~ **memory** (Comp) / EMS-Speicher *m*, Expansionsspeicher *m* || ~ **memory emulator** (Comp) / Expansionsspeicher-Emulator *m* (Dienstprogramm zur Emulation von Expansionsspeicher bei vorhandenem Erweiterungsspeicher) || ~ **Memory Manager** (a driver providing an interface to expanded memory either by making use of expanded memory provided by the system of emulating expanded memory in extended memory ) (Comp) / Expanded Memory Manager *m* || ~ **metal*** (Build, Civ Eng) / Streckmetall *n* (mit kurzen, versetzten Einschnitten versehenes und zu einem Gitter mit rhombenförmigen Maschen umgeformtes Blech) || ~ **plastics*** (Plastics) / Schaumkunststoffe *m pl* || ~ **polyethylene foam** (Plastics) / expandierter Polyethylenschaum, EPS || ~ **polystyrene** (Plastics) / Polystyrolschaum *m* (z.B. Styropor oder Hostapor), Schaumpolystyrol *n*, expandierbares Polystyrol, EPS (expandierbares Polystyrol), geschäumtes Polystyrol
**expanded-polystyrene concrete** (Build, Civ Eng) / EPS-Beton *m* (gefügedichter Leichtbeton aus Polystyrolschaumperlen, Zement, Feinsand oder Füller, Wasser und ggf. Zusatzmittel)
**expanded rubber** / Moosgummi *n* (Schaumstoff mit geschlossenen Mikrozellen auf der Basis von Natur- und Synthesekautschuk) || ~ **sheet** (Plastics) / Schaumfolie *f*
**expanded-sheet extrusion tool** (Plastics) / Schaumfolien-Koextrusionswerkzeug *n*
**expanded slag** (Met) / Hüttenbims *m* (schnellgekühlte geschäumte gebrochene Hochofenschlacke), Schaumschlacke *f*, Hochofenschaumschlacke *f* || ~ **steam** (Eng) / entspannter Dampf || ~ **style of type** (Comp) / Breitschrift *f* (die mit elektronischen Mitteln breiter gemacht wurde als die entsprechende normale Schrift), breite Schrift || ~ **sweep*** (Electronics) / Basisspreizung *f*, gedehnte Zeitachse || ~ **sweep** (Radar) / Ablenkdehnung *f*
**expanded-sweep circuit** (Radar) / Ablenkdehnungskreis *m*
**expanded type** (Comp) / Breitschrift *f* (die mit elektronischen Mitteln breiter gemacht wurde als die entsprechende normale Schrift), breite Schrift || ~ **uncertainty** / erweiterte Messunsicherheit (ein Kennwert für die Genauigkeit einer Messung nach DIN 1319, T 3)
**expander*** *n* (Acous) / Dynamikdehner *m*, Dynamikexpander *m* || ~ (Biol, Pharm, Physiol) / blutisotonischer Blutflüssigkeitsersatz, Plasmaexpander *m*, Ersatzflüssigkeit *f* (die bei Blutverlust verabfolgt wird), Blutersatzmittel *n*, Plasmaersatzmittel *n*, Plasmaersatzstoff *m*, blutisotonischer Plasmaexpander || ~ (Elec Eng) / Erweiterungsschaltung *f* || ~* (Elec Eng) / Spreizmittel *n* || ~ (Med, Pharm) / Plasmaexpander *m*, Plasmaersatzmittel *n*, Plasmaersatzflüssigkeit *f* (die bei Blutverlust verabfolgt wird) || ~ (Weaving) / Breithalter *m*, Tempel *m*, Breitrichter *m* (zur Ausbreitung der Ware vor der Aufwicklung auf den Warenbaum) || ~ **board** (Comp) / Erweiterungskarte *f* (bei Mikrocomputern), Erweiterungsplatine *f*, Adapterkarte *f* || ~ **circuit** (Elec Eng) / Erweiterungsschaltung *f* || ~ **ring** (I C Engs) / Expanderring *m*, Spreizring *m* || ~ **spacer** (I C Engs) / Expanderring *m*, Spreizring *m*
**expanding** *n* (Maths) / Entwicklung *f* (von Funktionen) || ~ (Met) / Aufweiten *f* (Vergrößerung der Querschnitte von Hohlkörpern) || ~ (Plastics) / Verschäumung *f*, Verschäumen *n*, Aufschäumung *f* || ~ **agent** (Chem Eng, Plastics) / Treibmittel *n* (porenbildendes), Blähmittel *n* || ~ **arbor*** (Eng) / spreizbarer Dorn, Spreizdorn *m* (Werkstückspanner an Dreh- und Außenrundschleifmaschinen) || ~ **bit*** (Build) / spreizbarer Bohrer, verstellbarer Bohrer || ~ **brake*** (Autos) / Innenbackenbremse *f* (die Bremsbacken sind innerhalb der Bremstrommel) || ~ **cement*** (Civ Eng) / Expansivzement *m*, treibender Zement, Quellzement *m* (der bei der Hydration sein Volumen etwas vergrößert), Schwellzement *m* || ~ **comb** (Weaving) / Reißkamm *m* (zur Dichteeinstellung), Teilkamm *m*, Expansionskamm *m* (DIN 62500) || ~ **mandrel*** (Eng) / spreizbarer Dorn, Spreizdorn *m* (Werkstückspanner an Dreh- und Außenrundschleifmaschinen) || ~ **mill** (Met) / Aufweitewalzwerk *n* (spezielles Schrägwalzwerk zum Aufweiten von Rohren im walzwarmen Zustand, dessen Anwendungsbereich durch Verfahren des Rohrschweißens stark eingeschränkt ist), Rohraufweitewalzwerk *n* || ~ **power** (Textiles) / Haltevermögen *n*, Spannkraft *f* (des Gewebes), Dehnungswiderstand *m* (der Faser) || ~ **reamer*** (Eng) / nachstellbare Reibahle || ~ **roller** (Eng) / Spreizrolle *f* || ~ **screw** (Eng) / Spreizschraube *f* || ~ **tap** (Eng) / spreizbarer Gewindebohrer || ~ **universe*** (Astron) / expandierendes Weltall
**expansible** *adj* / ausbaubar *adj*, ausbaufähig *adj*, erweiterungsfähig *adj* (Anlage), aufrüstbar *adj*, erweiterbar *adj*
**expansion*** *n* / Erweiterung *f* || ~* (Acous) / Dynamikdehnung *f*, Dynamikexpansion *f* || ~ (Build) / Treiben *n* (Kalk-, Gips-, Magnesia-, Alkali-, Sulfat- und Chlor-) || ~ (Comp) / Erweiterung *f*, Aufrüstung *f* || ~ (Electronics) / Expansion *f* (Strukturierungsprinzip bei Koppeleinrichtungen) || ~ (Eng) / Auseinanderspreizen *n*, Spreizen *n* || ~* (Eng, Phys) / Ausdehnung *f* (räumlich), Expansion *f* || ~* (Maths) / Entwicklung *f* (von Funktionen) || ~* (Telecomm) / Expansion *f* (bei der Verstärkung des Signals) || ~ **bellows** (Eng) / Kompensator *m* (ein in die Rohrleitung eingebautes Rohrstück), Rohrkompensator *m*, Dehnungsausgleicher *m* (meistens ein Lyrabogen) || ~ **bend** (Eng) / Dehnungsrohrkrümmer *m*, Dehnungsrohrbogen *m* || ~ **bend** (Eng) / Kompensator *m* (ein in die Rohrleitung eingebautes Rohrstück), Rohrkompensator *m*, Dehnungsausgleicher *m* (meistens ein Lyrabogen) || ~ **board*** (Comp) / Erweiterungskarte *f* (bei Mikrocomputern), Erweiterungsplatine *f*, Adapterkarte *f* || ~ **boiler** / offener (druckloser) Heißwasserspeicher, druckloser Heißwasserspeicher || ~ **bolt** (Civ Eng, Mining) / Spreizanker *m* (ein Gebirgsanker mit Haftelementen), Spreizhülsenanker *m* || ~ **bolt** (Eng) / Schlitzbolzen *m* || ~ **bus** (in Industry Standard Architecture) (Comp) / AT-Bus *m*, Erweiterungsbus *m* || ~ **capability** (Phys) / Ausdehnungsfähigkeit *f* || ~ **card*** (Comp) / Erweiterungskarte *f* (bei Mikrocomputern), Erweiterungsplatine *f*, Adapterkarte *f* || ~ **chamber** / Expansionsgefäß *n*, Expansionsraum *m* (der Thermometerkapillare) || ~ **chamber** (Autos) / Expansionskammer *f* (der Auspuffanlage)
**expansion-chamber burner** (Chem) / Mischkammerbrenner *m*
**expansion chuck** (Tools) / Dehnspanner *m* || ~ **circuit-breaker*** (Elec Eng) / Expansionsschalter *m*, Wasserschalter *m* || ~ **cloud chamber** (Nuc) / Expansionsnebelkammer *f*, Expansionskammer *f* || ~ **compensator** (Eng) / Kompensator *m* (ein in die Rohrleitung eingebautes Rohrstück), Rohrkompensator *m*, Dehnungsausgleicher *m* (meistens ein Lyrabogen) || ~ **coupling** (Eng) / Ausdehnungskupplung *f* || ~ **curve*** (Eng) / Expansionslinie *f*
**expansion-deflection nozzle** / ED-Düse *f*

**expansion device** (Eng) / Drosselorgan *n* (z.B. in Klimaanlagen), Expansionsorgan *n* (z.B. in Klimaanlagen) ‖ **~ due to free lime** (Build) / Kalktreiben *n*, Gipstreiben *n* ‖ **~ due to magnesia** (Build, Civ Eng) / Magnesiatreiben *n* (Volumenvergrößerung von Beton durch Hydratation von freiem MgO) ‖ **~ engine*** (Eng) / Expansionsmaschine *f* ‖ **~ fan** (Phys) / Verdünnungsfächer *m* (bei Prandtl-Meyer-Strömung) ‖ **~ fit** (Eng) / Querpresspassung *f*, Schrumpfpassung *f*, Dehnpassung *f* ‖ **~ forming** (Eng) / Expansionsumformung *f* (mit Hochgeschwindgkeitshämmern) ‖ **~ gear*** (Eng) / Reglergestänge *n* (der Dampfmaschine) ‖ **~ index** / Quellwert *m* ‖ **~ investment** / Erweiterungsinvestition *f* (zur Kapazitätserhöhung) ‖ **~ joint*** (Build) / Dehnungsfuge *f*, Dehnfuge *f*, Dilatationsfuge *f* (S) ‖ **~ joint** (Civ Eng) / Raumfuge *f* (über die ganze Höhe der Betonplatten reichende Fuge) ‖ **~ joint*** (Eng) / Kompensator *m* (ein in die Rohrleitung eingebautes Rohrstück), Rohrkompensator *m*, Dehnungsausgleicher *m* (meistens ein Lyrabogen) ‖ **~ line*** (Eng) / Expansionslinie *f* ‖ **~ loop** (Eng) / Kompensator *m* (ein in die Rohrleitung eingebautes Rohrstück), Rohrkompensator *m*, Dehnungsausgleicher *m* (meistens ein Lyrabogen) ‖ **~ module** (Comp) / Erweiterungsbaugruppe *f*, Erweiterungsmodul *n* ‖ **~ of a node** / Entwicklung *f* eines Knotens (Generieren der Nachfolger eines Knotens), Expandieren *n* eines Knotens ‖ **~ of the universe** (Astron) / Ausdehnung *f* des Weltalls, Hubble-Expansion *f* ‖ **~ pipe*** (Build) / Überlaufrohr *n* (der Warmwasser-Heizanlage) ‖ **~ ratio*** (Aero, Space) / Erweiterungsverhältnis *n*, Entspannungsverhältnis *n* (von Düsenmündungsfläche zu Düsenhalsfläche) ‖ **~ ratio** (of the fire foam) (Plastics) / Verschäumungszahl *f*, Verschäumung *f* (Verschäumungszahl) ‖ **~ refrigeration** / Expansionskühlung *f* (ein Gasaufbereitungsverfahren)
**expansion-regulating** *adj* / dehnungsregelnd *adj* (Konstruktionsteil)
**expansion rollers*** (Civ Eng) / Dehnungsrollenlager *n*
**expansion-shell bolt** (Civ Eng, Mining) / Spreizanker *m* (ein Gebirgsanker mit Haftelementen), Spreizhülsenanker *m*
**expansion sleeve** (Eng) / Dehnungshülse *f*, Dehnungsmanschette *f* ‖ **~ slot*** (Comp) / Steckplatz *m*, Slot *m* (Steckplatz für Steckkarten, auf denen spezielle Baugruppen angeordnet sind, die zur Erweiterung der Grundstruktur eines Rechners dienen), Kartensteckplatz *m*, Einbauplatz *m* (für Erweiterungskarte) ‖ **~ tank** (Autos) / Kühlmittelausgleichsbehälter *m* ‖ **~ tank*** (Build) / Druckausdehnungsgefäß *n* (DIN 4751, T 2), Ausdehnungsgefäß *n*, Ausdehnungskessel *m*, Expansionsgefäß *n* (in der Warmwasser-Sammelheizung) ‖ **~ tank** (Ships) / Überlauftank *m* (mit Verbindung durch Überlaufleitungen zu den Brennstoffbunkern) ‖ **~ tap** (US) (Eng) / spreizbarer Gewindebohrer ‖ **~ theorem** (Maths) / Entwicklungssatz *m* ‖ **~ thermometer** / Ausdehnungsthermometer *n* ‖ **~ turbine** (Eng) / Entspannungsturbine *f*, Expansionsturbine *f* ‖ **~ valve** (Eng) / Drosselventil *n* (der Kältemaschine) ‖ **~ valve*** (Eng) / Entspanner *m* (Ventil), Expansionsventil *n*, Expansionsventil *n* ‖ **~ vessel** (Phys) / Expansionsgefäß *n* (der Blasenkammer) ‖ **~ wave** (Aero) / Verdünnungswelle *f* (z.B. in der Prandtl-Meyer-Strömung) ‖ **~ work** (Phys) / Expansionsarbeit *f*
**expansive cement** (Civ Eng) / Expansivzement *m*, treibender Zement, Quellzement *m* (der bei der Hydration sein Volumen etwas vergrößert), Schwellzement *m*
**expansiveness** *n* (Phys) / Ausdehnungsfähigkeit *f*
**expansive soil** (Civ Eng) / Quellboden *m*
**expansivity** *n* (Phys) / Ausdehnungsvermögen *n* (als Eigenschaft) ‖ **~** (Phys) / Ausdehnungskoeffizient *m*
**expectation*** *n* (of a random variable) (Stats) / Erwartung *f* ‖ **~*** (Stats) s. also expected value ‖ **~ conformity** (Comp) / Erwartungskonformität *f* (des Dialogs)
**expectation-driven** *adj* (AI) / erwartungsgesteuert *adj*, datengesteuert *adj* (Vorgehensweise bei Vorwärtsverkettung)
**expectation value** (Stats) / Erwartungswert *m* (DIN 1319, T 4) ‖ **~ vector** (Stats) / Erwartungsvektor *m*, Erwartungswertvektor *m*
**expected approach time** (Aero) / voraussichtlicher Anflugzeitpunkt, voraussichtliche Anflugzeit ‖ **~ spectrum** (Spectr) / Erwartungsspektrum *n* ‖ **~ value** (Stats) / Erwartungswert *m* (DIN 1319, T 4)
**expediter** *n* (US) (Build) / Baubetreuer *m* (der hauptsächlich für das Bauberichtswesen zuständig ist)
**expeditious** *adj* / schnell *adj* (z.B. Transport)
**expedor phase advancer*** (Elec Eng) / statorloser Phasenkompensator
**expel** *v* / austreiben *v* (Gase), heraustreiben *v* ‖ **~** / vertreiben *v* (flüchtiges Öl) ‖ **~** (Chem) / ausstoßen *v* (Moleküle bei Eliminierungsreaktionen)
**expeller** *n* (Chem Eng) / Expeller *m* (bei der Herstellung des Holzöls)
**expendable electrode** (Welding) / abschmelzbare Elektrode, selbstverzehrende Elektrode, abschmelzende Elektrode, Abschmelzelektrode *f* ‖ **~ launch vehicle*** (Space) / nichtwiederverwendbarer Raumfahrzeugträger ‖ **~ packing** / Einwegverpackung *f*, Wegwerfverpackung *f* ‖ **~ pallet** / verlorene Palette, Einwegpalette *f*
**expendables** *pl* / Wegwerfartikel *m pl*, Einwegartikel *m pl*
**expenditure** *n* / Ausgaben *f pl* ‖ **~ of energy** (Phys) / Energieaufwand *m*
**expense** *n* / Ausgaben *f pl*
**expenses** *pl* / Ausgaben *f pl*
**expensive** *adj* / aufwendig *adj*, kostspielig *adj*, kostenträchtig *adj* ‖ **~** / teuer *adj* (Ware)
**experience** *n* / Empirie *f*
**experiential knowledge** (AI) / Erfahrungswissen *n*
**experiment** *v* / versuchen *v*, experimentieren *v*, Versuche anstellen ‖ **~** *n* / Versuch *m*, Experiment *n*
**experimental** *adj* / experimentell *adj*, Experimental- ‖ **~ animal** (Biol, Pharm) / Versuchstier *n* ‖ **~ arrangement** / Versuchsanordnung *f* ‖ **~ basin** (Hyd Eng) / Modellbecken *n* (im wasserbaulichen Versuchswesen) ‖ **~ circuit** (Elec Eng) / Versuchsschaltung *f* ‖ **~ determination of service life** / experimentelle Lebensdauerbestimmung ‖ **~ error** / Versuchsfehler *m*, Experimentierfehler *m* ‖ **~ facility** (Work Study) / Versuchsanlage *f* ‖ **~ flight** (Aero) / Versuchsflug *m* (um z.B. neue Erkenntnisse in einem Bereich zu gewinnen) ‖ **~ gaming** / Unternehmensplanspiele *n pl*, Planspiele *n pl* ‖ **~ illuminator** (Optics) / Experimentierleuchte *f* ‖ **~ loop** (Nuc Eng) / Versuchskreislauf *m* (ein Rohrsystem) ‖ **~ observation** / experimentelle Beobachtung, Beobachtung *f* bei den Versuchen ‖ **~ physics** (Phys) / Experimentalphysik *f*, experimentelle Physik ‖ **~ robot** (Eng) / Experimentierroboter *m* (der zum Zweck der Forschung und zur Erprobung neuer Baugruppen oder Sensorsysteme betrieben wird) ‖ **~ safety (research) vehicle** (Autos) / Versuchssicherheitsauto *n*, experimentelles Sicherheitsauto, Experimental Safety Research Vehicle *n* (experimentelles Sicherheitsauto) ‖ **~ safety vehicle** (Autos) / Sicherheitskraftwagen *m*, Sicherheitsfahrzeug *n* ‖ **~ vehicle** / Prinzipfahrzeug *n* ‖ **~ water-shed** (Hyd Eng) / Modellbecken *n* (im wasserbaulichen Versuchswesen)
**experiment on animals** (Med) / Tierversuch *m*, Tierexperiment *n*
**expert** *n* (in the field) / Fachmann *m*, Spezialist *m*, Expert *m* ‖ **~ advice** / fachlicher Rat ‖ **~ knowledge** / Fachkenntnisse *f pl* ‖ **~ knowledge** (AI) / Expertenwissen *n* ‖ **~ of proven ability** / ausgewiesener Fachmann ‖ **~ opinion** / Gutachten *n*, Expertise *f* ‖ **~ report** / Sachverständigenbericht *m* ‖ **~ report** / Gutachten *n*, Expertise *f* ‖ **~ support system** (AI) / Expertenunterstützungssystem *n* ‖ **~ system*** (AI, Comp) / Expertensystem *n* (ein Softwaresystem, in dem üblicherweise von menschlichen Experten verwaltetes Wissen abgelegt ist), E-System *n*, XPS (Expertensystem), ES (Expertensystem)
**expert-system generator** (AI) / Expertensystemgenerator *m* ‖ **~ shell** (AI) / Expertensystemschale *f*, Rahmen-XS *n*, Expertensystemhülle *f*, Rahmenexpertensystem *n* (Expertensystem ohne anwendungsspezifisches Wissen), Shell *f* (eines Expertensystems), Expertensystemshell *f* ‖ **~ tool** (AI) / Expertensystemtool *n*, XS-Werkzeug *n*
**expiration** *n* / Ablauf *m* (der Vertragszeit) ‖ **~** / Erlöschen *n* (des Patents) ‖ **~ date** (US) (Nut, Pharm) / Verfallsdatum *n*, Verfalltag *m*, Verbrauchsdatum *n* (bei sehr leicht verderblichen Frischprodukten)
**expiratory reserve volume** (Physiol) / Exspirationsreservevolumen *n*, ERV (Exspirationsreservevolumen)
**expire** *v* / ablaufen *vi* (Frist)
**expired password** (Comp) / abgelaufenes Passwort
**expiry** *n* / Ablauf *m* (der Vertragszeit) ‖ **~** / Erlöschen *n* (des Patents) ‖ **~ date** (Nut, Pharm) / Verfallsdatum *n*, Verfalltag *m*, Verbrauchsdatum *n* (bei sehr leicht verderblichen Frischprodukten) ‖ **~ deadline** / Ablauffrist *f* ‖ **~ time** / Ablauffrist *f*
**explanation** *n* / Erklärung *f* (Erläuterung)
**explanation-based learning** (AI) / erklärungsgestütztes Lernen
**explanation component** (AI) / Erklärungskomponente *f* (bei Expertensystemen) ‖ **~ subsystem** (AI) / Erklärungssubsystem *n* ‖ **~ system** (AI) / Erklärungssystem *n*
**explanatory notes** / erläuternde Hinweise ‖ **~ variable** (AI, Maths) / Vorhersagevariable *f*, Prädiktorvariable *f*
**explements*** *pl* (conjugate angles) (Maths) / Ergänzungswinkel *m pl* ($\alpha + \beta$ = Vollwinkel)
**expletive*** *n* (Build) / Füllstein *m*
**explicit** *adj* (Maths) / explizit *adj* ‖ **~ addressing** (Comp) / explizite Adressierung ‖ **~ definition** / explizite Definition ‖ **~ equation** (Maths) / explizite Gleichung ‖ **~ function*** (Maths) / explizite Funktion ‖ **~ function** (Maths) s. also implicit function and parametric representation;
**explode** *v* / zerbrechen *v* (nach der Explosion) ‖ **~** / zerplatzen *v*, zerspringen *v* (zerplatzen), zerknallen *v* (zerplatzen), platzen *v*, bersten *vi*, zerbersten *v* ‖ **~** (Eng) / auflösen *v* (z.B. Stücklisten) ‖ **~** *vi* / in die Luft fliegen ‖ **~** *vt* / zur Explosion bringen, explodieren lassen

**exploded**

**exploded view** / in Einzelteile aufgelöste Darstellung (z.B. eines Vergasers), Explosionsbild n, Explosionsdarstellung f, Explosionszeichnung f, Explosivdarstellung f (Form der Darstellung von Erzeugnissen oder Baugruppen, um deren Zusammenbau aus Bauelementen deutlich zu machen)
**exploder** (Civ Eng, Elec Eng, Mining) / Zündmaschine f (tragbare Vorrichtung, mit der Strom erzeugt wird, mit dem die Zündmittel gezündet werden), Sprengmaschine f
**exploding** n / Zerplatzen n, Bersten n ‖ ~ **wire** (Phys) / Drahtexplosion f (z.B. beim Aufdampfen)
**exploitable** adj (For) / hiebsreif adj, schlagreif adj, schlagbar adj, haubar adj ‖ ~ (Mining) / bauwürdig adj, abbaufähig adj, abbauwürdig adj ‖ ~ (Mining) / abbaubar adj
**exploitation** n / Verwertung f (des Patents) ‖ ~ / Nutzbarmachung f, Auswertung f (kommerzielle) ‖ ~ (For) / Hieb m, Schlag m (Hieb) ‖ ~ (For) / Exploitation f (in forstlich wenig oder überhaupt nicht erschlossenen Gebieten, z.B. in Sibirien oder Kanada) ‖ ~ (Mining) / Exploitation f (Ausnutzung und Verwertung von Rohstoffvorkommen) ‖ ~ (Oils) / Förderungsphase f, Gewinnung f, Gewinnungsphase f, Förderung f (primäre, sekundäre, tertiäre) ‖ ~ **art** (Mining) / Ausbeutungsmethode f, Abbaumethode f, Gewinnungsart f ‖ ~ **method** (Mining) / Ausbeutungsmethode f, Abbaumethode f, Gewinnungsart f
**exploration** n / Untersuchung f, Erforschung f ‖ ~ (Geol, Mining) / Exploration f (Aufsuchen und Erforschen neuer Lagerstätten) ‖ ~ **drilling** (Oils) / Aufschlussbohrung f (Tätigkeit), Explorationsbohrung f ‖ ~ **model** (Comp) / Explorationsmodell n ‖ ~ **well** (Oils) / Aufschlussbohrloch n, Aufschlussbohrung f (ein Bohrloch)
**exploratory adit** (Mining) / Schürfstollen m ‖ ~ **drilling** (Oils) / Aufschlussbohrung f (Tätigkeit), Explorationsbohrung f ‖ ~ **rocket** / Forschungsrakete f ‖ ~ **tunnel** (Civ Eng) / Sondierstollen m (für geotechnische Untersuchungen im Tunnelbau), Erkundungsstollen m
**explore** v / untersuchen v, erforschen v
**Explorer** n (Comp) / Explorer n (Name des Dateimanagers von Windows) ‖ ~ n (Space) / Forschungssatellit m (z.B. Magsat oder SMM)
**exploring coil*** (Elec Eng) / Prüfspule f, Tastspule f, Suchspule f, Sondenspule f
**explosibility** n / Explosionsfähigkeit f, Explosibilität f, Explodierbarkeit f, Sprengfähigkeit f
**explosible** adj / explosionsfähig adj, explosibel adj, explodierbar adj, sprengfähig adj
**explosimeter** n / Explosimeter n (mit dem man die Gasmenge in einem Gas-Luft-Gemisch misst)
**explosion*** n / Explosion f (DIN 20163) ‖ ~ **black** (Chem Eng) / Explosionsruß m (Azetylenruß, der unter Druck gewonnen wird) ‖ ~ **chamber** (Elec Eng) / Löschkammer f (bei Leistungsschaltern) ‖ ~ **crater** (Geol) / Explosionskrater m ‖ ~ **door** (Eng) / Explosionsklappe f (ein Sicherheitsorgan für Gasleitungen) ‖ ~ **hazard** / Explosionsgefahr f ‖ ~ **heat** (Chem, Phys) / Explosionswärme f ‖ ~ **limits** / Zündgrenzen f pl (Explosionsgrenzen), Explosionsgrenzen f pl (festliegende Mischungsverhältnisse, die den Bereich kennzeichnen, in dem eine Explosion von Gemischen aus brennbaren Gasen oder Dämpfen und Luft erfolgen kann) ‖ ~ **of bill of materials** (Work Study) / Stücklistenauflösung f (Bedarfsauflösung) ‖ ~ **panel** / Explosionsentlastungstafel f (in einer Gebäudewand) ‖ ~ **plating** (Met, Surf) / Sprengplattieren n (DIN 50902), Explosionsplattieren n (Metallüberzugsverfahren, bei dem die Überzugsherstellung durch die Druckwelle erfolgt, die bei Explodieren geeigneter Sprengstoffe auftritt) ‖ ~ **pot*** (Elec Eng) / Lichtbogenlöschkammer f, Löschkammer f (zur räumlichen Begrenzung und Löschung von Schaltlichtbogen) ‖ ~-**proof*** adj / explosionsgeschützt adj (DIN 42005), schlagwettergeschützt adj (druckfest), exgeschützt adj ‖ ~ **protection** / Ex-Schutz m, Explosionsschutz m ‖ ~ **risk** / Explosionsgefahr f ‖ ~ **suppression** / Explosionsunterdrückung f ‖ ~ **suppression device** (Mining) / Explosionsunterdrückungsvorrichtung f ‖ ~ **suppressor** (Mining) / Explosionsunterdrückungsvorrichtung f ‖ ~ **temperature** / Explosionstemperatur f (durch Berechnung ermittelte Temperatur, welche die Schwaden eines Explosivstoffes bei einer Explosion in einem geschlossenen System haben müssten)
**explosion-tested** adj / explosionsgeschützt adj (DIN 42005), schlagwettergeschützt adj (druckfest), exgeschützt adj
**explosion velocity** / Explosionsgeschwindigkeit f, Detonationsgeschwindigkeit f ‖ ~ **welding*** (Welding) / Explosionsschweißen n (ein Kaltpressschweißverfahren), Schockschweißen n (durch schlagartig ausgelöste Schockwellen)
**explosive*** n (Chem, Mil) / Explosivstoff m (Initialsprengstoff, Sprengstoff, rauchschwaches Pulver, pyrotechnischer Satz - DIN 20163) ‖ ~* (for blasting purposes) (Mil, Mining) / Sprengstoff m ‖ ~ adj / explosiv adj (Gemisch, Verhalten), explosionsgefährlich adj, leicht explodierend ‖ ~ **atmosphere** (Mining) / explosive Wetter f ‖ ~ **charge** (Civ Eng, Mining) / Sprengladung f, Sprengsatz m ‖ ~ **cladding** (Met, Surf) / Sprengplattieren n (DIN 50902), Explosionsplattieren n (Metallüberzugsverfahren, bei dem die Überzugsherstellung durch die Druckwelle erfolgt, die bei Explodieren geeigneter Sprengstoffe auftritt) ‖ ~ **compaction** (Civ Eng) / Explosionsverdichtung f, Explosivverdichtung f (des Bodens) ‖ ~ **compound** (which requires an initial shock to detonate) / explosionsfähiges Gemisch (bei dem die Auslösung der Reaktion durch Detonationsstoß erfolgt) ‖ ~ **decompression** (Space) / explosive Dekompression (Undichtwerden einer hermetischen Kabine in großer Höhe oder außerhalb der Atmosphäre)
**explosive-detecting device** / Sprengstoffspürgerät n
**explosive force** / Sprengkraft f ‖ ~ **forming*** (Eng) / Explosivumformen n, Explosionsumformen f (Verfahren zur gesteuerten Verformung von Werkstoffen unter Ausnutzung der bei einer Explosion auftretenden hohen Drücke - DIN 8585), Explosionsformen n ‖ ~ **gel** (Mining) / Sprengschlamm m, Slurry m (schlammartiger breiiger Sprengstoff), Gelsprengstoff m ‖ ~ **limits** / Zündgrenzen f pl (Explosionsgrenzen), Explosionsgrenzen f pl (festliegende Mischungsverhältnisse, die den Bereich kennzeichnen, in dem eine Explosion von Gemischen aus brennbaren Gasen oder Dämpfen und Luft erfolgen kann) ‖ ~ **mixture** (Chem) / Explosivgemisch n, explosives Gemisch ‖ ~ **pellet** (Chem Eng) / Kunkel f (zylinderförmiger Pressling aus Sprengpulver oder -salpeter) ‖ ~ **pile** (with an enlarged foot) (Civ Eng) / Sprengfußbohrpfahl m ‖ ~ **power** / Sprengkraft f ‖ ~ **power** (Mil) / Detonationswert m (der Kernwaffen in kt) ‖ ~ **rivet*** (Eng) / Sprengniet m (heute nicht mehr benutzt) ‖ ~ **strength** / Sprengkraft f ‖ ~ **welding** (Welding) / Sprengschweißen n ‖ ~ **welding** (Welding) / Explosionsschweißen n (ein Kaltpressschweißverfahren), Schockschweißen n (durch schlagartig ausgelöste Schockwellen)
**exponent** n (Comp) / Charakteristik f (der Gleitpunktzahl), Gleitpunktexponent m (bei der Gleitpunktschreibweise) ‖ ~ (Comp) / Exponent m (in der Gleitpunktrechnung) ‖ ~* (Maths, Typog) / Exponent m (Bezeichnung für die hochgesetzte Zahl bei Potenzen und Wurzeln)
**exponential** n (Maths) / Euler'sche Zahl (e) (als Basis der natürlichen Exponentialfunktion) ‖ ~ adj (Maths) / Exponential-, exponentiell adj ‖ ~ **curve** (Maths) / Exponentialkurve f (grafische Darstellung der Exponentialfunktion) ‖ ~ **damping** (Phys) / exponentielle Dämpfung ‖ ~ **decay** (Nuc) / exponentieller Zerfall ‖ ~ **distribution** (the continuous form of the geometric distribution) (Stats) / Exponentialverteilung f (eine Wahrscheinlichkeitsverteilung), negativ exponentielle Verteilung
**exponential-drift-field transistor** (Electronics) / Transistor m mit exponentiellem Driftfeld
**exponential equation** (Maths) / Exponentialgleichung f (in der die Variable /auch/ im Exponenten einer Potenz steht) ‖ ~ **experiment** (Nuc Eng) / Exponentialexperiment n, Exponentialversuch m ‖ ~ **family** (Stats) / Exponentialfamilie f (von Wahrscheinlichkeitsverteilungen) ‖ ~ **form** (Maths) / Exponentialform f (der komplexen Zahlen) ‖ ~ **function*** (Maths) / Exponentialfunktion f (bei der eine unabhängige Veränderliche als Exponent einer Konstanten auftritt), exponentielle Funktion (eine nicht rationale Funktion) ‖ ~ **function to base e** (Maths) / e-Funktion f (Exponentialfunktion zur Basis e) ‖ ~ **growth** (Maths) / exponentielles Wachstum (das mittels einer exponentiellen Funktion beschrieben werden kann) ‖ ~ **horn** (Acous) / Exponentialtrichter m, Exponentialhorn n, logarithmischer Trichter (ein Lautsprechergehäuse) ‖ ~ **integral** (Maths) / Integralexponentielle f, Exponentialintegral n ‖ ~ **law** (Maths) / Potenzregel f, Potenzgesetz n
**exponentially damped sine** (function) (Phys) / exponentiell abklingende Sinusfunktion ‖ ~ **increasing sinusoidal phenomenon** (wave) (Phys) / exponentiell wachsender (ansteigender) Sinusvorgang
**exponential mapping** (Maths) / Exponentialabbildung f ‖ ~ **pulse** (Electronics) / Exponentialimpuls m ‖ ~ **reactor*** (Nuc) / Exponentialreaktor m ‖ ~ **scale** (Maths) / Exponentialskale f, Potenzskale f ‖ ~ **series*** (Maths) / Exponentialreihe f (Darstellung der Exponentialfunktion als Potenzreihe) ‖ ~ **smoothing** (Stats) / exponentielle Glättung (statistisches Prognoseverfahren) ‖ ~ **term** (Maths) / Exponentialglied n
**exponentiate** v (Maths) / potenzieren v (eine Zahl in eine Potenz erheben)
**exponentiation** n (Maths) / Potenzierung f, Potenzrechnung f, Potenzieren n
**exponent of irregularity** (of a quadratic form or of a function) (Maths) / Irregularitätsexponent m

**export** *v* / ausführen *v* (Waren), exportieren *v* (Waren) ‖ ~ (to copy and convert the contents of a file from its native format to that of another application) (Comp) / exportieren *v* (z.B. Texte und Grafiken) ‖ ~ *n* / Ausfuhr *f*, Export *m* (Ausfuhr) ‖ ~ / Exportartikel *m*
**exported article** / Exportartikel *m*
**export embargo** / Ausfuhrverbot *n*
**exporter** / Exporteur *m* (Person, Firma, die etwas exportiert)
**export format** (Comp) / Exportformat *n*
**exporting country** / Ausfuhrland *n*
**export promotion measure** / Exportförderungsmaßnahme *f* ‖ ~ **share** / Exportanteil *m*, Exportquote *f*
**expose** *v* / aussetzen *v* (einer Einwirkung) ‖ ~ (Build, Elec Eng) / auf Putz verlegen, frei verlegen ‖ ~ (Build, Geol, Mining) / bloßlegen *v*, freilegen *v*, aufschließen *v* ‖ ~ (Photog) / belichten *v* ‖ ~ (Surf) / freilegen *v* (z.B. Grundmetall)
**exposed** *adj* / ausgesetzt *adj* (dem Wetter, der Strahlung), frei liegend (ausgesetzt - z.B. dem Wetter) ‖ ~ / freigelegt *adj*, offen *adj*, ungeschützt *adj* ‖ ~ (Build, Elec Eng) / auf Putz (frei verlegt - Leitungen), frei verlegt (auf Putz - Leitungen), über Putz verlegt ‖ ~ (Elec Eng) / berührbar *adj* (leitfähiges Teil) ‖ ~ (Photog) / belichtet *adj* ‖ ~ (Build, Elec Eng) s. also surface wiring ‖ ~ **aggregate concrete** (Build, Civ Eng) / Waschbeton *m* (Oberfläche eines Betons mit freigelegten Zuschlägen) ‖ ~ **concrete** (Arch, Build, Met) / Sichtbeton *m* (dessen Ansichtsfläche gestalterische Funktionen erfüllt und ein vorausbestimmtes Aussehen hat) ‖ ~ **conductive part** (Elec Eng) / berührbares leitfähiges Teil (von Betriebsmitteln) ‖ ~ **conductive part** (Elec Eng) / Körper *m* (eines elektrischen Betriebsmittels) ‖ ~ **location single-buoy mooring system** (Oils) / ELSBM-System *n* ‖ ~ **to danger** / gefährdet *adj* ‖ ~ **to pressure** / druckhaft *adj*, unter Druck (stehend), mit innerem Überdruck ‖ ~ **to radiation** (Nuc, Radiol) / strahlenexponiert *adj*
**expose in block(s)** (Mining) / ausblocken *v* (Erz)
**exposition** *n* / Ausstellung *f* (z.B. Messe)
**exposure** *n* / Aussetzung *f*, Ausgesetztsein *n* (einer Einwirkung), Exposition *f* (Aussetzung, Ausgesetztsein) ‖ ~ / Kontakt *m* (Werbemittelkontakt), Werbemittelkontakt *m*, Werbeträgerkontakt *m* ‖ ~ (Build, Geol, Mining) / Freilegung *f* ‖ ~ (Comp) / Bloßlegung *f* (durch Zufall verursachte Offenlegung von Daten an unberechtigte Personen) ‖ ~ (Geol) / Austreten *n* ‖ ~* (Meteor) / standardisierte Aufstellung der meteorologischen Messgeräte ‖ ~ (Nuc, Radiol) / Strahlenexposition *f* ‖ ~ (Photog) / Belichtungszeit *f*, Belichtungsdauer *f* ‖ ~* (Photog) / Belichtung *f* (als Prozess nach DIN 19040), Exposition *f* ‖ ~ (Photog) / Bild *n*, Aufnahme *f* (z.B. in der Wendung: She has 2 exposures left on the film) ‖ ~ (Surf) / Auslagerung *f* (bei Korrosionsprüfungen) ‖ ~ **analysis** (Ecol) / Expositionsanalyse *f* (Prognose der Umweltkonzentration einer Chemikalie, der ein Organismus oder eine Population ausgesetzt ist) ‖ ~ **build-up** (Radiol) / Expositionsdosisaufbau *m* ‖ ~ **control range** (Photog) / Funktionsbereich *m* der Belichtungsmessung ‖ ~ **dose** (Photog) / Expositionsdosis *f*, Gleichgewichtsionendosis *m* (DIN 25 401), Bestrahlungsdosis *f* ‖ ~ **dose rate** (Radiol) / Expositionsleistung *f*, Expositionsdosisleistung *f* ‖ ~ **duration** (Photog) / Belichtungszeit *f*, Belichtungsdauer *f* ‖ ~ **effect** (Photog) / Belichtungseffekt *m* (ein fotografischer Effekt) ‖ ~ **error** (Photog) / Belichtungsfehler *m* (z.B. Kurzzeitfehler) ‖ ~ **index*** (Photog) / Empfindlichkeitsindex *m*, Belichtungsindex *m* ‖ ~ **indicator** (Photog) / Belichtungsregister *n* (bei den Kopiergeräten) ‖ ~ **measurement** (Cinema, Optics, Photog) / Belichtungsmessung *f* ‖ ~ **meter*** (Photog) / Belichtungsmesser *m* (zur objektiven Bestimmung der Belichtung) ‖ ~ **metering** (Cinema, Optics, Photog) / Belichtungsmessung *f* ‖ ~ **pathway** (Radiol) / Bestrahlungspfad *m*, Belastungspfad *m* ‖ ~ **period** (Ecol) / Einwirkungszeit *f* (des Schadstoffes) ‖ ~ **rate** (Radiol) / Expositionsleistung *f*, Expositionsdosisleistung *f*
**exposure-rate meter** (Radiol) / Exposure-Leistungsmesser *m*, Bestrahlungsdosismesser *m*, Dosisleistungsmesser *f* (für Expositionsleistungsmessungen) ‖ ~ **monitor** (Nuc, Radiol) / Dosisleistungsüberwachungsgerät *f*, Dosisleistungsmonitor *m*
**exposure step wedge** (Photog) / Belichtungskeil *m* (zur Ermittlung der Belichtungszeiten) ‖ ~ **table** (Photog) / Belichtungstabelle *f* ‖ ~ **time** / Einwirkdauer *f*, Einwirkzeit *f* ‖ ~ **to daylight behind glass** (Textiles) / Tagesbelichtung *f* hinter Glas (DIN 53388) ‖ ~ **to noise** (Acous, Ecol, Med) / Lärmbelastung *f* ‖ ~ **to sound** (Acous) / Beschallung *f* ‖ ~ **to sunlight** / Sonnenbestrahlung *f* ‖ ~ **value*** (Photog) / Lichtwert *m* (Zahlenwert zur Festlegung der von einer bestimmten Verschlusszeit-Blenden-Kombination an fotografischen Kameras durchgelassenen Lichtmenge), Belichtungswert *m*, LW (Lichtwert)
**express** *v* / ausdrücken *v* (durch Drücken herausholen), herauspressen *v*, herausdrücken *v*, auspressen *v*, ausquetschen *v*
**expressed grapefruit oil** (Nut) / Grapefruitöl *n* (aus den Früchten von Citrus paradisi Macfad.) ‖ ~ **grapefruit oil** (Nut) s. also oil of shaddock

**expression** *n* / Auspressen *n*, Ausdrücken *n* ‖ ~ (Comp, Maths) / Ausdruck *m* (pl. Ausdrücke) ‖ ~ (Gen) / Expression *f* (alle Vorgänge zur Neusynthese eines vollständigen, funktionellen Proteins, das von einem oder mehreren Genen kodiert wird) ‖ ~ (Maths) / Formel *f* ‖ ~ **constant** (Comp) / Adresskonstante *f* (eine numerische Adresse, die als Maschinenadresse in einem Wort des Speichers zum Zeitpunkt des Ladens steht, und sobald sie in ein Register übertragen ist, als Basisadresse für einen Programm- oder Datenbereich dienen kann) ‖ ~ **in brackets** (parentheses, braces) (Maths) / Klammerausdruck *m*
**Expressionism*** *n* (Arch) / Expressionismus *m* (z.B. Mendelsohn, Poelzig und Höger oder die "Amsterdamer Schule")
**expression vector** (Gen) / Expressionsvektor *m* (ein Klonierungsvektor) ‖ ~ **within brackets** (Maths) / Klammerausdruck *m*
**expressway** *n* (Autos) / Stadtautobahn *f* ‖ ~ (an urban motorway) (US) (Autos) / Schnellstraße *f* (mit Halteverbot), Kraftfahrstraße *f* (autobahnähnlich ausgebaut, jedoch nicht immer kreuzungsfrei), Kraftfahrzeugstraße *f* (mit Halteverbot), Schnellverkehrsstraße *f* ‖ ~ (US) (Autos) / Autobahn *f*
**expropriate** *v* / enteignen *v*, exproprieren *v*
**expropriation** *n* / Enteignung *f*, Expropriation *f*
**expulsion** *n* (of gases from liquids) / Austreiben *n*, Heraustreiben *n* ‖ ~ **arrester** (Elec Eng) / Löschrohrableiter *m*, Löschrohr *n* ‖ ~ **fuse*** (Elec Eng) / Löschrohrsicherung *f* ‖ ~ **gap*** (Elec Eng) / Spannungssicherung *f* mit Funkenstrecke und Selbstausblasung
**expulsion-type arrester** (Elec Eng) / Löschrohrableiter *m*, Löschrohr *n*
**ex quay** / ab Kai (eine Liefervereinbarung)
**EXS** (ex ship) (Ships) / ab Schiff (eine Liefervereinbarung)
**ex ship** (Ships) / ab Schiff (eine Liefervereinbarung)
**exsiccate** *v* / trocknen *v*
**exsiccation** *n* / Austrocknen *n*, Trocknen *n*, Trocknung *f*
**exsolution** *n* (Min) / Entmischung *f*
**exsorption** *n* (Phys) / Exsorption *f* (Abtrennen eines Absorptivs aus dem Absorbat)
**ext.** (extension) (Teleph) / Nebenstelle *f*, Hausanschluss *m*, Nebenanschluss *m*
**extend** *v* / erweitern *v* ‖ ~ (up to) / sich erstrecken *v* (bis) ‖ ~ (Chem) / strecken *v* (Chemikalien durch Zusatzstoffe) ‖ ~ (Nut) / strecken *v* (Fleisch) ‖ ~ (Spinning) / recken *v* (Fäden oder Fasern) ‖ ~ (the life of a tool) (Tools) / verlängern *v* (die Nutzungsdauer eines Werkzeugs) ‖ ~ *vi* (Phys) / sich dehnen *vi*, sich ausdehnen *vi*, sich ziehen *vi*, sich strecken *vi* ‖ ~ *vt* (Aero) / ausfahren *v* (Klappen, Fahrwerk) ‖ ~ (Eng) / ausfahren *v* (z.B. einen Ausleger) ‖ ~ (Materials, Mech) / verstrecken *vt*, strecken *vt*, dehnen *v* (linear)
**extendable** *adj* / streckbar *adj*, dehnbar *adj* (linear), ausziehbar *adj* (in die Länge)
**extended aeration** (San Eng) / Langzeitbelebung *f* (DIN 4045), Langzeitbelüftung *f* ‖ ~ **architecture** (Comp) / erweiterte Architektur (des Rechners)
**extended-area service** (Telecomm) / Nachwahlbereichsdienst *m*
**extended arithmetic** (Comp, Maths) / erweiterte Arithmetik ‖ ~ **binary-coded decimal interchange code*** (Comp) / EBCDI-Kode *m* (ein auf acht Bit erweiterter BCD-Kode - heute veraltet) ‖ ~ **button** (Elec Eng) / langer Druckknopf (VDE 0660, T 201) ‖ ~ **capability port** (Comp) / IEEE-1284-Standard *m* (für eine bidirektionale und parallele Schnittstelle bei PCs und Druckern mit einem IRQ-gesteuerten und DMA-unterstützten Datentransfer) ‖ ~ **character** (Comp) / erweitertes Zeichen ‖ ~ **code** / erweiterter Kode ‖ ~ **data out dynamic random-access memory** *n* (Comp) / EDO-DRAM *n* (schneller dynamischer Halbleiterspeicherbaustein, der beim Lesevorgang Vorteile gegenüber herkömmlichen DRAMS bietet) ‖ ~ **data-out RAM** (Comp) / RAM-Bauart, die für eine beschleunigte Datenausgabe aus dem Speicher sorgt ‖ ~ **Graphics Adapter** (Comp) / Extended Graphics Adaptter *m* (Auflösung 1024 x 768), XGA (Extended Graphics Adaptter) ‖ ~ **Hückel theory** (Chem) / erweiterte Hückel-Molekülorbital-Methode (nach R. Hoffmann), EHT (erweiterte Hückel-Molekülorbital-Methode) ‖ ~ **industry standard architecture** (Comp) / erweiterte Industriestandardarchitektur, EISA ‖ ~ **instruction set** (Comp) / erweiterter Befehlsvorrat ‖ ~ **keyboard** (Comp) / erweiterte Tastatur ‖ ~ **light source** (Light, Optics) / flächenhafte Lichtquelle, ausgedehnte Lichtquelle ‖ ~ **math chip** (Comp) / Mathematik-Chip *m* ‖ ~ **memory** (Comp) / erweiterter Speicher ‖ ~ **memory*** (Comp) / XMS-Speicher *m*, Erweiterungsspeicher *m*
**extended-memory manager** (Comp) / Erweiterungsspeichermanager *m*
**Extended Memory Specification** (Comp) / Extended Memory Specification, XMS (Extended Memory Specification - Erweiterungsspeicher-Spezifikation aus dem Hause Microsoft, gemeinsam spezifiziert mit den Unternehmen Lotus, AST und Intel) ‖ ~ **pan** (Cinema) / langsamer Schwenk ‖ ~ **partition** (Comp) / erweiterte Partition ‖ ~ **pigment** (Paint) / Verschnittpigment *n* (mit

**extended-play**

Füllstoffen verschnittenes Pigment) ‖ ~**-play record** (Acous) / Extended-Play-Schallplatte *f* (mit 45 U/min, mit mehreren Titeln bzw. längerer Spielzeit), EP-Schallplatte *f* ‖ ~ **position** (Aero) / Ausfahrstellung *f* (des Fahrwerks)

**extended-range Doppler velocity and position** (Radar) / Langstrecken-Doppler-Zielverfolgungsradargerät *n*, Langstrecken-Doppler-Zielverfolgungsradar *m n*

**extended-red multialkali** (Electronics) / Multialkalikatode *f* mit erhöhter Rotempfindlichkeit

**extended service life** (Eng) / verlängerte Lebensdauer *f* ‖ ~ (cosmic) **shower** (Geophys) / ausgedehnter Luftschauer, Auger-Schauer *m* (durch die γ-Strahlung erzeugter Elektronen- und Positronenstrom - weiche Komponente)

**extended-source laser** (Phys) / Laser *m* mit aufgeweitetem Strahl

**extended storage** (Comp) / erweiterter Speicher

**extended-surface heat exchanger** (Eng, Heat) / großflächiger Wärmeaustauscher

**extended-surface-type economiser** (Eng) / Rippenrohrvorwärmer *m* (ein Economiser), RIVO (Rippenrohrvorwärmer)

**extended target** (Radar) / Flächenziel *n* (ein zweidimensionales Ziel) ‖ ~ **viewing angle** (Comp, Phys) / erhöhter Betrachtungswinkel (beim Flüssigkristalldisplay) ‖ ~ **X-ray absorption fine structure** (spectroscopy) (Spectr) / EXAFS (eine moderne Methode der Röntgenspektroskopie)

**extender*** *n* (Chem, Paint) / Füllstoff *m* (DIN EN 971-1), Füllmittel *n*, Extender *m* (in Anstrich- und Klebstoffen - nicht mehr zugelassene Bezeichnung), Streckungsmittel *n* ‖ ~ (Comp) / Erweiterungsbaugruppe *f*, Erweiterungsmodul *n* ‖ ~* (Paint) / Verschnittmittel *n* (eine unzulässige Bezeichnung für Füllstoff für Pigmente), Verschnittpigment *n* ‖ ~* (Paint) / Substrat *n* (ein im Bindemittel unlöslicher, meist unbunter Stoff, der mit Pigmenten vermischt wird oder am Aufbau bestimmter Farblacke beteiligt ist, z.B. Tonerdehydrat im Krapplack - DIN 55 945) ‖ ~ (Photog) / Extender *m* (z.B. beim Computerblitzgerät, um die "Kaninchenaugen" zu vermeiden) ‖ ~* (Plastics) / Beschwerungsmittel *n* (z.B. Schwerspat) ‖ ~* (Plastics) / Extender *m* (meistens flüssiges Streckmittel) ‖ ~ **pigment** (Paint) / inaktives Pigment (das mit trocknenden Ölen oder Harzen in keine chemische Reaktion tritt)

**extenders*** *pl* (Comp, Print, Typog) / Ober- und Unterlängen *f pl* (bei den Buchstaben des kleinen Alphabets)

**extendible** *adj* / streckbar *adj*, dehnbar *adj* (linear), ausziehbar *adj* (in die Länge) ‖ ~ (Maths) / fortsetzbar *adj*

**extending ladder** / Schieb(e)leiter *f*

**extensible** *adj* / streckbar *adj*, dehnbar *adj* (linear), ausziehbar *adj* (in die Länge) ‖ ~ (Aero) / ausfahrbar *adj* (z.B. Landescheinwerfer) ‖ ~ **crepe paper** (Paper) / Dehnkrepp *m* (durch Kreppen hochdehnbar gemachtes Kraftpapier - DIN 6730) ‖ ~ **markup language** (a metalanguage which allows users to define their own customized markup languages, especially in order to display documents on the World Wide Web) (Comp) / Extensible Markup Language *n*, XML (Extensible Markup Language) ‖ ~ **paper** (Paper) / hochdehnbares Papier ‖ ~ **table** (Join) / Ausziehtisch *m*

**extensification** *n* (Agric, For) / Extensivierung *f*

**extensile** *adj* / streckbar *adj*, dehnbar *adj* (linear), ausziehbar *adj* (in die Länge)

**extension** *n* / Extension *f* (in der Logik), Umfang *m* (des Begriffes) ‖ ~ / Erstreckung *f* (z.B. eines europäischen Patents) ‖ ~ / Erweiterung *f* ‖ ~ (Build) / Erweiterung *f* (Build) / Ausbau *m* (Erweiterung), Anbau *m* (Erweiterung) ‖ ~ (Comp) / Dateinamenerweiterung *f*, Extension *f*, Namenerweiterung *f* (bei der Dateienspeicherung), Erweiterung *f* des Dateinamens ‖ ~ (Comp) / Erweiterung *f*, Aufrüstung *f* ‖ ~ (Eng, Phys) / Dehnung *f* (DIN 1342, T 1), Ausdehnung *f*, Streckung *f* (auf die ursprüngliche Länge bezogen) ‖ ~ (Materials, Mech) / Verstrecken *n*, Verstreckung *f*, Strecken *n* (Längen zum Vergrößern der Werkstücksabmessung in Kraftrichtung - DIN 8585), Streckung *f*, Recken *n* (mit großem Reckgrad), Reckung *f* (bei Zug-Druck-Umformung) ‖ ~ (Maths) / Fortsetzung *f* (eine Abbildung), Erweiterung *f* ‖ ~ (Photog) / Auszug *m* (Verlängerung des Objektivs) ‖ ~* (Teleph) / Nebenstelle *f*, Hausanschluss *m*, Nebenanschluss *m* ‖ ~ (Eng) s. also elongation

**extensional** *adj* / extensional *adj* (vom Umfang oder vom Wahrheitswert abhängig oder auf ihn bezogen) ‖ ~ **flow** (Phys) / Dehnströmung *f* (DIN 1342, T 1)

**extensionality** *n* (AI, Maths) / Extensionalität *f* ‖ ~ **axiom** (Maths) / Extensionalitätsaxiom *n*

**extensional viscosity** (Phys) / Dehnviskosität *f* (DIN 1342, T 1)

**extension bar** (Instr) / Verlängerungsstück *n* ‖ ~ **bus** (Comp) / Erweiterungsbus *m* ‖ ~ **cable** (Elec Eng) / Verlängerungskabel *n* ‖ ~ **coefficient** (Elec Eng) / Luft-Zahn-Koeffizient *m* ‖ ~ **cord** (Elec Eng) / Verlängerungsschnur *f* ‖ ~ **field** (Maths) / Oberkörper *m*, Erweiterungskörper *m* ‖ ~ **flap*** (Aero) / Landeklappe *f* (die die Flügelfläche vergrößert), ausfahrbare Landeklappe (z.B. Fowlerklappe) ‖ ~ **ladder** (a ladder consisting of two or more sections, each of the standing ladder type, made so that the height can be adjusted by telescoping the sections) / Schieb(e)leiter *f* ‖ ~ **lead** (Elec Eng) / Verlängerungsleitung *f*, Verlängerungskabel *n* ‖ ~ **lead wire** / Verbindungsleitung *f* des Thermoelements ‖ ~ **length** (of a ladder) / Ausziehlänge *f* (einer Leiter) ‖ ~ **line** (Elec Eng) / Verlängerungsleitung *f*, Verlängerungskabel *n* ‖ ~ **line** (Eng) / Maßhilfslinie *f* (DIN 406, T 2) ‖ ~ **line** (Teleph) / Nebenstelle *f*, Hausanschluss *m*, Nebenanschluss *m* ‖ ~ **line** (Teleph) / Nebenstellenleitung *f*, Nebenanschlussleitung *f*, NAL ‖ ~ **loudspeaker** (Acous) / Nebenlautsprecher *m* ‖ ~ **matrix** (Teleph) / Teilnehmerkoppelfeld *n* ‖ ~ **of a field** (Maths) / Körpererweiterung *f* (des Grundkörpers zu einem umfassenden größeren Körper - einfache, endliche, algebraische, separable) ‖ ~ **of life** / Verlängerung *f* der Lebensdauer (z.B. bei Werkzeugen) ‖ ~ **of shelf life** / Verlängerung *f* der Lagerfähigkeit ‖ ~ **ore*** (Mining) / mögliches Erz ‖ ~ **piece** (Eng) / Ansatz *m* (Verlängerungsstück) ‖ ~ **piece** (Instr) / Verlängerungsstück *n* ‖ ~ **program** (Agric, Comp) / Anbauberatungsprogramm *n* ‖ ~ **rate bill** (Teleph) / Gebührenrechnung *f* des Teilnehmers ‖ ~ **spring*** (Eng) / Zugfeder *f* ‖ ~ **station** (of a teleprinter) (Teleg) / Fernschreibnebenstelle *f* ‖ ~ **teleprinter** (Teleg) / Fernschreibnebenstelle *f* ‖ ~ **test** (Civ Eng) / Extensionsversuch *m* (bei den Bodenproben)

**extension-to-extension call** (Teleph) / Internverbindung *f* (zwischen den Nebenstellen einer Telekommunikationsanlage), internes Gespräch

**extension tube*** (Optics) / Ansatztubus *m*, Verlängerungstubus *m* ‖ ~ **tube*** (Photog) / Zwischenring *m*, Zwischentubus *m* ‖ ~ **well** (Oils) / Feldesentwicklungsbohrung *f*, Erweiterungsbohrung *f* ‖ ~ **wire** / Verbindungsleitung *f* des Thermoelements

**extensive** *adj* / extensiv *adj* (Eigenschaft, Größe, Spiel) ‖ ~ **air shower** (Geophys) / ausgedehnter Luftschauer, Auger-Schauer *m* (durch die γ-Strahlung erzeugter Elektronen- und Positronenstrom - weiche Komponente) ‖ ~ **blaze** / Flächenbrand *m*, Großbrand *m* ‖ ~ **game** (Maths) / extensives Spiel (wenn die Spieler jeweils abwechselnd eine Reihe von Aktionen, so genannte Züge, ausführen) ‖ ~ **property** (that scales as the size of the system) (Phys) / additive Größe, extensive Größe (physikalische Größe eines homogenen Systems, die proportional zur Stoffmenge des Systems ist; z.B. Volumen, Masse, Teilchenzahl, Ladung, Magnetisierung, Energie, Entropie - DIN 1345), Quantitätsgröße *f* ‖ ~ **quantity** (Phys) / additive Größe, extensive Größe (physikalische Größe eines homogenen Systems, die proportional zur Stoffmenge des Systems ist; z.B. Volumen, Masse, Teilchenzahl, Ladung, Magnetisierung, Energie, Entropie - DIN 1345), Quantitätsgröße *f* ‖ ~ (cosmic) **shower** (Geophys) / ausgedehnter Luftschauer, Auger-Schauer *m* (durch die γ-Strahlung erzeugter Elektronen- und Positronenstrom - weiche Komponente)

**extensivity** *n* (Maths) / Extensivität *f*

**extensometer** *n* (Eng, Instr, Mech) / Dehnungsmesser *m* (mechanischer), Tensometer *n*

**extent** *n* / Ausmaß *n*, Ausdehnung *f* ‖ ~ (Comp) / Extent *m* (zusammengehörender physikalischer Speicherbereich) ‖ ~ **address** (Comp) / Bereichsadresse *f* ‖ ~ **of coupling** (Chem) / Kopplungsgrad *m* (bei Polymerketten) ‖ ~ **of damage** / Schadensausmaß *n* ‖ ~ **of reaction** (Chem) / Reaktionslaufzahl *f* ‖ ~ **of thrust** (Geol) / Schubweite *f*

**exterior** *n* / Aussehen *n* ‖ ~ *adj* / Außen-, außenseitig *adj*, äußerlich *adj* ‖ ~ **algebra** (Maths) / Graßmann-Algebra *f* (nach H.G. Graßmann, 1809-1877) ‖ ~ **angle** (Maths) / Außenwinkel *m* (der Nebenwinkel eines Innenwinkels beim konvexen Vieleck), äußerer Winkel ‖ ~ **ballistics** (the branch of ballistics that deals with the motion and behaviour of a projectile after leaving the muzzle of the firing weapons) (Mil, Phys) / äußere Ballistik, Außenballistik *f* ‖ ~ **content** (Maths) / äußerer Inhalt ‖ ~ **influence** / Einwirkung *f* von außen, EVA (Einwirkung von außen) ‖ ~ **lighting** (Aero) / Außenbeleuchtung *f* (am Flugzeug, z.B. Positionslichter) ‖ ~ **lighting** (e.g. street lighting) (Light) / Außenbeleuchtung *f* ‖ ~ **lights** (Aero) / Außenbeleuchtung *f* (am Flugzeug, z.B. Positionslichter) ‖ ~ **mirror** (Autos) / Außenspiegel *m* ‖ ~ **package** / Umverpackung *f*, Außenverpackung *f* (zusätzliche Verpackung von Verkaufsverpackungen), Umpackung *f* ‖ ~ **paint** (Paint) / Außenanstrichmittel *n* ‖ ~ **rendering** (Build) / Außenputz *m* (DIN 18550) ‖ ~ **routing protocol** (Comp, Telecomm) s. also interior routing protocol ‖ ~ **stair** (Arch) / Außentreppe *f* (im Allgemeinen) ‖ ~ **stair** (Arch), s. also perron ‖ ~ **surface** / Außenfläche *f* ‖ ~ **view** (Cinema) / Außenansicht *f* ‖ ~ **wall** (Build) / Außenmauer *f*, Umfassungsmauer *f*, Außenwand *f*

**exterminate** *v* (Agric) / vertilgen *v* (Ungeziefer), vernichten *v*

**extermination of rats** (Ships) / Entrattung *f*, Rattenvernichtung *f*, Rattenvertilgung *f*

**external** *adj* / Außen-, außenseitig *adj*, äußerlich *adj* ‖ ~ / extern *adj*, Fremd- ‖ ~* (Eng) / Außen- (Gewinde) ‖ ~ **address** (Comp) / externe

Adresse, Externadresse f ‖ ~ **alarm** (Comp) / externer Alarm, EA (externer Alarm), Fremdalarm m ‖ ~ **angle**\* (Build) / Vorsprung m (äußere, vorspringende Ecke) ‖ ~ **angle** (Maths) / Außenwinkel m (der Nebenwinkel eines Innenwinkels beim konvexen Vieleck), äußerer Winkel ‖ ~ **blocking** (Teleph) / externe Blockierung (Zustand, in dem alle Abnehmerleitungen in die gewünschte Richtung belegt sind) ‖ ~ **brake** (Autos) / Außenbackenbremse f (meist Getriebebremse, bei der die Bremsbacken von außen auf die Bremstrommel wirken) ‖ ~ **broach** (Eng) / Außenräumwerkzeug n, Räumzeug n ‖ ~ **broaching** (Eng) / Außenräumen n ‖ ~ **broaching machine** (Eng) / Außenräummaschine f (bei der das Werkzeug an der Außenseite des Werkstücks entlanggeführt wird, wobei es dabei Nuten und Profile unterschiedlichen Querschnitts erzeugt ) ‖ ~ **call** (Teleph) / externes Gespräch ‖ ~ **callipers** (Instr) / Außentaster m ‖ ~ **cast** (Geol) / Außenabguss m (eines Fossils)
**external-cathode Geiger-Müller counter** (Nuc) / Maze-Zählrohr n (wenn sich die Anode im Innern des Rohres und die Katode außen auf der Glaswand befindet)
**external characteristic** (Elec Eng) / äußere Kennlinie ‖ ~ **characteristic**\* (Elec Eng) / äußere Belastungskennlinie (eines Generators) ‖ ~ **chromatogram** (Chem) / äußeres Chromatogramm ‖ ~ **circuit** (Elec Eng) / äußerer Stromkreis (bei Teilentladungsmessungen) ‖ ~ **circuit**\* (Elec Eng) / äußerer Stromkreis ‖ ~ **closed-loop control system** (Space) / Regelkreis m mit dem Raumfahrzeug als Regelstrecke und der Bodenstation als Regler ‖ ~ **coating** / Außenbeschichtung f ‖ ~**-combustion engine** (Eng) / Kraftmaschine f mit äußerer Verbrennung (z.B. Dampfmaschine, Turbine), Wärmekraftmaschine f mit äußerer Verbrennung (z.B. Dampfmaschine) ‖ ~ **command** (as opposed to internal command) (Comp) / externer Befehl ‖ ~ **conductor**\* (Elec Eng) / [geerdeter] Außenleiter m, äußerer Leiter ‖ ~ **cone**\* / Außenkegel m (der die äußere Form eines Kegelkörpers begrenzt) ‖ ~ **connector** (Comp) / Extern-Verbindungsstecker m ‖ ~ **control** (Automation) / externe Steuerung ‖ ~ **corner** (Build) / Außenecke f ‖ ~ **corrosion** (Surf) / äußere Korrosion, Außenkorrosion f (z.B. von Behältern und Rohren) ‖ ~ **cylindrical grinding** (Eng) / Außenrundschleifen n ‖ ~ **data set** (Comp) / externe Datei ‖ ~ **dead region** (defines the difference between instrumented range and maximum range) (Radar) / äußerer Totbereich ‖ ~ **door** (Arch) / Außentür f (in einer Öffnung der Außenwand) ‖ ~ **drive** (Tools) / Außenangriff m, Außenantrieb m, Kraft-Außenangriff m ‖ ~ **face** (For) / linke Seite (eines Holzkörpers), Schwartenseite f ‖ ~ **feedback**\* (Automation) / äußere Rückführung ‖ ~ **field** (Phys) / äußeres Feld ‖ ~ **finish** (Build) / Außenputz m (DIN 18550) ‖ ~ **force** (Mech) / äußere Kraft (DIN 13 316) ‖ ~ **friction** (Eng, Phys) / äußere Reibung (die in der Kontaktfläche wirkende Reibung zwischen zwei Körpern) ‖ ~ **gas compression cable** (Cables) / Gasaußendruckkabel n, Außendruckkabel n ‖ ~ **gas pressure cable** (Cables) / Gasaußendruckkabel n, Außendruckkabel n ‖ ~ **gear** (Eng) / außenverzahntes Rad, Außenrad n, Außenzahnrad n, Rad n mit Außenverzahnung ‖ ~ **gear** (Eng) / Außenzahnradgetriebe n ‖ ~ **generation** (Chem) / Fremderzeugung f außerhalb der Titrierzelle ‖ ~ **gripper** (Eng) / Außengreifer m (der mit Halteelementen Werkzeuge und Werkstücke aufnimmt) ‖ ~ **indicator** (Chem) / Außenindikator m, äußerer Indikator ‖ ~ **indicator**\* (Chem) / externer Indikator (außerhalb verwendeter) ‖ ~ **influence** / Einwirkung f von außen, EVA (Einwirkung von außen) ‖ ~ **insulation** (Elec Eng) / äußere Isolation ‖ ~ **interface** (Comp) / externe Schnittstelle ‖ ~ **layer** (Electronics) / Außenlage f (Bestandteil eines Multilayers) ‖ ~ **loss time** / umgebungsbedingte Ausfallzeit ‖ ~ **loudspeaker** (Acous) / Außenlautsprecher m ‖ ~ **lubrication** (Eng) / Fremdschmierung f
**externally heated furnace** / außenbeheizter Ofen ‖ ~ **toothed** (Eng) / außengezahnt adj, außenverzahnt adj, mit Außenverzahnung ‖ ~ **ventilated machine** (Elec Eng) / Maschine f mit Fremdbelüftung
**external magnetic field** (Mag) / magnetisches Fremdfeld ‖ ~ **magnetic induction** (Elec Eng) / äußere magnetische Induktion ‖ ~ **memory** (Comp) / äußerer Speicher, Externspeicher m (jenseits der Schnittstelle, z.B. Magnetband, Magnetplatte, Magnetblasen), externer Speicher (über den Arbeitsspeicher eines Rechners hinausgehende Speichereinrichtung) ‖ ~ **mould** (Geol) / Außenabguss m (eines Fossils) ‖ ~ **mould release** (Paint, Plastics) / External n Mould Release (wenn das Trennmitel von außen in die Form lackiert wird), EMR (External Mould Release) ‖ ~ **mounting** (Eng) / Außenbau m, Außenaufbau m ‖ ~ **node** (AI, Comp) / terminaler Knoten (eines Baumes), Endknoten m, Blatt n (eines Baumes - ein Knoten, der keine Nachfolger hat) ‖ ~ **noise** (Acous, Electronics) / Fremdrauschen n ‖ ~ **phase** (Chem, Phys) / Dispergiermedium n, Dispersionsmittel n (kontinuierliche Phase einer Dispersion), Dispersionsmedium n (z.B. bei Solen), Dispersionsphase f, zusammenhängende Phase, äußere Phase, disperse Phase ‖ ~ **photoeffect** (Electronics) / äußerer Fotoeffekt,

Fotoemissionseffekt m, äußerer lichtelektrischer Effekt (wenn das Fotoelektron das Atom oder den Fremdkörper verlässt) ‖ ~ **photoelectric effect** (Electronics) / äußerer Fotoeffekt, Fotoemissionseffekt m, äußerer lichtelektrischer Effekt (wenn das Fotoelektron das Atom oder den Fremdkörper verlässt) ‖ ~ **program** (Comp) / externes Programm ‖ ~ **radiation hazard** (Radiol) / Gefährdung f durch austretende Strahlung, Gefährdung f durch äußere Strahlung ‖ ~ **rendered finish** (Build) / Außenputz m (DIN 18550) ‖ ~ **rendering** (Build) / Außenputz m (DIN 18550)
**external-rotor motor** (Elec Eng) / Außenläufermotor m
**external routing protocol** (Comp, Telecomm) / externes Routingprotokoll (zwischen autonomen Systemen) ‖ ~ **screw-thread**\* (Eng) / Außengewinde n, Bolzengewinde n ‖ ~ **shoe brake** (Autos) / Außenbackenbremse f (meist Getriebebremse, bei der die Bremsbacken von außen auf die Bremstrommel wirken) ‖ ~ **side** (For) / linke Seite (eines Holzkörpers), Schwartenseite f ‖ ~ **speaker** (Acous) / Außenlautsprecher m ‖ ~ **splines** (Eng) / Keilwellenprofil n ‖ ~ **spoil heap** (Ecol, Mining) / Außenkippe f ‖ ~ **staircase** (Arch) / Außentreppe f (im Allgemeinen) ‖ ~ **standard** (Chem) / externer Standard (in der Analytik) ‖ ~ **standard** (Chem) / äußerer Standard (in der Chromatografie) ‖ ~ **storage** (Comp) / äußerer Speicher, Externspeicher m (jenseits der Schnittstelle, z.B. Magnetband, Magnetplatte, Magnetblasen), externer Speicher (über den Arbeitsspeicher eines Rechners hinausgehende Speichereinrichtung) ‖ ~ **store** (Comp) / äußerer Speicher, Externspeicher m (jenseits der Schnittstelle, z.B. Magnetband, Magnetplatte, Magnetblasen), externer Speicher (über den Arbeitsspeicher eines Rechners hinausgehende Speichereinrichtung) ‖ ~ **surface** / Außenfläche f ‖ ~ **sync clock** (Telecomm) / externer Synchrontakt, EXSYN ‖ ~ **tab washer** (Eng) / Scheibe f mit äußerer Nase ‖ ~ **tank** (Space) / Außentank m (z.B. des Raumtransporters) ‖ ~ **teeth** (Eng) / Außenverzahnung f ‖ ~ **thread** (Eng) / Außengewinde n, Bolzengewinde n
**external-tooth** attr (Eng) / außengezahnt adj, außenverzahnt adj, mit Außenverzahnung ‖ ~ **lock washer** (Eng) / Zahnscheibe, Form A f, außengezahnte Zahnscheibe
**external TORX** (Tools) / Torx-Außenangriff m, Außentorx m ‖ ~ **vibrator** (Build) / Außenrüttler m (zur Verdichtung von Frischbeton durch Rütteln - DIN 4235-1) ‖ ~ (formwork) **vibrator** (Build, Civ Eng) / Schalungsrüttler m (Außenrüttler, der an der Schalung befestigt ist, und dessen Energie über die Schalung auf den Beton übertragen wird) ‖ ~ **voltage** (Comp, Elec Eng) / Fremdspannung f ‖ ~ **voltage** (Elec Eng) / äußere Spannung ‖ ~ (masonry) **wall** (Build) / Außenmauer f, Umfassungsmauer f, Außenwand f ‖ ~ **works** (Build, Civ Eng) / Herstellung von Außenanlagen f, Außenarbeiten f pl
**externides** pl (Geol) / Externiden pl (orogene Strukturen)
**extinction** n / Löschen n, Löschung f (des Feuers) ‖ ~ (Phys) / Extinktion f (allgemeiner Ausdruck für die Strahlungsschwächung, bestehend aus Absorption und Streuung) ‖ ~ **coefficient**\* (Chem, Optics, Spectr) / spektraler Absorptionskoeffizient (DIN 1349, T 1), Extinktionsmodul n (eine charakteristische Stoffkonstante)
**extinction-difference diagram** (Spectr) / Extinktionsdifferenzen-Diagramm n, ED-Diagramm n
**extinction potential**\* (Electronics) / Löschspannung f (am Ableiter) ‖ ~ **voltage**\* (Electronics) / Löschspannung f (am Ableiter)
**extinct volcano** (Geol) / erloschener Vulkan
**extinguish** vt / löschen v, auslöschen v (Feuer, Licht)
**extinguisher** n (fire extinguisher) / Feuerlöscher m (tragbar, fahrbar), Handfeuerlöscher m, Feuerlöschapparat m (tragbares Gerät zur Bekämpfung von Kleinbränden), Feuerlöschgerät n, Löscher m (Feuerlöscher)
**extinguishing** n / Löschen n, Löschung f (des Feuers) ‖ ~ **agent** / Löschmittel n
**extra** attr / Sonderwunsch m ‖ ~ (Cinema) / Komparse m, Statist m, Statistin f ‖ ~ (Print) / Sonderausgabe f (zusätzliche Ausgabe, meistens wegen eines besonderen Ereignisses)
**extra(s)** n pl / Sonderzubehör n, Sonderausstattung f
**extra** attr / Zusatz-, hinzukommend m ‖ ~ adj, zusätzlich adj, nachträglich adj ‖ **at no ~ cost** / ohne Aufpreis ‖ ~ **bit** (Comp) / Zusatzbit n ‖ ~ **bound**\* (Bind) / Handeinband m (meistens ein kunsthandwerklicher Einband)
**extracellular**\* adj (Cyt) / extrazellulär adj, extrazellular adj ‖ ~ **matrix** (Cyt) / extrazelluläre Matrix
**extra charge** / Aufschlag m (Verteuerung des Preises) ‖ ~ **charge** / Preisaufschlag m
**extraclast** n (Geol) / Extraklast m (Karbonatgesteinsfragment von außerhalb des Sedimentationsraums)
**extra-column band broadening** (Chem) / Bandenverbreiterung f außerhalb der Kolonne ‖ ~ **dead volume** (Chem) / Totvolumen n (zwischen Probeneingabe und Säuleneingang und zwischen Säuleneingang und Detektor) ‖ ~ **volume** (Chem) / Totvolumen n

**extra conductivity**
(zwischen Probeneingabe und Säuleneingang und zwischen Säuleneingang und Detektor)
**extra conductivity** (of hydronium and hydroxide ions) (Phys) / Superionenleitung f ‖ **~ corrosion thickness** (Eng, Met) / Korrosionszuschlag m (z.B. bei Blechen), Dickenreserve f (Korrosionszuschlag), Rostzuschlag m, Abrostungszuschlag m ‖ **~ cost** / Aufschlag m (Verteuerung des Preises) ‖ **~ cost** / Aufpreis m
**extract** v / extrahieren v (z.B. ausschütteln, auswaschen, auslaugen) ‖ **~** / herausziehen v (z.B. Textstellen) ‖ **~** / absaugen v, entnehmen v, abnehmen v (Flüssigkeiten oder Gase) ‖ **~** (Comp) / abfragen v (Informationen aus einer Datenbank) ‖ **~** (Comp) / ausblenden v ‖ **~** (For) / ausklingen v (Koniferensamen) ‖ **~** (Mining) / fördern v (gewinnen), gewinnen v, ausbringen v, abbauen v ‖ **~** (Nut) / schleudern v (Honig) ‖ **~** n / Auszug m (aus einem Dokument) ‖ **~** * (Pharm) / Extrakt m n (konzentrierte, gegebenenfalls auf einen bestimmten Wirkungswert eingestellte Zubereitung von Drogen)
**extractable** adj (Chem Eng) / extrahierbar adj ‖ **~ by petroleum ether** (Chem) / petroletherextrahierbar adj ‖ **~ matter** (Textiles) / extrahierbare Stoffe (bei Bearbeitung der Faserstoffe) ‖ **~ residue** (Ecol) / nichtgebundener Rückstand, extrahierbarer Rückstand ‖ **~ sulphur** (Chem Eng) / extrahierbarer Schwefel (der total mit Azeton oder Azetaon/Chloroform extrahierbare Schwefel)
**extractant** n (Chem Eng) / Extraktionsmittel n
**extract by shaking** (with solvents) (Chem) / ausschütteln v ‖ **~ by stewing** (Nut) / ausschmoren v
**extracted air** / Abluft f (die aus dem Raum abgesaugt wird) ‖ **~ file** (Comp) / extrahierte Datei
**extracting agent** (Chem, Chem Eng) / Extraktionsmittel n ‖ **~ a root** (Maths) / Radizieren n, Wurzelziehen n, Wurzelrechnung f ‖ **~ liquid** (Nut) / Extraktionslösemittel n ‖ **~ plant** (Chem Eng) / Extraktionsanlage f ‖ **~ solvent** (Nut) / Extraktionslösemittel n
**extract instruction** (Comp) / Ausblendebefehl m ‖ **~ instruction** (Comp) / Ausblendbefehl m (zum Ausblenden von Daten)
**extraction*** n (Chem Eng) / Extrahierung f, Extraktion f (z.B. Ausschütteln, Auswaschen, Auslaugen, Extrahieren f) ‖ **~** (For) / Ausklingen n (von Koniferensamen) ‖ **~** (Mining) / Förderung f, Gewinnung f, Abbau m (von Bodenschätzen) ‖ **~ agent** (Chem Eng) / Extraktionsmittel n ‖ **~ analysis** (Chem) / Extraktionsanalyse f ‖ **~ by shaking** (Chem) / Ausschütteln n ‖ **~ column** (Chem, Chem Eng) / Extraktionskolonne f, Extraktionsturm, Extraktionssäule f ‖ **~ cycle** (Chem Eng) / Extraktionszeit f je Charge ‖ **~ damage** (For) / Rückeschaden m ‖ **~ fan*** (Eng) / Exhaustor m (ein Ventilator), Saugzuglüfter m, Absauggebläse n, Sauglüfter m ‖ **~ flask** (Chem) / Extraktionskolben m ‖ **~ fractionation** (Chem Eng) / Lösefraktionierung f, Lösungsfraktionierung f ‖ **~ instruction*** (Comp) / Ausblendebefehl m ‖ **~ material** (Chem Eng, Min Proc) / Extraktivstoff m, Extraktstoff m, Extraktionsgut n ‖ **~ metallurgy*** (Met) / Metallgewinnung f (ein Teil der Metallurgie), extraktive Metallurgie ‖ **~ mill** (Met) / Ausziehwalzwerk n ‖ **~ naphtha** (Chem) / Extraktionsbenzin n ‖ **~ oil** (Chem Eng) / Extraktionsöl n ‖ **~ parachute** (Aero) / Ausziehschirm m ‖ **~ rate** (Chem Eng) / Extraktionsgeschwindigkeit f ‖ **~ rate** (Nut) / Ausmahlungsgrad m, Ausmahlung f (Ausmahlungsgrad) ‖ **~ solvent** (Chem) / Extraktionsbenzin n ‖ **~ solvent** (Nut) / Extraktionslösemittel n ‖ **~ stability** (Chem Eng) / Extraktionsbeständigkeit f (Maß für die Löslichkeit von Weichmachern aus einem Polymerfilm durch Lösemittel) ‖ **~ thimble*** (Chem) / Extraktionshülse f (z.B. des Soxhlet-Extraktors) ‖ **~ turbine*** / Anzapfturbine f ‖ **~ velocity** (Chem Eng) / Extraktionsgeschwindigkeit f ‖ **~ ventilation** (Mining) / saugende Bewetterung f ‖ **~ way** (between stacks of timber) (For) / Verfahrgasse f, Verfahrweg m ‖ **~ with ether** (Chem) / Ausschütteln mit Ether n, Ausethern n
**extractive** n (Chem Eng, Min Proc) / Extraktivstoff m, Extraktstoff m, Extraktionsgut n ‖ **~** adj (Chem Eng) / extraktiv adj, extrahierend adj ‖ **~ distillation*** (Chem Eng) / Extraktivdestillation f, extraktive Destillation (bei der dem zu trennenden Gemisch ein Lösungsmittel zugesetzt wird, das höher siedet als die einzelnen Komponenten), Distapex-Verfahren n, Dampf-Flüssigkeit-Destillation f ‖ **~ industry** / Steine-und-Erden-Industrie f, Bergbau und Industrie "Steine und Erden" ‖ **~ metallurgy** (Met) / Metallgewinnung f (ein Teil der Metallurgie), extraktive Metallurgie ‖ **~ stripper** (Oils) / Extraktivstripper m
**extract of malt** (Nut, Pharm) / Malzextrakt m n (Pulver oder Sirup aus Gerstenmalz) ‖ **~ of the quebracho tree** (Chem, Leather) / Quebrachoextrakt m (von der Schinopsis quebracho-colorado Schltdl. F.A. Barkley et T. Mey)
**extractor** n (Autos) / Ejektor m (am Auspuff) ‖ **~** (Autos, Tools) / Auszieher m ‖ **~** (Chem) / Extraktionshülse f (z.B. des Soxhlet-Extraktors) ‖ **~** (Chem) / Extraktionsaufsatz m (nach F. v. Soxhlet, 1848-1926, nach Thielepappe) ‖ **~** (Chem Eng) / Extraktionsapparat m, Extrakteur m, Extraktor m ‖ **~ fan** (Eng) /

Exhaustor m (ein Ventilator), Saugzuglüfter m, Absauggebläse n, Sauglüfter m
**extract recovery** (Chem Eng) / Extraktrückgewinnung f ‖ **~ ventilation** (Eng) / Sauglüftung f, Saugzuglüftung f, Abluftentlüftung f ‖ **~ ventilator*** (Eng) / Exhaustor m (ein Ventilator), Saugzuglüfter m, Absauggebläse n, Sauglüfter m ‖ **~ with ether** (Chem) / ausethern v, mit Ether ausschütteln
**extradop** n (extended-range dovap)* (Radar) / Langstrecken-Doppler-Zielverfolgungsradargerät n, Langstrecken-Doppler-Zielverfolgungsradar m n
**extrados*** n (Build, Civ Eng) / Bogenrücken m, Rücken m (die meist übermauerte Oberseite eines Bogens oder obere Fläche eines Gewölbes), Gewölberücken m, äußere Bogenfläche, äußere Gewölbefläche, Extrados m
**extra dull** / tiefmatt adj
**extra-duty** attr (Ceramics) / höchstgebrannt adj (z.B. Schamottestein)
**extra-fine thread** (Eng) / Extrafein-Gewinde n
**extra flexible** / hochflexibel adj, extrem biegsam ‖ **~ flight** (Aero) / Sonderflug m
**extrafocal** adj (out of focus) (Optics) / extrafokal adj ‖ **~ radiation** (of an X-ray tube) (Radiol) / außerfokale Strahlung, extrafokale Strahlung, Stielstrahlung f (Röntgenstrahlung, die nicht vom Röhrenbrennfleck ausgeht)
**extrafoveal** adj (Astron) / extrafoveal adj (Beobachtung der an der Sichtbarkeitsgrenze für das Auge liegenden Objekte), indirekt adj (Beobachtung)
**extra front speaker** (TV) / Zusatzlautsprecher m vorne
**extragalactic** adj (Astron) / außergalaktisch adj, extragalaktisch adj ‖ **~ nebula*** (Astron) / extragalaktischer Nebel, außergalaktischer Nebel (z.B. der Andromeda-Nebel und die Magellans'schen Wolken) ‖ **~ radio source** (Astron) / extragalaktische Radioquelle, außergalaktische Radioquelle
**extra heavy** adj / überschwer adj
**extra-heavy oil** (Oils) / Schwerstöl n (Erdöl mit über 1000 kg/m³ Dichte)
**extrahend** n (Chem Eng, Min Proc) / Extrahiergut n (zu extrahierender Stoff)
**extra-high character** (Comp) / übergroßes Zeichen
**extra-high-density diskette** (Comp) / ED-Diskette f
**extra-high frequency** (Radar, Radio) / Höchstfrequenz f (Millimeterwellen), HHF (30 - 300 GHz)
**extra-high voltage*** (Elec Eng) / Höchstspannung f
**extra-large boiler** / Großraumkessel m
**extra•-large dust bag** / Riesenstaubsack m (des Staubsaugers) ‖ **~ long** adj (Textiles) / extralang adj
**extra-low-carbon steel** (Met, Surf) / ELC-Stahl m (mit weniger als 0,03% C)
**extra-low gearing** (Autos) / Geländeübersetzung f ‖ **~ ratio** (Autos) / Geländeübersetzung f ‖ **~ voltage** (Elec Eng) / Kleinspannung f (bis 42 V)
**extra-mild steel** (Met) / weicher Stahl (mit 0,07 bis 0,15% C), weicher Kohlenstoffstahl
**extraneous ash*** (Min Proc) / Fremdasche f, fremde Asche ‖ **~ light** (Photog) / Störlicht n, Fremdlicht n ‖ **~ matter** / Fremdstoff m, Fremdsubstanz f, Fremdbestandteil m ‖ **~ noise** (Acous) / Fremdgeräusch n ‖ **~ rust** (Eng, Surf) / Fremdrost m (im Gegensatz zum Flugrost handelt es sich hier um Rostablagerungen, die sich nicht als Folge eines örtlichen Rostvorgangs auf dem betroffenen Werkstück bilden, sondern von anderer, strömungstechnisch vorgelagerter Stelle eingetragen werden) ‖ **~ substance** / Fremdstoff m, Fremdsubstanz f, Fremdbestandteil m
**extranet** n (an intranet that is partly accessible for external users) (Comp) / Extranet n
**extranuclear** adj (Nuc) / extranuklear adj, außerhalb des Kerns ‖ **~ electron** (Nuc) / Bahnelektron n, Hüllenelektron n, Orbitalelektron n (Gegensatz: Leitungselektron)
**extraordinary ray*** (Light, Optics) / außergewöhnlicher Strahl, außerordentlicher Strahl (eine Teilwelle bei der Doppelbrechung), extraordinärer Strahl
**extra pay** / Sonderzulage f, Lohnzuschlag m ‖ **~ pay** s. also overtime pay
**extra-ply tyre** (Autos) / verstärkter Reifen
**extrapolate** v (Maths) / extrapolieren v
**extrapolation*** n (Maths) / Extrapolation f (Schluss auf Werte, die außerhalb des untersuchten Bereiches liegen) ‖ **~ ionization chamber** (Nuc Eng) / Extrapolationsionisationskammer f, Extrapolationskammer f (eine Ionisationskammer)
**extra pure** (Chem) / reinst adj (Alkohol, Wasser)
**extra-pure substance** (Chem) / Reinstsubstanz f, Reinststoff m
**extra quality** / Extraqualität f
**extras*** pl (Build) / Zusatzarbeiten f pl gegen Aufpreis, Sonderwünsche m pl (genehmigte Abweichungen vom Bauplan gegen Aufpreis)
**extrasensory*** adj (perception) (Psychol) / außersinnlich adj (Wahrnehmung)

**extra smooth** adj (Met) / dressiert adj, kalt nachgewalzt
**extrasolar** adj (Astron) / extrasolar adj, außerhalb des Sonnensystems
**extra-surface residue** (Ecol) / Oberflächenrückstand m (von Bioziden)
**extraterrestrial*** adj / extraterrestrisch adj, außerirdisch adj (Leben, Forschung, Strahlung) || ~ **geology** (Geol) / Astrogeologie f (Lunargeologie + Kosmogeologie) || ~ **physics** (Phys) / extraterrestrische Physik
**extra-thin sheet** (Met) / Feinstblech n (mit einer Dicke unter 0,5 mm - DIN 1616)
**extratropical cyclone** (Meteor) / Wirbelsturm m (nicht tropischer, sondern z.B. atlantischer) || ~ **low** (Meteor) / Wirbelsturm m (nicht tropischer, sondern z.B. atlantischer) || ~ **storm** (Meteor) / Wirbelsturm m (nicht tropischer, sondern z.B. atlantischer)
**extravasation** n (Geol) / Austritt m (der Lava - Eruption oder Effusion), Lavaerguss m, Lavaausbruch m
**extravehicular activity*** (Space) / Außenbordtätigkeit f, Aufenthalt m im Raum, Außenbordbetätigung f, Tätigkeit f außerhalb des Raumfahrzeugs (außerhalb des Satelliten) || ~ **mobility unit** (Space) / Außenbordfahrzeug n || ~ **operation** (Space) / außerhalb des Raumfahrzeugs durchgeführte Operation
**extra white** adj / ultraweiß adj, hochweiß adj || ~ **work** / Mehrarbeit f, Zusatzarbeit f
**extremal** n (Maths) / Extremale f (die bei Variationsproblemen gesuchte Funktion) || ~ adj (Maths) / extremal adj, Extremal- || ~ **correlation** (Maths, Stats) / extremale Korrelation || ~ **quotient** (the relative difference between the largest and smallest values in a sample, as the range is the absolute difference) (Maths, Stats) / Extremalquotient m
**extreme** n (Maths) / Außenglied n (einer Proportion), äußeres Glied (einer Proportion) || ~ (Meteor) / Maximum n bzw. Minimum (eines meteorologischen Elements) || ~ adj (Maths) / extrem adj || ~ **breadth*** (Ships) / Breite f über alles, größte Breite || ~ **dimensions*** (Ships) / größte Abmessungen
**extremely hard** / extrem hart || ~ **hard X-radiation** (Radiol) / überharte Röntgenstrahlung (mehr als 248 keV) || ~ **hard X-rays** (Radiol) / überharte Röntgenstrahlung (mehr als 248 keV) || ~ **high frequency*** (Radar, Radio) / Höchstfrequenz f (Millimeterwellen), HHF (30 - 300 GHz) || ~ **insensitive explosive** / extrem unempfindlicher Explosivstoff || ~ **relativistic** (Phys) / extrem relativistisch || ~ **soft X-radiation** (Radiol) / überweiche Röntgenstrahlung (5 - 20,6 keV) || ~ **soft X-rays** (Radiol) / überweiche Röntgenstrahlung (5 - 20,6 keV)
**extreme operating conditions** / extreme Betriebsbedingungen
**extreme-pressure additive** / Hochdruckwirkstoff m, EP-Additiv n (bei Schmierölen), Hochdruckzusatz m (ein Schmierstoffadditiv) || ~ **lubricant*** / Höchstdruckschmiermittel n, EP-Schmiermittel n
**extreme-reduction microform** (Photog) / Kleinstmikroform f
**extreme stress** (Mech) / Extremalspannung f || ~ **term** (Maths) / Außenglied n (einer Proportion), äußeres Glied (einer Proportion) || ~ **ultraviolet** (Phys) / extremes Ultraviolett, EUV (extremes Ultraviolett), XUV (extremes Ultraviolett)
**extreme-ultraviolet radiation** (Phys) / XUV-Strahlung f (extrem kurzwellige UV-Strahlung)
**extreme value** (Maths) / Extremwert m, Extremum n (pl. Extrema) (einer Funktion)
**extreme-value principle** (Phys) / Extremalprinzip n (z.B. nach Castigliano, Gauß oder Fermat)
**extremity** n (Maths) / Spitze f (eines Vektors)
**extremum** n (pl. extremums or extrema) (Maths) / Extremwert m, Extremum n (pl. Extrema) (einer Funktion)
**extrinsic** adj / von außen wirkend || ~ (Chem, Phys) / stofffremd adj || ~* (Electronics) / störstellenleitend adj, nicht eigenleitend, extrinsisch adj || ~ **base resistance** (Electronics) / Basisbahnwiderstand m || ~ **conduction** (Electronics) / Störstellenleitung f, Störleitung f (bei Halbleitern) || ~ **factor** (Biochem) / Kobalamin n (Sammelbezeichnung für Stoffe mit der Wirkung des Vitamins $B_{12}$), Cobalamin n || ~ **factor** (Biochem) / Extrinsic Factor m (Vitamin $B^{12}$, das mit dem von der Magenschleimhaut gebildeten Intrinsic Factor einen Komplex bildet) || ~ **junction loss** (Telecomm) / Einfügungsdämpfung f (bei Verbindung identischer Lichtwellenleiter - nach DIN 57888) || ~ **photoconduction** (Electronics) / Störstellenfotoleitung f || ~ **response** (Electronics) / Störstellenempfindlichkeit f || ~ **semiconductor*** (in which the carrier density results mainly from the presence of impurities or other imperfections) (Electronics) / Störstellenhalbleiter m, Extrinsic-Halbleiter m
**extrudability** n (Chem Eng) / Spritzbarkeit f || ~ (Eng) / Bearbeitbarkeit mit der Strangpresse f
**extrudable** adj (Chem Eng) / spritzbar adj
**extrudate** n / Strangpressenerzeugnis n, Extrudat n || ~ (Eng, Met) / fließgepresstes Teil, Fließpressteil n || ~ (Eng, Met) / Strangpressteil n, stranggepresstes Teil

**extrude** v (Eng, Met) / fließpressen v (DIN 8583, T 3) || ~ (Eng, Met) / strangpressen v (DIN 8583, T 6) || ~ (Eng, Met) / durchdrücken v (DIN 8580)
**extruded aluminium section** (Eng, Met) / Aluminium-Strangpressprofil n
**extruded-bead sealing** (Plastics) / Extrusionsschweißen n (mit gespritztem Zusatzdraht), Schmelzdrahtschweißen n
**extruded clay tile** (Build, Ceramics) / Strangdachziegel m (DIN 456) || ~ **latex** / Latexfaden m (dünner Gummifaden mit rundem Querschnitt, hergestellt durch Extrudieren einer NK-Latexmischung durch Kapillaren in ein Koagulationsbad) || ~ **part** (Eng, Met) / fließgepresstes Teil, Fließpressteil n || ~ **part** (Eng, Met) / Strangpressteil n, stranggepresstes Teil || ~ **particle board** (For) / Strangpressplatte f, stranggepresste Spanplatte || ~ **rod** (Met, Plastics) / Pressstrang m, Strang m (Pressstrang) || ~ **tube** (Eng, Met) / stranggepresstes Rohr, Pressrohr n (Rundrohr oder Formrohr nach DIN 1746, 9107 und 17 671)
**extruder** n (Ceramics) / Strangpresse f || ~ (Eng, Met) / Fließpresse f || ~ (Eng, Met, Plastics) / Strangpresse f (zum Druckumformen nach DIN 8580), Extruder (Schnecken- oder Kolben-, DIN 24450) || ~ **die** (Plastics) / Extruderdüse f, Extrudermundstück n || ~ **head** (Plastics) / Strangpressenkopf m, Extruderkopf m, Schlauchkopf m || ~ **with grooved brush** (Plastics) / Nutenextruder m
**extrusion** n (Eng, Geol) / Extrudieren n, Extrusion f (z.B. Quellkuppe) || ~ (compressive forming of a workpiece by partly or completely pushing it through a shape-giving die aperture, resulting in a reduction in cross-sectional area) (Eng, Met) / Durchdrücken n (DIN 8583) || ~* (for short products) (Eng, Met) / Fließpressen n (vornehmlich zur Erzeugung einzelner Werkstücke - DIN 8583, T 3) || ~* (of long products) (Eng, Met) / Strangpressen n (vornehmlich zur Erzeugung von Strängen mit vollem oder hohlem Profil - DIN 8583, T 6) || ~* (Eng, Phys) / Kaltfluss m || ~ (Eng, Plastics) / Strangpressen n, Extrusion f (der plastisch verformbaren Masse aus einer Düse), Extrudieren n || ~ (For) / Strangpressverfahren n (z.B. das OKAL-Verfahren) || ~ (Plastics) / Spritzen n (von Folien) || ~* (Plastics, Textiles) / Schmelzspinnverfahren n, Schmelzspinnen n (das Erspinnen synthetischer Chemiefasern aus dem geschmolzenen Granulat), Spinnen n aus der Schmelze || ~ **billet** / Pressbolzen m (beim Strangpressen) || ~ **billet** (Met) / Pressblock m || ~ **blow mould** (Plastics) / Hohlkörperblaswerkzeug n (meist zweiteilige Hohlfrom, in der ein thermoplastisches Vorformling durch Quetschkanten verschlossen und beschnitten wird) || ~ **blow moulding** (Plastics) / Hohlkörperblasen n, Extrusionsblasverfahren n, Blasformen n (Verfahren zur Herstellung von Hohlkörpern /Flaschen, Kanistern, Behältern oder Spielzeug/ aus thermoplastischen Kunststoffen auf einer Hohlkörperblasmaschine) || ~ **channel** (Met) / Presskanal m (Führung des Stranges im Matrizendurchbruch) || ~ **clay tile** (Build, Ceramics) / Strangdachziegel m (DIN 456) || ~ **coating** (Cables) / Extrusionsbeschichtung f, Extrusionsbeschichten n (mit Ummantelungsmaterial) || ~ **coating** (Plastics) / Extrusionsbeschichtung m (einer Bahn mit Thermoplasten - meistens mit Polyethylen niederer Dichte - oder ähnlichen Stoffen) || ~ **cooking** (Nut) / Kochextrusion f || ~ **die** / Pressdüse f (bei der Extrusion) || ~ **die** (Plastics) / Extruderdüse f, Extrudermundstück n || ~ **head** (Plastics) / Strangpressenkopf m, Extruderkopf m, Schlauchkopf m || ~ **height** (Plastics) / Extrudierhöhe f (DIN 24 450) || ~ **moulding** (Eng, Plastics) / Strangpressen n, Extrusion f (der plastisch verformbaren Masse aus einer Düse), Extrudieren n || ~ **part** (Eng, Met) / fließgepresstes Teil, Fließpressteil n || ~ **part** (Eng, Met) / Strangpressteil n, stranggepresstes Teil || ~ **press** (Ceramics) / Strangpresse f || ~ **pump** (Spinning) / Spinnpumpe f
**extrusion-spinning plant** (Spinning) / Extrusionsspinnanlage f
**extrusion welding** (Plastics, Welding) / Extrusionsschweißen n (ein Kunststoffschweißen bei dickwandigen Erzeugnissen)
**extrusive** adj (Geol) / extrusiv adj (an der Oberfläche erstarrt) || ~ **rocks*** (Geol) / Vulkanite m pl, vulkanische Gesteine, Extrusiva n pl (Ergussgesteine), Ergussgesteine n pl, Effusivgesteine n pl, Extrusivgesteine n pl, Oberflächengesteine n pl
**extrusives** pl (Geol) / Vulkanite m pl, vulkanische Gesteine, Extrusiva n pl (Ergussgesteine), Ergussgesteine n pl, Effusivgesteine n pl, Extrusivgesteine n pl, Oberflächengesteine n pl
**exudation** n / Austreten n (von Harz), Ausschwitzen n (von Harz) || ~ (Agric) / Exsudation f (Verdunstung der Bodenfeuchtigkeit) || ~ (Paint) / Ausschwitzen n (das Wandern von Bestandteilen eines Anstriches an die Anstrichoberfläche, die dadurch klebrig wird - DIN 55945)
**exurb** n (Arch) / stadtnaher (reicher) Bezirk || ~ (Arch) / Außenbezirk m (vornehmer)
**EXW** (ex works) / ab Werk (eine Liefervereinbarung)
**ex warehouse** / ab Lager (eine Liefervereinbarung) || ~ **works** / ab Werk (eine Liefervereinbarung)
**ex-works price** / Preis m ab Werk

**eye**

**eye** *n* (Agric, Bot) / Auge *n* (bei Pflanzen, besonders bei Kartoffel, Rebe, Obstbaum) ‖ ~* (Arch) / Auge *n* (kreisrunde Lichtöffnung im Scheitel einer Kuppel), Opäum *n* (im Scheitel einer Kuppel) ‖ ~* (Build) / Ochsenauge *n* (kreisförmiges oder ovales Fenster), Œil-de-Bœuf *n* (rundes oder ovales Dachfenster) ‖ ~* (Eng) / Öhr *n*, Öse *f*, Ohr *n*, Auge *n* ‖ ~* (Eng) / zentrale Ansaugöffnung (Pumpe, Verdichter) ‖ ~* (Eng) / Auge *n* (des Hammers) ‖ ~ (Eng) / Stielloch *n* (des Werkstattbesens), Tülle *f* (des Rechens) ‖ ~* (Glass) / Brenner *m* des Hafenofens ‖ ~* (Med, Optics) / Auge *n* ‖ ~* (Meteor) / Auge *n* (im Zentrum des tropischen Wirbelsturms) ‖ ~* (Mining) / Schachtmundloch *n*, Schachtmündung *f*, Tagkranz *m* ‖ ~ (Ships) / Auge *n* (eingespleißte Öse im Tauwerk) ‖ ~ assay (Min Proc) / visuelle Bemusterung
**eyeball assay** (Min Proc) / visuelle Bemusterung
**eyeballs down** (Aero, Space) / starke Aufwärtsakzeleration, starke Aufwärtsbeschleunigung ‖ ~ **in** (Aero, Space) / starke Akzeleration (Beschleunigungsrichtung sitzend: von der Brust aus in Richtung Rücken) ‖ ~ **out** (Aero, Space) / starke Dezeleration (der Verzögerungseffekt wirkt vom Rücken in Richtung Brust) ‖ ~ **up** (Aero, Space) / starke Abwärtsakzeleration, starke Abwärtsbeschleunigung
**eyebar** *n* (Civ Eng) / Augenstab *m* (bei Kettenhängebrücken) ‖ ~ **chain** (Civ Eng) / Gelenkkette *f* (Gliederkette, die aus aneinandergereihten Augenstäben besteht und als Hängegurt bei Kettenhängebrücken dient)
**eye bolt*** *n* (Eng) / Hebeöse *f*, Augenschraube *f* (mit Ring und Gewindebolzen zum Einschrauben), Ringschraube *f* (DIN 580)
**eyebrow** *n* (low dormer with no cheeks or sides on a pitched roof, the roof covering rising in a concave curve, then convex over its top, then falling away in a concave curve on the other side, like an eyebrow) (Build) / Fledermausgaupe *f*, Fledermausgaube *f* (Dachgaube, deren Frontansicht dem Hauptdach gegenüber leicht geschwungen hervortritt), geschweifte Gaube
**eye-catcher** *n* / Blickfang *m*, Eyecatcher *m*
**eye coal** (Geol) / Augenkohle *f*
**eye-controlled focus** (Photog) / Eye-controlled-Fokus *m* (die Scharfeinstellung wird über die Augenbewegung bzw. -stellung erreicht)
**eyecup*** *n* (Cinema) / Augenmuschel *f*
**eye deficiency** (Med, Optics, Physiol) / Fehlsichtigkeit *f*, Ametropie *f* ‖ ~ **fatigue** (Med) / Augenermüdung *f*
**eyeglass** *n* (Glass, Optics) / Brillenglas *n* ‖ ~ (Glass, Optics) s. also eyepiece
**eyeglasses** *pl* (US) (Optics) / ein augenoptisches Gerät, Brille *f*
**eye guard** (Optics) / Augenschutzgerät *n*, Augenschutz *m* (z.B. Brille) ‖ ~ **injury** (Med) / Augenverletzung *f* ‖ ~ **irritant** (Chem, Med) / Tränenreizstoff *m* (z.B. CN) ‖ ~ **irritation** (Chem, Med) / Augenreizung *f* (z.B. mit dem Tränenreizstoff) ‖ ~ **lens** (Optics) / Augenlinse *f* (z.B. im Okular)
**eyelet** *n* (Eng) / Öhr *n*, Öse *f*, Ohr *n*, Auge *n* ‖ ~ **bolt** (Eng) / Ösenschraube *f* (DIN ISO 1891) ‖ ~ **embroidery** (Textiles) / Stickereispitze *f* (Schweizer Stickerei), Schweizer Stickerei ‖ ~ **pliers** (Tools) / Ösenzange *f* ‖ ~ **process** (Met) / Einscherverfahren *n*, Oeillet-Verfahren *n* (Tiefziehen direkt vom Band für kleine Hülsen und Näpfe)
**eyelet-tape cementing and cutting machine** / Ösenbandaufkleb- und Beschneidmaschine *f* (eine Schuhmaschine)
**eyeletting machine** (Leather, Textiles) / Ösenmaschine *f*, Öseneinsetzmaschine *f*
**eye-level display** (Radar) / Darstellung *f* in Augenhöhe
**eyelid window** (Geol) / Scherenfenster *n*
**eye-light** *n* (Cinema) / Augenlicht *n*
**eye-nut** *n* (Eng) / Ringmutter *f* (DIN ISO 1891)
**eye pattern** (Telecomm) / Augendiagramm *n* (zur Darstellung und Messung von Übertragungsverzerrungen digitaler Signale)
**eyepiece*** *n* (Optics) / Okular *n* (das augenseitige Linsensystem) ‖ ~ **correction lens** (Photog) / Sucher-Korrekturlinse *f* ‖ ~ **diaphragm** (Optics) / Okularblende *f* ‖ ~ **graticule*** (Micros) / Okularstrichplatte *f* ‖ ~ **graticule*** (Micros) s. also micrometer eyepiece ‖ ~ **leveller** (Cinema) / Sucherlupenhalterung *f* ‖ ~ **micrometer** (disk) (Micros) / Okularmessplatte *f*, Okularmikrometer *n* (zur Längenmessung mit Hilfe des Mikroskops)
**eye-protecting contrast filter** (TV) / augenschonendes Kontrastfilter
**eye protection** / Augenschutz *m* (als Maßnahme nach DIN 4646) ‖ ~ **protector** (Optics) / Augenschutzgerät *n*, Augenschutz *m* (z.B. Brille) ‖ ~ **relief** (Optics) / Abstand *m* zur Augenlinse ‖ ~ **response** (Med, Optics) / Augenempfindlichkeit *f*
**eyes, without ~** (Nut) / blind *adj* (Käse ohne Löcher)
**eye screw** (Eng) / Ösenschraube *f* ‖ ~ **sensitivity** (Med, Optics) / Augenempfindlichkeit *f* ‖ ~ **splice** (Ships) / Augspleiß *m*
**eyespotted bud moth** (Agric) / Roter Knospenwickler (Tmetocera ocellana F.)
**eye-stopper** *n* / Blickfang *m*, Eyecatcher *m*

**eye strain** / Überanstrengung *f* der Augen ‖ ~ **strain** s. also eye fatigue ‖ ~ **structure** (Geol) / Augenstruktur *f*
**eye-to-wheel height** (Aero) / Auge/Rad-Vertikalabstand *m*
**eye-type bearing** (Eng) / Augenlager *n* (ungeteiltes Stehlager für Hebemaschinen)
**eyewash fountain** (Chem, Med) / Augendusche *f* (DIN 12 899, T 2), Augenbrause *f* (zum Augenschutz) ‖ ~ **station** (Chem, Med) / Augendusche *f* (DIN 12 899, T 2), Augenbrause *f* (zum Augenschutz)
**eyewear** *n* (Optics) / Augenschutzgerät *n*, Augenschutz *m* (z.B. Brille)
**eye-wearing face** (Typog) / Augenpulver *n* (Text in Druckerzeugnissen, der mit engen Schriften oder in kleinen Schriftgraden gesetzt wurde)
**eylet** *n* (Electronics) / Lötöse *f*
**eyong** *n* (For) / Eyong *n* (westafrikanisches Holz der Eribroma oblonga Bod.), Okoko *n*
**eyot** *n* (GB) (Geog, Hyd Eng) / Flussinsel *f*, Werder *m*
**Eyring absorption coefficient** (Acous) / Eyring'scher Absorptionsgrad ‖ ~ **equation** (in reaction kinetics) (Chem) / Eyring-Gleichung *f* (in der Theorie des Reaktionsablaufs) ‖ ~ **equation** (Electronics) / Eyring-Gleichung *f* (Ausfallkurve von Bauelementen)
**Eytelwein equation** (Mech) / Eytelwein-Gleichung *f* (na J.A. Eytelwein, 1765 - 1849)
**e-zine** *n* (a magazine only published in electronic form on a computer network) / E-Zine *n* (pl. E-Zines), E-Zeitschrift *f*

# F

**F** (fluorine) (Chem) / Fluor *n*, F (Fluor)
**F** (farad) (Elec) / Farad *n* (gesetzliche abgeleitete SI-Einheit der elektrischen Kapazität), F (Farad - DIN 1301, T 1)
**F** (filial generation) (Gen) / Filialgeneration *f*, Tochtergeneration *f*
**FAAS** (Spectr) / Flammen-Atomabsorptionsspektrometrie *f*, Flammentechnik *f* (der Atomabsorptionsspektrometrie)
**faba bean** (US) (Bot, Nut) / Saubohne *f* (Vicia faba), Ackerbohne *f*, Pferdebohne *f*
**fabric*** *n* (Build) / Gebäudekörper *m*, Baukörper *m*, Gebäudeskelett *n*, Gebäudetragwerk *n*, Gebäudegerippe *n* (ohne Verputz und Ausbau) || ~* (Build) / Bau *m* (als Bausubstanz) || ~ (Geol) / Gefüge *n* || ~* (Textiles) / Stoff *m* (fertig ausgerüstetes Gewebe), Gewebe *n*, Ware *f*, Tuch *n* (pl. Tuche), textiles Flächengebilde, Zeug *n*, textile Fläche (gewebte) || ~ (Geol) s. also texture
**fabricable alloy** (Met) / Knetlegierung *f*
**fabric appearance** (Textiles) / Gewebebild *n* (als ästhetische Qualität)
**fabricate** *v* / herstellen *v*, produzieren *v*, fertigen *v*, erzeugen *v*, fabrizieren *v*
**fabrication** *n* (Chem Eng, Eng) / Herstellung *f*, Produktion *f*, Fertigung *f*, Erzeugung *f*, Fabrikation *f* || ~ (a term used to distinguish the manufacturing operations for components as opposed to assembly operations) (Electronics) / Vorfertigung *f* || ~ **hole** (Electronics, Eng) / Aufnahmeloch *n* || ~ **property** / Verarbeitbarkeit *f*, Verarbeitungsfähigkeit *f*, Bearbeitbarkeit *f* || ~ **supervision** (Build) / Bauüberwachung *f* im Werk durch Werksabnahme
**fabric-base laminate** (Textiles) / Hartgewebe (Hgw) *n* (ein Schichtpressstoff mit Gewebe als Füllstoff - DIN 7735, T 1), Hgw (ein Schichtpressstoff mit Gewebe als Füllstoff - DIN 7735, T 1)
**fabric batch** (Weaving) / Warendocke *f*, Docke *f* (Holzkaule mit Vierkanteinsatz, auf die die Gewebe in breitem Zustand aufgewickelt werden) || ~ **belt** (Textiles) / textiles Gurtband, Textilgurt *m*, Textilband *n*, Gewebefördergurt *m* (des Gurtbandförderers) || ~ **belt conveyor** (Eng) / Textilgurtbandförderer *m* || ~ **conditioner** (Textiles) / Weichspülmittel *n*, Weichspüler *m* (der den harten Griff der Wäsche beseitigen soll) || ~ **construction** (Textiles) / Gewebekonstruktion *f* || ~ **cover** (Autos) / Stoffbezug *m*
**fabric-covered** *adj* (Aero) / mit Stoff bespannt || ~ (Textiles) / stoffüberzogen *adj*
**fabric covering** (Textiles) / Stoffbespannung *f*, Tuchbespannung *f*, textile Bespannung *f* || ~ **dip** (Autos, Textiles) / gummifreundliche Imprägnierung des Reifenkords (z.B. mit Naturlatex, mit Resorzin-Formaldehyd, mit einem Zusatz von Vinylpyridin-Latex) || ~ (Textiles) / Vorderseite *f*, rechte Stoffseite, Schauseite *f*, Tuchseite *f* || ~ **feeder** (Textiles) / Transporteur *m* (Vorrichtung an der Nähmaschine, die den Stoff unter der Nadel weiterbefördert), Stoffschieber *m*, Greifer *m* || ~ **filter** / Gewebefilter *n*, Tuchfilter *n* || ~ **finish** (Textiles) / Gewebeappretur *f*, Stoffausrüstung *f* || ~ **fold** (Textiles) / Stoffbruch *m* || ~ **former** (Textiles) / Weichspülmittel *n*, Weichspüler *m* (der den harten Griff der Wäsche beseitigen soll) || ~ **former** (Textiles) / Formspüler *m* (Wäschebehandlungsmittel) || ~ **growth** (Textiles) / bleibende Gewebedehnung, bleibende Gewebelängung || ~ **-impregnating varnish** (Paint) / Gewebelack *m* (zum Imprägnieren von Jute-, Hanf-, Leinen- und Baumwollgeweben, von denen vor allem Geschmeidigkeit verlangt wird) || ~ **length** (Textiles) / Stofflänge *f* (einer gewebten Stoffbahn), Warenlänge *f* || ~ **loop** (Textiles) / Stoffschlaufe *f* || ~ **pack** (Textiles) / Gewebewickel *m* || ~ **panel** (Textiles) / zugeschnittene Stoffbahn || ~ **ply** (Eng) / Gewebeeinlage *f* (in Schläuchen) || ~ **ply** (Textiles) / Stofflage *f* || ~ **press** (Paper) / Fabric-Presse *f* (mit Mitläuferband) || ~ **ribbon** / Gewebefarbband *n*, Stoffarbband *n* (der Schreibmaschine), Textilfarbband *n*
**fabrics** *pl* (Civ Eng, Textiles) / Geotextilien *pl* (Spinnvliese zum Einsatz im Straßen-, Eisenbahn- und Tunnelbau sowie für Drainagezwecke - DIN 18 918)
**fabric softener** (Textiles) / Weichspülmittel *n*, Weichspüler *m* (der den harten Griff der Wäsche beseitigen soll) || ~ **spreader** (Textiles) / Ausbreiter *m* (DIN 64970), Breithalter *m* (der Veredlungsmaschine) || ~ **structure** (Textiles) / Gewebekonstruktion *f* || ~ **symmetry coordinates** (Geol) / Gefügekoordinaten *f pl* || ~ **top** (Autos) / Stoffverdeck *n* || ~ **wallcovering** (Textiles) / Textiltapete *f*, Gewebetapete *f* || ~ **wall hanging** (Textiles) / Textiltapete *f*, Gewebetapete *f* || ~ **weight** (Textiles) / Stoffmasse *f*, Stoffgewicht *n*, Warenmasse *f*, Warengewicht *n* || ~ **wheel** (Eng) / Stoffscheibe *f* (eine Polierscheibe) || ~ **width** (Textiles) / Stoffbreite *f*
**fabridam** *n* (Hyd Eng) / Kunststoffdamm *m* (aus Kunststofffolien)
**Fabry-Pérot interferometer*** (Phys) / Fabry-Pérot-Interferometer *n* (Interferometer, aufgebaut aus zwei ebenen oder gewölbten Spiegeln, die so zueinander justiert sind, dass Licht zwischen ihnen hin und her reflektiert wird - nach Ch. Fabry, 1867 - 1945, und A. Pérot, 1863 - 1925), Fabry-Pérot-Interferenzspektroskop *n*, Vielstrahlinterferometer *n* nach Fabry-Pérot
**fabulite** *n* (Min) / Fabulit *m* (ein Diamantersatz)
**fac-** (Chem) / fac- (ein Strukturpräfix)
**facade** *n* (Build) / Front *f* (meistens die Vorderseite eines Gebäudes), Straßenfront *f*, Fassade *f* (Stirnseite)
**façade** *n* (Build) / Front *f* (meistens die Vorderseite eines Gebäudes), Straßenfront *f*, Fassade *f* (Stirnseite) || ~ **cleaning** (Build) / Fassadenreinigung *f* || ~ **paint** (Build, Paint) / Fassadenfarbe *f*
**face** *v* / beschichten *v*, überziehen *v*, belegen *v* || ~ **verblenden** *v*, verkleiden *v* (verblenden), bekleiden *v* (verblenden) || ~ (something) (Build) / gehen *v* (z.B. zur Straße - Fenster) || ~ (Carp) / schleifen *v*, sanden *v* || ~ (Eng) / planbearbeiten *v* (nur Infinitiv oder Partizip), Stirnflächen bearbeiten || ~ (Foundry) / schlichten *v* || ~ (Foundry) / einstäuben *v*, einpudern *v* (Form) || ~ (Textiles) / besetzen *v* (einfassen), einfassen *v* || ~ *n* (Arch) / Stirn *f*, Haupt *n*, Stirnseite *f*, Sichtseite *f* (des Bogens) || ~ (Build) / Front *f* (meistens die Vorderseite eines Gebäudes), Straßenfront *f*, Fassade *f* (Stirnseite) || ~ (Build) / Kopfseite *f*, Haupt *n*, Kopffläche *f*, Stirnfläche *f* (die Sichtfläche des Natursteins) || ~ (Build) / Ansichtsseite *f* (einer Bauplatte, eines Paneels) || ~ (Carp, For) / Breitseite *f*, Breitfläche *f* (in der Faserrichtung) || ~ (Comp) / Vorderseite *f* (der Lochkarte) || ~* (Crystal) / Fläche *f* || ~* (of a valve) (Eng) / Sitzfläche *f* || ~* (Eng) / Arbeitsfläche *f* || ~ (Eng) / Vorderseite *f*, Arbeitsseite *f*, Stirnseite *f* || ~ (Eng) / Lauffläche *f* (der Riemenscheibe) || ~ (e.g. oak-faced) (For) / Vorderseite *f* (von Sperrholz) || ~ (For) / Brust *f* (des Sägezahns) || ~* (For) / Spanfläche *f* (des Sägeblatts) || ~ (for resin tapping) (For) / Harzlachte *f* (bei Lebendharzung der Kiefer entstehende Wundfläche), Lachte *f* (eine senkrechte Tropfrinne und schräg, fischgrätenähnlich verlaufende Risse) || ~ (of a clock) (Horol, Instr) / Zifferblatt *n* || ~ (Hyd Eng) / Seite *f* (der Talsperre - als Fläche) || ~ (I C Engs) / Lauffläche *f* (des Kolbenrings) || ~ (of a polyhedron) (Maths) / Seitenfläche *f* (das Polyeder begrenzendes Vieleck), Mantelfläche *f* (eines Polyeders) || ~* (Mining) / Stoß *m* (Angriffsfläche für die Gewinnung), Kohlenstoß *m*, Ortsstoß *m*, Kohlegewinnungsstoß *m* || ~ (Mining) / Abbaufront *f* (Kohlenstoß im Streb, an dem die Gewinnung der Kohle erfolgt) || ~ (Textiles) / Vorderseite *f*, rechte Stoffseite, Oberseite *f*, Schauseite *f*, Tuchseite *f* || ~* (first) (Tools) / Spanfläche *f* (Fläche am Schneidkeil, auf der der Span abläuft - DIN 6581), Spanflächenfase *f* || ~* (Tools) / Bahn *f* (Amboss-, Hammer-), Breitbahn *f* (Hammer) || ~ (of a type) (Typog) / Schriftbild *n*, Auge *n* (Bild) || ~ **advance rate** (Mining) / Abbaufortschritt *m* (in Metern)
**face-airing*** *n* (Mining) / Strebbewetterung *f*, Ortsbewetterung *f*
**face angle** (Met) / Spitzenwinkel *m* (zwischen den gegenüberliegenden Flächen der Diamantpyramide - bei der Vickers-Härteprüfung) || ~ **belt conveyor** (Mining) / Strebförderband *n*
**face-bonded device** (Electronics) / bondierter Chip || ~ **device** (Electronics) s. also flip-chip
**face bonding** (Electronics) / Face Bonding *n* (Kopfüber-Kontaktierung zwischen einem Halbleiterchip und einem Substrat bzw. bei mehreren Chips auch deren Querverbindungen untereinander), Oberseitenkontaktierung *f* || ~ **brick** (US) (Build) / Verblender *m* (Vorderziegel, Profilziegel, Verblendziegel), Verblendstein *m* (ein frostbeständiger Mauerstein, der als äußere Schicht beim Verblendmauerwerk zum Einbau kommt), Blendstein *m* || ~ **brick** (US) (Build) / Vormauerstein *m*, Fassadenziegel *m*, Vormauerziegel *m* (frostbeständiger)
**face-centred*** *adj* (lattice) (Crystal) / flächenzentriert *adj* (Gitter), allseitig flächenzentriert
**face•-centred cubic*** (Crystal) / kubisch-flächenzentriert *adj*, kfz (kubisch-flächenzentriert) || ~ **chuck*** (Eng) / Planscheibe *f* (Spannvorrichtung, mit meist vier unabhängig voneinander bewegbaren Spannbacken, sowohl für waagerechte als auch für senkrechte Drehmaschinen)
**facecloth** *n* (GB) (Textiles) / feines Strichtuch
**face collapse** (Mining) / Strebbruch *m* || ~ **concrete** (Civ Eng) / Vorsatzbeton *m* (die dem tragenden Beton vorgesetzte Betonschicht anderer Zusammensetzung) || ~ **conveying** (Mining) / Abbauförderung *f* || ~ **conveyor** (Civ Eng, Mining) / Baggerstrossenband *n* || ~ **core** (Eng) / Kopfkegel *m* (nach DIN 3998) || ~ **cut** (For) / Eröffnungsschnitt *m*, erster Schnitt
**face-cutting machine** (Paper) / Planschneider *m* (Vierseitenschneidemaschine), Formatschneider *m*

**faced**

**faced brickwork** (Build) / Verblendmauerwerk n (ein Natursteinmauerwerk oder ein Mauerwerk aus künstlichen Steinen, das einseitig mit Verblendern bekleidet ist - DIN 1053-1), Blendmauerwerk n, Sichtmauerwerk n

**face-discharge bit** (Mining) / Doppelkernrohr n mit mitdrehendem Innenrohr

**faced masonry** (Build) / Sichtmauerwerk n (einschaliges Verblendmauerwerk), Verblendschale f

**face-down assembly** (Electronics) / Face-down-Montage f (zur Kontaktierung und gleichzeitigen Befestigung von ungekapselten Halbleitern in Hybridschaltungen), Face-down-Verbindungstechnik f (Kontaktierungsverfahren mit der Kontaktseite nach unten), Face-down-Bonden n || **~ bonding** (Electronics) / Face-down-Montage f (zur Kontaktierung und gleichzeitigen Befestigung von ungekapselten Halbleitern in Hybridschaltungen), Face-down-Verbindungstechnik f (Kontaktierungsverfahren mit der Kontaktseite nach unten), Face-down-Bonden n || **~ feed** (Comp) / Zuführung f mit der Vorderseite nach unten

**face eccentricity** (Eng) / Planlaufabweichung f (Unterschied zwischen größtem und kleinstem Abstand zwischen einer Stirnseite des Fräsers und einer Normalebene zur Bohrungsachse des Fräsers), Fräserplanlauf m, Fräserplanschlag m || **~ edge*** (Build, Carp, Join) / Anlegekante f (als Bezugselement), Bezugskante f

**face-ejection bit** (Mining) / Doppelkernrohr n mit mitdrehendem Innenrohr

**face finish** (Textiles) / Oberflächenveredlung f, Oberflächenappretur f || **~ flannel** (Textiles) / feines Strichtuch || **~ grinding** (Eng) / Seitenschleifen n (DIN 8589, T 11) || **~ guard** (Paint) / Spritzmaske f

**face-hammer*** n (Tools) / Hammer m mit flacher Pinne || **~*** (Tools) / Abfinnhammer m

**face-hardening** n (Met) / Randschichthärten n (Härten mit auf die Randschicht beschränkter Austenitisierung - DIN EN 10 052), Randhärten n, Härteannahme an der Oberfläche), Oberflächenhärten n, Oberflächenhärtung f

**face haulage** (Mining) / Abbauförderung f || **~ head** (Mining) / oberes Strebende || **~ joint** (Build) / sichtbare Fuge, Sichtfuge f || **~ knot** (For) / Flächenast m || **~ lathe*** (Eng) / Plandrehmaschine f (für die Bearbeitung meist großer und/oder sperriger Werkstücke), Stirndrehmaschine f, Kopfdrehmaschine f || **~ left*** (Surv) / Fernrohr links (bei Theodoliten) || **~ length** (Met) / Ballenlänge f (bei Walzen) || **~ length** (Mining) / Streblänge f (Begrenzung des Strebraumes der Länge nach zwischen den begleitenden Ausbaustrecken)

**facelift** n (of cars) (Autos) / Facelift n (Verbesserung des Erscheinungsbildes) || **~** (Build) / Fassadenerneuerung f und Modernisierung (des Hauses)

**facelifting** n / Facelifting n (Veränderung meist äußerlicher Merkmale von Produkten, um den Absatz mit relativ geringem Mehraufwand zu erhöhen, wenn der Umsatz in die Sättigungsphase getreten ist)

**face lighting** (Mining) / Abbaubeleuchtung f

**faceman** n (Mining) / Hauer m (meistens Streb- oder Kohlenhauer), Häuer m, Gewinnungshauer m

**face mask** / Gesichtsmaske f (eine Schutzmaske) || **~ mask** (of a painter) (Paint) / Spritzmaske f || **~ mechanization** (Mining) / Mechanisierung f des Strebbaus, Strebmechanisierung f (Voll- oder Teil-) || **~ mill** (Eng) / Stirnfräser m (stirnseitig schneidender Schaftfräser) || **~ milling** (Eng) / Stirnfräsen n (die Werkstückfläche wird von an der Stirnseite des Werkzeuges liegenden Schneide erzeugt - nach DIN 6580), Stirnen n (die Fräserachse liegt senkrecht zur Arbeitsfläche) || **~ nailing** (Carp) / Geradnagelung f

**F$_A$-centre** n (Crystal, Electronics) / F$_A$-Zentrum n (ein Farbzentrum mit Verunreinigungen), A-Zentrum n

**face of the map** (Cartography) / Kartenfeld n, Kartenspiegel m || **~ of the wall** (Build) / Mauerhaupt n || **~ of work** (Mining) / Abbaustoß m (Angriffsfläche für die Gewinnung) || **~-on** n (Mining) / bankebener Abbau (parallel zur Schichtfläche von Gesteinen oder Flözen) || **~ padding** (Textiles) / Pflatschen n (Aufbringen flüssiger Ausrüstungsmittel mittels Walzen auf dem Foulard) || **~ paper** (Build) / Ansichtsseitenkarton m (bei Gipskartonplatten)

**faceplate** n / Stirnblech n || **~** (Carp, Join) / Schließblech n (ein Türbeschlag nach DIN 18 251) || **~** (Electronics) / Frontplatte f || **~*** (the part of a cathode-ray tube that carries the phosphor screen) (Electronics) / Schirmträger m (einer Katodenstrahlröhre) || **~*** (Eng) / Planscheibe f (Spannvorrichtung mit meist vier unabhängig voneinander bewegbaren Spannbacken, sowohl für waagerechte als auch für senkrechte Drehmaschinen) || **~*** (Eng) / Tuschierplatte f (Verkörperung der Ebene) || **~** (Join) / Stulp m (auf der Schmalfläche des Einsteckschlosses)

**face-plate controller*** (Elec Eng) / Flachbahnanlasser m || **~ coupling*** (Eng) / Flanschkupplung f (mit der zwei Wellen starr miteinander gekuppelt werden), Scheibenkupplung f

**faceplate jaw** (Eng) / Werkstückklemme f (Spannelement der Planscheibe), Spannklaue f

**face-plate starter*** (Elec Eng) / Flachbahnanlasser m

**face ply** (For) / Decklage f (bei Lagenholz) || **~ printing** (Print) / Schöndruck m (Bedrucken der ersten Seite bei zweiseitigem Druck) || **~ putty** (Build) / der vordere Teil des Dichtungsmittelbetts (mit Dichtungsmittelfase - bei Fensterverglasung)

**facer** n (For, Join) / Abrichthobelmaschine f (mit unten liegender Messerwelle, die mit ihrem Scheitel zwischen zwei Tischlippen hobelt)

**face right*** (Surv) / Fernrohr rechts (bei Theodoliten)

**facer knife** (For) / Hobelmesser n

**face sander** (For) / Flächenschleifmaschine f || **~ shake** (For) / Flächenriss m || **~ shield** / Gesichtsschutzschirm m, Frontalschirm m (ein Gesichtsschutzschirm) || **~ shovel*** (Civ Eng, Eng) / Hochlöffel m (des Hochlöffelbaggers) || **~ shovel excavator** (Civ Eng, Eng) / Hochlöffelbagger m || **~ side** (For) / Vorderseite f (von Sperrholz) || **~ side** (of a board) (For) / Gutseite f (beim Aneinanderfügen von Blättern) || **~ spanner** (Eng, Tools) / Maulschlüssel m, Gabelschlüssel m (ein Schraubenschlüssel) || **~ string** (US) (Build, Carp) / Freiwange f (die der Wand abgewandte Treppenwange) || **~ support** (Mining) / Strebausbau m (entweder Einzelstempelausbau oder Schreitausbau)

**facet** v / fassettieren v, facettieren v || **~*** n / Facette f (eckig geschliffene Fläche) || **~*** (Arch) / Steg m (zwischen zwei Einkehlungen einer kannelierten Säule)

**face tail** (Mining) / unteres Strebende

**face-to-face configuration** (Acous) / einander gegenüberstehende Anordnung (der Mikrofone) || **~ coupling** (Telecomm) / Stirnflächenkopplung f (Signalübertragung über stirnseitig miteinander verbundene Faserenden - in den LWL) || **~ dimension** (Eng) / Baulänge f (der Flanscharmaturen)

**face-to-face phone** (Teleph) / Bildschirmtelefon n, Bildtelefon n, Bildfernsprecher m, Fernsehtelefon n

**face-to-face pile fabric** (Textiles) / Doppelsamt m, Doppelplüsch m (Doppelsamt)

**face-trace tunnelling machine** (Civ Eng, Mining) / Teilschnittvortriebsmaschine f

**facette*** n (Arch) / Steg m (zwischen zwei Einkehlungen einer kannelierten Säule)

**facetted classification** / Facettenklassifikation f (polyhierarchische Klassifikation nach Merkmalsausprägungen, die in einem bestimmten Wissensbereich für die begriffliche Ordnung als spezifisch angesehen werden können)

**facetted-diamond turning tool** (Eng, Tools) / Drehdiamant m mit Facettenschneide

**facetted pebbles** (Geol) / Facettengeschiebe n

**facetting** n (Crystal) / Fassettierung f (Erscheinen einer stufenartigen Folge glatter Flächen durch Vergröberung einer Kristalloberfläche), Facettierung f

**face turning** (Eng) / Plandrehen n (bei dem am Werkstück eine Planfläche erzeugt wird) (DIN 8589, T 1), Stirndrehen n, Querdrehen n

**face-up assembly** (Electronics) / Face-up-Montage f (Montage von Halbleitern mit der Kontaktseite nach oben), Face-up-Verbindungstechnik f (Kontaktierungsverfahren mit der Kontaktseite nach oben), Face-up-Bonden n || **~ bonding** (Electronics) / Face-up-Montage f (Montage von Halbleitern mit der Kontaktseite nach oben), Face-up-Verbindungstechnik f (Kontaktierungsverfahren mit der Kontaktseite nach oben), Face-up-Bonden n || **~ feed** (Comp) / Zuführung f mit der Vorderseite nach oben

**face veneer** (used for decoration rather than strength) (Join) / Deckfurnier n (meistens gemessertes Edelfurnier nach DIN 68 330) || **~-wall*** n (Build) / Stirnwand f, Stirnmauer f, Vorderwand f || **~ wear** (Eng) / Spanflächenverschleiß m (Verschleiß der Spanfläche des Schneidkeils)

**facewidth** n (Eng) / Zahnbreite f (DIN 3960), Verzahnbreite f

**facework** n (Build) / Verblendung f (Einbau von Verblendsteinen)

**faceworker** n (Mining) / Hauer m (meistens Streb- oder Kohlenhauer), Häuer m, Gewinnungshauer m

**face worm gear** (Eng) / Globoidkegelrad n (zur Paarung mit Kegelschnecke)

**facia** n (Arch) / Ziergurt m || **~** (Arch, Build) / Faszie f, Gurt m (des Architravs) || **~** (Elec Eng) / Schaltpult n (des Elektroherdes), Schalterfront f || **~ board** (Autos) / Instrumentenanlage f, Armaturenbrett n, Instrumententafel f

**facial recognition** / Gesichtserkennung f (biometrisches Verfahren zur Identifizierung einer Person durch unverwechselbare Merkmale ihres Gesichts)

**F acid** (Chem) / F-Säure f (Furan-Fettsäure), Furan-Fettsäure f

**F acid** (Chem) / F-Säure f (eine Naphtholsulfonsäure), Cassella-Säure f

**facies*** n (Geol) / Fazies f (Bezeichnung für den unterschiedlichen Habitus, den ein Sediment bei seiner Bildung erhalten hat) || **~**

**change** (Geol) / Faziesänderung f, Fazieswechsel m ‖ ~ **fossil** (Geol) / Faziesfossil n ‖ ~ **suite** (Geol) / Großfaziesbereich m

**facile** adj (Chem) / strukturunempfindlich adj (Reaktion)

**facilitated diffusion*** (Biol, Chem, Phys) / erleichterte Diffusion ‖ ~ **diffusion*** (Biol, Chem, Phys) s. also active transport

**facility** n (Comp) / Teildienst m (DIN ISO 7498) ‖ ~ (Comp) / Dienstmerkmal n (ISDN) ‖ ~ (Eng) / Einrichtung f (Ausrüstung) ‖ ~ (Eng) / Anlage(n) f(pl), Einrichtung(en) f(pl), Fazilität f (materielle, technische und organisatorische Bedingungen für einen bestimmten Zweck), Facility f (Ausstattung, Kundendiensteinrichtung) ‖ ~ (Telecomm) / Leistungsmerkmal n, LM (Leistungsmerkmal), Dienstleistungsmerkmal n, Feature n (Leistungsmerkmal), SF (Service Feature) ‖ ~ **data area** (Comp) / Facility-Tabelle f ‖ ~ **data table** (Comp) / Facility-Tabelle f ‖ ~ **management** (Automation) / Facility-Management n (Oberbegriff für das elektronische Management von technischen Anlagen aller Art in Gebäuden zu Zwecken der Mess-, Steuer- und Regelungstechnik) ‖ ~ **management** (Build) / Gebäudemanagement n ‖ ~ **management** (Comp) / Facility-Management n (komplette Ausgliederung der DV aus dem Unternehmen und Inanspruchnahme eines externen Service-Rechenzentrums) ‖ ~ **request** (Telecomm) / Leistungsmerkmalanforderung f

**facing** n / Belagstoff m (Verkleidungsstoff), Belagmaterial n, Verkleidungsstoff m, Verkleidung f (als Material) ‖ ~ (Autos) / Belag m (Brems-, Kupplungs-) ‖ ~ (Build) / Verblendung f (Einbau von Verblendsteinen) ‖ ~ (Civ Eng) / Verkleidung f, Verblendung f, Bekleidung f, Auskleidung f, Füttern n eines (Brunnen)Schachtes (mit Holz, Stein oder Metall) ‖ ~* (Eng) / Plandrehen f (bei dem am Werkstück eine Planfläche erzeugt wird) (DIN 8589, T 1), Stirndrehen n, Querdrehen n ‖ ~ (Eng) / bearbeitete Passfläche ‖ ~* (Eng) / Planbearbeitung f, Bearbeitung f von Stirnflächen ‖ ~ (Eng) / Auflagewerkstoff m (beim Plattieren) ‖ ~ (Foundry) / Schlichte f (ein Form- bzw. Kernüberzugsstoff zur Verbesserung der Gussoberfläche), Formschlichte f ‖ ~ (Foundry) / Formüberzug m, Überzug m (der Form) ‖ ~ (Foundry) / Einstäuben n, Einpudern n (der Form) ‖ ~ (Met, Surf) / Hartmetallschicht f (elektrochemisch abgeschiedene) ‖ ~ adj (Build) / verblendfähig adj (Ziegel) ‖ ~ **board** (Mining) / Schwarte f (zum Ausbau) ‖ ~ **bond*** (Build) / Läuferverband m ‖ ~ **brick*** (designed for use on the exterior or facing of a structure or wall) (Build) / Verblender m (Vorderziegel, Profilziegel, Verblendziegel), Verblendstein m (ein frostbeständiger Mauerstein, der als äußere Schicht beim Verblendmauerwerk zum Einbau kommt), Blendstein m ‖ ~ **brick*** (Build) / Vormauerstein m, Fassadenziegel m, Vormauerziegel m (frostbeständiger) ‖ ~ **cutter** (Eng) / Stirnfräser m (stirnseitig schneidender Schaftfräser) ‖ ~ **cutter** (Eng) / Plansenkkopf m, Stirnsenkkopf m ‖ ~ **gauge** (Aero) / Strömungssonde f zur Messung des Gesamtdruckes (Pitotrohr, Kammsonde) ‖ ~ **lathe** (Eng) / Plandrehmaschine f (für die Bearbeitung meist großer und/oder sperriger Werkstücke), Stirndrehmaschine f, Kopfdrehmaschine f ‖ ~ **masonry** (Build) / Sichtmauerwerk n (einschaliges Verblendmauerwerk), Verblendschale f ‖ ~ **material** / Belagstoff m (Verkleidungsstoff), Belagmaterial n, Verkleidungsstoff m, Verkleidung f (als Material) ‖ ~ **page** (Typog) / Gegenseite f ‖ ~ **points*** (GB) (Rail) / spitzbefahrene Weiche

**facings** pl (Textiles) / Besatz m (an Kleidern)

**facing sand*** (Foundry) / Modellschwarzsand m, Modellsand m, Anlegesand m ‖ ~ **slide** (Eng) / Planschieber m ‖ ~ (cross) **stop** (Eng) / Plananschlag m ‖ ~ **switch** (US) (Rail) / spitzbefahrene Weiche ‖ ~ **tool** (Eng) / Plandrehmeißel m ‖ ~ **tool** (Eng) / Stirndrehmeißel m (DIN 4977) ‖ ~ **veneer** (an outside veneer) (Join) / Deckfurnier n (meistens gemessertes Edelfurnier nach DIN 68 330)

**FACS** (Cyt) / fluoreszenzaktivierter Zellsortierer, FACS

**facsimile** v (Comp, Telecomm) / faksimilieren v (kopieren) ‖ ~* n (Comp, Telecomm, Teleg) / Faksimile n, Faksimileübertragung f, Fax m n, Faksimiletelegrafie f ‖ ~* (Telecomm) / Faksimile n (Fernkopieren + Bildtelegrafie) ‖ ~ (Teleg) s. also phototelegraphy and Telefax ‖ ~ **class A** / Bildfunk m für Strichzeichnungen (ein Bildtelegraf mit synchron laufender Sender- und Empfängertrommel zum Übertragen von Schwarzweißvorlagen ohne Halbtöne), Faksimiletelegraf m ‖ ~ **class B** (Telecomm) / Bildfunk m für Halbtöne ‖ ~ **equipment** (Comp, Telecomm) / Telefax n, Fernkopierer m (DIN 32742, T 1), Fernkopiergerät n ‖ ~ **newspaper** (Comp, Telecomm) / Faksimilezeitung f (Sonderfall von Telefax, bei dem eine "Zeitung" nachrichtentechnisch übermittelt und beim Empfänger als Kopie auf einem Papierbogen wiedergegeben wird) ‖ ~ **paper** (Paper) / Telefaxpapier n ‖ ~ **receiver*** (Comp, Telecomm) / Fernkopier-Empfangsgerät n ‖ ~ **reprint** / Faksimilenachdruck m, Reprint m (unveränderte Neuauflage) ‖ ~ **receiver terminal** (Comp, Telecomm) / Fernkopier-Empfangsgerät n ‖ ~ **telegraph** / Bildfunk m für Strichzeichnungen (ein Bildtelegraf mit synchron laufender Sender- und Empfängertrommel zum Übertragen von Schwarzweißvorlagen ohne Halbtöne), Faksimiletelegraf m ‖ ~ **telegraphy*** (Comp, Telecomm) / Faksimile n, Faksimileübertragung f, Fax m n, Faksimiletelegrafie f ‖ ~ **terminal** (Comp, Telecomm) / Telefax n, Fernkopierer m (DIN 32742, T 1), Fernkopiergerät n ‖ ~ **transmission network** (Comp, Telecomm) / Fernkopiernetz n ‖ ~ **transmission service** (Comp, Telecomm) / Faksimile n, Faksimileübertragung f, Fax m n, Faksimiletelegrafie f ‖ ~ **transmitter*** (Comp, Telecomm) / Fernkopiersender m ‖ ~ **unit** (Comp, Telecomm) / Telefax n, Fernkopierer m (DIN 32742, T 1), Fernkopiergerät n

**fact** n / Faktum n (pl. Fakten), Fakt m (pl. Fakten od. -s) ‖ ~ **base** (AI) / Faktenbasis f

**factice** (Chem Eng) / Ölkautschuk m, faktisiertes Öl, Faktis m (pl. Faktisse)

**factographic database** (Comp) / Faktendatenbank f (eine Online-Datenbank)

**factor** n (DIN 5485) ‖ ~ (Biochem) / Faktor m (bei der Blutgerinnung) ‖ ~ (Maths) / Faktor m (Glied eines Produkts) ‖ ~ (Maths) / Teil m, Bruchteil m (ganzzahliger), Submultiplum n (z.B. einer Einheit, z.B. Dezibel zu Bel)

**factorable** adj (Maths) / in Faktoren zerlegbar, faktorisierbar adj ‖ ~ **polynomial** (Maths) / reduzibles Polynom, zerlegbares Polynom

**factor analysis** (Stats) / Faktorenanalyse f

**factored load** (Mech) / Grenzlast f (rechnerische Grenzbelastung mal Latfaktor), rechnerische Grenzbelastung (Belastung mal Lastfaktor)

**factor eight** (a blood protein involved in clotting) (Biochem, Med) / Gerinnungsfaktor m VIII, Faktor m VIII ‖ ~ **group** (Maths) / Restklassengruppe f, Faktorgruppe f

**factorial** adj (Maths, Stats) / faktoriell adj ‖ ~ **analysis** (Stats) / Faktorenanalyse f ‖ ~ **coefficient** (Maths) / Stirling'sche Zahl (nach J. Stirling, 1692-1770) ‖ ~ **experiment** (Stats) / faktorieller Versuch, Komplexversuch m ‖ ~ **moment** (Maths) / faktorielles Moment ‖ ~ **n** (Maths) / Fakultäte f (verallgemeinerte Potenz) ‖ ~ **n*** (Maths) / n Fakultät f (Produkt aller natürlichen Zahlen von 1 bis zu einer ganzen positiven Zahl n), n! ‖ ~ **notation** (Comp) / Fakultätsschreibweise f ‖ ~ **polynomial** (Maths) / Faktorielle f (verallgemeinerte Potenz) ‖ ~ **ring** (Maths) / ZPE-Ring m (ein Integritätsbereich)

**factoring** n / Factoring n (Absatzfinanzierung mit Absicherung des Kreditrisikos) ‖ ~ (Maths) / Faktorenzerlegung f ‖ ~ (Maths) / Zerlegung f in Linearfaktoren (einer quadratischen Form)

**factorisable** adj (GB) (Maths) / in Faktoren zerlegbar, faktorisierbar adj

**factorisation** n (GB) (Maths) / Zerlegung f in Linearfaktoren (einer quadratischen Form) ‖ ~ (GB) (Maths) / Faktorisierung f (Darstellung einer Summe als Produkt) ‖ ~ (GB) (Maths) / Faktorenzerlegung f

**factorizable** adj (Maths) / in Faktoren zerlegbar, faktorisierbar adj

**factorization** n (Maths) / Zerlegung f in Linearfaktoren (einer quadratischen Form) ‖ ~ (Maths) / Faktorisierung f (Darstellung einer Summe als Produkt) ‖ ~ (Maths) / Faktorenzerlegung f

**factor of adhesion** (Phys) / Haftreibungsbeiwert m ‖ ~ **of inertia** (Phys) / Trägheitsfaktor m (das Verhältnis des gesamten Trägheitsmomentes eines Antriebssystems zum Eigenträgheitsmoment des Antriebsmotors) ‖ ~ **of merit** (Elec Eng) / Galvanometerkonstante f (für die Ermittlung der Empfindlichkeit des Galvanometers) ‖ ~ **of merit** (Elec Eng, Phys) / Kreisgüte f, Güte f (eines schwingenden Systems), Güdefaktor m, Resonanzschärfe f (DIN 1344) ‖ ~ **of production** (Work Study) / Produktionsfaktor m (Arbeit, Boden, Kapital, dispositiver Faktor) ‖ ~ **of safety*** (Build, Eng) / Sicherheitskoeffizient m, Sicherheitsbeiwert m, Sicherheitswert m, Sicherheitszuschlag m, Sicherheitsfaktor m ‖ ~ **of safety*** (Mech) / Festigkeitsreserve f, Festigkeitsvorrat m, Festigkeitsüberschuss m (der Konstruktion) ‖ ~ **ranking method** (Work Study) / Rangreihenverfahren n (eine analytische Methode der Arbeitsbewertung) ‖ ~ **ring** (Maths) / Restklassenring m, Faktorring m ‖ ~ **space** (Maths) / Zerlegungsraum m, Quotientenraum m, Raum m der Zerlegung ‖ ~ **theorem** (of an algebraic equation) (Maths) / Faktorsatz m ‖ ~ **n** VIII (Biochem, Med) / Gerinnungsfaktor m VIII, Faktor m VIII

**factory** n (cotton mill, rolling mill, saw-mill, spinning mill) / Werk n (Produktionsstätte), Fabrik f ‖ ~ (Eng) / Betrieb m ‖ **ex ~** / ab Werk (eine Liefervereinbarung)

**factory-adjusted** adj / werksseitig eingestellt

**factory-applied coating** (Paint) / Fertigungsbeschichtung f, Shop-Primer m (bindemittelarme, überschweißbare Zinkstaubfarbe), Werkstattbeschichtung f, Ablieferungsbeschichtung f, Auslieferungsbeschichtung f, Fertigungsanstrich m, FA (Fertigungsanstrich), Werksbeschichtung f, im Werk aufgebrachte Schutzschicht

**factory-assembled** adj / fabrikfertig adj

**factory-built** adj / fabrikfertig adj

**factory coating**

**factory coating** (Paint) / Beschichten *n* in der Werkstatt ‖ ~ **cullet** (Glass) / Eigenscherben *f pl* ‖ ~ **data capture** (Work Study) / Betriebsdatenerfassung *f*, BDE (Betriebsdatenerfassung) ‖ ~ **date** / Fabrikdatum *n* ‖ ~ **deck** (Nut, Ships) / Verarbeitungsdeck *n* ‖ ~ **farming** (Agric) / industriemäßig produzierende Landwirtschaft (meistens nur Tierzucht) ‖ ~ **fitting** (Elec Eng) / Werkstattleuchte *f* (geschützte) ‖ ~ **floor** (Work Study) / Fabrikarbeiter *m pl* ‖ ~ **industrialized building** (Build) / industrielle Bauweise, industrielles Bauen, Industriebau *m*
**factory-installed** *adj* / werksseitig eingebaut
**factory mortar** (Build) / Werkmörtel *m* (DIN 18557) ‖ ~ **of the future** / Fabrik *f* der Zukunft ‖ ~ **outlet** / Factory-Outlet *n* (Werksverkaufsstelle) ‖ ~ **outlet** (generally a driven-thru store) / Abhollager *n* ‖ ~ **outlet centre** / Outlet-Center *n* (Werkverkaufsstelle), Fabrikverkaufszentrum *n*, Factory-Outlet-Center *n*
**factory-owned** *adj* / betriebseigen *adj*, werkseigen *adj*, firmeneigen *adj*
**factory pilot** (Aero) / Werkpilot *m*
**factory-prepared** *adj* / Fertig- (eine Mischung)
**factory primer** (Paint) / Fertigungsbeschichtung *f*, Shop-Primer *m* (bindemittelarme, überschweißbare Zinkstaubfarbe), Werkstattbeschichtung *f*, Ablieferungsbeschichtung *f*, Auslieferungsbeschichtung *f*, Fertigungsanstrich *m*, FA (Fertigungsanstrich), Werksbeschichtung *f*, im Werk aufgebrachte Schutzschicht
**factory-programmable read-only memory** (Comp) / FROM *n* (PROM, der bereits im Herstellerwerk programmiert wird)
**factory relocation** (Work Study) / Werksverlegung *f* ‖ ~ **removal** (Work Study) / Werksverlegung *f* ‖ ~ **ROM** (Comp) / FROM *n* (PROM, der bereits im Herstellerwerk programmiert wird) ‖ ~ **scrap** (Foundry, Met) / Umlaufschrott *m*, Kreislaufmetall *n* (internes Rücklaufmetall, z.B. Angüsse, Speiser, Ausschussstücke usw.), Kreislaufmetall *n*, Rücklaufschrott *m*, Kreislaufmaterial *n* ‖ ~ **set** (Eng) / Werkeinstellung *f*, Werksvoreinstellung *f* ‖ ~ **setting** (Eng) / Werkeinstellung *f*, Werksvoreinstellung *f* ‖ ~ **sheathing** (Eng) / Werksumhüllung *f* ‖ ~ **ship** (Nut, Ships) / Fabrikschiff *n* (Fang- und Verarbeitungsschiff), Fischfabrikschiff *n* ‖ ~ **ship** (Nut, Ships) / Verarbeitungsschiff *n* ‖ ~ **shop** / Factory-Outlet *n* (Werksverkaufsstelle) ‖ ~ **sole leather** (Leather) / biegsames, flexibles, normales Sohlleder (meistens für geklebtes Schuhwerk) ‖ ~ **square** (US) / 10² m
**factory-tested** *adj* / werkseitig geprüft
**factory-wired** *adj* (Elec Eng) / fertig verdrahtet
**facts base** (AI) / Faktenbasis *f*
**factual base** (AI) / Faktenbasis *f* ‖ ~ **database** (Comp) / Faktendatenbank *f* (eine Online-Datenbank)
**faculae*** *pl* (Astron) / Fackelfelder *n pl* (überhitzte Gebiete in Fotosphäre und Chromosphäre, die heller als ihre Umgebung erscheinen), Fackeln *f pl*, Sonnenfackeln *f pl*
**facultative*** *adj* / Wahl-, fakultativ *adj*, wahlfrei *adj*, beliebig *adj* ‖ ~ **formation of coloured heartwood** (For) / fakultative Farbkernbildung ‖ ~ **parasite** (Ecol) / Gelegenheitsparasit *m*
**FAD** (Biochem) / Flavin-Adenin-Dinukleotid *n* (prosthetische Gruppe zahlreicher Flavoproteine), Flavin-Adenin-Dinucleotid *n*, FAD (Flavin-Adenin-Dinucleotid)
**f.a.d.** (free-air delivery) (Eng) / effektive Liefermenge (bei Verdichtern)
**FAD** (free-air delivery) (Eng) / effektive Liefermenge (bei Verdichtern)
**fad** *n* (Paint) / Ballen *m* (zum Schellackpolituraufrag) ‖ ~ **application** (Paint) / Ballenauftrag *m* (manueller Auftrag mittels Stoffballen)
**Faddeev-Popov ghost field** (Phys) / Faddejew-Popov-Geisterfeld *n* (das der Fermi-Statistik genügt)
**fade** *v* (Textiles) s. also off-colour ‖ ~ *vi* (Textiles) / verbleichen *v*, verschießen *v* (von Farben), ausbleichen *vi* (von Farbtönen)
**faded** *adj* / verwaschen *adj* (Farbe) ‖ ~ / fahl *adj* (verschossen) ‖ ~ / farblos *adj*, verblasst *adj*, verschossen *adj*
**fade in** *v* (Cinema) / aufblenden *v* (weich) ‖ ~ **in** (Cinema) / einblenden *v* (Film, Ton)
**fade-in*** *n* (Cinema) / Aufblenden *n*, Aufblendung *f* ‖ ~* (Cinema) / Einblendung *f* (Film, Ton), Einblenden *n*, Fade-in *n*
**fadeless** *adj* (Paint, Textiles) / echt *adj* (Farbstoff unter Lichteinwirkung)
**fadeometer** *n* (Chem) / Fadeometer *n*
**fade out** *v* (Cinema) / ausblenden *v* (Film, Ton)
**fade-out*** *n* (Cinema) / Abblenden *n*, Abblendung *f* ‖ ~* (Cinema) / Ausblenden *n*, Ausblendung *f* (Film, Ton), Fade-out *n*
**fade•-out fabrics** (Textiles) / Fade-out-Stoffe *m pl* (z.B. für Jeans) ‖ ~ **over** *v* (Cinema) / überblenden *v*
**fade-over** *n* (Cinema) / Überblendung *f*, Bildüberblendung *f* (mit Hilfe einer Addierstufe) ‖ ~ (Photog) / pausenlose Überblendung (in einem Stehbildwerfer) ‖ ~ (TV) / Überlagerung *f* (von zwei Bildern)

**fader** *n* (Autos, Radio) / Überblendregler *m* (zum Einstellen des Lautstärkeverhältnisses vorn/hinten), Fader *m* ‖ ~* (Cinema) / Tonregler *m* (bei Tonaufnahme oder -wiedergabe)
**fade-reducing** *adj* (Radio) / schwundmindernd *adj* (Antenne) ‖ ~ **antenna** (Radio) / schwundmindernde Antenne (eine Sendeantenne), Antifading-Antenne *f*
**fade-resistant** *adj* (Paint) / lichtecht *adj*, farbecht *adj* (lichtecht) ‖ ~ (Textiles) / sonnenecht *adj* (z.B. Gardinenstoff), sonnenfest *adj*, sonnenbeständig *adj*, sonnenlichtbeständig *adj*
**fade up** *v* (Cinema) / aufblenden *v* (weich)
**fade-up** *n* (Cinema) / Aufblenden *n*, Aufblendung *f*
**fading*** *n* / Verfärbung *f* (durch Lichteinwirkung) ‖ ~* (Autos) / Fading *n* (bei anhaltendem Bremsen), Nachlassen *n* der Bremswirkung (infolge schlechter Wärmeabfuhr), Bremsfading *n* ‖ ~ (Nuc) / Fading *n* (der Rückgang der Anzeige von Festkörperdosimetern mit wachsender Zeitspanne nach der Bestrahlung) ‖ ~ (of the edges) (Paint) / Nachnebeln *n* (der Übergänge bei Teillackierungen), Ausnebeln *n* ‖ ~* (Photog) / Fading *n* (Schwund des Latentbildes) ‖ ~ (Radar) / Interferenzschwund *m* (des Empfangssignals) ‖ ~* (Radio, Telecomm) / Fading *n*, Schwund *m*, Schwunderscheinung *f* ‖ ~* (Textiles) / Verbleichen *n* (des Farbtones), Verschießen *n*, Ausbleichen *n* ‖ ~ **area*** (Radio) / Nahschwundzone *f* ‖ ~ **colour** / lichtunechte Farbe, Fade-out-Farbe *f* (z.B. bei Jeans-Artikeln) ‖ ~ **strip** (Cinema) / Trickblende *f* ‖ ~ **to black** (TV) / Abblenden *n* ins Schwarze (bei der Bildmischung) ‖ ~ **to white** (TV) / Abblenden *n* ins Weiße (bei der Bildmischung)
**fadometer*** *n* (Chem) / Fadeometer *n*
**FAE** (fuel-air explosive) (Fuels) / Treibstoff-Luft-Sprengstoff *m*, Brennstoff/Luft-Gemisch-Sprengsystem *n*, FAE (Treibstoff-Luft-Sprengstoff)
**faecal matter** (San Eng) / Fäkalschlamm *m* ‖ ~ **matter** (San Eng) / Fäkalien *pl*, Kotstoffe *m pl*, Fäzes *pl*, Faeces *pl* ‖ ~ **pellet** (Geol) / Fäkalpellet *n*, Kotpellet *n*
**faeces*** *pl* (San Eng) / Fäkalien *pl*, Kotstoffe *m pl*, Fäzes *pl*, Faeces *pl*
**FAF** (Aero) / ab Werk (Lieferung des Flugzeugs)
**fagara silk** (Textiles) / Fagaraseide *f* (wilde, nicht abhaspelbare Seide aus den Kokons des Atlasspinners)
**faggot** *v* (Met) / paketieren *v* (Schrott), zu Paketen pressen ‖ ~* *n* (a fascine or a long cylindrical bundle of brushwood) (Hyd Eng) / Faschine *f* (zu Bündeln zusammengefasste Ruten oder Zweige aus lebendem oder totem Material - DIN 18 918), Reisigbündel *n* (als Faschine) ‖ ~ (Met) / Paket *n* (z.B. Schrott oder Brennholz)
**faggoting** *n* (a covering consisting of brushwood faggots along the submerged areas of river banks where grass cannot be planted) (Hyd Eng) / Faschinenbau *m*, Faschinenverbauung *f*
**faggot stake** (Hyd Eng) / Buhnenpfahl *m* (zum Befestigen von Faschinen am Boden), Spickpfahl *m* ‖ ~ **wood** (brushwood) (Hyd Eng) / Reisig *n* (für Faschinen)
**Fagnano's theorem** (for a triangle) (Maths) / Fagnano-Schwerpunktsatz *m* (nach G.C. Fagnano di Fagnani, Marquis von Toschi und Sant'Onofrio, 1682-1766)
**fagopyrine** *n* (Chem) / Fagopyrin *n* (im Buchweizen)
**fagot** *n* (US) (Hyd Eng) / Faschine *f* (zu Bündeln zusammengefasste Ruten oder Zweige aus lebendem oder totem Material - DIN 18 918), Reisigbündel *n* (als Faschine) ‖ ~ (US) (Met) / Paket *n* (z.B. Schrott oder Brennholz)
**fahlband** *n* (Geol) / Fallband *n*, Fahlband *n* (durch Kiese imprägnierte Zone in metamorphen Gesteinen)
**fahlerz** *n* (a grey crystalline copper-containing mineral, of which tetrahedrite and tennantite are the typical forms) (Geol, Min) / Fahlerz *n* (eine Reihe von Sulfidmineralien)
**fahlore** *n* (Geol, Min) / Fahlerz *n* (eine Reihe von Sulfidmineralien)
**Fahr.** (Phys) / Fahrenheitskale *f* (eine alte empirische Temperaturskale), Fahrenheitskala *f* (nach D.G. Fahrenheit, 1686-1736)
**Fahrenheit** *n* (an old scale of temperature) (Phys) / Fahrenheitskale *f* (eine alte empirische Temperaturskale), Fahrenheitskala *f* (nach D.G. Fahrenheit, 1686-1736) ‖ ~ **scale*** (Phys) / Fahrenheitskale *f* (eine alte empirische Temperaturskale), Fahrenheitskala *f* (nach D.G. Fahrenheit, 1686-1736)
**FAI*** (Eng, San Eng) / Frischluftzufuhr *f*
**faience*** *n* (Ceramics) / Fayence *f* (keramisches Erzeugnis mit farbigem, porösem Scherben und meist deckender Zinnglasur, oft auch mit reliefartiger Oberfläche) ‖ ~ **ware** (Ceramics) / Fayence *f* (keramisches Erzeugnis mit farbigem, porösem Scherben und meist deckender Zinnglasur, oft auch mit reliefartiger Oberfläche)
**fail** *v* / ausfallen *v* (Anlage) ‖ ~ (Comp, Eng) / versagen *v* ‖ ~ (Materials) / versagen *v* (Werkstoff)
**fail-active system** (Eng) / Fail-operative-System *n*
**failed element** (Nuc Eng) / defektes Brennelement, beschädigtes Brennelement ‖ ~ **fuel element** (Nuc Eng) / defektes Brennelement,

beschädigtes Brennelement ‖ ~ **hole** (Mining) / nicht gekommenes Bohrloch, stecken gebliebener Schuss ‖ ~ **hole** (Mining) s. also hangfire
**fail-hard** *adj* / ausfallempfindlich *adj*
**faille** *n* (Textiles) / Faille *f* (querrippiges Natur- oder Chemieseidengewebe in Taftbindung)
**fail-operational\*** *adj* (Eng) / sicher nach (einmaligem) Ausfall
**fail-operative system** (Eng) / Fail-operative-System *n*
**fail-passive** *adj* / ausfallunempfindlich *adj* ‖ ~ **system** (Eng) / ausfallunempfindliches System, Fail-passive-System *n*
**fail-proof** *adj* / ausfallsicher *adj*
**fail-safe\*** *adj* (Eng) / störungssicher *adj*, absolut zuverlässig, fail-safe *adj*, sicher bei Ausfall ‖ ~\* (Nuc Eng) / folgeschadensicher *adj* (DIN 25401)
**fail•-safe principle** (Eng) / Fail-safe-Prinzip *n* (Konstruktionsprinzip, bei dem alle Bauelemente doppelt oder noch häufiger vorhanden sind, so dass bei Ausfall eines Elements oder Systems ein anderes den Ausfall kompensiert) ‖ ~**-safe principle** (Nuc Eng) / Fail-safe-Prinzip *n* (eine Störung im Reaktorschutzsystem hat ein sofortiges Abschalten des Reaktors zur Folge) ‖ ~**-safe tape** (Comp) / kopiertes Band (als Sicherung beim Timesharing)
**fail-soft system** (Comp, Eng) / System *n* mit reduziertem Betrieb (nach dem Ausfall von einigen Teilen), Failsoft-System *n* ‖ ~ **system** (Comp, Eng) s. also fail-passive system
**fail-steady system** (Eng) / ausfallunempfindliches System, Fail-passive-System *n*
**fail to observe give-way right** (Autos) / Vorfahrt missachten ‖ ~ **to observe right of way** (Autos) / Vorfahrt missachten
**failure** *n* / Defekt *m*, Fehler *m*, Fehlschlag *m* ‖ ~ / Betriebsausfall *m*, Betriebsstörung *f*, Havarie *f* ‖ ~ / Riss *m*, Bruch *m* ‖ ~ (Comp) / Ausfall *m* (meistens bei Hardware), Versagen *n* (meistens bei Software und Funktionseinheiten) ‖ ~ (Eng) / Anlagenausfall *m*, Ausfall *m* (der Anlage) ‖ ~ (Materials) / Versagen *n* (des Werkstoffs) ‖ ~ (Nuc Eng) / Störfall *m* (Ereignisablauf, bei dessen Eintreten der Betrieb der Anlage oder auch die Tätigkeit von Personen an ihr aus Sicherheitsgründen nicht fortgesetzt werden darf, für dessen sicherheitstechnische Beherrschung die Anlage jedoch ausgelegt ist und vorsorgliche Schutzvorkehrungen getroffen sind), Schadensfall *m*, Zwischenfall *m* ‖ ~ **access** (Comp) / durch Systemfehler ermöglichter Zugriff ‖ ~ **analysis** / Schadensanalyse *f* (systematische Untersuchungen und Prüfungen zur Ermittlung von Schadensablauf und -ursache), Versagensfallermittlung *f* ‖ ~ **analysis** / Ausfalleffektanalyse *f* (DIN 25448) ‖ ~ **cause** (Eng) / Ausfallursache *f* ‖ ~ **change item** (Eng) / Ausfallwechselteil *n* (das beim Ausfall ausgewechselt wird) ‖ ~ **commenced in ....** (Materials) / Bruch eingeleitet durch .... ‖ ~ **control** (Textiles) / Schaltzähler *m* ‖ ~ **criterion** (Mech) / Festigkeitshypothese *f* ‖ ~ **detection** (Eng) / Ausfallerkennung *f* ‖ ~ **examination** (Eng) / Schadensuntersuchung *f* (beim Ausfall) ‖ ~ **flag** (Comp) / Ausfallflag *f* ‖ ~ **hypothesis** (Materials, Mech) / Versagenshypothese *f* ‖ ~ **indication** (Electronics) / Störanzeige *f*, Störungsanzeige *f* ‖ ~ **in time** (Electronics, Materials) / FIT-Wert *m* (Anzahl der wahrscheinlichen Fehler eines Bauelementes innerhalb eines Jahres) ‖ ~ **load** (Materials, Mech) / Versagenslast *f* ‖ ~ **mechanism** (Materials, Mech) / Versagensmechanismus *m* (der das Versagen beschreibt) ‖ ~ **mode** / Schadensbild *n* ‖ ~ **mode** (Eng) / Ausfallart *f* (Ereignis oder Zustand, bei dessen Auftreten der Ausfall festgestellt wird), Art *f* des Versagens, Versagensart *f*
**failure-mode and effect analysis** / FMEA *f* (in der Qualitätstechnik)
**failure period** (Eng) / [technisch bedingte] Betriebsmittelstillstandszeit *f* ‖ ~ **prevention** / Ausfallsicherung *f* ‖ ~ **probability** / Ausfallwahrscheinlichkeit *f* (DIN ISO 281) ‖ ~ **quota** (Eng) / Ausfallquote *f* (Quotient aus der Anzahl der Ausfälle in Beziehung zur Gesamtheit der möglichen Ausfälle) ‖ ~ **rate** (Eng) / Ausfallrate *f* (Wahrscheinlichkeit dafür, dass ein Erzeugnis, Prozess oder System im Zeitintervall (t, t + dt) ausfällt unter der Bedingung, dass bis zum Zeitpunkt t das Erzeugnis, der Prozess oder das System nicht ausgefallen sind), Ausfallrate *f*, Ausfallhäufigkeit *f* ‖ ~ **rate** (Eng) / Fehlerabstand *m* (der zeitliche Abstand zweier aufeinander folgender Fehler in einem System) ‖ ~ **rate curve** (Electronics) / Badewannenkurve *f*, Ausfallratekurve *f* (die die Ausfallrate z.B. von elektronischen Bauelementen in Abhängigkeit von der Zeit zeigt)
**failure-resistant** *adj* (Comp, Eng) / ausfallresistent *adj*
**failure routine** (Comp) / Fehlerbehandlungsprogramm *n*
**failure-source analysis** (Eng) / Analyse *f* der Ursachen der Fehlfunktion (einer Maschine)
**failure theory** (Mech) / Festigkeitshypothese *f* ‖ ~ **to adhere** (to) (Build, Paint) / mangelhafte Haftung (an Voranstrich oder Untergrund), mangelnde Haftfestigkeit (bis zum Abplatzen), mangelndes Haftvermögen ‖ ~ **to conform** (to) / Nichtübereinstimmung *f* (z.B. mit den Qualitätsvorschriften), Nichterfüllung *f* von Qualitätsvorschriften ‖ ~ **to report an accident** (Autos) / Unfallflucht *f*, Verkehrsunfallflucht *f*, unerlaubtes Entfernen vom Unfallort

(nach 142 des StGB), Fahrerflucht *f* ‖ ~ **unit** (Eng) / Anzahl *f* der Ausfälle (sehr oft in $10^9$ Stunden)
**faint** *adj* / schwach *adj*, matt (Ton, Farbe) ‖ ~ (Print) / undeutlich *adj*, schwach *adj* (Linierung) ‖ ~ **crimps** (Spinning) / schlichte Kräuselung ‖ ~ **object** (Astron, Photog) / lichtschwaches Objekt
**faint-object camera** (Astron, Photog) / Kamera *f* für (licht)schwache Objekte
**faint-red heat** (Met) / schwache Rotglut
**faint signal** (Telecomm) / schwaches Signal, undeutliches (schwaches) Signal
**fair** *n* / Messe *f* (große, meistens internationale Warenausstellung) ‖ ~ *adj* / gut *adj* (z. B. mechanische Eigenschaft) ‖ ~ / fair *adj* (Spiel in der Spieltheorie) ‖ ~ / sauber *adj* (Kopie) ‖ ~ (flush) (Build, Elec Eng) / glatt *adj*, bündig *adj* (flächenbündig), fugendicht *adj*, flächenbündig *adj* (abschneidend) ‖ ~ (Meteor) / heiter *adj* (mit einem Bedeckungsgrad unter 2/8) ‖ ~ **average quality** / gute Durchschnittsqualität, gute Kaufmannsware
**fairboard groove** (Ships) / Lippe *f* (zum Führen von Festmacherleinen)
**fair degree of protection** (Eng) / ausreichender Schutz (z.B. bei der Berufskleidung) ‖ ~ **draught** (Eng) / Reinzeichnung *f* (nach Einarbeitung etwaiger Korrekturen) ‖ ~ **drawing** / Reinzeichnung *f* (nach Einarbeitung etwaiger Korrekturen) ‖ ~ **face** (Build) / Ansichtseite *f* (des Mauerwerks)
**fair-face brick** (Build) / Vormauerstein *m*, Fassadenziegel *m*, Vormauerziegel *m* (frostbeständiger)
**fair-faced** *adj* (Build) / glatt gestrichen *adj* ‖ ~ (Build, Elec Eng) / glatt *adj*, bündig *adj* (flächenbündig), fugendicht *adj*, flächenbündig *adj* (abschneidend) ‖ ~ **brickwork** (Build) / Sichtmauerwerk *n* (einschaliges Verblendmauerwerk), Verblendschale *f*
**fairfieldite\*** *n* (Min) / Fairfieldit *m*
**fairing\*** *n* (Aero) / strakender (aerodynamischer) Verkleidungsübergang (Rumpf zur Tragfläche) ‖ ~\* (Aero, Autos, Ships) / Verkleidung *f* (Ummantelung von Flugzeugteilen zur Verringerung des Luftwiderstandes) ‖ ~ (Aero, Ships) / Straken *n*
**fairlead** *n* (Cables) / Führung *f*, Führungsrolle *f* (für lagenweises Wickeln) ‖ ~ (Eng, Oils) / Umlenkrolle *f* (auch zur Veränderung der Laufrichtung der Ankertrossen) ‖ ~ / (a metal fixture mounted on a boat or on a ship to guide a rope, keeping it clear from obstructions and preventing it from cutting or chafing) (Ships) / Verholklampe *f*
**fair quality** / mittlere Qualität, Durchschnittsqualität *f* ‖ ~ **tide** (Ships) / Mitstrom *m* (ein Meeres- oder Gezeitenstrom, der in Richtung des Schiffskurses setzt) ‖ ~ **use** / erlaubte Nutzung (urheberrechtlich geschützter Werke)
**fairway** *n* (a navigable channel in a river or harbour) (Ships) / Fahrwasser *n* (im Allgemeinen, meistens mit einer Fahrrinne), Fahrrinne *f* (der tiefste Teil des Fahrwassers)
**fair-weather cumulus** (Meteor) / Schönwetterwolke *f*, flache Haufenwolke
**fairy stone** (Min) / Staurolith *m* (ein Nesosilikat)
**faithful** *adj* (Maths) / treu *adj* ‖ ~ **module** (Maths) / treuer Modul
**Fajans method** (titration) (Chem) / Titration *f* nach Fajans ‖ ~ **rule for ionic bonding\*** (Chem) / Fajans'sche Regel der Ionenbindung (nach K. Fajans, 1887 - 1975) ‖ ~**-Soddy law of radioactive displacement\*** (Chem, Nuc) / Fajans-Soddy'sche Verschiebungsregel, Fajans-Soddy'scher Verschiebungssatz, radioaktiver Verschiebungssatz ‖ ~ **titration** (nach K. Fajans, 1887 - 1975) (Chem) / Titration *f* nach Fajans
**fake** *n* (TV) / Fake *n* (Veränderung von Fotos, Musiktiteln usw. durch Montagen, Schnitte und Einblendungen - vor allem in der Werbung) ‖ ~ **fur** (Textiles) / Pelzimitation *f* ‖ ~ **root** (a mapped subdirectory that acts as a root directory) (Comp) / fingiertes Stammverzeichnis
**falbala** *n* (Textiles) / Falbel *f* (verschieden breit abgenähte Falten zur Verzierung für Kleider und Blusen)
**falcate** *adj* (curved like a sickle) (Bot, Zool) / sichelförmig *adj*
**falcated** *adj* (Bot, Zool) / sichelförmig *adj*
**falciform** *adj* (Bot, Zool) / sichelförmig *adj*
**fall** *v* / sinken *v* (Temperatur, Preise), nachlassen *v* (Preise, Leistung, Produktion) ‖ ~ / fallen *v* (auch Regen und Schnee) ‖ ~ / abfallen *vi* (von Messwerten), abnehmen *vi* (Messwerte) ‖ ~ / absinken *vi* (Geschwindigkeit) ‖ ~ (Build) / einstürzen *v* ‖ ~\* *n* / Gefälle *n*, Neigung *f* ‖ ~ **Fallen** *n*, Nachgeben *n* (der Preise) ‖ ~ (Civ Eng) / Böschung *f*, Abböschung *f* (abgeböschte Stelle) ‖ ~ (Ecol) / Niederschlag *m* (z.B. von Staubpartikeln) ‖ ~ (Elec Eng) / Abfall *m* (eines Strom- oder Spannungssprunges) ‖ ~\* (hoisting rope) (Eng) / Hubseil *n*, Lastseil *n*, Förderseil *n* ‖ ~\* (Geol) / Einsturz *m*, Einbruch *m*, Bruch *m* ‖ ~ (height of fall) (Phys) / Fallhöhe *f* ‖ ~ (Phys) / Fall *m*, Fallen *n* ‖ ~ **away** *v* / abfallen *v* (schräg nach unten verlaufen) ‖ ~ **away** / abfallen *v* (Gelände)
**fall-away** *attr* (canopy, section) (Space) / abwerfbar *adj*, abfallend *adj* ‖ ~ **section** (Space) / abfallende Raketenstufe
**fallback** *n* (Comp, Telecomm) / Fallback *n* (das Verringern der Übertragungsrate bei der DFÜ) ‖ ~ (Ecol, Mil, Nuc Eng) / radioaktiver

**fallback**

Niederschlag (der auf den Explosionsort zurückfällt) || ~ **system** (Comp, Elec Eng) / Stand-by-System *n*, Bereitschaftssystem *n*
**fall block** (Eng) / Unterflasche *f* (des Flaschenzugs, die sich mit der Last auf und ab bewegt - DIN 15412) || ~ **delay** (Elec Eng) / Abfallverzögerungszeit *f* (DIN 41785) || ~ **down** *v* (Autos) / umlegbar sein (von Sitzen) || ~ **down** (Build) / einstürzen *v*
**fallen hide** (Leather) / Sterbling *m* || ~ **wood** (For) / abgefallenes Astholz || ~ **wool** (Textiles) / Sterblingswolle *f*, abgestorbene Wolle
**faller** *n* (For) / Holzfäller *m*, Holzhacker *m*, Holzhauer *m*, Holzarbeiter *m* || ~ (Spinning, Textiles) / Nadelstab *m*
**fallers** *pl* (Mining) / Aufsetzvorrichtung *f* (Falle)
**faller stocks** (Leather) / Hammerwalke *f* (bei der Sämischgerbung), Kurbelwalke *f*
**fallforward** *n* (Comp, Telecomm) / Fallforward *m* (die Erhöhung der Übertragungsrate)
**fall in** *v* (Build) / einstürzen *v* || ~ **in drops** / tropfen *v*
**falling** *n* (Leather) / Verfallen *n* (der Blöße) || ~ (Mining) / nachbrechendes Hangendes, Nachfall *m* (Gesteinsanteil, der unplanmäßig aus dem Strebhangenden oder der Streckenwanderung in den Grubenraum fällt), Nachfallpacken *m* || ~ (Phys) / Fall *m*, Fallen *n* || ~**-ball acoustic calibrator** (Acous) / Kugelfallschallquelle *f* || ~**-ball viscosimeter** (Phys) / Kugelfallviskosimeter *n*, Hoeppler-Viskosimeter *n* (DIN 53015), Fallkörperviskosimeter *n*
**falling-body viscosity** (Nut) / Fallzahl *f* (Maßzahl für die Enzymaktivität)
**falling-film distillation** (Chem Eng) / Fallfilmdestillation *f* || ~ **evaporator** (Chem Eng) / Fallfilmverdampfer *m*, Fallstromverdampfer *m*
**falling height** (Eng, Foundry) / Fallhöhe *f* (des Hammers, des Metalls beim Gießen)
**falling-in** *n* (Geol) / Einsturz *m*, Einbruch *m*, Bruch *m*
**falling leaf** (Aero) / welkes Blatt (eine Kunstflugfigur) || ~ **mould*** (Join) / Aufrissdarstellung *f* eines Handlaufs || ~ **number** (Agric) / Fallzahl *f*
**falling-object protective structure** (Build) / Schutzbau *m* (der Menschen gegen herabfallende Baustoffe usw. schützen soll), Schutzaufbau *m* (gegen herabfallende Gegenstände), Schutzgerüst *n* (DIN 4420), Fanggerüst *n*, Fallgerüst *n*
**falling out of step** (Elec Eng) / Außertrittfallen *n* (bei Drehstrommotoren)
**falling-pendulum type apparatus** (Paper, Textiles) / Elmendorf-Durchreißprüfer *m*, Elmendorf-Reißprüfgerät *n*
**falling rocks** (Autos) / Steinschlag *m* (ein Verkehrszeichen) || ~**-sphere viscometer** (Phys) / Kugelfallviskosimeter *n*, Hoeppler-Viskosimeter *n* (DIN 53015), Fallkörperviskosimeter *n* || ~ **star** (Astron) / Sternschnuppe *f* || ~ **tide** (Ocean) / fallende Tide, ablaufende Tide || ~ **weight** (Phys) / Fallmasse *f*
**falling-weight impact test** (Paint) / Kugelschlagtest *m* (DIN EN ISO 6272) || ~ **test** (Eng, Materials) / Fallversuch *m*
**fall in temperature** (Phys) / Temperaturabfall *m*, Temperaturabnahme *f*, Temperaturrückgang *m* || ~ **in tension** (Elec Eng) / Spannungsabnahme *f* || ~ **into ruins** (Build) / verfallen *v* (Bauwerk) || ~ **off** *v* / herunterfallen *v*, abfallen *v* || ~ **off** (Ships) / abfallen *v* (um den Einfallswinkel des Windes zu vergrößern)
**fall-off** *n* (US) (For) / Abholzigkeit *f* (Verjüngung des Rundholzes vom Stammende ausgehend in Richtung Zopfende in Zentimetern je Meter), Abformigkeit *f*, Abschäftigkeit *f* || ~ **in gain** (Telecomm) / Verstärkungsabfall *m*
**falloff of light** (Photog) / Lichtabfall *m* (wenn das Licht des kameraeigenen Blitzgerätes mit zunehmender Distanz der angestrahlten Bildobjekte immer schwächer wird)
**fall of hanging** (Mining) / Bruch *m* des Hangenden || ~ **of potential** (Elec Eng) / Spannungsabfall *m* (an einem Leiter), Spannungseinbruch *m*
**fall-of-potential test*** (Elec Eng) / Fehlerbestimmung *f* aus dem Spannungsabfall
**fall of snow** (Meteor) / Schneefall *m*, Schneien *n* || ~ **of the tide** (Ocean) / Tidenfall *m*
**fallout** *n* / Fallout *m* (bei einer Studie, bei einem Projekt) || ~ (Comp) / Fallout *m* (ein Effektivitätsmaß zur Bewertung von Dokumenten-Retrievalsystemen) || ~* (Ecol, Mil, Nuc, Nuc Eng) / radioaktiver Niederschlag (der außerhalb des Explosionsorts niedergeht), Fallout *m*
**fall-out pattern** (Ecol) / Gebiet *n* radioaktiven Niederschlags (z.B. nach der Reaktorkatastrophe in Tschernobyl/Ukraine
**fallover** *n* (Comp) / Fallover *m* (in der LAN-Technik)
**fallow** *n* (Agric) / Brache *f* (brachliegendes Feld, Land), Brachacker *m*, Brachland *n*, Brachflur *f*, Brachfeld *n*, Driesch *m* (Brache, unbebautes Land) || ~ *adj* / fahlgelb *adj*, falb *adj* || ~ (Agric) / brachliegend *adj*, brach *adj* || ~ **land** (Agric) / Brache *f* (brachliegendes Feld, Land), Brachacker *m*, Brachland *n*, Brachflur *f*, Brachfeld *n*, Driesch *m* (Brache, unbebautes Land)

**fall pipe*** (Build) / Regenfallrohr *n* (DIN 18 460), Abfallrohr *n* (A), Regenrohr *n*, Regenabflussrohr *n* || ~ **plowing** (US) (Agric) / Herbstpflugfurche *f*
**fall(ing) probe** (Meteor) / Fallsonde *f*
**fall region** (Chem) / abfallender Teil (eines Peaks) || ~ **rope** (Eng) / Hubseil *n*, Lastseil *n*, Förderseil *n*
**falls** *pl* (a waterfall or cascade) / Wasserfall *m* (großer)
**fall short** *v* (of) / unterschreiten *v* (nicht erreichen)
**Fallstreifen** *n* (Meteor) / Fallstreifen *n*, Virga *f* (pl. -ae) (Niederschlag, der während des Fallens verdunstet)
**fall through** *v* (ice, floor) / durchbrechen *vi* (Partizip: durchgebrochen), einbrechen *vi* || ~ **time*** (Elec Eng) / Abfallzeit *f* (eines Strom- oder Spannungssprunges im Allgemeinen) || ~ **time** (Elec Eng) / Abfallverzögerungszeit *f* (DIN 41785) || ~ **time*** (Electronics) / Abfallzeit *f* (der Zeitraum, in dem der Augenblickswert eines Signals von 90% auf 10% des im eingeschwungenen Zustand erreichten Endwertes abfällt) || ~ **virus** (Comp) / Herbstlaubvirus *m n*, Cascadevirus *m n* || ~ **wind** (Meteor) / Fallwind (warmer oder kalter - z.B. Föhn oder Bora)
**false** *adj* / Fehl-, falsch *adj*, Falsch-, unecht *adj* || **have a ~ bearing*** (Build) / frei eingespannt sein || ~ **acacia** (For) / Scheinakazie *f* (Gewöhnliche), Robinie *f* (Robinia pseudoacacia L.) || ~ **alarm** / Fehlalarm *m*, Falschalarm *m* || ~ **alarm** (Radar) / Falschmeldung *f* (die von einer Störung stammt)
**false-alarm probability** (Radar) / Falschmeldewahrscheinlichkeit *f*
**false amethyst*** (Min) / violetter Flussspat oder purpurfarbener Korund || ~ **amethyst*** (Min) / Orientalischer Amethyst (ein Schmuckstein aus der Gruppe der Korunde) || ~ **bands*** (Bind) / unechte Heftbünde *m pl* (schmale Leder- oder Pappstreifen)
**false-bearing** *attr* (Eng) / nicht satt aufliegend
**false bedding** (Geol) / Schrägschichtung *f*, Kreuzschichtung *f*, Diagonalschichtung *f* || ~ **body*** (Paint) / scheinbarer Körpergehalt (Thixotropie) || ~ **bottom*** (Eng) / abnehmbarer Trennboden, Blindboden *m*, Zwischenboden *m* || ~ **bottom*** (Eng) / falscher Boden, Reinigungsboden *m* || ~ **call*** (Telecomm) / Fehlruf *m*, Falschanruf *m* || ~ **ceiling** (Build) / Scheindecke *f* || ~ **ceiling** (Build) / eingehängte Decke, abgehängte Decke (die als Putz- oder Akustikdecke unter die Rohdecke gehängt wird) || ~ **ceiling** (Build) / Unterdecke *f* (nichttragende Decke zur unterseitigen Bekleidung einer tragenden Decke, z.B. aus Drahtputz, Gipsdeckenplatten, Gipskartonplatten usw.) || ~ **ceiling** (Build) / untergehängte Decke, Hängedecke *f* || ~ **ceiling** (Carp) / Fehlboden *m* (Zwischendecke bei Holzbalkendecken) || ~ **colour** (Comp, Print) / Falschfarbe *f*, Pseudofarbe *f*
**false-colour film** (Mil, Photog) / Infrarotfarbfilm *m*, Falschfarbenfilm *m* (ein Dreischichtenfarbfilm, der speziell für Infrarotstrahlung sowie für den roten und den grünen Spektralbereich sensibilisiert ist)
**false colouring** (Comp) / Pseudokolorierung *f*
**false-colour photography** (Mil, Photog) / spektrozonale Fotografie, Falschfarbenfotografie *f*
**false curvature*** (Nuc) / Falschkrümmung *f* (Spurkrümmung, die nicht durch ein angelegtes Magnetfeld verursacht wurde) || ~ **cypress** (For) / Scheinzypresse *f* (Chamaecyparis Spach) || ~ **ellipse*** (Build, Surv) / mehrelementiger Ellipsenbogen || ~ **ellipse*** (Maths) / Korbbogen (als Kurve) || ~ **gable** (Arch) / Blendgiebel *m* || ~ **heart(wood)** (For) / Falschkern *m* (bei Bäumen, die normalerweise keinen Farbkern ausbilden) || ~ **hemlock*** (For) / Douglasie *f* (Pseudotsuga menziesii (Mirb.) Franco), Douglastanne *f* (ein raschwüchsiges Kieferngewächs, Douglasfichte *f* (nach D. Douglas, 1798-1834), Oregonkiefer *f*, DGA (Douglastanne nach DIN 4076) || ~ **horizon** (Aero) / künstlicher Horizont, Kreiselhorizont *m* || ~ **indication** (Instr) / Anzeigefehler *m* || ~ **jaw** (Eng, Tools) / Aufsatzbacke *f* (auf die Grundbacke eines Spannfutters aufgeschraubte gehärtete oder ungehärtete Spannbacke) || ~ **joint** / Scheinfuge *f* (Sollbruchstelle im Allgemeinen) || ~ **keel** (Ships) / Schutzkiel *m*, Scheuerkiel *m* || ~ **key*** (Eng) / Rundstahlkeil *m*
**falsely ring-porous** (For) / halbringporig *adj*
**false marking** / falsche Bezeichnung (Kennzeichnung) || ~ **metering** (Telecomm) / Falschzählung *f* || ~ **nutmeg** (For) / Ilombaholz *n* (Muskatholz der Art Pycnanthus angolensis (Welw.) Warb. als Schäl-, Blind- und Lackleinholz), Ilomba *n*, ILO (Ilombaholz) || ~ **pile** (Civ Eng) / Rammpfahlaufsatz *m* || ~ **pile*** (Civ Eng) / der obere Teil des zusammengesetzten Rammpfahls || ~ **plot** (Radar) / Falschmeldung *f* (die von einer Störung stammt) || ~ **representation** / falsche Darstellung (z.B. der Patentschutzrechtslage dem Patentamt gegenüber) || ~ **set** (the premature setting of cement in concrete due to the presence of unstable gypsum) (Build, Civ Eng) / falsches Erstarren (von Zementleim) || ~ **set** (Civ Eng) / vorzeitiges Abbinden (eines Bindemittels - Fehler) || ~ **set** (Mining) / Hilfsstürstock *m* || ~ **set** (Civ Eng) s. also flash set || ~ **signal** (Telecomm) / falsches Signal || ~ **target** (Radar) / Falschziel *n* (durch eine Störung vorgetäuschtes Ziel, das nicht Gegenstand der Suche, Verfolgung

oder Vermessung ist - auch ein falsch zugeordnetes Ziel) || **~ tenon** (Carp) / eingelegter Zapfen || **~ topaz*** (Min) / Böhmischer Topas, Falscher Topas (gelber Flussspat) || **~ track** (Radar) / Falschspur *f* (durch eine Falschmeldung, falsche Spurinitiierung oder falsche Spurzuordnung) || **~ track splitting** (Radar) / falsche Spurverzweigung || **~ twill** (Textiles) / Scheinköper *m* || **~ twist** (Spinning) / Falschdrall *m*

**false-twist*** *n* (Spinning) / Falschdrahtverfahren *n*, Falschzwirnverfahren *n* (zum Texturieren von thermoplastischen Fasern bzw. Garnen)

**false twister** (Spinning) / Falschdrahtzwirnmaschine *f* (die nach dem Prinzip des Falschdralls arbeitet) || **~ twisting** (a process by which equal amounts of twist are inserted and removed from successive sections of a textile strand) (Spinning) / Falschdrahtverfahren *n*, Falschzwirnverfahren *n* (zum Texturieren von thermoplastischen Fasern bzw. Garnen)

**false-twist method** (Spinning, Textiles) / Falschdrahtverfahren *n*, Falschzwirnverfahren *n* (zum Texturieren von thermoplastischen Fasern bzw. Garnen)

**falsework*** *n* (Civ Eng) / Schalungsgerüst *n*, Lehrgerüst *n*, Schalgerüst *n* (bei der Herstellung von Beton- und Stahlbetontragwerken)

**falsification** *n* / Verfälschung *f*, Fälschung *f*

**falsify** *v* / verfälschen *v*, fälschen *v*

**faltboat** *n* (Ships) / Faltboot *n*

**faltung** *n* (Maths) / Faltung *f*

**FAM** (flexible automated manufacturing) (Work Study) / flexible automatisierte Fertigung, FAF (flexible automatisierte Fertigung)

**FAME** (fatty-acid methyl ester) (Fuels) / Fettsäuremethylester *m*

**fam flight** (Aero) / Einweisungsflug *m*

**familiarise** *v* (Work Study) / einarbeiten *v* (neue Arbeitskräfte)

**familiarization flight** (Aero) / Einweisungsflug *m*

**familiarize** *v* (US) (Work Study) / einarbeiten *v* (neue Arbeitskräfte)

**familiarizing pilot** (Aero) / Flugschüler *m*

**family** *n* (Biol) / Familie *f* || **~** (Bot, Maths) / Familie *f* (eine Abbildung) || **~** (Maths) / Schar *f* (Menge zusammengehöriger Kurven, Flächen oder Funktionen, die jeweils durch eine Gleichung oder ein Gleichungssystem mit veränderlichen Parametern beschrieben werden) || **~** (Nuc) / radioaktive Familie, Zerfallsreihe *f* || **~ farm** (Agric) / landwirtschaftlicher Familienbetrieb || **~ flour** (Nut) / Haushaltsmehl *n* || **~ of characteristics** / Kennlinienschar *f* || **~ of circles** (Maths) / Kreisbüschel *n* || **~ of curves** (Maths) / Kurvenschar *f* || **~ of languages** / Sprachfamilie *f* || **~ of plane surfaces** (Maths) / Ebenenschar *f* || **~ pack** / Familienpackung *f* || **~ package** / Familienpackung *f* || **~ terminal** (Comp) / Familienterminal *n* (in einem intelligenten Haus)

**FAMOS** (fatigue monitoring system) (Eng) / Ermüdungsüberwachungssystem *n*

**FAMOST** (floating-gate avalanche-injection metal-oxide semiconductor transistor) (Electronics) / FAMOST *m* (ein MOS-Transistor), MOS-Transistor *m* mit schwebendem Gate-Anschluss, in den die Ladungsträger durch den Lawineneffekt gelangen

**fam pilot** (Aero) / Flugschüler *m*

**fan** *v* / anfachen *v* (Feuer) || **~** / auffächern *v*, ausfächern *v* || **~** (vapour towards nose) (Chem) / zufächeln *v* (mit der Hand bei der Geruchsprobe) || **~** (Paint) / abblasen *v* (eine Oberfläche vor dem Lackieren) || **~** *n* (Aero) / Fan *m*, Niederdruckverdichter *m* (in einem Manteltriebwerk) || **~** (Build) / Schutzbau *m* (der Menschen gegen herabfallende Baustoffe usw. schützen soll), Schutzaufbau *m* (gegen herabfallende Gegenstände), Schutzgerüst *n* (DIN 4420), Fanggerüst *n*, Fallgerüst *n* || **~*** (Eng) / Windfächer *m* (z.B. oszillierender) || **~*** (Eng) / Ventilator *m*, Lüfter *m* (mit einem Druckverhältnis 1:1 je Stufe), Gebläse *n* (mit einem Druckverhältnis bis 3 je Stufe), Verdichter *m* (mit einem Druckverhältnis bis 12 pro Stufe) || **~ and supersonic turbine** (Aero) / Fast-Turbine *f* || **~ antenna*** (Radar, Radio) / Fächerantenne *f*, Fächerstrahlantenne *f*, Fan-Beam-Antenne *f* || **~ arrangement** (of a cable-stayed bridge) (Civ Eng) / Fächeranordnung *f* (Form der Seilabspannung einer Schrägseilbrücke)

**fan-assisted natural draught cooling tower** / Ventilatorkühlturm *m* mit Naturzugunterstützung

**fan beam** (Radar, Radio) / fächerförmiger Strahl, Fächerstrahl *m*, Fächerkeule *f* (der Antenne)

**fan-beam antenna** (Radar, Radio) / Fächerantenne *f*, Fächerstrahlantenne *f*, Fan-Beam-Antenne *f*

**fan belt** (a vee belt) (Autos) / Ventilatorkeilriemen *m*, Lüfterantriebsriemen *m* (ein Keilriemen), Keilriemen *m* (zum Antrieb der Nebenaggregate des Motors - im Drei- oder Viereckantrieb) || **~ blade** (Eng) / Lüfterschaufel *f* || **~ blower** (Eng) / Ventilatorgebläse *n* || **~ configuration** (Civ Eng) / Fächeranordnung *f* (Form der Seilabspannung einer Schrägseilbrücke) || **~ cooling***

(Autos, Eng) / Gebläsekühlung *f*, Ventilatorkühlung *f* || **~ cut** (Mining) / Fächerkeileinbruch *m*, Fächereinbruch *m* (bei Sprengarbeiten)

**fancy** *n* (Textiles) / Volant *m* *n* (der Kammwollkrempel - seine Aufgabe ist es, ein Vollsetzen des Trommelbeschlages zu verhindern und die Fasern möglichst nahe der Kratzenoberfläche zu halten) || **~** (Textiles) / Fancy *m* (gerautes, flanellartiges Gewebe für Hemden, Blusen und Sportkleidung in Kreuzköperbindung) || **~** *adj* / kunstvoll *adj*, Phantasie-, bunt *adj* (mit Phantasiefarben geschmückt oder bemalt), reich verziert *adj* || **~** / Luxus-, in Luxusausführung || **~ board** (Paper) / Ausstattungskarton *m*, Effektkarton *m* || **~ cap** / Zierkapsel *f* (DIN 5066) || **~ cord** (Textiles) / Fancy-Cord *m* (Cord oder Cordsamt mit Wechselrippe) || **~ goods** (Textiles) / Modewaren *pl*, Putzwaren *f pl* || **~ leaf** (Bind, Print) / buntes Vorsatz || **~ leather** (Leather) / Sattler- und Täschnerleder *n*, Galanterieleder *n* || **~ leather** (Leather) / Feinleder *n* (vegetabil-synthetisch oder chrom-vegetabil gegerbtes Leder, meist aus Schaf- oder Ziegenfellen) || **~ leather** (US) (Leather) / Leder *n* (als Ware im Allgemeinen) || **~ letter** (Typog) / Zierbuchstabe *m* (im Allgemeinen) || **~ line** (Typog) / Zierlinie *f* || **~ marble** (Build, Geol) / bunter Marmor || **~ name** / Phantasiebezeichnung *f* (eines Erzeugnisses) || **~ needlework** (Textiles) / Stickerei *f* (durch Sticken verzierter Gegenstand) || **~ paper** (Paper) / Ausstattungspapier *n*, Buntpapier *n*, Phantasiepapier *n*, Fantasiepapier *n* || **~ print** (Textiles) / Phantasiedruck *m* || **~ rule** (Typog) / Zierlinie *f* || **~ stitch** (Textiles) / Zierstich *m* || **~ tape** (Textiles) / Zierband *n* || **~ twill** (Textiles) / Fantasieköper *m*, Phantasieköper *m* || **~ weave** (Weaving) / Phantasiebindung *f* || **~ weave fabric** (Textiles) / Strukturgewebe *n* (fülliges und für den Sommer meist poröses Gewebe in Bindungen, die eine mustermäßig erhabene Oberfläche oft einen kernigen Griff hervorrufen) || **~ weaving** (Weaving) / Gebildweberei *f*, Jacquardweberei *f*, Bildweberei *f* || **~ yarn*** (a yarn that differs significantly from the normal appearance of single or plied yarn due to the presence of irregularities deliberately produced during its formation) (Spinning) / Effektgarn *n*, Effektzwirn *m*, Phantasiegarn *n*, Phantasiezwirn *m* || **~ yarn*** (Spinning) / Fancy-Garn *n* (wenig wertvolles, fülliges Garn aus Baumwollabfällen) || **~ yarn doubler** (Spinning) / Effektzwirnmaschine *f* (zur Herstellung der Effektzwirne) || **~ yarn twister** (Spinning) / Effektzwirnmaschine *f* (zur Herstellung der Effektzwirne)

**fan deck** / Ventilatordeck *n* (obere Abdeckung eines saugbelüfteten Kühlturms, auf der die maschinelle Einrichtung und der Ventilatorschacht angeordnet sind) || **~ delivery** (Print) / Schaufelradbogenauslage *f* || **~ dipole*** (Radio) / X-Antenne *f*, Doppel-V-Antenne *f*, Spreizdipol *m* || **~ drift*** (Mining) / Wetterkanal *m* (Verbindung zwischen Ausziehschacht und neben dem Schacht stehendem Hauptgrubenlüfter)

**fane** *n* / Wetterhahn *m* || **~** (Build, Meteor) / Wetterfahne *f*, Windfahne *f*

**fanfare horn** (Autos) / Fanfare *f* (ein Horn)

**fan fold** (with a broad hinge region and limbs that converge away from the hinge) (Geol) / Fächerfalte *f* (im Schenkelbereich stärker als im Scharnier zusammengepresste enge Falte)

**fanfold** *n* (Bind) / Leporellobruchfalz, Leporellofalz *m*, Zickzackfalz *m* || **~ paper** (Comp, Paper) / Leporelloendlospapier *n*, Leporellopapier *n*, Faltpapier *n* || **~ tank** (Comp) / Behälter *m* für Faltformulare

**fang*** *n* (Build) / eingemauertes Ende (eines Trägers)

**fan gate** (Foundry) / Fächeranschnitt *m*

**fang bolt** (Carp, Eng) / durchgehender Bolzen mit selbstsichernder Mutter

**fanglomerate*** *n* (Geol) / Fanglomerat *n* (Ablagerungen aus mit Sinkstoffen stark überladenen Schichtfluten, die durch Ruckregen im ariden Klimabereich verursacht werden), Schlammbrekzie *f*

**fan-guard*** *n* (Build) / Schutzbau *m* (der Menschen gegen herabfallende Baustoffe usw. schützen soll), Schutzaufbau *m* (gegen herabfallende Gegenstände), Schutzgerüst *n* (DIN 4420), Fanggerüst *n*, Fallgerüst *n*

**fan heater** (Heat) / Umluftheizgerät *n*, Heizlüfter *m* || **~ hub** (Eng) / Lüfternabe *f*, Ventilatornabe *f*

**fan-in** *n* (Comp, Electronics) / Eingangslastfaktor *m*, Eingangsauffächerung *f*, Eingangsfächerung *f* (Maß für die elektrische Last am Eingang einer integrierten Schaltung als Vielfaches einer definierten Einheitslast), Fan-in *n*

**fan jet engine** (Aero) / Fantriebwerk *n* (mit überdimensioniertem erstem Laufrad des Niederdruckverdichters, das den Nebenstrom beschleunigt), Bläsertriebwerk *n*

**fanlight** *n* (a light over a door, originally semicircular, now of any shape within the main door frame) (Build) / Türoberlicht *n* || **~** (Build) / Oberlicht *n* (oberhalb des normalen Fensters)

**fanlike** *adj* / fächerartig *adj*

**fan marker beacon*** (Aero) / Fächerfunkfeuer *n*

**fanned beam** (Radar, Radio) / fächerförmiger Strahl, Fächerstrahl *m*, Fächerkeule *f* (der Antenne)

**fanning**

**fanning** *n* / Auffächern *n*, Ausfächern *n* ‖ ~ (Ecol) / Fanning *n*, fächerförmige Rauchfahne (in stabiler vertikaler Temperaturschichtung) ‖ ~ (Mag, Nuc) / Fanning *n* (Form der inkohärenten Drehung) ‖ ~ **mill** (Agric) / Putzmühle *f*, Aspirateur *m*
**fannings** *pl* (Nut) / Fannings *pl* (durch Sieben gewonnene kleinblättrige, feine handelsübliche Teesorte, meistens in den Aufgussbeuteln verwendet)
**fanning strip** / Kamm *m* (am Lötösenstreifen)
**Fanno curve** (the path line of states in the temperature-entropy diagram) (Phys) / Fanno-Kurve *f* (der geometrische Ort aller Strömungszustände in einem Rohr mit konstantem Querschnitt, durch das ein Gas adiabatisch strömt) ‖ ~ **line** (Phys) / Fanno-Kurve *f* (der geometrische Ort aller Strömungszustände in einem Rohr mit konstantem Querschnitt, durch das ein Gas adiabatisch strömt)
**Fano coding** (Comp) / Kodierung *f* nach Fano, Codierung *f* nach Fano (ein Quellcodierungsverfahren), Shannon-Fano-Kodierung *f*
**fan out** *v* / aufspleißen *v* (Seil) ‖ ~ **out** / auffächern *v* (Lichtstrahl, Signale)
**fan-out** *n* (Comp, Electronics) / Ausgangslastfaktor *m*, Ausgangsauffächerung *f*, Ausgangsfächerung *f* (Maß der an den Ausgang einer digitalen integrierten Schaltung anschließbaren Eingänge anderer Schaltungen der gleichen Schaltungsfamilie, ohne dass vorgegebene, logische Pegel oder andere Parameter überschritten werden), Fan-Out *n*
**fan pleat** (Textiles) / Gehfalte *f* ‖ ~ **shaft*** (Mining) / Wetterschacht *m* (bei künstlicher Bewetterung)
**fantail** *n* (Met) / Verbindungszug *m* (im SM-Ofen) ‖ ~ **burner*** (Eng) / Fächerbrenner *m*
**fan-type machine** (Eng) / Fächermaschine *f*
**fan vault** (late Gothic form of the Perpendicular style) (Arch) / Fächergewölbe *n* (dessen Rippen fächerförmig von einem Punkt ausstrahlen), Palmengewölbe *n*, Strahlengewölbe *n* ‖ ~ **vaulting*** (Arch) / Fächergewölbe *n* (dessen Rippen fächerförmig von einem Punkt ausstrahlen), Palmengewölbe *n*, Strahlengewölbe *n* ‖ ~ **ventilation** (Eng) / künstliche Lüftung (Druck-, Saug- und Verbundlüftung), Zwangslüftung *f*, Ventilatorlüftung *f*, Zwangsbelüftung *f* (mit Ventilatoren) ‖ ~ **venturi** (Eng) / Diffusor *m* (kegeliger Aufsatz auf dem Ventilatordeck zur Verbesserung des Ventilatorwirkungsgrades) ‖ ~ **wheel** (Eng) / Schaufelrad *n*, Flügelrad *n* (des Gebläses)
**fanzine** *n* / Fanzine *n* (Zeitschrift für Fans bestimmter Personen, Klubs oder Themen), Fanzeitschrift *f*
**F.A.Q.** (fair average quality) / gute Durchschnittsqualität, gute Kaufmannsware
**faq** (fair average quality) / gute Durchschnittsqualität, gute Kaufmannsware
**FAQs** *pl* (frequently asked questions) (Comp) / FAQs *pl* (häufig gestellte Fragen), häufig gestellte Fragen
**FAR** (fuel-air ratio) (I C Engs) / Kraftstoff-Luft-Verhältnis *n*, Mischungsverhältnis *n* Kraftstoff/Luft
**farad*** *n* (Elec) / Farad *n* (gesetzliche abgeleitete SI-Einheit der elektrischen Kapazität), F (Farad - DIN 1301, T 1)
**faradaic** *adj* / faradisch *adj*, Faraday'sch *adj* ‖ ~ **currents** (Med) / faradische Ströme
**faraday** *n* (Phys) / Faraday-Konstante *f* (96 485, 309 C/mol nach DIN 4896) ‖ ~ **cage*** (Elec) / Faraday'scher Käfig (zur Abschirmung elektrostatischer Felder), Faraday-Käfig *m* ‖ ~ **constant** (Phys) / Faraday-Konstante *f* (Produkt aus Avogadro-Konstante und elektrischer Elementarladung) ‖ ~ **dark space*** (Phys) / Faraday'scher Dunkelraum (lichtschwache Zone in einer Glimmentladung, nach M. Faraday, 1791 - 1867) ‖ ~ **effect*** (Light, Mag, Optics) / Faraday-Effekt *m* (die durch ein äußeres Magnetfeld hervorgerufene Drehung der Polarisationsebene linear polarisierten Lichtes), Magnetorotation *f*, magnetische Drehung (der Polarisationsebene), Faraday-Drehung *f*, magnetisches Drehvermögen ‖ ~ **ellipticity** (Optics) / Faraday-Elliptizität *f* ‖ ~ **rotation** (Light, Mag, Optics) / Faraday-Effekt *m* (die durch ein äußeres Magnetfeld hervorgerufene Drehung der Polarisationsebene linear polarisierten Lichtes), Magnetorotation *f*, magnetische Drehung (der Polarisationsebene), Faraday-Drehung *f*, magnetisches Drehvermögen ‖ ~ **rotator** (Light, Mag, Optics) / Faraday-Rotator *m* (Anordnung zur technischen Anwendung des Faraday-Effekts, meistens mit Kristall zwischen zwei Polarisatoren) ‖ ~ **'s constant** (Phys) / Faraday-Konstante *f* (96 485, 309 C/mol nach DIN 4896) ‖ ~ **screen** (Elec) / Faraday'scher Käfig (zur Abschirmung elektrostatischer Felder), Faraday-Käfig *m* ‖ ~ **shield*** (Elec) / Faraday'scher Käfig (zur Abschirmung elektrostatischer Felder), Faraday-Käfig *m*
**Faraday's laws** (of electrolysis)* (Elec) / Faraday'sche Gesetze (zwei Beziehungen zwischen dem Stromfluss bei der Elektrolyse und den an den Elektroden abgeschiedenen Stoffmengen)

**Faraday-Tyndall effect** (Optics) / Tyndall-Effekt *m*, Tyndall-Phänomen *n*, Tyndall-Streuung *f* (nach J. Tyndall, 1820-1893), Faraday-Tyndall-Effekt *m* (Divergenz von Lichtbündeln als Polarisationserscheinung)
**faradic** *adj* / faradisch *adj*, Faraday'sch *adj* ‖ ~ **currents*** (Med) / faradische Ströme
**faradism** *n* (Med) / Faradotherapie *f*, Faradisation *f* (Untersuchung und Behandlung von Nerven und Muskeln mit niederfrequenten und mittelfrequenten Impulsströmen oder Wechselströmen beliebiger Kurvenformen)
**faradization** *n* (Med) / Faradotherapie *f*, Faradisation *f* (Untersuchung und Behandlung von Nerven und Muskeln mit niederfrequenten und mittelfrequenten Impulsströmen oder Wechselströmen beliebiger Kurvenformen)
**faradize** *v* (Med) / faradisieren *v*
**faradmeter*** *n* (Elec Eng) / Kapazitätsmesser *m*
**faradotherapy** *n* (Med) / Faradotherapie *f*, Faradisation *f* (Untersuchung und Behandlung von Nerven und Muskeln mit niederfrequenten und mittelfrequenten Impulsströmen oder Wechselströmen beliebiger Kurvenformen)
**FA ratio** (fuel-air ratio) (I C Engs) / Kraftstoff-Luft-Verhältnis *n*, Mischungsverhältnis *n* Kraftstoff/Luft
**fare** *n* / Fahrpreis *m* ‖ ~ **beater** / Schwarzfahrer *m* ‖ ~ **dodger** / Schwarzfahrer *m* ‖ ~**-free transport** / Nulltarifverkehr *m*
**far-end crosstalk*** (Teleph) / Fernnebensprechen *n*, Fernübersprechen *n*
**far-end XT** (Teleph) / Fernnebensprechen *n*, Fernübersprechen *n*
**farewell rock** (Geol) / Zeugenberg *m*, Ausliegerberg *m*, Ausliegen *m*, Vorberg *m*, Restberg *m*, Einzelberg *m*, Inselberg *m* ‖ ~ **rock** (Geol) / flözleerer Sandstein
**Farey series of order** *n* (Maths) / Farey-Reihe *f* n-ter Ordnung
**far field** (Acous, Elec, Phys) / Fernfeld *n*
**far-field pattern** (Light) / Fernfeldstrahlungsmuster *n*, Fernfeldmuster *n* ‖ ~ **radiation pattern** (Light) / Fernfeldstrahlungsmuster *n*, Fernfeldmuster *n*
**farina** *n* (Chem Eng, Nut, Textiles) / Kartoffelstärke *f*, Amylum *n* Solani ‖ ~ (Nut) / Mehl *n* (feines) ‖ ~* (US) (Nut) / Grieß *m* (meistens Weizengrieß) ‖ ~ (Nut) / feines Mehl ‖ ~ **potatoes** (Agric) / Fabrikkartoffeln *f pl* (zur Stärkeherstellung)
**far infrared** (Phys) / fernes IR, fernes Infrarot (DIN 5031, T 7), FIR (fernes Infrarot)
**far-infrared laser** (Phys) / Laser *m* im fernen Infrarot, FIR-Laser *m*
**farinograph** *n* (Nut) / Farinograf *m*
**far limit** (of depth of field) (Photog) / Hintertiefe *f* (hintere Begrenzung der Schärfentiefe)
**farm** *v* (Agric) / bebauen *v*, bewirtschaften *v*, bestellen *v*, bearbeiten *v* (Boden) ‖ ~ *n* (Agric) / Bauernhof *m*, Farm *f*, landwirtschaftlicher Betrieb, landwirtschaftliches Unternehmen, Gehöft *n* (landwirtschaftliches Anwesen mit den dazugehörenden Wohn- und Wirtschaftsgebäuden), Hof *m* (landwirtschaftlicher Betrieb) ‖ ~ (Agric, Leather) / Farm *f* (für Pelztiere) ‖ ~ **animal** (Agric) / Nutztier *n* (das vom Menschen /land/wirtschaftlich genutzt wird) ‖ ~ **butter** (Nut) / Landbutter *f* ‖ ~ **drainage** (Agric) / Felddränung *f*, Feldentwässerung *f*
**farmer** *n* (Agric) / Landwirt *m*, Farmer *m*, Bauer *m*, landwirtschaftlicher Unternehmer ‖ ~**'s lung*** (Med) / Drescherkrankheit *f*, Drescherfieber *n*, Drescherlunge *f*, Farmerlunge *f* (eine melde- und entschädigungspflichtige Staublungenerkrankung - durch organischen Staub verursacht) ‖ ~**'s reducer*** (Photog) / Farmer'scher Abschwächer (Blutlaugensalzabschwächer)
**farm forestry** (any land management practice in which farmers are encouraged to incorporate the cultivation of trees and shrubs along with crop production (Agric, For) / Agroforstwirtschaft *f* (Form der Landnutzung, meistens in Entwicklungsländern der Tropen und Subtropen), Bauernforstwirtschaft *f*
**farmhand** *n* (worker on a farm) (Agric) / Landarbeiter *m*, Feldarbeiter *m*
**farmhouse butter** (Nut) / Landbutter *f*
**farm implement and machinery** (Agric) / Landmaschinenpark *m*, Landmaschinen und -geräte *pl* (DIN 11085), Landtechnik *f* (Maschinen und Geräte)
**farming** *n* (Agric) / Bodenbearbeitung *f*, Bodenbestellung *f* ‖ ~ (Agric) / Agrikultur *f*, Landwirtschaft *f*, Ackerbau *m* (im weiteren Sinne, auch mit Viehhaltung usw. [ohne Plural]), Agrarwirtschaft *f*, Landbau *m* (ohne Plural), Feldbau *m* (ohne Plural) ‖ ~ (Met) / Verteilung *f* von Laugungslösung auf Halden mittels Gräben ‖ ~ **tractor** (Agric, Autos) / Ackerschlepper *m* (DIN 11085 und 70010)
**farm mechanization** (Agric) / Mechanisierung *f* eines landwirtschaftlichen Betriebes ‖ ~ **mechanization** (Agric) / Mechanisierung *f* der Landwirtschaft (im Allgemeinen)
**farm-produced fodder** (Agric) / Wirtschaftsfutter *n*

**farmstead** n (Agric) / Bauernhof m, Farm f, landwirtschaftlicher Betrieb, landwirtschaftliches Unternehmen, Gehöft n (landwirtschaftliches Anwesen mit den dazugehörenden Wohn- und Wirtschaftsgebäuden), Hof m (landwirtschaftlicher Betrieb)
**farm tractor** (Agric, Autos) / Ackerschlepper m (DIN 11085 und 70010)
**farmyard manure** (Agric) / Mist m, Dung m, Stalldünger m, Stalldung m, Stallmist m ‖ ~ **manure spreader** (Agric) / Düngerstreuer m, Stalldungstreuer m, Streuer m (für Stalldung)
**farnesol** n (Chem) / Farnesol n (farbloses, nach Maiglöckchen intensiv riechendes Öl - ein Sesquiterpenalkohol)
**farnesyl phenol** (Chem) / Farnesylphenol n
**Farnham roll** (Eng) / Blechbiegemaschine f
**far point**\* (Optics) / Fernpunkt m, Punctum m remotum (des Auges) ‖ ~ **pointer** (Comp) / Far-Zeiger m ‖ ~ **radiation field** (Acous, Elec, Phys) / Fernfeld n
**far-reaching** adj / weitreichend adj (Auswirkung) ‖ ~ / weitgehend adj (Änderung), tiefgreifend adj (Änderung)
**far-seeing** adj (Optics) / fernsichtig adj
**far side** (Astron) / Rückseite f (des Mondes)
**far-sighted** adj (Optics) / fernsichtig adj ‖ ~ (US) (Optics) / weitsichtig adj, übersichtig adj, hypermetropisch adj
**far space** (Astron) / ferner Weltraum ‖ ~ **ultraviolet** (Phys) / kurzwelliges Ultraviolett, fernes Ultraviolett (200 - 280 nm - DIN 5031, T 7), ferner UV-Bereich, fernes UV, UV-C n, FUV (fernes Ultraviolett) ‖ ~ **zone** (Radio) / Fraunhofer'sches Gebiet, Fernfeld n, Fraunhoferregion f
**FAS** (free alongside ship) (Ships) / f.a.s., fas (free alongside ship), frei Längsseite Schiff, free alongside ship (Handelsklausel in der Schifffahrt, die dem Verkäufer auferlegt, alle Kosten und Risiken bis zur Übergabe der Ware an das Seeschiff zu tragen)
**fascia**\* n / Ladenschild n ‖ ~ (Arch) / Ziergurt m ‖ ~\* (Arch, Build) / Traufbrett n, Stirnbrett n, Fußbrett n (für die Befestigung der Dachrinne), Traufstreifen m ‖ ~\* (Arch, Build) / Faszie f, Gurt m (des Architravs) ‖ ~\* (Autos) / Instrumentenanlage f, Armaturenbrett n, Instrumententafel f ‖ ~ (Build) / Attika f (umlaufender Dachrand beim Flachdach) ‖ ~ (Elec Eng) / Schaltpult n (des Elektroherdes), Schalterfront f ‖ ~ **board** / Ladenschild n ‖ ~ **board** (Arch, Build) / Traufbrett n, Stirnbrett n, Fußbrett n (für die Befestigung der Dachrinne), Traufstreifen m ‖ ~ **board** (Autos) / Instrumentenanlage f, Armaturenbrett n, Instrumententafel f ‖ ~ **bracket** (Build, Plumb) / Rinnenhalter m, Dachrinnenhalter m, Dachrinneneisen n
**fasciated yarn** (Spinning) / Bündelgarn n
**fascicular cambium** (Bot, For) / Faszikularkambium n, Fascicularcambium n, Leitbündelkambium n
**fascine**\* n (Hyd Eng) / Faschine f (zu Bündeln zusammengefasste Ruten oder Zweige aus lebendem oder totem Material - DIN 18 918), Reisigbündel n (als Faschine)
**fashion** v / gestalten v (herstellen) ‖ ~ (Textiles) / eindecken v (Maschenzahl in einer Reihe verringern), mindern v, abschlagen v, abmaschen v, abnehmen v ‖ ~ (Textiles) / Passform geben, fassonieren v, Fasson geben ‖ ~ (Textiles) / Schnitt m (modischer), Fasson f ‖ ~ (Textiles) / Mode f, Fashion f
**fashionable** adj (Textiles) / modisch adj, fashionabel adj, fashionable adj ‖ ~ **novelties** (Textiles) / Modeartikel m pl (viel gekaufte Artikel)
**fashioning** n (Chem Eng, Eng) / Herstellung f, Produktion f, Fertigung f, Erzeugung f, Fabrikation f
**fassaite**\* n (Min) / Fassait m (ein Augit mit viel $Al_2O_3$ aus dem Fassatal in Südtirol)
**FAST** n (fan and supersonic turbine) (Aero) / Fast-Turbine f
**fast**\* n (Mining) / Ortsstoß m in massiver Kohle ‖ ~ adj (Elec Eng) / flink adj (Schmelzeinsatz) ‖ ~\* (Nuc) / schnell adj (Reaktor, Neutron) ‖ ~\* (Optics, Photog) / lichtstark adj (Objektiv), rapid adj ‖ ~\* (Paint, Textiles) / echt adj (Farbstoff unter Lichteinwirkung) ‖ ~\* (Photog) / hoch empfindlich adj (fotografisches Material)
**fast**\*, **not** ~ / unecht adj (Farbstoff)
**fast access** (Comp) / Schnellzugriff m, Sofortzugriff m, schneller Zugriff, sofortiger Zugriff ‖ ~ **acid violet** (Chem, Textiles) / Echtsäureviolett n
**fast-acting** adj / schnellwirkend adj, raschwirkend adj ‖ ~ **relay** (Elec Eng) / schnellansprechendes Relais ‖ ~ **relay**\* (Elec Eng) / Schnellschaltrelais n ‖ ~ **relay**\* (Elec Eng) s. also fast-operate relay
**fast-action fuse** (Elec Eng) / flinke Sicherung (DIN 49360)
**fast analysis** (Chem) / Schnellanalyse f, Rapidanalyse f
**fast-atom bombardment** (Nuc, Spectr) / Fast-Atom-Bombardment n (Ionisierungsmethode für schwer oder nichtverdampfbare organische Molekeln), FAB (Fast-Atom-Bombardment), Beschuss m mit schnellen Atomen
**fast back** (Bind) / fester Buchrücken, fester Rücken (als Gegensatz zu hohlem Rücken), Rücken m ohne Rückenstreifen, angeklebter Rücken
**fastback** n (Autos) / Fastback n, Fließheck n, Abreißheck n, Abrisscheck n, Schrägheck n (eine Heckform von Personenkraftwagen) ‖ ~ (Cinema) / Fastback n (Filmtrick, mit dem ein eben gezeigter Vorgang in umgekehrter Reihenfolge vorgeführt werden kann)
**fast breeder** (Nuc Eng) / Schnellbrutreaktor m, schneller Brüter, schneller Brutreaktor, SBR ‖ ~ **breeder reactor**\* (Nuc Eng) / Schnellbrutreaktor m, schneller Brüter, schneller Brutreaktor, SBR ‖ ~ **charge** (Elec Eng) / Schnellladen n, Schnellladung f ‖ ~ **charging** (Elec Eng) / Schnellladen n, Schnellladung f ‖ ~ **chrome green pigment** (Chem, Paint) / Chromechtgrünpigment n (DIN 55 972)
**fast-colour base** (Chem, Textiles) / Echtbase f, Echtfarbbase f ‖ ~ **salt** (Textiles) / Echtfärbesalz n
**fast counter** (Instr) / Schnellzähler m ‖ ~ **coupling**\* (Eng) / nichtschaltbare Kupplung, starre (feste) Kupplung, ständige Kupplung ‖ ~ **draining** (Nuc Eng) / Schnellablass m (des Moderators), Moderatorschnellablass m
**fast-drying** adj / schnelltrocknend adj, Schnelltrocken-
**fast dyeing** (Textiles) / Echtfärben n, Echtfärberei f ‖ ~ **dye salt** (Chem, Textiles) / Diazoechtsalz n ‖ ~ **effect**\* (Nuc) / Schnellspalteffekt m, Schnellspaltungseffekt m ‖ ~ **effect**\* (Nuc) s. also fast fission and fast fission factor
**fasten** v / befestigen v, anbringen v ‖ ~ (Eng) / anziehen v (eine Mutter) ‖ ~ **by crossties** (Build, Carp) / verstreben v, abspreizen v, versteifen v, abstreben v, absteifen v ‖ ~ **by riveting** (Eng) / annieten v (befestigen)
**fastener** n (Build) / Vorreiber m (drehbarer Verschlussbolzen an einer Tür oder Klappe), Einreiber m (ein alter Fensterverschluss) ‖ ~\* (Eng) / Befestigungsmittel n, Befestigungsteil n, Befestigungselement n ‖ ~ (Eng) / [mechanisches] Verbindungselement n (z.B. Schraube, Niet - nach DIN 918) ‖ ~ (Textiles) / Verschlusselement n, Verschlussteil n (z.B. Knopf)
**fastening** n / Befestigung f ‖ ~ (Eng) / Doppelfalzen n (des Bleches) ‖ ~ **by cross ties** (Build) / Verstrebung f, Abstrebung f (durch Streben) ‖ ~ **device** (Eng) / Befestigungsmittel n, Befestigungsteil n, Befestigungselement n ‖ ~ **screw** / Klemmschraube f (eine Befestigungsschraube) ‖ ~ **thread** (Eng) / Befestigungsgewinde n
**fasten one's seat-belt** (Aero) / sich angurten v ‖ ~ **with tacks** / anheften v (mit Zwecken), anzwecken v
**fast-extruding furnace black** / schnellspritzbarer Ofenruß
**fast-extrusion furnace black** (Chem Eng) / Fast-Extrusion-Furnaceruß m (Ölruß, der die Kautschukmischung gut verformbar macht), FEF-Ruß m
**fast-fermenting yeast** (Nut) / Schnelltriebhefe f
**fast finish** (Textiles) / Echtveredlung f ‖ ~ **firing** (Ceramics) / Schnellbrand m ‖ ~ **fission** (Nuc) / Schnellspaltung f, schnelle Spaltung
**fast-fission effect** (Nuc) / Schnellspalteffekt m, Schnellspaltungseffekt m ‖ ~ **factor**\* (Nuc) / Schnellspaltfaktor m, Faktor m der schnellen Spaltung (in der Vierfaktorenformel)
**fast fluidized bed** (Chem Eng) / zirkulierende Wirbelschicht ‖ ~ **flux** (Nuc) / schneller Neutronenfluss, Fluss m der schnellen Neutronen ‖ ~ **food** (Nut) / Fastfood n, Fast Food n, Schnellgericht n (in Imbissbuden und Schnellrestaurants) ‖ ~ **forward** (Acous, Mag) / schneller Vorlauf, Schnellvorlauf m (des Tonbandes)
**fast-forward button** (Radio) / Taste f "schneller Vorlauf" (bei Autoradio)
**fast Fourier transform**\* (Maths) / schnelle Fourier-Transformation, FFT (schnelle Fourier-Transformation)
**fast-freeze compartment** / Vorfrostabteil n, Schnellgefrierfach n, Vorfrostfach n
**fast freezing** (Nut) / schnelles Einfrieren ‖ ~ **frequency hopping** (Telecomm) / FFH-Verfahren n (bei drahtlosen LAN eingesetztes Übertragungsverfahren) ‖ ~ **goods train** (Rail) / Eilgüterzug m ‖ ~ **green** (Chem, Textiles) / Echtgrün n
**fast-growing** adj (Agric, Bot) / schnell wachsend, raschwüchsig adj, schnellwüchsig adj
**fast Hadamard transformation** / schnelle Hadamard-Transformation, FHT (schnelle Hadamard-Transformation) ‖ ~ **head**\* (Eng) / Spindelkasten m (Gehäuse für das Hauptgetriebe und die Spindellagerung mit der Hauptspindel), Spindelstock m (der Drehmaschine) ‖ ~ **ice** / Eisdecke f (über den Bereich von Randeis hinaus an der Wasseroberfläche gebildete unbewegliche Eisschicht) ‖ ~ **ice** (ice that forms along and remains attached to the bottom of shallow water) (Ocean) / Festeis n (Meereis, meistens entlang der Küste) ‖ ~ **idle** (Autos, I C Engs) / Leerlaufanhebung f, erhöhter Leerlauf
**fast-idle cam** (Autos) / Stufenscheibe f für Leerlaufanhebung ‖ ~ **speed** (Eng) / Leerlaufdrehzahl f (erhöhte)
**fast insertion** (of a control rod) (Nuc Eng) / Stababwurf m, Stabeinwurf m, Abwerfen n (eines Steuerstabs), Einwerfen n (eines Steuerstabs) ‖ ~ **lane** (Autos) / Überholspur f ‖ ~ **lens** (Photog) / lichtstarkes Objektiv ‖ ~ **motion** (Cinema) / Zeitraffer m (Unterdrehen während der Aufnahme)

**fast-moving**

**fast-moving goods** / Waren *f pl* mit hoher Umschlaghäufigkeit, Schnelldreher *m pl* (Waren mit hoher Umschlaghäufigkeit)
**fastness** *n* (to)* / Widerstandsfähigkeit *f*, Festigkeit *f* (Echtheit), Haltbarkeit *f*, Beständigkeit *f* ‖ ~ **of colour** / Farbechtheit *f* (im Allgemeinen) ‖ ~ **rating** (Textiles) / Echtheitsgrad *m*, Echtheitswert *m* (bei Farbstoffen) ‖ ~ **to acids** (Textiles) / Säureechtheit *f* (DIN 54028) ‖ ~ **to boiling-off** (Textiles) / Entbastungsechtheit *f* (des Farbstoffs) ‖ ~ **to cement** (Textiles) / Zementechtheit *f* ‖ ~ **to chlorinated water** (Textiles) / Chlorbadwasserechtheit *f* (von Färbungen und Drucken) ‖ ~ **to cold washing** (Textiles) / Kaltwaschechtheit *f* ‖ ~ **to cross-dyeing** (Textiles) / Überfärbechtheit *f* (Widerstandsfähigkeit von Flocke- und Garnfärbungen gegen die Einwirkung der für Wolle in der Stückfärbung üblichen Färbeverfahren) ‖ ~ **to degumming** (Textiles) / Entbastungsechtheit *f* (des Farbstoffs) ‖ ~ **to fulling** (US) (Leather, Textiles) / Walkechtheit *f* ‖ ~ **to gas fading** (Textiles) / Gasechtheit *f*, Abgasechtheit *f*, Stickoxidechtheit *f* (von Färbungen und Drucken nach DIN 54025) ‖ ~ **to gas-fume fading** (Textiles) / Gasechtheit *f*, Abgasechtheit *f*, Stickoxidechtheit *f* (von Färbungen und Drucken nach DIN 54025) ‖ ~ **to heat** (Textiles) / Hitzeechtheit *f* ‖ ~ **to light** / Lichtechtheit *f* (Maß für die Farbechtheit von Färbungen unter Lichteinwirkung) ‖ ~ **to milling** (Leather, Textiles) / Walkechtheit *f* ‖ ~ **to oils** / Ölbeständigkeit *f* ‖ ~ **to perspiration** (Textiles) / Schweißechtheit *f* (DIN 54020) ‖ ~ **to potting** (Textiles) / Nassdekaturechtheit *f* ‖ ~ **to repainting** (Paint) / Überlackierechtheit *f* ‖ ~ **to solvents** (Chem) / Lösungsmittelechtheit *f* (DIN 54023) ‖ ~ **to steaming** (Textiles) / Dämpfechtheit *f* ‖ ~ **to sublimation** (Textiles) / Sublimierechtheit *f* (DIN 56056) ‖ ~ **to water drops** (Textiles) / Wassertropfenechtheit *f* (nach DIN 54 008) ‖ ~ **to weathering** (Textiles) / Wetterechtheit *f* (von Färbungen und Drucken nach DIN 54 071)
**fast neutron*** (Nuc) / schnelles Neutron
**fast-operate relay** (Elec Eng) / schnellansprechendes Relais
**fast Padé transform** (Maths) / schnelle Padé-Transformation ‖ ~ **paper** (Chem) / schnelllaufendes Papier (in der Flüssigkeitschromatografie)
**fast-position method** (Maths) / Regula Falsi *f* (Sekantennäherungsverfahren), Sekantenverfahren *n* (zur näherungsweisen Bestimmung einer Nullstelle einer stetigen Funktion)
**fast power control** (Telecomm) / schnelle Leistungsregelung, Inner-Loop-Power-Control *f* (UMTS) ‖ ~ **pulley*** (Eng, Mech) / feste Rolle (des Flaschenzugs) ‖ ~ **pulley*** (Eng, Mech) / Festscheibe *f*, feste Riemenscheibe ‖ ~ **reaction*** (Chem, Nuc) / schnelle Reaktion ‖ ~ **reactor*** (Nuc Eng) / schneller Reaktor, Schnell(neutronen)reaktor *m* ‖ ~ **reactor*** (Nuc Eng) s. also breeder
**fast-recovery diode** (Electronics) / Diode *f* mit harter Abschaltcharakteristik ‖ ~ **power diode** (Electronics) / schnelle Leistungsdiode
**fast reducer** (Paint) / Winterverdünnungsmittel *n* (für Autoreparaturlacke) ‖ ~ **reducer** (Paint) / Winterverdünnung *f* (leichtflüchtige Verdünnung für Autoreparaturlacke)
**fast-reed loom** (Weaving) / Festblattstuhl *m*
**fast-release relay** (Elec Eng) / Schnelltrennrelais *n*
**fast return** (Eng) / Eilrücklauf *m* (des Supports) ‖ ~ **rewind** (Acous, Mag) / schneller Rücklauf (bei gedrückter Wiedergabetaste) ‖ ~ **rewind** (Cinema) / Schnellrückspulung *f*, Schnellrücklauf *m*
**fast-rewind** *v* (Acous, Mag) / schnell rücklaufen lassen (z.B. Magnetband) ‖ ~ **button** (Radio) / Taste *f* "schneller Rücklauf" (bei Autoradio)
**fast-rise** *attr* (Electronics, Telecomm) / steil *adj* (Impuls)
**fast-rotation forestry** (For) / Forstwirtschaft *f* mit schnellem Umtrieb
**fast run-up** (Eng) / Schnellzuführung *f* (des Schlittens)
**fast-setting** *adj* (Plastics) / schnellhärtend *adj* (Kunststoff) ‖ ~ **adhesive** (Chem) / Schnellbinder *m* (Klebstoff, der zu 60-70% aus Glutinleim besteht und dessen Abbindung durch chemische Zusätze beschleunigt wird) ‖ ~ **cement** (Build, Civ Eng) / schnellabbindender Zement, Blitzzement *m*, schnellbindender Zement
**fast sheet*** (Build) / rahmenloses Fenster, Festfenster *n*, feststehendes Fenster ‖ ~ **sodium-cooled reactor** (Nuc Eng) / schneller natriumgekühlter Reaktor, SNR ‖ ~ **store*** (Comp) / Schnellspeicher *m*, Speicher *m* mit schnellem Zugriff, Schnellzugriffsspeicher *m*, zugriffszeitfreier Speicher
**fast-time constant** (for suppression of weather clutter with varying coverage area in elevation) (Radar) / Regendämpfung *f*, Regenentrübungsschaltung *f*, Niederschlagsdämpfung *f*, Regenentrübung *f* ‖ ~ **control** (to produce discrimination against extended clutter, long-pulse jamming, or noise) (Radar) / Differentialschaltung *f*
**fast to air** / luftfest *adj* ‖ ~ **to chrome** (Textiles) / chromecht *adj* ‖ ~ **to laundering at the boil** (Textiles) / kochwaschecht *adj* ‖ ~ **to light*** / lichtecht *adj* ‖ ~ **to lime** (not fading) / kalkecht *adj* ‖ ~ **to lye** / laugenecht *adj* ‖ ~ **to mercerizing** (Textiles) / merzerisiert *adj* ‖ ~ **to migration** (Chem, Textiles) / migrationsecht *adj* ‖ ~ **to oil** /

ölbeständig *adj* ‖ ~ **to saliva** (Textiles) / speichelecht *adj* ‖ ~ **to salt** (Textiles) / salzbeständig *adj* ‖ ~ **to solvents** (Chem) / lösungsmittelbeständig *adj* ‖ ~ **to washing** (Textiles) / waschecht *adj*, waschbeständig *adj*, waschfest *adj* ‖ ~ **to washing at the boil** (Textiles) / kochwaschecht *adj* ‖ ~ **to weathering** / wetterecht *adj* ‖ ~ **traverse** (Eng) / Schnellverstellung *f*, Eilgang *m* (an automatisierten Werkzeugmaschinen)
**fast-weighting balance** / Schnellwaage *f*
**fast-wind** *v* (Acous, Mag) / schnell laufen lassen, Schnelllauf einschalten
**fast-working yeast** (Nut) / Schnelltriebhefe *f*
**fast yeast** (Nut) / Schnelltriebhefe *f* ‖ ~ **yellow** (Chem, Textiles) / Echtgelb *n*, Säuregelb *n* (E 105)
**FAT** (frequency address table) (Comp) / Frequenzadressentabelle *f*, FAT (Frequenzadressentabelle) ‖ ~ (file-allocation table) (Comp) / Dateizuordnungstabelle *f*
**fat*** *n* (Chem, Nut) / Fett *n* ‖ ~ *adj* (Chem, Nut) / fetthaltig *adj*, Fett-, fett *adj*, fettig *adj* ‖ ~* (Civ Eng) / fett *adj* (Beton mit hohem Bindemittelanteil) ‖ ~ **absorption** (Biochem, Physiol) / Fettresorption *f* ‖ ~ **acid** (Chem) / höhere Fettsäure (mit 12 bis 24 C-Atomen im Molekül)
**fatal** *adj* / nichtbehebbar *adj* (Fehler) ‖ ~ (Med) / tödlich *adj* (Verletzung, bei einem Unfall) ‖ ~ **error** / schwerwiegender Fehler, schwerer Fehler ‖ ~ **injury** (any injury that results in death within 30 days of occurrence) / Unfall *m* mit Todesfolge
**fatality rate** (Autos) / Prozent *n* der Verkehrsunfalltoten (in der Verkehrsunfallstatistik) ‖ ~ **rate** (Med, Stats) / Todesfallrate *f*, Mortalität *f* (Sterblichkeitsziffer - Verhältnis der Zahl der Todesfälle zur Gesamtzahl der berücksichtigten Personen)
**fat alternative** (Nut) / synthetischer Fettersatzstoff, Fettersatzstoff *m* ‖ ~ **bloom** (Nut) / Fettreif *m* (auf der Oberfläche der Schokolade) ‖ ~ **cell** (Biol, Physiol) / Fettzelle *f* ‖ ~ **clay** (Ceramics, Geol) / Ton *m* mit großer Plastizität, stark plastischer Ton, fetter Ton (stark plastischer) ‖ ~ **client** (in a client/server architecture, a client computer that performs most or all of the processing, with little or none performed by the server) (Comp) / Fat-Client *m* ‖ ~ **coal*** (Mining) / Fettkohle *f*, fette Kohle (mit 19-28% Gehalt an Flüchtigem) ‖ ~ **coating** (Nut) / Fettüberzug *m*
**fat-containing** *adj* (Chem, Nut) / fetthaltig *adj*, Fett-, fett *adj*, fettig *adj*
**fat content** (Nut) / Fettgehalt *m* ‖ ~ **content in dry matter** (Nut) / Fettgehalt *m* in der Trockenmasse, Fett *n* in der Trockenmasse, Fett *n* i. Tr., F.i.Tr. (Fett in der Trockenmasse) ‖ ~ **crease** (Leather) / Mastfalte *f*, Halsfalte *f*, Fettfalte *f* ‖ ~ **deposition** (Nut, Physiol) / Fettablagerung *f*, Fettdepot *n* ‖ ~ **deterioration** (Nut) / Fettverderb *m* ‖ ~ **determination** (Nut) / Fettbestimmung *f* ‖ ~ **digestion** (Nut, Physiol) / Fettverdauung *f* ‖ ~ **dye** (Fuels, Nut) / Fettfarbstoff *m* ‖ ~ **edge*** (Paint) / Fettkante *f* (aus herabgelaufenem Anstrichstoff) ‖ ~ **emulsion** (Chem, Nut) / Fettemulsion *f* ‖ ~ **face*** (Comp, Typog) / fette Schrift ‖ ~ **filter** (Chem, Nut) / Fettfilter *n*
**fat-free** *adj* (Nut) / fettfrei *adj*, fettlos *adj* ‖ ~ **dry matter** (Nut) / fettfreie Trockenmasse
**fat gas** (Fuels) / Fettgas *n*, Starkgas *n* (Brenngas mit hohem spezifischem Brennwert), hochkaloriges Gas ‖ ~ **globule** (Nut) / Fettkügelchen *n* ‖ ~ **hardening** (Chem, Nut) / Fetthärtung *f* (Umwandlung flüssiger in feste Fette durch partielle Hydrierung der ungesättigten Acyllipide, häufig unter Verwendung von Nickelkatalysatoren), Härtung *f* (flüssiger Fette), Ölhärtung *f*, Fetthydrierung *f*
**father** *n* (Comp) / Vorgänger *m* (in einem binären Baum)
**father-and-son drive** (Ships) / Vater-und-Sohn-Anlage *f* (ein Antriebsaggregat für Schiffe)
**father file*** (Comp) / Vaterdatei *f* ‖ ~ **tape** (Comp) / Vaterband *n* (Band der Vatergeneration)
**fathom*** *n* (For) / ein altes Raummaß, bei dem das Volumen des gestapelten Holzes zugrunde gelegt wird = 216 cbf
**fathometer*** *n* (a copyrighted name for a type of echo sounder) (Acous) / Ultraschallecholot *n*
**fat hydrogenation** (Chem, Nut) / Fetthärtung *f* (Umwandlung flüssiger in feste Fette durch partielle Hydrierung der ungesättigten Acyllipide, häufig unter Verwendung von Nickelkatalysatoren), Härtung *f* (flüssiger Fette), Ölhärtung *f*, Fetthydrierung *f*
**fatigue** *v* (Materials) / ermüden *v* (Zerstörung des Werkstoffs durch wiederholtes Be- und Entlasten) ‖ ~* *n* (Materials) / Ermüdung *f* (Verminderung der Festigkeit eines Werkstoffs durch hohe dynamische Beanspruchung), Ermüdungserscheinung *f* ‖ ~ **allowance** (Work Study) / Erholungszuschlag *m* ‖ ~ **behaviour** (Eng, Materials) / Ermüdungsverhalten *n* ‖ ~ **crack** (Materials) / Ermüdungsriss *m*
**fatigue-crack growth rate** (Materials) / Ermüdungsrisswachstumsgeschwindigkeit *f*
**fatigue cracking** (Materials) / Ermüdungsrissbildung *f*
**fatigue-crack propagation** (Materials) / Ermüdungsrissausbreitung *f*

**fatigue crescent** (Materials) / Dauerbruchrastlinie f || ~ **damage** (Materials) / Ermüdungsfehler m (Ereignis, das im Verlust der Funktionsfähigkeit der Betrachtungseinheit durch Ermüdung besteht), Ermüdungsschaden m || ~ **defect** (Materials) / Ermüdungsfehler m (Ereignis, das im Verlust der Funktionsfähigkeit der Betrachtungseinheit durch Ermüdung besteht), Ermüdungsschaden m || ~ **endurance limit** (Materials) / Dauerschwingfestigkeit f, Dauerfestigkeit f || ~ **failure** (Eng) / Ausfall m durch Ermüdung || ~ **failure** (Materials) / Dauerbruch m (Versagen eines Werkstoffs bei Schwingbeanspruchung im elastischen Bereich), Ermüdungsbruch m, Dauerschwingbruch m, Schwingbruch m || ~ **fraction** (Materials) / Dauerbruch m (Versagen eines Werkstoffs bei Schwingbeanspruchung im elastischen Bereich), Ermüdungsbruch m, Dauerschwingbruch m, Schwingbruch m || ~ **impact test** (Materials) / Dauerschlagversuch m (mit der in der Regel konstanten Schlagstärke) || ~ **laboratory** (Materials, Met) / Schwingfestigkeitslabor n || ~ **life** (Materials) / Grenzlastspielzahl f (beim Dauerschwingversuch) || ~ **life** (the number of applied stress reversals, at a particular stress level, at which a material fails) (Materials) / Ermüdungslebensdauer f (bis zum Dauerbruch - nach DIN ISO 281) || ~ **limit*** (Materials) / Dauerschwingfestigkeit f, Dauerfestigkeit f || ~ **limit under repeated stress** (between positive and negative values) (Materials) / Dauerschwingfestigkeit f (für die Mittelspannung Null) || ~ **limit under repeated stress** (from zero to maximum positive or negative values) (Materials, Mech) / Schwellfestigkeit f (Sonderfall der Dauerfestigkeit für die Unterspannung Null) || ~ **limit under reverse stress** (Materials) / Wechselfestigkeit f || ~ **monitoring system** (Eng) / Ermüdungsüberwachungssystem n || ~ **notch factor** (the ratio of the fatigue strength of an unnotched specimen to the fatigue strength of a notched specimen of the same material and condition, the notch being of a specified size and contour) (Materials, Mech) / Kerbwirkungszahl f (bei schwingender Belastung) || ~ **notch sensitivity** (an estimate of the effect of a notch or hole on the fatigue properties of a material) (Materials, Mech) / Kerbempfindlichkeitszahl f || ~ **of metals*** (Materials) / Metallermüdung f || ~ **precrack** (Materials) / Ermüdungsriss m
**fatigue-proof** adj (Materials) / ermüdungsfrei adj
**fatigue property** (Materials) / Ermüdungseigenschaft f || ~ **quality** (Materials) / Ermüdungseigenschaft f
**fatigue-resisting** adj (Materials) / ermüdungsbeständig adj
**fatigue strength** (Materials, Met) / Zeitschwingfestigkeit f, Zeitfestigkeit f || ~ **strength** (Materials, Met) / Ermüdungsfestigkeit f, Ermüdungsgrenze f || ~ **strength** (depending on one-step fatigue load) (Materials, Met) / Gestaltfestigkeit f, Nutzdauerfestigkeit f, Dauerhaltbarkeit f (Bauteil-Tragfähigkeit bei Einstufen-Schwingbelastung) || ~ **test*** (Materials, Met) / Dauerschwingversuch m (DIN 50 100), Ermüdungsversuch m, Schwingversuch m (DIN 50 100) || ~ **testing** (Materials) / Ermüdungsprüfung f
**fatigue-testing machine*** (Eng, Materials, Met) / Dauerschwingprüfmaschine f, Schwingprüfmaschine f
**fatigue wear** (Eng, Materials) / Ermüdungsverschleiß m (mechanischer Verschleißprozess, hervorgerufen durch Werkstoffzerrüttung infolge wiederholter Verformungen in kleinsten Volumenbereichen des Reibflächenwerkstoffs)
**fat index** (Chem, Nut) / Fettkennzahl f (z.B. Verseifungszahl, Iodzahl, Säurezahl usw.) || ~ **lime*** (Build) / fetter Kalk (mit weniger als 10% Beimengungen des rohen Kalksteins), Fettkalk m, Weißkalk m
**fatling** n (Agric) / junges Masttier
**fat liquor*** (Leather) / Licker m, Fettlicker m
**fatliquor** v (Leather) / fetten v (nasses Leder)
**fat-liquoring** n (Leather) / Lickern n, Fettlickern n
**fat metabolism** (Nut, Physiol) / Fettstoffwechsel m || ~ **mimetic** (Nut) / Fettersatzstoff m (Stoff, den man verarbeiten, im Normalfall stark fetthaltigen Erzeugnissen an Stelle von Fetten verwendet) || ~ **mixture** (I C Engs) / fettes Gemisch || ~ **mortar** (containing a high proportion of cementitious material and which adheres to a trowel) (Build) / fetter Mörtel (mit hohem Bindemittelanteil) || ~ **of the marmot** / Murmeltieröl n || ~ **powder** (Nut) / Fettpulver n
**fat-reduced** adj (Nut) / fettreduziert adj, mager adj || ~ (Nut) / mager adj, fettarm adj (im Allgemeinen)
**fat refining** (Nut) / Fettraffination f (zur Abtrennung unerwünschter Begleitstoffe aus pflanzlichen und tierischen Rohfetten) || ~ **removal** (Leather) / Entspeckung f (der Schweinshäute) || ~ **replacer** (Nut) / synthetischer Fettersatzstoff, Fettersatzstoff m
**fat-rumped sheep** (Agric, Zool) / Fettsteißschaf n
**fat server** (in a client/server architecture, a server machine that performs most of the processing, with little or none performed by the client) (Comp) / Fat-Server m
**fat-soluble** adj / fettlöslich adj || ~ **vitamin** (Biochem, Nut, Pharm) / fettlösliches Vitamin (z.B. Retinol oder Tocopherol)

**fat solvent** (Chem, Paint) / Fettlösungsmittel n, Fettlöser m || ~ **splitting*** (Chem Eng) / Fettspaltung f (meistens nur technische)
**fat-splitting** adj (Chem, Chem Eng) / fettspaltend adj
**fat spoilage** (Nut) / Fettverderb m
**fatstock** n (Agric) / Mastvieh n || ~ (Agric) s. also animals for slaughter
**fat substitute** (Nut) / synthetischer Fettersatzstoff, Fettersatzstoff m
**fat-tailed sheep** (Agric) / Fettschwanzschaf m (z.B. Karakulschaf)
**fatten** v (Agric) / anreichern v (Boden, z.B. mit bestimmten Substanzen) || ~ vt (Agric) / mästen v (Schlachttiere - reichlich füttern, mit Mastfutter versorgen, um eine Zunahme an Fleisch, Fett zu bewirken)
**fattening** n (Agric) / Mast f, Mästen n || ~ (Agric) / Anreicherung f (des Bodens, z.B. mit bestimmten Substanzen) || ~ (Paint) / Eindickung f || ~ **feed** (Agric) / Mastfutter n || ~ **food** (Agric) / Mastfutter n || ~ **stock** (Agric) / Mastvieh n
**fat transesterification** (Chem, Nut) / Fett-Umesterung f || ~ **trap** (San Eng) / Fettfang m (Anlage zum Abtrennen von fetten und lipophilen Stoffen), Fettfänger m, Fettabscheider m, Abscheidungsanlage f für Fette
**fatty** adj (Chem, Nut) / fetthaltig adj, Fett-, fett adj, fettig adj || ~ **acid*** (Chem, Nut) / Fettsäure f (unverzweigte aliphatische Monokarbonsäure - E 570)
**fatty-acid amide** (Chem) / Fettsäureamid n || ~ **biosynthesis** (Biochem) / Fettsäure-Biosynthese f || ~ **degradation** (Biochem) / Fettsäureabbau m (z.B. durch ß-Oxidation) || ~ **ester** (Chem) / Fettsäureester m || ~ **glucamide** (Biochem) / Fettsäureglucamid n, FAGA (Fettsäureglucamid), Fettsäureglukamid n || ~ **hardening** (Chem) / Fettsäurehärtung f (eine Erhöhung des Sättigungsgrades) || ~ **isethionate** (Chem) / Fettsäureisethionat n (ein anionisches Tensid) || ~ **methyl ester** (Fuels) / Fettsäuremethylester m || ~ **oxidation** (Biochem) / Fettsäureabbau m (z.B. durch ß-Oxidation) || ~ **pitch** (Chem) / Fettpech m || ~ **synthase** (Biochem) / Fettsäuresynthase f
**fatty alcohol** (unbranched, aliphatic monoalcohol with 10 to 20 C atoms) (Chem) / Fettalkohol m
**fatty-alcohol polyglycol ether** (Chem) / Fettalkoholpolyglykolether m, Alkylpolyglykolether m, Fettalkoholethoxylat n (ein Tensid), FAEO (Fettalkoholethoxylat), Fettalkoholalkoxylat n || ~ **polyglycol sulphate** / Fettalkoholethersulfonat n (ein Tensid), FAES (Fettalkoholethersulfonat) || ~ **sulphate** (Chem) / Fettalkoholsulfat n (ein Aniontensid), Alkylsulfat n, FAS (Fettalkoholsulfat)
**fatty aldehyde** (Chem) / Fettaldehyd m || ~ **alkanolamine** (Chem) / Fettsäurealkanolamid n, FAA (Fettsäurealkanolamid) || ~ **alkyl sulphate** (Chem) / Fettalkoholsulfat n (ein Aniontensid), Alkylsulfat n, FAS (Fettalkoholsulfat) || ~ **amine** (Chem) / Fettamin n || ~ **handle** (Textiles) / fettiger Griff || ~ **ketone** (Chem) / Fettketon n || ~ **matter** / Fettstoff m || ~ **oil** (Chem) / fettes (nichtflüchtiges) Öl || ~ **oil** (Chem) / fettes Öl (Glycerinester von zum Teil ungesättigten Fettsäuren pflanzlicher oder tierischer Herkunft), Fettöl n || ~ **pocket** (Nut) / Fettabsatz m (im Fleisch) || ~ **series** (Nut) / Fettreihe f || ~ **spew** (Leather) / Fettausschlag m (Leder) || ~ **substance** / Fett n (im analytischen Sinne) || ~ **tissue** (Biol, Leather) / Fettgewebe n (aus Fettzellen)
**fat wrinkle** (Leather) / Mastfalte f, Halsfalte f, Fettfalte f
**faucet*** n (Eng) / kleiner Zapfhahn, Stechhahn m || ~ (US) (Eng, For) / Fasshahn m (kleiner Zapfhahn), Pipe f [A] || ~* (Eng, Plumb) / Rohrmuffe f, Muffe f (aufgeweitetes Rohrende), Aufweitung f (aufgeweitetes Ende eines Rohrs) || ~ (US) (Plumb) / Hahn m (pl. Hähne od. Hahnen) || ~* (Plumb) / kleiner Hahn, kleiner Wasserhahn
**faujasite** n (Min) / Faujasit m (wasserreicher Würfelzeolith)
**faulschlamm** n (Geol) / Sapropel n (unter Sauerstoffabschluss biochemisch umgewandelte organische Reste in Gewässern)
**fault** n (Comp, Maths) / Fehler m || ~ (Elec Eng) / Fehler m (Störung), elektrischer Fehler || ~ (Elec Eng) / Kurzschluss m, elektrischer Kurzschluss || ~ (Eng, Phys) / Fehler m (ein unzulässiger physikalischer Zustand /oder Eigenschaft/, der/die bei einer Funktionseinheit dazu führt, dass er/sie vom geforderten Verhalten abweicht) || ~ (Geol) / Sprung m (Störungsfläche, auf der eine Abschiebung stattgefunden hat) || ~* (Geol) / Verwerfung f (die tektonische Störung einer ursprünglich intakten Gesteinslagerung) || ~* (Geol) / Störung f (Veränderung der ursprünglichen Lagerungsform eines Minerals oder Gesteins) || ~ (Nuc Eng) / Störfall m (Ereignisablauf, bei dessen Eintreten der Betrieb der Anlage oder auch die Tätigkeit von Personen an ihr aus Sicherheitsgründen nicht fortgesetzt werden darf, für dessen sicherheitstechnische Beherrschung die Anlage jedoch ausgelegt ist und vorsorgliche Schutzvorkehrungen getroffen sind), Schadensfall m, Zwischenfall m || ~ **analysis** / Fehleranalyse f || ~ **arc** (Elec Eng) / Störlichtbogen m (in einer Schaltanlage) || ~ **arc current** (Elec Eng) / Störlichtbogenstrom m || ~ **basin** (Geol) / tektonisches Becken, Bruchbecken n || ~ **block** (Geol) / Bruchscholle f
**fault-block mountains** (Geol) / Bruchschollengebirge n

**fault breccia**

**fault breccia**\* (Geol) / Verwerfungsbrekzie *f* ‖ ~ **button** (Teleph) / Irrungstaste *f* ‖ ~ **classification** / Fehlerklassifikation *f* ‖ ~ **clearing** / Störungsbehebung *f*, Störungsbeseitigung *f* ‖ ~ **condition** (Telecomm) / Störungszustand *m* ‖ ~ **current**\* (Elec) / Fehlerstrom *m* ‖ ~ **current** (Elec Eng) / Kurzschlussstrom *m* (ein Überstrom, der durch einen Fehler vernachlässigbarer Impedanz zwischen aktiven Leitern verursacht wird, welche im ungestörten Betrieb unterschiedliches Potenzial haben) ‖ ~ **detection** (Comp) / Fehlererkennung *f*, Fehlernachweis *m* ‖ ~ **diagnosis** (Comp) / Fehlerdiagnose *f* (Feststellen, Prüfen und Klassifizieren von Merkmalen mit dem Ziel der Einordnung, ob ein fehlerfreier oder fehlerhafter Zustand vorliegt) ‖ ~ **dictionary** (Elec Eng) / Fehlerregister *n*
**fault-feeler switch** (Elec Eng) / Fehlerprüfschalter *m*, Prüfschalter *m* (beim selbstschließenden Schutzschalter)
**fault•-finding**\* *n* (Comp, Elec Eng) / Störungssuche *f*, Fehlersuche *f* ‖ ~ **hypothesis** (Comp, Maths) / Fehlerhypothese *f*
**faulting tectonics** (Geol) / Bruchtektonik *f* (Zerbrechungs- und Versetzungserscheinungen und -formen der Erdkruste)
**fault isolation** (Telecomm) / Fehlerortsbestimmung *f*, Fehlerlokalisierung *f*, Fehlerortung *f*
**faultless** *adj* / fehlerfrei *adj*, fehlerlos *adj*, einwandfrei *adj* (fehler-, tadellos)
**fault liability** / Störanfälligkeit *f*, Fehleranfälligkeit *f*
**fault-line** *n* (Geol) / Störungslinie *f*, Verwerfungslinie *f*, Bruchlinie *f*
**fault localization** (Telecomm) / Fehlerortsbestimmung *f*, Fehlerlokalisierung *f*, Fehlerortung *f* ‖ ~ **location** (Telecomm) / Fehlerortsbestimmung *f*, Fehlerlokalisierung *f*, Fehlerortung *f* ‖ ~ **log** / Störungsbuch *n* ‖ ~ **logging** (Comp) / Störungsaufzeichnung *f*, Störungsprotokollierung *f* ‖ ~ **management** (Telecomm) / Fehlermanagement *n* (Fehlererkennung, -aufzeichnung und -verfolgung, auch Funktionstest - eine von der ISO definierte Kategorie für die Netzwerkverwaltung) ‖ ~ **memory** (Autos) / Fehlerspeicher *m* (im Diagnosesystem)
**fault-plane** *n* (Geol) / Störungsfläche *f*, Verwerfungsfläche *f*, Bruchfläche *f*
**fault rate**\* (Eng) / Ausfallrate *f* (Wahrscheinlichkeit dafür, dass ein Erzeugnis, Prozess oder System im Zeitintervall (t, t + dt) ausfällt unter der Bedingung, dass bis zum Zeitpunkt t das Erzeugnis, der Prozess oder das System nicht ausgefallen sind), Ausfallrate *f*, Ausfallhäufigkeit *f* ‖ ~ **recorder** (Teleph) / Störungsaufzeichner *m* ‖ ~ **recording** (Comp) / Störungsaufzeichnung *f*, Störungsprotokollierung *f* ‖ ~ **recovery** / Störungsbehebung *f*, Störungsbeseitigung *f* ‖ ~ **resistance**\* (Elec Eng) / Fehlerwiderstand *m* ‖ ~ **set** (Elec Eng) / Verwerfungsschar *f* ‖ ~ **signature** (Elec Eng) / Fehlermerkmal *n*, Fehlerkennzeichen *n*
**fault-simulation virus** (Comp) / Fehlersimulationsvirus *n m*
**fault source** / Störungsursache *f*, Versagensursache *f* ‖ ~ **spring** (Geol) / Verwerfungsquelle *f* (Quellaustritt an einer Verwerfungslinie) ‖ ~ **striae** (Geol) / Harnisch *m* (an Verwerfungsflächen) ‖ ~ **strike** (Geol) / Streichen *n* einer Verwerfung, Verwerfungsrichtung *f* ‖ ~ **susceptibility** / Störanfälligkeit *f*, Fehleranfälligkeit *f* ‖ ~-**time** *n* (Eng) / [technisch bedingte] Betriebsmittelstillstandszeit *f* ‖ ~ **to frame** (Elec Eng) / Körperschluss *m* (eine lebensgefährliche Berührungsspannung, welche bei fehlerhaftem Zustand eines elektrischen Gerätes durch eine leitende Verbindung zwischen einem Spannung führenden Geräteteil und dem betriebsmäßig nicht Spannung führenden Körper des Gerätes entsteht) ‖ ~ **tolerance**\* (Comp, Elec Eng) / Fehlertoleranz *f* (des Systems)
**fault-tolerant** *adj* (Comp, Elec Eng) / fehlertolerant *adj*, fehlertolerierend *adj* ‖ ~ **system**\* (Comp, Elec Eng) / fehlertolerierendes System (das mit redundanten Modulen arbeitet, so dass die Funktionsfähigkeit auch beim Auftreten von Fehlern erhalten bleibt)
**fault trap**\* (Geol, Oils) / Ölfalle *f* an einer Verwerfung, Verwerfungsfalle *f* ‖ ~ **tree** (Teleph) / Fehlerbaum *m* (der negierte Erfolgsbaum - DIN 25 424)
**fault-tree analysis**\* / Fehlerbaumanalyse *f* (Analyse eines technischen Systems durch Aufstellung eines Fehlerbaums nach DIN 25 424)
**fault-voltage switch** (Elec Eng) / Fehlerspannungsschutzschalter *m*, FU-Schutzschalter *m*
**faulty** *adj* / Fehl-, fehlerhaft *adj*, defekt *adj*, mangelhaft *adj* ‖ ~ **casting** (Foundry) / schlecht ausgelaufener Guss, Fehlguss *m* ‖ ~ **connection** (Elec Eng) / Verschaltung *f* (als Fehler) ‖ ~ **modulation** (Electronics, Radio, Telecomm) / fehlerhafte Modulation ‖ ~ **section** (Telecomm) / Fehlerstrecke *f* ‖ ~ **selection** (Teleph) / Falschwahl *f*, Fehlwahl *f* ‖ ~ **wagon** (Rail) / Schadwagen *m*
**fault-zone** *n* (Geol) / Störungszone *f* (Bereich rechts und links einer Störung)
**fauna**\* *n* (pl. -as or -ae) (Ecol, Zool) / Fauna *f* (pl. Faunen) (Tierwelt)
**Faure plate** (Elec Eng) / pastierte Platte, Masseplatte *f* (in Bleiakkumulatoren)
**fava bean** (US) (Bot, Nut) / Saubohne *f* (Vicia faba), Ackerbohne *f*, Pferdebohne *f*

**Favorites** *pl* (Internet Explorer) (Comp) / Bookmark *n* (von einem Browser verwaltete bevorzugte Netzadressen im WWW), Lesezeichen *n* (Communicator), Favoriten (Internet Explorer - vom Benutzer anlegbares Verzeichnis von Hyperlinks zu von ihm häufig besuchten Web-Seiten), Hotlist *f* (von einem Browser verwaltete bevorzugte Netzadressen im WWW)
**Favorskii rearrangement** (Chem) / Favorskij-Umlagerung *f* (nach A. Je. Favorskij, 1860 - 1945)
**Favorskii rearrangement** (Chem) / Favorskij-Umlagerung *f* (nach A. Je. Favorskij, 1860 - 1945)
**favour** *v* / begünstigen *v* (bestimmtes Verhalten, bestimmte Eigenschaft), fördern *v* (bestimmte Eigenschaft, bestimmtes Verhalten)
**favoured slip system** (Crystal) / begünstigtes Gleitsystem
**favrile glass** (Glass) / Favrile-Glas *n* (mehrfach irisierendes Glas von L.C. Tiffany)
**fawn foot** / verstärkter Griff (des Axtholms)
**FAX** (fuel-air explosive) (Fuels) / Treibstoff-Luft-Sprengstoff *m*, Brennstoff/Luft-Gemisch-Sprengsystem *n*, FAE (Treibstoff-Luft-Sprengstoff)
**fax** *v* (Comp, Telecomm) / faksimilieren *v* (kopieren) ‖ ~ *n* (Comp, Telecomm) / Faxgerät *n*, Fax *m n* (Faxgerät) ‖ ~\* (Comp, Telecomm) / Faksimile *n*, Faksimileübertragung *f*, Fax *m n*, Faksimiletelegrafie *f*
**faxback** *n* (Comp, Telecomm) / Fax-Back *n* (eine Anwendung der Faxtechnik als Werkzeug der Telemarketing zum Abruf von vorbereiteten Dokumenten/Informationen), Call-and-Fax-Back *n*, Faxabruf *m*, Fax-on-Demand *n*, Empfangsabruf *m*
**fax machine** (Comp, Telecomm) / Faxgerät *n*, Fax *m n* (Faxgerät) ‖ ~ **management** (fax software features for moving, deleting, copying, printing, or compressing faxes) (Comp, Telecomm) / Faxmanagement *n* ‖ ~ **modem** (modem with send/receive fax option) (Comp, Telecomm) / Faxmodem *n* ‖ ~ **modem board** (Comp, Telecomm) / Faxmodemkarte *f*
**fax-on-demand** *n* (Comp, Telecomm) / Fax-Back *n* (eine Anwendung der Faxtechnik als Werkzeug der Telemarketing zum Abruf von vorbereiteten Dokumenten/Informationen), Call-and-Fax-Back *n*, Faxabruf *m*, Fax-on-Demand *n*, Empfangsabruf *m*
**fax paper** (Paper) / Faxpapier *n* ‖ ~ **polling** (Comp, Telecomm) / Fax-Polling *n* (eine Anwendung der Faxtechnik als Werkzeug des Telemarketings zum Abruf von vorbereiteten Dokumenten oder Infomationen) ‖ ~ **queue** (Comp, Telecomm) / Faxwarteschlange *f* ‖ ~ **response** (Comp, Telecomm) / Fax-Back *n* (eine Anwendung der Faxtechnik als Werkzeug der Telemarketing zum Abruf von vorbereiteten Dokumenten/Informationen), Call-and-Fax-Back *n*, Faxabruf *m*, Fax-on-Demand *n*, Empfangsabruf *m* ‖ ~ **switch** (Comp, Telecomm) / Faxumschalter *m*, Faxweiche *f*, Fax-Switch *m*
**fayalite**\* *n* (Min) / Fayalit *m*, Eisenolivin *m*
**faying** *adj* / satt anliegend ‖ ~ **surface** (either of two surfaces in contact with each other in a joint) (Eng, Welding) / Berührungsfläche *f*
**FB** (feedback) (Automation, Elec Eng) / Rückführung *f*, Rückkopplung *f* (wenn die Energie oder Information vom Ausgang eines Systems zu seinem Eingang übertragen wird), Feedback *n*
**FBC** (feedback carburettor) (I C Engs) / geregelter Vergaser (mit definiertem Lambda-Wert)
**f-block element** (of the periodic table) (Chem) / f-Block-Element *n* (Lanthanoide und Aktinoide) ‖ ~ **element** (Chem) s. also f-element
**FBP** (final boiling point) (Chem, Phys) / Siedepunkt *m* (Siedeende), SE (Siedeendpunkt), Siedeendpunkt *m*, Siedeende *n*, Endkochpunkt *m*
**FBR**\* (fast breeder reactor) (Nuc Eng) / Schnellbrutreaktor *m*, schneller Brüter, schneller Brutreaktor, SBR
**FC** (flat cable) (Cables) / Flachkabel *n*, Bandkabel *n* ‖ ~ (fuel cell) (Chem, Elec Eng) / Brennstoffzelle *f* (ein Stromerzeuger zur direkten Energieumsetzung), Brennstoffelement *n* ‖ ~ (fixed carbon) (Chem, Met) / fester Kohlenstoff ‖ ~ (font change character) (Comp) / Umschaltzeichen *n* für andere Schriftart, Schriftartumschaltzeichen *n*, Schriftänderungszeichen *n*
**f.c.** (foot-candle) (Light) / Footcandle *n* (alte Einheit der Beleuchtungsstärke = 10,764 1x)
**FCAW** (flux-cored arc welding) (Welding) / Schweißen *n* mit flussmittelgefüllten Elektroden, Lichtbogenschweißen *n* mit Seelenelektroden
**FCC** (fluid catalytic cracking) (Chem Eng) / Fluid Catalytic Cracking, FCC (Fluid Catalytic Cracking), katalytische Krackung in der Wirbelschicht
**f.c.c.** (face-centred cubic) (Crystal) / kubisch-flächenzentriert *adj*, kfz (kubisch-flächenzentriert)
**FC car** (fuel-cell car) (Autos, Chem, Elec Eng) / Brennstoffzellenwagen *m* (mit Brennstoffzellenantrieb), BZ-Wagen *m* (Brennstoffzellenwagen), Brennstoffzellenfahrzeug *n*
**FCCC** (United Nations Framework Convention on Climate Change) (Meteor) / Klima-Rahmenkonvention *f* (der Vereinten Nationen), KRK (Klima-Rahmenkonvention)
**FC electric vehicle** / Brennstoffzellen-Elektrofahrzeug *n*

**F'-centre** n (Crystal, Electronics) / F'-Zentrum n (ein F-Zentrum mit einem weiteren, lose gebundenen Elektron)
**F-centre*** n (Crystal, Electronics) / F-Zentrum n (das häufigste Farbzentrum - ein an eine Anionleerstelle gebundenes Zentrum)
**FCEV** (fuel-cell electric vehicle) / Brennstoffzellen-Elektrofahrzeug n
**FCL/FCL** (full container load/full container load) / geschlossene Containerladung auf beiden Teilstrecken
**F contact** (Photog) / F-Kontakt m (beim Synchronverschluss)
**F corona** (Astron) / F-Korona f
**FC plant** (Chem, Elec Eng) / Brennstoffzellenanlage f ‖ ≃ **principle** (Spectr) / Franck-Condon-Prinzip n (über die Intensitätsverteilung innerhalb der Spektrallinien eines Molekülbandspektrums - nach J. Franck, 1882-1964, und E.U. Condon, 1902-1974), FC-Prinzip n (Franck-Condon-Prinzip)
**F-critical** n (Comp) / kritischer F-Wert
**FCS** (flight-control system) (Aero) / Flugsteuerung f (Steuerwerk), Steuerung f (als Gesamtanlage)
**FCT** (flux-conserved tokamak) (Nuc Eng) / Tokamak m mit gleich bleibendem Magnetfeld
**FC vehicle** (Autos, Chem, Elec Eng) / Brennstoffzellenwagen m (mit Brennstoffzellenantrieb), BZ-Wagen m (Brennstoffzellenwagen), Brennstoffzellenfahrzeug n
**FD** (functional description) / Funktionsbeschreibung f ‖ ≃ (floppy disk) (Comp) / Diskette f (eine Magnetplatte, die mit dem entsprechenden Laufwerk als Direktzugriffsspeicher eingesetzt wird), Floppy Disk f, Floppydisk f, Floppy f ‖ ≃ (field desorption) (Phys) / Felddesorption f (Ablösung von an einer Substratoberfläche adsorbierten Atomen und Molekülen durch elektrische Felder hoher Feldstärke), FD (Felddesorption)
**FDC** (fleur de coin) / Stempelglanz m, Prägeglanz m (einer Münze) ‖ ≃ (floppy-disk controller) (Comp) / Diskettencontroller m, Floppydisk-Controller m
**FD&C** (Food, Drug and Cosmetic Act) **colour** (Chem, Nut) / Lebensmittelfarbstoff m (E 100 - E 180)
**FDDI** n (Fiber Distributed Data Interface - same as Token Ring Access but operating at higher speeds) (Comp, Telecomm) / Fiber Distributed Data Interface n (ANSI/ISO Standard zur Datenübertragung mit 100 MBits/s über Glasfaserkabel), FDDI n (Fiber Distributed Data Interface)
**FDDI-II** n / FDDI-II n (Erweiterung des FDDI-Standards um Leitungsvermittlungsverfahren zur Bereitstellung von Sprach- und Videodiensten)
**FD factor** (flavour-dilution factor) (Nut) / Verdünnungsfaktor m (der Speisewürze)
**F-diagram*** n (Chem Eng) / Summenkurve f der Verweilzeitverteilung (z.B. in chemischen Reaktoren)
**F-display*** n (Radar) / F-Darstellung f (punktförmiges Echo genau in der Mitte eines Achsenkreuzes, wenn die Antenne auf das Ziel gerichtet ist)
**F-distribution*** n (Stats) / F-Verteilung f, Fisher'sche F-Verteilung
**FDM** (frequency-division multiplexing) (Telecomm) / Frequenzmultiplex n (Bündelung von mehreren gleichartigen Signalen in einem Multiplexsystem)
**FDMA** (frequency-division multiple access) (Telecomm) / Vielfachzugriff m im Frequenzmultiplex, Vielfachzugriff m mit Frequenzteilung
**FDNB** (fluorodinitrobenzene) (Chem) / Fluordinitrobenzol n
**FDS law*** (Nuc) / Geschwindigkeitsverteilungsgesetz n von Fermi, Dirac und Sommerfeld, Fermi-Dirac-Sommerfeld'sches Verteilungsgesetz, FDS-Gesetz n
**FDY spinning** (fully drawn yarn spinning) (Spinning) / FDY-Spinnen n (vollverstrecktes Garn)
**FE** (front end) / Front-End n (der Teil der Halbleiterfertigungslinie, in dem aus dem Grundmaterial in meistens mehreren hundert Fertigungsschritten bearbeitete Halbleiterscheiben werden), FE (der Teil der Halbleiterfertigungslinie, in dem aus dem Grundmaterial in meistens mehreren hundert Fertigungsschritten bearbeitete Halbleiterscheiben werden) ‖ ≃ (fuel economy) (Autos, Fuels) / Kraftstoffeinsparung f
**Fe** (Eisen) (Chem) / Eisen n, Ferrum n, Fe (Eisen)
**FE** (format effector) (Comp) / Formatsteuerzeichen n (DIN 66 254)
**FEA** (finite-element analysis) (Maths) / Finite-Elemente-Verfahren n (ein numerisches Verfahren zur näherungsweisen Lösung von Systemen partieller Differentialgleichungen, die in Verbindung mit Rand- und eventuell Anfangsbedingungen stehen), Methode f der finiten Elemente, Finite-Elemente-Methode f, FEM (Finite-Elemente-Methode), Finitelementemethode f
**fearnought** n (Spinning) / Krempelwolf m (Maschine) ‖ ~ (Textiles) / haariger Cheviotmantelstoff ‖ ~ **blending willey** (Spinning) / Krempelwolf m (Maschine)
**feasibility** n / Durchführbarkeit f (eines Projekts) ‖ ~ **study** (carried out prior to a development project in order to establish whether the proposed system is feasible and can serve a useful purpose) / Durchführbarkeitsstudie f, Feasibility-Studie f (Untersuchung über die Durchführbarkeit eines technischen Projekts), Studium n der Ausführbarkeit, Projektstudie f
**feasible** adj / durchführbar adj (Projekt), ausführbar adj, anwendbar adj ‖ ~ (Maths) / zulässig adj (Basis, Bereich, Lösung) ‖ ~ **region** (the interior of a polygon in the plane) (Maths) / zulässiger Bereich ‖ ~ **solution** (Maths) / zulässige Lösung
**feather** v (Aero) / in Segelstellung bringen (einen Propeller) ‖ ~ (Leather) / ablassen v (Rahmenkanten, Schnittkanten) ‖ ~ vi (Mining) / sich verdrücken v (Gang) ‖ ~ vt (Eng) / aufkeilen v (Welle) ‖ ~ n (Autos) / Grat m (der sich beim Reifenverschleiß bildet) ‖ ~* (Carp) / Feder f, Spund m (bei Brettern oder Bohlen) ‖ ~ (Eng) / Passfeder f (Mitnehmerverbindung ohne Anzug) ‖ ~ (For) / kleiner Ast (Seitentrieb des Baumes) ‖ ~ (Glass) / Oberflächen-Blasenschleier m ‖ ~ (Leather) / Ablasskante f (Schuhrahmen) ‖ ~ (Welding) / Rußkeil m (des Schweißbrenners) ‖ ~* (Zool) / Feder f ‖ ~ **alum** (Min) / Federalaun m, Federsalz n ‖ ~ **alum** (Min) s. also halotrichite
**Feather analysis*** (Nuc) / Methode f von Feather, Feather-Analyse f
**feather brick** (with a shape of triangular cross section) (Build) / Spitzkeil m (ein Formstein für Mauerbögen) ‖ ~ **combing** (a decorative technique) (Ceramics) / Federzugtechnik f ‖ ~ **edge** (a thin sharp edge) (Ceramics) / zugeschärfte Kante f ‖ ~ **edge** (Paint) / Übergang m (die Randzone des Reparaturbereichs zu dem benachbarten, nicht behandelten Lackbereich)
**feather-edge brick*** (Build) / Spitzkeil m (ein Formstein für Mauerbögen)
**feather-edged coping*** (Build) / schräge Mauerabdeckung, Pultabdeckung f (einer Mauer)
**feather-edge file** (Eng, Tools) / Schwertfeile f
**feathered joint** (Join) / Nut- und Federverbindung f (eine Breitenverbindung mit gemeinsamer Feder)
**feathering** n (Aero, Ships) / Straken n ‖ ~ (Autos) / Gratbildung f (ein Reifenverschleißtyp) ‖ ~* (Paper) / Auslaufen n eines Tintenstriches (auf ungeleimtem Papier) ‖ ~ (Typog) / Austreiben n (von zwei oder mehr nebeneinanderliegenden Druckspalten) ‖ ~ (Typog) / Verringerung f des Zeilendurchschusses ‖ ~ **airscrew** (Aero) / Luftschraube f in Segelstellung, Propeller m in Segelstellung ‖ ~ **hinge*** (Aero) / Verstellgelenk n (bei Hubschraubern) ‖ ~ **pitch*** (Aero) / Fahnenstellung f, Segelstellung f (Blatteinstellung des Propellers für geringsten Widerstand in Flugrichtung; wird bei Triebwerksausfall eingestellt) ‖ ~ **propeller*** (Aero) / Luftschraube f in Segelstellung, Propeller m in Segelstellung
**feather joint*** (Join) / Nut- und Federverbindung f (eine Breitenverbindung mit gemeinsamer Feder) ‖ ~ **key** (Eng) / Feder f (in Welle und Nabe eingelassen, ergibt eine formschlüssige Verbindung in Drehrichtung und gestattet eine Axialbewegung der Nabe - im Gegensatz zu Keilen) ‖ ~ **key** (Eng) / Gleitfeder f (der Welle) ‖ ~ **ore*** (Min) / Federerz n (meistens feinnadeliger Jamesonit) ‖ ~ **shag** (Textiles) / Felbel m, Velpel m (ein Samtgewebe) ‖ ~ **stitch** (Textiles) / Grätenstich m, Fischgrätenstich m ‖ ~ **tongue*** (Carp) / Spund m (in der Nut- und Feder-Verbindung)
**featherweight** attr / federleicht adj ‖ ~ **(book)paper** (Paper) / Federleichtpapier n, Dickdruckpapier n
**feature** n / (Ausstattungs-, Leistungs-)Merkmal n ‖ ~ / Gebrauchswerteigenschaft f (eines Produkts) ‖ ~ / Ausstattungsmerkmal n (bei technischen Beschreibungen), Feature n (charakteristische Eigenschaft eines technischen gerätes) ‖ ~ (Cinema) / abendfüllender Film, Feature n (Hauptfilm einer Filmvorstellung) ‖ ~ (Cinema, Radio, TV) / Feature n f (aktuell aufgemachter Dokumentarbericht) ‖ ~ (Comp) / Funktion f (bei der Software) ‖ ~ (Eng) / Merkmal n (der Konstruktion), Eigenschaft f (kennzeichnende) ‖ ~ (Telecomm) / Leistungsmerkmal n, LM (Leistungsmerkmal), Dienstleistungsmerkmal n, Feature n (Leistungsmerkmal), SF (Service Feature) ‖ ~ **box** (TV) / Feature-Box f (Zusatzbaugruppe im Fernsehempfänger) ‖ ~ **control symbol** / ISO-Symbol n (des Toleranzrahmens) ‖ ~ **film** (Cinema) / abendfüllender Film, Feature n (Hauptfilm einer Filmvorstellung) ‖ ~ **memory** (Comp) / Speicher m für spezielle Funktionen ‖ ~ **of the system** / Systemmerkmal n
**features menu** (TV) / Menü n der Sonderfunktionen
**feature telephone** (Teleph) / Komforttelefon n (ein Endgerät mit vielen zusätzlichen Leistungsmerkmalen)
**featurette** n (Cinema) / Beifilm m
**febrifacient** adj (Med, Pharm) / fieberbewirkend adj, fiebererzeugend adj
**febriferous** adj (Med, Pharm) / fieberbewirkend adj, fiebererzeugend adj
**febrific** adj (Med, Pharm) / fieberbewirkend adj, fiebererzeugend adj
**febrifuge*** n (Pharm) / Fiebermittel n, Antifebrile n, Antipyretikum n (pl. -tika), Antifebrilium n (pl. -ien), fiebersenkendes Mittel, antifebriles Mittel, Pyretikum n (pl. -tika)
**febrile*** adj (Med) / fiebernd adj, fiebrig adj, febril adj, fieberhaft adj

**fecal**

**fecal indicator** (Bacteriol, Ecol, San Eng) / Fäkalindikator m ‖ ~ **matter** (US) (San Eng) / Fäkalschlamm m ‖ ~ **matter** (US) (San Eng) / Fäkalien pl, Kotstoffe m pl, Fäzes pl, Faeces pl ‖ ~ **pellet** (US) (Geol) / Fäkalpellet n, Kotpellet n
**Fe-C-diagram** n (Met) / Eisen-Kohlenstoff-Diagramm n (grafische Darstellung der Zustandsänderungen im System Eisen-Kohlenstoff in Abhängigkeit von der Temperatur und von dem Kohlenstoffgehalt), Fe-C-Diagramm n
**feces** pl (US) (San Eng) / Fäkalien pl, Kotstoffe m pl, Fäzes pl, Faeces pl
**Fechner law**\* (Physiol) / Weber-Fechner'sches Gesetz (Verhältnis von Reiz und Empfindung), Fechner-Gesetz n (nach G.T. Fechner, 1801-1887)
**Fechner's colours**\* (Phys) / Benham-Farben f pl, Benham-Fechner-Farben f pl, Fechner-Benham-Farben f pl
**FeCr alloy** (Elec Eng, Met) / Fe-Cr-Legierung (ein Weichmagnetwerkstoff) ‖ ≙ **tape** (Acous, Mag) / Ferrochromband n, FeCr-Band n
**fecundation** n (US) (Biol) / Befruchtung f, Fekundation f
**fecundity**\* n (Biol) / Fertilität f, Fruchtbarkeit f
**FED** (field-emission display) (Comp) / Feldemissionsdisplay n, FED (Feldemissionsdisplay) ‖ ≙ (field-effect diode) (Electronics) / stromstabilisierende Z-Diode, Feldeffektdiode f (eine spezielle Art der Z-Diode), FED (Feldeffektdiode), FE-Diode f (eine Halbleiterdiode)
**fed batch fermentation** (Chem Eng) / Fed-Batch-Fermentation f (Weiterentwicklung der Batchfermentation) ‖ ~ **element** (Radar, Radio) / Primärelement n (ein Antennenelement)
**federal motorway** (Autos) / Bundesautobahn f (in Deutschland), BAB
**fed in quadrature** (Radar, Radio) / drehfeldgespeist adj (Antenne)
**fed-in winding** (Elec Eng) / Träufelwicklung f, Runddrahtwicklung f
**Fedorov parallelohedra** (which can be placed next to each other in parallel orientation, with touching faces matching completely, so as to fill all space without gaps or overlaps) (Maths) / Fedorow'sche Körper, Fjodorow'sche Körper ‖ ~ **stage** (Crystal) / Fedorow'scher Universaldrehtisch (nach E.S. Fedorow, 1853-1919), Fjodorow'scher Universaldrehtisch, Universaldrehtisch m, U-Tisch m
**fee** n / Gebühr f
**feebly hydraulic lime**\* (Build) / schwachhydraulischer Kalk ‖ ~ **magnetic** (Mag) / schwachmagnetisch adj
**feed** v / speisen v (mit Energie), Energie zuführen ‖ ~ / zuleiten v, einspeisen v, speisen v, zuführen v ‖ ~ (Agric) / füttern v (Tiere), abfüttern v (Tiere), Futter verabreichen v ‖ ~ (Elec) / anlegen v (elektrische Spannung) ‖ ~ (Eng) / vorschieben v, Vorschub geben ‖ ~ (hot metal) (Foundry) / nachspeisen v ‖ ~ (Met) / beschicken v ‖ ~ (Met) / aufgeben v ‖ ~ (Print) / anlegen v ‖ ~\* n (Eng) / Vorschub m (bei den Werkzeugmaschinen nach DIN 6580) ‖ ~ (Eng) / Einspeisung f, Speisung f ‖ ~\* (Eng) / Vorschubmechanismus m ‖ ~\* (Eng) / Aufgabevorrichtung f, Aufgeber m ‖ ~ (Met) / Eintragvorrichtung f, Beschickungsvorrichtung f, Beschickungsmechanismus m, Zuführungsmechanismus m ‖ ~ (Min Proc) / Aufgabegut n ‖ ~ (Telecomm) / Einspeisung f, Speisung f, Zuführung f, Zuleitung f ‖ ~ (Telecomm) / Schiene f (in der Satellitenkommunikation) ‖ ~ **animal** ~ (Agric) / Futtermittel n, Futter n (Nahrung für /Haus/Tiere), Viehfutter n ‖ ~ **additive** (Agric) / Futtermittelzusatz m, Futterzusatz m, Futtermittelzusatzstoff m ‖ ~ **auger** (Agric) / Einzugsschnecke f, Schnecke f (des Mähdreschers) ‖ ~ **axis** (Eng) / Vorschubachse f ‖ ~ **back** v (produce feedback) (Automation, Telecomm) / rückkoppeln v, rückführen v (einen Teil der Ausgangsspannung eines Verstärkers auf den Eingang), rückmelden v

**feedback**\* n (Automation, Elec Eng) / Rückführung f, Rückkopplung f (wenn die Energie oder Information vom Ausgang eines Systems zu seinem Eingang übertragen wird), Feedback n ‖ ~\* (Automation, Telecomm) / Rückführung f (eines Teiles der Ausgangsspannung eines Verstärkers auf den Eingang), Rückmeldung f ‖ ~ (Work Study) / Rückmeldung f (in der Produktion) ‖ ~ **amplifier** (Electronics) / Rückkopplungsverstärker m, rückgekoppelter Verstärker ‖ ~ **carburettor** (Autos, I C Eng) / geregelter Vergaser (mit definiertem Lambda-Wert) ‖ ~ **catalytic converter** (Autos) / geregelter Katalysator (ein Dreiwegekatalysator mit Lambdasondenregelung), G-Kat m ‖ ~ **circuit** (Automation, Elec Eng) / Rückkopplungsschaltung f ‖ ~ **coil** (Elec Eng) / Rückkopplungsspule f ‖ ~ **control** (Automation) / Regeln n, Regelung f (mit Rückführung) ‖ ~ **control loop**\* (Telecomm) / Rückführungskreis m ‖ ~ **control system** (US)\* (Automation) / System n mit Rückführung, rückgekoppeltes System, geschlossenes Regelungssystem, Regelungssystem n mit Rückführung ‖ ~ **equation** (Automation) / Rückkopplungsgleichung f (die die Wirkung eines Rück- oder Gegenkopplungsnetzwerkes auf Verstärkung und Frequenzgang eines Verstärkers charakterisiert) ‖ ~ **factor**\* (Automation) / Gegenkopplungsgrad m ‖ ~ **filter** (Automation) / Rückkopplungsfilter n

**feedback-free** adj (Automation) / rückführungsfrei adj, rückkopplungsfrei adj
**feedback inhibition** (Biochem) / Rückkopplung f (von Inhibitoren), Feedback-Hemmung f (am Ende eines Stoffwechsels), Endprodukthemmung f, Rückkopplungshemmung f, Feedback-Inhibierung f (am Ende eines Stoffwechsels) ‖ ~ **network** (Electronics) / Rückkopplungsnetzwerk n (derjenige Teil einer Schaltung, über den das Ausgangssignal eines Verstärkers auf seinen Eingang rückgekoppelt wird) ‖ ~ **path**\* (Automation) / Rückführung f (als Strecke im Regelkreis), Rückkopplungsstrecke f ‖ ~ **ratio**\* (Automation) / Rückkopplungsfaktor m (Charakteristik des Rückkopplungsnetzwerks) ‖ ~ **register** (Comp) / rückgekoppeltes Schieberegister ‖ ~ **shift register** (Comp) / rückgekoppeltes Schieberegister ‖ ~ **signal**\* (the return signal that results from the reference input signal) (Automation) / Rückführungssignal n, Rückkopplungssignal n ‖ ~ **stimulation** (Automation) / Rückkopplungsaktivierung f ‖ ~ (closed-loop) **system** (Automation) / Regelkreis m (eine meist komplexe Anordnung zur Realisierung einer Regelung) ‖ ~ **to mains** (Elec Eng) / Rückwirkung f auf das Netz ‖ ~ **windings**\* (Elec Eng) / Rückkopplungswicklung f
**feed barley** (Agric) / Futtergerste f (als Viehfutter angebaute oder eingesetzte Gerste) ‖ ~ **box** (Eng) / Vorschubgetriebekasten m, Vorschubkasten m ‖ ~ **box** (Spinning) / Kastenspeiser m (DIN 64075), Waagespeiser m ‖ ~ **cereals** (Agric) / Futtergetreide n
**feed-check valve**\* (Eng) / Speiseventil n (bei Dampferzeugern)
**feed circuit** (Elec Eng) / Speisebrückenschaltung f, Speisebrückenschaltungskreis m ‖ ~ **coal** / Einsatzkohle f ‖ ~ **control** (Eng, For) / Vorschubsteuerung f ‖ ~ **conveyor** (Met) / Beschickungsförderer m (meistens eine Bandförderanlage), Begichtungsförderer m ‖ ~ **dog** (Textiles) / Transporteur m (Vorrichtung an der Nähmaschine, die den Stoff unter der Nadel weiterbefördert), Stoffschieber m, Greifer m ‖ ~ **end** (Eng) / Eintragseite f (einer Fließstrecke)
**feeder** n (Autos, Civ Eng) / Verbindungsstraße f, Zubringer m, Anschlussstraße f ‖ ~ (Autos, Ships) / Zubringer m ‖ ~\* (Elec Eng) / Energieleitung f, Speiseleitung f, Stromzuleitung f, Feeder m, Zuleitung f, Leitung f (elektrische - als Anlage) ‖ ~\* (Eng) / Aufgabevorrichtung f, Aufgeber m ‖ ~\* (Foundry) / Speiser m (offener, geschlossener) ‖ ~\* (Geog) / Zufluss m (z.B. des Landsees) ‖ ~ (Glass) / Speiser m, Feeder m, Glasspeiser m (zur geregelten Entnahme der heißen Glasmasse an der Arbeitswanne) ‖ ~ (Glass) / Feeder m (ein Vorherd der Speiserblasmaschine) ‖ ~\* (Hyd Eng) / Zufuhrkanal m, Zulaufrinne f, Zulaufgerinne n, Zulaufkanal m, Zuleitungskanal m ‖ ~\* (Hyd Eng) / Speisungsgraben m, Speiser m, Speisegraben m ‖ ~\* (Met) / Eintragvorrichtung f, Beschickungsvorrichtung f, Beschickungsmechanismus m, Zuführungsmechanismus m ‖ ~ (Mining) / Ausbläser m, Bläser m (mit Grubengas gefüllte und unter Überdruck stehende Gebirgsspalte), Gasbläser m ‖ ~ (Print) / Bogenanleger m, Anleger m, Bogenanlegeapparat m, Einleger m (bei Bogendruck- und Falzmaschinen) ‖ ~ (Radio) / Antennenzuleitung f, Antennenspeiseleitung f, Antennenspeisekabel n ‖ ~ (Ships) / Feeder m (ein Füllschacht) ‖ ~ (Textiles) / Kastenspeiser m (DIN 64 075) ‖ ~ (Textiles) / Nüsschen n (bei Strickmaschinen) ‖ ~ (Textiles) / Fadenregulator m (der Nähmaschine) ‖ ~ (Textiles) / Fournisseur m (bei Wirk- und Strickmaschinen) ‖ ~ (Weaving) / Fadenführer m (DIN 62500), Garnausgeber m ‖ ~\* (Foundry) s. also feeder head ‖ ~ **bus-bar** (Elec Eng) / Leitungssammelschiene f ‖ ~ **cattle** (Agric) / Mastvieh n ‖ ~ **channel** (Glass) / Speiserinne f (Teil des Speiserkanals) ‖ ~ **ear**\* (Elec Eng) / Speiseanschluss m ‖ ~ **forehearth** (Glass) / Vorherd m, Speiservorherd m (Teil des Speisers), Speiserkanal m ‖ ~ **head**\* (Met) / verlorener Kopf (unmittelbar auf das Gussteil aufgesetzter, offener Speiser) ‖ ~-**line aircraft** (Aero) / Zubringerflugzeug n, Zubringerluftfahrzeug n
**feeder-liner** n (Aero) / Zubringerflugzeug n, Zubringerluftfahrzeug n
**feeder needle** (Glass) / Plunger m des Tropfenspeisers ‖ ~ **nose** (Glass) / Speiserkopf m (ein Teil des Speiservorherdes), Speiserbecken n, Kopf m (des Speisers), Becken n (des Speisers) ‖ ~ **panel**\* (Elec Eng) / Einspeisungsfeld n, Leitungsfeld n (bei Schaltanlagen) ‖ ~ **pattern** (Foundry) / Speisermodell n ‖ ~ **pile** (Print) / Anlegerstapel m ‖ ~ **pillar**\* (Elec Eng) / Schaltsäule f für Verbraucheranschluss ‖ ~ **plunger** (Glass) / Plunger m des Tropfenspeisers ‖ ~ **port** (Comp) / Zubringer m ‖ ~ **process** (Glass) / Tropfenspeisung f (z.B. beim Speisertropfen-Blasverfahren) ‖ ~ **road** (Autos, Civ Eng) / Verbindungsstraße f, Zubringer m, Anschlussstraße f ‖ ~ **service** (Ships) / Feeder-Service m (beim Container-Transport) ‖ ~ **sleeve** (Glass) / Speiserrotor m, Drehzylinder m ‖ ~ **valve** (Eng) / Zumessventil n (ein Speiseventil)
**feed flavour** (Nut) / Futtergeschmack m (bei Milch) ‖ ~ **force** (Eng) / Vorschubkraft f (DIN 6584)
**feedforward** n (Automation) / Aufschaltung f ‖ ~ (Automation) / Optimalwertsteuerung f, Modellverfahren n für Regelung ‖ ~

(Radio, Telecomm) / Mitkopplung *f* (Rückkopplung, bei der das Ausgangssignal ohne Vorzeichenumkehr auf den Eingang zurückgeführt wird und auf sich selbst verstärkend wirkt), positive Rückkopplung || **~ activation** (Biochem) / Feed-forward-Aktivierung *f*, Vorauskopplung *f* (von Aktivatoren) || **~ control** (Automation) / Steuerung *f* der Aktoren mit einem Referenzsignal

**feedforwarding** *n* (Automation) / Aufschaltung *f*

**feed gas** (Oils) / Feedgas *n* || **~ grain(s)** (Agric) / Futtergetreide *n* || **~ head** (Met) / verlorener Kopf (unmittelbar auf das Gussteil aufgesetzter, offener Speiser) || **~ heater** (Eng) / Speisewasservorwärmer *m* (in der Trommel und vor dem Kessel)

**feed-heating train** (Eng) / Vorwärmerstraße *f* (für Speisewasser)

**feed hole** (Cinema, Photog) / Perforationsloch *n*, Perforation *f*, Transportloch *n* || **~ hole** (Comp) / Führungsloch *n*, Transportloch *n*, Vorschubloch *n* (für den Papiertransport)

**feed-hole pitch** (Comp) / Transportsporteilung *f*

**feed hopper** (Foundry, Met) / Fülltrichter *m*, Schütttrichter *m*, Einlauftrichter *m*, Aufgabetrichter *m*, Speisetrichter *m*, Beschickungstrichter *m*, Trichter *m* (zur Beschickung)

**feeding** *n* (Agric) / Füttern *n*, Fütterung *f* || **~** * (Build, Paint) / Eindickung *f* (die das Anstrichmittel unbrauchbar macht) || **~** (Eng) / Vorschub *m* (bei den Werkzeugmaschinen nach DIN 6580) || **~** (Eng) / Einspeisung *f*, Speisung *f* || **~** (Foundry) / Speisertechnik *f* || **~** (Telecomm) / Einspeisung *f*, Speisung *f*, Zuführung *f*, Zuleitung *f* || **~ capacity** (Agric) / Ernährungskapazität *f* (des Bodens) || **~ circuit** (Elec Eng) / Speisebrückenschaltung *f*, Speisebrückenschaltungskreis *m* || **~ device** (Eng) / Aufgabevorrichtung *f*, Aufgeber *m* || **~ device** (Met) / Eintragvorrichtung *f*, Beschickungsvorrichtung *f*, Beschickungsmechanismus *m*, Zuführungsmechanismus *m* || **~ effect** (Foundry) / Nachfließeffekt *m* (von flüssigem Material) || **~ head**\* (Met) / verlorener Kopf (unmittelbar auf das Gussteil aufgesetzter, offener Speiser) || **~ hopper** (Foundry, Met) / Fülltrichter *m*, Schütttrichter *m*, Einlauftrichter *m*, Aufgabetrichter *m*, Speisetrichter *m*, Beschickungstrichter *m*, Trichter *m* (zur Beschickung) || **~ point**\* (Elec Eng) / Speisepunkt *m*, Einspeisepunkt *m*, Einspeisungspunkt *m* || **~ rate** / Zudosierung *f* (zudosierte Menge pro Zeiteinheit) || **~ robot** / Beschickungsroboter *m* || **~ roll** (Eng) / Einzugswalze *f*, Einziehwalze *f* || **~ stock** (Eng) / Aufgabegut *n*, Einsatzmaterial *n* (das Ausgangsmaterial eines technologischen Prozesses), Einsatzgut *n*, Edukt *n* || **~ stock** (Eng) / Einsatzmaterial *n* für weitere Stufen || **~ system** (Foundry) / Speisesystem *n* || **~ task** (Eng) / Beschickungsaufgabe *f* (z.B. eines IR)

**feeding-up**\* *n* (Build, Paint) / Eindickung *f* (die das Anstrichmittel unbrauchbar macht)

**feed inlet** (Eng) / Brechmaul *n* (bei Brechern)

**feed-in side** (Eng) / Einlaufseite *f* (der Maschine)

**feed lime** (Agric) / Futterkalk *m* (z.B. für raschwüchsige Haustiere, Hühner in der Legezeit usw.)

**feed-lot** *n* (Agric) / Mastanlage *f* im Freien, Mastviehlaufhofanlage *f*

**feed magazine** (Cinema) / Abwickelmagazin *n* (des Laufbildwerfers) || **~ masher** (Agric) / Futtermuser *m* (für Rüben als Schweinefutter) || **~ material** (Eng) / Aufgabegut *n*, Einsatzmaterial *n* (das Ausgangsmaterial eines technologischen Prozesses), Einsatzgut *n*, Edukt *n* || **~ mechanism**\* (Elec Eng) / Regelmechanismus *m* (der bei der Bogenlampe einen konstanten Abstand der Elektroden sichert) || **~ mechanism** (Eng) / Vorschubmechanismus *m* || **~ motion** (Eng) / Zubringbewegung *f* (des Werkstücks) || **~ motion** (Eng) / Vorschubbewegung *f* (eine Wirkbewegung nach DIN 6580) || **~ motor** (Eng) / Vorschubmotor *m* (der die Vorschub- bzw. Zustellbewegung bewirkt) || **~ opening** (Eng) / Brechmaul *n* (bei Brechern) || **~ outlet** (Eng) / Brechspalt *m* (bei Brechern) || **~ pipe**\* (Eng) / Speiserohr *n* || **~ power** (Eng) / Vorschubleistung *f* (Produkt aus Vorschubkraft und Vorschubgeschwindigkeit) || **~ preparation** (Agric) / Futterzubereitung *f* || **~ processing** (Agric) / Futteraufbereitung *f* || **~ pump** (Autos) / Förderpumpe *f* (für Kraftstoff) || **~ pump** (Eng) / Lader *m*, Ladepumpe *f* (der Gasmaschine) || **~ pump** (Eng) / Speisepumpe *f* (des Kessels) || **~ range** (Eng) / Vorschubbereich *m* (Bereich der gestuft oder stufenlos einstellbaren Vorschübe) || **~ rate** (Eng) / Vorschubgeschwindigkeit *f* (DIN 6580)

**feed-rate reference** (Eng) / Geschwindigkeitsspeicherung *f* (bei Kurvensteuerung)

**feed reel**\* (Cinema) / Abwickelspule *f* (eines Laufbildwerfers oder eines Tonbandgeräts) || **~ rod** (Eng) / Zugspindel *f* (der Drehmaschine, die den Vorschubantrieb vom Spindelstock auf das Schlosskasten überträgt) || **~ roll** (Welding) / Vorschubrolle *f* || **~ rollers**\* (Print) / Zuführwalzen *f pl* || **~ screw**\* (Eng) / Zustellspindel *f*, Vorschubspindel *f* || **~ shaft** (Eng) / Schaltwelle *f* (der Hobel- und Stoßmaschine) || **~ shaft** (Eng) / Zugspindel *f* (der Drehmaschine, die den Vorschubantrieb vom Spindelstock auf das Schlosskasten überträgt) || **~ silo** (Agric) / Gärfuttersilo *n* (DIN 11 622), Gärfutterbehälter *m*, Silo *n*, Siloturm *m* || **~ speed** (Eng) /

Vorschubgeschwindigkeit *f* (DIN 6580) || **~ sprocket** (Cinema) / Vorwickel-Filmzahntrommel *f* (des Laufbildwerfers) || **~ sprocket** (Cinema) / Filmtransportrolle *f*, Zahnrolle *f*, Filmzahntrommel *f*, Transportrolle *f*

**feed-sprocket wheel** (Comp) / Kettenrad *n*

**feedstock** *n* (Eng) / Aufgabegut *n*, Einsatzmaterial *n* (das Ausgangsmaterial eines technologischen Prozesses), Einsatzgut *n*, Edukt *n* || **~** (Eng) / Einsatzmaterial *n* für weitere Stufen

**feed stop** (Eng) / Vorschubanschlag *m*, Anschlag *m* (zur Begrenzung des Vorschubweges)

**feedstuff** *n* (Agric) / Futtermittel *n*, Futter *n* (Nahrung für /Haus/Tiere), Viehfutter *n*

**feedstuffs** *pl* (Agric) / Futtermittel *n*, Futter *n* (Nahrung für /Haus/Tiere), Viehfutter *n*

**feed supplement** (Agric) / Futterergänzungsstoff *m* || **~ system** (Space) / Fördersystem *n* (bei Raketen) || **~ table** (Leather) / Einführtisch *m*, Zuführungstisch *m*, Auflagetisch *m* (der Spaltmaschine)

**feedthrough**\* *n* (Build, Elec Eng) / Durchführung *f* (Isolator) || **~ capacitor** (Elec Eng) / Durchführungskondensator *m*

**feedthru** *n* (US) (Build, Elec Eng) / Durchführung *f* (Isolator)

**feed-track strip** (Elec Eng) / Steckleiste *f*

**feed tube** (Cables) / Zuführungsrohr *n* (beim Einpflügen des Kabels) || **~ up** *v* (Textiles) / nachsetzen *v*, auffrischen *v* (Farbenlösung)

**feed-value unit** (Agric) / Futterwerteinheit *f*, FWE (Futterwerteinheit)

**feed•-water**\* *n* (Eng) / Speisewasser *n* || **~-water heater**\* (Eng) / Speisewasservorwärmer *m* (in der Trommel und vor dem Kessel)

**feed-water heating** (Eng) / Speisewasservorwärmung *f* (in der Trommel und vor dem Kessel) || **~ piping** (Eng) / Speisewasserleitung *f*, Speisewasserrohrleitung *f* || **~ softening** (Chem, Eng) / Speisewasserenthärtung *f* || **~ treatment** (the treatment of boiler feed-water by the addition of chemicals to prevent the formation of scale or eliminate other objectionable characteristics) / Speisewasseraufbereitung *f*

**feed-wheel unit** (Textiles) / Fournisseur *m* (bei Wirk- und Strickmaschinen)

**feed yeast** (Agric) / Futterhefe *f* || **~ yeast from whey** (Agric, Nut) / Molkehefe *f* (als Nebenprodukt der Käseherstellung)

**feel** *n* (the control stick force felt by the pilot per g in the pitch axis or per degree/second of yaw) (Aero) / Gefühl *n* (künstliches) || **~** (Paper) / Griff *m* (des Papiers bei mechanisch-technologischen Prüfungen) || **~**\* (Textiles) / Griff *m*

**feeler**\* *n* (Eng, Textiles) / Taster *m*, Fühler *m* || **~ gauge**\* (Eng) / Dickenschablone *f*, Fühlerlehre *f* ("Spion"), Fühllehre *f*, Dickenschablone *f* || **~ strip** (Met) / Fühlerlehrenband *n* (Metallband, von dem stückweise Fühlerlehrenblätter abgeschnitten werden können) || **~ switch**\* (Elec Eng) / Fehlerprüfschalter *m*, Prüfschalter *m* (beim selbstschließenden Schutzschalter) || **~ wire** (Eng) / Tasterdraht *m*

**feel-good factor** / Wohlfühlfaktor *m*

**feel of the goods** (Textiles) / Warengriff *m* || **~ system** (Aero) / Fühlsystem *n* (mit künstlichem Gefühl), Steuerdrucksimulatorsystem *n*

**feet**\* *pl* (Typog) / Fuß *m* (eines Buchstabens) || **off its ~** (Typog) / gelegt *adj*, gestürzt *adj* (Letter) || **~-switch**\* (Elec Eng) / Schalter *m* auf Stützfüßen

**FEF** (fast-extruding furnace black) / schnellspritzbarer Ofenruß

**FEFET** (ferroelectric field-effect transistor) (Electronics) / ferroelektrischer Feldeffekttransistor, FEFET *m* (mit ferroelektrischer Isolierschicht zwischen Kanal und Gate)

**Fehling's reagent** (Chem) / Fehling'sche Lösung (Kupfersulfat- oder -tartratlösung - nach H. v. Fehling, 1812-1885)

**Fehling's solution**\* (Chem) / Fehling'sche Lösung (Kupfersulfat- oder -tartratlösung - nach H. v. Fehling, 1812-1885)

**Feigenbaum sequence** (Maths) / Feigenbaum-Sequenz (universelles Verhalten beim Übergang zu chaotischen Bewegungen auf dem Wege der Periodenverdopplungen)

**Fejér's theorem** (Maths) / Satz *m* von Fejér (nach L. Fejér, 1880 - 1960), Fejér'scher Satz

**FEL** (free-electron laser) (Phys) / Freie-Elektronen-Laser *m*, FEL (Freie-Elektronen-Laser), FE-Laser *m*

**feldspar**\* *n* (Min) / Feldspat *m*

**feldspathic glaze** (Ceramics) / Feldspatglasur *f* || **~ sand** (Geol) / Feldspatsand *m* (Verwitterungsreste feldspatführender Gesteine, die außer Quarzsand, Glimmer und tonigen Substanzen oft hohe Anteile an Feldspat enthalten) || **~ sandstone**\* (Geol) / feldspathaltiger Sandstein (mit 10-25% Feldspat und 20% Grundmasse) || **~ sandstone**\* (Geol) s. also arkose

**feldspathization** *n* (Geol) / Feldspatisation *f* (metasomatische Sprossung von Feldspat)

**feldspathoid**\* *n* (any of a group of minerals chemically similar to feldspar but containing less silica, such as nepheline and leucite) (Min) / Feldspatvertreter *m*, Feldspatoid *m*, Foid *m*

**f electron** (Electronics) / f-Elektron *n* (dessen Energiezustand die Bahndrehimpulsquantenzahl l = 3 besitzt)
**f-element** *n* (Chem) / inneres Übergangsmetall
**Felici balance*** (Elec Eng) / Felici-Waage *f* (Brücke zum Messen von Gegeninduktivitäten)
**fell** *v* (For) / fällen *v* (Bäume), einschlagen *v*, hauen *v*, schlagen *v* ǁ ~ (Textiles) / einsäumen *v* (Kappnaht), säumen *v*, kappen *v* ǁ ~ *n* (For) / Einschlagsmenge *f* ǁ ~ (Leather) / Fell *n* (im Allgemeinen) ǁ ~* (Weaving) / Warenrand *m*, Warenschluss *m*
**felled** *adj* (For) / gefällt *adj*, geschlagen *adj* ǁ ~ **area** (For) / Schlag *m* (von Bäumen befreite Fläche im Wald), Waldschlag *m* ǁ ~ **seam** (Textiles) / Kappnaht *f*, sauber gemachte Naht
**feller** *n* (a person who cuts down trees) (For) / Holzfäller *m*, Holzhacker *m*, Holzhauer *m*, Holzarbeiter *m*
**Feller-Arley process** (Stats) / Feller-Arley-Prozess *m* (der lineare Geburts- und Todesprozess - nach W. Feller, 1906 - 1970)
**feller director** (For) / Richtungsfällmaschine *f*
**Fellgett's advantage** (Spectr) / Fellgett-Vorteil *m* (eine erhebliche Zeitersparnis bei der Fourier-Transformation), Multiplexvorteil *m*
**felling** *n* (For) / Schlag *m* (von Bäumen befreite Fläche im Wald), Waldschlag *m* ǁ ~ (For) / Fällen *n*, Holzeinschlag *m*, Holzwerbung *f*, Hauungsbetrieb *m*, Einschlag *m* (Holzeinschlag), Holzfällung *f*, Baumfällen *n*, Holzfällen *n*, Holzschlag *m*, Nutzung *f* ǁ ~ (Textiles) / Saubermachen *n* (von Nähten), Kappnahtherstellung *f* ǁ **method of** ~ (For) / Hiebsart *f* (Art des waldbaulichen Vorgehens beim Holzeinschlag) ǁ ~ **age** (For) / Hiebsalter *n* ǁ ~ **area** (For) / Schlag *m* (von Bäumen befreite Fläche im Wald), Waldschlag *m* ǁ ~ **ax** (For) / Fällaxt *f* ǁ ~ **axe** (US) (For) / Fällaxt *f* ǁ ~ **cut** (For) / Fällschnitt *m* (gegenüber dem Fallkerb) ǁ ~ **damage** (For) / Fällungsschäden *m pl* (Riss, Bruch, Rindenverletzung) ǁ ~ **direction** (For) / Fällrichtung *f* ǁ ~ **machine** (For) / Fällmaschine *f* ǁ ~ **marks** (Weaving) / Stückabschluss-Markierfäden *m pl* ǁ ~ **notch** (For) / Fallkerb *m*, Fallkerbe *f* ǁ ~ **quantity** (For) / Einschlagsmenge *f* ǁ ~ **ratio** (For) / Hiebsatz *m*, Nutzungssatz *m* ǁ ~ **refuse** (For) / Schlagabraum *m* (nach Beendigung des Holzeinschlags und Abtransport der ausgeformten Rohholzsorten bei den derzeitigen Erntemethoden auf der Schlagfläche zurückbleibendes Material, wie dünne Äste, Reisig und Grüngut), Schlagreste *m pl*, Schlagreisig *m*, Abraum *m* (beim Holzfällen und Abtransport) ǁ ~ **season** (For) / Einschlagzeit *f*, Fällzeit *f* ǁ ~ **shake** (For) / Fällriss *m* (infolge innerer Spannungen während des Fällens und Schneidens in tangentialer Richtung) ǁ ~ **time** (For) / Einschlagzeit *f*, Fällzeit *f* ǁ ~ **tool** (For) / Fällungswerkzeug *n*, Fällgerät *n*, Holzhauerwerkzeug *n* ǁ ~ **waste** (For) / Schlagabraum *m* (nach Beendigung des Holzeinschlags und Abtransport der ausgeformten Rohholzsorten bei den derzeitigen Erntemethoden auf der Schlagfläche zurückbleibendes Material, wie dünne Äste, Reisig und Grüngut), Schlagreste *m pl*, Schlagreisig *m*, Abraum *m* (beim Holzfällen und Abtransport) ǁ ~ **wedge** (For) / Fällkeil *m*
**fellmonger** *n* (Leather) / Fellzubereiter *m* (beim Haarlockerungs- und Äscherprozess)
**fellmongered wool** (Leather) / Schwödewolle *f*, Gerberwolle *f* (in einem chemischen Verfahren bei der Lederherstellung gewonnene Schafwolle), Kalkwolle *f*
**felloe*** *n* (Agric) / Felge *f*, Radfelge *f* (eines Holzspeichenrads)
**fells** *pl* (Eng) / Unterlauf *m*, Feingut *n* (bei der Siebanalyse), Siebdurchgang *m*, Unterkorn *n* bei der Siebanalyse (DIN 66160), Siebfeines *n* (bei der Siebanalyse)
**fell seam** (Textiles) / Kappnaht *f*, sauber gemachte Naht
**felly** *n* (Agric) / Felge *f*, Radfelge *f* (eines Holzspeichenrads)
**felsauobányaite** *n* (Min) / Felsőbanyait *m*
**felsenmeer** *n* (Geol) / Felsenmeer *n*, Blockmeer *n*
**felsic*** *adj* (Geol) / felsisch *adj* (Bezeichnung für helle Minerale)
**felsite*** *n* (Geol) / Felsit *m* (Sammelname für dichte helle Magmatika, die meist aus Feldspat und Quarz bestehen)
**felsitic** *adj* (Geol) / felsitisch *adj* (Gesteinsgefüge)
**felsobanyite** *n* (Min) / Felsőbanyait *m*
**felspar*** *n* (Min) / Feldspat *m*
**felspathization** *n* (Geol) / Feldspatisation *f* (metasomatische Sprossung von Feldspat)
**felt** *v* / befilzen *v* ǁ ~ *vt* (Textiles) / verfilzen *vt* (zu Filz machen) ǁ ~* *n* (Paper) / Papiermaschinenfilz *m* ǁ ~ (organic)* (Textiles) / Filz *m* (DIN 61200 und 61205)
**feltability** *n* (Textiles) / Filzbarkeit *f*, Verfilzbarkeit *f*
**feltable** *adj* (Textiles) / verfilzbar *adj*, filzbar *adj*
**felt back** (Build, Textiles) / Filzrücken *m* (z.B. bei Bodenbelägen)
**felt-base floor covering** (Build) / Feltbase-Bodenbelag *m* (bituminierte Wollfilzpappe mit einem widerstandsfähigen Farbaufdruck)
**felt belt** (Leather) / Filzband *n* (Endlosband zum Aufsaugen von Wasser bei der Abwelkmaschine) ǁ ~ **board** (Paper) / Filzpappe *f* (DIN 6750)
**felt-buffing wheel** / Filzpolierscheibe *f*

**felt calender** (Textiles) / Filzkalander *m* (eine Trockenmaschine) ǁ ~ **down** *v* (Paint) / (Lackflächen) mit Filz (und meistens auch Bimssteinmehl) schleifen
**felted fabric** (Textiles) / Filztuch *n* (technisches Gewebe als Stückfilz oder schlauchförmiges Hohlgewebe), Webfilz *m* (ein Gewebe, bei dem der Filzcharakter durch die Ausrüstung erzielt wird), Filzpelz *m* ǁ ~ **plaster** (with a felt rubbing board) (Build) / gefilzter Putz ǁ ~ **wool** (Textiles) / filzige Wolle (mit der beim Entschweißen entstandenen Verfilzung), leicht verfilzte Wolle (DIN 60004)
**felter** *n* (For) / Felter *m* (kammer- oder schachtartige Einrichtung zur Vliesbildung bei der Herstellung von Faserplatten), Vliesbildungsaggregat *n* (bei der Herstellung von Faserplatten)
**felt fabric** (Textiles) / Walkfilz *m*, Pressfilz *m* ǁ ~ **filter** / Filzfilter *n*
**felt-finished plaster** (Build) / Filzputz *m* (ein Innenputz)
**felt glider** (Build) / Filzgleiter *m* (der das Verkratzen der Oberfläche verhindert)
**felting** *n* (For) / Verfilzungsverfahren *n* (bei der Herstellung von Faserplatten) ǁ ~* (Paper, Textiles) / Verfilzung *f*, Verfilzen *n* ǁ ~* (Textiles) / Filzbildung *f*, Filzen *n*
**felting-down** *n* (Paint) / Schleifen *n* von Lackflächen mit Filz (und meistens auch Bimssteinmehl)
**felting property** (of wool) (Textiles) / Krimpkraft *f*, Krimpfähigkeit *f* (der Wolle zu verfilzen) ǁ ~ **shrinkage** (Textiles) / Filzschrumpfen *n* (durch das Filzen hervorgerufenes Schrumpfen - DIN 54321) ǁ ~ **test** (Textiles) / Filzprobe *f* (zur Ermittlung der Filzfähigkeit und des Walkvermögens der Rohstoffe), Filztest *m* (Aachener)
**felt insert** (Eng) / Filzeinlage *f*
**felt-like** *adj* / filzähnlich *adj*, filzig *adj*
**felt loom** (Weaving) / Filztuch-Webmaschine *f* ǁ ~ **mark** (Paper) / Filzmarkierung *f* (Oberflächenmarkierung) ǁ ~ **mill ream** / Masse von 480 ft² trockenen Filzes in Pfund ǁ ~ **mop** / Filzscheibe *f* (zum Filzen) ǁ ~ **nail** (Build) / Dachpappnagel *m* (ein Breitkopfnagel), Pappnagel *m* ǁ ~ **packing** (Eng) / Filzdichtung *f* ǁ ~ **pad** / Filzpolster *n*, Filzkissen *n*, Filzunterlage *f* ǁ ~ **paper** (Build, Paper) / Filzpapier *n* ǁ ~ **pen** / Filzstift *m* (mit einem schreibenden Filzdocht), Filzschreiber *m*, Faserschreiber *m*, Filzmaler *m*
**felt-polishing wheel** / Filzpolierscheibe *f*
**felt ring** / Filzring *m* (im Allgemeinen) ǁ ~ **ring** (Eng) / Filzring *m* (z.B. bei Wälzlagern nach DIN 5419) ǁ ~ **rubbing board** (Build) / Filzbrett *n* ǁ ~ **sealing ring** (Eng) / Filzdichtring *m* ǁ ~ **sheet** (Textiles) / Filztafel *f* ǁ ~ **side** (Paper) / Oberseite *f*, Filzseite *f*, Schönseite *f* (eines Papiers nach DIN 6730) ǁ ~ **sizing machine** (Textiles) / Filzschlichtmaschine *f* ǁ ~**-tipped pen** / Filzstift *m* (mit einem schreibenden Filzdocht), Filzschreiber *m*, Faserschreiber *m*, Filzmaler *m* ǁ ~**-tip pen** / Filzstift *m* (mit einem schreibenden Filzdocht), Filzschreiber *m*, Faserschreiber *m*, Filzmaler *m* ǁ ~ **washer** (Eng) / Filzwäsche *f* ǁ ~ **wick** / Filzdocht *m* (der aus äußerst hart gewalkten Filzen, die aus feinen Wollen zusammengesetzt sind, mittels eines Hohlbohrers ausgestochen wird)
**felt-wick oiler** (Eng) / Filzdochtöler *m*
**felty** *adj* / filzähnlich *adj*, filzig *adj*
**FEM** (field-emission microscope) (Micros) / Feldelektronenmikroskop *n* (linsenloses Emissionsmikroskop zur direkten Abbildung Elektronen emittierender Metallspitzen)
**female*** *adj* (Eng) / Innen-, Hohl- ǁ ~ **adapter** (Eng) / Gegenring *m* (V-Packung) ǁ ~ **adapter** (Eng) / Zwischenstück *n* mit Innengewinde ǁ ~ **component** (Eng) / Außenteil *n* (bei Passungen) ǁ ~ **connector** (Elec Eng) / Buchsensteckverbinder *m*, Mutterstecker *m* ǁ ~ **die** (Eng) / Matrize *f* (der Teil des Werkzeugs, der die Außenform des Werkstücks bestimmt) ǁ ~ **die** (Eng) / Matrize *f*, Unterwerkzeug *n* ǁ ~ **end** (of a pipe) (Eng) / inneres Rohrende (bei Rohrverbindungen) ǁ ~ **form** (Foundry) / Hohlform *f* ǁ ~ **gauge*** (Eng) / Ringlehre *f*, Kaliberring *m*, Lehrring *m*, Messring *m* ǁ ~ **ground-glass joint** (Chem, Glass) / Hülse *f* (eines Schliffpaars) ǁ ~ **joint** (Chem, Glass) / Hülse *f* (eines Schliffpaars) ǁ ~ **mould** (Plastics) / negative Form, negatives Werkzeug, Negativform *f*, Matrize *f* (beim Warmformen) ǁ ~ **mould** (Plastics) / Gesenk *n* (früher Matrize), Matrize *f* (zum Spritzgießen)
**female-mould process** (Eng) / Matrizenverfahren *n* (beim Umformen von Blechen)
**female multipoint connector** (Electronics) / Federleiste *f* ǁ ~ **pattern** (Foundry) / Negativmodell *n*, Muttermodell *n* (Negativmodell) ǁ ~ **rotor** (Eng) / weiblicher Rotor (bei Verdichtern), Nebenläufer *m*
**females** *pl* (Leather) / (leichtere) Felle weiblicher Pelztiere
**female socket** (Elec Eng, Eng) / Innenaufnahme *f* ǁ ~ **taper** (Eng) / Innenkegel *m* ǁ ~ **thread*** (Eng) / Innengewinde *n*, Muttergewinde *n*
**femerall** *n* (Arch, Carp) / Belüftungsaufsatz *m*, Belüftungslaterne *f*, Oberlicht *n* mit Entlüftungsflügeln
**femerell*** *n* (Arch, Carp) / Belüftungsaufsatz *m*, Belüftungslaterne *f*, Oberlicht *n* mit Entlüftungsflügeln
**femic** *adj* (Min) / femisch *adj* (Ferromagnesia-Standardmineral)

**femotechnology** *n* / Femotechnik *f* (fernhantierungsgerechte Modultechnik)
**femto-** (SI-prefix denoting x$10^{-15}$) / Femto- (Vorsatz vor Einheiten für $10^{-15}$, Kurzzeichen f)
**femtogram range** (Chem) / Ultraspurenbereich *m*, Femtogrammbereich *m*
**femtometer** *n* (US) / Femtometer *n*, Fermi *n*, f ($10^{-15}$m)
**femtometre*** *n* / Femtometer *n*, Fermi *n*, f ($10^{-15}$m)
**femtomolar** *adj* (Chem) / femtomolar *adj*
**femtosecond chemistry** (Chem) / Femtosekundenchemie *f*
**femur*** *n* (Arch) / Steg *m* (zwischen der Schlitzen einer Triglyphe)
**fen*** *n* (Geol) / Moor *n* (organischer Nassboden - Lagerstätte von Torf und ihre Vegetationsdecke), Fehn *n*, Fenn *n*, Filz *m*, Moos *n* (Moor), Bruch *m* *n* (pl. Brüche oder Brücher), Ried *n*, Venn *n*
**fenbutatine oxide** (Chem) / Fenbutatinoxid *n* (ein Akarizid)
**fence** *v* / umzäunen *v*, einzäunen *v* ‖ ~* *n* / Umzäunung *f*, Zaun *m* (zur Umfriedung von Grundstücken), Einzäunung *f* ‖ ~ (Cables) / Absperrgestell *n* (für Kabelschächte) ‖ ~* (Carp, Eng, Join) / Anschlag *m* (Bauteil zur Bewegungsbegrenzung), Knagge *f*, Begrenzungsanschlag *m* ‖ ~ (Eng) / Schutzgeländer *n*, Schutzgitter *n* (um Maschinen) ‖ ~* (Eng) / Berührungsschutz *m* (eine Schutzvorrichtung) ‖ ~* (Eng, For) / Führungslineal *n*, Führungsbacke *f* ‖ ~ (Space) / Netz *n* von Beobachtungsbodenstationen
**fenchane** *n* (Chem) / Fenchan *n* (ein Grundkörper der bizyklischen Monoterpene)
**fenchol*** *n* (Chem) / Fenchol *n*, Fenchylalkohol *m*
**fenchone*** *n* (Chem, Nut) / Fenchon *n* (kampferartig riechendes, bitter schmeckendes farbloses Öl)
**fenchyl alcohol** (Chem) / Fenchol *n*, Fenchylalkohol *m*
**fencing** */* Umzäunung *f*, Zaun *m* (zur Umfriedung von Grundstücken), Einzäunung *f* ‖ ~ (Mining) / Verzug *m*
**fender** *n* (US) (Autos) / Stoßfänger *m* (DIN 70023), Stoßstange *f* ‖ ~ (US) (Autos) / Kotflügel *m* ‖ ~ (Build) / Prellholz *n*, Fender *m*, Reibebalken *m* ‖ ~* (Elec Eng) / Schutzkappe *f*, Schutzabdeckung *f* (für rotierende Teile) ‖ ~ (Ships) / Fender *m* (aus Tauwerk, Holz, Polyethylen oder anderen deformierbaren Werkstoffen), Wieling *f* (für Boote) ‖ ~ **beam** (Rail) / Prellbalken *m* ‖ ~ **post** (Civ Eng) / Abweiser *m*, Abweichstein *m*, Radabweiser *m* (der Verkehrsinsel)
**fenestra*** *n* (pl. fenestrae) (Arch) / Maueröffnung *f*
**fenestral fabric** (Geol) / Fenstergefüge *n* (in flachmarinen Karbonatgesteinen)
**fenestration*** *n* (any opening or arrangement of openings for the admission of daylight) (Build) / Fensteranordnung *f*, Befensterung *f*
**fenestriform pit** (For) / Fenstertüpfel *n* (im Kreuzungsfeld Frühholztracheide/ Holzstrahlparenchym)
**fen-fire** *n* (Phys) / Irrlicht *n* (Selbstentzündung des Sumpfgases)
**feng shui** (Arch) / Feng-Shui *n* (chinesische Kunst der harmonischen Lebens- und Wohnraumgestaltung)
**fenite*** *n* (Geol) / Fenit *m* (Gestein nach der Fenitisierung)
**fenitization*** *n* (Geol) / Fenitisierung *f*
**fenland** *n* (Geol) / Moor *n* (organischer Nassboden - Lagerstätte von Torf und ihre Vegetationsdecke), Fehn *n*, Fenn *n*, Filz *m*, Moos *n* (Moor), Bruch *m* *n* (pl. Brüche oder Brücher), Ried *n*, Venn *n*
**fennel oil** / Fenchelöl *n* (bitteres oder süßes - von Foeniculum vulgare Mill.)
**fenoprop*** *n* (Chem) / Fenoprop *n* (2,4,5-TP - zur Unkrautbekämpfung in Zier- und Sportrasen)
**fenster** *n* (Geol) / Fenster *n*, Deckenfenster *n*, tektonisches Fenster (in dem die Unterlage der Decke sichtbar wird)
**fent*** *n* (Textiles) / Stoffrest *m*, Stoffabschnitt *m* (zweiter Qualität)
**fenthion** *n* (Chem) / Fenthion *n* (Common name für ein Insektizid gegen beißende und saugende Insekten)
**Fenton's reagent** (Chem) / Fentons Reagens (ein Gemisch von Wasserstoffperoxid und Eisen(II)-Salzen - nach H.J.H. Fenton, 1854 - 1929)
**fenugreek** *n* (seeds) (Nut, Pharm) / Bockshornkleesamen *m* *pl* (aus dem Griechisch Bockshornklee = Trogonella foenum-graecum L.), Griechisch-Heu-Samen *m* *pl*
**fenuron** *n* (Chem) / Fenuron *n* (ein Harnstoffherbizid gegen Gehölze und tiefwurzelnde Gräser auf Nichtkulturland)
**$Fe_2O_3$ tape** (Acous, Mag) / Eisenoxidband *n*, $Fe_2O_3$-Band *n*
**FEOV** (forced end of volume) (Comp) / vorverlegtes Datenträgerende
**FEP** (front-end processor) / Kommunikationsvorrechner *m* (der für einen Großrechner die Kommunikation über das Netz abwickelt), Vorrechner *m* (der den Verarbeitungsrechner entlastet), Front-End-Prozessor *m*, Datenübertragungsvorrechner *m* (in einem Datenfernverarbeitungssystem), FE-Prozessor *m* ‖ ~* (fluorinated ethene propene) (Chem) / fluoriertes Ethylen-Propylen-Kopolymerisat (ein Fluorkarbon), Fluorethylenpropylen *n* ‖ ~ **plastics*** (Plastics) / Kopolymerisate *n* *pl* aus Tetrafluorethylen und Hexafluorpropylen, FEP (DIN 7728, T 1)

‖ ~ **plastics*** s. also fluorinated ethene propene ‖ ~ **resin** (Plastics) / fluoriertes Ethylen-Propylen-Kopolymerisat
**ferberite*** *n* (Min) / Ferberit *m* (Eisen(II)-wolframat)
**Feret triangle** (Civ Eng) / Dreiecksdiagramm *n* der Körnungsarten (nach Feret; bei der Bodenklassifikation), Körnungsartendreieck *n*
**fergusite*** *n* (Geol) / Fergusit *n*
**Ferguson differential** (Autos) / Visko-Differential *n* (ein Sperrdifferential), Ferguson-Sperrdifferential *n*, Ferguson-Differential *n* (bei dem die Ausgleichswirkung durch eine Viskosekupplung gehemmt wird)
**fergusonite*** *n* (Min) / Fergusonit *m*
**Ferguson-patented viscous coupling** (Autos) / Viskosekupplung *f*, Visko-Kupplung *f*, Visco-Kupplung *f*, Ferguson-Kupplung *f* (eine gekapselte Lamellenkupplung, bei der die Lamellen in einer hochviskosen Flüssigkeit laufen)
**Fermat prime*** (Maths) / Fermat'sche Primzahl
**Fermat's last theorem*** (Maths) / Fermat'sche Vermutung, großer Fermat'scher Satz (nach P. de Fermat, 1601 - 1665) ‖ ~ **little theorem** (Maths) / kleiner Fermat'scher Satz (additive Zahlentheorie)
**Fermat's principle of least time*** (Optics, Phys) / Fermat'sches Prinzip (Prinzip der schnellsten Ankunft), Fermat-Prinzip *n*
**Fermat's spiral*** (Maths) / parabolische Spirale, Fermat'sche Spirale
**ferment** *v* (Biochem, Nut) / vergären *v*, gären *v*, fermentieren *v* ‖ ~ *n* (Biochem) / Gärungsmittel *n*, Gärmittel *n* ‖ ~ (Biochem) / Enzym *n*, Ferment *n*
**fermentable** *adj* (Biochem, Nut) / vergärbar *adj*, gärungsfähig *adj*, gärfähig *adj*
**fermentation*** *n* (Biochem, Nut) / Vergärung *f*, Fermentation *f*, Gärung *f*, Fermentierung *f* ‖ ~ **alcohol** (Chem, Nut) / Gärungsalkohol *m* (kein Synthesealkohol) ‖ ~ **broth** (Biochem) / Gärungsflüssigkeit *f* ‖ ~ **broth** (Biochem) / Fermentationsbrühe *f* (für die Biotechnologie) ‖ ~ **chemistry** (Biochem) / Gärungschemie *f* ‖ ~ **cupboard** (Nut) / Gärschrank *m* (in der Bäckerei) ‖ ~ **gas** (San Eng) / Biogas *n* (beim anaeroben Abbau von Biomasse nach DIN 4045), Faulgas *n* ‖ ~ **industry** (Biochem) / Gärungsgewerbe *n* (z.B. Brauerei, Winzerei, Brennerei und alle Gewerbe, welche mit Gärungserregern arbeiten) ‖ ~ **intermediate** (Chem) / Fermentationszwischenprodukt *n*, Gärungszwischenprodukt *n* ‖ ~ **lactic acid*** (Chem) / Gärungsmilchsäure *f* (RS-Milchsäure) ‖ ~ **room** (Biochem) / Gärraum *m* ‖ ~ **salt** (Chem, Nut) / Gärsalz *n* ‖ ~ **tube** (Biochem) / Gärungsröhrchen *n*, Gärröhre *f* ‖ ~ **vinegar** (Nut) / Gärungsessig *m* (der durch Vergären von alkoholischen Rohstoffen unter Luftzutritt gewonnen wird)
**fermentative** *adj* (Biochem) / zymogen *adj* (in ein Enzym übergehend), gärungserregend *adj* ‖ ~ (Biochem) / enzymatisch *adj*, fermentativ *adj* ‖ ~ **bacteria** (Bacteriol) / fermentative Bakterien
**fermented foods** (Nut) / Gärungserzeugnisse *n* *pl*, Gärungsprodukte *n* *pl* ‖ ~ **milk** (Nut) / Dickmilch *f* (geronnene, saure Milch) ‖ ~ **milk** (Nut) / Sauermilch *f* (durch Gärung geronnene, dickflüssige Milch) ‖ ~ **vinegar** (Nut) / Gärungsessig *m* (der durch Vergären von alkoholischen Rohstoffen unter Luftzutritt gewonnen wird)
**fermenter** *n* (Biochem, Chem Eng) / Bioreaktor *m*, Fermenter *m* ‖ ~ (Brew) / Gärbottich *m*, Gärbütte *f* ‖ ~ (Chem Eng) / Fermenter *m* (in der Biotechnologie)
**fermenting agent** (Biochem) / Gärungsmittel *n*, Gärmittel *n*
**fermentor** *n* (US) (Chem Eng) / Fermenter *m* (in der Biotechnologie)
**fermi*** *n* / Femtometer *n*, Fermi *n*, f ($10^{-15}$m) ‖ ~ **acceleration** (Plasma Phys) / Fermi-Beschleunigung *f* (Energieänderung des Führungszentrums infolge einer Bewegung des Magnetfeldes mit Spiegelsymmetrie) ‖ ~ **age*** (Nuc) / Neutronenalter *n*, Fermi-Alter *n* ($E_0$, E) ‖ ~ **age theory** (Nuc) / Age-Theorie *f*, Alterstheorie *f* nach Fermi (die das räumliche, energetische und zeitliche Verhalten von Neutronen bei der Neutronenbremsung behandelt) ‖ ~ **characteristic energy level*** (Nuc) s. also chemical potential ‖ ~ **characteristic energy level*** (Nuc) / Fermi-Niveau *n* (im Energiebändermodell eines Festkörpers das von der Fermi-Energie gehörende Energieniveau), Fermi-Kante *f* ‖ ~ **constant*** (Nuc) / Fermi-Konstante *f* (Kopplungskonstante für den Betazerfall) ‖ ~ **contact interaction** (Chem) / Kontakt-Wechselwirkung *f* ‖ ~ **contact term**, Fermi-Kontakt-Term *m*
**Fermi-Dirac distribution** (a version of the Boltzmann distribution that takes into account the effect of the Pauli exclusion principle) (Nuc) / Fermi-Verteilung *f* ‖ ~ **gas** (Phys) / Fermi-Gas *n* (eine Gesamtheit von statistisch sich völlig ungeordnet bewegenden Teilchen mit halbzahligem Spin, die der Fermi-Dirac-Statistik gehorchen)
**Fermi-Dirac-Sommerfeld law*** (Nuc) / Geschwindigkeitsverteilungsgesetz *n* von Fermi, Dirac und Sommerfeld, Fermi-Dirac-Sommerfeld'sches Verteilungsgesetz, FDS-Gesetz *n*
**Fermi·-Dirac statistics*** (Nuc) / Fermi-Dirac-Statistik *f* (Quantenstatistik für ein thermodynamisches System),

**Fermi distribution**

Fermi-Statistik f ‖ ≙ **distribution** (Nuc) / Fermi-Verteilung f ‖ ≙ **energy** (Nuc) / Fermi'sche Grenzenergie (am absoluten Nullpunkt), Fermi-Energie f (eines Elektronengases), Fermi-Grenze f ‖ ≙ **gas** (a hypothetical system of free fermions in three dimensions) (Phys) / Fermi-Gas n (eine Gesamtheit von statistisch sich völlig ungeordnet bewegenden Teilchen mit halbzahligem Spin, die der Fermi-Dirac-Statistik gehorchen) ‖ ≙ **gas model** (Nuc, Nuc Eng) / Fermi-Gas-Modell n, Thomas-Fermi-Modell n, statistisches Modell (ein Kernmodell) ‖ ≙ **hole** (Nuc) / Fermi-Loch n
**Fermi-Kurie plot** (Nuc) / Fermi-Plot n, Fermi-Kurve f, Kurie-Plot n, Fermi-Diagramm n
**Fermi level\*** (Nuc) / Fermi-Niveau n (im Energiebändermodell eines Festkörpers das zur Fermi-Energie gehörende Energieniveau), Fermi-Kante f ‖ ≙ **liquid** (Nuc) / Fermi-Flüssigkeit f (ein System aus vielen Fermionen, die stark miteinander in Wechselwirkung stehen)
**fermion\*** n (Nuc) / Fermion n (ein Teilchen mit halbzahligem Spin, das der Fermi-Dirac-Statistik gehorcht), Fermi-Teilchen n (nach E. Fermi, 1901-1954)
**Fermi plot\*** (Nuc) / Fermi-Plot n, Fermi-Kurve f, Kurie-Plot n, Fermi-Diagramm n ‖ ≙ **potential\*** (Phys) / Fermi-Potential n ‖ ≙ **resonance** (Chem, Phys) / Fermi-Resonanz f (eine Art Entartung bei Schwingungsspektren)
**fermisecond** n / Fermisekunde f, fs (Fermisekunde)
**Fermi selection rules\*** (Phys) / Fermi'sche Auswahlregeln, Fermi-Auswahlregeln f pl ‖ ≙ **sphere** (spherical Fermi surface) (Nuc) / Fermikugel f ‖ ≙ **surface\*** (the contour corresponding to the Fermi energy) (Phys) / Fermi-Fläche f (bei der dreidimensionalen Betrachtungsweise des Bändermodells) ‖ ≙ **temperature\*** (Phys) / Fermi-Temperatur f
**fermium\*** n (Chem) / Fermium n, Fm (Fermium)
**ferralitic soil** (Agric, Geol) / Latosol m (nährstoff- und kieselsäurearmer Boden, in dem Eisen- und Aluminiumoxide dominieren), Oxisol m, Ferralsol m
**ferralization** n (Geol) / Laterisierung f, Laterisation f, Lateritbildung f, Ferralitisierung (die meistens zu Rotfärbung führt), Lateritverwitterung f
**Ferranti effect\*** (the rise of voltage which takes place at the end of a long transmission line when the load is disconnected) (Elec Eng) / Ferranti-Effekt m (Spannungserhöhung am Ende leer laufender Leitungen)
**Ferraris instrument** (Elec Eng) / Ferraris-Messinstrument n (nach G. Ferraris, 1847-1897), Ferraris-Messwerk n (produktbildendes Messwerk für Wechselstrom bzw. Wechselspannung), Ferraris-Instrument n (ein Messinstrument) ‖ ≙ **motor** (Elec Eng) / Zweiphasenmotor m, Ferraris-Motor m
**ferrate(III)** n (Chem) / Ferrat(III) n
**ferrate** n (Chem) / Ferrat n (1. Salz der Sauerstoffsäuren des Eisens; 2. Salz der Hexacyanoeisensäure; 3. anionische Karbonylkomplexe des Eisens)
**ferredoxin\*** n (Bacteriol, Biochem) / Ferredoxin n (ein Nichthäm-Eisenprotein in Bakterien und Pflanzen), Fd (Ferredoxin)
**ferreed switch** (Bell Telephone Laboratories) (Elec Eng) / massenloser Schalter, Schalter m ohne bewegte Teile
**ferrel** n (Tools) / Zwinge f (z.B. Feilenheftzwinge) ‖ ≙ **cell** (Meteor) / Ferrel-Zelle f (ein Zirkulationssystem nach W. Ferrel, 1817 - 1891), Ferrel-Zirkulationszelle f
**ferret** n (Aero, Mil) / ELoKA-Trägerfahrzeug n, Aufklärungsträgerfahrzeug n
**ferri-\*** (Chem) / Eisen(III)-
**ferric** adj (Chem) / Eisen(III)- ‖ ~ **alum** (Chem) / Eisenalaun m ‖ ~ **ammonium citrate** (Chem) / Eisen(III)-ammoniumcitrat n, Eisen(III)-ammoniumzitrat n, Ammoniumeisen(III)-citrat n, Ammoniumeisen(III)-zitrat n, Ammoniumferricitrat n, Ammoniumferrizitrat n ‖ ~ **ammonium oxalate** (Chem) / Eisen(III)-ammoniumoxalat n, Ammoniumeisen(III)-oxalat n ‖ ~ **ammonium sulphate** (Chem) / Ammoniumeisen(III)-sulfat n (Ammoniumeisenalaun), Ferriammoniumsulfat n ‖ ~ **bromide** (Chem) / Eisen(III)-bromid n, Eisentribromid n ‖ ~ **chloride** (Chem) / Ferrum(III)-chlorid n, Eisen(III)-chlorid n ‖ ~ **citrate** (Chem, Med) / Eisen(III)-zitrat n, Eisen(III)-citrat n ‖ ~ **fluoride** (Ceramics, Chem) / Eisen(III)-fluorid n, Eisentrifluorid n ‖ ~ **hydroxide** (Chem) / Eisen(III)-oxidhydrat n (FeO(OH)) ‖ ~ **incrustation** / Verockerung f (Ausfällung von Eisenoxidhydraten) ‖ ~ **ion** (Chem) / Ferri-Ion n ‖ ~ **iron** (Chem) / dreiwertiges Eisen ‖ ~ **nitrate** (Chem) / Eisen(III)-nitrat n ‖ ~ **oxide\*** (Chem) / Eisen(III)-oxid n, Eisensesquioxid n ($Fe_2O_3$) ‖ ~ **oxide pigment** (Paint) / Eisenoxidpigment n (gelb, braun, schwarz oder rot - heute nur synthetisches Produkt) ‖ ~ **oxide tape** (Acous, Mag) / Eisenoxidband n, $Fe_2O_3$-Band n
**ferricrete** n (Geol) / Hämatitkruste f, mit Fe-Oxiden zementierte Bodenzone

**ferric salt** (Chem) / Eisen(III)-salz n ‖ ~ **sulphate** (Chem) / Eisen(III)-sulfat n ‖ ~ **trichloride** (Chem) / Ferrum(III)-chlorid n, Eisen(III)-chlorid n
**ferricyanide\*** n (Chem) / Cyanoferrat(III) n, Zyanoferrat(III) n, Hexazyanoferrat(III) n, Hexacyanoferrat(III) n, Ferricyanid n, Ferrizyanid n
**ferriferous** adj (Geol, Min) / eisenhaltig adj, eisenschüssig adj, eisenführend adj
**ferrific** adj (Geol, Min) / eisenhaltig adj, eisenschüssig adj, eisenführend adj
**ferrimagnetic** adj (Mag) / ferrimagnetisch adj ‖ ~ **resonance** (Phys) / ferrimagnetische Resonanz
**ferrimagnetism\*** n (Mag) / Ferrimagnetismus m (eine Form der in Festkörpern möglichen magnetischen Ordnung)
**ferrimolybdite\*** n (Min) / Ferrimolybdit m
**Ferris wheel** n / Riesenrad n (auf Jahrmärkten, bei Volksfesten)
**ferrite** n (Chem) / Ferrat(III) n ‖ ~ (Mag) / Ferrit m (oxidkeramischer Werkstoff mit ferrimagnetischen Eigenschaften) ‖ ~\* (Met) / Ferrit m (reine, magnetische, kohlenstofffreie Eisenkristallchen - α-Phase des Eisens) ‖ ~ **banding** (Met) / Ferritzeilen f pl (Ferritausscheidungen an Verunreinigungen oder Seigerungen, die beim Walzen zeilenförmig eingeformt wurden), Ferritzeiligkeit f ‖ ~ **bead\*** (Telecomm) / Ferritperle f ‖ ~ **core\*** (Comp, Mag) / Ferritkern m ‖ ~ **core** (Mag) / Magnetkern m (Schaltungsanordnung, bei dem eine elektrische Leistung mit Hilfe von sättigbaren Drosseln gesteuert wird), Ferritkern m ‖ ~ **core memory\*** (Comp) / Magnetkernspeicher m (wahlfreier permanenter Speicher mit kleinen Ferritringen als binäres Speichermedium), Kernspeicher m, Ferritkernspeicher m, Ringkernspeicher m, Ferritspeicher m ‖ ~ **limiter** (Electronics) / Ferritbegrenzer m ‖ ~ **magnet wet press** / Nasspresseinrichtung f für Ferritmagnete ‖ ~ **memory** (Comp) / Magnetkernspeicher m (wahlfreier permanenter Speicher mit kleinen Ferritringen als binäres Speichermedium), Kernspeicher m, Ferritkernspeicher m, Ringkernspeicher m, Ferritspeicher m ‖ ~ **network** (Met) / Ferritnetz n (Ferritausscheidungen an den ehemaligen Austenitkorngrenzen, die netzartig zusammenhängen können und insbesondere bei höhergekohlten, untereutektoiden Stählen auftreten) ‖ ~ **phase shifter** (Radar) / Ferritphasenschieber m ‖ ~**-rod antenna\*** (Radio) / Ferritstabantenne f, Ferritantenne f ‖ ~ **yellow** (Paint) / Ferritgelb n
**ferritic** adj / ferritisch adj ‖ ~ **cast iron** (Met) / ferritisches Gusseisen ‖ ~ **steel** (Met) / ferritischer Stahl (ein nicht rostender Stahl)
**ferritin\*** n (Biochem) / Ferritin n (Eisenspeicherprotein des Säugetierorganismus)
**ferritize** v (to increase the quantity of ferrite in the matrix of a ferrous casting through an appropriate heat treatment) (Foundry) / ferritisieren v
**ferritizing** n (Foundry, Met) / Ferritisierung f
**ferro-\*** (Chem) / Eisen(II)-
**ferroalloy** n (usually a binary alloy of iron and another chemical element) (Met) / Ferrolegierung f (Legierung des Eisens mit anderen Metallen oder Nicht- bzw. Halbmetallen) ‖ ~ **plant** (Met) / Ferrolegierungswerk n
**ferroaluminium** n (an alloy of aluminium /up to 80%/ and iron) (Met) / Ferroaluminium n
**ferroan dolomite** (Min) / Ankerit m, Eisendolomit m, Braunspat m
**ferroboron** n (Met) / Ferrobor m (Legierung des Eisens mit 15-20% B - DIN 17567)
**ferrocement** n / Ferrozement m (Verbundwerkstoff aus Zementmörtel mit hohem Bewehrungsgrad für dünnwandige Flächentragwerke, auch für den Bootsbau verwendet)
**ferrocene** n (the archetypal sandwich compound) (Chem, Fuels) / Ferrocen n (Dicyclopentadienyleisen) ‖ ~ (Chem) s. also metallocene
**ferrocenium complexes** (Chem) / Benzoleisenkomplexkationen n pl, Ferrocenium-Komplexe m pl
**ferrocerium** n (Met) / Zereisen n, Cereisen n (Cermischmetall)
**ferrochrome** n (Met) / Ferrochrom n (DIN 17565)
**ferrochromium\*** n (Met) / Ferrochrom n (DIN 17565) ‖ ~ **tape** (Acous, Mag) / Ferrochromband n, FeCr-Band n
**ferroclad brick** (Met) / blechummantelter Stein
**ferroclip brick** (Met) / Ferroclip-Stein m (blechummantelter Wölbstein, der im oberen Teil des Blechmantels einen eingepressten Drahtbügel enthält)
**ferrocoke** n / Ferrokoks m, Eisenkoks m
**ferroconcrete** n (Civ Eng) / Stahlbeton m, bewehrter Beton
**ferrocyanide\*** n (Chem) / Cyanoferrat(II) n, Zyanoferrat(II) n, Hexacyanoferrat(II) n, Hexazyanoferrat(II) n, Ferrocyanid n, Ferrozyanid n ‖ ~ **blue** (Paint) / Berliner Blau n (ein lichtechtes Eisenblaupigment), Pariser Blau, Preußischblau n, Eisenblau n, Eisenzyanblau n, Eisencyanblau n, Bronzeblau n, Bronceblau n, Williamsons Violett
**ferrodolomite** n (Min) / Ankerit m, Eisendolomit m, Braunspat m

**ferrodynamic** adj / ferrodynamisch adj || ~ **instrument** (an electrodynamic instrument in which the presence of ferromagnetic material enhances the forces ordinarily developed in the instrument) (Elec Eng) / ferrodynamisches Instrument, ferrodynamisches Messinstrument
**ferrodynamometer**\* n (Elec Eng) / eisengeschlossenes Dynamometer
**ferroelectric** n (Elec) / Ferroelektrikum n (pl. Ferroelektrika) || ~ adj (Elec) / ferroelektrisch adj || ~ **crystal** (Crystal) / polarer Kristall || ~ **domain** (Elec, Mag) / ferroelektrische Domäne (elektrische Analogie der ferromagnetischen Domäne) || ~ **field-effect transistor** (Electronics) / ferroelektrischer Feldeffekttransistor, FEFET m (mit ferroelektrischer Isolierschicht zwischen Kanal und Gate) || ~ **hysteresis** (Elec Eng) / ferroelektrische Hysterese (bestimmter Ferroelektrika) || ~ **material**\* (Elec) / Ferroelektrikum n (pl. Ferroelektrika) || ~ **random-access memory** (Comp) / ferroelektrischer Randomspeicher, FRAM (ferroelektrischer Randomspeicher)
**ferroelectrics** n (Elec) / Ferroelektrizität f (der Ferroelektrika, die im nichtpolaren Zustand oberhalb der Curie-Temperatur piezoelektrisch sind), Seignette-Elektrizität f (nach P. Seignette, 1660-1719)
**ferroelectromagnetic** adj (Mag) / ferroelektromagnetisch adj
**ferroferric oxide** (Chem) / Eisen(II,III)-oxid n, Ferroferrioxid n (Fe$_3$O$_4$)
**Ferrofining process** (Chem Eng) / Ferrofiningverfahren n (zur Hydrierung von Schmierölfraktionen)
**ferrofluid** n (a fluid containing a magnetic suspension) / Ferrofluid n, magnetische Flüssigkeit (eine kolloidale, besonders stabilisierte Suspension magnetischer Partikel), Ferroflüssigkeit f
**ferrograph** n (Materials) / Ferrograf m (Gerät zur Messung der magnetischen Eigenschaften eines Werkstoffs)
**ferrography** n (wear analysis conducted by withdrawing lubricating oil from an oil reservoir and using a ferrograph analyzer to determine the size distribution of wear particles picked up as the oil circulates between moving mechanical parts) (Materials) / Ferrografie f (zur Früherkennung von Verschleißschäden)
**ferrohydrodynamic fluid** / Ferrofluid n, magnetische Flüssigkeit (eine kolloidale, besonders stabilisierte Suspension magnetischer Partikel), Ferroflüssigkeit f
**ferrohydrodynamics** n (Mag) / Dynamik f magnetischer Flüssigkeiten (Bewegungsvorgänge von magnetischen Flüssigkeiten und deren Zurückführung auf einwirkende Kräfte)
**ferroin** n (Chem) / Ferroin n (ein Redoxindikator)
**ferromagnesian** adj (Geol) / Eisenmagnesium-
**ferromagnetic** n (Mag) / ferromagnetischer Stoff (DIN EN 1330-1), Ferromagnetikum n (pl. Ferromagnetika) || ~ adj (Mag) / ferromagnetisch adj || ~ **amplifier** (Elec Eng) / ferromagnetischer Verstärker || ~ **circuit** (Elec Eng) / Eisenkreis m || ~ **domain** (Mag) / ferromagnetische Domäne || ~ **material** (a material exhibiting high magnetic permeability, the ability to acquire a high degree of magnetization in a weak magnetic field, a characteristic saturation point, and magnetic hysteresis) (Mag) / ferromagnetischer Stoff (DIN EN 1330-1), Ferromagnetikum n (pl. Ferromagnetika) || ~ **powder** / Magnetpulver n || ~ **resonance**\* (Phys) / ferromagnetische Resonanz || ~ **resonance spectroscopy** (Spectr) / ferromagnetische Resonanzspektroskopie (eine Methode der Hochfrequenzspektroskopie)
**ferromagnetism**\* n (Mag) / Ferromagnetismus m (eine Form der in Festkörpern möglichen magnetischen Ordnung)
**ferromagnon** n (Phys) / Ferromagnon n (Spinwelle in Ferromagnetika)
**ferromanganese**\* n (Met) / Ferromangan n (eine Ferrolegierung nach DIN 17564)
**ferrometer**\* n (an instrument for measuring magnetic permeability and hysteresis) (Elec Eng) / Ferrometer n (Gerät zur Messung der relativen Permeabilität)
**ferromolybdenum**\* n (Met) / Ferromolybdän n (eine Ferrolegierung nach DIN 17561)
**ferronickel**\* n (Met) / Ferronickel n (technische Legierung des Eisens mit 30 bis 50% Nickel - DIN 17568)
**ferroniobium** n (Met) / Ferroniob n
**ferrophosphorus** n (Met) / Phosphoreisen n, Ferrophosphor m (technische Verbindung bzw. Legierung des Eisens mit 18 bis 25% Phosphor)
**ferroprussiate paper**\* (Paper) / Eisenblaudruckpapier n, Blaupauspapier n (für die Zyanotypie)
**ferroresonance**\* n (Phys) / ferromagnetische Resonanz
**ferroresonant** adj (Electronics) / ferroresonant adj || ~ **circuit** (Elec Eng) / Ferroresonanzkreis m, Resonanzschaltung f mit Eisenkernspule
**ferrosilicon**\* n (Met) / Ferrosilicium n (DIN 17 560), Ferrosilizium n || ~ **process** (Met) / silikothermisches Verfahren, Silicothermie f, Silikothermie f (ein metallothermischer Prozess mit Si, FeSi oder CaSi als Reduktionsmittel)

**ferrosoferric oxide** (Chem) / Eisen(II,III)-oxid n, Ferroferrioxid n (Fe$_3$O$_4$)
**ferrotitanium** n (industrial alloy of iron with about 30 - 70% titanium) (Met) / Ferrotitan n
**ferrous** adj (Chem) / Eisen(II)- || ~ **alloy** (any alloy containing at least 50% of the element iron by weight) (Met) / Eisenlegierung f || ~ **ammonium sulphate** (Chem) / Ammoniumeisen(II)-sulfat n, Ferroammoniumsulfat n || ~ **casting** (Foundry) / Eisenguss m (Gussteil), Eisengussstück n || ~ **chloride** (Chem) / Eisen(II)-chlorid n, Ferrum(II)-chlorid n || ~ **foundry** (Foundry) / Eisengießerei f || ~ **hydroxide** (Chem) / Eisen(II)-hydroxid n, Eisendihydroxid n || ~ **iron** (Chem) / zweiwertiges Eisen || ~ **material** (Met) / Eisenwerkstoff m (DIN 17014, T 1) || ~ **metal** (Met) / Eisenmetall n, EM (Eisenmetall) || ~ **metallurgy** (Met) / Eisenmetallurgie f || ~ **metallurgy** (Met) / Eisenhüttenkunde f || ~ **oxalate** (Chem, Med, Photog) / Eisen(II)-oxalat n || ~ **oxide**\* (Chem) / Eisen(II)-oxid n, Eisenmonoxid n (FeO) || ~ **salt** (Chem) / Eisen(II)-salz n || ~ **sulphate** (Chem, Leather, Textiles) / Eisen(II)-sulfat n || ~ **sulphide** (Chem) / Eisen(II)-sulfid n || ~ **tartrate** (Chem) / Eisen(II)-tartrat n
**ferrovanadium** n (Eng, Met, Tools) / Ferrovanadin (DIN 17563)
**ferroxyl indicator**\* (Chem, Surf) / Ferroxylindikator m (Lösung zum Nachweis katodischer oder anodischer Stellen an Stahl)
**ferruginization** n (Agric) / Rubefizierung f (von tropischen und subtropischen Böden), Ferrugination f (Boden)
**ferruginous** adj / rostfarbig adj, rostbraun adj || ~ (Geol, Min) / eisenhaltig adj, eisenschüssig adj, eisenführend adj || ~ **deposits**\* (Geol) / abbauwürdige Eisenlager n pl || ~ **sandstone** (Geol) / Eisensandstein m
**ferrule** v (Tools) / mit einer Zwinge versehen || ~ n (Chem Eng) / Schneidring m (für Säulenrohre) || ~ (Paint) / Ring m (des Ringpinsels) || ~ (oval or round) (Paint) / Kapsel f (des Kapselpinsels) || ~ (Paint) / Blechzwinge f (eines Flachpinsels), Blechfassung f (eines Pinsels), Metalleinfassung f (eines Pinsels) || ~ (Telecomm) / Endhülse f, Führungsröhrchen n (z.B. zum Einkitten von Glasfasern) || ~\* (Tools) / Zwinge f (z.B. Feilenheftzwinge)
**ferry** v (Ships) / übersetzen v (mit einer Fähre) || ~ n (Aero) / Luftverkehr m, Flugverkehr m (im Allgemeinen) || ~ (pl. ferries) (Ships) / Fähranlage f (DIN 4054) || ~ (pl. ferries) (Ships) / Fähre f (Wasserfahrzeug für den Übersetzerverkehr nach DIN 4054), Trajekt m n || ~ **boat** (Ships) / Fähre f (Wasserfahrzeug für den Übersetzerverkehr nach DIN 4054), Trajekt m n || ~ **flight** (Aero) / Überführungsflug m || ~ **load** (Ships) / Fährladung f || ~ **rocket vehicle** (Ships) / Lastrakete f (als Zubringerfahrzeug) || ~ **station** (Rail) / Fährbahnhof m || ~ **terminal** (Ships) / Fährhafen m || ~ **traffic** (Ships) / Fährverkehr m
**fersiallitic** adj / fersiallitisch adj (Boden)
**fertigation** n (Agric) / Fertigation f (Aufbringung von Düngemitteln bei der Bewässerung)
**fertile** adj (Agric) / fruchtbar adj, ertragreich adj (Boden) || ~\* (Nuc, Nuc Eng) / brütbar adj, in Spaltstoff umwandelbar, brutfähig adj || ~ **material** (Nuc Eng) / Kernbrutstoff m, Brutstoff m
**fertilisation** n (GB) / Fruchtbarmachung f || ~ (GB) (Agric) / Düngung f || ~ (GB) (Biol) / Befruchtung f, Fekundation f
**fertilise** v (with a fertiliser) (GB) (Agric) / düngen v
**fertiliser** n (GB) (Agric) / Düngemittel n (DIN ISO 8157), Dünger m
**fertility**\* n (Biol) / Fertilität f, Fruchtbarkeit f || ~ **factor** (Gen) / Fertilitätsfaktor m, F-Faktor m
**fertilization** n / Fruchtbarmachung f || ~ (Agric) / Düngung f || ~\* (Biol) / Befruchtung f, Fekundation f || ~ **by soil injection** (Agric) / Lanzendüngung f
**fertilize** v (with a fertilizer) (Agric) / düngen v
**fertilizer**\* n (Agric) / Düngemittel n (DIN ISO 8157), Dünger m || ~ **broadcaster** (Agric) / Breitstreuer m (entweder Kasten- oder Schleuderstreuer) || ~ **distributor** (Agric) / Düngerstreuer m (für Mineraldünger), Mineraldüngerstreuer m || ~ **drill** (unit) (Agric) / Reihendüngerstreuer m || ~ **mill** (Agric) / Düngermühle f (für verhärtete, grobstückige Mineraldünger) || ~ **salt** (Agric, Chem) / Düngesalz n || ~ **spreader** (Agric) / Düngerstreuer m (für Mineraldünger), Mineraldüngerstreuer m || ~ **sprinkling** (Agric) / Düngerverregnung f, Beregnungsdüngung f
**fertilizing plough** (Agric) / Düngungspflug m || ~ **salt** (Agric, Chem) / Düngesalz n
**fertirrigation** n (Agric) / Düngerverregnung f, Beregnungsdüngung f
**ferulic acid** (Bot, Chem) / Ferulasäure f (eine Hydroxyzimtsäure)
**Féry spectrograph**\* (Optics) / Féry-Spektrograf m (nach Ch. Féry, 1865-1935)
**Fe-S protein** (Biochem) / Eisen-Schwefel-Protein n
**FESR** (finite-energy sum rule) (Phys) / Summenregel f für endliche Energien
**Fessenden oscillator**\* (Acous) / Fessenden-Oszillator m
**festive illumination** (Light) / Festbeleuchtung f || ~ **lighting** (Light) / Festbeleuchtung f

**festively**

**festively lit** (Light) / festlich beleuchtet
**festoon** *n* (a classical ornament) (Arch) / Feston *n*, Girlande *f* ‖ ~ **ager** (US) (Textiles) / Hängedämpfer *m* ‖ ~ **cable rail current supply** (Elec Eng) / Schleppleitung-Stromzuführung *f* ‖ ~ **cloud** (Meteor) / Mammatokumulus *m* (Kumulus mit sackartigen Ausbuchtungen) ‖ ~ **cross-bedding** (a type of cross-lamination) (Geol) / girlandenartiger Kreuzschichtungstyp ‖ ~ **drier** (Paper) / Hängetrockner *m* ‖ ~ **steamer** (Textiles) / Hängedämpfer *m*
**FET**\* (field-effect transistor) (Electronics) / Feldeffekttransistor *m* (ein Unipolartransistor), FET (Feldeffekttransistor)
**fetch** *n* (Comp) / Abruf *m* ‖ ~\* (Med, Meteor) / Wirkweg *m* (des Windes auf der Wasseroberfläche), Fetch *m* (Fläche, über welche der Wind ungehindert auf die Wasseroberfläche einwirken kann), Windwirklänge *f* ‖ ~ **cycle** (Comp) / Abrufzyklus *m*, Abrufphase *f* (die Arbeitsphase eines Leitwerks, in der das Leitwerk den Betrieb eines Befehls oder Operanden aus dem Speicher steuert)
**fetch-execute cycle**\* (Comp) / Befehlszyklus *m* (Zeitspanne, die zur Ausführung eines Befehls erforderlich ist, bevor der nächstfolgende Befehl ausgeführt werden kann), Befehlsablauf *m*
**fetch/execute cycle**\* (Comp) / Abrufzyklus *m*, Abrufphase *f* (die Arbeitsphase eines Leitwerks, in der das Leitwerk den Betrieb eines Befehls oder Operanden aus dem Speicher steuert)
**fetch from a storage** (Comp) / abrufen *v* (Daten, Zeichen - aus einem Speicher)
**fetching** *n* (Comp) / Ladestrategie *f* (bei einem Cache)
**fetch protection** (Comp) / Abrufschutz *m*, Abrufsperre *f*, Speicherzugriffsschutz *m* (Schutz vor Zugriff eines Prozesses auf Hauptspeicherbereiche, zu denen er keine Berechtigung hat)
**fetid** *adj* / widerlich riechend, Übelkeit erregend (Geruch), widerwärtig *adj* (Geruch), übelriechend *adj*, ekelerregend *adj* (Geruch)
**FeTNa** (iron-sodium tartrate) (Chem) / Eisen-Weinsäure-Natrium-Natron-Lauge *f*, Eisennatriumtartrat *n* (ein Lösungsmittel für Zellulose), EWNN (Eisen-Weinsäure-Natrium-Natron-Lauge)
**fetron** *n* (Electronics) / Feldeffekttransistor *m* mit Röhrenfassung
**fettle** *v* (by cutting, scraping, or abrasion) (Ceramics) / verputzen *v*, entgraten *v* ‖ ~ (Met) / ausflicken *v*, flicken *v*, ausbessern *v* (Ofenfutter)
**fettler** *n* (Rail) / Bahnunterhaltungsarbeiter *m*, Rottenarbeiter *m*, Streckenarbeiter *m* ‖ ~\* (Spinning, Textiles) / Krempelputzer *m*, Putzer *m* des Kardenbeschlags
**fettling** *n* (by cutting, scraping, or abrasion) (Ceramics) / Verputzen *n*, Putzen *n* ‖ ~ (by cutting, scraping or abrasion) (Ceramics) / Verputzen *n*, Entgraten *n* ‖ ~ (Ceramics, Foundry) / Fertigputzen *n* ‖ ~ (Foundry) / Gussputzen *n*, Putzen *n* ‖ ~\* (Met) / Ausflicken *n*, Flicken *n*, Ausbessern *n* (Ofenfutter) ‖ ~ (Mining) / Säubern *n* von Strecken ‖ ~ (Textiles) / Putzen *n* des Kardenbeschlags ‖ ~\* (Met) s. also patching ‖ ~ **shop** (Foundry) / Putzerei *f* (Betriebsabteilung einer Gießerei) ‖ ~ **wheel** (Ceramics, Foundry) / Schleifscheibe *f*
**feu-eclair** *n* / Funkelfeuer *n*
**Feuerbach circle** (Maths) / Neunpunktekreis *m*, Feuerbach'scher Kreis (durch die Seitenmitten, die Höhenfußpunkte und die Mitten der oberen Höhenabschnitte - nach K.W. Feuerbach, 1800-1834)
**Feulgen reaction** (Micros) / Feulgen-Färbung *f* (nach R.J.W. Feulgen, 1884 - 1955) ‖ ~ **staining** (Micros) / Feulgen-Färbung *f* (nach R.J.W. Feulgen, 1884 - 1955)
**fever bark** (For) / Fieberbaum *m* (Alstonia constricta F. Muell.) ‖ ~ **bark** (Pharm) / Fieberrinde *f* (im Allgemeinen) ‖ ~ **bark** (Pharm) s. also bitterbark and cinchona bark
**feverish** *adj* (Med) / fiebernd *adj*, fiebrig *adj*, febril *adj*, fieberhaft *adj*
**fever thermometer** (Med) / Fieberthermometer *n*
**FEXT** (far-end crosstalk) (Teleph) / Fernnebensprechen *n*, Fernübersprechen *n*
**Feynman diagram**\* (Phys) / Feynman-Diagramm *n* (nach R.Ph. Feynman, 1918-1988), Feynman-Graf *m* ‖ ~ **path integral** (Phys) / Feynman'sches Pfadintegral (in der Quantenmechanik) ‖ ~ **propagator** (Phys) / Feynman'scher Propagator (in der Quantenfeldtheorie), Propagator *m* (Verbindungslinie zwischen zwei Vertices in Feynman-Grafen), Zweipunktfunktion *f*
**FF** (fast forward) (Acous, Mag) / schneller Vorlauf, Schnellvorlauf *m* (des Tonbandes) ‖ ~ (form feed) (Comp) / Formularvorschub *m* (vom Ende einer Seite zum Beginn der nächsten Seite), Formulartransport *m* ‖ ~ (flip-flop) (Electronics) / bistabile Kippschaltung, Flipflop-Schaltung *f*, Flipflop *n* (pl. -flops), bistabiles Kippglied, bistabile Kippstufe
**FFA** (free fatty acid) (Chem, Nut) / freie Fettsäure
**F factor** (Gen) / Fertilitätsfaktor *m*, F-Faktor *m*
**FF button** (Radio) / Taste *f* "schneller Vorlauf" (bei Autoradio)
**FFD** (focus-film distance) (Radiol) / Fokus-Film-Abstand *m*, FFA (Abschnitt des Achsenstrahls zwischen Mittelpunkt des Brennflecks und dem Auftreffpunkt auf dem Film)

**FFF** (field-flow fractionation) (Chem Eng) / Querflussfraktionierung *f*, FFF (der Chromatografie ähnliches Verfahren zur Trennung von Makromolekülen), Flussfeld-Fließ-Fraktionierung *f*, Feld-Fluss-Fraktionierung *f*
**fff** (flicker-fusion frequency) (Cinema, Light, Optics, TV) / Verschmelzungsfrequenz *f*, kritische Frequenz (die Bildwechselzahl je Zeiteinheit, bei der kein Flimmern mehr auftritt), Flimmerverschmelzungsfrequenz *f*
**FFH** (fast frequency hopping) (Telecomm) / FFH-Verfahren *n* (bei drahtlosen LAN eingesetztes Übertragungsverfahren)
**FFL** (frontal focal length) (Optics) / objektseitige Brennweite, gegenstandsseitige Brennweite, Dingbrennweite *f*, vordere Brennweite
**FF reflector** (Autos) / FF-Reflektor *m*, Freiflächenreflektor *m*
**FFT**\* (fast Fourier transform) (Maths) / schnelle Fourier-Transformation, FFT (schnelle Fourier-Transformation) ‖ ~ **analyser** (GB) (Acous, Spectr) / FFT-Analysator *m* (der Amplitudenspektren liefert) ‖ ~ **analyzer** (Acous, Spectr) / FFT-Analysator *m* (der Amplitudenspektren liefert)
**FGC** (fifth-generation computer) (Comp) / Rechner *m* der fünften Generation (mit künstlicher Intelligenz, Expertensystemen, Sprach- und Bilderkennung usw.)
**FGD** (flue-gas desulphurization) (Chem Eng, Ecol) / Rauchgasentschwefelung *f* (Absorptions- oder Adsorptionsverfahren), RE (Rauchgasentschwefelung) ‖ ~ **plant** (Chem Eng, Ecol) / REA-Anlage *f*, Rauchgasentschwefelungsanlage *f*, REA *f*
**FG-MOSFET** (floating-gate MOSFET) (Electronics) / FAMOST *m* (zur Änderung der Schwellspannung durch Aufladung der eingelagerten polykristallinen Gateelektrode mit heißen Elektronen aus dem Plasma bei Lawinendurchbruch des Drain-Substrat-pn-Übergangs bzw. mit heißen Elektronen im Kanal), FAMOS-Transistor *m*
**FH** (flat hump) (Autos) / Flat-Hump *m* (Sicherheitskontur auf der Felgenschulter von Pkw-Rädern für schlauchlose Reifen), FH (Flat-Hump)
**FHD** (fixed-head disk) (Comp) / Festkopfplattenspeicher *m*
**F-head** (I C Engs) / F-Kopf *m* (ein Zylinderkopf) ‖ ~ **engine** (Autos) / Motor *m* mit übereinander angeordneten Ventilen, Motor *m* mit F-Kopf
**F-horizon** *n* (Agric) / F-Horizont *m* (ein A-Teilhorizont)
**f.h.p.** (friction horsepower) (Eng) / Reib(ungs)leistung *f* (in PS) ‖ ~ **motor** (Elec Eng) / Kleinstmotor *m* (mit einigen Pferdestärken - der sich in den Ständer eines Asynchonmotors offener Bauart mit 1 PS Dauerleistung bei 1800 U/min einbauen lässt)
**FHP motor** (Elec Eng) / Kleinstmotor *m* (mit einigen Pferdestärken - der sich in den Ständer eines Asynchonmotors offener Bauart mit 1 PS Dauerleistung bei 1800 U/min einbauen lässt)
**FH rim** (Autos) / Flat-Hump-Felge *f*, FH-Felge *f*
**FHT** (fast Hadamard transformation) / schnelle Hadamard-Transformation, FHT (schnelle Hadamard-Transformation)
**FI** (factor of inertia) (Phys) / Trägheitsfaktor *m* (das Verhältnis des gesamten Trägheitsmomentes eines Antriebssystems zum Eigenträgheitsmoment des Antriebsmotors) ‖ ~ (field ionization) (Spectr) / Ionisierung *f* im starken elektrischen Feld, Feldionisierung *f*, FI (Feldionisierung), Feldionisation *f* (in der Massenspektroskopie)
**FIA** (fluorescence-indicator analysis) (Chem) / Fluoreszenz-Indikator-Analyse *f*, FIA (Fluoreszenz-Indikator-Analyse)
**fiber** *n* (US) / Faser *f* ‖ ~ **Distributed Data Interface** (Comp, Telecomm) / Fiber Distributed Data Interface *n* (ANSI/ISO Standard zur Datenübertragung mit 100 MBits/s über Glasfaserkabel), FDDI *n* (Fiber Distributed Data Interface)
**fiberfill** *n* (US) (Textiles) / Faserfüllung *f* (Chemiestapelfasern)
**fiberglass** *n* (US) (Glass, Plastics, Telecomm, Textiles) / Glasfaser *f*, GL (Glasfaser nach DIN 60 001, T 1) ‖ ~ **bodywork** (US) (Autos) / Fiberglaskarosserie *f*, Glasfaserkarosserie *f*, GFK-Karosserie *f* ‖ ~ **mat** (US) / Glasvlies *n*, Glasseidenmatte *f*, Glasfasermatte *f*, Glasfaservliesstoff *m*
**Fiberguide** *n* / Fiberguide *n* (Lichtleitfaser der Fa. Times Fiber Communications)
**fiberize** *v* (Paper) / zerfasern *v*, defibrieren *v*
**fiberizer** *n* (For) / Prallzerfaserer *m* ‖ ~ (Min Proc) / Hammermühle *f* für Asbestmineralien
**fiberoptic** *adj* (US) (Optics) / faseroptisch *adj*, fiberoptisch *adj*
**fiber spray gun molding** (US) (Plastics) / Faserspritzverfahren *n*
**Fibonacci angle** (Bot, Maths) / Fibonacci-Winkel *m* ‖ ~ **number** (an element of the Fibonacci sequence) (Maths) / Fibonacci-Zahl *f* (Glied der Fibonacci-Zahlenfolge) ‖ ~ **numbers**\* (as a whole series) (Maths) / Fibonacci-Zahlenfolge *f* (nach L. Fibonacci, etwa 1170 - nach 1240), Fibonacci-Folge *f* ‖ ~ **search** (Comp) /

Fibonacci-Suchverfahren n || ≙ **sequence*** (Maths) / Fibonacci-Zahlenfolge f (nach L. Fibonacci, etwa 1170 - nach 1240), Fibonacci-Folge f || ≙ **series*** (Maths) / Fibonacci-Zahlenfolge f (nach L. Fibonacci, etwa 1170 - nach 1240), Fibonacci-Folge f || ≙ **tree** (Comp) / Fibonacci-Baum m (ausgeglichener Baum mit minimaler Knotenzahl)
**fibre*** n / Faser f || ~* (Textiles) / Faserstoff m (DIN 60001) || ~ s. also dietary fibres || ~ **adhesive web** (Textiles) / Fadengelege n, Fadenvlies n, Fasergelege n (DIN 2424) || ~ **analysis** (Textiles) / Faserstoffanalyse f, Faseranalyse f || ~ **angle** (Textiles) / Faserwinkel m || ~ **assembly** / Faserverband m, Fasergebilde n || ~ **axis** / Faserachse f
**fibre-backed abrasive paper** / Fibre-backed-Schleifpapier n (mit Siliziumkarbid oder Elektrokorund)
**fibre band** (Spinning) / Lunte f (schwach gedrehtes Vorband), Faserband n (DIN 64 050) || ~ **blend** (Textiles) / Fasermischung f
**fibreboard*** n (Build, Join) / Faserplatte f, FP (Faserplatte nach DIN EN 316) || ~ (Paper) / Kistenpappe f, Behälterpappe f || ~ **adhesive** (For, Join) / Klebstoff m für Holzfaserplatten
**fibre breakage** (For, Textiles) / Faserbruch m || ~ **breaking** (For, Textiles) / Faserbruch m || ~ **bruising** / Faserschädigung f (mechanische) || ~ **brush*** (Paint) / Fiberpinsel m (grober Pinsel aus Fiberborsten, der zum Abbeizen mit stark alkalischen Abbeizmitteln oder als Putzpinsel zum Abnetzen der Flächen dient) || ~ **buffer** / Faserhülle f (aus härterem Material) || ~ **building board** (Build, Join) / Faserplatte f, FP (Faserplatte nach DIN EN 316) || ~ **bunching** / Faserbündelung f || ~ **bundle*** (Phys, Telecomm) / Faserbündel n (ein Bündel von mehreren nicht miteinander verbundenen Lichtleitfasern nach DIN 58 140, T 1) || ~ **cake** (Textiles) / Faserkuchen m || ~ **cement** (Build) / Faserzement m, FZ (Faserzement) || ~ **cladding** / Fasermantel m (des Lichtwellenleiters nach DIN 58 140, T 1) || ~ **cohesion** (Textiles) / Fadenschluss m || ~ **composite** (Eng, Materials, Plastics) / Faserverbundstoff m, Faserverbundwerkstoff m
**fibre-composite spring** (Eng, Plastics) / faserverstärkte Kunststofffeder
**fibre control** (Spinning) / Faserführung f || ~ **core** (Telecomm) / Faserkern m (des Lichtwellenleiters), Core n (der das Licht führende Kern einer Glasfaser) || ~ **count** (Textiles) / Feinheitsgrad m der Faser, Faserfeinheit f (z.B. in tex nach DIN 1301, T 1) || ~ **crop** (Agric, Bot) / Faserpflanzenkultur f || ~ **cutter** (Telecomm) / Lichtwellenleiter-Brecheinrichtung f, Faserbrecheinrichtung f, Fasertrenneinrichtung f
**fibre-cutting tool** (Telecomm) / Lichtwellenleiter-Brecheinrichtung f, Faserbrecheinrichtung f, Fasertrenneinrichtung f
**fibre damage** / Faserschädigung f
**fibred category** (Maths) / gefaserte Kategorie
**fibre deterioration** / Faserschädigung f || ~ **diagram** (Chem) / Faserdiagramm n (bei Röntgenaufnahmen von Polymeren) || ~ **diameter** / Faserdurchmesser m || ≙ **Distributed Data Interface** n (Comp, Telecomm) / Fiber Distributed Data Interface n (ANSI/ISO Standard zur Datenübertragung mit 100 MBits/s über Glasfaserkabel), FDDI n (Fiber Distributed Data Interface) || ~ **drum** / Fass n aus Pappe, Pappentrommel f (als Verpackungsart) || ~ **dust** (Textiles) / Faserstaub m || ~ **end-face** / Faserstirnfläche f
**fibre-end sensor** / Faserendensensor m (Lichtleitersensor, bei dem die Verluste durch Winkelversatz beim Koppeln der Enden einer Glasfaser zum Kraft- und Krümmungsmessen ausgenutzt werden)
**fibre engineering** (Textiles) / Faser-Engineering n (zielgerichtete Konstruktion neuer Garne, Zwirne und Effektmaterialien) || ~ **extent** (Textiles) / echte Faserlänge || ~ **faceplate** (Electronics) / Faserboden m (z.B. für Vakuumröhren)
**fibrefill** n (Textiles) / Faserfüllung f (Chemiestapelfasern)
**fibrefilling type** (Textiles) / Faserfülltype f
**fibre filter** / Faserfilter n || ~ **fineness** (Textiles) / Faserfeinheit f (im Allgemeinen) || ~ **flax** (Bot, Textiles) / Flachs m, Faserlein m (Linum usitatissimum convar. usitatissimum L.), Schließlein m, Saatlein m, Gespinstlein m || ~ **fleece** (Textiles) / Faservlies n, Vlies n aus Faserschichten (DIN 61210) || ~ **flow** (Materials) / Faserverlauf m (des Werkstoffgefüges)
**fibre-forming** adj / faserbildend adj
**fibre geometry** (Bot, Textiles) / Fasergeometrie f (auch bei den Faserverbundwerkstoffen)
**fibreglass** n (Glass) / gesponnenes Glas, Glasgespinst n || ~ (Glass, Plastics, Telecomm, Textiles) / Glasfaser f, GL (Glasfaser nach DIN 60 001, T 1) || ~ **bodywork** (Autos) / Fiberglaskarosserie f, Glasfaserkarosserie f, GFK-Karosserie f
**fibre gluing machine** (For) / Faserbeleimmaschine f || ~ **grease** / Faserfett n, lang ziehendes Fett || ~ **harming** / Faserschädigung f || ~ **hemp** (Bot, Textiles) / Faserhanf m (Kulturform des Hanfs) || ~ **insulating material** (Build) / Faserdämmstoff m || ~ **jacket** / Faserhülle f (aus weicherem Material) || ~ **lap** (Textiles) / Faserwickel m || ~ **length** (For, Textiles) / Faserlänge f || ~ **levelness** (Textiles) /

Faseregalität f || ~ **mat** (For) / Faservlies n (für Plattenherstellung), Fasermatte f || ~ **metal** (Met) / Fasermetall n (durch Sintern verdichtete Formkörper aus Draht, Metallwolle oder -fasern, die den Durchtritt von Kühl- und Schmiermitteln zulassen) || ~ **metallurgy** (a branch of metallurgy concerned with the study of metal fibres) (Met) / Fasermetallurgie f (als Lehre) || ~ **metallurgy*** (Met) / Fasermetallurgie f (Herstellung von Faserwerkstoffen) || ~ **number** (Textiles) / Faserzahl f
**fibre-optic** adj (Optics) / faseroptisch adj || ~ **assembly** (Optics) / Faseroptikbaustein m || ~ **cable** (a glass-fibre conduit handled in a similar manner as electrical wiring and capable of transmission of light signals) (Optics, Telecomm) / Glasfaserkabel n, Lichtwellenleiterkabel n || ~ **communications** (Optics, Telecomm) / Lichtwellenleiterkommunikation f, faseroptische Kommunikation || ~ **element** (Optics) / faseroptisches Element (DIN 58 140, T 1) || ~ **light cable** (Med) / faseroptischer Lichtleiter (z.B. für die Endoskopie), Lichtleitkabel n || ~ **lighting** (Light) / Beleuchtung f mittels Lichtleitfaser || ~ **light pipe** (Med) / faseroptischer Lichtleiter (z.B. für die Endoskopie), Lichtleitkabel n || ~ **link** (Electronics, Telecomm) / Optokoppler m (Kombination aus einer Licht emittierenden Halbleiterdiode und einer Halbleiterfotodiode im Abstand von einigen Millimetern - DIN 41 855, T 2), optoelektronisches Koppelelement, Lichtkoppler m (zur galvanischen Trennung von Kreisen) || ~ **plate** (Optics) / Faserplatte f (in der Faseroptik)
**fibre optics*** (Optics) / Faseroptik f (DIN 58 140-1), Fiberoptik f
**fibre-optics gyro*** (Aero, Nav, Optics) / faseroptisches Gyroskop (ein Interferometer), FOG (faseroptisches Gyroskop) || ~ **gyroscope** (Aero, Nav, Optics) / faseroptisches Gyroskop (ein Interferometer), FOG (faseroptisches Gyroskop)
**fibre-optic terminus** / Lichtwellenleiter-Endeinrichtung f || ~ **transmission system** (Optics, Telecomm) / faseroptisches Übertragungssystem, Lichtwellenleiter-Übertragungssystem n
**fibre orientation** (Textiles) / Faserorientierung f, Faseranordnung f || ~ **peat** (Geol) / Fasertorf m || ~ **plant** (Agric, Bot) / Faserpflanze f (die ganz oder teilweise als Rohstoff für Fasern dient, z.B. Flachs, Jute, Hanf, Kapok - DIN 60001, T 1) || ~ **powder** (Textiles) / Faserstaub m || ~ **preform** (Glass) / Vorform f, Preform f, Faservorform f, Faserhalbzeug n (Glaskörper, der zur Faser ausgezogen wird)
**fibre-preserving** adj (Textiles) / faserschonend adj
**fibre protection** (Textiles) / Faserschutz m
**fibre-pulling machine** (Telecomm) / Faserziehmaschine f (für das Ziehen des LWL aus der Vorform)
**fibre Raman laser** (Phys) / Faser-Raman-Laser m || ~**-reactive dye** (Chem, Textiles) / faserreaktiver Farbstoff, Reaktivfarbstoff m (mit einer Reaktivkomponente), Reaktionsfarbstoff m || ~ **reagent** (Textiles) / Faserreagens n (zur färberischen Differenzierung der Fasergattungen)
**fibre-reinforced cement pipe** / Faserzementrohr n || ~ **concrete** (Build) / Faserbeton m (mit Asbest-, Kunststoff-, Glas- oder Stahlfasern), Fiberbeton m || ~ **plastic** (Plastics) / faserverstärkter Kunststoff (ein Verbundwerkstoff), FK (faserverstärkter Kunststoff) || ~ **polymer** (Chem, Plastics) / faserverstärktes Polymer
**fibre reinforcement** (Textiles) / Faserverstärkung f (zur Erhöhung besonders der mechanischen Festigkeit) || ~ **ribbon** (Light, Telecomm) / Faserband n (flexibler Lichtleiter, dessen Lichtleitfasern in einer Ebene dicht nebeneinander angeordnet sind; nach DIN 58140) || ~ **rope** / Faserseil (aus Chemie- oder Naturfasern - DIN 83305) || ~ **saturation** (For, Textiles) / Fasersättigung f
**fibre-saturation factor** (Textiles) / Fasersättigungsfaktor m, FSF (Fasersättigungsfaktor) || ~ **point** (For) / Fasersättigungspunkt m (Zustand, bei dem im Holz so viel Wasser vorhanden ist, dass die Zellwände vollständig mit Wasser gesättigt sind und in keinem Teil der lichtmikroskopisch sichtbaren Kapillarstruktur freies Wasser enthalten ist) || ~ **range** (For, Textiles) / Fasersättigungsbereich m, FSB (Fasersättigungsbereich)
**fibre sensor** / Fasersensor m || ~ **space** (Maths) / Faserraum m || ~ **spacing** (Textiles) / Faserabstand m || ~ **splice** (in a waveguide) (Optics) / LWL-Spleißverbindung, Spleiß m (feste Verbindung zweier LWL), Spleißverbindung f (in der optischen Übertragungstechnik) || ~ **stress** / Faserspannung f || ~ **suspension** (For) / Faserstoffsuspension f
**fibre-tendering** adj (Textiles) / faserschwächend adj
**fibre texture** / Fasertextur f
**fibre-to-the-curb** n (Telecomm) / Glasfaseranschluss m bis zum Straßenrand (neueste Entwicklung im Teilnehmeranschlussbereich)
**fibre-to-the-home** n (Telecomm) / Glasfaseranschluss m bis ins Haus (neueste Entwicklung im Teilnehmeranschlussbereich)
**fibre tracheid** (For) / Fasertracheide f (faserförmige, größtenteils dickwandige Zelle mit zugespitzten Enden und behöften Tüpfelpaaren) || ~ **web** (Textiles) / Faserflor m, Faserbahn f
**fibric peat** (Geol) / Fasertorf m

**fibriform**

**fibriform filler** / Faserfüllstoff *m* (anorganischer, organischer - zur mechanischen Verstärkung von Beschichtungen bei Beanspruchung, zur Unterdrückung von Rissbildung und zur Erzielung optischer Struktureffekte)
**fibril*** *n* (Biochem, Bot, Med) / Fibrille *f* ‖ ~* (Spinning) / Filament *n* (Endlosfaser nach DIN 6001, T 2), Fibrille *f* (S)
**fibrillar** *adj* / feinfaserig *adj*, fibrillär *adj*
**fibrillary** *adj* / feinfaserig *adj*, fibrillär *adj*
**fibrillate** *v* (Plastics) / spleißen *v* (Folie oder Faden längs der Faserachse), fibrillieren *v*
**fibrillated fibre** (Spinning) / Spaltfaser *f*, Splitfaser *f* ‖ ~ **split fibre** (Spinning) / Spleißfaser *f* (DIN 60001) ‖ ~ **yarn** (Spinning) / Spaltfasergarn *n*, fibrilliertes Garn
**fibrillation** *n* (Paper) / Stoffmahlen *n* (Zerfaserung), Mahlen *n* (Zerfasern), Stoffmahlung *f* ‖ ~ (Spinning) / Fibrillenbildung *f*, Spaltfasertechnik *f* (Herstellungstechnik für Fasern aus Folienfilamenten, die durch geringe mechanische Einwirkung in Längsfibrillen aufgespalten werden), Fibrillieren *n*
**fibrillize** *v* (For) / defibrillieren *v* (Holzschliff oder Zellstoff), fibrillieren *v* (Holzschliff oder Zellstoff)
**fibrin*** *n* (Biochem) / Fibrin *n* (Eiweißendprodukt der Blutgerinnung)
**fibrinogen*** *n* (Biochem) / Fibrinogen *n* (die lösliche Vorstufe des Fibrins)
**fibrinolysin** *n* (a serine protease which catalyses hydrolysis of peptide bonds and the esters of arginine and lysine) (Biochem) / Fibrinolysin *n* (mit Hilfe aktivierender Enzyme gebildete Fibrin auflösende Substanz im Körper), Plasmin *n*, Fibrinase *f*
**fibrinolytic** *adj* (Biochem, Pharm) / fibrinolytisch *adj* ‖ ~ **agent** (Biochem, Pharm) / Fibrinolytikum *n* (pl. -lytika)
**fibrinopeptide** *n* (Biochem) / Fibrinopeptid *n*
**fibro-cement** *n* (Build) / Asbestzement *n* (Gemisch aus fein aufgeschlossenem Asbest und mit Portlandzement als Matrix), Eternit *m n* (ein Markenname)
**fibrogenic** *adj* / faserbildend *adj* ‖ ~ **dust** (Med) / fibrogener Staub (der zur Staublungenerkrankungen führen kann)
**Fibrograph** *n* / Fibrograph *m* (ein Faserlängenmessgerät)
**fibroin*** *n* (Chem, Textiles) / Fibroin *n* (Eiweißstoff der Naturseide), Seidenfibroin *n*
**fibrolite*** *n* (Min) / Fibrolith *m* (filziger Sillimanit)
**fibrotile** *n* (Build) / Asbestzementwellplatte *f* (DIN 274), Asbestzementwelltafel *f*
**fibrous** *adj* / fasrig *adj*, Faser-, faserig *adj* ‖ ~ (Med) / fibrös *adj* ‖ ~ **brown coal** (Mining) / Faserbraunkohle *f* ‖ ~ **casing** (Nut) / Faserdarm *m*, Faserdarmhülle *f* ‖ ~ **coal** (Geol, Mining) / Faserkohle *f* (weiche, leicht zerreibbare, schwarze) ‖ ~ **coal** s. also fusain *n* ‖ ~ **composite material** (Eng, Materials, Plastics) / Faserverbundstoff *m*, Faserverbundwerkstoff *m* ‖ ~ **concrete*** (Build) / Faserbeton *m* (mit Asbest-, Kunststoff-, Glas- oder Stahlfasern), Fiberbeton *m*
**fibrous-felted board** (Build, Join) / Faserplatte *f*, FP (Faserplatte nach DIN EN 316)
**fibrous filler** / Faserfüllstoff *m* (anorganischer, organischer - zur mechanischen Verstärkung von Beschichtungen bei Beanspruchung, zur Unterdrückung von Rissbildung und zur Erzielung optischer Struktureffekte) ‖ ~ **fracture** (Materials, Met) / fasriger Bruch, faseriger Bruch ‖ ~ **fracture** (Min) / faseriger Bruch (z.B. bei Vivianit) ‖ ~ **furnish** (Paper) / eingetragener Faserhalbstoff ‖ ~ **glass** (Glass) / Faserglas *n* (z.B. A- oder E-Glas) ‖ ~ **glass** (Heat) / Glasfaserdämmstoff *m* ‖ ~ **grease** / Faserfett *n*, lang ziehendes Fett ‖ ~ **ice** (Geol, Meteor) / Kammeis *n*, Nadeleis *n* (nadelförmige Eiskristalle der obersten Bodenschicht) ‖ ~ **insulant** (Build) / Faserdämmstoff *m* ‖ ~ **insulating material** (Build) / Faserdämmstoff *m* ‖ ~ **material** *n* (Textiles) / Faserstoff *m* (DIN 60001) ‖ ~ **peat** (Geol) / Fasertorf *m* ‖ ~ **plaster*** (sheet) (Build) / Gipsfaserplatte *f* ‖ ~ **protein** (Biochem) / Linearprotein *n*, Fasereiweißstoff *m*, Faserprotein *n* (z.B. Skleroprotein), Fasereiweiß *n*, fibrilläres Protein ‖ ~ **raw material** / Faserrohstoff *m* ‖ ~ **structure** (Met) / Fasergefüge *n*, Faserstruktur *f* ‖ ~ **zeolite** (Min) / Faserzeolith *m* (Natrolith, Laumontit, Mordenit, Thomsonit)
**fibrovascular bundle*** (Bot, For) / Leitbündel *n*, Gefäßstrang *m*, Gefäßbündel *n*
**fiche** *n* (Photog) / Mikroplanfilm *m* (DIN 19054), Mikrofiche *n m* (DIN 19060), Mikrofilmblatt *n* (ein Mikroplanfilm, der - reihen- oder kolonnenweise angeordnet - mehrere Mikrokopien aufweist), Fiche *n m*, MF, Microfiche *n m*
**ficin** *n* (Chem, Nut) / Ficin *n* (Ficusprotease)
**ficine** *n* (Chem) / Ficin *n* (ein Pyrrolidinalkaloid)
**Fick's law of diffusion** *n* (Phys) / Fick'sches Gesetz der Diffusion (nach A. Fick, 1829-1901)
**fictile** *adj* (made of earth or clay) (Ceramics) / Ton-, Irden-, irden *adj*, tönern *adj* ‖ ~ (Chem) / wandelbar *adj* (mit einem Hang zur Umlagerung)

**fictitious bar** (Build, Civ Eng) / Ersatzstab *m* (bei statischen Berechnungen) ‖ ~ **force** (a force introduced in a frame of reference to compensate for the acceleration of the frame relative to an inertial frame) (Phys) / Scheinkraft *f* ‖ ~ **force** (Phys) s. also force of inertia ‖ ~ **game** (Maths) / fiktives Spiel (in der Spieltheorie) ‖ ~ **load** (Build, Mech) / fiktive Traglast, Scheinbelastung *f* ‖ ~ **year** (Astron) / Bessel'sches Jahr, Annus fictus *m*
**fictive game** (Maths) / fiktives Spiel (in der Spieltheorie)
**FID** (flame ionization detector) (Chem) / Flammenionisationsdetektor *m*, FID (Flammenionisationsdetektor für die gaschromatografische Spurenanalyse) ‖ ~ (free induction decay) (Spectr) / freier Induktionsabfall (Abfall der Quermagnetisierung nach dem Ende des Impulses), FID *m* (freier Induktionsabfall)
**fiddle** *v* / frisieren *v* (z.B. Zahlenangaben) ‖ ~ *n* (Ships) / Schlingerleiste *f* (an Tischen und Wandborden angebrachte Leiste, die das Herunterfallen von Gegenständen beim Schlingern des Schiffs verhindern soll)
**fiddleback** *n* (For) / geriegelte Maserung, Riegeltextur *f* (z.B. beim Ahorn) ‖ ~ **figure** (For) / geriegelte Maserung, Riegeltextur *f* (z.B. beim Ahorn) ‖ ~ **maple** (For) / Riegelahorn *m* (Ahornholz mit Riegeltextur) ‖ ~ **sycamore** (For) / Riegelahorn *m* (Ahornholz mit Riegeltextur)
**fidelity*** *n* (of reproduction) (Acous, Telecomm) / Wiedergabetreue *f*, Wiedergabequalität *f*
**FIDO** *n* (fog-investigation dispersal operation) (Aero) / Entnebelungsverfahren *n* (auf Flugplätzen), FIDO *n* (Entnebelungsverfahren)
**Fido/Opus/Seadog Standard Interface Layer** (Comp) / Fossil *n*, Fido/Opus/Seadog Standard Interface Layer *n*
**fiducial** *adj* (Stats) / fiduzial *adj*, Fiduzial- ‖ ~* (Surv) / Vergleichs-, Bezugs- ‖ ~ **estimation** (Stats) / Fiduzialschätzung *f*, fiduziale Schätzung ‖ ~ **mark** (Surv) / Messmarke *f*, Rahmenmarke *f* ‖ ~ **mark** (Surv) / Rahmenmarke *f* (einer Bildmesskammer) ‖ ~ **point*** (Elec Eng, Eng, Instr) / Justiermarke *f*, Bezugspunkt *m*, Kontrollpunkt *m*, Bezugsmarke *f*
**fiedlerite** *n* (Min) / Fiedlerit *m* (ein Mineral der Fiedlerit-Laurionit-Gruppe)
**field** *n* / Fachgebiet *n* (Agric) / Schlag *m* (Ackerfeld) ‖ ~ (Agric) / Feld *n* (ackerbaulich genutztes Stück Land), Acker *m* ‖ ~* (electric, magnetic, gravitational) (Agric, Mining, Phys) / Feld *n* ‖ ~ (Civ Eng) / Baustrecke *f*, Strecke *f* ‖ ~ (Mech) / Körper *m*, Rationalitätsbereich *m* ‖ ~ (Maths) / Feld *n* (einer Relation, z.B. Vor- oder Nachbereich) ‖ ~ (Mining) / Revier *n* (eine organisatorische Einheit) ‖ ~ (US)* (TV) / Halbbild *n*, Teilbild *n* ‖ ~ **attr** (Comp) / im Anwenderbereich (befindlich, programmierbar usw.)
**field-accurate editing** (Cinema) / bildgenauer Schnitt
**field adjunction** (Maths) / Körperadjunktion *f*
**field-aligned currents** (ionospheric and magnetospheric currents aligned along the electric field of a planet) (Geophys) / dem geomagnetischen Hauptfeld parallele oder antiparallele Ströme
**field ampere-turns*** (Elec Eng) / Feld-Amperewindungen *f pl*
**field-assisted** *adj* (Phys) / unter Mitwirkung des Feldes
**field blanking*** (TV) / Vertikalaustastlücke *f*, vertikale Austastlücke
**field-blanking interval** (TV) / Vertikalaustastlücke *f*, vertikale Austastlücke
**field-book** *n* (Surv) / Feldbuch *n*
**field boundary** (Agric) / Feldgrenze *f*, Rain *m*
**field-breaking resistance*** (Elec Eng) / Dämpfungswiderstand *m* ‖ ~ **switch*** (Elec Eng) / Feldunterbrecher *m*
**field broadcasting** (Radio) / Außenübertragung *f*, Außenreportage *f*, AÜ (Außenübertragung) ‖ ~ **bus** (Automation, Comp, Work Study) / Feldbus *m* (ein serieller Bus zur aufwandsarmen Ankopplung von Fühlern und Stellgeräten in Prozesssteuerungs- und Überwachungsanlagen und -geräten an ein zentrales Prozessleitsystem) ‖ ~ **bus** s. also (Automation, Comp, Work Study) s. also actorics and sensorics ‖ ~ **cable** (Teleph) / Feldkabel *n* ‖ ~ **capacity** (Agric) / Feldkapazität *f* (die maximale Fähigkeit eines Bodens, Wasser als Haftwasser entgegen der Schwerkraft zu halten), FK (Feldkapazität) ‖ ~ **capacity*** (Agric, Bot, Geol) / Feldkapazität *f*, Feldwasserkapazität *f*, natürlicher Wassergehalt (des Bodens), FK (Feldwasserkapazität) ‖ ~ **check** / Überprüfung *f* am Einsatzort ‖ ~ **chopper** (Agric) / Feldhäcksler *m*, Feldschneider *m* ‖ ~ **coil*** (Elec Eng) / Erregerspule *f*, Polspule *f*, Feldspule *f* (des Elektromagneten) ‖ ~ **coil*** (Elec Eng) / Feldspule *f*, Magnetisierungsspule *f* ‖ ~ **compass** (Optics) / Marschkompass *m* ‖ ~ **constant** (Elec, Mag) / Feldkonstante *f* (DIN 1324, T 1) ‖ ~ **control*** (Elec Eng) / Feldregelung *f* ‖ ~ **copper*** (Elec Eng) / Feldwicklungskupfer *n* ‖ ~ **crop** (Agric) / Ackerfrüchte *f pl*, Feldfrüchte *f pl* ‖ ~ **current*** (Elec Eng) / Feldstrom *m* ‖ ~ **curvature** (Optics) / Bildfeldwölbung *f* (ein Abbildungsfehler), Bildfeldkrümmung *f*, Feldkrümmung *f* ‖ ~ **definition** (Comp) / Felddefinition *f* ‖ ~ **density*** (Elec, Mag, Phys) / Felddichte *f* ‖ ~ **desorption** (Phys) / Felddesorption *f* (Ablösung von

an einer Substratoberfläche adsorbierten Atomen und Molekülen durch elektrische Felder hoher Feldstärke), FD (Felddesorption) || ~ **discharge**\* (Elec) / elektrische Entladung

**field-discharge resistance**\* (Elec Eng) / Dämpfungswiderstand *m* || ~ **switch**\* (Elec Eng) / Feldunterbrecher *m*

**field-diverter rheostat**\* (Elec Eng) / Feldüberbrückungswiderstand *m*

**field-drain**\* *n* (Agric) / Dränagerohr *n*, Dränrohr *n* (DIN 1180 und DIN 4047, T 1), Röhrendrän *m*

**field drainage** (Agric) / Felddränung *f*, Feldentwässerung *f* || ~ **edge** (Optics) / Rand *m* des Gesichtsfeldes

**fielded work** (Build) / Paneelierung *f* (Wandbekleidung aus einzelnen Feldern)

**field effect** (Electronics) / Feldeffekt *m* || ~-**effect diode** (Electronics) / stromstabilisierende Z-Diode, Feldeffektdiode *f* (eine spezielle Art der Z-Diode), FED (Feldeffektdiode), FE-Diode *f* (eine Halbleiterdiode) || ~-**effect sensor** (Electronics) / Feldeffektsensor *m* (Siliciumsensor, in dem der Einfluss äußerer Parameter auf die Kanalleitfähigkeit der Feldeffekttransistor-Struktur ausgenutzt wird) || ~-**effect tetrode** (Electronics) / Feldeffekttetrode *f* || ~-**effect transistor**\* (Electronics) / Feldeffekttransistor *m* (ein Unipolartransistor), FET (Feldeffekttransistor) || ~-**effect varistor** (Electronics) / Feldeffektvaristor *m*

**field-emission display** (Comp) / Feldemissionsdisplay *n*, FED (Feldemissionsdisplay)

**field•-emission microscope**\* (Micros) / Feldelektronenmikroskop *n* (linsenloses Emissionsmikroskop zur direkten Abbildung Elektronen emittierender Metallspitzen) || ~ **energy** (Phys) / Feldenergie *f* || ~ **engineer** / Außendiensttechniker *m* || ~ **engineering service** / technischer Kundendienst (als Servicedienst), TKD (technischer Kundendienst) || ~ **enhancement**\* (Phys) / Verstärkung *f* durch elektrisches Feld || ~ **equation** (Phys) / Feldgleichung *f* (die für eine Feldgröße gilt und deren Ableitungen) || ~ **erection** (Eng) / Montage *f* (im Freien, beim Kunden) || ~ **evaporation** (Phys) / Feldverdampfung *f* || ~ **excitation** (Phys) / Felderregung *f* || ~ **experiment** (Agric) / Feldversuch *m*, Freilandversuch *m*

**field-extension well** (Oils) / Erweiterungsbohrung *f* (auf bekanntem Speicher)

**field-failure relay** (Elec Eng) / Erregungsausfallrelais *n*

**field fever** (Med) / Feldfieber *n* (zu den Leptospirosen gehörende Infektionskrankheit), Erntefieber *n*

**field-flow fractionation** (Chem, Chem Eng) / Querflussfraktionierung *f*, FFF (der Chromatografie ähnliches Verfahren zur Trennung von Makromolekülen), Flussfeld-Fließ-Fraktionierung *f*, Feld-Fluss-Fraktionierung *f*

**field-flux fractionation** (Chem Eng) / Querflussfraktionierung *f*, FFF (der Chromatografie ähnliches Verfahren zur Trennung von Makromolekülen), Flussfeld-Fließ-Fraktionierung *f*, Feld-Fluss-Fraktionierung *f*

**field-free** *adj* (Electronics) / feldfrei *adj*

**field-free emission current** (Electronics) / feldfreier Emissionsstrom (Langmuir-Katode) || ~ **plasma** (Plasma Phys) / feldfreies Plasma

**field frequency**\* (US) (TV) / Halbbildfrequenz *f*, Teilbildfrequenz *f* || ~ **function** (Phys) / Feldfunktion *f*

**field-generating** *adj* (Phys) / felderzeugend *adj*

**field glass(es)** (Optics) / Fernglas *n* (binokulares), Feldstecher *m* (Doppelfernrohr) || ~ **gradient** (Phys) / Feldgradient *m* (ein Maß für die Änderung der Feldstärke eines Feldes), Feldindex *m* (Feldgradient) || ~ **grey** (Textiles) / Feldgrau *n* || ~ **homogeneity** (Phys) / Feldhomogenität *f* || ~ **impedance** (Telecomm) / Feldwellenimpedanz *f* (DIN 1324-3) || ~ **inhomogeneity** (Phys) / Feldinhomogenität *f* || ~ **inspection** (Agric, Surv) / Feldbegehung *f* || ~ **intensity** (Elec Eng, Phys) / Feldstärke *f* (die Feldgröße bei einem Vektorfeld) || ~ **ionization** (Phys, Spectr) / Ionisierung *f* im starken elektrischen Feld, Feldionisierung *f*, FI (Feldionisierung), Feldionisation *f* (in der Massenspektroskopie)

**field-ionization kinetics** (Phys) / Feldionisationskinetik *f*, FIK (Feldionisationskinetik)

**field ionization microscope** (Micros) / Feldionenmikroskop *n*

**field-ion microscope** (Micros) / Feldionenmikroskop *n*

**Fieldistor** *n* (Electronics) / Fieldistor *m* (ein Feldeffekttransistor)

**field joint** (Welding) / Montagestoß *m* || ~ **jump method** (Chem Eng) / Feldsprungmethode *f* (zur Untersuchung schneller Reaktionen) || ~ **lens**\* (Optics) / Feldlinse *f* (z.B. im Okular) || ~ **loss(es)** (Agric) / Feldverluste *m pl* (an Erntegut) || ~ **magnet**\* (Elec Eng) / Feldmagnet *m* || ~ **maintenance** (Mil) / Feldinstandsetzung *f* (Materialerhaltungsarbeit) || ~ **maple** (For) / Maßholder *m*, Feldahorn *m* (Acer campestre L.) || ~ **mapping** (Cartography, Surv) / Landesaufnahme *f*, Kartieren *n*, Aufnehmen *n*, Aufnahme *f*, Kartierung *f* || ~ **marketing** / Akquisition *f* (alle Tätigkeiten der Verkaufsorgane eines Unternehmens zur Gewinnung neuer Kunden oder zu Geschäftsabschlüssen mit bestehenden Kunden beim Absatz von Wirtschaftsgütern) || ~ **measure** (Agric) / Feldmaß *n*, Ackermaß *n*

**field-mixed concrete** (Build, Civ Eng) / Baustellenbeton *m*

**field moisture capacity** (Agric, Bot, Geol) / Feldkapazität *f*, Feldwasserkapazität *f*, natürlicher Wassergehalt (des Bodens), FK (Feldwasserkapazität) || ~ **near a current** (Elec) / Vektorfeld *n* in der Maxwell'schen Nahwirkungstheorie || ~ **nebula** (Astron) / Feldnebel *m* (ein Sternsystem, das keinem Galaxiehaufen angehört) || ~ **of application** / Einsatzbereich *m*, Einsatzmöglichkeiten *f pl* (bei einer Maschine) || ~ **of application** / Anwendungsgebiet *n*, Einsatzgebiet *n* || ~ **of Borel set** (Maths) / Borel'scher Mengenkörper, Borel-Körper *m* (nach E. Borel, 1871-1956), Sigma-Ring *m* || ~ **of complex numbers** (Maths) / Körper *m* der reellen Zahlen || ~ **of deformation** (Meteor) / Deformationsfeld *n* (Luftdruckfeld, das von je zwei Hoch- und zwei Tiefdruckgebieten, die einander kreuzweise gegenüberliegen, gebildet wird) || ~ **of distinct vision** (Optics) / deutliches Sehfeld || ~ **of events** (Stats) / Ereignisfeld *n*, Ereignisalgebra *f* || ~ **of extremals** (Maths) / Extremalenfeld *n* || ~ **of flow** (Phys) / Strömungsfeld *n* (das gesamte mit Flüssigkeit angefüllte Gebiet, das durch die Angabe des Geschwindigkeitsfeldes gekennzeichnet ist), Stromfeld *n* || ~ **of force**\* (Phys) / Kraftfeld *n* || ~ **of load** (Mech) / Lastfeld *n* || ~ **of numbers** (Maths) / Zahlkörper *m* || ~ **of rationality** (of a divisor) (Maths) / Rationalitätskörper *m* || ~ **of view** (Med, Optics) / Gesichtsfeld *n* (der bei ruhendem Kopf und unbewegten Augen wahrnehmbare Teil der Außenwelt), Sehfeld *n*, Sichtfeld *n* || ~ **of view** (Optics, Physiol) / Blickfeld *n* (der Raum, den die Augen überblicken können, wenn sie sich bei ruhendem Kopf und Rumpf maximal nach oben, unten oder seitlich bewegen) || ~ **of view**\* (Optics, Physiol) / Bildfeld *n* (dem objektseitig das Gesichtsfeld entspricht) || ~ **of vision** (Med, Optics) / Gesichtsfeld *n* (der bei ruhendem Kopf und unbewegten Augen wahrnehmbare Teil der Außenwelt, Sehfeld *n*, Sichtfeld *n* || ~ **of vision** (Optics, Physiol) / Bildfeld *n* (dem objektseitig das Gesichtsfeld entspricht) || ~ **operator** (Phys) / Feldoperator *m* || ~ **oscillator**\* (Electronics) / Bildgenerator *m* || ~ **oxidation** (Electronics) / Feldoxidation *f* || ~ **oxide** (Electronics) / Feldoxid *n* (eine dicke Oxidschicht, welche das Substrat im Bereich zwischen den Bauelementen bedeckt) || ~ **performance** (Agric) / Feldleistung *f* (von Pflanzenschutzmitteln), Feldwirksamkeit *f* || ~ **pole** (Elec Eng) / Hauptpol *m*, Feldpol *m* || ~ **processing routine** (Comp) / Feldbearbeitungsroutine *f*

**field-producing** *adj* (Phys) / felderzeugend *adj*

**field-programmable gate array** (Comp) / Field-programmable Gate Array *m n* (eine preiswerte Alternative zu ASICs), FPGA *m n* (Field-programmable Gate Array) || ~ **logic array** (Comp) / anwenderprogrammierbares Logikfeld, FPLA (vom Anwender programmierbare logische Anordnung) || ~ **read-only memory** (Comp) / feldprogrammierbarer Festwertspeicher (DIN 44476)

**field-proof** *adj* (Instr) / feldtauglich *adj* (Gerät)

**field quantity** (Phys) / Feldgröße *f* || ~ **quantization** (Phys) / Feldquantisierung *f* (zweite Quantisierung), Feldquanteln *n*, Feldquantelung *f* (Quantisierung eines Wellenfeldes) || ~ **quantum** (Phys) / Feldquant *n* (kleinste diskrete Energiemenge eines Feldes)

**field-quincunx** *n* (TV) / Halbbild-Quincunx-Struktur *f*, Halbbild-Fünfpunktanordnung *f*

**field railway** (Civ Eng) / Feldbahn *f* (leicht verlegbare Schmalspurbahn für untergeordnete Transportaufgaben), Feldeisenbahn *f* || ~ **rate** (TV) / Halbbildfrequenz *f*, Teilbildfrequenz *f* || ~ **regulator** (Automation) / Magnetfeldregler *m* || ~ **research** (Stats) / Fieldresearch *n* (Gegensatz zu Deskresearch), Feldforschung *f* || ~ **retting** (Textiles) / Rasenröste *f*

**field-reversed mirror** (Nuc Eng) / feldverkehrter Spiegel, Spiegel *m* mit Feldumkehr

**field rheostat**\* (Elec Eng) / Feldregler *m* (veränderbarer Widerstand zum Regeln des Erregerstroms einer Maschine), Feldsteller *m* || ~ **rivet**\* (Eng) / Montageniet *m*, Baustellenniet *m*, auf der Baustelle zu schlagender Niet

**field-sequential system** (TV) / rasterfrequentes System

**field-service technician** / Außendiensttechniker *m*

**field shunting** (Elec Eng) / Feldschwächung *f* durch Nebenschluss || ~ **sketch** (Surv) / Geländekroki *n* (Entwurf der Höhenlinien und Darstellung der Böschungen)

**field-skip process** (TV) / Field-Skip-Verfahren *n* (bei der Aufzeichnung von Bildsignalen auf Videoband)

**field-specific pop-up menu** (pops up if a specific field is entered) (Comp) / feldgebundenes Pop-up-Menü

**field spider**\* (Elec Eng) / Polradstern *m*, Läuferstern *m* (sternförmig gegossener Tragkörper) || ~ **spool** (Elec Eng) / Feldspulenkasten *m* || ~ **spraying** (Agric) / Feldspritzung *f* || ~ **star**\* (Astron) / Feldstern *m* (Einzelstern, der weder zu Sternhaufen noch zu Sternströmen, sondern zu dem allgemeinen Sternfeld des Sternsystems gehört - Gegensatz: Haufenstern)

**fieldstone** *n* (US) / Rohstein *m* (aus dem Steinbruch)

543

**field stop**

**field stop** (Optics) / Feldblende f, Gesichtsfeldblende f, Bildfeldblende f ‖ ~ **strength**\* (Elec Eng, Phys) / Feldstärke f (die Feldgröße bei einem Vektorfeld) ‖ ~ **study** (Stats) / Feldstudie f (im Rahmen der Feldforschung) ‖ ~ **suppression** (Elec Eng) / Feldschwächung f, Entregung f ‖ ~ **suppressor**\* (Elec Eng) / Feldschwächer m, Entregungseinrichtung f ‖ ~ **sweep** (Chem, Spectr) / Feld-Sweep m (hochauflösende NMR-Spektroskopie - konstante Frequenz, variables Magnetfeld)
**field-synchronizing impulse**\* (TV) / V-Impuls m, Bildsynchronisierungsimpuls m
**field system** (Elec Eng) / Feldsystem n ‖ ~ **telephone** (Teleph) / Feldfernsprecher m ‖ ~ **terminal** / Feldanschluss m, Erregerstromanschluss m ‖ ~ **terminal** (Elec Eng) / Erregerstromklemme f ‖ ~ **test** / Feldversuch m (im Allgemeinen) ‖ ~ **test** (Build) / Baustellenversuch m ‖ ~ **test** (Eng) / Einsatzerprobung f, Einsatztest m (beim Kunden) ‖ ~ **theory**\* (Phys) / Feldtheorie f (Beschreibung der physikalischen Realität vermittels Feldgrößen, die dem speziellen Relativitätsprinzip genügende Feldgleichungen befriedigen)
**field-tile** n (Agric) / Dränagerohr n, Dränrohr n (DIN 1180 und DIN 4047, T 1), Röhrendrän m
**field time constant** (Elec Eng) / Erregerfeldzeitkonstante f ‖ ~ **trial** / Feldversuch m (im Allgemeinen) ‖ ~ **trial** (Agric) / Feldversuch m, Freilandversuch m ‖ ~ **trunk cable** (Teleph) / Feldfernkabel n ‖ ~ **tube** (Elec) / [elektrische] Feldröhre f, Kraftröhre f (eine gedachte Röhre im elektrostatischen Feld, deren Wandung aus Feldlinien besteht) ‖ ~ **variable** (Phys) / Feldvariable f ‖ ~ **weakening** (Elec Eng) / Feldschwächung f, Entregung f ‖ ~ **weed** (Agric, Bot) / Ackerunkraut n ‖ ~ **weld** (Welding) / Baustellenschweißnaht f, Baustellennaht f, Montagenaht f ‖ ~ **welding** (Welding) / Baustellenschweißung f, Montageschweißung f ‖ ~ **winding**\* (Elec Eng) / Feldwicklung f (DIN 42005) ‖ ~**work** n (Civ Eng) / Geländearbeit f, Arbeit f im Gelände, Außenarbeit f
**fiery** adj (Mining) / schlagwetterführend adj ‖ ~ **mine**\* (Mining) / schlagwetterführende Grube, Schlagwettergrube f ‖ ~ **red** / feuerrot adj ‖ ~ **seam** (Mining) / ausgasendes Flöz (im Steinkohlenbergbau)
**FIF** (Fractal Image Format) (Comp) / FIF-Format n
**fifa** (Nuc Eng) / relativer Abbrand (die Spaltungen je ursprünglich vorhandener spaltbarer Atome)
**FIFO**\* n (Comp) / FIFO-Prinzip n, Fifo-Methode f (zur Ermittlung der Anschaffungs- oder Herstellungskosten von gleichartigen Gegenständen des Vorratsvermögens zum Zwecke der Bewertung - auch ein Wartesystem in der DV) ‖ ~ **memory** (Comp) / Silospeicher m (bei dem die zuerst eingeschriebenen Daten auch zuerst wieder gelesen werden), FIFO-Speicher m
**fifth-degree equation** (Maths) / Gleichung f fünften Grades
**fifth generation** (AI, Comp) / fünfte Generation (der Rechner mit künstlicher Intelligenz)
**fifth-generation computer**\* (Comp) / Rechner m der fünften Generation (mit künstlicher Intelligenz, Expertensystemen, Sprach- und Bilderkennung usw.) ‖ ~ **language** (Comp) / Programmiersprache f der 5. Generation
**fifth sound** (Phys) / fünfter Schall (eine Temperaturwelle in supraflüssigem Helium) ‖ ~ **wheel** (Autos) / Sattelkupplung f
**fifty-fifty power split** (Autos) / Fifty-fifty-Kräfteverteilung f (bei Allradantrieben)
**fighter** n (Aero, Mil) / Jagdflugzeug n, Jäger m
**fighter-bomber** n (Aero, Mil) / Jagdbomber m, Jabo m
**fighter interceptor** (Aero, Mil) / Abfangjäger m, Interceptor m (Abfangjäger)
**fig moth** (Nut) / Feigenmotte f (Ephestia fuguella Gregson - ein Vorratsschädling)
**figurate number** (Maths) / figurierte Zahl
**figurative mark** / Bildzeichen n (ein Warenzeichen)
**figure•** 8 (curve) (Maths) / Lemniskate f von Gerono (eine Cassini'sche Kurve), Geronos Lemniskate, Achterkurve f ‖ ~ v / darstellen v (zeichnerisch, mathematisch) ‖ ~ n (For) / Maserung f (Texturzeichnung des Holzes), Masertextur f ‖ ~ (Maths) / Zahlzeichen n, numerisches Zeichen, Zahlsymbol n, Ziffer f (ein Zahlzeichen) ‖ ~ (Maths) / [geometrische] Figur f ‖ ~ (Print) / Bild n (Abbildung im Text), Abbildung f ‖ ~ (Textiles) / Muster m
**figured** adj (For) / maserig adj, gemasert adj (Holz) ‖ ~ **carpet** (Textiles) / gemusterter Teppich (DIN ISO 2424) ‖ ~ **fabric** (Textiles) / Lanziergewebe n (so gemustert, dass die Figuren durch die ganze Stoffbreite hindurchgehen), Lancé m, lanziertes Gewebe, lanciertes Gewebe, Lanciergewebe n ‖ ~ **fabric** (Textiles) / gemustertes Gewebe ‖ ~ **gauze** (Textiles) / Figurendreher m ‖ ~ **glass** (Glass) / Ornamentglas n (ein Gussglas nach DIN EN 572-1) ‖ ~ **printing** (Textiles) / gemusterter Druck ‖ ~ **twill**\* (Weaving) / gemusterter Köper ‖ ~ **veneer** (For) / Maserfurnier n ‖ ~ **weaving** (Weaving) / Gebildweberei f, Jacquardweberei f, Bildweberei f ‖ ~ **wood** (For) / Maserholz n (Holzart mit Neigung zu Maserwuchs)

**figure eight** (knot) (Ships) / Achtknoten m
**figure-eight wire** (Elec Eng) / Rillendraht m
**figure in perspective** (Maths) / ähnliche und ähnlich liegende Figur, perspektivähnliche Figur ‖ ~ **of eight** (knot) (Ships) / Achtknoten m
**figure-of-eight network** (Teleph) / Achternetz n (bei Mobiltelefonen), Doppelkreisnetz n ‖ ~ **radiation pattern** (Radio) / Achtercharakteristik f (ein Richtdiagramm, das in der betrachteten Ebene die Form der Ziffer Acht aufweist)
**figure of loss**\* (Elec Eng) / Verlustzahl f, Verlustziffer f (bei Transformatoren) ‖ ~ **of merit**\* (Elec Eng) / Güteklasse f (elektrischer Messgeräte nach VDE 0410) ‖ ~ **of merit**\* (Elec Eng) / Leistungsmerkmal n ‖ ~ **of merit** (Telecomm) / Gütemaß n (einer Erdeempfangsstation einer Satellitenverbindung)
**figure-rich** adj (Print) / reich bebildert
**figures** pl / Zahlenangaben f pl
**figure shed** (Weaving) / Figurfach n
**figures shift** (Comp, Telecomm) / Ziffernumschaltung f
**figure stone** (Min) / Bildstein m, Agalmatolith m, Pagodit m, Pagodenstein m (eine Abart des Pyrophyllits) ‖ ~ **weaving** (Weaving) / Gebildweberei f, Jacquardweberei f, Bildweberei f
**figuring** n (Maths) / Bezifferung f ‖ ~ (Optics) / Formgebung f, Gestaltung f (einer optischen Fläche)
**FIK** (field-ionization kinetics) (Phys) / Feldionisationskinetik f, FIK (Feldionisationskinetik)
**filagree** n / Filigran n
**filament** n (Bot) / Staubfaden m, Filament n (Staubfaden) ‖ ~\* (incandescent) (Elec Eng, Electronics, Light) / Glühfaden m, Leuchtfaden m, Leuchtdraht m, Glühdraht m (ein Leuchtkörper) ‖ ~\* (Elec Eng, Light) / Glühdraht m (meistens eine Wolframwendel), Glühwendel f, Wendeldraht m (der Glühlampe), Wendel f ‖ ~ (Electronics) / Fadenkatode f (eine faden- oder bandförmige, direktgeheizte Katode) ‖ ~\* (Electronics, Light) / Heizfaden m, geheizter Faden ‖ ~ (Eng) / Einzel-Seilgarn n ‖ ~ (as of carbon or metal) (Spinning) / Faden m ‖ ~\* (Spinning) / Filament n (Endlosfaser nach DIN 6001, T 2), Fibrille f (S) ‖ ~\* (Spinning) s. also monofilament and multifilament
**filamentary cathode** (Electronics) / Fadenkatode f (eine faden- oder bandförmige, direktgeheizte Katode) ‖ ~ **transistor**\* (Electronics) / Fadentransistor m
**filament current** (Electronics) / Heizstrom m ‖ ~ **electrometer** (Elec Eng) / Fadenelektrometer n ‖ ~ **fastener** (Textiles) / Reißverschluss m mit Kette aus Kunststoffdraht ‖ ~ **lamp**\* (Elec Eng) / Glühfadenlampe f (eine Glühlampe)
**filamentous** adj / Faden-, fadenförmig adj ‖ ~ **fungus** (Bot, Chem) / Fadenpilz m
**filament tensioning support** (Electronics, Light) / Fadenaufhängung f (für Heizfäden) ‖ ~ **tow** (Spinning) / Reißspinnkabel n ‖ ~ **transformer** (Electronics) / Heiztransformator m ‖ ~ **transistor** (Electronics) / Fadentransistor m ‖ ~ **voltage** (Elec Eng) / Heizspannung f (bei Elektronenröhren) ‖ ~ **winding** (Plastics) / Wickelverfahren n (zur Verarbeitung von Duroplasten) ‖ ~ **yarn** (Spinning) / Filamentgarn n (DIN 60001)
**filar micrometer**\* (Micros) / Fadenmikrometer n (Rahmen mit Fadenkreuz, das in der Brennebene des Okulars des Fernrohres oder Mikroskops durch eine Messschraube verschoben werden kann)
**filasse** n (Textiles) / Pflanzenfasern f pl (außer Baumwolle) vor dem Verspinnen
**filature** n (Textiles) / Spinnen n (der Seide)
**filbert** n (For) / Lambertshasel f, Lambertsnuss f (Corylus maxima L.)
**filbertone** n (Chem, Nut) / Filberton n (in Haselnussaroma)
**fil d'écosse** (Spinning) / Fil d'Ecosse n (hochwertiges Baumwollgarn)
**file** v / abheften v (in einem Ordner), ablegen v (zur Aufbewahrung), archivieren v ‖ ~ (Eng) / befeilen v (ein Werkstück) ‖ ~ (Eng) / ausfeilen v ‖ ~ (Eng) / feilen v ‖ ~ / Kartei f ‖ ~ / Reihe f (hintereinander) ‖ ~ / Ordner m, Aktenordner m ‖ ~ / Akte f (Sammlung inhaltlich zusammengehörender Schriftstücke, z.B. eine Personalakte) ‖ ~\* (Comp) / Ablage f (eine systematisch geordnete Sammlung von Schriftgut) ‖ ~\* (Comp) / Datei f (Menge von Dateneinheiten nach DIN 44 300), File n ‖ ~ (Eng, Tools) / Feile f (DIN 7285, 8331 bis 8349 und 8589, T 7) ‖ ~ **access** (Comp) / Dateizugriff m, Dateizugriffsart f
**file-access error** (Comp) / Dateizugriffsfehler m
**file-allocation table**\* (an index table that points to the disk area where a file is located) (Comp) / Dateizuordnungstabelle f
**file architecture** (Comp) / Dateiorganisation f ‖ ~ **assignment** (Comp) / Dateizuweisung f ‖ ~ **attribute**\* (Comp) / Dateieigenschaft f ‖ ~ **blade** (Tools) / Feilenkörper m, Feilenblatt n ‖ ~ **body** (Tools) / Feilenkörper m, Feilenblatt n ‖ ~ **box** (Tools) / Karteikasten m ‖ ~ **cabinet** (US) / Karteischrank m ‖ ~ **card** (Eng, Tools) / Feilenbürste f ‖ ~ **change-over** (Comp) / Dateiwechsel m ‖ ~ **combination** (Comp) / Dateiverband m (additive Zusammenstellung mehrerer Dateien,

von denen jede für sich zu unterschiedlichen Zwecken benutzt werden kann) || **~ control** (Comp) / Dateisteuerung *f*
**file-control language** (Comp) / Dateiüberwachungssprache *f*
**file cut** (Eng) / Hieb *m* (Gestaltung und Anordnung der Feilzähne), Feilenhieb *m* (nach DIN 7285) || **~ cutting** (Eng) / Feilenhauen *n*, Feilenhauerei *f* || **~ definition** (Comp) / Dateidefinition *f*
**file-dependent** *adj* (Comp) / dateispezifisch *adj*
**file description** (Comp) / Dateibeschreibung *f* || **~ design** (Comp) / Dateiaufbau *m* || **~ editor** (Comp) / Dateiersteller *m*, Dateiaufbereiter *m* || **~ elevator** / Aktenaufzug *m* || **~ extent** (Comp) / Dateibereich *m* || **~ family** (Comp) / Dateifamilie *f* || **~ format** (Comp) / Dateiaufbau *m* || **~ generation** (Comp) / Dateierstellung *f*, Dateigenerierung *f* || **~ group name** (Comp) / Dateigruppenname *m* || **~ handle** (an 'alias' that the system uses to refer to an open file) (Comp) / Dateikennung *f*, Zugriffsnummer *f* || **~ handle** (Tools) / Feilengriff *m*, Feilenheft *n*, Griff *m* für Feilen || **~ handler** (Comp) / Filehandler *m* (Programm zum Anlegen, Pflegen und Drucken von Dateien)
**file-hard** *adj* (Materials) / feilenhart *adj*
**file header** (Comp) / Dateiheader *m* || **~ header label** (Comp) / Dateianfangsetikett *n*, Dateivorsatz *m*, Header-Etikett *n*
**file-integrity check** (Comp) / Dateiintegritätsprüfung *f*
**file layout** (Comp) / Dateiaufbau *m* || **~ list box** (Comp) / Listenfeld *n* für Dateinamen || **~ maintenance** (Comp) / Dateiwartung *f*, Dateipflege *f* || **~ management** (Comp) / Dateiverwaltung *f* || **~ management program** (Comp) / Dateimanager *m*, Dateiverwaltungsprogramm *n* || **~ manager** (Comp) / Dateimanager *m*, Dateiverwaltungsprogramm *n*
**filename** *n* (Comp) / Dateibezeichnung *f* (vom Benutzer belegte Bezeichnung für die ganze Datei), Dateiname *m* || **~ extension*** (Comp) / Dateinamenerweiterung *f*, Erweiterung *f* des Dateinamens || **~ syntax** (Comp) / Dateinamensyntax *f*
**file off flush** (Eng) / mit der Feile ebnen (eine Oberfläche) || **~ opening** (Comp) / Dateieröffnung *f* || **~ organization** / Ablageorganisation *f*, Ablagestruktur *f* (von Schriftstücken) || **~ organization** (Comp) / Dateiorganisation *f*
**file-oriented** *adj* (Comp) / file-orientiert *adj*, dateiorientiert *adj* || **~ interface** (Comp) / dateiorientierte Schnittstelle || **~ processing** (Comp) / dateiabhängige Verarbeitung
**file out** *v* (Eng) / ausfeilen *v* || **~ owner** (Comp) / Dateieigentümer *m* || **~ packing** (Comp) / Belegungsdichte *f* (eines Datenbestandes) || **~ parameter** (Comp) / Dateiparameter *m* || **~ processing** (Comp) / Verarbeitung *f* von Dateien, Dateiarbeitung *f* || **~ protection** (Comp) / Dateischutz *m*
**file-protection ring** (Comp) / Schreibsicherungsring *m*, Schreibring *m* (DIN 66 010) || **~ ring** (Comp) / Schreibsicherungsring *m*, Schreibring *m* (mechanisches Sicherungselement bei Magnetbändern; nur wenn der Ring eingelegt ist, können neue Daten aufgenommen werden)
**file protect ring** (Comp) / Schreibsicherungsring *m*, Schreibring *m* (DIN 66 010)
**file-scan equipment** (Comp) / Dateisucheinrichtung *f* || **~ feature** (Comp) / Dateisucheinrichtung *f*
**file section** (Comp) / Dateienteil *m* (COBOL) || **~ section** (Comp) / Dateiabschnitt *m* || **~ separator** (Comp) / Hauptgruppentrennzeichen *n* (DIN 66303) || **~ server*** (a device which controls access to separately stored files, as part of a multi-user system) (Comp) / Dateiserver *m* || **~ sharing** (networking feature that allows more than one user to access the same file simultaneously) (Comp) / File-Sharing *n*, gemeinschaftliche Nutzung von Dateien || **~ spool** (Comp) / Abwickelspule *f* (des Magnetbandlaufwerks) || **~ system** (Comp) / Dateisystem *n* (Bezeichnung für einen funktionalen Teil des Betriebssystems, das festlegt, wie Daten in Form von Dateien auf Datenträgern abgelegt werden können und wie auf sie zugegriffen werden kann), File System *n*
**filet** *n* (Nut) / Filet *n* || **~** (a kind of net or lace with a square mesh) (Textiles) / Filet *n* (der Netzgrund bei Bobinet-, Häkelgalon- und Raschelmaschinen) || **~** (Textiles) / Filetspitze *f*
**file test** (Eng, Materials) / Feilenhärteprüfung *f*
**file-test hardness** (Eng, Materials) / Feilenhärte *f* (durch die Feilenhärteprüfung ermittelt)
**filet fabric** (Textiles) / durchbrochene Kettenware, Filetgewebe *n*, durchbrochener Stoff || **~ goods** (Textiles) / Filetware *f* (durchbrochene netzartige Kettenwirkware) || **~ ground*** (Textiles) / Netzgrund *m* || **~ lace** (Textiles) / Filetspitze *f* || **~ net*** (Textiles) / Filetnetz *n*
**file trailer label** (Comp) / Dateiendetikett *n*, Dateiende-Kennsatz *m*, Dateinachsatz *m*, Trailer-Etikett *n* || **~ transfer** (Comp) / Filetransfer *m* (innerhalb eines Rechnernetzes), Dateitransfer *m*, Dateiübertragung *f*

**file-transfer protocol*** (Comp, Telecomm) / Filetransfer-Protokoll *n*, File Transfer Protocol *n*, FTP *n* (File Transfer Protocol), Dateiübertragungsprotokoll *n* || **~ software** (Comp) / Dateiübertragungssoftware *f*
**filet tulle** (Textiles) / Filettüll *m*
**file updating** (Comp) / Dateiaktualisierung *f*, Dateifortschreibung *f*, Fortschreibung *f* einer Datei || **~ with lenticular cross section** (Tools) / Vogelzungenfeile *f*
**filial generation** (Gen) / Filialgeneration *f*, Tochtergeneration *f*
**filiform** *adj* / Faden-, fadenförmig *adj* || **~*** (Bot, Zool) / filiform *adj* (mit vorwiegend eindimensionaler Erstreckung) || **~ corrosion** (Surf) / Fadenkorrosion *f*, Filigrankorrosion *f*, Filiformkorrosion *f* || **~ lapilli** (Geol) / Peles Haar (hawaiische Bezeichnung für feine vulkanische Glasfäden) || **~ shrinkage** (Foundry) / Fadenlunker *m*
**filigree** *n* / Filigran *n* || **~ glass** (Glass) / Fadenglas *n* (ein Kunstglas), Filigranglas *n* || **~ point** (Textiles) / Filigranspitze *f*
**filing** / Einreichung *f* (einer Patentanmeldung) || **~** / Ablage *f* (Tätigkeit - in den Bürosystemen) || **~** (Comp) / Archivierung *f* || **~** (Eng) / Feilen *n* (DIN 8589, T 7) || **~ cabinet** (a piece of office furniture) / Karteischrank *m* || **~ machine** (Eng) / Feilmaschine *f* (eine Werkzeugmaschine)
**filings** *pl* / Feilspäne *m pl*
**filing system** (Comp) / Ablagesystem *n* || **~ vice** (Tools) / Feilkloben *m* (zum Einspannen und Festhalten kleiner Arbeitsstücke - wird in der Hand gehalten), Handkloben *m*
**filixic acid** (Chem) / Filixsäure *f*
**fill** *v* / füllen *v*, abfüllen *v*, einfüllen *v*, befüllen *v* || **~** (Autos) / verschwemmen *v* (Karosseriezinn) || **~** (Build, Paint) / spachteln *v*, aufspachteln *v*, aufziehen *v* || **~** (Civ Eng) / füllen *v*, zufüllen *v* (eine Grube) || **~** (Civ Eng) / verfüllen *v*, aufschütten *v*, Boden heranbringen || **~** (with compound) (Elec Eng) / vergießen *v*, ausgießen *v* || **~** (Leather) / nachgerben *v*, füllen *v* (nass zurichten - z.B. Bodenleder) || **~** (Met) / beschicken *v*, begichten *v*, chargieren *v*, möllern *v* (den Hochofen beschicken), befüllen *v* || **~** (Met) / beschicken *v* || **~** (Mining) / versetzen *v*, Versatz einbringen || **~** (Textiles) / beschweren *v*, füllen *v* (Gewebe mit organischen Kolloiden usw.) || **~** *n* (US) / Kühleinbau *m* (eines Nasskühlturms), Rieselwerk *n* (eines Nasskühlturms), Rieseleinbau *m* || **~** / Füllung *f* (einmalige) || **~** (Build, Civ Eng) / Verfüllung *f*, herangebrachter Boden, Auffüllung *f*, Bodenauftrag *m*, Aufschüttung *f*, Anschüttung *f* (eine im Erdbau durch Aufbringen neuer Erdmassen gebildete Geländeerhöhung) || **~*** (Civ Eng) / Auftragsmaterial *n* || **~** (e.g. a silt-fill) (Geol) / Verlandung *f* || **~** (Geol) / alluviales Material || **~*** (Mining) / Versatz *m*, Bergversatz *m*, Versatzgut *n* (Material) || **~ character** (Comp) / Auffüllzeichen *n*, Füllzeichen *n* (DIN 44302), Pad *n* (bei Datenfernübertragung - Zeichen, die vor und nach der eigentlichen Information gesendet werden) || **~ dam** (Hyd Eng) / geschütteter Damm, Schüttdamm *m* || **~ deck** / Lage *f* (ein in einer Ebene angeordnetes Kühleinbauteil)
**filled band*** (Chem, Phys) / vollbesetztes Band, vollbesetztes Energieband || **~ band** (Nuc) / besetztes Band || **~ cloth** (Textiles) / beschwerter Stoff || **~ milk** (Nut) / Kunstprodukt *n* aus Magermilch und Speisefetten (in Deutschland nicht zugelassen)
**filler*** *n* (Acous, Chem) / Füllstoff *m* || **~** (AI) / Filler *m* (eines Slots) || **~** (AI, Comp) / Filler *m* (aktuelle Belegung eines Frames) || **~** (cable filler) (Cables) / Beilauf *m* (zum Ausfüllen der zwischen den Adern verbleibenden Zwischenräume), Kabelbeilauf *m*, Zwickelfüllung *f*, Lückenfüllung *f* || **~** (Chem) / Füllstoff *m* (der die Rieselfähigkeit des Waschpulvers erhöht - z.B. Natriumsulfat) || **~** (Chem, Paint) / Füllstoff *m* (DIN EN 971-1), Füllmittel *n*, Extender *m* (in Anstrich- und Klebstoffen - nicht mehr zugelassene Bezeichnung), Streckungsmittel *n* || **~*** (Civ Eng) / Füller *m* (des Straßenbelags) || **~** (Comp) / unbenanntes Datenfeld, Füllfeld *n*, unbesetztes Datenfeld || **~** (Comp) / Auffüllzeichen *n*, Füllzeichen *n* (DIN 44302), Pad *n* (bei Datenfernübertragung - Zeichen, die vor und nach der eigentlichen Information gesendet werden) || **~** (Eng, Nut) / Abfüllmaschine *f*, Abfüllapparat *m*, Füllmaschine *f*, Abfüllanlage *f* || **~** (filler metal) (Eng, Welding) / Zusatzwerkstoff *m* (zum Füllen von Schweißfugen, Lötfugen oder Lötspalten verwendeter Werkstoff - Drähte, Bänder, Stäbe, Platten, Folien und Pulver nach DIN 8571 bis 8575), Zusatzgut *n*, Zusatzmaterial *n*, Schweißzusatzwerkstoff *m*, Schweißzusatz *m* (DIN 8571) || **~** (Leather) / Füller *m* vor dem Schlussstrich aufgetragen zur Egalisierung von Glanz und Griff) || **~** (Mining) / Füller *m*, Lader *m* || **~*** (Paint) / Verschnittmittel *n* (eine unzulässige Bezeichnung für Füllstoff für Pigmente), Verschnittpigment *n* || **~*** (Paint) / Spachtelmasse *f* (DIN 55 945), Spachtel *m f* (Beschichtungsstoff zum Ausgleich von Unebenheiten bzw. Fehlern) || **~*** (Paint) / Füller *m* (für zusätzliche Behandlung nach der Grundierung) || **~*** (Paper) / Füllstoff *m* (feingeschlämmte weiße Erden, die dem Papier Geschmeidigkeit, Opazität und geschlossene Oberfläche verleihen), Papierfüllstoff *m* || **~** (Paper) / Einlage *f* (z.B. bei Bristolkarton) || **~*** (Plastics) / Füllstoff *m* (in

**filler**

Formmassen) || ~ (Textiles) / Beschwerungsmittel *n*, Erschwerungsmittel *n* || ~ **application** (Paint) / Füllerlackieren *n*, Füllerauftrag *m* || ~ **bit** (Comp) / Füllbit *n* || ~ **brick** (Met) / Besatzstein *m* (für Winderhitzer und Regenerativkammern) || ~ **cap** (a cap closing the pipe leading to the petrol tank of a motor vehicle) (Autos) / Verschlussdeckel *m*, Tankklappe *f*, Tankverschluss *m*, Einfüllkappe *f*, Einfüllverschluss *m*, Kraftstofftankklappe *f*, Kraftstofftankdeckel *m*, Tankdeckel *m* (des Benzinbehälters) || ~ **gas** / Füllgas *n* || ~ **gun** (Autos) / Zapfhahn *m*, Zapfventil *n*, Zapfpistole *f* (am Ende des Zapfschlauchs) || ~ **hole** (Eng) / Einfüllöffnung *f* || ~ **item** (Comp) / unbenanntes Datenfeld, Füllfeld *n*, unbesetztes Datenfeld || ~ **light**\* (Cinema, Photog) / Fill-in-Light *n* (zur Aufhellung von durch das Führungslicht verursachten Schatten und Bereitstellung einer gleichmäßigen Ausleuchtung einer aufzunehmenden Szene), Aufhelllicht *n* (eine Zusatzbeleuchtung), Fülllicht *n* (eine zusätzliche Lichtquelle, welche die vom Hauptlicht gebildeten Schatten aufhellen soll) || ~ **metal**\* (Eng, Welding) / Zusatzwerkstoff *m* (zum Füllen von Schweißfugen, Lötfugen oder Lötspalten verwendeter Werkstoff - Drähte, Bänder, Stäbe, Platten, Folien und Pulver nach DIN 8571 bis 8575), Zusatzgut *n*, Zusatzmaterial *n*, Schweißzusatzwerkstoff *m*, Schweißzusatz *m* (DIN 8571) || ~ **neck** (Autos) / Füllstutzen *m*, Einfüllstutzen *m* || ~ **powder** (Welding) / Füllpulver *n* || ~ **rod**\* (Welding) / stabförmiger Zusatzwerkstoff, Zusatzstab *m* (eine Lieferform des Zusatzwerkstoffes), Schweißstab *m* || ~ **sand** (Foundry) / Füllsand *m* (zum Auffüllen des Formkastens) || ~ **wire** (Eng, Welding) / drahtförmiger Zusatzwerkstoff, Zusatzdraht *m* (eine Lieferform des Zusatzwerkstoffes - DIN 8571), Schweißdraht *m* (DIN 8571) || ~ **wire** (Paper) / Schussdraht *m*, Schusselement *n* (des Maschinensiebes) || ~**-wire electrode** (Welding) / Fülldrahtelektrode *f* (eine Lieferform des Zusatzwerkstoffes)

**fillet** *v* (Nut) / filetieren *v* || ~\* *n* (Aero) / strakender (aerodynamischer) Verkleidungsübergang (Rumpf zur Tragfläche) || ~ (Arch) / Hohlkehle *f* (konkaves Profil), Ausrundung *f* (konkaves Profil), Auskehlung *f* (Ausrundung) || ~\* (Arch) / Band *n* (eine Gesimsform) || ~\* (Arch) / Steg *m* (zwischen zwei Einkehlungen einer kannelierten Säule) || ~ (Arch, Build) / Kaffgesims *n* || ~\* (Build, Join) / Kehlleiste *f* (für Anschlüsse), Deckleiste *f* (zwischen Rahmen und Füllung) || ~ (Comp) / Rundung *f* (Eckenverrundung in der grafischen Datenverarbeitung) || ~\* (Eng) / Verstärkung *f* durch Ausrunden || ~ (Eng) / Fußausrundung *f* (Übergang von der Zahnflanke zum Zahngrund) || ~ (For) / Leiste *f*, Stab *m* || ~ (Met) / Rundung *f* (des Formstahls) || ~ (Nut) / Filet *n* || ~ **card** (Spinning) / Deckelkarde *f*, Deckelkrempel *f*

**filleting machine** (Nut) / Filetiermaschine *f*

**fillet in parallel shear** (Welding) / Flankenkehlnaht *f* || ~ **leg** (Welding) / Kehlnahtschenkel *m*

**filletster** *n* (Glass, Join) / Glasfalzhobel *m*, Kittfalzhobel *m*

**fillet weld**\* (Welding) / Kehlnaht *f* (eine Schweißnahtform nach DIN 1910-1) || ~ **weld each side of tee** (Welding) / Doppelkehlnaht *f*, zweiseitige Kehlnaht

**fill in** *v* / ausfüllen *v* (Hohlräume) || ~ **in** (Build) / füllen *v* (die Füllmauer) || ~**-in** *n* (Cinema, Photog) / Fill-in-Light *n* (zur Aufhellung von durch das Führungslicht verursachten Schatten und Bereitstellung einer gleichmäßigen Ausleuchtung einer aufzunehmenden Szene), Aufhelllicht *n* (eine Zusatzbeleuchtung), Fülllicht *n* (eine zusätzliche Lichtquelle, welche die vom Hauptlicht gebildeten Schatten aufhellen soll) || ~ **in first** (Leather) / vorlegen *v* (Komponente eines Ansatzes)

**filling** *n* / Füllen *n*, Aufüllen *n*, Einfüllen *n*, Befüllen *n* || ~ (US) / Kühleinbau *m* (eines Nasskühlturms), Rieselwerk *n* (eines Nasskühlturms), Rieseleinbau *m* || ~ (Agric) / Lückenausbesserung *f* (bei Kulturen) || ~\* (Cartography) / Farbfüllung *f* (Flächenfarbe innerhalb einer Umrisslinie bzw. zwischen Isolinien) || ~ (Ceramics) / Besatz *m* || ~ (Civ Eng) / Verfüllung *f*, Aufschüttung *f* (als Vorgang), Füllung *f*, Anschüttung *f*, Schüttung *f* || ~ (Geol) / Besteg *m* (in der Kluft) || ~ (Hyd Eng) / Einstau *m* (einer Talsperre) || ~ (Met) / Beschicken *n*, Begichtung *f*, Beschickung *f* (des Hochofens) || ~\* (Mining) / Versatz *m* (Verfüllen der beim Abbau von Lagerstätten entstandenen Hohlräume), Bergeversatz *m*, Trockenversatz *m* (Vorgang) || ~\* (Mining) / Füllen *n* || ~ (Paint) / Borsten *f pl* (des Pinsels als Sammelbegriff) || ~ (Paint) / Spachteln *n* (mit der Spachtelmasse) || ~ (Paper) / Bemesserung *f* (beim Holländer), Messergarnierung *f*, Garnierung *f* (der Maschinen der Stoffaufbereitung) || ~ (Textiles) / Beschwerungsmittel *n*, Erschwerungsmittel *n* || ~ (Textiles) / Beschweren *n*, Füllen *n* (des Gewebes mit organischen Kolloiden usw.) || ~\* (US) (Weaving) / Durchschuss *m*, Schuss *m*, Schusseintrag *m*, Einschuss *m*, Fachdurchflug *m*, Fachdurchlauf *m*, Schlag *m*, Einschlag *m* (der Faden, der in das offene, durch die Kette gebildete Webfach eingetragen wird)

**filling agent** (Nut) / Bulking-Agent *m* (körpergebender Inhalts- bzw. Zusatzstoff in Süß- und Backwaren - z.B. Sorbit, Mannit und Xylit), Füllstoff *m* (der das Volumen eines Lebensmittels erhöht und den Nährstoffgehalt "verdünnt") || ~ **band** (Weaving) / verwechselter Schuss (farblich, stofflich) || ~ **band** (Weaving) / Schussbande *f* (breite), Schussband *n* (ungleich feines Schussmaterial) || ~ **bar** (light, heavy) (Weaving) / Schussstreifen *m* (Fehler in der Schussrichtung) || ~ **bobbin** (US) (Weaving) / Schussspule *f* (DIN 61800), Kanette *f*, Schussgarnspule *f*, Schusshülse *f* || ~ **break** (Weaving) / Schussbruch *m* (ein Webfehler) || ~ **breakage** (Weaving) / Schussbruch *m* (ein Webfehler) || ~ **clay** (Paper) / Füllstoff *m* aus natürlichen Produkten (z.B. Kaolin, Gips oder Kreide) || ~ **degree** (Mining) / Ladedichte (Verhältnis von Sprengstoffmenge zu Sprengbohrlochvolumen) || ~ **fat** (Nut) / Streckfett *n* || ~ **feeler** (Weaving) / Schussfadenfühler *m*, Schussfühler *m* (Nadelspulenfühler am Webautomaten) || ~ **fork** (US) (Weaving) / Schussgabel *f* (ein Teil der Schusswächtervorrichtung) || ~ **gas** (of a counter tube) (Nuc Eng) / Zählgas *n* || ~ **hole** (Eng) / Einfüllöffnung *f* || ~ **hose** (Autos) / Zapfschlauch *m* (der Zapfsäule)

**filling-in**\* *n* (Build) / Füllen *n* (der Füllmauer) || ~ (Print) / Vollerwerden *n* (reale Punktvergrößerung im Rasterdruck), Zusetzen *n* (Vollerwerden) || ~ **impression** (Print) / Texteindruck *m*

**filling knife** (for filling and levelling the surface prior to painting) (Build, Paint) / Spachtelmesser *n*, Spachtel *m f*, Spachtelwerkzeug *n*

**filling-knitting machine** (Textiles) / Kulierwirkmaschine *f*

**filling level** / Füllstand *m*, Füllhöhe *f*, Spiegel *m*, Pegelstand *m*, Standhöhe *f*

**filling-level sensor** (Eng) / Füllstandssensor *m* (zum Pegelüberwachen und zur Präsenzerfassung von Flüssigkeiten), Füllstandsfühler *m*, Füllhöhenfühler *m*

**filling-limiting device** (Eng) / Füllhöhenbegrenzer *m* (bei flüssigen Medien)

**filling line** (Oils) / Befüllleitung *f* || ~ **line** (Paint) / Abfülllinie *f* (aus mehreren Einzelkomponenten zusammengesetzte Einheit zum Abfüllen von Lacken und Druckfarben) || ~ **machine** (Nut) / Abfüllmaschine *f*, Abfüllapparat *m*, Füllmaschine *f*, Abfüllanlage *f* || ~ **machine** (Nut) / Füllmaschine *f* (für Wurstwaren) || ~ **material** (Mining) / Versatz *m*, Bergeversatz *m*, Versatzgut *n* (Material) || ~ **paste** (Paint) / Spachtelmasse *f* (DIN 55 945), Spachtel *m f* (Beschichtungsstoff zum Ausgleich von Unebenheiten bzw. Fehlern). || ~ **pile fabric** (US) (Textiles) / Schusssamt *m*, Schusspolgewebe *n* || ~ **pile fabric** (Weaving) / Schussflorgewebe *m* || ~ **point** (Eng) / Füllhöhe *f* (vorgeschriebene, maximale) || ~ **post**\* (Carp) / mittleres senkrechtes Konstruktionselement (eines Fachwerks) || ~ **power** (Paint) / Füllvermögen *n* (DIN 55945), Fülle *f* (Eigenschaft eines Beschichtungsstoffes) || ~ **pressure** / Fülldruck *m*, Einfülldruck *m* || ~ **rep** (US) (Weaving) / Längsrips, Schussrips *m* || ~ **run-outs** (Weaving) / gerissene Schussfäden, Schussplatzer *m pl*

**fillings** *pl* (Chem) / Füllung *f*, Füllkörper *m pl* (z.B. Raschig- oder Pall-Ringe), Füllmaterial *n* (der Destillationskolonne, der Trennsäule)

**filling slot** (Eng) / Füllnut *f* (DIN ISO 5593) || ~ **snarl** (Textiles) / Schlinge *f* (im einlaufenden Faden) || ~ **station** (a petrol station) (Autos) / Tankstelle *f* || ~ **stop motion** (Weaving) / Schussfadenwächter *m*, Schusswächter *m* || ~ **tannage** (Leather) / Füllgerbung *f* (Nachbehandlung von Sohlledern) || ~ **thread** (Weaving) / Schussfaden *m*, Schussgarn *n*, Einschlagfaden *m*, Weftgarn *n*, Weft *n* (Schussgarn)

**filling-thread stop motion** (Weaving) / Schussfadenwächter *m*, Schusswächter *m*

**filling time** (Foundry) / Gießzeit *f* (in der das Gießgut aus der Gießvorrichtung bis zur vollständigen Füllung der Gießform abgegeben wird) || ~ **twill** (Weaving) / Schussköper *m* (alle Kettfäden werden im Bindungsrapport nur einmal gehoben) || ~ **up** *n* (Paint) / Filling-up *n* (gemahlener Tonschiefer mit Blättchenstruktur - ein graues Füllstoffpulver) || ~ **weaving fault** (Weaving) / Schussfehler *m* (im Allgemeinen) || ~ **weft** (Weaving) / Füllschuss *m* || ~ **weight** (Powder Met) / Füllgewicht *n* || ~ **yarn** (Weaving) / Schussfaden *m*, Schussgarn *n*, Einschlagfaden *m*, Weftgarn *n*, Weft *n* (Schussgarn) || ~ **yarn** (Weaving) s. also pick

**fill-in letter** / Fill-in-Brief *m* (individuell gestalteter Standardbrief für die Direktwerbung) || ~ **light** (Cinema, Photog) / Fill-in-Light *n* (zur Aufhellung von durch das Führungslicht verursachten Schatten und Bereitstellung einer gleichmäßigen Ausleuchtung einer aufzunehmenden Szene), Aufhelllicht *n* (eine Zusatzbeleuchtung), Fülllicht *n* (eine zusätzliche Lichtquelle, welche die vom Hauptlicht gebildeten Schatten aufhellen soll)

**fill-in transmitter** (Radio, TV) / Füllsender *m* (Fernsehsender mit kleiner Nennleistung, der in geografisch ungünstigen Lagen oder in toten Zonen im Nahfeld eines Großsenders einen Fernsehempfang ermöglicht)

**fillister** n (Carp, Join) / Falzhobel m (für Fensterrahmen) ‖ ~* (Carp, Join) / Grathobel m (zum Herstellen von Gratfedern) ‖ ~ (Glass, Join) / Glasfalzhobel m, Kittfalzhobel m ‖ ~* (Glass, Join) / Glasfalz m, Falz m, Kittfalz m (zur Auflage der Glasscheibe) ‖ ~ **head** (Eng) / Linsenzylinderkopf m (DIN ISO 1891)
**fillister-head bolt** (Eng) / Flachrundschlitzschraube f
**fillister-head screw*** (Eng) / Zylinderkopfschraube f, Linsenzylinderschraube f
**fill level** / Füllstand m, Füllhöhe f, Spiegel m, Pegelstand m, Standhöhe f ‖ ~ **light** (a supplementary light used in photography or filming that does not change the character of the main light and is used chiefly to lighten shadows) (Cinema, Photog) / Fill-in-Light n (zur Aufhellung von durch das Führungslicht verursachten Schatten und Bereitstellung einer gleichmäßigen Ausleuchtung einer aufzunehmenden Szene), Aufhelllicht n (eine Zusatzbeleuchtung), Fülllicht n (eine zusätzliche Lichtquelle, welche die vom Hauptlicht gebildeten Schatten aufhellen soll)
**fillmass** n (US) (Nut) / Füllmasse f (in der Zuckergewinnung - eine zähe Masse mit etwa 85 % Zucker, 8 % Nichtzucker und 7 % Wasser)
**fill opening** / Füllöffnung f ‖ ~ **quantity** (Nut) / Füllmenge f (die auf jeder Fertigpackung zu nennende Angabe über die Menge des Inhalts) ‖ ~ **terrace** (Geol) / Aufschüttungsterrasse f ‖ ~ **up** v (Autos) / nachfüllen v, voll tanken v ‖ ~ **up** (Civ Eng) / zuschütten v (Graben)
**fill-up work** (Work Study) / manuelle Arbeit (der Bedienungsperson) bei laufendem (produzierendem) Betriebsmittel
**fillweight** n (Nut) / Füllgewicht n, Abfüllgewicht n
**fill with writing** / voll schreiben v, beschreiben v (voll schreiben)
**film** v (Cinema) / filmen v, drehen v (einen Film) ‖ ~* n [sehr dünne] Schicht f, Film m (DIN EN 971-1), Häutchen n ‖ ~* (Cinema, Photog) / Film m ‖ ~ (Elec Eng) / Feinglimmerfolie f ‖ ~* (Plastics) / Feinfolie f (unter 0,25 mm), Folie f (hauchdünne) ‖ ~ (Surf) / Schicht f (beim Vakuumbeschichten nach DIN 28400, T 4) ‖ ~ **advance** (Cinema, Photog) / Filmfortschaltung f, Filmtransport m, Filmweitertransport m
**film-advance lever** (Photog) / Filmtransporthebel m
**film analysis** (Work Study) / Analyse f des Arbeitsvollzuges (anhand einer Filmaufnahme) ‖ ~ **archive** (Cinema) / Kinemathek f, Filmothek f, Filmmuseum m, Filmarchiv n, Cinemathek f ‖ ~ **badge*** (a small patch of photographic film worn on clothing to detect and measure accumulated incident ionizing radiation) (Radiol) / Filmdosimeter n, Filmplakettendosimeter n (das nach dem Prinzip der Schwärzung eines fotografischen Films durch ionisierende Strahlung arbeitet), Strahlenschutzplakette f, Filmplakette f (ein Monitor) ‖ ~ **base** (Cinema, Photog) / Filmträger m (meistens Azetylzellulose oder Polyester), Filmunterlage f (DIN 19040, T 4), Filmschichtträger m
**film-based** (Photog) / filmbasiert adj (Kamera)
**film blowing** (Plastics) / Folienblasen n (ein Extrusionsblasverfahren) ‖ ~ **blowing head** (Plastics) / Folienblaskopf m ‖ ~ **boiling** (Phys) / Filmsieden n (DIN 25401-3)
**film-break** n (Cinema) / Filmriss m
**film building** (Paint) / Verfilmung f (der Anstrichschicht), Filmbildung f (DIN 55945) ‖ ~ **cabinet** (Cinema) / Filmschrank m ‖ ~ **camera** (Cinema) / Filmkamera f, Kinokamera f, Laufbildkamera f ‖ ~ **capacitor** (Elec Eng) / Schichtkondensator m ‖ ~ **cartridge** (Cinema) / Filmkassette f (lichtdichter Filmbehälter), Filmladekassette f ‖ ~ **cartridge** (Cinema) s. also film magazine ‖ ~ **cassette** (Cinema) / Filmkassette f (lichtdichter Filmbehälter), Filmladekassette f ‖ ~ **casting** (Plastics) / Foliengießen n, Filmgießen n (Gießen von Film) ‖ ~ **chamber** (Cinema) / Filmkammer f ‖ ~ **chemistry** (Chem) / Filmchemie f ‖ ~ **circuit*** (Electronics) / Schichtschaltung f, Schichtschaltkreis m ‖ ~ **cohesion** (Leather) / Filmverbund m, Filmzusammenhang m (bei der Zurichtung) ‖ ~ **cooler** / Rieselkühler m, Berieselungskühler m ‖ ~ **cooling** / Schleierkühlung f, Filmkühlung f ‖ ~ **cut-draw-beaming machine** (Plastics) / FSSB-Anlage f, Folien-Schneid-Streck-Bäummaschine f ‖ ~ **damage** (Cinema) / Filmschaden m (nach DIN 15558 angeschlagene, eingerissene, ausgezackte oder zerrissene Perforation, geräderter Film usw.) ‖ ~ **defect** (Paint) / Filmfehler m (DIN 55945) / Filmstörung f, Filmschaden m ‖ ~ **degradation** (Paint) / Filmabbau m (eine mehr oder weniger ausgeprägte Zersetzung der Filmsubstanz, in der Regel von der Filmoberfläche her ausgehend), Filmdegradation f ‖ ~ **diffusion** (Chem, Phys) / Filmdiffusion f
**filmdom** n (Cinema) / Filmindustrie f, Filmbranche f
**film door** (Photog) / Filmladeklappe f (z.B. bei Polaroid-Land) ‖ ~ **dosimeter** (a device containing photographic film which registers the wearer's exposure to radiation) (Radiol) / Filmdosimeter n, Filmplakettendosimeter n (das nach dem Prinzip der Schwärzung eines fotografischen Films durch ionisierende Strahlung arbeitet), Strahlenschutzplakette f, Filmplakette f (ein Monitor) ‖ ~ **edge** (Cinema) / Filmrand m ‖ ~ **editor** (Cinema) / Schnittmeister m,

Filmcutter m, Cutter m, Schneidtechniker m ‖ ~ **evaporation** (Chem Eng) / Dünnschichtverdampfung f ‖ ~ **exposure** (Cinema, Photog) / Filmbelichtung f
**film-feed sprocket** (Cinema) / Vorwickel-Filmzahntrommel f (des Laufbildwerfers)
**film filling** / Rieselfilmeinbau m (eines Nasskühlturms), Filmkühleinbau m, Filmeinbau m, Rieseleinbau m (eines Nasskühlturms) ‖ ~ **flow** (Phys) / Filmströmung f (an senkrechten Wänden) ‖ ~ **foil*** (Bind) / Plastikfolie f (Viskose) ‖ ~ **formation** (Paint) / Verfilmung f (der Anstrichschicht), Filmbildung f (DIN 55945) ‖ ~ **forming** (Paint) / Verfilmung f (der Anstrichschicht), Filmbildung f (DIN 55945)
**film-forming** adj (Paint) / filmbildend adj ‖ ~ (Paint, Surf) / schichtbildend adj ‖ ~ **material** (Paint) / Filmbildner m (Bestandteil eines Lackbindemittels nach DIN 55945) ‖ ~ **substance** (Paint) / Filmbildner m (Bestandteil eines Lackbindemittels nach DIN 55945) ‖ ~ **yeasts** (Nut) / Kahmhefe f
**film frame** (Cinema) / Filmkader m, Filmbild n, Bildfeld n ‖ ~ **gate** (Cinema) / Filmmaske f ‖ ~ **gate** (Cinema) / Filmfenster n ‖ ~ **gate** (Cinema) / Filmkanal m ‖ ~ **gauge** (Cinema, Photog) / Filmformat n ‖ ~ **glue*** / Leimfolie f
**filminating** n (Bind, Print) / Folienkaschierung f
**film industry** (Cinema) / Filmindustrie f, Filmbranche f
**filming** n (Cinema) / Verfilmung f (filmische Umsetzung) ‖ ~ (Cinema) / Filmen n, Dreharbeiten f pl ‖ ~ **agent** (Paint) / Filmbildungshilfsmittel n ‖ ~ **aid** (Paint) / Filmbildungshilfsmittel n ‖ ~ **speed** (Cinema) / Filmgeschwindigkeit f, Anzahl f der Bilder pro Sekunde, Frequenz f
**film-integrated circuit** (Electronics) / integrierte Schichtschaltung
**filmization** n (Cinema) / Verfilmung f (filmische Umsetzung)
**film jam** (Cinema) / Filmsalat m (in der Kamera) ‖ ~ **laboratory** (Cinema) / Kopierwerk n, Filmkopierwerk n
**filmless** adj (Comp) / filmlos adj (elektronische Druckvorstufe)
**filmlet** n (Cinema) / Filmlet n (kurzer Werbefilm), Kurzwerbefilm m
**film library** (Cinema) / Kinemathek f, Filmothek f, Filmmuseum n, Filmarchiv n, Cinemathek f ‖ ~ **location** (Cinema) / Gelände n für Außenaufnahmen, Drehort m, Aufnahmeort m, Außen n ‖ ~ **loop** (Cinema) / Filmschleife f (des Laufbildwerfers), Filmschlaufe f ‖ ~ **magazine** (Cinema, Photog) / Filmmagazin n, Magazin n (abnehmbares, lichtfest verschließbares Rückteil einer Kamera, das den Film enthält und schnellen Wechsel des Films ermöglicht)
**film-maker** n (Cinema) / Filmemacher n
**film-making** n (Cinema) / Filmproduktion f
**film motion** (Cinema) / Filmlauf m ‖ ~ **off** v (Cinema) / abdrehen v (einen Film)
**filmogen** n (Paint) / Filmbildner m (Bestandteil eines Lackbindemittels nach DIN 55945) ‖ ~ adj (Paint) / filmbildend adj
**film optical scanning device** (Comp) / optische Filmleseeinheit ‖ ~ **pack*** (Photog) / Packfilm m (heute vom Planfilm verdrängt) ‖ ~ **pack** (Plastics) / Verpackungsfolie f ‖ ~ **patch** (Cinema) / Klebeband n (perforiertes) ‖ ~ **pick-up** (device) (TV) / Filmabtaster m, FAT (Filmabtaster), Filmscanner m, Filmgeber m ‖ ~ **plane** (Cinema, Photog) / Filmebene f ‖ ~ **preservationist** (Cinema) / Filmrestaurator m ‖ ~ **print** (Cinema) / Filmkopie f ‖ ~**-processing laboratory** (Cinema) / Kopierwerk n, Filmkopierwerk n ‖ ~ **processor** (Cinema) / Filmprozessor m, Filmprocessor m, Filmverarbeitungsmaschine f ‖ ~ **rating** (Cinema) / Filmbewertung f (in Deutschland von der Filmbewertungsstelle Wiesbaden), Prädikat n (Filmbewertung) ‖ ~ **raw stock** (Cinema) / Rohfilm m, Filmaufnahmematerial n ‖ ~ **recorder** (Cinema, Comp) / Filmrecorder m ‖ ~ **recording*** (Acous, Cinema) / Filmaufzeichnung f ‖ ~ **reel** (Cinema) / Filmrolle f (für Laufbildwerfer), Filmspule f (für Laufbildwerfer) ‖ ~ **resistance** (Elec Eng) / Fremdschichtwiderstand m (ein Teil des Kontaktwiderstands) ‖ ~ **resistor** (Elec Eng) / Schichtwiderstand m (aus einer auf einem zylindrischen Träger aus Sinterwerkstoff aufgedampften Metall- oder pyrolytisch abgeschiedenen Glanzkohleschicht)
**film-rewind crank** (Cinema) / Filmrückspulkurbel f
**film ribbon** / Filmband n (für die Schreibmaschine) ‖ ~ **roll** (Cinema) / Filmrolle f (für die Kameras) ‖ ~ **running speed** (Cinema) / Filmgeschwindigkeit f, Anzahl f der Bilder pro Sekunde, Frequenz f ‖ ~ **scanner** / Filmscanner m, Filmeingabeeinheit f ‖ ~ **scanner** (TV) / Filmabtaster m, FAT (Filmabtaster), Filmscanner m, Filmgeber m
**film-sealing unit** (Plastics) / Folienschweißgerät n
**filmsetting*** n (Typog) / Fotosatz m, Lichtsatz m, Filmsatz m
**film size** (Cinema, Photog) / Filmformat n ‖ ~ **sizing*** (Min Proc) / Stromklassieren n im fast waagerechten Strom ‖ ~ **slide** (Cinema) / Filmdiapositiv n, Filmdia n ‖ ~ **solution** (Plastics) / Filmlösung f ‖ ~ **speed*** (Cinema) / Filmgeschwindigkeit f, Anzahl f der Bilder pro Sekunde, Frequenz f ‖ ~ **speed*** (Cinema, Photog) / Filmempfindlichkeit f ‖ ~ **splicer** (Cinema) / Filmklebegerät n, Filmklebeautomat m, Klebepresse f, Filmklebepresse f ‖ ~ **spool**

**film**

(Cinema) / Filmspule f (beim Kleinbildfilm) || ~ **sprue** (Plastics) / Filmanschnitt m, Filmanguss m || ~ **stencil** (Electronics) / Filmschablone f
**film-sticking** n / Folienkleben n (Klebrigkeit)
**film stock** (Cinema) / Rohfilm m, Filmaufnahmematerial n || ~ **storage cabinet** (Cinema) / Filmschrank m || ~ **store** (Comp) / Dünnfilmspeicher m, Dünnschichtspeicher m, Magnetschichtspeicher m || ~ **store** (Comp) s. also thin-film memory
**filmstrip** n (Cinema) / Filmstreifen m, Filmband n, Bildstreifen m, Bildband n (Filmstreifen)
**film studio** (Cinema) / Filmstudio n, Filmatelier n, Studio n, Filmaufnahmestudio n || ~ **tape** (Plastics) / Foliengarn n, Kunststoff-Flachfaden m || ~ **technology** (Electronics) / Schichttechnik f (zur Herstellung von Schichtschaltungen) || ~ **theory** (Phys) / Grenzschichttheorie f || ~ **thickness** (Paint) / Filmdicke f, Filmstärke f, Schichtdicke f || ~ **thickness** (Surf) / Schutzschichtdicke f, Schichtdicke f (DIN 50982, T 1)
**film-thickness gauge** (Paint) / Schichtdickenmesser m || ~ **gauging** (Paint) / Schichtdickenprüfung f || ~ **testing** (Paint) / Schichtdickenprüfung f
**film transport** (Cinema, Photog) / Filmfortschaltung f, Filmtransport m, Filmweitertransport m
**film-transport lever** (Photog) / Filmtransporthebel m
**film turntable** (Cinema) / Filmteller m (eines Schneidetisches)
**film-type filling** / Rieselfilmeinbau m (eines Nasskühlturms), Filmkühleinbau m, Filmeinbau m, Rieseleinbau m (eines Nasskühlturms) || ~ **packing** / Rieselfilmeinbau m (eines Nasskühlturms), Filmkühleinbau m, Filmeinbau m, Rieseleinbau m (eines Nasskühlturms)
**film version** (Cinema) / Filmfassung f, Filmversion f || ~ **viewer** (Cinema) / Filmbetrachter m (von Hand oder motorisch betrieben), Filmbetrachtungsgerät n, Bildbetrachter m (ein Filmbetrachtungsgerät), Laufbildbetrachter m || ~ **water** (Civ Eng, Geol) / Häutchenwasser n (eine Art Haftwasser) || ~ **weight** (Phys) / Filmwaage f (zur Messung des Filmdrucks)
**filmy** adj (Textiles) / durchscheinend adj, hauchfein adj, hauchdünn adj, durchsichtig adj
**film yarn** (Plastics) / Foliengarn n, Kunststoff-Flachfaden m
**FILO** n (Comp) / FILO-Prinzip n, Filo-Methode f
**filoselle** n (floss silk, or silk thread resembling this, used in embroidery) (Spinning) / Filoselle-Stickseide f || ~ **yarn** (Spinning) / Galettegarn n, Galette f
**filter** v / abfiltrieren v, abfiltern v || ~ / filtern v, filtrieren v || ~ * n (Chem Eng) / Filter n m || ~* (Cinema, Optics, Photog) / Filter n m, Aufnahmefilter n m || ~* (Comp, Electronics, Telecomm) / Filter n m, Siebschaltung f || ~ (Hyd Eng) / Filter n (konstruktives Element, das an Schichtgrenzflächen eingebaut wird, um ein Ausspülen von Feinkorn durch strömendes Grundwasser zu verhindern oder um eine Sickerlinie in eine gewünschte Lage zu zwingen) || ~ (Maths) / Filter n m (nichtleeres System von Teilmengen einer Menge) || ~ (Maths) / Filter n m (in der Analysis)
**filterability** n / Filtrierbarkeit f
**filterable** adj / filtrierbar adj, abfiltrierbar adj || ~ **virus** (Bacteriol) / filtrierbares Virus
**filter aid*** (Chem Eng) / Filterhilfsmittel n (Zusatzstoff zur Trübe, der durch Anschwemmen auf dem Filtermittel eine Filterschicht bildet) || ~ **alum** (San Eng) / Aluminiumsulfat n als Flockungsmittel (bei der Oberflächenwasser-Reinigung) || ~ **attenuation band*** (Telecomm) / Sperrbereich m (Frequenzfilter), Filtersperrbereich m || ~ **bag** (Chem Eng) / Filterbeutel m, Filtersack m, Filterschlauch m || ~ **base** (Maths) / Filterbasis f, Raster m || ~ **bed*** (Chem, Chem Eng, San Eng) / Filterbett n, Filterschicht f, Filterschüttschicht f, Filterschüttung f || ~ **belt press** (Chem Eng) / Bandfilterpresse f, Siebbandpresse f || ~ **block** (a hollow rectangular, vitrified-clay masonry unit) (Ceramics, San Eng) / Tropfkörperstein m (für den Innenraum der Tropfkörperanlage) || ~ **bottom** (Hyd Eng) / Filterboden m (Träger des Filtersandes in Schnellfiltern, häufig mit Filterdüsen versehen) || ~ (**off**) **by suction** (Chem) / abnutschen v, absaugen v (mit der Nutsche) || ~ **cake*** (Chem Eng) / Filterkuchen m (meistens von der Filterpresse), Filterbelag m, Filterrückstand m || ~ **cake** (Oils) / Filterkuchen m (im Bohrloch) || ~ **candle** (Chem Eng) / Filterkerze f || ~ **candle** (Chem Eng) s. also filter cartridge || ~ **capacitor** (Elec Eng) / Glättungskondensator m, Siebkondensator m || ~ **capacity** (Chem Eng, San Eng) / Filterleistung f (nach DIN 4045) || ~ **cartridge** (Chem) / Filterpatrone f || ~ **cartridge** (Chem Eng) / Filterkartusche f || ~ **change** / Filterwechsel m
**filter(ing) charcoal** (Chem) / F-Aktivkohle f, Filterkohle f
**filter choke** (Elec Eng) / Siebdrossel f, Filterdrossel f || ~ **circuit*** (Elec) / Filterschaltung f, Siebkreis m || ~ **cloth** (Chem, Textiles) / Filtergewebe n (Filtermaterial, das aus Fasern durch Weben oder ähnliche Verfahren erzeugt wird), Filtertuch n || ~ **coal** (Chem) / F-Aktivkohle f, Filterkohle f || ~ **cone** (Chem Eng) / Trichtereinlage f zum Filtrieren

|| ~ **criterion** (Comp) / Filterkriterium n (beim Sortieren der Datenbestände) || ~ **crystal** (Elec Eng) / Filterquarz m || ~ **cut*** (Cinema, Photog) / Absorptionskante f (eines Filters) || ~ **disk** (Chem Eng, Textiles) / Filterscheibe f || ~ **dust** / Filterstaub m
**filtered display** (Comp) / selektive Anzeige || ~ **oil** / gefiltertes Öl || ~ **venting** (Nuc Eng) / Entlüftung f über Aktivitätsfilter (bei Sicherheitsbehältern) || ~ **xenon-arc radiation** (Paint) / gefilterte Xenonbogenstrahlung (Strahlung zur Simulation der Globalstrahlung bei künstlichen Bewitterungsprüfungen nach DIN 53231)
**filter efficiency** / Filterwirkungsgrad m || ~ **efficiency** / Filterleistung f (in l · m$^{-2}$ oder kg · m$^{-2}$ in h), Filtereffizienz f || ~ **electrolytic capacitor** (Elec Eng) / Siebelektrolytkondensator m, Siebelko m || ~ **element** (Autos) / Filtereinsatz m (im Luft- oder Ölfilter) || ~ **element** (Chem Eng) / Filterelement n, Filtereinsatz m || ~ **fabric** (Chem, Textiles) / Filtergewebe n (Filtermaterial, das aus Fasern durch Weben oder ähnliche Verfahren erzeugt wird), Filtertuch n || ~ **factor*** (Photog) / Filterfaktor m, Verlängerungsfaktor m (bei dem Einsatz eines lichtreduzierenden Aufnahmefilters) || ~ **felt** (Textiles) / Filterfilz m (ein Non-woven-Filtermittel, Non-woven-Filtermittel zur Filtrierung von Luft, Wasser, Kraftstoff, Lösungsmitteln und pulverförmigen Stoffen) || ~ **file** (Comp) / Abfragedatei f || ~ **flask** (Chem) / Saugflasche f (ein dickwandiger Erlenmeyer-Kolben mit einem seitlichen Ansatz, der zum Anschluss an eine Saugpumpe dient - DIN 12476) || ~ **floor** (Hyd Eng) / Filterboden m (eines Brunnens) || ~ **foil** (Cinema) / Filterfolie f (für Kameras oder für Scheinwerfer) || ~ **frame** (Chem Eng) / Filterrahmen m (einer Rahmenfilterpresse) || ~ **frame** (Chem, Optics, Photog) / Filterhalter m || ~ **funnel** (Chem) / Filtertrichter m || ~ **glass** (Glass) / Filterglas n (mit definierter Lichtdurchlässigkeit in den verschiedenen Spektralbereichen) || ~ **gravel** (San Eng) / Filterkies m || ~ **holder** (Chem, Optics, Photog) / Filterhalter m || ~ **in** v (join a traffic stream) (Autos) / sich einfädeln v
**filtering** n (Chem Eng) / Filtration f, Filterung f, Filtrieren n (DIN 7051) || ~ (Comp) / Maskierung f (z.B. eines Maschinenwortes) || ~ (Electronics) / Siebung f || ~ **basin*** (San Eng) / Filterbecken n, Filtrierbecken n (der Kläranlage) || ~ **flask** (Chem) / Saugflasche f (ein dickwandiger Erlenmeyer-Kolben mit einem seitlichen Ansatz, der zum Anschluss an eine Saugpumpe dient - DIN 12476) || ~ **funnel** (Chem) / Filtertrichter m || ~ **rate** (Chem, San Eng) / Filtergeschwindigkeit f (Quotient aus Volumenstrom und Filterfläche nach DIN 4045)
**filter insert** / Filtereinsatz m (in der Schutzmaske) || ~ **key** (Comp) / Filterkriterium n (beim Sortieren der Datenbestände) || ~ **leaf** (Chem Eng) / Filterblatt n (des Blattfilters) || ~ **lens** (for eye protection) (Welding) / Augenschutzfilter n || ~ **loss** / Filterverlust m (im Allgemeinen) || ~ **loss** (Oils) / Wasserabgabe f (der Spülung) || ~ **mat** (Chem Eng, Paint) / Filtermatte f || ~ **material** / Filtermaterial n, Filtermedium n, Filterstoff m, Filtermittel n || ~ **medium** / Filtermaterial n, Filtermedium n, Filterstoff m, Filtermittel n || ~ **medium** (San Eng) / Füllstoff m (im Behälter eingebrachter fester Stoff mit möglichst großer spezifischer Oberfläche - DIN 4045)
**filter-medium filtration** (Chem Eng) / Tiefenfiltration f (Abscheidung fein- bis mitteldisperser Trübungsteilchen aus Flüssigkeiten und Gasen im inneren Gefüge und an der Oberfläche der einzelnen Teilchen eines relativ dicken Filtermittels)
**filter melker** (Agric) / Filtermelkgerät n || ~ **mounting** / Filtergehäuse n || ~ **network** (Elec) / Filterschaltung f, Siebkreis m || ~ **nozzle** (San Eng) / Filterdüse f || ~ **off** v / abfiltrieren v, abfiltern v || ~ **oil** / beim Ölwechsel anfallender Altschmierstoff || ~ **out** v / abfiltrieren v, abfiltern v || ~ **out** (Acous) / aussieben v, ausfiltern v || ~ **paper*** (Chem, Paper) / Filterpapier n (ungeleimtes holzfreies Papier, auch mit Hadernzusatz - DIN 6730, 12 448 und 53 135 bis 53 138), Filtrierpapier n
**filter-paper chromatography** (Chem) / Papierchromatografie f, PC (Papierchromatografie) || ~ **disk** (Chem, Paper) / Rundfilter n || ~ **support** (Chem) / Filterpapierunterlage f (meistens eine Textilscheibe)
**filter-pass band** (Telecomm) / Durchlassbandbreite f
**filter-passing** adj / filtrierbar adj, abfiltrierbar adj
**filter photometer** (Spectr) / Filterfotometer n || ~ **plant** (Hyd Eng) / Filteranlage f (DIN 19605) || ~ **plate** (Chem Eng) / Filterplatte f (ein Element der Rahmenfilterpresse), Filtratplatte f, Filtratsammelplatte f || ~ **plate** (Chem Eng) / Filterboden m || ~ **press*** (Chem Eng) / Filterpresse f || ~ **press*** (Chem Eng) s. also pressure filter
**filter-press** v (Chem Eng) / in Filterpressen abpressen || ~ **action*** (Geol) / Auspressungsdifferentiation f, Filtrationsdifferentiation f, Filterpressung f || ~ **cake** (Chem Eng) / Filterkuchen m (meistens von der Filterpresse), Filterbelag m, Filterrückstand m
**filter pressing** (a process of magmatic differentiation) (Geol) / Auspressungsdifferentiation f, Filtrationsdifferentiation f,

Filterpressung f ‖ ~ **pulp**\* (Paper) / Filtermasse f ‖ ~ **reactor** (Elec Eng) / Siebdrossel f, Filterdrossel f
**filter-response function** (Radar) / Filterantwortfunktion f (Abhängigkeit des Ausgangssignals eines Filters vom Eingangssignal)
**filter run** (San Eng) / Filterlaufzeit f (Betriebszeit zwischen zwei Filterreinigungen nach DIN 4046) ‖ ~ **sand** (San Eng) / Filtersand m ‖ ~ **screen** (TV) / Kontrastfilterscheibe f (für Tageslicht) ‖ ~ **sludge water** (San Eng) / Filterschlammwasser n (Rückspülwasser von Filtern, das die abfiltrierten Stoffe mitführt) ‖ ~ **strip** (Autos) / Farbkeilband n (in Windschutzscheiben aus Verbundglas) ‖ ~ **throughput** (Chem Eng) / Filterdurchsatz m
**filter-transmission band**\* (Telecomm) / Durchlassbandbreite f
**filter tube** (Chem Eng) / Filterkerze f ‖ ~ **under suction** (Chem) / abnutschen v, nutschen v, absaugen v (mit der Nutsche) ‖ ~ **velocity** (Civ Eng) / Filtergeschwindigkeit f (auf den Querschnitt einer Bodenprobe bezogen) ‖ ~ **washing** / Filterspülung f, Filterwäsche f ‖ ~ **well** (Civ Eng) / Filterbrunnen m, Filterbohrung f (mit Pumpe und etwa 30 cm Durchmesser - zur Entnahme des oberflächennahen Grundwassers) ‖ ~ **wrench** (Autos) / Ölfilterschlüssel m, Filterschlüssel m
**filtrability** n / Filtrierbarkeit f
**filtrable** adj / filtrierbar adj, abfiltrierbar adj ‖ ~ **virus** (Bacteriol) / filtrierbares Virus
**filtrate** v / filtern v, filtrieren v ‖ ~\* n (the clear solution that has passed through after filtration) (Chem, Chem Eng) / Filtrat n (ablaufende klare Flüssigkeit)
**filtration**\* n (Chem Eng) / Filtration f, Filterung f, Filtrieren n (DIN 7051) ‖ ~ n (Stats) / Filtration f (bei stationären Prozessen) ‖ ~ **flow** (rate) (Chem Eng) / Filtrationsrate f
**60°-filtration funnel** (Chem) / Analysentrichter m, Rippentrichter m
**filtration plant** (Hyd Eng) / Filteranlage f (DIN 19605) ‖ ~ **rate** (Chem, San Eng) / Filtergeschwindigkeit f (Quotient aus Volumenstrom und Filterfläche nach DIN 4045) ‖ ~ **residue** (Chem) / Filterrückstand m
**FIM** (field-ion microscope) (Micros) / Feldionenmikroskop n
**fima** n (Nuc Eng) / relativer Abbrand (die Spaltungen je ursprünglich vorhandene Schwermetallatome)
**fin** v (Eng) / rippen v, mit Rippen versehen ‖ ~ (Eng, I C Engs) / verrippen v (zur Oberflächenvergrößerung, berippen v ‖ ~\* n (fixed stabilizing element at rear) (Aero) / Flosse f (meistens Seitenflosse) ‖ ~ (Build) / ausgelaufener Mörtel (Beton) in den Fugen ‖ ~\* (Eng) / Rippe f, Lamelle f, Flosse f (am Rohr) ‖ ~\* (Eng, I C Engs) / Rippe f, Kühlrippe f (zur Oberflächenvergrößerung), Kühllamelle f (bei zweiteiligen Formen) ‖ ~\* (Foundry, Met, Plastics) / Grat m (Formgrat) ‖ ~ (a thin, feather-edged protrusion or projection) (Glass) / Überpressung f, Glasgrat m, Pressgrat m ‖ ~ (Glass) / splittriges Bruchufer ‖ ~\* (Heat) / Rohrrippe f, Rippe f (Heizkörper) ‖ ~ (Welding) / Wulst m f (beim Widerstandsschweißen) ‖ ~\* (Aero) s. also rudder fin
**final** adj / End-, final adj ‖ ~ **aerodrome** (Aero) / Zielflughafen m, Zielflugplatz m, DEST (Zielflughafen) ‖ ~ **approach**\* (the last leg of a landing pattern, or the last heading flown by an aircraft before touchdown, during which the aircraft is lined up with the runway and is held to nearly constant speed and rate of descent) (Aero) / Endanflug m
**final-approach control** (Aero) / Endanflugverfahren n
**final approval** (Build) / Schlussabnahme f (öffentlich-rechtliche Prüfung nach Abschluss der Bauarbeiten) ‖ ~ **assembly** (Eng) / Endmontage f ‖ ~ **bit** (Eng) / letztes Bit ‖ ~ **bleaching** (Paper) / Endbleiche f ‖ ~ **blow** (Glass) / Fertigblasen n ‖ ~ **boiling point** (Chem, Phys) / Siedepunkt m (Siedeende), SE (Siedeendpunkt), Siedeendpunkt m, Siedeende n, Endkochpunkt m ‖ ~ **charging current** (Elec Eng) / Ladeschlussstrom m ‖ ~ **charging voltage** (Elec Eng) / Ladeschlussspannung f (am Ende der Ladung) ‖ ~ **check** (Eng) / Endkontrolle f (vor der Auslieferung), Endprüfung f (DIN 55 350), Schlusskontrolle f ‖ ~ **coat** (Paint) / Deckschicht f (DIN 50 900-1), Deckanstrich m (der die unteren Anstrichschichten vor äußeren chemischen und physikalischen Einflüssen schützen und ästhetischen Anforderungen genügen muß), Schlussanstrich m (abschließender Anstrich eines Anstrichsystems), DS (Deckschicht) ‖ ~ **colour strength** (Paint) / Endfarbstärke f (eines Pigments beim Dispergieren) ‖ ~ **concentration** (Chem) / Endkonzentration f ‖ ~ **consumer** / Endverbraucher m, Letztverbraucher m ‖ ~ **control element** (Automation) / Stellglied n (Teil einer Steuer- oder Regelstrecke nach DIN 1926), Steller m (Stellglied), Stellorgan n ‖ ~ **controller** (Aero) / Landeradarlotse m, Landeradarkontrollor m (A), Landeradarverkehrsleiter m (S) ‖ ~ **cork** (Nut) / Expeditionskorken m (für Weinflaschen) ‖ ~ **cut** (Cinema) / Final Cut m (die für die endgültige Form des Films entscheidende Bearbeitungsphase), Finalcut m ‖ ~ **cut** (For) / Abtrieb m, Abtriebsschlag m ‖ ~ **decay** (Acous, Electronics) / Final Decay n (Zeit des Abfallens des Tons im Maximum bis zu einem vorbestimmbaren Niveau und endgültiges Abfallen von diesem Niveau auf 0 nach Loslassen der Taste - beim Synthesizer) ‖ ~ **decision** / abschließende Entscheidung ‖ ~ **draw** (Eng) / Fertigzug m, Fertigziehen n (beim Tiefziehen) ‖ ~ **drawing** (Eng) / Fertigzug m, Fertigziehen n (beim Tiefziehen) ‖ ~ **drive** (Autos) / Achsantrieb m ‖ ~ **drive** (Autos) s. also differential gear ‖ ~ **drive ratio** (Autos) / Achsantriebsübersetzung f ‖ ~ **felling** (For) / Abtrieb m, Abtriebsschlag m ‖ ~ **finish** (Textiles) / Nachappretur f ‖ ~ **form** (Eng) / Endform f (des Fertigteils nach DIN 8580) ‖ ~ **grade** (US) (Civ Eng) / Feinplanumshöhe f ‖ ~ **host** (Biol, Chem) / Endwirt m, endgültiger Wirt, Definitivwirt m ‖ ~ **inspection** / Endkontrolle f (vor der Auslieferung), Endprüfung f (DIN 55 350), Schlusskontrolle f ‖ ~ **inspection** (Work Study) / Endabnahme f, Fertigungsendprüfung f
**finalize** v (Comp) / finalisieren v (die Aufnahme auf eine CD-R-Platte beendigen)
**final leg** (Aero) / Endanflugteil m (der Platzrunde) ‖ ~ **limit-switch**\* (Elec Eng) / Endausschalter m (bei Aufzügen) ‖ ~ **moisture content** / Endfeuchte f ‖ ~ **moisture content** (Nut) / Endwassergehalt m (nach dem Trocknen) ‖ ~ **pass** (Welding) / Decklage f (DIN 1912-1) ‖ ~ **plated-through copper** (Electronics) / Starkdurchkupferung f ‖ ~ **pressure** (Eng) / Enddruck m (bei Verdichtern) ‖ ~ **product** / Enderzeugnis n, Endprodukt n, Finalerzeugnis n, Finalprodukt n ‖ ~ **proof** (Comp, Print) / Endkorrekturvorlage f ‖ ~ **proof** (Print) / Revision f (letztes Überprüfen einer Druckform auf Satzfehler vor Beginn des Fortdruckes), Maschinenrevision f (anhand des Revisionsbogens) ‖ ~ **reduction gear ratio** (Autos) / Achsantriebsübersetzung f ‖ ~ **rejection** (Work Study) / Rückweisung f (von Ausschuss bei der Endkontrolle) ‖ ~ **repository** (Nuc Eng) / Endlager n (für radioaktive Abfälle) ‖ ~ **route** (Telecomm) / Letztweg m ‖ ~ **run** (Print) / Auflagendruck m (Fertigungsphase im Druckvorgang), Fortdruck m, Druckauflage f ‖ ~ **run** (Welding) / Decklage f (DIN 1912-1)
**finals**\* pl (Aero) / Endanflug m
**final sanding** (For, Paint) / Feinschliff m, Endschliff m ‖ ~ **sedimentation tank** (Ecol, San Eng) / Nachklärbecken n (das nach dem Tropfkörper und dem Belebtschlammbecken angeordnet wird), NKB (Nachklärbecken) ‖ ~ **selector**\* (Teleph) / Leitungswähler m, Linienwähler m ‖ ~ **set** (the time required for cement or concrete to harden to the point beyond which plastic deformation will not occur) (Civ Eng) / Erstarrungsende n (Beton nach DIN 1164), Abbindeende n ‖ ~ **size desired** / Endfeinheit f (eine gewünschte Korngröße) ‖ ~ **state** / Endzustand m ‖ ~ **storage** (Nuc Eng) / Endlagerung n ‖ ~ **storage facility** (Nuc Eng) / Endlager n (für radioaktive Abfälle) ‖ ~ **stress** (Civ Eng) / volle Vorspannung (im Betonquerschnitt dürfen keine Zugspannungen auftreten, der Querschnitt ist voll überdrückt) ‖ ~ **tank** (for secondary sedimentation) (Ecol, San Eng) / Nachklärbecken n (das nach dem Tropfkörper und dem Belebtschlammbecken angeordnet wird), NKB (Nachklärbecken) ‖ ~ **temperature** (Phys) / Endtemperatur f ‖ ~ **throwing** (For) / Abtrieb m, Abtriebsschlag m ‖ ~ **topology** (Maths) / Finaltopologie f ‖ ~ **turning** (Eng) / Fertigdrehen n (auf Fertigmaß) ‖ ~ **twist** (Spinning) / Enddrehung f, Schlussdrehung f ‖ ~ **vacuum** (Vac Tech) / Endvakuum n ‖ ~ **value** / Endwert m ‖ ~ **viscosity** (Phys) / Endviskosität f (DIN 1342, T 1) ‖ ~ **wash** (Photog) / Schlusswässerung f
**financial engineering** / Financial Engineering n (umfassende, auf den einzelnen Kunden zugeschnittene Finanzierungs-, Beratungs- und Betreuungsleistungen) ‖ ~ **year** / Geschäftsjahr n
**fin-back bridge** (Civ Eng) / Flossenbrücke f (eine Brückenkonstruktion, bei der eine senkrechte, dünne Platte aus Spannbeton oberhalb der Fahrbahn das Tragwerk hält)
**finder**\* n (Astron) / Sucherteleskop n, Sucherfernrohr n, Sucher m ‖ ~\* (Teleph) / Anrufsucher m, Suchschalter m ‖ ~\* (Teleph) s. also line switch ‖ ~ **chain** (Comp) / Suchkette f
**Finder's sole leather** (Leather) / Schnitterware f (steifes, standiges Sohlleder für holzgenageltes Schuhwerk und für Reparaturen)
**F indicator** (Radar) / F-Schirm n
**finding a root** (Maths) / Radizieren n, Wurzelziehen n, Wurzelrechnung f
**findings** pl (US) (small articles and tools used in making garments and shoes) (Textiles) / Schneiderei-Zubehör n, Nähzeug n ‖ ~ (Textiles) / Zutaten f pl (für die Konfektion) ‖ ~ (US) (Textiles) / Galanteriewaren f pl, Kurzwaren f pl, Mercerie f (S) (kleine Bedarfsartikel für die Schneiderei) ‖ ~ (US) (Tools) / Handwerkszeug n
**find the direction** (Nav, Radar, Radio) / peilen v, anpeilen v
**fine** v (clarify) (Brew) / läutern v (die Bierwürze) ‖ ~ (Glass) / läutern v ‖ ~ (Met) / veredeln v (Schmelze) ‖ ~ adj / feinkörnig adj ‖ ~ / fein adj ‖ ~ (Met) / rein adj (Edelmetall) ‖ ~ **abrasive** (Eng, For) / Feinschleifmittel n (z.B. Bimsmehl oder Wiener Kalk), weiches Schleifmittel ‖ ~ **adjustment** (Instr) / Feintrieb m, Feinjustierung f, Feineinstellung f (im Allgemeinen) ‖ ~ **aggregate**\* (Build, Civ Eng) /

549

**fine**

Feinkornzuschlagstoff m, Feinzuschlagstoff m, feinkörniger Zuschlag, Feinzuschlag m, feinkörniger Zuschlagstoff (meistens unter 4,75 mm) ‖ ~ **annealing** (Glass) / Feinkühlung f
**fine-art offset lithography** (Print) / Offsetlithografie f
**fine boring**\* (Eng) / Feinbohren n (mit umlaufenden Werkzeugen), Genauigkeitsbohren n
**fine-bubble aeration** (San Eng) / feinblasige Belüftung
**fine card** (Textiles) / Feinkrempel f, Feinkarde f ‖ ~ **ceramics** (Ceramics) / Feinkeramik f (
**fine-ceramics raw material** (Ceramics) / feinkeramischer Werkstoff, Tongut n (zusammenfassende Bezeichnung für alle porösen feinkeramischen Werkstoffe)
**fine chemicals** (Chem) / Feinchemikalien f pl (Chemikalien verschiedener Reinheitsgrade, die im Laboratoriumsmaßstab hergestellt und verwendet werden)
**fine-control rod** (Nuc Eng) / Feinsteuerstab m
**fine cut** (Cinema) / Feinschnitt m
**fine-disperse** adj / feindispers adj
**fine draw** (Textiles) / Feinzusammennähen n
**fine-draw** v (Textiles) / fein zusammennähen
**fine drawing** (Met) / Feinzug m (beim Ziehen von Drähten) ‖ ~ **dust** / Feinstaub m (bis etwa 63 μm) ‖ ~ **end** (Weaving) / fehlerhaftes Kettgarn ‖ ~ **etching**\* (Print) / Reinätzung f
**fine-focus control** (Micros) / Feineinstellung f
**fine focusing** (Micros) / Feineinstellung f ‖ ~ **gold**\* (Met) / Feingold n (Feingehalt 24 Karat = mindestens 99,96% Au)
**fine-grain** attr / feinkörnig adj ‖ ~ (Leather) / feinnarbig adj
**fine-grain developer**\* (Photog) / Feinkornentwickler m
**fine-grained** adj / grießig adj (Schüttgut) ‖ ~ / feinkörnig adj ‖ ~ (For) / fein gemasert ‖ ~ (Leather) / feinnarbig adj ‖ ~ **steel** (Met) / Feinkornstahl m, Feinkornbaustahl m, hochfester schweißbarer Baustahl ‖ ~ **structural steel** (Build, Met) / Feinkornbaustahl m
**fine-grain radar** (Radar) / Radar m n mit hoher Auflösung, Radargerät n mit hoher Auflösung
**fine-grinding mill** (Chem Eng, Eng) / Feinmühle f, Feinstmühle f, Feinmahlanlage f, Feinstmahlanlage f, Staubmühle f, Pulverisiermühle f
**fine-grooved** adj (Optics) / mit feinen Furchen
**fine-lapping compound** (Eng) / Feinschleifpaste f
**fine levelling** (Civ Eng) / Abziehen n (von Feinplanum) ‖ ~ **liner** / Feinschreiber m, Fineliner m (Kugel- oder Faserschreiber mit besonders feiner Spitze)
**fine-line screen** / Feinlinienraster m
**finely dispersed** / feindispers adj ‖ ~ **meshed** (Textiles) / engmaschig adj, feinmaschig adj ‖ ~ **pored** / engporig adj, feinporös adj, feinporig adj ‖ ~ **powdered** / staubfein adj
**fine machining**\* (Eng) / Feinbearbeitung f
**fine-meshed** adj (Textiles) / engmaschig adj, feinmaschig adj
**fine milling** (Eng) / Feinfräsen n ‖ ~ **mortar** (Build) / Feinmörtel m
**fine-motion screw** / Feinbewegungsschraube f
**fine needle pitch** (Weaving) / Feinstich m
**fineness**\* / (Chem) / Feinheit f ‖ ~ (Chem, Optics) / Finesse f (Maß für Auflösungsvermögen eines Etalons oder eines Interferometers) ‖ ~\* (Met) / Aloi m, Feingehalt m, Feinheit f, Feine f, Korn n (bei Edelmetallen) ‖ ~ (degree of dispersion) (Paint) / Feinheit f (Dispersitätsgrad nach DIN 66 160) ‖ ~ (Powder Met) / Feinheit f (des Pulvers) ‖ ~ (Spinning, Textiles) / Feinheit f (von Natur- und Chemiefasern) ‖ ~ **modulus**\* (an empirical factor designating the fineness of an aggregate as a percentage of the total sample retained on each of a series of screens of decreasing sizes) (Civ Eng, Min Proc) / Feinheitszahl f, Feinheitsmodul m (Charakteristik der Kornverteilung) ‖ ~ **modulus**\* s. also grading curve ‖ ~ **of grind** / Mahlfeinheit f ‖ ~ **of silver** (Met) / Lötigkeit f ‖ ~ **ratio**\* (Aero) / Schlankheitsgrad m, Schlankheitsverhältnis n
**fine paper**\* (Paper) / Feinpapier n (hochwertiges) ‖ ~ **pick** (Weaving) / dünner Schussfaden ‖ ~ **pitch** (a small angle of pitch for low-speed flight) (Aero) / Flacheinstellung f, Feineinstellung f (der Luftschraube), kleine Steigung
**fine-pitch machine** (Textiles) / Feinstichmaschine f (eine Nähmaschine)
**fine pore** / Feinpore f (Makro-, Meso- und Mikropore)
**fine-pored** adj / engporig adj, feinporös adj, feinporig adj ‖ ~ s. also microporous
**fine rib** (Textiles) / Feinripp m
**finery**\* n (Met) / Feinofen m ‖ ~\* (Met) / Frischhütte f
**fines**\* pl / Feinanteile m pl (in einem Gemisch) ‖ ~ (Ecol) / Feinstpartikeln f pl (z.B. in der Luft) ‖ ~ (Eng) / Unterlauf m, Feingut n (bei der Siebanalyse), Siebdurchgang m, Unterkorn n bei der Siebanalyse (DIN 66160), Siebfeines n (bei der Siebanalyse) ‖ ~ (For) / Normalspäne m pl für Spanplattendeckschichten (die in Hammer- oder Schlagkreuzmühlen weniger intensiv nachzerkleinert werden) ‖ ~ (Mining) / Feinstkohle f ‖ ~ (Min Proc) / feinzerkleinertes Gut ‖ ~ (Paper) / Staub m, feines Holzmehl

**fine sand** / Feinsand m (bis 1 mm Korngröße) ‖ ~ **scale** (Instr) / Feinskale f, Feinskala f ‖ ~ **screen** (Eng) / Feinsieb n ‖ ~ **screen**\* (Photog, Print) / Feinraster m (mit 52-59 Linien je Zentimeter)
**fine-screen** n (unit) (Hyd Eng) / Feinrechen m (zum Zurückhalten der Feststoffe) ‖ ~ **attr** (Photog, Print) / feingerastert adj, Feinraster-
**fines herbes** pl (mixed herbes used in cooking) (Nut) / Fines Herbes pl (ein Gemisch von fein gehackten aromatischen Kräutern zum Würzen)
**fine sieve** (Eng) / Feinsieb n ‖ ~ **silt**\* (Geol) / Feinschluff m (0,006 - 0,002 mm) ‖ ~ **silver** (Met) / Feinsilber n (9995 fein), Elektrolytsilber n, E-Silber n ‖ ~ **sizes** / Feinanteile m pl (in einem Gemisch) ‖ ~ **slag** (Met) / granulierte Schlacke, gekörnte Schlacke
**fine-spinning frame** (Spinning) / Feinspinnmaschine f
**fine-spun** adj (Textiles) / fein gesponnen, dünn gesponnen
**finesse** n (Chem, Optics) / Finesse f (Maß für Auflösungsvermögen eines Etalons oder eines Interferometers)
**finest grain** (Build, Civ Eng) / Mehlkorn n (Feinstkorn in Beton, bestehend aus Zement, Betonzuschlag bis 0,125 mm und ggf. Betonzusatzstoffen)
**fine stoneware** n (Ceramics, San Eng) / Feinsteinzeug n ‖ ~ **straw pulp** (Paper) / Strohzellstoff m (voll aufgeschlossener), Strohzellulose f, Zellstoff m aus Stroh, Strohstoff m (gelber) ‖ ~ **structure**\* (Phys, Spectr) / Feinstruktur f, FS
**fine-structure constant** (the coupling constant of the electromagnetic interaction in quantum-field theory) (Nuc, Spectr) / Feinstrukturkonstante f (atomare Konstante - 7,297 352 533 . $10^{-3}$), Sommerfeld-Feinstrukturkonstante f (nach A. Sommerfeld, 1868-1951)
**finest top layer** (For) / Feinstdeckschicht f (aus Feinstpartikeln hergestellte Deckschicht einer Spanplatte)
**fine stuff**\* (Build) / Feinkalkmörtel m, Feinputzmörtel m ‖ ~ **thread** (Eng) / Feingewinde n
**fine-thread** attr (Spinning) / dünnfädig adj
**fine time** (Comp) / Feinzeit f
**fine-tune** v (Radio) / fein abstimmen
**fine tuning** (Radio) / Feinabstimmung f (z.B. mit der Kurzwellenlupe)
**fine-wire fuse** (Elec Eng) / dünndrähtige Sicherung
**fine wood** (For) / Edelholz n (mit dekorativer Textur)
**fine-woolled** adj (Textiles, Zool) / mit feiner Wolle (Schaf)
**finger** n (Aero) / Fingerflugsteig m, Finger m (des Abfertigungsgebäudes) ‖ ~ (Agric) / Finger m (des Mähbalkens), Mäh m ‖ ~ (Build) / Parkettlamelle f, Kleinparkettlamelle f ‖ ~ (Elec Eng) / Druckfinger m (eine im Zahnbereich eines Läuferendblechs elektrischer Maschinen wirkende, meist angeschweißte Versteifung zur Übertragung der Presskraft) ‖ ~ (Eng) / Finger m, Daumen m ‖ ~ (Eng) / Stift m (der Stiftmühle) ‖ ~ (RAKE finger) (Telecomm) / RAKE-Finger m (ein Empfangszweig eines RAKE-Empfängers), Korrelator m (RAKE-Finger), Finger m (Korrelator) ‖ ~ **bar** (Agric) / Fingerbalken m ‖ ~ **bit** (Mining) / Fingerkrone f (Bohrkopf) ‖ ~ **car** (Ceramics) / Absetzwagen m (Förderer, der auf Holz- oder Metallplatten ruhendes Gut in mehreren Etagen übereinander aufnehmen, transportieren und absetzen kann) ‖ ~ **coal** (Geol) / Naturkoks m (durch Kontaktmetamorphose in Kohlelagerstätten gebildete koksähnliche poröse Masse) ‖ ~ **cutter unit** (Agric) / Fingerschneidwerk n ‖ ~ **gripper** (Eng) / Fingergreifer m (eines IR) ‖ ~ **guard** (Eng) / Fingerschutzeinrichtung f, Fingerschutz m (als Einrichtung) ‖ ~ **hole** (Teleph) / Fingerloch n (bei alten Fernsprechapparaten mit Wählscheibe)
**fingering** n (Chem) / Ausfingern n ‖ ~ (Oils) / Wasser-Fingering n (Einsickerung in den Förderhorizont), Fingerbildung f ‖ ~\* (Textiles) / gezwirntes Handstrickgarn, Strumpfgarn n
**finger joint** (Build, Join) / Keilzinkenverbindung f (eine Holzlängsverbindung), Keilzinkung f ‖ ~ **joint** (Build, Join) / Keilzinke f
**finger-jointing line** (Join) / Keilzinkenanlage f
**finger knitting** (hose and hosiery) (Textiles) / Handstricken n, Handstrickerei f
**finger-knitting machine** (Textiles) / Anfingermaschine f, Fingerstrickmaschine f
**finger lake** (Geol) / Zungenbeckensee m
**fingernail test** (Plastics) / Fingernagelprobe f (orientierende Härteprüfung)
**finger-paddle agitator** (Chem Eng) / Fingerrührer m
**finger picking** (Comp) / Fingerberührung f ‖ ~ **plate** (Build, Elec Eng) / Tapetenschoner m (um die Schalter) ‖ ~ **plate**\* (Build, Join) / Türschoner m (gegen Fingerabdrücke) ‖ ~ **plate** (Teleph) / Lochkranz m, Fingerlochscheibe f (bei alten Fernsprechapparaten)
**fingerprint** n / Fingerabdruck m (z.B. für die Zugangskontrolle) ‖ ~ (Chem, Spectr) / Fingerprint n (Substanzcharakteristik)
**fingerprint-activated access** (system) (Comp, Mil) / Fingerabdruckidentifikation f (im Rahmen eines Zugangskontrollsystems)

**fingerprint identification** / Fingerabdruckidentifikation f, Fingerabdruckidentifizierung f
**fingerprinting** n / Fingerabdruckverfahren n
**fingerprint method** (Paint) / Fingertest m (zur Prüfung der Klebrigkeit) ‖ ~ **reader** / Fingerabdruckleser m (Gerät, das die Identität von Personen anhand eines Fingerabdrucks feststellt, z.B. beim Rechnerzugang) ‖ ~ **region** (Spectr) / Fingerprint-Bereich m, Fingerprint-Gebiet n
**finger pump** (Chem Eng) / Fingerpumpe f (zur Förderung von Flüssigkeiten und Schlamm)
**finger-ring plasma shape** (Plasma Phys) / Fingerring-Plasmaform f
**fingers** pl (Paint, Surf) / Finger m pl (Fehler beim Airless-Spritzen)
**finger sander** (Paint) / Fingerschleifer m (zum Schleifen und Glätten von Spachtelflächen an engen Stellen, Profilen und Rundungen)
**finger-shaped cutter** (Eng) / Schaftfräser m (mit Zylinderschaft nach DIN 844 und mit Morsekegel nach DIN 845), Fingerfräser m
**finger spring** (Eng) / radial wirkende Feder ‖ ~ **stop** (Teleph) / Anschlag m der Fingerlochscheibe
**finger-tight** adj (Eng) / von Hand angezogen, leicht angezogen ‖ ~ (Eng) / handfest adj
**finger-tip control** (Elec Eng) / Tippschaltung f
**fingertip towel** (Textiles) / Gästetuch n, Gästehandtuch n
**finger truck** (Ceramics) / Absetzwagen m (Förderer, der auf Holz- oder Metallplatten ruhendes Gut in mehreren Etagen übereinander aufnehmen, transportieren und absetzen kann)
**finger-type contact*** (Elec Eng) / Fingerkontakt m
**finger-wheel rake** (Agric) / Sternradrechwender m
**finger-wiped joint** / [ineinander verspitzte] Lötverbindung f
**finial*** n (Arch) / bekrönendes Element ‖ ~ (in a fleur-de-lis form) (Arch) / Kreuzblume f (an der Spitze von Türmen, Fialen, Wimpergen usw.) ‖ ~* adj (Arch) / Abschluss-, bekrönend adj
**fining** n (Brew) / Klären n, Schönen f ‖ ~* (Glass) / Feinschmelze f, Blankschmelze f, Blankschmelzen n, Läuterung f (nach der Rauschmelze - thermische oder Dünnschichtläuterung) ‖ ~ (Met) / Veredelung f (Schmelze) ‖ ~ (Nut) / Schönen v (von Wein), Schönung f (von Wein) ‖ ~ **agent** (Brew) / Klärmittel n (zur Klärung alkoholischer Getränke im Gär- oder Lagerkeller), Schönungsmittel n (zur Beseitigung von Trübung), Schöne f ‖ ~ **agent** (Chem, Glass) / Läutermittel n, Läuterungsmittel n, Läuterungsrohstoff m ‖ ~ **coat*** (Build) / Deckschicht f, Sichtschicht f (des Außenputzes), Oberputz m, Abschlussschicht f, Glattstrich m (beim mehrlagigen Putz), Fertigputz m (A) ‖ ~ **coat** (Build) / Feinputz m (mit feiner Körnung)
**fining-off*** n (Build) / Aufbringen n der Sichtschicht
**finings** pl (Brew) / Klärmittel n (zur Klärung alkoholischer Getränke im Gär- oder Lagerkeller), Schönungsmittel n (zur Beseitigung von Trübung), Schöne f
**fining-upwards cycle*** (Geol) / nach oben feiner werdende Abfolge, positive Sequenz (in einem Sedimentationszyklus)
**fining with gelatin and tannin** (Nut) / Gelatine-Tannin-Schönung f (des Weins)
**finish** v / veredeln v (Rohstoffe und Halbfabrikate weiterverarbeiten) ‖ ~ / finishen v, fertig machen v ‖ ~ / ausputzen v (Schuhe) ‖ ~ / complete the fattening of (livestock) before slaughter) (Agric) / ausmästen v ‖ ~ (Civ Eng) / glätten v (die Betondecke), schließen v (die Betondecke) ‖ ~ (Eng) / fertig bearbeiten v, endbearbeiten v ‖ ~ (Glass) / feinschleifen v ‖ ~ (Leather) / zurichten v (nach der Gerbung) ‖ ~ (Met) / mit Überzugslack versehen, mit Deckanstrich versehen ‖ ~ (Paper, Textiles) / ausrüsten v, veredeln v ‖ ~ (Textiles) / versäubern v (wenn lose Fäden abgeschnitten werden) ‖ ~ (Textiles) / appretieren v ‖ ~ n / Endvergütung f ‖ ~ / Ende n, Schluss m ‖ ~ (Build) / Deckschicht f, Sichtschicht f (des Außenputzes), Oberputz m, Abschlussschicht f, Glattstrich m (beim mehrlagigen Putz), Fertigputz m (A) ‖ ~ (Build) / Feinputz m (mit feiner Körnung), (Eng) / Oberflächenbeschaffenheit f (DIN ISO 1302), Oberflächenausführung f, Oberflächengüte f (nach der Bearbeitung), Finish n, Oberflächenfinish n ‖ ~ (Eng) / Endbearbeitung f, Fertigbearbeitung f ‖ ~ (Glass) / Mündung f (der Flasche) ‖ ~ (Leather) / Zurichtung f (nach der Gerbung) ‖ ~ (Leather) / Finish n, Deckfarbenauftrag m (letzter), Glanzauftrag m (letzter - auf Narbenleder) ‖ ~ (Paint) / schützender farbloser Lack, Politur f ‖ ~ (Paint) / Finish n (Gesamtheit aller Schutzschichten eines Werkstücks) ‖ ~ (Paper, Textiles) / Ausrüstung f ‖ ~ (Textiles) / Appretieren n, Appretur f ‖ ~ (Textiles) / Finish n (abschließender Arbeitsgang in der Veredelung) ‖ ~ (Textiles, Weaving) / Präparation f (Behandlung mit Textilhilfsmitteln für Avivage, Schmälzen, Schlichten usw.) ‖ ~ (Autos) s. also car finish ‖ ~ **boring** (Eng) / Nachbohren n, Fertigbohren n ‖ ~ **coat** (Paint) / Deckschicht f (DIN 50 900-1), Deckanstrich m (der die unteren Anstrichschichten vor äußeren chemischen und physikalischen Einflüssen schützen und ästhetischen Anforderungen genügen muß), Schlussanstrich m (abschließender Anstrich eines Anstrichsystems), DS (Deckschicht)

‖ ~ **decatizing with gloss through pressure** (Textiles) / Pressglanzdekatur f ‖ ~ **draw** (Eng) / Fertigzug m, Fertigziehen n (beim Tiefziehen) ‖ ~ **drawing** (Eng) / Fertigzug m, Fertigziehen n (beim Tiefziehen)
**finished art** / Reinzeichnung f (druckfertige) ‖ ~ **casting** (Foundry) / Fertigguss m (versandfähiger Guss) ‖ ~ **drawing** / Reinzeichnung f (druckfertige) ‖ ~ **part** (Eng) / fertig bearbeitetes Teil, Fertigteil n ‖ ~ **product** (Work Study) / Fertigerzeugnis n, Fertigprodukt n, Fertigfabrikat n ‖ ~ **product** s. also end-product ‖ ~ **reel** (Paper) / Fertigrolle f ‖ ~ **size** / Fertigmaß n ‖ ~ **stock** (For) / Schnittholz n (DIN EN 13 556), Schnittware f ‖ ~ **weight** (Agric) / Mastendmasse f ‖ ~ **width** (Weaving) / Fertigbreite f (des ausgerüsteten Gewebes)
**finisher** n (Civ Eng) / Straßenfertiger m (schienengeführt oder auf Rampen fahrend), Deckenfertiger m ‖ ~ (Eng) / Fertigsenk n ‖ ~ (Glass) / Feinschleifer m ‖ ~ (Met) / Vorschlichtwalzwerk n, Polierwalzwerk n, Glättwalzwerk n ‖ ~ (Spinning) / Feinnitschler m, Feinfrotteur m ‖ ~ (Spinning) / Feinstrecke f, Ausstrecke f ‖ ~ (Textiles) / Ausrüster m (ein Facharbeiter), Appreteur m ‖ ~ **box** (Spinning) / Feinnitschler m, Feinfrotteur m ‖ ~ **card** (Textiles) / Feinkrempel f, Feinkarde f ‖ ~ **drawing frame** (Spinning) / Feinstrecke f, Ausstrecke f
**finish hardware** (Build) / Baukleineisenwaren f pl (z.B. Beschläge) ‖ ~ **hardware** (Build) / Zierbeschlag m (ein Baubeschlag)
**finishing** n / Veredelung f (von Rohstoffen und Halbfabrikaten), Veredlung f ‖ ~* (Bind) / Deckenverzierung f ‖ ~ (Bind) / Herstellung f der Buchdecke (bei Handeinbänden) ‖ ~ (Build) / Ausbau m (Bauarbeiten auf der Baustelle und am Bau, die nach Fertigstellung des Rohbaues bis zur gebrauchsfertigen Übergabe eines Gebäudes erforderlich sind) ‖ ~ (Ceramics, Foundry) / Fertigputzen n ‖ ~ (Eng) / Schlichtdrehen n ‖ ~ (Eng) / Endbearbeitung f, Fertigbearbeitung f ‖ ~ (Met) / Adjustage f (in der Zurichterei in Walzwerken) ‖ ~ (cotton) (Textiles) / Appretieren n, Appretur f ‖ ~ **give a ~ stroke** / letzte Hand an etwas legen ‖ **make a ~ touch** / letzte Hand an etwas legen ‖ ~ **agent** (Textiles) / Appreturmittel n ‖ ~ **bath** (Textiles) / Appreturflotte f, Appreturbad n ‖ ~ **broke** (the waste paper resulting from the various finishing operations) (Paper) / Ausschuss m bei der Enbearbeitung ‖ ~ **calender** (Textiles) / Finishkalander m, Appretierkalander m ‖ ~ **carpentry** (US) (Build, Join) / Tischlerei f, Tischlerhandwerk n, Schreinerei f, Schreinerhandwerk n, Bautischlerei f, Bauschreinerei f ‖ ~ **coat** (Build) / Feinputz m (mit feiner Körnung) ‖ ~ **coat*** (Build) / Deckschicht f, Sichtschicht f (des Außenputzes), Oberputz m, Abschlussschicht f, Glattstrich m (beim mehrlagigen Putz), Fertigputz m (A) ‖ ~ **coat** (Paint) / Deckschicht f (DIN 50 900-1), Deckanstrich m (der die unteren Anstrichschichten vor äußeren chemischen und physikalischen Einflüssen schützen und ästhetischen Anforderungen genügen muss), Schlussanstrich m (abschließender Anstrich eines Anstrichsystems), DS (Deckschicht) ‖ ~ **cut*** (Eng) / Schlichtschnitt m, Fertigschnitt m ‖ ~ **die** (Eng) / Fertiggesenk n ‖ ~ **enamel** (Paint) / Decklack m (Material) ‖ ~ **enamel coat** (Paint) / Deckemail n ‖ ~ **file** (Eng, Tools) / Schlichtfeile f (im Allgemeinen) ‖ ~ **frame saw** (For) / Nachschnittgatter n ‖ ~ **gear milling cutter** (Eng, Tools) / Zahnformfräser m, Zahnradfräser m, Verzahnwerkzeug n ‖ ~ **grinding** (Eng) / Feinschliff m ‖ ~ **groove** (Met) / Fertigstich m ‖ ~ **house** (Paper) / Papiersaal m (Packung und Ausrüstung) ‖ ~ **house** (Paper) / Ausrüstungssaal m ‖ ~ **lathe** (Eng) / Feindrehmaschine f, Genauigkeitsdrehmaschine f ‖ ~ **lathe** (Eng) / Nachdrehmaschine f ‖ ~ **liquor** (Textiles) / Appreturflotte f, Appreturbad n ‖ ~ **machine** / Ausputzmaschine f (Schuhfabrikation) ‖ ~ **machine** (Textiles) / Veredelungsmaschine f ‖ ~ **paint** (top coat) (Paint) / Decklack m (Material) ‖ ~ **paper** (Eng) / feines Schleifpapier (für die Endbehandlung), Handschleifpapier n (mit Al₂O₃, SiC, Schmirgel etc. und Tierleim als Bindemittel) ‖ ~ **pass** (Met) / Fertigstich m (letzter Stich einer Kaliberfolge im Fertigkaliber, der als maßgebender Stich der Walzung formgenaues Walzgut mit engen Toleranzen gewährleisten muss) ‖ ~ **pass** (last groove in a pass sequence) (Met) / Fertigstich m ‖ ~ **plane** (Carp, Join, Tools) / Putzhobel m (Handhobel zum Putzen von Flächen und Schmalflächen und Bestoßen von Hirnflächen und Gehrungen) ‖ ~ **range** (Textiles) / Ausrüstungsstraße f ‖ ~ **room** (Paper) / Ausrüstungssaal m ‖ ~ **shop** (Met) / Zurichterei f (in Walzwerken) ‖ ~ **soap** (Textiles) / Appreturseife f ‖ ~ **spirit** (Join) / Poliersprit m ‖ ~ **stand** (Met) / Fertiggerüst n ‖ ~ **tool*** (Eng) / Schlichtwerkzeug n (meistens ein Schlichtmeißel nach DIN 4955 und 4956) ‖ ~ **tooth** (Eng) / Schlichtzahn m (der Räummerkzeugs) ‖ ~ **tooth** (For) / Nachschneidzahn m (bei Sägen) ‖ ~ **trades** (Build) / Ausbaugewerke n pl (die die Ausbauarbeiten durchführen) ‖ ~ **train** (Met) / Fertigstraße f (Teil einer Walzstraße, auf dem das Walzgut fertig gewalzt wird) ‖ ~ **varnish** (Paint) / Überzugslack m ‖ ~ **waste** (Paper) / Ausschuss m bei der Enbearbeitung ‖ ~ **width** (Civ Eng) / Einbaubreite f (des Seitenfertigers)
**finish milling** (Eng) / Fertigfräsen n, Schlichtfräsen n ‖ ~ **off** v / letzte Hand an etwas legen ‖ ~ **planing** (Eng) / Schlichthobeln n ‖ ~

**finish**

**polishing** (Eng) / Fertigfeinpolieren n ‖ ~ **reaming** (Eng) / Fertigreiben n ‖ ~ **restorer** (Autos, Paint) / Lackreiniger m, Autopolitur f ‖ ~ **rolling** (Met) / Feinwalzen n (von Zylinderrädern) ‖ ~ **rolling** (Met) / Fertigwalzen n ‖ ~ **rolling mill** (Met) / Fertigwalzwerk n ‖ ~ **sanding** (For, Paint) / Feinschliff m, Endschliff m ‖ ~ **sizing** (Eng) / Bearbeitung f auf Fertigmaß ‖ ~ **stain** (Textiles) / Appreturfleck m ‖ ~ **treatment** / Endbehandlung f ‖ ~ **turning** (Eng) / Schlichtdrehen n

**finish-welding line** (Autos, Welding) / Ausschweißstraße f (in der Autofabrik)

**finish width** (Textiles) / Fertigbreite f, Fertigwarenbreite f

**finitary** adj (Maths) / finitär adj (Operation), endlichstellig adj (Operation)

**finite** adj / endlich adj, finit adj ‖ ~ (Eng) / festgehalten adj (Verdampfungsendpunkt) ‖ ~ **automaton** (Maths) / endlicher Automat (mathematisches Modell zur Beschreibung von Schaltsystemen, Nervennetzen und anderen digital arbeitenden kybernetischen Systemen) ‖ ~ **base** (Maths) / endliche Basis ‖ ~ **cardinal** (number) (Maths) / endliche Kardinalzahl, finite Kardinalzahl

**finite-difference method** (Maths) / Differenzenverfahren n, Differenzenmethode f, Gitterpunktmethode f

**finite-dimensional** adj (Maths, Stats) / endlichdimensional adj ‖ ~ **distribution** (Stats) / endlichdimensionale Verteilung (eines stochastischen Prozesses)

**finite dimensionality** (Maths, Stats) / Endlichdimensionalität f

**finite-dimensional space** (Maths) / endlichdimensionaler Raum

**finite element** (Maths) / finites Element

**finite-element analysis** (Maths) / Finite-Elemente-Verfahren n (ein numerisches Verfahren zur näherungsweisen Lösung von Systemen partieller Differentialgleichungen, die in Verbindung mit Rand- und eventuell Anfangsbedingungen stehen), Methode f der finiten Elemente, Finite-Elemente-Methode f, FEM (Finite-Elemente-Methode), Finitelementemethode f ‖ ~ **method** (Maths) / Finite-Elemente-Verfahren n (ein numerisches Verfahren zur näherungsweisen Lösung von Systemen partieller Differentialgleichungen, die in Verbindung mit Rand- und eventuell Anfangsbedingungen stehen), Methode f der finiten Elemente, Finite-Elemente-Methode f, FEM (Finite-Elemente-Methode), Finitelementemethode f

**finite-energy sum rule** (Phys) / Summenregel f für endliche Energien

**finite extension of a field** (Maths) / endliche Körpererweiterung ‖ ~ **field** (Maths) / endlicher algebraischer Körper, Galois-Feld n (nach E. Galois, 1811-1832) ‖ ~ **geometry** (Maths) / endliche Geometrie ‖ ~ **group** (Maths) / endliche Gruppe (mit einer endlichen Anzahl von Elementen) ‖ ~ **heat transfer at the surface** (Heat) / endlicher Wärmeübergang an der Oberfläche ‖ ~ **impulse-record** (Radar) / endliche Impulsantwort ‖ ~ **integer** (Maths) / endliche ganze Zahl

**finitely axiomatizable** (Maths) / endlich-axiomatisierbar adj (Eigenschaft einer mathematischen Theorie) ‖ ~ **generated module** (Maths) / endlich erzeugter Modul, Modul m endlichen Typs

**finite pile** (Nuc Eng) / endlicher Reaktor ‖ ~ **progression** (Maths) / endliche Progression ‖ ~ **sequence** (Maths) / endliche Folge ‖ ~ **series** (Maths) / endliche Summe ‖ ~ **series** (Maths) / endliche Reihe, abbrechende Reihe ‖ ~ **service-life** / begrenzte Lebensdauer f ‖ ~ **service-life expectancy** / begrenzte Lebensdauer (als Prognose) ‖ ~ **set** (Maths) / endliche Menge

**finite-state acceptor** (Comp, Electronics) / endlicher Akzeptor, endlicher erkennender Automat ‖ ~ **automaton** (Maths) / endlicher Automat (mathematisches Modell zur Beschreibung von Schaltsystemen, Nervennetzen und anderen digital arbeitenden kybernetischen Systemen) ‖ ~ **grammar** (Comp) / Grammatik f mit endlich vielen Zuständen

**finite•-state machine** (Maths) / endlicher Automat (mathematisches Modell zur Beschreibung von Schaltsystemen, Nervennetzen und anderen digital arbeitenden kybernetischen Systemen) ‖ ~ **sum** (Maths) / endliche Summe ‖ ~ **wing** (Aero) / endlicher Tragflügel ‖ ~ **wing** (Aero, Phys) / Tragflügel m mit endlicher Spannweite

**finitism** n (Maths) / Finitismus m

**fin keel** (Ships) / Flossenkiel m

**Finkelstein reaction** (Chem) / Finkelstein-Reaktion f (für die Gewinnung von Iodiden)

**Fink truss*** (Build) / Polonceaubinder m (nach B.C. Polonceau, 1813-1859), französischer Binder (mit Zugband), Polonceauträger m, W-Binder m (ein Dreiecksfachwerkbinder), Dreiecksfachwerkbinder m, Wiegmann-Binder m

**finned** adj (Mil, Space) / flügelstabilisiert adj (Rakete) ‖ ~ **tube** (Eng, Met) / Rippenrohr n (z.B. im Röhrenbündel-Verdampfer), beripptes Rohr (bei Wärmeträgern), beflößtes Rohr

**finned-tube economiser** (Eng) / Rippenrohrvorwärmer m (ein Economiser), RIVO (Rippenrohrvorwärmer) ‖ ~ **heat exchanger**

(Eng) / Rippenrohrwärmetauscher m ‖ ~ **radiator** (Build) / Rippenrohrheizkörper m

**finning** n (Eng, I C Engs) / Verrippung f (zur Oberflächenvergrößerung und Erhöhung der Steifigkeit), Berippung f ‖ ~ (Foundry, Met) / Gratbildung f

**finn oil** (Paper) / Tallöl n (Nebenprodukt bei der Zellstoffgewinnung aus Nadelhölzern), flüssiges Harz (Tallöl)

**fin sealing** (Nut) / Flossennaht-Faltung f (bei Verpackung von empfindlichen Lebensmitteln)

**Finsen lamp*** (Elec Eng, Med) / Finsenlampe f (nach N.R. Finsen, 1860-1904)

**fin stabilization** (Aero) / Flossenstabilisierung f

**fin-stabilized** (Mil, Space) / flügelstabilisiert adj (Rakete)

**finstrate** n (board) (Comp) / Finstrate n (eine aus teflonisolierten Schichten auf einem festen Kupferkern bestehende Leiterplatte mit Wärmeableitung für VLSI-Schaltkreise)

**fiord*** n (Geog) / Fjord m (schmale, meist tiefe, vielfach sich verzweigende Meeresbucht, besonders an felsigen Steilküsten - meistens in Norwegen)

**fiorite** n (Geol) / Kieselsinter m, Geyserit m, Opalsinter m (Absatz von Geysiren)

**Fior process** (Met) / Fior-Verfahren n (Esso Fluid Iron Ore Direct Reduction Process - Eisenerzeugung außerhalb des Hochofens), Esso-Fior-Verfahren n (ein Wirbelschichtverfahren)

**FIPS** (fission-product solidification process) (Nuc Eng) / Spaltprodukt-Verfestigungsverfahren n, FIPS-Verfahren n (zur Verfestigung hochradioaktiver Spaltprodukte)

**FIP standard** (Fédération Internationale Pharmaceutique) (Nut, Pharm) / FIP-Standard m (für Produkte der Pharma- und der Nahrungsmittelindustrie)

**fique** n (Textiles) / Mauritiusfaser f, Mauritiushanf m (Blattfaser der Furcraea foetida (L.) Haw.), Fique f, FI (DIN 60001, T 4)

**FIR*** (flight-information region) (Aero) / Fluginformationsgebiet n (über einem Teil der Erdoberfläche gedachter Raum zur Sicherung und Lenkung des Luftverkehrs durch eine zentrale Flugsicherungskontrollstelle und zur Funknavigation)

**fir*** n (genus Abies) (For) / Tanne f

**fire** v / anzünden v, in Brand stecken ‖ ~ (a rule) (AI) / feuern vt, anwenden v (feuern) ‖ ~ (Build, Eng) / heizen v, beheizen v, feuern v, befeuern v ‖ ~ (Electronics) / zünden v (Glimmlampe) ‖ ~ (Mining) / zünden v (eine Sprengladung), abtun v ‖ ~ (Space) / zünden v (Triebwerk) ‖ ~ (Work Study) / entlassen v (Arbeitnehmer) ‖ ~ vt (Ceramics) / brennen vt (keramischen Formling) ‖ ~ (Heat) / verbrennen v, brennen vt, verfeuern v ‖ ~ n / Feuer n (meistens nur Nutzfeuer, ISO 13 943) ‖ ~ (Mining) / explosibles Gas ‖ (**destructive**) ~ / Schadenfeuer n, Schadfeuer n, Brand m (meistens nur Schadenfeuer, Feuersbrunst - DIN 13 943) ‖ **presenting a ~ hazard** / brandgefährlich adj ‖ ~ **alarm** / Brandalarm m ‖ ~**-alarm box** / [öffentlicher] Brandmelder m

**fire-alarm control panel** / Brandmeldezentrale f (als Kontrolltafel ausgelegt)

**fire-alarm system** / Brandmeldeanlage f, Feuermeldeanlage f (DIN 14675), BMA (Brandmeldeanlage)

**fire-and-forget principle** (Mil) / Fire-and-Forget-Prinzip n (der FK arbeitet nach dem Start voll autonom), Prinzip n des Abfeuerns und Vergessens (bei den FK)

**firearm oil** / Waffenöl n

**fire assay** (Met, Min) / Feuerprobe f

**fireback** n (a metal plate covering the back wall of a fireplace) (Build) / Strahlplatte f (des offenen Kamins)

**fireball*** n (Astron) / Feuerkugel f (ein besonders heller Meteor), Bolid m (pl. Boliden)

**fireball** n (Nuc Eng) / Feuerball m ‖ ~ **combustion chamber** (Autos) / Fireball-Brennraum n

**fire bank*** (Mining) / Haldenbrand m ‖ ~ **bank*** (Mining) / brennende Halde, in Brand geratene Halde

**fire-bar*** n (Eng) / Keramikstab m (für Heizstrahler)

**fire•-bar*** n (Eng, Heat) / Roststab m ‖ ~ **barrier*** (Build) / feuerschützende Trennwand, Brandschutz m (feuerschützende Trennwand, Brandblende f ‖ ~ **behaviour** (For) / Brennverhalten n (eines Stoffes), Brandverhalten n (DIN 4102 und DIN 19 538-10) ‖ ~ **blanket** (to snuff out a worker's burning clothing) / Feuerlöschdecke f

**fireblight** n (Bot) / Feuerbrand m (eine bakterielle Krankheit)

**fire•-boat** n (Ships) / Feuerlöschboot n, Löschboot n ‖ ~ **bomber** (Aero) / Feuerlöschflugzeug n ‖ ~ **bomber** (Aero) / Wasserbomber m (zur /Wald/Brandbekämpfung -mit Wasser als Feuerlöschmittel) ‖ ~**box*** n (Eng, Rail) / Feuerbuchse f

**firebreak** n (inside a building or in the open) / Brandschutzstreifen m, Brandschneise f

**firebreak** n (around an object) (Build) / Schutzabstand m (Bereich, der um Gebäude, brennbare Lagerungen usw. frei von brennbaren

Stoffen zu halten ist), Schutzbereich *m* (beim Brandschutz), Schutzzone *f* (Brandschutz)
**firebreak** *n* (For) / Brandschneise *f* (in eine Waldfläche geschlagene Schneise, die bei einem Brand das Übergreifen der Flammen verhindern soll)
**firebrick** *n* (with less than 50% of alumina) (Ceramics, Met) / Schamottestein *m*, feuerfester Stein || ~ **arch*** (Build) / Feuerbrücke *f* (meist aus feuerfesten Steinen aufgemauerte, von Öffnungen durchbrochene Wand, die den Feuerraum vom eigentlichen Ofenraum trennt)
**fire-brigade maintenance** / Sofortwartung *f*, Eilwartung *f* (bei Störungen)
**fire bulkhead** (Ships) / Feuerschott *n*
**fire-call receiving point** / Brandmeldezentrale *f*
**fire cement*** (Civ Eng) / feuerfester Zement, Feuerzement *m* (hydraulisch abbindende, aus Tonerdeschmelzzement und Magerungsmitteln bestehende feuerfeste Masse) || ~ **check** (Ceramics) / Brennriss *m* (ein Brennfehler)
**fire-check door** (Build) / Feuerschutztür *f*, Brandschutztür *f*
**fire classification** / Brandarten *f pl* (nach DIN 14011; T 2)
**fireclay*** *n* (Ceramics) / Schamotteton *m*, Schamotte *f*, feuerfester Ton, Schamott *m* || ~* (Geol) / Fireclay *m n*, Flintclay *m n* || ~ **brick** (high-duty, low-duty, medium-duty) (Ceramics, Met) / Schamottestein *m*, feuerfester Stein || ~ **mineral** (Min) / Fireclay-Mineral *n* (Hauptkomponente eines feuerfesten Tones aus Yorkshire und Irland, die dem Kaolinit entsprechende Lagen, diese aber in ungeordneter Folge enthält) || ~ **mortar** (Eng, Met) / Schamottemörtel *m* (z.B. zum Bau von Feuerungen)
**fire clearing** (Agric, For) / Brandrodung *f* || ~ **compartment** (Build) / Brandabschnitt *m* (Teil eines Gebäudes usw., der durch Brandmauern, brandbeständige Decken, Schutzstreifen oder Schutzzonen begrenzt ist) || ~ **control** (the containment and extinguishing of fires) / Brandbekämpfung *f* || ~ **control** / Brandschutz *m* (DIN 14010 und 14011), Feuerschutz *m*
**fire-control radar** (Mil, Radar) / Feuerleitradar *m n*
**fire crack*** (Build) / Riss *m* im Putz (wegen Kontraktionen oder Haftungsmängeln) || ~ **crack** (Ceramics) / Brandriss *m* || ~ **crack** (Ceramics) / Brennriss *m* (ein Brennfehler) || ~ **crack** (Eng, Foundry, Met) / Warmriss *m* (der bei der Abkühlung von Gussteilen im Bereich des flüssig-festen bzw. plastischen Zustands entsteht), Brandriss *m*
**firecracker welding** (Welding) / Unterschieneschweißen *n* (DIN 1910), Elin-Hafergut-Schweißen *n* (ein verdecktes Lichtbogenschweißen), EH-Verfahren *n* (Unterschieneschweißen), U-Schweißen *n*, Unter-Schiene-Schweißen *n*
**fire cracks*** (Build) / Rissbildung *f* in der Sichtschicht (meistens Spannungsrisse) || ~ **curtain** (Build) / Brandschürze *f* (Hängewand in mindestens brandhemmender Ausführung im oberen Teil eines Raumes, um eine Brandausbreitung zu erschweren) || ~ **cut** (Build) / Brandabschnitt *m* (Teil eines Gebäudes usw., der durch Brandmauern, brandbeständige Decken, Schutzstreifen oder Schutzzonen begrenzt ist) || ~ **cut** (Carp) / Einschnitt *m* in dem eingespannten Holzbalken, der (als Sicherung) die Feuerbeschädigung des Mauerwerks verringern soll || ~ **dam** (Mining) / Branddamm *m* (der den zum oder vom Brandherd führenden Wetterweg abdichtet) || ~ **damage** / Brandschaden *m*, Feuerschaden *m*
**firedamp*** *n* (an explosive mixture of methane and air, formed in coal mines) (Mining) / Grubengas *n* (vor allem aus Methan bestehendes Gas), Schlagwetter *n pl*, schlagende Wetter || ~ **cap*** (Mining) / Aureole *f* (deutlich erkennbare Färbung einer Wetterlampe bei Anwesenheit von Grubengas) || ~ **explosion** (Mining) / Grubengasexplosion *f*, Schlagwetterexplosion *f*, Methangasexplosion *f* || ~ **protection** (Mining) / Schlagwetterschutz *m*
**fire danger** / Brandgefahr *f* (ISO 13 943)
**fired colour** (Ceramics) / Brennfarbe *f* (Tönung keramischer Massen und Rohstoffe nach dem Brennen)
**fire•-detecting system** / Brandmeldeanlage *f*, Feuermeldeanlage *f* (DIN 14675), BMA (Brandmeldeanlage) || ~ **detection** / Brandentdeckung *f*
**fire-detection device** / Brandmelder *m* (automatischer)
**fire detector** / Brandmelder *m* (automatischer) || ~ (emergency) **door** / Brandtür *f* || ~ **door*** (Build, Civ Eng) / Brandschutztür *f* (ein Feuerschutzabschluss - mindestens brandhemmende Tür, die aus Gründen der Brandsicherheit vorgeschrieben ist) || ~ **door*** (Met) / Ofentür *f*
**fire-emergency guidance lighting** (Build) / Brandnotbeleuchtung *f*, Feuernotbeleuchtung *f*
**fire emergency lighting** (Build) / Brandnotbeleuchtung *f*, Feuernotbeleuchtung *f*

**fire-emergency mask** / Brandfluchthaube *f* (Maske zum Überziehen, die Atem-, Augen- und Kopfschutz bietet und gegen Qualm, Hitze und Partikel schützt)
**fire endurance** / Feuerbeständigkeit *f* (Eigenschaft) || ~ **endurance** (Build) / Feuerwiderstandsdauer *f* (Zeiteinheit), Feuerwiderstandszeit *f* (einer Baukonstruktion) || ~ **engine** *n* / Feuerlöschfahrzeug *n*, Löschfahrzeug *n*, Feuerwehrfahrzeug *n* || ~ **engineering** / Brandschutztechnik *f*
**fire-escape route** / Fluchtweg *m* (bei Brandkatastrophen) || ~ **stair** (Build) / Feuertreppe *f*, Nottreppe *f*
**fire exit** (Build) / Notausgang *m* (zusätzlicher Ausgang zur Selbstrettung von Menschen im Brand- oder Panikfall) || ~ **exposure** (Materials) / Feueraussetzung *f* (z.B. bei Werkstoffprüfungen) || ~ **extinguisher*** (BS 4422-4) / Feuerlöscher *m* (tragbar, fahrbar), Handfeuerlöscher *m*, Feuerlöschapparat *m* (tragbares Gerät zur Bekämpfung von Kleinbränden), Feuerlöschgerät *n*, Löscher *m* (Feuerlöscher)
**fire-extinguishing agent** / Feuerlöschmittel *n* (zum Löschen eines Brandes) || ~ **composition** / Feuerlöschmittel *n* (zum Löschen eines Brandes) || ~ **plant** / Feuerlöschanlage *f*, Löschanlage *f* || ~ **system** / Feuerlöschanlage *f*, Löschanlage *f* || ~ **water** / Feuerlöschwasser *n*, Löschwasser *n*
**firefighter** *n* / Feuerwehrmann *m* (pl. -männer oder -leute)
**firefighting** *n* / Brandbekämpfung *f* || ~ / Feuerbekämpfung *f* (die Bekämpfung von Schadenfeuer) || ~ **aircraft** (Aero) / Feuerlöschflugzeug *n*
**fire-finished** *adj* (Glass) / feuerblank *adj*, feuerpoliert *adj*
**fire flooding** (Oils) / Feuerfluten *n* (Einpressen der Luft in die ölhaltigen Gesteinsschichten) || ~ **foam*** / Feuerlöschschaum *m*, Löschschaum *m* (emulsionartiges Löschmittel, das aus Wasser, Gas- oder Luftbläschen und einem Schaumstabilisator besteht) || ~ **fountain** (Geol) / Lavafontäne *f* || ~ **gable** (Build) / Brandgiebel *m* (zwischen aneinander stoßenden Gebäuden erhöht gebauter feuersicherer Giebel) || ~ **gases** (Mining) / Brandgase *n pl* (giftige und/oder brennbare Bestandteile im Abwetterstrom eines Grubenbrandes) || ~ **gilding** (Surf) / Feuervergoldung *f* || ~ **grading** (Build) / Feuerwiderstandsklasse *f* (F 30 - F 180), FWKL || ~ **grate** (Eng, Heat) / Rost *m* (in der Feuerungstechnik)
**fireground** *n* (scene of the fire) / Brandstelle *f*, Brandplatz *m*
**fireguard** *n* (US) (For) / Brandschneise *f* (in eine Waldfläche geschlagene Schneise, die bei einem Brand das Übergreifen der Flammen verhindern soll)
**firehall** *n* (US) / Feuerwehrhaus *n*, Feuerwache *f* (Gebäude)
**fire hazard** (the potential for harm associated with fire) / Brandgefahr *f* (ISO 13 943)
**firehole** *n* (Ceramics) / Schüttloch *n* (zum Einführen des Brennstoffes im Hofmann'schen Ringofen)
**fire hose** / Feuerlöschschlauch *m*, Feuerwehrschlauch *m*, Löschschlauch *m*
**firehouse** *n* (US) / Feuerwehrhaus *n*, Feuerwache *f* (Gebäude)
**fire hydrant** / Feuerlöschwasserständer *m* || ~ **insurance** / Brandversicherung *f* || ~ **lane** (Build) / Feuerwehrzufahrt *f*
**fireless engine** (Rail) / feuerlose Lokomotive, Dampfspeicherlokomotive *f*
**fire line** (US) (For) / Brandschneise *f* (in eine Waldfläche geschlagene Schneise, die bei einem Brand das Übergreifen der Flammen verhindern soll) || ~ **load*** (Build) / Brandlast *f* (DIN 18230), Brandbelastung *f* || ~ **lookout** (Ecol, For) / Waldbrandbeobachter *m*, Feuerwächter *m* (im Walde) || ~ **losses** *pl* / Brandschaden *m*, Feuerschaden *m*
**fireman** (pl. -men) / Feuerwehrmann *m* (pl. -männer oder -leute) || ~ *n* (pl. -men) (Eng) / Heizer *m* (Arbeiter) || ~* (pl. -men) (Mining) / Sprengberechtigter *m*, Sprengmeister *m*, Schießmeister *m*, Schießhauer *m*, Schießsteiger *m*, Mineur *m*
**fire management** / Feuermanagement *n*
**fireman's axe** / Feuerwehrbeil *n* || ~ **helmet** / Brandschutzhelm *m*, Feuerwehrhelm *m*
**fire-off dip** (mixture of nitric acid and sulphuric acid for pretreating copper and its alloys) (Surf) / Brenne *f*
**fire opal*** (Min) / Feueropal *m*, Sonnenopal *m* || ~ **party** (Ships) / Feuerlöschgruppe *f* || ~ **picket** / Brandsicherheitswache *f*, Brandwache *f*, Feuerwache *f* (Person) || ~ **pillar** / Überflurhydrant *m* (DIN 3222)
**fireplace** *n* (Build) / Feuerstelle *f*, Feuerstätte *f* (Einrichtung, die zum Unterhalt eines Nutzfeuers bestimmt ist) || ~ (Build) / [offener] Kamin *m*
**fireplug*** *n* (hydrant for a fire hose) / Auslass *m* (des Hydranten)
**fire point** (Chem, Phys) / Brennpunkt *m* (eine Temperaturangabe), BP (Brennpunkt)
**fire-polished** *adj* (Glass) / feuerblank *adj*, feuerpoliert *adj*
**fire polishing** (of the ends of glass-tubing) (Chem, Glass) / Rundschmelzen *n* (von Glasröhren), Glattschmelzen *n* || ~

**fire**

**polishing*** (Glass) / Feuerpolieren n (Glätten der Glasoberfläche durch Erwärmen), Feuerpolitur f ‖ **~ pond** / Feuerlöschteich m, Löschwasserteich m ‖ **~ prevention** / Brandschutz m (DIN 14010 und 14011), Feuerschutz m ‖ **~ prevention** (Build) / Brandverhütung f, vorbeugender Brandschutz
**fireproof** v / feuerfest machen ‖ **~** adj / brandsicher adj ‖ **~** / feuerfest adj (z.B. Kochgeschirr), feuersicher adj, feuerbeständig adj (DIN 4102) ‖ **~ building board** (Build) / Feuerschutzplatte f (DIN 18180) ‖ **~ ceiling** (Build) / feuerbeständige Decke
**fireproofing** n (to render incombustible) / Feuerfestmachen n
**fire-protecting agent** / Feuerschutzmittel n, Flammschutzmittel n (im Allgemeinen)
**fire protection** / Brandschutz m (DIN 14010 und 14011), Feuerschutz m ‖ **~ rating** / Brandschutzklasse f
**fire-refined** adj (Met) / feuerraffiniert adj (raffiniert im Schmelzfluss), raffiniert im Schmelzfluss ‖ **~ copper** (Met) / Hüttenkupfer n
**fire refining*** (Met) / pyrometallurgische Raffination, Feuerraffination f, Raffination f im Schmelzfluss ‖ **~ resistance** / Feuerbeständigkeit f (DIN 4102 und 18320, T 1) ‖ **~ resistance** (Build) / Feuerwiderstand m, fw (Feuerwiderstand)
**fire-resistant** adj (1/2 hour) / flammwidrig adj, flammenresistent adj ‖ **~** (1/2 hour) / brandhemmend adj (laut DIN 4102 = 30 Minuten), feuerhemmend adj ‖ **~** / feuerfest adj (z.B. Kochgeschirr), feuersicher adj, feuerbeständig adj (DIN 4102) ‖ **~ bulkhead** (Ships) / Feuerschott n ‖ **~ door** (Build, Civ Eng) / Brandschutztür f (ein Feuerschutzabschluss - mindestens brandhemmende Tür, die aus Gründen der Brandsicherheit vorgeschrieben ist) ‖ **~ door** (Build) / Feuerschutztür f, Brandschutztür f ‖ **~ panel** (Build) / Feuerschutzplatte f (DIN 18180)
**fire-resisting** adj / feuerfest adj (z.B. Kochgeschirr), feuersicher adj, feuerbeständig adj (DIN 4102) ‖ **~ finish** (Paint) / flammschützender Anstrichstoff, Flammschutzanstrich m (Material) ‖ **~ panel** (Build) / Feuerschutzplatte f (DIN 18180)
**fire-resistive** adj / brandhemmend adj (laut DIN 4102 = 30 Minuten), feuerhemmend adj ‖ **~ wall** (Build) / feuerhemmende Wand
**fire•-retardant** adj / flammwidrig adj, flammenresistent adj ‖ **~-retardant** / brandhemmend adj (laut DIN 4102 = 30 Minuten), feuerhemmend adj
**fire-retardant coating** (Paint) / flammschützender Anstrichstoff, Flammschutzanstrich m (Material)
**fire-retardant paint** (Paint) / flammschützender Anstrichstoff, Flammschutzanstrich m (Material)
**fire-retardant-treated** adj (For) / feuerschutzbehandelt adj (Holz)
**fire-retarding wall** (Build) / feuerhemmende Wand
**fire risk** / Brandgefahr f (ISO 13 943)
**fire-risk category** (Build) / Feuerwiderstandsklasse f (F 30 - F 180), FWKL ‖ **~ test(ing)** / feuersicherheitliche Prüfung, Feuersicherheitsprüfung f
**fire•-rock** n (Geol) / feuerfestes Gestein ‖ **~-rock*** n (Geol) / Feuerstein m, Flint m, Flintstein m (knolliges, rundes Kieselgestein) ‖ **~ room** (Ships) / Heizraum m, Kesselraum m ‖ **~ safety** / Brandsicherheit f ‖ **~ scar** (For) / Brandnarbe f (z.B. am Stammholz) ‖ **~ screen** / Ofenschirm m ‖ **~ shutter** (Cinema) / Feuerschutzklappe f, Wärmefilter n (gegen Überhitzung des Films, z.B. bei der Stillstandprojektion) ‖ **~ side** (Eng) / Rauchgasseite f (des Kessels)
**fire-side corrosion** (Eng, Surf) / rauchgasseitige Korrosion (an Kesselanlagen)
**fire spread** / Brandausbreitung f ‖ **~ spread** (from building to building) / Feuerüberschlag m, Feuerübersprung m ‖ **~ sprinkling system** (Build) / Sprinkleranlage f (eine Feuerlöschanlage) ‖ **~ station** / Feuerwache f (Anlage) ‖ **~ station** / Feuerwehrhaus n, Feuerwache f (Gebäude) ‖ **~ stink** (Mining) / Brandgeruch m, Brandwetter m pl (Abwetter, die einen Brandherd passiert haben und eventuell gefährliche Mengen von Brandgasen mit sich führen) ‖ **~ stop*** (Build) / feuerschützende Trennwand, Brandschutz m (feuerschützende Trennwand), Brandblende f
**fire-storm** n / Feuersturm m (bei einem Flächenbrand)
**firestreak model** (Nuc) / Firestreak-Modell n, nukleares Feuerballmodell
**fire suppressant** / Feuerlöschmittel n (zum Löschen eines Brandes)
**fire-suppression system** / Feuerlöschanlage f, Löschanlage f
**fire surround** (Build) / Kaminumrandung f ‖ **~ tender** (Aero) / Feuerlöschfahrzeug n
**fire-tight bulkhead** (Ships) / Feuerschott n
**fire tinning** (Surf) / Feuerverzinnen n ‖ **~-trap*** n (Cinema) / Feuerschutztrommel f ‖ **~ truck** (US) / Feuerlöschfahrzeug n, Löschfahrzeug n, Feuerwehrfahrzeug n ‖ **~-tube boiler*** (Eng) / Rauchrohrkessel m (Flammrohr- oder Heizrohrkessel) ‖ **~ under control** / Brand m unter Kontrolle, Brand m in der Gewalt ‖ **~ ventilation** (Build, Civ Eng) / Brandbelüftung f (die bei Tunnelbränden gefahren wird), Brandlüftung f

**firewall** n (a fireproof or fire-resistant wall or bulkhead separating an engine from the aircraft structure) (Aero) / Brandspant m (vollwandiger), Brandschott n ‖ **~** (US) (Build) / Brandmauer f, Brandwand f (die das ganze Haus durchzieht), Feuermauer f (A) (mindestens brandbeständige Trennungswand zur Bildung von Brandabschnitten) ‖ **~** (a combination of hardware and software which surrounds a closed network and which prevents access to that network) (Comp) / Firewall m (ein Schutzsystem für das Netzwerk einer Organisation gegen externe Bedrohungen)
**fire warden** (US) / Brandsicherheitswache f, Brandwache f, Feuerwache f (Person)
**fire-warning device** / Brandmelder m (automatischer)
**fire-watcher** n / Brandsicherheitswache f, Brandwache f, Feuerwache f (Person)
**fire welding** (Welding) / Gesenkschweißen n
**FireWire** n (Comp) / FireWire m (serieller Hochleistungs-Schnittstellenstandard für Computer-Peripheriegeräte - er wird für die Datenübertragung zwischen Digitalkamera und Computer angeboten)
**firewood** n (For, Fuels) / Brennholz n
**fire zone** (Mining) / Brandfeld n
**fir-green** adj / tannengrün adj (dunkelgrün)
**firing*** n (Build, Eng) / Verfeuerung f (als Prozess), Heizen n, Beheizen n, Feuern n, Feuerung f ‖ **~** (Ceramics) / Brennen n (des keramischen Formlings), Brand m ‖ **~*** (Eng) / Überhitzung f (des Lagers) ‖ **~*** (I C Engs, Mining) / Zündung f ‖ **~ angle*** (Electronics) / Zündwinkel m ‖ **~ angle** (I C Engs) / Zündwinkel m ‖ **~ behaviour** (the changes in the appearance and properties of ceramic products during firing or thermal treatment) (Ceramics) / Brennverhalten n ‖ **~ cable** (Civ Eng, Mining) / Sprengleitung f ‖ **~ chamber** (Autos, Eng) / Brennraum m, Verbrennungsraum m ‖ **~ chamber** (any chamber or enclosure in which fuel is burned to provide heat) (Ceramics) / Brennkammer f ‖ **~ conditions** (for a rule) (AI) / Bedingungen f pl für das Feuern (einer Regel) ‖ **~ conditions** (Ceramics) / Brennregime n ‖ **~ curve** (Ceramics) / Brennkurve f (grafische Darstellung des Brennverlaufs in Abhängigkeit von der Zeit) ‖ **~ cycle** (the time required for one complete firing operation) (Ceramics) / Brennzyklus m ‖ **~ defect** (Ceramics) / Brennfehler m (Qualitätsminderung) ‖ **~ expansion** (the increase in the dimensions of a substance or product during thermal treatment) (Ceramics) / Brennwachsen n ‖ **~ impulse** / Initialimpuls m (beim Sprengen) ‖ **~ interval** (I C Engs) / Zündabstand m ‖ **~ key*** (Elec Eng, Mining) / Zündmaschinenhandgriff m ‖ **~ line** (Autos) / Zündspannungsnadel f (auf dem Leuchtschirm des Oszilloskops), Überschlagsspannungsspitze f ‖ **~ machine** (Elec Eng) / elektrischer Zünder ‖ **~ mould** (Ceramics) / Brennform f ‖ **~ order*** (I C Engs) / Zündfolge f (DIN 73021) ‖ **~ order** (Mining) / Zündfolge f (beabsichtigte zeitliche Aufeinanderfolge des Zündens von Sprengladungen in einem Zündgang) ‖ **~ plant** (Eng) / Feuerungsanlage f, Feuerung f (als Anordnung der Brenner am Feuerraum)
**firing-platform truck** (Ceramics) / Brennwagen m
**firing-point sensor** (Autos) / Positionsgeber m (der elektronischen Zündung), Geber m für Zündzeitpunkt
**firing range** the time-temperature interval in which bodies and coatings attain the respective desired maturities or properties) (Ceramics) / Brennbereich m, Brennintervall n
**firing-rate control** / Feuerführung f
**firing sequence** (Mining) / Zündfolge f (beabsichtigte zeitliche Aufeinanderfolge des Zündens von Sprengladungen in einem Zündgang) ‖ **~ shrinkage** (the contraction or decrease in the dimensions of a substance or product during thermal treatment) (Ceramics) / Brennschwindung f, Volumenschwund m beim Brennprozess ‖ **~ speed** (Eng) / Zünddrehzahl f (der Gasturbine) ‖ **~ spike** (Autos) / Zündspannungsnadel f (auf dem Leuchtschirm des Oszilloskops), Überschlagsspannungsspitze f ‖ **~ stroke*** (I C Engs) / Arbeitshub m (im Verbrennungsmotor), Arbeitstakt m ‖ **~ system** (Eng) / Feuerungsanlage f, Feuerung f (als Anordnung der Brenner am Feuerraum) ‖ **~ temperature** (Ceramics) / Brenntemperatur f ‖ **~ time** (the time required porcelain-enamelled ware remains in the firing zone of a furnace to attain coating maturity) (Ceramics) / Brennzeit f, Brenndauer f ‖ **~ time*** (Electronics) / Zündzeit f ‖ **~ voltage** (Electronics) / kritische Gitterspannung (bei Entladungsröhren), Gitterzündspannung f (bei Entladungsröhren) ‖ **~ window** (Space) / Startfenster n (Zeitspanne von mehreren Stunden, Tagen oder /seltener/ Wochen, in der ein Raumflugkörper oder bemanntes Raumschiff starten muss, um das Ziel unter besonders günstigen Umständen erreichen zu können) ‖ **~ zone** (the section of a furnace or kiln in which ware is subjected directly to the major influence of heat, as in continuous furnace or kiln) (Ceramics) / Brennzone f
**FIR laser** (Phys) / Laser m im fernen Infrarot, FIR-Laser m

**firm** adj / fest adj ‖ ~ (Geol) / gesund adj (Gebirge), fest adj (Gebirge) ‖ ~ (Leather, Textiles) / standig adj (Gewebe, Leder) ‖ ~ (Nut) / schnittfest adj (Tomate) ‖ ~ (Nut) / knackig adj
**firmer chisel*** (Carp, Join) / Stemmeisen n, Beitel m (meißelartiges Werkzeug mit rechteckigem Querschnitt zur Holzbearbeitung), Stecheisen n (mit seitlich abgeschrägten Fasen), Stechbeitel m
**firm gas** (Fuels) / Gaslieferung f im Rahmen von nicht unterbrechbaren Verträgen, nicht abschaltbare Bezüge (Gaslieferung) ‖ ~ **ground** (Build, Civ Eng) / fester Grund, fester Boden (unter den Fundamenten)
**firming agent** (Nut) / Festigungsmittel n (das dem Obst und Gemüse Festigkeit und Frische verleiht)
**firm knot** (For) / angefaulter Ast
**firmly adhering** / festhaftend adj
**firmness** n (Leather, Textiles) / Stand m (des Gewebes, des Leders)
**firm-roof tank** (Chem Eng) / Festdachtank m
**firm service** (gas supply) (US) (Fuels) / Gaslieferung f im Rahmen von nicht unterbrechbaren Verträgen, nicht abschaltbare Bezüge (Gaslieferung)
**firm-specific** adj / firmenspezifisch adj (Terminologie)
**firmware** n (Comp) / Firmware f (eingebaute Standardprogramme) ‖ ~ **engineering** (Comp) / Firmware-Engineering n (Spezifikation, Konstruktion, Verifikation, Dokumentation und Wartung von Firmware)
**firn*** n (Geol) / Firnschnee m, Firn m ‖ ~ (Geol) / Firneis n ‖ ~ **ice** (Geol) / Firneis n
**firnification** n (Geol) / Verfirnung f, Firneisbildung f
**firn limit** (Geol) / Firnlinie f, Firngrenze f ‖ ~ **line** (Geol) / Firnlinie f, Firngrenze f
**FIRO principle** (first in, random out) (Comp) / FIRO-Prinzip n
**firring*** n (Build, Carp) / Saumlade f, Saumlatte f (an der Traufe) ‖ ~ * (Carp) / Verbretterung f, Unterfütterung f (mit Futterholz)
**first-aid box** (Med) / Verbandkasten m, Erste-Hilfe-Kasten m, Verbandskasten m ‖ ~ **kit** (Med) / Verbandkasten m, Erste-Hilfe-Kasten m, Verbandskasten m
**first•-angle projection** / ISO-Methode f E, europäische Darstellungsweise f (in dem Dreitafelverfahren) ‖ ~ **arrival** (Geol) / erster Einsatz, Anfangseinsatz m (bei Seismogrammen) ‖ ~ **bath** (Textiles) / Ansatzbad n (in der Färberei), Ansatzflotte f (in der Färberei) ‖ ~ **blow** (Glass) / Vorblasen n ‖ ~ **bottom** (US) (Hyd Eng) / Überschwemmungsgebiet n, Inundationsgebiet n, Floodplain f (pl. -s) ‖ ~ **break** (Textiles) / Anreißen n (erste erkennbare Farbänderung eines Musters) ‖ ~ **breakdown** (Elec Eng) / erster Durchbruch ‖ ~ **breaker** (Spinning) / Vorkrempel f, Reißkrempel f ‖ ~ **breaker card** (Spinning) / Vorkrempel f, Reißkrempel f ‖ ~ **Brillouin zone** (Electronics, Phys) / Brillouin-Zone f (die symmetrische Elementarzelle des reziproken Gitters) ‖ ~ **cameraman** (Cinema) / Kameramann m (erster)
**first-choice supplier** (Comp) / Stammlieferant m (Hersteller, der in der Regel als Hauptlieferant auftritt)
**first class** (Aero) / First Class f (die teuerste und komfortabelste Tarifklasse)
**first-class** attr / erstklassig adj ‖ ~ **lever** (Mech) / zweiarmiger Hebel, zweiseitiger Hebel (wenn Kraft und Last, vom Drehpunkt aus gesehen, auf verschiedenen Seiten des Hebels angreifen)
**first coat** (Paint) / Grundanstrich m, Grundierung f, Grundbeschichtung f, Voranstrich m (erste Schicht)
**first-collision dose** (Nuc) / Erststoßdosis f (in der Neutronendosimetrie), First-Collision-Dosis f
**first component** (Maths) / Vorderglied n (erstes Glied) ‖ ~ **core load fuel** (Nuc Eng) / Erstbrennstoff m, Brennstoff m der Erstbeladung ‖ ~ **course** (Textiles) / Anschlag m (erste Maschenreihe beim Häkeln und Stricken), Anfangsreihe f (beim Häkeln und Stricken) ‖ ~ **cut** (of the double-cut file) (Eng) / Unterhieb m (der Feile), Grundhieb m (beim Kreuzhieb)
**first-cut tap** (Eng) / Vorschneider m, Gewindebohrer m Nr. 1
**first detector** (Electronics, Radio) / Mischer m, Mischstufe f, erster Detektor ‖ ~ **draw** (Eng) / Erstzug m, Erstziehen n (beim Tiefziehen), Ziehen n im Anschlag, Anschlagzug m, Tiefziehen n im Erstzug ‖ ~ **drawing** (deep drawing) (Eng) / Erstzug m, Erstziehen n (beim Tiefziehen), Ziehen n im Anschlag, Anschlagzug m, Tiefziehen n im Erstzug ‖ ~ **drawing frame** (Spinning) / Vorbereitungsstrecke f ‖ ~ **edition** (Print) / Originalausgabe f ‖ ~ **edition** (Print) / Erstausgabe f ‖ ~ **felling** (For) / Anhieb m ‖ ~ **filling** (Hyd Eng) / Erstanstau m (einer Talsperre) ‖ ~ **finishing pass** (Met) / Vorschlichtkaliber n ‖ ~ **flank** (Eng) / Freiflächenfase f, Fase f (DIN 6581) ‖ ~ **floor** (GB) (Build) / erster Stock, erste Etage ‖ ~ **floor** (US) (Build) / Erdgeschoss n, Parterre n (pl. -s) ‖ ~ **focal point** (Optics) / gegenstandsseitiger Brennpunkt, dingseitiger Brennpunkt ‖ ~ **gear** (Autos) / erster Gang
**first-grade road** (Autos) / Straße f erster Ordnung

**first harmonic** (Phys) / erste Harmonische, Grundschwingung f ‖ ~ **harmonic** (Phys) s. also fundamental mode ‖ ~ **impression** (Print) / Erstdruck m ‖ ~ **in, first out*** (Comp) / FIFO-Prinzip n, Fifo-Methode f (zur Ermittlung der Anschaffungs- oder Herstellungskosten von gleichartigen Gegenständen des Vorratsvermögens zum Zwecke der Bewertung - auch ein Wartesystem in der DV) ‖ ~ **in, last out** (Comp) / FILO-Prinzip n, Filo-Methode f
**first-in-first-out memory** (Comp) / Silospeicher m (bei dem die zuerst eingeschriebenen Daten auch zuerst wieder gelesen werden), FIFO-Speicher m
**first latex crepe** (Chem Eng) / Kreppkautschuk m, Crêpekautschuk m, Kreppgummi m ‖ ~ **law of the mean** (Maths) / Lagrange'sche Formel, erster Mittelwertsatz (der Differentialrechnung), einfacher Mittelwertsatz (der Differentialrechnung) ‖ ~ **law of thermodynamics** (Phys) / erster Hauptsatz der Thermodynamik, Energiesatz m für thermodynamische Systeme
**first-level support** (Teleph) / Front Office n (in einem Callcenter die Personen mit dem ersten Anruferkontakt, die einen Großteil von Anfragen verarbeiten sollen)
**first mean-value theorem** (Maths) / Lagrange'sche Formel, erster Mittelwertsatz (der Differentialrechnung), einfacher Mittelwertsatz (der Differentialrechnung) ‖ ~ **messenger** (Biochem, Physiol) / First Messenger m (Hormon, welches vom Ort der Synthese zum Ort der Wirkung transportiert wird) ‖ ~ **moment** (Stats) / erstes Moment
**first-off test** / Erstabnahme f
**first open water** (For) / erst offenes Wasser (Klausel im Holzhandel)
**first-operation drawing** (Eng) / Erstzug m, Erstziehen n (beim Tiefziehen), Ziehen n im Anschlag, Anschlagzug m, Tiefziehen n im Erstzug
**first-order delay element** (Automation) / Verzögerungsglied n erster Ordnung, $PT_1$-Glied n ‖ ~ **derivative** (Maths) / Ableitung f erster Ordnung ‖ ~ **Doppler shift** (Phys) / Doppler-Effekt m erster Ordnung, linearer Doppler-Effekt ‖ ~ **formula** (Maths) / einstufiger Ausdruck, Ausdruck m erster Stufe ‖ ~ **lever** (Mech) / zweiarmiger Hebel, zweiseitiger Hebel (wenn Kraft und Last, vom Drehpunkt aus gesehen, auf verschiedenen Seiten des Hebels angreifen) ‖ ~ **predicate** (AI) / Prädikat n erster Stufe ‖ ~ **predicate logic** (AI) / Prädikatenlogik f erster Stufe (wenn die Quantoren allein über den Individuenbereich auftreten) ‖ ~ **rate constant** (Chem) / Geschwindigkeitskonstante f erster Ordnung ‖ ~ **reaction*** (Chem) / Reaktion f erster Ordnung (ein Reaktionstyp) ‖ ~ **theory** (Optics) / Gauß'sche Dioptrik (Lehre von der optischen Abbildung mit Hilfe des fadenförmigen Raumes) ‖ ~ **transition** (Phys) / Phasenübergang m 1. Ordnung, Phasenübergang m erster Art, diskontinuierlicher Phasenübergang ‖ ~ **triangulation** (Surv) / Triangulation f erster Ordnung (mit den Netzen I. Ordnung), Haupttriangulation f
**first or second Hankel function** (Maths) / Hankel-Funktion f, Bessel-Funktion f dritter Art ‖ ~ **owner** / Erstbesitzer m
**first-party release** (Teleph) / Auslösung f durch den zuerst auflegenden Teilnehmer
**first pass** (Welding) / Wurzellage f (bei Mehrlagenschweißungen erzeugte erste Schweißgutschicht - DIN 1912-1), Wurzelnaht f ‖ ~ **pit** (Leather) / Stinkäscher m ‖ ≃ **Point of Aries*** (Astron) / Frühlingspunkt m, Widderpunkt m ‖ ≃ **Point of Libra*** (Astron) / Herbstpunkt m, Waagepunkt m
**first-pole-to-clear factor** (Elec Eng) / Polfaktor m (VDE 0670, T 101)
**first pressing** (Nut) / Erstpressung f (bei der Ölgewinnung), erste Pressung ‖ ~ **pressing** (Textiles) / Vorbügeln n
**first-pressing oil** (Nut) / Erstpressöl n ‖ ~ **oil** s. also virgin (olive) oil
**first principal focal plane** (Optics) / vordere Brennebene, dingseitige Brennebene ‖ ~ **principal focus** (Optics) / gegenstandsseitiger Brennpunkt, dingseitiger Brennpunkt ‖ ~ **principal plane** (Optics) / Dinghauptebene f ‖ ~ **print** (Cinema) / Erstkopie f, Abnahmekopie f ‖ ~ **print** (Textiles) / Vordruck m ‖ ~ **printing** (Print) / Startauflage f ‖ ~ **printing** (Print) / Schöndruck m (Bedrucken der ersten Seite bei zweiseitigem Druck) ‖ ~ **puff** (Glass) / Vorblasen n
**first-quality** attr / erstklassig adj ‖ ~ **ware** pl / Ware f erster Wahl (Qualität)
**first radiation constant** (Phys) / erste Planck'sche Strahlungskonstante
**first-rank tensor** (Maths, Phys) / Tensor m erster Stufe
**first run** (Print) / Schöndruck m (Bedrucken der ersten Seite bei zweiseitigem Druck)
**first-run house** (Cinema) / Premierenkino n (in dem die Uraufführung stattfindet)
**first runnings*** pl (Chem Eng) / Vorlauf m (erste Fraktion bei der Destillation) ‖ ~ **showing** (Cinema) / Uraufführung f, Premiere f ‖ ~ **slag** (Met) / Primärschlacke f ‖ ~ **sound** (Phys) / erster Schall (eine Druckwelle in supraflüssigem Helium) ‖ ~ **spinning** (Spinning) / Vorspinnen n

555

**first-stage**

**first-stage support** (Civ Eng) / Sicherung *f* (Abstützung des Tunnelraumes, die diesen für eine begrenzte Zeit vor dem Einstürzen schützt)
**first step** (Build) / Antrittsstufe *f* (die erste Stufe einer Treppe nach DIN 18 064), erste Stufe (eines Treppenlaufs) ‖ ~ **strike** (Mil) / erster Atomschlag, erster Schlag
**first-strike capability** (Mil) / Erstschlagkapazität *f*, Erstschlagfähigkeit *f* (Fähigkeit eines Staates oder Bündnisses, mit einem ersten atomaren Schlag das strategische Kernwaffenpotential des Gegners so weit vernichten zu können, dass ein mit der Zufügung eines untragbar hohen Schadens verbundener Vergeltungsschlag des Angegriffenen /Zweitschlagfähigkeit/ verhindert wird)
**first subroutine** (Comp) / Unterprogramm *n* erster Stufe ‖ ~ **substituent** (Chem) / Erstsubstituent *m*, erster Substituent
**first-surface mirror** (Optics) / Vorderflächenspiegel *m*, Oberflächenspiegel *m* (mit reflektierender Vorderfläche)
**first term** (Maths) / Anfangsglied *n* (der Zahlenfolge) ‖ ~ **tool orthogonal clearance** (Eng) / Fasenfreiwinkel *m* ‖ ~**-trial print** (Cinema) / Erstkopie *f*, Abnahmekopie *f* ‖ ~ **weight** (Mining) / erster Setzdruck (besonders starke Druckauswirkung in einem anlaufenden Streb) ‖ ~ **wort** (Brew) / Hauptwürze *f*, Vorderwürze *f* ‖ ~ **year's wool** (Textiles) / Erstlingswolle *f*, Jährlingswolle *f*
**firth** *n* (Geog) / Firth *m* (schmale, meist tiefe, vielfach sich verzweigende Meeresbucht, besonders an felsigen Steilküsten - meistens in Schottland)
**FIS**\* (Aero) / Fluginformationsdienst *m* ‖ ≃ (frame information signal) (Comp, Teleph) / Rahmeninformationssignal *n*
**Fischer-Hepp rearrangement** (Chem) / Fischer-Hepp-Umlagerung *f*
**Fischer indole synthesis** (Chem) / Fischer'sche Indolsynthese (aus Phenylhydrazonen - nach E. Fischer, 1852 - 1919) ‖ ≃ **projection** (Chem) / Fischer-Projektion *f* (spezielle Projektionsformel zur Vereinfachung der zeichnerischen Darstellung asymmetrischer substituierter Kohlenstoffatome in einer Ebene) ‖ ≃ **projection formula** (Chem) / Fischer'sche Projektionsformel ‖ ≃ **reagent for water** (Chem) / Karl-Fischer-Lösung *f*, Karl-Fischer-Reagens *n* (zur quantitativen Bestimmung von Wasser - nach K. Fischer, 1901-1958), KFR (Karl-Fischer-Reagens)
**Fischer-Riesz theorem** (Maths) / Fischer-Riesz'scher Satz, Riesz-Fischer'scher Satz (nach F. Riesz, 1880-1956)
**Fischer-Tropsch gasoline synthesis** (Chem Eng) / Fischer-Tropsch-Synthese *f*, Fischer-Tropsch-Verfahren *n* (nach F. Fischer, 1877-1947, und H. Tropsch, 1889-1935) ‖ ≃ **paraffin** (Chem Eng) / Fischer-Tropsch-Paraffin *n*, FT-Paraffin *n*
**Fischer-Tropsch process**\* (Chem Eng) / Fischer-Tropsch-Synthese *f*, Fischer-Tropsch-Verfahren *n* (nach F. Fischer, 1877-1947, und H. Tropsch, 1889-1935)
**Fischer-Tropsch reaction** (Chem Eng) / Fischer-Tropsch-Synthese *f*, Fischer-Tropsch-Verfahren *n* (nach F. Fischer, 1877-1947, und H. Tropsch, 1889-1935)
**fisetin** *n* (Chem) / Fisetin *n* (zu den Flavonen zählender Naturstoff)
**fish** *v* (for) (Nut, Ships) / fischen *v*, fangen *v* (Fische), Fischfang treiben ‖ ~ (Oils) / fangen *v* (mit Fanggeräten) ‖ ~ (with a fish-plate) (Rail) / verlaschen *v* (durch Laschen verbinden - z.B. Schienen) ‖ ~ *n* (Nut, San Eng, Zool) / Fisch *m* ‖ ~ (Oils) / Fisch *m* (Gegenstand, der sich im Bohrloch befindet, obwohl er dort offensichtlich nicht hingehört, und zu einer Unterbrechung der Bohrarbeiten führt) ‖ ~ (fishplate) (Rail) / Schienenlasche *f*, Stoßlasche *f*, Flachlasche *f* (Stahlprofil zur Verbindung von Schienenstößen - DIN 5901 und 5902), Lasche *f*
**fish-bar**\* *n* (Rail) / Schienenlasche *f*, Stoßlasche *f*, Flachlasche *f* (Stahlprofil zur Verbindung von Schienenstößen - DIN 5901 und 5902), Lasche *f*
**fish•-beam**\* *n* (Civ Eng, Mech) / Fischbauchträger *m* ‖ ~**-bellied**\* *adj* (Eng) / fischbauchig *adj*
**fish-belly girder** (Civ Eng) / Linsenträger *m* (Fachwerk mit fischbauchartig gekrümmtem Ober- und Untergurt), Pauli-Träger *m*
**fish-bolt** *n* (Rail) / Laschenschraube *f*, Laschenbolzen *m*
**fishbone antenna**\* (Radio) / Tannenbaumantenne *f*, Wellenantenne *f* mit waagerechten (kapazitiv angekoppelten) Querstabantennen, Fischgrätenantenne *f* ‖ ~ **stitch** (Textiles) / Grätenstich *m*, Fischgrätenstich *m*
**fish by-products** (Nut) / Fischnebenprodukte *n pl*
**fish-eating**\* *adj* (Zool) / fischfressend *adj*, von Fischen lebend
**fished joint**\* (Rail) / Laschenstoß *m*, Laschenverbindung *f*
**fisheries conservation** (Ecol) / Erhaltung *f* der Fischbestände (der Fischgründe)
**fisherman** *n* (pl. -men) (Oils) / Leiter *m* der Fangarbeiten ‖ ~ **knit** (Textiles) / Fischerpullover *m* (der Strickware)
**fisherman's rib** (a type of thick ribbed knitting) (Textiles) / Rippenmuster *n* (der Strickware)
**Fisher's F-distribution** (Stats) / Fisher'sche F-Verteilung (nach Sir R.A. Fisher, 1890-1962), F-Verteilung *f*

**fishery** *n* (Nut, Ocean, Ships) / Fischfangplatz *m*, Fischgründe *m pl*, Fischereigebiet *n*, Fischfanggebiet *n*, Fanggründe *m pl* ‖ ~ (Nut, Ships) / Fischerei *f*, Fischfang *m*, Fischereiwesen *n*
**Fisher-Yates test** (Stats) / Fisher-Yates-Test *m*
**fishery vessel** (Ships) / Fischereifahrzeug *n*
**fisheye** *n* (Met) / Flockenriss *m* (durch Wasserstoffversprödung), Spannungsriss *m* ‖ ~ (Optics, Photog) / Fischaugenobjektiv *n* (spezielle Bauart eines extremen Weitwinkelobjektivs, bei dem bewusst auf die optische Korrektur der scheinbaren Weitwinkelverzeichnung verzichtet wurde), Fischaugenlinse *f*, Fischauge *n* ‖ ~ (small globular mass that has not blended completely into the surrounding material) (Plastics) / Fischauge *n* (kugelartiger Materialeinschluss - ein Materialfehler) ‖ ~ **lens**\* (Optics, Photog) / Fischaugenobjektiv *n* (spezielle Bauart eines extremen Weitwinkelobjektivs, bei dem bewusst auf die optische Korrektur der scheinbaren Weitwinkelverzeichnung verzichtet wurde), Fischaugenlinse *f*, Fischauge *n*
**fish eyes** (Chem Eng) / ungelöste Stückchen Kautschuk (in Kautschuklösungen) ‖ ~ **eyes** (Materials, Paint) / Fischaugen *n pl* (ein Anstrichfehler), Silikonkrater *m* ‖ ~ **eyes** (Textiles) / Poren *f pl*, Löcher *n pl*, Nadelstiche *m pl*, Krater *m pl* (Fehler)
**fisheye stone** (Min) / Fischaugenstein *m*, Apophyllit *m*, Ichthyophthalm *m*
**fish-factory deck** (Nut, Ships) / Verarbeitungsdeck *n* ‖ ~ **ship** (Nut, Ships) / Verarbeitungsschiff *n*
**fish farming** (Ecol) / Fischzucht *f*
**fish-finding sonar** (Ships) / Fischsonar *n* (Ultraschallsensor, der zur Fischortung eingesetzt wird)
**fish flour** (Nut) / Fischmehl *n* (zur menschlichen Ernährung) ‖ ~ **flour** (Nut) s. also fish protein concentrate ‖ ~ **gelatin** (Chem, Nut) / Hausenblasenleim *m*, Fischleim *m*
**fish-glue**\* *n* (Chem, Nut) / Hausenblasenleim *m*, Fischleim *m*
**fish-grading machine** (Nut) / Fischsortiermaschine *f*
**fish hoist** (Hyd Eng) / Fischaufzug *m* ‖ ~ **hook** (Chem) / einseitiger Pfeil (der die Verschiebung eines einzelnen Elektrons anzeigt) ‖ ~ **industry** (Nut) / Fischindustrie *f*
**fishiness** *n* (Nut) / Vertranen *n*, Tranigwerden *n* ‖ ~ (Nut) / Fischgeschmack *m* (Fischigwerden), Fischigwerden *n*
**fishing** *n* (Nut, Ships) / Fischerei *f*, Fischfang *m*, Fischereiwesen *n* ‖ ~\* (Oils) / Fangen *n* (Maßnahmen zur Entfernung von abgebrochenen oder festsitzenden Bohrköpfen oder Bohrgestängeteilen, insbesondere bei Großbohrlöchern), Fangarbeit *f* ‖ ~ (Rail) / Verlaschen *n*, Anlaschen *n*, Verlaschung *f* ‖ ~ **deck** (Ships) / Fangdeck *n* ‖ ~ **equipment** (Ships) / Fanggerät *n* (zum Fischfang) ‖ ~ **fleet** (Ships) / Fischfangflotte *f*, Fangflotte *f*, Fischereiflotte *f* ‖ ~ **gear** (Ships) / Fanggerät *n* (zum Fischfang) ‖ ~ **grounds** (Nut, Ocean, Ships) / Fischfangplatz *m*, Fischgründe *m pl*, Fischereigebiet *n*, Fanggebiet *n*, Fischfanggebiet *n*, Fanggründe *m pl* ‖ ~ **hook** (Oils) / Fanghaken *m* (bei Fangwerkzeug) ‖ ~ **industry** (Nut) / Fischindustrie *f* ‖ ~ **job** (Oils) / Fangen *n* (Maßnahmen zur Entfernung von abgebrochenen oder festsitzenden Bohrköpfen oder Bohrgestängeteilen, insbesondere bei Großbohrlöchern), Fangarbeit *f*
**fishing-net** *n* / Fischnetz *n* (DIN EN ISO 1107), Fischernetz *n*
**fishing surface** (Rail) / Laschenanlagefläche *f* ‖ ~ **tap** (Mining, Oils) / Fangglocke *f* ‖ ~ **tool**\* (a device used to retrieve drilling equipment lost or dropped in the hole) (Oils) / Overshot *m n* (ein Fanggerät), Fangwerkzeug *n* (zur Entfernung von abgebrochenen oder festsitzenden Bohrköpfen und Bohrgestängeteilen insbesondere bei Großbohrlöchern) ‖ ~ **wire** (Elec Eng) / Einziehband *n*, Einziehdraht *m*
**fish kill** (Ecol) / Fischsterben *n* (Massensterben von Fischen in Gewässern, verursacht vor allem durch Sauerstoffmangel infolge starker Wasserverschmutzung, Vergiftung des Wassers und Infektionskrankheiten) ‖ ~ **ladder** (Hyd Eng) / Fischtreppe *f* (ein künstlich angelegter Fischweg), Fischleiter *f* (für Wanderfische) ‖ ~ **leather** (Leather) / Fischleder *n* (aus Häuten verschiedener Fischarten, z.B. von Rochen und Haien)
**fish-liver oil** (Nut) / Fischlebertran *m*, Fischleberöl *n*
**fishmeal** *n* / Fischmehl *n* (aus Fischen, deren Teilen oder Beifang hergestelltes eiweißreiches Futtermittel), Fischfuttermehl *n*
**fish mortality** (Ecol) / Fischsterben *n* (Massensterben von Fischen in Gewässern, verursacht vor allem durch Sauerstoffmangel infolge starker Wasserverschmutzung, Vergiftung des Wassers und Infektionskrankheiten)
**fishmouth** (Build) / Dachpappenfalte *f*, Pappennase *f* (bei Pappdächern)
**fishmouthing** *n* (Met) / Aufspleißen *n*, Aufplatzen *n* (der Blechenden)
**fishnet** *n* / Fischnetz *n* (DIN EN ISO 1107), Fischernetz *n*
**fish oil** (Nut) / Fischtran *m* (minderwertige Qualität), Fischöl *n* (im Allgemeinen) ‖ ~ **oil** s. also oil obtained from whole fish
**fish-oil tannage** (Leather) / Trangerbung *f* (meistens mit Dorschlebertran)

**fishout** *n* (Ceramics) / Brennprobe *f* (gezogene)
**fish-paper** *n* (Elec Eng) / ein Isolierpapier (Vulkanfiber, Lackpapier)
**fish pass** (Hyd Eng) / Fischaufstiegsanlage *f*, [künstlich angelegter] Fischweg *m* (z.B. eine Fischtreppe), Fischpass *m* (für Wanderfische) || ~ **piece**\* (Rail) / Schienenlasche *f*, Stoßlasche *f*, Flachlasche *f* (Stahlprofil zur Verbindung von Schienenstößen - DIN 5901 und 5902), Lasche *f*
**fishplate** *n* (Carp) / Verstärkungsplatte *f*, Verstärkungsband *n* (bei Holzverbindungen) || ~\* (Rail) / Schienenlasche *f*, Stoßlasche *f*, Flachlasche *f* (Stahlprofil zur Verbindung von Schienenstößen - DIN 5901 und 5902), Lasche *f*
**fishpole antenna** (Radio) / Peitschenantenne *f*
**fish-pond** *n* / Fischteich *m*
**fish-pool** *n* / Fischteich *m*
**fish population** (Ecol, Nut) / Fischbestand *m* || ~ **processing** (Nut) / Fischverarbeitung *f*
**fish-processing ship** (Nut, Ships) / Fischverarbeitungsschiff *n*
**fish protein** (Nut) / Fischeiweiß *n*, Fischprotein *n*
**fish-protein concentrate** (a dried protein-rich food product in the form of flour or paste prepared from whole fish) (Nut) / Fischproteinkonzentrat *n*, Fischeiweißkonzentrat *n*, FPC (Fischproteinkonzentrat)
**fishpump** *n* (Eng) / Fischpumpe *f* (zum Fischfang und zum Fischtransport)
**fishscale** *n* (Ceramics) / Fischschuppen *f pl* (halbmondförmige Ausplatzung der Grund- und/oder der Deckemaillierung) || ~ (Met) / Fischschuppe *f* (ein Blockfehler) || ~ **tile** (Arch) / Fischschuppenziegel *m*
**fishscaling** *n* (Ceramics) / Fischschuppen *f pl* (halbmondförmige Ausplatzung der Grund- und/oder der Deckemaillierung)
**fish screen** (to prevent fish entering or leaving) (Hyd Eng) / Fischrechen *m*, Fischzaun *m*, Fischwehr *n* || ~ **silage** (Agric) / Fischsilage *f* (verflüssigte Fischsubstanz, die als Futtermittel verwendet wird) || ~ **stock(s)** (Ecol, Hyd Eng) / Fischbestand *m*
**fishtail** *n* (Autos) / Schleuderbewegung *f* (wechselseitiges Ausbrechen des Hecks) || ~ (Electronics) / fischschwanzförmiger Defekt (der Epitaxieschicht) || ~ (a result of a dog bone) (Met) / Fischschwanz *m* (eine Folge des Hundeknochens) || ~ **bit** (Oils) / Fischschwanzmeißel *m*, Blattmeißel *m* || ~ **burner** (Eng) / Fischschwanzbrenner *m*, Fischschwanz *m*
**fish tape** (Elec Eng) / Einziehband *n*, Einziehdraht *m* || ~ **test** (Ecol, Hyd Eng) / Fischtest *m* (kontinuierliche Wasserüberwachung auf akut toxische Verunreinigungen, bei der Fische [z.B. Goldorfen oder Regenbogenforellen] als Detektor und als biologische Warneinrichtung verwendet werden) || ~ **toxicity** (Ecol, San Eng) / Fischgiftigkeit *f* (abwasserabgabenrelevanter Parameter, der nach dem Abwasserabgabengesetz unter Verwendung der juvenilen Goldorfe /Leuciscus idus melanotus/ als Testfisch bestimmt wird), Fischtoxizität *f* || ~ **viewer** (Ships) / Fischlupe *f* (ein Echolot in der Hochseefischerei)
**fishway** *n* (Hyd Eng) / Fischaufstiegsanlage *f*, [künstlich angelegter] Fischweg *m* (z.B. eine Fischtreppe), Fischpass *m* (für Wanderfische)
**fish•-wire**\* *n* (Elec Eng) / Einziehband *n*, Einziehdraht *m* || ~ **wool** (Textiles) / Fischwolle *f* (animalisiertes Gewebe aus Zellwolle)
**fishy** *adj* (Nut) / fischig *adj* (Geschmack, Geruch nach Fisch), tranig *adj*
**fishyback** *n* (Ships) / kombinierter Transport *m* (auf Schiffen oder Bargen), Huckepackverkehr *m* (Transport von Stückgut in Sattelaufliegern auf Trailerschiffen oder von Leichtern auf Trägerschiffen)
**fishy handle** (Textiles) / fischiger Griff || ~ **smell** (Nut) / Fischgeruch *m*
**fissile** *adj* (Geol) / schiefrig *adj* (Gestein) || ~ (Geol, Min) / spaltbar *adj* (nach ebenen Flächen) || ~\* (material that will undergo fission upon absorption of a neutron) (Nuc, Nuc Eng) / spaltbar *adj* || ~ **class** (Nuc Eng) / nukleare Sicherheitsklasse *f* || ~ **material** (nuclides that are capable of undergoing nuclear fission) (Nuc Eng) / Spaltstoff *m*, Spaltmaterial *n*, spaltbarer Stoff
**fissility** *n* (Geol) / Schiefrigkeit *f* (von Gesteinen) || ~ (Geol) s. also foliation
**fissiochemistry** *n* (Chem, Nuc) / Chemie *f* der Kernspaltung, Spaltungsstrahlungschemie *f*
**fission** *v* (Nuc Eng) / spalten *v* || ~\* *n* (Nuc, Nuc Eng) / Kernspaltung *f* (spontane, induzierte - binäre, tertiäre), Spaltung *f*, Fission *f*
**fissionability** *n* (Nuc, Nuc Eng) / Spaltbarkeit *f*, Spaltfähigkeit *f*
**fissionable**\* *adj* (Nuc, Nuc Eng) / spaltfähig *adj* || ~\* *adj* (material that fissions spontaneously) (Nuc, Nuc Eng) / spaltbar *adj*
**fissionable material** (Nuc Eng) / Spaltstoff *m*, Spaltmaterial *n*, spaltbarer Stoff
**fission barrier** (Nuc Eng) / Spaltbarriere *f*, Spaltungsbarriere *f* || ~ **bomb**\* (Mil) / Kernspaltungsbombe *f* (eine Atombombe, die auf der Spaltung schwerer Atomkerne beruht), nuklearer Sprengkörper, Spaltbombe *f* || ~ **capture** (Nuc Eng) / Spalteinfang *m*, Spaltungseinfang *m* || ~ **chain**\* (Nuc, Nuc Eng) / Spaltproduktreihe *f*, Spaltkette *f* || ~ **chain reaction** (Nuc) / Spaltungskettenreaktion *f*, Kernspaltungskettenreaktion *f* || ~ **chamber**\* (Nuc Eng) / Spaltkammer *f* (Neutronendetektor mit guter Diskriminierung gegenüber anderen Strahlenarten) || ~ **counter**\* (Nuc Eng) / Spaltzähler *m* || ~ **counter tube** (Nuc Eng) / Spaltzählrohr *n* || ~ **cross section** (Nuc) / Spaltquerschnitt *m* (der Wirkungsquerschnitt für durch Neutronen induzierte Kernspaltung) || ~ **decay chain** (Nuc, Nuc Eng) / Spaltproduktreihe *f*, Spaltkette *f* || ~ **distribution**\* (Nuc) / Spaltungsverteilung *f* || ~ **energy** (Nuc) / Spaltungsenergie *f*, Kernspaltungsenergie *f*
**fissioner** *n* (Nuc Eng) / Spaltstoff *m*, Spaltmaterial *n*, spaltbarer Stoff
**fission event** (Nuc, Nuc Eng) / Spaltereignis *n*, Spaltakt *m* || ~ **fragment** (Nuc Eng) / Spaltfragment *n*, Spaltbruchstück *n* || ~ **fuel** (Nuc Eng) / Kernbrennstoff *m*, KBS (Kernbrennstoff), nuklearer Brennstoff, Brennstoff *m*, BS (Brennstoff)
**fission-fusion bomb** (Mil) / Zwei-F-Bombe *f*, Zweiphasenkernbombe *f*
**fission-fusion-fission bomb** (Mil) / Dreiphasenkernbombe *f*, Drei-F-Bombe *f*, kombinierte A- und H-Bombe
**fission gas** (Nuc Eng) / Spaltgas *n* (bei der Kernspaltung entstehendes gasförmiges Spaltprodukt, z.B. Kr-85), SG (Spaltgas) || ~ **heat** (Nuc) / Spaltungswärme *f* || ~ **neutron**\* (Nuc) / Spaltneutron *n* (das bei einer Kernspaltung frei werdende Neutron) || ~ **nuclide** (Nuc, Nuc Eng) / Spaltnuklid *n* || ~ **parameter**\* (Nuc) / Spaltungsparameter *m*, Spaltparameter *m* || ~ **poison**\* (Nuc Eng) / Spaltgift *n* (ein Reaktorgift, das ein Spaltprodukt ist) || ~ **product**\* (both the stable and the unstable nuclides produced as the result of nuclear fission ) (Nuc) / Spaltprodukt *n* (bei der Kernspaltung entstehende Nuklide sowie deren Zerfallsprodukte), Spaltungsprodukt *n*
**fission-product solidification process** (Nuc Eng) / Spaltprodukt-Verfestigungsverfahren *n*, FIPS-Verfahren *n* (zur Verfestigung hochradioaktiver Spaltprodukte)
**fission propulsion** (Space) / Fissionsantrieb *m* || ~ **rate** (Nuc, Nuc Eng) / Spaltrate *f* || ~ **reaction** (Nuc, Nuc Eng) / Spaltreaktion *f* || ~ **reactor** (Nuc Eng) / Spaltreaktor *m*, Kernspaltungsreaktor *m*, Spaltungsreaktor *m* || ~ **spectrum**\* (the energy distribution of the neutrons produced by the nuclear fission of a particular nuclear material) (Nuc) / Spaltspektrum *n* (ein Energiespektrum)
**fissions per initial fissile atoms** (Nuc Eng) / relativer Abbrand (die Spaltungen je ursprünglich vorhandener spaltbarer Atome) || ~ **per initial metal atoms** (Nuc Eng) / relativer Abbrand (die Spaltungen je ursprünglich vorhandene Schwermetallatome)
**fission threshold** (Nuc, Nuc Eng) / Spaltschwelle *f*, Spaltungsschwelle *f* (Schwellenenergie für Spaltung) || ~ **track** (Geol) / Kernspaltspur *f*, Spaltspur *f* (zur radioaktiven Altersbestimmung)
**fission-track dating**\* (Geol) / Kernspaltungsspuren-Methode *f* (der radioaktiven Altersbestimmung), Spaltspuren-Methode *f*, Fission-Track-Methode *f* || ~ **method** (Geol) / Kernspaltungsspuren-Methode *f* (der radioaktiven Altersbestimmung), Spaltspuren-Methode *f*, Fission-Track-Methode *f*
**fission yield**\* (Nuc, Nuc Eng) / Spaltproduktausbeute *f*, Spaltausbeute *f*
**fissium** (Nuc Eng) / Fissium *n* (Spaltproduktbestandteil in der Mischung von Kernbrennstoff und Spaltprodukten), Fizzium *n* (Gemisch in einer V/Pu-Legierung)
**fissuration** *n* (Geol) / Zerklüftung *f*
**fissure** *n* (long and narrow) / Riss *m*, Sprung *m* || ~ / Spalt *m*, Spalte *f* || ~\* (Geol) / Kluft *f*, Spalte *f*, Diaklase *f*
**fissured** *adj* / rissig *adj*, rissbehaftet *adj*, gesprungen *adj*, gerissen *adj* || ~ (Geol) / zerklüftet *adj* (durch Bodenrisse)
**fissure effusion** (Geol) / Spaltenerguss *m* || ~ **eruption**\* (an eruption that takes place from an elongate fissure, rather than from a central vent) (Geol) / Spalteneruption *f*, Spaltenausbruch *m*, Lineareruption *f* || ~ **mineral** (Min) / Kluftmineral *n* || ~ **rent** (Geol) / Eruptionsspalte *f* || ~ **spring** / Spaltquelle *f*, Kluftquelle *f*, Spaltenquelle *f* (ein Quellentyp) || ~ **trough** (Geol) / Eruptionsspalte *f* || ~ **vein** (a type of mineral deposit of veinlike shape, with clearly defined walls rather than extensive host-rock replacement) (Geol) / Spaltengang *m*, Spaltenfüllung *f* || ~ **vent** (Geol) / Eruptionsspalte *f*, Ausbruchsspalte *f* || ~ **volcano** (Geol) / Spaltenvulkan *m* (bei dem die Förderung aus einer Spalte erfolgt)
**fist** *n* (Print) / Hand *f* (ein Verweiszeichen)
**FIT** (Eng) / Anzahl *f* der Ausfälle (sehr oft in $10^9$ Stunden)
**fit** *v* / nach Maß gearbeitet sein *v* (Anzug) || ~ / zurichten *v* || ~ (Eng) / einpassen *v*, passen *v*, anpassen *v* || ~ (Textiles) / verlegen *v* (Teppichboden), put down *v* || ~ *n* (Autos) / Passung *f* (bei Karosserieteilen) || ~\* (Eng) / Passung *f* (die Beziehung zwischen den Toleranzfeldern zu paarender Teile - DIN 7182, T 1) || ~ (Textiles) / Passform *f*, Sitz *m* (eines Kleidungsstückes), Schnitt *m* (Passform) || ~ *adj* / geeignet *adj*, passend *adj* || ~ (for human consumption) (Nut) / einwandfrei *adj* (Lebensmittel) || ~ **bolt** (Eng) / Passschraube *f* (mit Passschaft)

**FITC** (fluorescein isothiocyanate) (Chem) / Fluoresceinisothiocyanat *n*, Fluoreszeinisothiozyanat *n*, FITC (Fluoresceinisothiocyanat)
**fitch*** *n* (Paint) / Fitscher *m*, Lampenputzer *m* (für Lackarbeiten an schwer zugänglichen Stellen) ‖ ~ (Paint) / Fischpinsel *m*
**fitchering** *n* (US) (Mining) / Festgehen *n* (des Bohrwerkzeuges)
**fit for cutting** (For) / hiebsreif *adj*, schlagreif *adj*, schlagbar *adj*, haubar *adj* ‖ ~ **for fly** (Aero) / flugtüchtig *adj* (Pilot) ‖ ~ **for purpose** / bestimmungsgerecht *adj*, tauglich *adj*, geeignet *adj* (für bestimmte Zwecke) ‖ ~ **for running** (Rail) / lauffähig *adj* (Schienenfahrzeug) ‖ ~ **for spinning** (Spinning) / verspinnbar *adj*, spinnbar *adj*, spinnfähig *adj* ‖ ~ **in** *v* / einfügen *v*, einbringen *v*, einschieben *v*, einsetzen *v*, einstecken *v*, einlegen *v*
**fitment** *n* (Build, Join) / Beschlag *m*, Beschlagteil *n* (Band, Scharnier, Schließe)
**fit out** / einrichten *v* (Küche, Geschäft) ‖ ~ **out** (Ships) / ausrüsten *v* (Schiff) ‖ ~ **system** (Eng) / Passungssystem *n*, Passsystem *n* (systematische Reihe von Passungen nach DIN 7182, T 1)
**fitted** *adj* (Textiles) / angepasst *adj* ‖ **be** ~ / nach Maß gearbeitet sein *v* (Anzug) ‖ ~ **carpet** (Textiles) / Teppich-Auslegeware *f*, Auslegeteppich *m*, Auslegeware *f* (Nadelflor-, Nadelfilz- und beflockte Teppiche), Teppichboden *m* ‖ ~ **cupboard** (Build) / Einbauschrank *m* (in der Küche) ‖ ~ **furniture** (Join) / Einbaumöbel *n pl* ‖ ~ **textile floor covering** (Textiles) / verlegter textiler Bodenbelag *m*
**fitter*** *n* / Industriemechaniker *m*, Monteur *m* (Schlosser), Maschinenschlosser *m* ‖ ~ (Build) / Installateur *m*
**fitter's hammer*** (Eng, Tools) / Bankhammer *m* ‖ ~ **hammer** (Tools) / Schlosserhammer *m* (deutsche Form mit Bahn und Pinne - DIN 1041) ‖ ~ **shop** (Join) / Fertigmacherei *f* (in der Möbelfabrik)
**Fittig reaction** (Chem) / Fittig'sche Synthese (Darstellungsmethode von Di- und Polyarylen durch Kondensation von Arylhalogeniden mit Natrium - nach R. Fittig, 1835-1910), Wurtz-Synthese *f* (nach Ch. A. Wurtz, 1817 - 1884)
**Fittig's synthesis*** (Chem) / Fittig'sche Synthese (Darstellungsmethode von Di- und Polyarylen durch Kondensation von Arylhalogeniden mit Natrium - nach R. Fittig, 1835-1910), Wurtz-Synthese *f* (nach Ch. A. Wurtz, 1817 - 1884)
**fitting** *n* / Fitten *n*, Anpassen *n* (von Kurven) ‖ ~ (Build, Join) / Beschlag *m*, Beschlagteil *n* (Band, Scharnier, Schließe) ‖ ~ (attached to the jib) (Civ Eng) / Grabgefäß *n* (Arbeitseinrichtung eines Krans oder eines Baggers, wie z.B. Tieflöffel, Ladeschaufel oder Greifer) ‖ ~* (Elec Eng) / Lampenarmatur *f* ‖ ~* (Eng) / Montage *f*, Fügen *n* (DIN 8593), Zusammenlegen *n*, Zusammenbau *n*, Zusammenstellung *f* ‖ ~ (Eng) / Anschlussstück *n*, Rohrverbindungsstück *n* ‖ ~* (Eng) / Nippel *m* ‖ ~* (Eng) / Einpassen *n*, Passen *n*, Anpassen *n*, Passarbeit *f* ‖ ~ (Eng) / Armatur *f* (z.B. eines Schlauchs) ‖ ~ **(with knives)** (Paper) / Garnierung *f* (der Holländerwalzen) ‖ ~ (Textiles) / Verlegung *f* (des Teppichbodens) ‖ ~ **allowance** (Eng) / Einpasszugabe *f* ‖ ~ **bolt with reduced shank** (Eng) / Pass-Dehn-Schraube *f* ‖ ~ **dimension** (Eng) / Einbaumaß *n*, Einbauabmessung *f* ‖ ~ **dimensions** (Eng) / Anschlussmaße *n pl*, Paarungsmaße *n pl* (DIN 7182, T 1) ‖ ~ **factor** (Aero) / Zuschlagfaktor *m* für Beschläge ‖ ~ **instruction(s)** (Eng) / Montageanleitung *f*, Montageanweisung *f* ‖ ~ **position** (Eng) / Einbaulage *f*
**fittings** *pl* (Cables) / Garnitur *f* ‖ ~* (Eng) / Fittings *n pl* (mit Gewindeanschluss, eingeschweißt oder eingelötet), [kleine] Armaturen *f pl*, Formstücke *n pl*
**fitting shop*** (Eng) / Montagewerkstatt *f*, Montagehalle *f*, Montageabteilung *f*, Zusammenbauhalle *f*, Montagebereich *m* ‖ ~ **surface** (Eng) / Passfläche *f*
**fit to be eaten** (Nut) / zum Verzehr geeignet ‖ ~ **to drive** (Autos) / fahrtauglich *adj* (Fahrer) ‖ ~ **together** *v* / zusammenpassen *v* ‖ ~ **tolerance** (Eng) / Passtoleranz *f* (Summe der Toleranzen von Welle und Bohrung nach DIN 7182, T 1) ‖ ~ **tolerance zone** (Eng) / Passtoleranzfeld *n*
**Fitt's law** (law on GUI design stating that the easiest objects to locate and target on a GUI are the ones closest to the current position of the mouse and that have large target spaces) (Comp) / Fitts Gesetz
**fit with** *v* / versehen *v* mit, ausrüsten *v* mit
**FitzGerald dipole** (Elec Eng) / FitzGerald'scher Dipol (ein elementarer Dipol nach DIN 1324-3) ‖ ~**-Lorentz contraction*** (Phys) / Längenkontraktion *f* (Hypothese zur Erklärung des negativen Resultats des Michelson-Versuchs), Lorentz-Kontraktion *f*, FitzGerald-Lorentz-Kontraktion *f* (nach G.F.FitzGerald, 1851-1901, und H.A.Lorentz, 1853-1928)
**five-alarm** *adj* (of food, such as chillies) (Nut) / extrem scharf, scharf *adj* (wie Pfeffer)
**five-bearing crankshaft** (Autos) / fünffach gelagerte Kurbelwelle
**five-bit byte** (Comp) / Fünf-Bit-Byte *n*, 5-Bit-Byte *n*
**five-centred arch*** (Arch) / fünfpunktiger Korbbogen, Fünfzentrenbogen *m*
**five-column transformer** (Elec Eng) / Fünfschenkeltransformator *m*

**five-conductor cable** (Cables) / Fünfer *m* (eines Schaltkabels)
**five-cylinder engine** (I C Eng) / Fünfzylindermotor *m*
**five-day biochemical oxygen demand** (Biochem) / $BSB_5$, biochemischer Sauerstoffbedarf (auf 5 Tage bezogen) ‖ ~ **forecast** (Meteor) / Mittelfristvorhersage *f* (bis zu 5 Tage)
**five-digit** *attr* (Maths) / fünfstellig *adj* (Zahl)
**five-dimensional** *adj* (Phys) / fünfdimensional *adj* (z.B. allgemeine Relativitätstheorie)
**five-figure** *attr* (Maths) / fünfstellig *adj* (Zahl)
**fivefold symmetry** (Chem, Phys) / fünfzählige Symmetrie
**five-link rear suspension** (Autos) / Fünfgelenkhinterachse *f* ‖ ~ **system** (Autos) / Raumlenkerachse *f*
**five-membered ring** (Chem) / fünfgliedriger Ring, Fünferring *m*, Fünfring *m*
**five per cent increase** / fünfprozentiger Zuwachs
**five-ply** *attr* (For) / fünflagig *adj* (Tischlerplatte)
**five-roll mill** (Paint) / Fünfwalzenanreibemaschine *f*, Fünfwalzenstuhl *m*, Fünfwalzenmühle *f* (eine Anreibemaschine)
**five-speed gearbox** (Autos) / Fünfganggetriebe *n* ‖ ~ **transmission** (Autos) / Fünfganggetriebe *n*
**five-spice** *n* (a blend of five powdered spices, typically fennel seeds, cinnamon, cloves, star anise, and peppercorns) (Nut) / Fünf-Gewürz-Mischung *f* ‖ ~ **powder** (Nut) / Fünf-Gewürz-Mischung *f*
**five-unit code*** (Telecomm, Teleg) / Fünfercode *m*, Fünferalphabet *n* (internationales Telegrafenalphabet Nr. 2), Fünferkode *m*
**fix** *v* (to mend or repair something that is broken or not working properly) / in Ordnung bringen (provisorisch reparieren) ‖ ~ / befestigen *v*, anbringen *v* ‖ ~ (Chem) / binden *v*, fixieren *v* ‖ ~ (Photog) / fixieren *v* ‖ ~ (Aero) / ermittelter Standort, festgelegter Standort, Fix *m* (Schnittpunkt zweier oder mehrerer Standlinien) ‖ ~ (Nav, Radar) / Peilstandort *m* ‖ ~* (Surv) / Festpunkt *m*
**fixateur** *n* (perfume technology) / Fixateur *m* (eine Parfümkomponente)
**fixation*** *n* (Micros) / Fixieren *n*, Fixierung *f*, Fixation *f* ‖ ~ **of nitrogen*** (Bacteriol) / Stickstoffbindung *f*, Luftstickstoffbindung *f*, N-Fixierung *f*, Stickstofffixierung *f* (biologische Ammoniaksynthese aus atmosphärischem Stickstoff), Disticksofffixierung *f* ‖ ~ **pair** (Spectr) / Fixierungspaar *n*
**fixative** *n* (perfume technology) / Fixateur *m* (eine Parfümkomponente) ‖ ~ (in dyeing technology) (Chem Eng) / Fixierungsmittel *n*, Fixativ *n* ‖ ~ (Micros) / Fixierungsmittel *n*, Fixierungsflüssigkeit *f*, Fixationsmittel *n* (Mikroskopiertechnik), Fixationslösung *f*, Fixierlösung *f* ‖ ~ (Photog) / Fixativ *n* (Lösung, mit der man Zeichnungen besprüht, damit sie wischfest werden)
**fixed** *adj* / fix *adj* (Fensterscheibe) ‖ ~ (Comp) / speicherresident *adj*, resident *adj* ‖ ~ (Eng) / ortsfest *adj* (Lünette) ‖ ~ (Mech) / befestigt *adj*, fest *adj* (eingespannt) ‖ ~ **address** (Comp) / Festadresse *f* ‖ ~ **arch** (Arch) / eingespannter Bogen (DIN 1075) ‖ ~ **ash** (Mining) / gebundene Asche (der Kohle) ‖ ~ **assets** / Anlagevermögen *n* (ein Bilanzposten) ‖ ~ **attenuator** (Elec Eng) / festeingestellter Abschwächer, festes Dämpfungsglied (nur aus Widerständen aufgebautes)
**fixed-axis gear transmission** (Eng) / Standgetriebe *n* (DIN 868)
**fixed axle** (Rail) / festgelagerte Achse, steife Achse ‖ ~ **ballast** (Aero) / fest eingebauter Ballast ‖ ~ **base** (Maths) / feste Base
**fixed-base notation** (Maths) / Zahlendarstellung *f* mit fester Basis ‖ ~ **representation** (Maths) / Zahlendarstellung *f* mit fester Basis ‖ ~ **system** (Maths) / Zahlendarstellung *f* mit fester Basis
**fixed beam*** (rigidly fixed on both ends) (Build) / beidseitig eingespannter Balken, Träger *m* mit eingespannten Enden ‖ ~ **bearing** (Civ Eng) / festes Auflager, Festauflager *n* ‖ ~ **bed** (Chem Eng) / Festbett *n* (z.B. beim katalytischen Kracken), Feststoffbett *n*
**fixed-bed electrolysis** (San Eng) / Festbettelektrolyse *f* (zur Abscheidung von Metallen aus Abwässern) ‖ ~ **jig** (Min Proc) / Bettsetzmaschine *f* ‖ ~ **reactor** (Chem Eng) / Festbettreaktor *m* (ein Kontaktofen) ‖ ~ **sweetening** (Oils) / Festbettsüßung *f*
**fixed biological film** (San Eng) / mikrobieller Rasen, biologischer Rasen (Bewuchs von Mikroorganismen auf einem Festbett, z.B. Füllstoffe von Tropfkörpern), mikrobielle Matte (Biofilm) ‖ ~ **blade** (Civ Eng) / Querschild *m* (eines Planiergeräts), Brustschild *m* (eines Dozers - an zwei Schubholmen)
**fixed-block architecture device** (Comp) / FBA-Einheit *f* (eine Plattenspeichereinheit)
**fixed·block format** (Comp) / Format *n* mit fester Blockfolge ‖ ~**-block format** (Eng) / festes Satzformat (bei der numerischen Steuerung nach DIN 66257) ‖ ~ **block length** (Comp) / feste Blocklänge ‖ ~ **bridge** (Civ Eng) / feste Brücke (z.B. Balken- oder Bogenbrücke), Festbrücke *f*, feststehende Brücke ‖ ~ **cableway** (Civ Eng) / ortsfester Kabelkran, Kabelkran *m* (mit festen Türmen)
**fixed-calliper disk brake** (Autos) / Festsattelscheibenbremse *f*, Festsattelbremse *f*

**fixed call transfer** (Teleph) / feste Besuchsschaltung
**fixed-cantilever crane** (Eng) / Kran *m* mit festem Ausleger
**fixed capacitor** (Elec Eng) / Festkondensator *m* ‖ ~ **carbon**\* (Chem, Met) / fester Kohlenstoff ‖ ~ **centre** (Eng) / Reitstockspitze *f* (stehende, ruhende, nicht umlaufende), feste Spitze, feste Drehmaschinenspitze ‖ ~ **charge** (Elec Eng) / Grundgebühr *f*, Grundpreis *m* ‖ ~ **connection** (GB) (Telecomm) / Punkt-zu-Punkt-Verbindung *f* (DIN 44302), Punktverbindung *f* (festgeschaltete Verbindung von zwei Endgeräten), Festverbindung *f*, Standverbindung *f*, feste Verbindung, festgeschaltete Verbindung (von zwei Endgeräten) ‖ ~ **contact** (Autos) / Ambosskontakt *m* (feststehender Kontakt des Unterbrechers), **contact**\* (Elec Eng) / feststehendes Schaltstück, Festschaltstück *n* ‖ ~ **cost(s)** / Festkosten *pl*, fixe Kosten ‖ ~ **cycle** (Comp, Eng) / (fester) Arbeitszyklus *m* (bei der numerischen Steuerung nach DIN 66257) ‖ ~ **cycle** (Comp, Eng) / fester Zyklus (festgespeichertes Unterprogramm für die Steuerung bestimmter Operationen)
**fixed-cycle** *attr* / getaktet *adj* ‖ ~ **operation** (Comp) / Taktgeberbetrieb *m*, getaktete Arbeitsweise, Arbeitsweise *f* mit festem Takt, Festzyklusbetrieb *m*
**fixed data** (Comp) / geschütztes Feld ‖ ~ **delay** (Elec Eng) / nicht einstellbare Verzögerung (eines Schaltgliedes)
**fixed-delivery pump** (Eng) / Konstantpumpe *f*, Pumpe *f* mit gleich bleibender (konstanter) Fördermenge
**fixed disk** (Comp) / Festplatte *f* (die fest eingebaut ist - keine Wechselplatte)
**fixed-disk drive** (Comp) / Festplattenlaufwerk *n* ‖ ~ **storage** (Comp) / Festplattenspeicher *m* (eines Trägers) ‖ ~ **store** (Comp) / Festplattenspeicher *m* (eines Trägers)
**fixed distance** / Festabstand *m* ‖ ~ **drilling platform** (Oils) / ortsfeste Plattform (bei Offshore-Bohrung) ‖ ~ **echo** (Radar) / Festzeichen *n*, Festzeichenecho *n* ‖ ~ **element** (Eng) / Gestell *n* (in der Getriebesystematik), Gestellglied *n* (im Getriebe) ‖ ~ **element** (Maths) / Fixelement *n* (Element einer Menge geometrischer Objekte, das bei einer Abbildung auf sich selbst abgebildet wird) ‖ ~ **end**\* (Build) / feste Einspannung ‖ ~ **end**\* (Build) / eingespanntes Ende
**fixed-end arch** (Arch) / eingespannter Bogen (DIN 1075) ‖ ~ **moment** (Build) / Einspannmoment *n*
**fixed field** (Nuc Eng) / zeitlich konstantes magnetisches Führungsfeld (z.B. im FFAG-Beschleuniger) ‖ ~**-field accelerator** (Nuc Eng) / FFAG - Beschleuniger mit starker Fokussierung und zeitlich konstantem Magnetfeld *m* ‖ ~**-field alternating gradient accelerator** (Nuc Eng) / FFAG - Beschleuniger mit starker Fokussierung und zeitlich konstantem Magnetfeld *m*
**fixed-field therapy** (Radiol) / Stehfeldbestrahlung *f* (bei der das Nutzstrahlenbündel relativ zum Patienten ruht)
**fixed fire-escape** (Build) / Notleiter *f*, Feuerleiter *f* ‖ ~ **flashing light** (Ships) / Festfeuer *n* mit Blitzen ‖ ~**-focus lens** (Photog) / Fixfokusobjektiv *n* (mit unveränderlicher Entfernungseinstellung auf den Hyperfokalpunkt seiner größten Blendenöffnung) ‖ ~ **format** (Comp) / festes Format ‖ ~ **frame** (Build, Civ Eng, Mech) / eingespannter Rahmen ‖ ~ **frequency** (Electronics, Telecomm) / feste Frequenz, Festfrequenz *f*
**fixed-frequency oscillator** (Electronics) / Festfrequenzoszillator *m*
**fixed-gain amplifier** (Elec Eng, Telecomm) / Festverstärker *m*
**fixed gauge** (a physical replica of the part dimension to be inspected or measured) (Instr, Tools) / Lehre *f* (Formlehre, Maßlehre, Paarungslehre, Grenzlehre) ‖ ~ **gear** (Autos) / Festrad *n* (des Schaltmuffengetriebes) ‖ ~ **grate** (Eng) / fester Rost (kein Wanderrost)
**fixed-handle** *attr* (Elec Eng, Eng) / ohne Freiauslösung
**fixed head** (Comp) / Festkopf *m*
**fixed-head disk** (Comp) / Festkopfplattenspeicher *m*
**fixed hinge** (Arch, Eng) / festes Gelenk
**fixed-image videotelephony** (Teleph) / Festbildtelefonie *f*
**fixed jaw** (Eng) / feste Backe (des Schraubstocks) ‖ ~ **joint** / feste (konstante) Fuge (die beiden Teile können sich nicht unabhängig bewegen) ‖ ~ **joint** (Autos, Eng) / Festgelenk *n*
**fixed-joint noise** (Autos) / Festgelenkgeräusch *n*
**fixed landing gear** (Aero) / nichteinziehbares Fahrwerk, starres Fahrwerk, Starrfahrwerk *n*, festes Fahrwerk (Starrfahrwerk)
**fixed-length code** (Comp) / Kode *m* mit fester Wortlänge ‖ ~ **computer** (Comp) / Rechner *m* mit fester Wortlänge ‖ ~ **field** (Comp) / Feld *n* fester Länge ‖ ~ **operand** (Comp) / Operand *m* fester Länge ‖ ~ **record**\* (Comp) / Satz *m* fester Länge
**fixed light** (Build) / rahmenloses Fenster, Festfenster *n*, feststehendes Fenster ‖ ~ **light** (Ships) / Festfeuer *n* (ein Leuchtfeuer, das einen Lichterschein ohne Unterbrechung als Kennung hat) ‖ ~ **line** (Maths) / Fixgerade *f* (ein Fixelement) ‖ ~ **link** (Eng) / Gestell *n* (in der Getriebesystematik), Gestellglied *n* (im Getriebe) ‖ ~**-loop aerial**\* (Radio) / feste Rahmenantenne, Festrahmenantenne *f*

**fixed-loss attenuator** (Elec Eng) / festeingestellter Abschwächer, festes Dämpfungsglied (nur aus Widerständen aufgebautes)
**fixed membrane** / Festmembrane *f* ‖ ~ **network** (Telecomm, Teleph) / Festnetz *n* (im Allgemeinen , im Gegensatz zu Mobilnetz)
**fixed-network subscriber** (Telecomm, Teleph) / Festnetzteilnehmer *m* (im Gegensatz zum Mobilfunkteilnehmer)
**fixed oil** (Chem) / fettes (nichtflüchtiges ) Öl
**fixed-outer-cylinder viscosimeter** (Phys) / Rotationsviskosimeter *n* (mit einem rotierenden und einem koaxial fest stehenden Zylinder - DIN 53018, T 1 und 2)
**fixed-pitch airscrew**\* (Aero) / Festpropeller *m*, feste Luftschraube
**fixed-pitch font** (Comp, Typog) / Monospacing-Schrift *f* (in der Textverarbeitung) ‖ ~ **propeller** (Aero) / Festpropeller *m*, feste Luftschraube
**fixed plane** (Maths) / Fixebene *f* (ein Fixelement)
**fixed-platform truck** / Flurfördermittel *n* mit fester Ladefläche
**fixed point** (Comp) / Festkomma *n*, Festpunkt *m* ‖ ~ **point** (Maths) / Fixpunkt *m* (z.B. ein Fixelement) ‖ ~ **point**\* (any accurately reproducible equilibrium temperature) (Phys) / Fixpunkt *m* (der Temperaturskale), Festpunkt *m* (der Temperaturskale), Fundamentalpunkt *m* (der Temperaturskale)
**fixed-point arithmetic** (Comp) / Festkommaarithmetik *f* (Befehlsausführung ohne automatische Berücksichtigung der Kommastelle - bei Digitalrechnern), Festpunktarithmetik *f* ‖ ~ **calculation** (Comp) / Festkommarechnung *f*, Festpunktrechnung *f* ‖ ~ **leveling** (US) (Surv) / Festpunktnivellement *n* ‖ ~ **levelling** (Surv) / Festpunktnivellement *n* ‖ ~ **notation**\* (Comp) / Festkommaschreibweise *f*, Festkommadarstellung *f*, Festpunktschreibweise *f* (DIN 44300), Festpunktdarstellung *f*
**fixed point of the ITS** (Phys) / Fixpunkt *m* der Internationalen Temperaturskale
**fixed-point part** (in floating-point representation) (Comp) / Mantisse *f* (in der Gleitpunktrechnung DIN 44300) ‖ ~ **representation** (Comp) / Festkommaschreibweise *f*, Festkommadarstellung *f*, Festpunktschreibweise *f* (DIN 44300), Festpunktdarstellung *f*
**fixed post** (Build, Civ Eng) / Standmast *m* ‖ ~ **post** (Mag) / feste Stütze (eines Laufwerks) ‖ ~ **price** / Festpreis *m*
**fixed-program computer** (Comp) / Festprogrammrechner *m* (Digitalrechner, bei dem sich das gespeicherte Programm in einem Festspeicher befindet)
**fixed pulley** (Eng, Mech) / Festscheibe *f*, feste Riemenscheibe ‖ ~ **pulley**\* (Eng, Mech) / feste Rolle (des Flaschenzugs) ‖ ~ **radio service** (Radio) / fester Funkdienst, ortsfester Funkdienst
**fixedradix** (Maths) / feste Base
**fixed-radix system** (Maths) / Zahlendarstellung *f* mit fester Basis
**fixed resistor** (Elec Eng) / Festwiderstand *m* (meistens in Rohrform mit Drahtwicklung oder Beschichtung) ‖ ~ **retainer** (Textiles) / Teilbarkeitskasten *m* (des Reißverschlusses) ‖ ~ **sash**\* (Build) / rahmenloses Fenster, Festfenster *n*, feststehendes Fenster ‖ ~ **satellite** (Space, Telecomm) / geosynchroner Satellit, Synchronsatellit *m* (auf der Erdumlaufbahn), synchroner Satellit, geostationärer Satellit, stationärer Satellit ‖ ~ **sheet**\* (Build) / rahmenloses Fenster, Festfenster *n*, feststehendes Fenster ‖ ~ **signal** (Rail) / ortsfestes Signal ‖ ~ **socket-outlet** (Elec Eng) / [ortsfeste] Steckdose *f* ‖ ~ **star** (Astron) / Fixstern *m* ‖ ~ **station** (Telecomm) / feste Fernmeldestation, feste Fernmeldestelle ‖ ~ **store** (Comp) / Festwertspeicher *m* (DIN 44476), Festspeicher *m*, Nur-Lese-Speicher *m*, Permanentspeicher *m*, ROM *n* ‖ ~ **target** (without motion) (Mil, Radar) / Festziel *n* (ohne Bewegung)
**fixed-target experiment** (Nuc) / Fest-Target-Experiment *n* ‖ ~ **indicator** (Radar) / Festzielfilter *n*
**fixed time-lag**\* / feste Zeitverzögerung, vorgegebene Zeitverzögerung, unabhängige Zeitverzögerung
**fixed-track strip** (with fixtures) (Elec Eng, Light) / Strahlerleiste *f*, Lichtleiste *f*
**fixed-track transport** / Schienenverkehr *m* (im Allgemeinen)
**fixed-trip** *attr* (Elec Eng, Eng) / ohne Freiauslösung
**fixed undercarriage** (Aero) / nichteinziehbares Fahrwerk, starres Fahrwerk, Starrfahrwerk *n*, festes Fahrwerk (Starrfahrwerk) ‖ ~ **value** / Festwert *m* (in der NC-Technik)
**fixed-venturi carburettor** (Autos, I C Engs) / Vergaser *m* mit konstantem Lufttrichterquerschnitt
**fixed-weight code** (Comp) / gleichgewichtiger Kode
**fixed weir** (Hyd Eng) / festes Wehr ‖ ~ **window** (Build) / rahmenloses Fenster, Festfenster *n*, feststehendes Fenster ‖ ~**-wing aircraft** (Aero) / Starrflügler *m*, Starrflügelluftfahrzeug *n* ‖ ~ **word length** (Comp) / feste Wortlänge ‖ ~ **word-length computer** (Comp) / Rechner *m* mit fester Wortlänge
**fixer** *n* (Build) / Maurer *m* (Naturstein) ‖ ~ (Photog) / Fixiermittel *n*, Fixierer *m* ‖ ~ (Photog) / Fixierbad *n*
**fix error** (Aero) / Standortfehler *m*

**fixing**

**fixing** n / Befestigung f ‖ ~* (Eng) / Befestigungsmittel n, Befestigungsteil n, Befestigungselement n ‖ ~ (US) (Nut) / Zutat f (jeder Stoff, einschließlich der Zusatzstoffe, der bei der Herstellung eines Lebensmittels verwendet wird und unverändert oder verändert im Enderzeugnis vorhanden ist), Ingredienz f (pl. -en), Bestandteil m (A) ‖ ~* (Photog) / Fixierung f, Fixieren n, Fixage f ‖ ~ **agent** (Photog) / Fixiermittel n, Fixierer m ‖ ~ **assembly** / Fixiereinheit f (bei Kopierern) ‖ ~ **bath** (Photog) / Fixierbad n ‖ ~ **block** (Build) / Dübelstein m (aus Holz), eingemauerter Holzklotz für Befestigungszwecke, Nagelblock m ‖ ~ **bolt** (Eng) / Befestigungsschraube f ‖ ~ **brick** (Build) / Dübelstein m (aus Holz), eingemauerter Holzklotz für Befestigungszwecke, Nagelblock m ‖ ~ **bushing** (Eng) / Klemmbuchse f ‖ ~ **clip** (Eng) / Halteklammer f ‖ ~ **development** (Photog) / Fixierentwicklung m ‖ ~ **element** (Eng) / Befestigungsmittel n, Befestigungsteil n, Befestigungselement n ‖ ~ **fillet*** (Build) / eingelassene Nagelleiste, Dübelleiste f (etwa 23 x 11,5 cm) ‖ ~ **moment** (Build) / Einspannmoment n ‖ ~ **rail** (Eng) / Befestigungsschiene f

**fixings** pl (Build) / Installationsobjekte n pl, Installation f (einzelne ein- und angebaute Objekte)

**fixing salt** (Photog) / Fixiersalz n ‖ ~ **salt** (Photog) / Fixiermittel n, Fixierer m ‖ ~ **screw** (Eng) / Befestigungsschraube f ‖ ~ **slip** (Build) / eingelassene Nagelleiste, Dübelleiste f (etwa 23 x 11,5 cm)

**fix-it enzyme** (Gen) / Reparaturenzym n (das Teilschritte des Reparaturprozesses katalysiert), Repair-Enzym n

**fixity** n (Civ Eng) / Stabilität f (von eingespannten Elementen)

**fix the direction** (Nav, Radar, Radio) / peilen v, anpeilen v ‖ ~ **the meshes** (Textiles) / abketten v (die Maschen zu einem festen Rand verbinden), abketteln v

**fixture*** n (Build) / Einbauteil n m ‖ ~* (Eng) / Spannvorrichtung f, Werkzeugspanner m, Aufspannvorrichtung f, Werkstückaufspannvorrichtung f, Werkstückspanner m, Spannzeug n, Werkstückspannmittel n ‖ ~* (Eng) / Vorrichtung f (vom Konstrukteur im Vorrichtungsbau entworfen) ‖ ~ (Eng) / Gegendruckplatte f (der Räummaschine) ‖ ~ **for welding** (Welding) / Schweißvorrichtung f

**fixtures** pl (Build) / Installationsobjekte n pl, Installation f (einzelne ein- und angebaute Objekte)

**Fizeau fringes*** (Optics) / Fizeau'sche Streifen (nach H. Fizeau, 1819-1896), Keilinterferenzen f pl

**fizz** v (Nut) / perlen v (moussieren), moussieren v (Getränk), schäumen v

**FJ** (fuel jettisoning) (Aero) / Treibstoffablassen n, Treibstoffschnellablass m (während des Fluges - Tätigkeit)

**fjord*** n (Geog) / Fjord m (schmale, meist tiefe, vielfach sich verzweigende Meeresbucht, besonders an felsigen Steilküsten - meistens in Norwegen)

**FK-506** n (Pharm) / FK-506 n (ein Immunsuppressivum), Tacrolimus n, Tsukubaenolid n, Fujimycin n, Fujimyzin n

**FKM** (fluorine rubber) / Fluorkautschuk m

**FL** (flight level) (Aero) / Flugfläche f (Fläche gleichen Luftdruckes, die auf den Druck der Normalatmosphäre in Seehöhe bezogen ist)

**fl** (Phys) / gestaltloses Medium, Fluid n (allgemeine Bezeichnung für strömende Flüssigkeit oder strömendes Gas - DIN 1342, T 1)

**flabby** adj (Maths) / welk adj (Auflösung, Garbe, Kategorie) ‖ ~ **cast** (Ceramics) / schlaffer Gießling ‖ ~ **handle** (Textiles) / schlaffer Griff, lappiger Griff

**flaccid** adj (Bot) / schlaff adj, welk adj

**flaccidity** n (Leather) / Verfallensein n (von Blößen)

**flack** n (Mil) / Flakfeuer n

**FLAD** (fluorescence-activated display) (Comp, Phys) / fluoreszenzangeregte Anzeigeeinheit, Flüssigkristallanzeigeeinheit f mit einer zusätzlichen fluoreszierenden Schicht, FLAD (fluoreszenzanzeregte Anzeigeeinheit)

**flade** n (Eng) / Lüfterschaufel f

**Flade potential** (the potential of a passive metal immediately preceding a final steep fall from the passive to the active region) (Elec) / Aktivierungspotential n, Fladepotential n (das bei dem Übergang vom aktiven in den passiven Zustand und umgekehrt entsteht - nach Friedrich Flade, 1880-1916)

**flag** n (Aero) / Warnschauzeichen n ‖ ~ (Build) / Bodenfliese f (für Innen- oder Außenbereich), Bodenplatte f (Fliese) ‖ ~* (flat stone slab, typically rectangular or square, used for paving) (Build) / Steinplatte f, [künstliche oder natürliche] Fußbodenplatte f, Keramikplatte f, Fliese f ‖ ~* (Comp) / Merkmal n, Hinweissymbol n ‖ ~ (Comp) / Nullanzeige f ‖ ~* (Comp) / Kennzeichen n, Flag f (eine häufig nur ein Bit umfassende Information in einem Zeichen oder Wort zur Markierung eines bestimmten Sachverhaltes), Marke f, Merker m ‖ ~ (Comp) / Blockbegrenzung f ‖ ~ (Comp) / Statusbit n, Zustandsbit n ‖ ~ (Electronics) / Getterträger m, Gettertasche f ‖ ~* (Geol) / plattig spaltbares Sedimentgestein ‖ ~ (Paint) / Heizkörperpinsel m (meistens mit abgewinkeltem Stiel) ‖ ~* (Paper) / eingeschossener farbiger Papierstreifen (eine Papierreißmarke beim Rollenpapier) ‖ ~ (Ships) / Flagge f, Fahne f ‖ ~* (TV) / Objektivabdeckung f, Linsenschirm n ‖ ~* (Build) s. also paving flag ‖ ~* (Comp) s. also error flag ‖ ~ **alarm*** (Aero, Elec Eng, Instr, Nav) / Warnschauzeichen n (auf Instrumententafeln) ‖ ~ **cloth** (Textiles) / Flaggentuch n, Fahnenstoff m, Fahnentuch n ‖ ~ **down** v (Autos) / anhalten v (ein anderes Auto bei einer Panne)

**flaggy** adj (Geol) / plattig adj (10 - 100 mm dick), bankig adj, schichtig adj

**flag indicator*** (Aero, Elec Eng, Instr, Nav) / Warnschauzeichen n (auf Instrumententafeln) ‖ ~ **of convenience** (a flag of a country under which a ship is registered in order to avoid financial charges or restrictive regulations in the owner's country) (Ships) / billige Flagge (Liberia, Panama, Tonga, Togo, Malta, Zypern, Tuvalu, Libanon, Honduras, Bermudas, Haiti, Vanuatu, Antigua usw.), Billigflagge f

**flagpole** n / Fahnenmast m, Fahnenstange f ‖ ~ (Chem) / Fahnenstange f (eine Bindungsart bei der Wannenkonformation), fp (Fahnenstange) ‖ ~ (Surv) / Trassierstab m, Absteckstab m, Fluchtstab m, Jalon m (S), Aussteckstab m, Bake f ‖ ~ (Chem) s. also bowsprit ‖ ~ **antenna** (Radio) / Stabantenne f

**flag register** (a special-purpose register in which bits are set according to specified conditions that may occur during the execution of instructions) (Comp) / Flagregister n, Statusregister n (eines Mikroprozessors)

**flagstaff** n / Fahnenmast m, Fahnenstange f

**flag-station** n (Rail) / Bedarfshaltestelle f

**flagstone** n (Build) / Steinplatte f, [künstliche oder natürliche] Fußbodenplatte f, Keramikplatte f, Fliese f ‖ ~ (a thin flat stone for surfacing a footway) (Build, Civ Eng) / Gehwegplatte f, Steinplatte f für Bodenbelag, Bodenbelagplatte f

**flail chopper** (Agric) / Schlegelfeldhäcksler m (mit dem wahlweise ungemähtes Halmgut oder Schwadgut zerrissen und aufgenommen, mit dem aber z.B. Kartoffelkraut zerschlagen oder eine Weidefläche nachgemäht werden kann)

**flair** n / Grundton m ("atmosphärische Verpackung") der Werbeaussage

**flak** n (Mil) / Flakfeuer n

**flake** n / Flocke f, Schuppe f ‖ ~ / Schuppe, Flake f (bei der Emailherstellung) ‖ ~ (For) / Schneidspan m ‖ ~ (For) / Hartschnitzel n ‖ ~ (For) / Flachspan m ‖ ~ (Materials, Met) / Fischauge n (durch Freiwerden von Wasserstoff bedingter Materialfehler im Stahl) ‖ ~ (Met) / Flockenriss m (durch Wasserstoffversprödung), Spannungsriss m ‖ ~ (Min) / Spaltplättchen n (z.B. bei Glimmer)

**flakeboard** n (US) (For, Join) / Spanplatte f (aus Schneid- und Flachspänen)

**flake crack** (Met) / Flockenriss m (durch Wasserstoffversprödung), Spannungsriss m

**flaked oats** (Nut) / Haferflocken f pl

**flake graphite** (Met) / Schuppengraphit m ‖ ~ **ice maker** / Scherbeneiserzeuger m ‖ ~ **off** v / abblättern v (sich vom Grundwerkstoff ablösen), abbröckeln v, blättern v, abplatzen v ‖ ~ **pigment** (Paint) / Schuppenpigment n

**flaker** n (For) / Zerspaner m, Zerspanungsmaschine f, Spaner m

**flake white** (white lead of very fine quality produced as an artists' colour by a process of precipitation) (Paint) / Schieferweiß n, [feines] Bleiweiß n ‖ ~ **yarn** (Spinning) / Flockgarn n (ein Effektgarn)

**flaking** n (Autos) / Abblättern n (der Reifenlauffläche) ‖ ~* (Build) / Abfallen n (des Putzes) ‖ ~* (Build) / Schuppen n, Abschuppen n ‖ ~ (Build) / Anbringen der Unterschicht (bei Rietdächern) ‖ ~ (Eng) / Einschaben n von Mustern, Musterschaben n ‖ ~ (Geol) / Desquamation f (schuppen- oder schalenförmiges Abspringen von Teilchen der Gesteinsoberfläche, besonders bei Massengesteinen wie Granit), Abschuppung f (schalenförmige), schalige Verwitterung ‖ ~ (Mining) / Abriss m, Ausbrechen n (von Gebirgsteilen aus dem Verband) ‖ ~* (Paint) / Schuppenbildung f ‖ ~ **process** (Nut) / Flockenquetschen n (in der Müllerei)

**flaky** adj / schuppig adj ‖ ~ (Chem) / flockig adj, flockenartig adj ‖ ~ **finish** (Leather) / abschuppende (rissige) Appretur, abschuppendes Finish (bei nicht ausreichender Haftfestigkeit) ‖ ~ **graphite** (Met) / Schuppengraphit m ‖ ~ **graphite** (Met) / Flockengraphit m ‖ ~ **starch** / Flockenstärke f

**flambé** v (Nut) / flambieren v

**flamboyant tracery** (Arch) / Flamboyant n, Flammenstil m (Maßwerkform der Gotik, z.B. im Decorated Style), Flamboyantstil m

**flame*** n / Flamme f (äußere Erscheinungsform einer Gas- oder Dampfverbrennung - DIN 14 011-1) ‖ ~ (a vitriolic or abusive message sent via electronic mail, typically in quick response to another message) (Comp) / Flame n

**flame-AAS** n (Spectr) / Flammen-Atomabsorptionsspektrometrie f, Flammentechnik f (der Atomabsorptionsspektrometrie)

**flame analysis** / Flammenanalyse f ‖ ~ **annealing** (Met) / oxidierendes Glühen ‖ ~ **application time** (Materials) / Beflammungszeit f (bei der Werkstoffprüfung)
**flame-arc*** n (Elec Eng) / Effektbogen m, Flammbogen m
**flame•-arc lamp*** (Elec Eng) / Effektbogenlampe f, Effektkohlenbogenlampe f, Flammbogenlampe f ‖ ~ **arrester** (Eng) / Flammenschutz m (z.B. ein Funkenfänger) ‖ ~ **arrester** (I C Engs) / Flammenrückschlagsicherung f, Flammensperre f ‖ ~ **atomic absorption spectrometry** (Spectr) / Flammen-Atomabsorptionsspektrometrie f, Flammentechnik f (der Atomabsorptionsspektrometrie) ‖ ~ **atomization** (Spectr) / Flammenatomisierung f ‖ ~ **birch** (For) / Flammbirke f (Furnierholz) ‖ ~ **blasting** (Build, Paint) / Flammstrahlen n (DIN 50 902), Flammstrahlentrostung f (mit einem Flammstrahlbrenner) ‖ ~ **blow-off** / Flammenabriss m, Abreißen n der Flamme, Flame-out m ‖ ~ **bonding** (Textiles) / Flammbondieren n, Flammkaschieren n, Flammverfahren n (als Gegensatz zum Klebeverfahren) ‖ ~ **brazing** / Flammlöten n (hart) ‖ ~ **bucket** (Aero, Mil) / Flammendeflektor m, Flammabweiser m ‖ ~ **bucket** (Space) / Ablenkschacht m ‖ ~ **carbon*** (Elec Eng) / Effektkohle f (Dochtkohle, deren Kern Salze der seltenen Erden zugesetzt sind) ‖ ~ **chipping** (Foundry) / Brennflämmen n, Flämmen n (autogenes), Brennputzen n, Flämmputzen n (von Gussstücken) ‖ ~ **cleaning*** (Build, Paint) / Flammstrahlen n (DIN 50 902), Flammstrahlentrostung f (mit einem Flammstrahlbrenner) ‖ ~ **cleaning** (Foundry) / Brennflämmen n, Flämmen n (autogenes), Brennputzen n, Flämmputzen n (von Gussstücken) ‖ ~ **coal** (Mining) / Flammkohle f ‖ ~ **colouration** (Chem) / Flammenfärbung f (die durch das Emissionsspektrum bedingt ist) ‖ ~ **cone** / Flammenkegel m, Flammenkern m ‖ ~ **configuration** / Flammenform f ‖ ~-**cored carbon*** (Elec Eng) / Effektkohle f (Dochtkohle, deren Kern Salze der seltenen Erden zugesetzt sind) ‖ ~ **cultivator** (Agric) / Unkrautbrenner m ‖ ~ **cutter** (Welding) / Brennschneider m ‖ ~ **cutting*** (Welding) / Sauerstoffbrennschneiden n, autogenes Schneiden, Brennschneiden n (thermisches Schneiden mit einer Brenngas-Sauerstoff-Flamme), Brennschnitt m (Vorgang), Gasbrennschneiden n
**flame-cutting machine** (Welding) / Brennschneidmaschine f
**flame deflector** (Aero, Mil) / Flammendeflektor m, Flammabweiser m ‖ ~ **descaling** (Foundry) / Brennflämmen n, Flämmen n (autogenes), Brennputzen n, Flämmputzen n (von Gussstücken) ‖ ~ **detector** / Flammenmelder m (Nebenmelder, der bei Erreichen einer bestimmten Strahlungsintensität einer offenen Flamme selbsttätig eine Brandmeldung abgibt), Flammendetektor m ‖ ~ **ejection** / Flammenaustritt m ‖ ~ **emission** (Spectr) / Flammenemission f
**flame-emission spectroscopy** (Spectr) / Flammenemissionsspektroskopie f
**flame envelope** (Welding) / Beiflamme f ‖ ~ **exposure time** (Materials) / Beflammungszeit f (bei der Werkstoffprüfung) ‖ ~ **failure*** (Eng) / Flammenaussetzer m ‖ ~-**failure control*** (Eng) / Flammenüberwachung f ‖ ~-**failure controller** / Flammenwächter m (ein Überwachungsgerät für Ölbrenner, das dem Steuergerät das Vorhandensein der Flamme meldet - DIN 4787)
**flame-failure controller** s. also flame detector ‖ ~ **detection** / Flammenüberwachung f
**flame figure** (For) / geflammte Textur (z.B. bei der finnischen Birke) ‖ ~ **front** / Flammenfront f, Flammfront f ‖ ~-**front propagation** / Flammenausbreitung f, Flammenfortpflanzung f ‖ ~ **fusion** (Textiles) / Flammbondieren n, Flammkaschieren n, Flammverfahren n (als Gegensatz zum Klebeverfahren) ‖ ~ **glow plug** (Autos) / Flammkerze f (welche die Ansaugluft durch Verbrennung von Kraftstoff erwärmt) ‖ ~ **gouging** (Welding) / Brennfugen n ‖ ~-**hardening*** n (Met) / Flammhärten n (DIN EN 10 052), Autogenhärten n (Randschichthärten mit Gasbrennern hoher Leistung), Brennhärten n (von Werkstücken nach oberflächigem oder durchgreifendem Erwärmen mit einer Brennerflamme), Härten n mit Brenngas-Sauerstoff-Flamme ‖ ~ **holder** (Aero) / Flammhalter m (bei den Nachbrennern) ‖ ~ **holder** (Aero) / Flammenstabilisator m ‖ ~ **hydrolysis** (Chem) / Flammenhydrolyse f (Hydrolyse von Siliciumtetrachlorid in einer Knallgasflamme) ‖ ~ **impingement** / Flammenbeaufschlagung f, Beflammung f (im Allgemeinen) ‖ ~ **ionization detector** (Chem) / Flammenionisationsdetektor m, FID (Flammenionisationsdetektor für die gaschromatografische Spurenanalyse) ‖ ~ **ionization gauge*** (Chem) / Flammenionisationsdetektor m, FID (Flammenionisationsdetektor für die gaschromatografische Spurenanalyse) ‖ ~-**jet drilling** (Mining) / Flammstrahlbohrverfahren n, Schmelzbohrverfahren n, Düsenstrahlbohren n ‖ ~ **laminating** (Textiles) / Flammbondieren n, Flammkaschieren n, Flammverfahren n (als Gegensatz zum Klebeverfahren) ‖ ~ **lamp*** (Elec Eng) / Glühlampe f in Kerzenform, Kerzenlampe f

**flameless combustion** (Heat) / flammenlose Verbrennung, stille Verbrennung (Oxidationsprozess, der ohne Flammenbildung vor sich geht)
**flame lift-off** / Flammenabriss m, Abreißen n der Flamme, Flame-out m ‖ ~ **melt process** (single-crystal growth) (Crystal) / Verneuil-Verfahren n, Flammenschmelz-Verfahren n (bei der Kristallzüchtung, nach A.V.L. Verneuil, 1856-1913) ‖ ~ **monitor** / Flammenmelder m (Nebenmelder, der bei Erreichen einer bestimmten Strahlungsintensität einer offenen Flamme selbsttätig eine Brandmeldung abgibt), Flammendetektor m ‖ ~ **monitoring** / Flammenüberwachung f ‖ ~ **noise** / Flammengeräusch n
**flameout** n (Aero) / Flame-out m (durch Treibstoffmangel bedingter Ausfall eines Flugzeugstrahltriebwerks) ‖ ~ (an instance of the flame in the combustion chamber of a jet engine being extinguished, with a resultant loss of power) (Aero) / Flammenabriss m (bei Strahlmotoren), Abreißen n der Flamme (ein unerwarteter Ausfall des Verbrennungsvorganges im Innern des Strahltriebwerks), Flame-out m ‖ ~ (Space) / Brennschluss m, Burn-out m, BNT (Burn-out) ‖ ~ (Space) / Brennschlusspunkt m (der Flugbahn)
**flame phosphating** (Surf) / Flammphosphatieren n (ein altes temporäres Korrosionsschutzverfahren) ‖ ~ **photometer** (Spectr) / Flammenfotometer n (zur Intensitätsbestimmung von Spektrallinien) ‖ ~ **photometer detector** (Chem) / flammenfotometrischer Detektor, Flammenfotometerdetektor m, FPD (für die gaschromatografische Spurenanalyse)
**flame-photometric detector** (Chem) / flammenfotometrischer Detektor, Flammenfotometerdetektor m, FPD (für die gaschromatografische Spurenanalyse)
**flame photometry** (Spectr) / Flammenfotometrie f (wenn der interessierende Spektralbereich mit Hilfe von Filtern ausgeblendet wird) ‖ ~ **plating** (Spectr) / Schockspritzen n, Explosionsspritzen n, Flammschockspritzen n (DIN 8522), Flammplattieren n (Herstellen von Verschleißschutzschichten durch Aufschleudern von erhitztem Beschichtungsstoff in Ausnutzung gesteuerter Detonationen)
**flameproof** adj / flammensicher adj (Eigenschaft eines brennbaren Stoffes, der mit einem Imprägnierungsmittel so behandelt wurde, dass er nicht leicht zur Entzündung gebracht werden kann) ‖ ~ (Mining) / schlagwettersicher adj ‖ ~ **enclosure** (Elec Eng) / druckfeste Kapselung, Schlagwetterschutzkapselung f ‖ ~ **finish** (Textiles) / flammfeste Ausrüstung, Flammfestausrüstung f, Flammfestappretur f ‖ ~ **textiles** (Textiles) / flammensichere Textilien (entweder durch nachträgliche Behandlung oder als Substanzeigenschaft der Fasern - z.B. Asbest oder Glas), flammfeste Textilien n ‖ ~ **ware** (Ceramics) / kochfeste Keramik zum Einsatz auf der Gasflamme
**flame propagation** / Flammenausbreitung f, Flammenfortpflanzung f ‖ ~ **propagation speed** / Flammengeschwindigkeit f ‖ ~ **quenching** (I C Engs) / Flame Quenching n (das Erlöschen der Flamme in den relativ kalten Brennraumwänden des Motors) ‖ ~ **rectification** (Met) / Flammrichten n
**flame-repellent** adj (Textiles) / flammabweisend adj
**flame resistance** / Flammbeständigkeit f, Flammwidrigkeit f
**flame-resistant finish** (Textiles) / flammfeste Ausrüstung, Flammfestausrüstung f, Flammfestappretur f
**flame-retardant** (Textiles) / Flammenschutzmittel n ‖ ~ adj / flammenhemmend adj, flammhemmend adj ‖ ~ **finish** (Textiles) / Flammenschutzausrüstung f, Flammschutzausrüstung f, Antiflammausrüstung f ‖ ~ **particle board** (For, Join) / feuergeschützte (schwerbrennbare) Spanplatte f ‖ ~ **treatment** (Textiles) / Flammenschutzausrüstung f, Flammschutzausrüstung f, Antiflammausrüstung f
**flame retention*** (Heat) / Flammenhaltung f ‖ ~ **scarfing** (Foundry) / Brennflämmen n, Flämmen n (autogenes), Brennputzen n, Flämmputzen n (von Gussstücken) ‖ ~ **scarfing** (Met) / Flämmen n (Entfernung von Oberflächenfehlern am warmem oder kaltem Walzgut durch Abschmelzen) ‖ ~ **sealing** (Plastics) / Flammenschweißen n ‖ ~ **shrinkage** (Textiles) / Flammschrumpfung f
**flame-singeing machine** (Textiles) / Flammsengmaschine f (DIN 64 990)
**flame soldering** / Flammlöten n (weich) ‖ ~ **spectrometry** / Flammenspektrometrie f (mit Monochromatoren) ‖ ~ **spectroscopy** (Spectr) / Flammenspektroskopie f ‖ ~ **spectrum*** (Phys, Spectr) / Flammenspektrum n ‖ ~ **speed** / Flammengeschwindigkeit f (bei der Explosion) ‖ ~ **speed** s. also burning velocity ‖ ~ **spraying** (Ceramics, Eng) / Flammspritzen n (thermisches Spritzverfahren nach DIN 8522) ‖ ~ **spraying of plastics** (Plastics) / Kunststoff-Flammspritzen n ‖ ~ **spread** / Flammenausbreitung f, Flammenfortpflanzung f ‖ ~ **spreading** / Flammenausbreitung f, Flammenfortpflanzung f ‖ ~ **spreading velocity** / Flammengeschwindigkeit f ‖ ~ **supervision** / Flammenüberwachung f ‖ ~ **temperature*** (Heat) / Flammentemperatur f ‖ ~ **test*** (Chem) / Flammprobe f ‖ ~ **test** (Textiles) / Brennprobe f (von Garnen und Geweben), Brenntest m ‖ ~ **tip** (Welding) / Brenndüse f ‖ ~ **torch** (Welding) / Gasbrenner m ‖ ~

**flame**

**trap*** (Eng) / Flammenschutz m (z.B. ein Funkenfänger) ‖ ~ **trap*** (I C Engs) / Flammenrückschlagsicherung f, Flammensperre f ‖ ~ **treatment** (Met) / Flammbehandlung f ‖ ~ **treatment** (Plastics) / Beflammung f (Vorbehandlung von Folien vor dem Druck) ‖ ~ **treatment process** (Met) / Flammbehandlungsverfahren n ‖ ~ **tube*** (Aero) / Einzelbrennkammerwand f (meistens mit Löchern) ‖ ~ **tube*** (Aero) / Flammrohr n (in der Ringbrennkammer)

**flame-tube boiler** (Eng) / Flammrohrkessel m

**flameware** n (Ceramics) / kochfeste Keramik zum Einsatz auf der Gasflamme

**flame weeder** (Agric) / Unkrautbrenner m ‖ ~ **yarn** n (Spinning) / Flammgarn n, Flammengarn n ‖ ~ **zone** / Flammenzone f (bei der Verbrennung)

**flaming** n (Foundry) / Brennflämmen n, Flämmen (autogenes), Brennputzen n, Flämmputzen n (von Gussstücken) ‖ ~ **coal** (Mining) / Flammkohle f

**flamingo** attr / flamingorot adj, flamingorosa adj

**flaming red** / feuerrot adj

**flammability** n (ISO 13 943) / Zündfähigkeit f, Entflammbarkeit f (Eigenschaft eines Stoffes, bei Einwirkung einer Zündquelle zu entflammen - ISO 13 943), Entzündbarkeit f ‖ ~ (susceptibility to combustion) / Brennbarkeit f ‖ ~ / Brandeigenschaften f pl ‖ ~ **limit** / Zündgrenze f (untere und obere), Entzündungsgrenze f ‖ ~ **limits** (Phys) / Zündbereich m ‖ ~ **range** (Phys) / Zündbereich m ‖ ~ **range** s. also explosive limits

**flammable** adj / brandfördernd adj (Gefahrensymbol) ‖ ~ / entflammbar adj, entzündbar adj, inflammabel adj, leicht entzündlich adj ‖ ~ / brennbar adj, verbrennbar adj ‖ ~ **roof covering** (Build) / weiche Dachdeckung (aus brennbaren Stoffen)

**flammé** n (Spinning) / Flammgarn n, Flammengarn n ‖ ~ (Textiles) / Flammégewebe n, Flammé n (ein Kleiderstoff mit Effektzwirnen)

**Flammersfeld formula** (Nuc) / Flammersfeld-Formel f (für Elektronen bei Energie-Reichweite-Beziehung)

**flamy birch** (For) / Furnierholz) ‖ ~ **figure** (For) / geflammte Textur (z.B. bei der finnischen Birke)

**flange** v (Eng) / anflanschen v, mit einem Flansch befestigen, flanschen v ‖ ~ n (Build) / Ausleger m (über die Unterstützung hinausragender Träger oder hinausragende Tragwerksteile) ‖ ~* (Build, Met) / Flansch m (des I-Trägers), Gurt m (zum Steg senkrecht stehender Teil) ‖ ~ (GB) (Elec Eng) / Spulenflansch m ‖ ~* (Eng) / Flansch m (Platte mit Schraubenlöchern, die am Ende eines Teils angebracht ist, um dieses Teil mit einem anderen Teil durch Schrauben verbinden zu können) ‖ ~ (Eng) / Scheibe f, Flansch m (der Scheibenkupplung) ‖ ~ (Eng) / Bund m (der Lagerschale, der Lagerbuchse) ‖ ~ (Eng) / Bund m (der Bundmutter) ‖ ~ (Eng) / Bordrand m (der Riemenscheibe) ‖ ~ (Nut) / Bördelrand m (bei Dosen) ‖ ~* (Rail) / Spurkranz m (ringförmiger Wulst an der Innenkante der Lauffläche eines Rades) ‖ ~ **bearing** (Eng) / Flanschlager n (DIN 4378-1) ‖ ~ **bushing** (Eng) / Flanschbuchse f ‖ ~ **climbing** (Rail) / Spurkranzaufklettern n ‖ ~ **connection** (Eng) / Flanschverbindung f (von Rohren nach DIN 2500), Flanschenverbindung f ‖ ~ **coupling*** (Eng) / Flanschkupplung f (mit der zwei Wellen starr miteinander gekuppelt werden), Scheibenkupplung f ‖ ~ **coupling** (between pipes) (Eng) / Flanschverbindung f (von Rohren nach DIN 2500), Flanschenverbindung f

**flanged** adj (Eng) / angeflanscht adj, mit Flansch versehen ‖ ~ **adaptor** (Eng) / Flanschpassstück n ‖ ~ **beam*** (Build, Met) / I-Stahl m (Deckenträger mit schmalen Flanschen und hohem Steg), I-Träger m, Doppel-T-Träger m (mit schmalen Flanschen und hohem Steg) ‖ ~ **bearing** (Eng) / Flanschlager n (DIN 4378-1) ‖ ~ **bobbin** (Spinning) / Scheibenspule f (Zylinderspule mit Randscheiben) ‖ ~ **bush(ing)** (Eng) / Bundbuchse f ‖ ~ **chuck** (Eng) / Planscheibe f (Spannvorrichtung mit meist vier unabhängig voneinander bewegbaren Spannbacken, sowohl für waagerechte als auch für senkrechte Drehmaschinen) ‖ ~ **connection** (Eng) / Flanschverbindung f (von Rohren nach DIN 2500), Flanschenverbindung f ‖ ~ **edge** (Met) / Außenbord m (eines Blechteils) ‖ ~ **floating head** (Eng) / geflanschter Schwimmkopf (bei Rohrbündelapparaten nach DIN 28191) ‖ ~ **girder*** (Build, Met) / I-Stahl m (Deckenträger mit schmalen Flanschen und hohem Steg), I-Träger m, Doppel-T-Träger m (mit schmalen Flanschen und hohem Steg) ‖ ~ **half-bearing** (Eng) / Bundlager n (DIN 4378-1) ‖ ~ **head** (Eng) / Flachrundkopf m mit Bund

**flange diameter** (Eng) / Flanschdurchmesser m

**flanged joint** (Eng) / Flanschverbindung f (von Rohren nach DIN 2500), Flanschenverbindung f ‖ ~ **liner** (Eng) / Lagerschale f mit Bund ‖ ~ **motor** (Eng) / angeflanschter Motor ‖ ~ **nut*** (Eng) / Bundmutter f ‖ ~ **nut*** (Eng) / Flanschmutter f ‖ ~ **pipe*** (Eng) / (a pipe with flanges at the ends; can be bolted end to end to another pipe) (Eng) / Rohr n mit Flanschen, Flanschenrohr n ‖ ~ **plain bearing** (Eng) / Flanschlager n (DIN ISO 4378-1) ‖ ~ **pressure pipe** (Eng) /

Flanschendruckrohr n ‖ ~ **rail*** / Breitfußschiene f, Vignolschiene f (nach Ch.B. Vignoles, 1793-1875) ‖ ~ **rim** / umgekrempelter Rand (Blech) ‖ ~ **seam*** (Eng) / Flanschverschraubung f mit losen Flanschen ‖ ~ **socket** (Eng) / überschiebbares Flanschmuffenstück, EU-Stück n ‖ ~ **spigot** (Eng) / F-Stück n, Einflanschstück n ‖ ~ **union** (Eng) / Flanschverbindung f (von Rohren nach DIN 2500), Flanschenverbindung f

**flange edging mill** (Met) / Flanschenstauchwalzwerk n ‖ ~ **facing** (Eng) / Flanschfläche f (Anschlussfläche für Flansche) ‖ ~ **groove** (Rail) / Spurrille f (einer Weiche) ‖ ~ **head** (Eng) / Flachrundkopf m mit Bund ‖ ~ **hub** (Eng) / Flanschnabe f ‖ ~ **joint*** (Eng) / Flanschverbindung f (von Rohren nach DIN 2500), Flanschenverbindung f

**flangeless tyre** (Rail) / spurkranzloser Radreifen, Radreifen m ohne Spurkranz ‖ ~ **wheel** (Rail) / spurkranzloses Rad

**flange motor** (Elec Eng) / Flanschmotor m

**flange-mount** v (Eng) / anflanschen v, mit einem Flansch befestigen, flanschen v

**flange-mounted bearing** n (Eng) / Flanschlager n (DIN 502 und 503) ‖ ~ **motor** (Eng) / angeflanschter Motor

**flange mounting** (Eng) / Flanschanbau m, Flanschbefestigung f, Befestigung f mit Flansch, Aufflanschen n

**flange-mounting motor** (Elec Eng) / Flanschmotor m

**flange of the bobbin** (Spinning) / Spulenrand m ‖ ~ **oil pocket** (Eng) / Öltasche f am Lagerbund ‖ ~ **on** v (Eng) / anflanschen v, mit einem Flansch befestigen, flanschen v ‖ ~ **protection*** (Elec Eng) / Plattenschutzkapselung f

**flanger** n (Acous) / Flanger m (ein elektroakustisches Effektgerät)

**flange sleeker** (Foundry) / Polierhaken m, Polier-S n ‖ ~ **spanner** (for flange nuts) (Eng, Tools) / Zweilochschlüssel m (für Flanschmuttern) ‖ ~ **splice** (Build) / Gurtstoß (im Stahlbau) ‖ ~ **stub** (Eng) / Flanschzarge f (Scheiben, Ringe, Rahmen) ‖ ~ **tapping** / Flanschdruckentnahme f (genormte Anordnung der Druckentnahmestellen zur Messung des Differenzdruckes an den angrenzenden Flanschen)

**flange-to-flange width** (Autos) / Maulweite f (Felgenmaß)

**flangeway*** n (Rail) / Spurrille f (einer Weiche)

**flanging** n (Eng) / Flanschen n, Anflanschen n, Befestigung f mit einem Flansch ‖ ~ (Eng) / Kümpeln n (Einpressen des ebenen Blechs in eine gekrümmte Werkzeugform) ‖ ~ (Met) / Gesenkbördeln n (des Blechrandes), Stanzbördeln n (des Blechrandes) ‖ ~ **effect** (Acous) / Flanging-Effekt m

**flanging-on** n (Eng) / Flanschen n, Anflanschen n, Befestigung f mit einem Flansch

**flanging press** (Eng) / Kümpelpresse f (zur Herstellung gewölbter Blechformteile) ‖ ~ **test** (Eng) / Bördelversuch m (an Rohren - DIN 50139)

**flank** n (the side of a building) (Build) / Seite f (des Gebäudes) ‖ ~* (Eng) / Flanke f ‖ ~* (Eng) / Flanke f (gerader Teil des Gewindeprofils, der nicht zur Schraubenachse parallel ist), Gewindeflanke f (DIN 2244) ‖ ~* (Eng) / Freifläche f (DIN 6581) ‖ ~ (GB) (Eng) / Nebenfreifläche f (des Spiralbohrers), Rückenfläche f ‖ ~ (Geol) / Schenkel m, Flügel m, Flanke f (einer Falte) ‖ ~ **angle** (Eng) / Teilflankenwinkel m (bei Gewinden) ‖ ~ **clearance** (Eng) / Flankenspiel n (beim Gewinde) ‖ ~ **diameter** (Eng) / Flankendurchmesser m (achssenkrechter Abstand der Gewindeflankenmitten nach DIN 13) ‖ ~ **form error** (Eng) / Flankenformfehler m (DIN 3960)

**flanking path** (Acous) / Nebenweg m ‖ ~ **transmission** (Acous) / Nebenwegübertragung f (Luftschallübertragung nach DIN 1320 und DIN 52217) ‖ ~ **transmission** (transmission of sound from the source to a receiving location by a path other than that under consideration) (Acous, Build) / Flankenübertragung f (Teil der Nebenwegübertragung - nach DIN 1320) ‖ ~ **transmission*** (Acous, Build) / Übertragung f über Nebenwege, Flankenübertragung f (DIN 1320) ‖ ~ **window*** (Build) / Seitenfenster n (bei Außentüren), Seitenöffnung f (der Außentür)

**flank lead** (Eng) / Steigung f (Kenngröße eines Gewindes nach DIN 13), Ganghöhe f (eines ein- oder mehrgängigen Gewindes) ‖ ~ **line** (Eng) / Flankenlinie f (Schnittlinien der Rechts- und Linksflanken mit dem Teilzylinder nach DIN 3960) ‖ ~ **wall*** (Build) / Seitenwand f

**flannel*** n (Textiles) / Flanell m

**flannelboard** n (a board covered with flannel to which paper or cloth cut-outs will stick, used as a toy or a teaching aid) / Flanelltafel f (mit Haftelementen, für den Anfangsunterricht)

**flannelette*** n (Textiles) / Hemdenflanell m, Baumwollflanell m

**flannelgraph** n / Flanelltafel f (mit Haftelementen, für den Anfangsunterricht)

**flannel-like** adj (Textiles) / flanellig adj

**flannel twill** (Textiles) / geköperter Flanell

**flap** v (the switch) (Elec Eng) / knipsen v ‖ ~* n (Aero) / Klappe f (ein Hochauftriebsmittel an der Flügelhinterkante), Flap n (pl. -s) ‖ ~

(Autos) / Felgenband *n* (um das Felgenbett gelegtes Band zum Schutze des Luftschlauches im Reifen) || ~ (Bind) / Schutzumschlagklappe *f* (meistens mit dem Klappentext, Einschlagklappe *f*, Einschlag *m* (des Schutzumschlags) || ~ (Eng, Join) / Klappe *f*, Klappdeckel *m* || ~ (Geol) / Gravitationsgleitstruktur *f* || ~ (of a pocket) (Textiles) / Patte *f* (Taschenklappe oder Taschenbesatz) || ~ **attenuator**\* (Telecomm) / Tauchteiler *m*

**flaperon** *n* (aircraft control surface that serves the function of both aileron and flap) (Aero) / Flaperon (kombiniertes Querruder mit Wölbklappen)

**flap hinge** (Build) / Lappenband *n*, Scharnierband *n* (als Beschlag)

**flapper tongs** (Met) / Kokillenzange *f* || ~ **valve** (Eng) / Klappenventil *n*, Pendelklappe *f*, Ventilklappe *f*

**flapping** *n* (Aero) / Schlagbewegung *f* (des Rotorblattes) || ~ **angle** (Aero) / Schlagwinkel *m* (des Rotorflugzeugs) || ~ **hinge** (Aero) / Schlaggelenk *n* (des Rotorflugzeugs) || ~ **point** (Aero) / Schlagpunkt *m* (des Rotors)

**flapping-wing aircraft** (Aero) / Schwingenflügler *m*, Ornithopter *m*, Schwingenflugzeug *n*, Schlagflügelflugzeug *n*

**flap pocket** (Textiles) / Pattentasche *f*

**flaps down** (Aero) / ausgefahrene Klappen, Klappen *f pl* in Ausschlag

**flap seat** / Klappsitz *m* || ~ **shutter** (Optics) / Klappenverschluss *m* || ~ **slot** / Einsteckschlitz *m* (einer Faltschachtel)

**flaps lowered** (Aero) / ausgefahrene Klappen, Klappen *f pl* in Ausschlag || ~ **out** (Aero) / ausgefahrene Klappen, Klappen *f pl* in Ausschlag

**flap tile** (Build) / Kehlziegel *m*, Kehlstein *m* (Zubehörziegel zu Falzziegeln zur Eindeckung von Dachkehlen; flämischer Stein || ~ **track** (Aero) / Klappenschiene *f* || ~ **trap**\* (San Eng) / Rückschlagklappe *f* || ~ **valve**\* (Eng) / Klappenventil *n*, Pendelklappe *f*, Ventilklappe *f*

**flap-valve grid** (Aero) / Ventilgitter *n*

**FLAR** (forward-looking airborne radar) (Radar) / Voraussichtradar *m n* (mit Abstrahlung in Flugrichtung), vorwärts schauendes Radar (gewöhnlich in Luftfahrzeugradar mit einer Antennenkeule rund um die Vorwärtsrichtung mit verschiedenen Radarmodi als Suchradar, Feuerleitradar), vorwärts schauendes Radargerät, Vorwärtssichtradar *n*

**flare** *v* (Met) / aufweiten *v* (einen Hohlkörper) || ~ (Textiles) / ausstellen *v* (Rock, Hose) || s. also funnel || ~ *vi* / flackern *v*, aufflackern *v* || ~ *vt* (burn off environment-polluting waste gases and vapours to dispose of them) (Chem Eng) / abfackeln *v* (nicht nutzbare bzw. überschüssige Gase mit offener Flamme verbrennen) || ~ (Light) / aufflackern lassen || ~ *n* / Flackern *n*, Aufflackern *n* || ~\* (Acous) / Trichteröffnung *f* || ~ (the increase in pitch angle of an aircraft just before touchdown) (Aero) / Fluglage *f* beim Aufschweben || ~ (Aero, Mil) / Leuchtrakete *f*, Leuchtsignal *n* || ~\* (Astron) / chromosphärische Eruption, Sonneneruption *f*, Flare *n* (pl. -s) (ein Strahlungsausbruch), Eruption *f* (chromosphärische) || ~ (Chem Eng) / Fackel *f* (bei der Abfackelung von Gasen und Dämpfen) || ~ (Light) / Leuchtkörper *m* || ~ (Met) / Erweiterung *f*, Verbreiterung *f* (des Rohrendes) || ~ (Mil) / Fackel *f* (ein IR-Täuschmittel) || ~\* (Optics, Photog) / Streulicht *n*, vagabundierendes Licht || ~\* (Optics, TV) / Überstrahlung *f* || ~\* (Photog) / Reflexionsfleck *m* || ~ (Radio) / Hoghorn *n*, Hornparabol *n* || ~ (TV) / Fahneneffekt *m*, Fahnenbildung *f*, Fahnenziehen *n*, Nachziehfahne *f*

**flareback** *n* (Eng) / Rückschlag *m* (der Flamme)

**flare blowdown** (Chem Eng) / Fackelkondensat *n* || ~ **burner** (Chem Eng) / Fackelbrenner *m* (zum Abfackeln brennbarer Gase) || ~ **computer** (Aero) / Abfangrechner *m* (vor dem Aufsetzen) || ~ **condensate** (Chem Eng) / Fackelkondensat *n* || ~ **conduit** / Abfackelmast *m*

**flared neck** (Chem Eng) / Halsausweitung *f* (meistens konische)

**flare-free** *adj* (Optics, Photog) / streulichtfrei *adj* (Objektiv), reflexfrei *adj* || ~ **gas**\* (Chem Eng) / Fackelgas *n* || ~ **gun** (Mil) / Signalpistole *f* (nach E.W. Very 1847 - 1910), Leuchtpistole *f* (zum Verschießen von Leuchtmunition) || ~ **light** (Photog) / Streulicht *n*, vagabundierendes Licht || ~ **line** (Chem Eng) / Fackelleitung *f* || ~ **nut wrench** (Tools) / offener Ringschlüssel (zum Betätigen von Überwurfmuttern und Schrauben an Rohrleitungen) || ~ **off** *v* (Chem Eng) / abfackeln *v* (nicht nutzbare bzw. überschüssige Gase mit offener Flamme verbrennen) || ~**-out**\* *n* (Aero) / Ausschweben *n* (vor der Landung)

**flare-out**\* (Aero) / Abfangen *n* (Ende des Sinkflugs vor dem Aufsetzen) || ~\* (Aero) s. also float || ~ **bow** (Ships) / ausfallender Bug (oben nach auswärts gebogen)

**flare pistol** (Mil) / Signalpistole *f* (nach E.W. Very 1847 - 1910), Leuchtpistole *f* (zum Verschießen von Leuchtmunition) || ~ **stack** (Chem Eng) / Fackelrohr *n*, Fackelmast *m*

**flare-stack line** (Chem Eng) / Fackelleitung *f*

**flare star** (member of a class of dwarf stars that shows sudden intensive outbursts of energy) (Astron) / Flackerstern *m*, Flare-Stern *m* (UV Ceti Stern) || ~ **tip** (Chem Eng) / Fackelkopf *m* || ~ **tube** (Met) / Trichterrohr *n*

**flare-up light** (Ships) / Flackerfeuer *n*

**flaring**\* *n* (increasing the diameter at the end of a pipe or tube to form a conical section) (Acous, Met) / trichterförmige Aufweitung, konische Aufweitung || ~ (Glass) / Randeln, Aufrandeln || ~ (Met) / Aufweitziehen *n* || ~ **light** (Ships) / Flackerfeuer *n* || ~ **test** (Met) / Aufweitversuch *m* (eine Rohrprüfung nach DIN 50135) || ~ **tool** (Glass) / Auftreiber *m*, Konus *m*

**flaser structure**\* (Geol) / flaseriges Gesteinsgefüge, flaseriges Gefüge, Flasertextur *f*, flaserige Textur

**flash** *v* / blinkend anzeigen, blinken *v* (Signalleuchte) || ~ (Welding) / abbrennen *v*. || ~ *n* / Aufleuchten *n*, Aufblitzen *n*, Blinken *n* (z.B. von Leuchtstofflampen) || ~ / Stichflamme *f* (Flamme, die bei einer explosionsartiger Verbrennung auftritt und eine ausgeprägte Richtung aufweist) || ~ (Ceramics) / Gießfleck *m* (andere Farbtönung oder andere Struktur) || ~ (thermal explosion) (Chem Eng) / Verpuffung *f*, Wärmeexplosion *f*, Aufflammung *f* (selbständige Flammen in explosionsfähiger Atmosphäre) || ~\* (Chem Eng, Met, Plastics) / Austrieb *m*, Pressgrat *m* (überstehender Werkstoffrand), Grat *m* || ~ (Cinema) / Flash *m* (kurze Einblendung in eine längere Bildfolge) || ~ (a thin electrodeposit, less than 0,1 mm) (Elec Eng, Met) / hauchdünne Metallschutzschicht || ~ (Eng) / Grat *m* (zwischen den Stirnflächen der Gesenke) || ~\* (Foundry) / Gussnaht *f*, Gussgrat *m*, Gießgrat *m* (ein am Gussstück anhaftender dünnwandiger Metallrest, der nicht unmittelbar zum Gussstück gehört) || ~\* (Foundry, Met, Plastics) / Grat *m* (Formgrat) || ~ (Glass) / Überfang *m*, Überfangschicht *f* (obere Farb- bzw. Trübglasschicht bei Überfanggläsern) || ~ (Light) / Lichtblitz *m*, Szintillationsblitz *m* || ~ (Mining) / wassergefülltes Bruchloch || ~ (Paint) / glänzende Spur in mattem Film, Glanzstelle *f* || ~ (Physiol) / Verblitzen (der Augen) || ~\* (Plastics) / Schwimmhaut *f* (infolge ungenügender Dichtigkeit der Teilungsebene eines Werkzeugs am Spritzgussteil hervorgerufene Filmbildung durch austretende Schmelze) || ~ (Plastics) / Butzen *m* (Abfall beim Blasformen) || ~ (Print) / Flash *m* (mit Vorrang verbreitete Blitzmeldung oder Eilnachricht) || ~ (Telecomm) / Einblendung *f* || ~ (TV) / kurzzeitige Bildstörung || ~ (Welding) / Grat *m* || ~ **accessories** (Photog) / Blitzzubehör *n* || ~ **back** *v* / zurückschlagen *v* (Flamme)

**flashback** *n* (Cinema) / Rückblende *f* (stilistisches Mittel in Form einer Unterbrechung der Filmgeschichte, um vergangene Ereignisse in die laufende Filmhandlung einzubringen), Flash *m* (Rückblende) || ~ (Eng) / Rückschlag *m* (der Flamme) || ~ (Eng) / Zurückschlagen *n*, Flammenrückschlag *m* (im Brenner) || ~ **arrester** (Welding) / Flammenrückschlagsicherung *f*, Rückschlagsicherung *f*, Flammensperre *f* || ~ **chamber** (Eng, Heat) / Wasserverschluss *m* (Wasservorlage), Rückschlagsicherung *f*, Wasservorlage *f* (bei alten Azetylenentwicklern)

**flash·bar** *n* (Photog) / Flashbar *f*, Blitzleiste *f*, Reihenblitz *m* || ~ **BIOS** (Comp) / Flash-RAM-BIOS *n* (BIOS, das - einfach aktualisierbar - in einem batteriegespeisten Flash-RAM gespeichert ist)

**flashboard** *n* (Hyd Eng) / Dammbalken *m* (zum Aufbau eines Notverschlusses bei Ausbesserungsarbeiten von Deichscharten, Schleusen und Wehren oder eines behelfsmäßigen Staukörpers)

**flash boiler** (Eng) / Schnellverdampfer *m* (des Dampfwagens) || ~ **box** (Eng) / Entsalzungsentspanner *m*, Kessel-Entsalzungsentspanner *m* (in Systemen mit Brüdendampfzufuhr vom Entsalzungsentspanner zum Entgaser) || ~ **bracket** (Photog) / Blitzschiene *f*

**flashbulb**\* *n* (Photog) / Blitzlichtlampe *f*, Kolbenblitz *m*, Blitzbirnchen *n*, Blitzlampe *f* (DIN 19040)

**flash-butt welding**\* (Welding) / Abbrennstumpfschweißen *n* (DIN 1910)

**flash-butt welding**\* (Welding) / Widerstandsabbrennstumpfschweißen *n*

**flash card** / Indexkarte *f* (die, mitverfilmt, das Auffinden eines Bildes im Mikrofilm erleichtert) || ~ **chip** (Comp) / Flash-Chip *m* || ~ **chromatography** (Chem) / Flash-Chromatografie *f* || ~ **control** (Photog) / Blitzlichtsteuerung *f* || ~ **converter** (Electronics) / A/D-Umsetzer *m* mit parallelem Komparatoren || ~ **cooler** (Eng) / Entspannungskühler *m* || ~ **cord** (Photog) / Blitzkabel *n*, Blitzanschlusskabel *n* || ~**-cube**\* *n* (Photog) / Blitzwürfel *m* (die einzelnen Blitzlampen dieser Einheit werden unabhängig voneinander durch einen elektrischen oder mechanischen Impuls gezündet - heute obsolet) || ~ **current** (Elec Eng) / [praktischer] Kurzschlussstrom *m* || ~ **distillation**\* (Chem) / Gleichgewichtsdestillation *f*, (kontinuierliche) Entspannungsdestillation *f*, Flash Distillation *f*, Flashdestillation *f* || ~ **distillation** (Chem Eng, Oils) / Flash-Destillation *f*, Entspannungsdestillation *f* || ~ **drier** (Plastics) / Rohrtrockner *m* mit pneumatischer Förderung, Stromtrockner *m* || ~**-dry** *adj* (Paint) / vorgetrocknet *adj*, angetrocknet *adj* || ~ **drying**\* / Stromtrocknung *f*

**flashed eyes** (Photog) / verblitzte Augen

**flash edge** (Plastics) / Quetschkante *f* (Teil eines Hohlkörperblaswerkzeugs), Abquetschkante *f* (beim Blasformen),

**flashed**

Schweißkante *f*, Schneidkante (Teil eines Hohlkörperblaswerkzeugs)
**flashed glass*** (Glass) / Überfangglas *n* (Flach- oder Hohlglaserzeugnis, das aus einem Grundglas und einem dünnen Überzug aus einem anderen farbigen, farblosen oder getrübten Glas besteht), Kameoglas *n* || ~ **steam** (Eng) / entspannter Dampf
**flash equipment** (Photog) / Blitzausrüstung *f*, Blitzgerät *n* (z.B. Blitzlampengerät, Blitzröhrengerät)
**flasher** *n* (Autos) / Lichthupe *f* (straßenverkehrsrechtlich zugelassenes Warnzeichen) || ~ (Comp) / Flasher *m* (Funktion, die das Blinken des ganzen Bildschirms bewirkt) || ~* (Elec Eng) / automatischer Blinkgeber || ~ **relay** (Elec Eng) / Blinkrelais *n* || ~ **unit** (Autos) / Blinker *m* (an der Fahrzeugaußenseite), Blinkleuchte *f*
**flash evaporation** (Chem Eng) / Entspannungsverdampfung *f*, Flashverdampfung *f*, Stoßverdampfung *f* || ~ **exposure** (Photog) / Blitzbelichtung *f* || ~ **extension cable** (Photog) / Synchronkabel *n* || ~ **fire** / Stichflamme *f* (Flamme, die bei einer explosionsartiger Verbrennung auftritt und eine ausgeprägte Richtung aufweist) || ~ **fixture** (Photog) / Blitzanschluss *m*
**flash-flood** *n* (Hyd Eng) / Hochwasser *n* (kurzzeitiges - durch starke Regenfälle, Schneeschmelze, Eisstau usw. entstanden)
**flash freezing** / Schnellgefrieren *n* || ~ **frequency** (Comp, Electronics) / Blinkfrequenz *f* (z.B. des Cursors)
**flash-frieze** *v* / schnell gefrieren *vt*
**flash gas** (Chem Eng) / Flashgas *n* (bei einer plötzlichen Entspannung von verflüssigtem oder gelöstem, unter Druck stehendem Gas, frei werdende Gasmenge)
**flash(ed) glass** (struck by reheating) (Glass) / Anlaufglas *n* (Farbglas, bei dem die Farbbildung erst in einem Wiedererwärmungsprozess, dem so genannten Anlaufen, stattfindet)
**flash guide number** (Photog) / Leitzahl *f* (das Produkt aus der Blendenzahl und der Entfernung zwischen Objekt und Lichtquelle - die Lichtleistung eines Blitzlichtgerätes kennzeichnende Hilfszahl), Blitzleitzahl *f*
**flashgun*** *n* (Photog) / Blitzgerät *n* (nach DIN 1940 - zur Aufnahme und zum Betrieb von Blitzlichtquellen - heute meist computergesteuert) || ~* (Photog) / Blitzleuchte *f* (DIN 19040)
**flash gutter** (Eng) / Gratmulde *f* (eine Vertiefung, die die Gratbahn umgibt)
**flashing** *n* / Aufleuchten *n*, Aufblitzen *n*, Blinken *n* (z.B. von Leuchtstofflampen) || ~ (Ceramics) / Verfärbung *f* der Ziegel beim Brand (absichtliche) || ~ (Comp) / Blinken *n* (bei Datensichtgeräten nach DIN 66 233, T 1) || ~ (Electronics) / Flashen *n*, Heizspannungsbrennen *n* || ~ (Glass) / Überfangen *n* (bei mehrschichtigen Gläsern) || ~ (Nut) / Kurzzeitpasteurisierung *f*, Kurzzeiterhitzung *f* || ~* (Paint) / Glanzstellenbildung *f* || ~* (Plumb) / Anschlussstreifen *m* (z.B. Kehlblech), Einfassung *f* || ~* (Plumb) / Verwahrung *f* (Einfassungsblech) || ~ (Welding) / Abbrennen *n* || ~ **alarm lamp** / Rundumkennleuchte *f* (gelb oder blau) || ~ **indicator** / Blinkanzeige *f* || ~ **light** (Autos) / Lichthupe *f* (straßenverkehrsrechtlich zugelassenes Warnzeichen) || ~ **light** (the period of light is shorter than the period of darkness) (Ships) / Blinkfeuer *n* || ~ **loss** (Welding) / Abbrennverlust *m*, Gesamtabbrand *m*
**flashing-off** *n* (Paint) / Abdunsten *n* (eines Anstrichs nach DIN 55945), Ablüften *n* (eines Anstrichs), Antrocknen *n*
**flashing period** (Aero) / Blitzperiode *f* || ~ **relay** (Elec Eng) / Flackerrelais *n* || ~ **strip** (Plumb) / Anschlussstreifen *m* (z.B. Kehlblech), Einfassung *f* || ~ **time** (Welding) / Abbrennzeit *f* || ~ **vessel** (Eng) / Entsalzungsentspanner *m*, Kessel-Entsalzungsentspanner *m* (in Systemen mit Brüdendampfzufuhr vom Entsalzungsentspanner zum Entgaser)
**flash lamp*** (Light) / Taschenlampe *f*, Taschenleuchte *f* || ~ **lamp** (Optics) / Stroboskoplampe *f* (eine Blitzröhre), Lichtblitzstroboskop *n* || ~ **lamp** (Photog) / Blitzlichtlampe *f*, Kolbenblitz *m*, Blitzbirnchen *n*, Blitzlampe *f* (DIN 19040) || ~**-lamp*** *n* (Elec Eng, Light) / Glühbirne *f* für Taschenleuchte || ~ **land** (Eng) / Gratbahn *f* (rund um die Gesenkgravur) || ~ **land** (Plastics) / Quetschkante *f* (Teil eines Hohlkörperblaswerkzeugs), Abquetschkante *f* (beim Blasformen), Schweißkante *f*, Schneidkante (Teil eines Hohlkörperblaswerkzeugs)
**flashless** *adj* (Met, Plastics) / gratlos *adj*, gratfrei *adj*
**flashlight** *n* (Elec Eng, Light) / Flashlight *n* (rasche Abfolge von Lichtblitzen, aufblitzendes Licht, z.B. in Diskotheken) || ~ (US) (Light) / Taschenlampe *f*, Taschenleuchte *f* || ~ (Photog) / Blitzgerät *n* (nach DIN 1940 - zur Aufnahme und zum Betrieb von Blitzlichtquellen - heute meist computergesteuert) || ~ **photography*** (Photog) / Blitzlichtfotografie *f*
**flash magnetization** (Mag) / Stoßmagnetisierung *f*, Impulsmagnetisierung *f* || ~ **memory** (Comp) / Flash-Speicher *m*, Flash-ROM *n* || ~ **mould** (Plastics) / Abquetschform *f*, Überlaufform *f*, Abquetschwerkzeug *n* || ~ **off** *v* (Chem) / abdunsten *v* (Lösemittel) || ~ **off** (Paint) / abdunsten *v* (von einem Anstrich), ablüften *v* (von einem Anstrich), antrocknen *v* (einen Anstrich) || ~ **off** (Welding) / abbrennen *v*.
**flash-off** *n* (Paint) / Abdunsten *n* (eines Anstrichs nach DIN 55945), Ablüften *n* (eines Anstrichs), Antrocknen *n* || ~ (Welding) / Abbrennverlust *m*, Gesamtabbrand *m* || ~ **time** (Chem, Phys) / Verdunstungszeit *f* || ~ **zone** (Paint) / Abdunstzone *f*, Ablüftzone *f*
**flashover** *n* / Flashover *m* (Feuerübersprung im Brandfall, der zum Vollbrand führt - DIN 18 232, T 1), Durchzündung *f* (Feuersprung) || ~* (Elec Eng) / Überschlag *m* (eines Funkens), Funkenüberschlag *m* || ~ (I C Engs) / Nebenschluss *m* (Kriechfunke) || ~ **path** (Elec Eng) / Kriechweg *m* (DIN 53480), Kriechüberschlagweg *m* || ~ **protection** (Autos) / Kriechstrombarriere *f* (der Zündkerze) || ~ **test*** (Elec Eng) / Überschlagsprüfung *f* || ~ **voltage*** (Elec Eng) / Überschlagsspannung *f*
**flash pan** (Cinema) / Verreißschwenk *m*, [sehr] schneller Schwenk, Reißschwenk *m*, Wischer *m* || ~ **pasteurization** (Nut) / Kurzzeitpasteurisierung *f*, Kurzzeiterhitzung *f* || ~ **photography** (Photog) / Blitzlichtfotografie *f* || ~ **photography** (Photog) / Strobochromatografie *f*, Stroboskopfotografie *f* (Aufnahmetechnik, in der bei offenem Kameraverschluss und mit Hilfe einer intermittierenden Beleuchtung in dunklen Räumen Bewegungsabläufe in mehreren Phasen auf einem Bild sichtbar gemacht werden) || ~ **photography** (Photog) / Funkenfotografie *f* || ~ **photolysis*** (Chem) / Blitzfotolyse *f* || ~ **plate** (Elec Eng, Met) / hauchdünne Metallschutzschicht
**flashpoint*** *n* / Flammpunkt *m* (DIN 51376, FP (Flammpunkt)) || ~ **apparatus** (Chem, Phys) / Flammpunktprüfer *m*
**flash polymerization** (Chem) / Flashpolymerisation *f* (bei der eine Lösung in einem tiefsiedenden Lösemittel wie Propan auf ein endloses Band getropft wird und das Lösemittel während der Polymerisation verdampft) || ~ **process** (San Eng) / Flashverfahren *n* (kombiniertes Verfahren zur Klärschlammverbrennung), Raymond-Verfahren *n* || ~ **pyrolysis** (Chem) / Blitzpyrolyse *f*, Blitzthermolyse *f* || ~ **radiography*** (Radiol) / Röntgenblitzaufnahme *f* || ~ **reactor** (Nuc Eng) / Burstreaktor *m*, Impulsreaktor *m* für einzelne Neutronenblitze || ~ **removal** (Plastics) / Entgraten *n* (beim Blasformen), Entbutzen *n* (beim Blasformen) || ~ **roasting*** (Met) / Blitzröstung *f* (bei der das feinvermahlene, abzuröstende Gut in einer hocherhitzten Reaktionskammer herabfällt, während ihm die Röstluft entgegenströmt), Schweberöstung *f*, Suspensionsröstung *f* || ~ **ROM** (Comp) / Flash-Speicher *m*, Flash-ROM *n* || ~ **rust** (Eng, Surf) / Flugrost *m* (beginnende Rostbildung auf Eisen und Stahl - DIN 50900, T 1) || ~ **rusting** (Eng, Surf) / Flugrostbefall *m*, Flugrostbildung *f* || ~ **set** (Civ Eng) / Schnellerstarrung *f* (als gewollte Eigenschaft des Bindemittels), Schnellabbinden *n*
**flash-setting agent** (Civ Eng) / Schnellerstarrer *m*, Schnellbinder *m*
**flash shot** (Photog) / Blitzlichtaufnahme *f* || ~ **smelting** (Met) / Schwebeschmelzen *n* (zur Gewinnung von verflüchtigungsfähigen Metallen aus armen Erzen), Schweberöstschmelzen *n* || ~ **socket** (Photog) / Blitzkontakt *m* || ~ **spectrum** (Astron) / Flashspektrum *n* (der Sonnenkorona) || ~ **steam** (Eng) / entspannter Dampf || ~ **suit** (a set of heatproof protective clothing) (Textiles) / Hitzeschutzkleidung, Hitzeschutzbekleidung *f* || ~ **synchronization** (Photog) / Blitzlicht-Synchronisation *f* (die dem Bewegungsablauf eines Kameraverschlusses angepasste Kontaktgabe zur Zündung einer Blitzlichtquelle in Abhängigkeit vom Verschlussöffnungsvorgang) || ~**-synchronized shutter** (Photog) / Synchronverschluss *m* || ~ **sync socket** (Photog) / Blitzanschluss *m* || ~ **tank** (Eng) / Entsalzungsentspanner *m*, Kessel-Entsalzungsentspanner *m* (in Systemen mit Brüdendampfzufuhr vom Entsalzungsentspanner zum Entgaser) || ~ **tempering** (Met) / Stoßanlassen *n* (von gehärteten Werkstoffen) || ~ **test*** (Elec Eng) / Durchschlagsprüfung bei doppelter Nennspannung *f* (bei etwa einminütiger Dauer)
**flash-tight** *adj* (Elec Eng) / schwallwassergeschützt *adj*
**flash time** (Telecomm) / Flashzeit *f* (beim Mehrfrequenzwählverfahren) || ~ **tube** (Electronics) / Lichtblitzentladungslampe *f* (eine Gasentladungslichtquelle) || ~ **tube*** (Electronics) / Blitzröhre *f*, Elektronenblitzröhre *f* (DIN 19040) || ~ **unit** (Photog) / Blitzausrüstung *f*, Blitzgerät *n* (z.B. Blitzlampengerät, Blitzröhrengerät) || ~ **update** (Comp, Electronics) / Flash-Update *n* || ~ **vacuum thermolysis** (Chem, Phys) / Vakuumblitzthermolyse *f* || ~ **vaporization** (Chem Eng) / Entspannungsverdampfung *f*, Flashverdampfung *f*, Stoßverdampfung *f* || ~ **vessel** (Eng) / Entsalzungsentspanner *m*, Kessel-Entsalzungsentspanner *m* (in Systemen mit Brüdendampfzufuhr vom Entsalzungsentspanner zum Entgaser) || ~ **weld** (Welding) / Gratnaht *f* (eine Stumpfnaht) || ~ **welding*** (Welding) / Widerstandsabschmelzschweißen *n*, Abbrennschweißen *n*
**flashy stream** (Hyd Eng) / Fluss *m* mit schnell veränderlichem Abfluss

**flask** *n* / Thermosflasche *f* (Handelsname für ein Dewar-Gefäß), Thermogefäß *n* ‖ ~ (Chem) / Flask *f* (eiserne Transportflasche für Quecksilber mit etwa 34,5 kg Inhalt) ‖ ~ (Chem) / Kolben *m* (ein Laborgerät) ‖ ~* (Foundry) / Formkasten *m* (starrer metallischer Rahmen, der zur Aufnahme, zum Festhalten des in ihm verdichteten Formstoffes dient und den Transport von Formen ermöglicht), Kasten *m* ‖ ~* (Nuc Eng) / Transportbehälter *m* (für abgebrannte BE), BE-Transportbehälter *m* (z.B. Castor) ‖ ~* (Nuc Eng) s. also cask ‖ ~ **bar** (Foundry) / Formkastenschore *f* ‖ ~ **casting** (Foundry) / Gießen *n* in Formkästen, Kastenguss *m* ‖ ~ **combustion** (Schöniger) (Chem) / Schöniger-Bestimmung *f* (eine Art Verbrennungsanalyse), Bestimmung *f* von Schwefel und Halogenen in dem Schöniger-Verbrennungsrohr (eine Art Verbrennungsanalyse nach DIN 51 400-3) ‖ ~ **holder** (Chem) / Kolbenträger *m*

**flaskless** *adj* (Foundry) / kastenlos *adj*

**flask moulding** (Foundry) / Kastenformen *n*, Kastenformerei *f* ‖ ~ **support** (Chem) / Kolbenträger *m* ‖ ~ **with ground joint** (Chem) / Schliffkolben *m*

**flat** *v* (Civ Eng) / einebnen *v*, eben machen, ebnen *v*, planieren *v*, nivellieren *v*, applanieren *v* ‖ ~ (Eng) / glätten *v*, schlichten *v* ‖ ~ (Paint) / mattieren *v* ‖ ~ *n* (flat tyre) (Autos) / Platten *m* (Reifen, der keine oder kaum noch Luft hat), Reifenpanne *f* (Plattfuß), Plattfuß *m* (Platten) ‖ ~ (GB) (a set of rooms) (Build) / Wohnung *f* (im Stockwerk), Etagenwohnung *f*, Flat *n* (Etagenwohnung) ‖ ~* (Cinema) / Kulisse *f* ‖ ~ (Cinema) / Filmandruckplatte *f*, Andruckplatte *f* ‖ ~* (Elec Eng) / abgenutzte Stelle an den Stromwenderlamellen ‖ ~ (Geog) / Ebene *f*, Flachland *n* ‖ ~ (valley flat) (Geol) / Flusswiese *f* ‖ ~ (Mining) / söhlige Erzlagerstätte ‖ ~ (Print) / Offsetmontage *f* ‖ ~ (a flat-printing plate) (Print) / Flachform *f*, Flachplatte *f* ‖ ~ (Rail, Ships) / Flat *n m* (Großpalette von 20" x 8" oder 40" x 8" mit Eckpfosten und Eckstücken) ‖ ~ (Textiles) / Deckel *m* (der Krempel) ‖ ~ (Typog) / montierte Vorlageform, Montageplatte *f* ‖ ~ (Weaving) / Webfehler *m* (Doppelfaden) ‖ ~ *adj* / platt *adj*, flach *adj*, eben *adj*, plan *adj*, abgeflacht *adj* ‖ ~ (free of gloss) / matt *adj*, stumpf *adj* (Farbton) ‖ ~ / fade *adj*, fad *adj* (Farbstellung) ‖ ~ (Build) / flachgeneigt *adj* (Dach), flach *adj* (Dach), mit geringer Neigung (Dach) ‖ ~ (Elec Eng) / linear *adj* (Frequenzgang), gerade *adj*, glatt *adj* (Frequenzgang) ‖ ~ (Elec Eng) / erschöpft *adj*, leer *adj* (Batterie), entladen *adj* (Batterie), verbraucht *adj* (Batterie) ‖ ~ (Maths) / flach *adj* (z.B. Raum) ‖ ~ (Mil) / gestreckt *adj*, rasant *adj* (Flugbahn) ‖ ~ (Mining) / söhlig *adj* (ohne Einfallen), horizontal *adj* (verlaufend) ‖ ~ (Nut) / geschmacklos *adj*, ohne Geschmack, fad *adj*, schal *adj*, abgestanden *adj* ‖ ~ (Paint) / matt *adj* (Lack) ‖ ~ (Photog) / kontrastarm *adj* (Fotografie), kontrastlos *adj* (Fotografie), flau *adj* (Fotografie) ‖ ~ (Print) / ungefalzt *adj*, flach *adj*, in Planbogen ‖ **go** ~ (Paint) / stumpf werden *v* (von Lacken) ‖ ~ **anode** (Electronics) / Flachanode *f* ‖ ~ **anode** (Electronics) / Flachanode *f* (Streifenanode) ‖ ~ **arch*** (Arch) / scheitrechter Bogen (ein gemauerter Sturz über einer Öffnung ganz oder fast ohne Stich) ‖ ~ **arch*** (Arch) s. also Welsh arch

**flat-attitude spin** (Aero) / flaches Trudeln, Flachtrudeln *n*

**flatback stope*** (Mining) / söhlige Firste (beim Firstenstoßbau)

**flat bag** / Flachbeutel *m* ‖ ~ **band** (Electronics) / Flachband *n*, Flatband *n* ‖ ~ **bar** (Met) / Platine *f* (nicht mehr übliche Bezeichnung für rechteckiges Halbzeug, welches nur auf zwei Flächen gewalzt wird und abgerundete Kanten hat) ‖ ~ **bar** (Met) / Flachstab *m*

**flat-bar electrode welding** (Welding) / Neese-Verfahren *n* ‖ ~ **knitting** (Textiles) / Flachwirken *n* ‖ ~ **machine** (Textiles) / Flachwirkmaschine *f* ‖ ~ **rolling mill** (Met) / Platinenwalzwerk *n*

**flatbed** *n* (US) (Autos) / Plattformwagen *m*, Pritschenwagen *m* (groß) ‖ ~ (press) (Print) / Flachbettmaschine *f*, Flachformmaschine *f* ‖ ~ **cylinder press** (Print) / Flachformzylinderdruckmaschine *f* (Zylinder gegen Fläche)

**flatbed-feed printer** (Comp) / Zeichendrucker *m* mit Flachbettzufuhr

**flatbed machine** (Textiles) / Flachstrickmaschine *f*, Flachwirkmaschine *f*

**flatbed plotter** (Comp) / flacharbeitender Plotter, Flachbettplotter *m*, flacharbeitendes Zeichengerät ‖ ~ **projector** (Comp) / Flachbettprojektor *m* ‖ ~ **recovery vehicle** (Autos) / Tieflader-Bergungsfahrzeug *n*, Huckepack-Bergungsfahrzeug *n*, Autopacker *m*, Quicklader *m* (ein Bergungsfahrzeug) ‖ ~ **rim** (Autos) / Flachbettfelge *f* ‖ ~ **scanner** (Comp, Photog, Print) / Flachbettscanner *m*, Flatbedscanner *m* ‖ ~ **sewing machine** (Textiles) / Flachbettnähmaschine *f* ‖ ~ **truck** (US) (Autos) / Plattformwagen *m*, Pritschenwagen *m* (groß) ‖ ~ **turret** (Eng) / Flachtischrevolver *m*, Flachtischrevolverkopf *m*

**flat belt** (Eng) / Flachriemen *m*, Flachgurt *m*, Flachband *n* (z.B. des Gurtbandförderers)

**flat-belt pulley** (Eng) / Flachriemenscheibe *f* (DIN 111)

**flat binding** (Bind) / Planbindung *f* (mit Spiralen, Ringen, kammartigen Teilen - um völliges Planliegen des aufgeschlagenen Buches zu ermöglichen) ‖ ~ **bobbin** (Weaving) / Flachspule *f*

**flat-body wedge gate valve** (Eng) / Keilflachschieber *m*

**flat-bottomed flask** (Chem) / Stehkolben *m* (DIN 12347), Standkolben *m*

**flat-bottomed rail*** / Breitfußschiene *f*, Vignolschiene *f* (nach Ch.B. Vignoles, 1793-1875)

**flat-bottom flask** (Chem) / Stehkolben *m* (DIN 12347), Standkolben *m* ‖ ~ **long-neck flask** (Chem) / Langhalsstandkolben *m* ‖ ~ **short-neck flask** (Chem) / Kurzhalsstandkolben *m*

**flat brush** (Paint) / Flachpinsel *m*, Flächenstreicher *m* ‖ ~ **cable** (Cables) / Flachkabel *n*, Bandkabel *n*

**flatcar** *n* (US) (Rail) / Flachwagen *m*, Plattformwagen *m*, Plattform *f*, Güterwagen *m* (flacher, offener)

**flat card** (Spinning) / Deckelkarde *f*, Deckelkrempel *f* ‖ ~ **casing** (Nut) / Flachdarm *m*, flache Hülle (Flachdarm) ‖ ~ **charge** / Pauschalgebühr *f*, Flat Fee *f* (Pauschalgebühr) ‖ ~ **chip** (For) / Schneidspan *m* ‖ ~ **chisel*** (Eng, Tools) / Flachmeißel *m* (zum Bearbeiten von großen Flächen und zur Gratentfernung) ‖ ~ **clothing** (Spinning) / Deckelgarnitur *f* ‖ ~ **coat** (Paint) / Spachtelauftrag *m* ‖ ~ **coil** (Elec Eng) / Scheibenspule *f*, Flachspule *f* ‖ ~ **collector** / Flachkollektor *m* (in der Solartechnologie)

**flat-compounded** *adj* (Elec Eng) / mit Reihenschluss, mit Reihenschlusswicklung

**flat-compound excitation** (Elec Eng) / Flachverbunderregung *f*, ausgeglichene Verbunderregung, Verbunderregung *f* für gleichbleibende Spannung

**flat conductor** (Elec Eng) / Flachleiter *m* ‖ ~ **cone point** (Eng) / abgeflachte Spitze (bei Gewinde) ‖ ~ **copper bus-bar** (Comp) / Flachkupfersammelschiene *f* ‖ ~ **countersunk rivet** (Eng) / Senkniet *m* (Nietform mit kegelstumpfförmigem Setzkopf nach DIN 661) ‖ ~ **cross-rolling** (Met) / Flach-Schrägwalzen *n* (Schrägwalzen, bei dem die in Berührung mit dem Walzgut stehenden Walzenflächen Kreiszylinder- oder Kegelmäntel sind - DIN8583) ‖ ~ **CRT** (Comp, TV) / flache Bildröhre ‖ ~ **crush test** (Paper) / Flachstauchdruck *m* ‖ ~ **cutting** (Carp, For, Join) / Längsschneiden *n*, Längsschnitt *m* ‖ ~ **-cut veneer** (For) / Messerfurnier *n* (das durch blattweises Abmessern gewonnen wurde) ‖ ~ **display** (Comp, TV) / flacher Bildschirm

**flat-display screen** (Comp, TV) / Flachbildschirm *m*

**flat down** *v* (Paint) / beischleifen *v*, schleifen *v* ‖ ~ **drawing** (Met) / Flachziehen *n* (DIN 8584) ‖ ~ **drill** (Eng) / Flachbohrer *m*, Spitzbohrer *m* ‖ ~ **engine** (I C Engs) / Boxermotor *m* (Motor mit Anordnung der Zylinder in einer Ebene mit zwei einander gegenüberliegenden Zylinderreihen - DIN 1940) ‖ ~ **face** (Crystal) / F-Fläche *f* (mit 2 PBC)

**flat-faced flange** (Eng) / Flansch *m* mit ebener (flacher, glatter) Anschlussfläche

**flat-face fillet weld** (Welding) / Flachnaht *f* (eine Kehlnaht) ‖ ~ **follower** (Eng) / Tellerhebel *m* (im Kurvengetriebe)

**flat-facing disk** (Eng) / flacher Kegel (des Ventils)

**flat fare** (Autos, Ships) / einheitlicher Fahrpreis, Pauschalpreis *m* ‖ ~ **fee** / Pauschalhonorar *n* ‖ ~ **fee** / Pauschalgebühr *f*, Flat Fee *f* (Pauschalgebühr)

**flat-fell seam** (Textiles) / Kappnaht *f*, sauber gemachte Naht

**flat file** (Tools) / Flachfeile *f* ‖ ~ **filter** (Chem) / Flachfilter *n* ‖ ~ **finish*** (Build, Paint) / Mattlackierung *f*, Mattlacküberzug *m*

**flat-flame burner** / Flachflammenbrenner *m* (Brenner für Industrieöfen, bei dem durch starken Drall der Verbrennungsgase ein Anliegen der Flamme an dem trichterförmigen Brennerstein erreicht wird - kaum Axialimpuls)

**flat flange** (Electronics) / Flachflansch *m*

**flat-flanged eyelet** (Electronics) / Lötöse *f* mit flachem Flansch

**flat four*** (Aero, Autos) / Vierzylinderboxermotor *m* ‖ ~ **four-cylinder engine** (Aero, Autos) / Vierzylinderboxermotor *m* ‖ ~ **fracture** (Min) / ebener Bruch (z.B. beim Kalkspat) ‖ ~ **glass** (Glass) / Flachglas *m* (z.B. Fensterglas, Floatglas - nach DIN 1249)

**flat-gold** *attr* / mattgolden *adj*

**flat gouge*** (Carp, Join) / flacher Hohlbeitel

**flat-grain sawing** (US) (For) / Fladerschnitt *m* (tangential geführter Schnitt - mit liegenden Jahrringen), tangentialer Holzschnitt

**flat groove** (Met) / flaches Kaliber ‖ ~ **ground** (Tools) / vollgeschliffen *adj* (Messerschneide) ‖ ~ **guides** (Eng) / Flachführung *f* ‖ ~ **head** (Eng) / Senkkopf *m* (einer Schraube) ‖ ~ **-head screw** (Eng) / Senkschraube *f* ‖ ~ **hose** / Flachschlauch *m* ‖ ~ **hump** (Autos) / Flat-Hump *m* (Sicherheitskontur auf der Felgenschulter von Pkw-Rädern für schlauchlose Reifen, FH (Flat-Hump)

**flat-hump rim** (Autos) / Flat-Hump-Felge *f*, FH-Felge *f*

**flat internal limit gauge** (Eng) / Grenzflachlehre *f* ‖ ~ **iron** (Met) / Flachstahl *m* (gewalzte Fertigerzeugnisse aus Stahl mit rechteckigem Querschnitt, deren Breite viel größer als die Dicke ist) ‖ ~ **joint** (Build) / volle Fuge ‖ ~ **key** (Eng) / Flachkeil *m* (bei dessen Verwendung die Welle segmentförmig angeschliffen wird - DIN 6883)

**flat-knitting**

**flat-knitting machine**\* (Textiles) / Flachstrickmaschine f, Flachwirkmaschine f
**flatland** n (Geog) / Flachland n
**flat lead**\* (Build) / Bleiblech n, Bleibahn f (als Bedachungsstoff)
**flat-leaf screw** (Eng) / Blattschraube f
**flat lighting**\* (Photog) / flache (kontrastarme) Ausleuchtung ‖ ~ **link** (Ships) / Quetschglied n (formschlüssiges Verbindungselement zum lösbaren Verbinden von Ketten und Seilen)
**flat-lock seam** (Textiles) / Flatlock-Naht f (aus 9 Fäden bestehende flache und elastische Naht zum Zusammennähen dehnfähiger Gewirke und Annähen gummielastischer Bünde)
**flat memory** (Textiles) / Flat Memory n ('Erinnerungsvermögen' an einen flachen Urzustand bei Geweben)
**flatness** n / Flachlage f, Planlage f, Flachheit f ‖ ~ **Planheit** f, Ebenheit f (auch nach DIN 7184, T 1) ‖ ~ **tolerance** (Eng) / Ebenheitstoleranz f (zulässige Abweichung einer Fläche von der Ebene nach DIN 18 201)
**flat•-nose pliers** (Tools) / Flachzange f ‖ ~ **of ore** (Geol, Mining) / söhlige Erzlagerstätte ‖ ~ **of the stern** (Ships) / Spiegel m (querschiffs befindliche Abschlussplatte am Bootsheck) ‖ ~ **oil-tempered wire** (Met) / im Ölbad angelassener Flachdraht
**flat-out braking** (Autos) / Vollbremsung f
**flat-pack** n (Electronics) / Flatpack-Gehäuse n, Flatpack n (flache Gehäuseform für elektronische Bauteile)
**flat pallet** / Flachpalette f (DIN 15 141)
**flat-panel monitor** (Comp, TV) / Flachbildschirm m
**flat parallel spring** (Eng) / Rechteckfeder f ‖ ~ **pass** (Met) / Flachstich m (Walzen eines rechteckigen Querschnittsteiles, wobei die kleinere Querschnittsabmessung vermindert wird) ‖ ~ **pass** (Met) s. also edging pass ‖ ~ **pente** (Autos) / Flat-Pente f (Sicherheitskontur auf der Felgenschulter von Pkw-Rädern für schlauchlose Reifen), FP (Flat-Pente) ‖ ~ **picture tube** (Comp, TV) / Flachbildröhre f ‖ ~ **plate** (Build, Mech) / ebene Platte, Platte f (ein Flächenträger nach DIN 13 316)
**flat-plate collector** / Flachkollektor m (in der Solartechnologie)
**flat plate in laminary flow with longitudinal inflow** (Phys) / längsangeströmte ebene Platte bei Laminarströmung
**flat-plate keel** (Ships) / Flachkiel m (ein Gang Stahlplatten)
**flat pliers** (Tools) / Flachzange f ‖ ~ **plug** (Telecomm) / Flachstecker m ‖ ~ **point** (Eng) / Kegelkuppe f (der Stellschraube, des Gewindestifts)
**flat-pointed** adj (Eng) / flachspitz adj (Feile)
**flat pointing**\* (Build) / Fugenausbildung f (bei der der Mörtel bündig mit den Steinen abschließt)
**flat-position welding** (welding from above the work, with the face of the weld in the horizontal plane) (Welding) / waagerechtes Schweißen (von Stumpf- und Kehlnähten in Wannenposition)
**flat-pressed** (particle) **board** (For) / Flachpressplatte f (eine Spanplatte)
**flat products** (Met) / Flachzeug n (Walzgut, wie z.B. Kaltband, Flacherzeugnisse n pl ‖ ~ **rabbet** (Join) / Abplattung f (breiter Falz mit abfallender Sohle) ‖ ~ **radiator** / Plattenheizkörper m, Flachheizkörper m ‖ ~ **random noise**\* (Acous) / weißes Rauschen (Rauschen, dessen spektrale Intensitätsdichte über den interessierenden Frequenzbereich konstant ist)
**flat-rate billing** / Abrechnung f (der Arbeitskosten) zum Pauschalpreis ‖ ~ **lease** / Netto-Leasing n ‖ ~ **tariff**\* (Elec Eng) / Tarif m mit Einheitsgebühren, Pauschaltarif m, Flatrate f
**flat region**\* (Nuc Eng) / Glättungszone f, Glättungsbereich m, Flussglättungszone f, Flussglättungsbereich m ‖ ~ **relieved tooth** (US) (Eng) / Winkelzahn m (eines Fräsers) ‖ ~ **response** (Elec Eng) / breitbandige Frequenzkurve ‖ ~ **ring spanner** (Tools) / gerader Ringschlüssel ‖ ~ **ring wrench** (Tools) / gerader Ringschlüssel
**flat-rolled product** (Met) / Flachwalzenerzeugnis n (warm- oder kaltgewalztes Fertigerzeugnis, Flacherzeugnis n
**flat roller** (Agric) / Glattwalze f (als Gegensatz zu Rauwalze) ‖ ~ **roof**\* (Build) / Flachdach n, Flachdichtdach n ‖ ~ **rope** / Flachseil n (das aus mehreren nebeneinander liegenden, miteinander vernähten Rundseilen besteht)
**flat-rope drum** (Mining) / Bobine f (Seilträger der Schachtförderanlage)
**flats** pl / Filmandruckscheiben f pl (in einem Lese- und Vergrößerungsgerät) ‖ ~\* (Eng) / Flachmaterial n ‖ ~\* (Met) / Flachstahl m (gewalzte Fertigerzeugnisse aus Stahl mit rechteckigem Querschnitt, deren Breite viel größer als die Dicke ist) ‖ ~\* (Met) / Flachzeug n (Walzgut, wie z.B. Kaltband, Flacherzeugnisse n pl ‖ ~\* (Met) s. also flat bar
**flat•-sawing** n (For) / Fladerschnitt m (tangential geführter Schnitt - mit liegenden Jahrringen), tangentialer Holzschnitt ‖ ~ **scraper** (Tools) / Flachschaber m ‖ ~ **screen** / Plansieb n ‖ ~ **screen** (Comp, Electronics, TV) / flacher Bildschirm ‖ ~ **screen** (Comp, TV) / Flachbildschirm m ‖ ~ **screen** (Weaving) / Planknotenfang m

**flat-screen monitor** (Comp) / Flat-Screen-Monitor m (Flachbildschirmmonitor) ‖ ~ **printing** (Textiles) / Flachsiebdruck m
**flat seal** (Eng) / Flachdichtung f ‖ ~ **seat** (I C Engs) / Flachsitz m (der Zündkerze), Flachdichtsitz m (der Zündkerze) ‖ ~ **seating** (I C Engs) / Flachsitz m (der Zündkerze), Flachdichtsitz m (der Zündkerze)
**flat-seat valve** (Eng) / Geradsitzventil n (Armatur)
**flat setting** (Textiles) / Flächenfixierung f, Flachfixierung f ‖ ~ (**printed**) **sheet** (Print) / Planobogen m (planliegender, ungefalzter Druck- oder Papierbogen beliebiger Größe) ‖ ~ **sheet** (in flat sheets) (Typog) / ungefalzter Druckbogen, Rohbogen m (in ~)
**flat-sheet delivery** (Print) / Planoauslage f
**flat-slab buttress dam** (Hyd Eng) / Plattenpfeilermauer f, Pfeilerplattenstaumauer f, Plattenstaumauer f, Ambursenstaumauer f (aufgelöste Staumauer mit Pfeilern in kleinem Abstand, an denen Stahlbetonplatten befestigt sind) ‖ ~ **deck dam** (Hyd Eng) / Plattenpfeilermauer f, Pfeilerplattenstaumauer f, Plattenstaumauer f, Ambursenstaumauer f (aufgelöste Staumauer mit Pfeilern in kleinem Abstand, an denen Stahlbetonplatten befestigt sind)
**flat spin** (a spin in which the longitudinal axis of the aircraft inclines downward at an angle less than 45°) (Aero) / flaches Trudeln, Flachtrudeln n ‖ ~ **spine** (Bind) / flacher Rücken, Flachrücken m, gerader Rücken ‖ ~ **spot**\* (Autos) / "Loch" n in Beschleunigung, Beschleunigungsloch n, "Verhalten" n des Motors (schlechte Gasannahme) ‖ ~ **spotting** (Autos) / Flachstellenbildung f (bei Reifen), Abplattung f der Reifenlauffläche (nach langem Stehen), Spotting n (Abplattung), Flat n (Abplattung des Reifens) ‖ ~ **spray** (Paint) / Flachstrahl m
**flat-spray irrigation** (Agric) / Flachstrahlberegnung f
**flat spring** (Eng) / Blattfeder f, Einzelblattfeder f, einfache Blattfeder (meistens Rechteckfeder), Einblattfeder f ‖ ~ **spring** (Eng) / Flachfeder f
**flat-square screen** (Comp, TV) / Flachbildschirm m ‖ ~ **spiral coil** (Electronics) / mäanderförmiger Leiter ‖ ~ **tube** (TV) / Flatsquare-Tube f (Farbfernsehbildröhre mit großem Radius des Frontglases)
**flat steel** (Met) / Flachstahl m (gewalzte Fertigerzeugnisse aus Stahl mit rechteckigem Querschnitt, deren Breite viel größer als die Dicke ist) ‖ ~ **stern** (Ships) / Spiegelheck n, Plattgatt-Heck n ‖ ~ **stitch** (Textiles) / Plattstich m (in der Stickerei) ‖ ~ **stitch** (Textiles) / Flachnaht f
**flat-stitch embroidery** (Textiles) / Plattstichstickerei f
**flat stitching**\* (Bind) / Flachheftung f ‖ ~ **stitching**\* (Bind) s. also side stitching
**flatten** v / abflachen vt, flach pressen, abplatten v, platt pressen, anflachen v ‖ ~ (Eng) / flachstanzen v, prägerichten v (nur Infinitiv und Partizip)
**flattened cylinder glass** (Glass) / Walzenglas n (das aus geblasenen Walzen durch Strecken hergestellte Flachglas) ‖ ~ **flange** (Autos) / abgeschrägtes Felgenhorn ‖ ~ **rim flange** (Autos) / abgeschrägtes Felgenhorn
**flattener** n (Met) / Glättwalzwerk n (Bandwalzen)
**flattening** n / Abflachen n, Abplatten n, Anflachen n ‖ ~ (Eng) / Flachstanzen n, Prägerichten n ‖ ~ (Glass, Optics) / Flachdrücken n ‖ ~ adj (Photog) / kontrastmindernd adj (Abschwächer) ‖ ~ **kiln** (Glass) / Streckofen m ‖ ~ **material**\* (Nuc Eng) / Glättungsmaterial n, Flussglättungsmaterial n ‖ ~ **of the Earth** (Astron, Surv) / Erdabplattung f, Abplattung f der Erde ‖ ~ **oven** (Glass) / Streckofen m ‖ ~ **test** (Eng) / Ringfaltversuch m (an Rohren - DIN 50136)
**flatten out** v (Aero) / abfangen (ein Flugzeug) ‖ ~ **out** (Leather) / verteilen v (Falten)
**flat tensile specimen** (Materials) / Flachzugprobe f
**flatter**\* n (Eng) / Setzhammer m, Platthammer m ‖ ~ (Mining) / Wagenkuppler m
**flat thread** (Eng) / Flachgewinde n (mit Rechteckprofil)
**flat-time billing** / Abrechnung f (der Arbeitskosten) nach Zeitaufwand
**flatting** (Paint) / Lackschliff m ‖ ~ (Paint, Surf) / Mattierung f ‖ ~ **agent** (Paint) / Mattierungsmittel n (das ein mattes Auftrocknen des Anstriches bewirkt)
**flatting-down** n (Paint) / Schleifen n (von Anstrichuntergründen, Anstrichen und Spachtelschichten - von Hand), Trockenschleifen n (mit Schleifpapier, Stahlwolle oder Bimsstein), Beischleifen n
**flatting marks** (Paint) / Schleifrillen f pl (ein Lackfehler), Schleifspuren f pl ‖ ~ **of veneers** (For) / Furnierglätten n (in einer beheizten Presse) ‖ ~ **varnish**\* (Paint) / Schleiflack m (hochwertiger Lack, der eine schleifbare Lackierung ergibt)
**flat-tip bit** (Tools) / Bit n für Schlitzschrauben, Schlitzklinge f ‖ ~ **screwdriver** (Tools) / Schlitzschraubendreher m
**flattish** adj / abgeplattet adj
**flat tool** (For) / Flachsattel m (beim Schmieden)
**flat-top antenna**\* (Radio) / Flächenantenne f ‖ ~ **chain** (Eng) / Laschenkette f, Gelenkkette f (meistens eine Zahnkette) ‖ ~ **countersunk head** (Eng) / Senkkopf m (eines Niets)

**flat-topped wave**\* (Telecomm) / abgeflachte Welle (gegenüber der Sinusform)
**flat-top piston** (I C Engs) / Flachkolben *m*
**flat trajectory** / Flachbahn *f* (z.B. des Geschosses) ‖ ~ **transverse-rolling** (Met) / Flach-Querwalzen *n* (Querwalzen, bei dem die in Berührung mit den Walzgut stehenden Walzenflächen Kreiszylinder- oder Kegelmäntel sind - DIN 8583) ‖ ~ **tuning**\* (Radio) / mangelnde Trennschärfe, mangelnde Selektivität (Eigenschaft des Systems) ‖ ~ **tuning**\* (Radio) / Grobabstimmung *f* (konkretes Ergebnis), unscharfe Abstimmung ‖ ~ **turn** (Aero) / flache Kurve ‖ **~-twin** *n* (Autos) / Zweizylinder-Boxermotor *m* ‖ ~ **twin cable**\* (Elec Eng) / Flachleitung *f* ‖ ~ **twin-cylinder engine** (Autos) / Zweizylinder-Boxermotor *m*, Plattformwagen *m*, Plattform *f* / Zweizylinder-Boxermotor *m*
**flat-type battery** (Elec Eng) / Flachbatterie *f* ‖ ~ **cable** (Cables) / Flachkabel *n*, Bandkabel *n* ‖ ~ **relay** (Elec Eng) / Flachrelais *n*
**flat tyre** (Autos) / Platten *m* (Reifen, der keine oder kaum noch Luft hat), Reifenpanne *f* (Plattfuß), Plattfuß *m* (Platten) ‖ ~ **varnish** (Paint, Photog) / Mattlack *m* (matt auftrocknender Lack) ‖ ~ **waggon** (Rail) / Flachwagen *m*, Plattformwagen *m*, Plattform *f*, Güterwagen *m* (flacher, offener) ‖ ~ **waggon** (Rail) s. also gondola car and waggon with stanchions ‖ ~ **wall paint** (Build) / Wandfarbe *f* (ein Innenanstrichstoff)
**flatware** *n* (US) / Schneidwaren *f pl* (Messer, Scheren, Tafelbestecke usw.) ‖ ~ (a generic term for flat items of dinnerware such as plates, meat platters, saucers, bread and butter plates, and the like) (Ceramics) / Flachgeschirr *n* (Sammelbezeichnung für Geschirrteile wie Teller, Platten u.a., die nach Durchmesser und Längen gemessen werden), Flachware *f*
**flat-warp knitting machine** (Textiles) / Flachkettenwirkmaschine *f* (DIN 62110)
**flat washer** (Eng) / Unterlegscheibe *f* (nach DIN 918), Beilagscheibe *f* (A), Scheibe *f* (große, kleine, normale Reihe), Unterlagsscheibe *f*
**flat-weft knitting machine** (Textiles) / Cottonmaschine *f* (nach W. Cotton, 1817 - 1887), Cottonstuhl *m*, Flachkulierwirkmaschine *f* (zur Herstellung von Regulärgewirken)
**flat width** / Flachbreite *f* ‖ ~ **winding** (Elec Eng) / Flachwicklung *f* ‖ ~ **wire** (Met) / Flachdraht *m*
**flatwise** *adj* (Electronics) / flachkant *adj* (Einbau von Leiterplatten) ‖ ~ **bend** (Telecomm) / H-Krümmer *m* (Wellenleiter), H-Bogen *m* ‖ ~ **compression** / Druck *m* senkrecht zur Plattenrichtung
**flatwork** *n* (Textiles) / Flachteilewäsche *f*, Mangelwäsche *f* ‖ ~ **ironer** (Textiles) / Mangel *f* (eine Bügel- und Trocknungsvorrichtung für Flachteilewäsche) ‖ ~ **ironer** (Textiles) s. also laundry press ‖ ~ **ironing machine** (Textiles) / Mangel *f* (eine Bügel- und Trocknungsvorrichtung für Flachteilewäsche)
**flat yarn**\* (Spinning) / Glattgarn *n*, Flachgarn *n*
**flaunching**\* *n* (Build) / Abschrägung *f* des Schornsteinkopfs, Schornsteinwangenabdeckung *f*
**flavan** *n* (Chem) / Flavan *n* (2-Phenyl-chroman)
**flavanone** *n* (the basic structure of the flavonoids) (Chem) / Flavanon *n* (2,3-Dihydroflavon)
**flavanthrone** *n* (Chem) / Indanthrengelb G. *n*, Flavanthron *n*
**flavazine** *n* (Chem) / Flavazin *n* (ein Farbstoff)
**flavedo** *n* (Bot, Nut) / Flavedo *n* (gefärbte, äußere, mit Ölbehältern besetzte Schicht der Zitrusfruchtschale)
**flavin** *n* (Biochem) / Flavin *n*
**flavine** *n* (Biochem) / Flavin *n* ‖ **~-adenine dinucleotide** (Biochem) / Flavin-Adenin-Dinukleotid *n* (prosthetische Gruppe zahlreicher Flavoproteine), Flavin-Adenin-Dinucleotid *n*, FAD (Flavin-Adenin-Dinucleotid) ‖ ~ **enzymes** (Physiol) / Flavoproteine *n pl*, Flavoenzyme *n pl* ‖ ~ **mononucleotide** (Biochem) / Flavinmononucleotid *n* (Riboflavin-5'-phosphat), FMN (Flavinmononucleotid), Flavinmononukleotid *n*
**flavodoxin** *n* (Biochem) / Flavodoxin *n* (metallfreies Redoxin)
**flavomannin** *n* (Chem) / Flavomannin *n* (dimeres 1,4-Anthron)
**flavone**\* *n* (Chem) / Flavon *n* (Grundkörper vieler gelber Pflanzenfarbstoffe) ‖ ~ **pigment** (Chem) / Flavonfarbstoff *m*
**flavonoid**\* *n* (any of a large class of plant pigments having a structure based on or similar to that of flavone) (Bot, Pharm) / Flavonoid *n* (ein Farbstoff)
**flavonopigment** *n* (Chem) / Flavonfarbstoff *m*
**flavoproteins**\* *pl* (Physiol) / Flavoproteine *n pl*, Flavoenzyme *n pl*
**flavor** *n* (AI) / Flavor *m n* (der Klassen von Instanzen repräsentiert) ‖ ~\* (US) (Nuc) / Flavour *m n* (eine Quark-Art) ‖ ~ (US) (Nut) / Flavourkomplex *m*, beim Verzehr eines Lebensmittels ausgelöster oraler Gesamtsinneseindruck (Aroma, Geschmack + physikalische Reize), Flavour *m n* ‖ ~ **system** (AI) / Flavorsystem *n*
**flavour** *v* (Nut) / würzen *f* ‖ ~ (Nut) / aromatisieren *v* ‖ ~\* *n* (Nuc) / the distinguishing feature of the six different quarks of the standard model - the flavours are up, down, strange, charm, bottom and top) (Nuc) / Flavour *m n*, Flavor *m n* (eine Quark-Art) ‖ ~ (Nut) / Aromastoff *m* (flüchtige Verbindung in Lebensmitteln, die mit den Geruchsrezeptoren wahrgenommen wird), Geschmackstoff *m* ‖ ~ (Nut) / Flavourkomplex *m*, beim Verzehr eines Lebensmittels ausgelöster oraler Gesamtsinneseindruck (Aroma, Geschmack + physikalische Reize), Flavour *m n* ‖ ~ (Nut) / Geschmack *m*, Aroma *n* (pl. -men) (Eigenart der Lebensmittel nach DIN 10950)
**flavour-dilution factor** (Nut) / Verdünnungsfaktor *m* (der Speisewürze)
**flavour group** (SU) (Nuc) / Flavoursymmetriegruppe *f*, SU$(3)_f$-Gruppe *f*
**flavouring** *n* (Nut) / Aromastoff *m* (flüchtige Verbindung in Lebensmitteln, die mit den Geruchsrezeptoren wahrgenommen wird), Geschmackstoff *m* ‖ ~ **matter** / Geruchsstoff *m* (Oberbegriff für Duft- und Riechstoffe) ‖ ~ **substance** / Geruchsstoff *m* (Oberbegriff für Duft- und Riechstoffe)
**flavourless** *adj* (Nut) / geschmacklos *adj* (ohne Aroma)
**flavour potentiator** (Nut) / Geschmackverbesserer *m* (E 620 - E 637), geschmackverstärkende Verbindung, Geschmacksverstärker *m*, Aromaverstärker *m* ‖ ~ **precursor** (Chem, Nut) / Aromastoff-Präkursor *m* ‖ ~ **precursor** (Nut) / Aromavorstufe *f*, Aromavorläufer *m* (Verbindung, aus der Aromastoffe entstehen) ‖ ~ **protection** (Nut) / Aromaschutz *m* ‖ ~ **substance** (Nut) / Aromastoff *m* (flüchtige Verbindung in Lebensmitteln, die mit den Geruchsrezeptoren wahrgenommen wird), Geschmackstoff *m*
**flavour-symmetry group** (Nuc) / Flavoursymmetriegruppe *f*, SU$(3)_f$-Gruppe *f*
**flavour system** (AI) / Flavorsystem *n*
**flavoury** *adj* (Nut) / aromatisch *adj* (Tee)
**flavoxanthine** *n* (Nut) / Flavoxanthin *n* (ein Farbstoff - E 161a)
**flaw** *n* / Ungänze *f* (Zone oder Stelle im Metall, die kein Kristallgefüge aufweist) ‖ ~ (Ceramics) / Riss *m* ‖ ~ (Comp) / Schwachstelle *f* (z.B. im Datenschutzsystem) ‖ ~ (Geol) / Blattverschiebung *f*, Transversalverschiebung *f*, Seitenverschiebung *f*, Horizontalverschiebung *f* ‖ ~ (Materials) / Fehler *m* (z.B. im Glas), Riss *m* (im Werkstoffehler), Defekt *m* ‖ ~ **detector** (Materials) / Defektoskop *n* (Gerät zur zerstörungsfreien Werkstoffprüfung) ‖ ~ **echo** (Materials) / Fehlerecho *n* (bei der Ultraschallprüfung)
**flawed track** (Comp, Mag) / schadhafte Spur, fehlerhafte Spur
**flaw growth** (Materials) / Risswachstum *n* (bei der Charakteristik des Verhaltens eines Werkstoffs)
**flawless** *adj* / rissfrei *adj* ‖ ~ (internally) / lupenrein *adj* (Diamant) ‖ ~ / fehlerfrei *adj*, fehlerlos *adj*, unbeschädigt *adj*, einwandfrei *adj* (fehler-, tadellos)
**flaw location** (Materials) / Fehlerlokalisierung *f*
**flaw-piece** *n* (Carp, For) / Schwarte *f*, Schwartenbrett *n*
**flax** *n* (New Zealand flax) (Bot) / Neuseeländer Flachs (Phormium tenax J.R. Forst. et G. Forst), Flachslilie *f*, Phormium *n*, NF (DIN 60001, T 4) ‖ ~\* (Bot, Textiles) / Klenglein *m*, Springlein *m* (Linum usitatissimum convar. crepitans L.) ‖ ~\* (Bot, Textiles) / Flachs *m*, Faserlein *m* (Linum usitatissimum convar. usitatissimum L.), Schließlein *m*, Saatlein *m*, Gespinstlein *m*
**flaxboard** *n* (For) / Flachsschäbenplatte *f*, Flachsspanplatte *f*
**flax breaker** (Textiles) / Flachsbreche *f*
**flax-breaking machine** (Textiles) / Flachsbreche *f*
**flax-coloured** *adj* / flachsfarben *adj*, flachsfarbig *adj*, flachsgelb *adj*, flächsern *adj*
**flax comb** (Textiles) / Hechelkamm *m*, Hechel *f* ‖ ~ **dressing** (Textiles) / Flachsaufbereitung *f*, Flachsbereitung *f*
**flaxen** *adj* / flachsfarben *adj*, flachsfarbig *adj*, flachsgelb *adj*, flächsern *adj*
**flax fibre** (Bot, Textiles) / Flachsfaser *f* ‖ ~ **flea beetle** (Agric, Zool) / Flachserdfloh *m* (Aphthona euphorbiae Schrank) ‖ ~ **hackling** (Agric, Textiles) / Flachshecheln *n* ‖ **~-lily** *n* (a New Zealand plant that yields valuable fibre and is also grown as an ornamental) (Bot) / Neuseeländer Flachs (Phormium tenax J.R. Forst. et G. Forst), Flachslilie *f*, Phormium *n*, NF (DIN 60001, T 4) ‖ ~ **puller** (Agric) / Flachsraufmaschine *f* (die den langfaserigen Flachs aus dem Boden zieht und im Schwad parallel ablegt) ‖ ~ **retting** (Agric) / Flachsröste *f* (Tätigkeit) ‖ ~ **ripple** (Textiles) / Flachsriffel *f*, Riffel *f*, Riffelkamm *m*
**flax-seed** *n* (Bot, Nut) / Leinsamen *m* (des Dreschleins) ‖ ~ **oil** / Leinöl *n* (das durch Pressen des Leinsamens gewonnen wird) ‖ ~ **ore** (Mining) / Clinton-Erz *n* (oolithisches und klastisches Roteisenerz)
**flax shives** (For) / Flachsschäben *f pl* (zur Spanplattenherstellung) ‖ ~ **spinning** (Spinning) / Flachsspinnerei *f* (als Tätigkeit)
**flax-spinning mill** (Spinning) / Flachsspinnerei *f* (ein Textilbetrieb)
**flax straw** (Agric) / Flachsstroh *n* ‖ ~ **tow**\* (Textiles) / Flachswerg *n* ‖ ~ **wilt** (Agric) / Flachswelke *f* (eine Pilzerkrankung), Flachsmüdigkeit *f* ‖ ~ **yarn** (Spinning) / Leinenzwirn *m*, Leinengarn *n* (ein Sammelbegriff) ‖ ~ **yarn** (Spinning) / Flachsgarn *n* (hochwertiges mittelstarkes festgedrehtes Leinengarn, vor allem für Betttücher)
**flay** *v* (Leather) / abhäuten *v*, enthäuten *v*, abdecken *v*, abziehen *n* (z.B. ein Pelztier) ‖ ~ (Leather) / abschwarten *v*

**F-layer**\* *n* (Geophys) / F-Schicht *f* (eine der zwei Schichten im F-Gebiet der Ionosphäre)
**F-layer**\* *n* (Geophys, Meteor) / Appletonschicht *f* (der Ionosphäre - nach Sir V.E. Appleton, 1892-1965), F-Schicht *f*
**flaying** *n* (Leather) / Häuteabzug *m*
**flaying-house** *n* / Tierkörperverwertungsbetrieb *m*
**FLC** (Met) / Grenzformänderungskurve *f* (zur Kennzeichnung der Kaltumformbarkeit von Flachzeug)
**fleaking**\* *n* (Build) / Anbringen der Unterschicht (bei Rietdächern)
**fleam**\* *n* (Carp, For) / Schränkungswinkel *m* || **~-tooth**\* *n* (Tools) / Dreieckszahn *m* (des Sägeblattes), Spitzwinkelzahn *m* (des Sägeblattes)
**flèche**\* *n* (Arch, Build) / Dachreiter *m* (Türmchen auf dem Dachfirst, meist aus Holz)
**flèches d'amour**\* (Min) / Haarstein *m* (faseriger Rutil, Titandioxid), Venushaar *n*, Crinis *m* Veneris
**flecked** *adj* / gefleckt *adj*, gesprenkelt *adj*, getüpfelt *adj*, besprenkelt *adj* || ~ s. also splotchy || **~ paint** (Paint) / Mehrfarbeneffektanstrichstoff *m* (unterschiedlich gefärbte Pigmentanreibungen in unverträglicher Form, so dass sich beim Spritzen die Partikeln nicht vermischen), Multicolor-Lack *m*
**fleckschiefer** *n* (a type of spotted slate) (Geol) / Fleckschiefer *m* (kontaktmetamorphes Schiefergestein mit kleinen Flecken)
**flection joint** (Aero) / flexible Fuge (in der Piste)
**flector** *n* (Eng) / Biegegelenk *n*
**fleece** *n* (Spinning) / Pelz *m* (mehrere Florschichten nach DIN 60021) || ~ (Textiles) / Fleece *n* (synthetisch hergestellter flauschiger Stoff mit gerauter Oberfläche) || ~ (Textiles) / Fleece *m* (Flausch) || ~ (Textiles) / Schurmenge *f* (Wolle) || ~ (Textiles) / Vlies *n* (DIN 60004) (Wolle), Wollvlies *n* (zusammenhängende Wollkleid) || ~ (Textiles) / Flausch *m* (ein Streichgarnstoff) || **~ washing** (Textiles) / Vlieswäsche *f* || **~ wool**\* (Textiles) / Schurwolle *f* (von lebenden Tieren geschorene, erstmals verarbeitete Wolle - DIN 60004)
**fleecy** *adj* (Textiles) / flauschig *adj*, wollig *adj* (von flauschig weicher Oberfläche) || **~ fabric**\* (Textiles) / Stoff *m* mit flauschiger Oberseite || **~ fabric**\* (Textiles) / Pelzstoff *m*
**fleet** *n* (Aero) / Luftfahrzeugflotte *f* || ~ (Autos) / Park *m* (Gesamtheit der Fahrzeuge) || ~ (Geog, Geol) / Haff *n* (z.B. Frisches oder Kurisches Haff - vom offenen Meer abgetrennte Bucht) || ~ (Ships) / Flotte *f* || **~ angle** (Eng) / Seilablenkungswinkel *m* (größter - beim An- oder Ablauf) || **~ destroyer** (Mil, Ships) / Flottenzerstörer *m*
**fleeting alarm** (Automation) / Wischermeldung *f* (kurzzeitig anstehende Meldung über einen Vorgang im fernüberwachten Objekt)
**fleetliner** *n* (Aero) / Linienflugzeug *n*, Verkehrsflugzeug *n* (im Linienflugverkehr), Kursflugzeug *n*, Airliner *m*, Liner *n*
**Fleming's left-hand rule** (Elec) / Linkehandregel *f*
**Fleming's rule**\* (Elec, Phys) / Dreifingerregel *f* (Darstellung der Richtungsbeziehungen der magnetischen Induktion durch Zeigefinger, Daumen und Mittelfinger), UVW-Regel *f*, Fingerregel *f*
**Flemish eye** (Ships) / Flämisches Auge (ein Aufspleiß) || **≃ loop** (Ships) / Flämisches Auge (ein Aufspleiß)
**Flemming solution** (Micros) / Flemmings Lösung (ein Fixiermittel auf der Basis Chromoxid/Osmiumoxid/Essigsäure)
**Flesch method** (AI) / Flesch-Verfahren *n* (von R. Flesch entwickelte Bewertungsmethode der Lesbarkeit und des Interesses, das Texte zu erwecken vermögen), Flesch-Methode *f*
**flesh** *v* (Leather) / entfleischen *v*, scheren *v*, aasen *v*, abaasen *v* || **~** *n* (Leather) / Fleischseite *f*, Aasseite *f* (dem Körper zugewandte Seite der Haut)
**flesher** *n* (Leather) / Schaffleischspalt *m* || ~ (Leather) / Fleischspalt *m*
**fleshing knife** (Leather) / Schermesser *n*, Scherdegen *m* (zum Handentfleischen) || **~ machine** (Leather) / Entfleischmaschine *f*
**fleshings** *n pl* (Leather) / Leimfleisch *n* (beim Entfleischen anfallende Unterhaut), Streckfleisch *n*
**flesh pink** / Fleischrot *n* (wie rohes Fleisch) || **~ red** / Fleischrot *n* (wie rohes Fleisch) || **~ side** (Leather) / Fleischseite *f*, Aasseite *f* (dem Körper zugewandte Seite der Haut) || **~ split** (Leather) / Fleischspalt *m* || **~ split** (Leather) / Spaltvachette *f* (Leder, das aus einem Fleischspalt gewonnen wurde) || **~ tint** (Nut) / Fleischfarbe *f*, Fleischfarbton *m* || **~ tone** (Nut) / Fleischfarbe *f*, Fleischfarbton *m*
**fleshy** *adj* (Nut) / fleischig *adj* (Frucht)
**Fletcher-Munson contour** (Acous) / Isophone *f* (in der physiologischen Akustik), Kurve *f* gleichen Lautstärkepegels, Kurve *f* gleicher Lautstärke, Kurve *f* gleicher Pegellautstärke, Kurve *f* gleicher Lautstärkeempfindung
**Flettner booster** (Aero) / Servoklappe *f*, Servoruder *n* || **≃ rudder** (Aero) / Flettnerruder *n* (ein frei um 360° drehbares Ruder mit einem kleinen Hilfsruder an der Hinterkante des Ruderblattes - nach A. Flettner, 1885-1961), Flettner-Hilfsruder *n* || **≃ tab** (Aero) / Servoklappe *f*, Servoruder *n*
**fleur de coin** / Stempelglanz *m*, Prägeglanz *m* (einer Münze)

**fleur-de-lis** *n* (pl. fleurs-de-lis) (Arch) / Kreuzblume *f* (an der Spitze von Türmen, Fialen, Wimpergen usw.)
**fleuron** *n* (Arch) / Blumenornament *n*, Blumenschmuck *m*, Blütenornament *n* || ~ (Arch, Bind, Print) / Fleuron *m*
**fleurons** *pl* (Print) / Blumenzierstück *n*, Blumenstück *n*, Ziervignette *f* in Blumenform
**flex** *v* / verbiegen *v*, biegen *v*, abbiegen *v* || ~ (Autos) / walken *v* (Reifen) || **~** *n* (Elec Eng) / Anschlussschnur *f* (flexible)
**Flexball cable** / Flexballzug *m* (mit einer durch Kugeln geführten Stahlschiene)
**flex cord** (Elec Eng) / Anschlussschnur *f* (flexible) || **~ crack** (Materials) / Biegeriss *m* (an Gummiproben)
**flex-cracking** *n* (Materials) / Biegeermüdung *f* (von Gummiproben)
**flexecutive** *n* (Work Study) / leitender Angestellter mit gleitender Arbeitszeit
**flex-head box wrench** (Tools) / Gelenkschlüssel *m* (Schraubenschlüssel mit beweglichen Steckschlüsselenden), Gelenksteckschlüssel *m* || **~ combination wrench** (Tools) / Maul-Gelenksteckschlüssel *m*, kombinierter Gabel- und Gelenksteckschlüssel || **~ ratchet** (Tools) / Gelenkknarre *f* (deren Knarrenkopf über ein Gelenk mit dem Knarrengriff verbunden ist)
**flexibility** *n* / Flexibilität *f* (Anpassbarkeit von Verfahren oder Verfahrensteilen an sich wandelnde Aufgabendetails), Anpassungsfähigkeit *f* || ~ / Flexibilität *f*, Biegsamkeit *f*, Nachgiebigkeit *f* || ~ (I C Engs) / Elastizität *f* (eines Motors) || ~ (Spectr) / Flexibilität *f* (von Molekülen - Rotationen, Inversionen usw.)
**flexible** *adj* / biegbar *adj* || ~ / flexibel *adj*, biegsam *adj*, nachgiebig *adj* || ~ / biegeweich *adj* (Ofentür, Rohr) || **~ assembly system** (Work Study) / flexibles Montagesystem, FMS (flexibles Montagesystem) || **~ automated manufacturing** (Work Study) / flexible automatisierte Fertigung, FAF (flexible automatisierte Fertigung) || **~ automation** (Work Study) / flexible Automatisierung
**flexible-bag moulding** (Plastics) / Drucksackverfahren *n* (mit Gummisack oder Polyvinylalkoholfolie)
**flexible bend** (Leather) / Flexibelcroupon *m* || **~ binding** (Bind) / flexibler Einband
**flexible-blade coating** (Paper) / Glättschaberstreichen *n*, Rakelstreichverfahren *n*, Bladestreichen *n*
**flexible bottle** / Plastikflasche *f* (aus biegsamen Kunststoffen) || **~ cable**\* (Cables) / flexible Leitung, Flexoleitung *f*, bewegliche Leitung, biegsames Kabel || **~ call transfer** (Teleph) / veränderliche Besuchsschaltung || **~ camera release** (Photog) / Drahtauslöser *m* (DIN 33401) || **~ circuit** (Elec Eng, Electronics) / flexible Schaltung || **~ conductor** (Elec Eng) / Anschlussschnur *f* (flexible) || **~ conduit** (Acous) / Schwanenhals *m* (biegsames Zwischenstück zwischen Mikrofon und Stativ) || **~ connexion** (Elec Eng) / flexibler Anschluss, biegsamer Anschluss || ~ (oil) **container** / Ölwurst *f*, flexibler lang gestreckter Ölbehälter || **~ cord** (Elec Eng) / Anschlussschnur *f* (flexible) || **~ coupling** (Autos) / Hardyscheibe *f*, elastisches Gelenk, Gewebescheibenkupplung *n*, Gummikreuzgelenk *n* || **~ coupling** (Eng) / Ausgleichkupplung *f* (z.B. zwischen Antriebsmotor und Arbeitsmaschine) || **~ coupling**\* (Eng) / flexible Kupplung (eine Wellenkupplung), elastische Kupplung (verformbares Zwischenglied), drehelastische Kupplung || **~ coupling**\* (Eng) / bewegliche Kupplung (zum Ausgleich geringer Lagerungsungenauigkeiten bei den zu verbindenden Wellen) || **~ disk** (Comp) / Diskette *f* (eine Magnetplatte, die dann den entsprechenden Laufwerk als Direktzugriffsspeicher eingesetzt wird), Floppy Disk *f*, Floppydisk *f*, Floppy *f* || **~ disk cartridge** (Comp) / Diskette *f* (eine Magnetplatte, die mit dem entsprechenden Laufwerk als Direktzugriffsspeicher eingesetzt wird), Floppy Disk *f*, Floppydisk *f*, Floppy *f* || **~ drive** (Eng) / Zugmitteltrieb *m*, Umhüllungstrieb *m* || **~ duct** (Mining) / flexible Lutte (z.B. aus Kunststoff), biegsame Lutte || **~ eye-cup** (Cinema) / faltbare Augenmuschel || **~ film** (Plastics) / Weichfolie *f*
**flexible-foam plastics** (Plastics) / Weichschaumstoffe *m pl* (DIN 7726)
**flexible-fuel vehicle** (Autos) / Flexible-Fuel-Fahrzeug *n*
**flexible gasket** (Eng) / Weichpackung *f*, Weichdichtung *f* || **~ gear** (Eng) / Zugmittelgetriebe *n* (ein Getriebe, das mindestens ein nur gegen Zugbeanspruchung widerstandsfähiges Mittel zur Bewegungsübertragung hat - z.B. Riemen- oder Kettengetriebe), Hülltrieb *m* (wenn zwei oder mehrere drehbare Bauteile zur Kraft- und Bewegungsübertragung umhüllt werden - Ketten- oder Riementrieb) || **~ guide** (Mining) / nichtstarre Schachtführung || **~ harrow** (Agric) / Netzegge *f*
**flexible-head ratchet** (Tools) / Gelenkknarre *f* (deren Knarrenkopf über ein Gelenk mit dem Knarrengriff verbunden ist)
**flexible-hose cable** (rubber, textiles) (Elec Eng) / Schlauchleitung *f*
**flexible idler** (Eng, Mining) / Girlandenrolle *f* (der Tragrollengirlande) || **~ machining system** (Comp, Eng, Work Study) / flexibles Bearbeitungssystem || **~ magnetic data media** (Comp) / flexible

magnetische Datenträger (DIN 66010) ‖ ~ **manufacturing cell** (Comp, Work Study) / flexible Fertigungszelle (ein Bearbeitungszentrum, das möglichst komplett gleiche oder ähnliche Werkstücke bearbeitet), FFZ (flexible Fertigungszelle) ‖ ~ **manufacturing system**\* (Comp, Eng, Work Study) / flexibles Fertigungssystem, FFS (flexibles Fertigungssystem) ‖ ~ **mechanical joint** / Steckmuffe f (bewegliche Rohrverbindung von Muffenrohren mit Dichteelementen, die werkseitig in die Muffe eingebaut und gegebenfalls auch mit dem Spitzende verbunden werden - DIN 4045)

**flexible-metal roofing** (Build) / Metalldachhaut f, Blechdachabdeckung f, Metalldachbelag m, Metalldachdeckung f, metallischer Bedachungsstoff

**flexible metal tube** / Metallschlauch m ‖ ~ **mirror** / Membran f (der Golay-Zelle) ‖ ~ **non-metallic tubing** (Elec Eng) / nichtmetallisches Isolierrohr ‖ ~ **package** / flexible Verpackung, Weichverpackung f (der Ware) ‖ ~ **packing** / flexible Verpackung, Weichverpackung f (der Ware) ‖ ~ **pavement** (Civ Eng) / nichtstarre Decke, flexible Decke (Straßendecke) ‖ ~ **pavement** (such as asphaltic pavement) (Civ Eng) / flexible Straßendecke, elastische Straßendecke ‖ ~ **pavement** (Civ Eng) / Fahrbahn f mit flexiblem Aufbau ‖ ~ **PC board** (Electronics) / flexible Leiterplatte (mit biegsamem Basismaterial in Folienform als flächenhafter Verdrahtungsträger mit räumlicher Anordnung) ‖ ~ **pin coupling** (Eng) / Bolzenkupplung f (eine elastische Kupplung) ‖ ~ **pipe** (Eng, Textiles) / biegsamer Schlauch, Schlauch m ‖ ~ **printed circuit board** (Electronics) / flexible Leiterplatte (mit biegsamem Basismaterial in Folienform als flächenhafter Verdrahtungsträger mit räumlicher Anordnung) ‖ ~ **production cell** (Comp, Eng, Work Study) / flexible Fertigungszelle, FFZ (flexible Fertigungszelle) ‖ ~ **resin** (Paint, Plastics) / Weichharz n (natürliches oder synthetisches Harz, das bei Normaltemperatur flüssig ist) ‖ ~ **resistor**\* (Elec Eng) / Bandwiderstand m ‖ ~ **roller bearing**\* (Eng) / Drahtwälzlager n ‖ ~ **sandstone** (Geol) / Gelenksandstein m, Gelenkquarzit m (ein biegsamer Quarzit), Itacolumit m (glimmerhaltiger Sandstein), Itakolumit m ‖ ~ **shaft** (Eng) / flexible Welle, elastische Welle, biegsame Welle

**flexible-shaft drive** / Bowdenzug m (nach Sir H. Bowden, 1880-1960), Bowdenzugkabel n

**flexible sheet liner** (Plastics) / Teichfolie f ‖ ~ **shielding** (Radiol) / flexible Abschirmung, Abschirmung f aus flexiblem Material (z.B. mit einer Strahlenschutzfolie) ‖ ~ **shoe** / Flexibelschuh m, Stitchdownschuh m ‖ ~ **split** (Leather) / Flexibelspalt m ‖ ~ **support**\* (for an overhead transmission line) (Elec Eng) / Gelenkmast m ‖ ~ **support** (Mining) / veränderungsfähiger Ausbau, nachgiebiger Ausbau ‖ ~ **suspension**\* (Elec Eng) / bewegliche Aufhängung, elastische Aufhängung ‖ ~ **tank** (Aero) / Sackbehälter m ‖ ~ **tooling system** (Eng) / Flexible-Tooling-System n (ein Kopfwechselsystem, das aus Spanneinheiten mit auswechselbaren Werkzeugköpfen für die Innen- und Außenbearbeitung mit rotierenden und stehenden Werkzeugen besteht) ‖ ~ **tubing** / biegsame Schlauchwaren f ‖ ~ **turning centre** (Eng) / flexibles Drehbearbeitungssystem ‖ ~ **varnish tubing** (Elec Eng) / Lackschlauch m ‖ ~ **wedge** (Eng) / elastischer Keil, Flexi-Keil m (eines Schiebers) ‖ ~ **wire** (Cables) / flexible Leitung, Flexoleitung f, bewegliche Leitung, biegsames Kabel ‖ ~ **wiring**\* (Elec Eng) / Installation f mit biegsamen Leitungen

**flexibly programmable** (Comp) / flexibel programmierbar

**flexicoil spring** (Eng) / Flexicoilfeder f, Schraubenfeder f mit vertikaler und horizontaler Kraftaufnahme

**flexicoking** n (Chem Eng) / Flexicoking n (eine Weiterentwicklung des Fluid Coking)

**flexi-disk** n (Comp) / Diskette f (eine Magnetplatte, die mit dem entsprechenden Laufwerk als Direktzugriffsspeicher eingesetzt wird), Floppy Disk f, Floppydisk f, Floppy f

**flexing crease** (Leather) / Biegefalte f, Knickfalte f ‖ ~ **point** (Rail) / Federzone f (der Weiche) ‖ ~ **zone** (Autos) / Walkzone f (des Reifens)

**flexion joint** (Aero) / flexible Fuge (in der Piste)

**flexitime** n (Work Study) / Gleitzeitarbeit f, gleitende Arbeitszeit

**flexivity** n (Phys) / thermischer Krümmungskoeffizient (analog zum thermischen Ausdehnungskoeffizienten)

**flex levelling** (Met) / Walken n (von Blechen, zur Verhinderung der Bildung von Fließfiguren oder Knickstellen bei der Weiterverarbeitung) ‖ ~ **life** (Materials) / Dauerbiegefestigkeit f, Ermüdungsbeständigkeit f ‖ ~ **life** (Materials) / Biegebruchzeit f (bei Biegeermüdung von Gummierzeugnissen)

**flexo** n (Print) / Flexodruck m (ein Hochdruckverfahren mit flexibler Druckform und dünnflüssigen, spirituslöslichen Druckfarben), Flexografie f, Anilingummidruck m

**flexode** n (Electronics) / flexible Diode

**flexographic printing**\* (Print) / Flexodruck m (ein Hochdruckverfahren mit flexibler Druckform und dünnflüssigen, spirituslöslichen Druckfarben), Flexografie f, Anilingummidruck m

**flexography** n (Print) / Flexodruck m (ein Hochdruckverfahren mit flexibler Druckform und dünnflüssigen, spirituslöslichen Druckfarben), Flexografie f, Anilingummidruck m

**flexometer** n (Materials) / Flexometer n (Apparat zur Bestimmung der Veränderung der Eigenschaften von Gummi unter dynamischer Biegebeanspruchung)

**flexplate** n (Eng) / Zahnkranzscheibe f (der hydrodynamischen Kupplung)

**flex-resistance** n (Chem Eng, Materials) / Biegerissfestigkeit f (von Gummiproben)

**flex-socket wrench** (Tools) / Gelenkschlüssel m (Schraubenschlüssel mit beweglichen Steckschlüsselenden), Gelenksteckschlüssel m

**flex tangent** (Maths) / Wendetangente f (die im Wendepunkt an eine Kurve gelegte Tangente)

**flextime** n (Work Study) / Gleitzeitarbeit f, gleitende Arbeitszeit

**flexural anisotropic rotor** (Elec Eng) / biegeanisotropischer Rotor ‖ ~ **beam** (Build, Mech) / Biegebalken m (biegebeanspruchter Balken) ‖ ~ **behaviour** (Materials) / Biegeverhalten n ‖ ~ **load** (Mech) / Biegebeanspruchung f (z.B. eines Trägers) ‖ ~ **member** (Mech) / biegebeanspruchtes Element, Biegeelement n, auf Biegung beanspruchtes (Bau)Element, Biegeglied n ‖ ~ **rigidity**\* (Mech) / Biegesteifheit f, Biegesteifigkeit f (DIN 53362) ‖ ~ **stiffness** (Mech) / Biegesteifheit f, Biegesteifigkeit f (DIN 53362) ‖ ~ **strength** (Build, Civ Eng) / Biegezugfestigkeit f (Festigkeit des Betons in der Zugzone bei Biegung) ‖ ~ **strength**\* (Materials) / Biegefestigkeit f (Beanspruchung der Randfaser eines Prüfkörpers im Augenblick des Bruchs) ‖ ~ **stress** (Mech) / Biegenormalspannung f, Biegespannung f ‖ ~ **wave** (Acous) / Biegewelle f (DIN 1320)

**flexure**\* n / Krümmung f, Knickung f (Krümmung) ‖ ~ (Eng, Materials) / Biegen n, Biegung f ‖ ~\* (Eng, Materials) / Biegung f ‖ ~ **fold** (Geol) / Flexur f (s-förmige Schichtenverbiegung, die durch gegenläufige relative Verschiebung zweier Schollen ohne Bildung größerer Brechfugen erfolgt), Monoklinalfalte f, Kniefalte f ‖ ~ **folding** (Geol) / Flexur f (s-förmige Schichtenverbiegung, die durch gegenläufige relative Verschiebung zweier Schollen ohne Bildung größerer Brechfugen erfolgt), Monoklinalfalte f, Kniefalte f ‖ ~ / Flexur f (s-förmige Schichtenverbiegung, die durch gegenläufige relative Verschiebung zweier Schollen ohne Bildung größerer Brechfugen erfolgt), Monoklinalfalte f, Kniefalte f

**flex-wing**\* n (Aero) / Paragleiter m, Paraglider m

**flick** v (TV) / zappen v, schnell umschalten (z.B. mit Hilfe der Fernbedienung), dauernd umschalten (um ein interessantes Programm zu suchen), abschießen v (von Werbespots durch schnelles Umschalten), switchen v (zappen), hoppen v (zappen)

**flicker** v (Light) / flackern v ‖ ~ (TV) / flackern v ‖ ~ n (Comp) / Flimmern n (des Bildes bei Bildwiederholraten unter 70 Hz), Bildflimmern n ‖ ~\* (Elec Eng, Light, Optics, Physiol) / Flimmern n (unerwünschte Schwankungen der Leuchtdichte und der Farbart, unruhiger zittriger Lichteffekt), Flicker m (Eindruck einer Leuchtdichteschwankung) ‖ ~ (Instr) / Unruhe f (eines Zeigers) ‖ ~ (TV) / Flackern n ‖ ~ **control** (Automation) / Flickersteuerung f, Schwarzweißsteuerung f (Fernlenkung eines Luft- oder Raumfahrzeuges) ‖ ~ **control** (restriction of the flicker effect) (Light, Physiol) / Flimmerbegrenzung f (Maßnahmen zur Vermeidung von Flimmererscheinungen bei den Beleuchtungskörpern) ‖ ~ **effect** (Elec Eng, Light, Optics, Physiol) / Flimmern n (unerwünschte Schwankungen der Leuchtdichte und der Farbart, unruhiger zittriger Lichteffekt), Flicker m (Eindruck einer Leuchtdichteschwankung) ‖ ~ **effect**\* (Electronics) / Funkeleffekt m, Flickereffekt m

**flicker-free** adj (Optics) / flimmerfrei adj

**flicker frequency** (Optics) / Flimmerfrequenz f

**flicker-fusion frequency**\* (Cinema, Light, Optics, TV) / Verschmelzungsfrequenz f, kritische Frequenz (die Bildwechselzahl je Zeiteinheit, bei der kein Flimmern mehr auftritt), Flimmerverschmelzungsfrequenz f

**flicker noise** (Electronics) / Schrotrauschen n (ein weißes Rauschen), Schottky-Rauschen n ‖ ~ **photometer**\* (Light) / Flimmerfotometer n (für den visuellen fotometrischen Vergleich verschiedenfarbiger Lichtquellen) ‖ ~ **photometry** (Phys) / Flimmerfotometrie f ‖ ~ **shutter**\* n (Cinema) / Flügelblende f (des Laufbildwerfers) ‖ ~ **threshold** (the luminance at which flicker is just percecpible at a given repetition rate, with other variables held constant) (TV) / Wahrnehmbarkeitsschwelle f (minimale Leuchtdichteschwankung, die eine überwiegende Mehrzahl einer dieser Schwankung unterworfenen Bevölkerung wahrnehmen kann)

**flick knife** / Springmesser n ‖ ~ **roll** (Aero) / ungesteuerte Rolle, gerissene Rolle, Fassrolle f (eine Kunstflugfigur)

**flier** n (Aero) / Flieger m ‖ ~ (Build) / Treppenstufe f (mit rechteckiger Trittfläche), Stufe f (gerade - der Treppe) ‖ ~\* (Carp) / waagerechter Stützbalken (z.B. zwischen 2 Häusern)

**flight**

**flight** n (e.g. Christmas flight) / Werbephase f, Werbeperiode f ‖ ~ (Aero) / Flug m ‖ ~ (Agric, Zool) / Schwarm m (z.B.Heuschrecken) ‖ ~ (series of steps between landings, or from floor to floor, or from floor to landing) (Build, Carp) / Treppenlauf m (eine ununterbrochene Folge von mindestens drei Treppenstufen zwischen zwei Ebenen - DIN 18 064), Treppenarm m ‖ ~ (Eng) / Staublech n, Trennblech n, Strombrecher m (für Flüssigkeiten) ‖ ~* (Eng) / Gang m, Schneckengang m, Gewindegang m (DIN 2244), Schraubengang m ‖ ~ (Eng) / Mitnehmer m, Quersteg m (eines Förderers) ‖ ~* (Eng) / Flügel m (der Mischerschnecke) ‖ ~ **accident** (Aero) / Flugunfall m, Flugvorkommnis n, Unfall m im Flugverkehr ‖ ~ **announcement board** (Aero) / Fluginformationstafel f ‖ ~ **attendant** (female) (Aero) / Flugbegleiterin f, Airhostess f (weibliches Bedienungspersonal in Flugzeugen), Stewardess f (pl. -dessen), Flughostess f (pl. -tessen) (A) ‖ ~ **attendants** (Aero) / nichttechnisches fliegendes Personal, Kabinenpersonal n, Kabinenbesatzung f ‖ ~ **attitude** (Aero) / Fluglage f ‖ ~ **bar** (Surf) / Mitnehmerbolzen m (in Galvanisierautomaten) ‖ ~ **briefing** (Aero) / Briefing n (Flugberatung), Einsatzbesprechung f ‖ ~ **by wire** (Aero) / Fly-by-Wire n (vollelektronische Luftfahrzeugsteuerung), irreversible Flugsteuerung, vollelektronische Luftfahrzeugsteuerung, vollelektrische Flugsteuerung, Kraftsteuerung f mit elektrischer Signalübertragung, FBW-Verfahren n ‖ ~ **characteristic** (Aero) / Flugeigenschaft f ‖ ~ **clearance** (Aero) / Fluggenehmigung f, Zulassung f zum Flug ‖ ~ **computer** (Aero) / Flugrechner m ‖ ~ **control*** (Aero, Space) / Steuerung f des Luft- oder Raumfahrzeuges
**flight-control system** (Aero) / Flugsteuerung f (Steuerwerk), Steuerung f (als Gesamtanlage)
**flight conveyor** (Eng) / Schleppkettenförderer m ‖ ~ **conveyor** (Eng) / Kratzerförderer m (mit Kratzerblechen oder -stegen) ‖ ~ **data recorder** (Aero) / Flugdatenregistriergerät n, Flugschreiber m, Flugdatenschreiber m, Crashrecorder m, Flight-Recorder m, FDR (Flugdatenregistriergerät) ‖ ~ **deck*** (Aero) / Führerraumdeck n (veraltete Bezeichnung für den Besatzungsraum eines Flugzeuges mit mehrköpfiger Besatzung), Flugdeck n ‖ ~ **deck*** (Aero) / Cockpit n (in größeren Flugzeugen) ‖ ~ **deck*** (Mil, Ships) / Flugdeck n (auf dem Flugzeugträger) ‖ ~ **director** (Aero) / Flugkommandoanlage f, Flugkommandogerät n ‖ ~ **director system** (Aero) / Flugleitanlage f ‖ ~ **dispatcher** (Aero) / Flugdienstberater m ‖ ~ **dynamics** (Aero) / Flugdynamik f ‖ ~ **engineer*** (Aero) / Flugingenieur m, Bordingenieur m ‖ ~ **envelope*** (Aero) / Flugbereichsdiagramm n, v-n-Diagramm n (erlaubter Flugbereich) ‖ ~ **envelope** (Aero) s. also gust envelope ‖ ~ **idle** (Aero) / Leerlaufdrehzahl f im Flug, Flugleerlauf m ‖ ~ **idle stop** (Aero) / Flugleerlaufanschlag m ‖ ~ **information** (Aero) / Fluginformation f, Flugdaten pl ‖ ~**-information region*** (Aero) / Fluginformationsgebiet n (über einem Teil der Erdoberfläche gedachter Raum zur Sicherung und Lenkung des Luftverkehrs durch eine zentrale Flugsicherungskontrollstelle und zur Funknavigation) ‖ ~**-information service*** (Aero) / Fluginformationsdienst m ‖ ~ **instructor** (Aero) / Fluglehrer m ‖ ~ **instrument** (Aero) / Luftüberwachungsgerät n
**flight-lane** n (Aero) / Flugschneise f, Flugtrasse f
**flight leg** (Aero) / Teilflugstrecke f, Streckenabschnitt m ‖ ~ **level** (Aero) / Flugfläche f (Fläche gleichen Luftdruckes, die auf den Druck der Normalatmosphäre in Seehöhe bezogen ist)
**flight-line** n (Aero, Mil) / Flugbetriebsbereich m (des Flughafens)
**flight Mach number*** (Aero) / Flug-Machzahl f
**flight-management system** (Aero, Comp) / Flugmanagementsystem n (informierendes, autoritäres), FMS (Flugmanagementsystem)
**flight manual** (Aero) / Flughandbuch n ‖ ~ **mechanics** (Aero) / Flugmechanik f (Wissenschaft von den Bewegungen, Flugeigenschaften und Flugleistungen von Luftfahrzeugen und Flugkörpern) ‖ ~ **meteorological watch** (Aero) / Wetterüberwachung f eines Fluges ‖ ~ **model** (Space) / Raumfahrzeugmodell n (flugfähiges) ‖ ~ **motion angle** (Radar) / Flugbewegungswinkel m ‖ ~ **number** (Aero) / Flugnummer f (Einheit von Unternehmenscode und Kennzahl) ‖ ~ **nursing** (Aero) / Betreuung f der Flugreisenden (gesundheitliche) ‖ ~ **of locks** (Hyd Eng) / Schleusentreppe f ‖ ~ **operation** (Aero) / Flugmanöver n ‖ ~ **operation** (Aero) / Flugbetrieb m ‖ ~ **operations manual** (Aero) / Flugbetriebshandbuch n ‖ ~ **panel** (Aero) / Instrumentenbrett n ‖ ~ **path*** (Aero) / Flugbahn f ‖ ~ **path axis system** (Aero) / flugbahnfestes Achsenkreuz n ‖ ~ **pattern** (Aero) / vorgegebener Flugweg ‖ ~ **performance** (Aero) / Flugleistung f ‖ ~ **personnel** (Aero) / Flugpersonal n ‖ ~ **plan*** (Aero) / Flugplan m ‖ ~ **progress strip** (Aero) / Kontrollstreifen m ‖ ~ **property** (Aero) / Flugeigenschaft f ‖ ~ **range** (Aero) / Flugbereich m (Zuordnung zwischen Flughöhe und Fluggeschwindigkeit, innerhalb der ein Flugzeug mit aerodynamischer Auftriebserzeugung manövrierfähig ist) ‖ ~ **rating test** (Aero) / Flugprüfung f ‖ ~ **record** (Aero) / Flugaufzeichnung f ‖ ~**-recorder*** n (Aero) /

Flugdatenregistriergerät n, Flugschreiber m, Flugdatenschreiber m, Crashrecorder m (Flugdatenregistriergerät), Flight-Recorder m, FDR (Flugdatenregistriergerät) ‖ ~ **refuelling** (Aero) / Luftbetankung f, Flugbetankung f, Betankung f in der Luft, Lufttanken n ‖ ~ **refuelling tanker** (Aero) / Tankflugzeug n, Tankerluftfahrzeug n, Lufttanker m ‖ ~ **regime** (Aero) / Flugzustand m (stationärer, unstationärer) ‖ ~ **regime** (Aero) / Flugregime n (Kombination charakteristischer Flugzustände) ‖ ~ **rules** (Aero) / Flugregeln f pl ‖ ~ **safety** (Aero) / Flugsicherheit f ‖ ~ **scraper** (San Eng) / Bandräumer m (Schlammräumer in rechteckigen Absetzbecken, bestehend aus endlosen Kettenbändern parallel zu den beiden Beckenlängsseiten, zwischen denen Räumbalken zum Abschieben des Schlammes am Beckenboden angebracht sind) ‖ ~ **season** (Zool) / Flugzeit f (bei Schadinsekten) ‖ ~ **simulator** (Aero) / Flugtrainer m, Flugsimulator m ‖ ~ **space** (Aero) / Flugraum m ‖ ~ **stage** (Aero) / Flugetappe f, Flugstrecke f (Flugetappe)
**flight-strip** n (Aero) / Start- und Landebahn f (behelfsmäßige), Fluggelände n (provisorisches)
**flight test** (Aero) / Flugtest m, Flugerprobung f ‖ ~ **test** (of ground facilities) (Aero) / Flugvermessung f (von Bodenanlagen) ‖ ~ **test** (Aero) s. also test flight
**flight-test** v (Aero) / im Fluge erproben, einfliegen v
**flight-tested** adj (Aero) / flugerprobt adj
**flight time*** (Aero) / Flugzeit f, Flugdauer f ‖ ~ **track** (Aero) / Flugweg m über Grund, Flugroute f, Kurs m über Grund ‖ ~ **trainer** (Aero) / Flugtrainer m, Flugsimulator m ‖ ~ **training** (Aero) / Flugausbildung f ‖ ~ **trajectory** (Aero) / Flugbahn f ‖ ~ **visibility** (Aero) / Flugsicht f ‖ ~ **weather forecast** (Aero, Meteor) / Flugwettervorhersage f ‖ ~ **with engine all out** (Aero) / Vollgasflug m ‖ ~ **with full throttle** (Aero) / Vollgasflug m ‖ ~ **with towed target** (Aero) / Zielschleppflug m
**flightworthy** adj (Aero) / flugfähig adj, flugtüchtig adj, lufttüchtig adj (Flugzeug), lufttauglich adj (Flugzeug)
**flimsy** n (Paper) / Durchschlagpapier n ‖ ~ (Paper) / Florpostpapier n ‖ ~ **adj** (Textiles) / locker adj (Gewebe im Allgemeinen)
**Flinders bar*** (Ships) / Krängungsmagnet m
**flint*** n (Geol) / Feuerstein m, Flint m, Flintstein m (knolliges, rundes Kieselgestein) ‖ ~ (Paper) / steingeglättetes Papier (z.B. mit dem Achatstein) ‖ ~* (Paper) / Flintpapier n ‖ ~ **ball** / Feuersteinkugel f (für Trommelmühlen)
**flint-coated paper** (Paper) / Flintpapier n
**flint drying** (Leather) / Lufttrocknung f (von Rohhäuten) ‖ ~ **fragments** (Ceramics) / Flintsplitter m pl (als Trennschichtmaterial in Kapseln) ‖ ~ **glass*** (Glass) / Flintglas n (Bleisilikatglas mit hohem Brechungsindex und großer Dispersion), Flint n ‖ ~ **glass** (Glass) / weißes Hohlglas, Weißglas n (z.B. für den Behälterbau)
**flint-glazed paper** (Paper) / steingeglättetes Papier (z.B. mit dem Achatstein)
**flint glazing** (Paper) / Glätten n mit Achatstein ‖ ~ **hide** (Leather) / luftgetrocknete Rohhaut ‖ ~ **lens** (Optics) / Flintglaslinse f
**flintlime brick** (Build, Ceramics) / Kalksandstein m (mit Feuerstein als Zuschlagstoff)
**flint paper** (Paper) / Flintpapier n ‖ ~ **pebble** / Flintkugel f, Flintstein m (für die Flintsteinmühle) ‖ ~ **sand** / Feuersteinsand (zum Sandeln)
**flinty** adj (Agric, Geol) / kiesig adj (Boden) ‖ ~ (Geol) / feuersteinartig adj ‖ ~ (Geol) / feuersteinhaltig adj ‖ ~ (Nut) / glasig adj (Gerste) ‖ ~ **slate** (Geol) / Kieselschiefer m ‖ ~ **taste** (Nut) / Feuersteingeschmack m (beim Wein)
**flinz** n (Geol) / Flinz m
**FLIP** (floating instrument platform) (Oils) / schwimmende Halbtaucherplattform (meistens bemannte)
**flip** v / umdrehen v (ruckartig) ‖ ~ (Electronics) / flippen v, springen v (in einen Zustand), kippen v ‖ ~ (Mag) / flippen v ‖ ~ **chart** (Paper) / Flipchart n (auf einem Gestell befestigter großer Papierblock, dessen Blätter nach oben umgeschlagen werden können)
**flip-chip*** n (Electronics) / Flipchip n (einlötbarer oder bondierbarer Chip)
**flip down** v / aufklappen v
**flip-flop** n / Sandale f mit Zehenriemchen ("Dianette") ‖ ~* (Electronics) / bistabile Kippschaltung, Flipflop-Schaltung f, Flipflop n (pl. -flops), bistabiles Kippglied, bistabile Kippstufe ‖ ~ **amplifier** / Wandstrahlverstärker m, Wandstrahlelement n (ein Fluidikelement) ‖ ~ **chain** (Electronics) / Flipflop-Kette f ‖ ~ **circuit** (Electronics) / bistabile Kippschaltung, Flipflop-Schaltung f, Flipflop n (pl. -flops), bistabiles Kippglied, bistabile Kippstufe ‖ ~ **storage** (Comp) / Flipflop-Speicher m
**flipline** n (Comp) / Fliplinie f (in der grafischen Datenverarbeitung)
**flip-over bucket loader** (Mining) / Wurfschaufellader m, Überkopflader m ‖ ~ **numeral** / Fallblattziffer f (der Digitalanzeige) ‖ ~ **process** (Phys) / Umklappprozess m (Streuprozess unter Mitbeteiligung eines Vektors im reziproken Gitter in der Impulsbilanz), U-Prozess m
**flipper** n (US) (Aero) / Höhenruder n ‖ ~ (Autos) / Wulstkernfahne f, Kernfahne f, Wulstfahne f (des Reifens) ‖ ~ (For) / hydraulischer

Ladearm (zum Aufbringen des Blockes auf den Wagen der vertikalen Blockbandsägemaschine)
**flipper-type handle** (Autos) / Klapptürgriff *m* (ein Außentürgriff)
**flipping** *n* (Mag) / Flipping *n* (Umkippen der Polarität eines magnetischen Speicherelements)
**flip-up flash** (Photog) / aufklappbarer Blitz ‖ ~ **gas cap** (US) (Autos) / Kraftstoff-Klappdeckel *m* ‖ ~ **petrol cap** (Autos) / Kraftstoff-Klappdeckel *m* ‖ ~ **screen** (of a notebook) (Comp) / aufklappbarer Bildschirm
**FLIR*** (forward-looking infrared) (Aero) / Vorwärtsinfrarotausrüstung *f* ‖ ~ **sensor** (Aero) / FLIR-Sensor *m*
**flit** *v* (Mining) / umsetzen *v* (z.B. eine Schrämmaschine)
**flitch*** (For) / Holz *n* von mehr als 4" x 12" Querschnitt ‖ ~ (For) / Messerfurnierblock *m* (bei Messerfurnieren), Flitch *m* (Teil von Furnierstämmen, aus dem Furniere im Spiegelschnitt erzeugt werden können), Furnierholz *n* (Säge- oder Messerblock) ‖ ~ **beam*** (Build) / Verbundträger *m* (Holz + Stahl)
**flitched beam** (a beam built from two wooden beams sandwiching a vertical steel plate) (Build) / Verbundträger *m* (Holz + Stahl) ‖ ~ **beam** (Carp) / Dübelbalken *m*
**flit-plug*** *n* (Elec Eng) / Wanderstecker *m*
**float** *v* (Comp) / floaten *v* ‖ ~ (Elec Eng, Electronics) / auf freiem Potential liegen ‖ ~ (Phys) / schwimmen *v* (Gegenstände auf der Oberfläche), treiben *vi* ‖ ~ *vt* (Build) / abstreichen *v*, glatt reiben *v* ‖ ~ (For) / flößen *v* (Rundholz auf dem Wasserwege) ‖ ~* *n* (Aero) / Schwimmer *m* (bei Wasserflugzeugen) ‖ ~* (Aero) / Ausschwebeentfernung *f* ‖ ~* (Agric) / Ackerschleppe *f*, Ackerschleife *f* (ein Bodenbearbeitungsgerät) ‖ ~* (Build) / Reibbrett *n* (ein Werkzeug zur Putzverarbeitung von Hand, bestehend aus einem Brett mit Griff, das zum Verreiben des Putzes dient), Talosche *f* (S), Handbrett *n* (Putzbrett mit Handgriff), Reibscheibe *f* ‖ ~* (Build) / Polierstein *m* (für Marmor) ‖ ~ (Comp) / Speicherabzug *m* des gesamten Systems (bei Zusammenbruch usw.), Float *m* ‖ ~ (Elec Eng, Light) / Beleuchtungsrampe *f* ‖ ~ (For) / Floß *n* ‖ ~* (Geol) / Lesestein *m* (in und auf dem Boden befindliche Gesteinstrümmer, die keine unmittelbare Verbindung mehr mit dem Anstehenden haben), lose Erzstücke (an der Erdoberfläche) ‖ ~* (I C Engs) / Schwimmer *m* (des Vergasers) ‖ ~ (Instr) / Schwebekörper *m* (in einem Durchflussmesser, der Mohr'schen Waage) ‖ ~ (Leather) / Flotte *f* (Flüssigkeit zur Behandlung der Ware) ‖ ~ (Phys, Ships) / Auftriebskörper *m* ‖ ~ (Plumb) / Schwimmer *m* (Messglied für Flüssigkeitsstand) ‖ ~* (Tools) / einhiebige Feile, Einhiebfeile *f* ‖ ~* (Weaving) / flottliegender Faden, Flottierfaden *m*, flottierender (nicht eingebundener) Faden (Fehler) ‖ ~* (Weaving) / Flottierung *f*, Flottung *f* ‖ ~ (Work Study) / Losfüller *m* (bei festen Losgrößen) ‖ ~ (Work Study) / Arbeitsvorrat *m* (in der Zwischenablage für angearbeitete Werkstücke) ‖ ~ (Work Study) / Zwischenablage *f*, Ablage *f* für angearbeitete Werkstücke, Pufferlager *n* (einer Fließstraße) ‖ ~* (Build) s. also Derby float
**floatability** *n* (Min Proc) / Flotierbarkeit *f*
**floatation** *n* (Min Proc) / Flotation *f* (ein Trennverfahren), Schwimmaufbereitung *f* ‖ ~ **by decompression** (Chem Eng) / Druckentspannungsflotation *f* ‖ ~ **by gassing** (Chem Eng) / Begasungsflotation *f* (ein Fest-Flüssig-Trennverfahren)
**float bowl** (US)* (Autos) / Schwimmergehäuse *n*, Schwimmerkammer *f* (des Vergasers) ‖ ~ **chamber** / Tauchtopf *m* (Schwimmergehäuse beim Durchflussregler) ‖ ~ **chamber*** (GB) (Autos) / Schwimmergehäuse *n*, Schwimmerkammer *f* (des Vergasers) ‖ ~ **control** / Schwimmerregelung *f*
**float-controlled valve** (Eng) / Schwimmerventil *n*
**float-cut file*** (Tools) / einhiebige Feile, Einhiebfeile *f*
**floated coat*** (Build) / abgeriebene Schicht (Putz)
**floater** *n* (US) (Build) / Reibbrett *n* (ein Werkzeug zur Putzverarbeitung von Hand, bestehend aus einem Brett mit Griff, das zum Verreiben des Putzes dient), Talosche *f* (S), Handbrett *n* (Putzbrett mit Handgriff), Reibscheibe *f* ‖ ~ (Geol) / Lesestein *m* (in und auf dem Boden befindliche Gesteinstrümmer, die keine unmittelbare Verbindung mehr mit dem Anstehenden haben), lose Erzstücke (an der Erdoberfläche) ‖ ~ (Met) / Eingusskolben (beim Druckguss) ‖ ~ (Plumb) / Schwimmer *m* (Messglied für Flüssigkeitsstand)
**floaters** *pl* (Brew) / Schwimmgerste *f*
**float** (concrete) **finish** (Build) / abgezogener Beton ‖ ~ **finish** (Build) / Scheibenputz *m* (der mit der Reibscheibe bearbeitet wird) ‖ ~ **finish** (Build) / Reibeputz *m* (DIN 18 550-2), Reibputz *m*, geriebener Putz (z.B. Münchener Rauputz - DIN 18 550-2) ‖ ~ **function** (Comp) / Gleitpunktfunktion *f* ‖ ~ **gauge** (Hyd Eng) / Schwimmerpegel *m* (bei dem der Wasserstand über einen Schwimmer ermittelt wird), Pegeluhr *f* ‖ ~ **glass*** (Glass) / Floatglas *n* (nach dem Float-Verfahren der Fa. Pilkington Brothers Ltd. - DIN EN 572-1)
**float-hinge pin** (Autos) / Schwimmerachse *f*
**floating*** *n* (Build) / Ausgleichschicht *f* (2. Schicht), zweite Unterputzschicht (beim dreilagigen Außenputz), Zwischenputzlage *f* ‖ ~* (Build) / Haftbrücke *f* (eine Schicht, welche die Haftung eines Putzes oder Estrichs auf dem Untergrund verbessern soll) ‖ ~ (Cinema) / Flattern *n* (bei der Projektion) ‖ ~ (Elec Eng) / Puffern *n* (bei Batterien), Pufferbetrieb *m* ‖ ~ (For) / Holzbeförderung *f* zu Wasser (entweder Triften oder gebundene Flößerei) ‖ ~* (Paint) / Ausschwimmen *n* (vertikales Entmischen des Pigments), Floating *n* (wenn sich Bénardsche Zellen oder Farbstreifen bilden) ‖ ~ (Weaving) / Flottierung *f*, Flottung *f* ‖ ~ *adj* / frei aufliegend *adj* ‖ ~ (Elec Eng) / ungeerdet *adj*, erdfrei *adj*, nicht geerdet ‖ ~ **accent** (Comp) / fliegender Akzent ‖ ~ **add** (Comp) / Gleitpunktaddition *f* ‖ ~ **address** (Comp) / relative Adresse, Relativadresse *f* ‖ ~ **anchor*** (Ships) / Seeanker *m*, Treibanker *m* ‖ ~ **balance*** (Horol) / Schwebeunruh *f* ‖ ~ **battery*** (Elec Eng) / Notstrombatterie *f* (für den Pufferbetrieb), gepufferte Batterie ‖ ~ **beacon** (at emergency and breakdown bays) (Autos, Civ Eng) / gelbes Blinklicht (an Notrufnischen und Pannenbuchten) ‖ ~ **bearing** (Autos) / schwimmendes Lager (z.B. im Turbolader) ‖ ~ **body** (Phys) / schwimmender Körper ‖ ~ **boom** (Oils) / schwimmende Sperre ‖ ~ **brick*** (Build) / Schwemmstein *m*, Bimsbetonstein *m* (ein hochporöser Vollstein aus Leichtbeton mit Hütten- oder Naturbims als Zuschlag) ‖ ~ **bridge** (Civ Eng) / Schwimmbrücke *f* (Ponton-, Schiffs- oder Floßbrücke) ‖ ~ **bush** (Eng) / Pendellager *n* ‖ ~ **caisson** (Civ Eng) / Schwimmkasten *m* ‖ ~ **calliper disk brake** (Autos) / Schwimmsattelscheibenbremse *f* ‖ ~ **coat** (Build) / Ausgleichschicht *f* (2. Schicht), zweite Unterputzschicht (beim dreilagigen Außenputz), Zwischenputzlage *f* ‖ ~ **coat** (Build) / Ausgleichschicht *f* (2. Schicht), zweite Unterputzschicht (beim dreilagigen Außenputz), Zwischenputzlage *f* ‖ ~ **contact** (Elec Eng) / potentialfreier Kontakt ‖ ~ **cover** / Schwimmabdeckung *f* (des Öltanks) ‖ ~ **cover** (Autos) / Schwimmdeckel *m* (in der Tankinnenblase) ‖ ~ **crane** (carried on a pontoon, with high lifting capacity)* (Civ Eng) / Schwimmkran *m* (auf einem Ponton montiert) ‖ ~ **dam*** (Civ Eng) / Caisson *m* als Abschlussbauwerk ‖ ~ **dock** (a structure built up of steel plates which may be submerged or floated as required by means of air-chambers) (Ships) / Schwimmdock *n* ‖ ~ **drilling operations** (Oils) / Bohrarbeiten *pl* (von schwimmenden Anlagen) ‖ ~ **dry dock** (Ships) / Schwimmdock *n* ‖ ~ **element** (Photog) / Floating-Element *n* (bewegliches optisches Teil bei der Scharfeinstellung) ‖ ~ **filler** (Autos, Paint) / Schwimmfüller *m* (flexible Filma ergebender Beschichtungsstoff, der zur Grundierung von temperaturstabilen Kunststoffteilen vor der Online-Lackierung verwendet wird) ‖ ~ **floor*** (Acous, Build) / schwimmender Fußbodenbelag, schwimmender Fußboden ‖ ~ **-foil security** (Acous, Mag) / Sicherheitstechnik *f* mit der Federfolie (die das Festlaufen von Kassetten verhindert) ‖ ~ **fraction** (Min Proc) / Schwimmanteil *m*
**floating-frame disk brake** (Autos) / Schwimmrahmenbremse *f* (eine Scheibenbremse)
**floating gate** (Electronics) / schwebendes Gate (integrierte MIS-Bauelemente, die in das Gateoxid einen Speicherplatz eingebaut haben), Floating-Gate-Struktur *f*, Floating Gate *n*, schwebender Steueranschluss
**floating-gate avalanche-injection metal-oxide semiconductor transistor** (Electronics) / FAMOST *m* (ein MOS-Transistor), MOS-Transistor *m* mit schwebendem Gate-Anschluss, in den die Ladungsträger durch den Lawineneffekt gelangen ‖ ~ **avalanche MOS transistor** (Electronics) / FAMOST *m* (zur Änderung der Schwellspannung durch Auflädung der eingelagerten polykristallinen Gateelektrode mit heißen Elektronen aus dem Plasma bei Lawinendurchbruch des Drain-Substrat-pn-Übergangs bzw. mit heißen Elektronen im Kanal), FAMOS-Transistor *m* ‖ ~ **MOSFET** (Electronics) / FAMOST *m* (zur Änderung der Schwellspannung durch Auflädung der eingelagerten polykristallinen Gateelektrode mit heißen Elektronen aus dem Plasma bei Lawinendurchbruch des Drain-Substrat-pn-Übergangs bzw. mit heißen Elektronen im Kanal), FAMOS-Transistor *m*
**floating grab** (Ships) / Schwimmgreifer *m* ‖ ~ **grid** (Electronics) / Gitter *n* ohne festes Potential, offenes Gitter ‖ ~ **harbour*** (Hyd Eng) / schwimmender Wellenbrecher (vor dem Bug eines verankerten Schiffes schwimmende Holzstämme) ‖ ~ **harbour** (Mil) / schwimmender Hafen ‖ ~ **head** (Eng) / Schwimmkopf *m* (bei Rohrbündelapparaten nach DIN 28 190) ‖ ~ **holder** (Eng) / Pendelmeißelhalter *m* ‖ ~ **ice** (Eng) / Treibeis *n* (auf Gewässern schwimmende Eisschollen), Triftels *n*, Drifteis *n* ‖ ~ **illustration** (Comp) / dynamische Illustration (die mit dem Text mitwandert) ‖ ~ **input** (Elec Eng) / erdfreier Eingang, potentialfreier Eingang ‖ ~ **instrument platform** (Oils) / schwimmende Halbtaucherplattform (meistens bemannte) ‖ ~ **into position** (Civ Eng) / Einschwimmen *n* (Transport und Einbau von großen Betonfertigteilen, deren Auftrieb im Wasser zum Transport beim Bau von Unterwassertunnels, Schleusenteilen oder Meeresbauten genutzt wird) ‖ ~ **island** / Schwimmplattform *f* ‖ ~ **junction** (Electronics) / pn-Übergang *m* ohne Anschlusskontakte ‖ ~ **mark** / Raummarke *f*,

**floating**

wandernde Marke ‖ **~ mark** (Surv) / Messmarke *f* (eines Stereokartiergeräts) ‖ **~ matter** (San Eng) / Schwimmstoffe *m pl* (ungelöste Stoffe, die auf dem Wasser schwimmen - DIN 4045) ‖ **~ pile driver** (Civ Eng) / Schwimmramme *f* ‖ **~ pipeline** (Civ Eng, Ships) / schwimmende Rohrleitung ‖ **~ point*** (Comp) / Gleitkomma *n*, Gleitpunkt *m*

**floating-point addition** (Comp) / Gleitpunktaddition *f* ‖ **~ arithmetic** (Comp) / Gleitkommaarithmetik *f*, Gleitpunktarithmetik *f*, Gleitpunktrechnung *f* (in Digital- oder Taschenrechnern) ‖ **~ calculation** (Comp) / Gleitkommarechnung *f*, Gleitpunktrechnung *f* (DIN 44 300) ‖ **~ constant** (Comp) / Gleitpunktkonstante *f* ‖ **~ instruction** (Comp) / Gleitpunktbefehl *m* ‖ **~ notation*** (Comp) / halblogarithmische Darstellung (der Zahlen bei der Gleitkommarechnung), Gleitkommaschreibweise *f*, Gleitkommadarstellung *f*, Gleitpunktschreibweise *f* (DIN 44300), Gleitpunktdarstellung *f* ‖ **~ number** (Comp) / Gleitpunktzahl *f* ‖ **~ operations per second** (Comp) / Flops *m pl* (Einheit für die Arbeitsschritte pro Sekunde) ‖ **~ representation** (Comp) / halblogarithmische Darstellung (der Zahlen bei der Gleitkommarechnung), Gleitkommaschreibweise *f*, Gleitkommadarstellung *f*, Gleitpunktschreibweise *f* (DIN 44300), Gleitpunktdarstellung *f* ‖ **~ subtraction** (Comp) / Gleitpunktsubtraktion *f* ‖ **~ unit** (integrated part of CPU chips with math coprocessor functionality) (Comp) / Floating-Point-Unit *f*, FPU *f* (floating-point unit), Floating-Point-Einheit *f*, Fließkommaeinheit *f*

**floating port** (Mil) / schwimmender Hafen ‖ **~ potential*** (Electronics) / schwebende Spannung, Schwebespannung *f* (DIN 41 854), schwebendes Potential, gleitendes Potential ‖ **~ pulley** (US) (Eng, Mech) / lose Rolle (des Flaschenzugs) ‖ **~ reamer** (Eng) / Pendelreibahle *f* (im Werkzeughalter pendelnd aufgehängte Reibahle), ‖ **~ rejects** (Min Proc) / Schwimmberge *m pl* ‖ **~ ring oil seal** (Eng) / Ölschwimmringdichtung *f*, Schwimmringdichtung *f* ‖ **~ roof** (Oils) / Schwimmdach *n* (das die Bildung explosibler Gemische in den Rohöl- und Benzintanks verhindern soll) ‖ **~ rule*** (Build) / Abstreichholz *n*, Abstreichbohle *f*, Abziehbrett *n* (für Estrichbeläge) ‖ **~ sludge** (San Eng) / Schwimmschlamm *m* (in Absetz- und Nachklärbecken von Kläranlagen durch schlechtes Absetzverhalten auf schwimmendem Schlammanteil - DIN 4045) ‖ **~ soap** (Chem) / Schwimmseife *f* (leichter als Wasser, unter Einarbeitung von Luft hergestellt) ‖ **~ solids** (San Eng) / Schwimmstoffe *m pl* (ungelöste Stoffe, die auf dem Wasser schwimmen - DIN 4045) ‖ **~ stability** (Mech) / Schwimmstabilität *f* ‖ **~ structure** (Oils) / schwimmende Konstruktion (bei Offshorebohrungen) ‖ **~ subtract** (Comp) / Gleitpunktsubtraktion *f* ‖ **~ switch** (Elec Eng) / Schwimmschalter *m* (z.B. bei Tauchpumpen) ‖ **~ thread** (Weaving) / flottliegender Faden, Flottierfaden *m*, flottierender (nicht eingebundener) Faden (Fehler) ‖ **~ voltage** (Electronics) / Schwebespannung *f* (bei Halbleiterbauteilen) ‖ **~ weft yarn** (Weaving) / Hohlschussbindung *f*

**floating-zone melting** (Electronics, Met) / Zonenschmelzverfahren *n* nach dem Schwebezonenverfahren, Fließzonentechnik *f* (ein Zonenschmelzverfahren), FZ-Verfahren *n* (ein tiegelfreies Zonenschwebeverfahren), Zonen-Floating-Verfahren *n*, tiegelfreies Zonenschmelzen

**float length** (Leather) / Flottenlänge *f* (Verhältnis Flüssigkeit/Warengewicht)

**floatless process** (Leather) / flottenloses Verfahren

**float mineral** (Geol) / Lesestein *m* (in und auf dem Boden befindliche Gesteinstrümmer, die keine unmittelbare Verbindung mehr mit dem Anstehenden haben), lose Erzstücke (an der Erdoberfläche) ‖ **~ needle** (I C Eng) / Schwimmernadel *f* (des Vergasers)

**float-needle valve** (Autos) / Schwimmernadelventil *n*

**float off** *v* (Ships) / ausspülen *v* (ein festsitzendes Schiff durch Wegspülen des Grunds) ‖ **~-on/float-off ship** (Ships) / FO-FO-Schiff *n* (für das Barge-Carrier-System)

**float-operated gauge** (Hyd Eng) / Schwimmerpegel *m* (bei dem der Wasserstand über einen Schwimmer ermittelt wird), Pegeluhr *f* ‖ **~ steam trap** (Eng) / Kondensatableiter *m* mit niveauregeltem Ableitesystem, schwimmergesteuerter Kondensatableiter, Schwimmer-Kondensatableiter *m*, Kondenstopf *m*

**float-ore** *n* (Geol) / Lesestein *m* (in und auf dem Boden befindliche Gesteinstrümmer, die keine unmittelbare Verbindung mehr mit dem Anstehenden haben), lose Erzstücke (an der Erdoberfläche) ‖ **~*** (Geol) / Bruchstück *n* vom Ausbiss eines Ganges

**float-plane** *n* (Aero) / Schwimmerflugzeug *n*

**float position** / Schwimmerstellung *f* ‖ **~ recorder** (Hyd Eng) / Schwimmerpegel *m* (bei dem der Wasserstand über einen Schwimmer ermittelt wird), Pegeluhr *f* ‖ **~ rod** (Hyd Eng) / Stabschwimmer *m*

**floats** *pl* (Min Proc) / Schwimmgut *n*

**float seaplane*** (Aero) / Schwimmerflugzeug *n* ‖ **~ stitch** (Textiles) / Flottierung *f* (direkte Fadenverbindung von Maschen und/oder Henkeln) ‖ **~ stone*** (Min) / Schwimmstein *m* ‖ **~ switch*** (Elec Eng) / Schwimmerschalter *m*

**float-type water gauge** (Hyd Eng) / Pegelstandmesser *m* mit Schwimmer

**float valve** / Schwimmerventil *n* ‖ **~ valve** (San Eng) / Absperrventil *n* (des Spülkastens) ‖ **~ weft** (Weaving) / flottierender Schuss

**float-zone process** (Electronics, Met) / Zonenschmelzverfahren *n* nach dem Schwebezonenverfahren, Fließzonentechnik *f* (ein Zonenschmelzverfahren), FZ-Verfahren *n* (ein tiegelfreies Zonenschwebeverfahren), Zonen-Floating-Verfahren *n*, tiegelfreies Zonenschmelzen

**float-zone silicon** (Electronics) / FZ-Silizium *n* (tiegelfrei hergestellt)

**float-zoning** *n* (Electronics, Met) / Zonenschmelzverfahren *n* nach dem Schwebezonenverfahren, Fließzonentechnik *f* (ein Zonenschmelzverfahren), FZ-Verfahren *n* (ein tiegelfreies Zonenschwebeverfahren), Zonen-Floating-Verfahren *n*, tiegelfreies Zonenschmelzen

**floc** *n* (Chem) / Flocke *f* (besonders in Suspensionen)

**flocculant** *n* (Chem, San Eng) / Flockungsmittel *n* (DIN 4045)

**flocculating agent** (Chem, San Eng) / Flockungsmittel *n* (DIN 4045) ‖ **~ power** / Flockungsfähigkeit *f* (nach Hardy-Schulze-Regel)

**flocculation** *n* (Brew) / Bruch *m*, Bruchbildung *f* (Koagulation der Hefe) ‖ **~*** (the reversible aggregation of colloid particles) (Chem, Min Proc) / Flockung *f* (erste Stufe der Koagulation), Ausflockung *f*, Ausflocken *n*, Flockenbildung *f* ‖ **~*** (San Eng) / Flokkulation *f* (Wirkungsmechanismus bei der chemischen Flockung) ‖ **~** s. also agglomeration ‖ **~ aid** (Chem, San Eng) / Flockungshilfsmittel *n* (DIN 4045) ‖ **~ point** / Ausflockungspunkt *m*, Flockpunkt *m* (DIN 51 590) ‖ **~ tank** (for water treatment) (San Eng) / Flockungsreaktor *m* (beim Kontaktschlammverfahren), Flockungsklärbecken *n*, Flockungsbecken *n*

**flocculator** *n* (Chem) / Flockenbildner *m*

**flocculence** *n* / flockiger Zustand ‖ **~** (Chem) / Flockigkeit *f* ‖ **~** (Paint) / Flokkulation *f*, Flockung *f* (ein störender Effekt in pigmentierten Bindemitteln)

**flocculent*** *adj* (Chem) / flockig *adj*, flockenartig *adj* ‖ **~ gypsum** (Build) / Flockengips *m* (als Dämmung) ‖ **~ sludge** (San Eng) / Flockenschlamm *m*

**flocculi*** *pl* (Astron) / Flocculi *pl* (K-Plages in der Chromosphäre)

**flock*** *n* (Paper, Plastics, Textiles) / Kurzfaser *f*, Flockfaser *f*, Faserflock *m*, Flock *m*, Flocke *f* (Kurzfaser zum Aufbringen auf eine Unterlage) (DIN 60001)

**flock-coating** *n* / Beflocken *n* (Musterung und Veredelung von Geweben, Kunststoffen, Papier usw.), Velourieren *n*

**flocked fabric** (Textiles) / Flockware *f*, Flockstoff *m* ‖ **~ pile fabrics** (Textiles) / Flockflorware *f* ‖ **~ yarn** (Spinning) / beflocktes Garn ‖ **~ yarn** (Spinning) s. also flake yarn

**flocker** *n* (Textiles) / Beflockungsmaschine *f* (DIN 64 990), flocking machine

**flock finish** (Textiles) / Flockenausrüstung *f*

**flock-finishing** *n* / Beflocken *n* (Musterung und Veredelung von Geweben, Kunststoffen, Papier usw.), Velourieren *n*

**flocking** *n* / Beflocken *n* (Musterung und Veredelung von Geweben, Kunststoffen, Papier usw.), Velourieren *n* ‖ **~ adhesive** (Textiles) / Beflockungsklebstoff *m*

**flock-paper*** (Paper) / Velourspapier *n*, Plüschpapier *n*, Samtpapier *n*

**flock*-paper** *n* (Paper) / Flocktapete *f*, Flocktapete *f*, Samttapete *f* ‖ **~-point** *n* (Chem) / Flockpunkt *m* ‖ **~-printing** *n* (Print, Textiles) / Flockdruck *m* (Beflocken), Flockprint *m* ‖ **~ silk** (Textiles) / Flockseide *f* (Seidenabfälle), Kokonseide *f*

**flock-spraying** *n* / Beflocken *n* (Musterung und Veredelung von Geweben, Kunststoffen, Papier usw.), Velourieren *n*

**flock tow** (Spinning) / Flockkabel *n*

**flock-wallpaper** *n* (Paper) / Velourstapete *f*, Flocktapete *f*, Samttapete *f*

**flocky** *adj* (Chem) / flockig *adj*, flockenartig *adj*

**flock yarn** (Spinning) / Flockgarn *n* (ein Effektgarn)

**floc of soil** (Agric) / Aggregat *n* (von Bodenprimärteilchen), Bodenaggregat *n* (Zusammenballung von Bodenprimärteilchen)

**floconné** *n* (Textiles) / Floconné *m* (superschwerer Mantelflausch), Flockenstoff *m*, Durchrauer *m*

**floe** *n* / Eisscholle *f*

**floeberg** *n* (Geol) / aufgetürmte Eisschollen

**flog** *v* (Foundry) / abschlagen *v* (Anschnitte)

**flogger*** *n* (Paint) / Schläger *m* (ein Pinsel zur Holzimitation)

**flogging** *n* (smoothing a timber floor with a sanding machine) (Build) / Endbearbeitung *f* (des Dielenfußbodens) mit der Sandpapierschleifmaschine ‖ **~*** (Carp) / Zuhauen *n* (grobes), Bezimmerung *f* (des Holzes) ‖ **~** (Foundry) / Abschlagen *n* (des Anschnittsystems)

**flokati** *n* (pl. -s) (a Greek woven woollen rug with a thick loose pile) (Textiles) / Flokati *m* (pl. -s) ‖ ~ **rug** (Textiles) / Flokati *m* (pl. -s)

**flong*** *n* (Paper, Typog) / Maternpappe *f*, Prägekarton *m*, Matrizenpappe *f*

**flood** *v* (Hyd Eng) / überfluten *v*, überschwemmen *v*, inundieren *v*, fluten *v* ‖ ~ *vi* (I C Engs) / absaufen *v* (Motor) ‖ ~ *vt* (Chem Eng) / fluten *v* (eine Kolonne) ‖ ~ (Eng) / berieseln *v* (mit Kühlmittel) ‖ ~ (I C Engs) / fluten *v*, ersaufen *v* (Motor) ‖ ~ (Leather) / ausschwöden *v* (mit Schwödebrei) ‖ ~ (Leather) / anschwöden *v* (mit Schwödebrei) ‖ ~ (Mining) / versaufen *vt* (eine Grube), ersaufen *vt* (eine Grube) ‖ ~ *n* / Flutlicht *n* (starkes künstliches Licht zur Beleuchtung von Denkmälern, Sportplätzen usw.) ‖ ~ (Hyd Eng) / Hochwasser *n*, Überschwemmung *f*, Flut *f* ‖ ~* (Light) / Flutlichtscheinwerfer *m* (30-45°), Fluter *m* (Flutlichtscheinwerfer), Anstrahler *m*

**floodable length*** (Ships) / flutbare Länge (Teil der Kapitänsinformation bei Fahrgastschiffen)

**flood absorption capacity** (Hyd Eng) / Hochwasserrückhaltevermögen *n* ‖ ~ **axis** (Hyd Eng) / Strömungsrichtung *f* des Hochwassers ‖ ~ **basalt*** (Geol) / Plateaubasalt *m* (mächtiger basaltischer Flächenerguss), Flutbasalt *m*, Trappbasalt *m* ‖ ~ **channel** (Ocean) / Flutrinne *f* (eines Ästuars) ‖ ~ **coefficient** (Hyd Eng) / Hochwasserabflussbeiwert *m* ‖ ~ **control** (Hyd Eng) / Hochwasserschutz *m* (zur Verhinderung von Überschwemmungen und Hochwasserschäden)

**flood-control reservoir** (Hyd Eng) / Hochwasserrückhaltebecken *n*, Hochwasserbecken *n*, Hochwasserspeicher *m* ‖ ~ **storage** (Hyd Eng) / Hochwasserschutzraum *m* (Talspeicher) ‖ ~ **storage** (Hyd Eng) / Hochwasserrückhaltebecken *n*, Hochwasserbecken *n*, Hochwasserspeicher *m* ‖ ~ **works** (Hyd Eng) / Hochwasserschutzbauten *m pl*, Hochwasserregulierungsbauwerk *n*

**flood current** (tidal current associated with the increase in height of the tide) (Ocean) / Flutstrom *m* ‖ ~ **disaster** (Hyd Eng) / Flutkatastrophe *f* ‖ ~ **district** (Hyd Eng) / Überschwemmungsgebiet *n*, Inundationsgebiet *n*, Floodplain *f* (pl. -s)

**flooded engine** (I C Engs) / abgesoffener Motor ‖ ~ **forest** (For) / Auenwald *m* ‖ ~ **mine** (Mining) / ersoffene Grube

**flood gate** (Hyd Eng) / Stauschleuse *f*

**floodgate** *n* (Hyd Eng) / Spülschleuse *f*, Spülstollen *m* ‖ ~ (in a water channel) (Hyd Eng) / Hochwassertor *n*

**flood hydrograph** (Hyd Eng) / Hochwasserganglinie *f*

**flooding** *n* (Agric) / Staubewässerung *f*, Überstauung *f* ‖ ~ (Eng) / Flutung *f* (einer Rektifiziersäule) ‖ ~ (Eng) / Berieselung *f* (mit Kühlmittel) ‖ ~ (Hyd Eng) / Fluten *n* (einer Schleusenkammer) ‖ ~ (Hyd Eng) / Überflutung *f*, Überschwemmung *f*, Inundation *f*, Fluten *n*, Flutung *f* ‖ ~ (Leather) / Anschwöden *n* (mit Schwödebrei) ‖ ~ (Oils) / Fluten *n* (als Methode der Tertiärförderung) ‖ ~ (an extreme form of floating) (Paint) / Ausschwimmen *n* (DIN 55945), Flooding *n* (horizontales Entmischen des Pigments) ‖ ~ (Ships) / Fluten *n* ‖ ~ (Oils) s. also water flooding ‖ ~ **point** (Chem Eng) / obere Belastungsgrenze (einer Rektifiziersäule)

**flood irrigation** (Agric) / Staubewässerung *f*, Überstauung *f* ‖ ~ **irrigation** (Agric) / Überstaubewässerung *f*, Bewässerung *f* durch Überschwemmung

**floodlight** *v* (Light) / mit Flutlicht beleuchten, anstrahlen *v* (mit Flutlicht) ‖ ~ *n* / Flutlicht *n* (starkes künstliches Licht zur Beleuchtung von Denkmälern, Sportplätzen usw.) ‖ ~* (Light) / Flutlichtscheinwerfer *m* (30-45°), Fluter *m* (Flutlichtscheinwerfer), Anstrahler *m*

**floodlighting*** *n* (Light) / Flutlichtbeleuchtung *f*, Anstrahlung *f*

**floodlight mode** (with broad transmit beam, for example with bistatic radar or to achieve a low probability-of-intercept) (Radar) / Flutlichtmodus *m* ‖ ~ **projector*** (Light) / Flutlichtscheinwerfer *m* (30-45°), Fluter *m* (Flutlichtscheinwerfer), Anstrahler *m*

**floodlit** *adj* (Light) / mit Flutlicht beleuchtet, angestrahlt *adj*

**flood-lubricated bearing** (Eng) / Ölflutlager *n*

**flood lubrication** (Eng) / Ölflutschmierung *f*, Eintauchschmierung *f*, Spülölschmierung *f*, Überflutungsschmierung *f* ‖ ~ **mark** (Hyd Eng) / Flutmarke *f*, Hochwassermarke *f*

**floodplain** *n* (Geog, Geol) / Aue *f* (feuchtes, oft mit Laubwald bestandenes Flusstal), Flusswiese *f* ‖ ~* (Geol) / Schwemmland *n* ‖ ~* (Hyd Eng) / Überschwemmungsgebiet *n*, Inundationsgebiet *n*, Floodplain *f* (pl. -s) ‖ ~ **clay** (Geol) / Auelehm *m* ‖ ~ **forest** (For) / Auenwald *m* ‖ ~ **terrace** (Geol) / Flussterrasse *f*

**flood pool** (Hyd Eng) / Hochwasserrückhaltebecken *n*, Hochwasserbecken *n*, Hochwasserspeicher *m* ‖ ~ **probability** (Hyd Eng) / Hochwasserwahrscheinlichkeit *f*

**flood-proof** *adj* (Hyd Eng) / überflutungssicher *adj*

**flood propagation** (Hyd Eng) / Hochwasserfortpflanzung *f* (in Gestalt einer Welle) ‖ ~ **protection** (Hyd Eng) / Hochwasserschutz *m* (zur Verhinderung von Überschwemmungen und Hochwasserschäden)

**flood-protection works** (Hyd Eng) / Hochwasserschutzbauten *m pl*, Hochwasserregulierungsbauwerk *n*

**flood records** (Hyd Eng) / Hochwasserstatistik *f*

**flood-relief channel** (Hyd Eng) / Hochwasserkanal *m*, Entlastungskanal *m* (bei Hochwasser)

**flood retention basin** (Hyd Eng) / Hochwasserrückhaltebecken *n*, Hochwasserbecken *n*, Hochwasserspeicher *m* ‖ ~ **retention storage** (Hyd Eng) / beherrschbarer Hochwasserschutzraum, Speichervolumen *n* zwischen Normalstau und Vollstau ‖ ~ **risk** (Hyd Eng) / Hochwasserrisiko *n* ‖ ~ **soldering** (Eng) / Anschwemmlöten *n* ‖ ~ **soldering** (Eng) s. also wave soldering

**flood-tide gate** (Hyd Eng, Ocean) / Fluttor *n*, Gezeitentor *n*

**flood tuff** (Geol) / Schmelztuff *m*, Ignimbrit *m* ‖ ~ **volume** (Hyd Eng) / Flutwasservolumen *n* ‖ ~ **warning** (Hyd Eng) / Flutwarnung *f* ‖ ~ **warning** (Hyd Eng) / Hochwasseralarm *m*

**floodway** *n* (Hyd Eng) / Umflutkanal *m*, Umfluter *m*, Flutkanal *m*, Flutmulde *f*

**flookan** *n* (Mining) / Kluftletten *m*

**floor** *v* (Build) / Fußboden legen ‖ ~ (Carp) / dielen *v* (mit Dielen belegen), mit Bohlen belegen, bedielen *v* ‖ ~ *n* (Brew) / Horde *f* (Darre) ‖ ~ (Brew) / Malztenne *f*, Tenne *f* ‖ ~ (Build) / Geschoss *n*, Etage *f*, Stockwerk *n*, Stock *m* ‖ ~ (Build) / Boden *m* (Sammelbegriff für alle Schichten oberhalb der tragenden Konstruktion), Fußboden *m* (begehbare Fläche in Räumen), Diele *f* ‖ ~ (Build) / Geschossdecke *f* ‖ ~ (Build, Civ Eng) / Baugrubensohle *f* ‖ ~* (Foundry) / Flur *m*, Boden *m* ‖ ~ (Ocean) / Meeresboden *m*, Meeresgrund *m* ‖ ~* (Mining) / Sohle *f* (der Teil des Grubenraumes, auf dem der Bergmann im Abraum steht oder in der Strecke fährt) ‖ ~* (Ships) / Bodenwrange *f* (Querträger im Schiffsboden) ‖ **on the** ~ (Work Study) / in der Werkstatt, im Werkstattbereich ‖ ~ **area** (Build) / Wohnfläche *f* (DIN 283)

**floorboard** *n* (a tongued and grooved board for floors) (Carp) / Schiffbodenbrett *n*, Bodendiele *f*, Hobeldiele *f* (mit Nut und Feder versehenes Brett, in der Regel aus Nadelholz - für Baureparaturen, Umbau und Ausbau) ‖ ~ **saw** (Carp) / Brettersäge *f* (für Dielen)

**floor-board shifting** (US) (Autos) / Knüppelschaltung *f*, Mittelschaltung *f* ‖ ~ **shift lever** (US) (Autos) / Schaltknüppel *m*, Knüppel *m*

**floor brad** (Carp) / Senkkopfnagel *m* (für Hobeldielen) ‖ ~ **brick** (Build) / Deckenziegel *m* (in der Regel Hohl- bzw. Lochstein. Loch- oder auch Füllstein) ‖ ~ **brick** (Ceramics) / Fußbodenfliese *f*, Bodenfliese *f* (keramische), Fußbodenplatte *f* ‖ ~ **contact*** (Elec Eng) / Fußbodenkontakt *m* (im Aufzug), Bodenkontakt *m*

**floor-controlled** *adj* (Eng) / flurgesteuert *adj* (ein Flurförderer) ‖ ~ (Eng) / flurbedient *adj*, flurbetätigt *adj*

**floor covering** (Build, Carp) / Bodenbelag *m* (DIN 4102), Fußbodenbelag *m* (oberste Nutzschicht auf dem Fußboden), Dielung *f* (gefügte, gefederte, gespundete, gefalzte oder halb gespundete) ‖ ~ **cramp*** (Carp) / Klammer *f* für Hobeldielen ‖ ~ **drainage** (San Eng) / Bodenablauf *m* (in einer begangenen oder befahrenen Fläche - DIN 4045) ‖ ~ **frame** (Ships) / Bodenwrange *f* (Querträger im Schiffsboden) ‖ ~ **guide*** (a groove in a floor to guide a sliding door) (Build) / Bodenlaufschiene *f* (z.B. für die Schiebetür) ‖ ~ **guide*** (Build) / Fußbodenführung *f* ‖ ~ **heating** (system) (Build) / Fußbodenheizung *f* (DIN EN 1264-1), Bodenheizung *f*

**flooring** *n* (Brew) / Tennenmälzerei *f*, Tennenmälzung *f* ‖ ~ (Build, Carp) / Bodenbelag *m* (DIN 4102), Fußbodenbelag *m* (oberste Nutzschicht auf dem Fußboden), Dielung *f* (gefügte, gefederte, gespundete, gefalzte oder halb gespundete) ‖ ~ **brad** (Carp) / Senkkopfnagel *m* (für Hobeldielen) ‖ ~ **cramp** (Carp) / Klammer *f* für Hobeldielen ‖ ~ **light** (Build) / Oberlicht *n* (begehbares - bei Glasdächern) ‖ ~ **nail** (Carp) / Fußbodennagel *m* (vorzugsweise ein /gehärteter/ Senkkopfnagel) ‖ ~ **plate** (Build) / Fußbodenbelagplatte *f*, Belagplatte *f* ‖ ~ **saw** (Carp) / Brettersäge *f* (für Dielen) ‖ ~ **tile** (Ceramics) / Fußbodenfliese *f*, Bodenfliese *f* (keramische), Fußbodenplatte *f* ‖ ~ **tile** (Ceramics) s. also flag ‖ ~ **timber** (For, Mining) / Mattenholz *n* (zum Abfangen herabfallenden Gesteins)

**floor jack** (Autos) / fahrbarer Wagenheber, Rangierheber *m* ‖ ~ **joist*** (Build, Carp) / Holzdeckenbalken *m* ‖ ~ **lacquer** (Paint) / Fußbodenlack *m* (für Holz- und Estrichboden - meistens Kunstharz- oder Kopallack) ‖ ~ **lamp** (US) (Light) / Stehlampe *f* ‖ ~ **level** (Build) / Bodenhöhe *f* ‖ ~ **load** (Build) / Deckenbelastung *f* ‖ ~ **load** (imposed by equipment) (Build, Eng) / Bodenbelastung *f* ‖ ~ **loading** (imposed by equipment) (Build, Eng) / Bodenbelastung *f* ‖ ~ **machine** / Bohnermaschine *f* ‖ ~ **malting** (Brew) / Tennenmälzerei *f*, Tennenmälzung *f*

**floorman** *n* (Oils) / Bohrarbeiter *m*

**floor manager** (Cinema, TV) / Aufnahmeleiter *m* (der für die organisatorische Vorbereitung und für die Durchführung zuständig ist) ‖ ~ **mat** (Autos) / Bodenmatte *f* ‖ ~ **moulding** (Foundry) / Bodenformen *n*, Bodenformerei *f*

**floor-mounted switchboard** (Elec Eng) / frei stehende Schalttafel

**floor of the valley** (Geol) / Talboden *m*, Talsohle *f*, Talgrund *m* ‖ ~ **opening** (Build) / Schacht *m* (Fahrstuhl-, Licht-, Luft-), Deckenöffnung *f*
**floor-operated** *adj* (Eng) / flurbedient *adj*, flurbetätigt *adj*
**floor paint** (Paint) / Fußbodenlack *m* (für Holz- und Estrichboden - meistens Kunstharz- oder Kopallack)
**floorpan** *n* (Autos) / Unterboden *m*, Bodengruppe *f* ‖ ~ (Eng) / Bodenblech *n*, Bodenwanne *f*
**floor plan*** (Arch) / Grundriss *m* (eines Stockwerks) ‖ **plate** (Eng) / Fußbodenankerplatte *f*, Grundplatte *f*
**floor-plate-type horizontal boring mill** (Eng) / Plattenbohrwerk *n*
**floor polish** / Fußbodenpflegemittel *n* ‖ ~ **polisher** / Bohnermaschine *f*
**floor-running conveyor** (Eng) / Bodenförderer *m*
**floor sand*** (Foundry) / Haufensand *m* ‖ ~ **sander** / Fußbodenschleifmaschine *f*
**floor-sanding maching** / Fußbodenschleifmaschine *f*
**floor screeding** (Build) / Estricharbeiten *f pl* (DIN 18 560, T 1), Estrichverlegung *f* ‖ ~ **sealing** (Build) / Fußbodenversieg(e)lung *f* ‖ ~ **space** (Build) / Bodenfläche *f* ‖ ~ **space** (required) / Flächenbedarf *m*, Platzbedarf *m*, Bedarf *m* an Stellfläche (für die Aufstellung der Maschine) ‖ ~ **space required** (Work Study) / Aufstellfläche *f* (benötigte Fläche zum Aufstellen bzw. Befestigen von technologischen Haupt- und Hilfsausrüstungen oder von allgemeinen Werkseinrichtungen auf eine Unterlage, z.B. Fußboden oder Fundament) ‖ ~ **spring** (Build) / Bodentürschließer *m* ‖ ~ **sump** (Nuc Eng) / Reaktorgebäudesumpf *m*, Gebäudesumpf *m* ‖ ~**-switch** *n* (Elec Eng) / Treppenschalter *m* (für Treppenhausautomaten)
**floor-switch** *n* (Elec Eng) / Stockwerksschalter *m* (des Aufzugs)
**floor temperature** (Chem) / Floor-Temperatur *f* (bei der Polymerisation von Monomeren - Gegensatz zu Ceiling-Temperatur) ‖ ~ **test** (Textiles) / Begehtest *m* (bei Teppichen) ‖ ~ **tile** (Ceramics) / Fußbodenfliese *f*, Bodenfliese *f* (keramische), Fußbodenplatte *f*
**floor-to-floor** *attr* (Build) / geschosshoch *adj*
**floor transom** (Ships) / Bodenwrange *f* (Querträger im Schiffsboden) ‖ ~ **tray** (Autos) / Ablage *f* (auf Mittelkonsole, ohne Deckel)
**floor-type cabinet** (Comp) / Standschrank *m* ‖ ~ **gear lever** (Autos) / Schaltknüppel *m*, Knüppel *m* ‖ ~ **gear shift** (Autos) / Knüppelschaltung *f*, Mittelschaltung *f* ‖ ~ **shifting** (US) (Autos) / Knüppelschaltung *f*, Mittelschaltung *f*
**floor varnish** (Paint) / Fußbodenlack *m* (für Holz- und Estrichboden - meistens Kunstharz- oder Kopallack) ‖ ~ **wax** (which leaves a protective wax film on the treated floor) / Bohnerwachs *n* (ein Fußbodenpflegemittel), Fußbodenwachs *n*
**flop** *n* (Electronics) / bistabile Kippschaltung, Flipflop-Schaltung *f*, Flipflop *n* (pl. -flops), bistabiles Kippglied, bistabile Kippstufe ‖ ~ (Paint) / Flop *m* (Wechsel von Helligkeit oder Buntton bei Änderung des Betrachtungswinkels)
**flop-in method** (Phys, Spectr) / Flop-in-Methode *f* (in der Hochfrequenzspektroskopie)
**flop-out method** (Phys, Spectr) / Flop-out-Methode *f* (in der Hochfrequenzspektroskopie)
**flop-over** *n* (Electronics) / bistabile Kippschaltung, Flipflop-Schaltung *f*, Flipflop *n* (pl. -flops), bistabiles Kippglied, bistabile Kippstufe
**flopped** *adj* (Optics) / seitenverkehrt *adj*, seitenvertauscht *adj*, rückwendig (Bild)
**flopper** *n* (Met) / Falte *f* (im Blech)
**floppy*** *n* (Comp) / Diskette *f* (eine Magnetplatte, die mit dem entsprechenden Laufwerk als Direktzugriffsspeicher eingesetzt wird), Floppy Disk *f*, Floppydisk *f*, Floppy *f* ‖ ~ **disk*** (Comp) / Diskette *f* (eine Magnetplatte, die mit dem entsprechenden Laufwerk als Direktzugriffsspeicher eingesetzt wird), Floppy Disk *f*, Floppydisk *f*, Floppy *f*
**floppy-disk back-up** (Comp) / Sicherung *f* auf Diskette ‖ ~ **box** (Comp) / Diskettenbox *f* ‖ ~ **controller** (Comp) / Diskettencontroller *m*, Floppydisk-Controller *m* ‖ ~ **drive** (Comp) / Diskettenlaufwerk *n* (DIN 66010) ‖ ~ **file** (Comp) / Diskettendatei *f* ‖ ~ **station** (Comp) / Diskettenstation *f* ‖ ~ **storage** (Comp) / Diskettenspeicher *m*
**floppy-resident** *adj* (Comp) / diskettenresident *adj* (Virus)
**floppy speeder** (Comp) / Floppy-Speeder *m* (Hilfsmittel zur Beschleunigung der Datenübertragung vom Diskettenlaufwerk zum Rechner)
**FLOPS*** *pl* (Comp) / Flops *m pl* (Einheit für die Arbeitsschritte pro Sekunde)
**floptical*** *n* (Comp) / Floptical *f* ‖ ~ **disk** (a removable disk with 21 MB capacity, looking like a standard 3.5" diskette) (Comp) / Floptical *f*
**flora*** *n* (pl. -s or -e) (Bot, Ecol, Physiol) / Flora *f* (pl. -ren)
**floral** *adj* (Nut) / blumig *adj* (Geruchseindruck) ‖ ~ (Textiles) / floral *adj*, geblümt *adj* (Muster) ‖ ~ **design** (Ceramics, Textiles) / Blumenmuster *n* ‖ ~ **formula** (Bot) / Blütenformel *f* ‖ ~ **ornament** (Arch) / Blumenornament *n*, Blumenschmuck *m*, Blütenornament *n*
**Florence brown** / Van-Dyck-Rot *n* (Kupferhexazyanoferrat(II)), Florentiner Braun ‖ ≃ **flask*** (Chem) / Florentiner Flasche (Auffanggefäß bei der Wasserdampfdestillation etherischer Öle) ‖ ≃ **oil** (Chem, Nut) / Olivenöl *n*
**Florentine** *n* (Textiles) / Florentine *f* (geköperte Baumwolle) ‖ ≃ **arch*** (Arch) / toskanischer Bogen, Florentiner Bogen, Sieneser Bogen, Sichelbogen *m* ‖ ≃ **flask** (Chem) / Florentiner Flasche (Auffanggefäß bei der Wasserdampfdestillation etherischer Öle) ‖ ≃ **receiver** (Chem) / Florentiner Flasche (Auffanggefäß bei der Wasserdampfdestillation etherischer Öle)
**flores** *n* (Min) / Blume *f*, Blüte *f* (z.B. Eisenblüte) ‖ ~ **martis** (Chem) / Ferrum(III)-chlorid *n*, Eisen(III)-chlorid *n*
**floret** *n* (Print) / Blumenzierstück *n*, Blumenstück *n*, Ziervignette *f* in Blumenform ‖ ~ **silk** (Textiles) / Schappeseide *f* (aus Seidenabfällen, nicht abhaspelbaren Kokonteilen und aus Wildseiden), Florettseide *f*, Schappe *f*
**floriated*** *adj* (Arch) / blumengeschmückt *adj*, blumenverziert *adj*, mit Blumenschmuck, mit Blumenornament
**Florida cedar** (For) / Stinkzeder *f* (Torreya taxifolia Arn.), Stinkeibe *f* ‖ ≃ **earth** / Floridinerde *f*, Floridin *n* (Bleicherde aus Florida), Floridaerde *f* ‖ ≃ **nutmeg** (For) / Stinkzeder *f* (Torreya taxifolia Arn.), Stinkeibe *f* ‖ ≃ **torreya** (For) / Stinkzeder *f* (Torreya taxifolia Arn.), Stinkeibe *f* ‖ ≃ **weathering** (test) (Paint) / Floridabewitterung *f* (Freibewitterungsprüfung in Florida, d.h. in tropischem Klima mit hoher Temperatur und Luftfeuchte)
**floridean starch** / Florideenstärke *f*
**floridian starch** / Florideenstärke *f*
**Florisil** (Chem) / Florisil *n* (Warenzeichen für ein hochselektives Absorbens für die Chromatografie - Magnesiumsilikatgel)
**florist's crêpe** (Paper) / Blumenkrepp *m* ‖ ~ **wire** / Blumendraht *m*
**Flory (theta) temperature** (Chem) / Flory-Temperatur *f* (einer Polymerlösung nach P.J. Flory, 1910-1985), Thetatemperatur *f*
**flos ferri*** (Min) / Eisenblüte *f* (Aragonit in korallenartigen Stalaktiten, die sich auf Eisenspatlagern bilden)
**flospinning*** *n* (Met) / Abstrecken *n*, Abstreckdrücken *n* (Umformen eines Hohlkörpers oder eines ebenen Zuschnitts), Abstreckziehen *n*, Drückwalzen *n* (Schrägwalzen von Hohlkörpern, über sich drehendem zylindrischem oder anders geformtem Drückfutter mit gewollter Wanddickenänderung - DIN 8583, T 2)
**floss** *n* (Met) / Schlacke *f* (im Puddelofen), Puddelschlacke *f* ‖ ~ (Spinning, Textiles) / minderwertiges Seidengarn (aus Strusen) ‖ ~ (Textiles) / Strusen *f pl* (Seidenabfall, der in der Schappespinnerei verarbeitet wird - ungebräuchliche Einzahl = Strusa) ‖ ~ **silk** (Textiles) / Flockseide *f* (Seidenabfälle), Kokonseide *f*
**flotability** *n* (Min Proc) / Flotierbarkeit *f*
**flotation*** *n* (Min Proc) / Flotation *f* (ein Trennverfahren), Schwimmaufbereitung *f* ‖ ~ **agent** (Min Proc) / Schwimmmittel *n*, Flotationsmittel *n*, Flotationsreagens *n*, Flotationschemikalie *f*, Flotiermittel *n* ‖ ~ **by gassing** (Chem Eng) / Begasungsflotation *f* (ein Fest-Flüssig-Trennverfahren) ‖ ~ **cell** / Flotationszelle *f* ‖ ~ **drier** (For) / Schwebetrockner *m* (ein Konvektionstrockner) ‖ ~ **machine** (Min Proc) / Flotationsapparat *m*, Flotationsgerät *n* ‖ ~ **oil** (Min Proc) / Flotationsöl *n* ‖ ~ **reagent** (Min Proc) / Schwimmmittel *n*, Flotationsmittel *n*, Flotationsreagens *n*, Flotationschemikalie *f*, Flotiermittel *n* ‖ ~ **saveall** (Min Proc) / Stofffänger *m*, Flotationsstofffänger *m* ‖ ~ **tailings** (Min Proc) / Flotationsabfälle *m pl*, Flotationsabgänge *m pl* ‖ ~ **thickening** (San Eng) / Flotationseindickung *f* (Konzentration des Klärschlamms)
**flotsam** *n* (Ships) / Treibgut *n* (was als herrenloses Gut auf dem Wasser, besonders auf dem Meer, treibt), Strandgut *n* (vom Meer an den Strand gespülte Gegenstände, meist von gestrandeten Schiffen), Strandtrift *f* (Strandgut)
**floturning** *n* (Eng) / Projizierstreckdrücken *n*
**flounce** *n* (Textiles) / Falbel *f* (verschieden breit abgenähte Falten zur Verzierung für Kleider und Blusen)
**flour** *v* (Nut) / mit Mehl bestreuen ‖ ~ *vt* / zu Mehl vermahlen ‖ ~* *n* / Mehl *n*, Staub *m* (Mehl), feines Pulver ‖ ~ (Nut) / Mehl *n* (feines) ‖ ~ **beetle** (Nut) / Mehlkäfer *m* (z.B.Tenebrio molitor) ‖ ~ **binder** (Foundry) / Mehlbinder *m*
**flour-dust explosion** / Mehlstaubexplosion *f*
**flour glass-paper** (Paper) / Mehlpapier *n* (feinstes Schleifpapier) ‖ ~ **improvement** (Nut) / Mehlverbesserung *f* (Standardisierung der Verarbeitungseigenschaften und Produktqualität mit Hilfe von verschiedenen Zusätzen: Ascorbinsäure, Azodicarbonamid, Alkalibromat, Cystein usw.) ‖ ~ **improver** (Nut) / Mehlverbesserungsmittel *n*
**flouring** (Paint) / Auskreiden *n* (dem Ausblühen ähnliche Erscheinung, vor allem bei Anatas-Pigment enthaltenden Gegenständen), Kreiden *n* (z.B. des Dispersionsanstrichs - DIN 55943), Abkreiden *n*
**flourish** *n* (Print) / Blumenzierstück *n*, Blumenstück *n*, Ziervignette *f* in Blumenform
**flour-mill** *n* (Nut) / Getreidemühle *f*
**flour-milling** *n* (Nut) / Müllerei *f*, Mahlmüllerei *f*

**flour mite** (Agric, Zool) / Mehlmilbe *f* (Acarus siro - eine Vorratsmilbe) ‖ **~ moth** (Nut) / Mehlmotte *f* (Ephestia kuehniella - zu den Zünslern gehörender grauer Schmetterling, dessen 1,5 cm lange Raupen Mehl, Grieß und Kleie fressen und mit Gespinst durchsetzen) ‖ **~ sand** / Mehlsand *m* ‖ **~ treatment** (Nut) / Mehlbehandlung *f*
**floury** *adj* / mehlig *adj*, mehlartig *adj*
**flow** *v* / fließen *v*, strömen *v*, rinnen *v* ‖ **~** (Paint) / verlaufen *v* ‖ **~** *vt* (Comp, Typog) / herumfließen lassen (Text), herumführen *v* (Text) ‖ **~** *n* / Durchfluss *m* (im Allgemeinen nach DIN 5476) ‖ **~** / Mengenfluss *m*, Mengendurchsatz *m* ‖ **~** (Eng) / Abflussrohr *n* (für Kessel- oder Druckwasser) ‖ **~** (Geol) / Fließen *n*, Kriechen *n* (plastische Verformung), Fließbewegung *f* (unter Druck) ‖ **~** (the gradual permanent deformation of a solid under stress, without melting) (Materials) / plastische Verformung ‖ **~** (Paint) / Verlauf *m* (eines noch flüssigen Anstriches, um Unebenheiten auszugleichen) ‖ **~** (Phys) / Fließen *n*, Fluss *m*, Strömen *n*, Strömung *f* ‖ **2-D ~** (Phys) / zweidimensionale Strömung, ebene Strömung
**flowability** *n* (Chem Eng) / Schüttbarkeit *f*, Rieselvermögen *n*, Rieselfähigkeit *f* (DIN 53 492) ‖ **~** (Phys) / Fließfähigkeit *f*, Fließvermögen *n*
**flowable** *n* (Chem, Ecol) / Flowable *n* (fließbare, weitgehend trägerfreie Suspension eines Pflanzenschutz- und Schädlingsbekämpfungsmittels) ‖ **~** *adj* / fließfähig *adj* ‖ **~** (Chem Eng) / rieselfähig *adj*, schüttbar *adj*
**flow about a body** (profile, section) (Aero, Phys) / Profilumströmung *f*
**flowage** *n* (Geol) / Fließen *n*, Kriechen *n* (plastische Verformung), Fließbewegung *f* (unter Druck) ‖ **~** (Hyd Eng) / Hochwasser *n*, Überschwemmung *f*, Flut *f* ‖ **~ fold** (Geol) / Fließfalte *f* (die durch unregelmäßige Faltung entsteht), Gleitfalte *f*
**flow agent** (Paint) / Verlaufmittel *n* (das Nasslacken zu eben verlaufenden Filmen verhilft - DIN 55945), Ausgleichsmittel *n*, Verlaufverbesserer *m*, Verlaufhilfsmittel *n* ‖ **~ around** *v* / umspülen *v*, umfließen *v*, umströmen *v* ‖ **~ assembly** (Eng, Work Study) / Fließmontage *f* (nach dem Prinzip der Fließfertigung organisierter Montageprozess) ‖ **~ back** *v* / zurückfließen *v*, zurückströmen *v* ‖ **~ behaviour** (Phys) / Fließverhalten *n* ‖ **~ bench** / Fließbank *f* (ein Vergaserprüfstand) ‖ **~ block** (Glass) / Überlaufstein *m* ‖ **~ box**\* (Paper) / Stoffauflauf *m*, Stoffauflaufkasten *m* ‖ **~ brightening** (Surf) / Anschmelzen *n* (meistens von Zinnschutzschichten), Aufschmelzen *n* ‖ **~ button test** (employed to evaluate the flow characteristics of the material at fusion temperatures by comparison with standardized pellets) (Ceramics) / Knopfprobe *f*, Knopfprüfung *f* ‖ **~ calorimeter** / Strömungskalorimeter *n* (z.B. nach Callendar) ‖ **~ camera** (Photog) / Durchlaufkamera *f* (ein Mikrofilmaufnahmegerät, in dem Vorlagen und Aufnahmematerial während der Belichtung synchron bewegt werden), Mikrofilmdurchlaufkamera *f* ‖ **~ casting** / Flow-Casting *n* (Verfahren zur Herstellung von hohlen und dünnwandigen Erzeugnissen aus Latex), Latexkaltguss *m*, Gipsformung *f* (von Latex)
**flow-casting chamber** (Paint) / Fluttunnel *m*
**flow cavitation** / Kavitation *f* in Flüssigkeitsströmungen ‖ **~ chamber** (Ships) / Strömungsleitkammer *f* (zellenförmige Einrichtung, die am Heck des Schiffs zur Maschinenerprobung angebracht ist) ‖ **~ characteristic** (Eng) / Durchflusskennlinie *f* (z.B. eines Ventils) ‖ **~ characteristics** (Phys) / Fließverhalten *n* ‖ **~ chart**\* (Work Study) / Fließschema *n*, Fließbild *n* (Darstellung des Aufbaus einer Produktionsanlage aus Verfahrensstufen) ‖ **~ chart**\* *n* (ISO 2382 - 1: 1984) / Flussdiagramm *n*, Flussbild *n*, Durchflussplan *m*, Ablaufdiagramm *n*
**flow-chart connector** (Comp) / Übergangsstelle *f* (in einem Programmablaufplan)
**flow-charting symbol** (Comp) / Sinnbild *n* für Datenfluss- und Programmablaufpläne, Ablaufplansinnbild *n*, Ablaufplansymbol *n*, Ablaufdiagrammsinnbild *n*
**flow-chart symbol** (Comp) / Sinnbild *n* für Datenfluss- und Programmablaufpläne, Ablaufplansinnbild *n*, Ablaufplansymbol *n*, Ablaufdiagrammsinnbild *n*
**flow cleavage** (Geol) / Transversalschieferung *f* (eine spezielle Form, vor allem erkennbar an der Einregelung flächiger Minerale, also nicht durch konkrete Flächen), Querschieferung *f* ‖ **~ coating** (Paint) / Fluten *n* (ein Applikationsverfahren nach DIN EN ISO 4618), Flutlackieren *n* (eine Abart des Tauchlackierens), Flow-coating *n*
**flow-coating paint** (Paint) / Flutlack *m* ‖ **~ plant** (Paint) / Flutanlage *f* (zur Beschichtung großflächiger sperriger Werkstücke)
**flow-coat paint** (Paint) / Flutlack *m* ‖ **~ room** (Electronics) / Beschirmungsraum *m*, Flow-Coat-Raum *m* (in dem der Leuchtschirm auf das Innere der Frontschale aufgebracht wird)
**flow control** (Comp) / Flussregelung *f* (DIN ISO 7498), Flusssteuerung *f*, Flusskontrolle *f* ‖ **~ control** (Hyd Eng) / Durchflussmengenregelung *f* ‖ **~ control** (Work Study) / Durchlaufüberwachung *f* (bei Fertigungsaufträgen)

**flow-control agent** (Paint) / Verlaufmittel *n* (das Nasslacken zu eben verlaufenden Filmen verhilft - DIN 55945), Ausgleichsmittel *n*, Verlaufverbesserer *m*, Verlaufhilfsmittel *n* ‖ **~ valve** (Hyd Eng, Phys) / Durchflussmengenregler *m*, Mengenregler *m*, Stromregelventil *n*, Strömungswächter *m* (Mengenregler)
**flow conveyor** (pneumatic or hydraulic conveyor) (Eng) / Strömungsförderer *m* (hydraulischer oder pneumatischer Stetigförderer) ‖ **~ cross-section** (Phys) / Strömungsquerschnitt *m* ‖ **~ cup** (Paint, Phys) / Auslaufbecher *m* (zur Beurteilung der Viskosität - DIN 53 211) ‖ **~ cup** (Plastics) / Prüfbecher *m* ‖ **~ curve** (Phys) / Fließkurve *f* (grafische Darstellung des Zusammenhanges zwischen Schubspannung und Geschwindigkeitsgefälle für eine einer Schichtenströmung unterworfene Flüssigkeit und für einen plastischen Stoff oberhalb der Fließgrenze nach DIN 1342, T 1) ‖ **~ detachment** (I C Engs) / Strahlablösung *f* (beim Durchstrom des Arbeitsmediums durch den Motorzylinder) ‖ **~** / Strömungsbild *n*, Strömungsfigur *f*, Strömungsdiagramm *n* ‖ **~ diagram** (Work Study) / Arbeitsablaufplan *m*, Fertigungsablaufplan *m* ‖ **~ diagram**\* (Work Study) / Fließschema *n*, Fließbild *n* (Darstellung des Aufbaus einer Produktionsanlage aus Verfahrensstufen) ‖ **~ direction** (Phys) / Flussrichtung *f* (in einem Flussdiagramm) ‖ **~ direction** (Phys) / Strömungsrichtung *f* ‖ **~ earth** (Geol) / Fließerde *f* (bei der Solifluktion)
**flower** *v* (Bot) / blühen *v* ‖ **be in ~** (Bot) / blühen *v*
**flowering ash** (For) / Blumenesche *f* (Fraxinus ornus L.), Mannaesche *f* ‖ **~ cornel** (For) / Blumenhartriegel *m* (Cornus florida L.), Dogwood *n* ‖ **~ dogwood** (For) / Blumenhartriegel *m* (Cornus florida L.), Dogwood *n* ‖ **~ hormone** (Biochem, Bot) / Florigen *n*, Blühhormon *n*
**flower oil** / Blütenöl *n* ‖ **~ pigment** (Bot, Chem) / Blütenfarbstoff *m* ‖ **~ preservative** / Blumenfrischhaltemittel *n*
**flowers**\* *pl* (Print) / Blumenzierstück *n*, Blumenstück *n*, Ziervignette *f* in Blumenform ‖ **~ of sulphur**\* (Chem) / Schwefelblüte *f* (Sulfur sublimatum), Schwefelblume *f*, Schwefelblumen *f pl*, sublimierter Schwefel
**flow factor** / Durchflusskennzahl *f* (des Schmieröls) ‖ **~ failure** (Civ Eng, Hyd Eng) / Zerstörung *f* (des Absperrbauwerkes) durch Abrutschen des durchnässten Bodens (Sohle und/oder Flanken) ‖ **~ FFF** (Chem Eng) / Querflussfraktionierung *f*, FFF (der Chromatografie ähnliches Verfahren zur Trennung von Makromolekülen), Flussfeld-Fluss-Fraktionierung *f*, Feld-Fluss-Fraktionierung *f* ‖ **~ field** (Phys) / Strömungsfeld *n* (das gesamte mit Flüssigkeit angefüllte Gebiet, das durch die Angabe des Geschwindigkeitsfeldes gekennzeichnet ist), Stromfeld *n* ‖ **~ figures** (Met) / Fließfiguren *f pl* (bei Stählen mit ausgeprägter Streckgrenze zu Beginn der plastischen Verformung auf den blanken Teilen auftretende schmale, verformte Zonen), Lüders'sche Linien *f pl*, Fließlinien *f pl* ‖ **~ filament** (thread of stream) (Phys) / Stromfaden *m* (der flüssige Inhalt der Stromröhre bei Rohrströmungen idealer Flüssigkeiten) ‖ **~ fold** (Geol) / Fließfalte *f* (die durch unregelmäßige Faltung entsteht), Gleitfalte *f* ‖ **~ forecasting** (Hyd Eng) / Abflussvorhersage *f* ‖ **~ forming** (Met) / Abstrecken *n*, Abstreckdrücken *n* (Umformen eines Hohlkörpers oder eines ebenen Zuschnitts), Abstreckziehen *n*, Drückwalzen *n* (Schrägwalzen von Hohlkörpern, über sich drehendem zylindrischem oder anders geformtem Drückfutter mit gewollter Wanddickenänderung - DIN 8583, T 2) ‖ **~ forming**\* (Met) s. also floturning ‖ **~ in** *v* / einfließen *v*, einlaufen *v* ‖ **~ indicator** (Eng) / Strömungswächter *m* (Gerät, das die Unterschreitung einer Mindestdurchflussmenge in einem Gerinne oder Rohr feststellt und meist einen Impuls abgibt, um zur Verhinderung des Trockenlaufens einer Pumpe diese abzuschalten) ‖ **~ indicator** (Eng, Instr, Phys) / Durchflussanzeiger *m*
**flowing** *n* (Phys) / Fließen *n*, Fluss *m*, Strömen *n*, Strömung *f* ‖ **~** *adj* / fließend *adj* ‖ **~ equilibrium** (Chem) / Fließgleichgewicht *n* (ein stationärer Zustand eines chemischen/biochemischen Systems, bei dem dauernd in genau aufeinander abgestimmten Mengen Edukte zugeführt und Produkte abgeführt werden) ‖ **~ glaze** (Ceramics) / Laufglasur *f* (die aufgrund ihrer Leichtflüssigkeit an geneigten Oberflächen eines keramischen Gegenstandes in Form von Schlieren oder Streifen herabläuft)
**flowing-off** *n* (Hyd, Phys) / Ausströmen *n*, Ausfließen *n*, Auslaufen *n*, Herausfließen *n*, Ablauf *m* (Tätigkeit), Abfluss *m* (das Abfließen)
**flowing of text** (around images) (Comp, Print) / Textfluss *m* (um Bilder herum) ‖ **~ power** (Foundry) / Formfüllungsvermögen *n* (Vermögen eines flüssigen Metalls, den Formhohlraum mit hoher Konturenschärfe abzubilden)
**flowing-through** *n* / Durchfluss *m* (im Allgemeinen nach DIN 5476)
**flowing water** (San Eng) / fließendes Wasser ‖ **~ well** (Geol, Hyd Eng) / artesischer Brunnen (bei dem das Wasser infolge eigenen Überdrucks aus einem gespannten Grundwasserhorizont zutage tritt) ‖ **~ well** (Hyd Eng) / gefasste Quelle ‖ **~ well** (Oils) / selbstausfließende Sonde, Eruptivsonde *f*, Eruptionssonde *f*,

**flowing**

selbstlaufende Sonde || **~ well-head pressure** (Oils) / Bohrlochkopffließdruck m, Speicherdruck m, Speicherschließdruck m

**flow-injection analysis** (Chem) / Fließinjektionsanalyse f (eine Durchflussanalyse), FIA

**flow in pipes** (Phys) / Rohrströmung f (meistens in einem kreiszylindrischen Rohr) || **~ line** (Cartography) / Band n || **~ line** (Comp) / Ablauflinie f (in einem Programmablaufplan) || **~ line** (Eng) / Bahnlinie f (auf der sich ein Werkstoffelement während der Umformung bewegt) || **~ line** (Geol) / Fließlinie f (in Plutoniten) || **~ line** (Oils) / Steigrohrstrang m || **~ line** (Phys) / Bahnlinie f (eine Kurve, die von den Flüssigkeitsteilchen durchlaufen wird)

**flow-line assembly** (Eng, Work Study) / Fließmontage f (nach dem Prinzip der Fließfertigung organisierter Montageprozess)

**flow•-line production*** (Work Study) / Fließfertigung f (Organisationstyp der Fertigung, z.B. Fließmontage von PKW-Motoren oder getaktete Bearbeitung von Bauteilen) || **~ lines*** (Met) / Fließfiguren f pl (bei Stählen mit ausgeprägter Streckgrenze zu Beginn der plastischen Verformung auf den blanken Teilen auftretende schmale, verformte Zonen), Lüders'sche Linien f pl, Fließlinien f pl || **~ marks** (Met) / Fließfiguren f pl (bei Stählen mit ausgeprägter Streckgrenze zu Beginn der plastischen Verformung auf den blanken Teilen auftretende schmale, verformte Zonen), Lüders'sche Linien f pl, Fließlinien f pl

**flow-measuring device** (Eng, Instr) / Durchflussmesser m, Strömungsmesser m

**flowmeter*** n (Eng, Instr, Phys) / Durchflussmesser m, Strömungsmesser m || **~** (Instr) / Mengenstrommesser m

**flow method** (Chem) / Strömungsmethode f (zur Ermittlung der Reaktionsgeschwindigkeit) || **~ moulding** (Plastics) / Intrusionsverfahren n, Förderguss m, Fließgießverfahren n, Fließgussverfahren n (modifiziertes Schneckenspritzgießen) || **~ near the wall** (Phys) / wandnahe Strömung || **~ net** (a net of equipotential lines and flow lines intersecting at right angles in a cross section of a dam) (Hyd Eng) / Potentialliniennetz n (Sickerströmung)

**flown hours** (Aero) / geleistete Stunden, geleistete Flugstunden

**flow noise** (Acous) / Strömungsrauschen n || **~ nozzle** (flow measurement) / Messdüse f (bei Wirkdruck-Druchflussmessern) || **~ nozzle** / Strömungsdüse f || **~ off** v / ausströmen v, herausfließen v, abströmen v || **~ of materials** (Work Study) / Materialfluss m (Weg des Materials vom Wareneingang durch die Fertigung bis zum Versand), Werkstofffluss m || **~ of power** (Eng) / Kraftfluss m || **~ of traffic** (Autos) / Verkehrsfluss m || **~ out** v / ablaufen v (Flüssigkeit) || **~ out** / ausfließen v, auslaufen v || **~ out** (Geol) / herausfließen v, ausströmen v, herausströmen v (Lava) || **~ over** / überströmen v, überfließen v, überlaufen v || **~ path** (Phys) / Stromlinie f || **~ pattern** (Phys) / Strömungsbild n, Strömungsfigur f, Strömungsdiagramm n || **~ pipe*** (Build) / Vorlaufleitung f (in der Warmwasserheizung) || **~ pipe** (Eng) / Abflussrohr n (für Kessel- oder Druckwasser) || **~ point** (Phys) / Fließpunkt m (bei Schmierfetten und Vaselinen) || **~ pressure** (Phys) / Strömungsdruck m || **~ probe** (Aero, Phys) / Strömungssonde f || **~ process*** (Glass) / Tropfenspeisung f (z.B. beim Speisertropfen-Blasverfahren) || **~ process chart** (Work Study) / Arbeitsablaufbogen m (eine spezielle Arbeitsablaufdarstellung) || **~ profile** (Phys) / Strömungsprofil n || **~ properties** (Phys) / Fließeigenschaften f pl, Ablaufeigenschaften f pl || **~ prover** / Prüfnormal n (Gasmessung) || **~ rate** (Biol) / Fließrate f (in einem Bioreaktor) || **~ rate** (Hyd) / Durchsatz m (die eine Rohrleitung passierende Fluidmenge), Durchflussmenge f, Durchfluss m (Quotient aus dem Flüssigkeitsvolumen, das einen bestimmten Fliessquerschnitt durchfließt, und der dazu benötigten Zeit) || **~ rate** (Phys) / Fließgeschwindigkeit f

**flow-rate controller** (Hyd Eng, Phys) / Durchflussmengenregler m, Mengenregler m, Stromregelventil n, Strömungswächter m (Mengenregler) || **~ of paint** (Paint) / Lackdurchsatz m (die Menge an Lackmaterial, die durch eine Pumpe, ein Sprühsystem oder eine Spritzpistole pro min durchgesetzt wird)

**flow-ratio control** / Durchflussverhältnisregelung f (z.B. eines Gas-Luft-Gemisches für einen Brennofen)

**flow recorder** (Eng, Instr) / Durchflussschreiber m || **~ recorder-controller** (Eng, Instr) / Durchflussschreiber m mit Mengenregelung || **~ regulator** (Hyd Eng, Phys) / Durchflussmengenregler m, Mengenregler m, Stromregelventil n, Strömungswächter m (Mengenregler) || **~ relay** (Elec Eng) / Strömungsüberwachungsrelais n || **~ resistance** (Aero, Phys) / Strömungswiderstand m (im Allgemeinen) || **~ restrictor** (Eng) / Durchflussbegrenzer m || **~ round** v / umspülen v, umfließen v, umströmen v || **~ schematic** / Ablaufschema n || **~ separation** (Phys) / Strömungsablösung f, Strömungsabriss m || **~ sheet** / Flussdiagramm n, Flussbild n, Durchflussplan m, Ablaufdiagramm n

**flowsheet** n (AI) / Flowsheet n (einer Wissensbasis) || **~*** (Work Study) / Fließschema n, Fließbild n (Darstellung des Aufbaus einer Produktionsanlage aus Verfahrensstufen)

**flow shop** (Work Study) / Werkstatt f mit Fließfertigung || **~ shop** (Work Study) / Betrieb m mit Fließfertigung || **~ slide** (Geol) / quasiviskoses Fließen, Schlammstrom m (im Hochgebirge), Breistrom m || **~ soldering** (Electronics) / Schwallbadlöten n, Schwalllöten n, Flow-Solder-Verfahren n, Durchgießlöten n, Fließlöten n, Wellenlöten n (zum Herstellen von Lötverbindungen auf gedruckten Leiterplatten)

**flow-soldering bath** (Electronics) / Schwallbad n (ein Lötbad), Wellenlötbad n

**flow stowing** (Mining) / Fließversatz m || **~ straightener** (Eng) / Gleichrichter m (bei den Strömungsmaschinen) || **~-structure*** n (Geol) / Fluidaltextur f, Fluidalgefüge n, Fließgefüge n, Fluidalstruktur f

**flow-table test** (Build, Civ Eng) / Ausbreitversuch m (DIN 1048)

**flow-test** n (Build, Civ Eng) / Ausbreitversuch m (DIN 1048)

**flow texture** (Geol) / Fluidaltextur f, Fluidalgefüge n, Fließgefüge n, Fluidalstruktur f || **~ through** v / durchströmen v || **~** (of a viscous fluid) **through a pipe** (of circular cross section) (Phys) / Rohrströmung f (meistens in einem kreiszylindrischen Rohr) || **~ through a pipe** (Phys) / Rohrströmung f (meistens in einem kreiszylindrischen Rohr) || **~ transition** (Hyd Eng) / Fließwechsel m || **~ tube** (Phys) / Stromröhre f (die Gesamtheit der durch eine kleine geschlossene Kurve gehenden Stromlinien) || **~ turning** (Eng) / Projizierstreckdrücken n || **~ variability** (Hyd Eng) / Fließwechsel m || **~ variation** (Hyd Eng) / Fließwechsel m || **~ velocity** (Phys) / Fließgeschwindigkeit f || **~ visualization** (Phys) / Sichtbarmachung f von Strömungen (in Gasströmungen mit farbigem Nebel, auf Körperoberflächen mit der Anstrichmethode) || **~ washer** / Durchlaufwaschmaschine f || **~ washing machine** / Durchlaufwaschmaschine f || **~ welding** (Welding) / Fließschweißen n

**flox** n (fluorinated liquid oxygen) / Flox n (Gemisch von Flüssigsauerstoff und Flüssigfluor)

**Floyd-Evans production** (Comp) / Floyd-Evans-Produktion f (eine Programmiersprache für Kellerautomaten)

**Floyd tester** / Floyd-Schmierölprüfer m

**fl oz** (GB) / ein veraltetes Flüssigkeitsmaß = 28,4131 cm³

**FLR** (flare) (Aero, Mil) / Leuchtrakete f, Leuchtsignal n || **~** (forward-looking radar) (Radar) / Voraussichtradar m n (mit Abstrahlung in Flugrichtung), vorwärts schauendes Radar (gewöhnlich ein Luftfahrzeugradar mit einer Antennenkeule rund um die Vorwärtsrichtung mit verschiedenen Radarmodi zum Suchradar, Feuerleitradar), vorwärts schauendes Radargerät, Vorwartssichtradar m n

**fluate** n (Chem) / Hexafluorosilicat n, Hexafluorosilikat n, Fluorosilikat n, Fluat n, Fluorosilicat n

**flucan** n (Mining) / Kluftletten m

**fluctuate** v / fluktuieren v, schwanken v (zeitlich)

**fluctuating bond** (Chem) / fluktuierende Bindung (z.B. bei Bullvalen) || **~ consumption** / schwankender Verbrauch || **~ load** (Materials, Mech) / Dauerschwingbeanspruchung f || **~ noise** (Acous, Ecol) / Lärm m mit schwankendem Pegel || **~ stress** (Mech) / Wechselbeanspruchung f, wechselnde Spannung, Wechselspannung f || **~ target** (Radar) / Ziel n mit fluktuierende Rückstreufläche, fluktuierendes Ziel

**fluctuation** n (Phys) / Schwankung f (zeitliche), Fluktuation f

**fluctuation-dissipation theorem** (Phys) / Fluktuations-Dissipations-Theorem n, FDT (allgemeiner Zusammenhang zwischen der linearen Reaktion eines Gleichgewichtssystems auf schwache äußere Störungen und den zeitlichen Korrelationen von Gleichgewichtsschwankungen)

**fluctuation in temperature** (Phys) / Temperaturschwankung(en) f(pl) || **~ in vacuum** (Phys) / Vakuumschwankung f, Vakuumfluktuation f (in der Quantenfeldtheorie) || **~ noise** (Acous) / stochastisches Rauschen, Rauschschall m (DIN 1320), zufällig verteiltes Rauschen || **~ noise*** (Acous) / Stromrauschen n, Funkelrauschen n || **~ of pitch of a tone** (Acous) / Tonhöhenschwankung f || **~ of water table** (Geol) / Grundwasserspiegelschwankung f

**fluctuations of the mains frequency** (Elec Eng, Telecomm) / Netzfrequenzschwankungen f pl

**fluctuation velocity** (Phys) / Schwankungsgeschwindigkeit f

**flue** n (of the furnace, kiln) / Ofenzug m || **~*** (Build) / Schornsteinzug m (das einzelne Rauchrohr), Schornsteinfuchs m, Zug m (das einzelne Rauchrohr), Heizzug m, Rauchabzug m, Feuerzug m, Fuchs m (Abzugskanal einer Feuerung) || **~** (Textiles) / Faserstaub m || **~ ash** / Flugasche f (niedergeschlagener Flugstaub - nach DIN EN 450 und 451) || **~ block** (Build) / Schornsteinformstück n, Schornsteinblock m, Schornsteinfertigteilstein m || **~ bridge*** (Build) / Feuerbrücke f (meist aus feuerfesten Steinen aufgemauerte, von Öffnungen durchbrochene Wand, die den Feuerraum vom eigentlichen Ofenraum trennt)

**flued appliance** / Gasfeuerstätte *f* (Gasverbrauchseinrichtung vom Typ B)
**flue dust** (Ecol) / Flugstaub *m* (die von Verbrennungsgasen mitgeführten, mechanisch mitgerissenen oder aus dem Dampfzustand bei Abkühlung kondensierten festen Stoffteilchen) || ~ **dust** (Ecol, Met) / Flugstaub *m* (ein an verwertbaren Metallen angereicherter Staub) || ~ **dust** (Met) / Hüttenrauch *m* (mit Flugstaub vermischte Abgase) || ~ **for multifuel appliances** (Build) / gemischtbelegter Schornstein (durch den Rauchgas von Feuerstätten für feste und/oder flüssige Brennstoffe und Abgase von Gasfeuerstätten abgeführt werden) || ~ **gas*** (Ecol) / Rauchgas *n*, Abgas *n* (das den Rohrstutzen des Ofens verlassende Verbrennungsgas)
**flue-gas analysis** (Ecol) / Rauchgasanalyse *f* || ~ **cleaning** (Ecol) / Rauchgasreinigung *f* || ~ **denitrogenation** (Chem Eng, Ecol) / Rauchgasentstickung *f* || ~ **desulphurization** (Chem Eng, Ecol) / Rauchgasentschwefelung *f* (Absorptions- oder Adsorptionsverfahren), RE (Rauchgasentschwefelung)
**flue-gas-driven superheater** (Eng) / rauchgasbeheizter Überhitzer
**flue-gas drying** (For) / Rauchgastrocknung *f*, Feuergastrocknung *f* || ~ **mass flow** (Ecol) / Rauchgasmassenstrom *m* || ~ **outlet** (Eng) / Rauchgasaustritt *m* || ~ **recirculation** (Eng) / Rauchgasrücksaugung *f* || ~ **seasoning** (For) / Rauchgastrocknung *f*, Feuergastrocknung *f*
**flue-gas-swept** *adj* / rauchgasbestrichen *adj*
**flue-gas temperature*** (Heat) / Rauchgastemperatur *f* || ~ **tester** (Ecol) / Rauchgasprüfer *m*
**flue gathering*** (Build) / Rauchkanal *m* zum Fuchs
**flueless appliance** / Gasgerät *n* (Gasverbrauchsenrichtung vom Typ A)
**flue lining*** (Build) / Schornsteineinsatzrohr *n*
**fluellite** *n* (Min) / Fluellit *m* (ein Mineral der Türkis-Reihe)
**flue loss** (Build) / Schornsteinverlust *m*, Fuchsverlust *m*
**fluence** *n* (Radiol) / Fluenz *f* (Energie-, Teilchen-) (DIN 6814,T 2) || ~ **rate** (Nuc) / Teilchenflussdichte *f*, Teilchenflussleistung *f*
**flue pipe** (Build) / Rauchrohr *n* (das die Feuerstätte mit dem Rauchschornstein verbindet)
**fluerics** *n* (Automation) / Fluidik *f* (Steuer- und Verknüpfungstechnik), strömungsmechanische Schaltkreistechnik
**flue terminal** (Build) / Windkappe *f* (Schornsteinaufsatz), Schornsteinaufsatz *m* (zur Verbesserung der Schornsteinwirkung), Schornsteinkappe *f*, Windhutze *f*, Helm *m* (des Schornsteins)
**flueway** *n* (Build) / lichter Durchmesser des Schornsteinzuges
**fluff** *v* (Foundry) / auflockern *v* (Formsand) || ~* *n* (Paper, Print) / Fusseln *f pl*, Papierstaub *m*, Flusen *f pl* || ~ (Textiles) / Flugbildung *f* || ~ (Textiles) / Fluse *f* || ~ (Textiles) / Flug *m*, Faserflug *m* || ~ (Textiles) / Wollhaare *n pl*, Flaumhaare *n pl*, Flaum *m* (die das Unterhaar bildenden Haare), Daune *f* (kleine, zarte Feder mit weichem Kiel, die sich unter den Deckfedern der Vögel befindet)
**fluffing** *n* (Foundry) / Auflockerung *f* (z.B. des Formsandes) || ~ (Leather) / Schleifen *n* (der Fleischseite bei den Velours-Bekleidungsledern), Dollieren *n* (bei trockenen Ledern), Abbimsen *n* (bei feuchten Ledern), Dolieren *n* || ~* (Paper, Print) / Linting *n*, Stauben *n* des Papiers || ~ (Textiles) / Flusen *n* (DIN ISO 2424)
**fluffy** *adj* (oxide scale) / flockig *adj* (Oxidschicht), locker *adj* (Oxidschicht) || ~ (Textiles) / flauschig *adj*, wollig *adj* (von flauschig weicher Oberfläche) || ~ **go** ~ (Textiles) / flusen *v* || ~ **stuff** (Meteor) / trockener Pulverschnee
**fluid*** *n* (Phys) / gestaltloses Medium, Fluid *n* (allgemeine Bezeichnung für strömende Flüssigkeit oder strömendes Gas - DIN 1342, T 1) || ~ *adj* / fließfähig *adj* || ~ / flüssig *adj*, fluid *adj* || ~ / fluid *adj* (Symbol fl, Zusatz zu den veraltenden Flüssigkeitsmaßen in den Vereinigten Staaten, um Verwechslungen mit gleichnamigen Maßen, z.B. der Masse, zu vermeiden) || ~ / fließend *adj* (Grenze)
**fluidal** *adj* / Fluid-, fluidal *adj* || ~ **texture** (Geol) / Fluidaltextur *f*, Fluidalgefüge *n*, Fließgefüge *n*, Fluidalstruktur *f*
**fluid bed** (Chem Eng) / Wirbelschicht *f*, Wirbelbett *n*, Fließbett *n*, Fluidbett *n*
**fluid-bed adsorption** (Chem Eng) / Fließbettadsorption *f* || ~ **catalyst** (Chem Eng) / Wirbelbettkatalysator *m*, Fließbettkatalysator *m*, Fluidbettkatalysator *m* || ~ **firing** (Chem Eng) / Wirbelschichtfeuerung *f* (wenn die Kohle zusammen mit Zuschlagstoffen durch von unten eingeblasene Verbrennungsluft in Schwebe gehalten wird), WSF (Wirbelschichtfeuerung) || ~ **gasification** (Chem Eng) / Wirbelschichtvergasung *f*, Wirbelbettvergasung *f*, Fließbettvergasung *f*, Fluidbettvergasung *f* || ~ **powder sintering** (Paint, Plastics) / Wirbelsintern *n* (mit aufgewirbeltem Pulver von Kunststoffen mit engem Schmelzbereich), Wirbelsinterbeschichten *n*, elektrostatisches Wirbelbadverfahren || ~ **reactor** (Chem Eng) / Wirbelbettreaktor *m*, Fließbettreaktor *m*, Fluidbettreaktor *m* || ~ **roaster** (Chem Eng) / Wirbelschichtröstofen *m*, Wirbelschichtofen *m* (zum Rösten feinkörnigen Erzes nach dem Wirbelschichtverfahren) || ~ **technique** (Chem Eng) / Staubfließtechnik *f*

**fluid brake** / Flüssigkeitsbremse *f* (im Allgemeinen) || ~ **capacities** (Autos) / Füllmengen *f pl* (nach dem Handbuch) || ~ **catalytic cracking** (Chem Eng) / Fluid Catalytic Cracking, FCC (Fluid Catalytic Cracking), katalytische Krackung in der Wirbelschicht || ~ **catalytic cracking** (Oils) / FCC-Verfahren *n* (ein Wirbelbettverfahren) || ~ **cat cracking** (Chem Eng) / Fluid Catalytic Cracking, FCC (Fluid Catalytic Cracking), katalytische Krackung in der Wirbelschicht || ~ **chromatography** (Chem) / Chromatografie *f* mit überkritischen Fluiden, superkritische Fluidchromatografie (ein chromatografisches Verfahren, bei dem Gase im superkritischen Zustand als mobile Phase benutzt werden), SFC (superkritische Fluidchromatografie), Fluid-Chromatografie *f* (in der Gase im superkritischen Zustand als mobile Phase benutzt werden) || ~ **coking** (Chem Eng) / Fluid Coking *n* (ein verkokendes Verfahren, bei dem das Einsatzöl in eine heiße Wirbelschicht aus Kokspartikeln und Dampf eingespritzt wird) || ~ **compass** / Fluidkompass *m*, Schwimmkompass *m* || ~ **coupling** (Eng) / Turbokupplung *f*, hydrodynamische Kupplung, Flüssigkeitskupplung *f* (zur stufenlosen Drehzahlanpassung ohne Drehmomentwandlung als stoß- und schwingungsdämpfender Überlastschutz), hydraulische Kupplung, Strömungskupplung *f*, Föttinger-Kupplung *f* || ~ **drive** (Autos) / automatisches Flüssigkeitsgetriebe || ~ **dynamic machine** (Eng) / Strömungsmaschine *f* (eine Maschine, die von einem Medium stetig durchströmt wird und von diesem Energie annimmt oder Energie an das Medium abgibt - Turbinen, Kompressoren, Pumpen) || ~ **dynamics** (Mech) / Strömungsdynamik *f*, Strömungslehre *f* (ein Teilgebiet der Mechanik, die Lehre von der Bewegung der Flüssigkeiten und der Gase) || ~ **dynamic-type machine** (Eng) / Strömungsmaschine *f* (eine Maschine, die von einem Medium stetig durchströmt wird und von diesem Energie annimmt oder Energie an das Medium abgibt - Turbinen, Kompressoren, Pumpen) || ~ **energy** (Phys) / Fluidenergie *f* || ~ **engine** (Eng) / Fluidmotor *m* (eine Kraftmaschine) || ~ **entrainment pump** (Vac Tech) / Treibmittelvakuumpumpe *f* || ~ **erosion** (Geol) / Flüssigkeitserosion *f* (durch die Wirkung eines strömenden Mediums) || ~ **extract** (Pharm) / Fluidextrakt *m n*, Extractum fluidum *n* || ~ **film** (Eng) / Schmierfilm *m* (z.B. bei verschleißlosen Lagern)

**fluid-film bearing** (Eng) / hydrodynamisch geschmiertes Lager, verschleißloses Lager (bei dem die Welle und Lagerschale durch einen Schmierfilm getrennt sind) || ~ **lubrication** / Flüssigkeitsschmierung *f*, Vollschmierung *f*, ideale Schmierung (die zur Flüssigkeitsreibung führt)

**fluid flow** (Phys) / Flüssigkeitsströmung *f* || ~ **flow** (Phys) / Fluidströmung *f*

**fluid-flow machine** (Eng) / Strömungsmaschine *f* (eine Maschine, die von einem Medium stetig durchströmt wird und von diesem Energie annimmt oder Energie an das Medium abgibt - Turbinen, Kompressoren, Pumpen)

**fluid flywheel*** (Eng) / Drehmomentwandler *m* (hydrodynamischer), Föttinger-Getriebe *n*, Föttinger-Wandler *m* (zur stufenlosen Drehzahlanpassung und Drehmomentwandlung zwischen Kraft- und Arbeitsmaschinen), Föttinger-Transformator *m*, Strömungsgetriebe *n*, dynamisches Flüssigkeitsgetriebe, hydrodynamisches Getriebe *n* || ~ **friction** (Phys) / Flüssigkeitsreibung *f*, flüssige Reibung (Stribeck-Kurve) || ~ **head** (Cinema) / mit Flüssigkeit gebremster Neigekopf, Hydrokopf *m* (mit Ziehfetten gedämpfter Schwenkkopf für Kameras)

**fluidic device** / Fluidic *n* (ein pneumatisches logisches Bauelement mit Schaltverhalten, bei dem ein Luftstrahl durch einen zweiten abgelenkt wird) || ~ (hydraulic and/or pneumatic) **power transmission** / fluidischer Antrieb || ~ **power transmission** / fluidische Energieübertragung

**fluidics*** *n* (Automation) / Fluidik *f* (Steuer- und Verknüpfungstechnik), strömungsmechanische Schaltkreistechnik

**fluidic sensor** / fluidischer Sensor (taktiler Sensor, bei dem sowohl das abtastende Medium als auch das zu erfassende Objekt in allen drei Aggregatzuständen vorliegen kann)

**fluidification** *n* / Fluidifikation *f* (Umwandlung in rieselfähiges, nicht verbackendes Pulver - z.B. bei Düngemitteln), Ausflockung *f* (Fluidifikation)

**fluidify** *v* / fluidifizieren *v*

**fluid inclusion*** (Geol) / Flüssigkeitseinschluss *m* || ~ **inclusion*** (Min) / fluider Einschluss

**fluid-in-shear device** (Autos) / Viskosekupplung *f*, Visko-Kupplung *f*, Visco-Kupplung *f*, Ferguson-Kupplung *f* (eine gekapselte Lamellenkupplung, bei der die Lamellen in einer hochviskosen Flüssigkeit laufen)

**fluidisation** *n* (GB) / Auflockerung *f* (bei pneumatischen Fördermitteln) || ~ (GB) (Chem, Met) / Fluidisieren *n*, Fluidisation *f*

**fluidisation**

(Herbeiführen des Fließbettzustandes) || ~ (GB) (Geol) / Fluidisation f (bei vulkanischen Prozessen)
**fluidity** n (Chem Eng) / Schüttbarkeit f, Rieselvermögen n, Rieselfähigkeit f (DIN 53 492) || ~ (Foundry) / Formfüllungsvermögen n (Vermögen eines flüssigen Metalls, den Formhohlraum mit hoher Konturenschärfe abzubilden) || ~ (Phys) / Fließfähigkeit f, Fließvermögen n || ~* (the reciprocal of viscosity) (Phys) / Fluidität f (Kehrwert der dynamischen Viskosität nach DIN 1342, T 1) || ~* (Phys) / Flüssigkeit f (Zustand) || ~ (Foundry) s. also castability || ~ **helix** (Foundry) / Gießspirale f (horizontal gelagerte, spiralförmige Kokille zur Prüfung der Gießeigenschaften metallischer Werkstoffe) || ~ **improver** (Fuels) / Fließverbesserer m (Zusatz für Dieselkraftstoffe und leichtes Heizöl) || ~ **spiral** (Foundry) / Gießspirale f (horizontal gelagerte, spiralförmige Kokille zur Prüfung der Gießeigenschaften metallischer Werkstoffe)
**fluidization** / Auflockerung f (bei pneumatischen Fördermitteln) || ~* (Chem, Met) / Fluidisieren n, Fluidisation f (Herbeiführen des Fließbettzustandes) || ~ (Geol) / Fluidisation f (bei vulkanischen Prozessen)
**fluidized bed*** (Chem Eng) / Wirbelschicht f, Wirbelbett n, Fließbett n, Fluidbett n
**fluidized-bed adsorption** (Chem Eng) / Fließbettadsorption f || ~ **catalyst** (Chem Eng) / Wirbelschichtkatalysator m, Fließbettkatalysator m, Fluidbettkatalysator m || ~ **coating** (Paint, Plastics) / Wirbelsintern n (mit aufgewirbeltem Pulver von Kunststoffen mit engem Schmelzbereich), Wirbelsinterbeschichten n, elektrostatisches Wirbelbadverfahren || ~ **coating powder** (Paint, Plastics) / Wirbelsinterpulver n || ~ **combustion** / Verbrennung f in der Wirbelschicht || ~ **firing** (Chem Eng) / Wirbelschichtfeuerung f (wenn die Kohle zusammen mit Zuschlagstoffen durch von unten eingeblasene Verbrennungsluft in Schwebe gehalten wird), WSF (Wirbelschichtfeuerung) || ~ **gasification** (Chem Eng) / Wirbelschichtvergasung f, Wirbelbettvergasung f, Fließbettvergasung f, Fluidbettvergasung f || ~ **gasifier** (Chem Eng) / Winkler-Generator (ein alter Gaserzeuger nach F. Winkler, 1888-1950) || ~ **pyrolysis** (Chem Eng) / Pyrolyse f in der Wirbelschicht || ~ **reactor** (Chem Eng) / Wirbelbettreaktor m, Fließbettreaktor m, Fluidbettreaktor m
**fluidized-bed reactor*** (Nuc Eng) / Reaktor m mit fluidisiertem Brennstoff (bei dem das Brennstoff- und Moderatorgemisch ein Bett fester Teilchen bildet, das vom Kühlmittel fluidisiert wird)
**fluidized-bed technique** (Chem Eng) / Staubfließtechnik f
**fluidized combustion** / Verbrennung f in der Wirbelschicht || ~ **reactor** (Nuc Eng) / Reaktor m mit fluidisiertem Brennstoff (bei dem das Brennstoff- und Moderatorgemisch ein Bett fester Teilchen bildet, das vom Kühlmittel fluidisiert wird)
**fluidizing conveyor** / Druckluftförderrinne f, pneumatische Förderrinne f || ~ **point** (Chem, Met) / Wirbelpunkt m (Zustand, bei dem in einer Wirbelschicht das Festbett in ein Fließbett übergeht)
**fluid lens** (Optics, Photog) / Flüssiglinse (ein Tropfen leitfähiger Flüssigkeit, der sich durch elektrische Spannung entsprechend verformt) || ~ **logic** (Automation) / Fluidik f (Steuer- und Verknüpfungstechnik), strömungsmechanische Schaltkreistechnik || ~ **lubrication*** / Flüssigkeitsschmierung f, Vollschmierung f, ideale Schmierung (die zur Flüssigkeitsreibung führt) || ~ **machinery** (Eng) / Strömungsmaschinen f pl
**fluidmechanical** adj (Mech) / strömungsmechanisch adj
**fluid mechanics** (Mech) / Strömungsmechanik f (Lehre vom Gleichgewicht und der Bewegung der Fluide) || ~ **mechanics** s. also hydromechanics || ~ **mixer** (Chem Eng) / Compoundmischer m, Kompoundmischer m, Fluidmischer m || ~ **mortar** (Build) / Gussmörtel m || ~ **motion** (Phys) / Flüssigkeitsströmung f || ~ **mover** (Eng) / Strömungsmaschine f (eine Maschine, die von einem Medium stetig durchströmt wird und von diesem Energie annimmt oder Energie an das Medium abgibt - Turbinen, Kompressoren, Pumpen) || ~ **needle*** (Paint) / Farbnadel f (der Spritzpistole) || ~ **ounce** (GB) / ein veraltetes Flüssigkeitsmaß = $28,4131 \text{ cm}^3$ || ~ **ounce** (US) / ein veraltetes Flüssigkeitsmaß = $29,5735 \text{ cm}^3$ || ~ **passage** (Mining) / Spülkanal m (in Bohrwerkzeugen) || ~**-power** attr / Druckwasser-, Drucköl-, Öldruck-, hydraulisch adj (mit Flüssigkeit arbeitend), Hydraulik-, druckölbetätigt adj
**fluid-power system** / Fluidtechnik f (als Anlage) || ~ **transmission** / fluidische Energieübertragung
**fluid pressure** (Hyd) / Flüssigkeitsdruck m (hydrostatischer Druck, hydrodynamischer Druck) || ~ **pump** (Eng) / Fluidpumpe f || ~ **resistance** (Aero, Phys) / Strömungswiderstand m (im Allgemeinen)
**fluid-ring pump** (Vac Tech) / Flüssigkeitsringpumpe f, Flüssigkeitsringvakuumpumpe f
**fluid semiconductor** (Electronics) / flüssiger Halbleiter || ~ **shock absorber** / Flüssigkeitsstoßdämpfer m || ~ **slag** (Met) / gutflüssige Schlacke, Laufschlacke f, kurze Schlacke || ~ **statics** (the study of the forces and pressures on gases and liquids at rest) (Mech) / Statik f

im deformierbaren Medium || ~ **tank** (Autos) / Ausgleichsbehälter m (z.B. für die Bremsflüssigkeit) || ~ **technology** (US) / Hydraulik f und Pneumatik, Fluidtechnik f || ~ **tip** (Paint) / Farbdüse f (der Spritzpistole) || ~ **transmission** (Eng) / Föttinger-Getriebe n (als Kupplung, Wandler oder hydrodynamische Bremse eingesetzt - nach H. Föttinger, 1877-1945) || ~ **transmission** (Eng) / Fluidgetriebe n || ~ **volume** (Phys) / Flüssigkeitsvolumen n
**fluing arch*** (Arch, Build, Civ Eng) / Kegelgewölbe n (Tonnengewölbe mit endlichem Schnittpunkt der Scheitel- und Kämpferlinien)
**fluke*** n (Ships) / Flunke f (des Ankers)
**flume** n (Build, Civ Eng) / Betonverteilungsrutsche f, Betonrutsche f || ~ (For) / Schwemmrinne f (zum Transport der Sägeblöcke vom Rundholzplatz zur Sägehalle) || ~ (Geol) / Wildbachschlucht f, Tobel m (Abzugskanal eines Wildbaches) || ~ (Hyd Eng) / Kanal m (künstlich hergestellter Wasserlauf), künstliches Gerinne, künstlicher Wasserlauf || ~ (Mining) / Wasserrösche f, Wasserseige f (in der Streckensohle befindlicher Graben, in dem die anfallenden Grubenwässer zum Schachtsumpf geleitet werden), Seige f || ~ (Mining) / Gefluder n (Rinne zum Ableiten von Wasser) || ~ (Nut) / Verzugskanal m (beim Ambler-Streckwerk) || ~ **stabilizing** (Ships) / Schlingerdämpfung f mit Hilfe von Schlingertanks
**fluoaluminate** n (Chem) / Fluoraluminat n
**fluoboric acid** (Chem) / Fluorborsäure f ($HBF_4$), Tetrafluoroborsäure f, Borfluorwasserstoffsäure f
**fluolite** n (Geol) / Pechstein m (altes Glas mit über 4% Wasser)
**Fluon*** n (Chem) / Fluon n (Polytetrafluorethylen von ICI)
**fluoranthene** n (Chem, Pharm) / Fluoranthen n
**fluorapatite*** n (Min) / Fluorapatit m (häufigster Apatit)
**fluor crown glass** (Glass) / Fluorkron n, Fluorkronglas n, FK (Fluorkronglas)
**fluorene*** n (dibenzocyclopentadiene) (Chem, Pharm) / Fluoren n (ein kondensierter polycyclischer aromatischer Kohlenwasserstoff)
**fluoresce** v (Phys) / fluoreszieren v (bei Bestrahlung aufleuchten)
**fluorescein*** n (Chem) / Resorzinphthalein n, Fluorescein n, Fluoreszein n (ein Farbstoff), Resorcinphthalein n || ~ **isothiocyanate*** (Chem) / Fluoresceinisothiocyanat n, Fluoreszeinisothiozyanat n, FITC (Fluoresceinisothiocyanat)
**fluorescence*** n (Light, Phys) / Fluoreszenz f (Kolumineszenz) || ~ (Oils) / Fluoreszenz f (der Mineralöle)
**fluorescence-activated cell sorter** (Cyt) / fluoreszenzaktivierter Zellsortierer, FACS || ~ **display** (Comp, Phys) / fluoreszenzangeregte Anzeigeeinheit, Flüssigkristallanzeigeeinheit f mit einer zusätzlichen fluoreszierenden Schicht, FLAD (fluoreszenzangeregte Anzeigeeinheit)
**fluorescence analysis** (Chem, Spectr) / Fluoreszenzanalyse f (Röntgenspektralanalyse, Spektralanalyse) || ~ **collector** / Fluoreszenzkollektor m (ein Solarkollektor) || ~ **enhancing** / Fluoreszenzverstärkung f || ~ **indicator** (Chem) / Fluoreszenzindikator m (ein Indikatorfarbstoff bei der Titration)
**fluorescence-indicator analysis** (Chem) / Fluoreszenz-Indikator-Analyse f, FIA (Fluoreszenz-Indikator-Analyse)
**fluorescence microscope** (Micros) / Fluoreszenzmikroskop n, Lumineszenzmikroskop n || ~ **microscopy*** (Micros) / Fluoreszenzmikroskopie f, Lumineszenzmikroskopie f
**fluorescence-penetrant inspection** (Materials) / Fluoreszenzverfahren n
**fluorescence probe** / Fluoreszenzsonde f || ~ **quenching** (Phys) / Fluoreszenzlöschung f || ~ **sensor** / Fluoreszenzsensor m (optoelektronischer Positionssensor) || ~ **spectroscopy** (Spectr) / Fluoreszenzspektroskopie f || ~ **spectrum** (emission spectrum of fluorescence in which an atom or molecule is excited by absorbing light and then emits light of characteristic frequencies) (Spectr) / Fluoreszenzspektrum n || ~ **titration** (Chem) / Fluoreszenztitration f || ~ **X-radiation*** (Radiol) / Röntgenfluoreszenzstrahlung f, charakteristische Strahlung (der Atome), charakteristische Röntgenstrahlung, Eigenstrahlung f, Fluoreszenzröntgenstrahlung f
**fluorescent** adj (Phys) / fluoreszent adj, fluoreszierend adj, Fluoreszenz- || **be** ~ (Phys) / fluoreszieren v (bei Bestrahlung aufleuchten) || ~ **bleaching agent** (Textiles) / Fluoreszenzbleichmittel n || ~ **brightener*** (Textiles) / optischer Aufheller (Fluoreszenzfarbstoff, der UV-Licht absorbiert und längerwelliges blaues Licht emittiert), Weißtöner m, Blankophor m (auf der Basis von Stilben- oder Pyrazolderivaten - Warenzeichen der Firma Bayer) || ~ **display** (Comp, Phys) / Fluoreszenzanzeige f || ~ **dye** (Biol, Micros, Paint, Print) / Leuchtfarbstoff m, Fluoreszenzfarbstoff m || ~ **examination method** (Materials) / Fluoreszenzverfahren n (eine zerstörungsfreie Werkstoffprüfung), Eindringverfahren n (mit Fluoreszenzmittel) || ~ **indicator** (Chem) / Fluoreszenzindikator m (ein Indikatorfarbstoff bei der Titration) || ~ **ink** (Print) / Fluoreszenzdruckfarbe f, fluoreszierende Druckfarbe (eine Leuchtdruckfarbe) || ~ **lamp*** (Elec Eng) / Leuchtstoffröhre f,

Leuchtstofflampe f (DIN 49862), L-Lampe f ‖ ~ **magnetic particle inspection** (Materials) / Fluoreszenzverfahren n (eine zerstörungsfreie Werkstoffprüfung), Eindringverfahren n (mit Fluoreszenzmittel) ‖ ~ **map** (Cartography) / selbstleuchtende Karte, Fluoreszenzkarte f

**fluorescent-mercury lamp** (an electric-discharge lamp having a high-pressure mercury arc in an arc tube) (Elec Eng) / Leuchtröhre f (rohrförmige Entladungslampe mit höherer Wechselspannung)

**fluorescent paint** (Paint) / Fluoreszenzfarbe f ‖ ~ **penetrant inspection** (Materials) / Fluoreszenzverfahren n (eine zerstörungsfreie Werkstoffprüfung), Eindringverfahren n (mit Fluoreszenzmittel) ‖ ~ **penetration test** (Materials) / Fluoreszenzverfahren n (eine zerstörungsfreie Werkstoffprüfung), Eindringverfahren n (mit Fluoreszenzmittel) ‖ ~ **pigment** (Paint) / Fluoreszenzpigment n, Tagesleuchtpigment n ‖ ~ **probe** / Fluoreszenzsonde f ‖ ~ **reflector lamp** / Reflexionsleuchtstoffröhre f ‖ ~ **screen**\* (Electronics) / Fluoreszenzschirm m, Leuchtschirm m ‖ ~ **strip light** (Elec Eng) / Leuchtstoffröhre f, Leuchtstofflampe f (DIN 49862), L-Lampe f ‖ ~ **whitening agent**\* (Textiles) / optischer Aufheller (Fluoreszenzfarbstoff, der UV-Licht absorbiert und längerwelliges blaues Licht emittiert), Weißtöner m, Blankophor m (auf der Basis von Stilben- oder Pyrazolderivaten - Warenzeichen der Firma Bayer)

**fluorescing** adj (Phys) / fluoreszent adj, fluoreszierend adj, Fluoreszenz-

**fluoridation**\* n (San Eng) / Fluoridierung f (des Trinkwassers, der Milch, der Zahnpflegemittel)

**fluoride** n (Chem) / Fluorid n (Salz der Flusssäure) ‖ ~ **opal glass** (Glass) / fluorgetrübtes Glas

**fluoridization** n (San Eng) / Fluoridierung f (des Trinkwassers, der Milch, der Zahnpflegemittel)

**fluoridized finish** (Textiles) / Fleckenschutzausrüstung f mit Fluorchemikalien

**fluorimeter**\* n (Radiol, Spectr) / Fluorimeter n (Spektralfotometer, mit dem das durch Bestrahlung der zu untersuchenden Substanz hervorgerufene Fluoreszenzlicht einer sepktralen Analyse unterworfen wird), Fluorometer n

**fluorimetric** adj (Chem, Spectr) / fluorometrisch adj, fluorimetrisch adj

**fluorimetry**\* n (Chem, Min Proc, Spectr) / Fluorimetrie f, Fluorometrie f

**fluorinate** v (Chem) / fluorieren v

**fluorinated ethene propene**\* (Chem) / fluoriertes Ethylen-Propylen-Kopolymerisat (ein Fluorkarbon), Fluorethylenpropylen n ‖ ~ **hydrocarbons** (Chem) / Fluorkohlenwasserstoffe m pl (teilfluorierte Kohlenwasserstoffe - heute weitgehend verboten), Fluorkohlenstoffe m pl (perfluorierte Kohlenwasserstoffe), Fluorkarbone n pl, Fluorcarbone n pl, FKW (Fluorkohlenwasserstoffe) ‖ ~ **propylene-ethylene resin** (Plastics) / fluoriertes Ethylen-Propylen-Kopolymerisat ‖ ~ **rubber** (Chem Eng) / Fluorkautschuk m, FKM ‖ ~ **solvent** / fluorhaltiges Lösungsmittel ‖ ~ **surfactant** (Chem) / Fluortensid n (das als hydrophobe Gruppe einen Perfluoralkylrest trägt)

**fluorinating agent** (Chem) / Fluorierungsmittel n

**fluorination**\* n (Chem) / Fluorierung f, Fluorieren n (Einführung von Fluoratomen in eine chemische Verbindung anstelle anderer Atome oder Atomgruppen) ‖ ~ (San Eng) / Fluoridierung f (des Trinkwassers, der Milch, der Zahnpflegemittel)

**fluorine**\* n (Chem) / Fluor n, F (Fluor)

**fluorine-containing polymer** (Chem, Plastics) / Fluorpolymer n, Fluorkunststoff m

**fluorine rubber** / Fluorkautschuk m

**fluorite**\* n (Min) / Flussspat m, Fluorit m ‖ ~ **objective** (Photog) / Halbapochromat m, Semiapochromat m, Fluoritobjektiv n ‖ ~ **structure** (Crystal, Electronics, Min) / Fluoritstruktur f, Fluorittyp m ‖ ~ **type** (Crystal, Electronics, Min) / Fluoritstruktur f, Fluorittyp m

**fluoroacetic acid** (Chem) / Fluoressigsäure f (für die Vorbereitung von Rodentiziden)

**fluoroaluminate** n (Chem) / Fluoroaluminat n

**fluoroantimonic acid** (Chem) / Hexafluoroantimonsäure f, Fluoroantimonsäure f (als Suspersäure wirksames 1:1-Gemisch von HF und SbF$_3$)

**fluorobenzene** n (Chem, Pharm) / Fluorbenzol n (zur Herstellung von Schädlingsbekämpfungsmitteln und pharmazeutischen Präparaten), Fluorbenzen n

**fluoroborate** n (Chem) / Tetrafluoroborat n, Fluoroborat n, Fluoborat n

**fluoroboric acid**\* (Chem) / Fluoroborsäure f (HBF$_4$), Tetrafluoroborsäure f, Borfluorwasserstoffsäure f

**fluorocarbon-11** n (Chem) / Trichlorfluormethan n, Trichlormonofluormethan n (CCl$_3$F-Freon 11, R 11)

**fluorocarbon plastic** (Plastics) / Fluorkunststoff m, Fluorkarbonplast m, Fluorkarbon n, Fluorcarbon n

**fluorocarbons**\* pl (Chem) / Fluorkohlenwasserstoffe m pl (teilfluorierte Kohlenwasserstoffe - heute weitgehend verboten), Fluorkohlenstoffe m pl (perfluorierte Kohlenwasserstoffe), Fluorkarbone n pl, Fluorcarbone n pl, FKW (Fluorkohlenwasserstoffe)

**fluorocarbon surfactant** (Chem) / Fluortensid n (das als hydrophobe Gruppe einen Perfluoralkylrest trägt)

**fluorochrome**\* n (Biol, Chem, Micros) / Fluorochrom n, fluoreszierender Farbstoff

**fluorodinitrobenzene** n (Chem) / Fluordinitrobenzol n

**fluoroelastomer** n (Chem) / Fluorelastomer n (fluorhaltiges Elastomer)

**fluorofibre** n (Textiles) / Fluorofaser f (nach DIN 60001 - z.B. Teflon)

**fluoroform** n (used in refrigeration and as an intermediate in organic synthesis) (Chem) / Trifluormethan n (ein Fluorkohlenwasserstoff), Fluoroform n

**fluorogen** n (Chem) / Fluorogen n (nicht fluoreszierender Stoff, aus dem nach Einwirkung eines Enzyms ein Fluoreszenz zeigender Teil abgespalten wird)

**fluorogenic substrate** (Chem) / Fluorogen n (nicht fluoreszierender Stoff, aus dem nach Einwirkung eines Enzyms ein Fluoreszenz zeigender Teil abgespalten wird)

**fluorography**\* n (Radiol) / Röntgenschirmbildverfahren n, Leuchtschirmfotografie f, Schirmbildfotografie f, Radiofotografie f (eine Röntgenaufnahmetechnik), Fluorografie f

**fluorohydric** adj (Chem) / fluorwasserstoffsauer adj

**fluorohydrocarbons** pl (Chem) / Fluorkohlenwasserstoffe m pl (teilfluorierte Kohlenwasserstoffe - heute weitgehend verboten), Fluorkohlenstoffe m pl (perfluorierte Kohlenwasserstoffe), Fluorkarbone n pl, Fluorcarbone n pl, FKW (Fluorkohlenwasserstoffe)

**fluoroimmunoassay** n (Biochem) / Fluoroimmunoassay m n, FIA

**fluorolubricant** n / Schmiermittel n auf Basis fluorierter Kohlenwasserstoffe

**fluorometallic screen** (Radiol) / Fluor-Metallschirm m

**fluorometer** n (Spectr) / Fluorimeter n (Spektralfotometer, mit dem das durch Bestrahlung der zu untersuchenden Substanz hervorgerufene Fluoreszenzlicht einer sepktralen Analyse unterworfen wird), Fluorometer n

**fluorometric** adj (Chem, Spectr) / fluorometrisch adj, fluorimetrisch adj ‖ ~ **analysis** (Chem, Spectr) / Fluoreszenzanalyse f (Röntgenspektralanalyse, Spektralanalyse)

**fluorometry**\* n (Chem, Spectr) / Fluorimetrie f, Fluorometrie f

**fluorophlogopite** n (Ceramics, Min) / Fluorphlogopit m

**fluorophore**\* n (Biol, Chem, Phys) / Fluorophor m, Fluoreszenzträger m, fluoreszierendes Prinzip (Fluoreszenz verursachender Molekülanteil)

**fluorophosphate** n (Chem) / Fluorophosphat n

**fluorophotometry** n / Fluorofotometrie f

**fluoroplastic** n (Plastics) / Fluorkunststoff m, Fluorkarbonplast m, Fluorkarbon n, Fluorcarbon n

**fluoropolymer** n (Chem, Plastics) / Fluorpolymer n, Fluorkunststoff m

**fluoroscope**\* n (Radiol) / Durchleuchtungsschirm m, Leuchtschirm m für die Röntgenoskopie

**fluoroscopy**\* n (Radiol) / Röntgenoskopie f, Durchleuchtung f (eine Form der Röntgenuntersuchung), Röntgendurchleuchtung f, Radioskopie f

**fluorosensor** n (Chem, Electronics) / Fluorosensor m

**fluorosilicate** n (Chem) / Hexafluorosilicat n, Hexafluorosilikat n, Fluorosilikat n, Fluat n, Fluorosilicat n

**fluorosilicone rubber** (Chem Eng) / Fluorsilicon-Kautschuk m, Fluorsilikon-Kautschuk m, MFQ (Fluorsilicon-Kautschuk), FMQ (Fluorsilicon-Kautschuk)

**fluorosis**\* n (pl. fluoroses) (Med) / Fluorose f (chronische Fluorvergiftung, z.B. bei Weidetieren), Fluorosis f

**fluorosulphate** n (Chem) / Fluorosulfat n

**fluorosulphonyl isocyanate** (Chem) / Fluorosulfonylisocyanat n, Fluorosulfonylisocyanat n, FSI (Fluorosulfonylisocyanat), Isocyanatosulfonylfluorid n, Isozyanatosulfonylchlorid n

**fluorosulphuric acid** (Chem) / Fluoroschwefelsäure f, Fluorsulfonsäure f

**fluorosurfactant** n (Chem) / Fluortensid n (das als hydrophobe Gruppe einen Perfluoralkylrest trägt)

**fluorothermoplastic** n (Plastics) / Fluorthermoplast m (thermoplastisch verarbeitbares Fluorpolymer) ‖ ~ adj (Plastics) / fluorthermoplastisch adj

**fluorotrichloromethane** n (Chem) / Trichlorfluormethan n, Trichlormonofluormethan n (CCl$_3$F-Freon 11, R 11)

**fluorouracil** n (Biochem, Pharm) / Fluoruracil n, Fluorouracil n (internationaler Freiname für 5-Fluoruracil)

**fluorspar**\* n (Min) / Flussspat m, Fluorit m

**fluosilicate** n (Chem) / Hexafluorosilicat n, Hexafluorosilikat n, Fluorosilikat n, Fluat n, Fluorosilicat n

**fluosilicic acid** (Chem) / Hexafluorokieselsäure f, Fluorokieselsäure f, Kieselfluorwasserstoffsäure f

**fluosolids**

**fluosolids system** / Fluosolids-System *n* (Wirbelschicht-Röstofensystem der Dorrco)
**fluostigmine** *n* (Pharm) / Fluostigmin *n*, Diisopropylfluorophosphat *n*, Isofluorphat *n*, DFP (Diisopropylfluorophosphat)
**fluosulphuric acid** (Chem) / Fluoroschwefelsäure *f*, Fluorsulfonsäure *f*
**Fluothane** *n* (Med) / Halothan *n* (internationaler Freiname für ein Inhalationsanästhetikum), Fluothan *n*
**flurry** *n* (US) (Meteor) / Bö *f* || ~ **of snow** (Meteor) / Schneeschauer *m* (rasch vorübergehender Schneefall)
**flush** *v* / spülen *v* (waschen), abspülen *v*, durchspülen *v*, ausspülen *v* || ~* *n* (Eng) / Spülen *n*, Spülung *f*, Waschen *n*, Durchspülen *n*, Ausspülen *n* || ~ (Hyd Eng) / Wasserschwall *m* || ~ (Mining) / Wassereinbruch *m* (unerwartetes Einströmen großer Wassermassen in einen Grubenbau) || ~ (Weaving) / flottliegender Faden, Flottierfaden *m*, flottierender (nicht eingebundener) Faden (Fehler) || ~ *adj* / flach *adj*, in einer Ebene liegend || ~ (antenna) (Aero, Radio) / versenkt *adj* (bündig eingebaut) || ~ (Build) / fluchtrecht *adj* || ~* (Build, Elec Eng) / glatt *adj*, bündig *adj* (flächenbündig), fugendicht *adj*, flächenbündig *adj* (abschneidend) || ~* (Build, Elec Eng) / unter Putz (verlegt) || ~ (Eng) / satt aufliegend (Deckel) || ~* (Welding) / flach *adj* (Naht) || ~ **antenna** (Aero, Radio) / versenkte Antenne, Flushantenne *f* (die nicht über die Montageflächen hinausragt) || ~ **away** *v* / abspülen *v* (fortspülen), fortspülen *v* (z.B. Verunreinigungen mit einem Wasserstrahl) || ~ **board** (Electronics) / Leiterplatte *f* mit tiefgelegten Leiterzügen, Leiterplatte *f* mit eingepresstem Leiterbild || ~ **circuit** (Electronics) / eingepresster Schaltkreis, tiefgelegter Schaltkreis, eingelegter Schaltkreis, eingelegte Schaltung (bei der Leiterplatte) || ~ **conductor** (Elec Eng) / versenkter Leiter || ~ **cut** (Bind) / Broschürenschnitt *m*
**flush-decker** *n* (Ships) / Glattdeckschiff *n*, Glattdecker *m*
**flush-deck hatch** (Ships) / Glattdeckluke *f* (Ausführung ohne Süll) || ~ **vessel** (Ships) / Glattdeckschiff *n*, Glattdecker *m*
**flush-disk antenna** (Radio) / Flush-Disk-Antenne *f* (kreisscheibenförmige Antenne, die über einer Vertiefung in einer leitenden Ebene angeordnet ist)
**flush door** (Build, Join) / glatte Tür || ~ **door** (Build, Join) / Tür *f* mit glattem Blatt, Flächentür *f*
**flushed antenna** (Aero, Radio) / versenkte Antenne, Flushantenne *f* (die nicht über die Montageflächen hinausragt) || ~ **colour** (Paint, Print) / geflushtes Pigment (für Druckfarben) || ~ **ends** (Gen) / stumpfe Enden (bei doppelsträngigen DNA bzw. RNA in beiden Strängen) || ~ **pigment** (Paint, Print) / geflushtes Pigment (für Druckfarben)
**flush fermentation** (Chem Eng) / Flush-Fermentation *f* (eine kontinuierliche Fermentation, die bei so hoher Verdünnungsrate arbeitet, dass unerwünschte Mikroorganismen mit kleinerer maximaler Wachstumsrate ausgetragen werden) || ~ **filter** / Spülfilter *n* || ~ **fitting** (Join) / Einlassbeschlag *m*
**flush-folded** *adj* (Bind) / Kante auf Kante gefalzt
**flush gas** / Spülgas *n*
**flush-head rivet** (Eng) / Senkniet *m* (Nietform mit kegelstumpfförmigem Setzkopf nach DIN 661)
**flushing** *n* (Agric) / Flushing *n* (energiereichere Fütterung weiblicher Tiere 2 bis 3 Wochen vor dem Belegen zwecks Steigerung der Trächtigkeitsrate), Flushing-Ernährung || ~ (Eng) / Spülen *n*, Spülung *f*, Waschen *n*, Durchspülen *n*, Ausspülen *n* || ~ (Mining) / Hereinrollen *n* der Bruchberge || ~* (Mining) / Strebbewetterung *f*, Ortsbewetterung || ~ (Oils) / Spülbohren *n* (Tiefbohren, bei dem die Abführung des Bohrkleins aus dem Bohrloch mit einem Spülmittel bewirkt wird), Spülungsbohren *n* || ~ (Paint, Print) / Flush-Prozess *m*, Flushing *n* (Überführung wässriger Pigmente in Pastenform durch Kneten mit hydrophoben Bindemitteln), Flushing-Verfahren *n* || ~ (Textiles) / Bluten *n* (der Farbe beim Textildruck) || ~ (Weaving) / Flottierung *f*, Flottung *f* || ~ **air line** (Autos) / Spülluftleitung *f*, Spülluftanschluss *m* || ~ **cistern** (San Eng) / Spülkasten *m* (bei Toiletten mit Wasserspülung - nach DIN 19 542) || ~ **dredger** (Civ Eng) / Schwemmbagger *m*, Spülbagger *m* || ~ **dump** (Mining) / Spülkippe *f* (bei der die von einer quasistationären Kippstelle verkippten Abraummassen mit einem Wasserstrom von der Kippkante in den Kipprand gespült werden) || ~ **fluid** (Mining, Oils) / Bohrspülmittel *n*, Spültrübe *f* (zum Herausspülen des Bohrkleins sowie zur Kühlung und Schmierung des Bohrwerkzeugs), Tonsuspension *f*, Spülung *f* (Spülflüssigkeit), Spülflüssigkeit *f*, Bohrspülung *f* (Flüssigkeit), Dickspülung *f* || ~ **gas** / Spülgas *n* || ~ **lever** (San Eng) / Hebel *m* (des Spülkastens) || ~ **pump** (Civ Eng) / Spülpumpe *f* (des Nassbaggers) || ~ **tank*** (Civ Eng) / Behälter *m* zur Spülung der Dränage || ~ **valve** / Druckspüler *m* (DIN 3265), Abortdruckspüler *m*, Toilettendruckspüler *m* || ~ **wear** (Eng) / Spülverschleiß *m* (Erosionsverschleiß)
**flush irrigation** (Agric) / Berieselung *f* (wenn das Wasser im Gefälle über die zu bewässernde Fläche fließt und dabei in den Boden sickert) || ~ **joint** (Build) / volle Fuge || ~ **joint*** (Build) / bündige Fuge (bei der der Mörtel bündig mit den Steinen abschließt) || ~ **kerb** (Civ Eng) / Tiefbordstein *m* || ~ **-left** *adj* (Typog) / linksbündig *adj* || ~ **left and right** (Typog) / links- und rechtsbündig ausgerichtet (Blocksatz) || ~ **lights** *pl* (Aero) / Unterflurfeuer *n pl* (z.B. der Startbahnbefeuerung) || ~ **marker light** (a type of traffic guidance) (Autos, Elec Eng) / Straßenunterflurleuchte *f*, SU-Leuchte *f* (Straßenunterflurleuchte) || ~ **matter** (Typog) / Blocksatz *m* (Anordnung von Titelzeilen oder anderen Satzgruppen in Blockform, ohne Einzug)
**flush-mounted** *adj* (Aero, Radio) / versenkt *adj* (bündig eingebaut) || ~ (Build, Elec Eng) / verlegt unter Putz || ~ **antenna** (Aero, Radio) / versenkte Antenne, Flushantenne *f* (die nicht über die Montageflächen hinausragt) || ~ **fitting** (Light) / Einbauleuchte *f*, versenkte Leuchte
**flush mounting** (Build, Elec Eng) / Verlegung *f* unter Putz
**flush-off** *n* (Met) / Schlackenabzug *m* (trocken oder flüssig)
**flushometer** *n* (US) / Druckspüler *m* (DIN 3265), Abortdruckspüler *m*, Toilettendruckspüler *m*
**flush panel** (Build) / bündige (Verkleidungs)Platte || ~ **panel** (Join) / bündige Füllung || ~ **paragraph** (Comp, Print, Typog) / stumpf anfangender Absatz, Absatz *m* ohne Einzug || ~ **pipe** (Build, San Eng) / Spülleitung *f* (des Spülkastens) || ~ **plate*** (Elec Eng) / Schalterabdeckplatte *f*, Abdeckplatte *f* für Schalter, Abdeckrahmen *m* || ~**-right** *adj* (Typog) / rechtsbündig *adj* || ~ **socket** (Elec Eng) / Unterputzsteckdose *f* || ~ **switch*** (Elec Eng) / Unterputzschalter *m*, Einlassschalter *m* || ~ **toilet** (Build, San Eng) / Spülabort *m*, Wasserklosett *n*, WC *n* (Wasserklosett) || ~ **valve** / Druckspüler *m* (DIN 3265), Abortdruckspüler *m*, Toilettendruckspüler *m* || ~ **verge** (Build) / Ortgang *m* ohne Dachüberstand || ~ **weld** (Welding) / Flachnaht *f* (eine Kehlnaht) || ~ **window** (Build) / Flachfenster *n*
**flute** *v* / auskehlen *v* || ~ (Arch) / kannelieren *v* || ~* *n* (Arch) / Kannelüre *f*, Kannelur *f* (Einkehlung am Schaft einer Säule oder eines Pilasters) || ~ (Eng) / Nut *f* (am Bohrerkörper - DIN 1412), Span-Nut *f* || ~ (Eng) / Rille *f* (eine Gestaltabweichung nach DIN 4761) || ~ (US) (Eng) / Zahnlücke *f* (Leerraum zwischen zwei benachbarten Zähnen) || ~ (Glass) / Riffel *f*, Kannelierung *f* || ~ (Join) / Hohlkehle *f* (flache oder halbrunde muldenförmige Vertiefung in Fenster- oder Möbelteilen) || ~ (Paper) / Welle *f*, Riffel *f* (der Wellpappe) || ~ **cast*** (Geol) / Fließmarke *f*, Fließwulst *m*
**fluted filter** (Chem) / Faltenfilter *n* || ~ **funnel** (Chem) / Analysentrichter *m*, Rippentrichter *m* || ~ **paper** (Paper) / Wellpapier *n* (das zwischen zwei geriffelten Walzen gewellt worden ist - DIN 6730)
**flute length** (Eng) / Span-Nutlänge *f* (DIN 1412), Dralllänge *f* (beim Spiralbohrer), Spirallänge *f* || ~ **length** (Eng) / Führungsteil *m* (der Reibahle)
**flute-milling machine** (Eng) / Spiralbohrerfräsmaschine *f* (zum Fräsen der Span-Nuten von Spiralbohrern und Gewindebohrern)
**flute pitch** (Eng) / Span-Nutsteigung *f* (nach DIN 1412) || ~ **run-out** (Eng) / Nutenauslauf *m* (z.B. bei einem Bohrer)
**fluting*** *n* (Arch) / Kannelierung *f*, Kannelur *f*, Kannelüre *f* || ~ **attachment** (Join) / Kannelierapparat *m* (für das Anbringen längsverlaufender Hohlkehlen an gedrehten Möbelteilen) || ~ **medium** (Paper) / Wellpappenrohpapier *n*, Wellenpapier *n* (das als gewellte Bahn bei der Herstellung von Wellpappe verwendet wird) || ~ **paper** (Paper) / Wellenpapier *n* || ~ **plane** (Join) / Hohlkehlhobel *m* (ein Kehlhobel)
**flutter** *v* (Elec Eng) / flackern *v* (Lichtbogen), flattern *v* (Lichtbogen) || ~ (TV) / flackern *v* || ~* *n* (Acous) / schnelle Tonhöhenschwankungen, Flutter *m* (schnelle, periodisch wiederkehrende Tonschwankungen bei der Wiedergabe von Schallplatten) || ~* (Aero) / Flatterschwingung *f* (an Tragflächen und Rudern) || ~ (Instr) / Unruhe *f* (eines Zeigers) || ~ (Mech) / Flattern *n* (in elastomechanischen Systemen) || ~* (TV) / Flackern *n* || ~ **echo*** (Acous, Radar) / Flatterecho *n* (eine Echofolge mit schnell schwankender Amplitude - DIN 1320)
**fluttering** *n* (Elec Eng) / Flackern *n*, Flattern *n* (des Lichtbogens)
**flutter speed*** (Aero) / kritische Fluttergeschwindigkeit, Flattergrenze *f* (die kleinste Fluggeschwindigkeit, bei der Flattern auftritt)
**fluvial*** *adj* (of or pertaining to rivers) (Geol) / fluviatil *adj* (von Flüssen ausgearbeitet, fortgetragen, abgelagert oder angereichert), fluvial *adj* || ~ **deposit** (Hyd Eng) / Flussablagerung *f* || ~ **sand** / Flusssand *m* || ~ **system** (Geog, Hyd Eng) / Flusssystem *n*
**fluviatile*** *adj* (belonging to a river) (Geol) / fluviatil *adj* (von Flüssen ausgearbeitet, fortgetragen, abgelagert oder angereichert), fluvial *adj* || ~ **dam** (a dam formed in a stream channel by sediment deposited by a tributary) (Geol, Hyd Eng) / natürliche Dammbildung durch Nebenflusseinspülung || ~ **deposit*** (Mining) / fluviatile Seife || ~ **placer** (Mining) / fluviatile Seife
**fluviation** *n* (Geol) / Wirkungen *f pl* des fließenden Oberflächenwassers
**fluvioclastics** *pl* (Geol) / fluvioklastische Gesteine
**fluviogenic soil** (Geol) / von (aus) einem Fluss abgelagerter Boden, Flussablagerungsboden *m*

**fluvioglacial** *adj* (Geol) / fluvioglazial *adj* (Wirkungen und Ablagerungen der Gletscherschmelzwässer), glaziofluviatil *adj*
**fluviomarine** *adj* (Geol) / fluviomarin *adj* (Sediment)
**fluvisol** *n* / Fluvisol *m* (Bodentyp der internationalen Bodenklassifikation, der vor allem den Auenböden entspricht)
**flux** *v* / fluxen *v* (Bitumen) ‖ ~ / aufschließen *v* (durch Schmelzen) ‖ ~ (Chem, Plastics) / plastifizieren *v*, aufweichen *vt*, weich machen *v*, erweichen *vt*, knetbar machen, plastizieren *v* ‖ ~ *vt* / schmelzen *v*, flüssig machen ‖ ~ *n* (Ceramics) / Flussmittel *n* ‖ ~ (Ceramics, Glass) / Glasfluss *m* (durchsichtiger Schmelz), Fluss *m*, Glaspaste *f* ‖ ~* (Chem, Met, Welding) / Flussmittel *n* (DIN 8511), Fluss *m* ‖ ~* (Maths) / Fluss *m* des Vektors, Vektorfluss *m* (durch die Fläche) ‖ ~* (Met) / Zuschlagstoff *m*, Zuschlag *m* ‖ ~ (Nuc) / Flux *m* (Materie- oder Teilchenströmung, im besonderen Neutronenfluss) ‖ ~* (Phys) / Fluss *m* ‖ ~ (Welding) / Schweißpulver *n* (granulierte Masse zum Schutz des Schweißbades gegen Einwirkung der Atmosphäre, zur metallurgischen Beeinflussung des Schweißgutes und zur Formung der Schweißnaht - DIN 32522) ‖ ~ **blanket** (Surf) / Flussmitteldecke *f* (bei Nassverzinkung) ‖ ~ **blanket** (Welding) / Pulverdecke *f* ‖ ~ **block** (Glass) / Bordstein *m* (Stein aus der oberen Reihe), Bassinstein *m* (an der Schwappkante) ‖ ~ **changes per inch** (US) (Mag) / Flusswechsel *m* pro Zoll
**flux-coated electrode** (Welding) / flussmittelumhüllte Elektrode
**flux-conserved tokamak** (Nuc Eng) / Tokamak *m* mit gleich bleibendem Magnetfeld
**flux-core carbon electrode** (Welding) / Dochtkohleelektrode *f*
**flux-cored arc welding** (a form of electric-arc welding in which the electrode is a continuous tubular wire of filler metal whose central cavity contains welding flux) (Welding) / Schweißen *n* mit flussmittelgefüllten Elektroden, Lichtbogenschweißen *n* mit Seelenelektroden ‖ ~ **solder wire** / Hohldraht *m* mit Flussmittelseele, Röhrenlot *n* ‖ ~ **wire electrode** (Welding) / Fülldrahtelektrode *f* (eine Lieferform des Zusatzwerkstoffes)
**flux-core(d) wire** (Welding) / Fülldraht *m* (röhrchenartiger, mit Schweißpulver gefüllter Schweißdraht)
**flux cover** (Surf) / Flussmitteldecke *f* (bei Nassverzinkung) ‖ ~ **density*** (Nuc) / Teilchenflussdichte *f*, Teilchenflussleistung *f* ‖ ~ **density*** (Nuc, Phys) / Flussdichte *f* ‖ ~ **density*** (Phys) s. also magnetic flux density
**flux-dip brazing** / Aluminiumsalzbadlöten *n*
**flux displacement** (Mag) / Flussverdrängung *f*
**fluxed** *adj* (Chem) / gefluxt *adj* (mit einem Öl von geringer Flüchtigkeit versetzt) ‖ ~ **asphalt** (US) / Verschnittbitumen *n* (dessen Zähigkeit durch Verschnittmittel herabgesetzt ist), Cutback *n*, Fluxbitumen *n* (DIN 1995 und 55946), VB ‖ ~ **bitumen** / Verschnittbitumen *n* (dessen Zähigkeit durch Verschnittmittel herabgesetzt ist), Cutback *n*, Fluxbitumen *n* (DIN 1995 und 55946), VB ‖ ~ **electrode** (Welding) / flussmittelumhüllte Elektrode
**flux-flattened region** (Nuc Eng) / Glättungszone *f*, Glättungsbereich *m*, Flussglättungszone *f*, Flussglättungsbereich *m*
**flux-flattening material** (Nuc Eng) / Glättungsmaterial *n*, Flussglättungsmaterial *n*
**flux-free** *adj* / flussmittelfrei *adj*
**flux gate*** (Aero, Elec Eng) / Dreiecksonde *f* (eines Induktionskompasses), Induktionssonde *f*, Magnetsonde *f* ‖ ~ **gate** (Elec Eng) / Magnetfeldmesser *m*, Flussdichtemesser *m*
**flux-gate compass*** (Instr) / Induktionskompass *m*, Fluxgate-Kompass *m*, Erdinduktorkompass *m*, Erdinduktionskompass *m*
**flux** (dispensing) **hopper** (Welding) / Pulvertrichter *m* (bei dem UP-Schweißen), Pulverschütttrichter *m* ‖ ~ **inclusion** (Welding) / Flussmitteleinschluss *m*
**fluxing** *n* / Fluxen *n* (des Bitumens) ‖ ~ / Flussmittelbehandlung *f* (der Schmelze), Fluxen *n* (der Schmelze) ‖ ~ (Foundry) / Salzbehandlung *f* ‖ ~ **agent** (Ceramics) / Flussmittel *n* ‖ ~ **agent** (Chem, Met, Welding) / Flussmittel *n* (DIN 8511), Fluss *m* ‖ ~ **lime** (Met) / Zuschlagkalk *m*, Hüttenkalk *m* (CaO) ‖ ~ **material** (Ceramics) / Flussmittel *n* ‖ ~ **ore** (Met) / Zuschlagerz *n* ‖ ~ **with borax** (Met) / Boraxieren *n* (der gebeizten Stahldrähte nach dem Abspritzen)
**fluxional bond** (Chem) / fluktuierende Bindung (z.B. bei Bullvalen) ‖ ~ **compound** (Chem) / Verbindung mit fluktuierender Bindung
**flux jumping** (Phys) / Meißner-Ochsenfeld-Effekt *m* (nach F.W. Meißner, 1882-1974, und R. Ochsenfeld, 1901- ) ‖ ~ **leakage** (Mag) / magnetische Kraftlinienstreuung ‖ ~ **leakage field** (Mag) / magnetisches Streufeld ‖ ~ **line** (Glass) / Spiegellinie *f* ‖ ~ **line** (Phys) / Feldlinie *f* (elektrische, magnetische)
**flux-line attack** (Glass) / Schwappkante *f*, Spülkante *f*, Glasspiegellinie *f* ‖ ~ **block** (a refractory block used to line the melting zone of a glass tank) (Glass) / Bordstein *m* (Stein aus der oberen Reihe), Bassinstein *m* (an der Schwappkante) ‖ ~ **corrosion** (Glass) / Schwappkante *f*, Spülkante *f*, Glasspiegellinie *f*
**flux linkage*** (Elec) / elektrische Durchflutung, Amperewindungszahl *f* (Produkt aus Stromstärke und Windungszahl einer Spule) ‖ ~ **linking the coils** (Elec) / Spulenfluss *m*

**fluxmeter*** *n* (Elec Eng) / Fluxmeter *n*, Flussmesser *m* (ein Kriechgalvanometer mit hoher Dämpfung und ohne Rückstellkraft)
**flux of displacement** (the quantity of electricity displaced across unit area of a dielectric) (Elec) / Kraftfluss *m*, elektrischer Fluss *m* (DIN 1324, T 1), Verschiebungsfluss *m* ‖ ~ **of thermal neutrons** (Nuc) / Fluss *m* der thermischen Neutronen, thermischer Fluss (ein Neutronenfluss)
**fluxoid quantum** (Phys) / Fluxoidquant *n*, Fluxoid *n*, Flussquant *n*
**flux oil** / Stellöl *n* (Zusatzöl zu einem Grundöl zum "Einstellen" einer bestimmten Viskosität) ‖ ~ **pool** (Welding) / Schlackenbad *n* ‖ ~ **quantization*** (Phys) / Flussquantisierung *f* (die Quantisierung des magnetischen Flusses, der durch ein Loch in einem Supraleiter bzw. durch einen nicht supraleitenden, aber vom Supraleiter umschlossenen Bezirk in einem Supraleiter hindurchgeht) ‖ ~ **quantum** (Phys) / Fluxoidquant *n*, Fluxoid *n*, Flussquant *n* ‖ ~ **rate** (Chem Eng) / Fließrate *f* ‖ ~ **reclaim** (Welding) / Pulverabsaugung *f* ‖ ~ **recovery** (Welding) / Pulverabsaugung *f* ‖ ~ **remover** (Chem, Welding) / Flussmittelentferner *m* ‖ ~ **skin** (Welding) / Pulverdecke *f*
**fluxstone** *n* (Met) / Zuschlagkalk *m*, Hüttenkalk *m* (CaCO$_3$)
**flux tilting** (Nuc Eng) / Neutronenflusskippen *n*, Flusskippen *n* ‖ ~ **valve** (Aero, Elec Eng) / Dreiecksonde *f* (eines Induktionskompasses), Induktionssonde *f*, Magnetsonde *f*
**flux-valve compass** (Instr) / Induktionskompass *m*, Fluxgate-Kompass *m*, Erdinduktorkompass *m*, Erdinduktionskompass *m*
**fly** *vi vt* / fliegen *v* ‖ ~ *v* (to) (Aero) / abfliegen *v* (nach) ‖ ~ *vt* / leisten *v* (Flugkilometer, Flugstunden) ‖ ~ (a route) (Aero) / befliegen *vt* ‖ ~ (Ships) / führen *v* (Flagge) ‖ ~ *n* (Textiles) / Flug *m*, Faserflug *m* ‖ ~ (button fly) (Textiles) / Knopfleiste *f* ‖ ~ (Weaving) / eingewebte Fremdfasern
**flyable weather** (Aero) / Flugwetter *n* (bei dem geflogen werden darf)
**fly agaric toxin** (Biochem) / Fliegenpilzinhaltsstoff *m* (Toxin)
**fly-around** *n* (Aero, Phys) / Umströmung *f*
**fly ash*** (particulate matter removed from combustion flue gases) / Flugasche *f* (niedergeschlagener Flugstaub - nach DIN EN 450 und 451)
**fly-ash cement** (Build, Civ Eng) / Flugaschehüttenzement *m* (mit etwa 15 - 20% Hüttensand), FAHZ (Flugaschehüttenzement) ‖ ~ **precipitation** (Chem Eng, Ecol) / Rauchgasentstaubung *f*
**fly-away factory** (Aero) / ab Werk (Lieferung des Flugzeugs)
**flyback*** *n* (Radar, TV) / Rücklauf *m*, Strahlrücklauf *m* ‖ ~ **blanking** (Electronics) / Rücklauf-Dunkeltastung *f* ‖ ~ (Radar, TV) / Rücklaufzeit *f* ‖ ~ **timing** (Work Study) / Einzelzeitverfahren *n* (bei der Stoppuhrzeitmessung) ‖ ~ **transformer** (TV) / Zeilentransformator *m* (in dem die aus den übertragenen Synchronsignalen gewonnene Horizontalablenkfrequenz in die sägezahnförmigen Ablenkströme umgeformt wird, die den Ablenkspulen zugeführt werden)
**flyball** *n* (of a Watt•'s conical pendulum governor) (US) (Automation, Eng) / Pendelgewicht *n* (des Zentrifugalreglers), Schwunggewicht *n* (bei Zentrifugalreglern), Fliehgewicht *n* (bei Fliehkraftreglern), Reglergewicht *n* (bei Fliehkraftreglern) ‖ ~ **governor** (Automation) / fliehkraftgesteuerter Drehzahlregler, Fliehkraftregler *m* (mechanische Regeleinrichtung), mechanischer Drehzahlregler, Zentrifugalregulator *m*, Zentrifugalregler *m*
**flyblown meat** (Nut) / mit Maden befallenes Fleisch
**fly-by*** *n* (pl. fly-bys) (Aero, Space) / Vorbeiflug *m* ‖ ~ (Space) / Fly-by *n*, Swing-by *n* (Technik in der Raumfahrt, bei der die Freiflugbahn eines Raumflugkörpers bei Annäherung an einen Planeten durch dessen Gravitation und Bewegung geändert wird)
**fly-by-light** *n* (Aero) / Fly-by-Light *n* (System, bei dem die Steuerbefehle des Piloten als optische Signale über Lichtfaserkabel weitergeleitet werden)
**fly-by-wire*** *n* (a flight-control system in which vehicle control input is transmitted completely by electrical means) (Aero) / Fly-by-Wire *n* (vollelektronische Luftfahrzeugsteuerung), irreversible Flugsteuerung, vollelektronische Luftfahrzeugsteuerung, vollelektrische Flugsteuerung, Kraftsteuerung *f* mit elektrischer Signalübertragung, FBW-Verfahren *n*
**fly cutter*** (Eng) / Einzahnfräser *m*, Schlagzahnfräser *m* ‖ ~ **cutter** (Eng, Tools) / einschneidiges Bohrmesser ‖ ~ **cutting** (US) (Eng) / Gewinde-Schlagzahnfräsen *n*, Gewinde-Einzahnfräsen *n*, Gewindewirbeln *n* (eine Verfahrensvariante des Fräsens), Gewindeschälen *n* (auf der Gewindeschälmaschine) ‖ ~ **dumping** (Ecol, San Eng) / wilde Deponie, ungeordnete Deponie
**flyer** *n* (a small handbill advertising an event or product) / Handzettel *m*, Flyer *m* (Handzettel) ‖ ~ (Aero) / Flieger *m* ‖ ~* (Build) / Treppenstufe *f* (mit rechteckiger Trittfläche), Stufe *f* (gerade - der Treppe) ‖ ~* (Carp) / waagerechter Stützbalken (z.B. zwischen 2 Häusern) ‖ ~ (Spinning) / Flyer *m* (DIN 64100), Vorspinnmaschine *f* (in der Feinspinnerei), Flügelspinnmaschine *f*, Fleier *m* ‖ ~ (Spinning) / Flügel *m* (der Flügelspinnmaschine) ‖ ~ (Weaving) / eingewebte Fremdfasern ‖ ~ **bobbin** (Weaving) / Flyerhülse *f* (DIN

**flyer**

61805) ‖ ~ **delivery** (Print) / Rechenauslage f ‖ ~ **pay-off** (Cables) / Überkopfabzug m ‖ ~ **yarn** (Spinning) / Flügelgarn n, Flyergarn n, Vorgarn n (auf dem Flyer entstanden)
**fly formation** (Textiles) / Flugbildung f ‖ ~ **frame** (Spinning) / Flyer m (DIN 64100, Vorspinnmaschine f (in der Feinspinnerei), Flügelspinnmaschine f, Fleier m
**flying accent** (Comp) / fliegender Akzent ‖ ~ **altitude** (Comp) / Kopfflughöhe f ‖ ~ **attitude** (Aero) / Fluglage f ‖ ~ **bedstead** (Aero) / Schwebefahrzeug n mit Gebläse ‖ ~ -**boat**\* n (Aero) / Flugboot n (ein Wasserflugzeug mit Bootsrumpf) ‖ ~ **body** (Aero) / Flying Body n, Wing-Body n (Gegensatz: Lifting Body) ‖ ~ **bomb** (Aero, Mil) / selbstgesteuerte oder gelenkte Bombe (z.B. die V-Geschosse) ‖ ~ **bond**\* (Build) / märkischer Verband ‖ ~ **bridge** (Ships) / Laufbrücke f, Verbindungsbrücke f ‖ ~ **buttress**\* (Arch) / Strebebogen m (im Strebewerk der gotischen Kathedralen) ‖ ~ **buttress**\* (Arch) s. also arc-boutant ‖ ~ **by wire** (Aero) / Fly-by-Wire n (vollelektronische Luftfahrzeugsteuerung, irreversible Flugsteuerung, vollelektronische Luftfahrzeugsteuerung, vollelektrische Flugsteuerung, Kraftsteuerung f mit elektrischer Signalübertragung, FBW-Verfahren n ‖ ~ **cradle** (Mining) / Schwebebühne f (an Seilen im Schacht verfahrbare Bühne, von der aus beim Schachtabteufen die notwendigen Ausbau- und Einbauarbeiten durchgeführt werden) ‖ ~ **cut-off machine** (Met) / mitlaufende Trenneinrichtung f ‖ ~ **deck** (Ships) / Promenadendeck n (Unterbringung von Räumen und Promenade für Fahrgäste) ‖ ~ **distance** (Aero) / Flugstrecke f (die zu fliegende Strecke) ‖ ~ **Dutchman** (Paper) / Selbstabnahmemaschine f (für einseitig glatte dünne Papiere), Yankee-Maschine f, Einzylinder-Papiermaschine f ‖ ~ **erase head** (Cinema) / Rotationslöschkopf m (der Assemble- und Insertschnitte frei von Farbstörungen und Farbstreifen ermöglicht) ‖ ~ **fox** (Civ Eng) / Seilbahn f (kleinere - mit einer einzigen freien Spannweite), Seilförderanlage f, Lastenluftseilbahn f ‖ ~ **head** (Comp) / fliegender Magnetkopf, schwimmender Magnetkopf (des Magnettrommelspeichers, der bei der schnellen Trommelrotation auf einer Luftschicht "schwimmt") ‖ ~ **height** (Comp) / Kopfflughöhe f ‖ ~ **hour** (Aero) / Flugstunde f, Fh ‖ ~ **hour rate** (Aero) / Ausnutzung f (des Flugzeugs) ‖ ~ **insect** (Bot, For, Zool) / Fluginsekt n ‖ ~ **lane** (Aero) / Flugschneise f, Flugtrasse f ‖ ~ -**lead connector** (Electronics) / Stecker m mit freier Zuleitung ‖ ~ **magnetometer** (Aero, Geophys) / Flugmagnetometer n ‖ ~ **mass** (Aero, Phys) / Flugmasse f ‖ ~ (**scale**) **model** (Aero) / Flugmodell n (flugfähiges kleines Flugzeug) ‖ ~ **operation** (Aero) / Flugmanöver n ‖ ~ **paster**\* (Print) / Autopaster m, automatische Papierbahn-Anklebevorrichtung, Rollenstern m mit Selbstklebevorrichtung, Rollenträger m mit Selbstklebevorrichtung ‖ ~ **platform** (Aero) / Schwebefahrzeug n mit Gebläse ‖ ~ **reel change** (Print) / fliegender Rollenwechsel ‖ ~ **safety** (Aero) / Flugsicherheit f ‖ ~ **saucer** (Astron) / fliegendes Objekt unbekannter Herkunft, fliegende Untertasse, UFO n (pl. -s), Ufo n (pl. -s) ‖ ~ **saw** (Met) / fliegende Säge, Mitlaufsäge f ‖ ~ **scaffold**\* (Build) / Auslegergerüst n (Gerüst mit längenorientierten Gerüstlagen, dessen Belagträger aus dem Bauwerk auskragen - DIN 4420-3) ‖ ~ **shears** (Met) / fliegende Schere (Trennsystem zum Querteilen von Walzgut, das sich in Bewegung findet) ‖ ~ -**shore**\* n (Carp) / waagerechter Stützbalken (z.B. zwischen 2 Häusern)
**flying-shore** n (Mech) / Spreize f (waagrecht liegender Druckstab)
**flying sparks** pl / Funkenflug m ‖ ~ **speed**\* (Aero) / Fluggeschwindigkeit f ‖ ~ **spot** (Electronics) / Flying Spot m, wandernder Lichtpunkt ‖ ~ -**spot microscope**\* (Micros) / Abtastmikroskop n (das nach dem Prinzip der Lichtpunktabtastung arbeitet) ‖ ~ -**spot scanner**\* (Electronics, TV) / Flying-Spot-Scanner m, Lichtpunktabtaster m ‖ ~ **start** / fliegender Start ‖ ~ **stitching** (Bind) / fliegende Heftung, Heftung f während des Transports ‖ ~ **stovepipe** (Aero) / Lorin-Triebwerk n, Lorin-Rohr n, Staustrahlrohr n, Staustrahltriebwerk n (mit Unterschallverbrennung), Ramjet m
**flying-suit** n (Aero, Textiles) / Fliegerkombination f
**flying switch** (US) (Rail) / Abstoßbetrieb m ‖ ~ **tab** (Aero) / Servoklappe f, Servoruder n ‖ ~ **tail**\* (Aero) / vollbewegliche Höhenflosse, Stabilator m, Taileron n (wenn die gesamte Höhenflosse bewegt wird)
**flying-tail printed circuit board** (Electronics) / Leiterplatte f mit freiem Ausläufer
**flying time** (Aero) / Flugzeit f, Flugdauer f ‖ ~ **training** (Aero) / fliegerische Ausbildung im Fluge (in der Luft) ‖ ~ **weight** (Aero, Phys) / Flugmasse f ‖ ~ **wing** (Aero) / Nurflügler m, Nurflügelflugzeug n (Luftfahrzeug, bei dem die Baugruppen Rumpf und Leitwerk in der üblichen Form fehlen), fliegender Flügel, schwanzloses Flugzeug
**flying-wing aircraft** (Aero) / Nurflügler m, Nurflügelflugzeug n (Luftfahrzeug, bei dem die Baugruppen Rumpf und Leitwerk in der üblichen Form fehlen), fliegender Flügel, schwanzloses Flugzeug
**flylead** n (Elec Eng) / flexible Anschlussleitung
**fly leaf**\* (Bind) / fliegendes Blatt (im Vorsatz), freies Vorsatz ‖ ~ **leaf**\* (binder's blank leaf, following the free front end-paper) (Bind) /

Respektblatt n (am Anfang eines Buches) ‖ ~ **maggot** (Agric, Zool) / Fliegenlarve f, Fliegenmade f (die die Myiase verursacht) ‖ ~ **nut**\* (Eng) / Flügelmutter f (DIN 315 und 918)
**fly-off** n (Bot) / Wasserabgabe f (eines Pflanzenbestandes an die Atmosphäre) ‖ ~ (US) (Bot) / Wasseraufnahme f (aus der Luft - bei Pflanzen), Vegetationsrückhalt m, Interzeption f
**fly over** v (Aero) / überfliegen v
**flyover** n (Autos, Civ Eng) / höhenfreie Kreuzung, überschneidungsfreie Kreuzung, Kreuzungsbauwerk n ‖ ~ (Civ Eng) / Fly-over m (Hochstraße), Straßenüberführung f, Überführung f ‖ ~ (Civ Eng, Rail) / Gleisüberführung f ‖ ~ **noise** (Aero) / Überfluglärm m
**fly-past** n (Aero, Phys) / Umströmung f ‖ ~ (Aero, Space) / Vorbeiflug m
**fly-rock** n (Mining) / fortgeschleudertes Haufwerk (bei den Sprengarbeiten), abgeschleudertes Haufwerk, abgeschleudertes Gestein
**fly round** v / umfliegen v
**flysch**\* n (Geol) / Flysch n m (marine Sandsteine, Mergel, Schiefertone und Kalke in Wechsellagerung)
**fly's eye detector** (Astron) / Fliegenaugendetektor m, Fly's-Eye-Detector m (zum Nachweis von großen Teilchenschauern in der Atmosphäre) ‖ ~ **eye lens** / Fliegenaugenlinse f, Facettenlinse f
**fly shunting** (Rail) / Abstoßbetrieb m ‖ ~ **shuttle**\* (Weaving) / Schnellschützen m
**fly-shuttle sley** (Weaving) / Schnelllade f
**fly tipping** (Ecol, San Eng) / wilde Deponie, ungeordnete Deponie
**fly-title** n (Typog) / Vortitel m, Schmutztitel m, Schutztitel m
**flytrap** n (Comp) / Spam-Filter m
**fly twister** (Spinning) / Flügelzwirnmaschine f
**flyweight** n (Eng) / Fliehgewicht n (fliehkraftabhängiges Betätigungselement) ‖ ~ (Eng) / Schwungmasse f (des Zentrifugalreglers) ‖ ~ **governor** (Automation) / fliehkraftgesteuerter Drehzahlregler, Fliehkraftregler m (mechanische Regeleinrichtung), mechanischer Drehzahlregler, Zentrifugalregulator m, Zentrifugalregler m
**flywheel** n (Autos) / Schwungscheibe f (der Kupplung) ‖ ~\* (Eng, Phys) / Schwungrad n ‖ ~ **bus** (Autos) / Gyrobus m (Omnibus mit Antrieb durch in einem Schwungrad gespeicherte Energie), Gyroomnibus m ‖ ~ **calculation**(**s**) (Eng) / Schwungradberechnung f ‖ ~ **effect** (Mech) / Schwungmoment n (bei drehenden Massen) ‖ ~ **effect**\* (TV) / Schwungradsynchronisation f, Schwungradsynchronisierung f (DIN 45060) ‖ ~ **generator** (Autos) / Schwungradmagnetzünder m ‖ ~ **governor** (Eng) / Schwungradregler m ‖ ~ **moment** (Mech) / Schwungmoment n (bei drehenden Massen) ‖ ~ **ring gear** (Autos) / Schwungradzahnkranz m (des Starters), Anlasserzahnkranz m, Starterzahnkranz m ‖ ~ **screw press** (Eng) / Schwungradspindelpresse f ‖ ~ **spindle press** (Eng) / Schwungradspindelpresse f ‖ ~ **synchronization** (TV) / Schwungradsynchronisation f, Schwungradsynchronisierung f (DIN 45060)
**fly-wire**\* n (Build) / Drahtgewebestreifen m ‖ ~ (Electronics) / dünner Draht zur Verbindung integrierter Schaltungselemente
**Fm** (fermium) (Chem) / Fermium n, Fm (Fermium)
**FM**\* (frequency modulation) (Radio) / Frequenzmodulation f, FM (Frequenzmodulation)
**FMC** (full mission capable) (Mil) / voll einsatzfähig ≈ (forward motion compensation) (Surv) / Bildwanderungsausgleich m (bei Luftbild- oder Weltraumkameras)
**FMCWR** (frequency-modulated continuous-wave radar) (Radar) / FM-CW-Radar m n (Dauerstrichradar mit Frequenzmodulation der hochfrequenten Schwingung, bei dem neben Richtung und Radialgeschwindigkeit auch die Entfernung eines Zieles bestimmt werden kann)
**FM cyclotron** (Nuc Eng) / frequenzmoduliertes Zyklotron, Synchrozyklotron n (ein Teilchenbeschleuniger), Phasotron n
**FMEA** (failure-mode and effect analysis) / FMEA f (in der Qualitätstechnik)
**FMG** (fast-moving goods) / Waren f pl mit hoher Umschlaghäufigkeit, Schnelldreher m pl (Waren mit hoher Umschlaghäufigkeit) ‖ ≈ (full multigrid) (Comp) / Full Multigrid n (eine Variante von Mehrgitterverfahren), FMG (Full Multigrid)
**FMN** (flavine mononucleotide) (Biochem) / Flavinmononucleotid n (Riboflavin-5'-phosphat), FMN (Flavinmononucleotid), Flavinmononukleotid n
**FMR** (frequency-modulated radar) (Radar) / frequenzmoduliertes Radar, FM-Radar m n (Radarsystem mit Frequenzmodulation)
**FM radar** (frequency-modulated radar) (Radar) / frequenzmoduliertes Radar, FM-Radar m n (Radarsystem mit Frequenzmodulation)
**FMS** (flight-management system) (Aero, Comp) / Flugmanagementsystem n (informierendes, autoritäres), FMS (Flugmanagementsystem) ‖ ≈ (flexible machining system) (Comp, Eng, Work Study) / flexibles Bearbeitungssystem ‖ ≈ (flexible

manufacturing system) (Comp, Eng, Work Study) / flexibles Fertigungssystem, FFS (flexibles Fertigungssystem)
**FMV**\* (full-motion video) (Cinema) / Full-Motion-Video *n*, Bewegtbildvideo *n*
**FNA** (final approach) (Aero) / Endanflug *m*
**fnode** *n* (Comp) / Fnode *n* (B-Tree-Knoten bei HPFS, der Auskunft über die Dateien eines Verzeichnisses gibt)
**FNU** (formaldazine nephelometric unit) (Chem, San Eng) / Formaldazin-Einheit *f* (Maß für Wassertrübung)
**F number** (Optics, Photog) / Öffnungszahl *f*, Blendenzahl *f k*, f-Blende *f*, Blendenstufe *f*, Blendenwert *m*, Öffnungsverhältnis *n* (der Kehrwert der relativen Öffnung nach DIN 4521)
**f-number**\* *n* (Optics, Photog) / Öffnungszahl *f*, Blendenzahl *f k*, f-Blende *f*, Blendenstufe *f*, Blendenwert *m*, Öffnungsverhältnis *n* (der Kehrwert der relativen Öffnung nach DIN 4521)
**FO** (fibre optics) (Optics) / Faseroptik *f* (DIN 58 140-1), Fiberoptik *f* ‖ ≙ (fibre-optic) (Optics) / faseroptisch *adj*, fiberoptisch *adj*
**foam** *v* (Plastics) / schäumen *v* ‖ ~ *vi* / schäumen *v*, Schaum bilden, sich mit Schaum bedecken ‖ ~ *vt* / zum Schäumen bringen, schaumig machen ‖ ~\* *n* (an emulsionlike two-phase system where the dispersed phase is gas or air) / Schaum *m* (im Allgemeinen)
**foamable** *adj* (Plastics) / verschäumbar *adj*, schaumfähig *adj*, schäumbar *adj*, aufschäumbar *adj* ‖ ~ **melt** (Plastics) / schäumbare Schmelze ‖ ~ **polystyrene** (Plastics) / schäumbares Polystyrol, expandierbares Polystyrol
**foam application** (Textiles) / Schaumauftrag *m*
**foam-backed fabrics**\* (Textiles) / schaumstofflaminierte Textilien, Foambacks *pl*, schaumstoffverbundene Textilien, schaumstoffkaschierte Textilien
**foam backing** (Textiles) / Schaumstoffrücken *m* (des Teppichbodens), Schaumstoffunterseite *f* ‖ ~ **backing** (Textiles) / Schaumstoffkaschieren *n*, Schaumstoffbondieren *n*, Schaumstofflaminieren *n*, Schaumstoffbeschichtung *f*
**foambacks**\* *pl* (Textiles) / schaumstofflaminierte Textilien, Foambacks *pl*, schaumstoffverbundene Textilien, schaumstoffkaschierte Textilien
**foam baking** / Hinterschäumung *f* (Auftragen einer Schaumschicht auf ein Bauteil oder eine Folie) ‖ ~ **blanket** (Aero) / Schaumteppich *m* (der von der Flughafenfeuerwehr auf die Landebahn gespritzt wird) ‖ ~ **block** (Build, Plastics) / Schaumstoffblock *m* ‖ ~ **bonding** (Textiles) / Schaumstoffkaschieren *n*, Schaumstoffbondieren *n*, Schaumstofflaminieren *n*, Schaumstoffbeschichtung *f* ‖ ~ **carpet** (Aero) / Schaumteppich *m* (der von der Flughafenfeuerwehr auf die Landebahn gespritzt wird) ‖ ~ **cleaning** / Schaumreinigung *f* ‖ ~ **cock** (Eng) / Abschaumhahn *m* (des Kessels)
**foam-control agent** / Schaumregulierungsmittel *n*, Schaumregulator *m* (z.B. Natriumarachinat oder Natriumbehenat)
**foam-deluge system** (Aero) / Schaumlöschsystem *n* (des Flughafens)
**foam drilling** (Oils) / Bohren *n* mit Schaumzusatz ‖ ~ **dyeing** (Textiles) / Schaumfärben *n*, Schaumfärberei *f*
**foam-dyeing machine** (Textiles) / Schaumfärber *m*, Schaumfärbeapparat *m*
**foamed adhesive** / Schaumklebstoff *m* (unter Beimischung eines Schaumbildners sowie unter Zuführung von Luft aufgeschäumter Klebstoff) ‖ ~ **aluminium** (Build, Chem Eng) / Schaumaluminium *n* (leichter, fester Baustoff) ‖ ~ **blast-furnace slag** (Met) / Hüttenbims *m* (schnellgekühlte geschäumte gebrochene Hochofenschlacke), Schaumschlacke *f*, Hochofenschaumschlacke *f* ‖ ~ **carbon** / Schaumkohlenstoff *m* ‖ ~ **clay** (used as thermal and acoustic insulation) (Ceramics) / Schaumkeramik *f* ‖ ~ **concrete** (Build) / Schaumbeton *m* (ein Porenleichtbeton nach DIN 4164) ‖ ~ **glass** (cellular glass of high insulating value, non-combustible, moisture-proof, buoyant, and odourless) (Glass) / Schaumglas *n* (mit Porenanteil von etwa 95 Vol.-%) ‖ ~ **latex** (Plastics) / Latexschaum *m* ‖ ~ **material** (Plastics) / Schaumstoff *m* (auf Kunststoff- oder Kautschukbasis nach DIN 7726, 1)
**foamed-plastic pattern** (Foundry) / Schaumstoffmodell *n* ‖ ~ **pig** (Eng) / Schaumstoffmolch *m* (zum Molchen - meistens PUR- oder PE-Schaum)
**foamed plastics**\* (Plastics) / Schaumkunststoffe *m pl* ‖ ~ **polystyrene** (Plastics) / Polystyrolschaum *m* (z.B. Styropor oder Hostapor), Schaumpolystyrol *n*, expandierbares Polystyrol, EPS (expandierbares Polystyrol), geschäumtes Polystyrol ‖ ~ **rubber** (Chem Eng) / Schaumgummi *m* (poröse Gummiwaren) ‖ ~ **slag**\* (Met) / Hüttenbims *m* (schnellgekühlte geschäumte gebrochene Hochofenschlacke), Schaumschlacke *f*, Hochofenschaumschlacke *f* ‖ ~ **slag brick** (Build) / Hüttenschwemmstein *m* (DIN 398)
**foamer** *n* (Chem) / Schaummittel *n* (Tensid, das bevorzugt für die Herstellung von Zahncremes und sonstigen Zahn- und Mundpflegemitteln verwendet wird - z.B. Kokosfettsäuremonoglyceridsulfonat) ‖ ~ (Chem, Phys) /

schaumerzeugendes Mittel, Schaumbildner *m*, Schäumer *m*, Schaummittel *n* (im Allgemeinen)
**foam etching** (Eng) / Schaumätzen *n* (durch Einblasen von Luft in das Ätzmittel gebildeter Schaum, der über ein schräg in einer Haltevorrichtung fixiertes Werkstück läuft) ‖ ~ **extinguisher** / Schaumlöscher *m* (ein Handfeuerlöscher)
**foam-extinguishing plant** / Schaumlöschanlage *f* (eine Feuerlöschanlage) ‖ ~ **system** / Schaumlöschanlage *f* (eine Feuerlöschanlage)
**foam fibre** (Textiles) / Schaumfaden *m* ‖ ~ **generator** (Chem, Phys) / Schaumerzeuger *m*
**Foamglas** *n* (Glass) / Foamglas *n* (wärmeisolierendes Glas der Pittsburgh Corning)
**foam glass** (Glass) / Schaumglas *n* (mit Porenanteil von etwa 95 Vol.-%)
**foam-holding capacity** (Chem) / Schäumbeständigkeit *f* (DIN 53902)
**foam hose box** (Oils) / Schaumlöscheinrichtung *f* ‖ ~ **improver** (Chem) / Schaumverbesserer *m*
**foaminess** *n* / Schaumigkeit *f* (schaumige Beschaffenheit)
**foaming** *n* (Autos) / Ausschäumen *n* (der Hohlräume der Karosserie) ‖ ~ (Chem, Phys) / Schaumbildung *f*, Schäumen *n* ‖ ~ (Plastics) / Verschäumung *f*, Verschäumen *n*, Aufschäumung *f* ‖ ~ **agent** (Chem, Min Proc, Phys) / schaumerzeugendes Mittel, Schaumbildner *m*, Schäumer *m*, Schaummittel *n* (im Allgemeinen) ‖ ~ **agent** (Nut) / Verschäumungsmittel *n*, Aufschlagmittel *n* ‖ ~ **gas** (Nut, Plastics) / Treibgas *n*
**foaming-in** *n* (behind) / Hinterschäumung *f* (Auftragen einer Schaumschicht auf ein Bauteil oder eine Folie)
**foaming power** (Chem, Phys) / Schaumbildungsvermögen *n*, Schaumvermögen *n*, Schaumkraft *f*, Schaumbildungsfähigkeit *f*
**foam-in-place method** (Plastics) / Sandwichpressen *n* (Herstellen von Schaumstoff-Schichtstoff-Material), Formschäumen *n*, Schäumen *n* in der Form
**foam-laminated fabrics** (Textiles) / schaumstofflaminierte Textilien, Foambacks *pl*, schaumstoffverbundene Textilien, schaumstoffkaschierte Textilien
**foam laminating** (Textiles) / Schaumstoffkaschieren *n*, Schaumstoffbondieren *n*, Schaumstofflaminieren *n*, Schaumstoffbeschichtung *f* ‖ ~-**making branch** / Schaumstrahlrohr *n*, Schaumrohr *n* ‖ ~ **mark** (Paper) / Schaumfleck *m* ‖ ~ **mattress** / Schaummatratze *f*
**foam-melt method** (Plastics) / Verschäumen *n* von Schmelzen
**foam monitor** / Schaumwerfer *m* (im Feuerlöschwesen) ‖ ~ **moulding** (thermoplastics and thermosets) (Plastics) / Formschäumen *n* ‖ ~ **over** *v* / überschäumen *v*
**foam-padded** *adj* / schaumstoffummantelt *adj*
**foam plaster** / Schaumgips *m*
**foam-plug process** (Mining) / Schaumverfahren *n* (Abdichtung von Brandfeldern)
**foam pouring** (Plastics) / Schaumgießverfahren *n* (bei Polyurethan) ‖ ~ **reduction** (Chem) / Schaumbegrenzung *f* ‖ ~ **refining** (Met) / Schaumfrischen *n* ‖ ~ **rubber** (Chem Eng) / Schaumgummi *m* (poröse Gummiwaren) ‖ ~ **rubber** s. also sponge rubber ‖ ~ **spot** (Paper) / Schaumfleck *m* ‖ ~ **spraying** (Plastics) / Schaumsprühen *n* (bei der Herstellung von geschäumten Überzügen oder Auskleidungen)
**foam(ing) stability** (Chem) / Schäumbeständigkeit *f* (DIN 53902)
**foam stabilizer** (Chem) / Schaumstabilisator *m*, Booster *m* (in Waschmitteln) ‖ ~ **strip** (Aero) / Schaumteppich *m* (der von der Flughafenfeuerwehr auf die Landebahn gespritzt wird) ‖ ~ **underlay** / Schaumstoffunterlage *f*, Schaumunterlage *f*
**f.o.b.** (Ships) / frei an Bord (Klausel im Außenhandelsgeschäft, die besagt, dass der Verkäufer die Ware auf dem Schiff zu übergeben und bis dahin alle Kosten und Risiken zu tragen hat), fob, F.O.B.
**FOBS** (fractional orbital bombardment system) (Mil) / Flugkörpersystem *n* mit partieller Umlaufbahn
**FOC** (faint-object camera) (Astron, Photog) / Kamera *f* für (licht)schwache Objekte ‖ ≙ (fibre-optic communications) (Optics, Telecomm) / Lichtwellenleiterkommunikation *f*, faseroptische Kommunikation
**focal** *adj* (Optics) / Brenn-, fokal *adj* ‖ ~ **depth** (Geol) / Herdtiefe *f* ‖ ~ **depth** (Optics, Photog) / Abbildungstiefe *f* (Schärfebereich), Schärfentiefe *f*, Tiefenschärfe *f*, Schärfentiefenbereich *m* (im Dingraum), Tiefe *f* der scharfen Abbildung ‖ ~ **distance** (Optics) / Brennweite *f*, Fokaldistanz *f* (eine Kardinalstrecke) ‖ ~ **length**\* (Optics) / Brennweite *f*, Fokaldistanz *f* (eine Kardinalstrecke) ‖ ~ **line** (Optics) / Kaustik *f* (Einhüllende der zum Abbildungsfehler beitragenden Strahlen), Brennlinie *f* ‖ ~ **plane**\* (Optics) / Brennebene *f*, Fokalebene *f* (eine Kardinalfläche) ‖ ~ **plane**\* (Optics) s. also image plane
**focal-plane shutter** (Photog) / Schlitzverschluss *m*, Bildfensterverschluss *m*
**focal point**\* (Phys) / Brennpunkt *m*, Fokus *m* (pl. Fokusse) ‖ ~ **power** (Optics) / optische Wirkung, Brechwert *m* ‖ ~ **radius** (of a conic)

583

**focal**

(Maths) / Brennstrahl *m* ‖ ~ **ratio** (Optics, Photog) / Öffnungszahl *f*, Blendenzahl *f k*, f-Blende *f*, Blendenstufe *f*, Blendenwert *m*, Öffnungsverhältnis *n* (der Kehrwert der relativen Öffnung nach DIN 4521) ‖ ~ **rays** (Optics) / Brennstrahlen *m pl* (die durch den Brennpunkt gehen) ‖ ~ **spot*** (Electronics, Welding) / Brennfleck *m* ‖ ~ **spot** (Radiol) / Brennfleck *m* (der Röntgenröhre)
**focimeter** *n* (Optics) / Fokometer *n* (zur Brennweitenmessung)
**Fock space** (Phys) / Fock-Raum *m*
**focometer*** *n* (Optics) / Fokometer *n* (zur Brennweitenmessung)
**focometry** *n* (Optics) / Fokometrie *f*, Brennweitenmessung *f*
**fo'c's'le** *n* (Ships) / Back *f*
**focus** *v* (Electronics, Nuc) / fokussieren *v* (z.B. Elektronstrahlen) ‖ ~ *vi* (Optics) / sich in einem Brennpunkt vereinigen (z.B. Strahlen) ‖ ~ *vt* (Optics) / scharfstellen *v*, einstellen *v* (scharf), fokussieren *v* ‖ ~* (of earthquake) (pl. foci or -es) (Geophys) / Hypozentrum *n*, Erdbebenherd *m*, Herd *m* (Ausgangspunkt von Erdbeben) ‖ ~* (pl. foci or -es) (Maths) / Strudelpunkt *m* (einer Kurvenschar) ‖ ~* (pl. foci or -es) (Maths) / Brennpunkt *m* (ausgezeichneter Punkt in Bezug auf einen Kegelschnitt) ‖ ~ (pl. foci or -es) (Med) / Fokus *m* (pl. Fokusse), Herd *m*, Focus *m* (pl. Foci) (Krankheitsherd) ‖ ~ (Micros) / Zustand schärfster Abbildung ‖ ~* (pl. foci or -es) (Optics) / Brennpunkt *m*, Fokus *m* (pl. Fokusse) ‖ **in** ~ / scharf *adj* (Abbildung, Einstellung) ‖ **out of** ~ (Optics, Photog) / unscharf *adj*, nicht scharf (Abbildung, Einstellung) ‖ **outside of** ~ (Optics) / extrafokal *adj*
**focused beam** (Phys) / gebündelter Strahl
**focus-film distance** (Radiol) / Fokus-Film-Abstand *m*, FFA (Abschnitt des Achsenstrahls zwischen Mittelpunkt des Brennflecks und dem Auftreffpunkt auf dem Film)
**focusing*** *n* / Fokussierung *f* ‖ ~* (Electronics) / Fokussierung *f* (bei einer Elektronenstrahlröhre - DIN 44400) ‖ ~* (Optics, Photog) / Scharfeinstellung *f*, Brennweiteneinstellung *f*, Fokussierung *f* ‖ ~ **aid** (Photog) / Scharfeinstellhilfe *f*, Einstellhilfe *f* ‖ ~ **amplifier** (Photog) / Einstellupe *f* ‖ ~ **coil*** (Elec Eng, Electronics) / Fokussierspule *f* ‖ ~ **cup** (Radiol) / Katodenbecher *m* (in dem die Glühkatode einer Röntgenröhre befestigt ist) ‖ ~ **electrode** (Electronics) / Fokussierelektrode *f* (des Elektronenstrahlerzeugers) ‖ ~ **hood** (Photog) / Lichtschacht *m* (der Spiegelreflexkamera) ‖ ~ **magnet** (Elec Eng, Electronics) / Fokussiermagnet *m*, Abbildungsmagnet *m* ‖ ~ **magnifier** (Photog) / Einstellupe *f* ‖ ~ **negative** (Photog) / Testnegativ *n* ‖ ~ **operator** (Cinema) / Schärfe(n)assistent *m* (pl. -en) (Kameraassistent, der dem Kameramann oder Schwenker die Schärfe nachzieht), Kameraasisstent *m* (pl. -en) ‖ ~ **ring** (Photog) / Scharfeinstellring *m*, Einstellring *m* ‖ ~ **screen*** (Photog) / Einstellscheibe *f* (im Suchersystem) ‖ ~ **screen*** (Photog) s. also ground-glass screen
**focus modulation** (Micros) / Fokusanpassung *f* ‖ ~ **of attention** (AI) / Schwerpunkt *m* der Aufmerksamkeit (des Schedulers) ‖ ~ **of corrosion** (Surf) / Korrosionsherd *m*, Korrosionsnest *n* ‖ ~ **operator** (Cinema) / Schärfe(n)assistent *m* (pl. -en) (Kameraassistent, der dem Kameramann oder Schwenker die Schärfe nachzieht), Kameraasisstent *m* (pl. -en) ‖ ~ **puller** (Cinema) / Schärfe(n)assistent *m* (pl. -en) (Kameraassistent, der dem Kameramann oder Schwenker die Schärfe nachzieht), Kameraasisstent *m* (pl. -en)
**focussing** *n* / Fokussierung *f* ‖ ~ (Electronics) / Fokussierung *f* (bei einer Elektronenstrahlröhre - DIN 44400) ‖ ~ (Optics, Photog) / Scharfeinstellung *f*, Brennweiteneinstellung *f*, Fokussierung *f* ‖ ~ (Radar) / Fokussierung *f* (Entfernungskrümmungskorrektur für die kohärente Verarbeitung der Signale von einem Ziel besonders beim Radar mit synthetischer Apertur zur Erhöhung von Winkelauflösung und Signal-Stör-Verhältnis) ‖ ~ **collar** (Optics) / Einstellrehring *m*
**focussing-lens aperture** (Eng) / Strahlapertur *f* (Verhältnis D/f der Arbeitsoptik)
**focussing ring** (Optics) / Einstellrehring *m*
**focus-skin distance*** (Radiol) / Fokus-Haut-Abstand *m*, FHA (Abstand auf dem Zentralstrahl zwischen dem Fokus der Röntgenröhre und der Haut des zu bestrahlenden Patienten)
**focus up** *v* (Cinema) / Bild aus der Unschärfe in die Schärfe ziehen
**FOD** (foreign-object damage) (Aero) / Beschädigung *f* durch (in das Triebwerk geratene/n/) Fremdkörper
**FO damage** (foreign-object damage) (Aero) / Beschädigung *f* durch (in das Triebwerk geratene/n/) Fremdkörper
**fodder** *n* (Agric) / Futtermittel *n*, Futter *n* (Nahrung für /Haus/Tiere), Viehfutter *n* ‖ ~ **acreage** (Agric) / Futteranbaufläche *f* ‖ ~ **beet** (Agric, Bot) / Futterrübe *f* (Kulturform der Runkelrübe) ‖ ~ **cropping** (Agric) / Futterpflanzenbau *m* (Anbau von Kulturpflanzen, die frisch als Grünfutter, gesäuert als Silage oder trocken als Heu verfüttert werden), Futterpflanzenbau *m*, Futterbau *m* (ohne Plural) ‖ ~ **cropping** (Agric) / Ackerfutterbau *m*, Feldfutterbau *m* ‖ ~ **cultivation** (Agric) / Futterpflanzenbau *m* (Anbau von Kulturpflanzen, die frisch als Grünfutter, gesäuert als Silage oder trocken als Heu verfüttert werden), Futterpflanzenbau *m*, Futterbau *m* (ohne Plural) ‖ ~ **lime** (Agric) / Futterkalk *m* (z.B. für raschwüchsige Haustiere, Hühner in der Legezeit usw.) ‖ ~ **plant** (Agric, Bot) / Futterpflanze *f* ‖ ~ **potato** (Agric) / Futterkartoffel *f* ‖ ~ **salt** (Agric) / Viehsalz *n* (mit roten Eisenoxiden denaturiertes Kochsalz) ‖ ~ **steamer** (Agric) / Futterdämpfer *m* ‖ ~ **yeast** (Agric) / Futterhefe *f*
**foehn** *n* (Meteor) / Föhn *m* (Nord- und Südföhn) ‖ ~ **cloud** (Meteor) / Föhnwolke *f* (linsenförmige Wolke, die sich bei Föhn im Lee von Gebirgen bildet) ‖ ~ **nose** (Meteor) / Föhnnase *f*, Föhnkeil *m* ‖ ~ **sickness** (Med, Meteor) / Föhnkrankheit *f* (beim Auftreten von Föhn auf der Nordseite der Alpen) ‖ ~ **wall** / Föhnmauer *f* (von der Leeseite eines Gebirges aus zu beobachtende mächtige Wolkenbank)
**Foerster probe** (Electronics) / Induktionsflussmagnetometer *n*, Förstersonde *f* (ein induktiver Sensor), Fluxgate-Magnetometer *n*, Kernsättigungsmagnetometer *n*
**foetid** *adj* / widerlich riechend, Übelkeit erregend (Geruch), widerwärtig *adj* (Geruch), übelriechend *adj*, ekelerregend *adj* (Geruch)
**FOF** (freeze-out fraction) (Telecomm) / Verlustrate *f* (bei der zeitmultiplexierten Sprachübertragung)
**FOG** (fibre-optics gyroscope) (Aero, Nav, Optics) / faseroptisches Gyroskop (ein Interferometer), FOG (faseroptisches Gyroskop)
**fog** *v* / beschlagen *v* (sich) (Glas), sich trüben *v* ‖ ~ (Photog) / einen Schleier bekommen ‖ ~ (Surf) / anlaufen *v* (Nickelschicht) ‖ ~ *n* / Beschlag *m* (feuchter Niederschlag, z.B. an Fenstern, Scheiben) ‖ ~ (Agric) / Nachmahd *f*, Grummet *n*, Grumt *n*, Öhmd *n* ‖ ~ (Meteor) / Fog *m* (dichter Nebel ohne wesentliche Beimengung von Staub und Ruß) ‖ ~* (a cloud at ground level) (Meteor) / Nebel *m* (dichter) ‖ ~* (Photog) / fotografischer Schleier ‖ ~ **application** (Agric) / Nebeln *n* ‖ ~ **band** (Meteor) / Nebelschwaden *m* (durch Unterschiede im Feuchtigkeitsgehalt der Luft entstehender Nebel), Nebelstreifen *m* ‖ ~ **bank** (Meteor) / Nebelbank *f* (Zusammenballung von Nebel)
**fog-blue** *adj* / nebelblau *adj* ‖ ~ s. also mist-grey
**fogbound** *adj* (Meteor) / in Nebel gehüllt
**fogbow*** *n* (Meteor) / Nebelbogen *m* (ein weißer Regenbogen)
**fog chamber** (Nuc) / Nebelkammer *f* (z.B. Wilson'sche) ‖ ~ **density** (Photog) / Schleierschwärzung *f*, Schleierdichte *f* ‖ ~ **dispersal** (Aero) / Nebelauflösung *f* (thermisches Verfahren zur Sichtverbesserung an den Start- und an den Landebahnen), Nebelbeseitigung *f* ‖ ~ **dissipation** (Aero) / Nebelauflösung *f* (thermisches Verfahren zur Sichtverbesserung an den Start- und an den Landebahnen), Nebelbeseitigung *f* ‖ ~ **drip** (Meteor) / Nebelniederschlag *m* ‖ ~ **forest** (For, Geog) / Nebelwald *m* (hygrophile Vegetationsformation der feuchten Tropen)
**fogged** *adj* / beschlagen *adj* (Fensterscheibe) ‖ ~ (Photog) / mit Grauschleier (belichtetes Schwarzweißpapier)
**fogged-up** *adj* / beschlagen *adj* (Fensterscheibe)
**fogging** *n* (Agric, Chem) / Nebelverfahren *n* (in der Schädlingsbekämpfung) ‖ ~ (Autos) / Fogging *n* (Kondensation von verdampften flüchtigen Bestandteilen aus der Kfz-Innenausstattung unter Ausbildung eines meist trüben Belags an den Innenseiten der Glasscheiben, insbesondere an der Windschutzscheibe - DIN 75 201) ‖ ~ (Comp) / Fogging *n* (ein Effekt in der digitalen Bildbearbeitung) ‖ ~ (Glass) / Erblindung *f*, Blindwerden *n* ‖ ~ (Photog) / Schleierbildung *f* ‖ ~ (of nickel) (Surf) / Schleier *m* ‖ ~ (Surf) / Schleierbildung *f* (auf einer Nickelschicht), Anlaufen *n* ‖ ~ **agent** (Chem) / Nebelmittel *n* (z.B. für Film und Theater) ‖ ~ **due to condensation of water vapour** / Beschlagen *n* durch Kondensation von Wasserdampf ‖ ~ **effect** (Plastics) / Fogging-Verhalten *n* (von Kunststoffen)
**foggy** *adj* / nebelig *adj*, neblig *adj*
**fog headlamp** (Autos) / Nebelscheinwerfer *m*
**foghorn** *n* (Ships) / Nebelhorn *n*
**fog-investigation dispersal operation** (Aero) / Entnebelungsverfahren *n* (auf Flugplätzen), FIDO (Entnebelungsverfahren)
**fog lamp** (Autos) / Nebelscheinwerfer *m* ‖ ~ **light** (Autos) / Nebelscheinwerfer *m* ‖ ~ **patch** (Meteor) / Nebelbank *f* (Zusammenballung von Nebel) ‖ ~ **precipitation** (Meteor) / Nebelniederschlag *m* ‖ ~**-signal*** *n* (Rail) / Knallkapsel *f* ‖ ~**-signal** (Ships) / Nebelsignal *n* (vorgeschriebenes Schallsignal der Schiffe bei Nebel) ‖ ~ **test** (Elec Eng) / Nebelprüfung *f* (bei Isolatoren) ‖ ~ **track** (Nuc) / Nebelkammerspur *n*, Nebelspur *f*
**fog-type insulator*** (Elec Eng) / Nebelisolator *m* (Fremdschichtisolator)
**fog up** *v* (Photog) / einen Schleier bekommen ‖ ~ **warning** / Nebelwarnung *f* ‖ ~ **warning lamp** (Autos) / Nebelschlussleuchte *f*
**foid*** *n* (Min) / Feldspatvertreter *m*, Feldspatoid *m*, Foid *m*
**foil** *n* / Folie *f* (meistens metallische, dünner als 0,15 mm) ‖ ~ (Arch) / Blatt *n* (im gotischen Maßwerk) ‖ ~ (Bind) / Blattfolie *f*, Brechfolie *f* ‖ ~ (Ships) / Tragflügel *m*, Gleitfläche *f* (z.B. des Tragflügelbootes), Wassertragflügel *m*, Tragfläche *f* des Tragflächenbootes

**foil-backed gypsum lath** (Build) / Gipskarton-Putzträgerplatte *f* mit Folie auf der Rückseite (meistens Aluminium - für dampfsperrende oder reflektierende Zwecke)
**foil bearing** (Eng) / Folienlager *n* || ~ **butt seam** (Welding) / Foliennaht *f* (eine Stumpfnaht beim Pressschweißen) || ~ **butt seam welding** (Welding) / Folienstumpfnahtschweißen *n* || ~ **capacitor** (Elec Eng) / Folienkondensator *m* (beidseitig metallisierte Folie), Kunststoffkondensator *m* || ~ **detector** / Foliendetektor *m* || ~ **facing** (Plastics) / Folienbeschichtung *f* || ~ **hygrometer** / Folienhygrometer *n* || ~ **lacquer** (Paint, Plastics) / Folienlack *m* (ein Schutzlack zum Überziehen dünner Zellglas- Verpackungsfolien) || ~ **laminating** (Bind, Print) / Folienkaschierung *f* || ~ **mask** (Electronics) / Folienmaske *f* || ~ (rolling) **mill** (Plastics) / Folienwalzwerk *n*
**foil-mounting paper** (Paper) / Folienrohpapier *n*
**foil packing ring** (Eng) / Folienpackungsring *m* (eine Stopfbuchsendichtung mit Baumwollkern, mit Aluminiumfolie umwickelt) || ~ **paper** (Paper) / Folienpapier *n* (metall- oder kunststoffbeschichtet) || ~ **paper** (Paper) / Metallpapier *n* (z.B. Gold-, Silber- oder Bronzepapier) || ~ **printing** (Print) / Foliendruck *m* (meist auf Rotationsmaschinen) || ~ **rolling** (Plastics) / Folienwalzen *n* || ~ **technology** / Folientechnologie *f* (eine Sensortechnologie)
**FOK** (free of knots) (For) / astfrei *adj*, astrein *adj*, astlos *adj*
**Fokker-Planck equation** (a description of the time-dependence of a Markov process) (Phys) / Fokker-Planck-Gleichung *f* (nach A.D. Fokker, 1887-1972), Einstein-Fokker-Gleichung *f* (eine kinetische Gleichung), Planck-Fokker-Gleichung *f*
**folacin** *n* (Biochem, Pharm) / Folsäure *f*, Pteroylglutaminsäure *f*
**folate** *n* (Biochem) / Folat *n*, Pteroylglutamat *n*
**fold** *v* / falten *v*, knicken *v*, legen *v* || ~ (Autos) / umklappen *v* (die Rücksitzlehne), herunterklappen *v*, umlegen *v* || ~ (Bind, Print) / einfalzen *v*, falzen *v* || ~ (Eng) / abbiegen *v*, abkanten *v* (dünne Bleche) || ~ (Geol) / falten *v* || ~ (Leather) / umbuggen *v*, einschlagen *v* (beim Schuhoberteil) || ~ (Plastics) / umlegen *v* (eine Kante), abkanten *v* || ~ *n* (Bind, Print) / Falz *m* (Falzbruch, Bogenfalz) || ~ (Bind, Print) / Falzbruch *m*, Bruch *m* || ~ (Eng) / Glied *n* (in einem Gliedermaßstab) || ~ (Geol) / Falte *f* || ~ (Glass) / Falte *f* (Pressfalte, Quetschfalte - ein Fehler), Verfaltung *f* (ein Fehler) || ~ (Paper) / Knick *m* || ~ (Textiles) / Falte *f* (meistens einfach gelegte) || ~ **angle machine** (Met) / Faltangelmaschine *f* (zum Anspitzen von Rohren) || ~ **away** *v* (Autos) / umklappen *v* (die Rücksitzlehne), herunterklappen *v*, umlegen *v*
**foldaway** *attr* / umklappbar *adj* (Griff), herunterklappbar *adj* || ~ / klappbar *adj*, Falt-, zusammenklappbar *adj*, Klapp-, faltbar *adj*, einschiebbar *adj* (zusammenklappbar) || ~ **basin** (Autos) / Klappwaschbecken *n* (in den Caravans) || ~ **step** / Klapptritt *m*
**fold axis** (Geol) / Faltenachse *f* || ~ **back** *v* / zurückklappen *v*, zurückfalten *v*
**fold-back rubber eyecup** (Optics) / umstülpbare Okularmuschel
**foldboat** *n* (Ships) / Faltboot *n*
**fold-down** *attr* / klappbar *adj*, Falt-, zusammenklappbar *adj*, Klapp-, faltbar *adj*, einschiebbar *adj* (zusammenklappbar) || ~ **rubber eyecup** (Optics) / umstülpbare Okularmuschel
**folded and collated copies** (Print) / Aushängebogen *m pl* (während des Fortdruckes der Auflage entnommene Bogen, die dem Auftraggeber zugestellt werden) || ~ **dipole*** (Radio, Telecomm) / Schleifendipol *m*, Dipolschleife *f*, Faltdipol *m* (DIN 45030), gefalteter Dipol (eine Dipolantenne) || ~**-dipole antenna** (Radio) / Schleifendipol *m*, Dipolschleife *f*, Faltdipol *m* (DIN 45030), gefalteter Dipol (eine Dipolantenne) || ~ **edge** (Textiles) / umgelegte Kante || ~ **filter** (Chem) / Faltenfilter *n* || ~ **processor** (Comp) / gefalteter Prozessor (der Daten intern mit der doppelten Wortlänge der Datenbusbreite bearbeitet) || ~ **selvedge** (Weaving) / einrollende Leiste (ein Webfehler), rollende Leiste || ~ **(-plate) structure** (Build) / Faltwerk *n* (ein räumliches Flächentragwerk) || ~ **yarn** (Spinning) / Fachzwirn *m* || ~ **yarn*** (Spinning) / mehrfädiges Garn, doubliertes Garn, Mehrfachzwirn *m*, gefachtes Garn, Mehrfachgarn *n*
**folder** *n* (for filing purposes) / Aktendeckel *m*, Mappe *f* || ~ / Faltprospekt *m* || ~ (Bind, Print) / Falzmaschine *f* || ~ (Bind, Print) / Falzbein *n* || ~ (Comp) / Ordner *m* (der etwa einem Dateiverzeichnis entspricht) || ~ (color unit)* (Print) / Falzaggregat *n*, Falzapparat *m*, Druckmaschinenfalzwerk *n* || ~ (Textiles) / Legeautomat *m*, Ableger *m* (DIN 64990), Legemaschine *f*, Faltmaschine *f* || ~ (Textiles) / Umleger *m* (der Nähmaschine), Abkanter *m* (der Nähmaschine) || ~ **blade** (Bind) / Falzmesser *n* || ~ **gluer** (Paper) / Folder-Gluer *m* (Druckwerk, das in eine Wellpappenherstellung eingebaut ist, so dass Wellpappenbogen online bedruckt, gerillt und gestanzt werden können) || ~ **stock** (Paper) / Aktendeckelkarton *m*
**fold formation** (Crystal, Electronics, Met) / Knickbandbildung *f* || ~ **geometry** (Geol) / Faltengeometrie *m* (geometrische Darstellung einer Falte) || ~ **in** *v* (Print) / einfalzen *v*, einschlagen *v*

**folding** *n* (Biochem) / Faltung *f* (bei Proteinen) || ~ (Eng) / Schwenkbiegen *n* (DIN 8586) || ~ (Eng) / Abbiegen *n*, Abkanten *n* (von dünnen Blechen) || ~* (Geol) / Faltung *f* (Leather) / Umbuggen *n*, Einschlagen *n* (Umlegen und Festkleben der Kante eines Lederteils) || ~ (Plastics) / Umlegen *n* der Kante, Abkanten *n* (von Halbzeug) || ~ (Print) / Falzen *n* || ~ (Textiles) / Legen *n*, Falten *n* || ~ *adj* / einklappbar *adj* (Griff) || ~ / klappbar *adj*, Falt-, zusammenklappbar *adj*, Klapp-, faltbar *adj*, einschiebbar *adj* (zusammenklappbar) || ~ (Autos) / umlegbar *adj* (Rücksitzbank) || ~ **arm** (Eng) / Knickarm *m* (bei den IR), Faltarm *m*
**folding-arm robot** (Eng) / Knickarmroboter *m*
**folding blade*** (Bind) / Falzmesser *n* || ~ **boards** (Mining) / Aufsetzvorrichtung *f* (Falle) || ~ **bow** (Autos) / Faltspiegel *m* || ~ **box** / Faltschachtel *f*, Faltkarton *m* || ~ **camera** (Photog) / Faltkamera *f* || ~ **camera** (Photog) / Balgenkamera *f*, Klappkamera *f* || ~ **camera with lazy-tongs device** (Photog) / Spreizenkamera *f* || ~ **camera with self-erecting lens mounting** (Photog) / Springkamera *f* || ~ **carton** (US) / Faltschachtel *f*, Faltkarton *m* || ~ **cylinder*** (Print) / Falzzylinder *m* || ~ **door** (Build) / Harmonikatür *f*, Falttür *f*, Scherengittertür *f* || ~ **door** (Build) / Flügeltür *f*, Schlagtür *f* || ~ **endurance** (Paper) / Falzwiderstand *m*, Dauerbiegewiderstand *m* (mit einem Falzapparat ermittelt) || ~ **fins** (Aero, Mil) / beiklappbares Leitwerk, Klappleitwerk *n* || ~ **gate** (Build) / Falttor *n* || ~ **handle** (Eng) / umlegbare (versenkbare) Kurbel || ~ **handle** / Einschlagheft *n* || ~ **jaws*** (Print) / Falzklappen *f pl* || ~ **machine** (Bind, Print) / Falzmaschine *f* || ~ **machine** (Eng) / Schwenkbiegemaschine *f* || ~ **machine** (Leather) / Umbuggmaschine *f*, Einschlagmaschine *f* || ~ **machine** (Textiles) / Legeautomat *m*, Ableger *m* (DIN 64990), Legemaschine *f*, Faltmaschine *f* || ~ **map** (Cartography) / Faltkarte *f* || ~ **optics** (Optics) / zusammenlegbare optische Bauteile, zusammenlegbare optische Elemente || ~ **plate*** (Bind) / Falttafel *f*, Gatefold *n* (Faltblatt, das ein Buch oder eine Zeitschrift um die Größe einer Seite erweitert), aufschlagbare Seite (eine Falttafel), Ausklappbild *n* || ~ **rear seat** (Autos) / umklappbarer Rücksitz, umlegbarer Rücksitz (Lehne) || ~ **rotor** (Aero) / Klapprotor *m* || ~ **rule** / Gliedermaßstab *m*, Zollstock *m* (zusammenklappbarer Maßstab), Klappmaßstab *m*, Gelenkmaßstab *m* || ~ **seat** / Klappsitz *m* || ~ **shovel** / Klappspaten *m* || ~ **shutter** (Build) / Schiebeladen *m*, Klappladen *m*, Klappfensterladen *m* (in einem Mauerschlitz geführter)
**folding-step stool** / Klapptritt *m*
**folding stick** (Bind) / Falzbein *n* || ~ **strength*** (Paper) / Falzfestigkeit *f*, Falzwiderstand *m* || ~ **system** (Join) / Faltsystem *n* (bei der Herstellung kleiner Möbelkorpusse, Gehäuse, Schiebekästen usw.) || ~ **table** / Klapptisch *m* || ~ **table** (Textiles) / Legetisch *m* (DIN 64990) || ~ **test** (Eng, Materials) / Faltprobe *f*, Faltversuch *m* (technologischer Biegeversuch) || ~ **test** (Paper) / Faltprobe *f*, Faltversuch *m* || ~ **tip** (Autos) / Faltverdeck *n* || ~ **wedges*** (Build, Civ Eng) / Hartholzverkeilung *f* || ~ **wing** (Aero) / beiklappbarer Flügel, Faltflügel *m* || ~ **with bending support** (Plastics) / Abkanten *n* mit Abkantklappe (für stärkere Platten)
**fold limb** (Geol) / Faltenschenkel *m* (die vom Faltenscheitel nach beiden Seiten ausgehenden Flügel), Faltenflanke *f*, Faltenflügel *m* || ~ **mountains** (Geol) / Faltengebirge *n* || ~**-out*** *n* (Bind) / herausklappbare Karte, herausklappbare Abbildung, ausklappbare Karte, ausklappbare Abbildung
**fold-out keyboard** (Comp) / herausklappbare Tastatur
**fold-up pasting table** / zusammenlegbarer Tapeziertisch
**fold wing** (Aero) / beiklappbarer Flügel, Faltflügel *m*
**Foldy effect** (Nuc) / Foldy-Effekt *m* (nach L.L. Foldy, geb. 1919)
**Foldy-Wouthuysen transformation** (Nuc) / Foldy-Wouthuysen-Transformation *f*
**folia** *pl* (Pharm) / Folia *pl* (Pflanzenblätter)
**foliage** *n* (Bot) / Blätter *n pl*, Laub *n*, Laubwerk *n*
**foliage-penetration radar** (Radar) / Vegetationsdurchdringungsradar *m* *n*
**foliage pest** (Agric, Bot) / Blattschädling *m*
**foliar feed** (Agric) / Blattdünger *m* || ~ **feeding** (Agric) / Blattdüngung *f* || ~ **fertilization** (Agric) / Blattdüngung *f* || ~ **fertilizer** (Agric) / Blattdünger *m* || ~ **nutrient** (Agric) / Blattdünger *m* || ~ **nutrition** (Agric) / Blattdüngung *f* || ~ **pest** (Agric, Bot) / Blattschädling *m*
**foliated** *adj* / blättrig *adj* || ~ **capital** (Arch) / Blattkapitell *n* || ~ **zeolite** (Min) / Blätterzeolith *m*
**foliation** *n* (Geol) / Blaublattgefüge *n* der Gletscher (vielfacher Wechsel härterer bläulicher Eislagen mit weicheren, an Luftbläschen reicheren, weißen Lagen), Blaublättertextur *f* (im Gletschereis) || ~* (Geol) / Schiefrigkeit *f* (im Sinne von Planargefügen in metamorphen Gesteinen), Schieferung *f* || ~* (Geol) / Abspaltung *f* nach Mineralorientierungen || ~* (Geol) / Foliation *f* || ~* (Geol) / Blätterung *f*, Bänderung *f* || ~ (Maths) / Blätterung *f*
**folic acid*** (for therapy of certain anaemias) (Biochem, Chem, Pharm) / Folsäure *f*, Pteroylglutaminsäure *f*

**folic-acid**

**folic-acid sodium salt** (Chem) / Natriumfolat n
**Folimat** n / Folimat n (Insektizid auf der Basis von Omethoat zur Bekämpfung saugender und beißender Schädlinge)
**folinic acid** (Chem) / Citrovorumfaktor m, Folinsäure f (ein Derivat der Folsäure), Leukovorin n
**Folin solution** (Chem, Med) / Folins Reagens (12-Wolframatphosphorsäure - zum Harnsäurenachweis im Harn)
**Folin's reagent** (Chem, Med) / Folins Reagens (12-Wolframatphosphorsäure - zum Harnsäurenachweis im Harn)
**folio*** n (Print) / Folio n (pl. -ien) ‖ ~ **line** (Comp) / Fußzeile f
**folium of Descartes*** (Maths) / kartesisches Blatt, Blatt n des Descartes, Folium Cartesii (eine algebraische Kurve dritter Ordnung)
**follicle-stimulating hormone*** (Biochem, Physiol) / follikelstimulierendes Hormon, Follikelreifungshormon n (Prolan A), Follitropin n, FSH (ein Sexualhormon)
**follitropin** n (a gonadotropin) (Biochem) / follikelstimulierendes Hormon, Follikelreifungshormon n (Prolan A), Follitropin n, FSH (ein Sexualhormon)
**follow** v (from) / sich ergeben v (aus) ‖ ~ / nachfolgen v, folgen v ‖ ~ (Eng) / mitgehen v (z.B. ein Setzstock), mitlaufen v ‖ ~* **board** (Foundry) / Profilformplatte f (bei komplizierten Gussstücken) ‖ ~ **board** (Foundry) / Modellplatte f (ohne aufgesetztes Modell) ‖ ~ **copy!** (Print) / siehe Manuskript, siehe Vorlage (eine Satzanweisung) ‖ ~ **current** (Elec Eng) / Folgestrom m, Nachfolgestrom m ‖ ~ **die** (Eng) / Folgewerkzeug n (Schneidwerkzeug oder Abschneider), Folgeschnitt m, Folgeschneidwerkzeug n ‖ ~ **die** (Eng, Plastics) / zweistufiges Werkzeug
**follower** n (Automation, Elec Eng) / Folgeregler m, Nachlaufregler m ‖ ~* (Civ Eng) / Rammjungfer f, Afterramme f, Rammknecht m ‖ ~ (Eng) / Leitbacke f (zur Gewindestrehleinrichtung) ‖ ~ (Eng) / Nachformstift m, Taststift m, Kopierstift m, Tastfinger m (ein mit dem Werkzeugschlitten verbundener Stift, der die Leitkurve in Richtung der Vorschubbewegung abtastet) ‖ ~ (Eng) / Eingriffsglied n (Schieber oder Hebel beim Kurvengetriebe) ‖ ~* (Eng, Horol) / abgetriebenes Glied, angetriebenes Ritzel, angetriebenes Zahnrad, Abtriebsglied n ‖ ~ (Nuc Eng) / Folgestab m (ein Teil des Steuer- oder Abschaltelementes) ‖ ~ **crank** (Eng) / Schwinge f (im Gelenkgetriebe) ‖ ~ **drive** (Eng) / abhängiger Antrieb, Tochterantrieb m ‖ ~ **roll** (Eng) / Tastrolle f (zur mechanischen Abtastung)
**follow-focus mechanism** (Photog) / Schärfenziehmechanismus m
**following conveyor** (Eng) / abförderndes Band ‖ ~ **dirt*** (Mining) / nachbrechendes Hangendes, Nachfall m (Gesteinsanteil, der unplanmäßig aus dem Strebhangenden oder bedingt durch Streckenwanderung in den Grubenraum fällt), Nachfallpacken m ‖ ~ **line** (Print) / Folgezeile f, nächste Zeile ‖ ~ **microphone** (Acous) / bewegliches Mikrofon ‖ ~ **shoe** (Autos) / Ablaufbacke f (der Trommelbremse), Sekundärbacke f ‖ ~ **shot** (Cinema, TV) / Mitschwenk m ‖ ~ **stone** (Mining) / nachbrechendes Hangendes, Nachfall m (Gesteinsanteil, der unplanmäßig aus dem Strebhangenden oder der Streckenwanderung in den Grubenraum fällt), Nachfallpacken m ‖ ~ **wind** (Aero) / Rückenwind m
**follow-me** n (Teleph) / Follow-me n (eine bestimmte Art des Forwardings, bei dem der Anruf von jedem beliebigen Anschluss aus weitergeleitet werden kann, so dass man den Anruf immer dorthin leiten kann, wo man sich gerade befindet)
**follow-me-home function** (Autos) / Follow-me-home-Funktion f
**follow-on** attr / technisch weiterentwickelt, zur nächsten (technischen) Generation gehörend
**follow•-rest*** n (Eng) / Laufsetzstock m, mitgehender Setzstock, mitlaufender Setzstock, mitlaufende Lünette ‖ ~ **shot** (Cinema) / Verfolgungsaufnahme f (bei der die Kamera der Handlung nachfolgt) ‖ ~ **shot** (Cinema, TV) / Mitschwenk m ‖ ~ **spot** (Cinema) / Verfolgescheinwerfer m ‖ ~ **spotlight** (Cinema) / Verfolgescheinwerfer m ‖ ~ **up** v / nachsteuern v (Ziel verfolgen)
**follow-up** n / Follow-up n (thematische Fortsetzung bzw. Erweiterung eines Programms, einer Publikation usw.) ‖ ~ / Folgemaßnahme f ‖ ~ (Comp) / Posting n (Antwort auf einen Artikel in der Newsgruppe) ‖ ~ (Teleph) / Follow-Up n (in einem Callcenter die Bezeichnung für einen zweiten Anruf zum Abschluss eines Geschäftsvorganges) ‖ ~ **advertising** / Erinnerungswerbung f (die ein einmal angeschnittenes Thema einer Werbekampagne noch einmal aufgreift mit dem Ziel, einen bereits bestehenden Eindruck zu verstärken oder zu vertiefen), Nachfasswerbung f, Reminderwerbung f ‖ ~ **mechanism** (Automation) / Nachlaufmechanismus m ‖ ~ **monitoring** (Eng) / Nachlaufüberwachung f (bei Pressen) ‖ ~ **of orders** (Work Study) / Auftragsverfolgung f ‖ ~ **order** (Work Study) / Anschlussauftrag m ‖ ~ **potentiometer** (Elec Eng) / Nachlaufpotentiometer n
**folly** n (pl. follies) (Arch) / Ruine f (künstliche - wie z.B. in Veitshöchheim oder Bacharach)
**folpet** n (Agric) / Folpet n (Fungizid, das zur Substanzklasse der Phthalsäure-Derivate zählt)

**FOM** (flight operations manual) (Aero) / Flugbetriebshandbuch n
**FON** (front octane number) (Fuels) / Frontoktanzahl f, FOZ (Frontoktanzahl)
**fond** n (Textiles) / Spitzengrund m
**fondant** n (Ceramics) / Fondporzellan n (Porzellan mit einfarbigem Grund und ausgesparten Flächen, die mit Malereien ausgefüllt sind) ‖ ~ (Ceramics, Glass) / Glasfluss m (durchsichtiger Schmelz), Fluss m, Glaspaste f ‖ ~ (a thick paste made of sugar and water and often flavoured or coloured, used in the making of sweets and the icing and decoration of cakes) (Nut) / Fondant m n
**font*** n (Comp) / Font m (typografisch definierter Zeichensatz, der das auszugebende Schriftbild bestimmt) ‖ ~* (Typog) / Schrift f (ganzer Satz - nach DIN 16518) ‖ ~ **cache** (Comp) / Cache-Speicher m für die Schriften (ein extrem schneller Speicher, der einen unmittelbaren Zugriff auf häufig benötigte Schriften ermöglicht) ‖ ~ **cartridge*** (Comp) / Font-Cartridge f, Zeichensatzkassette f (die in einen besonderen Steckplatz des Druckers eingeschoben wird, damit er auch Schriften drucken kann, die nicht zu seiner Standardbestückung gehören), Schriftkassette f ‖ ~ **catalogue** (Comp) / Schriftbibliothek f ‖ ~ **change** (Comp, Print) / Schriftartwechsel m, Schriftwechsel m ‖ ~ **change character** (Comp) / Umschaltzeichen n für andere Schriftart, Schriftartumschaltzeichen n, Schriftänderungszeichen n ‖ ~ **changing** (Comp, Print, Typog) / Schriftartwechsel m, Schriftwechsel m ‖ ~ **creation** (Comp) / Generierung f von Schriften ‖ ~ **generation** (Comp) / Generierung f von Schriften ‖ ~ **generator** (Comp) / Fontgenerator m (die Maschenbildung entscheidendes Maschinenteil der Wirk- und Strickmaschinen) ‖ ~ **library** (Comp) / Schriftbibliothek f ‖ ~ **scaling** (Comp) / Schriftskalierung f ‖ ~ **size box** (Comp) / Schrifgrößenfeld n ‖ ~ **sizing** (Typog) / Wahl f der Schriftgröße ‖ ~ **switching** (Comp, Print) / Schriftartwechsel m, Schriftwechsel m
**food** n (Agric) / Futtermittel n, Futter n (Nahrung für /Haus/Tiere), Viehfutter n ‖ ~ (Nut) / Lebensmittel n ‖ ~ attr (Nut) / Speise..., ernährungsbedingt adj, alimentär adj, Nahrungs... ‖ ~ **acid** (Chem, Nut) / Genusssäure f ‖ ~ **additive** (Nut) / Lebensmittelzusatz m (z.B. Farbstoffe, Antioxidantien, Emulgatoren, Konservierungsmittel, Bindemittel, Enzyme usw.), Lebensmittelzusatzstoff m (Stoff, der Lebensmitteln zur Beeinflussung ihrer Beschaffenheit oder zur Erzeugung bestimmter Eigenschaften oder Wirkungen zugesetzt wird) ‖ ~ **adulteration** (Nut) / Lebensmittelfälschung f, Nahrungsmittelfälschung f, Lebensmittelverfälschung f, Nahrungsmittelverfälschung f ‖ ~ **advertising** (Nut) / Lebensmittelwerbung f, Foodwerbung f ‖ ~ **allergy*** (Med, Nut) / Lebensmittelallergie f (immunologisch bedingte Überempfindlichkeit gegen Lebensmittel bzw. Lebensmittelinhaltsstoffe), Nahrungsmittelallergie f ‖ ~ **analogue** (Nut) / texturierte Lebensmittel (nach dem Spinn- oder Extrusionsprozess) ‖ ~ **analysis** (Nut) / Lebensmittelanalytik f ‖ ~ **biotechnology** (Nut) / Lebensmittelbiotechnik f
**foodborne** adj (Nut) / durch lebensmitteleigene Mikroorganismen verursacht ‖ ~ **disease** (Med) / durch Lebensmittel übertragene Krankheit (nicht mit Lebensmittelvergiftung zu verwechseln)
**food canning** (US) (Nut) / Lebensmittelkonservierung f ‖ ~ **chain*** n (Ecol, Nut) / Nahrungskette f ‖ ~ **chemist** (Chem, Nut) / Lebensmittelchemiker m ‖ ~ **chemistry** (a discipline concerned with the structure, properties and reaction kinetics of foods and the reactivities of the components of foods) (Chem, Nut) / Lebensmittelchemie f ‖ ~ **colloid** (Nut) / Lebensmittelkolloid n (+ Verdickungsmittel) ‖ ~ **colour** (substance used to colour foods or preparations of foods in carriers or solvents) (Chem, Nut) / Lebensmittelfarbstoff m (E 100 - E 180) ‖ ~ **composition table** (Nut) / Nährwerttabelle f ‖ ~ **contamination** (Nut) / Lebensmittelkontamination f ‖ ~ **control** (Nut) / Qualitätskontrolle f von Lebensmitteln ‖ ~ **cycle** (Ecol, Nut) / Nahrungsnetz n (dynamische Nahrungsbeziehungen zwischen produzierenden, konsumierenden und reduzierenden Organismen) ‖ ~ **decay** (Nut) / Verderb m von Lebensmitteln, Lebensmittelverderb m (der das Produkt ungenießbar macht) ‖ ~ **deterioration** (Nut) / Verderb m von Lebensmitteln, Lebensmittelverderb m (der das Produkt ungenießbar macht) ‖ ~ **emulsion** (Nut) / emulgiertes Lebensmittel ‖ ~ **engineering** (Nut) / Lebensmitteltechnologie f, Lebensmittelverfahrenstechnik f ‖ ~ **fish** (Nut, Zool) / Speisefisch m
**food-grade** adj (Nut) / in Lebensmittelreinheit, lebensmittelsauber adj ‖ ~ **gelatin** (Nut) / Speisegelatine f
**food grater** (Nut) / Reibeisen n, Raspel f, Reibe f, Reibmühle f ‖ ~ **hygiene** (Nut) / Lebensmittelhygiene f ‖ ~ **industry** (Nut) / Lebensmittelindustrie f, Nahrungsmittelindustrie f ‖ ~ **infection*** (Nut) / Lebensmittelinfektion f ‖ ~ **ingredient** (Nut) / Lebensmittelzutat f (jeder Stoff, einschließlich der Zusatzstoffe, der bei der Herstellung eines Lebensmittels verwendet wird und unverändert oder verändert im Enderzeugnis vorhanden ist) ‖ ~ **in its unrefined state** (Nut) / naturbelassene Lebensmittel ‖ ~

**inspection** (Nut) / Lebensmittelüberwachung f ‖ ~ **intake** (Nut) / Nahrungsaufnahme f ‖ ~ **intolerance** (Nut) / Intoleranz f (gegen bestimmte Lebensmittelbestandteile) ‖ ~ **intolerance**\* (Nut) / Lebensmittelintoleranz f ‖ ~ **irradiation**\* (Nut) / Lebensmittelbestrahlung f ‖ ~ **legislation** (Nut) / Lebensmittelgesetzgebung f ‖ ~ **manufacturing** / Lebensmittelverarbeitung f
**food-manufacturing industry** (Nut) / Lebensmittelindustrie f, Nahrungsmittelindustrie f
**food microbiology** (Nut) / Lebensmittelmikrobiologie f ‖ ~ **mix** (Nut) / gebrauchsfertiges Lebensmittel ‖ ~ **monitoring** (food inspection) (Nut) / Lebensmittelüberwachung f ‖ ~ **monitoring** (Nut) / Lebensmittel-Monitoring n ‖ ~ **phenolics** (Nut) / phenolische Inhaltsstoffe in Lebensmitteln ‖ ~ **plant** (Bot, Nut) / Nahrungspflanze f ‖ ~ **poisoning**\* (Med, Nut) / alimentäre Vergiftung (bakterielle und nicht bakterielle), Lebensmittelvergiftung f (Erkrankung des Menschen infolge des Verzehrs von Lebensmitteln), Nahrungsmittelvergiftung f ‖ ~ **preservation** (Nut) / Lebensmittelkonservierung f ‖ ~ **processor** (kitchen machine (US)) (Nut) / Küchenmaschine f (Stand-, Kompakt-) ‖ ~ **production** (Agric, Nut) / Lebensmittelerzeugung f, Lebensmittelproduktion f, Nahrungsmittelproduktion f ‖ ~ **protein** (Biochem, Nut) / Nahrungseiweiß n ‖ ~ **pyramid** (Ecol, Nut) / Nahrungspyramide f (modellhafte Verknüpfung der Nahrungsketten mit Biomasse und Stoffumsatz der Organismen eines jeden Kettengliedes), Ernährungspyramide f ‖ ~ **quality** (Nut) / Lebensmittelqualität f, Nahrungsmittelqualität f ‖ ~ **rheology** (Nut, Phys) / Lebensmittelrheologie f, Rheologie f der Lebensmittel ‖ ~ **safety**\* (Nut) / Lebensmittelsicherheit f ‖ ~ **safety objective** (Nut) / Zielwert m der Lebensmittelsicherheit
**food-scale** attr (Nut) / in Lebensmittelreinheit, lebensmittelsauber adj
**food science** (Nut) / Lebensmittelwissenschaft f ‖ ~ **scientist** (Nut) / Lebensmittelwissenschaftler m, Ernährungswissenschaftler m ‖ ~ **service** (US) (Aero) / Catering n (die auf dem Flughafen durchgeführte Versorgung von Verkehrsflugzeugen mit Bordverpflegung)
**food-service industry** (Nut) / Systemgastronomie f
**food shortage** (Med, Nut) / Nahrungsmangel m ‖ ~ **spoilage**\* (Nut) / Verderb m von Lebensmitteln, Lebensmittelverderb m (der das Produkt ungenießbar macht)
**foodstuff** n (Nut) / Rohstoff m zur Lebensmittelherstellung ‖ ~ (Nut) / Lebensmittel n ‖ ~ **advertising** (Nut) / Lebensmittelwerbung f, Foodwerbung f ‖ ~ **imitation** (Nut) / Lebensmittelimitation f
**food surveillance** (Nut) / Lebensmittelüberwachung f ‖ ~ **technology** (Nut) / Lebensmittelwesen n ‖ ~ **toxicology** (Chem, Nut) / Lebensmitteltoxikologie f ‖ ~ **value** (Nut) / Nährwert m (der Gehalt an verwertbaren Nährstoffen), Nahrungswert m
**food-waste disposer** (Nut) / Zerkleinerer m von Nahrungsmittelabfällen
**food web**\* n (Ecol, Nut) / Nahrungsnetz n (dynamische Nahrungsbeziehungen zwischen produzierenden, konsumierenden und reduzierenden Organismen) ‖ ~ **wrapper** (Paper) / Lebensmittelpapier n (zur Umhüllung) ‖ ~ **yeast** (Nut) / Nährhefe f ‖ ~ **Yellow 4** (Chem, Nut, Textiles) / Tartrazin n (saurer Pyrazolonfarbstoff - E 102), Hydrazingelb n O, Echtwollgelb n, Echtlichtgelb n ‖ ~ **Yellow 3** (Nut) / Gelborange n S (ein orangeroter Farbstoff für Getränke und Süßwaren - E 110)
**foolproof** adj / narrensicher adj (Bedienung, Montage), missgriffsicher adj, idiotensicher adj, gegen Fehlbedienung gesichert
**foolscap**\* n (Paper) / ein altes angloamerikanisches Papierformat (meistens 330 x 200 mm)
**fool's gold**\* (Min) / Katzengold n (goldgelber Pyrit)
**foot** n / Fuß m (altes Längenmaß) ‖ ~ (Bind, Typog) / Fußsteg m (weißer Papierrand bei Büchern, der vom Fußschnitt bis zum Satzspiegel reicht) ‖ ~ (Build, Civ Eng) / Fuß m (eines Fundaments, einer Böschung) ‖ ~ (Eng) / Untergestell n, Unterteil n ‖ ~ (Maths) / Fußpunkt m (in dem das Lot die Gerade bzw. die Ebene trifft) ‖ ~ (Mining) / Pumpensumpf m, Schachtsumpf m, Sumpf m
**foot-actuated** adj (Eng) / fußbetätigt adj, mit Fußantrieb, fußgesteuert adj
**foot actuation** (Eng) / Fußsteuerung f, Fußschaltung f, Fußbetätigung f
**footage** n / Gesamtlänge f in Fuß, Länge f in Fuß ‖ ~ (Cinema) / Filmlänge f (in Fuß) ‖ ~ (Mining) / Meterleistung f ‖ ~ **number** (Cinema) / Perforationsnummer f, Fußnummer f
**foot-band** n (Bind) / Kapital n (unteres), unteres Kapitalband, Kapitalband n (unten)
**foot block**\* (Civ Eng) / Fußholz n, Fußplatte f, Grundschwelle f
**footboard** n (Autos, Rail) / Trittbrett n, Tritt m (Trittbrett)
**foot brake** n (z.B. des Motorrollers)
**footbridge**\* n (Autos, Civ Eng) / Fußgängerbrücke f, Fußsteg m, Fußgängersteg m, Steg m (Brücke für Fußgänger), Gehwegbrücke f, Gangsteg m (Fußgängerbrücke)

**foot-candle** n (Light) / Footcandle n (alte Einheit der Beleuchtungsstärke = 10,764 1x)
**foot control** (Eng) / Fußsteuerung f, Fußschaltung f, Fußbetätigung f
**foot-controlled** adj (Eng) / fußbetätigt adj, mit Fußantrieb, fußgesteuert adj
**foot cut** (US) (Carp) / Klauenschiftung f ‖ ~ **enlarging** (Civ Eng) / Fußerweiterung f (des Pfahls)
**footer** n (a line repeated on the bottom of each page) (Comp) / Fußzeile f
**footfall** n (sound) (Acous, Build) / Trittschall m (durch Gehen verursachter Körperschall in Gebäuden, der über Wände und Decken als Luftschall abgestrahlt wird - DIN 4109), Gehschall m ‖ ~ (Acous, Cinema) / Gehgeräusch n, Geräusch n von Schritten (Studiotechnik)
**footfall-sound insulation** (Acous, Build) / Trittschalldämmung f (Schalldämmung gegen die Ausbreitung und Übertragung von Trittschall), Trittschallschutz m
**foothill** (a low hill at the base of a mountain or mountain range) (Geol) / Gebirgsausläufer m, Ausläufer m (eines Gebirges), Vorgebirge n
**foothills** pl (Geol) / Gebirgsausläufer m, Ausläufer m (eines Gebirges), Vorgebirge n
**foothold** n / Auftrittfläche f ‖ ~ / Raum m zum Stehen
**foot-hook chain** (Mining) / Zwischengeschirr n (Verbindungselement zwischen Förderseil und Förderkorb)
**footing** n / Raum m zum Stehen ‖ ~\* (Build) / Fundamentstreifen m (bei Streifenfundamenten) ‖ ~\* (Build, Civ Eng) / Fundament n (derjenige Teil des Baukörpers, der die gesamten Lasten in den Baugrund einleitet), Unterbau m, Fundation f (S) ‖ ~\* (Build, Civ Eng) / Fundamentfuß m ‖ ~\* (Elec Eng) / Mastgründung f ‖ ~ **course** (Build) / Fundamentmauerwerkslage f ‖ ~ **resistance**\* (Elec Eng) / Erdwiderstand m von Masten
**footings** pl (Build, Civ Eng) / Fundament n (derjenige Teil des Baukörpers, der die gesamten Lasten in den Baugrund einleitet), Unterbau m, Fundation f (S)
**foot iron**\* (Build, Elec Eng) / Klettereisen n, Steigeisen n (auch in Schächten und Kaminen)
**footless** adj (Elec Eng) / sockellos adj, ohne Sockel
**footlights** pl (Light) / Rampenlicht n, Fußrampenleuchten f pl, Lichtrampe f (Bühnenbeleuchtung)
**footlocks** pl (Textiles) / Fußwolle f, Bauchwolle f, Vliesabriss m (DIN 60004)
**footloose** adj (Elec Eng) / sockellos adj, ohne Sockel ‖ ~ **industry** (with no specific requirements or preconditions for its location) / standortunabhängige Industrie (meistens ein Montagebetrieb)
**foot margin** (Bind, Typog) / Fußsteg m (weißer Papierrand bei Büchern, der vom Fußschnitt bis zum Satzspiegel reicht)
**footmark** n / Fußspur f, Fußstapfe f
**Footner process**\* (Paint) / Footner-Verfahren n (zur Entfernung von Rost und Zunder auf Stahl)
**footnote tie-in** (Comp, Print) / Einarbeitung f der Fußnoten
**foot oil** (Chem Eng) / Schwitzöl n (nach Schwitzprozess aus Rohparaffin gewonnen), Bodenöl n ‖ ~**-operated** adj (Eng) / fußbetätigt adj, mit Fußantrieb, fußgesteuert adj
**foot-operated winch** (Eng) / Fußwinde f
**foot operation** (Eng) / Fußsteuerung f, Fußschaltung f, Fußbetätigung f
**footpath** n / Gehweg n, Fußweg m, Fußpfad m, Fußsteig m, Fußparcours /A/ m ‖ ~ (GB) (Civ Eng) / Gehweg m, Gehsteig m, Fußweg m, Bürgersteig m, Trottoir n
**foot pedal** (Autos) / Fußhebel m, Pedal n ‖ ~ **piece** (Civ Eng) / Fußholz n, Fußplatte f, Grundschwelle f
**footplate** n / Umlauf m (ein Bedienungssteg)
**footprint** n / Fußspur f, Fußstapfe f ‖ ~ (Autos) / Bodenberührungsfläche f (die bei Belastung entstehende Aufstandsfläche des Reifens am Boden), Bodendruckellipse f (Auflagefläche des unter Last abgeplatteten Reifens) ‖ ~ (the space taken up on a surface by a piece of computer hardware) (Comp) / Aufstellungsfläche f (z.B. für einen Rechner) ‖ ~ (Comp, Eng) / Stellfläche f, Installationsfläche f ‖ ~ (Electronics) / Lötfläche f ‖ ~ (Geog, Telecomm) / Footprint m (geografischer Bereich, in dem eine Entität die Lizenz zum Aussenden ihrer Signale besitzt) ‖ ~ (Space) / das voraussichtliche Landungsgebiet des Raumfahrzeugs ‖ ~\* (Space, Telecomm) / Ausleuchtzone f, Footprint m (Ausleuchtbereich eines Satelliten auf der Erdoberfläche, in dem man den Satelliten mit einer minimal notwendigen Signalleistung empfangen kann) ‖ ~ (US) (Telecomm) / von einer superdirektiven Antenne bestrahlte Fläche ‖ ~ **analysis** (Gen) / Footprint-Analyse f (zur Lokalisierung der Proteinkontaktstellen auf der DNS) ‖ ~ **requirements** / Flächenbedarf m, Platzbedarf m, Bedarf m an Stellfläche (für die Aufstellung der Maschine)
**footprints** pl (Tools) / Blitzrohrzange f

**foot pump**

**foot pump** / Tretpumpe f (eine Luftpumpe), Fußpumpe f, Fußluftpumpe f ‖ **~ radius** (Eng) / Spankammerradius m (DIN 1416) ‖ **~-rail** n / Breitfußschiene f, Vignolschiene f (nach Ch.B. Vignoles, 1793-1875)
**footrest** n (Autos) / Fußraste f, Fußstütze f (an Motorrädern)
**foot run**\* / laufender Fuß (altes Längenmaß)
**foots** pl / Niederschlag m (Bodensatz), Bodensatz m, Satz m (Niederschlag), Sediment n, Bodenkörper m, Bodenniederschlag m, Ablagerung f (das Abgelagerte)
**foot screw**\* (Surv) / Stellschraube f (des Dreifußes des Theodolits), Fußschraube f
**foot-section pulley** (Eng) / Umlenktrommel f, Umkehrtrommel f, Hecktrommel f (eines Gurtbandförderers - auch mit Spannfunktion)
**foot's oil** (Chem Eng) / Schwitzöl n (nach Schwitzprozess aus Rohparaffin gewonnen), Bodenöl n
**foot-stall**\* n (Build) / Sockel m, Postament n, Piedestal n
**footstep bearing**\* (Eng) / Fußlager n, Spurlager n
**foot-stick**\* n (Bind, Typog) / Fußsteg m (weißer Papierrand bei Büchern, der vom Fußschnitt bis zum Satzspiegel reicht)
**footstone**\* n (Arch, Build) / Kämpferstein m des Giebels
**foot switch**\* (Elec Eng) / Fußschalter m, Tretschalter m
**foot-to-head acceleration** (Space) / Beschleunigung f in Richtung Fuß-Kopf ‖ **~ acceleration** (Space) s. also eyeballs
**foot-to-the-boards-at-all-times** attr (Autos) / Bleifuß- (Fahrstil)
**foot valve**\* (Eng) / Bodenventil n, Fußventil n ‖ **~ valve**\* (Eng) / Saugventil n (einer Pumpe)
**footwall**\* n (Geol) / Liegendes n (unter einer Bezugsschicht lagernde Gesteinsschicht) ‖ **~**\* (Mining) / Liegendes n (die unter dem Flöz anstehenden Gebirgsschichten)
**footway** n / Gehweg m, Fußweg m, Fußgängerweg m, Fußpfad m, Fußsteig m, Fußparcours /A/ m ‖ **~** (GB) (Civ Eng) / Gehweg m, Gehsteig m, Fußweg m, Bürgersteig m, Trottoir n ‖ **~**\* (Mining) / Notfahrtrum m (mit Leitern)
**footwear** (Leather) / Schuhwerk n, Fußkleidung f
**footwell** n (Autos) / Fußraum m
**FOPEN** (foliage-penetration radar) (Radar) / Vegetationsdurchdringungsradar m n
**FOPS** (falling-object protective structure) (Build) / Schutzbau m (der Menschen gegen herabfallende Baustoffe usw. schützen soll), Schutzaufbau m (gegen herabfallende Gegenstände), Schutzgerüst n (DIN 4420), Fanggerüst m, Fallgerüst n
**FOR** (forced outage rate) / Ausfallkennwert m, AK (Ausfallkennwert)
**forage** n (bulky food such as grass or hay for horses and cattle) (Agric) / Futtermittel n, Futter n (Nahrung für /Haus/Tiere), Viehfutter n ‖ **~** (Agric) / Pferdefutter n, Futter n (meistens für die Pferde), Furage f (Futter für die Pferde) ‖ **~ conservation** (Agric) / Futterkonservierung f ‖ **~ crimper** (Agric) / Stängelknicker m, Stängelquetscher m ‖ **~ cropping** (Agric) / Ackerfutterbau m, Feldfutterbau m ‖ **~ crusher** (Agric) / Stängelknicker m, Stängelquetscher m ‖ **~ handling** (Agric) / Futteraufbereitung f ‖ **~ harvester** (Agric) / Futtererntemaschine f ‖ **~ harvester** (Agric) / Feldhäcksler m, Feldschneider m ‖ **~ maize harvester** (Agric) / Maishäcksler m ‖ **~ plant** (Agric, Bot) / Futterpflanze f ‖ **~ preservation** (Agric) / Futterkonservierung f ‖ **~ production** (Agric) / Futterproduktion f, Futtergewinnung f ‖ **~ shredder** (Agric) / Futterreißer m (für Grünfutter, Stroh, Raufutter, Rübenblatt mit Kopf, gedämpfte Kartoffeln usw.) ‖ **~ silo** (Agric) / Gärfuttersilo m n (DIN 11 622), Gärfutterbehälter m, Silo m n, Siloturm m ‖ **~ yield** (Agric) / Futterertrag m
**forastero** n (Bot, Nut) / Forastero m (ein Kakaobaum von großer wirtschaftlicher Bedeutung) ‖ **~ tree** (Bot, Nut) / Forastero m (ein Kakaobaum von großer wirtschaftlicher Bedeutung)
**FORATOM** n / Europäisches Atomforum (die 1960 gegründete Dachorganisation der zehn europäischen Atomforen, wie z.B. British Nuclear Forum, Deutsches Atomforum e.V., Schweizerischer Vereinigung für Atomenergie und Österreichisches Atomforum), FORATOM n (Forum atomique européen)
**Forbes band** (Geol) / Ogive f (bogenartige Texturform im Bereich der Gletscherzunge)
**forbidden** adj (Comp) / nichtzulässig adj, unzulässig adj, nicht zulässig, verboten adj, nicht zugelassen ‖ **~ band**\* (Electronics, Nuc) / verbotene Zone (im Bändermodell), verbotenes Band (DIN 41852 - im Energiebändermodell), Bandlücke f (derjenige Energiebereich in der Bandstruktur von Nichtmetallen, in dem die Fermi-Energie liegt) ‖ **~ character** (Comp) / Pseudozeichen n, leeres Zeichen ‖ **~ (code) combination** (Comp) / nichtzulässige Kodekombination, verbotene Kombination, unzulässige Kodekombination
**forbidden-gap width** (Electronics) / Breite f der verbotenen Zone
**forbidden line**\* (inverse Stark effect) (Astron, Phys, Spectr) / Stark-Koch'sche Linie, verbotene Linie (im Spektrum auftretende Linie geringer Intensität, die verbotenem Übergang entspricht) ‖ **~ transition**\* (Nuc) / verbotener Übergang
**f-orbital** n (Phys) / f-Orbital n
**Forbush decrease** (the observed decrease in cosmic ray activity in the earth's atmosphere about a day after a solar flare) (Meteor, Space) / Forbush-Effekt m (Abnahme der Intensität der kosmischen Strahlung - nach S.E.Forbush, 1904-1984), Forbush-Abnahme f ‖ **~ effect** (Meteor, Space) / Forbush-Effekt m (Abnahme der Intensität der kosmischen Strahlung - nach S.E.Forbush, 1904-1984), Forbush-Abnahme f
**force** v / zwingen v, erzwingen v ‖ **~** (Agric, Nut) / im Treibhaus züchten, treiben v ‖ **~**\* n (Mech) / Kraft f (eine Vektorgröße nach DIN 1305 und DIN 13317) ‖ **~** (male half of a mould) (Plastics) / positive Form, Positivform f, positives Werkzeug, Füllraumwerkzeug n ‖ **be in ~** / gelten v (vom Gesetz) ‖ **~ balance** (Mech) / Kraftausgleich m
**force-bearing surface** (Materials) / kräftegebundene Oberfläche
**force combination** (Mech) / Kräftezusammenfassung f ‖ **~ compensation** / Kraftkompensation f (beim Kompensationsverfahren) ‖ **~ constant**\* (Chem, Phys, Spectr) / Kraftkonstante f (ein Maß für die Bindungsstärke zwischen den Atomen) ‖ **~ couple** (Mech) / Kräftepaar n (ein Kräftesystem nach DIN 13317) ‖ **~ cup** (Plumb) / Saugglocke f, Gummisauger m (zum Absaugen verstopfter Geruchverschlüsse)
**force-current-transducer coefficient** (Acous) / Kraft-Strom-Wandler-Koeffizient m (DIN 1320)
**forced-air gas-burner with ventilation** (Eng) / Gasbrenner m mit Gebläse ‖ **~ oven** (Eng) / Umluftofen m
**forced circulation** / Zwangumlauf m (z.B. bei La-Mont-Kessel) ‖ **~-circulation boiler**\* (Eng) / Zwanglaufkessel m, Zwangumlaufkessel m (z.B. La-Mont-Kessel)
**forced-circulation cooling** (Autos) / Zwangsumlaufkühlung f, Pumpenumlaufkühlung f, Umlaufkühlung f mit Pumpe
**forced closing** (of a valve) (Eng) / Zwangsschließung f (eines Ventils) ‖ **~ commutation**\* (Elec Eng) / Zwangskommutierung f, beschleunigte Stromwendung f ‖ **~ component** (Telecomm) / erzwungener Anteil (z.B. eines Signals) ‖ **~ convection** (Phys) / erzwungene Konvektion, Zwangskonvektion f
**forced-convection oven** (Nut) / Umluftbackofen m, Heißumluftofen m
**forced crop** (Agric) / Treibkultur f ‖ **~ current** (Electronics) / erzwungener Strom ‖ **~ development**\* (Photog) / forcierte Entwicklung, Pushentwicklung f, empfindlichkeitssteigernde Entwicklung (z.B. längere Entwicklung bei angehobenen Entwicklertemperaturen) ‖ **~ drainage** (Elec Eng) / Streustromabsaugung f, Soutirage f, Absaugung f des Streustroms (eine erzwungene Streustromableitung, bei der im Streustromrückleiter eine Gleichstromquelle liegt) ‖ **~ draught**\* (Elec Eng) / Fremdbelüftung f ‖ **~ draught**\* (Eng) / künstlicher Zug, Saugzug m
**forced-draught closed-circuit cooling tower** / druckbelüfteter Kleinkühlturm mit geschlossenem Primärkreislauf ‖ **~ cooling tower** / Ventilatorkühlturm m ‖ **~ fan** / drückender Ventilator (eines Kühlturms)
**forced drying** (Paint) / forcierte Trocknung (DIN EN 971-1), beschleunigte Trocknung
**force de cheval** (Eng) / Pferdestärke f, PS (nach DIN 1301, T 3 nicht mehr zugelassene kontinentale Einheit der Leistung = 735,49875 W)
**forced electrical drainage** (Elec, Elec Eng) / Streustromabsaugung f, Soutirage f, Absaugung f des Streustroms (eine erzwungene Streustromableitung, bei der im Streustromrückleiter eine Gleichstromquelle liegt) ‖ **~ end of volume** (Comp) / vorverlegtes Datenträgerende
**force density per unit length** (Mech) / Kraftbelag m
**forced excitation** (Elec Eng, Phys) / erzwungene Erregung ‖ **~-flow boiler**\* (Eng) / Zwanglaufkessel m, Zwangumlaufkessel m (z.B. La-Mont-Kessel)
**forced-flow TLC** (Chem) / Überdruck-Dünnschichtchromatografie f, OPTLC (Überdruck-Dünnschichtchromatografie), OPTLC-Technik f
**forced fracture** (Mech, Tools) / Gewaltbruch m (bei einsinniger Belastung)
**force diagram**\* (Eng, Mech, Phys) / Kräfteplan m, Kräftediagramm n
**forced landing** (an act of abruptly bringing an aircraft to the ground or the surface of water in an emergency) (Aero) / Notlandung f ‖ **~ lubrication**\* (Eng) / Druckschmierung f, Druckumlaufschmierung f, Zwangstropfschmierung f ‖ **~ oscillation**\* (Phys) / erzwungene Schwingung (DIN 1311-1 und -2), unfreie Schwingung, quellenerregte Schwingung, aufgedrückte Schwingung, aufgeprägte Schwingung, Zwangsschwingung f ‖ **~ outage** (Work Study) / ungeplanter Stillstand, unvorgesehener Ausfall ‖ **~ outage rate** / Ausfallkennwert m, AK (Ausfallkennwert) ‖ **~ processing** (Photog) / forcierte Entwicklung, Pushentwicklung f,

empfindlichkeitssteigernde Entwicklung (z.B. längere Entwicklung bei angehobenen Entwicklertemperaturen) ‖ ~ **release** (Teleph) / Zwangsauslösung *f* ‖ ~ **rupture** (Tools) / Gewaltbruch *m* (bei einsinniger Belastung)
**force drying**\* (Paint) / Wärmetrocknung *f*, Ofentrocknung *f* (unter 82 °C)
**forced-ventilated motor** (Elec Eng) / fremdbelüfteter Motor, Motor *f* mit Fremdbelüftung
**forced ventilation** (Elec Eng) / Fremdbelüftung *f* ‖ ~ **ventilation** (Eng) / künstliche Lüftung (Druck-, Saug- und Verbundlüftung), Zwangslüftung *f*, Ventilatorlüftung *f*, Zwangsbelüftung *f* (mit Ventilatoren) ‖ ~ **ventilation** (Mining) / blasende Bewetterung ‖ ~ **vibration**\* (Phys) / erzwungene Schwingung (DIN 1311-1 und -2), unfreie Schwingung, quellenerregte Schwingung, aufgedrückte Schwingung, aufgeprägte Schwingung, Zwangsschwingung *f*
**force feed**\* (Eng) / Druckschmierung *f*, Druckumlaufschmierung *f*, Zwangstropfschmierung *f* ‖ ~ **feed** (Heat) / Pumpenwarmwasserheizung *f* (eine moderne Zentralheizung) ‖ ~ **feedback** / Kraftrückführung *f* (an Master-Slave-Operatoren) ‖ ~ **feedback** (the simulating of physical attributes such as weight in virtual reality, allowing the user to interact directly with virtual objects using touch) (Comp) / Forcefeedback *n* (Bezeichnung für periphere Steuergeräte für PCs, die üblicherweise für Spiele eingesetzt werden)
**force-feed lubrication** (Eng) / Druckschmierung *f*, Druckumlaufschmierung *f*, Zwangstropfschmierung *f* ‖ ~ **lubricator** / Drucköllapparat *m*
**force field** (Phys) / Kraftfeld *n* ‖ ~ **flow** (Eng) / Kraftfluss *m*
**force-free gyro** (Phys) / kräftefreier Kreisel (an dem äußere Momente angreifen) ‖ ~ **surface** (Materials) / kräftefreie Oberfläche
**force-generated noise** (a structural noise) (Acous) / krafterregter Schall
**force in bar** (Mech) / Stabkraft *f* (Axialkraft) ‖ ~ **into** *v* / eindrücken *v*, einpressen *v* (z.B. die Stahlkugel beim Brinellhärteprüfverfahren) ‖ ~ **level** (Acous) / Kraftpegel *m* (DIN 1320) ‖ ~ **majeure** (unforeseeable circumstances that prevent someone from fullfilling a contract) / höhere Gewalt (etwas Unvorhergesehenes, auf das der Mensch keinen Einfluss hat) ‖ ~ **measurement** (Phys) / Kraftmessung *f*
**forcemeat** *n* (Nut) / Füllsel *n*, Farce *f* (Füllung für Fleisch oder Fisch - aus gehacktem Fleisch), Fleischfarce *f*
**force off** *v* / wegdrücken *v* ‖ ~ **of inertia** (Phys) / d'Alembert'sche Kraft, Trägheitswiderstand *m*, Trägheitskraft *f*, Scheinkraft *f* ‖ ~ **on a moving charge**\* (Phys) / Lorentz-Kraft *f* (magnetische Kraft auf eine sich mit der Geschwindigkeit v im Magnetfeld B bewegende Ladung q) ‖ ~ **out** *v* / hinausdrücken *v*, hinaustreiben *v*, hinauspressen *v* ‖ ~ **plug** (Plastics) / Stempel *m* ‖ ~ **polygon** (Maths, Mech) / Kräftepolygon *n*, Krafteck *n*, Kräftevieleck *n*
**forceps**\* *n* / Pinzette *f*
**force pump**\* (Eng) / Druckpumpe *f* ‖ ~ **ratio** (Mech) / Last-Kraft-Verhältnis *n*
**forces, free of** ~ (Mech) / kräftefrei *adj*
**force sensor** / Kraftsensor *m* (der die physikalische Messgröße Kraft erfasst und in ein elektrisches Signal wandelt) ‖ ~ **sensor** (Elec Eng, Eng) / Kraftaufnehmer *m* (ein aktiver Sensor zur primären Umwandlung der zu messenden Kraft in ein Signal)
**forces in space** (Mech) / Kräfte *f pl* im Raum
**force system** (Mech) / Kräftesystem *n*, Kraftsystem *n*, Kraftgruppe *f* ‖ ~ **through** *v* / hindurchpressen *v*, hindurchdrücken *v*, durchdrücken *v* ‖ ~ **transducer** (Elec Eng, Eng) / Kraftaufnehmer *m* (ein aktiver Sensor zur primären Umwandlung der zu messenden Kraft in ein Signal)
**force-transmission element** (Eng, Phys) / Kraftübertragungselement *n*
**force triangle** (Maths, Mech) / Kräftedreieck *n* ‖ ~ **vector** (Mech) / Kraftvektor *m*
**forcing** *n* (Agric, Nut) / Treiben *n* (z.B. im Frühbeet, im Treibhaus), Züchtung *f* im Treibhaus ‖ ~ (Automation) / Messsignalzuführung *f* ‖ ~ ( I C Engs) / Erhöhung *f* der Leistungsdaten ‖ ~ (Maths) / Forcing *f* (ein Beweisverfahren der Mengenlehre), Erzwingungsmethode *f* (nach P. J. Cohen, geb. 1934) ‖ ~ (Photog) / forcierte Entwicklung, Pushentwicklung *f*, empfindlichkeitssteigernde Entwicklung (z.B. längere Entwicklung bei angehobenen Entwicklertemperaturen) ‖ ~ **bed** (Agric) / Treibbeet *n* ‖ ~ **crop** (Agric) / Treibkultur *f* ‖ ~ **house** (Agric) / Treibhaus *n* (in dem Gewächse getrieben werden), Warmhaus *n* (beheiztes - ab 18 °C), temperiertes Gewächshaus (beheiztes - 12-18 °C)
**forcing-house gas** (Ecol) / Treibhausgas *n*
**forcing-off screw** (Eng) / Abdrückschraube *f*
**forcing order** (Work Study) / vorgezogener oder verspätet vorgegebener Auftrag zum Abbau von Belastungsspitzen ‖ ~ **screw** (Eng) / Abdrückschraube *f*
**for clause** (Comp) / Laufklausel *f* (Algol)

**ford** *v* / durchwaten *v* (einen Fluss), durchqueren *v* (eine Furt), überqueren *v* (eine Furt) ‖ ~ *n* (Geog, Hyd Eng) / Furt *f* (seichte Stelle eines Flusses, die das Überqueren gestattet)
**fordable** *adj* (Geog) / durchwatbar *adj*
**Ford algorithm** (Comp) / Ford-Algorithmus *m* (ein Baumalgorithmus) ‖ ~ **cup**\* (ASTM D 1200) (Paint, Phys) / Ford-Becher *m* (zur Viskositätsbestimmung - DIN 53 211) ‖ ~ **cup viscometer** (a time-to-discharge apparatus used primarily for determining the viscosity of paints and varnishes) (Paint, Phys) / Ford-Becher *m* (zur Viskositätsbestimmung - DIN 53 211)
**fording ability** (Autos) / Watfähigkeit *f* (als Eigenschaft) ‖ ~ **capacity** (Autos) / Watfähigkeit *f* (als Eigenschaft) ‖ ~ **depth** (Autos) / Watfähigkeit *f* (als konkreter Wert)
**Ford viscosity cup** (Paint, Phys) / Ford-Becher *m* (zur Viskositätsbestimmung - DIN 53 211)
**fore-and-aft** *adv* (Ships) / längsschiffs *adv*, längsseits *adv*, von vorn nach achtern
**forebath** *n* (Photog) / Vorbad *n*
**forebay** *n* (Hyd Eng) / Oberwasser *n*, obere Haltung (Gewässerstrecke oberhalb einer Staustufe oder Schleuse) ‖ ~ (Hyd Eng) / Fassungsstelle *f* (der Triebwasserleitung), Einlaufbecken *n* (bei Wasserkraftwerken)
**foreblow** *v* (Met) / vorfrischen *v*, vorblasen *v*
**foreblowing** *n* (Met) / Vorfrischen *n*, Vorblasen *n*
**forebody** *n* (Ships) / Vorschiff *n* (der vordere Teil eines Überwasserschiffs, in dem dessen Breite zum Bug hin stark abnimmt) ‖ ~ (Space) / Kopfteil *m* der Rakete
**forecarriage** *n* (Agric) / Pflugkarren *m*
**forecast**\* *n* (Meteor) / Wettervorhersage *f*, Wetterprognose *f*, Wettervoraussage *f* ‖ ~ (Stats) / Prognose *f*
**forecasting technique** (AI) / Prognoseverfahren *n*
**forecastle** *n* (Ships) / Back *f* ‖ ~ **deck** (Ships) / Vorderdeck *n*, Vordeck *n*, Backdeck *n*
**forecast model** (Agric) / Prognosemodell *n* (z.B. im Pflanzenschutz)
**forecooler** *n* / Vorkühler *m*
**forecourt** *n* / Manipulationsfläche *f* der Tankstelle (vor dem Kiosk) ‖ ~ (Arch, Build) / Vorhof *m*
**forecrop** *n* (Agric) / Vorfrucht *f* (Pflanze, die im Rahmen der Fruchtfolge vor einer anderen auf einer bestimmten Fläche angebaut wird)
**foredeep** *n* (an elongate depression bordering an island arc or other orogenic belt) (Geol) / Randtiefe *f*, Vortiefe *f*, Randsenke *f*, Außensenke *f*, Saumtiefe *f*
**fore drift** (Mining) / vorgesetzte Strecke, vorgeführte Strecke ‖ ~**-edge**\* *n* (Bind, Print) / Vorderschnitt *m*
**fore-edge**\* *n* (Bind, Print) / Außensteg *m* (Außenrand) ‖ ~ **painting**\* (Bind, Print) / Vorderschnittbemalung *f*, Vorderschnittverzierung *f*
**foreflap** *n* (Aero) / Vorfläche *f* (z.B. bei der Doppelspaltklappe), Hilfsfläche *f*
**foregear** *n* (of a trawl) (Ships) / Vorgeschirr *n* (ein Teil des Schleppnetzfanggeschirrs)
**foregoing crop** (Agric) / Vorfrucht *f* (Pflanze, die im Rahmen der Fruchtfolge vor einer anderen auf einer bestimmten Fläche angebaut wird)
**foreground image** (Comp) / Vordergrund *m*, dynamisches Bild (in der grafischen Datenverarbeitung), Vordergrundbild *n*, Anzeigevordergrund *m*
**foregrounding** *n* (Comp) / Vordergrundbearbeitung *f*, vorrangige Verarbeitung
**foreground processing**\* (Comp) / Vordergrundbearbeitung *f*, vorrangige Verarbeitung ‖ ~ **program** (Comp) / Vordergrundprogramm *n* (als Gegensatz zu Hintergrundprogramm)
**forehand welding**\* (Welding) / NL-Schweißen *n*, Nachlinksschweißen *n*
**forehearth**\* *n* (Glass) / Vorherd *m*, Speiservorherd *m* (Teil des Speisers), Speiserkanal *m* ‖ ~\* (Met) / Vorherd *m*, Eisensammelraum *m* (des Kupolofens)
**foreign** *adj* (Biol) / artfremd *adj* ‖ ~ **atom** (Crystal, Phys) / Fremdatom *n* (im Allgemeinen) ‖ ~ **atom** s. also impurity ‖ ~ **body** (Biol, Med) / Fremdkörper *m* ‖ ~ **body elimination** / Fremdkörperbergung *f* ‖ ~ **body extraction** / Fremdkörperbergung *f* ‖ ~ **cullet** (Glass) / Fremdscherben *f pl*, fremde Scherben ‖ ~ **data file** (Comp) / Fremddatei *f* ‖ ~ **DNA** (Biochem) / Fremd-DNS *f*, Spender-DNS *f* ‖ ~ **exchange** (Telecomm) / Auslandsvermittlung *f* ‖ ~ **fermentation** (Biochem) / Wildgärung *f* ‖ ~ **flavour** (Nut) / Fehlgeschmack *m*, Fremdgeschmack *m*, Abgeschmack *m*, Beigeschmack *m* (zusätzlicher, den eigentlichen Geschmack von Esswaren meist beeinträchtigender Geschmack) ‖ ~ **flavour** (Nut) / Fremdaroma *n*, Off-Flavour *m* (negative Geruchs- und/oder Geschmacksabweichungen), Fehlgeruch *m*, Fremdgeruch *m*, Fremdton *m*, Aromafehler *m*, Beigeschmack *m* ‖ ~ **gas** (Phys) /

**foreign**

Fremdgas n ‖ ~ **ion** (Electronics) / Fremdion n ‖ ~ **labour** / ausländische Arbeitskräfte
**foreign-language character** (Comp, Typog) / fremdsprachliches Zeichen ‖ ~ **release** (Cinema) / fremdsprachige Fassung
**foreign market** / Auslandsmarkt m ‖ ~ **matter** / Fremdstoff m, Fremdsubstanz f, Fremdbestandteil m ‖ ~ **matter** (Textiles) / Verunreinigung f (pflanzliche - z.B. Samen in der Baumwolle), Fremdkörper m (in der Wolle) ‖ ~ **molecule** (Chem) / Fremdmolekül n
**foreign-object damage** (Aero) / Beschädigung f durch (in das Triebwerk geratene/n/) Fremdkörper
**foreign protein** (Biochem) / Fremdeiweiß n, Fremdprotein n ‖ ~ **rights** (department) / Lizenzabteilung f (eines Verlags) ‖ ~ **substance** / Fremdstoff m, Fremdsubstanz f, Fremdbestandteil m ‖ ~ **substance** s. also impurity ‖ ~ **taste** (Nut) / Fehlgeschmack m, Fremdgeschmack m, Abgeschmack m, Beigeschmack m (zusätzlicher, den eigentlichen Geschmack von Esswaren meist beeinträchtigender Geschmack) ‖ ~ **trade** / Außenhandel m
**foreign-trade master** (Ships) / Kapitän m auf großer Fahrt
**foreign version** (Cinema) / fremdsprachige Fassung ‖ ~ **wagon** (Rail) / Fremdwagen m ‖ ~ **water** (San Eng) / Fremdwasser n (in die Kanalisation eindringendes Grundwasser, unerlaubt durch Fehlanschlüsse eingeleitetes Wasser sowie einem Schmutzwasserkanal zufließendes Oberflächenwasser - DIN 4045) ‖ ~ **wood species** (For) / Gastholzart f (z.B. Weymouthskiefer oder Sitkafichte in Europa)
**foreknowledge** n (AI) / Vorwissen n, aprioritisches Wissen
**foreland** n (Geol) / Vorgebirge n
**foreline** n (Vac Tech) / Vorvakuumleitung f
**foreman** n (pl. foremen) / Gangleiter m (einer Gang im Seehafen) ‖ ~ (pl. foremen) (Eng) / Vorarbeiter m, Partieführer m (A) ‖ ~ (pl. foremen) (Mining) / Steiger m ‖ ~ (pl. foremen) (Print) / Druckmeister m, Meister m im Drucksaal ‖ ~ (pl. foremen) (Rail) / Rottenführer m ‖ ~ (pl. foremen) (Work Study) / Industriemeister m, Werkmeister m, Meister m (Funktionstitel) ‖ ~ **bricklayer** (Build) / Maurerpolier m, Polier m, Palier m (für Maurerarbeiten)
**forensic chemistry** (Chem) / Gerichtschemie f, forensische Chemie, gerichtliche Chemie ‖ ~ **geology** (Geol) / forensische Geologie, Gerichtsgeologie f ‖ ~ **medicine*** (Med) / Gerichtsmedizin f, forensische Medizin, Rechtsmedizin f, gerichtliche Medizin
**forepeak*** n (Ships) / Vorpiek f (Raum vor dem Kollisionsschott) ‖ ~ **tank** (Ships) / Vorpiektank m
**forepole** v (Mining) / vorpfänden v (das Hangende und die Stöße vor Einbringen des Ausbaus absichern) ‖ ~ n (Civ Eng, Mining) / Getriebpfahl m
**forepoling*** n (Mining) / Getriebezimmerung f
**forepressure** n (Vac Tech) / Vorvakuumdruck m
**fore-prism** n (Spectr) / Prisma n zur Vorzerlegung
**fore pump** (Vac Tech) / Vorvakuumpumpe f
**fore-pump connection** (Vac Tech) / Vorvakuumstutzen m (z.B. bei der Diffusionspumpe)
**forerun** n (Chem Eng) / Vorlauf m (erste Fraktion bei der Destillation)
**forerunner** n (Geol) / Vorläufer m (erster, zweiter) ‖ ~ (Textiles) / Vorläufer m (in der Textilfärbung)
**foreset** n (Mining) / Hilfsstürstock m ‖ ~ **beds*** (Geol) / Vorschüttungssedimente n pl (eines Deltas), Vorschüttungslagen f pl (von Deltaablagerungen)
**foresets** pl (Geol) / Vorschüttungssedimente n pl (eines Deltas), Vorschüttungslagen f pl (von Deltaablagerungen)
**foreshaft sinking** (Mining) / Niederbringen n des Vorderschachts, Herstellen n des Vorderschachts
**foreshock** n (Geol) / Vorbeben n (vor dem Erdbeben)
**foreshore** n (Ocean) / Unterwasserstrand m (aus abgelagerten Meeressedimenten aufgebauter flacher Küstenstreifen, der seewärts an die Mitteltide-Niedrigwasserlinie anschließt und die Zone des brandungsbedingten Längstransports umfasst), Vorstrand m, Strand m (nasser)
**foreshorten** v / die Perspektive verkürzen ‖ ~ (Radar) / die Entfernung verkürzen
**foreshortening** f (Radar) / Entfernungsverkürzung f ‖ ~ n (Photog) / Verkürzungseffekt m (der Perspektive)
**foreshot** n (Chem Eng, Nut) / Vorlauf m (erste Fraktion bei der Alkoholdestillation)
**fore sight*** (Surv) / Vorblick m (Nivellierlatte)
**foreslope** n (Civ Eng) / Vorböschung f
**forest** v (For) / aufforsten v, bewalden v ‖ ~* n (For) / Wald m, Forst m (nach forstwirtschaftlichen Grundsätzen bewirtschafteter und abgegrenzter Wald, z.B. ein staatlicher Forst)
**forestaller** n (Rail) / Quittungsschalter m
**forestalling switch** (Rail) / Quittungsschalter m ‖ ~ **whistle** (Rail) / Quittungspfeifsignal n

**forest appraisement** (For) / Waldbewertung f, Forsttaxation f, Waldabschätzung f, Waldwertrechnung f, Waldwertschätzung f ‖ ~ **area** (For) / forstwirtschaftliche Fläche, Waldfläche f
**forestation** n (For) / Aufforstung f, Bewaldung f
**forest biomass** (Biol, Ecol, For) / forstliche Biomasse ‖ ~ **classification** (For) / Waldklassifikation f ‖ ~ **climate** (the microclimate developed over afforested areas and often characterized by variations in albedo) (For) / Waldklima n ‖ ~ **climax** (For) / Waldgemeinschaft f ‖ ~ **cover** (For) / Waldbodenüberzug m, Bodenüberzug m (im Wald) ‖ ~ **damage** (Ecol, For) / Waldschaden m (Schädigung der Nadel- und Laubbäume - Blattverfärbung, Blattfall bis hin zum Absterben der Bäume)
**forest-damage report** (Ecol, For) / Waldschadensbericht m
**forest-debarked** adj (For) / waldgeschält adj (unvollständig entrindet - Rohholz)
**forest decline** (Ecol, For) / Waldschaden m (Schädigung der Nadel- und Laubbäume - Blattverfärbung, Blattfall bis hin zum Absterben der Bäume) ‖ ~ **decline** (caused by environmental pollution) (Ecol, For) / Waldsterben n
**forest-decline report** (Ecol, For) / Waldschadensbericht m
**forest dislocation** (Crystal) / Versetzungswald m (wenn eine Schraubenversetzung während ihrer Gleitbewegung eine Vielzahl von senkrecht zur Gleitebene stehenden Versetzungslinien schneiden muss), Waldversetzung f
**forest-dry** adj (For) / waldtrocken adj (Zustand von Holz, das einige Zeit nach der Fällung im Walde gelagert hat), waldfeucht adj
**forested** adj (For) / aufgeforstet adj, bewaldet adj (aufgeforstet), waldig adj
**forest engineering** (For) / Forsttechnik f ‖ ~ **equipment** (For) / Forstwirtschaftsgeräte n pl, Forstkulturgeräte n pl
**forester** n (For) / Förster m
**Forester-Haeff storage** (Comp) / Forester-Häff-Speicher m
**forest fire** (Ecol, For) / Waldbrand m (Schadfeuer in Wäldern) ‖ ~ **floor** (For) / Waldboden m
**forest-industry waste** (Ecol, For) / forstwirtschaftlicher Abfall
**forest inventory** (US) (For) / Waldbewertung f, Forsttaxation f, Waldabschätzung f, Waldwertrechnung f, Waldwertschätzung f ‖ ~ **liming** (For) / Waldkalkung f (zur Verbesserung bodenchemischer Regelfunktionen) ‖ ~ **litter** (For) / Waldstreu f, Nadelerde f, Nadelstreu f ‖ ~ **machine** (For) / Forstmaschine f ‖ ~ **machinery** (For) / Forstwirtschaftsgeräte n pl, Forstkulturgeräte n pl ‖ ~ **management** (For) / Forstwirtschaft f, Waldwirtschaft f ‖ ~ **management** (For) / Forsteinrichtung f (Zweig der Forstwissenschaft) ‖ ~ **nursery** (For) / Pflanzkamp m, Baumschule f (forstwirtschaftliche oder gärtnerische Anlage, in der Bäume und Sträucher aus Sämlingen gezogen werden), Forstgarten m, Forstbaumschule f, Baumschule f, Kamp m (pl. Kämpe) (zur Waldpflanzenerziehung bestimmte Fläche), Forstgehölzbaumschule f ‖ ~ **of seed origin** (For) / Hochwald m ‖ ~ **pasture** (Agric) / Waldweide f, Hutweide f (geringwertiges Weideland) ‖ ~ **pests** (For, Zool) / Forstschädlinge m pl, Waldschädlinge m pl ‖ ~ **plantation** (For) / Waldbestand m ‖ ~ **plough** (For) / Forstpflug m ‖ ~ **product** (For) / Forsterzeugnis n ‖ ~ **ranger** (US) (For) / Förster m ‖ ~ **residues** (For) / Schlagabraum m (nach Beendigung des Holzeinschlags und Abtransport der ausgeformten Rohholzsorten bei den derzeitigen Erntemethoden auf der Schlagfläche zurückbleibendes Material, wie dünne Äste, Reisig und Grüngut), Schlagreste m pl, Schlagreisig m, Abraum m (beim Holzfällen und Abtransport) ‖ ~ **road** (For) / Forstweg m, Waldweg m
**forestry** n (For) / Forstwirtschaft f, Waldwirtschaft f ‖ ~ (For) / Forstwesen n ‖ ~ / bewaldete Zone, Waldzone f, Waldland n, Waldgelände n (mit Nutzholz) ‖ ~ **thinnings** (For) / Durchforstungsholz n, Ausforstungsholz n, Dünnholz n aus Durchforstungen ‖ ~ **waste** (Ecol, For) / forstwirtschaftlicher Abfall
**forest soil** (For) / Waldboden m
**forest-soil drift** (For) / Waldbodendrift f (eine Abnahme der Säureneutralisierungskapazität) ‖ ~ **liming** (For) / Waldkalkung f (zur Verbesserung bodenchemischer Regelfunktionen)
**forest stand** (For) / Waldbestand m
**forest-stripped** adj (For) / waldgeschält adj (unvollständig entrindet - Rohholz)
**forest succession** (For) / Waldvegetationsabfolge f, Waldsukzession f ‖ ~ **thinnings** (For) / Durchforstungsholz n, Ausforstungsholz n, Dünnholz n aus Durchforstungen ‖ ~ **timber** (boles) (For) / Langrohholz n ‖ ~ **tool** (For) / Forstwerkzeug n ‖ ~ **track** (For) / Forstweg m, Waldweg m ‖ ~ **tree** (For) / Waldbaum m, Forstbaum m
**forest-tree nursery** (For) / Pflanzkamp m, Baumschule f (forstwirtschaftliche oder gärtnerische Anlage, in der Bäume und Sträucher aus Sämlingen gezogen werden), Forstgarten m, Forstbaumschule f, Baumschule f, Kamp m (pl. Kämpe) (zur Waldpflanzenerziehung bestimmte Fläche), Forstgehölzbaumschule f

**forest utilization** (For) / Waldnutzung f ‖ **~ warden** (For) / Förster m
**fore vacuum** (Vac Tech) / Vorvakuum n
**for-every" statement** / Allaussage f (logische)
**forewarn air control** (Aero, Mil) / vorgeschobene Luftraumüberwachung
**forewing** n (Aero) / Höhenleitwerk n (des Entenflugzeugs)
**forfaiting** n / Forfaitierung f (eine Art Exportfinanzierung)
**forge** v (Eng) / schmieden v (DIN 8583) ‖ **~\* n** / Schmiede f ‖ **~\*** (Eng) / Schmiedeherd m, Schmiedeesse f, Schmiedefeuer n, Esse f (Schmiedefeuer)
**forgeable** adj / schmiedbar adj
**forge coal** / Schmiedekohle f
**forged crankshaft** (Autos) / geschmiedete Kurbelwelle ‖ **~ piece** (Eng) / Schmiedeteil n, Schmiedestück n
**forge from a billet** (Eng) / vom Stück schmieden ‖ **~ furnace** (Eng) / Schmiedeofen m ‖ **~ pigs\*** pl (Met) / Puddelroheisen n ‖ **~ scale** (Eng, Met) / Hammerschlag m (beim Schmieden), Zunder m, Hammerschlacke f, Schmiedezunder m, Eisenhammerschlag m ‖ **~ test\*** (Eng) / Schmiedeprobe f
**forgetting factor** (Automation) / Faktor m für das Vergessen (Steueralgorithmen)
**forge welding** (Welding) / Feuerschweißen n (das älteste Schweißverfahren - DIN 1910, T 2), Hammerschweißen n, Schmiedeschweißen n
**forging\*** n (Eng) / Schmieden n (DIN 8583), Schmiedearbeit f ‖ **~** (Eng) / Schmiedeteil n, Schmiedestück n ‖ **~ brass** (Met) / Knetmessing n ‖ **~ burr** (Eng) / Schmiedegrat m ‖ **~ crack** (Eng) / Schmiederiss m ‖ **~ crane** (Eng) / Schmiedekran m ‖ **~ die** (Eng) / Gesenk n (Stahlblock, in den als Gravur die Gegenform des Schmiedestücks eingearbeitet ist), Schmiedegesenk n (Werkzeug zum Gesenkschmieden) ‖ **~ dimension** (Eng) / Schmiedemaß n (DIN 7527) ‖ **~ flash** (Eng) / Schmiedegrat m ‖ **~ furnace** (Eng) / Schmiedeofen m ‖ **~ hammer** (Eng) / Schmiedehammer m (arbeitsgebundene Umformmaschine für die Warmumformung durch Freiform- bzw. Gesenkschmieden mit fallendem Bär) ‖ **~ heat** (Eng) / Schmiedehitze f ‖ **~ ingot** (Met) / Schmiedeblock m ‖ **~ machine\*** (Eng) / Schmiedemaschine f (eine Umformmaschine) ‖ **~ manipulator** (Eng) / Schmiedemanipulator m (Handhabeeinrichtung zum zweckgebundenen Bewegen erwärmter Werkstücke beim Freiformschmieden) ‖ **~ press** (Eng) / Schmiedepresse f (für die Warmumformung von Metallen durch Freiformen und Gesenkformen) ‖ **~ roll** (Eng) / Schmiedewalze f ‖ **~ scale** (Eng, Met) / Hammerschlag m (beim Schmieden), Zunder m, Hammerschlacke f, Schmiedezunder m, Eisenhammerschlag m ‖ **~ steel** (Met) / schmiedbares Eisen ‖ **~ stock** (Eng) / Schmiedewerkstoff m ‖ **~ stock** (Met) / Rohteil n (zum Schmieden), Schmiederohling m ‖ **~ test** (Eng) / Schmiedeprobe f ‖ **~ tongs** (Eng) / Schmiedezange f
**fork** v / sich gabelförmig teilen ‖ **~ n** (Agric) / Gabel f, Forke f ‖ **~** (Comp) / Aufspaltung f (eine Stelle im Programmablaufplan, von der aus im Programmablauf mehrere Zweige parallel verfolgt werden können) ‖ **~** (lift fork) / Gabel f (des Gabelstaplers) ‖ **~ centre** (For) / Dreizack m (ein Spannelement für Langholzwerkstücke)
**forked** adj / gabelförmig adj, gegabelt adj ‖ **~** (For) / zwieselig adj ‖ **~ bearing** (Mech) / Gabellagerung f ‖ **~ circuit** (Telecomm) / verzweigter Kreis ‖ **~ clamp** / Gabelklemme f (aus Metall, die zur Arretierung einer Kegelschliffverbindung dient) ‖ **~ connecting rod** (Autos, I C Engs) / Gabelpleuel n (z.B. bei Doppelkolbenmotoren) ‖ **~ con rod** (I C Engs) / Gabelpleuel n (z.B. bei Doppelkolbenmotoren) ‖ **~ crack** (For) / Gabelriss m (der durch das Aufreißen der Gabel bei Zwieselwuchs entsteht) ‖ **~ growth** (For) / Gabelungszwiesel m, [unechter] Zwiesel m, falscher Zwiesel ‖ **~ lever** (Eng, Typog) / Gabelhebel m ‖ **~ lightning\*** (Meteor) / Linienblitz m ‖ **~ support** (Mech) / Gabellagerung f
**forking** (near ground level) (For) / Tiefzwiesel m (Gabelung in Bodennähe) ‖ **~** (For) / Zwieselwuchs m, Zwieselbildung f, Zwieselung f ‖ **~** (Hyd Eng) / Bifurkation f (des Wasserlaufes) ‖ **~ situation** (AI) / Gabelungssituation f (bei Entscheidungsprozessen)
**fork lever** (Eng, Typog) / Gabelhebel m
**forklift truck\*** (Eng) / Gabelstapler m (ein Flurfördermittel nach DIN 15140)
**fork light barrier** (Electronics) / Gabellichtschranke f ‖ **~ mounting** (Astron) / Gabelmontierung f ‖ **~ stacker** (Eng) / Gabelstapler m (ein Flurfördermittel nach DIN 15140) ‖ **~ tedder** (Agric) / Gabelwender m, Gabelheuwender m
**fork-tone modulation\*** (Telecomm) / Modulation f mit der Stimmgabelfrequenz
**fork truck** (Eng) / Gabelstapler m (ein Flurfördermittel nach DIN 15140)
**fork-type hay tedder** (Agric) / Gabelwender m, Gabelheuwender m
**for-life lubrication** (Autos) / Lifetime-Schmierung f (bei Zweitaktmotoren von der Mischungsschmierung unabhängige Schmierung, z.B. der Kurbelwellenlager)
**for·-life lubrication** (Eng) / Lebensdauerschmierung f (für die gesamte Lebensdauer der Reibstelle), For-Life-Schmierung f, Dauerschmierung f ‖ **~ list** (Comp) / Laufliste f (Algol) ‖ **~ loop** (Comp) / For-Schleife f (BASIC)
**form** v (Build, Civ Eng) / einschalen v, verschalen v (eine Betonkonstruktion), schalen v ‖ **~ vt** / bilden v (Schaum, Nebel) ‖ **~** / verformen v, formen v, Form geben, gestalten v, bilden v, ausformen v ‖ **~\* n** / Form f, Gestalt f ‖ **~** / Verlauf m (einer Kurve) ‖ **~\*** (Build, Civ Eng) / Einschalung f, Schalung f (zur Aufnahme der Betonmasse - Holz, Stahl oder Kunststoffe), Schalungsform f ‖ **~\*** (Civ Eng) / Lehrgerüst n (meistens bei der Herstellung von Betonfertigteilen) ‖ **~** (a collection of visual objects which enable a user to communicate a request to a computer) (Comp) / Form f (Fenster oder Dialogfeld, das die Basis einer Visual Basic Anwendung darstellt) ‖ **~\*** (Crystal) / Form f ‖ **~** (Paper) / Vordruck m, Formular m, Formblatt n ‖ **~** (Textiles) / Model m (Druckform für Stoff- und Tapetendruck)
**formability** n / Formbarkeit f
**formable** adj / formbar adj
**form-adaptive** adj / formadaptiv adj
**formal** n (Chem) / Formaldehydacetal n, Formal n (Azetal des Formaldehyds), Formaldehydazetal n ‖ **~ adj** / formal adj, Formal- ‖ **~** (Nuc) / formal (Atom, Ion, Molekül) ‖ **~ charge** (Chem, Phys) / formale Ladung (formales Maß für die Überschussladung in der Umgebung eines gebundenen Atoms)
**formaldazine nephelometric unit** (Chem, San Eng) / Formaldazin-Einheit f (Maß für Wassertrübung)
**formaldehyde\*** n (Chem) / Methanal n, Formaldehyd m ‖ **~ cyanohydrine** (Chem) / Formaldehydcyanohydrin n, Formaldehydzyanohydrin n ‖ **~ dismutase** (Biochem) / Formaldehyddismutase f ‖ **~ emission** (For) / Formaldehydabgabe f (aus Holzwerkstoffen)
**formaldehyde-free** adj (Chem, Textiles) / formaldehydfrei adj (Ausrüstung)
**formaldehyde migration** (For) / Formaldehydwanderung f (in Holzwerkstoffen) ‖ **~ release** (For) / Formaldehydabgabe f (aus Holzwerkstoffen)
**formaldehyde-releasing compound** (Chem) / formaldehydspaltende Verbindung
**formaldehyde resin\*** (Chem, Plastics) / Formaldehydharz n
**formaldehyde-resistant bacteria** (Bacteriol) / formaldehydresistente Bakterien
**formaldehyde sodium bisulphite** (Chem, Met, Photog, Textiles) / Formaldehydnatriumhydrogensulfit n ‖ **~ tannage** (Leather) / Formaldehydgerbung f ‖ **~ test** (Chem) / Prüfung f auf Formaldehyd, Formaldehydnachweis m
**formal electrode potential** (Elec) / formales Elektrodenpotential
**form alignment** (Comp) / Ausrichten n des Formulars (z.B. im Drucker), Formularausrichtung f
**formalin\*** n (Chem) / Formalin n, Formol n (Warenzeichen für eine etwa 40%ige wässrige Formaldehydlösung)
**formalism** n (a school of mathematical thought) (Maths) / Formalismus m (z.B. nach D. Hilbert, 1862 - 1943)
**formalization** n (Comp, Maths) / Formalisierung f
**formalize** v (Comp, Maths) / formalisieren v
**formalized language** (AI, Comp) / formalisierte Sprache (ein semantisch interpretierter Kalkül)
**formal language** (AI, Comp) / formale Sprache (künstliche Sprache, deren Wörter und Sätze durch wiederholte Anwendung eines Regelsystems gewonnen werden - DIN 5474) ‖ **~ logic** (AI, Maths) / formale Logik (die von den inhaltlichen Bedeutungen der Benennungen und der Urteile absieht) ‖ **~ parameter** (Comp) / formaler Parameter (Algol), Formalparameter m (Algol) ‖ **~ particle** (Nuc) / formales Teilchen
**formamide** n (Chem) / Ameisensäureamid n, Formamid n
**formamidinesulphinic acid** (Chem) / Formamidinsulfinsäure f, Aminoiminomethansulfinsäure f
**formanite** n (Min) / Formanit m (reines YTaO$_4$, wobei Y = Ti oder Fe$^{2+}$)
**formant\*** n (Acous, AI, Comp) / Formant m (pl. -ten) (DIN 1320) ‖ **~ synthesizer** (Acous, Comp) / Formantsynthetisator m
**format** v (Comp) / formatieren v ‖ **~ n** / Format n (Größe, Ausmaß) ‖ **~\*** (Comp) / Format n (Anordnung der Daten auf einem Datenträger) ‖ **~** (Radio) / Radioprogrammtypus m, Programmtypus m, Programmcharakter m (z.B. nur Nachrichten, Sport, ethnische Minderheiten) ‖ **~ acknowledgement** (Comp) / Formatquittung f ‖ **~ chain** (Comp) / Formatkette f ‖ **~ character** (Comp) / Formatzeichen n
**format-check** v (Comp) / formal überprüfen, auf formale Richtigkeit überprüfen
**formate\*** n (Chem) / Methanat n, Formiat n (Salz oder Ester der Ameisensäure)

**format effector**

**format effector** (Comp) / Formatsteuerzeichen *n* (DIN 66 254) || **~ file** (Comp) / Formatdatei *f* || **~ for terminological/lexicographical data interchange on magnetic tape** (Comp) / MATER *n*, Magnetband-Austauschformat *n* für terminologische/lexikografische Daten (DIN 2341)
**formation** *n* / Bildung *f* || ~ / Ausbildung *f* || ~ / Gebilde *n* || ~ (Aero) / Verband *m* || ~ (Biol) / Formation *f* || ~ (Civ Eng) / Unterbaukrone *f*, Planum *n* (Grenzfläche zwischen Oberbau und Unterbau), planierter Erdkörper, Feinplanum *n* || ~ (Elec Eng, Surf) / Formierung *f* (von Bleiakkumulatorplatten), Formieren *n* || ~* (Geol) / System *n* (stratigrafisches), Formation *f* || ~* (Paper) / Faserbild *n*, Faserdessin *n* || ~ (Rail) / Bildung *f* (des Zuges) || **~ constant** (Chem) / Bildungskonstante *f* || **~ energy** (Geol) / Lagerstättenenergie *f* || **~ factor** (Geol) / Formationswiderstandsfaktor *m* || **~ flight** (Aero) / Verbandsflug *m*, Formationsflug *m* || **~ grader** (Civ Eng) / Planumfertiger *m* || **~ level** (Civ Eng) / Feinplanumshöhe *f* || **~ of humus** (Agric, Bot) / Humifizierung *f* (Bildung von Huminstoffen im Boden), Humusbildung *f* (Bildung von Humus) || **~ of ice** / Eisbildung *f*, Vereisung *f* || **~ of scale** (Met) / Zundern *n*, Verzunderung *f*, Zunderbildung *f* (Oxidationsvorgang an der Oberfläche von Stahl durch die Einwirkung heißer Gase) || **~ of stains** (Textiles) / Verfleckung *f*, Fleckenbildung *f* || **~ of wrinkles** (Met) / Faltenbildung *f* (beim Tiefziehen) || **~ pressure** (Geol) / Lagerstättendruck *m* || **~ pressure** (Geol, Oils) / Formationsdruck *m* || **~ reaction** (leading to the formation of a compound from the stable forms of its elements) (Chem) / Bildungsreaktion *f* || **~ voltage** / Formierspannung *f* || **~ water** (Geol, Oils) / Formationswasser *n*
**format item** (Comp) / Formatangabe *f* (ALGOL)
**formative time*** (Electronics) / Aufbauzeit *f* (bei Gasentladungen)
**format library** (Comp) / Formatbibliothek *f* || **~ specification** (Comp) / Formatangabe *f* (FORTRAN) || **~ statement** (Comp) / Formatanweisung *f*
**formatted** *adj* (Comp) / formatgebunden *adj*, formatiert *adj* || **~ capacity** (Comp) / Speicherkapazität *f* in formatiertem Zustand, Nettokapazität *f* (in formatiertem Zustand)
**formatter** (Comp) / Formatierprogramm *n*, Formatierer *m*
**formatting*** *n* (Comp) / Formatierung *f* || **~ editor** (Comp) / formatierender Editor || **~ flag** (Comp) / Formatierungsanzeige *f* || **~ program** / Formatprogramm *n*
**formazan** *n* (Chem) / Formazan *n* || **~ dyestuff** (Textiles) / Formazanfarbstoff *m*
**formazine** *n* (Chem) / Formazin *n* (dessen wässrige Lösung als Trübungsstandard eingesetzt wird) || **~ nephelometric unit** (Chem) / Trübungseinheit *f* Formazin, TE/F
**formboard** *n* (Build) / Schalung *f* (für Gipsbeton) || ~ (Build, Carp, Civ Eng) / Schalbrett *n*, Schalungsbrett *n*
**form bottom edge** (Comp) / Formularunterkante *f* || **~ by pressure** (Eng) / druckumformen *v* (nur Infinitiv oder Partizip) || **~ creation** (Comp) / Formularerstellung *f*, Formularerzeugung *f*, Formulargenerierung *f* || **~ cutter** (Eng) / Stollenfräser *m* (scheibenförmiger Fräser, auch mit eingesetzten Zähnen, zum Fräsen der Span-Nuten von Wälzfräsern) || **~ cutter** (Eng) / Formfräser *m* || **~ design** (Eng) / konstruktive Gestaltung || **~ distortion** / Profilverzerrung *f* || **~ drag*** (Phys) / Formwiderstand *m* (Komponente des Strömungswiderstands)
**forme** *n* / Leistenkopie *f* (für den Aufbau eines Grundmodells für die Schuh-Serienfabrikation) || ~ (Maths) / Form *f*, ganzrationale homogene Funktion, homogenes Polynom || ~ (GB)* (Print, Typog) / Druckform *f*, Form *f* || **~ cylinder** (Print) / Formzylinder *m*
**formed body** / Formling *m* (im Allgemeinen) || **~ coke** (Fuels) / Formkoks *m* || **~ fabrics** (US) (Textiles) / Nonwovens *n pl* (Vliesstoffe nach DIN 61 210, Nähwirk- bzw. Vlieswirkstoffe nach DIN 61 211, Nadelfilze, Tufted Fabrics), Textilverbundstoffe *m pl* (nicht gewebte) || **~ fabrics** (US) (Textiles) / Bondierverbundstoffe *m pl*, Bondings *pl* (Kleb-Flächenverbundstoffe) || **~ grinding wheel** (Eng) / Profilschleifscheibe *f* || **~ part** / Formteil *n* (im Allgemeinen) || **~ part** / Formling *m* (im Allgemeinen) || **~ piece** / Formteil *n* (im Allgemeinen) || **~ plate*** (Elec Eng) / Großoberflächenplatte *f* (des Bleiakkumulators), formierte Platte (des Bleiakkumulators) || **~ yarn** (Spinning) / mehrfädiges Garn, doubliertes Garn, Mehrfachzwirn *m*, gefachtes Garn, Mehrfachgarn *n*
**former*** *n* (Aero) / formgebendes Bauteil || ~ / Spant *m n* (als Versteifungselement) || ~ (Comp) / Spulenkern *m*, Rollenkern *m* (Wickelkörper ohne seitliche Begrenzungsflächen - in der Lochstreifentechnik) || ~* (Elec Eng) / Wickelform *f*, Wickelschablone *f* || ~ (Eng) / Umformer *m* || ~ (Met) / Profilstich *m*, Formstich *m* (beim Walzen) || ~ (Print) / Falztrichter *m* (einer Rollenrotationsdruckmaschine)
**formeret** *n* (a Gothic arch-rib) (Arch) / Schildrippe *f* (eine Wandrippe unter dem Schildbogen bzw. über der Schildmauer eines Gewölbes)
**former fold** (Print) / Trichterfalz *m* (ein durch Falzen über dem Falztrichter in Rollen- Rotationsdruckmaschinen entstandener Längsfalz)

**form error** / Formfehler *m*, Profilfehler *m* || **~ error** (Eng) / Formabweichung *f* (bei technischen Oberflächen), Gestaltabweichung *f* 1. Ordnung (DIN 4760)
**former-wound** *adj* (Elec Eng) / auf einem Spulenkörper gewickelt || **~ coil*** (Elec Eng) / Formspule *f* || **~ motorette** (Elec Eng) / Formspulen-Motorette *f*
**form etching** (Eng) / Formätzen *n* (Ausschneiden dünner Blechteile aus Platinen durch fotomechanisches Ätzen)
**formette** *n* (Elec Eng) / Formspulen-Motorette *f*
**form factor** (Comp) / Formfaktor *m* (Größe des Einbauschachts) || **~ factor*** (Elec) / Formfaktor *m* (einer Wechselgröße - der Effektivwert dividiert durch den Gleichrichtwert) || **~ factor** (Elec Eng) / Formfaktor *m* (bei Spulen) || **~ factor** (For) / Formzahl *f*, Reduktionszahl *f*, Vollholzigkeitszahl *f* (in der Baum- und Bestandsschätzung, z.B. Brusthöhen-Formzahl) || **~ factor** (Nuc) / Formfaktor *m* (vom Ende einer Seite zum Beginn der nächsten Seite), Formulartransport *m*
**form-feed character** (Comp) / Formularvorschubzeichen *n*
**form filling** (Comp) / Maskentechnik *f* (Dialogform eines interaktiven DV-Systems)
**form-fitting** *adj* (Textiles) / angepasst *adj*
**form flash** (Comp) / Formulareinblendung *f*, Formateinblendung *f* (als Anzeigehintergrund) || **~ generation** (Comp) / Formularerstellung *f*, Formularerzeugung *f*, Formulargenerierung *f* || **~ grinding*** (Eng) / Nachformschleifen *n*, Profilschleifen *n*, Formschleifen *n* (Schleifen mit gesteuerter Vorschubbewegung nach DIN 8589, T 11) || **~ grip** (Eng) / Formschluss *m* (z.B. einer Kette) || **~ heading** / Formularkopf *m*
**formic acid*** (Chem, Nut) / Ameisensäure *f* (als Konservierungsstoff = E 236), Methansäure *f* || **~ aldehyde** (Chem) / Methanal *n*, Formaldehyd *m*
**forming** *n* / Verformung *f* (als absichtliche Formgebung), Formgebung *f*, Gestaltung *f*, Formung *f*, Ausformung *f* || ~ (Build, Mech) / Anformung *f* (eines Biegeträgers) || ~ (Elec Eng, Surf) / Formierung *f* (von Bleiakkumulatorplatten), Formieren *n* || ~ (non-cutting) (Eng) / Umformen *n* (umformende Fertigung nach DIN 8580), Umformung *f* (Formänderung von festen Körpern durch plastisches Fließen) || **~ block** (Eng) / Drückform *f* (ein Drückwerkzeug) || **~ cutter*** (Eng) / Formfräser *m* || **~ cutter*** (Eng) / Formmeißel *m* || **~ defect** / Formgebungsfehler *m* || **~ die** (Eng, Met) / Pressmatrize *f*, Matrize *f* (Pressmatrize) || **~ die** (Eng, Met) / Gesenk *n* (als Formwerkzeug) || **~ die** (Met) / Matrize *f* (formgebendes Presswerkzeug, durch das der Strang beim Strangpressen austritt) || **~ head** (For) / Formkopf *m* (der Streumaschine), Streukopf *m* || **~ limit** (Materials, Mech) / Grenzformänderung *f* (maximal erreichbare Formänderung)
**forming-limit curve** (Met) / Grenzformänderungskurve *f* (zur Kennzeichnung der Kaltumformbarkeit von Flachzeug)
**forming machine** (fibreboard manufacture) (For) / Formmaschine *f* (zum Herstellen von Faser- und Spanplatten) || **~ of deposits** / Bildung *f* von Ablagerungen || **~ of thread** / Gewindefurchen *n* (Erzeugung von Innengewinden durch Kaltumformen in Werkstoffen von geringer bis mittlerer Festigkeit - nach DIN 8583), Gewindeformen *n* || **~ pass** (Met) / Profilstich *m*, Formstich *m* (beim Walzen) || **~ punch** (Eng) / Biegestempel *m* || **~ tool** (Eng) / Umformwerkzeug *n* (für die Blechbearbeitung) || **~ to size** (Eng) / Nachschlagen *n*, Formstanzen *n* || **~ under a combination of tensile and compressive conditions** (Eng, Met) / Zugdruckumformen *n* (Umformen eines festen Körpers, wobei der plastische Zustand im Wesentlichen durch eine zusammengesetzte Zug- und Druckbeanspruchung erreicht wird - DIN 8584) || **~ under bending conditions** (Eng) / Biegenumformen *n* (DIN 8586) || **~ under compression** (compressive conditions) (Eng) / Druckumformen *n* (DIN 8583) || **~ under compressive conditions** (Eng) / Druckumformen *n* (DIN 8583) || **~ under shearing conditions** (Eng) / Schubumformen *n* (DIN 8587) || **~ under tensile conditions** (Eng) / Zugumformen *n* (DIN 8582 und 8585) || **~ unit** (Glass) / Formgebungsmaschine *f* || **~ voltage** / Formierspannung *f* || **~ zone** (Eng) / Umformzone *f*
**form jaw** (Eng, Tools) / Formbacke *f* (eine Greiferbacke) || **~ layout** / Formularentwurf *m* || **~ layout** (Comp, Print) / Formularaufbau *m* (konkreter)
**formless** *adj* / formlos *adj*, amorph *adj*
**form letter** (Comp) / Standardbrief *m*, Rundschreiben *n*, Formularbrief *m* || **~ line** (Cartography) / Formlinie *f* || **~ lining** (Carp, Civ Eng) / Schalhaut *f* (das formgebende Element des Schalungskörpers, das direkt vom Beton berührt wird; es ist das Spiegelbild des herzustellenden Betons) || **~ lower edge** (Comp) / Formularunterkante *f* || **~ milling** (Eng) / Formfräsen *n*, Profilfräsen *n* (Fräsen von profilierten Flächen) || **~ (configuration) of a welding joint** (Welding) / Schweißstoß *m* (der Bereich, in dem Teile durch Schweißen miteinander verbunden werden) || **~ of delivery** /

Lieferform f ‖ ~ **of energy** (Phys) / Energieart f, Energieform f (konkrete Erscheinungsform der Energie) ‖ ~ **of joint** / Nahtform f (bei Klebeverbindungen) ‖ ~ **of weld** (Welding) / Schweißnahtform f (DIN 1912), Nahtform f ‖ ~ **of welded joint** (Welding) / Fugenform f
**formol titration*** (Chem) / Formoltitration f
**Formosa camphor** (Chem) / Formosakampfer m, Formosacampher m
**formose** n (Chem) / Formose f (ein Zuckergemisch)
**form panel** (Build, Met) / Schaltafel f, Schalplatte f, Schalungstafel f ‖ ~ **parameter** (Ships) / Völligkeitsgrad m (eine Verhältniszahl zur Kennzeichnung der Form des Unterwasserteils von Schiffen und zur Beurteilung der Schwimmkörpereigenschaften), Formparameter m ‖ ~ **reader** (Comp) / Formularleser m
**form-relieved cutter** (Eng) / hinterdrehter Fräser
**form rolling** (Met) / Profilwalzen n (des Bandstahls), Kaltprofilieren n ‖ ~ **scabbing** (Civ Eng) / Betonabriss m (beim Ausschalen)
**forms drum** (Comp) / Formulartrommel f ‖ ~ **flash** (Comp) / Formulareinblendung f, Formateinblendung f (als Anzeigehintergrund)
**form shaping** (Eng) / Formstoßen n, Profilstoßen n ‖ ~ **signal** (Rail) / Formsignal n (heute nicht mehr gebraucht)
**forms layout gauge** (Comp) / Zeilenlineal n ‖ ~ **management** (Comp) / Formularverwaltung f ‖ ~ **overlay** (Comp) / Formulardia n, Formulardarstellung f (in der grafischen Datenverarbeitung) ‖ ~ **overlay drum** (Comp) / Formulartrommel f ‖ ~ **overlaying** (Comp) / Formulardruck m (Drucken mit Formulardia) ‖ ~ **overlay station** (Comp) / Vordruckstation f ‖ ~ **printing** (Comp, Print) / Formulardruck m (Drucken von Formularen)
**form stop** (Civ Eng) / Arbeitsfugenbrett n, Tagesabschlussstopp m, Tagesendfuge f
**forms tractor** (Comp) / Formulartraktor m, Endlostraktor m, Papiertraktor m ‖ ~ **tray** (Comp) / Formularablagekorb m
**form strength** (Materials) / Gestaltfestigkeit f, Dauerhaltbarkeit f (eine Art Tragfähigkeit) ‖ ~ **tolerance** (Eng) / Formtoleranz f (DIN 7184, T 1) ‖ ~ **tool*** (Eng) / Nachformwerkzeug n, Formwerkzeug n ‖ ~ **turning** (Eng) / Profildrehen n, Formdrehen n (Einstechdrehvorgang, bei dem die Form der Meißelschneide der Erzeugenden der herzustellenden Formfläche entspricht)
**formula** n (Agric) / Mischungsverhältnis n (von Mischdüngern) ‖ ~ (Autos) / Formel f (durch eine Kommission des Internationalen Automobilverbandes oder durch einen Motorsportverband festgelegte Merkmale des Rennwagens einer bestimmten Klasse) ‖ ~* (pl. formulas or formulae) (a symbolic representation of the composition and, in some cases, the structure of a molecule of a chemical compound) (Chem) / Formel f ‖ ~ (pl. formulas or formulae) (Maths) / Formel f (Satz eines Kalküls) ‖ ~* (pl. formulas or formulae) (Pharm) / Vorschrift f, Rezept n, Rezeptur f
**formula car** (Autos) / Formelrennwagen m ‖ ~ **for guidance to the line of sight** (Space) / Einlenkgesetz n
**formulaic symbol** / Formelzeichen n (DIN 1304)
**formula language** (Chem) / Formelsprache f ‖ ~ **mass** (Chem) / Formelmasse f ‖ ~ **of Hertz** (Mech) / Hertz'sche Formel f (zur Ermittlung der Beanspruchung bei Berührung zweier Körper) ‖ ~ **of Markush** (Chem) / Markush-Formel f (in Tabellen, besonders in Patenten), Generalformel f ‖ ~ **of the predicate calculus** / prädikatenlogische Formel ‖ ≃ **One** (Autos) / Formel 1 (im Motorsport) ‖ ~ **stencil** (Chem) / Formelschablone f (mit deren Hilfe Strukturformeln gezeichnet werden können)
**formulate** v / stellen v (ein Problem) ‖ ~ / festlegen v (Regeln, Richtlinien, Bedingungen) ‖ ~ (a shade) (Leather, Textiles) / einstellen v (einen Farbton)
**formulated for brushing** (Paint) / streichfertig adj
**formula template** (Chem) / Formelschablone f (mit deren Hilfe Strukturformeln gezeichnet werden können)
**formulation** n / Aufstellung f einer Formel ‖ ~ (Chem) / Formulierung f (Zusammensetzen und Mischen chemischer Verbindungen für bestimmte Anwendungen) ‖ ~ (Chem, Pharm) / Formierung f, Rezepturformulierung f, Aufbau m nach Rezeptur (auch handelsfähige Zubereitung eines Pflanzenwirkstoffes) ‖ ~ (Maths) / Ansatz m (Formulieren einer Textaufgabe in einer zur Lösung führenden Gestalt) ‖ ~ (Paint) / Formulierung f (Rezeptierung), Rezeptur f, Rezept n ‖ ~ (Paint, Plastics) / Ansatz m (Zusammenstellung der Bestandteile) ‖ ~ **aid** / Formulierungshilfsmittel n (ein Bestandteil der Formulierung mit Ausnahme der Wirkstoffe)
**formula translation** (Comp) / Formelübersetzung f ‖ ~ **weight** (Chem) / relative Formelmasse (die Summe der relativen Atommassen aller Atome, die sich aus der jeweiligen Substanzformel einer chemischen Verbindung ergeben)
**form under compression** (Eng) / druckumformen v (nur Infinitiv oder Partizip) ‖ ~ **upper edge** (Comp) / Formularoberkante f
**Formvar** n (Plastics) / Formvar n (ein PVFM-Harz von Monsanto)

**form width** (Comp) / Vordruckbreite f, Formularbreite f ‖ ~ **wire** (Met) / Formdraht m (mit Querschnitten, die von der Kreisform abweichen, z.B. Flach- oder Sechskantdraht), Profildraht m, Fassondraht m
**formwork*** n (Build, Civ Eng) / Einschalung f, Schalung f (zur Aufnahme der Betonmasse - Holz, Stahl oder Kunststoffe), Schalungsform f ‖ ~ **board** (Build, Carp, Civ Eng) / Schalbrett n, Schalungsbrett n ‖ ~ **carpenter** (Build, Carp) / Schalungszimmerer m ‖ ~ **drawing** (Build, Civ Eng) / Schalungsplan m, Schalplan m (A) ‖ ~ **vibrator** (Build, Civ Eng) / Schalungsrüttler m (Außenrüttler, der an der Schalung befestigt ist, und dessen Energie über die Schalung auf den Beton übertragen wird) ‖ ~ **worker** (Build) / Einschaler m
**form-wound motorette** (Elec Eng) / Formspulen-Motorette f
**formycin** n (Pharm) / Formycin n (ein Nukleosidantibiotikum)
**formyl*** n (Chem) / Formyl n
**formylacetic acid** (Chem) / Formylessigsäure f
**formylate** v (Chem) / formylieren v (die Formylgruppe einführen)
**formylation** n (Chem) / Formylierung f (Einführung der Formylgruppe in organische Verbindungen)
**formylbenzene** n (Chem) / Benzaldehyd m (künstliches Bittermandelöl)
**formylformic acid** (OHC-COOH) (Chem) / Glyoxalsäure f, Glyoxylsäure f, Oxoethansäure f, Oxalaldehydsäure f, Oxoessigsäure f (die einfachste Oxokarbonsäure)
**formyl violet** (Chem) / Säureviolett n
**fornacite*** n (Min) / Furnacit n (ein Olivenit, bei dem As zum Teil durch Cr ersetzt ist)
**forsterite*** n (Min) / Forsterit m (Magnesiumorthosilikat) ‖ ~ **brick** (Ceramics) / Forsteritstein m (Feuerfestmaterial auf der Basis des Forsterits, welches wegen seiner guten Beständigkeit gegen Stäube und Dämpfe als Kammergitterwerk von Regenerativkammern verwendet wird)
**forsterite-marble*** n (Geol) / Serpentinmarmor m, Ophikalzit m (ein mit Serpentinstreifen durchzogener Marmor), Ophicalcit m
**forsterite porcelain** (Ceramics) / Forsteritkeramik f ‖ ~ **refractory** (Ceramics) / Forsteritstein m (Feuerfestmaterial auf der Basis des Forsterits, welches wegen seiner guten Beständigkeit gegen Stäube und Dämpfe als Kammergitterwerk von Regenerativkammern verwendet wird) ‖ ~ **whiteware** (Ceramics) / Forsteritkeramik f
**Förster probe** (Electronics) / Induktionsflussmagnetometer n, Förstersonde f (ein induktiver Sensor), Fluxgate-Magnetometer n, Kernsättigungsmagnetometer n
**Forstner bit*** (Carp) / Forstnerbohrer m (ein Holzbohrer, meistens bei Durchmessern über 8 mm), Universalbohrer m, Zylinderkopfbohrer m ‖ ≃ **bit*** (Carp) s. also centre-bit
**FORTH*** n (Comp) / FORTH n (Programmiersprache für Prozesssteuerung der amerikanischen Firma Forth Inc.)
**fortification** n (Biochem) / Fortifikation f (Supplementierung defizitärer Aminosäuren) ‖ ~ (Nut) / Verbesserung f, Anreicherung f (mit Nährstoffen) ‖ ~ (Nut) / Nährwertverbesserung f, Aufbesserung f (des Nährwertes), Verbesserung f des Nährwertes (z.B. Vitaminierung, Anreicherung) ‖ ~ (Oils) / Wirkstoffzusatz m (bei Schmierstoffen), Additivierung f (von Schmierstoffen) ‖ ~ (Paper) / Verstärkung f, Anreicherung f, Aufkonzentrierung f (der Kochsäure)
**fortified oil** (Oils) / wirkstoffhaltiges Öl, additiviertes Öl, Öl n mit Wirkstoffzusätzen
**fortify** v (Nut) / den Nährwert verbessern ‖ ~ (Nut) / anreichern v (Mehl, Reis) ‖ ~ (Nut) / aufspriten v (Wein) ‖ ~ (Oils) / additivieren v ‖ ~ (Paper) / verstärken v (Kochsäure), anreichern v (Kochsäure), konzentrieren v
**fortin** n (a mercury barometer that has a leather mercury reservoir the height of which can be adjusted) (Meteor) / Fortin-Barometer n (mit einem von unten her verschiebbaren ledernen Gefäßboden - nach J. Fortin, 1750-1831)
**Fortin's barometer*** (Meteor) / Fortin-Barometer n (mit einem von unten her verschiebbaren ledernen Gefäßboden - nach J. Fortin, 1750-1831)
**FORTRAN** n (Comp) / FORTRAN n (im Wesentlichen von der Firma IBM entwickelte problemorientierte Programmiersprache - DIN 66 027)
**Fortrat diagram** (Chem, Spectr) / Fortrat-Diagramm n (in der Molekülspektroskopie) ‖ ≃ **parabola** (graph of wave numbers of lines in a molecular spectral band versus the serial number of the successive lines) (Nuc, Spectr) / Fortrat-Parabel f (grafische Darstellung der Deslandres-Bandenformel)
**fortuitous distortion** (Telecomm) / unregelmäßige Verzerrung
**forum** n (regular on-line conferencing via bulletin boards or on-line services) (Comp) / Forum n (pl. Foren)
**forward** v / weiterleiten v, weiterbefördern v ‖ ~ / befördern v (Güter) ‖ ~ (Eng) / weitergeben v (von einer Bearbeitungsposition in eine andere) ‖ ~ **action** (Eng) / Rechtslauf m (z.B. bei einem Bohrer) ‖ ~ **bias** (Autos) / höherer Anteil an der Vorderachse (Antriebskraftverteilung) ‖ ~ **bias*** (Electronics) /

**forward**

Vorwärtsvorspannung *f*, Vorspannung *f* in Vorwärtsrichtung ‖ ~ **business** / Terminhandel *m* (an der Börse) ‖ ~ **chaining** (AI) / Vorwärtsverkettung *f* (Inferenzstrategie bei regelbasiertem Schließen), Forward Chaining *n* ‖ ~ **channel** (Comp, Telecomm) / Hauptkanal *m* (DIN 44302), Vorwärtskanal *m*, Hinkanal *m*
**forward-control car** (Autos) / Frontlenker *m*
**forward current** (Electronics) / Flussstrom *m* (der in Halbleiterelementen bei geeigneter Polung der angelegten Spannung in Durchlassrichtung fließende elektrische Strom) ‖ ~ **current** (Electronics) / Flussstrom *m*, durch eine Diode in Vorwärtsrichtung fließender Strom, Durchlassstrom *m*, Vorwärtsstrom *m*, Strom *m* in Durchlassrichtung ‖ ~ **defence** (Mil) / Vorneverteidigung *f*, Vorwärtsverteidigung *f* ‖ ~ **difference** (Maths) / Vorwärtsdifferenz *f*, absteigende Differenz, vorwärts genommene Differenz ‖ ~ **direction** (Electronics, Telecomm) / Vorwärtsrichtung *f* (Diode = Durchlassrichtung, Thyristor = Schaltrichtung; DIN 41783 und 41853) ‖ ~ **direction** (Electronics) / Flussrichtung *f* (bei Halbleiterbauelementen), Durchlassrichtung *f* (DIN 41853 und 41783) ‖ ~ **direction** (Radar) / Vorwärtsrichtung *f*
**forwarder** *n* / Spediteur *m* (beim Gütertransport)
**forward error correction** / Vorwärtskorrekturverfahren *n* (ein Fehlerkorrekturverfahren), Vorwärtsfehlerkorrektur *f* (Übertragungssicherungsverfahren mit Möglichkeit zur Fehlerkorrektur, das im Gegensatz zum ARQ eine nachträgliche Fehlerkorrektur ohne Datenwiederholung gestattet) ‖ ~ **extrusion** (Eng, Met) / Vorwärtsstrangpressen *n*, direktes Strangpressen (DIN 8583), Vorwärtsfließpressen *n* (in Wirkrichtung des Stößels) ‖ ~ **filter** (Radar) / Vorwärtsfilter *n* (ein Kalmanfilter) ‖ ~ **gear** (Autos) / Vorwärtsgang *m*
**forwarding** *n* / Beförderung *f* (von Gütern) ‖ ~ / Weiterleitung *f*, Weiterbeförderung *f* ‖ ~* (Bind) / Fertigmachen *n* (in der industriellen Buchbinderei diejenigen Arbeitsgänge, die nach dem Heften, Leimen oder Klebebinden, Beschneiden, Schnittfärben, Runden sowie nach erfolgter Deckenherstellung noch erforderlich sind, um das Buch zu vollenden) ‖ ~ (call forwarding) (Teleph) / Forwarding *n* (Leistungsmerkmal bei Nebenstellenanlagen und Telekommunikationsnetzen), Anrufweiterschaltung *f* (Leistungsmerkmal bei Nebenstellenanlagen und Telekommunikationsnetzen), Call-Forwarding *n*, CF (Anrufweiterschaltung *f* – Teleph) s. also follow-me ‖ ~ **agent** / Spediteur *m* (beim Gütertransport) ‖ ~ **order** / Speditionsauftrag *m* (der einem Spediteur zwecks Durchführung der ihm obliegenden Leistungen erteilte Auftrag) ‖ ~ **quantity** (Work Study) / Weitergabemenge *f* ‖ ~ **station** (Rail) / Versandbahnhof *m*, Aufgabebahnhof *m*, Abfertigungsbahnhof *m*
**forward intersection** (Surv) / Vorwärtseinschnitt *m*, Vorwärtseinschneiden *n* ‖ ~ **lead*** (Elec Eng) / Bürstenvorschub *m* ‖ ~ **leaning blades** (Eng) / vorwärts gekrümmte Schaufeln (bei Trommelrädern der Lüfter)
**forward-looking airborne radar** (Radar) / Voraussichtradar *m n* (mit Abstrahlung in Flugrichtung), vorwärts schauendes Radar (gewöhnlich ein Luftfahrzeugradar mit einer Antennenkeule rund um die Vorwärtsrichtung mit verschiedenen Radarmodi als Suchradar, Feuerleitradar), vorwärts schauendes Radargerät, Vorwärtssichtradar *m n* ‖ ~ **infrared*** (Aero) / Vorwärtsinfrarotausrüstung *f* ‖ ~ **infrared sensor** (Aero) / FLIR-Sensor *m* ‖ ~ **IR** (Aero) / Vorwärtsinfrarotausrüstung *f* ‖ ~ **radar** (Radar) / Voraussichtradar *m n* (mit Abstrahlung in Flugrichtung), vorwärts schauendes Radar (gewöhnlich ein Luftfahrzeugradar mit einer Antennenkeule rund um die Vorwärtsrichtung mit verschiedenen Radarmodi als Suchradar, Feuerleitradar), vorwärts schauendes Radargerät, Vorwärtssichtradar *m n*
**forward loss** (Electronics) / Durchlassverlust *m* (Verlustleistung, die an einem in Vorwärtsrichtung betriebenen Halbleiterbauelement auftritt)
**forwardly curved blades** (Eng) / vorwärts gekrümmte Schaufeln (bei Trommelrädern der Lüfter)
**forward motion** / Vorlauf *m* (des Magnetbandes, des Films) ‖ ~ **motion** (Eng) / Vorlauf *m* (des Werkzeugs) ‖ ~ **motion** (Tools) / Hingang *m* ‖ ~ **motion compensation** (Surv) / Bildwanderungsausgleich *m* (bei Luftbild- oder Weltraumkameras) ‖ ~ **overload current** (Electronics) / Überstrom *m* (bei Thyristoren) ‖ ~ **path** (Automation) / Vorwärtspfad *m* ‖ ~ **perpendicular** (Ships) / vorderes Lot ‖ ~ **projection** (Cinema) / Vorwärtsprojektion *f* ‖ ~ **quarter** (Ships) / Vorschiff *n* (der vordere Teil eines Überwasserschiffs, in dem dessen Breite zum Bug hin stark abnimmt) ‖ ~ **reaction** (Chem) / Hinreaktion *f* (bei einer umkehrbaren Reaktion) ‖ ~ **release** (Teleph) / Vorwärtsauslösung *f*, Auslösung *f* durch den rufenden Teilnehmer ‖ ~ **run** / Vorlauf *m* (des Magnetbandes, des Films) ‖ ~ **scatter*** (Nuc, Phys, Radio) / Vorwärtsstreuung *f* ‖ ~ **scattering** (Nuc, Phys, Radio) /

Vorwärtsstreuung *f* ‖ ~ **shift*** (Elec Eng) / Bürstenvorschub *m* ‖ ~ **shovel** (Civ Eng, Eng) / Hochlöffel *m* (des Hochlöffelbaggers)
**forward-shovel excavator** (Civ Eng, Eng) / Hochlöffelbagger *m*
**forward sight** (Surv) / Vorblick *m* (Nivellierlatte) ‖ ~ **slip** (Met) / Voreilung *f* (Relativbewegung zwischen Walzgut und Walzenoberfläche) ‖ ~ **slip** (Met) (relative movement between rolling stock and roll surface) (Met) / Voreilung *m*
**forward-slip zone** (Met) / Voreilzone *f* (Bereich der gedrückten Fläche zwischen Fließscheide und Auslauflinie, in dem sich das Walzgut schneller bewegt als die Walzenoberfläche) ‖ ~ **zone** (Met) / Voreilzone *f* (compressed area between neutral point and exit line, in which the rolling stock moves faster than the roll surface)
**forward speed** (Aero) / Geradeausgeschwindigkeit *f* ‖ ~ **stroke** (Tools) / Hingang *m* ‖ ~ **sweep*** (Aero) / negative Pfeilung
**forward-swept wing** (Aero) / vorgepfeilter Flügel, Flügel *m* mit negativer Pfeilung
**forward transadmittance*** (Telecomm) / Übertragungsleitwert *m* ‖ ~ **voltage*** (Electronics) / Vorwärtsspannung *f*, Durchlassspannung *f*, Spannung *f* in Flussrichtung, Flussspannung *f* ‖ ~ **wave*** (Electronics) / vorlaufende Welle, Vorwärtswelle *f* ‖ ~ **welding** (Welding) / NL-Schweißen *n*, Nachlinksschweißen *n* ‖ ~ **wing** (Aero) / Höhenleitwerk *n* (des Entenflugzeugs)
**FOSDIC** *n* (Comp) / optische Filmleseeinheit
**FOS process** (Met) / Brennstoff-Sauerstoff-Schrott-Stahlerzeugungsverfahren *n*, FOS-Stahlerzeugungsverfahren *n* (mit nachgeschalteten Stahlfrischgefäßen)
**Fossil** *n* (Comp) / Fossil *n*, Fido/Opus/Seadog Standard Interface Layer *n*
**fossil*** *n* (Geol) / Versteinerung *f* (versteinertes Objekt), Fossil *n* (pflanzlicher oder tierischer Überrest aus geologischer Vorzeit), Petrefakt *n* ‖ ~ **calcareous algae** (Geol) / Stromatolith *m* (Kalkausscheidungen mariner Algen) ‖ ~ **fuel** (the organic content from the remains of organisms embedded in the surface of the Earth, especially those with high carbon and/or hydrogen contents, that is used by man as fuel) (Fuels) / fossiler (mineralischer) Brennstoff, Fossilbrennstoff *m* (in dem die Sonnenenergie als chemische Energie gespeichert ist), mineralischer Brennstoff
**fossil-fuelled boiler** (Eng) / Kessel *m* für fossile Brennstoffe
**fossil•-fuelled power station** / fossil befeuertes Kraftwerk, konventionelles Wärmekraftwerk (mit fossilem Brennstoff), Brennstoffkraftwerk *n* ‖ ~ **gum** (Geol) / fossiles Harz (aus geologischen Lagerstätten gewonnenes natürliches Harz, z.B. Bernstein) ‖ ~ **ice** (Geol) / Bodenein *n*, Tjäle *f*
**fossilization** *n* (Geol) / Versteinerung *f* (Tätigkeit), Fossilienbildung *f*, Petrifikation *f*, Fossilisation *f*, Fossilisierung *f*
**fossilized wood** (For) / versteinertes Holz, Dendrolith *m*
**fossil meal*** (Min) / Diatomeenerde *f*, Kieselgur *f* (ein Festgestein aus den Kieselsäuregerüsten der Diatomeen), Infusorienerde *f*, Bergmehl *n* ‖ ~ **ore** (Mining) / Clinton-Erz *n* (oolithisches und klastisches Roteisenerz) ‖ ~ **power plant** / fossil befeuertes Kraftwerk, konventionelles Wärmekraftwerk (mit fossilem Brennstoff), Brennstoffkraftwerk *n* ‖ ~ **resin** (Geol) / fossiles Harz (aus geologischen Lagerstätten gewonnenes natürliches Harz, z.B. Bernstein) ‖ ~ **water** (Geol) / konnates Wasser, fossiles Grundwasser (das schon vor langem in niederschlagsgünstigen Zeiten an seinen jetzigen Lagerungsort gelangt ist)
**Foster's reactance theorem** (Telecomm) / Foster'sches Theorem, Theorem *n* von Foster, Reaktanzsatz *m*
**FOT** (fréquence optimum de travail) (Radio) / günstigste Betriebsfrequenz (für die ionosphärische Ausbreitung)
**FOTS** (fibre-optic transmission system) (Optics, Telecomm) / faseroptisches Übertragungssystem, Lichtwellenleiter-Übertragungssystem *n*
**Föttinger converter** (Eng) / Drehmomentwandler *m* (hydrodynamischer), Föttinger-Getriebe *n*, Föttinger-Wandler *m* (zur stufenlosen Drehzahlanpassung und Drehmomentwandlung zwischen Kraft- und Arbeitsmaschinen), Föttinger-Transformator *m*, Strömungsgetriebe *n*, dynamisches Flüssigkeitsgetriebe, hydrodynamisches Getriebe ‖ ≃ **coupling*** (Eng) / Turbokupplung *f*, hydrodynamische Kupplung, Flüssigkeitskupplung *f* (zur stufenlosen Drehzahlanpassung ohne Drehmomentwandlung als stoß- und schwingungsdämpfender Überlastschutz), hydraulische Kupplung, Strömungskupplung *f*, Föttinger-Kupplung *f* ‖ ≃ **gear(s)** (Eng) / Föttinger-Getriebe *n* (als Kupplung, Wandler oder hydrodynamische Bremse eingesetzt – nach H. Föttinger, 1877-1945) ‖ ≃ **speed transformer*** (Eng) / Drehmomentwandler *m* (hydrodynamischer), Föttinger-Getriebe *n*, Föttinger-Wandler *m* (zur stufenlosen Drehzahlanpassung und Drehmomentwandlung zwischen Kraft- und Arbeitsmaschinen), Föttinger-Transformator *m*, Strömungsgetriebe *n*, dynamisches Flüssigkeitsgetriebe, hydrodynamisches Getriebe ‖ ≃ **transmitter*** (Eng) / Turbokupplung

*f*, hydrodynamische Kupplung, Flüssigkeitskupplung *f* (zur stufenlosen Drehzahlanpassung ohne Drehmomentwandlung als stoß- und schwingungsdämpfender Überlastschutz), hydraulische Kupplung, Strömungskupplung *f*, Föttinger-Kupplung *f*
**F.O.T. wire** (flat oil-tempered wire) (Met) / im Ölbad angelassener Flachdraht
**Foucault currents**\* (Elec Eng) / Foucault'sche Ströme *m pl*, Wirbelströme *m pl* (in Metallen) || ~ **knife-edge test**\* (Optics) / Foucault'sches Schneidenverfahren (zur Kontrolle sphärischer Flächen von Linsen und Spiegeln - heute restlos überholt) || ~ **prism** (Optics) / Foucault-Prisma *n* (polarisierendes Prisma aus zwei durch eine dünne Luftschicht getrennten Hälften), Foucault'sches Prisma || ~**'s pendulum**\* (Astron, Phys) / Foucault'sches Pendel (nach L. Foucault, 1819-1868), Kamerlingh-Onnes-Pendel *n*, gyroskopisches Pendel, Kreiselpendel *n*
**foul** *v* (Autos) / verschmutzen *v* (Zündkerzen) || ~ (Chem Eng) / verschmutzen *v* (Harz, Filter) || ~ (Eng) / sich zusetzen *v*, sich verschmieren *v* (Schleifscheibe) || ~ (Eng) / anstoßen *v* (Zahnkopfkanten) || ~ (Eng, Ships) / zusammenstoßen *v*, kollidieren *v* || ~ *vi* (Electronics) / faulen *v* (Anoden) || ~ *adj* / faulig *adj* (Geruch) || ~ / verschmutzt *adj*, schmutzig *adj*, unsauber *adj* || ~ / faulend *adj*, faul *adj*, faulig *adj* || ~ (Mining) / schlagwetterführend *adj* || ~ **air** (Mining) / schwere Wetter *n pl*, matte Wetter *n pl* (bei denen der für die Atmung erforderliche Sauerstoffgehalt unter dem Normalwert von 21 Vol.-% liegt)
**foul-air flue**\* (Build) / Abluftkanal *m*, Dunstrohr *n*
**foulard**\* *n* (Textiles) / Foulard *m* (feines, weiches, mit kleinen Farbmustern bedrucktes Gewebe aus Naturseide oder Chemiefäden in Köper- oder Atlasbindung)
**foul bottom** (Ships) / schlechter Ankergrund || ~ **clay**\* (Build, Ceramics) / plastischer Ton
**foulé** *n* (Textiles) / Foulé *m* (tuchähnliches Kammgarngewebe aus Merinowolle, Köperbindung, weich gewalkt mit leichter Haardecke)
**fouled mooring lines** (Oils, Ships) / vertörnte Ankertrossen (beim Ankersetzen) || ~ **with carbon** (Chem) / mit Kohlenstoff beladen (Katalysator)
**foul electrolyte** (Chem, Surf) / verbrauchter Elektrolyt
**fouling** *n* (Autos) / Verschmutzung *f* (der Zündkerze) || ~ (Chem) / Fouling *n* (Bildung von teerförmigen Ablagerungen auf Katalysatoren) || ~ (Chem Eng) / Verschmutzung *f* (Harz, Filter) || ~ (Chem Eng) / Blockierung *f* (des Austauschers) || ~\* (Ecol) / Bewuchs *m* || ~ (Electronics) / Faulen *n* (von Anoden - Ausbildung einer dicken, schwer löslichen Deckschicht, welche die Anodenauslösung erschwert oder sogar verhindert) || ~\* (Eng) / gegenseitiges störendes Berühren || ~ (Eng) / Verschmieren *n*, Zusetzen *n* (der Schleifscheibe) || ~ (Eng) / Anstoßen *n* (von Zahnkopfkanten) || ~\* (I C Engs) / Ölkohle *f* (fester, kohleartiger, verschleißfördernder Schmierölrückstand im Verbrennungsraum) || ~\* (I C Engs) / Zündkerzenverschmutzung *f* || ~ (Nuc Eng) / organische Oberflächenverschmutzung (von Brennelementen) || ~\* (Paint) / Anwuchs *m*, Bewuchs *m* || ~ (Paint) / Fouling *n* (nachträgliche Veränderung von Farben, Lacken usw. auf Holz oder Metall durch den Einfluss von Bakterien, Mikro- und Meeresorganismen) || ~ (San Eng) / Fouling *n* (Beeinträchtigung der Umkehrosmose bei der Vorreinigung des Rohwassers) || ~ **of the gauge** (Rail) / Lademaßüberschreitung *f* (bei Güterwagen)
**foul pit** (Mining) / schlagwetterführende Grube, Schlagwettergrube *f*
**fouls**\* *pl* (Mining) / Verdrückung *f* (Kohlenflöz), Abwaschung *f* (Flöz), Auswaschung *f* (Flöz)
**foul sewer** (Civ Eng, San Eng) / Schmutzwasserleitung *f*, Abwasserleitung *f* (z.B. in der Trennkanalisation)
**foul-smelling** *adj* / widerlich riechend, Übelkeit erregend (Geruch), widerwärtig *adj* (Geruch), übelriechend *adj*, ekelerregend *adj* (Geruch)
**foul solution**\* (Met) / verbrauchte Lauge (in der Zyanidlaugerei) || ~ **water**\* (Build, San Eng) / Schmutzwasser *n*, schmutziges Wasser, trübes Wasser || ~ **weather** (wet and stormy) (Meteor) / Schlechtwetter *n*
**found** *v* (Build, Civ Eng) / fundieren *v*, gründen *v*, fundamentieren *v* || ~ (Ceramics, Foundry, Glass) / vergießen *v*, gießen *v*, abgießen *v* || ~ (Glass) / läutern *v*
**foundation** *n* / Grundlage *f* (einer Theorie) || ~ (Build, Civ Eng) / Boden *m* (als Baugrund), Baugrund *m* (Gesamtheit der Erdstoffschichten, die der Belastung durch Bauwerke eine Tragkraft entgegensetzen und dementsprechend beansprucht werden - DIN 1054, DIN 4017 und DIN 4020), Baugrundboden *m* || ~ (Build, Civ Eng) / Gründung *f* (Herstellung der Gründungskonstruktion) || ~\* (Build, Civ Eng) / Fundament *n* (derjenige Teil des Baukörpers, der die gesamten Lasten in den Baugrund einleitet), Unterbau *m*, Fondation *f* (S) || ~ **area** (Build, Civ Eng) / Fundamentfläche *f* || ~ **base** (Build, Civ Eng) / Fundamentsohle *f*, Gründungssohle *f* (waagerechte oder geneigte Fläche eines Gründungskörpers, über die Kräfte in den Baugrund nach unten übertragen werden - DIN V 1054, T 100), Fundamentbasis *f*, Gründungsbasis *f* (die mit dem Baugrund in Berührung stehende Fundamentfläche) || ~ **bolt** (Civ Eng) / Ankerschraube *f*, Fundamentschraube *f*, Fundamentbolzen *m* || ~ **brickwork** (Build) / Grundmauerwerk *n* || ~ **concrete** (Civ Eng) / Fundamentbeton *m* || ~ **course** (Build) / Sauberkeitsschicht *f* (im Massenbetonfundament) || ~ **cylinder**\* (Civ Eng) / Senkbrunnen *m* (für die heute veraltende Senkbrunnengründung), Schachtbrunnen *m*, Brunnenkörper *m* || ~ **depth** (Civ Eng) / Gründungstiefe *f* (der vertikale Abstand der Gründungssohle von Oberkante Gelände) || ~ **earth electrode** (Elec Eng) / Fundamenterder *m* (der in das Betonfundament einer baulichen Anlage eingebettet ist) || ~ **engineering** (Civ Eng) / Grundbau *m* (ein Teil der Geotechnik) || ~ **excavation** (Build, Civ Eng) / Fundamentaushub *m* || ~ **failure** (Civ Eng) / Grundbruch *m* (im Allgemeinen), Bruchzustand *m* (Bruch des Baugrundes) || ~ **level** (Build, Civ Eng) / Fundamentsohle *f*, Gründungssohle *f* (waagerechte oder geneigte Fläche eines Gründungskörpers, über die Kräfte in den Baugrund nach unten übertragen werden - DIN V 1054, T 100), Fundamentbasis *f*, Gründungsbasis *f* (die mit dem Baugrund in Berührung stehende Fundamentfläche) || ~ **pillar** (Build) / Grundpfeiler *m* || ~ **pit** (Build) / Grube *f*, Baugrube *f* || ~ **plan** (Build, Civ Eng) / Fundamentzeichnung *f* || ~ **plate** (Build) / Fundamentplatte *f* (eine bewehrte Flachgründung bei weniger tragfähigem Baugrund), Bodenplatte *f*, Grundplatte *f* (Bodenplatte) || ~ **pressure** (Build, Civ Eng) / Bodenpressung *f* (Beanspruchung des Baugrundes unter der Fundamentsohle), Sohlpressung *f* (DIN 1054) || ~ **raft** (Build) / Fundamentplatte *f* (mit oder ohne Stahlbewehrung für die Plattengründung) || ~ **sill** (Build, Hyd Eng) / Grundschwelle *f* (ein Regelungsbauwerk, das über die Sohle herausragt) || ~ **slab** (Build) / Fundamentplatte *f* (eine bewehrte Flachgründung bei weniger tragfähigem Baugrund), Bodenplatte *f*, Grundplatte *f* (Bodenplatte) || ~ **soil** (the ground or superficial deposits directly carrying the load of a structure) (Build, Civ Eng) / Boden *m* (als Baugrund), Baugrund *m* (Gesamtheit der Erdstoffschichten, die der Belastung durch Bauwerke eine Tragkraft entgegensetzen und dementsprechend beansprucht werden - DIN 1054, DIN 4017 und DIN 4020), Baugrundboden *m* || ~**-stone** *n* (Build) / Grundstein *m* || ~ **structure** (Build, Civ Eng) / Gründungsbauwerk *n* || ~ **system** (Build) / Gründungskonstruktion *f* (die die Bauwerkslasten und die auf das Bauwerk wirkenden Kräfte auf den Baugrund überträgt) || ~ **wall** (Build) / Grundmauer *f*, Fundamentmauer *f*
**founded**\* *adj* (Civ Eng) / auf den tragfähigen Baugrund hinuntergeführt (Senkbrunnen)
**founder** *v* (Ships) / sinken *vi* || ~ *n* (Foundry) / Gießer *m* || ~ (Glass) / Einleger *m* || ~ (a person tending a glass tank during the filling and melting operations) (Glass) / Schmelzer *m*, Glasschmelzer *m* (Wannenarbeiter)
**foundering** *n* (Geol) / Einsturz *m*, Einbruch *m*, Bruch *m*
**founder's type**\* (Typog) / Handsatztype *f*
**founding**\* *n* (Glass) / Feinschmelze *f*, Blankschmelze *f*, Blankschmelzen *n*, Läuterung *f* (nach der Rauschmelze - thermische oder Dünnschichtläuterung)
**foundry**\* *n* (Foundry) / Gießerei *f* (Betrieb oder Betriebsteil), Gießereibetrieb *m* || ~\* (Typog) / Schriftgießerei *f* || ~ **alloy** (Met) / Vorlegierung *f* (die das Legierungselement in relativ großer Menge enthält und der Schmelze des Basismetalls dosiert zugesetzt wird) || ~ **carbide** (Foundry) / Gießereicarbid *n* (mit CaO verschnitten, im Kupolofen als Zusatzbrennstoff verwendet), Gießereikarbid *n* || ~ **coke** (Foundry) / Kupolofenkoks *m*, Gießereikoks *m* || ~ **crane** (Foundry) / Gießereikran *m* || ~ **deck** (Foundry) / Gießereiflur *m* || ~ **defect** (Foundry) / Gussfehler *m* (Fehlstelle an fertigen Gussstück) || ~ **engineering** (Foundry) / Gießereiwesen *n* (als technische Disziplin nach DIN EN 1559-1) || ~ **floor** (Foundry) / Gießereiflur *m* || ~ **jobbing** (Foundry) / Kundenguss *m* || ~ **ladle** (Foundry) / Pfanne *f* || ~ **machine** (Foundry) / Gießereimaschine *f* || ~ **mould** (Foundry) / Gießform *f* (verloren oder Dauerform), Form *f* || ~ **nail** (Foundry) / Formerstift *m*, Sandstift *m* || ~ **pig-iron**\* (Foundry) / Gießereiroheisen *n* (Roheisensorten, die zum Einsatz in Schmelzanlagen zur Erzeugung von Eisen-Kohlenstoff- Gusswerkstoffen bestimmt sind), Gussroheisen *n* || ~ **pit**\* (Foundry) / Gießgrube *f* (zum stehenden Guss von Teilen großer Ausdehnung in einer Dimension) || ~ **practice** (Foundry) / Gießereipraxis *f*, Gießereitechnik *f* || ~ **sand** (Foundry) / Gießereisand *m* || ~ **stove**\* (Foundry) / Trockenofen *m*, Gießereiofen *m* (ein Trockenofen) || ~ **travelling crane** (Foundry) / Gießereilaufkran *m*
**fount** *n* / Tintenbehälter *m*, Tank *m* (des Füllhalters)
**fountain** *n* / Wanne *f* (für die Kopierflüssigkeit) || ~ (Arch) / Springbrunnen *m* || ~ (Build, Civ Eng) / Brunnenbauwerk *n* || ~\* (Print) / Wasserkasten *m* (des Feuchtwerks) || ~ **additive** (Print) /

**fountain**

Wischwasserzusatz *m* ‖ **~ effect** (Phys) / thermomechanischer Effekt (in supraflüssigem Helium II) ‖ **~ effect*** (Phys) / Springbrunneneffekt *m* (im Zweiflüssigkeitsmodell des supraflüssigen Heliums) ‖ **~ pen** / Füllfederhalter *m*, Füllhalter *m* ‖ **~ pen** (US) (Radiol) / Füllhalterdosimeter *n* (ein luftgefülltes Personendosimeter), Stabdosimeter *n*
**fountain-pen ink** / Füllhaltertinte *f*
**fountain pen with piston-filling system** / Kolbenfüllhalter *m* ‖ **~ roll(er)** (Paint) / Tauchwalze *f*, Schöpfwalze *f* ‖ **~ solution*** (Print) / Feuchtmittel *n* (DIN 16 529), Wischwasser *n* (ein Flüssigkeitsgemisch zur Benetzung der Flachdruckform), Feuchtwasser *n* (im Allgemeinen) ‖ **~ water** (Print) / Feuchtmittel *n* (DIN 16 529), Wischwasser *n* (ein Flüssigkeitsgemisch zur Benetzung der Flachdruckform), Feuchtwasser *n* (im Allgemeinen)
**fount bill** (Typog) / Gießzettel *m* (Verzeichnis der Schriftgießereien, das die Stückzahlen oder das Verhältnis aller Drucktypen einer Schrift zueinander angibt) ‖ **~ scheme** (Typog) / Gießzettel *m* (Verzeichnis der Schriftgießereien, das die Stückzahlen oder das Verhältnis aller Drucktypen einer Schrift zueinander angibt)
**four-address code** (Comp) / Drei-plus-Eins-Adresskode *m*, Vieradresskode *m* ‖ **~ instruction** (Comp) / Drei-plus-Eins-Adressbefehl *m*, Vieradressbefehl *m*
**four-arm bridge** (Elec Eng) / vierarmige Brücke, Vollbrücke *f*
**four-axis machining centre** (Eng) / Vierachsen-Bearbeitungszentrum *n*
**four-ball tester** (Instr, Oils) / Vierkugelapparat *m* (Ölprüfgerät zur Prüfung von Schmierölen an belasteten Schmierstellen, auch als Verschleißprüfgerät verwendet), VKA *m* (ein Ölprüfgerät)
**four-band inversion** (Radio) / Vierbandvertauschung *f* (Mobilfunk)
**four-bar chain*** (Mech) / Viergelenkkette *f* ‖ **~ linkage** (a mechanical linkage composed of four elements or links, one of which may be the fixed base of the mechanism) (Eng, Mech) / viergliedriges Gelenkgetriebe, Gelenkviereck *n* (einer Viergelenkkette in der Geradführung)
**four-bedroomed** (Build) / mit vier Schlafzimmern
**four-bit byte** (Comp) / Vier-Bit-Byte *n*, 4-Bit-Byte *n*
**four-bladed propeller** (Aero) / Vierblattpropeller *m*, vierflügelige Luftschraube, vierflügeliger Propeller
**fourble stand** (Oils) / Vierfachzug *m* (wenn ein Gestängezug an jeder vierten Verbindung getrennt wird)
**four-bowl calender** (Paper) / Vierwalzenkalander *m*
**four-by-four** *attr* (Autos) / mit Vierradantrieb
**Fourcault process** (Glass) / Fourcault-Ziehverfahren *n* (Tafelglasherstellung nach E. Fourcault, 1862-1919, heute restlos veraltet), Senkrechtziehverfahren *n* nach Fourcault
**four-cavity hot-runner mould** (Plastics) / Vierfachheißkanalwerkzeug *n*
**four-centred arch** (the characteristic form of late Perpendicular openings) (Arch) / gedrückter Spitzbogen, flacher Spitzbogen
**four-centre polymerization** (Chem) / Vierzentrenpolymerisation *f*
**four-channel sound system** (Acous) / Quadrophonie *f* (Verfahren zur Abbildung von Schallereignissen unter Verwendung von vier getrennten Kanälen)
**four-circle diffractometer** (Crystal) / Vierkreisdiffraktometer *n* (in der Kristallstrukturanalyse)
**four-colour** *attr* / vierfarbig *adj*
**four-colour press*** (Print) / Vierfarbendruckmaschine *f*
**four-colour printing** (Print) / Vierfarbendruck *m* (der durch Übereinanderdrucken der drei Grundfarben Gelb, Purpur und Cyan sowei einer vierten Druckfarbe, meist Schwarz, entsteht) ‖ **~ problem** (Cartography, Maths) / Vierfarbensatz *m*, Vierfarbenproblem *n* (ein topologisches Problem, von W. Haken, geb. 1928, und K. Appel, geb. 1932 bewiesen) ‖ **~ process** (Print) / Vierfarbendruck *m* (der durch Übereinanderdrucken der drei Grundfarben Gelb, Purpur und Cyan sowei einer vierten Druckfarbe, meist Schwarz, entsteht) ‖ **~ process printing** (Print) / Vierfarbenrasterdruck *m*
**four-column forging press** (Eng) / Viersäulenschmiedepresse *f* (hydraulische Schmiedepresse zum Freiformen und Gesenkschmieden, deren Holme durch vier Säulen verbunden sind)
**four-crank mechanism** (Eng) / Vierkurbelgetriebe *n*
**four-current density** (Elec Eng) / Viererstrom *m*, Viererdichte *f* (ein Vierervektor)
**four-cycle** *n* (I C Engs) / Viertaktverfahren *n* (bei Viertaktmotoren), Viertaktprozess *m*
**four-cycle engine** (I C Engs) / Viertaktmotor *m*, Viertakter *m*
**four-cylinder cotton spinning** (Spinning) / Vierzylinderspinnerei *f* (Baumwollfeinspinnerei) ‖ **~ engine** (Aero, Autos) / Vierzylindermotor *m*, Vierzylinder *m*
**four-digit** *attr* (Maths) / vierstellig *adj* (Zahl)
**four-dimensional** *adj* (Maths, Phys) / vierdimensional *adj*
**four-door** *attr* (Autos) / viertürig *adj*
**fourdrinier*** *n* (Paper) / Langsiebmaschine *f*, Langsiebentwässerungsmaschine *f*, Langsiebpapiermaschine *f* ‖ **~ *n*** (machine) (Paper) / Langsiebmaschine *f*, Langsiebentwässerungsmaschine *f*, Langsiebpapiermaschine *f* ‖ **~ former** (Paper) / Langsieb *n*, Maschinensieb *n* (bei Langsiebmaschinen), Sieb *n* der Langsiebpapiermaschine, Papiermaschinensieb *n* ‖ **~ table** (Paper) / Langsieb *n*, Maschinensieb *n* (bei Langsiebmaschinen), Sieb *n* der Langsiebpapiermaschine, Papiermaschinensieb *n* ‖ **~ wire** (Paper) / Langsieb *n*, Maschinensieb *n* (bei Langsiebmaschinen), Sieb *n* der Langsiebpapiermaschine, Papiermaschinensieb *n* ‖ **~ wire part** (Paper) / Langsieb *n*, Maschinensieb *n* (bei Langsiebmaschinen), Sieb *n* der Langsiebpapiermaschine, Papiermaschinensieb *n*
**four-edged tube** (Met) / Vierkantrohr *n* (mit quadratischem oder rechteckigem Querschnitt - nach DIN 2906)
**four-factor formula*** (Nuc) / Vierfaktorenformel *f* (für Neutronenbilanz)
**four-fermion interaction** (Nuc) / Vierfermionen-Wechselwirkung *f*
**four-figure** *attr* (Maths) / vierstellig *adj* (Zahl)
**four-flute drill** (Tools) / Vierschneidenbohrer *m*
**fourfold** *adj* (Crystal) / vierzählig *adj* (Symmetrieachse) ‖ **~ table** (Stats) / Vierfeldertafel *f* (für das Vierfelderverfahren), 2 x 2-Tafel *f* ‖ **~ yarn** (Spinning) / vierfacher Zwirn (DIN 60 900)
**four-function calculator** / Kalkulationsmaschine *f*, Vierspeziesrechenmaschine *f*
**four-group** *n* (Maths) / Klein'sche Vierergruppe, Vierergruppe *f*
**four-harness** *attr* (Weaving) / vierbindig *adj*
**four-heterojunction diode** (Electronics) / Laserdiode *f* mit vier Heteroübergängen
**four-high reversing mill** (Met) / Vierwalzen-Umkehrstraße *f*, Reversierquartowalzwerk *n* ‖ **~ rolling mill** (Met) / Quartostraße *f*, Quartowalzwerk *n*
**Fourier analysis*** (Maths, Phys, Stats) / Fourier-Analyse *f* (von Schwingungen), harmonische Analyse (DIN 1311, T 1)
**Fourier-Bessel series** (Maths) / Fourier-Bessel-Reihe *f*, Fourier-Reihe *f* mit Zylinderfunktionen
**Fourier coefficient** (Maths) / Fourier-Koeffizient *m* (einer Fourier-Reihe) ‖ **≃ expansion** (Maths) / Fourier-Entwicklung *f* ‖ **≃ half-range series*** (Maths) / Fourier-Reihe *f* mit rein sinus- oder kosinusförmigen Bestandteilen ‖ **≃ heat equation** (Phys) / Wärmegleichung *f*, Wärmehaushaltsgleichung *f* ‖ **≃ index** (Phys) / Fourier-Zahl *f* (in der Fourier'schen Wärmeleitgleichung - DIN 1341), Fo (Fourier-Zahl) ‖ **≃ integral*** (Elec, Maths) / Fourier-Integral *n*, Fourier'sches Integral, Fourier-Integraldarstellung *f* ‖ **≃ number*** (Phys) / Fourier-Zahl *f* (in der Fourier'schen Wärmeleitgleichung - DIN 1341), Fo (Fourier-Zahl) ‖ **≃ series*** (Maths) / Fourier-Reihe *f* (trigonometrische Reihe nach J. Baron de Fourier, 1768 - 1830), Fourier'sche Reihe
**Fourier's heat conductivity equation** (Phys) / Fourier'sche Wärmeleitungsgleichung *f* ‖ **≃ law** (Phys) / Fourier'sches Gesetz (stationäre Wärmeleitung)
**Fourier spectrometer** (Phys, Spectr) / Fourier-Spektrometer *n* ‖ **≃ spectroscopy** (Spectr) / Fourier-Spektroskopie *f* ‖ **≃ synthesis** (Crystal) / Fourier-Synthese *f* (bei der direkten Atomparameterbestimmung) ‖ **≃ synthesis** (Maths, Phys) / Fourier-Synthese *f* (die Umkehrung der harmonischen Analyse) ‖ **≃ transform*** (Maths) / Fourier-Transformierte *f* ‖ **≃ transform*** (Maths) / Fourier-Transformation *f* (eine Integraltransformation nach J. Baron de Fourier, 1768-1830 - DIN 13343) ‖ **≃ transform analysis** (Maths, Spectr) / Fourier-Transform-Technik *f*, FT-Technik *f* (ein Rechenverfahren in der Spektroskopie) ‖ **≃ transformation** (Maths) / Fourier-Transformation *f* (eine Integraltransformation nach J. Baron de Fourier, 1768-1830 - DIN 13343) ‖ **≃ transform infrared spectroscopy** (Chem, Spectr) / Fourier-Transform-Infrarotspektroskopie *f*, FTIR-Spektroskopie *f*, FT-IR-Spektroskopie *f* ‖ **≃ transform ion-cyclotron resonance mass spectrometer** (Spectr) / Fourier-Transform-Ionenzyklotronresonanzspektrometer *n*, ICR-Massenspektrometer *n* ‖ **≃ transform spectrometer** (Spectr) / Fourier-Transform-Spektrometer *n*, FT-Spektrometer *n* ‖ **≃ transform spectroscopy*** (Spectr) / Fourier-Spektroskopie *f* ‖ **≃ transform technique** (Maths, Spectr) / Fourier-Transform-Technik *f*, FT-Technik *f* (ein Rechenverfahren in der Spektroskopie)
**four-jaw chuck*** (Eng) / Vierbackenfutter *n* (mit unabhängig voneinander geführten und verstellbaren Spannbacken)
**four-jawed chuck** (Eng) / Vierbackenfutter *n* (mit unabhängig voneinander geführten und verstellbaren Spannbacken)
**four-jaw independent chuck** (Eng) / Vierbackenfutter *n* (mit unabhängig voneinander geführten und verstellbaren Spannbacken)
**four-jet** *attr* (Aero) / vierstrahlig *adj*
**four-layer diode** (Electronics) / Kippdiode *f* (die bei einem bestimmten Wert der angelegten Spannung in beiden Richtungen sperrt, bei Überschreiten dieses Wertes in den Durchlasszustand und bei

Unterschreiten eines bestimmten Stromes in den Sperrzustand kippt), Vierschichtdiode f (rückwärtssperrende Thyristordiode)
**four-leafed rose** (Maths) / Vierblatt n, Quadrifolium n (pl. -ien)
**four-level laser** (Electronics, Phys) / Vierniveaulaser m
**four-line binary code** (Comp) / tetradischer Kode (Binärkode mit vierstelligen Wörtern), Tetradenkode m, Tetradencode m
**four-link rear suspension** (Autos) / Viergelenkhinterachse f (Aufhängung) ‖ ~ **turning-pair linkage** (Eng, Mech) / viergliedriges Drehgelenkgetriebe
**four-membered** adj (Chem) / viergliedrig adj (heterocyclische Verbindung) ‖ ~ **ring** (Chem) / Vierring m
**Fourneyron turbine** (Eng) / Fourneyron-Turbine f (nach B. Fourneyron, 1802-1867)
**four-nines metal** (Met) / Vierneunermetall n (mit 99,99% Reinheit)
**four-parameter liquid** (Phys) / Burgers-Flüssigkeit f, Vier-Parameter-Flüssigkeit f (DIN 13 343) ‖ ~ **solid** (Phys) / Vier-Parameter-Festkörper m
**four-part form** (Comp) / vierlagiges Papier ‖ ~ **paper** (Comp) / vierlagiges Papier ‖ ~ **vault***  (Arch, Build) / Kreuzgewölbe n, Kreuzkappengewölbe n, Kreuzgratgewölbe n
**four-phase** attr (Elec Eng) / vierphasig adj, Vierphasen- ‖ ~ **system***  (Elec Eng) / Vierphasensystem n
**four-piece** (diamond) **match** (For) / Kreuzfuge f (eine Furnierfigur)
**four-piece set** (Mining) / Ausbaurahmen m (Liegendschwelle, Kappe und zwei Stempel)
**four-ply blanket** (Print) / Gummituch n mit vier Gewebelagen
**four-point bearing** (Civ Eng, Eng) / Vierpunktlagerung f ‖ ~ **bearing** (Ships) / Vierstrichpeilung f ‖ ~ **bend test** (Materials) / Vierpunktbiegeversuch m
**four-pole** n (Elec Eng) / Zweitor n (DIN 5489), Vierpol m (ein Netzwerk mit zwei Eingangs- und zwei Ausgangsklemmen - DIN 4899) ‖ ~ (Elec Eng) / Sechspol m (ein elektrisches Netzwerk mit drei Anschlussklammerpaaren)
**four potential** (Nuc) / Viererpotential n
**four-prism spectrograph** (Spectr) / Vierprismenspektrograf m
**four-quadrant operation** (Elec Eng) / Vierquadrantenbetrieb m (einer elektrischen Maschine mit APs in vier Quadranten) ‖ ~ **programming** (Comp) / Plus-und-Minus-Programmierung f
**four-roll calender** (Chem Eng) / Vierwalzenkalander m (in der Kautschukindustrie) ‖ ~ **calender** (Paper) / Vierwalzenkalander m
**four-screw extruder** (Eng, Plastics) / Vierschneckenextruder m
**four-shaft** attr (Textiles) / vierschäftig adj (Köper)
**four-sided** adj (Maths) / vierseitig adj (z.B. ein Prisma) ‖ ~ **hollow socket key** (Rail) / Vierkanthohlschlüssel m, Berner Hohlschlüssel
**four-spin system** (Spectr) / Vierspinsystem n
**four-state logic** / vierwertige Logik, quaternäre Logik, Vierzustandslogik f, Logik f mit vier Zuständen (eine mehrwertige Logik)
**four•-stroke cycle***  (I C Engs) / Viertaktverfahren n (bei Viertaktmotoren), Viertaktprozess m ‖ ~**-stroke engine** (I C Engs) / Viertaktmotor m, Viertakter m
**four-stroker** n (I C Engs) / Viertaktmotor m, Viertakter m
**fourth deck** (Ships) / Orlopdeck n (ein aus einer Raumbalkenlage mit seitlichen Laufplanken entstandenes Zwischendeck in größeren Räumen) ‖ ~ **dimension** (Maths, Phys) / vierte Dimension
**fourth-generation computer** (Comp) / Rechner m der vierten Generation (etwa 1980 - 1994) ‖ ~ **typesetter** (Print) / Satzbelichter m der vierten Generation
**fourth-order coherence function** (Phys) / Kohärenzfunktion f vierter Ordnung ‖ ~ **Stark effect** (Phys, Spectr) / Stark-Effekt m vierter Ordnung
**fourth rail***  (Elec Eng, Rail) / Stromrückleitungsschiene f, vierte Schiene ‖ ~ **sound** (Phys) / vierter Schall (eine Druckwelle in supraflüssigem Helium) ‖ ~ **wire***  (Elec Eng) / Nullleiter m (im 3- oder 4-Phasen-Netz)
**four-track tape** (Acous) / vierspuriges Tonband
**four-valve engine** (Autos) / Vierventilmotor m, Vierventiler m
**four-vector** n (Phys) / Vierervektor m (in der vierdimensionalen Raum-Zeit-Welt der Relativitätstheorie)
**four-velocity** n (Phys) / Vierergeschwindigkeit f (Verallgemeinerung des Geschwindigkeitsvektors in der vierdimensionalen Raum-Zeit-Welt der Relativitätstheorie)
**four-way (entry) pallet** (entry from all four directions) / Vierwegepalette f (Einfahrt aus allen vier Richtungen) ‖ ~ **tool post***  (Eng) / Vierfachmeißelhalter m (ein Werkstückspanner)
**four-way valve** (Eng) / Vierwegeventil m, Vierwegehahn m
**four-way wheel wrench** (Eng) / Kreuzschlüssel m (für Radmuttern), Radmutternkreuz n, Radkreuz m
**four-wheel** attr / vierrädrig adj
**four-wheel drive** (Autos) / Vierradantrieb m (ein Mehrachsantrieb)
**four-wheel drive** (Autos) s. also all-wheel drive ‖ ~ **drive engagement** (Autos) / Zuschaltung f des Allradantriebs ‖ ~ **drive selection** (Autos) /

Zuschaltung f des Allradantriebs ‖ ~ **drive tandem tractor** (Agric) / Allrad-Doppelschlepper m, Tandemschlepper m ‖ ~ **drive tractor** (Agric) / Allradschlepper m
**four-wire** attr / vierdrähtig adj ‖ ~ **operation** (Teleph) / Vierdrahtbetrieb m (in beiden Richtungen über getrennte Stromkreise)
**four-wire system***  (Elec Eng) / Vierleitersystem n, Vierleiternetz n, Vierdrahtsystem n
**FOV** (field of view) (Med, Optics) / Gesichtsfeld n (der bei ruhendem Kopf und unbewegten Augen wahrnehmbare Teil der Außenwelt), Sehfeld n, Sichtfeld n
**foveal** adj (Optics, Physiol) / foveal adj
**f.o.w.** (first open water) (For) / erst offenes Wasser (Klausel im Holzhandel)
**Fowler flap***  (Aero) / Fowlerklappe f (eine Hinterkantenklappe), Fowlerflügel m
**Fowler-Nordheim emission** (Electronics) / Fowler-Nordheim-Emission f ‖ ~ **tunnelling** (Electronics) / Fowler-Nordheim-Tunnelung f (nach Sir R.H. Fowler, 1889-1944)
**Fowler series** (Spectr) / Fowler-Serie f (eine Spektralserie nach A. Fowler, 1868 - 1940) ‖ ~ **wing flap** (Aero) / Fowlerklappe f (eine Hinterkantenklappe), Fowlerflügel m
**fox-coloured** adj / fuchsfarben adj, fuchsrot adj
**foxed** adj (Paper) / stockfleckig adj, schimmelig adj, schimmlig adj, stockig adj (Papier)
**Fox equation** (Plastics) / Fox-Gleichung f (bei weich gemachten Polymeren - ein Grenzfall der Couchman-Gleichung)
**foxiness***  n (For) / Stockigkeit f, Braunstreifigkeit f (des Eichenkernholzes) ‖ ~ (For) / Stammbräune f, Braunstreifigkeit f (oxidative Verfärbung insbesondere des Eichenkernholzes), Einlaufen n ‖ ~ (For) / Einlaufflecikigkeit f (an den Stammenden von Schnittholz und Furnieren), Einläufer m pl ‖ ~ (Nut) / fuchsiger Geruch
**foxing** n (Leather) / Besatz m (bei Schuhen) ‖ ~ (Paper) / Stockfleckigkeit f, Schimmeligkeit f
**fox•-mark***  n (Bind, Paper) / Stockfleck m, Schimmelfleck m ‖ ~ **message** (THE QUICK BROWN FOX JUMPED OVER A LAZY DOG'S BACK 1234567890) (Telecomm) / Fox-Kode m
**foxtail bristle grass** (Agric, Bot) / Borstenhirse f, Kolbenhirse f, Fench m, Fennich m (Setaria italica (L.) P. Beauv.) ‖ ~ **millet** (Agric, Bot) / Borstenhirse f, Kolbenhirse f, Fench m, Fennich m (Setaria italica (L.) P. Beauv.) ‖ ~ **saw** (Join) / Zapfensäge f (für schwalbenschwanzförmige Zapfen) ‖ ~ **saw** (Join) / Fuchsschwanz m (eine Handsäge mit trapezförmigem Sägeblatt), Fuchsschweif m (eingriffige Säge mit breitem, nach vorn schmaler werdendem Blatt), Biberschwanz m ‖ ~ **wedging***  (Join) / Zapfenverkeilung f
**fox-wedge** n (Eng) / Hakenkeil m, Nasenkeil m, Gegenkeil m
**fox wedging***  (Join) / Zapfenverkeilung f
**foxy** adj / fuchsfarben adj, fuchsrot adj ‖ ~ (For) / stockig adj (Holz) ‖ ~ (Nut) / fuchsig adj (Wein) ‖ ~ (Paper) / stockfleckig adj, schimmelig adj, schimmlig adj, stockig adj (Papier)
**foyaite***  n (Geol) / Foyait m (Tiefengestein mit hohem Gehalt an Alkalifeldspäten und Feldspatvertretern)
**FP** (flat pente) (Autos) / Flat-Pente f (Sicherheitskontur auf der Felgenschulter von Pkw-Rädern für schlauchlose Reifen), FP (Flat-Pente)
**fp** (flagpole) (Chem) / Fahnenstange f (eine Bindungsart bei der Wannenkonformation), fp (Fahnenstange)
**FP** (floating point) (Comp) / Gleitkomma n, Gleitpunkt m ‖ ~ (Phys) / Gefrierpunkt m
**fp***  (freezing point) (Phys) / Gefrierpunkt m
**F.P.** (forward perpendicular) (Ships) / vorderes Lot
**FPA** (free-place administration) (Comp) / Freiplatzverwaltung f
**FPC** (fish-protein concentrate) (Nut) / Fischproteinkonzentrat n, Fischeiweißkonzentrat n, FPC (Fischproteinkonzentrat)
**FPD** (Chem) / flammenfotometrischer Detektor, Flammenfotometerdetektor m, FPD (für die gaschromatografische Spurenanalyse)
**FPGA** (field-programmable gate array) (Comp) / Field-programmable Gate Array m n (eine preiswerte Alternative zu ASICs), FPGA m n (Field-programmable Gate Array)
**FPLA** (field-programmable logic array) (Comp) / anwenderprogrammierbares Logikfeld, FPLA (vom Anwender programmierbare logische Anordnung)
**FPROM** (Comp) / feldprogrammierbarer Festwertspeicher (DIN 44476)
**fps** (frames per sec) (Cinema, TV) / Bilder n pl pro s, Bildfrequenz f pro s
**FPT** (fast Padé transform) (Maths) / schnelle Padé-Transformation
**FPU** (floating-point unit) (Comp) / Floating-Point-Unit f, FPU f (floating-point unit), Floating-Point-Einheit f, Fließkommaeinheit f
**FR** (flame-resistant) / flammenhemmend adj, flammhemmend adj
**Fr** (francium) (Chem) / Francium n, Fr (Francium), Franzium n, Frankium n

**Fraas**

**Fraas breaking point** / Brechpunkt *m* nach Fraaß (des Bitumens), BP Fr (DIN 52012)
**fractal** *n* (a self-similar object) (Maths) / Fractal *n* (ein komplexes Gebilde), Fraktal *n*, fraktales Gebilde ‖ ~ **compression** (an asymmetric compression technique using pattern identification and storing them as mathematical equations in a FIF-file) (Comp) / Fraktalkompression *f*, fraktale Kompression ‖ ~ **geometry** (Maths) / fraktale Geometrie (nach B.B. Mandelbrot) ‖ ~ **Image Format** (image-compression technology developed by Iterated Systems) (Comp) / FIF-Format *n*
**fractile** *n* (Stats) / Fraktil *n*
**fraction** *n* (Chem) / Fraktion *f* (einer dispersen Phase nach DIN 66 160) ‖ ~ (Chem, Chem Eng) / Fraktion *f* (bei der Destillation), Destillationsanteil *m*, Destillationsschnitt *m* ‖ ~ (Chem Eng) / Fraktion *f* (bei einem Trenn- oder Reinigungsverfahren) ‖ ~ (Geol) / Bruch *m*, Brechen *n* ‖ ~* (Maths) / Bruchzahl *f*, Bruch *m* ‖ ~ (Powder Met) / Korngrößengruppe *f*, Korngruppe *f* (DIN 66 160), Korngrößenklasse *f*, Fraktion *f*, Kornklasse *f*, Kornfraktion *f*
**fractional** *adj* / Teil-, gebrochen *adj* ‖ ~ (Maths, Met) / Bruch- ‖ ~ **arithmetics** (operations with fractions) (Maths) / Bruchrechnen *n*, Bruchrechnung *f* ‖ ~ **charge** (Nuc) / gebrochene Ladung ‖ ~ **condensation** (Chem Eng) / fraktionierte Kondensation ‖ ~ **crystallization**\* (Crystal) / fraktionierte Kristallisation ‖ ~ **distillation**\* (a mixture of liquids is separated into its components by successive vaporizations and condensations in a vertical fractionating column ) (Chem, Chem Eng) / fraktionierte Destillation ‖ ~ **distribution**\* / Einteilung *f* nach Fraktionen, Verteilung *f* nach (Korn)Größen ‖ ~ **equation** (Maths) / Bruchgleichung *f* (in der die Variable im Nenner eines Bruches vorkommt) ‖ ~ **exponent** (Maths) / Bruchexponent *m* ‖ ~ **horse power motor** (Elec Eng) / Kleinstmotor *m* (mit einigen Pferdestärken - der sich in den Ständer eines Asynchonmotors offener Bauart mit 1 PS Dauerleistung bei 1800 U/min einbauen lässt) ‖ ~ **ionization** (Phys) / Ionisationsgrad *m*
**fractionally charged hadron** (Nuc) / gebrochen geladenes Hadron, Hadron *n* mit gebrochener Ladung
**fractional number** (Maths) / Bruchzahl *f*, Bruch *m* ‖ ~ **orbital bombardment system** (US) (Mil) / Flugkörpersystem *n* mit partieller Umlaufbahn ‖ ~ **part** (Maths) / Mantisse *f* (die hinter dem Komma eines Logarithmus stehenden Ziffern) ‖ ~ **part** (of a real number) (Maths) / gebrochener Teil (einer reellen Zahl)
**fractional-pitch winding** (Elec Eng) / Teilschrittwicklung *f* (eine gesehnte Wicklung, bei der die Spulenweite kleiner ist als die Polteilung)
**fractional precipitation** (Chem) / fraktioniertes Fällen, fraktionierte Fällung ‖ ~ **quantum Hall effect** (Phys) / fraktionirter Quanten-Hall-Effekt ‖ ~ **rational function** (Maths) / gebrochenrationale Funktion (mit Nenner ungleich 1), gebrochene rationale Funktion ‖ ~ **representation** (Maths) / Darstellung *f* in Bruchform ‖ ~ **scale** (Cartography) / numerischer Maßstab
**fractional-slot winding** (Elec Eng) / Teillochwicklung *f*, Bruchlochwicklung *f*
**fractionate** *v* (Chem Eng) / fraktionieren *v*, fraktioniert destillieren ‖ ~ (Chem Eng, Min Proc) / zerlegen *v* (nach Korngrößen), sortieren *v* (nach Korngrößen), klassieren *v*, trennen *v* (nach Korngrößenklassen)
**fractionating column**\* (Chem Eng) / Fraktionierkolonne *f*, Fraktioniersäule *f*, Fraktionierturm *m* ‖ ~ **flask** (Chem Eng) / Fraktionierkolben *m* ‖ ~ **tower** (Chem Eng) / Fraktionierkolonne *f*, Fraktioniersäule *f*, Fraktionierturm *m*
**fractionation**\* *n* (Chem Eng) / fraktionierte Destillation ‖ ~* (Chem Eng) / Fraktionierung *f* (stufenweise Trennung eines Stoffgemischs in seine Bestandteile) ‖ ~* (Radiol) / Fraktionierung *f* (Bestrahlung)
**fraction bar** (Maths) / Bruchstrich *m* ‖ ~ **collector** (Chem) / Fraktionensammler *m* (im säulenchromatografischen Trennsystem) ‖ ~ **collector** (Chem Eng) / Fraktionssammler *m* (zum Auffangen von Fraktionen) ‖ ~ **cutter** (Chem Eng) / Fraktionsschneider *m* ‖ ~ **defective lot tolerance** (Stats, Work Study) / Schlechtgrenze *f* (bei der statistischen Qualitätskontrolle), höchst zulässiger Ausschussanteil eines Postens ‖ ~ **line** (Maths) / Bruchstrich *m*
**fractions with equal denominator** (Maths) / gleichnamige Brüche
**fraction work** (Mech) / Brucharbeit *f*
**fractographic analysis** (Materials, Met) / Fraktografie *f* (Untersuchung von Bruchflächen mittels fotografischer Techniken)
**fractography**\* *n* (Materials, Met) / Fraktografie *f* (Untersuchung von Bruchflächen mittels fotografischer Techniken)
**fracture** *v* / brechen *v*, zerbrechen *v* ‖ ~ / zerklüften *v* ‖ ~ (Oils) / aufbrechen *v* (Gestein während der Bohrung) ‖ ~ *n* (Eng, Materials) / Bruch *m*, Brechen *n* ‖ ~* (Materials, Min) / Bruchfläche *f*, Bruch *m* (meistens unregelmäßiger) ‖ ~ **analysis** (Materials) / Bruchanalyse *f* (experimentell-statistisches Verfahren zum Bestimmen der Schädigungsgrenzen) ‖ ~ **appearance** (Materials) / Bruchbild *n* (Aussehen der Bruchfläche), Aussehen *n* der Bruchfläche, Bruchaussehen *n* ‖ ~ **behaviour** (Materials) / Bruchverhalten *n* (des Werkstoffs) ‖ ~ **by bending** (Eng) / Biegebruch *m* ‖ ~ **by cleavage** (Eng, Materials) / Spaltbruch *m* (Sprödbruch mit mikrokristallinen glatten Bruchflächen) ‖ ~ **by cleavage** (Materials, Met) / Trennbruch *m*, Trennungsbruch *m* ‖ ~ **by normal stress** (Materials) / Normalspannungsbruch *m* ‖ ~ **characteristic** (Materials) / Bruchcharakteristik *f*
**fractured area** (Materials) / Bruchflächenverlauf *m*
**fracture initiation** (Materials) / Bruchinitiierung *f* ‖ ~ **limit** (Mech) / Bruchgrenze *f* ‖ ~ **mechanics** (Materials, Mech) / Mechanik *f* des Bruchvorgangs, Bruchmechanik *f* (Teil der Festigkeitslehre) ‖ ~ **mechanism** (Materials) / Bruchmechanismus *m* ‖ ~ **mode** (Materials) / Bruchtyp *m*, Bruchmodus *m* ‖ ~ **path** (Materials) / Bruchverlauf *m* (Spur) ‖ ~ **pattern** (Glass) / Sprungkrakelee *n*, Sprungcraquelee *n* ‖ ~ **pattern** (Materials) / Bruchbild *n* (Bruchausbildung), Bruchausbildung *f* ‖ ~ **porosity** (Geol) / Porosität *f* infolge mechanischer Auflockerung
**fracture-proof** *adj* / bruchfest *adj*, unzerbrechlich *adj*, bruchsicher *adj*
**fracture propagation** (Materials) / Bruchausbreitung *f*
**fracture-safe** *adj* / bruchfest *adj*, unzerbrechlich *adj*, bruchsicher *adj*
**fracture spring** / Spaltquelle *f*, Kluftquelle *f*, Spaltenquelle *f* (ein Quellentyp) ‖ ~ **strain** (Eng) / Bruchdehnung *f* (Dehnung nach dem Bruch in % der Anfangslänge - DIN 50145) ‖ ~ **strength** (the true stress just prior to fracture) (Materials, Mech) / Bruchfestigkeit *f* (auf den ursprünglichen Probenquerschnitt bezogene größte Spannung, die den Bruch hervorgerufen hat), Bruchgrenze *f* ‖ ~ **strength profile** (Mech) / Bruchfestigkeitsprofil *n* ‖ ~ **stress** (Mech) / Bruchbeanspruchung *f*, Bruchspannung *f* (Bruchlast, bei der ein Materialversagen eintritt, bezogen auf eine konkrete Fläche) ‖ ~ **structure**\* (Materials, Met, Min) / Bruchstruktur *f* ‖ ~ **surface** (Materials, Min) / Bruchfläche *f*, Bruch *m* (meistens unregelmäßiger)
**fracture-surface appearance** (Materials, Min) / Bruchflächenaussehen *n*
**fracture tectonics** (Geol) / Bruchtektonik *f* (Zerbrechungs- und Versetzungserscheinungen und -formen der Erdkruste) ‖ ~ **test** (Materials) / Bruchtest *m* ‖ ~ **toughness** (Materials) / Bruchzähigkeit *f*
**fracturing** *n* / Reißen *n*, Brechen *n* ‖ ~ (Geol, Oils) / Hydraulic-Fracturing-Verfahren *n*, hydraulische Frac-Behandlung (Aufbrechen einer Öllagerstätte durch hydraulische Überdrücke zur Erhöhung oder Erhaltung der Förderleistung einer Sonde), Frac-Behandlung *f* (Erzeugung künstlicher Klüfte in einer geologischen Formation durch Einpressen von Flüssigkeiten und ggf. Sand über eine Bohrung unter hohem Druck zur Erhöhung der Gebirgsdurchlässigkeit), Fracturing-Verfahren *n* ‖ ~ (Oils) / Aufbrechen *n* (Gestein während der Bohrung)
**fragile** *adj* / zerbrechlich *adj*, fragil *adj*, brüchig *adj*, bruchempfindlich *adj* ‖ ~ **ecosystem** (those plants and animal communities which are particularly vulnerable to damage caused by human activity) (Ecol) / fragiles Ökosystem
**fragilin** *n* (Chem) / Fragilin *n* (ein Glykosid in der Rinde von Weiden und Pappeln)
**fragment** *v* (Civ Eng) / zerkleinern *v* (durch Sprengen) ‖ ~ *vt* / fragmentieren *v*, zersplittern *v*, zertrümmern *v* (zersplittern) ‖ ~ *n* / Bruchstück *n*, Fragment *n*, Splitter *m* (Bruchstück), Spaltstück *n*
**fragmental** *adj* (Geol) / bruchstückartig *adj* ‖ ~ (Geol) s. also clastic rocks ‖ ~ **ore** (Geol) / Trümmererz *n* ‖ ~ **products** (Geol) / Trümmer *pl*, Schutt *m*, akkumulierte Gesteinsbruchstücke, aufgeschüttete Gesteinsbruchstücke, Trümmerschutt *m*, Trümmersplitt *m* ‖ ~ **rock** (Geol) / Pyroklastit *m* (Sammelbezeichnung für sämtliche klastischen vulkanischen Produkte) ‖ ~ **rocks** (Geol) / klastische Gesteine (Psephit, Psammit, Pelit), Trümmergesteine *n pl*
**fragmentary** *adj* (Geol) / bruchstückartig *adj*
**fragmentate** *v* / fragmentieren *v*, zersplittern *v*, zertrümmern *v* (zersplittern)
**fragmentation** *n* / Zersplitterung *f*, Zertrümmerung *f* (Zersplitterung), Fragmentierung *f* ‖ ~ (Astron) / Fragmentation *f* (bei der Entstehung von Sternen der Zerfall einer sich verdichtenden Gaswolke in verschiedene Teile, aus denen später einzelne Sterne hervorgehen) ‖ ~ (Chem) / Fragmentierungsreaktion *f*, Fragmentation *f*, Fragmentierung *f* (von Molekülen) ‖ ~ (Civ Eng) / Zerkleinerung *f* (durch Sprengen), Zerkleinern *n* ‖ ~ (Comp) / Zerstückelung *f* (von Speicherplätzen) ‖ ~ **pattern** (in a mass spectrometer) (Spectr) / Fragmentierungsmuster *n* ‖ ~ **warhead** (Mil) / Splittergefechtskopf *m* ‖ ~ **weapon** (Mil) / Waffe *f* mit Splitterwirkung
**fragment condensation** (Biochem) / Fragmentkondensation *f* ‖ ~ **ion** (Spectr) / Fragment-Ion *n*, Bruchstückion *n*
**fragmentate** *v* / fragmentieren *v*, zersplittern *v*, zertrümmern *v* (zersplittern)
**fragments** *pl* (Geol) / Trümmer *pl*, Schutt *m*, akkumulierte Gesteinsbruchstücke, aufgeschüttete Gesteinsbruchstücke, Trümmerschutt *m*, Trümmersplitt *m*

**fragrance** v / parfümieren v || ~ n / Duft m, Wohlgeruch m, Duftnote f || ~ **chemistry** (Chem) / Chemie f der Riechstoffe || ~ **product** (Chem) / Duftstoff m (künstlich hergestellt) || ~ **raw material** (Chem, Physiol) / Riechstoff m (der durch Duft wahrnehmbar ist - Duftstoff oder Stinkstoff) || ~ **substance** (Chem, Physiol) / Riechstoff m (der durch Duft wahrnehmbar ist - Duftstoff oder Stinkstoff)
**fragrant** adj / duftend adj, wohlriechend adj, aromatisch adj (wohlriechend) || ~ (Nut) / blumig adj (Wein)
**Fraktur** n (Typog) / Fraktur f (Schriftgattung innerhalb der Gruppe der gebrochenen Schriften; Stilart der gebrochenen Schriften || ~* n (Typog) / Fraktur f (Schriftgattung innerhalb der Gruppe der gebrochenen Schriften; Stilart der gebrochenen Schriften)
**FRAM** (ferroelectric random-access memory) (Comp) / ferroelektrischer Randomspeicher , FRAM (ferroelektrischer Randomspeicher)
**frame** v / rahmen v || ~* n (Aero) / Spant m n (als Versteifungselement) || ~ (AI) / Frame m (strukturiertes Datengerüst bei der schemaorientierten Wissensrepräsentation), Schema n (pl. -s oder -ta) || ~ (AI, Comp) / Lehreinheit f (im rechnerunterstützten Unterricht), Frame m, Lerneinheit f || ~ (Autos) / Rahmen m || ~ (Autos) / Gestell n (des Kurbelgehäuses) || ~* (Build) / Gerüst n, Gerippe n, Skelett n, Zimmerwerk n || ~* (Build, Mech) / Rahmentragwerk n, Rahmen m || ~ (oblique) (Carp) / Zarge f (tragende Rahmenkonstruktion für Fenster, Türen, Tische, Stühle usw.) || ~* (Cinema) / Einzelbild n || ~ (Comp) / Frame m (Datenpaket, das aus Nutzdaten und Overhead besteht) || ~ (Comp) / Sprosse f (bei Magnetbändern und Lochstreifen nach DIN 66218) || ~ (Comp) / Frame m (eine Einteilung des Hauptspeichers beim virtuellen Speicher) || ~ (Comp) / Datenübertragungsblock m, DÜ-Block m (DIN 44302) || ~* (Comp, Telecomm) / Blatt n (bei Btx) || ~ (Comp, Telecomm, TV) / Videotextbild n, Tafel f (im Videotext) || ~ (Elec Eng, Radio) / Grundplatte f, Aufbauplatte f, Chassis n (Rahmen elektronischer Apparate), Einbaurahmen m || ~ (Eng) / Halterahmen m, Rahmen m, Gestellrahmen m || ~ (Eng) / Bügel m (der Bügelmessschraube) || ~ (Eng) / Gestell n, Ständer m (aufrecht stehende Gestellbauform der Werkzeugmaschine) || ~ (Eng) / Rahmen m (der Presse) || ~ (For) / Gestell n (der Gestellsäge) || ~ (For) / Gatterrahmen m (der Gattersäge) || ~ (Optics) / Fassung f (einer Schutzbrille) || ~ (Print) / Kasten m (durch eine Umrandung abgegrenzter oder herausgehobener Text) || ~ (Print) / Rahmen m (Seitenrahmen), Seitenrahmen m || ~ (Radio) / Masse f, Gehäusemasse f || ~ (Ships) / Spant m (Bauteil zur Aussteifung der Außenhaut aus Profilen verschiedener Querschnitte) || ~ (for sample selection) (Stats) / Grundlage f || ~ (Textiles) / Gestell n (DIN 64990) || ~ (GB) (TV) / Halbbild n, Teilbild n || ~ (US) (TV) / Bild n, Vollbild n || ~ (Typog) / Umrandung f (Einfassung), Umrahmung f, Linieneinfassung f || ~* (Typog) / [Arbeitsplatz am] Setzregal n || ~ **abortion** (Comp) / Blockabbruch m (Anweisung, einen teilweise übertragenen DÜ-Block nicht auszuwerten)
**frame-accurate editing** (Cinema) / bildgenauer Schnitt
**frame address** (Comp) / Rahmenadresse f || ~ v **a hypothesis** / eine Hypothese aufstellen || ~ **alignment** (Telecomm) / Rahmensynchronisierung f || ~ **amplitude** (TV) / Bildamplitude f || ~ **antenna*** (Radio) / Rahmen m (Antenne), Rahmenantenne f, Loopantenne f
**frame-based representation** (AI) / framebasierte Darstellung
**frame bridge** (Civ Eng) / Rahmenbrücke f (deren statisches Kennzeichen einfache oder durchlaufende Rahmen bilden) || ~ **buffer** (Comp) / Bildspeicher m (ein besonderer Teil des Speichers, der die für einen Rasterbildschirm bestimmten Bitmuster enthält, Abbildungsspeicher m (auf der Grafikkarte) || ~ **building** (Build) / Skelettkonstruktion f, Skelettbau m, Skelettbauart f, Gerippebau m, Fachwerkbau m (im Allgemeinen) || ~ **clamp** (Ships) / Spantenklammer f || ~ **clock** (Comp) / Rahmentakt m || ~ **coil** (TV) / Bildablenkspule f || ~ **connexion** (Autos) / Masseverbindung f (auf Fahrzeugmasse) || ~-**counter*** n (Photog) / Bildzähler m || ~ **cramp** (Carp) / Rahmenpresse f (kleine), Rahmenhalter m (für kleine Rahmen) || ~ **damage** (Autos) / Rahmenschaden m
**framed and braced door*** (Join) / eingestemmte Tür, eingeschobene Tür, Füllungstür f, Rahmentür f || ~ **door** (Build, Carp) / Rahmentür f
**frame deflecting coil** (TV) / Bildablenkspule f || ~ **direction-finding system*** (Telecomm) / Rahmenpeilgerät n
**framed partition** (Carp) / Gerippetrennwand f, Gerippewand f, Lattentrennwand f (leichte Trennwand nach DIN 4103) || ~ **plate** (Elec Eng) / Rahmenplatte f (des Akkumulators) || ~ **roof** (Build, Carp) / Fachwerkbinderdach n || ~ **structure** (Build, Mech) / Rahmentragwerk m, Rahmen m || ~ **truss bridge** (Civ Eng) / Fachwerkbrücke f (bei der das Tragwerk aus einem Fachwerk besteht), Brücke f mit Fachwerkträgern, Fachwerkträgerbrücke f, Gitterträgerbrücke f, Gitterfachwerkbrücke f (Fachwerkbrücke mit engmaschigem Netzwerk der Fachwerkstäbe)

**frame finder*** (Photog) / Ikonometer n, Sportsucher m, Rahmensucher m || ~ **flange** (Eng) / Rahmenflansch m || ~-**freeze effect** (Cinema) / Stopptrick m, Sandmännchentrick m || ~ **frequency** (Telecomm) / Rahmenfrequenz f || ~ **frequency** (US)* (TV) / Bildfrequenz f, Vollbildfrequenz f, Bildwechselfrequenz f, Bildfolgefrequenz f, Bildwiederholfrequenz f || ~ **frequency*** (TV) / V-Frequenz f, Vertikalfrequenz f || ~ **frequency*** (TV) / Halbbildfrequenz f, Teilbildfrequenz f || ~ **gauge** (Autos) / Rahmenlehre f (mit der festgestellt werden kann, ob die Karosserie verzogen ist) || ~ **girder** (Civ Eng) / Rahmenriegel m (das horizontale balkenförmige Bauelement einer Rahmenbrücke, das biegesteif mit den Rahmenstielen verbunden ist) || ~ **grabber*** (Cinema) / Still-Video-Kamera f, Videokamera, die einzelne Bilder aufnehmen kann, elektronische Stehbildkamera || ~ **grabber** (Comp) / Frame-Grabber m (eine Software, die bei der Nachbearbeitung von Videosequenzen, z.B. auf dem PC eingesetzt wird) || ~ **grabber*** (Comp, Photog) / Framegrabber m (eine Kombination von Hard- und Software, mit der man Einzelbilder aus Filmen oder Videobändern herauslösen und in digitalisierter Form dem Computer zur Darstellung oder Weiterbearbeitung übergeben kann) || ~ **grabbing** (TV) / Framegrabbing n (Herausgreifen von Einzelbildern aus einem laufenden Fernsehprogramm) || ~ **handler** (Comp, Telecomm) / Frame-Handler m || ~ **house** (Build) / Fachwerkbau m, Fachwerkhaus n (mit hölzernem Stabwerk) || ~ **information signal** (Comp, Teleph) / Rahmeninformationssignal n || ~ **level*** (Build, Tools) / Setzwaage f, Rahmenwasserwaage f || ~ **line** (Cinema, TV) / Bildstrich m, Filmsteg m || ~ **member** (Autos) / Rahmenträger m || ~ **memory** (Comp) / Abbildungsspeicher m (auf der Grafikkarte) || ~ **noise*** (Cinema) / Bildrauschen n || ~ **of reference** (Eng, Maths) / Beobachtersystem n, Bezugssystem n, Bezugskoordinatensystem n || ~ **oscillator*** (Electronics) / Bildgenerator m || ~ **pitch** / Bildschritt m (der Abstand zwischen zwei korrespondierenden Punkten in zwei aufeinander folgenden Bildern eines Bildstreifens) || ~ **plate** (Elec Eng) / Rahmenplatte f (des Akkumulators) || ~ **plough** (Agric) / Rahmenpflug m || ~ **problem** (AI) / Rahmenproblem n || ~ **pulse** (TV) / Bildimpuls m
**framer** n (Cinema) / Bildeinstelleinrichtung f
**frame rail** (Autos) / Rahmenträger m || ~ **rate** (Cinema, TV) / Bilder n pl pro s, Bildfrequenz f pro s || ~ **rate** (TV) / Bildfrequenz f, Vollbildfrequenz f, Bildwechselfrequenz f, Bildfolgefrequenz f, Bildwiederholfrequenz f || ~ **reject** (Telecomm) / Rückweisung f des Blocks (eine Meldung, die bei dem Vermittlungsknoten verwendet wird, um einen Fehlerzustand anzuzeigen, der nicht durch Wiederholung desselben Blocks beseitigt werden kann), Blockrückweisung f || ~ **relay** (Telecomm) / Frame-Relay n
**frame-representation language** (AI) / Frame-Darstellungssprache f
**frame resaw** (For) / Nachschnittgatter n
**frames** pl (Build) / Rahmenkonstruktion f für die Wandöffnungen (z.B. Fensterrahmen, Überdeckungen usw.) || ~ (Optics) / Brillenfassung f (DIN EN ISO 8624)
**frame saw** (Carp, For) / Gattersägemaschine f (mit dem Werkzeug Gattersägeblatt ausgerüstete Sägemaschine, die nach der Lage des Gattersägeblattes unterschieden werden kann in Vertikal-Gattersägemaschine und Horizontal-Gattersägemaschine), Gattersäge f, Gatter n, Sägegatter n, Vollgatter n, Vollgattersägemaschine f || ~ **saw*** (For) / Gestellsäge f (eine Handspannsäge), Strecksäge f (Handsäge mit hoher Blattvorspannung) || ~ **saw** (For, Join) / Rahmensäge f (eien Handspannsäge) || ~ **sawing machine** (Carp, For) / Gattersägemaschine f (mit dem Werkzeug Gattersägeblatt ausgerüstete Sägemaschine, die nach der Lage des Gattersägeblattes unterschieden werden kann in Vertikal-Gattersägemaschine und Horizontal-Gattersägemaschine), Gattersäge f, Gatter n, Sägegatter n, Vollgatter n, Vollgattersägemaschine f || ~ **sawmill** (For) / Gattersägewerk n || ~ **scan** (Comp, TV) / Bildabtastung f || ~ **scanning** (Telecomm, TV) / Rasterabtastung f || ~ **set** (Mining) / Türstock m (zwei Stempel + Kappe) || ~ **set** (Mining) / Geviert n (vierteiliger, meistens aus Kanthölzern bestehender rechteckiger Ausbaurahmen für Blindschächte und Rollöcher)
**frameshift mutation** (Gen) / Leserastermutation f, Rasterverschiebungsmutation f, Frameshift-Mutation f
**frame slip** (TV) / Bildgleichlauffehler m, Bildschlupf m || ~ **spacing** (Mag) / Abstand m der Bandsprossen (nach DIN 44300)
**frames per sec** (Cinema, TV) / Bilder n pl pro s, Bildfrequenz f pro s
**frame spinning** (Spinning) / Ringspinnen n || ~ **spring** (Eng) / Auffederung f (elastische Formänderung des Pressengestells)
**frame-straightening jig** (Autos) / Rahmenrichtbühne f
**frame stretch** (Eng) / Auffederung f (elastische Formänderung des Pressengestells) || ~ **structure** (Eng, Mech) / Rahmenkonstruktion f || ~ **suppression** (Telecomm, TV) / Rasteraustastung f || ~ **timbering**

**frame**

(Mining) / Türstockausbau *m* (deutscher, polnischer) ‖ **~ timbering** (Mining) / Rahmenzimmerung *f* (Ausbauverfahren vorwiegend beim Blockbau, bei dem vorgefertigte Ausbauelemente zu Ausbaurahmen zusammengesetzt werden)
**frame-to-frame shooting** (Cinema) / Einzelbildschaltung *f*
**frame-type switchboard**\* (Elec Eng) / Schaltgeräte-Gestell *n*
**frame wall** (Build) / Fachwerkwand *f* (wenn die Zwischenräume des Fachwerks ausgefüllt werden), Fachwand *f* ‖ **~ weir**\* (Hyd Eng) / Schützenwehr *n* ‖ **~ with grating** (for gullies) (Civ Eng) / Aufsatz *m* (für Straßenabläufe)
**framework** *n* / Rahmen *m* (Rahmenbedingungen) ‖ **~**\* (Build) / Gerüst *n*, Gerippe *n*, Skelett *n*, Zimmerwerk *n* ‖ **~**\* (Build, Mech) / Rahmentragwerk *n*, Rahmen *m* ‖ **within the ~** (of) / im Rahmen (einer Bestimmung) ‖ **~ nomenclature** / Rahmennomenklatur *f* ‖ **~ silicate** (Min) / Tetraeder-Gerüstsilikat *n*, Tektosilikat *n*, Gerüstsilikat *n* (z.B. Albit)
**frame yarn** (Textiles) / Polkette *f* (bei Tournaiteppichen) ‖ **~ yoke** (Elec Eng) / Ständerjoch *n*
**framing** *n* / Umrahmung *f*, Einrahmung *f*, Einfassung *f* (Einrahmung) ‖ **~** / Wange *f* (des Rostes) ‖ **~**\* (Build) / Gerüst *n*, Gerippe *n*, Skelett *n*, Zimmerwerk *n* ‖ **~**\* (Build) / Bau *m* (des Skeletts) ‖ **~** (Cinema) / Kadrierung *f*, Cadrage *f* ‖ **~**\* (Cinema, TV) / Bildeinstellung *f*, Bildstricheinstellung *f*, Bildverstellung *f* ‖ **~** (Mining) / Rahmenzimmerung *f* (Ausbauverfahren vorwiegend beim Blockbau, bei dem vorgefertigte Ausbauelemente zu Ausbaurahmen zusammengesetzt werden) ‖ **~** (Mining) / Türstockausbau *m* (deutscher, polnischer) ‖ **~** (Mining) / Geviert *n* (vierteiliger, meistens aus Kanthölzern bestehender rechteckiger Ausbaurahmen für Blindschächte und Rolllöcher) ‖ **~** (Ships) / Spantenwerk *n*, Spanteneinbau *m* ‖ **~ anchor** (steel bracket which is used to make butt joints with timbers) (Carp) / Universalverbinder *m* (ein Stahlblechteil) ‖ **~ camera** (Cinema, Photog) / Framingkamera *f* (für die Hochgeschwindigkeitsfotografie) ‖ **~ chisel**\* (Carp, Join) / Stemmeisen *n*, Beitel *m* (meißelartiges Werkzeug mit rechteckigem Querschnitt zur Holzbearbeitung), Stecheisen *n* (mit seitlich abgeschrägten Fasen), Stechbeitel *m* ‖ **~ chisel** (Carp, Tools) / Kantbeitel *m* ‖ **~ control** (TV) / Bildregelung *f* ‖ **~ rate** (TV) / Bildfrequenz *f*, Vollbildfrequenz *f*, Bildwechselfrequenz *f*, Bildfolgefrequenz *f*, Bildwiederholfrequenz *f* ‖ **~ signal** (Cinema, TV) / Bildeinstellsignal *n*
**frana** *n* (Geol) / Frana *f* (Bergrutsch in den Tonschichten des Appenin)
**franchise** *n* / Franchise *f* (Selbstbeteiligung in der Versicherung, z.B. bei Bagatellschäden)
**franchised dealer** / Vertragshändler *m*
**franchisee** *n* / Franchisenehmer *m*, Franchisee *m* (Franchisenehmer)
**franchise holder** / Franchisenehmer *m*, Franchisee *m* (Franchisenehmer)
**franchising** *n* / Konzessionsvergabe *f* (im Einzelhandel), Franchise *n* (vertikale Vertriebskooperation), Franchising *n*
**franchisor** *n* / Franchisegeber *m*, Franchisor *m* (Franchisegeber)
**Francis water turbine** (a reaction turbine type with water flowing radially inwards into guide vanes and on into a runner from which it emerges axially) (Eng) / Francis-Turbine *f* (eine Überdruck-Wasserturbine nach J.B. Francis, 1815-1892)
**francium**\* *n* (Chem) / Francium *n*, Fr (Francium), Franzium *n*, Frankium *n*
**Franck-Condon principle**\* (Spectr) / Franck-Condon-Prinzip *n* (über die Intensitätsverteilung innerhalb der Spektrallinien eines Molekülbandspektrums - nach J. Franck, 1882-1964, und E.U. Condon, 1902-1974), FC-Prinzip *n* (Franck-Condon-Prinzip)
**frangible** *adj* / bröcklig *adj*, mürbe *adj*
**Frank-Caro process** (Chem Eng) / Frank-Caro-Verfahren *n* (nach A. Frank, 1834 - 1916, und H. Caro, 1834 - 1910 - Herstellung von Calciumcyanamid)
**Frankfort black** / Frankfurter Schwarz *n*, Rebenschwarz *n*, Drusenschwarz *n*
**frankincense** *n* / Olibanum *n*, Weihrauch *m*, Gummi Olibanum (Gummiharz von Boswellia-Arten) ‖ **~ pine** (For) / Weihrauchkiefer *f* (Pinus taeda L. - wichtiger Lieferant der Pinazeenprodukte), Taedaföhre *f*
**franking machine** / Frankiermaschine *f*, Freistempler *m*, Freistempelmaschine *f*
**Franki-pile**\* *n* (Civ Eng) / Franki-Pfahl *m* (ein Ortrammpfahl)
**Franklin antenna** (Radio) / Marconi-Franklin-Antenne *f* (eine vertikale Langdrahtantenne nach G. Marchese Marconi, 1874-1937, und B. Franklin, 1706-1790), Marconi-Antenne *f*
**franklinite**\* *n* (Min) / Franklinit *m* (zum Teil als Eisenerz verwendeter schwarzer Spinell)
**Frank partial dislocation** (Crystal) / Frank'sche Halbversetzung (nicht gleitfähige Versetzung)

**Frank-Read source** (Crystal) / Frank-Read-Quelle *f* (Mechanismus zur Vergrößerung der Versetzungsdichte in Kristallen unter Last durch einen periodischen Vorgang)
**Franz-Keldysh effect** (Optics) / Franz-Keldyš-Effekt *m* (nach M.V. Keldyš, 1911-1978)
**Franz LISP** (LISP version mainly for UNIX machines) (Comp) / Franz LISP *n*
**Frary metal** (Eng, Met) / Frary-Lagermetall *n* (mit 97-98% Pb und 1-2% Ba und Ca)
**Frasch process**\* (the main extraction process for sulphur) (Chem Eng) / Frasch-Verfahren *n* (Gewinnung von Schwefel aus tief liegenden Lagerstätten durch Einpressung von überhitztem Wasser in Rohrleitungen - nach H. Frasch, 1851-1914) ‖ **~ sulphur** (Chem Eng) / Frasch-Schwefel *m*, Schwefel *m* aus dem Frasch-Verfahren ‖ **~ sulphur pump** (Chem Eng) / Rohr *n* zur Schwefelförderung (nach dem Frasch-Verfahren)
**Fraser fir** (For) / Frasertanne *f* (Abies fraseri (Pursh) Poir.), Fraser's Balsamtanne
**frass**\* *n* (For) / Holzmehl *n* (Bohrstaub), Bohrstaub *m*, Fraßmehl *n*, Bohrmehl *n* (das durch das Bohren tierischer Holzschädlinge entsteht)
**frater**\* *n* (Arch) / Refektorium *n* (pl. -ien) (Speisesaal in Klöstern), Remter *m* (bei Deutschordensbauten - ein Speisesaal) ‖ **~ house**\* (Arch) / Refektorium *n* (pl. -ien) (Speisesaal in Klöstern), Remter *m* (bei Deutschordensbauten - ein Speisesaal)
**fratry**\* *n* (Arch) / Refektorium *n* (pl. -ien) (Speisesaal in Klöstern), Remter *m* (bei Deutschordensbauten - ein Speisesaal)
**Fraunhofer corona** (Astron) / F-Korona *f* ‖ **~ diffraction**\* (far-field diffraction) (Optics) / Fraunhofer-Beugung *f* (nach J. v. Fraunhofer, 1787-1826), Fraunhofer'sche Beugung ‖ **~ diffraction pattern** (Optics) / Fraunhofer'sche Beugungsfigur, Fraunhofer-Beugungsbild *n* ‖ **~ lines**\* (Astron) / Fraunhofer'sche Linien (dunkle Absorptionslinien im Sonnenspektrum), Fraunhofer-Linien *f pl* ‖ **~ lines**\* (Astron) s. also telluric lines ‖ **~ region**\* (Radio) / Fraunhofer'sches Gebiet, Fernfeld *n*, Fraunhoferregion *f*
**fraxin** *n* (Chem) / Fraxin *n* (ein Glykosid)
**fray** *v* / zerfransen *v*, ausfransen *adj* ‖ **~ vi** / durchscheuern *vi* (sich), durchreiben *vi* (sich) ‖ **~** (Textiles) / sich ausfasern *v*, sich ausfransen *v* ‖ **~ vt** / zerfasern *vt*, durchreiben *vt*, ausfasern *vt*
**fraying damage** (For) / Fegeschaden *m* (durch Abscheuern des Bastes vom Geweih), durch Fegen verursachter Schaden (an Waldbäumen)
**fray•-proof** *adj* (Textiles) / ausfransfest *adj*, nicht ausfransend ‖ **~-proof** (Textiles) / schnittfest *adj* (Teppich)
**frazil ice**\* (Ecol, Hyd Eng) / Eisbrei *m* (aus kristallinen Teilen in schnellfließendem Wasser) ‖ **~ ice**\* (Meteor) / Sulzeis *n* ‖ **~ ice**\* (Ecol, Hyd Eng) s. also slush ice
**frazing** *n* (Eng) / Entgraten *n* (Entfernen des Grates bei den Gesenkschmiedestücken), Abgraten *n* ‖ **~ machine** (removing the fin from forged nuts and bolts) (Eng) / Entgratmaschine *f*, Abgratmaschine *f*
**frazzle** *v* / zerfransen *v*, ausfransen *adj*
**FR button** (Radio) / Taste *f* "schneller Rücklauf" (bei Autoradio)
**FRC** (fibrous concrete) (Build) / Faserbeton *m* (mit Asbest-, Kunststoff-, Glas- oder Stahlfasern), Fiberbeton *m*
**freak value** (Stats) / Ausreißer *m* (ein Messwert, der im Vergleich zu der Mehrzahl der anderen gemessenen Werte stark abweicht)
**Frearson recess** (Eng) / Frearson-Kreuzschlitz *m*
**Fréchet filter** (Maths) / Fréchet-Filter *n* (nach R.M. Fréchet, 1878 - 1963) ‖ **~ space** (Maths) / Fréchet-Raum *m*
**Fredholm integral equation** (of the same type as the Volterra equation with constant limits of integration) (Maths) / Fredholm'sche Integralgleichung
**Fredholm's alternative** (Maths) / Fredholm-Alternative *f* (Satz über die Lösbarkeit von Gleichungen mit vollstetigen linearen Operatoren)
**Fredholm theory** (Maths) / Fredholm'sche Theorie (der Integralgleichungen - nach E.I. Fredholm, 1866 - 1927)
**free** *v* / freisetzen *v* (z.B. Energie) ‖ **~** / befreien *v*, freigeben *v* ‖ **~** (Comp) / freischalten *v* (eine Steuereinheit) ‖ **~** *adj* / kostenfrei *adj* ‖ **~**\* / unverbunden *adj*, frei *adj*, ungebunden *adj* ‖ **~** / franko *adj* ‖ **~** (from) / frei *adj* (von), -frei ‖ **~**\* (Elec Eng) / unbelastet *adj* ‖ **~** (Min) / gediegen *adj* (mit Elementen im freien, ungebundenen Zustand) ‖ **~** (Teleph) / nicht besetzt, unbesetzt *adj* ‖ **~** (Teleph) / gebührenfrei *adj* (Anruf) ‖ **~ abrasive** / ungebundenes Schleifmittel ‖ **~ acid** (Chem) / freie Säure
**free-air anomaly**\* (Geophys) / Freiluftanomalie *f* ‖ **~ correction** (Geophys) / Freiluftkorrektion *f* ‖ **~ delivery** (Eng) / effektive Liefermenge (bei Verdichtern)
**free-air dose**\* (Radiol) / Freiluftdosis *f*, Freiluftdose *f*
**free-air ionization chamber** (Nuc Eng) / Luftionisationskammer *f* (wandlose) ‖ **~ space** (Autos) / Totraum *m* (des Kurbelkastens eines Zweitaktmotors) ‖ **~ temperature** (Electronics) /

**Free-Air-Temperatur** $f$ (die die das Bauelement umgebende Luft hat)
**free alongside ship** (Ships) / f.a.s., fas (free alongside ship), frei Längsseite Schiff, free alongside ship (Handelsklausel in der Schifffahrt, die dem Verkäufer auferlegt, alle Kosten und Risiken bis zur Übergabe der Ware an das Seeschiff zu tragen)
**free-arm sewing machine** (Textiles) / Freiarmnähmaschine $f$
**free arriving lorry** / frei ankommender Lastkraftwagen (eine Handelsklausel)
**free-at-frontier price** / Preis $m$ frei Grenze
**free atmosphere**\* (Meteor) / freie Atmosphäre || ~ **atom**\* (Chem, Phys) / freies Atom || ~ **available chlorine** (Chem) / Aktivchlor $n$, aktives Chlor, Bleichchlor $n$ (aus Hypochloriten), verfügbares Chlor, wirksames Chlor || ~ **axis** (Mech) / freie Achse || ~ **baggage** (US) (Aero) / Freigepäck $n$ || ~ **baggage allowance** (Aero) / Freigepäck $n$ || ~ **balloon**\* (Aero) / Freiballon $m$ || ~ **bearing** (Civ Eng) / bewegliches Auflager (bei einem Träger) || ~ **beaten stuff**\* (Paper) / röscher Stoff (der schnell entwässert) || ~ **beating** (Paper) / Schneidmahlen $n$ || ~ **bending** (and folding) (Eng) / freies Biegen (mit freiem Ausbilden der Werkstücksform nach DIN 8584) || ~ **bending for straightening** (Eng) / freies Biegen zum Richten (DIN 8586), Biegerichten $n$
**free-bend test** (Materials) / Freibiegeversuch $m$
**free blowing** (Glass) / Freiblasen $n$ || ~-**blown glass** (Glass) / freigeblasenes (freigeformtes) Glas, mundgeblasenes Glas, freihandgeblasenes Glas
**freeboard** $n$ (the space provided above the resin bed in an ion-exchange column to allow for expansion of the bed during backwashing) (Chem Eng) / Freiraum $m$ (Rückspülraum), Rückspülraum $n$ || ~ (Hyd Eng) / Höhe $f$ oberhalb des Wasserspiegels (bis zur Dammkrone) || ~\* (Ships) / Freibord $m$ (mittschiffs senkrecht nach unten gemessener Abstand von Oberkante Decksstrich bis zur Oberkante der entsprechenden Lademarke) || ~ **deck** (Ships) / Freiborddeck $n$ (auf das der Freibord bezogen wird und bis zu dem wasserdichte Schotte hochgeführt werden) || ~ **mark** (Ships) / Freibordmarke $f$ (an beiden Seiten des Schiffes), Plimsoll-Marke (nach S. Plimsoll, 1824-1898)
**free-body diagram** (Mech) / Freikörperdiagramm $n$
**free-burning coal** (34-40% volatile matter) (Mining) / Gasflammkohle $f$ (mit 35-40% an Flüchtigem)
**free-busy condition** (Teleph) / Frei/Besetzt-Zustand $m$
**free/busy status** (Teleph) / Frei/Besetzt-Zustand $m$
**free call** (Teleph) / kostenloser Anruf, Freecall $m$ || ~ **carbon** (Chem, Met) / ungebundener Kohlenstoff, freier Kohlenstoff || ~ **carrier** (Electronics) / freier Ladungsträger
**free-carrier absorption** (Crystal) / Absorption $f$ durch freie Ladungsträger || ~ **concentration** (Electronics) / Konzentration $f$ freier (beweglicher) Ladungsträger
**free cementite**\* (Met) / freier Zementit || ~ **charge**\* (Elec, Elec Eng) / freie Ladung || ~ **chlorine** (Ecol, San Eng) / freies (wirksames) Chlor || ~ **chlorine** (Ecol, San Eng) s. also residual chlorine || ~ **coal** (Mining) / Deputatkohle $f$ || ~ **convection** (Meteor) / thermische Konvektion || ~ **convection** (Phys) / freie Konvektion (wenn die Strömung nicht durch Wände begrenzt ist) || ~ **convection** (Phys) s. also natural convection || ~ **convection number** (Phys) / Grashof-Zahl $f$ (dimensionslose Kennzahl, mit der die Auswirkung freier Wärmekonvektion auf Strömungsvorgänge in viskosen Medien erfasst wird - nach F. Grashof, 1826 - 1893,DIN 1314), Gr || ~ **copy** (Print) / Freiexemplar $n$, Freistück $n$, freies Exemplar
**free-coupling space** (Rail) / freier Raum für den Kuppler, Berner Raum (Sicherheitsraum für den Kuppler)
**free crystal** (Min) / freigewachsener Kristall
**free-cutting brass**\* (Eng, Met) / Kupfer-Zink-Knetlegierung $f$ mit 3% Pb, Automatenmessing $n$
**free•-cutting steel** (Eng, Met) / Automatenstahl $m$ (DIN EN 10 087) || ~ **cyanide** (Chem) / freies Cyanid, freies Zyanid (bei komplexen Zyanidverbindungen) || ~ **cyanide content** (Chem Eng) / Gehalt $m$ an freiem Zyanid || ~ **damped oscillation** (Phys) / freie gedämpfte Schwingung || ~ **data** (Comp) / freie Daten
**free-discharge weir** (Hyd Eng) / Überfallwehr $n$ (Wehrkrone liegt über Unterwasserspiegel), Überfall $m$ (als Bauwerk)
**freedom**\* $n$ (Eng) / Freiheit $f$ || ~ **of movement** / Bewegungsfreiheit $f$ || ~ **of movement** (Work Study) / Freizügigkeit $f$ (z.B. der Arbeitskräfte innerhalb der EU)
**freedoms** pl **of the air** (Aero) / Freiheiten $f$ pl der Luft
**free drop** (Aero, Mil) / Abwerfen $n$ (ohne Fallschirm) || ~ **electron** (an electron in a quantum state that is not a bound state, and so has energy greater than the limit of the potential energy at infinity) (Nuc, Phys) / freies Elektron
**free-electron laser** (multifrequency laser utilizing optical radiation amplification by a beam of free electrons passing through a vacuum in a transverse periodic magnetic field, as opposed to a conventional laser in which the oscillating electrons are bound to atoms and molecules and have a specific wavelength) (Phys) / Freie-Elektronen-Laser $m$, FEL (Freie-Elektronen-Laser), FE-Laser $m$ || ~ **paramagnetism** (Phys) / Pauli-Paramagnetismus $m$ (Paramagnetismus der Metalle, soweit er vom Spin der Leitungselektronen herrührt)
**free end**\* (Build) / freies Ende, nicht eingespanntes Ende || ~ **end** (Mining) / Stoß $m$ (Angriffsfläche für die Gewinnung), Kohlenstoß $m$, Ortsstoß $m$, Kohlegewinnungsstoß $m$ || ~ **energy**\* (Phys) / freie Energie (F = U - TS - DIN 1345), Helmholtz-Energie $f$ (nach H.v. Helmholtz, 1821-1894), A || ~ **enthalpy** (Phys) / Gibbs-Energie $f$ (Kurzzeichen G), Gibbs'sches Potential, freie Enthalpie  (DIN 1345), Gibbs'sche freie Energie, Gibbs-Funktion $f$ (in der Thermodynamik) || ~ **enthalpy of reaction** (Chem) / freie Reaktionsenthalpie || ~ **fall**\* (Phys) / freier Fall (ohne Berücksichtigung des Luftwiderstandes bzw. im luftleeren Raum)
**free-fall boring** (Mining) / Freifallbohren $n$, Freifallbohrung $f$ || ~ **drilling** (Mining) / Freifallbohren $n$, Freifallbohrung $f$ || ~ **drop hammer** (allowed to drop on to a pile head to drive it into the ground) (Civ Eng) / Freifallbär $m$ || ~ **extension** (Aero) / Ausfahren $n$ durch Eigengewicht (des Fahrwerks)
**free-falling** adj (Phys) / freifallend adj || ~ **sley** (Weaving) / freifallende Lade
**free-fall sampler** (Mining) / Freifallprobenehmer $m$
**free fatty acid** (Chem, Nut) / freie Fettsäure || ~ **field**\* (Acous, Phys) / freies Feld, Freifeld $n$
**free-field microphone** (Acous) / Freifeldmikrofon $n$, freifeldentzerrtes Mikrofon, freifeldlineares Mikrofon || ~ **room** (Acous) / schalltoter Raum, reflexionsarmer Raum (DIN 1320), reflexionsfreier Raum
**free fit** (Eng) / Schlichtsitz $m$ || ~ **fit** (Eng) / leichter Laufsitz, LL
**free-flight** (spray-type) **arc** (Welding) / Sprühlichtbogen $m$ (feintropfiger -, der ins Schweißbad geschleudert wird) || ~ **path** (Space) / passiver Flugabschnitt || ~ **trajectory** (Phys) / Freiflugbahn $f$, Trägheitsbahn $f$ || ~ **trajectory** (Space) / passiver Flugabschnitt
**free-flight wind tunnel**\* (Aero) / Freiflugwindkanal $m$ (in dem man das Verhalten von Flugzeugmodellen im Freiflug beobachten kann), Freiflugkanal $m$
**free-floating grid** (Electronics) / Gitter $n$ ohne festes Potential, offenes Gitter
**free flow** (Hyd Eng) / vollkommener Überfall (bei Eintritt eines Fließwechsels vom Strömen zum Schießen) || ~ **flow** (Phys) / freier Ausfluss
**free-flow agent** (Chem, Chem Eng) / Rieselhilfe $f$ (Fluidifians), Fluidifikator $m$, Fluidifians $n$ (pl. -tien oder -zien), Fließmittel $n$ (Rieselhilfe), Fließfähigmacher $m$ || ~ **conditions** (Eng) / freier Werkstofffluss (aus der Werkzeugöffnung)
**free flowing** (Chem Eng) / Schüttbarkeit $f$, Rieselvermögen $n$, Rieselfähigkeit $f$ (DIN 53 492)
**free-flowing** adj (Chem Eng) / rieselfähig adj, schüttbar adj || ~ (Welding) / freifließend adj (Zusatzwerkstoff)
**free-flow weir** (a weir or dam which is so high that flow over it is in no way affected by the tailwater level) (Hyd Eng) / Überfallwehr $n$ (Wehrkrone liegt über Unterwasserspiegel), Überfall $m$ (als Bauwerk)
**free-flying balloon** (Aero) / Freiballon $m$
**free•-fog** $n$ / Ölteilchen $n$ pl (im Zustand einer stabilen Dispersion) || ~-**fog** / freigesetzte Ölteilchen (Ölnebelschmierung) || ~ **format** (Comp) / freies Format
**free-format** attr (Comp) / formatfrei adj, nichtformatiert adj
**free-form graphics** (Comp) / Freiformgrafik $f$ (die nicht auf bestimmte geometrische Formen festgelegt ist)
**free forming** (Eng) / Freiformen $n$ (DIN 8580)
**free-form reflector** (Autos) / FF-Reflektor $m$, Freiflächenreflektor $m$
**free-free absorption** (Nuc Eng) / inverse Bremsstrahlung, Frei-frei-Absorption $f$ || ~ **electron transition** (Nuc) / Frei-frei-Übergang $m$ || ~ **transition** (Nuc) / Frei-frei-Übergang $m$
**free from acids** (Chem) / säurefrei adj || ~ **from backlash** attr (Eng) / spielfrei adj (Zahnräder) || ~ **from danger** / ungefährlich adj, ohne Gefährdung, ohne Risiko || ~ **from distortion** / verzerrungsfrei adj, verzeichnungsfrei adj, verzugsfrei adj, unverzerrt adj || ~ **from fluff** (Textiles, Weaving) / flusenfrei adj || ~ **from oxygen** (Chem) / sauerstofffrei adj || ~ **from rust** / entrosten $v$, Rost entfernen || ~ **from scale** (Met) / zunderfrei adj || ~ **from vibrations** / vibrationsfrei adj, schwingungsfrei adj || ~ **from water** (Chem) / wasserfrei adj, nichtwässrig adj, nicht wässrig, kristallwasserfrei adj || ~ **gold** (Geol) / Freigold $n$ (sichtbare Aggregate) || ~ **gyroscope** (Phys) / kräftefreier Kreisel (an dem äußere Momente angreifen)
**free-hand drawing** / Freihandzeichnung $f$, Faustskizze $f$ || ~ **grinding** (Eng) / Freihandschleifen $n$, Handschleifen $n$
**free-handle**\* $n$ (Elec Eng) / Freiauslösung $f$
**free-hand line** / Freihandlinie $f$ (DIN 15) || ~ **sketching** / Freihandzeichnung $f$, Faustskizze $f$ || ~ **throwing** (Ceramics) /

**free-hearth**

Freidrehen *n*, Formen *n* (von rotationssymmetrischen Gefäßen mit der Töpferscheibe)
**free•-hearth electric furnace*** (Met) / Girod-Ofen *m* (Lichtbogenofen mit Bodenelektrode) || **~ house** (GB) (Brew) / nicht an eine Brauerei gebundenes Bierlokal || **~ impedance*** (Elec Eng) / Eingangsimpedanz *f* bei unbelastetem Eingang, Leerlaufeingangsimpedanz *f* || **~ induction decay** (Spectr) / freier Induktionsabfall (Abfall der Quermagnetisierung nach dem Ende des Impulses), FID *m* (freier Induktionsabfall)
**freeing port*** (Ships) / Wasserpforte *f* (im Schanzkleid) || **~ wheel** (Eng) / Abrichträdchen *n* (ein Handabrichtwerkzeug)
**free invention** / freie Erfindung (eine Arbeitnehmererfindung, die dem Arbeitgeber zu angemessenen Bedingungen anzubieten ist - Gesetz vom 25.7.1957) || **~ issue** / freies Exemplar (einer Zeitschrift) || **~ jet** (Eng) / Freistrahl *m* || **~ leaving lorry** / frei abgebender Lastkraftwagen (eine Handelsklausel) || **~ length** (I C Engs) / freie Länge (bei Ventilfedern) || **~ lift** (Eng) / Freihub *m* (Hubhöhe, die Stapler ohne Überschreitung ihrer geringsten Bauhöhe erreichen können)
**free-line condition** (Telecomm) / betriebsbereiter Ruhezustand (auf der Leitung)
**freely configurable** / frei konfigurierbar || **~ programable** (Comp) / frei programmierbar || **~ programmable robot** / frei programmierbarer Roboter (der veränderbar und ohne mechanische Hilfsmittel programmiert werden kann) || **~ revolving roller conveyor** (Eng) / geneigte Rollenbahn, Rollenbahn *f* (ein geneigtes Schwerkraft-Fördermittel)
**free-machining steel** (containing manganese sulphide particles or lead additions to act as chip breaker during machining) (Eng, Met) / Automatenstahl *m* (DIN EN 10 087)
**free-match** *attr* / ansatzfrei *adj* (Tapete)
**free maximum** (Maths) / freies Maximum || **~ minimum** (Maths) / freies Minimum || **~ moisture** (in coal) (Mining) / Oberflächenfeuchtigkeit *f*, Oberflächenwasser *n*, Oberflächenfeuchte *f*
**free-molecule flow** (Phys, Vac Tech) / freie Molekularströmung
**freeness** *n* (Paper) / Entwässerungsneigung *f* (der Stoffsuspension), Mahlgrad *m* (bei der Zerfaserung der Hackschnitzel), Freeness *f*, Zerfaserungsgrad *m*
**free of capture and seizure** (Ships) / free of capture and seizure (Klausel, nach der das Beschlagnahmerisiko ausgeschlossen wird) || **~ of charge** / kostenlos *adj*, unentgeltlich *adj*, gratis *adj*, gebührenfrei *adj* || **~ of chemical weapons** (Mil) / chemiewaffenfrei *adj*, C-Waffen-frei *adj* || **~ of contact** / berührungsfrei *adj*, berührungslos *adj* || **~ of duty** / zollfrei *adj* || **~ of forces** (Mech) / kräftefrei *adj* || **~ of ice** / eisfrei *adj* || **~ of knots** (For) / astfrei *adj*, astrein *adj*, astlos *adj* || **~ of snow** / schneefrei *adj*, aper /A,S/ *adj* || **~ of space charge** (Electronics) / raumladungsfrei *adj* || **~ of undesirable odour** / geruchsneutral *adj*, ohne Geruch (als positive Eigenschaft), geruchlos *adj* || **~ on board** (Ships) / frei an Bord (Klausel im Außenhandelsgeschäft, die besagt, dass der Verkäufer die Ware auf dem Schiff zu übergeben und bis dahin alle Kosten und Risiken zu tragen hat), fob, F.O.B.
**free-oscillating resonance screen** (Eng) / Resonanz-Freischwingsieb *n*
**free oscillation** (Phys, Telecomm) / freie (ungedämpfte) Schwingung (DIN 1311-1 und -2) || **~ oscillations*** (Phys, Telecomm) / freie (ungedämpfte) Schwingung (DIN 1311-1 und -2) || **~ oscillator** (Phys) / freier Schwinger (DIN 1311, T 2) || **~ overflow** (Hyd Eng) / vollkommener Überfall (bei Eintritt eines Fließwechsels vom Strömen zum Schießen)
**freephone call** (Teleph) / gebührenfreier Anruf, Anruf *m* zum Nulltarif || **~ service** (Teleph) / verbindungsindividuelle Gebührenübernahme (allgemein), Gebührenübernahme *f* (durch gerufenen Teilnehmer - allgemein)
**free-piston engine*** (Eng) / Freikolbenmaschine *f* (eine Wärmekraftmaschine), Freikolbenmotor *m*
**free-place administration** (Comp) / Freiplatzverwaltung *f* || **~ disk** (Comp) / Free-Place-Platte *f*
**free play** (Eng) / Lose *f*, Spiel *n*, toter Gang (Lose), Luft *f*, Spielraum *m* || **~ play in the steering wheel** (Autos) / Lenkungsspiel *n* am Lenkrad || **~ port** / Freihafen *m*, Zollfreihafen *m*
**free-programmable** (Comp) / freiprogrammierbar *adj*
**free propagation** (Phys) / Freiraumausbreitung *f* || **~ punch** (Eng) / Freischnitt *m* (Schneidwerkzeug, bei dem der Stempel nur durch den Pressenstößel geführt wird)
**free-radical polymerization** (Chem) / Radikalkettenpolymerisation *f*, radikalische Polymerisation (eine Kettenpolymerisation)
**free radicals*** (Chem) / freie Radikale
**free-revving machine** (Autos) / drehfreudiger Motor
**free rocket** (Mil) / ungelenkte Rakete (eine Raketenwaffe) || **~ rosin** (Paper) / Freiharz *n*
**free-rosin content** (Paper) / Freiharzgehalt *m* || **~ size** (Paper) / Freiharzleim *m*

**free run** (Nut) / Vorlauf *m* (ohne Anwendung von mechanischem Druck aus der Kelter ablaufender Most)
**free-running** *adj* (Chem Eng) / rieselfähig *adj*, schüttbar *adj* || **~** (Electronics) / selbsterregt *adj* (Multivibrator) || **~** (Eng) / freilaufend *adj* || **~ circuit*** (Electronics) / freischwingende Schaltung
**free-running circuit*** (Radio) / nicht stabile Schaltung
**free-running multivibrator** (Telecomm) / selbsterregter Multivibrator || **~ operation** (Comp) / übertragungsunabhängige Ein-Ausgabeoperation
**free sample** / Warenprobe *f*, Sample *n* (Warenprobe) (pl. -s) || **~ semigroup** (Maths) / freie Halbgruppe
**free-settling*** *n* (Min Proc) / Freifallklassierung *f*, Stromklassieren *n* (nach der Gleichfälligkeit in einem Medium)
**free-shape reflector** (Autos) / FF-Reflektor *m*, Freiflächenreflektor *m*
**free sintering** (Powder Met) / Freisintern *n* || **~ sound field** (Acous) / freies Schallfeld || **~ space** / Freifläche *f* (unbebautes Grundstück) || **~ space** (Phys) / luftleerer Raum, freier Raum, leerer Raum
**free-space coverage** (Radar) / Freiraumreichweite *f* (ohne Berücksichtigung der Erdoberfläche und der Atmosphäre) || **~ design** (Arch) / Freiraumgestaltung *f* || **~ optics** (Telecomm) / optischer Richtfunk, optische Freiraumübertragung || **~ permeability** (Phys) / Vakuumpermeabilität *f* || **~ polarization** (Phys) / Vakuumpolarisation *f* || **~ propagation** (Phys) / Freiraumausbreitung *f* || **~ range** (Radar) / Freiraumreichweite *f* (ohne Berücksichtigung der Erdoberfläche und der Atmosphäre)
**free-standing** *adj* (Build) / frei stehend *adj* (Schornstein nach DIN 1056, Kampanile, Mauer)
**free-standing chimney stack** (Build) / Schlot *m*, frei stehender Schornstein (DIN 1056, 1057 und 1058) || **~ facsimile equipment** (Telecomm) / Standfernkopierer *m* (DIN 32 742-1) || **~ mast** (Civ Eng) / frei stehender Mast (ohne Abspannseile) || **~ pillar drilling machine** (Eng) / Säulenbohrmaschine *f* (mit schwenkbarem Tisch - für kleinere Durchmesser) || **~ propellant** (Aero, Space) / nicht wandgebundener Treibstoff || **~ switchboard** (Elec Eng) / frei stehende Schalttafel
**free state** (Phys) / freier Zustand || **~ stock** (Paper) / röscher Stoff (der schnell entwässert)
**free-stocked** *adj* (For) / räumig *adj*, licht *adj* (Bestand)
**freestone*** *n* (Build) / (Natur)Werkstein *m*, Haustein *m* (meistens feinkörniger Sand- oder Kalkstein)
**free storage area** (Comp) / freier Speicherbereich || **~ stream** (Phys) / ungestörter Strom
**free-stream Mach number** (Aero, Space) / Anström-Machzahl *f*
**free sulphur** (Chem Eng) / freier Schwefel (chemisch nicht gebundener elementarer Schwefel in Vulkanisaten), Freischwefel *m* || **~ surface** (Eng) / Freiformfläche *f* (frei gestaltete komplexe Produktoberfläche) || **~ surface** (Geol) / freie Oberfläche (des Grundwassers) || **~ surface** (Hyd Eng) / Freispiegel *m* (im offenen Gerinne) || **~ surface*** (Ships) / freie Oberfläche (in Behältern od. in Laderäumen)
**free-swelling index** (Mining) / Blähungsgrad *m* ohne Belastung der Kohle, freier Blähungsgrad
**free-text document** (Comp) / Freitextdokument *n* || **~ retrieval** (Comp) / Freitextretrieval *n*, Textretrieval *n* (eine Form der Informationswiedergewinnung)
**free to move** / frei beweglich || **~ towing** / kostenlose Abholung (z.B. von Schrottfahrzeugen) || **~ travel** (Autos) / Leerweg *m* (des Pedals) || **~ travel** (Autos) / Spiel *n* (toter Gang am Kupplungsfußhebel) || **~ tree** (Comp) / freier Baum || **~-trip*** *n* (Elec Eng) / Freiauslösung *f* || **~ turbine*** (Aero) / freifahrende Turbine, Losturbine *f*, Nutzleistungsturbine *f* (die mit der Welle des Gaserzeugers nicht mechanisch gekoppelt ist) || **~ TV** (TV) / Free-TV *n* (im Gegensatz zu Pay-TV frei empfangbares Fernsehprogramm) || **~ undamped oscillation** (Phys) / freie ungedämpfte Schwingung || **~ variable** (Maths) / freie Variable, reelle Variable || **~ vector** (Phys) / freier Vektor || **~ vibration** (Phys, Telecomm) / freie (ungedämpfte) Schwingung (DIN 1311-1 und -2) || **~ vibrations*** (Phys, Telecomm) / freie (ungedämpfte) Schwingung (DIN 1311-1 und -2) || **~ vortex** (Aero) / freier Wirbel (ein materiell existierender Wirbel, der sich kräftefrei in der Strömung bewegt) || **~ wall** (standing by itself) (Build) / frei stehende Mauer (z.B. eine Einfriedungsmauer)
**freeware** *n* (Comp) / Freeware *f* (zur Nutzung unter bestimmten Auflagen freigegebene Software)
**free water** (Ceramics) / mechanisch gebundenes Wasser || **~ water** (Chem) / freies Wasser || **~ water** (Geol) / tropfbar flüssiges Wasser (unter dem Einfluss der Schwerkraft in den Hohlräumen der Gesteine frei bewegliches Wasser), Gravitationswasser *n*, Schwerewasser *n* || **~ water** (Oils) / grobverteiltes Wasser, grobdisperses Wasser
**free-water content** (Civ Eng) / Wassergehalt *m* (ein Bodenkennwert nach DIN 18121) || **~ knock-out station** (Oils) / Entölungsstation *f*

**French**

**freeway** *n* (US) (Autos) / Schnellstraße *f* (mit Halteverbot), Kraftfahrstraße *f* (autobahnähnlich ausgebaut, jedoch nicht immer kreuzungsfrei), Kraftfahrzeugstraße *f* (mit Halteverbot), Schnellverkehrsstraße *f* ‖ ~ (US) (Autos) / Autobahn *f*
**free weir** (Hyd Eng) / Überfallwehr *n* (Wehrkrone liegt über Unterwasserspiegel), Überfall *m* (als Bauwerk) ‖ ~ **wheel**\* (Autos) / Freilaufkupplung *f* ‖ ~ **wheel** (Rail) / Laufrad *n* ‖ ~**-wheel**\* *n* (Autos) / Freilauf *m* ‖ ~**-wheel**\* (Eng) s. also overrunning clutch
**free-wheeling** *adj* (Autos) / freilaufend *adj* ‖ ~ **coupling** (Autos) / Freilaufkupplung *f* ‖ ~ **diode** (Electronics) / Freilaufdiode *f* (eine Halbleiterdiode, die parallel zum induktiven Gleichstromverbraucher gelegt und von der Speisespannung in Sperrichtung beansprucht wird)
**freeze** *v* (Comp) / einfrieren *v* (ein Programm oder Programmteile vor weiteren Veränderungen oder Rekompilierungen bewahren) ‖ ~ **buffer** (Photog) / Standbildspeicher *m* ‖ ~**-drying**\* *n* (a process whereby the material is frozen, a vacuum applied, and the water and low-boiling compounds removed by sublimation) / Gefriertrocknung *f* (schonende Konservierung), Lyophilisation *f*, Sublimationstrocknung *f*, Gefrieren *n* nach Vortrocknen, Dehydrogefrieren *n* ‖ ~ **effect** (Cinema) / Stopptrick *m*, Sandmännchentrick *m*
**freeze-etch**\* *v* (Biol, Micros) / biologische Objekte durch Gefrierätztechnik für die Elektronenmikroskopie präparieren
**freeze-etch(ing)** *n* (Biol, Bot, Micros) / Gefrierätzkrik *f*, Gefrierätzung *f* (zum Präparieren biologischer Objekte für die Elektronenmikroskopie)
**freeze fitting** (Eng) / Einbau *m* durch Unterkühlung
**freeze-fracture**\* *v* (Biol, Micros) / biologische Objekte durch Gefrierätztechnik für die Elektronenmikroskopie präparieren
**freeze-frame**\* *n* (Cinema) / angehaltenes Bild, stehendes (angehaltenes) Bild, Bildstillstand *m*
**freeze-out** *n* (Telecomm) / Zugriffs-Clipping *n* (von Paketen) ‖ ~ **fraction** (Telecomm) / Verlustrate *f* (bei der zeitmultiplexierten Sprachübertragung)
**freezer** *n* (Ships) / Gefrierraum *m* ‖ ~ / Gefrierapparat *m* ‖ ~ (Nut, Ships) / Gefrierschiff *n* (ein Transport- und Verarbeitungsschiff der Fischereiflotte) ‖ ~ **burn** (Nut) / Gefrierbrand *m* (bei Fleisch) ‖ ~ **cabinet(s)** / Gefriermöbel *n(pl)* ‖ ~ **chain** (Nut) / Gefrierkette *f* (auf dem Weg vom Hersteller bis zum Endverbraucher) ‖ ~ **trawler** / Frosttrawler *m* (Fischereifahrzeug mit Tiefgefrieranlage)
**freeze separation** (Chem Eng, Nut) / Ausfrieren *n* (ein Trennverfahren) ‖ ~ **sinking**\* (Mining) / Gefrierschachtabteufen *n*, Gefrierverfahren *n* (beim stark wasserführenden Gebirge)
**freeze-thaw action** (Civ Eng) / Frost-Tau-Wechsel *m* (Beanspruchung eines Außenbauteils durch die Witterung) ‖ ~ **cycle** (Civ Eng) / Frost-Tau-Wechsel *m* (Beanspruchung eines Außenbauteils durch die Witterung) ‖ ~ **cycling** (Civ Eng) / Frost-Tau-Wechsel *m* (Beanspruchung eines Außenbauteils durch die Witterung) ‖ ~ **resistant latex** (Chem Eng) / froststabilisierter Latex ‖ ~ **stable** (Nut) / gefrierstabil *adj* (Soße, Gel)
**freeze up** *v* / vereisen *vi* (Schloss) ‖ ~ **up** (Eng) / fressen *v* (bei sich berührenden Körpern) ‖ ~ **up** (Eng) / sich festfressen *v*
**freeze-up** *n* (Meteor) / Kälteperiode *f*
**freezing** (Ceramics) / Befrostung *f* (z.B. der Dachziegel) ‖ ~ (Foundry, Met) / Erstarrung *f* (Übergang von Schmelzen in den festen Zustand) ‖ ~\* (Heat, Nut) / Einfrieren *n*, Gefrierverfahren *n* (z.B. Tauch- oder Sprühgefrieren), Gefrieren *n*, Tiefkühlen *n* ‖ ~ (Meteor, Phys) / Gefrieren *n* (der Übergang des Wassers, einer wässrigen Lösung oder einer anderen Flüssigkeit in den festen Aggregatzustand) ‖ ~ (Welding) / Festkleben *n* (der Elektrode), Kleben *n* (der Elektrode), Festschweißen *n* (der Elektrode), Festbrennen *n* (der Elektrode) ‖ ~ *adj* (Meteor) / überfrierend *adj* ‖ ~ **at sea** (Nut) / Einfrieren *n* an hoher See ‖ ~ **compartment** / Gefrierraum *m* ‖ ~ **curve** (Phys) / Erstarrungskurve *f* (in welcher der zeitliche Temperaturgang während der Abkühlung einer Schmelze in den festen Zustand aufgezeichnet wird) ‖ ~ **delay** (Nut) / Gefrierverzug *m* ‖ ~ **drizzle** (drizzle, the drops of which freeze on impact with the ground or with other objects in cold weather conditions) (Meteor) / vereisender Sprühregen, gefrierendes Nieseln ‖ ~ **drizzle** (Meteor) s. also freezing rain ‖ ~ **front** (Foundry) / Erstarrungsfront *f* ‖ ~ **hole** (Mining) / Gefrierbohrloch *n* ‖ ~ **injury** (Nut) / Kühlschaden *m* ‖ ~ **interval** (Min) / Kristallisationsbereich *m*, Kristallisationsintervall *n*, Erstarrungsbereich *m*, Erstarrungsintervall *n* ‖ ~ **level** (Meteor) / Frostgrenze *f*, Nullgradgrenze *f* ‖ ~ **line** (Meteor) / Frostgrenze *f*, Nullgradgrenze *f* ‖ ~ **method** (of sinking) (Mining) / Gefrierschachtabteufen *n*, Gefrierverfahren *n* (beim stark wasserführenden Gebirge) ‖ ~ **microtome** (Micros) / Gefriermikrotom *n* ‖ ~ **mixture**\* (Chem) / Kältemischung *f*, Gefriermischung *f*
**freezing-out** *n* (Chem Eng, Nut) / Ausfrieren *n* (ein Trennverfahren)

**freezing point** (Phys) / Erstarrungspunkt *m* (Temperatur, bei der ein flüssiger Stoff in den festen Zustand übergeht), EP (Erstarrungspunkt, z.B. von Gold, Silber, Zink) ‖ ~ **point**\* *n* (Phys) / Gefrierpunkt *m*
**freezing-point depression** (Phys) / Gefrierpunktserniedrigung *f* (eines Lösungsmittels durch gelöste Stoffe, die mit dem Lösungsmittel keine Mischkristalle bilden) ‖ ~ **depression constant** (Phys) / kryoskopische Konstante, molare Gefrierpunktserniedrigung, molare Depression
**freezing point of antimony** (Phys) / Antimonpunkt *m* (sekundärer Fixpunkt, der der Temperatur von 903,7 K entspricht), Antimonerstarrungspunkt *m* ‖ ~ **point of gold** (Phys) / Goldpunkt *m* (Erstarrungspunkt von Gold - $T_{au}$ = 1337,58 K nach DIN 5031, T 8) ‖ ~ **precipitation** (snow, sleet, freezing rain, drizzle, or hail that adheres to aircraft surfaces) (Aero, Eng) / Eisansatz *m* ‖ ~ **preservation** (Nut) / Gefrierkonservierung *f* ‖ ~ **preventive** (Chem, Glass) / Schlifflösemittel *n* (zum Lockern von festsitzenden Schliffpaaren) ‖ ~ **preventive** (Chem Eng) / Frostschutzmittel *n*, Gefrierschutzmittel *n* (z.B. Glykol) ‖ ~ **protection ring** / Winterrohr *n* (am unteren Umfang der Kühlturmschale von Naturzugkühltürmen) ‖ ~ **rain** (Meteor) / gefrierender Regen (Regen- oder Sprühregentropfen, die aus einer warmen in eine kältere Luftschicht fallen und dabei zu Eiskörnern gefrieren) ‖ ~ **rain** (Meteor) / unterkühlter Regen (der beim Eintreffen auf den Erdboden oder auf Gegenstände sofort zu Eis gefriert und häufig zur Bildung von Glatteis führt) ‖ ~ **shaft** (Mining) / Gefrierschacht *m* ‖ ~ **shaft sinking** (Mining) / Gefrierschachtabteufen *n*, Gefrierverfahren *n* (beim stark wasserführenden Gebirge) ‖ ~ **shrinkage** (Foundry) / Erstarrungsschrumpfung *f*, Erstarrungslunkerung *f*
**freezing-up** *n* (Eng) / Fressen *n*, Fressererscheinung *f* (örtlich begrenztes Verschweißen von Oberflächenpartien - ein Verschleißvorgang)
**F region** (Geophys) / F-Gebiet *n* (der Ionosphäre)
**freibergite** (Min) / Freibergit *m* (Cu-Ag-Sb-Fahlerz)
**freight** *n* / Ladegut *n*, Ladung *f*, Fracht *f*, Frachtgut *n* ‖ ~ (US) (Rail) / Güterzug *m* ‖ ~**, carriage and insurance paid** / Freifracht versichert (eine Handelsklausel) ‖ ~ **aeroplane** (Aero) / Frachtflugzeug *n*, Transportflugzeug *n*, Nur-Fracht-Flugzeug *n* ‖ ~ **aircraft** (Aero) / Frachtflugzeug *n*, Transportflugzeug *n*, Nur-Fracht-Flugzeug *n* ‖ ~ **car** (US)\* (Rail) / gedeckter Güterwagen, G-Wagen *m* ‖ ~ **car** (US)\* (Rail) / Güterwagen *m* ‖ ~ **clerk** (US) (Ships) / Superkargo *m* (auf einem Schiff mitfahrender Vertreter des Befrachters, dessen Interessen er wahrnimmt) ‖ ~ **compartment** (Aero) / Frachtraum *m* ‖ ~ **container** / Behälter *m*, Großbehälter *m*, Container *m* (im internationalen Verkehr zugelassener Behälter mit einheitlichen äußeren Abmessungen, Eckbeschlägen und weiteren Angriffselementen - nach ISO), Frachtbehälter *m*, Versandbehälter *m*
**freighter** *n* (Ships) / Frachtschiff *n*, Frachter *m* ‖ ~ (Ships) / Befrachter *m* (beim Seefrachtvertrag)
**Freightliner** (Rail) / Containerzug *m*
**freight or carriage paid** / frachtfrei *adj* (eine Liefervereinbarung) ‖ ~ **rate** (Aero, Ships) / Frachtrate *f*, Rate *f* ‖ ~ **station** (US) (Rail) / Güterbahnhof *m* ‖ ~ **train** (Rail) / Güterzug *m* ‖ ~ **transport** / Gütertransport *m* ‖ ~ **transportation** / Gütertransport *m*
**freijo** *n* (For) / Freijo *n* (Cordia sp.)
**Fremont cottonwood** (For) / Fremont-Pappel *f* (Populus fremontii)
**Frémy's salt**\* (Chem) / Kaliumhydrogenfluorid *n* (manchmal jedoch auch $NO(SO_3K)_2$), Frémys Salz
**Frémy's salt** (Chem) / Frémys Salz (Kaliumnitrosodisulfonat)
**French antelope finish** (Leather) / kräftig gebeiztes Velourleder (aus Lammfell) ‖ ~ **antelope lambskin** (Leather) / kräftig gebeiztes Velourleder (aus Lammfell) ‖ ~ **arch** (Arch) / scheitrechter Bogen (ein gemauerter Sturz über einer Öffnung ganz ohne Stich) ‖ ~ **bean** (Bot, Nut) / Gartenbohne *f* (Phaseolus vulgaris L.) ‖ ~ **blue** (Paint) / Ultramarinblau *n* (ein rötliches Blau) ‖ ~ **chalk**\* / Talkpuder *m* (feiner weißer Talk als Streupulver), Talkum *n* (als Streupuder), Federweiß *n* ‖ ~ **chalk** (for marking fabrics) (Textiles) / Schneiderkreide *f* (gepresster Talk) ‖ ~ **comb** (Textiles) / Flachkammstuhl *m*, Flachkämmmaschine *f*, PL-Stuhl *m* (eine Wollkämmmaschine) ‖ ~ **curve** (Instr) / Kurvenlineal *n* (z.B. Burmester-Kurve), Kurvenzeichner *m* (mathematisches Zeichengerät), Spline *m* (biegsames Kurvenlineal, das man zum Zeichnen einer glatten Kurve durch vorgegebene Punkte benutzt), Kurvenschablone *f* (biegsames Kurvenlineal) ‖ ~ **curve** (Met) / Schadenslinie *f* nach French ‖ ~ **dash** (Typog) / englische Linie ‖ ~ **division** (Astron) / Lyot-Teilung *f* ‖ ~ **door**\* (Arch) / Fenstertür *f* (ein Fenster im Türformat, in der Regel mit Drehkippflügel), französisches Fenster, Terrassentür *f*, Balkontür *f* ‖ ~ **drain** (Agric) / Rigole *f* (Sickergraben) ‖ ~ **drain** (Agric) / Schlitzdränung *f*, Fräsrillendränung *f* ‖ ~ **drain** (agricultural drain with the pipe surrounded by filter material like gravel, preferably by a graded

603

**French**

filter) (Agric, Civ Eng) / Sickerstrang m (mit Filtermaterial umhüllte Sickerrohrleitung) ‖ ≎ **flag** (Cinema) / French-Flag n (an der Kamera oder vor Scheinwerfern) ‖ ≎ **flag*** (TV) / Objektivabdeckung f, Linsenschirm m ‖ ≎ **fliers** (in an open newel stair with quarter-space landings) (Build) / Stufen f pl der dreiviertel gedrehten Treppe mit Viertelpodesten

**french-fry** v (Nut) / frittieren v (in schwimmendem Fett braun braten)

**French gold** (Met) / Kupfer-Zink-Gusslegierung f (eine Kupferlegierung mit 16,5% Zn, 0,5% Sn und 0,3% Fe) ‖ ≎ **gold*** (Met) / Messing mit 68-87% Cu und 10-32% Zn (meistens 16,5% Zn) ‖ ≎ **groove** (Bind) / Falzrille f (des Buchdeckelgelenks) ‖ ≎ **groove** (Bind) s. also French joint ‖ ≎ **heel** / Louis-Absatz m (ein Schuhabsatz), Louis-XV-Absatz m

**frenching** n (Autos) / Frenching n (Integration in die Karosseriebleche - z.B. von Scheinwerfern) ‖ ≎ (Bot) / Frenching n (Schmal- oder Schwertblättrigkeit des Tabaks)

**French joint*** (Bind) / Falz m (tiefer Gelenk zwischen dem Buchrücken und dem Buchdeckel) ‖ ≎ **lavender** (Bot) / Schopflavendel m (Lavandula stoechas L. - eine Duftstoffpflanze)

**frenchman*** n (Build) / Fugeisen n, Fugenkelle f, Streicheisen n ‖ ≎ (Build, Tools) / Fugenkratzer m (zum Entfernen von Mörtelresten und -spritzer)

**French milling** / Pilieren n (der Toilettenseifen) ‖ ≎ **old style** (Typog) / Elzevi(e)r-Antiqua f ‖ ≎ **polish*** (a sprit varnish composed of shellac dissolved in methylated spirits, with other spirit-soluble gums sometimes added) (Join, Paint) / Schellackpolitur f

**French-polish** v (Join, Paint) / polieren v (mit Schellackpolitur)

**French polishing** (Join) / aufbauendes Polieren (nach dem Ballenverfahren) ‖ ≎ **roof*** (Build) / Mansarddach n (geknicktes Dach mit steilerer Neigung im unteren Teil), Mansardendach n (das eine Dachwohnung enthält) ‖ ≎ **seam** (Textiles) / französische Naht, Rechts-links-Naht f ‖ ≎ **sewing*** (Bind) / Maschinenheftung f, mechanische Heftung ‖ ≎ **sewing*** (Bind) / amerikanische Fadenheftung (nicht auf Gaze), Holländern n (zum provisorischen Heften von Broschüren und Buchblocks) ‖ ≎ **sinker wheel** (knitting) **machine** (Textiles) / Rundkulierwirkmaschine f (DIN 62 135) ‖ ≎ **stuc*** (Build) / Natursteinimitation f ‖ ≎ **system of drawing** (Spinning) / Strecken n auf der Nadelwalzenstrecke ‖ ≎ **telephone** (US) (Teleph) / Handgerät n (Sender und Empfänger), Handapparat m ‖ ≎ **truss*** (Build) / Poloncaubinder m (nach B.C. Polonceau, 1813-1859), französischer Binder (mit Zugband), Polonceauträger m, W-Binder m (ein Dreiecksfachwerkbinder), Dreiecksfachwerkbinder m, Wiegmann-Binder m ‖ ≎ **window*** (Arch) / Fenstertür f (ein Fenster im Türformat, in der Regel mit Drehkippflügel), französisches Fenster, Terrassentür f, Balkontür f

**Frenet-Serret formulae** (Maths) / Frenet'sche Formeln (nach J.F. Frenet, 1816-1900)

**Frenet's formulae*** (Maths) / Frenet'sche Formeln (nach J.F. Frenet, 1816-1900)

**Frenkel defect*** (in an ionic solid, a cation-vacancy and cation-interstitial pair) (Chem, Crystal, Electronics) / Frenkel-Defekt m (Abwandern eines in einem Kristall eingebauten Ions von seinem normalen Platz im Kristallgitter auf einen Zwischengitterplatz - nach dem russischen Physiker J.I. Frenkel, 1894-1952), Frenkel-Fehlordnung f ‖ ≎ **exciton** (Nuc) / Frenkel-Exciton n ‖ ≎ **exciton** (Nuc) s. also Wannier-Mott exciton ‖ ≎ **pair** (Crystal) / Frenkel-Defekt m (Abwandern eines in einem Kristall eingebauten Ions von seinem normalen Platz im Kristallgitter auf einen Zwischengitterplatz - nach dem russischen Physiker J.I. Frenkel, 1894-1952), Frenkel-Fehlordnung f

**Freon 12*** (Chem) / Dichlordifluormethan n (Freon 12, Frigen 12, R 12) ‖ ≎ **11*** (Chem) / Trichlorfluormethan n, Trichlormonofluormethan n ($CCl_3$-Freon 11, R 11) ‖ ≎ **113*** (Chem) / Trifluortrichlorethan n (Freon 113, R 113) ‖ ≎ **n** (Chem) / Freon n (halogenierter Kohlenwasserstoff der Fa. Du Pont, der als Sicherheitskältemittel Verwendung findet)

**frequency*** n (Elec, Elec Eng, Phys) / Frequenz f (die sekundliche Periodenzahl eines periodischen Vorganges), Periodenfrequenz f (Kehrwert der Periodendauer nach DIN 1311, T 1) ‖ ≎ * (the number of times that a particular value occurs as an observation) (Maths, Stats) / Häufigkeit f (Verhältnis der Besetzungszahl zur Gesamtzahl der Einzelwerte) ‖ ≎ **accuracy** (Elec Eng, Telecomm) / Frequenzgenauigkeit f ‖ ≎ **address table** (Comp) / Frequenzadressentabelle f, FAT (Frequenzadressentabelle)

**frequency-agile** adj (Radar) / mit Frequenzsprungbetrieb, frequenzagil adj (mit Änderung der Sendefrequenz von Impuls zu Impuls oder Impulsgruppe zu Impulsgruppe) ‖ ≎ **magnetron** (Electronics) / Springfrequenzmagnetron n

**frequency agility** (Radar) / Frequenzagilität f (Änderung der Trägerfrequenz von Impuls zu Impuls oder Impulsgruppe zu Impulsgruppe) ‖ ≎ **agility** (Radar) s. also frequency hopping ‖ ≎ **allocation** (Radio) / Frequenzplan m ‖ ≎ **allocation*** (Radio, Telecomm) / Zuweisung f von Frequenzen an einzelne Funkdienste (Flughäfen, Polizei usw.), Frequenzzuweisung f an einzelne Funkdienste ‖ ≎ **allotment** (Radio) / Verteilung f von Frequenzen auf Gebiete oder Länder

**frequency-amplitude modulation** (Radio) / FAM f, gleichzeitige Frequenz- und Amplitudenmodulation

**frequency analyser** (Radio) / Frequenzanalysator m ‖ ≎ **analysis** (Ecol, Radio) / Frequenzanalyse f ‖ ≎ **analyzer** (US) (Radio) / Frequenzanalysator m ‖ ≎ **assignment** (Radio) / Zuteilung f von Frequenzen an einzelne Funkstellen ‖ ≎ **band*** (Telecomm) / Frequenzband n (zusammenhängender, relativ kleiner Frequenzbereich der elektrischen Wellen)

**frequency-band separation filter** (Radio) / Weichenfilter n

**frequency behaviour body noise** (Acous) / Körperschallverhalten n (einer Struktur) ‖ ≎ **bridge*** (Elec Eng) / Frequenzmessbrücke f (eine Wechselsmessbrücke - z.B. Schering- oder Wien-Brücke) ‖ ≎ **changer*** (Elec Eng) / Frequenzumformer m, Frequenzwandler m, Periodenwandler m (eine Wechselstrommaschine) ‖ ≎ **changer*** (Telecomm) / selbstschwingende Mischstufe, Mischröhre f

**frequency-changing stage** (Radio) / Mischstufe f (bei einem Superhet)

**frequency characteristic** (Elec) / Frequenzcharakteristik f (grafische Darstellung des Frequenzganges), Frequenzkennlinie f ‖ ≎ **comparator** (Elec Eng, Telecomm) / Frequenzvergleicher m ‖ ≎ **comparison** (Elec Eng, Telecomm) / Frequenzvergleich m ‖ ≎ **constancy** (Electronics) / Frequenzkonstanz f (z.B. bei den Oszillatoren) ‖ ≎ **control** (Elec Eng) / Frequenzüberwachung f ‖ ≎ **control** (Elec Eng) / Frequenzregelung f, Frequenzregelung f ‖ ≎ **control loop** (Automation, Elec Eng) / Frequenzregelkreis m ‖ ≎ **conversion** (Elec Eng) / Frequenzwandlung f, Frequenzumsetzung f, Frequenzumformung f, Konversion f (Verschiebung eines Frequenzbandes durch Mischen mit einer Hilfsfrequenz und durch Aussieben des Summen- oder Differenzfrequenzbandes) (DIN 45021) ‖ ≎ **converter** (Elec Eng) / Frequenzwandler n, Frequenzumformer m ‖ ≎ **counter*** (Elec Eng) / Frequenzzähler m ‖ ≎ **counter** (Stats) / Häufigkeitszähler m ‖ ≎ **coverage** (Telecomm) / erfasster Frequenzbereich ‖ ≎ **curve** (Stats) / Häufigkeitskurve f ‖ ≎ **demultiplication*** (Telecomm) / Frequenzuntersetzung f, Frequenzteilung f ‖ ≎ **density** (Stats) / Häufigkeitsdichte f (Verhältnis der relativen Häufigkeit zur entsprechenden Klassenweite) ‖ ≎ **departure*** (Telecomm) / Frequenzabweichung f

**frequency-dependent** adj (Elec Eng) / frequenzabhängig adj

**frequency deviation*** (Radio, Telecomm) / Frequenzhub m (DIN 45021) ‖ ≎ **deviation** (Telecomm) / Frequenzabweichung f ‖ ≎ **discriminator*** (Radio) / Frequenzmodulationsdetektor m, Demodulator m für Frequenzmodulation ‖ ≎ **distance** (Telecomm) / Frequenzabstand m ‖ ≎ **distortion*** (Acous, Elec) / Verzerrung f II. Art ‖ ≎ **distortion** (Telecomm) / Frequenzverzerrung f ‖ ≎ **distribution*** (Elec Eng) / Frequenzverteilung f ‖ ≎ **distribution** (Stats) / Häufigkeitsverteilung f ‖ ≎ **diversity** (Radar) / Frequenzwechselbetrieb m, Mehrfrequenzbetrieb m, Multifrequenzbetrieb m ‖ ≎ **diversity*** (Radio) / Frequenzdiversität f, Frequenzdiversity f

**frequency-diversity radar** (Radar) / Frequenzwechselradar m n ‖ ≎ **reception** (Radio) / Frequenzdiversityempfang m

**frequency divider** (Telecomm) / Frequenzteiler m (DIN 40146, T 1), Frequenzuntersetzer m, Frequenzdividierer m

**frequency-dividing network** (Radio, TV) / Frequenzweiche f (eine aus Filtern bestehende Anordnung - z.B. Antennenweiche oder Diplexer)

**frequency division*** (Telecomm) / Frequenzuntersetzung f, Frequenzteilung f

**frequency-division mode** (Telecomm) / Frequenzgetrenntlageverfahren n ‖ ≎ **multiple access** (Telecomm) / Vielfachzugriff m im Frequenzmultiplex, Vielfachzugriff m mit Frequenzteilung ‖ ≎ **multiplex*** (Telecomm) / Frequenzmultiplex n (Bündelung von mehreren gleichartigen Signalen in einem Multiplexsystem)

**frequency**•**-division multiplexing** (Telecomm) / Frequenzmultiplex n (Bündelung von mehreren gleichartigen Signalen in einem Multiplexsystem) ‖ ≎ **domain** (Spectr) / Frequenzdomäne f ‖ ≎ **domain** (Telecomm) / Frequenzbereich m (Wellenlängenbereich) ‖ ≎ **domain analysis** (Telecomm) / Frequenzbereichsanalyse f ‖ ≎ **doubler*** (Telecomm) / Frequenzverdoppler m, Frequenzdoppler m ‖ ≎ **doubling*** (Telecomm) / Frequenzverdoppelung f, Frequenzdopplung f, Frequenzverdopplung f ‖ ≎ **drift*** (Telecomm) / Frequenzdrift f, Weglaufen m der Frequenz ‖ ≎ **factor*** (Chem) / präexponentieller Faktor (in der Arrhenius-Gleichung), Frequenzfaktor m (der präexponentielle Faktor in der Arrhenius-Gleichung), Aktionskonstante f (der präexponentielle Faktor in der Arrhenius-Gleichung) ‖ ≎ **factor** (Stats) / Häufigkeitsfaktor m ‖ ≎ **filter** (Electronics) / Frequenzfilter n (eine Schaltung, die für ein bestimmtes Frequenzband durchlässig ist und die übrigen Frequenzen sperrt - DIN 40146, T 1) ‖ ≎ **fluctuation**

(Telecomm) / Frequenzschwankung f ‖ ~ **flutter** (Telecomm) / Frequenzschwankung f ‖ ~ **function*** (Stats) / Wahrscheinlichkeitshäufigkeitsfunktion f, Häufigkeitsfunktion f ‖ ~ **hopping** (Telecomm) / Frequenzsprungverfahren n (automatischer, kodierter Frequenzwechsel zur Verschleierung des Funkverkehrs), Frequenzspringen n, Fs (Frequenzsprungverfahren)
**frequency-independent** adj (Elec Eng) / frequenzunabhängig adj
**frequency interval** (Telecomm) / Frequenzintervall n ‖ ~ **interval** (Telecomm) / Frequenzabstand m ‖ ~ **meter*** (Elec Eng) / Frequenzmesser m
**frequency-modulated continuous-wave radar** (Radar) / FM-CW-Radar m n (Dauerstrichradar mit Frequenzmodulation der hochfrequenten Schwingung, bei dem neben Richtung und Radialgeschwindigkeit auch die Entfernung eines Zieles bestimmt werden kann) ‖ ~ **cyclotron*** (Nuc Eng) / frequenzmoduliertes Zyklotron, Synchrozyklotron n (ein Teilchenbeschleuniger), Phasotron n ‖ ~ **pulse train** (Telecomm) / frequenzmodulierter Puls (DIN 5483, T 1) ‖ ~ **radar** (Radar) / frequenzmoduliertes Radar, FM-Radar m n (Radarsystem mit Frequenzmodulation)
**frequency modulation*** (Radio) / Frequenzmodulation f, FM (Frequenzmodulation) ‖ ~ **monitor*** (Elec Eng) / Frequenzkontrollgerät n ‖ ~ **multiplexing** (Telecomm) / Frequenzmultiplex n (Bündelung von mehreren gleichartigen Signalen in einem Multiplexsystem) ‖ ~ **multiplication** (Electronics, Telecomm) / Frequenzvervielfachung f ‖ ~ **multiplier*** (Electronics, Telecomm) / Frequenzvervielfacher m (DIN 40146, T 1) ‖ ~ **of delivery** / Lieferhäufigkeit f, Lieferfrequenz f ‖ ~ **of errors** / Fehlersatz m, Fehlerrate f (die auf ein Zeitintervall bezogene Fehlerquote), Fehlerhäufigkeit f ‖ ~ **of flights** (Aero) / Flugfrequenz f ‖ ~ **offset** (Telecomm) / Frequenzversatz m ‖ ~ **of hyphenation** (Comp, Typog) / Trennhäufigkeit f, Häufigkeit f der Worttrennungen ‖ ~ **of unity** (Electronics) / Einsfrequenz f (Frequenz bei Stromverstärkung 1) ‖ ~ **pitch** (Acous) / Frequenztonhöhe f (Maß der Tonhöhe nach DIN 1320) ‖ ~ **polygon** (Maths, Stats) / Häufigkeitspolygon n (die aus geraden Stücken bestehende Verbindung der Endpunkte der über den Klassenmitten aufgetragenen relativen oder absoluten Klassenhäufigkeiten) ‖ ~ **position** (Telecomm) / Frequenzlage f (die Lage einer mittleren Frequenz im verwendeten Wellenbereich) ‖ ~ **pulling** (Telecomm) / Frequenzauswanderung f ‖ ~ **pushing** (Telecomm) / Frequenzziehen n ‖ ~ **range** (Telecomm) / Frequenzbereich m (Wellenlängenbereich) ‖ ~ **ratio** (Telecomm) / Frequenzverhältnis n (DIN 13320) ‖ ~ **response** (Acous) / Frequenzbereich m (von Mikrofonen und Lautsprechern) ‖ ~ **response*** (Phys) / Frequenzgang m (DIN 19226), Frequenzverhalten n
**frequency-response analysis** (Acous, Phys) / Frequenzganganalyse f ‖ ~ **plot** (Phys) / Frequenzgangdarstellung f (als Diagramm)
**frequency reusing** (Telecomm) / Frequenzwiederverwendung f (in einem Satelliten) ‖ ~ **run** (Telecomm) / Messreihe f zur Ermittlung der Frequenzabhängigkeit ‖ ~ **scanning** (Radio) / Frequenzabtastung f ‖ ~ **selection** (Telecomm) / Frequenzwahl f
**frequency-selective** adj (Elec Eng) / frequenzselektiv adj
**frequency•-shift keying*** (Comp, Telecomm) / Frequenzumtastung f (digitale Frequenzmodulation - Trägersignal: Sinus, modulierter Parameter: Frequenz), FSK (Frequenzumtastung) ‖ ~ **slot** (Telecomm) / Frequenzschlitz m ‖ ~ **spectrum** (Electronics, Telecomm) / Frequenzspektrum n (Darstellung der Größen einzelner Teilschwingungen einer harmonischen Analyse über der Frequenz) ‖ ~ **stability** (Electronics, Telecomm) / Frequenzstabilität f ‖ ~ **stability** (Electronics, Telecomm) s. also frequency constancy
**frequency-stability criterion** (Electronics, Telecomm) / Frequenzstabilitätskriterium n
**frequency stabilization*** (Telecomm) / Frequenzstabilisierung f ‖ ~ **standard*** (Telecomm) / Frequenznormal n, Frequenzuhr f
**frequency-steered array** (Radar) / frequenzgesteuerte Gruppenantenne
**frequency sweep** (Chem) / Frequenz-Sweep m (hochauflösende NMR-Spektroskopie - konstante Feldstärke, variable Frequenz) ‖ ~ **sweeping** (Phys) / Frequenzdurchlauf m (in der magnetischen Kernresonanz) ‖ ~ **swing** (Telecomm) / Frequenzhub m Spitze-Spitze ‖ ~ **synthesis** (Electronics) / Frequenzsynthese f ‖ ~ **synthesizer** (Elec Eng, Electronics) / Synthesizer m (zur Erzeugung sehr reiner, sinusförmiger Wechselspannungen), Frequenzsynthesizer m, Normalfrequenzgenerator m (mit Frequenzsynthese) (Schaltung zur Erzeugung von Schwingungen sehr hoher Frequenzkonstanz und sehr geringen Oberwellen- und Nebenwellengehaltes), Synthetisator m
**frequency-time modulation** (Radio) / Frequenz-Zeit-Modulation f
**frequency tolerance*** (Radio, Telecomm) / Frequenztoleranz f, Frequenz-Grenzabweichung f

**frequency-to-voltage converter** (Elec Eng) / Frequenz-Spannung-Wandler m
**frequency transformation** (Elec Eng) / Frequenzwandlung f, Frequenzumsetzung f, Frequenzumformung f, Konversion f (Verschiebung eines Frequenzbandes durch Mischen mit einer Hilfsfrequenz und durch Aussieben des Summen- oder Differenzfrequenzbandes) (DIN 45021) ‖ ~ **transformer*** (Elec Eng) / Frequenzumformer m, Frequenzwandler m, Periodenwandler m (eine Wechselstrommaschine) ‖ ~ **translation** (Comp) / Frequenzumsetzung f (eines Kanals oder einer Gruppe von Kanälen) ‖ ~ **tripler*** (Telecomm) / Frequenzverdreifacher m ‖ ~ **tripling** (Telecomm) / Frequenzverdreifachung f ‖ ~ **variation** (Telecomm) / Frequenzschwankung f
**frequency-weighting network** (Acous) / Ohrkurvenfilter n, Frequenzbewertungsfilter n
**frequently asked questions** (a document listing common questions and answers on a particular subject) (Comp) / FAQs pl (häufig gestellte Fragen), häufig gestellte Fragen
**fresco*** n (pl. -s or -es) (Paint) / Freskomalerei f ‖ ~ (Textiles) / Fresko m (ein in Tuch- oder Scheindreherbindung gewebter leichter Kammgarn- oder Streichgarnstoff)
**fresh** adj / frisch adj, Frisch- ‖ ~ (For) / waldfrisch adj (nass), grün adj (Holz, meistens mit hohem Feuchtegehalt - bis 50%) ‖ ~ (Mining) / grubenfeucht adj, bergfeucht adj ‖ ~ (Nut) / ungesalzen adj (Butter) ‖ ~ **acid** (Chem) / frische Säure ‖ ~ **air** / Frischluft f, frische Luft ‖ ~ **air** (Mining) / frische Wetter (Frischwetterstrom), Frischwetter n pl (deren Qualität der Zusammensetzung von Luft nahe kommt)
**fresh-air baffle** / Frischluftblende f
**fresh-air breathing apparatus** (Mining) / Schlauchgerät n (Druckschlauchgerät, Saugschlauchgerät), Frischluftgerät n
**fresh-air cooling** (Elec Eng) / Frischluftkühlung f (bei der die kühlende Luft ständig erneuert wird) ‖ ~ **heating** (Autos) / Frischluftheizung f ‖ ~ **inlet** (Eng, San Eng) / Frischluftzufuhr f ‖ ~ **preheating** (Heat Eng) (DIN 64 990) ‖ ~ **supply** / Frischluftzufuhr f ‖ ~ **vent** (Autos) / Frischluftdüse f
**fresh breeze** (Meteor) / frische Brise (Baufortgrad 5) ‖ ~ **butter** (Nut) / ungesalzene Butter ‖ ~ **catalyst** (Autos) / frischer Katalysator ‖ ~ **charge** (I C Engs) / Frischladung f, Frischgasfüllung f ‖ ~ **concrete** (Civ Eng) / junger Beton, Frischbeton m (der verarbeitet werden kann - DIN 1048-1)
**fresh-cut fruits** (Nut) / Frischobst n, frisches Obst
**freshen** v (For) / nachröten v (Lachte zur Harzgewinnung) ‖ ~ vi / frisch werden ‖ ~ vt / erfrischen v ‖ ~ / Frischwasser bereiten
**freshening** n (Ecol) / Zugabe f von Süßwasser (Frischwasser) ‖ ~ (Textiles) / Schärfen n (der Flotte) ‖ ~ **tool** (For) / Röteeisen n (zur Anlage von Lachten)
**freshet** n (Hyd Eng) / Hochwasser n, Überschwemmung f, Flut f
**fresh-fallen snow** (Meteor) / Neuschnee m
**fresh-frozen** adj (Nut) / in frischem Zustand eingefroren
**fresh fruits** (Nut) / Frischobst n, frisches Obst ‖ ~ **gale** (Meteor) / stürmischer Wind (Windstärke 8 nach der Beaufort-Skala) ‖ ~ **gas** / Frischgas n ‖ ~ **grease** (Eng) / Neufett n (ein Schmierfett) ‖ ~ **hide** (Leather) / frisch abgezogene Haut ‖ ~ **lining** (Met) / Neuausleidung f, Neuzustellung f (des Schmelzofens)
**freshly cut** (For) / frisch geschlagen adj, frisch gefällt adj (Baum), frisch eingeschlagen (Rohholz) ‖ ~ **felled** (For) / frisch geschlagen adj, frisch gefällt adj (Baum), frisch eingeschlagen (Rohholz) ‖ ~ **mined** (Mining) / grubenfeucht adj, bergfeucht adj ‖ ~ **mined coal** s. also run-of-mine coal ‖ ~ **mixed concrete** (Civ Eng) / junger Beton, Frischbeton m (der verarbeitet werden kann - DIN 1048-1)
**fresh meat** (Nut) / Frischfleisch n ‖ ~ **milk** (Nut) / Frischmilch f
**freshness date** (Nut) / Frischedatum n ‖ ~ **dating** (Nut) / Angabe f des Frischedatums ‖ ~ **index** (Nut) / Frischindex m ‖ ~ **sensor** (Nut) / Frischesensor m (Enzymelektrode zur Bestimmung des Frischezustandes von Fisch)
**fresh oil** (Eng) / Frischöl n ‖ ~ **oxide** (Chem Eng) / frische Reinigungsmasse (zur chemischen Reinigung der Gase) ‖ ~ **pasta** (Nut) / Frischteigware f (als ungetrocknete Handelsware) ‖ ~ **rock** (Geol) / nicht verwittertes Gestein ‖ ~ **rock** (Mining) / bergfeuchtes Gestein ‖ ~ **sand** (Foundry) / Neusand m, Frischsand m ‖ ~ **sludge** (San Eng) / Frischschlamm m ‖ ~ **sludge** (San Eng) s. also primary sewage sludge ‖ ~ **snow** (Meteor) / Neuschnee m ‖ ~ **water** (Eng) / Frischwasser n (das neu in die Fabrikation eingeleitet wird) ‖ ~ **water** (San Eng) / Süßwasser n (salzarmes Wasser der Binnengewässer und Niederschläge) ‖ ~ **water** (Ships) / Frischwasser n
**freshwater lake** (Geol) / Süßwassersee m ‖ ~ **limestone** (Geol) / Süßwasserkalk m
**fresh weight** (For) / Frischmasse f (des gefällten Holzes in kg)
**fresnel*** n (Elec) / Terahertz n, THz ($10^{12}$ Hz), Fresnel n (veraltete Einheit) ‖ ~ (Optics, Photog) / Fresnel'sche Stufenlinse, Fresnel-Linse f, Stufenlinse f (nach Fresnel) ‖ ~ **diffraction*** (Optics) / Fresnel-Beugung f, Fresnel'sche Beugung (nach A.J. Fresnel,

**Fresnel**

1788-1827) ‖ ~ **diffraction pattern** (Optics) / Fresnel-Beugungsmuster *n* ‖ ~ **double mirror** (Optics) / Fresnel-Spiegel *m* ‖ ~ **ellipsoid**\* (Crystal) / Fresnel'sches Ellipsoid, Strahlenellipsoid *n* ‖ ~ **equation** (Optics) / Fresnel'sche Formel ‖ ~ **integral** (Maths) / Fresnel'sches Integral

**fresnelized field flattener** (Optics) / Bildfeldebnugslinse *f* mit Fresnel-Stufen

**Fresnel lens**\* (Optics, Photog) / Fresnel'sche Stufenlinse, Fresnel-Linse *f*, Stufenlinse *f* (nach Fresnel) ‖ ~ **mirror** (Optics) / Fresnel-Spiegel *m* ‖ ~ **pattern** (Optics) / Fresnel-Beugungsmuster *n* ‖ ~ **reflectance loss** (Optics) / Fresnel-Verluste *m pl* (auf Grund von Reflexionen an optischen Grenzflächen) ‖ ~ **reflection** (Optics) / Fresnel-Reflexion *f* ‖ ~ **reflection losses** (Optics) / Fresnel-Verluste *m pl* (auf Grund von Reflexionen an optischen Grenzflächen) ‖ ~ **region**\* (Radio) / Nahfeld *n*, Fresnel'sches Gebiet, Fresnel-Region *f*, Fresnel-Bereich *m*

**Fresnel's biprism**\* (Optics) / Fresnel-Biprisma *n* (ein gleichschenkliges Prisma mit einem brechenden Winkel von nahezu 180°), Biprisma *n* von Fresnel, Fresnel'sches Doppelprisma, Doppelprisma *n* nach Fresnel ‖ ~ **rhomb**\* (Optics) / Fresnel'sches Parallelepiped

**Fresnel zone**\* (Light, Optics, Radar) / Fresnel'sche Zone (bei Beugungserscheinungen), Fresnel-Zone *f*

**fret** *v* (Ships) / schamfilen *v* (wenn sich belastete Leinen oder Ketten an Gegenständen scheuern) ‖ ~ *n* (Arch) / Rippen *f pl* (des gotischen Gewölbes) ‖ ~ (Arch) / Mäander *m* (fortlaufendes Ornament mit rechtwinkliger Richtungsänderung - wenn Mäanderformen überlagert sind, ergibt sich im Kern des Ornaments die Grundform des Hakenkreuzes) ‖ ~ (Arch) s. also fretwork and guilloche

**fretsaw**\* *n* (Join, Tools) / Laubsäge *f* (eine Handsäge), Marketeriesäge *f* ‖ ~ **blade** (Join) / Laubsägeblatt *n*

**fretted lead**\* (Arch) / Bund *m* (Kreuzbund, Stoßbund - bei der Bleiverglasung)

**fretting** *n* (Civ Eng) / Straßenaufbruch *m* (Zerbröckeln der Oberfläche nach dem Versagen des Bindemittels) ‖ ~ (Eng, Phys) / Abrieb *m* (bei Reibungspartner auftretender Verschleiß), Reibungsverschleiß *m*, Reibungsverschleiß *m* ‖ ~ **corrosion**\* (corrosion resulting from fretting) / Passflächenkorrosion *f* (mechanisch-chemischer Verschleißprozess), Reibkorrosion *f* (tribochemische Reaktion an Passungsflächen mit kleiner, schwingender Relativbewegung der Partner unter Luftzutritt), Reibungskorrosion *f*, Reiboxidation *f* (in sauerstoffhaltiger Atmosphäre), Fraßkorrosion *f*, Fretting-Korrosion *f*, Tribokorrosion *f* ‖ ~ **corrosion** s. also wear corrosion ‖ ~ **fatigue** (Eng, Materials) / Reibeermüdung *f* ‖ ~ **rust** (Eng) / Passungsrost *m* (an Passflächen von Eisenwerkstoffen durch Reibkorrosion entstandener Rost), Reibrost *m* ‖ ~ **wear** / Schwingungsverschleiß *m* (mechanischer Verschleißprozess bei sich berührenden Körpern mit oszillierender Relativbewegung kleiner Amplitude), Schwingverschleiß *m*

**fretwork** *n* (Arch) / Rippen *f pl* (des gotischen Gewölbes) ‖ ~\* (Arch) / Bleiverglasung *f* mit rautenförmigen Bleifeldern ‖ ~ (Join) / Laubsägearbeit *f*

**Fretz-Moon process** (a pipe- and tubing fabrication method) (Welding) / Fretz-Moon-Verfahren *n* (ein Rohrschweißverfahren)

**Freundlich's adsorption isotherm**\* (Chem) / Freundlich'sche Adsorptionsisotherme (nach H.M.F. Freundlich, 1880-1941)

**Freund's acid** (Chem) / Freund'sche Säure (eine Naphthylaminsulfonsäure)

**Freyssinet**\* *n* (Civ Eng) / Freyssinet-Vorspannmethode *f* (nach E. Freyssinet, 1879-1962)

**friability** *n* / Bröckligkeit *f* ‖ ~ (Paint, Pharm) / Zerreibbarkeit *f*, Anreibbarkeit *f*

**friable**\* *adj* / bröcklig *adj*, mürbe *adj* ‖ ~ / zerreibbar *adj*, anreibbar *adj*, zerreiblich *adj* ‖ ~\* (Mining) / spröde *adj*, gebräch *adj* (leicht in kleinere Stücke zerfallend), leicht hereinbrechend (wenig standfest) ‖ ~ **ampoule** (Glass, Med) / Brechampulle *f*

**friar**\* *n* (Typog) / graugedruckter Bogen

**friar's cap** (Bot, Pharm) / Blauer Eisenhut (Aconitum napellus L.)

**Fricke dosimeter** (Chem, Nuc, Radiol) / Fricke-Dosimeter *n* (ein chemisches Dosimeter)

**friction** *v* (Chem Eng) / friktionieren *v* (eine dünne Kautschukschicht in die Zwischenräume eines Gewebes mittels Friktion auf einem Kalander einpressen) ‖ ~ s. also calender friction coat ‖ ~ *n* (Eng) / Kunststoffumkleidung *f* (des textilen Gurtbands) ‖ ~\* (Phys) / Reibung *f*, Friktion *f* ‖ ~ (Plastics) / Friktion *f* (Verhältnis der Oberflächengeschwindigkeit korrespondierender Walzenballen an Mischwalzwerken und Kalandern)

**frictional** *adj* (Agric, Civ Eng) / kohäsionslos *adj*, nicht bindig *adj*, nichtbindig *adj* (Boden nach DIN 1054), leicht *adj*, krümelig *adj* (Boden) ‖ ~ (Eng, Mech) / kraftschlüssig *adj*, reibschlüssig *adj* ‖ ~ (Phys) / Reib-, Reibung(s)- ‖ ~ **calender** (Chem Eng, Paper, Textiles) / Friktionskalander *m* (z.B. zur Satinage des Papiers nach DIN 64 990), Glanzkalander *m* (zur Hochglanzausrüstung) ‖ ~ **clutch** (Eng) /

reibschlüssige Schaltkupplung, Reibkupplung *f*, Friktionskupplung *f* (drehmomentgeschaltete Kupplung), Reibungskupplung *f* ‖ ~ **compatibility** (Eng) / Verträglichkeit *f* (Fähigkeit eines Lagerwerkstoffs, Adhäsion mit dem Wellenwerkstoff zu vermindern) ‖ ~ **conformability** (Eng) / Anpassungsfähigkeit *f* (Fähigkeit eines Lagerwerkstoffs, anfängliche Anpassungsmängel der sich berührenden Oberflächen durch elastische und plastische Verformung zu kompensieren) ‖ ~ **contact** (Mech) / Reibschluss *m* (in der Kinematik) ‖ ~ **couple** (Mech) / Reibungspartner *m pl*, Reibpaarung *f* ‖ ~ **damper** (Eng) / Reibungsdämpfer *m* ‖ ~ **drag** (Aero, Phys) / Reibungswiderstand *m* (bei sehr schlanken und stromlinienförmigen Körpern), durch Luftreibung bewirkter Widerstand, Oberflächenwiderstand *m*, Schubwiderstand *m* ‖ ~ **electricity**\* (Elec Eng) / Reibungselektrizität *f*, Triboelektrizität *f* (entgegengesetzte Aufladung zweier elektrisch nicht leitender Körper durch Reibung) ‖ ~ **force** (Phys) / Reibkraft *f*, Reibungskraft *f* (im Allgemeinen) ‖ ~ **gearing** (Eng) / Reibradgetriebe *n*, Reibgetriebe *n*, Reibrädergetriebe *n* ‖ ~ **grip** (Eng) / Umschlingungsreibung *f* (bei Hüllgetrieben) ‖ ~ **heat** (Phys) / Reibungswärme *f* ‖ ~ **heating** (Phys) / reibungsbedingte Erwärmung ‖ ~ **machine**\* (Elec Eng) / Reibungselektrisiermaschine *f* ‖ ~ **polymer** (Chem) / Friktionspolymer *n*, Reibungspolymer *n* ‖ ~ **unemployment** / friktionelle Arbeitslosigkeit (die mit dem Wechsel des Arbeitsplatzes verbunden ist) ‖ ~ **wear** (Eng, Phys) / Abrieb *m* (bei Reibungspartner auftretender Verschleiß), Reibverschleiß *m*, Reibungsverschleiß *m* ‖ ~ **wheel** (Eng) / Reibrad *n*, Friktionsrad *n*, Reibungsrad *n* ‖ ~ **work** (Mech) / Reibarbeit *f*

**friction and wear tester** (Materials) / Reib- und Verschleiß-Prüfstand *m* ‖ ~ **and windage loss**\* (Elec Eng) / Luft- und Lagerreibungsverluste *m pl* ‖ ~ **angle** (the angle that the resultant force makes to the normal to the surface over which a body is sliding when friction is present) (Phys) / Reibungswinkel *m* (im Allgemeinen) ‖ ~ **block** (Autos) / Bremsklotz *m* (der Außenbackenbremse) ‖ ~ **brake** (Eng) / Reibungsbremse *f* ‖ ~ **calender** (Chem Eng, Paper, Textiles) / Friktionskalander *m* (z.B. zur Satinage des Papiers nach DIN 64 990), Glanzkalander *m* (zur Hochglanzausrüstung) ‖ ~-**clutch**\* *n* (Eng) / reibschlüssige Schaltkupplung, Reibkupplung *f*, Friktionskupplung *f* (drehmomentgeschaltete Kupplung), Reibungskupplung *f* ‖ ~ **coefficient** (Materials) / Reibungsbeiwert *m*, Reibungskoeffizient *m*, Reibungsfaktor *m* ‖ ~ **coefficient** (Phys) / Reibungszahl *f* (Verhältnis der Reibungskraft zur Normalkraft), Reibungskoeffizient *m*, Reibzahl *f* ‖ ~ **cone** (Phys) / Reibungskegel *m* (der im Berührungspunkt der sich reibenden Körper den halben Öffnungswinkel mit der Normale bildet) ‖ ~ **couple** (Mech) / Reibungspartner *m pl*, Reibpaarung *f* ‖ ~ **debarker** (For) / Reibungsentrinder *m*, Friktionsentrinder *m* ‖ ~ **disk** (Autos, Eng) / Reibscheibe *f* (der Trockenkupplung), Kupplungsscheibe *f* (Mitnehmerscheibe bei Trockenkupplungen)

**friction-disk differential** (Autos) / selbsthemmendes Differential, Lamellensperrdifferential *n*, automatisches (selbstsperrendes) Differential, Reibscheiben-Sperrdifferential *n*

**friction draw-texturing machine** (Textiles) / Recktexturiermaschine *f* ‖ ~ **drive**\* (Eng) / Reibantrieb *m*, Reibtrieb *m* (mit dem Reibrad, mit der Reibscheibe), Friktionsantrieb *m*, Friktionstrieb *m*

**friction-driven** *adj* (Eng) / mit Reibantrieb

**friction energy** (Phys) / Reib(ungs)leistung *f*, Verlustleistung *f* durch Reibung, Reibungsenergie *f* ‖ ~ **error** (Instr) / Umkehrspanne *f* (quantitatives Maß für die Hysterese eines Messgerätes nach DIN 1319, T 1) ‖ ~ **feed**\* (Comp) / Friktionsführung *f* (des Papiers), Papiertransport *m* über Reibrollen ‖ ~ **force** (Phys) / Reibkraft *f*, Reibungskraft *f* (im Allgemeinen) ‖ ~ **gear**\* (Eng) / Reibradgetriebe *n*, Reibgetriebe *n*, Reibrädergetriebe *n* ‖ ~ **gearing** (Eng) / Reibradgetriebe *n*, Reibgetriebe *n*, Reibrädergetriebe *n* ‖ ~ **glazing**\* (Paper) / Friktionsglättung *f*, Friktionierung *f*

**friction-glazing calender** (Chem Eng, Paper, Textiles) / Friktionskalander *m* (z.B. zur Satinage des Papiers nach DIN 64 990), Glanzkalander *m* (zur Hochglanzausrüstung)

**friction grease** / Starrschmiere *f* ‖ ~ **grip** (Eng) / Reibschluss *m* (z.B. des Riemens)

**friction-grip** *attr* (Eng) / gleitfest *adj*, hochfest vorgespannt ‖ ~ **bolt** (Eng) / gleitfeste Schraube, hochfest vorgespannte Schraube, HV-Schraube *f*

**friction head** (Cinema) / Friktionskopf *m* (ein Stativkopf) ‖ ~ **head** (Hyd) / Druckabfall *m*, Druckverlust *m* ‖ ~ **head** (Hyd) / Reibungshöhe *f*, Reibungsverlusthöhe *f*, Widerstandshöhe *f* ‖ ~ **heat** (Phys) / Reibungswärme *f* ‖ ~ **horsepower**\* (Eng) / Reib(ungs)leistung *f* (in PS) ‖ ~ **layer** (Aero, Phys) / Randschicht *f*, Reibungsschicht *f*, Wandschicht *f* ‖ ~ **layer** (Meteor) / s. also Ekman layer ‖ ~ **layer**\* (Meteor) / planetarische Grenzschicht, atmosphärische Grenzschicht (die unterste Schicht im Aufbau der Atmosphäre, in der aufgrund der Rauigkeit der Erdoberfläche und

der daraus resultierenden Reibung eine ungeordnete turbulente Strömung vorherrscht)
**frictionless** adj (Phys) / reibungsfrei adj, reibungslos adj ‖ ~ **flow** (Phys) / reibungsfreie Strömung, ideale Strömung ‖ ~ **joint** (Eng) / reibungsfreies Gelenk
**friction lining** (Eng) / Reibbelag m (der Kupplung) ‖ ~ **loss**\* (Elec Eng, Eng, Hyd) / Reibungsverlust m ‖ ~ **material** (Eng, Materials) / Reibbelagwerkstoff m, Friktionsmaterial n, Friktionswerkstoff m ‖ ~ **metal** (Eng) / Friktionslagermetall n (Kupferlegierung zur Herstellung von Lagerschalen für Gleitlager) ‖ ~ **modifier** (Eng) / Reibwertminderer m ‖ ~ **of rest** (Phys) / Haftreibung f (maximale, nach deren Überschreiten gerade das Gleiten eintritt), Ruhereibung f (zwischen ruhenden Körpern), Reibung f der Ruhe, statische Reibung, ruhende Reibung ‖ ~ **on a wedge** (Phys) / Reibung f am Keil, Keilreibung f ‖ ~ **oxidation** / Passflächenkorrosion f (mechanisch-chemischer Verschleißprozess), Reibkorrosion f (tribochemische Reaktion an Passungsflächen mit kleiner, schwingender Relativbewegung der Partner unter Luftzutritt), Reibungskorrosion f, Reiboxidation f (in sauerstoffhaltiger Atmosphäre), Fraßkorrosion f, Fretting-Korrosion f, Tribokorrosion f ‖ ~ **pile**\* (Civ Eng) / schwebender Pfahl, Reibungspfahl m, Haftpfahl m (der die Last überwiegend durch die Mantelreibung am Pfahlumfang auf die umgebenden Schichten überträgt) ‖ ~ **polymer** (Chem) / Friktionspolymer n, Reibungspolymer m ‖ ~ **polymerization** (Chem) / Friktionspolymerisation f, Reibungspolymerisation f ‖ ~ **post** (Mining) / Reibungsstempel m (zweiteiliger Metallstempel für Grubenausbau, nach DIN 21561) ‖ ~ **power** (Phys) / Reib(ungs)leistung f, Verlustleistung f durch Reibung, Reibungsenergie f ‖ ~ **ratio** (Chem Eng, Paper, Textiles) / Friktionsverhältnis n (z.B. bei Kalandern) ‖ ~ **reducer** (Autos, Eng) / Reibungsminderer m (ein Schmierstoffadditiv), reibungsminderndes Additiv (zwischen Kolbenring und Zylinder)
**friction-reducing** adj (Phys) / reibungsmindernd adj (z.B. Schmierstoffadditiv) ‖ ~ **additive** (Oils) / fressverhindernder Zusatz (bei Schmierölen), Verschleißschutzadditiv n (bei Schmierölen), Verschleißschutzzusatz m, verschleißhemmender Zusatz, Antiverschleißadditiv n, Antiverschleißwirkstoff m
**friction saw** (Tools) / Schnelltrennsäge f, Reibsäge f, Schnellreibsäge f, Reibscheibensäge f ‖ ~ **sawing** (Eng) / Schmelzbandsägen n (bei dem der Werkstoff durch die in der Schnittzone erzeugte Reibwärme zum Schmelzen gebracht wird), Reibscheibensägen n, Reibsägen n, Reibtrennen n, Reibungssägen n (DIN 8590) ‖ ~ **tape** (US) (Elec Eng) / Isolierband n (pl. Isolierbänder) ‖ ~ **test** (Materials) / Prüfung f auf Abriebfestigkeit, Abreibungsversuch m, Abriebprüfung f
**friction-type calender** (Chem Eng, Paper, Textiles) / Friktionskalander m (z.B. zur Satinage des Papiers nach DIN 64 990), Glanzkalander m (zur Hochglanzausrüstung) ‖ ~ **connexion** (Eng, Mech) / Kraftschluss m (z.B. zweier Getriebeglieder), Reibschluss m ‖ ~ **electrostatic machine** (Elec Eng) / Reibungselektrisiermaschine f
**friction welding** (Plastics) / Reibschweißen n ‖ ~ **welding**\* (Welding) / Reibungsschweißen n, Reibschweißen n (bei rotationssymmetrischen Teilen) ‖ ~ **work** (Mech) / Reibarbeit f
**frictive track** (Eng, Materials) / Reibspur f (als Bearbeitungsfehler)
**fridge** n (Eng) / Kühlschrank m
**Friedel and Crafts' synthesis**\* (Chem) / Friedel-Crafts-Reaktion f (nach Ch. Friedel, 1832-1899, und J.M. Crafts, 1839-1917)
**Friedel-Crafts reaction** (Chem) / Friedel-Crafts-Reaktion f (nach Ch. Friedel, 1832-1899, und J.M. Crafts, 1839-1917)
**Friedel's law** (Crystal) / Friedel'sche Regel ≃ **salt** (Chem, Civ Eng) / Friedel'sches Salz (schwer lösliches Monochlorid, das sich unter dem Einfluss von Chloridlösungen aus dem Monosulfat, einem Reaktionsprodukt der Aluminate des Zements mit Sulfat, im Beton bilden kann)
**Friedmann time** (Astron) / Friedmann-Zeit f, Fridman-Zeit f (die seit dem Beginn der Expansion des Weltalls vergangene Zeit, wenn man eine verzögerte /nichtlineare/ Expansion, d.h. eine abnehmende Expansionsgeschwindigkeit zugrunde legt) ‖ ≃ **universe** (Astron) / Friedmann-Universum n, Fridman-Universum n (nach A.A. Fridmann, 1888-1925)
**friendly numbers**\* (Maths) / befreundete Zahlen (zwei natürliche Zahlen a, b, deren Teilersummen $\sigma$ (a), $\sigma$ (b) die Gleichung $\sigma$ (a) = $\sigma$ (b) = a + b erfüllen), verwandte Zahlen
**Fries rearrangement** (Chem) / Fries-Umlagerung f (nach K. Fries, 1875 - 1962)
**frieze** v (Textiles) / ratinieren v (den Rauflor mechanisch behandeln, um örtliche Effekte zu erzielen) ‖ ~\* n (Arch, Build) / Fries m (z.B. des antiken Tempels) ‖ ~\* (Textiles) / Flausch m (ein Streichgarnstoff) ‖ ~ (Textiles) / Frisé n (ein Damenkleiderstoff mit Schlingenzwirn) ‖ ~ (Textiles) / Frisé n (ein Polgewebe mit unaufgeschnittenem Flor; auch als Möbelbezugstoff) ‖ ~ (Textiles) / Fries m, Friese f (schweres Gewebe, vor allem für Tür- und Fensterabdichtungen) ‖ ~ **flannel** (Textiles) / Flauschflanell m
**friezing machine** (Textiles) / Ratiniermaschine f (zum Zusammendrehen einer Raudecke von Wollgeweben zu Knötchen bzw. Nöppchen oder zum Zusammenschieben der Fasern zu gereihten Wellen)
**frigate** n (Mil, Ships) / Fregatte f
**Frigen** n / Frigen n (halogenierter Kohlenwasserstoff der Fa. Hoechst, der als Sicherheitskältemittel Verwendung findet)
**Frigistor** n (Electronics, Phys) / Frigistor m (ein Halbleiterkühlelement, bei dem der Peltier-Effekt ausgenutzt wird)
**frigorie** n (Phys) / Frigorie f (eine veraltete Einheit für Arbeit und Energie = 4,1855 x $10^3$ J)
**frigorifico hides** (Leather) / Frigorifico-Häute f pl, Frigorificos pl (südamerikanische Rindshäute, in Salzlake behandelt und mit festem Salz eingestreut)
**frigorimeter** n / Frigorimeter n (Gerät zur Bestimmung der Abkühlungsgröße)
**frill** v (For) / ringeln v (Bäume durch senkrecht geführte Axteinhiebe) ‖ ~ (Textiles) / rüschen v, zusammenziehen v (in Falten), zusammennähen v (in Falten), raffen v ‖ ~ (Textiles) / kräuseln v (Nähmaschine)
**frilling**\* (Photog) / Ablösen n der Emulsion, Kräuseln n der Emulsion ‖ ~ n (Textiles) / Kräuseln n, Kräuselung f (mit der Nähmaschine)
**frills, with no** ~ (Aero) / ohne besonderen Service (Flug) ‖ **with no** ~ (Build) / ohne besondere Ausstattung
**frill yarn** (Spinning) / Spiralzwirn m
**fringe** v (Textiles) / umsäumen v, säumen v ‖ ~ n (Optics, Photog, TV) / Farbsaum m (ein Fehler) ‖ ~ (Textiles) / Franse f ‖ ~ **area** / Außenbezirk m, Randgebiet n (einer Gemeinde) ‖ ~ **area**\* (Radio, TV) / Grenzgebiet n (in dem kein guter Empfang gewährleistet ist), Randgebiet n, Interferenzgebiet n (mehrerer Sender) ‖ ~ **benefit** / Sondervergünstigung f (freiwillige Leistungen zum Gehalt, z.B. in Firmenwagen) ‖ ~ **centre** (Optics) / Zentrum n des Beugungssaums ‖ ~ **contrast** (Optics) / Streifenkontrast m, Kontrast m der Interferenzstreifen ‖ ~ **contrast** (Optics) s. also fringe visibility ‖ ~ **effect** (Elec Eng) / Randeffekt m (z.B. Streufeld am Plattenkondensator) ‖ ~ **effect**\* (Photog) / Kanteneffekt m (ein Nachbareffekt), Saumeffekt m (im Entwicklungseffekt)
**fringes** pl (Light, Optics) / Interferenzerscheinungen f pl (wie Newton'sche oder Haidinger'sche Ringe, Fizeau'sche oder Herschel'sche Streifen), Interferenzringe m pl, Interferenzstreifen m pl ‖ ~ **of equal inclination** (Light, Optics) / Haidingerringe m pl (nach W.K. von Haidinger, 1795-1871) (Interferenzerscheinungen an planparallelen Platten od. Luftschichten), Haidinger'sche Ringe, Streifen m pl gleicher Neigung, Kurven f pl gleicher Neigung
**fringe time** (US) (TV) / abendliche Sendezeit vor und nach der Hauptsendezeit ‖ ~ **visibility** (Optics) / Sichtbarkeit f der Interferenzstreifen
**fringing** n (Elec Eng) / Streuung f der magnetischen Feldlinien ‖ ~ (Electronics) / Randeinschnürung f (in Transistoren) ‖ ~ (Light, Optics) / Streifenbildung f ‖ ~ (Photog, TV) / Bildung f des Farbsaums (Mangel) ‖ ~ **field** (Electronics) / Randfeld n (bei CCD-Sensoren) ‖ ~ **reef** (Geog, Geol) / Fransenriff n, Saumriff n, Strandriff n
**fringy** adj (Textiles) / fransig adj
**frisé** n (Textiles) / Frisé n (ein Damenkleiderstoff mit Schlingenzwirn) ‖ ~ (Textiles) / Frisé n (ein Polgewebe mit unaufgeschnittenem Flor; auch als Möbelbezugstoff)
**frisket** n (Ceramics) / Abdeckschablone f (z.B. für die Reservage) ‖ ~ (Photog) / Schablone f (bei der Spritzretusche) ‖ ~ (Photog) / Maske f (aus Papier, lichtundurchlässigen Metallfolien oder Filmen zum Abdecken bestimmter Teile eines Negativs oder Diapositivs während des Belichtens oder Kopierens) ‖ ~\* (Print) / Rähmchen n (der Handpresse), Handpressenrahmen m, Tiegelrähmchen n
**frisking**\* n (Nuc Eng) / Strahlungskontrolle f, Strahlungsüberwachung f
**frit** n (Ceramics, Glass) / Fritte f (unvollständiges Glas, gesintertes Produkt) ‖ ~ **china** (Ceramics) / Frittenporzellan n ‖ ~ **chinaware** (Ceramics) / Frittenporzellan n ‖ ~ **glaze** (Ceramics) / gefrittete Glasur, Fritteglasur f, Schmelzglasur f
**fritted glass** (glass of controlled porosity, formed by sintering powdered glass) (Glass) / Fritteglas n
**fritted-glass plate** (Chem Eng) / Sinterglasfilter n (eine Filterplatte)
**fritted glaze** (in which part or all of the fluxing ingredients have been fused or quenched to form friable particles before incorporation into the glaze slip) (Ceramics) / gefrittete Glasur, Fritteglasur f, Schmelzglasur f
**fritting**\* n (Ceramics, Glass, Met) / Fritten n ‖ ~ (Elec Eng) / Fritteffekt m (Fremdschichtzerstörungen an ruhenden elektrischen Kontakten), Frittung f ‖ ~\* (Met) s. also liquid-phase sintering ‖ ~ **voltage** (Elec Eng) / Frittspannung f (eine Durchschlagspannung)

**fritz**

**fritz, be on the ~** (US) (Eng) / ausfallen *v* (Maschine) ‖ **go on the ~** (Eng) / ausfallen *v* (Maschine) ‖ **~ process** (Nut) / Fritz-Verfahren *n* (Verbutterung in kontinuierlich arbeitenden Anlagen)
**frize** *v* (Leather) / den Narben spalten (meistens bei Mochaledern)
**frizing** *n* (Leather) / Narbenspalten *n* (meistens bei Mochaledern)
**frizz** *v* (Leather) / den Narben spalten (meistens bei Mochaledern)
**frizzing** *n* (Leather) / Narbenspalten *n* (meistens bei Mochaledern)
**frizzle** *v* (Nut) / brutzeln *v* (zischen), zischen *v*
**FRMR** (frame reject) (Telecomm) / Rückweisung *f* des Blocks (eine Meldung, die bei den Vermittlungsknoten verwendet wird, um einen Fehlerzustand anzuzeigen, der nicht durch Wiederholung desselben Blocks beseitigt werden kann), Blockrückweisung *f*
**froe** *n* (For) / Spaltkeil *m* (mit einem rechtwinklig abgeknickten Haltegriff - zur Schindelherstellung) ‖ **~** (For, Join) / Daubenreißer *m* (ein Gerät des Böttchers)
**frog** *n* (Agric) / Griessäule *f* (durch die Streichbrett, Schar, Sohle und Molterbrett zum Pflugkörper verbunden werden), Rumpf *m*, Pflugsäule *f* ‖ **~** (a depression on one or both larger faces of a brick or block) (Build) / Vertiefung *f*, Austiefung *f*, Aushöhlung *f* (in einer Ziegelfläche) ‖ **~*** (Rail) / Herzstück *n* (Kreuzung, Weiche, Kreuzungsweiche) ‖ **~** (Weaving) / Frosch *m* (Endsteg an der Webmaschine), Schloss *n* ‖ **~ end** (Rail) / Herzstückende *n*
**froghopper** *n* (Agric, For, Zool) / Schaumzikade *f* (aus der Familie Cercopidae, z.B. Wiesen- oder Weiden-Schaumzikade)
**frog-leg winding** (Elec Eng) / selbstausgleichende Wicklung (Schleifenwicklung + Wellenwicklung), Froschbeinwicklung *f*
**frog rammer** (Civ Eng) / Explosionsstampfer *m*, Dieselramme *f*, Verdichtungsfrosch *m* (zum Abrammen des lockeren Bodens), Frosch *m*, Explosionsramme *f* (schwerer Stampfer)
**frogs** *pl* (Paint) / Fremdpartikel *n pl*
**frog toxin** (Biol, Chem) / Froschgift *n* (ein biogenes Gift)
**FROM** (factory-programmable read-only memory) (Comp) / FROM *n* (PROM, der bereits im Herstellerwerk programmiert wird)
**front** *v* (Build) / gehen *v* (z.B. zur Straße - Fenster) ‖ **~** (Build) / mit der Front nach....liegen ‖ **~** *n* / Stirn *f*, Stirnfläche *f* / Vorderseite *f*, Stirnseite *f*, vordere Seite, vorderes Ende ‖ **~** (Autos) / Frontpartie *f* (des Wagens) ‖ **~** (Build, Civ Eng) / Front *f* (meistens die Vorderseite eines Gebäudes), Straßenfront *f*, Fassade *f* (Stirnseite) ‖ **~** (Chem) / Front *f* (sichtbare vordere Linie des vordringenden Laufmittels in der Chromatografie) ‖ **~** (of a burner) (Eng) / Frontplatte *f* (eines Brenners) ‖ **~** (Leather) / Rosshals *m* ‖ **~** (Met) / Brust *f* (des Hochofens) ‖ **~** (associated with a low-pressure area) (Meteor) / Tiefausläufer *m* (von einem Tiefdruckgebiet ausgehende Ausbuchtung der Isobaren, die durch eine Front gekennzeichnet ist) ‖ **~*** (Meteor) / Front *f* (Schnittlinie der Trennungsfläche verschieden temperierter Luftmassen mit dem Erdboden) ‖ **~** (Typog) / die dem Fuß des Schriftzeichens zugewendete Seite der Drucktype ‖ **~** (Build, Civ Eng) s. also frontage ‖ **~ attr** / Vorder-, Stirn-, Front-, frontal *adj*
**frontage** *n* (Build) / Front *f* (meistens die Vorderseite eines Gebäudes), Straßenfront *f*, Fassade *f* (Stirnseite) ‖ **~** (Build) / Vorgarten *m* (Gelände zwischen der Baulinie und der Straßenfluchtlinie, das nicht zur Straße, sondern zum Grundstück des Anliegers gehört) ‖ **~** (Build, Civ Eng) / Länge *f* der Straßenfront ‖ **~** (Surv) / Land *n* an der Straßen- od. Wasserfront ‖ **~ line*** (Build) / Baulinie *f*, Baugrenze *f*, Baufluchtlinie *f*
**frontager** *n* (an owner of land or property adjoining a street or water) / Anlieger *m* (Straßen-) , Anrainer *m*, Angrenzer *m*
**frontage road** (US) (Autos) / Anliegerstraße *f*
**frontal** *n* (Build) / Front *f* (meistens die Vorderseite eines Gebäudes), Straßenfront *f*, Fassade *f* (Stirnseite) ‖ **~** *adj* / Vorder-, Stirn-, Front-, frontal *adj* ‖ **~ analysis** (Chem) / Frontanalyse *f* ‖ **~ chromatography** (Chem) / Frontalchromatografie *f* ‖ **~ collision** (Autos) / Frontalzusammenstoß *m*, Frontalkollision *f* (symmetrische, asymmetrische), Frontaufprall *m*, Frontalcrash *m* ‖ **~ crash** (Autos) / Frontalzusammenstoß *m*, Frontalkollision *f* (symmetrische, asymmetrische), Frontaufprall *m*, Frontalcrash *m* ‖ **~ cyclone** (Meteor) / Frontalzyklone *f* (die aus einer Frontalwelle hervorgegangen ist) ‖ **~ firing system** / Frontfeuerung *f* ‖ **~ fog** (Meteor) / Frontnebel *m*
**frontalin** *n* (Chem, For) / Frontalin *n* (Lockstoff - Aggregations-Pheromon von Kiefernborkenkäfern der Gattung Dendroctonus)
**frontal lighting** (Light) / Beleuchtung *f* von vorne ‖ **~ plane** (Acous) / Frontalebene *f* (Bezugsebene, zur Beschreibung von Eigenschaften des Gehörs benutzt wird - DIN 1320) ‖ **~ surface** (Meteor) / Frontfläche *f* (schräge Grenzfläche zwischen zwei unterschiedlichen Luftmassen im Bereich einer Front), Frontalfläche *f* ‖ **~ system** (Meteor) / Frontensystem *n*, Frontenzug *m* ‖ **~ system of working** (Civ Eng) / Frontbau *m*, Kopfbau *m* (eine Baggerabbaumethode) ‖ **~ wave** (Meteor) / Frontalwelle *f* (Anfangsstadium einer Frontalzyklone) ‖ **~ zone** (Meteor) / Frontalzone *f* (die geneigte Übergangszone zwischen verschieden temperierten Luftmassen)
**front auxiliary carriage** (For) / Blockzuführungswagen *m* (des Gatters), vorderer Hilfswagen (des Gatters) ‖ **~ axle** (Autos) / Vorderachse *f*, VA (Vorderachse)
**front-axle final drive** (Autos) / vorderer Achsantrieb, Antrieb *m* der Vorderachse
**front beam** (Aero) / frontseitiger Leitstrahl, Hauptleitstrahl *m* (in dem alten Instrumentenlandesystem) ‖ **~ board** (Bind) / Vorderdeckel *m*, vorderer Buchdeckel ‖ **~ bumper** (Autos) / Frontstoßfänger *m*, Stoßfänger *m* vorne ‖ **~ clearance*** (Eng, Tools) / Stirnschneidenfreiwinkel *m* (eines einschneidigen Werkzeugs) ‖ **~ component** (Optics, Photog) / Vorderlinse *f*, Vorderglied *n* (eines optischen Linsensystems) ‖ **~ contact** (Elec Eng) / Stirnkontakt *m* ‖ **~ cover** (Bind) / Vorderdeckel *m*, vorderer Buchdeckel ‖ **~ crash** (Autos) / Frontalzusammenstoß *m*, Frontalkollision *f* (symmetrische, asymmetrische), Frontaufprall *m*, Frontalcrash *m* ‖ **~ crossing heald** (Weaving) / vordere Dreherlitze ‖ **~ dashboard** (Autos) / Instrumentenanlage *f*, Armaturenbrett *n*, Instrumententafel *f* ‖ **~ deflector shield** (Autos) / Frontspoiler *m*, Bugspoiler *m* ‖ **~ door** (Arch) / Eingangstür *f* (des Hauses) ‖ **~ door** (Autos) / Vordertür *f* ‖ **~ door** (Build) / Haustür *f* ‖ **~ drive** (Autos) / Vorderradantrieb *m*, Vorderachsantrieb *m*, Frontantrieb *m* (mit Vorderachse als Antriebsachse) ‖ **~ edge** (Bind, Print) / Vorderkante *f* (des Buchdeckels oder des Buchblocks) ‖ **~ edge** (of a step) (Build) / Trittkante (die vordere Außenecke einer Trittstufe, also die Kante zwischen Trittfläche und Stoßfläche der Trittstufe - DIN 18 064) ‖ **~ electrode** (I C Engs) / Dachelektrode *m* (der Zündkerze) ‖ **~ elevation** (Arch) / Vorderansicht *f* (Straßenseite), Aufriss *m* (Aufrisszeichnung), Frontale *f*
**front-emitting LED** (Electronics) / flächenstrahlende LED, lichtemittierende Diode mit Oberflächenemission, Flächenemitter-LED *f*
**front end** / Vorderseite *f*, Stirnseite *f*, vordere Seite, vorderes Ende ‖ **~ end** / Anfang *m* (z.B. des Magnetbandes) ‖ **~ end** (Autos) / Frontpartie *f* (des Wagens) ‖ **~ end** (Comp) / Front-End *n* (bei Online-Services die Bezeichnung für die Schnittstellen zum Nutzer) ‖ **~ end** (Electronics) / Front-End *n* (der Teil der Halbleiterfertigungslinie, in dem aus dem Grundmaterial in meistens mehreren hundert Fertigungsschritten bearbeitete Halbleiterscheiben werden), FE (der Teil der Halbleiterfertigungslinie, in dem aus dem Grundmaterial in meistens mehreren hundert Fertigungsschritten bearbeitete Halbleiterscheiben werden) ‖ **~ end** (Eng) / Aufnahmeseite *f* (des Werkzeugs) ‖ **~ end** (Radio, TV) / Eingangsteil *m*, Eingangseinheit *f*
**front-end** *v* (Comp) / durch einen Vorrechner entlasten (z.B. einen Host-Rechner) ‖ **~ computer** / Kommunikationsvorrechner *m* (der für einen Großrechner die Kommunikation über das Netz abwickelt), Vorrechner *m* (den Verarbeitungsrechner entlastet), Front-End-Prozessor *m*, Datenübertragungsvorrechner *m* (in einem Datenfernverarbeitungssystem), FE-Prozessor *m* ‖ **~ crash** (Autos) / Frontalzusammenstoß *m*, Frontalkollision *f* (symmetrische, asymmetrische), Frontaufprall *m*, Frontalcrash *m*
**front-end drive** (Autos) / Vorderradantrieb *m*, Vorderachsantrieb *m*, Frontantrieb *m* (mit Vorderachse als Antriebsachse)
**front-end drive car** (Autos) / Fronttriebler *m* ‖ **~ fork lift truck** (Eng) / Frontgabelstapler *m* ‖ **~ impact** (Autos) / Frontalzusammenstoß *m*, Frontalkollision *f* (symmetrische, asymmetrische), Frontaufprall *m*, Frontalcrash *m* ‖ **~ loader** (Agric) / Hublader *m*, Frontlader *m* (der nur in Verbindung mit einem Traktor arbeitsfähig ist), Frontfahrlader *m*
**front-end material** (Chem Eng) / Front-End-Material *n*, Vorlauf *m* (zu Beginn einer Destillation oder Reaktion anfallendes Produkt)
**front-end processor*** (Comp) / Kommunikationsvorrechner *m* (der für einen Großrechner die Kommunikation über das Netz abwickelt), Vorrechner *m* (den Verarbeitungsrechner entlastet), Front-End-Prozessor *m*, Datenübertragungsvorrechner *m* (in einem Datenfernverarbeitungssystem), FE-Prozessor *m* ‖ **~ volatility** (Chem Eng) / Flüchtigkeit *f* der Kopffraktion
**front engine mount** (Autos) / vordere Motoraufhängung ‖ **~ face** / Stirn *f*, Stirnfläche *f*
**front-facing connector** (Comp, Elec Eng) / Fronststecker *m*
**front fan** (Aero) / Front-Fan-Triebwerk *n* (ein ZTL-Triebwerk mit gemeinsamem Lufteinlauf)
**front-fan jet engine** (Aero) / Front-Fan-Triebwerk *n* (ein ZTL-Triebwerk mit gemeinsamem Lufteinlauf)
**front feed** (Comp) / Einzelbelegzuführung *f*, Einzelblattzuführung *f* (Option beim Drucker), Einzelblatteinzug *m*, Einzelformularzuführung *f*
**front-feed carriage** (Comp) / Wagen *m* für Einzelblattzuführung
**front fender** (US) (Autos) / Vorderkotflügel *m* ‖ **~ flap** (Print) / Vorderklappe *f* (des Schutzumschlags)

608

**front-floor extension** (Autos) / Fußblech *n*
**front fly** (Textiles) / Knopfleiste *f* ‖ **~ focal length** (Optics) / objektseitige Brennweite, gegenstandsseitige Brennweite, Dingbrennweite *f*, vordere Brennweite ‖ **~ focal plane** (Optics) / objektseitige Brennebene, vordere Brennebene ‖ **~ garden** (Build) / Vorgarten *m* (Gelände zwischen der Baulinie und der Straßenfluchtlinie, das nicht zur Straße, sondern zum Grundstück des Anliegers gehört) ‖ **~ gauge** (Print) / Vordermarke *f* (des Bogenanlegers) ‖ **~ geometry** (Autos) / Vorderachsgeometrie *f* ‖ **~ horsehide leather** (Leather) / Rosshals *m*
**frontier** *n* / Grenze *f* (Staatsgrenze) ‖ **~ orbital** (Chem) / Frontorbital *n*, Frontier Orbital *n*, Grenzorbital *n*
**frontier-orbital theory** (Chem) / Frontier-Orbital-Theorie *f*, Grenzorbitaltheorie *f* (nach Kenichi Fukui und R. Hoffmann), FMO-Theorie *f*
**frontier surveillance for intrusion detection** (Aero, Radar) / Luftraumüberwachung *f* zur Eindringentdeckung
**fronting** *n* (Chem) / Fronting *n* (in der Chromatografie), Leading *n*, Peakleading *n*, Bartbildung *f* ‖ **~ peak** (Chem) / Peak *m* mit Fronting
**frontispiece** *n* (Arch, Build) / Verdachung *f*, Fronton *n* (pl. -s) (über Türen und Fenstern), Frontispiz *n* (Fassadengestaltung über Tür und Fenster) ‖ **~\*** (Print) / Titelbild *n*, Frontispiz *n* (das dem Haupttitel gegenüberstehende ganzseitige Bild)
**front-landing gear** (Aero) / Bugradfahrwerk *n*, Bugfahrwerk *n*
**front lay** (Print) / Vordermarke *f* (des Bogenanlegers) ‖ **~ lens** (Photog) / Frontlinse *f* (die dem Objekt zugewandte, luftseitige, letzte Linse eines fotografischen Objektivs) ‖ **~-lens cap** (Photog) / Objektivdeckel *m* ‖ **~ light** / Suchlicht *n* (z.B. bei dem Klopfsauger)
**front-lighting operation system** (Eng) / Auflichtverfahren *n* (bei der digitalen Positionswerterfassung)
**front line** (Maths) / Frontlinie *f*, Achse *f* (in der Darstellungsebene), Hauptlinie *f* zweiter Ordnung
**frontloader** *n* (Acous) / Frontlader *m* (Kassetten- oder Videorekorder, dessen Kassettenfach oder Bedienelemente sich im Gegensatz zum Toplader auf der senkrechten Vorderseite des Geräts befinden) ‖ **~** (Agric) / Hublader *m*, Frontlader *m* (der nur in Verbindung mit einem Traktor arbeitsfähig ist), Frontfahrlader *m*
**front loading** / Frontalbeschickung *f* (z.B. der Waschmaschine), Frontladung *f* ‖ **~ loading** (Acous) / Frontladung *f* (einer Kassette)
**front-loading washer** / Frontlader *m* (ein Waschautomat)
**front mask** (Autos) / Steinschlagschutz *m* (vorne), Frontschutz *m*, Front-End-Verkleidung *f* (die den gesamten Fahrzeugbug bedeckt) ‖ **~ matter** (Print, Typog) / Titelbogen *m* (mit Schmutztitel, Haupttitel, Impressum, Vorwort usw.) ‖ **~ mounting** (Eng) / Einbau *m* (von) vorne ‖ **~ muffler** (US) (Autos) / Vorschalldämpfer *m* (vorderer Auspufftopf) ‖ **~ nose** (Autos) / Frontpartie *f* (des Wagens) ‖ **~ octane number** (Fuels) / Frontoktanzahl *f*, FOZ (Frontoktanzahl) ‖ **~ office** (Teleph) / Front Office *n* (in einem Callcenter die Personen mit dem ersten Anruferkontakt, die einen Großteil von Anfragen verarbeiten sollen) ‖ **~ office** (Teleph) s. also back office
**frontogenesis\*** *n* (pl. -neses) (Meteor) / Frontogenese *f* (das Entstehen einer Front), Frontenbildung *f*
**frontogenetic point** (Meteor) / frontogenetischer Punkt (der Sattelpunkt in einem Deformationsfeld bei Frontogenese)
**frontolysis\*** *n* (pl. -lyses) (Meteor) / Frontolyse *f* (die Auflösung einer Front), Frontenauflösung *f*
**frontolytic point** (Meteor) / frontolytischer Punkt (der Sattelpunkt in einem Deformationsfeld bei Frontolyse)
**fronton** *n* (Arch, Build) / Verdachung *f*, Fronton *n* (pl. -s) (über Türen und Fenstern), Frontispiz *n* (Fassadengestaltung über Tür und Fenster)
**front-operated lathe** (Eng) / Frontdrehmaschine *f* (kurze Futterdrehmaschine, die von der Stirnseite des Bettes bedient wird), Kurzwangendrehmaschine *f*
**front overhang** (Autos) / vorderer Überhang *m* ‖ **~ panel** (Autos) / Kühlerblech *n*, Brille *f* (Kühlerblech) ‖ **~ panel** (Autos) / Frontblech *n* ‖ **~ panel** (Eng) / Frontplatte *f* (z.B. eines Bediengeräts)
**front-panel switch** (Elec Eng, Instr) / Schalter *m* an der Frontplatte
**front-parking light** (Autos) / Begrenzungsleuchte *f* (Standlicht vorne), Begrenzungslicht *n*
**front pillar** (Autos) / A-Säule *f* (vor der Vordertür), vorderer Dachpfosten ‖ **~ pilot** (Eng) / Aufnahme *f* (Teil des Innenräumwerkzeuges - DIN 1415) ‖ **~ pinacoid** (Crystal) / Orthopinakoid *n* ‖ **~ plate** (Eng) / Platte *f* (eines Brenners) ‖ **~ porch\*** (TV) / vordere Schwarzschulter ‖ **~ power take-off** (Agric) / Frontzapfwelle *f* ‖ **~ projection\*** (Cinema) / Aufprojektion *f*, Auflichtprojektion *f*, Frontprojektion *f* (Betrachter und Projektor befinden sich auf derselben Seite vor der Bildwand) ‖ **~ p.t.o.** (Agric) / Frontzapfwelle *f* ‖ **~ putty** (Build) / Vorkittung *f* (vor der Glashalteleiste) ‖ **~ seat** (Autos) / Vordersitz *m*
**front-seat passenger** (Autos) / Beifahrer *m* (Begleiter des Fahrers)

**front shed** (Weaving) / Vorderfach *n* ‖ **~ side** / Vorderseite *f*, Stirnseite *f*, vordere Seite, vorderes Ende ‖ **~ silencer** (Autos) / Vorschalldämpfer *m* (vorderer Auspufftopf) ‖ **~ spoiler** (Autos) / Frontspoiler *m*, Bugspoiler *m*
**front-surface mirror** (Optics) / Vorderflächenspiegel *m*, Oberflächenspiegel *m* (mit reflektierender Vorderfläche)
**front-to-back ratio\*** (Radar, Radio, Telecomm) / Rückdämpfung *f* (Nebenzipfeldämpfung einer Antenne im Winkelbereich zwischen 90 und 270 ° oder in einem anzugebenden Teil dieses Bereichs), Vor-Rück-Verhältnis *n* (Verhältnis der Strahlungsdichte bei 180° zur Strahlungsdichte der Hauptkeule)
**front-to-rear power bias** (Autos) / höherer Anteil an der Hinterachse (Antriebskraftverteilung)
**front view** (Arch) / Vorderansicht *f* (Straßenseite), Aufriss *m* (Aufrisszeichnung), Frontale *f* ‖ **~ wall** (Glass) / Rückwand *f* (der Arbeitswanne)
**front-wall** (photovoltaic) **cell\*** (Electronics) / Vorderwandzelle *f*
**front wheel** (Aero) / Bugrad *n* ‖ **~ wheel** (Autos) / Vorderrad *n* ‖ **~-wheel drive** (Autos, Eng) / Vorderradantrieb *m*, Vorderachsantrieb *m*, Frontantrieb *m* (mit Vorderachse als Antriebsachse)
**front-wheel drive car** (Autos) / Fronttriebler *m* ‖ **~ fork** (Autos) / Vorderradgabel *f* (bei den Motorrädern)
**front wing** (GB) (Autos) / Vorderkotflügel *m*
**frontyard** *n* (US) (Build) / Vorgarten *m* (Gelände zwischen der Baulinie und der Straßenfluchtlinie, das nicht zur Straße, sondern zum Grundstück des Anliegers gehört)
**frost** *v* / mit Eis oder Reif überziehen, bereifen *v* ‖ **~** (Glass) / sandstrahlen *v* (nur Infinitiv oder Partizip) ‖ **~** (Glass) / eisblumieren *v* (Glas) ‖ **~** (Light) / mattieren *v* (Kolben, Lampe) ‖ **~** (US) (Nut) / glasieren *v* ‖ **~** s. also frosting ‖ **~** *vi* (Meteor) / vereisen *v*, sich mit Eisblumen überziehen (z.B. Fenster) ‖ **~** *vt* (Agric, Nut) / durch Frost schädigen ‖ **~** (Nut) / frosten *v* ‖ **~\*** *n* (Meteor) / Frost *m* ‖ **~ action** / Frostwirkung *f*, Frosteinwirkung *f* (Produkt aus Lufttemperatur und Zeitdauer des Frostes), Frosteinfluss *m* ‖ **~ blanket** (Civ Eng) / Frostschutzschicht *f* (erste Tragschicht unter der Fahrbahndecke, zur Verhinderung von Frostschäden) ‖ **~ boil** (Civ Eng) / Frosthub *m*, Frostbeule *f*, Frosthebung *f*, Bodenhebung *f* (die den Frostaufbruch zur Folge hat) ‖ **~ bursting** (Geol) / Gelifraktion *f*, Frostverwitterung *f*, Frostsprengung *f* (durch Spaltenfrost verursachte Gesteinszerkleinerung) ‖ **~ callus** (For) / Frostleiste *f* (bei überwalltem Frostriss) ‖ **~ cleft** (For) / Eiskluft *f*, Frostriss *m* (ein Holzfehler im Stamminneren) ‖ **~ climate** (Meteor) / Frostklima *n* ‖ **~ crack** (For) / Eiskluft *f*, Frostriss *m* (ein Holzfehler im Stamminneren) ‖ **~ crack** (Geol) / Frostspalte *f* (eine im Frostboden einmalig aufgerissene vertikale Spalte von meist wenigen mm Breite), Frostriss *m*
**frost-cracked** *adj* (For) / frostrissig *adj* ‖ **~** (For) / eisklüftig *adj*
**frost creep** (Civ Eng) / Frostschub *m* ‖ **~ damage** / Frostschaden *m* ‖ **~ damage** (For) / (schädliche) Frosteinwirkung (z.B. Frostriss) *f*, Holzfehler *m* infolge Frosteinwirkung ‖ **~ damage** (Nut) / Kühlschaden *m* ‖ **~ danger** / Frostgefahr *f* ‖ **~ day** (Meteor) / Frosttag *m* (an dem der niedrigste Wert der Lufttemperatur mindestens einmal unter 0° C liegt)
**frosted** *adj* (Meteor) / mit Reif bedeckt (Eisablagerungen von kristalliner Natur), mit Raureif bedeckt (Nebelfrostablagerungen) ‖ **~ glass** (Glass) / Mattglas *n* (meistens sandgestrahlt) ‖ **~ lamp\*** (Light) / matte Lampe, Mattglaslampe *f*, mattierter Kolben ‖ **~ soil** / Frosterde *f*, gefrorene Erde
**frost effect** / Frostwirkung *f*, Frosteinwirkung *f* (Produkt aus Lufttemperatur und Zeitdauer des Frostes), Frosteinfluss *m* ‖ **~ effect** (Paint) / Frosteffekt *m* (der durch die Abmischung von Aluminiumpigmenten mit ultrafeinem Titandioxid bewirkt wird)
**froster** *n* (Nut) / Froster *m* (Einrichtung zum Gefrieren von Lebensmitteln unter Anwendung verschiedener Gefrierverfahren)
**frost flowers** (Meteor) / Eisblumen *f pl* (gefrorener Niederschlag) ‖ **~ fog** (Aero, Meteor) / Eisnebel *m*, Frostrauch *m*
**frost-free** *adj* / frostfrei *adj*
**frost glass** (Glass) / Mattglas *n* (meistens sandgestrahlt)
**frostheart** *n* (For) / Frostkern *m* (durch starke Frosteinwirkung verursachte Falschkernbildung, vornehmlich bei der Rotbuche)
**frost heave** (Civ Eng) / Frosthub *m*, Frostbeule *f*, Frosthebung *f*, Bodenhebung *f* (die den Frostaufbruch zur Folge hat) ‖ **~ heaving** (Civ Eng) / Frosthub *m*, Frostbeule *f*, Frosthebung *f*, Bodenhebung *f* (die den Frostaufbruch zur Folge hat) ‖ **~ hollow** (Meteor) / Frostloch *n* (eine Geländevertiefung, in der es aufgrund der Bildung von Kälteseen zu häufigen Frösten kommt)
**frostiness** *n* (Surf) / Mattheit *f* (einer Oberflächen-Chromschicht)
**frosting** *n* (Chem Eng) / Frosting *n* (Mattwerden von glänzenden Gummioberflächen) ‖ **~** (Eng) / Einschaben *n* von Mustern, Musterschaben *n* ‖ **~** (Geol) / Mattschliff *m* (der Sandkörner) ‖ **~** (Glass) / Mattätzen *n* (wenn der Flusssäure Fluoride zugesetzt werden), Mattätzung *f*, Mattierung *f*, Säuremattieren *n* ‖ **~** (Nut) /

**frosting**
Tortenguss *m* ‖ ~ (US) (Nut) / Glasur *f*, Zuckerglasur *f*, Glace *f* ‖ ~ (Paint, Plastics) / Eisblumenbildung *f* ‖ ~ (Textiles) / durch unterschiedlichen Abrieb entstandene Farbdifferenz ‖ ~ (Textiles) / Grauschleier *m*, Frosting-Effekt *m* (Streifigkeit oder Unegalität durch unvollständige Farbstoff- Fixierung)
**frost injury** (For) / (schädliche) Frosteinwirkung (z.B. Frostriss) *f*, Holzfehler *m* infolge Frosteinwirkung ‖ ~ **lift** (Civ Eng) / Frosthub *m*, Frostbeule *f*, Frosthebung *f*, Bodenhebung *f* (die den Frostaufbruch zur Folge hat) ‖ ~ **lifting** (Agric) / Auswinterung *m* (von Pflanzenbeständen infolge Auffrierens des Bodens) ‖ ~ **lifting** (Civ Eng) / Frosthub *m*, Frostbeule *f*, Frosthebung *f*, Bodenhebung *f* (die den Frostaufbruch zur Folge hat) ‖ ~ **line** (Meteor) / Frostgrenze *f*, Nullgradgrenze *f* ‖ ~ **mould** / Frostgefahr *f* ‖ ~ **mould** (Agric) / Frostgare *f* (nach wiederholtem Gefrieren und Auftauen des unbewachsenen Bodens eintretende gute krümelige Struktur des Ackerbodens) ‖ ~ **mound** (Geol) / Pingohydrolakkolith *m*, Aufeishügel *m* ‖ ~ **penetration depth** (Agric, Geol) / Frosttiefe *f* (die Tiefe, bis zu welcher Frost in den Boden eindringt) ‖ ~ **period** (Meteor) / Frostperiode *f* (eine ununterbrochene Folge von Frosttagen)
**frost-point*** *n* (Meteor) / Frostpunkt *m* ‖ ~ **hygrometer** / Frostpunkt-Hygrometer *n*
**frost pool** (Meteor) / Kaltluftsee *m*
**frostproof** *adj* / frostbeständig *adj*, frostsicher *adj*, frosthart *adj* (Getreideart), frostresistent *adj*, frostwiderstandsfähig *adj*
**frost-proofer** *n* (Build) / frostbeständiger Zuschlag
**frost protection** / Frostschutz *m* (z.B. des Betons)
**frost-protection sprinkling** (Agric) / Frostberegnung *f* (Beregnung der Pflanzen vor Einsetzen des Frostes - als Frostschutzmaßnahme)
**frost-resistant** *adj* / frostbeständig *adj*, frostsicher *adj*, frosthart *adj* (Getreideart), frostresistent *adj*, frostwiderstandsfähig *adj*
**frost rib** (For) / Frostleiste *f* (ein Holzfehler im Stamminneren) ‖ ~ **ridge** (For) / Frostleiste *f* (ein Holzfehler im Stamminneren) ‖ ~ **ring** (For) / Frostring *m* ‖ ~ **sensitivity** (Agric) / Frostempfindlichkeit *f*, Frostanfälligkeit *f* ‖ ~ **split** (For) / Eiskluft *f*, Frostriss *m* (ein Holzfehler im Stamminneren) ‖ ~ **splitting** (Geol) / Gelifraktion *f*, Frostverwitterung *f*, Frostsprengung *f* (durch Spaltenfrost verursachte Gesteinszerkleinerung) ‖ ~ **sprinkling** (Agric) / Frostberegnung *f* (Beregnung der Pflanzen vor Einsetzen des Frostes - als Frostschutzmaßnahme) ‖ ~ **stirring** (Geol) / Frostschub *m*, Solifluktion *f* (in periglazialen Gebieten) ‖ ~ **susceptibility** (Agric) / Frostempfindlichkeit *f*, Frostanfälligkeit *f* ‖ ~ **thrusting** (Civ Eng) / Frostschub *m* ‖ ~ **warning** (Meteor) / Frostwarnung *f* ‖ ~ **weathering** (Geol) / Gelifraktion *f*, Frostverwitterung *f*, Frostsprengung *f* (durch Spaltenfrost verursachte Gesteinszerkleinerung) ‖ ~ **wedging** (Geol) / Spaltenfrostverwitterung *f*, Frostspaltenbildung *f* ‖ ~ **without snow** (cover) / Kahlfrost *m*, Barfrost *m* (ohne Vorhandensein einer Schneedecke, strenger, aber trockener Frost ‖ ~ **work** (Meteor) / Eisblumen *f pl* (gefrorener Niederschlag)
**frosty** *adj* / frostig *adj* ‖ ~ (Meteor) / mit Reif bedeckt (Eisablagerungen von kristalliner Natur), mit Raureif bedeckt (Nebelfrostablagerungen) ‖ **in** ~ **condition** / bei Frost
**froth** *v* / schäumen *v*, Schaum bilden, sich mit Schaum bedecken ‖ ~* *n* / Schaum *m* (nicht stabiler) ‖ ~ **breaker** (Min Proc) / Schaumbrecher *m* (bei der Flotation)
**frother** *n* (Min Proc) / Schaummittel *n* (bei der Schaumflotation)
**froth flotation*** (Min Proc) / Schaumflotation *f*, Schaumschwimmaufbereitung *f*
**froth-flotation analysis** (Min Proc) / Schaumflotationsanalyse *f* (DIN 22005)
**frothing** *n* (Chem, Phys) / Schaumbildung *f*, Schäumen *n* ‖ ~ (Plastics) / Vorschäumen *n* (bei der Polyurethanschaumstoffen), Frothingverfahren *n* (Vorschäumung bei der Herstellung von Polyurethanschaumstoffen) ‖ ~ **agent*** (Min Proc) / Schaummittel *n* (bei der Schaumflotation)
**froth killer** (Min Proc) / Schaumbrecher *m* (bei der Flotation) ‖ ~ **over** *v* / überschäumen *v*
**froth-preventing oil** (Min Proc) / Antischaumöl *n*, Schaumverhütungsöl *n*
**frottage** *n* (Typog) / Durchreibeverfahren *n*, Frottage *f*, Abreibung *f*
**frotté** *n* (Textiles, Weaving) / Frotteegewebe *n*, Frotteestoff *m*, Frotté *m* (S), Frottee *m n* (ei Gewebe, das in Leinwandbindung hergestellt und nachträglich aufgeraut ist)
**Froude brake*** / Froude'scher Zaum, Froude'sche Bremse (nach W. Froude, 1810-1879) ‖ ~ **number** (Hyd, Ships) / Froude'sche Zahl (nach W. Froude, 1810-1879), Froude-Zahl *f* (Kennzahl bei Modelluntersuchungen in Strömungen nach DIN 1341), Fr (Froude-Zahl)
**frou-frou** *n* (Textiles) / Knistern *n* (der Seide), Froufrou *m* ‖ ~ (Textiles) s. also scroop

**frow** *n* (For) / Spaltkeil *m* (mit einem rechtwinklig abgeknickten Haltegriff - zur Schindelherstellung) ‖ ~ (Join) / Daubenreißer *m* (ein Gerät des Böttchers)
**frozen** *adj* / eingefroren *adj* (Wasserleitung) ‖ ~ (Chem) / festsitzend *adj* (Schliffpaar) ‖ ~ (Meteor) / harsch *adj* (Schnee), harschig *adj* ‖ ~ **bearing*** (Eng) / eingefressenes Lager, festgefressenes Lager ‖ ~ **cargo ship** (Nut, Ships) / Gefrierschiff *n* (ein Transport- und Verarbeitungsschiff der Fischereiflotte) ‖ ~ **concrete** (Build, Civ Eng) / angebackener Beton ‖ ~ **equilibrium*** (Chem) / eingefrorenes Gleichgewicht ‖ ~ **fog** (Aero, Meteor) / Eisnebel *m*, Frostrauch *m* ‖ ~ **food(s)** (Nut) / Gefriergut *n*, Gefrierkost *f*, Tiefkühlkost *f*, TK (Tiefkühlkost), Tiefkühllebensmittel *n pl* ‖ ~ **food(s)** (Nut) s. also deep-frozen food
**frozen-food compartment** / Tiefkühlabteil *n*, Gefrierabteil *n* (des Kühlschranks), Tiefkühlfach *n*, Gefriergutfach *n* (im Haushaltskühlschrank)
**frozen fresh** (Nut) / in frischem Zustand eingefroren ‖ ~ **ground** (Geol) / gefrorener Boden, Bodengefrornis *f*
**frozen-in field** (Plasma Phys) / eingefrorenes Magnetfeld (das mit einem idealleitenden dissipationsfreien Plasma in magnetohydrodynamischer Näherung vollständig mitgeführt wird) ‖ ~ **stress** (Mech) / eingefrorene Spannung
**frozen meat** (Nut) / Gefrierfleisch *n*
**frozen-meat cutter** (Nut) / Gefrierfleischschneider *m* (Kutter)
**frozen mercury pattern** (Foundry) / Modell *n* aus gefrorenem Quecksilber (für das Mercast-Verfahren) ‖ ~ **picture** (Cinema) / angehaltenes Bild, stehendes (angehaltenes) Bild, Bildstillstand *m* ‖ ~ **preparation** (Micros) / Gefrierpräparat *n* ‖ ~ **rain** (Meteor) / Eisregen *m* (unterkühlter Regen, der überwiegend aus Eiskörnern besteht) ‖ ~ **section** (Micros) / Gefrierschnitt *m* ‖ ~ **soil** (Geol) / gefrorener Boden, Bodengefrornis *f* ‖ ~ **stock** (Work Study) / eingefrorener Auftragsbestand ‖ ~ **stress** (Mech) / eingefrorene Spannung
**FRP** (fibre-reinforced polymer) (Chem, Plastics) / faserverstärktes Polymer ‖ ~ (fuel reprocessing plant) (Nuc Eng) / Wiederaufbereitungsanlage *f*, WAA (Wiederaufbereitungsanlage), Kernbrennstoff-Wiederaufbereitungsanlage *f* ‖ ~ (fibre-reinforced plastic) (Plastics) / faserverstärkter Kunststoff (ein Verbundwerkstoff), FK (faserverstärkter Kunststoff)
**FRS** (ferromagnetic resonance spectroscopy) (Spectr) / ferromagnetische Resonanzspektroskopie (eine Methode der Hochfrequenzspektroskopie)
**FRT** (For) / feuerschutzbehandelt *adj* (Holz)
**fruchtschiefer** *n* (Geol) / Fruchtschiefer *m* (mit kleinen, getreidekornähnlichen Einsprenglingen)
**fructiferous** *adj* / fruchttragend *adj*
**fructification** *n* (Bot) / Fruchtkörper *m* (Fortpflanzungsorgan der höheren Pilze)
**fructosan** *n* (Chem) / Fruktosan *n* (ein Polysaccharid), Fructosan *n*
**fructose*** *n* (Chem) / D-Fruktose *f*, D-Fructose *f*, Lävulose *f*, Fruchtzucker *m*, Fru (Fructose)
**frue vanner*** (Min Proc) / Frue-Vanner *m* (Aufbereitungsherd mit umlaufender Plane und Schüttelbewegung)
**fruit** *vi* (Bot) / Früchte tragen ‖ ~ *vt* (Agric, Bot) / zur Reife bringen (Pflanze, damit sie Früchte trägt) ‖ ~* *n* (Biol, Bot, Nut) / Frucht *f* ‖ ~ (Radar) / Fruit *f* (systeminterne Störung des SSR-Systems), asynchrone Antwortstörung (systeminterne Störung des SSR-Systems), asynchrone Antworten (Störung des Empfangs in den Bodenstationen), Störung *f* durch nichtsynchrone Antworten (in den Bodenstationen) ‖ ~ **acid** (Chem, Nut) / Fruchtsäure *f* (Sammelbegriff für vielfach in Früchten vorkommende organische Säuren)
**fruit-bearing** *adj* / fruchttragend *adj*
**fruit body** (Bot) / Fruchtkörper *m* (Fortpflanzungsorgan der höheren Pilze) ‖ ~ **carrier** (Ships) / Fruchtschiff *n*
**fruiter** *n* (GB) (Agric) / Obstzüchter *m*, Obstbauer *m* ‖ ~ (Agric, For) / Obstbaum *m* ‖ ~ (Ships) / Fruchtschiff *n*
**fruit ether** (Nut) / Fruchtester *m*, Fruchtether *m* ‖ ~ **farmer** (Agric) / Obstzüchter *m*, Obstbauer *m* ‖ ~ **fibre** (Textiles) / Fruchtfaser *f* (z.B. Kokosfaser) ‖ ~ **flavour** (Nut) / Fruchtaroma *n* ‖ ~ **fly** (Gen, Nut, Zool) / Taufliege *f*, Obstfliege *f* (Familie Drosophilidae), Essigfliege *f* (Drosophila sp.) ‖ ~ **fly** (Nut, Zool) / Fruchtfliege *f*, Bohrfliege *f* (Familie Trypetidae) ‖ ~ **grower** (Agric) / Obstzüchter *m*, Obstbauer *m* ‖ ~ **jelly** (Nut) / Obstgelee *n* (aus linear kolloidalen Pektinen von Früchten) ‖ ~ **juice** (Nut) / Fruchtsaft *m* (zu 100 % aus Früchten mit maximal 200 g Zucker pro Liter), Obstpresssaft *m* ‖ ~ **juice** (Nut) / Süßmost *m* (meistens aus säuerlichen Früchten) ‖ ~ **juice** (Nut) / Fruchtsirup *m* (höchstens 60 % Zucker und Fruchtsaft und Fruchtbestandteile)
**fruit-juice concentrate** (Nut) / Fruchsaftkonzentrat *n*
**fruit machine** (GB) / Geldspielautomat *m* (mit in den Fenstern abgebildeten Früchten) ‖ ~ **nectar** (Nut) / Fruchtnektar *m* (25 - 50 %

Fruchtteile, mit Wasser verdünnter und gezuckerter Fruchtsaft) || ~
**plantation** (Agric) / Obstplantage *f*, Obstanlage *f*, Obstgarten *m*, Obstbaumgarten *m* || ~ **press** (Nut) / Saftpresse *f* (ein Haushaltsgerät), Entsafter *m*, Saftzentrifuge *f*, Fruchtpresse *f* || ~ **pulse** (Radar) / Fruit *f* (systeminterne Störung des SSR-Systems), asynchrone Antwortstörung (systeminterne Störung des SSR-Systems), asynchrone Antworten (Störung des Empfangs in den Bodenstationen), Störung *f* durch nichtsynchrone Antworten (in den Bodenstationen) || ~ **ship** (Ships) / Fruchtschiff *n* || ~ **squash** (Nut) / Getränkekonzentrat *n* (Obst, Früchte) || ~ **sugar** (Chem) / D-Fruktose *f*, D-Fructose *f*, Lävulose *f*, Fruchtzucker *m*, Fru (Fructose) || ~ **treating agent** (Nut) / Fruchtbehandlungsmittel *n* (das Zitrusfrüchte, Bananen oder anderes Obst vor Schimmelbefall oder dem Austrocknen schützt) || ~ **vinegar** (Nut) / Fruchtessig *m* || ~ **water** (Nut) / Fruchtwasser *n* (Saft der Kartoffelknolle zurStärkeherstellung) || ~ **wax** / Fruchtwachs *n* || ~ **wrap** (Nut, Paper) / Obsteinwickelpapier *n*
**fruity** *adj* / fruchtartig *adj* || ~ (Nut) / fruchtig *adj* (Geschmack, Wein)
**Frumkin effect** (Electronics) / Frumkin-Effekt *m* (in der Elektrodenkinetik - nach A.N. Frumkin, 1895-1976)
**frustrated internal reflectance** (Phys) / verhinderte Totalreflexion (in der Faseroptik), gestörte Totalreflexion || ~ **internal reflection** (Chem) / abgeschwächte Totalreflexion (in der Infrarotspektroskopie) || ~ **total reflection** (Optics, Phys) / verhinderte Totalreflexion (in der Faseroptik), gestörte Totalreflexion
**frustum** *n* (pl. frustums or frusta) **of a cone**\* (Maths) / Kegelstumpf *m* (Kegel, von dem durch einen Schnitt parallel zur Grundfläche der obere Teil abgeschnitten ist), Stumpfkegel *m* || ~ **of a pyramid** (Maths) / Stumpfpyramide *f*, Pyramidenstumpf *m*
**fry** *v* (Acous) / prasseln *v*, knistern *v* (Störgeräusche) || ~ (Nut) / braten *v* (in der Pfanne) || ~ (Nut) / frittieren *v* (in schwimmendem Fett braun braten) || ~ (Telecomm) / zischen *v*, kochen *v*, rauschen *v*
**frying** *n* (tyre sticking in hot asphalt) (Autos) / Reifenschmatzen *n* || ~ **arc**\* (Elec Eng) / zischender Lichtbogen || ~ **fat** (Nut) / Frittierfett *n* (ein typisches Bratfett zur Herstellung von Pommes frites und dgl.) || ~ **oil** (Nut) / Frittierfett *n* (ein typisches Bratfett zur Herstellung von Pommes frites und dgl.) || ~ **pan** (Nut) / Frittierpfanne *f* || ~ **pan** (Nut) / Bratpfanne *f*
**frypan** *n* (Nut) / Frittierpfanne *f*
**fs** (fermisecond) / Fermisekunde *f*, fs (Fermisekunde)
**F.S.**\* (factor of safety) (Build, Eng) / Sicherheitskoeffizient *m*, Sicherheitsbeiwert *m*, Sicherheitswert *m*, Sicherheitszuschlag *m*, Sicherheitsfaktor *m*
**FS** (file system) (Comp) / Dateisystem *n* (Bezeichnung für einen funktionalen Teil des Betriebssystems, das festlegt, wie Daten in Form von Dateien auf Datenträgern abgelegt werden können und wie auf sie zugegriffen werden kann), File System *n* || ≃ (file separator) (Comp) / Hauptgruppentrennzeichen *n* (DIN 66303) || ≃ (flat display) (Comp, TV) / flacher Bildschirm || ≃ (fail-safe) (Eng) / störungssicher *adj*, absolut zuverlässig, fail-safe *adj*, sicher bei Ausfall || ≃ (fail-safe) (Nuc Eng) / folgeschadensicher *adj* (DIN 25401)
**FSA** (failure-source analysis) (Eng) / Analyse *f* der Ursachen der Fehlfunktion (einer Maschine) || ≃ (finite-state automaton) (Maths) / endlicher Automat (mathematisches Modell zur Beschreibung von Schaltsystemen, Nervennetzen und anderen digital arbeitenden kybernetischen Systemen)
**F scanner** (Radar) / Radarabtaster *m* vom F-Typ
**F scope** (Radar) / F-Schirm *m*
**FSD**\* (full-scale deflection) (Instr) / Vollausschlag *m* (bei Messinstrumenten), Endausschlag *m* (bei Messinstrumenten), voller Zeigerausschlag
**FSF** (fibre-saturation factor) (Textiles) / Fasersättigungsfaktor *m*, FSF (Fasersättigungsfaktor)
**FSH**\* (follicle-stimulating hormone) (Biochem) / follikelstimulierendes Hormon, Follikelreifungshormon *n* (Prolan A), Follitropin *n*, FSH (ein Sexualhormon)
**FSK**\* (frequency-shift keying) (Comp, Telecomm) / Frequenzumtastung *f* (digitale Frequenzmodulation - Trägersignal: Sinus, modulierter Parameter: Frequenz), FSK (Frequenzumtastung)
**FSN** (full-service network) (Comp, Telecomm) / Full Service Network *n* (in dem der Benutzer eine Vielzahl von Diensten in Anspruch nehmen kann)
**FSO** (food safety objective) (Nut) / Zielwert *m* der Lebensmittelsicherheit
**FSSC** (flat-square spiral coil) (Electronics) / mäanderförmiger Leiter
**f-stop** *n* (Optics, Photog) / Öffnungszahl *f*, Blendenzahl *f k*, f-Blende *f*, Blendenstufe *f*, Blendenwert *m*, Öffnungsverhältnis *n* (der Kehrwert der relativen Öffnung nach DIN 4521)
**F-synchronization** *n* (Photog) / Blitzlicht-Synchronisation *f* mit F-Kontakt (für Blitzlampen kurzer Scheitelzeit)

**FT** (Fourier transform) (Maths) / Fourier-Transformation *f* (eine Integraltransformation nach J. Baron de Fourier, 1768-1830 - DIN 13343) || ≃ **analysis** (Maths, Spectr) / Fourier-Transform-Technik *f*, FT-Technik *f* (ein Rechenverfahren in der Spektroskopie)
**FTC** (fast-time constant) (Radar) / Regendämpfung *f*, Regenentrübungsschaltung *f*, Niederschlagsdämpfung *f*, Regenentrübung *f*
**F-test** *n* (for comparing two separate estimates of the population variance or for comparing estimates of the variances of two populations - it is the basic test used in analysis of variance) (Stats) / F-Test *m* (ein Signifikanztest nach R.A. Fisher, 1890-1962))
**FTI** (fixed-target indicator) (Radar) / Festzielfilter *n*
**FT-ICR mass spectrometer** (Spectr) / Fourier-Transform-Ionenzyklotronresonanzspektrometer *n*, ICR-Massenspektrometer *n*
**FT-ICR-spectroscopy** *n* (Spectr) / FT-ICR-Spektroskopie *f* (ICR-Spektroskopie unter Verwendung der Fourier-Transform-Technik)
**FTM** (feature memory) (Comp) / Speicher *m* für spezielle Funktionen || ≃ (frequency-time modulation) (Radio) / Frequenz-Zeit-Modulation *f*
**FTP**\* (file-transfer protocol) (Comp, Telecomm) / Filetransfer-Protokoll *n*, File Transfer Protocol *n*, FTP *n* (File Transfer Protocol), Dateiübertragungsprotokoll *n*
**FTR** (frustrated total reflection) (Phys) / verhinderte Totalreflexion (in der Faseroptik), gestörte Totalreflexion
**Fubini's theorem** (Maths) / Satz *m* von Fubini (nach G. Fubini, 1879-1943)
**fuchsin**\* *n* (Chem) / Fuchsin *n* (ein Triphenylmethanfarbstoff), Methylfuchsin *n*
**fuchsine** *n* (Chem) / Fuchsin *n* (ein Triphenylmethanfarbstoff), Methylfuchsin *n*
**fuchsite**\* *n* (Min) / Fuchsit *m* (smaragdgrüner Glimmer), Chrommuskovit *m*, Chrommuscovit *m*, Chromglimmer *m*
**fucogel** *n* (Chem) / Fucogel *n* (in der Parfümerie)
**fucoid** *n* (Geol) / Fucoid *n* (Spur in Ton- und Mergelsteinen)
**fucoidan** *n* (Chem, Pharm) / Fucoidin *n*, Fucoidan *n*
**fucolipid** *n* (Biochem) / Fukolipid *n*, Fucolipid *n*
**fucose** *n* (6-deoxygalactose) (Bot, Chem) / Galactomethylose *f*, Galaktomethylose *f*, Fucose *f*, Fuc (ein 6-Desoxyzucker - Bestandteil von pflanzlichen Gummen und Schleimen)
**fucoxanthin**\* *n* (Bot, Chem) / Fucoxanthin *n* (ein Karotinoid aus Braunalgen und Süßwasseralgen)
**fucus** *n* (pl. fuci or -ces) (Bot) / Fucus *m* (eine Braunalge aus der Ordnung Fucales)
**fucus-like impression** (Geol) / Fucoid *n* (Spur in Ton- und Mergelsteinen)
**fudge**\* *n* (Typog) / Raum *m* für letzte Meldungen || ~\* (Typog) / letzte Meldung
**fuel** *v* (Nuc Eng) / beschicken *v* (mit Brennstoff), chargieren *v* || ~ *vi* (Fuels) / nachtanken *v*, Kraftstoff aufnehmen, tanken *v*, auftanken *v* (neu), betanken *vt* || ~ *n* (Autos, Fuels) / Motorkraftstoff *m*, Kraftstoff *m*, Treibstoff *m* (flüssiger) || ~ (Fuels) / Brennstoff *m*, Brennmaterial *n* || ~ (Fuels) / Energieträger *m* (Stoff, der eine Energieabgabe durch Umwandlung oder Umformung ermöglicht), Gebrauchsenergieträger *m* || ~ (Fuels) / Fuel *m* (Nitromethan für Rennwagen) || ~\* (Nuc Eng) / Kernbrennstoff *m*, KBS (Kernbrennstoff), nuklearer Brennstoff, Brennstoff *m*, BS (Brennstoff) || ~ (Space) / Raketenbrennstoff *m*, Brennstoffkomponente *f* des Raketentreibstoffs || ~ (Autos) s. also petrol | **4-star** ~ (Autos) / Super-Ottokraftstoff *m*, Superkraftstoff *m* (EN 228), Superbenzin *n*, Super *n* (Benzin) || **2-star** ~ (Autos, Fuels) / Normalottokraftstoff *m*, Normalbenzin *n*, Normal *n* (Benzin) || ~ **accumulator**\* (Aero) / Kraftstoffspeicher *m* || ~ **additive** (Fuels) / Kraftstoffzusatz *m*
**fuel-air explosive** (Fuels) / Treibstoff-Luft-Sprengstoff *m*, Brennstoff/Luft-Gemisch-Sprengsystem *n*, FAE (Treibstoff-Luft-Sprengstoff) || ~ **ratio** (the mass rate of fuel flow to the engine divided by the mass rate of dry airflow through the engine) (I C Engs) / Kraftstoff-Luft-Verhältnis *n*, Mischungsverhältnis *n* Kraftstoff/Luft
**fuel array** (Nuc Eng) / Brennstabanordnung *f*, Anordnung *f* von Brennstäben (als konkrete Anlage) || ~ **ash** / Ölasche *f*
**fuel-ash corrosion** / Ölaschenkorrosion *f* (eine Sonderform der Belagkorrosion), Vanadiumkorrosion *f*, Vanadiumpentoxidkorrosion *f* (eine Sonderform der Belagkorrosion)
**fuel assembly**\* (Nuc Eng) / Brennelementkassette *f* (von einer metallischen Hülle umgebener Kernbrennstoff), Brennstoffkassette *f*, BSK
**fuel-assembly corner rod** (Nuc Eng) / Eckstab *m* (eines Brennelementbündels)

**fuel bark**

**fuel bark** (For) / Brennrinde *f* ‖ ~ **bed** (Chem Eng) / Brennstoffbett *n* ‖ ~ **bundle** (Nuc Eng) / Brennelementenbündel *n*, Brennstoffbündel *n*, Brennstabbündel *n*
**fuel-burning plant** (Eng) / Feuerungsanlage *f*, Feuerung *f* (als Anordnung der Brenner am Feuerraum) ‖ ~ **system** (Eng) / Feuerungsanlage *f*, Feuerung *f* (als Anordnung der Brenner am Feuerraum)
**fuel can** (Nuc Eng) / Brennelementenhülle *f*, Brennelementhülle *f* ‖ ~ **cell*** (a voltaic cell that converts the chemical energy of a fuel and an oxidizing agent directly into electrical energy on a continuous basis) (Chem, Elec Eng) / Brennstoffzelle *f* (ein Stromerzeuger zur direkten Energieumsetzung), Brennstoffelement *n*
**fuel-cell car** (Autos, Chem, Elec Eng) / Brennstoffzellenwagen *m* (mit Brennstoffzellenantrieb), BZ-Wagen *m* (Brennstoffzellenwagen), Brennstoffzellenfahrzeug *n* ‖ ~ **electric vehicle** / Brennstoffzellen-Elektrofahrzeug *n* ‖ ~ **plant** (Chem, Elec Eng) / Brennstoffzellenanlage *f* ‖ ~ **power** (Chem, Elec Eng) / Brennstoffzellenleistung *f* ‖ ~ **powered bus** (Autos, Elec Eng) / Brennstoffzellenbus *m*, brennstoffzellenangetriebener Bus, BZ-Bus *m* (Brennstoffzellenbus) ‖ ~ **stack** (Chem, Elec Eng) / Brennstoffzellenstapel *m*, Brennstoffzellenstack *m*, Zellenstapel *m* ‖ ~ **technology** (Chem, Elec Eng) / Brennstoffzellentechnik *f*, Brennstoffzellentechnologie *f* ‖ ~ **vehicle** (Autos, Chem, Elec Eng) / Brennstoffzellenwagen *m* (mit Brennstoffzellenantrieb), BZ-Wagen *m* (Brennstoffzellenwagen), Brennstoffzellenfahrzeug *n*
**fuel channel** (Nuc Eng) / Brennelementkanal *m* ‖ ~ **chemist** (Chem, Fuels) / Brennstoffchemiker *m* ‖ ~ **chemistry** (Chem, Fuels) / Brennstoffchemie *f* ‖ ~ **computer** (Fuels) / Kraftstoffcomputer *m*, Kraftstoffrechner *m*
**fuel-consuming** *adj* (Autos, Fuels) / verbrauchserhöhend *adj*
**fuel consumption** (Fuels) / Brennstoffverbrauch *m*, Kraftstoffverbrauch *m* (DIN 1940)
**fuel-cooled** *adj* (Eng) / brennstoffgekühlt *adj*
**fuel cut-off*** (Aero) / Treibstoffzufuhrunterbrecher *m* ‖ ~ **cycle*** (Nuc Eng) / Kernbrennstoffzyklus *m*, Brennstoffzyklus *m*, Brennstoffkreislauf *m*, Brennstoffzyklus *m*, KBZ (Kernbrennstoffzyklus) ‖ ~ **delivery** / Kraftstofffördermenge *f* ‖ ~ **delivery** (Fuels) / Kraftstoffförderung *f* (als Tätigkeit) ‖ ~ **dumping** (Aero) / Treibstoffablassen *n*, Treibstoffschnellablass *m* (während des Fluges - Tätigkeit) ‖ ~ **economy** (Autos, Fuels) / Kraftstoffeinsparung *f*
**fuel-efficient** *adj* (Autos) / kraftstoffsparend *adj*
**fuel element*** (Nuc Eng) / Brennelement *n*, BE (Brennelement), Brennstoffelement *n* ‖ ~ **element*** (Nuc Eng) s. also fuel assembly ‖ ~ **element bundle** (Nuc Eng) / Brennelementenbündel *n*, Brennstoffbündel *n*, Brennstabbündel *n* ‖ ~ **element defect** (Nuc Eng) / Brennelementschaden *m*, BE-Schaden *m* (im Allgemeinen)
**fuel-element plant** (Nuc Eng) / Brennelementfabrik *f* (zur Herstellung von Brennelementen für Kernreaktoren) ‖ ~ **rupture** (Nuc Eng) / Platzen *n* des Brennelements
**fuel farm** (Agric) / Energiepflanzenfarm *f* ‖ ~ **farming** (Agric) / Energiefarming *n* (aufgrund der Biomassen) ‖ ~ **filter** (Fuels) / Kraftstofffilter *n* (zur Reinigung des durchströmenden Kraftstoffes)
**fuel-firing installation** (Eng) / Feuerungsanlage *f*, Feuerung *f* (als Anordnung der Brenner am Feuerraum)
**fuel from crops** (Fuels) / Biomassebrennstoff *m*, Biokraftstoff *m* (aus nachwachsenden Rohstoffen), Biobrennstoff *m* ‖ ~ **fumes** (Autos) / Kraftstoffdämpfe *m pl* ‖ ~ **gas** (any gaseous material employed to provide heat or power by combustion) (Fuels) / gasförmiger Brennstoff (DIN 1340), Brenngas *n*, brennbares (technisches) Gas ‖ ~ **gas** (Heat) / Heizgas *n*, Beheizungsgas *n* ‖ ~ **gas** (Oils) / Fuelgas *n* ‖ ~ **gas valve** (Welding) / Brenngasventil *n* ‖ ~ **gauge** (Autos) / Kraftstoffanzeiger *m*, Kraftstoffanzeige *f* ‖ ~ **grade*** (Aero) / Brennstoffsorte *f* nach Leistungszahl (Performance Number) ‖ ~ **handling** (Nuc Eng) / Brennstoffhandhabung *f*
**fuel-handling machine** (Nuc Eng) / Lade- und Entlademaschine *f*, Kernbrennstoffwechselmaschine *f*, Umlademaschine *f*, UM (Umlademaschine)
**fuel header** (Autos) / Kraftstoffverteilerrohr *n*, Verteilerrohr *n* (für Kraftstoff) ‖ ~ **ignition** (I C Engs) / Gemischzündung *f*, Gemischentflammung *f* ‖ ~ **induction** (I C Engs) / Gemischaufbereitung *f* (bei Kraftstoffeinspritzung) ‖ ~ **inhibitor** (Fuels) / Gegenklopfmittel *n*, Klopfbremse *f*, Antiklopfmittel *n* ‖ ~ **injection*** (I C Engs) / Kraftstoffeinspritzung *f*
**fuel-injection engine** (I C Engs) / Einspritzmotor *m* ‖ ~ **nozzle** (I C Engs) / Einspritzdüse *f* ‖ ~ **system** (I C Engs) / Einspritzanlage *f*
**fuel injector*** (I C Engs) / Einspritzdüse *f*
**fuel-injector system** (I C Engs) / Einspritzanlage *f*
**fuel jettison*** (Aero) / Treibstoffschnellablass *m* (Mechanismus) ‖ ~ **jettisoning** (Aero) / Treibstoffablassen *n*, Treibstoffschnellablass *m* (während des Fluges - Tätigkeit)
**fuel-laden vapours** (Eng) / Staubbrüden *m pl*

**fuel lattice** (Nuc Eng) / Brennstoffgitter *n* ‖ ~ **length** (within the core) (Nuc Eng) / Brennstofflänge *f*
**fuelless energy** (e.g. wind, solar energy) / brennstofflose Energie (nicht konventionelle - wie z.B. Solarenergie), brennstofffreie Energie, nicht aus Brennstoffen erzeugte Energie
**fuel level** (Fuels) / Kraftstoffstand *m*, Kraftstoffspiegel *m*, Kraftstoffniveau *n* ‖ ~ **line** (Autos) / Kraftstoffleitung *f* ‖ ~ **line filter** (Autos) / Kraftstoffleitungsfilter *n*
**fuelling** *n* (Nuc Eng) / Reaktorbeladung *f*, Brennstoffbeschickung *f*, Reaktorbeschickung *f*, Brennstoffeinsatz *m*, Brennstoffbeladung *f* ‖ ~ **machine*** (Nuc Eng) / Lade-Entlade-Anlage *f*
**fuel lock** (Autos) / Kraftstoffabsperrventil *n* (eine Diebstahlsicherung) ‖ ~ **make-up** (Nuc Eng) / Nachladung *f* von Brennstoff, Frischladung *f* von Brennstoff, Brennstoffnachfüllung *f* ‖ ~ **manifold*** (Autos) / Kraftstoffverteilerrohr *n*, Verteilerrohr *n* (für Kraftstoff) ‖ ~ **metering solenoid** (Autos, I C Engs) / Gemischregulierventil *n*, Lambda-Regelventil *n* (Autos, I C Engs) / Kraftstoffdüse *f* (des Vergasers) ‖ ~ **nozzle** (Autos) s. also injection nozzle ‖ ~ **oil*** (Fuels) / Heizöl *n* (DIN 51603) ‖ ~ **oil No. 1** (US) / (in etwa:) Heizöl EL (extraleichtflüssig) ‖ ~ **oil No. 2** (Fuels) / Dieselkraftstoff *m* (DIN 51 601), Diesel *m*, DK (Dieselkraftstoff) ‖ ~ **oil No. 5 and 6** / Bunkeröl *n* (herkömmliche, jedoch nicht verbindliche Bezeichnung des schweren Rückstandheizöls für Schiffe, Industrieanlagen und Großkraftwerke)
**fuel-oil resistant** / heizölbeständig *adj*
**fuel-optimal** *adj* (Autos) / mit optimalem Kraftstoffverbrauch
**fuel-oxygen-scrap steelmaking process** (Met) / Brennstoff-Sauerstoff-Schrott-Stahlerzeugungsverfahren *n*, FOS-Stahlerzeugungsverfahren *n* (mit nachgeschalteten Stahlfrischgefäßen)
**fuel pellet** (Nuc Eng) / Kernbrennstofftablette *f*, Brennstoffpellet *n*, Brennstofftablette *f*, Tablette *f* (Form des Kernbrennstoffs) ‖ ~ **pin*** (Nuc Eng) / stabförmiges Brennelement (mit sehr kleinem Durchmesser), Brennstab *m*, Brennstoffstab *m* (mit sehr kleinem Durchmesser) ‖ ~ **plantation** (Agric) / Energiepflanzenfarm *f* ‖ ~ **plate** (Nuc Eng) / Brennstoffplatte *f*, plattenförmiges Brennelement ‖ ~ **poisoning** (Nuc Eng) / Brennstoffvergiftung *f* ‖ ~ **power** (Fuels) / die aus den Brennstoffen gewonnene Energie (im Unterschied zu water power) ‖ ~ **pressure** (I C Engs) / Kraftstoffdruck *m* ‖ ~ **processing** (Chem, Elec Eng) / Brennstoffaufbereitung *f* ‖ ~ **pump** (Fuels, I C Engs) / Kraftstoffförderpumpe *f*, Kraftstoffpumpe *f* (Autos) / ~ **rail** (Autos) / Kraftstoffverteilerrohr *n*, Verteilerrohr *n* (für Kraftstoff) ‖ ~ **rating*** (Nuc Eng) / Brennstoffleistung *f*, spezifische Wärmeleistung (des Brennstoffes) ‖ ~ **ratio** (Mining) / Brennstoffverhältnis *n* (Verhältnis des Anteils an festem Kohlenstoff zum Gehalt an flüchtigen Bestandteilen einer Kohlenart) ‖ ~ **recharge** (Nuc Eng) / Brennelementwechsel *m*, BE-Wechsel *m*, Brennstoffumladung *f*, Umladung *f* des Brennstoffs (im Kernreaktor) ‖ ~ **recharging** (Nuc Eng) / Brennelementwechsel *m*, BE-Wechsel *m*, Brennstoffumladung *f*, Umladung *f* des Brennstoffs (im Kernreaktor) ‖ ~ **refabrication** (Nuc Eng) / Refabrikation *f* (des Brennstoffs), Brennstoffrefabrikation *f*
**fuel-related fare increase** (Aero) / Treibstoffzuschlag *m*
**fuel reloading** (Nuc Eng) / Nachladung *f* von Brennstoff, Frischladung *f* von Brennstoff, Brennstoffnachfüllung *f* ‖ ~ **reprocessing*** (Nuc Eng) / Kernbrennstoff-Wiederaufarbeitung *f*, Brennstoffaufbereitung *f*, chemische Aufbereitung des abgebrannten Kernbrennstoffs ‖ ~ **reprocessing plant** (Nuc Eng) / Wiederaufbereitungsanlage *f*, WAA (Wiederaufbereitungsanlage), Kernbrennstoff-Wiederaufbereitungsanlage *f* ‖ ~ **research** (Fuels) / Brennstoffforschung *f* ‖ ~ **reserve indicator** (Autos) / Kraftstoffwarnleuchte *f* ‖ ~ **rod*** (Nuc Eng) / stabförmiges Brennelement (mit größerem Durchmesser), Brennstab *m* (stabförmiges Brennstoffelement), Brennstoffstab *m* (mit größerem Durchmesser)
**fuel-saving** *adj* (Autos, Fuels) / verbrauchssenkend *adj*
**fuel shipping cask** (Nuc Eng) / Brennelementtransportcontainer *m*, Brennelementtransportbehälter *m* ‖ ~ **shut-off** (Autos, Fuels) / Absperrung *f*, Abschaltung *f* (der Kraftstoffzufuhr) ‖ ~ **slug** (Nuc Eng) / Brennstoffstock *m* (kurzes, dickes Stab-BE), Brennstoffblock *m* (kurzer, dicker) ‖ ~ **storage pool** (Nuc Eng) / Abklingbecken *n*, AKB (Abklingbecken), Brennelementlagerbecken *n*, Lagerbecken *n* (für abgebrannte Brennelemente) ‖ ~**-structure ratio** (Space) / Treibstoffverhältnis *n* (Kennziffer, die aus dem Quotienten von Treibstoffmasse beim Start und Leermasse einer Rakete gebildet wird) ‖ ~ **supply** (Autos) / Kraftstoffzufuhr *f* ‖ ~ **switching** (Fuels) / Umstellung *f* auf andere Energieträger ‖ ~ **system** (Fuels) / Kraftstoffanlage *f* ‖ ~ **tank*** (Aero, Autos) / Kraftstoffbehälter *m*, Kraftstofftank *m*, Brennstoffbehälter *m*, Treibstofftank *m*, Brennstoffbehälter *m*, Tank *m*
**fuel-tank locking cap** (Autos) / abschließbarer Tankverschluss *m* ‖ ~ **venting** (Autos, Fuels) / Tankentlüftung *f*, Kraftstofftankentlüftung *f*

**fuel technologist** (Fuels) / Brennstoffexperte m, Brennstoffspezialist m ‖ ~ **tender** (Aero, Autos) / Flugfeldtankwagen m ‖ ~ **trap** (Autos) / Kraftstoffabscheider m ‖ ~ **trimmer*** (Aero) / barostatischer Brennstoffregler (bei Gasturbinen) ‖ ~ **truck** (Aero, Autos) / Flugfeldtankwagen m ‖ ~ **uplift** (Space) / mitgeführter Brennstoff ‖ ~**-value** n (Fuels) / Heizwert m (des konkreten Brennstoffs) ‖ ~ **vapor recirculation system** (US) (Autos) / Kraftstoffverdunstungsanlage f, Kraftstoffverdampfungsanlage f, Kraftstoffdampfrückhaltesystem n ‖ ~ **vapours** (Autos) / Kraftstoffdämpfe m pl ‖ ~ **warning light** (Autos) / Kraftstoffwarnleuchte f ‖ ~**-weight ratio** (Space) / Treibstoffverhältnis n (Kennziffer, die aus dem Quotienten von Treibstoffmasse beim Start und Leermasse einer Rakete gebildet wird) ‖ ~ **wharf** (Oils, Ships) / Ölpier f
**fuelwood** n (For, Fuels) / Brennholz n
**fugacity*** n (Chem, Phys) / Flüchtigkeit f (Verdunstungsverhalten bzw. Verdunstungsgeschwindigkeit), Fugazität f (Aktivität gasförmiger Systeme)
**fugitive** adj / unecht adj (Farbstoff) ‖ ~ (Chem, Phys) / flüchtig adj, etherisch adj (rasch verdunstend) ‖ ~ **constituent*** (Geol) / flüchtiger Bestandteil ‖ ~ **dust** / mitgerissener Staub ‖ ~ **emission** / diffuse Emission (bei der Luftreinhaltung, fugitive Emission (wenn der Luftvolumenstrom nur geschätzt, nicht gemessen werden konnte)
**fugitometer*** n / ein Farbechtheits-Prüfgerät
**fugu poison** (Chem) / Fugu-Gift n (Tetrodotoxin) ‖ ~ **toxic principle** (Chem) / Fugu-Gift n (Tetrodotoxin)
**Fulbent** / Fulbent m (ein Markenname für Bentonit)
**fulcrum*** n (pl. fulcra or -s) (the point about which the lever pivots) (Mech) / Drehpunkt m (des Hebels)
**fulcrumed** adj (Mech) / drehbar befestigt, drehpunktgelagert adj
**fulfil** v (Eng) / erfüllen v (Anforderungen) ‖ ~ / entsprechen v (den Bedingungen), genügen v (den Bedingungen), erfüllen v (Bedingungen) ‖ ~ (Maths) / [einer Gleichung] genügen v, [eine Gleichung] befriedigen v
**fulfill** v (US) / erfüllen v (Anforderungen) ‖ ~ (US) / entsprechen v (den Bedingungen), genügen v (den Bedingungen), erfüllen v (Bedingungen) ‖ ~ (US) (Maths) / [einer Gleichung] genügen v, [eine Gleichung] befriedigen v
**fulfilment bond** (Eng) / Vollzugsgarantie f, Erfüllungsgarantie f (bei Verträgen), Leistungsgarantie f (bei Verträgen)
**fulgurite*** n (Min) / Blitzröhre f (durch Blitzeinschlag im Sand entstanden), Fulgurit m, Blitzsinter m
**full** v (Leather) / broschieren v, aufbroschieren v ‖ ~ (US) (Leather, Textiles) / aufwalken v, walken v ‖ ~ adj / befüllt adj (Zustand), gefüllt adj (Zustand) ‖ ~ / komplex adj (Service) ‖ ~ / Voll-, ausgezogen adj (Linie) ‖ ~ / kräftig adj, satt adj (Farbton), tief adj (Farbton) ‖ ~ / voll adj, Voll- ‖ ~* (Eng) / mit (etwas) Übermaß ‖ ~ (Textiles) / nervig adj, kernig adj (Griff) ‖ ~ **adder*** (Comp) / Volladdierglied n, Addierglied n, Volladdierer m ‖ ~ **admission** (Eng) / Vollbeaufschlagung f (ein Beaufschlagungsgrad) ‖ ~ **annealing*** (annealing a ferrous alloy by austenitizing and then cooling slowly through the transformation range) (Met) / Hochtemperaturglühen n, Glühen n über AC₃ (Grobkorn- oder Normalglühen) ‖ ~ **aperture*** (Photog) / volle Öffnung, Offenblende f, maximale Blende
**full-aperture drum** / Hobbock m (ein Transportgefäß)
**full•-aperture metering** (Photog) / Lichtmessung f bei Offenblende, Offenblendemessung f ‖ ~ **backup** (Comp) / Gesamtsicherung f (von allen Daten eines zu sichernden Bereichs) ‖ ~ **barking** (For) / Weißschnitzen n, Weißschälen n
**full-barrier level crossing** (Autos, Rail) / Bahnübergang m mit Vollschranken
**full-bath finish** (Textiles) / Vollbadappretur f
**full beam** (Autos) / Fernlicht n
**full-bearing hexagon nut** (Eng) / Sechskantmutter f ohne Tellereinsatz
**full-bodied** adj (Carp, For, Join) / vollholzig adj
**full-boled** adj (Carp, For, Join) / vollholzig adj
**full bore** (pedal to the metal) (Autos) / Vollgas n ‖ ~ **bore** (Eng) / Volldurchgang m (bei Armaturen), voller Durchgang (bei Armaturen)
**full-bore valve** (Eng) / Armatur f mit vollem Durchgang ‖ ~ **version** (Comp) / vollausgebaute Version (eines Systems, d.h. mit allen Funktionen)
**full bound*** (Bind) / Ganzband m (Bezeichnung für einen Einband, dessen gesamte Decke mit dem gleichen Einbandmaterial überzogen ist)
**full-braking** n (Autos) / Vollbremsung f
**full-cell pressure-system of preservative treatment** (For) / Bethell-Volltränkverfahren n (ein Kesseldruckverfahren)
**full-cell process** (For) / Volltränkverfahren n (ein Kesseldruckverfahren, bei dem die Hohlräume der Zellen in den durchtränkbaren Bereichen nahezu vollständig mit Holzschutzmitteln gefüllt werden)

**full-centre arch*** (Arch) / Rundbogen m, Halbkreisbogen m (Bogen mit konstantem Radius, der genau der Hälfte eines vollen Krieses entspricht)
**full charge** / Vollladung f, volle Ladung ‖ ~ **chemical pulping** (Chem Eng, For, Paper) / Zellstoffaufschluss m, chemischer Aufschluss ‖ ~ **chrome tanning** (Leather) / Vollchromgerbung f
**full-cloth binding** (Bind) / Ganzleinenband m, Ganzgewebeband m, Ganzleinen n, Ganzgewebeeinband m
**full colour** (Paint) / Volltonfarbe f
**full-colour display** (Comp) / vollfarbfähiges Display
**full compatibility** (TV) / volle Kompatibilität ‖ ~ **container load/full container load** / geschlossene Containerladung auf beiden Teilstrecken ‖ ~ **container ship** (Ships) / Vollcontainerschiff n
**full-cream milk** (Nut) / Vollmilch f (mit dem vollen Fettgehalt)
**full-custom** attr / vollkundenspezifisch adj ‖ ~ **IC** (Comp, Electronics) / Vollkundenschaltung f
**full deflection** (Instr) / Vollausschlag m (bei Messinstrumenten), Endausschlag m (bei Messinstrumenten), voller Zeigerausschlag ‖ ~ **dipping** (Surf) / Volltauchen n ‖ ~ **dog point** (Eng) / Zapfen m (langer - der Stellschraube)
**full-drop center** (US) (Autos) / Tiefbett n, Felgentiefbett n ‖ ~ **centre rim** (US) (Autos) / 5-Grad-Tiefbettfelge f, Tiefbettfelge f (DIN 70023)
**full duplex*** (Comp, Telecomm) / Zweirichtungsbetrieb m, Duplexbetrieb m, Duplexverkehr m, Vollduplexbetrieb m, Gegenbetrieb m
**full-edged** adj (For) / vollkantig adj (Schnittklasse des Bauholzes)
**fuller** n (Eng) / Streckgesenk n ‖ ~ (Eng, Tools) / Kehlhammer m, Ballhammer m ‖ ~ (Textiles) / Tuchwalker m ‖ ~ (grading) **curve** / Fuller-Kurve f (der Korngrößenverteilung) ‖ ~ **dome** (Build, Civ Eng) / Fuller-Kuppel f (nach R.B. Fuller, 1895-1983)
**fullerene*** n (Chem) / Fulleren n (eine Klasse von Kohlenstoffmodifikationen, deren geschlossene Käfigmoleküle aus Fünf- und Sechsringen bestehen - kleinster Vertreter = C₆₀) ‖ ~ **chemistry** (Chem) / Chemie f der Fullerene
**fullerid** n (Chem) / Fullerid n
**fullering** n (Eng) / Vorformen n im Rollgesenk ‖ ~ (Eng) / Verstemmen n, Dichtstemmen n ‖ ~ (Eng) / Herstellung f von rundlaufenden Rillen (an zylindrischen Körpern) ‖ ~ **tool** (Eng) / Vorschmiedegesenk n, Vorformgesenk n, Vorgesenk n
**fullerite** n (Chem) / Fullerit m (Feststoff, der aus einem bestimmten oder aus einem Gemisch verschiedener Fullerenmolekülen aufgebaut ist)
**Fuller-Kinyon pump** (Eng) / Fuller-Pumpe f (pneumatisches Gerät zur Förderung von staubartigen Materialien)
**fuller's earth*** / Walkerde f, Walkererde f, Fullererde f (montmorillonithaltiges Xerogel, das nicht im Wasser zerfällt, inaktivierter Bentonit) ‖ ~ **earth** s. also bleaching clay ‖ ~ **teasel** (Bot, Textiles) / Weberkarde f (Dipsacus sativus (L.) Honck.)
**full-face advance** (Civ Eng) / Vollausbruch m (über den gemeinsamen Querschnitt eines Hohlraumes) ‖ ~ **driving** (Civ Eng) / Vollausbruch m (über den gemeinsamen Querschnitt eines Hohlraumes) ‖ ~ **helmet** (Autos) / Vollschutzhelm m, Integralhelm m ‖ ~ **shaft drilling** (Mining) / Vollschachtbohren n ‖ ~ **shield** / Gesichtsschutzschirm m, Frontalschirm m (ein Gesichtsschutzschirm) ‖ ~ **shield** (Welding) / Vollmaske f
**full-face-style safety helmet** (Autos) / Schutzhelm m mit Visier (Kiefer- und Nackenschutz)
**full-face tunnelling machine** (Civ Eng) / Vollschnittvortriebsmaschine f (im Tunnelbau), Tunnelvollbohrmaschine f
**full-fashioned** (Textiles) / vollregulär adj, regulär adj (Flachstrick- und Cottonwirkware - formgerecht hergestellt und dann genäht) ‖ ~ (Textiles) / abgepasst adj, mit voller Passform, formgerecht adj (Maschenware), fully fashioned adj (formgestrickt, formgearbeitet) (Maschenware)
**full-fat milk** (Nut) / Vollmilch f (mit dem vollen Fettgehalt)
**full-featured keyboard** (Comp) / voll ausgestattete Tastatur, Tastatur f mit allen Funktionen
**full feel** (Textiles) / fülliger Griff
**full-fire** n (Ceramics) / Scharffeuer n (etwa über 1000 °C), Hochfeuer n, scharfes Feuer, Vollfeuer n (etwa über 1000 °C) ‖ ~ **development** / Entwicklung f zum Vollbrand (ISO 13 943)
**full-flavour** attr / vollaromatisch adj
**full-floating rear axle** (Autos) / vollfliegende Hinterradachse (Achswelle nur auf Verdrehung beansprucht)
**full-flush** attr (Typog) / links- und rechtsbündig adj
**full-force feed*** (Eng) / volle Zwangsschmierung (einschließlich Kolbenbolzen und Zylinderwänden)
**full-forest harvesting** (For) / großflächiger Kahlschlag
**full form** / Langform f (der Abkürzung)
**full-frame display** (Comp) / Vollformatanzeige f, Ganzseitenbildschirmanzeige f, Vollbildschirmanzeige f,

full-frame

613

**full gloss**

Ganzseitendarstellung *f*, Vollformatdarstellung *f* (auf dem Bildschirm)
**full gloss** / Hochglanz *m* (mit dem Glanzwert bis 100)
**full-grain** *attr* (Leather) / vollnarbig *adj*
**full hardening** (Met) / Durchhärtung *f* (Härteannahme über den Querschnitt nach DIN EN 10 052), Volumenhärten *n*, durchgreifendes Härten
**full-history** *attr* (Autos) / scheckheftgepflegt *adj*
**full-hole drilling** (Mining) / kernloses Bohren, Vollbohren *n* (bei dem das Gestein auf der gesamten Bohrlochsohle zerstört wird)
**full-immersion test** (continuous) (Surf) / Dauertauchversuch *m* (DIN 50900)
**fulling** *n* (Leather) / Broschieren *n* (ein Weichvorgang, bei dem die Lederoberfläche gleichzeitig von ungebundenem Gerbstoff befreit werden soll, um die Aufnahmefähigkeit für Zurichtprodukte zu verbessern) ‖ ~ **(US)**\* (Leather, Textiles) / Walken *n*, Walke *f* ‖ ~ **hammer** (US) (Leather, Textiles) / Walkhammer *m* (der Hammerwalke) ‖ ~ **machine** (US) (Textiles) / Walke *f*, Walkmaschine *f* ‖ ~ **mill** (GB) (Textiles) / Walke *f*, Walkmaschine *f* ‖ ~ **stock** (US) (Textiles) / Walke *f*, Walkmaschine *f*
**full insurance cover** (Autos) / Vollkaskoversicherung *f*, Vollkasko *f* ‖ ~ **inverse image** (Maths) / Urbildmenge *f*, volles Urbild, Originalmenge *f* (Menge aller Urbilder einer Abbildung) ‖ ~ **keyboard** (Comp) / Volltastatur *f*
**full-lead crystal** / Hochbleikristall *n* (mit > 30% PbO)
**full-leather** *attr* (Autos) / mit Volllederausstattung
**full-length** *attr* (Textiles) / lang *adj* (Kleid, Unterhose) ‖ ~ **board** (Comp) / lange Steckkarte
**full-length film** (Cinema) / abendfüllender Film, Feature *n* (Hauptfilm einer Filmvorstellung)
**full-length joint** (a ground-glass joint) (Chem, Glass) / Langschliffverbindung *f* ‖ ~ **shot** (Cinema) / Totale *f* (weiteste Einstellung eines Motivs), Gesamtaufnahme *f* ‖ ~ **taper grooved dowel pin** (Eng) / Kegelkerbstift *m* (DIN 1471)
**full-lift safety valve** (Eng) / Vollhub-Sicherheitsventil *n*
**full line** / Volllinie *f* (technisches Zeichnen - DIN 15) ‖ ~ **load**\* (Autos, Eng) / Volllast *f*
**full-load current** (Elec Eng) / Volllaststrom *m* ‖ ~ **day** / Volllasttag *m* (bei Kraftwerken), VLT (Volllasttag, VLd (Volllasttag (Volllasttag bei Kraftwerken)) ‖ ~ **operation** / Volllastbetrieb *m* ‖ ~ **starting** (Autos) / Volllastanlauf *m* (des Motors)
**full lock** (Autos) / von Anschlag zu Anschlag ‖ ~ **lock** (Autos) / Anschlag *m* ‖ ~ **lock** (Autos) / voller Einschlag (der Vorderräder) ‖ ~ **maturity** / Vollreife *f*
**full-metal** *attr* / Ganzmetall-
**full mission capable** (Mil) / voll einsatzfähig ‖ ~ **Moon**\* (Astron) / Vollmond *m*
**full-motion image** (Comp, Telecomm) / Bewegtbild *n* ‖ ~ **picture** (Comp, Telecomm) / Bewegtbild *n* ‖ ~ **video**\* (Cinema) / Full-Motion-Video *n*, Bewegtbildvideo *n*
**full-mould casting** (Foundry) / Vollformgießen *n* (mit Kunststoffmodellen, die bei Gießtemperatur restlos vergasen), Vollformgießverfahren *n*
**full multigrid** (Comp) / Full Multigrid *n* (eine Variante von Mehrgitterverfahren), FMG (Full Multigrid) ‖ ~ **name** / vollständiger Name
**fullness** *n* (richness of flavour) (Nut) / Aromafülle *f*, Fülle *f* (Aromafülle)
**full-oil chamois tannage** (Leather) / Echtsämischgerbung *f* (reine Trangerbung durch Oxidation von Tran in der Haut)
**full out**\* (Typog) / ohne Einzug, ohne Absatzeinzug (Satzanweisung), keine Einzüge (Satzanweisung)
**full-packet filtering** (Comp) / Ganzpaketfilterung *f*
**full-page** *attr* (Print) / ganzseitig *adj*
**full-page ad composition** (Print) / Satz *m* von ganzseitigen Anzeigen ‖ ~ **composition** (Print) / Ganzseitenumbruch *m* ‖ ~ **editing** (Comp) / Ganzseiteneditieren *n* (vollständiger Textseiten auf dem Bildschirm) ‖ ~ **graphics** (Comp, Typog) / Ganzseitengrafik *f* ‖ ~ **make-up** (Print) / Ganzseitenumbruch *m* ‖ ~ **mode** (Comp) / Ganzseitenmodus *m* ‖ ~ **transmission** (Telecomm) / Ganzseitenübertragung *f*
**full-penetration finish** (Textiles) / Kernfinish *n* ‖ ~ **welding** (Welding) / Durchschweißen *n*
**full-pickled** *adj* (Met) / mehrfach gebeizt (Blech)
**full-pitch winding**\* (Elec Eng) / Durchmesserwicklung *f*
**full-portal crane** (Eng) / Vollportalkran *m* ‖ ~ **crane** (Eng) s. also semi-portal crane
**full-pressure suit** (Aero) / Volldruckanzug *m*
**full radiator**\* (Phys) / Schwarzer Strahler (DIN 5031-8), Planck'scher Strahler
**full-range amplifier** (Electronics) / Vollverstärker *m* ‖ ~ **naphtha** (Fuels) / Benzin *n* mit vollem Siedebereich, Full-Range-Naphtha *n*

**full respray** (Paint) / Ganzlackierung *f* (eine Reparaturlackierung) ‖ ~ **rivet** (Eng) / Vollniet *m* ‖ ~ **scale** / natürliche Größe (Maßstab 1:1), Maßstab *m* 1 : 1
**full-scale deflection** (Instr) / Vollausschlag *m* (bei Messinstrumenten), Endausschlag *m* (bei Messinstrumenten), voller Zeigerausschlag ‖ ~ **view** / Ansicht *f* in natürlichem Maßstab
**full-screen data input** (Comp) / Dateneingabe *f* im vollen Bildschirmformat, Vollformateingabe *f* ‖ ~ **display** (Comp) / Vollformatanzeige *f*, Ganzseitenbildschirmanzeige *f*, Vollbildschirmanzeige *f*, Ganzseitendarstellung *f*, Vollformatdarstellung *f* (auf dem Bildschirm) ‖ ~ **text editor** (Comp) / Full-Screen-Texteditor *m*, Vollformat-Texteditor *m* (der das Editieren einer ganzen Bildschirmseite gestattet)
**full section** / Vollschnitt *m* (bei technischen Zeichnungen nach DIN 6) ‖ ~ **section** (Materials, Met) / Vollprofil *n* (mit vollem Querschnitt)
**full-section driving** (Civ Eng) / Vollschnitt *m* (Vortriebsbauweise beim Tunnelbau)
**full service** / Full Service *m* (Kundendienst, der alle anfallenden Arbeiten übernimmt)
**full-service gas station** (US) (Autos) / Servicestation *f*, Großtankstelle *f* ‖ ~ **network** (Comp, Telecomm) / Full Service Network *n* (in dem der Benutzer eine Vielzahl von Diensten in Anspruch nehmen kann)
**full shadow** (Astron) / Kernschatten *m* ‖ ~ **shroud**\* (Eng) / Verstärkungskranz *m* (der die volle Zahnhöhe deckt) ‖ ~ **sibs** (Biol) / Vollgeschwister *n pl* ‖ ~ **size** / Ist-Größe *f*, natürliche Größe (Ist-Größe), Originalgröße *f*, volle Größe
**full-size** *attr* / lebensgroß *adj*, in voller Größe, größenrichtig *adj*
**full-skirt piston** (Autos) / Vollschaftkolben *m* (bei alten Motoren), Glattschaftkolben *m*
**full-slice technology** (Electronics) / Full-Slice-Technik *f* (in der Monochip-Technik)
**full-soaked spark plug** (I C Engs) / nasse Zündkerze
**full solid angle** (Maths) / räumlicher Vollwinkel *n* ‖ ~ **sort** (Comp) / Vollsortieren *n* ‖ ~ **sorting** (Comp) / Vollsortieren *n* ‖ ~ **stop** (Typog) / Interpunktionspunkt *m*, Punkt *m* (Satzzeichen) ‖ ~ **stroke** (Comp) / voller Hub (der Zugriff des Lesekopfes auf einen CD-Bereich, der von der Lesekopfposition am weitesten entfernt ist) ‖ ~ **subtracter** (Comp) / Vollsubtrahierer *m* ‖ ~ **subtractor** (Comp) / Vollsubtrahierer *m* ‖ ~ **tan penetration** (Leather) / Durchgerbung *f* ‖ ~ **text** (Comp) / Volltext *m*
**full-text data base** (Comp) / Volltextdatenbank *f* ‖ ~ **retrieval** (Comp) / Volltextrecherche *f* ‖ ~ **search** (Comp) / Volltextsuche *f* ‖ ~ **searching** (Comp) / Volltextsuche *f* ‖ ~ **storage** (Comp) / Volltextspeicherung *f*
**full-thickness cutting machine** (Mining) / Vollschnittmaschine *f* (zum Auffahren von Strecken - heute mindestens 40 m pro Tag) ‖ ~ **driving** (Civ Eng) / Vollschnitt *m* (Vortriebsbauweise beim Tunnelbau)
**full thread**\* (Eng) / vollausgeschnittenes Gewinde ‖ ~ **throttle** (Autos) / Vollgas *n*
**full-throttle enrichment** (Autos) / Volllastanreicherung *f* (bei Ottomotoren), Beschleunigungsanreicherung *f* (Volllast) ‖ ~ **enrichment switch** (Autos) / Schalter *m* für Beschleunigungsanreicherung
**full-time** *attr* / Vollzeit- ‖ ~ **fly-by-wire system** (Aero) / vollelektronische (elektrische) Flugsteuerung in allen Flugphasen ‖ ~ **four-wheel drive** (Autos) / permanenter Allradantrieb, ständiger Allradantrieb ‖ ~ **job** (Work Study) / Full-Time-Job *m* (Ganztagsarbeit)
**full-timer** / Ganztagsbeschäftigter *m*
**full-tone copy** (Print) / Halbtonvorlage *f*
**full trailer** (Autos) / Anhänger *m* (DIN 70010) ‖ ~ **transparency** (i.e., a data communication mode which enables the equipment to send and receive bit patterns of any form, without restrictions on code and speed, up to the rated maximum) / Volltransparenz *f* ‖ ~ **transverse ventilation** (Civ Eng) / Vollquerlüftung *f* (in einem Tunnel)
**full-tree chips** (For) / Ganzbaumhackschnitzel *n pl* ‖ ~ **logging** (For) / baumweise Bringung, Ganzbaumbereitstellung *f*
**full-type cylindrical bearing** (Eng) / Vollrollenlager *n*
**full-value output** (Automation) / Ganzwertausgabe *f*
**full version** (Comp) / Vollversion *f* (einer Software, die alleine lauffähig ist und über alle Leistungsmerkmale verfügt)
**full-video teleconference** (Telecomm) / Bewegtbild-Telekonferenz *f* (mit der Möglichkeit zur Übertragung bewegter Bilder der Teilnehmer zusätzlich zur Übertragung von Sprache und grafischen Dokumenten)
**full-view cab** (Autos) / Fahrerhaus *n* mit Rundumsicht
**full wave** (Phys) / Vollwelle *f*
**full-wave dipole** (Electronics, Radio) / Vollwellendipol *m*, Ganzwellendipol *m* ‖ ~ **plate** (Min) / Lambda-Plättchen *n*, λ-Plättchen *n* (ein Phasenplättchen)
**full·-wave rectification** (Elec Eng) / Zweiweggleichrichtung *f*, Zweiwegschaltung *f* (eine Gleichrichterschaltung) ‖ ~**-wave rectifier** (a rectifier circuit that reverses the sign of the negative part

of the cycle of an alternating input voltage) (Elec Eng, Radio) / Zweiweggleichrichter m (zur Gleichrichtung einer Wechselspannung), Vollweggleichrichter m, Vollwellengleichrichter m
**full-way cock** (Eng) / Freiflusshahn m || **~ valve** (Eng) / Freiflussventil n, Stromlinienventil n || **~ valve** (Eng) / Durchgangsventil n
**full-width dyeing machine** (Textiles) / Jigger m (eine Färbemaschine), Färbejigger m, Breitfärbemaschine f || **~ fertilizer distributor** (Agric) / Breitstreuer m (entweder Kasten- oder Schleuderstreuer), Breitdüngerstreuer m || **~ (at) half maximum** (Phys, Spectr) / volle Halbwertsbreite (ein Kriterium für die Beobachtung von zwei Spektrallinien), FWHM (volle Halbwertsbreite) || **~ warper** (Weaving) / Zettelmaschine f, Vollbreitwarper m, Breitschärmaschine f || **~ warping** (Weaving) / Breitschären n || **~ washer** (Textiles) / Breitwaschmaschine f (zur Reinigung von Tuchen)
**full word** (Comp) / Vollwort n, ganzes Wort
**full-word constant** (Comp) / Wortkonstante f, Festwortkonstante f
**fully additive PC board** (Electronics) / Volladditivleiterplatte f || **~ additive printed circuit board** (Electronics) / Volladditivleiterplatte f || **~ automated** (Nut) / vollautomatisch adj || **~ automatic** (Nut) / vollautomatisch adj || **~ automatic lathe** (Eng) / Vollautomat n (Drehmaschine), Futterautomat m (eine Drehmaschine) || **~ automatic translation** (Comp) / Maschinenübersetzung f, automatische Sprachübersetzung, maschinelle Sprachübersetzung (die Maschine übersetzt allein) || **~ automatic washing machine** / Waschvollautomat m || **~ comprehensive vehicle insurance** (Autos) / Fahrzeugvollversicherung f, Vollkaskoversicherung f || **~ crystalline** (Crystal, Geol) / vollkristallin adj, holokristallin adj || **~ developed** (Phys) / ausgebildet adj (Strömung) || **~ digital** (Electronics) / volldigital adj || **~ digital processing** (Electronics) / volldigitale Verarbeitung || **~ drawn yarn spinning** (Spinning) / FDY-Spinnen n (vollverstrecktes Garn) || **~ elastic** / vollelastisch adj || **~ equipped configuration** (Comp, Teleph) / Vollausbau m || **~ fashioned*** (Textiles) / vollregulär adj, regulär adj (Flachstrick- und Cottonwirkware - formgerecht hergestellt und dann genäht) || **~ fashioned*** (Textiles) / abgepasst adj, mit voller Passform, formgerecht adj (Maschenware), fully fashioned adj (formgestrickt, formgearbeitet) (Maschenware) || **~ foamed bucket seat** (Autos) / Vollschaumsitz m in Schalenbauweise || **~ galvanized** (Surf) / vollverzinkt adj || **~ handle** (Textiles) / fülliger Griff, kerniger Griff || **~ insulated socket** (Elec Eng) / Kaltgerätesteckdose f || **~ ionized atom** (Phys) / hochionisierte Atom, elektronenberaubtes Atom, vollständig ionisiertes Atom, Strippingatom n (hochionisiertes Atom) || **~ ionized plasma** (Plasma Phys) / vollionisiertes Plasma, vollständig ionisiertes Plasma || **~ mechanized** (Automation, Eng) / vollmechanisiert adj || **~ ordered ring** (Maths) / vollständig geordneter Ring || **~ reclining front seat** (Autos) / Vordersitz m mit Liegeausvorrichtung || **~ reducible representation** (Maths) / vollständig reduzible Darstellung (von Gruppen) || **~ restricted** (Teleph) / nichtamtsberechtigt adj, hausberechtigt adj || **~ restricted extension** (Teleph) / nicht amtsberechtigte Nebenstelle f || **~ retractable top** (Autos) / voll versenkbares Verdeck || **~ revolving crane** (Eng) / voll schwenkbarer Kran (um 360°), Drehkran m (mit einem um 360° schwenkbaren Ausleger) || **~ supported roof covering** (Build) / Dachhaut f mit Dachschalung (mit durchgehender Unterkonstruktion) || **~ synthetic** (Chem) / vollsynthetisch adj (z.B. Kunststoff) || **~ transistorized relay** (Elec Eng) / voll transistorisiertes Relais || **~ trimmed wallpaper** (Build, Paper) / kantenbeschnittene Tapete || **~ white** (cast) **iron** (Met) / Vollhartguss m
**fulminate*** n (Chem) / Fulminat n (Salz der Knallsäure) || **~ of mercury** (Chem) / Quecksilber(II)-fulminat n, Knallquecksilber n (Initialsprengstoff und Zündsatzauflagung für Sprengkapseln)
**fulminating cap** / Amorce f (pl. -s) (Zündblättchen), Zündblättchen n || **~ gold** (Chem) / Knallgold n (entsteht beim Versetzen einer Gold(III)-chloridlösung mit Ammoniak)
**fulminic acid** (Chem) / Knallsäure f (HONC) || **~ acid** (Chem) s. also cyanic acid
**fulminuric acid** (Chem) / Isozyanursäure f (tautomere Form der Zyanursäure), Isocyanursäure f
**fulvalene** n (Chem) / Fulvalen n
**fulvene** n (Chem) / Fulven n
**fulvic acid** (Chem) / Fulvosäure f (ein Huminstoff), Fulvinsäure f
**fumarase** n (Biochem) / Fumarase f (ein zu den Lyasen gehörendes Enzym, das die Bildung von L-Apfelsäure aus Fumarsäure durch Wasseranlagerung katalysiert)
**fumarate** n (Chem) / Fumarat n
**fumaric acid*** (Chem, Nut, Pharm) / Fumarsäure f (trans-Butendisäure - E 297)
**fumarole*** n (Geol) / Fumarole f
**fume** v (Chem Eng) / rauchen v || **~** (For) / räuchern v (z.B. Eichenholz mit Ammoniakdämpfen) || **~** vt (Chem Eng) / abrauchen vt (flüchtige Anteile aus Feststoffen durch Erhitzen entfernen) || **~*** n (Chem Eng) / Rauch m (Schweiß-, Metalloxid-, Säure-) || **~** (Ecol) / Rauchgas n, Abgas n (das den Rohrstutzen des Ofens verlassende Verbrennungsgas) || **~ cupboard*** (Chem, Chem Eng) / Digestorium n (pl. -ien), Abzug m (ein völlig vom Arbeitsraum des Labors abgetrennter Experimentiertisch, der Arbeiten mit gesundheitsschädlichen und giftigen Dämpfen, Gasen und Stäuben gestattet - DIN 12924), Abzugsschrank m, Kapelle f, Digestor m
**fumed oak** (For) / Räuchereiche f (behandelt z.B. mit Ammoniakdämpfen)
**fume extraction** (Chem Eng) / Rauchabzug m (als Tätigkeit) || **~ from welding operations** (Welding) / Schweißdampf m, Schweißrauch m || **~ hood** (Chem, Chem Eng) / Abzugshaube f (im Abzug) || **~ hood** (Chem Eng) / Dunsthaube f, Verdunstungshaube f, Dunstabzugshaube f (DIN 44971, T 1), Wrasenhaube f || **~ pigment** (Paint) / ein durch Glühen gewonnenes Pigment (z.B. Zinkoxid, Chromoxidgrün)
**fumes** pl (Mining) / Nachschwaden m pl, Schwaden m pl
**fumet** n (Nut) / Wildextrakt m n, Wildessenz f (mit Wildgeruch)
**fumigant*** n (Agric, Chem) / Räuchermittel n || **~*** (Agric, Chem) / Begasungsmittel n, Durchgasungsmittel n, Vergasungsmittel n, Fumigant n
**fumigate** v (Agric, Chem, Ecol) / räuchern v, ausräuchern v (z.B. Ungeziefer) || **~** (Agric, Chem, Med) / vergasen v, begasen v, durchgasen v || **~ with sulphur** / ausschwefeln v (ausräuchern mit Schwefelverbindungen)
**fumigation** n / Verrauchung f (der einseitig abgleitende Verlauf der Rauchfahne basiert auf thermischen Ursachen, die lokal bedingt sind) || **~*** (Agric, Chem, Ecol) / Räuchern n, Ausräuchern n || **~*** (Agric, Chem, Med) / Vergasen n, Begasen n, Begasung f, Durchgasung f, Fumigation f || **~** (Ecol) / Fumigation f (Form einer Schornsteinfahne)
**fumigator** n (Agric, Chem) / Räuchermittel n || **~** (Agric, Chem) / Begasungsmittel n, Durchgasungsmittel n, Vergasungsmittel n, Fumigant n || **~** (Agric, Ecol) / Räucherapparat m
**fuming** n (Met) / Verblasen n (Verblaseofen), Durchblasen n || **~ hydrochloric acid** (about 40% HCl, density 1.19 to 1.20) (Chem) / rauchende Salzsäure || **~ nitric acid** (Chem) / rauchende (konzentrierte) Salpetersäure || **~ sulphuric acid*** (Chem) / rauchende Schwefelsäure, Oleum n
**function*** n (Biol, Comp, Maths) / Funktion f || **~** (Eng, Phys) / Einheit f (die nicht durch Multiplizieren oder Division gewonnen wurde - z.B. Gibbssche Funktion) || **~*** (Maths) s. also transformation || **~ as a ~ of speed** (Eng) / drehzahlabhängig adj
**functional** n (Maths) / Funktional n (eine Funktion, deren Argumente oder Ergebnisse wieder Funktionen sind), Funktion f einer Funktion || **~*** adj / funktionell adj (zweckmäßig, von seiner Funktion her bestimmt), funktional adj || **~*** (Maths) / funktional adj, funktionell adj || **~** (Textiles) / gebrauchstüchtig adj (Textilie) || **~ analysis** (Chem, Maths) / Funktionalanalysis f || **~ area** (Build) / Funktionsfläche f (Fläche von Räumen, die bei wechselnder Benutzung des Bauwerkes in der Regel durch ihre technische Einrichtung ihren Verwendungszweck beibehalten - z.B. Heizungsanlagen) || **~ block** (Electronics, Telecomm) / Funktionsblock m (der aus Funktionselementen besteht) || **~ building** (Arch) / Zweckbau m || **~ ceramics** (Ceramics) / Funktionskeramik f (die aktive Eigenschaften, z.B. Wärmeleit- und Isolationsfähigkeit oder spezielle elektrische und magnetische Eigenschaften, besitzt) || **~ component** (Elec Eng, Electronics) / Funktionselement n (das kleinste funktionell bestimmbare Element, das durch ein Schaltsymbol dargestellt werden kann) || **~ decomposition** (Comp) / funktionale Auflösung, funktionale Dekomposition (von Software) || **~ dependence** (Maths) / funktionaler Zusammenhang, funktionale Abhängigkeit, Funktionalabhängigkeit f || **~ description** / Funktionsbeschreibung f || **~ design** / funktionelles Design, funktioneller Entwurf || **~ diagram** / Blockschaltbild m, Blockschaltplan m, Funktionsplan m, Funktionsdiagramm n (grafische Darstellung der Struktur eines Systems) || **~ diagram** (Comp) / Funktionsübersicht f || **~ earth** (Elec Eng) / Betriebserde f || **~ electrodeposition** (Surf) / Funktionsgalvanik f (vorwiegend zum Korrosionsschutz) || **~ element** (Elec Eng, Electronics) / Funktionselement n (das kleinste funktionell bestimmbare Element, das durch ein Schaltsymbol dargestellt werden kann) || **~ equation** (Maths) / Funktionalgleichung f || **~ food** (containing health-giving additives) (Nut) / Functional Food n (Lebensmittel mit gesundheitsfördernden Zusatzstoffen), Lebensmittel, denen man zusätzlich zu ihrer ernährungsphysiologischen Bedeutung Gesundheit fördernde Funktionen zuschreibt || **~ group** (Chem) / austauschaktive Gruppe (bei Ionenaustauschern) || **~ group*** (Chem) / charakteristische Gruppe (in organischen Verbindungen häufig wiederkehrende Gruppe, die den übereinstimmenden Charakter und die charakteristische Reaktionsfähigkeit ganzer Stoffklassen bedingt), funktionelle Gruppe

**functionalism**

**functionalism*** n ("form follows function") (Arch) / Funktionalismus m
**functionality** n / Funktionalität f, Funktionstüchtigkeit f
**functional language** (Comp) / funktionsorientierte deklarative Programmiersprache, applikative Programmiersprache, funktionale Programmiersprache (höhere Programmiersprache, bei der alle Anweisungen die Form von mathematischen Funktionen aufweisen) ‖ **~ material** (Materials) / Funktionswerkstoff m (der besondere chemische oder physikalische Eigenschaften besitzt und spezielle Funktionen im Bauteil übernimmt) ‖ **~ matrix** (Maths) / Jacobi'sche Matrix, Funktionalmatrix f ‖ **~ plastic** (Plastics) / Funktionskunststoff m (für einen einzigen Anwendungszweck) ‖ **~ polymer** (Plastics) / Funktionspolymer n (ein Hochleistungspolymer) ‖ **~ programming** (Comp) / funktionale Programmierung ‖ **~ programming language** (Comp) / funktionsorientierte deklarative Programmiersprache, applikative Programmiersprache, funktionale Programmiersprache (höhere Programmiersprache, bei der alle Anweisungen die Form von mathematischen Funktionen aufweisen) ‖ **~ quality** / Gebrauchsqualität f ‖ **~ range** / Funktionsbereich m, funktionale Bandbreite f ‖ **~ range** / Einsatzbereich m, Einsatzmöglichkeiten f pl (bei einer Maschine) ‖ **~ semantics** (AI, Comp) / Fixpunktsemantik f, Scott'sche Semantik, denotationale Semantik, funktionale Semantik, mathematische Semantik ‖ **~ space** (Maths) / Funktionenraum m (in der Funktionalanalysis) ‖ **~ stress** (Mech) / funktionsbedingte Beanspruchung ‖ **~ structure** (Build) / Zweckbau m ‖ **~ throughput rate** (Electronics) / funktionelle Durchsatzrate (Güterfaktor für integrierte Digitalschaltungen, der den Integrationsgrad mit einbezieht) ‖ **~ unit** (Comp) / Funktionseinheit f (DIN 44300), funktionelle Einheit
**function angle** (Elec Eng) / elektrischer Drehwinkel (beim Potentiometer) ‖ **~ bit** (Comp) / Funktionsbit n ‖ **~ block** (Electronics, Telecomm) / Funktionsblock m (der aus Funktionselementen besteht) ‖ **~ chamber*** (Build, San Eng) / Sammelgrube f ‖ **~ chart** / Funktionsdiagramm n ‖ **~ check** / Funktionskontrolle f ‖ **~ control key** (Comp) / Funktionstaste f, Steuertaste f (auch der Schreibmaschine) ‖ **~ element** (Elec Eng, Electronics) / Funktionselement n (das kleinste funktionell bestimmbare Element, das durch ein Schaltsymbol dargestellt werden kann) ‖ **~ generator*** (Comp) / Funktionsgeber m (Bauelement in Analogrechnern), Funktionsgenerator m ‖ **~ generator** (Electronics) / Funktionsgenerator m (elektronisches Gerät oder Bauelement, das Wechselspannungen bestimmter Form erzeugen und abgeben kann) ‖ **~ graph** (Maths) / Funktionsgraf m ‖ **~ hole** (Comp) / Steuerlochung f, Leitlochung f ‖ **~ key*** (Comp) / Funktionstaste f, Steuertaste f (auch der Schreibmaschine) ‖ **~ key*** (Comp) s. also non-printing key ‖ **~ keyboard** (Comp) / Funktionstastatur f, Funktionstasten pl ‖ **~ of state** (Phys) / Zustandsfunktion f ‖ **~ of time** (Phys) / Zeitfunktion f (z.B. ein Schwingungsbild - Funktion, deren unabhängige Veränderliche die Zeit ist) ‖ **~ point** (Comp) / Funktionspunkt m (ein Maß für die Funktionalität einer Software, das oft zusammen mit SLOC als SLOC/FP zur Beurteilung der Effizienz von Software bzw. von Programmierern herangezogen wird und damit eine Effizienzbewertung von Programmen, die in verschiedenen Programmsprachen geschrieben worden sind, ermöglichen soll )
**function-point method** (Comp) / Funktions-Punkt-Methode f (für die Aufwandschätzung bei kommerziellen Softwareprodukten)
**function pole** (Elec Eng, Maths) / Pol m einer Funktion ‖ **~ reference** (Comp) / Funktionsaufruf m (FORTRAN)
**function-related** adj / funktionsbezogen adj (Maßeintragung nach DIN 406, T 1)
**function relay** (Elec Eng) / funktionelles Relais (numerische Steuerung) ‖ **~ rule** (AI) / Funktionsregel f ‖ **~ space** (Maths) / Funktionenraum m (in der Funktionalanalysis) ‖ **~ switch*** (Comp, Elec Eng) / Funktionsschalter m (in einem Stromkreis) ‖ **~ symbol** (Maths) / Funktor m (Zeichen für eine Funktion) ‖ **~ system** (Maths) / Funktionensystem n ‖ **~ test** / Funktionsprüfung f
**function(s) theory** (Maths) / Funktionslehre f
**function unit** (Comp) / Funktionseinheit f (DIN 44300), funktionelle Einheit
**functor*** n (Maths) / Funktor m (Zeichen für eine Funktion)
**fundamental** n (Elec Eng, Phys) / Grundfrequenz f ‖ **~** adj / grundlegend adj, wesentlich adj (grundlegend), elementar adj ‖ **~** / Fundamental-, fundamental adj ‖ **~ circuits** (Maths) / Fundamentalsysteme n (zu einem Gerüst gehöriges) ‖ **~ colours*** (Phys) / Primärvalenzen f pl (Rot, Gelb und Blau), Mutterfarben f pl, Bezugsfarben f pl ‖ **~ component*** (Telecomm) / Grundwellenanteil m ‖ **~ constant** (Phys) / universelle Naturkonstante, Universalkonstante f, Fundamentalkonstante f ‖ **~ constituent** / Grundbestandteil m, Hauptkomponente f, Hauptbestandteil m, Prinzip n (Grundbestandteil) ‖ **~ crystal*** (Electronics) / Grundschwingungskristall m, Grundschwingungsquarz m (DIN 45100) ‖ **~ factor** (Elec) / Grundschwingungsgehalt m (Verhältnis Effektivwert der Grundschwingung zu Effektivwert der Wechselgröße) ‖ **~ frequency*** (Elec Eng, Phys) / Grundfrequenz f ‖ **~ frequency** (Phys, Telecomm) / Eigenfrequenz f (eines Schwingers), natürliche Frequenz ‖ **~ frequency*** (Elec Eng, Phys) s. also fundamental mode ‖ **~ identity** (Maths) / Grundidentität f ‖ **~ interactions** (electromagnetic, weak, strong and gravitational interactions) (Nuc, Phys) / Fundamentalwechselwirkungen f pl, fundamentale Wechselwirkungen ‖ **~ interval*** (Phys) / Fundamentalabstand m ‖ **~ jelly** (Chem, Geol) / vergelte Pflanzensubstanz, Humin n, Ulmin n ‖ **~ lattice absorption** (Optics) / Grundgitterabsorption f (optische Absorption in Festkörpern infolge Anregung der Valenzelektronen der Gitteratome) ‖ **~ law** (Phys) / Hauptsatz m ‖ **~ metric tensor** (Maths) / metrischer Tensor, metrischer Fundamentaltensor ‖ **~ mode*** (Phys, Telecomm) / Grundtyp m (einer Welle), Grundschwingung f, Haupttyp m, Hauptmode m ‖ **~ particle*** (Nuc) / Elementarteilchen n ‖ **~ quantity** (Maths) / Basisgröße f ‖ **~ rocket equation** (Space) / Raketengrundgleichung f, Ziolkowski-Gleichung f, Ziolkowskij-Gleichung f (nach K.E. Ziolkowskij, 1857-1935) ‖ **~ rule** / Grundregel f
**fundamentals** pl / Grundlagen f pl (einer Lehre)
**fundamental sequence** (Maths) / Cauchy-Folge f (nach Baron A.L. Cauchy, 1789-1857), Fundamentalfolge f ‖ **~ series*** (Phys, Spectr) / Fundamentalserie f, Bergmann-Serie f ‖ **~ service** (Comp, Telecomm) / Basisdienst m, Grunddienst m, Standarddienst m ‖ **~ set** (Maths) / Grundmenge f ‖ **~ system** (Maths) / Fundamentalsystem n (Lösungssatz einer linearen Differentialgleichung) ‖ **~ theorem** (Phys) / Hauptsatz m ‖ **~ theorem of algebra*** (Maths) / Fundamentalsatz m der Algebra ‖ **~ theorem of arithmetic** (Maths) / Fundamentalsatz m der elementaren Zahlentheorie, Satz m von der Primfaktorzerlegung ‖ **~ thermometer** (Phys) / Fundamentalthermometer n ‖ **~ tone** (Acous) / Grundton m (der tiefste Teilton nach DIN 1311, T 1) ‖ **~ triangle** (Eng) / theoretisches dreieckiges Gewinde-Grundprofil ‖ **~ unit*** / Basiseinheit f (z.B. Kelvin im SI-System) ‖ **~ vibration** (Phys, Telecomm) / Grundtyp m (einer Welle), Grundschwingung f, Haupttyp m, Hauptmode m
**funding** n / finanzielle Förderung (z.B. der Forschung)
**funds transfer** (automated, electronic) / Zahlungsverkehr m (automatischer, elektronischer)
**fun fur** (Textiles) / fellartiger Wirkflorpelz (aus Chemiefasern, in Phantasiefarbtönen), Phantasiepelz m
**fungal, susceptibility to ~ degradation** (Brew) / Pilzanfälligkeit f ‖ **~ amylase** (Brew) / Pilzamylase f ‖ **~ attack** (For) / Pilzbefall m (EN 844, T 10), Pilzangriff m ‖ **~ colonization** (Bot) / Pilzbesiedlung f, Besiedlung f durch Pilze ‖ **~ decay** (For) / Pilzfäule f ‖ **~ decay** (For) / pilzliche Holzzersetzung, Zersetzung f (des Holzes) durch Pilze ‖ **~ spores** (Bot) / Pilzsporen f pl ‖ **~ toxin** (Med) / Pilzgift n (toxische Verbindung aus den Fruchtkörpern von Giftpilzen)
**fungible*** adj (of goods contracted for without an individual specimen being specified) / fungibel adj (vertretbar im Rechtsverkehr), vertretbar adj (bewegliche Sache, die im Rechtsverkehr nach Maß, Zahl und/oder Gewicht bestimmt wird)
**fungi causing wood decay** (For) / holzschädigende Pilze ‖ **~ causing wood deterioration** (For) / holzschädigende Pilze
**fungicidal** n (Agric, Chem) / Fungizid n (anorganische oder organische Chemikalien oder der Biochemie zugehörende Substanzen, welche die Entwicklung von Pilzen hemmen oder völlig unterbinden) / adj (Agric, Chem) / pilzabtötend adj, pilztötend adj, fungizid adj, Pilzbefall verhindernd ‖ **~ finish** (Textiles) / fungizide Ausrüstung ‖ **~ paint** (Paint) / Anstrichfungizid n, fungizide Anstrichfarbe, gegen Pilzbefall beständige Anstrichfarbe
**fungicide*** n (Agric, Chem) / Fungizid n (anorganische oder organische Chemikalien oder der Biochemie zugehörende Substanzen, welche die Entwicklung von Pilzen hemmen oder völlig unterbinden) ‖ **~*** (Pharm) / Antimykotikum n (pl. -tika) (gegen Hautpilze)
**fungicide-resistant** adj (Agric, Chem) / fungizidresistent adj
**fungicidin** (Pharm) / Nystatin n, Fungicidin n (ein Makrolidantibiotikum)
**funginertness** n / Unempfindlichkeit f gegen Pilzbildung, Unempfindlichkeit f gegen Schimmelbildung
**fungistat** n (an agent that inhibits the germination of fungus spores or the development of mycelium) (Chem) / Fungistatikum n (pl. -statika), fungistatisches Mittel
**fungistatic*** adj (Chem) / pilzwachstumhemmend adj, fungistatisch adj (das Pilzwachstum hemmend)
**fungitoxic** adj (Agric, Chem) / pilzabtötend adj, pilztötend adj, fungizid adj, Pilzbefall verhindernd
**fungus** n (pl. -es or fungi) (moulds, yeast, mushrooms and toadstools) (Bot) / Pilz m ‖ **~** (Bot, For) / Schwamm m ‖ **~ pigment** (Bot) / Pilzfarbstoff m
**fungus-proof** adj / pilzsicher adj, pilzgeschützt adj
**fungus-proofed** adj / pilzbeständig adj, pilzfest adj

**funicular** *n* / Standseilbahn *f* (eine Bergbahn für gerade, meist kurze Strecken), Funikularbahn *f*, Funiculaire *n* (pl. -s) (in der Schweiz) ‖ ~ **polygon** (Build, Phys) / Seileck *n* (geometrische Konstruktion zur Ermittlung der resultierenden Kraft und des resultierenden Kraftpaars für ein ebenes Kraftsystem), Seilpolygon *n* ‖ ~ **railroad** (US) / Standseilbahn *f* (eine Bergbahn für gerade, meist kurze Strecken), Funikularbahn *f*, Funiculaire *n* (pl. -s) (in der Schweiz) ‖ ~ **railway**\* / Standseilbahn *f* (eine Bergbahn für gerade, meist kurze Strecken), Funikularbahn *f*, Funiculaire *n* (pl. -s) (in der Schweiz)
**funnel** *v* (guide or channel through) / lenken *v* (Verkehr) ‖ ~ (Biochem) / einschleusen *v* ‖ ~ *vt* / trichterförmig aufweiten, konisch aufweiten ‖ ~ (Eng) / trichterförmig ausbilden *v*, ausbeulen *v* (trichterförmig), ausweiten *v* (trichterförmig) ‖ ~ *n* (Aero) / Trichter *m* (beim Anflug) ‖ ~ (Chem) / Fülltrichter *m*, Trichter *m* ‖ ~ (Meteor) / Wolkenschlauch *m* (rüsselartiger) ‖ ~ (Ships) / Schornstein *m* ‖ ~ **cloud** (Meteor) / Wolkenschlauch *m* (rüsselartiger)
**funnel-flanged eyelet** (Electronics) / Lötöse *f* mit trichterförmigem Flansch
**funnel mark** (Ships) / Schornsteinmarke *f*, Schornsteinabzeichen *n* ‖ ~ **rack** (Chem) / Filterstativ *n*, Filtrierstativ *n*
**funnel-shaped** *adj* / trichterförmig *adj*
**funnel spinning** (Plastics) / Trichterspinnverfahren *n* (ein Nassspinnverfahren) ‖ ~ **stand** (Chem) / Filterstativ *n*, Filtrierstativ *n* ‖ ~ **tube** (with a conical or bulging thistle-shaped top) (Chem, Glass) / Trichterrohr *n*
**funny paper** (Spinning) / gehärtetes und feuerfest ausgerüstetes Spinnvlies auf Zellulosebasis
**FUP** (Elec Eng) / Sicherungs- und Anschlussfeld *n*
**fur** *v* (Carp) / verbrettern *v*, unterfüttern *v* (mit Holz) ‖ ~ (Eng) / Kesselstein ansetzen, sich mit Kesselstein besetzen ‖ ~ *n* (Chem, Eng) / Kesselstein *m* (steinartiger Belag in Kesseln), Kesselsteinbelag *m* (Ausscheidung von Karbonaten und Sulfaten bei der Erhitzung natürliches mineralhaltigen Wassers) ‖ ~ (Eng) / Ansatz *m* (Schicht, die sich angesetzt hat), Sinter *m*, Kruste *f* ‖ ~ (Textiles) / Pelz *m* (ein Kleidungsstück aus Tierfellen) ‖ ~\* (Textiles, Zool) / Rauch *m* (dichtes, langes Haar bei Pelzen)
**fural**\* *n* (Chem) / Furfural *n*, Furfurol *n*
**furaldehyde, 2-~** (Chem) / Furfural *n*, Furfurol *n*
**furan** *n* (Chem) / Furfuran *n*, Furan *n* (ungesättigte heterozyklische Verbindung)
**furancarboxylic acid** (Chem) / Brenzschleimsäure *f*, Furan-2-carbonsäure *f*, Furan-2-karbonsäure *f*
**furan fatty acid** (Chem) / F-Säure *f* (Furan-Fettsäure), Furan-Fettsäure *f*
**furanose** *n* (Chem) / Furanose *f* (ein Monosaccharid) ‖ ~ **form** (Chem) / Furanoseform *f* (Zucker), furanoide Form (Zucker)
**furanoside** *n* (Chem) / Furanosid *n* (Glykosid mit einer 1,4-Ringstruktur)
**furan resin**\* (a resin in which the furan ring is an integral part of the polymer chain and represents the greatest amount by mass) (Chem, Plastics) / Furanharz *n* ‖ ~ **ring** (Chem) / Furanring *m*
**furazan** *n* (Chem) / Furazan *n* (1,2,5-Oxadiazol)
**fur bearer** (Leather, Zool) / Pelztier *n*
**fur-bearing animal** (Leather, Zool) / Pelztier *n*
**furbelow** *n* (Textiles) / Falbel *f* (verschieden breit abgenähte Falten zur Verzierung für Kleider und Blusen)
**furcate** *v* / sich gabelförmig teilen ‖ ~ *adj* / gabelförmig *adj*, gegabelt *adj*
**furcation** *n* / gabelige Verzweigung, gabelförmige Verzweigung, Gabelung *f*, Gabelteilung *f*
**furcellaran** *n* (Chem, Nut) / Dänischer Agar, Furcellaran *n*
**fur cleaning** (Textiles) / Pelzreinigung *f* ‖ ~ **farming** (Leather, Zool) / Pelztierzucht *f* (auf Farmen)
**furfural**\* *n* (Chem) / Furfural *n*, Furfurol *n*
**furfuraldehyde** *n* (Chem) / Furfural *n*, Furfurol *n*
**furfural extraction** (Oils) / Furfuralextraktion *f*
**furfuryl alcohol** (Chem) / Furfurylalkohol *m* (Furanmethanol) (benutzt als Löse- und Netzmittel, zur Herstellung kalthärtender Kleber und Furanharze) ‖ ~ **methacrylate** (Chem) / Methacrylsäurefurfurylester *m*, Furfurylmethacrylat *n*, Furfurylmethakrylat *n*, FMA (Furfurylmethacrylat)
**furildioxime** *n* (Chem) / α-Furildioxim *n*
**furin** *n* (Biochem) / Furin *n* (Prohormon-Konvertase)
**furious fifties** (Meteor) / Furious Fifties *pl* (brave Westwinde in 50° südlichen Breite), brave Westwinde (in 50° südlicher Breite)
**furlong**\* *n* / Furlong *n* (220 yd = 1/8 mile = 201,168 m)
**furnace** *n* (Chem Eng) / Rußofen *m* (zur Herstellung von Ofenruß) ‖ ~ (Eng) / Feuerung *f*, Feuerraum eines Industrieofens, eines Dampfkessels), Feuerraum *m* ‖ ~ (Eng, Met) / Industrieofen *m* (DIN 24201), Ofen *m* ‖ ~ **arch** (Met) / Ofengewölbe *n*, Ofendecke *f* ‖ ~ **atmosphere**\* (Heat) / Ofenatmosphäre *f* (oxidierende, reduzierende, inerte) ‖ ~ **battery** / Ofenreihe *f*, Ofenbatterie *f* ‖ ~ **bear** (Met) / Ofenbär *m*, Ofensau *f*, Sau *f*, Schlackenbär *m* (durch verfestigte Schlacke hervorgerufene Verstopfung in Hochöfen) ‖ ~ **black** / Furnaceruß *m* (ein Füllstoff), Ofenruß *m* ‖ ~ **bottom** (Met) / Ofensohle *f* (bei einem Schmelzofen) ‖ ~ **brazing**\* (Met) / Ofenhartlöten *n* ‖ ~ **campaign** (Met) / Ofengang *m* (Prozess und Zeitraum), Ofenkampagne *f*, Ofenreise *f*, Reise *f* (des Ofens)
**furnace-chamber temperature** (Met) / Ofenraumtemperatur *f*
**furnace clinker**\* (Build) / Klinker *m* (zur Zementherstellung - Stücke zusammengeschmolzener Asche von Kohle oder Koks), Zementklinker *m* (Probe nach DIN 1164, T 6) ‖ ~ **control** / Ofenregelung *f* ‖ ~ **crown** (Met) / Ofengewölbe *n*, Ofendecke *f* ‖ ~ **cupola** (Foundry) / Kupolofen *m* (zum Erschmelzen von Gusseisen), Kuppelofen *m*, Gießereischachtofen *m* ‖ ~ **drop** (Glass) / Gewölbetropfen *m* ‖ ~ **enclosure** (Met) / Ofeneinhausung *f* ‖ ~ **grate** (Eng, Heat) / Ofenrost *m* ‖ ~ **heat release** (Heat) / Feuerraumwärmebelastung *f* (der Zustand selbst) ‖ ~ **heat release rate** (Heat) / Feuerraumwärmebelastung *f* (als Prozentgröße) ‖ ~ **ingot pusher** (Met) / Blockdrücker *m* (im Stoßofen) ‖ ~ **installation** (Build) / Feuerungsanlage *f* (Feuerstätte + Verbindungsstück + Rauchgang) ‖ ~ **lining** (Eng) / Feuerraumauskleidung *f*, Feuerungsauskleidung *f* ‖ ~ **lining**\* (Met) / Ofenzustellung *f*, Ofenfutter *n*, Ofenauskleidung *f* (meistens mehrschichtige)
**furnace-man** *n* (Glass) / Heizer *m* (des Wannenofens)
**furnace material** / Ofenwerkstoff *m* ‖ ~ **oil** (Fuels) / Heizöl *n* (DIN 51603) ‖ ~ **output** / Feuerungsleistung *f*, Feuerraumleistung *f* ‖ ~ **process** (Chem Eng) / Furnace-Verfahren *n*, Ofenverfahren *n*, Corax-Verfahren (zur Rußproduktion) ‖ ~ **refining** (Met) / Raffination *f* auf trockenem Wege, Raffination *f* auf pyrometallurgischem Wege ‖ ~ **roof** (Eng) / Feuerraumdecke *f*, Kesseldecke *f* ‖ ~ **roof** (Met) / Ofengewölbe *n*, Ofendecke *f* ‖ ~ **seat** (Met) / Ofensohle *f* (bei einem Schmelzofen) ‖ ~ **setting** / Ofenmauerung *f* ‖ ~ **shaft** / Ofenschacht *m* ‖ ~ **shell** (Met) / Ofengefäß *n* (z.B. eines Elektroreduktionsofens) ‖ ~ **shell** *n* (Met) / Ofenmantel *m*, Hochofenpanzer *m* ‖ ~ **soldering** (Met) / Ofenlöten *n* ‖ ~ **sump** / Ofensumpf *m* ‖ ~ **table** (Met) / Ofenrollgang *m* ‖ ~ **throat** (Met) / Beschickungsöffnung *f* (des Schachtofens), Begichtungsöffnung *f*, Gicht *f* (des Hochofens) ‖ ~ **throughput** / Ofendurchsatz *m* ‖ ~ **top** (Met) / Beschickungsöffnung *f* (des Schachtofens), Begichtungsöffnung *f*, Gicht *f* (des Hochofens)
**furnace-top hopper** (Met) / Gichttrichter *m*
**furnace transformer** (Elec Eng) / Ofentransformator *m* (zur Versorgung eines Lichtbogenofens) ‖ ~ **vacuum brazing** (Met, Vac Tech) / Ofenhartlöten *n* im Vakuum ‖ ~ **vessel** (Met) / Ofengefäß *n* ‖ ~ **wall** (Met) / Ofenwand *f* ‖ ~ **wall** (Eng) / Feuerungswand *f*, Feuerungswandung *f* ‖ ~ **waste heat** / Ofenabwärme *f* ‖ ~ **wattage** (Elec Eng) / Ofenanschlusswert *m* ‖ ~ **with ports in siege** (Glass) / Büttenofen *m* (ein Hafenofen)
**furnacite**\* *n* (Min) / Furnacit *m* (ein Olivenit, bei dem As zum Teil durch Cr ersetzt ist)
**furnish** *v* / möblieren *v* ‖ ~ / versehen *v* (mit), ausstatten *v*, ausrüsten *v* ‖ ~ (Build, Textiles) / einrichten *v* (Zimmer) ‖ ~ *n* (For) / Spangut *n* (meist aufgearbeitete Holzspäne für die Spanplattenherstellung) ‖ ~ (the raw materials placed in a beater for producing paper pulp) (Paper) / Stoffeintrag *m* (DIN 6730), Holländerfüllung *f*, Holländereintrag *m*, Eintrag *m* (Holländereintrag), Mahlgut *n* (zur Mahlung im Holländer) ‖ ~\* (Paper) / Rohstoffe *m pl* für die Papierherstellung, Papierrohstoffe *m pl* (Paper) s. also paper stock
**furnishing fabric** (Textiles) / Dekostoff *m*, Dekorationsstoff *m* ‖ ~ **fabrics** (Textiles) / Wohnungstextilien *pl*, raumgestaltende Textilien ‖ ~ **house** / Einrichtungshaus *n*
**furnishings** *pl* (Build) / Einrichtung *f* (eines Hauses), Einrichtungsgegenstände *m pl*, Ausstattungsgegenstände *m pl* (für ein Haus)
**furniture** *n* (Build) / Einrichtung *f* (eines Hauses), Einrichtungsgegenstände *m pl*, Ausstattungsgegenstände *m pl* (für ein Haus) ‖ ~ (Build, Join) / Möbel *n pl* ‖ ~\* (Build, Join) / Beschläge *m pl*, Baubeschläge *m pl* ‖ ~ (Ceramics) / Brennhilfsmittel *n pl* (z.B. Stützen, Stäbchen, Dreifuß usw.) ‖ ~ (Civ Eng) / Möblierung *f* (der Straßen) ‖ ~\* (Typog) / Formatstege *m pl*, Stege *m pl* (rechteckige, mit Aussparungen versehene Eisenstücke zum Bilden der Druckform) ‖ ~ **beetle** (For) / Totenuhr *f* (Anobium punctatum de Geer.) ‖ ~ **board** (For, Join) / Möbelplatte *f* (zur Herstellung von Korpusmöbeln, für Tischplatten und für Innenausbau) ‖ ~ **borer** (For) / Totenuhr *f* (Anobium punctatum de Geer.) ‖ ~ **covering** (Textiles) / Möbelbezugstoff *m* (z.B. Möbelrips oder -plüsch), **escutcheon** / Möbelschild *n* ‖ ~ **fabric** (Textiles) / Möbelstoff *m* (Polster- und Bezugsstoff) ‖ ~ **fittings** (Join) / Möbelbeschlag *m*, Möbelbeschläge *m pl* ‖ ~ **foot** (Join) / Möbelfuß *m* ‖ ~ **for educational institutions** (Join) / Schulmöbel *n pl* ‖ ~ **for seating** (Build, Join) / Sitzmöbel *n pl*
**furniture-grade particle board** (Join) / Möbelspanplatte *f* (überwiegend aus Schneidspänen)

**furniture handle**

**furniture handle** / Möbelgriff m ‖ ~ **leg** (Join) / Möbelfuß m ‖ ~ **lock** (Join) / Möbelschloss n
**furniture-making** n (Join) / Möbelfertigung f, Möbelbau m, Möbelschreinerei f (Fertigung)
**furniture manufacture** (Join) / Möbelfertigung f, Möbelbau m, Möbelschreinerei f (Fertigung) ‖ ~ **music** (Acous) / Musikberieselung f, Hintergrundmusik f (aus den Lautsprechern) ‖ ~ **oil** (Join) / Möbelöl n ‖ ~ **panel** (For, Join) / Möbelplatte f (zur Herstellung von Korpusmöbeln, für Tischplatten und für Innenausbau) ‖ ~ **plush** (Textiles) / Möbelplüsch m ‖ ~ **remover** / Möbelspediteur m ‖ ~ **spring** (Join) / Möbelfeder f ‖ ~ **truck** (US) (Autos) / Möbelwagen m (ein Speditionsauto) ‖ ~ **van** (Autos) / Möbelwagen m (ein Speditionsauto)
**furochromone** n (Chem) / Furochromon n
**furocoumarin** n (Chem) / Furokumarin n (besonders in Pflanzen natürlich vorkommendes Kumarin mit ankondensiertem Furan-Ring, Furocumarin n, Furocoumarin n
**furoic acid** (Chem) / Brenzschleimsäure f, Furan-2-carbonsäure f, Furan-2-karbonsäure f
**furol** (Chem) / Furfural n, Furfurol n
**furosemide** n (Pharm) / Furosemid n
**furoxane** n (Chem) / Furoxan n (ein Oxadiazol)
**furred animal** (Leather, Zool) / Pelztier n
**furring** n (Build) / Putzabstandhalter m ‖ ~* (Build, Carp) / Saumlade f, Saumlatte f (an der Traufe) ‖ ~ (Carp) / Passleiste f, Futterleiste f (zum Ausgleich bei der Fußbodenleistung) ‖ ~* (Carp) / Verbretterung f, Unterfütterung f (mit Futterholz) ‖ ~ (Plumb) / Verkrustung f, Kalkablagerung f (in Wasserrohren) ‖ ~ (Plumb) s. also incrustation ‖ ~ **batten** (Build) / Putzträgerleiste f ‖ ~ **tile** (Build) / Wandplatte f (als Wandbelag), Wandfliese f ‖ ~ **tile** (a non-load bearing tile used as an unexposed lining in interior walls, sometimes made with a furrowed or grooved face to receive and retain a coating of plaster) (Build, Ceramics) / Verblendkehlkachel f (als Putzträger)
**furrow** v (Agric) / furchen v ‖ ~ (For) / nuten v ‖ ~ n (Agric) / Furche f ‖ ~ (Weaving) / Schmitz m, Schmitze f
**furrower** n (Agric) / Furchenzieher m (ein Pflanzgerät)
**furrowing** n (For) / Nuten n
**furrow irrigation** (Agric, San Eng) / Furchenbewässerung f, Furchenberieselung f ‖ ~ **opener** (Agric) / Furchenzieher m (ein Pflanzgerät) ‖ ~ **planting** (Agric) / Furchenpflanzung f ‖ ~ **press** (Agric) / Bodenpacker m, Krumenpacker m (Sonderbauart der Ackerwalzen), Untergrundpacker m
**furrow-slice** n (Agric) / Furchenstreifen m
**furrow wheel** (Agric) / Furchenrad n
**Furry theorem** (Phys) / Furry-Satz m ‖ ~ **windscreen** (Acous) / Fellwindschutz m (des Mikrofons)
**furs** pl (Leather) / Pelzwerk n, Pelzware f, Rauchware f, Rauchwerk n
**fur-sewing machine** (Leather, Textiles) / Pelznähmaschine f
**further development** / Weiterentwicklung f ‖ ~ **outlook** (Meteor) / weitere Aussichten
**fusain*** n (Geol, Mining) / Fusit m, Fusain m (zerreibbare, schwärzende Streifenart, petrografische Bezeichnung für Faserkohle)
**Fusarc welding** (Welding) / Fusarc-Verfahren n, Netzmantelschweißen n
**fusaric acid** (Bot, Chem) / Fusarinsäure f (5-Butylpyridin-2-carbonsäure - ein Welkstoff)
**fusarium** n (Agric, Bot) / Fusarium n (pl. -rien) (ein Schlauchpilz-Pflanzenschädling)
**fusate** adj (Biol) / fusiform adj, spindelförmig adj
**fuse** n (Chem) / kondensieren v, anellieren v (Ringe) ‖ ~ (Cinema, Met, Optics, TV) / verschmelzen v ‖ ~ (toner in the paper) (Comp) / fixieren v (Druckbild) ‖ ~ (Elec Eng) / sichern v, absichern v (mit Sicherungen) ‖ ~ (Textiles) / verkleben vt (Oberstoffe mit Einlagen, zusammenkleben vt, fixieren v ‖ ~ v ‖ ~ v / schmelzen vi (Sicherung), durchbrennen vi, durchschmelzen vi ‖ ~ vt / niederschmelzen v, schmelzen v (DIN 8580), abschmelzen v, einschmelzen v, zum Schmelzen bringen ‖ ~*n (Elec Eng) / Sicherung f, Schmelzsicherung f (eine elektrische Sollbruchstelle nach DIN 18 015-1) ‖ ~ (Elec Eng) / Geräteschutzsicherung f, G-Sicherung f ‖ ~* (Mil, Mining) / Zünder m (zur Einleitung der Zündung von Explosivstoffen), Zündvorrichtung f ‖ ~* (Mining) / Zündschnur f (zum Zünden von Sprengladungen) ‖ ~ **adapter** (Elec Eng) / Sicherungsring m (der das Einfügen von Sicherungseinsätzen mit zu hohen Nennströmen in den Sicherungssockel verhindert), Passschraube f (Sicherungsring) ‖ ~ **ball** (Mining) / Zündpille f, Zündsatz m ‖ ~ **base** (Elec Eng) / Sicherungsunterteil n, Sicherungssockel m
**fuse-board*** n (Elec Eng) / Sicherungstafel f (bei alten Installationen)
**Fusebond preparation** (Paint, Surf) / Haftgrundspritzen n (mit Metallen)
**fuse box*** (Elec Eng) / Sicherungskasten m, Sicherungsdose f ‖ **~-carrier*** (Elec Eng) / Schraubkopf m (der Stöpselsicherung) ‖ **~-carrier*** (Elec Eng) / Sicherungsgriff m (Rohrpatronensicherung)

**fuse-carrier*** n (Elec Eng) / Sicherungsträger m, Sicherungseinsatzträger m
**fuse cartridge** (Elec Eng) / Sicherungseinsatz m ‖ ~ **cord** (Mining) / Zündschnur f (zum Zünden von Sprengladungen)
**fused** adj / Schmelz-, aufgeschmolzen adj, geschmolzen adj, schmelzflüssig adj ‖ ~ (Ceramics) / schmelzgegossen adj (Stein) ‖ ~ (Elec Eng) / gesichert adj, abgesichert adj (mit Sicherungen) ‖ ~ **alumina** / Kunstkorund m, Elektrokorund m (im Elektroofen erschmolzener Korund, der etwa 94% $Al_2O_3$ enthält - Härte nach Mohs 9) ‖ ~ **aromatics** (Chem) / kondensierte Aromaten ‖ ~ **basalt** / Schmelzbasalt m ‖ ~ **block** (Met) / SG-Stein m, schmelzgeformter Stein (feuerfester), schmelzgegossener Stein ‖ ~ **brick** (Glass) / schmelzgegossener Stein (feuerfestes) ‖ ~ **cast refractory** (Met) / schmelzgegossenes Feuerfesterzeugnis, schmelzgeformtes Feuerfesterzeugnis, schmelzgeformtes feuerfestes Erzeugnis ‖ ~ **ceramics** (Ceramics) / Schmelzkeramik f ‖ ~ **connection unit** (Elec Eng) / Anschlusseinheit f (gesicherte) ‖ ~ **copal** (Paint) / Schmelzkopal m ‖ ~ **corundum** / Schmelzkorund m
**fused-grain brick** (Ceramics) / Schmelzkornstein m ‖ ~ **refractories** (refractories made predominantly from refractory substances which have solidified from a fused or molten conditions) (Ceramics) / Schmelzkornfeuerfeststoffe m pl
**fuse disconnecting switch** (US) (Elec Eng) / Sicherungstrennschalter m (VDE 0660, T 107) ‖ ~ **disconnector** (Elec Eng) / Sicherungstrennschalter m (VDE 0660, T 107)
**fused junction** (Electronics) / Rekristallisationsschicht f ‖ ~ **quartz** / geschmolzener Quarz ‖ ~ **quartz** (Chem, Glass) / Quarzgut n (durch feine Bläschen getrübtes, unreines Quarzglas, Kieselgut n (glasiger Werkstoff auf $SiO^2$-Basis), Fused Silica f ‖ ~ **ring*** (Chem) / kondensierter Ring, anellierter Ring ‖ ~ **salt** (Chem) / Salzschmelze f
**fused-salt corrosion** (Chem) / Korrosion f in Salzschmelzen ‖ ~ **electrolysis** (electrolysis with use of purified fused salts as raw material and as an electrolyte) / Schmelzelektrolyse f, Schmelzflusselektrolyse f (elektrolytische Abscheidung eines Metalls)
**fused•-salt reactor** (Nuc Eng) / Salzschmelzenreaktor m ‖ ~ **silica*** (Chem, Glass) / Quarzgut n (durch feine Bläschen getrübtes, unreines Quarzglas), Kieselgut n (glasiger Werkstoff auf $SiO^2$-Basis), Fused Silica f
**fused-silica capillary column** (Chem) / Fused-Silica-Kapillarsäule f, FS-Säule f
**fused spinel** / Schmelzspinell m (aus Tonerde und Magnesitsinter)
**fusee** n (a spirally grooved pulley of gradually increasing diameter to equalize the pull of the main spring) (Horol) / Schnecke f ‖ ~ (Rail) / Leuchtsignal n (Warnung vor herannahenden Zügen)
**fuse•-element*** n (Elec Eng) / Schmelzleiter m (der Teil einer Sicherung, der dazu bestimmt ist, beim Ansprechen der Sicherung abzuschmelzen) ‖ ~ **filler** (Elec Eng) / Sicherungsfüllung f ‖ ~ **filler** (Elec Eng) s. also arc-extinguishing medium (of a fuse) ‖ ~ **gauge** (Elec Eng) / Stichmaß n für Sicherungen (ein genormtes Längenmaß von Sicherungseinsätzen für deren Einsetzen in Sicherungsträgern)
**fusehead** n (Mining) / Zündpille f, Zündsatz m
**fuse-holder*** n (Elec Eng) / Sicherungshalter m, Sicherungsfassung f
**fuselage*** n (Aero) / Flugzeugrumpf m, Rumpf m (Hauptbestandteil des Flugzeuges), Rumpfwerk n ‖ ~ **pitch pointing** (Aero) / Nicklagesteuerung f ‖ ~ **strut** (Aero) / Rumpfstrebe f ‖ ~ **yaw pointing** (Aero) / Schiebewinkelsteuerung f
**fuse-link** n (Comp) / Durchschmelzverbindung f
**fuse-link*** n (Elec Eng) / Schmelzeinsatz m (mit Schmelzleiter und Löschmittel), Sicherungseinsatz m (DIN 72581)
**fuse-link** n (Elec Eng) / Sicherungseinsatz m
**fusel oil*** (Chem) / Fuselöl n (Alkohol, der als Nebenprodukt der alkoholischen Gärung der Hefe anfällt)
**fuse mount** (Elec Eng) / Sicherungsunterteil n, Sicherungssockel m ‖ ~ **on** v (Textiles) / aufbügeln v ‖ ~ **panel** (Elec Eng) / Sicherungs- und Anschlussfeld n
**fuse-protect** v (Elec Eng) / sichern v, absichern v (mit Sicherungen) ‖ ~ **protection** (Elec Eng) / Absicherung f (mit Sicherungen) ‖ ~ **rating*** (Elec Eng) / Sicherungsbemessung f
**fuser oil** (Comp) / Fixieröl n ‖ ~ **roller** (Comp) / Fixierwalze f (bei Druckern)
**fuse-switch unit** (Elec Eng) / Schalter-Sicherungs-Einheit f ‖ ~ **unit** (Elec Eng) / Niederspannungsschaltgerät n (DIN 57 638)
**fuse together** v / zusammenschmelzen v ‖ ~ **tongs*** pl (Elec Eng) / Sicherungszange f ‖ ~ **tripping** (Elec Eng) / Sicherungsauslösung f ‖ ~ **wire** (Elec Eng) / Sicherungsdraht m
**fusibility** n (Phys) / Schmelzbarkeit f
**fusible** adj (Phys) / schmelzbar adj ‖ ~ **alloy*** (Met) / niedrigschmelzende Legierung, leicht schmelzende Legierung (z.B. Wood'sches Metall) ‖ ~ **cone** (Ceramics, Heat) / Pyrometerkegel m (ein aus Oxiden oder Silikatgemengen geformter Kegel, der zur Kontrolle des Brennzustandes in keramischen Öfen dient), PK

(Pyrometerkegel), Brennkegel *m*, Schmelzkegel *m* ‖ **~ electrode** (Welding) / abschmelzbare Elektrode, selbstverzehrende Elektrode, abschmelzende Elektrode, Abschmelzelektrode *f* ‖ **~ element** (Elec Eng) / Schmelzleiter *m* (der Teil einer Sicherung, der dazu bestimmt ist, beim Ansprechen der Sicherung abzuschmelzen) ‖ **~ fabric** (a utilitarian fabric which has a thermoplastic adhesive applied to one side, sometimes in a pattern of dots, so that the surface can be bonded to another fabric surface by the use of heat and pressure) (Textiles) / Gewebe *n* aus Schmelzfasern, Schmelzvlies *n*, heißsiegelfähiges Gewebe ‖ **~ link** (Comp) / Durchschmelzverbindung *f*

**fusible-link programmable ROM** (Comp) / abschmelzbarer programmierbarer Festwertspeicher

**fusible pattern** (Foundry) / Ausschmelzmodell *n* (für das Feingussverfahren) ‖ **~ plug*** (Eng) / Schmelzstopfen *m* (bei Wärmekraftmaschinen), Schmelzlotsicherung *f* ‖ **~ printing** (for interlining) (Textiles) / Schmelzfixierung *f*

**fusidic acid** (Pharm) / Fusidinsäure *f* (ein oral wirksames Antibiotikum aus Fusidium coccineum)

**fusiform*** *adj* (Biol) / fusiform *adj*, spindelförmig *adj*

**fusin** *n* (Biochem) / Fusin *n*

**fusing** *n* (Comp) / Fixierung *f* (des Druckbildes) ‖ **~** (Elec Eng, Teleph) / Absicherung *f* (mit Sicherungen) ‖ **~** (Welding) / Aufschmelzen *n*, Einschmelzen *n*, Schmelzverbinden *n* (Spritzen) ‖ **~ contact** (Elec Eng) / Schmorkontakt *m* ‖ **~ current** (Elec Eng) / Ansprechstrom *m* (bei der Sicherung) ‖ **~ factor** (Elec Eng) / Schmelzfaktor *m* (bei G-Sicherungen) ‖ **~ point*** (Phys) / Schmelzpunkt *m*, Fließpunkt *m*, Schmelztemperatur *f*, Fusionspunkt *m*, Fp (Fusionspunkt), Schmp. (Schmelzpunkt)

**fusing-point test*** (Build, Civ Eng) / Schmelzpunktprüfung *f*

**fusing wire** (Elec Eng) / Schmelzleiter *m* (der Teil einer Sicherung, der dazu bestimmt ist, beim Ansprechen der Sicherung abzuschmelzen)

**fusinite** (Geol, Mining) / Fusinit *m* (ein Kohlemazeral)

**fusion** *n* (Chem) / Anellierung *f* (Angliederung weiterer Ringe an einen oder mehrere schon vorhandene) ‖ **~** (Chem Eng) / Schmelzaufschluss *m* (offener, in Druckgefäßen) ‖ **~*** (Heat) / Schmelzen *n* (Urformen nach DIN 8580), Schmelze *f*, Schmelzung *f* ‖ **~*** (Met, Optics, TV) / Verschmelzung *f* ‖ **~*** (Nuc Eng) / Kernfusion *f*, Kernverschmelzung *f*, Fusion *f* (thermonukleare Reaktion) ‖ **~** (Powder Met) / Bindung *f* (infolge von Diffusion) ‖ **~** (Textiles) / Verkleben *n* (von Oberstoffen mit Einlagen), Fixieren *n* ‖ **~ adhesive** (Paint) / Hotmelt *n* (zum Kleben und Versiegeln), thermoplastischer Klebstoff, Hotmelt-Kleber *m*, Heißkleber *m* (zum Verbinden zweier Packstoffe durch Wärme und Druck), Schmelzkleber *m*, Warmkleber *m* (der bei höheren Temperaturen aushärtet), Schmelzklebstoff *m*, Warmklebstoff *m*, Heißklebstoff *m*, Haftschmelzklebstoff *m*, Schmelzhaftklebstoff *m*, Hotmelt-Plastleim *m* ‖ **~ arc welding** (Welding) / Lichtbogenschmelzschweißen *n*, Elektro-Schmelzschweißverfahren *n* ‖ **~ at the sides** (Welding) / Flankeneinbrand *m* (bei einer Kehlnaht - nach DIN 1912-1) ‖ **~ bomb*** (Mil) / thermonukleare Bombe, Wasserstoffbombe *f*, Fusionsbombe *f*, Kernfusionsbombe *f* ‖ **~ breeder** (Nuc Eng) / Fusionsbrüter *m*

**fusion-button test** (with button-like specimens) (Ceramics, Glass) / Knopfprobe *f*, Knopfprüfung *f* (der Fließbarkeit z.B. einer Fritte)

**fusion casting** (Ceramics) / Schmelzgießen *n*, Schmelzguss *m* ‖ **~ cast refractory** (Met) / schmelzgegossenes Feuerfesterzeugnis, schmelzgeformtes Feuerfesterzeugnis, schmelzgeformtes feuerfestes Erzeugnis ‖ **~ cladding process** (Surf, Welding) / Schmelzschweißplattierverfahren *n* (Auftragsschweißen von Plattierungen)

**fusion-coated** *adj* / aufgeschmolzen *adj* (eine Schutzschicht)

**fusion cones*** (Ceramics, Heat) / Segerkegel *m pl* (die in Industrieöfen bei bestimmten Temperaturen fallen - nach dem deutschen Chemiker und Keramiker H. Seger, 1839-1893 benannt - DIN 51063, Normal = 1280°, Labor = 1295°), SK (Segerkegel), Schmelzkörper *m pl* (nach Seger) ‖ **~ cutting** (Eng) / Schmelzschneiden *n* (thermisches Trennen durch örtliches Erwärmen des Werkstoff bis zum Schmelzfluss und Herausschleudern des flüssigen Werkstoffs aus der Schnittfuge mit oder ohne Schneidstrahl) ‖ **~ cutting electrode** / Schmelzschneidelektrode *f* ‖ **~ diagram** (Met, Phys) / Schmelzdiagramm *n* ‖ **~ drilling*** (Mining) / Flammstrahlbohrverfahren *n*, Schmelzbohrverfahren *n*, Düsenstrahlbohren *n* ‖ **~ energy*** (Nuc Eng) / thermonukleare Energie, Fusionsenergie *f*, Kernfusionsenergie *f* ‖ **~ equilibrium** (Met, Phys) / Schmelzgleichgewicht *n*

**fusion-fission hybrid reactor*** (Nuc Eng) / Hybridreaktor *m*, Fusions-Fissions-Hybridreaktor *m*

**fusion frequency** (Cinema, Light, Optics, TV) / Verschmelzungsfrequenz *f*, kritische Frequenz (die Bildwechselzahl je Zeiteinheit, bei der kein Flimmern mehr auftritt), Flimmerverschmelzungsfrequenz *f* ‖ **~ line** (Welding) / Verschmelzungslinie *f* (mit dem Grundstoff) ‖ **~ name** (Chem) / Verschmelzungsname *m*, Anellierungsname *m* (z.B. Benzo-), Fusionsname *m* ‖ **~ piercing** (Mining) / Flammstrahlbohrverfahren *n*, Schmelzbohrverfahren *n*, Düsenstrahlbohren *n* ‖ **~ point** (Phys) / Schmelzpunkt *m*, Fließpunkt *m*, Schmelztemperatur *f*, Fusionspunkt *m*, Fp (Fusionspunkt), Schmp. (Schmelzpunkt) ‖ **~ protein** (Biochem) / Fusionsprotein *n* ‖ **~ reactor*** (Nuc Eng) / Fusionsreaktor *m* (z.B. Tokamak), Kernverschmelzungsreaktor *m*, Kernfusionsreaktor *m* ‖ **~ splice** (Telecomm) / Schmelzspleiß *m* (ein LWL-Spleiß nach DIN VDE 0888, T 1), LWL-Schmelzspleiß *m* ‖ **~ spot-welding** (Welding) / Schmelzpunktschweißen *n*, Punktschmelzschweißen *n* ‖ **~ tube** (Chem) / Einschmelzrohr *n*, Schießrohr *n*, Bombenrohr *n* ‖ **~ weapon** (Mil) / thermonuklearer Sprengkörper ‖ **~ weld** (Welding) / Schmelzschweißnaht *f*

**fusion-weldable** *adj* (Welding) / schmelzschweißgeeignet *adj*

**fusion welding** (as opposed to non-fusion welding) (Welding) / Schweißen *n* (Stoffvereinigung durch örtliches Schmelzen der zu verbindenden Teile, meist mit Schweißzusatz - DIN 1910-1), Schweißung *f*, Schweißarbeit *f* ‖ **~ welding*** (GB) (Welding) / Schmelzschweißen *n* (Stoffvereinigung durch örtliches Schmelzen der zu verbindenden Teile - DIN 1910-2) ‖ **~ welding** (of cladding material) (Welding) / Auftragsschweißen *n* von Plattierungen, Schweißplattieren *n* ‖ **~ zone** (Welding) / Zone *f* des aufgeschmolzenen Grundwerkstoffs, Schmelzzone *f*, Übergangszone *f*

**fusoid** *adj* (Biol) / fusiform *adj*, spindelförmig *adj*

**fust*** *n* (Arch) / Schaft *m*, Säulenschaft *m* ‖ **~** (Build, Carp) / First *m*, Dachfirst *m*, Firstlinie *f* (die oberste, stets waagerecht verlaufende Dachkante)

**fustian*** *n* (Textiles) / Fustian *m* (grober gerauter Baumwollköper)

**fustic** *n* (For) / Fustikholz *n* (echtes - aus Chlorophora tinctoria (L.) Gaudich. ex Benth. et Hook.)), Gelbholz *n*, Tatajubaholz *n*

**fusty** *adj* (Paper) / stockfleckig *adj*, schimmelig *adj*, schimmlig *adj*, stockig *adj* (Papier)

**future interior of light cone** (Phys) / Nachkegel *m* (der die Zukunft eines Ereignisses darstellende Teil des Lichtkegels im Minkowski-Raum) ‖ **~ ore** (Geol, Mining) / möglicher Vorrat an Erz, möglicher Erzvorrat (der in geologisch bekannten Strukturen vermutet wird)

**future-oriented** *adj* / zukunftsorientiert *adj*

**futures** *pl* / Terminhandel *m* (an der Börse)

**fuze** *n* (US) (Elec Eng) / Sicherung *f*, Schmelzsicherung *f* (eine elektrische Sollbruchstelle nach DIN 18 015-1) ‖ **~** (US) (a device designed to initiate a munition) (Mil, Mining) / Zünder *m* (zur Einleitung der Zündung von Explosivstoffen), Zündvorrichtung *f*

**fuzz** *n* (Acous, Cinema) / bei der Aufnahme übernommene Geräusche ‖ **~** (Cinema) / Unreinheit *f*, Verunreinigung *f* (auf dem Film) ‖ **~** (Textiles) / Fussel *f m*, Faserflaum *m* ‖ **~ ball** (Textiles) / Faserflugknötchen *n*

**fuzzification** *n* (AI) / Fuzzifizierung *f*

**fuzzy** *adj* / verschwommen *adj*, unscharf *adj*, undeutlich *adj* (verschwommen, unscharf), fuzzy *adj* (Eigenschaft, die nur mit einer gewissen Unschärfe definierbar ist) ‖ **~** (Photog) / verwackelt *adj* (Aufnahme), unscharf *adj* ‖ **~** (Textiles) / fusselig *adj*, flaumig *adj*, flockig *adj*, fusslig *adj* ‖ **~** (Textiles) s. also hairy ‖ **~ automaton** (AI) / Fuzzy-Automat *m* ‖ **~ control** (Automation) / Fuzzy-Regelung *f*, Fuzzy-Steuerung *f*, Fuzzy-Control *f* ‖ **~ grain** (For) / Rauigkeit *f* (ausgerissene Fasern) ‖ **~ logic*** (Automation) / Fuzzy-Logik *f* (mit der man versucht, die subjektive Wahrscheinlichkeit auszudrücken), unscharfe Logik ‖ **~ probability** (Stats) / Fuzzy-Wahrscheinlichkeit *f* ‖ **~ processor** (AI) / Fuzzy-Prozessor *m* ‖ **~ quantor** / unscharfer Quantor (z.B. 'fast nie') ‖ **~ reasoning** (AI) / approximatives Schließen, Fuzzy-Schließen *n* ‖ **~ relation** / vage Relation ‖ **~ set** (Maths) / F-Menge *f*, mehrwertige Menge, unscharfe Menge, Fuzzy-Menge *f* ‖ **~ subset** (Maths) / Fuzzy-Teilmenge *f* ‖ **~ texture** (an indistinct or fuzzy-appearing imperfection occurring on porcelain-enamelled ware due to the presence of minute closed and broken bubbles, dimples, and the like, on the surface) (Ceramics) / verschwommene Oberflächentextur ‖ **~ truth** (AI) / Fuzzy-Wahrheit *f*

**f-value** *n* (Electronics, Nuc) / Oszillatorstärke *f* (in der quantenmechanischen Dispersionstheorie) ‖ **~** *n* (Nut) / F-Wert *m* (Zeitperiode für Sporenabtötung bei 121 °C)

**F/V-converter** *n* (Elec Eng) / Frequenz-Spannung-Wandler *m*

**FVT** (flash vacuum thermolysis) (Chem, Phys) / Vakuumblitzthermolyse *f*

**FW** (free water) (Ceramics) / mechanisch gebundenes Wasser ‖ **~** (Chem) / freies Wasser ‖ **~** (forward wave) (Electronics) / vorlaufende Welle, Vorwärtswelle *f* ‖ **~** (feed-water) (Eng) / Speisewasser *n*

**FWA** (fluorescent whitening agent) (Textiles) / optischer Aufheller (Fluoreszenzfarbstoff, der UV-Licht absorbiert und längerwelliges blaues Licht emittiert), Weißtöner *m*, Blankophor *m* (auf der Basis von Stilben- oder Pyrazolderivaten - Warenzeichen der Firma Bayer)

**fwd** (four-wheel drive) (Autos) / Vierradantrieb *m* (ein Mehrachsantrieb) ‖ ~ (Autos) / Vorderradantrieb *m*, Vorderachsantrieb *m*, Frontantrieb *m* (mit Vorderachse als Antriebsachse) ‖ ~ **car** (Autos) / Fronttriebler *m*

**FWHM** (full-width half maximum) (Phys, Spectr) / volle Halbwertsbreite (ein Kriterium für die Beobachtung von zwei Spektrallinien), FWHM (volle Halbwertsbreite)

**Fwy** (Autos) / Schnellstraße *f* (mit Halteverbot), Kraftfahrstraße *f* (autobahnähnlich ausgebaut, jedoch nicht immer kreuzungsfrei), Kraftfahrzeugstraße *f* (mit Halteverbot), Schnellverkehrsstraße *f* ‖ ≃ (freeway) (Autos) / Autobahn *f*

**FX** (foreign exchange) (Telecomm) / Auslandsvermittlung *f*

# G

**G** (Aero) / mit Untersetzungsgetriebe (zwischen Motor- und Luftschraubenwelle)
**5G** (AI, Comp) / fünfte Generation (der Rechner mit künstlicher Intelligenz)
**G³** (gadolinium-gallium garnet) (Electronics) / Gadolinium-Gallium-Granat $m$, GGG (Gadolinium-Gallium-Granat)
**G** (Mech) / Andruckbelastung $f$
**G** (free enthalpy) (Phys) / Gibbs-Energie $f$ (Kurzzeichen G), Gibbs'sches Potential, freie Enthalpie (DIN 1345), Gibbs'sche freie Energie, Gibbs-Funktion $f$ (in der Thermodynamik)
**G-11\*** $n$ (Chem, Med) / Hexachlorophen $n$ (ein altes Bakteriostatikum und Desodorierungsmittel, das auch in kosmetischen Präparaten eingesetzt wurde)
**GA** (general aviation) (Aero) / allgemeine Luftfahrt ‖ ≃ (genetic algorithm) (AI) / genetischer Algorithmus, GA (genetischer Algorithmus)
**Ga** (gallium) (Chem) / Gallium $n$, Ga (Gallium)
**GA agent** (Chem) / Tabun $n$ (Dimethylphosphoramidocyanidsäureethylester - ein Kampfstoff)
**GaAs chip** (Electronics, Optics) / Galliumarsenid-Chip $m$ (mit elektronischem Eingang und optischem Ausgang) ‖ ≃ **IRED** (Electronics) / infrarotemittierende Galliumarseniddiode
**GaAs-laser** $n$ (Phys) / GaAs-Laser $m$ (ein Halbleiterlaser)
**GaAs-on-Si technology** (Electronics) / GaAs-auf-Si-Technik $f$, Galliumarsenid-auf-Silizium-Technik $f$
**GaAs solar cell** / GaAs-Solarzelle $f$, Galliumarsenid-Solarzelle $f$
**gab\*** $n$ (Build) / Spitzeisen $n$
**GABA\*** (gamma-aminobutyric acid) (Chem) / 4-Aminobuttersäure $f$, GABA $f$ (4-Aminobuttersäure)
**gabardine** $n$ (Textiles) / Gabardine $m f$ (dichtgeschlagener und kahl ausgerüsteter Woll- oder Baumwollköper)
**gabbro\*** $n$ (Geol) / Gabbro $m$ (ein Tiefengestein)
**gaberdine\*** $n$ (Textiles) / Gabardine $m f$ (dichtgeschlagener und kahl ausgerüsteter Woll- oder Baumwollköper)
**gabion\*** $n$ (Civ Eng, Hyd Eng) / Drahtschotterkasten $m$, Steingabion $m$ (kastenförmiger Körper aus versteiftem Drahtgeflecht, der mit Steinen oder Schotter gefüllt ist - DIN 18 918), Gabion $m$, Netz $n$ mit Steinschüttung, Sinkkorb $m$ (Maschendrahtkäfig mit Steinfüllung)
**gable\*** $n$ (Build) / Giebel $m$ ‖ ~ **board** (Build) / Windbrett $n$ (am Giebel), Giebelschutzbrett $n$, Giebeldeckbrett $n$ ‖ ~ **board** (Build) / Ortgang $m$ (bei Sattel- und Pultdächern), Ortgesims $n$ (S) ‖ ~ **coping** (Build) / Giebelabdeckung $f$
**gabled** adj (Arch) / mit Giebel, gegiebelt adj
**gable dormer** (Build) / Giebelgaupe $f$ ‖ ~ **end** (Build) / Giebelwand $f$
**gable-fronted house** (Build) / Giebelhaus $n$ (Haus mit einem Satteldach, dessen Giebel die Hauptfront bildet) ‖ ~ **house** (Build) s. also eaves-fronted house
**gable roof** (Build) / Satteldach $n$, Giebeldach $n$ (nach zwei gegenüberliegenden Gebäudeseiten geneigtes Dach mit hochgeführten Giebelwänden an den zwei übrigen Seiten)
**gable-shaped canopy** (in early Gothic architecture) (Arch) / Wimperg $m$, Wimperge $f$ (Ziergiebel über Fenstern, Portalen o.Ä. gotischer Bauwerke)
**gable shoulder\*** (Build) / Giebelfuß $m$, Giebelfußmauerwerk $n$ ‖ ~ **springer\*** (Arch, Build) / Kämpferstein $m$ des Giebels ‖ ~ **springer** (Build) / Giebelfußstein $m$ (keilförmiger)
**gablet** $n$ (Arch, Build) / [kleiner] Ziergiebel $m$ ‖ ~ (Build) / Giebel $m$ (meistens des Fußwalmdachs)
**gable tile** (used to complete alternate courses of the gable of a tile roof) (Build, Ceramics) / Dachziegel $m$ (mit derselben Länge, aber 1 1/2-facher Breite eines Standardziegels) ‖ ~ **wall** (Build) / Giebelwand $f$ ‖ ~ **wall** (of the charging end) (Glass) / Stirnwand $f$ (der Arbeitswanne) ‖ ~ **window** (Build) / Giebelfenster $n$
**gablock\*** $n$ (Tools) / Brecheisen $n$, Brechstange $f$
**gaboon\*** $n$ (For) / Okumé $n$, Okoumé $n$, Gabun $n$ (aus Aucoumea klaineana Pierre) ‖ ~ **mahogany** (For) / Okumé $n$, Okoumé $n$, Gabun $n$ (aus Aucoumea klaineana Pierre)
**Gabor filter** (AI) / Gabor-Filter $n$ (ein lineares, komplexes Bandpassfilter, das auf die lokale Phase von Bildpunkten besser reagiert) ‖ ≃ **information cell** (Comp) / Gabor'sche Informationszelle ‖ ≃ **method** (Micros) / Gabor-Verfahren $n$ (ein Zweischrittverfahren), Mikroskopie $f$ mittels rekonstruierter Wellenfronten ‖ ≃ **technique** (Micros) / Gabor-Verfahren $n$ (ein Zweischrittverfahren), Mikroskopie $f$ mittels rekonstruierter Wellenfronten
**Gabriel reaction** (Chem) / Gabriel-Synthese $f$ (Methode zur Herstellung primärer Amine durch hydrolytische Spaltung der aus Phthalimidkalium und Alkylhalogeniden zugänglichen N-Alkylphthalimide in Gegenwart von Säuren oder auch Laugen - nach S. Gabriel, 1851-1924) ‖ ≃ (phthalimide) **synthesis\*** (Chem) / Gabriel-Synthese $f$ (Methode zur Herstellung primärer Amine durch hydrolytische Spaltung der aus Phthalimidkalium und Alkylhalogeniden zugänglichen N-Alkylphthalimide in Gegenwart von Säuren oder auch Laugen - nach S. Gabriel, 1851-1924)
**GAC** (gas adsorption chromatography) (Chem) / Gasadsorptionschromatografie $f$, GAC (Gasadsorptionschromatografie)
**G-acid** $n$ (Chem) / G-Säure $f$ (2-Naphthol-6,8-disulfonsäure)
**gad** $n$ (a short pointed steel bar or wedge for wedging out coal in mining or breaking ore in sampling or stone along a line in broaching) (Mining) / Bergeisen $n$, Spitzkeil $m$
**gadder** $n$ (Civ Eng) / kleiner Bohrwagen (auf Schienen, für das Herstellen von nebeneinander liegenden Bohrlöchern)
**gadding car** (Civ Eng) / kleiner Bohrwagen (auf Schienen, für das Herstellen von nebeneinander liegenden Bohrlöchern) ‖ ~ **machine** (Civ Eng) / kleiner Bohrwagen (auf Schienen, für das Herstellen von nebeneinander liegenden Bohrlöchern)
**gadget** $n$ (Eng) / Spezialvorrichtung $f$
**gadoleic acid** (Chem) / Gadoleinsäure $f$
**gadolinite\*** $n$ (Min) / Gadolinit $m$ (Yttrium-Eisen-Beryllosilikat)
**gadolinium\*** $n$ (Chem) / Gadolinium $n$ (nach dem finnischen Chemiker J. Gadolin, 1760 - 1852), Gd (Gadolinium) ‖ ~ **boride** (Chem) / Gadoliniumborid $n$ (GdB$_4$ oder GdB$_6$) ‖ ~ **compound** (Chem) / Gadoliniumverbindung $f$ (oft als Kontrastmittel in der Kernspintomografie, z.B. Gadoliniumdiamid)
**gadolinium-gallium garnet\*** (Electronics) / Gadolinium-Gallium-Granat $m$, GGG (Gadolinium-Gallium-Granat)
**gadolinium oxide** (Chem, Electronics) / Gadoliniumoxid $n$ (als Matrix der Rotkomponente in Farbfernsehröhren)
**gadopentetic acid** (Radiol) / Gadopentetsäure $f$ (ein internationaler Freiname für ein paramagnetisches Kontrastmittel bei der NMR-Tomografie)
**gadoteridol** $n$ (Radiol) / Gadoteridol $n$ (ein Kontrastmittel in der Kernspintomografie)
**Gaede diffusion pump\*** (Vac Tech) / Diffusionspumpe $f$ (von Gaede), Kondensationspumpe $f$ ‖ ≃ **molecular pump\*** (Vac Tech) / Molekularluftpumpe $f$ nach Gaede (W.Gaede, 1878-1945) ‖ ≃ **pump** (Vac Tech) / Gaede-Pumpe $f$ (eine von W. Gaede, 1878 - 1945, erfundene Vakuumpumpe)
**gaff** $n$ (Fish) / Fleischerhaken $m$, Fleischhaken $m$
**gaffer\*** $n$ (the chief electrician in a film or television production unit) (Cinema, TV) / Chefbeleuchter $m$ ‖ ~ (GB) (Eng) / Vorarbeiter $m$, Partieführer $m$ (A) ‖ ~ (Glass) / Vorarbeiter $m$ in der Glasbläserei, Meister $m$ (in der manuellen Glasverarbeitung)
**GAFOR** (general-aviation-forecast code) (Aero, Meteor) / GAFOR-Code $m$
**GAG** (glycosaminoglycan) (Biochem) / Glykosaminoglykan $n$, Mucopolysaccharid $n$ (hochmolekulares Polysaccharid von physiologischer Bedeutung), Mukopolysaccharid $n$
**gag** $n$ (Eng) / Richtblock $m$
**gage** $n$ (US) (Build) / Gipsanteil $m$ (im Kalkstuck) ‖ ~ (US) (Eng, Instr) / Lehre $f$ (Maß-, Form-, Grenz- als Form-, Maß- und Dimensionsverkörperng), Schablone $f$, Kaliber $n$ ‖ ~ (US) (Eng, Instr) / lehren $v$ (mit einem Kaliber), ablehren $v$ ‖ ~ (US) (Hyd Eng) / Pegel $m$ (Gerät zum Messen des Wasserstands am Fluss) ‖ ~ (US) (Met) / [Draht-, Blech-]Stärke $f$ ‖ ~ (US) (Textiles) / Gauge-Zahl $f$, gg-Zahl $f$, Gauge $n$ (Maß zur Angabe der Maschenzahl), gg (Gauge) (Feinheitsbezeichnung für Cotton- und Raschelmaschinen) ‖ ~ (US) (Weaving) / Warendichte $f$, Gewebedichte $f$, Dichte $f$, Fadendichte $f$ (DIN 53853), Einstellung $f$
**gagger** $n$ (Foundry) / Sandhaken $m$, Sandheber $m$, Aushebeband $n$ (ein Formerwerkzeug)
**gahnite\*** $n$ (Min) / Gahnit $m$ (nach J.G. Gahn, 1745-1818), Zinkspinell $m$ (Zinkaluminat)
**gain** $n$ / erwerben $v$ (Kenntnisse) ‖ ~ $n$ / Gewinn $m$ (das durch die Spielregeln festgelegte Ergebnis einer Partie) ‖ ~ (Acous) / Gewinn $m$ (ein logarithmisches Verhältnis zwischen zwei Werten der gemessenen Größe in Dezibels) ‖ ~ (Agric) / Ansatz $m$ (Zunahme von Körpersubstanz bei Masttieren) ‖ ~ (Carp) / Aussparung $f$ (beim Holzverband) ‖ ~ (the ratio of the output signal strength of an amplifier to the input signal strength) (Electronics) / Verstärkung $f$, Leistungsverstärkung $f$ ‖ ~ (Electronics) / Lichtverstärkung $f$ (bei

**gain**

Lasern) ‖ ~* (Electronics) / Verstärkungsfaktor *m* (Verhältnis der Ausgangsgröße zur Eingangsgröße), Verstärkung *f* (Verstärkungsfaktor) ‖ ~ (Join) / Ausnehmung *f* (für das Einsteckschloss in der Tür) ‖ ~ (Mining) / Querschlag *m* in Kohle ‖ ~ (Mining) / Bühnloch *n* (Vertiefung in der Sohle oder im Stoß eines Grubenbaues, in die der Fuß eines Stempels oder das Ende eines Trägers eingelassen wird) ‖ ~* (Radio) / Antennengewinn *m* (im Sendefall, im Empfangsfall), Leistungsgewinn *m* (das Verhältnis der einer Vergleichsantenne zugeführten Leistung zu der der untersuchten Antenne zugeführten Leistung) ‖ ~* (Telecomm) / Verstärkungsmaß *n* (logarithmische Angabe des Verstärkungsfaktors in dB) ‖ ~ (Textiles) / Gewichtszunahme *f* ‖ **automatic ~ control*** (Radio) / automatischer Schwundausgleich, automatische Verstärkungsregelung ‖ ~ **control*** (Telecomm) / Verstärkungsregelung *f*
**gain-enhanced MOSFET** (Electronics) / GEMFET *m* (integrierte Schaltungsfamilie der Leistungselektronik in CMD-Technik, die mit Bipolar- und MOS-Strukturen auf dem gleichen Chip realisiert ist)
**gain-enhancement-mode field-effect transistor** (Electronics) / Feldeffekttransistor *m* mit Verstärkereffekt
**gain function** (Radio) / Richtfunktion *f* ‖ ~ **in weight** (Phys) / Massezunahme *f*, Gewichtszunahme *f* ‖ ~ **noise** (Electronics) / Verstärkerrauschen *n* (in der Filmtechnik, Electronics) / Gain-Schalter *m* (bei Camcordern) ‖ ~ **time control** (Radar) / Nahechodämpfung *f* (zur Anpassung an die Radargleichung) ‖ ~ **weight** (Phys) / Massezunahme *f*, Gewichtszunahme *f*
**gaiting*** *n* (Weaving) / Einrichten *n* des Webstuhls
**gaize** *n* (Build) / künstlicher hydraulischer Zusatzstoff ‖ ~ **cement** (Build, Civ Eng) / Gaizezement *m* (ein Puzzolanzement aus französischem Sedimentgestein Gaize)
**gal** (US) / Gallone *f* (GB = 4,54609 l, USA = 3,785411 l für Flüssigkeiten und 4,404884 l für trockene Produkte) ‖ ~ ≙ (galactose) (Chem) / Galaktose *f* (ein Milchsaccharid), Galactose *f*, Gal (Galaktose)
**GAL** (generic array logic) (Comp) / Generic Array Logic *f* (Logikbaustein mit programmierbarer UND-, bzw. ODER-Matrix und Registerausgang), GAL (Generic Array Logic)
**gal*** *n* (a unit of acceleration, used in gravity measurements) (Geophys) / Gal *n* (Kurzzeichen Gal oder gal, metrische Einheit der Schwerebeschleunigung = 1 cm/s², DIN 1301, T 3)
**galactagog*** *n* (Pharm) / milchtreibendes Mittel, Galaktagogum *n* (pl. -goga)
**galactagogue*** *n* (Pharm) / milchtreibendes Mittel, Galaktagogum *n* (pl. -goga)
**galactan*** *n* (Chem) / Galactan *n*, Galaktan *n* (z.B. Agar-Agar oder pflanzliche Gummen)
**galactaric acid** (Chem) / Galaktarsäure *f* (systematische Bezeichnung für Schleimsäure), Galactarsäure *f*, Galaktozuckersäure *f*, Galactozuckersäure *f*
**galactic** *adj* (Astron) / galaktisch *adj* ‖ ~ **centre** (Astron) / galaktisches Zentrum (Mittelpunkt des Milchstraßensystems) ‖ ~ **circle*** (Astron) / galaktischer Äquator ‖ ~ **cluster*** (Astron) / offener Sternhaufen (z.B. Plejaden) ‖ ~ **coordinates*** (Astron) / galaktische Koordinaten ‖ ~ **equator*** (Astron) / galaktischer Äquator ‖ ~ **halo*** (Astron) / galaktischer Halo (im Milchstraßensystem) ‖ ~ **latitude** (angular distance from the plane of the Milky Way) (Astron) / galaktische Breite ‖ ~ **longitude** (Astron) / galaktische Länge ‖ ~ **nebula** (Astron) / galaktischer Nebel ‖ ~ **noise*** (Radio) / galaktisches Rauschen (kosmisches Rauschen, das infolge kosmischer Meterwellenstrahlung aus der Milchstraße entsteht) ‖ ~ **plane** (Astron) / galaktische Ebene (des Milchstraßensystems) ‖ ~ **pole** (Astron) / galaktischer Pol (des galaktischen Koordinatensystems) ‖ ~ **system** (Astron) / galaktisches System (ein astronomisches Koordinatensystem) ‖ ~ **system** (of coordinates) (Astron) / galaktisches Koordinatensystem (ein astronomisches Koordinatensystem - galaktische Länge, galaktische Breite) ‖ ~ **system** (Astron) s. also galactic coordinates
**galactoglucomannan** *n* (Chem) / Galaktoglukomannan *n*, Galactoglukomannan *n*
**galactomannan** *n* (Chem) / Galactomannan *n* ( ein Heteropolysaccharid), Galaktomannan *n* (Reservepolysaccharid aus den Samen der Hülsenfrüchte)
**galactomethylose** *n* (Bot, Chem) / Galactomethylose *f*, Galaktomethylose *f*, Fucose *f*, Fuc (ein 6-Desoxyzucker - Bestandteil von pflanzlichen Gummen und Schleimen)
**galactonic acid** (Chem) / Galactonsäure *f*, Galaktonsäure *f*
**galactosaccharic acid** (Chem) / Galaktarsäure *f* (systematische Bezeichnung für Schleimsäure), Galactarsäure *f*, Galaktozuckersäure *f*, Galactozuckersäure *f*
**galactosamine** *n* (Chem) / Galactosamin *n*, Galaktosamin *n* (ein Galaktozucker), GalN (Galactosamin), Chondrosamin *n*

**galactose*** *n* (Chem) / Galaktose *f* (ein Milchsaccharid), Galactose *f*, Gal (Galaktose)
**galactosidase** *n* (Biochem) / Galactosidase *f*, Galaktosidase *f* (ein Enzym)
**galactoside** *n* (Chem) / Galaktosid *n* (das Glykosid der Galaktose), Galactosid *n*
**galactostatin** *n* (Pharm) / Galactostatin *n*, Galaktostatin *n*, Galactonojirimycin *n*
**galacturonic acid** (Chem) / Galacturonsäure *f*, Galakturonsäure *f* (Hauptbestandteil der pflanzlichen Pektine)
**gala illumination** (Light) / Festbeleuchtung *f*
**galalith** *n* (Plastics) / Galalith *n* (harter, hornähnlicher nicht brennbarer Kunststoff)
**galangal** *n* (Nut, Pharm) / Galgantwurzel *f* (Wurzelstock von Alpinia galanga (L.) Willd.) ‖ ~ **oil** (from Lesser galangal) (Pharm) / Galgantöl *n* (aus Alpinia officinarum Hance) ‖ ~ **root** (Nut, Pharm) / Galgantwurzel *f* (Wurzelstock von Alpinia galanga (L.) Willd.)
**galanin** *n* (Biochem, Pharm) / Galanin *n* (ein Neuropeptid)
**galanthamine** *n* (Chem, Pharm) / Galantamin, Galanthamin *n* (ein Amaryllidaceen-Alkaloid)
**galantine** *n* (Nut) / Galantine *f*
**galatea** *n* (Textiles) / denimartiger Baumwollstoff
**Galaxy*** *n* (Astron) / Galaxis *f*, Milchstraße *f* (Hauptebene des Milchstraßensystems) ‖ ~* *n* (Astron) / Galaxis *f* (pl. Galaxien), Galaxie *f*, Sternsystem *n* ‖ ≙ * *n* (Astron) s. also Milky way system
**galbanum** *n* (a gum resin) / Galbangummi *n*, Galban *n*, Galbanum *n* (Gummiharz der Ferula gummosa Boiss.), Mutterharz *n*, Galbanharz *n* ‖ ~ **oil** / Galbanöl *n*, Galbanumöl *n* (für die Parfümerie)
**gale*** *n* (Aero, Meteor) / Sturm *m* (Windstärke 9 nach der Beaufort-Skala) ‖ ~ (a very strong wind) (Meteor) / stürmischer Wind (Beaufortgrad 8)
**galena*** *n* (Min) / Bleiglanz *m*, Galenit *m* (Blei(II)-sulfid - das wichtigste Bleierz)
**galenic** *adj* (Min) / Bleiglanz- ‖ ~ (Pharm) / galenisch *adj*
**galenical** *n* (Pharm) / galenisches Mittel, galenische Präparation, galenische Arznei, Galenikum *n*, galenisches Präparat ‖ ~ *adj* (Min) / Bleiglanz- ‖ ~ (Pharm) / galenisch *adj*
**galenic pharmacy** (Pharm) / Galenik *f*, galenische Pharmazie
**galenite** *n* (Min) / Bleiglanz *m*, Galenit *m* (Blei(II)-sulfid - das wichtigste Bleierz)
**Galerkin's method** (Maths) / Galerkin'sche Methode, Galerkin'sches Verfahren (eine Finite-Elemente-Methode)
**galet*** *n* (Build, Met) / Splitter *m*, Abschlagsplitter *m*, Bruchstück *n*
**galets*** *pl* (Civ Eng) / Splitt *m* (maschinell zerkleinertes Gestein von etwa 5-32 mm Größe - DIN 4226-1)
**galette** *n* (Spinning) / Galette *f* (der Spinnmaschine)
**gale warning** (Meteor) / Sturmwarnung *f*
**Galilean glass** (Optics) / Galilei'sches Fernrohr, Holländisches Fernrohr (mit sammelndem Objektiv und zerstreuendem Okular) ‖ ≙ **invariance** (Maths, Mech) / Galilei-Invarianz *f* ‖ ~ **space-time** (the space-time of Newtonian mechanics) (Phys) / Galilei-Gruppe *f* (Gruppe von Transformationen der Koordinaten bzw. Bezugssysteme der gegenüber die Newton'sche Formulierung der Mechanik invariant ist, wobei die Zeit nicht transformiert wird) ‖ ~ **telescope** (Optics) / Galilei'sches Fernrohr, Holländisches Fernrohr (mit sammelndem Objektiv und zerstreuendem Okular) ‖ ≙ **transformation** (Maths, Mech) / Galilei-Transformation *f* (in der Newton'schen Mechanik - nach G. Galilei, 1564 - 1642)
**galilee** *n* (Arch) / Narthex *m* (pl. Narthizes), Galilaea *f* (pl. -laeä) (einer Basilika), Vorhalle *f* (Narthex)
**Galileo's law of inertia** (Phys) / Galilei'sches Trägheitsgesetz (Lex prima), Trägheitsgesetz *n* (das erste Newton'sche Axiom), Trägheitsprinzip *n*, Beharrungsgesetz *n* (das erste Newton'sche Axiom)
**Galileo system** (Nav) / Galileo-System (ein veraltendes satellitengestütztes Ortungssystem der EU)
**galingale** *n* (Nut, Pharm) / Galgantwurzel *f* (Wurzelstock von Alpinia galanga (L.) Willd.) ‖ ~ **oil** (Pharm) / Galgantöl *n* (aus Alpinia officinarum Hance)
**galipol** *n* (a terpene alcohol derived from the oil of the angostura bark) (Chem) / Galipol *n*
**galipot** *n* (Pharm) / Scharrharz *n*, Galipotharz *n*, Galipot *m*, Barras *m* (Resina pini)
**Galitzin pendulum** (Geophys) / Horizontalpendel *n* (mit fast vertikaler Drehachse), Tauchpulseismometer *n*
**gall.** (GB) / Gallone *f* (GB = 4,54609 l, USA = 3,785411 l für Flüssigkeiten und 4,404884 l für trockene Produkte)
**gall** *v* (to fret or wear away by friction) / abreiben *v*, abscheuern *v* ‖ ~ (Eng) / sich festfressen *v* ‖ ~* *n* (Bot, For, Leather) / Pflanzengalle *f*, Gallapfel *m*, Galle *f* ‖ ~ (molten sulphate floating on the surface of molten glass in a pot or tank) (Glass) / Galle *f* (ein Produktionsfehler,

meist Alkalisulfat) ‖ ~ (Glass, Leather) / Galle f ‖ ~* (Leather, Med) / wund geriebene Stelle ‖ ~ (Med) / Galle f ‖ ~ (Textiles) / dünne Stelle (im Gewebe), kahle Stelle

**gallate** n (Chem, Nut) / Gallat n (E 310 bis E 312), Gallussäureester m
**gallein** n (Biochem) / Gallein n, Pyrogallolphthalein n
**galleria forest** (For) / Galeriewald m (Waldstreifen, der sich entlang von Flussläufen und Seen, an sickerfeuchten Talhängen und in Schluchten in /Trocken- oder Feucht-/Savannen findet)
**gallery*** n (Arch) / Empore f (in der Kirche) ‖ ~* (Arch) / Galerie f, Tribüne f ‖ ~ (Arch) / Altan m ‖ ~ (Autos) / Verteilerleitung f (eine Ölleitung) ‖ ~ (Autos) / Rohrleitung f (des Schmiersystems), Bohrung f ‖ ~ (Bot, For) / Mine f (in lebenden Pflanzen durch Insekten, meist deren Larven, ausgefressener Hohlraum) ‖ ~ (Build) / Gang m ‖ ~ (Eng) / Bedienungsgang m, Bedienungslaufgang m, Laufgang m (ein Bedienungsgang) ‖ ~ (For, Zool) / Insektenfraßgang m, Fraßgang m, Bohrgang m ‖ ~* (Mining) / Stollen m (Grubenbau, der in hügeligem Gelände von der Tagesoberfläche aus in die Lagerstätte führt) ‖ ~* (Mining) / Strecke f (ein Grubenbau zur Fahrung, Wetterführung, Förderung und zum Transport - meistens söhliger) ‖ ~ (Eng) s. also stage ‖ ~ **design** (boreholes) (For) / Fraßbild n (Aussehen eines von tierischen Holzzerstörern befallenen Holzstückes) ‖ ~ **furnace*** (Met) / Galerieofen m (Quecksilber) ‖ ~ **of efflux** (Mining) / Wasserhaltungsstollen m
**gallery-type camera** (Photog, Print) / Brückenkamera f (großformatige Zweiraumkamera für Aufnahmen extrem großer Vorlagen)
**gallet*** n (Build) / Zwicker m (um starke Fugen auszuzwickern), Steinsplitter m (zur Verkeilung des Natursteinmauerwerks) ‖ ~ (Civ Eng) / Steinsplitter m (einzelner)
**galleting*** n (Build) / Auffüllung f der Mauerlücken mit Steinsplittern
**gallets*** pl (Civ Eng) / Splitt m (maschinell zerkleinertes Gestein von etwa 5-32 mm Größe - DIN 4226-1)
**galley** n (Aero) / Bordküche f ‖ ~ (Typog) / Spaltenabzug m, Korrekturfahne f, Fahne f ‖ ~* (Typog) / Schiff n ‖ ~ **loader** (Aero) / Küchenwagen m (auf dem Flughafen) ‖ ~ **proof*** (Typog) / Spaltenabzug m, Korrekturfahne f, Fahne f
**galleyware** n (Ceramics) / Delfter Fayence (Tonwaren mit Zinnglasur aus Delft), Delfter Ware
**gallia** n (Chem) / Gallium(III)-oxid n ($Ga_2O_3$), Digalliumtrioxid n
**gallic • (III) acid** (Chem) / Galliumsäure f ‖ ~ **acid*** (Chem, Med) / Gallussäure f, 3,4,5-Trihydroxybenzoesäure f
**gallin** n (Biochem) / Gallein n, Pyrogallolphthalein n
**galling** n (Eng) / Festfressen n (von Oberflächenpartien zweier Maschinenteile), Anfressen n ‖ ~ (Eng) / sehr starke Oberflächenbeschädigung (teilweise verschweißte Fressstellen) ‖ ~ (Eng) / Fressen n, Fresserscheinung f (örtlich begrenztes Verschweißen von Oberflächenpartien - ein Verschleißvorgang) ‖ ~ (Eng) / Reiben n, Scheuern n (gleitender oder rollender Teile aneinander) ‖ ~ (Eng) / Mitreißen n von festhaftendem Material
**gallipot** n (Pharm) / Salbenbüchse f, Salbentopf m ‖ ~ (Pharm) / Apothekergefäß n (für Salben)
**gallisation** n (GB) (Nut) / Nassverbesserung f, Nasszuckerung f (Most)
**gallite** n (Min) / Gallit m (einziges bisher bekanntes primäres Ga-Mineral)
**gallium** n (Chem) / Gallium n, Ga (Gallium) ‖ ~ **antimonide** (Chem) / Galliumantimonid n
**gallium(III) arsenide** (Chem) / Galliumarsenid n
**gallium arsenide*** (GaAs) (Chem) / Galliumarsenid n ‖ ~ **arsenide chip** (Electronics, Optics) / Galliumarsenid-Chip m (mit elektronischem Eingang und optischem Ausgang) ‖ ~ **arsenide infrared-emitting diode** (Electronics) / infrarotemittierende Galliumarseniddiode
**gallium-arsenide laser** (Phys) / GaAs-Laser m (ein Halbleiterlaser)
**gallium arsenide solar cell** / GaAs-Solarzelle f, Galliumarsenid-Solarzelle f ‖ ~ **carrier** (Chem, Electronics) / Galliumcarrier m ‖ ~**(II) chloride** (Chem) / Gallium(II)-chlorid n, Galliumdichlorid n ‖ ~**(III) chloride** (Chem) / Gallium(III)-chlorid n ($GaCl_3$), Galliumtrichlorid n ‖ ~ **oxide** (Chem) / Galliumoxid n ($Ga_2O_3$) ‖ ~ **phosphide** (Chem) / GaP (Galliumphosphid), Galliumphosphid n ‖ ~ **selenide laser** (Phys) / Galliumselenidlaser m, GaSe-Laser m ‖ ~ **sesquioxide** (Chem) / Gallium(III)-oxid n ($Ga_2O_3$), Digalliumtrioxid n ‖ ~ **trifluoride** (Chem) / Galliumtrifluorid n, Gallium(III)-fluorid n
**gall midge** (a small, delicate fly which induces gall formation in plants or may cause other damage to crops) (Agric, Bot, Zool) / Gallmücke f (aus der Familie Cecidomyiidae) ‖ ~ **mite** (a minute mite which is parasitic on plants, typically living inside buds and causing them to form hard galls) (Agric, Bot, Zool) / Gallmilbe f (Pflanzenparasit)
**gallnut** n (Bot, For, Leather) / Pflanzengalle f, Gallapfel m, Galle f
**gall oak** (For) / Gallapfeleiche f, Galleiche f (Quercus infectoria Olivier)
**gallocyanine** n (Chem, Textiles) / Gallocyanin n, Gallozyanin n (ein Phenoxazinfarbstoff)

**gallogen** n (Chem, Nut, Pharm) / Ellagsäure f (auch als Antioxidans und Geschmacksstoff)
**gallon*** n / Gallone f (GB = 4,54609 l, USA = 3,785411 l für Flüssigkeiten und 4,404884 l für trockene Produkte)
**galloon** n (Textiles) / Galone f, Borte f (Posament), Tresse f, Galon m (pl. Galons) (ein elastisches, meist gemustertes Besatzband)
**galloping** n (Elec Eng) / Tanzen n (der Leiterseile) ‖ ~ (US)* (I C Engs) / Spucken n, Stottern n (wegen zu reichen Gemisches) ‖ ~ (Rail) / Wogen n (kombiniertes Querschwingen und Wanken)
**gallotannic acid** (Chem, Leather) / Gallotannin n (hydrolysierbarer Gerbstoff), Gallusgerbsäure f, Pyrogallolgerbstoff m (Tanningerbstoff)
**gallotannin** n (Chem, Leather) / Gallotannin n (hydrolysierbarer Gerbstoff), Gallusgerbsäure f, Pyrogallolgerbstoff m (Tanningerbstoff)
**Galloway sinking and walling stage** (Mining) / Schwebebühne f zum gleichzeitigen Teufen und Mauern
**gallows** pl (Ships) / Galgen m (ein schwenkbarer Davit) ‖ ~ **bracket** (Carp) / Konsole f mit Knagge ‖ ~ **plough** (Agric) / Karrenpflug m
**gall wasp** (Bot, For) / Gallwespe f (Erzeuger von Pflanzengallen)
**Galois field** (Maths) / endlicher algebraischer Körper, Galois-Feld n (nach E. Galois, 1811-1832) ‖ ~ **theory** (Maths) / Galois'sche Theorie
**Galtonian board** (Maths) / Galton-Brett n (mit dem man annähernd eine Gauß'sche Normalverteilung konstruieren kann - nach Sir F. Galton, 1822-1911) ‖ ~ **curve** (Maths, Stats) / Galton'sche Ogive, Galton'sche Kurve
**Galton ogive** (an S-shaped form of cumulative-frequency curve representing the normal distribution and resembling the ogive shape used in Gothic architecture) (Maths, Stats) / Galton'sche Ogive, Galton'sche Kurve
**Galton's apparatus** (Maths) / Galton-Brett n (mit dem man annähernd eine Gauß'sche Normalverteilung konstruieren kann - nach Sir F. Galton, 1822-1911)
**Galton whistle** / Galtonpfeife f (eine gedackte Lippenpfeife aus Metall mit veränderlicher Pfeifenlänge)
**Galvalume** n (Met) / Galvalume n, Aluzinc n (eine Al-Zn-Legierung mit etwa 55% Al, ca. 43,4 Zn und ca. 1,6 Si)
**Galvanic** adj / galvanisch adj (nach L. Galvani, 1737-1798) ‖ ~ adj / galvanisch adj (nach L. Galvani, 1737-1798) ‖ ~ **cell*** / elektrochemisches Element (primäres oder sekundäres - als Stromquelle), galvanisches Element (DIN 70853), galvanische Kette (Hintereinanderschaltung von Halbzellen), elektrochemische Kette ‖ ~ **corrosion** (Surf) / Berührungskorrosion f, Kontaktkorrosion f (Berührung mit elektronenleitendem Festkörper), galvanische Korrosion (DIN 50900, T 1) ‖ ~ **couple** (Surf) / Makrokorrosionselement n (bei Kontaktkorrosion) ‖ ~ **current*** (Med) / galvanischer Strom (Gleichstrom für therapeutische Zwecke) ‖ ~ **series** (Chem, Elec) / galvanische Spannungsreihe, praktische Spannungsreihe
**Galvani potential** (Elec Eng) / Galvanispannung f (an einer Phasengrenze zweier Leiter), galvanische Spannung, Galvani-Potential n ‖ ~ **potential difference** (Elec Eng) / Galvani-Potentialdifferenz f
**galvanise** v (GB) (Met, Surf) / verzinken v
**galvanism** n (Med) / Galvanisation f (Behandlung mit Gleichstrom)
**Galvani tension** (Elec Eng) / Galvanispannung f (an einer Phasengrenze zweier Leiter), galvanische Spannung, Galvani-Potential n
**galvanization** n (Met, Surf) / Verzinken n, Verzinkung f
**galvanize** v (Met, Surf) / verzinken v
**galvanized coating** (Surf) / Zinküberzug m, Zinkschicht f (eine Korrosionsschutzschicht), Zinkauflage f, Zinkschutzschicht f ‖ ~ **iron** (Surf) / feuerverzinktes Stahlblech, verzinktes Eisenblech ‖ ~ **nail** (Carp) / verzinkter Nagel, feuerverzinkter Nagel ‖ ~ **steel** (Surf) / feuerverzinktes Stahlblech, verzinktes Eisenblech
**galvanizing*** n (Met, Surf) / Verzinken n, Verzinkung f ‖ ~ **bath** (Surf) / Verzinkungsbad n ‖ ~ **line** (Autos, Surf) / Verzinkungsstraße f, Verzinkungsanlage f
**galvanneal** v (Surf) / galvannealen v
**galvannealing** n (Surf) / Galvannealing n (Feuerverzinkung mit nachträglicher Wärmebehandlung des Überzugs auf Blechen und Bändern), thermische Nachbehandlung von feuerverzinkten Erzeugnissen
**galvanodynamic** adj / galvanodynamisch adj, galvanokinetisch adj
**galvanoelectricity** n (Elec) / Galvanoelektrizität f (aus den elektrochemischen Elementen)
**galvanoluminescence*** n (Elec Eng) / Galvanolumineszenz f (Lichtaussendung einer Elektrode, die von einem durch einen Elektrolyten fließenden elektrischen Strom angeregt wird)
**galvanomagnetic** adj (Elec Eng) / galvanomagnetisch adj ‖ ~ **cell** (Elec Eng) / galvanomagnetisches Element ‖ ~ **effect*** (Elec Eng, Phys) / galvanomagnetischer Effekt (z.B. Hall-Effekt oder Gauß-Effekt)

**galvanometer**

**galvanometer*** n (Elec Eng) / Galvanometer n (zur Messung sehr kleiner Ströme, Spannungen oder Ladungsmengen) ‖ ~* (Elec Eng) s. also ammeter and ballistic galvanometer ‖ ~ **arm** (Elec Eng) / Messdiagonale f (einer Brückenschaltung) ‖ ~ **coil** (Elec Eng) / Galvanometerspule f ‖ ~ **constant*** (Elec Eng) / Galvanometerkonstante f (für die Ermittlung der Empfindlichkeit des Galvanometers) ‖ ~ **mirror** (Elec Eng) / Galvanometerspiegel m ‖ ~ **shunt*** (Elec Eng) / Galvanometernebenschluss m
**galvanoscope*** n (Elec Eng) / Galvanoskop n (ein empfindliches Zeigerinstrument zum Nachweis des elektrischen Stromes ohne exakte Messwertanzeige)
**galvanostat** n (Elec Eng) / Galvanostat m (Messanordnung zur experimentellen Aufnahme einer Stromdichte-Potential-Kurve)
**galvanostatic** adj (Elec Eng) / galvanostatisch adj, amperostatisch adj
**galvanotropism** n (Bot) / Elektrotropismus m, Galvanotropismus m
**gambier** n (Leather) / Gelbes Katechu, Gambirkatechu n, Gambir m (ein wertvoller Gerbstoff aus Uncaria gambir (Hunter) Roxb.)
**gambir** n (Leather) / Gelbes Katechu, Gambirkatechu n, Gambir m (ein wertvoller Gerbstoff aus Uncaria gambir (Hunter) Roxb.)
**gambo fibre** (Textiles) / Kenaffaser f, KE (Kenaffaser nach DIN 60 001), Gambofaser f, Javajutefaser f
**gamboge** n (a gum resin) (Bot, Chem) / Gutti n, Gummigutt n (eingetrockneter latexartiger giftiger Wundsaft von Garcinia-Arten, vorwiegend G. hanburyi) ‖ ~ **gum** (Bot, Chem) / Gutti n, Gummigutt n (eingetrockneter latexartiger giftiger Wundsaft von Garcinia-Arten, vorwiegend G. hanburyi)
**gambo hemp** (Bot) / Gambohanf m, Bimlipatamjute f, Bimlijute f, Kenaf m (Hibiscus cannabinus L.), Ambari m, Dekkanhanf m, Hanfeibisch m
**gambrel roof*** (Build) / Mansarddach n (geknicktes Dach mit steilerer Neigung im unteren Teil), Mansardendach n (das eine Dachwohnung enthält) ‖ ~ **roof** (GB) (Build) / Fußwalmdach n ‖ ~ **roof*** (US) (Build) / Mansardgiebeldach n
**game** n (individual) / Partie f (einmalige Realisierung eines Spiels) ‖ ~ (AI, Comp, Maths) / Spiel n (mathematisches Modell für eine Konfliktsituation, in der sich mehrere Partner [Spieler] mit verschiedenen Zielen gegenüberstehen und durch bestimmte Handlungen eine in ihrem Sinne positive Lösung des Konflikts anstreben) ‖ ~ **card** (Comp) / Gamekarte f ‖ ~ **connector** (Comp) / Spielanschluss m
**gamene** n (Bot, Chem) / Krappwurzel f (von Rubia tinctorum L.)
**gamepad** n (Comp) / Gamepad n (eine periphere Bedieneinheit des Computers, mit der man Computerspiele spielt)
**game-port** n (Comp) / Gameport m (eine Schnittstelle zum Anschluss eines Joysticks an einen Computer)
**game programming** (Comp) / Spieleprogrammieren n
**gamer** n (Comp) / Spieler m (z.B. bei Videospielen)
**game rules** (Maths) / Spielregeln f pl (in der Spieltheorie)
**games console** (Comp) / Spielkonsole f ‖ ~ **paddle*** (Comp) / Steuerknüppel m (für Computerspiele), Paddle n (Handsteuergerät) ‖ ~ **theory** (Comp, Maths) / Spieltheorie f, Theorie f der strategischen Spiele (ein Teilgebiet der Kybernetik, das sich mit solchen Spielen beschäftigt, deren Ergebnis nicht nur vom Zufall abhängt, sondern auch von den Strategien der Spieler - nach Johann Baron von Neumann)
**Gamet bearing** (Eng) / Gamet-Lager n (Kegelrollenlager mit axial durchbohrten Laufrollen)
**gamete*** n (a germ cell) (Biol) / Geschlechtszelle f, Gamet m (pl. -en - haploide Geschlechtszelle)
**game theory** (Comp, Maths) / Spieltheorie f, Theorie f der strategischen Spiele (ein Teilgebiet der Kybernetik, das sich mit solchen Spielen beschäftigt, deren Ergebnis nicht nur vom Zufall abhängt, sondern auch von den Strategien der Spieler - nach Johann Baron von Neumann) ‖ ~ **tree** (AI) / Spielbaum m (dessen Äste Züge oder Gegenzüge und dessen Knoten Situationen sind) ‖ ~ **watch** (Horol) / Armbanduhr f mit Videospiel ‖ ~ **with infinitely many players** (Maths) / Spiel n mit unendlich vielen Spielern
**gamey** adj (Nut) / mit Hautgout (mit eigentümlichem scharfem, würzigem Geschmack und Geruch, den das Fleisch von Wild nach dem Abhängen annimmt), mit Wildgeschmack, nach Wild schmeckend
**gaming** n (Maths) / Spielsimulierung f ‖ ~ **console** (Comp) / Spielkonsole f (dediziertes Spielsystem, das an Fernsehgeräte anschließbar ist), Videospielsystem n
**gamma** n (Geophys) / Gamma n ($10^{-9}$ T) ‖ ~* (Photog) / Entwicklungsfaktor m, Gamma n, Gammawert m, $\gamma$-Wert m (Höchstwert des Gradienten einer vorgegebenen Schwärzungskurve) ‖ ~* (the exponent of that power law that is used to approximate the curve of output magnitude versus input magnitude over the region of interest) (TV) / Gamma n ‖ ~ **acid** (Chem) / Gammasäure f (eine Buchstabensäure)

**gamma-aminobutyric acid*** (Chem) / 4-Aminobuttersäure f, GABA f (4-Aminobuttersäure)
**gamma antimony** (Chem) / graues Antimon (stabiles silberweißes, glänzendes, sehr sprödes, leicht pulverisierbares Metall) ‖ ~ **astronomy** (Astron) / Gammaastronomie f (eine Art Hochenergieastronomie), Gammastrahlenastronomie f
**gamma-BHC*** n (Chem) / Gammexan n (Isomere von 1,2,3,4,5,6-Hexachlorcyklohexan - ein Kontaktinsektizid)
**gamma brass*** (Met) / Gammamessing n ‖ ~ **burst** (Astron) / Gammaburst m, Gammastrahlungsblitz m (energiereicher Ausbruch im Bereich der Gammastrahlung) ‖ ~ **camera*** (a device used in nuclear medicine to visualize the distribution of radioisotopes in tissues of human body) (Radiol) / Gammakamera f (für die nuklearmedizinische Funktionsdiagnostik), Angerkamera f (nach O. Anger, 1920 -), Szintillationskamera f (z.B. nach Anger) ‖ ~ **cellulose** / Gammazellulose f (der aus der natronalkalischen Lösung nicht fällbare Anteil) ‖ ~ **control** (Cinema) / Gradationsregelung f, Gammaregelung f ‖ ~ **correction*** (the insertion of non-linear output-input characteristic for the purpose of changing the system transfer characteristic) (TV) / Tonwertkorrektur f, Gammakorrektur f, Gammaentzerrung f (Gradationsentzerrung) ‖ ~ **decay** (Nuc) / Gammazerfall m, Gammaabregung f, Gammaübergang m ‖ ~ **defectoscopy** (Crystal, Materials) / Röntgengrobstrukturuntersuchung f, Röntgengrobstrukturanalyse f ‖ ~ **densitometer** (Materials, Photog) / Gammadichtemesser m ‖ ~ **detector*** (Nuc) / Gammastrahlendetektor m, Gammadetektor m, Detektor m für Gammastrahlung ‖ ~ **distortion** (TV) / Gammaverzerrung f ‖ ~ **distribution** (type III in the Pearsonian system of frequency distributions) (Stats) / Gammaverteilung f ‖ ~ **dose** (Radiol) / Gammastrahlungsdosis f, Gammadosis f ‖ ~ **emission** (Nuc) / Gammazerfall m, Gammaabregung f, Gammaübergang m ‖ ~ **emitter** (Phys) / Gammaquelle f, Gammastrahlungsquelle f ‖ ~ **energy** (Nuc) / Gammaenergie f, Energie f der Gammastrahlung ‖ ~ **function*** (Maths) / Gammafunktion f (eine meromorphe Funktion), zweites Euler'sches Integral, Euler-Gammafunktion f
**gamma-gamma log** (Mining, Oils) / Gamma-Gamma-Log n (zur physikalischen Bohrlochmessung)
**gamma globulin*** (Med) / Gammaglobulin n (die in der Elektrophorese der Serumproteine in der $\gamma$-Fraktion der Globuline wandernden Immunglobuline), GG (Gammaglobulin)
**gammagraphy** n (Materials) / Gammagrafie f, Gammastrahlprüfung f (eine Durchstrahlungsprüfung), Gammadefektoskopie f (mit Gammastrahler), Gammaradiografie f (DIN 5410 und 5411)
**gamma-HCH** n (Chem) / Lindan n (Insektizid - $\gamma$-Hexachlorzyklohexan)
**gamma heating** (Nuc Eng) / Gammaaufheizung f (durch Absorption von Gammastrahlen bewirkte Aufheizung) ‖ ~ **index** (Stats) / Gammaindex m ‖ ~ **infinity*** (Photog) / höchsterreichbarer Kontrast (beim Entwickeln) ‖ ~ **iron*** (Met) / Gammaeisen n, $\gamma$-Eisen n ‖ ~ **iron*** n (Met) s. also austenite ‖ ~ **layer** (Surf) / Gammaschicht f (beim Feuerverzinken)
**gamma-linolenic acid** (Biochem) / $\gamma$-Linolensäure f
**gamma log** (Mining, Oils) / Gamma-Log n (zur physikalischen Bohrlochmessung) ‖ ~ **logging** (Oils) / Gammamessung f (radiometrische Bohrlochmessung) ‖ ~ **matrix** (Nuc) / Dirac'sche Gammamatrix, Dirac'sche Matrix ‖ ~ **photon** (Phys) / Gammaquant n (Foton der Gammastrahlung) ‖ ~ **quantum** n (Foton der Gammastrahlung) ‖ ~ **radiation*** (Nuc, Phys) / Gammastrahlung f, $\gamma$-Strahlung f ‖ ~ **radiator** (Phys) / Gammastrahler m ‖ ~ **radiography** (Materials) / Gammagrafie f, Gammastrahlprüfung f (eine Durchstrahlungsprüfung), Gammadefektoskopie f (mit Gammastrahler), Gammaradiografie f (DIN 5410 und 5411) ‖ ~ **ray** (Nuc) / Gammastrahl m
**gamma-ray astronomy*** (Astron) / Gammaastronomie f (eine Art Hochenergieastronomie), Gammastrahlenastronomie f ‖ ~ **capsule*** (Nuc Eng, Radiol) / Gammakapsel f, Kapsel f für Gammastrahlenquellen ‖ ~ **detector** (Nuc, Radiol) / Gammastrahlendetektor m, Gammadetektor m, Detektor m für Gammastrahlung ‖ ~ **energy*** (Nuc) / Gammaenergie f, Energie f der Gammastrahlung ‖ ~ **examination** (Materials) / Gammagrafie f, Gammastrahlprüfung f (eine Durchstrahlungsprüfung), Gammadefektoskopie f (mit Gammastrahler), Gammaradiografie f (DIN 5410 und 5411) ‖ ~ **laser** (Phys) / Graser m (Gammastrahllaser), Gammastrahlenlaser m ‖ ~ **logging** (Oils) / Gammamessung f (radiometrische Bohrlochmessung) ‖ ~ **photon*** (Phys) / Gammaquant n (Foton der Gammastrahlung) ‖ ~ **source*** (Phys) / Gammaquelle f, Gammastrahlungsquelle f ‖ ~ **spectrometer** (Spectr) / Gammaspektrometer n
**gamma·ray spectrometry** (Nuc, Spectr) / Gammaspektroskopie f ‖ ~**-ray spectroscopy** (Spectr) / Gammaspektroskopie f

**gamma-ray telescope** (Astron, Nuc) / Gammastrahlenteleskop *n* (eine spezielle Drahtfunkenkammer) ‖ ~ **testing** (Materials) / Gammagrafie *f*, Gammastrahlprüfung *f* (eine Durchstrahlungsprüfung), Gammadefektoskopie *f* (mit Gammastrahler), Gammaradiografie *f* (DIN 5410 und 5411)
**gamma sensor** (Materials) / Gammasensor *m* (zum zerstörungsfreien Materialprüfen und Niveaumessen) ‖ ~ **solid solution** (Met) / Gammamischkristalle *m pl* ‖ ~ **source** (Phys) / Gammaquelle *f*, Gammastrahlungsquelle *f* ‖ ~ **space** (Mech) / Gammaraum *m* (ein Phasenraum) ‖ ~ **spectrometer** (Spectr) / Gammaspektrometer *n* ‖ ~ **sulphur** (Chem) / plastischer Schwefel, Gammaschwefel *m*, γ-Schwefel *m* ‖ ~ **sum rule** (Nuc) / Goudsmit'scher Gamma-Summensatz (nach S.A. Goudsmit, 1902 - 1978)
**gammation** *n* (TV) / Tonwertkorrektur *f*, Gammakorrektur *f*, Gammaentzerrung *f* (Gradationsentzerrung)
**gamma value** (Photog) / Entwicklungsfaktor *m*, Gamma *n*, Gammawert *m*, γ-Wert *m* (Höchstwert des Gradienten einer vorgegebenen Schwärzungskurve)
**Gammel-Thaler potential** (Nuc) / Gammel-Thaler-Potential *n*
**Gammexane*** *n* (Chem) / Gammexan *n* (Isomere von 1,2,3,4,5,6-Hexachlorcyklohexan - ein Kontaktinsektizid)
**gammon** *v* (Nut) / einsalzen *v* (Schinken), einpökeln *v*
**Gamow barrier** (Nuc) / Gamow-Berg *m* (beim Alphazerfall - nach G.A. Gamow, 1904 - 1968)
**Gamow-Condon-Gurney theory** (Nuc) / Gamow-Condon-Gurney-Theorie *f* (quantenmechanische Beschreibung des Alphazerfalls)
**Gamow-Teller selection rules** (Nuc) / Gamow-Teller-Auswahlregeln *f pl*
**gamut** *n* (Acous) / Tonsystem *n*, Tonvorrat *m* ‖ ~* (Acous) / [diatonische] Tonleiter *f*
**gamy** *adj* (meat) (Nut) / mit Hautgout (mit eigentümlichem scharfem, würzigem Geschmack und Geruch, den das Fleisch von Wild nach dem Abhängen annimmt), mit Wildgeschmack, nach Wild schmeckend
**GAN** (global-area network) (Comp) / internationales (globales) Netz, GAN (ein Weltnetz), globales Netz (ein Weltnetz)
**gang** *v* (Elec Eng, Eng) / synchronisieren bzw. koordinieren *v* (die Arbeit der Maschinen) ‖ ~ *n* / Arbeitskolonne *f*, Arbeitergruppe *f*, Partie *f* (A) ‖ ~ (Build) / Bautrupp *m*, Baukolonne *f* ‖ ~ (Eng, Tools) / Satz *m* (von Werkzeugen), Gruppe *f*, Serie *f* (von Werkzeugen) ‖ ~* (a train of mining tubs or trucks) (Mining) / Wagenzug *m* ‖ ~ (Ships) / Gang *f* (Gruppe von Arbeitskräften im Seehafen) ‖ ~ **bonding** (Electronics) / Gruppenkontaktierung *f* ‖ ~ **capacitor** (Telecomm) / Mehrfachkondensator *m* ‖ ~ **car** (Rail) / Draisine *f*, Dräsine *f* ‖ ~ **car** (Rail) / Gleiswagen *m*, Gleisrottenwagen *m* ‖ ~ **die** (Eng) / Mehrfachwerkzeug *n*, Gruppenwerkzeug *n* (meist Mehrfachschnittwerkzeug) ‖ ~ **drilling machine** (Eng) / Reihenbohrmaschine *f* (aus reihenförmig angeordneten Säulen- oder Ständerbohrmaschinen)
**ganged capacitor*** (Telecomm) / Mehrfachkondensator *m* ‖ ~ **circuits** (Elec Eng) / Mehrfachabstimmungskreise *m pl* (im Gleichlauf) ‖ ~ **separations** (Print) / Sammelauszüge *m pl*
**ganger** *n* / Mitglied *n* einer Arbeiterkolonne ‖ ~ (Rail) / Streckenwärter *m*, Streckenläufer *m*
**ganging*** *n* (Elec Eng) / mechanischer Gleichlauf ‖ ~* (Elec Eng) / mechanische Kupplung (von Kondensatoren)
**gang milling*** (Eng) / Satzfräsen *n* ‖ ~ **milling cutter** (Eng) / Satzfräser *m* (einer von den auf dem Fräsdorn nebeneinander aufgespannten Fräsern) ‖ ~ **mould*** (Build, Civ Eng) / Mehrfach-Betonform *f* ‖ ~ **mould** (Plastics) / Mehrfachwerkzeug *n*
**gang-nail system** (Carp, For) / Gang-Nail-System *n* (Verbindung der Knotenpunkte hölzerner Dachbinder unter Verwendung plattenförmiger Elemente aus verzinktem Stahl mit reihenweise angeordneten nagelartigen Ausstanzungen), Nagelplattenverbindung *f*
**gang of disks** (Agric) / Scheibenblock *m* (einer Scheibenegge) ‖ ~ **of wells** (San Eng) / Brunnenreihe *f*, Brunnengalerie *f* ‖ ~ **punch*** (Comp) / Folgekartenstanzer *m*, Folgestanzer *m* ‖ ~ **punching** (Comp) / Folgestanzen *n*, Gruppenstanzen *n*, Folgekartenstanzen *n* ‖ ~ **pusher** (a pipeline foreman) (Oils) / Förderaufseher *m* ‖ ~ **saw*** (Carp, For) / Gattersägemaschine *f* (mit dem Werkzeug Gattersägeblatt ausgerüstete Sägemaschine, die nach der Lage des Gattersägeblattes unterschieden werden kann in Vertikal-Gattersägemaschine und Horizontal-Gattersägemaschine), Gattersäge *f*, Gatter *n*, Sägegatter *n*, Vollgatter *n*, Vollgattersägemaschine *f* ‖ ~ **sawmill*** (For) / Gattersägewerk *n* ‖ ~ **stitcher** (Bind) / Sammelhefter *m* ‖ ~ **switch*** (Elec Eng) / Gruppenschalter *m* (ein Umschalter) ‖ ~ **trailer** (Rail) / Gleiswagen *m*, Gleisrottenwagen *m*
**gang-type toolholder** (Eng) / Mehrmeißelhalter *m*
**gangue*** *n* (Mining) / Gangart *f*, Gangmineral *n*

**gangway** *n* / Regalgang *m* (z.B. in einem Supermarkt), Regalgasse *f* ‖ ~ (Aero) / Gangway *f* ‖ ~* (Build) / Laufsteg *m*, Bedienungsgang *m*, Laufgang *m*, Laufbühne *f*, Gang *m* ‖ ~* (Mining) / Hauptstrecke *f* ‖ ~ (Ships) / Gangway *f* (Bezeichnung für Fallreep und Landgangsteg) ‖ ~ **port** (Ships) / Außenhautpforte *f*
**ganister** *n* (Ceramics, Met) / Schamottemehl *n* (feuerfester Baustoff auf der Basis natürlich vorkommender tonerdehaltiger Massen) ‖ ~ (Geol) / Ganister *m* (feinkörniger kieselsäurereicher Sandstein mit geringer toniger Bindung) ‖ ~ (Geol) s. also quartzite ‖ ~ **brick** (Ceramics, Met) / Silikastein *m* (auf der Basis von Quarzgestein hergestellter feuerfester Stein mit einem Mindestgehalt von 93 Masse-% $SiO_2$), Silicastein *m*
**gannister*** *n* (a hard, fine-grained quartzose sandstone or quartzite, used in the manufacture of silica bricks) (Geol) / Ganister *m* (feinkörniger kieselsäurereicher Sandstein mit geringer toniger Bindung)
**ganoderic acid** (Pharm) / Ganodersäure *f*
**ganomalite** *n* (Min) / Ganomalith *m* (ein Mineral der Diadochitgruppe)
**gantlet** *n* (Rail) / Gleisverschlingung *f*
**Gantmakher effect** / Radiofrequenz-Size-Effekt *m*, Gantmacher-Effekt *m*
**gantry*** *n* (Build, Civ Eng) / Gerüst *n*, Gestell *n*, Krangerüst *n* ‖ ~ (Cinema) / Beleuchterbrücke *f* ‖ ~ (Eng) / Kranportal *n* ‖ ~ (Rail) / Signalbrücke *f* ‖ ~* (Space) / Montageturm *m* ‖ ~ (Welding) / Portal *n* ‖ ~ **ager** (Textiles) / Portaldämpfer *m*, Bogendämpfer *m* ‖ ~ **crane** (Eng) / Portalkran *m* (auf ebenerdiger Laufbahn fahrender Kran mit portalartigem Tragwerk, Bockkran *m* ‖ ~ **cutting machine** (Welding) / Portalbrennschneidmaschine *f* ‖ ~ **style** (Eng) / Gantry-Bauweise *f* (bei Langfräsmaschinen mit beweglichem Portal)
**gantry-type automatic welding machine** (Welding) / Portalschweißautomat *m*
**Gantt chart*** / Balkenplan *m*, Balkendiagramm *n*, Gantt-Diagramm *n* (z.B. bei Maschinenbelegungsproblemen - nach Henry L. Gantt, 1861 - 1919)
**GAP** (good agricultural practice) (Agric) / praxisgerechter landwirtschaftlicher Anbau, Good Agricultural Practice (am Standard fortschrittlicher Landwirte gemessene Form der Bodennutzung)
**gap** *v* / auseinander driften *v*, auseinander laufen *v* (langsam - bei zusammengehörenden Teilen) ‖ ~ (Agric) / ausdünnen *v*, auslichten *v* ‖ ~ **vt** (I C Engs) / einstellen *v* (Zündkerze, Kontaktabstand) ‖ ~ *n* / Gap *m* (wissenschaftliche oder technische Entwicklungslücke) ‖ ~ / Lücke *f*, Spalt *m* ‖ ~* (Aero) / Tragflächenabstand *m* (bei den Doppeldeckern) ‖ ~ (Build) / Luftschicht *f* (z.B. in einem zweischaligen Mauerwerk) ‖ ~ (Comp) / Blocklücke *f* (zwischen zwei Bandblöcken), Blockzwischenraum *m* ‖ ~ (Comp) / Pufferfeld *n* (ein Feld, das bei Disketten zur Abgrenzung einzelner Spurabschnitte dient - DIN 66010) ‖ ~* (Elec Eng, Mag) / Luftspalt *m* (Unterbrechung in einem magnetischen Kreis) ‖ ~* (Elec, Phys) / Elektrodenabstand *m* ‖ ~* (Electronics) / Kluft *f* (zwischen zwei Blöcken) ‖ ~ (Eng) / Rachen *m* (der Lehre) ‖ ~ (Gen) / Gap *n* (Chromosomenlücke) ‖ ~ (Geol) / Durchbruchstal *n* ‖ ~ (Geol) / stratigrafische Unterbrechung, Schichtlücke *f*, Lücke *f* (stratigrafische) ‖ ~* (Mag) / Kluft *f* ‖ ~* (Mag) / Blocklücke *f* (Tonband), Gap *m* (zwischen den einzelnen Aufzeichnungsblöcken) ‖ ~ (Maths) / Lücke *f* (bei rationalen Funktionen), Unstetigkeitsstelle *f* (bei rationalen Funktionen) ‖ ~ (Telecomm) / Abstand *m* zwischen der Hauptkeule und dem Nebenzipfel (der Richtcharakteristik) ‖ ~ **arrester*** (Elec Eng) / Überspannungsschutzgerät *n* mit einer Schutzfunkenstrecke ‖ ~ **at nose of crossing** (Rail) / Herzstücklücke *f*, Unterbrechung *f* der Fahrkante im Herzstück ‖ ~ **bed*** (Eng) / Bett *n* mit Einsatzbrücke, gekröpftes Bett für Brückeneinsatz (der Drehmaschine) ‖ ~ **between buildings** (a vacant lot) (Build) / Baulücke *f* ‖ ~ **breakdown*** (Elec Eng) / Spaltdurchbruch *m* ‖ ~ **bridge*** (Eng) / Brückeneinsatz *m*, Einsatzbrücke *f* ‖ ~ **bridging** (Autos) / Brückenbildung *f* an den Zündkerzenelektroden (die zum Kurzschluss der Kerze führen kann) ‖ ~ **bridging** (Welding) / Spaltüberbrückung *f*
**gap-bridging powder** (Welding) / Spaltüberbrückungspulver *n*
**gap cutter** (Eng) / Lückenfräser *m* (DIN 1824) ‖ ~ **digit** (Comp) / Lückenziffer *f*
**gape** *v* / offen stehen *v*, klaffen *v*, aufklaffen *v* ‖ ~* *n* (Eng) / Brechspalt *m* (bei Brechern)
**gap factor*** (Electronics) / Spaltfaktor *m* ‖ ~ **filler*** (Radar) / Lückenfüller-Radar *m n* ‖ ~ **filler** (Radio) / Zusatzantenne *f* (zum Versorgen der Strahlungslücken)
**gap-filler radar** (Radar) / Lückenfüller-Radar *m*
**gap-filling adhesive** / spaltfüllender Klebstoff (mit Spaltüberbrückungsvermögen) ‖ ~ **glue** (Build) / Füllkitt *m* (Kleber)
**gap frame** (Eng) / C-Gestell *n* (eine Baugruppe der Presse nach DIN 55170 bis 55174)
**gap-frame press** (Eng) / C-Gestell-Presse *f* (z.B. eine Exzenterpresse)

625

**gap gauge**

**gap gauge** (Eng) / Rachenlehre f (Bügel, an dessen Enden zwei sich gegenüberliegende, parallele Messflächen mit bekanntem Abstand angebracht sind - oft als Grenzlehre benutzt)
**gap-graded aggregate** (Build, Civ Eng) / Zuschlaggemisch n mit Ausfallkörnung (in dem eine oder mehrere Korngruppen gänzlich oder fast ganz fehlen) ‖ ~ **aggregate** (Civ Eng) / Ausfallkörnung f (Korngemisch, in dem eine oder mehrere Korngruppen zwischen den feinsten und der gröbsten Gruppe fehlen)
**gap in supplies** (Work Study) / Versorgungslücke f (z.B. bei Rohstoffen) ‖ ~ **in the market** / Marktlücke f, Marktnische f ‖ ~ **junction*** (Cyt) / Gap-Junction f (Verbindungsstelle zwischen zwei aneinanderhaftenden Zellen) ‖ ~ **lathe*** (Eng) / Drehmaschine f mit Brücke, Drehmaschine f mit gekröpftem Bett ‖ ~ **leakage** (Eng) / Spaltverluste m pl (bei Strömungsmaschinen) ‖ ~ **length*** (Acous, Mag) / Kopfspalt m (bei der magnetischen Aufzeichnung - als Längenangabe) ‖ ~ **length** (Met) / Walzspaltlänge f
**gapless ice guard** (Aero) / geschlossenes Vereisungsnetz (vor oder in der Ansaugöffnung)
**gapped** adj / mit Luftspalt, mit Spalt ‖ ~ **ferrite core** (Comp, Mag) / gespalteter Ferritkern ‖ ~ **ice guard** (Aero) / offenes Vereisungsnetz ‖ ~ **magnetic circuit** (Elec Eng, Mag) / luftspaltbehafteter magnetischer Kreis, magnetischer Kreis mit Luftspalt
**gapping** n (Textiles) / Kettfadenunregelmäßigkeit f (in Kreppstoffen) ‖ ~ **the points** (I C Engs) / Einstellung f des Kontaktabstands
**gap press** (Eng) / C-Gestell-Presse f (z.B. eine Exzenterpresse) ‖ ~ **seal** (Eng) / Spaltdichtung f (berührungsfrei arbeitende Dichtung) ‖ ~ **seal with grease grooves** (Eng) / Spaltdichtung f mit Fettrillen (bei Wälzlagern) ‖ ~ **size** (Eng) / Überstand (bei Lagerschalen) ‖ ~ **soldering** / Spaltlöten n (durch kapillaren Fülldruck) ‖ ~ **theorem** (Maths) / Lückensatz m ‖ ~ **width** (Eng) / Spaltweite f (z.B. Abstand zwischen Gehäuse und Laufschaufel bei Verdichtern und Turbinen) ‖ ~ **width** (Welding) / Spaltbreite f (der kleinste Abstand von zum Löten oder Schweißen vorbereiteten Teilen) ‖ ~ **window*** (Arch) / Schlitzfenster n
**garage** v (Autos) / garagieren v (A,S), in die Garage (ein)stellen ‖ ~ n (Autos) / Tankstelle f mit Reparaturwerkstatt (Autohaus) ‖ ~ (domestic) (Autos) / Garage f ‖ ~ (commercial) (Autos) / Kraftfahrzeugwerkstatt f, Autowerkstatt f
**garaged car** (Autos) / Garagenwagen m
**garage-door opener** (with a remote transmitter or a keyless entry system) (Autos) / Garagentoröffner m
**garage jack** (Autos) / Werkstattwagenheber m
**garage-porch** n (Autos) / Carport m, Stellplatz m mit Schutzdach (offene Garage), Autounterstand m
**garbage** n / Abfall m, Abfälle m pl ‖ ~ (information in a memory that is no longer valid or wanted) (Comp) / Garbage (Daten, die während eines Programmlaufs entstehen und nach einer gewissen Zeit für den weiteren Programmlauf nicht mehr benötigt werden), falsche (unverständliche) Eintragung, falsche (fehlerhafte) Eingabe ‖ ~ (US) (Ecol) / Haushaltsmüll m (aus Privathaushalten), Hausmüll m, Haushaltsabfälle m pl, Siedlungsabfälle m pl ‖ ~ (US) (Ecol) / Müll m (Abfall, meistens fester) ‖ ~ **can** (US) (Ecol) / Koloniakübel m (A), Mülltonne f (Hausmüllsammelbehälter nach DIN 6629), Mülleimer m (DIN 6628), Abfalleimer m, Müllgefäß n ‖ ~ **collection** (a technique of freeing memory) (Comp) / Kompaktifizieren n, Garbage Collection f, Speicherbereinigung f (dynamische) ‖ ~ **collector** (a program for garbage collection, determining which allocated memory blocks are still in use and returning the rest to the allocator) (Comp) / Garbage Collector m (Sammler für im Computer überflüssig gewordene Daten) ‖ ~ **collector** (US) (Ecol) / Müllarbeiter m, Müllwerker m, Müllmann m (pl. Müllmänner) ‖ ~ **disintegrator** (Ecol) / Müllwolf m, Müllzerkleinerer m ‖ ~ **disposal** (Ecol) / Müllbeseitigung f ‖ ~ **grinder** / Müllwolf m, Müllzerkleinerer m
**garbage-in, garbage-out** (Comp) / unsinnige Eingabe erzeugt unsinnige Ausgabe, GIGO (garbage-in, garbage-out)
**garbageman** n (US) (Ecol) / Müllarbeiter m, Müllwerker m, Müllmann m (pl. Müllmänner)
**garbage treatment** (US) (Ecol, San Eng) / Abfallbehandlung f (meistens Verwertung) ‖ ~ **truck** (US) (Ecol) / Müllwagen m
**garbenschiefer** n (a type of spotted slate) (Geol) / Garbenschiefer m (mit stängeligen, an den Enden garbenähnlich ausgefransten Mineralen)
**garble** n (Telecomm) / Zeichenverstümmelung f (des Nachrichtentextes - Ergebnis)
**garbling** n (Radar) / Garbling n (Überlagerung mehrerer Antworttelegramme von verschiedenen Transpondern beim Interrogator) ‖ ~ (Telecomm) / Zeichenverstümmelung f (Vorgang)
**garbo** n (pl. -s) (a binman in Australia) (Ecol) / Müllarbeiter m, Müllwerker m, Müllmann m (pl. Müllmänner)
**garboard strake*** (Ships) / Kielgang m (die untersten, am Kiel befestigten Planken der Außenhaut)

**Garchey sink** (Build, Ecol, San Eng) / Müllschlucker n, Müllabwurfanlage f
**garden bean** (Bot, Nut) / Gartenbohne f (Phaseolus vulgaris L.) ‖ ~ **chafer** (Agric, Zool) / Gartenlaubkäfer m (Phyllopertha horticola) ‖ ~ **city*** (Arch, Ecol) / Gartenstadt f (weiträumige in Grünanlagen eingebettete Stadt) ‖ ≃ **City latch** (Join) / Daumendrücker m, Drückerfalle f (an den Türen) ‖ ~ **earth** (Agric) / Gartenerde f ‖ ~ **flat** (Build) / Wohnung f mit Garten(anteil) ‖ ~ **hose** / Gartenschlauch m
**gardening** n (Agric) / Gartenbau m, Gärtnerei f, Gartengestaltung f, Hortikultur f ‖ ~ **equipment** / Gartengeräte n pl
**garden monkshood** (Bot, Pharm) / Blauer Eisenhut (Aconitum napellus L.) ‖ ~ **mould** (Agric) / Gartenerde f ‖ ~ **pump** / Gartenpumpe f ‖ ~ **refuse** (Agric, Ecol) / Gartenabfall m, Gartenabfälle m pl ‖ ~ **rocket** (Agric, Bot) / Saatölrauke f, Ölrauke f, Rauke f (Eruca sativa Mill.) ‖ ~ **suburb** (GB) (Arch, Build) / Gartenvorstadt f ‖ ~ **tap** (Build) / Schlauchhahn m (Wasserzapfstelle im Garten) ‖ ~ **tools** / Gartengeräte n pl
**garden-variety function key** (Comp) / Standardfunktionstaste f
**garden waste** (Agric, Ecol) / Gartenabfall m, Gartenabfälle m pl
**garden-waste chipper** (Agric) / Gartenabfallzerkleinerer m, Gartenhäcksler m ‖ ~ **shredder** (Agric) / Gartenabfallzerkleinerer m, Gartenhäcksler m
**garden-watering post** / Gartenhydrant m
**Gardner bubble viscosimeter** (Phys) / Gardner-Bubble-Viskosimeter n (ein Luftblasenviskosimeter) ‖ ≃ **colour number** (Paint) / Gardner-Farbzahl f (eine Farbzahl zur Kennzeichnung der Farbe von klaren Flüssigkeiten)
**gargle*** n (30 up to 200 Hz) (Acous) / Frequenzschwankung f (30 bis 200 Hz)
**gargoyle*** n (Arch) / Wasserspeier m (in der Gotik meistens skurrile Figuren - Menschen, Fabelwesen, Tiere usw.)
**garish** adj / grell adj, knallig adj (Farbe), schreiend adj (Farbe), aufdringlich adj (Farbe) ‖ ~ **green** / Giftgrün n ‖ ~ **red** / grellrot adj
**garjan** n / Gurjunbalsam m, Gardschanbalsam m, Gardjanbalsam m (von Dipterocarpus alatus Roxb. und D. turbinatus C.F. Gaertn.)
**garland** n (Mining) / kranzförmige Wassersammelrinne (im Schacht) ‖ ~ **drain** (Mining) / kranzförmige Wassersammelrinne (im Schacht)
**garlic odour** / Knoblauchgeruch m ‖ ~ **oil** / Knoblauchöl n
**garment** n (Textiles) / Kleidungsstück n ‖ ~ **bag** (Textiles) / Kleidersack m ‖ ~ **cutter** (Textiles) / Zuschneider m ‖ ~ (polychromatic) **dyeing** (Textiles) / Schönfärberei f ‖ ~ **dyeing** (Textiles) / Kleiderfärberei f ‖ ~ **felt** (Textiles) / Bekleidungsfilz m ‖ ~ **industry** (Textiles) / Bekleidungsgewerbe n, Bekleidungsindustrie f, Konfektion f ‖ ~ **leather** (Leather) / Leder n für Kleidungsstücke, Bekleidungsleder n, Leder n für Bekleidungszwecke
**garment-length zipper** (Textiles) / abgelängter Reißverschluss
**garment manufacturing machine** (Textiles) / Bekleidungsmaschine f (DIN 5300-2)
**garments** pl (Textiles) / Kleider n pl, Kleidung f, Bekleidung f, Wear f (Kleidung), Kleidungsstücke n pl
**garnet** n (a synthetic ferrimagnetic material) / Granat m (magnetischer - oxidischer weichmagnetischer Werkstoff) ‖ ~ (Build) / Zwicker m (um starke Fugen auszuzwickern), Steinsplitter m (zur Verkeilung des Natursteinmauerwerks) ‖ ~* (Min) / Granat m (ein Silikat wie: Pyrop, Almandin, Spessartin, Grossular, Andradit, Uwarowit)
**garnetiferous** adj (Geol, Min) / granatführend adj, granathaltig adj
**garneting*** n (Build) / Auffüllung f der Mauerlücken mit Steinsplittern
**garnet lac** (Paint) / Granatschellack m (ungebleichter dunkelroter Schellack), Granatlack m, Rubinlack m, Rubinschellack m ‖ ~ **maser** (Elec Eng) / ferromagnetischer Verstärker ‖ ~ **paper** (Join, Paper) / Granatpapier n (ein Schleifpapier), Schleifpapier n mit Granatkörnern als Bestreuungsmittel, Granatschleifpapier n ‖ ~ **shellac** (Paint) / Granatschellack m (ungebleichter dunkelroter Schellack), Granatlack m, Rubinlack m, Rubinschellack m
**garnett** n (Spinning) / Droussierkrempel f (DIN 64 100), Fadenöffner m, Garnette f, Drousette f
**garnetting machine** (Spinning) / Droussierkrempel f (DIN 64 100), Fadenöffner m, Garnette f, Drousette f
**garnett machine*** (Spinning, Textiles) / Droussierkrempel f (DIN 64 100), Fadenöffner m, Garnette f, Drousette f
**garnierite*** n (an ore of nickel) (Min) / Garnierit m (ein wasserhaltiges Nickel-Magnesium-Silikat), Nouméait m
**garouille** n (Bot, Leather) / Garouille f (die Rinde des Wurzelstocks der Kermeseiche)
**Garrat locomotive** (Rail) / Garratlokomotive f, Gelenklokomotive f
**garret** n (Arch, Build) / Dachkammer f, Dachstube f, Dachzimmer n ‖ ~ (Build) / Spitzboden m (ein kleiner Dachboden)
**garreting*** n (Build) / Auffüllung f der Mauerlücken mit Steinsplittern
**garret stairs** (Build) / Bodentreppe f (vom obersten ausgebauten Geschoss zum Dachboden) ‖ ~ **stairs** (Build) s. also loft ladder

**Garrett rolling mill** (Met) / Garrettstraße m (eine Walzwerksanordnung mit offenen Strängen für Feinstahl- und Drahtstraßen mit hoher Endwalzgeschwindigkeit)
**garret window*** (Build) / Dachfenster n (liegendes), Dachliegefenster n (in der Dachfläche liegendes Klappfenster), Mansardendachfenster n, Atelierfenster n, Abatjour m (Fenster mit abgeschrägter Leibung)
**garter spring*** (Eng) / Schraubenfederring m, ringförmige (radial wirkende) Schraubenzugfeder ‖ ~ **top** (Textiles) / Doppelrand m (des Strumpfs)
**garth*** n (Arch) / Hof m (meistens rechteckig) einer Klausur (in einem Kloster)
**gas** v (Textiles) / abflämmen v, sengen v, absengen v, gasieren v, gasen v ‖ ~* n / Gas n ‖ ~* (US) (Fuels) / Ottokraftstoff m (DIN EN 228), Benzin n (Fahrbenzin, Flugbenzin, Ottokraftstoff), Vergaserkraftstoff m (DIN 51600) ‖ ~* (Mining) / Grubengas n (vor allem aus Methan bestehendes Gas), Schlagwetter n pl, schlagende Wetter
**gas-abrasive wear** / gasabrasiver Verschleiß (durch die Wirkung harter Körper oder Partikeln, die in einem gasförmigen Medium mitgeführt werden)
**gas absorption** (Phys) / Gasabsorption f, Gasaufnahme f ‖ ~ **activation** / Gasaktivierung f (der Aktivkohle) ‖ ~ **adsorption** (Phys) / Gasadsorption f ‖ ~ **adsorption chromatography** (Chem) / Gasadsorptionschromatografie f, GAC (Gasadsorptionschromatografie)
**gas-air torch** / Brenngas-Luft-Brenner m, Gas-Luft-Brenner m
**gas-alarm equipment** / Gaswarneinrichtung f
**gas amplification*** (Electronics, Nuc) / Gasverstärkung f, Gasmultiplikation f (Vervielfachung von elektrischen Ladungsträgern in Gasen durch Stoßionisation) ‖ ~ **analyser** (Chem) / Gasanalysegerät n, Gasanalysator m, Gerät n oder Apparat zur Gasanalyse ‖ ~ **analysis*** (Chem) / Gasanalyse f ‖ ~ **analyzer** (US) (Chem) / Gasanalysegerät n, Gasanalysator m, Gerät n oder Apparat zur Gasanalyse
**gas-and-pressure-air burner*** (Heat) / Druckbrenner m
**gas appliance** / Gasverbrauchseinrichtung f, Gasgerät n
**gas-assisted laser** (Eng, Phys) / Laser m mit Gasstromunterstützung
**gas atmosphere** / Gasatmosphäre f
**gas-bag*** n (Aero) / Gaszelle f (Zelle im Luftschiff, die zusammen mit anderen Zellen gleicher Art das Traggas aufnimmt), Traggaszelle f, flexibler Gasbehälter (eines Starrluftschiffs)
**gas balance** (Phys) / Gaswaage f, Gasdichtewaage f ‖ ~ **ballast pump** (Vac Tech) / Gasballastpumpe f ‖ ~ **barrel** (Eng) / schmiedeeisernes Gasrohr ‖ ~ **bearing** (Eng) / Gaslager n, gasgeschmiertes Lager
**gas-bearing** adj (Geol, Mining) / gasführend adj
**gas bell** / Gasglocke f ‖ ~ **black*** / Gasruß m ‖ ~ **black*** s. also carbon black and furnace black ‖ ~ **blanket** / Gasschleier m (Schutzgas) ‖ ~-**blast circuit breaker*** (Elec Eng) / Gasstromschalter m, Druckgasschalter m (ein Leistungsschalter) ‖ ~ **bleaching** (Paper) / Gasbleiche f ‖ ~ **blowhole** (Foundry, Met) / Gashohlraum m, Gaseinschluss m (ein Gussfehler), Blase f, Gasblase f, Gussblase f (ein Gussfehler) ‖ ~ **boronizing** (Met) / Gasborieren n ‖ ~-**bottle** n / Flasche f (mit oder für Gas), Gasflasche f, Stahlflasche f, Bombe f (mit oder für Gas) ‖ ~ **bracket** / Haltekonsole f für Gasbrenner ‖ ~ **braze welding** (Welding) / autogenes Fugenlöten, Gaslötschweißen n ‖ ~ **brazing** (Met) / Gaslöten n, Flammenlöten n (Hartlöten) ‖ ~ **bubble** / Gasblase f (im Allgemeinen) ‖ ~ **burette** (Chem) / Gasbürette f (für volumetrische Gasanalysen) ‖ ~ **burner** (Eng) / Gasbrenner m ‖ ~ **cable*** (Cables) / Gasdruckkabel n, Druckgaskabel n ‖ ~ **calorimeter** / Gaskalorimeter n ‖ ~ **cap*** (Oils) / Gaskappe f (der Gasraum über einem Ölträger)
**gas-cap drive reservoir** (Oils) / Gasdrucklagerstätte f (Erdölreservoir unter Gaskappe) ‖ ~ **gas** (Oils) / Ölbegleitgas n, Erdölgas n, Begleitgas n, assoziiertes Gas, Erdölbegleitgas n
**gas carbon*** (Chem Eng) / Retortenkohle f, Retortengraphit m ‖ ~ **carburizing*** (Met) / Gasaufkohlen n (in geschlossenen Öfen mit CO oder $CH_4$ als Aufkohlungsmittel), Gasaufkohlung f
**gas-carrying** adj (Geol, Mining) / gasführend adj
**gas cartridge** / Gaspatrone f ‖ ~ **cavity** (Foundry, Met) / Gashohlraum m, Gaseinschluss m (ein Gussfehler), Blase f, Gasblase f, Gussblase f (ein Gussfehler) ‖ ~ **cell** (Aero) / Gaszelle f (Zelle im Luftschiff, die zusammen mit anderen Zellen gleicher Art das Traggas aufnimmt), Traggaszelle f, flexibler Gasbehälter (eines Starrluftschiffs) ‖ ~ **cell*** (Elec Eng) / Gaselement n (galvanisches Element mit Gaselektrode), Gaskette f, Gaszelle f ‖ ~ **central heating** (Build) / Gaszentralheizung f (mit Erdgas) ‖ ~ **centrifuge** (Nuc Eng) / Gaszentrifuge f (vornehmlich zur Anreicherung des spaltbaren Uranisotops $^{235}$U) ‖ ~ **centrifuge process** (Nuc Eng) / Gaszentrifugenverfahren n (Isotopentrennung) ‖ ~ **chamber** (Chem Eng, Oils) / Gaszelle f (in der die Wirkung des Sauergases untersucht wird) ‖ ~ **channel** (Chem) / Gaskanal m ‖ ~ **checking** (Paint) / Runzelbildung f,

Spinngewebebildung f (unter der Einwirkung von Leuchtgas) ‖ ~ **chromatograph** (Chem) / Gaschromatograf m (Gerät)
**gas-chromatographic** adj (Chem) / gaschromatografisch adj
**gas chromatography*** (Chem) / Gaschromatografie f, GC (Gaschromatografie)
**gas-chromatography analysis** (Chem) / gaschromatografische Analyse, GC-Analyse f
**gas chromatography-mass spectrometry** (Chem) / Gaschromatografie-Massenspektrometrie f ‖ ~ **chromatography-mass spectrometry coupling** / GC-MS/Kopplung f ‖ ~ **circulator** (Eng) / Gasumwälzgebläse n ‖ ~ **cleaning** (Chem Eng) / Gasreinigung f ‖ ~ **clean-up** (Electronics) / Gasaufzehrung f (in Gasentladungsgefäßen) ‖ ~ **coal** (Fuels, Mining) / Gaskohle f (Streifenkohle mit etwa 28-35% Gehalt an Flüchtigem) ‖ ~ **coke** (Fuels) / Gaskoks m, Gaswerkskoks m
**gas-collecting main** (of a coke-oven battery) / Gasvorlage f
**gas column** / Gassäule f ‖ ~ **compressor** (Eng) / Gasverdichter m, Gaskompressor m ‖ ~ **concrete*** (Build, Civ Eng) / Gasbeton m (ein Porenbeton nach DIN 4166) ‖ ~ **concrete*** (Build, Civ Eng) s. also cellular concrete ‖ ~ **conditioning** (US) / Gasaufbereitung f ‖ ~ **conditioning** (Chem Eng) / Gasnachbehandlung f ‖ ~ **conditioning*** (Welding) / Schutzgasbereitung f, Gaskonditionierung f ‖ ~ **constant*** (DIN 1304, 1345) (Phys) / allgemeine Gaskonstante, universelle Gaskonstante, molare Gaskonstante, absolute Gaskonstante, stoffmengenbezogene Gaskonstante ‖ ~ **consumption** (Fuels) / Gasverbrauch m ‖ ~ **cooker** (Fuels) / Gasherd m (z.B. vierflammiger), Gaskocher m
**gas-cooled graphite-moderated reactor** (Nuc Eng) / Gas-Graphit-Reaktor m, GGR (Gas-Graphit-Reaktor)
**gas•-cooled reactor*** (Nuc Eng) / gasgekühlter Reaktor ‖ ~ **coulometer** (Elec Eng) / Knallgasvoltameter n, Knallgascoulometer n, Knallgascoulombmeter n ‖ ~ **counter*** (Nuc) / Gaszählrohr n, Gaszähler m (ein gasgefüllter Tscherenkow-Zähler) ‖ ~ **counter*** (Nuc, Radiol) / Geiger-Müller-Zählrohr n, Geiger-Zähler m, Auslösezählrohr n (nach H. Geiger, 1882-1945, und W.M. Müller, 1905-1979) ‖ ~ **counter tube** (Nuc) / Gaszählrohr n, Gaszähler m (ein gasgefüllter Tscherenkow-Zähler) ‖ ~ **crazing** (Paint) / Runzelbildung f, Spinngewebebildung f (unter der Einwirkung von Leuchtgas) ‖ ~ **current*** (Electronics) / Gasionenstrom m, Gasstrom m (in Vakuummetern) ‖ ~-**cushion cable*** (Cables) / Gasinnendruckkabel n mit unterteiltem Druckraum
**gas-cut** adj (Eng, Welding) / brenngeschnitten adj ‖ ~ (Oils) / vergast adj (Bohrspülung) ‖ ~ **mud** (Mining, Oils) / mit Erdgas angereicherter Bohrschmant n ‖ ~ **mud*** (drilling mud returned from the bottom of a drill hole, characterized by a fluffy texture, gas bubbles, and reduced density due to the retention of entrained natural gas rising from the strata traversed by the drill) (Oils) / vergaste Bohrspülung
**gas cutter** (Welding) / Brennschneider m ‖ ~ **cutting** (Welding) / Sauerstoffbrennschneiden n, autogenes Schneiden, Brennschneiden n (thermisches Schneiden mit einer Brenngas-Sauerstoff-Flamme), Brennschnitt m (Vorgang), Gasbrennschneiden n
**gas-cutting machine** (Welding) / Brennschneidmaschine f ‖ ~ **torch** (Eng) / Schneidbrenner m (das Arbeitsgerät zum autogenen Brennschneiden)
**gas cylinder** n / Flasche f (mit oder für Gas), Gasflasche f, Stahlflasche f, Bombe f (mit oder für Gas)
**gas-cylinder filling station** / Gasflaschenfüllstation f, Gasflaschenabfüllanlage f ‖ ~ **truck** / Gasflaschenkarre f ‖ ~ **valve** / Gasflaschenventil n
**gas degeneration** (Phys) / Gasentartung f ‖ ~ **dehumidification** / Gasentfeuchtung f ‖ ~ **demand** / Gasbedarf m ‖ ~ **density** (Phys) / Gasdichte f ‖ ~ **deodorizing** / Gasdesodorierung f ‖ ~ **desulphurization** (Ecol) / Gasentschwefelung f ‖ ~ **detector** / Gasspürgerät n, Gasdetektor m, Gassuchgerät n ‖ ~ **detector** s. also gas tester ‖ ~ **detector tube** / Gasprüfröhrchen n
**gas-diffusion electrode** (Chem, Elec Eng) / Gasdiffusionselektrode f ‖ ~ **method** (of isotope separation) (Nuc Eng) / Gasdiffusionsverfahren n (ein Isotopentrennverfahren)
**gas discharge** (Elec) / Gasentladung f (elektrische), gasförmige Entladung
**gas-discharge gap** (Electronics) / Gasentladungsstrecke f ‖ ~ **headlight** (Autos) / Gasentladungsscheinwerfer m (z.B. Litronic) ‖ ~ **lamp*** (Light) / Gasentladungslichtquelle f, Gasentladungslampe f, Entladungslampe f ‖ ~ **laser** (Electronics, Phys) / Gaslaser m (z.B. im UV-, sichtbaren, IR- oder FIR-Bereich) ‖ ~ **tube*** (Electronics) / Gasentladungsröhre f, Ionenröhre f (z.B. Thyratron oder Ignitron)
**gas drain*** (Mining) / Entgasungsstrecke f, Entgasungsbohrloch n ‖ ~ **drive** (Oils) / Gastrieb m (Gasdruck in einer Erdöllagerstätte)
**gas-drive field** (Oils) / unter Gasdruck stehende Lagerstätte, Erdöllagerstätte f mit Gastrieb
**gas-driven blower** (Met) / Gichtgasgebläse n

**gas duct** / Gaskanal m
**gas-dynamic laser** / gasdynamischer Laser (bei dem eine Besetzungsinversion durch thermische Anregungsenergie erfolgt)
**gas dynamics** (Phys) / Gasdynamik f (ein Teilgebiet der Strömungslehre, das sich mit der experimentellen und theoretischen Untersuchung der Strömungen von Gasen bei großen Strömungsgeschwindigkeiten befasst und die dann nicht mehr vernachlässigbare Zusammendrückbarkeit und Erwärmung der Gase berücksichtigt)
**GaSe laser** (Phys) / Galliumselenidlaser m, GaSe-Laser m
**gas-electric truck** (US) (Eng) / Flurförderzeug n mit benzinelektrischem Antrieb
**gas electrode*** (Elec, Elec Eng) / Gaselektrode f (eine elektrochemische Elektrode), elektrodynamische Elektrode ‖ ~ **emission** (Mining) / Ausgasung f (Austritt von Grubengas aus dem Gebirge) ‖ ~ **engine*** (an internal-combustion engine) (I C Engs) / Gasmaschine f, Gasmotor m, Gaskraftmaschine f ‖ ~ **engine CHP** / Blockheizkraftwerk n mit Gasmotor
**gaseous** adj (Phys) / Gas-, gasförmig adj ‖ ~ **diffusion*** (Phys) / Gasdiffusion f ‖ ~ **diffusion enrichment*** (Nuc Eng) / Gasdiffusionsverfahren n (ein Isotopentrennverfahren) ‖ ~ **discharge*** (Elec) / Gasentladung f (elektrische), gasförmige Entladung f ‖ ~ **envelope** / Gashülle f ‖ ~ **fuel*** (Fuels) / gasförmiger Brennstoff (DIN 1340), Brenngas n, brennbares (technisches) Gas ‖ ~ **inclusion** / Gaseinschluss m (im Allgemeinen) ‖ ~ **ionization chamber** (Nuc Eng) / Ionisationskammer f, IK (Ionisationskammer) ‖ ~ **ionization chamber** (Nuc Eng) / Ionisationskammer f mit Gasfüllung ‖ ~ **ion laser** (Phys) / Ionenlaser m, Ionengaslaser m ‖ ~ **lubricant** / gasförmiger Schmierstoff ‖ ~ **mixture** (Fuels, Phys) / Gasgemisch n ‖ ~ **nebula** (Astron) / Gasnebel m (eine im sichtbaren Spektralbereich leuchtende interstellare Wolke gasförmiger Materie) ‖ ~ **oxygen** / gasförmiger Sauerstoff ‖ ~ **polymerization** (Chem) / Polymerisation f in der Gasphase
**gas equilibrium** (Phys) / Gasgleichgewicht n ‖ ~ **evolution*** / Gasentwicklung f ‖ ~ **exchange** (I C Engs) / Gaswechsel m, Ladungswechsel m ‖ ~ **exhaust** m / Gasexhaustor m (Absaugevorrichtung für Gase) ‖ ~ **explosion** / Gasexplosion f ‖ ~**-fading** n (Textiles) / Gas-Fading n, NO-Abgasempfindlichkeit f (von Färbungen und Drucken)
**gas-fading resistance** (Textiles) / Gasechtheit f, Abgasechtheit f, Stickoxidechtheit f (von Färbungen und Drucken nach DIN 54025)
**gas family** / Gasfamilie f (z.B. bei Gasgerätekategorien) ‖ ~ **fastness** (Textiles) / Gasechtheit f, Abgasechtheit f, Stickoxidechtheit f (von Färbungen und Drucken nach DIN 54025) ‖ ~ **field** (Geol, Oils) / Erdgasfeld n, Gasfeld n (eine aufgeschlossene Erdgaslagerstätte) ‖ ~ **field** (Geol, Oils) s. also gas pool
**gas-filled** adj / gasgefüllt adj, mit Gasfüllung ‖ ~ **cable*** (Cables) / Gasinnendruckkabel n mit teilgetränkter Isolierung ‖ ~ **external-pressure cable** (Cables) / Gasaußendruckkabel n, Außendruckkabel n ‖ ~ **internal pressure cable** (Cables) / Gasinnendruckkabel n ‖ ~ **lamp** (Electronics) / gasgefüllte Lampe ‖ ~ **triode** (Electronics) / Gastriode f (Ionenröhre mit Steuergitter) ‖ ~ **tube** (Electronics) / Gasentladungsröhre f, Ionenröhre f (z.B. Thyratron oder Ignitron) ‖ ~ **valve rectifier** (Electronics) / Gasentladungsgleichrichter m (eine zur Gleichrichtung von Wechselströmen verwendete Gasentladungsröhre)
**gas-film friction** (Phys) / Gasreibung f (in einem die Reibpartner lückenlos trennenden, gasförmigen Film, der durch aerostatische oder aerodynamische Schmierung erzeugt werden kann) ‖ ~ **lubrication** / Gasschmierung f (bei der die Reibflächen der sich relativ zueinander bewegenden Körper durch einen gasförmigen Schmierstoff getrennt werden), Luftschmierung f
**gas-filter-correlation process** / Gasfilterkorrelationsverfahren n (ein fotometrisches Gasmessverfahren), GFC-Verfahren n
**gas-fired** adj / gasbeheizt adj, mit Gas beheizt ‖ ~ **boiler** (Eng) / Kessel m mit Gasfeuerung, gasbeheizter Kessel ‖ ~ **CHP plant** / gasbefeuerte KWK-Anlage ‖ ~ **power station** / Gaskraftwerk n (mit Gas gefeuertes Kraftwerk)
**gas firing** / Gasheizung f, Gasbeheizung f ‖ ~ **fitter** / Gasinstallateur m (Installateur für Gasgeräte, -anlagen, -rohre und zugehörige Armaturen), Gasrohrleger m, Gasfitter m, Gasklempner m ‖ ~ **flame** / Gasflamme f ‖ ~ **flow** / Gasstrom m, Gasströmung f ‖ ~**-flow counter*** (Nuc Eng) / Gasdurchflusszählrohr n (für α- und ß-Strahlung) ‖ ~ **flow rate** (Phys) / Gasströmungsgeschwindigkeit f ‖ ~ **flushing** (Nut) / Spülen n einer Packung mit Schutzgas vor dem Verpacken ‖ ~ **focussing** (Electronics, Plasma Phys) / Gasfokussierung f, Gaskonzentrierung f ‖ ~ **formation** / Gasentwicklung f ‖ ~ **formation** (Autos, Nuc Eng) / Gasung f (der Batterie), Gasen n (der Batterie) ‖ ~ **fractionation** / Gaszerlegung f (Auftrennung eines verflüssigten Gasgemisches in seine Komponenten durch fraktionierte Verdampfung)
**gas-free** adj / gasfrei adj

**gas friction** (Phys) / Gasreibung f (in einem die Reibpartner lückenlos trennenden, gasförmigen Film, der durch aerostatische oder aerodynamische Schmierung erzeugt werden kann)
**gas-fume fading resistance** (Textiles) / Gasechtheit f, Abgasechtheit f, Stickoxidechtheit f (von Färbungen und Drucken nach DIN 54025) ‖ ~ **fastness** (Textiles) / Gasechtheit f, Abgasechtheit f, Stickoxidechtheit f (von Färbungen und Drucken nach DIN 54025)
**gas furnace** (Eng, Met) / Gasofen m ‖ ~ **fusion welding** (Welding) / Gasschmelzschweißen n ‖ ~ **gathering** (Oils) / Gas-Gathering n (Abtrennung des gelösten Begleitgases aus dem geförderten Erdöl) ‖ ~ **gathering station** / Verdichterstation f für Gas-Gathering, Feldverdichterstation f ‖ ~ **generator** (Aero) / Turbokompressor m, Turboverdichter m (als Radial-, Diagonal- oder Axialverdichter ausgeführt) ‖ ~ **generator*** (Chem Eng, Fuels) / Gasentwickler m, Gasgenerator m, Gaserzeuger m ‖ ~ **governor*** (Eng) / Gasregler m (Mengen- oder Druck-)
**gas-graphite reactor** (Nuc Eng) / Gas-Graphit-Reaktor m, GGR (Gas-Graphit-Reaktor)
**gash*** n / Guanidinaluminiumsulfathexahydrat n (ein Ferroelektrikum) ‖ ~ (Autos, Paint) / Schramme f (in der Karosserie) ‖ ~ (Leather) / Ausheber m, Kerbschnitt m (Fehler) ‖ ~ **angle** (Eng) / Lückenwinkel m (in der Verzahnung) ‖ ~ **cutter** (US) (Eng) / Lückenfräser m (DIN 1824)
**gas heating** / Gasheizung f, Gasbeheizung f
**gashing cutter** (Eng) / Zahnformvorfräser m
**gasholder*** n / Gasbehälter m
**gas hold-up** (Chem, Phys) / Gasgehalt m (Volumenanteil des Gases in einer Gas-Flüssig-Dispersion) ‖ ~ **hole** / Gasschlauch m ‖ ~ **hole** (Foundry, Met) / Gashohlraum m, Gaseinschluss m (ein Gussfehler), Blase f, Gasblase f, Gussblase f (ein Gussfehler) ‖ ~ **hood** (San Eng) / Gashaube f (kuppelförmige Abdeckung über Schlammfäulräumen zur Entnahme des Klärgases) ‖ ~ **hose nozzle** (US) (Autos) / Zapfhahn m, Zapfventil n, Zapfpistole f (am Ende des Zapfschlauchs)
**gashouse** n (US) (Chem Eng) / Gaswerk n, Gasanstalt f, Gaserzeugungsanlage f ‖ ~ **coal tar** (Chem Eng) / Gasteer m (meistens Steinkohlenteer), Gaswerksteer m
**gas hydrate** (Chem) / Gashydrat n (Käfigeinschlussverbindung, die zu Verstopfungen in Ferngasleitungen führen kann), Eishydrat n
**gasification** n / Vergasung f (durch Verdampfung, Pyrolyse usw.)
**gasifier** n (Min Proc, Mining) / Vergaser m (heute zunehmend durch Benzineinspritzung ins Ansaugrohr verdrängt), Vergasungsapparat m
**gasify** v / vergasen v
**gas igniter** / Gasanzünder m ‖ ~**-impregnated cable*** (Cables) / Gasdruckkabel n, Druckgaskabel n ‖ ~ **inclusion** / Gaseinschluss m (im Allgemeinen) ‖ ~ **inflow** (Phys) / Gaseinströmung f ‖ ~ **injection** (Oils) / Gasinjektion f (künstliche Erhöhung des Lagerstättendrucks) ‖ ~ **inlet** / Gaseinlassöffnung f ‖ ~ **inlet** (Spectr) / Gaseinlass m (bei Massenspektrometern)
**gas-in-place** n (Oils) / Gas-in-Place n, Gasinhalt m, Gesamtgasvolumen n (eines Gasfeldes)
**gas-insulated cable** (Cables) / gasisoliertes Kabel, Rohrgaskabel n (mit $SF_6$) ‖ ~ **substation** (Elec Eng) / gasisolierte Station
**gas insulation** (Cables) / Gasisolierung f, $SF_6$-Isolierung f ‖ ~ **ion** (Phys) / Gas-Ion m ‖ ~ **jet** (Eng) / Gasstrahl m ‖ ~ **jet** (Nuc Eng) / Gas-Jet m (z.B. in einem Schwerionenbeschleuniger)
**gas-jet pump** (Vac Tech) / Gasstrahlvakuumpumpe f (eine Treibmittelvakuumpumpe)
**gasket*** n (Eng) / Dichtung f (zwischen ruhenden Flächen), Berührungsdichtung f (als ebene Flachdichtung), ruhende Dichtung (an ruhenden Flächen) ‖ ~* (Eng) / Dichtscheibe f ‖ ~* (Eng) / Profildichtung f, Formdichtung f, Dichtungsprofil n ‖ ~* (Plumb) / Dichtungsstrick m, Hanfseil n ‖ ~ **cement** / Dichtungskitt m (zum Verschmieren) ‖ ~ **leather** (Leather) / Dichtungs- und Manschettenleder n ‖ ~ **seat** (I C Engs) / Flachsitz m (der Zündkerze), Flachdichtsitz m (der Zündkerze) ‖ ~ **seating load** (Eng) / Vorverformkraft f (bei einer Flanschdichtung)
**gaskin*** n (Plumb) / Dichtungsstrick m, Hanfseil n
**gas lamp** / Gasleuchte f, Gaslampe f ‖ ~ **lance** / Gaslanze f (des Brenners) ‖ ~ **laser** (Electronics, Phys) / Gaslaser m (z.B. im UV-, sichtbaren, IR- oder FIR-Bereich) ‖ ~ **laws*** (Phys) / Gasgesetze n pl (thermische und kalorische Zustandsgleichungen der Gase) ‖ ~ **leakage** / Gasleck n, Gasaustritt m (aus undichten Stellen) ‖ ~ **lift*** (Oils) / Gasliftverfahren n (Eindüsen von Erdgas bei der Erdölförderung), Gas-Lifting n, Gaslift m ‖ ~ **lifting** (Oils) / Gasliftverfahren n (Eindüsen von Erdgas bei der Erdölförderung), Gas-Lifting n, Gaslift m
**gaslight** n / Gasleuchte f, Gaslampe f
**gas lighter** / Gasanzünder m ‖ ~ **lighter** / Gasfeuerzeug n ‖ ~ **lighting** / Gasbeleuchtung f

**gaslight paper**\* (Photog) / Gaslichtpapier *n* (ein altes Silberbromidpapier)
**gas lime**\* (Chem Eng) / beladener Gips aus der Gasreinigung ‖ **~ lime** (Chem Eng, Ecol) / Rauchgasentschwefelungsgips *m* (der bei Entschwefelung in Feuerungsanlagen anfällt), REA-Gips *m*, Rauchgasgips *m* ‖ **~ liquefaction** (Phys) / Gasverflüssigung *f* ‖ **~-liquid chromatography**\* (Chem) / Gas-Flüssig-Chromatografie *f*, Gas-Liquidus-Chromatografie *f*, GLC (Gas-Liquidus-Chromatografie), Gas-Flüssigkeits-Verteilungschromatografie *f* ‖ **~ liquor**\* (Chem Eng) / Ammoniakwasser *n* (in Kokereien und Gaswerken anfallendes Kühl- und Waschwasser, Gaswasser *n* (aus Kokereien und Gaswerken), NH₃-Wasser *n* ‖ **~ lock** / Gassperre *f* (z.B. in der Pipeline) ‖ **~ lock** (US) (Autos) / Kraftstoffabsperrventil *n* (eine Diebstahlsicherung) ‖ **~ lock** (Eng, Met) / Gasschleuse *f* ‖ **~ lock** (Oils) / Gaspolster *n*
**gas-lubricated** *adj* / mit Gas geschmiert, gasgeschmiert *adj* (aerodynamisch) ‖ **~ bearing** (Eng) / Gaslager *n*, gasgeschmiertes Lager
**gas lubrication** / Gasschmierung *f* (bei der die Reibflächen der sich relativ zueinander bewegenden Körper durch einen gasförmigen Schmierstoff getrennt werden), Luftschmierung *f* ‖ **~ main(s)** / Gashauptleitung *f*, Gasleitung *f*
**gasman** *n* / Arbeiter, der im Gaswerk beschäftigt ist ‖ **~** (a man who installs or services gas appliances or reads gas meters) / Gasmann *m* (pl. -männer), Gasableser *m*
**gas mantle**\* (Light) / Glühstrumpf *m* (beim Auerlicht) ‖ **~ maser**\* (in which microwave radiation interacts with gas molecules) (Electronics) / Gasmaser *m* ‖ **~ mask**\* (Chem) / Gasmaske *f*, Gasschutzmaske *f* ‖ **~ metal-arc welding** (Welding) / MIG-Schweißen *n* (DIN EN ISO 4063), SIGMA-Schweißen *n*, Metallschutzgasschweißen *n*, Metall-Inertgas-Schweißen *n* (DIN 1910, T 4), MSG ‖ **~ meter** (Instr) / Gasmesser *m*, Gaszähler *m*, Gasuhr *f* ‖ **~ metering** / Gasmessung *f* ‖ **~ mixture** (Fuels, Phys) / Gasgemisch *n* ‖ **~ molecule** (Chem, Phys) / Gasmolekül *n* ‖ **~ motor** (I C Engs) / Gasmaschine *f*, Gasmotor *m*, Gaskraftmaschine *f* ‖ **~ multiplication** (Electronics, Nuc) / Gasverstärkung *f*, Gasmultiplikation *f* (Vervielfachung von elektrischen Ladungsträgern in Gasen durch Stoßionisation) ‖ **~ nitriding** (Met) / Gasnitrieren *n* (in Stickstoff abgebenden Gasen nach DIN EN 10 052) ‖ **~ noise** (Acous) / Gasrauschen *n* ‖ **~ nozzle** (Welding) / Gasdüse *f* (das untere Ende des Brenners) ‖ **~ odorizing** / Gasodorierung *f* (mit geruchsintensiven Substanzen)
**gas-offtake main** / Gasvorlage *f*
**gasogene** *n* (Autos) / Gasgenerator *m* (z.B. ein Holzgasgenerator) ‖ **~** (Nut) / Imprägnierpumpe *f* (zur Herstellung kohlensäurehaltiger Getränke)
**gasohol** *n* (a mixture of petrol and ethanol used as fuel in internal-combustion engines) (Fuels, I C Engs) / Gasohol *n*, Benzin-Ethanol-Gemisch *n* (ein Alternativkraftstoff)
**gas oil** / (in etwa:) Heizöl EL (extra-leicht-flüssig) ‖ **~ oil** (Fuels) / Gasöl *n* (DIN 51567)
**gas-oil hydrofining** (Oils) / Gasölhydroraffination *f* ‖ **~ hydrotreating** (Oils) / Gasölhydroraffination *f* ‖ **~ mixture** (Autos) / Zweitaktgemisch *n*, Kraftstoff-Öl-Gemisch *n* ‖ **~ ratio** (Oils) / Gas-Öl-Verhältnis *n*, GÖV (Gas-Öl-Verhältnis) ‖ **~ separator** (Oils) / Öl-Gas-Trennanlage *f*
**gasolene** *n* (Fuels, Oils) / Spezialbenzin *n* (Siedebereich ca. 30 - 80 °C), Gasolin *n* (ein Leichtbenzin)
**gasoline**\* *n* (US) (Fuels) / Ottokraftstoff *m* (DIN EN 228), Benzin *n* (Fahrbenzin, Flugbenzin, Ottokraftstoff), Vergaserkraftstoff *m* (DIN 51600) ‖ **~** (Fuels, Oils) / Spezialbenzin *n* (Siedebereich ca. 30 - 80 °C), Gasolin *n* (ein Leichtbenzin) ‖ **~ engine** (US)\* (I C Engs) / Benzinmotor *m*, Benziner *m*
**gasoline-engined** *adj* (US) / benzinmotorgetrieben *adj*, mit Benzinmotorantrieb
**gasoline fractionation** (Oils) / Benzinfraktionierung *f*, Gasolinfraktionierung *f*, Leichtbenzinfraktionierung *f* ‖ **~ injection** (I C Engs) / Benzineinspritzung *f*
**gasoline-powered fork truck** (US) (Eng) / Gabelstapler *m* mit Vergasermotor
**gasoline pump** (US) (Autos) / Zapfsäule *f*, Tanksäule *f*
**gasoline-resistant** *adj* / benzinbeständig *adj*, benzinfest *adj*
**gasoline-soluble** *adj* / benzinlöslich *adj*
**gasoline splitting** (Oils) / Gasolinsplitting *n* ‖ **~ station** (US) (Autos) / Tankstelle *f*
**gasometer** *n* (GB)\* / Gasbehälter *m* ‖ **~** / Gasometer *m* (Gasbehälter, der auch zur Volumenmessung dient)
**gasometric analysis** (Chem) / Gasvolumetrie *f* ‖ **~ method** (Chem) / gasvolumetrische Methode (bei der Gasanalyse)
**gas oscillation(s)** (Autos) / Gasvibrationen *f pl* (in der Auspuffanlage) ‖ **~ panel** (Comp) / Plasmabildschirm *m* (DIN EN 61988-1),

Gasplasmabildschirm *m* ‖ **~ pedal** (US) (Autos) / Fahrpedal *n* (DIN 70023), Gaspedal *n*, Gasfußhebel *m*, Fahrfußhebel *m*
**gas-permeable** *adj* (Foundry) / gasdurchlässig *adj*
**gas permeation** (Chem Eng) / Gaspermeation *f* ‖ **~ phase** (Phys) / gasförmige Phase, Gasphase *f*
**gas-phase epitaxy** (Electronics) / Gasphasenepitaxie *f* (bei der das Aufbringen einer Halbleiterschicht auf ein Halbleitersubstrat aus der Gasphase geschieht) ‖ **~ hydrogenolysis** (Mining) / hydrierende Vergasung ‖ **~ interference** (Spectr) / Gasphasenstörung *f* (wenn der Analyt nicht vollständig in Atome dissoziiert ist) ‖ **~ oxidation** (Chem Eng) / Gasphasenoxidation *f* ‖ **~ polymerization** (Chem) / Gasphasenpolymerisation *f* ‖ **~ reactor** (Chem Eng) / Gasphasenreaktor *m* ‖ **~ stripping technique** (Chem, San Eng) / Purge-and-Trap-Verfahren *n* (zur gaschromatografischen Bestimmung flüchtiger Komponenten im Wasser), Ausgastechnik *f* (der Gaschromatografie)
**gas pickling** (of metal shapes for porcelain enamelling in a gaseous atmosphere of hydrochloric acid) (Ceramics, Met) / Beizen *n* in der Gasphase, Gasbeizen *n* ‖ **~ pipe** / Gasrohr *n*, Gasleitungsrohr *n* ‖ **~ pipeline** / Gasrohrleitung *f*
**gas-pipe tongs**\* (Tools) / Gasrohrzange *f*
**gas pipette** (Chem) / Gaspipette *f* (für Gasanalysen)
**gas-plasma display** (Comp) / Plasmabildschirm *m* (DIN EN 61988-1), Gasplasmabildschirm *m*
**gas plating** / Gasplattieren *n*, Reaktionsbeschichten *n* aus der Gasphase ‖ **~ pliers**\* (Tools) / Gasrohrzange *f*, Rohrzange *f* ‖ **~ pocket** / Gaseinschluss *m* (im Allgemeinen) ‖ **~ pocket** (Foundry, Met) / Gashohlraum *m*, Gaseinschluss *m* (ein Gussfehler), Blase *f*, Gasblase *f*, Gussblase *f* (ein Gussfehler) ‖ **~ pool** (natural) (Geol, Oils) / Erdgaslagerstätte *f* (Erdgasansammlung in porösem oder klüftigem Gestein unterhalb einer gasundurchlässigen Schicht), Erdgaslager *n*, Gaslager *n* (Erdgaslager), Gaslagerstätte *f* (Erdgaslagerstätte) ‖ **~ pore** (Welding) / Gaspore *f* (Gaseinschluss in einer Schweißnaht) ‖ **~ porosity**\* (Foundry) / Gasporosität *f*
**gas-powered** *adj* (Eng) / mit Gasantrieb ‖ **~** s. also gas-fired
**gas pressure** (Phys) / Gasdruck *m* ‖ **~-pressure cable**\* (Cables) / Gasdruckkabel *n*, Druckgaskabel *n*
**gas-pressure reducing valve** (Eng) / Gasdruckreduzierventil *n* (der Gasflasche) ‖ **~ regulator**\* (Eng) / Gasdruckreduzierventil *n* (der Gasflasche)
**gas pressure welding** (Welding) / Gaspressschweißen *n*
**gas-pressurized cable** (Cables) / Gasdruckkabel *n*, Druckgaskabel *n* ‖ **~ shock absorber** (Autos) / Gasdruckdämpfer *m*, Gasdruckstoßdämpfer *m*
**gas processing** / Gasaufbereitung *f* ‖ **~ producer**\* (Aero) / Turbokompressor *m*, Turboverdichter *m* (als Radial-, Diagonal- oder Axialverdichter ausgeführt) ‖ **~ producer** (Chem, Chem Eng, Fuels) / Gasentwickler *m*, Gasgenerator *m*, Gaserzeuger *m*
**gas-producing formation** (Geol) / Gasformation *f*
**gas pump**\* (US) (Autos) / Benzinpumpe *f* (auch in der Tanksäule) ‖ **~ pump**\* (Fuels) / Kraftstoffförderpumpe *f*, Kraftstoffpumpe *f* ‖ **~ purification** (Chem Eng) / Gasreinigung *f* ‖ **~ purifier** (Chem Eng) / Gasreiniger *m*, Gasaufbereitungsanlage *f* ‖ **~ pyrometer** / Gaspyrometer *n* (ein Berührungsthermometer zur Temperaturmessung an heißen Gasen) ‖ **~ range** (US) / Gasherd *m* (z.B. vierflammiger), Gaskocher *m* ‖ **~ ratio** (Vac Tech) / Vakuumfaktor *m* (bei Mehrelektrodenröhren) ‖ **~ reburning** / Reburn-Technologie *f* (kombinierte Stufenverbrennung, bei der die Verbrennung in der zweiten Stufe zur Verminderung von Emissionen mit Erdgas erfolgt) ‖ **~ referees' meter prover** / Eichkolben *m*, Kubizierglocke *f* (Gasmessung) ‖ **~ refrigerator** / Gaskühlschrank *m* (Absorberkühlschrank, dessen Austreiber mit einem brennbaren Gas beheizt wird) ‖ **~ regulator**\* (Eng) / Gasdruckreduzierventil *n* (der Gasflasche) ‖ **~ reinjection** (Oils) / Gasreinjektion *f* ‖ **~ reliquefying** / Gasrückverflüssigung *f* ‖ **~ reservoir** (Geol, Oils) / Erdgaslagerstätte *f* (Erdgasansammlung in porösem oder klüftigem Gestein unterhalb einer gasundurchlässigen Schicht), Erdgaslager *n*, Gaslager *n* (Erdgaslager), Gaslagerstätte *f* (Erdgaslagerstätte) ‖ **~ reservoir** (Oils) / Porengasspeicher *m*
**gas-resistant** *adj* / gasfest *adj*
**gas retort** (Chem Eng) / Gaswerksretorte *f* ‖ **~ retort** (Chem Eng) / Koksofen *m* (für die Koksherstellung), Kokereiofen *m*, Verkokungsofen *m* ‖ **~ ring** / Brennerkranz *m* (bei Gasherden) ‖ **~ safety device** / Gassicherung *f* (zur Unterbrechung der Gaszufuhr zu den Gasverbrauchseinrichtungen) ‖ **~ sample** / Gasprobe *f* (bestimmte Menge Gas als Probe) ‖ **~ sampler** / Gasprobennehmer *m* ‖ **~ scrubber**\* (Chem Eng) / Gaswäscher *m*, Skrubber *m*, Gaswascher *m* (Sprühwäscher für Gasreinigung) ‖ **~ seal** (Autos) / Gasdichtung *f* (DIN 42005) ‖ **~ send-out** / Gasabgabe *f* (aus dem Speicher), Abgabe *f* (des Erdgases aus dem Speicher)
**gas-sensing membrane probe** (Chem) / gassensitive Membransonde

**gas sensor** / Gassensor *m* (ein Gasspürgerät) ‖ ~ **separation** / Gasseparation *f* (Trennung eines unter Druck stehenden Gasgemisches an einer Membran), Gastrennung *f* ‖ ~ **separation** / Gaszerlegung *f* (Auftrennung eines verflüssigten Gasgemisches in seine Komponenten durch fraktionierte Verdampfung)
**gasser** *n* (Geol) / Erdgasquelle *f* (durch eine Bohrung erschlossene)
**gas-shielded consumable metal-arc welding** (Welding) / MIG-Schweißen *n* (DIN EN ISO 4063), SIGMA-Schweißen *n*, Metallschutzgasschweißen *n*, Metall-Inertgas-Schweißen *n* (DIN 1910, T 4), MSG ‖ ~ **metal-arc welding** (Welding) / MIG-Schweißen *n* (DIN EN ISO 4063), SIGMA-Schweißen *n*, Metallschutzgasschweißen *n*, Metall-Inertgas-Schweißen *n* (DIN 1910, T 4), MSG ‖ ~ **welding unit** (Welding) / Schutzgasschweißanlage *f*
**gas shock absorber** (Autos) / Gasdruckdämpfer *m*, Gasdruckstoßdämpfer *m* ‖ ~ **shocker** (Autos) / Gasdruckdämpfer *m*, Gasdruckstoßdämpfer *m* ‖ ~ **show** (Geol) / Erdgasanzeichen *n* (meistens bei der Ölbohrung), Gasanzeichen *n* ‖ ~ **side** (Eng) / Rauchgasseite *f* (des Kessels)
**gas-side corrosion** (Eng, Surf) / rauchgasseitige Korrosion (an Kesselanlagen)
**gassing** *n* / Gasentwicklung *f*, Gasen *n* (Gasentwicklung) ‖ ~* (Aero) / Füllen *n* (des Ballons) ‖ ~* (Autos, Elec Eng) / Gasung *f* (der Batterie), Gasen *n* (der Batterie) ‖ ~* (Elec Eng) / Knallgasentwicklung *f* (im Voltameter) ‖ ~ (Met) / Begasung *f* (Kernaushärtung) ‖ ~ (Nut) / Spülen *n* einer Packung mit Schutzgas vor dem Verpacken ‖ ~ (Textiles) / Abflämmen *n* (eine Methode der Textilveredlung, Sengen *n* (Abbrennen der vorstehenden Härchen, Flusen und Faserspitzen zur Erzielung eines glatten Fadens bzw. Gewebes), Gasieren *n*, Gasen *n*, Absengen *n*
**gas singeing machine** (Textiles) / Gassengmaschine *f* (DIN 64990), Gassenge *f*, Sengmaschine *f*, Senge *f* / Gasiermaschine *f*
**gassing stability** (Paint) / Gasungsbeständigkeit *f* (ein Maß für die Stabilität von Aluminiumpigmenten in Wasser und wässrigen Beschichtungsstoffen)
**gas-solid chromatography** (Chem) / Gas-Fest-Chromatografie *f*, Gas-Solidus-Chromatografie *f*, Adsorptions-Gaschromatografie *f*, GSC (Gas-Solidus-Chromatografie) ‖ ~ **chromatography** s. also adsorption chromatography
**gas sparger** (Chem Eng) / Gasverteiler *m* (zur Dispergierung von Gasen in Flüssigkeiten) ‖ ~ **station** (US) (Autos) / Tankstelle *f* ‖ ~ **sterilization** / Gassterilisierung *f*, Entkeimung *f* durch Gase ‖ ~ **sterilization** (Nut) / Kaltsterilisation *f* (mit mikroBiziden Gasen) ‖ ~ **stocks and dies*** (Eng) / Gasgewindeschneideisen *n pl* ‖ ~ **storage** / Gaslagerung *f*, Gasspeicherung *f* ‖ ~ **stream** / Gasstrom *m*, Gasströmung *f* ‖ ~ **streamline** (Phys) / Gasfaden *m* ‖ ~ **supply** (Fuels) / Gasversorgung *f*, Gaszufuhr *f* ‖ ~ **supply contract** (Fuels) / Gaslieferungsvertrag *m*, Gasliefervertrag *m*
**gas-supply meter** (Instr) / Gasmesser *m*, Gaszähler *m*, Gasuhr *f*
**gas sweetening*** / Erdgassüßung *f*
**gas-swept heating surface** (Eng) / feuerberührte Oberfläche, rauchgasseitige Heizfläche (des Kessels)
**gassy** *adj* / vergast *adj*, gashaltig *adj*, gasführend *adj* ‖ ~ (US) (Electronics) / gasgefüllt *adj*, weich *adj*, nicht vollständig evakuiert (Röhre) ‖ ~ (Mining) / schlagwetterführend *adj* ‖ ~ (Nut) / moussierend *adj* (Wein) ‖ ~ **mine** (Mining) / schlagwetterführende Grube, Schlagwettergrube *f* ‖ ~ **tube** (US) (Electronics) / weiche Röhre, Niedervakuumröhre *f*
**gas tail** (Astron) / Gasschweif *n* (des Kometen), Plasmaschweif *m*, Ionenschweif *m* (des Kometen) ‖ ~ **take** / Gasbezug *m* (Gasmenge, die ein Gasversorgungsunternehmen von einem anderen bezieht) ‖ ~ **tanker** (Ships) / Gastanker *m*, Flüssiggastanker *m* ‖ ~ **tap** / Gashahn *m* ‖ ~ **tar*** (Chem Eng) / Gasteer *m* (meistens Steinkohlenteer), Gaswerksteer *m* ‖ ~ **target** (Nuc Eng) / Gastarget *n* ‖ ~ **technology** (Chem Eng) / Gastechnik *f* ‖ ~ **tempering duct** (Chem Eng, Met) / Rauchgasrückführungskanal *m* ‖ ~ **tester** / Gasprüfer *m*, Gasprüfgerät *n*, Gastester *m* ‖ ~ **test tube** / Prüfröhrchen *n* (eines Gasspürgeräts) ‖ ~ **thermometer** (Phys) / Gasthermometer *n* (ein Fundamentalthermometer mit Gas als Messsubstanz) ‖ ~ **thread*** (Eng) / Gasgewinde *n*, Gasgewinde *n* ‖ ~ **-tight** *adj* / gasdicht *adj*
**gas-tight** *adj* s. also impervious to gases
**gas torch** (Welding) / Gasbrenner *m* ‖ ~ **transfer pump** (Vac Tech) / Gastransfervakuumpumpe *f* ‖ ~ **trap** (US) (Eng) / Kondensatsammler *m* ‖ ~ **treating** (Chem Eng) / Gasnachbehandlung *f* ‖ ~ **treatment** / Gaskonditionierung *f* (Verfahren zur Einstellung einer gewünschten Gasbeschaffenheit durch Hinzufügen oder Entfernen bestimmter Komponenten bzw. Stoffe) ‖ ~ **treatment** / Gasaufbereitung *f* ‖ ~ **treatment** (Chem Eng) / Gasnachbehandlung *f*
**gastric inhibitory polypeptide** (Biochem) / gastrininhibierendes Peptid, GIP (ein aus 43 Aminosäuren aufgebautes lineares Polypeptid mit hemmender Wirkung auf die gesamte gastrische Sekretion), gastrininhibierendes Polypeptid, gastrisches inhibitorisches Polypeptid ‖ ~ **juice** (Med, Physiol) / Magensaft *m*
**gastrin*** *n* (a hormone which stimulates secretion of gastric juice) (Biochem) / Gastrin *n*
**gastrolith** *n* (Geol) / Magenstein *m*, Bezoarstein *m*
**gas tube*** (Electronics) / gasgefüllte Röhre, Gasröhre *f* ‖ ~ **tungsten-arc welding*** (Welding) / WIG-Schweißen *n*, Wolfram-Inertgas-Schweißen *n* (Schutzgas-Lichtbogenschweißen mit einem Edelgas als Schutzgas und einer nicht abschmelzenden Elektrode aus Wolfram), WSG (Wolframschutzgasschweißen), Wolframschutzgasschweißen ‖ ~ **turbine*** (Eng) / Gasturbine *f* (eine Wärmekraftmaschine mit innerer kontinuierlicher Verbrennung)
**gas-turbine (electric) power plant** (Elec Eng) / Gasturbinenkraftwerk *n* (ein Wärmekraftwerk) ‖ ~ **electric power station** (Elec Eng) / Gasturbinenkraftwerk *n* (ein Wärmekraftwerk) ‖ ~ **locomotive** (Rail) / Gasturbinenlokomotive *f* ‖ ~ **plant*** (Eng) / Gasturbinenmotor *m*, Gasturbinentriebwerk *n*
**gas undertaking** (Fuels) / Gasversorgungsunternehmen *n*, GVU (Gasversorgungsunternehmen) ‖ ~ **up** *v* (US) (Autos) / nachfüllen *v*, voll tanken *v* ‖ ~ **utility** (US) (Fuels) / Gasversorgungsunternehmen *n*, GVU (Gasversorgungsunternehmen) ‖ ~ **valve** (Aero) / Gasventil *n* (des Freiballons) ‖ ~ **valve** (Eng) / Gasventil *n*, Gasschieber *m* ‖ ~ **volume** (Phys) / Gasvolumen *n*
**gas-volumetric analysis** (Chem) / Gasvolumetrie *f*
**gas volumetry** (Chem) / Gasvolumetrie *f* ‖ ~ **washer** (Chem Eng) / Gaswäscher *m*, Skrubber *m*, Gaswascher *m* (Sprühwäscher für Gasreinigung)
**gas-washing bottle** (Chem) / Waschflasche *f*, Gaswaschflasche *f*
**gas welding*** (Welding) / Gasschweißen *n*, G-Schweißen *n* ‖ ~ **well*** (Geol) / Erdgasquelle *f* (durch eine Bohrung erschlossene) ‖ ~ **wood** / Generatorholz *n*, Tankholz *n* (zur Holzvergasung)
**gasworks** *pl* (Chem Eng) / Gaswerk *n*, Gasanstalt *f*, Gaserzeugungsanlage *f* ‖ ~ **tar** (Chem Eng) / Gasteer *m* (meistens Steinkohlenteer), Gaswerksteer *m*
**gas X-ray tube** (Electronics, Radiol) / Ionenröhre *f* (eine Röntgenröhre mit kalter Katode)
**gate** *v* (Agric) / gattern *v* ‖ ~ (Electronics) / ausblenden *v* (Zeitsignale), austasten *v* (Zeitsignale) ‖ ~ (Electronics) / einblenden *v*, durchlassen *v* (Impuls) ‖ ~ (Electronics) / toren *v* ‖ ~ (Electronics) / auftasten *v* (Verstärker) ‖ ~ (Foundry) / anschneiden *v* ‖ ~ *n* (Aero) / Tür *f* vom Warteraum zum Vorfeld ‖ ~ (Aero) / Ablaufpunkt *m* (beim Anflug), Kontrollpunkt *m* im Luftraum ‖ ~ (access to farm, grazing land) (Agric) / Gatter *n* ‖ ~ (Arch) / Toreinfahrt *f*, Tordurchfahrt *f*, Torweg *m* ‖ ~ (gear-shifting gate) (Autos) / Schaltkulisse *f* ‖ ~* (Build) / enge Durchfahrt, Tor *n*, Pforte *f* ‖ ~* (Cinema) / Fenster *n*, Bildfenster *n*, Filmprojektionsfenster *n* (Comp) / Schaltglied *n*, Schaltelement *n* (Realisierung einer Boole'schen Verknüpfung), Gatter *n* (DIN 44 300), Gatterschaltung *f*, Verknüpfungsglied *n* (DIN 44 300) ‖ ~ (Electronics) / Sperre *f* (Vakuum- und Gasentladungsröhren) ‖ ~ (Electronics) / Gitter *n*, Sperre *f* (Vakuumröhren, Gasentladungsröhren) ‖ ~* (Electronics) / Tor *n*, Gateelektrode *f*, g-Pol *m*, Gate *n* (pl. Gates) (DIN 41 858) (Steuerelektrode beim Thyristor und beim Feldeffekttransistor) ‖ ~* (Eng) / Schieber *m*, Schieberventil *n* ‖ ~ (For) / Rahmen *m* (z.B. der Gattersäge), Gestell *n* ‖ ~ (Foundry) / Anschnitt *m* ‖ ~ (Geog) / Pforte *f* (Senke zwischen Bergen) ‖ ~ (Hyd Eng) / Stauklappe *f* ‖ ~ (Hyd Eng) / Wehrverschluss *m* ‖ ~ (Hyd Eng) / Schleusentor *n* (Klapptor, Stemmtor, Hubtor, Drehtor), Tor *n* (der Schiffsschleuse) ‖ ~* (Hyd Eng) / Schütz *n* (senkrecht bewegbare Platte zur Regelung des durchströmenden Wassers oder zum Schließen eines Wehres), Schütze *f* ‖ ~ (Hyd Eng) / Verschluss *m* (des Wehrs) ‖ ~* (Plastics) / Anguss *m* (als Kennzeichen eines Systems) ‖ ~ (Rail) / Schranke *f* ‖ ~* (Telecomm) / Torschaltung *f*, Durchlassschaltung *f* ‖ ~ **amplifier** (Electronics) / Gateverstärker *m* (eine Grundschaltung bei Bipolar- und Feldeffekttransistoren) ‖ ~* **array** (logic integrated circuit in which the primitive logic circuits /AND, OR, etc./ are in a fixed pattern, and different functions are implemented by creating interconnections among the logic circuits) (Electronics) / Gatteranordnung *f*, Gate-Array *m n*, Gattermatrix *f* (regelmäßige Anordnung von Logikgattern in einer integrierten Schaltung), Logikanordnung *f*
**gate-array process** (Electronics) / Gate-Array-Verfahren *n* (für den Entwurf von teilkundenspezifischen Schaltungen)
**gate-associated transistor** (Electronics) / gategekoppelter Transistor
**gate belt conveyor** (Mining) / Abbaustreckenförderband *n*, Abbaustreckenbandförderer *m* ‖ ~ **by-pass switch*** (Elec Eng) / Türnotschalter *m*
**gate-chamber*** *n* (a space or recess provided in a lock wall to receive a ship caisson or other lock gate when it is open) (Hyd Eng) / Aussparung *f* für das Schleusentor, Tornische *f*

**gate•-change gear**\* (Autos) / Kulissenschaltungsgetriebe n ‖ **~ circuit** (Electronics) / Gateschaltung f (bei Bipolar- und Feldeffekttransistoren) ‖ **~ closer**\* (Build) / Türschließer m (im Aufzug) ‖ **~ control** (Electronics) / Gatesteuerung f
**gate-controlled** adj (Electronics) / über den Gateanschluss gesteuert ‖ **~ delay time** (Electronics) / Zeitverzögerung f (beim Einschalten eines Thyristors) ‖ **~ rise time** (Electronics) / Ansteuerungszeit f (beim Einschalten des Thyristors) ‖ **~ switch** (Electronics) / abschaltbarer Thyristor ‖ **~ turn-off time** (Electronics) / Ausschaltzeit f (beim Ausschalten eines Thyristors) ‖ **~ turn-on time** (Electronics) / Zündzeit f (beim Einschalten eines Thyristors)
**gate current**\* (Elec Eng, Electronics) / Steuerstrom m (bei einem Thyristor) ‖ **~ current** (Electronics) / Torstrom m, Gatestrom m ‖ **~ cutter** (Foundry) / Handwerkzeug n zum Ausschneiden des Anschnitts
**gated** n (Comp) / Gatedaemon m
**gatedaemon** n (Comp) / Gatedaemon m
**gated decade counter** (Elec Eng) / Stromtordekade f ‖ **~ decoupling** (Spectr) / Gated-Decoupling n (eine Methode zur Messung von gekoppelten Spektren)
**gate dock** (Ships) / Dockhafen m (gegen das Meer durch eine Schleuse abgeschlossener Seehafen an Küsten mit hohen Tidenhüben)
**gated pattern** (Foundry) / Modell n mit Anschnittsystem (in einem Teil) ‖ **~ viewing** (Optics) / Tomoskopie f (bei Nachtsehgeräten)
**gate electrode** (Electronics) / Tor n, Gatelektrode f, g-Pol m, Gate n (pl. Gates) (DIN 41 858) (Steuerelektrode beim Thyristor und beim Feldeffekttransistor) ‖ **~-end**\* (Mining) / Streckenort n
**gate-end box** (Elec Eng) / Luftschütz m mit Überlastschutz
**gatefold** n (Bind) / Falttafel f, Gatefold n (Faltblatt, das ein Buch oder eine Zeitschrift um die Größe einer Seite erweitert), aufschlagbare Seite (eine Falttafel), Ausklappbild n
**gate hinge** (Build) / Torband n
**gate-injection MOS technology** (Electronics) / GIMOS-Technik f (der Herstellung von nichtflüchtigen Halbleiterspeichern)
**gate installation** (Build) / Toranlage f
**gatekeeper hypothesis** / Schleusenwärterhypothese f (in der Kommunikationswissenschaft)
**gate-level simulation** (Electronics) / Gattersimulation f
**gate noise** (Electronics) / Gaterauschen n (bei Sperrschichtfeldeffekttransistoren) ‖ **~ non-trigger current** (Electronics) / nichtzündender Gitterstrom ‖ **~ non-trigger current** (Electronics) / höchster nichtzündender Steuerstrom (des Thyristors) ‖ **~ oxide** (Electronics) / Gate-Oxid n
**gatepost** n / Torpfosten m
**gate protection** (Electronics) / Gateschutz m (von MOS-Transistor-Schaltungen gegen Zerstörung) ‖ **~ pulse** (Comp) / Torimpuls m ‖ **~ region** (Comp) / Gatebereich m ‖ **~ road**\* (Mining) / Hauptförderstrecke f (im Bergeversatz) ‖ **~ signal** (Electronics) / Auftastsignal n
**gate-source voltage** (Electronics) / Gate-Source-Spannung f
**gate splitting** (Radar) / Differenzbildung f (beim Verfolgungsradar) ‖ **~ station** (Teleph) / Torsprechstelle f ‖ **~ stick**\* (Foundry) / Eingussbohrer m (Gießtrichtermodell), Eingussstock m ‖ **~ switch**\* (Elec Eng) / Türschalter m, Türkontaktschalter m (im Aufzug) ‖ **~ system** (Foundry) / Einlaufsystem n, Gießtrichter m ‖ **~ system** (Foundry) / Eingusssystem n, Gießsystem n ‖ **~ system** (Plastics) / Angusssystem n ‖ **~ temperature** (Cinema) / Bildfenstertemperatur f (Maß für die Erwärmung der Projektionsvorlage im Bildfenster) ‖ **~ trigger current** (Electronics) / kleinster Gittereinschaltstrom, Gitterschaltstrom m, Zündstrom m ‖ **~ trigger voltage** (Electronics) / Zündspannung f (des Thyristors) ‖ **~ turn-off SCR** (Electronics) / Vollsteuergatt-Thyristor m, GTO-Thyristor m (ein abschaltbarer thyristor) ‖ **~ turn-off thyristor** (Electronics) / Vollsteuergatt-Thyristor m, GTO-Thyristor m (ein abschaltbarer thyristor) ‖ **~ valve**\* (Eng) / Schieber m, Schieberventil n ‖ **~ valve** (Eng) / Absperrschieber m ‖ **~ voltage** (Electronics) / Gatespannung f (zwischen Gateanschluss und der Bezugselektrode der Schaltung), Steuerspannung f (z.B. beim Thyristor)
**gateway** n (Aero) / Gateway n (Flughafen, auf dem Transozeanflüge beginnen oder enden) ‖ **~** (Arch) / Toreinfahrt f, Tordurchfahrt f, Torweg m ‖ **~** (a device used to connect two different networks) (Comp) / Gateway n (Überleiteinrichtung zwischen verschiedenen öffentlichen Netzen verschiedener Betreiber oder zwischen verschiedenen nationalen Netzen) ‖ **~**\* (Comp) / Gateway n (ein Kommunikationsrechner zwischen verschiedenen Rechnernetzen, der die Aufgabe hat, Nachrichten von einem Netz in das andere zu übermitteln) ‖ **~** (Geog) / Pforte f (Senke zwischen Bergen) ‖ **~**\* (Mining) / Hauptförderstrecke f (im Bergeversatz) ‖ **~** (Mining) / Strecke f (im Grubenbau zur Fahrung, Wetterführung, Förderung und zum Transport - meistens söhliger) ‖ **~** (Telecomm) / Bildschirmtext-Rechnerverbund m ‖ **~**\* (Telecomm) / Gateway n (für die Verbindung zweier unterschiedlicher Netzwerke) ‖ **~ mobile**

(services) **switching centre** (Telecomm) / Einstiegs-MSC f (derjenige Teil der Infrastruktur eines Mobilfunk- oder Satellitenmobilfunknetzes, welches die Verbindung zum Festnetz herstellt und Vermittlungsfunktionen wahrnimmt), GMSC f (Einstiegs-MSC bei Mobilfunk- oder Satellitenmobilfunknetzen)
**gate winding**\* (Electronics) / Steuerwindung f (bei Transduktoren) ‖ **~ zone** (Comp) / Gatebereich m
**gather** v / absammeln v ‖ **~** (a crop) (Agric) / ernten v, abernten v ‖ **~** (Agric) / pflücken v (Obst), ernten v (Obst) ‖ **~** (Bind) / zusammentragen v (gefalzte Bogen) ‖ **~** (Glass) / anfangen v ‖ **~** (Textiles) / rüschen v, zusammenziehen v (in Falten), zusammennähen v (in Falten), raffen v ‖ **~** (Textiles) / kräuseln v (Nähmaschine) ‖ **~** vi / sich ansammeln v (Staub) ‖ **~**\* n (Glass) / Posten m, Glasposten m
**gathered blind** (Build, Textiles) / Raffstore f ‖ **~ effect** (Textiles) / Fältchenbildung f ‖ **~ seam** (Textiles) / eingehaltene Naht, geraffte Naht (wenn zum Zweck der Formgebung zwei verschieden lange Stoffkanten auf eine Länge gebracht werden müssen)
**gatherer**\* n (Glass) / Anfänger m (ein Facharbeiter)
**gathering**\* n (Bind) / Zusammentragen n (von gefalzten Bogen) ‖ **~**\* (Build) / Rauchkanal m zum Fuchs ‖ **~** (Glass) / Entnahme f ‖ **~** (Glass) / Entnahme f (aus dem Ofen) ‖ **~** (Glass) / Anfangen n ‖ **~** (Paint) / fleckiger Anstrich mit der Leimfarbe ‖ **~** (Textiles) / Kräuseln n, Kräuselung f (mit der Nähmaschine) ‖ **~** (Textiles) / Rüschen n, Zusammenziehen n (in Falten), Zusammennähen n (in Falten), Raffen f ‖ **~ bubble** (Glass) / Anfangsblase f, Stichblase f ‖ **~ conveyor** / Sammelband n (ein Fördermittel) ‖ **~ end** (Glass) / Entnahmeraum m, Arbeitsraum m (des Ofens) ‖ **~ facilities** (Oils) / Sammelleitungen f pl (mit kleinem Durchmesser) ‖ **~ ground** (Agric, Hyd Eng) / Entwässerungsgebiet n (DIN 4045) ‖ **~ ground** (Hyd Eng) / Einzugsgebiet n (das ober- und unterirdische Entwässerungsgebiet eines Flusses mit allen seinen Nebenflüssen - DIN 4045), Abflussgebiet n ‖ **~ hole** (in a glass pot or tank) (Glass) / Entnahmeloch n, Schaffloch n, Arbeitsloch n ‖ **~ iron** (Glass) / Anfangeisen n, Hefteisen n, Bindeeisen n, Nabeleisen n, Heftnabel m ‖ **~ pump** (Mining) / Vorortpumpe f (Pumpe, die das einem Betriebspunkt zulaufende Wasser abpumpt und der Hauptwasserhaltung zuführt) ‖ **~ ring** (Glass) / Ring m (ein zur Abgrenzung der Entnahmeflasche in die Arbeitswanne oder in den Hafen eingelegter schwimmender Schamottering), Kranz m ‖ **~ roller table** (Met) / Sammelrollgang m ‖ **~ system** (Oils) / Sammelleitungen f pl (mit kleinem Durchmesser) ‖ **~ temperature** (Glass) / Entnahmetemperatur f
**gating**\* n (Electronics) / Ausblenden n (Zeitsignale), Austasten n (von Zeitsignalen) ‖ **~** (Foundry) / Einlaufsystem n, Gießtrichter m ‖ **~** (Foundry) / Anschnitt-Technik f (Schritte, die beim Formen unternommen werden müssen, um eine Form so zu füllen, dass ein einwandfreier Abguss wird) ‖ **~** (Plastics) / Angusssystem n ‖ **~**\* (TV) / Impulssperrung f, Strahlsperrung f ‖ **~**\* (Weaving) / Einrichten n des Webstuhls
**GATT** (General Agreement on Tariffs and Trade) / GATT n (Allgemeines Zoll- und Handelsabkommen)
**Gattermann aldehyde synthesis** (Chem Eng) / Gattermann-Koch-Synthese f, Gattermann'sche Aldehydsynthese (nach L. Gattermann, 1860 - 1920) ‖ **~ carbon monoxide synthesis of aldehydes** (Chem Eng) / Gattermann-Koch-Synthese f, Gattermann'sche Aldehydsynthese (nach L. Gattermann, 1860 - 1920)
**Gattermann-Koch synthesis** (Chem Eng) / Gattermann-Koch-Synthese f, Gattermann'sche Aldehydsynthese (nach L. Gattermann, 1860 - 1920)
**Gattermann reaction**\* (chlorine or bromine may be introduced into the benzene or substituted benzene ring by diazoting the appropriate amine in the presence of the acid and decomposing the diazonium salt with copper powder) (Chem) / Gattermann-Reaktion f (ein Diazoniumaustausch - nach L. Gattermann, 1860-1920)
**gauche conformation** (Chem) / gauche-Konformation f, synclinale Konformation, synklinale Konformation ‖ **~ effect** (Chem) / Gauche-Effekt m (der Einfluss zweier vicinaler Gruppen X und Y in der Struktureinheit X-C-C-Y auf die Konformation einer Verbindung)
**gaudy** adj / grell adj, knallig adj (Farbe), schreiend adj (Farbe), aufdringlich adj (Farbe)
**gaufrage** n (Geol) / Deltaachse f (Schnittgerade zwischen Schichtung und Schieferung)
**gauge** v / maßkontrollieren v (nur Infinitiv und Partizip Perfekt) ‖ **~** (Build) / zurichten v (Ziegel) ‖ **~** (Build) / anmachen v (Mörtel) ‖ **~** (Build, Civ Eng) / zumessen v ‖ **~** (Eng, Instr) / lehren v (mit einem Kaliber), ablehren v ‖ **~** (Eng, Phys) / eichen v (nach gesetzlichen Vorschriften prüfen und bestätigen - DIN 1319, T 1), kalibrieren v, teilen v (eichen) ‖ **~** (Oils) / peilen v (einen Tank), messen v (einen Tank) ‖ **~** n (Aero) / Abstand m zwischen den Querhorizonten der

631

Befeuerung ‖ ~ (Build) / Gipsanteil *m* (im Kalkstuck) ‖ ~ (Build) / Lattenweite *f* (bei den Dachlatten), Dachlattenabstand *m* ‖ ~* (Cinema) / Breite *f*, Format *n* ‖ ~ (Eng) / Kaliber *n* (der innere Durchmesser von Rohren; der Durchmesser des Rohres einer Feuerwaffe) ‖ ~* (Eng, Instr) / Lehre *f* (Maß-, Form-, Grenz- als Form-, Maß- und Dimensionsverkörperng), Schablone *f*, Kaliber *n* ‖ ~* (Hyd Eng) / Pegel *m* (Gerät zum Messen des Wasserstandes am Fluss) ‖ ~ (control element showing e.g. the percentage of completion in form of dials, scales, etc.) (Instr) / Messwertanzeige *f* ‖ ~* (Instr) / Messapparat *m*, Messgerät *n* (DIN 1319, T 3), Messinstrument *n* ‖ ~* (Met) / [Draht-, Blech-]Stärke *f* ‖ ~* (Rail) / Spur *f*, Spurweite *f* (der Schienen eines Gleises) ‖ ~* (Textiles) / Gauge-Zahl *f*, gg-Zahl *f*, Gauge *n* (Maß zur Angabe der Maschenzahl), gg (Gauge) (Feinheitsbezeichnung für Cotton- und Raschelmaschinen) ‖ ~* (knitted fabrics) (Weaving) / Warendichte *f*, Gewebedichte *f*, Dichte *f*, Fadendichte *f* (DIN 53853), Einstellung *f*
**gauge bar** (Rail) / Spurstange *f* ‖ **~ block** (Eng) / Parallelendmaß *n* (ein Längenmaß-Normal nach DIN 861), Endmaß *m* (mit rechteckigem Querschnitt und parallelen Messflächen - DIN EN ISO 3650) ‖ **~ block** (Eng) / Block *m*, Zusammenstellung *f*, Kombination *f* (von Endmaßen)
**gauge-block interferometer** (Optics) / Interferenzkomparator *m* (ein Messgerät)
**gauge board** (Build) / Mörtelbrett *n* (Mörtelmischtisch), Ablageplatte *f* für den frischen Putzmörtel (etwa 1 m² groß), Mörtelmischtisch *m* ‖ **~ board** (Carp) / Teilbrett *n* (zum Anreißen von Treppenwangen), Winkelbrett *n*, Lehrbrettchen *n*, Treppenprofilschablone *f* ‖ **~ boson*** (photon, W, Z, gluon, graviton) (Nuc, Phys) / Eichboson *n* ‖ **~ box*** (Build, Civ Eng) / Abmesskasten *m*, Messkasten *m*, Zumessgefäß *n*, Abmessgefäß *n* ‖ **~ box*** (Build, Civ Eng) s. also measuring frame ‖ **~ cock*** (Eng) / Wasserstandshahn *m*, Hahn *m* am Wasserstandanzeiger
**gauged arch** (segmental arch of tapered bricks) (Arch, Build) / Wölbziegelbogen *m*
**gauge datum** (Hyd Eng) / Pegelnullpunkt *m*, Pegelnull *n*
**gauged brick** (Build) / Stein *m* mit hoher Maßhaltigkeit ‖ **~ mortar*** (Build) / Norm-Kalkzementmörtel *m* (nach Vorschrift gemischt)
**gauge door** (Mining) / Wettertür *f* mit Durchlassöffnung, Drosseltür *f*
**gauged plaster** (Build) / Kalkgipsputz *m* ‖ **~ plaster** (Build) / Hartputzgips *m* ‖ **~ stuff*** (Build) / Hartputzgips *m* ‖ **~ stuff** (Build) / Kalkgipsputz *m*
**gauge field** (Phys) / Eichfeld *n*
**gauge-fixing** *adj* (Phys) / eichungsfixierend *adj*
**gauge glass** (for the measurement of liquid levels) / Schauglas *n*, Sichtfenster *n* (meistens aus Glas) ‖ **~ glass*** (Eng) / Füllstandsanzeiger *m* ‖ **~ glass*** (Eng) / Flüssigkeitsstandanzeiger *m* ‖ **~ group** (Phys) / Eichgruppe *f* ‖ **~ height** (Hyd Eng) / Wasserstand *m* (eines Flusses), Wasserspiegelhöhe *f* (eines Flusses) ‖ **~ height** (Hyd Eng) / Pegelhöhe *f* ‖ **~ insert** (Instr) / Messeinsatz *m* (Testspitze für Messbolzen, die eingeschraubt sind) ‖ **~ invariance** (Phys) / Eichinvarianz *f* ‖ **~ length** (Hyd Eng) / Messlänge *f* (Länge zwischen den Messmarken einer Probe - DIN 50145) ‖ **~ line** (Eng) / Nietreihe *f* (als ideale Linie) ‖ **~ line** (Eng) / Nulllinie *f* (eine gedachte Linie, auf welche die Abmaße bezogen sind) ‖ **~ line** (Nut) / Füllstrich *m* (bei Trinkgläsern) ‖ **~ line** (Oils) / Messstrich *m* (geeichtes - zur Tankpeilung) ‖ **~ mark** / Eichstrich *m* (bei Gefäßen) ‖ **~ mark** (Materials) / Endmarke *f* (beim Zugversuch) ‖ **~ number*** / Blechdicke *f* (durch die Blechlehre ermittelt) ‖ **~ number*** (Met) / Drahtstärke *f*, Drahtdurchmesser *m* (bei runden Drähten - DIN 4188) ‖ **~ numbers** (Eng) / zifferngekennzeichnete Bohrerabmessungen (Reihe von 0,228 bis 0,0135 in.) ‖ **~ potential** (Phys) / Eichpotential *n* ‖ **~ pressure*** (Phys) / Überdruck *m* (atmosphärische Druckdifferenz nach DIN 1314), Manometerdruck *m* (statischer Druck in einem geschlossenen Raum gegenüber der Umgebung) ‖ **~ rod** (Build) / Messlatte *f* (fürs Anreißen der Stufen an der Wange) ‖ **~ rod** (Hyd Eng) / Peilstab *m* (auch für Tankmessungen), Peilstange *f* ‖ **~ slide** (screwed on) / Messeinsatz *m* (Testspitze für Messbolzen, die eingeschraubt sind) ‖ **~ stop** (Rail) / Klemmplatte *f* (für Schienen) ‖ **~ symmetry** (Phys) / Eichsymmetrie *f* ‖ **~ tape** (Oils) / Messband *n* (geeichtes - zur Tankpeilung) ‖ **~ theory*** (a quantum theory using mathematical functions to describe subatomic interactions in terms of particles that are not directly detectable) (Phys) / Eichfeldtheorie *f* ‖ **~ transformation** (Instr) / Umeichung *f* ‖ **~ transformation** (Phys) / Eichtransformation *f* (in der Quantenfeldtheorie, in der Elektrodynamik) ‖ **~ well** (Hyd Eng) / Pegelschacht *m* (ein offener Schacht, der mit dem Gerinne verbunden ist) ‖ **~ zero** (Hyd Eng) / Pegelnullpunkt *m*, Pegelnull *n*
**gauging** *n* / Messung *f* (DIN 1319, T 1), Messen *n* (DIN 1319, T 1), Vermessung *f* ‖ **~** (Build) / Anmachen *n* (z.B. des Mörtels) ‖ **~** (Build, Civ Eng) / Bestimmung *f* des Mischungsverhältnisses (bei Betonmischungen), Dosierung *f*, Zumessung *f* ‖ **~** (Eng, Instr, Phys) / Eichung *f* (DIN 1319, T 1), Eichen *n*, Kalibrierung *f*, Kalibration *f*,

Teilung *f* ‖ **~** (Hyd Eng) / Wasserstandsmessung *f* ‖ **~ box** (Build, Civ Eng) / Abmesskasten *m*, Messkasten *m*, Zumessgefäß *n*, Abmessgefäß *n* ‖ **~ plaster** (Build) / Feinputzgips *m* ‖ **~ pole** (Hyd Eng) / Peilstab *m* (auch für Tankmessungen), Peilstange *f* ‖ **~ rod** (Hyd Eng) / Peilstab *m* (auch für Tankmessungen), Peilstange *f* ‖ **~ station** (Hyd Eng) / Pegelstelle *f* (eine an einem offenen Gerinne ausgewählte Stelle für systematische Beobachtungen des Wasserstandes und/oder des Abflusses), Pegelstation *f*, Messstation *f* ‖ **~ station** (Tools) / Messstation *f* ‖ **~ water** (Build, Civ Eng) / Zugabewasser *n* (+ Oberflächenfeuchte des Zuschlags = Anmachwasser)
**gaugino** *n* (Nuc) / Gaugino *n*
**gaul** *n* (US) (in a finishing coat) (Build) / hohle Putzstelle
**gault clay** (Geol) / Mergelton *m*
**gaultheria oil** / Gaultheriaöl *n*, Wintergrünöl *n* (etherisches Öl aus den Blättern der Gaultheria procumbens L.)
**gauntlet** *n* (Rail) / Gleisverschlingung *f*
**gauntry** *n* (the trussed girders) (Build, Civ Eng) / Gerüst *n*, Gestell *n*, Krangerüst *n*
**gauss*** *n* (pl. gausses or gauss) (Mag) / Gauß *n* (nicht mehr zugelassene Einheit der magnetischen Induktion = $10^{-4}$ T) ‖ **~*** (Mag) s. also tesla
**Gauss-Bonnet theorem** (Maths) / Gauß-Bonnet'scher Satz (nach O. Bonnet, 1819-1882), Satz *m* von Gauß-Bonnet
**Gauss-Codazzi equations** (Maths) / Mainardi-Codazzi'sche Gleichungen (zwei Integrabilitätsbedingungen für das Umkehrproblem der Flächentheorie - nach G. Mainardi, 1800 - 1879, und D. Codazzi, 1824 - 1873)
**Gauss' coordinates** (Maths) / krummlinige Koordinaten, Gauß'sche Koordinaten ‖ **~** (hypergeometric) **differential equation*** (Maths) / hypergeometrische Differentialgleichung, Gauß'sche Differentialgleichung
**Gauss effect** (Phys) / Gauß-Effekt *m* (ein galvanomagnetischer Effekt)
**Gauss' equation** (Maths) / Theorema *n* egregium (die Gauß'sche Krümmung einer Fläche bleibt bei isometrischen Abbildungen invariant) ‖ **~ error curve** (Stats) / Normalverteilungskurve *f*, Gauß'sche Verteilungskurve, Gauß'sche Glockenkurve, Gauß'sche Fehlerkurve, Glockenkurve (ein Wahrscheinlichkeitsraum)
**Gauss eyepiece** (Light, Optics) / Gauß'sches Okular (ein Autokollimationsokular nach C.F. Gauß, 1777-1855)
**gaussian** *n* (Chem) / Gaussian *n* (Programmsystem für Ab-initio-Rechnungen) ‖ **~** *adj* (Phys, Stats) / gaußförmig *adj*, gaußverteilt *adj* ‖ **~ algorithm** (Maths) / Gauß-Algorithmus *m* ‖ **~ beam** (Light) / Gauß'scher Strahl (ein Lichtstrahl, bei dem die Verteilung der elektrischen Feldes in einer Ebene senkrecht zur Ausbreitungsrichtung gaußförmig ist) ‖ **~ bracket** (Maths) / Gauß'sche Klammer, Gaußklammer *f* ‖ **~ curvature*** (Maths) / Gauß'sche Krümmung (Produkt aus den beiden Hauptkrümmungen einer Fläche), Gauß'sches Krümmungsmaß ‖ **~ curve** (Stats) / Normalverteilungskurve *f*, Gauß'sche Verteilungskurve, Gauß'sche Glockenkurve, Gauß'sche Fehlerkurve, Glockenkurve (ein Wahrscheinlichkeitsraum) ‖ **~ differential equation** (Maths) / hypergeometrische Differentialgleichung, Gauß'sche Differentialgleichung ‖ **~ distribution*** (Stats) / Normalverteilung *f* (DIN 1319-1), Gauß-Verteilung *f*, Gauß'sche Verteilung ‖ **~ elimination** (a particular systematic procedure for solving a set of linear equations in several unknowns) (Maths) / Gauß'scher Algorithmus, Gauß'sches Eliminationsverfahren (zur Lösung von linearen Gleichungssystemen im Allgemeinen), Gauß-Algorithmus *m* (wenn beim Lösen von linearen Gleichungssystemen Variable sukzessive eliminiert werden) ‖ **~ filter** (Telecomm) / Gauß-Filter *n* ‖ **~ frequency-shift keying** (Telecomm) / Gauß'sche Frequenzumtastung (ein digitales Trägermodulationsverfahren) ‖ **~ function** (Chem, Maths, Phys) / Gauß-Funktion *f* ‖ **~ function** (Chem, Maths, Phys) s. also normal distribution curve ‖ **~ mean-value theorem** (Maths) / Gauß'scher Mittelwertsatz ‖ **~ noise** (whose distribution of amplitude over time is Gaussian) (Acous) / Gauß'sches Rauschen (wenn die Verteilung der Amplituden bei den einzelnen Frequenzen einer Gauß-Verteilung ist) ‖ **~ noise** (Maths) / Wiener'scher Prozess (einer Brown'schen Standardbewegung - nach N. Wiener, 1894-1964) ‖ **~ noise*** (Acous) s. also random noise ‖ **~ optics*** (Optics) / Gauß'sche Dioptrik (Lehre von der optischen Abbildung mit Hilfe des fadenförmigen Raumes) ‖ **~ pulse** (Electronics) / Gauß'scher Impuls, Gauß-Impuls *m* (DIN 40 146-3) ‖ **~ ψ-function** (Maths) / Gauß'sche ψ-Funktion *f* (die logarithmische Ableitung der Gammafunktion), Digammafunktion *f* ‖ **~ quadrature formula** (Maths) / Gauß'sche Quadraturformel *f* ‖ **~ quantity** (Stats) / normalverteilte Größe ‖ **~ reduction** (Maths) / Gauß-Jordan-Verfahren, Verfahren *n* von Gauß-Jordan ‖ **~ region** (Optics) / Gauß'sches Gebiet, paraxiales Gebiet (Bereich des fadenförmigen Raumes) ‖ **~ variable** (Stats) / normalverteilte Größe ‖ **~ weighing method** (Phys) / Vertauschungswägen *n*, Vertauschungsverfahren *n*

(Doppelwägung), Gauß'sche Doppelwägung, Gauß'sche Wägung ‖ ⁓ **well**\* (Phys) / Gauß'sches Potential
**Gauss image point** (Optics) / Gauß'scher Bildpunkt, paraxialer Bildpunkt
**Gauss-Jordan elimination** (an extension of the method of Gaussian elimination) (Maths) / Gauß-Jordan-Verfahren n, Verfahren n von Gauß-Jordan
**Gauss-Laplace distribution** (Stats) / Normalverteilung f (DIN 1319-1), Gauß-Verteilung f, Gauß'sche Verteilung
**Gauss-Markov theorem** (the basic theorem of least squares estimation) (Stats) / beste lineare erwartungstreue Schätzung, Gauß-Markow-Schätzung f
**Gauss' mean-value theorem** (Maths) / Gauß'scher Mittelwertsatz
**gaussmeter**\* n (a magnetometer) (Elec Eng) / Fluxmeter n, Flussmesser m (ein Kriechgalvanometer mit hoher Dämpfung und ohne Rückstellkraft)
**Gauss method** (of weighing) (Phys) / Vertauschungswägen n, Vertauschungsverfahren n (Doppelwägung), Gauß'sche Doppelwägung, Gauß'sche Wägung
**Gauss' multiplication theorem** (Maths) / Gauß'sches Multiplikationstheorem
**Gauss objective lens** (Optics, Photog) / Gauß-Objektiv n (mit zwei dicken Menisken beiderseits der Aperturblende) ‖ ⁓ **points** (Optics) / Kardinalpunkte m pl (optische Kardinalelemente)
**Gauss' region** (Optics) / Gauß'sches Gebiet, paraxiales Gebiet (Bereich des fadenförmigen Raumes)
**Gauss-Seidel method** (Maths) / Gauß-Seidel-Verfahren n, Einzelschrittverfahren n (zur Lösung linearer Gleichungssysteme)
**Gauss' theorem**\* (Maths) / Gauß'scher Satz der Vektoranalysis, Gauß-Ostrogradski'sche Formel ‖ ⁓ **theorem** (Maths) / Integralsatz m von Gauß, Gauß-Ostrogradski'scher Integralsatz (nach M. W. Ostrogradski, 1801 - 1862), Gauß'scher Integralsatz
**gauze** v (Bind) / begazen v (mit Gaze) ‖ ~ n (Meteor) / Dunst m, leichter Nebel ‖ ~ (Mining) / Drahtkorb m (einer alten Wetterlampe) ‖ ~\* (Textiles) / Mull m (dünnes, weitmaschiges Baumwollgewebe), Gaze f (Verbandmull) ‖ ~ (Textiles) / reiner Dreher ‖ ~ **brushes**\* (Elec Eng) / Drahtgewebebürsten f pl ‖ ~ **lining** (Textiles) / Steifgaze f, Futtergaze f, Futtermull m (mit steifender Appretur versehener Einlagefutterstoff) ‖ ~ **lining** (Textiles) s. also stiffening ‖ ~ **mat** (Chem) / Drahtnetz n (für den Brenner)
**gavel**\* n (Build) / Steinmetzhammer m ‖ ~ (Build) / Giebel m
**gavelock**\* n (Tools) / Brecheisen n, Brechstange f
**Gay-Lussac's law**\* (Chem) / Gay-Lussac-Gesetz n, Boyle-Gay-Lussac-Gesetz n (erstes - ein Gasvolumengesetz nach J.L. Gay-Lussac, 1778-1850) ‖ ⁓ **law**\* (a gas law) (Phys) / Charles'sches Gesetz (nach J.A.C. Charles, 1746-1823), Amontons'sches Gesetz (nach G. Amontons, 1663-1705), Gay-Lussac-Humboldt'sches Gesetz (nach A. Frhr. v. Humboldt, 1769-1859)
**Gay-Lussac tower** (Chem Eng) / Gay-Lussac-Turm m (Absorptionsturm bei der Gewinnung von Schwefelsäure nach dem Bleikammerverfahren - heute restlos veraltet)
**gay-lussite**\* n (Min) / Gaylussit m (wasserhaltiges Karbonat)
**gaze axis** (Optics) / Blickachse f
**gazebo** n (Arch) / Altan m
**gazetteer** n (Geog) / [geografisches] Namenverzeichnis n, Namenregister n (wenn nur Ortsnamen angeführt)
**gazogene** n (Autos) / Gasgenerator m (z.B. ein Holzgasgenerator) ‖ ~ (Nut) / Imprägnierpumpe f (zur Herstellung kohlensäurehaltiger Getränke)
**GC** (gas chromatography) (Chem) / Gaschromatografie f, GC (Gaschromatografie)
**GCA**\* (ground-controlled approach) (Aero, Radar) / GCA-Anflug m, bodenseitig kontrollierter Anflug, GCA-Landung f, bodengeführte Landung (z.B. mit Präzisionsanflugradar) (beim GCA-Verfahren)
**GC analysis** (Chem) / gaschromatografische Analyse, GC-Analyse f
**G.C.D.** (greatest common divisor) (Maths) / größter gemeinsamer Teiler, ggT (größter gemeinsamer Teiler), g.g.T.
**gcd** (greatest common divisor) (Maths) / größter gemeinsamer Teiler, ggT (größter gemeinsamer Teiler), g.g.T.
**GCI**\* (ground-controlled interception) (Aero, Mil) / GCI-Verfahren n, vom Boden geleitetes Abfangen
**GC instrument** (Chem) / GC-Instrument n
**G clamp**\* n (Join, Tools) / Schraubzwinge f (Furnierherstellung), Stutzen m (große Schraubzwinge)
**GC-MS** (gas chromatography-mass spectroscopy) (Chem) / Gaschromatografie-Massenspektrometrie f ‖ ⁓ **coupling** / GC-MS/Kopplung f
**GCP** (ground control point) (Aero, Radar) / Bodenkontrollpunkt m
**GCR** (gas-cooled reactor) (Nuc Eng) / gasgekühlter Reaktor
**G cramp**\* n (Join, Tools) / Schraubzwinge f (Furnierherstellung), Stutzen m (große Schraubzwinge)

**GCS** (gate-controlled switch) (Electronics) / abschaltbarer Thyristor
**GC technique** (Chem) / gaschromatografische Technik, GC-Technik f
**Gd** (gadolinium) (Chem) / Gadolinium n (nach dem finnischen Chemiker J. Gadolin, 1760 - 1852), Gd (Gadolinium)
**GDI** (graphics-device interface) (Comp) / Graphics Device Interface n, GDI (Graphics Device Interface) ‖ ⁓ (gender-related development index) (Stats) / geschlechtsbezogener Entwicklungsindex (in den Berichten der UNO über die menschliche Entwicklung), GDI (geschlechtsbezogener Entwicklungsindex)
**G display**\* (Radar) / G-Darstellung f (ähnlich F-Darstellung, mit Anzeige der Entfernung)
**GDL** (glucono delta-lactone) (Nut) / Gluconodelta-Lakton n (E 575), D-Gluconsäure-5-lacton n, Glucono-δ-lacton n
**GDMS** (glow-discharge mass spectrometry) (Spectr) / Massenspektrometrie f nach Glühentladung, Glimmentladungsmassenspektrometrie f, GD-MS f (Glimmentladungsmassenspektrometrie)
**GDOP** (geometric dilution of precision) (Nav) / Geometric Dilution of Precision f (geometrische Verschlechterung der Genauigkeit), GDOP (geometric dilution of precision)
**GDOS** (glow-discharge optical spectroscopy) (Spectr) / optische Emissionsspektroskopie mit Glimmlampenanregung, Glimmentladungsspektroskopie f, GDOS (Gasentladungsspektroskopie)
**GDP** (gross domestic product) / Bruttoinlandsprodukt n, BIP (Bruttoinlandsprodukt) ‖ ⁓ (generalized drawing primitive) (Comp) / verallgemeinertes Darstellungselement, VDE (verallgemeinertes Darstellungselement)
**GDPS** (Global Data Processing System) (Meteor) / globales Datenverarbeitungssystem (eine Komponente der Weltwetterwacht)
**Ge** (germanium) (Chem) / Germanium n, Ge (Germanium)
**GE** (Gaussian elimination) (Maths) / Gauß'scher Algorithmus, Gauß'sches Eliminationsverfahren (zur Lösung von linearen Gleichungssystemen im Allgemeinen), Gauß-Algorithmus m (wenn beim Lösen von linearen Gleichungssystemen Variable sukzessive eliminiert werden)
**GEA dry cooling system** / GEA-System n (ein Trockenkühlverfahren, direkte Luftkondensation (des Abdampfs)
**geanticline**\* n (Geol) / Geantiklinale f (großräumige Aufwölbung der Erdkruste), Geantikline f, Geoantiklinale f
**gear** v (Eng) / einkuppeln v, einspuren v, einrücken vt, in Eingriff bringen, einschalten vt ‖ ~ vi (Eng) / eingreifen vi, kämmen vi (Zahnräder), im Eingriff stehen, ineinander greifen v ‖ ~\* n (a collective term for equipment that performs a specific function) / Ausrüsten f (Ausrüsten und Gesamtheit der Geräte), Gerät(e) n (pl), Geräteausrüstung f, Ausstattung f, Apparatur f (Gesamtheit der Geräte), Einrichtung f ‖ ~ (landing gear) (Aero) / Fahrgestell n, Fahrwerk n ‖ ~ (landing gear) (Aero) / Landeeinrichtung f (z.B. Radfahrwerk, Schwimmer) ‖ ~\* (Autos) / Gang m (erster, zweiter usw.), Geschwindigkeit f (Gang) ‖ ~ (Eng) / Zahnräderwerk n ‖ ~\* (Eng) / Transmission f (Vorrichtung zur Kraftübertragung) ‖ ~\* (Eng) / Zahnrad n (im Getriebe), Getrieberad n ‖ ~\* (Eng, Mech) / Getriebe n (Mechanismus, dessen Glied angetrieben wird) ‖ ~ (Eng, Tools) / Werkzeugsatz m (für bestimmte Aufgaben) ‖ ~ (Ships) / Geschirr n (ein Gesamt an Geräten) ‖ ~\* (Tools) / Werkzeuge n pl (als Sammelbegriff), Ausstattung f (mit Werkzeugen und Maschinen), Werkzeugausrüstung f, Werkzeugbestückung f, Ausrüstung f (mit Werkzeugen und Maschinen) ‖ **out of** ~ (Eng) / außer Eingriff, ausgerückt adj ‖ ~ **blank** (Eng) / Zahnradrohling m
**gearbox**\* n (Autos) / Getriebe n (mit veränderbarer Übersetzung), Schaltgetriebe n ‖ ~\* (Autos) / Getriebegehäuse n ‖ ~\* (Eng) / Getriebekasten m, Räderkasten m ‖ ~ (Eng) / Getriebegehäuse n ‖ ~ **casing** (Autos) / Getriebegehäuse n ‖ ~ **extension** (Autos) / Getriebefortsatz m ‖ ~ **housing** (Autos) / Getriebegehäuse n ‖ ~ **input shaft** (Autos) / Getriebeeingangswelle f, Getriebeantriebswelle f ‖ ~ **interface** (Autos) / getriebeseitiger Anschluss (der Gelenkwelle) ‖ ~ **output shaft** (Autos) / Getriebeabtriebswelle f, Getriebeausgangswelle f
**gear case** (Rail) / Getriebeschutzkasten m (in der Elektrotraktion)
**gearcase**\* (US) (Autos) / Getriebe n (mit veränderbarer Übersetzung), Schaltgetriebe n
**gear-chamfering machine** (Eng) / Zahnkantenfräsmaschine f, Zahnkantenanfasmaschine f, Zahnkantenabrundmaschine f
**gear change** (Autos) / Gangschaltung f, Schaltung f, Gangwechsel m
**gear-change linkage** (Autos) / Schaltgestänge n
**gear cluster**\* (Eng) / Block m von Zahnrädern ‖ ~ **compressor** (Eng) / Zahnradverdichter m ‖ ~ **crimping** (Textiles) / Zahnradtexturierung f, Zahnradkräuseln n ‖ ~ **cutter**\* (Eng, Tools) / Zahnformfräser m, Zahnradfräser m, Verzahnwerkzeug n ‖ ~ **cutting** (Eng) / spanende Zahnradherstellung

633

**gear-cutting**

**gear-cutting attachment** (Eng) / Verzahnvorrichtung *f* (der Drehmaschine) ‖ ~ **tool** (Eng, Tools) / Zahnformfräser *m*, Zahnradfräser *m*, Verzahnwerkzeug *n*
**gear-deburring machine** (Eng) / Zahnradentgratmaschine *f*
**gear down** (Aero) / ausgefahrenes Fahrwerk ‖ ~ **down** *v* (Autos) / herunterschalten *v*, einen niedrigeren Gang einlegen, zurückschalten *v* ‖ ~ **drive** (Eng) / Zahnradantrieb *m*, Zahnantrieb *m*, positiver Antrieb
**gear-driven** *adj* (Eng) / zahnradgetrieben *adj*
**gear driving** (Eng) / Zahnradantrieb *m*, Zahnantrieb *m*, positiver Antrieb
**geared** *adj* (Aero) / mit Untersetzungsgetriebe (zwischen Motor- und Luftschraubenwelle) ‖ ~ (to) (Maths) / über Getriebe verbunden ‖ ~ **compressor** (Eng) / Getriebeverdichter *m*, Getriebekompressor *m*
**geared-down** *adj* (Aero) / mit Untersetzungsgetriebe (zwischen Motor- und Luftschraubenwelle) ‖ ~ **propeller** (Aero) / untersetzter Propeller, untersetzte Luftschraube
**geared head** (Cinema) / Getriebekopf *m* (ein Stativkopf) ‖ ~ **headstock** (fitted with back gear) (Eng) / Räderspindelstock *m* ‖ ~ **lathe*** (Eng) / Drehmaschine *f* mit Rädervorgelege
**geared-quill drive** (Elec Eng, Rail) / Westinghouseantrieb *m*, Lokomotivantrieb *m* mit Doppelmotor, Hohlachse und Zwischenfedern
**geared turbogenerator*** (Elec Eng) / Getriebeturbine *f*
**gear error** (Eng) / Verzahnungsfehler *m* ‖ ~ **for non-uniform transmission** (Eng) / ungleichmäßig übersetzendes Zahnrad ‖ ~ **geometry** (Eng) / Verzahnungsgeometrie *f* ‖ ~ **grease** (Eng) / Getriebefett *n*
**gear-grinding by generating** (Eng) / Wälzschleifen *n* (von Zahnrädern - DIN 8589-11), Abwälzschleifen *n*, Zahnflankenschleifen *n* ‖ ~ **by generation** (Eng) / Wälzschleifen *n* (von Zahnrädern - DIN 8589-11), Abwälzschleifen *n*, Zahnflankenschleifen *n* ‖ ~ **machine** (Eng) / Wälzschleifmaschine *f*, Zahnflankenschleifmaschine *f*, Zahnradschleifmaschine *f*
**gear hammering** (Autos, Eng) / Getriebehämmern *n* ‖ ~ **hobbing** (Eng) / Abwälzfräsen *n*, Wälzfräsen *n* (Herstellung von Verzahnungen) ‖ ~ **howling** (Autos, Eng) / Getriebeheulen *n*
**gearing** *n* (Autos) / Getriebeabstufung *f* ‖ ~ (Autos, Eng) / Rädergetriebe *n*, Schaltgetriebe *n*, Wechselgetriebe *n*, Getriebe (Schaltgetriebe) ‖ ~* (Eng) / Räderwerk *n*, Räderzug *m* (zur Kräfteübertragung) ‖ ~ (Eng) / Ineinandergreifen *n*, Eingriff *m* (der Verzahnung mit der Gegenverzahnung), Kämmen *n* (DIN 3960) ‖ ~ (Eng) / Einrücken *n*, Eingreifen *n*, Eingriff *m* (Einrücken), Einschaltung *f* (Einrücken) ‖ ~ (Eng) / Zahnradgetriebe *n* ‖ ~* (Eng, Mech) / Getriebe *n* (Mechanismus, dessen Glied angetrieben wird) ‖ ~ **-down*** *n* (Autos) / Herunterschalten *n*, Einlegen *n* eines niedrigeren Ganges ‖ ~ **error** (Eng) / Verzahnungsfehler *m* ‖ ~ **fault** (Eng) / Verzahnungsfehler *m* ‖ ~ **fault** (Eng) s. also individual error ‖ ~ **ratio** (Autos) / Getriebeabstufung *f* ‖ ~ **ratio** (Autos) / Übersetzungsverhältnis *n* (bei Zahnrädern), Übersetzung *f* (bei Zahnrädern nach DIN 5479) ‖ ~ **tolerance** (Eng) / Verzahnungstoleranz *f* ‖ ~**-up*** *n* (Autos) / Heraufschalten *n*, Einlegen *n* eines höheren Ganges, Hochschalten *n* ‖ ~ **with modified profile** (Eng) / profilverschobene Verzahnung (von Zahnrädern)
**gearless locomotive*** (Elec Eng, Rail) / Elektrolokomotive *f* mit Einzelachsantrieb ‖ ~ **motor*** (Elec Eng) / getriebeloser Motor, Achsmotor *m*, Motor *m* für direkten Antrieb
**gear lever*** (Autos) / Schalthebel *m*, Gangschalthebel *m*
**gear-lever knob** (Autos) / Schaltknauf *m*
**gear•-lubrication oil** / Getriebeöl *n*, Transmissionsöl *n* ‖ ~ **manufacture** (Eng, Horol) / Zahnradfertigung *f*, Zahnradherstellung *f*, Verzahnen *n*, Verzahnungsherstellung *f* ‖ ~ **manufacturing** (Eng, Horol) / Zahnradfertigung *f*, Zahnradherstellung *f*, Verzahnen *n*, Verzahnungsherstellung *f* ‖ ~ **manufacturing machine** (Eng) / Verzahnmaschine *f* (zur Herstellung verzahnter Werkstücke) ‖ ~ **marks*** *pl* (Print) / Zahnstreifen *m pl* ‖ ~ **material** (Eng) / Zahnradwerkstoff *m* ‖ ~ **miller** (Eng) / Zahnradfräsmaschine *f* ‖ ~ **motor** (Eng) / Getriebemotor *m* ‖ ~ **noise** (Autos, Eng) / Getriebegeräusch *n* ‖ ~ **oil** (Eng) / Getriebeöl *n*, Transmissionsöl *n* ‖ ~ **pair** (basic gear-drive mechanism) (Eng) / Räderpaar *n*, Radpaar *n*, Zahnräderpaar *n*, Zahnradpaar *n* ‖ ~ **parameter** (Eng) / Verzahnungsgröße *f* ‖ ~ **planer** (Eng) / Wälzhobelmaschine *f* (Verzahnmaschine zur Herstellung von Außenverzahnungen im Einzel- oder Gruppenteilverfahren mit einem Hobelkamm) ‖ ~ **puller** (Autos, Tools) / Radabzieher *m* ‖ ~ **pump*** (Eng) / Zahnradpumpe *f* (eine Verdrängerpumpe), Zahnpumpe *f* ‖ ~ **pump with external teeth** (Eng) / Zahnradpumpe *f* mit Außenverzahnung ‖ ~ **quadrant** (Eng) / Räderschere *f*, Wechselräderschere *f* (bei alten Drehmaschinen) ‖ ~ **range** (Autos) / Fahrbereich *m* (bei Automatikgetriebe) ‖ ~ **ratio** (Autos) / Getriebeabstufung *f* ‖ ~ **ratio**

(Autos, Eng) / Übersetzungsverhältnis *n* (bei Zahnrädern), Übersetzung *f* (bei Zahnrädern nach DIN 5479)
**gear-rolling machine** (Eng) / Zahnradrollmaschine *f* (zum Glattwalzen der Zahnflanken vorverzahnter Werkstücke)
**gear roll testing machine** (Eng) / Zahnradprüfmaschine *f* ‖ ~ **roughing** (Eng) / Vorverzahnen *n* (Grobbearbeitung der Verzahnung)
**gears** *pl* (Eng) / Zahnradgetriebe *n*
**gear set** (Eng) / Räderwerk *n*, Räderzug *m* (zur Kräfteübertragung) ‖ ~ **shaft** (Eng) / Radwelle *f* ‖ ~ **shaper** (Eng) / Zahnradstoßmaschine *f* (Verzahnmaschine zur Herstellung von gerad- oder schrägverzahnten Stirnrädern im stetigen Wälzverfahren mit einem Schneidrad), Wälzstoßmaschine *f* ‖ ~**-shaping cutter** (Eng) / Zahnradschneidrad *n* ‖ ~ **shaving** (Eng) / Zahnradschaben *n*, Wälzschaben (der Zahnräder) ‖ ~**-shaving machine** (Eng) / Zahnradschabmaschine *f*, Wälzschabmaschine *f*
**gearshift** *n* (US) (Autos) / Gangschaltung *f*, Schaltung *f*, Gangwechsel *m* ‖ ~ (US) (Autos) / Schalthebel *m*, Gangschalthebel *m* ‖ ~ **boot** (Autos) / Schaltmanschette *f* ‖ ~ **control** (Autos) / Getriebesteuerung *f* (als Tätigkeit)
**gear-shifting gate** (Autos) / Schaltkulisse *f*
**gearshift knob** (Autos) / Schaltknauf *m* ‖ ~ **lever** (US) (Autos) / Schalthebel *m*, Gangschalthebel *m* ‖ ~ **linkage** (Autos) / Schaltgestänge *n* ‖ ~ **pattern** (Autos) / Schaltschema *n* (z.B. in der Schaltkulisse)
**gear sizes** (Eng) / Zahnradgrößen *f pl*
**gearstick** *n* (Autos) / Schalthebel *m*, Gangschalthebel *m*
**gear-tooth contact pattern** (Eng) / Tragbild *n* (die sich unter Belastung ausbildende Druckfläche an den Zahnflanken)
**gear-tooth forming*** (Eng, Horol) / Zahnradfertigung *f*, Zahnradherstellung *f*, Verzahnen *n*, Verzahnungsherstellung *f*
**gear-tooth generating** (Eng, Horol) / Zahnradfertigung *f*, Zahnradherstellung *f*, Verzahnen *n*, Verzahnungsherstellung *f* ‖ ~ **geometry** (Eng) / Verzahnungsgeometrie *f*
**gear train** (Eng) / mehrfache Radpaarung, Getriebezug *m* (DIN 868) ‖ ~ **train*** (Eng) / Räderwerk *n*, Räderzug *m* (zur Kräfteübertragung) ‖ ~ **transmission** (Eng) / Rädergetriebe *n*, Schaltgetriebe *n*, Wechselgetriebe *n*, Getriebe *n* (Schaltgetriebe) ‖ ~**-type pump** (Eng) / Zahnradpumpe *f* (eine Verdrängerpumpe), Zahnpumpe *f* ‖ ~ **up** (Autos) / heraufschalten *v*, einen höheren Gang einlegen, hochschalten *v*
**gearwheel*** *n* (Eng) / Zahnrad *n* (im Getriebe), Getrieberad *n* ‖ ~ **pump** (Eng) / Zahnradpumpe *f* (eine Verdrängerpumpe), Zahnpumpe *f*
**gear whining** (Autos, Eng) / Getriebeheulen *n*
**gebanga** *n* (Textiles) / Faser *f* der Schopfpalme (Corypha utan Lam.), Buripalmenfaser *f*, Faser *f* der Gebangpalme
**gedanite** *n* (Min) / Gedanit *m*, spröder Bernstein
**gedrite*** *n* (Min) / Gedrit *m* (ein aluminiumhaltiger Anthophyllit)
**gedu nohor** (For) / Tiama-Mahagoni *n*, Tiama *n* (aus Entandrophragma angolense (Welw.) C. DC.), Edinam *n*, TIA (Tiama-Mahagoni)
**gee** *n* (Nav) / Gee-Verfahren *n* (ein altes Funknavigationsverfahren im Frequenzbereich 20-85 MHz)
**geek** *n* (Comp) / Computerspezialist *m*, Techie *m*
**Geer oven** (Chem Eng) / Geer-Ofen *m* (Trockenschrank mit Luftumwälzung zur beschleunigten Alterung von Gummiproben bei erhöhter Temperatur)
**geest** *n* (Geog) / Geest *f* (ein Landschaftstyp im nordwestdeutschen Küstengebiet) ‖ ~ (Geol) / Gesteinszerfallprodukte *n pl* in situ
**GEF** (Global Environment Facility) (Ecol) / Globale Umweltfazilität (Umweltfonds für Entwicklungsländer), GEF (Globale Umweltfazilität)
**Gegenbauer functions** (Maths) / Gegenbauer-Funktionen *f pl* (metasphärische Funktionen) ‖ ~ **functions** (Maths) s. also Legendre functions ‖ ~ **polynomials** (Maths) / Gegenbauer'sche Polynome *n pl* (Lösung der Gegenbauer'schen Differentialgleichung - nach L. Gegenbauer, 1849-1903)
**gegenion*** (Chem) / Gegenion *n* (mit entgegengesetztem Ladungsvorzeichen)
**gegenschein*** *n* (Astron) / Gegenschein *m* (des Zodiakalbandes)
**gehlenite*** *n* (Met, Min) / Gehlenit *m* (ein Schlackenmineral der Melilithgruppe)
**Gehlhoff spring** (Glass) / Quellpunkt *m*, Quellbereich (Bereich aufsteigender Glasströmungen in Glasschmelzaggregaten)
**Geiger counter*** (Nuc, Radiol) / Geiger-Müller-Zählrohr *n*, Geiger-Zähler *m*, Auslösezählrohr *n* (nach H. Geiger, 1882-1945, und W.M. Müller, 1905-1979)
**Geiger-Marsden experiment** (Nuc) / Geiger-Marsden-Versuch (nach E. Marsden, 1889 - 1970)
**Geiger-Mueller radiation counter** (Nuc, Radiol) / Geiger-Müller-Zählrohr *n*, Geiger-Zähler *m*, Auslösezählrohr *n* (nach H. Geiger, 1882-1945, und W.M. Müller, 1905-1979) ‖ ~

**region** (Nuc) / Geiger-Müller-Bereich *m*, Auslösebereich *m* (des Zählrohrs), Geiger-Bereich *m* (des Zählrohrs) || ≃ **threshold** (Nuc, Radiol) / Geiger-Schwelle *f* (Zählrohr)
**Geiger-Müller counter*** (Nuc, Radiol) / Geiger-Müller-Zählrohr *n*, Geiger-Zähler *m*, Auslösezählrohr *n* (nach H. Geiger, 1882-1945, und W.M. Müller, 1905-1979)
**Geiger-Müller region** (Nuc) / Geiger-Müller-Bereich *m*, Auslösebereich *m* (des Zählrohrs), Geiger-Bereich *m* (des Zählrohrs)
**Geiger-Nuttall relation(ship)*** (Nuc) / Geiger-Nuttall'sche Beziehung (zwischen Halbwertszeit und Energie der Alphastrahlen radioaktiver Stoffe), Geiger-Nuttall'sches Gesetz (nach J.M. Nuttall, 1890-1958), Geiger-Nuttall-Regel *f*
**Geiger-Nuttall rule** (Nuc) / Geiger-Nuttall'sche Beziehung (zwischen Halbwertszeit und Energie der Alphastrahlen radioaktiver Stoffe), Geiger-Nuttall'sches Gesetz (nach J.M. Nuttall, 1890-1958), Geiger-Nuttall-Regel *f*
**Geiger plateau*** (Nuc, Radiol) / Geiger-Plateau *n* || ≃ **region*** (Nuc, Nuc Eng) / Geiger-Müller-Bereich *m*, Auslösebereich *m* (des Zählrohrs), Geiger-Bereich *m* (des Zählrohrs) || ≃ **region*** (Nuc) s. also Geiger plateau || ≃ **threshold*** (Nuc, Nuc Eng, Radiol) / Geiger-Schwelle *f* (Zählrohr)
**geison** *n* (Arch) / Geison *n* (pl. -s oder Geisa) (horizontal verlaufendes Kranzgesims einer dorischen Ordnung), Korona *f* (pl. -onen) (Geison)
**Geissler tube** (Spectr) / Geißler-Röhre *f* (mit spektralreinem Gas oder Dampf gefüllte Gasentladungslichtquelle für spektroskopische Zwecke), Geißler'sche Röhre (nach H. Geißler, 1814-1879)
**gel** *vi* / gelieren *v*, gelatinieren *vi*, zu Gelee erstarren || ~ (Chem) / in den Gelzustand übergehen, gelieren *v*, gelatinieren *v* || ~* *n* (Chem) / Gel *n* (ein aus mindestens zwei Komponenten bestehendes kohärentes kolloides System)
**gelant** *n* (Chem, Nut) / Geliermittel *n* (das schnittfeste Gele bildet - E 401 bis E 440), Gelbildner *m* (z.B. Gelatine, Gellan und Pektine), Gelatinierungsmittel *n*
**gelatin*** *n* (a water-soluble protein derived from animal collagen) (Chem) / Gelatine *f* (Xerogel) || ~* (Chem) / Gallerte *f*, Gallert *n* || ~* (Chem, Nut) / Gelee *n* || ~ **capsule** (Pharm) / Gelatinekapsel *f* (zur Arzneistoffverabreichung) || ~ **dynamite** / Gelatinedynamit *n* (durch Auflösen von Kollodiumwolle in Nitroglyzerin hergestellter Sprengstoff)
**gelatine** *n* (GB)* (Chem) / Gelatine *f* (Xerogel) || ~* (Chem, Nut) / Gelee *n* *m* || ~ **emulsion** (Photog) / Gelatine-Emulsion *f*
**gelatin effect** (Photog) / Gelatineeffekt *m* (ein Entwicklungseffekt), Ross-Effekt *m* (Gelatineeffekt) || ~ **filter*** (Photog) / Gelatinefilter *n* (ein Farbfilter), Folienfilter *n*
**gelatinise** *vi* (GB) / gelieren *v*, gelatinieren *vi*, zu Gelee erstarren || ~ *vt* (GB) / gelieren lassen, gelatinieren *vt*, in Gelee überführen || ~ (GB) (Nut) / mit Gelatine überziehen, in Aspik einlegen
**gelatinization** *n* / Verkleisterung *f* (des Stärkekörpers)
**gelatinize** *vi* / gelieren *v*, gelatinieren *vi*, zu Gelee erstarren || ~ *vt* / gelieren lassen, gelatinieren *vt*, in Gelee überführen || ~ (Nut) / mit Gelatine überziehen, in Aspik einlegen
**gelatinized gasoline** (Fuels) / gelatiniertes Benzin || ~ **reducer** (Print) / Druckfarbengelee *n* || ~ **starch** (Nut) / Quellstärke *f*, verkleisterte Stärke, gelatinierte Stärke
**gelatinizing agent** (Chem, Nut) / Geliermittel *n* (das schnittfeste Gele bildet - E 401 bis E 440), Gelbildner *m* (z.B. Gelatine, Gellan und Pektine), Gelatinierungsmittel *n*
**gelatinobromide** *n* (Photog) / Bromgelatine *f*
**gelatinous** *adj* / gelatinös *adj* || ~ **aluminium hydroxide** (Chem) / Tonerdegel *n*, Aluminiumoxidgel *n*, Alugel *n*
**gelation*** *n* / Erstarrung *f*, Steifwerden *n* (von Kolloiden) || ~* / Gelbildung *f*, Gelatinierung *f*, Gelatinieren *n*, Gallertbildung *f*, Gelieren *n*, Gelierung *f*
**gel bed** (Chem) / Gelbett *n* || ~ **chromatography** (Chem) / Gelchromatografie *f* (eine als Säulenchromatografie durchgeführte Flüssigkeitschromatografie), Ausschlusschromatografie *f*, AC (Ausschlusschromatografie), Gelpermeationschromatografie *f*, Gelfiltration *f*, GFC (Gelfiltration), Molekularsiebchromatografie *f*, Permeationschromatografie *f*, GPC (Gelpermeationschromatografie), Größenausschlusschromatografie *f* || ~ **coat** (Plastics, Ships) / Gelcoat *n* (oberste Schicht der Außenhaut eines Bootes, das aus glasfaserverstärktem Kunststoff gebaut ist)
**gel-coat resin** (Plastics) / Gelierharz *n*
**gel curve** (Phys) / Gelkurve *f* (Fließkurve, die der höheren Viskositätslage entspricht - DIN 1342, T 1) || ~ **effect** (Chem) / Trommsdorff-Effekt *m* (der bei bis zu hohen Umsätzen durchgeführten radikalischen Polymerisationen auftritt und zu einem starken Anstieg der Polymerisationsgeschwindigkeit führt), Trommsdorff-Norrish-Effekt *m*, Geleffekt *m*

**Gelfand topology** (Maths) / Gelfand-Topologie *f* (nach I.M. Gelfand, 1913 -)
**gel filtration** (Chem) / Gelchromatografie *f* (eine als Säulenchromatografie durchgeführte Flüssigkeitschromatografie), Ausschlusschromatografie *f*, AC (Ausschlusschromatografie), Gelpermeationschromatografie *f*, Gelfiltration *f*, GFC (Gelfiltration), Molekularsiebchromatografie *f*, Permeationschromatografie *f*, GPC (Gelpermeationschromatografie), Größenausschlusschromatografie *f* || ~ **filtration** (Chem) / Gelfiltration *f*, GFC (Gelchromatografie)
**gel-filtration chromatography** (Chem) / Gelchromatografie *f* (eine als Säulenchromatografie durchgeführte Flüssigkeitschromatografie), Ausschlusschromatografie *f*, AC (Ausschlusschromatografie), Gelpermeationschromatografie *f*, Gelfiltration *f*, GFC (Gelfiltration), Molekularsiebchromatografie *f*, Permeationschromatografie *f*, GPC (Gelpermeationschromatografie), Größenausschlusschromatografie *f*
**gelifluction** *n* (Civ Eng, Geol) / Gelifluxion *f*, Taubodenrutschung *f* über Frostboden
**gelifluxion** *n* (Civ Eng, Geol) / Gelifluxion *f*, Taubodenrutschung *f* über Frostboden
**gelifraction** *n* (Geol) / Gelifraktion *f*, Frostverwitterung *f*, Frostsprengung *f* (durch Spaltenfrost verursachte Gesteinszerkleinerung)
**gelignite*** *n* / Gelatinedynamit *n* (durch Auflösen von Kollodiumwolle in Nitroglyzerin hergestellter Sprengstoff)
**gelivation** *n* (Geol) / Gelifraktion *f*, Frostverwitterung *f*, Frostsprengung *f* (durch Spaltenfrost verursachte Gesteinszerkleinerung)
**gellan** *n* (Nut) / Gellan *n* (von der Bakterienart Pseudomonas elodea abgeschiedenes, hochpolymeres Heteropolysaccharid - als Verdickungs- und Geliermittel E 418)
**gellant** *n* (Chem, Nut) / Geliermittel *n* (das schnittfeste Gele bildet - E 401 bis E 440), Gelbildner *m* (z.B. Gelatine, Gellan und Pektine), Gelatinierungsmittel *n*
**gelling** *n* / Erstarrung *f*, Steifwerden *n* (von Kolloiden) || ~ **agent** (Chem, Nut) / Geliermittel *n* (das schnittfeste Gele bildet - E 401 bis E 440), Gelbildner *m* (z.B. Gelatine, Gellan und Pektine), Gelatinierungsmittel *n* || ~ **drier** (for PVC) (Plastics) / Geliertrockner *m* || ~ **machine** / Geliermaschine *f* (DIN 64990) || ~ **time** / Gelierungszeit *f*, Gelatinierungszeit *f*, Gelzeit *f*, Gelierzeit *f*
**Gell-Mann-Nishijima scheme** (Nuc) / Gell-Mann-Nischidschima-Gleichung *f* (nach M. Gell-Mann, geb. 1929, und K. Nischidschima, geb. 1926)
**gelly** *n* / Gelatinedynamit *n* (durch Auflösen von Kollodiumwolle in Nitroglyzerin hergestellter Sprengstoff)
**gel mineral** (Min) / Gelmineral *n*, amorphes Mineral
**gelometer** *n* (Chem) / Gelometer *n* (zur Bestimmung der Gallertfestigkeit), Glutinometer *n*
**gel particle** (Chem) / Gelteilchen *n*, Gelkorn *n* || ~ **permeation** (Chem) / Gelpermeation *f* (bei der chromatografischen Trennung), Siebeffekt *m* || ~ **permeation chromatography** (Chem) / Gelchromatografie *f* (eine als Säulenchromatografie durchgeführte Flüssigkeitschromatografie), Ausschlusschromatografie *f*, AC (Ausschlusschromatografie), Gelpermeationschromatografie *f*, Gelfiltration *f*, GFC (Gelfiltration), Molekularsiebchromatografie *f*, Permeationschromatografie *f*, GPC (Gelpermeationschromatografie), Größenausschlusschromatografie *f* || ~ **point** / Gelierungstemperatur *f*, Gelatinierungstemperatur *f* || ~ **point** (Chem) / Gelpunkt *m* (kritischer Umsatz bei der Bildung eines polymeren Netzwerkes) || ~ **regeneration** / Gelrückbildung *f* (Wiederaufbau der Gelstruktur bei thixotropen Substanzen nach einer Scherung, welche die ursprüngliche Struktur zerstört hat)
**gelsemine** (Chem) / Gelsemin *n*
**gelseminic acid** (Chem) / Scopoletin *n* (7-Hydroxy-6-methoxycumarin), Gelseminsäure *f*, Chrysatropasäure *f*, Skopoletin *n*
**gel slab** (Chem) / Gelplatte *f* || ~ **spinning*** (Plastics, Spinning) / Gelspinnen *n* (ein Spezialfall des Lösungsspinnens) || ~ **strength** (Chem) / Gelfestigkeit *f* || ~ **swelling factor** (Spinning) / Gelquellfaktor *m* (beim Gelspinnen) || ~ **time** / Gelierungszeit *f*, Gelatinierungszeit *f*, Gelzeit *f*, Gelierzeit *f*
**GEM** (gender empowerment measure) / Maß *n* für die Ermächtigung der Geschlechter (in den Berichten der Vereinten Nationen über die menschliche Entwicklung), GEM (gender empowerment measure) || ≃ (ground-effect machine) (Aero) / Luftkissenfahrzeug *n*, Bodeneffektfluggerät *n*, Bodeneffektgerät *n*, Hovercraft *n* (bei dem ein Gebläse ein gegen die Umgebung abgedichtetes Gebiet höheren Drucks bildet)

**gem-** (Chem, Crystal) / **gem** *adj*, **geminal** *adj* (Stellung zweier gleichartiger Substituenten, die am gleichen Kohlenstoffatom haften) ‖ ~ (Chem, Crystal) s. also vicinal
**gem** *v* / **gemen** *v* (Schuhfabrikation) ‖ ~ *n* / Edelstein *m* (geschliffener und geschnittener), Schmuckstein *m* (undurchsichtiger Edelstein)
**gemel arch** (Arch) / Zwillingsbogen *m* ‖ ~ **window**\* (Arch) / gekuppeltes Fenster, Zwillingsfenster *n*
**GEMFET** (gain-enhancement-mode field-effect transistor) (Electronics) / Feldeffekttransistor *m* mit Verstärkereffekt ‖ ~ *n* (gain-enhanced MOSFET) (Electronics) / GEMFET *m* (integrierte Schaltungsfamilie der Leistungselektronik in CMD-Technik, die mit Bipolar- und MOS-Strukturen auf dem gleichen Chip realisiert ist)
**gem gravels**\* (Geol) / Geröllmassen *f pl* mit Edelsteinen (sekundäre Lagerstätte)
**geminal** *adj* (referring to like atoms or groups attached to the same carbon atom in a molecule) (Chem, Crystal) / gem *adj*, geminal *adj* (Stellung zweier gleichartiger Substituenten, die am gleichen Kohlenstoffatom haften) ‖ ~ **coupling** (Chem) / geminale Kopplung, Geminalkopplung *f* (über zwei Bindungen)
**gemination** *n* / Paarigkeit *f* ‖ ~ (Crystal) / Doppelbildung *f* (von Kristallen)
**Gemini surfactants** (Chem Eng) / Geminitenside *n pl* (ionogene Tenside, die je zwei hydrophobe und hydrophile Gruppen im Molekül enthalten)
**gem magnifier** (Min) / Edelsteinlupe *f*
**gemmation**\* *n* (Bot) / Knospung *f*, Knospen *n*, Sprossung *f*, Gemmatio *f*
**Gemmer steering** (Autos) / Gemmerlenkung *f*, Schneckenrollenlenkung *f*, Schneckenlenkung *f* mit Lenkrolle
**gemmology** *n* (Min) / Gemmologie *f* (befasst sich mit den Edelsteinen schlechthin und bezieht auch deren Verwertung sowie die synthetischen Steine und Nachahmungen in den Kreis ihrer Forschung ein), Edelsteinkunde *f*
**gemology** *n* (Min) / Gemmologie *f* (befasst sich mit den Edelsteinen schlechthin und bezieht auch deren Verwertung sowie die synthetischen Steine und Nachahmungen in den Kreis ihrer Forschung ein), Edelsteinkunde *f*
**gem placer** (Geol) / Edelsteinseife *f*
**gemstone** *n* (US) / Edelstein *m* (geschliffener und geschnittener), Schmuckstein *m* (undurchsichtiger Edelstein)
**gen** (generator) (Elec Eng) / Generator *m* (Maschine zur Erzeugung elektrischer Energie aus mechanischer Energie)
**gender bender** (Comp, Electronics) / Gender-Changer *m* ‖ ~ **changer** (Comp, Electronics) / Gender-Changer *m* ‖ ~ **changer** (Elec Eng) / Zwitterstecker *m* ‖ ~ **changer** (a two-directional plug /male and female/ "converting" a male interface to female or vice versa) (Electronics) / Gender Changer *m* (ein spezieller Kabelsteckverbinder für ein Koaxialkabel, der auf einen männlichen Stecker /mit Pin/ gesteckt einen weiblichen Stecker /mit Hülse/ zur Verfügung stellt oder umgekehrt) ‖ ~ **empowerment measure** / Maß *n* für die Ermächtigung der Geschlechter (in den Berichten der Vereinten Nationen über die menschliche Entwicklung), GEM (gender empowerment measure) ‖ ~ **mender** (a cable connector which is used to correct mismatches between two sockets which either have two male connections or two female connections) (Comp, Electronics) / Gender-Changer *m*
**gender-related development index** (Stats) / geschlechtsbezogener Entwicklungsindex (in den Berichten der UNO über die menschliche Entwicklung), GDI (geschlechtsbezogener Entwicklungsindex)
**gene**\* *n* (Gen) / Gen *n* ‖ ~ **amplification** (Gen) / Genamplifikation *f* (die zeitlich begrenzte Vervielfältigung von Genen der rRNS, die zur Bildung von extrachromosomalen Kopien der betreffenden Gene führt) ‖ ~ **bank**\* (Gen) / Genbank *f* (Einrichtung zur Aufbewahrung von ausgewähltem Genmaterial), Genbibliothek *f* ‖ ~ **chip** (Biol, Comp, Electronics) / Genchip *m* ‖ ~ **cloning** (a technique that enables multiple copies to be made of specific DNA fragments and provides the ability to recover substantial amounts of single DNA fragments from extremely complex mixtures ) (Biochem, Gen) / Genklonierung *f*, DNA-Klonierung *f* ‖ ~ **dosage**\* (Gen) / Gendosis *f* (Kopienzahl eines bestimmten Gens im Genom) ‖ ~ **dosis** (Gen) / Gendosis *f* (Kopienzahl eines bestimmten Gens im Genom) ‖ ~ **expression** (the use of information encoded in the DNA of genes to produce functional molecules, either RNA or proteins) (Gen) / Genausprägung *f*, Genexpression *f* ‖ ~ **farming** (Gen) / Gen-Farming *n* (Verwendung von transgenen Organismen als Bioreaktoren für die Herstellung von Genprodukten) ‖ ~ **library** (a collection of DNA inserts cloned into a suitable vector) (Gen) / Genbank *f* (Einrichtung zur Aufbewahrung von ausgewähltem Genmaterial), Genbibliothek *f* ‖ ~ **linkage** (Gen) / Genkopplung *f* ‖ ~ **locus** (Gen) / Genlocus *m* (pl. -loci), Genort *m* (in der Genkarte) ‖ ~ **mapping**\* (Gen) / genetische Kartierung, Aufstellung *f* von Genkarten

**genemotor** *n* (Elec Eng) / rotierender Gleichspannungsumformer, Motorgenerator *m* (ein Umformer)
**gene mutation** (Gen) / Genmutation *f* ‖ ~ **number**\* (Gen) / Genanzahl *f* ‖ ~ **pool** (Gen) / Genpool *m* (Gesamtheit der Erbanlagen aller Individuen einer Art innerhalb eines Areals) ‖ ~ **probe** (Gen) / Gensonde *f*, Genprobe *f*, DNA-Sonde *f* ‖ ~ **product** (Gen) / Genprodukt *n*
**generable** *adj* / generierbar *adj*, erzeugbar *adj*
**general** *adj* / Haupt-, Gesamt-, generell *adj*, General-, allgemein *adj* ‖ ~ **application** / Standardanwendung *f* ‖ ~ **arrangement drawing** / Übersichtszeichnung *f*, Gesamtzeichnung *f* ‖ ~ **assembly drawing** / Zusammenbauzeichnung *f* (DIN 199, T 1), Zusammenstellungszeichnung *f* ‖ ~ **attack** / Allgemeinabtragung *f*, flächenabtragender Angriff, Allgemeinangriff *m* (bei der Korrosion) ‖ ~ **average** (Ships) / große Havarie (nach Paragraph 700 ff. des Handelsgesetzbuches) ‖ ~ **aviation**\* (Aero) / allgemeine Luftfahrt ‖ ~ **call** (Telecomm, Teleph) / Sprachdurchsage *f* an alle ‖ ~ **call "to all stations"** (Telecomm) / allgemeiner Anruf "an alle", Anruf *m* an alle ‖ ~ **cargo** (Ships) / Stückgutladung *f*, gemischte Ladung, Stückgut *n* (als Seefracht oder Schiffsladung) ‖ ~ **cargo carrier** (Ships) / Stückgutfrachtschiff *n*, Stückgutfrachter *m* ‖ ~ **cargo vessel** (Ships) / Stückgutfrachtschiff *n*, Stückgutfrachter *m* ‖ ~ **circulation** (Meteor) / allgemeine Zirkulation der Atmosphäre, Zirkulation *f* der Atmosphäre (allgemeine), planetarische Zirkulation *f* ‖ ~ **construction timber** (Build, For) / Bauholz *n* ‖ ~ **contractor** (Build) / Generalunternehmer *m*, GU (Generalunternehmer) ‖ ~ **coordinates** (Phys) / generalisierte Koordinaten, verallgemeinerte Koordinaten ‖ ~ **corrosion** (Surf) / Flächenkorrosion *f* (mit nahezu gleichförmigem Korrosionsabtrag auf der gesamten Oberfläche - DIN 50 900-1) ‖ ~ **corrosion** (Surf) / flächenhafte Korrosion ‖ ~ **cylinder** (Maths) / Zylinder *m* ‖ ~ **development plan** (Build) / Generalbebauungsplan *m* ‖ ~ **distortion** (Telecomm) / allgemeine Verzerrung *f* ‖ ~ **engineering** (Eng) / allgemeiner Maschinenbau ‖ ~ **Erlang distribution** (Stats) / allgemeine Erlangverteilung, Cox-Verteilung *f*, gemischte Erlangverteilung ‖ ~ **form** (Maths) / allgemeine Form ‖ ~ **formula** / Allgemeinformel *f* ‖ ~ **framework** / Rahmenrichtlinien *f pl* ‖ ~ **hand** / Hilfsarbeiter *m*, Hilfskraft *f* ‖ ~ **integral**\* (Maths) / allgemeine Lösung (bei den Differentialgleichungen)
**generalization** *n* / Generalisierung *f*, Verallgemeinerung *f* ‖ ~ **rule** (AI) / Generalisierungsregel *f*
**generalize** *v* / generalisieren *v*, verallgemeinern *v*
**generalized** *adj* (Maths, Phys) / generalisiert *adj*, verallgemeinert *adj* ‖ ~ **coordinates** (Phys) / generalisierte Koordinaten, verallgemeinerte Koordinaten ‖ ~ **coordinates** (Phys) s. also Lagrangian coordinates ‖ ~ **drawing primitive** (Comp) / verallgemeinertes Darstellungselement, VDE (verallgemeinertes Darstellungselement) ‖ ~ **force** (Phys) / generalisierte Kraft, verallgemeinerte Kraft (in den Lagrangeschen Bewegungsgleichungen) ‖ ~ **Hooke's law** (Phys) / verallgemeinertes Hooke-Gesetz ‖ ~ **momentum** (Maths) / generalisierter Impuls
**general lighting**\* (Light) / Allgemeinbeleuchtung *f* (DIN 5035)
**general-lighting service lamp** (Elec Eng, Light) / Allgebrauchslampe *f*, Lampe *f* für Allgemeinbeleuchtung, Normallampe *f*
**generally accepted technical conventions** / allgemein anerkannte Regeln der Technik, aaRdT (allgemein anerkannte Regeln der Technik)
**General Midi** (Comp) / General Midi (von Roland entwickelter Standard für MIDI-Dateien), GM (General Midi) ‖ ~ **notes** / allgemeine Hinweise ‖ ~ **overhaul** (Eng) / Generalüberholung *f*, Generalreparatur *f* ‖ ~ **Overhauser effect** (Nuc) / genereller Overhauser-Effekt, GOE (genereller Overhauser-Effekt) ‖ ~ **Packet Radio Service** (Comp, Radio, Telecomm) / General Packet Radio Service *m* (ein Verfahren zur paketorientierten Ende-zu-Ende-Datenübertragung), GPRS (General Packet Radio Service) ‖ ~ **packet radio system** (Comp, Radio, Telecomm) / Paketdatenübertragungssystem *n* für GSM-Netze, GPRS (Paketdatenübertragungssystem für GSM-Netze) ‖ ~ **problem solver** (AI) / General-Problemsolver *m*, GPS (General-Problemsolver)
**general-purpose actuator** (Autos) / GPA *m* (der mit elektrischer Energie aus der Fahrzeugbatterie gespeist wird) ‖ ~ **computer** (Comp) / Universalrechner *m*, Universalrechenanlage *f* ‖ ~ **function generator** / Generator *m* zur Erzeugung beliebiger Funktionen, Mehrzweckfunktionsgeber *m* ‖ ~ **fuse** (Elec Eng) / Ganzbereichssicherung *f* ‖ ~ **interface bus** (Comp) / Standardbus *m* (standardisierter Bus bei Mikrocomputern, der als parallele Schnittstelle verwendet wird) ‖ ~ **pliers** (Eng, Tools) / Universalzange *f*, Kombinationszange *f*, Kombizange *f* ‖ ~ **processor** (Comp) / NC-Prozessor *m* (DIN 66257) ‖ ~ **steel** (Met) / Grundstahl *m* (Euronorm 20/74), Massenstahl *m* (unlegierter Stahl, der nicht für die Wärmebehandlung bestimmt ist), allgemeiner Baustahl ‖ ~ **testing machine** (Materials) / Universalprüfmaschine *f*

**general quadrilateral** (Maths) / Drachenviereck *n* (allgemeines Viereck), Affindrachen *m* || ~ **quadrilateral** (Maths) / allgemeines Viereck (alle Seiten verschieden lang) || ~ **reception** (Telecomm) / Massenempfang *m* (durch einen unbegrenzten Personenkreis - wie beim Rundfunk)
**general-recursive function** (Maths) / allgemein rekursive Funktion
**general sales conditions** / allgemeine Verkaufsbedingungen || ~ **service** (electric) **lamp** (Elec Eng, Light) / Allgebrauchslampe *f*, Lampe *f* für Allgemeinbeleuchtung, Normallampe *f* || ~ **solution*** (Maths) / allgemeine Lösung (bei den Differentialgleichungen) || ~ **systems theory** / allgemeine Systemtheorie || ~ **telegraph exchange service** (Teleg) / Gentexdienst *m*, Telegrammwähldienst *m* || ~ **term** (a formula that generates the terms of a sequence when successive whole numbers are substituted into it) (Maths) / allgemeines Glied || ~ **theory of relativity*** (Phys) / allgemeine Relativitätstheorie (eine geometrische Theorie des Gravitationsfeldes) || ~ **use fastness properties** (Textiles) / Gebrauchsechtheiten *f pl*
**general-utility wood** (For) / Gebrauchsholz *n*, Gebrauchsholzsorte *f*
**general view** / Gesamtansicht *f*
**generate** *v* / erstellen *v* (eine Datei, einen Beleg), anlegen *v* (eine Datei) || ~ / generieren *v*, erzeugen *v* (generieren)
**generated address** (Comp) / errechnete Adresse, synthetische Adresse || ~ **gear teeth** (Eng) / Hüllverzahnung *f*
**generating** *n* (Elec Eng) / Generatorbetrieb *m* (der elektrischen Maschine) || ~ **capacity** (Elec Eng) / Leistungsfähigkeit *f* (in W) || ~ **capacity** (Elec Eng) / Stromerzeugungskapazität *f* (eines Kraftwerks) || ~ **curve** (Eng) / Hüllkurve *f* (der Verzahnung) || ~ **cut** (Eng) / Hüllschnitt *m* (eine Folge von Schnitten, durch die das Zahnprofil im Wälzverfahren erzeugt wird) || ~ **function*** (Maths, Stats) / erzeugende Funktion || ~ **gear** (Eng) / erzeugendes Rad || ~ **line*** (Eng, Maths) / Erzeugende *f* (bei deren Bewegung im Raum sich eine bestimmte Fläche ergibt) || ~ **magnetometer** (Elec Eng) / Erdinduktor *m*, Rotationsinduktor *m* || ~ **program** (Comp) / Generator *m* (erzeugendes Programm), Generatorprogramm *n*, Generierer *m* || ~ **routine** (Comp) / Generator *m* (erzeugendes Programm), Generatorprogramm *n*, Generierer *m* || ~ **set*** (Elec Eng) / Generatorsatz *m*, Generatorgruppe *f*, Stromerzeugersatz *m* || ~ **station*** (Elec Eng) / Kraftwerk *n* || ~ **tool** (Eng) / Wälzwerkzeug *n*, Abwälzwerkzeug *n* || ~ **train** (Eng) / Teilgetriebe *n*, Teilwechselräder *n pl* (der Verzahnmaschine) || ~ **voltmeter** (Elec Eng) / rotierender Spannungsmesser, Schwingungsvoltmeter *n*, Rotationsvoltmeter *n*
**generation** *n* / Generierung *f* (von sprachlichen Äußerungen) || ~ / Generierung *f*, Erzeugung *f* (Generierung) || ~ / Generation *f* (in Kopierprozessen, bei Waffen, bei Rechnern) || ~ (Comp) / Generierung *f* (Anpassung eines Programms an die konkrete Rechenanlage bzw. den Rechner des Anwenders) || ~ (Comp) / Einrichtung *f* (einer Datei, einer Kartei), Erstellung *f* (eines Belegs, einer Datei) || ~ (Electronics) / Generation *f* (Erzeugung von freien Ladungsträgern in einem Halbleiter infolge Lichteinstrahlung), Fotogeneration *f* || ~ (Eng) / Wälzverfahren *n* (bei der Zahnradherstellung) || ~ **control card** (Comp) / Generierungssteuerkarte *f*
**generation*** *n* (Biol, Comp, Nuc) / Generation *f*
**generation loss** (Comp) / Generationsverlust *m* (Qualitätsverlust bei mehrfachem Komprimieren und Dekomprimieren digitaler Bilder) || ~ **number** (Comp) / Erstellungs- und Versionsnummer *f* (die Erstellungsnummer ist eine Zahl von 0001 bis 9999, welche die einzelnen Ausgaben einer Datei eindeutig kennzeichnet; die Versionsnummer ergänzt die Erstellungsnummer, indem sie die Version einer Erstellung der Datei /01 bis 99/ kennzeichnet) || ~ **of heat** (Phys) / Wärmeerzeugung *f* || ~ **of power from coal** (Elec Eng) / Verstromung *f* der Kohle, Kohlestromung *f* || ~ **output** (Elec Eng, Nuc Eng) / Stromerzeugungsleistung *f*, erzeugte Leistung (pro Reaktor) || ~ **principle** (Comp) / Generierungsprinzip *n* (für die Erzeugung grafischer Darstellungen in CAD-Systemen) || ~ **rate*** (Electronics) / Generationsrate *f* (Anzahl der pro Zeit- und Volumeneinheit erzeugten Ladungsträgerpaare) || ~ **time** (Cyt) / Verdopplungszeit *f*, Generationszeit *f* (Zeitintervall zwischen zwei aufeinander folgenden Zellteilungen) || ~ **time*** (Nuc) / Generationsdauer *f* (der Neutronen), Generationszeit *f*, mittlere Lebenszeit der Neutronengeneration
**generative** *adj* (Biol) / generativ *adj*
**generator** *n* (organization, company) / Stromerzeuger *n* (Energieversorgungsunternehmen), EVU (Energieversorgungsunternehmen) || ~ (Autos) / Lichtmaschine *f*, Lima *f* (Lichtmaschine), Generator *m* || ~ (Comp) / Generator *m* (erzeugendes Programm), Generatorprogramm *n*, Generierer *m* || ~ (Comp, Maths) / Geber *m* (z.B. von Funktionen) || ~* (Elec Eng) / Generator *m* (Maschine zur Erzeugung elektrischer Energie aus mechanischer Energie) || ~ (Eng) / Austreiber *m* (einer Absorptionskältemaschine) || ~* (Eng, Fuels) / Generator *m*, Entwickler *m* || ~ (Eng, Maths) / Erzeugende *f* (bei deren Bewegung im Raum sich eine bestimmte Fläche ergibt) || ~* (Maths) / Mantellinie *f* (die auf dem Mantel liegenden Abschnitte der Erzeugenden) || ~ (Comp) s. also program generator and report generator || ~ **bus-bars*** (Elec Eng) / Generatorsammelschienen *f pl*, Hauptsammelschienen *f pl* || ~ **circuit** (Elec Eng) / Generatorkreis *m*
**generator-field control*** (Elec Eng) / Drehzahlregelung *f* durch Spannungsänderung
**generator mode** (Elec Eng) / Generatorprinzip *n* (als Gegensatz zum Motorprinzip bei elektrischen Maschinen) || ~ **operation** (Elec Eng) / Generatorbetrieb *m* (der elektrischen Maschine) || ~ **panel*** (Elec Eng) / Generatorschalttafel *f* || ~ **pit** (Elec Eng) / Generatorgrube *f* || ~ **sheet** (Elec Eng, Met) / Generatorblech *n* (ein Elektroblech) || ~ **terminal** (Elec Eng) / Generatorklemme *f* || ~ **with automatic grate** (Chem Eng, Fuels) / Drehrostgenerator *m*, Drehrostgaserzeuger *m* || ~ **with rotary grate** (US) (Chem Eng, Fuels) / Drehrostgenerator *m*, Drehrostgaserzeuger *m*
**generatrix** *n* (pl. -trices) (Maths) / Mantellinie *f* (die auf dem Mantel liegenden Abschnitte der Erzeugenden)
**gene redundancy** (Gen) / Genredundanz *f* (Vervielfältigung von Genen innerhalb eines Chromosoms) || ~ **regulation** (Gen) / Genregulation *f* (Regulation der Genaktivität) || ~ **resources** (Gen) / Genpool *m* (Gesamtheit der Erbanlagen aller Individuen einer Art innerhalb eines Areals)
**generic** *adj* / generisch *adj* (Codierung, Modell) || ~ (Comp) / auswählbar *adj* (Attribut, Element - PL/1) || ~ **Array Logic** (Comp) / Generic Array Logic *f* (Logikbaustein mit programmierbarer UND-, bzw. ODER-Matrix und Registerausgang), GAL (Generic Array Logic) || ~ **name** / Sammelname *m*, Gattungsname *m* (Gattungsbezeichnung, Name einer Gattung), Sammelbezeichnung *f* (Kollektivum, das mehrere gleichartige Gegenstände, Lebewesen oder Sachverhalte zusammenfasst) || ~ **name** (Chem) / Generic Name *m* (chemische Kurzbezeichnung, z.B. ein Freiname oder ein Common Name) || ~ **name** (Pharm) / nichtgeschützte (freie) Bezeichnung, Freiname *m*, freier Warenname, Common Name *m* (pl. - Names) || ~ **products** (US) / weiße Produkte, weiße Marken, No-Name-Produkte *n pl* (in billiger und einfacher Verpackung ohne Markennamen) || ~ **routine** (Comp) / polymorphe Routine, generische Routine, Routine *f* unter Gattungsnamen (bei höheren Programmiersprachen)
**generics** *pl* (Pharm) / Generics *pl* (unter einem internationalen Freinamen geführte Arzneimittel), Generika *n pl*
**generic specification** / Rahmennorm *f* || ~ **term** / Gattungsbegriff *m*, Sammelbegriff *m*
**generous** *adj* / reichlich *adj* (großzügig), ausgiebig *adj*, genügend *adj* (eher großzügig bemessen)
**gene sequencing** (the techniques used to establish the sequence of nucleotides in a particular gene) (Gen) / Gensequenzierung *f*
**genesis*** *n* (pl. geneses) (Geol) / Genese *f*, Entstehung *f* (z.B. von Kohle oder Erdöl)
**gene splicing** (Gen) / Genspleißen *n*, Spleißen *n* || ~ **synthesis** (Gen) / Gensynthese *f* || ~ **technology** (Gen) / genetische Manipulation, Genetic Engineering *n*, Gentechnik *f*, Gentechnologie *f*, rekombinante DNA-Technik, Genmanipulation *f* || ~ **therapy*** (Gen) / Gentherapie *f*
**genetic*** *adj* (Gen) / genetisch *adj* || ~ **algorithm** (AI) / genetischer Algorithmus, GA (genetischer Algorithmus)
**genetically modified** (Nut) / gentechnologisch modifiziert, gentechnisch verändert || ~ **modified food** (Nut) / Genfood *m* (mit veränderter Genstruktur), genetisch verändertes Lebensmittel || ~ **modified products** (Nut) / Genprodukte *n pl* || ~ **significant dose*** (Radiol) / genetisch signifikante Dosis (DIN 6814-5), GSD (genetisch signifikante Dosis)
**genetic carrier** (Gen) / Genvektor *m* || ~ **code*** (information which is the basis of all gene functions encoded as a linear sequence of the four nitrogenous bases that form part of the structure of DNA) (Gen) / genetischer Kode (in den Nukleinsäuren) || ~ **damage** (Radiol) / genetischer Schaden (ein Strahlenschaden) || ~ **engineering*** (Gen) / genetische Manipulation, Genetic Engineering *n*, Gentechnik *f*, Gentechnologie *f*, rekombinante DNA-Technik, Genmanipulation *f* || ~ **engineering law** (Gen) / Gesetz *n* zur Regelung von Fragen der Gentechnik (Bundesrepublik Deutschland, vom 20. 6. 1990) || ~ **erosion** (Gen) / genetische Erosion || ~ **fingerprint** (Gen) / DNA-Fingerprint *m*, DNS-Fingerabdruck *m* || ~ **fingerprinting** (an identification technique based on the pattern of repetition of particular nucleotide sequences in the DNA of an individual) (Gen) / DNA-Fingerprinting *n*, DNS-Fingerabdruckverfahren *n* || ~ **imprinting** (Gen) / Imprinting *n* (genetischer Mechanismus, wodurch von den beiden Allelen eines Gens nur eines, entweder das mütterliche oder das väterliche, zur Geltung kommt) || ~ **information** (Gen) / genetische Information
**geneticist** *n* (Gen) / Genetiker *m*

**genetic manipulation**\* (Gen) / genetische Manipulation, Genetic Engineering n, Gentechnik f, Gentechnologie f, rekombinante DNA-Technik, Genmanipulation f ‖ ~ **map** (Gen) / Genkarte f ‖ ~ **mapping** (the construction of a plan showing the relative positions of the individual genes along the length of a chromosome) (Gen) / genetische Kartierung, Aufstellung f von Genkarten ‖ ~ **marker** (that indicates the pressure of particular genes) (Gen) / genetischer Marker, Genmarker m ‖ ~ **radiation damage** (Radiol) / genetischer Schaden (ein Strahlenschaden)
**genetics**\* n (Gen) / Genetik f, Vererbungslehre f
**genetic screening** (Gen) / Screening n ‖ ~ **stability** (Gen) / genetische Stabilität ‖ ~ **variability** (Gen) / genetische Variabilität ‖ ~ **vehicle** (Gen) / Genvektor m
**Genetron** n / Genetron n (halogenierter Kohlenwasserstoff, der als Sicherheitskältemittel Verwendung findet)
**Geneva mechanism** (Cinema) / Malteserkreuzgetriebe n (ein Sperrgetriebe) ‖ ~ **movement**\* (Cinema) / Malteserkreuzbewegung f (des Malteserkreuzgetriebes) ‖ ~ **nomenclature** (Chem) / Genfer Nomenklatur f (IUPAC-Regeln) ‖ ~ **scheme** (Work Study) / Genfer Schema (international vereinheitlichte Gliederung zur Arbeitsbewegung durch sechs Anforderungsarten: Können, Belastung, geistige und körperliche Anforderungen, Arbeitsbedingungen, Verantwortung) ‖ ~ **system** (Chem) / Genfer Nomenklatur f (IUPAC-Regeln)
**gene vector** (Gen) / Genvektor m
**genic** adj (Gen) / genisch adj, genbedingt adj
**geniculate twin** (Crystal) / knieförmiger Zwilling (z.B. Rutil)
**genipin** n (Chem, Med) / Genipin n (aus den Samen der Genipa americana L.)
**genistein** n (Biochem) / Genistein (ein Naturstoff), Prunetol n (ein Flavon)
**genlock**\* n (TV) / Genlock n (Verriegelung), Synchronriegel m, Verkopplung f (von Videosignalen)
**genlocking** n (signal synchronisation technique to create a stable signal when overlaying PC graphics with video) (Comp) / Genlocking n
**Genoa cord**\* (Textiles) / Manchester m, Manchestersamt m, Manchesterstoff m (ein breitgerippter Kordsamt)
**genome**\* n (Gen) / Genom n (die Gesamtheit der chromosomengebundenen Gene einer haploiden Zelle bzw. eines haploiden Chromosomensatzes im Zellkern eines Eukaryonten) ‖ ~ **size** (Gen) / Genomgröße f
**genomic** adj (Biochem, Gen) / genomisch adj ‖ ~ **library**\* (Gen) / Genomarchiv n
**genomics** n (Biochem, Gen) / Genomforschung f
**genotoxic** adj (Gen) / gentoxisch adj, genotoxisch adj
**genotoxicity** n (Gen) / Genotoxizität f (irreversible negative Veränderungen im genetischen Material einer Zelle), Gentoxizität f
**genotype**\* n (Gen) / Genotyp m, Genotypus m
**genotypic** adj (Gen) / genotypisch adj
**genotypical** adj (Gen) / genotypisch adj
**Genpac coater** (Textiles) / Genpac-Coater m (ein Schmelzbeschichter), Genpac-Schmelzbeschichter m
**gentamicin** n (an aminoglycoside antibiotic) (Pharm) / Gentamicin n, Gentamycin n (ein Antibiotikum)
**gentamycin** n (Pharm) / Gentamicin n, Gentamycin n (ein Antibiotikum)
**gentex service** (Teleg) / Gentexdienst m, Telegrammwähldienst m
**gentiana alkaloids** (Pharm) / Gentianaalkaloide n pl (meistens aus Enzian-Arten)
**gentianic acid** (Chem) / Gentisinsäure f, Hydrochinoncarbonsäure f, Hydrochinonkarbonsäure f (2,5-Dihydroxybenzoesäure), 2,5-DHBA
**gentianose** n (Biochem) / Gentianose
**gentian root** (Pharm) / Enzianwurzel f (aus Gentiana lutea L.) ‖ ~ **violet** (Chem) / Gentianaviolett n, Enzianviolett n ‖ ~ **violet**\* (Chem) s. also methyl violet
**gentiobiose**\* n (Biochem, Chem) / Gentiobiose f (ein Disaccharid in Pflanzen)
**gentiopicrin** n (Chem, Pharm) / Gentiopikrosid n, Gentiopikrin n (der Bitterstoff der Enzianwurzel und des Tausendgüldenkrauts - ein Iridoid)
**gentisic acid** (Chem) / Gentisinsäure f, Hydrochinoncarbonsäure f, Hydrochinonkarbonsäure f (2,5-Dihydroxybenzoesäure), 2,5-DHBA
**gentisin** n (Chem) / Gentiin n, Gentianin n, Gentisin n
**gentle** adj / mäßig adj (Wärme) ‖ ~ / gering adj, leicht adj, allmählich adj, sanft adj (Steigung) ‖ ~ **breeze** (Meteor) / schwacher Wind ‖ ~ **breeze** (Meteor, Ocean) / schwache Brise (Beaufortgrad 3) ‖ ~ (wash) **cycle** / Schonwaschgang m (bei den Waschautomaten)
**gents' and boys' outerwear** (Textiles) / Herren- und Knabenoberbekleidung f, HAKA (Herren- und Knabenoberkleidung)

**Gentzen calculus** (AI) / Gentzenkalkül m n (der Quantorenlogik - nach G.K.E. Gentzen, 1909-1945)
**genuine** adj / echt adj (Unterschrift) ‖ ~ (Leather) / echt adj ‖ ~ **bristol** (Paper) / echter Bristol ‖ ~ **flavour** (Nut) / das in einem Lebensmittel erhaltene ursprüngliche Aroma ‖ ~ **leather** (Leather) / Echtleder n ‖ ~ **part** / Originalteil n, Originalersatzteil n
**genus**\* n (pl. genera) (Biol) / Gattung f, Genus n (pl. Genera) ‖ ~ (pl. genera) (Maths) / Geschlecht n (einer Fläche)
**GEO**\* (geosynchronous orbit) (Space) / Synchronorbit m (eines Satelliten um die Erde) ‖ ~ (geostationary orbit) (Space) / Stationärbahn f (eine Satellitenkreisbahn), geostationäre Umlaufbahn (bei Erdsatelliten), GEO (geostationäre Umlaufbahn)
**geoacoustics** n (Acous) / Geoakustik f
**geoanticline** n (a large-scale upwardly flexed structure in the Earth's crust) (Geol) / Geantiklinale f (großräumige Aufwölbung der Erdkruste), Geantikline f, Geoantiklinale f
**geoastronomy** n (Geol) / Geogonie f, Geogenie f (Lehre von der Entstehung der Erde)
**geobiont**\* n (Ecol) / Geobiont m (pl. -en) (während des gesamten Lebenszyklus im Erdboden lebender Organismus)
**geobiotechnology** n (Biol, Chem, Geol) / Geobiotechnologie f
**geobotanic** adj (Bot) / geobotanisch adj
**geobotanical** adj (Bot) / geobotanisch adj
**geobotany** n (Bot) / Geobotanik f
**geocarpy**\* n (Bot) / Erdfrüchtigkeit f, Geokarpie f (das Heranreifen der Früchte unter der Erde)
**geocentric**\* adj (Astron) / geozentrisch adj ‖ ~ **parallax**\* (Astron) / tägliche Parallaxe
**geochemical** adj (Chem, Geol) / geochemisch adj ‖ ~ **prospecting**\* (Mining) / geochemische Prospektion, geochemisches Schürfverfahren, angewandte Geochemie
**geochemistry**\* n (Chem, Geol) / Geochemie f (die chemische Zusammensetzung und die chemischen Veränderungen der Erde wissenschaftlich untersucht)
**geochronological** adj (Geol) / geochronologisch adj
**geochronology**\* n (Geol) / Geochronologie f (relative oder absolute Altersbestimmung geologischer Ereignisse) ‖ ~\* (Geol) s. also varve dating
**geochronometric** adj (Geol) / geochronometrisch adj
**geochronometry** n (Geol) / Geochronometrie f (mit der absoluten Zeitskale)
**geocosmology** n (Geol) / Geogonie f, Geogenie f (Lehre von der Entstehung der Erde)
**geocratic** adj (Geol) / geokrat adj, geokratisch adj
**geode**\* n (Geol) / Geode f (Konkretion in Sedimentgesteinen) ‖ ~\* (Mining) / Druse f
**geodesic**\* n (Surv) / Geodätische f (Flächenkurve mit der geodätischen Krümmung null), Geodäte f, geodätische Linie ‖ ~ adj (Surv) / geodätisch adj ‖ ~ **curvature** (Maths, Surv) / geodätische Krümmung (der Orthogonalprojektion einer Flächenkurve auf die Tangentialebene der Fläche) ‖ ~ **dome** (Build, Civ Eng) / Fuller-Kuppel f (nach R.B. Fuller, 1895-1983) ‖ ~ **line** (Surv) / Geodätische f (Flächenkurve mit der geodätischen Krümmung null), Geodäte f, geodätische Linie ‖ ~ **manifold** (Maths) / geodätische Mannigfaltigkeit ‖ ~ **structure**\* (Build, Civ Eng) / Fuller-Kuppel f (nach R.B. Fuller, 1895-1983) ‖ ~ **triangle** (Surv) / geodätisches Dreieck (dessen Seiten geodätische Linien sind)
**geodesist** n (Surv) / Geodät m (akademisch ausgebildeter Vermessungsingenieur)
**geodesy**\* n (Surv) / [höhere] Geodäsie f (als Lehre), Vermessungskunde f
**geodetic** n (Surv) / Geodätische f (Flächenkurve mit der geodätischen Krümmung null), Geodäte f, geodätische Linie ‖ ~ adj (Surv) / geodätisch adj ‖ ~ **astronomy** (Astron, Surv) / geodätische Astronomie ‖ ~ **construction**\* (Aero, Build) / geodätische Bauweise, Schalenbauweise f (selbsttragende) ‖ ~ **coordinates** (Surv) / geodätische Koordinaten ‖ ~ **datum** (Gesamtheit der Parameter, die das Koordinatensystem einer Landesaufnahme gegenüber dem globalen erdfesten Bezugssystem festlegen)
**geodetic-distance meter** (Surv) / Geodimeter n (geodätischer Entfernungsmesser, der mit moduliertem Licht arbeitet, das am Zielpunkt durch Tripelprismen reflektiert wird), Tellurimeter n
**geodetic instrument** (Surv) / Präzisionsgerät n für höhere Geodäsie ‖ ~ **line** (Surv) / Geodätische f (Flächenkurve mit der geodätischen Krümmung null), Geodäte f, geodätische Linie ‖ ~ **network** (Surv) / geodätisches Netz, Erdvermessungsnetz n ‖ ~ **reference ellipsoid** (Surv) / geodätisches Referenzellipsoid ‖ ~ **refraction** (Surv) / atmosphärische Effekte, die sich infolge Veränderung der Richtung, Frequenz, Geschwindigkeit und Intensität elektromagnetischer Strahlung auf geodätische Messungen auswirken

**geodetics** *n* (Surv) / [höhere] Geodäsie *f* (als Lehre), Vermessungskunde *f*
**geodetic satellite** (Surv) / Geodäsiesatellit *m* (zur Vermessung der Erdoberfläche), geodätischer Satellit, Vermessungssatellit *m* ‖ ~ **(control) surveying*** (Eng, Surv) / höhere Geodäsie, Landesvermessung *f*, Landesaufnahme *f* (derjenige Teil der Geodäsie, bei dem die Krümmungsverhältnisse der Erde zu berücksichtigen sind) ‖ ~ **surveying*** (Surv) / [höhere] Geodäsie *f* (als Lehre), Vermessungskunde *f*
**Geodimeter** *n* (Surv) / Geodimeter *n* (geodätischer Entfernungsmesser, der mit moduliertem Licht arbeitet, das am Zielpunkt durch Tripelprismen reflektiert wird), Tellurimeter *n*
**geodynamic** *adj* (Geol, Geophys) / geodynamisch *adj*
**geodynamics*** *n* (Geol) / Geodynamik *f* (Lehre von den Bewegungen im Erdinneren und den sie verursachenden Kräften)
**geoeconomy** *n* (Geog) / Wirtschaftsgeografie *f* (Zweig der Anthropogeografie, der die räumliche Ordnung und die räumliche Organisation der Wirtschaft untersucht)
**geoelectricity** *n* (Elec, Geol) / Erdelektrizität *f*, erdelektrisches Feld, Geoelektrizität *f*, terrestrische Elektrizität
**geofracture** *n* (Geol) / Geofraktur *f* (bis zum Erdmantel reichender Tiefenbruch), Erdnaht *f* ‖ ~ (Geol) s. also lineament
**geognosy*** *n* (Geol, Min) / Geognosie *f* (Geologie + Mineralogie + Lagerstättenkunde)
**geographic** *adj* (Geog) / geografisch *adj*, erdkundlich *adj*
**geographical** *adj* (Geog) / geografisch *adj*, erdkundlich *adj* ‖ ~ **convenience** / günstiger Standort, günstige Lage ‖ ~ **coordinates** (Cartography) / geografische Koordinaten (Angaben im Winkelmaß zur Festlegung von Punkten auf der Erdoberfläche, bezogen auf den Äquator und einen Nullmeridian) ‖ ~ **information system** (Cartography) / Geoinformationssystem *n*, geografisches Informationssystem, GIS (geografisches Informationssystem) ‖ ~ **latitude*** (Geog) / geografische Breite (nach Norden oder Süden gezählter Winkel zwischen der Lotrichtung in einem Punkt und der Äquatorialebene) ‖ ~ **location** / Standort *m* (einer Industrie, eines Unternehmens) ‖ ~ **mile** / geografische Meile (1852,2 m, in den Vereinigten Staaten = 1855,3 m) ‖ ~ **visibility** (Ships) / geografische Sichtweite
**geographic cycle** (Geol) / Erosionszyklus *m* ‖ ~ **information system** (Cartography) / Geoinformationssystem *n*, geografisches Informationssystem, GIS (geografisches Informationssystem) ‖ ~ **pole** (Geol) / geografischer Pol
**geography** *n* (Geog) / Geografie *f*, Erdkunde *f*
**geohydrology** *n* (Geol) / Hydrogeologie *f* (Zweig der angewandten Geologie nach DIN 4049, T 1), Geohydrologie *f* (Lehre vom Grundwasserhaushalt)
**geoid*** *n* (Surv) / Geoid *n* (Äquipotentialfläche des Erdschwerefeldes)
**geoidal** *adj* / Geoid-, geoidförmig *adj*
**geoinformatics** *n* (Comp, Geol) / Geoinformatik *f*
**geoisotherm*** *n* (Geophys) / Geoisotherme *f* (Fläche oder Linie gleicher Temperatur im Erdinneren)
**geologic** *adj* (Geol) / geologisch *adj* ‖ ~ **age** (Geol) / geologisches Alter
**geological** *adj* (Geol) / geologisch *adj* ‖ ~ **chart** (Cartography, Geol, Mining) / geologische Karte ‖ ~ **column** (Geol) / geologisches Profil, Schicht(en)folge *f* ‖ ~ **column*** (Geol) / Profil *n* (Diagramm der Schichtenfolge), Schnitt *m* (geologischer) ‖ ~ **engineering** (Geol) / Ingenieurgeologie *f*, Baugeologie *f* ‖ ~ **era** (Geol) / Ära *f*, Zeitalter *n*, Erdzeitalter *n* (ein chronologischer Abschnitt) ‖ ~ **erosion** (Geol) / Erosion *f* (die ohne menschliches Zutun zustande kommt) ‖ ~ **map** (Cartography, Geol, Mining) / geologische Karte ‖ ~ **oceanography** (Geol) / Meeresgeologie *f*, marine Geologie ‖ ~ **storage** (Geol) / Untertagespeicherung *f* (von Rohöl oder Erdgas), Untergrundspeicherung *f*, unterirdische Speicherung ‖ ~ **timescale** (Geol) / geologische Zeitskala
**geologic column** (Geol) / geologisches Profil, Schicht(en)folge *f* ‖ ~ **compass** (Geol) / Bergmannskompass *m*, Geologenkompass *m* ‖ ~ **thermometer** (Geol) / geologisches Thermometer, Geothermometer *n*
**geologise** *v* (GB) (Geol) / geologisch untersuchen
**geologist** *n* (Geol) / Geologe *m*
**geologist's compass** (Geol) / Bergmannskompass *m*, Geologenkompass *m*
**geologize** *v* (Geol) / geologisch untersuchen
**geology*** *n* (Geol) / Geologie *f* ‖ ~ **of mineral deposits** (Geol) / Lagerstättenkunde *f* (ein Teilgebiet der angewandten Geologie)
**geomagnetic** *adj* (Geophys) / erdmagnetisch *adj*, geomagnetisch *adj* ‖ ~ **effect** (Geophys) / geomagnetischer Effekt ‖ ~ **pole** (Geog, Geophys) / geomagnetischer Pol ‖ ~ **reversal** (Geophys) / geomagnetische Umpolung ‖ ~ **storm** (Meteor) / erdmagnetischer Sturm, magnetischer Sturm (durch Sonneneruptionen verursacht), Magnetsturm *m* ‖ ~ **surveying** (Mining) / Geomagnetik *f*

**geomagnetism** *n* (Geophys) / Erdmagnetismus *m*, Geomagnetismus *m* ‖ ~ (Mining) / Geomagnetik *f*
**geomatics** *n* (in Canada) (Cartography) / Geoinformationssystem *n*, geografisches Informationssystem, GIS (geografisches Informationssystem) ‖ ~ (the application of computerization to information in geography and related fields) (Comp, Geog) / Geomatik *f* (Rechnereinsatz in den Geowissenschaften)
**geomechanics** *n* (Geol) / Geomechanik *f*
**geometer** *n* (Surv) / Vermesser *m*, Geometer *m*, Vermessungsingenieur *m*, Feldmesser *m*, Landmesser *m*, Landvermesser *m* ‖ ~ **moth** (Agric, For, Zool) / Spanner *m* (ein Exemplar der Schmetterlingsfamilie Geometridae)
**geometric** *adj* / geometrisch *adj*
**geometrical** *adj* / geometrisch *adj* ‖ ~ **aberration** (Optics) / geometrische (monochromatische) Aberration, monochromatischer Abbildungsfehler ‖ ~ **attenuation*** (Phys) / geometrische Schwächung (die Abnahme einer Strahlungsgröße, die nur durch den Abstand zwischen Bezugspunkt und Quelle bedingt ist) ‖ ~ **configuration** (Nuc Eng) / geometrische Konfiguration ‖ ~ **construction** (Maths) / geometrische Konstruktion, Konstruktion *f* mit Zirkel und Lineal ‖ ~ **cross section*** (Phys) / geometrischer Querschnitt ‖ ~ **drawing** / Zeichnen *n* (von geometrischen Figuren - z.B. ein Schulfach) ‖ ~ **feature** / Geometrieelement *n* (DIN EN ISO 14 660-1) ‖ ~ **flux** / geometrischer Fluss (eine Raumwinkelgröße nach DIN 5031, T 1) ‖ ~ **form of chips** (Eng) / Spanform *f* ‖ ~ **illusion** (Optics) / optische Täuschung (den objektiven Gegebenheiten widersprechende Gesichtswahrnehmung), geometrisch-optische Wahrnehmungsverzerrung (bei geometrischen Konfigurationen), visuelle Täuschung ‖ ~ **isomerism*** (Chem) / cis-trans-Isomerie *f*, Diastereomerie *f* (bei Verbindungen mit Doppelbindungen), geometrische Isomerie, E,Z-Isomerie *f*
**geometrically safe** (Nuc Eng) / geometrisch sicher ‖ ~ **similar series** (Eng) / geometrisch ähnliche Baureihen (im Rahmen der Baureihen- und Baukastenentwicklung)
**geometrical optics*** (Optics) / geometrische Optik (DIN 1335), Strahlenoptik *f* ‖ ~ **Product Specification** / geometrische Produktspezifikation (DIN EN ISO 1466), GPS (geometrische Produktspezifikation) ‖ ~ **progression** (Maths) / geometrische Zahlenfolge, geometrische Folge ‖ ~ **progression of speeds** (Eng) / geometrische Drehzahlstufung ‖ ~ **series** (Maths) / geometrische Reihe ‖ ~ **stair*** (with an open newel) (Build) / Wendeltreppe *f* (mit Treppenauge), Hohltreppe *f* ‖ ~ **surface** (surface roughness) (Eng) / geometrische Oberfläche (DIN 4762) ‖ ~ **tolerance** (Eng) / Form- und Lagetoleranz (DIN 7184, T 1)
**geometric blur** (Photog) / geometrische Unschärfe (die Zone des allmählichen Übergangs von der Zone völligen Schattens zur belichteten Zone) ‖ ~ **blurring** (Photog) / geometrische Unschärfe (die Zone des allmählichen Übergangs von der Zone völligen Schattens zur belichteten Zone) ‖ ~ **buckling** (Mag, Nuc) / Geometriebuckling *n* ‖ ~ **capacitance*** (Phys) / geometrische Kapazität ‖ ~ **chord** (Aero) / Sehne *f* (äußere) ‖ ~ **construction** (Maths) / geometrische Konstruktion, Konstruktion *f* mit Zirkel und Lineal ‖ ~ **construction for path of contact and conjugate tooth profile** (Eng) / Konstruktion *f* von Eingriffslinie und Gegenflanke ‖ ~ **crystallography** (Crystal) / Kristallometrie *f* (Messung der Winkel zwischen Kristallflächen mit Hilfe von Goniometern) ‖ ~ **dilution of precision** (Nav) / Geometric Dilution of Precision *f* (geometrische Verschlechterung der Genauigkeit), GDOP (geometric dilution of precision) ‖ ~ **distortion*** (TV) / Geometriefehler *m* (DIN 45060) (geometrische Verzeichnung) ‖ ~ **distribution** (a discontinuous frequency distribution in which frequencies or relative frequencies are reduced in geometric progression as the values of a variate increase) (Maths, Stats) / geometrische Verteilung (eine diskrete Verteilung) ‖ ~ **factor** (Radiol) / Geometriefaktor *m* ‖ ~ **isomerism** (a form of stereoisomerism in which the isomers differ in the positions of the groups relative to a double bond) (Chem) / cis-trans-Isomerie *f*, Diastereomerie *f* (bei Verbindungen mit Doppelbindungen), geometrische Isomerie, E,Z-Isomerie *f* ‖ ~ **locus** (Maths) / geometrischer Ort (Gesamtheit aller Punkte, die eine bestimmte Eigenschaft besitzen), Ortskurve *f*, geometrische Figur
**geometric-locus line** (Maths) / geometrische Ortslinie
**geometric mean*** (Maths, Stats) / geometrisches Mittel (von 9 und 4 = 6) ‖ ~ **modelling** (Comp) / geometrisches Modellieren ‖ ~ **probability** (Stats) / geometrische Wahrscheinlichkeit ‖ ~ **progression** (a sequence in which the ratio r of any two consecutive terms is a constant) (Maths) / geometrische Zahlenfolge, geometrische Folge ‖ ~ **sequence** (Maths) / geometrische Zahlenfolge, geometrische Folge ‖ ~ **series** (Maths) / geometrische Reihe ‖ ~ **solid** (Maths) / geometrischer Körper ‖ ~ **sum** (Maths) / Vektorsumme *f*, vektorielle Summe ‖ ~ **surface** (Maths) / geometrische Fläche ‖ ~ **transformation** (Maths) / geometrische Tarnsformation

**geometrid**

**geometrid** *n* (Agric, For, Zool) / Spanner *m* (ein Exemplar der Schmetterlingsfamilie Geometridae)
**geometrization** *n* (Maths) / Geometrisierung *f*
**geometrodynamics*** *n* (Phys) / Geometrodynamik *f* (Versuch, die physikalischen Erscheinungen als Ergebnis einer dynamischen Geometrie darzustellen)
**geometry*** *n* (Maths) / Geometrie *f* || ~ (Nuc Eng) / Geometrie *f* (Strahlenmesstechnik) || ~ **control** (Nuc Eng) / Geometriesteuerung *f* (des Reaktors - durch Bewegen räumlich ausgedehnter Bezirke von Core, Moderator oder Reflektor) || ~ **control** (Nuc Eng) s. also configuration control || ~ **data base** (Comp) / Geometriedatenbank *f* (bei den CAD-Verfahren) || ~ **factor*** (Radiol) / Geometriefaktor *m* || ~ **of forces** (Mech) / Geometrie *f* der Kräfte || ~ **of gears** (Eng) / Verzahnungsgeometrie *f* || ~ **of reflection** (Maths) / Spiegelungsgeometrie *f* || ~ **sensor** / Geometriesensor *m* (Sensor bzw. Sensorsystem zum berührungslosen Erkennen bestimmter geometrischer Merkmale von Objekten für Handhabungssysteme)
**geomicrobiology** *n* (Biol) / Geomikrobiologie *f* || ~ s. also lithobiontics
**geomorphic** *adj* (Geol) / geomorphologisch *adj*
**geomorphological** *adj* (Geol) / geomorphologisch *adj*
**geomorphology** *n* (Geol) / Geomorphologie *f* (Lehre von den auf die Erdoberfläche gestaltend wirkenden physischen Vorgängen und den durch sie geschaffenen Formen)
**geopetal** *adj* (Geol) / geopetal *adj* (Gefüge) || ~ **fabric** (Geol) / Sedimentationsgefüge *n*, Anlagerungsgefüge *n*
**geophone*** *n* (Acous, Geophys) / Seismophon *n*, Geophon *n* (ein Schallwandler), Erdhörer *m* || ~ **array** (Geophys) / Geophonkette *f*
**geophysical** *adj* (Geophys) / geophysikalisch *adj*, erdphysikalisch *adj* || ~ **exploration** (Mining) / geophysikalische Prospektion, geophysikalisches Schürfverfahren (Sprengseismik, Gravimetrie, Magnetik, Geoelektrik) || ~ **prospecting*** (Mining) / geophysikalische Prospektion, geophysikalisches Schürfverfahren (Sprengseismik, Gravimetrie, Magnetik, Geoelektrik) || ~ **surveying** (Mining) / geophysikalische Prospektion, geophysikalisches Schürfverfahren (Sprengseismik, Gravimetrie, Magnetik, Geoelektrik)
**geophysics*** *n* (Geophys) / Geophysik *f*, Erdphysik *f*
**geoporphyrin** *n* (Biochem, Geol) / Geoporphyrin *n*, Petroporphyrin *n*
**geopotential** *n* (Phys) / Geopotential *n* (der Erde) || ~ **altitude** (Geophys) / geopotentielle Höhe || ~ **metre** (Geophys, Meteor) / geopotentielles Meter, gpm (geopotentielles Meter = 9,80665 J/kg)
**geopressured gas** (Mining) / Geogas *n* (Erdgas, das außerhalb normaler Erdgaslagerstätten in Tiefenwässern vorkommt, die, eingelagert in Gesteinen, unter abnorm hohem Druck stehen)
**geopressurized gas** (Mining) / Geogas *n* (Erdgas, das außerhalb normaler Erdgaslagerstätten in Tiefenwässern vorkommt, die, eingelagert in Gesteinen, unter abnorm hohem Druck stehen)
**georadar** *n* (Radar) / Oberflächendurchdringungsradar *m n*, Georadar *m n*, Bodenradar *m n*
**georeferencing** *n* (Surv) / Georeferenzierung *f* (in der Fotogrammetrie)
**George*** *n* (Aero) / Selbststeuergerät *n*, Autopilot *m*, Kursregler *m*
**georgette*** *n* (Textiles) / Georgette *f m* || ~ **crêpe** (Textiles) / Crêpe Georgette *m*, Hartkrepp *m*
**Georgian glass*** (Glass) / Drahtglas *n* (mit quadratförmiger Drahteinlage)
**Georgian-wired glass** (cast or polished glass in which wire mesh of a square pattern is incorporated as a reinforcement) (Glass) / Drahtglas *n* (mit quadratförmiger Drahteinlage)
**Georgi-Glashow theory** (Nuc) / Georgi-Glashow-Theorie *f* (mit der 24-dimensionalen Eichgruppe SU(5)), SU(5)-Modell *n*
**geosciences** *pl* (Erdwissenschaften *f pl*, Geowissenschaften *f pl*
**geosphere** *n* (Geophys) / Geosphäre *f*, Erdhülle *f*
**geostatic** *adj* / geostatisch *adj*, erdstatisch *adj* || ~ **pressure** (Geol) / geostatischer Druck
**geostationary*** *adj* (Geophys, Space) / geostationär *adj*, erdstationär *adj* || ~ **orbit*** (Space) / Stationärbahn *f* (eine Satellitenkreisbahn), geostationäre Umlaufbahn (bei Erdsatelliten), GEO (geostationäre Umlaufbahn) || ~ **orbit*** (Space) s. also geosynchronous orbit || ~ **satellite** (Space, Telecomm) / geosynchroner Satellit, Synchronsatellit *m* (auf der Erdumlaufbahn), synchroner Satellit, geostationärer Satellit, stationärer Satellit || ~ **space power plant** (Elec Eng, Space) / geostationäres Weltraumkraftwerk
**geostatistics** *n* (Geol, Stats) / Geostatistik *f* (hauptsächlich in der Prospektions-Geologie entwickeltes Teilgebiet der Statistik, das sich mit den räumlichen Abhängigkeiten der Zustandsgrößen und ihrer Varianzen befasst), geologische Statistik
**geostrophic approximation*** (Meteor) / geostrophische Approximation || ~ **force*** (Geophys, Meteor) / Druckgradientkraft *f*, Druckgradientenkraft *f* || ~ **wind** (Meteor) / geostrophischer Wind (der Wind bei geradlinigen Isobaren, wenn ein Gleichgewichtszustand zwischen der Gradientkraft und der Corioliskraft besteht)

**geosuture** *n* (Geol) / Geofraktur *f* (bis zum Erdmantel reichender Tiefenbruch), Erdnaht *f*
**geosynchronous orbit*** (Space) / Synchronorbit *m* (eines Satelliten um die Erde) || ~ **satellite** (Space, Telecomm) / geosynchroner Satellit, Synchronsatellit *m* (auf der Erdumlaufbahn), synchroner Satellit, geostationärer Satellit, stationärer Satellit
**geosynclinal** *adj* (Geol) / geosynklinal *adj*
**geosyncline*** *n* (Geol) / Geosynklinale *f* (in Schwellen und Tröge gegliederte meererfüllte Senkungszone), Geosynkline *f* (ein vom Meer erfüllter Sedimentationstrog)
**geotechnic** *adj* (Build, Civ Eng, Geol) / geotechnisch *adj*
**geotechnical** *adj* (Build, Civ Eng, Geol) / geotechnisch *adj* || ~ **engineering** (Geol) / Geotechnik *f* (Ingenieurgeologie im breitesten Sinne) || ~ **investigation** (Build, Civ Eng) / geotechnische Untersuchung(en) || ~ **process*** (Build, Civ Eng) / Verfahren *n* zur Bodenverbesserung
**geotechnics** *n* (the branch of civil engineering concerned with the study and modification of soil and rocks) (Civ Eng) / bautechnische Bodenkunde, Bodenmechanik *f*, Erdbaumechanik *f* || ~ (Geol) / Geotechnik *f* (Ingenieurgeologie im breitesten Sinne)
**geotectonic** *adj* (Geol) / tektonisch *adj* || ~ (Geol) / geotektonisch *adj*
**geotectonics** *n* (Geol) / Tektonik *f* (Lehre vom Bau der Erdkruste und den Bewegungen und Kräften, die diesen erzeugt haben) || ~ (Geol) / Geotektonik *f* (Erklärung des Entwicklungsganges von Krustenbewegungen und Massenverlagerungen)
**geotextiles*** *n* (Civ Eng, Textiles) / Geotextilien *pl* (Spinnvliese zum Einsatz im Straßen-, Eisenbahn- und Tunnelbau sowie für Drainagezwecke - DIN 18 918) || ~ **gabion** (for the stabilization of embankments) (Civ Eng, Textiles) / Erdgabion *n* (Stützsystem aus Boden und Lockergestein, das mit Gewebebahnen, Gittern o. Ä. umhüllt und gegebenenfalls auch bewehrt ist - DIN 18 918), Geotextilkörper *n*, bewehrter Erdkörper
**geothermal** *adj* (Geophys) / geothermisch *adj* || ~ **electric plant** (Elec Eng, Geophys) / Erdwärmekraftwerk *n*, geothermisches Kraftwerk, Geo-Kraftwerk *n*, Vulkankraftwerk *n* || ~ **electric power station** (Elec Eng, Geophys) / Erdwärmekraftwerk *n*, geothermisches Kraftwerk, Geo-Kraftwerk *n*, Vulkankraftwerk *n* || ~ **energy** (energy that can be extracted from the Earth's internal heat) (Geophys) / geothermische Energie, Erdwärmeenergie *f* || ~ **field** (Geol) / geothermisches Feld, Geothermalfeld *n* || ~ **gradient** (Geol) / geothermischer Temperaturgradient, geothermische Tiefenstufe, G.T. (geothermischer Temperaturgradient) || ~ **heat** (Geol) / Erdwärme *f* || ~ **heat pump** / erdwärmebetriebene Wärmepumpe
**geothermally generated electrical power** (Elec Eng, Geol) / Geostrom *m* (Strom aus geothermischen Energie)
**geothermal power*** (Geophys) / geothermische Energie, Erdwärmeenergie *f* || ~ **power plant** (Elec Eng, Geophys) / Erdwärmekraftwerk *n*, geothermisches Kraftwerk, Geo-Kraftwerk *n*, Vulkankraftwerk *n* || ~ **research** (Geol) / Forschung auf dem Gebiet der Geothermie || ~ **resource** (Geol) / geothermisches Vorkommen
**geothermic** *adj* (Geophys) / geothermisch *adj*
**geothermics** *n* (Geophys) / Geothermik *f* (Lehre vom Wärmefluss und von der Temperaturverteilung im Erdkörper), Geothermie *f*
**geothermometer** *n* (a mineral or other feature of the rocks that forms within known thermal limits under particular conditions of pressure and composition and whose presence thus denotes a limit or a range for the temperature of formation of the enclosing rock) (Geol) / geologisches Thermometer, Geothermometer *n*
**geothermy** *n* (Geophys) / Geothermik *f* (Lehre vom Wärmefluss und von der Temperaturverteilung im Erdkörper), Geothermie *f*
**geotope** *n* (Geol) / Geotop *m n* (erdgeschichtliche Bildung der unbelebten Natur, die Erkenntnisse über die Entwicklung der Erde oder des Lebens vermittelt)
**geotropic** *adj* (Bot) / geotropisch *adj*
**geotropism*** *n* (the growth of the parts of plants in response to the force of gravity) (Bot) / Geotropismus *m* (Einstellung der Pflanzenorgane in eine bestimmte Richtung zur Erdbeschleunigung), geotropische Ausrichtung, Erdwendigkeit *f*
**geranial*** *n* (an isomer of citral) (Chem) / Geranial *n*, Zitral *n* A, Citral *n* A, trans-Zitral *n*, trans-Citral *n*
**geranic acid** (Chem) / Geraniumsäure *f* (3,7-Dimethyl-2,6-octadiensäure)
**geraniol*** *n* (a terpenoid alcohol) (Chem, Nut) / Geraniol *n* (in zahlreichen etherischen Ölen enthalten)
**geranium oil** / Geraniumöl *n* (etherisches Öl aus den Blättern verschiedener Pelargoniumarten - ein wichtiger Duftbaustein in der Parfümherstellung), Pelargoniumöl *n* (meistens aus der Rosenpelargonie - Pelargonium graveolens L'Hérit. ex Ait.), Oleum *n* Geranii || ~ **red** / Geraniumrot *n*
**geranyl acetate** (Chem) / Geranylazetat *n* (ein Geranylester von angenehmem Blumengeruch), Geranylacetat *n* || ~ **ester** (Chem) /

Geranylester *m* (Ester des Geraniols mit einfachen Carbonsäuren, die teilweise Naturstoffe sind)
geranylgeraniol *n* (Chem) / Geranylgeraniol *n*
gerber• beam (Build, Civ Eng) / Gerber-Träger *m* (auf mehr als zwei Stützen durchlaufender Balken, bei dem durch Anordnung von Gelenken zwischen Unterteilungen des Balkens die statische Bestimmtheit des Trägers erzielt ist - nach H. Gerber, 1832-1912), Gelenkträger *m* (Gerber-Träger) || ≃ **beam** (Build, Civ Eng) / Gerber-Träger *m* (auf mehr als zwei Stützen durchlaufender Balken, bei dem durch Anordnung von Gelenken zwischen Unterteilungen des Balkens die statische Bestimmtheit des Trägers erzielt ist - nach H. Gerber, 1832-1912), Gelenkträger *m* (Gerber-Träger) || ≃ **test** (Nut) / Fettbestimmung *f* nach Gerber (bei Milch), Gerber-Test *m*
geriatric *adj* (Med) / geriatrisch *adj* || ~ **drug** (Pharm) / Geriatrikum *n* (pl. -ika) || ~ **robot** (Med) / Pflegeroboter *m*, geriatrischer Roboter (für die Altenpflege), Altenroboter *m* (für die Altenpflege)
geriatrics\* *n* (Med) / Geriatrie *f*
germ\* *n* (Biochem) / Keim *m*
germanate(II) *n* (Chem) / Germanat(II) *n*
germanate(IV) *n* (Chem) / Germanat(IV) *n*
germanate glass (Glass) / Germanatglas *n* (das GeO$_2$ allein oder in Kombination mit anderen Netzwerkbildnern enthält)
German camomile oil (Pharm) / Deutsches Kamillenöl (aus Matricaria recutita L.), Blaues Kamillenöl || ≃ **chamomile oil** (Pharm) / Deutsches Kamillenöl (aus Matricaria recutita L.), Blaues Kamillenöl || ≃ **cockroach** (Med, Nut) / Deutsche Schabe, Hausschabe *f* (Blatella germanica L.)
germane *n* (Chem) / Germaniumhydrid *n* || ~ (Chem) / German *n* || ~ (Chem) s. also monogermane
German federal patent / Deutsches Bundespatent, DBP (Deutsches Bundespatent)
germanic *adj* (Chem) / Germanium(IV)-
germanide *n* (a compound of an alkaline earth or alkali metal with germanium) (Chem) / Germanid *n* (z.B. GeMg$_2$)
germanite *n* (Min) / Germanit *m* (ein Erzmineral mit 8-10% Germanium)
germanium\* *n* (Chem) / Germanium *n*, Ge (Germanium) || ~ **diode**\* (Electronics) / Germaniumdiode *f* || ~ **dioxide** (Chem) / Germanium(IV)-oxid *n*, Germaniumdioxid *n* || ~ **glass** (Glass) / Germanatglas *n* (das GeO$_2$ allein oder in Kombination mit anderen Netzwerkbildnern enthält) || ~ **halide** (Chem) / Germaniumhalogenid *n* || ~ **hydride** (Ge$_n$H$_{2n+2}$) (Chem) / German *n* || ~ **nitride** (Chem) / Germaniumnitrid *n* || ~ **(IV) oxide** (Chem) / Germanium(IV)-oxid *n*, Germaniumdioxid *n* || ~ **power diode** (Electronics) / Germaniumleistungsdiode *f* || ~ **rectifier**\* (Electronics) / Germaniumgleichrichter *m* || ~ **solar cell** / Germaniumsolarzelle *f*, Ge-Solarzelle *f*
germanium(I) sulphide (Chem) / Germaniummonosulfid *n*
germanium tetrachloride (Chem) / Germanium(IV)-chlorid *n*, Germaniumtetrachlorid *n* || ~ **tetrahydride** (GeH$_4$) (Chem) / Germaniumhydrid *n*
German lapis\* (Min) / Deutscher Lapis (eine Imitation des Lapislazuli aus gefärbtem blaurötlichem Jaspis), Nunkirchener Lapis || ≃ **lapis**\* (Min) s. also Swiss lapis || ≃ **millet** (Agric, Bot) / Borstenhirse *f*, Kolbenhirse *f*, Fench *m*, Fennich *m* (Setaria italica (L.) P. Beauv.) || ≃ **nozzle** (Eng) / Drosseldüse *f* in Parabelform, Messdüse *f* in Parabelform
germanous *adj* (Chem) / Germanium(II)-
German Pharmacopoeia (Pharm) / Deutsches Arzneibuch, DAB (zurzeit DAB 10) || ≃ **sesame oil** / Deutsches Sesamöl, Leindotteröl *n* (aus Camelina sativa /L./ Crantz), Rüllöl *n*, Saat-Leindotteröl *n*, Rapsdotteröl *n* || ≃ **silver**\* (Met) / Neusilber *n* (silberähnliche Kupfer-Nickel-Zink-Legierung - früher als Alpaka, Argentan, Packfong, Chinasilber, Nickelmessing und Kunstsilber bekannt) || ≃ **symbols** (Typog) / deutsche Schrift || ≃ **Textile Labelling Act** (Textiles) / Textilkennzeichnungsgesetz *n*, TKG (Textilkennzeichnungsgesetz) (am 1.9.1972 in Kraft getretenes Bundesgesetz) || ≃ **Trade(s) Union Federation** / Deutscher Gewerkschaftsbund, DGB (Deutscher Gewerkschaftsbund) || ≃ **tubbing** (Mining) / deutscher Tübbing || ≃ **tunnelling method** (Civ Eng) / deutsche Bauweise (eine geschlossene Tunnelbauweise), Kernbauweise *f* || ≃ **type machinist's hammer** (Eng, Tools) / Schlosserhammer *m* (deutsche Form mit Bahn und Pinne - DIN 1041)
germ cell (Biochem, Biol) / Keimzelle *f*
germ-cyclone *n* (Nut) / Keimzyklon *m* (Hydrozyklon zum Abtrennen der Keime bei der Stärkefabrikation)
germicidal *adj* (Chem, Med) / keimtötend *adj*, germizid *adj*, keimabtötend *adj*
germicide *n* (Chem, Med) / keimtötendes Mittel, Germizid *n*
germinability *n* (Agric, Bot) / Keimfähigkeit *f*
germinable *adj* (Agric, Bot) / keimfähig *adj*
germinate *v* (Biochem, Bot) / keimen *v*

germination\* *n* (Biochem, Bot) / Keimung *f*, Keimen *n* || ~ **box** (Brew) / Keimkasten *m* (in der Mälzerei) || ~ **inhibitor** (San Eng) / Keimhemmungsinhibitor *m*, Keimhemmer *m*, Keimhemmungsmittel *n*
germinator *n* (Agric, Biochem, Bot) / Keimapparat *m* (zur Bestimmung der Keimfähigkeit)
germ line (Gen) / Keimbahn *f* || ~ **removal** (Nut) / Entkeimung *f* (Entfernung der Keime) || ~ **separation** (Nut) / Entkeimung *f* (Entfernung der Keime)
germ-tight filter (Ecol, San Eng) / Bakterienfilter *n* (zum Abtrennen von Bakterien aus Flüssigkeiten und Gasen)
germ warfare (Mil) / Krieg *m* mit mikrobiologischen Waffen
gerontological *adj* (Med) / gerontologisch *adj* || ~ **robot** (Med) / Pflegeroboter *m*, geriatrischer Roboter (für die Altenpflege), Altenroboter *m* (für die Altenpflege)
gerontology *n* (Med) / Gerontologie *f*
gersdorffite\* *n* (Min) / Gersdorffit *m* (Nickelarsensulfid)
GERT (graphical evaluation and review technique) / GERT (eine leistungsfähige, für kleinere Projekte einsetzbare Netzplantechnik)
GES (ground earth station) (Space) / zentrale Bodenstation (eines Satellitensystems)
gesso painting (Arch) / Gipsmalerei *f*, Gessopainting *n*
gestagen *n* (a female sex hormone) (Biochem) / Gestagen *n* (ein Steroidhormon, z.B. Progesteron)
gesture *n* (Telecomm) / Befehlszeichen *n*
get *v* / beschaffen *v* || ~ (into a lane) (Autos) / einscheren *v* (in oder auf eine Fahrspur) || ~\* (Mining) / hereingewinnen *v*, abbauen *v* || ~ **in** / einsteigen *v* || ~ **in lane** (Autos) / sich einordnen *v* || ~ **into orbit** (Space) / in seine Umlaufbahn gelangen || ~ **jammed** / klemmen *v* (Schloss) || ~ **jammed** (For) / Klemmen *n* (der Säge in der Schnittfuge) || ~ **off** *v* / aussteigen *v* (aus einem Zug, Bus) || ~ **off** (Aero) / abheben *v*, starten *v* || ~ **off** (Autos) / von der Straße abkommen || ~ **off** (Ships) / abbringen *v* (z.B. mit Schlepperhilfe) || ~ **out** / aussteigen *v* (aus einem Auto, Boot) || ~ **out** s. also deplane and disembark || ~ **out** *vt* / entfernen *v*, beseitigen *v* || ~ **out of station** (Ships) / aus dem Ruder laufen || ~ **rusty** (Chem, Met, Paint) / verrosten *v*, rosten *v*, rostig werden || ~ **stuck** / verkleben *vi* || ~ **stuck** / festsitzen *vi*, sich verklemmen *v*, stecken bleiben *vi*, hängen bleiben *vi*
getter *v* (Electronics) / gettern *v* || ~ *n* (Build, Civ Eng) / Erdarbeiter *m* || ~\* (Electronics) / Getter *m* *n* (Stoff, der zur Verbesserung bzw. Aufrechterhaltung des Vakuums in einem nicht mehr mit der Vakuumpumpe verbundenen Behälter dient), Fangstoff *m*, Getterstoff *m* || ~ (Mining) / Hauer *m* (meistens Streb- oder Kohlenhauer), Häuer *m*, Gewinnungshauer *m* || ~ (Mining) / Abbaumaschine *f*, Gewinnungsmaschine *f*
gettering *n* (Electronics) / Gettern *n*, Getterung *f*, Restgasbindung *f* (DIN EN 1330-8) || ~ **pump** (Vac Tech) / Getterpumpe *f* (Vakuumpumpe, bei der durch Vorhandensein eines Getters eine Pumpwirkung infolge Sorption erzielt wird)
getter ion pump (Vac Tech) / Ionengetterpumpe *f* (Ionenverdampferpumpe oder Penning-Pumpe) || ~ **pump** (Vac Tech) / Getterpumpe *f* (Vakuumpumpe, bei der durch Vorhandensein eines Getters eine Pumpwirkung infolge Sorption erzielt wird)
getting-off *n* (Aero) / Abheben *n* (Lösen des Flugzeugs vom Boden nach Erreichen der Abfluggeschwindigkeit)
GeV\* (Elec Eng, Nuc Eng) / Gigaelektronvolt *n*, Gigaelektronenvolt *n*, GeV ($10^9$ V)
geyser *n* (Geol) / Geysir *m* (heiße Quelle, die in meist regelmäßigen Zeitabständen mit großer Kraft eine bis zu 60 m hohe Wasserfontäne ausstößt), Geiser *m* || ~ (GB) (gas-fired water heater) (Heat) / Durchlaufwassererhitzer *m*, Durchlaufwasserheizer *m* (als Gegensatz zum Boiler und zum Speicher), Durchflusserwärmer *m* (ein Wassererhitzer), Durchlauferhitzer *m* (ein Gerät, das das Wasser im Wesentlichen während des Durchlaufs erwärmt)
geyserite\* *n* (Geol) / Kieselsinter *m*, Geyserit *m*, Opalsinter *m* (Absatz von Geysiren)
GF AAS (graphite-furnace atomic absorption spectroscopy) (Spectr) / Graphitrohrofentechnik *f* (der Atomabsorptionsspektrometrie), GF AAS (Graphitrohrofentechnik der Atomabsorptionsspektrometrie)
G-factor *n* (Aero, Space) / Beschleunigungsandruck *m*
GFP (green fluorescent protein) (Biochem) / grün fluoreszierendes Protein, GFP (grün fluoreszierendes Protein)
GFR (glass-fibre reinforcement) (Glass) / Glasfaserverstärkung *f*
GFSK (Gaussian frequency-shift keying) (Telecomm) / Gauß'sche Frequenzumtastung (ein digitales Trägermodulationsverfahren)
GG (gamma globulin) (Med) / Gammaglobulin *n* (die in der Elektrophorese der Serumproteine in der γ-Fraktion der Globuline wandernden Immunglobuline), GG (Gammaglobulin)

## GGG

**GGG**\* (gadolinium-gallium garnet) (Electronics) / Gadolinium-Gallium-Granat *m*, GGG (Gadolinium-Gallium-Granat)
**GG groove** (Autos) / Zentrierungslinie *f* (von Reifen)
**3G GSM** (Third Generation GSM) (Radio, Telecomm) / GSM *n* der dritten Generation (universelles mobiles Telekommunikationssystem)
**GH** (growth hormone) (Biochem) / Somatotropin *n*, somatotropes Hormon, Wachstumshormon *n*, STH (somatotropes Hormon)
**ghatti gum** / Ghattigummi *n* (ein Polysaccharid, meistens aus Anogeissus latifolia (Roxb. ex DC.) Wall. ex Bedd. oder Acacia nilotica (L.) Willd. ex Del.), Yongummi *n*
**ghetto blaster** (a large portable radio and cassette or DVD player) (Acous, Electronics, Radio) / Gettoblaster *m*, Ghettoblaster *m*
**G-horizon** *n* (Agric) / G-Horizont *m* (ein A-Teilhorizont)
**ghost** *n* (Chem) / Geisterpeak *m* (in der Gaschromatografie), Fremdpeak *m*, Störpeak *m* || ~\* (Cinema) / Geisterbild *n* || ~ (Cinema) / Blendenziehen *n* (ein vertikal verwischtes Bild), Ziehen *n* des Bildes || ~ (Crystal) / Geist *m* (sichtbare Zone veränderter Struktur) || ~ (Elec Eng) / Achterleitung *f* || ~\* (Materials, Met) / Schattenstreifen *m* (längere, zusammenhängende Seigerungsstreifen bei großen Schmiedestücken), Seigerungslinie *f*, Seigerungsstreifen *m* || ~ (Radar) / Geisterecho *n* (Zeichen an einer Stelle des Radarschirms, das von keinem Ziel an dem ihm entsprechendem Ort des Raumes stammt), Artefakt *n* (Echo, das keinem Echtziel zugeordnet werden kann), Geist *m* || ~ (TV) / Störbild *n* (beim Fernsehempfang rechts neben dem Originalbild), Geisterbild *n*, Reflexbild *n*, überlagertes Fernsehbild || ~ **crystal** (Crystal) / Geisterkristall *m*, Phantomkristall *m* || ~ **echo** (Radar) / Geisterecho *n* (Zeichen an einer Stelle des Radarschirms, das von keinem Ziel an dem ihm entsprechendem Ort des Raumes stammt), Artefakt *n* (Echo, das keinem Echtziel zugeordnet werden kann), Geist *m*
**ghosted view** / Konstruktionsdurchsicht *f* (bei technischen Zeichnungen), Durchsicht *f*, Phantombild *n*
**ghost hyphen** (Comp) / weicher Trennstrich, Bedarfstrennstrich *m*, Pseudotrennstrich *m*, bedingter Trennstrich, Trennfuge *f* (die nur dann vom Satzprogramm aktiviert wird, wenn am Zeilenende eine Trennung nötig ist) || ~ **image**\* (Light) / Reflexbild *n*, Phantombild *n*, Nebenbild *n* || ~ **image** (TV) / Störbild *n* (beim Fernsehempfang rechts neben dem Originalbild), Geisterbild *n*, Reflexbild *n*, überlagertes Fernsehbild
**ghosting** *n* (Build) / Bildung von Durchschlagmustern oder Schmutzfahnen (an hellen Wänden oder Decken infolge ungleicher Wärmeleitfähigkeit und Feuchtigkeit), Schmutzablagerung *f* auf saugenden Steinen || ~ (Chem) / Geisterpeaks *m pl* (als Gesamtphänomen in der Gaschromatografie) || ~ (Paint) / Wischerbildung *f* (Benetzungsstörung, die auftritt, wenn eine lackierte Oberfläche vor dem Überlackieren durch ungleichmäßiges Schleifen, unsachgemäßes Reinigen mit Lösungsmitteln oder ungewollte Fremdbenetzung /Wassertropfen/ keine einheitliche Oberflächenspannung mehr aufweist), Ghosting *n* (Wischerbildung) || ~ **effect** (Textiles) / Geisterbilder *n pl* (beim Transferdruck)
**ghost line**\* (Materials, Met) / Schattenstreifen *m* (längere, zusammenhängende Seigerungsstreifen bei großen Schmiedestücken), Seigerungslinie *f*, Seigerungsstreifen *m* || ~ **marking** (Build) / Bildung von Durchschlagmustern oder Schmutzfahnen (an hellen Wänden oder Decken infolge ungleicher Wärmeleitfähigkeit und Feuchtigkeit), Schmutzablagerung *f* auf saugenden Steinen || ~ **travel** (Cinema) / Blendenziehen *n* (ein vertikal verwischtes Bild), Ziehen *n* des Bildes
**GHP** (geothermal heat pump) / erdwärmebetriebene Wärmepumpe
**Giacoletto equivalent network** (Electronics) / Giacoletto-Transistor-Ersatzschaltung *f*
**Giaever normal electron tunnelling** (Elec) / Giaever-Tunneleffekt *m* (Durchgang einzelner Elektronen durch eine Grenzschicht zwischen zwei Supraleitern oder einem Supraleiter und einem Normalleiter, wenn eine Potentialdifferenz zwischen diesen besteht - nach I. Giaever, geb. 1929) || ~ **tunnelling** (Elec) / Giaever-Tunneleffekt *m* (Durchgang einzelner Elektronen durch eine Grenzschicht zwischen zwei Supraleitern oder einem Supraleiter und einem Normalleiter, wenn eine Potentialdifferenz zwischen diesen besteht - nach I. Giaever, geb. 1929)
**giam** *n* (For) / Merawan *n* (Holz aus Hopea spp.), Giam *n*
**giant** (Astron) / Riesenstern *m*, Riese *m*, Gigant *m* (pl. -en) || ~\* (Mining) / Hochdruckdüse *f* des Wasserwerfers (bei der hydromechanischen Gewinnung) || ~\* (Mining) / Monitor *m* (ein schwenkbares Gewinnungsgerät), Wasserkanone *f*, Wasserwerfer *m*, Spülstrahlrohr *n* (für hydromechanische Gewinnung), Hydromonitor *m* || ~ **arborvitae** (For) / Western Red Cedar (Thuja plicata Donn ex D. Don), Riesenlebensbaum *m* || ~ **batch** (Textiles) / Großdocke *f* (eine Warendocke) || ~ **cabuya** (Bot, Textiles) / Furcraea foetida (L.) Haw. (die Cabuya-Faser liefert) || ~ **fir** (For) / Kalifornische Küstentanne (Abies grandis (Dougl. ex D. Don) Lindl.), Riesentanne *f* || ~ **granite** (Geol) / Granitpegmatit *m* || ~ **gum** (For) / Eucalyptus regnans F. Muell. || ~ **hogweed** (Bot) / Herkulesstaude *f* (Heracleum mantegazzianum Sommier et Levier), Riesenbärenklau *f* || ~ **kelp** (Bot) / Riesentang *m* (zur Alginatgewinnung), Riesenblasentang *m* (in den kühleren Südmeeren), Birntang *m* (Macrocystis pyrifera) || ~ **magnetoresistive head** (Comp) / GMR-Kopf *m* (eine Bauform eines Festplattenschreibkopfes) || ~ **Metre Wavelength Radio Telescope** (Astron) / größtes Radioteleskop der Welt (in Narayangav, 200 km östlich von Bombay, Indien)
**giant-molecular** *adj* (Chem) / makromolekular *adj*
**giant molecule** (Chem) / Makromolekül *n*, Riesenmolekül *n* || ~ **nuclear resonances** (Nuc) / Riesenresonanzen *f pl* || ~ **order** (classical order of architecture, the pilasters or columns of which rise from the ground or plinth through more than one storey) (Arch) / Kolossalordnung *f* (z.B. in der Renaissance und im Barock) || ~ **planet** (Astron) / jupiterähnlicher Planet, iovanischer Planet, Riesenplanet *m* (Jupiter, Saturn, Uranus, Neptun), jupiterartiger Planet (Riesenplanet) || ~ **powder**\* (Chem) / Dynamit *n* (ein alter Sprengstofftyp) || ~ **pulse laser** / Riesenimpulslaser *m* || ~ **redwood** (For) / Mammutbaum *m* (Sequioadendron giganteum (Lindl.) Buchholz - die einzige Art einer Gattung der Sumpfzypressengewächse), Sequoia *f*, Sequoie *f* || ~ **redwood** (For) s. also wellingtonia || ~ **resonances** (Nuc) / Riesenresonanzen *f pl*
**giant-scale integration** (Electronics) / Integrationsgrad *m* ULSI, extrem hoher Integrationsgrad (ab $10^8$ Grundfunktionen pro Chip), ULSI-Integrationsgrad *m*, GSI-Integrationsgrad *m*
**giant sequoia** (For) / Mammutbaum *m* (Sequioadendron giganteum (Lindl.) Buchholz - die einzige Art einer Gattung der Sumpfzypressengewächse), Sequoia *f*, Sequoie *f* || ~'s **kettle** (Geol) / Riesenkessel *m*, Riesentopf *m* (Gletschermühle größeren Ausmaßes), Erosionstopf *m* || ~ **source**\* (Med, Nuc, Radiol) / sehr große Quelle (eine Strahlungsquelle mit mehr als 5,5 TBq) || ~ **star**\* (Astron) / Riesenstern *m*, Riese *m*, Gigant *m* (pl. -en)
**Giauque-Debye method** (Phys) / adiabatische Entmagnetisierung (zur Erzeugung sehr tiefer Temperaturen), magnetische Kühlung
**gib**\* *n* (Eng) / Stellleiste *f*, Nachstellleiste *f*, Einstellleiste *f* || ~\* (Mining) / Strebstempel *m*, Strebestempel *m* || ~\* (Mining) / Spreize *f*, Strebe *f* || ~ (Plumb) / Richtplatte *f* (des Klempners) || ~ **and cotter** (Eng) / Keilschloss *n* (symmetrisch oder asymmetrisch - ein Klemmelement als Seilbefestigung), Seilschloss
**gibberellic acid**\* (Biochem, Chem) / Gibberellinsäure *f* (Gibberellin A$_3$)
**gibberellin**\* *n* (Biochem) / Gibberellin *n* (Stoffklasse natürlicher Pflanzenwuchshormone)
**gibberish** *n* (Comp) / Garbage *f* (Daten, die während eines Programmlaufs entstehen und nach einer gewissen Zeit für den weiteren Programmlauf nicht mehr benötigt werden), falsche (unverständliche) Eintragung, falsche (fehlerhafte) Eingabe
**gib board** (a New Zealand proprietary name) (Build) / Gipskartonplatte *f* (Platte aus Brandgips, deren Oberflächen und Längsschmalflächen mit einem Spezialkarton beschichtet sind), Rigips *m* (Handelsname für Gipskartonplatten)
**gibbous** *adj* (Astron) / auf beiden Seiten konvex (Mondscheibe zwischen Halb- und Vollmond)
**Gibbs' adsorption equation** (the relation between surface tension and adsorption) (Phys) / Gibbs'sche Adsorptionsgleichung || ~ **adsorption theorem**\* (Phys) / Gibbs'sche Adsorptionsgleichung
**Gibbs-Donnan equilibrium** (Chem, Phys) / Donnan-Gleichgewicht *n* (ein Membrangleichgewicht - nach F.G. Donnan, 1870-1956)
**Gibbs-Duhem equation**\* (a relation between the chemical potential and concentration of species in a mixture at constant temperature and pressure) (Chem) / Gibbs-Duhem-Gleichung *f* (nach P.M.M. Duhem, 1861 - 1916)
**Gibbs-Duhem-Margules equation** (Phys) / Duhem-Margules-Gleichung *f* (die Beziehung zwischen den Partialdrücken $p^1$ und $p^2$ einer binären flüssigen Mischung mit den Molenbrüchen $x^1$ und $x^2$ in der flüssigen Phase)
**Gibbs energy of formation** (Chem) / Bildungsenthalpie *f*
**Gibbs' free energy**\* (Phys) / Gibbs-Energie *f* (Kurzzeichen G), Gibbs'sches Potential, freie Enthalpie (DIN 1345), Gibbs'sche freie Energie, Gibbs-Funktion *f* (in der Thermodynamik)
**Gibbs' function** (Phys) / Gibbs-Energie *f* (Kurzzeichen G), Gibbs'sches Potential, freie Enthalpie (DIN 1345), Gibbs'sche freie Energie, Gibbs-Funktion *f* (in der Thermodynamik)
**Gibbs-Helmholtz equation**\* (Phys) / Gibbs-Helmholtz'sche Gleichung (der Thermodynamik) || ~ **relation** (Phys) / Gibbs-Helmholtz'sche Gleichung (der Thermodynamik)
**gibbsite**\* *n* (Min) / Gibbsit *m*, Hydrargillit *m* (monoklines Aluminiumhydroxidmineral)

**Gibbs-Konowalow rule**\* (Chem) / Konowalow'sche Regel (Gesetzmäßigkeit für Siede- und Dampfdruckdiagramme binärer Mischungen)
**Gibbs' phase rule**\* (Phys) / Gibbs'sche Phasenregel, Gibbs'sches Phasengesetz (nach J.W. Gibbs, 1839-1903), Phasenregel $f$, Phasengesetz $n$
**Gibbs' rule** (Phys) / Gibbs'sche Phasenregel, Gibbs'sches Phasengesetz (nach J.W. Gibbs, 1839-1903), Phasenregel $f$, Phasengesetz $n$
**gib-headed key**\* (a key with a head formed at right angles to its length to facilitate withdrawal) (Eng) / Nasenkeil $m$ (mit Nase zum Eintreiben und Herausziehen - DIN 6887)
**gib-head flat key** (Eng) / Nasenflachkeil $m$ (DIN 6884)
**gib-head key** (Eng) / Nasenkeil $m$ (mit Nase zum Eintreiben und Herausziehen - DIN 6887)
**gib-head saddle taper key** (Eng) / Nasehohlkeil $m$ (mit Nase zum Eintreiben und Herausziehen - DIN 6889)
**Gibraltar board** (a New Zealand proprietary name) (Build) / Gipskartonplatte $f$ (Platte aus Brandgips, deren Oberflächen und Längsschmalflächen mit einem Spezialkarton beschichtet sind), Rigips $m$ (Handelsname für Gipskartonplatten) ‖ ≃ **stone** (Min) / Orientalischer Alabaster, Onyxmarmor $m$ (gestreifter zartfarbiger alabasterartiger Kalksinter)
**Gibrat distribution** (Stats) / logarithmische Normalverteilung, logarithmische normale Verteilung, Lognormalverteilung $f$ (DIN 55 350, T 22)
**Gibson mix** (Comp) / Gibson-Bewertung $f$ (eine Mischung von Operationen, die einen Vergleich der Geschwindigkeit verschiedener Rechner ermöglicht), Gibson-Mix $m$ (ein Befehlsmix)
**Giemsa stain**\* (Micros) / Giemsa-Färbung $f$ (nach G. Giemsa, 1867-1948)
**GIF** (Graphics Interchange Format) (Comp) / Graphics Interchange Format $n$ (ein Grafikformat), GIF $n$ (häufig verwendetes, von CompuServe entwickeltes Grafikformat), GIF-Format $n$ ‖ ≃ **animation** (a simple form of animation which was very popular on theWeb in its early days and is still (May 2005) frequently seen) (Comp) / GIF-Animation $f$
**gift paper** (Paper) / Geschenkpapier $n$ (dekoratives Papier zum Verpacken von Geschenken)
**gift-wrapping paper** (Paper) / Geschenkpapier $n$ (dekoratives Papier zum Verpacken von Geschenken)
**gig** $v$ (Textiles) / aufrauen $v$ (auf der Raumaschine), aufkratzen $v$ ‖ ~ $n$ (Mining) / Förderkorb $m$ (mit zwei Tragböden) ‖ ~ (Textiles) / Aufkratzmaschine $f$, Raumaschine $f$
**giga-**\* (Giga- (Vorsatz für $10^9$ - Kurzzeichen G)
**giga-electron-volt**\* $n$ (Elec Eng, Nuc Eng) / Gigaelektronvolt $n$, Gigaelektronvolt $n$, GeV ($10^9$ V)
**gigging** $n$ (Textiles) / Aufrauen $n$ (auf der Raumaschine)
**Gigli reagent** (Chem, Med) / Giglis Reagens (zum Blutnachweis)
**GIGO** $n$ (garbage-in, garbage-out) (Comp) / unsinnige Eingabe erzeugt unsinnige Ausgabe, GIGO (garbage-in, garbage-out)
**gig stick**\* (Build) / Radiusschiene $f$ (zum Abstecken eines Kreisbogens)
**Gilbreth basic element** (Work Study) / Therblig $n$ (von F.B. Gilbreth /1868-1924/ durch Umkehrung seines Namens gebildete Bezeichnung für die Klassifizierung des Hauptzwecks einer Bewegung, z.B. Suchen, Finden, Halten usw. - insgesamt 17)
**gild** $v$ (Paint) / vergolden $v$
**gilded pinchbeck** (alloy) / Talmi $n$ (schwach vergoldeter Tombak)
**gilder's cushion**\* (Bind, Build) / Vergolderkissen $n$, Goldkissen $n$ ‖ ~ **knife**\* / Vergoldemesser $n$ ‖ ~ **mop**\* / Anstauchpinsel $m$ (ein Vergolderpinsel zum behutsamen Festdrücken des Blattgolds) ‖ ~ **tip**\* (Paint) / Anschießer $m$ (ein Vergolder-Flachpinsel zur Abnahme des Blattgolds und zum Anschießen auf den Untergrund), Anlegepinsel $m$ (ein Vergolder-Flachpinsel) ‖ ~ **wheel**\* (Instr) / Goldroller $m$ (Apparat für das Abrollen von Rollengold)
**gilding** $n$ (Bind) / Goldschnittmachen $n$ ‖ ~\* (Paint) / Vergoldung $f$, Vergolden $n$ ‖ ~ **brass** (Met) / Gilding Brass $n$ (Cu-Zn-Legierung mit 95% Cu und 5% Zn, goldrotgelb, härter als reines Cu) ‖ ~ **in the press** (Bind, Paper) / Pressvergolden $n$, Goldpressen $n$ (Bedrucken von Einbanddecken, Plakaten, Ausweisen usw. mit Farbe, Gold oder Metallfolien in beheizten Kniehebel-Prägepressen) ‖ ~ **metal** (leaf) / Schlagmetall $n$, Franzgold $n$, unechtes Blattgold ‖ ~ **metal** (Met) / Gilding Brass $n$ (Cu-Zn-Legierung mit 95% Cu und 5% Zn, goldrotgelb, härter als reines Cu)
**gill** $v$ (Textiles) / hecheln $v$ (Flachs, Hanf) ‖ ~\* $n$ (Aero) / Kühlerklappe $f$ ‖ ~ (Heat) / Rohrrippe $f$, Rippe $f$ (Heizkörper) ‖ ~ (Spinning, Textiles) / Nadelstab $m$ ‖ ~\* (Aero) s. also cowl flaps ‖ ~ **bar** (Spinning) / Gillstab $n$
**gillbox** $n$ (Spinning) / Nadelstrecke $f$ (für die Kammgarnspinnerei), Gillbox $f$, Nadelstrecke $f$, Einfachnadler $m$ (ein Streckwerk) ‖ ~ **leather** (Textiles) / Laufleder $n$ (endlose Riemenbänder an Nadelstrecken)

**gilled heat exchanger** (Eng) / Rippenrohrwärmetauscher $m$ ‖ ~ **pipe** (Eng) / Rippenrohr $n$ mit Kreisrippen ‖ ~ **radiator** / Lamellenkühler $m$, Rippenkühler $m$ ‖ ~ **tube** (Eng, Met) / Rippenrohr $n$ (z.B. im Röhrenbündel-Verdampfer), berripptes Rohr (bei Wärmeträgern), befloßtes Rohr
**gilled-tube economiser** (Eng) / Rippenrohrvorwärmer $m$ (ein Economiser), RIVO (Rippenrohrvorwärmer)
**Gillespie model** (Chem, Nuc) / VSEPR-Modell $n$, Elektronenpaar-Abstoßungsmodell $n$, Gillespie-Modell $n$ (zur qualitativen Beschreibung der elektronischen und der geometrischen Struktur von Molekülen)
**gill fungi** (Bot) / Blätterpilze $m\,pl$ (viele Pilze dieser Art sind Holzzerstörer), Lamellenpilze $m\,pl$
**gilling** $n$ (Agric, Textiles) / Hecheln $n$ (Flachs, Hanf) ‖ ~ (Textiles) / Gilling $n$, Strecken $n$ auf der Nadelstabstrecke
**Gilljam carding machine** (Spinning) / Droussierkrempel $f$ (DIN 64 100), Fadenöffner $m$, Garnette $f$, Drousette $f$
**Gill-Morrell oscillator** (a retarding-field oscillator) (Electronics) / Gill-Morrell-Oszillator $m$
**gilsonite**\* $n$ (Min) / Gilsonit $m$ (ein Naturasphalt), Uintait $m$
**Gilson opal** / Gilson-Opal $m$ (synthetischer schleifwürdiger Edelopal)
**gilt edge** (Bind) / Goldschnitt $m$ (Verzierung des beschnittenen Buchblocks mit Blattgold) ‖ ~ **edges** (Bind) / Goldschnitt $m$ (Verzierung des beschnittenen Buchblocks mit Blattgold)
**gimbal(s)** $n(pl)$ (Nav, Phys) / Kardanrahmen $m$, kardanische Bügel
**gimbal error** (Ships) / Kardanfehler $m$ (kinematischer - des Kreiselkompasses) ‖ ~ **freedom** (the maximum angular displacement of a gimbal about its axis) (Nav, Phys) / Rahmenfreiheit $f$
**gimballing error** (Ships) / Kardanfehler $m$ (kinematischer - des Kreiselkompasses)
**gimbal lock** (a condition of a two-degree-of-freedom gyro wherein the alignment of the spin axis with an axis of freedom deprives the gyro of a degree-of-freedom and, therefore, of its useful properties) (Nav, Phys) / Rahmensperre $f$ ‖ ~ **mount** (Eng) / Kardanaufhängung $f$, cardanische Aufhängung, kardanische Aufhängung ‖ ~ **ring** (Space) / Gimbalring $m$ (spezielle kardanische Aufhängung von Raketentriebwerken und deren Ausströmdüse)
**gimbals, on** ~ / kardanisch $adj$
**gimlet** $n$ (Carp) / Zimmermannsbohrer $m$, Schneckenbohrer $m$, Nagelbohrer $m$, Spitzwinder $m$, Holzbohrer $m$, Handbohrer $m$ (mit Ringgriff)
**GIMOS technology** (Electronics) / GIMOS-Technik $f$ (der Herstellung von nichtflüchtigen Halbleiterspeichern)
**gimp** $n$ (Acous) / Aufnahmegeräusch $n$ ‖ ~ (cord) (Textiles) / Besatzschnur $f$ ‖ ~ (Textiles) / Gimpe $f$ (mit Garn eng umwickelter Faden für Knopflöcher und Besatz)
**gimping machine** (Textiles) / Gimpenmaschine $f$, Gimpenstuhl $m$
**gimp pin** (Eng) / ein Drahtstift ‖ ~ **yarn** (Textiles) / Gimpe $f$ (mit Garn eng umwickelter Faden für Knopflöcher und Besatz)
**gin** $v$ (Textiles) / entkörnen $v$ (Baumwolle), egrenieren $v$ (Baumwolle) ‖ ~\* $n$ (Build) / [handbetätigte] Bauwinde $f$ ‖ ~ (Mining) / Dreibaum $m$, Dreibock $m$ ‖ ~ (Ships) / Gien $n$ (Talje mit fünf und mehr Seilscheiben) ‖ ~\* (Textiles) / Egreniermaschine $f$, Baumwollentkörnungsmaschine $f$
**gingelly oil** (Nut) / Sesamöl $n$ (von Sesamum indicum L.), Gergelöl $n$, Gingelyöl $n$
**gingerbread** $n$ (fancy decoration) (Arch, Autos) / überladene Struktur, Firlefanz $m$, nutzloser Zierrat
**ginger-grass oil** / Gingergrasöl $n$ (minderwertige Sorte des Palmarosaöls)
**ginger oil** / Ingweröl $n$
**gingerol** $n$ (Chem) / Gingerol $n$ (Ketonalkohol - ein Inhaltsstoff der Ingwerwurzel)
**gingham** $n$ (Textiles) / Gingham $m$ (kräftiger Baumwollstoff, buntgewebt, in Leinwandbindung), Gingan $m$
**ginging** $n$ (Civ Eng, Mining) / Schachtmauerung $f$, Mauerausbau $m$ (im Schacht)
**gingko extract** (Pharm) / Ginkgo-Extrakt $m$ $n$ (aus den Blättern von Ginkgo biloba L.), Ginko-Extrakt $m$ $n$
**Gini coefficient** (a measure of inequality in the distribution of a variable throughout a population) (Stats) / Gini-Koeffizient $m$
**Gini's concentration coefficient** (Stats) / Gini-Koeffizient $m$
**ginkgo extract** (Pharm) / Ginkgo-Extrakt $m$ $n$ (aus den Blättern von Ginkgo biloba L.), Ginko-Extrakt $m$ $n$
**ginned lint** (Textiles) / Rohbaumwolle $f$
**ginning** $n$ (Textiles) / Entkörnen $n$, Entkörnung $f$ (der Baumwolle)
**GINO** (graphical input output) (Comp) / grafische Ein-/Ausgabe
**gin-pit** (Mining) / Grube $f$ von geringer Teufe (mit Haspelförderung)
**gin pole** (Oils) / Bohrturmgalgen $m$
**gin-pole derrick** (Eng) / verspannter Derrickkran, mit Seilen verspannter Derrick, Derrick $m$ mit Seilverspannung

**ginseng** *n* (Bot, Pharm) / Ginseng *m* (Panax spp.)
**ginsenoside** *n* (Pharm) / Ginsenosid *n* (ein wesentlicher Inhaltsstoff von Panax ginseng C.A. Mey.)
**Ginzburg-Landau-Abrikosov-Gorkov theory** (Phys) / GLAG-Theorie *f* der Supraleitfähigkeit, Ginsburg-Landau-Abrikossow-Gorkow-Theorie der Supraleitfähigkeit
**Ginzburg-Landau parameter** (Phys) / Ginsburg-Landau-Parameter *m* (der den Lösungstyp der Ginsburg-Landau-Gleichungen bestimmt) || ~ **theory** (Phys) / Ginsburg-Landau-Theorie *f* (der Supraleitfähigkeit)
**Giorgi system**\* / Giorgi'sches Einheitensystem *n* (nach G. Giorgi, 1871-1950), MKSA-System *n* (ein altes Einheitensystem), Giorgi-System *n* (ein altes Einheitensystem)
**G.I.P.** (gas-in-place) (Oils) / Gas-in-Place *n*, Gasinhalt *m*, Gesamtgasvolumen *n* (eines Gasfeldes)
**gipsie particle** (Nuc) / Psi *n* (ein von Richter und Ting entdecktes Elementarteilchen), J *n* (ein Elementarteilchen), Psi-Teilchen *n*, J-Teilchen *n*
**Girard's reagents** (Chem) / Girard-Reagenzien *n pl* (die Karbonylverbindungen in wasserlösliche Derivate überführen)
**girasol** *n* (Min) / Feueropal *m*, Sonnenopal *m*
**girasole** *n* (Min) / Feueropal *m*, Sonnenopal *m*
**Girbotol process** (Chem Eng) / Girbotolverfahren *n* (ein veraltetes Neutralisierungsverfahren zur Entschwefelung technischer Gase)
**girder**\* *n* (Build, Mech) / Balken *m* (in statischen Berechnungen), Träger *m* (Bauholz nach DIN 4070), Tragbalken *m*, Tram *m* (A), Tramen *m* (A) || ~ (Met) / Träger *m* (I-, H-, U- und T-Profile) || ~ **bridge**\* (Civ Eng) / Balkenbrücke *f* (deren Hauptträger ein Balken ist), Trägerbrücke *f*
**girdle** *v* (For) / ringeln *v* (Rinde und Bast auf einem um den Stamm des stehenden Baumes herumlaufenden Streifen abziehen) || ~\* *n* (For) / Ringel *m* (am Baum) || ~ (I C Engs) / Kurbelgehäuseunterteil *n* || ~ (Mining) / lagen- oder flözförmige Einlagerung, dünne Gesteinsschicht
**girdling** *n* (For) / Ringelung *f*
**girt** *n* (a stiffening element) (Eng) / versteifendes Element (des Mastenkrans) || ~ (Mining) / Kappe *f* (beim Rahmenausbau)
**girth**\* *n* (For) / Umfang *m* (des Rundholzes)
**GIS** (geographic information system) (Cartography) / Geoinformationssystem *n*, geografisches Informationssystem, GIS (geografisches Informationssystem)
**gismondine**\* *n* (Min) / Gismondin *m* (Kalziumdialumodisilikat)
**git** *n* (Foundry) / Gießtrichter *m*, Eingießöffnung *f* || ~ (Foundry) s. also gate
**gitology** *n* (Geol) / Lagerstättenkunde *f* (ein Teilgebiet der angewandten Geologie)
**gitonin** *n* (Pharm) / Gitonin *n* (ein Saponin aus den Samen des Roten Fingerhutes)
**gitoxigenin** *n* (Pharm) / Gitoxigenin *n*, Bigitaligenin *n* (Aglykon des Digitalisglykosides Gitoxin)
**gitoxin** *n* (Pharm) / Gitoxin *n*, Bigitalin *n*, Anhydrogitalin *n*, Pseudodigitoxin *n*
**GI tripod joint** (Autos) / GI-Gelenk *n* (ein Tripodgelenk)
**give** *v* / verleihen *v* (dem Werkstoff eine bestimmte Eigenschaft) || ~ **a boost** / ankurbeln *v* (die Wirtschaft), boosten *v* || ~ **a finishing stroke** / letzte Hand an etwas legen || ~ **an airing** / an die (frische) Luft hängen, auslüften *v* (Kleidung, Zimmer)
**giveaway price** / Schleuderpreis *m* || ~ **sample** / kostenloses Muster, kostenlose Probe, Give-away *n* (Gratisprobe)
**give a wide berth** (Autos, Ships) / weiträumig umfahren
**given error** / vorgegebene Abweichung, vorgegebener Fehler || ~ **quantity** (Maths) / gegebene Größe, vorgegebene Größe
**give off** *v* / freisetzen *v* (z.B. Energie) || ~ **off thick smoke** / qualmen *v* (Lampe) || ~ **priority to vehicles from opposite direction** (Autos) / Wartepflicht *f* bei Gegenverkehr (ein Verkehrszeichen) || ~ **up** *v* (Mining) / auflassen *v* (eine Grube), einstellen *v* (den Betrieb in einer Grube), aufgeben *v* (eine Grube) || ~ **way** / nachgeben *v*, ausweichen *v* (einem Druck) || ~ **way** *v* (Autos) / die Vorfahrt lassen || ~-**way line** (Autos) / Aufstelllinie *f* (auf der untergeordneten Straße)
**give-way right** (Autos) / Vorfahrtsrecht *n*, Vorfahrt *f* || ~ **sign** (Autos) / Vorfahrtszeichen *n*, Vorfahrtsgzeichen *n*
**givrine** *n* (Textiles) / Givrine *m* (einseitig schillernd-glänzender, ripsartiger Kleiderstoff in Tuchbindung mit dickem Woll- oder Viskose-Füllschuss)
**gizzard stone** (Geol) / Magenstein *m*, Bezoarstein *m*
**GKS** (graphical kernel system) (Comp) / grafisches Kernsystem (grafische Schnittstelle zwischen Anwendersoftware und CAD/CAM-Systemen), GKS (grafisches Kernsystem)
**5 GL** (fifth-generation language) (Comp) / Programmiersprache *f* der 5. Generation
**glabrate**\* *adj* (Bot) / kahl geworden *adj*

**glabrescent**\* *adj* (Bot) / kahl werdend
**glacé** *n* (Textiles) / Glacé *m* (schillerndes Gewebe) || ~ **finish** (Textiles) / Glanzappretur *f*, Glacéappretur *f* || ~ **kid** (Leather) / Chevreauleder *n* (chromgegerbtes, feinnarbiges Schuhoberleder aus kleinen Ziegenhäuten), Chevreau *n* || ~ **leather** (Leather) / Glacéleder *n* (feines, glänzendes Zickel- oder Lammleder), Glaceeleder *n* || ~ **tannage** (Leather) / Glacégerbung *f* (die am meisten verbreitete Anwendungsform der Aluminiumgerbung) || ~ **tanning** (Leather) / Glacégerbung *f* (die am meisten verbreitete Anwendungsform der Aluminiumgerbung) || ~ **thread** (Spinning) / lüstriertes Garn, Glacégarn *n*, Eisengarn *n*, Glanzgarn *n* (stark appretiertes Baumwollgarn) || ~ **yarn** (Spinning) / lüstriertes Garn, Glacégarn *n*, Eisengarn *n*, Glanzgarn *n* (stark appretiertes Baumwollgarn)
**glacial** *adj* (Chem) / Eis- || ~ (Geol) / glazial *adj* (auf den Gletscher bezogen), glaziär *adj*, glazigen *adj* || ~ (Geol) / eiszeitlich *adj*, glazial *adj* || ~ **acetic acid**\* (Chem) / Eisessig *m* (wasserfreie Essigsäure) || ~ **action**\* (Geol) / Gletschertätigkeit *f* || ~ **boundary** (Geol) / Eisgrenze *f* (bei Gletschern) || ~ **clay** (Geol) / Glazialton *m* || ~ **deposit**\* (Geol) / glaziales Sediment (z.B. Sand, Moräne, Drumlin, glaziale Ablagerung || ~ **drift** (Geol) / Glazialgeschiebe *n*, Gletscherschutt *m* || ~ **epoch** (Geol) / Eiszeit *f*, Glazial *n*, Glazialzeit *f* || ~ **erosion**\* (Geol) / Glazialerosion *f* (die abtragende Wirkung der Gletscher) || ~ **erratic** (Geol) / Findling *m*, erratischer Block, Feldstein *m*, Wanderblock *m* (über 100 mm Größe) || ~ **flow** (Geol) / Gletscherfließen *n*, Eisbewegung *f* im Gletscher || ~ **gravel** (Geol) / Gletscherkies *m* || ~ **lake** (Geol) / Gletschersee *m* (ein Stausee), Glazialsee *m* || ~ **maximum** (Geol) / Maximum *n* des Eisvorstoßes (bei Gletschern) || ~ **milk** (Geol) / Gletschermilch *f*, Gletschertrübe *f* || ~ **mill** (Geol) / Gletschermühle *f*, Gletschertrichter *m* || ~ **phosphoric acid**\* (Chem) / Metaphosphorsäure *f* (HPO$_3$)$_n$ || ~ **polish** (Geol) / Gletscherschliff *m* || ~ **recession** (a decrease in the length of a glacier, i.e. a backward displacement of the terminus, owing to melting exceeding the rate of glacier flow) (Geol) / Gletscherrückgang *m* || ~ **retreat** (Geol) / Gletscherrückgang *m* || ~ **sands**\* (Geol) / Geschiebesand *m* || ~ **scratch** (Geol) / Gletscherschrammen *f pl* || ~ **spillway** (Geol) / Urstromtal *n* || ~ **stairway** (Geol) / Kartreppe *f* || ~ **striae** (Geol) / Gletscherschrammen *f pl* || ~ **striation** (Geol) / Gletscherschrammen *f pl* || ~ **till** (Geol) / Tillit *m* (Geschiebemergel oder verfestigter Geschiebelehm) || ~ **trough** (Geol) / Gletschertal *n* || ~ **valley** (a U-shaped valley with steep walls formed by vertical erosion by the moving ice mass) (Geol) / Gletschertal *n*
**glaciation**\* *n* (Geol) / Vergletscherung *f* (Bedeckung mit Gletschern) || ~\* (Geol) s. also glacial erosion || ~ **limit** (Geol) / Maximum *n* des Eisvorstoßes (bei Gletschern)
**glacier**\* *n* (Geol) / Gletscher *m*, Ferner *m*, Kees *n* (in den Tauern) || ~ **blue** / Firnblau *n*
**glacier-dammed lake** (Geol) / Gletschersee *m* (ein Stausee), Glazialsee *m*
**glacieret** (Geol) / Hängegletscher *m*
**glacier flow** (Geol) / Gletscherfließen *n*, Eisbewegung *f* im Gletscher || ~ **ice** (Geol) / Gletschereis *n*
**glacierization** *n* (Geol) / Vergletscherung *f* (Bedeckung mit Gletschern)
**glacier lake** (Geol) / Gletschersee *m* (ein Stausee), Glazialsee *m* || ~ **milk** (a stream of turbid, whitish meltwater containing rock flour in suspension) (Geol) / Gletschermilch *f* || ~ **mill** (Geol) / Gletschermühle *f*, Gletschertrichter *m* || ~ **table** (a large block of rock supported by an ice pedestal that rises from the surface of a glacier) (Geol) / Eistisch *m*, Gletschertisch *m* || ~ **tongue** (Geol) / Gletscherzunge *f* (in dem Zehrgebiet) || ~ **well** (Geol) / Gletschermühle *f*, Gletschertrichter *m*
**glaciofluvial** *adj* (Geol) / fluvioglazial *adj* (Wirkungen und Ablagerungen der Gletscherschmelzwässer), glaziofluviatil *adj*
**glaciofluvial** *adj* (Geol) / fluvioglazial *adj* (Wirkungen und Ablagerungen der Gletscherschmelzwässer), glaziofluviatil *adj*
**glaciolacustrine** *adj* (Geol) / glaziallakustrisch *adj*
**glaciology** *n* (Geol) / Gletscherkunde *f*, Glaziologie *f*
**glacis** *n* (Geol) / flache Abdachung
**glade** *n* (For) / Schneise *f*, Gestell *n* (schneisenartig ausgehauenes Waldstück), Jagenlinie *f* || ~ (an open space in a wood or forest) (For) / Lichtung *f* (von Bäumen freie Stelle im Wald), Waldlichtung *f*
**glad hand** (US) (Autos) / Druckluftverbindung *f* einer durchgehenden Bremsanlage (einer Fahrzeugkombination, wie z.B. Zugmaschine und Anhänger)
**Gladstone and Dale Law**\* (the refractive index of a substance varies with change in volume) (Phys) / Dale-Gladstone'sche Refraktionsformel, Gladstone-Dale'sches Gesetz, Gladstone-Dale-Gesetz *n*
**Gladstone-Dale law** (Phys) / Dale-Gladstone'sche Refraktionsformel, Gladstone-Dale'sches Gesetz, Gladstone-Dale-Gesetz *n*

**GLAG theory** (Phys) / GLAG-Theorie f der Supraleitfähigkeit, Ginsburg-Landau-Abrikossow-Gorkow-Theorie der Supraleitfähigkeit
**glair*** n / Klebstoff m auf Eiweißgrundlage ‖ ~* (Bind) / Eipoliment n, Grundiermittel n auf Eiweißgrundlage (zum Handvergolden) ‖ ~ (Nut) / Eiweißglasur f
**glance*** n (Min) / Blende f, Glanz m (ein sulfidisches Mineral) ‖ ~ **copper** (Min) / Kupferglanz m (eine Mineralgruppe)
**glancing angle*** (Optics) / Glanzwinkel m (z.B. in der Bragg-Gleichung) ‖ ~ **incidence** (Optics) / streifender Einfall
**gland*** n (Eng) / Stopfbuchsenbrille f, Stopfbuchsbrille f ‖ ~* (Physiol) / Drüse f ‖ ~ **bolt*** (Eng) / Stopfbuchsenschraube f
**glandless cock** (Eng) / stopfbuchsloser Hahn ‖ ~ **valve** (Eng) / Ventil n ohne Stopfbuchse
**gland packing** (Eng) / Stopfbuchsenpackung f, Stopfbuchspackung f (Weich- oder Metall-) ‖ ~ **seal** (Eng) / Stopfbuchsendichtung f ‖ ~ **steam** (Eng) / Stopfbuchsendampf m, Sperrdampf m
**Glan-Thompson prism** (Optics) / Glan-Thompson-Prisma n (ein Nicol mit geraden, senkrecht zum Strahl stehenden Endflächen - nach P. Glan, 1846-1898, und S.P. Thompson)
**glare** v (Light, Med) / blenden v ‖ ~* n / Glanz m (blendender Schein) ‖ ~* (Light) / blendendes Licht, Blendung f (blendendes Licht), Blendlicht n ‖ ~* (Light) / Überstrahlung f ‖ ~ (Light, Med) / Blendung f (psychologische, physiologische), Blenden n ‖ ~**-free** adj (Optics) / blendfrei adj, nichtblendend adj, blendungsfrei adj ‖ ~ **screen** (Autos, Civ Eng) / Blendschutzzaun m
**glarimeter*** n (Ceramics, Paper) / Glanzmesser m
**glaring** adj / grell adj, knallig adj (Farbe), schreiend adj (Farbe), aufdringlich adj (Farbe) ‖ ~ (Light) / blendend adj, gleißend adj
**Glashow-Salam-Weinberg model** (Nuc) / Glashow-Salam-Weinberg-Modell n (nach S.L. Glashow, geb. 1926, A. Salam, 1926 - 1996, und S. Weinberg, geb. 1933)
**Glashow-Weinberg-Salam theory** (model) (Nuc) / Glashow-Weinberg-Salam-Theorie f der elektroschwachen Wechselwirkung, elektroschwache Theorie
**glasphalt** n (Civ Eng) / Asphalt m mit Glasmehlzusatz
**glass** v (Ceramics, Glass) / glasemaillieren v ‖ ~ (Nut) / in Gläser einmachen ‖ ~ vi / verglasen v (Oberfläche) ‖ ~ n (Glass) / Glaswaren f pl, Glasartikel m pl ‖ ~* (Glass) / Glas n (DIN 1259) ‖ ~* s. also weather glass and enamel ‖ ~ attr (Glass) / Glas-, gläsern adj, aus Glas ‖ ~ **adhesive** (Glass) / Glasklebstoff m ‖ ~ **analysis** (Glass) / Glasanalyse f ‖ ~ **balloon flask** (Chem, Glass) / Glasballon m ‖ ~ **bead** (Glass) / Glasperle f (z.B. für reflektierende Verkehrszeichen) ‖ ~ **bead** (Paint, Plastics) / Glaskugel f
**glass-bead blasting** / Strahlen n mit Glasperlen ‖ ~ **blasting** / Glasstrahlen n (mit Glasfasern als Strahlmittel)
**glass bending** (Glass) / Glasbiegen n ‖ ~ **block*** (Build) / Glasbaustein m (DIN 18175), Glasziegel m, Glasstein m, Glasbauelement n, Glasblock m, Betonglas n (als lichtdurchlässiges Element nach DIN 4243) ‖ ~**-blower** n (Glass) / Glasbläser m (ein Facharbeiter)
**glass-blowing** n (Glass) / Glasblasen n (mit der Glasmacherpfeife)
**glass brick** (a hollow glass block)* (Build) / Glasbaustein m (DIN 18175), Glasziegel m, Glasstein m, Glasbauelement n, Glasblock m, Betonglas n (als lichtdurchlässiges Element nach DIN 4243) ‖ ~ **brush** / Glasbürste f ‖ ~ **bulb** (Elec Eng, Glass) / Glaskolben m (der Glühlampe)
**glass-bulb rectifier*** (Elec Eng) / Glasgleichrichter m
**glass cabinet** (case) / Schaukasten m (mit Glas abgeschlossener, kastenartiger Behälter, der Ausstellungszwecken dient), Vitrine f ‖ ~ **cambric** (Textiles) / Glasbatist m (weißer, durch Merzerisieren, Säurebehandlung und erneutes Merzerisieren glasig und steif gemachter, jedoch noch elastischer Batist) ‖ ~ **casting** (Glass) / Glasguss m, Gießen n von Glas ‖ ~**-ceramics*** n (Ceramics) / Glaskeramik f (ein polykristalliner Stoff, wie z.B. Pyroceram, Vitrokeram) ‖ ~ **channel** (US) (Autos) / Fensterführung f (eine U-Profildichtung), Fensterführungsprofil f
**glass-clad glass fibre** (Telecomm) / Ganzglasfaser f, Glas-Glas-Faser f
**glass cleaner** / Glasreiniger m ‖ ~ **cloth** (a cloth covered with powdered glass, used for smoothing and polishing) / Schleifleinen n (mit Glas als Bestreuungsmittel) ‖ ~ **cloth** (Textiles) / Gläsertuch n ‖ ~ **cloth** (woven fabric of fine-spun glass thread) (Weaving) / Glasgewebe n (Flächengebilde aus Glasgarnen), Textilglasgewebe n
**glass-coated steel** (Chem Eng, Met) / emaillierter Stahl (z.B. mit Nucerit), glasierter Stahl
**glass cock** (Chem) / Glashahn m ‖ ~ **cockpit** (Aero) / gläsernes Cockpit (mit Multifunktionsdisplays), Glascockpit n ‖ ~ **colorant** / Glasfarbe f (Bleiborosilikatglas zum Dekorieren) ‖ ~ **concrete** (e.g. a pavement light) (Build, Civ Eng) / Glasstahlbeton m (ein Stahlbetonelement aus kreuzweise angeordneten Rippen und eingesetzten Glasvollkörpern - für durchlässige, belastbare Abdeckungen) ‖ ~**-concrete** n / Betonglas n (in der künstlerischen Beton-Glas-Technik) ‖ ~**-concrete** (Civ Eng) / Glasbeton m ‖ ~ **container** (Glass) / Glasgefäß n ‖ ~ **container** (Glass) / Glasbehälter m, Glasbehältnis n ‖ ~ **container industry** (Glass) / Behälterglasindustrie f
**glasscrete** n (Build, Civ Eng) / Glasstahlbeton m (ein Stahlbetonelement aus kreuzweise angeordneten Rippen und eingesetzten Glasvollkörpern - für durchlässige, belastbare Abdeckungen)
**glass cube** / Glaswürfel m ‖ ~ **cullet** (Glass) / Glasbruch m, Glasscherben f pl, Bruchglas n, Scherben f pl
**glass-cutter** n (Glass, Tools) / Glasschneider m (Diamantglasschneider, Stahlradglasschneider)
**glass-cutting wheel** (Glass) / Schneidrädchen n
**glass defect** (Glass) / Glasfehler m ‖ ~ **depth** (Glass) / Glasstand m, Glasbadtiefe f ‖ ~ **door** (Build) / Glastür f ‖ ~ **door** (Build) s. also glazed door ‖ ~ **dosemeter** (Radiol) / Glasdosimeter n (ein Festkörperdosimeter) ‖ ~ **dosimeter** (Radiol) / Glasdosimeter n (ein Festkörperdosimeter) ‖ ~ **dust** (Glass) / Glasstaub m
**glassed*** adj (Build) / poliert adj (Stein) ‖ ~ (Ceramics, Glass) / glasemailliert adj ‖ ~ **steel** (Chem Eng, Met) / emaillierter Stahl (z.B. mit Nucerit), glasierter Stahl
**glass electrode** / Glaselektrode f (Messelektrode zur pH-Messung nach DIN 19261) ‖ ~ **enamel** (Cartography, Ceramics) / Glasemail n ‖ ~ **enamel** (Glass) / Email n für Emailgläser ‖ ~**-enclosed diode** (Electronics) / glasvergossene Diode ‖ ~ **eraser** / Glashaarradierer m, Glaspinsel m (mit Borsten aus Glasfasern zum Radieren)
**glasses** pl (Optics) / ein augenoptisches Gerät, Brille f
**glass eye** (a defect consisting of a large unbroken blister) (Glass) / Blase f (ein Glasfehler) ‖ ~ **fabric** (Weaving) / Glasgewebe n (Flächengebilde aus Glasgarnen), Textilglasgewebe n ‖ ~ **facade** (Build, Glass) / Glasfassade f ‖ ~ **felt** (glass fibres bonded into a sheet with resin and suitable for impregnation in the manufacture of bituminous waterproofing, roofing membranes, and shingles) / Glasvlies n, Glaseidenmatte f, Glasfasermatte f, Glasfaservliesstoff m ‖ ~ **fiber** (US) (Glass, Plastics, Telecomm, Textiles) / Glasfaser f, GL (Glasfaser nach DIN 60 001, T 1) ‖ ~ **fibre*** (Glass, Plastics, Telecomm, Textiles) / Glasfaser f, GL (Glasfaser nach DIN 60 001, T 1) ‖ ~ **fibre*** (Glass, Textiles) / Glasfaserstoff m
**glass-fibre batt** (Glass) / Glasvlies n, Glaseidenmatte f, Glasfasermatte f, Glasfaservliesstoff m ‖ ~ **drawing** (Glass) / Glasfaserziehen n ‖ ~ **laminate** (Glass, Textiles) / Glasfaserschichtstoff m, Textilglas-Schichtstoff m ‖ ~ **mat(ting)** (Glass) / Glasvlies n, Glaseidenmatte f, Glasfasermatte f, Glasfaservliesstoff m ‖ ~ **material** (Glass, Textiles) / Glasfaserstoff m ‖ ~ **optics** (Optics) / Glasfiberoptik f, Glasfaseroptik f ‖ ~ **paper*** (Glass, Paper) / Glasfaserpapier n (Folien aus feinen Glasfasern für Filtration, Chromatografie und Elektrophorese, Glaspapier (nur aus Glasfasern)
**glass-fibre-reinforced concrete** (Build, Civ Eng) / Glasfaserbeton m (ein Faserbeton), GFB (Glasfaserbeton)
**glass-fibre-reinforced plastics*** (Plastics) / glasfaserverstärkte Kunststoffe (höchstens 70 % Glasfasern und mindestens 30 % Kunststoff - DIN 7728, T 2), GFK (glasfaserverstärkte Kunststoffe)
**glass-fibre-reinforced unsaturated polyester resin** (Plastics) / Faserglasharz n
**glass-fibre reinforcement** (Glass) / Glasfaserverstärkung f ‖ ~ **roving** (Glass, Textiles) / Roving m n, Textilglasroving m n (eine bestimmte Anzahl parallel zu einem Strang zusammengefasster Spinnfäden), Glaseidenroving m n (Strang aus ungedrehter Glaseide, der verwebt z.B. zur Herstellung von Matten verwendet wird)
**glass fibril** (Glass) / Glasfilament n (DIN 61850), Glasfaden m (praktisch unbegrenzter Länge) ‖ ~ **filament** (Glass) / Glasfilament n (DIN 61850), Glasfaden m (praktisch unbegrenzter Länge) ‖ ~ **filter** (Chem Eng) / Glasfilter m, Glasfritte f ‖ ~ **fitting** / Glasformstück n ‖ ~ **foil** (Glass) / Glasfolie (bis zu 0,1 mm), Dünnstglas n ‖ ~ **for building purposes** (Build, Glass) / Bauglas n, Glas n im Bauwesen (DIN EN 572) ‖ ~ **former** (Glass) / Glasbildner m (z.B. Siliziumdioxid)
**glass-forming machine** (Glass) / Glasmaschine f, Glasverarbeitungsmaschine f (eine Formgebungs- oder Nachbearbeitungsmaschine) ‖ ~ **region** (Glass) / Bereich m der Glasbildung, Glasbildungsbereich m ‖ ~ **substance** (Glass) / Glasbildner m (z.B. Siliziumdioxid
**glass-founder** n (Glass) / Schmelzer m, Glasschmelzer m (Wannenarbeiter)
**glass funnel** (Chem, Glass) / Glastrichter m ‖ ~ **furnace** (Glass) / Glasschmelzofen m ‖ ~ **gilding*** (Glass) / Glasvergoldung f, Hinterglasvergoldung f ‖ ~ **gob** (Glass) / Speisertropfen m (z.B. im Speisertropfen-Blasverfahren)
**glass-grain sensor** / Glaskornsensor m (ein Messsensor hoher Empfindlichkeit, z.B. in Gyroskopen)
**glass•-grinding** n (Glass) / Glasschleifen n, Glasschliff m (eine Veredelungstechnik) ‖ ~ **half-cell** (a half cell in which the potential measurements are made through a glass membrane) / Glaselektrode

**glass**

*f* (Messelektrode zur pH-Messung nach DIN 19261) ‖ **~ hand shop** (Glass) / Glashütte *f* (mit manueller Glasverarbeitung)
**glass-hard** *adj* / glashart *adj*
**glass holder** (Glass) / Glastrage *f*, Glaskasten *m*
**glasshouse** *n* (GB) (Agric, Nut) / Treibhaus *n*, Glashaus *n*, Gewächshaus *n* ‖ **~** (Glass) / Glashütte *f*, Glasfabrik *f*, Glaswerk *n* ‖ **~ floor** (Glass) / Hüttenflur *m*
**glassification*** *n* (Nuc Eng) / Verglasung *f* (der radioaktiven Spaltprodukte), Glasverfestigung *f* (der radioaktiven Abfallstoffe)
**glassine*** *n* (Paper) / Pergamin *n* (durchsichtiges Verpackungspapier), Kristallpapier *n*, Pergamyn *n* ‖ **~ paper** (Paper) / Pergamin *n* (durchsichtiges Verpackungspapier), Kristallpapier *n*, Pergamyn *n* ‖ **~ tissue** (Paper) / Pergaminseidenpapier *n*
**glass insulator** (Elec Eng) / Glasisolator *m*
**glassivation** *n* (the passivation of a transistor by encapsulating the semiconductor device, complete with metal contacts, in glass) (Electronics) / Glaspassivierung *f*
**glass laser** (Phys) / Glaslaser *m* (Festkörperlaser, dessen optisch aktive Substanzen in Glas eingebaut wurden, z.B. Nd-Glaslaser)
**glassless** *adj* / glaslos *adj* (z.B. Diarähmchen)
**glass-level attack** (Glass) / Schwappkante *f*, Spülkante *f*, Glasspiegellinie *f* ‖ **~ control** (Glass) / Glasstandregelung *f* ‖ **~ cut** (Glass) / Schwappkante *f*, Spülkante *f*, Glasspiegellinie *f*
**glass-like** *attr* / glasartig *adj*, glasig *adj* (wie Glas)
**glass-lined steel** (with high resistance to chemical attack at elevated temperatures and pressures) (Chem Eng, Met) / emaillierter Stahl (z.B. mit Nucerit), glasierter Stahl
**glass lining** / Glasauskleidung *f*, Glasüberzug *m*, Glasverkleidung *f* ‖ **~ lining** (Met) / Glasemail *n* ‖ **~ lubricant** (Met) / Glasschmiermittel *n* (zum Schmieren von Matrizen beim Warmziehen und -strangpressen von Metallen)
**glassmaker** *n* (Glass) / Glasmacher *m* (ein Facharbeiter)
**glassmaker's lead** (Chem, Glass, Paint) / Mennige *f* (rote Modifikation nach DIN 55 916 - Korrosionsschutz), Bleimennige *f* (heute kaum noch eingesetzt)
**glassmakers' soap** (Min) / Glasmacherseife *f* (meistens Mangandioxid oder Selenverbindungen), Glasseife *f*
**glassmaking*** *n* (Glass) / Glasfabrikation *f*, Glasherstellung *f*
**glassman** *n* (Glass) / Glasmacher *m* (ein Facharbeiter)
**glass manufacture** (Glass) / Glasfabrikation *f*, Glasherstellung *f* ‖ **~ marble** (Glass) / Glaskugel *f* (für die Glasfaserherstellung)
**glass-marking ink** (Glass) / Glastinte *f*
**glass-mass** *n* (Glass) / Glasmasse *f*
**glass-mat-base laminate** / Hartmatte *f* (aus Harz und Glasseidenmatte nach DIN 7735), Hm (Hartmatte)
**glass melt** (Glass) / geschmolzenes Glas (im Glasofen), Glasschmelze *f*, flüssige Glasmasse
**glass-melting tank** (Glass) / Schmelzzone *f*, Schmelzteil *m* (des Glaswannenofens), Schmelzwanne *f* (als Teil des Wannenofens)
**glass membrane** (Chem, Glass) / Glasmembran *f* (eine Glasphase in der Elektrochemie)
**glass-mica board** / Glas-Glimmer-Pressplatte *f*
**glass mortar** (Chem) / Glasmörser *m*
**glass-paper** *n* (Glass, Paper) / Glasfaserpapier *n* (Folien aus feinen Glasfasern für Filtration, Chromatografie und Elektrophorese), Glaspapier (nur aus Glasfasern)
**glasspaper*** *n* (Paper) / Glaspapier *n* (ein Schleifpapier)
**glass paving slab** (Build) / Glasfliese *f* (für wenig begangene Fußböden) ‖ **~ piping** (Glass) / Röhrenglas *n* ‖ **~ plate** (Glass) / Glasplatte *f* (dickere)
**glass-plate capacitor** (Elec Eng) / Hochspannungskondensator *m* mit Glasplatten (als Dielektrikum)
**glass plunger** (Chem) / Glasstab *m* (des Eintauchkolorimeters) ‖ **~ pot** (Glass) / Glashafen *m* (für die Hafenschmelze), Glasschmelzhafen *m*, Hafen *m* (in Glashafenofens) ‖ **~ powder** (Glass) / Glaspulver *n* (= kleiner 40µm), Glasmehl *n* (bis zu 70µm) ‖ **~ printing** (Glass) / Glasdruck *m* (Bedrucken von Glas)
**glass-processing** *adj* / glasverarbeitend *adj*
**glass-raised culture** (Agric) / Gewächshauskultur *f*, unter Glas angezogene Kultur
**glass recycling** (Glass) / Altglaswiederverwertung *f*, Altglasrecycling *n*
**glass-refining agent** (Chem, Glass) / Läutermittel *n*, Läuterungsmittel *n*, Läuterungsrohstoff *m*
**glass-reinforced filler paste** (Paint) / Faserspachtel *m*, glasfaserverstärkter Füllspachtel *m* ‖ **~ plastics** (Plastics) / Textilglaskunststoff *m*, Glasfaserkunststoff *m*
**glass ring** (Spinning) / Fadenführer *m* (vom Antrieb getriebene Baugruppe, die die Fadenschwingung und die Fadenverlegung bewirkt) ‖ **~ road facility** (Autos) / Unterflurlabor *n* (auf der Teststrecke) ‖ **~ rod** (Chem) / Glasstab *m* ‖ **~ roof** (Build) / Glasdach *n*
**glass-roofed well** (Build) / Lichthof *m* (zentraler, durch alle Stockwerke gehender Raum mit Oberlichtverglasung)

**glass sand** (a nearly pure quartz sand with minor amounts of the oxides of aluminium, calcium, iron, and magnesium) (Glass) / Glassand *m*, Glasschmelzsand *m* (ein feiner Quarzsand) ‖ **~ seal** (I C Engs) / Glasschmelze *f* (elektrisch leitende) ‖ **~ sealing** (an airtight seal in which molten glass is the sealant) (Glass) / Glaseinschmelzung *f* ‖ **~ semiconductor** (Electronics) / Glashalbleiter *m* (ein amorpher Halbleiter) ‖ **~ shard** (Geol) / Vulkanglasscherbe *f* ‖ **~ sheath** (Elec Eng, Glass) / Glasmantel *m* ‖ **~ sheet** (Glass) / Glasplatte *f* (dünne) ‖ **~ shield** (Glass) / Glasschirm *m* (als Schutz) ‖ **~ shot*** (Cinema) / Glasvorsatzaufnahme *f*, Spiegeltrick *m* (mit dem Glasvorsatz) ‖ **~ silk** (Glass) / Glasseide *f* (ein Glasfaserstoff) ‖ **~ silk** (Glass) s. also fibreglass
**glass-silk yarn** (Elec Eng, Glass) / Glasseidengarn *n*
**glass size** (Build) / zugeschnittene Fensterscheibe ‖ **~ slate** (Build) / Glasdachziegel *m*, Glasdachstein *m* (der den Einfall von Tageslicht in Dachräume ermöglicht)
**glass-soap** *n* (Min) / Glasmacherseife *f* (meistens Mangandioxid oder Selenverbindungen), Glasseife *f*
**glass solder** (Glass) / Glaslot *n*, Lötglas *n* (leicht schmelzendes, zum Löten geeignetes Glas) ‖ **~ staple fibre** (Glass, Textiles) / Glasstapelfaser *f*, Stapelglasfaser *f* (DIN 61850) ‖ **~ stem** (Elec Eng) / Glasfuß *m*, Glasquetschfuß *m* (in der Glühlampe) ‖ **~ stirrer** (Chem) / Glasrührer *m* ‖ **~ stirring rod** (Chem) / Glasstab *m* zum Rühren ‖ **~ stop** (Build, Glass) / Glashalteleiste *f* ‖ **~ stopcock** (Chem, Glass) / Glashahn *m* ‖ **~ stopper** (Chem, Glass) / Glasstopfen *m*, Glasstöpsel *m*
**glass-stoppered bottle** / Glasstopfenflasche *f*, Glasstöpselflasche *f*
**glass strand** (Glass, Textiles) / Glasspinnfaden *m* (DIN 61850) ‖ **~ structure*** (Glass) / Glasstruktur *f* ‖ **~ support-rod** (Elec Eng) / gläserner Träger, Stab *m* (gläserner Träger in der Glühlampe), Glasstab *m*
**glass-tampering detector** / Glasbruchsensor *m* ‖ **~ sensor** / Glasbruchsensor *m*
**glass tank** (furnace) (Glass) / Glaswannenofen *m*, Glasschmelzwanne *f*, Wannenofen *m*, Wanne *f* ‖ **~ tap** (Chem, Glass) / Glashahn *m*
**glas staple-fibre yarn** (Glass, Textiles) / Glasstapelfasergarn *n*
**glass tear** (Glass) / Glasträne *f*, Batavische Träne *f* ‖ **~ (joint) thread** / Glasgewinde *n* (nach DIN 40450) ‖ **~ tile*** (Build) / Glasdachziegel *m*, Glasdachstein *m* (der den Einfall von Tageslicht in Dachräume ermöglicht) ‖ **~ tile** (Build) / Glasfliese *f* (für Wandbeläge) ‖ **~ tissue** (Paper) / Glasseidenpapier *n*
**glass-to-glass connection** (Glass) / Glas-Glas-Verbindung *f*
**glass-to-metal seal** / Glas-Metall-Verschmelzung *f*
**glass top** (Build) / Glasdach *n*
**glass-topped** *adj* / mit Glasdach
**glass toughening** (Glass) / Glasverfestigung *f* ‖ **~ towelling** (Textiles) / Glasertuch *n* ‖ **~ transition*** (a reversible change) (Chem Eng) / α-Anomalie *f*, Glasumwandlung *f*, Gammaumwandlung *f*, Umwandlung *f* zweiter Ordnung (der Übergang eines Polymers von einem viskosen oder elastischen in einen spröden, glasartigen Zustand)
**glass-transition temperature** (Plastics) / Glaspunkt *m*, Einfriertemperatur *f* (bei Abkühlung), Glasübergangstemperatur *f* (DIN 7724), Transformationstemperatur *f*, Erweichungstemperatur *f* (bei Erwärmung), Tg
**glass transition temperature*** (Chem Eng, Glass) / Glasübergangstemperatur *f*, Glastemperatur *f* ‖ **~ tube** (Elec Eng, Glass) / Glaskolben *m* (der Leuchtstofflampe) ‖ **~ tube** (Glass) / Glasrohr *n* ‖ **~ tubing** (Chem) / Glasrohre *n pl*, Glasrohrmaterial *n* ‖ **~ vessel** (Glass) / Glasgefäß *n* ‖ **~ wadding** (Glass) / Glaswatte *f*, lose Glaswolle (nach dem Schleuderverfahren hergestelltes Material aus Glasfasern)
**glassware** *n* (Glass) / Glaswaren *f pl*, Glasartikel *m pl*
**glass-water interface** / Glas-Wasser-Grenzfläche *f*
**glass-wedge-base bulb** (Elec Eng) / Quetschsockellampe *f*
**glass wire** (Optics, Telecomm) / Glasfaserkabel *n*, Lichtwellenleiterkabel *n* ‖ **~ wool*** (Glass) / Glaswolle *f* (ein Glasfaserstoff)
**glasswork(s)** *n(pl)* (Glass) / Glashütte *f*, Glasfabrik *f*, Glaswerk *n*
**glasswort** *n* (Agric, Hyd Eng) / Europäischer Queller *m* (Salicornia europaea L.)
**glassy** *adj* / spiegelglatt *adj* (Wasseroberfläche) ‖ **~** / glasartig *adj* ‖ **~** / glasartig *adj*, glasig *adj* (wie Glas) ‖ **~** (resembling the sharp or ringing noise made when glass is struck) (Acous) / durchdringend *adj*, schrill *adj*, grell *adj* (durchdringend laut), gell *adj* (Ton), gellend *adj* ‖ **~** (Brew) / glasig *adj* (Malz) ‖ **~ alloy** (Glass) / Metallglas *n*, Glasmetall *n*, metallisches Glas (metallischer Werkstoff), amorphes Metall (z.B. METGLAS oder VITROVAC), glasiges Metall
**glass yarn** (Elec Eng, Glass) / Glasgarn *n* ‖ **~ yarn layer** / Textilglasgelege *n* (DIN 61850)
**glassy carbon** (Chem) / Glaskohlenstoff *m*, glasartiger Kohlenstoff ‖ **~ lustre** (Min) / Glasglanz *m* ‖ **~ metal** (Glass) / Metallglas *n*, Glasmetall *n*, metallisches Glas (metallischer Werkstoff), amorphes Metall

(z.B. METGLAS oder VITROVAC), glasiges Metall ‖ **~ phase** (Phys) / Glasphase f ‖ **~ phosphate** (Chem) / glasiges kondensiertes Phosphat ‖ **~ polymer** (Chem, Glass) / Polymerglas n, polymeres Glas ‖ **~ state*** (Phys) / Glaszustand m (ein amorpher Zustand, der in kleinen Bereichen zwar Ordnung, aber keine Fernordnung zeigt) ‖ **~ transition** (Chem Eng) / α-Anomalie f, Glasumwandlung f, Gammaumwandlung f, Umwandlung f zweiter Ordnung (der Übergang eines Polymers von einem viskosen oder elastischen in einen spröden, glasartigen Zustand) ‖ **~ wood** (For) / Urundayholz n (ein hartes Gerbholz von Astronium balansae Engl.)
**Glastrusion** n / Glastrusion f (patentiertes Verfahren zum Ziehen und Wickeln von Profilen und Rohren aus faserverstärkten Kunststoffen)
**glauberite*** n (Min) / Glauberit m
**Glauber salt*** (Chem) / Glaubersalz n (Natriumsulfat-10-Wasser - nach J.R. Glauber, 1604-1670)
**Glauber's salt** (Chem) / Glaubersalz n (Natriumsulfat-10-Wasser - nach J.R. Glauber, 1604-1670) ‖ **~ salts** (Chem) / Glaubersalz n (Natriumsulfat-10-Wasser - nach J.R. Glauber, 1604-1670)
**glaucine** n (Chem, Pharm) / Glaucin n (ein Alkaloid), Boldindimethylether m
**glaucodot** n (Min) / Glaukodot m (orthorhombischer kobalthaltiger Arsenopyrit)
**glaucodote** n (Min) / Glaukodot m (orthorhombischer kobalthaltiger Arsenopyrit)
**glauconite*** n (Min) / Glaukonit m (ein Tonmineral)
**glauconitic sand** (Geol) / Grünsand m (ein Glaukonit führendes Meeressediment) ‖ **~ sandstone** (Geol) / Grünsand m (ein Glaukonit führendes Meeressediment)
**glaucophane*** n (Min) / Glaukophan m (ein Alkaliamphibol) ‖ **~ schist** (Geol) / Glaukophanschiefer m, Glaukophanit m, Blauschiefer m
**glaze** (Build) / verglasen v, Glasscheiben einsetzen ‖ ~ (Ceramics) / glasieren v, mit Glasur überziehen ‖ ~ (For) / lasieren v ‖ ~ (Leather) / glanzstoßen v (nur Infinitiv oder Partizip), blankstoßen v (nur Infinitiv oder Partizip) ‖ ~ (Nut) / glasieren v ‖ ~ (Photog) / trockenpressen v (nur Infinitiv und Partizip), hochglanzpressen v (nur Infinitiv und Partizip) ‖ **~ vi** / verglasen vi (Schleifmittel), glänzig werden (Schleifmittel) ‖ **~ (Eng)** / sich zusetzen v, sich verschmieren v (Schleifscheibe) ‖ ~ (Autos) / Klareis n, Kristalleis n ‖ ~ (Autos) / Verlackung f (an Zylinderlaufflächen) ‖ **~*** (Build, Ceramics, Nut) / Glasur f ‖ ~ (Eng) / Oberflächenglanz m (z.B. nach den Polierarbeiten) ‖ ~ (Meteor) / Glatteis n ‖ **~*** (similar in colour to the ground and used solely to modify the ground colour) (Paint) / Lasur f ‖ **~ application** (Ceramics) / Glasurauftrag m ‖ **~ breaker** (Autos) / Entlackungsgerät n, Entlacker m (zum Beseitigen von Verlackung an Zylinderlaufflächen) ‖ **~ clay** (Ceramics, Min) / Ton m (als Glasurrohstoff)
**glazed board** (Paper) / Pressspan m (Glanzpappe), Psp (Pressspan) ‖ **~ brick*** (Build, Ceramics) / glasierter Ziegel, Glasurstein m, Glasurziegel m ‖ **~ calico** (Textiles) / Glanzkattun m ‖ **~ door*** (Build) / Glasfüllungstür f, Tür f mit Glaseinsatz ‖ **~ door** (Build, Join) / verglaste Tür (wenn der Glaseinsatz über die volle Höhe geht) ‖ **~ frost*** (Meteor) / Glatteis n ‖ **~ frost** (Meteor) s. also black ice ‖ **~ grease-proof paper** (Paper) / Pergamin n (durchsichtiges Verpackungspapier), Kristallpapier n, Pergamyn n ‖ **~ kid** (Leather) / Chevreauleder n (chromgegerbtes, feinnarbiges Schuhoberleder aus kleinen Ziegenhäuten), Chevreau n ‖ **~ leather** (Leather) / Glacéleder n (feines, glänzendes Zickel- oder Lammleder), Glaceeleder n ‖ **~ linen** (Textiles) / Glanzleinen n, Glanzleinwand f ‖ **~ millboard** (Paper) / gehärtete Pappe, Hartpappe f ‖ **~ (flint) paper** (Paper) / Glanzpapier n (Chromopapier mit wachshaltigem Strich) ‖ **~ pressboard** (Paper) / Glanzpappe f (Pressspanersatz) ‖ **~ stoneware** (Ceramics) / glasierte Steinzeugwaren f ‖ **~ tile** (Build, Ceramics) / Fliese f mit dichtem Scherben und Schmelzglasur ‖ **~ ware** (Ceramics, San Eng) / Feinsteinzeug n ‖ **~ ware pipe** (Ceramics) / Steinzeugrohr n, Grobsteinzeugrohr n ‖ **~ wire** (Met) / Glanzdraht m, Emaildraht n ‖ **~ yarn** (Spinning) / lüstriertes Garn, Glacégarn n, Eisengarn n, Glanzgarn n (stark appretiertes Baumwollgarn)
**glaze fault** (Ceramics) / Glasurfehler m
**glaze(d) finish** (Textiles) / Glanzappretur f, Glacéappretur f
**glaze fit** (the stress relationship between the glaze and body of a fired ceramic) (Ceramics) / Glasursitz m ‖ **~ flow** (Ceramics) / Glasurfluss m ‖ **~ ice** (Meteor) / Glatteis n ‖ **~ mop** (Ceramics) / Glasurmopp m
**glazer** n (Photog) / Hochglanzpresse f, Hochglanztrockner m
**glaze slip** (Ceramics) / Glasurschlicker m ‖ **~ stress** (Ceramics) / Glasurspannung f
**glazier*** n (Build, Glass) / Glaser m
**glazier's diamond** (Glass) / Glaserdiamant m, Diamantglasschneider m, Schneidediamant m
**glazier's hacking knife** (Glass) / Cuttermesser n
**glazier's pliers** (Glass) / Kröselzange f, Bröckelzange f

**glazier•'s point** (Build, Glass) / Stift m, Drahtstift m (ohne Kopf), Drahtnagel m ohne Kopf ‖ **~'s putty*** (Build, Glass) / Glaserkitt m, Fensterkitt m (ein Leinölkitt), Kitt m (DIN 52 460)
**glazing*** n (Build) / Verglasung f, Einsetzen n von Glasscheiben ‖ ~ (Eng) / Verschmieren n, Zusetzen n (der Schleifscheibe) ‖ ~ (Leather) / Blankstoßen n, Glanzstoßen n ‖ **~*** (Photog) / Trockenpressen n, Hochglanzpressen n ‖ **~ agent** (Nut) / Glasiermittel n (E 900 - E 907) ‖ **~ bar** (in a window frame) (Build, Glass) / Glashalteleiste f ‖ **~ bar** (Build, Glass) / Deckschiene f (bei der kittlosen Verglasung) ‖ **~ bead*** (Build, Glass) / Glashalteleiste f ‖ **~ calender** (Chem Eng, Paper, Textiles) / Friktionskalander m (z.B. zur Satinage des Papiers nach DIN 64 990), Glanzkalander m (zur Hochglanzausrüstung) ‖ **~ claws** (Ceramics) / Glasurzange f, Glasierzange f ‖ **~ compound** (Build, Glass) / Dichtungsmasse f (plastische - für Verglasungsarbeiten) ‖ **~ knife** (Glass, Paint) / Kittmesser n (französische, Rotterdamer und Schweizer Form) ‖ **~ machine** (Ceramics) / Glasiermaschine f ‖ **~ machine** (Photog) / Hochglanzpresse f, Hochglanztrockner m ‖ **~ sheet** (Photog) / Hochglanzfolie f ‖ **~ size** (Build) / zugeschnittene Fensterscheibe ‖ **~ spray gun** (Ceramics) / Glasurspritzpistole f ‖ **~ sprig** (Build, Glass) / Fenstereckenstift m ‖ **~ sprig** (Build, Glass) / Stift m, Drahtstift m (ohne Kopf), Drahtnagel m ohne Kopf
**g.l.b.** (greatest lower bound) (Maths) / größte untere Schranke (einer Menge von Zahlen), untere Grenze, Infimum n (pl. Infima)
**GLBM** (ground-launched ballistic missile) (Mil) / landgestützter ballistischer Flugkörper
**GLC*** (gas-liquid chromatography) (Chem) / Gas-Flüssig-Chromatografie f, Gas-Liquidus-Chromatografie f, GLC (Gas-Liquidus-Chromatografie), Gas-Flüssigkeits-Verteilungschromatografie f ‖ **~** (ground-level concentration) (Ecol) / Konzentration auf Bodenhöhe f (Luftverunreinigung)
**gleam of silver** (Met) / Silberblick m
**Gleason bevel gear system** (Eng) / Gleasonverzahnung f (eine amerikanische Spiral-Kegelrad-Verzahnung)
**glei** n (Geol) / Gleiboden m (Boden in Niederungen und Senken, bei dessen Entwicklung das Grundwasser entscheidenden Einfluss hat), Glei m, Gley m ‖ **~ soil*** (Geol) / Gleiboden m (Boden in Niederungen und Senken, bei dessen Entwicklung das Grundwasser entscheidenden Einfluss hat), Glei m, Gley m
**gleization** n (Geol) / Vergleyung f (durch Grundwasser), Gleybildung f
**glen check** (Textiles) / Esterhazy n (A) (ein klassisches Dessin), Glencheck m (große Überkaros, die auf karierartigen Kleinmustern deutlich erkennbar sind) ‖ **~ plaid** (Textiles) / Esterhazy m (A) (ein klassisches Dessin), Glencheck m (große Überkaros, die auf karierartigen Kleinmustern deutlich erkennbar sind)
**gley*** n (Geol) / Gleiboden m (Boden in Niederungen und Senken, bei dessen Entwicklung das Grundwasser entscheidenden Einfluss hat), Glei m, Gley m
**gleying** n (Geol) / Vergleyung f (durch Grundwasser), Gleybildung f
**gleyization** n (Geol) / Vergleyung f (durch Grundwasser), Gleybildung f
**gley soil** (Geol) / Gleiboden m (Boden in Niederungen und Senken, bei dessen Entwicklung das Grundwasser entscheidenden Einfluss hat), Glei m, Gley m
**gliadin*** n (Chem) / Gliadin n (Prolaminfraktion des Weizens und des Roggens)
**glide** v / gleiten v ‖ **~** n (Aero) / Gleitflug m, Segelflug m ‖ **~ angle** (Aero) / Gleitwinkel m ‖ **~ bands** (Crystal, Met) / Gleitbände n pl ‖ **~ direction** (Crystal) / Translationsrichtung f, Gleitrichtung f ‖ **~ drawing** (Met) / Gleitziehen n (Durchziehen eines Werkstückes durch ein meist in sich geschlossenes, in Ziehrichtung feststehendes Ziehwerkzeug - DIN 8584) ‖ **~ path*** (the path used by an aircraft in approach procedures as defined by an instrument landing facility) (Aero) / Gleitweg m (Sinkprofil, das für die vertikale Führung des Endanflugs beim Instrumentenlandesystem bestimmt ist), Gleitpfad m
**glide-path angle** (Aero) / Gleitwegwinkel m (Instrumentenlandesystem) ‖ **~ beacon*** (Aero) / Gleitwegbake f, Gleitwegsender m ‖ **~ indication** (Aero) / Gleitweganzeige f ‖ **~ transmitter** (Aero) / Gleitwegbake f, Gleitwegsender m
**glide plane** (Crystal) / Gleitebene f, Gleitspiegelebene f
**glider*** n (Aero) / Gleitflugzeug n, Gleiter m (Gleitflugzeug), Glider n (ein einfaches Segelflugzeug, für den Höhensegelflug nicht geeignet) ‖ **~** (Ships) / Gleitboot n, Stufenboot n
**glide reflection** (Maths) / Gleitspiegelung f, Schubspiegelung f
**glider tug** (Aero) / Schleppflugzeug n (z.B. zum Starten von Segelflugzeugen, meistens leistungsstarkes Sportflugzeug))
**glide slope** (US) (Aero) / Gleitwinkel m ‖ **~ slope** (Aero) / Gleitweg m (Sinkprofil, das für die vertikale Führung des Endanflugs beim Instrumentenlandesystem bestimmt ist), Gleitpfad m ‖ **~ slope** (Aero) / Gleitebene f
**glide-slope angle** (the angle in the vertical plane between the glide slope and the horizontal) (Aero) / Gleitwegwinkel m

**glide-slope**

(Instrumentenlandesystem) ‖ ~ **bar** (Aero, Nav) / Gleitwegbalken m ‖ ~ **indication** (Aero) / Gleitweganzeige f ‖ ~ **transmitter** (Aero) / Gleitwegbake f, Gleitwegsender m
**glide system** (Crystal) / Gleitsystem n (durch die Richtung in einer dichtest gepackten Ebene definiert) ‖ ~ **twin** (Crystal) / Gleitzwilling m
**gliding**\* n (Aero) / Gleitflug m, Segelflug m ‖ ~ (Crystal) / Gleiten n, Gleitung f (als Oberbegriff für Translation und Zwillingsgleitung) ‖ ~ **angle**\* (Aero) / Gleitwinkel m ‖ ~ **boat** (Ships) / Gleitboot n, Stufenboot n ‖ ~ **conveyor** (Mining) / Gleitband n (hinter dem Schaufelrad im Tagebau) ‖ ~ **field** (Aero) / Segelfluggelände n ‖ ~ **flight** (Aero) / Gleitflug m, Segelflug m ‖ ~ **frequency** (Telecomm) / gleitende Frequenz ‖ ~ **plane**\* (Crystal) / Gleitebene f, Gleitspiegelebene f ‖ ~ **site** (Aero) / Segelfluggelände n ‖ ~ **time** (Work Study) / Gleitzeitarbeit f, gleitende Arbeitszeit
**G-line** n (Elec) / Goubau-Leitung f (ein metallischer Leiter mit aufgebrachter Schicht eines verlustarmen Isolierstoffes - nach G.H.E. Goubau, geb. 1906)
**glint** n (an escarpment, particularly one produced by the outcrop of a dipping resistant formation) (Geol) / Böschung f (durch seitlich verschieden harter Schichten verursachte Stufe) ‖ ~\* (of a complex target) (Radar) / Glint n ("Glitzern" komplexer Ziele durch das Vorhandensein mehrerer Streuzentren), Ortungsfluktuation f (Glint), Winkelszintillation f (Glint eines Ziels), Winkelfluktuation f
**gliotoxin** n (Agric, Pharm) / Gliotoxin n (Aspergillin)
**glissette** n (Maths) / Gleitkurve f
**glissile** adj (Crystal) / gleitfähig adj (Partialversetzung) ‖ ~ **dislocation** (Crystal) / Shockley'sche Halbversetzung, Shockley-Partialversetzung f
**glister** v / glitzern v, glänzen v
**glitch** n (Astron) / Glitch m (Sprung in der Periodendauer eines Pulsars) ‖ ~ (Comp) / Spannungsspitze f (besonders bei schnellen Digital/Analog-Umsetzern) ‖ ~ (a perturbation of the pulse waveform of relatively short duration and of uncertain origin) (Comp, Electronics) / kurzzeitiger Störimpuls, Störspitze f, Störpuls m ‖ ~ (brief power failure) (Elec Eng) / kurzer Stromausfall ‖ ~ (Electronics) / Nadelimpuls m (sporadischer) ‖ ~ (Space) / Störung f
**glitter** v / glitzern v, glänzen v ‖ ~ n / Schimmer m
**glittering** adj / glitzernd adj
**glitter look** (Textiles) / Glitzer-Look m
**Gln**\* (glutamine) (Biochem, Med) / Glutamin n, L-Glutamin n, Glu-NH$_2$ n, Gln, Glutaminsäure-5-amid n
**global** adj (issue) / global adj ‖ ~ (Comp) / global adj ‖ ~ (Maths) / global adj (Aussage über Eigenschaft, die für die gesamte Grundmenge gelten) ‖ ~ **address** (Telecomm) / Generaladresse f, weltweite Adresse
**global-area network** (Comp) / internationales (globales) Netz, GAN (ein Weltnetz), globales Netz (ein Weltnetz)
**global-beam antenna** (Telecomm) / Global-Beam-Antenne f (eine Satellitenantenne)
**global city** (Arch) / Weltstadt f (z.B. New York, London, Berlin, Paris, Tokio usw.) ‖ ~ **climate change** (Meteor) / globaler Klimawandel ‖ ~ **compatibility** (Comp, Elec Eng, Electronics) / weltweite Kompatibilität ‖ ≙ **Data Processing System** (Meteor) / globales Datenverarbeitungssystem (eine Komponente der Weltwetterwacht) ‖ ~ **discretization error** (Instr, Maths) / Diskretisierungsfehler m, Diskretisationsfehler m (der von der Auflösung des Wandlers direkt abhängig ist), Quantisierungsfehler m, Abschneidefehler m, Trunkationsfehler m, Truncationsfehler m (bei der Digitalisierung analoger Messsignale oder bei digitalem Messen entstehender Messfehler) ‖ ≙ **Environment Facility** (Ecol) / Globale Umweltfazilität (Umweltfonds für Entwicklungsländer), GEF (Globale Umweltfazilität) ‖ ~ **landing system** (Aero) / globales Landesystem, GLS (globales Landesystem) ‖ ~ **maximum** (Maths) / globales Maximum ‖ ~ **minimum** (Maths) / globales Minimum ‖ ~ **navigation satellite system** (Nav) / globales Navigationssatellitensystem, GNSS (globales Navigationssatellitensystem) ‖ ≙ **Observing System** (Meteor) / globales Beobachtungssystem (eine Komponente der Weltwetterwacht) ‖ ~ **optimization** (Comp) / globale Kodeoptimierung ‖ ~ **positioning and communication system** (Nav) / globales Ortungs- und Kommunikationssystem, GPCS (globales Ortungs- und Kommunikationssystem) ‖ ~ **positioning system** (Nav, Surv) / Global-Positioning-System n, GPS (Global-Positioning-System), satellitengestütztes Ortungssystem ‖ ~ **radiation** (Geophys) / Globalstrahlung f (direkte Sonnenstrahlung + diffuse Himmelsstrahlung nach DIN 50019, T 1) ‖ ~ **rate of reaction** (Chem) / Gesamtreaktionsgeschwindigkeit f ‖ ~ **retouching** (Print) / Vollretusche f
**global-scale** attr / global adj
**global solar radiation** (Geophys) / Gesamtsonneneinstrahlung f ‖ ~ **sourcing** / Global-Sourcing n (internationale Beschaffungsstrategie) ‖ ≙ **Standards for Mobile Communications** (Radio, Telecomm) / GSM n (ältere Standards für zellularen Mobilfunk, z.B. GSM 900, 1800, 1900 und GSM-R) ‖ ~ **state** (Comp) / globaler Zustand (eines Automaten) ‖ ≙ **System for Mobile Communications** (Radio, Telecomm) / GSM n (ältere Standards für zellularen Mobilfunk, z.B. GSM 900, 1800, 1900 und GSM-R) ‖ ≙ **Telecommunication System** (Meteor) / globales Fernmeldesystem (eine Komponente der Weltwetterwacht) ‖ ~ **transaction** (Comp) / globale Transaktion (in einem verteilten Datenbanksystem) ‖ ~ **variable**\* (Comp) / globale Variable (auf deren Wert zugegriffen werden kann) ‖ ~ **warming** (Ecol) / globale Erwärmung
**Globar** n (Spectr) / Globar m (SiC-Stab als Lichtquelle in der IR-Spektroskopie)
**globe** n / Kugel f (eine allseitig geschlossene Fläche mit konstanter Krümmung) ‖ ~ (Elec Eng) / Lampenkugel f, Leuchtglocke f ‖ ~ (Geog, Surv) / Globus m (pl. -se oder Globen) ‖ ~ **digester** (Paper) / Kugelkocher m ‖ ~ **valve** (Eng) / Ventil n mit kugeligem Gehäuse, Kugelarmatur f ‖ ~ **valve** (Eng) / Tellerventil n mit Geradsitz, Geradsitztellerventil n
**globigerina ooze**\* (Geol) / Globigerinenschlamm m (ein marines Sediment)
**globin** n (Biochem, Cyt) / Globin n
**globoidal worm gear** (Eng) / doppelt einhüllendes Schneckengetriebe, Globoidgetriebe n, Globoidschnecken-Radsatz m
**globoid compressor** (Eng) / Globoidverdichter m ‖ ~ **worm** (Eng) / Globoidschnecke f (DIN 3998)
**globoid-worm gear** (Eng) / doppelt einhüllendes Schneckengetriebe, Globoidgetriebe n, Globoidschnecken-Radsatz m
**globose** adj / globular adj
**globular** adj / kugelförmig adj, sphärisch adj, Kugel-, kugelig adj (sphärisch) ‖ ~ / globular adj ‖ ~ **arc** (Welding) / Tropfenlichtbogen m ‖ ~ **cementite**\* (Met) / kugelförmiger Zementit, Kugelzementit m ‖ ~ **cluster**\* (Astron) / Kugelsternhaufen m, kugelförmiger Sternhaufen, Kugelhaufen m ‖ ~ **colloid** (Chem) / globuläres Kolloid, Sphärokolloid n ‖ ~ **lightning** (Meteor) / Kugelblitz m ‖ ~ **pearlite**\* (Met) / kugeliger (eingeformter) Perlit ‖ ~ **protein** (Biochem) / globulares Protein, Sphäroprotein n, globuläres Protein
**globule** n / Kügelchen n ‖ ~\* (Astron) / Globule f (rundlicher Dunkelnebel aus Staub und Gas mit einem kleinen Durchmesser) ‖ ~ (Pharm) / Globulus m (pl. -buli) (in Kügelchenform gepresstes Arzneimittel) ‖ ~ (Welding) / Tropfen m ‖ ~ **test** / Flächenausbreitungstest m (der Weichlötbarkeit)
**globulins** pl (Chem) / Globuline n pl (zu den Sphäroproteinen gehörende Eiweißstoffe)
**globulite** n (Crystal) / Globulit m (rundliches äquiaxiales Korn beim Kristallwachstum) ‖ ~\* (Geol) / Globulit m (rundlicher Mikrolith)
**Gloeophyllum abietinum** (For) / Tannenblättling m (Gloeophyllum abietinum - ein holzzerstörender Pilz)
**Gloger's rule** (Ecol) / Gloger'sche Regel (eine Klimaregel nach C.W.L. Gloger, 1803 - 1863), Färbungsregel f (die Menge der in Haut oder Haare eingelagerten Pigmente ist bei gleich warmen Tieren in kalten Regionen geringer als bei ihren Verwandten in warmen)
**glomerine** (Chem, Pharm) / Glomerin n (ein Chinazolinalkaloid)
**gloria cloth** (Textiles) / Glorietteseide f, Gloria f m, Gloriaseide f (dichtes leichtes Gewebe, hauptsächlich für Schirme verwendet)
**glory**\* n (Light) / Glorie f (die sich um den Schatten des Beobachters auf einer Nebel- oder Wolkenwand bildet - z.B. Brockengespenst) ‖ ~ (Mining) / Rollloch n (zur Abwärtsförderung von Haufwerk oder Bergen), Rolle f (Rollloch) ‖ ~ **hole**\* n (Glass) / Anwärmloch n, Aufwärmloch n (des Glasschmelzofens) ‖ ~**-hole**\* (a furnace for the reheating and fire polishing of handmade glassware) (Glass, Met) / Warmhalteofen m ‖ ~**-hole**\* (Glass, Met) / Schauloch n ‖ ~**-hole**\* (Mining) / Trichter m (über- oder untertägig)
**glory-hole method** (Mining) / Trichterbau m (untertägiger)
**glory-holing** n (Mining) / Trichterbau m (untertägiger)
**gloss** v (Textiles) / glanzpressen v (nur Infinitiv und Partizip) ‖ ~ (Textiles) / chevillieren v (Kunstseide nachbehandeln, um sie glänzender zu machen) ‖ ~ n (shine or lustre on a smooth /painted/ surface) (Optics, Paint) / Glanz m ‖ ~ (Paint) / Glanzlack m ‖ ~ (Paper) / Glanz m ‖ ~ **decating** (US) (Textiles) / Pressglanzdekatur f ‖ ~ **decatizing** (US) (Textiles) / Pressglanzdekatur f ‖ ~ **enhancer** / Glanzzusatz m (im Allgemeinen) ‖ ~ **film** (Paint) / Glanzlackfilm m ‖ ~ **finish** (Textiles) / Glanzappretur f, Glacéappretur f
**gloss-ghosting** (Print) / Geistererscheinung f (auf dem Widerdruck, vor allem auf dunklen Flächen, als Glanz- oder Mattstellen wahrnehmbare Abbildung des Schöndrucks - ein Qualitätsmangel)
**glossimeter** n (Optics, Paint) / Glanzmesser m
**glossing** n (Textiles) / Chevillieren n (mechanische Nachbehandlung bei der Garnveredlung) ‖ ~ (Textiles) / Glanzpressen n
**glossmeter** n (Optics, Paint) / Glanzmesser m
**gloss oil** (Paint) / Glanzöl m (eine Harzlösung), Harzlösung f (meistens kalkverseifte) ‖ ~ **paint**\* (Paint) / Glanzlack m ‖ ~ **retention** (Paint) / Glanzbeständigkeit f, Glanzhaltung f ‖ ~ **value** (Paint) / Glanzwert m

|| ~ **white** (Chem) / Glanzweiß n (ein durch gleichzeitige Fällung erzeugtes Gemisch von Blanc fixe und Aluminiumtrihydroxid - ein Verschnittmittel)
**glossy** adj (Optics, Paint) / glänzend adj || ~ **overprint varnish** (Print) / Glanzüberdrucklack m || ~ **print** (Photog) / Hochglanzfotografie f, Hochglanzfoto n
**glost firing** (Ceramics) / Glattbrand m (Hauptbrand), Glasurbrand m || ~ **firing kiln** (Ceramics) / Glattbrandofen m || ~ **kiln** (Ceramics) / Glattbrandofen m || ~ **ware** (Ceramics) / Glattware f
**glove bag** (Nuc Eng) / Glovebag m (ein Polyethylenbeutel mit zwei eingelassenen Handschuhen, Gaseinlass und Produktschleuse)
**glovebox** n (Autos) / Handschuhfach n || ~* (Nuc, Nuc Eng) / Glovebox f (gasdichter, meist aus durchsichtigem Kunststoff gefertigter Kasten, in dem mit Hilfe in den Kasten hineinreichender Handschuhe bestimmte radioaktive Stoffe bearbeitet werden können), Handschuharbeitskasten m, Handschuhkasten m
**glove compartment** (a recess with a flap in the dashboard of a motor vehicle, used for storing small items) (Autos) / Handschuhfach n || ~ **leather** (Leather) / Handschuhleder n
**Glover tower*** (Chem Eng) / Glover-Turm m (bei der Gewinnung von Schwefelsäure nach dem Bleikammerverfahren - heute restlos veraltet)
**gloving kid** (Leather) / Handschuhzickel n
**glow** v / glimmen v || ~ n (Phys) / Glut f (Zustand eines Stoffes, bei dem Wärme- und Lichtstrahlen ausgesandt werden), Glühen n || ~**-bar test** (Plastics) / Glutfestigkeitsprüfung f, Glutbeständigkeitsprüfung f || ~ **curve** (Ceramics) / Glow-Kurve f, Aufheizkurve f (bei der Altersbestimmung mit Hilfe der Thermolumineszenz) || ~**-discharge*** n (Electronics) / Glimmentladung f (selbstständige Gasentladung)
**glow-discharge cathode** / Glimmkatode f (kalte Katode einer Gasentladungsröhre, an der die Elektronen durch den Aufprall positiver Ionen ausgelöst werden) || ~ **mass spectrometry** (Spectr) / Massenspektrometrie f nach Glühentladung, Glimmentladungsmassenspektrometrie f, GD-MS f (Glimmentladungsmassenspektrometrie) || ~ **microphone** (Acous) / Katodophon n || ~ **nitriding** (Met) / Plasmanitrieren n (DIN EN 10 052), Plasmanitrierung f, Glühnitrieren n, Glimmnitrierung f, Glimmnitridierung f, Ionitrierung f (Nitrierverfahren für Eisen, bei dem mit einer stromstarken Glimmentladung gearbeitet wird), Ionitrieren n || ~ **optical spectroscopy** (Spectr) / optische Emissionsspektroskopie mit Glimmlampenanregung, Glimmentladungsspektroskopie f, GDOS (Gasentladungsspektroskopie) || ~ **plasma** (Plasma Phys) / Niederdruckplasma n || ~ **tube** (Electronics) / Glimmentladungsröhre f, Glimmröhre f (Gasentladungsröhre mit kalter Katode, die im Gebiet der normalen Glimmentladung arbeitet) || ~ **valve** (Electronics) / Glimmentladungsröhre f, Glimmröhre f (Gasentladungsröhre mit kalter Katode, die im Gebiet der normalen Glimmentladung arbeitet)
**glowing** n (Phys) / Glut f (Zustand eines Stoffes, bei dem Wärme- und Lichtstrahlen ausgesandt werden), Glühen n || ~ **avalanche** (Geol) / Glutwolke f (heiße vulkanische Gase mit großen Mengen von Feststoffen und Schmelztröpfchen)
**glowlamp** n (Cinema, Electronics) / Glimmlichtlampe f, Glimmlampe f (eine Gasentladungslichtquelle)
**glow light** (Elec Eng, Electronics) / Glimmlicht n || ~ **nitriding** (Met) / Plasmanitrieren n (DIN EN 10 052), Plasmanitrierung f, Glühnitrieren n, Glimmnitrierung f, Glimmnitridierung f, Ionitrierung f (Nitrierverfahren für Eisen, bei dem mit einer stromstarken Glimmentladung gearbeitet wird), Ionitrieren n || ~ **plug*** (US) (Autos) / Glühkerze f (bei Dieselmotoren nach DIN 72520) || ~ **potential*** (Electronics) / Glimmspannung f || ~ **relay** (Elec Eng) / Glimmrelais n || ~ **stream** / Verbrennungsstrom m (ein Teil des Tabak-Nebenstromrauches) || ~ **switch** (Electronics) / Glimmschalter m || ~ **tube*** (Electronics) / Glimmentladungsröhre f, Glimmröhre f (Gasentladungsröhre mit kalter Katode, die im Gebiet der normalen Glimmentladung arbeitet)
**glow-wire test** (Elec Eng) / Glühdrahtprüfung f (von elektrotechnischen Erzeugnissen nach DIN 57471, T 2)
**GLP** (Pharm) / gute Laborpraxis, Good Laboratory Practice (Vorschriften und Prüfrichtlinien, die zur Qualitätssicherung bei der nichtklinischen Forschung und der Unbedenklichkeitsprüfung eingehalten werden müssen)
**GLS** (global landing system) (Aero) / globales Landesystem, GLS (globales Landesystem) || ~ **lamp** (Elec Eng, Light) / Allgebrauchslampe f, Lampe f für Allgemeinbeleuchtung, Normallampe f
**glu*** (glutamic acid) (Biochem) / Glutaminsäure f (2-Aminoglutarsäure), Glu f (eine proteinogene Aminosäure) || ~* (glucose) (Biochem, Chem) / D-Glucose n, D-Glukose f, Traubenzucker m, Dextrose f

**gluability** n (For, Join) / Verleimbarkeit f
**gluable** adj (For, Join) / verleimbar adj (Holz)
**glucagon*** n (Biochem) / Glucagon n (ein Proteohormon, das Glukose für die Insulinwirkung mobilisiert), Glukagon n
**glucan*** n (Chem) / Glucan n, Glukan n, Polyglucosan n (ein Polymer der Glukose), Polyglukosan n
**glucaric acid** (Chem) / Zuckersäure f (D-Glukozuckersäure), Glucarsäure f (eine Aldarsäure), Glukarsäure f
**glucitol, D-*** (Chem, Nut) / Sorbit m (ein sechswertiger Zuckeralkohol, aus Traubenzucker hergestellter Zuckeraustauschstoff - E 420)
**glucocorticoid*** n (Biochem) / Glucocorticoid n, Glukokortikoid (ein Nebennierenrindenhormon), Glucocorticosteroid n (ein Corticosteroid), Glukokortikosteroid n
**glucocorticosteroid** n (Biochem) / Glucocorticoid n, Glukokortikoid (ein Nebennierenrindenhormon), Glucocorticosteroid n (ein Corticosteroid), Glukokortikosteroid n
**glucomannan** n (Chem) / Glucomannan n, Glukomannan n
**gluconeogenesis** n (Biochem) / Gluconeogenese f (enzymgesteuerte Neubildung von Kohlenhydraten im Organismus), Glukoneogenese f
**gluconic acid** (Chem, Nut) / Glukonsäure f (D-Glukonsäure), Gluconsäure f (eine Aldonsäure - E 574), Dextronsäure f
**glucono delta-lactone** (Nut) / Gluconodelta-Lakton n (E 575), D-Gluconsäure-5-lacton n, Glucono-δ-lacton n
**glucoprotein** n (Biochem) / Glykoprotein n (eine Zucker-Eiweiß-Verbindung), Glycoprotein n (Protein mit kovalent gebundenen Oligo- oder Polysaccharidketten)
**glucopyranose** n (Biochem) / Glucopyranose f, Glukopyranose f
**glucosamine** n (2-amino-2-deoxyglucose) (Biochem) / Chitosamin n, Glukosamin n, D-Glucosamin n, GlcN
**glucose*** n (Biochem, Chem) / D-Glucose n, D-Glukose f, Traubenzucker m, Dextrose f
**glucose*, D-~** (Biochem, Chem) / D-Glucose n, D-Glukose f, Traubenzucker m, Dextrose f
**glucose degradation** (Biochem) / Glucoseabbau m, Glukoseabbau m || ~ **phosphate** (Biochem) / Glucophosphat n (Cori- oder Robison-Ester), Glukophosphat n || ~ **syrup** (US) (Chem, Nut) / Glukosesirup m (mit mindestens 20% Glukose in der Trockenmasse), Stärkesirup m, Stärkeverzuckerungssirup m, Glucosesirup m || ~ **transporter** (Biochem) / Glucosetransporter m, Glukosetransporter m, GLUT (Glucosetransporter)
**glucosidase** n (Biochem) / Glucosidase f (eine Disaccharidase), Glukosidase f
**glucoside** n (Chem) / Glukosid n (das Glykosid der Glucose)
**glucosinolate** n (Chem) / Glucosinolat n (Inhaltsstoff von Kreuzblütlern, wie z.B. Senf), Senfölglykosid n, Glukosinolat n
**glucuronate pathway** (Biochem) / Glucuronatweg m, Glukuronatweg m, Glucuronat-Xylulose-Zyklus m, Glukuronat-Xylulose-Zyklus m
**glucuronate-xylose cycle** (Biochem) / Glucuronatweg m, Glukuronatweg m, Glucuronat-Xylulose-Zyklus m, Glukuronat-Xylulose-Zyklus m
**glucuronic acid*** (a uronic acid) (Biochem, Chem) / Glukuronsäure f, GlcUA, Glucuronsäure f
**glucuronide** n (Biochem) / Glukuronid n, Glucuronid n (Hydroxygruppe in Position 1 substituiert)
**glucurono-6,3-lactone, D-~** (Bot, Pharm) / Glucuronsäure-γ-lacton n, Glucurolacton n, Glukurolakton n, Glucuron n, Glukuron n, Glucurono-6,3-lacton n, Dicuron n
**glue** v / leimen v || ~ (together) / verleimen v, verkleben v (mit Leim) || ~ vt / kleben vt, einkleben vt || ~ n / Klebstoff m (nach DIN 16920 entweder chemisch oder physikalisch abbindend), Klebemittel n, Kleber m || ~* (Carp, Join) / Leim m (DIN 16920) || ~ **additive** / Leimzusatz m || ~ **application** / Leimauftrag m || ~ **application roller** (Bind) / Leimauftragswalze f (bei der Klebebindung)
**glueball** n (Nuc) / Gluonkugel f (massives physikalisches Eichteilchen), Glueball m
**glue band** (For) / Leimring m, Fanggürtel m || ~ **block** (Join) / Eckklotz m (zum Versteifen von Winkelverbindungen) || ~ **chip** (Electronics) / geklebter Chip
**glued assembly** / Leimverbindung f, Klebeverbindung f (mit Leim) || ~ **beam** (Carp) / verleimter Balken, verklebter Balken (ein zusammengesetzter Balken) || ~ **face** / Klebfläche f (einer Klebverbindung) || ~ **joint** / Leimverbindung f, Klebeverbindung f (mit Leim)
**glued-laminated** adj (Build, Carp) / lamellenverleimt adj, brettschichtverleimt adj
**glued-wood construction** (Carp) / Holzklebebauweise f (die Einzelteile sind in Flächen aneinander geschlossen und durch geeignete Klebstoffe verbunden), Holzleimbau m, Leimbau m || ~ **structure** (Carp) / Holzklebebauweise f (die Einzelteile sind in Flächen aneinander geschlossen und durch geeignete Klebstoffe verbunden), Holzleimbau m, Leimbau m

**glue-etched**

**glue-etched glass** (Glass) / Eisblumenglas *n* (das aus Mattglas durch Auftragen von warmem, flüssigem Leim hergestellt wird)
**glue filler** (Paint) / Leimspachtelmasse *f*, Leimspachtel *m f* (mit Kreide oder sonstigen Füllstoffen verdickte spachtelfähige Leimlösung) || ~ **gun** / Klebstoffspender *m* mit Pistolengriff, Leimpistole *f* || ~ **gun pistol** / Heißklebepistole *f*
**glueing** *n* / Leimen *n*, Leimung *f* || ~ **cramp** (For, Join) / Leimknecht *m* (zum Einspannen von Brettern, die miteinander in der Breite verleimt werden sollen)
**glue joint** / Klebefuge *f* (zwischen zwei Fügeteilen) || ~ **joint** / Leimverbindung *f*, Klebeverbindung *f* (mit Leim) || ~ **joint** (Join) / Leimfuge *f*, Klebefuge *f*
**glue-laminated** *adj* (Build, Carp) / lamellenverleimt *adj*, brettschichtverleimt *adj* || ~ **beam** (Build, Carp) / lamellierter Balken, Brettschichtbalken *m* || ~ **timber** (For, Join) / Brettschichtholz *n* (ein Bauteil aus mindestens drei Holzbrettlagen, die vorwiegend parallel zur Faserrichtung verleimt sind - DIN EN 386 und 390- 392, BSH (Brettschichtholz nach DIN EN 386 und 390-392)
**glue-laminated wood** (an assembly made by bonding layers of veneer or lumber with an adhesive so that the grain of all laminations is essentially parallel) (For, Join) / Brettschichtholz *n* (ein Bauteil aus mindestens drei Holzbrettlagen, die vorwiegend parallel zur Faserrichtung verleimt sind - DIN EN 386 und 390- 392), BSH (Brettschichtholz nach DIN EN 386 und 390-392)
**glueless** *adj* (For, Join) / leimlos *adj*
**glue line** (Join) / Leimfuge *f*, Klebfuge *f*
**glueline*** *n* (Elec Eng) / Parallelheizung *f*, Längsheizung *f* || ~ **dielectric heating** (Heat) / Hochfrequenzerwärmung *f* mit senkrecht zur Klebfläche angeordneten Elektroden
**glue-line joint** (Join) / Leimfugenverbindung *f*
**glue liquor** (For, Join) / Leimflotte *f* (verarbeitungsfertige Leimmischung /Leimansatz/ bei der Holzverleimung, die sich in der Regel aus Leim, Härter und Wasser zusammensetzt) || ~ **mix** (Join) / Leimgemisch *n* || ~ **mixture** (Join) / Leimgemisch *n* || ~ **off** *v* (Bind) / leimen *v* || ~ **on** / ankleben *v* (mit Leim), anleimen *v* || ~ **on** / aufkleben *v*, ankleben *v* || ~ **penetration** (Join) / Leimdurchschlag *m* || ~ **pot** (Join) / Leimtopf *m*, Leimtiegel *m*, Leimkocher *m* || ~ **preparation** / Leimaufbereitung *f* || ~ **priming** (Join) / Leimgrundierung *f* || ~ **putty** / Leimkitt *m* (Gemisch aus einem steifen Schlämmkreide-Wasser-Brei mit 5 - 10% Glutinleim) || ~ **room** (For) / Leimküche *f* (in der Spanplattenindustrie gebräuchliche Bezeichnung für die zur Beleimstation gehörenden Ausrüstungen und Räume, in denen die Komponenten für das Leimgemisch vorbereitet, dosiert und gemischt werden) || ~ **size** (Join, Paper) / Leimtränke *f* (stark verdünnter Leim) || ~ **solution** (Join) / Leimlösung *f* (eine Dispersion oder ein Kolloid) || ~ **splice** / Klebespleiß *m* (eine feste Verbindung von zwei LWL) || ~ **splice** (Telecomm) / LWL-Klebspleiß *m* || ~ **spreader** (For) / Beleimmaschine *f* || ~ **spreader** (Join) / Leimauftragmaschine *f* || ~ **spreading** / Leimauftrag *m*
**glue-spreading machine** (For) / Beleimmaschine *f*
**glue stain** (Join) / Leimfleck *m* || ~ **stick** / Stiftkleber *m*, Klebstift *m* || ~ **stock** (hide scrapings) (Leather) / Leimleder *n* (nach dem Entfleischen anfallendes Unterhautbindegewebe) || ~ **together** / verkleben *v* || ~ **up** *f* (Bind) / Leimabfall *m*
**gluey** *adj* / klebrig *adj*, klebend *adj* || ~ (Nut) / leimig *adj* (Geschmack)
**gluing** *n* / Leimen *n*, Leimung *f* || ~ **machine** / Anleimmaschine *f*, Anschmiermaschine *f* (Anleimmaschine) || ~ **machine** (Eng) / Klebeaggregat *n*, Leimwerk *n* (für Packbehälter)
**gluino** *n* (Nuc) / Gluino *n* (in der supersymmetrischen Erweiterung der Quantenchromodynamik als Partner des Gluons gefordertes hypothetisches Elementarteilchen mit dem Spin 1/2)
**glulam** *n* (For, Join) / Brettschichtholz *n* (ein Bauteil aus mindestens drei Holzbrettlagen, die vorwiegend parallel zur Faserrichtung verleimt sind - DIN EN 386 und 390- 392), BSH (Brettschichtholz nach DIN EN 386 und 390-392) || ~ **timber** (For, Join) / Brettschichtholz *n* (ein Bauteil aus mindestens drei Holzbrettlagen, die vorwiegend parallel zur Faserrichtung verleimt sind - DIN EN 386 und 390- 392), BSH (Brettschichtholz nach DIN EN 386 und 390-392)
**gluon*** *n* (a gauge boson of the strong interaction) (Nuc) / Gluon *n* (zu den intermediären Bosonen oder Eichbosonen gehörendes masseloses Teilchen, das die Wechselwirkung zwischen den colorgeladenen Elementarteilchen vermittelt)
**gluonia** *n* (Nuc) / Gluonkugel *f* (massives physikalisches Eichteilchen), Glueball *m*
**gluonium** *n* (Nuc) / Gluonium *n* (gebundener Zustand zweier oder mehrerer Gluonen aufgrund ihrer Colour-Wechselwirkung)
**gluon model** (Nuc) / Gluonmodell *n* || ~ **string** (Nuc) / Gluon-String *m*
**GLUT** *n* (glucose transporter) (Biochem) / Glucosetransporter *m*, Glukosetransporter *m*, GLUT (Glucosetransporter)

**glut*** *n* (Build) / Schlussziegel *m*, Schliessziegel *m* (in einer Lage), Eckstein *m* (sehr oft mit gewechseltem Format), Eckziegel *m* (zur Ausbildung des Eckverbandes)
**glutamate** *n* (Chem, Nut) / Glutamat *n* (Ester oder Salz der Glutaminsäure - E 620 bis E 626), Glutaminat *n* || ~ (Chem) s. also monosodium glutamate || ~ **receptor*** (Biochem) / Glutamatrezeptor *m*
**glutamic acid*** (Biochem) / Glutaminsäure *f* (2-Aminoglutarsäure), Glu *f* (eine proteinogene Aminosäure)
**glutamine*** *n* (Biochem, Med) / Glutamin *n*, L-Glutamin *n*, Glu-NH$_2$ *n*, Gln, Glutaminsäure-5-amid *n*
**glutamylcysteinylglycine** *n* (Chem) / Glutathion *n* ($\gamma$-L-Glutamyl-L-cysteinyl-glycin), GSH (Glutathion)
**glutaraldehyde*** *n* (Chem) / 1,5-Pentandial *n*, Glutardialdehyd *m*, Glutardialdehyd *m* || ~ **leather** (Leather) / Glutaraldehydleder *n*, Glutardialdehydgerbleder *n* || ~ **tannage** (Leather) / Glutardialdehydgerbung *f*
**glutaric acid** (Chem) / Glutarsäure *f*, Pentandisäure *f* || ~ **anhydride** (Chem) / Tetrahydropyran-2,6-dion *n*, Glutarsäureanhydrid *n* || ~ **dialdehyde** (Chem) / 1,5-Pentandial *n*, Glutaraldehyd *m*, Glutardialdehyd *m*
**glutathione** *n* (Chem) / Glutathion *n* ($\gamma$-L-Glutamyl-L-cysteinyl-glycin), GSH (Glutathion)
**glutelin** *n* (Chem) / Glutelin *n* (einfacher Eiweißstoff, der besonders Glutaminsäure und Prolin enthält)
**gluten*** *n* (a mixture of about equal parts of the simple proteins glutelins and prolamines) (Bot, Chem, Nut) / Gluten *n*, Kleber *m*, Klebereiweiß *n* (des Brotgetreides)
**glutenin** *n* (Chem) / Glutenin *n* (ein Glutelin)
**gluten starch** (Chem) / Kleberstärke *f*
**glutine** *n* (Chem) / Glutin *n* (ein Skleroprotein) || ~ (animal) **glue** / Glutinleim *n* (ein tierischer Leim)
**glutinous** *adj* / klebrig *adj* (wie Leim)
**Gly*** *n* (glycine) (Biochem) / Aminoethansäure *f*, Glycin *n* (eine nicht essentielle Aminosäure), Glyzin *n*, Aminoessigsäure *f*, Gly *n* (Glycin), Glykokoll *n*
**glycans** *pl* (Chem) / Polysaccharide *n pl* (unter Wasseraustritt zu Polymeren zusammengelagerte Monosaccharide), Polysacharide *n pl*, Glycane *n pl*, Glykane *n pl*, Vielfachzucker *m pl*
**glyceraldehyde** *n* (Chem) / Glycerinaldehyd *n*, Glyzerinaldehyd *m*, Glyceraldehyd *m* (2,3-Dihydroxypropionaldehyd), Glyzeraldehyd *m*
**glycerate** *n* (Chem) / Glyzerat *n*, Glycerat *n* (Salz der Glycerinsäure)
**glyceric acid** (Chem) / Glycerinsäure *f* (2,3-Dihydroxypropionsäure), Glycerinsäure *f* || ~ **aldehyde** (Chem) / Glycerinaldehyd *m*, Glyzerinaldehyd *m*, Glyceraldehyd *m* (2,3-Dihydroxypropionaldehyd), Glyzeraldehyd *m*
**glyceride*** *n* (Chem) / Glyzerinester *m*, Glycerinester *m*, Acylglycerin *n*, Glyzerid *n* (Ester des Glyzerins), Glycerid *n*
**glycerin** *n* (US)* (Chem, Nut) / Glycerol *n*, Glycerin *n* (1,2,3-Propantriol - E 422), Glyzerin *n* (als Handelsprodukt), Glyzerol *n*
**glycerine*** *n* (Chem, Nut) / Glycerol *n*, Glycerin *n* (1,2,3-Propantriol - E 422), Glyzerin *n* (als Handelsprodukt), Glyzerol *n* || ~ **jelly** / Gummiglyzerin *n* (z.B. für Konimeter) || ~ **litharge cement** (Glass) / Glas- und Metallkitt *m* (auf der Basis von Bleiglätte) || ~ **litharge cement*** / Eisenkitt *m* (mit Bleiglätte als Härtungsmittel)
**glycerol*** *n* (propane-1,2,3-triol) (Chem, Nut) / Glycerol *n*, Glycerin *n* (1,2,3-Propantriol - E 422), Glyzerin *n* (als Handelsprodukt), Glyzerol *n* || ~ **dichlorohydrin** (Chem) / Glycerindichlorhydrin *n*, Glyzerindichlorhydrin *n* || ~ **monoacetate** (Chem) / Glycerinmonoacetat *n*, Glyzerinmonoazetat *n*, Monoacetin *n*, Monoazetin *n* || ~**-phthalic resin*** (Chem, Plastics) / Glyptalharz *n* (heute fast nicht mehr produziert), Glycerin-Phthalsäure-Harz *n*, Glyzerin-Phthalsäure-Harz *n* || ~ **triacetate*** (Chem, Nut, Paint) / Glycerintriacetat *n* (1,2,3-Triacetoxypropan), GTA (Glycerintriacetat), Glyzerintriazetat *n*, Triacetin *n*, Triazetin *n* || ~ **trinitrate** (Chem) / Glyceroltrinitrat *n*, Glyzerintrinitrat *n*, Nitroglycerin *n*, Nitroglyzerin *n*, Nitroglycerol *n*, Nitroglyzerol *n* || ~ **tripalmitate** (Chem) / Palmitinsäureglycerinester *m*, Palmitinsäureglyzerinester *m*, Tripalmitin *n*, Glyzerintripalmitat *n*, Glycerintripalmitat *n*
**glycerophospholipid** *n* (Biochem) / Glycerophospholipid *n* (z.B. Lecithin), Glyzerophospholipid *n*
**glycerophosphoric acid** (Chem) / Glycerinphosphorsäure *f*, Glyzerinphosphorsäure *f*, Glycerophosphorsäure *f*, Glyzerophosphorsäure *f*
**glyceryl diacetate** (Chem) / Glycerindiacetat *n*, Glyzerindiazetat *n*, Diacetin *n*, Diazetin *n* || ~ **trinitrate** (Chem) / Glyceroltrinitrat *n*, Glyzerintrinitrat *n*, Nitroglycerin *n*, Nitroglyzerin *n*, Nitroglycerol *n*, Nitroglyzerol *n*
**glycidic ester** (Chem) / Glyzidester *m*, Glycidester *m* || ~ **ester synthesis** / Darzens-Erlenmeyer-Claisen-Kondensation *f*, Glycidesterkondensation *f*, Glyzidesterkondensation *f*

**glycidol** *n* (Chem) / Glycidol *n* (2,3-Epoxy-1-propanol), Glycid *n*, Glyzidol *n*, Glyzid *n*, Oxiranmethanol *n*
**glycidyl methacrylate** (Chem) / Methacrylsäureglycidylester *m*, Methakrylsäureglyzidylester *m*, Glyzidylmethakrylat *n*, Glycidylmethacrylat *n*, GMA (Glycidylmethacrylat)
**glycin** *n* (Bacteriol, Chem, Photog) / Glycin *n* (Entwicklersubstanz = N-Hydroxyphenylglycin), Glyzin *n*
**glycine*** *n* (Biochem, Chem) / Aminoethansäure *f*, Glycin *n* (eine nicht essentielle Aminosäure), Glyzin *n*, Aminoessigsäure *f*, Gly *n* (Glycin), Glykokoll *n* ‖ **~ betaine** (Biochem) / Trimethylglyzin *n*, Trimethylglycin *n*, Trimethylglykokoll *n* (Trimethylammonioacetat), Betain *n*, Glyzinbetain *n*, Glycinbetain *n*
**glycobiology** *n* (Biol, Chem) / Glykobiologie *f* (Biologie von Zuckern)
**glycocholic acid** (Biochem, Chem, Physiol) / Glykocholsäure *f* (peptidartiges Konjugat aus Cholsäure und Glyzin)
**glycocoll** *n* (Biochem) / Aminoethansäure *f*, Glycin *n* (eine nicht essentielle Aminosäure), Glyzin *n*, Aminoessigsäure *f*, Gly *n* (Glycin), Glykokoll *n*
**glycogen** *n* (an animal polysaccharide which, like amylopectin, consists of D-glucose units) (Biochem) / Glycogen *n*, Glykogen *n* (Leberstärke - der Pflanzenstärke sehr ähnliches Polysaccharid, tierische Stärke
**glycogenesis** *n* (pl. -geneses) (Biochem) / Glycogenese *f*, Glykogenese *f*
**glycogenolysis** *n* (pl. glycogenolyses) (Biochem) / Glycogenolyse *f* (energieliefernder intrazellulärer Abbau des Glykogens), Glycogenolyse *f*, Glykogenabbau *m*, Glycogenabbau *m*
**glycol*** *n* (Chem) / Glycol *n*, Glykol *n* (einfachster zweiwertiger Alkohol), 1,2-Diol *n* ‖ **~ diacetate** (Chem) / 1,2-Diacetoxyethan *n*, Ethylenglykoldiazetat *n*, Ethylenglykoldiacetat *n*
**glycoldinitrate** *n* (Chem) / Ethylenglykoldinitrat *n*, Ethylenglykoldinitrat *n*, Glykoldinitrat *n*, Glycoldinitrat *n*, Nitroglykol *n*, Nitroglycol *n*, Dinitroglykol *n*, Dinitroglycol *n*
**glycol distearate** (Chem) / Glykoldistearat *n*, Ethylenglykoldistearat *n* ‖ **~ drying** / Glykoltrocknung *f* (des Erdgases)
**glycolic acid** (Chem) / Glykolsäure *f*, Hydroxyessigsäure *f*
**glycolipid** *n* (Biochem) / Glykolipid *n* (Verbindung, die einen Lipid- und einen Kohlenhydratanteil enthält und somit als grenzflächenaktiver Stoff im wässrigen Medium Micellen ausbilden kann), Glycolipid *n*
**glycolysis*** *n* (pl. glycolyses) (Biochem) / Glykolyse *f* (bedeutendster anaerober Abbauweg der Kohlenhydrate), Embden-Meyerhof-Parnas-Weg *m* (nach G. Embden, 1874-1933, O. Meyerhof, 1884-1951, und J.K. Parnas), Glycolyse *f*, Embden-Meyerhof-Abbauweg *m*
**glycolytic pathway** (Biochem) / Glykolyse *f* (bedeutendster anaerober Abbauweg der Kohlenhydrate), Embden-Meyerhof-Parnas-Weg *m* (nach G. Embden, 1874-1933, O. Meyerhof, 1884-1951, und J.K. Parnas), Glycolyse *f*, Embden-Meyerhof-Abbauweg *m*
**glycopeptide** *n* (Biochem) / Glykoprotein *n* (eine Zucker-Eiweiß-Verbindung), Glycoprotein *n* (Protein mit kovalent gebundenen Oligo- oder Polysaccharidketten) ‖ **~** (Biochem) / Glykopeptid *n* (kleines Glykoprotein)
**glycoprotein*** *n* (containing carbohydrate) (Biochem) / Glykoprotein *n* (eine Zucker-Eiweiß-Verbindung), Glycoprotein *n* (Protein mit kovalent gebundenen Oligo- oder Polysaccharidketten)
**glycosaminoglycan** *n* (Biochem) / Glykosaminoglykan *n*, Mucopolysaccharid *n* (hochmolekulares Polysaccharid von physiologischer Bedeutung), Mukopolysaccharid *n*
**glycose** *n* (Chem) / Glykose *f* (reduzierendes Monosaccharid), Glycose *f*
**glycosidase** *n* (Biochem) / Glykosidase *f*, Glycosidase *f*
**glycoside*** *n* (Chem) / Glycosid *adj*, Glykosid *n* (ein Vollazetal) ‖ **~ linkage** (Chem) / Glykosidbindung *f*, glycosidische Bindung, glykosidische Bindung
**glycosidic** *adj* (Chem) / glycosidisch *adj*, glykosidisch *adj* ‖ **~ bond** (Chem) / Glykosidbindung *f* ‖ **~ link** (Chem) / glykosidische Verknüpfung *f* ‖ **~ linkage** (Chem) / Glykosidbindung *f*, glycosidische Bindung, glykosidische Bindung
**glycosphingolipid** *n* (Biochem) / Glykosphingolipid *n* (Membranlipid an der Oberfläche der Zellmembran)
**glycosylation** *n* (Biochem) / Glykosylierung *f*
**glycosyltransferase*** *n* (Biochem) / Glykosyltransferase *f* (z.B. eine Phosphorylase)
**glycyl alcohol** (Chem, Nut) / Glycerol *n*, Glycerin *n* (1,2,3-Propantriol - E 422), Glyzerin *n* (als Handelsprodukt), Glyzerol *n*
**glycyrrhetic acid** (Chem) / Glycyrrhetinsäure *f* (Aglykon von Glycyrrhizin), Glyzyrrhetinsäure *f*
**glycyrrhizine** (Chem) / Glycyrrhizin *n*, Glyzyrrhizin *n*, Süßholzzucker *m*, Glycyrrhizinsäure *f*, Glyzyrrhizinsäure *f*, Glycyrrhetinsäureglycosid *n*, Glyzyrrhetinsäureglykosid *n*
**glyoxal*** *n* (Chem, Photog) / Glyoxal *n*, Oxalaldehyd *m*, 1,2-Ethandial *n*
**glyoxalic acid*** (Chem) / Glyoxalsäure *f*, Glyoxylsäure *f*, Oxoethansäure *f*, Oxalaldehydsäure *f*, Oxoessigsäure *f* (die einfachste Oxokarbonsäure)
**glyoxaline*** *n* (Chem) / Imidazol *n* (1,3-Diazol)

**glyoxisome*** *n* (Cyt) / Glyoxysom *n* (pl. -somen)
**glyoxylate cycle*** (Biochem) / Krebs-Kornberg-Zyklus *m*, Glyoxylsäurezyklus *m*, Glyoxylatzyklus *m*
**glyoxylic acid*** (Chem) / Glyoxalsäure *f*, Glyoxylsäure *f*, Oxoethansäure *f*, Oxalaldehydsäure *f*, Oxoessigsäure *f* (die einfachste Oxokarbonsäure)
**glyoxysome*** *n* (Cyt) / Glyoxysom *n* (pl. -somen)
**glyph** *n* (an ornamental carved groove or channel, as on Greek frieze) (Arch) / Glyphe *f*, Schlitz *m* (eingemeißelter) ‖ **~** (a recognizable abstract graphic symbol that is independent of any specific design) (Comp, Print) / Glyphe *f*
**glyphosate** *n* (a synthetic compound which is a non-selective systemic herbicide, particularly effective against perennial weeds) (Agric, Chem) / Glyphosat *n* (ein Herbizid)
**glyphosine** *n* (Agric) / Glyphosin *n* (Wachstumsregulator für Zuckerrohr)
**Glyptal** *n* (ein Alkydharz, insbesondere Phthalat- oder Maleinatharz) (Chem, Plastics) / Glyptalharz *n* (heute fast nicht mehr produziert), Glycerin-Phthalsäure-Harz *n*, Glyzerin-Phthalsäure-Harz *n* ‖ **~ resin*** (Chem, Plastics) / Glyptalharz *n* (heute fast nicht mehr produziert), Glycerin-Phthalsäure-Harz *n*, Glyzerin-Phthalsäure-Harz *n*
**glyptogenesis** *n* (Geol) / Glyptogenese *f* (Entstehung von Landformen)
**GM** (General Midi) (Comp) / General Midi (von Roland entwickelter Standard für MIDI-Dateien), GM (General Midi) ‖ **≃** (geometric mean) (Maths, Stats) / geometrisches Mittel (von 9 und 4 = 6) ‖ **≃** (genetically modified) (Nut) / gentechnologisch modifiziert, gentechnisch verändert
**G-M** *n* (Geiger-Müller counter) (Nuc, Radiol) / Geiger-Müller-Zählrohr *n*, Geiger-Zähler *m*, Auslösezählrohr *n* (nach H. Geiger, 1882-1945, und W.M. Müller, 1905-1979)
**GMAW** (gas metal-arc welding) (Welding) / MIG-Schweißen *n* (DIN EN ISO 4063), SIGMA-Schweißen *n*, Metallschutzgasschweißen *n*, Metall-Inertgas-Schweißen *n* (DIN 1910, T 4), MSG
**GMA welding** (Welding) / MIG-Schweißen *n* (DIN EN ISO 4063), SIGMA-Schweißen *n*, Metallschutzgasschweißen *n*, Metall-Inertgas-Schweißen *n* (DIN 1910, T 4), MSG
**G-M counter*** (Nuc, Radiol) / Geiger-Müller-Zählrohr *n*, Geiger-Zähler *m*, Auslösezählrohr *n* (nach H. Geiger, 1882-1945, und W.M. Müller, 1905-1979)
**gmelina** *n* (For, Paper) / Gumari *n* (Gmelina arborea Roxb.)
**gmelinite*** *n* (Min) / Gmelinit *m* (ein Mineral der Chabasit-Gruppe, ein Würfelzeolith)
**Gmelin test*** (Chem) / Gmelin-Probe *f*, Gmelin-Test *m* (zum Nachweis von Bilirubin und Biliverdin - nach L. Gmelin, 1788 - 1853)
**GM food** (Nut) / Genfood *n* (mit veränderter Genstruktur), genetisch verändertes Lebensmittel
**GM-free** *adj* (Nut) / ohne gentechnische Veränderungen
**GMH** (giant magnetoresistive head) (Comp) / GMR-Kopf *m* (eine Bauform eines Festplattenschreibkopfes)
**GML** (graphics manipulating language) (Comp) / grafische Manipulationssprache (zur Behandlung dreidimensionaler Körper)
**GMP** (guanosine monophosphate) (Biochem) / Guanosine-5'-monophosphat *n*, GMP (Guanosinmonophosphat) ‖ **≃** (good manufacturing practice) (Pharm) / sachgerechte Herstellungspraxis (bei Arzneimitteln), sachgerechte Herstellungsweise, Good Manufacturing Practice
**GM products** (Nut) / Genprodukte *n pl*
**GMR** (ground movement radar) (Aero, Radar) / Rollverkehrsradar *m n*, Radar *m n* für Bodenbewegungskontrolle
**GMRT** (Astron) / größtes Radioteleskop der Welt (in Narayangav, 200 km östlich von Bombay, Indien)
**GMSC** (gateway mobile (services) switching centre) (Telecomm) / Einstiegs-MSC *f* (derjenige Teil der Infrastruktur eines Mobilfunk- oder eines Satellitenmobilfunknetzes, welches die Verbindung zum Festnetz herstellt und Vermittlungsfunktionen wahrnimmt), GMSC *f* (Einstiegs-MSC bei Mobilfunk- oder Satellitenmobilfunknetzen)
**G.M.T.*** (Greenwich Mean Time) / Weltzeit *f* (die Zonenzeit des nullten Längenmeridians), WZ (Weltzeit), Mittlere Greenwichzeit, UT (Universal Time), Zulu-Zeit *f* (in der NATO), MGZ (mittlere Greenwichzeit)
**GMT*** (Greenwich Mean Time) (Astron) / Greenwichzeit *f* (mittlere Sonnenzeit für den Ortsmeridian von Greenwich)
**GMTI** (ground moving-target indicator) (Radar) / Bodenbewegtzielfilter *n* (beim Luftfahrzeugradar)
**gnarled** *adj* (For) / knorrig *adj*
**gnarly** *adj* (For) / knorrig *adj*
**GND** (ground) (Elec Eng) / erden *v* (einen elektrisch leitfähigen Teil über eine Erdungsanlage mit der Erde verbinden), an Erde legen
**gneiss*** *n* (Geol) / Gneis *m* (Metamorphit mit Paralleltextur, der mehr als 20% Feldspat aufweist) ‖ **~ dome** (Geol) / Gneisdom *m*
**gneissose texture*** (Geol) / Gneistextur *f*

**gnomon*** *n* (Maths) / Gnomon *n* (Restparallelogrammfläche)
**gnomonic chart** (Cartography) / gnomonische Karte, Großkreiskarte *f* || **~ projection** (Cartography) / gnomonische Abbildung (Abbildung einer Kugeloberfläche auf eine die Kugel tangierende Projektionsebene), azimutale Zentralprojektion, gnomonische Projektion
**gnotobiotic*** *adj* (Med, Zool) / gnotobiotisch *adj* (Tier)
**GNP** (gross national product) / Bruttosozialprodukt *n* (Gesamtleistung einer Volkswirtschaft)
**GNSS** (global navigation satellite system) (Nav) / globales Navigationssatellitensystem, GNSS (globales Navigationssatellitensystem)
**go** *v* (Autos) / fahren *v* (als Fahrgast in einem Kraftfahrzeug) || ~* *n* (Build) / Auftritt *m* (der Stufe), Treppenauftritt *m* || **~ about** *v* / herumfahren *v* (mit dem Fahrzeug)
**goaf*** *n* (Mining) / alter Mann (verlassener, abgesperrter, versetzter oder zu Bruch gewordener Grubenbau oder -raum), toter Mann || **~ fire** (Mining) / Versatzbrand *m*, Brand *m* im Versatz || **~ stower** (Mining) / Versatzmaschine *f*
**go aground** (Ships) / festkommen *v*, auf Grund geraten, auf Grund laufen, auf Grund kommen, auflaufen *v*
**goal** *n* (implies ambitious endeavour or struggle) (AI) / Ziel *n* (einer bewussten Handlung)
**goal-based** *adj* (AI) / zielbasierend *adj*
**goal-directed** *adj* (AI) / zielgerichtet *adj*, zielorientiert *adj*, zielgesteuert *adj* (Vorgehensweise bei Rückwärtsverkettung) || **~ processing** (AI) / Backward-Chaining *n*, Rückwärtsverkettung *f* (Interferenzstrategie bei regelbasiertem Schließen)
**goal-driven** *adj* (AI) / zielgerichtet *adj*, zielorientiert *adj*, zielgesteuert *adj* (Vorgehensweise bei Rückwärtsverkettung)
**goal node** (AI) / Zielknoten *m* (des Grafen)
**goal-oriented** *adj* (AI) / zielgerichtet *adj*, zielorientiert *adj*, zielgesteuert *adj* (Vorgehensweise bei Rückwärtsverkettung)
**goal-seeking** (AI) / zielsuchend *adj* (Funktion)
**goal tree** (AI) / Zielbaum *m*
**go and no•-go gauge** (Eng) / Gut- und Ausschusslehre *f*, Doppellehre *f* (mit Gut- und Ausschussseite), Paarungslehre *f* || **~ around** *v* (Autos) / durchdrehen *vi* (Räder)
**goat hair** (Textiles) / Ziegenhaar *n* (z.B. Mohär, Kaschmirwolle und die Wolle der Hausziege), Ziegenwolle *f*
**goatskin** *n* (Leather) / Ziegenleder *n*
**goat willow** (For) / Salweide *f* (Salix caprea L.)
**gob** *v* (Mining) / versetzen *v*, Versatz einbringen || ~* *n* (a mass of molten glass delivered by a feeder to a forming process) (Glass) / Speisertropfen *m* (z.B. im Speisertropfen-Blasverfahren) || ~* (Glass) / Posten *m*, Glasposten *m* || **~** (Glass) / Gob (Glastropfen mit annähernd rundem Querschnitt und naturblanker Oberfläche - Halbzeug insbesondere beim optischen Gläsern) || ~* (Mining) / Versatz *m*, Bergeversatz *m*, Versatzgut *n* (Material) || ~* (Mining) / alter Mann (verlassener, abgesperrter, versetzter oder zu Bruch gewordener Grubenbau oder -raum), toter Mann
**go bad** *v* (Nut) / verderben *vi* (durch längeres Aufbewahrtwerden über die Dauer der Haltbarkeit hinaus schlecht, ungenießbar werden), schlecht werden
**Gobar gas plant** / ein asiatischer Biogasgenerator
**gobber** *n* (Mining) / Versatzmaschine *f*
**Gobelin tapestry** (Textiles) / Gobelin *m*
**gob-fed machine** (Glass) / Speisermaschine *f*
**gob fire*** (Mining) / Versatzbrand *m*, Brand *m* im Versatz || **~ heading*** (Mining) / im Alten Mann aufgefahrene Strecke, Strecke *f* im Alten Mann, Versatzstrecke *f*, Strecke *f* im Versatz
**goblet-shaped** *adj* / kelchförmig *adj*
**gobo** *n* (Photog) / Gobo *f* (dünne Maske, die vor eine Blitzlampe oder einen Scheinwerfer montiert wird, um den Lichtstrahl zu formen oder mit einem Muster zu versehen) || **~** *n* (Acous) / Schallschluckschirm *m*, seitlicher Schallschirm || ~* (Cinema) / "Neger" *m*, Abdeckblende *f*, schwarze Wand ("Neger")
**gob process*** (Glass) / Tropfenspeisung *f* (z.B. beim Speisertropfen-Blasverfahren) || **~ road*** (Mining) / im Alten Mann aufgefahrene Strecke, Strecke *f* im Alten Mann, Versatzstrecke *f*, Strecke *f* im Versatz || **~ stink*** (Mining) / Brandgeruch *m* (aus dem alten Mann) || **~ zinc** (Met) / Hüttenzink *n*
**Gödel number** (Maths) / Gödel-Nummer *f* || **≏ numbering** (of a formal system) (Maths) / Gödelisierung *f*, Gödel-Kodierung *f*, Arithmetisierung *f* (Kodierung der Symbole und Ausdrücke einer formalen Sprache durch natürliche Zahlen)
**Gödel's proof** (Maths) / Gödel'scher Unvollständigkeitssatz (nach K. Gödel, 1906-1978), Gödel-Satz *m* || **≏ (incompleteness) theorem** (a seminal result in mathematical logic) (Maths) / Gödel'scher Unvollständigkeitssatz (nach K. Gödel, 1906-1978), Gödel-Satz *m*
**godet*** *n* (Spinning, Textiles) / Galette *f* (der Spinnmaschine) || ~* (Textiles) / Stoffeinsatz *m* (bei einem Kleidungsstück, um es fülliger erscheinen zu lassen), Zwickel *m* || **~ wheel** (Spinning) / Galette *f* (der Spinnmaschine)
**go-devil** *n* (for troubleshooting) / Reparaturmolch *m* (für Erdgas- oder Mineralölleitungen) || ~* (for cleaning pipes) (Eng) / Rohrreiniger *m* (mechanischer, wie Schlagkopf, Bohrer, Molch, Schaber - meistens mit Pressluftturbinenantrieb) || ~* (For) / Halbschlitten *m* (für die Rundholzförderung) || **~** (Rail) / Draisine *f*, Dräsine *f*
**go down** *v* / heruntersteigen *v*, hinuntersteigen *v*, heruntergehen *v*, absteigen *v* || **~ down** (Mining) / einfahren *vi*, anfahren *v* || **~ down** (Ships) / sinken *vi*
**godown** *n* / Lagerhaus *n* (im Fernen Osten oder in Indien), Lagerhalle *f* (im Fernen Osten oder in Indien)
**GO end** (Eng) / Gutseite *f* (einer Paarungslehre oder eines Lehrdorns), Gutseiten-Messfläche *f* (einer Lehre)
**go-end** *n* (Eng) / Gutseite *f* (einer Paarungslehre oder eines Lehrdorns), Gutseiten-Messfläche *f* (einer Lehre)
**Goertler vortex** (Phys) / Görtler-Wirbel *m* (in Grenzschichten)
**goethite*** *n* (Min) / Goethit *m*, Nadeleisenerz *n* (α-Goethit), Samtblende *f*
**goffer** *v* (Bind, Paper, Plastics, Print, Textiles) / prägen *v*, einprägen *v*, reliefprägen *v* (nur Infinitiv oder Partizip), reliefdrucken *v* (nur Infinitiv oder Partizip), gaufrieren *v* || **~** (Textiles) / kräuseln *v*, plissieren *v*, fälteln *v*
**goffered plate** (Met) / Waffelblech *n* (nicht mehr üblicher Begriff für geripptes Blech mit waffelförmigem Relief)
**goffering** (Bind, Paper, Plastics, Print, Textiles) / Einprägung *f*, Prägung *f*, Reliefprägung *f*, Reliefdruck *m* (Prägung von Mustern), Prägedruck *m* || **~** (Textiles) / Gaufrage *f* (von Mustern) || **~** (Textiles) / Kräuseln *n*, Plissieren *n*, Fälteln *n* || **~ calender** (Textiles) / Gaufrierkalander *m*, Prägekalander *m*
**go flat** (Paint) / stumpf werden *v* (von Lacken) || **~ fluffy** (Textiles) / flusen *v* || **~ gauge** (Eng) / Gutlehre *f*
**GO gauging member** (Eng) / Gutseite *f* (einer Paarungslehre oder eines Lehrdorns), Gutseiten-Messfläche *f* (einer Lehre)
**goggle-box** *n* (TV) / Glotze *f* (Fernsehgerät), Kasten *m* (Fernsehgerät)
**goggles** *pl* / Schutzbrille *f* (DIN 58210 und 58211) || **~ strap** / Kopfband *n* (der Schutzbrille - meistens verstellbar)
**going*** *n* (Build) / Auftritt *m* (der Stufe), Treppenauftritt *m* || **~** (of the flight) (Build) / Treppenlänge *f*, Treppenlauflänge *f* || **~ line*** (Build) / Lauflinie *f*, Treppenlauflinie *f* (gedachte stetige Linie, in der das zulässige Steigungsverhältnis gemessen werden muss - DIN 18064-1)
**going-out-of-business sale** (US) / Ausverkauf *m* wegen Geschäftsaufgabe
**going part** (Weaving) / Ladenbaum *m*, Ladenklotz *m* || **~ rod*** (Build) / Messlatte *f* (fürs Anreißen der Auftrittsbreite)
**go into** *v* (Autos) / zusammenstoßen *v* || **~ into a skid** (Autos) / schleudern *vi*, ausbrechen *v*, ins Schleudern geraten || **~ into orbit** (Space) / auf eine Umlaufbahn gelangen
**goitrin** *n* (Biochem) / Goitrin *n* (5-Vinyloxazolidin-2-thion)
**Golay cell*** (Phys) / Golay-Zelle *f* (pneumatischer Strahlungsempfänger) || **≏ pneumatic radiometer** (Phys) / Golay-Zelle *f* (pneumatischer Strahlungsempfänger)
**gold*** *n* (Chem) / Gold *n*, Au (Gold) || **~ (I)** *attr* (Chem) / Gold(I)- || **~ (III)** (Chem) / Gold(III)- || **~ alloy** (Met) / Goldlegierung *f*
**gold-alloy deposition** / Legierungsvergolden *n*
**gold amalgam*** (Met) / Goldamalgam *n* (bei der Goldgewinnung anfallendes goldreiches Zwischenprodukt) || **~ assay** (Materials, Met) / Goldprobe *f* (zur Feststellung des Feingehalts einer Goldlegierung)
**gold-aventurine** *n* (Min) / Aventurinquarz *m*, Goldstein *m*
**Goldbach conjecture** (any even number other than 2 can be represented as the sum of two prime numbers) (Maths) / Goldbach'sche Vermutung (dass jede gerade Zahl /außer 2/ die Summe der Primzahlen ist - nach Ch. Goldbach, 1690-1764)
**Goldbach's conjecture*** (Maths) / Goldbach'sche Vermutung (dass jede gerade Zahl /außer 2/ die Summe der Primzahlen ist - nach Ch. Goldbach, 1690-1764)
**gold banding** (Ceramics) / Goldränderung *f*
**goldbeater's fabric** (Aero) / Goldschlägerhaut-Bespannstoff *m* (für die Hülle von Gasballons) || **~ skin** / Goldschlägerhäutchen *n* (von Ochsenblinddarm)
**Goldberg emulsion** (Photog) / Goldberg-Emulsion *f* (eine fotografische Schicht für Messzwecke - nach E. Goldberg, 1881-1970) || **≏ wedge** (Optics) / Goldberg-Keil *m*
**gold blocking*** (Bind) / Blattvergoldung *f* || **~ blocking*** (Bind, Paper) / Pressvergolden *n*, Goldpressen *n* (Bedrucken von Einbanddecken, Plakaten, Ausweisen usw. mit Farbe, Gold oder Metallfolien in beheizten Kniehebel-Prägepressen) || **~-bonded diode** (Electronics) / Golddrahtdiode *f* || **~ brocade** (Textiles) / Goldbrokat *m* || **~ bronze** (a light-coloured bronze powder made from a copper or copper-zinc alloy, mainly used for decorative purposes or interior work) (Paint) /

Goldbronze f (blättchenförmiges Metalleffektpigment aus Kupfer oder Kupfer/Zink-Legierungen) || ~ **bronze powder** (Ceramics, Glass) / echte Goldbronze, Pudergold f (ein Bronzepigment) || ~**(I) chloride** (Chem) / Gold(I)-chlorid n (AuCl) || ~**(III) chloride** (Chem, Med, Photog) / Goldtrichlorid n (AuCl$_3$), Gold(III)-chlorid n || ~ **coating** (Ceramics) / Goldbeschichtung f || ~ **content** / Goldgehalt m || ~ **cushion**\* (Bind, Build) / Vergolderkissen n, Goldkissen n || ~**(I) cyanide** (Chem) / Gold(I)-zyanid n (AuCN), Gold(I)-cyanid n || ~ **decoration** (Ceramics) / Golddekoration f, Golddekor m n || ~ **deposit** (Surf) / Goldschicht f (die durch Abscheidung erzeugt wird) || ~ **dipping** (Surf) / Sudvergoldung f || ~ **dust** / Goldstaub m
golden antimony / Goldschwefel m (orangegelbes Pulver) || ~ **antimony sulphide** / Goldschwefel m (orangegelbes Pulver) || ~ **beryl**\* (Min) / Chrysoberyll m (Berylliumaluminat), Goldberyll m (gelber bis grünlich gelber Edelberyll) || ~ **fir** (For) / Kalifornische Rottanne (Abies magnifica A. Murrray), Prächtige Tanne || ~ **foil** (thick) / Blattgold n, Goldfolie f, Goldblättchen n || ~ **mean** (Maths) / Goldener Schnitt, stetige Teilung (nach dem Goldenen Schnitt), Sectio f aurea || ~ **orfe** (Ecol, San Eng, Zool) / Goldorfe f (ein weißgolden glänzender Karpfenfisch, der als Testfisch zur Bestimmung der Fischtoxizität dient - Leuciscus idus melanotus) || ~ **ratio** (Maths) / Goldener Schnitt, stetige Teilung (nach dem Goldenen Schnitt), Sectio f aurea
goldenrod n (Bot, Med) / Goldrute f (Solidago sp.)
golden section\* (Maths) / Goldener Schnitt, stetige Teilung (nach dem Goldenen Schnitt), Sectio f aurea || ~ **syrup** (GB) (Nut, Pharm) / Sirup m (heller)
golden-wheat attr / weizengelb adj
golden yellow / Goldgelb n
goldfield n (Geol) / Goldfeld n (Lagerstätte von Gold)
gold-filled frame (Optics) / Brillenfassung f mit Goldbeschichtung
gold- (or silver-)filled plate / Dublee n (pl. -s) (mit Edelmetall plattiertes unedles Metall), Doublé n (pl. -s)
gold foil (thick) / Blattgold n, Goldfolie f, Goldblättchen n || ~ **freezing point** (Phys) / Goldpunkt m (Erstarrungspunkt von Gold - T$_{au}$ = 1337,58 K nach DIN 5031, T 8)
gold-gold collision (Nuc) / Gold-Gold-Kollision f
Goldhaber triangle (Mech) / Phasenraumdreieck n
gold hydroxide (Chem) / Goldhydroxid n (Au(OH)$_3$) || ~ **layer** / Goldschicht f (im Allgemeinen) || ~ **leaf** (thin)\* / Blattgold n, Goldfolie f, Goldblättchen n
gold-leaf electroscope\* (Elec Eng) / Goldblättchenelektroskop n
gold leather (Leather) / Goldleder n (mit einer goldfarbenen metallglänzenden Oberfläche) || ~ **lustre** (Glass) / Goldlüster m || ~ **mine** (Mining) / Goldmine f, Goldbergwerk n, Goldgrube f || ~ **monochloride** (Chem) / Gold(I)-chlorid n (AuCl) || ~ **number** (Chem) / Goldzahl f || ~ **of pleasure** (Bot) / Saat-Leindotter m (Camelina sativa (L.) Crantz) || ~**(III) oxide** (Chem) / Goldtrioxid n, Gold(III)-oxid n || ~ **paint**\* (Paint) / Goldbronze f (blättchenförmiges Metalleffektpigment aus Kupfer oder Kupfer/Zink-Legierungen) || ~ **panning** (Mining) / Waschen n des Freigoldes (in der Pfanne) || ~ **parting** (Min Proc) / Goldscheidung f || ~ **placer** (Geol, Mining) / Goldseife f || ~ **plate** (Surf) / Goldschicht f (die durch Abscheidung erzeugt wird) || ~ **plating** (Surf) / Vergolden n
gold-plating bath (Surf) / Goldelektrolyt m, Goldbad n || ~ **solution** (Surf) / Goldelektrolyt m, Goldbad n
gold point (Phys) / Goldpunkt m (Erstarrungspunkt von Gold - T$_{au}$ = 1337,58 K nach DIN 5031, T 8) || ~ **potassium chloride** (Chem) / Kaliumtetrachloroaurat(III)-Dihydrat n (KAuCl$_4$ . 2 H$_2$O) || ~ **pressing** (Bind, Paper) / Pressvergolden n, Goldpressen n (Bedrucken von Einbanddecken, Plakaten, Ausweisen usw. mit Farbe, Gold oder Metallfolien in beheizten Kniehebel-Prägepressen) || ~ **rubber**\* (Bind) / weicher Radiergummi zum Ausputzen (wenn mit Blattgold gearbeitet wird) || ~ **ruby** (Glass) / Goldrubinglas n (ein Anlaufglas), Goldrubin m || ~ **ruby glass** (Glass) / Goldrubinglas n (ein Anlaufglas), Goldrubin m || ~ **rug** (Bind) / Lappen m zum Ausputzen (wenn mit Blattgold gearbeitet wird) || ~ **salt** (Chem) / Natriumtetrachloroaurat (III) (NaAu(CN)$_4$)
Goldschmidt process\* (Met) / Goldschmidt-Verfahren n (zur Herstellung von Ferrolegierungen - nach H. Goldschmidt, 1861 - 1923), aluminothermisches Verfahren, Aluminothermie f
Goldschmidt's phase rule (Phys) / Goldschmidt'sche Phasenregel
gold size (an adhesive material used as a mordant for gold leaf, the leaf being applied when the gold size has attained the requisite degree of tack) / Anlegeöl n (bei Mordant-Vergoldung), Mixtion f, Goldanlegeöl n || ~**-size**\* (Paint) / Vergolderleim m (z.B. Hausenblase, Quittenkernabkochung) || ~ **sodium chloride** (used in the decoration of glass and ceramics) (Ceramics, Glass) / Natriumgold(III)-chlorid n || ~ **sodium chloride** (Chem) / Natriumtetrachloroaurat (III) (NaAu(CN)$_4$) || ~ **solder** / Goldlot n || ~ **stamping** (Bind, Paper) / Pressvergolden n, Goldpressen n (Bedrucken von Einbanddecken, Plakaten, Ausweisen usw. mit Farbe, Gold oder Metallfolien in beheizten Kniehebel-Prägepressen)
goldstino n (Nuc) / Goldstone-Fermion n, Goldstino n
gold-stone n (Min) / Aventurinquarz m, Goldstein m
Goldstone boson (Nuc) / Goldstone-Boson n || ~ **fermion** (Nuc) / Goldstone-Fermion n, Goldstino n || ~ **glaze** (an aventurine glaze composed of basic lead carbonate, feldspar, silica, ferric oxide and whiting) (Ceramics) / Goldstone-Glasur f (eine Aventurin-Glasur) || ~ **theorem** (Nuc) / Goldstone-Theorem n
gold sulphide (Chem) / Antimonpentasulfid n, Antimon(V)-sulfid n || ~ **Teak** (For) / Gold Teak n (Holz des afrikanischen Baumes Afrormosia) || ~ **thread** (Textiles) / Goldfaden m || ~ **tin precipitate** (Ceramics, Chem, Glass) / Cassius'scher Goldpurpur, Goldpurpur m, Cassius-Purpur m (purpurfarbene kolloidale Goldlösung nach A. Cassius, 1605-1673) || ~ **tin purple** (Ceramics, Chem, Glass) / Cassius'scher Goldpurpur, Goldpurpur m, Cassius-Purpur m (purpurfarbene kolloidale Goldlösung nach A. Cassius, 1605-1673) || ~ **toning**\* (Photog) / Goldtonung f (im Goldtonbad) || ~ **tooling**\* (Bind) / Handvergolden n, Goldprägung f || ~ **trichloride** (Chem, Med, Photog) / Goldtrichlorid n (AuCl$_3$), Gold(III)-chlorid n || ~ **trioxide** (Chem) / Goldtrioxid n, Gold(III)-oxid n || ~ **varnish** (Print) / Goldtonfarbe f (eine Flexo- oder Tiefdruckfarbe), Goldlack m || ~ **wire** (Elec Eng, Met) / Golddraht m
golf-ball n (a typing element) / Kugelkopf m (der alten Schreibmaschine) || ~ **printer**\* (Comp) / Kugelkopfdrucker m, Schreibkerndrucker m
golfers pl (Textiles) / Golfers pl (langes Material, das aus maschinengestrickten Wollwaren gerissen wurde)
golf tip / Flügelkappe f (bei Schuhen)
Goliath crane (a giant travelling crane) (Civ Eng) / verfahrbarer Portalkran (schwerer) || ~ **Edison screw-cap**\* (Elec Eng) / Goliath-Sockel m, Glühlampensockel m E 40
Gomberg-Hey reaction (Chem) / Gomberg-Reaktion f (eine Diazo-Reaktion nach M. Gomberg, 1866-1947), Gomberg-Synthese f (eine Biarylsynthese)
Gomberg reaction (Chem) / Gomberg-Reaktion f (eine Diazo-Reaktion nach M. Gomberg, 1866-1947), Gomberg-Synthese f (eine Biarylsynthese)
go mouldy / verschimmeln v, schimmelig werden, schimmeln v || ~ **mouldy** v / vermodern v, modern v
Gompertz curve (a trend curve representing either growth or decline where the rate of change either increases or declines at a constant percentage or rate) (Stats) / Wachstumskurve f
gomphidic acid (Chem) / Gomphidsäure f (hydroxyliertes Pulvinsäurederivat)
gon n / Gon n, Neugrad m (der 100ste Teil des rechten Winkels - nach DIN 1301, T 1 und 1315)
8-gon n (octagon) (Maths) / Oktagon n, Achteck n, Oktogon n
gonadial dose (Radiol) / Gonadendosis f (die von den Keimdrüsen empfangene Äquivalentdosis ionisierender Strahlung), Keimdrüsendosis f
gonadotrophic\* adj (Biochem) / gonadotrop adj || ~ **hormone** (Biochem) / Gonadotropin n (ein Glykoprotein mit Hormoncharakter), Gonadotrophin n
gonadotrophin n (Biochem) / Gonadotropin n (ein Glykoprotein mit Hormoncharakter), Gonadotrophin n
gonadotropic\* adj (Biochem) / gonadotrop adj || ~ **hormone** (Biochem) / Gonadotropin n (ein Glykoprotein mit Hormoncharakter), Gonadotrophin n
gonadotropin n (a glycoprotein hormone from the anterior lobe of the pituitary and the placenta) (Biochem) / Gonadotropin n (ein Glykoprotein mit Hormoncharakter), Gonadotrophin n
gonane n (Biochem) / Gonan n (Kohlenwasserstoff-Grundgerüst der Steroide)
gondola n (free-standing block of shelves used to display goods in a supermarket) / Gondel f (in einem Selbstbedienungsladen) || ~ (Aero) / Gondel f (des Luftschiffs) || ~ (Civ Eng) / Fährwagen m (bei einer Schwebefähre) || ~ (US) (Rail) / offener Güterwagen, O-Wagen m
gong metal (Met) / Gongmetall n (71 - 78% Cu, 22 - 26% Sn + Ni, Pb und Zn), Tamtam-Metall n (das zu Klangkörpern verarbeitet wird)
gonioma kamassi (For) / Kap-Buchsbaum m, Südafrikanischer Buchsbaum (Buxus macowani Oliv.)
goniometer\* n (Instr, Optics) / Goniometer n || ~ **head** / Goniometerkopf m
goniometric adj (Crystal, Maths, Surv) / goniometrisch adj
goniometrical adj (Crystal, Maths, Surv) / goniometrisch adj
goniometry n (Crystal, Maths, Surv) / Goniometrie f, Winkelmessung f
goniophotometer n (Optics, Paint) / Goniofotometer n (ein Gerät zur Glanzmessung)

**go/not-go gauge*** (Eng) / Gut- und Ausschusslehre *f*, Doppellehre *f* (mit Gut- und Ausschussseite), Paarungslehre *f*
**gonyautoxin** *n* (Chem, Nut) / Gonyautoxin *n* (ein hochgiftiges Neurotoxin, produziert von den Dinoflagellaten Gonyaulax tamarensis)
**Gooch crucible*** (a porcelain thimble with a perforated base) (Ceramics, Chem) / Gooch-Tiegel *m* (nach F.A. Gooch, 1852 - 1929), Filtriertiegel *m* nach Gooch (Porzellangerät mit porösen Filterplatten) ‖ ≙ **filter*** (Ceramics, Chem) / Gooch-Tiegel *m* (nach F.A. Gooch, 1852 - 1929), Filtriertiegel *m* nach Gooch (Porzellangerät mit porösen Filterplatten)
**good** *adj* / gut (Qualität) ‖ ~ **agricultural practice** (Agric) / praxisgerechter landwirtschaftlicher Anbau, Good Agricultural Practice (am Standard fortschrittlicher Landwirte gemessene Form der Bodennutzung) ‖ ≙ **buffer** (Biochem) / Good-Puffer *m* (ein zwitterionischer Puffer) ‖ ~ **colour*** (Print) / gleichmäßiger Druck ‖ ~ **drape** (of cloth) (Textiles) / guter Fall
**Goode's interrupted homolosine projection** (Cartography) / zerlapptes Kartennetz (nach Goode), Goode'sche Abbildung
**good laboratory practice** (Pharm) / gute Laborpraxis, Good Laboratory Practice (Vorschriften und Prüfrichtlinien, die zur Qualitätssicherung bei der nichtklinischen Forschung und der Unbedenklichkeitsprüfung eingehalten werden müssen) ‖ ~ **manufacturing practice** (Pharm) / sachgerechte Herstellungspraxis (bei Arzneimitteln), sachgerechte Herstellungsweise, Good Manufacturing Practice ‖ ~ **merchantable quality** / gute Durchschnittsqualität, gute Kaufmannsware ‖ ~ **middling cotton** (Textiles) / Good-Middling *f* (eine Baumwollsorte) ‖ ~ **mileage** (US) (Autos) / niedriger Kraftstoffverbrauch
**goodness** *n* (Electronics) / Steilheit *f* (Steigung einer Kennlinie) ‖ ~ **of fit** (a measure of the agreement between observed and expected values) (Stats) / Güte *f* der Anpassung
**goodness-of-fit test** (Stats) / Chi-Quadrat-Anpassungstest *m*, $\chi^2$-Anpassungstest *m* ‖ ~ **test** (Stats) / Anpassungstest *m* (z.B. Kolmogorow- oder Chi-Quadrat-Anpassungstest)
**good oil** (Oils) / Raffinat *n* (durch chemische oder physikalische Verfahren veredeltes Mineralölprodukt) ‖ ~ **ordinary brand zinc** (Met) / Hüttenzink *n* ‖ ~ **ordinary cotton** (Textiles) / Good-Ordinary *f* (eine Baumwollsorte)
**goods** *pl* / Waren *f pl*, Handelsware *f*, Ware *f*, Handelsgüter *n pl* ‖ ~ **entrance** / Warenannahme *f* (Aufschrift) ‖ ~ **for bleaching** (Textiles) / Bleichgut *n* ‖ ~ **for dyeing** (Textiles) / Färbegut *n*
**good sheet** (Paper) / Gutbogen *m* ‖ ~ **side** (Textiles) / Vorderseite *f*, rechte Stoffseite, Oberseite *f*, Schauseite *f*, Tuchseite *f*
**goods inwards inspection** / Eingangskontrolle *f* (des Materials), Eingangsprüfung *f* (DIN ISO 9001), Wareneingangskontrolle *f*, Wareneingangsprüfung *f* ‖ ~ **lift** (GB) / Lastenaufzug *m* (DIN 15305), Warenaufzug *m*, Warenlift *m* ‖ ~ **sold by metres** (Textiles) / Schneidware *f*, Meterware *f*, Metrage *f*, Schnittware *f*, Ausschnittware *f* (Meterware) ‖ ~ **station** (Rail) / Güterbahnhof *m* ‖ ~ **to be dyed** (Textiles) / Färbegut *n* ‖ ~ *pl* **to be packaged** / Packgut *n* (zu verpackendes Gut)
**good storage practice** (Pharm) / sachgerechte Lagerung, Good Storage Practice *f*
**goods traffic** / Güterverkehr *m* ‖ ~ **train** (Rail) / Güterzug *m* ‖ ~ **under claim** / beanstandete Ware ‖ ~ **waggon** (Rail) / Güterwagen *m*
**good tempering properties** (Met) / Anlassbeständigkeit *f*
**good-tracking** *adj* (Autos) / spursicher *adj*
**good-value** *attr* / preiswert *adj*
**goodwill** *n* / Firmenwert *m* (derivativer, originärer), Geschäftswert *m*, Goodwill *m*
**Goodyear welt** (shoe) (Leather) / Rahmenschuh *m* (genähter) ‖ ≙ **welt footwear** / Rahmenschuhe *m pl*
**go off** *v* (Nut) / verderben *v* (durch längeres Aufbewahrtwerden über die Dauer der Haltbarkeit hinaus schlecht, ungenießbar werden), schlecht werden ‖ ~ **off** (Nut) / faulen *v* (Fleisch) ‖ ~ **off** *vi* / anziehen *vi* (z.B. Spachtelmasse) ‖ ~ **off** *v* / die Sendung beenden
**google** *v* (Comp) / googeln *v* (mit der Internetsuchmaschine Google nach etwas suchen) ‖ ≙ *n* (the most popular search engine on the Internet) (Comp) / Google *f* (Internetsuchmaschine)
**googol*** *n* (Maths) / Googol- ($10^{100}$)
**go on** *v* (Textiles) / aufziehen *v* (Farbstoff), aufnehmen *v* (Farbstoff, Schlichte) ‖ ~ **on-hook** (Teleph) / auflegen *v* (den Hörer), einhängen *v* ‖ ~ **on the air** (Radio) / über den Sender gehen, auf Antenne kommen ‖ ~ **on the fritz** (Eng) / ausfallen *v* (Maschine) ‖ ~ **on to the fibre** (Textiles) / ziehen auf die Faser (Farbstoff)
**goora nut** / Kolanuss *f*, Gurunuss *f*, Kola *f* (aus Cola acuminata (P. Beauv.) Schott et Endl.)
**gooseberry stone*** (Min) / Grossular *m* (Calciumaluminiumorthosilicat), Kalktongranat *m*
**goosefoot oil** (Pharm) / Wurmsamenöl *n*, Chenopodiumöl *n* (aus Chenopodium ambrosioides var. anthelminticum (L.) A. Gray)

**goose neck** (Plumb) / Doppelbogen *m* (ein S-förmiges Rohr), Etagenbogen *m* (S-förmige Verlegung einer senkrechten Rohrleitung unter Verwendung geeigneter Formstücke zur Herstellung eines erforderlichen Versatzes in der Lotrechten, in der Regel infolge baulicher Zwänge), Sprungstück *n*
**gooseneck** *m* (Acous) / Schwanenhals *m* (biegsames Zwischenstück zwischen Mikrofon und Stativ) ‖ ~ (Eng) / gekröpfter Schlichtmeißel ‖ ~ (Foundry) / Druckbehälter *m* (beim Druckguss) ‖ ~ (Foundry) / Gießhals *m*, Schwanenhals *m* (einer Warmkammermaschine) ‖ ~ (Plumb) / Schwanenhals *m* (ein Segmentbogen im Fallrohranschluss), S-Stück *n* ‖ ~ (Print) / Gießhals *m* ‖ ~ *attr* (Eng) / gekröpft *adj* (Meißel) ‖ ~ **barnacle** (a leading biofouler) (Ships) / Entenmuschel *f* (Gemeine) ‖ ~ **microphone** (Acous) / Schwanenhalsmikrofon *n* ‖ ~ **pin** (Ships) / Lümmel *m* (drehbarer Bolzen am unteren Ende des Ladebaums - DIN 82042) ‖ ~ **press** (Eng) / C-Gestell-Presse *f* (z.B. eine Exzenterpresse) ‖ ~ **torch** (Welding) / Schwanenhalsbrenner *m*
**Goos-Hänchen effect** (Optics) / Goos-Hänchen-Effekt *m* (Seitenversetzung eines Lichtstrahles bei Totalreflexion)
**go out** *v* / erlöschen *v* (Lampe, Anzeige) ‖ ~ **out** / ausgehen *v* (Feuer)
**gopher** *v* (Mining) / Raubbau treiben ‖ ≙ *n* (a precursor to the World Wide Web) (Comp) / Gopher *m* (ein altes Informationssystem im Internet)
**gopherhole** *n* (Civ Eng, Mining) / Sprengkammer *f*, Minenkammer *f* ‖ ~ **blasting** (Civ Eng, Mining) / Kammerminensprengung *f*, Kammersprengung *f*
**gophering** *n* (Mining) / Raubbau *m*, unsystematischer Abbau
**Gopher server** (Comp) / Gopher-Server *m*
**Gopherspace** *n* (Comp) / Gopherspace *n* (die Gesamtheit aller auf Gopher-Servern zur Verfügung stehenden Informationen )
**gopherwood** *n* (For) / Cladrastis lutea (F. Michx.) K.Koch (ein Gelbholz)
**GOR** (gas-oil ratio) (Oils) / Gas-Öl-Verhältnis *n*, GÖV (Gas-Öl-Verhältnis)
**Gordon plasticator** (Chem Eng) / Gordon-Plastikator *m* (große Spritzmaschine für die Kautschukverarbeitung, die zum Mastizieren von Rohkautschuk eingesetzt wird)
**gore*** *n* (Aero, Textiles) / Bahn *f* (des Fallschirms) ‖ ~ (Maths) / Kugelzweieck *n* (die Kugeloberfläche des Kugelkeils), sphärisches Zweieck, Möndchen *n* ‖ ~ (a triangular or tapering piece of material used in making a garment, sail or umbrella) (Textiles) / Zwickel *m* (keilförmiger Einsatz), Gehre *f* (bei Kleidern, Röcken, Hemden)
**Gore-tex** *n* (a synthetic waterproof fabric permeable to air and water vapour, used in outdoor and sports clothing) (Textiles) / Goretex *n* (ein wasser- und windundurchlässiges Gewebe)
**gorge*** *n* (Arch) / Hohlkehle *f* (am Wasserschlag) ‖ ~ (Eng) / Kopfkehlfläche *f* (eines Zahnrads) ‖ ~* (Geol) / Schlucht *f* (tief eingeschnittenes Erosionstal), Klamm *f* (enges, tief eingeschnittenes Tal, das nahezu senkrechte, oft überhängende Wände hat), Einschnitt *m* (Scharte im Hochgebirge), Tobel *m n* ‖ ~ (Hyd Eng) / Eisstau *m* (in Flüssen aufgestautes Eis), Eisstauung *f*, Eisbarre *f*, Eisverstopfung *f* ‖ ~ **line** (Maths) / Kehllinie *f* (bei Regelflächen) ‖ ~ **seam** (Textiles) / Spiegelnaht *f*, Cassur *f* (Naht, die Revers und Kragen verbindet)
**gorlic acid** (Chem) / Gorlisäure *f* (eine Cyclopentenyl-Fettsäure)
**gorli oil** / Gorliöl *n*, Gorlifett *n* (fettes Öl der Samen der Oncoba-Arten)
**gorliseed oil** / Gorliöl *n*, Gorlifett *n* (fettes Öl der Samen der Oncoba-Arten)
**goro-goro** *n* (a fixed-joint noise) (Autos) / schleifendes Festgelenkgeräusch
**go round** *v* / herumfahren *v* (mit dem Fahrzeug)
**Gorter-Casimir two-fluid model** (Phys) / Gorter-Casimir-Zweiflüssigkeitsmodell *n* (zur Beschreibung einiger der mit der Supraleitfähigkeit verknüpften Erscheinungen)
**go rusty** (Chem, Met, Paint) / verrosten *v*, rosten *v*, rostig werden
**GOS** (Global Observing System) (Meteor) / globales Beobachtungssystem (eine Komponente der Weltwetterwacht) ‖ ~ (grade of service) (Telecomm) / Quality *f* of Service (Verkehrsgüte, Dienstgüte), Verkehrsgüte *f*, QoS (Quality of Service), Dienstgüte *f*
**GO set** (of graphic characters) (Comp) / GO-Satz *m*
**goslarite*** *n* (Min) / Goslarit *m*, Zinkvitriol *n* (Zinksulfat-7-Wasser)
**go-slow** *n* (Work Study) / Go-slow *m n*, Bummelstreik *m*
**gossamer** *n* (Textiles) / leichte Seidengaze, feine Gaze
**gossamer-thin** *adj* (Textiles) / hauchdünn *adj*
**gossan*** *n* (Mining) / Eiserner Hut *m* (in der Oxidationszone)
**Goss texture** (Met) / Goss-Textur *f* (die würfelartige Elementarzelle des Eisens steht auf der Kante und mit dieser parallel zur Walzrichtung des Blechs)
**Goss-textured sheet** (Elec Eng) / Texturblech *n* (mit Goss-Textur)
**gossypol** *n* (Chem) / Gossypol *n* (ein toxischer, polyphenolischer Aldehyd des Baumwollsamenöls), Theopesin *n*

**gossypose** n (Chem) / Raffinose f (aus Baumwollsamenmehl), Gossypose f
**Gothic*** n (Build) / Gotik f, gotischer Stil ‖ ~* (US) (Typog) / serifenlose Linear-Antiqua, Groteskschrift f (DIN 1451), Grotesk f, Steinschrift f
**Gothic bond** (Build) / gotischer Verband (in jeder Schicht wechseln ein Binder und ein Läufer und von Schicht zu Schicht liegen Binder und Läufer blockartig übereinander, Gotikverband m ‖ ≃ **delta** (wing whose basic triangular shape is modified to resemble Gothic window) (Aero) / Ogee-Flügel m (Überschall), gotischer Deltaflügel (mit geschwungenen Vorderkanten), Ogivalflügel m, ogivaler Flügel, Spitzbogenflügel m ‖ ≃ **pass** (Met) / Spitzbogenkaliber n ‖ ≃ **Revival** (Arch) / Neugotik f (Kunstrichtung des 18. und 19. Jahrhunderts) ‖ ~ **wing*** (Aero) / gotischer Flügel, Spitzbogenflügel m ‖ ~ **wing*** (Aero) s. also ogee wing
**go-through machine*** (Spinning) / Go-through-Maschine f (eine Spitzenmaschine)
**GOT monotest** (Med, Spectr) / GOT-Monotest m (Glutamat-Oxalacetat-Transaminase)
**go to** v (Comp) / verzweigen v (nach)
**Goto/Gosub button** (Comp) / Schaltfläche f "Gehe zu"
**go-to statement** (a program statement that causes a jump) (Comp) / Sprunganweisung f (absolute), GOTO-Anweisung f, Verzweigungsanweisung f
**GOTO statement** (Comp) / Sprunganweisung f (absolute), GOTO-Anweisung f, Verzweigungsanweisung f
**gotten** adj (Mining) / erschöpft adj (Lagerstätte), abgebaut adj (Lagerstätte)
**Göttingen-type tunnel** (Aero) / Windkanal m Göttinger Bauart (bei dem ein Axialgebläse die Luft im geschlossenen Kreislauf umwälzt - Ma =< 0,2)
**Göttingen wind tunnel*** (Aero) / Windkanal m Göttinger Bauart (bei dem ein Axialgebläse die Luft im geschlossenen Kreislauf umwälzt - Ma =< 0,2)
**Gott's method*** (Elec Eng) / Gott'sche Methode (kapazitive Kabelfehlerortsmessung)
**gouache*** n / Guasch f, Gouache f (eine deckende Wasserfarbe)
**Goubau line** (Elec) / Goubau-Leitung f (ein metallischer Leiter mit aufgebrachter Schicht eines verlustarmen Isolierstoffes - nach G.H.E. Goubau, geb. 1906)
**Goude flap** (Aero) / Goude-Klappe f
**Goudsmit gamma sum rule** (Nuc) / Goudsmit'scher Gamma-Summensatz (nach S.A. Goudsmit, 1902 - 1978)
**gouge** n (Autos) / Druckstelle f (eine Delle ohne verfestigte Ränder) ‖ ~ (Bind) / Prägewerkzeug n (aus Messing - zum Handprägen von Kurvenlinien) ‖ ~* (Carp, Join) / Hohlbeitel m (zum Ausstechen runder Löcher, Kehlbeitel m ‖ ~ (Leather) / Ausheber m, Kerbschnitt m (Fehler) ‖ ~* (Mining) / Lettenbesteg m ‖ ~-**bit*** n (Tools) / Hohlbohrer m ‖ ~ **slip*** (Carp) / Abziehstein m (geformter für Stechbeitel) ‖ ~ **test** (a test to evaluate the wear resistance of porcelain enamel in which a small steel ball is rolled across the enamel surface under increasing loads, the degree of wear being determined by the loss of gloss) (Ceramics) / Abriebversuch m, Abriebtest m
**gouging** n (Eng) / Fugenhobeln n (eine Sonderform des Brennschneidens) ‖ ~ **tip** (Welding) / Hobeldüse f
**Goulard's extract** (Pharm) / Goulard'sches Bleiwasser, Aqua f plumbi "Goulard"
**Gould belt** (Astron) / Gould'scher Gürtel (eine Konzentration von Sternen und interstellarem Gas - nach B.A. Gould, 1824 - 1896)
**go underground** (Mining) / einfahren vi, anfahren v ‖ ~ **up** v / aufsteigen v
**Gouraud shading** (an approach to shading a planar facet of a surface that uses linear interpolation of intensities calculated at the vertices of the facet) (Comp) / Gouraud-Shading n (Algorithmus zur Berechnung geglätteter Abbildungen), Gouraud-Schattierung f
**gourd curare** (Pharm) / Kalebassenkurare n
**gout** n (Weaving) / eingewebter Fremdkörper
**gouty thread** (Spinning) / Faden m mit Verdickungsstellen
**Gouy balance** (device for measurement of diamagnetic and paramagnetic susceptibilities of samples) (Chem, Mag) / Gouy-Waage f
**Gouy-Chapman double layer** (Chem) / Gouy-Chapman-Doppelschicht f (der äußere Bereich der Mizellen)
**Gouy layer*** / diffuse Doppelschicht, Gouy-Anteil m (der diffuse Anteil einer elektrochemischen Doppelschicht), Gouy-Doppelschicht f (nach L.-G. Gouy, 1854 - 1926) ‖ ≃ **layer*** (Chem) s. also Helmholtz double layer
**governing equation** / Grundgleichung f (von der die anderen abgeleitet werden) ‖ ~ **motion** (Spinning) / Fadenregler m (bei den Strick- und Wirkautomaten)

**government telegram** (Teleg) / Staatstelegramm n ‖ ~ **telephone call** (Telecomm) / Staatsgespräch n
**governor** n (Automation) / fliehkraftgesteuerter Drehzahlregler, Fliehkraftregler m (mechanische Regeleinrichtung), mechanischer Drehzahlregler, Zentrifugalregulator m, Zentrifugalregler m ‖ ~ (Automation) / Stabilisierungseinrichtung f (in Regelsystemen) ‖ ~ (Autos) / Regler m (in der Automatikgetriebesteuerung) ‖ ~* (I C Engs) / Regler m (für Motoren), Drehzahlregler m, Drehzahlverstellregler m (als Endregler bei den Dieselmotoren) ‖ ~ **hood** (Eng) / Regleraufsatz m (bei der Turbine) ‖ ~ **motion** (Spinning) / Fadenregler m (bei den Strick- und Wirkautomaten) ‖ ~ **weight** (Automation) / Pendelgewicht n (des Zentrifugalreglers), Schwunggewicht n (bei Zentrifugalreglern), Fliehgewicht n (bei Fliehkraftreglern), Reglergewicht n (bei Fliehkraftreglern)
**Gow caisson** (Civ Eng) / Bohrfutterrohr n ‖ ≃ **caisson** (Civ Eng) / eine Art Schachtbrunnen
**gox** n / gasförmiger Sauerstoff
**goyazite** n (Min) / Goyazit m
**gozzan** n (Mining) / Eiserner Hut m (in der Oxidationszone)
**GP** (glide path) (Aero) / Gleitweg m (Sinkprofil, das für die vertikale Führung des Endanflugs beim Instrumentenlandesystem bestimmt ist), Gleitpfad m ‖ ≃ (geometric progression) (Maths) / geometrische Zahlenfolge, geometrische Folge
**GPA** (general-purpose actuator) (Autos) / GPA m (der mit elektrischer Energie aus der Fahrzeugbatterie gespeist wird)
**G parity** (Nuc) / G-Parität f (eine Quantenzahl)
**G-parity invariance** (Nuc) / G-Invarianz f (Erhaltung der G-Parität)
**GP computer** (general-purpose computer) (Comp) / Universalrechner m, Universalrechenanlage f
**GPCS** (global positioning and communication system) (Nav) / globales Ortungs- und Kommunikationssystem, GPCS (globales Ortungs- und Kommunikationssystem)
**GPE** (gas-phase epitaxy) (Electronics) / Gasphasenepitaxie f (bei der das Aufbringen einer Halbleiterschicht auf ein Halbleitersubstrat aus der Gasphase geschieht)
**GPI** (glide-path indication) (Aero) / Gleitweganzeige f ‖ ≃ (ground-position indicator) (Aero, Nav) / Standortanzeiger m, Koppelstandortanzeiger m
**GPL** (giant pulse laser) / Riesenimpulslaser m
**GPR** (ground-penetration radar) (Radar) / Oberflächendurchdringungsradar m n, Georadar m n, Bodenradar m n
**G protein** (Biochem) / guaninnukleotidbindendes Protein, G-Protein n
**GPRS** (general packet radio system) (Comp, Radio, Telecomm) / Paketdatenübertragungssystem n für GSM-Netze, GPRS (Paketdatenübertragungssystem für GSM-Netze) ‖ ≃ (General Packet Radio Service) (Comp, Radio, Telecomm) / General Packet Radio Service m (ein Verfahren zur paketorientierten Ende-zu-Ende-Datenübertragung), GPRS (General Packet Radio Service)
**GPS** (geometrical product specification) / geometrische Produktspezifikation (DIN EN ISO 1466), GPS (geometrische Produktspezifikation) ‖ ≃ (general problem solver) (AI) / General-Problemlöser m, GPS (General-Problemlöser) ‖ ≃ (global positioning system) (Nav, Surv) / Global-Positioning-System m, GPS (Global-Positioning-System), satellitengestütztes Ortungssystem
**GP transmitter** (Aero) / Gleitwegbake f, Gleitwegsender m
**gr** (grain) (Chem, Pharm) / Grain m (64,7989), g (Grain)
**grab** v (Autos) / rupfen v (Kupplung) ‖ ~ (Civ Eng, Eng) / greifen v (mit dem Greifer), fassen v (mit dem Greifer) ‖ ~* (Civ Eng, Eng) / Greiferelement n, Greifer m (des Krans oder des Baggers)
**grabber** n (Comp) / Grabber m (Software, die durch Ablegen auf einer Diskette den momentanen Bildschirminhalt festhält) ‖ ~ (Comp) / Hand f (Greifhandsymbol auf der Benutzeroberfläche), Greifhand f ‖ ~ (Electronics) / Grabber m (Gerät, das Daten von einer Videokamera erfasst und in einen Computervideospeicher anlegt) ‖ ~ **hand** (Comp) / Hand f (Greifhandsymbol auf der Benutzeroberfläche), Greifhand f
**grabbing** n (Autos) / Rupfen n (der Kupplung, z.B. beim Verschleiß der Beläge) ‖ ~ **crane*** (Civ Eng) / Greiferkran m
**grab-bucket*** n (Civ Eng, Eng) / Greiferelement n, Greifer m (des Krans oder des Baggers)
**grab·-bucket** n (Eng) / Greiferkübel m ‖ ~ **crane** (Civ Eng) / Greiferkran m ‖ ~-**dredger*** n (Civ Eng) / Greifbagger m (ein Nassbagger)
**graben*** n (Geol) / Graben m, tektonischer Graben, Grabenbruch m (ein eingesunkenes Rindenstück)
**grab handle** (Autos) / Haltegriff m (im Innenraum) ‖ ~ **handle** (Eng) / Handgriff m (zum Festhalten), Griff m ‖ ~ **hoist** (Eng) / Greiferhubwerk n ‖ ~ **set** (Build, Civ Eng) / Verdursten n (Vorgang, bei dem dem erhärtenden Beton das für die Hydratation des

**grab**

Zementes notwendige Wasser entzogen wird /z.B. durch Hitze oder Wind/), Stillstand *m* bei der Erhärtung (des Betons) ∥ ~ **set** (Civ Eng) / vorzeitiges Abbinden (eines Bindemittels - Fehler) ∥ ~ **strength** (Textiles) / Gewebereißfestigkeit *f* ∥ ~ **test** (Textiles) / Grabtest *m*, Grab-Zugversuch *m* an Geweben (DIN 53858), Grabmethode *f* (ein Prüfverfahren, bei dem die zu prüfende Probe in speziellen Klemmen eingespannt ist) ∥ ~ **winch** (Eng) / Greiferwinde *f*
**graceful degradation** (Comp) / kontrollierter Leistungsrückgang, reduzierter Betrieb (nach dem Ausfall von einigen Teilen des Systems)
**grace particle** (Nuc) / Grace-Teilchen *n*, Teilchen *n* mit Grace
**gracilaria gum** / Gracilaria-Gummi *n*, Gracelaria-Gummi *n* (ein Hydrokolloid aus Rotalgen)
**grad** *n* (Maths) / grad, Gradient *m* (des Vektorfeldes; mit Hilfe des Nabla-Operators dem Skalenfeld zugeordnet), Gradientenvektor *m*
**gradability** *n* (Autos) / Steigvermögen *n*, Bergsteigfähigkeit *f*
**gradation** *n* / Abstufung *f*, Gradation *f*, Stufenfolge *f* ∥ ~ (Biol, Ecol) / Gradation *f* (Massenvermehrung einer Population, meist auf Schädlinge bezogen), Massenvermehrung *f* ∥ ~ (Min Proc) / Korngrößenaufteilung *f*, Korngrößeneinteilung *f*, Korngrößeneinstufung *f* ∥ ~ (Photog) / Gradation *f* (des fotografischen Materials, gekennzeichnet durch den Anstieg des geradlinigen Teils der Schwärzungskurve), Steilheit *f*, mittlerer Gradient ∥ ~ **of colours** / Farbabstufung *f*
**grade** *v* / einstufen *v*, abstufen *v*, klassieren *v* (DIN 1319, T 1) ∥ ~ (Civ Eng) / einebnen *v*, eben machen, ebnen *v*, planieren *v*, nivellieren *v*, applanieren *v* ∥ ~ (Teleph) / staffeln *v* ∥ ~ (Textiles) / sortieren *v* (nach Qualität) ∥ ~ *n* (US) / Gefälle *n*, Neigung *f* ∥ ~ **Gon** *n*, Neugrad *m* (der 100ste Teil des rechten Winkels - nach DIN 1301, T 1 und 1315) ∥ ~ / Korngröße *f* (DIN 66100) ∥ ~ / Qualität *f* (DIN 55350), Handelsklasse *f*, Güteklasse *f*, Sorte *f*, Wahl *f* (Güte, Güteklasse) ∥ ~* (US) / Gradient *m* ∥ ~ / Anspruchsklasse *f* (in der Qualitätskontrolle) ∥ ~ (US) (Civ Eng) / Unterbaukrone *f*, Planum *n* (Grenzfläche zwischen Oberbau und Unterbau), planierter Erdkörper, Feinplanum *n* ∥ ~ (US) (Civ Eng) / Hang *m* ∥ ~* (Eng) / Härtestufe *f*, Härtegrad *m*, Härte *f* (der Schleifscheibe nach DIN 69100, mit Buchstaben A bis Z bezeichnet) (der Schleifscheibe) ∥ ~ (Eng) / Qualität *f* (in der Toleranz- und Passungskunde) ∥ ~ (Stats) / kumulierter Anteil ∥ ~ (US) (Surv) / Geländehöhe *f*, Bodenhöhe *f* ∥ ~ **by sizes** (Chem Eng, Min Proc) / zerlegen *v* (nach Korngrößen), sortieren *v* (nach Korngrößen), klassieren *v*, trennen *v* (nach Korngrößenklassen) ∥ ~ **crossing** (US) (Rail) / Wegübergang *m* (höhengleicher Bahnübergang), schienengleicher Bahnübergang, Bahnübergang *m* (höhengleiche Kreuzung)
**graded aggregate** (Build) / abgestufter Zuschlag ∥ ~**-base transistor** (Electronics) / Drifttransistor *m* ∥ ~ **bedding*** (Geol) / gradierte Schichtung (z.B. bei Grauwacken), Gradierung *f* (bei Sedimenten) ∥ ~ **board** (For, Join) / graduierte Spanplatte (stufenlos aufgebaute) ∥ ~ **coal** / klassierte Kohle (DIN 22005) ∥ ~ **copolymer** (Chem) / Gradientenkopolymer *n*, Gradientencopolymer *n*
**graded-density filter** (Optics) / Verlauffilter *n*
**graded filter** (Civ Eng) / Stufenfilter *n* ∥ ~ **filter** (at the downstream toe of an earth dam) (Civ Eng, Hyd Eng) / Kiesfilterkörper *m* (mehrstufig aufgebauter), abgestufte Kiesfilterschüttung
**graded-gap machine** (Elec Eng) / Maschine *f* mit abgestuftem Luftspalt
**graded index** (Telecomm) / Gradientenindex *m*
**graded-index fibre*** (an optical fibre in which the refractive index changes gradually between the core and cladding, in a way designed to refract light so it stays in the fibre core) (Telecomm) / Gradientenindexfaser *f*, Gradientenfaser *f* (eine Lichtleitfaser, deren Brechzahl sich in radialer Richtung stetig ändert - nach DIN 58 140-1) ∥ ~ **profile** / Gradientenprofil *n* (Brechzahlprofil, das sich stetig über der Querschnittsfläche eines LWL verändert)
**graded•-junction transistor** (Electronics) / Wachstumstransistor *m*, stufenlegierter Transistor, Rate-grown-Transistor *m* ∥ ~ **optical waveguide** / Gradientenwellenleiter *m* (DIN 57 888, T 1) ∥ ~ **p-n junction** (Electronics) / allmählicher pn-Übergang ∥ ~ **sand** (which contains some coarse, fine and medium sizes) (Build) / abgestufter Sand (in den meisten Fällen ist die Korngrößen-Abstufung gleichmäßig) ∥ ~ **seal** (Glass) / Verschmelzung *f* mit Zwischengläsern ∥ ~ **standard sand** (Build, Foundry, Met) / Normsand *m* ∥ ~ **stream** (Hyd Eng) / Fluss *m* mit natürlichem Gleichgewicht (auf langen Strecken) ∥ ~ **stream** (Hyd Eng) / Fluss *m* im natürlichen Gleichgewicht (auf langen Strecken)
**grade flare** / Bodenfackel *f* (zum Abfackeln) ∥ ~ **level** (US) (Civ Eng) / Feinplanumshöhe *f* ∥ ~ **level** (US) (Surv) / Geländehöhe *f*, Bodenhöhe *f* ∥ ~ **of cut** (Eng) / Größe *f* des Hiebs (bei Feilen nach DIN 8349) ∥ ~ **of cut** (Tools) / Hiebnummer *f* (der Feile) ∥ ~ **of purity** (Chem) / Reinheitsgrad *m* (DIN 51422) ∥ ~ **of service*** (Telecomm) / Quality *f* of Service (Verkehrsgüte, Dienstgüte), Verkehrsgüte *f*, QoS (Quality of Service), Dienstgüte *f* ∥ ~ **of switching performance** (Telecomm) / Vermittlungsgüte *f* ∥ ~ **peg*** (Surv) / Nivellierpflock *m*

**grader** *n* / Lichtbestimmer *m* ∥ ~ (Agric) / Trieur *m* ∥ ~* (Civ Eng) / Erd- und Straßenhobel *m*, Erdhobel *m* (eine Erdbaumaschine zum Lösen, Schieben und Wiedereinbauen von Erdreich und Schotter - ein Flachbagger), Straßenhobel *m*, Grader *m* ∥ ~ (Eng, Min Proc) / Sortiermaschine *f* ∥ ~ (Min Proc) / Scheider *m*, Abscheider *m* ∥ ~ (Min Proc) / Größensortiermaschine *f*, Größensortierer *m*
**grade-separated junction** (US) (Autos, Civ Eng) / höhenfreie Kreuzung, überschneidungsfreie Kreuzung, Kreuzungsbauwerk *n*
**grade separation** (Autos, Rail) / Kreuzung *f* in verschiedenen Ebenen (mit Unter- oder Überführung) ∥ ~ **separation** (Rail) / Aufhebung *f* schienengleicher Wegübergänge
**gradient** *n* / Gefälle *n*, Neigung *f* ∥ ~* / Gradient *m* ∥ ~ (Civ Eng) / abschüssige Stelle (in der Straßenführung) ∥ ~ (Ecol) / Gradient (allmähliche Veränderung eines Umweltfaktors innerhalb eines Ökosystems oder eines Biochors) ∥ ~ (Maths) / grad, Gradient *m* (des Vektorfeldes; mit Hilfe des Nabla-Operators dem Skalenfeld zugeordnet), Gradientenvektor *m* ∥ ~* (Maths) / Steigung *f* (einer im Punkt differenzierbaren Funktion 1. Ordnung) ∥ ~* (Maths) / Steigung *f* (einer Kurve, einer Kennlinie) ∥ ~ (Maths) / Steigung *f* (Differenzenquotient), Differenzenquotient *m* ∥ ~ **copolymer** (Chem) / Gradientenkopolymer *n*, Gradientencopolymer *n* ∥ ~ **current** (Ocean) / Gradientstrom *m* ∥ ~ **development** (Chem) / Gradientenentwicklung *f* ∥ ~ **due to superelevation** (Rail) / Überhöhungsrampe *f* ∥ ~ **elution** (Chem) / Gradientenelution *f* (Elution von adsorbierten Stoffen mit Lösemittelgemischen kontinuierlich wechselnder Zusammensetzung)
**gradienter** *n* (Surv) / Mikrometerschraube *f* zur Feineinstellung des Höhenkreises (am Theodolit oder Tachymeter)
**gradient force** (Meteor) / Gradientkraft *f* (die aufgrund des Luftdruckgradienten auf ein Luftelement wirkt) ∥ ~ (tube) **furnace** (Ceramics) / Gradientenofen *m* (Röhrenofen mit einstellbarem Temperaturgradienten in bestimmten Grenzen) ∥ ~ **gel** (Chem, Phys) / Gradientengel *n* (bei Elektrophorese)
**gradient-index fibre** (Telecomm) / Gradientenindexfaser *f*, Gradientenfaser *f* (eine Lichtleitfaser, deren Brechzahl sich in radialer Richtung stetig ändert - nach DIN 58 140-1)
**gradient irrigation** (Agric, San Eng) / Furchenbewässerung *f*, Furchenberieselung *f* ∥ ~ **method** (Maths) / Gradientenverfahren *n* (z.B. ein Abstiegsverfahren) ∥ ~ **microphone** (the output of which corresponds to a gradient of the sound pressure) (Acous) / Druckgradientenmikrofon *n* (DIN 1320) ∥ ~ **of climb** (Aero) / Steigfluggradient *m* ∥ ~ **of drains** (Agric, Civ Eng) / Drängefälle *n* ∥ ~ **of stream** (Hyd Eng) / Flussgefälle *n*, Gefälle *n* (des Flusses), Stromgefälle *n* ∥ ~ **peg*** (Surv) / Nivellierpflock *m* ∥ ~ **post** (Rail) / Neigungsanzeiger *m* ∥ ~ **post*** (Rail) / Neigungswechselanzeiger *m*
**gradient-refractive-index fibre** (Telecomm) / Gradientenindexfaser *f*, Gradientenfaser *f* (eine Lichtleitfaser, deren Brechzahl sich in radialer Richtung stetig ändert - nach DIN 58 140-1) ∥ ~ **rod** / Gradientenindexstab *m* (bei Lichtwellenleitern)
**gradient tint** (Aero, Cartography) / Höhenschichtfärbung *f* ∥ ~ **wind*** (Meteor) / Gradientwind *m* (der sich theoretisch durch Zusammenwirken von Gradient-, Coriolis- und Zentrifugalkraft ergebende Wind)
**grading** *n* / Einstufung *f*, Abstufung *f*, Klassierung *f* ∥ ~* (Build) / Kornzusammensetzung *f* der Zuschlagstoffe (auch als Klassenbegriff) ∥ ~* (Build, Min Proc) / Korngrößenaufteilung *f*, Korngrößeneinteilung *f*, Korngrößeneinstufung *f* ∥ ~* (Civ Eng) / Böschungsarbeiten *f* ∥ ~* (Teleph) / Staffelgruppe *f*, Zubringerteilgruppe *f* ∥ ~* (Teleph) / Staffeln *n*, Staffelung *f* ∥ ~ (Textiles) / Sortieren *n* (nach Qualität) ∥ ~ **by size** (Min Proc) / Größensortierung *f* ∥ ~ **card** (timing card) (Cinema) / Lichtkarte *f* (für die Korrektur während des Kopiervorgangs) ∥ ~ **coefficient*** (Elec Eng) / Stufenfaktor *m* ∥ ~ **curve** (Build) / Sieblinie *f* (grafische Darstellung der Kornzusammensetzung, z.B. nach DIN 4226-1), Körnungskurve *f*, Siebkurve *f* ∥ ~ **group*** (Teleph) / Staffelgruppe *f*, Zubringerteilgruppe *f* ∥ ~ **instrument*** (Surv) / Höhenkreis *m* zur Neigungsmessung (am Theodolit oder Tachymeter) ∥ ~ **machine** / Gradiermaschine *f* (für die Herstellung von Schuhzuschneidemodellen) ∥ ~ **result** (Leather) / Sortimentausbeute *f* ∥ ~ **rule** (For) / Sortierregel *f* ∥ ~ **shield*** (Elec Eng) / Steuerschirm *m*, Steuerring *m* (zur Potentialsteuerung)
**gradiometer** *n* (Surv) / ein alter Neigungsmesser (mit Libelle) ∥ ~* (Surv) / Höhenkreis *m* zur Neigungsmessung (am Theodolit oder Tachymeter)
**Grad's solution** (Phys) / Grad'sche Lösung (die auf einer Reihenentwicklung nach Ableitungen der lokalen Maxwell-Verteilung beruht)
**gradual** *adj* / graduell *adj*, allmählich *adj* (Veränderung) ∥ ~ **cracking** (Surf) / schrittweises Aufreißen (metallischer Schutzschichten) ∥ ~ **failure** / Driftausfall *m* (eines Systems)
**graduate** *v* / gradieren *v* (in Grade einteilen), in Grade einteilen, graduieren *v* (mit Gradeinteilung versehen), mit genauer Einteilung

versehen ‖ ~ (Chem Eng) / einengen v (durch teilweises Eindampfen), eindicken v (aus einer Suspension), gradieren v, konzentrieren v ‖ ~* n (Chem) / Messgefäß n, Messglas n (Messzylinder oder Messflasche)

**graduated arc** (Maths, Surv) / Gradbogen m ‖ ~ **circle*** (Surv) / Teilkreis m ‖ ~ **cylinder** (Chem) / Messzylinder m, Maßzylinder m, Mensur f ‖ ~ **deterrence** (Mil) / abgestufte Abschreckung ‖ ~ **disk** (Instr) / Skalenscheibe f (Blatt oder Scheibe einer Skale) ‖ ~ **filter** (with a diffused boundary between clear and colour glass) (Photog) / Farbverlaufsfilter n (ein Trickfilter für die Farbfotografie) ‖ ~ **flask** (Chem) / Messkolben m (Stehkolben mit langem, engem Hals, auf dem etwa auf der Mittte ein Eichstrich angebracht ist), Maßkolben m, Messflasche f ‖ ~ **flask with ground-glass stopper** (Chem) / Messflasche f mit Stopfen ‖ ~ **glassware** (marked with divisions or units for volumetric measurements) / Messgefäße n pl aus Glas, Messglas n (als Sammelbegriff), Messgläser n pl ‖ ~ **vessel*** (Chem) / Messgefäß n, Messglas n (Messzylinder oder Messflasche)

**graduate engineer** / Diplomingenieur m, Dipl.-Ing. (Technische Universität, Technische Hochschule oder Gesamthochschule)

**graduation** n (of solutions) (Chem Eng) / Einengen v (durch teilweises Eindampfen), Eindicken n (aus einer Suspension), Gradieren n, Konzentrieren n (das Anreichern des gelösten Stoffes in der Lösung durch teilweises Eindampfen) ‖ ~ **line** / Teilstrich n (der Skale), Strichmarke f ‖ ~ **mark** / Teilstrich n (der Skale), Strichmarke f

**Graebe-Ullmann reaction** (Chem) / Graebe-Ullmann'sche Carbazolsynthese, Graebe-Ullmann'sche Karbazolsynthese

**Graeco-Latin square** (Maths, Stats) / griechisch-lateinisches Quadrat (in der Varianzanalyse), Euler'sches Quadrat ‖ ~ **square** (Maths) / orthogonales lateinisches Quadrat

**Graeffe's method** (for real and complex roots) (Maths) / Graeffe-Verfahren n (zur näherungsweisen Berechnung der Nullstellen von Polynomen)

**Graetz circuit** (Elec Eng) / Graetz-Schaltung f, Graetz-Gleichrichter m (Gleichrichter in Brückenschaltung nach L. Graetz, 1856 - 1941), Gleichrichter m in Graetzschaltung ‖ ~ **rectifier** (Elec Eng) / Graetz-Schaltung f, Graetz-Gleichrichter m (Gleichrichter in Brückenschaltung nach L. Graetz, 1856 - 1941), Gleichrichter m in Graetzschaltung

**graffito*** n (pl. graffiti) (Arch, Build) / Sgraffito n (pl. -s oder -fiti - eine Art Kratzputz)

**graft** v (Agric, Bot) / veredeln v (pfropfen), pfropfen v, aufpropfen v ‖ ~ (Chem) / pfropfen v, aufpropfen v ‖ ~ (Med) / transplantieren v ‖ ~ n (Bot) / Pfropfreis n, Impfreis n, Pfröpfling m, Edelreis n (Pfropfreis zur Veredlung) ‖ ~* (Med) / Transplantat n ‖ ~ **chimera*** (Bot) / Pfropfbastard m ‖ ~ **copolymer*** (Chem) / Pfropfcopolymer n, Pfropfpolymer n, Pfropfkopolymer n

**grafting** n (Agric, Bot) / Pfropfen n, Aufpropfen n, Veredelung f (durch Pfropfen) ‖ ~ **clay** (Agric) / Baumwachsn (zum Wundverschluss) ‖ ~ **wax** (Agric) / Baumwachs n (zum Wundverschluss)

**graft polymer*** (Chem) / Pfropfcopolymer n, Pfropfpolymer n, Pfropfkopolymer n

**grahamite*** n (Geol) / Grahamit m (ein Asphaltit)

**Graham•'s law*** (of diffusion) (Chem) / Graham'sches Gesetz (der Diffusionsgeschwindigkeiten - nach Th. Graham, 1805-1869) ‖ ~'s **salt** (Chem) / Grahamsalz n (überwiegend aus linearem Natriumpolyphosphat bestehendes Salz; zur Wasserenthärtung)

**grain** n / körnen v, körnig machen, granulieren v, zerkörnen v ‖ ~ (For) / fladern v (Holz) ‖ ~ (Leather) / körnen v (Leder) ‖ ~ (Leather) / krispeln v (das Narbenbild), levantieren v ‖ ~ (Paint) / maserieren v, masern v (Holz mit Lasurfarben) ‖ ~ (Paper) / grainieren v, granieren v, narben v, körnen v ‖ ~* n / Korngröße f (DIN 66100) ‖ ~* / Körnigkeit f (als Eigenschaft), Körnung f (als Eigenschaft), körnige Struktur, Granularität f (Körnigkeit) ‖ ~ (of seed)* (Bot) / Korn n, Samenkorn n ‖ ~* (Chem, Pharm) / Grain m (64,7989), g (Grain) ‖ ~ (Chem, Phys) / Korn n (eine Element einer festen dispersen Phase), Partikel n (DIN 66 160) ‖ ~* (Crystal, Photog) / Korn n ‖ ~* (For) / Maserung f (Texturzeichnung des Holzes), Masertextur f ‖ ~* (For) / Faserrichtung f, Faserverlauf m ‖ ~ (Leather) / Narbenbild n (natürliches oder künstliches), Narben m ‖ ~ (Paper) / Faserlauf m, Faserrichtung f ‖ ~ (of fabric) (Textiles) / Strich m, Fadenrichtung f, Fadenlauf m ‖ ~ (Textiles) / Grain m (ein Ripsgewebe) ‖ **across the** ~ (For) / quer zur Faser(richtung) ‖ **along the** ~ (For) / faserparallel adj ‖ ~ **agitator** (Agric) / Rührwelle f (der Drillmaschine) ‖ ~ **alcohol** (Nut) / Kornbranntwein m, Getreidebranntwein m, Getreidealkohol m (aus Getreiderohstoffen) ‖ ~ **angle** (For) / Faserneigungswinkel m ‖ ~ **auger** n (Agric) / Körnerschnecke f ‖ ~ **boundary** (Crystal) / Korngrenze f (in einem polykristallinem Festkörper - kohärente, inkohärent)

**grain-boundary attack** / Korngrenzenangriff m (selektiver Angriff der Korngrenzen oder korngrenzennaher Bereiche) ‖ ~ **carbide** (Met) / Korngrenzencarbid n, Korngrenzenkarbid n ‖ ~ **cementite** (Met) / Korngrenzenzementit m ‖ ~ **deposit** (Crystal) /

Korngrenzenbelegung f ‖ ~ **fracture** (Materials, Met) / Korngrenzenbruch m, interkristalliner Bruch ‖ ~ **sliding** (Crystal) / Korngrenzengleiten n, Korngrenzenabgleitung f

**grain classification** (Min Proc) / Korngrößenaufteilung f, Korngrößeneinteilung f, Korngrößeneinstufung f ‖ ~ **cleaner** (Agric) / Getreidereiniger m ‖ ~ **coarsening** (Met) / Kornvergröberung f (DIN 17014) ‖ ~ **conveyor** (Agric) / Körnerförderer m ‖ ~ **cracking** (Leather) / Narbenbrüchigkeit f (ein Narbenschaden) ‖ ~ **crop** (Agric) / Körnerfrucht f (Getreide, Hülsen- und Ölfrucht), Druschfrucht (Ertrag des Dreschens) ‖ ~ **crop rotation** (Agric) / Getreidefruchtfolge f ‖ ~ **decay** / Kornzerfall m (im Allgemeinen) ‖ ~ **density** (Met) / Korndichte f (Gefüge) ‖ ~ **direction** (For) / Faserrichtung f, Faserverlauf m ‖ ~ **direction** (Paper) / Maschinenrichtung f (DIN 6730), Laufrichtung f, Papierlaufrichtung f, Maschinenlaufrichtung f, Längsrichtung f ‖ ~ **discharge auger** (Agric) / Austragschnecke f ‖ ~ **disintegration** / Kornzerfall m (im Allgemeinen) ‖ ~ **drying** (Agric) / Getreidetrocknung f

**grained paper** (Paper) / genarbtes Papier (Maserpapier, Lederpapier), gekörntes Papier ‖ ~ **screen** (Print) / Kornraster m

**grain elevator** (Agric) / Kornspeicher m, Getreidesilo m n, Getreidespeicher m, Kornsilo m n ‖ ~ **elongation** (Materials) / Korndehnung f

**grainer** n (open-air flat pan) (Nut) / Siedepfanne f (zum Eindampfen von gesättigten Solen), Pfanne f (zur Siedesalzgewinnung) ‖ ~ (Paint) / Maserwerkzeug n, Holzimitationswerkzeug n (z.B. Stahl- und Gummikämme, Schläger usw.) ‖ ~ (Print) / Körnmaschine f (für Zink- oder Aluminiumplatten) ‖ ~ **salt** (Nut) / Solesalz n, Sudsalz n

**grain feed** (Agric) / Körnerfutter n ‖ ~ **filler** (Paint) / Porenfüller m (zum Füllen von Holzporen) ‖ ~ **form** / Kornform f, Korngestalt f ‖ ~ **formation** / Kornbildung f ‖ ~-**free** adj / kornlos adj ‖ ~-**free** (TV) / rauschfrei adj (Bild)

**grain(y) glue** / Körnerleim m (eine Handelsform des Glutinleims)

**grain grader** (Agric) / Trieur m ‖ ~ **grower** (Agric) / Getreidebauer m ‖ ~ **growing** (Agric) / Getreideanbau m ‖ ~ **growth*** (Crystal, Met) / Kornwachstum n

**graininess** n (Photog) / Körnigkeit f (subjektive)

**graining** n / Körnigmachen n, Granulation f, Granulieren n, Körnen n, Zerkörnen n, Körnung f (als Tätigkeit) ‖ ~ (Leather) / Krispeln n, Levantieren n (des Narbenbildes) ‖ ~ (Leather) / narbenformende Arbeit (im weitesten Sinne) ‖ ~ (Nut) / Kornbildung f (bei der Zuckerherstellung) ‖ ~* (Paint) / Maserieren n, Masern n (des Holzes mit Lasurfarben) ‖ ~ **ball** (Print) / Märbel f (zur Plattenkörnung), Schleifkugel f (zur Plattenkörnung), Marbel f (zur Plattenkörnung) ‖ ~ **board** (Leather) / Krispelholz n ‖ ~ **colour** (Paint) / Lasurfarbe f (zum Maserieren) ‖ ~ **comb** (used to reproduce the plainer kinds of wood markings) (Paint) / Maserungskamm m, Kamm m (oft mit Schächterleinen überspannt) ‖ ~ **horn** / Maserungsgerät n (Plexiglas, Zelluloid) ‖ ~ **machine** (Print) / Körnmaschine f (für Zink- oder Aluminiumplatten) ‖ ~ **marble** (Print) / Märbel f (zur Plattenkörnung), Schleifkugel f (zur Plattenkörnung), Marbel f (zur Plattenkörnung)

**grain•-leather*** n (Leather) / Narbenleder n (im Allgemeinen) ‖ ~ **lifter** (Agric) / Ährenheber m (des Mähdreschers)

**grain-mill** (Nut) / Getreidemühle f

**grain orientation** / Kornorientierung f

**grain-oriented electrical sheet** (Mag) / Texturblech n, kornorientiertes Elektroblech, Blech n mit magnetischer Vorzugsrichtung ‖ ~ **sheet steel** (Mag) / Texturblech n, kornorientiertes Elektroblech, Blech n mit magnetischer Vorzugsrichtung

**grain polymerization** (Chem) / Suspensionspolymerisation f, Perlpolymerisation f, Kornpolymerisation f ‖ ~ **porosity** / Kornporosität f (in %)

**grain-raise** v (For) / anfeuern v (z.B. mit Firnis)

**grain-raising** adj (For) / texturbelebend adj (Beize) ‖ ~ **staining** (For) / texturbelebendeBeizung, anfeuernde Beizung

**grain refining*** (Met) / Kornfeinen n, Kornfeinung f (von Gusswerkstoffen) ‖ ~ **ripening** (Photog) / Kornreifung f ‖ ~ **roll wear** (Phys) / Kornwälzverschleiß m (Verschleißart, bei der in der Kontaktfläche von zwei Körpern während einer Wälzbewegung Verschleiß durch frei bewegliche Körner hervorgerufen wird)

**grains** pl / Kermeskörner n pl, Scharlachkörner n pl, Kermes m (getrocknete weibliche Kermesschildläuse) ‖ ~ (Mining) / Mittelkohle f (10-30 mm, DIN 22005) ‖ ~ (1/4 to 1/8 in.)* (Mining) / Feinkohle f (Steinkohle unter 12 mm - DIN 22005)

**grain shading** (Print) / Staubkorn n (feine Körnung der Druckplatte) ‖ ~ **shape** / Kornform f, Korngestalt f ‖ ~ **side** (Eng) / Außenseite f (des Riemens) ‖ ~ **silo** (Agric) / Kornspeicher m, Getreidesilo m n, Getreidespeicher m, Kornsilo m n ‖ ~ **size*** / Korngröße f (DIN 66100)

**grain-size analysis** (US)* (Min Proc) / Korngrößenbestimmung f

**grain-size classification*** (Geol) / Korngrößenklassifikation f (klastischer Gesteine, z.B. nach DIN 4188)
**grain-size determination** n (Min Proc) / Korngrößenbestimmung f ‖ **~ distribution** (Min Proc) / Korngrößenverteilung f ‖ **~ fraction** (Powder Met) / Korngrößengruppe f, Korngruppe f (DIN 66 160), Korngrößenklasse f, Fraktion f, Kornklasse f, Kornfraktion f ‖ **~ range** / Korngrößenbereich m, Körnungsbereich m
**grain skeleton** / Korngerüst n ‖ **~ sliding wear** / Korngleitverschleiß m (Verschleißart, bei der in der Kontaktfläche von zwei Körpern während einer Gleitbewegung Verschleiß durch frei bewegliche Körner hervorgerufen wird, indem die Abrasion als Verschleißmechanismus wirksam wird) ‖ **~ slip wear** / Korngleitverschleiß m (Verschleißart, bei der in der Kontaktfläche von zwei Körpern während einer Gleitbewegung Verschleiß durch frei bewegliche Körner hervorgerufen wird, indem die Abrasion als Verschleißmechanismus wirksam wird) ‖ **~ sorter** (Agric) / Trieur m ‖ **~ spacing** (the relative density of abrasive particles in a grinding wheel) / Struktur f des Schleifmittels (auf einem Schleifkörper) ‖ **~ split** (Leather) / Narbenspalt m ‖ **~ starch** (Chem) / Cerealienstärke f, Getreidestärke f
**grainstone** n (Geol) / Kalkstein m (Partikel ohne Matrix, mit oder ohne Zement) ‖ **~** (Geol, Oils) / Grainstone m (ein Karbonatgestein - Partikel ohne Matrix, mit oder ohne Zement)
**grain storehouse** (Agric) / Kornspeicher m, Getreidesilo m n, Getreidespeicher m, Kornsilo m n ‖ **~ structure** / körnige Struktur, Kornstruktur f, Kornaufbau m, Korngefüge n ‖ **~ structure of a fracture** (Materials) / Bruchgefüge n ‖ **~ tank** (Agric) / Korntank m (des Mähdreschers), Kornbunker m ‖ **~ thrower** (Agric) / Körnerschleuder f ‖ **~ tin** / Kornzinn n ‖ **~ trier** (Agric) / Getreidestecher m, Getreideprober m (zum Ziehen von Proben) ‖ **~ weave** (Weaving) / Grainbindung f (Ableitung der Leinwandbindung) ‖ **~ weevil** (Agric) / Schwarzer Kornwurm, Kornkäfer m (Sitophilus granarius, Calandra granaria L.) ‖ **~ whisky** (Nut) / Grain Whisky m (schottischer Whisky, ähnlich dem Kornbrand), Getreidewhisky m
**grainy** adj / granulös adj, granulär adj, körnig adj, granuliert adj, gekörnt adj ‖ **~** (Photog) / grobkörnig adj ‖ **~** (TV) / verrauscht adj (Bild) ‖ **~** (Weaving) / unregelmäßig adj (Bindung)
**gram*** n / Gramm n (Einheit der Masse = $10^{-3}$ kg - DIN 1301 - 1)
**gram-atom*** n (Chem) / Grammatom n (chemische Masseneinheit, bezogen auf den 12ten Teil des Atoms $_{12}$C)
**gram-atomic mass** (Chem) / Grammatom n (chemische Masseneinheit, bezogen auf den 12ten Teil des Atoms $_{12}$C) ‖ **~ weight** (Chem) / Grammatom n (chemische Masseneinheit, bezogen auf den 12ten Teil des Atoms $_{12}$C)
**Gram-Charlier series** (Stats) / Gram-Charlier-Reihe f, Gram-Charlier-Entwicklung f
**Gram determinant** (Maths) / Gram'sche Determinante (nach J.P. Gram, 1850-1916)
**gram•-equivalent** n (Chem) / Äquivalent n, Grammäquivalent n (alte Bezeichnung für die in Gramm ausgedrückte Masse eines Äquivalents, Val n (heute /2005/ obsolet) ‖ **~ formula mass** (Chem) / Formelmasse f in g
**gramicidin*** n (Chem, Pharm) / Gramicidin n (ein Peptidantibiotikum)
**gramine** n (Biochem, Bot) / Gramin n (das erste Alkaloid, das aus Gräsern isoliert wurde), Donaxin n
**graminicide** n (Chem, Ecol) / Graminizid n (gegen Ungräser)
**graminivorous*** adj (Agric, Zool) / grasfressend adj (Tier)
**grammage** n (Paper) / flächenbezogene Masse (DIN 6730), Flächenmasse f (in g/m²), Flächengewicht n, Quadratmetermasse f (von Papier, Karton oder Pappe), Grammatur f
**grammar** n (Comp) / Grammatik f ‖ **~ analysis** (AI, Comp) / Grammatikanalyse f ‖ **~ checker** (Comp) / Grammatikprüfprogramm n ‖ **~ parser** (Comp) / Grammatikparser m
**grammatical** adj / grammatikalisch adj, grammatisch adj
**grammatite*** n (Min) / Tremolit m (ein Strahlstein), Grammatit m
**gramme** n (GB) / Gramm n (Einheit der Masse = $10^{-3}$ kg - DIN 1301 - 1) ‖ ≙ **ring** (Elec Eng) / Ringanker m
**Gram-negative*** adj (bacteria appear red) (Bacteriol) / gramfrei adj, gramnegativ adj
**gramophone** n (GB)* (Acous) / Schallplattenabspielgerät n, Plattenspieler m ‖ **~ pickup*** (Acous) / Tonabnehmer m (zum Abtasten von Schallplatten), Pick-up m ‖ **~ record** (Acous) / Schallplatte f (als Trägermedium)
**Gram-positive*** adj (bacteria appear blue-black) (Bacteriol) / gramfest adj, grampositiv adj
**Gram-Schmidt orthogonalization process** (Maths) / Schmidt'sches Orthonormierungsverfahren (nach E. Schmidt, 1876 - 1959)
**Gram's determinant** (Maths) / Gramsche Determinante (nach J.P. Gram, 1850 - 1916) ‖ ≙ **method** (Bacteriol, Biochem) / Gramfärbung f (eine Differentialfärbung nach H.Ch. Gram, 1853-1938)

**Gram stain** (a technique used in the classification of bacteria that relies on the differential ability of bacterial cells to take up and retain certain stains) (Bacteriol) / Gramfärbung f (eine Differentialfärbung nach H.Ch. Gram, 1853-1938)
**gram-variable** adj / gramlabil adj (Bakterie), gramvariabel adj
**granadilla wood** (For) / Afrikanische Grenadilla, Grenadill n, Grenadillholz n, Senegalebenholz n (aus Dalbergia melanoxylon Guill. et Perr.)
**granary** n (Agric) / Kornspeicher m, Getreidesilo m n, Getreidespeicher m, Kornsilo m n ‖ **~** (Agric) / Kornkammer f (Hauptanbaugebiet für Getreide) ‖ **~ weevil** (Agric) / Schwarzer Kornwurm, Kornkäfer m (Sitophilus granarius, Calandra granaria L.)
**granatohedron** n (pl. -hedra or -hedrons) (Crystal, Maths) / Rhombendodekaeder n, Granatoeder n, Rautenzwölfflächner m
**Granby car** (Mining) / Rollkippwagen m (ein Förderwagen), Granbywagen m
**grand canonical ensemble** (Stats) / großkanonische Gesamtheit, großkanonisches Ensemble
**grandfather file*** (Comp) / Großvaterdatei f ‖ **~ tape** (Comp) / Großvaterband n (Band der Großvatergeneration)
**grand fir** (For) / Kalifornische Küstentanne (Abies grandis (Dougl. ex D. Don) Lindl.), Riesentanne f ‖ **~ master pattern** (Foundry) / Urmodell n, Muttermodell n ‖ **~ mean** (a mean of a number of mean values) (Stats) / Gesamtmittel n
**grandparent file** (Comp) / Großvaterdatei f
**grandrelle** n (Spinning) / Jaspégarn n (zwei verschiedenfarbige Vorgarne mit geringer Drehung, die leicht verzwirnt sind) ‖ **~ yarn** (Spinning) / Jaspégarn n (zwei verschiedenfarbige Vorgarne mit geringer Drehung, die leicht verzwirnt sind)
**grandrille yarn** (Spinning) / Jaspégarn n (zwei verschiedenfarbige Vorgarne mit geringer Drehung, die leicht verzwirnt sind)
**grand•-scale integration** (Electronics) / GS-Integration f (Integration hohen Grades bei monolithischen Halbleiterschaltungen) ‖ **~ total** (Comp, Maths) / Endsumme f, Gesamtsumme f, Summe f der Summen ‖ **~ touring car** (Autos) / Grand-Tourisme-Wagen m, Gran-Turismo-Wagen m, GT-Wagen m ‖ **~ unified theory** (Phys) / Große Vereinheitlichte Theorie (experimentell noch nicht (August 2005) abgesicherte Theorie, welche versucht, die starke, schwache und elektromagnetische Wechselwirkung in einer einheitlichen Feldtheorie zu vereinigen), GUT-Modell n (Große Vereinheitlichte Theorie), große unifizierte Theorie ‖ ≙ **Unified Theory*** (gauge theory in fundamental physics which sets out to unify all four basic interactions) (Phys) / Große Vereinheitlichte Theorie (experimentell noch nicht (August 2005) abgesicherte Theorie, welche versucht, die starke, schwache und elektromagnetische Wechselwirkung in einer einheitlichen Feldtheorie zu vereinigen), GUT-Modell n (Große Vereinheitlichte Theorie), große unifizierte Theorie
**granite*** n (Geol) / Granit m (ein Tiefengestein)
**granite-aplite*** n (Geol) / Granitaplit m
**granite fabric** (Textiles) / Granitgewebe n
**granite-gneiss** n (Geol) / Granitgneis m
**granite grey** / granitgrau adj ‖ **~ paper** (Paper) / meliertes Papier (das etwa 1% Fasern enthält, deren Farbe oder Farbintensität sich vom größeren Anteil des Papiers unterscheidet) ‖ **~ paving block** (Civ Eng) / Granitplatte f (ein Pflasterstein)
**granite-pegmatite** n (Geol) / Granitpegmatit m
**granite-porphyry*** n (Build, Geol) / Granitporphyr m (Naturstein für Monumentalbauten und hochbeanspruchte Teile)
**granite roll** (Paper) / Granitwalze f ‖ **~ roller** (Paper) / Granitwalze f
**graniteware** n (a one-coat porcelain-enamelled article, such as an item of kitchenware having a mottled appearance produced by controlled corrosion of the metal base prior to firing) / Geschirr n mit Granitemail
**granite wash** (Geol) / Arkose f (über 25 % Feldspat enthaltender Sandstein) ‖ **~ weave** (Textiles) / Granitbindung f (abgewandelte Ripsbindung mit kreppartigem Aussehen)
**granitic** adj (Geol) / granitisch adj (Gestein, Struktur) ‖ **~ finish*** (Build) / Betongranit m
**granitization** n (transformation) (Geol) / Granitisation f, Granitisierung f
**granitoid** adj (Geol) / granitähnlich adj, granitoid adj
**granitoidal** adj (Geol) / granitähnlich adj, granitoid adj
**grano** n (Build) / Terrazzo m mit Granitsplitt, Zementestrich m mit Granitzuschlag
**granoblastic fabric** (Geol) / granoblastisches Gefüge (ein gleichmäßig körniges kristalloblastisches Gefüge) ‖ **~ texture*** (Geol) / granoblastisches Gefüge (ein gleichmäßig körniges kristalloblastisches Gefüge)
**granodiorite*** n (Build, Geol) / Granodiorit m (ein kieselsäurereiches Tiefengestein)

**Granodizing** *n* (Met, Paint, Surf) / Granodine-Verfahren *n*, Granodieren *n* (Warenzeichen von Alchem für ein Verfahren zum Phosphatieren und/oder Chromatieren)

**granolithic*** *n* (Build) / Terrazzo *m* mit Granitsplitt, Zementestrich *m* mit Granitzuschlag ‖ **~ concrete** (Build) / Terrazzobeton *m* ‖ **~ screed** (Build) / Terrazzo *m* mit Granitsplitt, Zementestrich *m* mit Granitzuschlag

**granophyre*** *n* (Geol) / Granophyr *m* (dem Granit und dem Porphyr ähnliches Ergussgestein)

**granophyric** *adj* (Geol) / granophyrisch *adj*

**grant** *v* / erteilen *v* (Patent, Lizenz) ‖ **~** *n* / Grant *m* (unentgeltliche Leistung der Entwicklungshilfe) ‖ **~** (Brew) / Grant *m*, Läutergrant *m*, Würzegrant *m* ‖ **~** (Mining) / Verleihung *f* des Gewinnungsrechts, Konzession *f* ‖ **~ aid** / Subventionierung *f* (staatliche), Bezuschussung *f*

**grant-aid** *v* / subventionieren *v*, bezuschussen *v*

**grant a licence** / lizenzieren *v*, Lizenz erteilen

**Grant-Paul rules** (Spectr) / Grant-Paul-Regeln *f pl* (bei Verschiebungen des Kohlenwasserstoffs 13)

**gran turismo car** (Autos) / Grand-Tourisme-Wagen *m*, Gran-Turismo-Wagen *m*, GT-Wagen *m*

**granular*** *adj* / granulös *adj*, granulär *adj*, körnig *adj*, granuliert *adj*, gekörnt *adj* ‖ **~** (Nut) / griffig *adj* (Mehl) ‖ **~ ammonium nitrate** (Mining) / granuliertes Ammoniumnitrat (als Sprengstoff) ‖ **~ bed** (Chem Eng) / Körnerschüttung *f* ‖ **~ carbon** (Teleph) / Kohlegrieß *m* (Mikrofonkohle), Kohlegranulat *n* ‖ **~** (waste) **cork** (Build) / Korkschrot *n* (zerkleinerter Korkabfall), granulierter Kork, Korkgranulat *n*, Korkkorn *n* ‖ **~ feed** / Beschickung *f* mit körniger Masse

**granular-fill insulation** (Build) / lose Wärmeisolierschüttung

**granular gypsum** / Gipsgrus *m*, Gipsknorpel *m*

**granularity** *n* / Körnigkeit *f* (als Eigenschaft), Körnung *f* (als Eigenschaft), körnige Struktur, Granularität *f* (Körnigkeit) ‖ **~** (AI) / Granularität *f* (der Information), Detaillierung *f* (der Information), Feinheit *f* (der Information) ‖ **~** (Photog) / Körnigkeit *f* (objektive)

**granular material** / Granulat *n* (in Form unregelmäßiger Körnchen vorliegende Substanz), granuliertes Material (ein körniger Stoff von einheitlicher Größe) ‖ **~ pearlite*** (Met) / kugeliger (eingeformter) Perlit ‖ **~ polymerization** (Chem) / Suspensionspolymerisation *f*, Perlpolymerisation *f*, Kornpolymerisation *f* ‖ **~ powder** / Kornpulver *n* (von gleichmäßiger Körnigkeit), granuliertes Pulver, Pulvergranulat *n* ‖ **~ size** / Korngröße *f* (DIN 66100) ‖ **~ structure** / körnige Struktur, Kornstruktur *f*, Korngefüge *n*

**granulate** *v* / körnen *v*, körnig machen, granulieren *v*, zerkörnen *v* ‖ **~** (Nut) / körnen *v* (Zucker, Salz) ‖ **~** *vi* / körnig werden, Korn bilden, granulieren *vi* ‖ **~** *n* / Granulat *n* (in Form unregelmäßiger Körnchen vorliegende Substanz), granuliertes Material (ein körniger Stoff von einheitlicher Größe)

**granulated** *adj* / granulös *adj*, granulär *adj*, körnig *adj*, granuliert *adj*, gekörnt *adj* ‖ **~ blast-furnace slag** (Met) / Hüttensand *m* (gemahlene, glasig erstarrte Hochofenschlacke), Hochofensand *m* (granulierte Hochofenschlacke) ‖ **~ compound** (Plastics) / Granulat *n* ‖ **~** (waste) **cork** (Build) / Korkschrot *n* (zerkleinerter Korkabfall), granulierter Kork, Korkgranulat *n*, Korkkorn *n* ‖ **~** (waste) **cork** (Build) s. also anticondensation paint ‖ **~ glass** (Glass) / Glasgrieß *m* (gemahlenes Glas), Glaskrösel *m* ‖ **~ material** / Granulat *n* (in Form unregelmäßiger Körnchen vorliegende Substanz), granuliertes Material (ein körniger Stoff von einheitlicher Größe) ‖ **~ plaster** (Build) / gestockter Putz ‖ **~ slag** (Met) / granulierte Schlacke, gekörnte Schlacke ‖ **~ sugar** (Nut) / Kristallzucker *m*, Kristallraffinade *f*

**granulating plant** / Granulieranlage *f*

**granulation** *n* / Körnigkeit *f* (als Eigenschaft), Körnung *f* (als Eigenschaft), körnige Struktur, Granularität *f* (Körnigkeit) ‖ **~** / Körnigmachen *n*, Granulation *f*, Granulieren *n*, Körnen *n*, Zerkörnen *n*, Körnung *f* (als Tätigkeit) ‖ **~*** (Astron) / Granulation *f* (eine körnige Struktur der Fotosphäre der Sonne) ‖ **~** (Plastics) / Zerkleinern *n*, Zerkleinerung *f*

**granulator** *n* (Plastics) / Granulator *m*

**granule*** *n* (Geol) / Feinkies *m* (2 - 4 mm Durchmesser) ‖ **~** (Pharm) / Granalie *f*, Körnchen *n*, Korn *n*

**granules** *pl* (Plastics) / Granulat *n*

**granulite*** *n* (Geol) / Granulit *m* (helles, hochgradig metamorphes Hartgestein)

**granulitic** *adj* (Geol) / granulitisch *adj* ‖ **~ texture*** (Geol) / granulitisches Gefüge

**granulitization*** *n* (Geol) / Granulitbildung *f*, Granulitisierung *f*

**granulometry** *n* / Granulometrie *f* (Sammelbezeichnung für Methoden zur Untersuchung des Aufbaus körniger Materialien mit Hilfe von Sichtung, Siebung oder Sedimentation)

**grapefruit oil** (Nut) / Grapefruitöl *n* (aus den Früchten von Citrus paradisi Macfad.)

**grapefruit-seed oil** / Grapefruit-Kernöl *n*

**grape juice** (Nut) / Traubensaft *m* ‖ **~ must addition** (for sweetening of wine) (Nut) / Süßreserve *f* (kleine Menge Traubenmost, die dem durchgegorenen Jungwein zugesetzt wird)

**grape-seed oil** (Nut) / Weintraubenkernöl *n*, Traubenkernöl *n*, Drusenöl *n*

**grape-shaped** *adj* / traubenförmig *adj*

**grape-stake** *n* (For) / Rebpfahl *m*

**grape-sugar*** *n* (Biochem, Chem) / D-Glucose *n*, D-Glukose *f*, Traubenzucker *m*, Dextrose *f*

**grapevine** *n* (continuous horizontal running enrichment of vine leaves, tendrils, stalks, and grapes) (Arch) / Weinrebenornament *n* ‖ **~** (Bot) / Echter Weinstock, Weinrebe *f* (Vitis vinifera L.) ‖ **~ drainage** (Agric) / spalierartiges Entwässerungssystem

**graph** *v* / in einem Diagramm darstellen, schematisch darstellen, bildlich darstellen ‖ **~** / grafisch darstellen ‖ **~** *n* / Graf *n* (Schriftzeichen, die kleinste /nicht bedeutungsunterscheidende/ Einheit in schriftlichen Äußerungen), Graph *n* ‖ **~*** / Diagramm *n*, Graf *m*, Schaubild *n*, Graph *m*

**graphecon*** *n* (Radar) / Graphecon *n* (eine Elektronenstrahlröhre als Zweistrahl-Flächenspeicherröhre)

**grapher** *n* (Instr) / Schreibgerät *n* (zur analogen Aufzeichnung von Messwerten), Schreiber *m*, Selbstschreiber *m*, Schreibwerk *n*, schreibendes (Mess)Gerät

**graph foil** (Print) / Millimeterfolie *f* (ein Hilfsmittel bei der Montage) ‖ **~ follower** (Comp) / Kurvenleser *m* (Eingabegerät zum Umsetzen von Kurven in Signale - DIN 44300) ‖ **~ follower** (Elec Eng) / Kurvenschreiber *m* (elektrisches Messgerät mit einer Schreibeinrichtung für Messgrößen, deren zeitlicher Verlauf festgehalten werden soll) ‖ **~ grammar** (AI) / Grafgrammatik *f* (ein Formalismus zur Beschreibung struktureller Veränderungen von Grafen und zur Erzeugung von Mengen von Grafen, der den gewöhnlichen Grammatiken zur Veränderung von Zeichenfolgen nachgebildet ist)

**graphic** *n* / Diagramm *n*, Graf *m*, Schaubild *n*, Graph *m* ‖ **~** (a graphical item displayed on a screen or stored as data) (Comp) / Grafik *m* ‖ **~** *adj* / grafisch *adj*, zeichnerisch *adj* (grafisch) ‖ **~** (Instr) / registrierend *adj*

**graphicacy** *n* / grafische Darstellung (DIN 461)

**graphical** *adj* / grafisch *adj*, zeichnerisch *adj* (grafisch) ‖ **~ evaluation and review technique** / GERT (eine leistungsfähige, für kleinere Projekte einsetzbare Netzplantechnik) ‖ **~ input output** (Comp) / grafische Ein-/Ausgabe ‖ **~ integration** (Maths) / grafische Integration ‖ **~ kernel system** (a set of graphical functions used by applications programmers with the names and functions defined in ISO 7942) (Comp) / grafisches Kernsystem (grafische Schnittstelle zwischen Anwendersoftware und CAD/CAM-Systemen), GKS (grafisches Kernsystem) ‖ **~ method*** (Civ Eng, Maths) / grafische Methode (z.B. zur Lösung von Gleichungen)

**graphic(al) paper** (Paper) / grafisches Papier

**graphical resolution** (Comp) / Grafikauflösung *f* ‖ **~ symbols** (for contact units and switching devices) (Elec Eng) / Schaltzeichen *n pl* ‖ **~ typewriter** / grafische Schreibmaschine ‖ **~ user interface** (an interface between a user and a computer system that makes use of input devices other than the keyboard and presentation techniques other than alphanumeric characters) (Comp) / grafische Benutzeroberfläche, GUI (grafische Benutzeroberfläche), grafisches Bediensystem

**graphic arts** (Print) / Grafik *f* (Kunst und Technik) ‖ **~ character** (Comp, Typog) / Schriftzeichen *n* (DIN 66203), Bildzeichen *n* (DIN 30600)

**graphic-computational method** (Eng) / Zeichnungsfolge-Rechenmethode *f* (bei der Getriebeanalyse)

**graphic data** (Comp) / grafische Daten, Grafikdaten *pl* ‖ **~ design** (Print) / Grafikdesign *n* ‖ **~ design workstation** (Print) / Gestaltungsarbeitsplatz *m*

**graphic(al) display** (Comp) / grafische Anzeige, grafische Ausgabe, Grafikanzeige *f* ‖ **~ display** (Comp) / grafische Anzeigeeinheit, grafische Ausgabeeinheit, Grafikanzeigeeinheit *f*

**graphic display terminal** (Comp) / Grafikterminal *n*, grafisches Terminal ‖ **~ element** (Comp) / Grafikelement *n* ‖ **~ equalizer** (an electronic device or computer program which allows the separate control of the strength and quality of selected frequency bands) (Radio) / Graphic-Equalizer *m*, grafischer Equalizer ‖ **~ formula*** (Chem) / Strukturformel *f* (die die stereochemischen Gegebenheiten widerspiegelt), Konstitutionsformel *f*, Valenzstrichformel *f* ‖ **~ granite*** (Geol) / Schriftgranit *m* (winkelig-eckige Verwachsung von Quarz und Feldspat) ‖ **~ image** / grafische Darstellung (DIN 461) ‖ **~ instrument** (Instr) / Schreibgerät *n* (zur analogen Aufzeichnung von Messwerten), Schreiber *m*, Selbstschreiber *m*, Schreibwerk *n*, schreibendes (Mess)Gerät ‖ **~ instrument** (Instr) / schreibendes Registriergerät (mit Faserstiften oder Tinte), Messdatenschreiber *m*, Messschreiber *m* ‖ **~ laser terminal** (Comp) /

**graphic**

Laser-Bildschreibgerät n ‖ ~ **master** (Comp) / grafische Vorlage ‖ ~ **plotter** (Comp) / Plotter m (koordinatengesteuertes Aggregat zur grafischen Ausgabe von Informationen bei den digitalen Rechenanlagen), Digitalplotter m, Zeichengerät n (zum Zeichnen von Kurven und Einzelpunkten), Zeichenautomat m (Plotter), Kurvenschreiber m (DIN 44300)
**graphic(s) printer** (Comp) / Grafikdrucker m
**graphic rendition** (Comp) / Hervorhebungsart f ‖ ~ **(al) representation** / grafische Darstellung (DIN 461)
**graphics** n (Maths) / Nomografie f (Darstellung funktionaler Beziehungen zwischen mehreren Variablen mit zeichnerischen Mitteln), grafisches Rechnen ‖ ~ (Print) / Grafik f (Kunst und Technik) ‖ ~ **accelerator** (additional hardware used in a graphics display to perform basic operation faster) (Comp) / Grafikbeschleuniger m (Grafikkarte, die Grafikausgaben beschleunigt), Accelerator-Karte f (Grafikbeschleuniger) ‖ ~ **adapter** (Comp) / Grafikadapter m ‖ ~ **adaptor** (Comp) / Grafikadapter m ‖ ~ **adventure** (adventure game with /animated/ graphics sequences) (Comp) / Grafik-Adventure f
**graphics-based molecular modelling** (Chem, Comp) / Computergrafik f für Molecular Modelling, Molecular Modelling mit Einsatz der Computergrafik
**graphics board** (Comp) / Grafikkarte f
**graphic scale** (Cartography) / grafischer Maßstab
**graphics capability** (Comp) / Grafikfähigkeit f ‖ ~ **card** (a printed circuit board that controls the output to a display screen) (Comp) / Grafikkarte f ‖ ~ **data** (Comp) / grafische Daten, Grafikdaten pl
**graphics-device interface** (Comp) / Graphics Device Interface n, GDI (Graphics Device Interface)
**graphics editor** (Comp) / Grafikeditor m (ein Hilfsprogramm) ‖ ~ **insertion** (Comp) / Grafikeinblendung f, Grafikeinschaltung f, Grafikeinbindung f ‖ ~ **Interchange Format** (Comp) / Graphics Interchange Format n (ein Grafikformat), GIF n (häufig verwendetes, von CompuServe entwickeltes Grafikformat), GIF-Format n ‖ ~ **language** (Comp) / grafische Sprache (eine Programmiersprache zur Verarbeitung und visuellen Darstellung grafischer Daten durch einen Rechner) ‖ ~ **library** (Comp) / Grafikbibliothek f ‖ ~ **manipulating language** (Comp) / grafische Manipulationssprache (zur Behandlung dreidimensionaler Körper) ‖ ~ **mode** (Comp) / Grafikmodus m (als Gegensatz zu Zeichenmodus)
**graphic solution** (Maths) / zeichnerische Lösung, grafische Lösung
**graphics primitive** (a basic non-divisible graphical element for input or output within a computer-graphics system) (Comp) / Darstellungselement n, grafisches Grundelement, Ausgabegrundelement n (mit dessen Hilfe eine grafische Darstellung aufgebaut wird) ‖ ~ **print** (Comp) / Grafikdruck m ‖ ~ **printer** (Comp) / Grafikdrucker m (der auch grafische Darstellungen drucken kann) ‖ ~ **processing** (Comp) / Grafikverarbeitung f ‖ ~ **processor** (Comp) / Grafikprozessor m (der zusammen mit dem Bildwiederholspeicher die Grafikdaten für Bildschirmgrafiken aufbereitet) ‖ ~ **programming** (Comp) / Grafikprogrammierung f ‖ ~ **screen** (Comp) / Grafikbildschirm m, grafischer Bildschirm ‖ ~ **software** (Comp) / grafische Software (Programme zur Steuerung eines grafischen Systems und zur Erzeugung von Bildern), Grafiksoftware f ‖ ~ **system** (Comp) / grafisches System ‖ ~ **tablet*** (Comp) / Grafiktableau n, Digitalisierbrett n, Digitalisiertablett n, grafisches Tablett, Grafiktablett n
**graphic statics*** (Eng) / grafische Statik, Grafostatik f
**graphics terminal** (Comp) / Grafikterminal n, grafisches Terminal ‖ ~ **window** (Comp) / Grafikfenster n ‖ ~ **workstation** (Comp) / grafischer Arbeitsplatz (meistens mit einem Bildschirmgerät), grafische Workstation, Grafikarbeitsplatz m, Grafikworkstation f
**graphic symbol** / grafisches Symbol, grafisches Zeichen, Grafiksymbol n ‖ ~ **texture*** (a rock texture) (Geol) / Schriftstruktur f, Runenstruktur f ‖ ~ **workstation** (Print) / Gestaltungsarbeitsplatz m
**graphite** v / mit Graphit einstäuben, mit Graphit überziehen oder auskleiden ‖ ~* n (Min) / Graphit m (stabile Form des Kohlenstoffs), Grafit m ‖ ~ **anode** (Elec Eng) / Graphitanode f ‖ ~ **bar** / Graphitstab m ‖ ~ **bearing** (Eng) / Graphitlager n ‖ ~ **blacking** (Foundry) / Graphitschwärze f ‖ ~ **boat** (Chem, Met) / Graphitboot n, Graphitschiffchen n, Substanzschiffchen n (beim Zonenschmelzen) ‖ ~ **brick** (a refractory ceramic brick of coke and pitch, heat-treated to form a graphitic crystal structure) / Graphitstein m (feuerfester) ‖ ~ **brush*** (Elec Eng) / Kohlebürste f (weiche) ‖ ~ **carbon electrode** (Welding) / Graphitkohleelektrode f ‖ ~ **ceramics** (Ceramics) / Graphitkeramik f ‖ ~ **corrosion** (Nuc Eng) / Graphitkorrosion f, graphitische Korrosion ‖ ~ **crucible** / Graphittiegel m
**graphited grease** / Graphitzusatz enthaltendes Schmierfett, Graphitfett n, graphitiertes Fett
**graphite dispersion** / Graphitdispersion f ‖ ~ **electrode** (Elec Eng) / Graphitelektrode f ‖ ~ **emulsion** / Graphitemulsion f ‖ ~ **fabric** (woven cloth of graphite fibres) / Graphitgewebe n (aus Graphitfasern)
**graphite-faced** adj / graphitüberzogen adj
**graphite fibre** / Graphitfaser f ‖ ~ **film** / Graphitfilm m ‖ ~ **flake** / Graphitflocke f ‖ ~ **fluoride** / Graphitfluorid n (ein Festschmierstoff) ‖ ~ **furnace** / Graphitofen m, Graphitrohrofen m (z.B. für die Graphitrohrofentechnik der Atomabsorptionsspektrometrie)
**graphite-furnace atomic absorption spectroscopy** (Spectr) / Graphitrohrofentechnik f (der Atomabsorptionsspektrometrie), GF AAS (Graphitrohrofentechnik der Atomabsorptionsspektrometrie)
**graphite grease** / Graphitzusatz enthaltendes Schmierfett, Graphitfett n, graphitiertes Fett ‖ ~ **inclusion** / Graphiteinschluss m ‖ ~ **lattice** (Crystal) / Graphitgitter n ‖ ~ **lubricant** / Graphitschmierstoff m, Graphitschmiermittel n ‖ ~ **lubrication** / Graphitschmierung f, Schmierung f mit Graphit ‖ ~**-moderated reactor** (Nuc Eng) / graphitmoderierter Reaktor (DIN 25402), Graphitreaktor m ‖ ~ **mould** (Foundry) / Graphitform f, Graphitkokille f ‖ ~ **oil** / Graphitöl n, in Öl kolloidal gelöster Graphit ‖ ~ **paint*** (Paint) / Graphitanstrichstoff m, Graphitfarbe f ‖ ~ **paper** (Paper) / Graphitpapier n ‖ ~ **paste** / Graphitpaste f ‖ ~ **powder** / Graphitstaub m ‖ ~ **reactor*** (Nuc Eng) / graphitmoderierter Reaktor (DIN 25402), Graphitreaktor m ‖ ~ **resistance*** (Elec Eng) / Graphitwiderstand m ‖ ~ **rod** / Graphitstab m ‖ ~ **salt** (Chem) / Graphitsalz n ‖ ~ **seal** / Graphitdichtung f ‖ ~ **sleeve*** (Nuc Eng) / Graphithülse f ‖ ~ **structure** (Met) / Graphitstruktur f, Graphitausbildung f
**graphitic** adj / graphitisch adj, Graphit- ‖ ~ **acid*** (Chem) / Graphitsäure f, Graphitoxid n ‖ ~ **carbon*** (Met) / graphitischer Kohlenstoff ‖ ~ **corrosion** (Met) / graphitische Korrosion (von Gusseisen), Spongiose f (selektiver Angriff am Gusseisen nach DIN 50900, T 1), Graphitierung f ‖ ~ **corrosion** (Nuc Eng) / Graphitkorrosion f, graphitische Korrosion ‖ ~ **grease** / Graphitzusatz enthaltendes Schmierfett, Graphitfett n, graphitiertes Fett ‖ ~ **lubricant** / Graphitschmierstoff m, Graphitschmiermittel n
**graphitise** v (GB) / mit Graphit einstäuben, mit Graphit überziehen oder auskleiden ‖ ~ (GB) (Chem, Met) / graphitisieren v (in Graphit umwandeln)
**graphitization*** n (Chem, Met) / Graphitisierung f, Graphitieren n, Graphitisieren n, Graphitbildung f ‖ ~ (Met) / graphitische Korrosion (von Gusseisen), Spongiose f (selektiver Angriff am Gusseisen nach DIN 50900, T 1), Graphitierung f
**graphitize** v / mit Graphit einstäuben, mit Graphit überziehen oder auskleiden ‖ ~ (Chem, Met) / graphitisieren v (in Graphit umwandeln)
**graphitized filament** (Elec Eng) / graphitierter Glühfaden ‖ ~ **polymer** (Chem) / graphitisiertes Polymer
**graphitizer** n (Chem, Met) / Graphitisierungsmittel n, graphitisierendes Mittel
**graphitizing** n (Met) / Graphitisierungsglühen n, Graphitglühen n
**graphoepitaxy** n (Crystal, Electronics) / Grafoepitaxie f (eine Variante der Epitaxie, bei der die Kristallorientierung am Anfang des Wachstums durch eine regelmäßige, durch Lithografie erzeugte Struktur an der Oberfläche erzwungen ist)
**graph of torque fluctuations in multicylinder reciprocating machines** (Eng, I C Engs) / Drehkraftdiagramm n von Mehrzylindermaschinen ‖ ~ **paper** (Paper) / mathematisches Papier (z.B. Millimeter-, Polarkoordinaten- und Logarithmenpapier) ‖ ~ **paper** (printed with a network of small squares to assist the drawing of graphs or other diagrams) (Paper) / Zeichenpapier n mit Karomuster (z.B. Millimeter- oder Statikpapier) ‖ ~ **paper with millimetre squares** (Paper) / Millimeterpapier n (ein mathematisches Papier) ‖ ~ **plotter** (Comp) / Koordinatenschreiber m, XY-Schreiber m (ein Messschreiber) ‖ ~ **search** (AI) / Grafensuche f ‖ ~ **structure representation** (Comp) / Grafenstrukturrepräsentation f ‖ ~ **tablet** (Comp) / Grafiktableau n, Digitalisierbrett n, Digitalisiertablett n, grafisches Tablett, Grafiktablett n ‖ ~ **theory** (the mathematical theory of the properties and applications of graphs) (Maths) / Grafentheorie f (ein Teilgebiet der Kombinatorik)
**grapnel*** n (Mining) / Fangeisen n, Fangspeer m ‖ ~ (Ships) / Schleppanker m, Suchanker m
**grappel*** n (Mining) / Fangeisen n, Fangspeer m
**grappier cement** (Build) / Grappierzement m, Krebszement m
**grapple** n (a special-purpose tined grab that works on the principle of the clamshell) (Civ Eng, Eng) / Zweischalengreifer m, Zweischalengreifkorb m, Zweischalenladelöffel m (des Krans oder des Baggers) ‖ ~ v (Civ Eng) / abspannen v (verankern), verankern v (abspannen), verklammern v (verankern) ‖ ~ n (a special-purpose tined grab that works on the principle of the orange peel) (Civ Eng) / Polygreifer m, Mehrschalengreifer m (als Lastaufnahmemittel bei

Greiferkranen und Greifbaggern) ‖ ~ **dredger*** (Civ Eng) / Greifbagger *m* (ein Nassbagger)
**grappler** *n* (Build) / Gerüstankereisen *n* ‖ ~ (Nuc Eng) / Greifer *m*, Greifvorrichtung *f* (BE-Wechselmaschine)
**grappling beam** (Elec Eng) / Zangenbalken *m* (im Kraftwerk) ‖ ~ **irons** (a pair ) / Lastengreiferzange *f*, Hebezange *f*
**GRAS** (generally recognized as safe) (Nut) / Unbedenklichkeitserklärung für konkrete Lebensmittelinhalts- und -begleitstoffe (ausgegeben vom US-Department of Health, Education and Welfare) - in der GRAS-Liste erfasst
**graser** *n* (Phys) / Graser *m* (Gammastrahllaser), Gammastrahllaser *m*, Gammastrahlenlaser *m*
**Grashof's number** (Phys) / Grashof-Zahl *f* (dimensionslose Kennzahl, mit der die Auswirkung freier Wärmekonvektion auf Strömungsvorgänge in viskosen Medien erfasst wird - nach F. Grashof, 1826 - 1893, DIN 1314), Gr
**grasp** *v* / greifen *v* (ein HHO durch reines Umschließen)
**grasping arm** / Greifarm *m* (des Parallelmanipulators) ‖ ~ **device** (Eng) / Greifer *m*, Greifvorrichtung *f*
**grass** *v* (Civ Eng, Ecol) / begrasen *v*, mit Gras besäen *v* ‖ ~ *n* (Agric) / Weideland *n*, Weide *f* ‖ ~* (Bot) / Gras *n* (aus der Familie der Poaceae), Süßgras *n* ‖ ~ (Mining) / Tagesoberfläche *f* ‖ ~* (Radar) / Gras *n* (Radarstörung) ‖ ~ **airfield** (Aero) / Grasflugplatz *m*, Rasenplatz *m* ‖ ~ **ash** / Grasasche *f* ‖ ~**-bleached*** *adj* (Paper, Textiles) / rasengebleicht *adj*, naturgebleicht *adj* ‖ ~ **bleaching** (Textiles) / Rasenbleiche *f*, Naturbleiche *f* ‖ ~ **carp** (Ecol, Zool) / Graskarpfen *m* (Pflanzen fressender Weißfisch der Familie Cyprinidae aus Ostasien, der in Mitteleuropa zur biologischen Bekämpfung von Wasserpflanzen eingesetzt wird), Amurkarpfen *m*
**grasscloth** *n* (Build) / Grastapete *f* ‖ ~ (a fine, light cloth resembling linen, woven from the fibres of the inner bark of the ramie plant) (Textiles) / Kantonleinen *n*, Grasleinen *n*, Chinaleinen *n*, Grastaft *m*, Grastuch *n* (aus Ramiegarn)
**grass cover** / Grasdecke *f*
**grass-covered** *adj* / grasbewachsen *adj*, grasig *adj* (mit Gras bewachsen), grasbedeckt *adj*
**grass-eating*** *adj* (Agric, Zool) / grasfressend *adj* (Tier)
**grassed** *adj* / grasbewachsen *adj*, grasig *adj* (mit Gras bewachsen), grasbedeckt *adj* ‖ ~ **area** (Arch, Build, Ecol) / Grünfläche *f* ‖ ~ **channel** (Hyd Eng) / bewachsenes Flussbett, bewachsenes Kanalbett ‖ ~ **verge** (Civ Eng) / Rasenbankett *n* (der Straße)
**grasser** *n* (Leather) / Fresserfell *n*
**grasser's skin** (Leather) / Fresserfell *n*
**grass-forming system** (Agric) / Graswirtschaft *f*
**grass-green** *adj* / grasgrün *adj*
**grass harrow** (Agric) / Wiesenegge *f*
**grassing** *n* (Textiles) / Rasenbleiche *f*, Naturbleiche *f*
**grassland*** *n* (Agric, Geol) / Grünland *n*, Grasland *n* ‖ ~ **management** (Agric) / Graslandbewirtschaftung *f*, Grünlandbewirtschaftung *f* ‖ ~ **management** (Agric) / Grünlandwirtschaft *f* ‖ ~ **roller** (Agric) / Wiesenwalze *f*
**Grassmann algebra** (Maths) / Graßmann-Algebra *f* (nach H.G. Graßmann, 1809-1877)
**Grassmann's laws** / Graßmann'sche Gesetze (der additiven Farbmischung - nach H.G. Graßmann, 1809-1877)
**grass minimum** (Meteor) / Grasminimum *n* (in 5cm-Höhe über dem Erdboden gemessenes Minimum der Temperatur) ‖ ~ **mulch** (Agric) / Grasmulch *m* ‖ ~ **oil** / Grasöl *n* (etherisches Öl, das durch Wasserdampfdestillation aus Teilen einiger tropischer und subtropischer Grasarten, besonders zur Verwendung in der Parfümerie, gewonnen wird - z.B. Lemongrasöl oder Palmarosaöl)
**grass-rooting** *n* (Mining) / Exploration *f* auf der grünen Wiese
**grass-roots mining** (Mining) / finanziell schlecht abgesicherter Berg(raub)bau
**grass•-roots plant** (Build) / "auf der grünen Wiese" errichtete Anlage, auf nicht aufgeschlossenem Gelände errichtete Anlage ‖ ~ **seed** / Grassamen *m* ‖ ~ **seeding** / Grassaat *f*, Grasansaat *f* ‖ ~ **stain** (Textiles) / Grasfleck *m* ‖ ~ **strip** (Aero) / Graspiste *f*, Grasbahn *f*, Grasnarbe *f* (auf dem Rasenplatz) ‖ ~ **table** (Build) / Mauerschicht *f* über der Gründung (die erste) ‖ ~ **table*** (Build) / Streifenfundament *n* (aus Bruchsteinen)
**grass-tree gum** / Grasbaumharz *n*, Akaroidharz *n* (aus Xanthorrhoea-Arten), Acaroidharz *n*
**grass weed** (Agric, Bot) / Ungras *n* (unerwünschtes Wildgras in einem Nutzpflanzenbestand)
**grassy** *adj* / grasbewachsen *adj*, grasig *adj* (mit Gras bewachsen), grasbedeckt *adj* ‖ ~ **plain** (Geog, Geol) / Grasebene *f* ‖ ~ **weed** (Agric, Bot) / Ungras *n* (unerwünschtes Wildgras in einem Nutzpflanzenbestand)
**grate** *v* (hinges) (Acous) / knirschen *v* ‖ ~ (Nut) / rebeln *v* (Kräuter) ‖ ~ (Nut) / reiben *v* (z.B. Käse), raspeln *v*, hobeln *v* ‖ ~* *n* (Eng, Heat) / Rost *m* (in der Feuerungstechnik) ‖ ~ (Min Proc) / Rost *m* (ein Vorklassiergerät) ‖ ~ **air** / Rostluft *f* (welche durch die Roste strömt) ‖ ~ **area*** (Eng) / Rostfläche *f* ‖ ~ **carriage** (Eng, Heat) / Rostschlitten *m* ‖ ~ **firing** (Eng) / Rostfeuerung *f* (Verbrennung von grobkörnigen oder stückigen Brennstoffen) ‖ ~ **framing** (Eng, Heat) / Rostwange *f* ‖ ~ **module** (Eng, Heat) / Rostelement *n*
**grater** *n* (Nut) / Reibeisen *n*, Raspel *f*, Reibe *f*, Reibmühle *f*
**grate shaft** (Eng, Heat) / Rostachse *f* ‖ ~ **sluice** (Eng) / Rostschieber *m*
**grate-type furnace** (Eng, Heat) / Rostfeuerung *f* (als Feuerraum) ‖ ~ **furnace** (Eng, Heat) s. also stoker
**graticule** *n* (Cartography, Geog) / Kartennetz *n* (Abbildung des geografischen Gradnetzes) ‖ ~ (Comp, Electronics) / Maßstabraster *m* ‖ ~ (Geog) / Gradnetz *n* (geografisches) ‖ ~* (Micros, Optics, Surv) / Fadenkreuzplatte *f*, Strichmarkenplatte *f*, Strichkreuzplatte *f*, Reticle *n*
**grating** *n* / Gegengitter *n* (ein Teil des Abtasters beim inkrementalen Messsystem) ‖ ~ (Build) / Gitterrost *m* (begehbarer) ‖ ~ (Build, Civ Eng, For) / Rost *m* (aus Holzbalken), Rostwerk *n* (aus Holzbalken) ‖ ~ (Comp, Electronics) / Maßstabraster *m* ‖ ~ (Eng, Heat) / Rost *m* (in der Feuerungstechnik) ‖ ~ (Min Proc) / Rost *m* (ein Vorklassiergerät) ‖ ~* (Optics, Phys) / Beugungsgitter *n*, optisches Gitter ‖ ~ (Ships) / Gräting *f* (Gitter aus Metall oder Holz) ‖ ~ **constant** (Optics) / Gitterkonstante *f* (der Abstand benachbarter Gitterelemente eines Beugungsgitters) ‖ ~ **defect** (Optics) / Gitterfehler *m* ‖ ~ **diffraction** (Optics) / Beugung *f* am Gitter, Gitterbeugung *f* ‖ ~ **equation** (Optics) / Gittergleichung *f* ‖ ~ **fault** (Optics) / Gitterfehler *m* ‖ ~ **ghosts** (Phys) / Gittergeister *m pl* (periodische Abweichungen der einzelnen Gitterfurchen von ihrer idealen Lage im Gitterspektrografen) ‖ ~ **groove** (Optics) / Gitterfurche *f* ‖ ~ **instrument** (Optics) / Gittergerät *n* ‖ ~ **line** (Optics) / Gitterstrich *m* ‖ ~ **lobe** (Radar, Radio) / Rasterkeule *f* ‖ ~ **monochromator** (Phys) / Gittermonochromator *m* ‖ ~ **mount** (Optics) / Gitteraufstellung *f* ‖ ~ **mounting** (Optics) / Gitteraufstellung *f* ‖ ~ **panel** (Eng, Heat) / Rost *m* (als Bestandteil des Gitterrostes) ‖ ~ **replica** (Optics) / Gitterabdruck *m* ‖ ~ **ruling engine** (Optics) / Teilmaschine *f*, Teilungsmaschine *f*, Gitterteilmaschine *f* ‖ ~ **space** (Optics) / Gitterkonstante *f* (der Abstand benachbarter Gitterelemente eines Beugungsgitters) ‖ ~ **spacing** (Optics) / Gitterabstand *m* ‖ ~ **spectrograph** (Spectr) / Gitterspektrograf *m* ‖ ~ **spectrometer** (Spectr) / Gitterspektrometer *n* ‖ ~ **spectroscope** (Spectr) / Gitterspektroskop *n* ‖ ~ **spectrum*** (produced by a diffraction grating) (Optics, Spectr) / Gitterspektrum *n* ‖ ~ **spectrum*** (Optics, Spectr) s. also diffraction spectrum
**gratis copy** (Print) / Freiexemplar *n*, Freistück *n*, freies Exemplar
**Grätz rectifier*** (Elec Eng) / Graetz-Schaltung *f*, Graetz-Gleichrichter *m* (Gleichrichten in Brückenschaltung nach L. Graetz, 1856 - 1941), Gleichrichter *m* in Graetzschaltung
**graupel** *n* (Meteor) / Graupeln *f pl* (durchsichtig: Frostgraupeln, undurchsichtig: Reifgraupeln)
**gravel** *v* (Build, Civ Eng) / kiesen *v*, mit Kies bestreuen, bekiesen *v* ‖ ~ (Civ Eng) s. also blinding ‖ ~* *n* (granular material, smaller than 60 mm, which remains on a 2 mm square mesh) (Build, Civ Eng, Geol) / Kies *m* (meist rundgeschliffenes Gestein mit einer Korngröße zwischen 4 und 63 mm), Feinsplitt *m* (mit Kleinstkorn) ‖ ~* (Civ Eng, Geol) / Grus *m* (feiner, bröckliger Gesteinsschutt), Gesteinsgrus *m* (eckiges Schuttmaterial) ‖ ~ **asphalt** (Civ Eng) / Bitumenkies *m*, Bitukies *m* ‖ ~ **ballast** (Rail) / Kiesbettung *f* ‖ ~ **bank** (Geol) / Kiesbank *f* ‖ ~ **bar** (Geol) / Kiesbank *f* ‖ ~ **base course** / Kiestragschicht *f*
**gravel-bed filter** (Eng) / Kieselbettfilter *n*
**gravel building** (Geol) / Verschotterung *f*, Vergrusung *f* (Gesteinszerfall), Abgrusung *f* ‖ ~ **chips** (Civ Eng) / Kiessplitt *m* ‖ ~ **concrete** (Civ Eng) / Kiesbeton *m* (aus Sand und Kies) ‖ ~ **deposit** (Geol) / Kiesvorkommen *n* ‖ ~ **deposit** (Geol) / alluviale Lagerstätte (Seife, Seifenlagerstätte) ‖ ~ **fillet** (Build) / Kiesleiste *f* (des Flachdachs), Dachkieshalteleiste *f*, Kiesbremsstreifen *m* ‖ ~ **filter** (Civ Eng) / Kiesfilter *n*, Kornfilter *m* (mit Filterkies) ‖ ~ **impact** (Autos) / Splitteinschlag *m* (der Aufprall von bei der Fahrt aufgewirbelten Splittpartikeln), Splittbeschuss *m* ‖ ~ **island** (Oils) / Kiesinsel *f* (künstlicher Untergrund bei Bohrarbeiten)
**gravelly** *adj* (Geol) / kiesartig *adj*, grießig *adj*, kiesig *adj*, kieselig *adj*
**gravelous sand** (Build, Civ Eng, Geol) / Kiessand *m*
**gravel-packed well** (San Eng) / Kiesfilterbrunnen *m*
**gravel packing** (Oils) / Einbringen *n* von Kiespackungen (eine Komplettierungsarbeit) ‖ ~ **pass** (Hyd Eng) / Kiesablass *m*, Kiesauslass *m* ‖ ~ **pit** (Civ Eng) / Kiesgrube *f* (zum Trocken- oder Nassbau) ‖ ~ **pocket** (Civ Eng) / Kiesnester *n pl* (Hohlräume zwischen den gröberen Betonzuschlagkörnern) ‖ ~ **protection** (Autos) / Steinschlagschutz *m* (als Maßnahme) ‖ ~ **pump** (Civ Eng) / Kiespumpe *f* ‖ ~ **roof** (Build) / Kiesschüttflachdach *n*, Dach *n* mit Kiesschüttung, abgekiestes Dach ‖ ~ **sand** (Build, Civ Eng, Geol) / Kiessand *m* ‖ ~ **screen** (Hyd Eng) / Kiesfilter *n* (natürliches, kein Sieb), Kornfilter *n* (Kiesfilter) ‖ ~ **wall** (Hyd Eng) / Kiesfilter *n* (natürliches, kein Sieb), Kornfilter *n* (Kiesfilter

**gravel-wall**

**gravel-wall well** (San Eng) / Kiesfilterbrunnen *m*
**graveolent*** *adj* (Bot) / stinkend *adj*, stark übelriechend
**graver** *n* / Stichel *m* (zum Gravieren)
**graveyard** *n* (Agric, For) / Freilandversuchsfeld *n* (zur Prüfung von Schutzmitteln) || ~* (Nuc Eng) / Atommülllager *n*, Atommülldeponie *f* || ~ **shift*** (Mining) / Nachtschicht *f* || ~ **test** (Agric, For) / Freilandversuchsprüfung *f* (von Holzschutzmitteln)
**gravimeter*** *n* (Phys) / Gravimeter *n* (zur Messung der Schwerebeschleunigung - DIN 18 718)
**gravimetric** *adj* (Chem) / gewichtsanalytisch *adj*, gravimetrisch *adj* || ~ (Phys) / gravimetrisch *adj* || ~ **analysis*** (Chem) / Gewichtsanalyse *f*, Gravimetrie *f* || ~ **anomaly** (Phys) / gravimetrische Anomalie (im Schwerefeld)
**gravimetry*** *n* (Phys) / Gravimetrie *f*, Schweremessung *f* (Messung des Erdschwerefeldes)
**graving dock*** (Ships) / Trockendock *n* (durch Ausbaggerung entstandenes)
**gravipause*** *n* (Space) / Gravipause *f*
**gravisphere** *n* (Astron, Phys) / Gravisphäre *f* (Bereich in der Umgebung eines Himmelskörpers, in dem dessen Schwerefeld noch wirksam und deshalb messbar ist)
**gravitate** *v* (Phys) / sich durch Schwerkraft fortbewegen || ~ (Phys) / gravitieren *v* (vermöge der Schwerkraft auf einen Punkt hinstreben), der Schwerkraft unterliegen
**gravitation** *n* (Phys) / Bewegung *f* durch Schwerkraft || ~* (Phys) / gravitative Anziehung, Gravitation *f* (die durch das Gravitationsgesetz beherrschte Erscheinung der gegenseitigen Massenanziehung)
**gravitational aberration** (Phys) / Gravitationsaberration *f* (die relativistische Lichtablenkung) || ~ **acceleration** (Phys) / Schwerebeschleunigung *f*, Gravitationsbeschleunigung *f* || ~ **astronomy*** (Astron) / Himmelsmechanik *f* (ein Spezialgebiet der Astronomie, das die Bewegungen der Himmelskörper unter dem Einfluss der Gravitation untersucht) || ~ **collapse*** (Astron) / Gravitationskollaps *m* (eines massereichen Sterns) || ~ **constant*** (Phys) / Gravitationskonstante *f* (Kurzzeichen f oder G = 6,6742 · $10^{-11}$ $m^3 \cdot s^{-2} \cdot kg^{-1}$), Newton'sche Gravitationskonstante || ~ **convection** (Meteor) / thermische Konvektion || ~ **differentiation*** (Geol) / Gravitationsdifferentiation *f* (eine magmatische Differentiation) || ~ **energy** (Phys) / Gravitationsenergie *f* || ~ **field*** (Phys) / Gravitationsfeld *n*
**gravitational-field equation** (Phys) / Gravitationsfeldgleichung *f*
**gravitational field strength** (Phys) / Gravitationsfeldstärke *f* || ~ **filter** (San Eng) / Gravitationsfilter *n* (für den Trinkwasserbereich) || ~ **instability** (Astron) / Gravitationsinstabilität *f* || ~ **interaction** (Nuc) / Gravitationswechselwirkung *f* (etwa $10^{-39}$) || ~ **lens** (a region of space containing a massive object whose gravitational field distorts electromagnetic radiation passing through it in a similar way to a lens, sometimes producing a multiple image of a remote object) (Astron) / Schwerkraftlinse *f*, Gravitationslinse *f* || ~ **lensing*** (Astron) / Gravitationslinseneffekt *m* (bei Quasaren) || ~ **mass** (Mech, Phys) / schwere Masse || ~ **mass** (Mech) s. also inertial mass || ~ **potential energy** (Phys) / Gravitationsenergie *f* || ~ **radiation*** (Astron, Phys) / Gravitationsstrahlung *f* || ~ **radius** (Astron) / Schwarzschild-Radius *m*, Gravitationsradius *m* || ~ **redshift** (Astron) / Rotverschiebung *f* im Schwerefeld || ~ **redshift** (Phys) / relativistische Rotverschiebung, Gravitationsrotverschiebung *f* (der Energieverlust der Strahlung beim Durchlaufen eines Gravitationsfeldes) || ~ **sedimentation** (San Eng) / Schwerkraft-Sedimentation *f* || ~ **segregation** (Foundry) / Schwerkraftseigerung *f*, Schwereseigerung *f* || ~ **sliding** (Geol) / Fließbewegung *f* (des Bodenbreis bei bestimmten Gefällewinkeln) || ~ **water** (Geol) / tropfbar flüssiges Wasser (unter dem Einfluss der Schwerkraft in den Hohlräumen der Gesteine frei bewegliches Wasser), Schwerewasser *n*, Schwerewasser *n* || ~ **water** (Geol) / Bodenwasser *n* (Zustand der Wassersättigung oder -übersättigung des Bodens) || ~ **waves** (Ocean) / Schwerewellen *f pl* (unter der allgemeinen Wirkung der Massenträgheit sowie der Schwerkraft als Rückstellkraft entstehende Wellen relativ großer Wellenlänge auf freien Flüssigkeitsoberflächen ) || ~ **waves*** (Phys) / Gravitationswellen *f pl* (sich wellenartig ausbreitende Gravitationsfelder)
**gravitation compression** (Phys) / Schwerkraftverdichtung *f* || ~ **constant** (Phys) / Gravitationskonstante *f* (Kurzzeichen f oder G = 6,6742 · $10^{-11}$ $m^3 \cdot s^{-2} \cdot kg^{-1}$), Newton'sche Gravitationskonstante || ~ **potential energy** (Phys) / Gravitationspotential *n* (Potentialfeld, welches das Schwerefeld und damit die Schwerkraft eines Himmelskörpers hervorruft) || ~ **tectonics** (Geol) / Gravitationstektonik *f* || ~ **water** (Geol) / Bodenwasser *n* (Zustand der Wassersättigung oder -übersättigung des Bodens)
**gravitative** *adj* (Phys) / Schwere-, Gravitations-, gravitativ *adj*
**gravitino** *n* (Nuc) / Gravitino *n* (in der supersymmetrischen Erweiterung der Quantenchromodynamik als Partner für das Graviton gefordertes hyothetisches Elementarteilchen mit dem Spin 3/2)
**gravitometer** *n* (Instr, Phys) / Dichtemesser *m*, Densimeter *n* (für Flüssigkeiten, Gase und feste Stoffe)
**graviton*** *n* (Nuc) / Gravitationsquant *n*, Graviton *n* (das zum Gravitationsfeld korrespondierende Quant)
**gravity*** *n* (Astron, Geophys) / Schwere *f*, Schwerkraft *f* (die Resultierende aus der gravitativen Anziehung und der Zentrifugalkraft infolge der Rotation des Himmelskörpers) || ~ **anomaly** (Geophys) / Schwereanomalie *f* (die wirkliche Schwere weicht infolge örtlicher Besonderheiten der Erdkruste und des Erdmantels von der Normalschwere ab) || ~ **assist*** (Space) / Schuberhöhung *f* im Schwerefeld eines Himmelskörpers (beim Vorbeiflug) || ~ **axis** (Phys) / Schwerpunktachse *f*, Schwerachse *f* (jede Achse, auf der der Schwerpunkt liegt) || ~ **block caving** (Mining) / Blockbruchbau *m* || ~ **chute** (Eng) / schräge Förderrinne, Rutsche *f* (ein Fördermittel ohne mechanischen Antrieb), Schurre *f* (geneigte Auslaufrinne), Schrägrutsche *f* || ~ **chute** s. also barrel skid || ~ **circulation of hot water** (Phys) / Kreislauf *m* des Wassers infolge des unterschiedlichen spezifischen Gewichts zwischen erwärmtem (Vorlauf) und abgekühltem (Rücklauf) Wasser
**gravity-closing** *adj* (Eng) / selbstschließend *adj* (durch Schwerkraft)
**gravity-collapse structure** (Geol) / Gravitationsgleitstruktur *f*
**gravity concentration** (Min Proc) / gravitative Trennung, Schwerkraftabscheidung *f*, Schwerkrafttrennung *f* (nach der Masse), Schweretrennung *f*, Schwerkraftaufbereitung *f* (nach der Dichte)
**gravity-controlled instrument*** (Elec Eng) / Messinstrument *n* mit Schwerkraftrückstellung
**gravity conveyor*** (Eng) / Schwerkraftförderer *m* (z.B. Rutsche) || ~ **correction** (Phys, Surv) / Schwerekorrektion *f*, Schwerkraftkorrektion *f*, Schwerekorrektur *f* || ~ **dam*** (which is prevented by its own weight from overturning) (Civ Eng) / Schwergewichtsmauer *f*, Gewichtsstaumauer *f*, Schwergewichtsstaumauer *f* || ~ **davit** (Ships) / Schwerkraftdavit *m* || ~ **diecasting** (Foundry) / Schwerkraftguss *m*, GD-Gussverfahren *n* || ~ **diecasting** (Met) / Kokillengießen *n*, Kokillenguss *m*, Kokillengießverfahren *n* || ~ **drainage** (Agric) / Schwerkraftentwässerung *f* || ~ **drainage reservoir** (Oils) / Trennungslagerstätte *f* (Reservoir mit Trennung in Gas-Öl-Wasser-Schichten entsprechend Dichte), Schichtungslagerstätte *f* || ~ **drop hammer*** (Eng) / Fallhammer *m* (ein Schmiedehammer, z.B. Brettfallhammer, Riemenfallhammer, Kettenfallhammer, Stangenfallhammer) || ~ **escapement*** (Horol) / Schwerkrafthemmung *f* (für Turmuhren) || ~ **extension** (Aero) / Ausfahren *n* durch Eigengewicht (des Fahrwerks) || ~ **fault** (Geol) / Abschiebung *f*
**gravity-fed hot-water central heating** (Build) / Warmwasserheizung *f* (ohne Umwälzpumpe)
**gravity feed** (Eng) / Schwerkraftzuführung *f*, Gefällezuführung *f*, Schwerkraftförderung *f* || ~ **feed(ing)** (Paint) / Fließspeisung *f*, Fließsystem *n* (bei dem sich das Spritzgut oberhalb des Luftstromes befindet und aufgrund der Schwerkraft aus dem Farbbecher ständig nachfließt)
**gravity-feed** (spray) **gun*** (Paint) / Fließbecherspritzpistole *f*
**gravity feed tank*** (Aero, I C Engs) / Falltank *m*, Fallbehälter *m* || ~ **filling** (Mining) / Fließversatz *m* || ~ **filtration** (Chem Eng) / Schwerkraftfiltration *f* || ~ **flow** (Geol) / Schwerkraftströmung *f*, Gravitationsströmung *f*
**gravity-flowing** *adj* (Phys) / unter Schwerkraftwirkung fließend
**gravity-flow rack store** (Work Study) / Durchlauflager *n*
**gravity foundation** (Civ Eng, Oils) / Schwerkraftgründung *f* (auf dem Meeresgrund) || ~ **groundwater** (Geol) / gewinnbares Wasser || ~ **gyro** (Phys) / Schwerekreisel *m* || ~ **haulage** (Mining) / Schwerkraftförderung *f* || ~ **irrigation** (Agric) / Schwerkraftbewässerung *f* || ~ **mains** (Eng) / Fallleitung *f* (bei Wasserturbinen) || ~ **meter** (Phys) / Gravimeter *n* (zur Messung der Schwerebeschleunigung - DIN 18 718) || ~ **mill** (Min Proc) / Schwerkraftmühle *f* (z.B. eine Rohrmühle) || ~ **mixer** (Build) / Freifallmischer *m*, Trommelmischer *m* (für Beton und Mörtel) || ~ **pendulum** (Phys) / Schwerependel *n* (das unter dem Einfluss der Schwerkraft steht) || ~ **plane*** (Mining) / Bremsberg *m* || ~ **position** (Welding) / Wannenposition *f*, Wannenlage *f*
**gravity-position welding** (Welding) / Wannenlagenschweißen *n*, Normallagenschweißen *n*
**gravity potential** (Phys) / Schwerepotential *n* (Potentialfeld, welches das Schwerefeld und damit die Schwerkraft eines Himmelskörpers hervorruft) || ~ **process*** (Glass) / Tropfenspeisung *f* (z.B. beim Speisertropfen-Blasverfahren) || ~ **prospecting** (identifying and mapping the distribution of rock masses of different specific gravity by means of a gravity meter) (Geol, Min, Mining) / gravimetrisches Prospektieren || ~ **prospecting** (Geol, Geophys) / Lagerstättenforschung *f* durch Schweremessung || ~ **reduction** (Phys) / Schwerereduktion *f* || ~ **retaining wall** (Build, Civ Eng) /

Gewichtsstützmauer f ‖ ~ **roller conveyor**\* (Eng) / geneigte Rollenbahn, Rollenbahn f (ein geneigtes Schwerkraft-Fördermittel) ‖ ~ **sedimentation** (Phys) / Schwerkraftsedimentation f (DIN 66 160) ‖ ~ **segregation** (Foundry) / Schwerkraftseigerung f, Schwereseigerung f ‖ ~ **separation**\* (Min Proc) / gravitative Trennung, Schwerkraftabscheidung f, Schwerkrafttrennung f (nach der Masse), Schweretrennung f, Schwerkraftaufbereitung f (nach der Dichte) ‖ ~ **sifter** (Min Proc) / Schwerkraftsichter m

**gravity-spread particle board** (For, Join) / wurfgestreute Spanplatte, wurfgeschüttete Spanplatte

**gravity spring** (Geol) / absteigende Quelle ‖ ~ **stabilization**\* (Space) / Schwerkraftstabilisierung f ‖ ~ **stamp** (Min Proc) / Schwerkraftpochwerk n ‖ ~ **stamp**\* (Min Proc) / Schwerkraftpochwerk n ‖ ~ **stamp**\* (Min Proc) / Pochstempel m, Stampfer m ‖ ~ **stowing** (Mining) / Sturzversatz m ‖ ~ **structure** (Oils) / Schwergewichtskonstruktion f (die ihre Standfestigkeit ausschließlich ihrem Eigengewicht verdankt) ‖ ~ **switch** (Teleph) / Gabelumschalter m, Hakenumschalter m ‖ ~ **system** (Heat) / Schwerkraftwarmwasserheizung f (in Einrohr- bzw. Zweirohrausführung) ‖ ~ **tank** (Aero, I C Engs) / Falltank m, Fallbehälter m ‖ ~ **tectonics**\* (Geol) / physikalische Tektonik (Schwerkraft) ‖ ~ **transport**\* (Geol) / Bewegung f (Förderung) durch Schwerkraft ‖ ~ **waves**\* (Phys) / Gravitationswellen f pl (sich wellenartig ausbreitende Gravitationsfelder) ‖ ~ **wind** (Aero, Meteor) / katabatischer Wind (mit abwärts gerichteter Bewegungskomponente)

**gravure** n (Print) / Tiefdruck m (ein Druckverfahren, bei dem die druckenden Stellen gegenüber den nicht druckenden vertieft in der Druckform liegen) ‖ ~\* (Print) / Gravüre f (eine auf fotomechanischem Wege erzeugte Tiefdruckform und ein mit dieser hergestellter Druck) ‖ ~\* (Print) s. also heliogravure ‖ ~ **cell** (Print) / Rasternäpfchen n (im Tiefdruckverfahren), Farbnäpfchen n ‖ ~ **ink** (Print) / Tiefdruckfarbe f (meistens mit über 20 % Füllstoffgehalt - DIN 6730) ‖ ~ **paper** (Paper) / Tiefdruckpapier n ‖ ~ **press** (Print) / Tiefdruckpresse f, Tiefdruckmaschine f ‖ ~ **printing** (Print) / Tiefdruck m (ein Druckverfahren, bei dem die druckenden Stellen gegenüber den nicht druckenden vertieft in der Druckform liegen) ‖ ~ **screen** (Print) / Tiefdruckraster m

**gravy** n (Nut) / Bratensoße f, Fleischsoße f ‖ ~ (Nut) / Fleischsaft m, Jus f m n, Bratensaft m, Saft m (A)

**graxe** n (Nut) / Graxe f, Lebergraxe f (fester Rückstand, der bei der Lebertrangewinnung nach Abtrennung des Trans zurückbleibt und reich an Vitaminen und Nährstoffen ist)

**gray** v (US) (Paint, Textiles) / vergrauen v (Anstriche) ‖ ~\* n (Radiol) / Gray n, Gy (Gray - DIN 1301, T 1) (gesetzliche abgeleitete SI-Einheit der Energiedosis = J/kg - nach L.H. Gray, 1905-1965) ‖ ~ adj (US) (Nuc Eng) / grau adj (Körper oder Medien, die einen wesentlichen Teil, aber nicht alle der einfallenden Neutronen einer bestimmten Energie absorbieren) ‖ ~ (US) (Photog, Phys) / grau adj

**grayanotoxin** n (Chem) / Grayanotoxin n (toxisches Diterpenoid aus Blättern von Ericaceae-Arten)

**gray birch** (US) (For) / Betula populifolia Marsh.

**graybody** n (US) (Phys) / Grauer Körper (der die gleiche spektrale Energieverteilung hat wie ein Schwarzer Körper, jedoch eine niedrigere Intensität), Grauer Strahler (DIN 5496 und 5031, T 8), Graustrahler m

**Gray code** (Comp) / Gray-Kode m, binär-reflektierter Kode (Spezialfall des zyklisch-permutierten Kodes) ‖ ~ **copper ore** (Min) / Antimonfahlerz n, dunkles Fahlerz, Tetraedrit m ‖ ~ **goods** (US) (Textiles) / Rohware f, ungebleichte Ware

**graying** n (US) (Paint, Textiles) / Vergrauen n, Vergrauung f

**Gray-King Test**\* (Min Proc) / Gray-King-Verfahren n (Untersuchung des Kokungsvermögens)

**grayness** n (US) (Print) / Graugehalt m (im LTF-farbmetrischen System)

**grayout** n (US) (Aero, Mil) / Grauwerden n des Gesichtsfeldes (eine Art Amaurose), Verlust m des peripheren Sehens

**gray-step wedge** (US) (Phys) / Graukeil m (keilartiges Lichtfilter zur stetig einstellbaren Lichtabschwächung, Neutralkeil m (wenn beide Keile aus Neutralglas sind)

**graywacke**\* n (Geol) / Grauwacke f (grauer bis graugrüner Sandstein)

**grayweather** n (Geol) / blockförmiger Rückstand erodierter Tertiärschichten

**grazed** adj (Agric) / beweidet adj

**graze down** v (Agric) / abgrasen v, abweiden v ‖ ~ **off** (Agric) / abgrasen v, abweiden v

**grazing** n (Agric) / Weidegang m ‖ ~ (Agric) / Grasen n, Weiden n ‖ ~ (Agric) / Weideland n, Weide f ‖ ~ (natural) (Agric) / Weideland n (natürliches), Naturweide f (größere) ‖ ~ adj (Aero, Mil) / rasant adj ‖ ~ **angle**\* (Optics, Phys) / streifender Winkel ‖ ~ **capacity** (Agric) / Weidebelastbarkeit f ‖ ~ **damage** (Agric) / Beweidungsschaden m ‖ ~ **incidence** (Optics, Phys) / streifender Einfall ‖ ~ **incidence** (Optics, Phys) s. also oblique incidence ‖ ~ **management** (the adoption of practices to control and regulate the use and quality of grazing land) (Agric) / Weidewirtschaft f, Weidebewirtschaftung f ‖ ~ **period** (Agric) / Weidezeit f, Weideperiode f ‖ ~ **shock wave** (Aero, Phys) / streifende Stoßwelle f ‖ ~ **stock** (Agric) / Weidevieh n

**GRC** (glass-fibre-reinforced concrete) (Build, Civ Eng) / Glasfaserbeton m (ein Faserbeton), GFB (Glasfaserbeton)

**grease** v / beschmieren v (mit Fett), einfetten v, fetten v ‖ ~ (Eng) / schmieren v (zur Verminderung der Reibung sowie zur Abführung von Wärme), abschmieren v ‖ ~ (Spinning) / schmälzen v ‖ ~ n (Eng) / Fett n (eine Schmierstoffart), Schmierfett n, Schmiere f ‖ ~\* s. also semisolid lubricant ‖ ~ **cup**\* (Eng) / Stauferbuchse f, Stauferbüchse f (DIN 3411)

**grease-drawn** adj (Met) / schmierblank adj (Oberflächenbeschaffenheit von Stahldraht nach dem Ziehen mit zähflüssigen Fetten auf Mineralölbasis, Talg, synthetischen Wachsen oder ähnlichen Schmierstoffen - DIN 1653), fettblank adj (Oberflächenbeschaffenheit von gezogenem Stahldraht)

**grease fitting** (nipple) (Eng) / Schmiernippel m (schmutzdichter Verschluss an Schmierstellen), Schmierkopf m ‖ ~ **fulling** (US) (Textiles) / Schmutzwalke f, Fettwalke f ‖ ~ **groove** (Eng) / Fettrille f (zur Fettschmierung) ‖ ~-**gun**\* n (Eng) / Schmierpresse f, Abschmierpresse f ‖ ~-**gun**\* (Tools) / Fettpresse f, Fettpistole f, Fettspritze f ‖ ~ **layer** (Paint, Surf) / Fettschicht f

**greaseless** adj / fettlos adj

**grease life** / Gebrauchsdauer f von Schmierfett, Schmierfett-Gebrauchsdauer f, Fettlebensdauer f (wässerige Emulsion aus pflanzlichen und tierischen Ölen zum Fetten von Chromleder) ‖ ~ **lubrication** (Eng) / Fettschmierung f ‖ ~ **milling** (GB) (Textiles) / Schmutzwalke f, Fettwalke f ‖ ~ **packing** (e.g. in roller bearings) (Eng) / Fettpackung f ‖ ~ **pencil** / Fettstift m ‖ ~ **permeability** / Fettdurchlässigkeit f ‖ ~ **pit** (Eng) / Abschmiergrube f

**greaseproofness** n (Paper) / Fettdichtigkeit f

**greaseproof paper**\* (Paper) / fettdichtes Papier

**greaser** n (Eng) / Fettbüchse f ‖ ~ (Eng) / Schmierwart m, Schmierer m (Person)

**grease resistance** (Eng) / Fettbeständigkeit f, Fettfestigkeit f ‖ ~ **solvent** (Chem, Paint) / Fettlösungsmittel n, Fettlöser m ‖ ~-**spot photometer**\* (Light) / Bunsen-Fotometer n, Fettfleckfotometer n (ein visuelles Fotometer nach Bunsen) ‖ ~ **table**\* (Min Proc) / Fettherd m ‖ ~ **topping** (Leather) / Fettaufsatz m (letzter Auftrag einer Fettmischung auf die Lederoberfläche) ‖ ~-**trap** n (San Eng) / Fettfang m (Anlage zum Abtrennen von fetten und lipophilen Stoffen), Fettfänger m, Fettabscheider m, Abscheidungsanlage f für Fette ‖ ~ **wool** (Textiles) / Schweißwolle f, Schmutzwolle f, Fettwolle f, Schwitzwolle f (frisch geschorene, ungewaschene)

**greasiness** n / Schmierigkeit f, Fettigkeit f ‖ / Fettfleckigkeit f

**greasing** n / Beschmieren n (mit Fett), Einfetten n, Fetten n ‖ ~ (Print) / Tonen n (das Mitdrucken von außerhalb des Druckbildes liegenden Stellen der Druckform infolge des Ansetzens von Druckfarbe - DIN 16515, T 1) ‖ ~ (Spinning) / Schmälzen (Vorbehandeln der Fasern für das Spinnen, meistens mit einer Fettemulsion), Spicken n, Ölen n (Vorbehandeln der Fasern) ‖ ~ **pit** (Eng) / Abschmiergrube f ‖ ~ **point** (Eng) / Schmierstelle f (meistens in der Einzelschmierung) ‖ ~ **unit** / Schmieranlage f

**greasy** adj / schmierig adj (im Allgemeinen) ‖ ~ / fettfleckig adj ‖ ~ **friction** (Eng) / Schmiermittelreibung f, schwimmende Reibung (wenn die gleitenden Flächen völlig voneinander durch die Schmierschicht getrennt sind) ‖ ~ **lustre** (Min) / Fettglanz m ‖ ~ **pulp** (Paper) / schmieriger Papierstoff ‖ ~ **quartz** (Min) / Milchquarz m (mit Flüssigkeits- oder Gaseinschlüssen) ‖ ~ **wool** (Textiles) / Schweißwolle f, Schmutzwolle f, Fettwolle f, Schwitzwolle f (frisch geschorene, ungewaschene)

**great burdock** (Agric, Bot) / Große Klette (Arctium lappa L.) ‖ ~ **calorie** (Phys) / Kilokalorie f, kcal, große Kalorie, Cal (nicht mehr zugelassene Einheit der Wärmemenge) ‖ ~ **capricorn beetle** (For) / Eichenbock m (Cerambyx cerdo L.), Heldbock m (in Bockkäfer) ‖ ~ **circle**\* (Maths) / Großkreis f (Schnitt einer Kugeloberfläche mit einer Ebene, die den Kugelmittelpunkt enthält), Orthodrome f, Hauptkreis m

**great-circle chart** (Cartography) / gnomonische Karte, Großkreiskarte f ‖ ~ **course** (Aero, Ships) / orthodromer Weg

**great-circle distance** (Surv) / orthodrome Distanz, Großkreisentfernung f, Großkreisdistanz f (zwischen zwei Punkten eines Großkreises der Erdkugel)

**great-circle route** (Aero, Ships) / orthodromer Weg

**great-circle sailing** (Ships) / Großkreisfahrt f (Bahnfestlegung auf dem geometrisch kürzesten Weg zwischen Abfahrts- und Zielort), Großkreissegeln n

**greater than or equal** (to) (Maths) / größer oder gleich, größer gleich ‖ ~ **than symbol** (Maths) / Größerzeichen n ‖ ~ **wax moth** (Agric, Zool) / Große Wachsmotte (Galleria mellonella)

663

**greatest common divisor** (Maths) / größter gemeinsamer Teiler, ggT (größter gemeinsamer Teiler), g.g.T. || ~ **element** (Maths) / Einselement *n* (ein Element eines Ordnungsgebildes), letztes Element, größtes Element || ~ **lower bound**\* (Maths) / größte untere Schranke (einer Menge von Zahlen), untere Grenze, Infimum *n* (pl. Infima) || ~ **upper bound** (Maths) / größte obere Schranke, obere Grenze, Supremum *n* (pl. Suprema)

**Great-Northern grinder** (Paper) / Great-Northern-Schleifer *m* (eine Art Magazinschleifer)

**Great Red Spot**\* (Astron) / Großer Roter Fleck (der auf etwa 20° südlicher Breite des Jupiters liegt)

**Grecian honeycomb** (Textiles) / griechische Bindung || ≃ **weave comb** (Textiles) / griechische Bindung

**Greco-Latin square** (US) (Maths, Stats) / griechisch-lateinisches Quadrat (in der Varianzanalyse), Euler'sches Quadrat

**gredag** *n* / Gredag *n* (Schmiermittel auf der Basis von Graphitsuspensionen)

**greek** *n* (Comp) / stilisierte Darstellungsschrift (für Preview), stilisierter Previewing-Font || ≃ **alphabet** (Typog) / griechisches Alphabet || ≃ **cross** (Arch) / griechisches Kreuz (mit zwei gleich langen Balken) || ≃ **cross** (Arch) s. also St Andrew's cross

**greeked text**\* (Comp, Print) / Blindtext *m*

**Greek fire** / Griechisches Feuer (Beleuchtungsvorrichtung; pyrotechnisches Knallpulver oder pyrotechnisches Weißfeuer) || ~ **fret** (Arch) / Mäander *m* (fortlaufendes Ornament mit rechtwinkliger Richtungsänderung - wenn Mäanderformen überlagert sind, ergibt sich im Kern des Ornaments die Grundform des Hakenkreuzes) || ~ **group** (Astron) / die vorangehenden Trojaner (die nach den griechischen Kriegern vor Troja benannt sind) || ≃ **key** (Arch) / Mäander *m* (fortlaufendes Ornament mit rechtwinkliger Richtungsänderung - wenn Mäanderformen überlagert sind, ergibt sich im Kern des Ornaments die Grundform des Hakenkreuzes) || ≃ **letter** (Typog) / griechischer Buchstabe

**green** *v* (make (an urban or desert area) more verdant by planting or encouraging trees or other greenery) (Civ Eng, Ecol) / begrünen *v* || ~ *vi* / vergrünen *v*, grün werden, grünen *v* || ~ *vt* / grün färben *v* || ~\* *n* (Civ Eng) / junger Beton, Frischbeton *m* (der verarbeitet werden kann - DIN 1048-1) || ~ (Paint) / Grün *n* || ~ (Phys) / Grün *n* (als Farbempfindung) || ~\* (Powder Met) / Grünling *m*, Rohling *m*, Vorpressling *m* (vorverdichteter ungesinterter Pulverkörper) || ~ *adj* / grün *adj* || ~ *adj* (Agric, Nut) / unreif *adj* (Obst, Getreide), grün *adj* (nicht reif) || ~ (Build, Ceramics) / ungebrannt *adj*, roh *adj* || ~ (For) / waldfrisch *adj* (nass), grün *adj* (Holz, meistens mit hohem Feuchtegehalt - bis 50%) || ~ (Leather) / ungegerbt *adj*, grün *adj*, roh *adj* || ~ (Met) / ungesintert *adj* || ~ (Mining) / grubenfeucht *adj*, bergfeucht *adj* || ~ (Nut) / roh *adj* (Fleisch), frisch geschlachtet || ~ **acids** (Chem) / ölunlösliche Sulfonsäuren || ~ **alder** (For) / Grünerle *f* (Alnus viridis [ssp. viridis]) || ~ **algae**\* (Bot) / Grünalgen *f pl*, Chlorophyceae *pl* (Klasse der Algen)

**greenalite**\* *n* (Min) / Greenalith *m*

**green ash** (For) / Grünesche *f* (Fraxinus pennsylvanica var. subintegerrima (Vahl) Fern.) || ~ **beam** (TV) / grüner Strahl (einer Farbfernsehröhre) || ~ **bean** (Bot, Nut) / Gartenbohne *f* (Phaseolus vulgaris L.) || ~ **beer** (Brew) / Jungbier *n* (das noch nicht der Nachgärung unterworfene Bier nach der Hauptgärung) || ~ **belt** (Arch, Ecol) / Grünanlage *f* || ~ **belt** (Ecol) / Grünzone *f* (in der Raumordnung), Grüngürtel *m* || ~ **body** (Ceramics) / Rohling *m* || ~ **body** (Ceramics) / ungebrannter Scherben || ~ **body** (Powder Met) / Grünling *m*, Rohling *m*, Vorpressling *m* (vorverdichteter ungesinterter Pulverkörper) || ~ **brick** (a clay brick before burning, during drying) (Build) / ungebrannter Ziegel || ~ **brick**\* (Ceramics) / [Ziegel]Formling *m* || ~ **carbonate of copper**\* (Min) / Malachit *m* (Kupfer(II)-dihydroxidkarbonat) || ~ **card** (GB) (Autos) / internationale Versicherungskarte für Kraftverkehr, "grüne Karte" (Nachweis, dass ausländische Fahrzeugführer über eine den inländischen Anforderungen genügende Kraftfahrzeughaftpflichtversicherung verfügen) || ~ **chain** (For) / Sortierband *n* (im Sägewerk) || ~ **cheese** (Nut) / junger Käse, unreifer Käse || ~ **chips** (For, Paper) / grüne Hackschnitzel (Hackschnitzel mit Grüngut) || ~ **coke** (Chem Eng, Fuels) / Grünkoks *m* (ein Petroleumkoks) || ~ **coke** (Chem Eng, Fuels) / Unverkoktes *n* (bei der Gaserzeugung) || ~ **compact**\* (Powder Met) / Grünling *m*, Rohling *m*, Vorpressling *m* (vorverdichteter ungesinterter Pulverkörper) || ~ **compound** (Chem Eng) / unvulkanisierte (Kautschuk)Mischung || ~ **concrete** (Civ Eng) / junger Beton, Frischbeton *m* (der verarbeitet werden kann - DIN 1048-1)

**green-concrete compressive strength** (Build, Civ Eng) / Gründruckfestigkeit *f* (von Beton vor Beginn der Hydratation)

**green crop** (Agric) / Grünfutter *n* || ~ **crop** (Agric, Ecol) / Grünmasse *f*

**green-crop drier** (Agric) / Grünfuttertrockner *m* || ~ **loader** (Agric) / Fuderlader *m*, Futterlader *m*, Sammellader *m*, Feldlader *m*

**green density** (For) / Frischrohdichte *f*, Rohdichte *f* (im Frischzustand) || ~ **density** (Powder Met) / Gründichte *f*, Dichte *f* des Presskörpers, Pressdichte *f* || ~ **dumping** / Ökodumping *n* (indirekte Subventionierung eines Produkts durch niedrigere Umweltschutzstandards im Herstellerland) || ~ **earth** (Min) / Grünerde *f*, Seladonit *m* (ein dunkel- bis bläulich grünes Silikat) || ~ **earth** (Paint) / Grünerde *f* (natürliches Magnesiumeisensilikat, wie z.B. Veronesergrün oder Böhmische Grünerde) || ~ **ebony** (For) / Kokusholz *n* (westindisches Edelholz aus Brya sp.), Cocuswood *n* || ~ **ebony** (For) / Afrikanische Grenadilla, Grenadill *n*, Grenadillholz *n*, Senegalebenholz *n* (aus Dalbergia melanoxylon Guill. et Perr.) || ~ **ebony** (For) / grünes Ebenholz (aus Excoecaria glandulosa) || ~ **electrode** (Elec Eng) / ungebrannte Elektrode || ~ **electronics** (Electronics) / umweltfreundliche ("grüne") Elektonik

**greenfeed** *n* (Agric) / Grünfutter *n*

**green-field plant** (Build) / "auf der grünen Wiese" errichtete Anlage, auf nicht aufgeschlossenem Gelände errichtete Anlage

**green film** (Cinema) / frische Kopie || ~ **flash**\* (Astron, Optics) / Grüner Strahl

**green-flesh** *v* (before liming) (Leather) / grün entfleischen *v*, vorentfleischen *v*

**green fleshing on the beam** (Leather) / Zwischenstrecken *n* auf dem Baum || ~ **fleshings** (not limed) (Leather) / grünes Leimleder, frisches Leimleder || ~ **fluorescent protein** (Biochem) / grün fluoreszierendes Protein, GFP (grün fluoreszierendes Protein) || ~ **fodder** (Agric) / Grünfutter *n* || ~ **forage** (Agric) / Grünfutter *n* || ~ **fuel** (Fuels) / Biomassebrennstoff *m*, Biokraftstoff *m* (aus nachwachsenden Rohstoffen), Biobrennstoff *m* || ~ **glass** (Glass) / Grünglas *n*

**green-glue stock** (Leather) / grünes Leimleder, frisches Leimleder

**greenheart**\* *n* (a hardwood) (For) / Greenheart *n* (südamerikanische Holzsorte von dem Baum Ocotea rodiaei (R.H. Schomb.) Mez)

**greenhouse** *n* (Aero) / Kunststofffolie *f* (für Bespannungen) || ~ (Agric, Nut) / Treibhaus *n*, Glashaus *n*, Gewächshaus *n* || ~ **culture** (Agric) / Gewächshauskultur *f*, unter Glas angezogene Kultur || ~ **effect**\* (Ecol) / Treibhauseffekt *m*, Glashauswirkung *f*, Glashauseffekt *m*, Gewächshauseffekt *m* (Reduktion der Ausstrahlung) || ~ **gas** (Ecol) / Treibhausgas *n* || ~ **warming potential** (Ecol) / Treibhauspotential *n* (Maßstab zur Beurteilung der Klimawirksamkeit von Spurengasen im Vergleich zu Kohlendioxid unter dem FCKW R11 unter Berücksichtigung der atmosphärischen Lebensdauer der jeweiligen Stoffe), GWP, GHWP

**greening** *n* (Bot) / Vergrünen *n* (Vireszenz), Vergrünung *f*, Vireszenz *f* (von Pflanzenteilen) || ~ **of the dumps** (Ecol) / Haldenbegrünung *f* (bei der Rekultivierung von Halden)

**greenish** *adj* / grünlich *adj*, ins Grüne gehend || ~ **blue** / grünlich blau

**Greenland spar**\* (Min) / Kryolith *m* (Natriumfluoroaluminat), Eisstein *m*

**green liquor** (Paper) / Grünlauge *f* || ~ **maize** (Agric) / Grünmais *m* (als Futter) || ~ **malt** (Brew) / Grünmalz *n* (Endprodukt der Keimung) || ~ **manure** (Agric) / Gründünger *m* (Pflanzenreste) || ~ **manuring** (Agric) / Gründüngung *f* (die Einarbeitung ganzer grüner Pflanzen, bzw. der Stoppel- oder Wurzelrückstände im Falle ihrer Futternutzung in den Boden) || ~ **marble** (Geol) / [grüner] Edler Serpentin || ~ **material** (Agric, Ecol) / Grünmasse *f* || ~ **mud** (Geol) / Grünschlick *m* (ein Glaukonit führendes Meeressediment in schlammiger Form) || ~ **nickel oxide** (Chem) / Nickel(II)-oxid *n*, Nickelmonoxid *n*

**greenockite**\* *n* (Min) / Cadmiumblende *f*, Greenockit *m* (Kadmiumsulfid), Kadmiumblende *f*

**green oil** (Chem) / Grünöl *n*, filtriertes Anthrazenöl, filtriertes Anthracenöl || ~ **oil** (Paint) / Grünöl *n* (Leinöl-Braunstein-Bleiglätte-Gemisch zur Asphaltlackherstellung)

**Greenough binocular microscope** (Micros) / Greenough-Mikroskop *n*, Stereomikroskop *n* nach Greenough || ≃ **(stereo)microscope** (Micros) / Greenough-Mikroskop *n*, Stereomikroskop *n* nach Greenough

**green PC** (Comp) / Grün-PC *m* (ein PC, bei dessen Herstellung auf Umweltverträglichkeit und Ergonomie geachtet wurde) || ~ **pellet** (Powder Met) / Grünling *m*, Rohling *m*, Vorpressling *m* (vorverdichteter ungesinterter Pulverkörper) || ~ **pellet** (Powder Met) / Grünpellet *n* || ~ **phosphor** (TV) / Grünphosphor || ~ **phosphor screen** (Comp) / grüner Phosphorbildschirm || ~ **power** (Elec Eng) / Ökostrom *m* || ~ **retting** (Agric, Textiles) / Grünröste *f* || ~ **revolution** (Agric) / grüne Revolution (ideologische Bezeichnung der zeitweiligen Wachstumsbeschleunigung der Agrarproduktion in den Entwicklungsländern) || ~ **roof** (Mining) / standfestes Hangendes, sichere Firste || ~ **rot** (For) / Grünfäule *f* (bei feucht lagerndem Holz durch Pilze der Gattung Chlorosplenium) || ~ **rouge** (Met) / Poliergrün *n* (ein Chromoxid) || ~ **rust**\* (hydrated ferrous oxide) / grüner Rost (eine Rostform) || ~ **S** (Nut) / Brillantsäuregrün *n* BS,

Lissamingrün *n* (ein Lebensmittelfarbstoff), Grün *n* S ‖ ~ **salt** (Chem) / Uran(IV)-fluorid *n*, Urantetrafluorid *n* (UF$_4$ - grüne, nichtflüchtige, in Wasser schwer lösliche, trikline, nadelförmige Kristalle) ‖ ~ **salt** (Chem, Ecol) / Grünsalz *n* (Abfall bei der Herstellung von Titandioxid aus Ilmenit - Eisen(II)-sulfat-heptahydrat) ‖ ~ **salt** (Chem Eng, San Eng) / Grünsalz *n* (kristallwasserhaltiges Eisen(III)-sulfat) ‖ ~ **salting** (Leather) / Stapelsalzen *n* (von frisch abgezogenen Häuten mit festem Salz) ‖ ~ **sand*** (Foundry) / grüner Sand (kleinere oder größere Anteile von Wasser enthaltender Formsand), Grünsand *m*, Nassgusssand *m* (feuchter Formsand)

**greensand*** *n* (Geol) / Grünsand *m* (ein Glaukonit führendes Meeressediment)

**green-sand casting*** (Foundry) / Nassguss *m*, Gießen *n* in Grünsandformen ‖ ~ **core** (Foundry) / Grünsandkern *m* ‖ ~ **mould** (Foundry) / ungetrocknete Form, Nassgusssandform *f*, Grünsandform *f*

**green-sawn size** (For) / Sägemaß *n*

**green schist** (Geol) / grüner Schiefer, Grünschiefer *m* ‖ ~ **scum** (Ecol) / grüner Schwimmschlamm, grüne Schwimmdecke (meistens Algen)

**Green's function** (Maths) / Green'sche Funktion (zur Lösung von gewöhnlichen oder partiellen Differentialgleichungen bei vorgegebenen Randwerten - nach G. Green, 1793-1841), Elementarlösung *f*

**green shear strength** (Foundry) / Grünscherfestigkeit *f* ‖ ~ **sirup** (Nut) / Grünablauf *m*, Grünsirup *m*, Ablauf *m* (von Nachprodukt) 1, Schleuderablauf *m* ‖ ~ **skin wool** (Textiles) / Enzymwolle *f* (DIN 60004)

**Green's lemma*** (Maths) / Gauß'scher Satz der Vektoranalysis, Gauß-Ostrogradski'sche Formel

**green soap** / Grünseife *f* ‖ ~ **soap** (Chem, Med, Pharm) / Sapo *m* kalinus venalis, Sapo *m* viridis ‖ ~ **space** (Arch, Ecol) / Grünanlage *f* ‖ ~ **stain** (For) / Grünverfärbung *f* (des Holzes durch Pilzbefall)

**Green's theorem*** (Maths) / Gauß'scher Satz der Vektoranalysis, Gauß-Ostrogradski'sche Formel ‖ ≙ **theorem*** (Maths) / Green'scher Integralsatz, Green-Formel *f*, Green-Integralsatz *m*

**greenstone*** *n* (Geol) / Grünstein *m* (ein Oberbegriff für metamorphe Gesteine aus Chlorit, Hornblende und Epidot) ‖ ~* (Geol) s. also nephrite ‖ ~ **belt** (Geol) / Grünsteingürtel *m* (der Granitdome umgibt)

**green strength*** (Ceramics, Eng, Foundry) / Grünfestigkeit *f* (der ungebrannten Steine, des Formsandes, des Leims) ‖ ~ **sun** (Astron, Optics) / Grüner Strahl ‖ ~ **timber** (For) / saftfrisches Holz, Grünholz *n* (von frisch gefällten Bäumen), grünes Holz, waldfrisches Holz, Frischholz *n*

**green-toned screen** (Comp) / grüner Bildschirm

**green tyre*** (Autos, Chem Eng) / Reifenrohling *m* ‖ ~ **veneer** (For) / nasses Furnier, nasses Furnierband ‖ ~ **vitriol*** (Chem, Leather, Textiles) / Eisen(II)-sulfat *n*

**greenware** *n* (a formed but unfired ceramic body) (Ceramics) / ungebrannte keramische Ware (Formlinge), Rohware *f*

**green wave** (Autos) / grüne Welle (im Kraftfahrzeugverkehr) ‖ ~ **weight** (For) / Frischmasse *f* (des gefällten Holzes in kg) ‖ ~ **weight** (Leather) / Grünmasse *f*, GM, Frischmasse *f*

**Greenwich Civil Time** / Weltzeit *f* (die Zonenzeit des nullten Längenmeridians), WZ (Weltzeit), Mittlere Greenwichzeit, UT (Universal Time), Zulu-Zeit *f* (in der NATO), MGZ (mittlere Greenwichzeit) ‖ ≙ **Mean Time*** / Weltzeit *f* (die Zonenzeit des nullten Längenmeridians), WZ (Weltzeit), Mittlere Greenwichzeit, UT (Universal Time), Zulu-Zeit *f* (in der NATO), MGZ (mittlere Greenwichzeit) ‖ ≙ **Mean Time*** (Astron) / Greenwichzeit *f* (mittlere Sonnenzeit für den Ortsmeridian von Greenwich) ‖ ≙ **meridian** (Cartography) / Meridian *m* von Greenwich (internationaler Nullmeridian) ‖ ≙ **time** / Weltzeit *f* (die Zonenzeit des nullten Längenmeridians), WZ (Weltzeit), Mittlere Greenwichzeit, UT (Universal Time), Zulu-Zeit *f* (in der NATO), MGZ (mittlere Greenwichzeit)

**green wine** (Nut) / Federweißer *m*, Federweiße *m*, Sauser *m*, Jungwein *m* (junger, hefetrüber Wein) ‖ ~ **wood** (For) / saftfrisches Holz, Grünholz *n* (von frisch gefällten Bäumen), grünes Holz, waldfrisches Holz, Frischholz *n*

**green-wood insect** (For, Zool) / Frischholzinsekt *n* (z.B. Borkenkäfer) ‖ ~ **saw** (For, Tools) / Schittersäge *f* (gespannte Quersäge für grünes Holz)

**grège** *n* / Modefarbe *f* zwischen Beige und Grau, Graubeige *n* ‖ ~ (Textiles) / Grège *f* (gehaspeltes Seidengarn) ‖ ~ (Textiles) s. also reeled silk

**Gregorian calendar*** / Gregorianischer Kalender ‖ ≙ **reflecting telescope** (Astron) / Spiegelteleskop *n* nach Gregory (mit einem konkaven elliptischen Fangspiegel) ‖ ≙ **reflector antenna** (a paraboloidal reflector antenna with a concave subreflector, usually ellipsoidal in shape, located at a distance from the vertex of the main reflector which is greater than the prime focal length of the main reflector) (Radar, Radio) / Reflektorantenne *f* nach Gregory (mit einem Subreflektor), Gregoryantenne *f* ‖ ≙ **telescope*** (Astron) / Spiegelteleskop *n* nach Gregory (mit einem konkaven elliptischen Fangspiegel)

**Gregory's series** (Maths) / Gregory'sche Reihe (nach J. Gregory, 1638 - 1675), arctan-Reihe *f*, Arkustangensreihe *f*

**greige** *n* / Modefarbe *f* zwischen Beige und Grau, Graubeige *n* ‖ ~* *adj* (Textiles) / Roh-, ungebleicht *adj*, naturfarben *adj* ‖ ~ **goods*** (Textiles) / Rohware *f*, ungebleichte Ware ‖ ~ **goods** (Textiles) s. also grey fabric ‖ ~ **width** (Weaving) / Rohbreite *f* (des noch nicht ausgerüsteten Gewebes)

**Greim-type construction** (Carp) / Greim-Bauweise *f* (die Verbindung von Fachwerkstäben mit Knotenblechen)

**Greinacher circuit** (Elec Eng) / Greinacher-Schaltung *f* (eine Gleichrichterschaltung zur Spannungsverdoppelung mit zwei Gleichrichterventilen und zwei Kondensatoren in Brückenschaltung - nach H. Greinacher, 1880-1974), Delon-Schaltung *f*, Liebenow-Schaltung *f*

**greisen*** *n* (Geol) / Greisen *m* (ein umgewandeltes granitisches Gestein)

**greisening*** *n* (Geol) / Greisenbildung *f*

**greisenization*** *n* (Geol) / Greisenbildung *f*

**Grelling's paradox** (AI, Maths) / heterologische Paradoxie, Grelling'sche Antinomie (nach K. Grelling, 1886 - 1942)

**grenadilla wood** (For) / Afrikanische Grenadilla, Grenadill *n*, Grenadillholz *n*, Senegalebenholz *n* (aus Dalbergia melanoxylon Guill. et Perr.)

**grenadine** *n* (Textiles) / Grenadine *f* (Kreppgarn aus Natur- und Chemieseidenfäden) ‖ ~ (Textiles) / Grenadine *f* (taftbindiges Gewebe für Kleider und Blusen) ‖ ~ **yarn** (Textiles) / Grenadine *f* (Kreppgarn aus Natur- und Chemieseidenfäden)

**Grenco digester** (For) / Grenco-Kocher *m* (eine kontinuierliche Dämpfanlage zur Vorwärmung von Hackschnitzeln)

**grenz rays*** (Radiol) / Grenzstrahlen *m pl* (sehr weiche Röntgenstrahlen mit Fotonenenergien von 15 kV oder weniger), Bucky-Strahlen *m pl* (nach G. Bucky, 1880-1963) ‖ ~ **tube** (Radiol) / Grenzstrahlenröhre *f* (Röntgenröhre für strahlentherapeutische Anwendung)

**grex system** (Textiles) / Grex-Gewichtsnummerierungssystem *n* (der Garnnummerierung)

**grey** *vi* (Paint, Textiles) / vergrauen *v* (Anstriche) ‖ ~ *adj* (Nuc Eng) / grau *adj* (Körper oder Medien, die einen wesentlichen Teil, aber nicht alle der einfallenden Neutronen einer bestimmten Energie absorbieren) ‖ ~* (Photog, Phys) / grau *adj* ‖ ~* (Textiles) / Roh-, ungebleicht *adj*, naturfarben *adj* ‖ ~ **absorber** (Nuc Eng) / grauer Absorber ‖ ~ **alder** / Weißerle *f*, Grauerle *f* (Alnus incana (L.) Moench) ‖ ~ **antimony** (Chem) / graues Antimon (stabiles silberweißes, glänzendes, sehr sprödes, leicht pulverisierbares Metall) ‖ ~ **arsenic** (Chem) / graues Arsen (monotrope Modifikation von Arsen), metallisches Arsen ‖ ~ **balance** (Print) / Farbbalance *f*, Graubalance *f* (die Differenzierung der drei Teildruckformen Gelb, Magenta und Zyan einer Farbproduktion) ‖ ~ (coarse) **bark** (For) / Graurinde *f* (auf den unteren Stammteil der Kiefer) ‖ ~ **birch** (For) / Pappelblättrige Birke (Betula populifolia Marshall) ‖ ~ **board** (Paper) / Graupappe *f*, Graukarton *m* ‖ ~ **body*** (Phys) / Grauer Körper (der die gleiche spektrale Energieverteilung hat wie ein Schwarzer Körper, jedoch eine niedrigere Intensität), Grauer Strahler (DIN 5496 und 5031, T 8), Graustrahler *m*

**grey-body radiation** (Phys) / Graustrahlung *f* ‖ ~ **source** (Phys) / Grauer Körper (der die gleiche spektrale Energieverteilung hat wie ein Schwarzer Körper, jedoch eine niedrigere Intensität), Grauer Strahler (DIN 5496 und 5031, T 8), Graustrahler *m*

**grey-bright** *adj* (Met) / graublank *adj*, schmierblank *adj* ‖ ~ **drawn** (Met) / schmierblank *adj* (Oberflächenbeschaffenheit von Stahldraht nach dem Ziehen mit zähflüssigen Fetten auf Mineralölbasis, Talg, synthetischen Wachsen oder ähnlichen Schmierstoffen - DIN 1653), fettblank *adj* (Oberflächenbeschaffenheit von gezogenem Stahldraht)

**grey card** (Photog) / Aufsichtgraukeil *m* ‖ ~ **cast iron** (Met) / Gusseisen *n* mit Lamellengraphit (DIN 1691), GG (Gusseisen mit Lamellengraphit), Grauguss *m*

**greycloth** *n* (Textiles) / Stuhlware *f*, stuhlrohes Gewebe, Rohgewebe *n*, Stuhltuch *n* (Gewebe, das nach dem Weben keine Ausrüstung mehr durchmacht)

**grey copper ore*** (Min) s. fahlerz, tennantite and tetrahedrite ‖ ~ **cotton cloth** (Textiles) / Molino *m* (A), Nessel *m* (pl. Nessel) (Sammelbegriff für glatte, leinwandbindige Rohgewebe aus einfachen Baumwollgarnen in verschiedener Fadendichte und Feinheit - z.B. Cretonne, Renforcé, Kattun oder Batist) ‖ ~ **desert(ic) soil** (Agric, Geol) / Serosem *m* (Halbwüstenboden wärmerer Gebiete), Serosjom *m*, Sierosem *m* (Grauerde) ‖ ~ **discolouration** (For) / Vergrauen *n*

**greyed**

(des Holzes), Eingrauen n (oxidative Verfärbung, die bei Furnieren als Farbfehler gilt)
**greyed** adj (Comp) / abgeblendet adj
**grey fabric** (Textiles) / Stuhlware f, stuhlrohes Gewebe, Rohgewebe n, Stuhltuch n (Gewebe, das nach dem Weben keine Ausrüstung mehr durchmacht) ‖ **~ finish** (Textiles) / Vorappretur f ‖ **~ fog** (Photog) / Grauschleier m ‖ **~ forest gley soil** (For) / grauer Gleywaldboden ‖ **~ goods*** (Textiles) / Rohware f, ungebleichte Ware ‖ **~ heart** (For) / Graukern m (fakultative Farbkernbildung, meistens bei Ahorn und rotkerniger Rotbuche oder Esche) ‖ **~ heat** (Met) / Grauglut f (etwa 400 °C) ‖ **~ import** / grauer Import
**greying** n (For) / Vergrauen n (des Holzes), Eingrauen n (oxidative Verfärbung, die bei Furnieren als Farbfehler gilt) / **~** (Paint, Textiles) / Vergrauen n, Vergrauung f
**grey iron*** (Met) / Gusseisen n mit Lamellengraphit (DIN 1691), GG (Gusseisen mit Lamellengraphit), Grauguss m
**grey-iron casting** (Foundry) / Graugussstück n
**greyish-black** adj / grauschwarz adj
**grey level** (Photog) / Graustufe f
**grey-level image** (Comp) / Graustufenbild n (elektronische Bildverarbeitung)
**grey lime** (acetate) / Graukalk m (Kalziumazetat) ‖ **~ lime** (crude calcium acetate) / Graukalk m ‖ **~ myrtle** (For) / Eisenholz n (sehr hartes Holz des australischen Myrtengewächses Backhousia myrtifolia)
**greyness** n (Print) / Graugehalt m (im LTF-farbmetrischen System)
**greyout** n (Aero, Mil) / Grauwerden n des Gesichtsfeldes (eine Art Amaurose), Verlust m des peripheren Sehens
**grey pig iron** (Met) / grau erstarrendes Roheisen, graues Roheisen ‖ **~ poplar** (For) / Graupappel f (Populus canescens (Ait.) Sm.) ‖ **~ rod** (Nuc Eng) / grauer Steuerstab m ‖ **~ scale** (Optics, Photog) / Grauskala f (mit Graustufen gleichmäßiger Abstufung zur Beurteilung und Messung der Schwärzung fotografischer Schichten), Skala f der Grautöne (von Schwarz über Grau zu Weiß), Graureihe f, Grauskale f, Grauleiter f, Grauwertskala f, unbunte Reihe
**grey-scale wedge** (Phys) / Graukeil m (keilartiges Lichtfilter zur stetig einstellbaren Lichtabschwächung), Neutralkeil m (wenn beide Keile aus Neutralglas sind)
**grey-scale-wedge sensitometer** (Photog) / Graukeilsensitometer n
**greysem** n (For) / Grauer Waldboden
**grey sour** (Textiles) / Säurebehandlung f
**grey-step scale** (Optics, Photog) / Grauskala f (mit Graustufen gleichmäßiger Abstufung zur Beurteilung und Messung der Schwärzung fotografischer Schichten), Skala f der Grautöne (von Schwarz über Grau zu Weiß), Graureihe f, Grauskale f, Grauleiter f, Grauwertskala f, unbunte Reihe
**greystone lime** (lime burnt from chalk containing enough silica and alumina to make it hydraulic) (Build) / Graukalk m
**grey tone** / Grauton m
**greywacke*** n (Geol) / Grauwacke f (grauer bis graugrüner Sandstein)
**grey water** (San Eng) / Bade- und Waschwasser n ‖ **~ wedge** (Phys) / Graukeil m (keilartiges Lichtfilter zur stetig einstellbaren Lichtabschwächung), Neutralkeil m (wenn beide Keile aus Neutralglas sind) ‖ **~ width** (Weaving) / Rohbreite f (des noch nicht ausgerüsteten Gewebes)
**gribble** n (Ships) / Bohrassel f (Limnoria lignorum Rathke)
**grid*** n (gas) / Ferngasnetz n ‖ **~** (Agric) / Spaltenboden m, Spaltensieb n (bei Mähdreschern) ‖ **~** (Arch) / Quadratschema n (der Straßen, wie z.B. in Mannheim) ‖ **~** (Build) / Rasternetz n ‖ **~*** (Build) / Systemliniengitter n, Systemliniennetz n (Maßordnung) ‖ **~** (Build, Civ Eng, For) / Rost m (aus Holzbalken), Rostwerk n (aus Holzbalken) ‖ **~*** (Cartography) / Kartengitter n, Gitter n, Gitternetz n (im Kartenfeld) ‖ **~*** (interconnected) (Elec Eng) / Versorgungsnetz n, [nationales] Verbundnetz n ‖ **~** (Elec Eng) / Gitterplatte f (einer Batterie) ‖ **~*** (Electronics) / Gitter n, Gitterelektrode f ‖ **~*** (Hyd Eng, San Eng) / Rechen m (Rückhaltevorrichtung am Einlauf von Klär- und Wasserkraftanlagen - meistens Grobrechen) ‖ **~** (two sets of parallel equally spaced lines drawn such that the sets of lines intersect each other vertically) (Maths) / Gitter n ‖ **~*** (Surv) / Netz n, Gitternetz n, Raster m
**grid-anode capacity** (Electronics) / Gitter-Anode-Kapazität f
**grid base** (Electronics) / Steuergitter-Einsatzspannung f ‖ **~ bias*** (Electronics) / Gittervorspannung f (DIN 44400) ‖ **~-bias battery** (GB)* (Electronics) / Gittervorspannungsbatterie f
**grid-blocking capacitor** (Elec Eng) / Gitterblockkondensator m, Gittertrennkondensator m
**grid board** (Electronics) / Rasterplatte f (Leiterplatte mit Lötaugen für Versuchsaufbau) ‖ **~ capacitor*** (Elec Eng) / Gitterblockkondensator m, Gittertrennkondensator m ‖ **~ circuit*** (Electronics) / Gitterkreis m ‖ **~ clipping** (Electronics) / Gitterbeschneidung f ‖ **~ condenser** (Elec Eng) / Gitterblockkondensator m, Gittertrennkondensator m ‖ **~ contact** / Kontaktgitter n (der Solarzelle) ‖ **~ control** (displays information in a series of rows and columns, including the special rows and columns that display row and column headings) (Comp) / Grid-Control n ‖ **~ control*** (Electronics) / Gittersteuerung f
**grid-controlled ignition** (system) (Autos) / Kennfeldzündung f (digitalgesteuerte Zündanlage)
**grid current*** (Electronics) / Gitterstrom m ‖ **~ dimension** (Arch) / Rastermaß n ‖ **~ dip meter*** (Elec Eng) / Griddipper m (ein Resonanzmessgerät) ‖ **~ display** (Electronics) / Gitteranzeige f
**griddle** n (Mining) / Schüttelsieb n, Planrätter m
**grid-driving power** (Electronics) / Gittersteuerleistung f
**grid electrode** (Electronics) / Gitter n, Gitterelektrode f ‖ **~ emission** (electron or ion emission from a grid) (Electronics) / Gitteremission f ‖ **~ finger** / Kontaktfinger m (kammartige Struktur in der Solarzelle) ‖ **~ gas** / Ferngas n (das über große Entfernung transportiert wird)
**gridiron sidings** (Rail) / Gleisharfe f (Gleisentwicklung, bei der an ein Stammgleis mehrere, meist parallele Gleise angeschlossen werden) ‖ **~ twinning** (Geol) / gegittertes Lamellenwerk von Zwillingen (nach dem Albit- und nach dem Periklingesetz, z.B. bei Mikroklinen)
**gridistor** n (Electronics) / Gridistor m (ein Feldeffekttransistor)
**grid leak** (Radio) / Gitterableitwiderstand m (zwischen Steuergitter und Katode einer Röhre im Betriebsfall wirksamer äußerer Gleichstromwiderstand) ‖ **~ leakage current** (Electronics) / Gitterfehlstrom m ‖ **~ lens** (Photog) / Gitterfilter n (ein Lichtfilter) ‖ **~ line** (Arch) / Rasterlinie f
**gridline** n (Comp) / Gitternetzlinie f (in der Tabellenkalkulation)
**gridlock** n (Autos) / Stau m (um verstopfte Kreuzungen in der Stadt)
**grid member** (Build) / Gitterglied n ‖ **~ metal** (Elec Eng, Met) / Hartblei n (für Akkumulatorplatten) ‖ **~ modulation*** (Electronics) / Gittermodulation f, Gitterkreismodulation f ‖ **~ navigation*** (Aero, Nav) / Gradnetznavigation f, Gitternavigation f ‖ **~ neutralization** (Elec Eng) / Gitterneutralisation f ‖ **~ noise resistance** (Elec Eng) / äquivalenter Rauschwiderstand (z.B. eines Potentiometers), Gitterrauschwiderstand m (der dieselbe Rausch-EMK wie die Rauschquelle erzeugt und damit ein Maß zu ihrer Charakterisierung darstellt) ‖ **~ north** (Cartography) / Gitternord n ‖ **~ plan** (a plan in which setting-out lines called grid lines coincide with the most important walls and other building components) (Build) / Rasternetz n ‖ **~ plate** (Elec Eng) / Gitterplatte f (einer Batterie) ‖ **~ point** (Electronics) / Gitterpunkt m ‖ **~ pool tube*** (Electronics) / gittergesteuerte Gasentladungsröhre mit Napfkatode ‖ **~ pulse modulation** (in which the grid voltage contains externally generated pulses) (Electronics) / Gitterpulsmodulation f ‖ **~ roller** (Civ Eng) / Gitterradwalze f, Gridwalze f (für den Straßenbau) ‖ **~ size** (Arch) / Rastermaß n ‖ **~ square** (Cartography, Surv) / Planquadrat n (eine Fläche, die in topografischen Karten durch zwei jeweils benachbarte waagerechte und senkrechte Gitterlinien begrenzt wird) ‖ **~ system** (Cinema, TV) / Gridsystem n (ein Beleuchtungssystem mit Gitterzwischendecke) ‖ **~ therapy** (Radiol) / Siebbestrahlung f, Gitterbestrahlung f (wenn das Einfallsfeld durch einen in das Nutzstrahlenbündel gebrachten Stoff mit Löchern von etwa 10 mm Durchmesser unterteilt wird) ‖ **~ variation** (Aero, Nav) / Nadelabweichung f (Winkel zwischen Magnetisch-Nord und Gitter-Nord), Grivation f
**Griess-Ilosvay reagent** (Chem) / Grieß-Ilosvay-reagens n (Lösung von Sulfanilsäure und α-Naphthylamin in Essigsäure - nach P. Grieß, 1829 - 1888)
**Griess reagent** (Chem) / Grieß-Reagens n (nach P. Grieß - Sulfanilsäure + 1-Naphthylamin, bei der Grieß-Ilosvay-Reaktion)
**griffe** n (Weaving) / Messerkorb m (der Jacquardmaschine) ‖ **~ box** (Weaving) / Messerkasten m (der Jacquardmaschine)
**Griffin mill** (Min Proc) / Griffin-Mühle f (eine Pendelrollenmühle) ‖ **~ scale** / Griffin-Skale f (für das HLB-System)
**Griffith crack** (Glass, Materials) / Griffith-Riss m (kleiner, lichtmikroskopisch nicht sichtbarer Riss in der Griffith'schen Risstheorie) ‖ **~ crack theory** (Glass, Materials) / Griffith'sche Risstheorie ‖ **~'s white** (Paint) / Lithopone f (ein Gemisch von Bariumsulfat und Zinksulfid - ein ungiftiges, lichtechtes Weißpigment), Lithopon n, Deckweiß f
**Grignard** n (Chem) / Grignards Reagens n, Grignard-Verbindung f (nach F.A.V. Grignard, 1871-1935)
**grignardization** n (Chem) / Grignardierung f
**Grignard reaction** (Chem) / Grignard-Reaktion f (Addition von Grignard-Verbindungen an Aldehyde oder Ketone) ‖ **~ reagent** (Chem) / Grignards Reagens n, Grignard-Verbindung f (nach F.A.V. Grignard, 1871-1935)
**grikes*** pl (Geol) / Karren pl (häufigste Kleinform des Karstes), Schratten f pl
**grill** n (Build) / Trenngitter n ‖ **~*** (Build) / Trägerrost m, Rost m, Rostwerk n (Gründung) ‖ **~** (San Eng) / Gitter n

**grillage** n (Build) / Trägerrost m, Rost m, Rostwerk n (Gründung) ‖ ~ (Build) / metallische Unterkonstruktion (ein Teil der Dacheindeckung) ‖ ~ (Build) / Abfangkonstruktion f ‖ ~ (a footing that consists of two or more tiers of closely spaced structural steel beams resting on a concrete block, each tier being at right angles to the one below) (Build, Civ Eng) / Gründungsrost m, Rost m (nicht aus Holz) ‖ ~ (Civ Eng) / Pfahlrost m, Pfahlrostbau m (Fundament zur Errichtung von Molen und Kaibauwerken) ‖ ~ **beam** (rolled steel joist) (Civ Eng) / Rostbalken m ‖ ~ **foundation**\* (Build) / Rostgründung f

**grille** n (Autos) / Kühlerschutzgitter n, Kühlergrill m, Grill m, Kühlermaske f ‖ ~ (Build) / Trenngitter n ‖ ~\* (Build) / Ziergitter n, Schutzgitter n ‖ ~ (Build, San Eng) / Lüftungsgitter n, Luftgitter n ‖ ~ (San Eng) / Gitter n ‖ ~ **cloth** (Electronics, Textiles) / Bespannstoff m (für Lautsprecher)

**grime** n (Textiles) / Schmutz m, Schmutzablagerung f

**Grimm's hydride displacement law** (Chem) / Grimm'scher Hydridverschiebungssatz (nach H.G. Grimm, 1887 - 1958)

**Grimm solder** / Grimmlot n (nicht genormtes Zinn-Weichlot mit 25% Pb und 20% Zn zum Fügen von Aluminium und seinen Legierungen mit maximal 2% Magnesium)

**Grimm-Sommerfeld phase** (Chem, Met) / Grimm-Sommerfeld'sche Phase (eine Gruppe der intermetallischen und halbleitenden Verbindungen)

**grimy** adj (with soot) / rußgeschwärzt adj (Wand)

**grin** v (Paint) / durchschlagen v (Untergrund oder alter Anstrich)

**grind** v / zerstoßen v, zerstampfen v (im Mörser) ‖ ~ (Eng, Textiles) / schleifen v ‖ ~ (Eng, Tools) / scharf schleifen v (Werkzeuge), schärfen v, wetzen v (scharf schleifen), schleifen v (Werkzeuge schärfen) ‖ ~ (Min Proc) / mahlen v, vermahlen v ‖ ~ (Paint) / vermahlen v (Pigmente), verkollern v, dispergieren v (Pigmente) ‖ ~ (Paint, Pharm) / anreiben v, reiben v, zerreiben v, triturieren v ‖ ~ (Print) / anreiben v (Farbe) ‖ ~ n (Acous) / knatterndes Geräusch

**grindability** n (Eng, Paint) / Schleiffähigkeit f (leichte Bearbeitbarkeit durch Schleifen), Schleifbarkeit f ‖ ~\* (Min Proc) / Vermahlbarkeit f, Mahlbarkeit f ‖ ~ (Paint, Pharm) / Zerreibbarkeit f, Anreibbarkeit f ‖ ~ **index** (a numerical indication of the ease with which a material can be ground) (Ceramics) / Mahlbarkeitszahl f

**grindable** adj / zerreibbar adj, anreibbar adj, zerreiblich adj

**grind away** v (Eng) / wegschleifen v ‖ ~ **away** (Eng) / abschleifen v

**grinder** n (Eng) / Schleifer m (Person) (zur thermomechanischen Zerfaserung von Holz und Holzabfällen) ‖ ~ (Eng) / Schleifmaschine f (ein Werkzeug) ‖ ~ (Paper) / Schleifer m, Holzschleifer m, Defibrator m (eine Maschine, die durch thermomechanische Zerfaserung von Holz oder Holzabfällen das Ausgangsmaterial für die Herstellung von Holzfaserplatten u.ä. liefert) ‖ ~ **drying** (Chem Eng) / Mahltrocknung f ‖ ~ **pit** (Paper) / Schleifertrog m

**grinder's rot**\* (Paint) / Schleiferlunge f (eine Staublungenerkrankung), Metallschleiferlunge f

**grind in** v (Eng) / einschleifen v

**grinding**\* n (Eng, Textiles) / Schleifen n, Schliff m (als Tätigkeit) ‖ ~\* (Min Proc, Mining) / Mahlen n, Brechen n ‖ ~\* (Paint) / Verkollern n, Vermahlung f (bei der Pigmentanreibung) ‖ ~ (Paint, Pharm) / Trituration f, Reiben n, Zerreiben n, Anreiben n ‖ ~ **aid** / Mahlhilfe f ‖ ~ **block** (Optics) / Linsenkörper m, Tragkörper m, Linsenträgkörper m ‖ ~ **body** / Mahlkörper m ‖ ~ **burn** (Eng) / Brandfleck m, Brandstelle f (nach dem Schleifen) ‖ ~ **burn** (the localized overheating of work during abrasive grinding) (Glass) / Schleifeneinbrand m ‖ ~ **crack** (Eng) / Schleifriss m (ein Schleiffehler) ‖ ~ **cylinder** (Eng) / Schleifring m, Schleifzylinder m ‖ ~ **defect** (Eng) / Schleiffehler m ‖ ~ **dust** / Schleifstaub m (im Allgemeinen) ‖ ~ **fineness** / Mahlfeinheit f ‖ ~ **furrow** / Schleifriefe f

**grinding-generating** n (Eng) / Wälzschleifen n (von Zahnrädern - DIN 8589-11), Abwälzschleifen n, Zahnflankenschleifen f

**grinding headstock slide** (Eng) / Schleifspindelstockschlitten m (der spitzenlosen Rundschleifmaschine) ‖ ~**-in**\* n (Eng) / Einschleifen n

**grinding-in** n (of a stopper) (Glass) / Stopfenschliff m

**grinding in oil** (Paint) / Ölabreibung f ‖ ~ **machine**\* (Eng) / Schleifmaschine f (ein Werkzeug) ‖ ~ **marks** (Eng) / Schleifspuren f pl ‖ ~ **medium**\* / Mahlkörper m ‖ ~ **noise** (a fixed-joint noise) (Autos) / schleifendes Festgelenkgeräusch

**grinding-off** n (Eng) / Abschleifen n

**grinding oil** (Eng) / Schleiföl m ‖ ~ **paper** (Paper) / Schleifpapier n (ein biegbarer Schleifkörper, wie z.B. Sand- oder Schmirgelpapier) ‖ ~ **paste** (Autos) / Schleifpaste f (zum Einschleifen des Ventilkegels) ‖ ~ **path** (Eng) / Schleifweg m (zurückgelegter Weg eines Punktes der schleifenden Fläche der Schleifscheibe) ‖ ~ **pattern** (Eng) / Schliffbild n (durch Schleifen erzeugter Zustand einer geschliffenen Fläche), Schliff m (Zustand) ‖ ~ **pebble** / Kugel f aus Korund oder Flint (für die Kugelmühlen) ‖ ~ **powder** / Schleifpulver n, Pulverschleifmittel n ‖ ~ **quality** (condition of a ground surface)

(Eng) / Schliffgüte f (beschrieben durch Rauheit oder Glanz) ‖ ~ **ratio** (Eng) / Schleifverhältnis n (Verhältnis des abgeschliffenen Werkstoffvolumens zum Verschleißvolumen des Schleifkörpers) ‖ ~ **relief** (Eng) / Unterschnitt m (DIN 868) ‖ ~ **rod** (Eng) / Schleifstift m

**grindings** pl (Eng) / Schleifspäne m pl

**grinding seal** (Eng) / schleifende Dichtung (bei Wälzlagern) ‖ ~ **seal subject to wear** (Eng) / verschleißbehaftete schleifende Dichtung (bei Wälzlagern) ‖ ~ **segment** (Eng) / Schleifsegment n (ein Einzelschleifkörper) ‖ ~ **skin** (Eng) / Schleifhaut f (in der die Oberflächenhärte durch Erwärmen beim Schleifen verringert wurde) ‖ ~ **slide** (Eng) / Schleifschlitten m (der die Schleifspindel mit der Schleifscheibe trägt) ‖ ~ **slip**\* (Carp) / Abziehstein m (geformter für Stechbeitel) ‖ ~ **stock** (Eng) / Mahlgut n (das zu mahlende Material) ‖ ~ **stock** (Eng) / Schleifzugabe f, Schleifaufmaß n (Werkstoffzugabe an den Zahnflanken für das Schleifen) ‖ ~ **stone** (Eng) / Schleifstein m, Schleifkörper m (Schleifstein), Schleifwerk n ‖ ~ **stone** (Eng) s. also grindstone ‖ ~ **surface** (Eng) / Schleiffläche f (die arbeitende Fläche des Schleifkörpers) ‖ ~ **table** (Eng) / Schleiftisch m ‖ ~ **temperature** (Eng) / Schleiftemperatur f ‖ ~ **wheel** (Eng) / Schleifscheibe f, (umlaufender) Schleifkörper m

**grinding-wheel bond** / Schleifscheibenbindung f (DIN 69 100) ‖ ~ **mount(ing)** (Eng) / Schleifscheibenaufnahmekörper m, Schleifscheibenbefestigung f (Vorrichtung) ‖ ~ **spindle** (Eng) / Schleifspindel f (Werkzeugträger der Schleifmaschine)

**grinding with a reciprocating grinder** (Eng) / Hubschleifen n (DIN 8589, T 13)

**grind off** v (Eng) / wegschleifen v ‖ ~ **off** (Eng) / abschleifen v

**grindometer** n (Paint, Print) / Grindometer n (nach Hegman - ein Gerät zur Bestimmung der Kornfeinheit und Pigmentpartikelgröße bei Druckfarben - DIN EN 21524)

**grindstone** n / Mühlstein m, Mahlstein m ‖ ~ (Eng) / Schleifstein m, Schleifkörper m (Schleifstein), Schleifwerk n ‖ ~ (Paper) / Schleiferstein m (des Schleifers) ‖ ~ (Paper) / Schärfrolle f (des Holzschleifers)

**GRIN fibre** (graded-index fibre) (Telecomm) / Gradientenindexfaser f, Gradientenfaser f (eine Lichtleitfaser, deren Brechzahl sich in radialer Richtung stetig ändert - nach DIN 58 140-1)

**grinning** n (Paint) / Durchschlagen n (des Untergrunds oder des alten Anstrichs - DIN 55945) ‖ ~ (Textiles) / Grinsen n (an Dessinrändern beim Stoffdruck)

**grinning-through**\* n (Paint) / Durchschlagen n (des Untergrunds oder des alten Anstrichs - DIN 55945)

**GRIN rod** / Gradientenindexstab m (bei Lichtwellenleitern)

**grin through** v (Paint) / durchschlagen v (Untergrund oder alter Anstrich)

**grip** v / umklammern v ‖ ~ / greifen v, fassen v ‖ ~ / greifen v (ein HHO durch reines Umschließen) ‖ ~ (Materials) / festspannen v (z.B. Proben bei der Werkstoffprüfung), einspannen v ‖ ~ vi (Met) / angreifen vi (Walzen) ‖ ~ / Anhaftung f ‖ ~ (a travelling bag) / Reisetasche f ‖ ~ (Autos) / Bodenhaftung f (bei Reifen), Grip m ‖ ~ (a member of a camera crew responsible for moving and setting up equipment) (Cinema) / Studioarbeiter m, Atelierarbeiter m ‖ ~ (Cinema) / Schwenkgriff m, Schwenkarm m ‖ ~ (Cinema) / Hilfskraft, die den Kamerawagen bewegt ‖ ~ (Cinema) / Bühnenarbeiter (der für den Dolly und den Kamerakran zuständig ist) ‖ ~\* (Civ Eng) / Wasserhaltungsgraben m (bei der offenen Wasserhaltung) ‖ ~ (Eng) / Handgriff m (zum Festhalten), Griff m ‖ ~ (Eng) / Nietenklemmlänge f, Klemmlänge f (bei Nieten nach DIN 78) ‖ ~ (Eng) / Spannvorrichtung f, Spannkopf m ‖ ~ (Eng, Materials) / Einspannkopf m (der Zerreißmaschine) ‖ ~ (Work Study) / Griff m ‖ ~ **aid** (Eng) / Greifhilfe f ‖ ~ **area** (Eng) / Greifbereich m (z.B. eines IR) ‖ ~ **bar** (Build, Civ Eng) / Betonformstahl m (mit profilierter Oberfläche, um eine bessere Verbundwirkung zwischen Beton und Stahl zu schaffen) ‖ ~ **belt** (Cinema) / Handgriffriemen m ‖ ~ **force** (Eng) / Greifkraft f (eines IR) ‖ ~ (and adhesion) **in the wet** (Autos) / Nässehaftung f (der Reifen), Nässeeigenschaften f pl ‖ ~ **jaw** (Eng) / Klemmbacke f, Spannbacke f, Backe f (des Futters) ‖ ~ **length** (Civ Eng) / Anhaftungslänge f (Stahlbeton) ‖ ~ **on snow** (Autos) / Schneehaftung f (des Reifens) ‖ ~ **organ** (Eng) / Greiforgan n

**gripper** n (Eng) / Greifer m, Greifvorrichtung f ‖ ~ **arm** (Eng) / Greiferarm m ‖ ~ **axis** (Eng) / Greiferachse f (eines Greifers bei den IR) ‖ ~ **bar** (Weaving) / Greiferstange f (Zugelement an Webmaschinen), Greiferrohr n (Print) ‖ ~ **cam** (Print) / Greiferexzenter m ‖ ~ **closing** (Eng) / Greiferverschluss m (bei den IR), Greiferschließen n (bei den IR) ‖ ~ **closure** (Eng) / Greiferverschluss m (bei den IR) ‖ ~ **drive** (Eng) / Greiferantrieb m ‖ ~ **edge**\* (Print) / Greiferrand m, Greiferkante f ‖ ~ **effector** (Eng) / Greifereffektor m ‖ ~ **feed** (Textiles) / Zangentransport m (bei Nähmaschinen) ‖ ~ **finger** (Eng) / Greiferfinger m (bei den IR) ‖ ~ **hand** / Greiferhand f (bei den IR) ‖ ~ **loom** (Weaving) / Lanzenwebstuhe m, Greiferwebmaschine f (wenn von zwei Seiten, dann SACM,

667

**gripper**

Dornier), Greiferschützenautomat *m* ‖ ~ **opening** (Eng) / Greiferöffnen *n* (bei den IR)
**grippers*** *pl* (Print) / Greifer *m pl* (des Druckzylinders)
**gripper shuttle*** (Weaving) / Greiferschützen *m* (Schussfadenzugkörper, z.B. bei Sulzer-Webmaschinen), Harpune *f*
**gripper-shuttle loom** (Weaving) / Projektilwebmaschine *f* (z.B. Sulzer), Greiferschützenwebmaschine *f*, Webmaschine *f* mit Harpune (die den Schuss nach einer Seite durchzieht)
**gripper sliding movement** / Greiferschubbewegung *f* (eines Robotergreifers) ‖ ~ **tool** (Tools) / Greiferwerkzeug *n* ‖ ~ **travel** / Greifervorschub *m* (bei den IR) ‖ ~ **weight** (Eng) / Greifermasse *f* (eines IR), Greifergewicht *n* (eines Industrieroboters)
**gripping device** (Eng) / Greifer *m*, Greifvorrichtung *f* ‖ ~ **well** / griffsicher *adj*, griffgünstig *adj*, gut in der Hand liegend, griffig *adj*
**grip power** (Eng) / Greifkraft *f* (eines IR) ‖ ~ **region** (Eng) / Greifbereich *m* (z.B. eines IR) ‖ ~ **section** (Materials) / Einspannkopf *m* (der Zerreißmaschine) ‖ ~ **tongs** (Met) / Spannzange *f* (beim Ziehen) ‖ ~ **tread** (Autos) / Grip-Profil *n* (der Reifen für geländegängige LKWs) ‖ ~ **tripod** (Photog) / Griffstativ *n* ‖ ~ **wrench** (Tools) / Gripzange *f*, Festhaltezange *f*, Grip *f*
**grisaille** *n* (a type of porcelain-enamelled artware made by firing various thicknesse of white enamel over a black background to produce a monochromatic decoration in shades of grey) (Ceramics) / Grisaille-Ware *f* ‖ ~* (Paint) / Grisaille *f* (Malerei in grauen Farben), Grau-in-grau-Malerei *f*
**griseofulvin*** *n* (Pharm) / Griseofulvin *n* (ein altes Antimykotikum)
**grist** *n* (Agric, Nut) / Mahlgut *n* (in der Müllerei), Gut *n* (Mahlgut) ‖ ~ (Agric, Nut) / gemahlenes Gut (in der Müllerei) ‖ ~ **(Brew)** / geschrotetes Malz, Malzschrot *m n* ‖ ~ **(Mining)** / kohlige Schicht ‖ ~ **(Nut)** / Schrot *m n* (Mahlprodukt aus Getreide mit grober, ungleichmäßiger Körnung, das bis auf den Keimling alle Bestandteile des Korns enthält) ‖ ~ **(Powder Met)** / Feinheit *f* (des Pulvers) ‖ ~ **case** (Brew) / Schrotkasten *m*
**grit** *n* (Civ Eng) / Splitt *m* (maschinell zerkleinertes Gestein von etwa 5-32 mm Größe - DIN 4226-1) ‖ ~ (Civ Eng) / abstumpfendes Mittel, Streugut *n*, Streumaterial *n*, Streumittel *n* ‖ ~ **(Ecol)** / Grobstaub *m* ‖ ~ (an abrasive material composed of coarse angular grains) (Eng) / Schleifmittel *n* (Hauptbestandteil eines Schleifkörpers nach DIN 69100), Schleifstoff *m* ‖ ~* (Eng) / Körnung *f* (Größenstufung der Schleifkörner nach ihrem mittleren Korndurchmesser), Körnungsnummer *f* ‖ ~ **(Foundry)** / Schrot *n*, Metallsand *m* ‖ ~ **(Foundry)** / Strahlmittel *n* (grobes Material) ‖ ~* (Geol) / Grit *m* (Grobsand; aus eckigen Sandkörnern bestehender Sandstein; Sandstein, dessen Bestandteile sich durch deutlich sichtbare Korngrößenunterschiede auszeichnen) ‖ ~ **(Geol)** / grobkörniger Sandstein ‖ ~ **(Optics)** / Schleifstaub *m*
**grit-blast** *v* (Foundry) / abstrahlen *v* mit Kies, strahlen mit Kies
**grit-blasting*** *n* (Foundry) / Abstrahlen *n* (mit Stahlsand oder Stahlkies), Stahlsandstrahlen *n*, Stahlkiesstrahlen *n*, Schrotstrahlreinigung *f*
**grit chamber*** (San Eng) / Sandfang *m* (zur Entfernung schwerer, leicht sedimentierbarer Bestandteile aus dem Abwasser), Sandfänger *m* ‖ ~ **channel** (San Eng) / Langsandfang *m* (meist ein Mehrkammer-Sandfang, dessen Breite und Tiefe im Verhältnis zur Länge klein sind) ‖ ~ **number** (a number designating the particle size of grit and abrasive grains based on sieve analyses) (Eng) / Körnung *f* (Größenstufung der Schleifkörner nach ihrem mittleren Korndurchmesser, Körnungsnummer *f*
**grits** *pl* (Nut) / Haferschrot *m* ‖ ~ (Paint) / Staub *m* im Film, Fremdkörper *m pl* im Lackfilm
**grit spreader** (Autos, Civ Eng) / Splittstreuer *m* (für den Wintereinsatz), Streufahrzeug *n*, Streugerät *n*, Streuwagen *m* (für Splitt)
**gritstone** *n* (Geol) / grobkörniger Sandstein
**gritter** *n* (towed or self-propelled) (Autos, Civ Eng) / Splittstreuer *m* (für den Wintereinsatz), Streufahrzeug *n*, Streugerät *n*, Streuwagen *m* (für Splitt)
**gritting** *n* (Civ Eng) / Absplittung *f* (z.B. einer frischen Bitumendecke), Splittstreuung *f*, gleichmäßiges Aufbringen von Splitt ‖ ~ **lorry** (Autos) / Streufahrzeug *n* ‖ ~ **material** (Civ Eng) / abstumpfendes Mittel, Streugut *n*, Streumaterial *n*, Streumittel *n*
**gritty** *adj* / körnig *adj* (Sand) ‖ ~ (Geol) / kiesig *adj*, kiesbeladen *adj*, sandig *adj*, sandbeladen *adj* ‖ ~ **handle** (Textiles) / sandiger Griff ‖ ~ **wool** (Textiles) / Sandwolle *f*
**grivation** *n* (Aero, Nav) / Nadelabweichung *f* (Winkel zwischen Magnetisch-Nord und Gitter-Nord), Grivation *f*
**grizzle** *n* (Mining) / minderwertige pyritische Kohle ‖ ~ **bricks*** (Build) / Ziegel *m pl* 3. Wahl (zu schwach gebrannte)
**grizzly** *n* (a chute equipped with grizzlies of decreasing size, each grizzly separating coarse lumps of raw materials from smaller lumps in decreasing size classification) (Ceramics, Mining) / Fingerrutsche *f* ‖ ~* (rugged screen comprising fixed or moving bars, disks, or shaped tumblers or rollers, normally used for screening comparatively large particles, e.g. greater than 100 mm - ISO 9045) (Civ Eng, Min Proc) / Siebrost *m*, Stabrost *m* ‖ ~ (Mining) / Gitterrost *m* ‖ ~ **chute** (Ceramics, Mining) / Fingerrutsche *f*
**groats** *pl* (Nut) / Haferschrot *m* ‖ ~ **mill** (Nut) / Grützmühle *f*
**Grob test** (Chem Eng) / Grob-Test *m* (zur Bewertung der Säulenqualität)
**Groenheart** *n* (For) / Ipé *n* (Holz von Tabebuia sp.)
**grog*** *n* (Ceramics) / Ziegelmehl *n*, Ziegelstaub *m* (der beim Brennen von Ziegeln anfällt) ‖ ~ (a ground mixture of refractory materials) (Ceramics) / Schamottebruch *m*, zerkleinerte Schamotte, Schamottebrocken *m pl* ‖ ~* (Ceramics) / Magerungsmittel *n* (Ziegelmehl oder zerkleinerte Schamotte)
**grog-fireclay mortar** (Eng, Met) / Schamottemörtel *m* (z.B. zum Bau von Feuerungen)
**grogram** *n* (coarse fabric of silk, mohair and wool, or these mixed, often stiffened with gum) (Textiles) / Grogram *m*, Gros-grain *m*
**groin*** *n* (Arch, Build) / Gewölbegrat *m*, Gewölbekreuzungslinie *f*, Grat *m* (Kante zwischen zwei aneinander überschneidenden Flächen eines Gewölbes) ‖ ~ (US) (Hyd Eng) / Buhne *f* (vom Ufer aus in das Wasser hineingebauter Dammkörper - DIN 4054), Flussbuhne *f* ‖ ~ (US) (Hyd Eng) / Mole *f* (eine besondere Form des Leitdamms), Molo *m* (pl. Moli) (A)
**groined arch*** (Arch, Build) / Kreuzbogen *m* ‖ ~ **vault** (Arch, Build) / Kreuzgewölbe *n*, Kreuzkappengewölbe *n*, Kreuzgratgewölbe *n*
**groin vault** (Arch, Build) / Kreuzgewölbe *n*, Kreuzkappengewölbe *n*, Kreuzgratgewölbe *n*
**grommet** *n* (Civ Eng) / Pfahlkopfschutz *m* (aus Tauwerk) ‖ ~* (Elec Eng, Eng) / Durchführungshülse *f*, Durchgangstülle *f*, Tülle *f* ‖ ~ (Plastics) / Kunststoffringdichtung *f*, Gummiringdichtung *f* ‖ ~ (Plastics) / Kunststoffdichtungsring *m*, Gummidichtungsring *m* ‖ ~ (Plumb) / Mennigedichtungskitt *m* (für Leitungen) ‖ ~ (Plumb) / Dichtungsscheibe *f* (Mennige + Hanf)
**groove** *v* (Eng) / einstechhobeln *v* (nur Infinitiv oder Partizip) ‖ ~ (Eng) / einstechen *v* (eine Nut oder Rille mit einem Stechmeißel eindrehen, dessen Schneide entsprechend der geforderten Nutenform gestaltet ist), einstechdrehen *v* (nur Infinitiv oder Partizip) ‖ ~ (Eng) / rillen *v*, riffeln *v* (vertiefen) ‖ ~ (For) / Nuten (in Brettern) ausarbeiten ‖ ~ (For) / nuten *v* ‖ ~ (Foundry) / auskehlen *v* ‖ ~ (of a sheave) / Seilrille *f* (auf der Scheibe) ‖ ~ (Acous, Eng) / Rille *f* (einer Schallplatte) ‖ ~* (Bind) / Falzrille *f* (des Buchdeckelgelenks) ‖ ~ (Eng) / Rille *f* (für den Normalkeilriemen nach DIN 2217) ‖ ~ (Eng) / Nut *f*, Kerbe *f* ‖ ~ (Eng) / Einstich *m* ‖ ~ (Eng) / Einstich *m*, [rillenförmige] Eindrehung *f* ‖ ~ (Eng, Join) / Rille *f* ‖ ~ (Foundry) / Auskehlung *f* (eines Modells) ‖ ~ (Met) / Walzkaliber *n*, Kaliber *n* (profilierte Spalte zwischen den Walzenpaaren, die dem Walzgut das gewünschte Profil eines bestimmten Stichs gibt) ‖ ~ (Optics) / Strich *m* (eingeritzter - des Gitters) ‖ ~ (Ships) / Keep *f* (z.B. in einer Kausch oder zwischen den Kardeelen des Tauwerks) ‖ ~ (Typog) / Fußrille *f* ‖ ~ (Welding) / Fuge *f* ‖ ~ (Optics) s. also grating groove ‖ ~ **and tongue** *v* (Carp, Join) / spunden *v* (Bretter) ‖ ~ **angle** (Optics) / Furchenwinkel ‖ ~ **angle** (Welding) / Fugenöffnungswinkel *m*, Fugenwinkel *m* ‖ ~ **crack** (Autos) / Riss *m* in der Profilrille der Lauffläche ‖ ~**-cracking** *n* (Autos) / Rissbildung *f* im Profilgrund (von Autoreifen)
**grooved ball bearing** (Eng) / Rillenkugellager *n* (DIN 625, T 1)
**grooved-bit key** / Nutenbartschlüssel *m* (eine Sonderform des Buntbartschlüssels
**grooved compression ring** (I C Engs) / Nasenring *m* (Verdichtungsring mit Ölabstreifwirkung) ‖ ~ **drive stud** (Eng) / Kerbnagel *m* (mit Halbrundkopf nach DIN 1476; mit Senkkopf nach DIN 1477), KN ‖ ~ **drum** (Spinning) / Schlitztrommel *f* (rotierender Fadenführer bei Spulmaschinen) ‖ ~ **joint** (Bind) / Falz *m* (tiefer Gelenk zwischen dem Buchrücken und dem Buchdeckel) ‖ ~ **metal gasket** (Eng) / Kammprofildichtung *f* ‖ ~ **packing ring** (Eng) / kammprofilierter Dichtring *m* ‖ ~ **pass** (Met) / Walzkaliber *n*, Kaliber *n* (profilierte Spalte zwischen den Walzenpaaren, die dem Walzgut das gewünschte Profil eines bestimmten Stichs gibt) ‖ ~ **pin** (close-tolerance) (Eng) / Passkerbstift *m* (DIN 1472) ‖ ~ **rail** (Rail) / Rillenschiene *f* ‖ ~ **roller** (Eng) / Rillenwalze *f* ‖ ~ **roller** (Paper, Print, Textiles) / Molette *f* ‖ ~ **sleeve** (I C Engs) / Nutringmanschette *f* ‖ ~ **straight pin** (Eng) / Kerbstift *m*, KS ‖ ~ **strip** (Join) / Nutleiste *f* ‖ ~ **taper pin** (Eng) / Kegelkerbstift *m* (DIN 1471) ‖ ~ **track** (Rail) / Rillenschienengleis *n* ‖ ~ **wire** (Elec Eng) / hohlkantiger Profildraht, Rillendraht *m* (meistens Rillenfahrdraht)
**groove grating** (Optics) / Strichgitter *n*
**groove-lock pliers** (Tools) / Wasserpumpenzange *f* mit Rillen-Gleitgelenk, Rillenwasserpumpenzange *f*
**groove nut** (Eng) / Nutmutter *f* (DIN 1804 und DIN ISO 1891) ‖ ~ **profile of the grating** (Optics) / Furchenprofil *n* des Gitters
**groover** *n* (Join) / einseitig schneidender Fräser, Nutfräser *m*
**groove spacing** (Optics) / Strichabstand *m* (des Strichgitters) ‖ ~ **spacing** (Optics) / Gitterabstand *m* ‖ ~ **taper** (Met) / Anzug *m* (des

Walzkalibers) ‖ ~ **toothing** (Eng) / Hirth'sche Verzahnung, Kerbverzahnung *f* (für formschlüssige Wellen-Naben-Verbindung), Kerbzahnung *f* ‖ ~ **width** (Optics) / Furchenbreite *f* ‖ ~ **width** (Welding) / Flankenweite *f*

**grooving** *n* / Rissen *n* (Schuhe) ‖ ~ (Civ Eng) / Grooving *n* (Einfräsen von Rillen in die Fahrbahndecke als Mittel gegen Wasserglätte) ‖ ~* (Eng) / Einstechhobeln *n* ‖ ~* (Eng) / Einstechdrehen *n*, Einstechen *n* (Eindrehen einer Nut oder Rille mit Stechmeißel, dessen Schneide entsprechend der geforderten Nutenform gestaltet ist) ‖ ~ (For) / Nuten *n* ‖ ~ **cutter** (Join) / einseitig schneidender Fräser, Nutfräser *m* ‖ ~ **plane*** (Carp, Join) / Grathobel *m* (zum Herstellen von Gratfedern) ‖ ~ **saw*** (Carp) / Nut(kreis)säge *f* ‖ ~ **saw*** (Carp) / Nutkreissägeblatt *n* ‖ ~ **saw** (Carp, Join) / Fugensäge *f*, Gratsäge *f*

**gross bit rate** (Comp) / Gesamtbitfluss *m* ‖ ~ **calorific value** (Chem, Phys) / [spezifischer] Brennwert *m* (auf die Masse bezogener - nach DIN 5499), $H_o$ (spezifischer Brennwert) ‖ ~ **domestic product** / Bruttoinlandsprodukt *n*, BIP (Bruttoinlandsprodukt) ‖ ~ **energy** / Gesamtenergie *f* (potentielle + kinetische Energie) ‖ ~ **error** (Stats) / Gesamtfehler *m* ‖ ~ **head** (Hyd Eng) / Bruttofallhöhe *f*, Gesamtfallhöhe *f* (bei Wasserkraftanlagen) ‖ ~ **heating value** (Chem, Phys) / [spezifischer] Brennwert *m* (auf die Masse bezogener - nach DIN 5499), $H_o$ (spezifischer Brennwert) ‖ ~ **instability** (Plasma Phys) / makroskopische Instabilität, Makroinstabilität *f* ‖ ~ **instability** (Plasma Phys) / magnetohydrodynamische Instabilität, MHD-Instabilität *f* ‖ ~ **lease** / Brutto-Leasing *n* ‖ ~ **national product** / Bruttosozialprodukt *n* (Gesamtleistung einer Volkswirtschaft) ‖ ~ **profit from sales** / Bruttoergebnis *n* vom Umsatz (ein Bilanzposten) ‖ ~ **profit on sales** / Bruttoergebnis *n* vom Umsatz (ein Bilanzposten) ‖ ~ **reaction** (Chem) / Gesamtreaktion *f* ‖ ~ **throughput** (Eng) / Bruttodurchsatz *m* ‖ ~ **ton** (Mining, Ships) / Longton *f* (eine veraltete Masseneinheit = 2240 lb) ‖ ~ **tonnage** (Ships) / Bruttoraumzahl *f*, BRZ (Bruttoraumzahl) ‖ ~ **torque** (Autos) / Bruttodrehmoment *n*

**grossular*** *n* (Min) / Grossular *m* (Calciumaluminiumorthosilicat), Kalktongranat *m*

**grossularite** *n* (Min) / Grossular *m* (Calciumaluminiumorthosilicat), Kalktongranat *m*

**gross vehicle weight** (Autos) / Gesamtgewicht *n* (das tatsächliche Gewicht des beladenen Fahrzeugs einschließlich der Besatzung und der Fahrgäste) ‖ ~ **weight** / Bruttomasse *f*, Bruttogewicht *n* ‖ ~ **weight*** (Aero, Autos) / Gesamtmasse *f* ‖ ~ **weight** (Textiles) / Rohmasse *f*, Rohgewicht *n*

**grosswetterlage** *n* (Meteor) / Großwetterlage *f*, GWL

**gross wing area*** (Aero) / Flügelfläche *f* (der Teil, der in der Flügelverlängerung von Rumpf und Gondeln eingenommen wird, wird mitgerechnet)

**grot** *n* (Typog) / serifenlose Linear-Antiqua, Groteskschrift *f* (DIN 1451), Grotesk *f*, Steinschrift *f*

**grotesque*** *n* (Typog) / serifenlose Linear-Antiqua, Groteskschrift *f* (DIN 1451), Grotesk *f*, Steinschrift *f*

**Grothendieck topology** (Maths) / Grothendieck-Topologie *f* (nach A. Grothendieck, geboren 1928)

**Grotrian diagram** (which displays the energy levels of the states of an atom and depicts the observed transitions by lines connecting the terms that are responsible for them - the convention is also sometimes used for indicating the intensities of the transitions by the thickness of the lines) (Nuc, Spectr) / Grotrian-Diagramm *n*

**Grotthus•-Draper law*** (Chem) / Grotthuß'sches Gesetz, Grotthuß-Draper'sches Gesetz (nach T. Frhr. v. Grotthuß, 1785-1822) ‖ ~ **mechanism** (of proton mobility) / Grotthuß-Mechanismus *m*

**grotto** *n* (pl. -s or -es) (Arch) / Grotte *f*

**ground*** *v* (US) (Elec Eng) / erden *v* (einen elektrisch leitfähigen Teil über eine Erdungsanlage mit der Erde verbinden), an Erde legen ‖ ~ (Ships) / festkommen *v*, auf Grund geraten, auf Grund laufen, auf Grund kommen, auflaufen *v* ‖ ~ (Textiles) / vorfärben *v*, grundieren *v* ‖ ~ *n* / Gelände *n* ‖ ~ (Build) / Grundstück *n* (um das Haus) ‖ ~ (Build, Carp) / Putzträger *m* (Lattung) ‖ ~ (Build, Civ Eng) / Boden *m* (als Baugrund), Baugrund *m* (Gesamtheit der Erdstoffschichten, die der Belastung durch Bauwerke eine Tragkraft entgegensetzen und dementsprechend beansprucht werden - DIN 1054, DIN 4017 und DIN 4020), Baugrundboden *m* ‖ ~ (Ceramics) / Fond *m* (mit einer Farbe gespritzter Teil der Geschirroberfläche als Untergrund für weitere Dekorationen) ‖ ~ (Civ Eng) / Boden *m*, Erdboden *m*, Erdreich *n*, Erde *f* ‖ ~ (Civ Eng, Mining) / Gebirge *n* (DIN 21 521-1) ‖ ~ (US) (Elec Eng) / Erde *f*, Masse *f* ‖ ~ (a surface to which paint is to be applied) (Paint) / Untergrund *m* (Substrat einer Lackschicht), Anstrichuntergrund *m* ‖ ~* (Textiles) / Grund *m* ‖ ~* (Textiles) / Fond *m*, Hintergrund *m* ‖ **have ~ contact** (Autos) / aufsetzen *v* (unerwünschten Bodenkontakt haben) ‖ ~ **absorption*** (Radio) / Bodenabsorption *f* ‖ ~ **accident** (Aero) / Bodenunfall *m* ‖ ~ **aid** (Aero) / Bodenhilfe *f* ‖ ~ **air*** (Agric, Geol, San Eng) / Bodenluft *f* (luftgefüllter Porenraum im Boden mit fraktaler Grenzfläche zur Bodenlösung), Grundluft *f* ‖ ~**-air** *attr* (Mil) / Boden-Bord-, Boden-Luft- ‖ ~ **antenna** (Telecomm) / Erdantenne *f* (z.B. λ-langes Erdkabel als OMEGA-Antenne) ‖ ~ **antenna** (US) (Telecomm) / eingegrabene Antenne, Erdantenne *f* (eingegrabene) ‖ ~ **area** (Build) / Grundfläche *f* (DIN 277)

**ground-attack aircraft** (Mil) / Erdkampfflugzeug *n*

**ground auger*** (Civ Eng) / Erdbohrer *m* ‖ ~ **bark** (Leather) / Lohe *f* (zerkleinerte Gerbrinde), Gerberlohe *f*

**ground-based duct** (Radio) / Oberflächendukt *m*, Oberflächenduct *m*, Oberflächenleitschicht *f* ‖ ~ **radar** (Radar) / Bodenradar *m n* (stationär oder beweglich auf der Erdoberfläche)

**ground bashing** (Civ Eng) / dynamische Bodenverdichtung, Bodenverdichtung *f* mit Rüttel- und Schlaggeräten (bei nichtbindigen Böden), Impulsverdichtung *f* (des Bodens)

**groundbreaking** *adj* (new and pioneering) / bahnbrechend *adj*

**ground bus** (US) (Elec Eng) / Erdungssammelschiene *f*, Erdungsschiene *f*, Erdschiene *f* ‖ ~ **cable** (Autos) / Massekabel *n* (der Batterie) ‖ ~ **cable** (Ships) / Jager *m* (Stander des Vorgeschirrs eines Grundschleppnetzes) ‖ ~ **capacitance*** (US) (Elec) / Kapazität *f* gegen Erde, Erdkapazität *f* ‖ ~ **casing** (US) (Join) / Rahmenstock *m* (A), Blendrahmen *m*, Blindrahmen *m* (bei Türen, Fenstern und Einbauschränken) ‖ ~ **check run** (Aero) / Bodenprüflauf *m* ‖ ~ **clearance** (Autos) / Bodenfreiheit *f* (DIN 70020) ‖ ~ **clutter*** (resulting from the ground or objects on the ground) (Radar) / Bodenecho *n* (durch Rückstreuung am Erdboden einschliesslich Bebauung, Vegetation und Niederschlag), Bodenclutter *m*, Störflecke *m pl* durch Bodenechos ‖ ~ **coat*** (Paint) / Grundanstrich *m*, Grundierung *f*, Grundbeschichtung *f*, Voranstrich *m* (erste Schicht)

**ground-coat boiling** (Ceramics) / Aufkochen *n* der Glasur (ein Glasurfehler) ‖ ~ **enamel** / Grundemail *n*

**ground•-colour** *n* (Light) / Grundfarbe *f* (DIN 16 508), Primärfarbe *f* ‖ ~ **connection** (Elec Eng) / Masseverbindung *f* (Erdanschluss) ‖ ~ **control*** (the personnel and equipment that monitor and direct the flight and landing of aircraft or spacecraft) (Aero, Radar, Space) / Bodenkontrolle (Anlagen und Personal), bodenseitige Kontrolle (z.B. bei dem GCA-Verfahren) ‖ ~ **control** (Mining) / Hangendbeherrschung *f*, Beherrschung *f* des Hangenden, Hangendpflege *f* (das Hangende in seiner ursprünglichen Lage halten), Gebirgsbeherrschung *f* ‖ ~**-controlled approach*** (Aero, Radar) / GCA-Anflug *m*, bodenseitig kontrollierter Anflug, GCA-Landung *f*, bodengeführte Landung (z.B. mit Präzisionsanflugradar) (beim GCA-Verfahren)

**ground-controlled direction finding** (Aero, Ships) / Fremdpeilung *f* ‖ ~ **interception*** (Aero, Mil) / GCI-Verfahren *n*, vom Boden geleitetes Abfangen

**ground control point** (Aero, Radar) / Bodenkontrollpunkt *m* ‖ ~ **crew** (Aero) / Bodenpersonal *n* ‖ ~ **defect** (Paint) / Untergrundmangel *m* (DIN 18363) ‖ ~ **earth station** (Space) / zentrale Bodenstation (eines Satellitensystems)

**grounded** *adj* (Elec Eng) / mit Masseschluss, geerdet *adj*, an Erde gelegt ‖ ~ **base connexion** (GB) (Electronics) / Basisschaltung *f* (eine Grundschaltung des Transistors) ‖ ~ **circuit*** (US) (Elec Eng) / geerdeter Stromkreis ‖ ~ **collector circuit** (Electronics) / Kollektorschaltung *f* (eine Grundschaltung des Transistors) ‖ ~ **collector connexion** (GB) (Electronics) / Kollektorschaltung *f* (eine Grundschaltung des Transistors)

**grounded-drain circuit** (Electronics) / Drainbasisschaltung *f*

**grounded-grid amplifier*** (Electronics) / Gitterbasisverstärker *m*

**grounded-source circuit** (Electronics) / Sourceschaltung *f* (bei Bipolar- und Feldeffekttransistoren)

**ground effect** (Aero, Phys) / Bodeneffekt *m* (z.B. bei Hubschraubern oder Senkrechtstartern) ‖ ~**-effect machine** (Aero) / Luftkissenfahrzeug *n*, Bodeneffektfluggerät *n*, Bodeneffektgerät *n*, Hovercraft *n* (bei dem ein Gebläse ein gegen die Umgebung abgedichtetes Gebiet höheren Drucks bildet) ‖ ~**-effect vehicle** (Aero) / Luftkissenfahrzeug *n*, Bodeneffektfluggerät *n*, Bodeneffektgerät *n*, Hovercraft *n* (bei dem ein Gebläse ein gegen die Umgebung abgedichtetes Gebiet höheren Drucks bildet)

**ground(ed) electrode** (US) (Autos) / Seitenelektrode *f*, Masseelektrode *f* (der Zündkerze)

**ground engineer*** (Aero) / Luftfahrzeugprüfingenieur *m* ‖ ~ **engineering** (Build, Civ Eng) / Verfahren *n* zur Bodenverbesserung ‖ ~ **engineering** (Geol) / Geotechnik *f* (Ingenieurgeologie im breitesten Sinne) ‖ ~ **equipment** (Aero, Space) / Bodenorganisation *f* (z.B. Anlagen für Raketenstart und Bahnverfolgung) ‖ ~ **fault** (US) (Elec Eng, Radio) / Störung *f* durch Erdschluss ‖ ~ **fault** (US) (Elec Eng, Radio) / Erdschluss *m*, Erdfehler *m* ‖ ~ **fine pitch*** (Aero) / Flacheinstellung *f* der Luftschraube (beim Starten eines PTL-Triebwerks) ‖ ~ **fire** (Ecol, Eng, For) / Lauffeuer *n* (im Bodenüberzug), Bodenfeuer *n*, Erdfeuer *n* (in Torf- oder

669

**ground**

Kohlenlagern) ‖ ~ **fireclay** (milled fireclay or mixtures of fireclays subjected to no treatment other than weathering) (Ceramics) / Rohschamotte f (unvergütete Schamotte) ‖ ~ **floor** (Build) / Erdgeschoss n, Parterre n (pl. -s) ‖ ~ **fog** (Meteor) / Bodennebel m (auf dem Erdboden aufliegender, flacher Nebel) ‖ ~ **freezing** (Civ Eng, Mining) / Gefrierverfahren n (Baugrundvereisung zur Bodenverfestigung) ‖ ~ **frost*** (Meteor) / Bodenfrost m ‖ ~ **glass** (Glass) / Mattglas n (das auf mechanischem Wege gleichmäßig aufgeraut wurde)
**ground-glass focussing screen** (Photog) / Mattscheibe f, Mattglas n, Projektionsmattscheibe f ‖ ~ **joint** (Chem, Glass) / Schliff m (Schliffverbindung), Schliffpaar n, Schliffverbindung f (für gläserne Laborgeräte)
**ground-glass-joint lubricant** (Chem, Glass) / Schliff-Fett n (ein Dichtungs- und Schmiermittel für Schliffe auf der Basis von Siliconfetten), Hahnfett n (für Schliffe)
**ground-glass screen** (Photog) / Mattscheibe f, Mattglas n, Projektionsmattscheibe f
**ground handling** (Aero) / Bodendienstabfertigung f, Bodenbedienung f, Bodenbetrieb m ‖ ~ **handling equipment** (Aero) / Bodenbedienungsgerät n
**groundhog kiln** (constructed partly in a hillside) (Ceramics) / Hangofen m (teilweise in den Hang gebauter Feldbrandofen)
**ground hostess** (Aero) / Groundhostess f (Angestellte einer Fluggesellschaft, der die Betreuung der Fluggäste auf dem Flughafen obliegt) ‖ ~ **hydrant** (Eng) / Unterflurhydrant m (DIN 3221) ‖ ~ **ice** / Grundeis n ‖ ~ **ice** (Autos, Meteor) / überfrierende Nässe, gefrierende Nässe, Eisglätte f ‖ ~ **ice** (Geol) / Bodeneis n, Tjäle f
**ground-ice wedge** (Geol) / Eiskeil m (rezenter oder fossiler)
**ground improvement** (Build, Civ Eng) / Bodenverbesserung f, Bodenstrukturverbesserung f, Baugrundverbesserung f
**ground-in** adj (Eng) / eingeschliffen adj
**grounding** n (US) (Elec Eng) / Erdung f (Gesamtheit aller Mittel und Maßnahmen zum Erden), Masseanschluss n ‖ ~ (Ships) / Auflaufen n (Festkommen auf Grund) ‖ ~ (Textiles) / Grundierung f, Vorfärbung f ‖ ~ **busbar** (Elec Eng) / Sammelschiene f ‖ ~ **contact** (US) (Elec Eng) / Schutzkontakt m ‖ ~ **reactor** (US) (Elec Eng) / Erdschlussreaktanz f, Erdungsdrossel f, Erdschlussdrossel f, EDr (Erddrossel) f ‖ ~ **transformer** (Elec Eng) / Sternpunkttransformator m
**ground-in neck** (Glass) / Schliffansatz m
**ground inversion** (Meteor) / Bodeninversion f ‖ ~ **jack** (Elec Eng) / Massebuchse f ‖ ~ **joint** (Chem, Glass) / Schliff m (Schliffverbindung), Schliffpaar n, Schliffverbindung f (für gläserne Laborgeräte)
**ground-joint glassware** (Chem) / Schliffapparatur f (im Labor), Schliffgeräte n pl
**ground junction** (Electronics) / gezogener Übergang
**ground-launched** adj (Mil) / landgestützt adj, bodengestützt adj (Flugkörper) ‖ ~ **ballistic missile** (Mil) / landgestützter ballistischer Flugkörper
**ground laying** (Ceramics) / Fondslegen n, Fondsspritzen n ‖ ~ **laying** (the application of a uniform colour, usually by dusting a powdered ceramic colour over ware or an area of ware previously painted with an adherent oil) (Ceramics) / Fondslegen n ‖ ~ **lead** (US) (Elec Eng) / Erdleiter m (der normalerweise Erdpotential hat - DIN 40108) ‖ ~ **lead** (Welding) / Masseleitung f, Massekabel n, Erdkabel n, Erdleitung f, Erdungskabel n ‖ ~ **lead-cable logging** (For) / Schleifrücken n mittels Seilkran (Rohholztransport) ‖ ~ **level** (Nuc) / kleinste Energie (des Atoms oder des Kerns im Grundzustand)
**ground-level*** n (Surv) / Geländehöhe f, Bodenhöhe f ‖ ~ **concentration** (Ecol) / Konzentration auf Bodenhöhe f (Luftverunreinigung)
**ground logging** (For) / Schleifrücken n, Schleifen (von Holzernte) ‖ ~ **loop*** (Aero) / Ausbrechen n (am Boden) ‖ ~ **loop** (US) (Elec Eng) / Erdschleife f
**groundman** n (US) (Build, Civ Eng) / Erdarbeiter m
**ground-mapping radar** (Radar) / Bodenaufklärungsradar m n
**groundmass** n (Ceramics, Powder Met) / Matrix f (der Phasenanteil eines keramischen Werkstoffes, in den die anderen Phasen eingebettet sind), Grundmasse f ‖ ~* (Geol) / Grundmasse f in Eruptivgesteinen und Bindemittel in Sedimentgesteinen, Matrix f (Grundmasse)
**ground mat** (US) (Radio) / Erdungsdrahtnetz n, Erdnetz n
**groundmeat** n (US) (Nut) / Hackfleisch n, Gehacktes n, Hack n (Hackfleisch), Faschiertes n
**ground mist** (Meteor) / Bodennebel m (auf dem Erdboden aufliegender, flacher Nebel) ‖ ~ **moraine** (the debris which accumulates in the sole of a glacier and is steadily pushed or carried forward with the ice) (Geol) / Grundmoräne f (an der Gletscherbasis abgelagertes Material) ‖ ~ **movement** (Aero) / Bodenbewegung f ‖ ~ **movement** (Civ Eng) / Bewegung f des Baugrunds ‖ ~ **movement radar** (Aero, Radar) / Rollverkehrsradar m n, Radar m n für Bodenbewegungskontrolle ‖ ~ **moving-target indicator** (Radar) / Bodenbewegtzielfilter n (beim Luftfahrzeugradar) ‖ ~ **noise** (Acous) / Störgeräusch n, Grundgeräusch n, Systemeigengeräusch n, Hintergrundgeräusch n
**groundnut** n (Bot, Nut) / Erdnuss f (aus Arachis hypogaea L.) ‖ ~ **butter** (Nut) / Erdnussmark f, Erdnussbutter f
**ground-nut oil** / Erdnussöl n, Arachisöl n
**ground ore** (Min Proc) / gemahlenes Erz
**ground-penetrating radar** (Radar) / Oberflächendurchdringungsradar m n, Georadar m n, Bodenradar m n
**ground-penetration radar** (a non-invasive electromagnetic geophysical technique for subsurface exploration, characterization and monitoring - widely used in locating lost utilities, environmental site characterization and monitoring, agriculture, archaeological and forensic investigation, unexploded ordnance and land mine detection) (Radar) / Oberflächendurchdringungsradar m n, Georadar m n, Bodenradar m n
**ground personnel** (Aero) / Bodenpersonal n ‖ ~ **plan*** (Build) / Grundriss m (zeichnerische Darstellung des waagerechten Schnittes eines Gebäudes oder eines Bauteiles) ‖ ~ **plan** (Build, Civ Eng) / Lageplan m ‖ ~ **plane** / horizontale Abbildungsebene
**ground-plane antenna** (Radio) / Groundplane-Antenne f (vertikaler Viertelwellenstrahler mit Gegengewicht)
**ground plate** (Build) / Bodenabdeckplatte f
**groundplot*** n (Aero, Nav) / Standortbestimmung f (rechnerische)
**ground** (survey) **point** (Surv) / Geländepunkt m ‖ ~ **position** (Aero, Nav) / Standort m über Grund ‖ ~**-position indicator*** (Aero, Nav) / Standortanzeiger m, Koppelstandortanzeiger m ‖ ~ **power unit** (Aero) / Bodenstromgerät n (auf dem Flughafen) ‖ ~ **power unit** (Aero) / Elektroaggregat n (beim Starten) ‖ ~ **pressure** (Agric) / Bodendruck m (z.B. der Zugtiere oder Landmaschinen auf den Boden)
**ground-probing radar** (Radar) / Oberflächendurchdringungsradar m n, Georadar m n, Bodenradar m n
**ground radio operator** (Aero) / Bodenfunker m ‖ ~ **range** (Radar) / Kartenentfernung f (die Projektion auf die kugelförmig angenommene Erdfläche) ‖ ~ **ray*** (Radio) / direkte Welle (eine Raumwelle)
**ground-reconnaissance radar** (Radar) / Bodenaufklärungsradar m n
**ground*-reflected wave** (Radio) / bodenreflektierte Welle ‖ ~ **reflection*** (Radar) / Bodenreflexion f
**ground-resistance meter** (Elec Eng) / Erdungsmessgerät n
**ground resistance profile** (Civ Eng) / Bodenwiderstandsprofil n (im Bohrloch) ‖ ~ **resonance*** (Aero) / Bodenresonanz f (des Hubschrauberrotors) ‖ ~ **return** (US) (Elec Eng) / Erdrückleitung f, Masserückleitung f ‖ ~ **return*** (Radar) / Bodenecho n ‖ ~ **return*** (Radar) s. also ground clutter ‖ ~ **return circuit** (US) (Elec Eng) / Erdrückschlusskreis m, Erdungskreis m ‖ ~ **rod** (US) (Elec Eng) / Erdungsrohr n, Rohrerder m, Staberder m ‖ ~ **run** (the movement of an aircraft along the ground just before take-off or just after landing) (Aero) / Startlaufstrecke f (nur der Bodenlauf), Landelaufstrecke m (nur der Bodenlauf), Startlauf m, Bodenlauf m ‖ ~ **safety lock*** (Aero) / Fahrwerkeinziehverriegelung f ‖ ~ **service** (Aero) / Bodendienst m ‖ ~ **servicing** (Aero) / Bodendienstabfertigung f, Bodenbedienung f, Bodenbetrieb m ‖ ~ **servicing equipment** (Aero) / Bodenbedienungsgerät n ‖ ~ **sill** (Build, Hyd Eng) / Grundschwelle f (ein Regelungsbauwerk, das über die Sohle herausragt) ‖ ~ **skidding** (For) / Schleifrücken n, Schleifen (von Holzernte)
**groundslab** n (Build) / Fundamentplatte f (eine bewehrte Flachgründung bei weniger tragfähigem Baugrund), Bodenplatte f, Grundplatte f (Bodenplatte)
**ground slide** (For) / Erdriese f, Erdrutsche f ‖ ~ **sluice** (Hyd Eng) / Grundablass m (der Talsperre) ‖ ~ **sluicing** (Min Proc) / Rinnenwäsche f (im Anstehenden einer Seife)
**groundsman** n (Eng) / Anschläger m, Binder m (am Kran)
**groundspeed*** n (Aero) / Absolutgeschwindigkeit f, Bodengeschwindigkeit f, Grundgeschwindigkeit f (Fluggeschwindigkeit gegenüber der Erdoberfläche), Geschwindigkeit f über Grund
**ground spoiler** (Aero) / Lift-Dumper m (auf der Tragflügeloberseite angebrachte großflächige Spreizklappe) ‖ ~ **staff** (Aero) / Bodenpersonal n ‖ ~ **start** (Space) / Bodenstart m ‖ ~ **state*** (the lowest energy state of a quantum-mechanical system) (Nuc) / Grundzustand m (z.B. eines quantenmechanischen Systems - eines Atoms, eines Kerns) ‖ ~ **state*** (Nuc) s. also ground level ‖ ~ **station** (Radio) / Erdefunkstelle f, Bodenfunkstelle f, Bodenstation f ‖ ~ **station** (Space) / Erdfunkstelle f (Bodenstation für den Funkverkehr mit Nachrichtensatelliten) ‖ ~ **storage** (For) / Landlagerung f (von Rundholz) ‖ ~ **support** (Civ Eng, Mining) / Grubenausbau m (beim Tunnelbau), Tunnelausbau m ‖ ~ **support equipment*** (Aero) / Bodenanlagen f pl ‖ ~ **surface** (Build) / Geländeoberfläche f ‖ ~

**surface** (Eng) / Schliffflächef(bearbeitete Fläche am Werkstück) ‖ **~ surface** (Mining) / Tagesoberfläche f ‖ **~ swell** (Ships) / Grunddünung f (Logbuchstabe G.) ‖ **~ switch** (Aero) / Luft-Boden-Schaltung f (Wechsel zwischen Boden- und Flugzustand), Boden-Luft-Schaltung f ‖ **~ system*** (Elec Eng) / Erdungsanlage f ‖ **~ table** (Build) / Mauerschicht f über der Gründung (die erste) ‖ **~ table*** (Build) / Streifenfundament n (aus Bruchsteinen) ‖ **~ tackle** (Ships) / Ankergeschirr n (Einrichtung zum Festlegen eines Schiffes auf freiem Wasser) ‖ **~ tan-bark** (Leather) / Lohe f (zerkleinerte Gerbrinde), Gerberlohe f ‖ **~ terminal** (Elec Eng) / Erdungsklemme f (die bei einem Unglücksfall Spannung annimmt und so bemessen ist, dass sie den Anschluss eines Erdleiters ermöglicht) ‖ **~ test run** (Aero) / Bodenprüflauf m ‖ **~ thread** (Weaving) / Grundfaden m ‖ **~-to-air** attr (Mil) / Boden-Bord-, Boden-Luft-
**ground-to-air missile** (Mil) / Boden-Luft-Flugkörper m, Boden-Luft-Lenkwaffe f
**ground-to-ground missile** (Mil) / Boden-Boden-Flugkörper m
**ground track** (Radar) / Nadirspur f (Projektion der Flugbahn auf den Boden bei dem SAR) ‖ **~ tracking station** (Space) / Bodenstation f (zur Verfolgung von Raumflugkörpern) ‖ **~ training** (Aero) / fliegerische Ausbildung am Boden ‖ **~ transportation** / bodengebundener Verkehr (meistens Straßenverkehr) ‖ **~ trawl** (Ocean) / Grundschleppnetz n ‖ **~ truth** (Geol) / Daten bzw. Informationen über die tatsächlichen Gegebenheiten am Boden zur Eichung bzw. Verifizierung von Fernerkundungsdaten ‖ **~ visibility** (Aero) / Erdsicht f, Bodensicht f ‖ **~ water*** (Civ Eng, Geol, Hyd Eng, San Eng) / Grundwasser n (das dicht unter der Erdoberfläche bis in größere Tiefen die Bodenhohlräume zusammenhängend ausfüllende Wasser - DIN 4049, T 3, DIN EN 752-1)
**groundwater** n (Civ Eng, Geol, Hyd Eng, San Eng) / Grundwasser n (das dicht unter der Erdoberfläche bis in größere Tiefen die Bodenhohlräume zusammenhängend ausfüllende Wasser - DIN 4049, T 3, DIN EN 752-1) ‖ **~ budget** (a statement or estimate of water resources) (Hyd Eng) / Grundwasserhaushalt m ‖ **~ contour** (Hyd Eng) / Grundwassergleiche f, Grundwasserhöhenlinie f, Grundwasserisohypse f ‖ **~ decrement** (Civ Eng, Geol) / Grundwasserabnahme f ‖ **~ divide** (Geol) / Grundwasserscheide f ‖ **~ flow** (Geol, Hyd Eng) / Grundwasserströmung f ‖ **~ increment** (in the zone of saturation) (Geol, Hyd Eng) / Grundwasserneubildung f, Grundwasserdargebot n ‖ **~ inrush** (Hyd Eng) / Grundwasserandrang m, Grundwasserzutritt m ‖ **~ level** (Geol, Hyd Eng) / Grundwasserspiegel m (DIN 4049, T 3), Grundwasserstand m, Grundwasseroberfläche f, Wasserspiegel m (Grundwasserspiegel) ‖ **~ lowering** (Civ Eng, Hyd Eng) / Grundwasserabsenkung f (Erniedrigung der Grundwasseroberfläche, z.B. als Folge technischer Maßnahmen nach DIN 4049-1) ‖ **~ modelling** (Hyd Eng) / Grundwassermodellierung f ‖ **~ movement** (Geol, Hyd Eng) / Grundwasserbewegung f ‖ **~ recharge** (Geol, Hyd Eng) / Grundwasserneubildung f, Grundwasserdargebot n ‖ **~ replenishment** (Geol, Hyd Eng) / Grundwasserneubildung f, Grundwasserdargebot n ‖ **~ reservoir** (Ecol, Geol) / Grundwasserspeicher m ‖ **~ surface** (Geol, Hyd Eng) / Grundwasserspiegel m (DIN 4049, T 3), Grundwasserstand m, Grundwasseroberfläche f, Wasserspiegel m (Grundwasserspiegel) ‖ **~ table** (Geol, Hyd Eng) / Grundwasserspiegel m (DIN 4049, T 3), Grundwasserstand m, Grundwasseroberfläche f, Wasserspiegel m (Grundwasserspiegel)
**groundwater-table gradient** (Geol, Hyd Eng) / Grundwasserspiegelgefälle n
**ground wave*** (Phys) / Grundwelle f, Hauptwelle f ‖ **~ wave** (Radio) / Bodenwelle f (Raumwelle + Oberflächenwelle)
**ground-wave radar** (Radar) / Bodenwellenradar m
**ground weave** (Weaving) / Grundbindung f (Leinwand-, Köper- und Atlasbindung) ‖ **~ wheel** (Aero) / Laufrad n (zum Landtransport des Wasserflugzeuges) ‖ **~ wheel** (Eng) / Laufrad n (meistens spurkranzgeführt) ‖ **~ wire** (US) (Elec Eng) / Erdleiter m (der normalerweise Erdpotential hat - DIN 40108)
**groundwood** n (Paper) / [mechanischer] Holzschliff m (DIN 6730), [mechanischer] Holzstoff m, Holzmasse f
**groundwood-free** adj (Paper) / holzfrei adj (holzschlifffrei), aus reiner Zellulose, h'f (holzfrei)
**groundwood pulp** (Paper) / [mechanischer] Holzschliff m (DIN 6730), [mechanischer] Holzstoff m, Holzmasse f ‖ **~ rejects** (Paper) / Spuckstoff m (grober), Grobstoff m, "Sauerkraut" n, Sortierstoff m
**groundworks** pl (Build) / Außenanlagen f pl (von Gebäuden)
**ground yarding** (For) / Schleifrücken n, Schleifen n (von Holzernte) ‖ **~ zero** (Mil, Nuc Eng) / Bodennullpunkt m (der genau unterhalb der Stelle lag, wo in größerer Höhe die Atombombe explodierte), Nullpunkt m (Ground Zero), Ground Zero m n, Detonationsnullpunkt m (der lotrecht unter oder über dem Detonationspunkt liegende Punkt auf der Erdoberfläche)

**group** (of shots) (Mining) / Zündgang m (gemeinsames Zünden zusammengehöriger Sprengladungen) ‖ **~** v / gruppieren v ‖ **~** (Telecomm) / bündeln v (Frequenzen) ‖ **~** n / Konzern m (ein herrschendes und mindestens ein abhängiges Unternehmen) ‖ **~*** (vertical column) (Chem) / Gruppe f (des Periodensystems) ‖ **~** (Chem) / Gruppe f, Rest m (eines Moleküls) ‖ **~** (Elec Eng) / Satz m (von Akkumulatorplatten) ‖ **~** (a collection of units, assemblies or subassemblies which is a subdivision of a set or system, but which is not capable of performing a complete operational function) (Electronics, Eng) / Gerätegruppe f ‖ **~*** (Geol) / Gruppe f (in der Stratigrafie) ‖ **~*** (Maths) / Gruppe f (eine algebraische Struktur) ‖ **~** (Telecomm) / Gruppe f (in der Trägerfrequenztechnik) ‖ **~*** (Telecomm) / Gruppe f, Primärgruppe f, Grundgruppe f ‖ **~ adapter** (Teleph) / Gruppenvorsatz m ‖ **~ adaptor** (Teleph) / Gruppenvorsatz m ‖ **~ addressing** (Comp) / Gruppenadressierung f
**groupage waggon** (Rail) / Sammelgutwagen m
**group analysis** (Chem) / Gruppenanalyse f ‖ **~ branching switch** (Teleph) / Gruppenweiche f ‖ **~ call** (Teleph) / Gruppenruf m ‖ **~ casting** (Foundry) / Gespannguss m ‖ **~ casting plate** (Foundry) / Bodenplatte f (beim Gespanngießen) ‖ **~ code** (Comp) / Gruppenkode m, systematischer Fehlerprüfkode ‖ **~ coding** (Comp) / Gruppenkodierung f, Gruppenverfahren n ‖ **~ control** (Comp, Teleph) / Gruppensteuerung f, GS (Gruppensteuerung) ‖ **~ decision support** (AI, Comp) / Verhandlungsunterstützung f, Gruppenentscheidungsunterstützung f, verteilte Entscheidungsunterstützung f ‖ **~ delay*** (Telecomm) / Gruppenlaufzeit f (DIN 40148, T 1) ‖ **~ drive*** (Elec Eng) / Gruppenantrieb m
**grouped consignment** (Ships) / Sammelladung f
**group erase** (Comp) / Gruppenlöschzeichen n (DIN 66 009) ‖ **~ fader** (Acous) / Summeneinsteller m (Einstellorgan am Ausgang eines Tonmischpults) ‖ **~ frequency** (Telecomm) / Wellenzugfrequenz f, Gruppenfrequenz f ‖ **~ indication** (Comp) / Gruppenanzeige f
**grouping** n / Gruppierung f ‖ **~ of the grooves** / Füllschrift f (in der Schallplattenherstellung)
**group interconnection plan** (Teleph) / Gruppierungsübersicht f ‖ **~ knots** (For) / Astansammlung f ‖ **~ mailing** / Gemeinschaftsversand m, Gemeinschaftswerbeversand m ‖ **~ mark** (Comp) / Gruppenmarke f ‖ **~ marker** (Comp) / Gruppenmarke f ‖ **~ modulation*** (Telecomm) / Gruppenmodulation f, Gruppenumsetzung f ‖ **~ multiwire line** (Teleph) / Gruppenvielfachleitung f ‖ **~ of circuits** (Elec Eng) / Leitungsbündel n ‖ **~ of curves** (Maths) / Kurvenschar f ‖ **~ of harness cords** (Weaving) / Harnischpuppe f, Puppe f ‖ **~ of motions** (Maths) / Bewegungsgruppe f ‖ **~ of movements** (Maths) / Bewegungsgruppe f ‖ **~ of shots** (Mining) / Zündgang m (gemeinsames Zünden zusammengehöriger Sprengladungen) ‖ **~ of successive teeth** (Tools) / Zahngruppenfolge f, Zahnfolge f (aufeinander folgende Räumzahngruppen) ‖ **~ of tolerances** (Eng) / Toleranzreihe f ‖ **~ of trunks** (Telecomm) / Leitungsbündel n (in der Vermittlungstechnik), Bündel n
**groupoid** n (Maths) / Gruppoid n (eine Menge, in der eine zweistellige Verknüpfung definiert ist)
**group reaction*** (Chem) / Gruppenreaktion f ‖ **~ reagent** (Chem) / Gruppenreagens n ‖ **~ representation** (Maths) / Gruppendarstellung f ‖ **~ select** (Teleph) / Gruppenwahl f, gesteuerte Freiwahl ‖ **~ selection** (Teleph) / Gruppenwahl f, gesteuerte Freiwahl ‖ **~ selector*** (Teleph) / Gruppenwähler m ‖ **~ separator** (Comp) / GS-Zeichen n, Gruppentrennzeichen n (DIN 66 303)
**groups of data** (Comp) / Daten n pl (DIN 44300), Daten f pl
**group speed** (Telecomm) / Gruppengeschwindigkeit f (einer Wellengruppe nach DIN 1324, T 3) ‖ **~ stress** (Mech) / Spannungskollektiv n ‖ **~ switch** (Teleph) / Gruppenkoppler m ‖ **~ table** (Maths) / Cayley'sche Tafel, Gruppentafel f, Verknüpfungstafel f ‖ **~ technology** (Work Study) / Nestfertigung f ‖ **~ teeming** (Foundry) / Gespannguss m
**group-teeming plate** (Foundry) / Gespannplatte f, Bodenplatte f
**group teeming stool** (US) (Foundry) / Gespannplatte f, Bodenplatte f ‖ **~ theory** (Chem, Maths) / Gruppentheorie f ‖ **~ theory*** (Nuc Eng) / Gruppendiffusionstheorie f, Gruppentheorie f (zur mathematischen Beschreibung der Neutronendiffusion in einem Reaktor)
**grouptrack** (Radar) / Pulkspur f (gemeinsame Spur benachbarter Ziele)
**group transfer polymerization** (Chem) / Gruppentransferpolymerisation f (ein Polymerisationsverfahren, bei dessen Wachstumsreaktion ein wiederholter intramolekularer Transfer eines Silylkomplexes zum anzulagernden Monomer diskutiert wird), Gruppenübertragungspolymerisation f ‖ **~ velocity** (Autos) / Pulkgeschwindigkeit f (in der Verkehrstechnik) ‖ **~ velocity*** (Telecomm) / Gruppengeschwindigkeit f (einer Wellengruppe nach DIN 1324, T 3)
**groupware** f (Comp) / Groupware f (Software für eine bestimmte Benutzergruppe, die in einem Netzwerk an einem gemeinsamen

**groupware**

Projekt arbeitet), Gruppensoftware f, Workgroup-Software f ‖ ~ **server** (Comp) / Groupware-Server m (der die Dateien einer Arbeitsgruppe verwaltet)
**group window** (Comp) / Gruppenfenster n (zeigt nur Daten an und verarbeitet keine Angaben) ‖ ~ **work centre** (Work Study) / Gruppenarbeitsplatz m
**grout** v (Build, Civ Eng, Mining) / einpressen v, verpressen v, injizieren v ‖ ~ (under pressure) (Build, Civ Eng, Mining, Oils) / verpressen v, einpressen v, injizieren v ‖ ~ n (on a surface of a tile) (Build) / Zementschleier m (Oberflächenverunreinigung von Fliesen), Mörtelschleier m ‖ ~* (Build) / Zementschlempe f (Wasser-Zement-Mischung), Zementschlämme f ‖ ~ (Build) / dünnflüssiger Mörtel, Schlempe f ‖ ~ (Build, Civ Eng) / Vergussmörtel m (zum Verguss von Aussparungen) ‖ ~ (a mortar or paste for filling crevices) (Build, Civ Eng) / Injektionsmörtel m, Verpressungsmörtel m ‖ ~ (fluid or semi-fluid cement slurry or a slurry made with other materials) (Build, Civ Eng, Mining) / Einpressmittel n, Verpressmittel n, Injektionsmittel n, Einpressmedium n, Einpressgut n (eine pumpfähige Mischung zum Füllen von Hohlräumen im Untergrund und in Bauwerken nach DIN 4093) ‖ ~ (Civ Eng) / Einpressmörtel m (bei Spannbeton - DIN 4227, T 5) ‖ ~ **curtain** (Civ Eng, Hyd Eng, Mining) / Injektionsschleier m (zur Abdichtung gegen Wasserverlust, meistens bei Talsperren), Schürze f, Injektionsschirm m
**grouted aggregate** (Civ Eng) / Prepactbeton m (ein Ausgussbeton), Prepaktbeton m ‖ ~ **macadam** (coarse aggregate in which the voids ared filled by pouring in bituminous grout or cement grout) (Civ Eng) / mörtelverfüllter Makadam
**grouting** n (Build, Civ Eng, Mining) / Einpressmittel n, Verpressmittel n, Injektionsmittel n, Einpressmedium n, Einpressgut n (eine pumpfähige Mischung zum Füllen von Hohlräumen im Untergrund und in Bauwerken nach DIN 4093) ‖ ~* (Build, Civ Eng) / Verpressung f (von Zementsuspension), Zementeinspritzung f, Zementierung f, Versteinung f (des Bodens), Einspritzung f der Zementpaste ‖ ~ (Met) / Vergussmaterial n (für Ofenauskleidung) ‖ ~ (Met) / Verguss m (Ofenauskleidung) ‖ ~ **additive** (Build, Civ Eng, Mining) / Einpresshilfe f (DIN 1045), EH (Einpresshilfe) ‖ ~ **cement** (Build, Civ Eng) / Einspritzzement m, Einpresszement m ‖ ~ **machine** (Build, Civ Eng) / Förderkammer f (der Betonspritzmaschine) ‖ ~ **method of shaft sinking** (Mining) / Versteinungsverfahren n beim Schachtabteufen, Zementieren n (beim Schachtabteufen)
**groutnick** n (in blockwork or masonry walls) (Build) / Verzahnungsstelle f (Anschluss im Mauerwerksverband)
**grout pan** (Build, Civ Eng) / Förderkammer f (der Betonspritzmaschine)
**grove** (For) / Wald m (kleiner), Wäldchen n ‖ ~ **cell** (Elec Eng) / Grove-Element n (nach Sir W.R. Grove, 1811-1896)
**Grove's synthesis** (Chem Eng) / Grove-Synthese f (großtechnische Herstellung von Methylchlorid)
**grow** v (Biol, Crystal) / wachsen v ‖ ~ (Crystal, Electronics) / züchten v ‖ ~ (Foundry) / wachsen v (Formsand) ‖ ~ **box** (Comp) / dynamisch skalierbarer Bildschirmausschnitt
**grower** n (Agric) / Pflanzer m, Anbauer m, Züchter m
**grow in** v / einwachsen v
**growing** n (Biol, Crystal) / Wachstum n, Wachsen n, Wuchs m ‖ ~* (Crystal, Electronics) / Züchten n, Züchtung f (der Kristalle) ‖ ~ **season** (Bot) / Wachstumsperiode f, Vegetationszeit f, Vegetationsperiode f (derjenige Zeitraum des Jahres, in dem Pflanzen fotosynthetisch aktiv sind)
**growl** v (Autos) / wummern v (dumpf dröhnen)
**growler** n (Autos, Elec Eng) / Prüfsummer m, Ankerprüfgerät n
**grown-diffused transistor** (Electronics) / Grown-diffused-Transistor m
**grown-diffusion transistor** (Electronics) / Grown-diffused-Transistor m
**grown-in dislocation** (Crystal) / eingewachsene Versetzung
**grown junction*** (Electronics) / gezogener Übergang
**grown-junction transistor** (Electronics) / gezogener Transistor
**grown soil** (Civ Eng) / gewachsener Boden (natürlich gelagerter Boden) ‖ ~ **tyre** (Autos) / gewachsener Reifen
**growth*** n / Zuwachs m, Anwachsen n ‖ ~ (Agric) / Anbau m (ohne Plural), Bau m (ohne Plural) ‖ ~* (Biol, Crystal) / Wachstum n, Wachsen n, Wuchs m ‖ ~ (For) / Holzzuwachs m, Zuwachs m ‖ ~* (Nuc) / Wachstum n (z.B. durch Wigner-Effekt) ‖ ~ (Textiles) / Dehnung f, Längung f (des Gewebes - bleibende) ‖ ~ attr / Zuwachs- ‖ ~ **class** (For) / Wuchsklasse f ‖ ~ **coefficient** (Phys) / Anklingkoeffizient m (DIN 5483, T 1), Wuchskoeffizient m ‖ ~ **curve** (Nuc) / Wachstumskurve f, Nachbildungskurve f ‖ ~ **curve** (Stats) / Wachstumskurve f ‖ ~ **curve** (Stats) / Wachstumskurve f ‖ ~ **defect** (Crystal) / Wachstumsfehler m ‖ ~ **direction** (Crystal) / Wachstumsrichtung f ‖ ~ **factor** (of interests) / Aufzinsungsfaktor m (in der Zinsesinsformel), Aufzinsfaktor m, Verzinsungsfaktor m ‖ ~ **habit** (of a tree) (Agric, For) / Baumform f (z.B. Kugel-, Schirm- oder Hängebaum), Wuchsform f (eines Baumes) ‖ ~ **hormone*** (Biochem) / Somatotropin n, somatotropes Hormon, Wachstumshormon n, STH (somatotropes Hormon) ‖ ~ **industry** / Wachstumsindustrie f, Wachstumsbranche f ‖ ~ **inhibition test** (Optics) / Wachstumsinhibitionsprüfung f (bei Kontaktlinsen nach DIN EN ISO 9363-1) ‖ ~ **medium** (Bacteriol, Biochem) / Kulturmedium n (z.B. Nährbouillon, Nähragar, Bierwürze usw.), Nährmedium n (zur Kultivierung von Mikroorganismen und Kulturen), Wachstumsmedium n, Substrat n (Kulturmedium), Kultursubstrat n ‖ ~ **of sand** (Foundry) / Wachsen n des Sandes (Volumenvergrößerung der Sandkörner in der Gießhitze, besonders stark bei Quarzen)
**growth-oriented entreprise** / wachstumsorientiertes Unternehmen
**growth phase** (Biol) / Wachstumsphase f ‖ ~ **plane** (Crystal) / Wachstumsebene f ‖ ~ **rate** / Wachstumsrate f, Wachstumstempo n ‖ ~ **regulator*** (Agric, Biol) / Wachstumsregulator m (meistens Pflanzenhormonpräparate - im Obstbau), Mittel n zur Steuerung biologischer Prozesse, MBP
**growth-related defect** (For) / Wuchsfehler m
**growth retardant*** (Agric, Bot) / Wachstumsverzögerer m, Wachstumsretardans n (pl. -tien or -zien) ‖ ~ **ring*** (Bot) / Wachstumsring m (eine rhythmische Zuwachszone) ‖ ~ **ring*** (Bot) s. also annual ring ‖ ~ **stimulant** (Agric) / Leistungsförderer m (zur Verbesserung der Futterverwertung) ‖ ~ **stress** (For) / Wuchsspannung f ‖ ~ **substance** (Biol) / Wuchsstoff m (Sammelbezeichnung für Stoffe, die das Wachstum fördern) ‖ ~ **texture** (Met) / Wachstumstextur f ‖ ~ **twin** (Crystal) / Wachstumszwilling m
**grow together** v / zusammenwachsen v, verwachsen v
**groyne*** n (river) (Hyd Eng) / Buhne f (vom Ufer aus in das Wasser hineingebauter Dammkörper - DIN 4054), Flussbuhne f ‖ ~* (a structure of fascines) (Hyd Eng) / Buhne f aus Faschinen ‖ ~ (Hyd Eng) / Mole f (eine besondere Form des Leitdamms), Molo m (pl. Moli) (A) ‖ ~ **head** (Hyd Eng) / Buhnenkopf m (wasserseitiges Ende einer Buhne - DIN 4054) ‖ ~ **nose** (Hyd Eng) / Buhnenkopf m (wasserseitiges Ende einer Buhne - DIN 4054) ‖ ~ **root** (Hyd Eng) / Buhnenwurzel f (landseitiges, in das Ufer eingebundenes Ende einer Buhne - DIN 4054)
**groynework** n (Hyd Eng) / Buhnenbau m
**GRP** (glass-reinforced plastuics) (Plastics) / Textilglaskunststoff m, Glasfaserkunststoff m ‖ ~ **body** (Autos) / Fiberglaskarosserie f, Glasfaserkarosserie f, GFK-Karosserie f ‖ ~ **ship** (Ships) / GFK-Schiff m
**GR-S*** (Government Rubber-Styrene) / amerikanische Fortentwicklung von Buna S
**grub** v / scharren v ‖ ~ (Build, Civ Eng) / roden v (die Wurzeln eines gefällten Baumes aus der Erde loslösen) ‖ ~ n (Agric, Zool) / Engerling m (Larve des Maikäfers und der übrigen Blatthornkäfer)
**grubber** n (Agric) / Grubber m (ein Bodenbearbeitungsgerät für die Saatbettvorbereitung und zum Stoppelumbruch)
**Gruber's reaction** (Med) / Gruber-Widal-Reaktion f (Nachweis spezifischer Immunkörper im Blutserum durch Agglutination - nach M. v. Gruber, 1853-1927, und F. Widal, 1862-1929), Widal-Reaktion f
**grub-hole** n (For) / (großer) Bohrgang (meistens durch Bockkäfer verursacht - etwa 6 mm im Durchmesser) m, (großer) Fraßgang m ‖ ~ (Leather) / Dasselloch n (von den Engerlingen der Rinderdasselfliege verursacht) ‖ ~ (For) s. also insect mine
**grub out** v (Build, Civ Eng) / roden v (die Wurzeln eines gefällten Baumes aus der Erde loslösen) ‖ ~ **saw** (Tools) / Natursteinsäge f, Marmorhandsäge f, Steinsäge f ‖ ~ **screw*** (Eng) / Madenschraube f, Gewindestift m (kopflose Schraube mit Schlitz oder Innensechskant, bei der sich das Gewinde im Ggs. zur Schaftschraube über den ganzen Bolzen erstreckt)
**grub-screw recess** (Eng) / Körnerloch n (am Außendurchmesser des Schneidespans)
**grub up** v (Build, Civ Eng) / roden v (die Wurzeln eines gefällten Baumes aus der Erde loslösen)
**grummet** n (Civ Eng) / Pfahlkopfschutz m (aus Tauwerk) ‖ ~* (Plumb) / Mennigedichtungskitt m (für Leitungen) ‖ ~ (Plumb) / Dichtungsscheibe f (Mennige + Hanf)
**Grüneisen constant** (Phys) / Grüneisen-Konstante f ‖ ~ **number** (Phys) / Grüneisen-Konstante f ‖ ~ **relation** (Phys) / Grüneisen-Beziehung f (zwischen dem linearen Wärmeausdehnungskoeffizienten eines Festkörpers vom Volumen X, seiner spezifischen Wärmekapazität $c_v$ bei konstantem Volumen und seinem Kompressionsmodul - nach E. Grüneisen, 1877-1949)
**Grüneisen's law** (Phys) / Grüneisen-Beziehung f (zwischen dem linearen Wärmeausdehnungskoeffizienten eines Festkörpers vom Volumen X, seiner spezifischen Wärmekapazität $c_v$ bei konstantem Volumen und seinem Kompressionsmodul - nach E. Grüneisen, 1877-1949)
**grunerite*** (Min) s. also amphibole asbestos ‖ ~* n (Min) / Grünerit m (ein Strahlstein), Grunerit m

grus *n* (Civ Eng, Geol) / Grus *m* (feiner, bröckliger Gesteinsschutt), Gesteinsgrus *m* (eckiges Schuttmaterial)
gruss *n* (granite) (Civ Eng, Geol) / Grus *m* (feiner, bröckliger Gesteinsschutt), Gesteinsgrus *m* (eckiges Schuttmaterial)
grykes* *pl* (Geol) / Karren *pl* (häufigste Kleinform des Karstes), Schratten *f pl*
GS (groundspeed) (Aero) / Absolutgeschwindigkeit *f*, Bodengeschwindigkeit *f*, Grundgeschwindigkeit *f* (Fluggeschwindigkeit gegenüber der Erdoberfläche), Geschwindigkeit *f* über Grund
G/S (glide slope) (Aero) / Gleitebene *f*
GS (glide slope) (Aero) / Gleitebene *f* || ≙ (group separator) (Comp) / GS-Zeichen *n*, Gruppentrennzeichen *n* (DIN 66 303) || ≙ (geometrical series) (Maths) / geometrische Reihe || ≙ (group switch) (Teleph) / Gruppenkoppler *m* || ≙ (group select) (Teleph) / Gruppenwahl *f*, gesteuerte Freiwahl
GSC (gas-solid chromatography) (Chem) / Gas-Fest-Chromatografie *f*, Gas-Solidus-Chromatografie *f*, Adsorptions-Gaschromatografie *f*, GSC (Gas-Solidus-Chromatografie)
GSD (genetically significant dose) (Radiol) / genetisch signifikante Dosis (DIN 6814-5), GSD (genetisch signifikante Dosis)
GSE (ground support equipment) (Aero) / Bodenanlagen *f pl*
G-series thread (Eng) / Rohrgewinde *n* für im Gewinde dichtende sowie nicht dichtende Verbindungen
GSH (glutathione) (Chem) / Glutathion *n* (γ-L-Glutamyl-L-cysteinyl-glycin), GSH (Glutathion)
GSI (grand-scale integration) (Electronics) / GS-Integration *f* (Integration hohen Grades bei monolithischen Halbleiterschaltungen)
G.S.M. (base weight) (Paper) / flächenbezogene Masse (DIN 6730), Flächenmasse *f* (in g/m²), Flächengewicht *n*, Quadratmetermasse *f* (von Papier, Karton oder Pappe), Grammatur *f*
GSM (Global Standards for Mobile Communications) (Radio, Telecomm) / GSM *n* (ältere Standards für zellularen Mobilfunk, z.B. GSM 900, 1800, 1900 und GSM-R)
GSP (good storage practice) (Pharm) / sachgerechte Lagerung, Good Storage Practice *f*
G.S.R. (global solar radiation) (Geophys) / Gesamtsonneneinstrahlung *f*
G-string* *n* (Elec) / Goubau-Leitung *f* (ein metallischer Leiter mit aufgebrachter Schicht eines verlustarmen Isolierstoffes - nach G.H.E. Goubau, geb. 1906)
G-strophanthin *n* (Pharm) / g-Strophanthin *n*, Ouabain *n* (ein Strophanthusglykosid)
g-suit* *n* (Aero, Space) / Anti-g-Anzug *m* (Luft- und Raumfahrtanzug)
GTAW (gas tungsten-arc welding) (Welding) / WIG-Schweißen *n*, Wolfram-Inertgas-Schweißen *n* (Schutzgas-Lichtbogenschweißen mit einem Edelgas als Schutzgas und einer nicht abschmelzenden Elektrode aus Wolfram), WSG (Wolframschutzgasschweißen)
GTA welding (gas tungsten-arc welding) (Welding) / WIG-Schweißen *n*, Wolfram-Inertgas-Schweißen *n* (Schutzgas-Lichtbogenschweißen mit einem Edelgas als Schutzgas und einer nicht abschmelzenden Elektrode aus Wolfram), WSG (Wolframschutzgasschweißen)
GTC (gain time control) (Radar) / Nahechodämpfung *f* (zur Anpassung an die Radargleichung)
GT car (Autos) / Grand-Tourisme-Wagen *m*, Gran-Turismo-Wagen *m*, GT-Wagen *m*
g-tolerance* *n* (Space) / g-Toleranz *f*, g-Verträglichkeit *f*
GTO thyristor (Electronics) / Vollsteuergatt-Thyristor *m*, GTO-Thyristor *m* (ein abschaltbarer Thyristor)
GTP (guanosine 5'-triphosphate) (Biochem) / Guanosin-5'-triphosphat, GTP (Guanosin-5'-triphosphat) || ≙ (group transfer polymerisation) (Chem) / Gruppentransferpolymerisation *f* (ein Polymerisationsverfahren, bei dessen Wachstumsreaktion ein wiederholter intramolekularer Transfer eines Silylkomplexes zum anzulagernden Monomer stattdauert wird), Gruppenübertragungspolymerisation *f* || ≙ **binding protein** (Biochem) / GTP-bindendes Protein
GTR (general theory of relativity) (Phys) / allgemeine Relativitätstheorie (eine geometrische Theorie des Gravitationsfeldes)
GTS (Global Telecommunication System) (Meteor) / globales Fernmeldesystem (eine Komponente der Weltwetterwacht)
guag* *n* (Mining) / alter (ausgeerzter) Grubenbau
guaiac *n* (For) / Franzosenholz *n*, Pockholz *n*, Guajakholz *n* (meistens aus Guaiacum sanctum L. od. Guaiacum officinale L.) || ~ (Pharm) / Guajakharz *n*, Gummi Guajaci (von Guajacum officinale L.) || ~ **acid test*** (Chem, Med) / Guajakprobe *f* (medizinisch-diagnostischer Test zum Feststellen von okkultem Blut), Heller-Almén'sche Guajak-Terpentinprobe, Weber-van Deen'sche Probe

guaiacol* *n* (Chem, Pharm) / Guajakol *n*, Guajacol *n* (2-Methoxyphenol), Guajakolum *n* (Brenzkatechinmonomethylether)
guaiacum *n* (For) / Franzosenholz *n*, Pockholz *n*, Guajakholz *n* (meistens aus Guaiacum sanctum L. od. Guaiacum officinale L.) || ~ (Pharm) / Guajakharz *n*, Gummi Guajaci (von Guajacum officinale L.)
guaiac wood oil (For) / Guajakholzöl *n* (aus Bulnesia sarmienti)
guaiane *n* (Chem) / Guajan *n* (ein Sesquiterpen), Guaian *n*
guaiaretic acid (Chem, For) / Guajaretsäure *f* (ein Lignan)
guaiazulene *n* (Chem) / Guajazulen *n* (7-Isopropyl-1,4-dimethylazulen), Azulon *n*
guanaco *n* (Textiles, Zool) / Guanako *n* (südamerikanisches Lama - Lama guanicoë), Huanaco *n* || ~ **yarn** (Textiles) / Guanakogarn *n* (aus den Haaren des Guanakos)
guanajuatite *n* (Min) / Guanajuatit *m*, Selenbismutglanz *m*, Frenzelit *m*
guanamine *n* (Chem, Plastics) / Guanamin *n*
guanidine* *n* (Chem) / Guanidin *n*, Iminoharnstoff *m* || ~ **aluminium sulphate hexahydrate** / Guanidinaluminiumsulfathexahydrat *n* (ein Ferroelektrikum)
guanine* *n* (Biochem) / Guanin *n* (2-Amino-1,9-dihydropurin-6-on), Gua (Guanin)
guano *n* (the accumulated droppings of seabirds) (Agric) / Guano *m* (organisches Düngemittel aus Vogelkotablagerungen)
guanosine *n* (a nucleoside) (Biochem, Chem) / Guanosin *n*, Guo (Trivialname für 9-B-D-Ribofuranosid), G (Guanosin) || ~ **5'-monophosphate** (Biochem) / Guanosin-5'-monophosphat *n*, GMP (Guanosinmonophosphat) || ~ **phosphate** (phosphoric acid ester of guanosine) (Biochem) / Guanosinphosphat *n* || ~ **tetraphosphate** (Biochem) / Guanosintetraphosphat *n* (ein seltenes Nucleotid), ppGpp *n* (Guanosintetraphosphat), Magic Spot *m* || ~ **5'-triphosphate** (Biochem) / Guanosin-5'-triphosphat, GTP (Guanosin-5'-triphosphat)
guanylate *n* (Chem, Nut) / Guanylat *n* (E 626 bis E 629)
guanylic acid (Biochem) / Guanylsäure *f*
guarana *n* (Bot, Nut) / Guarana *f* (Paullinia cupana H.B.K.)
guarantee *n* / Garantie *f*, Gewährleistung *f* || ~ **against corrosion** (Autos) / Korrosionsschutzgarantie *f*, Rostschutzgarantie *f*, Garantie *f* gegen Durchrostung || ~ **and service package** / Garantie- und Servicepaket *n* || ~ **of performance** / Leistungsgarantie *f* (bei Maschinen)
guarantor *n* / Garant *m*, Garantiegeber *m*
guard* *n* / Schutzeinrichtung *f* (DIN 31001, T 1), Schutzvorrichtung *f*, Schutzausrüstung *f*, technische Sicherheitseinrichtung *f* || ~ (Autos, Eng) / Abweiser *m* || ~ (Bind) / Buchfalz *m* || ~* (Bind, Print) / Falz *m* (zur Verstärkung der Biegestellen und zum Einkleben von Tafeln, Karten, Bildern usw.), Falz *m* (mitgehefteter Papier- oder Leinenstreifen, an den Tafeln oder sonstige Blätter angeklebt sind) || ~ (Elec) / Schutzgitter *n* (einer Leuchte) || ~* (Eng) / Berührungsschutz *m* (eine Schutzvorrichtung) || ~ (Rail) / Kondukteur *m*, Schaffner *m* || ~* (Telecomm) / Schutzsignal *n* || ~ **band*** (Telecomm, TV) / Schutzfrequenzband *n* (zwischen Frequenzbändern), Sicherheitsabstand *m* (zwischen zwei Übertragungsbändern) || ~ **channel** (Aero, Telecomm) / Wachkanal *m* || ~ **circle*** (Acous) / Schutzrille *f* || ~ **circuit** (Elec Eng) / Schutzstromkreis *m* || ~ **cradle*** (Elec Eng) / Schutznetz *n* (unter Hochspannungsleitungen - geerdetes)
guarded *adj* (line against seizure) (Teleph) / gesperrt *adj* (Leitung am Wähler gegen Belegung) || ~ **command** (Comp) / bewachte Anweisung (eine verallgemeinerte Form der bedingten Anweisung) || ~ **motor** (Elec Eng) / gegen Berührung geschützter Motor, Motor *m* mit Berührungsschutz || ~ **protected area** (Comp) / bewachter Bereich (von einer Übermittlung oder Übertragung ausgenommener Bereich - DIN 66 254) || ~ **statement** (Comp) / bewachte Anweisung (eine verallgemeinerte Form der bedingten Anweisung)
guard electrode (of a ionization chamber or a counter tube) (Nuc Eng) / Schutzelektrode *f*
guar derivative (Chem) / Guarderivat *n*
guard hair (Leather, Textiles) / Oberhaar *n* (eines Pelzes) || ~ **hair** (Textiles) / Schielhaar *n*, Grannenhaar *n*, Stichelhaar *n* || ~ **iron** (Rail) / Bahnräumer *m* (der Lokomotive), Gleisräumer *m*, Schienenräumer *m*, Kuhfänger *m* || ~ **net*** (Elec Eng) / Schutznetz *n* (unter Hochspannungsleitungen - geerdetes) || ~ **post** (Civ Eng) / Abweiser *m*, Abweichstein *m*, Radabweiser *m* (der Verkehrsinsel) || ~ **rail** (US) (Autos) / Leitplanke *f*, Schutzplanke *f* || ~ **rail** (Build, Eng) / Schutzgeländer *n* || ~ **rail** (Comp) / Guard-Rail *n* (eine Schutzmaßnahme in der Technik der Magnetblasen- bzw. Magnetdomänenspeicher) || ~ **rail*** (Rail) / Radlenker *m*, Leitschiene *f* (zusätzlich angeordnete Schiene in Gleisbogen), Schutzschiene *f* || ~ **rail** (Ships) / Reling *f* (pl. Relings) || ~ **relay** (Elec Eng) / Schutzrelais *n* || ~ **ring** (Elec Eng) / Schutzring *m* (des

**guard**

Schutzringkondensators) ‖ **~ ring**\* (Elec Eng) / Schutzringelektrode f, [elektrostatischer] Schutzring m (eine Hilfselektrode)
**guard-ring capacitor**\* (Elec Eng) / Schutzringkondensator m
**guard's van** (Rail) / Mannschaftswagen m
**guard valve** (Hyd Eng) / Absperrvorrichtung f ‖ **~ valve** (Hyd Eng) s. also gate ‖ **~ vessel system** (Nuc Eng) / Leckauffangsystem n ‖ **~ wire**\* (Elec Eng) / Schutzdraht m ‖ **~ wire**\* (overhead transmission line) (Elec Eng) / Erdleiter m, Erdseil n ‖ **~ zone** (Radar) / Kontrollbereich m, Kontrollzone f
**guar flour** (Nut) / Guarkernmehl n (E 412), Guarmehl n ‖ **~ gum** (Nut) / Guargummi n (Schleimstoff aus den Guarbohnen - Cyamopsis tetragonoloba (L.) Taub.), Guaran n (der Hauptbestandteil des Guarmehls), Cyamopsisgummi n ‖ **~ meal** (Nut) / Guarkernmehl n (E 412), Guarmehl n
**guayule** n (Bot) / Guayule-Strauch m, Guayule f (Parthenium argentatum A. Gray) ‖ **~** (Chem Eng) / Guayule-Kautschuk m (ein Naturkautschuk ), Guayule f (Naturkautschuk) ‖ **~ rubber** (Chem Eng) / Guayule-Kautschuk m (ein Naturkautschuk ), Guayule f (Naturkautschuk)
**g.u.b.** (greatest upper bound) (Maths) / größte obere Schranke, obere Grenze, Supremum n (pl. Suprema)
**Gudden-Pohl effect**\* (Light) / Gudden-Pohl-Effekt m, Elektrofotolumineszenz f
**Gudermannian**\* n (Maths) / Gudermann-Funktion f
**gudgeon**\* n (Eng) / Dorn m (zum Aufsetzen eines drehbaren Gegenstandes), Pinne f, Drehzapfen m, Drehbolzen m, Pivot m n (Drehzapfen, Schwenkzapfen)
**gudgeon-pin circlip** (I C Engs) / Kolbenbolzensicherung f
**Guerbet reaction** (Chem) / Guerbet-Reaktion f (Selbstkondensation von Alkoholen unter dem Einfluss von Na und Cu)
**Guerin process**\* (Eng) / Gummischneiden /
**guesstimate** v / grob schätzen, über den Daumen peilen ‖ **~** n (Maths) / Überschlag m (näherungsweise Berechnung einer zusammengesetzten Größe)
**guest**\* n (Chem, Zool) / Gast m ‖ **~ element** (Min) / Spurenelement n
**guest-host cell** (Electronics) / Flüssigkristallfarbstoffzelle f (mit dichroitischen Farbstoffmolekülen als Gast in einem nematischen oder cholesterinischen Flüssigkristall als Wirt)
**guestimate** v / grob schätzen, über den Daumen peilen ‖ **~** n (Maths) / Überschlag m (näherungsweise Berechnung einer zusammengesetzten Größe)
**guest ion** (Crystal) / Gast-Ion n (in dem Wirtsgitter) ‖ **~ molecule** (Chem) / Gastmolekül n (bei Einschlussverbindungen) ‖ **~ towel** (Textiles) / Gästetuch n, Gästehandtuch n
**gug**\* n (Mining) s. also engine plane
**guhr** n (Geol) / Gur f (durch Zersetzung von Organismen oder Gesteinen entstandener Schlamm) ‖ **~** (Geol) s. also kieselguhr ‖ **~ dynamite** / Gurdynamit m (mit etwa 25% Kieselgur)
**GUI** (graphical user interface) (Comp) / grafische Benutzeroberfläche f, GUI (grafische Benutzeroberfläche), grafisches Bediensystem
**Guibo coupling** (Eng) / Guibo-Gelenk n (ein elastisches Gelenk in Gummiringform)
**GUI builder** (Comp) / GUI-Builder m
**guidance**\* n (Eng, Mil) / Lenkung f, Führung f ‖ **~ by adhesion** (Rail) / kraftschlüssige Spurführung f ‖ **~ of light** (Light, Phys) / Fortpflanzung f des Lichtes, Lichtleitung f
**guide** n (Comp) / Guide m (Web-Seiten, die sortierte und meist kommentierte Links anbieten, aber keinerlei sonstige Inhalte zur Aufbereitung dieser Informationen) / **~** (Eng) / Führungsschiene f (Fahrkorb und Gegengewicht) ‖ **~** (Eng) / Leiteinrichtung f, Führung f ‖ **~** (Eng, Met) / Auswerferführung f ‖ **~ bar**\* (Eng) / Führungsstange f, Leitstange f ‖ **~ bar** (Eng) / Führungsschiene f, Leitschiene f ‖ **~ bar(s)** (For) / Schwert n (der Schwertkettensäge), Sägeschwert n, Sägeschiene f, Führungsschiene f (der Kettensägemaschine) ‖ **~ bar** (Mining) / Lenker m (am schreitenden Ausbau) ‖ **~ bar** (Textiles) / Legeschiene f (der Kettenwirk- und Raschelmaschine) ‖ **~** Lochnadelbarre f (der Kettenwirkmaschine) ‖ **~** Geradführung f (des Kreuzkopfes), Kreuzkopfführung f ‖ **~ bars**\* (Eng) / **~ bead** (Join) / Führungsleiste f (bei Schiebefenstern) ‖ **~ beam** (Aero, Nav) / Leitstrahl m (ein Funkstrahl) ‖ **~ block** (Eng) / Gleitstück n, Gleitstein m
**GUI debugger** (Comp) / GUI-Debugger m (ein Debugger, der z.B. unter Windows läuft)
**guide bush** (Eng) / Führungsbuchse f ‖ **~ bushing** (Eng) / Führungsbuchse f ‖ **~ channel** (Eng) / Ringkanal m (bei Turbinen) ‖ **~ coat** (Paint) / Kontrastschicht f (zwischen zwei Lackiergängen)
**guided** adj / trassengebunden adj (Landfahrzeug), spurgebunden adj (Landfahrzeug), schienengebunden adj, geführt adj (Luftkissenfahrzeug) ‖ **~** Schienen- (Bahn), spurgeführt adj (Verkehr), schienengebunden adj, spurgebunden adj (Verkehr) ‖ **~** (Eng) / zwangsgeführt adj
**guide data** / Anhaltswerte m pl

**guided bomb** (Mil) / Lenkbombe f ‖ **~ gyro** (Phys) / geführter Kreisel ‖ **~ learning** (AI) / geleitetes Lernen ‖ **~ missile**\* (Mil) / Lenkflugkörper m ‖ **~ missile**\* s. also guided weapon
**guided-missile cruiser** (Mil, Ships) / Flugkörperkreuzer m, Lenkwaffenkreuzer m, FK-Kreuzer m
**guided mode** (Electronics) / geführter Mode (Faseroptik) ‖ **~ punch** (Eng) / Plattenführungsschnitt m (Schneidwerkzeug, bei dem der Stempel im Werkzeug durch eine mit der Schnittplatte verbundene Platte geführt wird) ‖ **~ tour** (Comp) / Guided Tour (virtueller Rundgang, der einem Nutzer, welcher erstmals auf die Site im WWW kommt, die wesentlichen Inhalte der Site automatisch zeigt) ‖ **~ wave**\* (Elec, Telecomm) / leitungsgeführte Welle, leitungsgebundene Welle, leitergebundene Welle, Hohlleiterwelle f, geführte Welle ‖ **~ weapon**\* (Mil) / Lenkwaffe f
**guide edge** (Comp) / Bezugskante f (die dem Gerät als Anhaltspunkt für die Position der Schrift auf dem Beleg dient) ‖ **~ field**\* (Nuc, Plasma Phys) / Führungsfeld n ‖ **~ formulation** (Chem Eng) / Richtrezeptur f ‖ **~ fossil** (Geol, Mining) / Leitfossil n ‖ **~ hole** (Eng) / Aufnahmebohrung f (zur Aufnahme der Räumnadel)
**guideline** n / Richtlinie f
**guide mill**\* (Eng, Met) / Walzwerk n mit mechanischen Führungen ‖ **~ number** (Photog) / Leitzahl f (das Produkt aus der Blendenzahl und der Entfernung zwischen Objekt und Lichtquelle - die Lichtleistung eines Blitzlichtgerätes kennzeichnende Hilfszahl), Blitzleitzahl f ‖ **~ pile** (Civ Eng) / Bohle f, Verankerungspfahl m (für lotrechten Verbau der Baugrube) ‖ **~ pile** (Civ Eng) / Richtpfahl m (im Grundbau) ‖ **~ pillar** (Eng) / Führungssäule f (der Führung der Kopfplatte dienendes Teil eines Säulenführungsgestells) ‖ **~ pin** (Eng) / Führungszapfen m (DIN 373), Führungsstift m ‖ **~ plate** (for guiding the punch) (Eng) / Stempelführungsplatte f (zur Führung des Schnittstempels)
**guide-post** n (Autos) / Wegweiser m (Pfahl, Pfosten) ‖ **~** (Eng) / Führungssäule f (der Führung der Kopfplatte dienendes Teil eines Säulenführungsgestells)
**guide price** / Richtpreis m, Orientierungspreis m ‖ **~ pulley** (Eng) / Spannrolle f (des Riementriebs) ‖ **~ pulley**\* (Eng) / Umlenkscheibe f, Leitscheibe f, Führungsscheibe f ‖ **~ pulley** (Eng) / Leitrolle f, Lenkrolle f (des Bandförderers) ‖ **~ pulley** (Eng) / Bandführungsrolle f (einer Bandsäge)
**guider** n (Textiles) / Ausbreiter m (DIN 64990), Breithalter m (der Veredlungsmaschine)
**guide rail** (Eng) / Führungsschiene f (Fahrkorb und Gegengewicht) ‖ **~ rail**\* (Rail) / Radlenker m, Leitschiene f (zusätzlich angeordnete Schiene in Gleisbogen), Schutzschiene f ‖ **~ rod** (Autos) / Peilstab m (als Einparkhilfe) ‖ **~ rod** (Mining) / Spurlatte f (der Schachtführung) ‖ **~ roller** (Eng) / Leitrolle f, Lenkrolle f (des Bandförderers)
**guides**\* pl (Mining) / Schachtführung f (die die Förderkörbe in der Spur des betreffenden Fördertrums hält)
**guide screw** (Eng) / Leitspindel f (der Drehmaschine - zum Antrieb des Gewindezuges) ‖ **~ shoe** (Eng) / Gleitbacke f ‖ **~-track** n (Cinema) / Hilfstonspur f ‖ **~-track** (Cinema, TV) / Pilotton m (zur synchronen Steuerung von Filmprojektor und Tonbandgerät) ‖ **~ value** / Richtwert m
**guide-vane adjustment** (Eng) / Leitschaufelverstellung f ‖ **~ carrier** (Eng) / Leitschaufelträger m
**guide vanes** (Eng) / Leitgitter n (z.B. bei Kompressoren) ‖ **~-vanes**\* pl (Aero, Eng) / Leitschaufeln f pl (einer Turbine) ‖ **~ wall** (Hyd Eng) / Leitdamm m (geschützter Damm am Ufer eines Flusses, der die Strömung leitet) ‖ **~ wavelength**\* (Phys, Telecomm) / Hohlleiterwellenlänge f
**guideway** n (Eng) / Führungsbahn f, Führung f (Führungsbahn) ‖ **~** (Eng) / Gleitbahn f, Fahrbahn f
**guide wire** / Leitdraht m (z.B. für Flurfördersysteme)
**guiding beam** (Aero, Nav) / Leitstrahl m (ein Funkstrahl) ‖ **~ centre** (Electronics) / Leitpunkt m der Larmor-Präzession, Larmor-Kreismittelpunkt m ‖ **~ field** (Nuc, Plasma Phys) / Führungsfeld n ‖ **~ telescope** (Astron) / Leitrohr n, Leitfernrohr n (ein meist kleineres Fernrohr, das parallel mit dem Hauptrohr verbunden ist und zur exakten Nachführung dient)
**Guignet's green** (Chem) / Guignetgrün n, Chromoxidhydratgrün n, Viridian n (Chrom(III)-oxid-Hydrat), Mittlers Grün
**guillemets** pl (Typog) / französische Anführungszeichen n pl (<< ... >>)
**Guillemin effect**\* (Mag) / Guillemin-Effekt m
**guilloche** (Arch, Eng, For, Print) / Guilloche f (Schlangenlinienverzierung)
**guillotine**\* n (Bind) / Beschneidemaschine f ‖ **~** (Eng) / Parallelschere f (deren bewegliches Messer beim Schneiden sich parallel zu sich selbst bewegt und mit konstantem Winkel schneidet), Tafelschere f mit Parallelantrieb (eine Blechtafelschere) ‖ **~** (Eng) / Langmesserschere f ‖ **~**\* (Paper) / Planschneider m (Vierseitenschneidemaschine), Formatschneider m ‖ **~** (Tools) /

Hebelrollenschere *f* (stationäres Schneidwerkzeug, das auf der Werkbank aufgebaut wird) ‖ ~ **shears** (Eng) / Kurbelschere *f* (mit Kurbelantrieb und Schwungrad) ‖ ~ **shears** (Eng) / Tafelschere *f* mit abgeschrägter Schneide des Obermessers, Rahmenschere *f*, Tafelschere *f* mit Kurbelantrieb, Wiegeschnittschere *f*

**Guinea gold** (Met) / Rotmessing *n*, Rottombak *m* ‖ ~ **green** (Chem) / Guignetgrün *n*, Chromoxidhydratgrün *n*, Viridian *n* (Chrom(III)-oxid-Hydrat), Mittlers Grün

**Guinier camera** / Guinier-Kamera *f* (Röntgenkamera für Pulveraufnahmen unter Verwendung eines fokussierenden Monochromators /nach A. Guinier, 1911- 2000/ )

**Guinier-Preston zone** (Crystal, Met) / Guinier-Preston-Zone *f* (bei der Nahentmischung der Mischkristalle), GP-Zone *f* (GP-I-Zone und GP-II-Zone), Cluster *m*

**guipure** *n* (Textiles) / Guipure-Spitze *f* (ohne Fond, besonders die Ätzspitze mit Steggrund), Gipüre *f* (eine Klöppelspitze)

**gulch** *n* (Geol) / Wildbachschlucht *f*, Tobel *m* (Abzugskanal eines Wildbaches)

**gulching*** *n* (Mining) / Bruchgeräusche *n pl* im Hangenden

**Guldberg and Waage's law*** (Chem) / Massenwirkungsgesetz *n*, MWG (Massenwirkungsgesetz), Guldberg-Waage'sches Massenwirkungsgesetz

**Guldin's theorems*** (Maths) / baryzentrische Regeln, Pappus'sche Regeln, Pappos'sche Regeln, Guldin'sche Regeln (nach P. Guldin, 1577-1643)

**gulf** *n* (Mining) / Adelszone *f* (metallreicher Teil einer Erzlagerstätte), sehr hoher Lagerstätteanteil

**gulfweed** *n* (Bot) / Beerentang *m*, Golfkraut *n*, Sargassokraut *n* (Sargassum sp.)

**gullet** *n* (Civ Eng) / Rösche *f* (grabenartiger Schlitz - in der Schlitz-Baggerabbaumethode) ‖ ~ (Civ Eng, Mining) / Strosse *f* ‖ ~* (For) / Zahnlücke *f* (bei Sägezähnen), Zahnlückengrund *m* (abgerundeter - bei Sägen) ‖ ~ (For) / Fallkerb *m*, Fallkerbe *f* ‖ ~ (Tools) / Zahnteilung *f* (bei Sägen) ‖ ~ **area** (Eng) / Zahnlückengrundfläche *f* (des Zahnrades) ‖ ~ **area** (For) / Spanraum *m*

**gulleting*** *n* (Civ Eng) / Strossenbau *m*, Stufenbau *m* ‖ ~ (grinding gullets in front of the teeth of a saw) (Eng, For) / Wolfszahnungherstellung *f*

**gullet saw*** (For, Tools) / Säge *f* mit KV-Zahnung (Kreis- oder Kettensäge), Säge *f* mit Wolfszahnung

**gulley*** *n* (San Eng) / Straßenablauf *m* (DIN 1213 und 4052), Regenablauf *m*, Gully *m* *n*, Einlaufschacht *m* ‖ ~ **trap*** (San Eng) / Gullygeruchverschluss *m*

**Gullstrand formula** (Optics) / Gullstrand'sche Formel, Linsenformel *f* von Gullstrand (nach A. Gullstrand, 1862 - 1930)

**gull wing** (Aero) / Knickflügel *m* (der Innenflügel bildet mit dem Flugzeugrumpf ein V)

**gull-wing door** (Autos, Build) / Flügeltür *f* (nach oben öffnende Autotür) ‖ ~ **solder pad** (Electronics) / Knickflügel-Lötfläche *f* (in der Oberflächenaufbautechnik)

**gully** *n* (Geog, Geol) / Hohlweg *m* (meistens durch Erosion entstanden), Rinne *f*, Talrinne *f* ‖ ~ (US) (Geol) / Gießbachbett *n* ‖ ~ (San Eng) / Straßenablauf *m* (DIN 1213 und 4052), Regenablauf *m*, Gully *m n*, Einlaufschacht *m* ‖ ~ (Geol) / Zerschluchtung *f*, Runsenspülung *f* (tiefe Schluchten als Folge der Bodenerosion), Gullyerosion *f*, Grabenerosion *f*, Runsenerosion *f* ‖ ~ **grating** (Civ Eng, San Eng) / Einlaufrost *m*, Ablaufrost *m* (des Straßenablaufs)

**gully-hole** *n* (San Eng) / Straßenablauf *m* (DIN 1213 und 4052), Regenablauf *m*, Gully *m n*, Einlaufschacht *m*

**gully** (silt) **pit** (Civ Eng, San Eng) / Sinkkasten *m* (des Straßenablaufs) ‖ ~ **sieve** (San Eng) / Schlammeimer *m* (in Straßenabläufe eingehängter, mit Löchern versehener Eimer zum Auffangen und Zurückhalten der mit dem Regenwasser abgespülten Feststoffe - DIN 4052) ‖ ~ **sucker** (Civ Eng) / Sinkkastenentleerer *m*

**gulose*** *n* (Chem) / Gulose *f* (eine Aldohexose)

**gulp** *n* (group of several consecutive bytes) (Comp) / Bytegruppe *f* ‖ ~ (Comp) / zusammenhängende Bytes (meistens zwei)

**gum** *v* / gummieren *v* (z.B. Klebestreifen, Papier, Lithografiestein) ‖ ~ *vi* (Bot, Oils) / verharzen *vi* ‖ ~ *n* / Stickoxidharz *n* (im Rohgas), Gum *m* (im Rohgas) ‖ ~ / Dextrinleim *m* ‖ ~ (Bot) / klebrige Ablagerung, harzartige Ablagerung, Harz *n* ‖ ~* (Chem, Nut) / pflanzlicher Gummistoff, Pflanzengummi *n* (pl. -gummen), Gummi *n* ‖ ~ (Chem Eng, Oils) / Abdampfrückstand *m* (von Benzinen), Gum *m* ‖ ~ (Chem, For) / Balsamharz *n*, Balsamkolophonium *n*, Harz *n* aus Rohterpentin, Flussharz *n* ‖ ~ (agar, gum arabic) (Chem, For) / Gummi *n* (der wasserlösliche Bestandteil der Gummiharze) ‖ ~* (For) / Amerikanischer Amberbaum (Liquidambar styraciflua L.), Satinnussbaum *m*, Sweetgum *m* ‖ ~ (Mining) / Schrämklein *n*, Kohleklein *n* ‖ ~ (Oils) / Gum *m* (Abdampfrückstand von Benzinen) ‖ ~ (Oils) / Gum *m*, Harzrückstand *m* (im Erdöl) ‖ ~* (Bot, Chem) s. also gum resin ‖ ~ **acacia** (Bot, Chem, Nut) / Mimosengummi *n*, Arabisches Gummi, Arabingummi *n*, Akaziengummi *n*, Gummiarabikum *n* (als Verdickungsmittel, E 414) (Gummi arabicum, Gummi acaciae) ‖ ~ **accroides** / Grasbaumharz *n*, Akaroidharz *n* (aus Xanthorrhoea-Arten), Acaroidharz *n* ‖ ~ **ammoniac** (Bot, Chem) / Ammoniakgummi *n*, Ammoniakum *n* (pl. -aka), Ammoniacum *n*, Ammoniacum *n* (pl. -aca), Ammoniak-Gummiharz *n* (natürliches Harz des Dorema ammoniacum D.Don) ‖ ~ **arabic*** (a gum resin) (Bot, Chem, Nut) / Mimosengummi *n*, Arabisches Gummi, Arabingummi *n*, Akaziengummi *n*, Gummiarabikum *n* (als Verdickungsmittel, E 414) (Gummi arabicum, Gummi acaciae) ‖ ~ **arabic tree** (For) / Gummiarabikumbaum *m* (meistens Acacia senegal (L.) Willd.) ‖ ~ **base** (Nut) / Kaumasse *f* (für den Kaugummi) ‖ ~ **benjamin** (Chem, For) / Benzoeharz *n* (E 906), Benzoe *f* (meistens aus Styrax benzoin Dryand.) ‖ ~ **benzoin** (Chem, For) / Benzoeharz *n* (E 906), Benzoe *f* (meistens aus Styrax benzoin Dryand.)

**gumbo** *n* (Geol) / sehr plastischer Ton (mit starker Schrumpfung beim Trocknen), Gumbo *m* (seltene Bezeichnung für klebrigen, plastischen Ton mit organischen Verunreinigungen) ‖ ~ (a fine clayey soil that becomes sticky and impervious when wet) (Geol) / lehmiger Boden ‖ ~ (Oils) / klebriger Ton (der z.B. durch die Einsickerung der Bohrspülung entsteht)

**gum camphor** (Chem) / Japankampfer *m* (rechtsdrehende Form des Kampfers), d-Kampfer *m* ‖ ~ **dammar** / Dammar *n*, Dammarharz *n*, Katzenaugenharz *n* (aus den verschiedensten Bäumen der Familie der Dipterocarpaceae) ‖ ~ **dichromate process*** (Photog) / Chromgummi-Kopierverfahren *n* (ein altes Positiv-Kopierverfahren) ‖ ~ **dynamite** / Gelatinedynamit *n* (durch Auflösen von Kollodiumwolle in Nitroglyzerin hergestellter Sprengstoff) ‖ ~ **elemi** / Elemiharz *n*, Elemi *n* (Sammelname für natürliche Harze der tropischen Balsambaumgewächse) ‖ ~ **formation** (Bot, Oils) / Verharzung *f*, Gumbildung *f*, Bildung *f* von harzartigen Ablagerungen ‖ ~ **gattie** / Ghattigummi *n* (ein Polysaccharid, meistens aus Anogeissus latifolia (Roxb. ex DC.) Wall. ex Bedd. oder Acacia nilotica (L.) Willd. ex Del.), Yongummi *n* ‖ ~ **ghatti** / Ghattigummi *n* (ein Polysaccharid, meistens aus Anogeissus latifolia (Roxb. ex DC.) Wall. ex Bedd. oder Acacia nilotica (L.) Willd. ex Del.), Yongummi *n* ‖ ~ **inhibitor** (Fuels) / Wirkstoff *m* zur Steigerung der Oxidationsbeständigkeit (von Kraftstoffen), Antioxidationsadditiv *n* ‖ ~ **inhibitor** (Oils) / Guminhibitor *m* ‖ ~ (Chem, Paint) / Sandarac *m*, Sandarak *m* (hellgelbes Koniferenharz, meistens aus Tetraclinis articulata (Vahl) Mast.). ‖ ~ **karaya** (Nut, Pharm) / Karayagummi *n m*, Indischer Tragant, Sterkuliagummi *n m* (meist aus Sterculia urens Roxb.) ‖ ~ **kino*** (Chem, For) / Kino *m n*, Kinoharz *n*, Kinogummi *n* (der eingetrocknete Saft verschiedener Pterocarpus-Arten) ‖ ~ **Kordofan** / Kordofangummi *n* (eine Art Gummiarabikum)

**gummed label** / Aufkleber *m*, Klebezettel *m*, Klebeetikett *n*, Aufklebezettel *m* ‖ ~ **paper*** (Paper) / gummiertes Papier ‖ ~ **sealing tape** / gummierter Klebestreifen, gummiertes Klebeband *n*, Klebeband *n*, Haftklebeband *n* ‖ ~ **tape** / gummierter Klebestreifen, gummiertes Klebeband ‖ ~ **veneer tape** (For, Join) / Furnierklebstreifen *m*, Fugenpapier *n* (für Furnierzusammensetzungen), Fugenklebpapier *n*, Fugenleimpapier *n*

**gummi cyst** (For) / Gummilücke *f* (in der Anatomie des Holzes), gummigefüllter Interzellularraum

**gumming** *n* / Gummieren *n* (Klebestreifen, Papier, Lithografiestein) ‖ ~ (Bot, Oils) / Verharzung *f*, Gumbildung *f*, Bildung *f* von harzartigen Ablagerungen ‖ ~ (Carp, Join) / Ausschärfen *n* (des Zahngrunds) ‖ ~ **paper** (Paper) / Rohpapier *n* für Gummierung

**gummings** *pl* (Mining) / Schrämklein *n*, Kohleklein *n*

**gummite** *n* (Min) / Gummierz *n*, rotes Pechuran, Gummit *m* (rötlich gelbes, gelartiges Verwitterungsprodukt des Uranpecherzes)

**gummosis** *n* (the copious production and exudation of gum by a diseased or damaged tree, especially as a symptom of a disease of fruit trees) (For) / Gummose *f*, Gummifluss *m*

**gum olibanum** / Olibanum *n*, Weihrauch *m*, Gummi Olibanum (Gummiharz von Boswellia-Arten) ‖ ~ **on** *v* / ankleben *vt* (mit Gummi) ‖ ~ **opopanax** (Pharm) / Opoponax *m* (Gummiharz von Commiphora-Arten und vom Opopanax chironium (L.) W.D.J. Koch), Opoponax *n* ‖ ~ **plant** (Bot) / gummiliefernde Pflanze, **plant** (Bot) / kautschukliefernde Pflanze, Kautschukpflanze *f* (jede Pflanze, die Latex liefert) ‖ ~ **resin** (a plant secretion consisting of resin mixed with gum) (For) / Gummiharz *n*, Gummiresina *f* ‖ ~ **rosin** (Chem, For) / Balsamharz *n*, Balsamkolophonium *n*, Harz *n* aus Rohterpentin, Flussharz *n* ‖ ~ **sandarac** (Chem, Paint) / Sandarac *m*, Sandarak *m* (hellgelbes Koniferenharz, meistens aus Tetraclinis articulata (Vahl) Mast.) ‖ ~ **senegal** / Senegalgummi *n* (eine Art Gummiarabikum) ‖ ~ **test** (Oils) / Verharzungsprobe *f* (bei Ölen, Benzol und Kraftstoffen), Abdampfprobe *f* (bei Benzinen) ‖ ~ **thus**

**gum**

/ Olibanum *n*, Weihrauch *m*, Gummi Olibanum (Gummiharz von Boswellia-Arten) ‖ **~ tragacanth** (Nut) / Tragantgummi *n* (ein Pflanzengummi aus Astragalus-Arten - E 413), Tragant *m* (ein Pflanzengummi) ‖ **~ tree** (a tree that exudes gum, especially a eucalyptus) (For) / Gummibaum *m* (der Gummi jeglicher Art liefert) ‖ **~ turpentine** / Terpentin *n m* (Terpentinharz) ‖ **~ up** *v* / gummieren *v* (z.B. Klebestreifen, Papier, Lithografiestein)
**gun** *v* (Build) / torkretieren *v*, aufspritzen *v* (Beton) ‖ **~ *n*** (Build) / Kartuschenpistole *f*, Handpistole *f* (für die Dichtungsmittel); Kittspritzpistole;f. ‖ **~*** (Civ Eng, Paint) / Spritzpistole *f*, Farbenzerstäuber *m*, Spritzapparat *m*, Farbspritzpistole *f*, Lackierpistole *f* ‖ **~*** (Electronics) / Strahlerzeuger *m*, Strahlsystem *n*, Strahlerzeugungssystem *n* ‖ **~*** (Micros) / Elektronenstrahler *m* (des Elektronenmikroskops) ‖ **~** (Mil) / Rohrwaffe *f* (meistens Geschütz) ‖ **~** (welding gun) (Welding) / Schweißpistole *f* ‖ **~*** (Electronics) s. also electron gun and proton gun ‖ **~ body** (Civ Eng, Paint) / Spritzpistolenkörper *m*
**guncotton*** *n* (Chem) / Schießbaumwolle *f*, Schießwolle *f* (um 13% N)
**gun current*** (Electronics) / gesamter Strahlstrom ‖ **~ drill*** (Eng) / Kanonenbohrer *m* (ein Tieflochbohrer) ‖ **~ drill*** (Eng) s. also deep-hole drill ‖ **~ grease** / Waffenfett *n*, Waffenschmiere *f* ‖ **~ injection** (For) / Impfstichverfahren *n*, Cobra-Impfverfahren *n* (ein altes Holzschutzverfahren)
**gunis*** *n* (Mining) / alter (ausgeerzter) Grubenbau
**gunite** *v* (Build) / torkretieren *v*, aufspritzen *v* (Beton) ‖ **~*** *n* (Build) / Torkretbeton *m* (nach der Firma Torkret GmbH, Essen), Spritzbeton *m* (DIN 18551), Torkret *m*
**guniting** *n* (Build, Paint) / Torkretieren *n* (Verarbeitung von Spritzbeton), Spritzen *n*, Aufspritzen *n*, Torkretverfahren *n*
**gunk** *n* (Oils) / die durch den Rohrreiniger gelösten Ablagerungen (welche dann meistens durch Spülwasser herausgeschlämmt werden) ‖ **~** (Oils) / Bohrgestängefett *m* ‖ **~** (Plastics) / Polyesterglasfasermasse *f*
**gun launching** (Mil) / Geschützstart *m*
**gunmetal*** *n* (Met) / Kupfer-Zinn-Zink-Legierung *f* (mit 8-10% Sn und 2-4% Zn), Gusszinnbronze *f* ‖ **~*** s. also red casting brass
**gun microphone** (Acous) / Rohrrichtmikrofon *n*
**Gunn amplifier** (Electronics) / Gunn-Verstärker *m* (ein Mikrowellenverstärker) ‖ **≏ device** (Electronics) / Gunn-Element *n* ‖ **≏ diode** (Electronics) / Gunn-Diode *f* (eine Halbleiterdiode, bei der der Gunn-Effekt ausgenutzt wird - nach J.B. Gunn, geb. 1928), Gunn-Element *n*, Gunn-Bauelement *n* ‖ **≏ effect*** (Electronics) / Gunn-Effekt *m* (eine mit der Interbandstreuung heißer Ladungsträger verknüpfte Transporterscheinung in Halbleitern)
**Gunn-effect diode** (Electronics) / Gunn-Diorde *f* (eine Halbleiterdiode, bei der der Gunn-Effekt ausgenutzt wird - nach J.B. Gunn, geb. 1928), Gunn-Element *n*, Gunn-Bauelement *n*
**gunnice*** *n* (Mining) / alter (ausgeerzter) Grubenbau
**gunning** *n* (US) (Build) / Torkretieren *n* (Verarbeitung von Spritzbeton), Spritzen *n*, Aufspritzen *n*, Torkretverfahren *n*
**gunnis*** *n* (Mining) / alter (ausgeerzter) Grubenbau
**Gunn oscillator** (Electronics) / Gunn-Oszillator *m* (ein Halbleiterbauelement, das auf den Schwingungen basiert, die den Gunn-Effekt begleiten können)
**gunny** *n* (Textiles) / Juteleinwand *f*, Sackleinwand *f*, Jutesackleinen *n* ‖ **~** (US) (coarse sacking, typically made of jute fibre) (Textiles) / Sackleinwand *f* (grobes leinwandbindiges Gewebe), Sackleinen *n*, Baggings *pl* ‖ **~ cloth** (Textiles) / Juteleinwand *f*, Sackleinwand *f*, Jutesackleinen *n*
**gunny-seed oil** / Jutesamenöl *n* (aus der Rundkapseljute)
**gun perforation*** (Oils) / Kugelperforation *f*, Schussperforation *f* ‖ **~ perforator** (Oils) / Kugelperforator *m*
**gunpod** *n* (Cinema, Photog, TV) / Schulterstativ *n*, Schulterstütze *f*
**gunpowder** *n* / Schießpulver *n* (ein- oder mehrbasig), Treibladungspulver *n*, Pulver *n* (Schießpulver)
**gunstock support** (Cinema, Photog, TV) / Schulterstativ *n*, Schulterstütze *f*
**Gunter's chain*** (Surv) / Kette *f* von 66 ft Länge
**gun welding head** (Welding) / Stoßpunkter *m*
**Günzburg's reagent** (Chem, Med) / Günzburgs Reagens
**Guppy*** *n* (Aero) / Großraumflugzeug *n* (z.B. Airbus)
**Gurevich effect** (in an electrical conductor, over which a temperature gradient exists, phonons will themselves carry a thermal current - this effect will produce an additional component of thermoelectric power) (Elec Eng) / Gurevic-Effekt *m*
**gurjun balsam** / Gurjunbalsam *m*, Gardschanbalsam *m*, Gardjanbalsam *m* (von Dipterocarpus alatus Roxb. und D. turbinatus C.F. Gaertn.)
**gush** *v* (forth) / sprudeln *v*, hervorquellen *v*, kräftig herausströmen
**gusher** *n* (Geol) / Geysir *m* (heiße Quelle, die in meist regelmäßigen Zeitabständen mit großer Kraft eine bis zu 60 m hohe Wasserfontäne ausstößt), Geiser *m* ‖ **~** (an oil well from which oil flows profusely without being pumped) (Oils) / Springquelle *f* (sprudelnde Erdölquelle), Springer *m* ‖ **~ well** (Oils) / Springquelle *f* (sprudelnde Erdölquelle), Springer *m*
**gushing** *n* (Brew) / Gushing *n*, Wildwerden *n* (des Biers) ‖ **~ cutter** (Eng) / Stollenfräser *m* (scheibenförmiger Fräser, auch mit eingesetzten Zähnen, zum Fräsen der Span-Nuten von Wälzfräsern) ‖ **~ spring** (Geol) / springende Quelle
**gusset*** *n* (Eng, Plumb) / Knotenblech *n* (das die Stäbe im Knoten in der Regel mittels Schrauben, Nieten oder Schweißnähte miteinander verbindet), Eckblech *n*, Stützblech *n* ‖ **~** (Mining) / V-förmiger Einbruch (für die Sprengarbeiten) ‖ **~** (Textiles) / Zwickel *m*, Keil *m*, Einsatz *m* (dreieckiger - als Verstärkung oder zur Vergrößerung) ‖ **~ plate*** (Eng, Plumb) / Knotenblech *n* (das die Stäbe im Knoten in der Regel mittels Schrauben, Nieten oder Schweißnähte miteinander verbindet), Eckblech *n*, Stützblech *n* ‖ **~ seam** (Textiles) / Zwickelnaht *f*
**gust** *n* (Aero, Meteor) / Bö *f* ‖ **~ alleviating factor** (Aero) / Böenfaktor *m*, Böen-Abminderungszahl *f*
**gustation** *n* (Physiol) / Geschmacksvermögen *n*
**gustatory** *adj* (Nut, Physiol) / gustatorisch *adj*, gustativ *adj*
**gustiness** *n* (Meteor) / Böigkeit *f* (kurze Schwankungen der Windgeschwindigkeit und Windrichtung) ‖ **~ factor** (Aero) / Böenfaktor *m*, Böen-Abminderungszahl *f*
**gust loading** (Aero) / Böenbeanspruchung *f* ‖ **~ recorder** (Aero, Meteor) / Böenschreiber *m* ‖ **~ V-n diagram** (Aero) / Böen-v-n-Diagramm *n* ‖ **~ V-n envelope** (Aero) / Böen-v-n-Diagramm *n*
**gusty** *adj* (Meteor) / böig *adj*
**GUT*** (Grand Unified Theory) (Phys) / Große Vereinheitlichte Theorie (experimentell noch nicht (August 2005) abgesicherte Theorie, welche versucht, die starke, schwache und elektromagnetische Wechselwirkung in einer einheitlichen Feldtheorie zu vereinigen), GUT-Modell *n* (Große Vereinheitlichte Theorie), große unifizierte Theorie
**gut** *v* (Nut) / ausnehmen *v* (Geflügel, Fisch) ‖ **~** *n* (Nut) / Naturdarm *m*
**Gutenberg discontinuity*** (the seismic-velocity discontinuity at 2900 km) (Geol) / Gutenberg-Wiechert-Diskontinuität *f*, Wiechert-Gutenberg-Diskontinuität *f* (nach J.E. Wiechert, 1861-1928, und B. Gutenberg, 1889-1960)
**gut fat** (Nut) / Darmfett *n*, Eingeweidefett *n*
**Gutschoven's curve** (Maths) / Kappakurve *f*
**gut string** / Darmsaite *f*
**guttae*** *pl* (a pendent ornament) (Arch) / Guttae *pl* (an der Unterseite des Geisons und unterhalb der Triglyphen)
**gutta gamba** (Bot, Chem) / Gutti *n*, Gummigutt *n* (eingetrockneter latexartiger giftiger Wundsaft von Garcinia-Arten, vorwiegend G. hanburyi) ‖ **~-percha*** *n* / Guttapercha *f n* (ein Naturkautschuk aus dem Guttaperchabaum)
**guttation*** *n* (the secretion of droplets of water from the pores of plants) (Bot) / Guttation *f* (Wasserabgabe in flüssiger Form, z.B. beim Frauenmantel oder bei der Erdbeere)
**gutted with head** (fish) (Nut) / ausgenommen mit Kopf (Fisch), a. m. K. ‖ **~ without head** (fish) (Nut) / ausgenommen ohne Kopf (Fisch), a.o.K. (Fisch)
**gutter*** *n* (Bind, Print) / Kreuzsteg *m* (in sechzehnseitigen Druckformen für den Buchdruck der Steg, der zwischen den beiden Bundstegen im rechten Winkel zum Mittelsteg verläuft) ‖ **~*** (two adjacent back margins) (Bind, Print) / Bundsteg *m* (jene freien Räume zwischen zwei abgedruckten Kolumnen, die nach dem Falzen an den Buch- oder Broschurenblockrücken zu liegen kommen) ‖ **~*** (Build, Civ Eng) / Abzugsgraben *m*, Wasserrinne *f* ‖ **~** (Build, Plumb) / Traufrinne *f*, Dachrinne *f*, Rinne *f* (vorgehängte) ‖ **~** (a paved channel beside a street, to lead rainwater away) (Civ Eng) / Gosse *f* (an der Bordkante entlang laufende Straßenrinne, durch die Regenwasser und Straßenschmutz abfließen), Rinnstein *m* ‖ **~** (Comp, Print) / Zwischenschlag *m* (Leerraum zwischen den einzelnen Textspalten einer Seite) ‖ **~** (Eng) / Gratmulde *f* (eine Vertiefung, die die Gratbahn umgibt) ‖ **~** (For) / Tropfrinne *f* (bei der Harznutzung) ‖ **~ board** (Arch, Build) / Traufbrett *n*, Stirnbrett *n*, Fußbrett *n* (für die Befestigung der Dachrinne), Traufstreifen *m* ‖ **~ board*** (Build) / Schneefanggitter *n*, Schneefang *m* ‖ **~ bracket** (Build, Plumb) / Rinnenhalter *m*, Dachrinnenhalter *m*, Dachrinneneisen *n* ‖ **~ channel** (Civ Eng) / Gosse *f* (an der Bordkante entlang laufende Straßenrinne, durch die Regenwasser und Straßenschmutz abfließen), Rinnstein *m*
**gutter-cup** *n* (Mining) / Strebbruch *m* (bis zum Haupthangenden)
**gutter gap** (Typog) / Gasse *f* (fehlerhafter Zwischenraum, der über mehrere Zeilen geht)
**guttering** (Build, Plumb) / Dachrinnen *f pl* (als Material)
**gutter margin** (Bind, Print) / Bundsteg *m* (jene freien Räume zwischen zwei abgedruckten Kolumnen, die nach dem Falzen an den Buch- oder Broschurenblockrücken zu liegen kommen) ‖ **~ pavement** (Civ

Eng) / Rinnenpflaster n ‖ ~ **space** (Comp, Print) / Zwischenschlag m (Leerraum zwischen den einzelnen Textspalten einer Seite)
**gut thread** (Textiles) / Füllfaden m (bei Teppichen)
**guttiform** adj / tropfenförmig adj
**Gutzeit test*** (Chem) / Gutzeit-Probe f (nach H.W. Gutzeit, 1845-1888), Gutzeit-Test m (auf AsH₃)
**guy** v (Civ Eng, Radio) / verspannen v (mit Seilen), abspannen v (mit Seilen) ‖ ~ n (US) / Mastanker m ‖ ~* (Eng) / Halteseil n, Führungsseil n ‖ ~ (Eng) / Kabel n (des Kabelkranes) ‖ ~* (Radio) / Abspannseil n, Spannseil n, Pardune f, Ankerseil n ‖ ~ **derrick*** (Eng) / verspannter Derrickkran, mit Seilen verspannter Derrick, Derrick m mit Seilverspannung
**guyed** adj (Build) / abgespannt adj (mit gespannten Seile oder Zuggliedern) ‖ ~ **derrick** (Eng) / verspannter Derrickkran, mit Seilen verspannter Derrick, Derrick m mit Seilverspannung ‖ ~ **lattice mast** (Elec Eng) / abgespannter Gittermast ‖ ~ **mast derrick** (Eng) / verspannter Derrickkran, mit Seilen verspannter Derrick, Derrick m mit Seilverspannung ‖ ~ **tower** (Oils) / abgespannter Turm (für Offshore-Bohrungen)
**guying*** n (Civ Eng, Radio) / Verspannen n (mit Seilen), Abspannen n (mit Seilen)
**guy insulator** (Radio) / Pardunenisolator m (der die Pardune mehrfach unterteilt)
**guyot** n (Geol, Ocean) / Guyot m (pl. Guyots) (abgestumpfter Tiefseeberg) (nach A. Guyot, 1807-1884)
**guy rope** (Eng) / Halteseil n, Führungsseil n ‖ ~ **rope** (Radio) / Abspannseil n, Spannseil n, Pardune f, Ankerseil n ‖ ~ **wire** (Civ Eng, Elec Eng) / Spanndraht m, Abspanndraht m
**G-value*** n (Nuc) / G-Wert m (bei strahlenchemischen Reaktionen)
**GVW** (gross vehicle weight) (Autos) / Gesamtgewicht n (das tatsächliche Gewicht des beladenen Fahrzeugs einschließlich der Besatzung und der Fahrgäste)
**GWT** (gross weight) / Bruttomasse f, Bruttogewicht n ‖ ~ (groundwater table) (Geol, Hyd Eng) / Grundwasserspiegel m (DIN 4049, T 3), Grundwasserstand m, Grundwasseroberfläche f, Wasserspiegel m (Grundwasserspiegel)
**Gy*** (gray) (Radiol) / Gray n, Gy (Gray - DIN 1301, T 1) (gesetzliche abgeleitete SI-Einheit der Energiedosis = J/kg - nach L.H. Gray, 1905-1965)
**gyle** n (Brew) / Sud m (die auf einmal gebraute Biermenge) ‖ ~ (Brew) / Bierwürze f im frühen Gärstadium ‖ ~ (Nut) / Würze f (zur Bier- oder Essigherstellung) ‖ ~ (Brew) s. also wort
**gymbal(s)** n(pl) (Nav, Phys) / Kardanrahmen m, kardanischer Bügel
**gymkhana** n (Autos) / Geschicklichkeitsturnier n, Geschicklichkeitswettbewerb m, Gymkhana n
**Gymnospermae*** pl (Bot) / Nacktsamer pl, Nacktsamige pl (Abteilung der Samenpflanzen), nacktsamige Pflanzen, Gymnospermen pl
**gymnosperms*** pl (Bot) / Nacktsamer pl, Nacktsamige pl (Abteilung der Samenpflanzen), nacktsamige Pflanzen, Gymnospermen pl
**gyprock** n (a rock composed chiefly of gypsum) (Geol) / Gipsgestein n, Gipsstein m
**gypsiferous** adj (Geol) / gipshaltig adj, gipsführend adj
**gypsification** n (Geol) / Umwandlung von Anhydrit zu Gips
**gypsite** n (Geol) / Gipserde f
**gypsum** n (Agric) / gipsen v ‖ ~* n (Geol, Min) / Selenit m, Gips m (Calciumsulfathydrat) ‖ ~* (Min) s. also spectacle stone ‖ ~ **baseboard** (Build) / verputzbare Gipskartonplatte (großflächige, quadratische)
**gypsum-bearing** adj (Geol) / gipshaltig adj, gipsführend adj
**gypsum binder** (Build) / Gipsbinder m ‖ ~ **block** (Build) / Gipsbaustein m, Gipsblockstein m ‖ ~ **board** (Build) / Gipskartonplatte f (Platte aus Brandgips, deren Oberflächen und Längsschmalflächen mit einem Spezialkarton beschichtet sind), Rigips m (Handelsname für Gipskartonplatten) ‖ ~ **building element** (Build) / Gipsbauelement n ‖ ~ **cement** / Gipskitt m (zum Kitten von Porzellan, Marmor und Glas) ‖ ~ **cement** (Build) / Hartgips m ‖ ~ **cement** (Build) / Gips-Kalk-Binder m, Gipszement m, Putzkalk m (mit 5-10% Halbhydratplaster) ‖ ~ **cement** (Build) / Baugips m (DIN 1168-1) ‖ ~ **concrete** (Build) / Gipsbeton m ‖ ~ **digester** (Build) / Gipskocher m (in dem durch Erhitzen Gips zu gebranntem Gips bzw. zum Stuckgips verarbeitet wird) ‖ ~ **earth** (Geol) / Gipserde f ‖ ~ **fillet** (Build) / Gipsleiste f ‖ ~ **floor** (Build) / Gipsestrich m ‖ ~ **formboard** (Build) / Gipsdachplatte f ‖ ~ **gravel** / Gipsgrus m, Gipsknorpel m
**gypsum-hair plaster** (Build) / Gipshaarkalkmörtel m
**gypsuming** n (Agric) / Gipsdüngung f, Gipszuführung f
**gypsum insulation** (Build) / Gipsflockenfüllung f (als Dämmung) ‖ ~ **joint filler** (Build) / Fugengips m ‖ ~ **kiln** / Gipsofen m ‖ ~ **lath** (Build) / Gipskarton-Putzträgerplatte f, GKP (Gipskarton-Putzträgerplatte) ‖ ~ **lath** (Build) / Gipsstreifen m (als Putzträger), Gipsleiste f (als Putzträger)
**gypsum-lime mortar** (Build) / Gipskalkmörtel m (ein Luftkalkmörtel)
**gypsum mortar** (Build) / Gipsmörtel m (Mörtel mit Gips als alleinigem Bindemittel, enthält keine Zuschlagstoffe) ‖ ~ **moulding plaster** / Modellgips m, Formengips m, Formgips m ‖ ~ **plank** (Build) / Gipsdiele f (Gipstafel für Bekleidungen und leichte Trennwände, im Allgemeinen zu verputzen) ‖ ~ **plaster** (Build) / Gipsunterputz m ‖ ~ **plaster** (Build) / Gipsputz m (Wand- und Deckenputz aus Gipsmörtel und Gipssandmörtel), Weißputz m (S) ‖ ~ **plasterboard** (Build) / Gipskartonplatte f (Platte aus Brandgips, deren Oberflächen und Längsschmalflächen mit einem Spezialkarton beschichtet sind), Rigips m (Handelsname für Gipskartonplatten) ‖ ~ **plate*** (Optics) / Gipsplättchen n (ein Lambda-Viertel-Plättchen des Polarisationsmikroskops) ‖ ~ **quarry** (Mining) / Gipsbruch m, Gipsgrube f, Gipslagerstätte f
**gypsum-sand mortar** (Build) / Gipssandmörtel m (Mörtel mit Gips als Bindemittel und Sand als Zuschlagstoff)
**gypsum slurry tank** (Chem Eng) / Gipsvorlage f (Rauchgasentschwefelung) ‖ ~ **structural slab** (Build) / Gipsbauplatte f, Gipsplatte f (leichte Bauplatte aus Gips oder Anhydritbinder) ‖ ~ **test plate** (Optics) / Gipsplättchen n (ein Lambda-Viertel-Plättchen des Polarisationsmikroskops) ‖ ~ **tile** (Build) / Gipsbauplatte f, Gipsplatte f (leichte Bauplatte aus Gips oder Anhydritbinder) ‖ ~ **vein** (Min) / Gipsader f ‖ ~ **wallboard** (Build) / Gipswandbauplatte f, Wandbauplatte f aus Gips (DIN 18163)
**gypsy moth** (For) / Gemeiner Schwammspinner (Lymantria dispar L.)
**gyrase** n (Biochem) / Gyrase f ‖ ~ **inhibitor** (Pharm) / Gyrasehemmer m
**gyrate** v (Nuc) / gyrieren v ‖ ~ (Phys) / rotieren v, sich drehen vi, umlaufen v, eine Umlaufbewegung ausführen, kreisen v
**gyrating mass** (Phys) / Schwungmasse f
**gyration** n (Nuc) / Gyration f (Drehung eines elektrisch geladenen Teilchens um eine magnetische Flussröhre) ‖ ~ **radius** (Nuc) / Gyrationsradius m (Radius der Gyrationsbewegung eines elektrisch geladenen Teilchens), Gyroradius m, Larmor-Radius m
**gyrator*** n (Electronics) / Gyrator m (ein Vierpol)
**gyratory** n (pl. -ies) (a road junction or traffic system requiring the circular movement of traffic, larger or more complex that an ordinary roundabout) (Autos) / Kreisel m (großer) ‖ ~* (Eng) / Rundbrecher m (Sammelbegriff für Kegel- und Walzenbrecher), Kreiselbrecher m ‖ ~ **breaker** (Eng) / Rundbrecher m (Sammelbegriff für Kegel- und Walzenbrecher), Kreiselbrecher m, Kegelbrecher m ‖ ~ **crusher** (Eng) / Rundbrecher m (Sammelbegriff für Kegel- und Walzenbrecher), Kreiselbrecher m, Kegelbrecher m ‖ ~ **jaw-type crusher** (Eng) / Backen-Kreiselbrecher m ‖ ~ **screen** (a sieving machine having a series of nested screens whose mesh sizes are progressively smaller from top to bottom of teh stack) / Siebrätter m, Plansichter m (ein Plansieb) ‖ ~ **sifter** / Siebrätter m, Plansichter m (ein Plansieb) ‖ ~ **tipper** (Mining) / Kreiselwipper m, Drehkipper m
**gyro** n (Phys) / Gyroskop n (zum Nachweis von [Dreh]Bewegung) ‖ ~* (Phys) / Kreisel m ‖ ~* s. also artificial horizon, gyrocompass and gyrostat
**gyroaxis** n (Phys) / Kreiselachse f
**gyrobus** n (Autos) / Gyrobus m (Omnibus mit Antrieb durch in einem Schwungrad gespeicherte Energie), Gyroomnibus m
**gyrocompass*** n (Instr, Phys) / Kreiselkompass m (DIN EN ISO 8728) ‖ ~ **course** (Nav) / Kreiselkompasskurs m (Winkel zwischen der Kreisel-Nordrichtung und der Kielrichtung)
**gyro damper** (single-gimbal control-moment gyro actively controlled to extract the structural vibratory energy through the local rotational deformations of a structure) (Instr, Phys) / Dämpfungskreisel m, Kreiseldämpfer m ‖ ~ **damping** (Instr, Phys) / Kreiseldämpfung f ‖ ~ **drive** (Eng) / Gyroantrieb m
**gyrodynamics** n (Phys) / Kreiseldynamik f, Gyrodynamik f, Dynamik f des Kreisels
**gyrodyne*** n (Aero) / Kombinationsflugschrauber m
**gyro free of forces** (Phys) / kräftefreier Kreisel (an dem äußere Momente angreifen)
**gyrofrequency** n (the natural period of revolution of a free electron in the Earth's magnetic field) (Nuc) / Zyklotronfrequenz f (die Umlauffrequenz eines Elektrons im homogenen Magnetfeld)
**gyro glider** (Aero) / Gyrogleiter m (Autogiro, das im Gleitflug fliegen kann) ‖ ~ **head** (Cinema) / Kreiselkopf m (ein Stativkopf)
**gyrohedron** n (pl. -hedrons or -hedra) (Crystal, Maths) / Gyroeder n (Vierundzwanzigflächner mit Fünfecken als Begrenzungsflächen), Gyroid n
**gyrohorizon*** n (Aero) / künstlicher Horizont, Kreiselhorizont m
**gyroid** n (Crystal) / Gyroide f, Drehinversionsachse f, Inversionsdrehachse f
**gyro integrator** (Phys) / Integrierkreisel m
**gyromagnetic** adj (Phys) / gyromagnetisch adj, kreiselmagnetisch adj ‖ ~ **coefficient** (Nuc) / magnetomechanischer Faktor, magnetogyrisches Verhältnis, gyromagnetisches Verhältnis ‖ ~ **compass*** (Aero) / kreiselgestützter Magnetkompass ‖ ~ **effect*** (Phys) / gyromagnetischer Effekt (z.B. Barnett-Effekt oder Einstein-de-Haas-Effekt) ‖ ~ **effect*** (Phys) s. also magnetomechanical

**gyromagnetic**

effect ‖ **~ frequency** (Nuc) / Zyklotronfrequenz *f* (die Umlauffrequenz eines Elektrons im homogenen Magnetfeld) ‖ **~ ratio**\* (Nuc) / magnetomechanischer Faktor, magnetogyrisches Verhältnis, gyromagnetisches Verhältnis ‖ **~ ratio** (Phys, Spectr) / g-Faktor *m* (atomarer), gyromagnetischer Faktor, Aufspaltungsfaktor *m*, Landé-Faktor *m* (nach A. Landé, 1888-1975) ‖ **~ ratio of proton** (Nuc) / gyromagnetisches Verhältnis des Protons

**gyropendulum** *n* (a pendulum consisting of a heavy weight attached to a long wire, which is free to swing in any direction) (Astron, Phys) / Foucault'sches Pendel (nach L. Foucault, 1819-1868), Kamerlingh-Onnes-Pendel *n*, gyroskopisches Pendel, Kreiselpendel *n*

**gyro-pilot** *n* (Aero) / Selbststeuergerät *n*, Autopilot *m*, Kursregler *m*

**gyroplane**\* *n* (Aero) / Tragschrauber *m* (ein Drehflügelflugzeug), Autogiro *n* ‖ **~ with power rotor** (Aero) / Flugschrauber *m* (Auftrieb durch angetriebenen Rotor, Vortrieb durch Luftschraube)

**gyroplatform** *n* (Aero, Space) / kreiselstabilisierte Plattform, Kreiselplattform *f*, Trägheitsplattform *f*

**gyro repeater** (Ships) / Tochterkompass *m*

**gyroscope**\* *n* (Phys) / Kreisel *m* ‖ **~**\* (Phys) / Gyroskop *n* (zum Nachweis von [Dreh]Bewegung) ‖ **~ axis** (Phys) / Kreiselachse *f* ‖ **~ platform** (Aero, Space) / kreiselstabilisierte Plattform, Kreiselplattform *f*, Trägheitsplattform *f*

**gyroscopic** *adj* (Phys) / Kreisel-, kreiselgestützt *adj*, gyroskopisch *adj* ‖ **~ compass** (Instr, Phys) / Kreiselkompass *m* (DIN EN ISO 8728) ‖ **~ effect** (Aero) / Kreiselmoment *n* (bei Hubschraubern) ‖ **~ effect** (Phys) / Kreiselwirkung *f* ‖ **~ inertia** (Phys) / Rotationsträgheit *f*, Drehungsträgheit *f* (des Kreisels) ‖ **~ motion** (Mech, Phys) / Kreiselbewegung *f*, Gyralbewegung *f* ‖ **~ stabilizer** (Ships) / Schiffskreisel *m* (eine Stabilisierungseinrichtung) ‖ **~ torque** (Phys) / Kreiseldrehmoment *n* ‖ **~ tripod** (Cinema, Photog) / Kreiselstativ *n*

**gyrostabilization** *n* / Stabilisierung *f* durch Kreisel, Kreiselstabilisierung *f*

**gyrostabilized platform** (Aero, Space) / kreiselstabilisierte Plattform, Kreiselplattform *f*, Trägheitsplattform *f*

**gyrostabilizer** *n* (Instr) / Gyroskopstabilisator *m*, Stabilisierungskreisel *m* ‖ **~** (Ships) / Schiffskreisel *m* (eine Stabilisierungseinrichtung)

**gyrostat**\* *n* (Aero) / Gyrostat *m* (eine Stabilisierungseinrichtung) ‖ **~** (Phys, Ships) / Schiffskreisel *m*, Schlingerkreisel *m* (eine Stabilisierungseinrichtung)

**gyrostatics** *n* (Phys) / Gyrostatik *f*

**gyro-tripod** *n* (Cinema, Photog) / Kreiselstativ *n*

**gyrotron**\* *n* (Electronics) / Gyrotron *n* (Kombination von Laufzeitröhre und Zyklotronresonanzmaser)

**gyro unit** (Space) / Kreiselaggregat *n* ‖ **~ wheel** (Phys) / Kreiselrad *n*, Kreiselläufer *m*

**gyttja** *n* (Geol) / Gyttja *f* (pl. Gyttjen) (grünlich grauer Halbfaulschlamm, aus organischen Resten bestehend) ‖ **~** (Geol) s. also tasmanite

**GZ** (ground zero) (Mil, Nuc Eng) / Bodennullpunkt *m* (der genau unterhalb der Stelle lag, wo in größerer Höhe die Atombombe explodierte), Nullpunkt *m* (Ground Zero), Ground Zero *m n*, Detonationsnullpunkt *m* (der lotrecht unter oder über dem Detonationspunkt liegende Punkt auf der Erdoberfläche)

# H

**H 24** (continuous day and night service) / 24-Stunden-Kundendienst m, 24-Stunden-Service m
**H** (Autos) / Kennbuchstabe für Reifen mit 210 km/Stunde Höchstgeschwindigkeit (ECE-Regelung)
**H** (hydrogen) (Chem) / Wasserstoff m, H (Wasserstoff)
**H** (enthalpy) (Chem, Heat) / Enthalpie f (Zustandsfunktion, die den Wärmeinhalt eines Stoffes bei konstantem Druck angibt - DIN 1345), Wärmeenthalpie f
**H** (henry) (Elec) / Henry n, H (Henry - DIN 1301, T 1) (gesetzliche abgeleitete SI-Einheit der Induktivität - nach J. Henry, 1797 - 1878)
**H** (Hyd Eng) / Druckhöhe f, Fallhöhe f (als Maß für die potentielle Energie von Wasser), Gefälle n
**H** (high) (Meteor) / Hoch n, Hochdruckgebiet n (kaltes, warmes), H (Hoch)
**H/A** (heavier-than-air) (Aero) / schwerer als Luft, strömungsgetragen adj (Luftfahrzeug)
**ha*** (hectare) (Agric, Surv) / Hektar n m, ha (Einheit der Fläche = $10^4$ $m^2$)
**H. A.** (hour angle) (Astron) / Stundenwinkel m (sphärischer Winkel am Himmelspol, gerechnet vom Schnittpunkt des Himmelsäquators mit dem nullten Stundenkreis bis zum Schnittpunkt mit dem Stundenkreis durch das Gestirn)
**HA** (home automation) (Build) / Gebäudeautomation f
**HAA** (height above airport) (Aero) / Höhe f über dem Flughafen
**Haag theorem** (Nuc) / Haag'sches Theorem (in der allgemeinen Quantenfeldtheorie)
**Haar measure** (Maths) / Haar'sches Maß (nach A. Haar, 1885 - 1933)
**Haas effect*** (Acous) / Haas-Effekt m (akustische Ortung nach der ersten Wellenfront)
**Haber-Born cycle** (Phys) / Born-Haber'scher Kreisprozess (ein thermodynamischer Kreisprozess), Haber-Born'scher Kreisprozess
**Haber-Bosch process** (Chem Eng) / Haber-Bosch-Verfahren n (nach F. Haber, 1868-1934, und C. Bosch, 1874-1940)
**haberdasher** n (GB) (Textiles) / Kurzwarenhändler m ‖ ~ (US) (Textiles) / Herrenausstatter m
**haberdashery** n (Textiles) / Galanteriewaren f pl, Kurzwaren f pl, Mercerie f (S) (kleinere Bedarfsartikel für die Schneiderei)
**Haber-Haugaard layer** (Glass) / Haber-Haugaard-Schicht f (eine Quellschicht, die bei der Benetzung der Oberfläche von Glas mit Wasser entsteht)
**Haber-Luggin capillary** (a device used in measuring the potential of an electrode with significant current density imposed on its surface) / Haber-Luggin-Sonde f (die Potentialmessung in nächster Nähe der Elektrode ermöglicht - Aufnahme der Stromdichte-Potential-Kurve), Kapillarsonde f, Luggin-Haber-Kapillare f, Kapillarsonde f nach Luggin und Haber, Haber-Luggin-Sonde f
**Haber process** (Chem, Chem Eng) / Haber-Bosch-Verfahren n (nach F. Haber, 1868-1934, und C. Bosch, 1874-1940)
**habit*** (Crystal) / Kristallhabitus m, Habitus m (stängeliger, tafeliger, säuliger, würfeliger)
**habitable** adj / bewohnbar adj ‖ ~ **room** (Build) / Zimmer n für Wohnzwecke, bewohnbares Zimmer ‖ ~ **room** (Build) s. also sitting room ‖ ~ **space** (Arch, Build) / Wohnraum m (die Summe aller Aufenthaltsräume einer Wohnung - DIN 5034-1)
**habitat** n / Habitat n (eine Unterwasserstation) ‖ ~* (Biol) / Habitat n (Standort einer bestimmten Tier- oder Pflanzenart - DIN 4049, T 2)
**habit-forming** adj (Pharm) / suchterregend adj, suchterzeugend adj (Droge)
**habit plane** (Crystal) / Habitebene f
**habituation** n (Pharm) / Sucht f (Gewohnheitsbildung mit psychischer und physischer Abhängigkeit) ‖ ~ (Pharm) / Habituation f, Gewöhnung f
**habutai** n (Textiles) / Habutai m (pl. Habutais) (eine Japanseide)
**HAC** (high-alumina cement) (Build, Civ Eng) / Tonerdezement m mit hohem Aluminiumoxidgehalt, stark tonerdehaltiger Zement, Zement m mit hohem Tonerdegehalt, Hochtonerdeschmelzzement m
**HACCP*** (hazard-analysis critical control point (process)) (Nut) / HACCP-Konzept n (Festlegung der Prozessschritte, Definition des Risikos, Festlegung der Kontrollpunkte)
**Hach radiometer** (Phys) / Hachradiometer n (ein Strahlungsmessgerät)

**hachure*** n (Cartography, Surv) / Schraffur f (DIN 201), Schraffieren n, Schraffierung f ‖ ~* (Cartography, Surv) / Schraffe f, Schraffung f
**H-acid*** n (Chem) / H-Säure f (eine Buchstabensäure) (1-Naphthylamin-8-hydroxy-3,6-disulfonsäure)
**hack** v (Build) / griffig machen, aufrauen v (den Putzgrund) ‖ ~ (set on boards to dry) (Ceramics) / Ziegel aufschichten (zum Trocknen) ‖ ~ (Comp) / hacken v (durch geschicktes Ausprobieren und Anwenden verschiedener Computerprogramme mit Hilfe eines Personalcomputers über eine spezielle Leitung unberechtigt in andere Rechnersysteme eindringen) ‖ ~* n (Build, Ceramics) / Ziegeltrockengerüst n
**hackberry** n (For) / Nordamerikanischer Zürgelbaum (Celtis occidentalis L.)
**hacker*** n (Comp) / Hacker m (Softwareexperte für ein bestimmtes Programm, Betriebssystem oder eine bestimmte Programmiersprache, der im Gegensatz zu normalen Nutzern auf umfangreiches Wissen und viel Erfahrung in Breite und Tiefe zugreifen kann) ‖ ~* (Comp) / Hacker m (Person, die sich vorwiegend dem Programmieren widmet und sich in Freizeit und Beruf mit nichts anderem beschäftigt) ‖ ~* (Comp) / Häckse f (weibliches Pendant zu "Hacker") ‖ ~* (Comp) / Hacker m (in fremde Rechnersysteme illegal eindringender Computerbesitzer)
**hacker-proof** adj (Comp) / eindringungssicher adj, eindringsicher adj (z.B. Rechnernetz)
**hacket** n (Carp) / Handbeil n, Beil n
**hacking*** n (Build) / Aufrauen n des Putzgrundes (für die nächste Putzlage) ‖ ~* (Build, Ceramics) / Stapeln n der Rohlinge (Ziegelrohlinge) zum Trocknen, Haldentrocknung f (von Ziegeln) ‖ ~-**out knife*** (Glass, Paint) / Aushaumesser n (mit prismenförmig zugeschliffener Klinge)
**hacking-out knife*** (Glass, Paint) s. also putty knife
**hacking pocket** (Textiles) / schräge Pattentasche, schräge Klappentasche
**Hacking's box motion** (Weaving) / Hackingwechsel m (Vorrichtung an der Webmaschine zum Schützenwechsel durch Hub- oder Steigkasten)
**hack-iron** n (Tools) / Spitzhacke f, Pickel m, Krampen m (A), Picke f
**hackle** v (Textiles) / hecheln v (Flachs, Hanf) ‖ ~ n (Textiles) / Hechelkamm m, Hechel f
**hackled flax** (Agric, Textiles) / Hechelflachs m ‖ ~ **tow** (waste) (Textiles) / Bartelwerg n
**hackle marks** (fine ridges on a glass surface parallel to the direction a fracture is propagated) (Glass) / Lanzettbruch m, Bajonettbruch m ‖ ~ **tow** (Textiles) / Hechelwerg n
**hackling*** n (Agric, Textiles) / Hecheln n (Flachs, Hanf)
**hackly** adj / zackig adj (Bruch)
**hackmanite*** n (Min) / Hackmanit m (ein Mineral der Sodalith-Reihe)
**hackmatack** n (For) / Amerikanische Lärche (Larix laricina (Du Roi) K. Koch), Sumpflärche f
**hack•saw*** n (Eng) / Bügelsägemaschine f (für metallische Halbzeuge) ‖ ~-**saw*** (Eng) / Bügelsäge f (für Metall) ‖ ~-**saw*** (Tools) / Metallsäge f (eine Handsäge), Metallbügelsäge f
**hack-sawing** n (Eng) / Bügelsägen n ‖ ~ **machine** (Eng) / Bügelsägemaschine f (für metallische Halbzeuge)
**hadal** n (Ocean) / hadaler Bereich (der Tiefsee - ab etwa -6000 m), Hadal n, Hadopelagial n, Ultraabyssal n (eine Gewässerregion) ‖ ~ **zone** (region)* (Ocean) / hadaler Bereich (der Tiefsee - ab etwa -6000 m), Hadal n, Hadopelagial n, Ultraabyssal n (eine Gewässerregion)
**Hadamard matrix** (Maths) / Hadamard'sche Matrix (nach J.S. Hadamard, 1865 - 1963), Matrix f mit überwiegender Hauptdiagonale ‖ ~ **matrix** (Maths) s. also Sylvester matrix
**Hadamard's inequality** (Maths) / Hadamard'sche Ungleichung (bei Determinanten)
**Hadamard transform** / Hadamard-Transformation f ‖ ~ **transformation** / Hadamard-Transformation f
**Hadamard-transform spectroscopy** (Spectr) / Hadamard-Transform-Spektroskopie f, HTS (eine Art IR-Spektroskopie) ‖ ~ **technique** (Spectr) / Hadamard-Transform-Technik f (ein Rechenverfahren in der IR-Spektroskopie)
**hade** n (Geol) / Lotabweichung f, Einfallen n (gegen die Senkrechte), Fallen n ‖ ~ (the complement of the dip) (Geol) / Lotabweichung f (Komplementärwinkel des Fallwinkels) ‖ ~ (Geol, Mining) / Tonnlage f (75° bis 45°-Neigung zur Waagerechten)
**Hadfield's manganese steel*** (with 11 - 14% Mn) (Met) / Manganhartstahl m (mit metastabilem Austenitgefüge), Hadfield-Stahl m (nach R.A. Hadfield, 1858 - 1940)
**Hadfield's steel** (Met) / Manganhartstahl m (mit metastabilem Austenitgefüge), Hadfield-Stahl m (nach R.A. Hadfield, 1858 - 1940)
**hading** n (Geol) / Lotabweichung f, Einfallen n (gegen die Senkrechte), Fallen n ‖ ~ adj (Civ Eng, Geol) / geneigt adj (Baugrund), einfallend

**hading**

*adj* ‖ ~ (Mining) / tonnlägig *adj* (75° bis 45° zur Waagrechten geneigt) ‖ ~ **shaft** (Mining) / Schrägschacht *m* (der mehr als 25° zur Horizontalen verläuft), tonnlägiger Schacht, Tonnlagerschacht *m*, flacher Schacht

**Hadley cell*** (Meteor) / Hadley-Zelle *f* (ein Zirkulationssystem - nach G. Hadley, 1685 - 1768), Hadley-Zirkulationszelle *f* (tropische, polare)

**hadrom*** *n* (Bot) / Hadrom *n* (der Gefäßteil ohne mechanische Elemente) ‖ ~* (Bot) s. also leptom

**hadrome*** *n* (Bot) / Hadrom *n* (der Gefäßteil ohne mechanische Elemente)

**hadron*** *n* (Nuc) / Hadron *n* (stark wechselwirkendes Elementarteilchen)

**hadron-electron storage ring plant** (Nuc) / Hadron-Elektron-Ringanlage *f* (HERA, am Deutschen Zentrum für Elementarteilchenforschung Desy in Hamburg, ab 1990)

**hadron era** (Astron) / Hadronen-Ära *f* (in der Big-Bang-Kosmologie)

**hadronic** *adj* (Nuc) / Hadronen-, hadronisch *adj* ‖ ~ **atom** (Nuc) / hadronisches Atom (mit einem in die Atomhülle eingefangenen Hadron), Hadronatom *n*, exotisches Atom

**haem*** *n* (Biochem, Physiol) / Häm *n* (Eisen(II)-komplex von Porphyrinen)

**haematin*** *n* (Biochem) / Hämatin *n*, Hydroxyhämin *n* ($Fe^{3+}$-Protoporphyrinkomplex)

**haematite*** *n* (Min) / Hämatit *m* (Eisen(III)-oxid) ‖ ~* (Min) s. also red haematite ‖ ~ **schist** (Geol) / Itabirit *m* (ein wichtiges Eisenerz)

**haematitic oölite** (Geol) / Eisenoolith *m*, Eisenrogenstein *m*

**haematoxylin*** *n* (Chem, Micros) / Hämatoxylin *n* (ein blaues Färbemittel und auch Indikator), Hydroxybrasilin *n*

**haemin*** *n* (Biochem) / Hämin *n* (salzsaures Hämatin)

**haemo-** (Biochem, Physiol) / Hämo- (Bestimmungswort von Zusammensetzungen mit der Bedeutung "Blut")

**haemocyanin*** *n* (Biochem, Physiol) / Hämocyanin *n*, Hämozyanin *n*, Hcy (Hämocyanin)

**haemocytolysis*** *n* (pl. -lyses) (Biochem, Med) / Hämolyse *f* (Auflösung der roten Blutkörperchen durch Austritt des roten Blutfarbstoffs; Abbau des roten Blutfarbstoffs)

**haemocytometer*** *n* (Biol, Med) / Hämozytometer *n*, Hämocytometer *n*, Blutkörperchenzählkammer *f*

**haemoglobin*** *n* (Biochem, Med, Physiol) / Hämoglobin *n*, Hb (Hämoglobin) (der rote Blutfarbstoff in den Erythrozyten der Wirbeltiere)

**haemoglobinopathy** *n* (Biochem, Med) / Hämoglobinopathie *f* (erbliche Blutkrankheit)

**haemolysin*** *n* (Biochem, Chem, Med) / Hämolysin *n* (z.B. Saponine, Schlangengifte, Anilin, Kaliumzyanid)

**haemolysis*** *n* (pl. -lyses) (Biochem, Med) / Hämolyse *f* (Auflösung der roten Blutkörperchen durch Austritt des roten Blutfarbstoffs; Abbau des roten Blutfarbstoffs)

**haemolytic** *adj* (Biochem, Med) / hämolytisch *adj*

**haemoprotein** *n* (Biochem) / Hämoprotein *n* (konjugiertes Protein, das als prosthetische Gruppe ein Häm enthält), Hämprotein *n*

**haemostatic*** *adj* (Med) / hämostyptisch *adj*, styptisch *adj*, adstringent *adj*, hämostatisch *adj*, blutstillend *adj*

**haemotoxin** *n* (Biochem, Med) / Blutgift *n*, Hämotoxin *n* (Blutgift)

**HAES** (helium-excited Auger electron spectroscopy) (Spectr) / heliumangeregte Auger-Elektronenspektroskopie

**HAF black** / hochabriebfester Ruß, Hartruß *m*, HAF-Ruß *m*

**haff** *n* (lagoon created by a sandy spit at a river mouth) (Geog, Geol) / Haff *n* (z.B. Frisches oder Kurisches Haff - vom offenen Meer abgetrennte Bucht)

**hafnate** *n* (Chem) / Hafnat *n*

**hafnia** *n* (Chem) / Hafniumdioxid *n*

**hafnium*** *n* (Chem) / Hafnium *n*, Hf (Hafnium) ‖ ~ **alloy** (Electronics, Met, Nuc Eng) / Hafniumlegierung *f* ‖ ~ **carbide** (used in the control rods of nuclear reactors) (Chem, Nuc Eng) / Hafniumkarbid *n*, Hafniumcarbid *n* ‖ ~ **dioxide** (Chem) / Hafniumdioxid *n* ‖ ~ **oxide** (Chem) / Hafniumdioxid *n*

**haft*** *n* (Tools) / Stiel *m* (kleiner Axt, Heft *n* (Griff eines Werkzeugs; Griff *m* (meistens Ballengriff), Helm *m* (einer Axt, eines Beils)

**hagendorfite** *n* (Min) / Hagendorfit *m*

**Hagen number** (Phys) / Hagenzahl *f* (das Verhältnis von Druckkraft zu Zähigkeitskraft in Strömungen), Ha (Hagenzahl)

**Hagen-Poiseuille law** (Phys) / Hagen-Poiseuille-Gesetz *n* (laminare Rohrströmung - nach G.H. Hagen, 1797-1884), Hagen-Poiseuille'sches Gesetz (bei laminaren Strömungen durch kreisförmige Rohrquerschnitte )

**Hagen-Rubens relation** (Optics) / Hagen-Rubens-Gesetz *n*

**Haggenmacher equation** (Phys) / Haggenmacher'sche Gleichung (Beziehung für die Verdampfungswärme einer Flüssigkeit)

**ha-ha*** *n* (Build) / versenkter Grenzzaun (der nicht die Aussicht stört)

**Hahn-Banach extension theorem** (Maths) / Hahn-Banachscher Fortsetzungssatz (nach H. Hahn, 1879-1934) ‖ ~ **theorem** (Maths) / Hahn-Banachscher Fortsetzungssatz (nach H. Hahn, 1879-1934)

**hahnium*** *n* (Chem) / Nielsbohrium *n*, Ns (Nielsbohrium), Hahnium *n* (radioaktives, nur künstlich darstellbares chemisches Element der Ordnungszahl 105), Ha (Hahnium), Unnilpentium *n*, Unp (Unnilpentium)

**Hahn's rules** (Chem, Phys) / Hahn'sche Regeln (Fällungs- und Adsorptionsregel nach O.Hahn, 1879 - 1968)

**Haidinger brushes** (Optics) / Haidingerbüschel *n pl*, Polarisationsbüschel *n pl* ‖ ~ **fringes*** (Light, Optics) / Haidingerringe *m pl* (nach W.K. von Haidinger, 1795-1871) (Interferenzerscheinungen an planparallelen Platten od. Luftschichten), Haidinger'sche Ringe, Streifen *m pl* gleicher Neigung, Kurven *f pl* gleicher Neigung ‖ ~ **interference fringes** (Light, Optics) / Haidingerringe *m pl* (nach W.K. von Haidinger, 1795-1871) (Interferenzerscheinungen an planparallelen Platten od. Luftschichten), Haidinger'sche Ringe, Streifen *m pl* gleicher Neigung, Kurven *f pl* gleicher Neigung ‖ ~ **sheaf** (Optics) / Haidingersche Bündel von Interferenzerscheinungen

**hail*** *n* (Meteor) / Hagel *m*, Hagelschlag *m* ‖ ~ **damage** (Agric, For) / Hagelschlagverletzung *f* ‖ ~ **damage** (Agric, For) / Hagelschlagschaden *m*, Hagelschaden *m* ‖ ~ **injury** (Agric, For) / Hagelschlagverletzung *f*

**hailstone*** *n* (Meteor) / Hagelkorn (größer als 5 mm), Hagelschlosse *f*, Schlosse *f*

**Haine reagent** (Chem) / Haine'sche Lösung (zum Nachweis von Zuckern)

**hair*** *n* / Haar *n* (meistens von Rindern, Pferden und Ziegen) ‖ ~ **brush** (Paint) / Haarpinsel *m*

**hair-burn liming** (Leather) / Äscher *m* ohne Haargewinnung

**hair catcher** (San Eng) / Haarfang *m*

**hair-check** *n* / Haarriss *m* (im Beton, in den Anstrichfilmen)

**hair cloth*** (for coats and upholstery work) (Textiles) / Haartuch *n* ‖ ~ **cloth** (Textiles) / Gewebe *n* aus tierischen Haaren

**haircord*** *n* (Textiles) / Haircord *m*, Niedelrips *m*, Cedeline *m* (leichtes Baumwoll- oder Chemiefasergewebe, weiß oder bedruckt, das durch Längsripsbindung fein gestreift ist - für Kinderkleidung und Strandmoden)

**hair-crack** *n* / Haarriss *m*, Kapillarriss *m*

**hair felt*** (Build, Textiles) / Haarfilz *m* ‖ ~ **hygrometer*** (Meteor) / Haarhygrometer *n*

**hairiness** *n* (Textiles) / Haarigkeit *f* (z.B. beim textilen Bodenbelag)

**hairless** *adj* (For) / unbehaart *adj* (Larve)

**hairline** *n* / Haarriss *m*, Kapillarriss *m* ‖ ~* (Instr, Optics, Surv) / Fadenkreuz *n*, Strichkreuz *n* ‖ ~ (Paint, Phys) / Haarstrich *m* (Strich geringster Strichbreite) ‖ ~ (Textiles) / Haarstrichstreifen *m*, Hairline-Streifen *m* (meistens auf klaren oder foulierten Kammgarnen) ‖ ~ **crack** / Haarriss *m*, Kapillarriss *m* ‖ ~ **rule** (Typog) / feine Linie ‖ ~ **stripe** (Textiles) / Haarstrichstreifen *m*, Hairline-Streifen *m* (meistens auf klaren oder foulierten Kammgarnen)

**hair-on leather** (Leather) / Pelzfell *n* (für Rauchwaren)

**hair pencil** (Paint) / Haarpinsel *m*

**hairpin bend** (Autos, Civ Eng) / Serpentine *f* (Kehre, Windung - an steilen Berghängen), Haarnadelkurve *f*, Kehrschleife *f* ‖ ~ **cathode** (Electronics) / Haarnadelkatode *f* ‖ ~ **coil** / Haarnadelrohr *n* (Schlange, z.B. für den Einsatz in den Dampferzeugern) ‖ ~ **furnace** (Ceramics) / Haarnadelofen *m*, U-förmiger Umkehrtunnelofen

**hairpinlike structure** (Biochem) / Haarnadelschleife *f*, Haarnadelstruktur *f*

**hairpin loop** (Biochem) / Haarnadelschleife *f*, Haarnadelstruktur *f* ‖ ~-**shaped** *adj* / haarnadelförmig *adj* ‖ ~ **spring** (Eng) / Haarnadelfeder *f* (eine Ventilfeder)

**hair protector** / Kopfhaube *f* (eine Art Kopfschutz) ‖ ~ **pyrites** (Min) / Millerit *m*, Haarkies *m* (Nickel(II)-sulfid)

**hair-reinforced plastering mix** (Build) / Haargips *m*

**hair remover** / Haarentfernungsmittel *n*, Epiliermittel *n* (Enthaarungsmittel), Enthaarungsmittel *n*, Depilatorium *n* (pl. Depilatorien) ‖ ~ **root** (Agric, Leather) / Haarwurzel *f* ‖ ~ **salt** (Min) / Alunogen *m* (Aluminiumsulfat-18-Wasser), Keramohalit *m*, Haarsalz *n* (wasserhaltiges Tonerdesulfat) ‖ ~ **salt** (Min) / nadelige Kristalle von Epsomit

**hair-save liming** (Leather) / haarschonender Äscher, haarerhaltender Äscher, Äscher *m* mit Haargewinnung

**hair sheep** (Leather, Textiles) / Haarschaf *n* (das keine Wolle, sondern Haare trägt) ‖ ~ **side** (Leather) / Haarseite *f*, Narbenseite *f* (die vom Körper abgewandte Seite der Haut) ‖ ~ **sieve** / Haarsieb *n* ‖ ~ **space*** (Typog) / Haarspatium *n* (im Handsatz verwendetes dünnstes Ausschlußstück)

**hairspring** *n* (Horol) / Unruhfeder *f* (als Teil des Unruhschwingsystems), Spiralfeder *f* (welche die auf die Unruh

übertragene Energie speichert und diese jeweils beim Zurückschwingen abgibt) ‖ ~ (Instr) / Haarfeder f (für Messinstrumente)
**hair stippler**\* (Paint) / Tupfer m (Pinsel-, Gummi-), Stupfbürste f
**hair-washing machine** (Leather) / Haarwaschmaschine f (zum Waschen des von der Haut entfernten Haares)
**hairy** adj / Haar-, haarig adj ‖ ~ s. also fuzzy
**hair yarn** (Spinning) / Haargarn n
**hair-yarn carpet** (Textiles) / Haargarnteppich m
**hake**\* n (Build, Ceramics) / Ziegeltrockengerüst n
**HAL** (hot-air levelling) (Electronics) / Heißlufteinebnung f (von Lot auf Leiterplatten), Heißluftverzinnen n (zum Korrosionsschutz und zur Erhaltung der Lötfähigkeit von Leiterplatten), Heißluftaufschmelzen n (von Lot auf Leiterplatten)
**halarc lamp** (Light) / Halogenbogenlampe f
**HA latex** (Chem Eng) / HA-Latex m (mit etwa 0,8% Ammoniak)
**halation**\* n (Electronics, TV) / Hofeffekt m, Halo m, Haloeffekt m ‖ ~\* (Electronics, Photog) / Lichthofbildung f, Halobildung f
**halatopolymers** pl (Chem) / Halatopolymere n pl (die beim Tempern von Salzen zweiwertiger Metallionen und Dicarbonsäuren mit mehr als 8 C-Atomen oberhalb ihres Schmelzpunktes anfallen)
**halazone** n (San Eng) / Halazon n (ein Desinfiziens)
**Haldane apparatus**\* (Chem) / Luftanalysator m (meistens als Grubengasanalysator eingesetzt) ‖ ~ **relationship** (Biochem) / Haldane-Gleichung f
**Haldane's rule** (Gen) / Haldane-Regel f
**half-adder**\* n (Comp) / Halbaddierer m, Halbaddierglied n, Halbadder m
**half-adjust** v (Comp) / aufrunden v (maschinell, bei Taschenrechnern)
**half-and-half linseed oil and turps** (Paint) / Halböl n (Gemisch aus gleichen Gewichtsteilen Leinöl oder Leinölfirnis und einem Verdünnungsmittel - früher als Grundanstrichstoff eingesetzt) ‖ ~ **solder** (Met) / Lötzinn n (50% Pb + 50% Sn)
**half angle** (Maths) / Halbwinkel m, halber Winkel
**half-angle formula** (Maths) / Halbwinkelsatz m (für ebene Dreiecke), Halbwinkelformel f
**half-back** n (Leather) / Hecht m ‖ ~ **lighting** (Build, Light) / Seitenbeleuchtung f
**half-barked** adj (For) / halb geschält, halb entrindet, halbrein entrindet
**half-barrier** n (Rail) / Halbschranke f ‖ ~ **level crossing** (Autos, Rail) / Bahnübergang m mit Halbschranken
**half-bat** n (Build) / halber Stein, Zweitquartier n, Kopf m (ein Halbziegel)
**half-bath** n (Build) / Sanitärraum m (ohne Badewanne), Toilette f mit Waschbecken, Abort- und Waschraum m
**half bearing** (I C Engs) / Gleitlagerschale f (für Verbrennungsmotoren) ‖ ~-**binding** n (Bind) / Halbband m mit Buchecken
**half-bleached** adj (Textiles) / halbweiß adj
**half-bordered pit pair** (For) / einseitig behöftes Tüpfelpaar
**half-breadth plan** (Ships) / Wasserlinienriss m (parallel zur Wasseroberfläche geführte Schnitte)
**half-brick thick** (Build) / halbsteinstark adj ‖ ~ **wall**\* (Build) / Halbsteinmauer f
**half-bridge circuit** (Elec Eng) / Halbbrückenschaltung f
**half-byte** n (Comp) / Halbbyte n, Nibble n (die Hälfte eines Bytes)
**half cardigan** (Textiles) / Perlfang m, Halbfang m (Stricktechnik für sportlich wirkende Grobstrickqualitäten)
**half-carry** n (Comp) / Halbübertrag m
**half-cell**\* n (Elec Eng) / Halbzelle f (elektrochemische Elektrode), Halbkette f (das System Metall/Elektrolyt), Halbelement n
**half-cell potential** (Elec Eng) / Halbzellenpotential n ‖ ~ **potential** (Elec Eng) s. also Galvani potential ‖ ~ **reaction** (Elec Eng) / Elektrodenreaktion f (eine heterogene Teilreaktion der Zellreaktion an der Grenzfläche benachbarter leitender Phasen - anodische oder katodische - DIN 50900)
**half-chair form** (Chem) / Halbsesselform f (in der Stereochemie)
**half-closed interval** (Maths) / halb abgeschlossenes Intervall ‖ ~ **slot**\* (Elec Eng) / halb geschlossene Nut, halb offene Nut
**half-coiled winding** (Elec Eng) / Halbspulenwicklung f
**half-column**\* n (Arch) / Halbsäule f (zur Hälfte in die Mauer eingebundene)
**half-coupling** n (Eng) / Flanschkupplung f (mit der zwei Wellen starr miteinander gekuppelt werden), Scheibenkupplung f
**half-cross leno** (Textiles) / Leinwanddreher m, Halbdreher m
**half-cycle** n (Phys) / Halbwelle f
**half-deflection method**\* (Elec Eng) / Halbwertverfahren n
**half-dog point** (Eng) / Kernansatz m ‖ ~ **point** (Eng) / Zapfen m (kurzer - der Stellschraube) ‖ ~ **point** (with rounded end) (Eng) / Ansatzkuppe f ‖ ~ **point** (with cone end) (Eng) / Ansatzspitze f
**half duplex**\* (Comp, Telecomm) / Wechselbetrieb m (DIN 44302), Halbduplexbetrieb m, Halbduplexübertragung f

**half-duplex operation** (Comp, Telecomm) / Wechselbetrieb m (DIN 44302), Halbduplexbetrieb m, Halbduplexübertragung f ‖ ~ **transmission** (Comp, Telecomm) / Wechselbetrieb m (DIN 44302), Halbduplexbetrieb m, Halbduplexübertragung f
**half-element**\* n (Elec Eng) / Halbzelle f (elektrochemische Elektrode), Halbkette f (das System Metall/Elektrolyt), Halbelement n
**half-fat margarine** (Nut) / Halbfettmargarine f (zwischen 39 und 41% Gesamtfett - nicht zum Braten und Backen geeignet) ‖ ~ **product** (Nut) / Halbfetterzeugnis n (Butter, Margarine)
**half-finished product** / Halbzeug n, Halbfabrikat n, Halberzeugnis n, Halbfertigfabrikat n, Halbfertigware f, Halbware f
**half-frame camera** (Photog) / Halbformatkamera f
**half-gas firing** (Met) / Halbgasfeuerung f
**half-glass door** (Build) / Glasfüllungstür f, Tür f mit Glasfüllung, Tür f mit Glasausschnitt (meistens in der oberen Hälfte)
**half-glassy** adj (Brew) / halbglasig adj (Malz)
**half-hard** adj / halbhart adj, mittelhart adj
**half-height diameter** (For) / Mittendurchmesser m, Mittenstärke f (des Baumstamms)
**half-hipped roof** (Build) / Fußwalmdach n
**half-hour rating**\* (Elec Eng) / Dreißigminutenleistung f ‖ ~ **synthetic** (Paint) / Halbstundenlack m (Cellulosenitrat +Alkydharz)
**half-inch microphone** (Acous) / Halbzollmikrofon n
**half-integer spin** (Nuc) / halbzahliger Spin
**half-keystone ring** (I C Engs) / einseitiger Trapezring
**half landing** (Build) / Halbpodest n m (Treppenabsatz zwischen parallel zueinander angeordneten Treppenläufen), Zwischenpodest n m (zwischen zwei Geschossen)
**half-lap joint**\* (Carp) / gerades Blatt (Überblattung, Anblattung)
**half-lattice filter** (Radio) / Halbbrückenfilter n, Half-lattice-Filter n (ein Quarzfilter) ‖ ~ **girder**\* (Build, Eng) / Parallelträger m mit Dreiecksverband, Strebenfachträger m, Strebenfachwerkträger m, Warren-Fachwerk n
**half-life**\* n (pl. half-lives) (Nuc) / $T_{1/2}$, Halbwertszeit f (physikalische - $T_p$, biologische - $T_b$, effektive - $T_{eff}$), Halbwertzeit f (DIN 25404), HWZ (Halbwertszeit)
**half-line** n (the part of a straight line extending from a point indefinitely in one direction) (Maths) / Strahl m, Halbgerade f (Menge aller Punkte einer Geraden, die bezüglich eines Punktes auf derselben Seite liegen) ‖ ~ **block**\* (Print) / kombinierte Rasterstrichätzung, kombiniertes Klischee
**half-linen** n (Textiles) / Halbleinen n (für Tisch- und Geschirrtücher)
**half-line period** (TV) / halbe Zeilendauer
**half-liner** n (Eng) / Halbschale f (Teil eines Lagers, der sich 180° über den Zapfen erstreckt und zusammen mit einem gleichen Teil ein vollumschließendes Gleitlager ergeben kann)
**half-locked rope** / halb verschlossenes Seil
**half-moon** n (Astron) / Halbmond m, Mondsichel f ‖ ~ attr / halbmondförmig adj, sichelförmig adj (halbmondförmig) ‖ ~ **slip-joint pliers** (GB) (Tools) / Wasserpumpenzange f mit Rillen-Gleitgelenk, Rillenwasserpumpenzange f
**half-normal bend** (Eng, Plumb) / 135°-Rohrkrümmer m
**half-nut lever** (Eng) / Mutterschlosshebel m
**half-open interval** (Maths) / halb offenes Intervall ‖ ~ **shed** (Weaving) / Halboffenfach n
**half-page** n (Comp, Print) / Halbseite f, halbe Seite ‖ ~ **spread** (Print) / halbe Seite über den Bund
**half-peak delay** (Photog) / Zündzeit f (beim Elektronenblitz - von der Kontaktgabe bis zum halben Scheitelwert) ‖ ~ **potential** (Chem) / Halbpeakpotential n
**half-period zone**\* (Light, Optics, Radar) / Fresnel'sche Zone (bei Beugungserscheinungen), Fresnel-Zone f
**half-plane** n (in coordinate geometry) (Maths) / Halbebene f (die Menge der Punkte einer Ebene, die alle auf einer Seite einer in der Ebene liegenden Geraden liegen)
**half-power angle** (Radar, Radio) / Halbwertswinkel m (halbe Halbwertsbreite) ‖ ~ **beam width** (Radio) / Keulenhalbwertsbreite f (Winkelbereich der Hauptkeule einer Antenne, in dem die Feldstärke auf nicht weniger als die Hälfte des Maximalwerts zurückgeht), Hauptkeulenbreite f, Leistungshalbwertsbreite f (bei Antennen) ‖ ~ **point**\* (of an antenna) (Radio) / Halbwertspunkt m
**half-reaction** (Chem) / Halbreaktion f ‖ ~ (Chem) / Teilprozess bei der Redoxreaktion
**half-roll**\* n (Aero) / halbe Rolle (eine Drehung bis zur Rückenfluglage)
**half-roll and dive-out** (Aero) / Schleife f mit Überschlag ‖ ~ **and loop** (Aero) / Schleife f mit Überschlag
**half-rotary-cut veneer** (For) / Halbrundschälfurnier n ‖ ~ **veneer** (For) / Exzenterschälfurnier n (bei einem exzentrisch eingespannten Block)
**half-rotation** n (Maths) / Halbdrehung f
**half round** (Met) / Halbrundstab m, Halbrundstahl m (ein Stabstahl)

681

**half-round**

**half-round bit** (Eng) / Kanonenbohrer m (ein Tieflochbohrer) ‖ ~ **cutting** (For) / Halbrundschälen n (von Furnieren)
**half-round-cut veneer** (For) / Halbrundschälfurnier n
**half-round file*** (Eng, Tools) / Halbrundfeile f ‖ ~ **gutter** (Build, Plumb) / halbrunde Rinne, halbrunde Dachrinne ‖ ~ **screw*** (Eng) / Halbrundschraube f
**half-round-sliced veneer** (For) / Halbrundschälfurnier n
**half-round slicing** (For) / Halbrundschälen n (von Furnieren) ‖ ~ **steel** (Met) / Halbrundstab m, Halbrundstahl m (ein Stabstahl) ‖ ~ **veneer** (For) / Exzenterschälfurnier n (bei einem exzentrisch eingespannten Block)
**half-sawn timber** (For) / Halbholz n (Kantholz, das zweistielig kerngetrennt eingeschnitten wurde)
**half-section*** n / Halbschnitt m (bei technischen Zeichnungen nach DIN 6)
**half-shade** n / Halbschatten m (der Bereich eines Schattens, in dem eine Lichtquelle aus optisch-geometrischen Gründen nur teilweise abgeschattet erscheint)
**half-shade polarimeter** (with a double-field optical system) (Chem) / Halbschattenapparat m (ein Polarimeter)
**half-shadow** n (Light, Photog) / Halbschatten m (wenn ein Körper mit zwei punktförmigen Lichtquellen beleuchtet wird)
**half-shaft** n (Autos) / Halbachse f
**half sheet** (Print) / Halbbogen m ‖ ~ **shroud*** (Eng) / Verstärkungskranz m (der die halbe Zahnhöhe deckt)
**half-sibs** pl (Biol) / Halbgeschwister n pl
**half-side formula** (Maths) / Halbseitensatz m (in der sphärischen Trigonometrie)
**half silk** (Textiles) / Halbseide f (Kette: Naturseide, Schuss: anderes Material)
**half-silvered mirror** (Optics, Surv) / halbdurchlässiger (rückflächenversilberter) Spiegel
**half-size** n / Halbformat n
**half-sized board** (Comp) / kurze Steckkarte
**half-sole** n (Leather) / Halbsohle f (Lauffläche am Schuh)
**half-space** n / Halbschritt m (der Schreibmaschine)
**half-space*** n (Build) / Halbpodest n m (Treppenabsatz zwischen parallel zueinander angeordneten Treppenläufen), Zwischenpodest n m (zwischen zwei Geschossen) ‖ ~ * (Build) / Estrade f (erhöhter Teil des Fußbodens, z.B. in einer Fensternische oder einem Erker)
**half•-space** n (Maths) / Halbraum m ‖ **-space key** / Halbschritttaste f (Bedienteil der Schreibmaschine, mit dem der Halbschritt ausgeführt wird) ‖ **-space landing** (Build) / Halbpodest n m (Treppenabsatz zwischen parallel zueinander angeordneten Treppenläufen), Zwischenpodest n m (zwischen zwei Geschossen) ‖ **~-span roof** (Arch) / Pultdach n (das an eine höhere Mauer anschließt) ‖ ~ **step** (Acous) / Halbtonschritt m, Halbton m (diatonischer, chromatischer - DIN 1320)
**half-stereophony** (Acous) / Pseudostereofonie f (z.B. durch getrennte Abstrahlung der Höhen und Tiefen bzw. durch gegenphasige Schaltung von zwei Wiedergabelautsprechern)
**half-stock** n (Paper) / Halbstoff m (Papierfaserstoff nach DIN 6730), Halbzeug n, Faserhalbstoff m
**half-stuff*** n (Paper) / Halbstoff m (Papierfaserstoff nach DIN 6730), Halbzeug n, Faserhalbstoff m
**half-submerged** adj (Ships) / halbgetaucht adj (Antrieb) ‖ ~ (Ships) s. also **surface-piercing hydrofoil**
**half subtracter** (Comp) / Halbsubtrahierer m, Halbsubtrahierglied n ‖ ~ **subtractor** (Comp) / Halbsubtrahierer m, Halbsubtrahierglied n
**half-synthetic voice** (Acous, Comp) / halbsynthetische Stimme
**half-thickness*** n (Nuc, Radiol) / Halbwertsschichtdicke f, HWS, HWD
**half-through arch** (Civ Eng) / Bogen m mit dazwischenliegender Fahrbahn (die teilweise aufgeständert und teilweise angehängt ist)
**half-tide basin** (Civ Eng, Ocean) / Halbtidehafen m
**half-timber** n (For) / kerngetrenntes Holz (Kreuz- oder Halbholz)
**half-timber building** (Build) / Fachwerkbau m, Fachwerkhaus n (mit hölzernem Stabwerk)
**half-timbered house** (Build) / Fachwerkbau m, Fachwerkhaus n (mit hölzernem Stabwerk)
**half-timbering*** n (Build) / Fachwerkbauart f (mit hölzernem Stabwerk), Skelettbauart f (mit hölzernem Stabwerk)
**half•-title*** n (Typog) / Vortitel m, Schmutztitel m, Schutztitel m ‖ ~ **tone** (Acous) / halber Ton
**halftone** n (US) (Acous) / Halbtonschritt m, Halbton m (diatonischer, chromatischer - DIN 1320) ‖ ~ * (Photog, Print, Telecomm) / Halbton m
**half-tone block*** (Print) / Rasterätzung f (Original-Druckplatte), Autotypie f
**half-tone colour separation** (Print) / Rasterfarbauszug m ‖ ~ **dot** (Print) / Rasterpunkt m ‖ ~ **image** (Print) / Rasterbild n ‖ ~ **negative** (Photog, Print) / Rasternegativ n ‖ ~ **printing** (Print) / Rasterdruck m
**half-tone process*** (Photog, Print) / Halbtonrasterung f, Rasterfotografie f (Autotypieverfahren), Halbtonverfahren n

**half-tone screen** (Photog, Print) / Raster m, Autotypieraster m
**halftoning** n (Photog) / Halbtonrasterung f ‖ ~ (Photog, Print) / Halbtonrasterung f, Rasterfotografie f (Autotypieverfahren), Halbtonverfahren n
**half-track recording** (Acous) / Doppelspuraufzeichnung f, Doppelspuraufnahme f ‖ ~ **tape recorder** (Acous) / Doppelspurtonbandgerät n ‖ ~ **tractor** (Autos) / Halbraupe f (ein Schlepper), Halbkettentraktor m ‖ ~ **vehicle** (Autos) / Halbkettenfahrzeug n
**half-turn** attr (Build) / halb gedreht (Treppe) ‖ ~ **plough** (Agric) / Drehpflug m (der mit dem Dreipunktanbau am Traktorheck befestigte Kehrpflug), Brabanterpflug m
**half-value layer*** (Nuc, Radiol) / Halbwertsschichtdicke f, HWS, HWD ‖ ~ **period** (Nuc) / $T_{1/2}$, Halbwertszeit f (physikalische - $T_p$, biologische - $T_b$, effektive - $T_{eff}$), Halbwertzeit f (DIN 25404), HWZ (Halbwertszeit) ‖ ~ **thickness*** (Nuc, Radiol) / Halbwertsschichtdicke f, HWS, HWD
**half-wave** n (Phys) / Halbwelle f
**half•-wave antenna*** (Radio) / Halbwellenstrahler m, Halbwellenantenne f ‖ **-wave dipole** (Radio) / Halbwellendipol m, Lambdahalbedipol m, λ/2-Dipol m
**half-wavelength transformer** (Elec Eng) / Lambda-Halbe-Transformator m, Lambda-Halbe-Anpassungsglied n, Halbwellentransformator m
**half•-wave plate*** (Optics) / Halbwellenlängenplättchen n, Lambda-Halbe-Plättchen n, λ/2-Plättchen n ‖ **~-wave potential** (Chem) / Halbstufenpotential n (in der Polarografie), HSP (Halbstufenpotential) ‖ **~-wave rectification** (Elec Eng) / Einweggleichrichtung f ‖ **~-wave rectifier*** (a rectifier circuit that outputs a voltage for only half of each full cycle of an alternating input) (Elec Eng, Radio) / Einweggleichrichter m (elektronische Schaltungsanordnung, bei der die Gleichrichtung einer Wechselspannung oder eines Wechselstroms von nur einem Bauelement mit Ventilwirkung vorgenommen wird) ‖ **~-wave transformer** (Elec Eng) / Lambda-Halbe-Transformator m, Lambda-Halbe-Anpassungsglied n, Halbwellentransformator m
**half-wet spinning** (Spinning) / Halbnassspinnen n
**half-width*** n (Phys, Spectr) / Halbwertsbreite f, Halbwertbreite f
**half-width of a line** (Phys, Spectr) / Linienhalbbreite f (einer Spektrallinie)
**half-window** n (Geol) / Halbfenster n (in der Decke)
**half word** (Comp) / Halbwort n
**half-worsted yarn** (Spinning) / Halbkammgarn n (gröberes Garn mit mehr als 135 Fasern im Garnquerschnitt)
**halibut-liver oil** (Pharm) / Heilbuttleberöl n, Heilbuttlebertran m, Oleum n Jecoris Hippoglossi
**halide*** n (Chem) / Halogenid (Verbindung der Halogene), Halid n ‖ ~ **crystal** (Photog) / Halogenidkristall m ‖ ~ **glass** (Glass) / Halogenidglas n (bei dem die Glasbildung nicht an Oxide, sondern an Halogenide gebunden ist) ‖ ~ **lamp** (Elec Eng) / Halogenmetalldampflampe f (eine Gasentladungslichtquelle) ‖ ~ **mineral** (Chem, Min) / Halogenidmineral n, Halogenid n (z.B. Steinsalz)
**haline** adj (Ocean) / halin adj
**haliplankton*** n (Ecol) / Haliplankton n
**halite*** n (Min) / Halit m, Steinsalz n
**hall** n (the room or space just inside the front entrance of a house or flat) (Build) / Halle f
**Hall angle** (between the electric field vector and the current density vector) (Electronics) / Hall-Winkel m (nach E.H. Hall, 1855-1938) ‖ ~ **chart** (consists of constant closed-loop gain loci and constant closed-loop phase loci) (Automation) / Hall-Diagramm n ‖ ~ **coefficient*** (Electronics) / Hall-Koeffizient m ‖ ~ **effect*** (Phys) / Hall-Effekt m (ein galvanomagnetischer Effekt - nach E.H. Hall, 1855-1938)
**Hall-effect device** (Electronics) / Hall-Effekt-Bauelement n, Hall-Element n (ein galvanomagnetisches Bauelement) ‖ ≃ **digital switch** (Electronics) / Feldplatte f mit digitalem Ausgangssignal ‖ ≃ **generator** (Electronics) / Hallgenerator m, Hallgeber m, Hall-Effekt-Element n (ein Halbleiterbauelement, bei dem der Stromdurchfluss mittels eines äußeren Magnetfeldes gesteuert wird) ‖ ≃ **modulator** (Radio) / Hall-Effekt-Modulator m ‖ ≃ **switch** (Electronics) / Hall-Schranke f (Schalter, der auf dem Hall-Effekt beruht), Magnetschranke f
**Hall electrode** (Electronics) / Hall-Elektrode f
**Hall-electrolytic-conductivity detector** (Chem) / Hall-Detektor m (für die gaschromatografische Spurenanalyse), HECD (Hall-Detektor)
**Halley's Comet** (Astron) / Halley'scher Komet (der die Sonne in rund 76 Jahren umkreist - zum letzten Mal 1986)
**Hall generator** (Elec Eng, Electronics) / Hallgenerator m, Hallgeber m, Hall-Effekt-Element n (ein Halbleiterbauelement, bei dem der

Stromdurchfluss mittels eines äußeren Magnetfeldes gesteuert wird)

**Hall-Héroult process** (Chem Eng) / Hall-Héroult-Verfahren n (elektrolytische Zerlegung von in Kryolith gelöstem Aluminiumoxid - nach Ch.M. Hall, 1863-1914, und P.L.T. Héroult, 1863-1914)

**halliard** n / Aufzugsseil n ‖ ~ (Ships) / Fall n (pl. -en)

**Hall IC** (Electronics) / Hall-IC m (mit dem Hallgenerator)

**Hallinger shield** (Civ Eng) / Hallinger-Schild m (beim Tunnelauffahren)

**hallmark** v / stempeln v (Gold- und Silberwaren) ‖ ~ n / Feingehaltsstempel m, Punze f (ein Prüf- und Gewährzeichen) ‖ ~ **feature** / kennzeichnende (typische) Eigenschaft

**Hall mobility*** (Electronics) / Hall-Beweglichkeit f (Ladungsträgerbeweglichkeit) ‖ ~ **modulator** (Radio) / Hall-Effekt-Modulator m ‖ ~ **module** (Electronics) / Hall-IC m (mit dem Hallgenerator) ‖ ~ **motor** (Elec Eng) / Hall-Motor m (ein Außenläufermotor ohne mechanischen Kommutator und mit einem Ferritmagneten als Rotor) ‖ ~ **multiplier** (Electronics) / Hall-Multiplikator m

**hall noise** (Acous) / Saalgeräusch n ‖ ~ **of mirrors** (Arch) / Spiegelsaal m

**halloysite*** n (Min) / Halloysit m (ein Tonmineral der Kaolinit-Gruppe)

**Hall-Petch relationship** (Materials) / Hall-Petch-Beziehung f (formelmäßige Beschreibung des Einflusses der Korngröße auf die Fließgrenze bzw. Streckgrenze polykristalliner metallischer Werkstoffe)

**Hall plate** (a three-dimensional configuration of any material in which the Hall effect is utilized) (Electronics) / Hallplättchen n ‖ ~ **probe*** (a type of fluxmeter based on the Hall effect) (Electronics) / Hallsonde f ‖ ~ **process** (Chem Eng) / Hall-Héroult-Verfahren n (elektrolytische Zerlegung von in Kryolith gelöstem Aluminiumoxid - nach Ch.M. Hall, 1863-1914, und P.L.T. Héroult, 1863-1914) ‖ ~ **sender unit** (Electronics) / Hallgenerator m, Hallgeber m, Hall-Effekt-Element n (ein Halbleiterbauelement, bei dem der Stromdurchfluss mittels eines äußeren Magnetfeldes gesteuert wird)

**hallucinogen*** n (a drug which causes changes in mood, perception, thinking and behaviour) (Pharm) / Halluzinogen n (ein psychotroper Stoff)

**hallucinogenic** adj (Pharm) / halluzinogen adj ‖ ~ **drug** (Pharm) / Halluzinogen n (ein psychotroper Stoff)

**Hall vane switch** (Electronics) / Hallschranke f ‖ ~ **voltage** (Electronics) / Hallspannung f

**Hallwachs effect** (Electronics) / Hallwachs-Effekt m (äußerer Fotoeffekt - nach W. Hallwachs, 1859-1922)

**hallway** n (Build) / Halle f

**halmyrogenetic** adj (Geol) / halmyrogen adj

**halmyrolysis** n (pl. -lyses) (Geol) / Halmyrolyse f (submarine Verwitterung)

**halmyrolytic** adj (Geol) / halmyrolytisch adj

**halo*** n (pl. haloes or halos) (Astron, Light, Meteor) / Halo m (atmosphärisch-optische Erscheinung) ‖ ~* (pl. haloes or halos) (Electronics, TV) / Hofeffekt m, Halo m, Haloeffekt m ‖ ~* (Min) / primärer Dispersionshof ‖ ~ (pl. haloes or halos) (Photog) / Lichthof m

**haloaldehyde** n (Chem) / Halogenaldehyd m

**haloalkane** n (halogenated aliphatic hydrocarbon) (Chem) / Alkylhalogenid n, Halogenalkan n, Halogenalkyl n

**haloamine** n (Chem) / Halogenamin n

**halobenzene** n (Chem) / Halogenbenzol n

**halobiont** n (Biol) / Halobiont m (pl. -en)

**halobiotic*** adj (Biol, Ocean) / halobio(n)tisch adj, halobiont adj, im Ozeanwasser lebend

**halocarbon** n (Chem) / Halogenkohlenstoffverbindung f (z.B. Fluorkohlenwasserstoff) ‖ ~ **refrigerant** (Chem) / FCKW-Kältemittel n

**halocline** n (Ocean) / Halokline f (Zone in einem geschichteten Wasserkörper, in der sich die Dichte infolge einer Veränderung des Salzgehalts rasch ändert)

**haloform** n (a haloalkane containing three halogen atoms) (Chem) / Haloform n (Trihalogenmethan) ‖ ~ **reaction** (halogenation of acetaldehyde or a methyl ketone in aqueous basic solution) (Chem) / Haloformreaktion f

**halogen*** n (any of the elements of the halogen family, consisting of fluorine, chlorine, bromine, iodine, and astatine) (Chem) / Halogen n ‖ ~ **acid** (Chem) / Halogenwasserstoffsäure f (z.B. Flusssäure)

**halogenamine** n (Chem) / Halogenamin n

**halogenate** v (Chem) / halogenieren v

**halogenated acetic acid** (Chem) / Halogenessigsäure f ‖ ~ **carboxylic acid** (Chem) / Halogenkarbonsäure f, Halogencarbonsäure f ‖ ~ **fire suppressant** (Chem) / Halon n (gemischthalogenierter Halogenkohlenwasserstoff als Feuerlöschmittel - in Deutschland verboten) ‖ ~ **hydrocarbon** (Chem) / Halogenkohlenwasserstoff m (z.B. Chlormethan), halogenierter Kohlenwasserstoff

**halogenated-hydrocarbon extinguisher** / Halogenlöscher m, Halonlöscher m, Halon-Feuerlöscher m

**halogenated organic compounds** (Chem) / organische Halogenverbindungen, Organohalogenverbindungen f pl

**halogenation*** n (Chem) / Halogenisierung f (z.B. Bromierung oder Iodierung), Halogenierung f (Einführung von Halogenatomen in die Moleküle von organischen Verbindungen), Halogenation f

**halogen bulb** (Elec Eng) / Halogenglühlampe f (DIN 49 820), Halogenlampe f ‖ ~ **counter** (Nuc Eng) / Halogenzählrohr n (Geiger-Müller-Zähler, dessen Argon- oder Neonzählgas einige Prozent eines Halogens, Chlor oder Brom, zugesetzt sind, um Selbstlöschung der Gasentladung zu erreichen) ‖ ~ **dance** (Chem) / Halogentanz m (Stellungswechsel der Halogensubstituenten in aromatischen Halogenkohlenwasserstoffen) ‖ ~ **driving lamp** (Autos, Elec Eng) / Halogenfernscheinwerfer m ‖ ~ **extinguisher** / Halogenlöscher m, Halonlöscher m, Halon-Feuerlöscher m ‖ ~ **headlight** (Autos, Elec Eng) / Halogenscheinwerfer m, Halogenstrahler m ‖ ~ **ketone** (Chem) / Halogenketon n ‖ ~ **lamp** (Autos, Elec Eng) / Halogenscheinwerfer m, Halogenstrahler m

**halogenoalkane** n (Chem) / Alkylhalogenid n, Halogenalkan n, Halogenalkyl n

**halogenolysis** n (pl. -lyses) (Chem) / Halogenolyse f

**halogen•-quench Geiger tube*** (Nuc Eng) / Halogenzählrohr n (Geiger-Müller-Zähler, dessen Argon- oder Neonzählgas einige Prozent eines Halogens, Chlor oder Brom, zugesetzt sind, um Selbstlöschung der Gasentladung zu erreichen) ‖ ~ **tube** (Light) / Halogenstab m (eine Leuchte)

**halohydrin** n (Chem) / Halohydrin n (2-Halogen-1-alkanol)

**halohydrocarbon** n (Chem) / Halogenkohlenwasserstoff m (z.B. Chlormethan), halogenierter Kohlenwasserstoff

**haloid** adj (Chem) / salzähnlich adj, salzartig adj ‖ ~ **acid*** (Chem) / Halogenwasserstoffsäure f (z.B. Flusssäure)

**haloing** n (Textiles) / Verquetschen n (beim Stoffdruck), Verschmieren n (des Musters beim Stoffdruck), Aureolenbildung f, Ränderbildung f, Hofbildung f (beim Drucken)

**halokinesis** n (Geol) / Halokinese f (schwerkraftbedingte Wanderung von Salzgesteinen)

**halokinetic** adj (Geol) / halokinetisch adj

**halomorphic soil** (Agric, Geol) / Salzboden m

**halon** n (Chem) / Halon n (gemischthalogenierter Halogenkohlenwasserstoff als Feuerlöschmittel - in Deutschland verboten)

**halo of 22°** (Astron, Light) / kleiner Ring, kleiner Halo, 22°-Ring m ‖ ~ **of 46°** (Astron, Light) / großer Ring, großer Halo, 46°-Ring m

**halophil** adj (Biol) / halophil adj (Organismus, der sich bevorzugt in Lebensräumen aufhält, an denen erhöhte Salzkonzentrationen auftreten), salzliebend adj (Pflanze, Meerestier)

**halophile*** adj (Biol) / halophil adj (Organismus, der sich bevorzugt in Lebensräumen aufhält, an denen erhöhte Salzkonzentrationen auftreten), salzliebend adj (Pflanze, Meerestier)

**halophilic** adj (Biol) / halophil adj (Organismus, der sich bevorzugt in Lebensräumen aufhält, an denen erhöhte Salzkonzentrationen auftreten), salzliebend adj (Pflanze, Meerestier)

**halophilous** adj (Biol) / halophil adj (Organismus, der sich bevorzugt in Lebensräumen aufhält, an denen erhöhte Salzkonzentrationen auftreten), salzliebend adj (Pflanze, Meerestier)

**halophobe** n (Bot) / salzmeidende Pflanze, salzfliehende Pflanze

**halophyte*** n (Bot) / Halophyt m (pl. Halophyten), Salzpflanze f (bodenanzeigende Pflanze, die in salzreichen Biotopen vorkommt, z.B. Queller oder Strandflieder) ‖ ~ **treatment system** (San Eng) / Pflanzenkläranlage f (Kläranlage, bestehend aus einem mit ausgewählten Sumpfpflanzen besetzten Bodenkörper definierter Abmessungen), Pflanzenbeet n

**halophytic** adj (Biol) / halophytisch adj

**halo population** (Astron) / Population f II (die aus relativ alten Objekten besteht, die über die gesamte Galaxis verteilt, doch am auffälligsten in ihrem Zentrum und im äußeren Halo anzutreffen sind) ‖ ~ **population** (Astron) / Halopopulation f (die in dem galaktischen Halo befindlichen Kugelsternhaufen und RR-Lyrae-Sterne)

**halosere** n (Bot) / Haloserie f (mit einer Halophytenvegetation)

**Halothane*** n (Med) / Halothan n (internationaler Freiname für ein Inhalationsanästhetikum), Fluothan n

**halotolerant** adj (Biol) / halotolerant adj (Organismus)

**halotrichite*** n (Min) / Halotrichit m, Eisenalaun m, Bergbutter f (Aluminiumeisen(II)-sulfat-22-Wasser)

**Halphen factorial function** (Maths) / Halphen'sche Faktoriellfunktion (nach G.H. Halphen, 1844 - 1889)

**halt** vt (Electronics) / anhalten v (z.B. Band) ‖ ~ n / Halt m (Rast, Pause), Stopp m ‖ ~ (Rail) / Haltepunkt m, Haltestelle f

**halting problem** (Comp) / Halteproblem n, Entscheidungsproblem n (für die Turing-Maschine)

**halt instruction** (Comp) / Haltinstruktion f, Stoppbefehl m, Programmstoppbefehl m, Haltbefehl m
**halt-point prompter** (Comp) / Haltepunktwecker m
**halvans** pl (Mining) / minderwertiges Erz (mit zu hohem Bergegehalt)
**halvarine** n (Nut) / Halbfettmargarine f (zwischen 39 und 41% Gesamtfett - nicht zum Braten und Backen geeignet)
**halve** v / halbieren v (z.B. eine Frucht)
**halving*** n (Carp, For) / Überblattung f (rechtwinklige), Anblattung f, Überplattung f
**halyard** n / Aufzugsseil n ∥ ~ (Ships) / Fall n (pl. -en)
**HAM** (Host Adaptor Module) (Comp) / Host-Adaptermodul n, HAM (Host-Adaptermodul)
**ham** n (amateur radio operator) (Radio) / Amateurfunker m, Funkamateur m, Radioamateur m
**hamamelose** n (Chem) / Hamamelose f (aus Hamamelis virginiana L.)
**hambergite*** n (Min) / Hambergit m (ein Borat)
**Hamburg blue** / blaues eisenhaltiges Pigment
**hamburger meat** (US) (Nut) / Hackfleisch n, Gehacktes n, Hack n (Hackfleisch), Faschiertes n
**Hamburg open-cut method** (a cut-and-cover method) (Civ Eng) / Hamburger Bauweise (Verfahren der offenen Tunnelbauweise, das aus der Berliner Bauweise entwickelt wurde)
**Hamel base** (Maths) / Hamel-Basis f (nach G.K.W. Hamel, 1877-1954) ∥ ~ **basis** (Maths) / Hamel-Basis f (nach G.K.W. Hamel, 1877-1954)
**Hametag process** (Powder Met) / Hametag-Verfahren n (zur Herstellung von Metallpulver)
**Hamilton-Cayley theorem** (Maths) / Cayley-Hamilton'scher Satz, Satz m von Cayley-Hamilton (Eigenwert)
**Hamiltonian** n (in quantum mechanics, the Hamiltonian is the operator for energy) (Mech) / Hamilton-Funktion f (nach Sir W.R. Hamilton, 1805-1865) ∥ ~ **circuit** (Maths) / Hamilton'sche Linie, Hamilton'scher Kreis ∥ ~ **cycle** (Comp, Maths) / Hamilton'scher Zyklus ∥ ~ **function** (Mech) / Hamilton-Funktion f (nach Sir W.R. Hamilton, 1805-1865) ∥ ~ **operator** (Phys) / Hamiltonoperator m, Energieoperator m (der Hermite'sche Operator der Gesamtenergie eines quantenmechanischen Systems) ∥ ~ **path** (Maths) / Hamilton'scher Weg (vollständige Hamilton'sche Bahn)
**Hamilton-Jacobi equation** (Maths) / Hamilton-Jacobi'sche Differentialgleichung, Hamilton'sche partielle Differentialgleichung ∥ ~ **theory** (Mech) / Hamilton-Jacobische Theorie, Hamilton'sche kanonische Theorie, kanonische Theorie nach Hamilton
**Hamilton operator** (Phys) / Hamiltonoperator m, Energieoperator m (der Hermite'sche Operator der Gesamtenergie eines quantenmechanischen Systems)
**Hamilton's canonical equations** (Mech) / Hamilton'sche kanonische Gleichungen, kanonische Bewegungsgleichungen, Hamilton-Bewegungsgleichungen f pl ∥ ~ **equations of motion** (Mech) / Hamilton'sche kanonische Gleichungen, kanonische Bewegungsgleichungen, Hamilton-Bewegungsgleichungen f pl ∥ ~ **partial differential equation** (Maths) / Hamilton-Jacobi'sche Differentialgleichung, Hamilton'sche partielle Differentialgleichung ∥ ~ **principal function** (Mech) / Hamilton'sche Wirkungsfunktion, Wirkungsintegral n (das zwischen zwei festen Zeitpunkten genommene Zeitintegral der Lagrange-Funktion eines physikalischen Systems), Wirkungsfunktion f
**Hamilton*'s principle*** (Maths, Phys) / Hamilton'sches Prinzip (der kleinsten Wirkung), Hamilton-Wirkungsprinzip n ∥ ~**'s principle*** (Maths, Phys) s. also principle of least action
**Hamlin switch** (Autos) / Hamlin-Schalter m (bei Airbag-Systemen)
**hammada** n (Geol) / Hamada f (pl. -s), Hammada f (pl. -s), Fels- und Steinwüste f (in arabischen Ländern)
**hammer** v (Autos) / knattern v (Motorrad) ∥ ~ (Tools) / hämmern v, mit dem Hammer bearbeiten ∥ ~ n (Eng) / Schläger m, Hammer m (des Hammerbrechers) ∥ ~ (Tools) / Hammer m (ein Schlagwerkzeug) ∥ ~ **action** (Eng) / Schlagwerk n (der Schlagbohrmaschine) ∥ ~**-axe*** n (Tools) / Axthammer m ∥ ~ **blow** (Eng) / Hammerschlag m (Schlag mit dem Hammer) ∥ ~ **blow** (Eng) / Schlagen n, Klopfen n (in einer Rohrleitung) ∥ ~ **blow** (Eng, Hyd) / Wasserschlag m (das sich als harter, metallischer Schlag auswirkende Zusammenstürzen eines wassergefüllten Hohlraumes in einer Rohrleitung), Wasserstoß m, Druckstoß m, Schlag m (in hydraulischen Systemen) ∥ ~ **blow*** (Rail) / Hämmern n
**hammer-blow handwheel** (Eng) / Hammerschlaghandrad n (der Armaturen) ∥ ~ **sequence** (Eng) / Hammerschlagfolge f
**hammer break*** (Elec Eng) / Hammerunterbrecher m ∥ ~ **burst** (Eng, Met) / Kernzerschmiedung f (Gefügeauflockerung bzw. Materialaufreißung im Kern eines Schmiedestücks) ∥ ~ **cage mill** ~ Hammerkorbmühle f ∥ ~ **compacting** (Met) / Hämmerverdichtung f (der Oberfläche) ∥ ~ **crusher** (Eng, Min Proc) / Hammerbrecher m ∥ ~ **debarker** (For) / Hammerentrinder m, Hammerentrindungsmaschine f (z.B. Nekoosa-Entrinder)

**hammer-dressed ashlar masonry** (Build) / hammerrechtes Schichtenmauerwerk (ein Natursteinmauerwerk, dessen Steine der Sichtfläche auf mindestens 120 mm Tiefe bearbeitete Lager- und Stoßfugen erhalten, die ungefähr rechtwinklig zueinander stehen - DIN 1053-1)
**hammer-drill** n (Eng, Mining) / Schlagbohrmaschine f (Bohrhammer)
**hammer-drill*** n (Mining) / Bohrhammer m (für das schlagende Bohren), Hammerbohrmaschine f
**hammer-drive screw*** (Eng) / Schlagschraube f, Treibschraube f (mit grober Steigung)
**hammer•-face** n (Tools) / Hammerbahn f, Hammerbreitende n ∥ ~ **finish** (Paint) / Hammerschlaganstrich m
**hammer-finish paint** (Paint) / Hammerschlaglack m
**hammer fulling mill** (Leather, Textiles) / Hammerwalke f (Ein-, Zwei-, Drei- oder Vierhammerwalke - DIN 64 950) ∥ ~ **fulling stock** (Leather, Textiles) / Hammerwalke f (Ein-, Zwei-, Drei- oder Vierhammerwalke - DIN 64 950) ∥ ~ **handle** (Tools) / Hammerstiel m (meistens aus Rotbuche) ∥ ~**-head** n (Eng) / Hammerkopf m (Kopf des Hammers)
**hammer-head** n (Eng) / Hammerkopf m (der Schraube - DIN ISO 1891) ∥ ~ (a flashgun whose head sits on a pillar rather then sitting directly in the hotshoe) (Photog) / Extender m (z.B. beim Computerblitzgerät, um die "Kaninchenaugen" zu vermeiden)
**hammer-head bolt** (US) (Eng) / Hammerschraube f (DIN 918)
**hammerhead crane** (Eng) / Turmdrehkran m
**hammer-headed*** adj (Tools) / nur mit dem Hammer zu schlagen (Meißel)
**hammerhead stall** (US) (an abrupt monoeuvre in which the aircraft zooms into a vertical climb, stalls and yaws simultaneously, and goes into a dive from which recovery is made opposite to the direction of entry) (Aero) / Turn m, hochgezogene Kehrtkurve (eine Kunstflugfigur)
**hammering** n (Eng) / Hämmern n, Bearbeitung f mit dem Hammer ∥ ~ (Eng) / Schlagen n, Klopfen n (in einer Rohrleitung) ∥ ~ **test** / Klangprüfung f (bei der die zu prüfenden Erzeugnisse mit dem Hammer angeschlagen werden), Hammerprüfung f
**hammerman*** n (Eng) / Zuschläger m, Hilfsschmied m, Schmiedehelfer m (beim Handschmieden) ∥ ~* (Eng) / Hammerführer m (des Schmiedehammers)
**hammer mass** (Eng) / Bärmasse f (bei Hammern) ∥ ~ **mill*** (Eng, Min Proc) / Hammermühle f (dem Hammerbrecher sehr ähnliche Maschine zur kontinuierlichen Feinzerkleinerung mittelharter bis weicher Stoffe) ∥ ~**-pane** n (Tools) / Hammerpinne f, Hammerfinne f ∥ ~**-peen** (Tools) / Hammerpinne f, Hammerfinne f ∥ ~ **peening** (Eng) / Oberflächenhämmerung f, Hämmern n (zur Oberflächenverfestigung) ∥ ~ **ram** (Tools) / Schlagkolben m (des Drucklufthammers)
**hammers and screw presses** pl (Eng) / arbeitsgebundene Pressmaschinen
**hammer scale*** (Eng, Met) / Hammerschlag m (beim Schmieden), Zunder m, Hammerschlacke f, Schmiedezunder m, Eisenhammerschlag m ∥ ~ **shaft** (Tools) / Hammerstiel m (meistens aus Rotbuche)
**hammer-shaped** adj / hammerförmig adj
**hammer•-smith** n (Eng) / Hammerführer m (des Schmiedehammers) ∥ ~ **stocks** (Leather) / Hammerwalke f (bei der Sämischgerbung), Kurbelwalke f ∥ ~ **test*** (Eng, Materials) / Fallgewichtsprüfung f (für große Bauteile, z.B. Schienen) ∥ ~ **track*** (Nuc) / T-Spur f, Hammerspur f, Hammerstern m ∥ ~ **tup** (Eng) / Hammerbär m
**Hammett acidity function** (Chem) / Hammett'sche Azititätsfunktion, Hammett'sche Aciditätsfunktion ∥ ~ **equation** (Chem) / Hammett-Gleichung f (nach dem amerikanischen Chemiker L.P. Hammett, 1894-1987)
**Hamming code** (Comp) / Hammingkode m (zur Lokalisierung und zur Berichtigung von Übertragungsfehlern) ∥ ~ **distance** (in the theory of block codes intended for error detection or error correction) (Comp) / Hammingabstand m, Hammingdistanz f (die Anzahl der Kodeelemente entsprechender Stellen, in denen sich zwei gleich lange Kodewörter unterscheiden) ∥ ~ **metric** (Comp) / Hammingabstand m, Hammingdistanz f (die Anzahl der Kodeelemente entsprechender Stellen, in denen sich zwei gleich lange Kodewörter unterscheiden) ∥ ~ **system** (Comp) / RAID-Level m 2 (zusätzlich zum Striping, allerdings byteweise, werden automatisch Paritätsbits zur Korrektur einiger Bitfehler gemäß einem Hamming-Algorithmus auf einer eigenen Festplatte mitgespeichert)
**hammock** n / Hängematte f
**hammy** adj (Nut) / schinkenartig adj (Aroma)
**Hampson level meter** / Hampsonmeter n (zur Bestimmung des Flüssigkeitsstandes von auf tiefer Temperatur befindlichen verflüssigten Gasen)
**ham station** (Radio) / Amateurfunkstelle f

**handling**

**HAMT** (human-aided machine translation) / maschinengestützte Übersetzung (die Maschine übersetzt mindestens teilweise, der Mensch greift ein)
**hance\*** n (Build) / Kreisbogenstück n (z.B. bei einem Ellipsenbogen)
**Hancock jig\*** (Min Proc) / Hancock-Setzmaschine f
**hand** n (a manual worker) / Arbeiter m, Arbeitskraft f ‖ ~ (a person who engages in manual labour) / Hilfsarbeiter m, Hilfskraft f ‖ ~ (a bunch of bananas) (Bot, Nut) / Hand f (von Bananen) ‖ ~ (Build) / Seite f (rechte, linke), Richtung f (nach rechts, nach links - bei Türen, Fenstern), Sinn m (Drall) ‖ ~ (Eng) / Gängigkeit f (des Fräskopfs) ‖ ~ (of a helical or spiral gear) (Eng) / Flankenrichtung f ‖ ~ (Eng) / Windungssinn m (des Gewindes) ‖ ~ (Horol) / Zeiger m ‖ ~ (Ships) / Gast m (Person, die an Bord bestimmte Funktionen ausübt) ‖ **by ~** (Eng) / von Hand (einstellbar)
**hand-actuated hoist** (Eng) / Handhebezeug n
**hand application** / Handauftrag m (von Hand) ‖ **~ arc welding** (Welding) / Lichtbogenhandschweißen n (DIN 1910, T 2), LBH-Schweißen n, E-Schweißen n ‖ **~ assembly** (Eng) / Handmontage f, Montage f von Hand ‖ **~ auger** (Civ Eng) / Tellerbohrer m (ein Handbohrer) ‖ **~ binding** (Bind) / Handeinband m (meistens ein kunsthandwerklicher Einband)
**hand-block printing** (Textiles) / Modeldruck m
**hand-blown glass** (Glass) / freigeblasenes (freigeformtes) Glas, mundgeblasenes Glas, freihandgeblasenes Glas
**hand brace\*** (Carp) / Bohrwinde f (mit Kurbelgriff)
**handbrake** n / Handbremse f
**handbroom** n / Handbesen m, Handfeger m, Borstwisch m
**handcart** n / Handfahrgerät n (z.B. Handkarren, Roller oder Wagen)
**hand clamp** (Join) / Schnabelzwinge f (in der handwerklichen Holzverarbeitung eingesetztes platzsparendes Spannelement)
**hand-cleaning agent** / Handreinigungsmittel n (z.B. Handreinigungspaste)
**hand-coloured** adj (Print) / handkoloriert adj
**hand-comfortable** adj / handwarm adj (Wasser)
**hand composition** (Typog) / Handsatz m
**handcraft** n / Handarbeit f (Kunsthandwerk)
**hand-cut** adj / handgeschnitten adj ‖ **~ overlay\*** (Print) / Handausschnitt (im Buchdruck vom Drucker manuell hergestellte Kraftzurichtung für den Druck von Bildern) ‖ **~ peat** / handgestochener Torf
**hand cutting-torch** (Eng, Welding) / Handschneidbrenner m
**H and D curve\*** (Photog) / Schwärzungskurve f (nach Hurter und Driffield)
**H and D curve\*** (Photog) s. also characteristic curve
**hand diestock** (US) (Eng) / Schneideisenhalter m (DIN 225) ‖ **~ dose** (Radiol) / Handdosis f ‖ **~ drill** (Eng) / Handbohrmaschine f (nicht elektrische), Handbohrer m ‖ **~ drive** (Eng) / Handantrieb m
**hand-driven inductor** (Elec Eng) / Kurbelinduktor m (im Allgemeinen)
**hand-dry** adj (Paint) / handtrocken adj, angezogen adj, berührungstrocken adj
**handed** (-handed) / richtungsabhängig adj ‖ **~** (items on left of aircraft are mirror-image of those on right) (Aero) / symmetrisch adj
**handedness** n (X-handedness) / Richtungsabhängigkeit f (links, rechts)
**handed propellers** (Aero) / nichtgleichachsige gegenläufige Propeller, Gegenlauf-Luftschrauben f pl (nicht koaxiale), gegenläufige Luftschrauben (nichtgleichachsige - als symmetrische Einheiten auf beiden Seiten des Flugzeugs)
**hand feed** (Eng) / Handbeschickung f, Beschickung f von Hand ‖ **~ feed\*** (Tools) / Handvorschub m
**hand-feed punch** (Comp) / Handlocher m (ein Gerät)
**hand file** (Eng, Tools) / Handfeile f ‖ **~ file** (Tools) / flachstumpfe Feile, Flachstumpffeile f ‖ **~ filling** (Mining) / Handversatz m
**hand-finishing stick** (Eng) / Abziehstein m in Messerklingenform
**hand float** (Build) / Reibbrett n (ein Werkzeug zur Putzverarbeitung von Hand, bestehend aus einem Brett mit Griff, das zum Verreiben des Putzes dient), Talosche f (S), Handbrett n (Putzbrett mit Handgriff), Reibscheibe f ‖ **~ forging** (Eng) / Handschmieden n, Schmieden n von Hand, Schmiedearbeit f (manuelle)
**handfree** adj (Teleph) / Freisprech-
**hand-glass magnifier** (Optics) / Vergrößerungsglas n, Lupe f, Vergrößerungslinse f
**hand greasing** (Eng) / Handabschmierung f, manuelle Schmierung ‖ **~ grinding** (Eng) / Freihandschleifen n, Handschleifen n
**handgrip with battery chamber** (Cinema) / Batteriehandgriff m (einer Schmalfilmkamera)
**hand guard** / Handschutz m (z.B. bei Pressen)
**hand-guided** adj (Eng) / handgeführt adj ‖ **~ lift truck** (Eng) / Deichselhubwagen m
**hand-guiding** n / Handführung f (z.B. eines Roboters)
**hand hammer** (Tools) / Handhammer m (bis etwa 2 kg Masse) ‖ **~-hammer forging** (Eng) / Freiformschmieden n (von Hand)

**hand-hawk** n (Build) / Fugenmörtelbrett n (mit unterem Handgriff zum Vorhalten des Fugenmörtels beim Ausfugen)
**hand-held** n (Comp) / Palmtop m (den man aufgrund seiner geringen Größe in einer Hand halten kann), Handheld-Computer m (mit integrierten Minidisketten, Minidrucker und mit grafikfähiger Anzeige), Handheld m (Palmtop)
**hand•-held calculator** (Comp) / Taschenrechner m (DIN 9757) ‖ **~-held camera** (Cinema) / Handkamera f
**hand-held computer** (Comp) / Palmtop m (den man aufgrund seiner geringen Größe in einer Hand halten kann), Handheld-Computer m (mit integrierten Minidisketten, Minidrucker und mit grafikfähiger Anzeige), Handheld m (Palmtop) ‖ **~ cursor** (Comp) / Aufnahmelupe f (handgeführtes Digitalisiergerät für grafische Vorlagen) ‖ **~ extinguisher** / Handfeuerlöscher m, Handfeuerlöschgerät n ‖ **~ filming** (Cinema) / Freihandfilmen n ‖ **~ mobile station** (Teleph) / Hand-Mobilstation f ‖ **~** (bar-code, etc.) **reader** (Comp) / Datapen n, Lesepistole f, Lesestift m, Handlesekopf m, Handleser m (z.B. für den EAN-Kode)
**handhole\*** n (Eng) / Handloch n, Durchgreifloch n, Reinigungsöffnung f
**hand-hot** adj / handwarm adj (Wasser)
**handicraft** n / Handarbeit f (Kunsthandwerk) ‖ **~ skill(s)** / handwerkliche Fertigkeit, handwerkliches Können
**handiness** n / Handlichkeit f ‖ **~** (Build, Join) / Schlagrichtung f (der Tür)
**handing** n (Build) / Seite f (rechte, linke), Richtung f (nach rechts, nach links - bei Türen, Fenstern), Sinn m (Drall)
**handing-over** n / Übergabe f
**hand inking roller** (Print) / Handauftragswalze, Farbwalze f, Handwalze f (eine Auftragswalze) ‖ **~ knitting** (Textiles) / Handstricken n, Handstrickerei f
**hand-knitting yarn** (Spinning) / Handarbeitsgarn n (zum Stricken)
**hand-knotted** adj (Textiles) / handgeknüpft adj (Teppich nach DIN ISO 2424)
**hand ladle\*** (Foundry) / Gießlöffel m, Gießkelle f ‖ **~ ladle\*** (Foundry) / Handpfanne f ‖ **~ lamp** / Handleuchte f, Handlampe f ‖ **~ lay-up moulding** (Plastics) / Handverfahren n, Handauflegeverfahren n, Kontaktverfahren n (bei der Verarbeitung von Duroplasten)
**handle** v / umgehen v (Partizip: umgegangen - z. B. mit gefährlichen Stoffen) ‖ **~** / befördern v, transportieren v (innerbetrieblich) ‖ **~** / handhaben v (Werkstücke, Werkzeuge) ‖ **~** (Ceramics) / anhenkeln v (garnieren) ‖ **~** (Teleph) / abwickeln v (Verkehr) ‖ **~ vi** (Autos) / sich fahren v (Wagen) ‖ **~** n / Tragegriff m ‖ **~** / Henkel m, Griff m ‖ **~** (Build) / Angel f (der Kelle) ‖ **~** (Build) / Dreher m (Fenster) ‖ **~** (Carp, Join) / Handgriff m (des Hobels), Nase f (des Hobels) ‖ **~** (open, block) (Ceramics) / Henkel m ‖ **~** (access point to a program, module, or procedure) (Comp) / Zugriffsnummer f ‖ **~** (Eng) / Arm m (der Schneidkluppe) ‖ **~** (Eng) / Schwengel m (einer Pumpe) ‖ **~** (egg-shaped - of a handwheel) (Eng) / Ballengriff m (eines Handrads - fester oder drehbarer nach DIN 39 oder 98) ‖ **~** (Eng, Tools) / Schenkel m (z.B. der Montagezange) ‖ **~** (Maths) / Henkel m (erster Art) ‖ **~** (Paper) / Griff und Klang ‖ **~\*** (Textiles) / Griff m ‖ **~** (Tools) / Stiel m (kleiner Axt), Heft n (Griff eines Werkzeugs), Griff m (meistens Ballengriff), Helm m (einer Axt, eines Beils) ‖ **~** (Tools) / Stiel m, Gerätestiel m (des Pinsels, des Hammers, der Axt, des Löffels) ‖ **~** (Welding) / Griffstück n (des Brenners) ‖ **~** (Paper) s. also feel and rattle
**hand lead\*** (Ships, Surv) / Handlot n
**hand-lead line** (Ships) / Handlotleine f
**handlebar** n / Lenker m (Fahrrad, Motorrad), Lenkstange f (des Fahrrads, des Motorrads)
**handlebars** pl / Lenker m (Fahrrad, Motorrad), Lenkstange f (des Fahrrads, des Motorrads)
**handle modification** (Leather, Textiles) / Griffbeeinflussung f (mit dem Griffvariator) ‖ **~ modifier** (Leather, Textiles) / Griffvariator m, Mittel n zur Veränderung (Beeinflussung) des Griffes, Griffmittel n
**handle-modifying agent** (Leather, Textiles) / Griffvariator m, Mittel n zur Veränderung (Beeinflussung) des Griffes, Griffmittel n
**handle of a dipper shovel** (Civ Eng) / Löffelstiel m (des Baggers) ‖ **~ of the goods** (Textiles) / Warengriff m
**handler** n (Comp) / "Hantierer" m (Routine zur Kontrolle eines peripheren Gerätes), Handler m
**handlers** pl (Leather) / Versenk m n (Grube, auf deren Brühe ein Lattenrost schwimmt), Versenkgrube f
**hand level\*** (Surv) / Freihandnivellier n ‖ **~ lever** (Eng) / Handhebel m
**handle wedge** (Tools) / Keil m (zur Stielbefestigung) ‖ **~ with care** / Vorsicht! (Aufschrift auf einer Kiste)
**handling** n / Umgang m (z.B. mit gefährlichen Stoffen, mit Geräten - sachgemäßer, unsachgemäßer) / Handhabung f, Handhaben n ‖ **~** / Beförderung f, Transport m (innerbetrieblich) ‖ **~** (Aero) / nichtbehördliche Abfertigung ‖ **~** (Ships) / Manipulation f (eine Nebenleistung, wie z.B. Umpacken, Wiegen, Signieren usw.) ‖ **~ aid**

**handling**

/ Handhabungshilfsmittel n ‖ ~ **area** / Manipulationsfläche f (zur Handhabung materieller Objekte) ‖ ~ **automaton** / Handhabungsautomat m ‖ ~ **equipment** (Eng) / Handhabungsgerät n ‖ ~ **error** / Handhabefehler m ‖ ~ **flask** (Nuc Eng) / Wechselflasche f (bei schnellen Brütern) ‖ ~ **limits** (Autos) / Grenzbereich m, Kurvengrenzbereich m (wenn die Haftgrenze der Reifen beim Kurvenfahren fast erreicht ist) ‖ ~ **malpractice** / unsachgemäße Handhabung, unsachgerechte Handhabung ‖ ~ **object** / Handhabeobjekt n (das dem Handhaben unterliegt), HHO (Handhabeobjekt) ‖ ~ **of foreign payments** (Comp) / Auslandszahlungsverkehrsabwicklung f ‖ ~ **of traffic** (Telecomm) / Verkehrsabwicklung f ‖ ~ **plant** (Eng) / Handhabungsgerät n ‖ ~ **properties** (Autos) / Fahrverhalten n, Lenkeigenschaften f pl ‖ ~ **rate** (Eng) / Förderleistung f (einer Förderanlage) ‖ ~ **robot** (Eng) / Handhaberoboter m (der Werkstücke mittels Greifer bewegt), Handhabungsroboter m, Handlingroboter m ‖ ~ **robot** (Eng) s. also process robot ‖ ~ **scratch** (Glass) / Scheuerfleck m, Hantierungskratzer m (Verpackung und Transport)

**hand log** (Ships) / Handlog n ‖ ~ **lubrication** (Eng) / Handabschmierung f, manuelle Schmierung

**handmade brick** (Build, Ceramics) / Handstrichziegel m, Handschlagziegel m (A) ‖ ~ **cardboard** (Paper) / Handpappe f, Wickelpappe f ‖ ~ **headband** (Bind) / handumstochenes Kapital ‖ ~ **paper*** (Paper) / handgeschöpftes Papier, Büttenpapier n, Bütten n (handgeschöpftes), Schöpfpapier n

**hand-me-down** attr (Textiles) / alt adj, getragen adj (Kleidung), abgelegt adj (Kleidung)

**hand mixer** / Handrührer m (ein Küchengerät), Handrührgerät n (im Haushalt) ‖ ~ **monitor** (Nuc) / Handzählrohr n (in der Hand gehalten) ‖ ~ **monitor** (Nuc, Nuc Eng) / Zählrohr, das die Kontamination der Hände misst

**hand-mould casting** (Foundry) / Handformgießverfahren n, Handformguss m

**hand-moulded brick** (Build, Ceramics) / Handstrichziegel m, Handschlagziegel m (A)

**hand moulding** (Foundry) / Handformen n, Handformerei f ‖ ~ **NC** (Eng) / numerische Steuerung, bei der auch von Hand einzelne Funktionsabläufe ausgelöst werden können ‖ ~ **numerical control** (Eng) / numerische Steuerung, bei der auch von Hand einzelne Funktionsabläufe ausgelöst werden können

**hand-off** n (Teleph) / Handover m (Weitergabe eines laufenden Gesprächs von einer Basisstation zur nächsten beim Wechsel der Mobilstation von einer Zelle zur nächsten), Umschalten n (in zellularen Mobilkommunikationsnetzen), Verbindungsübergabe f (in zellularen Mobilkommunikationsnetzen)

**hand of helix** (Eng) / Gangrichtung f (z.B. des Wälzfräsers nach DIN 8000) ‖ ~ **of thread** (Eng) / Steigungsrichtung f des Gewindes ‖ **~-operated** adj (Eng) / handbetrieben adj, handbetätigt adj, Hand-, mit Handantrieb, manuell adj, handbedient adj

**hand-operated regulator** (Automation) / Handregler m

**hand operation** (Eng) / Handantrieb m ‖ ~ **operation** (Eng) / Handbedienung f, Bedienung f von Hand, Steuerung f von Hand, Handsteuerung f

**hand-out** n / Handout n (pl. -s) (der Information dienende Unterlagen, die an Teilnehmer einer Tagung o. Ä. verteilt werden)

**handover** n / Übergabe f ‖ ~* (Telecomm, Teleph) / Handover m (Weitergabe eines laufenden Gesprächs von einer Basisstation zur nächsten beim Wechsel der Mobilstation von einer Zelle zur nächsten), Umschalten n (in zellularen Mobilkommunikationsnetzen), Verbindungsübergabe f (in zellularen Mobilkommunikationsnetzen)

**hand picking*** (Min Proc) / Handklaubung f, Lesearbeit f von Hand

**hand-portable lamp** / Handleuchte f, Handlampe f

**hand press** (Print) / Handpresse f

**hand-pressure** attr (Eng) / von Hand fügbar (Kennzeichen bei Montage)

**hand printing** (Textiles) / Modeldruck m ‖ ~ **proof** (Print) / Handabzug m ‖ ~ **pull** (Print) / Handabzug m ‖ ~ **pump** (Eng) / Handpumpe f ‖ ~ **punch** (Comp) / Handlocher m (ein Gerät)

**handrail** n (Build) / Handlauf m (eine Treppengriffhilfe), Handleiste f, Wandgriffstange f (A) ‖ ~ **high** / Handführung f (an der Treppenhauswand), Treppenhandlauf m (eine Griffhilfe) ‖ ~ **run** (Build, Carp) / Treppenhandlauflänge f

**hand rammer** (Civ Eng) / Handramme f, Handstampfer m, Jungfer f, Besetzschlegel m ‖ ~ **reamer** (Eng) / Handreibahle f (DIN 206, DIN 859) ‖ ~ **receiver** (Teleph) / Handgerät n (Sender und Empfänger), Handapparat m ‖ ~ **rejector** (Eng) / Handabweiser m (eine Schutzeinrichtung) ‖ ~ **reset** (Comp, Elec Eng, Eng) / Rückstellung f von Hand, Rücksetzung f von Hand ‖ ~ **rest** (Eng) / Handauflage f, Handstütze f ‖ ~ **retouching** (Photog, Print) / Handretusche f ‖ ~ **roller*** (Print) / Handauftragswalze f, Farbwalze f, Handwalze f (eine Auftragswalze)

**hand-rope operation** (Elec Eng) / Seilsteuerung f, Betätigung f durch Seilzug (von Hand - eines Aufzugs)

**hand rule** (Elec Eng) / Handregel f (z.B. Rechtehandregel), Daumenregel f (eine Merkregel der Elektrotechnik)

**hand-saw** n (For, Tools) / Säge f (als Handwerkszeug), Handsäge f

**hand scanner** (Comp) / Handscanner m

**hand-screw** n (Eng) / Handschraube f

**hand sealer** (Plastics) / Handschweißzange f ‖ ~ **seamer** (Plumb) / Falzzange f

**handset*** n (Teleph) / Handgerät n (Sender und Empfänger), Handapparat m

**hand setting** (Typog) / Handsatz m

**handsfree** adj (Teleph) / Freisprech- ‖ ~ **conversing** (Teleph) / Freisprechen n (Leistungsmerkmal bei Fernsprechern) ‖ ~ **talking** (Teleph) / Freisprechen n (Leistungsmerkmal bei Fernsprechern) ‖ ~ **unit** (Teleph) / Freisprecheinrichtung f

**handshake error** (Comp) / Handshake-Fehler m (der beim Handshaking auftritt) ‖ ~ **line** (Comp) / Handshake-Leitung f

**handshaker** n (US) (Autos) / Personenkraftwagen m mit Schaltgetriebe, Auto n mit Schaltgetriebe

**handshaking*** n (means of coordinating two units, in which signals are exchanged in a prescribed sequence) (Comp) / Handshake-Verfahren n, Handshaking n, Quittungsbetrieb m, Quittungsaustausch m

**hand shank*** (Met) / Gabelpfanne f, Tragpfanne f

**hand-sheet** n (Paper) / Probeblatt n, Handmuster n, Schöpfpapiermuster n

**hand shield** (Welding) / Handschutzschild m (ein Schweißschild)

**hands-off extras** (Comp) / zum Lieferumfang gehörende weitere Komponenten ‖ ~ **operation** (Comp) / Closed-Shop-Betrieb m (bei dem der Benutzer Programm und Daten anliefert und Resultate entgegennimmt, selbst jedoch mit der Rechenanlage nicht in Berührung kommt), Closed Shop m

**hands-on** attr / praktisch (Übung, Training) ‖ ~ **adj** / praxisbezogen adj (eine interaktive Arbeit mit dem Rechner) ‖ ~ **background** / praktische Erfahrung (des Programmierers) ‖ ~ **experience** / praktische Erfahrung (des Programmierers) ‖ ~ **operation** (Comp) / Open-Shop-Betrieb m (bei dem im Gegensatz zum Closed-Shop der einzelne Benutzer selbst an der Anlage arbeiten kann), Open Shop m ‖ ~ **training** (Comp) / praktische Übungen (am Gerät usw.)

**hand specimen*** (Geol, Mining) / Handstück n (auf Handgröße formatisierte Gesteinsprobe für petrografische Sammlungen oder Untersuchungen), Handprobe f

**hand-spun yarn** (Spinning) / Handgarn n (von Hand gesponnen)

**hand strap** (Autos) / Haltegriff m (z.B in Omnibussen) ‖ ~ **stuffing** (Leather) / Kaltfetten n, Tafelschmieren f

**hand-sweat resistance** (Welding) / Handschweißbeständigkeit f

**hand telephone set** (Teleph) / Handgerät n (Sender und Empfänger), Handapparat m ‖ ~ **time** (Work Study) / Handzeit f (Grundzeit-Hand, Hilfszeit-Hand)

**hand-tool cleaning** (Paint) / Handentrostung f (DIN 55928, T 4)

**hand tools*** (Tools) / Handwerkzeug n ‖ ~ **torch** (Welding) / Handschweißbrenner m ‖ ~ **traverse** (Eng) / Handverschiebung f ‖ ~ **truck** / Handwagen m ‖ ~ **truck** (two-wheel) / Stechkarre f (ein Handfahrgerät) ‖ ~ **vice** (Tools) / Feilkloben m (zum Einspannen und Festhalten kleiner Arbeitsstücke - wird in der Hand gehalten), Handkloben m ‖ ~ **wash** (Textiles) / Handwäsche f ‖ ~ **welding** (Welding) / Handschweißen n (bei dem alle Bewegungsabläufe vom Schweißer ausgeführt und überwacht werden), manuelles Schweißen

**handwheel** n (Aero, Eng) / Steuerrad n (meistens ein Handrad) ‖ ~ (Eng) / Handrad n

**hand winding*** (Elec Eng) / Handwicklung f

**hand-wipe** v / von Hand abwischen

**hand woodworking tool** (For, Join) / Holzbearbeitungshandwerkzeug n

**handwork** (Work Study) / manuelle Arbeit, Handarbeit f (als Tätigkeit)

**handwoven** adj (Weaving) / handgewebt adj

**handwriting reader** (Comp) / Handschriftleser m ‖ ~ **recognition** (Comp) / Handschrift(en)erkennung f

**handwritten document reader** (Comp) / Handschriftleser m

**handy** adj / griffsicher adj, griffgünstig adj, gut in der Hand liegend, griffig adj

**handycam** n (Cinema) / Einhand-Camcorder m, Handvideokamera f

**handyman** n (pl. -men) / Bastler m, Heimwerker m, Hobbyist m, Handyman m (pl. -men)

**hang** v (a door) (Build) / einheben v (Tür), einhängen v (Tür) ‖ ~ (Build) / tapezieren v ‖ ~ **vi** / hängen vi ‖ ~ **vt** / aufhängen v ‖ ~ (Nut) / abhängen v (Fleisch) ‖ ~ n (Comp) / nichtprogrammierter Stopp (in einer Schleife) ‖ ~ (For) / Überhang m (der Sägeblätter der Vollgattersäge), Sägenüberhang m

**hangar** vt (Aero) / in einem Hangar unterbringen ‖ ~* n (Aero) / Flugzeughalle f, Halle f (Hangar), Hangar m ‖ ~ **bay** (Ships) /

Hangardeck n, Hallendeck n, Flugzeughalle f (bei Flugzeugträgern) || ~ **deck** (Ships) / Hangardeck n, Hallendeck n, Flugzeughalle f (bei Flugzeugträgern) || ~ **flying** (Aero) / Fachsimpelei f
**hang down** adj (from) / herabhängen v
**hanger** n (Build) / Abhänger m (bei untergehängten Decken), Hängeeisen n || ~* (Build, Plumb) / Rinnenhalter m, Dachrinnenhalter m, Dachrinneneisen n || ~ (Civ Eng) / Hänger m, Hängestange f (der echten Hängebrücke) || ~* (Elec Eng) / Fahrdrahtträger m, Hängerklemme f (des Quertragwerks) || ~ (Eng) / Gehänge n (des Kreisförderers) || ~* (Eng) / Hängebock m || ~ (Eng) / Aufhänger m, Aufhängeteil n || ~ (Light) / Pendelleuchte f, Hängeleuchte f, Hängelampe f || ~ (Mining) / Hangendes n (über einer Bezugsschicht) || ~ (Print) / Aufhänger m (für das Druckpapier) || ~ (Weaving) / Unterlitze f || ~ **attachment** (Civ Eng) / Hängeranschluss m (bei Hauptkabeln von Hängebrücken) || ~ **fixture** (Eng) / Aufhänger m, Aufhängeteil n || ~ **fixtures** (Eng) / Rohraufhängung f (Bauteile)
**hanger-on** n (Mining) / Anschläger m (die Person, die am Anschlag den Förderverkehr regelt und dazu die nötigen Signale zum Betrieb des Förderkorbes gibt), Abnehmer m
**hanger-type processor** (Cinema, Photog) / Filmentwicklungsmaschine f mit Spannrahmen
**hangfire** n (Mining) / Versager m (nicht oder nur teilweise umgesetzte Sprengladung), abgerissener Schuss
**hang-glider*** n (Aero) / Hängegleiter m, Deltagleiter m (ein Gleitflugzeug ohne Sitz, bei dem der Pilot mit den Armen in einem Gestell hängt), Hanggleiter m (einfaches, superleichtes Gleitflugzeug mit starrem Tragflügel) (zum ersten Mal von O. Lilienthal gebaut)
**hang-gliding** n (Aero) / Drachenfliegen n
**hanging*** n (Met) / Hängen n (der Beschickung im Hochofen) || ~ (tapestry, paper, or other material for covering and decorating the walls of a room) (Textiles) / Wandbekleidung f, Wandbespannung f, Wandbehang m || ~ **arch** (Glass, Met) / Hängegewölbe n || ~ **coal** (Mining) / unterschrämte Kohle || ~ **correction** (Ships) / Durchbiegungskorrektur f || ~ **down** adj / herabhängend adj || ~ **figures** (Typog) / Mediävalziffern f pl (die meistens für den Satz von astronomischen und nautischen Werken sowie für Logarithmentafeln eingesetzt werden) || ~ **file unit** / Hängekartei f || ~ **glacier** (Geol) / Hängegletscher m || ~ **gutter** (Build) / Hängerinne f, Hängedachrinne f (DIN EN 607), Scharrinne f (veraltete Bezeichnung für die Hängedachrinne) || ~ **indentation*** (Comp, Print, Typog) / Absatz m mit hängendem Einzug, Absatz, bei dem die zweite und alle folgenden Zeilen eingezogen sind || ~ **lamp** (Light) / Pendelleuchte f, Hängeleuchte f, Hängelampe f || ~ **leader** (Civ Eng) / Hängemäkler m (am Kran) || ~ **paper** (Paper) / Tapetenpapier n || ~ **paragraph** (Comp, Print, Typog) / Absatz m mit hängendem Einzug, Absatz, bei dem die zweite und alle folgenden Zeilen eingezogen sind || ~ **post*** (Build) / Türpfosten m (zum Einhängen des Tores) || ~ **sash*** (Build) / Schiebefenster m mit Gewichtsausgleich (senkrechtes) || ~ **scaffold** (Build) / Hängegerüst n (DIN 4420-3) || ~ **steps** (Build) / freitragende Treppe, eingespannte Treppe, Kragtreppe f || ~ **stile*** (Carp) / Anschlagrahmen m (der Tür) || ~ **structure** (Build, Carp) / Hängewerk n || ~ (**post**) **truss** (Build, Carp) / Hängewerk n || ~ **valley*** (Geol) / Hängetal n (Seitental, dessen Sohle an der Einmündung höher liegt als die des Haupttales) || ~ **vault** (Arch) / Hängegewölbe n || ~ **wall** (Mining) / Firste f (einer söhligen oder geneigten Strecke oder eines Aufbruchs) || ~ **wall*** (Mining) / Hangendes n (über einer Bezugsschicht)
**hang nail** (Build) / Gehängenagel m || ~ **on** v (Teleph) / am Apparat bleiben || ~ **on** (Teleph) / an der Strippe bleiben
**hang-out** n (Bind) / Buchaushänger m
**hang over** v / überkragen v
**hang-over*** n (Telecomm) / Nachwirkzeit f || ~ (TV) / Fahneneffekt m, Fahnenbildung f, Fahnenziehen n, Nachziehfahne f
**hang pick** (a pick caught in a warp yarn row, producing a triangular shaped hole in the fabric) (Textiles) / Ziehschussfaden m || ~ **shot** (Textiles) / Ziehschussfaden m || ~ **up** v / festsitzen vi, sich verklemmen v, stecken bleiben vi, hängen bleiben vi || ~ **up** / aufhängen v || ~ **up** (Teleph) / auflegen v (den Hörer), einhängen v || ~ **up** vi (Elec Eng) / offen bleiben (Kontakt - ein Fehler)
**hang-up** n (Comp) / nichtprogrammierter Stopp (in einer Schleife) || ~ (Comp) / Systemverklemmung f, Systemblockade f || ~ (Elec Eng) / offen bleibender Relaiskontakt || ~* (Met) / Hängen n (der Beschickung im Hochofen)
**hank*** n (Spinning, Textiles) / Strang m (Aufmachungsart des Rohmaterials bei Anlieferung an die Weberei, Garnstrang m, Garnsträhne f, Strähn m, Sträne f, Strahn m || ~ (Textiles) / Bund n (Flachs) || ~ **dyeing** (Textiles) / Strangfärbung f (Färbung von Garnen in Strangform), Strangfärberei f || ~
**Hankel function** (Maths) / Hankel'sche Funktion (nach H. Hankel, 1839-1873) || ~ **function** (Maths) s. also Bessel function || ~ **function of the first and second kind*** (Maths) / Hankel-Funktion f, Bessel-Funktion f dritter Art
**hank silk** (Textiles) / Strangseide f || ~ **sizing** (Textiles) / Strangschlichten n (Garn) || ~ **tie** (Spinning) / Fitzband n, Fitzfaden m (durch den ein Strang während des Haspelns in Gebinde unterteilt abgebunden worden ist)
**hank-washing machine** (Textiles) / Strangwaschmaschine f (für Garn - DIN 64950)
**hank yarn** (Spinning) / Stranggarn n
**Hansa yellow** (group of organic azopigments with strong tinting power, but poor opacity in paints) / Hansagelb n (Azofarbstoffgruppe)
**Hansch analysis** (Chem) / Hansch-Analyse f (die quantitative Struktur-Wirkungs-Beziehungen ermittelt - nach C. Hansch, geboren 1918)
**H-antenna** n (TV) / H-Antenne f
**Hantzsch synthesis** (Chem) / Hantzsch-Synthese f (nach A.R. Hantzsch, 1857 - 1935)
**Hantzsch-Widman name** (Chem) / Hantzsch-Widman-Name m (z.B. Oxiran)
**Hanuš solution** (iodine monobromide in glacial acetic acid, used to determine iodine values in oils containing unsaturated organic compounds) (Chem) / Hanuš-Reagens n (nach J. Hanuš, 1872-1955)
**haploid*** adj (having a set of single chromosomes) (Gen) / haploid adj (mit einem einfachen Chromosomensatz), mit einfachem Chromosomensatz
**haplontic** n (Gen) / Haplont m (pl.: -en)
**happy face** (Comp) / Smiley n (Emoticon in Form eines kleinen, stilisierten, um 90° gegen den Uhrzeigersinn gedrehten Gesichtes), Smilie n
**hapten*** n (partial or incomplete antigen) (Biochem, Med) / Hapten n (Halbantigen)
**haptic** adj (Physiol) / taktil adj (den Tastsinn betreffend), haptisch adj
**hapto** (the number of atoms in a Lewis base actually forming a coordinate bond with the Lewis acid) (Chem) / hapto-
**haptogenic membrane** (Chem) / haptogene Membrane (ein Grenzflächenfilm aus hochmolekularen Emulgatoren)
**haptoglobin** n (Biochem, Med) / Haptoglobin n (chemisch verwandtes Glykoprotein des Blutplasmas mit spezifischer Bindungsfähigkeit für Hämoglobin), Hp (Haptoglobin)
**haptophoric group** (Biochem, Cyt) / haptophore Gruppe (zur spezifischen Bindung des Toxins an Rezeptoren der Zelle)
**haptotropism*** n (Bot) / Haptotropismus m (Empfindlichkeit für Berührungsreize), Thigmotropismus m
**haque** v (Comp) / hacken v (durch geschicktes Ausprobieren und Anwenden verschiedener Computerprogramme mit Hilfe eines Personalcomputers über eine spezielle Leitung unberechtigt in andere Rechnersysteme eindringen)
**harassment** n (at work) / Mobbing n (Schikanierung am Arbeitsplatz)
**harbour** n (Ships) / Hafen m || ~ **authorities** / Hafenbehörde f || ~ **basin** / Hafenbecken n || ~ **engineering** (Civ Eng) / Hafenbau m || ~ **entrance** (Geog, Ships) / Hafeneinfahrt f || ~ **mouth** (Geog, Ships) / Hafenausfahrt f || ~ **mud** (Geol, Ocean) / Hafenschlick m (feinkörniges Sediment im Gezeitenbereich des Meeres) || ~ **of refuge** (a harbour without loading facilities, provided at an inhospitable coastline merely to allow shipping to shelter during storms - every harbour must serve as a harbour of refuge, so the term is applied only to those that serve no other purpose) (Ships) / Zufluchtshafen m, Schutzhafen m || ~ **radar** (Radar) / Hafenradar m n (ein Rundsichtradar, das der Unterstützung der Lotsen bei der Ein- und Ausfahrt in verkehrsreichen Fahrwassern, insbesondere bei schlechten Sichtbedingungen, dient) || ~ **railway plant** (Ocean, Rail) / Hafenbahnanlage f || ~ **surveillance radar** (Radar) / Hafenradar m n (ein Rundsichtradar, das der Unterstützung der Lotsen bei der Ein- und Ausfahrt in verkehrsreichen Fahrwassern, insbesondere bei schlechten Sichtbedingungen, dient) || ~ **tug** (Ships) / Hafenschlepper m, Hafenbugsierer m
**hard** adj / prall adj (fest und straff) || ~* / hart adj (Strahlung, Landung, Holz; Papier, Wasser) || ~ / nichtregenerierbar adj (Energiequelle), nichterneuerbar adj || ~ (Acous) / schallhart adj, nicht reflektierend || ~ (Autos) / hart adj (Federung), trocken adj (Federung) || ~* (Electronics) / Hochvakuum-, hoch evakuiert adj, hart adj || ~* (Glass) / hochschmelzend adj || ~ (Meteor) / hart adj (Winter), streng adj (Winter, Frost) || ~ (Meteor) / harsch adj (Schnee), harschig adj || ~ (Nut) / kräftig adj (Teeaufguss) || ~ (Nut) / herb adj, streng adj || ~ (Photog) / hart adj (kontrastreich) || ~ **acid*** (Chem) / "harte" Säure (nach R.G. Pearson) || ~ **address** (Comp) / physikalische Adresse || ~ **alloy** (Met) / Hartlegierung f
**hard-and-fast rule** / Faustregel f || ~ **rule** / strikte Regel (absolut bindende), stringente Regel
**hard-and-soft acids and bases principle** (Chem) / HSAB-Prinzip n (nach R.G. Pearson)

687

**Hardanger**

**Hardanger cloth** (Textiles) / Hardangerstoff m (panamabindiger Handarbeitsstoff aus kräftigen Baumwoll- oder Zellwollzwirnen mit steifer Ausrüstung - nach der südnorwegischen Landschaft Hardanger) ‖ ≃ **embroidery** (Textiles) / Hardangerstickerei f
**hard anodic coating** (Surf) / Hartoxidschicht f, Hard-Coat-Schicht f ‖ ~ **anodizing** (Surf) / Hartanodisieren n (Verfahrensvariante des anodischen Oxidierens von Aluminiumwerkstoffen) ‖ ~ **asphalt** / Hartasphalt m
**hardback** attr (Bind) / gebunden adj (mit steifem Rücken) ‖ ~ (Bind) s. also case-bound
**hard base** (Chem) / harte Base (nach Pearson)
**hardboard** n (high-density)* (Build, For, Join) / Holzfaserhartplatte f (mit einer Rohdichte von 900 kg/m³), Hartfaserplatte f (DIN EN 316), HFH (Hartfaserplatte), harte Holzfaserplatte, Faserhartplatte f ‖ ~ (Paper) / gehärtete Pappe, Hartpappe f
**hardbound** adj (Bind) / gebunden adj (mit steifem Einband)
**hard brass** (Met) / Hartmessing n (schlecht kaltumformbar) ‖ ~ **bronze*** (Met) / Hartbronze f
**hard-burning** n (Ceramics) / Scharffeuer n (etwa über 1000 °C), Hochfeuer n, scharfes Feuer, Vollfeuer n (etwa über 1000 °C)
**hard-burnt brick** (Build) / Klinker m (bis zur Dichtsinterung gebrannter Ziegel), Keramikklinker m, Hartbrandziegel m
**hard carbide** (Met) / Karbidhartmetall n (gegossenes oder gesintertes)
**hardcard** n (Comp) / Hardcard f
**hard chrome plating** (Met) / Hartverchromung f (z.B. bei Messwerkzeugen, Wellen, Lagerzapfen, Ventilen usw.), technische Verchromung ‖ ~ **chromium** (Surf) / Hartchrom n
**hard-chromium coating** (Surf) / Hartchromschicht f (elektrolytisch abgeschiedene Chromschicht mit H-Atomen auf Zwischengitterplätzen, die eine Gitterverzerrung bewirken)
**hard chromium plating** (Met) / Hartverchromung f (z.B. bei Messwerkzeugen, Wellen, Lagerzapfen, Ventilen usw.), technische Verchromung ‖ ~ **coal** (Mining) / Anthrazitkohle f, Anthrazit m (Handelsbezeichnung für hochwertige, gasarme Steinkohle im Allgemeinen) ‖ ~ **coal** (Mining) / Steinkohle f (einschließlich bituminöse Kohle und Anthrazit) ‖ ~ **coat** / harte Schutzschicht (Keramik, Hartmetall, Cermet usw.) ‖ ~ **coating** (Eng) / Aufbringen n harter Schutzschichten (Keramik, Hartmetall, Cermets usw.) ‖ ~ **concrete** (Build, Civ Eng) / Hartbeton m (dessen Zuschlag aus künstlichen Hartstoffen oder besonders hartem Naturgestein besteht) ‖ ~ **cook** (Paper) / Hartkochung f (bis zu einem geringen Aufschlussgrad oder Ligninabbau) ‖ ~ **copy*** (Comp) / Papierkopie f, Hardcopy f (Papierausdruck), Hartkopie f, Papierausgabe f
**hard-copy printer** (Comp) / Hardcopy-Drucker m (der an ein Sichtgerät angeschlossen ist und die gedruckte Ausgabe der am Bildschirm gezeigten Informationen ermöglicht)
**hard core** (Build) / Packlage f, Steingrundlage f (unter Fußböden) ‖ ~ **core*** (Build) / Packmaterial n (in der Packlage, z.B. Packsteine, Ziegelbruch, Hochofenschlacke usw.) ‖ ~ **core*** (Civ Eng) / Schüttung f aus Grobmaterial (Fundament) ‖ ~ **core** (Nuc) / Hard-Core n, harter Kern (von Nukleonen)
**hard-core area** (Aero) / Bereich m großer Verkehrsdichte
**hardcover** n (Bind) / Hard Cover n (Buch mit festem Einband) ‖ ~ **attr** (Bind) / gebunden adj (mit steifem Rücken)
**hard crown** (Glass) / Hartkronglas n ‖ ~ **detergents** (Chem, Ecol) / biologisch nicht abbaubare Detergenzien ‖ ~ **direction** (Mag) / Richtung f schwierigster Magnetisierung in Einkristallen ‖ ~ **disk*** (Comp) / Festplatte f, Hard Disk f (z.B. Winchesterplatte)
**hard-disk access** (Comp) / Festplattenzugriff m ‖ ~ **drive** (Comp) / Festplattenlaufwerk n ‖ ~ **storage** (Comp) / Festplattenspeicher m (eines Trägers)
**hard dot** (Print, Typog) / HD-Verfahren n (autotypisches Tiefdruckverfahren mit Rasterfilmen, die einen scharfen Punktaufbau besitzen, wie er durch Umkopieren entsteht), Hard Dot n
**hard-drawn*** adj (Met) / hartgezogen adj, kaltgezogen adj
**hard-dry** adj (Ceramics) / hartgetrocknet adj (z.B. Formling) ‖ ~ (Paint) / durchgetrocknet adj, vollständig trocken ‖ ~ (Paint) / ausgehärtet adj (Lack)
**harden** v / härten v (Stahl), aushärten v ‖ ~ vi / erhärten vi, hart werden ‖ ~ (Build) / abbinden vi (Bindemittel) ‖ ~ vt (Eng, Met, Photog) / härten v
**hardenability*** n (Eng, Met, Photog) / Härtbarkeit f, Aufhärtbarkeit f (maximal erreichbare Härte an der Stirnfläche - DIN EN 10 052)
**hardenable** adj (Eng, Met, Photog) / härtbar adj ‖ ~ **steel** (Met) / härtbarer Stahl
**harden and temper** v (Met) / vergüten v
**hardened concrete** (Build, Civ Eng) / erhärteter Beton (DIN 52170), Festbeton m (der erhärtet ist - DIN 1048-2) ‖ ~ **glass** (Glass) / vorgespanntes Glas (durch thermisches Abschrecken oder durch chemische Veränderungen der Oberfläche),

Einscheiben-Sicherheitsglas n, ESG, gehärtetes Glas, Hartglas n (vorgespanntes)
**hardened-grade filter paper** (Chem, Paper) / gehärtetes Filterpapier
**hardened missile launching site** (Mil) / verbunkerte Flugkörperstellung ‖ ~ **mortar** (Build) / Festmörtel m ‖ ~ **neat cement paste** (Build) / Zementstein m (erhärteter Zementleim) ‖ ~ **to a blue temper** (Met) / blaugehärtet adj ‖ ~ **to a straw temper** (Met) / gelbgehärtet adj (Band)
**hardener** n / Härter m (bei Zweikomponentenklebern) ‖ ~ (Paint) / Härter m (bei Spachtelmassen) ‖ ~* (Paint, Plastics) / Härter m (bei Zweikomponentenlacken), Härtungsmittel n ‖ ~* (Photog) / Härter m
**hardening** n (Build) / Abbinden n (von Bindemitteln) ‖ ~ (Civ Eng, Eng) / Erhärtung f ‖ ~* (Eng, Met, Nut, Photog) / Härten n, Härtung f ‖ ~ (Materials) / Verfestigung f (der Werkstoffe im Allgemeinen) ‖ ~* (Paint, Plastics) / Härten n, Aushärten n ‖ ~ (with bichromate) (Photog) / Lichthärtung f (des Kolloids, das mit Dichromat sensibilisiert wurde), Lichtgerbung f (des Kolloids, das mit Dichromat sensibilisiert wurde) ‖ ~ **and tempering** (Met) / Vergütung f, Vergüten n (Härten mit nachfolgendem Anlassen zum Erzielen einer optimalen Kombination von hoher Festigkeit und guter Zähigkeit - DIN EN 10 052) ‖ ~ **bath** (Photog) / Härtebad n, Härtefixierbad n, Alaunfixierbad n ‖ ~ **by high-frequency current** (Met) / Hochfrequenzhärten n, HF-Härten n (ein thermisches Randschichthärteverfahren) ‖ ~ **crack** (Met) / Härteriss m ‖ ~ **cracking** (Met) / Härterissbildung f ‖ ~ **depth** (Foundry) / Härtetiefe f (DIN 50 190, T 1 bis 3), Einhärtungstiefe f (DIN 50 190) ‖ ~ **distortion** (Met) / Härteverzug m ‖ ~ **fixer** (Photog) / Härtungsfixiermittel n, Alaunfixiermittel n ‖ ~ **furnace** (Met) / Härteofen m ‖ ~ **machine** (Foundry) / Härtemaschine f ‖ ~ **media*** (Met) / Härtemittel n pl, Härtungsmittel n pl ‖ ~ **of a spectrum** (Spectr) / Spektrumhärtung f, Härtung f eines Spektrums ‖ ~ **of oils*** (Nut) / Härten n von Ölen, Hydrierung f von Ölen ‖ ~ **oil** (Met) / Härteöl n (ein Abschreckmittel) ‖ ~ **press** (Foundry) / Härtepresse f (zur Minimierung des Verzuges beim Abschrecken) ‖ ~ **salt** (Met) / Härtesalz n ‖ ~ **shop** (Met) / Härterei f ‖ ~ **steel** (Met) / härtbarer Stahl
**hardenite** n (Met) / strukturloser Martensit, Hardenit m
**hard face** / harte Schutzschicht (Keramik, Hartmetall, Cermet usw.)
**hard-face** v (Tools) / bestücken v (Werkzeuge mit Hartmetall oder Keramik)
**hard-facing** n (Eng) / Aufbringen n harter Schutzschichten (Keramik, Hartmetall, Cermets usw.)
**hard-facing*** (of a seat) (Eng) / Aufpanzerung f (des Sitzes)
**hard•-facing*** n (Eng, Tools) / Hartmetallauflage f, Hartmetallbestückung f ‖ **~-facing*** (Tools) / Bestücken n (von Werkzeugen mit Hartmetall) ‖ **~-facing** n (Welding) / Schweißplattierung f, Auftragsschweißen n (von Verschleißschichten), Hartauftragsschweißen n, Schweißpanzern n (Auftragsschweißen von Panzerungen), SP (Schweißpanzern)
**hard-facing alloy** / Sintercarbid n, Sinterkarbid n, Sinterhartmetall n (WC, TiC, TaC), gesintertes Karbidhartmetall ‖ ~ **alloy** (Eng, Met) / Hartauftragslegierung f
**hard-fail** n (Electronics) / Hard Fail n (auf einem Systemfehler beruhendes Versagen einer elektronischen Anlage)
**hard feel** (Textiles) / harter Griff ‖ ~ **ferrite** (Powder Met) / Hartferrit m (oxidischer Werkstoff für Dauermagnete) ‖ ~ **ferromagnetic material** (Elec Eng) / hartmagnetischer Werkstoff (ein Funktionswerkstoff), magnetisch harter Werkstoff, Dauermagnetwerkstoff m (DIN 17410), DM-Werkstoff m ‖ ~ **fibre** (Textiles) / Hartfaser f (z.B. Sisal oder Kokosfaser) ‖ ~ **fibre** (Textiles), also leaf fibre ‖ ~ **finish** (Textiles) / Kahlappretur f, Kahlausrüstung f
**hard-finished plaster** (overburned gypsum treated with a solution of alum and then recalcinated) (Build) / Estrichgips m (völlig entwässert)
**hard-fire** n (Ceramics) / Scharffeuer n (etwa über 1000 °C), Hochfeuer n, scharfes Feuer, Vollfeuer n (etwa über 1000 °C)
**hard flame** (Welding) / harte Flamme
**hard-focus lens** (Optics, Photog) / Hartzeichner m
**hard-formation bit** (Mining) / Meißel m für hartes Gestein, Rollenmeißel m für harte Formationen
**hard-front camera** (Cinema) / Kamera f mit einem Objektivbajonett anstatt eines Revolvers
**hard-gas circuit-breaker** (Elec Eng) / Hartgasschalter m
**hard glass*** (Glass) / Hartglas n (mit hoher Erweichungstemperatur - z.B. Kieselglas), hartes Glas ‖ ~ **glass*** (Glass) / hartes Glas (mechanisch) ‖ ~ **glass*** s. also Bohemian glass
**hard-gloss paint*** (Build, Paint) / Emaillelackfarbe f, Emaillelack m (Lackfarbe zum Erzeugen einer hochglänzenden, gut verlaufenden Lackierung nach DIN 55945)
**hard-going** adj (Eng) / schwergängig adj (wegen Reibungsverlust)
**hard ground** (Build, Civ Eng) / tragfähiger Boden

**hard-ground** *n* (Geol) / Hartboden *m*, Hartgrund *m* (verkrusteter Sedimentationsgrund)
**Hardgrove machine grindability test for coal** / Mahlbarkeitsversuch *m* von Kohle (ein ASTM-Laborversuch im Hardgrove-Apparat)
**hard handle** (Textiles) / harter Griff || ~ **handover** (UMTS) (Teleph) / Hard Handover *m* || ~ **hardwood** (For, Materials) / hartes Laubholz (z.B. Eiche und Buche) || ~ **hat** (Build, Eng, Med) / Arbeitsschutzhelm *m* (DIN 7948), Schutzhelm *m* (Industrieschutzhelm)
**hardhead** *n* (Mining) / Gesteinsstrecke *f* (im Kohlebergbau)
**hard heading\*** (Civ Eng, Mining) / Gesteinsstrecke *f* (im Kohlebergbau) || ~ **hyphen** (Comp, Print) / echter Trennstrich (ein Trenn- oder Bindestrich, der im Satz auf jeden Fall sichtbar wird), harter Trennstrich, geschützter Trennstrich || ~ **hyphen** (Comp, Print) s. also soft hyphen
**hardie** *n* (Eng) / Abschrot *m* (meißelförmiger Amposseinsatz) || ~ **hole** (Eng) / Loch *n* in der Ambossbahn (für den Abschrot), Loch *n* zum Einstecken der Hilfswerkzeuge
**Hardinge mill\*** (a continuous-type ball mill of tri-cone construction) (Min Proc) / konische Trommelmühle, Hardinge-Mühle *f*, Doppelkegelmühle *f*
**hard key** (Comp) / Hardkey *m* (eine Ausführung der Funktionstaste) || ~ **keying** (Teleg) / Harttastung *f*
**hard-laid** *adj* / hartgeschlagen *adj* (Seil mit vielen Zusatzdrehungen), strammgeschlagen *adj* (Tau)
**hard landing** (Aero, Space) / harte Landung || ~ **landscape** (Civ Eng, Ecol) / Landschaft *f* (als technische Infrastruktur), überwiegend aus technisch-künstlichen Elementen bestehende oder gestaltete Landschaft || ~ **laser** (Med) / harter Laser || ~ **lead\*** (a lead-antimony alloy of low ductility) (Met) / Hartblei *n* (DIN 17640, T 1), Antimonialblei *n*, Antimonblei *n* (mit 0,5 - 13 Gew. % Antimon und manchmal mit Zinn) || ~ **limestone** (Geol) / Kalkhartstein *m* || ~ **limiter** (Comp) / harter Begrenzer || ~ **magnetic material** (Elec Eng) / hartmagnetischer Werkstoff (ein Funktionswerkstoff), magnetisch harter Werkstoff, Dauermagnetwerkstoff *m* (DIN 17410), DM-Werkstoff *m*
**hard-melting flux** (Welding) / hochschmelzendes Pulver
**hard metal\*** (Met) / hartes Metall *n* (z.B. Wolfram, Tantal usw.) || ~ **metal** (Powder Met) / Hartmetall *n* (pulvermetallurgisch hergestellter Schneidstoff mit einem Gefüge aus Kobalt als Matrix und fein verteilt eingelagerten Carbiden)
**hardmetal\*** *n* / Sintercarbid *n*, Sinterkarbid *n*, Sinterhartmetall *n* (WC, TiC, TaC), gesintertes Karbidhartmetall
**hard-metal ball** (Materials) / Hartmetallkugel *f* (für die Brinellhärteprüfung - HBW)
**hard mineral** (Min) / festes Mineral (im Gegensatz zu flüssigem Mineral) || ~ **missile** (Mil) / verbunkerter Flugkörper || ~ **missile base** (Mil) / verbunkerte Flugkörperstellung
**hardness** *n* (the relative refractoriness) (Ceramics) / Feuerfestigkeit *f*, Feuerbeständigkeit *f* (der Fritte oder des Emails) || ~\* (a type of resistance) (Electronics, Eng, Materials, Met, Min) / Härte *f* || ~\* (Eng, Materials) / Härtegrad *m* (z.B. nach Brinell) || ~ **allowance** (Work Study) / Erschwerniszulage *f* || ~ **increase** (Materials) / Verfestigung *f* (der Werkstoffe im Allgemeinen) || ~ **increase** (Met) / Aufhärtung *f* || ~ **measurement\*** (Materials) / Bestimmung *f* der Härte, Härtemessung *f* || ~ **of hearing** (Acous, Med) / Schwerhörigkeit *f* || ~ **of water** (a measure of the amount of calcium and magnesium salts ) (Chem) / Wasserhärte *f*, Härte *f* des Wassers (Eigenschaft des Wassers, die durch seinen Gehalt an Kalzium- und Magnesiumionen bestimmt wird) || ~ **penetration** (Materials) / Eindringbarkeit *f* (die beschreibt, wie weit entfernt von der Stirnfläche die Härte absinkt) || ~ **penetration depth** (Met) / Einhärtetiefe *f*, Einhärtungstiefe *f* (DIN 17014, T 1), Eht || ~ **range** (Materials) / Härtebereich *m*, Härtespanne *f* || ~ **rocker** (Paint) / Schaukelhärteprüfer *m* || ~ **scale** (Materials) / Härteskala *f* || ~ **test** (Materials) / Härteprüfverfahren *n*, Härteprüfung *f* || ~ **tester** (Materials) / Härteprüfmaschine *f*, Härteprüfer *m* || ~ **testing** (Materials) / Härteprüfverfahren *n*, Härteprüfung *f* || ~ **value** (Materials, Met) / Härtewert *m*
**hard of hearing** (Acous, Med) / hörgeschädigt *adj*
**hardover** *n* (US) (Autos) / Anschlag *m*
**hard packing\*** (Print, Typog) / harter Aufzug
**hardpan\*** *n* (Geol) / Ortstein *m* (steinhart verfestigter oberer Teil des B-Horizonts) || ~\* (Geol) / harte, verkittete Akkumulate (von Sanden und Kiesen)
**hard paper** (Elec Eng, Paper, Plastics) / Hartpapier *n* (ein Schichtpressstoff aus Harz und geschichtetem Papier - DIN 7735), Hp (Hartpapier)
**hard-paper cup** (Paper) / Hartpapierbecher *n*
**hard paraffin** (GB) (Chem) / Hartparaffin *n* || ~ **paste** (a high-fired china body highly resistant to thermal shock) (Ceramics) / Hartmasse *f* (mit hohem Feldspatanteil), Hartporzellanmasse *f*, Feldspatporzellanmasse *f*

**hard-paste porcelain** (Ceramics) / Hartporzellan *n* (mit hohem Feldspatanteil)
**hard patch** (Eng, Materials) / harte Stelle (im Werkstoff)
**hard-permalloy tape head** (Elec Eng, Mag) / Hard-Permalloy-Tonkopf *m* (mit stark vermindertem Abrieb)
**hard pitch** / Hartpech *n* (Erweichungspunkt um 85° C) || ~ **plaster\*** (Build) / Hartgips *m* || ~ **plaster\*** (Build) / Estrichgips *m* (völlig entwässert) || ~ **plating\*** (Met) / Hartverchromung *f* (z.B. bei Messwerkzeugen, Wellen, Lagerzapfen, Ventilen usw.), technische Verchromung || ~ **polishing wax** / Hartwachs *n* || ~ **porcelain** (Ceramics) / Hartporzellan *n* (mit hohem Feldspatanteil) || ~ **pulp** (Paper) / harter Zellstoff (wenig aufgeschlossener) || ~ **pushdown stack** (Comp) / Hardware-Stack *m* || ~ **radiation\*** (ionizing radiation of high frequency) (Radiol) / durchdringende Strahlung, harte Strahlung || ~ **resin** / Hartharz *n* (z.B. Kolophonium, höherschmelzende Umsetzungsprodukte von Harzsäuren, Aldehyd- und Ketonharzen)
**hard-rock mining\*** (Mining) / Arbeit *f* im Fels (mit Sprengungen) || ~ **phosphate\*** (Geol) / hartes Phosphoritband (z.B. Florida-Phosphorit)
**hard roof** (Mining) / gesundes Hangendes, festes Hangendes || ~ **rubber** / hornisierter Kautschuk, Hartkautschuk *m*, Hartgummi *m* (ein Elastomer nach DIN 7711), Ebonit *n* (mit 25-47% S)
**hards\*** *pl* (Cinema) / Hartzeichner *m pl* (Leuchten), Hartzeichnerlichter *n pl*, Leuchten *f pl* mit hartem Licht
**hard salt** (Mining) / Hartsalz *n* (bergmännische Bezeichnung für ein Gemisch von Steinsalz, Sylvin und Kieserit oder Anhydrit mit verschiedenen Gehalten an anderen Salzen)
**hard-sectored\*** *adj* (Comp) / hartsektoriert *adj* (Diskette)
**hard sectoring** (Comp) / Hartsektorierung *f* (der Diskette) || ~ **segment** (Chem) / Hartsegment *n* (eine Sequenz innerhalb der Polymerkette von Block- und Multiblockkopolymeren) || ~ **selling** / aggressive Verkaufspolitik, aggressives Verkaufen (mit aggressiven Werbemitteln) || ~ **shadow** (Cinema, Light) / Schlagschatten *m* (scharf begrenztes Schattenbild, von punktförmigen Lichtquellen erzeugt)
**hard-shell case** / Hartschalenkoffer *m*
**hard shot** (Met) / Hartschrot *m* (eine Hartbleilegierung), Schrotblei *n* || ~ **shoulder** (Autos, Civ Eng) / Standstreifen *m* (neben der Fahrbahn auf gleicher Höhe liegende Spur zum Halten in Notfällen), Standspur *f* (der Autobahn) || ~ **shoulder** (Civ Eng) / befestigter Seitenstreifen (einer Straße) || ~ **shoulder** (Civ Eng) / Autobahnstandspur *f*
**hard-sided caravan** (Autos) / Klappcaravan *m*, Klapphänger *m*, Klapper *m* (Caravan)
**hard (sintered) metal alloy** (Powder Met) / Hartmetalllegierung *f* (aus mindestens einer Hartstoffphase und einer Bindephase) || ~ **size** (Weaving) / Schlichtstelle *f* (ein Gewebefehler)
**hard-sized** (Paper) / voll geleimt, stark geleimt, mit starker Leimung
**hard•-sized paper** (Paper) / vollgeleimtes Papier, hochgeleimtes Papier || ~ **soap\*** (a product salted out of the soap foam) (Chem) / harte Seife, Hartseife *f*, Kernseife *f* (eine Natriumseife) || ~ **software** (Comp) / Firmware *f* (eingebaute Standardprogramme) || ~ **solder\*** (with substantial quantities of silver) (Met, Plumb) / Hartlot *n* (DIN 8513), Schlaglot *n* (mit Silberzusatz) || ~ **soldering** (Met, Plumb) / Hartlöten *n* (450-600 °C), Hartlötverfahren *n* || ~ **solid** / Hartstoff *n* (zur Herstellung von Cermets und Hartmetallen)
**hard-sphere potential** (Chem) / Hard-Sphere-Potential *n* (ein intermolekulares Potential)
**hard spirit** (Fuels) / Hartspiritus *m* (mit Seifen oder Celluloseestern) || ~ **spot** (Foundry, Met) / harte Stelle, harter Einschluss
**hardstand** *n* (US) (Aero) / Standplatz *m* || ~ *n* (US) (Aero) / Parkfläche *f* (des Flughafens) || ~ (US) (Autos) / befestigte Oberfläche (zum Parken), befestigte Fläche (zum Parken)
**hardstanding** *n* (Aero) / Standplatz *m* || ~ (Aero) / Parkfläche *f* (des Flughafens) || ~ (Autos) / befestigte Oberfläche (zum Parken), befestigte Fläche (zum Parken)
**hard starting** (Autos) / Startschwierigkeiten *f pl* || ~ **steel** (Met) / Stahl mit mehr als 0,3 % C || ~ **steel** (Met) / hochkohlenstoffhaltiger Stahl, kohlenstoffreicher Stahl, Kohlenstoffstahl *m*, hochgekohlter Stahl, Stahl *m* mit hohem Kohlenstoffgehalt (0,7-1,5% C) || ~ **stocks\*** (Build, Ceramics) / zu scharf gebrannte Ziegel || ~ **stop** (Eng) / fester Anschlag, Festanschlag *m* || ~ **stopper** (Build, Ceramics) / [schnellabbindende] Hartspachtelmasse *f* || ~ **stopping** (Build, Ceramics) / [schnellabbindende] Hartspachtelmasse *f* || ~ **superconductor** (Elec) / Supraleiter *m* 2. Art (nicht idealer), nicht idealer Supraleiter 2. Art, Supraleiter *m* II, harter Supraleiter
**hard-surfacing** (Welding) / Schweißplattierung *f*, Auftragsschweißen *n* (von Verschleißschichten), Hartauftragsschweißen *n*, Schweißpanzern *n* (Auftragsschweißen von Panzerungen), SP (Schweißpanzern)
**hard tick** (Agric, Zool) / Schildzecke *f* (aus der Familie Ixodidae)

**hardtop**

**hardtop** *n* (Autos) / Hardtop *n m* (meistens bei Sportwagen) ‖ ~ **road** (in Canada) (Civ Eng) / Schotterstraße *f*
**hard tube** (Electronics) / Hochvakuumröhre *f* (mit etwa $10^{-9}$ Pa) ‖ ~ **twist**\* (Spinning) / hohe Drehung, Hochdrehung *f*, starke Zwirnung
**hard-twisted** *adj* (Spinning) / hartgedreht *adj* (Garn), scharfgedreht *adj*
**hardwall plaster** (Build) / Zementmörtel *m* (Gemisch aus Zement, Sand und Wasser sowie gegebenenfalls Zusätzen, das als Mauermörtel oder Putzmörtel verwendet wird) ‖ ~ **plaster** (Build) / Mörtelgips *m* ‖ ~ **plaster** (gypsum plaster of the retarded hemihydrate type) (Build) / Gipsputz *m* (mit abbindeverzögertem Gipshalbhydrat)
**hardware**\* *n* (Comp) / Hardware *f* (DIN 44300 und 66230), HW (Hardware) ‖ ~ (Eng) / Montagematerial *n*, Kleineisenzeug *n* ‖ ~ (Eng) / Anlagen *f pl*, Apparatur *f* ‖ ~ (Eng) / Eisenware(n) *f(pl)*, Metallwaren *f pl*, Metallartikel *m pl*, Beschlagteile *n pl* (im Allgemeinen) ‖ ~ **breadboarding** (Electronics) / Hardware-Brettschaltung *f* ‖ ~ **check** (Comp, Electronics) / automatische Geräteprüfung, Geräteselbstprüfung *f*, festverdrahtete Prüfung ‖ ~ **component** (Comp) / Hardwarebauelement *n*, Hardwarekomponente *f*, Hardwareeinheit *f* ‖ ~ **description language** (Comp) / Hardware-Beschreibungssprache *f* ‖ ~ **destroy virus** (Comp) / Hardware-Virus *n m* (der Hardware zerstört) ‖ ~ **division** (Comp) / festverdrahtete Division *n* ‖ ~ **emulation layer** (Comp) / Hardware Emulation Layer ‖ ~ **environment** (Comp) / Hardware-Umgebung *f* ‖ ~ **fault** (Comp) / Hardware-Fehler *m*, Maschinenfehler *m*
**hardware-fault detection** (Comp) / Hardwarefehlererkennung *f*
**hardware finish** (Surf) / fehlerlose Oberfläche (für weitere galvanische Behandlung) ‖ ~ **flow control** (Comp) / HW-Flusskontrolle *f*, HW-Handshaking *n* ‖ ~ **implementation** (Comp) / Hardware-Realisierung *f*
**hardware-implemented routine** (Comp) / Hardwareroutine *f*
**hardware-independent** *adj* (Comp) / hardwareunabhängig *adj* (Software, die /fast/ ohne direkte Zugriffe auf Hardware-Komponenten abläuft)
**hardware indicator** (Comp) / Systemanzeige *f* ‖ ~ **interface** (Comp) / Hardware-Schnittstelle *f* ‖ ~ **interrupt** (Comp) / Hardware-Unterbrechung *f*
**hardware-in-the-loop system** (Comp) / Hardware-in-the-Loop-System *n* (in der Simulationstechnik)
**hardware profile** (Comp) / Hardwareprofil *n*
**hardware-programmable** *adj* (Comp) / hardwareprogrammierbar *adj*
**hardware-programmed** *adj* (Comp) / hardwareprogrammiert *adj*
**hardware protection** (Comp) / Hardwareschutz *m* ‖ ~ **reliability** (i.e., the reliability of equipment based on criteria such as serviceability ratio, utilization ratio, operating ratio, etc.) (Comp) / Hardware-Zuverlässigkeit *f* ‖ ~ **representation** (Comp) / maschinengebundene Darstellung ‖ ~ **requirements** (Comp) / Hardwareanforderungen *f pl* ‖ ~ **stack** (Comp) / Hardware-Stack *m* ‖ ~ **supervisory circuit** (Comp) / Hardware-Überwachungsschaltung *f* ‖ ~ **trace mode** (Comp) / Hardware-Trace-Modus *m*
**hard waste** (Spinning) / versponnener Spinnabfall ‖ ~ **waste**\* (Spinning) / Nachspinnabfall *n*
**hard-waste breaker** (Spinning) / Droussierkrempel *f* (DIN 64 100), Fadenöffner *m*, Garnette *f*, Droussette *f*
**hard water**\* (Chem) / hartes (kalkhaltiges) Wasser, Hartwasser *n* ‖ ~ **wax** / Hartwachs *n*
**hard-wearing** *adj* (Eng) / verschleißfest *adj*, verschleißbeständig *adj*, abnutzungsbeständig *adj*, abgrifffest *adj* ‖ ~ (GB) (Textiles) / widerstandsfähig *adj*, strapazierfähig *adj*, trittfest *adj* (z.B. Teppich)
**hard-wired** *adj* (Electronics) / festverdrahtet *adj* ‖ ~ **circuit** (Elec Eng) / festverdrahtete Schaltung ‖ ~ **control** (Automation) / verbindungsprogrammierte Steuerung / Steuerungsart, deren Arbeitsweise durch die Verschaltung der einzelnen Bauelemente fest vorgegeben ist) ‖ ~ **control** (Automation) / festverdrahtete Steuerung ‖ ~ **logic**\* (Eng) / Hardwired-Logik *f*, festverdrahtete Logik (bei der der Signalfluss immer gleich ist), feste Logik
**hardwood** *n* (For) / Hartholz *n* (z.B. Guajak, Hickory oder Ebenholz) ‖ ~\* (For) / Laubholz *n* (das Holz bedecktsamiger Pflanzen), LH (Laubholz) ‖ ~ **floor finish** (US) (Build, For) / Laubholzparkett *n* ‖ ~ **flooring** (Build, For) / Laubholzparkett *n* ‖ ~ **forest** (Bot, For) / Laubwald *m* (in dem Laubbäume die vorherrschende Vegetationsform darstellen) ‖ ~ **lumber pile** (US) (For) / Blockstapel *m* (blockweise sortiertes hochwertiges einheimisches Laubschnittholz) ‖ ~ **mallet** (Tools) / Hartholzhammer *m* ‖ ~ **pulp** (For, Paper) / Laubholzzellstoff *m* ‖ ~ **sawn timber pile** (For) / Blockstapel *m* (blockweise sortiertes hochwertiges einheimisches Laubschnittholz) ‖ ~ **species** (For) / Laubholzart *f*
**hardwood-strip flooring layer** (Build) / Parkettleger *m*
**hard-working** *adj* (Eng) / verschleißfest *adj*, verschleißbeständig *adj*, abnutzungsbeständig *adj*, abgrifffest *adj*

**hard X-radiation** (Radiol) / harte Röntgenstrahlung (124-248 keV) ‖ ~ **X-rays** (Radiol) / harte Röntgenstrahlung (124-248 keV)
**hardy** *n* (Eng) / Abschrot *m* (meißelförmiger Ambosseinsatz) ‖ ~ **and Schulze law**\* (Chem) / Schulze-Hardy-Regel *f*, Hardy-Schulze-Regel *f* (Kolloidchemie)
**Hardy-Cross method** (of moment distribution in continuous beams) (Civ Eng) / Cross-Methode *f* (zur Ermittlung der Stabendmomente von Durchlaufbalken und Rahmentragwerken), Cross-Verfahren *n*, Momentenausgleichsverfahren *n* nach Cross (H.Cross, 1885-1959)
**Hardy disk** (Autos) / Hardyscheibe *f*, elastisches Gelenk, Gewebescheibengelenk *n*, Gummikreuzgelenk *n* ‖ ~ **hole** (Eng) / Loch *n* in der Ambossbahn (für den Abschrot), Loch *n* zum Einstecken der Hilfswerkzeuge
**Hardy-Littlewood test** (Stats) / Hardy-Littlewood'schesKonvergenzkriterium (nach G.H. Hardy, 1877 - 1947)
**Hardy-Schulze rule** (Chem) / Schulze-Hardy-Regel *f*, Hardy-Schulze-Regel *f* (Kolloidchemie)
**hard zinc** (Met) / Hartzink *n* (Zinkeisenlegierung mit 91-95% Zn)
**hare hair** (Textiles) / Hasenhaar *n*, Hasenwolle *f*, Hs
**harewood** *n* (Join) / vitriolgebeiztes Bergahornholz
**Haring-Blum cell** (an electrolytic cell) (Surf) / Haring-Zelle *f*, Haring-Blum-Zelle *f* (zur Messung der Streufähigkeit eines Elektrolyten)
**Haring cell** (an electrolytic cell with four electrodes used to measure electrolyte resistance and polarization of electrodes) (Surf) / Haring-Zelle *f*, Haring-Blum-Zelle *f* (zur Messung der Streufähigkeit eines Elektrolyten)
**Harkins' rule** (Chem, Nuc) / Harkins'sche Regel (nach W.D. Harkins, 1873-1951)
**harm** *n* (e.g. in the risk assessment) (Biol, Chem, Pharm) / Schaden *m*
**harmaline** *n* (Chem, Pharm) / Harmalin *n* (3,4-Dihydroharmin), Harmidin *n*
**harmalol** *n* (Chem) / Harmalol *n* (phenolische Base des Harmalins)
**harman** *n* (Pharm) / Harmanalkaloid *n* (z.B. aus der Passionsblume), Harman *n*
**H-armature**\* *n* (Elec Eng) / Doppel-T-Anker *m*
**harmful** *adj* / schädlich *adj* ‖ ~ (Chem, Med) / minder giftig (Gefahrensymbol) ‖ **not ~ to the environment** (Ecol) / umweltfreundlich *adj*, umweltverträglich *adj*, umweltkonform *adj*, umweltschonend *adj* ‖ ~ **dust** (Med) / gefährlicher Staub ‖ ~ **effect** / Schadwirkung *f* ‖ ~ **substance** (Ecol, Med) / Schadstoff *m* (im Allgemeinen) ‖ ~ **to health** (Med) / gesundheitsschädlich *adj*, deletär *adj* ‖ ~ **to the environment** (Ecol) / umweltverschmutzend *adj*, umweltfeindlich *adj*, umweltbelastend *adj*, umweltschädlich *adj*
**harmine** *n* (Chem) / Harmin *n* (ein Harman), Telepathin *n*, Banisterin *n*
**harmless** *adj* (disease) / ungefährlich *adj* ‖ ~ / unschädlich *adj*, harmlos *adj*
**harmonic**\* *n* (Acous, Phys) / Harmonische *f* (Sinusgröße, deren Frequenz ein ganzzahliges Vielfaches der als Grundfrequenz ausgewählten Größe ist - DIN 1320), Oberwelle *f*, harmonische Oberschwingung ‖ ~\* (Maths) / den Oberschwingungen entsprechendes Glied der Fourier-Reihe ‖ ~ *adj* (Acous) / harmonisch *adj* (wenn die Frequenzen mehrerer Sinusschwingungen in ganzzahligen Verhältnissen zueinander stehen) ‖ ~\* (Phys) / harmonisch *adj* ‖ ~ **analyser** (Phys) / harmonischer Analysator ‖ ~ **analysis**\* (Maths, Phys, Stats) / Fourier-Analyse *f* (von Schwingungen), harmonische Analyse (DIN 1311, T 1) ‖ ~ **analyzer** (US) (Phys) / harmonischer Analysator ‖ ~ **antenna**\* (Radio) / oberwellenerregte Antenne ‖ ~ **distortion attenuation** (Telecomm) / Klirrdämpfung *f* ‖ ~ **component**\* (Maths) / den Oberschwingungen entsprechendes Glied der Fourier-Reihe ‖ ~ **content** (Phys) / Oberwellengehalt *m* ‖ ~ **content** (Phys) / Anteil *m* an Oberschwingungen (Funktion, die durch Beseitigung der Grundfrequenz aus einem nichtsinusförmigen Vorgang entsteht) ‖ ~ **division** (Maths) / harmonische Teilung (mit übereinstimmendem innerem und äußerem Teilungsverhältnis) ‖ ~ **drive** (Eng) / HD-Getriebe *n*, Harmonic-Drive-Getriebe *n*, Wellgetriebe *n* ‖ ~ **drive**\* (Radio) / Oberwellenerregung *f* ‖ ~ **excitation**\* (Radio) / Oberwellenerregung *f* ‖ ~ **filter**\* (Radio) / Oberwellenfilter *n* (Tiefpassfilter zwischen Senderausgang und Antenne), Oberwellensperre *f*, Oberwellensperrfilter *n*, Oberwellensieb *n* ‖ ~ **fold** (Geol) / harmonische Falte ‖ ~ **function**\* (any solution of the Laplace's equations) (Maths) / harmonische Funktion, Potentialfunktion *f* (Lösung der Laplace'schen Differentialgleichungen) ‖ ~ **generator**\* (Phys) / harmonischer Generator, Oberwellengenerator *m*, Oberwellenerzeuger *m* ‖ ~ **interference**\* (Radio) / Oberwellenstörung *f* ‖ ~ **mean**\* (Maths, Stats) / harmonisches Mittel ‖ ~ **number** (Phys) / Ordnungszahl *f* der Harmonischen ‖ ~ **oscillation** (Acous, Phys) / Harmonische *f* (Sinusgröße, deren Frequenz ein ganzzahliges Vielfaches der als Grundfrequenz ausgewählten Größe ist - DIN 1320), Oberwelle *f*,

harmonische Oberschwingung ‖ ~ **oscillation** (Phys) / harmonische Schwingung ‖ ~ **oscillator** (Electronics, Phys) / Sinusoszillator *m*, harmonischer Oszillator (wichtiges Modell zur Beschreibung von Schwingungen) ‖ ~ **periodic stress** (Mech) / harmonisch-periodische (sinusförmige) Beanspruchung (DIN 13 343) ‖ ~ **points** (Maths) / harmonische Punkte (wenn das Doppelverhältnis den Wert -1 hat) ‖ ~ **pole** (Maths) / harmonischer Pol ‖ ~ **progression*** (Maths) / harmonische Zahlenfolge, harmonische Folge (eine Zahlenfolge), harmonische Progression ‖ ~ **proportion** (Maths) / harmonische Proportion ‖ ~ **range** (Maths) / harmonische Punkte (wenn das Doppelverhältnis den Wert -1 hat) ‖ ~ **resonance** (Acous, Mech) / harmonische Resonanz ‖ ~ **sequence** (Maths) / harmonische Zahlenfolge, harmonische Folge (eine Zahlenfolge), harmonische Progression ‖ ~ **series** (Maths) / harmonische Reihe ‖ ~ **series*** (Phys) / Oberwellenspektrum *n* ‖ ~ **suppressor*** (Radio) / Oberwellenfilter *n* (Tiefpassfilter zwischen Senderausgang und Antenne), Oberwellensperre *f*, Oberwellensperrfilter *n*, Oberwellensieb *n* ‖ ~ **synthesis** (Maths, Phys) / harmonische Synthese (die Umkehrung der harmonischen Analyse - DIN 1311, T 1) ‖ ~ **wave*** (Acous, Phys) / Harmonische *f* (Sinusgröße, deren Frequenz ein ganzzahliges Vielfaches der als Grundfrequenz ausgewählten Größe ist - DIN 1320), Oberwelle *f*, harmonische Oberschwingung ‖ ~ **wave** (Phys) / harmonische Welle ‖ ~ **wave analyser** (Phys) / harmonischer Analysator

**harmotome*** *n* (Min) / Harmotom *m* (ein Blätterzeolith)

**harness** *n* (Aero) / Gurtzeug *n* (des Fallschirms) ‖ ~* (Aero) / kombinierter Bauch- und Schultergurt, Sicherheitsgurte *m pl* (des Flugzeugführers) ‖ ~ (Aero) / Gurtgeschirr *n* (der Drachenflieger) ‖ ~* (Cables) / Verkabelung *f* (Kabelsatz), Kabelsatz *m* ‖ ~ (Weaving) / Geschirr *n* (Gesamtzahl der Schäfte), Webgeschirr *n*, Schaftwerk *n* ‖ ~ (Weaving) / Harnisch *m* (der Jacquardmaschine - DIN 63001) ‖ ~* (Cables) s. also wiring harness ‖ ~ **board** (Weaving) / Gallierbrett *n*, Chorbrett *n*, Harnischbrett *n* ‖ ~ **cord*** (Weaving) / Harnischschnur *f*

**harnessing** *n* (Elec Eng) / Bündelung *f* (von Leitern) ‖ ~ **loom** (Weaving) / Harnischstuhl *m*

**harness leather** (Leather) / Geschirr- und Stallhalfterleder *n* ‖ ~ **mounting** (Weaving) / Gallierung *f* (Beschnürung, als Harnischeinzug zur Webereivorbereitung zählend), Harnischgallierung *f*, Harnischschnürung *f* ‖ ~ **skip** (Weaving) / harnischbedingter Webfehler ‖ ~ **tie** (Weaving) / Gallierung *f* (Beschnürung, als Harnischeinzug zur Webereivorbereitung zählend), Harnischgallierung *f*, Harnischschnürung *f* ‖ ~ **tying** (Weaving) / Gallierung *f* (Beschnürung, als Harnischeinzug zur Webereivorbereitung zählend), Harnischgallierung *f*, Harnischschnürung *f* ‖ ~ **wiring** (Elec Eng) / Bündelung *f* (von Leitern)

**harp arrangement** (of a cable-stayed bridge) (Civ Eng) / Harfenanordnung *f* (der Seilabspannung einer Schrägseilbrücke) ‖ ~ **configuration** (Civ Eng) / Harfenanordnung *f* (der Seilabspannung einer Schrägseilbrücke)

**Harper machine** (Paper) / eine Langsiebpapiermaschine (meistens für Leichtdruckpapiere)

**Harper's alloy** (Met) / Harpers Legierung (44% Bi, 25% Pb, 25% Sn und 6% Cd)

**harras*** *n* (Spinning) / Harrasgarn *n*

**Harris instability** (Nuc) / Harris-Instabilität *f*, Instabilität *f* vom Harris-Typ ‖ ~ **process** (Met) / Harris-Raffinationsverfahren *n* (Bleigewinnung) ‖ ~ **tweed** (Textiles) / Harris-Tweed *m* (geschützte Herkunfts- und Markenbezeichnung für Tweed-Wollstoffe aus Homespungarnen, auf den Hebrideninseln Lewis mit Harris, Uist, Barra etc. hergestellt - Schutzmarke: Reichsapfel und Malteserkreuz)

**harrow** *v* (Agric) / eggen *v* ‖ ~ *n* (Agric) / Egge *f* ‖ ~ **leaf** (Agric) / Eggenfeld *n* ‖ ~ **section** (Agric) / Eggenfeld *n* ‖ ~ **spike** (Agric) / Eggenzinke *f* (einer Zinkenegge) ‖ ~ **tine** (Agric) / Eggenzinke *f* (einer Zinkenegge) ‖ ~ **tooth** (Agric) / Eggenzinke *f* (einer Zinkenegge)

**harsh** *adj* / grell *adj* (Licht) ‖ ~ (Acous) / hart *adj* (Ton), rau *adj* (Ton) ‖ ~ (Build, Civ Eng) / steif *adj* (Beton) ‖ ~ (Eng) / rau *adj* (Betrieb) ‖ ~ (Nut) / herb *adj*, streng *adj* ‖ ~ (Photog) / hart *adj* (Beleuchtung, Licht, Schatten) ‖ ~ (Textiles) / raugriffig *adj* (Gewebe, Faser) ‖ ~ **flame** (Welding) / harte Flamme ‖ ~ **handle** (Textiles) / Hartgriffigkeit *f*, Raugriffigkeit *f* ‖ ~ **in feel** (Textiles) / hartgriffig *adj*, raugriffig *adj*

**harsh-sounding** *adj* (Acous) / belegt *adj* (Stimme), rau *adj* (Stimme)

**hartite*** *n* (Min) / Hartit *m* ($C_{20}H_{34}$)

**hartley*** *n* (Comp) / Hartley *n* (3,23 Bits - DIN 5493) ‖ ~ **band** (Astron) / Hartley-Band *n*, Hartley-Bande *f* (des Ozons - nach W.N. Hartley, 1846 - 1913) ‖ ~ **information unit** (Comp) / Hartley *n* (3,23 Bits - DIN 5493) ‖ ~ **oscillator*** (Electronics) / Hartley-Oszillator *m* (induktive Dreipunktschaltung)

**Hartley's formula** (Comp) / Hartley'sche Formel (Informationsgehalt)

**Hartmann dispersion formula*** (Optics) / Hartmann'sche Dispersionsformel ‖ ~ **flow** (Nuc, Phys) / magnetohydrodynamische Kanalströmung, Hartmann-Strömung *f*, Poiseuille-Hartmann-Strömung *f* (beim Strömen von elektrisch leitfähigen Medien in einem äußeren Magnetfeld quer zur Strömungsrichtung) ‖ ~ **lines** (Met) / Fließfiguren *f pl* (bei Stählen mit ausgeprägter Streckgrenze zu Beginn der plastischen Verformung auf den blanken Teilen auftretende schmale, verformte Zonen), Lüders'sche Linien *f pl*, Fließlinien *f pl* ‖ ~ **number** (Heat) / Hartmann-Zahl *f* (Wärmeübertragung) ‖ ~ **test*** (Optics) / Hartmann'sche Prüfung (Extrafokalmethode), Hartmann'scher Test

**hartree** *n* (a unit of energy = 27.2 eV) (Nuc) / Hartree *n* ‖ ~ **energy** (Nuc) / Hartree-Energie *f* (4,3597 x $10^{-18}$)

**Hartree-Fock approximation** (Phys) / Hartree-Verfahren *n*, Hartree-Fock-Verfahren *n* (ein quantenmechanisches Näherungsverfahren - nach dem englischen Physiker D.R. Hartree, 1897 - 1958, und W.A. Fock, 1898 - 1974) ‖ ~ **procedure** (Phys) / Hartree-Verfahren *n*, Hartree-Fock-Verfahren *n* (ein quantenmechanisches Näherungsverfahren - nach dem englischen Physiker D.R. Hartree, 1897 - 1958, und W.A. Fock, 1898 - 1974) ‖ ~ **technique** (Phys) / Hartree-Verfahren *n*, Hartree-Fock-Verfahren *n* (ein quantenmechanisches Näherungsverfahren - nach dem englischen Physiker D.R. Hartree, 1897 - 1958, und W.A. Fock, 1898 - 1974)

**Hartree method** (Phys) / Hartree-Verfahren *n*, Hartree-Fock-Verfahren *n* (ein quantenmechanisches Näherungsverfahren - nach dem englischen Physiker D.R. Hartree, 1897 - 1958, und W.A. Fock, 1898 - 1974) ‖ ~ **method** (Phys) s. also SCF method

**hartsalz** *n* (sylvite) (Mining) / Hartsalz *n* (bergmännische Bezeichnung für ein Gemisch von Steinsalz, Sylvin und Kieserit oder Anhydrit mit verschiedenen Gehalten an anderen Salzen) ‖ ~ (Geol) s. also sylvinite

**hartshorn oil** / Dippels Tieröl (Oleum animale aeth.), Dippels Öl, etherisches Tieröl

**Harvard architecture** (Comp) / Harvard-Architektur *f* (Trennung von Daten- und Adressbus sowie die teilweise parallele Ausführung von Befehlen) ‖ ~ **classification*** (a system, devised by Edward C. Pickering at Harvard University at 1891, for classifying stars by their atomic emission spectra) (Astron) / Harvard-Klassifikation *f* (eine heute veraltete Klassifikation) ‖ ~ **twill** (Weaving) / Zwei-und-Zwei-Twill *m*

**harvest** *v* (Agric) / ernten *v*, abernten *v* ‖ ~ *n* (Agric) / Ernte *f* (Tätigkeit) ‖ ~ (Agric) / eingebrachte Ernte, Ernte *f* (Ertrag), Ernteertrag *m* ‖ ~ **advancement** (Agric) / Ernteverfrühung *f* ‖ ~ **area** (Agric) / Erntefläche *f* ‖ ~ **delay** (Agric) / Ernteverzögerung *f*, Ernteverspätung *f*

**harvested grapes** (Nut) / Lesegut *n* (Trauben)

**harvester** (Agric) / Erntemaschine *f* ‖ ~ (For) / Vollernter *m*, Vollerntemaschine *f*, Harvester *m* ‖ ~**-thresher*** *n* (Agric) / Mähdrescher *m*

**harvesting** *n* (Agric) / Ernte *f* (Tätigkeit) ‖ ~ **machine** (Agric) / Erntemaschine *f* ‖ ~ **of wood** (For) / Holzernte *f*

**harvest mite*** (Agric) / Erntemilbe *f* (eine Laufmilbe), Herbstmilbe *f* (Trombicula autumnalis Shaw.) ‖ ~ **season** (Agric) / Erntezeit *f* ‖ ~ **time** (Agric) / Erntezeit *f*

**harzburgite** *n* (a peridotite composed chiefly of olivine and orthopyroxene) (Geol) / Harzburgit *m*

**Harz jig*** (Min Proc, Mining) / Kolbensetzmaschine *f*, Harzer Setzmaschine

**hash** *v* (Nut) / zu Hackfleisch verarbeiten, wolfen *v* (durch den Fleischwolf drehen), durch den Fleischwolf drehen, durchdrehen *vt* (Fleisch durch den Wolf) ‖ ~ *n* (Comp) / Garbage (Daten, die während eines Programmlaufs entstehen und nach einer gewissen Zeit für den weiteren Programmlauf nicht mehr benötigt werden), falsche (unverständliche) Eintragung, falsche (fehlerhafte) Eingabe ‖ ~ (Comp, Print) / Nummernzeichen *n* (Symbol: #), Hash *m*, Lattenzaun *m* (Nummernzeichen), Doppelkreuz *n* ‖ ~ **addressing** (Comp) / Hash-Adressierung *f* (Errechnen der Adresse durch Transformation des jeweiligen Schlüsselwortes) ‖ ~ **coding** (Comp) / Hash-Codierung *f*, Hash-Verfahren *n*, Hash-Kodierung *f*, Hashing *n* (eine Direktadressierungstechnik, die Überführung eines oder mehrerer Felder in eine andere, kompaktere Form, die auch leichter eine Weiterverarbeitung zulässt) ‖ ~ **function** (Comp) / Hash-Funktion *f*, Speicherabbildungsfunktion *f*

**hash-function optimization** (Comp) / Hash-Funktion-Optimierung *f*

**hashing*** *n* (Comp) / Hash-Codierung *f*, Hash-Verfahren *n*, Hash-Kodierung *f*, Hashing *n* (eine Direktadressierungstechnik, die Überführung eines oder mehrerer Felder in eine andere, kompaktere Form, die auch leichter eine Weiterverarbeitung zulässt) ‖ ~ **algorithm** (Comp) / Hash-Algorithmus *m*, Schlüsseltransformation *f* (der Datensätze, bei der sich aus dem jeweiligen Schlüsselwort die Adresse des zugehörigen Satzes

errechnet) ‖ ~ **function** (Comp) / Hash-Funktion f, Speicherabbildungsfunktion f
**hashish*** n (Pharm) / Haschisch n m (aus dem Blütenharz von dem Cannabis gewonnenes Rauschgift), Cannabis m (Haschisch)
**hash key** (Teleg) / Rautentaste f ‖ ~ **sign** (Comp, Print) / Nummernzeichen n (Symbol: #), Hash m, Lattenzaun m (Nummernzeichen), Doppelkreuz n ‖ ~ **table** (Comp) / Hash-Tabelle f (für die Schlüsseltransformation) ‖ ~ **total** (summation for checking purposes of one or more corresponding fields of a file that would ordinarily not be summed) (Comp) / Zonenkontrollsumme f, Mischsumme f ‖ ~ **total field** (Comp) / Kontrollsummenfeld n
**hasp*** n (Build) / Schließe f, Schließband n, Haspe f, Überfall m (ein Schließelement)
**Hasse diagram** (Maths) / Hasse-Diagramm n (nach H. Hasse, 1898-1979), Ordnungsdiagramm n
**Hastelloy** n (Met) / Hastelloy n (eine Ni-Mo- bzw. Ni-Si-Legierung, die sich durch besondere Korrosionsbeständigkeit gegen Salzsäure und Schwefelsäure auszeichnet; Ni-Mo-Legierungen = Hastelloy A,B und C; Ni-Si-Legierung = Hastelloy D)
**hasubanan alkaloids** (Pharm) / Hasubanan-Alkaloide n pl (Untergruppe der Morphinalkaloide aus Stephania-Arten)
**hat body** (Textiles) / Stumpen m (eines Filzhutes)
**hatch** v / rippen v (z.B. Stahlstufen) ‖ ~ n (Build) / Durchreiche f ‖ ~ (Cartography, Surv) / Schraffe f, Schraffung f ‖ ~ (Nuc Eng) / Schleuse f ‖ ~ (Ships) / Luke f (verschließbare Öffnung im Deck zum Betreten und Beladen der darunterliegenden Räume) ‖ ~ (Space) / Ausstiegluke f, Luke f
**hatchback** n (Autos) / Steilheck n ‖ ~ (Autos) / Schrägheck n mit Heckklappe ‖ ~ (Autos) / hintere Bordwand (eines LKW), Ladeklappe f, hintere Klappe (eines LKW) ‖ ~ (Autos) / Kombilimousine f (meistens dreitürige) ‖ ~ **door** (Autos) / hintere Bordwand (eines LKW), Ladeklappe f, hintere Klappe (eines LKW)
**hatch batten** (Ships) / Schalkleiste f, Schalklatte f ‖ ~ **beam** (Ships) / Lukenschiebebalken m ‖ ~ **boss** (US) (Ships) / Lukenvize m, Lukenviz m (Steuervize für eine einzelne Luke) ‖ ~ **coaming*** (Ships) / Lukensüll m n, Süll m n, Lukenkumming m ‖ ~ **cover** (Ships) / Lukendeckel m
**hatched** adj / gerippt adj (z.B. Stahlstufe)
**hatchet*** n (Carp) / Handbeil n, Beil n ‖ ~ **planimeter** / Schneidenplanimeter n, Beilplanimeter n (ein einfaches Hilfsmittel zur näherungsweisen Bestimmung von Flächeninhalten) ‖ ~ **stake** (Eng) / Umschlageisen n (ein Hilfswerkzeug zum Schmieden)
**hatchettine** n (Min) / Bergtalg m (talgige erdwachsartige Substanz), Hatchettin m
**hatchettite** n (Min) / Bergtalg m (talgige erdwachsartige Substanz), Hatchettin m
**hatchettolite** n (Min) / Hatchettolith m (Uran-Pyrochlor)
**hatch foreman** (Ships) / Lukenvize m, Lukenviz m (Steuervize für eine einzelne Luke)
**hatching*** n (Cartography, Surv) / Schraffur f (DIN 201), Schraffieren n, Schraffierung f
**hatch signal man** (Ships) / Übersetzer m (der den Kranführer einweist), Einweiser m
**Hatch-Slack-Kortschak cycle** (Biochem) / Hatch-Slack-Kortschak-Zyklus m, $C_4$-Säurezyklus m, HSK-Zyklus m
**Hatch-Slack pathway*** (Biochem) / Hatch-Slack-Kortschak-Zyklus m, $C_4$-Säurezyklus m, HSK-Zyklus m
**hatchway*** n (Ships) / Luke f (verschließbare Öffnung im Deck zum Betreten und Beladen der darunterliegenden Räume) ‖ ~ **catch** (Ships) / Lukenschnäpper m ‖ ~ **cover** (Ships) / Lukendeckel m
**Hatfield test** (Chem, Surf) / Strauß-Test m (mit Kupfersulfat und Schwefelsäure auf interkristalline Korrosion - DIN 50914)
**hat-forming machine** (Textiles) / Flachmaschine f für die Hutherstellung
**hat leather** (Leather) / Hutschweißleder n ‖ ~ **leather** (Leather) / Pumpenmanschette f (die ähnlich wie ein Hut geformt ist) ‖ ~-**leather packing** (Eng) / Stulpmanschette f, Stulpliderung f ‖ ~ **sweat-band leather** (Leather) / Hutschweißleder m
**hatter's felt** (Textiles) / Hutfilz m
**Hattersley dobby** (Weaving) / Hattersley-Schaftmaschine f (eine Doppelhub-Hochfach-Schaftmaschine mit Offenfach, Federzugregister und Schrägfach durch Schaftaufhängung), Zweiplatinen-Doppelhub-Schaftmaschine, Bauart f Hattersley (DIN 63000)
**hatter's silk** (Textiles) / Hutfutterseide f
**haul** v / befördern v (Güter) ‖ ~ (For) / rücken v (Rundholz), vorführen v (Rundholz) ‖ ~ (Ships) / einholen v (z.B. eine Leine) ‖ ~ n (a distance to be traversed) (Civ Eng) / Förderstrecke f ‖ ~ (Civ Eng) / Erdbewegung f, Erdarbeiten f pl (DIN 18300) ‖ ~* (Civ Eng) / Transportleistung f (Fördern des Bodens) ‖ ~ (Nut, Ships) / Fang m (mit dem Schleppnetz)
**haulage** n (Ships) / Speditionsgebühr f ‖ ~ (the commercial transport of goods) / Beförderung f (von Gütern) ‖ ~ (For) / Rücken n (Kurztransport von Rundholz vom Hiebsort bis zu einem Holzabfuhrweg oder Zwischenlagerplatz), Holzrücken n ‖ ~ **contractor** / Spediteur m (Speditionskaufmann) ‖ ~ **contractor** / Spedition f (Speditionsfirma), Transportunternehmen n (im Frachtgutbereich) ‖ ~ **distance** / Beförderungsweg m (Entfernung), Transportweg m (Entfernung) ‖ ~ **distance** (Civ Eng) / Transportweg m (für den Aushub) ‖ ~ **level*** (Mining) / Fördersohle f ‖ ~ **road** (Mining) / Förderstrecke f (ein Grubenbau) ‖ ~ **rope** (Civ Eng) / Zugseil n (der Zweiseil-Umlaufbahn)
**haulaway** n (Autos) / Autotransporter m
**haul-back cable** (For) / Rückholseil n (der Seilbringungsanlage) ‖ ~ **line** (For) / Rückholseil n (der Seilbringungsanlage)
**haul distance** (Civ Eng) / Transportweg m (für den Aushub) ‖ ~ **distance*** (Civ Eng) / Transportweite f (Fördern des Bodens) ‖ ~ **distance** (Mining) / Förderweg m (als Längenmaß), Förderstrecke f (als Längenmaß)
**hauler** n (US) / Spediteur m (Speditionskaufmann) ‖ ~ (US) / Spedition f (Speditionsfirma), Transportunternehmen n (im Frachtgutbereich) ‖ ~ (Mining) / Fördermann m, Schlepper m
**haulier** n / Spediteur m (Speditionskaufmann) ‖ ~ / Spedition f (Speditionsfirma), Transportunternehmen n (im Frachtgutbereich) ‖ ~ (Mining) / Fördermann m, Schlepper m
**haul in** v (Ships) / einholen v (z.B. eine Leine)
**hauling distance** (Civ Eng) / Transportweite f (Fördern des Bodens) ‖ ~ **rope*** (Civ Eng) / Zugseil n (der Zweiseil-Umlaufbahn) ‖ ~ **winch** (Eng) / Förderhaspel f m
**haulm** n (Agric) / Kraut n (z.B. Kartoffelkraut) ‖ ~ (a stalk or stem) (Agric, Bot) / Stiel m, Halm m (im Allgemeinen), Stängel m ‖ ~ **burner** (Agric) / Abflammgerät n ‖ ~ **chain** (Agric) / Krautkette f (des Kartoffelroders) ‖ ~ **chopper** (Agric) / Krauthäcksler m ‖ ~ **destroyer** (Agric, Chem) / Krautabtötungsmittel n ‖ ~ **strength** (Agric, Bot) / Stängelfestigkeit f
**Haultain infrasizer** (Powder Met) / Windsichter m (für sehr feines Gut) nach Haultain
**haul up** v (Ships) / aufslippen v (ein Schiff mit einer Slipanlage aus dem Wasser ziehen)
**haulway** n (Mining) / Förderstrecke f (ein Grubenbau)
**haulyard** n / Aufzugseil n ‖ ~ (Ships) / Fall n (pl. -en)
**haunch*** n (indefinite roughly triangular portion of flank between the crown and abutments of an arch) (Arch, Build) / Bogenschenkel m, Bogenhälfte f (zwischen Kämpfer und Scheitel), Bogenachsel f ‖ ~ (Civ Eng) / Auflagerschräge f, Schräge f (Auflagerschräge), Voute f (Verstärkung bei zwischengestützten Balken oder Platten, um die Belastung aus Momenten an den Stützen vollständig aufnehmen zu können) ‖ ~ (Eng) / unteres Umfangsdrittel (z.B. eines Rohres)
**haunched beam** (Build) / Voutenbalken m, gevouteter Balken ‖ ~ **tenon*** (Carp, For) / Stufenzapfen m (verjüngter)
**Hausdorff space*** (Maths) / Hausdorff'scher Raum, Hausdorff-Raum m (nach F. Hausdorff, 1868 - 1942), separierter Raum, $T_2$-Raum m
**hausmannite*** n (a brown ore of manganese) (Min) / Hausmannit n ($Mn_3O_4$)
**haute couture** (Textiles) / Haute Couture f
**Hautelisse loom** (Weaving) / Hautelissestuhl m, Hochwebstuhl m (für Gobelins und Teppiche, mit senkrecht geführter Kette)
**haut-relief** n (Arch) / Hochrelief n, Hautrelief n
**Haüy law** (Crystal) / Rationalitätsgesetz n (in der Kristallgeometrie), Gesetz n der rationalen Indizes
**haüyne*** n (Min) / Haüyn n (ein Mineral der Sodalith-Reihe)
**hav** (haversine) (Maths) / halber Sinusversus
**H/A vehicle** (Aero) / Luftfahrzeug n schwerer als Luft (mit Tragflächen), Aerodyn n (strömungsgetragenes Luftfahrzeug)
**Havelock's law** (Elec) / Havelock'sches Gesetz
**haversin** n (Maths) / halber Sinusversus
**haversine** n (Maths) / halber Sinusversus
**HAW** (high-activity waste) (Ecol, Nuc Eng) / hochradioaktiver Abfall, hochaktiver Abfall, Hochaktiv-Waste m, HAW (hochaktiver Abfall)
**hawk*** n (Build) / Aufziehbrett n, Putzerbrett n, Mörtelbrett n, Auftragebrett n ‖ ~* (Build) / Mörtelbrett n (mit unterem Handgriff zum Vorhalten des Fugenmörtels beim Ausfugen)
**Hawking effect** (Astron) / Hawking-Effekt m (Entstehung einer Schwarzkörperstrahlung in der Umgebung eines Schwarzen Lochs) ‖ ~ **radiation** (the emission of particles by a black hole) (Astron) / Hawking-Strahlung f (nach S.W. Hawking, geb. 1942)
**hawk's eye*** (Min) / Falkenauge n (Quarz mit Krokydolith)
**Haworth formula** (Chem) / Haworth-Projektion f (perspektivische Darstellung eines vereinfachten Molekülmodells einer cyclischen Verbindung - nach Sir W.N. Haworth, 1883-1950), Haworth'sche Raumformel ‖ ~ **projection** (Chem) / Haworth-Projektion f

(perspektivische Darstellung eines vereinfachten Molekülmodells einer cyclischen Verbindung - nach Sir W.N. Haworth, 1883-1950), Haworth'sche Raumformel f || ≃ **system** (San Eng) / Haworth-Rinne f (eine Beckenform beim Belebungsverfahren)

**hawse** n (Ships) / Klüse f (Öffnung bzw. Vorrichtung zum Führen von Leinen, Trossen und Ketten), Klüsgatt n || ~ **hole** (Ships) / Ankerklüse f

**hawse-hole** n (Ships) / Klüse f (Öffnung bzw. Vorrichtung zum Führen von Leinen, Trossen und Ketten), Klüsgatt n

**hawser** n (Ships) / schwere Trosse

**hawser-laid construction** (of a rope) (Ships) / Trossenschlag m || ~ **rope** (Ships) / trossenartig geschlagenes Tau

**hawser reel** (Ships) / Trossenhaspel f

**HAWT** (horizontal-axis wind turbine) (Elec Eng, Eng) / Horizontalachsenwindturbine f, Windkraftanlage f mit horizontaler Achse (Windturbine), Horizontalachser m (eine Windturbine), Propellermühle f (z.B. Growian)

**hay** v (Agric) / heuen v, Heu werben (machen) || ~ n (Agric) / Heu n

**Hayashi track** (Astron) / Hayashi-Linie f (Grenzlinie im Hertzsprung-Russell-Diagramm, die das Gebiet der Sterne im mechanischen Gleichgewicht von dem Gebiet trennt, in dem sich die gravitationsmäßig instabilen Protosterne befinden), Hajaschi-Linie f

**Hay bridge*** (Elec Eng) / Hay-Brücke f (Messbrücke zur Bestimmung von Induktivitäten hoher Güte), Hay'sche Brückenschaltung || ~ **crusher** (Agric) / Crimper m, Halmbrecher m (ein Heuaufbereiter), Walzenknicker m (für dickstängliges Ackerfutter)

**haydite** n (US) (expanded clay, shale, slate, or similar material employed as an aggregate in the production of the lightweight concrete and concrete products) (Build) / Blähton m (ein künstlicher Zuschlagstoff)

**hay-elevator*** (Agric) / Heulader m, Heuelevator m, Heulademaschine f, Heuaufzug m, Heuförderer m

**Hayem's solution** (Chem, Med) / Hayem'sche Lösung (fixierende Verdünnungsflüssigkeit zur Zählung und Konservierung der Erythrocyten - nach G. Hayem, 1841-1933)

**Hayes command set** (Comp) / Hayes-Befehlssatz m (ein standardiesierter Befehlssatz), AT-Befehlssatz m (Hayes-Befehlssatz; alle Befehle werden mit den Buchstaben AT /attention/ eingeleitet)

**Hayes-compatible** adj (a modem supporting the Hayes command set) (Comp) / Hayes-kompatibel adj

**Hayes modem** (Comp) / Hayes-Modem m n (der den Hayes-Befehlssatz beherrscht)

**hay grab** (Agric) / Heugreifer m

**haylage** n (Agric) / Gärheu n, Halbheu n, Abwelkheu n

**hay loader** (Agric) / Heulader m, Heuelevator m, Heulademaschine f, Heuaufzug m, Heuförderer m

**haymaker** n (Agric) / Heuwerbungsmaschine f, Heuwerbemaschine f

**haymaking machine** (Agric) / Heuwerbungsmaschine f, Heuwerbemaschine f

**haymow** n (Agric) / Heuschober m, Heufeim m, Heufeime f, Heufeimen m

**haystack** n (Agric) / Heuschober m, Heufeim m, Heufeime f, Heufeimen m

**haystacker** n (Agric) / Heustapler m, Heudiemensetzer m, Schobersetzvorrichtung f

**Hayward clamshell** (Civ Eng, Eng) / Zweiseilgreifer m || ≃ **grab bucket** (Civ Eng, Eng) / Zweiseilgreifer m

**hay-wire, go** ~ (Electronics) / sich verstellen v (Schaltkreis oder Netzwerk)

**haywire circuit** (Electronics) / unübersichtliche Verdrahtung, Drahtverhau m

**HAZ** (heat-affected zone) (Welding) / Wärmeeinflusszone f (in einer Schweißverbindung), wärmebeeinflusste Zone (der Werkstoffbereich neben einer Schweißnaht, in dem durch die eingebrachte Schweißwärme eine Gefüge- und Eigenschaftsveränderung eingetreten ist), thermisch beeinflusste Zone, WEZ (Wärmeeinflusszone)

**hazard** n / Hasard n (Gefahrenpotential) || ~ / Gefahr f || ~ (Comp) / Hasard n (die Fehlererscheinung in asynchronen Schaltnetzwerken) || ~ **analysis** / Gefährlichkeitsanalyse f

**hazard-analysis critical control point** (process)* (Nut) / HACCP-Konzept n (Festlegung der Prozessschritte, Definition des Risikos, Festlegung der Kontrollpunkte)

**hazard assessment** / Gefahrenabschätzung f (z.B. Beurteilung des Potentials einer Substanz) || ~ **beacon** (Aero) / Gefahrenfeuer n || ~ **bonus** (US) (Work Study) / Gefahrenzulage f || ~ **class** / Gefahrenklasse f, Gefahrklasse f, Gefahrgutklasse f || ~ **for bees** (Agric) / Bienengefährlichkeit m (z.B. von Pflanzenschutzmitteln) || ~ **identification** / Gefahrenerkennung f || ~ **label** /

Gefahrenaufkleber m || ~ **of radioactivity** (Radiol) / Gefährdung f durch Radioaktivität

**hazardous** adj / gefährlich adj (z.B. Chemikalie) || ~ (Med) / gesundheitsschädlich adj, deletär adj || ~ **area** / (explosions)gefährdeter Bereich, Gefahrenbereich m

**hazardous-goods transport** / Gefahrguttransport m

**hazardous material** / Gefahrgut n, gefährliches Gut || ~ **material** (Chem, Med) / gefährlicher Arbeitsstoff, Gefahrstoff m || ~ **substance** (Chem, Med) / gefährlicher Arbeitsstoff, Gefahrstoff m || ~ **waste** (Ecol) / gefährlicher Abfall, gefährliches Abfallgut m (Ecol) s. also problem waste || ~ **zone** / Gefahrenzone f, Gefahrengebiet n

**hazard pay** (Work Study) / Gefahrenzulage f || ~ **potential** / Gefahrenpotential n (nach Gefahrklassen abgestuft) || ~ **prevention** / Gefahrenabwehr f (z.B. als Bauaufsichtsaufgabe) || ~ **symbol** / Gefahrensymbol n || ~ **warning** / Warnanzeige f || ~ **warning device** (Autos) / Warnblinkanlage f (die ein synchrones Aufblinken aller Blinkleuchten bewirkt) || ~ **warning flashers** (lights) (Autos) / Warnblinkanlage f (die ein synchrones Aufblinken aller Blinkleuchten bewirkt) || ~ **zone** / Gefahrenzone f, Gefahrengebiet n

**Hazchem** n (a system of labelling hazardous chemicals, especially during transportation) (Chem) / Hazchem-Code m (Kennzeichnungssystem für die zweckmäßigsten Gegenmaßnahmen bei Unfällen mit gefährlichen Gütern und bei deren Transport ) || ≃ **code** (Chem) / Hazchem-Code m (Kennzeichnungssystem für die zweckmäßigsten Gegenmaßnahmen bei Unfällen mit gefährlichen Gütern und bei deren Transport ) || ≃ **symbol** (Chem) / Gefahrensymbol n

**haze** n (Brew, Plastics) / Trübung f || ~ (Ecol) / Haze m (Smog, der durch unkontrollierte Brände, Brandrodungen oder Naturkatastrophen entsteht) || ~* (Meteor) / Dunst m (trockener - Trübung durch Staub und Rauch) || ~ (Paint) / Schleier m (mit DOI-Wert gemessen), Glanzschleier m || ~ (Paint) / Hauch m (angelaufene Schicht) || ~ **dome** (Meteor) / Dunstglocke f (die durch Emissionen aus Industrie, Verkehr und Hausbrand verursachte und optisch erkennbare Anreicherung von Aerosolen in der Grenzschicht - im Extremfall kann sich die Dunstglocke zum Smog verdichten), Dunsthaube f, Dunstfahne f, Dunstkalotte f || ~ **filter** (Photog) / Dunstfilter n (ein UV-Sperrfilter), Haze-Filter n

**hazel** n / Nussbraun n || ~ **(For)** / Haselnussstrauch m, Haselnuss f (Corylus avellana var. avellana L.) || ~ **attr** / haselnussfarben adj, haselnussbraun adj

**Hazelett continuous casting process** (Foundry) / Hazelett-Verfahren n (zwischen zwei endlos umlaufenden Gießbändern), Hazelett-Stranggießverfahren n

**hazelnut attr** / haselnussfarben adj, haselnussbraun adj || ~ **oil** / Haselnussöl n

**Hazen colour number** (Paint) / Hazen-Farbzahl f, APHA-Farbzahl f (für die Kennzeichnung der Farbe von klaren Flüssigkeiten)

**haziness** n (Paint) / Schleier m (mit DOI-Wert gemessen), Glanzschleier m || ~ (Paint) / Hauchbildung f, Anlaufen n (DIN 55945), Nebligwerden n (der Oberfläche einer Beschichtung)

**hazing** n (Paint) / Hauchbildung f, Anlaufen n (DIN 55945), Nebligwerden n (der Oberfläche einer Beschichtung)

**hazy** adj (Meteor, Nav) / diesig adj

**HB** (high-bulk) (Spinning) / hochbauschig adj, hochgebauscht adj, Hochbausch-

**h-bar*** n (Phys) / Planck'sche Konstante (Planck'sches Wirkungsquantum dividiert durch $2\pi$)

**HBCE** (high-build cathodic electrocoat) (Paint) / Dickschichtkataphoresegrundierung f

**H-beam*** n (a rolled steel joist) (Civ Eng, Met) / H-Profil n, Doppel-T-Breitflanschträger m, H-Breitflanschträger m

**HBE cell** (Electronics) / HBE-Zelle f (eine Flüssigkristallzelle)

**H-bend** n (Telecomm) / H-Krümmer m (Wellenleiter), H-Bogen m

**H-bomb** n (Mil) / Wasserstoffbombe f (ein thermonuklearer Sprengkörper), H-Bombe f /Wasserstoffbombe f

**H boson** (Nuc) / H-Boson n, Higgs-Boson n (nach P.W. Higgs, geb. 1929), Higgs-Teilchen n

**hbound function** (built-in) (Comp) / Obere-Grenze-Funktion f (eingebaute)

**HbS** (sickle-cell haemoglobin) (Biochem, Med) / Sichelzellenhämoglobin n, Hämoglobin n S, HbS n (Sichelzellenhämoglobin)

**HB yarn** (high-bulk yarn) (Spinning) / Hochbauschgarn n (ein texturiertes Garn), HB-Garn n, High-bulk-Garn n

**HC** (hydrocarbon) (Chem) / Kohlenwasserstoff m, KW-Stoff m, HC (Kohlenwasserstoff) || ≃ (hard copy) (Comp) / Papierkopie f, Hardcopy f (Papierausdruck), Hartkopie f, Papierausgabe f

**HCB** (hexachlorobenzene) (Chem) / Perchlorbenzol n, Hexachlorbenzol n ($C_6Cl_6$), HCB (Hexachlorbenzol)

**HC/CO oxidizing converter** (Autos) / Zweiwegekatalysator m (als Bauteil der Auspuffanlage), Oxidationskatalysator m
**HCD** (hot-carrier diode) (Electronics) / Schottky-Diode f (Metall-Halbleiterdiode auf Silicium- oder GaAs-Basis - nach W. Schottky, 1886 - 1976), Schottky-Barrier-Diode f, Hot-Carrier-Diode f (eine schnelle Schaltdiode)
**HC engine** (I C Engs) / HC-Motor m, Motor m mit hochgesetzter Nockenwelle, Motor m mit halbhoher Nockenwelle
**H-centre** n (Crystal, Electronics) / V-Zentrum n (das zum F-Zentrum inverse Zentrum), H-Zentrum n (Zusammenlagerung von zwei Ionen um einen Gitterplatz)
**HCF** (high-cycle fatigue) (Materials) / HCF (im Bereich hoher Lastspielzahlen), Ermüdung f im nominell elastischen Verformungsbereich (bei hochfrequentem Dauerschwingversuch)
**HCFC** (hydrochlorofluorocarbon) (Chem) / wasserstoffhaltiger Fluorchlorkohlenstoff
**HCH** (1,2,3,4,5,6-hexachlorocyclohexane) (Agric, Chem, Ecol) / Hexachlorcyclohexan n (z.B. Lindan), Hexachlorzyklohexan n, HCH (Hexachlorcyclohexan), HCCH, Benzolhexachlorid n, BHC (Benzolhexachlorid), HCH-Mittel n, Hexa n (in der BR Deutschland verboten)
**H chain*** (Biochem) / schwere Peptidkette (Bestandteil der Antikörper)
**H channel** (Comp) / H-Kanal n (für Breitband-ISDN)
**HCI** (human-computer interface) (AI, Comp) / Mensch-Maschine-Schnittstelle f (bei der Mensch-Maschine-Kommunikation), Mensch-Computer-Schnittstelle f
**HCL** (hollow-cathode lamp) (Chem, Electronics) / Hohlkatodenlampe f (monochromatische Strahlenquelle für die Atomabsorptionsanalyse), HKL (Hohlkatodenlampe)
**H-class insulation*** (temperature class rating) (Elec Eng) / Isolationsklasse f bis 180 °C
**HCl laser** n (Chem, Phys) / HCl-Laser m (ein chemischer Laser)
**HC mill** (Met) / Sechs-Walzen-Gerüst n (je zwei Arbeitswalzen, Zwischenwalzen und Stützwalzen)
**HCMOS technology** (high-speed complementary metal oxide semiconductor) (Electronics) / HCMOS-Technik f (eine Weiterentwicklung der CMOS-Technik)
**HCN-laser** n (Phys) / HCN-Laser m (ein Gaslaser im FIR)
**H-coal process** / H-Coal-Verfahren n (ein amerikanisches Verfahren der Kohlehydrierung)
**h.c.p.** (hexagonal close packing) (Crystal) / hexagonal dichteste Kugelpackung
**HCP** (hexagonal close packing) (Crystal) / hexagonal dichteste Kugelpackung
**hcp*** (hexagonal close packing) (Crystal) / hexagonal dichteste Kugelpackung || ~ **structure** (Crystal) / hexagonale Packungsanordnung, Sechseckpackung f
**HCR** (high-consistency refining) (Paper) / Hochkonsistenzmahlung f
**h-cross** n (Phys) / Planck'sche Konstante (Planck'sches Wirkungsquantum dividiert durch $2\pi$)
**HCT** (hollow-cathode tube) (Chem, Electronics) / Hohlkatodenlampe f (monochromatische Strahlenquelle für die Atomabsorptionsanalyse), HKL (Hohlkatodenlampe)
**HD** (heavy-duty) / hochbelastbar adj, hochbeanspruchbar adj
**h.d.** (Chem) / Heliumdetektor m, HeD, Heliumionisationsdetektor m
**HD** (hard disk) (Comp) / Festplatte f, Hard Disk f (z.B. Winchesterplatte) || ~ (high density) (Comp) / hohe Schreibdichte || ~ (half duplex) (Comp, Telecomm) / Wechselbetrieb m (DIN 44302), Halbduplexbetrieb m, Halbduplexübertragung f || ~ (hard-drawn) (Met) / hartgezogen adj, kaltgezogen adj || ~ (high-definition) (Optics, TV) / hochauflösend adj (Film)
**HDA** (high-density acid) (Space) / hochdichte Säure
**HD-battery** n (Elec Eng) / Panzerzelle f
**HDB code** (Telecomm) / HDB-3-Kode m (ein modifizierter AMI-Kode)
**HDB-3-code** n (Telecomm) / HDB-3-Kode m (ein modifizierter AMI-Kode)
**HDC** (highway driving cycle) (Autos) / Autobahnfahrzyklus m
**HDD*** (Aero) / Head-down-Display n (im Cockpit) || ~ (high-density drive) (Comp) / HD-Diskettenlaufwerk n, HD-Laufwerk n || ~ (hard-disk drive) (Comp) / Festplattenlaufwerk n
**HDDR** (high-density digital magnetic recording) (Comp) / HDDR-Verfahren n (magnetische Aufzeichnung mit hoher Dichte) || ~ **tape** (Comp) / Digitalband n (mit) hoher Dichte, HDDR-Band n
**¹H-decoupling** n (Spectr) / Rauschentkopplung f (¹H-Rauschentkopplung), Breitbandentkopplung f (¹H-Breitbandentkopplung), BB-Entkopplung f
**HDI** (human development index) / Index m der menschlichen Entwicklung (ein Indikator für den wirtschaftlich-sozialen Fortschritt eines Landes), HDI (Index der menschlichen Entwicklung) || ~ (horzon and director indicator) (Aero) / Leithorizont m

**H-display*** (Radar) / H-Darstellung f (Leuchtstrichneigung ist dem Sinus des Höhenwinkels proportional, Seitenwinkel und Entfernung entsprechen der x- bzw. y-Koordinate des Strichmittelpunktes)
**HDL** (high-density lipoprotein) (Biochem) / Lipoprotein n mit hoher Dichte, High-Density-Lipoprotein n || ~ (hydrodynamic lubrication) (Eng) / hydrodynamische Schmierung f (Trennung von Kontaktpartnern durch einen flüssigen Schmierfilm, der durch die Relativbewegung erzeugt wird), vollflüssige Schmierung (mittels Flüssigkeiten nach DIN ISO 4378-3), Vollschmierung f, Schmierung f durch hydrodynamische Kräfte (Schmierungszustand, bei dem durch die Relativbewegung der Reibpartner im Reibspalt ein unter Druck stehender Schmierfilm aufgebaut wird, der die Oberflächen der Reibpartner vollständig voneinander trennt)
**HDLC** (high-level data link control) (Comp, Telecomm) / HDLC-Verfahren n, HDLC-Prozedur f (von ISO genormtes bitorientiertes Protokoll für die Datenübertragung)
**HD oil** / HD-Öl n, Hochleistungsöl n, Öl n für hohe Beanspruchung
**HDPE** (high-density polyethylene) (Chem, Plastics) / Polyethylen n (mit) hoher Dichte, Hartpolyethylen n, Hart-PE n, PE-HD (Polyethylen /mit/ hoher Dichte), HDPE (Hartpolyethylen)
**HDR** (hot-dry rock) (Geol) / trockenes heißes Gestein (zur Gewinnung geothermischer Energie)
**HDRM** (high Doppler-resolution monopulse) (Radar) / Doppler-Hochauflösungsmonopuls m
**HDSL** (high-bit-rate digital subscriber line) (Comp, Telecomm, Teleph) / HDSL n (ein Übertragungsverfahren für bidirektionale, symmetrische und breitbandige Verbindungen auf einem Teilnehmeranschluss über zwei oder drei normale Cu-Doppeladern im Zugangsnetz), HDSL-Verfahren n
**HDT** (heat deflection temperature) (Plastics) / Temperatur, bei der unter Belastung in einem Bad eine bestimmte Durchbiegung erreicht ist (Formbeständigkeit von Kunststoffen in der Wärme)
**HD television** (TV) / Hochzeilenfernsehen n, HDTV-System n, hochauflösendes Fernsehen (1250 Zeilen, Bildseitenverhältnis 16 : 9), HDTV n (Hochzeilenfernsehen) || ~ **transmission** (Comp, Telecomm) / Wechselbetrieb m (DIN 44302), Halbduplexbetrieb m, Halbduplexübertragung f
**HDTV** (high-definition television) (TV) / Hochzeilenfernsehen n, HDTV-System n, hochauflösendes Fernsehen (1250 Zeilen, Bildseitenverhältnis 16 : 9), HDTV n (Hochzeilenfernsehen)
**HDX** (half duplex) (Comp, Telecomm) / Wechselbetrieb m (DIN 44302), Halbduplexbetrieb m, Halbduplexübertragung f
**He** (helium) (Chem) / Helium n, He (Helium)
**head** v (for an airfield) (Aero) / anfliegen v (ein Flugfeld) || ~ (Agric) / einen Kopf bilden (ansetzen - Salat, Kohl) || ~ (Eng) / stauchen v (Schraubenköpfe) || ~ (Eng) / anstauchen v (Nietköpfe) || ~ n / Kopfende n, oberes Ende, oberstes Ende || ~* / Kopf m, Kopfteil m || ~ / Wulst m f || ~* (Acous, Elec Eng, Mag) / Tonkopf m, Kopf m (z.B. ein Sprechkopf oder Hörkopf nach DIN 45 510) || ~ (Agric) / Stück n Vieh || ~* (Arch) / Kopf m (Säulenkopf) || ~ (Astron) / Kopf m (des Kometen = Koma + Nukleus) || ~ (Bind) / Oberschnitt m, Kopfschnitt m || ~* (Bind, Print, Typog) / Kopfsteg m (der obere Papierrand bis zum Beginn des Satzes oder der Bilder) || ~* (Build) / Überdeckung f, Sturz m (Träger über einer Maueröffnung) || ~ (US) (Elec Eng) / Spulenflansch m || ~ (Eng) / Förderhöhe f (einer Pumpe) || ~* (Eng) / Kopf m (Schraube, Hammer, Eisenbahnschiene) || ~ (Eng) / Stößelkopf m (Waagerechtstoßmaschine) || ~* (Eng) / Haupt n (des Hammers) || ~ (Eng) / Boden m (des Dampferzeugers) || ~ (Eng) / Holm m (der Schmiedepresse) || ~ (For) / Fassboden m || ~ (For) / Krone f, Baumkrone f || ~ (Gen, Med) / Kopfteil m (eines Virus) || ~* (Geol) / Hangschutt m || ~ (Geol) / Vorgebirge n || ~* (Hyd Eng) / Druckhöhe f, Fallhöhe f (als Maß für die potentielle Energie von Wasser), Gefälle n || ~ (Hyd Eng) / Kopfbauwerk n || ~ (Hyd Eng) / Haupt n (einer Schleuse) || ~ (Leather) / Kopf m (Stirne und Backen) || ~ (Leather) / Kopf m || ~ (Med) / Süchtigen m || ~ (Mining) / oberer Teil des Flözes, oberste Kohlenbank || ~* (Mining) / Gangstrecke f, Feldortstrecke f, Gezeugstrecke f, Lagerstrecke f (im Erzbergbau) || ~* (Mining) / Abbaustrecke f, Flözstrecke f || ~ (Nut) / foam on top of liquors; cream on top of milk || ~ (Nut) / Schaum m, Schaumkrone f || ~ (Nut) / Blume f (Schaum des frisch eingeschenkten Biers) || ~ (Print, Typog) / Schlagzeile f, Kopfzeile f, Headline f (Schlagzeile), Rubrik f, Titelzeile f, Überschrift f || ~ (Textiles) / Kopf m (eines Reißverschlusses), Kupplungserhöhung f (beim Reißverschluss) || ~* (Hyd Eng) s. also potential energy || **at ~ height** / in Kopfhöhe || ~ **access hole** (Comp) / Schreib-Lese-Ausschnitt m, Kopffenster n, Schreib-Lese-Öffnung f
**headache !** / Achtung ! (Warnung vor fallenden Gegenständen)
**headage** n (the number of animals held as stock on a farm) (Agric) / Viehbestand m
**head airbag** (Autos) / Kopfairbag m || ~ **amplifier*** (Electronics) / Vorverstärker m, Kopfverstärker m || ~ **and shoulder close-up**

(Photog) / Großeinstellung f, Großaufnahme f, Nahaufnahme f || ~ **and torso simulator** (Acous) / Kopf- und Rumpfsimulator m (DIN 1320), Kunstkopf m (zur stereophonen Aufnahme von Klangereignissen)

**headband** v (Bind) / kaptalen v (ein Kaptalband anbringen) || ~ n (Arch) / Kopfleiste f, Kopfzierleiste f || ~* (Bind) / oberes Kaptalband, Kapital n (oberes), Kapitalband n (oben) || ~ (Radio) / Kopfhörerbügel m

**headbanded book** (Bind) / kaptalter Buchblock

**headbander** n (Bind) / Kapitalbandmaschine f, Kapitalmaschine f (die das Ankleben der Kapitalbänder besorgt)

**headbanding machine** (Bind) / Kapitalbandmaschine f, Kapitalmaschine f (die das Ankleben der Kapitalbänder besorgt)

**head-bay*** n (Hyd Eng) / Oberwasser n, obere Haltung (Gewässerstrecke oberhalb einer Staustufe oder Schleuse)

**head-box*** n (Paper) / Stoffauflauf m, Stoffauflaufkasten m || ~* (Paper) s. also slice

**head cameraman** (Cinema) / Chefkameramann m, erster Kameramann

**headcap*** n (Bind) / Häubchen n (bei Leder- und Pergamenteinbänden)

**head-capacity** (characteristic) **curve** (Eng) / Drosselkurve f, Förderhöhenkurve f, Q/H-Kurve f (Kennlinie einer Pumpe)

**head casing of a door** (Join) / Türflügelrahmen m, Türfries m || ~ **clogging** (Electronics) / Kopfverschmutzung f, Kopfverschmutzung f (bei der Aufzeichnung) || ~ **crash*** (thge accidental and disastrous contact of a read/write head with the surface of a hard disk as it rotates in a disk drive) (Comp) / Headcrash m (Aufsetzen des Schreib-/Lese-Kopfes einer Festplatte auf die Magnetschicht) || ~ **diameter** (Eng) / Kopfdurchmesser m

**head-down display*** (Aero) / Head-down-Display n (im Cockpit)

**headed drill bush** (Eng) / Bundbohrbuchse f

**head end** (Nuc Eng) / Head-End n (erster Verfahrensschritt der Wiederaufbereitung) || ~ **end** (Radio, TV) / Eingangsteil m, Eingangseinheit f || ~ **end** (Radio, TV) / Empfangsstelle f (der Gemeinschaftsantenne) || ~**-end** / Kopfende n, oberes Ende, oberstes Ende || ~**-end** / Eingangsstufe f (eines Prozesses)

**header** n (Agric) / Mähwerk n, Schneidwerk n (mit Gegenschneide) || ~ (Agric) / Ährenköpfer m, Ährenmäher m || ~ (Autos) / Flammrohr n (in der Abgasanlage) || ~* (Build) / Binder m (als Gegensatz zu Läufer), Bindersteinm, Strecker m || ~ (US) (Build, Carp) / Wechsel m (ein zwischen parallelen, gleichbelasteten Trägern rechtwinklig eingezogener Zwischenträger, der einem Teil dieser Träger als Auflager dient) || ~ (Comp) / Header-Datei f (beim Programmbeginn) || ~ (Comp) / Header m (Kopfteil einer E-Mail, der über Inhalt, Absender und Datum informiert) || ~ (Comp) / Anfangsetikett n, Kopfetikett n || ~ (Comp, Telecomm) / Header m (der Teil eines Paketes bei der Datenübertragung, in dem keine Nutzdaten, sondern diverse Verwaltungsdaten enthalten sind) || ~* (Elec Eng, Electronics) / Sockel m, Gehäuse n, Deckel m || ~* (Elec Eng, Electronics) / Halterung f || ~* (Eng) / Sammelrohr n, Sammelleitung f || ~ (Eng) / Stauchstempel m, Stößelgesenk n || ~* (Eng) / Verteilerrohr n (als Gegensatz zu Sammelrohr) || ~ (Mining) / Sammler m (der Dampferzeuger) || ~ (Mining) / Vortriebsmaschine f || ~ (Mining) / Kerb- und Schrämmaschine f || ~ (Telecomm) / Nachrichtenvorsatz m, Vorsatz m, Nachrichtenkopf m || ~ (Comp) s. also beginning-of-file label || ~ **boiler** (Eng) / Gliederkessel m (aus einzelnen gleichartigen gusseisernen Kopf- und Zwischengliedern) || ~ **bond** (Build) / Binderverband m || ~ **die** (Eng) / Stauchstempel m, Stößelgesenk n || ~ **joist*** (US) (Build, Carp) / Wechsel m (ein zwischen parallelen, gleichbelasteten Trägern rechtwinklig eingezogener Zwischenträger, der einem Teil dieser Träger als Auflager dient) || ~ **label** / Dachreiteretikett n (in der Kartei) || ~ **label** (Comp) / Anfangsetikett n, Kopfetikett n || ~ **line** (Print, Typog) / Schlagzeile f, Kopfzeile f, Headline f (Schlagzeile), Rubrik f, Titelzeile f, Überschrift f

**head erosion** (Geol) / fortschreitende Erosion

**header pipe** (Autos) / Flammrohr n (in der Abgasanlage) || ~ **tank** / Hochbehälter m (für Umlaufschmierung) || ~ **tank** (Autos) / Wasserkasten m (des Kühlers - oberer)

**header-type boiler** (Eng) / Gliederkessel m (aus einzelnen gleichartigen gusseisernen Kopf- und Zwischengliedern)

**head form** (Eng) / Kopfform f (der Schraube)

**headframe** n (Mining) / Fördergerüst n (Einstreben-, Doppelstreben- und Turmgerüst), Förderturm m, Seilscheibenturm m || ~ **saw** (For) / Vorschnittgatter n, Vorschnittgattersäge f

**head gap** (Acous, Comp, Mag) / Magnetkopfspalt m, Luftspalt m (des Tonkopfes), Kopfspalt m || ~ **gasket** (Autos) / Kopfdichtung f || ~ **gate** (Mining) / obere Abbaustrecke, Kopfstrecke f || ~**-gate** (Hyd Eng) / oberes Schleusentor, Obertor n

**headgear*** n (Mining) / Fördergerüst n (Einstreben-, Doppelstreben- und Turmgerüst), Förderturm m, Seilscheibenturm m || ~ (Textiles) / Kopfbedeckung f || ~ **sheave** (Mining) / Seilscheibe f (ein Rillenrad des Seilscheibengerüsts)

**head house** (Mining) / Schachtgebäude n

**headhunter** n / Headhunter m (jemand, der Führungskräfte abwirbt), Kopfjäger m

**headhunting** n / Abwerbung f (von Spitzenkräften), Headhunting n (Vermittlung von Führungskräften)

**heading*** n (Aero, Nav) / Steuerkurs m, Richtung f || ~ (Agric) / Ährenschieben n || ~ (a course of headers) (Build) / Binderschicht f (eine Mauerschicht) || ~ (Chem) / Heading n (eine Asymmetrie der Peak-Vorderfront) || ~ (Civ Eng) / Firststollen m, Firste f (ein Richtstollen im Tunnelbau) || ~ (Comp) / Anfangsetikett n, Kopfetikett n || ~ (Eng) / Stauchen m (von Schraubenköpfen), Stauchung f (von Schraubenköpfen) || ~ (Eng, Met) / Anstauchen (Kopf), Kopfanstauchen n || ~ (For) / Kronenrückschnitt m || ~ (Hyd Eng) / Kopfbauwerk n || ~* (Mining) / Abbaustrecke f (Kohlenbergbau), Vortriebsstrecke f, Flözstrecke f || ~ (Mining) / Ort n (pl. Örter) (Bereich einer Strecke, in dem die Auffahrung erfolgt) || ~* (Mining) / Vorgriffsbau m (oberste Scheibe beim Festenbau in Stufen) || ~ (Mining) / Richtstrecke f (die in Richtung des Streichens verläuft) || ~ (Pharm) / Hauptname m || ~ (Print, Typog) / Schlagzeile f, Kopfzeile f, Headline f (Schlagzeile), Rubrik f, Titelzeile f, Überschrift f || ~* (Typog) / Tabellenkopf m || ~ **blasting** (Mining) / Firstensprengung f || ~ **bond** (Build) / Binderverband m || ~ **chisel*** (Carp, Join) / Stemmeisen n, Beitel m (meißelartiges Werkzeug mit rechteckigem Querschnitt zur Holzbearbeitung), Stechbeitel m, Stechbeitel m (mit seitlich abgeschrägten Fasen), Stechbeitel m || ~ **course*** (Build) / Binderschicht f (eine Mauerschicht) || ~ **die** (Eng) / Stauchstempel m, Stößelgesenk n || ~ **displacement** (Aero) / Kursversetzung f || ~ **line** (Print, Typog) / Schlagzeile f, Kopfzeile f, Headline f (Schlagzeile), Rubrik f, Titelzeile f, Überschrift f || ~ **machine** (Eng) / Stauchmaschine f

**headings*** pl (Min Proc) / Konzentrat n (bei der Herdarbeit) || ~ (Weaving) / Stückabschluss-Markierfäden m pl

**heading-through** n (Mining) / Durchörterung f (Vortreiben eines Grubenbaues durch Gebirgsschichten, insbesondere durch Störungen)

**heading tool*** (Eng) / Kopfanstauchwerkzeug n

**head-injury criterion** (motor car crash test) / Head Injury Criterion n, HIC (Kopfverletzungsrisiko), Kopfverletzungsmerkmal n

**head-joint*** n (US) (Build) / Stoßfuge f (senkrechte Fuge zwischen Mauersteinen nach DIN 1045)

**headlamp*** n (Autos, Light) / Scheinwerfer m || ~* (Mining) / Kopflampe f, Stirnleuchte f || ~ **dipper** (Autos) / Abblendschalter m || ~ **flasher** (Autos) / Lichthupe f (straßenverkehrsrechtlich zugelassenes Warnzeichen) || ~ **setter** (Autos) / Scheinwerfereinstellgerät n || ~ **unit** (Autos) / Scheinwerfereinsatz m (Reflektor + Lampenhalter + Streuscheibe) || ~ **washing system** (Autos) / Scheinwerferreinigungsanlage f, Scheinwerferwaschanlage f || ~ **wash-wipe system** (Autos) / Scheinwerferwischeranlage f

**headland** n (Agric) / Angewende n (zum Wenden des Bearbeitungsgerätes, z.B. eines Pfluges), Vorgewende n (Teilfläche des Ackers, die jeweils an seinem Ende zum Wenden der Bearbeitungsgeräte benötigt wird) || ~ (Geol) / Vorgebirge n || ~ (I C Engs) / Feuersteg m (oberster Kolbenringsteg, thermisch am höchsten belastet)

**head leader*** (Cinema) / Filmanfang m, Allonge f (Filmstück am Anfang der Filmrolle) || ~ **leader** (Cinema) / Startband n, Filmstarband n

**headless** adj (Eng) / kopflos adj (Niet, Nagel) || ~ **drill bush** (Eng) / glatte Bohrbuchse || ~ **screw** (Eng) / Gewindestift m mit Schaft, Schaftschraube f || ~ **shoulder** (Leather) / Hals m

**headlight** n (Autos) / Scheinwerfer m || ~ **assembly** (Autos) / Leuchteinheit f (vorne) || ~ **dimmer** (US) (Autos) / Abblendschalter m || ~ **flasher** (Autos) / Lichthupe f (straßenverkehrsrechtlich zugelassenes Warnzeichen) || ~ **levelling** (Autos) / Leuchtweitenregulierung f, Leuchtweiteneinstellung f || ~ **louvres** (Autos) / Lamellen-Scheinwerferabdeckung f

**headlights reminder** (Autos) / Lichtwarner m (meist Summer oder Warnmelodie)

**headlight unit** (Autos) / Scheinwerfereinsatz m (Reflektor + Lampenhalter + Streuscheibe)

**head lime** (Leather) / frischer Äscher

**headline*** n (Print, Typog) / Schlagzeile f, Kopfzeile f, Headline f (Schlagzeile), Rubrik f, Titelzeile f, Überschrift f

**head lining** (Autos) / Auskleidung f des Himmels || ~ **liquor** (Leather) / Kopffarbenbrühe f || ~ **load** (Comp) / Head-Load m (Aktivierung des Lesekopfes) || ~ **log** (For) / Zopfende n (oberes Stammende als Gegensatz zu Stockende), Zopfstück n, Zopfblock m, Zopf m || ~ **loss** (Hyd) / Druckabfall m, Druckverlust m || ~ **margin** (Bind, Print) / Kopfsteg m (der obere Papierrand bis zum Beginn des Satzes oder

**head**

der Bilder) ‖ **~ moulding\*** (Arch) / Zierglied n, Zierelement n (oberhalb einer Öffnung, z.B. eine Fensterverdachung)
**head-mounted display** (Comp) / Datenhelm m (Ausgabeeinheit eines VR-Systems)
**head office** / Hauptgeschäftsstelle f (eines Unternehmens), Zentrale f (eines Unternehmens) ‖ **~ of navigation** (Ships) / Schiffbarkeitsgrenze f (des Flusses) ‖ **~ of the well** (Hyd Eng) / Brunneneinfassung f ‖ **~-on collision** (Autos) / Frontalzusammenstoß m, Frontalkollision f (symmetrische, asymmetrische), Frontaufprall m, Frontalcrash m
**head-on shot** (Cinema) / Kamerafahrt f Richtung Schauspieler ‖ **~ traffic** (Autos) / Gegenverkehr m
**head-out** n (Cinema) / Aufwicklung f mit dem Vorspann vorne
**head over spillway** (Hyd Eng) / Überfallhöhe f (bei einem Wehr) ‖ **~ passage** (Comp) / Kopfpassage f
**headphone** n (Acous) / Kopfhörer m (DIN 1320) ‖ **~ bow** (Radio) / Kopfhörerbügel m ‖ **~ cable plug** (Radio) / Kopfhöreranschluss m (Stecker), Kopfhörerstecker m, Kopfhöreranschlussstecker m ‖ **~ jack** (Radio) / Kopfhöreranschlussbuchse f ‖ **~ plug** (Radio) / Kopfhöreranschluss m (Stecker), Kopfhörerstecker m, Kopfhöreranschlussstecker m
**headphones** pl (Radio) / Kopfhörergarnitur f, Headset n (Mikrofon-Kopfhörer-Kombination), Hörerpaar n, Doppelkopfhörer m
**headphone socket** (Radio) / Kopfhöreranschluss m (Buchse), Kopfhörerbuchse f
**headpiece** n (Build) / Überdeckung f, Sturz m (Träger über einer Maueröffnung) ‖ **~** (Carp) / Rähm m, Rahmholz n, Oberschwelle f (einer Fachwerkwand), Bundbalken m, Wandpfette f ‖ **~** (Typog) / Kopfleiste f
**head pile** (Civ Eng, Mining) / Getriebepfahl m in der Firste
**headpipe** n (Autos) / Flammrohr n (in der Abgasanlage)
**head positioner** (Comp) / Kopfträger m
**head-positioning comb** (Comp) / Kopfträger m
**head program** (Comp) / Hauptprogramm n ‖ **~ protection** / Kopfschutz m (z.B. Helm)
**headquarters** pl / Hauptgeschäftsstelle f (eines Unternehmens), Zentrale f (eines Unternehmens)
**head race\*** (a channel along which water flows to a turbine form a forebay) (Hyd Eng) / Zufuhrkanal m (Triebwasserkanal), Triebwasserkanal m, Werkkanal m, Zuleitungskanal m, Zulaufkanal m ‖ **~ race\*** (Hyd Eng) / Obergraben m (des Kraftwerks)
**head-rail\*** n (Build) / Türkämpfer m
**head resistance\*** (Aero, Phys) / Strömungswiderstand m (im Allgemeinen)
**headrest** n (Autos) / Kopfstütze f, Nackenstütze f
**head restraint** (Autos) / Kopfstütze f, Nackenstütze f ‖ **~ retention** (Nut) / Schaumbeständigkeit f (bei Bier), Schaumhaltevermögen n, Schaumhaltigkeit f ‖ **~ rice** (whole grains) (Nut) / Vollreis m (ein polierter Reis in Form von ganzen Körnern ohne Bruchanteil) ‖ **~ rocker** (Leather) / Kopffarbe f (beim Farbengang) ‖ **~ roller** (Eng) / Antriebstrommel f, Antriebsrolle f (des Gurtbandförderers)
**headroom** n (Autos) / Stehhöhe f (z.B. in einem Caravan) ‖ **~** (Autos) / Kopfabstand m, Fahrzeugabstand m (zeitlicher) ‖ **~** (Autos) / Kopffreiheit f, Bewegungsfreiheit f für den Kopf ‖ **~\*** (Build) / Bauhöhe f (senkrechtes Raumbedarfsmaß) ‖ **~\*** (Civ Eng, Eng, Ships) / Durchfahrtshöhe f, lichte Höhe
**heads\*** pl (Build) / Traufziegel m pl ‖ **~** (Min Proc) / Konzentrat n (bei der Herdarbeit) ‖ **~** (Min Proc) / Aufgabegut n ‖ **~** (Textiles) / Kopf m (eines Reißverschlusses), Kupplungserhöhung f (beim Reißverschluss) ‖ **~ alcohol** (Chem) / aldehydhaltiger Vorlauf (bei der Ethanoldestillation)
**head saw** (For) / Vorschnittsäge f, Blocksäge f, Hauptmaschine f (Vorschnittsäge)
**headset** n (US) (Radio) / Kopfhörergarnitur f, Headset n (Mikrofon-Kopfhörer-Kombination), Hörerpaar n, Doppelkopfhörer m ‖ **~** (Telecomm, Teleph) / Sprechzeug n (kombinierte Mikrofon-Kopfhörer-Garnitur für alle Formen des Fernsprechens, besonders für Vermittlungs- und Auskunftspersonal im öffentlichen Fernsprechdienst), Sprechgarnitur f (Ein-Ohr- oder Zwei-Ohr-Kopfhörer), Abfragenitur f (am Vermittlungsplatz) ‖ **~ plug** (Radio) / Kopfhöreranschluss m (Stecker), Kopfhörerstecker m, Kopfhöreranschlussstecker m
**head shape** (Eng) / Kopfform f (der Schraube) ‖ **~ shield** / Kopfschutzschild m ‖ **~ slot** (Comp) / Schreib-Lese-Ausschnitt m, Kopffenster n, Schreib-Lese-Öffnung f
**headspace** n (Chem) / Headspace m (in dem immer zwei Phasen vorhanden sind) ‖ **~\*** (Chem) / Luftraum m oberhalb der Flüssigkeit (im Behälter), Kopfraum m, Totraum m, Headspace m ‖ **~ analysis** (Chem) / Headspace-Analyse f (z.B. einer Dampfphase über Konservenfüllungen) ‖ **~ gas chromatography** (Chem) / Headspace-Analyse f (mittels Gaschromatografie)

**head-span** n (Elec Eng, Rail) / Querseil n (zur Aufhängung)
**head station** (TV) / Kopfstelle f (der Empfangsstelle einer Großgemeinschaftsantennenanlage), Kopfstation f
**headstock\*** n (Agric) / Dreipunktbock m ‖ **~\*** (Eng) / Spindelkasten m (Gehäuse für das Hauptgetriebe und die Spindellagerung mit der Hauptspindel), Spindelstock m (der Drehmaschine) ‖ **~** (Rail) / Pufferbohle f ‖ **~** (Spinning) / Triebstock m
**head-stone** n (corner- or foundation-stone) (Arch, Build) / Eckstein m (Fundament)
**heads up !** / Achtung ! (Warnung vor fallenden Gegenständen)
**head support** (Autos) / Kopfstütze f, Nackenstütze f ‖ **~ switching** (Mag) / Kopfumschaltung f ‖ **~ through** v (Civ Eng, Mining) / durchörtern v (mit Stollen), durchschlagen v
**head-to-foot acceleration** (Space) / Beschleunigung f in Richtung Kopf-Fuß ‖ **~ acceleration** (Space) s. also eyeballs
**head-to-head polymerization** (Chem) / Kopf-Kopf-Polymerisation f (mit Kopf-Kopf-Verknüpfung)
**head-to-tail polymerization** (Chem) / Kopf-Schwanz-Polymerisation f (mit Kopf-Schwanz-Verknüpfung)
**head tree\*** (Carp) / Trumholz n, Sattelholz n, Schirrholz n ‖ **~ type** (Eng) / Kopfform f (der Schraube)
**head-up** n (Cinema) / Aufwicklung f mit dem Vorspann vorne
**head-up display\*** (Aero) / Blickfelddarstellungsgerät n, projizierte Frontscheibenanzeige, Head-up-Display n, Head-up-Anzeige f (im Cockpit)
**head-up display** (Autos) / Head-up-Display n (in der Windschutzscheibe)
**head valve\*** (Eng) / Druckventil n (der Pumpe) ‖ **~ ventilator** (Ships) / Kopflüfter m (unmittelbar unter Deck) ‖ **~ voice** (Acous) / Kopfstimme f
**headward erosion** (Geol) / fortschreitende Erosion ‖ **~ erosion** (Geol, Hyd Eng) / Erosion f am Oberlauf
**headwater** n (Geog, Hyd Eng) / Oberlauf m (der Teil des Flusslaufs, welcher der Quelle am nächsten liegt) ‖ **~** (Hyd Eng) / Oberwasser n ‖ **~ erosion** (Geol) / fortschreitende Erosion ‖ **~ protection area** (Ecol) / Quellenschutzgebiet n (bei Flüssen)
**headwaters** pl (Geog, Hyd Eng) / Oberlauf m (der Teil des Flusslaufs, welcher der Quelle am nächsten liegt)
**head wave** (Aero, Phys) / Kopfwelle f (ein Verdichtungsstoß) ‖ **~ wave** (Geol, Mining) / Mintrop-Welle f (nach L. Mintrop, 1880-1956), Kopfwelle f (an Schichtgrenzen), Grenzflächenwelle f
**headway** n (the average interval between cars and buses) (Autos) / Kopfabstand m, Fahrzeugabstand m (zeitlicher) ‖ **~\*** (Build) / Bauhöhe f (senkrechtes Raumbedarfsmaß) ‖ **~** (Civ Eng, Eng, Ships) / Durchfahrtshöhe f, lichte Höhe ‖ **~** (Autos) / Hauptschlechte f ‖ **~** (Rail) / Zugfolge f (zeitliche Folge von Zügen), Zugabstand m (zeitlich) ‖ **~ (forward movement)** (Ships) / Fahrt f voraus, Vorwärtsfahrt f
**headwind** n (Aero, Autos) / Gegenwind m
**head window** (Comp) / Schreib-Lese-Ausschnitt m, Kopffenster n, Schreib-Lese-Öffnung f ‖ **~ window** (Comp) / Kopffenster n (in der Hülle einer Diskette)
**headwork** n (Hyd Eng) / Regulierungsbauwerk n ‖ **~** (Hyd Eng) s. also barrage
**headworks\*** pl (Elec Eng, Hyd Eng) / Kopfleitwerk n, Einlaufbauwerk n (zur Heranführung der erforderlichen Wassermenge für ein Kraftwerk - DIN 4045)
**heal** v (Paint) / zuheilen v, ausheilen v, von selbst ausheilen (eine Oberflächenschicht)
**heald\*** n (Weaving) / Litze f, Weblitze f, Helfe f (ein Hubelement mit Auge) ‖ **~ frame** (Weaving) / Webschaft m (Hubelement am Webstuhl), Schaft m (Webschaft) ‖ **~ hook** (Weaving) / Litzeneinziehhäkchen n, Litzeneinziehhaken m
**healding** n (drawing the threads of the warp through the eyes of the heald shaft, in the arranged order, prior to weaving, plus knotting and twisting) (Weaving) / Einziehen n der Kettfäden in Geschirr und Schaft, Einzug m
**heald mail** (Weaving) / Maillon n (Mittelohr der Litze), Litzenauge n, Auge n ‖ **~ shaft** (Weaving) / Webschaft m (Hubelement am Webstuhl), Schaft m (Webschaft)
**healed** adj (Geol) / verheilt adj (Gang), zugewachsen adj (Gang)
**health food** (Nut) / Reformwaren f pl, Reformkost f, Healthfood n (gesundheitsfördernde Kost ohne chemische Zusätze), "gesunde" Lebensmittel (Diät) ‖ **~ foods** (Nut) s. also slimming foods
**healthful** adj (Nut) / gesund adj (Kost)
**health hazard** (Med) / Gesundheitsrisiko n ‖ **~ lamp** (Elec Eng, Med) / Lampe f für medizinische (therapeutische) Zwecke ‖ **~ physicist\*** (Radiol) / Strahlenschutzbeauftragter m, Strahlenschutztechniker m ‖ **~ physics\*** (the branch of radiology that deals with the health of people working with radioactive materials) (Radiol) / beruflicher Strahlenschutz m, Personen-Strahlenschutzphysik f ‖ **~ protection**

(Med) / Gesundheitsschutz m ‖ ~ **risk** (Med) / Gesundheitsrisiko n ‖ ~ **threat** (Med) / Gesundheitsgefährdung f
**healthy** adj (Nut) / gesund adj (Kost)
**HEAO** (high-energy astronomy observatory) (Astron) / Observatorium n für Hochenergieastronomie
**heap** v / stapeln v (ungeordnet) ‖ ~ / aufhalden v, häufen v, anhäufen v, aufhalden v (zu einem Haufen aufeinander legen) ‖ ~ (Mining) / aufhalden v (Kohle) ‖ ~ n / Haufen m ‖ ~ (Comp) / Heap m, Freispeicher m, Halde f (in der dynamischen Speicherverwaltung) ‖ ~ (Mining) / Kippe f, Halde f ‖ ~ (Mining) / Bergehalde f
**heaped concrete** (Build, Civ Eng) / Schüttbeton m (haufwerksporiger unbewehrter Beton, der meist als Leichtbeton ohne besonderes Verdichten in die Schalung eingebracht wird)
**heap leaching*** (Min Proc) / Haufenlaugung f ‖ ~ **sampling*** (Met, Min Proc) / Musternehmen n (durch wiederholtes Teilen und Mischen), Verjüngung f (einer Probe) ‖ ~ **sand** (Foundry) / Haufensand m
**heapsort** n (Comp) / Heapsort n (ein Sortieralgorithmus)
**heapstead*** n (Mining) / Tagesanlage f (bauliche oder maschinelle)
**heap up** v / stapeln v (ungeordnet)
**hearing*** n (Acous) / Hören n, Hörvermögen n (Hören) ‖ ~ (Acous, Med) / Gehörsinn m, Gehör n ‖ ~ **aid*** (Acous) / Hörgerät n, Hörhilfe f
**hearing-aid glasses** (Acous) / Hörbrille f (ein Hörgerät)
**hearing defect** (Acous, Med) / Hörfehler m, Gehörfehler m, vermindertes Hörvermögen ‖ ~ **handicap** (Acous) / Hörbeeinträchtigung f
**hearing-impaired** adj (Acous) / hörbehindert adj
**hearing impairment** (Acous) / Hörbeeinträchtigung f ‖ ~ **instrument** (Acous) / Hörgerät n, Hörhilfe f ‖ ~ **level** (above threshold) (Acous) / Hörpegel m (dBA über audiometrischem Nullpunkt) ‖ ~ **loss*** (Acous, Med) / Schwerhörigkeit f, Hypakusie f (Verminderung des Hörvermögens) ‖ ~ **loss*** (Acous, Med) / Hörverlust m ‖ ~ **protector** (Acous, Med) / Gehörschutzmittel n (individuelles Lärmschutzmittel, wie z.B. Gehörgangsstöpsel, hermetische Kappen usw.), Lärmschützer m (individueller), Gehörschützer m ‖ ~ **range** (Acous) / Hörbarkeitsbereich m, Hörweite f, Hörbereich m (Hörweite) ‖ ~ **spectacles** (Acous) / Hörbrille f (ein Hörgerät) ‖ ~ **threshold** (Acous, Physiol) / Hörschwelle f (untere - Schalldruck, der vom menschlichen Gehör gerade noch wahrgenommen wird - DIN 1320)
**Hearsay architecture** (AI) / Hearsay-Architektur f
**heart** n (Chem Eng) / Mittelfraktion f, Herzstück n (bei der Destillation) ‖ ~ (For) / Kern m (Kernholz) ‖ **in good** ~ (Agric) / in gutem Zustand (Boden) ‖ **out of** ~ (Agric) / in schlechtem Zustand (Boden) ‖ ~ **and spoon trowel** (Foundry) / Lanzette f (ein Formerwerkzeug)
**heartbeat** n (Comp, Telecomm) / Heartbeat m (bei einer an ein LAN nach dem Ethernet-Standard angeschlossene Station ein Signal von der Medium Attachment Unit, das angibt, ob die Erkennung einer Kollision noch korrekt arbeitet)
**heart board** (Carp, For) / Kernbrett n, Herzbrett n (aus der Stamm-Mitte geschnittenes, das Herz mit einschließendes Brett) ‖ ~ **bond*** (Build) / Verband m mit den Binderschichten (in Längsachse des Mauerwerks) ‖ ~ **cam** (Eng) / herzförmiger Nocken, Herznocken m ‖ ~ **centre** (For) / Herzteil m, Herzstreifen m, Herzholz n (marknahes Holz, Markholz n ‖ ~ **centre** (For) / marknahes Holz ‖ ~ **check** (For) / Herzriss m, Kernriss m, Strahlenriss m, Markriss m, Spiegelkluft f ‖ ~ **crack** (For) / Herzriss m, Kernriss m, Strahlenriss m, Markriss m, Spiegelkluft f ‖ ~ **cut** (Chem Eng) / Mittelfraktion f, Herzstück n (bei der Destillation) ‖ ~ **cut** (Oils) / Herzschnitt m (mit engen Siedegrenzen)
**hearth*** n (Ceramics, Met) / Herd m, Arbeitsherd m (eines Schmelz- oder Flammofens) ‖ ~ (Eng) / Schmiedeherd m, Schmiedeesse f, Schmiedefeuer n, Esse f (Schmiedefeuer) ‖ ~* (Met) / Gestell n (unteres Teil eines Hochofens) ‖ ~ **bottom** (Met) / Gestellboden m ‖ ~ **casing** (Met) / Gestellpanzer m ‖ ~ **electrode** (Met) / Bodenelektrode f (eines Elektroofens) ‖ ~ **furnace** (Glass, Met) / Herdofen m ‖ ~ **glass** (Glass) / Herdglas n ‖ ~ **load** (Met) / Gestellbelastung f ‖ ~ **moulding** (Foundry) / Herdformen n, Herdformerei f (im offenen Herd) ‖ ~ **room** / Herdraum m (über dem Herd angeordneter Ofenraum) ‖ ~ **shell** (Met) / Gestellpanzer m
**hearth-type furnace** (Glass, Met) / Herdofen m ‖ ~ **melting furnace** (Met) / Herdofen m (als Schmelzofen), Herdschmelzofen m
**hearting*** n (Build) / Ausfüllung f (Mauer)
**heart rift** (For) / Halbrift f (herzdurchschnittenes Riftbrett) ‖ ~ **rot** (Bot) / Herz- und Trockenfäule f (bei Mangold, Roter Beete und Rüben) ‖ ~ **rot** (For) / Herzfäule f, Kernfäule f
**heartrot** (For) / Kernholzfäule f
**heart shake** (BS 565)* (For) / Herzriss m, Kernriss m, Strahlenriss m, Markriss m, Spiegelkluft f
**heart-shaken** adj (For) / markrissig adj (Holz), kernrissig adj
**heart-shaped** adj / herzförmig adj
**heart side** (For) / rechte Seite (eines Holzkörpers), Herzseite f, Kernseite f ‖ ~ **stain** (For) / Kernfärbung f

**heartwood*** n (For) / Kernholz n (Herzholz um die Markröhre), Herzholz n ‖ ~ **deposit** (For) / Kernstoff m (spezifischer Inhaltsstoff des Kernholzes) ‖ ~ **formation** (For) / Kernholzbildung f, Verkernung f, Kernbildung f
**heat** v / erwärmen v, aufheizen v, wärmen v ‖ ~ / erhitzen v, heiß machen v ‖ ~ n / Dauer f der Wärmeeinwirkung ‖ ~* (Met) / Hitze f, Wärme f, Glut f ‖ ~ (Met) / Schmelze f (Flüssigkeit in einem Schmelzofen) ‖ ~ (Met) / Charge f (in einem Schmelzofen), Schmelze f ‖ ~ (Nut) / Schärfe f (z.B. von Gewürzen) ‖ ~ (Nut) / Hitze f (bei der Ultrahocherhitzung) ‖ ~* (Phys) / Wärme f (als Energieform nach DIN 1341) ‖ ~ (Physiol) / Wärme f, Hitze f (als Sinnesempfindung) ‖ ~* (Phys) s. also heat quantity
**heat-absorbing glass** (Glass) / wärmestrahlenabsorbierendes Glas, WSA-Glas n
**heat absorption** / Wärmeaufnahme f, Wärmeabsorption f ‖ ~ **accumulation** (Heat, Phys) / Wärmestau m, Wärmestauung f ‖ ~ **accumulator** (Heat) / Wärmespeicher m (im Allgemeinen) ‖ ~ **added** (Phys) / Erwärmung f (Angabe in Diagrammen der Kreisprozesse) ‖ ~ **addition** (Heat) / Wärmezufuhr f, Wärmezuführung f (Tätigkeit) ‖ ~**-affected zone** (the zone within a base metal that undergoes structural changes but does not melt during welding, cutting, or breaking) (Welding) / Wärmeeinflusszone f (in einer Schweißverbindung), wärmebeeinflusste Zone (der Werkstoffbereich neben einer Schweißnaht, in dem durch die eingebrachte Schweißwärme eine Gefüge- und Eigenschaftsveränderung eingetreten ist), thermisch beeinflusste Zone, WEZ (Wärmeeinflusszone) ‖ ~ **analysis** (Met) / Schmelzenanalyse f, Schmalzanalyse f (chemische) ‖ ~ **balance*** (Chem Eng) / Wärmebilanz f ‖ ~ **balance** (Geophys) / Strahlungsbilanz f, Wärmebilanz f ‖ ~ **barrier** (Aero, Phys) / Hitzeschwelle f, Hitzemauer f, Wärmemauer f
**heat-bodied oil** / durch Erhitzung eingedicktes Öl
**heat bridge** (Build) / Wärmebrücke f (ein Wärmeschutzmangel, der oft konstruktiv bedingt ist) ‖ ~ **budget** (Chem Eng) / Wärmebilanz f ‖ ~ **budget** (Geophys) / Strahlungshaushalt m, Wärmehaushalt m ‖ ~ **budget** (Heat) / Wärmehaushalt m ‖ ~ **build-up** (Build) / Wärmebrücke f (ein Wärmeschutzmangel, der oft konstruktiv bedingt ist) ‖ ~ **build-up** (Heat) / Wärmestau m, Wärmestauung f ‖ ~ **capacity** (Heat, Phys) / effektive Wärmekapazität (des Kalorimeters), Wasserwert m (ein Gerätefaktor für Kalorimeterteile) ‖ ~ **capacity** (Phys) / Wärmekapazität f (die Wärme, die zur Erwärmung eines Körpers um 1 K notwendig ist - DIN 1301, T 2 und 1345) ‖ ~ **carrier** (Heat) / Kalorifer m, Wärmetransportmittel m (flüssiges, gasförmiges oder festes), Wärmeträger m, Wärmeübertragungsmittel n, Wärmeübertrager m ‖ ~**-carrying fluid** (Heat) / flüssiger Wärmeträger, strömender Wärmeträger ‖ ~ **cataract** (Med) / grauer Star durch Wärmestrahlung, Hitzekatarakt f, Wärmestar m ‖ ~ **check** (Materials) / Wärmeriss m (im Allgemeinen), Warmriss m (im Allgemeinen) ‖ ~ **checking** / Überhitzungsrissigkeit f ‖ ~ **coagulation** (Phys) / Hitzekoagulierung f, Koagulierung f durch Hitze ‖ ~ **coil** (Elec Eng) / Hitzdrahtspule f ‖ ~ **coil*** (Elec Eng) / Feinsicherungselement n, Feinsicherungspatrone f ‖ ~ **conduction** (Heat) / Wärmeleitung f (Form der Wärmeübertragung nach DIN 1341)
**heat-conductive** adj (Heat) / wärmeleitend adj
**heat conductivity** (Build, Heat) / Wärmeleitfähigkeit f (DIN 1341), thermische Leitfähigkeit f ‖ ~ **consumption** (Heat) / Wärmeverbrauch m ‖ ~ **content** (Chem, Heat) / Enthalpie f (Zustandsfunktion, die den Wärmeinhalt eines Stoffes bei konstantem Druck angibt - DIN 1345), Wärmeenthalpie f ‖ ~ **convection** (Heat) / Wärmekonvektion f (Form der Wärmeübertragung), Wärmemitführung f ‖ ~ **counter** (Heat) / Wärmezähler m, Wärmemesser m ‖ ~ **cramps** (Med) / Hitzekrämpfe m pl, Hitzetetanie f
**heat-curing** adj / wärmehärtbar adj, hitzehärtbar adj
**heat cycle** (Heat) / Wärmekreislauf m ‖ ~ **cycle** (Phys) / thermodynamischer Kreisprozess, Wärmekreisprozess m ‖ ~ **damage** / Hitzeschädigung f ‖ ~ **dam piston** (Autos) / Kolben m mit Wärmedämmwirkung ‖ ~ **death** (of the universe) (Phys) / Wärmetod m (des Weltalls - nach dem 2. Hauptsatz der Thermodynamik) ‖ ~ **deflection temperature** (Plastics) / Temperatur, bei der unter Belastung in einem Bad eine bestimmte Durchbiegung erreicht ist (Formbeständigkeit von Kunststoffen in der Wärme) ‖ ~ **density** (Heat) / Wärmedichte f (in kJ/kg) ‖ ~ **density** (Heat) / Heizflächenbelastung f (Wärmestromdichte an der Heizfläche)
**heat-detection device** / Wärmemelder m (Nebenmelder, der bei Erreichen einer bestimmten Temperatur selbsttätig eine Brandmeldung abgibt)
**heat detector** / Wärmemelder m (Nebenmelder, der bei Erreichen einer bestimmten Temperatur selbsttätig eine Brandmeldung abgibt) ‖ ~ **detector*** (Heat, Phys) / Temperaturregler m mit

**heat**

Temperaturfühler ‖ **~ development** (Phys) / Wärmeentwicklung *f* ‖ **~ dextrin** (Chem, Nut) / Röstdextrin *n*
**heat-disposable pattern** (Foundry) / vergasbares Modell (beim Vollformgießen)
**heat dissipation** (Phys) / Wärmeableitung *f*, Wärmeabführung *f*, Wärmeabfuhr *f*, Wärmedissipation *f*
**heat-distortion point** (Plastics) / Formbeständigkeit *f* in der Wärme (als Temperaturangabe), Wärmeformbeständigkeit *f* ‖ **~ temperature** (Plastics) / Formbeständigkeit *f* in der Wärme (als Temperaturangabe), Wärmeformbeständigkeit *f*
**heat distribution** (Phys) / Wärmeverteilung *f* ‖ **~ dome** (Geophys) / Wärmedom *m* (Gebiet mit übernormalen geothermischen Gradienten), Wärmebeule *f* ‖ **~ drop**\* (Heat, Phys) / Wärmeabfall *m*, Wärmegefälle *n*
**heat-durable** *adj* / hitzefest *adj*, wärmebeständig *adj* (formbeständig), hochtemperaturbeständig *adj*, hitzebeständig *adj*, wärmefest *adj*, thermoresistent *adj*, hitzeresistent *adj*, thermisch beständig
**heat economizer** (Eng) / Ekonomiser *m* (für Speisewasser), Eko *m* (Ekonomiser), Economiser *m* (zur Vorwärmung von Luft bzw. Speisewasser oder zur Erzeugung von Niederdruckdampf)
**heated air** / Heißluft *f* ‖ **~ bearing** (Eng) / warmgehendes Lager
**heated-bit soldering** (Eng, Plumb) / Löten *n* mit dem Lötkolben, Kolbenlöten *n* (weich)
**heated driver seat** (Autos) / beheizter Fahrersitz ‖ **~ floor** (Build) / Heizdecke *f* (geheizte Raumdecke) ‖ **~ hide** (Leather) / verhitzte Haut ‖ **~ joint iron** (Bind) / Falzbrennschiene *f* (beheizte Schiene der Falzeinbrennmaschine, die das Deckengelenk warm einbügelt) ‖ **~ panel** / Plattenheizkörper *m*, Flachheizkörper *m* ‖ **~ print drier** (Photog) / Schnelltrockenpresse *f*, Heizpresse *f*, Trockenpresse *f* ‖ **~ rear window** (Autos) / beheizbare Heckscheibe, heizbare Heckscheibe
**heated-tool welding** (Plastics) / Heizelementschweißen *n* (der thermoplastischen Kunststoffe - DIN 1910, T 3)
**heated triangular area** (Welding) / Wärmekeil *m* ‖ **~ wedge** (Plastics) / Heizkeil *m*
**heated-wedge welding** (Plastics) / Heizkeilschweißen *n* (die Berührungsflächen aufeinanderliegender Teilstücke werden durch einen dazwischenliegenden beweglichen Heizkeil fortlaufend erwärmt und hinter ihm verschweißt)
**heat effect** (Heat) / Wärmeeinwirkung *f*, Wärmeeinfluss *m* ‖ **~ energy** (Phys) / Wärmeenergie *f*, thermische Energie (Wärme, innere Energie, Enthalpie) ‖ **~ engine** (Eng) / Wärmekraftmaschine *f* (die Wärmeenergie in mechanische Arbeit umsetzt) ‖ **~ engineering** (Heat) / Wärmetechnik *f* ‖ **~-engine process** (Phys) / Kreisprozess *m* (bei Wärmekraftmaschinen - z.B. nach Carnot, Clausius-Rankine usw.) ‖ **~ equation** (Phys) / Wärmegleichung *f*, Wärmehaushaltsgleichung *f* ‖ **~ equator** (Meteor) / thermischer Äquator, Wärmeäquator *m* ‖ **~ equilibrium** (Phys) / thermisches Gleichgewicht, Wärmegleichgewicht *n* (Ende der Wärmeübertragung)
**heater**\* *n* (Electronics) / Heizer *m* (das zur Erwärmung einer indirekt geheizten Katode vorhandene Bauteil einer Röhre) ‖ **~**\* (Electronics) / Heizfaden *m*, Heizelement *n* (z.B. ein Nickelröhrchen) ‖ **~** (Heat) / Heizer *m* (Heizkörper), Heizvorrichtung *f*, "Heizung" *f*, Heizkörper *m* (im Allgemeinen) ‖ **~** (Plastics) / Heizmantel *m* (der Spritzgussmaschine) ‖ **~ box**\* (Bind, Paper) / Heizkammer *f* der Prägepresse (meistens Kniehebel-Prägepresse zum Pressvergolden) ‖ **~ coil** (Heat) / Heizschlange *f* ‖ **~ control cable** (Autos) / Heizungszug *m* ‖ **~ oil** (Fuels) / Heizöl *n* (DIN 51603) ‖ **~ plug** (GB) (Autos) / Glühkerze *f* (bei Dieselmotoren nach DIN 72520) ‖ **~ spiral** (Electronics) / Heizwendel *f*, Heizspirale *f*
**heater-treater** *n* (Oils) / Heater-Treater *m* (beheizter Behälter zur Trennung von Öl/Gas/Wasser)
**heater-type cathode** (Electronics) / indirekt geheizte Katode
**heater voltage** (Elec Eng) / Heizspannung *f* (bei Elektronenröhren)
**heat evolution** (Phys) / Wärmeentwicklung *f*
**heat-evolution velocity** (Phys) / Wärmeentwicklungsgeschwindigkeit *f* (ein Merkmal des Brandverhaltens)
**heat exchange**\* (Heat) / Wärmeübertragung *f* (durch Leitung, Konvektion und Strahlung nach DIN 1341), Wärmetransport *m*, Wärmeaustausch *m* ‖ **~ exchanged** (Eng, Heat) / Wärmeleistung *f* (des Wärmetauschers) ‖ **~ exchanger**\* (Eng, Heat) / Wärmetauscher *m* (ein Apparat), Wärmeaustauscher *m*
**heat-exchange surface** (Heat) / Heizfläche *f* (als konkrete Austauschfläche)
**heat filter**\* (Cinema) / Wärmeschutzfilter *n* (DIN 19040, T 10) ‖ **~ fixing** / Wärmefixierung *f* (des Bildes) ‖ **~ flexibility** (Paint) / Wärmerissbildung *f* (bei der Dornbiegeprüfung) ‖ **~ flow** (Heat) / Wärmestrom *m* (als Vorgang nach DIN 1341), Wärmefluss *m*
**heat-flow diagram** (Heat) / Wärmeflussbild *n*, Wärmeflussdiagramm *n* ‖ **~ equation** (Phys) / Wärmegleichung *f*, Wärmehaushaltsgleichung *f* ‖ **~ line** (Heat, Phys) / Wärmestromlinie *f* ‖ **~ rate** (Heat) /

Wärmestrom *m* (die je Zeiteinheit bewegte Wärmemenge in der Wärmeübertragung - DIN 1341) ‖ **~ sensor** (Heat, Phys) / Wärmestromsensor *m* (zum Wärmestrommessen an Oberflächen, in Bauteilen oder Materialproben)
**heat flux** (Heat) / Wärmestrom *m* (als Vorgang nach DIN 1341), Wärmefluss *m* ‖ **~ flux**\* (Heat) / Heizflächenbelastung *f* (Wärmestromdichte an der Heizfläche)
**heat-flux density** (Heat, Phys) / Wärmestromdichte *f* (in W/m$^2$ nach DIN 1341) ‖ **~ DSC** (Chem, Phys) / Wärmestrom-DDK *f* (eine Art der dynamischen Differenzkalorimetrie - in der Thermoanalyse)
**heat-fuse** *v* (Print) / einbrennen *v* (eine Ätzplatte)
**heat gain** (Build) / Wärmezuwachs *m* (nach der Einschaltung der Heizung)
**heat-generating mixture** (Chem) / Wärmemischung *f* (Substanzgemisch, das aufgrund chemischer Reaktionen allmählich Wärme entwickelt - Gegensatz: Kältemischung)
**heat generation** (Phys) / Wärmeerzeugung *f* ‖ **~ gun** / Lötpistole *f*
**heat-gun paint stripper** (Paint) / Lackabbeizpistole *f*, Lackentfernungspistole *f*
**heath**\* *n* (Ecol, Geog) / Heide *f* ‖ **~ coal** (Fuels, Mining) / zähe Kohle
**heather effect** (Textiles) / Melangeeffekt *m* (durch gleichmäßige Mischung von in mehreren Farbtönen eingefärbten Fasern) ‖ **~-mixture** (Textiles) / rötlich gesprenkelter Tweed
**heather-violet** *adj* / erikaviolett *adj*
**heat homing** (Mil) / thermische Zielsuchlenkung (auf Wärmekontrast ansprechende) ‖ **~ inertia** (Build) / Wärmebeharrung *f* (der Außenkonstruktion)
**heating** *n* (heating system) / Heizanlage *f*, Heizungsanlage *f*, heizungstechnische Anlage ‖ **~** / Heizen *n*, Heizung *f* (Tätigkeit), Beheizen *n* ‖ **~** / Erhitzung *f*, Erhitzen *n* ‖ **~** (of a bearing) (Eng) / Warmlaufen *n* ‖ **~** (Phys) / Aufheizung *f*, Wärmung *f*, Erwärmung *f* (Erhöhung der Temperatur), Aufwärmung *f* ‖ **~, ventilation and air-conditioning system** (Autos) / Heizungs-, Lüftungs- und Klimaanlage *f*, HLK (Heizungs-, Lüftungs- und Klimaanlage)
**heating-and-planing** *n* (to peel off defective top layers) (Civ Eng) / Heating-and-Planing-Verfahren *n* (zum Abschälen dünner schadhafter Oberflächenschichten)
**heating and power station** (Elec Eng, Heat) / Kraft-Wärme-Kopplungsanlage *f*, KWK-Anlage *f* ‖ **~ area** / Heizfläche *f* (als geometrische Einheit) ‖ **~ bath** (Chem) / Wärmebad *n* ‖ **~ bath** (Chem) / Heizbad *n* ‖ **~ belt** / Heizgürtel *m* (z.B. für Fässer) ‖ **~ boiler** (Eng) / Heizkessel *m* (im Allgemeinen nach DIN 4702, T 1), Heizungskessel *m* ‖ **~ cable** (Elec Eng) / Heizkabel *n*, Heizleitung *f* ‖ **~ centre** / Heizzentrale *f* ‖ **~ chamber** (Chem) / Wärmeschrank *m* ‖ **~ coil** (Heat) / Heizschlange *f* ‖ **~ conductor** / Heizleiter *m* (Heizelement in der Elektrowärmetechnik) ‖ **~ costs** / Heizkosten *pl* ‖ **~ curve**\* (Met) / Aufheizkurve *f* ‖ **~ cycle** (Eng) / Schaltspiel *n* (bei Thermostaten) ‖ **~ cycle** (Heat) / Heizzyklus *m* ‖ **~ day** / Heiztag *m* (Tag, an dem das Tagesmittel der Lufttemperatur unter 15° C liegt) ‖ **~ defect** (Met) / Aufwärmfehler *m* (im Walzgut oder in Schmiedestücken) ‖ **~ degree-day** (Build, Heat) / Gradtag *m* (eine heiztechnische Kenngröße), Heizgradtag *m* ‖ **~ depth**\* (Elec Eng) / Erwärmungstiefe *f* (bei der dielektrischen Erwärmung) ‖ **~ effect of a current** (Elec Eng) / Entstehung *f* der Stromwärme in einem stromdurchflossenen Ohm'schen Widerstand, Wärmewirkung *f* des elektrischen Stroms (nach dem Joule-Effekt)
**heating-effect sensor** (Heat, Phys) / Wärmetönungssensor *m* (Gassensor zum Messen explosiver und brennbarer Gase, insbesondere von Kohlenmonoxid, in der Umgebungsluft und in Autoabgasen)
**heating element** / Heizleiter *m* (Heizelement in der Elektrowärmetechnik) ‖ **~ element**\* (Elec Eng) / Heizkörper *m*, Heizelement *n* (des Elektroherdes)
**heating-element alloy** (Met) / Heizleiterlegierung *f* (Stahl mit hoher Zunderfestigkeit und großem elektrischem Widerstand)
**heating engineer** (Build) / Heizungsmonteur *m* ‖ **~ engineer** (Heat) / Heizungstechniker *m* ‖ **~ fan** (Autos) / Heizungsgebläse *n* ‖ **~ fuel** (Fuels) / Heizöl *n* (DIN 51603) ‖ **~ funnel** (Chem) / Heißwassertrichter *m* (ein doppelwandiger Metalltrichter, der von einer Heizflüssigkeit oder Wasserdampf durchströmt wird und in den man Glastrichter beim Filtrieren einsetzt) ‖ **~ furnace** (Eng) / Anwärmofen *m* (zum Anwärmen der Matrize oder der Pressscheibe) ‖ **~ furnace** (Met) / Ofen *m* (DIN 24201), Wärmofen *m* ‖ **~ furnace** (Met) s. also billet furnace ‖ **~ gas** (Heat) / Heizgas *n*, Beheizungsgas *n* ‖ **~ inductor**\* (Elec Eng) / Heizinduktor *m* ‖ **~ installation** / Heizanlage *f*, Heizungsanlage *f*, heizungstechnische Anlage ‖ **~ installer** (Build) / Heizungsmonteur *m* ‖ **~ jacket** (Chem) / Heizmantel *m* (ein Labor-Heizgerät) ‖ **~ limit**\* (Elec Eng) / Grenzerwärmung *f*, Erwärmungsgrenze *f*, thermische Höchstlast, Grenzübertemperatur *f* ‖ **~ load** (Build) / Wärmebedarf *m* (Heizlast), Heizlast *f* (Wärmeverlust des Raumes nach außen + Wärmeaufwand für die von außen eindringende Außenluft) ‖ **~ mantle** (Chem) / Heizmantel *m* (ein

Labor-Heizgerät) ‖ ~ **medium** / Heizmittel *n* ‖ ~ **microscope** (Micros) / Erhitzungsmikroskop *n* (zum Beobachten des thermischen Verhaltens von Brennstoffaschen, Schlacken, Glas, Glasuren, Emaille, keramischen Stoffen usw.) ‖ ~ **muff*** (Aero) / Heizmantel *m* am Auspuff, Luftvorwärmer *m* (um die Abgasleitung) ‖ ~ **oil** (Fuels) / Heizöl *n* (DIN 51603) ‖ ~ **panel** (Build) / Heizplatte *f* ‖ ~ **period** / Heizperiode *f* (witterungsabhängiger, der Beheizung von Gebäuden zugrunde gelegter Zeitabschnitt) ‖ ~ **plant** / Heizwerk *n* ‖ ~ **plate** (Build) / Heizplatte *f* ‖ ~ **power** (Heat) / Heizkraft *f* ‖ ~ **rate** / Aufheizgeschwindigkeit *f* ‖ ~ **resistor*** (Elec Eng) / Heizwiderstand *m* ‖ ~ **season** / Heizperiode *f* (witterungsabhängiger, der Beheizung von Gebäuden zugrunde gelegter Zeitabschnitt) ‖ ~ **shaft** / Heizungsschacht *m* ‖ ~ **stage** (Micros, Optics) / Heiztisch *m* (des Mikroskops) ‖ ~ **station** / Heizzentrale *f* ‖ ~ **steam** / Heizdampf *m* ‖ ~ **strip** (Chem Eng, Elec Eng) / Heizband *n* (aus isolierten Widerstandselementen, welche in flexible Bänder oder Folien als Trägermaterialien eingearbeitet sind) ‖ ~ **surface** (Heat) / Heizfläche *f* (als konkrete Austauschfläche) ‖ ~ **system** / Heizanlage *f*, Heizungsanlage *f*, heizungstechnische Anlage ‖ ~ **tape** (finely stranded insulated resistance wire fitted with electrical leads) (Chem Eng, Elec Eng) / Heizband *n* (aus isolierten Widerstandselementen, welche in flexible Bänder oder Folien als Trägermaterialien eingearbeitet sind) ‖ ~ **test** (Chem Eng) / Erhitzungsprobe *f* ‖ ~ **time*** (Electronics) / Aufheizzeit *f* ‖ ~ **time** (Eng) / Wärmzeit *f*, Anwärmzeit *f*, Aufwärmzeit *f* ‖ ~ **tip** (Welding) / Heizdüse *f*

**heating-up** *n* (Phys) / Aufheizung *f*, Wärmung *f*, Erwärmung *f* (Erhöhung der Temperatur), Aufwärmung *f* ‖ ~ **time** (Electronics) / Aufheizzeit *f*

**heating value** / Brennwert *m* (Wärmeleistung bei Heizgeräten in kJ/g) ‖ ~ **value** (Heat) / Heizwert *m* (Wärmemenge, die bei der vollkommenen Verbrennung der Gewichts- bzw. Volumeneinheit eines Stoffes frei wird - im Gegensatz zur Verbrennungswärme ist im Heizwert die Kondensationswärme des Wasseranteils nicht enthalten - Kurzzeichen H) ‖ ~ **wall** (Build, Heat) / Heizwand *f* ‖ ~ **with too long holding times** (Met) / Überzeiten *n* (Erwärmen mit so langen Haltezeiten, dass bei üblichen Temperaturen eine unerwünschte Kornvergröberung auftritt, welche jedoch durch Wärmebehandlung oder Verformung wieder rückgängig gemacht werden kann - DIN EN 10 052), Überhitzen und Überzeiten *n*

**heat input** (Heat) / Wärmezufuhr *f*, Wärmezuführung *f* (Tätigkeit) ‖ ~ **input** (Heat) / eingebrachte Wärme (in J)

**heat-insulating concrete*** (Build, Civ Eng) / wärmedämmender Beton, wärmeisolierender Beton, Wärmedämmbeton *m* ‖ ~ **layer** (Build, Civ Eng, Heat) / Wärmedämmschicht *f* (im Allgemeinen)

**heat insulation*** (Build) / Wärmeschutz *m* (alle Maßnahmen nach DIN 4108-2) ‖ ~ **insulation*** (Build, Heat) / wärmetechnische Isolierung, Wärmedämmung *f*, Wärmeisolierung *f* ‖ ~ **insulator** (Build, Civ Eng, Heat) / Ummantelungsstoff *m*, wärmetechnischer Isolierstoff, Dämmstoff *m* ‖ ~ **island** (Ecol) / Hitzeinsel *f* (im urbanen Ökosystem)

**heat-island effect** (Ecol) / Wärmeinseleffekt *m* (in der Stadtökologie)

**heat lamp** / Infra-Bestrahlungslampe *f*

**heat/light copier** / Wärme-Licht-Kopierer *m*

**heat lightning** (Meteor) / elektrische Entladung bei Wärmegewitter ‖ ~ **loss** (Heat) / Wärmeverlust *m*, Wärmeabgabe *f*

**heat-loss insulation** (Build) / Kälteschutz *m*

**heat loss through walls** (Heat) / Wandverlust *m* (ein Wärmeverlust) ‖ ~ **of adsorption** (Chem, Phys) / Adsorptionswärme *f* ‖ ~ **of atomization** (Chem, Phys) / Dissoziationswärme *f* (bei einem Element) ‖ ~ **of combustion** (Chem, Phys) / [spezifischer] Brennwert *m* (auf die Masse bezogener - nach DIN 5499), $H_o$ (spezifischer Brennwert) ‖ ~ **of compression** (Phys) / Kompressionswärme *f*, Verdichtungswärme *f* (bei der Verdichtung von Gasen frei werdende Wärme) ‖ ~ **of condensation** (Phys) / Kondensationswärme *f* (die bei der Kondensation frei werdende Umwandlungswärme) ‖ ~ **of crystallization** (Phys) / Kristallisationsenthalpie *f* (eine Umwandlungsenthalpie), Kristallisationswärme *f* (die beim Kristallwachstum frei werdende Umwandlungswärme) ‖ ~ **of decomposition** (Chem, Phys) / Zersetzungswärme *f* (im Allgemeinen) ‖ ~ **of dilution** (Chem) / Verdünnungswärme *f* ‖ ~ **of dissociation** (Chem) / Dissoziationswärme *f* (bei einer Verbindung) ‖ ~ **of evaporation** (Phys) / Verdampfungswärme *f*, Verdunstungswärme *f* ‖ ~ **of fission** (Nuc) / Spaltungswärme *f* ‖ ~ **of formation*** (Chem) / Bildungswärme *f* (die Wärme, die bei der Bildung chemischer Verbindungen aus den Elementen abgegeben oder aufgenommen wird) ‖ ~ **of friction** (Phys) / Reibungswärme *f* ‖ ~ **of fusion** (Heat, Phys) / Schmelzwärme *f* (eine Umwandlungswärme) ‖ ~ **of hydration** (Build, Civ Eng) / Abbindewärme *f*, Hydratationswärme *f* (frei werdende Wärme bei der Reaktion des Zements mit Wasser, gemessen in J/g - DIN 1045) ‖ ~ **of immersion** (Paint) / Benetzungswärme *f* (die bei der Benetzung eines Pigments oder Füllstoffs entsteht), Immersionswärme *f* ‖ ~ **of mixing** (Chem, Phys) / Mischungswärme *f* ‖ ~ **of neutralization** (the heat evolved when 1 mole of an acid or base is exactly neutralized) (Chem) / Neutralisationswärme *f* ‖ ~ **of reaction** (Chem) / Reaktionswärme *f* (bei chemischen Reaktionen umgesetzte Wärme) ‖ ~ **of reaction** (Chem) s. also reaction enthalpy ‖ ~ **of solution*** (Chem) / Lösungswärme *f*, Lösewärme *f* ‖ ~ **of solution*** (Chem) s. also heat of mixing ‖ ~ **of sublimation** (Chem, Phys) / Sublimationswärme *f* (eine Umwandlungswärme) ‖ ~ **of vaporization** (Phys) / Verdampfungswärme *f*, Verdunstungswärme *f* ‖ ~ **of wetting** (Chem, Phys) / Benetzungswärme *f* (Energieumsatz, der mit der Ausbildung einer Kontaktfläche fest/flüssig verbunden und der Berührungsfläche proportional ist)

**heat-only system** / Heizwerk *n*

**heat output** (Eng) / Wärmeleistung *f* (z.B. eines Kessels) ‖ ~ **passage** (Heat) / Wärmedurchgang *m* (bei zwei strömenden Medien, die durch eine Wand voneinander getrennt sind - DIN 1341) ‖ ~ **path** (I C Engs) / Wärmeleitweg *m* (bei Zündkerzen) ‖ ~ **penetration factor** (Heat) / Wärmeeindringungskoeffizient *m* (DIN 1341), Wärmeeindringungszahl *f* ‖ ~ **pipe** (Chem Eng) / Wärmerohr *n* (Wärmeübertragungssystem mit zweifacher Phasenumleitung eines strömenden Mediums) ‖ ~ **pipe** (Electronics, Heat) / Wärmeleitrohr *n* ‖ ~ **pipe** (Space) / Wärmerohr *n* (für den Wärmetransport zur Rückgewinnung von Abwärme oder zur automatischen Kühlung), Heatpipe *f* ‖ ~ **pole** (Geophys) / Wärmepol *m* (der Ort der Erdoberfläche mit den höchsten beobachteten Lufttemperaturen) ‖ ~ **pollution** (Ecol, Hyd Eng) / Wärmebelastung *f* (Belastung der Gewässer mit technischer Abwärme) ‖ ~ **production** (Phys) / Wärmeerzeugung *f*

**heatproof** *adj* / hitzefest *adj*, wärmebeständig *adj* (formbeständig), hochtemperaturbeständig *adj*, hitzebeständig *adj*, wärmefest *adj*, thermoresistent *adj*, hitzeresistent *adj*, thermisch beständig

**heat propagation** (Heat) / Wärmeausbreitung *f*

**heat-protection clothing** (Textiles) / Hitzeschutzkleidung, Hitzeschutzbekleidung *f* ‖ ~ **glass** (Glass) / Wärmeschutzglas *n* (das im Allgemeinen den infraroten Wellenlängenbereich des Spektrums weitestgehend absorbiert)

**heat protective clothing** (Textiles) / Hitzeschutzkleidung, Hitzeschutzbekleidung *f* ‖ ~ **pump*** (Eng, Heat) / Wärmepumpe *f* (Kompressions- oder Absorptions-) ‖ ~ **quantity** (Heat, Phys) / Wärmemenge *f* (Betrag an Wärmeenergie, der aufgrund eines Temperaturgefälles von einem Körper auf einen anderen übertragen wird - DIN 1341) ‖ ~ **radiation** (Heat) / Wärmestrahlung *f* (als Phänomen im Allgemeinen) ‖ ~ **range** (Autos) / Wärmewert *m* (Kennzahl für die thermische Belastbarkeit einer Zündkerze) ‖ ~ **rate** (Heat) / spezifischer Wärmeverbrauch ‖ ~ **rating** (Autos) / Wärmewert *m* (Kennzahl für die thermische Belastbarkeit einer Zündkerze) ‖ ~ **ray** (Heat) / Wärmestrahl *m* ‖ ~ **reactor** (Nuc Eng) / Reaktor *m* eines Kernheizkraftwerks ‖ ~ **recovery** (Heat) / Wärmerückgewinnung *f*, Wärmerückgewinn *m* (Abgasverwertung) ‖ ~ **recovery steam generator** / Wärmerückgewinnungsdampferzeuger *m*

**heat-reflective glass** (Glass) / Wärmestrahlen reflektierendes Glas (ein Schutzglas), Wärmeschutzglas *n* (das Wärmestrahlen reflektiert - DIN EN 1264-1), WSR-Glas *n* (Wärmestrahlen reflektierendes Glas)

**heat reflector** (Plastics) / Spiegel *m* (Heizelement zum Spiegelschweißen - ein flaches verchromtes Blech) ‖ ~ **reflector** (Welding) / Schweißspiegel *m* (zum Stumpfschweißen) ‖ ~ **regenerator*** (a discontinuous-flow heat exchanger) (Eng, Met) / Regenerator *m* (Wärmetauscher mit einer Feststoff-Speichermasse, die von den fluiden Medien periodisch erwärmt und abgekühlt wird), Wärmespeicher *m* ‖ ~ **rejection to the atmosphere** / Wärmeabführung *f* ins Freie ‖ ~ **release rate** (Heat) / Wärmebelastung *f* (z.B. der Heizflächen) ‖ ~ **removal** (Phys) / Wärmeableitung *f*, Wärmeabführung *f*, Wärmeabfuhr *f*, Wärmedissipation *f* ‖ ~ **requirement** (Build, Heat) / Wärmebedarf *m* (z.B. in Gebäuden nach DIN 4701, T 1) ‖ ~ **reservoir** (Phys) / Wärmereservoir *n* ‖ ~ **resistance** / Wärmebeständigkeit *f*, Wärmefestigkeit *f*, Hitzefestigkeit *f*, Hitzebeständigkeit *f*, Thermoresistenz *f*, Hitzeresistenz *f*, thermische Beständigkeit, Hochtemperaturbeständigkeit *f* ‖ ~ **resistance** (Phys) / Wärmeleitwiderstand *m*

**heat-resistant** *adj* / hitzefest *adj*, wärmebeständig *adj* (formbeständig), hochtemperaturbeständig *adj*, hitzebeständig *adj*, wärmefest *adj*, thermoresistent *adj*, hitzeresistent *adj*, thermisch beständig ‖ ~ **alloy** (Met) / hitzebeständige Legierung

**heat-resisting** *adj* / hitzefest *adj*, wärmebeständig *adj* (formbeständig), hochtemperaturbeständig *adj*, hitzebeständig *adj*, wärmefest *adj*, thermoresistent *adj*, hitzeresistent *adj*, thermisch beständig ‖ **alloy** (Met) / hitzebeständige Legierung ‖ ~ **paint*** (Paint) / hitzebeständiger Anstrichstoff (z.B. für Heizkörperanstriche)

**heat-resisting**

**heat•-resisting steel*** (Met) / hitzebeständiger Stahl ‖ **~ rise** (Heat) / Wärmeanstieg *m* ‖ **~ run*** (Elec Eng) / Dauerprüfung *f* mit Erwärmungsmessung, Erwärmungslauf *m*
**heat-sealable paper** (Paper) / Heißsiegelpapier *n* (DIN 6730)
**heat sealing** (a method of joining plastic films by simultaneous application of heat and pressure to areas in contact) (Plastics) / Heißsiegeln *n*, Warmschweißen *n*
**heat-sealing adhesive** (a thermoplastic film adhesive that is melted between the adherent surfaces by heat application to one or both of the adjacent adherent surfaces) / Heißsiegelkleber *m* (der vor der Verklebung abtrocknet und dann mit der Gegenseite unter kurzer Wärmeeinwirkung verklebt wird), Heißsiegelklebstoff *m* ‖ **~ paper** (Paper) / Heißsiegelpapier *n* (DIN 6730) ‖ **~ tape** / Heißklebefolie *f* (Folie, die durch Erhitzen Hafteigenschaften erlangt)
**heat seeker** (Mil) / Infrarotpeiler *m*, Wärmepeiler *m* ‖ **~ selector dial** / Wahlscheibe *f* (des Reglerbügelautomaten - meistens mit internationalen Pflegekennzeichen), Wählscheibe *f* (des Reglerbügelautomaten)
**heat-sensitive** *adj* / hitzeempfindlich *adj*, wärmeempfindlich *adj*, wärmesensibel *adj* ‖ **~ detector** / Wärmemelder *m* (Nebenmelder, der bei Erreichen einer bestimmten Temperatur selbsttätig eine Brandmeldung abgibt) ‖ **~ detector** (Heat, Phys) / Temperaturregler *m* mit Temperaturfühler
**heat-sensitize** *v* / wärmesensibilisieren *v* (nur Infinitiv und Partizip)
**heat-set efficiency** (Textiles) / Thermofixierung-Wirkungsgrad *m*
**heat-set ink*** (Print) / Heat-set-Farbe *f* (Spezialdruckfarbe)
**heat-set process** (Print) / Heat-set-Verfahren *n* (im Rollenoffset)
**heat•-setting** *n* (Leather) / Wärmestabilisierung *f* ‖ **~-setting*** *n* (Textiles) / Thermofixieren *n* (von thermoplastischen Chemiefasern bzw. der aus ihnen hergestellten Textilien)
**heat-setting** *adj* / heißhärtend *adj*, heißabbindend *adj*, heißverfestigend *adj* ‖ **~ with superheated steam** (Textiles) / Hydrofixieren *n*, Hydrofixierung *f*
**heat-set web-offset printing** (Print) / Heat-set-Rollenoffsetdruck *m*
**heat•-shield** *n* (Space) / Wärmeschutzschild *m*, Hitzeschild *m* (zur Ablationskühlung) ‖ **~ shock** (Materials) / Wärmeschock *m*
**heat-shock protein** (Biochem) / Hitzeschockprotein *n*, hsp (Hitzeschockprotein), HSP (Hitzeschockprotein)
**heat-shrinkable tube** (Cables) / Schrumpfschlauch *m* (beim Verlegen von Fernmelde-Außenkabeln)
**heat shrinkage** (Heat, Phys) / Wärmeschrumpfung *f* ‖ **~ signature** (Mil) / Wärmecharakteristik *f*, Wärmesignatur *f* ‖ **~ sink*** (any device, usually a static device, used primarily to absorb heat and thereby protect another component from damage due to excessive heat) (Electronics) / Wärmeabfuhrelement *n*, Kühlvorrichtung *f*, Kühlkörper *m*, Wärmeableitvorrichtung *f*, Wärmeableiter *m* ‖ **~ sink*** (Electronics, Eng, Phys) / Wärmesenke *f* ‖ **~ slot piston** (I C Engs) / querschlitzter Kolben (ein Kolben mit Wärmedämmwirkung) ‖ **~-solvent tape sealing** (Plastics) / Quellschweißen *n* (mit Band über Naht), Warmkleben *n* (mit Band über Naht) ‖ **~ source** (Geol, Heat) / Wärmequelle *f* ‖ **~ stability** / Wärmebeständigkeit *f*, Wärmefestigkeit *f*, Hitzefestigkeit *f*, Hitzebeständigkeit *f*, Thermoresistenz *f*, Hitzeresistenz *f*, thermische Beständigkeit, Hochtemperaturbeständigkeit *f* ‖ **~ stability** (Heat, Materials) / Wärmestabilität *f*
**heat-stable** *adj* (Heat, Materials) / wärmestabil *adj*, wärmebeständig *adj*
**heat sterilization** / Wärmesterilisation *f*, Hitzesterilisation *f* ‖ **~ sterilization** (For) / Heißluftverfahren *n* (zur Bekämpfung holzzerstörender Insekten in Gebäuden) ‖ **~ storage** (Heat) / Wärmespeicherung *f* ‖ **~ store** (Heat) / Wärmespeicher *m* (im Allgemeinen)
**heat-storing** *adj* (Heat) / wärmespeichernd *adj*
**heat stress** (Materials, Mech) / Wärmespannung *f* (Eigenspannung in Festkörpern mit ungleichmäßiger Temperaturverteilung), thermische Spannung, Temperaturspannung *f* ‖ **~ stress** (Phys) / Wärmebeanspruchung *f*, thermische Beanspruchung ‖ **~ stress** (Physiol) / Wärmebelastung *f*, Hitzebelastung *f* (die zu Hitzekollaps führen kann)
**heat-stress index** (Med, Work Study) / Heat-Stress-Index *m* (in den USA verwendete Kenngröße zur Berechnung der Arbeitsdauer bei Wärmebelastung auf der Basis der Wärmebilanz des menschlichen Körpers), HS-Index *m*
**heat supply** (Heat) / Wärmezufuhr *f*, Wärmezuführung *f* (Tätigkeit) ‖ **~ test** / Wärmeprobe *f* ‖ **~ test** (Chem Eng) / Erhitzungsprobe *f* ‖ **~ theorem** (Heat, Phys) / Wärmesatz *m* (z.B. Nernstscher) ‖ **~ through(out)** (Heat) / durchwärmen *v* ‖ **~ throughput** (Phys) / Wärmedurchsatz *m* ‖ **~ tolerance** (Biol) / Hitzeresistenz *f* (von Organismen) ‖ **~ tonality** (Chem) / Wärmetönung *f* ‖ **~ transfer** (Heat) / Wärmedurchgang *m* (bei zwei strömenden Medien, die durch eine Wand voneinander getrennt sind - DIN 1341) ‖ **~ transfer*** (Heat) / Wärmeübertragung *f* (durch Leitung, Konvektion und Strahlung nach DIN 1341), Wärmetransport *m*, Wärmeaustausch *m* ‖ **~ transfer by convection** (Heat) / Wärmekonvektion *f* (Form der Wärmeübertragung), Wärmemitführung *f* ‖ **~ transfer coefficient*** (Heat, Phys) / Wärmedurchgangskoeffizient *m* (DIN 1341) ‖ **~ transfer fluid** (Heat) / flüssiger Wärmeträger, strömender Wärmeträger
**heat-transfer medium** (Heat) / Kalorifer *m*, Wärmetransportmittel *n* (flüssiges, gasförmiges oder festes), Wärmeübertragungsmittel *n*, Wärmeübertrager *m* ‖ **~ oil** / Wärmeübertragungsöl *n* ‖ **~ path** (I C Engs) / Wärmeleitweg *m* (bei Zündkerzen) ‖ **~ printing** (Textiles) / Thermodruckverfahren *n*, Thermodruck *m* (mit Folien als Farbträger), Wärmeumdruck *m* ‖ **~ salt*** (Chem) / Wärmeübertragungssalz *n*
**heat-transfer-salt plant** (Chem) / HTS-Anlage *f*
**heat transmission** (Heat) / Wärmeübergang *m* (DIN 1341) ‖ **~ transmission oil** / Wärmeübertragungsöl *n* ‖ **~ transport** (Heat) / Wärmeübertragung *f* (durch Leitung, Konvektion und Strahlung nach DIN 1341), Wärmetransport *m*, Wärmeaustausch *m*
**heat-transport medium** (Heat) / Kalorifer *m*, Wärmetransportmittel *n* (flüssiges, gasförmiges oder festes), Wärmeträger *m*, Wärmeübertragungsmittel *n*, Wärmeübertrager *m*
**heat-treatable** *adj* (Met) / vergütbar *adj*, für eine Wärmebehandlung bestimmt, wärmebehandelbar *adj*
**heat-treated bronze** (Paint) / feuergefärbte Bronze (ein Interferenzpigment) ‖ **~ glass** (Glass) / thermisch vorgespanntes Glas, vorgespanntes Sicherheitsglas (durch thermisches Abschrecken) ‖ **~ steel** (Met) / vergüteter Stahl
**heat-treating shop** (Met) / Härterei *f*
**heat treatment** (Build, Civ Eng) / Wärmebehandlung *f* (des Betons) ‖ **~ treatment*** (Met) / Wärmebehandlung *f* (DIN EN 10052, z.B. Glühen, Härten, Anlassen)
**heat-treatment furnace** (Met) / Wärmebehandlungsofen *m* (DIN 24201) ‖ **~ instruction** (Met) / Wärmebehandlungsunterweisung *f*, Wärmebehandlungsanweisung *f* (DIN 17 023, T 1-3), WBA (Wärmebehandlungsanweisung)
**heat treatment of milk** (Nut) / Milchwärmebehandlung *f*
**heat-treatment period** / Wärmebehandlungsdauer *f* (Gesamtdauer des Temperatur-Zeit-Verlaufs von thermischen, thermochemischen und thermomechanischen Regimes der Wärmebehandlung)
**heat unit*** (Phys) / Wärmeeinheit *f* ‖ **~ up** *v* / erwärmen *v*, aufheizen *v*, wärmen *v* ‖ **~ up** *vi* (Phys) / sich erwärmen *v* (Gerät), sich anheizen *v*, sich einlaufen *v*
**heat-up** (Electronics) / Vorwärmen *n*, Vorheizen *n*, Anheizen *n*
**heat uptake** (Heat) / Wärmeaufnahme *f*
**heat-up time** (Electronics) / Anheizzeit *f*
**heat value** / Brennwert *m* (Wärmeleistung bei Heizgeräten in kJ/g) ‖ **~ value** (Heat) / Heizwert *m* (Wärmemenge, die bei der vollkommenen Verbrennung der Gewichts- bzw. Volumeneinheit eines Stoffes frei wird - im Gegensatz zur Verbrennungswärme ist im Heizwert die Kondensationswärme des Wasseranteils nicht enthalten - Kurzzeichen H) ‖ **~ wave** (Meteor) / Hitzewelle *f*, Hitzeperiode *f* ‖ **~ yellowing** / Hitzevergilbung *f*
**heave** *v* (Ships) / hieven *v*, hochwinden *v* ‖ **~ *vi*** (Mining) / quellen *v*, heben *v* (Sohle), blähen *v* (Sohle) ‖ **~*** *n* (Geol) / Aufschiebung *f* (als Höhenunterschied) ‖ **~*** (Geol, Mining) / horizontale Sprungweite (bei Verwerfungen) ‖ **~** (Hyd Eng) / Bewegung *f* eines schwimmenden Körpers durch Wellen ‖ **~*** (Mining) / Sohlenhebung *f*, Sohlenauftrieb *m*, Aufblähen *n* der Sohle, Sohlenblähen *n* ‖ **~** (Ships) / Hieve *f*, Hiev *f*
**heavenly body** (Astron) / Himmelskörper *m*
**heave of the vessel** (Ships) / Schiffshub *m* (z.B. bei Offshoreanlagen) ‖ **~ up** *v* (Ships) / lichten *v* (Anker)
**heavier-than-air*** *adj* (Aero) / schwerer als Luft, strömungsgetragen *adj* (Luftfahrzeug)
**heavier-than-air aircraft** (Aero) / Luftfahrzeug *n* schwerer als Luft (mit Tragflächen), Aerodyn *n* (strömungsgetragenes Luftfahrzeug)
**heavier-than-water solvent** (Chem) / spezifisch schweres Lösungsmittel
**heavily contaminated** (Ecol) / stark verunreinigt, stark verschmutzt ‖ **~ gas-cut mud** (Oils) / hochvergaste Bohrspülung *f* ‖ **~ polluted** (Ecol) / stark verunreinigt, stark verschmutzt ‖ **~ weighted mud** (Oils) / Schwerspülung *f*
**heaving** *n* (Civ Eng) / Bodenhebung *f*, Quellung *f* (des Bodens) ‖ **~** (Ships) / Tauchschwingen *n*, Tauchen *n* ‖ **~ shale** (an incompetent or hydrating shale that runs, falls, swells, or squeezes into a borehole) (Geol, Oils) / quellender Schieferton
**Heaviside layer*** (Geophys, Meteor) / Kennelly-Heaviside-Schicht *f* (Ionosphäre - nach A.E. Kennelly, 1861-1939, und O. Heaviside, 1850-1925) ‖ **~ layer*** (Geophys, Meteor, Radio) / E-Gebiet *n* (der Ionosphäre - früher Heavisideschicht), Heaviside-Schicht *f* (nach O. Heaviside, 1850 - 1925), E-Schicht *f* (der Ionosphäre) ‖ **~ operational calculus** (Maths) / Heaviside-Kalkül *m* (eine Operatorenrechnung) ‖ **~ unit function*** (Telecomm) /

Heaviside-Funktion f, Einheitssprungfunktion f, Heaviside'sche Sprungfunktion, Einschaltfunktion f

**heavy** adj / schwergängig adj (Lenkung, Kupplung) ‖ ~ / schwer adj (Schlag, Sturm, Regen, Seegang, Wein) ‖ ~ (Chem) / hochsiedend adj, schwersiedend adj (Fraktion), höhersiedend adj (Fraktion) ‖ ~ (Mining) / druckhaft adj ‖ ~ (Paint) / satt adj (Lackauftrag) ‖ ~ (Phys) / schwer adj (Masse) ‖ ~ (Print) / fett adj (Schrift) ‖ ~ **acid** (Chem) / 12-Wolframatophosphorsäure f, Trihydrogenphosphododecawolframat n, Trihydrogenphosphododekawolframat n, Phosphorwolframsäure f, Dodecawolframophosphorsäure f, Dodekawolframophosphorsäure f ‖ ~**-aggregate concrete*** (Build, Civ Eng) / Schwerbeton m (mit Schwerzuschlag), Beton m mit höherer Rohdichteklasse (mehr als 2,8 kg/dm³) ‖ ~ **alloy** (Met) / Schwermetalllegierung f

**heavy-atom effect** (Chem) / Schweratomeffekt m (Änderung im Verhalten von reagierenden Molekülen unter dem Einfluss von schweren Atomen)

**heavy-atoms method** (Crystal) / Schweratommethode f (Bestimmung der Phase bei der Kristallstrukturanalyse), Patterson-Methode f

**heavy barrel** / Schwerfass n (aus Vollholz)

**heavy-beaded** adj (Geol) / dickbankig adj

**heavy** (waterproofed) **canvas** (Textiles) / Segeltuch n, Schiertuch n, Segelleinwand f, Sailcloth n ‖ ~ **casting** (Foundry) / Großguss m ‖ ~ **chain** (Biochem) / schwere Peptidkette (Bestandteil der Antikörper) ‖ ~ **chemicals*** (Chem) / Schwerchemikalien f pl (in großem Umfang hergestellte, z.B. Ätznatron, Schwefelsäure usw.) ‖ ~ **clay ceramics** (Ceramics) / Grobkeramik f ‖ ~ **cloth weaving** (Weaving) / Schwerweberei f ‖ ~ **coating** (Welding) / dicke Umhüllung ‖ ~ **cord** (Glass) / Rampe f (deutlich wahrnehmbarer glasiger Streifen, der zuweilen an der Oberfläche des Fertigproduktes fühlbar ist und dessen Lichtbrechung sich vom umgebenden Glas untersheidet - eine Schliere) ‖ ~ **covering** (Welding) / dicke Umhüllung ‖ ~ **crude** (Oils) / schweres Rohöl

**heavy-current engineering** (Elec Eng) / Energietechnik f, Starkstromtechnik f, Leistungselektrik f

**heavy cut** (Eng) / Hochleistungsschnitt m ‖ ~ **distillate** (Oils) / Schwerdestillat n

**heavy-duty** attr / verstärkt adj (für besondere Belastung ausgelegt) ‖ ~ / hochbelastbar adj, hochbeanspruchbar adj ‖ ~ (Eng) / rau adj (Betrieb)

**heavy-duty battery** (Elec Eng) / Panzerzelle f

**heavy-duty cutter** (US) (Eng) / Fräser m mit Schruppverzahnung, Schruppfräser m ‖ ~ **detergent** / Vollwaschmittel n (im Allgemeinen) ‖ ~ **drilling machine** (Mining) / Bohrhammer m (für das schlagende Bohren), Hammerbohrmaschine f ‖ ~ **electrode** (Welding) / Hochleistungselektrode f, Eisenpulverelektrode f ‖ ~ **floor axle jack** (Autos) / Werkstattwagenheber m ‖ ~ **lathe** (Eng) / Großdrehmaschine f ‖ ~ **lorry** (Autos) / Schwerlastkraftwagen m, Slkw m (Schwerlastkraftwagen)

**heavy-duty oil** / HD-Öl n, Hochleistungsöl n, Öl n für hohe Beanspruchung

**heavy-duty resin** (Chem) / Hochleistungsharz n ‖ ~ **transporter** / Schwerlasttransporter m ‖ ~ **welding machine** (Welding) / Hochleistungsschweißmaschine f ‖ ~ **wrench** (Tools) / Zugringschlüssel m, schwerer Ringschlüssel, Aufsteckringschlüssel m

**heavy end** (Weaving) / grobes Kettgarn ‖ ~ **ends** (Chem, Phys) / Siedeschwanz m (bei Siedeanalysen) ‖ ~ **ends** (Oils) / schwerflüchtiges Ende (der höchstsiedende Anteil eine Erdölfraktion) ‖ ~ **fabric** (closely woven) (Textiles) / dichtes Gewebe, fest eingestelltes Gewebe, dichtgeschlagenes Gewebe

**heavy-faced** adj (Print) / fett adj (Schrift) ‖ ~ **type** (Typog) / fetter Buchstabe

**heavy-force fit** (Eng) / Presssitz m, PS (Presssitz)

**heavy fragment** (Nuc) / schweres Fragment ‖ ~ **fuel oil** / (in etwa:) Heizöl S (schwerflüssig - bis 340 cSt) ‖ ~ **gas oil** (containing about 20 - 25 carbon atoms) (Chem) / schweres Gasöl

**heavy-goods vehicle** (Autos) / Schwerlastkraftwagen m, Slkw m (Schwerlastkraftwagen)

**heavy ground*** (Civ Eng, Mining) / druckhaftes Gebirge, nicht standfestes Gestein, wenig standfestes Gestein, gebräches Gestein, gebräches Gebirge ‖ ~ **hydrogen*** (Chem) / ${}^2_1$H, schwerer Wasserstoff, Deuterium (D), D ‖ ~ **industry** / Schwerindustrie f (Gegensatz = Leichtindustrie) ‖ ~ **ion** (Phys) / Schwerion n

**heavy-ion accelerator** (Nuc Eng) / Beschleuniger m für schwere Ionen, Schwerionenbeschleuniger m (z.B. GANIL in Caen oder GSI in Darmstadt) ‖ ~ **linac** (Nuc Eng) / Schwerionen-Linearbeschleuniger m ‖ ~ **linear accelerator** (Nuc Eng) / Schwerionen-Linearbeschleuniger m ‖ ~ **physics** (Phys) / Schwerionenphysik f ‖ ~ **radiotherapy** (Radiol) / Radiotherapie f mit schweren Ionen

**heavy key** (in multicomponent distillation, the component that is removable in the bottoms stream, and that has the highest vapour pressure of the components at the bottoms) (Chem) / höhersiedende Schlüsselkomponente ‖ ~ **landing** (Aero, Space) / harte Landung ‖ ~ **landing** (Aero, Space) / harte Landung ‖ ~ **leathers** (Leather) / schwere (pflanzlich gegerbte) Rindshäute ‖ ~ **lepton** (Nuc) / schweres Lepton ‖ ~ **lift** (Ships) / Schwergut n (wofür ein Schwergutzuschlag erhoben wird)

**heavy-lift charge** (Ships) / Schwergutzuschlag m ‖ ~ **crane** (Eng) / Schwerlastkran m

**heavy-lift helicopter** (Aero) / Kranhubschrauber m, fliegender Kran, Lastenhubschrauber m

**heavy-lift launch vehicle** (Mil, Space) / Trägerrakete f großer Tragkraft

**heavy liquid*** (Min Proc) / Schwertrübe f (durch Mischen von Wasser mit Feststoffen entstandene Trübe größerer Dichte, die beim Schwimm-Sink-Verfahren verwendet wird), Trübe f

**heavy-load robot** / Schwerlastroboter m

**heavy mahogany** (For) / Kosipo n (Entandrophragma candollei Harms), Omu n (Kosipo) ‖ ~ **maintenance** (Eng) / Instandsetzung f, Überholung f (Maßnahme zur Wiederherstellung des Sollzustandes) ‖ ~ **mass** (Mech) / schwere Masse ‖ ~ **media separation*** (Min Proc) / Sink-Schwimm-Aufbereitung f, Schwertrübeaufbereitung f, Schwerflüssigkeitaufbereitung f, Schwimm-Sink-Verfahren n (mit Schwertrübe - ein Sortierverfahren, das die unterschiedliche Dichte der Teilchen eines Feststoffgemenges als Trennmerkmal nutzt), Schwertrübeverfahren n, Schwertrübesortieren n, Sinkscheidung f, Sinkabscheidung f ‖ ~ **medium** (Min Proc) / Schwertrübe f (durch Mischen von Wasser mit Feststoffen entstandene Trübe größerer Dichte, die beim Schwimm-Sink-Verfahren verwendet wird), Trübe f ‖ ~ **metal*** (Biol, Chem) / Schwermetall n (dessen Dichte größer ist als 4,5 g cm⁻³, z.B. Fe, Cu, Pb, Hg)

**heavy-metal compound** (Chem, Ecol) / Schwermetallverbindung f ‖ ~ **phosphate** (Chem) / Schwermetallphosphat n ‖ ~ **salt** (Chem) / Schwermetallsalz n

**heavy·-metal soap** (Chem) / Schwermetallseife f ‖ ~ **mineral*** (Min) / Schwermineral n (mit relativer Dichte über 2,9) ‖ ~ **mud** (Oils) / Schwerspülung f ‖ ~ **nucleus** (Nuc) / schwerer Kern ‖ ~ **oil** (Oils, Ships) / Schweröl n (Sammelbezeichnung für natürlich vorkommende Erdöle mit Dichten zwischen 920 und 1000 kg/m³)

**heavy-oil carburettor** (I C Engs) / Schwerölvergaser m ‖ ~ **engine** (I C Engs, Ships) / Schwerölmotor m (ein Dieselmotor, der mit Schweröl betrieben werden kann)

**heavy oxygen** (Chem) / schwerer Sauerstoff, schweres Sauerstoffisotop ‖ ~ **particle*** (Nuc) / schweres Elementarteilchen ‖ ~ **plant** (Build, Civ Eng) / schweres Baugerät ‖ ~ **sapele** (For) / Kosipo n (Entandrophragma candollei Harms), Omu n (Kosipo) ‖ ~ **scantlings** (timbers from 40 mm up to 75 mm in thickness and any width over 150 mm) (For) / Rahmen m (besäumtes Schnittholz) ‖ ~ **scrap** (Met) / schwerer Schrott, Blockschrott m, Kernschrott m ‖ ~ **sea** (Ocean, Ships) / schwere See (Logbuchstabe H.), schwerer Seegang ‖ ~ **section** (Met) / verstärktes Profil (mit größeren Steg- und Flanschdicken als bei dem Mutterprofil) ‖ ~ **seed** (Glass) / Gispennest n (staubiges Glas) ‖ ~ **seeding** (Glass) / Gispennest n (staubiges Glas)

**heavy-series hexagon nut** (Eng) / Sechskantmutter f mit großer Schlüsselweite

**heavy sheet** (US) (Glass) / Dickglas n (DIN 1249) ‖ ~ **soil** (Agric) / schwerer Boden ‖ ~ **spar*** (Min) / Baryt m, Schwerspat m ‖ ~ **stock** / großer Lagervorrat ‖ ~ **timber** (timber of all sizes over 75mm and over 150mm in width) (For) / Starkholz n, starkes Nutzholz ‖ ~ **traffic** (Autos) / hohes Verkehrsaufkommen ‖ ~ **traffic** (Autos) / starker Verkehr

**heavy-walled** adj / dickwandig adj

**heavy water*** (deuterium oxide) (Nuc) / Schwerwasser n, schweres Wasser

**heavy-water gas-cooled reactor** (Nuc Eng) / gasgekühlter schwerwassermoderierter Reaktor, Gas-Schwerwasser-Reaktor m, Reaktor m vom HWGCR-Typ ‖ ~ **reactor*** (Nuc Eng) / Schwerwasserreaktor m, schwerwassermoderierter Reaktor, SWR (mit D₂O als Moderatorsubstanz)

**heavyweight aggregate** (Build, Civ Eng) / Schwerzuschlag m (mit einer Korndichte von wesentlich über 3 kg/dm³ - für Schwerbeton), Schwerbetonzuschlag m ‖ ~ **aggregate** (Build) / Normalzuschlag (schwerer - DIN 4226) ‖ ~ **coating** (Surf) / Dickbeschichtung f ‖ ~ **concrete** (Build, Civ Eng) / Schwerbeton m (mit Schwerzuschlag), Beton m mit höherer Rohdichteklasse (mehr als 2,8 kg/dm³)

**heazlewoodite*** n (Min) / Heazlewoodit m (ein sulfidisches Mineral - im Serpentin neben Pentlandit und Awaruit, trigonales Ni₃S₂)

**Hebraic granite** (Geol) / Schriftgranit m (winkelig-eckige Verwachsung von Quarz und Feldspat)

**Hebrew characters** (Typog) / hebräische Schrift ‖ ≙ **type** (Typog) / hebräische Schrift
**HECD** (Hall-electrolytic-conductivity detector) (Chem) / Hall-Detektor m (für die gaschromatografische Spurenanalyse), HECD (Hall-Detektor)
**heckle** v (Textiles) / hecheln v (Flachs, Hanf) ‖ ~ n (Textiles) / Hechelkamm m, Hechel f
**heckling** n (Agric, Textiles) / Hecheln n (Flachs, Hanf)
**heck-mounted buck rake** (Agric) / Heckschiebesammler m (am Dreipunktanbau des Traktorhecks befestigter)
**Heck reaction** (Chem) / Heck-Reaktion f
**hectarage** n (Agric) / Anbaufläche f in Hektar
**hectare*** n (Agric, Surv) / Hektar n m, ha (Einheit der Fläche = $10^4$ m²)
**hectometre stone** (Rail) / Hektometerstein m (für die Unterteilung der Kilometerstrecken in 100-m-Abschnitte)
**hectometric wave*** (Radio) / Hektometerwelle f (300-3000 kHz)
**hectopascal** n (Meteor) / Hektopascal n (das einem Millibar entspricht), hPa
**hectorite*** n (Min) / Hektorit m, Hectorit m (Tonmineral, das aus Li-führenden Glimmern und anderen Li-Silikaten entsteht)
**heddle*** n (Weaving) / Litze f, Weblitze f, Helfe f (ein Hubelement mit Auge)
**hedenbergite*** n (Min) / Hedenbergit m (Kalziumeisen(III)-disilikat - ein monoklines Pyroxen)
**hedeoma oil** / Amerikanisches Poleiöl, Pennyroyalöl n (aus der Hedeoma pulegioides (L.) Pers.)
**hederin** n (Pharm) / Hederin n (aus dem Efeu)
**hedge** n (Agric) / Hecke f, Lebendzaun m ‖ ~ **cutter** (Agric) / Heckenschneidmaschine f, [batteriebetriebene] Heckenschere f
**hedgehopping** n (Aero) / Terrainfolgeflug m, Konturenflug m
**hedgerow** n (Agric) / Hecke f, Lebendzaun m ‖ ~ **trees** (Agric, For) / Flurholz n
**hedge trimmer** (battery-operated) (Agric) / Heckenschneidmaschine f, [batteriebetriebene] Heckenschere f
**Hedström number** (Phys) / Hedströmzahl f (eine dimensionslose Ähnlichkeitskennzahl zur Kennzeichnung viskoplastischer Deformationszustände)
**Hedvall effect** (Phys) / Hedvall-Effekt m (Festkörperreaktionen verlaufen schneller, wenn die am Prozess beteiligten Partner Phasenumwandlungen durchmachen)
**HEED** (Phys) / Hochenergieelektronenbeugung f, Beugung f mit energiereichen Elektronen, HEED (Methode zur Untersuchung der Oberfläche von Folien, Dünnschichten und Kleinstpartikeln, die auf Beugungserscheinungen bei energiereichen Elektronen beruht)
**Heegner crystal oscillator** (Electronics) / Quarzoszillator m in Heegner-Schaltung
**heel** v (Ships) / krängen v ‖ ~ (Textiles) / anfersen v, fersen v ‖ ~ n / Absatz m (erhöhter Teil der Schuhsohle unter der Ferse) ‖ ~ (Agric) / Anlage f (des Pflugs), Pfluganlage f ‖ ~ (Autos) / Gleitstück n (am Unterbrecherhebel) ‖ ~* (Build) / unteres Ende, hinteres Ende n ‖ ~ (Chem Eng) / Rückstand m (z.B. Destillations- oder Tankrückstand) ‖ ~ (Civ Eng) / Absatz m (der Stützmauer) ‖ ~* (Elec Eng) / Hinterkante f (der Bürste), ablaufende Kante ‖ ~ (Eng) / Rückenkante f (des Spiralbohrers) ‖ ~ (Hyd Eng) / wasserseitiger Dammfuß ‖ ~ (Rail) / Zungenwurzel f, Weichenzungenwurzel f ‖ ~* (Ships) / Krängen n (Überlegen des Schiffes nach einer Seite), Krängung f ‖ ~ (Textiles) / Fuß m (der Nadel) ‖ ~ (Textiles) / Ferse f ‖ ~ (Tools) / Auflage f ‖ ~ **breast** / Absatzfront f (des Schuhabsatzes)
**heel-breast edge** / Halskante f (bei Schuhabsätzen) ‖ ~ **edge-trimming machine** / Halskantenfräsmaschine f (bei Schuhabsätzen)
**heel-covering machine** / Absatzüberziehmaschine f (für Schuhabsätze)
**heeler** n (Textiles) / Fersenmaschine f
**heeling** n (Ships) / Krängen n (Überlegen des Schiffes nach einer Seite), Krängung f ‖ ~ (Textiles) / Anfersen n ‖ ~ **board** / Absatzpappe f (für Schuhe) ‖ ~ **error*** (Ships) / Krängungsfehler m (des Kompasses) ‖ ~ **machine** (Textiles) / Fersenmaschine f ‖ ~ **magnet** (Ships) / Krängungsmagnet m ‖ ~ **tank** (Ships) / Krängungstank m
**heel narrowing** (Textiles) / Fersenminderung f (bei Strümpfen), Minderung f in der Fußwölbung ‖ ~ **of a shot** (Mining) / Vorgabe f, Längenvorgabe f (der größte Abstand einer Sprengladung von der nächsten freien Fläche) ‖ ~ **of a shot** (Mining) s. also burden ‖ ~ **of the frog** (Rail) / Herzstückende n
**heel-post*** n (Hyd Eng) / Drehsäule f, Wendesäule f (des Schleusentors)
**heel-seat laster** / Fersenzwickmaschine f (für Schuhe)
**heel shaving** / Absatzfräsen n (bei Schuhen) ‖ ~ **strap** (Build, Carp) / Sparrenanker m (zur Verbindung der Sparren mit der Pfette) ‖ ~ **tap** (an imperfection in glass bottles characterized by a bottom of uneven thickness) (Glass) / Flaschenboden n unregelmäßiger Dicke ‖ ~ **trimming** / Absatzfräsen n (bei Schuhen)
**HEF** (high-expansion foam) / Leichtschaum m (ein Löschmittel mit hoher Verschäumungszahl), Hochschaum m

**Hehner number** (Chem) / Hehner-Zahl f (Maßzahl für den prozentualen Anteil an im Wasser nicht löslichen Fettsäuren eines Fettes) ‖ ≙**'s test*** (Nut) / Nachweis m von Formaldehyd in Milch nach Hehner
**heifer** n (Agric, Leather) / Färse f
**height** n / Höhenlage f ‖ ~ (Aero) / Flughöhe f (der senkrechte Abstand eines Punktes von einer Bezugshöhe - also die Differenz zwischen Altitude und Elevation) ‖ ~ (Cartography) / Höhenstufe f ‖ ~ (Maths) / Höhe f (z.B. des Dreiecks) ‖ ~ (Typog) / Schrifthöhe f (DIN 16507) ‖ **whose ~ can be adjusted** (Eng) / höhenverstellbar adj ‖ ~ **above airport** (Aero) / Höhe f über dem Flughafen ‖ ~ **above ground** (Aero) / relative Höhe, Höhe f über Grund
**height-adjustable** adj (Eng) / höhenverstellbar adj
**height adjustment** (Eng) / Höhenverstellung f
**heighten** v (Build) / aufstocken v
**heightening** n (Build) / Aufstockung f ‖ ~ (Hyd Eng) / Aufkadung f (vorübergehende Erhöhung eines Deiches bei steigendem Wasser durch leicht zu beschaffende Baustoffe)
**height equivalent to a theoretical plate** (the column length divided by the number of equilibrium steps in the column) (Chem) / HETP-Wert m, äquivalente Füllkörperhöhe, Trennstufenhöhe f, Höhe f einer theoretischen Trennstufe (bei Füllkörperkolonnen)
**height-finder radar** (Radar) / Höhenmessradar m n
**height-finding radar** (ground-based radar measuring elevation to determine the target altitude) (Radar) / Höhenmessradar m n
**height loss** (Aero) / Höhenverlust m ‖ ~ **of a transfer unit*** (Chem Eng) / Höhe f einer Übertragungseinheit (Destillation) ‖ ~ **of capillary rise** (Build) / kapillarer Wasserhub ‖ ~ **of capillary rise** (Phys) / Steighöhe f (in der Kapillare bei der Kapillaraszension), kapillare Steighöhe, Kapillardruckhöhe f ‖ ~ **of engagement** (US) (Eng) / Überdeckung f (bei Gewinden nach DIN 13), Tragtiefe f ‖ ~ **of fall** (Phys) / Fallhöhe f ‖ ~ **of head** (Eng) / Kopfhöhe f (bei Schrauben) ‖ ~ **of instrument*** (Surv) / Instrumentenhöhe f ‖ ~ **of lift** (Eng) / Hubhöhe f, Förderhöhe f (senkrechter Abstand zwischen unterer und oberer Endstellung des Gutträgers), Steighöhe f ‖ ~ **of raised water** (Hyd Eng) / Stauhöhe f, Stauspiegel m ‖ ~ **of shank** (Typog) / Schulterhöhe f ‖ ~ **of shoulder** (Typog) / Schulterhöhe f ‖ ~ **power factor*** (Aero) / Höhenleistung f (eines Flugmotors)
**Heilmeier cell** (Electronics) / Heilmeier-Zelle f (eine Flüssigkristall-Farbstoffzelle)
**Heine-Borel theorem** (Maths) / Heine-Borel-Überdeckungssatz m, Satz m von Heine-Borel (nach E. Heine, 1821 - 1881)
**Heisenberg picture** (Phys) / Heisenberg-Darstellung f, Heisenberg-Bild n, Matrixdarstellung f (der Quantenmechanik) ‖ ≙ **principle** (Phys) / Heisenberg'sches Unbestimmtheitsprinzip (nach W. Heisenberg, 1901 - 1976), Unschärferelation f ‖ ≙ **representation** (Phys) / Heisenberg-Darstellung f, Heisenberg-Bild n, Matrixdarstellung f (der Quantenmechanik) ‖ ≙ **uncertainty principle*** (Phys) / Heisenberg'sches Unbestimmtheitsprinzip (nach W. Heisenberg, 1901 - 1976), Unschärferelation f ‖ ≙ **uncertainty relation** (Phys) / Heisenberg'sches Unbestimmtheitsprinzip (nach W. Heisenberg, 1901 - 1976), Unschärferelation f
**Heising modulation*** (Electronics) / Parallelröhrenmodulation f, Anodenspannungsmodulation f, Heising-Modulation f (mit Parallelröhren)
**Heitler-London theory** (Chem) / Heitler-London-Theorie f (nach W. Heitler, 1904-1981, und F. London, 1900-1954) ‖ ≙ **theory** (Chem) s. also valence-bond theory
**HEL** (helicopter) (Aero) / Hubschrauber m, Helikopter m ‖ ≙ (hardware emulation layer) (Comp) / Hardware Emulation Layer ‖ ≙ (high-power laser) (Phys) / Hochleistungslaser m
**held water** (Build, Civ Eng, Phys) / Bodenfeuchtigkeit f ‖ ~ **water** (Geol) / vadoses Wasser (in der Erdkruste zirkulierendes, dem Wasserkreislauf angehörendes (v.a. Grund-)Wasser, das aus Sicker- und Niederschlagswasser entsteht), Kreislaufwasser n (vadoses Wasser)
**helenalin** n (Chem) / Helenalin n (Trivialname für ein Sesquiterpen-Lakton) ‖ ~ (Chem) s. also helenin
**helenin** n (Chem) / Alantolakton n, Alantolacton n, Helenin n, Inulakampfer m
**heliacal** adj (rising, setting) (Astron) / helisch adj, heliakisch adj (von der Stellung Gestirn-Sonne-Erde abhängig - Aufgang, Untergang)
**helianthine*** n (Chem) / Methylorange n (ein Azofarbstoff), Orange n III, Helianthin n (ein Natriumsalz der 4'-Dimethylaminoazobenzol-4'-sulfonsäure)
**heli-arc welding*** (Welding) / Heliarc-Verfahren n (mit Heliumgas zur Kühlung und Oxidationsverhinderung), Heliarc-Schweißen n
**Heliarc welding** (an inert-gas-shielded arc welding) (Welding) / Heliarc-Verfahren n (mit Heliumgas zur Kühlung und Oxidationsverhinderung), Heliarc-Schweißen n
**heliborne** adj (Aero) / mit einem Hubschrauber transportiert

**helical** *adj* (as a cylindrical spiral) / wendelförmig *adj*, drallförmig *adj*, Schrauben-, schraubenförmig *adj*, spiralend *adj* ‖ ~ (Chem) / helikal *adj* (helixartig), helical *adj*, helixförmig *adj* ‖ ~ (Eng) / schrägverzahnt *adj* ‖ ~ **accelerator** (Nuc) / Wendellinearbeschleuniger *m*, Wendelbeschleuniger *m*, Helixbeschleuniger *m* ‖ ~ **antenna**\* (Radar, Telecomm) / Korkenzieherantenne *f*, Wendelantenne *f* (die aus einem einseitig gespeisten, zu einer geraden Wendel gebogenen Leiter besteht), Helixantenne *f*, Schraubenantenne *f* ‖ ~ **auger** (Civ Eng, Mining) / Schneckenbohrer *m* ‖ ~ **chip type A** (Eng) / Wendelspan *m* (in Form einer Wendel) ‖ ~ **chip type B** (Eng) / Lockenspan *m* (in Form einer Korkenzieherlocke) ‖ ~ **chirality** (Chem) / helikale Chiralität, helicale Chiralität
**helical-coil-type slide fastener** (Textiles) / Spiralreißverschluss *m*
**helical compression spring** (Eng) / Schraubendruckfeder *f* (zylindrische) ‖ ~ **compressor** (Eng) / Schraubenverdichter *m* (heute meistens mit Kunststoff-Keramik-Verbundrotoren), Schraubenkompressor *m*, Lysholm-Verdichter *m* (zweiwelliger) ‖ ~ **computed tomography** (Radiol) / Spiral-Computertomografie *f*, Spiral-CT *f* ‖ ~ **conductor** (Elec Eng) / Wendelleiter *m* ‖ ~ **CT** (Radiol) / Spiral-Computertomografie *f*, Spiral-CT *f* ‖ ~ **filter** (Elec Eng) / Helixfilter *n* (elektrisches Filter mit Helix-Resonatoren) ‖ ~ **flute** (Tools) / schraubenförmige Nut
**helical-flute reamer** (US) (Eng) / Schälreibahle *f*
**helical gear** (Eng) / schrägverzahnter Zahnradsatz ‖ ~ **gear**\* (Eng) / Schrägstirnrad *n* (DIN 3960) ‖ ~ **line** (Elec Eng) / Helix *f* (pl. Helices), Wendelleitung *f*
**helically coiled spiral spring** (Eng) / schraubenförmig gewundene Biegefeder
**helical milling** (Eng) / Schraubfräsen *n*, Drallfräsen *n*, Spiralfräsen *n* ‖ ~ **mixer** (Eng, Nut) / Spiralrührer *m* ‖ ~ **molecule** (Chem) / helikales Molekül, helicales Molekül ‖ ~ **potentiometer** (Elec Eng) / Helipot *n*, Wendelpotentiometer *n*, Mehrgangspotentiometer *n*, Mehrfachwendelpotentiometer *n*, mehrgängiges Potentiometer ‖ ~ **rack** (Eng) / schrägverzahnte Zahnstange ‖ ~ **recording** (Acous, Electronics, Mag) / Schrägspuraufzeichnung *f*, Schrägspurverfahren *n*, Schrägschriftaufzeichnung *f* ‖ ~ **reinforcement** (Build, Civ Eng) / Wendelbewehrung *f*, Spiralbewehrung *f* ‖ ~ **resonator** (Radio) / Helixkreis *m* (Selektionskreis sehr hoher Güte für UKW-Eingangsstufen) ‖ ~ **scanning** (Radar) / Wendelabsuchen *n* ‖ ~ **scanning** (TV) / Schraubenlinienabtastung *f*
**helical-scan recording** (Acous, Electronics, Mag) / Schrägspuraufzeichnung *f*, Schrägspurverfahren *n*, Schrägschriftaufzeichnung *f*
**helical-screw compressor** (Eng) / Schraubenverdichter *m* (heute meistens mit Kunststoff-Keramik-Verbundrotoren), Schraubenkompressor *m*, Lysholm-Verdichter *m* (zweiwelliger)
**helical spring**\* (Eng) / Schraubenfeder *f* (DIN 2088)
**helical-spring gear** (Rail) / Federtopfantrieb *m* ‖ ~ **manometer** / Schraubenfedermanometer *n* (Rohrfedermanometer mit schraubenförmig gebogener Rohrfeder)
**helical staircase** (Build) / Wendeltreppe *f* (mit Treppenspindel), Spindeltreppe *f* ‖ ~ **teeth** (Eng) / Schrägverzahnung *f*, Schrägzähne *m pl* ‖ ~ **tension spring** (Eng) / Schraubenzugfeder *f* ‖ ~ **thread** (Eng) / Drall *m* (zur Selbsthemmung - bei einem Nagel) ‖ ~ **torsion spring** (Eng) / biegebeanspruchte Schraubenfeder, Schenkelfeder *f*, Schraubenverdrehfeder *f* ‖ ~ **track potentiometer** (Elec Eng) / Helipot *n*, Wendelpotentiometer *n*, Mehrgangspotentiometer *n*, Mehrfachwendelpotentiometer *n*, mehrgängiges Potentiometer
**helical-type flow** (Phys) / Umlaufströmung *f*, Drallströmung *f*
**helical videotape recorder** / Videobandgerät *n* mit Schrägspuraufzeichnung *f* ‖ ~ **waveguide**\* (Telecomm) / Wendelleiter *m*
**helicenes** *pl* (angular condensed aromates) (Chem) / Helicene *n pl*
**helicitic** *adj* (Geol) / helicitisch *adj*
**helicity** *n* (a special type of chirality) (Chem) / Helicität *f*, Helizität *f* ‖ ~ (a quantum-mechanical operator) (Nuc) / Helicität *f*, Helizität *f* (Schraubensinn)
**helicoid**\* *n* (Maths) / Helikoid *n* (eine Fläche, die durch Schraubenbewegung einer ebenen Kurve um eine feste Achse erzeugt wird), Schraubenregelfläche *f* ‖ ~ *adj* / wendelförmig *adj*, drallförmig *adj*, Schrauben-, schraubenförmig *adj*, spiralend *adj*
**helicoidal** *adj* / wendelförmig *adj*, drallförmig *adj*, Schrauben-, schraubenförmig *adj*, spiralend *adj* ‖ ~ **motion** (Eng, Maths) / Schraubenbewegung *f*, Schraubung *f* ‖ ~ **vibrating conveyor** (Eng) / Wendelschwingförderer *m*, Wendelschwingrinne *f*
**Helicoil** *n* (Eng) / Gewindeeinsatz *m* aus Draht (DIN 8140), Gewindedrahteinsatz *m*, Helicoil-Einsatz *m*
**helicon** *n* (Phys) / Helikon *n* (elektromagnetische Welle in Metallen oder Halbleitern in einem homogenen Magnetfeld) ‖ ~ (Radio) / Helicon *n* (Halbleiteranordnung mit negativem Widerstand für cm-Wellen)

**helicopter** *v* (Aero) / mit dem (den) Hubschrauber fliegen (transportieren) ‖ ~\* *n* (Aero) / Hubschrauber *m*, Helikopter *m*
**helicopter-borne** (Aero) / mit einem Hubschrauber transportiert
**helicopter carrier** (Mil, Ships) / Träger *m* für Hubschrauber, Hubschrauberträger *m* ‖ ~ **gunship** (Aero, Mil) / Kampfhubschrauber *m* ‖ ~ **logging** (For) / Hubschrauberbringung *f*, Helikopterbringung *f* ‖ ~ **pilot** (Aero) / Hubschrauberführer *m* ‖ ~ **pilot licence** (Aero) / Luftfahrerschein *m* für Hubschrauberführer ‖ ~ **platform** (Aero) / Hubschrauberlandedeck *n*, Hubschrauberdeck *n*
**helideck** *n* (Aero) / Hubschrauberlandedeck *n*, Hubschrauberdeck *n*
**helidrome** *n* (Aero) / Hubschrauberflughafen *m*, Heliport *m* (Landeplatz für Hubschrauber), Hubschrauberlandeplatz *m*, Helikopterlandeplatz *m*
**heligyro** *n* (Aero) / Hubtragschrauber *m* (z.B. Marchetti)
**helimagnetism** *n* (Mag) / Helimagnetismus *m*, Helixmagnetismus *m*, Magnetismus *m* mit Spiralstruktur
**heliocentric** *adj* (Astron) / heliozentrisch *adj* ‖ ~ **parallax**\* (Astron) / jährliche Parallaxe
**heliochemistry** *n* (Chem) / Heliochemie *f*
**heliodor**\* *n* (Min) / Heliodor *m* (aus Namibia stammender Goldberyll)
**heliograph** *n* (Astron, Optics) / Heliograf *m* (ein Fernrohrfilmkamerasystem zur Herstellung von Fotografien und Filmen der Sonne) ‖ ~ (Geophys) / Heliograf *m* (Gerät zur Registrierung der Sonnenscheindauer) ‖ ~\* (Ships, Surv) / Heliograf *m*, Sonnenblinkgerät *n*, Tagespeilspiegel *m* (Signalübermittlung mittels in einem Spiegel reflektierter Sonnenstrahlen) ‖ ~ **paper** (Photog) / Auskopierpapier *n*, Tageslichtpapier *n* (z.B. Aristopapier)
**heliogravure** *n* (Print) / Heliogravüre *f*, Fotogravüre *f* ‖ ~ **paper** (Photog) / Auskopierpapier *n*, Tageslichtpapier *n* (z.B. Aristopapier)
**heliolite** *n* (Min) / Aventurinfeldspat *m*, Sonnenstein *m*
**heliometer**\* *n* (Astron) / Heliometer *n* (Fernrohr zur Messung von kleinen Winkelabständen von Gestirnen)
**helion** *n* (Nuc) / Helion *n* (ein Alphateilchen)
**heliophile** *adj* (Biol, Ecol) / lichtliebend *adj*, heliophil *adj*, fotophil *adj*, sonneliebend *adj*
**heliophilous** *adj* (Biol, Ecol) / lichtliebend *adj*, heliophil *adj*, fotophil *adj*, sonneliebend *adj*
**heliophobous** *adj* (Biol, Ecol) / lichtmeidend *adj*, lichtscheu *adj*, heliophob *adj* (den Sonnenschein meidend ), fotophob *adj*, sonnefliehend *adj*, schattenliebend *adj*
**heliosphere** *n* (Astron) / Heliosphäre *f* (weit über die Bahnen der äußeren Planeten hinaus sich erstreckender Bereich des Weltalls, in dem das interplanetare Magnetfeld nachweisbar ist)
**heliostat**\* *n* (Astron) / Heliostat *m* (auch Strahlungsbündler in der Heliotechnik)
**heliostation** *n* (Elec Eng) / solarthermisches Kraftwerk, Sonnenkraftwerk *n* (z.B. Eurelios), Solarkraftwerk *n*
**heliosynchronous** *adj* / heliosynchron *adj* (Bahn in der Satellitentechnik)
**heliotechnology** *n* / Solarenergietechnik *f*, Solartechnik *f*, Heliotechnik *f*
**heliotherapy**\* *n* (Med) / Heliotherapie *f* (Heilbehandlung mit Sonnenlicht)
**heliotrope**\* *n* (Min) / Heliotrop *m*, Blutjaspis *m* (ein lauchgrüner Chalzedon mit blutroten Punkten) ‖ ~\* (Surv) / Heliotrop *n* (ein altes Gerät zur Sichtbarmachung von Zielpunkten auf größere Entfernungen)
**heliotropin** *n* (Chem) / Piperonal *n*, Heliotropin *n*
**heliotropism**\* *n* (Bot) / Heliotropismus *m* (durch einseitigen Sonnenlichteinfall), Lichtwendigkeit *f* (der Pflanzen)
**heliotropium alkaloid** (Pharm) / Heliotropium-Alkaloid *n* (ein Pyrrolizidinalkaloid aus Heliotropium-Arten)
**helipad** *n* (a particular location on the airfield, building or other area specifically designated as the place of helicopter landings and take-offs) (Aero) / Hubschrauber(lande)plattform *f*
**heliphobic** *adj* (Biol, Ecol) / lichtmeidend *adj*, lichtscheu *adj*, heliophob *adj* (den Sonnenschein meidend ), fotophob *adj*, sonnefliehend *adj*, schattenliebend *adj*
**heliport** *n* (an area of land or water, used or intended to be used for the landing and take-offs of helicopters) (Aero) / Hubschrauberflughafen *m*, Heliport *m* (Landeplatz für Hubschrauber), Hubschrauberlandeplatz *m*, Helikopterlandeplatz *m* ‖ ~ **deck** (Aero) / Hubschrauber(lande)plattform *f*
**Helipot**\* *n* (Elec Eng) / Helipot *n*, Wendelpotentiometer *n*, Mehrgangspotentiometer *n*, Mehrfachwendelpotentiometer *n*, mehrgängiges Potentiometer
**helistop** *n* (Aero) / Hubschrauberstation *f*, Helikopterstation *f*
**helium**\* *n* (Chem) / Helium *n*, He (Helium)
**helium-3** *n* (Chem) / He-3 *n* (ein leichteres Isotop von Helium)
**helium air-bag generator** (Autos) / Helium-Airbag-Generator *m* ‖ ~ **burning** (Astron, Nuc Eng) / Heliumbrennen *n* ($3\alpha$-Prozess)

**helium-cadmium**

**helium-cadmium laser** (Phys) / Helium-Cadmium-Laser m, Helium-Kadmium-Laser m, HeCd-Laser m
**helium compressor** (Nuc Eng) / Heliumkompressor m, Heliumverdichter m ‖ **~-cooled reactor** (Nuc Eng) / heliumgekühlter Reaktor (DIN 25402) ‖ **~ cooling** (Nuc Eng) / Heliumkühlung f ‖ **~ detector** (Chem) / Heliumdetektor m, HeD, Heliumionisationsdetektor m ‖ **~ diving-bell**\* / Heliumtaucherglocke f ‖ **~ embrittlement** (Nuc) / Heliumversprödung f
**helium-excited Auger electron spectroscopy** (Spectr) / heliumangeregte Auger-Elektronenspektroskopie
**helium flash** (Astron) / Heliumblitz m (ein Ereignis in der Entwicklung eines Sterns) ‖ **~ n II** (Chem, Phys) / Helium n II (flüssige Modifikation des Heliums) ‖ **~ ion** (Nuc) / Heliumion n ‖ **~ ionization detector** (Chem) / Heliumdetektor m, HeD, Heliumionisationsdetektor m ‖ **~ leak detector** / Heliumlecksucher m ‖ **~ leak indicator** / Heliumlecksucher m ‖ **~ method** (Geol) / Heliummethode f (der Altersbestimmung von Gesteinen) ‖ **~-neon laser**\* (Phys) / Helium-Neon-Laser m (ein Gaslaser), He-Ne-Laser m ‖ **~ nucleus** (Nuc) / Alphateilchen n, Heliumkern m, α-Teilchen n ‖ **~ star** (Astron) / Heliumstern m (mit starken Heliumlinien im Spektrum) ‖ **~ three** (Chem) / He-3 n (ein leichteres Isotop von Helium) ‖ **~ turbine** / Heliumturbine f (mit Helium als Arbeitsmittel)
**helium-turbine high-temperature reactor** (Nuc Eng) / Hochtemperaturreaktor m mit Heliumturbine
**helium two** (Chem, Phys) / Helium n II (flüssige Modifikation des Heliums) ‖ **~ voice** (Acous) / Donald-Duck-Effekt m (beim Tauchen)
**helix** n (pl. helices or -es) (Autos) / Steuerkante f (des Pumpenkolbens) ‖ **~** (pl. helices or -es) (Biochem) / Helix f (pl. Helices), Helixstruktur f ‖ **~** (pl. helices or -es) (Chem Eng) / Wendel f (bei den Füllkörpern) ‖ **~\*** (pl. helices or -es) (Elec Eng) / Helix f (pl. Helices), Wendelleitung f ‖ **~** (pl. helices or -es) (Eng) / Drall m (bei schraubenverzahnten Fräsern) ‖ **~\*** (circular) (pl. helices or -es) (a curve that lies on a cylinder and makes a constant angle with line segments making up the surface of the cylinder) (Maths) / Schraubenlinie f (gemeine), Schneckenlinie f, Wendel f, Helix f (pl. Helices), Böschungslinie f ‖ **~** (pl. helices or -es) (Telecomm) / Schreibspirale f (eines Empfängers) ‖ **~ accelerator** (Nuc) / Wendellinearbeschleuniger m, Wendelbeschleuniger m, Helixbeschleuniger m ‖ **~ angle** (Eng) / Drallwinkel m (Steigungswinkel eines schraubenverzahnten Fräsers), Spiralwinkel m (bei Fräsern) ‖ **~ angle** (Eng) / Steigungswinkel m (eine geometrische Größe an Gewinden) ‖ **~ angle** (Eng) / Span-Nutwinkel m, Drallwinkel m (zwischen Nebenschneide und Bohrerachse am betrachteten Schneidepunkt) ‖ **~ angle** (Eng) / Schrägungswinkel m (bei Schrägverzahnung nach DIN 3960 - Schrägungswinkel und Steigungswinkel sind komplementär) ‖ **~ angle** (Maths) / Neigungswinkel m der Schraubenlinie
**Hellerman measure** (Comp) / Hellerman-Maß n (ein Softwaremaß)
**Hell-Volhard-Zelinsky reaction** (Chem) / Hell-Volhard-Zelinsky-Reaktion f (zur Halogenierung von Carbonsäuren in α-Stellung mit Hilfe von Phosphorhalogeniden als Katalysatoren)
**helm** n (Ships) / Ruder n (am Heck, bei Fährschiffen auch am Bug)
**helmet** n / Helm m (Sturz-, Schutz-) ‖ **~\*** (Civ Eng) / Rammpfahlkopfschutz m, Pfahlkopfschutz m (gegen Aufsplitterung beim Rammen, z.B. Pfahlring), Schlaghaube f (des Rammpfahls), Rammhaube f ‖ **~ camera** (Cinema) / Helmkamera f ‖ **~ connector** (Elec Eng) / Polglocke f (konische Kappe zum Anschluss eines Batteriekabels an einen Endpol)
**helmeted** adj / behelmt adj, mit Helm
**helmet lug** (Elec Eng) / Polglocke f (konische Kappe zum Anschluss eines Batteriekabels an einen Endpol)
**helmet-mounted binoculars** (Aero) / helmintegriertes Doppelfernrohr ‖ **~ sight system** (Aero, Mil) / Helmvisiersystem n (elektronisch-optische Hilfsvorrichtung für die Piloten)
**helmet sight system** (Aero, Mil) / Helmvisiersystem n (elektronisch-optische Hilfsvorrichtung für die Piloten)
**Helmholtz cell** (Chem) / Helmholtz'sche Doppelzelle (eine Konzentrationszelle ohne Überführung) ‖ **~ coils**\* (a coaxial pair of cylindrical current-carrying coils, separated by exactly the radius of the coils) (Mag) / Helmholtz-Spulen f pl (zur Erzeugung eines sehr homogenen, allseitig zugänglichen und variablen Magnetfeldes) ‖ **~ double layer**\* (Chem, Phys) / Helmholtz'sche Doppelschicht (eine Schicht der elektrochemischen Doppelschicht), starre elektrochemische Doppelschicht, Stern-Doppelschicht f ‖ **~ equation** (Optics) / Helmholtz-Lagrange'sche Invariante (Grundlage der Abbildungsgleichung) ‖ **~ equations** / Helmholtz'sche Gleichungen (DIN 1324-3) ‖ **~ free energy** (a thermodynamic state function) (Phys) / freie Energie (F = U - TS - DIN 1345), Helmholtz-Energie f (nach H.v. Helmholtz, 1821-1894), A ‖ **~ function** (Phys) / freie Energie (F = U - TS - DIN 1345), Helmholtz-Energie f (nach H.v. Helmholtz, 1821-1894), A ‖ **~ potential** (Phys) / freie Energie (F = U - TS - DIN 1345), Helmholtz-Energie f (nach H.v. Helmholtz, 1821-1894), A ‖ **~ resonator**\* (Acous) / Helmholtz-Resonator m (eine zur Klanganalyse verwendete luftgefüllte Glas- oder Metallhohlkugel) ‖ **~'s theorem**\* (Elec Eng) / Thevenin'sches Theorem (nach L. Thevenin, 1857 - 1926), Helmholtz'scher Satz (der Zweipoltheorie), Satz m von Helmholtz (von der Ersatzspannungsquelle), Satz m von der Ersatzquelle
**helm port** (Ships) / Ruderkoker m ‖ **~ roof** (Build) / Rhombendach n, Rautendach n (Dachform, deren Dachfläche in Form von vier Rauten zwischen vier Giebeln den Abschluss bildet)
**helmsman** n (Ships) / Rudergänger m, Rudergast m, Rudersmann m
**help** n (Comp) / Help n (Einrichtung zur Unterstützung des richtigen Programmablaufs am Computer), Anwenderhilfe f ‖ **~** (Comp) / HELP-Befehl m, Hilfebefehl m (bei interaktiven Systemen) ‖ **~ desk** (Comp) / HELP-Desk m (zentrale Anlaufstelle des Benutzerservices für Supportanfragen)
**helper** n (Plastics) / Vorstreckstempel m, Helfer m (für Blasfolien) ‖ **~** (US) (Rail) / Rangierlokomotive f, Verschiebelokomotive f, Schiebelokomotive f ‖ **~** (US) (Rail) / Beimann m (Triebfahrzeug) ‖ **~ spring** (Eng) / Zusatzfeder f ‖ **~ T cell** (a lymphocyte cell of the immune system) (Cyt) / T-Helfer-Lymphozyt m ‖ **~ tower** / Ablaufkühlturm m (der lediglich für Ablaufkühlung ausgelegt ist)
**help function** (Comp) / HELP-Funktion f, Unterstützungsfunktion f (HELP-Funktion), Hilfemeldung f ‖ **~ key** (Comp) / Hilfetaste f ‖ **~ menu** (Comp) / Hilfemenü n ‖ **~ screen** (Comp) / Hilfebildschirm m ‖ **~ system** (Comp) / HELP-Funktion f, Unterstützungsfunktion f (HELP-Funktion), Hilfemeldung f
**helve**\* n (Tools) / Stiel m (kleiner Axt), Heft n (Griff eines Werkzeugs), Griff m (meistens Ballengriff), Helm m (einer Axt, eines Beils) ‖ **~ hammer** (Bradley type)\* (Eng) / Hebelhammer m
**Helvetia leather** (Leather) / Helvetialeder n (ein sehr zähes, flexibles, fettgegerbtes Leder von gelber Farbe)
**helvine** n (Min) / Helvin m
**helvite** n (Min) / Helvin m
**HEM**\* (hybrid electromagnetic wave) (Elec) / gemischte elektromagnetische Welle, hybride elektromagnetische Welle
**hem** n (Textiles) / umsäumen v, säumen v ‖ **~** (Textiles) / einfassen v, säumen v ‖ **~** (Textiles) / paspelieren v, paspeln v, besetzen v (mit einer Paspel) ‖ **~** n (Textiles) / Saum m (umgeschlagener befestigter Stoffrand, der die Schnittkanten vor dem Ausfransen schützt) ‖ **~** (Textiles) / Umschlag m (am Kleid)
**hematite**\* n (US) (Min) / Hämatit m (Eisen(III)-oxid)
**heme** n (US) (Biochem) / Häm n (Eisen(II)-komplex von Porphyrinen)
**hemellitene** n (Chem) / Hemimelliten n (1,2,3-Trimethylbenzol), Hemimellitol n
**hemi-acetal** n (Chem) / Halbazetal n, Hemiazetal n, Halbacetal n, Hemiacetal n
**hemianechoic** adj (Acous) / halbhallig adj (reflexionsfrei mit reflektierender Grundfläche)
**hemi-anechoic chamber** (Acous) / reflexionsarmer Halbraum (DIN 1320)
**hemianopia** n (Med) / Hemianopsie f, Halbsichtigkeit f
**hemianopsia** n (Med) / Hemianopsie f, Halbsichtigkeit f
**hemicellulose**\* n (Chem) / Hemizellulose f (Polysaccharide und Polyuronide im Holz), Hemicellulose f ‖ **~\*** (Chem) s. also pentosan
**hemicolloid**\* n (Chem) / Hemikolloid n (Kettengliederzahl 50 bis etwa 500), Semikolloid n
**hemicrystalline** adj (Crystal) / halbkristallinisch adj, halbkristallin adj, hemikristallin adj ‖ **~ rocks**\* (Geol) / hemikristalline Eruptivgesteine
**hemiformal** n (Chem) / Hemiformal n (Halbacetal des Formaldehyds)
**hemihedral** adj (Crystal) / halbflächig adj, hemiedrisch adj (wenn nur die Hälfte der möglichen Flächen eines Kristallsystems ausgebildet ist)
**hemihedron** n (pl. -drons or -dra) (Crystal) / Hemieder n, Halbflächner m
**hemihedry** n (Crystal) / Hemiedrie f
**hemihydrate** n (Chem, Min) / Halbhydrat n, Hemihydrat n ‖ **~ plaster** (+ anhydrite plaster) (Build) / Stuckgips m (Gemisch aus viel Halbhydrat und wenig Anhydrit) ‖ **~ plaster**\* (Chem) / Halbhydratgips m, Halbhydratplaster m (Stuckgips, Putzgips, Modellgips), Gipshalbhydrat n
**hemiketal** n (is to a ketone as a hemiacetal is to an aldehyde) (Chem) / Hemiketal n
**hemimellitene** n (Chem) / Hemimelliten n (1,2,3-Trimethylbenzol), Hemimellitol n
**hemimorphic** adj (Crystal) / hemimorph adj
**hemimorphism**\* n (Crystal) / Hemimorphie f

**hemimorphite*** *n* (natural zinc silicate) (Min) / Silikatgalmei *m*, Hemimorphit *m*, Gemeiner Galmei, Kieselzinkerz *n*, Kieselgalmei *m*, Kalamin *m*
**hemiparasite** *n* (Ecol, Zool) / Hemiparasit *m*, Halbparasit *m*, Halbschmarotzer *m*
**hemipelagic** *adj* (Geol) / hemipelagisch *adj* (Bezeichnung für Meeressedimente in Tiefen von -200 bis -2700 m)
**hemisphere*** *n* / Hemisphäre *f* (Erd- oder Himmelshalbkugel) ‖ ~ (Photog) / Diffusorkalotte *f* (für die Mittelwertbildung bei den Belichtungsmessern)
**hemispheric** *adj* / hemisphärisch *adj*, halbkugelförmig *adj*, Halbkugel-
**hemispherical** *adj* / hemisphärisch *adj*, halbkugelförmig *adj*, Halbkugel- ‖ ~ **microlens** / Mikrokugellinse *f* (in Lichtwellenleitern)
**hemispheric diffuser** (Photog) / Diffusorkalotte *f* (für die Mittelwertbildung bei den Belichtungsmessern)
**hemiterpene** *n* (Chem) / Hemiterpen *n* (z.B. Isopren)
**hemitropic winding** (Elec Eng) / Halbspulenwicklung *f*
**hemlock** *n* (For) / Hemlocktanne *f*, Schierlingstanne *f* (Tsuga Carrière), Tsuga *f* ‖ ~ (For) s. also western hemlock ‖ ~ **bark** (Leather) / Hemlocktannenrinde *f*, Hemlockrinde *f* ‖ ~ **leather** (Leather) / mit Hemlocktannenrinde(nextrakt) gegerbtes Leder ‖ ~ **oil** / Hemlocktannennadelöl *n* (ein Koniferenöl), Schierlingstannennadelöl *n*, Spruce-Tannennadelöl *n*, Spruceöl *n* ‖ ~ **pitch** / Kanadisches Pech (meist von Tsuga canadensis (L.) Carrière)
**hemmed seam** (Textiles) / Hohlnaht *f*
**hemmer** *n* (Textiles) / Säumerfuß *m* (bei Nähmaschinen), Säumer *m*, Säumfüßchen *n*
**hemming attachment** (Textiles) / Säumapparat *m*, Hohlsäumapparat *m* ‖ ~ **foot** (Textiles) / Säumerfuß *m* (bei Nähmaschinen), Säumer *m*, Säumfüßchen *n*
**hemo-** (US) (Biochem, Physiol) / Hämo- (Bestimmungswort von Zusammensetzungen mit der Bedeutung "Blut")
**hemoglobin*** *n* (US) (Biochem, Med) / Hämoglobin *n*, Hb (Hämoglobin) (der rote Blutfarbstoff in den Erythrozyten der Wirbeltiere)
**hemoglobinopathy** *n* (US) (Biochem, Med) / Hämoglobinopathie *f* (erbliche Blutkrankheit)
**hemolytic** *adj* (US) (Biochem, Med) / hämolytisch *adj*
**hemoprotein** *n* (US) (Biochem, Med) / Hämoprotein *n* (konjugiertes Protein, das als prosthetische Gruppe ein Häm enthält), Hämprotein *n*
**hemotoxin** *n* (US) (Biochem, Med) / Blutgift *n*, Hämotoxin *n* (Blutgift)
**hemp*** *n* (Bot, Textiles) / Hanf *m* ‖ ~ **cord** / Hanfkordel *f*, Hanfschnur *f* ‖ ~ **core** (Cables) / Hanfseele *f*, Hanfeinlage *f*
**Hempel burette*** (Chem) / Hempelbürette *f*, Hempel'sche Gasbürette (eine Gasbürette - nach W. Hempel, 1851-1916) ‖ ≙ **pipette** (Chem) / Hempelpipette *f* (eine Gaspipette)
**hemp fibre** (Textiles) / Hanffaser *f*, HA (Hanffaser nach DIN 60 001, T 4) ‖ ~ **hards** (Agric) / Hanfwerg *n*, Hanfhede *f* ‖ ~ **packing** / Handfdichtung *f* ‖ ~ **paper** (Paper) / Hanfpapier *n*, Tauenpapier *n* (holzfreies oder leicht holzhaltiges, scharf satiniertes Packpapier, im Allgemeinen aus Sulfitzellstoff, meist getönt, teilweise auch gemustert) ‖ ~ **rope** / Hanfseil *n* (DIN 83 325)
**hemp-seed oil** / Hanföl *n*, Hanfsamenöl *n*
**hemp shives** (For) / Hanfschäben *f pl* (zur Spanplattenherstellung) ‖ ~ **spinning** (Spinning) / Hanfspinnerei *f* (als Tätigkeit) ‖ ~ **spinning mill** (Spinning) / Hanfspinnerei *f* (ein Textilbetrieb) ‖ ~ **thread** (Textiles) / Hanfzwirn *m* ‖ ~ **tow** (Agric) / Hanfwerg *n*, Hanfhede *f*
**hem-stitch** (Textiles) / Hohlsaum *m*
**HEMT*** (high-electron-mobility transistor) (Electronics) / HEM-Transistor *m* (extrem schneller und rauscharmer Feldeffekttransistor, der die hohe Beweglichkeit eines zweidimensionalen Elektronengases ausnutzt), HEMT (HEM-Transistor), Transistor *m* mit hoher Ladungsträgerbeweglichkeit, Transistor *m* mit hoher Elektronenmobilität (ein superschneller Transistor)
**HEM wave*** (Elec) / gemischte elektromagnetische Welle, hybride elektromagnetische Welle
**henbane** *n* (Bot) / Schwarzes Bilsenkraut (Hyoscyamus niger L.)
**hencooping** *n* (a form of cribwork) (Hyd Eng) / Uferbefestigung *f* aus dreieckigen Drahtbehältern mit Steinschüttung, die mit Weiden bepflanzt sind
**hendecagon** *n* (Maths) / Hendekagon *n* (Elfeck), Elfeck *n*
**hendecane** *n* (Chem) / Undecan (eingesetzt z.B. als Bezugssubstanz in der Gaschromatografie), Undekan *n*, Hendekan *n*, Hendecan *n*
**hendecanoic acid** (Chem) / Undecansäure *f* (Bestandteil einiger etherischer Öle), Undekansäure *f*, Hendecansäure *f*, Hendekansäure *f*, Undecylsäure *f*, Undezylsäure *f*
**hendecenoic acid** (Chem, Pharm) / Undecensäure *f*, Undezensäure *f*, Hendecensäure *f*, Hendezensäure *f*, Undecylensäure *f*, Undezylensäure *f*

**Henderson equation** (for pH) (Chem) / Henderson-Gleichung *f* (nach L.J. Henderson, 1878 - 1942), Henderson'sche Gleichung
**Henderson-Hasselbach equation** (Chem) / Henderson-Gleichung *f* (nach L.J. Henderson, 1878 - 1942), Henderson'sche Gleichung
**He-Ne laser*** (Phys) / Helium-Neon-Laser *m* (ein Gaslaser), He-Ne-Laser *m*
**He-Ne laser printer** (Comp) / He-Ne-Laserdrucker *m*
**henequen*** *n* / Henequenfaser *f* (Hartfaser aus den Blättern von Agave fourcroydes)
**henna** *n* (Bot) / Hennastrauch *m* (Lawsonia inermis L.), Henna *f* ‖ ~ (a red natural pigment) (Chem, Nut) / Henna *f* (pflanzliches Färbemittel), Alhenna *f*
**Hennebique pile** (Civ Eng) / Hennebiquepfahl *m* (nach F. Hennebique, 1842-1921)
**henry*** *n* (pl. henries or henrys) (the SI derived unit of inductance) (Elec) / Henry *n*, H (Henry - DIN 1301, T 1) (gesetzliche abgeleitete SI-Einheit der Induktivität - nach J. Henry, 1797 - 1878)
**Henry Draper catalog** (Astron) / Henry-Draper-Katalog *m* (in den Jahren 1918 bis 1924 bzw. 1925 bis 1936 am Harvard-College-Observatorium erstellter Sternkatalog - nach H. Draper, 1837 - 1882, benannt), HD-Katalog *m*, HD (Henry-Draper-Katalog), Draper-Katalog *m* (ein Durchmusterungskatalog)
**Henry's law*** (Chem) / Henry'sches Gesetz (nach W. Henry, 1774 - 1836), Henry-Verteilungssatz *m*
**hentriacontanol** *n* (Chem) / Hentriacontanol *n* (farbloser Wachsalkohol) ‖ **1-~** (Chem) / Melissylalkohol *m*, Myrizylalkohol *m* (farbloser Wachsalkohol), Myricylalkohol *m*, 1-Hentriacontanol *n*, 1- Triacontanol *n*
**Henyey track** (Astron) / Henyey-Linie *f* (der Entwicklungsweg eines Sterns im HRD)
**HEPA filter** (Ecol) / Schwebstoff-Luftfilter *n* der Sonderklasse "S", HEPA-Filter *n*, Absolutfilter *n*
**heparin*** *n* (an amino-sugar derivative produced by mast cells and acting as an anticoagulant in the blood) (Biochem, Med) / Heparin *n*
**heptachlor** *n* (Agric, Chem) / Heptachlorendomethylentetrahydroinden *n*, Heptachlor *n* (ein Cyclodien-Insektizid - in der BRD nicht zugelassen)
**heptadecanoic, n-~ acid*** (Chem) / Margarinsäure *f* (n-Heptadekansäure), Daturinsäure *f*
**heptagon** *n* (Maths) / Heptagon *n*, Siebeneck *n*
**heptahydrate** *n* (Chem) / Heptahydrat *n*, 7-Hydrat *n*
**heptalene** *n* (Chem) / Heptalen *n*
**heptamethylnonane** (Chem, Fuels) / Heptamethylnonan *n* (ein zündunwilliger Kohlenwasserstoff), HMH
**heptan-1-al** *n* (Chem) / Önanthaldehyd *m*, n-Heptanal *n*, n-Heptylaldehyd *m*
**heptane*** *n* (Chem) / Heptan *n* (Kohlenwasserstoff der Alkanreihe)
**heptanedioic acid** (Chem) / Pimelinsäure *f* (eine höhere, gesättigte Dikarbonsäure), Heptandisäure *f* (1,5-Pentadicarbonsäure)
**heptanoic, n-~ acid** (Chem) / Heptansäure *f*, Önanthsäure *f*
**heptan-1-ol** *n* (Chem) / Heptan-1-ol *n*, Heptanol *n*, Heptylalkohol *m*
**heptanone** *n* (Chem) / Heptanon *n* (vom Heptan abgeleitetes aliphatisches Keton)
**heptavalence** *n* (Chem) / Heptavalenz *f*, Siebenwertigkeit *f*
**heptavalent*** *adj* (having a valency of seven) (Chem) / heptavalent *adj*, siebenwertig *adj*
**heptene** *n* (Chem) / Hepten *n* (zu den Alkenen gehörender Kohlenwasserstoff)
**heptode** *n* (Electronics) / Fünfgitter-Mischröhre *f*, Mischheptode *f*, Heptode *f* (eine Elektronenröhre mit Katode, Anode, zwei Steuergittern, zwei Schirmgittern und einem Bremsgitter)
**heptose*** *n* (Chem) / Heptose *f* (Monosaccharid mit sieben Sauerstoffatomen)
**heptoxide** *n* (Chem) / Heptoxid *n*
**heptulose** *n* (Chem) / Heptulose *f* (eine Ketose mit sieben Kohlenstoffatomen)
**heptyl alcohol** (Chem) / Heptan-1-ol *n*, Heptanol *n*, Heptylalkohol *m* ‖ ~ **cinnamate** (Chem) / Zimtsäureheptylester *m*
**heptylene** *n* (Chem) / Hepten *n* (zu den Alkenen gehörender Kohlenwasserstoff)
**herbage plant** (Agric) / Weidefutterpflanze *f*
**herbal remedies** (Med) / Naturheilmittel *n pl*
**Herbert pendulum** (Materials) / Herbert-Pendel *n* (zur dynamischen Härteprüfung in den USA) ‖ ≙ **pendulum hardness** (Materials) / dynamische Härteprüfung mit dem Herbert-Pendel
**herbicidal** *adj* / herbizid *adj*
**herbicide** *n* (Agric, Chem, Ecol) / Herbizid *n* (synthetischer Wirkstoff zur chemischen Bekämpfung von Unkräutern und Ungräsern), Unkrautbekämpfungsmittel *n*, Unkrautvertilgungsmittel *n*, Wildkrautbekämpfungsmittel *n* ‖ ~ **resistance** (Agric) / Herbizidresistenz *f*

**herbicide-resistant** *adj* (Agric) / herbizidresistent *adj*
**herbicide safener** (Ecol) / Safener *m* (Stoff, der einem Pflanzenschutzmittel zugesetzt wird, damit es auf die behandelten Kulturpflanzen nicht phytotoxisch wirkt)
**Herbig-Haro object\*** (Astron) / Herbig-Haro-Objekt *n* (eine interstellare Gaswolke)
**Herbrand universe** (AI) / Herbrand-Universum *n* (zu einer vorgegebenen Clausenmenge konstruierte Menge von Termen - nach J. Herbrand, 1908 -1931)
**Hercules crane** (a steam travelling crane with a horizontal swivelling jib used in harbour works for the setting of concrete blocks) (Eng, Ships) / schwerer Dampfdrehkran (meistens für Hafenarbeiten) || ~ **stone** (Min) / Magneteisenerz *n* (natürlicher Magnet), magnetisches Erz
**hercynite\*** *n* (Min) / Hercynit *m*, Ferrospinell *m* (Eisen/II/-aluminat)
**hereditary characteristic** (Gen, Med) / Erbmerkmal *n* || ~ **defect** (Gen) / Erbgutschaden *m*, Erbschaden *m* || ~ **disease** (Gen) / Erbkrankheit *f*, Erbleiden *n* || ~ **injury** (Gen) / Erbgutschaden *m*, Erbschaden *m*
**heredity\*** *n* (Gen) / Vererbung *f*
**HERF\*** (high-energy rate forming) (Eng) / Hochenergiemetallumformung *f*, Hochenergieumformung *f*, Hochdruckumformung *f* (mit hohem hydrostatischem Druck)
**Hering's illusion** (Optics) / Hering'sche Täuschung (optische Täuschung, bei der zwei Parallelen durch ein Strahlengitter konkav gekrümmt erscheinen - nach E. Hering, 1834 - 1918)
**Herington relation** (Chem) / Herington-Beziehung *f* (in der Gaschromatografie)
**heritability\*** *n* (Gen) / Vererbbarkeit *f*, Heritabilität *f*
**Herkon relay** (Teleph) / Herkon-Relais *n*
**herm** *n* (used in ancient Greece as a boundary marker or signpost) (Arch) / Herme *f* (Bildwerk mit dem Kopf ursprünglich des Gottes Hermes oder auch dem ganzen Oberkörper, der sich nach unten in einen verjüngten Pfeiler fortsetzt - z.B. im Dresdener Zwinger)
**Hermann-Mauguin symbols** (a notation used in describing the symmetry classes of crystals) (Crystal) / Hermann-Mauguin-Symbole *n pl* (internationale Raumgruppen- und Punktgruppensymbole für die Beschreibung der Symmetrie in einem Kristall) || ~ **symbols** (Crystal) s. also Schoenflies crystal symbols
**hermaphrodite calliper** (drawing instrument having one calliper and one divider leg) (Eng) / Tastzirkel *m*
**hermaphroditic connector** (Elec Eng) / Zwitterstecker *m*
**hermeneutic** *adj* / hermeneutisch *adj*
**hermeneutics** *n pl* / Hermeneutik *f* (Kunst der Interpretation von Texten)
**hermes** *n* (Arch) / Herme *f* (Bildwerk mit dem Kopf ursprünglich des Gottes Hermes oder auch dem ganzen Oberkörper, der sich nach unten in einen verjüngten Pfeiler fortsetzt - z.B. im Dresdener Zwinger )
**hermetically sealed dry-reed contact** (Teleph) / Herkon-Kontakt *m* || ~ **tight sealing** / hermetischer Abschluss, luftdichter Verschluss
**Hermite interpolation** (Comp, Maths) / Hermite'sche Interpolation || ~ **polynomials** (Maths) / Hermite'sche Polynome *n pl* (die der Hermite'schen Differentialgleichung genügen - nach Ch. Hermite, 1822-1901)
**Hermitian conjugate** (Maths) / Hermite'sch konjugiert, hermitesch konjugiert, adjungiert *adj* || ~ **endomorphism** (Maths) / Hermite'scher Endomorphismus || ~ **form** (positive, definite) (Maths) / Hermite'sche Form || ~ **matrix** (Maths) / Hermite'sche Matrix (DIN 5486) || ~ **operator** (Maths) / Hermite'scher Operator (selbstadjungierter linearer Operator eines Hilbert-Raumes) || ~ **space** (Maths) / prä-Hilbert'scher Raum
**hermit point** (Maths) / Einsiedlerpunkt *m*, isolierter Punkt (einer Teilmenge) || ~ **point** (Maths) / Einsiedlerpunkt *m* (in der Kurvendiskussion), isolierter Kurvenpunkt
**heroin** *n* (one of most highly addictive drugs) (Pharm) / Heroin *n* (Diazetylmorphin - ein Rauschgift), Diamorphin *n*
**Heron's formula\*** (Maths) / Heron'sche Dreiecksformel *f* (eine Flächeninhaltsformel nach Heron von Alexandria), heronische Formel, Heronische Formel
**Hero's formula\*** (Maths) / Heron'sche Dreiecksformel *f* (eine Flächeninhaltsformel nach Heron von Alexandria), heronische Formel, Heronische Formel
**Héroult furnace** (Met) / Héroultofen *m* (ein direkter Lichtbogenofen - nach P. Héroult, 1863 - 1914)
**herpolhode** *n* (Mech) / Herpolhodiekurve *f*, Herpolhodie *f*, Spurkurve *f* (nach L. Poinsot) || ~ **cone** (Phys) / Herpolhodiekegel *m* (der Rastkegel eines Kreisels), Rastpolkegel *m* (der von der momentanen Drehachse beschriebene Kreiskegel), Spurkegel *m* (Herpolhodiekegel), Festkegel *m*
**Herreshoff furnace** (a mechanical, multiple-deck muffle furnace cylindrical in shape) / Herreshoff-Ofen *m* (ein Mehretagenröstofen)

**herringbone** *n* (Textiles) / Fischgrat *m* (eine klassische Gewebemusterung), Fischgrätenmuster *n* (Musterung eines Gewebes mit Fischgratbindung) || ~ (Textiles) / Herringbone *m* (Streichgarngewebe mit deutlich abgesetzter Fischgratbindung) || ~ **bond\*** (Build) / Fischgrätenverband *m*, Schränkschichtverband *m* || ~ **drain** (diagonal, stone-filled trenches in railway cutting laid out in herringbone pattern) (Agric, Rail) / fischgrätenartiges System der Dränung (mit Saug- und Sammeldränen) || ~ **gear\*** (Eng) / Pfeilradverzahnung *f*, Doppelschrägverzahnung *f* || ~ **gear\*** (Eng) / Getriebe *m* mit Pfeilzahnrädern || ~ **parlour** (Agric) / Fischgrätenmelkstand *m* || ~ **pattern** (Textiles) / Fischgrätenmuster *n*, Fischgrätmuster *n*, Fischgrat *m* (Fischgrätenmuster) || ~ **stitch** (Textiles) / Grätenstich *m*, Fischgrätenstich *m* || ~ **strutting** (a method of stiffening floor joists at their midspan by fixing a light strut from the bottom of each to the top of its neighbours and the top of each to the bottom of its neighbours) (Build) / paarweise Diagonalaussteifung (von Deckenträgern), Diagonalversteifung *f* von Deckenträgern || ~ **teeth** (Eng) / Pfeilverzahnung *f* || ~ **twill** (Weaving) / Fischgrätenköper *m*
**herring meal** (Agric) / Heringsmehl *n* (als Futtermittel) || ~ **oil** / Heringstran *m*, Heringsöl *n*
**Hersch cell** (Chem) / Hersch-Zelle *f* (für die Coulometrie)
**Herschel effect** (Photog) / Herschel-Effekt *m* (ein Belichtungseffekt)
**Herschelian telescope** (Astron, Optics) / Herschel'sches Spiegelteleskop (nach Sir F.W. Herschel, 1738-1822)
**Herschel-Quincke tube** (Acous, Telecomm) / Quincke'sches Rohr, Quincke-Rohr *n*, Interferenzrohr *n* (zum Nachweis von Interferenz und Messung der Wellenlänge von Schallwellen - nach G.H. Quincke, 1834 - 1924, benannt)
**hertz\*** *n* (Elec) / Hertz *n* (gesetzliche abgeleitete SI-Einheit der Frequenz eines periodischen Vorganges), Hz (Hertz - DIN 1301, T 1) || ~ **effect** (Elec Eng, Phys) / Hertz-Effekt *m* (die Spannung, welche notwendig ist, um eine Funkenentladung zwischen Metallelektroden zu bewirken, kann herabgesetzt werden, wenn die Katode mit ultraviolettem Licht bestrahlt wird) || ~ **formula** (Mech) / Hertz'sche Formel (zur Ermittlung der Beanspruchung bei Berührung zweier Körper)
**Hertzian contact pressure** (the magnitude of the pressure at any specified location in a Hertzian contact area as calculated from Hertz' equations of elastic deformation) (Mech, Phys) / Hertz'sche Pressung (Beanspruchung von gegeneinandergedrückten Körpern in ihrer Berührungsfläche und deren näherer Umgebung), Hertz-Pressung *f* || ~ **contact stresses** (Mech) / Beanspruchung *f* bei Berührung zweier Körper || ~ **dipole\*** (Elec, Elec Eng) / Hertz'scher Dipol (ein elementarer Dipol nach H. Hertz, 1857-1894 - DIN 1324-3), Hertz'scher Oszillator || ~ **doublet\*** (Elec) / Hertz'scher Dipol (ein elementarer Dipol nach H. Hertz, 1857-1894 - DIN 1324-3), Hertz'scher Oszillator || ~ **oscillator\*** (Elec) / Hertz'scher Dipol (ein elementarer Dipol nach H. Hertz, 1857-1894 - DIN 1324-3), Hertz'scher Oszillator || ~ **waves\*** (Elec) / Hertz'sche Wellen *f pl* (elektromagnetische Wellen mit Frequenzen unter 3000 GHz)
**Hertz oscillator** (Elec) / Hertz'scher Dipol (ein elementarer Dipol nach H. Hertz, 1857-1894 - DIN 1324-3), Hertz'scher Oszillator
**Hertz's law** (a sphere of elastic material and a surface) (Mech) / Hertz'sche Pressung (Beanspruchung von gegeneinandergedrückten Körpern in ihrer Berührungsfläche und deren näherer Umgebung), Hertz-Pressung *f*
**Hertzsprung-Russell diagram\*** (Astron) / Hertzsprung-Russell-Diagramm *n* (nach E.Hertzsprung, 1873-1967, und H.N. Russell, 1877-1957), HRD (Hertzsprung-Russell-Diagramm)
**hesitation** *n* (Autos) /"Loch" *n* in Beschleunigung, Beschleunigungsloch *n*, "Verhalten" *n* des Motors (schlechte Gasannahme) || ~ (a brief automatic suspension of a main program in order to carry out all or part of another operation, e.g. a fast transfer of data to or from a peripheral unit) (Comp) / Verarbeitungspause *f* || ~ **set** (Civ Eng) / vorzeitiges Abbinden (eines Bindemittels - Fehler)
**hesperetin** *n* (Chem, Pharm) / Hesperetin *n* (das Aglykon des Hesperidins)
**hesperidin** *n* (Chem, Pharm) / Hesperidin *n* (ein Bioflavonoid)
**Hesse's standard form** (Maths) / Hesse'sche Normalform (nach L.O. Hesse, 1811-1874), Hesse-Form *f*
**hessian\*** *n* (Maths) / Hessesche Determinante (nach L.O. Hesse, 1811-1874) || ~\* (a strong plain-weave jute fabric, used for packing material, sacks, in tarpaulin manufacture, and as a furnishing fabric and wall covering) (Textiles) / Hessian *n m* (grobes naturfarbenes Jutegewebe in Leinwandbindung, das besonders für Säcke verwendet wird), Rupfen *m* (grobes, poröses Gewebe aus Jute in Leinwandbindung), Sackleinwand *f*, Sackgewebe *n* (meistens aus Bastfasern), Rupfleinwand *f* || ~ **canvas** (Textiles) / Hessian *n m* (grobes naturfarbenes Jutegewebe in Leinwandbindung, das besonders für Säcke verwendet wird), Rupfen *m* (grobes, poröses

Gewebe aus Jute in Leinwandbindung), Sackleinwand f, Sackgewebe n (meistens aus Bastfasern), Rupfleinwand f ‖ ~ **matrix** (Maths) / Hesse'sche Matrix, Hesse-Matrix f
**hessite**\* n (Min) / Hessit m (Silbertellurid)
**hessonite**\* n (Min) / Hessonit m (wesentlich Kalktongranat, Kaneelstein m (roter Grossular)
**Hess's law**\* (Chem) / Gesetz n der konstanten Wärmesummen, Wärmesummensatz m, Hess-Gesetz n (nach G.H. Hess, 1802-1850), Hess'sches Gesetz (der konstanten Wärmesummen)
**HET acid** (Chem, Plastics) / HET-Säure f (Hexachlor-endomethylen-tetrahydrophthalsäure) ‖ ~ **anhydride** (Chem, Plastics) / HET-Anhydrid n, chloriertes Anhydrid (Epoxyharzhärter)
**heteroalkanes** pl (Chem) / Heteroalkane n pl (gesättigte heterocyclische Verbindungen, welche sich von ihren offenkettigen Analoga in der Regel nur geringfügig unterscheiden)
**heteroalkenes** pl (Chem) / Heteroalkene pl (Heterocyclen, die zwischen den Heteroalkanen und Heteroaromaten stehen)
**heteroannular** adj (Chem) / heteroannular adj
**heteroaromatics** pl (Chem) / Heteroaromaten pl (welche aus ungesättigten 5er- und 6er-Ringen bestehen, die ein π-Elektronensextett enthalten)
**heteroatom** n (Chem) / Heteroatom n (ein Nichtkohlenstoffatom, das in die Ringstruktur von organischen heterozyklischen Verbindungen, in die Ketten von linearen organischen Verbindungen oder in Substituenten eingebaut ist) ‖ ~ **chemistry** (Chem) / Chemie f von Heteroatomverbindungen
**heteroauxin**\* n (Biochem, Bot) / Heteroauxin n, 3-Indolylessigsäure f, IES (wichtigster Vertreter der Auxine)
**heteroblastic** adj (Geol) / heteroblastisch adj (ungleichkörnig)
**heterocaryote** n (Cyt) / Heterokaryont m (pl. -en), Heterokaryot m
**heterocellular** (For) / heterozellular adj, heterogen adj (Holzstrahl)
**heterochain** n (Chem) / Heterokette f (mit Heteroatomen als Kettengliedern), heterogene Kette ‖ ~ **polymerization** (Chem) / Heterokettenpolymerisation f
**heterochromatic** adj (Optics) / heterochrom adj, heterochromatisch adj, verschiedenfarbig adj
**heterochromatin**\* n (Biochem) / Heterochromatin n
**heteroconjugation** n (Chem) / Heterokonjugation f
**heterocyclic** adj (Chem) / heterocyclisch adj, heterozyklisch adj ‖ ~ **atom** (Chem) / Heteroatom n (ein Nichtkohlenstoffatom, das in die Ringstruktur von organischen heterozyklischen Verbindungen, in die Ketten von linearen organischen Verbindungen oder in Substituenten eingebaut ist) ‖ ~ **compounds**\* (Chem) / Heterozyklen pl, heterozyklische Verbindungen, Heterocyclen pl ‖ ~ **molecule** (containing a ring of atoms of which at least one atom is not carbon) (Chem) / heterocyclisches Molekül, heterozyklisches Molekül
**heterocyclics** pl (Chem) / Heterozyklen pl, heterozyklische Verbindungen, Heterocyclen pl
**heterodesmic structure**\* (Crystal) / heterodesmische Kristallstruktur
**heterodetic** adj (Biochem) / heterodet adj (Peptid)
**heterodiode** n (Electronics) / Heterodiode f (Diode mit unterschiedlichen Gitterstrukturen der einzelnen Dotierungsbereiche)
**heterodisperse** adj (Chem) / heterodispers adj (mit Kolloidteilchen unterschiedlicher Größe), polydispers adj
**heteroduplex** n (Biochem, Gen) / Heteroduplex m (ein DNA-Doppelstrang) ‖ ~ adj (Biochem, Gen) / heteroduplex adj ‖ ~ **DNA**\* (Biochem, Gen) / Heteroduplex m (ein DNA-Doppelstrang)
**heterodyne** v (Radio) / überlagern v ‖ ~ **frequency meter** (Radio) / Überlagerungswellenmesser m, Interferenzwellenmesser m ‖ ~ **interference**\* (Radio) / Überlagungsstörung f, Überlagerungspfeifen n, Interferenzpfeifen n ‖ ~ **oscillator**\* (Radio) / Überlagerungsoszillator m, Überlagerer m, Überlagereroszillator m ‖ ~ **receiver** (Radio, Telecomm) / Überlagerungsempfänger m, Superhet, Superheterodynempfänger m, Super m ‖ ~ **reception** (Radio, Telecomm) / Heterodynempfang m, Überlagerungsempfang m, Schwebungsempfang m ‖ ~ **system** (Chem) / Überlagerungssystem n (bei der Hochfrequenztitration) ‖ ~ **wavemeter**\* (Radio) / Überlagerungswellenmesser m, Interferenzwellenmesser m ‖ ~ **whistle**\* (Radio) / Überlagungsstörung f, Überlagerungspfeifen n, Interferenzpfeifen n
**heterodyning** n (a combination of a-c signals of two different frequencies, coupled so as to produce beats whose frequency is the sum or difference of the frequencies of the original signals) (Radio) / Überlagerung f
**heteroecism** n (e.g., of parasitic fungi) (Biol) / Wirtswechsel m
**heteroepitaxy** n (Electronics) / Heteroepitaxie f (das Aufwachsen einer epitaktischen Schicht auf einem Material, das eine andere Kristallstruktur aufweist als das Substrat, auf dem es abgeschieden wird)

**heterofermentative** adj (Biochem) / heterofermentativ adj (Mikroorganismen)
**heterofibre** n (Spinning) / Heterofaser f (ein Bikomponentenfaser)
**heterofil yarn** (Spinning) / Heterogarn n (aus mindestens zwei verschiedenen Fasern)
**heterofullerene** n (Chem) / Heterofulleren n
**heterogametic** adj (Gen) / heterogametisch adj
**heterogeneity** n (Chem, Phys) / Heterogenität f
**heterogeneous** adj / verschiedenartig adj ‖ ~\* (Chem, Phys) / heterogen adj ‖ ~ (ray tissue) (For) / heterozellular adj, heterogen adj (Holzstrahl) ‖ ~\* (Chem, Phys) s. also inhomogeneous ‖ ~ **alloy** (Met) / heterogene Legierung, mehrphasige Legierung ‖ ~ **catalysis** (Chem) / heterogene Katalyse, Kontaktkatalyse f, Grenzflächenkatalyse f, Oberflächenkatalyse f ‖ ~ **equilibrium** (Chem, Phys) / heterogenes Gleichgewicht ‖ ~ **mixture** (Chem, Phys) / Gemenge n, heterogenes Gemisch, Haufwerk n (kompaktes Gemenge aus pulverartigen Substanzen nach DIN 66 160) ‖ ~ **network** (Comp) / heterogenes Netz (mit mehreren unterschiedlichen Protokollen und Netzbetriebssystemen) ‖ ~ **radiation**\* (Radiol) / heterogene Strahlung (eine Röntgenstrahlung) ‖ ~ **reactor**\* (Nuc Eng) / heterogener Reaktor, heterogener Kernreaktor (ein thermischer Reaktor) ‖ ~ **system** (Phys) / heterogenes System (DIN 1345), diskontinuierliches System
**heterograft** n (Med) / Heterotransplantat n, Xenotransplantat n, artfremdes Transplantat, heterologes Transplantat, Fremdtransplantat n
**heterogranular** adj / ungleichkörnig adj, ungleichmäßig körnig, von ungleichmäßiger Korngröße
**heterojunction** n (Electronics) / Heteroübergang m (ein PN-Übergang, der bei Verwendung zweier Halbleitermaterialien mit unterschiedlichen Energieabständen zwischen Valenz- und Leitungsband entsteht), Hetero-pn-Übergang m, Heterogen-Verbindung f ‖ ~ **bipolar transistor** (Electronics) / Bipolartransistor m mit Heteroübergang, HJBT (extrem schneller Transistor auf Galliumarsenidbasis) ‖ ~ **solar cell** (Electronics) / Solarzelle f mit ungleichartigem Übergang, Solarzelle f mit Heteroübergang
**heterokaryon** n (Cyt) / Heterokaryont m (pl. -en), Heterokaryot m
**heterolactic fermentation** (Nut) / heterofermentative Gärung ‖ ~ **fermentation** (Biochem) / gemischte Säuregärung
**heteroleptic** adj (Chem) / heteroleptisch adj (Komplexverbindung, in der ein Metall an unterschiedliche Liganden gebunden ist)
**heterolog** (US) (Chem) / heterolog adj
**heterologue** adj (Chem) / heterolog adj
**heterolysis** n (pl. -lyses) (Chem) / Heterolyse f (Spaltung in zwei entgegengesetzt geladene Ionen)
**heterolytic** adj (Chem) / heterolytisch adj (in entgegengesetzt geladene Ionen dissoziierend) ‖ ~ **fission** (Chem) / Heterolyse f (Spaltung in zwei entgegengesetzt geladene Ionen) ‖ ~ **fragmentation** (Chem) / heterolytische Fragmentierung
**heterometry**\* n (Chem) / Heterometrie f (nephelometrische Titration)
**heteromorphism** n (Crystal) / Heteromorphismus m, Heteromorphie f ‖ ~ (Crystal) s. also idiomorphism and polymorphism
**heteronuclear molecule** (Chem) / Molekül n aus verschiedenartigen Atomen oder Atomgruppen ‖ ~ **Overhauser effect** (Nuc, Spectr) / heteronuklearer Kern-Overhauser-Effekt (auf den der Intensitätsgewinn zurückgeht) ‖ ~ **spin decoupling** (Spectr) / heteronukleare Spinentkopplung
**heteropolar**\* adj (Chem) / heteropolar adj ‖ ~ (Elec Eng) / wechselpolig adj, heteropolar adj ‖ ~ **bond** (Chem) / elektrovalente Bindung, Ionenbindung f (eine Art der chemischen Bindung), heteropolare Bindung, elektrostatische Bindung, polare Bindung ‖ ~ **compound** (Chem) / polare Verbindung, heteropolare Verbindung, Ionenverbindung f ‖ ~ **generator**\* (Elec Eng) / Wechselpolgenerator m ‖ ~ **machine** (a machine having an even number of magnetic poles with successive /effective/ poles of opposite polarity) (Elec Eng) / Heteropolarmaschine f
**heteropolyacids** pl (Chem) / Heteropolysäuren f pl (Gruppenname für anorganische Polysäuren mit mindestens zwei verschiedenen Zentralatomen)
**heteropolymer** n (Chem) / Heteropolymeres n, Heteropolymer n, Heteropolymerisat n
**heteropolysaccharide** n (Chem) / Heteropolysaccharid n, Heteroglykan n
**heteroscedastic** adj (Stats) / heteroskedastisch adj (mit heterogenen Varianzen)
**heteroscedasticity** n (Stats) / Heteroskedastizität f, Heterogenität f der Varianzen (bei der chemischen Schichtung)
**heterosphere** n (Geophys) / Heterosphäre f (der obere Bereich der Atmosphäre)
**heterostructure laser** (Phys) / Heterostrukturlaser m

**heterotactic**

**heterotactic** (Chem) / heterotaktisch *adj* (Polymer) ‖ ~ *adj* (Geol) / irregulär *adj*
**heterotaxic** *adj* (Geol) / irregulär *adj*
**heterotopic** *adj* (Chem) / heterotop *adj* ‖ ~ **group** (Chem) / heterotope Gruppe
**heterotrophic**\* *adj* (Biol, Bot) / heterotroph *adj* (auf organische Nährstoffe angewiesen - Konsumenten und Destruenten, chemoorganotroph *adj* ‖ ~ **bacteria** (Bacteriol) / heterotrophe Bakterien
**H.E.T.P.**\* (height equivalent to a theoretical plate) (Chem) / HETP-Wert *m*, äquivalente Füllkörperhöhe, Trennstufenhöhe *f*, Höhe *f* einer theoretischen Trennstufe (bei Füllkörperkolonnen)
**HEU** (high-enriched uranium) (Nuc Eng) / hochangereichertes Uran
**heulandite**\* *n* (Min) / Heulandit *m* (Kalziumdialumohexasilikat - ein Blätterzeolith)
**heurige** *n* (pl. -n) (Nut) / Heuriger *m* (junger Wein im ersten Jahr, Wein der letzten Lese), Heurige *m*
**heuriger** *n* (Nut) / Heuriger *m* (junger Wein im ersten Jahr, Wein der letzten Lese), Heurige *m*
**heuristic** *n* / Heuristik *f* (Wissenschaft von den Methoden und Regeln der Entdeckung und Erfindung) ‖ ~\* *adj* / heuristisch *adj* ‖ ~ **analysis** (Comp) / heuristische Analyse ‖ ~ **program**\* (that monitors its performance with the objective of improved performance) (Comp) / heuristisches Programm ‖ ~ **routine** (Comp) / heuristisches Programm
**heuristics** *n* / Heuristik *f* (Wissenschaft von den Methoden und Regeln der Entdeckung und Erfindung)
**Heusinger valve gear** (Eng) / Heusinger-Steuerung *f* (nach E. Heusinger von Waldegg, 1817-1886)
**Heusler alloys** (Met) / Heuslersche Legierungen (im System Mangan-Kupfer-Aluminium - nach F. Heusler, 1866-1947)
**Hevea rubber** / Parakautschuk *m*, Paragummi *m*, Heveakautschuk *m* (aus Hevea brasiliensis /Willd. ex A. Juss./ Müll. Arg.)
**HEW**\* (hybrid electromagnetic wave) (Elec) / gemischte elektromagnetische Welle, hybride elektromagnetische Welle
**hew** *v* / zuhauen *v*, behauen *v* (Steine, Holz) ‖ ~ (Carp) / bebeilen *v* ‖ ~ (For) / fällen *v* (Bäume), einschlagen *v*, hauen *v*, schlagen *v* ‖ ~ (Mining) / lösen *v* (Kohle), hereingewinnen *v* ‖ ~ **down** (For) / fällen *v* (Bäume), einschlagen *v*, hauen *v*, schlagen *v*
**Hewlett disk insulator**\* (Elec Eng) / Hewlett-Isolator *m*, Schlingenisolator *m* ‖ ~ **Packard Graphics Language** (Comp) / HP-GL *m* (Standard für die Ansteuerung von Plottern - nach W. Hewlett, 1914 - 2001, und D. Packard, 1912 - 1986)
**hewn stone** (Build) / Werkstein *m* (regelmäßig bearbeiteter Naturstein), Haustein *m*, [als Parallelepiped] Quader *m f*
**hex** (Comp, Maths) / hexadezimal *adj* (Zahlensystem zur Programmierung der Digitalrechner), sedezimal *adj* (zur Basis 16)
**hex.** (Eng, Maths) / hexagonal *adj*, sechseckig *adj*
**hexaammine** *n* (a complex containing six ammonia molecules of water coordinated to the central metal ion) (Chem) / Hexaammin *n*
**hexaaqua-** (Chem) / Hexaquo-
**hexaaquo-** (a complex containing six molecules of water coordinated to to the central metal ion) (Chem) / Hexaquo-
**hexaborate** *n* (Chem) / Hexaborat *n*
**hexaboride** *n* (Chem) / Hexaborid *n*
**hexabromoplatinate** *n* (Chem) / Bromoplatinat *n* (IV), Hexabromoplatinat *n*
**hexacarbonylchromium** *n* (Chem) / Hexakarbonylchrom *n*, Hexacarbonylchrom *n*
**hexachlorethane** *n* (Chem) / Hexachlorethan *n*, Carboneum sesquichloratum, Perchlorethan *n*, Mottenhexe *f*
**hexachlorobenzene** *n* (Chem) / Perchlorbenzol *n*, Hexachlorbenzol *n* ($C_6Cl_6$), HCB (Hexachlorbenzol)
**hexachlorobutadiene** *n* (Chem) / Hexachlorbutadien *n*, HCBD (Hexachlorbutadien)
**hexachlorocyclohexane** *n* (Agric, Chem, Ecol) / Hexachlorcyclohexan *n* (z.B. Lindan), Hexachlorzyklohexan *n*, HCH (Hexachlorcyclohexan), HCCH, Benzolhexachlorid *n*, BHC (Benzolhexachlorid), HCH-Mittel *n*, Hexa *n* (in der BR Deutschland verboten)
**hexachloro-endomethylene-tetrahydrophthalic anhydride** (Chem, Plastics) / HET-Anhydrid *n*, chloriertes Anhydrid (Epoxyharzhärter)
**hexachloroethane** *n* (Chem) / Hexachlorethan *n*, Carboneum sesquichloratum, Perchlorethan *n*, Mottenhexe *f*
**hexachlorophan** *n* (GB)\* (Chem, Med) / Hexachlorophen *n* (ein altes Bakteriostatikum und Desodorierungsmittel, das auch in kosmetischen Präparaten eingesetzt wurde)
**hexachlorophene** *n* (US) (Chem, Med) / Hexachlorophen *n* (ein altes Bakteriostatikum und Desodorierungsmittel, das auch in kosmetischen Präparaten eingesetzt wurde)
**hexachloroplatinic(IV) acid** (Chem) / Platinchlorwasserstoffsäure *f*, Hexachloroplatinsäure(IV) *f*, Hydrogenhexachoroplatinat(IV) *n*

**hexacosanoic acid** (Chem) / Cerotinsäure *f* (eine gesättigte, unverzweigte Fettsäure), Zerotinsäure *f*, n-Hexacosansäure *f*, n-Hexakosansäure *f*
**hexacovalent** *adj* (Chem) / koordinativ sechswertig
**hexacyanoferrate • (II)** *n* (Chem) / Cyanoferrat(II) *n*, Zyanoferrat(II) *n*, Hexacyanoferrat(II) *n*, Hexazyanoferrat(II) *n*, Ferrocyanid *n*, Ferrozyanid *n* ‖ ~ **(III)** (Chem) / Cyanoferrat(III) *n*, Zyanoferrat(III) *n*, Hexacyanoferrat(III) *n*, Hexazyanoferrat(III) *n*, Ferricyanid *n*, Ferrizyanid *n*
**hexad** *n* (axis) (Crystal) / Hexagyre *f*, sechszählige (Drehungs)Achse (um 60° C) ‖ ~ *adj* (Chem) / hexavalent *adj*, sechswertig *adj* ‖ ~ (Crystal) / sechszählig *adj*
**hexadecane**\* *n* (Chem) / Zetan *n*, Hexadekan *n*, Hexadecan *n*, Cetan *n*
**hexadecanoate** *n* (Chem) / Palmitat *n* (Salz oder Ester der Palmitinsäure)
**hexadecanoic acid** (Chem) / Palmitinsäure *f* (n-Hexadecansäure), Cetylsäure *f*, Zetylsäure *f*
**hexadecimal** *n* (Chem) (using base 16 and the digit symbols from 0 to 9 and A to F) (Comp, Maths) / hexadezimal *adj* (Zahlensystem zur Programmierung der Digitalrechner), sedezimal *adj* (zur Basis 16) ‖ ~ **code** (Comp) / sedezimale Verschlüsselung ‖ ~ **digit** (Comp, Maths) / Sedezimalziffer *f*, Hexadezimalziffer *f* (mit der Basis 16) ‖ ~ **notation**\* (Comp) / hexadezimale Darstellung, sedezimale Darstellung
**hexadentate** *adj* (Chem) / sechszähnig *adj* (Ligand), sechszählig *adj* (Ligand) ‖ ~ **ligand** (Chem) / sechszähniger Ligand
**hexadiene** *n* (Chem) / Hexadien *n*
**hexafluoroacetylacetone** *n* (Chem) / Hexafluoroazetylenazeton *n*, Hexefluoroacetylenaceton *n*, HFA (Hexafluoroacetylenaceton)
**hexafluorophosphate** *n* (Chem) / Hexafluorophosphat *n*
**hexafluorophosphoric acid**\* (Chem) / Hexafluorophosphorsäure *f*
**hexagon**\* *n* (Eng, Maths) / Sechskant *n m* ‖ ~\* (Maths) / Hexagon *n*, Sechseck *n* ‖ ~ (Met) / Sechskantstahl *m*
**hexagonal** *adj* (Eng, Maths) / hexagonal *adj*, sechseckig *adj* ‖ ~ **close** (Crystal) / hexagonal dichtest (Packung), hdP ‖ ~ **close-packed structure** (Crystal) / hexagonale Packungsanordnung, Sechseckpackung *f* ‖ ~ **close packing**\* (Crystal) / hexagonal dichteste Kugelpackung ‖ ~ **die nut** (Eng) / Sechskant-Nachschneideisen *n* (DIN 382), Sechskant-Schneidmutter *f* ‖ ~ **field-effect transistor** (Electronics) / hexagonaler Feldeffekttransistor ‖ ~ **head** (Eng) / Sechskantkopf *m* (DIN 918) ‖ ~ **nut** (a hexagon-shaped fastener with internal threads used with a mating, externally threaded bolt, stud, or machine screw) (Eng) / Sechskantmutter *f* (DIN 918, DIN ISO 4032) ‖ ~ **pass** (Met) / Sechskantkaliber *f* ‖ ~ **socket** (Eng) / Innensechskant *n* (DIN ISO 1891) ‖ ~ **system**\* (Crystal) / hexagonales System
**hexagon bit** (Tools) / Bit *n* für Innensechskantschrauben, Innensechskantbit *n* ‖ ~ **bolt** (Eng) / Sechskantschraube *f* (mit Schaft, mit Teilgewinde) ‖ ~ **bolt with collar** (Eng) / Sechskantschraube *f* (mit Bund), Sechskantbundschraube *f* ‖ ~ **bolt with flange** (Eng) / Sechskantschraube mit Flansch *f* (DIN ISO 1891) ‖ ~ **bolt with hexagon nut** (Eng) / Sechskantschraube *f* mit Mutter (DIN ISO 1891) ‖ ~ **head** (Eng) / Sechskantkopf *m* (DIN 918) ‖ ~ **head pipe plug** (Eng) / Verschlussschraube mit Außensechskant (DIN 909) ‖ ~ **head tapping screw** (Eng) / Sechskantblechschraube *f* (DIN ISO 1891) ‖ ~ **key** (Eng, Tools) / Inbusschlüssel *m* (allgemein für Innensechskantschrauben), Sechskant-Stiftschlüssel *m*, Stiftschlüssel *m* (Sechskant-Stiftschlüssel) ‖ ~ **nut** (Eng) / Sechskantmutter *f* (DIN 918, DIN ISO 4032) ‖ ~ **nut with collar** (Eng) / Sechskantmutter *f* mit Bund (DIN ISO 1891) ‖ ~ **pass** (Met) / Sechskantkaliber *n* ‖ ~ **screw** (Eng) / Sechskantschraube *f* (ohne Schaft, mit Ganzgewinde), Sechskantschraube *f* mit Gewinde bis Kopf (DIN ISO 1891) ‖ ~ **set screw with half-dog point and flat cone point** (Eng) / Sechskantschraube *f* mit Zapfen und Ansatzspitze ‖ ~ **slotted nut** (Eng) / Kronenmutter *f* (Krone direkt in Mutter) ‖ ~ **socket** (Eng) / Innensechskant *n* (DIN 918) ‖ ~ **socket head** (Eng) / Zylinderkopf *m* mit Innensechskant (einer Schraube) ‖ ~ **socket headless screw with flat chamfered end** (Eng) / Gewindestift *m* mit Innensechskant, Schaft und Kegelkuppe ‖ ~ **socket head screw** (Eng) / Innensechskantschraube *f*, Inbusschraube *f* (Markenname) ‖ ~ **thin nut** (Eng) / niedrige Sechskantmutter, flache Sechskantmutter ‖ ~ **voltage**\* (Elec Eng) / Sechseckspannung *f* ‖ ~ **weld nut** (Eng) / Sechskant-Anschweißmutter *f* (DIN ISO 1891) ‖ ~ **wrench** (Eng, Tools) / Inbusschlüssel *m* (einseitig abgewinkelt), Winkelschraubendreher *m* für Innensechskantschrauben
**hexagram** *n* (Maths) / Hexagramm *n* (Stern mit sechs Ecken)
**hexagyre** *n* (Crystal) / Hexagyre *f*, sechszählige (Drehungs)Achse (um 60° C)
**hexahedral** *adj* (Crystal, Maths) / hexaedrisch *adj*, sechsflächig *adj* ‖ ~ **group** (Crystal) / Hexaedergruppe *f* (Bewegungsgruppe des Hexaeders)

**hexahedron** n (pl. -hedra or -hedrons) (Crystal, Maths, Min) / Hexaeder n (sechs Quadrate), Sechsflach n, Sechsflächner m
**hexahydrate** n (Chem) / Hexahydrat n, 6-Hydrat n
**hexahydrocresol*** n (Chem) / Methylzyklohexanol n, Methylcyclohexanol n, Hexahydrokresol n (ein Lösungsmittel), Hexahydrocresol n
**hexahydrophenol*** n (Chem, Paint) / Zyklohexanol n, Cyclohexanol n, Anol n
**hexahydropyridine** n (Chem) / Piperidin n, Hexahydropyridin n
**hexahydrotoluene** n (Chem) / Hexahydrotoluol n, Methylzyklohexan n (ein Lösungsmittel), Methylcyclohexan n
**hexakistetrahedron** n (pl. -hedrons or -hedra) (Crystal) / Hexakistetraeder n, Hexatetraeder n
**hexametaphosphate*** n (Chem) / Hexametaphosphat n (kondensiertes Phosphat, wie z.B. Calgon oder Grahamsches Salz)
**hexametapol** n (Chem) / Hexametapol n (Hexamethylphosphorsäuretriamid von Pierrefitte-Auby)
**hexamethyldisilizane** n (Chem, Electronics) / Hexamethyldisilizan n, HMDS (Hexamethyldisilizan)
**hexamethylene*** n (Chem, Paint, Spectr) / Cyclohexan n, Zyklohexan n, Hexahydrobenzol n, Hexamethylen n
**hexamethylenediamine*** n (Chem, Plastics) / Hexamethylendiamin n (aus Adipinsäure oder Azetylen und Formaldehyd hergestellter Rohstoff für Nylon), 1,6-Diamino-hexan, 1,6-Hexandiamin n ‖ ~ **salt of adipic acid** (Chem) / AH-Salz n (Salz der Adipinsäure mit 1,6-Hexandiamin), Hexamethylendiammoniumadipat n (Rohstoff für die Nylonherstellung)
**hexamethylenetetramine*** n (Chem, For, Med) / Methenamin n, Hexamin n, Hexamethylentetramin n, Urotropin n (ein Warenzeichen), Cystamin n
**hexamethylphosphoramide** n (Chem) / Hexamethylphosphorsäuretriamid n (ein aprotisches Lösemittel), HMPT (Hexamethylphosphorsäuretriamid), HPT (Hexamethylphosphorsäuretriamid)
**hexamethylphosphoric triamide** (Chem) / Hexamethylphosphorsäuretriamid n (ein aprotisches Lösemittel), HMPT (Hexamethylphosphorsäuretriamid), HPT (Hexamethylphosphorsäuretriamid)
**hexamine*** n (Chem, For, Med) / Methenamin n, Hexamin n, Hexamethylentetramin n, Urotropin n (ein Warenzeichen), Cystamin n
**hexanal** n (Chem) / Hexanal n, Capronaldehyd m, Kapronaldehyd m
**hexane*** n (Chem) / Hexan n
**hexanedioate** n (Chem, Nut) / Adipat n (Salz oder Ester der Adipinsäure - E 356 bis E 359)
**hexanedioic acid** (Chem, Nut) / Adipinsäure f (E 355), Hexandisäure f, Butan-1,4-carbonsäure f, Butan-1,4-karbonsäure f
**hexanoic, n-~ acid*** (Chem) / Hexansäure f, n-Kapronsäure f, .. f
**hexanol** n (Chem) / Hexan-1-ol n, Hexanol n, Hexylalkohol m
**hexaoxotelluric acid** (Chem) / Orthotellursäure f, Tellursäure f ($H_6TeO_6$)
**hexaphase** adj (Elec Eng) / sechsphasig adj, Sechsphasen- ‖ ~ **circuit** (Elec Eng) / Sechsphasenstromkreis m
**hexaphenylethane** m (the dimer of triphenylmethyl radical) (Chem) / Hexaphenylethan n
**hexaploid** adj (Gen) / hexaploid adj
**hexapod** n (Stewart structure) (Eng) / Hexapod m (Parallelstruktur mit sechs Freiheitsgraden) ‖ ~ **structure** (Eng) / Hexapod m (Parallelstruktur mit sechs Freiheitsgraden) ‖ ~ **tool** (Eng) / Hexapod-Werkzeugmaschine f
**hexapolar** adj / sechspolig adj
**hexapole lens** (Electronics) / Sechspollinse f, Hexapollinse f (eine Magnetfeldanordnung)
**hexastyle*** n (Arch) / Hexastylos m (pl. -len)
**hexasymmetric** adj (Crystal) / hexasymmetrisch adj
**hexavalence** n (Chem) / Sechswertigkeit f, Hexavalenz f
**hexavalent*** adj (having a valency of six) (Chem) / hexavalent adj, sechswertig adj
**hex bit** (Tools) / Bit n für Innensechskantschrauben, Innensechskantbit n ‖ ~ **code** (a low-level code in which the machine code is represented by numbers using a base of 16) (Comp) / sedezimale Verschlüsselung
**hexenbesen** n (Bot, For) / Hexenbesen m (meist durch parasitische Pilze hervorgerufene pflanzliche Missbildung, die durch das Auftreten von besenförmig dichten Astsystemen gekennzeichnet ist), Donnerbesen m
**hexene** n (Chem) / Hexen n
**HEXFET** (hexagonal field-effect transistor) (Electronics) / hexagonaler Feldeffekttransistor
**hex head** (Eng) / Sechskantkopf m (DIN 918) ‖ ~ **head bolt** (Eng) / Sechskantschraube f (mit Schaft, mit Teilgewinde) ‖ ~ **head screw** (Eng) / Sechskantschraube f (ohne Schaft, mit Ganzgewinde), Sechskantschraube f mit Gewinde bis Kopf (DIN ISO 1891)
**hexitol** n (Chem) / Hexit m (ein linearer 6wertiger Alkohol, der durch Reduktion der Hexose entsteht)
**hex key** (Eng, Tools) / Inbusschlüssel m (allgemein für Innensechskantschrauben), Sechskant-Stiftschlüssel m, Stiftschlüssel m (Sechskant-Stiftschlüssel) ‖ ~ **key wrench** (Eng, Tools) / Inbusschlüssel m (einseitig abgewinkelt), Winkelschraubendreher m für Innensechskantschrauben ‖ ~ **nut** (Eng) / Sechskantmutter f (DIN 918, DIN ISO 4032)
**hexochlorodisilane** n (Chem) / Hexachlordisilan n
**hexode** n (Electronics) / Hexode f (eine Elektronenröhre mit Katode, Anode, zwei Steuergittern und zwei Schirmgittern)
**hexogen*** n (Chem) / Cyclonite n, K-Salz n (Zyklotrimethylentrinitramin als Sprengstoff), SH-Salz n, Hexogen n
**hexokinase** n (Biochem) / Hexokinase f (Enzym, das den Abbau der Dextroseeinheiten im Glykogen einleitet)
**hexone** n (Chem, Paint) / 4-Methyl-2-pentanon n, Methylisobutylketon n, MIBK (Methylisobutylketon), Hexon n, Isopropylaceton n
**hexosan** n (Chem) / Hexosan n (aus Hexosen aufgebautes Polysaccharid)
**hexose*** n (Chem) / Hexose f (Monosaccharid mit sechs Sauerstoffatomen) ‖ ~ **monophosphate shunt** (Biochem) / Hexosemonophosphatweg m, Pentosephosphatzyklus m, PP-Weg m, Warburg-Dickens-Horecker-Schema n, Phosphoglukonatweg m, Phosphogluconatweg m
**hexoxide** n (Chem) / Hexoxid n
**hexphase*** adj (Elec Eng) / sechsphasig adj, Sechsphasen-
**hex socket** (Eng) / Innensechskant n (DIN 918)
**hextetrahedron** n (pl. -hedrons or -hedra) (Crystal) / Hexakistetraeder n, Hexatetraeder n
**hexyl acetate** (Chem) / Essigsäurehexylester n, Hexylazetat n, Hexylacetat n ‖ ~ **alcohol** (Chem) / Hexan-1-ol n, Hexanol n, Hexylalkohol m
**hexylene** n (Chem) / Hexen n ‖ ~ **glycol** (Chem) / Hexylenglycol n (2-Methyl-2,4-pentandiol), Hexylenglykol n
**hexylic acid** (Chem) / Hexansäure f, n-Kapronsäure f, .. f
**hexylresorcinol** n (Chem, Med) / Hexylresorcin n, Hexylresorzin n
**hexyne** n (Chem) / Hexin n (ein Alkin)
**HE yarn** (Spinning) / HE-Garn n, Hoch-Elastik-Garn n
**Heydrich engine** (Eng) / Heydrich-Motor m (ein Rotationsmotor)
**Heyland diagram*** (Elec Eng) / Heyland-Kreis m (die Ortskurve des Primärstromes einer Asynchronmaschine)
**Heynau drive** (Eng) / Heynau-Getriebe n (stufenloses Ganzstahlreibgetriebe)
**Hf** (hafnium) (Chem) / Hafnium n, Hf (Hafnium)
**HF** (high frequency) (Radio) / Hochfrequenz f, HF (Frequenz von 3 - 30 MHz) (Dekameterwellen) ‖ ~ **alkylation** (Chem) / Alkylierung f in Gegenwart von HF, HF-Alkylierung f
**HFC** (hydrofluorocarbon) (Chem) / teilhalogenierter Fluorkohlenwasserstoff
**HF choke** (Elec Eng) / Hochfrequenzdrossel f (zur Abblockung hochfrequenter Wechselströme), HF-Drossel f
**HFCS** (high-fructose corn syrup) (Nut) / Isomeratzucker m, Isoglucosesirup m, Isoglukosesirup m, Isozucker m
**H field** n (Elec Eng) / magnetische Feldstärke (Einheit: Ampere je Meter, DIN 1304 und 1324, T 1), magnetische Erregung
**HFIR** (high-flux isotope reactor) (Nuc Eng) / Hochflussreaktor m (ein Forschungsreaktor), HFR (Hochflussreaktor)
**HF pressure welding** (Welding) / Induktionspressschweißen n
**H-frame structure** (Elec Eng) / Doppelmast m
**HF range** (Radio, Telecomm) / Hochfrequenzbereich m (20 kHz bis zu mehreren Gigahertz), HF-Bereich m
**HFS** (hierarchical file system) (Comp) / hierarchisches Dateisystem
**hfs** (hyperfine structure) (Nuc, Spectr) / Hyperfeinstruktur f (die über die Feinstruktur hinausgehende zusätzliche Aufspaltung der Spektrallinien von Atomen oder Molekülen), HFS (Hyperfeinstruktur), Überfeinstruktur f, hfs
**HF transistor** (Electronics) / HF-Transistor m (mit sehr hoher Grenzfrequenz)
**H-function of Jacobi** (Maths) / Etafunktion f, H-Funktion f
**Hg** (mercury) (Chem) / Quecksilber n, Hg (Quecksilber)
**HGAAS** (hydride-generation atomic absorption spectrometry) (Spectr) / Hydridatomabsorptionsspektrometrie f, Hydridtechnik f (der Atomabsorptionsspektrometrie)
**Hg delay line** (Telecomm) / Quecksilberverzögerungsleitung f ‖ ~ **electrode** / Quecksilberelektrode f, Hg-Elektrode f
**HGH** (human growth hormone) (Biochem) / menschliches Wachstumshormon
**H-girder*** n (Civ Eng, Met) / H-Profil n, Doppel-T-Breitflanschträger m, I-Breitflanschträger m

**HGV** (heavy-goods vehicle) (Autos) / Schwerlastkraftwagen *m*, Slkw *m* (Schwerlastkraftwagen)
**HHC** (hand-held computer) (Comp) / Palmtop *m* (den man aufgrund seiner geringen Größe in einer Hand halten kann), Handheld-Computer *m* (mit integrierten Minidisketten, Minidrucker und mit grafikfähiger Anzeige), Handheld *m* (Palmtop)
**HHTR** (helium-turbine high-temperature reactor) (Nuc Eng) / Hochtemperaturreaktor *m* mit Heliumturbine
**HHT reactor** (Nuc Eng) / Hochtemperaturreaktor *m* mit Heliumturbine
**HHV** (US) (Chem, Phys) / [spezifischer] Brennwert *m* (auf die Masse bezogener - nach DIN 5499), $H_o$ (spezifischer Brennwert)
**H.H.W.** (higher high water) (Hyd Eng, Ocean) / Tidehochwasserstand *m* (höheres der beiden Hochwasser des Gezeitentags), MThw
**HI*** (height of instrument) (Surv) / Instrumentenhöhe *f* ‖ ≃ **Arc*** (high-intensity arc) (Elec Eng) / Hochintensitätsbogen *m*, HI-Bogen *m*, Hochstromkohlebogen *m*
**H-I area** (Astron) / H-I-Gebiet *n* (Gebiet des interstellaren Raumes mit neutralem atomarem Wasserstoff)
**hiatus*** *n* (pl. hiatuses) (Geol) / Hiatus *m* (pl. Hiatus) (eine durch Sedimentationsunterbrechung hervorgerufene Schichtlücke) ‖ ~ (pl. hiatuses) (Optics) / Interstitium *n* (pl. -tien)
**hibernation*** *n* (Agric, Bot, Zool) / Hibernation *f*, Überwinterung *f*, Winterschlaf *m*
**Hibernia-type dust collector** (Ecol) / Hibernia-Trichter *m* (für Staubniederschlagsmessung)
**hi-bulk** *attr* (Spinning) / hochbauschig *adj*, hochgebauscht *adj*, Hochbausch-
**HIC** (head-injury criterion) / Head Injury Criterion *n*, HIC (Kopfverletzungsrisiko), Kopfverletzungsmerkmal *n* ‖ ≃ (hydrophobic chromatography) (Chem) / hydrophobe Interaktionschromatografie, hydrophobe Chromatografie *f* (eine Unterart der Affinitätschromatografie) ‖ ≃ (hydrogen-induced cracking) (Materials) / wasserstoffinduzierte Rissbildung, H-induzierte Rissbildung
**hickey** *n* (Elec Eng) / Gewindezwischenstück *n* (für Leuchtenanschluss) ‖ ~ (Elec Eng, Plumb) / Leitungsrohr-Biegezange *f* ‖ ~ (Print) / Partisan *m*, Butzen *m*
**hickie*** *n* (Print) / Partisan *m*, Butzen *m*
**hickory*** *n* (For) / Hickorynussholz *n*, Hickoryholz *n*, Hickory *n* (von der Gattung Carya) ‖ ~ (For) / Hickorynuss *f* (Carya Nutt. spp.), Hickory *m f* ‖ ~ **nut** (For) / Hickorynuss *f* (Carya Nutt. spp.), Hickory *m f* ‖ ~ **wood meal** (Nut) / Hickoryholzmehl *n* (zum Räuchern)
**hicky** *n* (Elec Eng) / Gewindezwischenstück *n* (für Leuchtenanschluss) ‖ ~ (Elec Eng, Plumb) / Leitungsrohr-Biegezange *f*
**HIC value** (Autos) / HIC-Wert *m* (der Wahrscheinlichkeit der Kopfverletzung), Integralwert *m* der Kopfbelastung
**hidden attribute** / Hidden-Attribut *n* (verstecktes Attribut)
**hidden-charm particle** (Nuc) / Teilchen *n* mit verdecktem Charm
**hidden edge** / unsichtbare Kante (bei technischen Zeichnungen), verdeckte Kante ‖ ~ **fat** (Nut) / verborgenes Fett ‖ ~ **file** (Comp) / versteckte Datei (die dem Benutzer angezeigt wird) ‖ ~ **flaw** / verborgener Mangel, verborgener Fehler, versteckter Mangel (der gelieferten Ware nach Paragr. 377 des Handelsgesetzbuches)
**hiddenite*** *n* (Min) / Hiddenit* *m* (eine Abart des Spodumens; in GB und in USA als Schmuckstein sehr geschätzt)
**hidden line** (Comp) / verdeckte Linie
**hidden-line algorithm** (Comp) / Algorithmus *m* zur Beseitigung verdeckter Linien, Visibilitätsalgorithmus *m* ‖ ~ **removal** (an algorithmus used in computer graphics to determine which lines should not be visible when a three-dimensional surface is displayed) (Comp) / Beseitigung *f* verdeckter Linien
**hidden lines** / verdeckte Kanten (technisches Zeichnen) ‖ ~ **Markov model** (AI, Comp) / Hidden-Markov-Modell *n* (ein Klassifizierungsverfahren bei der Spracherkennung) ‖ ~ **matter** (Astron) / dunkle Materie (unsichtbare, nicht leuchtende oder strahlungsabsorbierende kosmische Materie, die sich nur durch ihre Gravitationswirkung bemerkbar macht), Dunkelmaterie *f*
**hidden-matter problem** (Astron, Nuc) / Missing-Mass-Problem *n*
**hidden offer** / verstecktes Angebot (der in Werbetests häufig verwendet wird, um die Aufmerksamkeit oder das Interesse von Lesern zu messen) ‖ ~ **outlines** / verdeckte Kanten (technisches Zeichnen) ‖ ~ **side of the Moon** (Astron) / die von der Erde abgekehrte Mondseite ‖ ~ **symmetry** (Phys) / verborgene Symmetrie ‖ ~ **virus** (Comp) / Hide-and-Seek-Virus *m* (der sich im System versteckt), verkappter Virus
**hide** *v* (Leather) / abhäuten *v*, enthäuten *v*, abdecken *v*, abziehen *v* (z.B. ein Pelztier) ‖ ~ *n* (when tanned or dressed) (Leather) / Rohhaut *f*, Haut *f*
**hide-and-seek virus** (Comp) / Hide-and-Seek-Virus *m* (der sich im System versteckt), verkappter Virus
**hidebound** *adj* (Leather) / mit faltiger Haut (Magervieh)

**hide glue** / Hautleim *m* (aus tierischer Haut) ‖ ~ **powder** (Leather) / Hautpulver *n* ‖ ~ **processor** (Leather) / Hide-Processor *m* (ein Gerbmischer) ‖ ~ **with sunburnt parts** (Leather) / sonnenbrandige Haut (bei Trocknung in der direkten Sonne)
**hiding power*** (Paint) / Deckvermögen *n* (DIN 55 987), Deckfähigkeit *f* (eines pigmentierten Stoffes) ‖ ~ **power*** (Paint) s. also spreading rate
**HID lamp** (Elec Eng) / Hochleistungsentladungslampe *f*
**hierarchic** *adj* / hierarchisch *adj*
**hierarchical** *adj* / hierarchisch *adj* ‖ ~ **file system** (Comp) / hierarchisches Dateisystem ‖ ~ **menu** (Comp) / hierarchisches Menü ‖ ~ **network** (Comp) / hierarchisches Netz ‖ ~ **planning** (AI) / hierarchische Planung ‖ ~ **storage management** (automatically moves less frequently used files from primary storage on a server to a secondary optical or tape-storage devices that are less expensive) (Comp) / hierarchisches Speichermanagement ‖ ~ **structure** / hierarchische Struktur
**hierarchy** *n* (Comp) / Hierarchie *f*
**HI-EX foam** / Leichtschaum *m* (ein Löschmittel mit hoher Verschäumungszahl), Hochschaum *m*
**hi-fi*** (Acous, Telecomm) / hohe Wiedergabetreue (eine Güteklasse für elektroakustische Übertragungseinrichtungen nach DIN 45500), High Fidelity *f*, Hi-Fi *f* (High Fidelity), Highfidelity *f*
**HIFIT** (high-frequency input transistor) (Electronics) / Transistor *m* für Hf-Eingangsstufen im UKW-Bereich
**HIFO** / HIFO-Prinzip *n*, Hifo-Methode *f* (zur Ermittlung der Anschaffungs- oder Herstellungskosten von gleichwertigen Gegenständen des Vorratsvermögens - auch ein Wartesystem in der DV)
**Higgs boson** (Nuc) / H-Boson *n*, Higgs-Boson *n* (nach P.W. Higgs, geb. 1929), Higgs-Teilchen *n* ‖ ≃ **field** (a background field) (Nuc) / Higgs-Feld *n*
**Higgsino** *n* (Nuc) / s-Higgs *n*, Higgsino *n* ‖ ~ *n* (Nuc) / s-Higgs *n*, Higgsino *n*
**Higgs particle** (Nuc) / H-Boson *n*, Higgs-Boson *n* (nach P.W. Higgs, geb. 1929), Higgs-Teilchen *n* ‖ ≃ **phase** (Phys) / Higgs-Phase *f* (eine Phase des Eichfelds - nach P. W. Higgs, geb. 1929)
**high** (in) / reich *adj* (an - z.B. an Eisen) ‖ ~ *n* (Autos) / H-Stellung *f* (der oberste Gang wird mit geschaltet - im automatischen Getriebe) ‖ ~ (Meteor) / Hoch *n*, Hochdruckgebiet *n* (kaltes, warmes, H (Hoch)) ‖ ~ *adj* / Hoch-, hoch *adj*
**high-abrasion furnace black** / hochabriebfester Ruß, Hartruß *m*, HAF-Ruß *m*
**high-active waste** (Ecol, Nuc Eng) / hochradioaktiver Abfall, hochaktiver Abfall, Hochaktiv-Waste *m*, HAW (hochaktiver Abfall)
**high-activity waste** (Ecol, Nuc Eng) / hochradioaktiver Abfall, hochaktiver Abfall, Hochaktiv-Waste *m*, HAW (hochaktiver Abfall)
**high-affinity dye(stuff)** (Textiles) / hochaffiner Farbstoff
**high alarm** / Vollmeldung *f* ‖ ~-**alloy chromium steel** (Met) / hochlegierter Chromstahl
**high-alloy steel** (Met) / hochlegierter Stahl (dessen Gehalt an charakteristischen Legierungselementen > 5 Gew.-% ist)
**high-altitude flight** (Aero) / Höhenflug *m* ‖ ~ **ozone distribution** (Ecol, Geophys) / Ozonverteilung *f* in großer Höhe
**high-alumina** *attr* (Ceramics) / hochtonerdehaltig *adj*
**high-alumina cement** (BS 915) (Build, Civ Eng) / Tonerdezement *m* mit hohem Aluminiumoxidgehalt, stark tonerdehaltiger Zement, Zement *m* mit hohem Tonerdegehalt, Hochtonerdeschmelzzement *m*
**high-ammonia latex** (Chem Eng) / HA-Latex *m* (mit etwa 0,8% Ammoniak)
**high-amplitude wave** (Phys) / Welle *f* mit großer (hoher) Amplitude
**high-angle belt conveyor** (Eng) / Steilbandförderer *m* ‖ ~ (grain) **boundary** (Crystal) / Großwinkelkorngrenze *f* (ein Flächendefekt), GWKG (Großwinkelkorngrenze) ‖ ~ **eyepiece** (Surv) / Zenitokular *n*, Steilsichtokular *n* ‖ ~ **view** / Vogelperspektive *f* (eine kartenverwandte Darstellung, die den schrägen Blick auf eine Landschaft aus einer größeren Höhe entspricht), Vogelschaubild *n*, Vogelschau *f*
**high area** (Autos) / Erhebung *f* (in der Blechoberfläche)
**high-area surface** (Electronics) / aufgeraute Oberfläche (Substrat)
**high-ash** *attr* (Chem, Fuels) / hochaschehaltig *adj*, mit hohem Aschengehalt, aschereich *adj*, aschenreich *adj*, stark aschehaltig ‖ ~ **coal** (Min Proc, Mining) / Ballastkohle *f* (Kohle mit erhöhtem Asche- und Wassergehalt von beispielsweise insgesamt 35%, die im Aufbereitungsverfahren anfällt und nicht weiter aufgeschlossen wird)
**high bank** (Geol, Hyd Eng) / Hochufer *n* (am Rande des Überschwemmungsbereichs eines Flusses), Hochgestade *n*
**high-barrier packaging material** / Verpackungsmaterial *n* mit hohen Sperreigenschaften
**high-bay lighting** (Light) / Breitstrahlbeleuchtung *f* ‖ ~ **warehouse** / Hochregallager *n* (automatisiertes Stückgutlager)

**high beam(s)** (US) (Autos) / Fernlicht n
**high-beam(s) control** (Autos) / Fernlichtkontrollleuchte f
**high-bit-rate** attr (Comp) / hochbitratig adj ‖ ~ **channel** (Comp) / H-Kanal n (für Breitband-ISDN) ‖ ~ **digital subscriber line** (Comp, Telecomm, Teleph) / HDSL n (ein Übertragungsverfahren für bidirektionale, symmetrische und breitbandige Verbindungen auf einem Teilnehmeranschluss über zwei oder drei normale Cu-Doppeladern im Zugangsnetz), HDSL-Verfahren n
**high-bituminous lignite** (Mining) / Schwelkohle f (bitumenreiche Braunkohle zur Braunkohleschwelung)
**high-blend key** (Radio) / Stereoferntaste f, High-Blend-Taste f
**high boiler** (Chem) / hochsiedendes Lösungsmittel
**high-boiling** adj (Chem) / hochsiedend adj, schwersiedend adj (Fraktion), höhersiedend adj (Fraktion) ‖ ~ **fraction** (Chem Eng) / hochsiedende Fraktion ‖ ~ **solvent** (Chem) / Hochsieder m (mit über 150° Siedetemperatur) ‖ ~ **solvent** (Chem) / hochsiedendes Lösungsmittel
**high-bond bar** (Build, Civ Eng) / Betonformstahl m (mit profilierter Oberfläche, um eine bessere Verbundwirkung zwischen Beton und Stahl zu schaffen)
**high bottom pillar** (Mining) / Schachtsicherheitsfeste f (eine Bergfeste) ‖ ~ **brass**\* (Met) / Messing n 65, Kupfer-Zink-Legierung f mit etwa 33% Zn
**high-build cathodic electrocoat** (Paint) / Dickschichtkataphoresegrundierung f ‖ ~ **coat(ing)** (Paint) / Dickschichtanstrich m ‖ ~ **coating** (material) (Paint) / dickschichtiger Lack, Dickschichtlack m ‖ ~ **filler** (Paint) / Spritzspachtel m ‖ ~ **galvanizing** (Surf) / Dickverzinkung f ‖ ~ **paint** (Paint) / dickschichtiger Lack, Dickschichtlack m
**high-bulk** attr (Spinning, Textiles) / hochbauschig adj, hochgebauscht adj, Hochbausch-
**high-bulking** adj (Paper) / voluminös adj, großvolumig adj
**high-bulk yarn** (Spinning) / Hochbauschgarn n (ein texturiertes Garn), HB-Garn n, High-bulk-Garn n
**high-butt needle** (Textiles) / Hochfußnadel f
**high button head** (Eng) / Hochrundkopf m (eines Niets)
**high-caking** adj / starkbackend adj (Kohle)
**high-calcium lime** (Build) / fetter Kalk (mit weniger als 10% Beimengungen des rohen Kalksteins), Fettkalk m, Weißkalk m ‖ ~ **limestone** (Geol) / Kalkstein m (mit maximal 5% MgCO₃)
**high-calling-rate subscriber** (Comp) / Vielschreiber m ‖ ~ **subscriber** (Teleph) / Vielsprecher m
**high-camshaft engine** (I C Engs) / HC-Motor m, Motor m mit hochgesetzter Nockenwelle, Motor m mit halbhoher Nockenwelle
**high-carbon** attr / kohlenstoffreich adj ‖ ~ (Met) / hochgekohlt
**high-carbon steel** (Met) / hochkohlenstoffhaltiger Stahl, kohlenstoffreicher Stahl, Kohlenstoffstahl m, hochkohlter Stahl, Stahl m mit hohem Kohlenstoffgehalt (0,7-1,5% C)
**high-ceilinged** adj (Build) / hoch adj (Raum)
**high-centre rim** (Autos) / Hochbettfelge f (Felgenausführung des CTS-Rades)
**high-chromium** attr (Chem) / hochchromhaltig adj
**high-class** attr / Qualitäts-, hochwertig adj ‖ ~ **joinery** (Join) / Kunsttischlerei f, Ausstattungstischlerei f
**high-clearance tractor** (Agric) / Hochradschlepper m, Portalschlepper m, Stelzenschlepper m (im Allgemeinen), Portaltraktor m (im Allgemeinen)
**high clouds** (Meteor) / hohe Wolken (eine Wolkenfamilie, wie z.B. Cirrocumuli)
**high-coloured** adj (Nut) / hochfarbig adj (Wein)
**high community risk** / hohes Risiko für die Bevölkerung
**high-compression engine** (I C Engs) / hochkomprimierter Motor, hochverdichteter Motor, Motor m mit hoher Kompression
**high-com process** (Acous) / High-Com-Verfahren n (Verfahren zur Rauschunterdrückung), High-Com-System n (Verfahren zur Rauschunterdrückung in der Elektroakustik)
**high-concentration** attr / hochkonzentriert adj, hoko (hochkonzentriert)
**high-conductivity copper**\* (Elec Eng) / Leitkupfer n, hoch leitfähiges Kupfer
**high-consistency refining** (Paper) / Hochkonsistenzmahlung f
**high-contrast** attr (Photog) / kontrastreich adj (Fotografie)
**high-cost** attr / teuer adj (Ware)
**high-crown mill** (Met) / Sechs-Walzen-Gerüst n (je zwei Arbeitswalzen, Zwischenwalzen und Stützwalzen)
**high-CV gas** / reiches Gas, Reichgas n, hochkaloriges Gas (spezifischer Brennwert 31465 bis 35617 kJ/m³)
**high-cyanide** attr (Surf) / hochcyanidisch adj, hochcyanidisch adj
**high-cycle fatigue** (Materials) / HCF (im Bereich hoher Lastspielzahlen), Ermüdung f im nominell elastischen Verformungsbereich (bei hochfrequentem Dauerschwingversuch)

**high-definition**\* attr (Optics, TV) / hochauflösend adj (Film) ‖ ~ **developer**\* (Photog) / Feinstkornentwickler m (hochauflösender), hochauflösender Entwickler ‖ ~ **lens** (Optics, Photog) / Hartzeichner m ‖ ~ **television** (TV) / Hochzeilenfernsehen n, HDTV-System n, hochauflösendes Fernsehen (1250 Zeilen, Bildseitenverhältnis 16 : 9), HDTV n (Hochzeilenfernsehen)
**high density** (Comp) / hohe Schreibdichte
**high-density** attr / mit hoher Dichte, hochverdichtet adj ‖ ~ **acid** (Space) / hochdichte Säure ‖ ~ **bipolar code** (Telecomm) / HDB-3-Kode m (ein modifizierter AMI-Kode) ‖ ~ **bleaching** (Paper) / Dickstoffbleiche f ‖ ~ **concrete** (Build, Civ Eng) / Schwerbeton m (mit Schwerzuschlag), Beton m mit höherer Rohdichteklasse (mehr als 2,8 kg/dm³) ‖ ~ **detergent** (Chem) / Kompaktwaschmittel n ‖ ~ **digital magnetic recording** (Comp) / HDDR-Verfahren n (magnetische Aufzeichnung mit hoher Dichte) ‖ ~ **digital recording tape** (Comp) / Digitalband n (mit) hoher Dichte, HDDR-Band n ‖ ~ **drive** (Comp) / HD-Diskettenlaufwerk n, HD-Laufwerk n ‖ ~ **fibreboard** (For, Join) / Spanplatte f hoher Dichte (Hartplattentyp) ‖ ~ **hardboard** (Build, For, Join) / extraharte Faserplatte, Extrahartplatte f (eine Holzfaserplatte), HF/E ‖ ~ **lipoprotein** (Biochem, Chem) / Lipoprotein n mit hoher Dichte, High-Density-Lipoprotein n ‖ ~ **plastic laminate** (For) / Kunstharzpressholz n (DIN 7707)
**high · -density plywood** (For) / Plast-Presslagenholz n, Pressschichtholz n (Plast-Presslagenholz, bei dem die Faserrichtung der Furniere parallel zueinander angeordnet ist) ‖ ~**-density polyethylene** (Chem, Plastics) / Polyethylen n (mit) hoher Dichte, Hartpolyethylen n, Hart-PE n, PE-HD (Polyethylen /mit/ hoher Dichte), HDPE (Hartpolyethylen)
**high-deposition-rate electrode** (Welding) / Fülldrahtelektrode f (eine Lieferform des Zusatzwerkstoffes)
**high-discharge skip** (Civ Eng) / Hochkippmulde f, Hochkippschaufel f
**high-distortion** attr (Telecomm) / verzerrungsreich adj
**high Doppler-resolution monopulse** (Radar) / Doppler-Hochauflösungsmonopuls n
**high-durability tape** (Comp) / Dauerlochstreifen m
**high-duty cast iron** (Met) / hochfestes Gusseisen ‖ ~ **welding machine** (Welding) / Hochleistungsschweißmaschine f
**high-early-strength cement** (Build, Civ Eng) / frühhochfester Zement (mit schneller Anfangserhärtung) ‖ ~ **cement** (Build) s. also rapid-hardening cement
**high-efficiency electrode** (Welding) / hochausbringende Elektrode ‖ ~ **particulate air filter** (Ecol) / Schwebstoff-Luftfilter n der Sonderklasse "S", HEPA-Filter n, Absolutfilter n
**high-elasticity yarn** (Spinning) / HE-Garn n, Hoch-Elastik-Garn n
**high-electron-mobility transistor**\* (a type of field-effect transistor consisting of gallium arsenide and gallium aluminium arsenide, with a Schottky metal contact on the gallium aluminium arsenide layer, serving as the gate source, and drain respectively) (Electronics) / HEM-Transistor m (extrem schneller und rauscharmer Feldeffekttransistor, der die hohe Beweglichkeit eines zweidimensionalen Elektronengases ausnutzt), HEMT (HEM-Transistor), Transistor m mit hoher Ladungsträgerbeweglichkeit, Transistor m mit hoher Elektronenmobilität (ein superschneller Transistor)
**high-end limousine** (Autos) / Edellimousine f (z.B. Maybach) ‖ ~ **printer** (Comp) / Drucker m höchster Qualität ‖ ~ **publishing** (Comp) / professionelles DTP
**high-energy** attr / hochenergetisch adj ‖ ~ (Chem) / energieliefernd adj (z.B. Adenylsäuresystem) ‖ ~ (Nut) / kalorienreich adj (Lebensmittel), mit hohem physiologischen Brennwert, mit hohem Energiewert, energiereich adj ‖ ~ (Phys) / energiereich adj (reich an Energie oder Energieträgern) ‖ ~ **astronomy** (Astron) / Hochenergieastronomie f (Röntgen- und Gammaastronomie) ‖ ~ **astronomy observatory** (Astron) / Observatorium n für Hochenergieastronomie ‖ ~ **bond** (Chem) / energiereiche Bindung ‖ ~ **electron** (Nuc) / energiereiches Elektron, hochenergetisches Elektron ‖ ~ **electron diffraction** (Phys) / Hochenergieelektronenbeugung f, Beugung f mit energiereichen Elektronen, HEED (Methode zur Untersuchung der Oberfläche von Folien, Dünnschichten und Kleinstpartikeln, die auf Beugungserscheinungen mit energiereichen Elektronen beruht) ‖ ~ **fuel** (Fuels) / Brennstoff m mit hohem Energiegehalt, hochkaloriger Brennstoff ‖ ~ **ignition system** (Autos) / Hochleistungszündanlage f (vollelektronische) ‖ ~ **laser** (Phys) / Hochleistungslaser m ‖ ~ **nuclear fusion** (Nuc Eng) / Hochenergiekernfusion f ‖ ~ **phosphate bond** (Biochem) / energiereiche Phosphatbindung
**high-energy (nuclear) physics**\* (the experimental study of particle physics) (Nuc) / Hochenergiephysik f (Physik der Elementarteilchen)
**high-energy process** / hochenergetischer Prozess ‖ ~ **processing** / Hochleistungsumformung f ‖ ~ **radiation** (Phys) / energiereiche Strahlung

**high-energy-rate**

**high-energy-rate** (metal) **forming**\* (Eng) / Hochenergiemetallumformung f, Hochenergieumformung f, Hochdruckumformung f (mit hohem hydrostatischem Druck)
**high-enriched uranium** (Nuc Eng) / hochangereichertes Uran
**high-enthalpy wind tunnel** (Aero) / Hochenthalpie-Windkanal m
**higher Brillouin zone** (Electronics, Phys) / höhere Brillouin-Zone ‖ ~ **derivative** (of a function) (Maths) / höhere Ableitung ‖ ~ **dimensional space** (Maths) / höherdimensionaler Raum ‖ ~ **high water** (Hyd Eng, Ocean) / Tidehochwasserstand m (höheres der beiden Hochwasser des Gezeitentags), MThw
**higher-level service** (Comp) / höherer Dienst (verglichen mit dem Standarddienst)
**higher low water** (Hyd Eng, Ocean) / Tidenniedrigwasserstand m (höheres der beiden Niedrigwasser des Gezeitentags) ‖ ~ **magazine** (Cinema) / Abwickelmagazin n (des Laufbildwerfers) ‖ ~ **mathematics** (advanced mathematics, such as number theory and topology, as taught at university level) (Maths) / höhere Mathematik (als Gegensatz zur Elementarmathematik)
**higher-order Laue zone line** (Electronics) / HOLZ-Linie f ‖ ~ **partial derivative** (Maths) / höhere partielle Ableitung, partielle Ableitung höherer Ordnung
**higher oxide** (Chem) / Oxid n der höheren Oxidationsstufe ‖ ~ **plane curve** (Maths) / algebraische ebene Kurve höherer /als zweiter/ Ordnung, ebene Kurve höheren Grades
**higher-ranking** adj (Telecomm) / übergeordnet adj (Amt)
**higher-resolution** attr (Comp, Optics) / höherauflösend adj, mit höherer Auflösung
**higher singularity** (Maths) / höhere Singularität
**higher-strength fine-grained steel** (Met) / höherfester Feinkornstahl (mit Mn-Gehalt)
**higher-voltage winding** (Elec Eng) / Oberspannungswicklung f, OS-Wicklung f (mit der höchsten Nennspannung)
**highest bid** / Höchstgebot n ‖ ~ **common factor** (Maths) / größter gemeinsamer Teiler, ggT (größter gemeinsamer Teiler), g.g.T.
**highest-energy occupied molecular orbital** (Chem) / höchstes besetztes Molekülorbital , HOMO (höchstes besetztes Molekülorbital)
**high-ester pectin** (Biochem) / hoch verestertes Pektin
**highest-grade aluminium** (Met) / Reinstaluminium n
**highest in, first out** / HIFO-Prinzip n, Hifo-Methode f (zur Ermittlung der Anschaffungs- oder Herstellungskosten von gleichwertigen Gegenständen des Vorratsvermögens - auch ein Wartesystem in der DV) ‖ ~ **occupied molecular orbital** (Chem) / höchstes besetztes Molekülorbital , HOMO (höchstes besetztes Molekülorbital) ‖ ~ **offer** / Höchstgebot n
**highest-order bit** (Comp) / werthöchstes Bit, höchstwertiges Bit
**highest-priority interrupt line** (Comp) / Direktforderungsleitung f
**highest-strength steel** (Met) / höchstfester Stahl (mit einer Streckgrenze höher als 1200 MPa)
**high-expanded foam** / Leichtschaum m (ein Löschmittel mit hoher Verschäumungszahl), Hochschaum m
**high-expansion foam** / Leichtschaum m (ein Löschmittel mit hoher Verschäumungszahl), Hochschaum m
**high explosive**\* (Chem, Mil) / brisanter Explosivstoff (z.B. Gelatine-Dynamit) ‖ ~**-explosive plastic** / Plastiksprengstoff m
**high-explosive warhead** (Mil) / Sprenggefechtskopf m
**high-eyepoint eyepiece** (Optics) / Brillenträgerokular n
**high face** (Mining) / Hochschnitt m (im Tagebau) ‖ ~ **fashion** (Textiles) / Haute Couture f
**high-fat** attr / fettreich adj
**high-fibre foods** (Nut) / ballaststoffreiche Lebensmittel
**high fidelity**\* (Acous, Telecomm) / hohe Wiedergabetreue (eine Güteklasse für elektroakustische Übertragungseinrichtungen nach DIN 45500), High Fidelity f, Hi-Fi f (High Fidelity), Highfidelity f
**high-fidelity amplifier**\* (Acous) / Hi-Fi-Verstärker m ‖ ~ **compander process** (Acous) / High-Com-Verfahren n (zur Rauschunterdrückung), High-Com-System n (Verfahren zur Rauschunterdrückung in der Elektroakustik)
**high-field shift** (Spectr) / Hochfeldverschiebung f
**high finish** (Textiles) / Hochveredlung f ‖ ~**-flash naphtha** (Oils) / schweres Kohlenteer-Solventnaphtha
**high-flux isotope reactor** (Nuc Eng) / Hochflussreaktor m (ein Forschungsreaktor), HFR (Hochflussreaktor)
**high-flux reactor**\* (Nuc Eng) / Hochflussreaktor m (ein Forschungsreaktor), HFR (Hochflussreaktor)
**high-foaming** adj / schaumreich adj
**high forest** (For) / Hochwald m ‖ ~ **frequency**\* (Radio) / Hochfrequenz f, HF (Frequenz von 3 - 30 MHz) (Dekameterwellen)
**high-frequency amplification**\* (Telecomm) / Hochfrequenzverstärkung f, HF-Verstärkung f ‖ ~ **amplifier** (Telecomm) / Hochfrequenzverstärker m (Gerät bzw. Schaltung zur Verstärkung sehr kleiner Hochfrequenzspannungen bzw. Leistungen über etwa 20 kHz) ‖ ~ **biasing** (Acous) / Hochfrequenzvormagnetisierung f, Hochfrequenzmagnetisierung f ‖ ~ **capacitor** (Elec Eng) / Hochfrequenzkondensator m, HF-Kondensator m ‖ ~ **carrier telegraphy** (Teleg) / Hochfrequenzträgerstromtelegrafie f, HF-Trägerstromtelegrafie f ‖ ~ **choke** (Elec Eng) / Hochfrequenzdrossel f (zur Abblockung hochfrequenter Wechselströme), HF-Drossel f ‖ ~ **cinematography** (Cinema) / Hochfrequenzkinematografie f (mit etwa einer Milliarde Bilder/s) ‖ ~ (dielectric) **drying** (Elec Eng) / Hochfrequenztrocknung f (eine Art Elektrowärmetrocknung), dielektrische Trocknung ‖ ~ **engineering** (Elec Eng) / Hochfrequenztechnik f, HF-Technik f ‖ ~ **furnace** (Elec Eng, Met) / Mittelfrequenzinduktionsofen m (zwischen 50 Hz und 10 kHz), Hochfrequenzinduktionsofen m (ein Schmelzofen) ‖ ~ **generator** (Elec Eng, Welding) / Hochfrequenzgenerator m, HF-Generator m (zur Erzeugung von elektrischen Hochfrequenzströmen bzw. -feldern hoher Frequenzkonstanz) ‖ ~ **glu(e)ing** (For, Join) / Hochfrequenzklebung f (ein Heißklebvorgang), Hochfrequenzverleimung f, HF-Klebung f, HF-Verleimung f
**high•-frequency heating**\* (Elec Eng, Heat) / Hochfrequenzerwärmung f, Erhitzung f durch Hochfrequenz, HF-Erwärmung f ‖ ~**-frequency induction furnace**\* (Elec Eng, Met) / Mittelfrequenzinduktionsofen m (zwischen 50 Hz und 10 kHz), Hochfrequenzinduktionsofen m (ein Schmelzofen) ‖ ~**-frequency input transistor** (Electronics) / Transistor m für Hf-Eingangsstufen im UKW-Bereich
**high-frequency mass spectrometer** (Spectr) / Hochfrequenzmassenspektrometer n ‖ ~ **pressure welding** (Welding) / Induktionspressschweißen n ‖ ~ **range** (Radio, Telecomm) / Hochfrequenzbereich m (20 kHz bis zu mehreren Gigahertz), HF-Bereich m ‖ ~ **resistance**\* (Telecomm) / Hochfrequenzwiderstand m, HF-Widerstand m ‖ ~ **resistance welding** (Welding) / Hochfrequenz-Widerstandsschweißen n, HF-Widerstandsschweißen n ‖ ~ **sealing** (Plastics) / dielektrisches Schweißen (von Folien), Hochfrequenzsiegeln n ‖ ~ **sheet** (Elec Eng, Met) / Hochfrequenzblech n (Elektroblech mit speziellen Eigenschaften und einer Dicke von 0,02 bis 0,2 mm)
**high-frequency speaker** (Acous) / Hochtonlautsprecher m, Hochtöner m, Tweeter m
**high-frequency spectroscopy** (Spectr) / Hochfrequenzspektroskopie f (z.B. Radiofrequenz- oder Mikrowellenspektroskopie) ‖ ~ **titration** (Chem) / Hochfrequenztitration f, HF-Titration f ‖ ~ **transformer**\* (Telecomm) / Hochfrequenztransformator m, Hochfrequenzübertrager m, HF-Transformator m ‖ ~ **transistor** (Electronics) / HF-Transistor m (mit sehr hoher Grenzfrequenz)
**high-frequency welding**\* (Plastics, Welding) / Hochfrequenzschweißen n, HF-Schweißen n (DIN 1910)
**high-fructose corn syrup** (Nut) / Isomeratzucker m, Isoglucosesirup m, Isoglukosesirup m, Isozucker m
**high-gain amplifier** (Elec Eng, Radio) / Hochleistungsverstärker m ‖ ~ **d.c. amplifier** (Elec Eng, Radio) / Gleichspannungsverstärker m mit hoher Verstärkung
**high-gear** attr (Autos) / lang übersetzt (Getriebe) ‖ ~ (Eng) / hochübersetzt adj
**high gearing** (Autos) / langes Übersetzungsverhältnis ‖ ~ **gearing ratio** (Autos) / langes Übersetzungsverhältnis ‖ ~ **gear ratio** (Autos) / langes Übersetzungsverhältnis
**high-gloss** n / Hochglanz m (mit dem Glanzwert bis 100) ‖ ~ **lamination** (Bind) / Hochglanzkaschierung f ‖ ~ **paper** (Paper) / hochglänzendes Papier, Hochglanzpapier n
**high-grade** attr / Qualitäts-, hochwertig adj ‖ ~ / edel adj (Ausstattungsmaterial) ‖ ~ **concentrate** (Min Proc) / Reichkonzentrat n ‖ ~ **crushed sand** / Edelbrechsand m (der erhöhte Anforderungen hinsichtlich der Genauigkeit der Korngröße, des Unter- und Überkorns, der Kornform usw. erfüllen muß) ‖ ~ **finish** (Textiles) / Hochveredlung f ‖ ~ **finish** (Textiles) s. also resin finish ‖ ~ **flour** (Nut) / helle Mehlsorte ‖ ~ **ore** (Min Proc, Mining) / reiches Erz, hochwertiges Erz, Reicherz n, Edelerz n ‖ ~ **sirup** (Nut) / Grünablauf m, Grünsirup m, Ablauf m (von Nachprodukt) 1, Schleuderablauf m ‖ ~ **steel** (Met) / Qualitätsstahl m (DIN EN 10 083-2) ‖ ~ **streak** (Mining) / Adelszone f (metallreicher Teil einer Erzlagerstätte), sehr hoher Lagerstätteninhalt ‖ ~ **sugar** (Nut) / Rohzuckererstprodukt n, Rohzucker m 1, Erstproduktzucker m (bei der Zuckerherstellung) ‖ ~ **synthetic resin** (Plastics) / Edelkunstharz n ‖ ~ **timber** (For) / Wertholz n (Holzsorten mit hohen Qualitätseigenschaften), Qualitätsholz n
**high grading**\* (Mining) / selektive Gewinnung von hochwertigem Erz
**high-gravity process** (Min Proc) / High-Gravity-Verfahren n (ein Trennverfahren), HG-Verfahren n
**high-green sirup** (Nut) / Grünablauf m, Grünsirup m, Ablauf m (von Nachprodukt) 1, Schleuderablauf m
**high-head power plant** (Hyd Eng) / Hochdruckkraftwerk n (mit mehr als 50 m Nutzfallhöhe)
**high(er) heating value** (Chem, Phys) / [spezifischer] Brennwert m (auf die Masse bezogener - nach DIN 5499), $H_o$ (spezifischer Brennwert)

**high-heat value** (US) (Chem, Phys) / [spezifischer] Brennwert *m* (auf die Masse bezogener - nach DIN 5499), $H_o$ (spezifischer Brennwert)
**high-hysteresis steel** (Elec Eng) / Stahl *m* mit großen Hystereseverlusten
**high-impact** *attr* (able to withstand great impact without breaking) / hochschlagzäh *adj*, hochschlagfest *adj*, zäh *adj* (hochschlagfest) ‖ ~ **polystyrene** (Plastics) / hochschlagfestes Polystyrol, HIPS (hochschlagfestes Polystyrol)
**high-impedance winding** (Elec Eng) / hochohmige Wicklung
**high-intensity arc**\* (Elec Eng) / Hochintensitätsbogen *m*, HI-Bogen *m*, Hochstromkohlebogen *m* ‖ ~ **discharge lamp** (Elec Eng) / Hochleistungsentladungslampe *f* ‖ ~ **reciprocity failure** (Photog) / Kurzzeitfehler *m* (ein Belichtungsfehler)
**high-iron** *attr* / eisenreich *adj*
**high-joule** *attr* (Phys) / energiereich *adj* (reich an Energie oder Energieträgern)
**high key**\* (Photog) / High-Key-Effekt *m* (bei Schwarzweißbildern, in denen die hellen Grautöne und Lichter stark dominieren und sich nur dünne Schattenzonen abzeichnen /wenn überhaupt/) ‖ ~**-key lighting** (Cinema, Photog) / schattenfreie Ausleuchtung (des Motivs, z.B. für die High-Key-Technik) ‖ ~ **lead** (For) / Rückenmastanlage *f* (für die Holzbringung)
**high-lead crystal** / Hochbleikristall *n* (mit > 30% PbO)
**high-leaded** *adj* / hochbleihaltig *adj* (mit Bleizusätzen)
**high level** (Electronics) / H-Pegel *m* (bei Verwendung binärer Signale das Signal mit der höchsten Spannung)
**high-level** *attr* (Meteor) / in den oberen Schichten der Atmosphäre ‖ ~ **data link control** (Comp, Telecomm) / HDLC-Verfahren *n*, HDLC-Prozedur *f* (von ISO genormtes bitorientiertes Protokoll für die Datenübertragung) ‖ ~ **distribution reservoir** / Hochbehälter *m* ‖ ~ **formatting** (Comp) / High-Level-Formatierung *f* (nach der Low-Level-Formatierung) ‖ ~ **formatting** (Comp) / Vorformatierung *f*, harte Formatierung ‖ ~ **graphics language** (Comp) / Grafikhochsprache *f* ‖ ~ **language**\* (Comp) / höhere Programmiersprache ‖ ~ **language** (Comp) s. also problem-orientated language ‖ ~ **modelling language** (Comp) / Planungssprache *f* (Endbenutzersprache der 4. Generation zur Modellierung betriebswirtschaftlicher Analyse-, Planungs- und Berichtsprozesse für die Kosten- und Budgetplanung, Finanz- und Investitionsplanung, Absatz- und Marketingplanung sowie die Unternehmensgesamtplanung) ‖ ~ **modulation**\* (Radio) / Endstufenmodulation *f* (in der HF-Endstufe des Senders) ‖ ~ **quantifier** (AI) / Quantor *m* höherer Ebene ‖ ~ **reservoir** (Elec Eng, Hyd Eng) / Oberbecken *n* (des Pumpspeicherwerkes), oberes Speicherbecken (des Pumpspeicherwerkes) ‖ ~ **selection** (Teleph) / Hochpegelwahl *f* ‖ ~ **service reservoir** / Hochbehälter *m* ‖ ~ **signal** (Telecomm) / starkes Signal ‖ ~ **solid waste** (Nuc Eng) / feste hochradioaktive Abfälle ‖ ~ **terminal** (Comp) / logische Datenstation (die von allen Hardwarefunktionen entkoppelt ist), virtuelles Terminal ‖ ~ (**radioactive**) **waste**\* (Ecol, Nuc Eng) / hochradioaktiver Abfall, hochaktiver Abfall, Hochaktiv-Waste *m*, HAW (hochaktiver Abfall)
**high-lift flap** (Aero) / Flügelklappe *f* zur Wölbungsänderung (bei Segelflugzeugen der offenen Klasse) ‖ ~ **pallet truck** (Eng) / Gabelhochhubwagen *m* ‖ ~ **pallet walkie truck** / Plattformhochhubwagen *m* mit Gehlenkung ‖ ~ **platform truck** / Hochhubwagen *m* mit Plattform ‖ ~ **truck** / Hochhubwagen *m* (Gutträger: Plattform oder Gabel), HHW
**highlight**\* *n* (TV) / hellste Stelle, Hochlicht *n* ‖ ~ **area** (Print) / Lichterpartie *f* ‖ ~ **dot** (Print) / Lichtpunkt *m* (in der Rasterfotografie)
**highlighter** *n* (a broad marker pen used to overlay transparent fluorescent colour on text or a part of an illustration, leaving it legible and emphasized) / Textmarker *m*, Markierungsstift *m*
**highlighting** *n* (Comp) / Markierung *f* ‖ ~ (Comp, Print) / Heraushebung *f*, Hervorheben *n* (bestimmter Passagen) ‖ ~ **of text** (Comp) / Highlighting *n* des Texts, Texthervorhebung *f* durch stärkere Helligkeit
**highlights** *pl* (Photog) / Glanzlichter *n pl* ‖ ~ (Print) / Spitzlichter *n pl* (einer Vorlage oder eines fotografisch gewonnenen Aufsichts- oder Durchsichtspositivs), Hochlichter *n pl*
**high-low bias test** / Marginal Check *m* (bei der vorbeugenden Wartung), Grenzwertprüfung *f*, Randwertprüfung *f*
**highly acid** / hoch sauer ‖ ~ **active** / hoch wirksam ‖ ~ **concentrated nitric acid** (Chem) / Hoko-Säure *f* (hochkonzentrierte Salpetersäure mnit 98 - 99%) ‖ ~ **corrosion-resistant** (Surf) / hochkorrosionsresistent *adj*, hochkorrosionsfest *adj*, hochkorrosionsbeständig *adj* ‖ ~ **cross-linked** (Chem) / hochvernetzt *adj* (Polymer) ‖ ~ **curved** / stark gekrümmt (Träger) ‖ ~ **eccentric** (Space) / hochexzentrisch *adj* (Bahn des Satelliten) ‖ ~ **effective** / hoch wirksam ‖ ~ **enriched uranium** (Nuc Eng) / hochangereichertes Uran ‖ ~ **evacuated** (Electronics) / Hochvakuum-, hoch evakuiert *adj*,

**hart** *adj* ‖ ~ **explosive** / hochexplosiv *adj*, brisant *adj* ‖ ~ **faired** (Eng) / Stromlinien-, stromlinienförmig *adj*, windschlüpfig *adj*, windschnittig *adj* (z.B. Karosserie), strömungsgünstig *adj* ‖ ~ **ionized plasma** (Plasma Phys) / hochionisiertes Plasma ‖ ~ **polished** / spiegelblank *adj* ‖ ~ **reactive** (Chem) / reaktionsfreudig *adj*, reaktionsstark *adj*, reaktionsfähig *adj* (stark) ‖ ~ **refined aluminium** (Met) / Reinstaluminium *n* ‖ ~ **resistant** (Elec Eng) / hochohmig *adj* ‖ ~ **selective** / hochselektiv *adj* (z.B. Sperrfilter) ‖ ~ **sensitive** / hoch empfindlich *adj* ‖ ~ **twisted by refringence effect cell** (Electronics) / HBE-Zelle *f* (eine Flüssigkristallzelle) ‖ ~ **viscous** / hochviskos *adj*
**high machine finish** (Paper) / hohe Maschinenglätte ‖ ~ **magnetic field** (Mag) / starkes Magnetfeld, starkes magnetisches Feld ‖ ~**-manganese steel** (Met) / hochmanganhaltiger Stahl
**high-mast lighting** (Elec Eng, Light) / Hochmastbeleuchtung *f*
**high-melting** *adj* (Phys) / hochschmelzend *adj* (Erz, Metall), mit hohem Schmelzpunkt, schwer schmelzbar
**high-melting alloy** (Met) / hochschmelzende Legierung
**high-melting-point alloy** (Met) / hochschmelzende Legierung
**high-melting solder** (Met, Plumb) / Hartlot *n* (DIN 8513), Schlaglot *n* (mit Silberzusatz)
**high-memory area**\* (a block of nearby 64 KB of memory following the first MB of conventional memory - now obsolete) (Comp) / High-Memory Area *f*, HMA (High-Memory Area) ‖ ~ **region** (Comp) / High-Memory Area *f*, HMA (High-Memory Area)
**high-modulus carbon fibre** (Textiles) / Hochmodulkohlenstofffaser *f*, HM-Kohlenstofffaser *f* ‖ ~ **fibre** (Textiles) / Hochmodulfaser *f* (die einen Elastizitätsmodul in der Größenordnung von Stahlfäden hat) ‖ ~ **furnace black** (Chem Eng) / High-Modulus-Furnaceruß *m* (Gasruß, der Vulkanisaten hohen Spannungswert verleiht), HMF-Ruß *m* ‖ ~ **polymer** (Plastics) / Hochleistungskunststoff *m* (ein Technokunststoff), Hochleistungspolymer *n* (Polymerwerkstoff, der in mindestens einer Eigenschaft den Standardkunststoffen überlegen ist)
**high-moisture** *attr* / mit hohem Feuchtigkeitsgehalt, mit hohem Wassergehalt ‖ ~ **grain** (Agric) / Feuchtgetreide *n*, Feuchtkorn *n*
**high-molecular** *adj* (Chem) / hochmolekular *adj*
**high moor** (Geol) / Hochmoor *n* (Typ des Moores, dessen Wasser aus Niederschlägen stammt und das daher sauer und sehr nährstoffarm ist), ombrogenes Moor (in humiden Gebieten - mit einer Wasserversorgung durch Regenwasser) ‖ ~ **noise immunity** (Comp, Electronics) / Störfestigkeit *f* (passives Störverhalten), Störsicherheit *f*, Störungsunempfindlichkeit *f*, Rauschunempfindlichkeit *f*
**high-noise-immunity** *attr* (Comp, Electronics) / störsicher *adj*, störbeeinflussungssicher *adj* (Logik) ‖ ~ **logic** (Comp, Electronics) / rauscharme Logik
**high-occupancy vehicle** (US) (Autos) / Kraftwagen *m* mit einer Mindestzahl an Insassen (zugelassen zu bestimmten Stoßzeiten auf den Stadtautobahnen)
**high-octane** *attr* (Fuels) / hochoktanig *adj*, mit hoher Oktanzahl, hochoktanzahlig *adj* (hochklopffest)
**high-ohmic** *adj* (Elec Eng) / hochohmig *adj* ‖ ~ **resistance** (Elec) / Hochohmwiderstand *m* (oberhalb von 10 kΩ), hochohmiger Widerstand
**high-oleic** *attr* (Agric, Bot) / mit hohem Ölsäuregehalt (z.B. Sonnenblume) ‖ ~ **form** (Agric, Bot) / mit hohem Ölsäuregehalt (z.B. Sonnenblume)
**high-opacity** *attr* (Paint, Print) / hochdeckend *adj*
**high-order** *attr* (Chem) / hochkomplex *adj* (Mischung) ‖ ~ **bit** (Comp) / werthöheres Bit, höherwertiges Bit ‖ ~ **language** (Comp) / höhere Programmiersprache ‖ ~ **memory locations** (Comp) / oberer Adressenbereich ‖ ~ **mode** (Phys, Telecomm) / Mode *m* höherer Ordnung ‖ ~ **zero** (Comp) / führende Null ‖ ~ **zero printing** (Comp) / Nullendruck *m* vor Zahlen
**high-or-low-ratio transfer box** (Autos) / Zweigang-Verteilergetriebe *n*
**high-output tape** (Mag) / hochaussteuerbares Band
**high-overvoltage protector** (Elec Eng) / Spannungsgrobsicherung *f* (vor Spannungen über 2 000 V)
**high-oxygen** *attr* / hochsauerstoffhaltig *adj*, sauerstoffreich *adj*, mit hohem Sauerstoffgehalt
**high-pass filter**\* (transmitting all frequencies above a certain value) (Telecomm) / Hochpass *m* (ein Netzwerk), Hochpassfilter *n*, HP (Hochpassfilter)
**high-performance** *attr* (Fuels) / Hochleistungs-, hochleistungsfähig *adj* ‖ ~ (Materials) / hochfest *adj* (Faser) ‖ ~ **capillary electrophoresis** (Chem) / Hochleistungskapillarelektrophorese *f*, HPCE (Hochleistungskapillarelektrophorese), HCE (Hochleistungskapillarelektrophorese) ‖ ~ **carbon fibre** (Plastics, Textiles) / HF-Kohlenstofffaser *f* (hochfeste), hochfeste Kohlenstofffaser ‖ ~ **ceramics** (Ceramics) / Hochleistungskeramik *f* (z.B. aus hochreinen Oxiden, Nitriden, Karbiden usw.) ‖ ~ **chromatography** (Chem) / Hochleistungschromatografie *f* ‖ ~ **diode laser** / Hochleistungsdiodenlaser *m* ‖ ~ **electrode** (Welding) /

**high-performance**

Hochleistungselektrode f, Eisenpulverelektrode f ‖ ~ **face** (Mining) / Hochleistungsstreb m ‖ ~ **File System** (Comp) / High-Performance-File-System n (das von OS/2 verwendete Dateisystem), HPFS (High-Performance-File-System) ‖ ~ **header** (Autos) / Fächerkrümmer m (Auspuffkrümmer aus Stahlrohr) ‖ ~ **material** (Materials) / Hochleistungswerkstoff m ‖ ~ **MOS technology** (Electronics) / Hochleistungs-MOS-Technik f ‖ ~ **optics** (Optics) / Hochleistungsoptik f ‖ ~ **polymer*** (Plastics) / Hochleistungskunststoff m (ein Technokunststoff), Hochleistungspolymer n (Polymerwerkstoff, der in mindestens einer Eigenschaft den Standardkunststoffen überlegen ist) ‖ ~ **scanner** (Comp) / Hochleistungsscanner m ‖ ~ **serial bus** (Comp) / FireWire m (serieller Hochleistungs-Schnittstellenstandard für Computer-Peripheriegeräte - er wird für die Datenübertragung zwischen Digitalkamera und Computer angeboten) ‖ ~ **thin-layer chromatography** (Chem) / Hochleistungsdünnschichtchromatografie f ‖ ~ **tyre** (Autos) / Hochgeschwindigkeitsreifen m
**high-phosphorus** attr / phosphorreich adj
**high-pitched** adj (Acous) / helltönend adj, hellklingend adj, hoch adj (Ton)
**high-pitched roof** (Build) / Gefälledach n (als Gegensatz zu Flachdach), geneigtes Dach (über 20°), Schrägdach n, Steildach n (bei dem die Dachneigung mehr als 22° beträgt)
**high polymer** (Chem) / Hochpolymer n, Hochpolymeres n
**high-potential test** (Elec Eng) / Hochspannungsprüfung f
**high-power** attr (Eng) / leistungsstark adj (Kraftmaschine), leistungsfähig adj ‖ ~ **acquisition radar** (Radar) / Hochleistungserfassungsradar m n
**high-powered** adj (Eng) / leistungsstark adj (Kraftmaschine), leistungsfähig adj
**high-power laser** (Phys) / Hochleistungslaser m ‖ ~ **magnification** (Micros) / starke Vergrößerung
**high-power modulation*** (Radio) / Endstufenmodulation f (in der HF-Endstufe des Senders)
**high-precision** attr / Hochgenauigkeits- ‖ ~ **balance** / Feinwaage f (etwa 0,1 mg bis 200 g) ‖ ~ **engineering** / Feinwerktechnik f ‖ ~ **indicator** (Instr) / Feinzeiger m, Feintaster m ‖ ~ **indicator** (Eng) / Feintaster m, Feinzeiger m (Messgerät zur Bestimmung kleiner Längenunterschiede) ‖ ~ **measurement** / Präzisionsmessung f ‖ ~ **part** (Eng) / präzisionsgefertigtes Teil, Präzisionsteil n
**high pressure** (Phys) / Hochdruck m (zwischen etwa 10 MPa und 100 MPa), HD (Hochdruck)
**high-pressure area** (Meteor) / Hoch n, Hochdruckgebiet n (kaltes, warmes, H (Hoch) ‖ ~ **chemistry** (Chem) / Hochdruckchemie f ‖ ~ **compressor*** (Aero) / Hochdruckkompressor m, Hochdruckverdichter m, HD-Kompressor m, HD-Verdichter m (in Strömungsrichtung gesehen letzter von zwei hintereinander angeordneten Verdichtern eines Gasturbinentriebwerks) ‖ ~ **cylinder*** (Eng) / Hochdruckzylinder m (der Mehrfachexpansionsdampfmaschine) ‖ ~ **discharge** (Phys) / Hochdruckentladung f (elektrische Gasentladung, meist stromstarke Bogenentladung, die bei Drücken weit über einer Atmosphäre brennt) ‖ ~ **discharge lamp** (Elec Eng) / Hochdruckentladungslampe f ‖ ~ **end** (Eng) / Hochdruckteil m (einer Mehrgehäusedampfturbine), HD-Teil m ‖ ~ **extraction** (Chem Eng) / Hochdruckextraktion f, HDE (Hochdruckextraktion) ‖ ~ **foaming** (Plastics) / Hochdruckschäumen n (Verschäumen von Kunststoffen) ‖ ~ **hydrogen damage** (Materials) / Druckwasserstoffschädigung f (von Stählen unter der Einwirkung von molekularem heißem Druckwasserstoff), Druckwasserstoffangriff m ‖ ~ **hydrogen resistance** (Chem) / Druckwasserstoffbeständigkeit f ‖ ~ **infusion** (Build) / Hochdrucktränken n (eine Entspannungsmaßnahme) ‖ ~ **liquid chromatography** (Chem) / Hochdruckflüssigkeitschromatografie f, HPLC (Hochdruckflüssigkeitschromatografie), Hochleistungsflüssigkeitschromatografie f ‖ ~ **metamorphism** (Geol) / Hochdruckmetamorphose f ‖ ~ (**gas**) **meter** / Hochdruckgaszähler m ‖ ~ **modification** (Chem, Min) / Hochdruckmodifikation f ‖ ~ **moulding process** (Foundry) / Hochdruckformverfahren n (mit einem Pressdruck von bis 2 MPa), Hochdruckpressen n ‖ ~ **pay area** (Oils) / druckstarke Lagerstätte ‖ ~ **physics** (Phys) / Hochdruckphysik f ‖ ~ **planar liquid chromatography** / Hochdruck-Planar-Flüssigkeitschromatografie f, HPPLC (Hochdruck-Planar-Flüssigkeitschromatografie) ‖ ~ **plasma** (Plasma Phys) / Hochdruckplasma n ‖ ~ **polyethylene** (Chem, Plastics) / Hochdruckpolyethylen n, Hochdruck-PE n ‖ ~ **rail** (Autos) / Hochdruckrail n ‖ ~ **reactor** (Chem Eng, Phys) / Hochdruckreaktor m ‖ ~ **ridge** (Meteor) / Hochdruckbrücke f (Hochdruckzone, die zwei Hochdruckgebiete miteinander verbindet) ‖ ~ **seal** (Eng) / Hochdruckdichtung f ‖ ~ **sodium lamp** (Elec Eng) /

Hochdrucknatriumdampflampe f ‖ ~ **sodium vapour lamp** (Elec Eng) / Natriumdampfhochdrucklampe f (eine Gasentladungslichtquelle nach DIN 5039), Natriumhochdrucklampe f ‖ ~ **spraying** (Paint) / Hochdruckspritzen n ‖ ~ **steam** (Eng) / hochgespannter Dampf, Hochdruckdampf m ‖ ~ **steam curing** (Build) / Autoklavbehandlung f, Autoklavhärtung f, Überdruckdampfhärtung f (von Beton) ‖ ~ **synthesis** (Chem Eng) / Hochdrucksynthese f ‖ ~ **tank** / Hochdruckbehälter m, HD-Behälter m ‖ ~ **torch** (Eng, Welding) / Hochdruckbrenner m ‖ ~ **treatment** (For) / Kesseldrucktränkung f, Kesseldruckverfahren n (z.B. nach Rüping), Druckimprägnierung f ‖ ~ **turbine*** (Aero, Eng) / Hochdruckturbine f (erste Turbine eines Mantelstromtriebwerks), HD-Turbine f (Hochdruckturbine) ‖ ~ **valves and fittings** (Eng) / Hochdruckarmaturen f pl ‖ ~ **vessel** / Hochdruckbehälter m, HD-Behälter m
**high-priced** adj / teuer adj (Ware)
**high-proof** adj (Nut) / hochprozentig adj (Alkohol)
**high-protein** attr (Biochem, Nut) / eiweißreich adj
**high-purity** attr / hochrein adj ‖ ~ **metal** (Met) / hochreines Metall (z.B. mit fünf Neunern)
**high-quality** attr / Qualitäts-, hochwertig adj ‖ ~ (Fuels) / hochwertig adj (Kohle) ‖ ~ **cotton** (Textiles) / langstapelige Baumwollfaser, lange Baumwollfaser (> 29 mm) ‖ ~ **crushed sand** / Edelbrechsand m (der erhöhte Anforderungen hinsichtlich der Genauigkeit der Korngröße, des Unter- und Überkorns, der Kornform usw. erfüllen muss) ‖ ~ **distillation** / Feindestillation f (bei der Produkte hoher Reinheit erhalten werden können) ‖ ~ **fish oil** (Nut) / Fischöl n (Körperöl von Fischen), Fischkörperöl n ‖ ~ **product** / Qualitätsprodukt n
**high *-quartz** n (Min) / β-Quarz m, Hochquarz m (574-870 °C) ‖ ~ **range** (Comp, Instr) / oberer Bereich (eines binären Signals nach DIN 41859, T 1), oberer Wertebereich
**high-rank** attr (Fuels) / hochwertig adj (Kohle) ‖ ~ **coal** (Mining) / hochinkohlte Kohle (hochwertige Kohle)
**high-rate pond** (San Eng) / Hochlast-Oxidationsteich m (in der Abwasserbehandlung) ‖ ~ **trickling filter** (San Eng) / hochbelasteter Tropfkörper
**high-reacting** adj (Chem) / reaktionsfreudig adj, reaktionsstark adj, reaktionsfähig adj (stark)
**high-reactivity** attr (Chem) / reaktionsfreudig adj, reaktionsstark adj, reaktionsfähig adj (stark)
**high-reduction plant** (Met) / Hochumformanlage m (für Langerzeugnisse mit einfachen Vollquerschnitten oder für Rohre)
**high-refractive index glass** (Glass, Optics) / hochbrechendes Glas
**high-reliance coating** (Comp) / High-Reliance-Beschichtung f (bei Disketten)
**high-relief** n (a piece of sculpture) (Arch) / Hochrelief n, Hautrelief n
**high-res** attr / hochauflösend adj
**high-resistance** attr (Elec Eng) / hochohmig adj ‖ ~ **steel** (Met) / hochfester Stahl ‖ ~ **voltmeter*** (Elec Eng) / hochohmiges Voltmeter
**high-resistant** adj (Elec Eng) / hochohmig adj
**high resolution** / hohe Auflösung, High Resolution f
**high-resolution** attr / hochauflösend adj ‖ ~ **electron energy loss spectroscopy** (Spectr) / hochauflösende Elektron-Energie-Verlustspektroskopie, HREELS (hochauflösende Elektron-Energie-Verlustspektroskopie) ‖ ~ **gas chromatography** (Chem) / Kapillargaschromatografie f, KGC (Kapillargaschromatografie) ‖ ~ **graphics*** (Comp) / High-Resolution-Grafik f, hochauflösende Grafik, Grafik f mit hoher Auflösung ‖ ~ **monopulse** (Radar) / Hochauflösungsmonopuls m ‖ ~ **radar** (Radar) / Hochauflösungsradar m n ‖ ~ **transmission electron microscopy** (Micros) / hochauflösende Durchstrahlungselektronenmikroskopie, HRTEM
**high-rise** n (Build) / Hochhaus n (Gebäude, dessen oberste Decke mehr als 22 m über der Geländeoberkante liegt) ‖ ~ **bicycle** / BMX-Rad n ‖ ~ **building** (Build) / Hochhaus n (Gebäude, dessen oberste Decke mehr als 22 m über der Geländeoberkante liegt)
**high-rise construction** (Build) / Hochhausbau m
**high-rise office building** (Build) / Bürohochhaus n
**high-riser** n / BMX-Rad n
**high-risk** attr / mit hohem Risiko (verbunden) ‖ ~ / mit hoher Gefährdung, hochgefährlich adj
**high-roofed van** (Autos) / Hochkasten m (Kastenwagen mit erhöhtem Kasten)
**high-rotating cone** (Paint) / Hochrotationsglocke f (die mit etwa 20000 bis 70000 U/min beim Spritzlackieren eingesetzt wird) ‖ ~ **disk** (Paint) / Hochrotationsscheibe f (eine Abwandlung der Sprühscheibe zum Spritzlackieren)
**high sea** (Ocean, Ships) / hohe See, offenes Meer, offene See, Räumte f (offenes Meer) ‖ ~ **season** / Hauptsaison f, Hochsaison f ‖ ~ **segment** (Elec Eng) / vorstehende Lamelle, überstehende Lamelle
**high-sensitive** adj / hoch empfindlich adj

**high-severity cracking** (Oils) / hohe Spaltschärfe
**high shade** (Textiles) / hochmodischer Farbton
**high-shrinkage fibre** (Textiles) / Hochschrumpffaser f, HS-Faser f
**high•-shrinking** adj (Textiles) / hochschrumpfend adj ‖ **~ side** / Hochdruckseite f (in Klimaanlagen) ‖ **~ sirup** (Nut) / Grünablauf m, Grünsirup m, Ablauf m (von Nachprodukt) 1, Schleuderablauf m
**high-solids paint** (Paint) / festkörperreicher Lack, High-Solids-Lack m (der weniger als 30% Lösemittel enthält), HS-Lack m
**high-speed** attr / Schnell-, Hochgeschwindigkeits- ‖ **~** (Eng) / hochtourig adj, schnelllaufend adj ‖ **~ access** / schneller Suchlauf (zum Auffinden einzelner Titel beim CD-Abspielgerät) ‖ **~ auxiliary jet** (Autos) / Zusatzdüse f (des Vergasers) ‖ **~ bottling line** (Nut) / Hochleistungsflaschenfüllanlage f ‖ **~ bus** (Comp) / Hochgeschwindigkeitsbus m ‖ **~ capability** (Autos) / Schnelllauffestigkeit f (der Reifen), Schnelllauftüchtigkeit f ‖ **~ cement** (Build, Civ Eng) / schnellabbindender Zement, Blitzzement m, schnellbindender Zement ‖ **~ circuit** (Elec Eng) / High-Speed-Schaltkreis m
**high-speed circuit-breaker*** (Elec Eng) / Schnellauslöser m
**high-speed circuit-breaker*** (Elec Eng) / Schnellschalter m ‖ **~ circuit switched data** (Teleph) / High-Speed Circuit Switched Data (ein Datenübertragungsdienst im Rahmen des Standards für Mobilfunk GSM), HSCSD (High-Speed Circuit Switched Data) ‖ **~ counter** (Instr) / Schnellzähler m ‖ **~ data network** (Comp) / Hochgeschwindigkeitsdatennetz n ‖ **~ developer** (Photog) / Rapidentwickler m ‖ **~ drilling machine** (Eng) / Schnellradiale f (der Radialbohrmaschine ähnliche Bohrmaschine) ‖ **~ electrode** (Welding) / Hochleistungselektrode f, Eisenpulverelektrode f ‖ **~ electron** (Nuc) / schnelles Elektron ‖ **~ facsimile** (Telecomm) / ISDN-Telefax n (das für das Fernkopieren einer DIN-A4-Seite etwa eine Sekunde braucht) ‖ **~ film** (needing little light or only short exposure) (Cinema, Photog) / Highspeed-Film m ‖ **~ forming** (Eng) / Hochgeschwindigkeitsumformung f ‖ **~ forming** (Eng) s. also high-energy rate (metal) forming ‖ **~ fuse** (Elec Eng) / überflinke Sicherung, superflinke Sicherung ‖ **~ integrated circuit** (Electronics) / Hochgeschwindigkeitsschaltkreis m (eine sehr schnelle Digitalschaltung, z.B. in der GaAs-MESFET-Technik) ‖ **~ integrated injection logic** (Comp) / Hochgeschwindigkeitsinjektionslogik f, schnelle integrierte Injektionslogik f ‖ **~ joint** (Autos) / Hochdrehzahlgelenk n
**high-speed memory** (Comp) / Schnellspeicher m, Speicher m mit schnellem Zugriff, Schnellzugriffsspeicher m, zugriffszeitfreier Speicher
**high-speed mixer** (Eng) / Schnellmischer m ‖ **~ network** (Telecomm) / Hochgeschwindigkeitsnetz n, High-Speed-Netz n (Internet, ATM, Multimedia) ‖ **~ orbital pad sander** (Tools) / Schwingschleifer m (z.B. als Handzusatzgerät für Heimwerker), Sander m (ein Handschleifer), Vibrationsschleifer m (auf dessen hin- und herschwingendem Werkzeugträger der auswechselbare Schleifkörper gespannt ist), Rutscher m (ein Handschleifer)
**high-speed photography** (Photog) / Highspeed-Fotografie f, Hochgeschwindigkeitsfotografie f, Hochfrequenzfotografie f (mit Belichtungszeiten unter 1/10,000.000 s)
**high-speed press** (Eng) / Schnellpresse f, Schnellläuferpresse f ‖ **~ press** (Print) / Schnellpresse f (im Allgemeinen) ‖ **~ printer** (Comp) / Schnelldrucker m, SD (Schnelldrucker) ‖ **~ punch** (Comp) / Schnellstanzer m ‖ **~ range** (Eng) / Schnelllaufbereich m ‖ **~ recording** (Cinema) / Hochgeschwindigkeitsaufnahme f ‖ **~ screen** (Radiol) / hochempfindliche Folie (Verstärkerfolie mit relativ hoher Belegungsdichte) ‖ **~ section** (Eng) / Schnelllaufbereich m ‖ **~ serial bus** (Comp) / FireWire m (serieller Hochleistungs-Schnittstellenstandard für Computer-Peripheriegeräte - er wird für die Datenübertragung zwischen Digitalkamera und Computer angeboten) ‖ **~ sewing machine** (Textiles) / Schnellnähmaschine f (eine Industrienähmaschine) ‖ **~ shimmy** (Autos) / Trampeln n (des Vorderrades) ‖ **~ shutter*** (Cinema) / Highspeed-Shutter m ‖ **~ skip** (Comp) / schneller Sprung (schnelle Einnahme der Druckposition seitens des Druckers, Tabulatorsprung m ‖ **~ skip** (Comp) s. also vertical tab ‖ **~ soldering iron** (Eng) / Schnelllötgerät n, Blitzlöter m ‖ **~ spindle** (Eng) / Hochgeschwindigkeitsspindel f, Hochfrequenzspindel f (mit über 30000 Umdrehungen/min) ‖ **~ spinning** (Spinning) / Schnellspinnverfahren n
**high-speed steel*** (Met) / Schnellarbeitsstahl m (ein Werkzeugstahl, der hauptsächlich zum Zerspanen und Umformen eingesetzt wird und der auf Grund seiner chemischen Zusammensetzung die höchste Warmhärte und Anlassbeständigkeit bis rund 600 °C aufweist - DIN EN ISO 4957), HSS-Stahl m (mit Karbidbildnern hochlegierter Werkzeugstahl), Schnellschnittstahl m, SS-Stahl m
**high-speed storage** (Comp) / zugriffszeitfreie Speicherung, Schnellzugriffsspeicherung f, Schnellzugriffsspeicherung f ‖ **~ subsonic airfoil** (Aero) / Laminarprofil n

**High-Speed Surface Transport** / ein japanisches Nahverkehrssystem
**high-speed switch** (Elec Eng) / Schnellschalter m ‖ **~ tool steel** (Met) / Schnellarbeitsstahl m (ein Werkzeugstahl, der hauptsächlich zum Zerspanen und Umformen eingesetzt wird und der auf Grund seiner chemischen Zusammensetzung die höchste Warmhärte und Anlassbeständigkeit bis rund 600 °C aufweist - DIN EN ISO 4957), HSS-Stahl m (mit Karbidbildnern hochlegierter Werkzeugstahl), Schnellschnittstahl m, SS-Stahl m ‖ **~ transistor-transistor logic** (Electronics) / Transistor-Transistor-Logik f mit hoher Schaltgeschwindigkeit , HSTTL (Transistor-Transistor-Logik mit hoher Schaltgeschwindigkeit) ‖ **~ turning** (Eng) / Schnelldrehen n ‖ **~ tyre** (Autos) / Hochgeschwindigkeitsreifen m
**high-speed wind tunnel*** (Aero) / Windkanal m für hohe Unterschallgeschwindigkeiten (Ma < 1)
**high-spin complex** (Chem) / High-Spin-Komplex m (in der Koordinationslehre), Outer-Orbital-Komplex m ‖ **~ state** (Chem, Nuc) / Hochspinzustand m
**high-split process** (Telecomm) / Highsplit-Verfahren n (in der Breitbandtechnik)
**high spot** (Autos) / Erhebung f (in der Blechoberfläche) ‖ **~ spot** (on a surface) (Eng) / Rauigkeitsberg m (eines Reibpartners) ‖ **~ spot*** (Radiol) / Ort m hoher Strahlungsdichte
**high-stop filter*** (Telecomm) / Tiefpass (TP) m (ein Netzwerk nach DIN 40100, T 17), Tiefpassfilter n, TP
**high-strength** attr / hochfest adj ‖ **~, low-carbon** (iron-nickel) **alloy in which a martensitic structure is formed on cooling** (Met) / martensitaushärtbarer Stahl ‖ **~ alloy** (Met) / hochfeste Legierung
**high-strength brass*** (Met) / Sondermessing n Cu 60 Zn 40
**high-strength cast iron** (Met) / hochfestes Gusseisen ‖ **~ friction-grip joint** (Civ Eng, Eng) / HV-Schraubenverbindung f ‖ **~ low-alloy steel** (Met) / mikrolegierter Stahl, HSLA-Stahl m ‖ **~ plastic** (an engineering plastic) (Plastics) / hochfester Kunststoff ‖ **~ sheet steel** (Met) / hochfestes Stahlblech ‖ **~ steel** (Met) / hochfester Stahl
**high-structure carbon black** (Chem Eng) / Hochstruktur-Ruß m (ein Industrieruß), High-Structure-Ruß m
**high-suction** attr (Build, Paint) / saugfähig adj (stark), stark saugend (Putzgrund) ‖ **~ (back)ground** (Build, Paint) / stark saugfähiger Untergrund
**high-sulphur crude** (oil) (Oils) / Erdöl n mit hohem Schwefelgehalt, schwefelreiches Rohöl ‖ **~ fuel** (Fuels) / Brennstoff m mit hohem Schwefelgehalt
**high tech** / Spitzentechnik f (im Weltmaßstab), High-Tech n f, Hochtechnologie f, Spitzentechnologie f, hoch entwickelte Technik
**high-tech ceramics** (Ceramics) / High-Tech-Keramik f (Fertigteile und Halbzeuge aus nichtmetallisch-anorganischen Werkstoffen, deren Einsatz durch Optimierung bestimmter Eigenschaften und Formgebungsverfahren eine spezielle Verwendung erlauben, z. B. Elektrokeramik) ‖ **~ fibre** (Materials) / Hochleistungsfaser f ‖ **~ food** (Nut) / Lebensmittel, die n pl auf der Grundlage modernster Technologie hergestellt wurden ‖ **~ industry** / High-Tech-Industrie f, Industrie f mit hohem technischen Stand
**high technology** / Spitzentechnik f (im Weltmaßstab), High-Tech n f, Hochtechnologie f, Spitzentechnologie f, hoch entwickelte Technik
**high-technology food** (Nut) / Lebensmittel, die n pl auf der Grundlage modernster Technologie hergestellt wurden
**high-tech windmill** / High-Tech-Windmühle f ‖ **~ yarn** (Spinning) / High-Tech-Garn n
**high-temperature alloy** (Met) / hochwarmfeste Legierung ‖ **~ alloy** (Met) / Hochtemperaturlegierung f (eine Superlegierung) ‖ **~ beam dyeing apparatus** (Textiles) / HT-Baumfärbapparat m (zum diskontinuierlichen Färben von Stückwaren, insbesondere von Wirkwaren, unter HT-Bedingungen) ‖ **~ brazing** (Met, Plumb) / Hochtemperaturlöten n (Hartlöten unter Schutzgas oder im Vakuum - über 900° C - DIN 8505) ‖ **~ brittleness** (Met) / Hochtemperaturversprödung f ‖ **~ chemistry** (Chem) / Hochtemperaturchemie f (ein Teilgebiet der Chemie, das sich mit dem Ablauf von chemischen Reaktionen und dem chemischen Verhalten der Stoffe bei Temperaturen über etwa 1000 °C befasst) ‖ **~ coke** (Fuels) / Hochtemperaturkoks m ‖ **~ CVD** (Electronics) / Hochtemperatur-CVD n ‖ **~ drying** (For) / Hochtemperaturtrocknung f (bei Temperaturen über 100° C), HT-Trocknung f ‖ **~ dyeing process** (Textiles) / HT-Verfahren n (für PES-Fasern und Wolle), Hochtemperaturfärben n, HT-Färben n, Hochdruckfärben n ‖ **~ electrolysis** (Chem Eng) / Hochtemperaturelektrolyse f (zur Gewinnung von Wasserstoff), Hochtemperaturdampfelektrolyse f, "Hot-Elly"-Verfahren n ‖ **~ festoon ager** (Textiles) / HT-Hängeschleifendämpfer m ‖ **~ fuel cell** (Chem, Elec Eng) / Hochtemperaturbrennstoffelement n ‖ **~ gas-cooled reactor** (Nuc Eng) / gasgekühlter Hochtemperaturreaktor ‖ **~ hydride** (Chem) / Hochtemperaturhydrid (HTH) n, HT-Hydrid n, HTH ‖ **~ insulating refractory** (Ceramics) / feuerseitiges Isolationsmaterial, Hochtemperaturisolationsmaterial n (Porosität

**high-temperature**

60 - 75%) ‖ ~ **LCF** (Materials) / LCF bei hohen Temperaturen ‖ ~ **material** (Eng, Materials) / Hochtemperaturwerkstoff *m*, hochtemperaturbeständiger Werkstoff ‖ ~ **physics** (Phys) / Hochtemperaturphysik *f* ‖ ~ **piece dyeing** (Textiles) / HT-Stückfärberei *f* ‖ ~ **plasma** (Plasma Phys) / Hochtemperaturplasma *n* ‖ ~ **reactor**\* (Nuc Eng) / Hochtemperaturreaktor *m* (mit so hohen Betriebstemperaturen, dass die Spaltzone besonders temperaturbeständige Materialien enthalten muss), HTR (Hochtemperaturreaktor, wie z.B. der Kugelhaufenreaktor in Deutschland)
**high-temperature-resistant** *adj* / hochtemperaturfest *adj*, hochtemperaturbeständig *adj*, hochhitzebeständig *adj* ‖ ~ **carbon fibre** (Plastics) / HT-Faser *f* (eine Kohlenstofffaser)
**high-temperature solar collector** / Hochtemperaturkollektor *m* (der die Sonnenstrahlung wie ein Brennglas fokussiert und somit Temperaturen über 200 °C erzeugt) ‖ ~ **soldering** (Met, Plumb) / Hochtemperaturlöten *n* (Hartlöten unter Schutzgas oder im Vakuum - über 900° C - DIN 8505) ‖ ~ **spectrum** (Spectr) / Hochtemperaturspektrum *n* ‖ ~ **steel** (Met) / hochwarmfester Stahl ‖ ~ **steel** (Met) / warmfester Stahl (z.B. austenitischer Stahl) ‖ ~ **strength** (Materials, Met) / Warmfestigkeit *f* (des Stahls) ‖ ~ **superconductor**\* (Ceramics, Chem, Elec, Phys) / Hochtemperatursupraleiter *m* (meistens ternäre Oxide mit sehr hohen Sprungtemperaturen), HTS(L) (Hochtemperatursupraleiter) ‖ ~ **supplement** (Work Study) / Hitzezulage *f*
**high-tenacity** *attr* (Textiles) / hochreißfest *adj*, hochfest *adj*, mit hoher Reißfestigkeit ‖ ~ **carbon fibre** (Plastics, Textiles) / HF-Kohlenstofffaser *f* (hochfeste), hochfeste Kohlenstofffaser
**high-tensile** *adj* (Materials) / hochzugfest *adj* ‖ ~ **steel** (Met) / hochfester Stahl
**high-tension** *n* (60-250 V)\* (Elec Eng) / Hochspannung *f* (GB: über 650 V, Deutschland: über 1000 V - VDE 0101)
**high-tension battery**\* (Electronics) / Anodenbatterie *f* ‖ ~ **lead** (I C Engs) / Zündkerzenkabel *n*, Zündkerzenleitung *f*, Zündkabel *n* ‖ ~ **steel** (Met) / hochzugfester Stahl
**high-test cast iron** (Met) / hochfestes Gusseisen
**high thinning** (For) / Hochdurchforstung *f*
**high-threshold logic** (Comp) / Logik *f* mit hoher Schaltschwelle, Logik *f* mit hoher Schwellwertspannung
**high-throughput screening** (Agric, Pharm) / High-Throughput-Screening *n* (von mehreren tausend Proben pro Tag), HTS (High-Throughput-Screening), Hochdurchsatz-Screening *n*
**high tide** (Ocean) / Hochwasser *n* (in der Gezeitenbeobachtung - als Wasserstand)
**high-titania** *attr* (body) (Ceramics) / hochtitanoxidhaltig *adj* (Masse)
**high-top-pressure blast furnace** (Met) / Gegendruckhochofen *m*
**high-torque** *attr* (I C Engs) / durchzugskräftig *adj* (Motor), durchzugsstark *adj*, drehmomentstark *adj*
**high traffic** (Autos) / hohes Verkehrsaufkommen
**high-transmission glass** (Glass) / Glas *n* mit hoher Lichtdurchlässigkeit
**high-twisted** *adj* (Spinning) / hartgedreht *adj* (Garn), scharfgedreht *adj*
**high-usage route** (Comp) / Querweg *m* ‖ ~ **trunk** (Comp) / Querweg *m*
**high-vacuum**\* *n* (Electronics, Vac Tech) / Hochvakuum *n* (zwischen 1x10⁻⁴ und 1x10⁻⁷ mm Hg)
**high-vacuum**\* *attr* (Electronics) / Hochvakuum-, hoch evakuiert *adj*, hart *adj* ‖ ~ **rectifier** (Elec Eng) / Hochvakuumgleichrichter *m* ‖ ~ **tube** (Electronics) / Hochvakuumröhre *f* (mit etwa 10⁻⁹ Pa) ‖ ~ **X-ray tube** (Electronics) / Hochvakuumröntgenröhre *f*
**high-value resistance** (Elec) / Hochohmwiderstand *m* (oberhalb von 10 kΩ), hochohmiger Widerstand ‖ ~ **resistor** (Elec) / hochohmiger Widerstand (Bauteil), Hochohmwiderstand *m* (Bauteil)
**high-velocity** *attr* / Schnell-, Hochgeschwindigkeits-
**high-viscosity** *attr* / hochviskos *adj* ‖ ~ **lime-base mud** (Oils) / hochviskose Kalkspülung ‖ ~ **oil** / Öl *n* der H-Reihe
**high-visibility clothing** (Textiles) / Warnkleidung *f* (eine Schutzbekleidung)
**high•-volatile** *adj* (Chem) / leichtflüchtig *adj*, hochflüchtig *adj* ‖ ~-**volatile A bituminous coal** (US) (Mining) / hochflüchtige bituminöse (Stein)Kohle (mit mehr als 31 % flüchtigen Bestandteilen und mehr als 14 000 B.t.u.) ‖ ~-**volatile B bituminous coal** (US) (Mining) / hochflüchtige bituminöse (Stein)Kohle (mit 13 000 bis 14 000 B.t.u.) ‖ ~-**volatile C bituminous coal** (US) (Mining) / hochflüchtige bituminöse (Stein)Kohle (mit 11 000 bis 13 000 B.t.u.) ‖ ~-**voltage**\* *n* (> 650 V) (Elec Eng) / Hochspannung *f* (GB: über 650 V, Deutschland: über 1000 V - VDE 0101)
**high-voltage** *attr* (Elec Eng) / Hochspannungs-, Hochvolt- ‖ ~ **cable** (Cables) / Hochspannungskabel *n* (im Allgemeinen) ‖ ~ **circuit** (Elec Eng) / Hochspannungskreis *m* ‖ ~ **direct current** (Elec Eng) / Hochspannungsgleichstrom *m*, hochgespannter Gleichstrom ‖ ~ **direct-current transmission** (Elec Eng) / Hochspannungsgleichstromübertragung *f*, HGU (Hochspannungsgleichstromübertragung) ‖ ~ **electron microscope**\* (Micros) / Höchstspannungs-Elektronenmikroskop *n* ‖ ~ **electrophoresis** (Chem, Phys) / Hochspannungselektrophorese *f* ‖ ~ **fuse** (Elec Eng) / Hochspannungssicherung *f* ‖ ~ **generator** (Elec Eng) / Hochspannungsgenerator *m* ‖ ~ **HBC fuse** (Elec Eng) / Hochspannungshochleistungssicherung *f* ‖ ~ **ignition pulse** (Elec Eng) / Hochspannungsimpuls *m*, Hochspannungsstoß *m*, Hochspannungszündimpuls *m* ‖ ~ **indicator** (Elec Eng) / Hochspannungsanzeiger *m* ‖ ~ **insulation** (Elec Eng) / Hochspannungsisolation *f* ‖ ~ **integrated circuit** (Electronics) / integrierte Hochspannungsschaltung ‖ ~ **motor** (Elec Eng) / Hochspannungsmotor *m* ‖ ~ **overhead line** (Elec Eng) / Hochspannungsfreileitung *f* ‖ ~ **protection** (Elec Eng) / Hochspannungsschutz *m* ‖ ~ **pulse** (Elec Eng) / Hochspannungsimpuls *m*, Hochspannungsstoß *m*, Hochspannungszündimpuls *m* ‖ ~ **switch** (Elec Eng) / Hochspannungsschalter *m* ‖ ~ **terminal** (Elec Eng) / Hochspannungsanschluss *m*
**high-voltage test**\* (Elec Eng) / Wicklungsprüfung *f* (DIN 42005)
**high-voltage test**\* (Elec Eng) / Hochspannungsprüfung *f* ‖ ~ **transformer** (Elec Eng) / Hochspannungstransformator *m*, Hochspannungstrafo *m* ‖ ~ **transistor** (Electronics) / Hochspannungstransistor *m* ‖ ~ **transmission electron microscopy** (Micros) / Hochspannungstransmissionselektronenmikroskopie *f*
**high-voltage-type accelerator** (Nuc Eng) / Hochspannungsbeschleuniger *m*
**high-voltage winding** (Elec Eng) / Oberspannungswicklung *f*, OS-Wicklung *f* (mit der höchsten Nennspannung) ‖ ~ **wire** (of a Geiger-Müller tube) (Nuc Eng) / Zähldraht *m*
**high-volt release** (Elec Eng) / Überspannungsauslösung *f*
**high-volume manufacturing** (Work Study) / Massenfertigung *f*, Massenerzeugung *f*, Massenproduktion *f* (eine Fertigungsart) ‖ ~ **spraying** (Agric) / Spritzung *f* (von Pestiziden) ‖ ~ **user** (Comp) / Vielschreiber *m*
**high-warp loom** (Weaving) / Hautelissestuhl *m*, Hochwebstuhl *m* (für Gobelins und Teppiche, mit senkrecht geführter Kette)
**high water** (Hyd Eng) / Hochwasser *n* (Wasserhochstand bei Flüssen) ‖ ~ **water** (Ocean) / Hochwasser *n* (in der Gezeitenbeobachtung - als Wasserstand)
**highway** *n* (Autos) / Kraftfahrstraße *f*, [bevorrechtigte] Fernverkehrsstraße *f*, Hauptverkehrsstraße *f*, Autostraße *f*, Highway *m* ‖ ~\* (Comp) / Vielfachleitung *f* ‖ ~ (Electronics, Telecomm) / Highway *m* (Leitung innerhalb einer Anlage, auf der Nachrichten zwischen mehreren Baugruppen im Zeitmultiplex ausgetauscht werden), Multiplexleitung *f* ‖ ~ (Teleph) / Sammelleitung *f* (im Sprechwegenetzwerk) ‖ ~ s. also arterial road and motorway ‖ ~ **authority** (Civ Eng) / Straßenbaubehörde *f* ‖ ≃ **Code** (GB) (Autos) / Straßenverkehrsordnung *f*, StVO (Straßenverkehrsordnung) ‖ ~ **construction** (Civ Eng) / Straßenbau *m* ‖ ~ **driving** (Autos) / Langstreckenbetrieb *m* (auf Autobahnen und Landstraßen), Langstreckenverkehr *m* ‖ ~ **driving cycle** (Autos) / Autobahnfahrzyklus *m* ‖ ~ **engineering** (Civ Eng) / Straßenbau *m* (als Ingenieurwissenschaft), Straßenbautechnik *f* ‖ ~ **salt** (Civ Eng) / Tausalz *n* (z.B. vergälltes Steinsalz), Auftausalz *n* (im Straßenwinterdienst verwendetes Salz, das Schnee- und Eisschichten zum Auftauen bringt), Streusalz *n*
**high-weight mud** (Oils) / Schwerspülung *f*
**high-wet-modulus fibre** (Textiles) / HWM-Faser *f* (in Gegenwart von Modifikatoren ersponnene Viskosefaser vom B-Typ mit sehr hohem Elastizitätsmodul in nassem Zustand, besonders niedriger Quellung, hoher Alkaliresistenz, guter Dimensionsstabilität bei Wiederbenetzung, verminderter Bruchdehnung und einer Nassdehnung), Hochnassmodulfaser *f*
**high-wing monoplane**\* (Aero) / Hochdecker *m* (Flugzeug mit einem Tragflügel, der oberhalb des Rumpfes angebracht ist)
**high-yield** *attr* / besonders ergiebig, von großer Ergiebigkeit
**high-yielding variety** (Agric, Bot) / Hochertragssorte *f*, Hochleistungssorte *f*
**high-yield pulp** (Paper) / Ertragszellstoff *m*, Hochausbeutezellstoff *m* (meistens durch sauren Aufschluss gewonnen), High-Yield-Stoff *m*
**high-yield-strength steel** (Met) / hochfester Stahl
**hi-hat** *n* (Cinema, Photog) / Tischstativ *n* (das die Höhe eines Hutes hat)
**Hi-k capacitor**\* (Elec Eng) / HDK-Kondensator *m*
**hilac** *n* (heavy-ion linear accelerato) (Nuc Eng) / Schwerionen-Linearbeschleuniger *m*
**Hilbert space** (a complete linear vector space with a complex-type scalar product) (Maths) / Hilbert-Raum *m* (nach David Hilbert, 1862-1943) ‖ ≃ **transform** (Phys) / Hilbert-Transformation *f* ‖ ≃ **transformation** (Phys) / Hilbert-Transformation *f*

**Hilda group** (Astron) / Hilda-Gruppe f (nach dem Kleinplaneten Hilda benannte Gruppe von etwa 20 Planetoiden, deren Umlaufzeit etwa 2/3 der Umlaufszeit des Jupiters beträgt)
**Hildebrand electrode*** (Chem) / Wasserstoffelektrode f
**hill** v (Agric) / häufeln v, anhäufeln v ‖ ~ n (Eng) / Erhebung f im Mikroprofil (einer Oberfläche), Peak m, Rauheitsspitze f (Oberflächenrauheit), Rauigkeitsspitze f, Rauigkeitspeak m ‖ ~ (Geol) / Hügel m ‖ ~ (Eng) s. also high spot ‖ ~-and-dale recording (Acous) / Edison-Schrift f (mit vertikaler Auslenkung der Graviernadel), Tiefenschrift f ‖ ~ climb (Autos) / Bergrennen n ‖ ~-climbing* n (Telecomm) / Gradientenmethode f, Hill-Climbing-Methode f, Bergsteigeverfahren n (der Optimierung)
**hill-climbing gear** (Autos) / Lastgang m (im Automatikgetriebe), Berggang m
**hill-creep** n (Geol) / Gekriech n (langsame Bergabbewegung der oberen Gehängepartien)
**hillebrandite*** n (Min) / Hillebrandit m ($Ca_2SiO_4 \cdot H_2O$)
**hiller** n (Agric) / Häufelkörper m (zum Anhäufeln eines Dammes)
**hill farming** (any agricultural activity in hilly areas where the harshness of physical environment imposes severe constraints on agricultural production) (Agric) / Bergbauernwirtschaft m
**hillholder** n (automatic climb lock) (Autos) / Rückrollbremse f, Hillholder m, Bergstütze f
**hillock** n (Geol) / Hügel m (niedriger), Erdhügel m
**Hill reaction*** (Biochem, Bot) / Hill-Reaktion f (Lichtreaktion der Fotosynthese - nach Sir A.V. Hill, 1886 - 1977)
**Hill's determinant** (a determinant occurring in the solution of Mathieu's equation) (Maths) / Hill'sche Determinante
**hillside** n / Berghang m ‖ ~ (Geog) / Hang m, Abhang m (eines Berges, eines Hügels), ‖ ~ combine harvester (Agric) / Hangmähdrescher m (mit Niveauausgleich) ‖ ~ creep (Geol) / Gekriech n (langsame Bergabbewegung der oberen Gehängepartien) ‖ ~ location / Hanglage f ‖ ~ position / Hanglage f
**Hill system** (Chem) / Hill'sches System (allgemein gebräuchliches einfaches Reihungssystem für die Bruttoformeln von chemischen Verbindungen)
**hillwork** n (Cartography) / Schattierung f, Schummerung f (Darstellung der Hänge in verschiedenen Grautönen, um der Geländedarstellung eine plastische Wirkung zu geben)
**hilly** adj (Geol) / hügelig adj
**Hilt's rule** (in a vertical succession at any point in a coal field, coal rank increases with depth) (Mining) / Hilt'sche Regel (Zunahme des Inkohlungsgrades der Steinkohle mit zunehmender Tiefe)
**Himalayan pine** (For) / Tränenkiefer f (Pinus wallichiana A.B. Jacks.) ‖ ~ spruce (For) / Himalaja-Fichte f (Picea smithiana (Wall.) Boiss.), Himalaya-Fichte f
**hindered settlement** (Min Proc) / behindertes Absetzen, gestörtes Absetzen ‖ ~ settling* (Min Proc) / behindertes Absetzen, gestörtes Absetzen
**Hindley screw** (Eng) / Globoidschnecke f (DIN 3998) ‖ ~ worm (Eng) / Globoidschnecke f (DIN 3998) ‖ ~ worm gear (Eng) / doppelt einhüllendes Schneckengetriebe, Globoidgetriebe n, Globoidschnecken-Radsatz m
**hindrance** n (Chem) / Hinderung f (sterische) ‖ ~ to free (internal) rotation (Chem) / Hinderung f der freien Drehbarkeit, Behinderung f der inneren Rotation
**H-induced cracking** (Materials) / wasserstoffinduzierte Rissbildung, H-induzierte Rissbildung
**hinge** n (Arch, Eng) / Gelenk n (bewegliche Verbindung zweier Glieder) ‖ ~ (a metal, pinned connection between a door or gate and the jamb or post on which it swings) (Build) / Band n (pl. Bänder) (ein Baubeschlag), Türband n ‖ ~ (Build) / Gehänge n, Klobenband n ‖ ~ (Build, Eng) / Drehgelenk n, Scharnier n (häufigste Form von Bewegungsbeschlägen für Türen) ‖ ~ (Geol) / Scharnier n (Umbiegungslinie der Schenkel einer Falte oder einer Flexur) ‖ ~ (Mech) / Gelenkpunkt m (theoretischer, im Trägersystem festgelegter Drehpunkt einer Gelenkkonstruktion) ‖ ~ bar (Mech) / Gelenkstab m ‖ ~ cap pin (Eng) / Klappdeckelöler m (DIN 3410)
**hinged** adj / schwenkbar adj (um einen Zapfen) ‖ ~ / klappbar adj, aufklappbar adj ‖ ~ (Eng) / gelenkig angeschlossen, gelenkig verbunden (oder befestigt), angelenkt adj ‖ ~ arch (Civ Eng) / Gelenkbogen m (der an den Kämpfern und/oder im Scheitel gelenkig gelagert ist)
**hinged-armature magnet** (Teleg) / Klappankermagnet m
**hinged bolt** (Eng) / Gelenkbolzen m ‖ ~ burner front (Eng) / ausschwenkbare Brennerfrontplatte
**hinged-calliper disk brake** (Autos) / Pendelsattelbremse f, Schwingsattelbremse f
**hinged column** (Build, Civ Eng) / Pendelstütze f (mit gelenkiger Kopf- und Fußausbildung) ‖ ~ coupler (Build) / Normalkupplung f (bei Stahlrohrgerüsten - eine Kupplung zum Verbinden von zwei sich unter einem rechten Winkel kreuzenden Rohren nach DIN EN 74) ‖

~ cover / Klappdeckel m ‖ ~ edge (Mech) / ringsum gelenkig gelagerter Rand (einer Platte) ‖ ~ feed tube (Cables) / abschwenkbares Zuführungsrohr (beim Einpflügen des Kabels) ‖ ~ frame (Civ Eng) / Gelenkrahmen m ‖ ~ girder (Build, Civ Eng) / Gelenkträger m ‖ ~ girder (Build, Civ Eng) s. also Gerber beam ‖ ~ hatch (Build) / Klappluke f ‖ ~ joint (Build, Eng) / Drehgelenk n, Scharnier n (häufigste Form von Bewegungsbeschlägen für Türen) ‖ ~ lid / Klappdeckel m ‖ ~ loading ramp / Schwingbühne f (Fördereinrichtung am Anschlag von Schächten und Blindschächten zum Seillängenausgleich bei Gestellförderung), Schwenkbühne f ‖ ~ mirror (Instr) / schwenkbarer Spiegel ‖ ~ mirror (Photog) / hochklappbarer Spiegel (bei der einäugigen Spiegelreflexkamera), Rückkehrspiegel m ‖ ~ mould (Glass) / zweiteilige Form (formgebendes Werkzeug), Schüttform f ‖ ~ nose (Aero) / klappbares Vorderteil
**hinge down** v / herunterklappen v
**hinged post** (Civ Eng) / Gelenkstütze f ‖ ~ quarter window (Autos) / Seitenwandschwenkfenster n, Ausstellfenster n (hintere Seitenscheibe), Scharnierfenster n ‖ ~ rear seat (Autos) / umklappbarer Rücksitz, umlegbarer Rücksitz (Lehne) ‖ ~ strut (Mech) / Gelenkstrebe f
**hinge facing** (Autos) / Scharnierblech n (an der Tür) ‖ ~ fault* (Geol) / Scharnierverwerfung f
**hingeing post*** (Build) / Türpfosten m (zum Einhängen des Tores)
**hingeless** adj / gelenklos adj
**hinge moment*** (Aero) / Ruderscharniermoment n, Rudergelenkmoment n
**hinge-out chassis** (Elec Eng, Radio) / ausklappbares Chassis
**hinge pillar** (Autos) / A-Säule f (die die Scharniere der Vordertür aufnimmt), Scharniersäule f ‖ ~ pin (Eng) / Drehzapfen m ‖ ~ post (Autos) / A-Säule f (die die Scharniere der Vordertür aufnimmt), Scharniersäule f ‖ ~ ring (Build, Join) / Fitschenring m, Scharnierring m
**hinoki** n (Bot, For) / Feuer-Scheinzypresse (Chamaecyparis obtusa (Siebold et Zucc.) Endl.), Hinoki-Scheinzypresse f (mit wertvollem Holz) ‖ ~ cypress (Bot, For) / Feuer-Scheinzypresse f (Chamaecyparis obtusa (Siebold et Zucc.) Endl.), Hinoki-Scheinzypresse f (mit wertvollem Holz)
**Hinsberg amine separation** (Chem) / Hinsberg-Test m, Hinsberg-Trennung f (von primären, sekundären und tertiären Aminen durch Umsetzung mit Benzolsulfonylchlorid) ‖ ~ test (Chem) / Hinsberg-Test m, Hinsberg-Trennung f (von primären, sekundären und tertiären Aminen durch Umsetzung mit Benzolsulfonylchlorid)
**hint** n (in manuals) / Hinweis m ‖ ~ book (Comp) / Hint Book n (mit nützlichen Hinweisen für Spieler von Adventure-Spielen)
**hinterland** n (Geog) / Hinterland n (eines Hafens)
**HIP** (hot isostatic pressing) (Powder Met) / isostatisches Heißpressen, HIP-Verfahren n, heißisostatisches Pressen (Pressen von Pulvern, die in dichte Kapseln aus Stahl oder Glas eingerüttelt, verschlossen und durch heiße Gase unter Druck allseitig verdichtet werden)
**hip** n (Arch) / ausspringende Gebäudeecke, Gratanfall m ‖ ~* (Build) / Grat m, Dachgrat m (Schnittkante zweier Dachflächen mit ausspringendem Winkel), Gratlinie f
**hip-and-gable roof** (Build) / Gratsparrendach n
**HIPAR** (high-power acquisition radar) (Radar) / Hochleistungserfassungsradar n
**hip dormer window** (Build) / Walmgaube f, Walmgaupe f (eine Satteldachgaube mit abgewalmter Stirn- oder Giebelseite)
**Hiperco** n (Met) / Hiperco n (Magnetlegierung mit 35% Co)
**Hipernik** n (Met) / Hipernik n (Magnetlegierung mit 50% Fe und 50% Ni)
**hip-length** attr (Textiles) / hüftlang adj
**HIPO method** (hierarchy plus input-process-output) (Comp) / HIPO-Methode f (ein von der IBM entwickeltes Programmentwurfsverfahren)
**hi-pot test** (Elec Eng) / Hochspannungsprüfung f
**hipped dormer window** (Build) / Walmgaube f, Walmgaupe f (eine Satteldachgaube mit abgewalmter Stirn- oder Giebelseite) ‖ ~ end (the sloping triangular end of a hipped roof) (Build) / Walm m (eine dreieckige, zur Schmalseite des Gebäudes geneigte Dachfläche, die von zwei Graten und von der Traufkante begrenzt wird - beim Walmdach) ‖ ~ gable (Build) / Schopfwalm m, Krüppelwalm m
**hipped-gable roof** (Build) / Schopfwalmdach n, Krüppelwalmdach n (eine gebrochene Dachform)
**hipped roof*** (Build) / abgewalmtes Dach, Walmdach n (ungebrochene Dachformen)
**hip pocket** (Textiles) / Gesäßtasche f
**Hippocrates lune** (Maths) / hippokratisches Möndchen, Möndchen n des Hippokrates (über der Kathete eines rechtwinkligen Dreiecks), Lunula f Hippokratis
**hippuric acid*** (Biochem, Chem) / Hippursäure f (N-Benzoylglycin)

**hip rafter**\* (Build, Carp) / Gratsparren *m* (beim Walmdach) ‖ ~ **rafters meeting point** (Carp) / Anfallpunkt *m* (in dem die Gratsparren stumpf zusammenstoßen) ‖ ~ **roof** (Build) / abgewalmtes Dach, Walmdach *n* (ungebrochene Dachformen)
**hip-roof dormer** (Build) / Walmgaube *f*, Walmgaupe *f* (eine Satteldachgaube mit abgewalmter Stirn- oder Giebelseite)
**HIPS** (high-impact polystyrene) (Plastics) / hochschlagfestes Polystyrol, HIPS (hochschlagfestes Polystyrol)
**hip tile**\* (angular, round and bonnet) (Build) / Gratstein *m* (als Oberbegriff), Gratziegel *m*, Walmstein *m*
**hire** *v* / mieten *v* ‖ ~ / einstellen *v*, anstellen *v* (Arbeiter) ‖ ~ **car** (Autos) / Mietwagen *m*
**H-I region** (Astron) / H-I-Gebiet *n* (Gebiet des interstellaren Raumes mit neutralem atomarem Wasserstoff)
**hire on** *v* / eine Beschäftigung annehmen, den Dienst antreten ‖ ~ **purchase** / Mietkauf *m* (der vertraglich den Kauf des Mietgegenstandes durch den Mieter nach Vertragsende oder früher vorsieht)
**hi res** / hohe Auflösung, High Resolution *f*
**hi-res** *attr* / hochauflösend *adj* ‖ ~ **graphics** (Comp) / High-Resolution-Grafik *f*, hochauflösende Grafik, Grafik *f* mit hoher Auflösung
**HIRF** (high-intensity reciprocity failure) (Photog) / Kurzzeitfehler *m* (ein Belichtungsfehler)
**H-iron** *n* (Powder Met) / nach dem H-iron-Verfahren erzeugtes Eisenpulver ‖ ≈ **process** (Met) / H-Iron-Verfahren *n* (ein bei der Hydrocarbon Research Inc. und Bethlehem Steel Corp. entwickeltes Verfahren zur Reduktion feiner, hochwertiger Eisenerze mittels Wasserstoff zu Eisenschwamm)
**Hirsch funnel** (used for collecting small amounts of solids - usually made of porcelain) (Chem) / Hirsch-Trichter *m*, Hirsch-Filtertrichter *m*, Trichter *m* nach Hirsch
**hirsutic acid** (Chem) / Hirsutsäure *f*
**hirsutine** *n* (Chem, Pharm) / Hirsutin *n*
**hirudin**\* *n* (Pharm) / Hirudin *n* (ein hochmolekularer Eiweißstoff - Sekret des medizinischen Blutegels)
**His**\* (histidine) (Biochem, Med) / Histidin *n* (eine essentielle Aminosäure), His (Histidin)
**hiss**\* *v* (Telecomm) / zischen *v*, kochen *v*, rauschen *v* ‖ ~ *n* (Radio) / Hiss *m* (die VLF-Emission)
**hissing arc** (Elec Eng) / zischender Lichtbogen
**histamine**\* *n* (Biochem) / Histamin *n* (ein Gewebshormon) ‖ ~ **release test** (Gen) / Histaminfreisetzungstest *m*
**histidine**\* *n* (Biochem, Med) / Histidin *n* (eine essentielle Aminosäure), His (Histidin)
**histochemical** *adj* (Chem) / histochemisch *adj*
**histochemistry** *n* (Chem) / Histochemie *f* (ein Teilgebiet der Chemie, das sich mit dem Gewebemechanismus von Organismen befasst)
**histocompatibility** *n* (Biochem, Med, Physiol) / Histokompatibilität *f*, Gewebsverträglichkeit *f*, Geweberverträglichkeit *f* ‖ ~ **antigen**\* (Med) / Histokompatibilitätsantigen *n*, H-Antigen *n*, Transplantationsantigen *n*
**histogram**\* *n* (Stats) / Histogramm *n* (grafische Darstellung einer Häufigkeitsverteilung, Treppenpolygon *n*, Staffelbild *n*) ‖ ~ **flattening** / Histogrammabflachung *f*
**histograph** *n* / Messwertschreiber *m* (GUI-Objekt, das auf einem sich bewegenden Papierstreifen mit einem oder mehreren Stiften aktuelle Messwerte anzeigt; die Aufzeichnungen lassen sich dabei per Rollbalken vor- und zurückdrehen)
**histoincompatibility** *n* (Med) / Histoinkompatibilität *f*, Gewebeunverträglichkeit *f*, Gewebsunverträglichkeit *f*
**histological** *adj* (Med) / histologisch *adj*
**histology**\* *n* (Med) / Gewebelehre *f*, Histologie *f* (Lehre von den Körpergeweben der Lebewesen)
**histone**\* *n* (Biochem) / Histon *n* (nicht gewebsspezifisches, basisches einfaches Protein)
**historadiography** *n* (Radiol) / Historadiografie *f* (Abbildung von histologischen Schnitten mit radiologischen Mitteln)
**historic monument** (Arch) / Baudenkmal *n*
**history** *n* / zeitlicher Verlauf (einer Kurve), Zeitverlauf *m* (z.B. einer Funktion) ‖ ~ (hypertext) (Comp) / Trail *m* (Zurückverfolgung) ‖ ~ (Phys) / Vorgeschichte *f* (z.B. rheologische eines Stoffes) ‖ ~ **display** (Radar) / Bildspur *f* ‖ ~ **file** (Comp) / Verlaufsprotokoll *n* ‖ ~ **file** (Comp) / Indiziensammeldatei *f*, Archivdatei *f* ‖ ~ **track** (of a moving target) (Radar) / Bildspur *f*
**histosol** *n* (Agric) / Histosol *m* (mit organischen Stoffen stark angereicherter Boden)
**hit** *v* / auftreffen *v* (auf) ‖ ~ (Comp, Print) / anschlagen *v* (Taste) ‖ ~ (Mil) / treffen *v* ‖ ~\* *n* (Comp) / Treffer *m* (als relevant beurteilte Dateneinheit, die bei einem Suchlauf selektiert worden ist) ‖ ~ (Comp, Telecomm) / Hit *m* (Abfrage eines Teilnehmers von Informationen aus Online-Diensten aus Sicht desjenigen, der die Informationen bereitstellt und der nur an der Frage interessiert ist, wie oft welche Informationen abgerufen werden) ‖ ~ (Mil) / Treffer *m* ‖ ~ (Comp, Telecomm) s. also visit ‖ ~**-and-miss ventilator**\* (Build) / Lüfter *m* mit verschiebbarer Schlitzplatte

**hit-and-run driving** (failure to stop after being involved in an accident) (Autos) / Unfallflucht *f*, Verkehrsunfallflucht *f*, unerlaubtes Entfernen vom Unfallort (nach 142 des StGB), Fahrerflucht *f*
**hitch** *v* (Agric) / anhängen *v* (Geräte) ‖ ~ (Mining) / einbühnen *v* (ein Bühnenloch herstellen) ‖ ~ *n* (Autos) / Anhängekupplung *f*, Anhängevorrichtung *f* ‖ ~\* (Mining) / kleine Verwerfung (im Flöz) ‖ ~\* (Mining) / Bühnloch *n* (Vertiefung in der Sohle oder im Stoß eines Grubenbaues, in die der Fuß eines Stempels oder das Ende eines Trägers eingelassen wird) ‖ ~ (Ships) / Stek *m* (pl. -s)
**hitch-back** *n* (Weaving) / Spannstelle *f*
**hitcher** *n* (Mining) / Füllortanschläger *m*
**hitching** *n* (Agric) / Anhängen *n* (von Geräten)
**hitch power** (Autos) / Zughakenleistung *f* ‖ ~ **timbering** (Mining) / Kappenausbau *m* ‖ ~ **up** *v* (Autos) / ankuppeln *v* (einen Anhänger)
**hi tech** / Spitzentechnik *f* (im Weltmaßstab), High-Tech *n f*, Hochtechnologie *f*, Spitzentechnologie *f*, hoch entwickelte Technik
**hi-tech industry** / High-Tech-Industrie *f*, Industrie *f* mit hohem technischen Stand
**hitless** *adj* (Elec Eng, Telecomm) / stoßfrei *adj* (Umschaltung), unterbrechungsfrei *adj* (Umschaltung)
**hit-on-the-fly printer** (Comp) / Drucker *m* mit fliegendem Abdruck ‖ ~ **printing** (Comp) / fliegender Druck
**hit rate** (Comp) / Trefferrate *f*
**hitting accuracy** (Mil) / Treffgenauigkeit *f* ‖ ~ **reel** (unwinding device for wires, where a leaf spring causes the wire windings to unwind separately) (Met) / Schlaghaspel *f*
**Hittorf dark space** (Electronics) / Hittorfscher Dunkelraum ‖ ≈ **phosphorus** (Chem) / violetter Phosphor, Hittorf'scher Phosphor (monokline, polymere, dreidimensional vernetzte Form des Phosphors, die man durch weiteres Erhitzen des roten Phosphors erhält) ‖ ≈ **principle** (Elec) / Hittorf'scher Umwegeffekt (nach J.W. Hittorf, 1824 - 1914) ‖ ≈ **transference number** (Chem) / Hittorf'sche Überführungszahl (der Beitrag einer Ionenart in einer festen oder flüssigen Lösung zur gesamten elektrolytischen Leitfähigkeit) ‖ ≈ **transport number** (Chem) / Hittorf'sche Überführungszahl (der Beitrag einer Ionenart in einer festen oder flüssigen Lösung zur gesamten elektrolytischen Leitfähigkeit)
**HIV**\* (human immunodeficiency virus) (Med) / humanes Immundefizienz-Virus, HIV *n* (humanes Immundefizienz-Virus), humanes Immunschwächevirus
**hives**\* *pl* (Med) / Nesselfieber *n*, Urtikaria *f*, Nesselsucht *f*
**H + J** (hyphenation and justification) (Comp) / Blocksatz und Silbentrennung *f*
**HJBT** (heterojunction bipolar transistor) (Electronics) / Bipolartransistor *m* mit Heteroübergang, HJBT (extrem schneller Transistor auf Galliumarsenidbasis)
**HK** (Knoop hardness number) (Materials) / Knoop-Härte *f* (konkret ermittelter Wert), Härtegrad *m* nach Knoop (eine US-Pyramidenhärte), HK (Knoop-Härte)
**HL** (height loss) (Aero) / Höhenverlust *m* ‖ ≈ (hydraulic lime) (Build, Civ Eng) / hydraulischer Kalk (mit mehr als 15% Siliziumdioxid, Tonerde und Eisen)
**HLA** (human leucocyte antigen) (Physiol) / HLA-Isoantigen *n* ‖ ≈ **system** (Physiol) / HLA-System *n* (in die Membran jeder Körperzelle eingebaute Antigene, die für die Gewebsverträglichkeit bei Transplantationen entscheidend sind)
**HLB**\* (hydrophilic-lipophilic balance) (Chem) / hydrophil-lipophiles Gleichgewicht, HLB-Wert *m* (zur Charakterisierung von Emulgatoren)
**H level** (Electronics) / H-Pegel *m* (bei Verwendung binärer Signale das Signal mit der höchsten Spannung)
**HLH** (heavy-lift helicopter) (Aero) / Kranhubschrauber *m*, fliegender Kran, Lastenhubschrauber *m*
**h-line** *n* (Dirac's constant) (Phys) / Planck'sche Konstante (Planck'sches Wirkungsquantum dividiert durch $2\pi$)
**HLL** (high-level language) (Comp) / höhere Programmiersprache
**HLLV** (heavy-lift launch vehicle) (Mil, Space) / Trägerrakete *f* großer Tragkraft
**HLR** (home location register) (Teleph) / Heimatdatenbank *f* (in modernen automatischen zellularen Mobilfunksystemen)
**H.L.W.** (higher low water) (Hyd Eng, Ocean) / Tidenniedrigwasserstand *m* (höheres der beiden Niedrigwasser des Gezeitentags)
**HM** (harmonic mean) (Maths, Stats) / harmonisches Mittel
**HMA** (high-memory area) (Comp) / High-Memory Area *f*, HMA (High-Memory Area)
**HM carbon fibre** (Textiles) / Hochmodulkohlenstofffaser *f*, HM-Kohlenstofffaser *f*

**HMD** (head-mounted display) (Comp) / Datenhelm *m* (Ausgabeeinheit eines VR-Systems)
**HMDS** (hexamethyldisilizane) (Chem, Electronics) / Hexamethyldisilizan *n*, HMDS (Hexamethyldisilizan)
**HMF black** (Chem Eng) / High-Modulus-Furnceruß *m* (Gasruß, der Vulkanisaten hohen Spannungswert verleiht), HMF-Ruß *m*
**HMI**\* (human-machine interface) (AI, Comp) / Mensch-Maschine-Schnittstelle *f* (bei der Mensch-Maschine-Kommunikation, Mensch-Computer-Schnittstelle *f* ‖ ≃ **lamp** (Photog) / HMI-Lampe *f* (Halogen-Metalldampflampe mit einer Farbtemperatur von 5600 °K)
**H mode** (GB) (Telecomm) / TE-Typ *m*, TE-Mode *m*, H-Typ *m* (Wellenleiter)
**HMO theory** (Chem) / HMO-Theorie *f* (Hückel-Molekularorbital-Theorie)
**HMPA** (hexamethylphosphoramide) (Chem) / Hexamethylphosphorsäuretriamid *n* (ein aprotisches Lösemittel), HMPT (Hexamethylphosphorsäuretriamid), HPT (Hexamethylphosphorsäuretriamid)
**HMPT** (hexamethylphosphoric triamide) (Chem) / Hexamethylphosphorsäuretriamid *n* (ein aprotisches Lösemittel), HMPT (Hexamethylphosphorsäuretriamid), HPT (Hexamethylphosphorsäuretriamid)
**HMSC** (home mobile services switching centre) (Teleph) / Heimat-Funkvermittlungsstelle *f*
**HNC** (hand numerical control) (Eng) / numerische Steuerung, bei der auch von Hand einzelne Funktionsabläufe ausgelöst werden können
**H-network**\* *n* (Telecomm) / Vierpol *m* in H-Schaltung, symmetrisches T-Glied, H-Glied *n*
**HNI** (high-noise immunity) (Comp, Electronics) / störsicher *adj*, störbeeinflussungssicher *adj* (Logik)
**HNIL** (high-noise-immunity logic) (Comp, Electronics) / rauscharme Logik
**HNOE** (heteronuclear Overhauser effect) (Nuc, Spectr) / heteronuklearer Kern-Overhauser-Effekt (auf den der Intensitätsgewinn zurückgeht)
**hoarding** *n* (Build) / Bauzaun *m* ‖ ~ (GB) (Build) / Plakatwand *f*, Plakatfläche *f*, Anschlagwand *f*, Anzeigefläche *f* (Werbefläche), Anschlagzaun *m*
**Hoare's monitor** (Comp) / Hoare-Monitor *m*
**Hoare triple** (Comp) / Hoare-Tripel *n*
**hoar frost**\* (Meteor) / Reif *m* (Advektionsreif oder Strahlungsreif - DIN 4049-3), Anraum *m* ‖ ~ **frost**\* (Meteor) s. also rime
**hoarse** *adj* (Acous) / belegt *adj* (Stimme), rau *adj* (Stimme)
**hoax** *n* (Comp) / Hoax *m* (eine E-Mail mit nichtigem, frei erfundenem Inhalt, der dem Empfänger jedoch Angst vor einem Virus machen soll und bestimmte Instruktionen enthält)
**hob** *n* / schwerer Schuhnagel (z.B. bei Goiserern) ‖ ~\* (for die sinking) (Eng) / Einsenkstempel *m*, Meister *m*, Pfaffe *m* ‖ ~\* (Eng, Plastics) / Prägestempel *m* ‖ ~\* (Tools) / Abwälzfräser *m*, Wälzfräser *m*
**hobbing** *n* (Eng) / Abwälzfräsen *n*, Wälzfräsen *n* (Herstellung von Verzahnungen) ‖ ~ (Eng) / Einsenken *n* (des Stempels in ein Werkstück zum Erzeugen eines Sacklochs, Dornen *n* ‖ ~ **cutter**\* (Tools) / Abwälzfräser *m*, Wälzfräser *m* ‖ ~ **machine** (Eng) / Abwälzfräsmaschine *f*, Wälzfräsmaschine *f* (Verzahnmaschine zum Wälzfräsen) ‖ ~ **press** (Met) / Kalteinsenkpresse *f*
**hob-blade insert** (Eng) / Zahnstollen *m*, Messerschiene *f* (Schneidenteil eines Abwälzfräsers), Schneidstollen *m* (eines Wälzfräsers)
**hobbock** *n* / Hobbock *m* (ein Transportgefäß)
**hobbyist** *n* / Bastler *m*, Heimwerker *m*, Hobbyist *m*, Handyman *m* (pl. -men)
**hobby room** / Hobbyraum *m*
**hob element** / Kochplatte *f* (des Herds)
**hobnail** *n* / schwerer Schuhnagel (z.B. bei Goiserern)
**hob shifting** (Eng) / Fräserverschiebung *f* (bei Wälzfräsern), Shiften *n* (bei Wälzfräsern)
**HOC** (halogenated organic compounds) (Chem) / organische Halogenverbindungen, Organohalogenverbindungen *f pl*
**Höchstädter cable**\* (Elec Eng) / Höchstädter-Kabel *n*, H-Kabel *n* (VDE 0255)
**Hock process** / Hock'sche Spaltung (nach H. Hock, 1887-1971), Hock-Verfahren *n* (z. B. zur synthetischen Gewinnung von Phenol und Azeton)
**Hodgson dobby** (Weaving) / Schaufelschaftmaschine *f*, Hodgson-Schaftmaschine *f*
**hodograph**\* *n* (Mech, Meteor) / Hodograf *m* (Polardiagramm der Geschwindigkeit), Hodogramm *n*
**hodometer** *n* (Autos) / Wegmesser *m*, Wegstreckenzähler *m* (bei Landfahrzeugen), Tageskilometerzähler *m*

**hodoscope** *n* (Crystal, Micros) / Konoskop *n* (für Durchlichtmikroskopie im konvergenten Strahlengang) ‖ ~\* (Nuc Eng) / Hodoskop *n* (für die Beobachtung und die Registrierung der räumlichen Orientierung ionisierender Strahlung)
**hoe** *v* (Agric) / hacken *v* ‖ ~ *n* (Agric) / Hacke *f*, Haue *f*, Breithacke *f* ‖ ~ (Civ Eng) / Tieflöffelbagger *m*, Löffeltiefbagger *m* ‖ ~ (Agric) s. also pick ‖ ~ **farming** (Agric) / Hackbau *m*, Hackkultur *f*
**hoeing machine** (Agric) / Hackmaschine *f*
**Hoesch reaction** (Chem Eng) / Houben-Hoesch-Synthese *f* (nach H.H.M.J. Houben, 1875 - 1940, und K. Hoesch, 1882 - 1932)
**hoe up** *v* (Agric) / umhacken *v* (den Boden), aufhacken *v* (den Boden), hacken *v* (mit der Hacke)
**Hofer hydraulic expansion mandrel** (Eng) / Hofer-Dorn *m* (hydraulischer Dehndorn zum Spannen von Werkstücken in ihrer Bohrung)
**Hoffmann clamp** (Chem) / Quetschhahn *m* (Schraubklemme, federnde Metallschlinge)
**Hofmann degradation**\* (Chem) / Hofmann'scher Abbau (von Säureamiden zu Aminen), Hofmann-Umlagerung *f* ‖ ≃ **degradation**\* (Chem) s. also Hofmann elimination ‖ ≃ **elimination** (Chem) / Hofmann-Eliminierung *f* (thermische Spaltung eines quartären Ammoniumhydroxids in ein Olefin und ein tertiäres Amin - nach A.W. von Hofmann, 1818 - 1892) ‖ ≃ **kiln** (Ceramics) / Hofmann'scher Ringofen (zur Ziegelherstellung)
**Hofmann-Martius reaction** (Chem) / Hofmann-Martius-Umlagerung *f* (von N-alkylierten Anilinhydrochloriden oder -bromiden in 4-Alkyl-aniline durch Erhitzen auf 200 bis 300° C)
**Hofmann rearrangement** (Chem) / Hofmann-Martius-Umlagerung *f* (von N-alkylierten Anilinhydrochloriden oder -bromiden in 4-Alkyl-aniline durch Erhitzen auf 200 bis 300° C) ‖ ≃ **rule** (Chem) / Hofmann'sche Regel
**Hofmann's isonitrile reaction** (Chem) / Isonitril-Probe *f* (zum qualitativen Nachweis primärer Amine) ‖ ≃ **reaction**\* (Chem) / Hofmann'scher Abbau (von Säureamiden zu Aminen), Hofmann-Umlagerung *f*
**Hofmeister series**\* (Chem) / Hofmeister'sche Reihe (beim Kationenaustausch), lyotrope Ionenreihe, Hofmeister-Serie *f* (nach F. Hofmeister, 1850-1923)
**hog** *v* / sich in der Mitte nach oben krümmen ‖ ~ (Eng) / schruppen *v* ‖ ~ *n* (a young sheep before the first shearing) (Agric, Textiles) / Lamm *n* vor der ersten Schur, Jährling *m* (Lamm) ‖ ~ (For) / Zerhacker *m*, Hackmaschine *f* (für Holz)
**hogback**\* *n* (Geog, Geol) / Ziegenrücken *m*, Grat *m* ‖ ~\* (Geol) / Isoklinalkamm *m*
**hog•back girder**\* (Arch, Build, Civ Eng) / Bogenträger *m* mit geradem Untergurt ‖ ~ **frame** (Ships) / Seitenstringer *m*
**hogg** *n* (Agric, Textiles) / Lamm *n* vor der ersten Schur, Jährling *m* (Lamm)
**hogger** *n* (For) / Zerspaner *m*, Zerspanungsmaschine *f*, Spaner *m* ‖ ~ (For) / Zerhacker *m*, Hackmaschine *f* (für Holz)
**hogget** *n* (Agric, Textiles) / Lamm *n* vor der ersten Schur, Jährling *m* (Lamm)
**hoggin**\* *n* (Build) / Fußwegkies *m*, gesiebter Kies (für Fußwege) ‖ ~ (a mixture of sand and gravel, used especially as hard core in road-building) (Civ Eng) / Kiessand *m* (grober, tonhaltiger)
**hogging**\* *n* (Build) / Fußwegkies *m*, gesiebter Kies (für Fußwege) ‖ ~ (Eng) / Abnahme *f* schwerer Schnitte, Schwerzerspanen *n* ‖ ~ (Eng) / Schruppen *n* (erste Stufe bei spanender Bearbeitung) ‖ ~ (Glass) / Froschhaut *f* (glänzende, aber mikrowellige Oberfläche) ‖ ~ (Met) / Brennhobeln *n* (Putzen) ‖ ~ (Ships) / Hogging *n* (Durchbiegung der Schiffsmitte nach oben) ‖ ~\* (Ships) / Kielaufbuchtung *f* ‖ ~ **and sagging** (Ships) / Kielaufbuchtung *f* und Durchsenkung (im Seegang) ‖ ~ **machine** (For) / Zerhacker *m*, Hackmaschine *f* (für Holz) ‖ ~ **moment** (Mech) / negatives Biegemoment
**hog-gut** *m* (Nut) / Schweinedarm *m*
**hog hair** (Leather, Paint) / Schweinsborste *f*, Schweineborste *f*
**hoghorn** *n* (Radar, Radio) / Hoghorn *n*, Hornparabol *n* ‖ ~ **antenna** (Radio) / Hornparabolstrahler *m*, Hornparabolantenne *f*
**Hogness box** (Gen) / TATA-Box *f* (DNA-Konsensussequenz im Bereich von Promotoren), Hogness-Box *f* (nach D.S. Hogness, geb. 1925), Goldberg-Hogness-Box *f*
**hog-pit**\* *n* (Paper) / Siebwasserbehälter *m*, Siebwassersammelbecken *n*
**hog's back ridge** (Geog, Geol) / Ziegenrücken *m*, Grat *m*
**hog wool** (Textiles) / Erstlingswolle *f*, Jährlingswolle *f*
**hohlraum** *n* / Hohlraum *m* (dampfgefüllter - bei der Kavitation) ‖ ~\* (Acous) / Hohlraum *m*
**Hohmann orbit**\* (Space) / Hohmann-Bahn *f* (energetisch günstigste Übergangsbahn von einer Kreisbahn in eine andere - nach W. Hohmann, 1880-1945) ‖ ≃ **transfer** (the minimum energy transfer) (Space) / Hohmann-Übergang *m* (eine Raumflugbahn)
**hoist** *v* / heben *v* (mit einem Hebezeug), anheben *v*, hochheben *v* ‖ ~ (Eng) / aufwinden *v* (mit einer Winde), aufziehen *v* (mit einem

**hoist**

Hebezeug), heben v ‖ ~ (Mining) / ausfahren vt (Belegschaft) ‖ ~ (Mining) / fördern v (zutage heben), zutage heben ‖ ~ (Oils) / ausbauen v (Gestänge) ‖ ~ (Ships) / hieven v, hochwinden v ‖ ~ n (Eng) / Hebezeug n ‖ ~ (Eng) / Hubwerk n (z.B. bei einem Schaufelradlader) ‖ ~ (Eng) / Hubwerk n, Hubeinrichtung f, Hubvorrichtung f (des Krans) ‖ ~* (Mining) / Fördermaschine f (maschinelle Einrichtung, durch die die Bewegung der Förderseile und Förderkörbe in Schächten oder Blindschächten erfolgt) ‖ ~ (Ships) / Hieve f, Hiev f ‖ ~ **cable** (Mining) / Förderseil n (Schachtförderung), Schachtförderseil n ‖ ~ **cycle** (Mining) / Treibdauer f ‖ ~ **for individual items** (Eng) / Stückguthubwerk n
**hoisthouse** n (Mining) / Fördermaschinenraum m
**hoisting** n (Eng) / Aufwinden n (mit einer Winde), Aufziehen n (mit einem Hebezeug), Heben n ‖ ~ (Mining) / Treiben n (jedes Bewegen eines Fördermittels bis zum Stillsetzen) ‖ ~ **compartment** (Mining) / Fördertrum m n (der zum Fördern mit dem Förderkorb bestimmte Teil eines Schachtes) ‖ ~ **drum** (Eng, Mining) / Seiltrommel f, Fördertrommel f, Trommel f der Trommelfördermaschine ‖ ~ **engine** (Mining) / Fördermaschine f (maschinelle Einrichtung, durch die die Bewegung der Förderseile und Förderkörbe in Schächten oder Blindschächten erfolgt) ‖ ~ **equipment** (Eng) / Hebezeug n ‖ ~ **gear** (Eng) / Hebezeug n ‖ ~ **machine** (Eng) / Hebemaschine f ‖ ~ **machine** (Mining) / Fördermaschine f (maschinelle Einrichtung, durch die die Bewegung der Förderseile und Förderkörbe in Schächten oder Blindschächten erfolgt) ‖ ~ **motor*** (Elec Eng) / Aufzugsmaschine f, Antriebsmotor m für den Aufzug (meist Drehstrom-Asynchronmotor) ‖ ~ **motor** (Eng) / Hubmotor m ‖ ~ **rope** (Eng) / Hubseil n, Lastseil n, Förderseil n ‖ ~ **rope** (Mining) / Förderseil n (Schachtförderung), Schachtförderseil n ‖ ~ **speed** (Eng) / Hubgeschwindigkeit f (des Kranes) ‖ ~ **system** (Eng, Oils) / Hebesystem n
**hoistman** n (Mining) / Fördermaschinist m
**hoist operator** (Mining) / Fördermaschinist m
**hoistroom** n (Mining) / Fördermaschinenraum m
**hoistway** n (Mining) / Fördertrum m n (der zum Fördern mit dem Förderkorb bestimmte Teil eines Schachtes)
**HOJ** (home on jam) (Aero, Mil) / Zielanflug m auf Störsender, Störzielansteuerung f
**holarrhena alkaloids** (Pharm) / Holarrhena-Alkaloide n pl (aus Holarrhena pubescens Wall. ex Don, z.B. Conessin)
**H$_2$O-laser** n (Phys) / H$_2$O-Laser m (ein Gaslaser im FIR)
**hold** v / halten v (Zustand, Wert) ‖ ~ / aufnehmen v, fassen v ‖ ~ / gelten v (vom Gesetz) ‖ ~ / festhalten v, halten v ‖ ~ (Aero) / warten v ‖ ~ (Geol) / abfangen v (eine Schicht) ‖ ~* n (Aero, Ships) / Laderaum m, Frachtraum m ‖ ~ (Civ Eng) / Nassbaggerladeraum m, Hopper m, Baggergutladeraum m ‖ ~ (For) / Bruchleiste f (beim Baumfällen) ‖ ~ **back** v (Hyd Eng) / einstauen v, anstauen v, eindämmen v, eindeichen v, abdämmen v, dämmen v, absperren v, zudämmen v, stauen v, aufstauen v
**holdback** n (Mining) / Rücklaufbremse f (beim Förderband), [automatische] Rücklaufsicherung f ‖ ~* (Nuc Eng) / Rückhalteträger m ‖ ~ **sprocket** (Cinema) / Nachwickel-Filmzahntrommel f (eines Laufbildwerfers)
**hold control** (TV) / Bildfangregler m
**Holdcroft bar** (of selected mineral composition designed to soften at different temperatures for use as pyroscope) (Ceramics) / Holdcroft-Stab m
**hold current** (Elec Eng) / Haltestrom m (bei Relais oder Vierschichtdioden) ‖ ~ **down** n (Comp) / gedrückt halten (Maustaste)
**hold-down clip** (Eng) / Halteklammer f ‖ ~ **plate** (Met) / Niederhalter m, Blechhalter m, Faltenhalter m (ein Teil des Tiefziehwerkzeugs, durch den der Zuschnitt auf den Ziehring gepresst wird) ‖ ~ **roller*** (Cinema) / Andrückrolle f, Andruckrolle f (eine verriegelbare Rolle, die den Film gegen die intermittierende oder ziehende Zahnrolle drückt), Druckrolle f
**holder** n (Eng) / Aufnahme f (Aufnahmevorrichtung), Aufnahmevorrichtung f (als Spannzeug) ‖ ~ (Eng) / Halter m, Träger m, Halterung f ‖ ~ (Spinning) / Hülse f, leerer Garnträger, Wickelkörper m (Trag- und Stützkörper)
**holderbat** n (Build) / Rohrschelle f, Fallrohrschnelle f
**Hölder condition** (Maths) / Hölder-Bedingung f
**holder of the guarantee** / Garantienehmer m ‖ ~ **pasteurization** (Nut) / Dauererhitzung (etwa 30 min bei 62 bis 65° C)
**Hölder's inequality*** (Maths) / Hölder'sche Ungleichung (nach L.O. Hölder, 1859 - 1937), Hölder-Minkowski-Ungleichung f
**holder-up** n (Eng) / Gegenhalter m (beim Nieten), Setzkopfeisen n
**holdfast** n (securing an object to a wall or other surface) / Klammer f, Klemme f (Klammer), Zwinge f
**hold for enquiry** (Teleph) / Rückfrage f (Halten in Rückfrage) ‖ ~ **for pick-up** (Teleph) / Einmannumlegung f ‖ ~ **frame** (Ships) / Raumspant n (zwischen Boden und Hauptdeck)

**holding** n / Halten n (auch des Gleichgewichts) ‖ ~ / Holdinggesellschaft f (die die Aktien anderer Gesellschaften besitzt und diese dadurch beeinflusst oder beherrscht), Holding f, Beteiligungsgesellschaft f ‖ ~ (Aero) / Warten n ‖ ~ **altitude*** (Aero) / Wartehöhe f ‖ ~ **anode*** (Electronics) / Halteanode f ‖ ~ **area** (Aero) / Warteraum m (in der Luft)
**holding-area flight time** (Aero) / Wartezeit f
**holding at hardening temperature** (Met) / Halten n auf Härtetemperatur ‖ ~ **bay** (Aero) / Aufenthaltsraum m (während des Startvorgangs) ‖ ~ **beam*** (Electronics) / Haltestrahl m, Regenerierstrahl m ‖ ~ **brake** (Rail) / Gefällebremse f ‖ ~ **circuit** (Electronics) / Haltestromkreis m ‖ ~ **clearance** (Aero) / Wartefreigabe f ‖ ~ **coil** (Elec Eng) / Haltespule f ‖ ~ **current** (Elec Eng) / Haltestrom m (bei Relais oder Vierschichtdioden) ‖ ~ **device** (Eng) / Lastaufnahmemittel n (z.B. bei Kranen), Lastaufnahmeeinrichtunbg f (DIN 15 003)
**holding-down sinker** (Textiles) / Einschließplatine f (die die alten Maschen beim Hochgehen der Nadel zurückhält)
**holding element** (Automation) / Halteglied n ‖ ~ **fix** (under air-traffic control) (Aero) / Wartepunkt m (festgelegter Punkt, optisch oder anderweitig bestimmbar, in dessen Nähe sich Luftfahrzeuge am Boden oder im Flug - gemäß einer Anweisung der Flugsicherung - aufhalten) ‖ ~ **furnace** (Met) / Warmhalteofen m ‖ ~ **ground** (Ships) / Ankergrund m (in den sich der Anker eingraben bzw. festhaken soll) ‖ ~ **heat** (Glass) / Haltefeuer n
**holding-heat consumption** (Glass) / Leerwert m (Wärmeverbrauch eines Schmelzofens bei Haltefeuer)
**holding magnet** (e.g. door or furniture) / Haltemagnet m ‖ ~ **mechanism** (Eng) / Lastaufnahmemittel n (z.B. bei Kranen), Lastaufnahmeeinrichtunbg f (DIN 15 003) ‖ ~ **pattern*** (Aero) / Warteschleife f, Warterunde f ‖ ~ **point*** (Aero) / Wartepunkt m (festgelegter Punkt, optisch oder anderweitig bestimmbar, in dessen Nähe sich Luftfahrzeuge am Boden oder im Flug - gemäß einer Anweisung der Flugsicherung - aufhalten) ‖ ~ **pressure** (in injection moulding) (Plastics) / Nachdruck m ‖ ~ **procedure** (Aero) / Warteverfahren n (durch das ein Luftfahrzeug in einem festgelegten Luftraum gehalten wird, während es auf weitere Freigabe wartet) ‖ ~ **pump** (Vac Tech) / Haltepumpe f ‖ ~ **ring** (Eng) / Haltering m ‖ ~ **room** (an area in which ware is stored prior to subsequent processing or shipment) (Ceramics, Glass) / Lager n ‖ ~ **rope** (Eng) / Hubseil n (eines Zweiseilgreifers) ‖ ~ **rope** (Eng) / Abfangseil n ‖ ~ **stack** (Aero) / Wartestapel m, Warteschleifen f pl (deren Gesamtheit im gestaffelten Warteraum) ‖ ~ **strap** (Photog) / Tragschlaufe f, Handschlaufe f ‖ ~ **tank** (Chem Eng) / Verweilbehälter m ‖ ~ **time** (Acous) / Nachwirkzeit f (Echosperre) ‖ ~ **time** (Comp, Telecomm) / Belegungsdauer f (z.B. Leitung, Vermittlung, Rechner), Belegungszeit f ‖ ~ **time** (Elec Eng, Met) / Haltezeit f, Haltedauer f ‖ ~ **to prescribed limits** (Eng) / toleranzhaltig adj ‖ ~ **to prescribed tolerances** (Eng) / toleranzhaltig adj ‖ ~ **track** (Rail) / Wartegleis n
**holding-up*** n (Eng) / Vorhalten n (des Nietes) ‖ ~ **hammer** (Eng) / Gegenhalter m (beim Nieten), Setzkopfeisen n
**holding voltage** (Elec Eng) / Haltespannung f ‖ ~ **winding** (Elec Eng) / Haltewicklung f (DIN 41215) ‖ ~ **wood** (For) / Bruchleiste f (beim Baumfällen)
**hold-in winding** (Elec Eng) / Haltewicklung f (DIN 41215)
**hold•-man** n (Ships) / Schauermann m (der im Laderaum arbeitet) ‖ ~**-off** n (Electronics) / Sperrung f (des Triggerkreises bei Oszillografen)
**hold-on** n (Teleph) / Wartestellung f (bei Internverbindungen)
**hold•-on coil*** (Elec Eng) / Haltespule f ‖ ~ **out** v (Mech) / standhalten v, aushalten v (Belastung)
**hold-out** n (Paper) / Leimungsgrad m, Leimungsfestigkeit f (gegenüber wässrigen und nichtwässrigen Flüssigkeiten), Leimfestigkeitsgrad m
**hold-over** n (For) / Überhälter m, Oberständer m, Waldrechter m (gesunder, wuchskräftiger gutgeformter älterer Baum, den man bei der Endnutzung eines Wandbestandes einzeln oder in Gruppen stehen läßt)
**hold range** (Elec Eng) / Haltebereich m (in dem eine synchronisierte Größe synchron bleibt) ‖ ~ **switch** (Comp) / Haltespeicher m ‖ ~ **the line** (Teleph) / am Apparat bleiben ‖ ~ **time** (Elec Eng, Met) / Haltezeit f, Haltedauer f ‖ ~ **true** / gelten v (vom Gesetz) ‖ ~ **up** v (Mech) / standhalten v, aushalten v (Belastung)
**hold-up** n (Autos) / Verkehrsstau m, Verkehrsstauung f, Stau m (Verkehrsstau)
**hold-up*** n (Chem Eng) / Betriebsinhalt n, Hold-up m, Haftinhalt m, Ruheinhalt m (z.B. der Kolonne)
**hold-up caused by legal action** (Build) / Baustopp m durch gerichtliche Maßnahmen ‖ ~ **time** / Standzeit f (in einem Ofen) ‖ ~ **time** (Chem) / Durchbruchszeit f (die eine Substanz vom Auftrag auf die Trennsäule bis zum Erscheinen im Detektor bei ausschließlichem Aufenthalt in der mobilen Phase benötigt - ein chromatografischer Parameter) ‖ ~ **time** (Chem Eng, Work Study) / Verweilzeit f,

Aufenthaltszeit f, Stehzeit f (innerhalb eines Prozesses), Verweildauer f (in einem Reaktionsapparat) || ~ **time** (Nut) / Heißhaltezeit f (bei der Milchpasteurisation) || ~ **volume** (Chem Eng) / Betriebsinhalt m, Hold-up m, Haftinhalt m, Ruheinhalt m (z.B. der Kolonne)

**hole** v / durchlochen v, perforieren v, lochen v, durchlöchern v || ~ (Civ Eng, Mining) / durchörtern v (mit Stollen), durchschlagen v || ~ (Mining) / unterschrämen v, schrämen v (einen Schram herstellen) || ~ n / Loch n || ~ (Civ Eng) / Bohrloch n, Sonde f || ~* (Civ Eng, Mining) / Sprengloch n, Sprengbohrloch n, Schießloch n || ~* (Electronics) / Loch n (DIN 41852), Defektelektron n, Elektronenlücke f, Elektronendefektstelle f || ~ (Eng) / Bohrung f, Innenmaß n (bei Toleranzen) || ~ (Mining, Oils) / Bohrloch n (zylindrischer Hohlraum im Gebirge, der durch drehendes, schlagendes oder drehschlagendes Bohren hergestellt wird), Bohrung f || ~* (Rail) / Ausweichgleis n, Abstellgleis n || ~* (Rail) / Überholungsgleis n (Hauptgleis eines Bahnhofs, das für Überholvorgänge vorgesehen und sicherungstechnisch entsprechend ausgerüstet ist) || ~ (Ships) / Gatt n (Loch)

**hole-and-slot anode magnetron** (Electronics) / Zylinderspaltmagnetron n (mit Spalthohlraumresonatoren) || ~ **magnetron** (Electronics) / Zylinderspaltmagnetron n (mit Spalthohlraumresonatoren)

**hole-and-slot-type magnetron** (Electronics) / Zylinderspaltmagnetron n (mit Spalthohlraumresonatoren)

**hole bottom** (Mining, Oils) / Bohrlochtiefstes n, Bohrlochsohle f || ~ **burning** (Electronics) / Holeburning n (ein Sättigungsloch bei einer bestimmten Oszillationsfrequenz) || ~ **circle** (Eng) / Lochkreis m, LK || ~ **conduction** (Electronics) / Mangelleitung f, Defektelektronenleitung f, Löcherleitung f, Defektleitung f, p-Leitung f || ~ **current*** (Electronics) / Löcherstrom m, Defektelektronenstrom m

**hole-cutting snips** (Tools) / Lochschere f (eine Blechschere)

**hole density*** (Electronics) / Löcherdichte f, Defektelektronendichte f || ~ **designation** (Eng) / Bohrungskurzzeichen n (in den Zeichnungen) || ~ **deviation** (Oils) / Bohrlochabweichung f || ~ **director** (Mining) / Bohrlochschablone f, Bohrschablone f (für Schrägbohrlöcher) || ~ (centre) **distance** (Eng) / Lochabstand m || ~ **footing** (Build) / Köcherfundament n (blockförmige Flachgründung zur Aufnahme von Fertigteilstützen) || ~ **injection*** (Electronics) / Löcherinjektion f || ~ **in the ozone layer** (Ecol, Geophys) / Ozonloch n (ausgedehnte Zerstörung der Ozonosphäre) || ~ **layout** (Eng) / Bohrbild n

**hole-location accuracy** (Eng) / Lagegenauigkeit f der Bohrung

**hole mobility*** (Electronics) / Löcherbeweglichkeit f (die von einem elektrischen Spannungsgefälle verursachte Driftgeschwindigkeit der Defektelektronen) || ~ **opening** (Oils) / Ansatz m neuer Bohrung || ~ **pattern** (Autos) / Lochbild n (der Richtbank) || ~ **pattern** (Eng) / Bohrbild n || ~ **punch** (Autos) / Lochzange f (ein Kfz-Spezialwerkzeug) || ~ **saw** (Tools) / Ringkreissäge f, Lochkreissäge f || ~ **straightening** (Mining) / Ausrichtung f der Bohrung || ~ **tape** (Comp) / Trägerband n (eines Vordrucksatzes) || ~ **through** v (Civ Eng, Mining) / durchörtern v (mit Stollen), durchschlagen v || ~ **toe** (Mining, Oils) / Bohrlochtiefstes n, Bohrlochsohle f || ~ **trap*** (Electronics) / Löcherfalle f, Löcherfangstelle f, Löcherhaftstelle f || ~ **wall** (Electronics) / Lochwand f (bei durchkontaktierten Leiterplatten)

**holiday*** n (Paint) / Fehlstelle f (ein Anstrichfehler nach DIN EN ISO 4618), freigelassene Stelle (ein Anstrichfehler) || ~ (Print) / nicht bedruckte Stelle (Defekt) || ~ **caravan** (Autos) / Mobilheim n || ~ **pay** / Urlaubsgeld n || ~ **traffic** / Ferienverkehr m || ~ **traffic** / Feiertagsverkehr m

**holing*** n (Build) / Bohren n (des Dachschiefers) || ~ (Mining) / Unterschrämen n, Schrämen n (Herstellen eines Schlitzes parallel zur Lagerstättenebene) || ~ (Mining) / Bühnloch n (Vertiefung in der Sohle oder im Stoß eines Grubenbaues, in die der Fuß eines Stempels oder das Ende eines Trägers eingelassen wird)

**holings** pl (Mining) / Schrämklein n, Kohleklein n

**holing-through** n (Mining) / Durchörterung f (Vortreiben eines Grubenbaues durch Gebirgsschichten, insbesondere durch Störungen)

**holland** n (Textiles) / gestärktes Baumwollleinen || ~* (Textiles) / Holländisch-Kanevas m || ≃ **cloth** (Textiles) / gestärktes Baumwollleinen

**hollander beater*** (Paper) / Holländer m, Ganzzeugholländer m (ein altes Mahlaggregat zur Stoffaufbereitung), Stoffauflöser m

**hollandite** n (Min) / Hollandit m (ein Mineral der Kryptomelan-Psilomelan-Gruppe)

**hollow** v / ausarbeiten v (hohl machen), aushöhlen v, hohl machen || ~ (Eng) / treiben v (Hohlteile aus Blech durch Schläge mit einem Treibhammer) || ~ n / Hohlraum m, Höhlung f || ~ / Hohlkörper m || ~ (Eng) / Vertiefung f, Aushöhlung f, Aussparung f (als Ergebnis) || ~ (For) / Hohlstelle f (in einer furnierten Fläche) || ~ (Geog) / Tal n (Einsenkung), Einsenkung f || ~ adj / hohl adj || ~ (Acous) / dumpf adj, hohl adj (klingend) || ~ **anode** (Electronics) / Hohlanode f

**holloware** n (Ceramics) / Hohlgeschirr n, Hohlware f

**hollow axle** (Eng) / Hohlachse f || ~ **back*** (Bind) / hohler Rücken, Hohlrücken m, [manchmal m auch] Sprungrücken (als Gegensatz zum festen Buchrücken) || ~ **beam** (Build, Civ Eng) / Hohlbalken m

**hollow-billet reducing mill** (Met) / Hohlblock-Reduzierwalzwerk n

**hollow blank** (Met) / Rohrluppe f, Luppe f (Zwischenerzeugnis bei der Herstellung von nahtlosen Rohren, das die Form eines dickwandigen kurzen Hohlkörpers hat) (Herstellung von nahtlosen Stahlrohren) || ~ **block** (Build, Ceramics) / Hourdiziegel m, Tonhohlplatte f (für Decken nach DIN 278), Hourdi m (pl. Hourdis) (DIN 278), Zwischenbauteil n (aus gebranntem Ton) || ~ **block*** (Build, Ceramics) / Hohlblockstein m (DIN 106, T 1 und 18151), Hohlstein m, HHbl

**hollow-block floor** (Build) / Stahlrippenbetondecke f (mit Zwischenbauteilen aus gebranntem Ton), Füllkörperdecke f, Hohlkörperdecke f

**hollow body** / Hohlkörper m || ~ **bolt** (Autos) / Hohlschraube f (DIN 74305) || ~ **brick** (Build) / Hohlziegel m (mit größeren Löchern, die über 25% des Volumens ausmachen), Grobhohlziegel m || ~ **building block** (Build, Ceramics) / Hohlblockstein m (DIN 106, T 1 und 18151), Hohlstein m, HHbl

**hollow-cast** adj (Foundry) / hohlgegossen adj

**hollow casting** (by introducing a body slip into an open porous mould, and then draining off the remaining slip when the cast body has reached the desired thickness) (Ceramics) / Hohlguss m (Gießverfahren in der Geschirr- und Zierkeramik) || ~ **casting** (Foundry) / Hohlguss m || ~ **casting** (Plastics) / Sturzguss m, Gießen v von Hohlkörpern (aus flüssigem, pastenförmigem, pulverförmigem Material), Sturzgießen n, Hohlkörpergießen n, Slushmoulding n, Pastengießen n, Slushverfahren n

**hollow-cathode lamp** (Chem, Electronics) / Hohlkatodenlampe f (monochromatische Strahlenquelle für die Atomabsorptionsanalyse), HKL (Hohlkatodenlampe) || ~ **tube*** (Chem, Electronics) / Hohlkatodenlampe f (monochromatische Strahlenquelle für die Atomabsorptionsanalyse), HKL (Hohlkatodenlampe)

**hollow-cavity insulation** (Autos) / Hohlraumversiegelung f (mit kriechfähigem Korrosionsschutzmittel), Hohlraumkonservierung f

**hollow charge** (Mil, Mining) / Hohlladung f, HL (Sprengkörper oder Geschoss), H-Ladung f || ~ **chisel** (Join, Tools) / Hohlmeißel m (zum Aushauen gerundeter Vertiefungen) || ~ **component** / Hohlteil n || ~ **construction** (Eng) / Hohlkonstruktion f || ~ **cop** (Weaving) / Schlauchkops m (DIN 61800), Schlauchspule f (ohne Stützkörper)

**hollow-core annular conductor** (Elec Eng) / Hohlleiter m (im Allgemeinen) || ~ **conductor** (Elec Eng) / Hohlleiter m (im Allgemeinen)

**hollow cylinder** (Eng, Maths, Mech) / Hohlzylinder m || ~ **dam** (Hyd Eng) / Staumauer f mit Sparräumen || ~ **dam** (Hyd Eng) / Pfeilerstaumauer f || ~ **drill** (Oils) / Hohlbohrstange f, Bohrrohr n || ~ **drilling** (Eng) / Hohlbohrung f (ins volle Material) || ~ **drilling** (Oils) / Hohlbohren n || ~ **fibre** (Textiles) / Hohlfaser f (eine tubuläre Faser)

**hollow-fibre membrane suppressor** (Chem) / Hohlfasermembransuppressor m || ~ **reactor** (Chem Eng) / Hohlfaserreaktor m (ein Bioreaktor)

**hollow-flank worm** (Eng) / Hohlflankenschnecke f

**hollow form** (Foundry) / Hohlform f || ~ **glass** (Glass) / Hohlglas n (alle aus der Glasschmelze nicht platten- oder faserförmig hergestellten Glaserzeugnisse, wie z.B. Behälterglas)

**hollow-glass tank furnace** (Glass) / Hohlglaswanne f

**hollow glassware** (Glass) / Hohlglas n (alle aus der Glasschmelze nicht platten- oder faserförmig hergestellten Glaserzeugnisse, wie z.B. Behälterglas) || ~ **grinding** (For) / Hohlschleifen n (von Kreissägeblättern) || ~ **grinding** (For) / Unterschleifen n (des Sägeblattes)

**hollow-ground** adj / hohlgeschliffen adj

**hollow handle** (Ceramics, Tools) / Hohlgriff m

**hollowing** n (Eng) / Vertiefung f (als Tätigkeit), Aushöhlung f (als Tätigkeit), Aussparung f (als Tätigkeit) || ~ (Met) / Hohltreiben n (mit Tafelblech als Ausgangsmaterial)

**hollow mandrel** (Eng) / Hohldorn f || ~ **mandrel lathe*** (a lathe with a hollow mandrel capable of having bar stock fed through it for repetition work) (Eng) / Hohlspindeldrehmaschine f || ~ **newel*** (Build) / hohle Spindel, Lichtspindel f (offene Spindel einer Wendeltreppe), Schneckenauge n (einer Wendeltreppe), Treppenauge n (einer Wendeltreppe), offenes Auge || ~ **panel** (a particle board) (For, Join) / Hohlraumspanplatte f || ~ **punch** (Eng) / Hohlstempel m (hohler Pressstempel, der beim indirekten Strangpressen und beim direkten Strangpressen mit einem Dorn eingesetzt wird) || ~ **punch*** (Eng) / Lochstanzer m (für nichtmetallische Werkstoffe), Aushauwerkzeug n (für

**hollow**

nichtmetallische Werkstoffe) ‖ ~ **punch** (Tools) / Locheisen n ‖ ~ **reamer** (Oils) / Nachräumer m ‖ ~ **ring** (Eng) / Hohlring m (als Berührungsdichtung an gleitenden Flächen) ‖ ~ **rivet** (Eng) / Hohlniet m ‖ ~ **rivet** (Eng) s. also tubular rivet ‖ ~ **rod** (Oils) / Hohlbohrstange f, Bohrrohr n
**hollow-rod churn drilling** (Oils) / Gestängeschlagbohren n
**hollow roll(er)** / Hohlwalze f ‖ ~ **roll*** (Build) / Hohlumschlag m, Hohlumschlagsfuge f (Metallbedachung) ‖ ~ **roller** (Met) / Mantelrolle f (des Rollgangs), Hohlrolle f ‖ ~ **rotor** (Elec Eng) / Glockenläufer m (unmagnetischer Hohlläufer bei Asynchronmotoren), Becherläufer m (ein Innenläufer)
**hollows*** pl (Bind) / Hinterklebepapier n ‖ ~* (Bind) / Rückeneinlage f (meistens Schrenz) ‖ ~ (Join) / Hobel m pl zum Hobeln hohler Flächen (z.B. Schiffshobel)
**hollow section** (Civ Eng, Met) / Hohlprofil n (geschweißtes oder nahtloses Rohr mit kreisförmigem, quadratischem oder rechteckigem Querschnitt) ‖ ~ **shaft** (Elec Eng, Eng) / Hohlwelle f (zur Weiterleitung von Drehmomenten)
**hollow-shaft motor** (Elec Eng) / Hohlwellenmotor m, Hohlläufer m
**hollow space** / Hohlraum m, Höhlung f ‖ ~ **sphere** / Hohlkugel f ‖ ~ **spindle** (Eng) / Hohlspindel f ‖ ~ **spindle lathe** (Eng) / Hohlspindeldrehmaschine f ‖ ~ **stem** (Oils) / Hohlbohrstange f, Bohrrohr n ‖ ~ **stirrer** (Chem Eng) / Begasungsrührer m, Hohlrührer m ‖ ~ **tile** (a building unit formed of concrete or fired structural clay) (Build) / Hohlziegel m ‖ ~ **tile** (Build, Ceramics) / Hourdiziegel m, Tonhohlplatte f (für Decken nach DIN 278), Hourdi m (pl. Hourdis) (DIN 278), Zwischenbauteil n (aus gebranntem Ton) ‖ ~ **tile** (Build) s. also hollow brick
**hollow-tile floor** (Build) / Stahlrippenbetondecke f (mit Zwischenbauteilen aus gebranntem Ton), Füllkörperdecke f, Hohlkörperdecke f
**hollow trunnion** (Met) / Drehzapfen m (eines Stahlwerkskonverters), Zapfen m (des Konverters) ‖ ~ **wall(ing)*** (Build) / zweischaliges Mauerwerk (mit Luftschicht), Schalenmauer f, Hohlmauer f
**hollow-ware** n (Ceramics) / Hohlgeschirr n, Hohlware f
**hollow web** (Textiles) / Schlauchgewebe n, Hohlgewebe n
**hollow-web girder** (Build) / Kastenträger m (torsionssteifer Träger, der aus zwei waagerechten Platten besteht, die durch dünne vertikale Platten miteinander verbunden sind), Hohlträger m, Hohlkastenträger m (Träger mit rechteckigem und trapezförmigem Querschnitt)
**holly oak** (For) / Steineiche f (Quercus ilex L.)
**hollywood lignum vitae** (For) / Franzosenholz n, Pockholz n, Guajakholz n (meistens aus Guaiacum sanctum L. od. Guaiacum officinale L.)
**holmium*** n (holmium) (Chem) / Holmium n, Ho (Holmium) ‖ ~ **laser** (Phys) / Holmiumlaser m (Festkörperlaser, bei dem Holmium in einen Wirtskristall, z.B. YAG oder YSGG, eingelagert ist und durch gepulste Blitzlampen angeregt wird)
**holm oak** (For) / Steineiche f (Quercus ilex L.)
**holo** n (pl. -s) (Phys) / Hologramm n (ein in der Hologrammebene angeordneter Empfänger; ein ohne Objektiv entstandenes Netzwerk von Interferenzlinien auf einem Film oder auf einer Platte)
**holoaxial*** adj (Crystal) / holoaxial adj (Gruppe) ‖ ~ **symmetry** (Crystal) / axiale Symmetrie
**holocellulose** n (Biochem) / Holozellulose f, Holocellulose f (Gesamtmenge der in Wasser unlöslichen Polysaccharide pflanzlichen Fasermaterials)
**holocellulosic** adj (Biochem) / holocellulosehaltig adj, holozellulosehaltig adj
**Holocene*** n (Geol) / Nacheiszeit f, Holozän n, Alluvium n
**holocrystalline** adj (Crystal, Geol) / vollkristallin adj, holokristallin adj ‖ ~ **rocks*** (Geol) / vollkristalline Gesteine, holokristalline Eruptivgesteine
**holoenzyme** n (an enzyme-cofactor complex) (Biochem) / Holoenzym n, Holoferment n (Coenzym + Apoenzym)
**hologram*** n (a photographic record of an interference pattern) (Phys) / Hologramm n (ein in der Hologrammebene angeordneter Empfänger; ein ohne Objektiv entstandenes Netzwerk von Interferenzlinien auf einem Film oder auf einer Platte)
**holographic** adj (Phys) / holografisch adj ‖ ~ **combiner** (Autos) / holografischer Combiner (in der Verbundglas-Windschutzscheibe) ‖ ~ **interferometry*** (Optics) / holografische Interferometrie ‖ ~ **memory** (Comp) / holografischer Speicher (der Daten in Form von Hologrammen speichert) ‖ ~ **storage** (Comp) / holografischer Speicher (der Daten in Form von Hologrammen speichert) ‖ ~ **store** (Comp) / holografischer Speicher (der Daten in Form von Hologrammen speichert)
**holography*** n (Phys) / Holografie f
**holohedral*** adj (Crystal) / vollflächig adj, holoedrisch adj
**holohedron** n (pl. -dra or -drons) (Crystal) / Holoeder m, Vollflächner m

**holohedry** n (Crystal) / Holoedrie f (die Menge aller ein Raum- bzw. Kristallgitter unverändert lassenden Drehoperationen)
**holohyaline** adj (Geol) / vollglasig adj, holohyalin adj
**holomictic lake** (Geol) / holomiktischer See (mit zweimaliger Umwälzung des Wassers im Jahr)
**holomorphic** adj (Maths) / holomorph adj (Abbildung, Funktion) ‖ ~ **function*** (Maths) / holomorphe Funktion, analytische Funktion ‖ ~ **function*** (Maths) / holomorphe Funktion (wenn sie in einem Gebiet komplex differenzierbar ist), reguläre analytische Funktion
**holonomic system** (Mech) / holonomes System (ein mechanisches System)
**holoplanktonic** adj (Zool) / holoplanktisch adj (während des ganzen Lebens zum Plankton gehörend)
**holosymmetrical** adj (Crystal) / vollflächig adj, holoedrisch adj
**holosystemic** adj (Crystal) / vollflächig adj, holoedrisch adj
**holothurine** n (Chem) / Holothurin n (ein Echinodermata-Toxin)
**HOLZ line** (Electronics) / HOLZ-Linie f
**home** n (the starting position for a cursor on a terminal screen, usually in the top left-hand corner) (Comp) / Ausgangsstellung f, Grundstellung f, Home-Position f (des Cursors) ‖ ~ **address** (Comp) / Spuradresse f, Hausadresse f ‖ ~ **automation** (Build) / Gebäudeautomation f ‖ ~ **banking** (Comp, Telecomm) / Homebanking n (Abwicklung von Bankgeschäften von der Wohnung des Kunden aus - Telebanking von Privatkunden) ‖ ~ **base** (Aero) / eigener Platz ‖ ~ **battery-charger** (Elec Eng) / Heimlader m, Kleinlader m (für Batterien)
**home-brew** adj (Comp) / selbstgebaut adj (Software oder Hardware, die von Privatpersonen für den Eigenbedarf entwickelt wurde)
**home building** (Arch, Build) / Wohnungsbau m
**home-bus system** (Electronics) / Heimbussystem n (Aufbau zur Verbindung und Bedienung verschiedener Geräte der Unterhaltungselektronik)
**home centre** / Einrichtungshaus n ‖ ~ **cinema*** (Cinema) / Heimkino n
**home-cinema projector** (a LCD or DLP projector for projecting electronically transmitted images onto a screen) (Cinema) / Heimkino-Projektor m
**home computer** (Comp) / Heimcomputer m, Heimrechner m (für den Heimbereich), Homecomputer m (im Haushalt) ‖ ~ **demand** / inländischer Bedarf (an bestimmten Produkten) ‖ ~ **directory** (a private network directory that the network supervisor can create for a user or a user group) (Comp) / Home-Verzeichnis n, Stammverzeichnis n, Heimatverzeichnis n ‖ ~ **directory** (UNIX) (Comp) / Heimatkatalog m
**home-duty tools** (Tools) / Heimwerkerwerkzeuge n pl, Heimwerkermaschinen f pl
**home electronics** (Electronics) / Konsum(güter)elektronik f, Heimelektronik f ‖ ~ **entertainment centre** (Electronics) / kompakte Heimunterhaltungsanlage ‖ ~ **exerciser** / Heimtrainer m (im Allgemeinen)
**home-grown** adj (Agric) / eigenerzeugt adj, im eigenen Betrieb angebaut, aus Eigenbau stammend ‖ ~ **fodder** (Agric) / Eigenbaufutter n ‖ ~ **software** (Comp) / selbstgeschnitzte Software
**home key** (Comp) / Home-Taste f, Pos-1-Taste f ‖ ~ **laundering** / Haushaltswäsche f, Hauswäsche f ‖ ~ **location register** (Teleph) / Heimatdatenbank f (in modernen automatischen zellularen Mobilfunksystemen) ‖ ~ **loop** (Telecomm) / lokale Schleife
**home-made** adj (Nut) / hausgemacht adj
**home market** / Binnenmarkt m ‖ ~ **mobile services switching centre** (Teleph) / Heimat-Funkvermittlungsstelle f ‖ ~ **movies** (US) (Cinema) / Heimkino n ‖ ~ **MSC** (Teleph) / Heimat-Funkvermittlungsstelle f
**homeo-** (US) / Homöo-
**homeoblastic** adj (Geol) / homöoblastisch adj (Gefüge aus annähernd gleichgroßen Neubildungskörnern)
**homeobox*** n (US) (one of a number of DNA sequences) (Gen) / Homöobox n (konservierte DNA-Sequenz)
**Home Office plug** (GB) (Elec Eng) / Schutzkontaktstecker m (nach Home-Office-Vorschriften) ‖ ≃ **Office switch*** (GB) (Elec Eng) / berührungssicherer Schalter ‖ ≃ **Office switch*** (GB) (Elec Eng) / Schutzkontaktschalter m
**homeomorphic** adj (Crystal) / isomorph adj, homöomorph adj ‖ ~* (Maths) / homöomorph adj ‖ ~* (Maths) (zwei Punktmengen, die sich topologisch aufeinander abbilden lassen) ‖ ~ **mapping** (Maths) / Homöomorphismus m, topologische Abbildung
**homeomorphism** n (Maths) / Homomorphismus m, homomorphe Abbildung ‖ ~* (Maths) / Homöomorphismus m, topologische Abbildung
**home on jam** (Aero, Mil) / Zielanflug m auf Störsender, Störzielansteuerung f
**homeostasis*** n (Biol, Chem) / Stationärzustand m, Steady-State m (z.B. chemischer Gleichgewichtszustand, Fließgleichgewichtszustand), Steadystate m, Homöostase f, stationärer Gleichgewichtszustand (offener Systeme)

**homeostatic** adj (Automation, Biol, Med) / homöostatisch adj
**home page** (the first page that a visitor to a Web site encounters) (Comp) / Homepage f ‖ ~ **port** (Ships) / Heimathafen m ‖ ~ **position** (the starting position for a cursor on a terminal screen, usually in the top left-hand corner) (Comp) / Ausgangsstellung f, Grundstellung f, Home-Position f (des Cursors)
**homer*** n (a homing aid for aircraft) (Aero) / Zielflugfunkfeuer n, Platzpeiler m ‖ ~* (Aero) / Zielfluggerät n (ein Funkpeilgerät)
**home robot** / Heimroboter m, Haushaltsroboter m ‖ ~ **row** (Comp) / Grundstellung f (erste Zeile in Tabellen) ‖ ~ **shopping*** (Comp, TV) / Homeshopping n (eine Vertriebsform), Teleshopping n (per Internet), Electronic Shopping n ‖ ~ **signal** (Rail) / Einfahrsignal n ‖ ~ **spar** (For) / Vordermast m (der Seilbringungsanlage)
**homespun*** n (Textiles) / Homespun n m (handwebartiges Wollgewebe) ‖ ~ **linen** (Textiles) / Hausmacherleinen n, Hausleinen n
**home terminal** (Comp) / Heimterminal n ‖ ~ **textiles** (Textiles) / wohntextile Stoffe, Heimtextilien pl ‖ ~ **textiles** (Textiles) s. also furnishing fabric ‖ ~**-to-work traffic** / Berufspendlerverkehr m (starker Verkehr zu Beginn und nach dem Ende der allgemeinen Arbeitszeit), Berufsverkehr m, Haus-Arbeit-Verkehr m ‖ ~ **unit** (Build) / Wohneinheit f, Wohnung f (abgeschlossene) ‖ ~ **use** / Anwendung f im Hausbereich, Einsatz m im Hausbereich ‖ ~ **video program** / Heimvideoprogramm n ‖ ~ **video recorder** / Heimvideorecorder m ‖ ~ **wear** (Textiles) / Homewear m, Homedress m ‖ ~ **wood species** (Bot, For) / heimische Holzart ‖ **zone** (Autos) / Wohngebiet n (in dem Verkehrsberuhigungsmaßnahmen zur Verbesserung des Wohnumfeldes verwirklicht werden)
**homidium bromide** (Biol, Pharm) / Homidiumbromid n, Ethidiumbromid n
**homing** n (Aero, Nav) / Zielflug m, Funkzielflug m ‖ ~ (Mil, Nav) / Zielfluglenkung f, automatische Zielansteuerung, Zielsuche f, Zielsuchverfahren n, Zielsuchlenkung f (Eigenlenkverfahren für Flugkörper - aktive, passive) ‖ ~* (Teleph) / Rücklauf m, Rückkehr f in Ruhestellung ‖ ~ **aid*** (Aero, Nav) / Zielflughilfsmittel n ‖ ~ **beacon** (Aero) / Zielflugfunkfeuer n, Platzpeiler m ‖ ~ **bomb** (Mil) / Lenkbombe f ‖ ~ **device** (Aero) / Zielfluggerät n (ein Funkpeilgerät) ‖ ~ **device** (Aero, Mil) / Zielanflugerät n ‖ ~ **guidance** (that form of missile guidance wherein the missile steers itself toward a target by means of a mechanism actuated by some distinguishing characteristic of the target) (Mil, Nav) / Zielfluglenkung f, automatische Zielansteuerung, Zielsuche f, Zielsuchverfahren n, Zielsuchlenkung f (Eigenlenkverfahren für Flugkörper - aktive, passive) ‖ ~ **head** (Aero, Mil) / Suchkopf m (in der Spitze von Flugkörpern, Raketen, Torpedos, gelenkten Geschossen und Bomben) ‖ ~ **head** (Mil) / Zielsuchkopf m ‖ ~ **indicator** (Aero) / Zielfluggerät n (ein Funkpeilgerät) ‖ ~ **logic** (Aero, Mil) / Zielansteuerungslogik f ‖ ~ **method** (Telecomm) / Leitungssuchverfahren m mit fester Ausgangsstellung (Nullstellung) ‖ ~ **missile** (Mil) / Zielsuchflugkörper m, zielsuchender Flugkörper ‖ ~ **on jamming** (Aero, Mil) / Zielanflug m auf Störsender, Störzielansteuerung f ‖ ~ **sensor** (Aero, Mil) / Zielanflugfühler m
**hominy** n (Nut) / Hominy n (ein grobgrießartiges Zwischenprodukt der Maistrockenvermahlung) ‖ ~ **grits** (Nut) / Hominy n (ein grobgrießartiges Zwischenprodukt der Maistrockenvermahlung)
**HOMO** (highest-energy occupied molecular orbital) (Chem) / höchstes besetztes Molekülorbital, HOMO (höchstes besetztes Molekülorbital)
**homoallylic** adj (Chem) / homoallylisch adj
**homoannular** adj (Chem) / homoannular adj
**homoaromaticity** n (Chem) / Homoaromatizität f
**homobront** n (Meteor) / Isobronte f (Linie gleicher Uhrzeit des ersten Donners)
**homocentric*** adj (Optics) / homozentrisch adj (Strahlenbündel)
**homochiral** adj (Chem) / homochiral adj (Verhältnis zweier Moleküle)
**homochromatic** adj (Light) / isochromatisch adj (gleichfarbig, farbtonrichtig), gleichfarbig adj, homochromatisch adj, isochrom adj
**homochromous** adj (Light) / isochromatisch adj (gleichfarbig, farbtonrichtig), gleichfarbig adj, homochromatisch adj, isochrom adj
**homoconjugation** n (Chem) / Homokonjugation f
**homocyclic*** adj (Chem) / homozyklisch adj, homocyclisch adj
**homodesmic structure*** (Crystal) / homodesmische Kristallstruktur
**homodetic** adj (Biochem) / homodet adj (Peptid)
**homoduplex** n (Gen) / Homoduplex n
**homodyne receiver** (Radio, Telecomm) / Homodynempfänger m, Synchronempfänger m ‖ ~ **reception*** (Radio, Telecomm) / Homodynempfang m (bei Schwebungsnull)
**homoeo-** (GB) / Homöo-
**homoeobox** n (Gen) / Homöobox m (konservierte DNA-Sequenz)
**homoeodomain** n (Biochem) / Homöoboxdomäne f, Homöodomäne f

**homoeomorphic** adj (Maths) / homöomorph adj (zwei Punktmengen, die sich topologisch aufeinander abbilden lassen)
**homoeostatic** adj (Automation, Biol, Med) / homöostatisch adj
**homoepitaxy** n (Electronics) / Homoepitaxie f (das Aufwachsen einer epitaktischen Schicht auf einem Material, das die gleiche Kristallstruktur aufweist wie das Substrat, auf dem es abgeschieden wird)
**homofermentative** adj (Biochem) / homofermentativ adj (Mikroorganismen)
**homogametic** adj (Gen) / homogametisch adj (gleichartige Gameten erzeugend)
**homogeneous** adj (relating to composition) / einheitlich adj ‖ ~* (Chem, Phys) / gleichartig adj, homogen adj ‖ ~ **alloy** (Met) / homogene Legierung, einphasige Legierung ‖ ~ **catalysis** (Chem) / homogene Katalyse (Gas- oder Lösungsreaktionen) ‖ ~ **combustion** (Heat) / flammenlose Verbrennung, stille Verbrennung (Oxidationsprozess, der ohne Flammenbildung vor sich geht) ‖ ~ **co-ordinates*** (Maths) / homogene Koordinaten (in der projektiven Geometrie), Verhältniskoordinaten f pl ‖ ~ **dam** (Hyd Eng) / homogener Erddamm ‖ ~ **differential equation** (Maths) / homogene Differentialgleichung ‖ ~ **equilibrium** (Phys) / homogenes Gleichgewicht ‖ ~ **function*** (Maths) / homogene Funktion ‖ ~ **leading** (Surf) / Homogenverbleiung f (als Gegensatz zur Walzbleiauskleidung), Homogenverbleien n (wenn die Metallteile zunächst mit einer Lötflamme verzinnt werden und anschließend eine Bleischicht aufgeschmolzen wird) ‖ ~ **light*** (Light, Phys) / einfarbiges Licht, monochromatisches Licht (das nur aus Wellenzügen einer bestimmten Wellenlänge besteht) ‖ ~ **Lorentz group** (Maths) / homogene Lorentz-Gruppe ‖ ~ **magnetic field** (Mag) / homogenes Magnetfeld, homogenes Feld ‖ ~ **material** (Materials) / homogener Stoff (DIN EN ISO 9251) ‖ ~ **medium** (Phys) / homogenes Medium ‖ ~ **plasma** (Plasma Phys) / homogenes Plasma (das über größere Volumenbereiche eine nahezu konstante Ladungskonzentration besitzt) ‖ ~ **polynomial** (Maths) / Form f, ganzrationale homogene Funktion, homogenes Polynom ‖ ~ **radiation*** (Phys) / monochromatische Strahlung (DIN 5031, T 8) ‖ ~ **radiation*** (Radiol) / homogene Strahlung (eine Röntgenstrahlung) ‖ ~ **reaction** (Chem) / homogene Reaktion ‖ ~ **reactor** (a nuclear reactor in which fissionable material and moderator /if used/ are intimately mixed to form an effectively homogeneous medium for neutrons) (Nuc Eng) / homogener Reaktor, Flüssigkeitsreaktor m, homogener Kernreaktor (ein thermischer Reaktor mit homogenem Brennstoff-Moderator-Gemisch) ‖ ~ **sedimentation** (Min Proc) / Gleichfälligkeit f (gleiche Absetzgeschwindigkeit) ‖ ~ **space** (Maths) / homogener Raum n ‖ ~ **system** (Phys) / homogenes System (DIN 1345) ‖ ~ **ultraclean alloy ingot** (Met) / homogener ultrareiner, extrem segregationsfreier Legierungsblock
**homogenization** n (Chem Eng, Eng, Phys) / Homogenisieren n, Homogenisierung f ‖ ~ (Met) / Diffusionsglühen n (zum Seigerungsausgleich nach DIN EN 10 052)
**homogenize** v (Chem Eng, Eng, Phys) / homogenisieren v
**homogenized reactor** (Nuc Eng) / homogenisierter Reaktor
**homogenizer*** n (Chem Eng, Eng, Phys) / Homogenisieranlage f, Homogenisierungsapparat m, Homogenisiermischer m, Homogenisator m, Homogenisiermaschine f
**homogenizing** n (Chem Eng, Eng, Phys) / Homogenisieren n, Homogenisierung f ‖ ~ **machine** (Chem Eng, Eng, Phys) / Homogenisieranlage f, Homogenisierungsapparat m, Homogenisiermischer m, Homogenisator m, Homogenisiermaschine f
**homoglycan** n (Chem) / Homoglykan n, Homopolysaccharid n
**homograft*** n (Med) / artgleiches Transplantat, homologes Transplantat, Allotransplantat n, Homotransplantat n
**homogranular** adj / gleichkörnig adj, gleichmäßig körnig, von gleichmäßiger Korngröße
**homoiotherm** adj (Physiol, Zool) / warmblütig adj, homoiotherm adj (mit konstanter Körpertemperatur)
**homoiothermic** adj (Physiol, Zool) / warmblütig adj, homoiotherm adj (mit konstanter Körpertemperatur)
**homoiothermous** adj (Physiol, Zool) / warmblütig adj, homoiotherm adj (mit konstanter Körpertemperatur)
**homojunction** n (Electronics) / Homogen-Verbindung f ‖ ~ (Electronics) / Homoübergang m (ein PN-Übergang, in dem die P- und N-Dotierung in der gleichen Kristallstruktur erfolgen), Homo-pn-Übergang m
**homokinetic fixed joint** (Autos) / Gleichlauffestgelenk n ‖ ~ **joint** (Autos) / Gleichlaufgelenk n, homokinetisches Gelenk, CV-Gelenk n
**homoleptic** adj (Chem) / homoleptisch adj (Komplexverbindung, in der ein Metall an gleichartige Liganden gebunden ist)
**homolog** n (US) (Chem) / Homolog n, Homotop n (bei chemischen Elementen und in dem Periodensystem)

**homologation**

**homologation** n (Autos) / Typprüfung f, Homologation f (Zulassung nach dem Reglement des Internationalen Automobil-Verbandes für den Motorsport), Homologierung f ‖ ~ (Chem) / Homologisierung f
**homological algebra** (Maths) / homologische Algebra, Homologiealgebra f
**homologous** adj (Biol, Chem, Maths) / homolog adj ‖ ~ **series**\* (Chem) / homologe Reihe
**homolographic projection**\* (Cartography, Geog) / flächentreue Abbildung (bei der die Flächenverzerrung gleich Null ist)
**homologue** n (Chem) / Homolog n, Homotop n (bei chemischen Elementen und in dem Periodensystem)
**homology** n (Biochem) / Homologie f ‖ ~ **group** (Maths) / Homologiegruppe f ‖ ~ **theory** (Maths) / Homologietheorie f (ein Teilgebiet der algebraischen Topologie)
**homolosine projection** (Cartography) / homolosine Abbildung
**Homo Lumo method** (Chem) / Homo-Lumo-Methode f (nach Fukui), Grenzorbitalkonzept n
**homolysis** n (pl. -lyses) (Chem) / Homolyse f (Spaltung in zwei reaktionsfähige Radikale)
**homolytic** adj (Chem) / homolytisch adj (in reaktionsfähige Radikale dissoziierend) ‖ ~ **fission** (Chem) / Homolyse f (Spaltung in zwei reaktionsfähige Radikale)
**homometrical** adj (Crystal) / homometrisch adj (Kristallstruktur)
**homomorphic** adj (Maths) / homomorphisch adj
**homomorphism** n (Maths) / Homomorphismus m, homomorphe Abbildung
**homonuclear diatomic molecule** (Chem) / homonukleares zweiatomiges Molekül, zweiatomiges Molekül aus gleichen Atomen ‖ ~ **molecule** (Chem) / Molekül n aus gleichen Atomen oder Atomgruppen ‖ ~ **spin decoupling** (Spectr) / homonukleare Spinentkopplung
**homopolar**\* adj (Chem) / homöopolar adj, kovalent adj, unpolar adj ‖ ~ (Elec Eng) / homopolar adj, gleichpolar adj, unipolar adj, elektrisch symmetrisch ‖ ~ **bond** (Chem) / kovalente Bindung, Atombindung f, unpolare Bindung, homöopolare Bindung, Austauschbindung f, Elektronenpaarbindung f ‖ ~ **generator**\* (Elec Eng) / Unipolargenerator m, Gleichpolgenerator m ‖ ~ **machine** (a machine in which the magnetic flux passes in the same direction from one member to the other over the whole of a single air-gap area) (Elec Eng) / Homopolarmaschine f, Unipolarmaschine f, Gleichpolmaschine f ‖ ~ **magnet**\* (Elec Eng) / Magnet m mit konzentrischen Polen ‖ ~ **molecule**\* (Chem) / homöopolar gebundenes Molekül, homöopolares Molekül
**homopolymer**\* n (Chem) / Homopolymer n (Makromolekül, das nur aus einem sich wiederholenden Grundbaustein besteht), Homopolymeres n, Homopolymerisat n
**homopolymerization** n (Chem) / Homopolymerisation f (an der nur eine Art von Monomeren beteiligt ist)
**homopolymerize** v (Chem) / homopolymerisieren v (nur Infinitiv und Partizip)
**homopolysaccharide** n (Chem) / Homoglykan n, Homopolysaccharid n
**homoscedastic**\* adj (Stats) / homoskedastisch adj (mit homogenen Varianzen)
**homoscedasticity** n (Stats) / Homogenität f der Varianzen, Homoskedastizität f
**homosexual adapter** (a hardware adapter which connects two male connections) (Comp, Electronics) / Gender-Changer m
**homosphere** n (Geophys) / Homosphäre f (bei der chemischen Schichtung der Atmosphäre)
**homotactic** adj (Geol) / homotax adj, homotaktisch adj, regulär adj
**homotaxic** adj (Geol) / homotax adj, homotaktisch adj, regulär adj
**homothetic** adj (Maths) / zentrisch-ähnlich adj (Figur), ähnlich und ähnlich liegend ‖ ~ (Maths) / homothetisch adj ‖ ~ **centre** (Maths) / Ähnlichkeitspunkt m (Zentrum einer Homothetie) ‖ ~ **figure** (Maths) / ähnliche und ähnlich liegende Figur, perspektivähnliche Figur ‖ ~ **transformation** (Maths) / Homothetie f, zentrische Streckung (eine axiale Streckung), perspektive Ähnlichkeitsabbildung, Schubstreckung f (Verkettung von Schiebung und zentrischer Streckung)
**homothety** n (Maths) / Homothetie f, zentrische Streckung (eine axiale Streckung), perspektive Ähnlichkeitsabbildung, Schubstreckung f (Verkettung von Schiebung und zentrischer Streckung)
**homotope** n (Chem) / Homotop n (in der Stereochemie des Kohlenstoffs)
**homotopic** adj (Chem) / homotop adj ‖ ~ **group** (Chem) / homotope Gruppe ‖ ~ **mapping** (Maths) / homotope Abbildung
**homotopy** n (Maths) / Homotopie f (Grundbegriff der algebraischen Topologie) ‖ ~ **group** (Maths) / Homotopiegruppe f
**honan** n (Textiles) / Honan m, Honanseide f (eine Tussahseide)
**Honduras mahogany**\* (For) / Honduras-Mahagoni n (Swietenia macrophylla King), Tabasco-Mahagoni n, Nikaragua-Mahagoni n

**hone** v (Eng) / honen v (DIN 8589, T 14) ‖ ~ (Eng) / abziehen v (mit einem Abziehstein) ‖ ~ n (Eng) / Honahle f, Honkopf m ‖ ~\* (Eng) / Schleifstein m (zum Wetzen und Abziehen), Wetzstein m, Abziehstein m ‖ ~ **forming** / Hone-Forming n (Verfahren, bei dem Galvanisieren mit dem Honen kombiniert wird)
**honestone**\* n (Eng) / Schleifstein m (zum Wetzen und Abziehen), Wetzstein m, Abziehstein m ‖ ~ (Eng) / Honstein m (in der Honahle radial verschiebbar angeordnet)
**honey**\* n (Nut) / Honig m
**honeycomb**\* n (Aero) / Wabengleichrichter m (vor der Messstrecke im Windkanal) ‖ ~ (Agric) / Wabe f, Honigwabe f, Wabenkörper m ‖ ~\* (Textiles) / Waffelmuster n ‖ ~ **attr** / wabenförmig adj, wabenartig adj, mit Wabenstruktur, wabigartig adj ‖ ~ **backing** (Textiles) / Waffelrücken m ‖ ~ **base**\* (Print) / Wabenfundament n ‖ ~ **coil** (Elec Eng) / Wabenspule f, Spule mit Wabenwicklung f, Honigwabenspule f (eine Abart der Kreuzwickelspule mit wenigen, weit auseinanderliegenden Windungen pro Lage) ‖ ~ **core** (Carp) / Wabenkern m (Stützzelle der Leichtverbundkonstruktionen)
**honeycombed** adj / wabenförmig adj, wabenartig adj, mit Wabenstruktur, wabigartig adj
**honeycomb fabric** (Textiles) / Waffelstoff m, Waffelgewebe n
**honeycombing** n (Build) / wabenförmige Rissbildung (in einer Betonwand) ‖ ~ (For) / wabigartige Durchlöcherung, Wabigwerden n (des Holzes), Bildung f wabenartiger Innenrisse (in Schnittholz)
**honeycomb moth** (Agric, Zool) / Große Wachsmotte (Galleria mellonella) ‖ ~ **pattern** (Textiles) / Waffelmuster n ‖ ~ **radiator** (Autos) / Wabenkühler m ‖ ~ **rot** (For) / Rebhuhnfäule f, Wabenfäule f (von Eichenkernholz) ‖ ~ **structure** / Honeycomb-Struktur f (der Schichtverbundwerkstoffe), Honigwabenstruktur f ‖ ~ **structure**\* (Aero) / Sandwichbauweise f mit Wabenkern, Wabenbauweise f, Verbundplattenbauweise f (mit Wabenmittellage) ‖ ~ **weathering** (Geol) / Wabenverwitterung f (löcherige, wabenförmige Verwitterungserscheinung an porösen Gesteinen) ‖ ~ **weave** (Weaving) / Waffelbindung f ‖ ~ **winding** (Elec Eng) / Wabenwicklung f, Honigwabenwicklung f, Rautenwicklung f (an Kreuzspulen)
**honey dew**\* (Zool) / Meltau m, Honigtau m (Blattlaushonig) ‖ ~ **locust** (For) / Amerikanische Gleditschie, Gleditsia triacanthos L. (liefert u.a. Honey Locust Gum), Christusdorn m (ein Parkbaum)
**Honigmann method of shaft sinking** (Civ Eng) / Honigmann-Schachtbohrverfahren n (für Tagesschächte in mildem wasserführendem Gebirge)
**honing**\* n (Eng) / Honing n, Honen n (Feinbearbeitung mit festen Schleifkörpern nach DIN 8589, T 14) ‖ ~ **machine**\* (Eng) / Honmaschine f ‖ ~ **oil** / Abziehöl n (für Abziehsteine) ‖ ~ **stick** (Eng) / Honahle f, Honkopf m ‖ ~ **stone** (Eng) / Honstein m (in der Honahle radial verschiebbar angeordnet) ‖ ~ **tool** (Eng) / Honahle f, Honkopf m
**hood** n / Haube f, [Schutz]Kappe f, Deckel m (Haube) ‖ ~ (US) (Autos) / Motorhaube f (den Motor schützender hochklappbarer Deckel am Auto), Kühlerhaube f ‖ ~ (GB) (Autos) / Verdeck n (bewegliches Dach) ‖ ~ (in a laboratory) (Chem Eng) / Dunsthaube f, Verdunstungshaube f, Dunstabzugshaube f (DIN 44971, T 1), Wrasenhaube f ‖ ~ (in a laboratory) (Chem Eng) / Abzugshaube f (im Abzug) ‖ ~ (Chem Eng) / Digestorium n (pl. -ien), Abzug m (ein völlig vom Arbeitsraum des Labors abgetrennter Experimentiertisch, der Arbeiten mit gesundheitsschädlichen und giftigen Dämpfen, Gasen und Stäuben gestattet - DIN 12924), Abzugsschrank m, Kapelle f, Digestor m ‖ ~\* (Glass) / Stiefel m (am Durchlass zwischen Läuterungs- und Arbeitswanne, Haube f (aus Schamotte) ‖ ~ (Photog) / Lichtschacht m (der Spiegelreflexkamera) ‖ ~ (Radar) / Haube f, Blende f, Maske f ‖ ~ **catch release** (Autos) / Motorhaubenentriegelung m, Motorraumklappen-Entriegelung f
**hooded lid** (Eng) / Stülpdeckel m
**hooded-lid can** / Stülpdeckeldose f
**hooded pot** (Glass) / gedeckter Hafen
**hooding** n (Print) / Kapselung f (einer Druckmaschine)
**hood liner** (Autos) / Motorhaubenauskleidung f ‖ ~ **mould**\* (Build) / Türgesims n, Fenstergesims n, Fensterverdachung f ‖ ~ **moulding** (the projecting moulding over the heads of doorways, windows and archways) (Build) / Türgesims n, Fenstergesims n, Fensterverdachung f
**hoodoo** n (Geol) / Erdpyramide f, Erdpfeiler m (z.B. um Bozen oder Meran)
**hood ornament** (Autos) / Kühlerfigur f (auf der Kühlerhaube angebrachte Figur), Motorhaubenfigur f, Haubenfigur f ‖ ~ **prop** (US) (Autos) / Motorhaubenstütze f ‖ ~ **protector** (Autos) / Steinschlagschutz m (vorne), Frontschutz m, Front-End-Verkleidung f (die den gesamten Fahrzeugbug bedeckt) ‖ ~ **sash** (Chem) / Schiebefenster n (eines Abzugs) ‖ ~ **stay** (US) (Autos) / Motorhaubenstütze f ‖ ~ **stick** (Autos) / Verdeckspiegel m, Verdeckstange f ‖ ~ **stick** (GB) (Autos) / Verdeckspiegel m

**hood-type** (annealing) **furnace** (Met) / Haubenglühofen *m* (zur Behandlung von Stahlband nach dem Haubenglühverfahren)

**hoof, sell on the ~** (Agric) / lebend vermarkten (Vieh) ‖ **~ oil** (Pharm) / Klauenöl *n*, Rinderklauenöl *n*, Oleum *n* Tauripedum

**hook** *n* (Eng) / Haken *m*, Einhängehaken *m* ‖ **~** (Geog) / Huk *f* (pl. -en) (Vorsprung, der den geradlinigen Verlauf einer Küste unterbricht) ‖ **~** (Geog) / Haken *m* (gegen das offene Meer auslaufende Nehrung, die zum Festland hin bogenförmig ist) ‖ **~** (Geog, Geol) / krumme Landspitze ‖ **~** (Weaving) / Platine *f* (hakenförmiges Huborgan bei Schaft- und Jacquardmaschinen) ‖ **sell on the ~** / tot (geschlachtet) vermarkten (Vieh) ‖ **~ and eye** (Textiles) / Haken *m f* und Öse

**hook-and-eye fastener** (Textiles) / Hakenverschluss *m* (DIN 3415)

**hook angle** (For) / Spanwinkel *m* (der durch die Zahnbrustlinie und die Senkrechte zur Zahnspitzenlinie gebildet wird) ‖ **~ bolt*** (Build) / Hakenschraube *f* (mit halbem Hammerkopf) ‖ **~ cargo** (Ships) / Hakengut *n* (das mit Anschlagmitteln am Haken des Hebezeuges befestigt werden kann) ‖ **~ climber** (Bot) / Spreizklimmer *m* (eine Kletterpflanze, wie z.B. Brombeere) ‖ **~ collector transistor** (Electronics) / Hakentransistor *m* (ein Vierschichttransistor mit der Zonenfolge Pnpn), Hookkollektortransistor *m* ‖ **~ crack** (Welding) / Hakenriss *m*

**hook-down*** *n* (Typog) / Unterschließen *n* (meistens hinter einer eckigen Klammer)

**Hookean** *adj* / Hooke'sch *adj* (nach R. Hooke, 1635 - 1703) ‖ **~** *adj* / Hooke'sch *adj* (nach R. Hooke, 1635 - 1703)

**hooked bar** (Civ Eng) / Betonstahlstab *m* mit Haken ‖ **~ spit** (Geog, Geol) / krumme Landspitze

**Hooke model** (Phys) / Hooke'sche Feder (DIN 1342-1), Hooke-Modell *n*

**hook-ended sling** (Ships) / Hakenkette *f*

**Hooke number** (Phys) / Cauchy-Zahl *f* (kompressible Strömung)

**hooker** *n* (Elec Eng) / Prüfklemme *f*, Testklemme *f* ‖ **~ extrusion** (Eng) / Strangpressen *n* von Rohren, Hohlfließpressen *n* (vorwärts oder rückwärts) ‖ **~ process** (Eng) / Strangpressen *n* von Rohren, Hohlfließpressen *n* (vorwärts oder rückwärts)

**Hooke•'s joint*** (Autos, Eng) / Kreuzgelenk *n* (ein Festgelenk), Kardangelenk *n* (zur Kraftübertragung - nach G.Cardano, 1501-1576) ‖ **~'s law*** (Phys) / Hooke'sches Gesetz (Beziehung zwischen Dehnung und Spannung - nach R. Hooke, 1635 - 1703), lineares Elastizitätsgesetz (DIN 13 316), Hooke-Gesetz *n*

**hook finger** (Textiles) / Greiferfinger *m* (bei Nähmaschinen) ‖ **~ flash** (Teleph) / Gabelklopfen *n*, Hookflash *m* (kurzes Drücken der Gabel bzw. des Gabelschalters am Telefon und das dadurch ausgelöste elektrische Signal auf der Anschlussleitung bei analogen Telefonanschlüssen) ‖ **~ height** (Eng) / Hakenhöhe *f* (bei Kranen)

**Hookian spring** (Phys) / Hooke'sche Feder (DIN 1342-1), Hooke-Modell *n*

**hook in** *v* (Eng) / einhaken *v* ‖ **~ insulator pin** (Elec Eng) / Hakenisolatorenstütze *f* ‖ **~ ladder** / Hakenleiter *f* ‖ **~ lift** (Eng) / Hakenhöhe *f* (bei Kranen)

**hook-link chain** (Eng) / Hakenkette *f*

**hook load capacity** (Eng) / Tragfähigkeit *f* (zulässige) des Lasthakens ‖ **~ needle** (Textiles) / Spitzennadel *f*, Platinennadel *f* (DIN 62152) ‖ **~ off** *v* / aushaken *v*, vom Haken lösen ‖ **~ on** / einhaken *v*, anhaken *v*, am Haken befestigen

**hook-on meter** (Elec Eng) / Zangenstromwandler *m*, Dietze-Anleger *m*, Zangenanleger *m*, Amperezange *f*

**hook plug** (Build) / Hakendübel *m*

**hooks, use no ~** / keine Haken gebrauchen! (Aufschrift auf der Kiste)

**hook spanner wrench** (Tools) / Hakenschlüssel *m* (mit Nase) (DIN 1810) ‖ **~ stick** (Elec Eng) / Schaltstange *f*

**hook-stick-operated** *adj* (Elec Eng) / schaltstangenbetätigt *adj*

**hook-switch** *n* (Teleph) / Gabelumschalter *m*, Hakenumschalter *m*

**hook tooth** (For) / Hakenzahn *m* (der Säge), PV-Sägezahn *m*, PV-Zahn *m* ‖ **~ transistor*** (Electronics) / Hakentransistor *m* (ein Vierschichttransistor mit der Zonenfolge Pnpn), Hookkollektortransistor *m* ‖ **~ tube** (Phys) / Hakenrohr *n* (eine Drucksonde zur Messung des statischen Drucks in einer Strömung)

**hook-up*** *n* (Telecomm) / provisorische Anschaltung, vorläufige Zusammenschaltung, provisorischer Anschluss

**hook-up*** *n* (Typog) / Überschließen *n* (meistens hinter einer eckigen Klammer)

**hook-up error** (Electronics) / Schaltfehler *n* (beim Löten der Schaltung usw.) ‖ **~ wire** (Elec Eng) / Schaltader *f*, Schaltdraht *m*

**hookworm disease*** (Med) / Grubenwurmkrankheit *f*, Ankylostomiasis *f* (pl. -asen), Ankylostomiase *f*, Hakenwurmkrankheit *f* (eine Bergmannskrankheit), Bergarbeiteranämie *f*, Tunnelkrankheit *f*

**hook wrench** (Tools) / Hakenschlüssel *m* (mit Nase) (DIN 1810)

**hoop** *n* / Fassreifen *m* (der das aus Dauben zusammengesetzte Fass zusammenhält), Fassband *n* ‖ **~ Bandeisen** *n* (in der Verpackungsindustrie) ‖ **~** (Eng) / Umreifungsband *n* (am Fass), Spannband *n* (am Fass), Fassband *n* (ein Umreifungsband) ‖ **~** (Nut) / Käseform *f* ‖ **~ ash** (For) / Schwarzesche *f* (Fraxinus nigra Marshall)

**hooped pattern** (Textiles) / Ringelmuster *n*, Ringelung *f* (Muster)

**Hooper jig** (Min Proc) / Luftsetzmaschine *f* (nach Hooper) ‖ **~ jig** (Min Proc) s. also air jig

**Hoopes process*** (Met) / Aluminiumraffinationselektrolyse *f* nach Hoopes, Hoopes-Verfahren *n*

**hooping*** *n* (Civ Eng) / kreisrunde oder spiralige Bewehrung, Bügelbewehrung *f*

**hoop iron*** / Bandeisen *n* (in der Verpackungsindustrie)

**hoops** *pl* (Textiles) / Ringel *m pl*

**hoop-steel** *n* (Met) / Bandstahl *m* (zu Bändern ausgewalzter Stahl)

**hoop stress*** (Eng) / Ringspannung *f* (in Rohren) ‖ **~ tension** (Civ Eng) / Ringzugspannung *f*

**hoot** *n* (I C Engs) / Ansauggeräusch *n*

**hooter** *n* (Acous) / Sirene *f* ‖ **~** (Autos) / Horn *n*, Hupe *f*, Signalhorn *n*

**hoover** *v* / staubsaugen *v* ‖ **~** (GB) / Staubsauger *m*

**hop** *v* (the wort) (Brew) / hopfen *v* ‖ **~** *n* (Aero) / Flug *m* (kurzer) ‖ **~** (Bot) / Gemeiner Hopfen (Humulus lupulus L.) ‖ **~** (the logical number of routers a packet will cross to reach a specified destination) (Comp, Telecomm) / Hop *m*, Sprung *m* ‖ **~*** (Radio, Telecomm) / Sprung *m*, Reflexionssprung *m*, Skip *m* ‖ **~** (Telecomm) / Hop *m* (eine einzelne Richtfunkstrecke in einer Multihop-Verbindung)

**hopane** *n* (Chem) / Hopan *n* (pentazyklisches Grundgerüst einer Gruppe von Triterpenen aus Ölschiefer)

**hop-back** *n* (Brew) / Hopfenseiher *m*

**Hopcalite** *n* (Chem, Mining) / Hopcalit *m* (Granulat aus einer Mischung von Manganperoxid und Kupferoxid, z.B. als Katalysator im CO-Filterselbstretter), Hopkalit *m*

**hop cone** (Bot) / Hopfendolde *f*, Hopfenzapfen *m*

**hop-drying kiln** (Brew) / Hopfendarre *f*

**hopeite** *n* (Min) / Hopeit *m* (ein Zinkphosphat)

**hop flour** / Lupulin *n*, Hopfenmehl *n* ‖ **~ hornbeam** (For) / Hopfenbuche *f*, Hopfhornbuche *f* (Ostrya sp.) ‖ **~-jack** *n* (US) (Brew) / Hopfenseiher *m*

**Hopkinson test*** (Elec Eng) / Prüfung *f* von Gleichstrommaschinen nach Hopkinson

**hop-off** *n* (Aero) / Start *m* (Abheben), Take-off *n m* (pl. -s)

**hopped wort** (Brew) / gehopfte Würze

**hopper** *n* (Agric) / Hopfenpflückmaschine *f*, Hopfenpflücker *m* ‖ **~** (Agric) / Saatkasten *m* (der Einzelkornsämaschine), Vorratsbehälter *m* (der Drillmaschine) ‖ **~*** (Build) / Zugluftschutz *m* an Kippflügelfenstern ‖ **~** (Civ Eng) / Trichterkammer *f* (des Bodenentladewagens) ‖ **~** (Civ Eng) / Nassbaggerladeraum *m*, Hopper *m*, Baggergutladeraum *m* ‖ **~** (Comp) / Karteneingabefach *n* (bei Lochern), Kartenmagazin *n*, Kartenzuführungsmagazin *n* (bei Lesern) ‖ **~*** (Foundry, Met) / Fülltrichter *m*, Schütttrichter *m*, Einlauftrichter *m*, Aufgabetrichter *m*, Speisetrichter *m*, Beschickungstrichter *m*, Trichter *m* (zur Beschickung) ‖ **~*** (Mining) / Bunker *m* ‖ **~** (Min Proc) / Schleuse *f* ‖ **~*** (Rail) / Behälterwagen *m* mit Bodenentleerung, Bunkerwagen *m*, Selbstentladewagen *m* mit trichterförmigem Kasten, Bodenentleerer *m* ‖ **~** (Rail) / Trichterwagen *m* (offener Spezialgüterwagen mit trichterförmigen Behältern zur Beförderung von fein- und grobkörnigen Gütern) ‖ **~** (Spinning) / Kastenspeiser *m* (DIN 64075), Waagespeiser *m* ‖ **~ barge** (Civ Eng) / Klappenprahm *m*, Baggerschute *f*, Baggerprahm *m*, Klappschute *f* ‖ **~ dovetail joint** (Join) / Trichterzinken *n* (Sonderform einer Flächeneckverbindung durch Zinken) ‖ **~-dredger*** *n* (Civ Eng) / Laderaumsaugbagger *m*, Hopperbagger *m*, Schachtbagger *m* ‖ **~ drier** (Plastics) / Trichtertrockner *m*

**hopperfeed** *n* (Eng) / Beschickung *f* durch Trichter, Bunkerbeschickung *f* ‖ **~*** (Eng) / Teil(e)zuführung *f* durch Teilzuführungseinrichtung

**hopper feeder** (Print) / Magazinanleger *m*, Einzelanleger *m* ‖ **~ feeder** (Spinning) / Kastenspeiser *m* (DIN 64075), Waagespeiser *m*

**hopper-head** (Build) / Rohrtasche *f* (ein Einlauftrichter für dicht beieinander verlaufende Regenrohre), Schwalbennest *n*

**hopper light*** (Build) / Kippflügelfenster *n* (nach innen öffnend) ‖ **~ waggon** (Rail) / Behälterwagen *m* mit Bodenentleerung, Bunkerwagen *m*, Selbstentladewagen *m* mit trichterförmigem Kasten, Bodenentleerer *m* ‖ **~ waggon** (Rail) / Trichterwagen *m* (offener Spezialgüterwagen mit trichterförmigen Behältern zur Beförderung von fein- und grobkörnigen Gütern) ‖ **~ window*** (Build) / Kippflügelfenster *n* mit Zugschutz (mit nach innen öffnendem Doppelflügel)

**hop picker** (Agric) / Hopfenpflückmaschine *f*, Hopfenpflücker *m*

**hopping** *n* (Brew) / Hopfen *m* ‖ **~** (Electronics) / Hopping *n* (Ladungstransport in ungeordneten Festkörpern und polaren Substanzen), Hopping-Transport *m* ‖ **~ process** (Electronics) / Hopping-Prozess *m*, thermisch aktivierter Tunnel ‖ **~ sequence number** (Teleph) / Frequenzsprungnummer *f* (bei Mobilfunk)

**hoppit** *n* (Mining) / Abteufkübel *m*, Teufkübel *m*

**Hoppus**

**Hoppus measure** (For) / Hoppus measure *n* (ein Rundholzmaß - ein Kubikfuß Hoppus = 1,27 Kubikfuß)
**hopsack** *n* (Textiles) / Hopsack *m* (grobes Sackgewebe, ursprünglich für Hopfen), grobe Sackleinwand
**hopsacking** *n* (Textiles) / Hopsack *m* (grobes Sackgewebe, ursprünglich für Hopfen), grobe Sackleinwand
**hopsack weave*** (Weaving) / Mattenbindung *f*, Panamabindung *f*, Würfelbindung *f* (eine Leinwandbindung)
**hop server** (Comp) / Hopserver *m* (bei der elektronischen Post)
**hops oil** / Hopfenöl *n*
**hop-strainer** *n* (Brew) / Hopfenseiher *m*
**horadiam drilling** (Oils) / Bohren *n* einer Anzahl von Löchern in einem waagerechten Fächer von einem Maschinenstandort aus
**hordein** *n* (Chem) / Hordein *n* (Prolamin der Gerste)
**hordenine** *n* (Brew, Pharm) / Hordenin *n*, Anhalin *n*
**horizon*** *n* (soil horizon) (Agric) / Horizont *m* (Schicht des Bodenprofils), Bodenhorizont *m* ‖ ~* (Astron, Optics, Surv) / Horizont *m* (Gesichtskreis) ‖ ~* (Geol) / Horizont *m* (kleinste geologische Zeiteinheit) ‖ ~ (Mining) / Sohle *f* (des Grubengebäudes), Stockwerk *n* (im Grubenfeld - z.B. die 700-m-Sohle) ‖ ~ (Phys) / Horizont *m* (in der Relativitätstheorie) ‖ ~ **A** (Agric, Geol) / Auslaugungszone *f*, A-Horizont *m*, Krume *f*, mineralischer Oberbodenhorizont (humushaltiger) ‖ ~ **and director indicator** (Aero) / Leithorizont *m* ‖ ~ **B** (Agric, Geol) / Unterboden *m*, Ausfällungszone *f*, Einwaschungszone *f*, Einschwemmungshorizont *m*, Illuvialhorizont *m*, B-Horizont *m*, Anreicherungshorizont *m*, Einwaschungshorizont *m* (des Bodenprofils) ‖ ~ **bar** (Aero) / Horizontbalken *m* (des künstlichen Horizonts)
**horizon-blue** *adj* / horizontblau *adj*
**horizon C** (undisturbed parent material from which the overlying soil profile has been developed) (Agric, Geol) / C-Horizont *m*, Untergrund *m* (des Bodenprofils) ‖ ~ **glass*** (Surv) / Horizontspiegel *m*, fester Spiegel (eines Spiegelsextanten) ‖ ~ **line** (Surv) / Horizontlinie *f* ‖ ~ **mining** (Min) / Sohlenbergbau *m* ‖ ~ **mirror** (Surv) / Horizontspiegel *m*, fester Spiegel (eines Spiegelsextanten) ‖ ~ **plane** / Horizontebene *f* (die die scheinbare Himmelskugel in eine sichtbare und in eine unsichtbare Hälfte teilt)
**horizon-scan homing head** (Mil) / horizontabtastender Zielsuchkopf
**horizon scanner** (Space) / Horizontsucher *m* ‖ ~ **sensor*** (Electronics, Mil) / Horizontsensor *m* ‖ ~ **system of coordinates** (Astron) / Horizontalsystem *n* (ein astronomisches Koordinatensystem - Azimut, Höhe)
**horizontal** *n* (Civ Eng, Maths) / ebene Fläche, Ebene *f* ‖ ~ (Maths) / Horizontale *f* (eine Gerade) ‖ ~ (Phys) / horizontale Komponente (der Schwerebeschleunigung) ‖ ~* *adj* / horizontal *adj*, waagerecht *adj* ‖ ~ (Eng) / liegend *adj* (Ausführung) ‖ ~ (Mining) / söhlig *adj* (ohne Einfallen), horizontal *adj* (verlaufend) ‖ ~ **accuracy** (Phys) / Genauigkeit *f* der Entfernungsmessung (bei Rückstreumessgeräten) ‖ ~ **amplifier** (for signals intended to produce horizontal deflection) (Electronics) / X-Verstärker *m*, X-Ablenkverstärker *m* (z.B. bei Oszilloskopen), Horizontalverstärker *m* ‖ ~ **angle** (Surv) / Horizontalwinkel *m* ‖ ~ **antenna*** (Radio) / Horizontalantenne *f*, horizontale Antenne ‖ ~ **arch buttress** (Arch) / Schwibbogen *m* (waagrecht gespannter Bogen zur Übertragung des Horizontalschubes zwischen zwei Gebäuden, meist über engen Gassen), Schwebebogen *m* ‖ ~ **axis*** (Optics, Surv) / Kippachse *f* (DIN 18718), Horizontalachse *f*
**horizontal-axis wind turbine** (Elec Eng, Eng) / Horizontalachsenwindturbine *f*, Windkraftanlage *f* mit horizontaler Achse (Windturbine), Horizontalachser *m* (eine Windturbine), Propellermühle *f* (z.B. Growian)
**horizontal blanking*** (TV) / Zeilenaustastung *f*, horizontale Austastung, Horizontalaustastung *f*, H-Austastung *f* ‖ ~ **boiler** (Eng) / liegender Kessel *m* ‖ ~ **borehole** (Oils) / horizontales Bohrloch (z.B: in den dünnen Erdöllagerstätten in der Nordsee) ‖ ~ **boring and milling machine** (Eng) / Waagerechtbohr- und -fräsmaschine *f*, Waagerechtbohr- und -fräswerk *n* ‖ ~ **boring machine** (Eng) / Waagerechtbohrmaschine *f* (mit waagerechter Bohrspindel) ‖ ~ **broaching machine** (Eng) / Waagerechträummaschine *f* (mit waagerechtem Arbeitshub) ‖ ~ **camera** (Photog, Print) / Horizontalkamera *f* (für fotografische Reproduktionen) ‖ ~ **chromatography** (Chem) / horizontale Papierchromatografie, horizontale Chromatografie ‖ ~ **circle*** (Surv) / Limbus *m* (pl. Limbi, [horizontaler] Teilkreis (im Unterbau des Theodoliten), Horizontalkreis *m* (an Winkelmessgeräten) ‖ ~ **component*** (Elec Eng) / Horizontalkomponente *f* ‖ ~ **component of dip slip** (Geol) / söhlige Sprungweite ‖ ~ **continuous caster** (Foundry) / Horizontalstranggießanlage *f* ‖ ~ **continuous casting** (Foundry) / Horizontalstranggießen *n*, horizontales Stranggießen, Horizontalstrangguss *m* ‖ ~ **continuous casting machine** (Foundry) / Horizontalstranggießanlage *f* ‖ ~ **definition** (TV) / Horizontalauflösung *f* ‖ ~ **deflection** (TV) / Horizontalablenkung *f*, Zeilenablenkung *f* ‖ ~ **deflection electrode** (Electronics) / X-Ablenkplatte *f*, Horizontalablenkelektrode *f*, Horizontalablenkplatte *f*, X-Platte *f*, Zeitablenkplatte *f* ‖ ~ **deflection plate** (Electronics) / X-Ablenkplatte *f*, Horizontalablenkelektrode *f*, Horizontalablenkplatte *f*, X-Platte *f*, Zeitablenkplatte *f* ‖ ~ **die-forging machine** (Met) / Waagerechtstauchmaschine *f*, Horizontalschmiedemaschine *f* ‖ ~ **draught** (I C Engs) / Flachstrom *m* (bei den Flachstromvergasern)
**horizontal-draught carburettor** (Autos) / Flachstromvergaser *m* (mit waagrechtem Durchlass)
**horizontal drawing process** (Glass) / Waagerechtziehverfahren *n* (nach Colburn oder Libbey-Owens) ‖ ~ **draw-out** *attr* (Elec Eng) / ausfahrbar *adj* (Schalter) ‖ ~ **drilling, boring and milling machine** (Eng) / Waagerechtbohr- und -fräsmaschine *f*, Waagerechtbohr- und -fräswerk *n* ‖ ~ **drilling machine** (Eng) / Waagerechtbohrmaschine *f* (mit waagerechter Bohrspindel) ‖ ~ **eight** (Aero) / liegende Acht (eine Kunstflugfigur) ‖ ~ **electrophoresis** (Chem) / Horizontalelektrophorese *f*, horizontale Elektrophorese ‖ ~ **engine*** (Eng) / liegender Motor (mit horizontaler Achse der Zylinder), liegende Maschine ‖ ~ **extruding press** (Met) / horizontale Strangpresse (mit horizontaler Pressstempelbewegung), liegende Strangpresse ‖ ~ **format** (US) (Photog, Print) / Querformat *n* (bei den die Druckzeilen parallel zur längeren Kante verlaufen), Landscape *n* (Querformat) ‖ ~ **frame-sawing machine** (Carp, For) / Waagerechtgatter *n*, Horizontal-Gattersägemaschine *n* ‖ ~ **frequency** (Comp, TV) / Horizontalfrequenz *f*, H-Frequenz *f* ‖ ~ **gang saw** (Carp, For) / Waagerechtgatter *n*, Horizontal-Gattersägemaschine *n* ‖ ~ **grate** (Eng) / Planrost *m* (Rostfeuerung) ‖ ~ **hold** (TV) / Zeilenfang *m* ‖ ~ **hunting** (TV) / Synchronisationsfehler *m* (Schaukeleffekt) ‖ ~ **joint** (Build) / Lagerfuge *f* (waagrecht durchgehende Fuge zwischen Mauersteinen) ‖ ~ **lathe** (Eng) / Drehbank *f*, Drehmaschine *f* (eine Werkzeugmaschine) ‖ ~ **line** (Maths) / Horizontale *f* (eine Gerade)
**horizontally opposed cylinder engine** (I C Engs) / Boxermotor *m* (Motor mit Anordnung der Zylinder in einer Ebene mit zwei einander gegenüberliegenden Zylinderreihen - DIN 1940) ‖ ~ **polarized wave** (Optics) / horizontal polarisierte Welle
**horizontal machine** (whose axis of rotation is approximately horizontal) (Elec Eng) / Horizontalmaschine *f* ‖ ~ **microinstruction format** (Comp) / horizontales Mikroinstruktionsformat, unkodiertes Mikroinstruktionsformat *n* ‖ ~ **milling machine** (a simplified horizontal-plane milling machine) (Eng) / Waagerechtfräsmaschine (mit waagerechter Frässpindel), Horizontalfräsmaschine *f* ‖ ~ **output transformer** (TV) / Zeilentransformator *m* (in dem die aus den übertragenen Synchronsignalen gewonnene Horizontalablenkfrequenz in die sägezahnförmigen Ablenkströme umgeformt wird, die den Ablenkspulen zugeführt werden) ‖ ~ **parallax*** (Astron, Surv) / Horizontalparallaxe *f* ‖ ~ **parity** (Comp) / Längsparität *f*, Blockparität *f* (Parität eines Datenblocks nach Ergänzung durch ein Blockprüfzeichen; im Gegensatz zur Quer- bzw. Zeichenparität) ‖ ~ **pattern** (Radio) / Horizontaldiagramm *n*, Horizontalstrahlungsdiagramm *n* ‖ ~ **pendulum** (Geophys) / Horizontalpendel *n* (mit fast vertikaler Drehachse, Tauchpulseismometer *n* ‖ ~ **plane** / Horizontalebene *f*, Horizontale *f* (eine Ebene) ‖ ~ **plane** (Acous) / Horizontalebene *f* (Bezugsebene, die zur Beschreibung der Eigenschaften des Gehörs benutzt wird - DIN 1320)
**horizontal-plane milling machine** (Eng) / Langfräsmaschine *f*, Planfräsmaschine *f*
**horizontal polarization*** (Elec, Radio) / horizontale Polarisation (horizontale Lage der elektrischen Feldlinien des elektromagnetischen Feldes), Horizontalpolarisation *f* ‖ ~ **projection** / Draufsicht *f* (DIN 6, T 1), Grundriss *m*, erste Projektion, Ansicht *f* von oben ‖ ~ **radial chromatography** (Chem) / radial-horizontale Chromatografie ‖ ~ **radiation pattern** (Radio) / Horizontalstrahlungsdiagramm *n* (einer Antenne) ‖ ~ **rail** (Build) / Querriegel *m* (des Zauns) ‖ ~ **range** (projected onto the horizon plane) (Radar) / Horizontalentfernung *m* ‖ ~ **read-out resolution** (Phys) / Auflösung *f* der Entfernungsanzeige (bei Rückstreumessgeräten) ‖ ~ **repeat** (Weaving) / Breitenrapport *m* ‖ ~ **resolution*** (TV) / Horizontalauflösung *f*
**horizontal-ring drilling** (Oils) / Bohren *n* einer Anzahl von Löchern in einem waagerechten Fächer von einem Maschinenstandort aus
**horizontal row of radiators** (Acous) / Schallzeile *f* ‖ ~ **scanning** (TV) / Horizontalabtastung *f* ‖ ~ **scroll bar** (Comp) / horizontale Bildlaufleiste ‖ ~ **scrolling** (Comp) / horizontales Scrolling ‖ ~ **seismograph** (Geol) / Horizontalseismograf *m* ‖ ~ **silo** (Agric) / Fahrsilo *m n*, Grubensilo *m n* ‖ ~ **situation indicator** (Aero) / Kurslagenanzeigegerät *n* (integriertes) ‖ ~ **stabilizer*** (Aero) / Höhenflosse *f* (feststehende Flosse des Höhenleitwerks, an der das Höhenruder befestigt ist) ‖ ~ **stripe pattern** (Textiles) / Ringelmuster *n*, Ringelung *f* (Muster) ‖ ~ **stripes** (Textiles) / Ringel *m pl* ‖ ~ **sweep**

(TV) / Horizontalablenkung f, Zeilenablenkung f ‖ ~ **table** (Eng) / Planscheibe f (der Karusselldrehmaschine) ‖ ~ **tabulator** (Comp) / Horizontaltabulator m ‖ ~ **tail** (US) (Aero) / Höhenleitwerk n (das aus Höhenflosse und Höhenruder besteht und zur Bewegung des Flugzeugs um die Querachse dient ), HLW (Höhenleitwerk) ‖ ~ **take-off and landing aircraft** (Aero) / HTOL-Flugzeug n, Flachstarter m ‖ ~ **take-off and landing vehicle** (Space) / Waagrechtstart-Trägerrakete f, Waagerechtstart-Raumfahrzeugträger m ‖ ~ **throw** (Phys) / waagerechter Wurf, horizontaler Wurf ‖ ~ **truss** (Build) / Parallelfachwerkträger m ‖ ~ **turret head** (Eng) / Sternrevolver m, Sternrevolverkopf m (Teil des Werkzeugträgers der Revolverdrehmaschine und der Revolverbohrmaschine), Sattelrevolverkopf m ‖ ~ (vertical-axis) **turret lathe** (Eng) / Sternrevolverdrehmaschine f ‖ ~ **visibility** (Aero) / Horizontalsicht f ‖ ~ **wheels** (of the Alweg monorail system) / Führungsräder n pl (der Alweg-Bahn)
**hormesis** n (Agric, Physiol) / Hormese f (physiologische Reizung eines Organismus durch nicht toxische Dosen eines ansonsten giftigen oder schädlichen Agens)
**hormonal** adj (Biochem, Med) / hormonell adj, hormonal adj
**hormone*** n (Biochem, Med) / Hormon n ‖ ~ **of the adrenal cortex** (Biochem, Med) / Corticosteroid n (Steroidhormon der Nebennierenrinde), Kortikosteroid n, Nebennierenrindenhormon n, Corticoid n, Kortikoid n ‖ ~ **responsive element** (Biochem, Med) / Hormon-Rezeptor-Komplex m ‖ ~ **weed-killer** (Agric, Chem) / Wuchsstoffherbizid n (das in seiner Wirkung dem natürlichen Pflanzenhormon Auxin entspricht)
**horn*** n (Acous) / Schalltrichter m ‖ ~* (Agric, Zool) / Horn n (pl. Hörner) (Hornsubstanz), Horn n (pl. -e) (Hornsubstanz) ‖ ~ (Autos) / Horn n, Hupe f, Signalhorn n ‖ ~ (Build, Join) / Fensterbrettüberstand m (seitlich) ‖ ~* (Geog, Geol) / Horn n (Bergspitze) ‖ ~ (Radio) / Hornantenne f, Hornstrahler m (eine Ausführungsform der Kurzwellenantenne) ‖ ~ (Welding) / Elektrodenarm m ‖ ~ **air** (Paint) / Hornluft f (der am hornförmig ausgebildeten Kopf einer Lackspritzpistole austretende Luftstrom) ‖ ~ **antenna** (Radio) / Hornantenne f, Hornstrahler m (eine Ausführungsform der Kurzwellenantenne) ‖ ~ **arrester** (Elec Eng) / Hörnerfunkenstrecke f, Hörnerableiter m (eine Schutzfunkenstrecke) ‖ ~ **arrester*** (Elec Eng) / Hörnerblitzableiter m
**hornback** n (Leather) / Hornback n m (Rückenschild der Krokodilhaut für Luxusartikel der Lederwarenindustrie)
**horn balance*** (Aero) / Hornausgleich m (Ruderausgleich)
**hornbeam*** n (For) / Hainbuche f (Gewöhnliche), Weißbuche f, HB (Hornbaum), Hornbaum m (Carpinus betulus L.)
**hornblende*** n (Min) / Hornblende f ‖ ~**-gneiss*** n (Geol) / Hornblendegneis m (metamorphes Gestein aus der Katazone) ‖ ~ **granite** (Geol) / Hornblendegranit m
**hornblende-schist*** n (Geol) / Hornblendeschiefer m
**hornblendite*** n (a plutonic rock composed essentially of hornblende) (Geol) / Hornblendenfels m
**horn•-centre*** n (Instr) / Zentrierscheibe f (beim Zeichnen) ‖ ~ **clause** (AI, Comp) / Hornklausel f, Horn-Clause f (eine spezielle Clause, die aus einer Menge von Literalen besteht, von denen nur eine uunnegiertes Atom ist), Hornformel f (eine prädikatenlogische Formel) ‖ ~ **clippings** / Hornspäne m pl ‖ ~ **coral** (Zool) / Einzelkoralle f, Hornkoralle f
**Horner's method** (Maths) / Horner-Schema n (zur Bestimmung von Funktionswerten und Nullstellen von ganzen rationalen Funktionen; nach dem englischen Mathematiker W.G. Horner, 1786-1837)
**horn feeding** (Radio) / Horneinspeisung f (z.B. der Cassegrainantenne)
**hornfels*** n (Geol) / Hornfels m (feinkörniges kontaktmetamorphes Gestein des inneren Kontakthofes)
**horn-gap arrester** (Elec Eng) / Hörnerfunkenstrecke f, Hörnerableiter m (eine Schutzfunkenstrecke)
**horn gate*** (Foundry) / Hornanschnitt m
**hornification** n (Cyt) / Verhornung f, Keratinisierung f
**hornito** n (Geol) / Hornito m (ein Ausbruchskegel auf Lavaströmen)
**horn knot** (For) / Hornast m, Kienast m ‖ ~ **lead*** (Min) / Phosgenit m, Bleihornerz n ‖ ~ **loudspeaker*** (Acous) / Trichterlautsprecher m, Hornlautsprecher m ‖ ~ **meal** (Agric) / Hornmehl n ‖ ~ **mercury** (Min) / Kalomel n, Hornquecksilber n, Quecksilberhornerz n ‖ ~ **mouth** (Radio) / Hornmündung f (der Hornantenne) ‖ ~ **plates** (Rail) / Achsgabel f (Lokomotive) ‖ ~ **quicksilver** (Min) / Kalomel n, Hornquecksilber n, Quecksilberhornerz n ‖ ~ **radiator** (Radio) / Hornantenne f, Hornstrahler m (eine Ausführungsform der Kurzwellenantenne) ‖ ~ **reflector antenna** (Radio) / Hornreflektorantenne f ‖ ~ **relay** (Autos) / Hornrelais n
**horns*** pl (Build, Join) / überstehende Holzrahmenenden

**horn-shaped antenna** (Radio) / Hornantenne f, Hornstrahler m (eine Ausführungsform der Kurzwellenantenne)
**horn silver*** (Min) / Chlorsilber n, Chlorargyrit m (Silberchlorid), Hornsilber n, Kerargyrit m, Silberhornerz n ‖ ~ **spatula** (Chem, Pharm) / Hornspatel m ‖ ~ **sprue** (Foundry) / Horneinguss m (wenn der Anschnitt unter dem Gussstück durchgeführt wird)
**horntail** n (For, Zool) / Holzwespe f (z.B. Riesenholzwespe oder Kiefernholzwespe - ein tierischer Holzschädling)
**horny** adj (Textiles) / hornig adj (Griff)
**horologic** adj (Horol) / Uhren-
**horological** adj (Horol) / Uhren-
**horology*** n (Horol) / Zeitmessungslehre f ‖ ~* (Horol) / Uhrmacherei f, Uhrenbau m
**Horrebow-Talcott method** (Astron, Surv) / Talcott-Methode f, Horrebow-Talcott-Methode f (nach P. Horrebow, 1679-1764, und A. Talcott, 1797-1883)
**horse** v / hebeln v (mit dem Brecheisen) ‖ ~* n / Bock m, Gerüst n, Gestell n (Bock), Gerüstbock m ‖ ~* (Build) / Lehrschlitten m, Lehrbrett n, Lehre f (für Stuckarbeiten), Schablone f (zum Ziehen von Profilleisten oder Gesimsen bei Stuckarbeiten) ‖ ~ (Geol) / ausgeschwänzter Gang, Pferdeschwanz m ‖ ~ (Leather) / Fellbock m, Bock m (vierbeiniges Gestell, über das Häute zum Abtropfen oder Transportieren gelegt werden)
**horseback** n (US) (Geol) / Wallberg m, Esker m, Os m n (pl. Oser) (in Gebieten ehemaliger Vereisung als eisenbahndammartig lang gestreckte, wallartige, schmale Rücken ausgebildete Formen, die schwach gewunden verlaufen und auch seitliche Äste ausbilden können)
**horse chestnut** (For) / Gemeine Rosskastanie (Aesculus hippocastanum L.)
**horsed mould** (Build) / Lehrschlitten m, Lehrbrett n, Lehre f (für Stuckarbeiten), Schablone f (zum Ziehen von Profilleisten oder Gesimsen bei Stuckarbeiten)
**horse fat** (Chem Eng, Nut) / Pferdefett n ‖ ~**-flesh ore** (Min) / Bornit m, Buntkupferkies m, Buntkupfererz n
**horsehair** n (upholstery stuffing) / Rosshaar n (Schweif- und/oder Mähnenhaare des Pferdes) ‖ ~ **brush** / Rosshaarbürste f
**horsehead** n (Civ Eng, Mining) / Getriebepfahl m ‖ ~* (Oils) / Pferdekopf m (Balancierantrieb der Gestängepumpe)
**horsehide** n (Leather) / Rosshaut f ‖ ~ **leather** (Leather) / Rossleder n (und Fohlenleder)
**horse latitudes*** (Geog) / Rossbreiten f pl (subtropische Hochdruckgürtel auf den Meeren) ‖ ~ **path*** (Hyd Eng) / Treidelweg m, Leinpfad m, Treidelpfad m, Treppelweg m
**horsepower*** n (Eng) / Pferdestärke f (nicht mehr zugelassene anglo-amerikanische Einheit der Leistung = 745,699 W) ‖ ~ **screw** (Autos) / PS-Schraube f (bei dem Ladedruckventil)
**horseradish peroxidase*** (Biochem, Biol) / Lacto-POD f, Lakto-POD f, Meerrettichperoxidase f (ein Marker-Enzym), Meerrettich-POD f
**horseshoe arch** (Arch) / maurischer Bogen, Hufeisenbogen m (runder oder spitzer) ‖ ~ **bend** / U-Rohr-Bogen m (zum Dehnungsausgleich bei Rohrleitungen), Rohrbogendehner m (Kompensator) ‖ ~ **bend** (in an expansion joint) / Lyrabogen m, Lyra f (eines Rohrkompensators) ‖ ~ **curve** (Surv) / Hufeisenkurve f
**horseshoe-fired** (tank) **furnace** (Glass) / U-Flammenwanne f, Umkehrflammenwanne f, Stirnbrennerwanne f
**horseshoe lake** (Geog, Hyd Eng) / Altwassersee m (charakteristischer Seentyp in den Niederungen von Deltaregionen und großen Strömen - wenn die Flussschlinge vollständig vom Fließgewässer abgetrennt ist) ‖ ~ **magnet** (Elec Eng) / Hufeisenmagnet m ‖ ~ **mixer** / U-Rührer m, Ankerrührer m ‖ ~ **profile** (Civ Eng) / Hufeisenprofil n (des Tunnels) ‖ ~ **shape** (Civ Eng) / Hufeisenprofil n (des Tunnels)
**horseshoe-shaped** adj / hufeisenförmig adj
**horse skidding** (For) / Gespannrückung f, Rücken n mit Pferden (des Holzes)
**horsetail kelp** (Bot) / Fingertang m (Laminaria digitata [Huds.] Lamour.) ‖ ~ **tree** (For) / Kasuarine f, Kängurubaum m (Casuarina sp.)
**horse transporter** (Autos) / Pferdetransporter m
**horst*** n (Geol) / Horst m
**horticultural** adj (Agric) / Garten-, gärtnerisch adj, gartenbaulich adj, Gartenbau- ‖ ~ **facility** (Build) / Gartenbauanlage f ‖ ~ **implements** / Gartengeräte n pl
**horticulture** (Agric) / Gartenbau m, Gärtnerei f, Gartengestaltung f, Hortikultur f
**hortisol** n / Gartenboden m, Hortisol m (Gartenboden)
**Horton sphere** / Hortonsphäroid n (kugelförmiger Drucktank, meist auf Stelzen)
**hose** v / mit dem Schlauch gießen, mit dem Schlauch wässern ‖ ~ / spritzen v (mit dem Schlauch) ‖ ~ n (Eng, Textiles) / biegsamer Schlauch, Schlauch m ‖ ~ **assembly** (Eng, Textiles) / Schlauchleitung f

**hose**

‖ ~ **clamp** (Eng) / Schlauchklemme *f* (bei Rohrleitungen) ‖ ~ **clamp** (Eng) / Schlauchschelle *f* (zur Verbindung eines Schlauchs mit einem Schlauchstutzen) ‖ ~ **clip** (Eng) / Schlauchschelle *f* (zur Verbindung eines Schlauchs mit einem Schlauchstutzen) ‖ ~ **cock** (Eng) / Schlauchklemme *f* (bei Rohrleitungen) ‖ ~ **connection** (Eng) / Schlauchanschluss *m* ‖ ~ **connector** (a tapered glass tube) (Chem) / Olive *f* (ein Glasrohr, das zwei Schläuche verbindet) ‖ ~ **coupling** / Schlauchkupplung *f* ‖ ~ **coupling** (Chem) / Olive *f* (ein Glasrohr, das zwei Schläuche verbindet)
**hose-coupling thread** / Schlauchkupplungsgewinde *n*, Gewinde *n* für Schlauchkupplungen
**hose down** *v* / abspritzen *v* (z.B. Schmutz mit dem Schlauch) ‖ ~ **duck** (Textiles) / Schlauchdecke *f* (Material) ‖ ~ **length** / Schlauchlänge *f* ‖ ~ **line** (Eng, Textiles) / Schlauchleitung *f* ‖ ~ **pinch-off pliers** (Electronics, Eng) / Abklemmzange *f*
**hose-pipe** *n* (Eng, Textiles) / biegsamer Schlauch, Schlauch *m*
**hose-proof\*** *adj* (Elec Eng) / strahlwassergeschützt *adj*, mit Strahlwasserschutz (Maschine)
**hose-proof** *adj* (Elec Eng) / schwallwassergeschützt *adj*
**hose reel** / Schlauchhaspel *f*, Schlauchwinde *f* ‖ ~ **reel cart** / Schlauchwagen *m*
**hosery** *n* (Comp) / Kabel *n pl* der Rechenanlage (als Sammelbegriff)
**hose tower** / Schlauchtrockenturm *m* (der zum Trocknen von nassen Schläuchen bestimmt ist)
**hose-washing machine** / Schlauchwaschmaschine *f* (bei der Feuerwehr)
**hose water-level** (Build) / Schlauchwaage *f* (DIN 18718)
**hosiery** *n* (Textiles) / Wirkware *f* (auf Wirkmaschinen hergestellte textile Maschenware), Gewirke *n* (Wirkware) ‖ ~\* (Textiles) / Strumpfware(n) *f(pl)* ‖ ~ **(GB)\*** (Textiles) / Maschenware *f*, Strickware *f*, Knitwear *f* (modische Strickkleidung) ‖ ~ **factory** (Textiles) / Wirkerei *f* (ein Unternehmen), Wirkwarenfabrik *f* ‖ ~ **finishing machine** (Textiles) / Strumpfausrüstungsmaschine *f* ‖ ~ **frame** (Textiles) / Kulierstuhl *m* ‖ ~ **mill** (Textiles) / Wirkerei *f* (ein Unternehmen), Wirkwarenfabrik *f* ‖ ~ **yarn** (Spinning) / Garn *n* für Strick- und Wirkwaren ‖ ~ **yarn** (Spinning) / Hosierygarn *n* (weichgedrehtes Strumpf-, Strick- und Trikotgarn)
**hospital** *n* (an area in a factory where defective ware is repaired) (Ceramics) / Reparaturwerkstatt *f* (für beschädigte Ware)
**hospital-acquired infection** (Med) / im Krankenhaus erworbene Infektion
**hospital bus-bars\*** (Elec Eng) / Behelfssammelschienen *f pl* ‖ ~ **refuse** (Ecol, San Eng) / Klinikmüll *m*, Klinikabfall *m*
**hospital-sector waste** (Ecol, San Eng) / Krankenhausabfall *m* (besonders überwachungsbedürftiger Abfall)
**hospital ship** (Mil, Ships) / Lazarettschiff *n* ‖ ~ **switch\*** (Elec Eng) / Notstromschalter *m* ‖ ~ **textile equipment** (Textiles) / Krankenhaustextilien *pl* (DIN 61621) ‖ ~ **waste** (Ecol, San Eng) / Krankenhausabfall *m* (besonders überwachungsbedürftiger Abfall) ‖ ~ **waste** (Ecol, San Eng) / Klinikmüll *m*, Klinikabfall *m* ‖ ~ **window** (Build) / Kippflügelfenster *n* mit Zugschutz (mit nach innen öffnendem Doppelflügel)
**host\*** *n* (Agric, Biol, Comm) / Wirt *m* ‖ ~\* (Chem, Phys) / Wirtsmaterial *n*, Wirtssubstanz *f*, Grundmaterial *n* ‖ ~ (Comp) / Host *m* (in Mailboxsystemen die zweithöchste Hierarchieebene) ‖ ~ (Comp) / Host *m* (jedes System, welches an das Internet angeschlossen ist) ‖ ~ (host computer) (Comp) / Host-Rechner *m* (in einem Verbundsystem - eine digitale Rechenanlage großer Verarbeitungsleistung und Speicherkapazität, die zur ladefertigen Verarbeitung von Programmen für kleinere Digitalrechner verwendet wird), Verarbeitungsrechner *m*, Host *m* (ein Rechner im Verbundsystem) ‖ ~ **Adaptor Module** (Comp) / Host-Adaptermodul *n*, HAM (Host-Adaptermodul)
**host-based publishing** (Comp, Print) / Hostbased-Publishing *n* (professionelles System mit Großrechnern - eine Art elektronisches Publizieren)
**host cell** (Biol, Gen) / Wirtszelle *f* ‖ ~ **computer** (Comp) / Host-Rechner *m* (in einem Verbundsystem - eine digitale Rechenanlage großer Verarbeitungsleistung und Speicherkapazität, die zur ladefertigen Verarbeitung von Programmen für kleinere Digitalrechner verwendet wird), Verarbeitungsrechner *m*, Host *m* (ein Rechner im Verbundsystem) ‖ ~ **crystal** (Crystal) / Wirtskristall *m*
**hosted** *adj* (implementation) (Comp) / gastweise *adj*
**host-guest chemistry** (Chem) / Chemie *f* der Einschlussverbindungen ‖ ~ **complexation chemistry** (Chem) / Wirt-Gast-Komplex-Chemie *f* ‖ ~ **relation** (Chem) / Wirt-Gast-Beziehung *f*, Wirt-Gast-Chemie *f*
**hostile agent** (Comp) / Hostile Agent *m* (eine spezielle Art von Virus) ‖ ~ **takeover** / feindliche Übernahme (eines Unternehmens)
**hosting** *n* (Comp) / Hosting *n* (eine mögliche Dienstleistung von Online-Diensten oder von Internet-Service-Providern)
**host language** (Comp) / Gastgebersprache *f* (eine höhere Programmiersprache, in welche die Elemente der Datenmanipulationssprache eingebaut sind), Programmiersprache, in die Elemente der Datenbehandlungssprache eingefügt werden ‖ ~ **lattice** (Crystal) / Wirtsgitter *n* (in dem reguläre Gitterionen durch geringe Mengen von Gastionen ersetzt werden)
**hostler** *n* (US) (Eng) / Maschinenwart *m* (bei stillgelegten und ausrangierten Maschinen)
**host machine** (Comp) / Wirtsystem *n* (bei der Emulation) ‖ ~ **mineral** (Min) / Wirtsmineral *n* ‖ ~ **molecule** (Chem) / Wirtsmolekül *n* (bei Einschlussverbindungen) ‖ ~ (Comp) / Wirt *m* ‖ ~ **program** (for a virus) (Comp) / Wirt *m* ‖ ~ **rock\*** (Geol) / Nebengestein *n* ‖ ~ **specificity** (Biol) / Wirtsspezifizität *f* (bei Parasiten) ‖ ~ **table** (Comp) / Host-Tabelle *f* (Datei mit einem Verzeichnis der bekannten IP-Adressen)
**hot** *n* (Build) / Heißbitumen *n* ‖ ~ *adj* / heiß *adj* ‖ ~ (Elec Eng) / unter Strom (stehend), stromdurchflossen *adj*, Strom führend *adj*, stromführend *adj* ‖ ~ (Eng) / heißgelaufen *adj* (Lager) ‖ ~ (Mining) / ausgesond *adj*, Methan abgebend (Teil eines Grubengebäudes) ‖ ~ (Nut) / extrem scharf, scharf *adj* (wie Pfeffer) ‖ ~ (Paint) / saugfähig *adj*, saugend *adj* (Oberfläche) ‖ ~\* (Radiol) / stark radioaktiv, heiß *adj*, hochgradig radioaktiv ‖ ~ **air** / Heißluft *f*
**hot-air balloon** (Aero) / Heißluftballon *m* ‖ ~ **chamber** (Textiles) / Mansardentrockner *m* (DIN 64990), Mansarde *f* (in der Stoffdruckerei eine mit Heißluft beheizte Vorrichtung zum Trocknen bedruckter Gewebe) ‖ ~ **cure** (Chem Eng) / Heißluftvulkanisation *f* ‖ ~ **curing** (Chem Eng) / Heißluftvulkanisation *f* ‖ ~ **curtain** / Luftschleier *m* (Gebläsestrom der Luftschleieranlage - z.B. in Kaufhäusern) ‖ ~ **distribution pipe** (Met) / Heißwindringleitung *f* (des Hochofens) ‖ ~ **drying chamber** (Textiles) / Mansardentrockner *m* (DIN 64990), Mansarde *f* (in der Stoffdruckerei eine mit Heißluft beheizte Vorrichtung zum Trocknen bedruckter Gewebe)
**hot-air engine\*** (Eng) / Heißluftmotor *m*, Heißluftmaschine *f*, Heißgasmotor *m* (z.B. Stirlingsche Luftmaschine)
**hot-air gun\*** (Elec Eng, Paint) / Heißluftfarbentferner *m*, Abbrennapparat *m* (ein Farbenentferner) ‖ ~ **gun** (Paint, Tools) / Heißluftgebläse *n* ‖ ~ **heater\*** (Build) / Luftheizungsanlage *f* ‖ ~ **heating** (Build) / Luftheizung *f* ‖ ~ **jacket** (Eng) / Warmluftmantel *m* ‖ ~ **jet** (Phys) / Warmluftstrahl *m* ‖ ~ **levelling** (Electronics) / Heißlufteinebnung *f* (von Lot auf Leiterplatten), Heißluftverzinnen *n* (zum Korrosionsschutz und zur Erhaltung der Lötfähigkeit von Leiterplatten), Heißluftaufschmelzen *n* (von Lot auf Leiterplatten) ‖ ~ **paint remover** (Elec Eng, Paint) / Heißluftfarbentferner *m*, Abbrennapparat *m* (ein Farbenentferner) ‖ ~ **paint stripper** (Elec Eng, Paint) / Heißluftfarbentferner *m*, Abbrennapparat *m* (ein Farbenentferner)
**hot-air seasoning** (For) / Heißlufttrocknung *f* (eine Kammertrocknung)
**hot-air turbine** (Eng) / Heißluftturbine *f* (mit Heißluft als Arbeitsmittel)
**hot alkaline cleaning** / Abkochentfetten *n* (mit alkalischen Reinigern bei Temperaturen in Siedepunktnähe)
**hot-and-cold open-tank method** (For) / Trogtränkverfahren *n* mit Wärmestandsänderung (ein Tauch-Holzschutzverfahren), Heiß-Kalt-Verfahren *n* (ein Tauchverfahren beim Holzschutz) ‖ ~ **tank steeping** (For) / Trogtränkverfahren *n* mit Wärmestandsänderung (ein Tauch-Holzschutzverfahren), Heiß-Kalt-Verfahren *n* (ein Tauchverfahren beim Holzschutz)
**hot-applicable** *adj* / heißapplizierbar *adj* (z.B. Dichtungsmasse)
**hot-application glue** (Join) / Warmleim *m*, Heißleim *m*
**hot atom** (Nuc) / heißes Atom (das sich als Folge von Kernprozessen in einem angeregten Energiezustand befindet oder eine kinetische Energie besitzt, die größer ist als die der umgebenden Atome ist - DIN 25401, T 16)
**hot-atom chemistry** (Chem, Nuc) / Heiße-Atom-Chemie *f*, Chemie *f* der heißen Atome, Recoil-Chemie *f*
**hot band** (Met) / warmgewalzter Bandstahl, Warmband *n* (ein Flachzeug unter 600 mm Breite) ‖ ~ **bath** / Warmbad *n*
**hot-bath hardening** (Met) / Warmbadhärten *n* (durch Abkühlen in einem Warmbad, dessen Temperatur in der Nähe des Martensitpunktes liegt und nachfolgendes beliebiges Abkühlen auf Raumtemperatur), Thermalhärten *n*
**hotbed** *n* (Agric) / Mistbeet *n*
**hot-bending test** (Materials) / Warmbiegeversuch *m*
**hot-bend test** (Materials) / Warmfaltversuch *m*
**hot bitumen** (Build) / Heißbitumen *n* ‖ ~ **blast** (Foundry, Met) / Heißwind *m* (z.B. in einem Kupolofen)
**hot-blast cupola** (Foundry) / Heißwindkupolofen *m*, HW-KO ‖ ~ **cupola furnace** (Foundry) / Heißwindkupolofen *m*, HW-KO
**hot • -blast stove\*** (Met) / Winderhitzer *m*, Cowper *m* (Winderhitzer für Hochöfen nach E.A.Cowper, 1819-1893) ‖ ~ **blocking** (Bind, Paper) / Warmprägung *f* (wobei das Werkzeug von der Montagefläche her geheizt wird) ‖ ~ **body** (Eng) / warmer Raum (der Stirling'schen Luftmaschine) ‖ ~ **body** (Phys) / glühender Körper (bei Pyrometern)

|| ~ **bottling** (Nut) / Heißabfüllen n (in Flaschen) || ~ **box** (Foundry) / Hot Box f, heißer Kernkasten || ~ **box** (Rail) / Heißläufer m || ~ **box** (Textiles) / Hot Box f (Finishaggregat in Großwäschereien)
**hot-box detector** (Rail) / Heißläufer-Ortungsgerät n, Heißläufer-Anzeigegerät n || ~ **method** (Foundry) / Hot-Box-Verfahren n (zur Form- und Kernherstellung mit heißen Formwerkzeugen) || ~ **process** (Foundry) / Hot-Box-Verfahren n (zur Form- und Kernherstellung mit heißen Formwerkzeugen)
**hot brine** (Geol) / heiße Salzlauge (die die Erzschlämme überlagert) || ~ **brines** (Geol) / Hot Brines pl (am Meeresboden austretende heiße Lösungen vulkanischen Ursprungs) || ~ **brittleness** (Met) / Warmsprödigkeit f, Warmbrüchigkeit f, Heißbrüchigkeit f || ~-**bulb** n (Autos) / Glühkopf m (an dem sich der eingespritzte Kraftstoff entzündet)
**hot-bulb engine** (Autos) / Glühkopfmotor m
**hot · -bulb ignition*** (Autos) / Glühkopfzündung f || ~ **calender** (Textiles) / Heißkalander m || ~ **carbonate process** (Chem Eng) / Heiß-Pottasche-Verfahren n (zur Entfernung von Schwefelwasserstoff - mit Hilfe einer Kaliumkarbonatlösung) || ~-**carrier diode** (Electronics) / Schottky-Diode f (Metall-Halbleiterdiode auf Silicium- oder GaAs-Basis - nach W. Schottky, 1886 - 1976), Schottky-Barrier-Diode f, Hot-Carrier-Diode f (eine schnelle Schaltdiode) || ~ **cathode*** (Electronics) / Glühkatode f (z.B. Bariumkatode)
**hot-cathode discharge** (Electronics) / Glühkatodenentladung f (bei der die Katode durch künstliche Heizung Elektronen emittiert) || ~ **ionization gauge** (Electronics) / Glühkatodenionisationsvakuummeter n (z.B. nach Bayard-Alpert) || ~ **rectifier*** (Electronics) / Glühkatodengleichrichter m (edelgasgefüllter Gasentladungsgleichrichter)
**hot · -cathode tube** (Electronics) / Elektronenröhre f (mit glühelektrischem Effekt), Glühkatodenröhre f || ~ **cell** (Chem, Nuc) / Heiße Zelle (für chemisches Experimentieren mit hochradioaktiven offenen Präparaten - DIN 25401, T 8), heiße Kammer, Strahlenschutzzelle f
**hot-chamber diecasting** (Foundry) / Warmkammerverfahren n (beim Druckguss), Warmkammerdruckgießen n || ~ **machine** (Foundry) / Warmkammermaschine f (beim Druckguss), Warmkammerdruckgießmaschine f
**hot-channel effect** (Nuc Eng) / Kanalüberhitzung f
**hot-charge pump** (Eng) / Pumpe f für heiße Medien
**hot charging** (Met) / Heißchargieren n (des Ofens) || ~ **check** (Ceramics) / Heißriss m (Glasurfehler) || ~ **checking** (Ceramics) / Heißrissbildung f (als Glasurfehler) || ~ **chemistry** (Chem) / Radiochemie f (die mit Aktivitäten >3·7·10^10 Bq arbeitet), heiße Chemie || ~ **chisel** (Tools) / Warmschrotmeißel m, Warmschrot m, Schrotmeißel m für Warmmeißeln (mit kleinerem Keilwinkel)
**Hotchkiss drive** (axle layout) (Autos) / Hotchkiss-Hinterachse f
**hot circular-sawing** (Civ Eng) / Warmkreissägen n (Trennen von Halbzeugen mit Kreissägeblättern bei Werkstücktemperaturen im Bereich 600 bis 800 °C)
**hot-cold compacting** (Met) / Warm-Kalt-Verfestigung f
**hot composition*** (Typog) / Bleisatz m || ~ **compressive strength** (Ceramics, Met) / Heißdruckfestigkeit f || ~ **corrosion** / Heißgaskorrosion f || ~ **corrosion** (Surf) / Hochtemperaturkorrosion f (Reaktion metallischer Werkstoffe bei hohen Temperaturen in gas- oder dampfförmigen Medien), Heißkorrosion f
**hot-corrosion test** (Surf) / Heißgaskorrosionsversuch m
**hot crack*** (Eng, Welding) / Heißriss m || ~ **crack** (Foundry, Met) / Warmriss m (der bei der Abkühlung von Gussteilen im Bereich des flüssig-festen bzw. plastischen Zustands entsteht), Brandriss m || ~ **cracking** (Eng, Welding) / Heißrissbildung f || ~ **critical** (Nuc Eng) / heißkritisch adj || ~ **curing** / Heißhärten n (z.B. des Klebstoffs) || ~ **curing** (Chem Eng) / Heißvulkanisation f || ~ **deck*** (For) / Sägeblockpolter m n, Sortierpolter m, Sortenpolter m n (zur kurzzeitigen Lagerung) || ~ **die** (Eng) / Warmgesenk n
**hot-die forging** (Eng, Met) / Warmgesenkschmieden n (bei dem das Werkstück vor seiner Umformung angewärmt wird) || ~ **hobbing** (Eng) / Warmeinsenken n || ~ **stamping** (Bind, Paper) / Heißprägung f || ~ **steel*** (Met) / Warmgesenkstahl m
**hot die steel** (Met) / Gesenkstahl m, Matrizenstahl m
**hot-dip** (galvanizing)* (Surf) / Schmelztauchverzinkung f, Feuerverzinkung f (DIN 50 976) || ~ **aluminize** (Surf) / feueraluminieren v, tauchaluminieren v, tauchaluminieren v, tauchalitieren v (nur Infinitiv und Partizip Perfekt) || ~ **aluminizing** (Surf) / Tauchaluminieren n, Feueraluminieren n, Tauchalitieren n || ~ **coat** (Surf) / Feuermetallschutzschicht f, Schmelztauchschutzschicht f || ~ **coating** (Eng) / Heißtauchen n, Schmelztauchen n (zum Aufbringen organischer Schutzschichten) || ~ **coating** (Surf) / Heißtauchen n (Herstellen einer Schicht durch Eintauchen des Werkstücks in die Schmelze des Schichtmetalls - nach DIN 50 902), Feuermetallisieren n, Schmelztauchbeschichten

n, Schmelztauchmetallisieren n, Schmelztauchverfahren n || ~ **coating** (Surf) / Feuermetallschutzschicht f, Schmelztauchschutzschicht f || ~ **metal-coated steel sheet** (Met) / schmelztauchveredeltes Feinblech (Stahl)
**hot-dipped coat** (Surf) / Feuermetallschutzschicht f, Schmelztauchschutzschicht f || ~ **coating** (Surf) / Feuermetallschutzschicht f, Schmelztauchschutzschicht f
**hot-dip phosphate treatment** (Surf) / Heißphosphatieren n (bei Temperaturen bis zum Siedepunkt), Heißphosphatierung f
**hot dipping** (Eng) / Heißtauchen n, Schmelztauchen n (zum Aufbringen organischer Schutzschichten) || ~ **dipping** (Eng, Surf) / Schmelztauchen n (Herstellen einer Schicht durch Eintauchen des Werkstücks in die Schmelze des Schichtmetalls - nach DIN 50 902), Feuermetallisieren n, Schmelztauchbeschichten n, Schmelztauchmetallisieren n, Schmelztauchverfahren n
**hot-dip tinning** (Surf) / Feuerverzinnen n, Schmelztauchverzinnen n, Tauchverzinnen n
**hot · -drawing** n (Eng, Met) / Warmziehen n || ~-**drawing** (Textiles) / Heißverstreckung f || ~-**drawn*** adj (Eng, Met) / warmgezogen adj || ~ **driveaway** (Autos) / Heißabfahren n (Starten und Wegfahren mit heißem Motor)
**hot-drop forging** (Eng, Met) / Warmgesenkschmieden n (bei dem das Werkstück vor seiner Umformung angewärmt wird)
**hot-dry rock** (Geol) / trockenes heißes Gestein (zur Gewinnung geothermischer Energie)
**hot-dry-rock process** / Gewinnung f der thermischen Energie von heißen trockenen Gesteinsmassen, Hot-dry-Rock-Verfahren n
**hotel china** (a hard-glaze, vitreous dinnerware of high strength, thicker than household china ; used by commercial institutions) (Ceramics) / Hotelporzellan n
**hot electrons*** (Nuc) / Heißelektronen n pl, heiße Elektronen (mit hoher Energie)
**hotelling test** (Stats) / Hotelling-Test m (ein Signifikanztest)
**hotel lobby** (Arch) / Hotelhalle f || ~ **lounge** (Arch) / Hotelhalle f
**hot embossing** (Bind, Paper) / Warmprägung f (wobei das Werkzeug von der Montagefläche her geheizt wird)
**hot-enamel process** (Print) / Heißemailkopierverfahren n
**hot end** / heiße Seite (des Luftvorwärmers) || ~ **end** (Glass) / heißes Ende, Badkopf m (Schmelzen, Formgebung, Kühlung) || ~ **extraction** (Chem) / Heißextraktion f || ~ **extrusion** (Materials) / Warmfließpressen n (im Temperaturbereich oberhalb der Rekristallisationstemperatur des Werkstoffs) || ~ **extrusion** (Met) / Warmstrangpressen n
**hot-filament ionization gauge** (Electronics) / Ionisationsvakuummeterröhre f mit Glühkatode || ~ **sealing** (Plastics, Welding) / Trennnahtschweißen n, Glühdrahtschweißen n, Heizdrahtschweißen n, Abschmelzverfahren n mit Glühdraht, AS-Schweißen n mit Glühdraht
**hot filling** (Nut) / Heißabfüllung f
**hot-film sensor** / Heißfilmsensor m (ein Anemometer)
**hot flavour** (Nut) / Scharfstoff m || ~ **flow** (Eng) / Warmfließen n || ~ **flue** (Textiles) / Hotfluetrockner m, Hotflue f (bei 80 - 100 °C kontinuierlich arbeitender Heißlufttrockner)
**hot-fluid injection*** (Oils) / Einspritzung f eines heißen Mediums
**hot footing*** (Oils) / Einspritzung f eines heißen Mediums || ~ **former** (Eng, Met) / Warmumformer m || ~ **forming** (Eng, Met) / Warmumformen n, Warmformgebung f, Warmverformen n, Warmverarbeitung f, Warmbearbeitung f, Warmumformung f || ~ **fracture** (over 1200° C) (Met) / Heißbruch m (über 1200° C) || ~ **galvanizing*** (Surf) / Schmelztauchverzinkung f, Feuerverzinkung f (DIN 50 976)
**hot-gas corrosion** (Surf) / Heißgaskorrosion f || ~ **welding** (Plastics) / Heißgasschweißen n, Warmgasschweißen n
**hot gilding** (Surf) / Sudvergoldung f || ~ **glue** (Join) / Warmleim m, Heißleim m
**hot-glue pistol** / Heißklebepistole f
**hot grinding** (Paper) / Warmschliff m (bei 30 bis 40 °C), Heißschliff m (über 50 °C) || ~-**ground pulp*** (Paper) / Heißschliff m (als Produkt)
**hot-hardening binder** (Foundry) / heißhärtender Binder
**hot hardness** (Met) / Warmhärte f (im Allgemeinen)
**hot-head** n (Autos) / Glühkopf m (an dem sich der eingespritzte Kraftstoff entzündet) || ~ **engine** (Autos) / Glühkopfmotor m
**hot heading** (Met) / Warmstauchen n || ~ **heel** (Met) / Sumpffahrweise f
**hothouse** n (Agric) / Treibhaus n (in dem Gewächse getrieben werden), Warmhaus n (beheiztes - ab 18 °C), temperiertes Gewächshaus (beheiztes - 12-18 °C)
**hot · -idle compensator** (Autos) / Leerlaufgemischabmagerungsvorrichtung f bei heißem Motor || ~ **insulation mastic*** (Build) / dampfdurchlässiger Heißmastix || ~ **iron saw** (Met) / Warmsäge f (in den Auslaufrollgängen der Walzenstraßen) || ~ **isostatic pressing** (Powder Met) / isostatisches Heißpressen, HIP-Verfahren n, heißisostatisches Pressen (Pressen

**hot**

von Pulvern, die in dichte Kapseln aus Stahl oder Glas eingerüttelt, verschlossen und durch heiße Gase unter Druck allseitig verdichtet werden) || **~ junction** (Electronics, Eng) / heiße Lötstelle *f* || **~ junction** s. also measuring junction || **~ key** (Comp) / Hot Key *m*, Schnelltaste *f*, heiße Taste *f* || **~ key** (key or key combination, e.g. Alt + S to start a TSR or activate a function within a program) (Comp) / Hot-Key *m* (eine Funktionstaste), Abkürzungstaste *f* || **~ lab** (Nuc) / Radionukleidlaboratorium *n*, heißes Labor (für chemisches Experimentieren mit hochradioaktiven offenen Präparaten) || **~ laboratory** (Nuc, Nuc Eng) / Radionukleidlaboratorium *n*, heißes Labor (für chemisches Experimentieren mit hochradioaktiven offenen Präparaten) || **~-laying** *n* (Civ Eng) / Heißeinbau *m* (z.B. des Asphaltbetons), Warmeinbau *m* || **~ leg** (from reactor vessel to steam generator) (Nuc Eng) / heißer Strang, heiße Leitung
**hotline** *n* (technical support) (Comp) / Hotline *f* || **~** (Teleph) / Hotline *f* (direkter Telefonanschluss, z.B. auch für rasche Serviceleistungen), Direktleitung *f*, "heißer Draht" || **~ service** (Comp, Telecomm) / Hotline-Service *m n* (direktes Durchschalten zu einer einzigen Gegenstelle ohne Wahl durch den Teilnehmer), Direktrufdienst *m*
**hot link** (Comp) / automatische Verknüpfung (DDE-Verbindung, bei der der Server im Falle einer Datenaktualisierung alle Clientprogramme automatisch und unaufgefordert mit den geänderten Daten versorgt), heiße Verbindung, Hot Link *m* (automatische Verknüpfung)
**Hotlist** *n* (Mosaic) (Comp) / Bookmark *n* (von einem Browser verwaltete bevorzugte Netzadressen im WWW), Lesezeichen *n* (Communicator), Favoriten (Internet Explorer - vom Benutzer anlegbares Verzeichnis von Hyperlinks zu von ihm häufig besuchten Web-Seiten), Hotlist *f* (von einem Browser verwaltete bevorzugte Netzadressen im WWW) || **~** *n* (a collection of urls which identify those Web sites which have superior content and organization) (Comp) / Bookmark *n* (von einem Browser verwaltete bevorzugte Netzadressen im WWW), Lesezeichen *n* (Communicator), Favoriten (Internet Explorer - vom Benutzer anlegbares Verzeichnis von Hyperlinks zu von ihm häufig besuchten Web-Seiten), Hotlist *f* (von einem Browser verwaltete bevorzugte Netzadressen im WWW)
**hot loop** (Nuc Eng) / Hot-Loop *m* (im Kühlkreislauf), heißer Loop (wenn der Kreislauf durch den Reaktorbereich geht) || **~-mandrel test** (Elec Eng, Materials) / Glühdornprüfung *f*, Glühdornprobe *f* (der Isoliermittel) || **~ mangle** (Textiles) / heiße Mangel *f*
**hot-mangle** *v* (Textiles) / heißmangeln *v* (nur Infinitiv und Partizip)
**hot-melt adhesive** (Paint) / Hotmelt *n* (zum Kleben und Versiegeln), thermoplastischer Klebstoff, Hotmelt-Kleber *m*, Heißkleber *m* (zum Verbinden zweier Packstoffe durch Wärme und Druck), Schmelzkleber *m*, Warmkleber (der bei höheren Temperaturen aushärtet), Schmelzklebstoff *m*, Warmklebstoff *m*, Heißklebstoff *m*, Haftschmelzklebstoff *m*, Schmelzhaftklebstoff *m*, Hotmelt-Plastleim *m*
**hot-melt adhesive** s. also thermoplastic adhesive || **~ coating** / Aufschmelzüberzug *m*, Heißtauchschutzschicht *f* || **~ coating** (Paint) / Hotmelt-Beschichtungsmasse *f* (eine Heißschmelzmasse) || **~ coating** (Paper) / Schmelzstreichverfahren *n* || **~ material** (Materials) / Hotmelt *n* (Sammelname für bestimmte Werkstoffe) || **~ putty** / Schmelzkitt *m* (der erst durch Schmelzen verwendungsfähig ist) || **~ sealant** / Hotmelt-Dichtungsmasse *f* (eine Heißschmelzmasse)
**hot-metal composition** (Typog) / Bleisatz *m*
**hot-metal inlet** (Met) / Schmelzeneinlauf *m* (in den die Schmelze einläuft) || **~ mixer** (Met) / Roheisenmischer *m*, Mischer *m* (im Hochofenwerk) || **~ mixer** (Met) / Mischer *m* (von Metallschmelzen) || **~ outlet** (Met) / Schmelzenablauf *m* (aus dem die Schmelze abläuft)
**hot mix** (Civ Eng) / Heißeinbaugemisch *m*
**hot-mix asphalt** / Asphaltbeton *m* (zum Heißeinbau) || **~ plant** (Civ Eng) / Heißmischanlage *f*
**hot mould** (Glass) / Vollblasen *n*, Festblasen *n*
**hot-mould blowing** (Glass) / Vollblasen *n*, Festblasen *n*
**hot-needle test** (Elec Eng, Materials) / Glühdornprüfung *f*, Glühdornprobe *f* (der Isoliermittel)
**hot-oil dyeing** (Textiles) / Heißölfärben *n*
**HOTOL vehicle**\* (Space) / Waagerechtstart-Trägerrakete *f*, Waagerechtstart-Raumfahrzeugträger *m*
**hot particle** (Nuc Eng) / heißes Teilchen || **~ pass** (Welding) / erste Decklage *f* || **~-patching** (Autos) / Reparaturpflaster *n* für Heißvulkanisation || **~-patching** (Autos) / Heißvulkanisation *f* || **~ phosphating** (Surf) / Heißphosphatieren *n* (bei Temperaturen bis zum Siedepunkt), Heißphosphatierung *f* || **~ pilgering** (rolling of tubes on a hot pilger mill) (Met) / Warmpilgern *n* || **~ pilger mill** (Met) / Warmpilgerwalzwerk *n* || **~ pilger-rolling plant** (unit) (Met) / Warmpilgerwalzanlage *f* || **~ pilger-rolling stand** (Met) / Warmpilgergerüst *n*

**hot-pit tanning** (Leather) / Hot-Pit-Gerbung *f*, Hot-Pit-System *n* (Farbengang mit beheizten letzten Gruben)
**hot pitting** (Leather) / Hot-Pit-Gerbung *f*, Hot-Pit-System *n* (Farbengang mit beheizten letzten Gruben) || **~ plasma** (Plasma Phys) / heißes Plasma (T > $10^6$ K)
**hotplate** *n* (Cooking) / Kochplatte *f* (des Herds) || **~** (Build) / Heizplatte *f* || **~** (Nut) / Warmhalteplatte *f* || **~ cover** / Herdabdeckplatte *f*
**hot-plate mill** (Met) / Warmblechwalzwerk *n* || **~ welding**\* (Plastics, Welding) / Heizelementschweißen *n* (DIN 1910)
**hot-plug** *n* (Autos) / Glühkopf *m* (an dem sich der eingespritzte Kraftstoff entzündet) || **~ engine** (Autos) / Glühkopfmotor *m*
**hot•-pouring compound** / Warmvergussmasse *f* || **~ press**\* (Bind) / Prägepresse *f* || **~ press** (Eng, Powder Met) / beheizbare Presse, Heißpresse *f* || **~ press** (Glass, Paper) / Heißpresse *f* || **~ pressing**\* (Eng, For, Powder Met) / Heißpressen *n*, Warmpressen *n*
**hot-press moulding** (Glass) / Heißpressverfahren *n*
**hot print** (Comp) / Direktdruck *m* vom Bildschirm || **~ process** (Surf) / Schmelztauchen *n* (Herstellen einer Schicht durch Eintauchen des Werkstücks in die Schmelze des Schichtmetalls - nach DIN 50 902), Feuermetallisieren *n*, Schmelztauchbeschichten *n*, Schmelztauchmetallisieren *n*, Schmelztauchverfahren *n* || **~ quenching** (Met) / Warmbadhärten *n* (Abschrecken)
**hot-repair brick** (Ceramics) / Nachsetzstein *m* (der bei Hängestützgewölben von SM-Öfen in dafür vorgesehene Furchen eingebaut wird, um den verschleißenden Stein zu ersetzen)
**hot repressing** (Met) / Warmnachpressen *n*, Heißnachpressen *n* || **~ reservoir** (Eng) / warmer Raum (der Stirling'schen Luftmaschine) || **~ riveting** (Eng) / Warmnieten *n* || **~-rolled**\* *adj* (Met) / warmgewalzt *adj* || **~-rolled cladding** (Met) / Warmaufwalzung *f* || **~-rolled strip** (Met) / warmgewalzter Bandstahl, Warmband *n* (ein Flachzeug unter 600 mm Breite) || **~-rolled wide strip** (Met) / Warmbreitband *n* (ein Flachzeug mit einer Breite ab 600 mm) || **~ rolling** (Met) / Warmwalzen *n*
**hot-rolling mill** (Met) / Warmwalzwerk *n*
**hot rubber** (Chem Eng) / Warmpolymer *n* (warmes Butadien-Styrol-Mischpolymer bei etwa 50° C), Heißkautschuk *m* || **~ runner** (Plastics) / Heißkanalanguss *m* (beim Spritzgussverfahren für thermoplastische Kunststoffe) || **~ runner** (Plastics) / geheizter Angusskanal, Werkzeugheißkanal *m*, beheizter Angussverteiler, Heißkanal *m*
**hot-runner injection mould** (Plastics) / Heißkanalspritzwerkzeug *n* || **~ mould** (Plastics) / Heißkanalspritzwerkzeug *n* || **~ mould** (Plastics) / Heißkanalwerkzeug *n*
**hot-salt corrosion** / Heißsalzkorrosion *f*
**hot saw** (Met) / Warmsäge *f* (in den Auslaufrollgängen der Walzenstraßen) || **~ scarfing machine** (Met) / Heißflämmmaschine *f* (zum Flämmen von heißem Walzgut während des Walzprozesses oder am Anschluss daran)
**hot-seal adhesive** / Heißsiegelkleber *m* (der vor der Verklebung abtrocknet und dann mit der Gegenseite unter kurzer Wärmeeinwirkung verklebt wird), Heißsiegelklebstoff *m*
**hot-sealing adhesive** / Heißsiegelkleber *m* (der vor der Verklebung abtrocknet und dann mit der Gegenseite unter kurzer Wärmeeinwirkung verklebt wird), Heißsiegelklebstoff *m*
**hot seizing** (Met) / Warmfressen *n* (ein Zahnschaden) || **~ sett** (Tools) / Warmschrotmeißel *m*, Warmschrot *m*, Schrotmeißel *m* für Warmmeißeln (mit kleinerem Keilwinkel) || **~ setting** / Heißhärten *n* (z.B. des Klebstoffs)
**hot-setting** *adj* / heißhärtend *adj*, heißabbindend *adj*, heißverfestigend *adj* || **~ adhesive** (Paint) / Hotmelt *n* (zum Kleben und Versiegeln), thermoplastischer Klebstoff, Hotmelt-Kleber *m*, Heißkleber *m* (zum Verbinden zweier Packstoffe durch Wärme und Druck), Schmelzkleber *m*, Warmkleber (der bei höheren Temperaturen aushärtet), Schmelzklebstoff *m*, Warmklebstoff *m*, Heißklebstoff *m*, Haftschmelzklebstoff *m*, Schmelzhaftklebstoff *m*, Hotmelt-Plastleim *m* || **~ binder** (Foundry) / heißhärtender Binder
**hot shears** (Met) / Warmschere *f* (zum Schneiden von Walzgut im warmen Zustand, im Allgemeinen quer zur Walzrichtung) || **~ shoe**\* (Photog) / Blitzschuh *m*, Steckschuh *m* mit Mittenkontakt, Aufsteckschuh *m*
**hot-shoe flash** (Photog) / Aufsteckblitz *m*
**hot shoe with contact for T series flash** (Photog) / Aufsteckschuh *m* mit Kontakt für T-Geräte || **~-short**\* *adj* (Met) / warmbrüchig *adj*, heißbrüchig *adj*, warmspröde *adj* || **~ shortness** (Met) / Warmsprödigkeit *f*, Warmbrüchigkeit *f*, Heißbrüchigkeit *f*
**hot-shot wind tunnel** (Aero) / Hochenthalpie-Windkanal *m*
**hot size** (Met) / Warmmaß *n* || **~ smoker** (Mining, Ocean) / Schwarzer Raucher (Austrittsstelle am Meeresboden) || **~ smoking** (Nut) / Heißräucherung *f* (von Brüh- und Kochwürsten, Heißräuchern *n* (wenige Stunden, bis 80° C) || **~ soak** (Autos) / schlechtes Heißstartverhalten als Folge von Dampfblasenbildung im Vergaser

**hot-soak loss** (I C Engs) / Wärmeverlust *m* nach Abstellen des Motors
**hot source** (Phys) / glühender Körper (bei Pyrometern) ‖ **~ spell** (Meteor) / Hitzewelle *f*, Hitzeperiode *f* ‖ **~ spot\*** / örtlich überhitzte Stelle, Überhitzungsstelle *f* (im Allgemeinen) ‖ **~ spot** (Astron) / Hotspot *m* (Quelle der Radiofrequenzstrahlung) ‖ **~ spot** (Comp) / Hotspot *m* (grafisch oder farblich hervorgehobener Punkt oder Text auf einer Bildschirmseite, der als Hyperlink dient) ‖ **~ spot** (a part of a system which is heavily used or executed) (Comp) / Hotspot *m* ‖ **~ spot** (Electronics) / Hotspot *m* (örtliche Überhitzung bei Hf-Transistoren) ‖ **~ spot** (Gen) / Hotspot *m* (einzelne Stelle oder einzelner Bereich eines Gens, an dem besonders häufig Mutationen auftreten) ‖ **~ spot** (Geol) / Hotspot *m* (örtliche Aufschmelzungszone im Erdmantel unterhalb der Lithosphäre - z.B. Island oder Hawaii-Inseln) ‖ **~ spot** (Glass) / Quellpunkt *m*, Quellbereich (Bereich aufsteigender Glasströmungen in Glasschmelzaggregaten) ‖ **~ spot** (Materials) / Hotspot *m* (lokale Temperaturspitze), heiße Stelle (bei Werkstoffen mit niedriger Wärmeleitfähigkeit) ‖ **~ spot** (Nuc) / Hotspot *m* (lokale Anregung in Elementarteilchen und Atomkernen) ‖ **~ spot** (Nuc Eng) / Überwärmungszone *f*, Überhitzungszone *f* ‖ **~ spot** (Radar) / Glanzpunkt *m* (verursacht durch Eckenreflektoren oder Spiegelreflektoren auf der Oberfläche eines Flächenziels innerhalb der Auflösungszelle)
**hot-spot factor** (Nuc Eng) / Wärmestromdichtefaktor *m* (DIN 25 401, T 3)
**hot(test) spot temperature** (Electronics) / höchste lokale Schichttemperatur (DIN 41848, T 1), Heißpunkttemperatur *f*, Temperatur *f* am heißesten Punkt
**hot-spray gun** (Paint) / Spritzpistole *f* für Heißspritzen
**hot spraying** (Paint) / Heißspritzen *n* (ein Lacksprühverfahren)
**hot-spraying technique** (Paint) / Heißspritzen *n* (ein Lacksprühverfahren)
**hot-spray method** (Chem Eng) / Heißsprühverfahren *n* (zur Waschmittelherstellung)
**hot spring** (Geol) / hyperthermische Quelle (mit Wassertemperatur über 50° C), Akratotherme *f*, Thermalquelle *f*, Therme *f* (mit Wassertemperatur über 36,7° C), warme Quelle ‖ **~ spruing** (Foundry) / Abschlagen *m* des Gießsystems (im heißen Zustand) ‖ **~ stage** (Micros, Optics) / Heiztisch *m* (des Mikroskops)
**hot-stage microscope** (Micros) / Erhitzungsmikroskop *n* (zum Beobachten des thermischen Verhaltens von Brennstoffaschen, Schlacken, Glas, Glasuren, Emaille, keramischen Stoffen usw.)
**hot staking** (Elec Eng, Welding) / Kollektor-Schweißen *n*, Warmverpressen *n* (von Drahtanschlüssen bei Kleinmotoren), Hot Staking *n* (Warmverpressen) ‖ **~ stamping** (Bind, Paper) / Heißprägung *f* ‖ **~ stamping** (Plastics) / Heißprägen *n* (von Folien) ‖ **~ standby** (Comp) / ständig eingeschalteter Reserverechner ‖ **~ standby** (Eng) / warme Reserve (Reservegerät) ‖ **~ starting** (Autos) / Warmstart *m* (eines Autos), Heißstart *m* ‖ **~ strength** (Foundry, Materials) / Warmfestigkeit *f*, Heißfestigkeit *f* (des Formstoffs) ‖ **~ strip** (Met) / warmgewalzter Bandstahl, Warmband *n* (ein Flachzeug unter 600 mm Breite)
**hot-strip rolling mill** (Met) / Warmbreitbandwalzwerk *n*
**hot stuff** (Build) / Heißbitumen *n* ‖ **~ stuffing** (Leather) / Warmfetten *n* (mechanisches), Fassschmieren *n* ‖ **~ surface** (BS 2015) (Paint) / saugende Oberfläche
**hot-swap-capable** *adj* (Comp) / im Betrieb austauschbar
**hot-swappable** *adj* (Comp) / im Betrieb austauschbar
**hot-swap/spare** (Comp) / im laufenden Betrieb austauschbare (auswechselbare) Komponenten sowie Reservebauteile
**hot tack** / Hot-Tack *m* (Festigkeit einer heißversiegelten Naht)
**hot-tapping machine** / Schleusenanbohrgerät *n* (zur Herstellung eines Abzweigs an einer unter Betriebsdruck stehenden Rohrleitung, ohne Gasaustritt)
**hot tensile strength** (Materials) / Warmzugfestigkeit *f* ‖ **~ tensile test** (Materials) / Warmzugversuch *m* (DIN 50145) ‖ **~ top\*** (Foundry, Met) / Blockkokillenhaube *f*, Haube *f* (der Kokille), Blockhaube *f*, Blockaufsatz *m*, Gießaufsatz *m* ‖ **~ topping** (Foundry) / Haubenguss *m* ‖ **~ torsional strength** (Mech) / Heißtorsionsfestigkeit *f* ‖ **~ trap** (Nuc Eng) / Heißfalle *f* (DIN 25 401, T 3) ‖ **~ trimming** (Met) / Warmentgraten *n*
**hot-tube ignition** (I C Engs) / Glührohrzündung *f*
**hot up** *v* (Autos) / tunen *v* (zur Leistungssteigerung), frisieren *v* ‖ **~ upset forging** (Met) / Warmstauchen *n* ‖ **~ upsetting** (Met) / Warmstauchen *n* ‖ **~ vent** (Mining, Ocean) / Schwarzer Raucher (Austrittsstelle am Meeresboden) ‖ **~ vulcanization** (Chem Eng) / Heißvulkanisation *f*
**hot-wall reactor** (Electronics) / Hot-Wall-Reaktor *m*
**hot waste** (Ecol, Nuc Eng) / hochradioaktiver Abfall, hochaktiver Abfall, Hochaktiv-Waste *m*, HAW (hochaktiver Abfall) ‖ **~ water basin** / Warmwasserbecken *n*, Verteilerbecken *n* (eines Querstromkühlturms)
**hot-water cylinder** / Speicher-Wassererwärmer *m*, Heißwasserspeicher *m*, Warmwasserspeicher *m* ‖ **~ dressing** (Agric) / Heißwasserbeizung *f* (des Saatguts), Heißwasserbeize *f* ‖ **~ filter** (Chem Eng) / Heißwasserfilter *n* ‖ **~ funnel** (Chem) / Heißwassertrichter *m* (ein doppelwandiger Metalltrichter, der von einer Heizflüssigkeit oder Wasserdampf durchströmt wird und in den man Glastrichter beim Filtrieren einsetzt)
**hot-water heating** (Build, Heat) / Warmwasserheizung *f* (mit Wasser als Wärmeträger - DIN 4725), Heißwasserheizung *f*
**hot-water heating system** (Build, Heat) / Heißwasser-Heizungssystem *n* (bei dem mit Wasser von mehr als 100° C geheizt wird) ‖ **~ rocket** / Heißwasserrakete *f* ‖ **~ soluble** (Chem) / heißwasserlöslich *adj*
**hot • -water supply** / Heißwasserversorgung *f*, Warmwasserversorgung *f* ‖ **~ wax** (Autos) / Heißwachs *n*, Flutwachs *n*
**hot-wax flooding** (Autos) / Heißwachshohlraumfluten *n*, Heißwachsfluten *n* ‖ **~ flooding unit** (Autos) / Heißwachsflutanlage *f*
**hot welding** (Welding) / Warmschweißen *n* ‖ **~ well\*** (Eng) / Warmwasserbehälter *m* ‖ **~ well** (Plastics) / Vorkammer *f* (beim Spritzgießen) ‖ **~ wide strip** (Met) / Warmbreitband *n* (ein Flachzeug mit einer Breite ab 600 mm)
**hot-wire** *v* (Autos) / kurzschließen *v* (nur Infinitiv oder Partizip - mit Hilfe eines Drahtes die Zündschlosskontakte direkt verbinden und auf diese Weise ohne Schlüssel starten)
**hot-wire\*** *n* (Elec Eng) / Hitzdraht *m*
**hot-wire air flow meter** (Autos) / Hitzdraht-Luftmassenmesser *m* (in Einspritzanlagen von Ottomotoren) ‖ **~ ammeter\*** (Elec Eng) / Hitzdrahtstrommesser *m*, Hitzdrahtamperemeter *n* ‖ **~ anemometer\*** (Meteor) / Hitzdrahtanemometer *n* (zur Messung geringer Windgeschwindigkeiten nach DIN 1946, T 1), Hitzdrahtwindmesser *m* ‖ **~ gauge** (Vac Tech) / Pirani-Vakuummeter *n* (ein Wärmeleitungsvakuummeter nach M. Pirani, 1880-1968), Hitzdrahtvakuummeter *n* ‖ **~ instrument** (Elec Eng) / Hitzdrahtinstrument *n* (ein Messinstrument) ‖ **~ manometer** (Phys) / Widerstandsmanometer *n* ‖ **~ microphone\*** (Radio) / Hitzdrahtmikrofon *n* ‖ **~ oscillograph\*** (Elec Eng) / Hitzdrahtoszillograf *m*
**hot • -wire welding** (Plastics, Welding) / Trennnahtschweißen *n*, Glühdrahtschweißen *n*, Heizdrahtschweißen *n*, Abschmelzverfahren *n* mit Glühdraht, AS-Schweißen *n* mit Glühdraht ‖ **~ working** (Eng, Met) / Warmumformen *n*, Warmformgebung *f*, Warmverformen *n*, Warmverarbeitung *f*, Warmbearbeitung *f*, Warmformen *n*, Warmumformung *f*
**hot-work steel** (Met) / Warmarbeitsstahl *m* (ein Werkzeugstahl nach DIN EN ISO 4957) ‖ **~ tool steel** (Met) / Warmarbeitsstahl *m* (ein Werkzeugstahl nach DIN EN ISO 4957)
**hot wort** (Brew) / Ausschlagwürze *f*
**Houben-Hoesch reaction** (Chem Eng) / Houben-Hoesch-Synthese *f* (nach H.H.M.J. Houben, 1875 - 1940, und K. Hoesch, 1882 - 1932) ‖ **~ synthesis** (Chem Eng) / Houben-Hoesch-Synthese *f* (nach H.H.M.J. Houben, 1875 - 1940, und K. Hoesch, 1882 - 1932)
**Houdresid catalytic cracking** (Oils) / Houdresid-Verfahren *n* (katalytisches Cracken) ‖ **~ process** (Oils) / Houdresid-Verfahren *n* (katalytisches Cracken)
**Houdriforming** *n* (Oils) / Houdriforming *n* (kontinuierlicher katalytischer Reformierungsprozess)
**Houdry butane dehydrogenation** (Chem) / Butan-Dehydrierung *f* nach Houdry (eine US-amerikanische Firma) ‖ **~ process** (Chem) / Houdry-Verfahren *n* (Herstellung von Butadien aus Butan mit $Cr_2O_3$-Katalysatoren - nach E. Houdry, 1892-1962)
**hounds's-tooth** (Textiles) / Hahnentritt *m* (ein klassisches Dessin), Hahnentrittmusterung *f*, Hahnentrittmuster *n*, Pied-de-poule *n*
**hound's tooth** (Textiles) / Pepita *m n* (zweifarbige kleine Karomusterung als klassisches Dessin)
**houndstooth** *n* (Textiles) / Hahnentritt *m* (ein klassisches Dessin), Hahnentrittmusterung *f*, Hahnentrittmuster *n*, Pied-de-poule *n*
**hound's-tooth check** (Textiles) / Pepita *m n* (zweifarbige kleine Karomusterung als klassisches Dessin)
**hour** *n* / Stunde *f*, h (DIN 1301, T 1) ‖ **~ angle\*** (Astron) / Stundenwinkel *m* (sphärischer Winkel am Himmelspol, gerechnet vom Schnittpunkt des Himmelsäquators mit dem nullten Stundenkreis bis zum Schnittpunkt mit dem Stundenkreis durch das Gestirn) ‖ **~ circle\*** (Astron) / Stundenkreis *m* (Großkreis durch die Himmelspole) ‖ **~ circle\*** (Astron, Optics) / Stundenkreis *m* (bei der äquatorialen Montierung ein auf der Deklinationsachse angebrachter Teilkreis, mit dem die Deklination eines Gestirns eingestellt werden kann), Deklinationskreis *m* ‖ **~-counter\*** *n* (Elec Eng) / Zeitzähler *m*
**hour-counter\*** *n* (Elec Eng) / Betriebsstundenzähler *m*
**hourglass** *n* (Comp) / Sanduhrcursor *m*, Sanduhr *f* (Symbol, das bei Windows einen laufenden Verarbeitungsprozess anzeigt) ‖ **~ cursor** (Comp) / Sanduhrcursor *m*, Sanduhr *f* (Symbol, das bei Windows einen laufenden Verarbeitungsprozess anzeigt) ‖ **~ icon** (Comp) /

**hourglass**

Sanduhrcursor *m*, Sanduhr *f* (Symbol, das bei Windows einen laufenden Verarbeitungsprozess anzeigt) || ~ **screw** (Eng) / Globoidschnecke *f* (DIN 3998) || ~ **spring** (Eng) / Taillenfeder *f* (aus verkupfertem Stahldraht hergestellte Sprungfeder mit verknoteten Enden, deren Durchmesser sich nach der Mitte hin verjüngt) || ~ **structure** (Crystal) / Sanduhraufbau *m* || ~ **worm** (Eng) / Globoidschnecke *f* (DIN 3998) || ~ **worm drive** (Eng) / doppelt einhüllendes Schneckengetriebe, Globoidgetriebe *n*, Globoidschnecken-Radsatz *m* || ~ **worm wheel** (Eng) / Globoidrad *n* (Stirnrad mit einer von einem Zylinder abweichenden Hüllform zur Erzielung einer größeren Überdeckung)
**hourly maintenance price** / Wartungspreis *m* pro Stunde || ~ **output** (Eng) / Stundenleistung *f* (im Allgemeinen) || ~ **rate** (Work Study) / Stundenlohnsatz *m*
**hour meter*** (Elec Eng) / Zeitzähler *m* || ~ **meter*** (Elec Eng) / Betriebsstundenzähler *m*
**24-hour service** / 24-Stunden-Kundendienst *m*, 24-Stunden-Service *m*
**hours flown** (Aero) / geleistete Stunden, geleistete Flugstunden
**house brand** / Hausmarke *f* (einer Einzelhandelsfirma)
**housebreaker** *n* (GB) (Build) / Abbrucharbeiter *m*
**housebreaking** *n* (GB) (Build) / Abbruch *m* des Hauses
**housebrick** *n* (Build, Ceramics) / Ziegel *m* für den Wohnungsbau
**housebuilding** *n* (Build) / Hausbau *m* (Wohnungsbau)
**house connexion box** (GB) (Elec Eng) / Hausanschlusskasten *m* (Übergabestelle für elektrische Energie innerhalb der Anlage des Stromabnehmers) || ~ **corrections*** (Print) / Hauskorrektur *f* (die in der Druckerei, meistens vom Korrektor, gelesene erste Korrektur einer Setzarbeit)
**housed** *adj* (Carp) / eingelassen *adj* || ~ **mortise and tenon** (Join) / verdeckte Schlitz-Zapfen-Verbindung
**house drain** (San Eng) / Hausanschlusskanal *m* (Kanalisation)
**housed string*** (Build) / genutete Treppenwange (der Holztreppe), gestemmte Treppenwange
**housed-stringer staircase** (Carp) / gestemmte Treppe
**house-exchange system** (Teleph) / Hauszentrale *f* mit Amtsanschluss
**house flag** (indicating the company that a ship belongs to) (Ships) / Hausflagge *f*, Reedereiflagge *f*, Kontorflagge *f* || ~ **fungus** (For) / Hausschwamm *m* (ein holzzerstörender Faltenpilz)
**household ammonia** (caustic ammonia) (Chem) / Salmiakgeist *m* (als Putzmittel oder Fleckenwasser - mit etwa 10% Ammoniak) || ~ **appliance** / Gerät *n* für den Hausgebrauch || ~ **appliance** (Elec Eng) / Haushaltsgerät *n* || ~ **chemicals** (Chem) / Haushaltschemikalien *f pl* (die im Innenraumbereich zu Reinigungs- und Pflegezwecken u.ä. eingesetzt werden) || ~ **china** (vitreous ceramic dinnerware, usually thin and of high translucency, and generally considered for domestic use) (Ceramics) / Haushaltporzellan *n* || ~ **cleanser** (Chem) / Haushaltsreiniger *m* || ~ **coke** (Fuels) / Hausbrandkoks *m* || ~ **glassware** (Glass) / Haushaltsglas *n*, Hauswirtschaftsglas *n* (im Allgemeinen) || ~ **line voltage** (Elec Eng) / Anschlussspannung *f* (für Haushaltsbedarf) || ~ **refrigerator** / Haushaltskühlschrank *m*, Haushaltskühlautomat *m* || ~ **refuse** (Ecol) / Haushaltsmüll *m* (aus Privathaushalten), Hausmüll, Haushaltsabfälle *m pl*, Siedlungsabfälle *m pl* || ~ **rubbish** (Ecol) / Haushaltsmüll *m* (aus Privathaushalten), Hausmüll, Haushaltsabfälle *m pl* || ~ **soap** / Haushaltsseife *f* || ~ **waste** (Ecol) / Haushaltsmüll *m* (aus Privathaushalten), Hausmüll *m*, Haushaltsabfälle *m pl*, Siedlungsabfälle *m pl*
**household-waste composition** (Ecol) / Hausmüllzusammensetzung *f*
**housekeeping*** *n* (Comp) / organisatorische Operation (die den Ablauf eines Programms erleichtert, ohne direkt beteiligt zu sein), Routinelauf *m* || ~ **instruction** (Comp) / Organisationsanweisung *f*, Organisationsbefehl *m*, organisatorischer Befehl || ~ **operation** (Comp) / organisatorische Operation (die den Ablauf eines Programms erleichtert, ohne direkt beteiligt zu sein), Routinelauf *m* || ~ **routine** (Comp) / Verwaltungsroutine *f*
**house load** (Elec Eng) / Eigenbedarf *m* (an Energie), Eigenverbrauch *m* || ~ **longhorn** (For) / Hausbock *m* (Hylotrupes bajulus L. - der gefährlichste Nadelholzschädling) || ~ **longhorn beetle** (For) / Hausbock *m* (Hylotrupes bajulus L. - der gefährlichste Nadelholzschädling)
**housemaid's knee*** (bursitis) (Med) / chronische Erkrankung des Knies durch ständigen Druck (Schleimbeutelentzündung oder Zellulitis)
**house-plant sprayer** / Sprüherflasche *f*, Zerstäuber *m* (für Zimmerpflanzen)
**house service cut-out** (Elec Eng) / Sicherungskasten *m*, Sicherungsdose *f* || ~ **service meter*** (Elec Eng) / Haushaltszähler *m* || ~ **sewage disposal** (San Eng) / Hausentwässerung *f* || ~ **style** / Stil *m* des Hauses, einheitlicher geschlossener firmengebundener Erscheinungs- und Darstellungsstil (Sprache, Werbeformen, Verpackungen usw.) || ~ **style*** (Print) / hausinterne Gestaltungsanweisungen (wenn der Kunde keine eigenen Vorschläge liefert) || ~ **telephone system*** (Teleph) / private Linienwählanlage

**house-to-house sale** / Haustürverkauf *m* (Direktverkauf), Direktverkauf *m*
**housetop** *n* (Build) / Dach *n*
**house trailer** (US) (Autos) / Wohnwagen *m* (Reisewohnwagen), Wohnanhänger *m*, Caravan *m* (DIN 7941) || ~ **wiring** (Elec Eng) / Hausinstallation *f* || ~ **with one apartment per floor** (Build) / Einspänner *m* (Mehrfamilienwohnhaus mit nur einer Wohnung in jedem Geschoss)
**housing*** *n* (Carp, Join) / Gratnut *f* || ~ (Comp) / Housing *n* (spezielle Dienstleistung eines Internet-Service-Providers) || ~* (Elec Eng) / Gehäuse *n* || ~ (Eng) / Gehäuse *n* (des Lagers) || ~ (Eng) / Außenteil *n* (bei Passungen) || ~ **density** (Build, Ecol) / Wohndichte *f* || ~ **estate** (Arch, Build) / Wohnsiedlung *f* || ~ **estate** (Build) / Baugrundstück *n* (großen Ausmaßes) || ~ **joint** (Carp) / Flächenwinkelverband *m*, Flächenwinkelverbindung *f* || ~ **programme** (Build) / Wohnungsbauprogramm *n* || ~ **project** (US) (Build) / sozialer Wohnungsbau || ~ **scheme** (Arch, Build) / Wohnsiedlungsplan *m*
**HOV** (high-occupancy vehicle) (Autos) / Kraftwagen *m* mit einer Mindestzahl an Insassen (zugelassen zu bestimmten Stoßzeiten auf den Stadtautobahnen)
**hovercraft** *n* (Aero) / Luftkissenfahrzeug *n*, Bodeneffektfluggerät *n*, Bodeneffektgerät *n*, Hovercraft *n* (bei dem ein Gebläse ein gegen die Umgebung abgedichtetes Gebiet höheren Drucks bildet) || ~ (Ships) / Luftkissenschiff *n*, Hovercraft *n*, Surface-Effekt-Schiff *n*, SES-Schiff *n* || ~ **train** ( a train that travels on a cushion of air) / Aerozug *m*, Aerotrain *m*, Luftkissenzug *m*, Hovertrain *m*
**hovering** *n* (Aero) / Schweben *n* (bei Luftfahrzeugen leichter als Luft) || ~ (Aero) s. also hovering flight || ~ **approach** (Aero) / Einschweben *n* (im Landemanöver) || ~ **capability** (Aero) / Schwebevermögen *n* (bei Hubschraubern) || ~ **ceiling** (Aero) / maximale Schwebeflughöhe (bei Hubschraubern) || ~ **control** (Aero) / Schwebesteuerung *f* (bei Hubschraubern) || ~ **flight** (Aero) / Schwebeflug *m* (eines Hubschraubers) || ~ **in ground effect** (Aero) / Schwebeflug *m* mit Bodeneffekt (eines Hubschraubers) || ~ **out of ground effect** (Aero) / Schwebeflug *m* außerhalb des Bodeneffekts (eines Hubschraubers)
**hover kiln** / Hover-Ofen *m* (Tunnelofen, durch den die Ware auf einem Heißluftkissen bewegt wird) || ~**-pallet** *n* / Luftkissenpalette *f*
**hoverport** *n* / Hoverport *m* (Landeplatz für Luftkissenfahrzeuge)
**hovership*** *n* (Ships) / [über der Wasserfläche schwebendes] Luftkissenfahrzeug *n*
**hovertrain** *n* / Aerozug *m*, Aerotrain *m*, Luftkissenzug *m*, Hovertrain *m*
**Howe truss** (Civ Eng) / Howe'scher Träger (Fachwerkbinder mit Druckschrägen oder auch gekreuzten Diagonalen und Zugvertikalen)
**howl*** *n* (Acous) / Geheul *n*, Heulen *n*, Heulton *m* (z.B. durch Rückkopplung), Pfeifen *n* (Geheul) || ~* (Aero) / Heulen *n*, Kreischen *n* (des Flüssigkeits-Raketentriebwerks infolge instabiler Verbrennung)
**howler*** *n* (Teleph) / Heuler *m*
**howling** *n* (Acous) / Geheul *n*, Heulen *n*, Heulton *m* (z.B. durch Rückkopplung), Pfeifen *n* (Geheul) || ~ (Acous) / Selbsttönen *n* (des Verstärkers)
**howlite** *n* (Min) / Howlith *m* (blau gefärbt als Nachahmung von Türkis)
**Hoyer method of prestressing** (Civ Eng) / Vorspannung *f* mit sofortigem Verbund
**Hoyt balancing network** (Telecomm) / Hoyt-Nachbildung *f*
**Hoyt's metal*** (Eng) / ein Lagermetall (mit 91,5% Sn, 4,3% Cu, 3,4% Sb, 0,55% Ni und 0,25% Pb)
**HP** (high-purity) / hochrein *adj*
**Hp** (haptoglobin) (Biochem, Med) / Haptoglobin *n* (chemisch verwandtes Glykoprotein des Blutplasmas mit spezifischer Bindungsfähigkeit für Hämoglobin), Hp (Haptoglobin)
**HP** (home page) (Comp) / Homepage *f*
**h.p.*** (horsepower) (Eng) / Pferdestärke *f* (nicht mehr zugelassene anglo-amerikanische Einheit der Leistung = 745,699 W)
**HP** (horsepower) (Eng) / Pferdestärke *f* (nicht mehr zugelassene anglo-amerikanische Einheit der Leistung = 745,699 W)
**h. p.** (high pressure) (Phys) / Hochdruck *m* (zwischen etwa 10 MPa und 100 MPa), HD (Hochdruck)
**HP** (high pressure) (Phys) / Hochdruck *m* (zwischen etwa 10 MPa und 100 MPa), HD (Hochdruck)
**H-paper** *n* (Paper) / Höchstädter-Papier *n*, metallisiertes Papier für H-Kabel
**h-parameter*** *n* (Electronics) / h-Kenngröße *f*, Hybridparameter *m*, h-Parameter *m*, h-Vierpolparameter *m* (Kenngröße bei der Vierpolersatzschaltbilddarstellung von Transistoren)
**HPCE** (high-performace capillary electrophoresis) (Chem) / Hochleistungskapillarelektrophorese *f*, HPCE (Hochleistungskapillarelektrophorese), HCE (Hochleistungskapillarelektrophorese)

**HP compressor*** (Aero) / Hochdruckkompressor $m$, Hochdruckverdichter $m$, HD-Kompressor $m$, HD-Verdichter $m$ (in Strömungsrichtung gesehen letzter von zwei hintereinander angeordneten Verdichtern eines Gasturbinentriebwerks)

**HPF** (high-pass filter) (Telecomm) / Hochpass $m$ (ein Netzwerk), Hochpassfilter $n$, HP (Hochpassfilter)

**HP filter** (Telecomm) / Hochpass $m$ (ein Netzwerk), Hochpassfilter $n$, HP (Hochpassfilter)

**HPFS** (High-Performance File System) (Comp) / High-Performance-File-System $n$ (das von OS/2 verwendete Dateisystem), HPFS (High-Performance-File-System)

**HP-GL** (Hewlett Packard Graphics Language) (Comp) / HP-GL $m$ (Standard für die Ansteuerung von Plottern - nach W. Hewlett, 1914 - 2001, und D. Packard, 1912 - 1986)

**HPIB** $n$ (bus) (Comp) / HP-IB $m$ (eine Variante des Standardbusses)

**H-pile** $n$ (Civ Eng) / I-Träger $m$ (als Rammträger)

**H-plane junction** (Eng) / H-Verzweiger $m$

**HPLC** (high-pressure liquid chromatography) (Chem) / Hochdruckflüssigkeitschromatografie $f$, HPLC (Hochdruckflüssigkeitschromatografie), Hochleistungsflüssigkeitschromatografie $f$ || ≃ **detector** (Chem) / HPLC-Detektor $m$ (ein Detektor in der Hochleistungsflüssigkeitschromatografie)

**HPPLC** (high-pressure planar liquid chromatography) / Hochdruck-Planar-Flüssigkeitschromatografie $f$, HPPLC (Hochdruck-Planar-Flüssigkeitschromatografie)

**HPSB** (high-performance serial bus) (Comp) / FireWire $m$ (serieller Hochleistungs-Schnittstellenstandard für Computer-Peripheriegeräte - er wird für die Datenübertragung zwischen Digitalkamera und Computer angeboten)

**HPTLC** (high-performace thin-layer chromatography) (Chem) / Hochleistungsdünnschichtchromatografie $f$

**HP turbine*** (Aero, Eng) / Hochdruckturbine $f$ (erste Turbine eines Mantelstromtriebwerks), HD-Turbine $f$ (Hochdruckturbine)

**HQ** (high-quality) / Qualitäts-, hochwertig $adj$

**H-radar*** $n$ (Radar) / H-Radar $m$

**H-range** $n$ (Telecomm) / H-Bereich $m$ (der obere Bereich eines binären Signals)

**H-R diagram** (Astron) / Hertzsprung-Russell-Diagramm $n$ (nach E.Hertzsprung, 1873-1967, und H.N. Russell, 1877-1957), HRD (Hertzsprung-Russell-Diagramm)

**HREELS** (high-resolution electron energy loss spectroscopy) (Spectr) / hochauflösende Elektron-Energie-Verlustspektroskopie, HREELS (hochauflösende Elektron-Energie-Verlustspektroskopie)

**HRG** (high-resolution graphics) (Comp) / High-Resolution-Grafik $f$, hochauflösende Grafik, Grafik $f$ mit hoher Auflösung

**HR gas chromatography** (Chem) / Kapillargaschromatografie $f$, KGC (Kapillargaschromatografie)

**HRM** (high-resolution monopulse) (Radar) / Hochauflösungsmonopuls $m$

**H rotor** / H-Rotor $m$ (einer Windkraftanlage)

**HRP*** (horseradish peroxidase) (Biochem) / Lacto-POD $f$, Lakto-POD $f$, Meerrettichperoxidase $f$ (ein Marker-Enzym), Meerrettich-POD $f$

**HRR** (high-resolution radar) (Radar) / Hochauflösungsradar $m$ $n$

**HRS** (hydrant refuelling system) (Aero) / Unterflurtankanlage $f$, Hydrantenanlage $f$ (zur Unterflurbetankung)

**HRSG** (heat recovery steam generator) / Wärmerückgewinnungsdampferzeuger $m$

**HRTEM** (high-resolution transmission electron spectroscopy) (Micros) / hochauflösende Durchstrahlungselektronenmikroskopie, HRTEM

**H2S*** (Radar) / Radaranlage Typ H2S ("home sweet home")

**24h-satellite** (Space, Telecomm) / geosynchroner Satellit, Synchronsatellit $m$ (auf der Erdumlaufbahn), synchroner Satellit, geostationärer Satellit, stationärer Satellit

**HSCSD** (high-speed circuit switched data) (Teleph) / High-Speed Circuit Switched Data (ein Datenübertragungsdienst im Rahmen des Standards für Mobilfunk GSM), HSCSD (High-Speed Circuit Switched Data)

**H-section** $n$ (Civ Eng, Met) / I-Profil $n$, Doppel-T-Profil $n$

**HSFG joint** (Eng) / HV-Schraubenverbindung $f$

**H-shaped wedge** (Eng) / elastischer Keil, Flexi-Keil $m$ (eines Schiebers)

**HSI** (horizontal situation indicator) (Aero) / Kurslagenanzeigegerät $n$ (integriertes)

**HSIC** (high-speed integrated circuit) (Electronics) / Hochgeschwindigkeitsschaltkreis $m$ (eine sehr schnelle Digitalschaltung, z.B. in der GaAs-MESFET-Technik)

**HSIIL** (high-speed integrated injection logic) (Comp) / Hochgeschwindigkeitsinjektionslogik $f$, schnelle integrierte Injektionslogik

**HSI²L** (high-speed integrated injection logic) (Comp) / Hochgeschwindigkeitsinjektionslogik $f$, schnelle integrierte Injektionslogik

**HS index** (Med, Work Study) / Heat-Stress-Index $m$ (in den USA verwendete Kenngröße zur Berechnung der Arbeitsdauer bei Wärmebelastung auf der Basis der Wärmebilanz des menschlichen Körpers), HS-Index $m$

**HSI-test** $n$ (Comp) / HSI-Test $m$ (Hardware-Software-Integrations-Test)

**HSK cycle** (Biochem) / Hatch-Slack-Kortschak-Zyklus $m$, $C_4$-Säurezyklus $m$, HSK-Zyklus $m$

**HSLA steel** (high-strength low-alloy steel) (Met) / mikrolegierter Stahl, HSLA-Stahl $m$

**HSM** (hierarchical storage management) (Comp) / hierarchisches Speichermanagement || ≃ (high-speed memory) (Comp) / Schnellspeicher $m$, Speicher $m$ mit schnellem Zugriff, Schnellzugriffspeicher $m$, zugriffszeitfreier Speicher

**HSN** (hopping sequence number) (Teleph) / Frequenzsprungnummer $f$ (bei Mobilfunk)

**HSP** (heat-shock protein) (Biochem) / Hitzeschockprotein $n$, hsp (Hitzeschockprotein), HSP (Hitzeschockprotein) || ≃ (high-speed printer) (Comp) / Schnelldrucker $m$, SD (Schnelldrucker)

**HSS** (high-speed steel) (Met) / Schnellarbeitsstahl $m$ (ein Werkzeugstahl, der hauptsächlich zum Zerspanen und Umformen eingesetzt wird und der auf Grund seiner chemischen Zusammensetzung die höchste Warmhärte und Anlassbeständigkeit bis rund 600 °C aufweist - DIN EN ISO 4957), HSS-Stahl $m$ (mit Karbidbildnern hochlegierter Werkzeugstahl), Schnellschnittstahl $m$, SS-Stahl $m$

**HSSB** (high-speed serial bus) (Comp) / FireWire $m$ (serieller Hochleistungs-Schnittstellenstandard für Computer-Peripheriegeräte - er wird für die Datenübertragung zwischen Digitalkamera und Computer angeboten)

**HSST** (high-speed surface transport) / ein japanisches Nahverkehrssystem

**H₂S stress corrosion cracking** (Met) / $H_2S$-Spannungsrisskorrosion $f$

**HST** (Hubble Space Telescope) (Astron) / Hubble-Weltraumteleskop $n$ (das größte optische und Ultraviolett- Observatorium im Weltraum, das am 25. April 1990 in eine elliptische Umlaufbahn gebracht wurde)

**HSTTL** (high-speed transistor-transistor logic) (Electronics) / Transistor-Transistor-Logik $f$ mit hoher Schaltgeschwindigkeit , HSTTL (Transistor-Transistor-Logik mit hoher Schaltgeschwindigkeit)

**HSV** (hue, saturation, value) (Cinema) / HSV $n$ (Farbdarstellungsmodell)

**HT** (horizontal tabulator) (Comp) / Horizontaltabulator $m$ || ≃ (heat transfer) (Heat) / Wärmeübertragung $f$ (durch Leitung, Konvektion und Strahlung nach DIN 1341), Wärmetransport $m$, Wärmeaustausch $m$

**H.T. battery** (Electronics) / Anodenbatterie $f$

**HTD** (high-temperature drying) (For) / Hochtemperaturtrocknung $f$ (bei Temperaturen über 100° C), HT-Trocknung $f$ || ≃ **profile** (I C Engs) / HTD-Profil $n$ (des Zahnriemens)

**HTFC** (high-temperature fuel cell) (Chem, Elec Eng) / Hochtemperaturbrennstoffelement $n$

**HT festoon ager** (Textiles) / HT-Hängeschleifendämpfer $m$

**HTGR** (high-temperature gas-cooled reactor) (Nuc Eng) / gasgekühlter Hochtemperaturreaktor

**H theorem of Boltzmann** (Phys) / H-Theorem $n$, Boltzmann-Theorem $n$ (gaskinetische Formulierung des Entropiesatzes - nach L. Boltzmann, 1844-1906)

**HTI** (high-temperature insulating refractory) (Ceramics) / feuerseitiges Isolationsmaterial, Hochtemperaturisolationsmaterial $n$ (Porosität 60 - 75%)

**HTL** (high-threshold logic) (Comp) / Logik $f$ mit hoher Schaltschwelle, Logik $f$ mit hoher Schwellwertspannung

**HTLCF** (high-temperature LCF) (Materials) / LCF bei hohen Temperaturen

**HT lead** (high-tension lead) (I C Engs) / Zündkerzenkabel $n$, Zündkerzenleitung $f$, Zündkabel $n$

**HTML** (hypertext mark-up language) (Comp) / HTML (Hypertext Mark-up Language), Hypertext Mark-up Language || ≃ **author** (Comp) / HTML-Editor $m$ || ≃ **code** (Comp) / HTML-Kode $m$, HTML-Code $m$ || ≃ **compliance** (Comp) / HTML-Kompatibilität $f$ || ≃ **editor** (a program which provides a wealth of facilities for developing Web pages) (Comp) / HTML-Editor $m$ || ≃ **tag** (which is delineated by the <and> brackets) (Comp) / HTML-Tag $m$ $n$

**HTOL aircraft** (Aero) / HTOL-Flugzeug $n$, Flachstarter $m$ || ≃ **plane** (Aero) / HTOL-Flugzeug $n$, Flachstarter $m$

**HTR** (high-temperature reactor) (Nuc Eng) / Hochtemperaturreaktor $m$ (mit so hohen Betriebstemperaturen, dass die Spaltzone besonders temperaturbeständige Materialien enthalten muss),

HTR (Hochtemperaturreaktor, wie z.B. der Kugelhaufenreaktor in Deutschland)
**HTS** (Agric, Pharm) / High-Throughput-Screening *n* (von mehreren tausend Proben pro Tag), HTS (High-Throughput-Screening), Hochdurchsatz-Screening *n* || ≃ (Hadamard-transform spectroscopy) (Spectr) / Hadamard-Transform-Spektroskopie *f*, HTS (eine Art IR-Spektroskopie)
**H.T.S. plant** (Chem) / HTS-Anlage *f*
**HTTP** (hypertext transfer protocol) (Comp) / Hypertext-Transfer-Protokoll *n*
**H.T.U.*** (Chem Eng) / Höhe *f* einer Übertragungseinheit (Destillation)
**H-type cable** (Elec Eng) / Höchstädter-Kabel *n*, H-Kabel *n* (VDE 0255) || ≃ **gasket** (Eng) / Profildichtung *f* in H-Form, H-Profil *n*
**huanaco** *n* (Textiles, Zool) / Guanako *n* (südamerikanisches Lama - Lama guanicoë), Huanaco *n*
**hub** *n* (of wind turbine rotor) / Nabe *f* || ~ (Aero) / Luftschraubennabe *f* || ~ (Autos) / Nabe *f*, Radnabe *f* || ~ (Build) / Stabilisierungskern *m* (eines Gebäudes) || ~ (Comp) / Hub *m* (aktiver Konzentrationspunkt von Terminalanschlüssen in lokalen Netzen), Abteilungskonzentrator *m*, intelligenter Systemkonzentrator || ~ (a kind of wiring centre in a star wiring arrangement; a hub supports Ethernet, Token-Ring, or FDDI, whereas a concentrator supports all or combinations of these) (Comp) / Hub *m* (ein Verbindungsstück, in dem das in einem Anschluss ankommende Signal verstärkt an alle anderen Anschlüsse weitergeleitet wird), Verteilerkasten *m*, Verteiler *m* || ~* (US) (Eng, Plumb) / Rohrmuffe *f*, Muffe *f* (aufgeweitetes Rohrende), Aufweitung *f* (aufgeweitetes Ende eines Rohrs) || ~* (Surv) / Anschlusspunkt *m* || ~ **assembly** (Autos) / Nabenträger *m*
**Hubble constant*** (the rate at which the velocity of recession of the galaxies increases with distance) (Astron) / Hubble-Konstante *f*, Hubble-Parameter *m* (fundamentaler Parameter der Kosmologie) || ≃ **effect** (Astron) / Hubble-Effekt *m* (systematische Rotverschiebung der Spektrallinien der Galaxien in Abhängigkeit von ihrer Entfernung - nach E.P. Hubble, 1889-1953) || ≃ **parameter** (Astron) / Hubble-Konstante *f*, Hubble-Parameter *m* (fundamentaler Parameter der Kosmologie) || ≃ **relation** (Astron) / Hubble-Beziehung *f*
**Hubble's law** (Astron) / Hubble-Beziehung *f*
**Hubble Space Telescope** (Astron) / Hubble-Weltraumteleskop *n* (das größte optische und Ultraviolett- Observatorium im Weltraum, das am 25. April 1990 in eine elliptische Umlaufbahn gebracht wurde)
**Hubble's time** (Astron) / Kehrwert *m* der Hubble-Konstante
**hub•cap** *n* (Autos) / Nabenkappe *f*, Nabendeckel *m*, Radnabenabdeckung *f* (meistens aus hochschlagfesten Stoffen - in Felgenmitte) || ~ **flange** (Eng) / Flansch *m* mit Ansatz, Flansch *m* mit Bund || ~ **height** / Nabenhöhe *f* (Achsenhöhe des Rotors über dem Aufstellungsgrund bei Windenergiekonvertern)
**Hübl number** (Chem) / Iodzahl *f* (dient zur Bestimmung der ungesättigten Säuren in Fetten und Ölen - DIN 53241, T 1), JZ (dient zur Bestimmung der ungesättigten Säuren in Fetten und Ölen - DIN 53241, T 1)
**hübnerite*** *n* (Min) / Hübnerit *m* (Mangan(II)-wolframat)
**hub puller** (Eng) / Nabenabzieher *m*
**huckaback*** *n* (Textiles) / Huckaback *m*, Gerstenkornleinen *n*
**huck-bolt** *n* (Eng) / Schließringbolzen *m* (zum Nieten)
**Hückel molecular orbital** (Chem) / Hückel'sches Molekülorbital, Molekülorbital *n* nach Hückel || ≃ **rule** (Chem) / Hückel-Regel *f* (nach E. Hückel, 1896 - 1980)
**huck weave** (Weaving) / Gerstenkornbindung *f* (eine grobkörnige Leinwandbindung), Huckbindung *f*
**HUD*** (head-up display) (Aero) / Blickfelddarstellungsgerät *n*, projizierte Frontscheibenanzeige, Head-up-Display *n*, Head-up-Anzeige *f* (im Cockpit)
**Hudson bay pine** (For) / Bankskiefer *f* (Pinus banksiana Lamb.)
**hue** *n* / Farbnuance *f* (nach Sättigung und Dunkelstufe abgewandelter Farbton) || ~* (in the Munsell colour system) (Light) / Farbton *m* (Farbmaßzahl im Munsell-System), Buntton *m*, Hue *m* (Farbton im Munsell-System in der Farbmetrik) || ~* (of near white or black specimens) (Paint) / Farbstich *m* (DIN 55 980)
**huebnerite*** *n* (Min) / Hübnerit *m* (Mangan(II)-wolframat)
**hue circle** (Optics) / Farbtonkreis *m*, Farbkreis *m* || ~ **error** (Print) / Farbtonabweichung *f* (im LTF farbmetrischen System) || ~ **of a stain** (For) / Beizton *m* || ~ **plane** (Optics) / Farbtonebene *f*
**Huey test** (US) / Salpetersäurekochversuch *m*, Huey-Test *m* (DIN 50921, ASTM-A-262-64 T), Prüfung *f* in siedender 65%iger Salpetersäure (von nicht rostenden Stählen auf interkristalline Korrosion)
**huffing and puffing** (Oils) / Dampfflutverfahren *n*, Dampffluten *n*, Dampfinjektion *f* (Einpressen des heißen Dampfs in ölhaltige Gesteinsschichten)

**Huffman code** (for data compression) (Comp) / Huffman-Code *m*, Huffman-Kode *m* (für Datenkompression) || ≃ **coding** (an entropy coding method used to achieve data compression) (Comp) / Huffman-Codierung (ein Quellcodierungsverfahren zur verlustfreien Redundanzreduktion - nach D.A. Huffman, 1925 - 1999), statistische Codierung, Huffman-Kodierung *f* || ≃ **encoding** (Comp) / Huffman-Codierung (ein Quellcodierungsverfahren zur verlustfreien Redundanzreduktion - nach D.A. Huffman, 1925 - 1999), statistische Codierung, Huffman-Kodierung *f*
**Huff separator*** (Min Proc) / elektrostatischer Scheider
**Huggenberger tensometer** (a magnifying extensometer that employs a compound lever system to intensify by about 1200 times the changes taking place in a 10 to 20 mm gauge length) (Eng, Mech) / Dehnungsmessstreifen *m* nach Huggenberger
**Hughes bit** (Mining) / Dreirollenmeißel *m* (für Tiefbohrungen)
**Hugoniot adiabatic** (Aero, Phys) / Hugoniot-Kurve *f* (grafische Darstellung der Hugoniot-Gleichung bei senkrechten Verdichtungsstößen), dynamische Adiabate, Rankine-Hugoniot'sche Kurve (bei Verdichtungsstößen - nach P.H. Hugoniot, 1851-1887) || ≃ **curve** (Aero, Phys) / Hugoniot-Kurve *f* (grafische Darstellung der Hugoniot-Gleichung bei senkrechten Verdichtungsstößen), dynamische Adiabate, Rankine-Hugoniot'sche Kurve (bei Verdichtungsstößen - nach P.H. Hugoniot, 1851-1887)
**hula-hoop antenna** (Radio) / Ringantenne *f*
**hull** *v* (remove the hull-fruit, seeds, or grain) (Agric) / enthülsen *v*, schälen *v* || ~ (Agric, Nut) / enstpelzen *v* (Getreide) || ~ (fruit, seeds, or grain) (Nut) / schälen *v* (Erbsen, Bohnen) || ~ (US) (Nut) / schälen *v* (Reis, Hafer usw.) || ~* *n* (Aero) / Rumpf *m* des Wasserflugzeugs, Flugbootsrumpf *m* || ~* (Ships) / Schiffskörper *m*, Schiffsrumpf *m*, Kasko *m* (pl. -s) (Schiffsrumpf) || ≃ **cell** (Surf) / Hull-Zelle *f* (ein verkleinertes galvanisches Bad, mit dem das Verhalten des Elektrolyten bei verschiedenen Arbeitsbedingungen auf die Niederschlagsbildung geprüft werden kann)
**hulled rice** (Nut) / entspelzter Reis, Braunreis *m*, Vollkornreis *m* (dem noch der Keim, die Aleuronschicht sowie das Silberhäutchen anhaften), teilgeschälter Reis, enthülster Reis, Naturreis *m* (gereinigter, ausgelesener)
**hull fibre** (Textiles) / Elementarhartfaser *f* aus Kokos oder Baumwollsamenschalen || ~ **fibre** (Textiles) s. also linters
**hulling industry** (US) (Nut) / Schälmühlenindustrie *f* (Weißreis, Hafer, Hülsenfrüchte usw.)
**hullling** *n* (US) (Nut) / Schälen *n* (von Reis, Hafer usw.)
**hum*** *n* (Acous, Elec Eng) / Brumm *m* || ~ (Geol) / Hum *m*, Karstinselberg *m*, Karstrestberg *m* || ~ (electrical disturbance at the power-supply frequency, or harmonics thereof) (Telecomm) / Stromversorgungsgeräusch *n*
**human-aided machine translation** / maschinengestützte Übersetzung (die Maschine übersetzt mindestens teilweise, der Mensch greift ein)
**human body counter** (Nuc, Radiol) / Ganzkörperzähler *m* (Messanordnung zur direkten Messung von im Körper abgelagerten Radionukliden), Body Counter *m* || ~ **capital** / Arbeitsvermögen *n* (die Gesamtheit der Fähigkeiten eines Erwerbstätigen oder einer Gruppe von solchen - ein Teil des Volksvermögens)
**human-computer interaction** (Comp) / Human-Computer-Interaktion *f* || ~ **interface*** (AI, Comp) / Mensch-Maschine-Schnittstelle *f* (bei der Mensch-Maschine-Kommunikation), Mensch-Computer-Schnittstelle *f*
**human counter** (Nuc Eng) / Human Counter *m* (in einem abgeschirmten Raum aufgestelltes Messgerät zur Bestimmung der Strahlenmenge, die vom menschlichen Körper aufgenommen und wieder abgestrahlt wird) || ~ **development index** / Index *m* der menschlichen Entwicklung (ein Indikator für den wirtschaftlich-sozialen Fortschritt eines Landes), HDI (Index der menschlichen Entwicklung) || ~ **ecology** (Ecol) / Humanökologie *f* (Teilgebiet der Ökologie, das auf die Untersuchung der Beziehungen zwischen Mensch und Umwelt ausgerichtet ist) || ~ **engineering** (Med, Work Study) / Anthropotechnik *f* (Zweig der Industrieanthropologie), Human Engineering *n* (Berücksichtigung der psychologischen und sozialen Voraussetzungen des Menschen bei der Gestaltung und Einrichtung von Arbeitsplätzen und maschinellen Einrichtungen) || ~ **error** / Fehler *m* (menschlicher Eingriff, der ein unerwünschtes Ergebnis zur Folge hat), menschlicher Fehler, menschliche Fehlleistung, Fehlhandlung *f* || ~ **error** (Psychol) / Beobachterfehler *m*, persönlicher (subjektiver) Fehler || ~ **exposure dose per rodent potency dose** (Radiol) / HERP-Wert *m* (Verhältnis der aufgenommenen Dosis eines Stoffes im Vergleich zu dem TD-Wert)
**human-factors engineering*** (Med, Work Study) / Anthropotechnik *f* (Zweig der Industrieanthropologie), Human Engineering *n* (Berücksichtigung der psychologischen und sozialen

Voraussetzungen des Menschen bei der Gestaltung und Einrichtung von Arbeitsplätzen und maschinellen Einrichtungen)
**Human Genome Project**\* (Gen) / Human-Genom-Projekt *n* (internationales Projekt mit dem Ziel der vollständigen Aufklärung der Struktur der menschlichen Erbsubstanz) || ~ **geography** (Geog) / Anthropogeografie *f* (die Geografie des Menschen und der Gesellschaft in ihren Beziehungen zum geografischen Raum) || ~ **growth hormone** (Biochem) / menschliches Wachstumshormon || ~ **immunodeficiency virus**\* (Med) / humanes Immundefizienz-Virus, HIV *n* (humanes Immundefizienz-Virus), humanes Immunschwächevirus || ~ **interface** (AI, Comp) / Humanschnittstelle *f* || ~ **involvement** (Automation) / Mitwirkung *f* des Menschen
**humanized milk** (Nut) / der Zusammensetzung der Muttermilch angeglichene Säuglingsmilch
**human leucocyte antigen** (Physiol) / HLA-Isoantigen *n*
**human-machine interface** (the physical and logical interface between a user and a computer) (AI, Comp) / Mensch-Maschine-Schnittstelle *f* (bei der Mensch-Maschine-Kommunikation), Mensch-Computer-Schnittstelle *f*
**humanoid robot** / humanoider Robot (mit menschlichen Zügen)
**human peripheral** (Comp) / humane Peripherie, Humanperipherie *f* (die die Kommunikation zwischen Mensch und Automatisierungsgerät ermöglicht)
**human-powered aircraft** (Aero) / Muskelkraftflugzeug *n* || ~ **flight** (Aero) / Muskelkraftflug *m*
**human-readable** *adj* (Comp) / humanlesbar *adj*, für den Menschen lesbar
**human resources** / Arbeitskräftepotential *n*, Arbeitskräfte *f pl*
**human-speech recognition** (AI, Comp) / Erkennen *n* menschlicher Sprache
**human translation** (as opposed to machine translation) / Humanübersetzung *f*
**humate** *n* (Agric) / Humat *n*
**hum bars**\* (TV) / Brummstreifen *m pl*
**humberstonite** *n* (Min) / Humberstonit *m*
**humboldtine** *n* (Min) / Oxalit *m*, Humboldtin *m* (ein Eisenoxalat)
**hum-bucking coil**\* (Acous, Elec Eng) / Entbrummspule *f*
**HUM distortion** (Comp) / HUM-Störung *f* (ein Störsignal in auf dem Koaxialkabel basierenden Kabelfernsehnetzen, das durch die Sättigung von induktiven Bauelementen oder durch Kondensatoren bzw. Gleichrichter in aktiven Verstärkern innerhalb des Kabelfernsehnetzes erzeugt wird), HUM-Distortion *f*
**humectant**\* *n* (Chem, Nut) / Feuchthaltemittel *n* (das das Austrocknen von Lebensmitteln verhindert - z.B. Zucker oder Sorbit), Feuchtigkeitsstabilisator *m*, Feuchthalter *m*
**Hume-Rothery phase** (Chem, Met) / Hume-Rothery'sche Phase (die zweitgrößte Gruppe der intermetallischen Verbindungen - nach dem britischen Metallurgen W. Hume-Rothery, 1899-1968), Hume-Rothery-Phase *f* || ~ **rule** (Phys) / Hume-Rothery-Regel *f*, Valenzelektronenkonzentrationsregel *f*
**humic** *adj* (Agric, Geol) / humos *adj* (Boden, Kohle) || ~ **acid**\* (Chem) / Huminsäure *f*, Humussäure *f* || ~ **coal** (Mining) / humose Kohle, Humuskohle *f*, Humolith *m* || ~ **substance** (Agric, Bot, Geol) / Huminstoff *m* (DIN 4047-10)
**humid** *adj* (Eng, Meteor, Phys) / feucht *adj* || ~ (Meteor) / humid *adj* (Klimazone), humide *adj* || ~ **biotope** (Ecol) / Feuchtbiotop *n* (DIN 4047-1), Feuchtgebiet *n* || ~ **climate** (Meteor) / humides Klima (Klima von Gebieten, in denen die jährliche Niederschlagshöhe größer ist als die mögliche jährliche Verdunstungshöhe)
**humidifier** *n* (Build) / Luftbefeuchter *m*, Befeuchter *m*
**humidify** *v* / nass machen, befeuchten *v*, anfeuchten *v*, feucht machen, nässen *v*
**humidistat** *n* (a device or machine which automatically regulates the humidity of the air in a room or building) / Hygrostat *m*, Feuchtigkeitsregler *m*, Feuchtigkeitskonstanthalter *m*
**humidity**\* *n* (relating to air) (Eng, Meteor, Phys) / Feuchte *f*, Feuchtigkeit *f*, Humidität *f* || ~\* (Meteor) / Humidität *f* (der Feuchtigkeitsgrad)
**humidity-gradient apparatus** (Biol, Meteor) / Feuchteorgel *f* (Apparatur zur Ermittlung der Präferenzen von Tieren für eine bestimmte Luftfeuchtigkeit)
**humidity of the air** / Luftfeuchte *f* (im Freien), Luftfeuchtigkeit *f* (im Freien) || ~ **variation** / Luftfeuchtigkeitsschwankung *f*, Luftfeuchtigkeitsschwankung *f*
**humid side** (Photog) / feuchte Sektion (des Labors) || ~ **weather** (Meteor) / feuchte Witterung || ~ **zone** (Ecol) / Feuchtbiotop *n* (DIN 4047-1), Feuchtgebiet *n*
**humification**\* *n* (Agric, Bot) / Humifizierung *f* (Bildung von Huminstoffen im Boden), Humusbildung *f* (Bildung von Humus)
**humify** *v* (Agric, Bot) / humifizieren *v*, Huminstoffe bilden
**humin** *n* (Chem, Geol) / vergelte Pflanzensubstanz, Humin *n*, Ulmin *n*
**humistor** *n* (Elec Eng) / Humistor *m* (feuchtigkeitsempfindlicher Widerstand)

**humite**\* *n* (Min) / Humit *m* (ein Silikat)
**hummock** *n* (Geol) / Bult *m* (In Hochmooren vorkommende, bis etwa 50 cm hohe von Moosen der Gattung Sphagnum gebildete Kuppe, mit nassen Vertiefungen und Schlenken), Bülte *f* || ~ (Geol) / Hügel *m* (niedriger), Erdhügel *m*
**humor** *n* (US) (Med) / Humor *m* (pl. -es), Körperflüssigkeit *f*
**humoral** *adj* (Med) / humoral *adj* (die Körperflüssigkeiten betreffend)
**humour** *n* (Med) / Humor *m* (pl. -es), Körperflüssigkeit *f*
**humous** *adj* (Agric, Geol) / humos *adj* (Boden, Kohle)
**hump** *n* / Höcker *m*, Buckel *m* (einer Kurve) || ~ (Autos) / Hump *m* (der Humpfelge) || ~ (Rail) / Ablaufberg *m* (bergartige Erhöhung eines Gleises in Rangierbahnhöfen)
**Humphrey's spiral**\* (Min Proc) / Wendelscheider *m* (zur Erzaufbereitung)
**humping** *n* (Rail) / Abdrücken *n* (ein Rangiervorgang)
**hump locomotive** (Rail) / Abdrücklokomotive *f* || ~ **mode** (Autos) / Hump *m* (Betriebszustand der Viskosekupplung), Humpmodus *m* || ~ **rim** (Autos) / Humpfelge *f* (eine Sicherheitsfelge mit umlaufender Erhöhung zwischen Schulter und Bett) || ~ **speed**\* (Aero) / Aufstufgeschwindigkeit *f*, Abhebegeschwindigkeit *f* (des Wasserflugzeugs) || ~ **track** (Rail) / Ablaufgleis *n*
**humulene**\* *n* (Chem) / Humulen *n* (ein Sesquiterpen im Hopfen- und Nelkenöl)
**humulone** *n* (Brew) / α-Lupulinsäure *f*, α-Hopfenbittersäure *f*, α-Bittersäure *f*, Humulon *n* (ein Bitterstoff aus dem Harz des reifen Hopfens)
**humus**\* *n* (Agric, Bot, Geol) / Humus *m* (die in oder auf dem Boden befindliche, abgestorbene organische Substanz, welche sich im ständigen Aufbau, Abbau oder Umbau befindet - DIN 4047-10)
**humus-rich** *adj* (Agric) / humusreich *adj*
**hum voltage** (Elec Eng) / Brummspannung *f*
**hundreds place** (Maths) / Hunderterstelle *f*
**hundredweight** *n* (long) / Hundredweight *n* (50,8023 kg - eine Einheit des alten Avoirdupois-Systems) || ~ (short) / Short-Hundredweight *n* ( = 45,392 kg)
**Hund's** (first) **rule**\* (Electronics, Nuc) / Hund'sche Regel, erste Hund'sche Regel (mit der höchsten Spinmultiplizität 2 S + 1 - nach F. Hund, 1896 - 1997) || ~ **second rule** (Electronics, Nuc) / zweite Hund'sche Regel
**Hungarian blue** (Paint) / basisches Kupferkarbonat als blaues Pigment (z.B. Azurblau, Hamburgerblau, Mineralblau usw.), Kupferblau *n* (Hamburgerblau, Mineralblau) || ~ **cat's-eye**\* (Min) / Katzenauge *n* (aus dem Fichtelgebirge) || ~ **grass** (Agric, Bot) / Borstenhirse *f*, Kolbenhirse *f*, Fench *m*, Fennich *m* (Setaria italica (L.) P. Beauv.) || ~ **green** / Malachitgrün *n*, Neugrün *n*, Viktoriagrün *n* B, Basic Green 4 (wasserlöslicher grüner Triarylmethanfarbstoff) || ~ **leather** (Leather) / Weißleder *n*, weißgares Leder, weißgegerbtes Leder || ~ **method** (of solving the transportation problem) (Comp, Maths) / ungarische Methode (zur Lösung des Zuordnungsproblems) || ~ **oak** (For) / Dichtfrüchtige Eiche (Quercus frainetto Ten.), Ungarische Eiche
**hung drill strings** (Oils) / Pendelgarnitur *f* || ~ **fire shot** / Auskocher *m* (eine Sprengladung)
**hungry** *n* (Textiles) / Wolle *f* von schlechtgenährten Schafen || ~ *adj* (when the absorption of the surface has not been completely satisfied by the previous coats of paint so that it appears patchy and uneven) (Paint) / saugfähig *adj*, saugend *adj* (Oberfläche) || ~ **wool** (Textiles) / Wolle *f* von schlechtgenährten Schafen
**hung sash**\* (Build) / Schiebefenster *n* mit Gewichtsausgleich (senkrechtes) || ~ **up** *adj* (Comp) / aufgehängt *adj* (Rechner), blockiert *adj*, abgestürzt *adj*
**Hunsdiecker cleavage** (Chem) / Hunsdiecker-Borodin-Reaktion *f* || ~ **reaction** (Chem) / Hunsdiecker-Borodin-Reaktion *f*
**hunt** *n* (Automation) / Schwingen *n* (Regelkreis um einen Wert)
**hunter-killer submarine** (Mil) / U-Jagd-U-Boot *n*
**hunter satellite** (Mil) / Jägersatellit *m*, Killersatellit *m* (eine Antisatellitenwaffe), Abfangsatellit *m*, Antisatellit *m*
**hunt group marker** (Teleph) / Sammelanschlussmarkierer *m*
**hunting**\* *n* (Aero) / Schwenkbewegung (des Rotors) || ~\* (Aero) / Hunting *n* (Flugbahnschwingung mit annähernd konstanter Schwingungsweite) || ~\* (the oscillation of a variable governed by a control system, caused by the controller overcorrecting for deviations from the desired value) (Automation) / Schwingen *n* (Regelkreis um einen Wert) || ~\* (Automation, Elec Eng, Eng) / Pendeln *n* (um die Nenndrehzahl), Oszillieren *n* (um die Nenndrehzahl), Pendelung *f* (des Messwertes), Nachpendeln *n* || ~\* (I C Engs) / Nachhinken *n* der Drehzahl bei Öffnung der Drosselklappe || ~ (Phys) / Aufschaukeln *n* (selbsterregte Schwingung) || ~ (Teleph) / Suchen *n*, freie Wahl, Freiwahl *f*, Anrufsuchen *n* || ~ (TV) / Bildverschiebung *f* || ~ **calf** (Leather) / Huntingcalf *n* (gefettetes Leder aus Kalbsfellen), Samtleder *n* (fleischseitig bearbeitetes Rauleder), Velourleder *n* (gefettetes Leder aus Kalbsfellen),

hunting

Veloursleder n, Velours n || ~ **gunpowder** / Jagdpulver n || ~ **selector** (Teleph) / Freiwähler m || ~ **suede** (Leather) / Hunting n (auf der Fleischseite zugerichtetes Rauleder aus Halbfellen)
**Huntington dresser** (a star-shaped rotating cutter tool employed to dress and true abrasive grinding wheels) (Eng) / Abrichträdchen n (ein Handabrichtwerkzeug) || ≃ **mill*** (Min Proc) / Huntington-Mühle f, Vierpendelmühle f
**hunting tooth*** (Eng) / überholender Zahn (in der Kinematik)
**hunt mode** (Telecomm) / Hunt-Mode (Bezeichnung für den Zustand des Empfängers bei serieller, synchroner Übertragung am Beginn der Verbindung)
**hupulone** n (Brew) / Hupulon n (ein Derivat des Lupulons)
**hurdle** n (Hyd Eng) / Flechtwerk n, Geflecht n (zur Befestigung von Böschungen) || ~ **technology** (Nut) / Hürdentechnologie f (Kombination mehrerer Konservierungsverfahren) || ~ **work** (Hyd Eng) / Packwerk n (Lagen aus Faschinen, Steinen, Erde und Kies zur Herstellung von Buhnen und Leitwerken in Flüssen und an den Küsten), Flechtwerk n
**hurricane*** n (Meteor) / Orkan m (Beaufortgrad 12) || ~ **deck*** (Ships) / Promenadendeck n (Unterbringung von Räumen und Promenade für Fahrgäste)
**hurrying** n (Mining) / Schleppen n, Schlepperförderung f
**hurry-up lamp** (Paint) / Drängellampe f
**hurter*** n (Build) / Abweiser m (Prellstein, Eckstein)
**Hurter and Driffield curve*** (in which density is expressed as a function of the logarithm of exposure) (Photog) / Schwärzungskurve f (nach Hurter und Driffield)
**Hurwitz criterion** (Mech) / Hurwitz-Kriterium n (für die Stabilität von Systemen) || ≃ **criterion** (Mech) s. also Routh-Hurwitz criterion || ≃ **determinant** (Maths) / Hurwitz'sche Determinante || ≃ **polynomial** (Maths) / Hurwitz'sches Polynom (nach A. Hurwitz, 1859 - 1919)
**husband** v (Agric) / bearbeiten v (Boden), bewirtschaften v (Land) || ~ (Agric) / bebauen v, bewirtschaften v, bestellen v, bearbeiten v (Boden)
**husbandry** n (Agric) / Agrikultur f, Landwirtschaft f, Ackerbau m (im weiteren Sinne, auch mit Viehhaltung usw. [ohne Plural]), Agrarwirtschaft f, Landbau m (ohne Plural), Feldbau m (ohne Plural)
**hush*** v (Mining) / abwaschen v (hydraulisch - eine Deckschicht) || ~* (Min Proc, Mining) / abbrausen v (Erz mit starkem Wasserstrahl)
**hush-kit** n (Eng) / Lärmschutzzubehör n
**husk** v (remove the husk) (Agric) / enthülsen v, schälen v || ~ (Agric) / entliesschen v (Mais) || ~ (Agric, Nut) / entspelzen v (Getreide) || ~ n (Agric) / Schote f (die äußere Hülle) || ~ (Agric, Bot) / Spelze f (im Blütenstand der Gräser)
**husked rice** (Nut) / entspelzter Reis, Braunreis m, Vollkornreis m (dem noch der Keim, die Aleuronschicht sowie das Silberhäutchen anhaften), teilgeschälter Reis, enthülster Reis, Naturreis m (gereinigter, ausgelesener)
**husker-shredder** n (Agric) / Futterreißer m (für Mais)
**husky** adj (Acous) / belegt adj (Stimme), rau adj (Stimme)
**hut camp** (Build, Mil) / Barackenlager n
**hutch** v (Min Proc) / setzen v || ~* n (Mining) / Hund m (kleiner kastenförmiger Förderwagen), Hunt m, Grubenwagen m, Förderwagen m (der Grubenbahn), Wagen m (Hund) || ~* (Min Proc) / Setzkasten m (ein Teil der Setzmaschine)
**hutching** n (Build, Min Proc) / Setzarbeit f, Setzwäsche f
**hutchwork** n (Min Proc) / angereichertes Gut (aus der Setzmaschine)
**hutment** n (Build, Mil) / Barackenlager n
**Huygens' construction** (Optics) / Huygens'sches Prinzip (Konstruktionsprinzip für die Wellenfronten bei Wellenausbreitung in homogenen Medien auf der Basis von elementaren Kugelwellen - nach Ch. Huygens, 1629-1695)
**Huygens•' eyepiece*** (Light, Optics) / Huygens-Okular n (die Bildebene liegt zwischen Feld- und Augenlinse), Huygens'sches Okular || ≃' **principle*** (Optics) / Huygens'sches Prinzip (Konstruktionsprinzip für die Wellenfronten bei Wellenausbreitung in homogenen Medien auf der Basis von elementaren Kugelwellen - nach Ch. Huygens, 1629-1695)
**Huygens' source** (Phys) / punktförmige Quelle (für Strahlenflächen) || ≃ **wavelet** (Crystal) / Huygens'sche Elementarwelle (sekundäre Kugelwelle bei der Beugung am Spalt), Elementarwelle f
**HV** (high-velocity) / Schnell-, Hochgeschwindigkeits- || ≃ (high-voltage) (Elec Eng) / Hochspannung f (GB: über 650 V, Deutschland: über 1000 V - VDE 0101) || ≃ (Vickers hardness numer) (Materials) / Vickershärte f (konkret ermittelter Wert), Pyramidenhärte f, Härtezahl f nach Vickers, HV (Härtezahl nach Vickers)
**HVAC** (heating, ventilation and air-conditioning system) (Autos) / Heizungs-, Lüftungs- und Klimaanlage f, HLK (Heizungs-, Lüftungs- und Klimaanlage) || ≃ (high-vacuum) (Electronics, Vac Tech) / Hochvakuum n (zwischen 1x10⁻⁴ und 1x10⁻⁷ mm Hg)

**HV arrangement** (Met) / HV-Anordnung (der kontinuierlichen Walzstraße, in der abwechselnd Horizontal- und Vertikalgerüste zur Vermeidung des Drallens angeordnet sind) || ≃ **cable** (Cables) / Hochspannungskabel n (im Allgemeinen)
**HVDC** (high-voltage direct current) (Elec Eng) / Hochspannungsgleichstrom m, hochgespannter Gleichstrom || ≃ **transmission** (Elec Eng) / Hochspannungsgleichstromübertragung f, HGU (Hochspannungsgleichstromübertragung)
**HVE** (high-voltage electrophoresis) (Chem, Phys) / Hochspannungselektrophorese f
**HVEM*** (high-voltage electron microscope) (Micros) / Höchstspannungs-Elektronenmikroskop n
**HVIC** (high-voltage integrated circuit) (Electronics) / integrierte Hochspannungsschaltung
**HVL** (half-value layer) (Nuc, Radiol) / Halbwertsschichtdicke f, HWS, HWD
**HVLP spray gun** (Paint) / HVLP-Spritzpistole f
**HVP*** (hydrolysed vegetable protein) (Chem, Nut) / Eiweißhydrolysat n (als Speisewürze), Proteinhydrolysat n
**HVT** (half-value thickness) (Nuc, Radiol) / Halbwertsschichtdicke f, HWS, HWD
**HVTEM** (high-voltage transmission electron microscopy) (Micros) / Hochspannungstransmissionselektronenmikroskopie f
**HW** (highway) (Comp) / Vielfachleitung f || ≃ (hardware) (Comp) / Hardware f (DIN 44300 und 66230), HW (Hardware)
**H.W.** (high water) (Hyd Eng) / Hochwasser n (Wasserhochstand bei Flüssen)
**HW** (Hyd Eng) / Hochwasser n (Wasserhochstand bei Flüssen)
**H.W.** (high water) (Ocean) / Hochwasser n (in der Gezeitenbeobachtung - als Wasserstand)
**HW** (Ocean) / Hochwasser n (in der Gezeitenbeobachtung - als Wasserstand)
**H-wave*** n (Telecomm) / TE-Welle f (DIN 1324-3), H-Welle f
**HWC paper** (high-weight coated paper) (Paper) / HWC-Papier (Flächengewicht über 75 g/m²)
**HWGCR** (heavy-water gas-cooled reactor) (Nuc Eng) / gasgekühlter Schwerwassermoderierter Reaktor, Gas-Schwerwasser-Reaktor m, Reaktor m vom HWGCR-Typ
**HWM fibre** (Textiles) / HWM-Faser f (in Gegenwart von Modifikatoren ersponnene Viskosefaser vom B-Typ mit sehr hohem Elastizitätsmodul in nassem Zustand, besonders niedriger Quellung, hoher Alkaliresistenz, guter Dimensionsstabilität bei Wiederbenetzung, verminderter Bruchdehnung und einer Nassdehnung), Hochnassmodulfaser f
**HWR** (heavy-water reactor) (Nuc Eng) / Schwerwasserreaktor m, schwerwassermoderierter Reaktor, SWR (mit D₂O als Moderatorsubstanz)
**HWS** (hot-water supply) / Heißwasserversorgung f, Warmwasserversorgung f
**Hwy** (highway) (Autos) / Kraftfahrstraße f, [bevorrechtigte] Fernverkehrsstraße f, Hauptverkehrsstraße f, Autostraße f, Highway m
**HX** (heat exchanger) (Eng, Heat) / Wärmetauscher m (ein Apparat), Wärmeaustauscher m
**Hy** (highway) (Autos) / Kraftfahrstraße f, [bevorrechtigte] Fernverkehrsstraße f, Hauptverkehrsstraße f, Autostraße f, Highway m
**hyacinth*** n (Min) / Hyazinth m (Zirkoniumorthosilikat - der bekannteste Stein unter den Zirkonen)
**hyaline*** adj / glasartig adj, glasig adj (wie Glas) || ~* (Geol) / hyalin adj (glasig ausgebildet)
**hyalite*** n (Min) / Hyalit m (weiße durchscheinende Abart des Opals - Silizium(IV)-oxid), Glasopal m
**hyaloclastite** n (Geol) / submarines pyroklastisches Gestein, Hyaloklastit m
**hyalophane*** n (Min) / Hyalophan m, Bariumfeldspat m (Mischkristalle von Adular mit Celsian)
**hyalopilitic texture*** (Geol) / hyalopilitische Struktur
**hyaluronate lyase** (Pharm) / Diffusionsfaktor m, Hyaluronidase f, Hyaluronat-Glykanhydrolase f, Ausbreitungsfaktor m (der die Ausbreitung der wirksamen Substanz erhöht)
**hyaluronic acid*** (Chem) / Hyaluronsäure f (ein Mukopolysaccharid)
**hyaluronidase** n (Pharm) / Diffusionsfaktor m, Hyaluronidase f, Hyaluronat-Glykanhydrolase f, Ausbreitungsfaktor m (der die Ausbreitung der wirksamen Substanz erhöht)
**Hyatt roller bearing*** (Eng) / Drahtwälzlager n
**hybrid*** n (Gen) / Hybride f, Hybrid m, Bastard m || ~ (Telecomm) / Gabel f (zum Übergang von Zweidraht- auf Vierdrahtverbindungsleitungen) || ~ adj (Chem, Gen) / hybrid adj || ~ (Electronics, Eng) / hybrid adj (z.B. analog + digital, Röhren + Halbleiter usw.) || ~ **access** (Comp) / hybrider Zugang || ~ **amplifier** (Electronics) / Gabelverstärker m || ~ **antibiotics** (Pharm) /

**Hybridantibiotika** *n pl* (pflanzliche und mikrobielle Wirkstoffe aus dem Sekundärstoffwechsel, die auf der Basis gentechnisch veränderter Biosynthesegene gebildet werden) ‖ ~ **band** (Phys, Spectr) / Hybridbande *f*, Bastardbande *f*, Mischbande *f* (in Spektren mehratomiger Moleküle) ‖ ~ **bearing** (Eng) / Hybridlager *n*, Lager *n* mit hydrostatischer Schmierung ‖ ~ **bearing** (Eng) / unkreiszylindrisches Gleitlager, Gleitlager *n* mit unkreiszylindrischer Arbeitsfläche ‖ ~ **cable** (Cables) / Hybridkabel *n* (in dem mehrere unterschiedliche drahtgebundene Übertragungsmedien in einem Kabelmantel untergebracht sind) ‖ ~ **car** (Autos) / Hybridfahrzeug *n* (mit Hybridantrieb), Hybridauto *n* ‖ ~ **card** (Comp) / Hybridkarte *f* (kombinierte Magnetstreifen- und Chipkarte) ‖ ~ **circuit*** (Electronics) / Hybridschaltung *f* (bei der integrierte und diskrete Schaltkreise zu einer Einheit zusammengefasst sind - auch Bezeichnung für Schaltungen, die Schaltkreise in Dick- und Dünnschichttechnik in sich vereinen), Hybridschaltkreis *m*
**hybrid-circuit technology** (Electronics) / Hybridtechnologie *f*, Hybridtechnik *f* (ein Herstellungsverfahren für Festkörperschaltungen)
**hybrid coil*** (Telecomm) / Brückenübertrager *m*, Differentialübertrager *m*, Übertrager *m* (in einer Gabelschaltung) ‖ ~ **composite** / Hybridwerkstoff *m* (ein Faserverbundwerkstoff) ‖ ~ **computer*** (Comp) / Hybridrechner *m*, Analog-Digital-Rechner *m* ‖ ~ **coupler** (Telecomm) / Gabel *f* (zum Übergang von Zweidraht- auf Vierdrahtverbindungsleitungen) ‖ ~ **electromagnetic wave*** (Elec) / gemischte elektromagnetische Welle, hybride elektromagnetische Welle ‖ ~ **engine** (I C Engs, Mil) / Hybridmotor *m* (ein Verbrennungsmotor, der Merkmale von Dieselmotor und Ottomotor aufweist) ‖ ~ **fuel** (Autos, Fuels) / Hybridkraftstoff *m*, Mischkraftstoff *m* ‖ ~ **IC** (Electronics) / integrierte Hybridschaltung, hybride integrierte Schaltung ‖ ~ **integrated circuit*** (Electronics) / integrierte Hybridschaltung, hybride integrierte Schaltung
**hybridization** *n* (Chem, Nuc) / Hybridisierung *f*, Hybridisation *f*, Bastardisierung *f* (Mischung von Atomorbitalen zu Hybridorbitalen) ‖ ~* (Gen) / Hybridisation *f* (Kreuzung zwischen erbungleichen Partnern), Hybridisierung *f* ‖ **sp-~** (Chem) / sp-Hybridisation *f*, diagonale Hybridisation
**hybridize** *v* (Chem) / bastardisieren *v*, hybridisieren *v* ‖ ~ (Gen) / hybridisieren *v*
**hybridized orbital** (Chem, Nuc) / Hybridorbital *n*, Bastardorbital *n* (z.B. sp$^3$)
**hybrid junction*** (Telecomm) / Hybride *f* (bei Wellenleitern) ‖ ~ **matrix** / Kettenmatrix *f* (DIN 1344)
**hybridoma*** *n* (Gen) / Hybridom *n*, Hybridoma *n*
**hybrid orbital** (Chem, Nuc) / Hybridorbital *n*, Bastardorbital *n* (z.B. sp$^3$) ‖ ~ **parameter** (Electronics) / h-Kenngröße *f*, Hybridparameter *m*, h-Parameter *m*, h-Vierpolparameter *m* (Kenngröße bei der Vierpolersatzschaltbilddarstellung von Transistoren) ‖ ~ **power train** (Autos) / Hybrid-Powertrain *m* ‖ ~ **propellant** (Space) / Hybridtreibstoff *m* (Raketentreibstoff aus [meist] festem Brennstoff und flüssigem Sauerstoffträger)
**hybrid-propellant rocket engine** (Space) / Hybridraketentriebwerk *n*
**hybrid quantity** (Maths) / Hybride *f* (Hermite'sche) ‖ ~ **ring*** (Electronics) / Ringhybride *f*, Differentialringübertrager *m* ‖ ~ **rock*** (a rock mass whose chemical composition is the result of assimilation or contamination) (Geol) / hybrides Gestein, Syntexit *m* ‖ ~ **router** (a combined bridge and router) (Comp) / Brouter *m* (ein Gerät, das Bridging- und Routing-Funktionen erfüllt), Bridging Router *m*, Hybrid-Router *m* ‖ ~ **separation** (Telecomm) / Frequenzgleichlageverfahren *n* ‖ ~ **set*** (Telecomm) / Gabelschaltung *f* (passiver Sechspol) ‖ ~ **stepper motor** (Elec Eng) / Hybrid-Schrittmotor *m* ‖ ~ **system** / Hybrid *m*, Hybridsystem *n*, Bastard *m*
**hybrid-T** (equivalent circuit)* (Electronics) / Hybrid-T-Ersatzschaltung *f* ‖ ~* *n* (series T and shunt T junctions located at the same point in a waveguide, and designed to restrict energy flow to specified channels) (Radar, Telecomm) / magisches T-Glied (ein spezielles Hohlleiterbauteil, das eine kombinierte Serien- und Parallelverzweigung darstellt), Doppel-T-Glied *n*, magisches T, Hybrid-T-Verzweigung *f*, EH-Verzweigung *f*
**hybrid tee*** (Radar, Telecomm) / magisches T-Glied (ein spezielles Hohlleiterbauteil, das eine kombinierte Serien- und Parallelverzweigung darstellt), Doppel-T-Glied *n*, magisches T, Hybrid-T-Verzweigung *f*, EH-Verzweigung *f* ‖ ~ **T-junction** (Radar, Telecomm) / magisches T-Glied (ein spezielles Hohlleiterbauteil, das eine kombinierte Serien- und Parallelverzweigung darstellt), Doppel-T-Glied *n*, magisches T, Hybrid-T-Verzweigung *f*, EH-Verzweigung *f* ‖ ~ **transformer*** (Telecomm) / Brückenübertrager *m*, Differentialübertrager *m*, Übertrager *m* (in einer Gabelschaltung)

**hybrid-type network** (Comp, Telecomm) / Mischform *f* von Datensondernetzen und öffentlichen Netzen
**hybrid varactor** (Electronics) / MIS-Varaktordiode *f*, Hybridvaraktor *m* ‖ ~ **vigour** (Bot) / Luxurieren *n* der Bastarde, Bastardvitalität *f* ‖ ~ **wing** (Aero) / Strake-Flügel *m*, Hybridflügel *m* ‖ ~ **4-wire termination set** (Telecomm) / Gabelschaltung *f* (passiver Sechspol)
**hydantoin** *n* (the dione formed from imidazole) (Chem, Pharm) / Hydantoin *n* (Imidazolidin-2,4-dion)
**hydatogenic** *adj* (rock or mineral deposit formed by an aqueous agent) (Geol) / hydatogen *adj*
**Hydeal process** (Oils) / Hydeal-Prozess *m*, Hydeal-Verfahren *n* (zur Aromatenentalkylierung)
**hydnocarpic acid** (Chem, Pharm) / Hydnocarpussäure *f* (eine Cyclopentenyl-Fettsäure)
**hydnocarpus oil** (Med, Pharm) / Chaulmoograöl *n* (aus Hydnocarpus kurzii (King) Warb.), Gynokardiaöl *n*, Hydnocarpusöl *n* (Arzneimittel gegen bösartige Hautkrankheiten)
**hydracid** *n* (Chem) / Wasserstoffsäure *f* (außer Wasserstoff nur ein Element oder ein einfaches Radikal enthaltende Säure, z.B. HBr oder HCN)
**hydracrylic acid** (Chem) / Hydracrylsäure *f*, Hydrakrylsäure *f* (3-Hydroxypropionsäure)
**Hydrafilm process** (Eng) / Hydrafilm-Prozess *m* (indirektes Strangpressen), Hydrafilm-Verfahren *n*
**Hydragas spring** (a trade mark) (Autos) / hydraulisch regulierbare Luftfeder
**hydralime** *n* (Build) / gelöschter Kalk, Löschkalk *m* (Kalziumhydroxid), Kalkhydrat *n* (DIN 1060-1)
**hydramatic transmission** (General Motors) (Autos) / automatisches Flüssigkeitsgetriebe
**hydrant** *n* / Hydrant *m* (eine Wasserentnahmestelle zur Brandbekämpfung und Straßenreinigung aus dem öffentlichen Versorgungsnetz), Zapfstelle *f* (Hydrant) ‖ ~ s. also fire hydrant ‖ ~ **key** (GB) / Hydrantenschlüssel *m* ‖ ~ **refuelling system** (Aero) / Unterflurtankanlage *f*, Hydrantenanlage *f* (zur Unterflurbetankung) ‖ ~ **servicer** (Aero) / Tankwagen *m* ‖ ~ **truck** (Aero) / Tankwagen *m* ‖ ~ **wrench** (US) / Hydrantenschlüssel *m*
**hydra printer** (Comp) / Multifunktionsdrucker *m*
**hydrapulper** *n* (Paper) / Hydrapulper *m* (ein Stofflöser)
**hydrargillite*** *n* (Min) / Gibbsit *m*, Hydrargillit *m* (monoklines Aluminiumhydroxidmineral)
**hydrargyrism** *n* (Med) / Hydrargyrismus *m*, Hydrargyrie *f*, Hydrargyrose *f*
**hydraromatic compounds** (Chem) / hydroaromatische Verbindungen, Hydroaromaten *n pl*
**hydrastine** *n* (Pharm) / Hydrastin *n* (Alkaloid aus dem Wurzelstock der Hydrastis canadensis L.)
**hydrastinine*** *n* (Pharm) / Hydrastinin *n*
**hydrate** *vi* (Build, Civ Eng) / abbinden *vi* (Zementleim), erstarren *v* (Zementleim) ‖ ~ *vt* (Chem, Geol) / hydratisieren *v* ‖ ~* *n* (Chem) / Hydrat *n* (eine Anlagerungsverbindung, bei der das Wasser durch Ionendipolkräfte am Molekül oder Ion angelagert ist)
**hydrated** *adj* (Chem) / hydratisiert *adj*, Hydrat- ‖ ~ **alumina** (Chem) / Aluminiumoxidhydrat *n* ‖ ~ **aluminium hydroxide** (Chem) / hydratisiertes Aluminiumhydroxid ‖ ~ **cellulose** (Chem) / Hydrozellulose, Hydrocellulose *f* (hydrolytisch abgebaute Cellulose) ‖ ~ **cellulose** (Paper, Textiles) / Hydratcellulose *f*, Hydratzellulose *f* (mit Natronlauge behandelt) ‖ ~ **chloral** (Chem, Pharm) / Chloralhydrat *n* (Hydrat des Chlorals - das älteste künstlich hergestellte Schlafmittel) ‖ ~ **electron** (Chem, Phys) / hydratisiertes Elektron ‖ ~ **ferric oxide** (Chem) / Eisen(III)oxidhydrat *n* (z.B. in den Rostschichten), Eisen(III)-aquoxid *n* ‖ ~ **ion*** (Chem, Phys) / Aquaion *n*, hydratisiertes Ion ‖ ~ **iron(III) oxide** (Chem) / Eisen(III)oxidhydrat *n* (z.B. in den Rostschichten), Eisen(III)-aquoxid *n* ‖ ~ **lime** (Build) / gelöschter Kalk, Löschkalk *m* (Kalziumhydroxid), Kalkhydrat *n* (DIN 1060-1) ‖ ~ **lime*** (BS 890) (Build) / Weißkalkhydrat *n* (DIN 19611), Kalkhydrat *n*
**hydrated-lime liquor** (Leather) / Kalkhydratäscher *m*
**hydrated oxide** (Chem) / Oxidhydrat *n* (ein Aquoxid) ‖ ~ **silica** (Chem) / Kieselsäure *f* ‖ ~ **silicate** (Min) / Hydrosilicat *n*, Hydrosilikat *n*
**hydrate isomerism** (Chem) / Hydratisomerie *f* (bei Koordinationsverbindungen) ‖ ~ **of lime*** (Build) / gelöschter Kalk, Löschkalk *m* (Kalziumhydroxid), Kalkhydrat *n* (DIN 1060-1)
**hydration** *n* (Build, Civ Eng) / Hydratation *f* (des Zements während des Erstarrens und Erhärtens - DIN 1045) ‖ ~ (water addition) (Chem) / Hydratisierung *f* (Anlagerung von Wasser an organische Substrate) ‖ ~* (Chem, Cyt, Geol) / Hydratation *f* (Solvatation in Wasser als Lösungsmittel) ‖ ~* (Chem, Paper) / Hydration *f*
**hydraulic*** *adj* / Druckwasser-, Drucköl-, Öldruck-, hydraulisch *adj* (mit Flüssigkeit arbeitend), Hydraulik-, druckölbetätigt *adj* ‖ ~ **accumulator*** (Eng) / Druckspeicher *m* (z.B. Druckölspeicher, Druckwasserspeicher), Hydraulikspeicher *m*, Hydrospeicher *m*,

**hydraulic**

Druckakkumulator *m* (Ölhydraulik, Pressen) ‖ **~ actuator** (Automation) / hydraulischer Stellantrieb
**hydraulically operated excavator** (Civ Eng) / Hydraulikbagger *m* (ein Trockenbagger) ‖ **~ pretensioned bolt** (Eng) / hydraulisch vorgespannte Schraube ‖ **~ rough pipe** (or tube) (Hyd Eng) / hydraulisch raues Rohr (wenn die Wanderhebungen größer sind als die Grenzschichtdicke) ‖ **~ smooth pipe** (or tube) (Hyd Eng) / hydraulisch glattes Rohr (wenn die Grenzschichtdicke größer ist als die Wanderhebungen)
**hydraulic amplifier**\* (Eng) / hydraulischer Verstärker, hydraulischer Kraftverstärker, Hydraulik-Booster *m* ‖ **~ analogy** (Phys) / hydraulische Analogie ‖ **~ barker** (For) / Wasserstrahlschälmaschine *f*, Wasserstrahlentrinder *m* (z.B. Streambarker oder Hansel-Entrinder), Wasserstrahlentrindungsmaschine *f* ‖ **~ barking** (For) / Wasserstrahlentrindung *f* ‖ **~ blasting** (Foundry) / nasses Abstrahlen *n*, Wasserputzstrahlen *n*, Nassputzen *n* (von Gussstücken), Nassstrahlen *n*, Nasssandstrahlen *n* ‖ **~ bore** (Hyd) / Schwall *m* ‖ **~ brake**\* (Autos) / hydraulische Bremse, Öldruckbremse *f* ‖ **~ brake**\* (Eng) / Wasserwirbelbremse *f*, Hydrobremse *f*, Flüssigkeitsbremse *f* (ein Bremsdynamometer) ‖ **~ burster**\* (Civ Eng) / Stoßtränkrohr *n*, Hydrosprengpresse *f* ‖ **~ capacity**\* (Agric, Bot, Civ Eng) / Wasserkapazität *f* (des Bodens) ‖ **~ cartridge**\* (Civ Eng) / Stoßtränkrohr *n*, Hydrosprengpresse *f* ‖ **~ casting** (Foundry) / Hydraulikguss *m* ‖ **~ cement**\* (that sets and hardens by chemical interaction under water) (Build, Civ Eng) / hydraulischer Zement (unter Wasser erhärtend) ‖ **~ circuit** (Eng) / Hydrokreis *m* ‖ **~ clamping** (Eng) / Spannhydraulik *f* ‖ **~ clamping** (Plastics) / hydraulisches Formschließen ‖ **~ clamping** (Plastics) / hydraulische Werkzeughaltung ‖ **~ classification** (Min Proc) / Stromklassieren *n* (im Wasserstrom) ‖ **~ classification** (Min Proc) / Hydroklassierung *f* ‖ **~ classifier**\* (Min Proc) / Stromklassierer *m* (mit Wasserstrom), Hydroklassierer *m*, Stromapparat *m* (mit Wasserstrom) ‖ **~ conductivity** (Agric, Hyd Eng) / Durchlässigkeitsbeiwert *m*, Durchlässigkeitsziffer *f* (z.B. im Darcy'schen Gesetz) ‖ **~ control**\* (Automation, Eng) / hydraulische Steuerung ‖ **~ conveying** (Mining) / hydraulische Förderung, Hydroförderung *f*, Nassförderung *f*, Spülförderung *f* ‖ **~ conveyor** (Eng) / hydraulischer Förderer (von Schüttgütern) ‖ **~ coupling**\* (Elec Eng, Eng) / hydraulische Kupplung ‖ **~ cylinder** (Eng) / Hydrozylinder *m*, Hydro-Arbeitszylinder *m*, Hydraulikzylinder *m*, Arbeitszylinder *m* des Hydraulikantriebs ‖ **~ debarker** (For) / Wasserstrahlschälmaschine *f*, Wasserstrahlentrinder *m* (z.B. Streambarker oder Hansel-Entrinder), Wasserstrahlentrindungsmaschine *f* ‖ **~ debarking** (For) / Wasserstrahlentrindung *f* ‖ **~ diagram** / Hydraulik-Schaltplan *m* ‖ **~ diameter** (Phys) / hydraulischer Durchmesser (Bezugsgröße, die benötigt wird, um die für kreiszylindrische Rohre bestimmten Reibungsbeiwerte für turbulente Strömungen auf andere Querschnittsformen übertragen zu können) ‖ **~ dredger** (Civ Eng) / Saugbagger *m*, Pumpenbagger *m* ‖ **~ dredger** (Civ Eng) / Hydraulikbagger *m* (ein Nassbagger, dessen Grabgefäß durch Hydraulikzylinder betätigt wird) ‖ **~ drive** (Hyd Eng) / hydraulischer Antrieb, Flüssigkeitsantrieb *m*, Hydraulikantrieb *m* ‖ **~ earthworks** (Civ Eng) / Hydroerdbau *m* ‖ **~ ejector** (a pipe arrangement for removing sand, mud, or silt from the chamber at the bottom of a pneumatic caisson) (Civ Eng) / Schlammpumpe *f* (Schluffpumpe), Schluffpumpe *f* ‖ **~ engineering**\* / Pumpen- und Rohrleitungsbau *m*, Hydraulik *f* ‖ **~ engineering** (Hyd Eng) / Wasserbau *m* (als Disziplin) ‖ **~ erosion** (Geol, Hyd Eng) / aquatische Erosion, Erosion *f* (abtragende Tätigkeit fließenden Wassers), Wassererosion *f*, Auswaschung *f* ‖ **~ excavation** (the use of powerful water jets to break down deposits of coal or gravel containing gold, tin, etc.) (Mining) / hydromechanische Gewinnung (von Gold, von Kohle), Hydrogewinnung *f*, Hydroabbau *m* ‖ **~ extraction** (Mining) / hydromechanische Gewinnung (von Gold, von Kohle), Hydrogewinnung *f*, Hydroabbau *m* ‖ **~ extruder** (Eng, Plastics) / hydraulische Strangpresse, Kolbenstrangpresse *f* ‖ **~ fill**\* (Civ Eng) / angespülter Boden, eingespülte Erdmasse
**hydraulic-fill** (earth) **dam** (an earth dam built up from gravel and silt carried into place by pipelines or sluiceways located along the outer slopes of the dam) (Hyd Eng) / aufgespülter Erddamm, Spüldamm *m*
**hydraulic filling** (Mining) / Spülversatz *m* (mit Versatzgut) ‖ **~ fluid** / Hydraulikflüssigkeit *f* (zur Kraft- und Leistungsübertragung) ‖ **~ flushing** (Mining) / Spülversatz *m* (mit Versatzgut) ‖ **~ fracturing**\* (Geol, Oils) / Hydraulic-Fracturing-Verfahren *n*, hydraulische Frac-Behandlung (Aufbrechen einer Öllagerstätte durch hydraulische Überdrücke zur Erhöhung oder Erhaltung der Förderleistung einer Sonde), Frac-Behandlung *f* (Erzeugung künstlicher Klüfte in einer geologischen Formation durch Einpressen von Flüssigkeiten und ggf. Sand über eine Bohrung unter hohem Druck zur Erhöhung der Gebirgsdurchlässigkeit), Fracturing-Verfahren *n* ‖ **~ friction** (Hyd, Phys) / Strömungswiderstand *m* (einer Flüssigkeit) ‖ **~ friction** (Hyd, Phys) s.

also loss of head ‖ **~ gear** (Hyd Eng) / hydraulischer Antrieb, Flüssigkeitsantrieb *m*, Hydraulikantrieb *m* ‖ **~ geometry** (Hyd Eng) / hydraulische Geometrie (z.B. des Flussbetts) ‖ **~ giant** (Mining) / Monitor *m* (ein schwenkbares Gewinnungsgerät), Wasserkanone *f*, Wasserwerfer *m*, Spülstrahlrohr *n* (für hydromechanische Gewinnung), Hydromonitor *m* ‖ **~ glue**\* (Chem) / wasserfestes Klebemittel, wasserfester Leim ‖ **~ governor** (Eng) / Vorsteuerpumpe *f* ‖ **~ grade line** (US) (Hyd) / Gefälleverlust *m*, hydraulisches Gefälle, hydraulischer Gradient ‖ **~ gradient** (Hyd) / Gefälleverlust *m*, hydraulisches Gefälle, hydraulischer Gradient ‖ **~ head** (Hyd) / Flüssigkeitsdruck *m* (hydrostatischer Druck, hydrodynamischer Druck) ‖ **~ head** (Hyd) / hydraulische Höhe, Strömungsenergie *f* (Energiekonstante in der Bernoulli'schen Gleichung) ‖ **~ hose** / Hydraulikschlauch *m* ‖ **~ installation** (Eng) / Hydraulikanlage *f* ‖ **~ intensifier**\* (Eng) / Druckverstärker *m*
**hydraulicity** *n* / Hydraulizität *f* (Wasserbindevermögen des Bindemittels) ‖ **~**\* (Build, Civ Eng) / unterwasserhärtende Eigenschaften
**hydraulic jack** (Autos) / hydraulischer Wagenheber ‖ **~ jack** (Civ Eng) / hydraulische Spannpresse ‖ **~ jack**\* (Eng) / hydraulische Winde (eine kurzhubige Winde), Druckhebewinde *f* ‖ **~ jump** (a rapid and often turbulent flow of water from low stage below critical depth to high stage above critical depth) (Hyd Eng) / Wassersprung *m* (Übergang vom Schießen zum Strömen), hydraulischer Sprung, Wechselsprung *m* (diskontinuierlicher Fließwechsel)
**hydraulicking**\* *n* (Mining) / hydromechanische Gewinnung (von Gold, von Kohle), Hydrogewinnung *f*, Hydroabbau *m*
**hydraulic leather**\* (Leather) / Dichtungs- und Manschettenleder *n* ‖ **~ lift**\* (Eng) / Kraftheber *m* ‖ **~ lime** (calcined limestone which absorbs water without swelling or heating and which produces a cement which hardens under water) (Build, Civ Eng) / hydraulischer Kalk (mit mehr als 15% Siliziumdioxid, Tonerde und Eisen) ‖ **~ limestone** (Build, Geol) / hydraulischer Kalkstein (Oberbegriff für tonigen und Kieselkalkstein, welche, gebrannt, hydraulischen Kalk ergeben) ‖ **~ linear motor** (Eng) / hydraulischer Linearmotor, Hydrozylinder *m* (geradlinig arbeitendes Gerät zum Umwandeln von hydrostatischer Energie in mechanische Energie) ‖ **~ liquid** / Hydraulikflüssigkeit *f* (zur Kraft- und Leistungsübertragung) ‖ **~ main** / Vorlage *f* (in Gaswerken) ‖ **~ main** (Civ Eng) / Druckleitung *f* für Wasser ‖ **~ mean depth** (Hyd) / hydraulischer Radius ‖ **~ medium** / Hydraulikflüssigkeit *f* (zur Kraft- und Leistungsübertragung) ‖ **~ mining**\* (Mining) / hydromechanische Gewinnung (von Gold, von Kohle), Hydrogewinnung *f*, Hydroabbau *m* ‖ **~ model** (Hyd Eng) / hydraulisches Modell ‖ **~ modulator** (Autos) / Hydroaggregat *n* (das den Bremsdruck bei ABS regelt) ‖ **~ monitor** (Mining) / Monitor *m* (ein schwenkbares Gewinnungsgerät), Wasserkanone *f*, Wasserwerfer *m*, Spülstrahlrohr *n* (für hydromechanische Gewinnung), Hydromonitor *m* ‖ **~ mortar**\* (Build) / hydraulischer Mörtel (hergestellt unter Verwendung von hydraulischen Kalken und/oder Zement), Wassermörtel *m* ‖ **~ motor**\* (Eng) / Wasserkraftmaschine *f*, Hydraulikmotor *m*, Hydromotor *m* (DIN 24300) ‖ **~ oil** / Hydrauliköl *n*, Drucköl *n* (für hydraulische Anlagen) ‖ **~ packing**\* (Eng) / Flüssigkeitsdichtung *f*, hydraulische Dichtung ‖ **~ packing** (Mining) / Spülversatz *m* (mit Versatzgut) ‖ **~ pillar jack** (Eng) / hydraulische Winde (eine kurzhubige Winde), Druckhebewinde *f* ‖ **~ plant** (Eng) / Hydraulikanlage *f* ‖ **~ platform** (Eng) / [hydraulische] Hebebühne *f*, [hebbare] Arbeitsbühne (hydraulische), Gelenkbühne *f* (hydraulische), Hebekanzel *f* (hydraulische), Hubsteiger *m* (hydraulischer) ‖ **~ potential** (Phys) / hydraulisches Potential (in der Hydrologie in Analogie zum chemischen Potential die Triebkraft für makroskopische Wasserbewegungen oder -flüsse) ‖ **~ power pack** (Eng) / Hydraulikaggregat *n* ‖ **~ press**\* (Eng) / hydraulische Presse (eine kraftgebundene Pressmaschine), Hydropresse *f* ‖ **~ pressure** (Phys) / hydraulischer Druck, Flüssigkeitsdruck *m* ‖ **~ press with conveyor system** (direct pump drive) (Eng) / hydraulische Presse mit Förderstromquelle (unmittelbarer Pumpenantrieb) ‖ **~ press with pressure system** (stored-energy drive) (Eng) / hydraulische Presse mit Druckquelle (Speicherantrieb) ‖ **~ prop** (Mining) / Hydraulikstempel *m* (als Einzelstempel und in allen Arten des Schreitausbaus), hydraulischer Stempel ‖ **~ pump** (Eng) / Hydropumpe *f* (Umlaufverdränger- oder Hubverdrängermaschine mit festem oder verstellbarem Verdrängervolumen, z.B. in der Ölhydraulik), hydraulische Pumpe, Hydraulikpumpe *f* ‖ **~ radius** (Hyd) / hydraulischer Radius ‖ **~ ram**\* (Eng) / hydraulischer Widder (Pumpe zum periodischen Wassertransport), Stoßheber *m* ‖ **~ ram** (Eng) / Hydraulikkolben *m*, Kolben *m* der Hydropresse ‖ **~ ram pump** (Eng) / hydraulischer Widder (Pumpe zum periodischen Wassertransport), Stoßheber *m* ‖ **~ reservoir**\* (Aero, Eng) / Hydraulikbehälter *m*, Hydrobehälter *m* ‖ **~ riveting** (Eng) / Druckwassernietung *f*, hydraulische Nietung

**hydraulics** n (Eng) / Hydraulik f (Anlage), hydraulische Anlage || ~* (Hyd Eng, Phys) / Hydraulik f (ein Teilgebiet der Strömungslehre)
**hydraulic shovel** (Civ Eng) / Hydraulikbagger m (ein Trockenbagger) || ~ **stand** (Cinema, TV) / Ölpumpstativ n, Pumpstativ n || ~ **steel engineering** / Stahlwasserbau m || ~ **steering** (Autos) / Hydrolenkung f || ~ **stowing*** (the filling of waste spaces in mines by waterborne material) (Mining) / Spülversatz m (mit Versatzgut) || ~ **stripping** (Mining) / hydraulische Abraumbeseitigung, Abraumbeseitigung f durch hydromechanische Anlagen || ~ **system** (Eng) / Hydraulik f (Anlage), hydraulische Anlage || ~ **tensor** (Rail) / Gerät n zur Längenanpassung von durchgehend geschweißten Schienen (bei sehr niedrigen Temperaturen) || ~ **test*** (Eng) / Wasserdruckversuch m, Wasserdruckprobe f (mit Wasser als Prüfmedium), Abdrückversuch m (ein Innendruckversuch mit Wasser oder Öl als Druckmedium - DIN 50 104) || ~ **torque converter*** (Eng) / Drehmomentwandler m (hydrodynamischer), Föttinger-Getriebe n, Föttinger-Wandler m (zur stufenlosen Drehzahlanpassung und Drehmomentwandlung zwischen Kraft- und Arbeitsmaschinen), Föttinger-Transformator m, Strömungsgetriebe n, dynamisches Flüssigkeitsgetriebe, hydrodynamisches Getriebe || ~ **transmission** (Eng) / hydraulisches Getriebe, Flüssigkeitsgetriebe n || ~ **transmission** (Eng) / hydraulische Übertragungseinrichtung (der Bremsanlage) || ~ **transport*** (Mining) / hydraulische Förderung, Hydroförderung f, Naßförderung f, Spülförderung f || ~ **tripod** (Cinema, TV) / Ölpumpstativ n, Pumpstativ n || ~ **turbine** (Eng) / Wasserturbine f (Strömungsmaschine zur Umwandlung der potentiellen Wasserenergie in mechanische Energie - DIN 4320) || ~ **unit** (Eng) / Hydraulikaggregat n || ~ **valve** (for hydraulic control) (Eng) / Hydroventil n (DIN 24300), hydraulisches Ventil || ~ **valve lifter** (I C Engs) / hydraulischer Stößel, Hydrostößel m (der am Ölkreislauf des Motors angeschlossen ist) ~ **valve tappet** (I C Engs) / hydraulischer Stößel, Hydrostößel m (der am Ölkreislauf des Motors angeschlossen ist) || ~ (oscillating) **wigwag debarker** (For) / Zellerbach-Entrinder m (eine Wasserstrahlentrindungsmaschine)
**hydrazide*** n (Chem) / Hydrazid n
**hydrazine*** n (a hydride of nitrogen containing two hydrogen atoms, which is found as a colourless liquid) (Chem) / Diazan n, Diamid n, Hydrazin n (auch Raketentreibstoff) || ~ **-hydrate*** n (Chem) / Hydrazinhydrat n ( etwa 64%ige Lösung von Hydrazin - auch Raketentreibstoff) || ~ **yellow** (Chem) / Hydrazingelb n || ~ **yellow** s. also tartrazine
**hydrazinium dichloride** (Chem) / Hydraziniumdichlorid n || ~ **salts** (Chem) / Hydraziniumsalze n pl || ~ **sulphate** (Chem) / Hydraziniumsulfat n
**hydrazobenzene** n (Chem) / Hydrazobenzol n, 1,2-Diphenylhydrazin n
**hydrazoic acid*** (the corresponding acid to azides, which is found as a colourless liquid - $HN_3$) (Chem) / Stickstoffwasserstoffsäure f ($HN_3$), Azoimid n, Hydrogenazid n
**hydrazone*** n (the resulting condensation product from the reaction of hydrazine with aldehydes or ketones) (Chem) / Hydrazon n
**hydric layer** (Geol) / Wasserleiter m, Wasserhorizont m
**hydride*** n (Chem) / Hydrid n
**hydride-dehydride powder** (Powder Met) / Hydrid-Dehydrid-Pulver n, HDH-Pulver n
**hydride-generation atomic absorption spectrometry** (Spectr) / Hydridatomabsorptionsspektrometrie f, Hydridtechnik f (der Atomabsorptionsspektrometrie)
**hydride ion** (Chem) / Hydridion n || ~ **storage** (Chem Eng) / Hydridspeicher m (Wasserstoffspeicher auf der Basis von reversiblen Metallhydriden)
**hydridoaluminate** n (Chem) / Hydridoaluminat n
**hydriodic acid*** (HI(aq)) (Chem) / Iodwasserstoffsäure f
**hydrion** n (Chem) / Wasserstoffion n, H-Ion n (Ion des Wasserstoffs)
**hydro** n (Elec Eng) / Wasserkraftwerk n, hydroenergetische Zentrale, Wasserkraftanlage f (DIN 4048-2), Hydroelektrizitätswerk n || ~ adj / hydroelektrisch adj
**hydroabrasion** n (Eng) / Flüssigkeitshonen n, Druckstrahlläppen n, Druckfließläppen n
**hydroabrasive wear** / hydroabrasiver Verschleiß (durch die Wirkung harter Körper oder Partikeln, die in einem flüssigen Medium mitgeführt werden)
**hydroacoustic** adj (Acous) / hydroakustisch adj
**hydroacoustical** adj (Acous) / hydroakustisch adj
**hydroacoustics*** n (Acous) / Hydroakustik f (Lehre von der Schallausbreitung in natürlichen Gewässern)
**hydro-aeroplane** n (Aero) / Wasserflugzeug n
**hydrobiological** adj (Biol) / hydrobiologisch adj
**hydrobiology** n (Biol) / Hydrobiologie f (Wissenschaft von den im Wasser lebenden Organismen, ihren Lebensgemeinschaften und ihren Beziehungen zum Wasser als Umwelt)

**hydrocyclone**

**hydroblast cleaning** (Foundry) / nasses Abstrahlen n, Wasserputzstrahlen n, Nassputzen n (von Gussstücken), Nassstrahlen n, Nasssandstrahlen n
**hydroblasting** n (Foundry) / nasses Abstrahlen n, Wasserputzstrahlen n, Nassputzen n (von Gussstücken), Nassstrahlen n, Nasssandstrahlen n
**hydrobooster** n (Eng) / hydraulischer Verstärker, hydraulischer Kraftverstärker, Hydraulik-Booster m
**hydroborate** n (Chem) / Boranat n (komplexes Metallborhydrid), Hydroborat n
**hydroboration** n (Chem Eng) / Hydroborierung f (ein Syntheseverfahren der organischen Chemie)
**hydroboron*** n (Chem) / Borwasserstoff m (Wasserstoffverbindung des Bors), Boran n (ein Borhydrid) || ~* (Chem) s. also borane
**hydrobromic acid*** (HBr(aq)) (Chem) / Bromwasserstoffsäure f
**hydrocapability** n / Leistung f des Wasserkraftwerkes
**hydrocarbon*** n (Chem) / Kohlenwasserstoff m, KW-Stoff m, HC (Kohlenwasserstoff) || ~ **chain** (Chem) / Kohlenwasserstoffkette f
**hydrocarbon-detecting device** (Chem) / Kohlenwasserstoffnachweisgerät n
**hydrocarbon fuel** (Fuels) / kohlenwasserstoffhaltiger Brennstoff, kohlenwasserstoffhaltiger Kraftstoff || ~ **plant** (Bot) / Kohlenwasserstoffpflanze f (die einen beträchtlichen Teil ihrer Biomasse in Form von Kohlenwasserstoffen ablagert) || ~ **resin** (Chem, Chem Eng, Plastics) / Kohlenwasserstoffharz n (synthetisches Harz, welches durch Reaktion von Kohlenwasserstoffen /außer Olefinen/ mit sich selbst in Gegenwart von Aluminiumchlorid oder Schwefelsäure als Katalysator entsteht)
**hydrocarbon-soluble** adj (Chem) / kohlenwasserstofflöslich adj
**hydrocarbon sweetening** (Oils) / Kohlenwasserstoffsüßung f
**hydrocarboxylation** n (Chem) / Hydrokarboxylierung f, Hydrocarboxylierung f (Koch-Reaktion)
**hydrocellulose*** n (Chem) / Hydrozellulose f, Hydrocellulose f (hydrolytisch abgebaute Cellulose) || ~* s. also cellulose hydrate
**hydrocerussite*** n (Min) / Hydrozerussit m (basisches Bleikarbonat), Hydrocerussit m
**hydrochemistry** n (Chem) / Wasserchemie f, Chemie f des Wassers || ~ (Chem) / Hydrochemie f, Gewässerchemie f || ~ s. also water chemistry
**hydrochloric acid*** (HCl(aq)) (Chem) / Salzsäure f, Chlorwasserstoffsäure f
**hydrochloride** n (Chem) / Hydrochlorid n (chlorwasserstoffsaures Salz basischer organischer Verbindung)
**hydrochlorinated rubber** (Chem Eng) / hydrochlorierter Kautschuk
**hydrochlorination** n (Chem) / Hydrochlorierung f, Anlagerung f von Chlorwasserstoff
**hydrochlorofluorocarbon** n (Chem) / wasserstoffhaltiger Fluorchlorkohlenstoff
**hydrocinnamaldehyde** n (Chem) / Hydrozimtaldehyd m (3-Phenylpropionaldehyd)
**hydrocinnamic acid** (Chem) / Hydrozimtsäure f (3-Phenylpropionsäure) || ~ **aldehyde** (Chem) / Hydrozimtaldehyd m (3-Phenylpropionaldehyd)
**hydrocinnamyl alcohol** (Chem) / Hydrozimtalkohol m (3-Phenyl-1-propanol)
**hydrocolloid** n (Chem) / Hydrokolloid n (makromolekularer, hydrophiler, wasserlöslicher bzw. in Wasser quellender Stoff, der seiner chemischen Struktur nach überwiegend zu den Polysacchariden gehört)
**hydroconversion** n (Chem Eng) / Hydrokonversion f
**hydrocooling** n / Wasserkühlung f || ~* (Nut) / Kühlung f mit Eiswasser, Eiswasserkühlung f
**hydrocortisone** n (Biochem, Med) / Hydrokortison m (Hormon der Nebennierenrinde), Hydrocortison n, Kortisol n, Cortisol n (ein Nebennierenrindenhormon)
**hydrocrackate** n (Oils) / Produkt n der hydrierenden Spaltung
**hydrocracker** n (Oils) / Hydrocracker m, Hydrokrackanlage f
**hydrocracking** n (Oils) / Hydrocracken n (Verfahren zur Spaltung von Kohlenwasserstoffen in Gegenwart von Wasserstoff), Hydrospaltung f, hydrierende Spaltung, Kracken n in Wasserstoffatmosphäre (katalytisches) || ~ **unit** (Oils) / Hydrocracker m, Hydrokrackanlage f
**hydrocyanic acid*** (HCN(aq)) (Chem) / Cyanwasserstoffsäure f (Ameisensäurenitril), Zyanwasserstoffsäure f, Cyanwasserstoff m, Zyanwasserstoff m (gasförmige Blausäure), Blausäure f (Nitril der Ameisensäure), Hydrogenzyanid n, Hydrogencyanid n
**hydrocyanite** n (Min) / Chalkocyanit m (Kupfer(II)-sulfat), Chalkozyanit m, Hydrocyanit m, Hydrozyanit m
**hydrocyclone*** n (Min Proc) / Hydrozyklon m (ein Gerät zum Wasserklären, Eindicken und Klassieren von Suspensionen, zum Abtrennen von Feststoffen aus Flüssigkeiten)

**hydrocylinder**

**hydrocylinder** n (Eng) / hydraulischer Linearmotor, Hydrozylinder m (geradlinig arbeitendes Gerät zum Umwandeln von hydrostatischer Energie in mechanische Energie)
**hydrodealkylation** n (Chem Eng) / Hydrodealkylierung f (chemisches Verfahren zur Abspaltung von Seitenketten aromatischer Ringe in Gegenwart von Wasserstoff), Hydrodesalkylierung f, hydrierende Desalkylierung
**hydrodesulphurization** n (Chem Eng) / Hydrodesulfurierung (HDS) f (Entfernung von Schwefel unter Hydrierungsbedingungen), HDS (Entfernung von Schwefel unter Hydrierungsbedingungen)
**hydrodimerization** n (Chem Eng) / Hydrodimerisierung f, Hydrodimerisation f, reduktive Dimerisierung
**hydrodynamic** adj (Mech) / hydrodynamisch adj
**hydrodynamical** adj (Mech) / hydrodynamisch adj ‖ ~ **log** (Ships) / Staudrucklog n, hydrodynamisches Log
**hydrodynamic brake** (Eng) / hydrodynamische Bremse (für Schienen- und Straßenfahrzeuge), Retarder m ‖ ~ **coupling** (Eng) / Turbokupplung f, hydrodynamische Kupplung, Flüssigkeitskupplung f (zur stufenlosen Drehzahlanpassung ohne Drehmomentwandlung als stoß- und schwingungsdämpfender Überlastschutz), Strömungskupplung f, Föttinger-Kupplung f ‖ ~ **distant forces** (Phys) / hydrodynamische Fernkräfte (Kräfte auf volumenpulsierte Teilchen, z.B. Gasblasen, innerhalb einer Flüssigkeit, in der sich periodische Deformationen ausbreiten) ‖ ~ **drawing** (Met) / hydrodynamisches Ziehen, Ziehen n mit hydrodynamischer Druckerzeugung ‖ ~ **equation of motion** (Meteor) / hydrodynamische Bewegungsgleichung ‖ ~ **gas bearing** (Eng) / gasdynamisches Lager (Gleitlager mit gasdynamischer Schmierung) ‖ ~ **log** (Ships) / hydrodynamisches Log (Anlage zur Messung der Schiffsgeschwindigkeit durch Ausnutzung der Abhängigkeit zwischen Schiffsgeschwindigkeit und dynamischem Druck), Stevenlog n (hydrodynamisches Log) ‖ ~ **lubrication*** (Eng) / hydrodynamische Schmierung f (Trennung von Kontaktpartnern durch einen flüssigen Schmierfilm, der durch die Relativbewegung erzeugt wird), vollflüssige Schmierung (mittels Flüssigkeiten nach DIN ISO 4378-3), Vollschmierung f, Schmierung f durch hydrodynamische Kräfte (Schmierungszustand, bei dem durch die Relativbewegung der Reibpartner im Reibspalt ein unter Druck stehender Schmierfilm aufgebaut wird, der die Oberflächen der Reibpartner vollständig voneinander trennt) ‖ ~ **paradox** (Phys) / hydrodynamisches Paradoxon (die in Gas- oder Flüssigkeitsstrahlen durch Stromlinienkrümmung hervorgerufene Unterdruck führt dazu, dass an seiner Berandung befindliche Teile angezogen werden) ‖ ~ **power transmission*** (Eng) / Drehmomentwandler m (hydrodynamischer), Föttinger-Getriebe n, Föttinger-Wandler m (zur stufenlosen Drehzahlanpassung und Drehmomentwandlung zwischen Kraft- und Arbeitsmaschinen), Föttinger-Transformator m, Strömungsgetriebe n, dynamisches Flüssigkeitsgetriebe, hydrodynamisches Getriebe ‖ ~ **pressure** (Phys) / hydrodynamischer Druck, statischer Druck (bei strömenden Flüssigkeiten)
**hydrodynamics*** n (Mech) / Hydrodynamik f (ein Teilgebiet der Hydromechanik)
**hydrodynamic tank** (Aero, Ships) / Wasserkanal m (für hydrodynamische Versuche)
**hydroelastic suspension** / [hydraulische] Verbundfederung f
**hydroelectric** adj / hydroelektrisch adj ‖ ~ **forming** (Eng) / hydroelektrische Umformung (mit einem Unterwasserblitz) ‖ ~ **generating set*** (Elec Eng) / Wasserkraftgenerator m, Maschinensatz m im Wasserkraftwerk, hydraulische Generatorgruppe, Wasserkraftmaschinensatz m, Hydrogenerator m ‖ ~ **generating** (or power) **station*** (Elec Eng) / Wasserkraftwerk n, hydroenergetische Zentrale, Wasserkraftanlage f (DIN 4048-2), Hydroelektrizitätswerk n ‖ ~ **generator** (Elec Eng) / Wasserkraftgenerator m, Maschinensatz m im Wasserkraftwerk, hydraulische Generatorgruppe, Wasserkraftmaschinensatz m, Hydrogenerator m ‖ ~ **power** (electric power generated by using the kinetic energy of flowing water) (Elec Eng, Phys) / Wasserkraft f (die Energie, die in Wasser enthalten ist), Hydroenergie f, Strom f aus Wasserenergie ‖ ~ **power plant** (Elec Eng) / Wasserkraftwerk n, hydroenergetische Zentrale, Wasserkraftanlage f (DIN 4048-2), Hydroelektrizitätswerk n ‖ ~ **power station*** (Elec Eng) / Wasserkraftwerk n, hydroenergetische Zentrale, Wasserkraftanlage f (DIN 4048-2), Hydroelektrizitätswerk n
**hydroextract** v (Textiles) / schleudern vt (um Feuchtigkeit zu entfernen)
**hydroextracting** n **down to 20%** / Abschleudereffekt m von 20%
**hydroextraction** n (Mining) / hydromechanische Gewinnung (von Gold, von Kohle), Hydrogewinnung f, Hydroabbau m
**hydroextractor** n / Trockenzentrifuge f, Schleudertrockner m, Trockenschleuder f
**hydrofining*** n (Oils) / Hydrofining n (katalytische Entschwefelung und Produktverbesserung von Erdölfraktionen bei Anwesenheit von Wasserstoff - eine Mitteldruckraffination)

**hydrofluoric acid*** (the acid formed when hydrogen fluoride dissolves in water) (Chem) / Flusssäure f, Fluorwasserstoffsäure f
**hydrofluoric-acid alkylation** (Chem) / Alkylierung f in Gegenwart von HF, HF-Alkylierung f
**hydrofluorocarbon** n (Chem) / teilhalogenierter Fluorkohlenwasserstoff
**hydrofluorosilicic acid** (Chem) / Hexafluorokieselsäure f, Fluorokieselsäure f, Kieselfluorwasserstoffsäure f
**hydrofluosilicic acid** (Chem) / Hexafluorokieselsäure f, Fluorokieselsäure f, Kieselfluorwasserstoffsäure f
**hydrofoil** n (Paper) / Hydrofoil n, Streichleiste f (einer Langsiebpapiermaschine) ‖ ~* (Ships) / Tragflügel m, Gleitfläche f (z.B. des Tragflügelbootes), Wassertragflügel m, Tragfläche f des Tragflächenbootes ‖ ~ **boat** (Ships) / Tragflügelboot n, Tragflächenboot n, Hydrofoil n (pl. -s) (Tragflügelboot) ‖ ~ **boat with surface-piercing foils** (Ships) / Tragflächenboot n mit halbgetauchten Tragflügeln ‖ ~ **craft** (Ships) / Tragflügelboot n, Tragflächenboot n, Hydrofoil n (pl. -s) (Tragflügelboot)
**hydroforming*** n (Eng) / Hydroforming-Prozess m (Ziehen mit gesteuertem Druck gegen Gummimembran), Hydroformverfahren n, hydrostatisches Ziehen (mit flüssigen Wirkmedien als Druckübertragungsmitteln), Innenhochdruckumformverfahren n ‖ ~* (Oils) / Hydroforming n (katalytisches Reformieren), Hydroformieren n (Verfahren zur Gewinnung von Naphthenen und Paraffinen des Erdöls)
**Hydroform process** (Eng) / Hydroforming-Prozess m (Ziehen mit gesteuertem Druck gegen Gummimembran), Hydroformverfahren n, hydrostatisches Ziehen (mit flüssigen Wirkmedien als Druckübertragungsmitteln), Innenhochdruckumformverfahren n
**hydroformylation** n (Chem) / Oxosynthese f, Hydroformylierung f, Roelen-Prozess m
**hydrofracture** n (Civ Eng) / hydraulischer Grundbruch (nach dem Einpressen von hydraulischen Bindemitteln in den Baugrund)
**hydrofracturing** n (Geol, Oils) / Hydraulic-Fracturing-Verfahren n, hydraulische Frac-Behandlung f (Aufbrechen einer Öllagerstätte durch hydraulische Überdrücke zur Erhöhung oder Erhaltung der Förderleistung einer Sonde), Frac-Behandlung f (Erzeugung künstlicher Klüfte in einer geologischen Formation durch Einpressen von Flüssigkeiten und ggf. Sand über eine Bohrung unter hohem Druck zur Erhöhung der Gebirgsdurchlässigkeit), Fracturing-Verfahren n
**hydrogasification** n (Mining) / hydrierende Vergasung
**hydrogel*** n (Chem) / Hydrogel n (Lyogel mit Wasser als Dispersionsmittel)
**hydrogen*** n (Chem) / Wasserstoff m, H (Wasserstoff) ‖ ~ **acceptor** (Chem) / Wasserstoffakzeptor m (bei der Hydrierung) ‖ ~ **acid** (Chem) / Wasserstoffsäure f (außer Wasserstoff nur ein Element oder ein einfaches Radikal enthaltende Säure, z.B. HBr oder HCN) ‖ ~ **analysis** / Wasserstoffanalyse f
**hydrogenase** n (Chem) / Hydrogenase f
**hydrogenation*** n (Chem) / Hydrieren n, Hydrierung f ‖ ~ **catalyst** (Chem Eng) / Hydrierungskatalysator m ‖ ~ **of coal** (Chem Eng) / Kohlehydrierung f (Verflüssigungsverfahren von Kohle unter Wasserstoffanlagerung zur Herstellung von Kohlenwasserstoffen), Kohlenhydrierung f (eine Art Kohleveredlung), Kohleverflüssigung f (direkte, indirekte) ‖ ~ **of fats and oils** (Chem, Nut) / Fetthärtung f (Umwandlung flüssiger in feste Fette durch partielle Hydrierung der ungesättigten Acyllipide, häufig unter Verwendung von Nickelkatalysatoren), Härtung f (flüssiger Fette), Ölhärtung f, Fetthydrierung f ‖ ~ **slurry** (Oils) / Hydrierungsschlamm m ‖ ~ **under pressure** (Chem Eng) / Druckhydrierung f
**hydrogen atom** (Chem) / Wasserstoffatom n ‖ ~ **atom emission spectrum** (Spectr) / Wasserstoffatom-Emissionsspektrum n ‖ ~ **attack** (Met) / Wasserstoffangriff m ‖ ~ **azide** (Chem) / Stickstoffwasserstoffsäure f (HN$_3$), Azoimid n, Hydrogenazid n
**hydrogen-based fuel** (Fuels) / Brennstoff m auf Wasserstoffbasis, Kraftstoff m auf Wasserstoffbasis
**hydrogen blistering** (Met) / Wasserstoffblasenbildung f (ein Werkstofffehler) ‖ ~ **bomb*** (Mil) / Wasserstoffbombe f (ein thermonuklearer Sprengkörper), H-Bombe f (Wasserstoffbombe) ‖ ~ **bond*** (a weak electrostatic bond that forms between covalently bonded hydrogen atoms and a strongly electronegative atom with a lone pair of electrons ) (Chem) / Wasserstoffbrückenbindung f, H-Bindung f, Wasserstoffbindung f, Wasserstoffbrücke f, H-Brücke f ‖ ~ **bonding*** (Chem) / Wasserstoffbrückenbindung f, H-Bindung f, Wasserstoffbindung f, Wasserstoffbrücke f, H-Brücke f ‖ ~ **bridge** (Chem) / Wasserstoffbrückenbindung f, H-Bindung f, Wasserstoffbindung f, Wasserstoffbrücke f, H-Brücke f ‖ ~ **brittleness** (Met) / Wasserstoffsprödigkeit f ‖ ~ **brittleness of copper** (Met) / Wasserstoffkrankheit f des Kupfers (in der bei wasserstoffhaltigen Atmosphäre - DIN 50900) ‖ ~ **bromide*** (Chem) / Bromwasserstoff m, Hydrogenbromid n ‖ ~ **bromide*** (Chem) s. also

hydrobromic acid || **~ build-up** (Materials) / Wasserstoffansammlung f (im Werkstoff) || **~ carbonate** (a salt of carbonic acid in which one hydrogen atom has been replaced) (Chem) / Hydrogenkarbonat n, Hydrogencarbonat n || **~ cation exchange** (Chem) / Wasserstoffaustausch m, H-Austausch m || **~ chloride*** (Chem) / Chlorwasserstoff m, Hydrogenchlorid n || **~ chloride*** (Chem) s. also hydrochloric acid || **~ compound** (Chem) / Wasserstoffverbindung f
**hydrogen-cooled machine** (Elec Eng) / wasserstoffgekühlte Maschine
**hydrogen cooling*** (Elec Eng) / Wasserstoffkühlung f || **~ cyanide*** (Chem) / Cyanwasserstoffsäure f (Ameisensäurenitril), Zyanwasserstoffsäure f, Cyanwasserstoff m, Zyanwasserstoff m (gasförmige Blausäure), Blausäure f (Nitril der Ameisensäure), Hydrogenzyanid n, Hydrogencyanid n || **~ cycle** (Chem) / Wasserstoffaustausch m, H-Austausch m || **~ cylinder** / Wasserstoffflasche f || **~ damage** (Materials, Met) / Wasserstoffschädigung f (Sammelbezeichnung für Wasserstoffblasenbildung, Wasserstoffversprödung, Entkohlung und Wasserstoffangriff) || **~ disulphide** (Chem) / Schwefelwasserstoff m, Hydrogensulfid n ($H_2S$) || **~ donor** / Wasserstoffdonator m (bei der Hydrierung) || **~ electrode*** (a reference electrode) (Chem) / Wasserstoffelektrode f || **~ embrittlement*** (Materials, Met) / Wasserstoffversprödung f, H-Versprödung f (durch atomar aufgenommenen Wasserstoff) || **~ embrittlement of copper** (Met) / Wasserstoffkrankheit f des Kupfers (in heißer wasserstoffhaltiger Atmosphäre - DIN 50900) || **~ energy technology** / Wasserstoffenergietechnik f
**hydrogenesis** n (pl. -geneses) (Geol) / Wasserbildung f durch Kondensation (im Boden) || **~** (pl. -geneses) (Geol) / Hydrogenie f
**hydrogen evolution** (Chem Eng) / Wasserstofferzeugung f, Wasserstoffentwicklung f, Wasserstoffproduktion f
**hydrogen-evolution type of corrosion** (Surf) / Wasserstoffkorrosionstyp m
**hydrogen fermentation** (Physiol) / Wasserstoffgärung f || **~ flame** / Wasserstoffflamme f || **~ fluoride*** (Chem) / Fluorwasserstoff m (HF), Hydrogenfluorid n || **~ fuel cell** / Wasserstoff-Brennstoffzelle f || **~ gas** (Chem) / Wasserstoffgas n || **~ generation** (Chem Eng) / Wasserstofferzeugung f, Wasserstoffentwicklung f, Wasserstoffproduktion f || **~ half-cell** / Wasserstoffhalbelement n || **~ halide** (Chem) / Halogenwasserstoff m, HX (Halogenwasserstoff)
**hydrogenic** adj / wasserstoffähnlich adj || **~ atomic orbital** (obtained by solving the Schrödinger equation for the hydrogen ion) (Nuc) / Atomorbital m des Wasserstoffatoms (das man durch Lösung der zeitunabhängigen Schrödinger-Gleichung erhält) || **~ ion** (Phys) / wasserstoffähnliches Ion (das wie das Wasserstoffatom aus einem Kern und aus einem diesen umkreisenden Elektron besteht)
**hydrogen-induced corrosion** (Surf) / wasserstoffinduzierte Korrosion (Oberbegriff für eine Reihe von Phänomenen, die durch Wechselwirkung von Wasserstoff mit metallischen Werkstoffen hervorgerufen werden) || **~ cracking** (Materials) / wasserstoffinduzierte Rissbildung, H-induzierte Rissbildung
**hydrogen iodide*** (Chem) / Iodwasserstoff m, Hydrogeniodid n || **~ iodide*** (Chem) s. also hydriodic acid || **~ ion*** (Chem) / Wasserstoffion n, H-Ion n (Ion des Wasserstoffs)
**hydrogen-ion concentration*** s. also pH value || **~ concentration*** (Chem) / Wasserstoffionenkonzentration f
**hydrogen laser** (Phys) / Wasserstofflaser m
**hydrogen-like** adj / wasserstoffähnlich adj
**hydrogen line** (Spectr) / Wasserstofflinie f (im Wasserstoffspektrum) || **~ maser** (Phys) / Wasserstoffmaser m || **~ molecule** (Chem) / Wasserstoffmolekül n (das einfachste und kleinste aller neutralen Moleküle)
**hydrogenolysis** n (pl. -lyses) (Chem) / Hydrogenolyse f (Spaltung einer Bindung durch Wasserstoff)
**hydrogenous*** adj (Chem) / wasserstoffhaltig adj || **~ moderator** (Nuc Eng) / wasserstoffhaltiger Moderator
**hydrogen overpotential** (Chem) / Wasserstoffüberspannung f || **~ overvoltage** (Chem) / Wasserstoffüberspannung f
**hydrogen-oxygen fuel cell** (Fuels) / Knallgaskette f (eine Brennstoffzelle), Wasserstoff/Sauerstoff-Brennstoffzelle f (eine unter formaler Umkehrung der Elektrolyse des Wassers arbeitende Brennstoffzelle)
**hydrogen peroxide*** (Chem) / Wasserstoffperoxid n ($H_2O_2$), Hydrogenperoxid n
**hydrogen-peroxide bleaching** (Textiles) / Wasserstoffperoxidbleiche f || **~ oxidation** (San Eng) / Wasserstoffperoxidoxidation f (ein Verfahren der chemischen Abwasserbehandlung)
**hydrogen persulphide** (Chem) / Polysulfan n, Polyschwefelwasserstoff m, Wasserstoffpolysulfid n || **~ persulphide** s. also sulphane || **~ phosphide*** (Chem) / Phosphan n, Phosphorwasserstoff m, Phosphin n
**hydrogen-powered vehicle** / Fahrzeug n mit Wasserstoffantrieb, wasserstoffangetriebenes Fahrzeug

**hydrogen pressure** (Chem Eng) / Wasserstoffdruck m || **~ radical** (Chem) / Wasserstoffradikal n || **~ radius** (Phys) / Wasserstoffradius m (Bohrscher) || **~ salts** (Chem) / Hydrogensalze n pl (die den Säurewasserstoff enthalten), Hydrosalze n pl || **~ scale*** (Chem) / Wasserstoffskale f (der Elektrodenpotentiale) || **~ selenide** (Chem) / Selenwasserstoff m ($H_2Se$) || **~ side** / Wasserstoffseite f (der Brennstoffzelle) || **~ spectrum** (Phys, Spectr) / Wasserstoffspektrum n (Spektrum des Wasserstoffgases) || **~ storage** / Wasserstoffspeicherung f, Wasserstofflagerung f || **~ sulphate** (Chem) / Hydrogensulfat n || **~ sulphide*** (Chem) / Schwefelwasserstoff m, Hydrogensulfid n ($H_2S$) || **~ sulphite** (Chem) / Hydrogensulfit n, Hydrogensulfat(IV) n, [technisch auch] Bisulfit n || **~ swell** (Nut) / Wasserstoffbombage f || **~ tank** / Wasserstofftank m, Wasserstoffspeicher m || **~ tellurate** (Chem) / Orthotellursäure f, Tellursäure f ($H_6TeO_6$) || **~ telluride** (Chem) / Tellurwasserstoff m ($TeH_2$), Tellan n || **~ thermometer** / Wasserstoffthermometer n (Typ eines Gasthermometers in Verbindung mit einem Quecksilbermanometer) || **~ thyratron*** (Electronics, Radar) / Wasserstoffthyratron n || **~ transfer** (Chem) / Wasserstofftransfer m || **~ treating** (Fuels, Oils) / Hydrotreating n (Kohlehydrierung, bei der die Qualität flüssiger Kohlenwasserstoffe verbessert wird, indem sie in Gegenwart eines Katalysators verschieden hohem Wasserstoffdruck ausgesetzt werden), Wasserstoffbehandlung f || **~ treating** (Oils) / Hydrotreating n (ein Verfahren zur Entfernung von Schwefel und Stickstoff aus Rohmaterialien durch Ersetzen mit Wasserstoff)
**hydrogen-type corrosion** (Surf) / Wasserstoffkorrosion f || **~ of corrosion** (Surf) / Wasserstoffkorrosionstyp m
**hydrogeochemistry** n (Chem) / Hydrogeochemie f, Geochemie f des Wassers
**hydrogeologic** adj (Geol) / hydrogeologisch adj
**hydrogeological** adj (Geol) / hydrogeologisch adj
**hydrogeologist** n (Geol) / Hydrogeologe m
**hydrogeology*** n (Geol) / Hydrogeologie f (Zweig der angewandten Geologie nach DIN 4049, T 1), Geohydrologie f (Lehre vom Grundwasserhaushalt)
**hydrographical surveying*** (Cartography, Surv) / Gewässerdarstellung f (kartografische Darstellung fließender und stehender Gewässer sowie hydrotechnischer Anlagen)
**hydrographic area** (Geol) / Abflussgebiet n (im Allgemeinen) || **~ chart** (Cartography) / hydrografische Karte
**hydrography*** n / Hydrografie f (veraltete Bezeichnung zur Beschreibung der festländischen Oberflächengewässer)
**hydrogrossular*** n (Min) / Hydrogrossular m (ein Granat), Katoit m (ein Granat)
**hydrohalide** (Chem) / Hydrohalogenid n (halogenwasserstoffsaures Salz einer basischen organischen Verbindung)
**hydrohalogenation** n (Chem) / Hydrohalogenierung f
**hydroiodic acid** (Chem) / Iodwasserstoffsäure f
**hydrojet** n / Wasserstrahl m || **~ propulsion** / Wasserstrahlantrieb m (ein Reaktionsantrieb)
**hydrokinematic** adj (Mech) / hydrokinematisch adj
**hydrokinematics** n (Mech) / Hydrokinematik f
**hydrokinetic** adj (Mech) / hydrokinetisch adj
**hydrokinetics** n (Mech) / Hydrokinetik f
**hydrol** n (Nut) / Hydrol n, Dextroseablauf m (bei der Stärkefabrikation)
**hydrolase** n (Biochem) / Hydrolase f (ein Enzym, das große Moleküle unter Wasserabspaltung zerstört - eine Hauptklasse der Enzyme)
**hydroliquefaction** n (Mining) / hydrierende Verflüssigung
**hydrologic** adj / hydrologisch adj
**hydrological** adj / hydrologisch adj || **~ cycle** (Meteor) / hydrologischer Zyklus, Wasserkreislauf m (natürlicher)
**hydrologic cycle** (Meteor) / hydrologischer Zyklus, Wasserkreislauf m (natürlicher) || **~ forecast** (Hyd Eng) / Abflussvorhersage f || **~ year** (Hyd Eng) / hydrologisches Jahr (Deutschland: 1.11. bis 31.10.; GB und USA: 1.10. bis 30.9.), Abflussjahr n
**hydrology*** n (Geol) / Hydrologie f (DIN 4049), Gewässerkunde f (DIN 4049)
**hydrolyase** n (Biochem) / Hydrolyase f
**hydrolysable** adj (Chem) / hydrolysierbar adj (z.B. Stickstoff) || **~ tannin** (Leather) / hydrolysierbarer Gerbstoff (Gallusgerbsäure)
**hydrolysate** n (Chem) / Hydrolysat n (Produkt der Hydrolyse)
**hydrolyse** v (Chem) / hydrolysieren v
**hydrolysed vegetable protein*** (Chem, Nut) / Eiweißhydrolysat n (als Speisewürze), Proteinhydrolysat n
**hydrolysis** n (pl. -lyses)* (Chem) / Hydrolyse f (Protolyse oder Solvolyse) || **~ lignin** (For) / Hydrolysenlignin n (Rückstand, der bei der technischen Säurehydrolyse des Holzes anfällt)
**hydrolytic** adj (Chem) / hydrolytisch adj || **~ bacteria** / hydrolytische Bakterien || **~ class** (Glass) / hydrolytische Klasse (1 bis 5), HK (hydrolytische Klasse)

**hydrolyzable**

**hydrolyzable** *adj* (US) (Chem) / hydrolysierbar *adj* (z.B. Stickstoff)
**hydrolyzate** *n* (US) (Chem) / Hydrolysat *n* (Produkt der Hydrolyse)
**hydrolyze** *v* (US) (Chem) / hydrolysieren *v*
**hydromagnesite*** *n* (Min) / Hydromagnesit *m* (Magnesiumhydroxidkarbonat)
**hydromagnetic*** *adj* (Phys) / hydromagnetisch *adj*, magnetohydrodynamisch *adj* || ~* (Phys) / hydromagnetisch *adj*, magnetohydrodynamisch *adj* || ~ **instability** (Plasma Phys) / magnetohydrodynamische Instabilität, MHD-Instabilität *f* || ~ **propulsion** / hydromagnetisches Stoßrohr, MHD-Triebwerk *n* (Beschleunigung von Entladungsplasmen durch die Lorentz-Kraft)
**hydromagnetics** *n* (Phys) / Magnetohydrodynamik *f*, MHD
**hydromagnetic wave** (Phys) / Alfvén-Welle *f* (eine transversale magnetohydrodynamische Welle - nach dem schwedischen Physiker Hannes Alfvén, 1908-1995 benannt)
**hydromechanical** *adj* (Mech) / hydromechanisch *adj* || ~ **log** (Ships) / hydromechanisches Log
**hydromechanics** *n* (Mech) / Hydromechanik *f* (Lehre vom Gleichgewicht und von der Bewegung aller tropfbaren Flüssigkeiten und inkompressiblen Strömungsmedien)
**hydromechanization** *n* (Mining) / hydromechanische Gewinnung (von Gold, von Kohle), Hydrogewinnung *f*, Hydroabbau *m*
**hydrometallurgy*** *n* (Met) / Nassmetallurgie *f* (Sektor der Metallurgie, der sich mit der Gewinnung von Metallsalzen, bzw. mit Aufschluss der Erze mit Hilfe wässriger Lösungen befasst), Hydrometallurgie *f*
**hydrometeor*** *n* (Meteor) / Hydrometeor *m* (die aus der Phasenumwandlung vom gasförmigen in den flüssigen oder festen Zustand des Wasserdampfes entstehenden flüssigen oder festen Partikel - Tau, Regen) || ~ **clutter** (Radar) / Regenecho *n*, Regenstörung *f*
**hydrometeorology** *n* (Meteor) / Hydrometeorologie *f* (Teilgebiet der Meteorologie, das sich mit dem Verhalten des Wasserdampfs und seiner Kondensationsprodukte befasst)
**hydrometer** *n* (Autos) / Säureprüfer *m*, Säuremesser *m*, Hydrometer *n* (Säureprüfer), Batteriesäureprüfer *m* || ~* (Phys) / Senkspindel *f*, Senkwaage *f*, Aräometer *n*, Spindel *f*, Flüssigkeitswaage *f*
**hydrometric** *adj* (Phys) / aräometrisch *adj*
**hydrometry** *n* (Hyd Eng) / Hydrometrie *f*, Wassermessungslehre *f* || ~ (Phys) / Dichtebestimmung *f*, Dichtemessung *f* (bei Flüssigkeiten)
**hydromica** *n* (Min) / Hydroglimmer *m* (zusammenfassende Bezeichnung für glimmerartige Minerale, bei denen an Stelle einiger Kationen $H_2O$-Moleküle in den Gitterverband eintreten)
**hydromorphic** *adj* (Geol) / hydromorph *adj* (Boden, z.B. Pseudogley)
**hydromorphous** *adj* (Geol) / hydromorph *adj* (Boden, z.B. Pseudogley)
**hydro-mount** *n* / Hydrolager *n* (hydraulisch gedämpftes Aggregatelager)
**Hydronalium** *n* (Met) / Hydronalium *n* (seewasserfeste Al-Mg-Legierung mit Mn, Si, Zn)
**hydronic heating** (Build, Heat) / Warmwasserheizung *f* (mit Wasser als Wärmeträger - DIN 4725), Heißwasserheizung *f*
**hydronics** *n* (US) (Build, Heat) / Warmwasserheizung *f* (mit Wasser als Wärmeträger - DIN 4725), Heißwasserheizung *f*
**hydronitric acid** (Chem) / Stickstoffwasserstoffsäure *f* ($HN_3$), Azoimid *n*, Hydrogenazid *n*
**hydronium ion*** (Chem) / Hydroxonium-Ion *n*, Oxonium-Ion *n* (Wasser-Cluster-Ion), Hydronium-Ion *n* (ein einfach hydratisiertes Proton)
**hydronuclear** *adj* (Mil, Nuc) / hydronuklear *adj*
**hydrooptics** *n* (Optics) / Hydrooptik *f* (Lehre vom Verhalten des Lichtes in reinem Wasser sowie an den Grenzflächen und im Inneren natürlicher Gewässer)
**hydro-oxygen cell** (Fuels) / Knallgaskette *f* (eine Brennstoffzelle), Wasserstoff/Sauerstoff-Brennstoffzelle *f* (eine unter formaler Umkehrung der Elektrolyse des Wassers arbeitende Brennstoffzelle)
**hydropathy** *n* (Med) / Hydrotherapie *f*, Wasserheilbehandlung *f*, Hydropathie *f*, Hydriatrie *f* (Anwendung von Wasser zu Heilzwecken)
**hydroperoxide*** *n* (Chem) / Hydroperoxid *n* (Sammelname für organische Verbindungen mit der Gruppe -O.OH)
**hydroperoxycarboxylic acid** (Chem) / Hydroperoxykarbonsäure *f*, Hydroperoxycarbonsäure *f*
**hydrophane*** *n* (Min) / Hydrophan *m*, Milchopal *m*, Wasseropal *m* (ein durch Wasserverlust trüb gewordener Edelopal, der durch Wasseraufnahme vorübergehend durchscheinend und farbenspielend wird)
**hydrophilic** *adj* (Biol) / hydrophil *adj* || ~ (Chem, Phys, Textiles) / hydrophil *adj*, Wasser anziehend, Wasser aufnehmend || ~ **colloid*** (Chem) / hydrophiles Kolloid, Wasser anziehendes Kolloid || ~ **end** (Chem) / hydrophiles Ende

**hydrophilicity scale** (Paint) / Hydrophilitätsreihe *f* (eine Aufstellung unterschiedlicher organischer und anorganischer Pigmente in der Reihenfolge ihrer Benetzungswärme beim Kontakt mit Wasser, Polaritätsreihe *f*
**hydrophilic-lipophilic balance** (Chem) / hydrophil-lipophiles Gleichgewicht, HLB-Wert *m* (zur Charakterisierung von Emulgatoren)
**hydrophilizing** *n* (Textiles) / Hydrophilierung *f*
**hydrophobic** *adj* (Chem, Phys) / nicht benetzbar || ~ *adj* (Biol) / hydrophob *adj* || ~ (Chem, Phys, Textiles) / hydrophob *adj*, wasserabweisend *adj*, Wasser abweisend *adj*, wasserabstoßend *adj*, Wasser abstoßend *adj* || ~ **agent** (Textiles) / Hydrophobiermittel *n*, Hydrophobierungsmittel *n*, Imprägniermittel *n* || ~ **bonding** (Biochem) / hydrophobe Bindung (von Proteinen) || ~ **cement*** (Build, Civ Eng) / hydrophobierter Zement || ~ **chromatography** (Chem) / hydrophobe Interaktionschromatografie, hydrophobe Chromatografie *f* (eine Unterart der Affinitätschromatografie) || ~ **colloid*** (Chem) / hydrophobes Kolloid, Wasser abweisendes Kolloid || ~ **end** (Chem) / hydrophobes Ende || ~ **interaction** (an interaction between a hydrophobic part of a molecule and an aqueous environment) (Biochem) / hydrophobe Wechselwirkung || ~ **interaction chromatography** (Chem) / hydrophobe Interaktionschromatografie, hydrophobe Chromatografie *f* (eine Unterart der Affinitätschromatografie)
**hydrophobicity** *n* / Hydrophobie *f* (DIN EN ISO 862)
**hydrophobizing** *n* (Civ Eng, Textiles) / Hydrophobierung *f*
**hydrophone** *n* (Acous, Geol, Phys) / Hydrophon *n* (Schallwandler, der ein zum akustischen Signal analoges elektrisches Signal erzeugt - DIN 1320), Unterwasserhorchgerät *n*, Unterwassermikrofon *n*, Unterwasserschallempfänger *m*, Hydrofon *n*
**hydrophyte*** *n* (Bot) / Hydrophyt *m* (pl. -en), Wasserpflanze *f*
**hydroplane** *v* (Aero) / auf Stufe rollen (Wasserflugzeug) || ~ *n* (a misnomer or US) (Aero) / Wasserflugzeug *n* || ~* (Ships) / Gleitboot *n*, Stufenboot *n*
**hydroplanetary transmission** (Eng) / hydraulisches Planetengetriebe, Hydraulik-Planetengetriebe *n*
**hydroplaning** *n* (an operating condition in which the water on a wet runway or surface is not displaced from the nominal tyre-ground contact area by the rolling tyre or by a moving but not-rotating tyre at a rate fast enough to allow the tyre to make contact with the ground surface over its complete nominal footprint area , as would be the case on a dry ground surface) (Autos) / Wasserglätte *f* (das Rutschen, Gleiten der Reifen eines Kraftfahrzeugs auf Wasser, das sich auf einer regennassen Straße gesammelt hat), Aquaplaning *n*, Aufschwimmzustand *m*
**hydropneumatic** *adj* / pneumohydraulisch *adj*, hydropneumatisch *adj*
**hydroponics*** *pl* (growing of plants in a nutrient with the mechanical support of an inert medium such as sand) (Bot) / Hydroponik *f* (erdlose Kultur von höheren Pflanzen), Hydrokultur *f*, Wasserkultur *f* (von höheren Pflanzen)
**hydroport** *n* (Aero) / Wasserflugplatz *m* (inländischer)
**hydropower** *n* (Elec Eng, Phys) / Wasserkraft *f* (die Energie, die in Wasser enthalten ist), Hydroenergie *f*, Strom *f* aus Wasserenergie
**hydropyrolysis** *n* (Chem Eng) / Hydropyrolyse *f*
**hydroquinol** *n* (Chem, Photog) / Hydrochinon *n*, 1,4-Dihydroxybenzol *n* (ein zweiwertiges Phenol)
**hydroquinone*** *n* (Chem, Photog) / Hydrochinon *n*, 1,4-Dihydroxybenzol *n* (ein zweiwertiges Phenol) || ~ **carboxylic acid** (Chem) / Gentisinsäure *f*, Hydrochinoncarbonsäure *f*, Hydrochinonkarbonsäure *f* (2,5-Dihydroxybenzoesäure), 2,5-DHBA || ~ **developer** (Photog) / Hydrochinonentwickler *m* || ~ **dimethyl ether** (Chem) / Hydrochinondimethylether *m*, 1,4-Dimethoxybenzol *n*
**hydrorefining** *n* (Chem Eng) / hydrierende Raffination, Hydrofining *n* (hydrierende Raffination), Druckwasserstoffraffination *f*, Wasserstoffbehandlung *f*, Hydroraffination *f*
**hydrosetting** *n* (Textiles) / Hydrofixieren *n*, Hydrofixierung *f*
**hydrosilylation** *n* (Chem Eng) / Hydrosilylierung *f* (Synthese von siliziumorganischen Verbindungen)
**hydrosizer** *n* (Min Proc) / Nassklassierer *m*
**hydroskimmer** *n* (Ships) / Hydroskimmer *m*, Luftkissenfahrzeug *n* (nicht voll flugfähiges Schwebefahrzeug)
**hydroskis*** *pl* (Aero) / [einziehbare] Wasserskis *m* pl
**hydrosol*** *n* (Chem) / Hydrosol *n* (kolloiddisperse, inkohärente Lösung eines festen Stoffes in Wasser)
**hydrosound** *n* (Acous) / Hydroschall *m*, Wasserschall *m* (Schall im Medium Wasser - DIN 1320)
**hydrospace** *n* (Geol, Ocean) / Hydrosphäre *f* (die Wasserhülle der Erde)
**hydrospark process** (Eng) / Hydrospark-Verfahren *n* (Hochleistungsumformung, die auf der plötzlichen Entladung stark aufgeladener Kondensatoren unter Wasser über eine Funkenstrecke zwischen zwei Elektroden beruht),

elektrohydraulische Umformung (eine Hochleistungsumformung nach DIN 8585)
**hydrosphere*** n (Geol, Ocean) / Hydrosphäre f (die Wasserhülle der Erde)
**hydrospinning** n (Eng) / Projizierstreckdrücken n
**hydrostannylation** n (Chem) / Hydrostannierung f, Hydrostannylierung f
**hydrostat** n / Hygrostat m, Feuchtigkeitsregler m, Feuchtigkeitskonstanthalter m
**hydrostatic** adj (Mech) / hydrostatisch adj
**hydrostatical** adj (Mech) / hydrostatisch adj
**hydrostatic balance** (Phys) / hydrostatische Waage (zur Dichtebestimmung von Festkörpern und Flüssigkeiten durch Ermittlung des Auftriebs) ‖ ~ **bearing** (Eng) / hydrostatisches Lager (Gleitlager mit hydrostatischer Schmierung - DIN ISO 4378-1) ‖ ~ **drawing** (Met) / hydrostatisches Ziehen (mit hydrostatischer Druckerzeugung), Ziehen n mit hydrostatischer Druckerzeugung ‖ ~ **drive** (Eng) / Hydrostatantrieb m, hydrostatischer Antrieb ‖ ~ (**fundamental**) **equation** (Phys) / hydrostatische Grundgleichung ‖ ~ **extrusion*** (Met) / hydrostatisches Strangpressen (z.B. von Wolfram oder Beryllium) ‖ ~ **extrusion-drawing** (Eng) / Hydraw-Verfahren n (Verfahrenskombination zwischen hydrostatischem Strangpressen und Draht- oder Stabziehen) ‖ ~ **gas bearing** (Eng) / gasstatisches Lager (Gleitlager mit gasstatischer Schmierung) ‖ ~ **head** (Phys) / hydrostatischer Druck, Druck m der ruhenden Flüssigkeit, Flüssigkeitsdruck m in ruhender Flüssigkeit, isotroper Druck ‖ ~ **jacking system** (Eng) / hydrostatische Anfahrhilfe (die beim Anlauf von Großmaschinen das Durchfahren des Mischreibungsgebiets erleichtert - als System) ‖ ~ **lubrication** (Eng) / Hydrostatikschmierung f, hydrostatische Schmierung (Trennung von Kontaktpartnern durch einen flüssigen Schmierfilm, der durch einen von außen aufgebrachten Druck erzeugt wird - DIN ISO 4378-3) ‖ ~ **medium** (Eng) / Hydrostatikmedium n (beim hydrostatischen Strangpressen) ‖ ~ **paradox** (Phys) / hydrostatisches Paradoxon (der Bodendruck in einem Gefäß ist nur von der Flüssigkeitshöhe, nicht aber von der Gefäßform abhängig) ‖ ~ **power transmission** (Eng) / hydrostatisches Getriebe, hydrostatisches Druckmittelgetriebe ‖ ~ **press** (Eng) / hydraulische Presse (eine kraftgebundene Pressmaschine), Hydropresse f ‖ ~ **pressing*** (Powder Met) / hydrostatisches Pressen ‖ ~ **pressure** (Phys) / hydrostatischer Druck, Druck m der ruhenden Flüssigkeit, Flüssigkeitsdruck m in ruhender Flüssigkeit, isotroper Druck
**hydrostatics*** n (Mech) / Hydrostatik f (ein Teilgebiet der Hydromechanik)
**hydrostatic step bearing** (Eng) / hydrostatisches Staurand-Axiallager ‖ ~ **test** / Wasserdruckversuch m (ein Innendruckversuch mit Wasser als Druckmedium), Wasserdruckprobe f, Abdrückprobe f (mit Wasser als Druckmedium) ‖ ~ **transmission** (Eng) / Hydrostatantrieb m, hydrostatischer Antrieb
**hydrostressor** n (Rail) / Gerät n zur Längenanpassung von durchgehend geschweißten Schienen (bei sehr niedrigen Temperaturen)
**hydrosulphide*** n (Chem) / Hydrogensulfid n ‖ ~* (Chem) s. also hydrogen sulphide
**hydrosulphuric acid*** (Chem) / Schwefelwasserstoffwasser n, $H_2S$-Wasser n
**hydrosulphurous acid** (Chem) / dithionige Säure (in freiem Zustand nicht bekannte zweibasige Säure)
**hydrotest** v (Eng) / abdrücken v, einer Wasserdruckprobe unterziehen, abpressen v, einem Innendruckversuch unterziehen
**hydrotherapy*** n (Med) / Hydrotherapie f, Wasserheilbehandlung f, Hydropathie f, Hydriatrie f (Anwendung von Wasser zu Heilzwecken)
**hydrothermal** adj (solution) (Geol) / hydrothermal adj (Lösung) ‖ ~ **alteration** (of rocks or minerals by the reaction of hydrothermal water with pre-existing solid phases) (Geol, Min) / hydrothermale Umwandlung ‖ ~ **deposit** (Geol, Mining) / hydrothermale Erzlagerstätte ‖ ~ **metamorphism*** (Geol) / hydrothermale Metamorphose ‖ ~ **ore deposit** (Geol, Mining) / hydrothermale Erzlagerstätte ‖ ~ **stage** (the stage in the cooling of a magma during which the residual fluid is strongly enriched in water and other volatiles) (Geol) / hydrothermales Stadium ‖ ~ **synthesis** (Chem Eng) / Hydrothermalsynthese f (Gewinnung von kristallinen Verbindungen aus wässrigen Lösungen im überkritischen Zustandsbereich)
**hydrothiazide** n (Chem, Pharm) / Hydrothiazid n
**hydrotreater** n (Fuels, Oils) / Hydrotreater m
**hydrotreating** n (Fuels, Oils) / Hydrotreating n (Kohlehydrierung, bei der die Qualität flüssiger Kohlenwasserstoffe verbessert wird, indem sie in Gegenwart eines Katalysators verschieden hohem Wasserstoffdruck ausgesetzt werden), Wasserstoffbehandlung f ‖ ~ (Oils) / Hydrotreating n (ein Verfahren zur Entfernung von Schwefel und Stickstoff aus Rohmaterialien durch Ersetzen mit Wasserstoff)
**hydrotrope** n (Chem) / hydrotroper Stoff (der an sich wasserunlöslich ist, aber in chemischer Bindung mit anderen Stoffen wasserlöslich wird), Hydrotropikum n (pl. -pika)
**hydrotropic agent** (Chem) / hydrotroper Stoff (der an sich wasserunlöslich ist, aber in chemischer Bindung mit anderen Stoffen wasserlöslich wird), Hydrotropikum n (pl. -pika) ‖ ~ **lignin** (For) / Hydrotroplignin n
**hydrotropy** n (Chem) / Hydrotropie f (die Erscheinung, dass eine schwer lösliche Substanz sich in Wasser besser löst, wenn eine weitere Komponente, welche selbst kein Lösungsmittel ist, zugegeben wird)
**hydrous** adj / wasserhaltig adj ‖ ~ **mica** (Min) / Hydroglimmer m (zusammenfassende Bezeichnung für glimmerartige Minerale, bei denen an Stelle einiger Kationen $H_2O$-Moleküle in den Gitterverband eintreten) ‖ ~ **silicate** (Min) / Hydrosilicat n, Hydrosilikat n
**hydrovane*** n (Ships) / Tragflügel m, Gleitfläche f (z.B. des Tragflügelbootes), Wassertragflügel m, Tragfläche f des Tragflächenbootes
**hydroxamic acid** (Chem) / Hydroxamsäure f (ein Karbonsäurederivat)
**Hydrox blasting** (Mining) / Armstrong-Verfahren n (Sprengverfahren mit hochgespannter Luft), Airdoxverfahren n (Verfahren zur Gewinnung von Kohle, Druckluftschießen n nach dem Airdoxverfahren (Variante des Strebbaus), Stahlrohrschießverfahren n, Hydrox-Verfahren n
**hydroxide*** n (Chem) / Hydroxid n ‖ ~ **halide** (Chem) / Hydroxidhalid n ‖ ~ **ion** (Chem) / Hydroxidion n ‖ ~ **mineral** (Min) / Hydroxid n ‖ ~ **sludge** (San Eng) / Hydroxidschlamm m (dessen Feststoffanteil überwiegend aus den Hydroxiden von Schwermetallen, schwer löslichen Calciumverbindungen und Wasser besteht)
**hydroxoaluminate** n (Chem) / Hydroxoaluminat n
**hydroxo complex** (Chem) / Hydroxokomplex m
**hydroxonium ion*** (Chem) / Hydroxonium-Ion n, Oxonium-Ion n (Wasser-Cluster-Ion), Hydronium-Ion n (ein einfach hydratisiertes Proton)
**hydroxo salt** (Chem) / Hydroxosalz n
**hydroxyacetic acid** (Chem) / Glykolsäure f, Hydroxyessigsäure f
**hydroxy acid** (Chem) / Hydroxykarbonsäure f, Hydroxysäure f, Hydroxycarbonsäure f ‖ ~ **aldehydes** (Chem) / Aldehydalkohole m pl, Hydroxyaldehyde m pl (Sammelname für Aldehyde, die zusätzliche Alkoholfunktionen aufweisen)
**hydroxyalkylation** n (Chem) / Hydroxyalkylierung f (Einführung einer Hydroxyalkylgruppe in organische Verbindungen)
**hydroxyanthraquinone pigment lake** (Paint) / Hydroxyanthrachinon-Pigment n
**hydroxyapatite*** n (an apatite with hydroxide ion present) (Med, Min) / Hydroxylapatit m (im Zahnschmelz oder im Knochen)
**hydroxybenzene** n (Chem) / Phenol n, Hydroxybenzol n
**hydroxybenzenesulphonic acid** (Chem) / Phenolsulfonsäure f, Hydroxybenzolsulfonsäure f
**hydroxybenzoic, 2-~ acid** (Chem) / Salizylsäure f (2-Hydroxybenzoesäure), Salicylsäure f, Spirsäure f ‖ ~ **acid** (Chem) / Hydroxybenzoesäure f (z.B. Salizylsäure), Phenolkarbonsäure f, Phenolcarbonsäure f
**hydroxybenzophenone** n (Chem) / Hydroxybenzophenon n
**hydroxybrasilin** n (Chem, Micros) / Hämatoxylin n (ein blaues Färbemittel und auch Indikator), Hydroxybrasilin n
**hydroxybutanedioic, 2-~ acid** (Chem, Nut) / Äpfelsäure f (E 296), Apfelsäure f, Hydroxybernsteinsäure f
**hydroxybutanoic acid** (Chem, Med) / Hydroxybuttersäure f
**hydroxybutyric acid** (Chem, Med) / Hydroxybuttersäure f
**hydroxycarboxylic acid** (Chem) / Hydroxykarbonsäure f, Hydroxysäure f, Hydroxycarbonsäure f
**hydroxycitronellal** n (Chem) / Hydroxycitronellal n (7-Hydroxy-3,7-dimethyloctaanal), Hydroxyzitronellal n, Fliederaldehyd m
**hydroxycoumarine** n (Chem) / Hydroxykumarin n, Hydroxycumarin n
**hydroxyethanoic acid** (Chem) / Glykolsäure f, Hydroxyessigsäure f
**hydroxyethylcellulose** n (Chem) / Hydroxyethylzellulose f, Hydroxyethylcellulose f, HEC (Hydroxyethylcellulose)
**hydroxyethylstarch** n (Chem) / Hydroxyethylstärke f (ein Stärkeether)
**hydroxy fatty acid** (Chem) / Hydroxyfettsäure f (Fettsäure, die OH-Gruppen als funktionelle Reste enthält, wie z.B. Juniperinsäure) ‖ ~ **group** (Chem) / Hydroxygruppe f, Hydroxylrest m, Hydroxylgruppe f, OH-Gruppe f
**hydroxyketone** n (Chem) / Hydroxyketon n, Ketol n ‖ ~ (Chem) s. also keto alcohol
**hydroxyl*** n (Chem) / Hydroxygruppe f, Hydroxylrest m, Hydroxylgruppe f, OH-Gruppe f ‖ ~ **acid** (Chem) / Hydroxykarbonsäure f, Hydroxysäure f, Hydroxycarbonsäure f

**hydroxylamine**

**hydroxylamine*** n (a colourless solid, which explodes on heating, used to test for aldehydes and ketones with which it formes oximes) (Chem) / Hydroxylamin n || ~ **hydrochloride** (Chem) / Hydoxylamin-Hydrochlorid n, Hydroxylammoniumchlorid n || ~ **sulphate** (Chem, Textiles) / Hydroxylaminsulfat n, Hydroxylammoniumsulfat n
**hydroxylapatite** n (Med, Min) / Hydroxylapatit m (im Zahnschmelz oder im Knochen)
**hydroxylase** n (Biochem) / Hydroxylase f (ein Enzym, das die Hydroxidbildung im Stoffwechsel fördert, mischfunktionelle Oxygenase
**hydroxylate** v (Chem) / hydroxylieren v
**hydroxylation** n (Chem) / Hydroxylierung f
**hydroxyl number** (Chem) / Hydroxylzahl f (mg Kaliumhydroxid, die erforderlich sind, um die von 1 g Fett oder fettem Öl bei der Azetylierung verbrauchte Essigsäure zu neutralisieren - DIN 53240 und 16945), OH-Zahl f (Hydroxylzahl), OHZ (Hydroxylzahl), Azetylzahl f, Acetylzahl f || ~ **radical** (Chem) / Hydroxylradikal n (freies), OH-Radikal n || ~ **value** (Chem) / Hydroxylzahl f (mg Kaliumhydroxid, die erforderlich sind, um die von 1 g Fett oder fettem Öl bei der Azetylierung verbrauchte Essigsäure zu neutralisieren - DIN 53240 und 16945), OH-Zahl f (Hydroxylzahl), OHZ (Hydroxylzahl), Azetylzahl f, Acetylzahl f
**hydroxylysine** n (Biochem) / Hydroxylysin n (seltene Aminosäure - 5-Hydroxy-L-lysin)
**hydroxymalonic acid** (Chem) / Tartronsäure f, Hydroxymalonsäure f
**hydroxymethanesulphinic acid** (Chem) / Hydroxymethansulfinsäure f, Formaldehydsulfoxylsäure f
**hydroxymethylation** n (Chem) / Hydroxymethylierung f (ein Spezialfall der Hydroxyalkylierung)
**hydroxy methyl group** (Chem) / Hydroxymethylgruppe f, Methylol n
**hydroxyproline*** n (Biochem) / Hydroxyprolin n, Hyp (Hydroxyprolin)
**hydroxypropanedioic acid** (Chem) / Tartronsäure f, Hydroxymalonsäure f
**hydroxypropanoic, 2-~ acid** (Bot, Chem) / Milchsäure f (2-Hydroxypropionsäure - E 270)
**hydroxypropionic, 2-~ acid** (Bot, Chem) / Milchsäure f (2-Hydroxypropionsäure - E 270) || **alpha-~ acid** (Bot, Chem) / Milchsäure f (2-Hydroxypropionsäure - E 270)
**hydroxypurine** n (Chem) / Hydroxypurin n (tautomere Form des Hypoxanthins)
**hydroxysalt** n (Chem) / Hydroxidsalz n ("basisches Salz")
**hydroxytoluene*** n (Chem) / Cresol n, Kresol n, Methylphenol n, Hydroxytoluol n
**hydroxytryptamine*, ...5-~** (Biochem, Physiol) / Enteramin n, Serotonin n (ein Neurotransmitter), Enteroamin n (ein biogenes Amin, das als Hormon vorkommt - 5-Hydroxytryptamin), 5-HT n
**hydrozincate** n (Chem) / Hydroxozinkat n, Zinkat n
**hydrozincite*** n (Min) / Hydrozinkit m, Zinkblüte f (basisches Zinkkarbonat, lokal wichtiges Zinkerz)
**hyetal** adj / Regen-, Niederschlags-
**hyetograph** n (Meteor) / Niederschlagskarte f || ~* (Meteor) / Niederschlagsschreiber m, selbstschreibender Regenmesser, selbstschreibender Niederschlagsmesser, Ombrograf m, Pluviograf m, Hyetograf m, Regenschreiber m
**hygienic** adj (Med, San Eng, Work Study) / hygienisch adj
**hygrine** n (Chem, Pharm) / Hygrin f (ein Pyrrolidinalkaloid aus Coca-Blättern)
**hygrograph** n (Meteor) / Hygrograf m, Feuchteschreiber m, registrierender Feuchtemesser (zur selbsttätigen Aufzeichnung der relativen Feuchte)
**hygrometer*** n (Meteor) / Hygrometer n (Feuchtigkeitsmessung)
**hygrometry*** n (Meteor) / Hygrometrie f, Feuchtigkeitsmessung f
**hygrophile*** adj / hygrophil adj, feuchtigkeitsliebend adj
**hygrophilous*** adj / hygrophil adj, feuchtigkeitsliebend adj
**hygrophobe*** adj / hygrophob adj, feuchtigkeitsmeidend adj
**hygrophyte*** n (that grows in a moist habitat) (Bot) / Hygrophyt m (pl. -en), Feuchtepflanze f (die in sehr feuchter Atmosphäre lebt), Nässezeiger m (eine Pflanze), Feuchtezeiger m (Landpflanze feuchter Standorte)
**hygroscope** n (Meteor) / Hygroskop n (Vorläufer des Hygrometers)
**hygroscopic*** adj / hygroskopisch adj || ~ **equilibrium** (For) / hygroskopisches Gleichgewicht || ~ **equilibrium** (Chem Eng, For) / Gleichgewichtsfeuchtigkeitsgehalt m, Gleichgewichtsfeuchtigkeit f, Gleichgewichtsfeuchte f
**hygroscopicity** n / Hygroskopizität f
**hygroscopic property** (Textiles) / Wasserrückhaltevermögen n (ein Maß für die Wasseraufnahme in einem textilen Gut - DIN 53 814), WRV (Wasserrückhaltevermögen) || ~ **salt** (Chem) / hygroskopisches Salz || ~ **water** (Chem, Hyd Eng) / hygroskopisches Wasser, Saugwasser n
**hygrostat*** n / Hygrostat m, Feuchtigkeitsregler m, Feuchtigkeitskonstanthalter m

**hylaea** n (For) / tropischer Regenwald (entweder Tiefland-Regenwald oder montaner Regenwald)
**hylobius pine weevil** (Carp, For) / Großer Brauner Rüsselkäfer, Fichtenrüsselkäfer m (Hylobius abietis L.)
**hylophagous*** adj (For) / holzfressend adj (Schädling), lignivor adj
**Hyl process** (Met) / HyL-Verfahren n (nach der mexikanischen Firma Hojalata y Lámina - Eisenerzeugung außerhalb des Hochofens), Hojalata-y-Lámina-Verfahren n (ein Direktreduktionsverfahren)
**hymatomelanic acid** (Agric) / Hymatomelansäure f (im Humus)
**hymecromone** n (Pharm) / Hymecromon n (7-Hydroxy-4-methylcumarin)
**hymnal paper** (Paper) / Gesangbücherpapier n
**hyoscine*** n (Pharm) / Scopolamin n, Skopolamin n, Hyoscin n (z.B. aus dem Gemeinen Stechapfel oder aus dem Bilsenkraut), Hyoszin n
**hyoscyamine*** n (Chem, Pharm) / Hyoscyamin n (ein Tropan-Alkaloid aus den Hyoscyamus-Arten und aus anderen Solanaceen), Hyoszyamin n
**hyp.** (hypothesis) / Hypothese f
**Hyp** (hypoxanthine) (Biochem) / Hypoxanthin n, Hyp (6-Hydroxypurin), Sarkin n || ~ **n** (Telecomm) / Dezineper n (0,8686 dB)
**hypabyssal rocks*** (Geol) / hypabyssische Gesteine (in geringerer Tiefe erstarrte magmatische Schmelzen)
**hypaethral temple*** (Arch) / Hypäthraltempel m, Hypäthros m (antiker Tempel mit nicht überdeckter Cella, z.B. Apollontempel in Didyma)
**hypar** n (Arch, Civ Eng) / Hp-Schale f (ein Flächentragwerk), Hyperboloidschale f (Betonschale, deren Fläche nach einem hyperbolischen Paraboloid gekrümmt ist)
**hyperabrupt** adj (Electronics) / hyperabrupt adj, schnellstwirkend adj
**hyperacidity*** n (Med) / Superacidität f (übermäßiger Säuregehalt), Hyperazidität f, Superazidität f (vermehrter Säuregehalt des Magensaftes)
**hyperacusis*** n (Med) / Hyperakusie f (krankhafte Feinhörigkeit), Hyperakusis f
**hyperarray** n (Radar) / Übergruppe f (bei Gruppenantennen)
**hyperatom** n (Nuc) / Hyperatom n (exotisches Atom, dessen Atomkern außer den Nukleonen ein Hyperon enthält)
**hyperband** n (Radio) / Hyperband n (ein Frequenzbereich des Kabelrundfunks zwischen 300 MHz und 450 MHz)
**hyperbaric** adj (Med, Phys) / hyperbar adj (Flüssigkeit) || ~ **chamber*** (Med, Radiol) / Überdruckkammer f || ~ **storage** (Nut) / Überdrucklagerung f, Drucklagerung f || ~ **welding** (Welding) / Überdruckschweißen n (bei Unterwasserschweißungen)
**hyperbarism*** n (Med, Space) / Hyperbarismus m, Überdruckerkrankung f
**hyperbola*** n (pl. -s or -e) (Maths) / Hyperbel f (einer der Kegelschnitte)
**hyperbolic*** adj / Hyperbel-, hyperbolisch adj
**hyperbolical** adj / Hyperbel-, hyperbolisch adj
**hyperbolic cooling tower** / hyperbolischer Kühlturm (dessen Schale die Form eines Rotationshyperboloids hat) || ~ **cosecant** (Maths) / Hyperbelkosekans m, Cosecans hyperbolicus m, cosech (Hyperbelkosekans) || ~ **cosine*** (Maths) / Hyperbelkosinus m, Cosinus hyperbolicus m, cosh (Hyperbelkosinus) || ~ **cotangent** (Maths) / Hyperbelkotangens m, Cotangens hyperbolicus m, coth (Hyperbelkotangens) || ~ **cylinder** (Maths) / hyperbolischer Zylinder || ~ **differential equation** (Maths) / hyperbolische Differentialgleichung, hyperbolischer Typus der partiellen Differentialgleichung || ~ **functions*** (Maths) / Hyperbelfunktionen f pl, hyperbolische Funktionen (z.B. sinh, cosh oder tanh) || ~ **geometry*** (Maths) / hyperbolische Geometrie (eine nichteuklidische Geometrie), Lobatschewski'sche Geometrie (nach N.I. Lobatschewski, 1792-1856) || ~ **logarithm*** (Maths) / natürlicher Logarithmus (DIN 5493-1), Logarithmus naturalis, ln, Neper-Logarithmus m (mit der Euler'schen Zahl e als Basis) || ~ **mirror** (Optics) / hyperbolischer Spiegel, Hyperbolspiegel m || ~ **motion** (Phys) / Hyperbelbewegung f (eine Bewegung mit konstanter Beschleunigung im Ruhsystem des bewegten Teilchens) || ~ **navigation** (Aero, Nav) / Hyperbelnavigation f, Hyperbelnavigationsverfahren n (eine Funknavigation, bei der zur Standortbestimmung zwei Hyperbeln aus zwei verschiedenen Scharen als Standlinien verwendet werden - z.B. DECCA, DECTRA oder LORAN) || ~ **orbit** (Space) / Hyperbelbahn f || ~ **paraboloid** (roof) (Arch, Civ Eng) / Hp-Schale f (ein Flächentragwerk), Hyperboloidschale f (Betonschale, deren Fläche nach einem hyperbolischen Paraboloid gekrümmt ist) || ~ **paraboloid*** (Maths) / hyperbolisches Paraboloid || ~ **partial differential equation** (Maths) / hyperbolische Differentialgleichung, hyperbolischer Typus der partiellen Differentialgleichung || ~ **point*** (Maths) / hyperbolischer Punkt (einer Fläche, in dem ihre Gauß'sche Krümmung negativ ist) || ~ **secant** (Maths) / Hyperbelsekans m, Secans hyperbolicus m, sech (Hyperbelsekans) || ~ **sine*** (Maths) / Hyperbelsinus m, Sinus hyperbolicus m, sinh (Hyperbelsinus) || ~

**spiral*** (Maths) / hyperbolische Spirale, reziproke Spirale ‖ **~ tangent** (Maths) / Hyperbeltangens $m$, Tangens hyperbolicus $m$, tanh (Hyperbeltangens) ‖ **~ trigonometry** (Maths) / Theorie $f$ der hyperbolischen Funktionen ‖ **~ weir** (Hyd Eng) / hyperbolisches Wehr (zur Messung des Wasserstandes)
**hyperboloid*** $n$ (Maths) / Hyperboloid $n$ ‖ **~ of one sheet*** (Maths) / einschaliges Hyperboloid ‖ **~ of rotation** (Maths) / Rotationshyperboloid $n$ ‖ **~ of two sheets*** (Maths) / zweischaliges Hyperboloid
**hypercapnia** $n$ (Med) / Hyperkapnie $f$ (Kohlendioxiderhöhung im arteriellen Blut), $CO_2$-Partialdruckerhöhung $f$
**HyperCard** $n$ (Comp) / HyperCard $f$ (eine Skriptsprache)
**hypercardioid** *adj* (Acous) / Supernieren-, hyperkardioidförmig *adj* (Richtwirkungskurve des Mikrofons) ‖ **~ microphone** (Acous) / Hyperkardioidmikrofon $n$ (dessen Richtcharakteristik eine Übergangsform zwischen Nieren- und Achtercharakteristik darstellt), Superkardioidmikrofon $n$, Supernierenmikrofon $n$
**hypercentric** *adj* (Maths) / hyperzentrisch *adj*
**hypercharge*** $n$ (Nuc) / Hyperladung $f$ (ladungsartige Quantenzahl)
**hyperchlorhydria*** $n$ (Med) / Hyperchlorhydrie $f$ (übermäßige Salzsäureproduktion der Magenschleimhaut) ‖ **~*** (Med) s. also hyperacidity
**hyperchromic** *adj* / hyperchrom *adj*, stark ausgefärbt, mit einer Intensitätserhöhung
**hypercolour dynamics** (Phys) / Quantenhaplodynamik $f$, QHD (Quantenhaplodynamik) ‖ **~ gauge group** (Nuc) / Hyperfarbgruppe $f$, Hypercolorgruppe $f$ ‖ **~ group** (Nuc) / Hyperfarbgruppe $f$, Hypercolorgruppe $f$
**hypercomplex number** (Maths) / hyperkomplexe Zahl (Elemente eines Quaternions) ‖ **~ system** (Maths) / hyperkomplexes System (die Algebra über einem Ring), K-Algebra $f$ (über einem Ring)
**hyperconjugation** $n$ (Chem) / Baker-Nathan-Effekt $m$, Hyperkonjugation $f$ (ein Konzept, das den Einfluss von Methyl- und auch Alkylgruppen auf das chemische Verhalten gewisser Verbindungen beschreiben soll)
**hypercritical flow** (Hyd, Hyd Eng, Phys) / Schießen $n$ (Froude-Zahl > 1) (schießender Abfluss)
**hypercube** $n$ (Comp) / Hypercube $n$, Hyperkubus $m$, Hyperwürfel $m$ (Rechnerarchitektur) ‖ **~** (Maths) / Hyperkubus $m$ ‖ **~ topology** (Comp) / Hypercube-Topologie $f$
**hyperdocument** $n$ (Comp) / Hyperdokument $n$ (eine Ansammlung von Informationseinheiten, die wie ein Netz miteinander verknüpft und über unterschiedliche Pfade miteinander erreichbar sind)
**hyperedge** $n$ (AI) / Hyperkante $f$ (eine Verallgemeinerung der Kanten in einem Hypergrafen)
**hyperelliptic** *adj* (Maths) / hyperelliptisch *adj*
**hypereutectic** *adj* (Met) / übereutektisch *adj* ‖ **~ graphite** (Met) / Garschamgraphit $m$
**hypereutectoid** *adj* (Met) / übereutektoid *adj* ‖ **~ steel*** (0,8 to 2,0% C) (Met) / übereutektoider Stahl
**hyperexponential** *adj* (Stats) / hyperexponentiell *adj* (Verteilung)
**hyperfiltration** $n$ (Chem) / umgekehrte Osmose, reverse Osmose, Umkehrosmose $f$, Reversosmose $f$, RO (Reversosmose), Hyperfiltration $f$
**hyperfine interactions** (Spectr) / Hyperfeinwechselwirkungen $f$ $pl$ ‖ **~ structure*** (Nuc, Spectr) / Hyperfeinstruktur $f$ (die über die Feinstruktur hinausgehende zusätzliche Aufspaltung der Spektrallinien von Atomen oder Molekülen), HFS (Hyperfeinstruktur), Überfeinstruktur $f$, hfs
**hyperfocal distance*** (Photog) / hyperfokale Distanz, Einstellung $f$ nah auf unendlich
**hyperforming** $n$ (Chem Eng) / Hyperforming $n$ (eine hydrierende Raffination, die insbesondere für Benzine Anwendung findet)
**hyperfragment** $n$ (Nuc) / Hyperfragment $n$, Hyperkern $m$, Hypernukleon $n$
**hypergeometric** *adj* (Maths) / hypergeometrisch *adj* (Funktion, Verteilung) ‖ **~ distribution** (Stats) / hypergeometrische Verteilung ‖ **~ (differential) equation*** (Maths) / hypergeometrische Differentialgleichung, Gauß'sche Differentialgleichung ‖ **~ function** (Maths) / hypergeometrische Funktion (Lösung der hypergeometrischen Differentialgleichung) ‖ **~ series*** (Maths) / hypergeometrische Reihe
**hypergol** $n$ (Fuels, Space) / selbstzündender flüssiger Raketentreibstoff, Hypergol $n$, hypergoler Raketentreibstoff
**hypergolic fuel*** (Fuels, Space) / selbstzündender flüssiger Raketentreibstoff, Hypergol $n$, hypergoler Raketentreibstoff
**hypergonar lens** (Optics) / Hypergonar $n$ (für CinemaScope)
**hypergraph** $n$ (AI) / Hypergraf $m$ (aus Knoten und einer Verallgemeinerung der Kanten, den Hyperkanten)
**hypergroup** $n$ (Telecomm) / Quartärgruppe $f$ (in der Frequenzmultiplex-Übertragungstechnik)

**hyperhydrochloria** $n$ (Med) / Hyperchlorhydrie $f$ (übermäßige Salzsäureproduktion der Magenschleimhaut)
**hypericin** $n$ (Chem, Pharm) / Johannisblut $n$ (aus dem Johanniskraut), Hypericin $n$ (das natürliche Dimer von Emodin)
**hyperligated complex** (Chem) / stark gebundener Komplex (ein Durchdringungskomplex)
**hyperlink** $n$ (an area in a hypermedia document which normally points to either another part of the document or to another, separate, document) (Comp) / Hyperlink $m$ (Verbindung zwischen verschiedenen Texten, die dem Anwender mittels eines Hypertextes angezeigt wird), Link $m$ (Referenz innerhalb eines Hyperdokumentes für ein anderes Dokument oder einen anderen Bereich im World Wide Web)
**hypermarket** $n$ (Build) / Shoppingcenter $n$, Einkaufszentrum $n$ (einheitlich geplante und errichtete Konzentration von Einzelhandels- und Dienstleistungsbetrieben), Verbrauchermarkt $m$ (meistens außerhalb der Stadt)
**hypermedia** $n$ (the integration of any combination of text, graphics, sound, and video into a primarily associative system of information storage and retrieval in which users jump from subject to related subject) / Hypermedia $n$ (kombinierte Text-, Bild-, Ton- und Videoinformationen) ‖ **~ Time-Based Structuring Language** (Comp, Telecomm) / HyTime (Bezeichnung für eine Anwendung bzw. Erweiterung von SGML zur Darstellung von Hypermedia-Informationen)
**hypermetropia*** $n$ (Optics) / Übersichtigkeit $f$ (eine Art Fehlsichtigkeit), Hypermetropie $f$, Hyperopie $f$, Weitsichtigkeit $f$
**hypernucleus** $n$ (Nuc) / Hyperfragment $n$, Hyperkern $m$, Hypernukleon $n$
**hyperon*** $n$ (Nuc) / Hyperon $n$ (Elementarteilchen aus der Familie der Baryonen) ‖ **~ Ω** (Nuc) / Omega-Hyperon (ein Baryon)
**hyperopia*** $n$ (Optics) / Übersichtigkeit $f$ (eine Art Fehlsichtigkeit), Hypermetropie $f$, Hyperopie $f$, Weitsichtigkeit $f$
**hyperoxide** $n$ (Chem) / Hyperoxid $n$ ‖ **~ radical** (Chem, Med) / Hyperoxidradikal $n$
**hyperparasite*** $n$ (Biol) / Überparasit $m$
**hyperpath** $n$ (Comp) / Hyperpfad $m$ (im Hypertext)
**hyperplane** $n$ (Maths) / Hyperebene $f$ ‖ **~** (Maths) s. also hypersurface
**hyperpolarizability** $n$ (Chem, Elec Eng, Mag) / Hyperpolarisierbarkeit $f$
**hyperpolarization** $n$ (Biochem) / Hyperpolarisation $f$ (bei Nervenzellen) ‖ **~** (Biol) / Hyperpolarisation $f$ (bei einem Membranpotential)
**hyperquadric** $n$ (Maths) / Hyperquadrik $f$
**hyperquantization** $n$ (Phys) / Hyperquantelung $f$
**hypersaline** *adj* (Geol) / hypersalin *adj*
**hypersensitive** *adj* / überempfindlich *adj*
**hypersensitization*** $n$ (Photog) / Hypersensibilisierung $f$, Sensibilitätssteigerung $f$ (Erhöhung der Empfindlichkeit eines fotografischen Materials vor der Aufnahme)
**hypersonic*** *adj* / hypersonisch *adj* (über 5 Mach), Hyperschall- ‖ **~ disturbance** (Phys) / Mikrowellenschall $m$, Hyperschall $m$ (mit Frequenz über 1 GHz), Mikroschall $m$ ‖ **~ flow*** (Aero, Phys, Space) / hypersonische Strömung, Hyperschallströmung $f$, Hypersonicströmung $f$ ‖ **~ frequency** (Phys) / Hyperschall-Frequenzbereich $m$
**hypersonics** $n$ (Acous, Phys) / Hyperschall-Lehre $f$
**hypersonic wind tunnel** (Aero) / Windkanal $m$ für hypersonische Strömungen (Ma => 5)
**hypersorption** $n$ (Chem, Phys) / Hypersorption $f$
**hypersound*** $n$ (Phys) / Mikrowellenschall $m$, Hyperschall $m$ (mit Frequenz über 1 GHz), Mikroschall $m$
**hyperspace** $n$ (Maths) / Hyperraum $m$
**hyperspectral** *adj* (Spectr) / hyperspektral *adj*
**hypersphere** $n$ (an extension to more than three dimensions of the idea of a sphere) (Maths) / Hyperkugel $f$
**hyperstatic** *adj* (Mech) / statisch überbestimmt
**hypersthene*** $n$ (Min) / Hypersthen $m$ (ein Eisen-Magnesium-Silikat)
**hypersthenfels** $n$ (Geol) / Hypersthenit $m$
**hypersthenite** $n$ (Geol) / Hypersthenit $m$
**hypersurface** $n$ (Maths) / Hyperfläche $f$
**hypersynchronous** *adj* (Elec Eng) / übersynchron *adj*, supersynchron *adj*
**hypertensin** $n$ (Biochem) / Hypertensin $n$ (ein Peptidhormon), Angiotensin $n$, Angiotonin $n$
**hypertext** $n$ (AI, Comp) / Hypertext $m$ (strukturierte Online-Texte, die den Benutzer mittels auswählbarer Querverweise zu anderen Textpassagen oder Dokumenten führen) ‖ **~ authoring** (Comp) / Hypertext-Authoring $n$ ‖ **~ browser** (Comp) / Hypertext-Browser $m$ (Software zum Erschließen eines Hypertexts) ‖ **~ link** (Comp) / Hyperlink $m$ (Verbindung zwischen verschiedenen Texten, die dem Anwender mittels eines Hypertextes angezeigt wird), Link $m$ (Referenz innerhalb eines Hyperdokumentes für ein anderes Dokument oder einen anderen Bereich im World Wide Web) ‖ **~ mark-up language** (a language for electronic publishing in

**hypertext**

networks) (Comp) / HTML (Hypertext Mark-up Language), Hypertext Mark-up Language || ~ **transfer protocol** (the Internet's protocol for transferring Web pages) (Comp) / Hypertext-Transfer-Protokoll n
**hypertonic*** adj (Chem) / hypertonisch adj (Lösung)
**hypertrophic** adj (Ecol) / hypertroph adj (mit sehr reichem Gehalt an Pflanzennährstoffen)
**hypervalent** adj (Chem) / hypervalent adj (Molekül) || ~ **atom** (Nuc) / hypervalentes Atom
**hypervelocity*** n (in physics: approaching the speed of light - in aerospace: exceeding the Earth satellite speed) (Mil, Phys, Space) / extrem hohe Geschwindigkeit || ~ **tunnel** (Aero) / Windkanal m für hypersonische Strömungen (Ma => 5)
**hyperventilation** n (Aero, Med) / Hyperventilation f (gesteigerte Beatmung der Lunge)
**hypervitaminosis*** n (pl. -noses) (Med) / Hypervitaminose f (meistens bei fettlöslichen Vitaminen)
**hypethral temple** (US) (Arch) / Hypäthraltempel m, Hypäthros m (antiker Tempel mit nicht überdeckter Cella, z.B. Apollontempel in Didyma)
**hypha*** n (pl. hyphae) (Bot) / Hyphe f (ein Pilzfaden)
**hyphen** n (link hyphen) (Comp, Typog) / Bindestrich m, Hyphen n (der bei einem Kompositum verwendete Bindestrich) || ~ **break hyphen** (Comp, Typog) / Trennstrich m || ~ (Typog) / Divis m
**hyphenated technique** (Chem) / Kopplungstechnik f (z.B. zwischen Trenn- und Identifizierungsmethoden)
**hyphenation** n (Comp, Typog) / Silbentrennung f || ~ **algorithm** (Comp) / Algorithmus m für Silbentrennprogramme, Trennalgorithmus m (bei Silbentrennung) || ~ **and justification** (Comp) / Blocksatz und Silbentrennung f || ~ **dictionary** (Comp) / Trennungswörterbuch n, Trennwörterlexikon n || ~ **logic** (Comp) / Logik f des Silbentrennprogramms, Trennungslogik f (bei Silbentrennung)
**hyphenless justification** (Comp, Typog) / Zeilenausschluss m ohne Silbentrennung
**hypidiomorphic*** adj (Geol) / hypidiomorph adj (nur teilweise eigengestaltige Ausbildung von Mineralen in magmatischen Gesteinen)
**hypnotic*** n (Pharm) / Hypnagogum n (pl. Hypnagoga), Hypnotikum n (pl. Hypnotika), Schlafmittel n
**hypo*** n (Photog) / Hypo n (Natriumthiosulfat, Fixiernatron)
**hypoacidity** n (Med) / Hypoazidität f, Hypoacidität f (verminderter, unternormaler Säuregehalt, Hypazidität f (verringerter Säuregehalt des Magensaftes), Subazidität f, Hypacidität f, Subacidität f
**hypobaric** adj (Phys) / hypobar adj (z.B. Flüssigkeit) || ~ **storage** (Nut) / Lagerung f unter vermindertem Druck
**hypobromite** n (Chem) / Bromat(I) n, Hypobromit n (Salz der hypobromigen Säure)
**hypobromous acid** (Chem) / hypobromige Säure (HOBr)
**hypocapnia** n (Med) / Hypokapnie f (Kohlendioxidmangel im arteriellen Blut), $CO_2$-Partialdruckverminderung f
**hypocentre** n (Mil) / Hypozentrum n (einer Kernwaffenexplosion)
**hypochlorhydria** n (Med) / Hypochlorhydrie f (verminderte Salzsäureproduktion der Magenschleimhaut)
**hypochlorite*** n (Chem) / Chlorat(I) n, Hypochlorit n (Salz der hypochlorigen Säure) || ~ **bleach** (Textiles) / Hypochloritbleichverfahren n, Hypochloritbleiche f || ~ **bleaching** (Textiles) / Hypochloritbleichverfahren n, Hypochloritbleiche f || ~ **sweetening** (Oils) / Hypochloritraffination f (Raffination von "sauren" merkaptanhaltigen Benzinen mit Hypochloritlauge)
**hypochlorous acid*** (Chem) / hypochlorige Säure, Chlor(I)-säure f (HClO) || ~ **anhydride*** (Chem) / Dichloroxid n, Chlor(I)-oxid n, Chlormonoxid n
**hypochromic** adj / hypochrom adj, schwach ausgefärbt, mit einer Intensitätserniedrigung, mit vermindertem Farbstoffgehalt
**hypocrystalline** adj (Geol) / hypokristallin adj (magmatisches Gestein)
**hypocycloid*** n (Maths) / Hypozykloide f (eine Rollkurve)
**hypoderm*** n (Bot, Zool) / Hypoderm n, Hypodermis f
**hypodermic syringe** (Med) / Injektionsspritze f, Spritze f
**hypodermis*** n (Bot, Leather, Zool) / Hypoderm n, Hypodermis f
**hypodiphosphoric acid** (Chem) / Diphosphor(IV)-säure f, Hypodiphosphorsäure f, Hypophosphorsäure f, Unterdiphosphorsäure f
**hypoelasticity** n (Met) / hypoelastisches Verhalten, Hypoelastizität f
**hypoeutectic** adj (Met) / untereutektisch adj
**hypoeutectoid** adj (Met) / untereutektoid adj || ~ **steel*** (Met) / untereutektoider Stahl (unter 0,8% C)
**hypofluorous acid** (Chem) / HOF (nur bei tiefen Temperaturen beständige, weiße Verbindung), hypofluorige Säure (HOF) (nur bei tiefen Temperaturen beständige, weiße Verbindung)
**hypogene*** adj (Geol) / subkrustaler Herkunft, hypogen adj || ~ **spring** (Geol) / hypogene Quelle

**hypogenic** adj (Geol) / subkrustaler Herkunft, hypogen adj
**hypogeum** n (pl. -gea) (Arch) / Hypogäum n (pl. -gäen) (unterirdische gewölbte Räumlichkeit)
**hypoglycaemic drug** (Pharm) / Hypoglykämikum n (pl. -ika)
**hypohalites** pl (Chem) / Hypohalite n pl (Gruppenname für Salze und Ester der von Halogenen abgeleiteten Säuren)
**hypoid** n (Eng) / Hypoidrad n (ein versetztes Kegelrad), hypoidverzahntes Kegelrad || ~ **bevel gear*** (Eng) / Hypoidrad n (ein versetztes Kegelrad), hypoidverzahntes Kegelrad || ~ **bevel gear*** (Eng) / Hypoidgetriebe n, achsversetztes Kegelradgetriebe, achsversetzte Kegelräder, Kegelschraubgetriebe n, Schraubkegelradgeriebe n (für Wellen, die sich kreuzen) || ~ **gear oil** / Hypoidgetriebeöl n (für höhere Belastungen der Hypoidgetriebe um ein Zerreißen des Ölfilms zu verhindern), Hypoidöl n, Höchstdruckgetriebeöl n || ~ **gears** (Eng) / Hypoidgetriebe n, achsversetztes Kegelradgetriebe, achsversetzte Kegelräder, Kegelschraubgetriebe n, Schraubkegelradgeriebe n (für Wellen, die sich kreuzen) || ~ **oil** / Hypoidgetriebeöl n (für höhere Belastungen der Hypoidgetriebe um ein Zerreißen des Ölfilms zu verhindern), Hypoidöl n, Höchstdruckgetriebeöl n
**hypoiodite** n (Chem) / Hypoiodit n (Salz und Ester der hypoiodigen Säure)
**hypoiodous acid** (a very weak unstable acid that occurs as the result of the weak hydrolysis of iodine in water) (Chem) / hypoiodige Säure (HOI)
**hypoligated complex** (Chem) / schwach gebundener Komplex (da die Bindungen keine vollen Bindungen sind)
**hypolimnion*** n (pl. -limnia) (Ecol, Geol) / Hypolimnion n (pl. -limnia), Hypolimnium n (pl. -limnia) (kalter tiefer Bereich in stehenden Gewässern unter der Sprungschicht - DIN 4049, T 2)
**hyponeuston** n (Ecol) / Hyponeuston n (Lebensgemeinschaft auf der Unterseite des Oberflächenhäutchens der Gewässer, dem Wasserleben angepasst)
**hyponitrite** n (Chem) / Hyponitrit n
**hyponitrous acid** (Chem) / untersalpetrige Säure, hyposalpetrige Säure
**hypophosphate** n (Chem) / Diphosphat(IV) n, Hypodiphosphat n (Salz der Diphosphorsäure(IV))
**hypophosphite** n (Chem) / Hypophosphit n
**hypophosphoric acid*** (Chem) / Diphosphor(IV)-säure f, Hypodiphosphorsäure f, Hypophosphorsäure f, Unterdiphosphorsäure f
**hypophosphorous acid*** (Chem) / Phosphinsäure f, unterphosphorige Säure ($H_3PO_2$) || ~ **acid*** (Chem) s. also phosphinic acid
**hypostyle** n (Arch) / Säulenhalle f, Hypostylon n (pl. -styla), Hypostylos m (pl. -styloi) / Säulenhalle f || ~ **hall*** (Arch) / Säulenhalle f, Hypostylon n (pl. -styla), Hypostylos m (pl. -styloi) (Säulenhalle)
**hyposulphite** n (Chem) / Dithionit n (Salz der dithionigen Säure)
**hyposulphuric acid*** (Chem) / Dithionsäure f, Unterdischwefelsäure f
**hyposulphurous acid*** (Chem) / dithionige Säure (in freiem Zustand nicht bekannte zweibasige Säure)
**hypotensor** n (Pharm) / blutdrucksenkendes Mittel, Hypotensivum n (pl. -tensiva), Antihypertonikum n (pl. -tonika), Antihypertensivum n (pl. -tensiva)
**hypotenuse*** n (Maths) / Hypotenuse f
**hypothermal deposit** (Geol, Mining) / katathermale Erzlagerstätte, hypothermale Erzlagerstätte || ~ **ore deposit** (Geol, Mining) / katathermale Erzlagerstätte, hypothermale Erzlagerstätte
**hypothesis*** n (pl. -theses) (a supposition or assumption which acts as a foundation or as a starting point in an investigation, irrespective of its probable truth or falsity) (Chem) / Hypothese f || **frame a ~** / eine Hypothese aufstellen || ~ **of convection currents** (Geol) / Unterströmungstheorie f || ~ **of light quanta** (Phys) / Lichtquantenhypothese f || ~ **space** (AI) / Hypothesenraum m || ~ **test(ing)** (Stats) / Hypothesentest m (Prüfung, ob die Nullhypothese angenommen werden kann oder ob sie abzulehnen ist)
**hypothesize** v / eine Hypothese aufstellen
**hypothetical** adj / hypothetisch adj || ~ **reference circuit** (Comp, Telecomm) / hypothetische Bezugsverbindung, hypothetischer Bezugskreis
**hypotonic*** adj (Chem) / hypotonisch adj (Lösung)
**hypotrochoid*** n (Maths) / Hypotrochoide f (verlängerte oder verkürzte Hypozykloide)
**hypoventilation** n (Aero, Med) / Hypoventilation f (zu schwache Beatmung der Lunge bei Verminderung der Atemfrequenz oder des Atemvolumens)
**hypovitaminosis*** n (pl. -noses) (Med) / Hypovitaminose f (Erkrankung bei zu geringer Vitaminzufuhr)
**hypoxaemia** n (Med) / Hypoxämie f (Verminderung des Sauerstoffs im Blut - führt zu Hypoxie)
**hypoxanthine*** n (6-hydroxypurine) (Biochem, Chem) / Hypoxanthin n, Hyp (6-Hydroxypurin), Sarkin n || ~ **ribonucleotide** (Biochem) /

Inosinsäure f, Inosin-5'-monophosphat n, IMP (Phosphorsäureester des Inosins)
**hypoxemia** n (US) (Med) / Hypoxämie f (Verminderung des Sauerstoffs im Blut - führt zu Hypoxie)
**hypoxia*** n (Med) / Hypoxie f (Sauerstoffmangel in den Geweben infolge Hypoxämie)
**hypsochromatic shift** (Spectr) / Verschiebung f der Absorptionsbanden nach dem kurzwelligen Spektralbereich hin (Hypsochromie) ‖ ~ **shift** (Spectr) / hypsochrome Verschiebung, Blauverschiebung f
**hypsochromic** adj / hypsochrom adj, farberhöhend adj, farbaufhellend adj ‖ ~ **shift** (Spectr) / Verschiebung f der Absorptionsbanden nach dem kurzwelligen Spektralbereich hin (Hypsochromie) ‖ ~ **shift** (Spectr) / hypsochrome Verschiebung, Blauverschiebung f
**hypsograph** n (Telecomm) / Pegelschreiber m
**hypsographic curve** (Geol, Ocean) / hypsografische Kurve, hypsometrische Kurve
**hypsometer*** n (Phys) / Siedethermometer n, Hypsothermometer n, Hypsometer n, Siedebarometer n
**hypsometric map** (Cartography) / Höhenlinienkarte f (in der die Geländeformen mittels Höhenlinien dargestellt sind) ‖ ~ **tint** (Cartography) / hypsometrische Farbe, Höhenschichtenfarbe f (in der Höhenschichtfarbskale)
**hypsometry** n / Höhenmessung f, Hypsometrie f
**hypsothermometer** n (Phys) / Hypsothermometer n (mit einem Messbereich zwischen 90 und 102° C)
**hyssop oil** / Ysopöl n (ein etherisches Öl aus Hyssopus officinalis L.)
**hysteresigraph** n (Elec Eng) / Hysteresegraf m, Ferrograf m (Messeinrichtung zur Sichtbarmachung von Hystereseschleifen auf einem Oszillografen)
**hysteresis*** n (pl. hystereses) (Elec Eng, Phys) / Hysterese f (Verzögerung des Rückganges einer Eigenschaftsänderung bei Wegnahme ihrer äußeren Ursache), Hysteresis f
**hysteresis coefficient*** (Mag) / Hysteresebeiwert m (eine Jordan'sche Konstante), Hysteresekoeffizient m der Steinmetz-Formel, Steinmetz-Koeffizient m (nach Ch.P. Steinmetz, 1865-1923) ‖ ~ **coupling** (an electric coupling in which torque is transmitted by forces arising from the resistance to reorientation of established magnetic fields within a ferromagnetic material) (Elec Eng) / Hysteresiskupplung f ‖ ~ **cycle** (Elec Eng, Mag) / Hystereseschleife f, Hysteresekurve f (DIN 1325) ‖ ~ **error*** (Aero, Elec Eng) / Hysteresefehler m ‖ ~ **error** (Instr) / Umkehrspanne f (quantitatives Maß für die Hysterese eines Messgerätes nach DIN 1319, T 1) ‖ ~ **heat*** (Elec Eng) / Hysteresewärme f (bei periodischer Magnetisierung durch ein Wechselfeld) ‖ ~ **loop*** (Elec Eng, Mag) / Hystereseschleife f, Hysteresekurve f (DIN 1325) ‖ ~ **loss*** (Elec Eng) / Hystereseverlust m (in einem Ferromagnetikum) ‖ ~ **motor*** (Elec Eng) / Hysteresemotor m (ein Wechselstromkleinmotor), Hysteresismotor m ‖ ~ **tester*** (Elec Eng) / Hystereseprüfgerät n ‖ ~ **valve** (Autos) / Hystereseventil n
**hysteretic** adj (Elec Eng, Phys) / hystereseartig adj ‖ ~ **error** (Automation) / Hysteresefehler m ‖ ~ **modulus** (Chem Eng, Mech) / phasenverschobener Modul (die Komponente der Scherkraft), Verlustmodul m, Viskositätsmodul m, Hysteresismodul m, imaginärer Modul
**Hytelnet** n (an Internet service; helps in finding the right library catalogue) (Comp) / Hytelnet n
**HyTime** n (Comp, Telecomm) / HyTime n (Bezeichnung für eine Anwendung bzw. Erweiterung von SGML zur Darstellung von Hypermedia-Informationen)
**Hz** (hertz) (Elec) / Hertz n (gesetzliche abgeleitete SI-Einheit der Frequenz eines periodischen Vorganges), Hz (Hertz - DIN 1301, T 1)
**HZ** (haze) (Meteor) / Dunst m (trockener - Trübung durch Staub und Rauch)

# I

**I*** (iodine) (Chem) / Iod *n*, I (Iod), Jod *n*, J (Jod - in der älteren und der populärwissenschaftlichen deutschsprachigen Literatur)
**i*** (imaginary unit) (Maths) / imaginäre Einheit, i (imaginäre Einheit)
**IA** (interrupt acknowledge) (Comp) / Unterbrechungsquittung *f*
**IA5** (International Alphabet, Number 5) (Telecomm) / CCITT-Kode Nr. 5, ITA Nr. 5 (ein 7-Bit-Kode für Datenübertragung)
**IAA*** (indoleacetic acid) (Biochem, Bot) / Heteroauxin *n*, 3-Indolylessigsäure *f*, IES (wichtigster Vertreter der Auxine) || ≃ (International Academy of Astronautics) (Space) / Internationale Astronautische Akademie (wissenschaftliche Institution, deren Gründung 1960 in Stockholm auf dem 11. Kongress der Internationalen Astronautischen Föderation beschlossen wurde)
**IAEA*** (International Atomic Energy Agency) (Nuc Eng) / Internationale Atomenergie-Organisation (gegründet 1956, Sitz: Wien), IAEO (Internationale Atomenergie-Organisation)
**IAGC** (instantaneous automatic gain control) (Radar) / selbsttätige unverzögerte Schwundsteuerung, unverzögerte automatische Verstärkungsregelung
**IAM** (initial address message) (Telecomm) / Initialisierungsnachricht *f*
**IANA** (Internet Assigned Number Authority) (Comp, Telecomm) / Internet Assigned Number Authority *f*, IANA (Internet Assigned Number Authority)
**IAP*** (Comp) / Internetprovider *m* (Anbieter von Internetdienstleistungen), Internet-Anbieter *m* (eine kommerzielle oder auch nicht kommerzielle /z.B. Hochschulen/ Organisation oder Unternehmung, die verschiedene Dienstleistungen auf Basis des Internets anbietet), Internet-Service-Provider *m*
**IAS*** (indicated airspeed) (Aero) / Fahrtmesseranzeige *f* (abgelesene) || ≃* (indicated airspeed - when corrected for instrument error) (Aero) / angezeigte Fluggeschwindigkeit || ≃* (immediate-access store) (Comp) / Schnellspeicher *m*, Speicher *m* mit schnellem Zugriff, Schnellzugriffspeicher *m*, zugriffszeitfreier Speicher
**IAT** (International Atomic Time) (Phys) / Internationale Atomzeit, IAT (Internationale Atomzeit), TAI (Internationale Atomzeit)
**IATA*** (International Air Transport Association) (Aero) / Internationale Lufttransportvereinigung (1945 neu gegründet , Sitz: Montreal)
**iatrogenic*** *adj* (Med, Pharm) / iatrogen *adj* (durch ärztliche Einwirkung entstanden - Krankheit)
**IBA*** (indole-3-butyric acid) (Biochem, Bot) / Indol-3-ylbuttersäure *f*
**IBDU** (isobutylidene diurea) (Agric, Chem) / Isobutylidendiharnstoff *m*, IBDU (Isobutylidendiharnstoff)
**IBE** (ion-beam etching) (Electronics) / Ionenstrahlätzen *n* (mit Inertgas - der Abtrag erfolgt ausschließlich durch physikalische Zerstäubung)
**I-beam*** *n* (a wide-flange beam) (Civ Eng, Met) / H-Profil *n*, Doppel-T-Breitflanschträger *m*, I-Breitflanschträger *m*
**IBG** (interblock gap) (Comp) / Blocklücke *f* (zwischen zwei Bandblöcken), Blockzwischenraum *m*
**IBIB** (isobutyl isobutyrate) (Chem) / Isobutylisobuttersäureester *m*
**IBM-compatibel** *adj* (Comp) / IBM-kompatibel *adj*
**ibogaine** *n* (Pharm) / Ibogain *n* (ein Iboga-Alkaloid aus Tabernanthe iboga /"Pflanze der Götter"/)
**ibotenic acid** (Chem, Nut) / Ibotensäure *f*, Prämuscimol *n* || ~ **acid** (Chem, Nut) s. also tricholomic acid
**IBP** (initial boiling point) (Chem, Phys) / SB (Siedebeginn), Siedebeginn *m*, Beginnsiedepunkt *m*, Siedepunkt *m* (Siedebeginn)
**IBS** (interblock space) (Comp) / Blocklücke *f* (zwischen zwei Bandblöcken), Blockzwischenraum *m*
**IBSCA** (ion-beam spectrochemical analysis) (Chem, Spectr) / Ionenstrahl-Spektralanalyse *f*
**ibuprofen*** *n* (Pharm) / Ibuprofen *n*
**I & C** (instrumentation and control) (Automation) / Mess-, Steuerungs- und Regeltechnik *f*, MSR-Technik *f*, Leittechnik *f*
**IC** (ion chromatography) (Chem) / Ionenchromatografie *f* (Variante der Ionenaustauschchromatografie, bei der die Detektion störende Elektrolytuntergrund der mobilen Phase durch eine Nachsäulenderivatisierung zurückgedrängt wird)
**I.C.** (information content) (Comp) / Informationsgehalt *m* (DIN 5493, T 1 und 44301)
**IC*** (integrated circuit) (Electronics) / integrierte Schaltung , IC (integrierte Schaltung), integrierter Schaltkreis, IS (integrierter Schaltkreis) || ≃ (intergranular corrosion) (Eng, Surf) / Korngrenzenkorrosion *f*, interkristalline Korrosion (die in der Nähe an den Korngrenzen eines Werkstoffs auftritt) || ≃ (internal conversion) (Nuc, Photog) / innere Umwandlung, innere Konversion (ein Kernprozess)

**ICAI** (intelligent computer-aided instruction) (AI, Comp) / rechnerunterstütztes Lehrsystem, computerunterstütztes Lehrsystem, ICAI (rechnerunterstütztes Lehrsystem)

**ICAO*** (International Civil Aviation Organization) (Aero) / Internationale Zivilluftfahrt-Organisation (1944 in Chicago gegründet, Sitz: Montreal) || ≃ **emergency response guidance for aircraft incidents involving dangerous goods** (Aero) / Leitfaden *m* der ICAO für Notfallmaßnahmen bei Flugzeug-Zwischenfällen mit Gefahrgut

**ICB** (incoming call barring) (Teleph) / Sperren *n* von ankommenden Verbindungen

**ICBM** (intercontinental ballistic missile) (Mil) / interkontinentaler ballistischer Flugkörper, Interkontinentalrakete *f* (mit interkontinentaler Reichweite)

**ICC** (International Chamber of Commerce) / Internationale Handelskammer (freie Vereinigung von Unternehmern und Wirtschaftsverbänden zur Förderung des zwischenstaatlichen Handels und zur Lösung internationaler Handelsfragen - Sitz: Paris), IHK (Internationale Handelskammer)

**ICDH** (isocitrate dehydrogenase) (Biochem) / Isocitrat-Dehydrogenase *f*, Isozitrat-Dehydrogenase *f*

**ICE** (in-circuit emulator) (Comp) / Echtzeitemulations- und Testadapter *m*, In-Circuit-Emulator *m* (mit dem man Programme im Einplatinen-Rechner testen kann)

**ice** *v* (Nut) / glasieren *v* || ~ *vi* (Meteor) / vereisen *v*, sich mit Eisblumen überziehen (z.B. Fenster) || ~ *vt* / mit Eis kühlen || ~* *n* (the solid phase of water) / Eis *n* (Wasser in festem Aggregatzustand, kristallin in Form hexagonaler Eiskristalle erstarrt) || ~ **accretion** (Aero, Eng) / Eisansatz *m* || ~ **action** (Ecol, Geol) / Tätigkeit *f* des Eises || ≃ **Age*** (Geol) / [pleistozäne] Eiszeit *f*, Eiszeitalter *n*, Pleistozän *n* || ~-**age*** (Geol) / Eiszeit *f*, Glazial *n*, Glazialzeit *f* || ~ **anchor** (Ships) / Eisanker *m* || ~-**apron** (Civ Eng) / a ramp on the upstream side of a bridge pier which slopes up from well below water level) (Civ Eng) / Eisabweiser *m*, Eisbrecherpfeiler *m*, Eisbock, Brückeneisbrecher *m*, Eisschollenbrecher *m*, Eisbrecher *m* (an Brückeneisbrecher *m*) || ~ **ball** (Meteor) / künstliches Hagelkorn (mit Füllung - zu Simulationszwecken) || ~ **barrier** (Geol) / Eisbarriere *f* || ~ **bath** (Chem) / Eisbad *n*

**iceberg*** *n* (Meteor) / Eisberg *m* (im Meer schwimmende große Eismasse)

**ice blanket** (Hyd Eng) / Eisstand *m* (Zustand eines fließenden Gewässers, bei dem Treibeis zum Stehen gekommen und an der Oberfläche zusammengefroren ist)

**iceblink*** (Meteor) / Blink *m* (Widerschein der Schnee- und Eisfelder an der Wolkengrenze), Eisblink *m*

**ice-blue** *adj* / eisblau *adj*

**ice-bound** *adj* / zugefroren *adj* (Hafen, See)

**icebox** *m* / Fach *n* (im Kühlschrank)

**ice•-breaker*** *n* (Civ Eng) / Eisabweiser *m*, Eisbrecherpfeiler *m*, Eisbock, Brückeneisbrecher *m*, Eisschollenbrecher *m*, Eisbrecher *m* (an Brückeneisbrecher *m*) || ~-**breaker*** (Ships) / Eisbrecher *m* (Spezialschiff) || ~ **breakup** (Hyd Eng) / Eisaufbruch *m* (von Flüssen) || ~ **calorimeter** (Phys) / Eiskalorimeter *n* (nach Bunsen) || ~ **cap** (Comp) / Kühlvorrichtung *f* für Mikroprozessoren || ~ **cap** (Geol) / Eiskappe *f*, Inseleis *n* || ~ **cascade** (Geol) / Gletscherbruch *m* (an einem starken Gehängeknick) || ~ **cascade** (Geol) / Eiskaskade *f* || ~ **cave** (Geol) / Gletschertor *n* (am Ende der Gletscherzunge) || ~ **channel** (For) / Eisriese *f* || ~ **chest** / Kühltruhe *f*, Kühlbox *f* || ~ **chute** (For) / Eisriese *f* || ~ **clearing** / Eisblänke *f* (eisfreie Fläche in einer sonst geschlossenen Eisdecke) || ~ **cliff** (Geol) / Eiskliff *n* || ~ **cloud** (Meteor) / Eiswolke *f* (aus Eiskristallen) || ~ **coating** (Aero, Eng) / Eisansatz *m*

**ice-cold** *adj* / eisig *adj*, eiskalt *adj*

**ice colours*** (Textiles) / Eisfarben *f pl*, Eisfarbstoffe *m pl* (eine Klasse von Entwicklungsfarbstoffen, die bei 0-10° C verarbeitet werden) || ~ **colours*** (Textiles) s. also azoic dye

**ice-control salt** (Civ Eng) / Tausalz *n* (z.B. vergälltes Steinsalz), Auftausalz *n* (im Straßenwinterdienst verwendetes Salz, das Schnee- und Eisschichten zum Auftauen bringt), Streusalz *n*

**ice cooling** / Eiskühlung *f*, Kühlung *f* mit Eis || ~ **cover** / Eisdecke *f* (im Allgemeinen)

**ice-covered** *adj* / vereist *adj*, eisbedeckt *adj*

**ice-cream freezer** (Nut) / Speiseeiserzeuger *m*

**ice crystal** / Eiskristall *m*

**ice-crystal cloud** (Meteor) / Eiswolke *f* (aus Eiskristallen) || ~ **fog** (Aero, Meteor) / Eisnebel *m*, Frostrauch *m*

**iced** *adj* / vereist *adj*, eisbedeckt *adj*

**ice dam** (Hyd Eng) / Eisbarriere *f* (auf dem Fluss)

**ice-dammed lake** (Geol) / Eisstausee *m*

**ice deposit** (Aero, Eng) / Eisansatz *m*
**iced vehicle** (Autos) / Kühlfahrzeug *n* mit Eiskühlung
**icefall** *n* (that portion of a glacier that flows down a very steep gradient, developing a zone of crevasses) (Geol) / Gletscherbruch *m* (an einem starken Gehängeknick) || ~ (Geol) / Gletscherfall *m*, Gletschersturz *m*
**ice field** (Geol) / Eisfeld *n* || ~ **fin** (Ships) / Eisabweiser *m* (Propellerschutz) || ~ **floe** / Eisscholle *f*
**ice-flower glass** (Glass) / Eisblumenglas *n* (das aus Mattglas durch Auftragen von warmem, flüssigem Leim hergestellt wird)
**ice fog** (Aero, Meteor) / Eisnebel *m*, Frostrauch *m* || ~ **foot** (a fringe of ice formed along a shoreline and attached to it, unmoved by tides) (Ocean) / Festeis *n* (Meereis, meistens entlang der Küste) || ~ **formation** / Eisbildung *f*, Vereisung *f*
**ice-free** *adj* / eisfrei *adj*
**ice gate** (Hyd Eng) / Eisklappe *f* (an Wehren) || ~ **generator** / Eismaschine *f*, Eiserzeugungsanlage *f*, Eiserzeuger *m* || ~ **gorge** (Hyd Eng) / Eisversetzung *f* (zusammengeschobenes Eis, das den Abflussquerschnitt eines Fließgewässers stark einengt) || ~ **gorge** (Hyd Eng) / Eisstau *m* (in Flüssen aufgestautes Eis), Eisstauung *f*, Eisbare *f*, Eisverstopfung *f* || ~ **guard**\* (Aero) / Vereisungsschutz *m* (vor oder in der Ansaugöffnung), Vereisungsnetz *n* || ~ **hazard** / Eisgefahr *f*, Vereisungsgefahr *f* || ~ **II** / Eis *n* II (orthorhombisch) || ~ **island** (Geol, Oils) / Eisinsel *f* || ~ **jam** (Hyd Eng) / Eisversetzung *f* (zusammengeschobenes Eis, das den Abflussquerschnitt eines Fließgewässers stark einengt)
**Iceland lichen** (Bot) / Isländisches Moos, Brockenmoos *n*, Isländflechte *f* (Cetraria islandica) || ~ **moss** (Bot) / Isländisches Moos, Brockenmoos *n*, Islandflechte *f* (Cetraria islandica) || ~ **spar**\* (Min) / Islandspat *m* (große klare Kristalle des Kalzits, [Isländischer] Doppelspat *m*
**ice layer** / Eisschicht *f* || ~ **lens** (Build, Civ Eng, Geol) / Eislinse *f* (etwa horizontale linsenförmige Eisanreicherung im Boden) || ~ **load** (Build, Elec Eng) / Eislast *f* (konkret in kg oder als Lastannahme - DIN 1055-5) || ~ **machine** / Eismaschine *f*, Eiserzeugungsanlage *f*, Eiserzeuger *m* || ~ **maker** / Eismaschine *f*, Eiserzeugungsanlage *f*, Eiserzeuger *m*
**ice-making capacity** / Eisleistung *f* (der Eiserzeugungsanlage) || ~ **compartment** / Tiefkühlabteil *n*, Gefrierabteil *n* (des Kühlschranks), Tiefkühlfach *n*, Gefriergutfach *n* (im Haushaltskühlschrank)
**ice mantle** (Geol) / Festlandeis *n*, Inlandeis *n*, Binneneis *n* || ~ **mountain** (Meteor) / Eisberg *m* (im Meer schwimmende große Eismasse) || ~ **needle** / Eisnadel *f*
**I.C. engine** (Eng) / Wärmekraftmaschine *f* mit innerer Verbrennung (z.B. Verbrennungsmotor oder Gasturbine)
**IC engine**\* (I C Engs) / Verbrennungsmotor *m* (eine Kolbenmaschine nach DIN 1940)
**ice nucleus** (Meteor) / Sublimationskern *m*, Eiskeim *m* (der die Bildung von Eisteilchen durch Anlagerung von Wasserdampf möglich macht) || ~ **pack** (Ocean) / Packeis(feld) *n* (zusammen- und übereinandergeschobene Treibeisschollen) || ~ **paper** (Paper) / Eispapier *n*, Alabasterpapier *n* (mit einer aufgestrichenen kristallisierenden Flüssigkeit, die beim Auftrocknen dem Moiré ähnliche Figuren hervorruft)
**ice-patterned glass** (Glass) / Eisblumenglas *n* (das aus Mattglas durch Auftragen von warmem, flüssigem Leim hergestellt wird)
**ice pedestal** (Geol) / Eissäule *f* auf der Gltscheroberfläche (die den Gletschertisch trägt) || ~ **pellet**\* (Meteor) / Eiskorn *n* (US) (Meteor) / Eiskörnchen *n* (im Eisregen) || ~ **point** (Phys) / Eispunkt *m* (Schmelzpunkt des Eises bei einem Druck von 101324,72 Pa - einer der beiden Fundamentalpunkte der Temperaturskale) || ~ **prevention ring** / Winterrohr *n* (am unteren Umfang der Kühlturmschale von Naturzugkühltürmen)
**iceproof** *adj* / nicht vereisend
**ice push** (Geol) / Eisschub *m*, Eisdruck *m*, Eispressung *f*
**ice-pushed ridge** (Geol) / Stauchendmoräne *f*, Stauchwall *m* (einer Endmoräne)
**ice raft** / Eisscholle *f* || ~ **reefing** (Geol) / Eisschub *m*, Eisdruck *m*, Eispressung *f* || ~ **run** (Hyd Eng) / Eisgang *m* (massenhaftes Abschwimmen von Eis, das vorher, z.B. bei Eisstand oder als Eisversetzung, in Ruhe war)
**ICES** (International Council for the Exploration of the Sea) (Ocean) / Internationaler Rat für Meeresforschung (gegründet 1902: Kopenhagen, Sitz: Kopenhagen)
**ice saturation** (Meteor) / Eissättigung *f* (der maximale Wasserdampfgehalt der Luft über Eis)
**ice-scratched** *adj* (Geol) / eisgeschrammt *adj*
**ice sheet** (Geol) / Festlandeis *n*, Inlandeis *n*, Binneneis *n* || ~ **shove** (Geol) / Eisschub *m*, Eisdruck *m*, Eispressung *f* || ~ **spicule** / Eisnadel *f* || ~ **stone** (Min) / Kryolith *m* (Natriumfluoroaluminat), Eisstein *m* || ~ **storm** (Meteor) / Eissturm *m* || ~ **stream** (Geol) / Eisstrom *m* || ~ **strengthening** (Ships) / Eisverstärkung *f* (Verstärkung von Teilen des Schiffskörpers zum Schutz gegen Eisdruck durch dickere Außenhautbeplattung, Stähle höherer Festigkeit, Zwischenspante und zusätzliche Stringer) || ~ **stud** (Autos) / Spike *m* (pl. -s) (im Autoreifen - in Deutschland verboten) || ~ **thrust** (Geol) / Eisschub *m*, Eisdruck *m*, Eispressung *f* || ~ **tongue** (glacier tongue) (Geol) / Gletscherzunge *f* (in dem Zehrgebiet)
**ice-transported** *adj* (Geol) / eisverfrachtet *adj*
**ice up** *v* (Aero) / vereisen *vi* (Tragfläche) || ~ **vein** (Geol) / Eiskeil *m* (rezenter oder fossiler) || ~ **wedge** (wedge-shaped, foliated ground ice produced in permafrost) (Geol) / Eiskeil *m* (rezenter oder fossiler) || ~ **window** / Eisblänke *f* (eisfreie Fläche in einer sonst geschlossenen Eisdecke)
**ice-worn** *adj* (Geol) / eisgeschrammt *adj*
**I-C filter**\* (Elec Eng) / I-C-Filter *n*
**ICH** (internal communication highway) (Teleph) / interner Kommunikationskanal (bei Mobiltelefonen)
**ichnofossil** *n* (Geol) / Spurenfossil *n* (in der Ichnologie)
**ichor**\* *n* (a fluid thought to be responsible for such processes as granitization) (Geol) / Ichor *m* ("granitischer Saft")
**ichthyocolla** *n* (Chem, Nut) / Hausenblasenleim *m*, Fischleim *m*
**ichthyotesting** *n* (Ecol, Hyd Eng) / Fischtest *m* (kontinuierliche Wasserüberwachung auf akut toxische Verunreinigungen, bei der Fische [z.B. Goldorfen oder Regenbogenforellen] als Detektor und als biologische Warneinrichtung verwendet werden)
**I.C.I.-deep-shaft process** (San Eng) / I.C.I.-Deep-Shaft-Prozess *m* (zur aerob-biologischen Abwasserreinigung - mit schachtförmigem Belebungsraum)
**iciness** *n* (Meteor) / eisige Kälte, Eisigkeit *f*
**icing** *n* / Eisbildung *f*, Vereisung *f* || ~ (ice accretion) (Aero, Eng) / Eisansatz *m* || ~ (Nut) / Tortenguss *m* || ~ (Nut) / Glasur *f*, Zuckerglasur *f*, Glace *f* || ~ **indicator** (Aero) / Vereisungswarngerät *n* || ~ **level** (Aero) / Vereisungshöhe *f* || ~ **sugar** (Nut) / Farinzucker *m*, Staubzucker *m*, Puderzucker *m*, Sandzucker *m*, Farin *m*
**icon**\* *n* (AI, Comp) / ikonisches Zeichen, Bildsymbol *n*, Ikon *n* (Zeichen, das mit seiner Bedeutung in einigen Merkmalen übereinstimmt, so dass die Zuordnung zwischen Zeichen und Bedeutung nahe gelegt wird)
**icon-driven** *adj* (Comp) / ikongesteuert *adj*
**iconic** *adj* (AI, Comp) / ikonisch *adj* || ~ **image processing** (Comp) / ikonische Bildverarbeitung || ~ **memory** (AI) / bildhaftes Gedächtnis, visuelles Gedächtnis || ~ **representation** (AI, Comp) / ikonische Darstellung, figürliche Darstellung || ~ **sign** (AI, Comp) / ikonisches Zeichen, Bildsymbol *n*, Ikon *n* (Zeichen, das mit seiner Bedeutung in einigen Merkmalen übereinstimmt, so dass die Zuordnung zwischen Zeichen und Bedeutung nahe gelegt wird)
**iconometer** *n* (Photog) / Ikonometer *n*, Sportsucher *m*, Rahmensucher *m*
**iconoscope** *n* (TV) / Ikonoskop *n* (ursprüngliche Zworykin'sche Bildaufnahmeröhre - heute durch Superorthikon ersetzt)
**icosahedron**\* *n* (pl. -hedrons or -hedra) (Crystal, Maths) / Zwanzigflach *n* (zwanzig gleichseitige Dreiecke), Zwanzigflächner *m*, Ikosaeder *n*
**icositetrahedron**\* *n* (pl. -hedrons or -hedra) (Crystal, Maths) / Vierundzwanzigflächner *m*, Ikositetraeder *n*
**ICOS wall** (a diaphragm wall) (Civ Eng) / ICOS-Schlitzwand *f*, ICOS-Dichtwand *f*
**ICP** (inductively coupled plasma) (Spectr) / induktiv gekoppeltes Plasma (Atomisierungs- und Anregungsquelle in der Atomspektroskopie), ICP (induktiv gekoppeltes Plasma)
**ICP-AES** (inductively coupled argon-plasma atomic emission spectrometry) (Spectr) / Atomemissionsspektrometrie *f* mit induktiv gekoppeltem Argonplasma
**ICP spectroscopy** (Spectr) / ICP-Emissions-Spektralanalyse *f*
**ICR spectrometer** (Spectr) / Fourier-Transform-Ionenzyklotronresonanzspektrometer *n*, ICR-Massenspektrometer *n* || ~ **spectroscopy** (Spectr) / Ionen-Zyklotron-Resonanzspektroskopie *f*, ICR-Spektroskopie *f* (eine Methode der Massenspektroskopie)
**ICRU** (International Commission on Radiological Units and Measurement) (Radiol) / Internationale Kommission für radiologische Einheiten und Messungen (1925 gegründet, Sitz: Washington, D.C.)
**ICSH**\* (interstitial cell-stimulating hormone) (Biochem) / zwischenzellstimulierendes Hormon, interstitialzellenstimulierendes Hormon, Luteinisierungshormon *n*, Lutropin *n*, LH
**ICS system** (TV) / Intercarrier-Verfahren *n*, Differenzträgerverfahren *n*, Differenzfrequenzverfahren *n*, DF-Verfahren *n*
**ICSU** (International Council of Scientific Unions) / Internationaler Rat wissenschaftlicher Vereinigungen (gegründet 1931, Sitz: Paris)
**ICUT** (integrated circuit under test) (Electronics) / die eben geprüfte oder kontrollierte integrierte Schaltung

**ICW**

**ICW**\* (interrupted continuous waves) (Radio) / unterbrochene ungedämpfte Wellen
**icy** adj / eisig adj ‖ ~ / vereist adj ‖ ~ (Civ Eng) / eisglatt adj (Straße)
**ID** (identifier) (Comp) / Kennzeichen n (eines Feldes)
**i.d.** (inside diameter) (Eng) / Innendurchmesser m
**ID** (inside diameter) (Eng) / Innendurchmesser m ‖ ≃ (inside diameter) (Eng) / lichte Weite (bei rundem Querschnitt), Lichtweite f
**ID$_{50}$** (Med) / irritative Dosis, ID$_{50}$
**IDA** (iminodiacetic acid) (Chem) / Iminodiessigsäure f ‖ ≃ (integrated digital access) (Telecomm) / integrierter digitaler Zugang ‖ ≃ (integrated digital access) (Telecomm) / integrierter digitaler Anschluss
**Idaho white pine** (For) / Gebirgsstrobe f (Pinus monticola Dougl. ex D. Don)
**IDB** (integrated database) (Comp) / integrierte Datenbasis
**IDC** (insulation displacement connexion) (Electronics) / lötfreie Anschlusstechnik, IDC (lötfreie Anschlusstechnik)
**ID card reader** (Comp) / Ausweisleser m ‖ ≃ **coil** (an electromagnetic coil inserted inside a hollow test specimen) (Elec Eng) / Innendurchlaufspule f (die bei den elektromagnetischen Untersuchungen verwendet wird, indem man sie in die Probe einbringt, wie im Falle einer Einführsonde bei Rohrleitungen) ‖ ≃ **control** (Automation) / Integral-Differential-Regelung f, ID-Regelung f
**IDD** (international direct dialling) (Teleph) / Auslands-Selbstwählfernverkehr m, Auslandsfernwahl
**IDDD** (international direct distance dialling) (Teleph) / Auslands-Selbstwählfernverkehr m, Auslandsfernwahl
**IDE** (integrated development environment) (AI, Comp) / integrierte Entwicklungsumgebung, IDE f (integrierte Entwicklungsumgebung) ‖ ≃ (integrated drive electronics) (Comp) / Standard-IDE f (im Gegensatz zu E-IDE), IDE-Spezifikation f, Integrated Drive Electronics n, IDE (Integrated Drive Electronics), Standard-IDE n (als Gegensatz zu E-IDE)
**ideal**\* n (Maths) / Ideal n (eine Teilmenge eines Ringes) ‖ ~ adj / ideal adj, vollkommen adj ‖ ~ ideell adj (nur gedacht, nicht wirklich) ‖ ~ **base** (Maths) / Idealbasis f ‖ ~ **basis** (Maths) / Idealbasis f ‖ ~ **behaviour** (Materials) / Idealverhalten n (des Materials) ‖ ~ **conductor** (Elec) / idealer Leiter, Idealleiter m ‖ ~ **crystal**\* (Crystal) / Idealkristall m, idealer Kristall, Idealstruktur f ‖ ~ **current source** (Elec) / ideale Stromquelle ‖ ~ **cycle** (I C Eng) / Vergleichsprozess m (idealisierter - der der Zustandsänderung des Arbeitsgases im Motor zeigt) ‖ ~ **cycle with perfect gases** (Phys) / theoretischer Kreisprozess idealer Gase (z.B. nach Carnot, Otto usw.) ‖ ~ **deformation work** (Mech) / ideale Umformarbeit ‖ ~ **dielectric** (Elec) / verlustloser Isolator ‖ ~ **diode** (Electronics) / ideale Diode ‖ ~ **elastic plastic behaviour** (Materials) / ideal-elastisch-plastisches Verhalten ‖ ~ **flow** (Phys) / reibungsfreie Strömung, ideale Strömung ‖ ~ **fluid** (Phys) / ideale Flüssigkeit (eine inkompressible Flüssigkeit ohne innere Reibung - nach DIN 1342, T 1) ‖ ~ **fluid** (Phys) / ideales Fluid, reibungsfreies Fluid (bei dem während der Bewegung keine tangentialen Schubspannungen auftreten) ‖ ~ **gas**\* (Phys) / ideales Gas, Idealgas n
**ideal-gas equation** (Phys) / Zustandsgleichung f idealer Gase, allgemeine Gasgleichung, Gaszustandsgleichung f ‖ ~ **law** (Phys) / Zustandsgleichung f idealer Gase, allgemeine Gasgleichung, Gaszustandsgleichung f ‖ ~ **mixture** (Phys) / Gemisch n idealer Gase ‖ ~ **temperature scale** (Phys) / Avogadro'sche Temperaturskale
**ideal instantaneous orbit** (Nuc) / ideale Momentanbahn
**ideality** n / Idealzustand m
**idealize** v / idealisieren v
**idealized case** / idealisierter Fall
**ideal lattice** (Crystal) / ideales Gitter ‖ ~ **line** (Telecomm) / verlustlose Leitung, verlustfreie Leitung, ideale Leitung ‖ ~ **mixture** (Chem) / ideale Mischung ‖ ~ **pendulum** (Phys) / mathematisches Pendel (ein idealisiertes Pendel) ‖ ~ **radiator** (Phys) / Schwarzer Strahler (DIN 5031-8), Planck'scher Strahler ‖ ~ **rectifier** (a rectifier in which the back conductance, forward resistance and capacitance are zero) (Elec Eng) / idealer Gleichrichter ‖ ~ **shape** / Sollform f, Idealform f ‖ ~ **solid** (Crystal, Phys) / idealer Festkörper (ein idealischer Festkörper höchster Ordnung) ‖ ~ **solution** (Chem) / ideale Lösung ‖ ~ **state** / Idealzustand m ‖ ~ **steam engine** (Eng) / verlustlose Dampfmaschine, ideale Dampfmaschine ‖ ~ **thermodynamic cycle** (Phys) / idealer Kreisprozess, thermodynamischer Vergleichsprozess (z.B. Ericsson-Prozess für Gasturbinen) ‖ ~ **transformer** (Elec Eng) / idealer Transformator ‖ ~ **value** (Automation) / Idealwert m ‖ ~ **white** (Paper) / Standardweiß n (zur Prüfung der Weiße) ‖ ~ **work** (of deformation) (Mech) / ideelle Arbeit (Arbeitsbetrag bei reibungsfrei gedachter Umformung)
**IDE controller** (disk controller supporting the IDE specifications) (Comp) / IDE-Controller m

**idemfactor** n (Maths, Phys) / Einheitstensor m, Idemfaktor m
**idempotence laws** (Maths) / Verschmelzungssätze m pl (bei Halbverbänden), Idempotenzgesetze n pl
**idempotent**\* adj (Maths) / idempotent adj (ein Element a eines Rings bezeichnend, für das $a^2 = a$ gilt) ‖ ~ **laws** (Maths) / Verschmelzungssätze m pl (bei Halbverbänden), Idempotenzgesetze n pl
**identical** adj (Maths) / identisch adj (z.B. Abbildung), identisch gleich
**identically distributed** (Stats) / identisch verteilt
**identical part** (Work Study) / Gleichteil n (das bei verschiedenen Erzeugnissen gleich ist) ‖ ~ **particles** (in quantum mechanics) (Phys) / identische Teilchen (Mikroteilchen mit völlig gleichen Eigenschaften, wie Ladung, Masse, Spin und anderen inneren Quantenzahlen) ‖ ~ **parts list** (Work Study) / Gleichteilstückliste f (Stückliste, die die gleichen Eigen-, Gruppen- und Kaufteile eines Erzeugnisses oder einer Erzeugnisreihe enthält) ‖ ~ **plane** (Maths) / identische Ebene ‖ ~ **set** (Maths) / gleiche Menge
**identification** n / Kennzeichnung f (z.B. des Materials) ‖ ~ / Nämlichkeit f (der Ware bei der Zollabfertigung) ‖ ~ / Identifizierung f, Identifikation f ‖ ~ (Bot) / Bestimmung f ‖ ~ (Geol, Mining) / Ansprache f (kennzeichnende Beschreibung) ‖ ~ (US) (Pharm) / Identitätsprüfung f ‖ ~ (Radar) / Kennung f ‖ ~ **analysis** (Telecomm) / Kennungsauswertung f, Präfixauswertung f ‖ ~ **beacon** (Aero) / Kennfeuer n ‖ ~ **card reader** (Comp) / Ausweisleser m ‖ ~ **colour** / Kennfarbe f (DIN 5381 - z.B. auch bei Zementen) ‖ ~ **division** (COBOL) (Comp) / Kennzeichnungsteil m, Identifikationsteil m, Erkennungsteil m (der zur Identifizierung des COBOL-Programms dient) ‖ ~ **frame** / Kennzeichnungsaufnahme f (das erste Bild der ersten Reihe eines Mikrofiches, das die Angabe enthält, auf wie viel Mikrofiches im Sachverhalt verteilt ist) ‖ ~ **friend or foe** (Radar) / Freund-Feind-Kennung f, IFF (Freund-Feind-Kennung) ‖ ~ **grammar** / Identifikationsgrammatik f, Akzeptor m (Identifikationsgrammatik) ‖ ~ **lamp** (Autos) / Kennlichtscheinwerfer m (auf Sanitäts- und anderen Einsatzfahrzeugen - blaues Licht, dessen Lichtkegel nur nach vorne gerichtet ist) ‖ ~ **land** (Electronics) / Identifikationsfacette f ‖ ~ **leader** (Cinema) / Kennzeichnungs-Allonge f (des Startbandes) ‖ ~ **letter** / Kennbuchstabe m ‖ ~ **mark** / Erkennungszeichen n, Identifikationszeichen n ‖ ~ **measures** / Maßnahmen f pl zur Nämlichkeitssicherung (im Zollverkehr) ‖ ~ **number** / Identifikationsnummer f, Identnummer f (für ein identifiziertes Nummerungsobjekt), Identifizierungsnummer f, I-Nr. ‖ ~ **number** (Autos) / Kemler-Zahl f (die auf der oberen Hälfte der orangefarbenen Warntafel an Tankfahrzeugen zur Kennzeichnung der Gefahr dient, die vom transportierten Stoff ausgeht) ‖ ~ **probability** (Mil, Radar) / Identifizierungswahrscheinlichkeit f ‖ ~ **problem** (Automation) / Identifikationsproblem n (Ermittlung der das Systemverhalten beschreibenden Gleichungen einschließlich der Systemparameter aus gemessenen Eingangs- und Ausgangssignalen) ‖ ~ **system** (Comp) / Ausweissystem n ‖ ~ **thread** (Cables) / Firmenkennfaden m (z.B. nach dem Farbkode des CENELEC), Kennfaden m ‖ ~ **trailer** (Cinema) / Kennzeichnungs-Allonge f (des Endbandes)
**identified reserves** (Mining) / nachgewiesene Vorräte, entdeckte Vorräte, nachgewiesene Reservern, sichere Reserven ‖ ~ **resources** (Mining) / nachgewiesene Vorräte, entdeckte Vorräte, nachgewiesene Reserven, sichere Reserven
**identifier** n (Comp) / Kennzeichen n (eines Feldes) ‖ ~ (Comp) / Bezeichner m (zur Kennzeichnung eines Programmobjektes (Cobol, Pearl, PL/1, Algol 60)), Name m (Algol), Identifizierer m
**identify** v / identifizieren v
**identifying code** (Comp) / Erkennungscode m, Erkennungskode m
**identitive** adj (Maths) / antisymmetrisch adj (Relation), identitiv adj (eine zweistellige Relation)
**identity**\* n (Maths) / Identität f (eine mathematische und logische Äquivalenzrelation) ‖ ~ **card reader** (Comp) / Ausweisleser m ‖ ~ **element** (Comp) / Identitätsglied n, Identitätsschaltung f ‖ ~ **element**\* (Maths) / Einselement n (wenn die Verknüpfung eine Multiplikation ist), Nullelement n (wenn die Verknüpfung eine Addition ist), neutrales Element, Einheitselement n, Eins f ‖ ~ **function** (Maths) / identische Abbildung, identische Funktion f ‖ ~ **gate** (Automation, Comp) / Äquivalenzglied n (das die Äquivalenz realisiert) ‖ ~ **laws** (Maths) / Identitätsaxiome n pl (z.B. im Prädikatenkalkül) ‖ ~ **mapping**\* (Maths) / identische Abbildung, identische Funktion ‖ ~ **matrix** (with each diagonal entry equal to 1 and all other entries equal to 0) (Maths) / Einheitsmatrix f (bei der alle Elemente der Hauptdiagonale den Wert 1 haben, alle anderen den Wert 0) ‖ ~ **operator** (Maths) / identischer Operator ‖ ~ **period** (Chem, Crystal) / Identitätsperiode f ‖ ~ **problem** (Maths) / Identitätsproblem n, Wortproblem n ‖ ~ **spacing** (Crystal) / Identitätsabstand m, Identitätsperiode f (bei Bravais-Gittern) ‖ ~ **test** (GB) (Pharm) / Identitätsprüfung f

**ideogram** n / Ideogramm n (ein Begriffszeichen)
**ideograph** n / Ideogramm n (ein Begriffszeichen)
**ideographic script** (Print) / Bilderschrift f, Piktografie f
**I.D.F.*** (intermediate distribution frame) (Teleph) / Zwischenverteiler m
**idigbo** n (a West African tree which has a distinctive pagodalike shape and yields weather-resistant timber) (For) / Framiré n, Idigbo n (Terminalia ivorensis), FRA (Framiré)
**idioblastic** adj (Geol) / idioblastisch adj
**idiochromatic** adj (Crystal, Electronics) / idiochromatisch adj, eigenfarbig adj
**idiomorphic*** adj (Crystal, Geol, Min) / automorph adj, idiomorph adj (Mineral, das bei der Auskristallisation seine Eigengestalt voll entwickelt hat), eigengestaltig adj
**idiomorphism** n (Crystal) / Idiomorphie f
**idiophanous** adj (Min) / idiophan adj
**idiot** attr / extrem leicht zu handhaben ‖ **~ light** (US) (a warning light that goes on when a fault occurs in a device) (Instr) / Warnlicht n ‖ **~ tape*** (Typog) / Endlosband n mit unjustierten Zeilen ‖ **~ typing** (Typog) / Endloserfassung f
**I display*** (Radar) / I-Darstellung f (das Ziel erscheint als vollständiger Kreis, wenn die Antenne genau auf das Ziel gerichtet ist; der Radius ist dann ein Maß für die Entfernung)
**iditol** n (Chem) / Idit m (ein seltener Zuckeralkohol), Iditol m
**IDL** (interface definition language) (Comp) / Interface Definition Language (Sprache, in der die Schnittstellen zu Dienstleistungen beschrieben werden)
**idle** v (run without load) / leer laufen v ‖ **~** (Eng) / freischalten v ‖ **~** vt (Eng) / im Leerlauf laufen lassen ‖ **~** n (I C Engs) / Leerlauf m (Motorbetriebszustand) ‖ **~ adjusting screw** (Autos, I C Engs) / Leerlaufeinstellschraube f ‖ **~ air screw** (Autos, I C Engs) / Leerlaufeinstellschraube f ‖ **~ bar** (Elec Eng) / Blindstab m ‖ **~ behaviour** (Autos) / Leerlaufverhalten n ‖ **~ boom** (Autos) / Standbrummen n (des Fahrzeugs) ‖ **~ boom** (Autos) / Standschütteln n (des Fahrzeugs) ‖ **~ channel enable** (Telecomm) / Freikanalfreigabe f ‖ **~ character** (Comp) / SYN-Zeichen n, Synchronisierzeichen n ‖ **~ component** (Elec Eng) / Blindanteil m, Blindkomponente f ‖ **~ condition** (Telecomm) / Freizustand m (einer Leitung)
**idle-current wattmeter** (Elec Eng) / Varstundenzähler m, Blindverbrauchszähler m, Blindleistungszähler m (ein integrierendes Messinstrument, welches die elektrische Blindarbeit in Varstunden oder einem Vielfachen davon misst)
**idle fuel system** (Autos, I C Engs) / Leerlaufeinrichtung f ‖ **~ jet** (Autos, I C Engs) / Leerlaufdüse f
**idle-load consumption** (Glass) / Leerwert m (Wärmeverbrauch eines Schmelzofens bei Haltefeuer)
**idle mixture** (Autos) / Leerlaufgemisch n
**idle-mixture adjustment** (Autos) / Leerlaufgemischeinstellung f ‖ **~ setting** (Autos) / Leerlaufgemischeinstellung f
**idle power** (Eng) / Leerlaufleistung f ‖ **~ quality** (Autos) / Leerlaufverhalten n
**idler** n (Autos) / Losrad n (des Schaltmuffengetriebes) ‖ **~*** (Eng) / Zwischenrad n ‖ **~** (Eng) / Tragrolle f (des Bandförderers nach DIN 22112) ‖ **~** (Print) / freilaufende Walze, Mitläuferwalze f ‖ **~ arm** (Autos) / Zwischenhebel m (in der Lenkung, Lenkzwischenhebel m ‖ **~ frequency** (Electronics) / Idler-Frequenz f (parametrischer Verstärker) ‖ **~ gear** (Autos) / Losrad n (des Schaltmuffengetriebes)
**idle RPM** (Autos, I C Engs) / Leerlaufdrehzahl f
**idler pulley** (a broad pulley carrying the weight of a belt conveyor and its load) (Eng) / Tragrolle f (des Bandförderers nach DIN 22112) ‖ **~ pulley** (Eng) / Spannrolle f (des Riementriebs) ‖ **~ pulley*** (Eng) / Umlenkscheibe f, Leitscheibe f, Führungsscheibe f ‖ **~ pulley** (Eng, Mech) / lose Rolle (des Flaschenzugs) ‖ **~ transition** (Electronics) / Hilfsübergang n, Idler-Übergang n
**idle running** (I C Engs) / Leerlauf m (Vorgang) ‖ **~ running** (Rail) / Leerfahrt f (einer Lokomotive)
**idler wheel** (Eng) / Zwischenrad n
**idle shut-off solenoid(-operated valve)** (Autos) / Leerlaufabschaltmagnet m, elektromagnetisches Leerlaufabschaltventil, elektromagnetisches Abschaltventil für Kraftstoffdüse (zur Verhinderung des Motornachlaufs nach Abschalten der Zündung) ‖ **~ speed** (Autos, I C Engs) / Leerlaufdrehzahl f ‖ **~ speed screw** (Autos, I C Engs) / Leerlaufeinstellschraube f
**idle-speed stabilizer** (I C Engs) / Leerlaufdrehsteller m
**idle stabilizer** (I C Engs) / Leerlaufdrehsteller m
**idle-status indication** (Telecomm) / Freimeldung f
**idle-stop solenoid** (Autos) / Leerlaufabschaltmagnet m, elektromagnetisches Leerlaufabschaltventil, elektromagnetisches Abschaltventil für Kraftstoffdüse (zur Verhinderung des Motornachlaufs nach Abschalten der Zündung) ‖ **~ valve** (Autos) / Leerlaufabschaltventil n (als Oberbegriff)

**idle stroke** (I C Engs) / Leertakt m ‖ **~ system** (Autos, I C Engs) / Leerlaufeinrichtung f ‖ **~ time** (Comp) / Untätigkeitszeit f, ungenutzte Zeit (bei Betriebssystemen) ‖ **~ time** (Work Study) / ungenutzte Zeit, Leerlaufzeit f (verfügbare Zeit minus Produktivzeit), Leerzeit f (z.B. beim Rüsten), Brachzeit f ‖ **~ wheel*** (Eng) / Zwischenrad n ‖ **~ wire*** (Elec Eng) / toter Draht
**idling** n (I C Engs) / Leerlauf m (Motorbetriebszustand) ‖ **~*** (I C Engs) / Leerlauf m (Vorgang) ‖ **~ adjustment*** (Autos, I C Engs) / Leerlaufeinstellung f, Einstellen n des Leerlaufs ‖ **~ drag** (Autos) / Kriechen n (Vortrieb von Automatikfahrzeugen bei eingelegter Fahrstufe und Motor im Leerlauf) ‖ **~ drag** (Autos) / Leerlauf-Reibungswiderstand m, Reibungswiderstand im Leerlauf ‖ **~ lamp** (Eng) / Leerlauflampe f ‖ **~ power** (Eng) / Leerlaufleistung f ‖ **~ roll** (Met) / Schleppwalze f (die in einem Walzgerüst nicht angetriebene Walze) ‖ **~ roller*** (Print) / freilaufende Walze, Mitläuferwalze f ‖ **~ speed** (Autos, I C Engs) / Leerlaufdrehzahl f
**ID mark** (identification mark) / Erkennungszeichen n, Identifikationszeichen n
**idocrase*** n (Min) / Idokras m (olivgrüner Vesuvian) ‖ **~*** (Min) s. also vesuvianite
**idose*** n (Chem) / Idose f (eine optisch aktive Aldohexose)
**IDP** (inosine-5'-diphosphate) (Biochem) / Inosindiphosphat n ‖ **~** (integrated data processing) (Comp) / integrierte Datenverarbeitung, IDV (integrierte Datenverarbeitung)
**idrialite** n (Min) / Idrialin m (ein quecksilberhaltiges Mineral)
**IDT** (interdigital transducer) (Acous, Electronics) / akustoelektrischer Oberflächenwellenwandler, elektroakustischer Oberflächenwellenwandler, Interdigitalwandler m, IDT
**IE** (ionization energy) (Nuc) / Ionisationsenergie f, Ionisierungsenergie f (die zum Abtrennen des Elektrons erforderlich ist)
**IEA** (International Energy Agency) / Internationale Energieagentur, IEA (Internationale Energieagentur) (Sitz: Paris) ‖ **~** (indole-3-ethanoic acid) (Biochem, Bot) / Heteroauxin n, 3-Indolylessigsäure f, IES (wichtigster Vertreter der Auxine)
**IEC** (ion-exchange chromatography) (Chem) / Ionenaustauschchromatografie f, IEC (Ionenaustauschchromatografie), heteropolare Chromatografie ‖ **~*** (International Electrotechnical Commission) (Elec Eng) / Internationale Elektrotechnische Kommission (gegründet 1906, Sitz: Genf - bringt Fachwörterbücher heraus und erarbeitet internationale Bestimmungen über Größenbestimmungen, Formelzeichen und elektrotechnische Erzeugnisse) ‖ **~** (International Electrotechnical Commission) **bus** (Comp) / IEC-Bus m (eine Variante des Standardbusses)
**IE chromatography** (ion-exclusion chromatography) (Chem) / Ionenausschlusschromatografie f
**IEC testing finger** (Elec Eng) / IEC-Prüffinger m (Berührungsschutz)
**IEEE*** (Institute of Electrical and Electronics Engineers) / US-amerikanischer Verband der Elektrotechniker und Elektroniker ‖ **~ 1394** n (high-performance serial bus) (Comp) / FireWire m (serieller Hochleistungs-Schnittstellenstandard für Computer-Peripheriegeräte - er wird vor allem für die Datenübertragung zwischen Digitalkamera und Computer angeboten)
**IEE spectroscopy** (Spectr) / ESCA-Methode f (in der Fotoelektronenspektroskopie, Fotoelektronenspektroskopie f mit Röntgenstrahlanregung (mit der Bindungszustände analysiert werden können), Röntgen-Fotoelektronenspektroskopie f (mit weichen Röntgenstrahlen als Sonde), ESCA (eine Methode der Elektronenspektroskopie), XPS-Methode f (in der Elektronenspektroskopie)
**I effect** (Chem) / induktiver Effekt, I-Effekt m, Induktionseffekt m
**I.E.P.** (isoelectric point) (Chem) / isoelektrischer Punkt (derjenige pH-Wert einer amphoteren Elektrolytlösung, bei dem Ladungsgleichheit eintritt), I.P. (derjenige pH-Wert einer amphoteren Elektrolytlösung, bei dem Ladungsgleichheit eintritt), I.E.P. (derjenige pH-Wert einer amphoteren Elektrolytlösung, bei dem Ladungsgleichheit eintritt)
**IETF** (Internet Engineering Task Force) (Comp, Telecomm) / Internet Engineering Task Force, IETF (Internet Engineering Task Force)
**if** (internally flawless) / lupenrein adj (Diamant)
**IF** (intermediate fix) (Aero) / Zwischenanflugfestpunkt m
**i-f** (intermediate frequency) (Radio, Telecomm) / Zwischenfrequenz f, ZF (Zwischenfrequenz), Zf (Zwischenfrequenz)
**IF*** (intermediate frequency) (Radio, Telecomm) / Zwischenfrequenz f, ZF (Zwischenfrequenz), Zf (Zwischenfrequenz)
**IFALPA** (International Federation of Air Line Pilots Associations) (Aero) / Internationale Vereinigung der Luftverkehrspilotenverbände (in der BRD Cockpit e.V.)
**if and only if** (to connect two statements each of which may be derived from the other) (Maths) / wenn und nur wenn, dann und nur dann
**if-and-only-if operation** (Comp) / Äquivalenzverknüpfung f

**IFATCA**

**IFATCA** (International Federation of Air Traffic Controller Associations) (Aero) / Internationale Vereinigung der Flugverkehrsleiter-Verbände (in der BRD Verband Deutscher Flugleiter)
**if-clause** $n$ (Comp) / Wenn-Klausel $f$
**IFD** (Image File Directory) (Comp) / Image File Directory $n$ (im Header von TIFF-Dateien abgelegte Struktur, welche die in der Datei enthaltenen Bilder beschreibt), IFD (Image File Directory), Bilddateiverzeichnis $n$
**iff*** (if and only of) (Maths) / wenn und nur wenn, dann und nur dann
**IFF*** (identification friend or foe) (Radar) / Freund-Feind-Kennung $f$, IFF (Freund-Feind-Kennung)
**iff operation** (Comp) / Äquivalenzverknüpfung $f$
**IFF system** (identification, friend or foe) (Aero) / IFF-Gerät $n$
**IFIP** (International Federation for Information Processing) (Comp) / Internationale Föderation für Informationsverarbeitung , IFIP (Internationale Föderation für Informationsverarbeitung)
**IFL** (integrated fuse logic) (Electronics) / IF-Logik $f$ (logische Semikundenschaltungen, bei denen zur Programmierung Verbindungsbrücken durchschmolzen werden) || ~ **device** (integrated fuse logic device) (Electronics) / IFL-Baustein $m$
**"if" part** / Wenn-Teil $m$ (einer Regel), Prämissenteil $m$
**IFR*** (instrument flight rules) (Aero) / Instrumentenflugregeln $f pl$, IFR (Instrumentenflugregeln) || ~ (invalid facility request) (Telecomm) / ungültige Leistungsmerkmalanforderung (Netzmeldung)
**IFRB*** (International Frequency Registration Board) (Telecomm) / Internationaler Ausschuss zur Registrierung von Frequenzen
**if required** / nach Bedarf
**IFR flight** (Aero) / IFR-Flug $m$, Instrumentenflug $m$
**IF statement** (Comp) / IF-Anweisung $f$ (COBOL) || ~ **steel** (Met) / IF-Stahl $m$ (in dem noch gelöster Kohlenstoff und Stickstoff durch Titan oder Niob vollständig abgebunden sind)
**if-then operation** / Subjunktion $f$ (DIN 44300), Implikation $f$ (logische - eine zweistellige extensionale Aussagenverbindung nach DIN 5470)
**Ig*** (Biochem) / Immunglobuline $n pl$, Ig (spezifische körpereigene Abwehrproteine)
**IG** (inertial guidance) (Nav) / Trägheitslenkung $f$, Inertiallenkung $f$ (mittels eines Trägheitsnavigationssystems)
**IGBT** (insulated-gate bipolar transistor) (Electronics) / Bipolartransistor $m$ mit isoliertem Gate, IGBT (Bipolartransistor mit isoliertem Gate) || ~ (integrated-gate bipolar transistor) (Electronics) / Bipolartransistor $m$ mit integriertem Gate, IGBT (Bipolartransistor mit integriertem Gate)
**IGF** (insulin-like growth factor) (Biochem) / Insulin-like-Growth-Factor $m$, IGF (Insulin-Like-Growth-Factor), insulinartiger Wachstumsfaktor
**IGFET** (insulated-gate field-effect transistor) (Electronics) / Oberflächenfeldeffekttransistor $m$, Isolierschicht-Feldeffekttransistor $m$, IGFET-Transistor $m$, IGFET $m$, Feldeffekttransistor $m$ mit isoliertem Gate, Feldeffekttransistor $m$ mit isolierter Steuerelektrode
**igloo** $n$ (Space) / Iglu $m n$ (unter Druck stehender zylindrischer Behälter zur Aufnahme der Betriebsausrüstung)
**igneous body** (Geol) / Intrusivkörper $m$ || ~ **cycle*** (Geol) / magmatischer Zyklus || ~ **intrusion** (Geol) / Intrusion $f$ (ein magmatischer Prozess) || ~ **metallurgy** (Met) / Pyrometallurgie $f$ (Gewinnung und Raffination von Metallen bei höheren Temperaturen), Thermometallurgie $f$, Trockenmetallurgie $f$, Schmelzflussmetallurgie $f$ || ~ **petrology** (Geol) / Petrologie $f$ magmatischer Gesteine || ~ **rock*** (formed by the cooling and solidification of magma) (Geol) / Erstarrungsgestein $n$ (eine Gesteinshauptgruppe), Massengestein $n$, magmatisches Gestein, Magmatit $m$, Eruptivgestein $n$
**ignimbrite*** $n$ (Geol) / Schmelztuff $m$, Ignimbrit $m$
**ignis fatuus** (pl. ignes fatui) (a pale flame sometimes seen over marshy ground, probably caused by the combustion of methane) (Phys) / Irrlicht $n$ (Selbstentzündung des Sumpfgases)
**ignistor** $n$ (Electronics) / Ignistor $m$ (eine Antiparallelschaltung von zwei Thyristoren)
**ignitability** $n$ / Zündfähigkeit $f$, Entflammbarkeit $f$ (Eigenschaft eines Stoffes, bei Einwirkung einer Zündquelle zu entflammen - ISO 13 943), Entzündbarkeit $f$ || ~ (Fuels) / Zündfähigkeit $f$, Entzündlichkeit $f$, Zündempfindlichkeit $f$ || ~ (Fuels) / Zündwilligkeit $f$ (eines Kraftstoffs)
**ignitable** $adj$ / entflammbar $adj$, entzündbar $adj$, inflammabel $adj$, leicht entzündlich $adj$ || ~ / entzündlich $adj$, zündempfindlich $adj$, zündfähig $adj$
**ignite** $v$ / anzünden $v$ || ~ (Electronics) / zünden $v$ || ~* (I C Engs) / zünden $v$ || ~ (Mining) / anzünden $v$, zünden $v$ (Zündschnur) || ~* $vi$ / entzünden $vi$ (sich) || ~* $vt$ / entzünden $vt$

**igniter*** $n$ (Mil, Mining) / Zünder $m$ (zur Einleitung der Zündung von Explosivstoffen), Zündvorrichtung $f$ || ~ **plug*** (Aero) / Zündkerze $f$ (zum Anfahren der Gasturbine), Anlasszündkerze $f$
**ignition*** $n$ / Entzündung $f$, Entzünden $n$, Zünden $n$ || ~ / Anzünden $n$ || ~* (I C Engs, Mining) / Zündung $f$ || ~ **accelerator** (Fuels) / Zündwilligkeitsverbesserer $m$, Zündverbesserer $m$, Zetanzahlverbesserer $m$, Zündbeschleuniger $m$ (Zusatz zur Verbesserung der Zündwilligkeit bei Dieselkraftstoffen), Klopfpeitsche $f$, Cetanzahlverbesserer $m$ || ~ **advance*** (Autos) / Frühzündung $f$, Vorzündung $f$ || ~ **angle** (I C Engs) / Zündwinkel $m$ || ~ **arch** (Fuels) / Zündgewölbe $n$ (bei Wassergaserzeugung) || ~ **cap** (Mining) / Zündhütchen $n$ || ~ **capacitor** (I C Engs) / Zündkondensator $m$ || ~ **circuit** (Elec Eng, I C Engs) / Zündschaltkreis $m$, Zündkreis $m$ || ~ **coil*** (I C Engs) / Zündspule $f$ (ein Transformator in der Zündanlage eines Ottomotors nach DIN 72531 - Einzel- oder Zweifunkenzündspule) || ~ **control** (I C Engs) / Zündsteuerung $f$, Zündungssteuerung $f$ || ~ **criterion** (Nuc Eng) / Zündkriterium $n$ || ~ **delay** (I C Engs) / Zündverzögerung $f$, Zündverzug $m$ || ~ **delay** (Mining) / Zündverzögerung $f$ || ~ **distributor** (I C Engs) / Zündverteiler $m$, Verteiler $m$ || ~ **electrode** (Electronics) / Zündelektrode $f$ || ~ **file** (Autos) / Kontaktfeile $f$ || ~ **flame** / Zündflamme $f$ (z.B. in Geräten zur Bestimmung des Flammpunktes nach DIN EN 456 : 1991-09) || ~ **gauge** (I C Engs) / Fühlerlehre $f$ (für Zündung)
**ignition-improving** $adj$ (I C Engs) / zündbeschleunigend $adj$
**ignition key** (Autos) / Zündschlüssel $m$
**ignition-key reminder chime** (Autos) / Warnton $m$ "Zündschlüssel steckt"
**ignition lag*** (I C Engs) / Zündverzögerung $f$, Zündverzug $m$ || ~ **lock** (Autos) / Zündschloss $n$ (für die Aufnahme des Zündschlüssels zum Betätigen des Zündschalters) || ~ **loss** (Ceramics, Glass) / Glühverlust $m$ (im Brand eingetretene Masseverminderung, bezogen auf die Trockenmasse) || ~ **magneto** (Autos, Elec Eng) / Magnetzünder $m$ (eigengelagerter) || ~ **peak** (Autos) / Zündspannungsnadel $f$ (auf dem Leuchtschirm des Oszilloskops), Überschlagsspannungsspitze $f$ || ~ **point** (Electronics) / Zündeinsatzpunkt $m$ || ~ **point** (I C Engs) / Zündzeitpunkt $m$ || ~ **point** (Phys) / Schwelpunkt $m$ (niedrigste Temperatur eines festen Stoffes, bei der aus diesem Gase entstehen, die an der Luft bei kurzzeitiger Einwirkung einer Zündquelle nur aufflammen) || ~ **point** (Phys) / Zündpunkt $m$ (niedrigste Temperatur eines brennbaren Stoffes, bei der sich dieser Stoff bzw. dessen Staub, Dampf oder Gas an der Luft entzündet), Entzündungstemperatur $f$, Zündtemperatur $f$
**ignition-point file** (US) (Autos) / Kontaktfeile $f$
**ignition powder** (Welding) / Zündpulver $n$ (fürs aluminothermische Schweißen) || ~ **pulse** (Electronics) / Zündimpuls $m$ || ~ **rating*** (Autos, Elec Eng) / Nennleistung $f$ für Abreißzündung || ~ **reliability** (I C Engs) / Zündsicherheit $f$ || ~ **residue** (Chem, Chem Eng) / Glührückstand $m$ || ~ **retard** (I C Engs) / Spätzündung $f$ || ~ **sensibility** / Zündfähigkeit $f$, Entzündlichkeit $f$, Zündempfindlichkeit $f$ || ~ **slide** (Eng) / Ventil $n$ des Gasmotors || ~ **spanner set** (Autos, Tools) / Magnetschlüsselsatz $m$ || ~ **switch** (Autos) / Zündschalter $m$ (Schalter für Zündung und Starter) || ~ **system*** (I C Engs) / Zündsystem $n$ (theoretische Grundlage für die Zündanlage) || ~ **system*** (I C Engs) / Zündanlage $f$ (bei Ottomotoren) || ~ **temperature** (Phys) / Schwelpunkt $m$ (niedrigste Temperatur eines festen Stoffes, bei der aus diesem Gase entstehen, die an der Luft bei kurzzeitiger Einwirkung einer Zündquelle nur aufflammen) || ~ **temperature*** (Phys) / Zündpunkt $m$ (niedrigste Temperatur eines brennbaren Stoffes, bei der sich dieser Stoff bzw. dessen Staub, Dampf oder Gas an der Luft entzündet), Entzündungstemperatur $f$, Zündtemperatur $f$ || ~ **test** (Textiles) / Brennprobe $f$ (von Garnen und Geweben), Brenntest $m$ || ~ **time** / Zündzeit $f$, Entzündungszeit $f$ || ~ **timing*** (I C Engs) / Zündzeitpunkteinstellung $f$, Zündeinstellung $f$, Zündverstellung $f$ (früh oder spät) || ~ **tube** (Chem) / Glührohr $n$, Glühröhrchen $n$ (in dem man bei der qualitativen Vorprobenanalyse feste Substanzen trocken erhitzen kann) || ~ **valve** (Eng) / Ventil $n$ des Gasmotors || ~ **voltage** (Electronics) / Zündspannung $f$ (der Gasentladungslampe) || ~ **voltage** (I C Engs) / Zündspannung $f$ || ~ (**system**) **with digital mapping** (for dwell and timing) (Autos) / Kennfeldzündung $f$ (digitalgesteuerte Zündanlage) || ~ **wrench set** (Autos, Tools) / Magnetschlüsselsatz $m$
**ignitor*** $n$ (Electronics) / Zündelektrode $f$ || ~ (Eng) / Zündbrenner $m$ || ~ **rod** (Electronics) / Zündstift $m$ (des Ignitrons)
**ignitron*** $n$ (a mercury-arc tube with a pool-type cathode in which an ignitor rod is inserted) (Electronics) / Ignitron $n$ (Bauart eines Stromrichtergefäßes)
**ignorable** $adj$ (Phys) / ignorabel $adj$ (Koordinaten) || ~ **coordinates** (Phys) / zyklische Koordinaten, ignorable Koordinaten (bei Lagrangeschen Bewegungsgleichungen)
**ignore** $v$ (Comp) / überlesen $v$, übergehen $v$, überspringen $v$, nicht beachten || ~ $n$ (Comp) / Ungültigkeitszeichen $n$, Auslasszeichen $n$,

**Ignorierzeichen** n ‖ ~ **character** (Comp) / Ungültigkeitszeichen n, Auslasszeichen n, Ignorierzeichen n
**ignored conductor** (Elec Eng) / Leiter m mit schwebendem Potential, freier Leiter
**IGV*** (inlet guide vanes) (Aero) / Eintrittsleitschaufeln f pl (des Axialverdichters)
**IH** (interrupt handler) (Comp) / Unterbrechungssteuerungsprogramm n, Interrupt-Handler m
**I-head engine** (I C Engs) / kopfgesteuerter Motor, obengesteuerter Motor (DIN 1940), Verbrennungsmotor m mit hängenden Ventilen, OHV-Motor m, ohv-Motor m
**ihp** (indicated horsepower) / indizierte Leistung (Innenleistung in PS)
**IHP*** (indicated horsepower) / indizierte Leistung (Innenleistung in PS)
**i.h.p. motor** (Elec Eng) / Motor m mit einigen Pferdestärken
**IHP motor** (integral horsepower motor) (Elec Eng) / Motor m mit einigen Pferdestärken
**IHW** (International Halley Watch) (Astron) / umfassendes weltweites Programm, das die wissenschaftliche Beobachtung des Halley'schen Kometen bei seinem letzten Erscheinen (1986) sichergestellt hat (z.B. die GIOTTO-Sonde usw.)
**IIC** (International Institute for Cotton) (Textiles) / Internationales Baumwoll-Institut (juristischer Sitz: Washington, D.C., Zentralbüro: Brüssel)
**IIL** (integrated injection logic) (Electronics) / integrierte Injektionslogik (bipolar ausgeführte Bausteine der Digitaltechnik, bei denen die Stromzuführung über Strom begrenzende pn-Übergänge erfolgt), IIL (bipolar ausgeführte Bausteine der Digitaltechnik, bei denen die Stromzuführung über Strom begrenzende pn-Übergänge erfolgt), I²L (bipolar ausgeführte Bausteine der Digitaltechnik, bei denen die Stromzuführung über Strom begrenzende pn-Übergänge erfolgt)
**IIM** (interface intermodulation) (Acous) / Anschlussverzerrung f
**IIR*** (butyl rubber) (Build, Chem, Plastics) / Butylkautschuk m, IIR (Butylkautschuk) ‖ ≙ (infinite impulse response /system/) (Electronics) / zeitdiskretes System mit unendlicher Impulsantwort, IIR (zeitdiskretes System mit unendlicher Impulsantwort)
**ijolite*** n (Geol) / Ijolith m
**ikon** n (AI, Comp) / ikonisches Zeichen, Bildsymbol n, Ikon n (Zeichen, das mit seiner Bedeutung in einigen Merkmalen übereinstimmt, so dass die Zuordnung zwischen Zeichen und Bedeutung nahe gelegt wird)
**IL** (interleukin) (Chem, Med) / Interleukin n (dem Interferon nahe stehendes kohlenhydratfreies Protein), IL (Interleukin - dem Interferon nahe stehendes kohlenhydratfreies Protein)
**I²L** (integrated injection logic) (Electronics) / integrierte Injektionslogik (bipolar ausgeführte Bausteine der Digitaltechnik, bei denen die Stromzuführung über Strom begrenzende pn-Übergänge erfolgt), IIL (bipolar ausgeführte Bausteine der Digitaltechnik, bei denen die Stromzuführung über Strom begrenzende pn-Übergänge erfolgt), I²L (bipolar ausgeführte Bausteine der Digitaltechnik, bei denen die Stromzuführung über Strom begrenzende pn-Übergänge erfolgt)
**ilang-ilang oil** / Ylang-Ylang-Öl n, Ilang-Ilang-Öl n (das etherische Öl der Cananga odorata (Lam.) Hook. f. et Thomson)
**ILD** (injection laser diode) (Phys) / Injektionslaser m (wenn der Injektionsstrom einen Schwellenwert überschreitet)
**Ile*** (isoleucine) (Biochem, Nut) / Isoleuzin n (eine essentielle Aminosäure - 2-Amino-3-methylpentansäure), Isoleucin n, L-Isoleuzin n, Ile n (Isoleucin)
**Ilgner system*** (Elec Eng) / Ilgner-Umformer m (ein Umformer in Leonard-Schaltung mit vergrößerter Schwungmasse für drehzahlregelbare Gleichstrommotoren, bei denen starke Belastungsstöße auftreten - heute nicht mehr benutzt - nach K. Ilgner, 1862-1921)
**Ilković equation*** (Chem) / Ilković'sche Reaktion (in der Polarografie - nach D. Ilković, 1907-1980)
**ill, certify as** ~ (Med) / krankschreiben v
**ill-conditioned** adj (Maths) / schlecht konditioniert
**ill-designed** adj / unzweckmäßig konstruiert, falsch konstruiert
**illegal** adj / widerrechtlich adj, illegal adj ‖ ~ (Comp) / nichtzulässig adj, unzulässig adj, nicht zulässig, verboten adj, nicht zugelassen ‖ ~ **character** (Comp) / unzulässiges Zeichen, verbotenes Zeichen ‖ ~ **copy** / Raubkopie f (widerrechtliche Reproduktion eines Films, einer Publikation, eines Videos oder eines anderen urheberrechtlich geschützten Daten- oder Tonträgers ) ‖ ~ **instruction** (Comp) / unzulässiger Befehl, nicht interpretierbarer Befehl
**illepé fat** (Nut) / Mowrahbutter f (das Samenfett der Mahuafrucht)
**illicit** adj / nichtautorisiert adj, unberechtigt adj, unbefugt adj ‖ ~ **receiver** (Comp) / nichtautorisierter Empfänger, unberechtigter Empfänger ‖ ~ **transmitter** (Radio) / Schwarzsender m ‖ ~ **transmitter** (Radio) s. also pirate radio station
**Illinois nut** (For) / Pekannussbaum m (Carya illinoiensis (Wangenh.) K. Koch)

**illipe butter** (Nut) / Mowrahbutter f (das Samenfett der Mahuafrucht)
**illite*** n (Min) / Illit m (Gruppe glimmerähnlicher Tonminerale, die strukturell aus zwei $SiO_4$-Tetraederschichten bestehen, welche durch eine Al-Oktaederschicht verbunden sind), Hydromuscovit m, Hydromuskovit m
**illogical error** (Comp) / unerwarteter Fehler
**ill-smelling** adj / widerlich riechend, Übelkeit erregend (Geruch), widerwärtig adj (Geruch), übelriechend adj, ekelerregend adj (Geruch)
**ill-timed braking** / ungewollte Bremsung, unzeitige Bremsung
**illuminance*** n (the luminous flux falling on a surface per second) (Light) / Beleuchtungsstärke f (in lx nach DIN 5031, T 3)
**illuminant** n (Light) / Lichtart f (DIN 5031, T 8 und DIN 5033, T 7) ‖ ~ **composition** / Leuchtsatzmischung f (pyrotechnische Munition)
**illuminants** pl / Leuchtmunition f
**illuminate** v / ausleuchten v ‖ ~ (Light) / beleuchten v
**illuminated bollard** (Civ Eng, Elec Eng) / Leuchtsäule f (Straßenbau) ‖ ~ **diagram*** (Elec Eng) / innenbeleuchtetes Schaltbild, Leuchtschaltbild n
**illuminated-dial instrument*** (Elec Eng) / Instrument n mit Leuchtskale
**illuminated display** (Comp, Instr) / Leuchtanzeige f
**illuminated-entry system** (Autos) / Einstiegsbeleuchtung f
**illuminated-exit system** (Autos) / Ausstiegsbeleuchtung f
**illuminated handrail** (Build) / beleuchteter Handlauf ‖ ~ **key** (Instr) / Leuchttaste f ‖ ~ **push-button** / Leuchttaste f ‖ ~ **scale** / Leuchtskale f ‖ ~ **screen** / Leuchttafel f
**illuminating engineer** (Light) / Beleuchtungstechniker m ‖ ~ **engineering** (Light) / Beleuchtungstechnik f ‖ ~ **gas** / Stadtgas n (Brenngas der öffentlichen Gasversorgung) ‖ ~ **optics** (Light, Optics) / Beleuchtungsoptik f ‖ ~ **projectiles** / Leuchtmunition f ‖ ~ **radar** (Radar) / Beleuchtungsradar m n ‖ ~ **ware** (Glass) / Beleuchtungsglas n (für Beleuchtungskörper)
**illumination** n / Ausleuchtung f (Tätigkeit) ‖ ~ (Cinema, Optics, Photog) / Belichtung f (Produkt aus Beleuchtungsstärke und der Zeit - eine fotometrische Größe) ‖ ~ (as a sign of festivity) (Light) / Illumination f (farbige Festbeleuchtung) ‖ ~ (Light) / Bestrahlung f (DIN 5031, T 1) ‖ ~ (Light) / Beleuchtung f ‖ ~ (Light) / Ausleuchtung f (Lichtverteilung im Raum) ‖ ~* (Light) / Beleuchtungsstärke f (in lx nach DIN 5031, T 3) ‖ ~ **by incident light** (Light) / Auflichtbeleuchtung f ‖ ~ **engineering** (Light) / Beleuchtungstechnik f ‖ ~ **glass** (Glass) / Beleuchtungsglas n ‖ ~ **level** (Light) / Ausleuchtung f (Ergebnis) ‖ ~ **optics** (Light, Optics) / Beleuchtungsoptik f ‖ ~ **tapering** (in case of quasi-optical feed) (Radar, Radio) / Beleuchtungsbelegung f
**illuminator** n (Radar) / Beleuchter m (in einem Satelliten)
**illuminometer** n (Light, Optics) / Beleuchtungsstärkemesser m, Beleuchtungsmesser m, Luxmeter n
**illustrated catalogue** / bebilderter Katalog
**illustration** n (Print) / Bild n (Abbildung im Text), Abbildung f ‖ ~ **credits** (Print) / Bildnachweis m (Quellenangabe für Illustrationen), Bildquellen f pl (im Nachspann eines Buches)
**illustrative material** / Anschauungsmittel n, Anschauungsmaterial n
**illuvial horizon** (Agric, Geol) / Unterboden m, Ausfällungszone f, Einwaschungszone f, Einschwemmungshorizont m, Illuvialhorizont m, B-Horizont m, Anreicherungshorizont m, Einwaschungshorizont m (des Bodenprofils)
**illuviation** n (Geol) / Ausfällung f (als Ergebnis)
**ilmenite*** n (traditional name for a mixed oxide of iron and titanium) (Min) / Ilmenit m (Eisen(II)-metatitanat), Titaneisenerz n, Titaneisen m
**ilmenorutile** n (Min) / Ilmenorutil m (ein Rutil mit 14-20% $Nb_2O_5$ und 11-14% $Fe_2O_3$)
**ILN** (internal line number) (Telecomm) / interne Leitungsnummer, ILN (interne Leitungsnummer)
**ilomba** n (For) / Ilombaholz n (Muskatholz der Art Pycnanthus angolensis (Welw.) Warb. als Schäl-, Blind- und Kistenholz), Ilomba n, ILO (Ilombaholz)
**ILS*** (instrument landing system) (Aero) / Instrumentenlandesystem n (heute nicht mehr benutzt), ILS (Instrumentenlandesystem)
**ilvaite*** n (Min) / Ilvait m, Lievrit m
**IM** (inner marker) (Aero) / Grenzeinflugzeichen n (beim Instrumentenlandesystem), Innenmarker m, Platzeinflugzeichen n ‖ ≙ (information management) (Comp) / Informationsmanagement n, Informationsverwaltung f ‖ ≙ (initialization mode) (Telecomm) / Vorbereitungsbetrieb m (DIN 44302), Einleitungsbetrieb m
**IMAG built-in function** (Comp) / eingebaute Imaginärteilfunktion
**image** v (Optics) / abbilden v, ein Bild (Bilder) machen ‖ ~* n / Bild n, Abbildung f ‖ ~ / Image n (pl. -s) (allgemeine Vorstellung von jemandem oder etwas in der öffentlichen Meinung) ‖ ~ (AI) / Image n (pl. -s) (abgespeicherter Bildschirmzustand einschließlich übersetzter Funktionen/Methoden und globalen Variablen zu einem

**image**

bestimmten Arbeitszeitpunkt) ‖ ~ (Maths) / Resultatfunktion *f* (Bild der Funktion bei der Integraltransformation) ‖ ~ (Radio) / Spiegel *m* (Spiegelsignal), Spiegelsignal *n*, Spiegelfrequenzsignal *n* ‖ ~ **aberrations** (Optics) / Abbildungsfehler des bilderzeugenden Systems ‖ ~ **admittance**\* (Elec) / Spiegelscheinleitwert *m* ‖ ~ **analysing computer** (Comp) / Bildanalysator *m*, Bildanalyseprozessor *m* ‖ ~ **analysis** (Comp) / Bildanalyse *f* ‖ ~ **and text processing** (Comp) / Bild-Text-Verarbeitung *f* ‖ ~ **antenna** (a fictitious electrical counterpart of an actual antenna, acting mathematically as if it existed in the ground directly under the real antenna and served as the direct source of the wave that is reflected from the ground by the actual antenna) (Radio) / Spiegelbildantenne *f* (eine virtuelle Antenne) ‖ ~ **archive** (Photog) / Bildarchiv *n*, Fotothek *f* ‖ ~ **area** / Bildfläche *f* ‖ ~ **arrangement** / Bildanordnung *f* (die Anordnung mehrerer Mikrokopien innerhalb eines Formats, z.B. eines Mikrofiches) ‖ ~ **attenuation** (Radio) / Spiegeldämpfung *f* ‖ ~ **attenuation** (Telecomm) / Vierpoldämpfung *f*
**image-attenuation coefficient** (Telecomm) / Vierpoldämpfungsmaß *n* ‖ ~ **constant** (Elec) / Dämpfungsmaß *n* (DIN 40148, T 3) ‖ ~ **constant** (US) (Telecomm) / Vierpoldämpfungsmaß *n*
**image-based** *adj* (Comp) / bildbasiert *adj*
**image build-up** (Comp) / Bildeingabe *f* (ISDN-Bildschirmtext) ‖ ~ **burn** (Electronics) / nachleuchtendes Bild ‖ ~ **charge** (Electronics) / Ladungsbild *n* ‖ ~ **communication** (Telecomm) / Bildkommunikation *f* ‖ ~ **compression** (Comp) / Bildkompression *f*, Bilddatenkompression *f* ‖ ~ **conduit** (rod) / Bildleitstab *m* (Faserstab mit geometrisch identischer Anordnung der Lichtleitfasern an beiden Enden; nach DIN 58140) ‖ ~ **content** (Photog) / Bildinhalt *m* ‖ ~ **conversion** (Electronics) / Bildwandlung *f* ‖ ~ **converter** (Electronics, Optics) / Bildwandler *m* ‖ ~ **converter tube**\* (Electronics, Optics) / Bildwandlerröhre *f* (ein Teil des Bilderzeugungssystems) ‖ ~ **converter tube**\* s. also image tube ‖ ~ **curvature**\* (Optics) / Bildwölbung *f*, Bildkrümmung *f* ‖ ~ **databank** (Comp) / Bilddatenbank *f* ‖ ~ **database** (Comp) / Bilddatenbank *f* ‖ ~ **definition** (Photog) / Bildschärfe *f*, Bildgüte *f* ‖ ~ **delineating power** (Optics, Photog) / Schärfenleistung *f* ‖ ~ **density** (Photog) / Bildschwärzung *f* ‖ ~**-dissection camera**\* (Photog) / Bildzerlegungskamera *f*, Bildzerlegungsapparat *m* ‖ ~ **dissector** (TV) / Bildsondenröhre *f*, Bildzerlegerröhre *f*, Bildzerleger *m* ‖ ~ **distance** (Optics) / Bildweite *f*, Abstand *m* zum Bild (eine Kardinalstrecke) ‖ ~ **dot** (Print) / Bildpunkt *m* (bei der Reproduktion) ‖ ~ **drop-out** (TV) / Bildausfall *m* ‖ ~ **editing** (Comp) / Bildbearbeitung *f*
**image-editing software** (Comp, Photog) / Bildbearbeitungssoftware *f*
**image enhancement** (Comp) / Steigerung *f* der Bildqualität ‖ ~ **equation** (Optics) / Abbildungsgleichung *f*
**image-erecting prism** (Optics) / Reversionsprisma *n* (z.B. nach Dove oder Amici), Wendeprisma *n* (geradsichtiges Umkehrprisma), Umkehrprisma *n*
**image evaluation** (Surv, Telecomm) / Bildauswertung *f* ‖ ~ **feature** (Comp, Photog) / Bildmerkmal *n* ‖ ~ **file** (Comp) / Bilddatei *f* ‖ ~ **File Directory** (Comp) / Image File Directory *n* (im Header von TIFF-Dateien abgelegte Struktur, welche die in der Datei enthaltenen Bilder beschreibt), IFD (Image File Directory), Bilddateiverzeichnis *n* ‖ ~ **force** (the electrostatic force on a charge in the neighbourhood of a conductor, which may be thought as the attraction of the charge's electric image) (Elec Eng) / Bildkraft *f* ‖ ~ **format** / Bildformat *n* ‖ ~ **formation** (Optics) / Abbildung *f* (als Vorgang), Bilderzeugung *f*, Bildentstehung *f*
**image-forming** *adj* (Optics) / bilderzeugend *adj*, abbildend *adj* ‖ ~ **exposure** (Photog) / bildmäßige Belichtung ‖ ~ **system** (Optics) / abbildendes System, Abbildungssystem *n*
**image frequency**\* (Radio, Telecomm) / Spiegelfrequenz *f* (beim Überlagerungsempfang) ‖ ~ **frequency**\* (Radio, Telecomm) / Bildfrequenz *f* ‖ ~ **furnace** / [industrieller] Sonnenofen *m*, Solarofen *m* ‖ ~ **geometry** (Comp) / Bildgeometrie *f* ‖ ~ **iconoscope** (TV) / Zwischenbildikonoskop *n*, Superikonoskop *n* (Bildaufnahmeröhre mit Vorabbildung) ‖ ~ **impedance** (Elec) / Kennwiderstand *m* eines Vierpols ‖ ~ **impedance** (Elec) s. also image admittance ‖ ~ **input** (Comp) / Bilderfassung *f* ‖ ~ **intensifier**\* (Radiol) / Bildverstärker *m*
**image-intensifier television system** (Radiol, TV) / Bildverstärkerfernsehkette *f* (in der Röntgenkinematografie) ‖ ~ **tube** (Electronics) / Bildverstärkerröhre *f*
**image interpretation** (Surv, Telecomm) / Bildauswertung *f* ‖ ~ **interpreter** (Comp) / Bildinterpreter *m* ‖ ~ **jump** (Optics) / Bildsprung *m* (bei Mehrstärkengläsern) ‖ ~ **line** / Bildzeile *f* ‖ ~ **line** (Maths) / Bildgerade *f* ‖ ~ **list control** (Photog) / Bilderliste *f* (zur Sammlung von Bildern, nicht zu deren Anzeige - sie bleiben während der Laufzeit des einsetzenden Programms unsichtbar) ‖ ~ **loss** (Telecomm) / Vierpoldämpfung *f* ‖ ~ **merging** (Comp) / Mischen *n* von Bildern (auf dem Bildschirm) ‖ ~ **model** (Comp) / Bildmodell *n* ‖ ~ **motion** (Optics, Photog) / Bildbewegung *f*, Bildwanderung *f*, Bewegungsunschärfe *f*

(durch Bewegung) ‖ ~ **orientation** (Optics) / Bildlage *f* (geometrische Lage einer Abbildung in einem Bildfeld) ‖ ~ **orthicon**\* (a low-electron-velocity camera tube) (TV) / Zwischenbildorthikon *n*, Image-Orthikon *n*, Superorthikon *n* (Fernsehaufnahmeröhre mit Ladungsspeicher) ‖ ~ **overlay** / Überkopieren *n* (bei Kopierern) ‖ ~ **phase constant**\* (Telecomm) / Vierpolphasenmaß *n*, Vierpolwinkelmaß *n*, Phasenmaß *n* ‖ ~ **plane** (Optics) / Bildebene *f* (eine Kardinalfläche) ‖ ~ **point** (Maths, Optics) / Bildpunkt *m* ‖ ~ **processing**\* (using a computer to manipulate real or synthetic images such as provided by a video camera, a CT scanner, or a satellite) (Comp) / Bildverarbeitung *f*, Bilddatenverarbeitung *f* (z.B. durch optoelektronische Sensorsysteme)
**image-processing software** (Comp) / Bildverarbeitungssoftware *f* ‖ ~ **system** / Imaging-System *n*, bildverarbeitendes System
**image processor** (Comp) / Image-Prozessor *m*, Bilddatenverarbeitungsanlage *f*, Bildverarbeiter *m* (Gerät) ‖ ~ **quality** (Comp, Electronics, Photog) / Bildqualität *f* ‖ ~ **quality indicator** (Materials, Met) / Abbildungsgütemesser *m*, Bildgütemesser *m* (der mit der "Drahterkennbarkeit" arbeitet - in der Defektoskopie)
**imager** *n* (Photog) / Diafilmbetrachter *m*
**image recognition** (Comp) / Bilderkennung *f* ‖ ~ **reconstruction** (Comp) / Bildrekonstruktion *f* ‖ ~ **refresh** (Comp) / Bildauffrischung *f* ‖ ~ **rejection** (Telecomm) / Unterdrückung *f* der Spiegelfrequenz ‖ ~ **response**\* (Radio) / Spiegelfrequenzverhalten *n*, Spiegelfrequenzwiedergabe *f*
**imagery** *n* / Bildmaterial *n* ‖ ~ **Bilder** *n pl*, Bildmaterial *n*
**image scanning** (Comp, Electronics, TV) / Bildabtastung *f* ‖ ~ **scanning** (Radar) / Bildabtastung *f* (bei der Zielabbildung und Geländeabbildung) ‖ ~ **sensor** (Electronics) / Bildsensor *m* ‖ ~ **set** (Maths) / Bildmenge *f*
**imagesetter** *n* (Photog) / Diafilmbetrachter *m*
**image-side principal focus** (Optics) / bildseitiger Brennpunkt, hinterer Brennpunkt ‖ ~ **principal point** (Optics) / Bildhauptpunkt *m*
**image signal** (Radio) / Spiegel *m* (Spiegelsignal), Spiegelsignal *n*, Spiegelfrequenzsignal *n* ‖ ~ **size** (Comp, Photog) / Bildgröße *f*, Bildformat *n* ‖ ~ **source** (Acous) / Spiegelquelle *f* ‖ ~ **space** (Comp) / Darstellungsraum *m* (in der grafischen Datenverarbeitung) ‖ ~ **space** (Optics) / Bildraum *m* ‖ ~ **spread** (Electronics, Photog) / Unterstrahlung *f* (z.B. durch zu langes Belichten) ‖ ~ **step** (Optics) / Bildsprung *m* (bei Mehrstärkengläsern) ‖ ~ **storage** (Comp) / Bildspeicherung *f* (im Allgemeinen)
**image-storage tube** (TV) / Ikonoskop *n* (ursprüngliche Zworykin'sche Bildaufnahmeröhre - heute durch Superorthikon ersetzt)
**image store** / Bildspeicher *m* (im Allgemeinen)
**image-storing tube** (TV) / Ikonoskop *n* (ursprüngliche Zworykin'sche Bildaufnahmeröhre - heute durch Superorthikon ersetzt)
**image structure** (Comp, Photog) / Bildstruktur *f* ‖ ~ **synthesis program** (Comp) / Bildsyntheseprogramm *n* ‖ ~ **technology** (Cinema, Comp, Photog) / Bildverarbeitungstechnik *f*, Bildtechnik *f* (Film + Fotografie + Fernsehen + grafische Datenverarbeitung) ‖ ~ **transfer**\* (Photog) / Bildübertragung *f* (bei den Sofortbildverfahren) ‖ ~ **transmission** (Telecomm) / Bildübermittlung *f*, Bildfernübertragung *f* ‖ ~ **transmission by fibre optics** (Telecomm) / Bildübertragung *f* durch Faseroptik, faseroptische Bildübertragung ‖ ~ **tube**\* (Electronics, Optics) / Bildröhre *f* (auf der Bildausgangsseite) ‖ ~ **understanding** (AI) / Bildverstehen *n*
**imaginary** *n* (a product of a real number and the imaginary unit) (Maths) / imaginäre Zahl (eine komplexe Zahl, deren Realteil null ist) ‖ ~ *adj* (Maths) / gedacht *adj* (Kegel, Kreis, Punkt) ‖ ~ (Maths) / imaginär *adj* ‖ ~ **axis**\* (of the Argand diagram) (Maths) / imaginäre Achse, Ordinatenachse *f*, y-Achse *f* (der Gauß'schen Zahlenebene, auf der die rein imaginären Zahlen abgetragen werden) ‖ ~ **line** / gedachte Linie ‖ ~ **modulus** (Chem Eng, Mech) / phasenverschobener Modul (die Komponente der Scherkraft), Verlustmodul *m*, Viskositätsmodul *m*, Hysteresismodul *m*, imaginärer Modul ‖ ~ **number** (Maths) / imaginäre Zahl (eine komplexe Zahl, deren Realteil null ist) ‖ ~ **operator** (Maths) / imaginäre Einheit (i) ‖ ~ **part**\* (Maths) / Imaginärteil *m*, imaginärer *m* Teil (einer komplexen Zahl) ‖ ~ **pitch point** (Eng) / Wälzpunkt *m* (geometrische an Zahnradpaaren nach DIN 3960) ‖ ~ **quantity** (Maths) / komplexe Größe (DIN 1313 und 5483, T 3) ‖ ~ **unit**\* (Maths) / imaginäre Einheit, i (imaginäre Einheit)
**imaging** *adj* / bildgebend *adj* (Gerät) ‖ ~ **cartridge** / Bildentwicklungseinheit *f* (bei Fernkopierern) ‖ ~ **device** (Photog) / Diafilmbetrachter *m* ‖ ~ **infra-red guidance system** (Mil) / abbildendes Infrarotlenksystem ‖ ~ **model** (Photog) / Bildmodell *n* ‖ ~ **radar** (Radar) / abbildendes Radar (zur Ziel- oder Geländeabbildung) ‖ ~ **system**\* / Imaging-System *n*, bildverarbeitendes System ‖ ~ **technology** (Cinema, Comp, Photog) / Bildverarbeitungstechnik *f*, Bildtechnik *f* (Film + Fotografie + Fernsehen + grafische Datenverarbeitung)

**imago** n (pl. -s or imagines)* (Zool) / Imago f (pl. Imagines) (fertig ausgebildetes, geschlechtsreifes Insekt)
**imbalance** n (Eng, Phys) / Ungleichgewicht n ‖ ~ (Mech) / Unwucht f (statische, dynamische) ‖ ~* (Physiol) / Imbalanz f (Ungleichgewicht im Hinblick auf eine zu hohe oder zu niedrige Aufnahme bestimmter Nährstoffe im Vergleich zum Bedarf)
**imbedding** n (Maths) / Einbettung f
**imbibe** v / durchdringen v (mit Flüssigkeit), tränken v, durchtränken v, imbibieren v
**imbibition*** n (absorption of liquid by a solid or a semisolid material) / Tränken n, Tränkung f, Durchtränkung f ‖ ~* (Biol, Chem) / Durchdringung f (mit Flüssigkeit), Imbibition f, Flüssigkeitsaufnahme f, Durchtränkung f, Durchfeuchtung f ‖ ~ **print** (Photog) / Imbibitionskopie f ‖ ~ **process** (Photog) / Quellreliefverfahren n (in der fotografischen Chemie) ‖ ~ **water** / Imbibitionswasser n
**imbrex** n (pl. imbrices) (Build) / Mönchziegel m, Mönch m (für die Mönch- und Nonnendeckung)
**imbricated*** adj / schuppenförmig adj, schuppenartig adj (übereinander liegend), dachziegelartig adj (übereinander liegend) ‖ ~* / schuppenförmig adj, schuppenartig adj (übereinander liegend), dachziegelartig adj (übereinander liegend)
**imbricate structure*** (Geol) / Schuppenbau m (der Gesteinspakete), Schuppenstruktur f (schuppenartige Übertragung von Schichtenpaketen), Gleitbrettbau m
**imbrication** n (Geol) / Schuppung f (Vorgang)
**imbuya** n (For) / Imbuia f pl (Holz der Ocotea porosa Mez), IMB
**IMC*** (instrument meteorological conditions) (Aero) / Instrumentenwetterbedingungen f pl
**IMD** (insert-mounted device) (Electronics) / eingestecktes Bauteil, IMD-Bauteil n (in der Oberflächenaufbautechnik)
**Imdian meal moth** (Agric) / Dörrobstmotte f (Plodia interpunctella)
**IMEI** (international mobile station equipment identity) (Teleph) / internationale Mobilgerätekennung, IMEI (internationale Mobilgerätekennung)
**IMEP*** (indicated mean effective pressure) (Autos, Eng) / indizierter mittlerer Druck
**IMF** (intermediate-moisture food) (Nut) / halbfeuchtes Lebensmittel, Lebensmittel n von mittlerer Feuchtigkeit
**Imhoff tank*** (San Eng) / Emscherbrunnen m (zweistöckiges Bauwerk, bei dem der obere Teil als Absetzbecken und der darunter liegende Teil als Faulbehälter dient), Emscherbecken n (DIN 4045), Imhoffbrunnen m, Imhofftank m, Imhofftrichter m
**imidate** n (Chem) / Imidat n (Ester der Imidsäure)
**imidazole*** n (Chem) / Imidazol n (1,3-Diazol)
**imidazolidine** n (Chem) / Imidazolidin n (vollständig hydriertes Imidazol)
**imide*** n (Chem) / Imid n (Diacylamin) ‖ ~ **group** (Chem) / Imidgruppe f
**imidic acid** (Chem) / Imidsäure f
**iminazole** n (Chem) / Imidazol n (1,3-Diazol)
**imine** n (Chem) / Imin n (Iminoverbindung)
**iminium compounds** (Chem) / Iminioverbindungen f pl
**imino acid** (Chem) / Iminosäure f
**iminodiacetic acid** (Chem) / Iminodiessigsäure f
**iminodiethanoic acid** (Chem) / Iminodiessigsäure f
**imino group*** (Chem) / Iminogruppe f (eine stickstoffhaltige Atomgruppierung)
**iminourea** n (Chem) / Guanidin n, Iminoharnstoff m
**imitated foods** (Nut) / nachgemachte Lebensmittel
**imitation*** n / Nachahmung f, Imitation f ‖ ~ **art paper** (Paper) / satiniertes Naturpapier (ein Illustrationsdruckpapier), Naturkunstdruckpapier n ‖ ~ **gauze** (Textiles) / Scheindreherbindung f, Gazeimitatbindung f ‖ ~ **gold** / Kompositionsgold n (als Blattmetall = unechtes Gold) ‖ ~ **gold foil** / Lahngold n, Rauschgold n, Knittergold n, Knistergold n, Flittergold n (beim Anfassen knisterndes gewalztes Messingfeinblech mit goldähnlicher Farbe) ‖ ~ **gold ink** (Paper) / Goldimitationsfarbe f, Alugoldfarbe f (eine Goldimitationsfarbe) ‖ ~ **handmade** (Paper) / Imitationsbüttenpapier n (imitiertes Büttenpapier nach DIN 6530), Maschinenbütten n (mit der Rundsiebmaschine hergestellt), Büttenpapierersatz m, Rundsiebpapier n ‖ ~ **kid** (Leather) / Chevretteleder n (dem Chevreauleder nachgeahmtes chromgegerbtes Leder aus grobwolligen Schaffellen), Chevrette n ‖ ~ **kraft paper** (Paper) / Imitationskraftpapier n ‖ ~ **leather** (Leather) / Kunstleder n (lederartiges Erzeugnis, bestehend aus Trägerbahn und Aufstrich - DIN 16922) ‖ ~ (stucco) **marble** (Arch) / Stuckmarmor m (aus Gips, Leim und Pigmentfarben) ‖ ~ **of wood** / Holzimitation f ‖ ~ **parchment*** (Paper) / Pergamentersatz m (Butterbrotpapier) ‖ ~ **pressboard** (Paper) / Glanzpappe f (Pressspanersatz) ‖ ~ **yarn** (Spinning) / Imitatgarn n
**immaculate** adj / tadellos adj (z.B. Zustand) ‖ ~ (Autos) / tadellos (Zustand des Wagens), Top- (Zustand des Wagens)

**immanent knowledge** (AI) / immanentes Wissen
**immature** adj / minderwertig adj (Kohle) ‖ ~ / unreif adj, immatur adj ‖ ~ (Agric, Nut) / unreif adj (Obst, Getreide), grün adj (nicht reif) ‖ ~ (Geol) / in unreifen Formen ‖ ~ **cotton*** (Textiles) / unreife Baumwolle
**immeasurable** adj / unausmessbar adj, unmessbar adj, immensurabel adj
**Immedial dyestuff** (Chem) / Immedialfarbstoff m (ein Schwefelfarbstoff, der beim Erhitzen von aromatischen Verbindungen mit Schwefel und Natriumpolysulfid entsteht)
**immediate access** (Comp) / Schnellzugriff m, Sofortzugriff m, schneller Zugriff, sofortiger Zugriff
**immediate-access store*** (Comp) / Schnellspeicher m, Speicher m mit schnellem Zugriff, Schnellzugriffspeicher m, zugriffszeitfreier Speicher
**immediate address** (Comp) / virtuelle Adresse (eine Adresse im virtuellen Speicher) ‖ ~ **address*** (Comp) / unmittelbare Adresse, immediate Adresse ‖ ~ **addressing** (Comp) / unmittelbare Adressierung ‖ ~ **answer** (Telecomm) / Sofortantwort f ‖ ~ **delivery** / sofortige Lieferung ‖ ~ **evaluation** / Sofortauswertung f
**immediately following use** / gleich nach der Verwendung
**immediate operand** (Comp) / nichtadressierter Operand, Direktoperand m, Operand m im Adressteil ‖ ~ **predecessor** (Maths) / unterer Nachbar (in einer geordneten Menge) ‖ ~ **processing** (Comp) / unmittelbare Verarbeitung, mitlaufende Verarbeitung, sofortige Verarbeitung ‖ ~ **recipient** (Telecomm) / unmittelbarer Empfänger (einer Mitteilung) ‖ ~ **run-off** (Hyd Eng) / Oberflächenabfluss m (Abschwemmung), oberirdischer Abfluss (auf Bodenoberfläche - die Gesamtmenge)
**Immelmann** n (Aero) / Turn m (eine hochgezogene Kehrtkurve - nach dem deutschen Jagdflieger M. Immelmann, 1890-1916), Immelmann-Turn m, Immelmann-Kurve f ‖ ~ **turn** (Aero) / Turn m (eine hochgezogene Kehrtkurve - nach dem deutschen Jagdflieger M. Immelmann, 1890-1916), Immelmann-Turn m, Immelmann-Kurve f
**immensurable** adj / unausmessbar adj, unmessbar adj, immensurabel adj
**Immergan tanning** (Leather) / Immergan-Gerbung f (mit Fettsäuresulfochlorid)
**immerse** v / eintauchen vt, untertauchen vt, tauchen vt, eintunken v
**immersed pump*** (Aero) / Tankeinbaupumpe f ‖ ~ **tube** (submerged tunnel) (Civ Eng) / abgesenktes Tunnelrohr (das an Land betoniert, an den Stirnseiten wasserdicht geschlossen, und an den Einsatzpunkt geschleppt wird)
**immersed-tube tunnel** (Civ Eng) / eingeschwommener Tunnel (im Einschwimmverfahren gebauter Tunnel)
**immerse(d)-tube method** (Civ Eng) / Einschwimmverfahren n (Sonderbauweise für den Bau von Unterwassertunneln), Absenkverfahren n (im Tunnelbau)
**immerse tunnel** (Civ Eng) / eingeschwommener Tunnel (im Einschwimmverfahren gebauter Tunnel)
**immersible apparatus*** (Elec Eng) / Unterwassergerät n
**immersion*** n (Astron) / Immersion f (Eintritt eines Himmelskörpers in den Schatten eines anderen) ‖ ~ (Maths) / Einbettung f ‖ ~ (Ocean) / Immersion f, Inundation f (eines Landgebietes durch das Meer) ‖ ~ (Optics) / Immersion f (eines Objekts in die Immersionsflüssigkeit) ‖ ~ **burner** (Heat) / Tauchbrenner m ‖ ~ **freezing** / Tauchgefrierverfahren n ‖ ~ **gilding** (Surf) / Sudvergoldung f ‖ ~ **hardening** (Met) / Tauchhärten n (thermisches Randschichthärten nach DIN 17014) ‖ ~ **heater*** (Elec Eng) / Tauchsieder m ‖ ~ **lens** (Micros) / Immersionsobjektiv n ‖ ~ **lens** (Optics) / Immersionslinse f [elektrostatische] ‖ ~ **method** (Min) / Einbettungsmethode f, Immersionsmethode f ‖ ~ **objective** (a lens system in microscopy in which cedar-wood oil fills the cavity between the lowest lens and the cover glass over the sample) (Micros, Optics) / Immersionsobjektiv n ‖ ~ **phosphating** (Surf) / Tauchphosphatieren n ‖ ~ **pickle** (Nut) / Pökellake f (zur Nasspökelung), Lake f ‖ ~ **plate** (Surf) / (stromlos im Tauchverfahren erzeugte Schicht ‖ ~ **plating** (Surf) / Schmelztauchen n (Herstellen einer Schicht durch Eintauchen des Werkstücks in die Schmelze des Schichtmetalls - nach DIN 50 902), Feuermetallisieren n, Schmelztauchbeschichten n, Schmelztauchmetallisieren n, Schmelztauchverfahren n ‖ ~ **plating** (Surf) / Abscheidung f im Tauchverfahren (stromlos), Abscheidung f durch Ionenaustausch ‖ ~ **refractometer** (Chem, Optics) / Eintauchrefraktometer n ‖ ~ **silvering** (Surf) / Sudversilberung f (stromlose Abscheidung) ‖ ~ **suit** / Wasserkälteschutzanzug m ‖ ~ **test** / Tauchprobe f, Tauchprüfung f, Tauchtest m, Tauchversuch m ‖ ~ **vibrator** (Build) / Innenrüttler m (DIN 4235-1 - der in den Frischbeton eingetaucht wird) ‖ ~ **wetting** / Tauchbenetzung f (z.B. bei der Tauchnetzmethode)
**immiscibility*** n (Chem) / Unmischbarkeit f, Nichtmischbarkeit f, Unvermischbarkeit f ‖ ~ **gap** (Chem) / Mischungslücke f (derjenige Bereich der Zusammensetzung eines Mehrstoffsystems mit

**immiscible**

begrenzter Mischbarkeit, in dem sich keine homogene Mischung ausbildet)
**immiscible** *adj* (describing a combination of liquids that do not mix with each other) / nicht mischbar
**immission** *n* (Ecol) / Immission *f* (Einwirkung von schädlichen Emissionen) || ~ **monitoring** (Ecol) / Immissionsüberwachung *f* || ~ **register** (Ecol) / Immissionskataster *m* || ~ **standards** (Ecol) / Immissionsvorschriften *f pl*, Immissionsgrenzwerte *m pl*, Immissionsnormen *f pl*, Immissionswerte *m pl*, IW (Immissionswerte)
**immittance*** *n* (Elec) / Immittanz *f* (Impedanz + Admittanz)
**immobilise** *v* (GB) / lahm legen *v* (Verkehr)
**immobilization** *n* (Chem) / Immobilisierung *f* (auf Trägern, von Enzymen)
**immobilize** *v* / lahm legen *v* (Verkehr)
**immobilized biocatalyst** (Biochem) / immobilisierter Biokatalysator || ~ **phase** (Chem) / immobilisierte (stationäre) Phase (der Flüssigkeit, die durch in-situ-Polymerisation an Trägerpartikel oder Gefäßwände und deren Beläge immobilisiert ist - in der Chromatografie)
**immobilizer** *n* (Autos) / elektronische Wegfahrsperre
**immonium compounds** (Chem) / Iminioverbindungen *f pl*
**immune*** *adj* (from, to) (Biochem, Bot, Physiol) / immun *adj* (gegen)
**immune body*** (Biochem, Physiol) / Ak (Antikörper), Antikörper *m*, Immunkörper *m* || ~ **complex*** (Biochem, Physiol) / Immunkomplex *m* || ~ **deficiency** (Med, Pharm) / Immundefekt *m*, Immunschwäche *f*, Immundefizienz *f*, Immunitätsmangel *m* || ~ **reaction** (Biochem, Physiol) / Immunreaktion *f* || ~ **response*** (the reaction of the body's immune system to foreign cells or substances that may be potentially dangerous or cause disease) (Biochem, Med, Physiol) / Immunreaktion *f*, Immunantwort *f* || ~ **sensor** (Med) / Immunosensor *m* (Biosensor zum quantitativen Messen spezifischer Reaktionen von Antigenen mit Antikörpern) || ~ **serum** (which has been immunized against an antigen) (Med, Pharm) / Antiserum *n* (pl. -seren oder -sera), Immunserum *n* (pl. -seren oder -sera) || ~ **system** (a sophisticated and diverse system found in vertebrates whose primary task is to defend them against foreign organisms, usually viruses and bacteria) (Biochem, Cyt, Physiol) / Immunsystem *n*
**immunisation** *n* (GB) (Biochem, Physiol) / Immunisierung *f* (des Organismus) || ~ (GB) (Textiles) / Immunisierung *f* (Vergrößerung der Farbaffinität von natürlichen Rohstoffen)
**immunity*** *n* (Biochem, Physiol) / Immunität *f* || ~ (Comp, Electronics) / Störfestigkeit *f* (passives Störverhalten), Störsicherheit *f*, Störungsunempfindlichkeit *f*, Rauschunempfindlichkeit *f*
**immunization*** *n* (active, passive) (Biochem, Physiol) / Immunisierung *f* (des Organismus) || ~* (Textiles) / Immunisierung *f* (Vergrößerung der Farbaffinität von natürlichen Rohstoffen)
**immunizer plug** (Comp) / Immunisierungsstecker *m* (als Antivirenmaßnahme)
**immunoassay*** *n* (Biochem) / Immunoassay *m n*, Immunassay *m n*
**immunobiology** *n* (Biol) / Immunobiologie *f* (ein Teilgebiet der Immunologie)
**immunoblotting** *n* (Gen) / Western-Blotting *n* (ein Blotting mit Übertragung von Proteinen - eine Analogiebildung zu Southern-Blotting), Western-Transfer *m*, Immunblotting *n*
**immunochemistry** *n* (the protein chemistry of immunoglobulins) (Chem, Med) / Immunchemie *f* (Teilgebiet der Immunologie)
**immunocompetent** *adj* (Med) / immunkompetent *adj* (fähig, auf einen antigenen Angriff zu reagieren)
**immunocytochemistry*** *n* (Chem, Physiol) / Immunozytochemie *f*, Immunocytochemie *f*, Immunzytochemie *f*, Immuncytochemie *f*
**immunodeficiency** *n* (Med, Pharm) / Immundefekt *m*, Immunschwäche *f*, Immundefizienz *f*, Immunitätsmangel *m* || ~ **disease*** (Med) / Immunopathie *f*, Immunkrankheit *f*
**immunoelectrophoresis** *n* (pl. -phoreses) (Chem) / Immunelektrophorese *f*, IEP (Immunelektrophorese)
**immunofluorescence*** *n* (Chem, Med) / Immunofluoreszenz *f*, Immunfluoreszenz *f* (eine Mehtode zur Sichtbarmachung einer Antigen-Antikörper-Reaktion))
**immunogenetics** *n* (Gen) / Immungenetik *f* (Teilgebiet der Immunologie)
**immunogenic** *adj* (Med) / immunogen *adj*
**immunoglobulins*** *pl* (Biochem) / Immunglobuline *n pl*, Ig (spezifische körpereigene Abwehrproteine)
**immunohistochemistry*** *n* (Chem, Physiol) / Immunohistochemie *f*, Immunhistochemie *f*
**immunologic** *adj* (Med) / immunologisch *adj*
**immunological** *adj* (Med) / immunologisch *adj* || ~ **tolerance*** (Med) / Immuntoleranz *f* (das Ausbleiben einer Antigen-Antikörper-Reaktion im Organismus)
**immunology*** *n* (Med) / Immunologie *f* (Lehre von den körpereigenen Abwehrstoffen und -mechanismen)

**immunoreaction** *n* (Biochem, Med, Physiol) / Immunreaktion *f*, Immunantwort *f*
**immunoserologic** *adj* (Med) / immunoserologisch *adj*
**immunosorbent*** *adj* (Med) / immunadsorbierend *adj*
**immunosuppressant** *n* (Med, Pharm) / immunsuppressives Mittel (nichttoxisches, cytotoxisches), Immunsuppressivum *n* (pl. -siva) || ~ *adj* (Med, Pharm) / immunsuppressiv *adj*
**immunosuppression*** *n* (Med) / Immunosuppression *f* (Unterdrückung der Immunabwehr)
**immunosuppressive*** *n* (Med, Pharm) / immunsuppressives Mittel (nichttoxisches, cytotoxisches), Immunsuppressivum *n* (pl. -siva) || ~* *adj* (Med, Pharm) / immunsuppressiv *adj*
**immunotherapy** *n* (Med) / Immuntherapie *f* (aktive, passive)
**immunotolerance** *n* (Med) / Immuntoleranz *f* (das Ausbleiben einer Antigen-Antikörper-Reaktion im Organismus)
**immunotoxin*** *n* (Med) / Immuntoxin *n*, Immunotoxin *n*
**IMP** (inosine-5'-monophosphate) (Biochem) / Inosinsäure *f*, Inosin-5'-monophosphat *n*, IMP (Phosphorsäureester des Inosins) || ~ (interface message processor) (Comp) / IMP *m* (Vermittlungs-, Netz- oder Übertragungsrechner in Rechnerinformationsnetzen)
**impact** *v* (on) / stark beeinflussen, sich stark auswirken (auf) || ~ (Autos) / anstoßen *v* (Rad bei der Federung) || ~ (Eng) / aufschlagen *v*, aufprallen *v*, auftreffen *v* || ~ *n* (Autos) / Rempler *m* || ~ (Ecol) / Einfluss *m* (negativer), Auswirkung *f* (negative) || ~* (Eng) / Stoß *m*, Hieb *m*, Schlag *m* || ~ (Eng) / Aufschlag *m*, Auftreffen *n* (z.B. des Bärs auf das Werkstück), Aufprall *m* || ~ (Geol, Space) / Meteoriteneinschlag *m*, Meteoritenschlag *m*, Meteoritenaufschlag *m*, Impact *m* (Meteoriteneinschlag, wie z.B. im Nördlinger Ries), Impakt *m* || ~* (Mech) / Wucht *f*, Schlag *m*, Impakt *m* || ~ (Mil) / Aufschlag *m* || ~ **absorber** (Autos) / Pralldämpfer (Stoßdämpfer) || ~ **accelerometer*** (Aero) / Landestoß-Beschleunigungsmesser *m* || ~ **angle** (Electronics) / Einschusswinkel *m* (beim Ionenbeschuss) || ~ **area** (Astron, Mil) / Aufschlaggebiet *n* || ~ **assessment** (Ecol) / Bewertung *f* des Ressourcenverbrauchs und der Immissionen (ein Teil der Ökobilanz) || ~ **attenuator** (Autos, Civ Eng) / Aufpralldämpfer *m* (Schutzvorrichtung für auf starre, ortsfeste Bauteile, wie Brückenpfeiler, auffahrende Fahrzeuge) || ~ **ball hardness** (Materials, Met) / Fallhärte *f* (eine Werkstoffeigenschaft), Schlaghärte *f* (mit einer Prüfkugel ermittelt) || ~ **bending** (For) / Schlagbiegen *n* || ~ **bending resistance** (For, Materials) / Schlagbiegefestigkeit *f* (des Holzes, bei der Schlagbiegeprüfung ermittelt) || ~ **bending strength** (For, Materials) / Schlagbiegefestigkeit *f* (des Holzes, bei der Schlagbiegeprüfung ermittelt) || ~ **bending test** (Eng, For, Materials) / Schlagbiegeversuch *m*, Schlagbiegeprüfung *f* || ~ **broadening** (Spectr) / Stoßverbreiterung *f* (der Spektrallinie in Gasen) || ~ **burner** (Heat) / Stoßbrenner *m* || ~ **coefficient** (Mech) / Stoßziffer *f* || ~ **collision ion scattering spectroscopy** (Spectr) / Rückstoß-Ionenstreuung-Spektroskopie *f* || ~ **compound** (Nut) / Impact-Verbindung *f*, Impact Compound *n* (ein Stoff, der das charakteristische Aroma eines Lebensmittels prägt) || ~ **compressor** (Powder Met) / Schlagverdichter *m* || ~ **cooling** / Aufprallkühlung *f* || ~ **crusher*** (Eng) / Schlagbrecher *m*, Schlagprallbrecher *m* (mit Schlagleisten, die das Brechgut schlagen und es gegen im Brechraum angeordnete Prallstangen und Prallplatten sowie gegeneinander schleudern) || ~ **crusher*** (Eng) / Prallbrecher *m* (mit umlaufender Prallwalze oder mit umlaufenden Prallwalzen) || ~ **cushion** (Autos) / Prallpolster *n* (Airbag-Lenkrad), Polsterabdeckkappe *f*, Polsterplatte *f* || ~ **cushion** (Autos) / Fangkörper *m* (bei einem Kindersitz), Prallkörper *m* || ~ **damage** / Beschädigung *f* durch Aufprall || ~ **drill** (Eng, For) / Schlagbohrmaschine *f* (bei der die drehende von einer axialen schlagenden Bewegung überlagert wird) || ~ **driver** (Tools) / Drillschraubendreher *m* (DIN 898), Schnellschraubenzieher *m* || ~ **energy** (Autos) / Aufprallenergie *f*, Energie *f* des Aufpralls || ~ **energy** (Mech) / Schlagenergie *f*

**impacter** *n* / Impaktor *m* (Gerät zur Korngrößenbestimmung in Stäuben und Aerosolen) || ~ (Eng) / schlagartig arbeitende Maschine || ~ **forging hammer*** (Eng, Met) / Schlagschmiedemaschine
**impact erosion** (Eng) / Prall-Strahl-Verschleiß *m*, Strahlverschleiß *m* || ~ **excitation** (Nuc) / Stoßanregung *f* || ~ **extensibility** (Paint) / Schlagverformbarkeit *f* || ~ **extrusion** / Rückwärtsnapftiefpressen *n*, Lochpressen *n* (bei NE-Metallen) || ~ **extrusion*** (Met) / Schlagstrangpressen *n* (Fließpressvorgang, der unter schlagartigen Bedingungen durchgeführt wird), Schlagstrangfließpressen *n* || ~ **factor** (a factor between 1 and 2 by which the weight of a moving load is multiplied to give its full effect on a bridge or floor) (Build, Civ Eng) / Schwingbeiwert *m* (ein Faktor, mit dem die im Ruhestand errechneten Momente aus bewegten Verkehrslasten multipliziert werden) || ~ **fluorescence** (Phys) / Stoßfluoreszenz *f* || ~ **force** (Eng) / Prellschlagkraft (der Presse) || ~ **force** (Mech) / Schlagkraft *f* || ~ **force** (Phys) / Stoßkraft *f* || ~ **forging** (Eng) / Schlagschmieden *n* (mit Maschinenhämmern)

**impact-free jolter** (Foundry) / stoßfreier Rüttler
**impact fuse** (Mil) / Aufschlagzünder m || ~ **hammer** (Comp) / Druckhammer m, Typenhammer m, Schreibhammer m || ~ **hardness** (Materials, Met) / Schlaghärte f (die in einem dynamischen Härteprüfverfahren ermittelt wird)
**impacting** n (Eng) / Schlagschmieden n (mit Maschinenhämmern)
**impaction** n (Eng) / Aufschlag m, Auftreffen n (z.B. des Bärs auf das Werkstück), Aufprall m
**impact ionization*** (Electronics, Phys, Spectr) / Stoßionisation f, Elektronenstoßionisation f, Ionisation f durch Elektronenstoß || **~-ionization avalanche transit time diode** (Electronics) / Impatt-Diode f (eine Lawinendiode), Lawinenlaufzeitdiode f
**impactite** n (Geol) / Impaktit m (Schmelzgestein durch Impaktmetamorphose), Einschlagglas n (durch Meteoriteneinschlag entstanden)
**impact load** (Materials, Phys) / Stoßbelastung f, Stoßbeanspruchung f || ~ **load** (Materials, Phys) / plötzlich aufgebrachte Last, Stoßlast f || ~ **loading** (Civ Eng, Materials, Phys) / Stoßbelastung f, Stoßbeanspruchung f || ~ **loss** (Phys) / Carnot'scher Energieverlust, Carnot-Energieverlust m, Stoßverlust m || ~ **mill** (Eng) / Schlagprallmühle f || ~ **mill** (Eng, For) / Pralltellermühle f, Prallmühle f || ~ **moulding** (Eng, Plastics) / Kaltschlagverfahren n, Schlagpressen n || ~ **moulding** (Foundry) / Gasdruckformen n || ~ **noise** (Radio) / Impulsstörung f (eine elektromagnetische Störung), Impulsgeräusch n || ~ **opening** (Aero) / vordere Staurohröffnung
**impactor** n / Impaktor m (Gerät zur Korngrößenbestimmung in Stäuben und Aerosolen) || ~ (Eng) / Impaktor m (Gegenschlaghammer horizontaler Bauart) || ~ (Eng) / Schlagbrecher m, Schlagprallbrecher m (mit Schlagleisten, die das Brechgut schlagen und es gegen im Brechraum angeordnete Prallstangen und Prallplatten sowie gegeneinander schleudern) || ~ (Eng) / schlagartig arbeitende Maschine
**impact parameter*** (Nuc, Phys) / Stoßparameter m, Streuparameter m || ~ **pipe** (Phys) / Staurohr n (zur Messung des Staudrucks eines strömenden Mediums) || ~ **point** (Eng, Phys) / Auftreffpunkt m, Auftreffstelle f, Einschlagstelle f || ~ **pressure** (of extinguishing agent) / Auftreffdruck m, Wurfkraft f (des Löschmittelstrahls) || ~ **pressure** (Aero) / Staudruck m, Gesamtdruck m (im Staupunkt) || ~ **pressure** (Phys) / Stoßdruck m (in Strömungen)
**impact-pressure counter** (Eng) / Staugerät n (ein Durchflussmesser, z.B. Pitot- oder Prandtl-Rohr)
**impact printer*** (Comp) / Impact-Printer m, Impact-Drucker m, mechanischer Drucker, Anschlagdrucker m || ~ **protection** (Eng) / Anprallschutz m || ~ **rate** (Eng) / Schlagzahl f (je Zeiteinheit) || ~ **resistance** (of the tyre) (Autos) / Stoßfestigkeit f (des Reifens), Anprallfestigkeit f (des Reifens) || ~ **resistance** (Civ Eng) / Schlagzertrümmerungswert m (Kennzahl für den Widerstand eines Schottermaterials gegen Schlagzertrümmerung) || ~ **resistance** (Elec Eng) / Schlagfestigkeit f (bei elektrischen Isolierstoffen) || ~ **resistance** (Materials) / Schlagfestigkeit f (im Schlagversuch festgestellter Werkstoffkennwert)
**impact-resistant** adj (Materials) / schlagfest adj, schlagzäh adj
**impact screen** (Min Proc) / Stoßsieb n
**impact-sensitive** adj / schlagempfindlich adj, stoßempfindlich adj
**impact slag** (Geol) / Impaktit m (Schmelzgestein durch Impaktmetamorphose), Einschlagglas n (durch Meteoriteneinschlag entstanden) || ~ **sound** (Acous, Build) / Trittschall m (durch Gehen verursachter Körperschall in Gebäuden, der über Wände und Decken als Luftschall abgestrahlt wird - DIN 4109), Gehschall m
**impact-sound insulation** (Acous, Build) / Trittschalldämmung f (Schalldämmung gegen die Ausbreitung und Übertragung von Trittschall), Trittschallschutz m || ~ **level** (Acous) / Trittschallpegel m (DIN 1320 und DIN 52210-1)
**impact-sound-pressure level** (Acous) / Trittschallpegel m (DIN 1320 und DIN 52210-1)
**impact spanner** (Tools) / Drehschlagschrauber m, Schlagschraubenschlüssel m, Schlagschrauber m || ~ **speed** (Eng) / Auftreffgeschwindigkeit f (z.B. des Fallhammers) || ~ **strength*** (Materials, Met) / Kerbschlagfestigkeit f || ~ **strip** (Autos) / Stoßleiste f || ~ **test*** (Materials, Met) / Schlagversuch m (mechanisch-technologischer Versuch), Schlagprobe f, Schlagprüfung f (zur Bestimmung des Widerstandes der Stoffe gegen schlag- oder stoßartige Beanspruchung) || ~ **test** (Plastics) / Durchstoßversuch m || ~ **tester** (Materials) / Schlagprüfgerät m
**impact-testing machine** (Materials) / Schlagprüfgerät n
**impact test on a notched specimen** (Materials) / Kerbschlagbiegeversuch m (DIN 50115) || ~ **toughness** (Materials, Met) / Schlagzähigkeit f (als Eigenschaft) || ~ **tube** (Phys) / Staurohr n (zur Messung des Staudrucks eines strömenden Mediums) || ~ **value** (Materials, Met) / Schlagzähigkeit f (als ermittelter Wert) || ~ **wave** (Phys) / Stoßwelle f (eine starke Druckwelle nach DIN 1311-4), Schockwelle f (eine starke Verdichtungswelle in Gasen) || ~ **wear** (Eng) / Stoßverschleiß m || ~ **wear** (Eng) / Prall-Strahl-Verschleiß m, Strahlverschleiß m || ~ **welding** (Welding) / Sprengschweißen n || ~ **work** (Mech) / Schlagarbeit f || ~ **wrench** (Eng, Tools) / Drehschlagschrauber m, Schlagschraubenschlüssel m, Schlagschrauber m || ~ **wrench** (Eng) s. also torque spanner
**impage** n (Join) / waagerechtes Glied des Türrahmens
**impair** v / nachteilig beeinflussen, beeinträchtigen v, schädigen v
**impalpable** adj / sehr fein (nicht tastbar)
**impart** v / erteilen v (Beschleunigung) || ~ **a dry handle** (Leather) / trockenstellen v (Griff - nur Infinitiv und Partizip)
**imparted energy** (Radiol) / Integraldosis f
**impassable** adj / undurchdringlich adj, unwegsam adj
**IMPATT diode*** (Electronics) / Impatt-Diode f (eine Lawinendiode), Lawinenlaufzeitdiode f
**impedance*** n (Elec) / Scheinwiderstand m, Impedanz f (DIN 5483, T 3), komplexe Impedanz (ein Wechselstromwiderstand) || ~ **bond*** (Elec Eng, Rail) / Gleisdrossel f || ~ **converter** (Elec Eng) / Impedanzwandler m || ~ **converter** (Electronics) / Impedanzwandler m (Verstärker mit einem hohen Eingangs- und einem niedrigen Ausgangswiderstand sowie mit einem Verstärkungsfaktor von nahezu Eins) || ~ **coupling*** (Electronics) / LC-Kopplung f || ~ **drop*** (Elec Eng) / innerer Spannungsabfall || ~ **drop*** (Elec Eng) / Wechselstrom-Spannungsabfall m || ~ **matching*** (the minimization of power loss caused by the internal impedance of a power supply) (Elec Eng) / Impedanzanpassung f || ~ **matrix** (Elec Eng) / Impedanzmatrix f (DIN 13 321) || ~ **mismatching** (Elec Eng) / Impedanzfehlanpassung f || ~ **protective system*** (Elec Eng) / Impedanzschutz m || ~ **relay*** (Elec Eng) / Impedanzrelais n || ~ **relay*** (Elec Eng) s. also distance relay || ~ **rise*** (Elec Eng) / Spannungsanstieg m bei kapazitiver Last || ~ **silencer** (Acous) / Impedanzschalldämpfer m || ~ **spectroscopy** (Spectr, Surf) / Impedanzspektroskopie f (zur Korrosionsprüfung) || ~ **triangle*** (Elec Eng) / Widerstandsdreieck n || ~ **tube** (Acous) / Kundt'sches Rohr (in dem Kundt'sche Staubfiguren entstehen - nach A. Kundt, 1839-1894), Impedanzmessrohr n
**impede** v / behindern v, hindern v || ~ s. also inhibit
**impedometer*** n (Elec Eng) / Scheinwiderstandsmesser m
**impedor*** n (Elec) / Impedanzglied n, Impedanz f (als Bauteil) || ~* (Elec Eng) / Begrenzungsdrossel f || ~ (Welding) / Impeder m (bei HF-Schweißen von Schlitzrohren)
**impeller*** n (Aero, Eng) / Laufrad n (einer Strömungsmaschine), Impeller m || ~* (Eng) / Flügelrad n || ~ (Eng) / Pumpenrad n (des Druckmittelgetriebes), Primärrad n (der Flüssigkeitskupplung) || ~ (Eng) / Förderkörper m, Verdränger m (der Pumpe) || ~ (Foundry) / Schleuderrad n (des Sandslingers) || ~ (Instr) / Messflügel m (des Durchflussmessers) || ~ (San Eng) / Wurfrad n, Kreisel m (zur Belüftung beim Belebungsverfahren) || ~ **aerator** (San Eng) / Kreiselbelüfter m (ein Oberflächenbelüfter) || ~ **agitator** (Chem Eng, Eng) / mechanischer Rührer || ~ **fan** (Agric) / Wurfgebläse n (bei unempfindlichem Gut) || ~ **pump** (Eng) / Kreiselradpumpe f, rotodynamische Pumpe || ~ **stirrer** (Chem Eng) / Impellerrührer m || ~ **wheel** (Aero, Eng) / Laufrad n (einer Strömungsmaschine), Impeller m
**impenetrable** adj / undurchlich adj, unwegsam adj || ~ / undurchdringlich adj (undurchlässig), undurchlässig adj
**imperative** adj (Comp) / imperativ adj (Programmiersprache) || ~ (Comp) / unbedingt adj (Programmsatz, Anweisung)
**imperceptible** adj / imperzeptibel adj (nicht wahrnehmbar)
**imperfect** adj / Fehl-, fehlerhaft adj, defekt adj, mangelhaft adj || ~* (Mech) / statisch unbestimmt || ~ **arch** (Arch) / verkürzter Bogen || ~ **crystal** (Crystal) / Realkristall m, realer Kristall || ~ **dielectric*** (Elec) / unvollkommenes Dielektrikum, verlustbehaftetes Dielektrikum || ~ **gas** (Phys) / reales Gas (das vom idealen Verhalten abweicht), Realgas n
**imperfection** n (Crystal, Electronics) / Störstelle f (mit atomarer Ausdehnung, wie Lücken, Besetzungen und Zwischengitterplätze) || ~ (For) / Fehler m (der eine Beeinträchtigung der Verwendbarkeit bedeutet), Mangel m, Holzfehler m || ~ (Mech) / Imperfektion f (geometrische, strukturelle nach DIN 18 800-2)
**imperfect manufacture** / fehlerhafte Bearbeitung
**imperial*** n (Build) / Zwiebeldach n || ~ adj / Kennzeichnung alter Einheiten in GB gegenüber gleich lautenden Einheiten in den USA mit abweichendem Wert || ~ **dome** (Build) / Zwiebeldach n || ~ **gallon** (GB) / Gallone f (GB = 4,54609 l, USA = 3,785411 l für Flüssigkeiten und 4,404884 l für trockene Produkte) || ~ **green** (Agric, Chem) / Kaisergrün n || ~ **green** (Chem) s. also Schweinfurt green || ~ **red** (Paint) / Eisenoxidrot n (Caput mortuum, Polierrot, Englischrot, Marsrot) || ~ **roof** (Build) / Zwiebeldach n || ~ **Smelting Process** (Met) / Imperial-Smelting-Verfahren n (ein altes Verfahren zur Pb-Zn-Gewinnung), IS-Verfahren n || ~ **units** (an outdated

**impermeability**

system of units) / altes britisches Einheitensystem (inches, feet, yards, miles, pounds, gallons)
**impermeability factor** (Civ Eng, Geol, Hyd Eng) / Abflussbeiwert *m* (Verhältnis von Abfluss zu Niederschlagsmenge nach DIN EN 752-1), oberirdischer Abfluss (prozentual zur Niederschlagsmenge) ‖ ~ **to water** / Wasserdichtheit *f*, Wasserundurchlässigkeit *f*, Wasserdichtigkeit *f*
**impermeable*** *adj* / undurchlässig *adj*, dicht *adj*, impermeabel *adj* ‖ ~ **rock** (Ecol, Geol) / Grundwassernichtleiter *m*, Wasserstauer *m* ‖ ~ **to oil** / öldicht *adj*
**impervious*** *adj* / [wasser]dicht *adj* ‖ ~ (not able to be penetrated, as by water and light) / undurchdringlich *adj* (undurchlässig), undurchlässig *adj* ‖ ~ s. also waterproof ‖ ~ **to gases** / gasundurchlässig *adj*
**impf** *v* (Chem, Crystal) / impfen *v* (Kristallisation anregen)
**impfing** *n* (Crystal) / Impfen *n* (zur Anregung der Kristallisation)
**impinge** *v* (Eng) / aufschlagen *v*, aufprallen *v*, auftreffen *v*
**impingement** *n* (on, upon) / Zusammenstoß *m* (mit), Aufprall *m*, Anprall *m* ‖ ~ / Einwirkung *f* ‖ ~ (of drops) / Schlag *m* (eine Verschleißart), Tropfenschlag *m* (eine Verschleißart) ‖ ~ (Eng) / Aufschlag *m*, Auftreffen *n* (z.B. des Bärs auf das Werkstück), Aufprall *m* ‖ ~ **attack** (Geol) / Aufprallerosion *f* (durch feste Stoffe oder Flüssigkeiten) ‖ ~ **black** / Kanalruß *m*, Channel-Black *n* (aus dem heute aufgegebenen Channel-Verfahren) ‖ ~ **corrosion** / Korrosion *f* infolge Oberflächenangriffs durch turbulent strömende Medien, Aufprallkorrosion *f* ‖ ~ **erosion** (Geol) / Aufprallerosion *f* (durch feste Stoffe oder Flüssigkeiten) ‖ ~ **rate** (Nuc) / flächenbezogene Stoßzahl, Flächenstoßzahl *f*
**impinge on a mirror** (rays) (Optics) / auf einen Spiegel fallen
**impinger** *n* (Chem) / Impinger *m* (eine mit speziellen Absorptionslösungen gefüllte Waschflasche zur Anreicherung gasförmiger Spurenstoffe aus der atmosphärischen Luft bei der Luftanalyse) ‖ ~* (Mining) / Staubmesser *m* (ein Handgerät), Staubmessgerät *n*
**impinging light** (Optics) / Auflicht *n*, auffallendes Licht
**implant** *v* (itself) (Comp) / einnisten (sich) (von Viren) ‖ ~ (Electronics) / implantieren *v* ‖ ~ (Med) / implantieren *v*, einpflanzen *v* ‖ ~ *vt* (Comp) / einschleusen *v* (Viren), einschleppen *v* (Viren) ‖ ~* *n* (Med, Radiol) / Implantat *n*
**implantation energy** (Electronics) / Implantationsenergie *f*
**implement** *v* / durchführen *v* (einen Plan) ‖ ~ (Comp) / implementieren *v*
**implementation*** *n* (Comp) / Implementierung *f*, Implementation *f* (Gesamtheit aller Aufgaben zur Umsetzung eines Algorithmus bzw. eines Algorithmensystems in eine geeignete rechentechnische Form und die Umsetzung auf den Rechner) ‖ ~ **language** (Comp) / Implementierungssprache *f* (problemorientierte Programmiersprache zur Formulierung von Systemsoftware)
**implement carrier** (Agric) / Geräteträger *m* (Sonderbauart des Schleppers)
**implementer** *n* (Comp) / Hersteller *m* (Cobol)
**implementor** *n* (Comp) / Hersteller *m* (Cobol)
**implication** *n* (material) / Subjunktion *f* (DIN 44300), Implikation *f* (logische - eine zweistellige extensionale Aussagenverbindung nach DIN 5474)
**implicational expert system** (AI) / Implikationssystem *n*
**implication gate** (Elec) / Implikationsglied *n*
**implicit** *adj* (Maths) / implizit *adj* ‖ ~ **declaration** (Comp) / implizite Vereinbarung, IJKLMN-Regel *f* (bei einigen höheren Programmiersprachen) ‖ ~ **definition** / implizite Definition ‖ ~ **equation** (of a curve) (Maths) / implizite Gleichung ‖ ~ **form** (Maths) / implizite Form (einer Differentialgleichung) ‖ ~ **function*** (Maths) / implizite Funktion
**implied addressing** (Comp) / implizite Adressierung, Fortschaltungsadressierung *f*
**implosion*** *n* / Implosion *f* (z.B. der Bildröhre) ‖ ~ (nuclear) **weapon** (Mil) / implosive Kernwaffe, Implosionswaffe *f*
**import** *v* / einführen *v* (Waren), importieren *v* (Waren) ‖ ~ (Comp) / importieren *v* (Texte, Grafiken - von externen Datenträgern), einspielen *v* (Texte, Grafiken - von externen Datenträgern) ‖ ~ *n* / Importartikel *m*
**importance** *n* (Nuc) / Einfluss *m* (von Neutronen) ‖ ~ **function*** (Nuc) / Einflussfunktion *f*
**imported article** / Importartikel *m* ‖ ~ **dirt** (Mining) / Fremdberge *m pl* (Versatzmaterial), Fremdversatz *m* (Material) ‖ ~ **graphics** (Comp) / importierte Grafik (die nicht auf dem betreffenden System selbst erstellt wurde) ‖ ~ **stowing** (Mining) / Fremdversatz *m* (Verfüllen von Hohlräumen) ‖ ~ **timber** (For) / Importholz *n* ‖ ~ **wood** (For) / Importholz *n*
**importer** *n* / Importeur *m* (Person, Firma, die etwas importiert) ‖ ~ (Chem) / Einführer *m* (nach dem Chemikaliengesetz - eine natürliche

oder juristische Person, die einen Stoff oder eine Zubereitung in den Geltungsbereich des Gesetzes verbringt)
**import/export rule** (AI) / Gateway-Regel *f*, Import/Export-Regel *f* (die in wissensbasierten Systemen die Schnittstelle zwischen dem Innern der Referenzmaschine und der "Außenwelt" definiert)
**import format** (Comp) / Importformat *n*
**importing country** / Einfuhrland *n*
**import licence** / Einfuhrgenehmigung *f*, Einfuhrbewilligung *f*, Importlizenz *f* ‖ ~ **quota** / Importquote *f*, Einfuhrkontingent *n*, Importkontingent *n* ‖ ~ **restriction** / Einfuhrbeschränkung *f*, Importbeschränkung *f*
**impose** *v* / verhängen *v* (Sanktionen) ‖ ~ (Elec Eng) / einprägen *v*, aufprägen *v*, aufdrücken *v* (Spannung) ‖ ~ (Geol) / aufbringen *v* (Druck - z.B. in einer Formation) ‖ ~ (Mech) / aufbringen *v* (Kraft), aufbieten *v* (Kraft) ‖ ~ (Typog) / ausschießen *v*
**imposed control** (Automation) / übergeordnete Regelung ‖ ~ **load** (Materials, Mech) / Prüfkraft *f* (z.B. beim Brinellhärteprüfverfahren) ‖ ~ **safety condition** / Sicherheitsauflage *f*
**impose stress** (on) (Mech) / beanspruchen *v*
**imposition*** *n* (Typog) / Ausschießen *n* ‖ ~ **sheet** (Print) / Standbogen *m* (auf dem die Stellung der Satzteile und der Bilder innerhalb der Druckform markiert wird) ‖ ~ **software** (Comp, Print) / Ausschießsoftware *f*
**impossible event** (Stats) / unmögliches Ereignis
**impost*** *n* (Arch, Build) / Kämpfer *m* (Widerlager von Mauerbögen und Gewölben), Bogenanfang *m*
**impound** *v* (Hyd Eng) / einstauen *v*, anstauen *v*, eindämmen *v*, eindeichen *v*, abdämmen *v*, dämmen *v*, absperren *v*, zudämmen *v*, stauen *v*, aufstauen *v*
**impoundage** *n* (Hyd Eng) / Stauen *n*, Aufstauen *n* (Wasser), Stau *m* (durch Wehre und Talsperren), Stauung *f*, Einstau *m* ‖ ~ (Hyd Eng) / Rückstau *m* (die Wassermenge selbst), angestautes Wasser, Stauwasser *n*, Absperrwasser *n*
**impounded reservoir** (Geol) / Stausee *m*, Abdämmsee *m*
**impounding dam** (Hyd Eng) / Sperrdamm *m*, Staudamm *m*, Staumauer *f* ‖ ~ **head** (Hyd Eng) / Stauhöhe *f*, Stauspiegel *m* ‖ ~ **reservoir** (Hyd Eng) / Staubecken *n* (von einer Stauanlage und dem Gelände umschlossener Raum zum Stauen von Wasser) ‖ ~ **reservoir** (Hyd Eng) / Wasserspeicher *m*, Speicher *m*, Wehrteich *m*, Wasserreservoir *n*
**impoundment** *n* / Staugewässer *n* (DIN 19700, T 13) ‖ ~ (the process of forming a lake or pond by a dam, dyke or other barrier) (Hyd Eng) / Stauen *n*, Aufstauen *n* (Wasser), Stau *m* (durch Wehre und Talsperren), Stauung *f*, Einstau *m* ‖ ~ (the body of water) (Hyd Eng) / Rückstau *m* (die Wassermenge selbst), angestautes Wasser, Stauwasser *n*, Absperrwasser *n*
**impoverishing** *n* (Agric) / Verarmung *f* (des Bodens)
**impoverishment** *n* (Geol) / Aushagerung *f* (leichte Bodenerosion)
**impracticable** *adj* / undurchführbar *adj* (technisch), impraktikabel *adj*
**impreg** *n* (For) / Impreg *n* (Holz, das mit Phenol-Formaldehyd-Harzen imprägniert wurde)
**impregnant** *n* (For) / Imprägniermittel *n*, Tränkmittel *n*
**impregnate** *v* / durchdringen *v* (mit Flüssigkeit), tränken *v*, durchtränken *v*, imbibieren *v* ‖ ~ (Cables) / imprägnieren *v* ‖ ~ (For) / imprägnieren *v*, tränken *v* ‖ ~ (Nut) / imprägnieren *v*, sättigen *v* (mit Kohlendioxid) ‖ ~ (Textiles) / ausrüsten *v*, imprägnieren *v* (mit Wasser abstoßenden Chemikalien)
**impregnated carbon*** (Light) / imprägnierte Kohle ‖ ~ **cathode** (Electronics) / Vorratskatode *f* (mit Wolframschwammkörper) ‖ ~ **diamond bit** (Oils) / Konkretionsmeißel *m* (ein Diamantbohrmeißel) ‖ ~ (porous) **metal** (Elec Eng) / Tränkmetall *n* ‖ ~ **wood** (with a two-component adhesive) (For) / Plastlagenholz *n*
**impregnating agent** / Imprägniermittel *n*, Tränkmittel *n* ‖ ~ **agent** (For) / Imprägniermittel *n*, Tränkmittel *n* ‖ ~ **agent** (Textiles) / Hydrophobiermittel *n*, Hydrophobierungsmittel *n*, Imprägniermittel *n* ‖ ~ **glazing** (For, Paint) / Imprägnierlasur *f* (als Grund- und Zwischenanstrich) ‖ ~ **liquor** (Paper) / Tränklauge *f* ‖ ~ **oil** / Imprägnieröl *n*, Tränköl *n* ‖ ~ **power** (Textiles) / Tauchnetzvermögen *n* (DIN 53901) ‖ ~ **resin** / Tränkharz *n* ‖ ~ **resin** (Plastics) / Imprägnierharz *n*
**impregnating-resin compound** / Tränkharzmasse *f* (eine Isolierharzmasse)
**impregnating salt** (For) / Tränksalz *n*, Imprägniersalz *n* ‖ ~ **varnish*** (Elec Eng, Paint) / Tränklack *m* (Isolierlack, der zum Tränken von elektrischen Wicklungen und Spulen dient)
**impregnation*** *n* / Tränken *n*, Tränkung *f*, Durchtränkung *f* ‖ ~ (Geol) / Imprägnation *f* (diffuse Verteilung von infiltrierten Stoffen im Gestein) ‖ ~ (Met) / Metalldiffusionsverfahren *n*, Diffusionsmetallisierung *f*, Diffusionsbeschichten *n*, Diffusionslegieren *n*, Diffusionsmetallisieren *n* (Sammelbegriff für Stahl- und Gusseisen-Oberflächenbehandlungsverfahren) ‖ ~ (Nut) / Imprägnierung *f*, Sättigung *f* (mit Kohlendioxid) ‖ ~ (Paper) /

**Imprägnierung** f (der Vulkanfiber) ‖ ~ (Powder Met) / Imprägnieren n (mit Öl oder Paraffin) ‖ ~ (Textiles) / Imprägnierung f, Imprägnieren n (Tränken von Geweben mit wasserabstoßenden Chemikalien), Ausrüstung f (mit wasserabstoßenden Chemikalien) ‖ ~ **compound** / Imprägniermittel n, Tränkmittel n ‖ ~ **solution** / Imprägnierlösung f, Imprägnierflüssigkeit f

**impress** v / eindrücken v, einpressen v (z.B. die Stahlkugel beim Brinellhärteprüfverfahren) ‖ ~ (Elec Eng) / einprägen v, aufprägen v, aufdrücken v (Spannung) ‖ ~ (Paper, Typog) / bedrucken v

**impressed circuit** (Electronics) / tiefgelegte Schaltung (eine gedruckte Schaltung) ‖ ~ **current** (Elec Eng, Surf) / Fremdstrom m (ein Schutzstrom)

**impressed-current cathodic protection** (Surf) / Fremdstromverfahren n (beim Korrosionsschutz), katodischer Schutz (durch Fremdstrom)

**impressed d.c. anode** (Surf) / Fremdstromanode f, Fremdstromschutzanode f ‖ ~ **e.m.f. method** (Surf) / Fremdstromverfahren n (beim Korrosionsschutz), katodischer Schutz (durch Fremdstrom) ‖ ~ **frequency** (Telecomm) / aufgezwungene Frequenz ‖ ~ **voltage** (Elec Eng) / aufgedrückte Spannung, eingeprägte Spannung ‖ ~ **watermark** (Paper) / Molette-Wasserzeichen n (ein unechtes Wasserzeichen - DIN 6730)

**impression** n (Autos) / Delle f (ein Blechschaden), Beule f (Druckstelle), Einbeulung f (Druckstelle) ‖ ~ (Comp) / Anschlag m (auf der Tastatur), Tastenanschlag m ‖ ~ (Elec Eng) / Einprägung f (einer Spannung) ‖ ~ (Eng) / Eindruck m (durch Druck hervorgerufene Vertiefung) ‖ ~ (Print) / Eindruck m ‖ ~ (Print) / Abdruck m (des Stempels) ‖ ~* (Print) / Druck m auf die Form ‖ ~* (Print) / Auflage f (Nachdruck) ‖ ~ **behaviour** (Build) / Eindruckverhalten n (des Bodenbelags) ‖ ~ **control** / Anschlagstärkeeinstellung f (auf der Schreibmaschine), Anschlagstärkeeinstellung f ‖ ~ **cylinder** (Print) / Übertragzylinder m ‖ ~ **cylinder*** (Print) / Druckzylinder m ‖ ~ **die** (Powder Met) / Pressgesenk n ‖ ~ **die wear** (Eng) / Gravurverschleiß m ‖ ~ **moulding** (Plastics) / Handverfahren n, Handauflegeverfahren n, Kontaktverfahren n (bei der Verarbeitung von Duroplasten) ‖ ~ **roller** (Print) / Presseur m (ein Gummigegendruckzylinder, der die Papierbahn an den Druckzylinder andrückt)

**impressions** pl (Glass) / Piquage f (kleine Vertiefungen in der Oberfläche)

**imprimitive** adj (Maths) / imprimitiv adj

**imprint** v (Paper, Typog) / bedrucken v ‖ ~ n (Print) / Eindruck m ‖ ~* (Print) / Impressum n (pl. Impressen) ‖ ~ (Print) / Abdruck m (des Stempels)

**imprinter** n (Print) / Eindruckwerk n

**imprinting** n (Gen) / Imprinting n (genetischer Mechanismus, wodurch von den beiden Allelen eines Gens nur eines, entweder das mütterliche oder das väterliche, zur Geltung kommt) ‖ ~ **of text** (Print) / Texteindruck m

**imprint page** (Print) / Impressumseite f (Rückseite des Haupttitelblattes)

**improper** adj / unsachgemäß adj (Umgang) ‖ ~ / nicht ordnungsgemäß ‖ ~ (Maths) / uneigentlich adj (Abbildung, Funktion, Integral), unecht adj ‖ ~ s. also illegal ‖ ~ **fraction*** (Maths) / unechter Bruch ‖ ~ **integral** (Maths) / uneigentliches Integral (Riemann'sches)

**improperly formatted** (Comp) / falsch formatiert, formal falsch

**improper orthogonal mapping** (Maths) / uneigentliche orthogonale Transformation ‖ ~ **rotation** (a symmetry operation in which an object can be returned to its original shape by rotation about an axis followed by reflection in a perpendicular plane) (Maths) / uneigentliche Drehung

**improve** v / verfeinern v (Verfahrenstechniken) ‖ ~ (Agric) / melioreren v ‖ ~ (Materials) / verbessern v (Eigenschaften eines Werkstoffs), veredeln v (ein Produkt), vergüten v (ein Produkt)

**improved service life** (Eng) / verlängerte Lebensdauer ‖ ~ **Venturi flume** (Hyd Eng) / Messrinne f nach Parshall (zur Durchflussmessung), Venturi-Kanal m (verbesserter Bauweise) ‖ ~ **wood** (For) / modifiziertes Holz (mit modifizierten Eigenschaften), vergütetes Holz

**improvement** n (Materials) / Veredelung f (eines Produkts), Verbesserung f (der Eigenschaften eines Werkstoffs), Vergütung f (eines Produkts) ‖ ~ (of the soil) **by irrigation and ground drainage** (Agric) / Melioration f durch Be- und Entwässerungsanlagen ‖ ~ **cutting** (For) / Pflegehieb m ‖ ~ **felling** (For) / Pflegehieb m ‖ ~ **of sewability** (Textiles) / Nähbarkeitsverbesserung f

**improver** n / Verbesserer m (Wirkstoff), Verbesserungsmittel n ‖ ~ (Nut) / farbkorrigierender Stoff (E 920 - E 927)

**improvised exit** (Autos) / Behelfsausfahrt f

**impsonite*** n (Min) / Impsonit m (ein Glied der Asphaltitreihe)

**impulse*** n (Elec Eng, Telecomm) / Impuls m (DIN 5483, T 1), Stoß m ‖ ~ (Instr, Nuc Eng) / Zählrohrimpuls m, Zählimpuls m (des Zählrohrs) ‖ ~* (Mech, Phys) / Impuls m (Zeitintegral der Kraft) ‖ ~ **capacitor resistance welding** (Welding) / Kondensatorimpulsschweißen n (ein Sonderschweißverfahren, das die Energie aus einer Kondensatorentladung gewinnt) ‖ ~ **circuit** (Elec Eng) / Stoßkreis m ‖ ~ **circuit*** (Teleph) / Impulsstromkreis m ‖ ~ **circuit-breaker*** (Elec Eng) / Ölstrahlschalter m, Querstrahlschalter m ‖ ~ **compaction** (Foundry) / Impulsverdichtung f (bei Kastenformen mit waagerechter Teilung) ‖ ~ **condenser resistance welding** (Welding) / Kondensatorimpulsschweißen (ein Sonderschweißverfahren, das die Energie aus einer Kondensatorentladung gewinnt) ‖ ~ **control** (Automation) / Impulssteuerung f ‖ ~ **current** (Elec Eng) / Stoßstrom m ‖ ~ **excitation*** (Electronics) / Stoßerregung f, Impulserregung f ‖ ~ **flashover voltage*** (Elec Eng) / Stoßüberschlagsspannung f ‖ ~ **frequency*** (the number of pulse periods per second generated by the dial-pulse springs in a telephone) (Teleph) / Impulsfolgefrequenz f, Pulsfrequenz f ‖ ~ **function** (Maths) / Deltafunktion f, Impulsfunktion f (eine Distribution) ‖ ~ **generator** (Elec Eng) / Stoßleistungsgenerator m (ein Synchrongenerator) ‖ ~ **generator*** (Elec Eng, Phys) / Impulsgenerator m, Pulsgenerator m, Impulserzeuger m (für alle Frequenzen und für beliebige Kurvenformen) ‖ ~ **generator*** (Elec Eng) s. also lightning generator, Marx generator and surge generator ‖ ~ **level** (Phys) / Stoßpegel m

**impulse-like stress** (Mech) / impulsartige Beanspruchung (DIN 13 343)

**impulse machine*** (Teleph) / Impulsgeber m ‖ ~ **noise** (Radio) / Impulsstörung f (eine elektromagnetische Störung), Impulsgeräusch n ‖ ~ **period*** (Telecomm) / Pulsbreite f, Pulsdauer f, Pulslänge f, Impulsbreite f, Impulsdauer f, Impulslänge f ‖ ~ **ratio*** (Teleph) / Impulsverhältnis n

**impulse-reaction turbine*** (a type of steam turbine with a high-pressure impulse wheel, followed by intermediate and low-pressure reaction blading, mounting on a drum-shaped rotor) (Eng) / Aktions-Reaktions-Turbine f, gemischte Gleichdruck-Überdruck-Dampfturbine

**impulse relay** (Elec Eng) / Wischrelais n (bei dem nur kurzzeitig während des Ein- oder Ausschaltvorganges ein Kontakt betätigt wird) ‖ ~ **repetition rate*** (Radar, Telecomm) s. also impulse repetition frequency ‖ ~ **response** (Comp) / Stoßantwort f (Ausgangssignal eines Systems, dessen Eingang mit einem Dirac-Stoß erregt wird) ‖ ~ **response** (Electronics) / Impulsantwort f (Antwortfunktion eines Systems bei Anregung mit einer Impulsfunktion) ‖ ~ **sealing** (Plastics) / Impulssiegeln n (von Folien) ‖ ~ **sensing element** (Elec Eng) / Impulsgeber m (ein Sensor, der mechanische Größen in elektrische Signale umformt) ‖ ~ **track circuit** (Electronics, Rail) / Impulsgleisstromkreis m ‖ ~ **turbine*** (a steam turbine, in which steam, expanded in nozzles, is directed on to the curved blades carried by rotors, in one or more stages) (Eng) / Gleichdruckturbine f, Gleichdruck(dampf)turbine f, Aktions(dampf)turbine f, Aktionsturbine f (Reaktionsgrad O) ‖ ~ **voltage*** (Elec Eng) / Stoßspannung f, Impulsspannung f, Spannungsstoß m, Überspannungsstoß m, Stromstoß m ‖ ~ **wave** (Elec Eng) / Stoßwelle f ‖ ~ **welding** (Welding) / Impulsschweißen n (bei dem einem Grundstrom ein Impulsstrom unterschiedlicher Form, Frequenz und Amplitude überlagert wird) ‖ ~ **wheel*** (Eng) / Gleichdruckrad n, Aktionsrad n (der Turbine)

**impulse-wire sensor** / Impulsdrahtsensor m (zur berührungslosen Messwertaufnahme)

**impulse withstand voltage** (Elec Eng) / Stehstoßspannung f, Haltestoßspannung f

**impulsing** n (Electronics, Telecomm) / Impulsgabe f

**impulsive** adj / stoßartig adj, impulsartig adj ‖ ~ **disturbance** (Radio) / Impulsstörung f (eine elektromagnetische Störung), Impulsgeräusch n ‖ ~ **force** (Mech) / Wucht f, Schlag m, Impakt m ‖ ~ **moment** (Phys) / Stoßmoment n ‖ ~ **noise** (Comp, Electronics) / kurzzeitiger Störimpuls, Störspitze f, Störpuls m ‖ ~ **noise** (any noise having a rapid variation of level in a set amount of time due to a succession of impulses or impacts) (Radio) / Impulsstörung f (eine elektromagnetische Störung), Impulsgeräusch n

**impulsive-type noise** (Radio) / Impulsstörung f (eine elektromagnetische Störung), Impulsgeräusch n

**impure** adj / nicht rein, unrein adj, verunreinigt adj (mit fremden Bestandteilen, Beimischungen)

**impurity** n (Agric) / Fremdkörper m pl (die in der Getreidereinigungsmaschine ausgesondert werden - z.B. Unkrautsamen, Bruchkörner, Stroh, Spreu usw.) ‖ ~ (Agric) / Besatz m (Verunreinigung des Saatguts) ‖ ~ (Chem) / Verunreinigung f, Fremdbestandteil m, Unreinheit f (Fremdstoff) ‖ ~* (Electronics) / Störstelle f (DIN 1163, T 521) ‖ ~ **conduction** (Electronics) / Störstellenleitung f, Störleitung f (bei Halbleitern) ‖ ~ **diffusion** (Electronics) / Eindiffundieren n von Fremdatomen ‖ ~ **in water** (Ecol, San Eng) / gewässerverschmutzende Substanz, schädlicher Wasserinhaltsstoff, Wasserverunreinigung f (Substanz), wassergefährdender Inhaltsstoff ‖ ~ **ion** (Electronics) / Störstellenion n ‖ ~ **level*** (Electronics) / Störstellenniveau n, Verunreinigungsniveau n, Donatorniveau n (ein durch Elektronen

**impurity**

besetzbares Energieniveau eines Donatoratoms) || ~ **scattering** (scattering of electrons in a solid caused by the presence of impurities) (Electronics) / Störstellenstreuung f || ~ **semiconductor** (Electronics) / Störstellenhalbleiter m, Extrinsic-Halbleiter m
**IMR** (interrupt-mask register) (Comp) / Unterbrechungsmaskenregister n
**IMS** (industrial methylated spirit) (Chem) / denaturierter Industriealkohol (mit Methanol) || ~ (information management system) (Comp) / Informationsverwaltungssystem n || ~ (Intelligent Manufacturing System) (Work Study) / intelligentes Fertigungssystem
**IMSI** (international mobile subscriber identity) (Teleph) / internationale Mobilteilnehmerkennung (bei Mobiltelefonen), IMSI (internationale Mobilteilnehmerkennung)
**IMU** (International Mathematical Union) (Maths) / Internationale Mathematische Union (gegründet 1950, Sitz: Paris)
**I.M.W.** (International Map of the World) (Cartography) / Internationale Weltkarte (1 : 1 Million, Lamberts winkeltreue Abbildung, Polargebiete in stereografischer Abbildung)
**In** (indium) (Chem) / Indium n, In (Indium)
**IN** (intelligent network) (Comp, Telecomm) / intelligentes Netz (Bereitstellung von Mehrwertdiensten), IN (intelligentes Netz)
**in**\* n (For) / Yang n (rotbraunes, hartes, schweres Konstruktionsholz aus Ostasien - Dipterocarpus turbinatus C.F. Gaertn.)
**inability** n / Unvermögen n, Unfähigkeit f
**inaccessible** adj / nicht zugänglich || ~ / unzugänglich adj || ~ / unbetretbar adj || ~ (Civ Eng) / unbegehbar adj, nicht begehbar || ~ (Maths) / unerreichbar adj || ~ **interface** (Comp) / nichtbenutzbare Schnittstelle
**inaccuracy of repeat** (Textiles) / Grinsen n (an Dessinrändern beim Stoffdruck)
**inaccurate** adj / ungenau adj
**inactinic** adj (Radiol) / inaktinisch adj
**inactivate** v (Chem, Med) / deaktivieren v, entaktivieren v, desaktivieren v, inaktivieren v (auch Krankheitserreger), inertisieren v
**inactivation**\* n (Chem) / Deaktivierung f, Entaktivierung f, Desaktivierung f, Inaktivierung f || ~ **energy** / Inaktivierungsenergie f (bei der Hitzesterilisation)
**inactivator** n (Chem) / Desaktivator m, Deaktivator m, Deaktivierungsmittel n, Inaktivator m, Desaktivierungsmittel n
**inactive** adj / inaktiv adj || ~ (Chem) / reaktionslos adj, inaktiv adj || ~ **window** (Comp) / inaktives Fenster (das auf dem Bildschirm sichtbare Fenster einer inaktiven Anwendung)
**INADEQUATE** n (incredible natural-abundance double-quantum transfer experiment) (Spectr) / INADEQUATE n, Doppel-Quanten-Transfer-Experiment n mit natürlicher $^{13}$C-Häufigkeit
**inadequate storage** / unsachgemäße Lagerung
**inadvertent contact** (Elec Eng) / zufällige Berührung (durch Unaufmerksamkeit)
**inanition** n (Med) / Entkräftung f (z.B. durch Nahrungsmangel), Hungerentkräftung f
**inapplicable** adj / nicht anwendbar (Regel)
**inarching** n (Bot) / Ablaktation f (ein Veredelungsverfahren), Ablaktieren n
**IN architecture** (Comp) / Intelligentnetz-Architektur f, IN-Architektur f
**inaudibility** n (Acous) / Unhörbarkeit f
**inaudible** adj (Acous) / unhörbar adj
**inband signalling** (Telecomm) / Signalisierung f im Sprachband, Inband-Signalisierung f, Inband-Zeichengabe f (innerhalb des Sprachbandes), Im-Band-Kennzeichenangabe f
**inbark** n (For) / Rindeneinwuchs m, eingewachsene Rinde
**in-between** n (Textiles) / Inbetween m (eine Heimtextilie), Casement n (Strukturgardinenstoff, meistens in Leinwandbindung)
**in-between-drawing**\* n (Cinema) / Einzelphasenzeichnung f, Zwischenphasenzeichnung f (im Zeichentrickfilm)
**inboard** adj / nach innen gerichtet || ~ (Aero) / nahe der Längsachse || ~ (Eng) / innenlastig adj (z.B. ein Flurförderer) || ~ **ailerons** (Aero) / Innenquerruder n || ~ **battery** (Autos) / Bordbatterie f (Zusatzbatterie bei Wohnanhängern) || ~ **engine** (Eng) / Innenbordmotor m || ~ **flap** (Aero) / innere Landeklappe || ~ **lift spoiler** (Aero) / Innenbordspoiler m || ~ **spoiler** (Aero) / innerer Interzeptor || ~ **tab** (Aero) / Innenbordklappe f || ~ **universal joint** (inner joint of a drive shaft of a FWD vehicle) (Autos) / Gleichlauftopfgelenk n, Gleichlaufverschiebegelenk n
**inborn** adj (Biol) / angeboren adj
**in-bottle sterilization** (Nut) / Sterilisation f in Flaschen, In-Flaschen-Sterilisation f
**inbound track** (Aero) / Anflugkurs m über Grund || ~ **traffic** (US) / einstrahlender Verkehr, einlaufender Verkehr, einströmender Verkehr, ankommender Verkehr, einfahrender Verkehr
**inbox** n (Comp) / Eingangsmailbox f

**inbreeding**\* n (Agric, Biol) / Inzucht f || ~ **coefficient** (Agric, Biol) / Inzucht-Koeffizient m (ein Maß für die Intensität und Ausmaß der Inzucht) || ~ **depression** (Agric, Biol) / Inzucht-Depression f (bei der es zur Degeneration bzw. Verminderung der Fruchtbarkeit, Wachstum und Leistungen kommt)
**in-built packing** (Chem Eng) / Einbau m (der Destillationskolonne)
**in-cabin baggage** (Aero) / Handgepäck n (das man in die Kabine mitnehmen kann) || ~ **luggage** (Aero) / Handgepäck n (das man in die Kabine mitnehmen kann)
**in-camera** attr (Cinema) / kameraintern adj || ~ **process** (Photog) / Instantfotografie f, Sofortbildfotografie f
**incandescence**\* n (Light) / Glühen n, Glut f || ~ (Met) / Weißglut f (über 1200° C)
**incandescent** adj (Civ Eng) / Glüh-, glühend adj (weiß- oder rot-) || ~ **filament lamp** (Elec Eng) / Wärmelichtquelle f (meistens eine Glühlampe) || ~ **filament lamp** (Elec Eng) / Glühfadenlampe f (eine Glühlampe) || ~ **lamp**\* (Elec Eng) / Wärmelichtquelle f (meistens eine Glühlampe) || ~ **lamp**\* (Elec Eng, Light) / Glühlampe f (auch eine Bandlampe) || ~ **lamp**\* (Light) / Glühkörperlichtquelle f (mit einer Leuchtsalzlösung)
**incandescent-lamp glass** (Glass) / Glühlampenglas n
**incandescent mantle**\* (Light) / Glühstrumpf m (beim Auerlicht) || ~ **zone** (Phys) / Glühzone f (bei der Verbrennung), glühende Zone
**in-can preservative** (Paint) / Gebindekonservierungsmittel n (Mikrobizid, das zur Konservierung wasserhaltiger Produkte im Gebinde verwendet wird) || ~ **protection** (Paint) / Gebindekonservierung f (von wässrigen Anstrichmitteln oder von wässrigen Vorratslösungen)
**incapacitant** n (Mil) / kampffähigmachender Stoff (im breitesten Sinne) || ~ (Mil) / Wirrstoff m (ein konkreter Kampfstoff), Verwirrstoff m
**incapacitating agent** (Mil) / kampfunfähigmachender Stoff (im breitesten Sinne)
**incapacitation in flight** (Aero, Med) / gesundheitliche Beeinträchtigung während des Flugs
**incarbonization** n (Geol, Mining) / Inkohlung f (biochemischer und geochemischer Vorgang bei der Entstehung der Steinkohle)
**incarbonize** v (Geol, Mining) / inkohlen v (Pflanzenreste in Kohle umwandeln)
**incarnation number** (Comp) / Inkarnationsnummer f
**incendiary gel** / Brandgel n || ~ **weapon** (Mil) / Brandwaffe f
**incense** n (a gum resin) / Olibanum n, Weihrauch m, Gummi Olibanum (Gummiharz von Boswellia-Arten) || ~ **cedar** (For) / Kalifornisches Bleistiftholz, Kalifornische Flusszeder f (Calocedrus decurrens (Torr.) Florin), BKA
**incentive** n (Work Study) / Leistungsanreiz m, Incentive n (pl. -s) (durch wirtschaftspolitische Maßnahmen ausgelöster Anreizeffekt zu erhöhter ökonomischer Leistungsbereitschaft), Inzentiv n || ~ **bonus** (Work Study) / Leistungszulage f || ~ **system of wages** (Work Study) / Leistungslohnsystem n, Lohnsystem n mit materiellem Anreiz || ~ **trip** (Work Study) / Inzentivreise f (als Belohnung)
**incentre** n (Maths) / Mittelpunkt m des Inkreises || ~ (Maths) / Schnittpunkt m der Winkelhalbierenden der Innenwinkel (eines Dreiecks)
**in-centre** attr / mittig adj, zentrisch adj
**inceptisol** n (Agric) / Inceptisol m (Boden mit schwach ausgeprägtem Horizontprofil)
**incertum**\* n (pl. incerta) (Arch) / Bruchsteinbau m (antiker)
**inch** n / Inch m, Zoll m (veraltete angloamerikanische Längeneinheit = 2,54 cm)
**inching** n (Elec Eng) / Tippbetrieb m, elektrisches Drehen (DIN 42005), Tippen n || ~ (Eng) / Tippbetrieb m (einer Maschine - zu Wartungs- oder Prüfzwecken) || ~ (Eng) / Kriechgang m, Schleichgang m (einer Werkzeugmaschine bei numerischer Steuerung) || ~\* (Eng) / millimeterweise Bewegung, Zentimetereinstellung f, Feineinstellung f || ~ **speed** (Rail) / Kriechgang m || ~ **starter**\* (Elec Eng) / Anlasser m mit Langsamgang, Langsamstartvorrichtung f
**inch per year** (Eng, Paint, Surf) / alte Einheit, die zur Messung des jährlichen Korrosionsverlusts benutzt wurde || ~ **thread** (Eng) / Inch-Gewinde n, Zollgewinde n
**INCI** / INCI (von der europäischen Kosmetikindustrie und der Europäischen Kommission gemeinsam erarbeitete Nomenklatur zur Kennzeichnung von Inhaltsstoffen von kosmetischen Mitteln entsprechend der Europäischen Kosmetikrichtlinie)
**incide** v (Maths) / inzidieren v
**incidence** n (Maths) / Inzidenz f (das Vorliegen eines nichtleeren Durchschnitts zweier Punktmengen) || ~ (Maths) / Inzidenz f (Axiom der Geometrie) || ~\* (Med) / Inzidenz f (Anzahl der Personen einer Population, bei denen in einem Zeitabschnitt eine bestimmte Krankheit neu oder erneut auftritt) || ~ (Optics, Phys) / Einfall m (von Strahlen) || ~ **angle** (Aero) / Einstellwinkel m (zwischen der Flügelprofilsehne und der Luftfahrzeuglängsachse) || ~ **angle** (Mil) /

**Auftreffwinkel** *m* ‖ **~ angle** (Phys) / Einfallswinkel *m* (zwischen dem auf eine Ebene einfallenden Strahl und dem Einfallslot), Inzidenzwinkel *m* ‖ **~ angle** (Radar) / Einfallswinkel *m* (bezogen auf Zenit) ‖ **~ axiom** (Maths) / Inzidenzaxiom *n* ‖ **~ dose** (Radiol) / Einfalldosis *f* ‖ **~ geometry** (Maths) / Inzidenzgeometrie *f* ‖ **~ map** (Maths) / Inzidenzabbildung *f* ‖ **~ matrix** (Maths) / Inzidenzmatrix *f*, Berandungsmatrix *f* ‖ **~ of light** (Light) / Lichteinfall *n* (Kennzeichnung der Richtung, aus der das Licht einfällt)
**incidence-preserving map(ping)** (Maths) / Inzidenz erhaltende Abbildung
**incidence wires** (Aero) / Stielauskreuzung *f* (bei Doppeldeckern)
**incident** *adj* (Maths) / einen nichtleeren Durchschnitt habend (Punktmenge) ‖ **~** (Phys) / einfallend *adj* (Strahl)
**incidental additives** (US) (Nut) / Kontaminanten *pl*, Verunreinigungen *f pl* (mit einem Stoff)
**incidentals** *pl* / Kleinteile *n pl*
**incidental time** (Comp, Work Study) / sonstige Betriebszeit (z.B. für Vorführungen, Bedienerausbildung usw.)
**incident angle** (Phys) / Einfallswinkel *m* (zwischen dem auf eine Ebene einfallenden Strahl und dem Einfallslot), Inzidenzwinkel *m* ‖ **~ beam*** (Optics, Phys) / einfallender Strahl ‖ **~ face** (Optics) / Eintrittsfläche *f* (bei optischen Systemen) ‖ **~ illumination** (Light) / Auflichtbeleuchtung *f* ‖ **~ intensity** (Light) / einfallende Lichtintensität ‖ **~ light** (Optics) / Auflicht *n*, auffallendes Licht ‖ **~-light reading** (Photog) / Lichtmessung *f* (Bestimmung des vom Objekt aus auftreffenden Lichtes - bei Belichtungsmessern), Incident-Light-Messung *f* (bei Belichtungsmessern) ‖ **~ loading** (Mech) / Zufallsbelastung *f*, zufallsbedingte Belastung
**incineration** *n* / Verbrennung *f* (Veraschung) ‖ **~ plant** */* Verbrennungsanlage *f*, Veraschungsanlage *f*
**incinerator** *n* / Verbrennungsanlage *f*, Veraschungsanlage *f* ‖ **~** (Ecol) / Müllverbrennungsofen *m*, Incinerator *m*
**incipient crack** (Build, Eng) / Oberflächenriss *m*, Anriss *m* (Vorstadium eines Risses in der Bauteiloberfläche) ‖ **~ crack** (Materials) / Anriss *m* (an der Bauteiloberfläche erkennbar werdendes Stadium eines Risses) ‖ **~ crack** (Materials) s. also initiation site ‖ **~ cracking** (Materials) / beginnende Rissbildung ‖ **~ decay** (For) / Verstockung *f* (durch Pilzbefall bei Laubbäumen) ‖ **~ deterioration** (For) / Verstockung *f* (durch Pilzbefall bei Laubbäumen) ‖ **~ melting** / Anschmelzen *n* (Anfang des Schmelzvorgangs)
**incircle** *n* (Maths) / einbeschriebener Kreis (eines Dreiecks), Inkreis *m* (eines Dreiecks)
**in-circuit emulation** (Comp) / In-Circuit-Emulation *f* ‖ **~ emulator** (Comp) / Echtzeitemulations- und Testadapter *m*, In-Circuit-Emulator *m* (mit dem man Programme im Einplatinen-Rechner testen kann) ‖ **~ test** (Electronics) / In-Circuit-Test *m* (für eingebaute oder fertige Elektronikbaugruppen oder Schaltungen)
**incise*** *v* (to make marks, figures etc. by cutting) / schnitzen *v* ‖ **~** / einritzen *v* ‖ **~** (Eng, Materials) / einkerben *v*, kerben *v* (mit Kerben versehen) ‖ **~** (For) / einstechen *v* (Holzschutz) ‖ **~** (For) / anstechen *v* (Holz vor der Tränkung) ‖ **~** (Leather) / einschneiden *v* (Brandsohlen)
**incised meander*** (Geol) / eingesenkter Mäander, Talmäander *m*, Erosionsmäander *m* (der durch Tiefenerosion eines Flusses in den Gesteinsgrund entsteht)
**incision** *n* / Einschnitt *m* ‖ **~** (For) / Einstich *m* (bei dem Holzschutz)
**inclinable press** (Eng) / neigbare Presse
**inclination** *n* / Gefälle *n*, Neigung *f* ‖ **~** (Astron) / Neigung *f* (ein Bahnelement) ‖ **~*** (Astron, Space) / Inklination *f*, Neigung *f* ‖ **~** (Geol, Mining) / Tonnlage *f* (75° bis 45°-Neigung zur Waagerechten) ‖ **~*** (Geophys, Mag) / Inklination *f* (der Winkel zwischen den Feldlinien des Erdmagnetfeldes und der Horizontalebene), magnetische Inklination ‖ **~*** (Maths, Phys) / Schräge *f* (Neigung), Schiefe *f* ‖ **~ of the orbit** (Astron) / Bahnneigung *f* ‖ **~ post** (Mag) / Neigungsstütze *f* (eines Laufwerks)
**incline** *v* / schräg stellen, neigen *v* ‖ **~** *n* / Gefälle *n*, Neigung *f* ‖ **~** (Autos, Rail) / Gefällstrecke *f*, Gefällestrecke *f* ‖ **~** (Hyd Eng) / Schiffshebewerk *n* auf geneigter Ebene, geneigte Ebene (ein Hebewerk) ‖ **~** (Mining) / Förderberg *m* (geneigte Strecke), Gesteinsberg *m*, Bandberg *m* ‖ **~** (Mining) / Schrägschacht *m* (der mehr als 25° zur Horizontalen verläuft), tonnlägiger Schacht, Tonnlagerschacht *m*, flacher Schacht
**inclined** *adj* / geneigt *adj*, schräg *adj*, schief *adj*, schräg abfallend ‖ **~** (Mining) / tonnlägig *adj* (75° bis 45° zur Waagrechten geneigt) ‖ **~ (to the stratification)** (Mining) / bankschräg *adj* (schräg zur Schichtebene)
**inclined-arch barrel** (Arch) / Tonnengewölbe *n* (steigendes), steigende Tonne (mit steigendem Scheitel)
**inclined cable** (of a cable-stayed bridge) (Civ Eng) / Schrägseil *n* (der Schrägseilbrücke) ‖ **~ cable plane** (Civ Eng) / geneigte Seilebene (einer Schrägseilbrücke) ‖ **~ catenary construction*** (Elec Eng, Rail) /

windschiefe Kettenfahrleitung ‖ **~ cut-and-fill stoping** (Mining) / Schrägbau *m* (Abbauverfahren, das nach der langfrontartigen Bauweise arbeitet) ‖ **~ evaporator** (Chem Eng) / Schrägrohrverdampfer *m* ‖ **~ eyepiece** (Optics) / schräges Okular ‖ **~ fold** (Geol) / schiefe Falte, geneigte Falte ‖ **~ gauge** (Hyd Eng) / Schrägpegel *m* ‖ **~ grate** / Schrägrost *m* (Rostfeuerung) ‖ **~ injection** (I C Engs) / Schrägeinspritzung *f* (bei Dieselmotoren) ‖ **~ manometer** / Schrägrohrmanometer *n* (bei dem der eine Schenkel zur Erhöhung der Empfindlichkeit stark geneigt ist) ‖ **~ pile** (Build) / Schrägstütze *f* ‖ **~ pile** (Civ Eng) / Schrägpfahl *m* ‖ **~ plane** (Hyd Eng) / Schiffshebewerk *n* auf geneigter Ebene, geneigte Ebene (ein Hebewerk) ‖ **~ plane*** (Mech) / geneigte Ebene, schiefe Ebene ‖ **~ position** / Schräglage *f*, Schrägstellung *f*, Schiefstellung *f* ‖ **~ screen** / Schrägsieb *n*
**inclined-seat valve** (Eng) / Schrägsitzventil *n* (Armatur)
**inclined shaft** (Mining) / Schrägschacht *m* (der mehr als 25° zur Horizontalen verläuft), tonnlägiger Schacht, Tonnlagerschacht *m*, flacher Schacht ‖ **~ shed** (Weaving) / Schrägfach *n* ‖ **~ shock** (Phys) / schräger Verdichtungsstoß ‖ **~ shore*** (Carp) / Druckstrebe *f* (des Fachwerkträgers), Strebe *f* (schrägliegender Druckstab) ‖ **~ skip hoist** (Eng, Met) / Schrägaufzug *m* (z.B. zur Entaschung) ‖ **~ tee joint** (Welding) / Schrägstoß *m* (ein Teil stößt mit einem Ende schräg gegen ein anderes - DIN 1912, T 1) ‖ **~ throw** (Phys) / schiefer Wurf
**inclined-tube boiler** (Eng) / Schrägrohrkessel *m* ‖ **~ manometer** / Schrägrohrmanometer *n* (bei dem der eine Schenkel zur Erhöhung der Empfindlichkeit stark geneigt ist)
**incline engine** (Mining) / Haspel *f m* (am Haspelberg) ‖ **~ impact test** / Aufprallprüfung *f*, Conbur-Test *m* (der Verpackung auf der schiefen Ebene)
**inclining experiment*** (Hyd Eng) / Krängungsversuch *m*
**inclinometer** *n* (Aero) / Neigungsmesser *m* ‖ **~** (Geol, Surv) / Klinometer *n*, Neigungsmesser *m*, Neigungswinkelmesser *m* ‖ **~*** (Mag, Surv) / Inklinatorium *n* (mit einer freibeweglichen Magnetnadel)
**in clock-controlled synchronism** (Comp) / taktsynchron *adj*
**in-cloud scavenging** (Ecol, Meteor) / Rainout *n* (Auswaschung der in der Atmosphäre vorhandenen gasförmigen oder aerosolgebundenen Spurenstoffe durch Hydrometeore aus der Wolke) ‖ **~ scavenging** (Meteor) / Cloud-Scavenging *n* (Anlagerung von atmosphärischen Spurenstoffen innerhalb einer Wolke in Wolkentröpfchen)
**include** *v* / einschließen *v* (umfassen), umfassen *v* ‖ **~** / enthalten *v*
**included angle** (Autos) / Öffnungswinkel *m* (Sturz + Spreizung) ‖ **~ angle** (of the cone enveloping the cutting edges on a countersink) (Eng) / Senkwinkel *m* (bei Kegelsenkern) ‖ **~ angle** (Maths) / eingeschlossener Winkel ‖ **~ angle of the welding groove** (Welding) / Öffnungswinkel *m* der Schweißfuge
**include file** (Comp) / Include-Datei *f*
**including set** (Maths) / Obermenge *f*
**inclusion** *n* / Subjunktion *f* (DIN 44300), Implikation *f* (logische - eine zweistellige extensionale Aussagenverbindung nach DIN 5474) ‖ **~*** (Chem, Materials, Met, Min) / Einschluss *m* (mit Fremdstoffen gefüllt - DIN 50903), Einlagerung *f*, Inklusion *f* ‖ **~** (Geol) / xenogener Einschluss, Xenolith *m* (Fremdgesteineinschluss in magmatischen Gesteinen) ‖ **~** (Maths) / Inklusion *f* (eine Teilmengenrelation) ‖ **~ body** (Chem Eng) / unlösliches Aggregat (in der Zelle - bei der Produktaufbereitung in der Biotechnologie) ‖ **~ cellulose** (Chem) / Inklusioncellulose *f*, Inklusionszellulose *f* ‖ **~ complex** (Chem) / Einschlussverbindung *f* (mit Käfig-, Kanal- bzw. Schicht-Einschlussgitter), Inklusionsverbindung *f* ‖ **~ compound** (Chem) / Einschlussverbindung *f* (mit Käfig-, Kanal- bzw. Schicht-Einschlussgitter), Inklusionsverbindung *f* ‖ **~ of air** (Civ Eng) / eingeschlossene Luft (z.B. im Beton), Lufteinschluss *m* (über 1 mm) ‖ **~ polymerization** (Chem) / Einschlusspolymerisation *f* (Polymerisation von Monomeren, die als so genannte Gäste in Wirtsmolekülen oder Wirtsgittern eingeschlossen sind)
**inclusive** *adj* / einschließend *adj* (einander), einbeziehend *adj*, inklusiv *adj* ‖ **~ interaction** (Nuc) / inklusive Wechselwirkung ‖ **~ NOR gate** (Comp) / NOR-Glied *n*, NICHT/ODER-Glied *n*, NOR-Schaltglied *n* ‖ **~ OR** (Automation, Comp) / einschließendes ODER, inklusives ODER
**inclusive-OR circuit** (Comp) / ODER-Schaltung *f*, Inklusives-ODER-Schaltung *f* ‖ **~ element** (Comp) / ODER-Glied *n* (gemäß der einschließenden ODER-Funktion) ‖ **~ operation** (Comp) / ODER-Funktion *f* (mit einschließendem ODER), ODER-Verknüpfung *f* (DIN 44300)
**inclusive price** / Inklusivpreis *m*
**incoalation** *n* (Geol, Mining) / Inkohlung *f* (biochemischer und geochemischer Vorgang bei der Entstehung der Steinkohle)
**incoherence** *n* (Phys) / Inkohärenz *f*
**incoherency** *n* (Phys) / Inkohärenz *f*
**incoherent** *adj* (Geol) / unverfestigt *adj*, lose *adj*, locker *adj* ‖ **~*** (Phys) / inkohärent *adj* (Beleuchtung, Drehung, Einheit, Streuung) ‖ **~ integration** (Radar) / inkohärente Integration ‖ **~ light** (Light) /

**incoherent**

inkohärentes Licht (ohne einheitlichen Zusammenhang mit Wellenzügen verschiedener Form, Frequenz und Richtung) ‖ **~ scattering** (Nuc) / inkohärente Streuung ‖ **~ scattering** (Nuc) s. also Compton scattering and inelastic scattering
**incoherent-scatter method** (of measuring) (Geophys) / Incoherent-Scatter-Verfahren *n* (für die Messungen in der Ionosphäre)
**incoherent wave** (any wave, but most usually an electromagnetic wave, consisting of the sum of two or more contributions of random phase) (Phys) / inkohärente Welle
**incombustible** *adj* / unverbrennbar *adj*, unbrennbar *adj*, nicht brennbar
**income** *n* / Ertrag *m* (finanzieller) ‖ **~ tax** / Ertragssteuer *f*
**incoming** *adj* (Aero) / anfliegend *adj*, im Anflug ‖ **~** (Teleph) / ankommend *adj* ‖ **~ call** (Teleph) / ankommendes Gespräch, ankommender Ruf (DIN 44 302), ankommender Anruf ‖ **~ call barring** (Teleph) / Sperren *n* von ankommenden Verbindungen ‖ **~ call log** (Teleph) / Anrufliste *f* (ein Leistungsmerkmal bei Endgeräten) ‖ **~ call protection** (Teleph) / Anrufschutz *m* (ein Leistungsmerkmal) ‖ **~ feeder*** (Elec Eng) / Energieleitung *f*, Speiseleitung *f*, Stromzuleitung *f*, Feeder *m*, Zuleitung *f*, Leitung *f* (elektrische - als Anlage)
**incoming-goods department** (Work Study) / Warenannahme *f* (als Organisationseinheit)
**incoming inspection** / Eingangskontrolle *f* (des Materials), Eingangsprüfung *f* (DIN ISO 9001), Wareneingangskontrolle *f*, Wareneingangsprüfung *f* ‖ **~ mailbox** (Comp) / Eingangsmailbox *f* ‖ **~ missile** (Mil) / anfliegender Flugkörper ‖ **~ signal** (Telecomm) / Empfangssignal *n* ‖ **~ wave** (Phys) / ankommende Welle
**incommensurable** *adj* (Maths) / inkommensurabel *adj* (nicht mit gemeinsamem Maß messbar, nicht vergleichbar)
**in-commuter** *n* / Einpendler *m* (Bezeichnung für Pendler vom Standpunkt der Zielgemeinde)
**in-company training** (Work Study) / firmeninterne Schulung, betriebliche Schulung, Betriebsschulung *f*, innerbetriebliche Schulung ‖ **~ training** (Work Study) / betriebsinterne Ausbildung, Betriebsausbildung *f* (praktische), Ausbildung *f* am Arbeitsplatz
**incompatibility*** *n* (Biol, Comp) / Unverträglichkeit *f*, Unvereinbarkeit *f*, Inkompatibilität *f*
**incompatible** *adj* / unverträglich *adj*, inkompatibel *adj*, unvereinbar *adj* ‖ **~ equations** (Maths) / unlösbares Gleichungssystem, System *n* unverträglicher Gleichungen ‖ **~ events** (Stats) / konträre Ereignisse, unvereinbare Ereignisse ‖ **~ routes** (Rail) / sich ausschließende Fahrstraßen, feindliche Fahrstraßen
**incompetent** *adj* (Geol) / inkompetent *adj* (zur Fortleitung gerichteten Druckes nicht befähigt) ‖ **~ bed** (Geol) / inkompetente Schicht
**incompetitive inhibition** (Biochem) / nichtkompetitive Hemmung, unkompetitive Hemmung
**incomplete** *adj* (Eng, Maths, Stats) / unvollständig *adj* ‖ **~ combustion** (the process of oxidizing a fuel incompletely) (Chem, Heat) / unvollständige Verbrennung ‖ **~ fusion** (Welding) / mangelhaftes Durchschweißen ‖ **~ joint penetration** (Welding) / Bindefehler *m* (örtlich begrenzter Bereich einer Schweißnaht, in dem keine stoffschlüssige Verbindung zwischen dem Schweißgut und dem Fügeteil bzw., bei Schweißen ohne Zusatzwerkstoff, zwischen den einzelnen Fügeteilen vorliegt) ‖ **~ lubrication** / Teilschmierung *f* (unvollständige Schmierung) ‖ **~ miscibility** (Chem) / beschränkte Mischbarkeit, begrenzte Mischbarkeit
**incompleteness** *n* (Maths) / Unvollständigkeit *f* ‖ **~ theorem** (Maths) / Gödel'scher Unvollständigkeitssatz (nach K. Gödel, 1906-1978), Gödel-Satz *m*
**incompressible** *adj* (Phys) / unzusammendrückbar *adj*, inkompressibel *adj* (bei Einwirkung von äußerem Druck keine Volumenänderung zeigend), nicht zusammendrückbar, dichtebeständig *adj* (DIN 13 343) ‖ **~ flow** (Phys) / inkompressible Strömung ‖ **~ volume*** (Chem, Phys) / Kovolumen *n* (in der van-der-Waals'schen Zustandsgleichung), Covolumen *n*
**Inconel*** *n* (Met) / Inconel *n* (eine hitzebeständige Ni-Legierung)
**incongruence** *n* (Maths) / Inkongruenz *f* (Nicht-Restgleichheit in der Arithmetik) ‖ **~** (Maths) / Inkongruenz *f* (Nicht-Deckungsgleichheit)
**incongruent** *adj* (Maths) / inkongruent *adj* ‖ **~ equilibrium** (Met) / inkongruentes Gleichgewicht (einer inkongruent schmelzenden intermetallischen Verbindung, einer ~ melting) ‖ **~ melting** (Met) / inkongruentes Schmelzen ‖ **~ melting point** (Phys) / inkongruenter Schmelzpunkt
**incongruity** *n* (Maths) / Inkongruenz *f* (Nicht-Restgleichheit in der Arithmetik) ‖ **~** (Maths) / Inkongruenz *f* (Nicht-Deckungsgleichheit)
**in-connector** *n* (Comp) / Eingangsstelle *f*
**inconsistency-tolerant** *adj* (AI) / inkonsistenztolerant *adj* (System)
**inconsistent** *adj* (Maths) / widerspruchsvoll *adj*, widersprüchlich *adj* (inkonsistent), inkonsistent *adj* ‖ **~ be ~** (with) / im Widerspruch stehen (zu etwas) ‖ **~ equations** (Maths) / unlösbares Gleichungssystem, System *n* unverträglicher Gleichungen

**INCO process** (Met) / INCO-Verfahren *n* (zur Gewinnung von Cu bzw. zur Verhüttung von Ni-Cu-Erzen)
**in-core detector** (Nuc Eng) / Incore-Detector *m*
**in-core instrumentation** (Nuc Eng) / Incore-Instrumentierung *f*, Kerninneninstrumentierung *f*, Innenkerninstrumentierung *f*
**in-core temperature measuring system** (Nuc Eng) / Incore-Temperaturmesssystem *n*
**incorporate** *v* (Agric) / einarbeiten *v* (Dünger) ‖ **~** (Biol) / inkorporieren *v*, einbauen *v*
**incorporation** *n* (Agric) / Einarbeiten *n* (eines Düngers) ‖ **~** (Biol) / Einbau *m* (z.B. von Nährstoffen in organische Substanz), Inkorporierung *f*, Inkorporation *f* ‖ **~** (Comp) / Inkorporation *f* (vollständige oder auszugsweise Aufnahme eines Textblocks in einen neuen Text) ‖ **~** (Nuc Eng) / Einschließen *n* (von radioaktiven Abfällen zwecks Bindung) ‖ **~** (Radiol) / Inkorporation *f* (Aufnahme radioaktiver Stoffe in den menschlichen oder tierischen Organismus), Inkorporierung *f* (von Radionukliden) ‖ **~** (Textiles) / Inkorporation *f* (Einlagerung feinstgemahlener Flammschutzmittelpigmente in die Viskose unmittelbar vor dem Verspinnen) ‖ **~ of pigments** (Nut) / Farbstoffeinlagerung *f*
**incorrect** *adj* / unsachgemäß *adj* (Umgang) ‖ **~** (Comp, Maths) / fehlerhaft *adj* (unrichtig) ‖ **~ dialling** (Teleph) / Falschwahl *f* ‖ **~ insertion** (Electronics) / Fehlbestückung *f* ‖ **~ sequence** / falsche Reihenfolge, Folgefehler *m*
**incorrodible** *adj* (Surf) / korrosionsbeständig *adj*, korrosionsfest *adj*, korrosionsresistent *adj*, nicht korrodierbar
**Incoterms** (International Commercial Terms) / Incoterms *m pl* (international übliche Lieferbedingungen, von der IHK Paris aufgestellt - letzte Fassung 1980)
**INCR** (increment) (Comp, Maths) / Inkrement *n* (kleinster quantisierter Zuwachs einer Größe)
**increase** *v* / steigern *v* (Leistung, Produktion), erhöhen *v* ‖ **~** / erhöhen *v*, heraufsetzen *v* (Preise) ‖ **~** / aufstocken *v* (das Kapital) ‖ **~** (Foundry) / wachsen *v* (Formsand) ‖ **~ n** (speed, value, sales, consumption) / steigern *v* ‖ **~** / Zuwachs *m*, Anwachsen *n* ‖ **~** (in) / Steigen *n*, Steigung *f*, Zuwachs *m* (Steigen), Zunahme *f*, Anstieg *m*, Ansteigen *n* ‖ **~** (in) / Steigerung *f*, Erhöhung *f* ‖ **~ by ten** / Erhöhung *f* um 10, Zuwachs *m* um 10
**increased shank** (Eng) / Passschaft *m* (der Schraube; Schaftdurchmesser mit Passsitz)
**increase in length** (Eng, Maths) / Verlängerung *f*, Längen *n*, Längenzunahme *f* (eine positive Dehnung) ‖ **~ in strength** (Materials) / Festigkeitszunahme *f*, Festigkeitsanstieg *m*, Festigkeitssteigerung *f* ‖ **~ in temperature** (Phys) / Temperaturzunahme *f*, Temperatursteigerung *f*, Temperaturzunahme *f* ‖ **~ in volume** (Phys) / Volumenzunahme *f*, Volumenvergrößerung *f* ‖ **~ in weight** (Phys) / Massezunahme *f*, Gewichtszunahme *f*
**increaser** *n* (when the flow is from the smaller pipe to the larger) (Eng, Plumb) / Übergangsmuffe *f*, Übergangsstück *n*, Übergangsrohr *n*, Übergangsformstück *n*, Reduzierstück *n*, Reduzierhülse *f*, Taper *m*, Reduzierverschraubung *f*, Überstück *n* (ein Formstück)
**increasing function** (a real function) (Maths) / monoton wachsende Funktion, wachsende Funktion, steigende Funktion ‖ **~ oscillation** (Phys) / aufklingende Schwingung, anklingende Schwingung
**increasing-pitch screw** (Plastics) / Progressivspindel *f*
**increasing sequence** (Maths) / aufsteigende Folge ‖ **~ trough angle** (Eng) / Aufmuldung *f* (des Bandes) ‖ **~ troughing angle** (Eng) / Aufmuldung *f* (des Bandes) ‖ **~ vibration** (Phys) / aufklingende Schwingung, anklingende Schwingung
**increment** *v* (Comp, Maths) / inkrementieren *v* ‖ **~ n** / Zuwachs *m*, Anwachsen *n* ‖ **~** / Einzelprobe *f*, Elementarprobe *f* (Menge eines Erzeugnisses, die einer größeren Menge zu einem Zeitpunkt entnommen wird - Qualitätssicherung) ‖ **~** (Comp, Maths) / Inkrement *n* (kleinster quantisierter Zuwachs einer Größe) ‖ **~** (For) / Holzzuwachs *m*, Zuwachs *m*
**incremental** *adj* / Zuwachs- ‖ **~** (Comp, Maths) / inkrementell *adj*, inkremental *adj* ‖ **~** (Elec Eng) / differentiell *adj* ‖ **~ back-up** (Comp) / inkrementelle Sicherung (es werden nur die Daten gesichert, welche sich seit der letzten Sicherung geändert haben oder die neu dazu gekommen sind), inkrementelles Backup ‖ **~ cassette recorder** / Schritt-Bandkassettenrekorder *m*, Schritt-Bandkassettenrecorder *m* ‖ **~ compiler** (Comp) / Inkrementalcompiler *m* (der neu hinzukommende Befehle oder kleine Änderungen eines Quellprogramms separat übersetzen und in das Zielprogramm einbauen kann, ohne das ganze Quellprogramm noch einmal übersetzen zu müssen), inkrementeller Kompilierer, inkrementeller Compiler ‖ **~ copy milling** (Eng) / Zeilenfräsen *n* (eine Art Nachformfräsen) ‖ **~ cost** / Zusatzkosten *pl*, erhöhte Kosten ‖ **~ counter** (Comp) / Schrittzähler *m* ‖ **~ digital control** (Automation, Eng) / Zählersteuerung *f* ‖ **~ dimension** (Eng) / Kettenmaß *n* (Maßzahl, die sich an das jeweils vorhergehende Maß anschließt - DIN 66 257)

‖ ~ **dimensioning** (Eng) / Zuwachsbemaßung *f* (DIN 406, T 3), Kettenbemaßung *f* (DIN 66257), inkrementale Bemaßung, Inkrementalbemaßung *f* (der Endpunkt des vorhergehenden Maßes ergibt den Bezugspunkt des folgenden Maßes) ‖ ~ **dimensions** / Maßkette *f* (von Einzelmaßen) ‖ ~ **dump tape** (Comp) / kopiertes Band (als Sicherung beim Timesharing) ‖ ~ **extrusion** (Eng, Met) / unterbrochenes Fließpressen (das in zeitlicher Unterbrechung durchgeführt wird) ‖ ~ **hysteresis loss**\* (Elec Eng) / differentieller Hystereseverlust ‖ ~ **indicator** (Electronics) / Inkrementgeber *m* (Maßstab oder Scheibe mit digitaler Teilung für die direkte oder indirekte digital-inkrementale Wegmessung) ‖ ~ **integrator** (Comp) / inkrementaler Integrierer ‖ ~ **learning** (AI) / inkrementelles Lernen (bei dem Informationen, die für einen Bereich gelernt wurden, so modifiziert werden, dass sie als neue Fakten in einem erweiterten Bereich zur Verfügung stehen) ‖ ~ **path length** (Phys) / Weglängeninkrement *n* ‖ ~ **permeability**\* (Elec Eng) / differentielle Permeabilität, Zusatzpermeabilität *f* ‖ ~ **plotter** (Comp) / Inkrementalplotter *m*, Stufenform-Plotter *m* (mit der Bewegung der Schreibvorrichtung in Richtung jeder der vier Achsen um ein bestimmtes Inkrement) ‖ ~ **processing** (Comp, Eng) / inkrementale Maßwertverarbeitung, Inkrementalmaßverarbeitung *f*, Kettenmaßverarbeitung *f* ‖ ~ **programming** (Comp) / Inkrementalmaß-Programmierung *f* (numerische Steuerung - nach DIN 66257) ‖ ~ **representation** (Comp) / inkrementale Darstellung ‖ ~ **resistance**\* (Elec Eng) / differentieller Widerstand ‖ ~ **sensing element** (Electronics) / Inkrementgeber *m* (Maßstab oder Scheibe mit digitaler Teilung für die direkte oder indirekte digital-inkrementale Wegmessung) ‖ ~ **sensor** (Electronics) / Inkrementgeber *m* (Maßstab oder Scheibe mit digitaler Teilung für die direkte oder indirekte digital-inkrementale Wegmessung) ‖ ~ **servo-drive** (Electronics) / Schrittantrieb *m* ‖ ~ **system** (Chem) / Inkrementsystem *n* (z.B. zur Abschätzung der chemischen Verschiebungen) ‖ ~ **system** (Eng) / Inkrementalmessverfahren *n* (ein Wegmesssystem der numerischen Steuerung) ‖ ~ **tape station** / Inkrementalbandgerät *n*, Schrittmagnetbandgerät *n* ‖ ~ **vector** (Comp) / inkrementaler Vektor

**increment borer** (For) / Zuwachsbohrer *m*, Baumuntersuchungsbohrer *m*, Prüfbohrer *m* (zur Ermittlung des Alters und des Zuwachses am stehenden Baumstamm) ‖ ~ **by ten** / Erhöhung *f* um 10, Zuwachs *m* um 10 ‖ ~ **core** (For) / Bohrspan *m* (des Prüfbohrers)

**incrementer** *n* (Comp) / Inkrementierer *m*, Aufwärtszähler *m*

**increment size** (Comp) / Plotter-Schrittweite *f*, Inkrementgröße *f* (die Entfernung zwischen zwei benachbarten adressierbaren Punkten auf der Darstellungsfläche des Plotters)

**incretion** *n* (Biochem, Med) / Inkretion *f*

**incrust** *v* / verkrusten *v*, mit einer Kruste (einem harten Belag) versehen ‖ ~ *vt* / überkrusten *v*, mit einer Kruste überziehen, inkrustieren *v*

**incrustant** *n* (Chem) / Krustenbildner *m*, Inkrustsubstanz *f*

**incrustation** *n* / Verkrustung *f*, Krustenbildung *f* ‖ ~ (Agric) / Inkrustierung *f* (von Saatgut) ‖ ~ (Bot) / Inkrustation *f* (bei der Verholzung von Pflanzenteilen auftretende Einlagerung von organischen und anorganischen Stoffen in das Zellulosegerüst der pflanzlichen Zellwände) ‖ ~\* (Build) / Verblendung *f*, Wandbelag *m* ‖ ~ (Chem, Eng) / Kesselstein *m* (steinartiger Belag in Kesseln), Kesselsteinbelag *m* (Ausscheidung von Karbonaten und Sulfaten bei der Erhitzung natürlichen mineralhaltigen Wassers) ‖ ~ (the formation of rust nodules or the deposition of calcium carbonate in imperfectly protected metal pipes, thus reducing their effective area and carrying capacity) (Eng) / Rohransatz *m* (Schicht, die sich in den Rohren angesetzt hat) ‖ ~ (Eng) / Kesselsteinbildung *f* ‖ ~ (Eng) / Ansatz *m* (Schicht, die sich ansetzt hat) ‖ ~ (Eng) / Sinter *m*, Kruste *f* ‖ ~ (For, Join) / Inkrustation *f* (Einlegearbeit, z.B. bei den Möbeln) ‖ ~ (Geol) / Inkrustation *f* (Krustenbildung), Inkrustierung *f* ‖ ~ **agent** (Chem) / Krustenbildner *m*, Inkrustsubstanz *f*

**incubation**\* *n* (Bacteriol, Med) / Inkubation *f*, Bebrütung *f* ‖ ~ **period** (Eng, Med) / Inkubationszeit *f* (z.B. bei der Kavitation oder Rekristallisation), Inkubationsperiode *f* (Zeit zwischen der Aufnahme eines Toxins bzw. Erregers und dem Auftreten erster Krankheitssymptome)

**incubator** *n* (Bacteriol) / Brutapparat *m* (für Bakterienkulturen), Brutschrank *m*, Brutkasten *m*

**incumbent** *n* (Telecomm) / Incumbent Operator *m* (der dominierende Anbieter von Telekommunikationsdienstleistungen in einem Gebiet) ‖ ~ *adj* (Geol) / überlagernd *adj* ‖ ~ **operator** (Telecomm) / Incumbent Operator *m* (der dominierende Anbieter von Telekommunikationsdienstleistungen in einem Gebiet)

**incus** *n* (pl. incudes) (Meteor) / ambosssähnliche Wolke (Cumulonimbus incus), Incus *m*, inc, Amboßwolke *f* (eine voll entwickelte Gewitterwolke)

**indamines**\* *pl* (phenylene blue) (Chem) / Indamine *n pl* (Derivate des N-Phenylchinondiimins, Zwischenprodukte für die Synthese von Phenazinfarbstoffen)

**indan** *n* (Chem, Pharm) / Indan *n* (2,3-Dihydroinden)

**indanthrene**\* *n* (Chem) / Indanthren *n* (Grundkörper der Indanthrenfarbstoffe) ‖ ~ **dye** (Chem, Textiles) / Indanthrenfarbstoff *m*

**Indanthrone**\* *n* / ein Indanthrenfarbstoff ‖ ~ *n* (Chem, Paint, Textiles) / Indanthron *n* (ein Anthrachinonfarbstoff), Indanthrenblau *n*, RS[1]

**in-dash** *attr* (Autos) / eingebaut *adj* (in der Instrumententafel) ‖ ~ **gauge** (Autos, Instr) / Einbauinstrument *n*

**indazole** *n* (Chem) / Indazol *n* (Benzopyrazol)

**indecipherable** *adj* / unentzifferbar *adj*, nicht zu entziffern(d)

**indefinable** *adj* / undefinierbar *adj*

**indefinite** *adj* (Maths) / indefinit *adj* ‖ ~ **chilled cast iron** (Met) / Indefinite-Hartguss *m* ‖ ~ **form** (Maths) / indefinite Form ‖ ~ **integral**\* (without specified limits of integration) (Maths) / unbestimmtes Integral (Newton'sches - die Menge aller Stammfunktionen einer gegebenen Funktion)

**indelible ink** / unverlöschliche Tinte (wisch- und wasserfest)

**indemnification** *n* / Schaden(s)ersatz *m*

**indene**\* *n* (Chem) / Inden *n* (kondensierter Kohlenwasserstoff)

**indent** *v* / einkerben *v* (im Allgemeinen) ‖ ~\* (Typog) / einrücken *v*, einziehen *v* ‖ ~ *n* (Carp) / Zahneinschnitt *m*, Einschnitt *m*, Kerbe *f* ‖ ~\* (Typog) / Einzug *m*

**indentation** *n* / Einkerbung *f* (im Allgemeinen) ‖ ~ (Autos) / Delle *f* (ein Blechschaden), Beule *f* (Druckstelle), Einbeulung *f* (Druckstelle) ‖ ~ (Electronics) / Vertiefung *f* (ein Fehler bei Leiterplatten) ‖ ~ (Eng) / zahnungsartige Rauigkeit ‖ ~ (Eng) / Zahnung *f* ‖ ~ (Eng, Materials) / Eindruck *m* (z.B. bei der Härteprüfung nach Brinell) ‖ ~ (Typog) / Einzug *m* ‖ ~ (Eng, Materials) / Eindruckoberfläche *f* (z.B. beim Brinellhärteprüfverfahren) ‖ ~ **depth** (Materials) / Eindringtiefe *f* (des Eindringkörpers) ‖ ~ **forming** (Eng) / Eindrücken *n* (DIN 8583) ‖ ~ **hardness** (of glazes) (Ceramics) / Kerbhärteprüfung *f* (der Glasur) ‖ ~ **hardness** (Eng, Materials) / Eindruckhärte *f* (Widerstand, den ein Körper dem Eindringen eines anderen entgegensetzt - z.B. nach Brinell, Shore, Rockwell, Knoop oder Vickers), Eindringhärte *f* (Eindruckhärte), Härte, die *f* in einem statischen Verfahren ermittelt wird ‖ ~ **right** (Typog) / Einzug *m* rechts ‖ ~ **test**\* (Build, Civ Eng, Paint) / Eindruckversuch *m* (nach Buchholz - DIN 53153)

**indented bar**\* (Civ Eng) / gezackter Betonstabstahl, Nockenstab *m* ‖ ~ **frieze** (Arch) / Deutsches Band (aus hochkantigen übereckgestellten Backsteinen), Zahnfries *m*

**indenter**\* *n* (a roller with a pattern cast on its surface) (Civ Eng) / Riffelwalze *f*, Zahnwalze *f* ‖ ~ (Eng, Materials) / Eindringkörper *m* (bei der Härteprüfung)

**indenting** *n* (Build) / Verzahnung *f* (Mauerwerksanschluss an Wandenden oder wenn eine Innenwand auf eine Außenwand stößt) ‖ ~ (Eng) / Einsenken *n* (des Stempels in ein Werkstück zum Erzeugen eines Sacklochs), Dornen *n* ‖ ~ **roller** (Civ Eng) / Riffelwalze *f*, Zahnwalze *f*

**indention** *n* (Typog) / Einzug *m*

**indenture** *n* / Ausbildungsvertrag *m* ‖ ~ (Autos) / Delle *f* (ein Blechschaden), Beule *f* (Druckstelle), Einbeulung *f* (Druckstelle)

**Indeo** *n* (Comp) / Indeo *n* (ein proprietärer Kompressionsalgorithmus aus dem Hause Intel für die Komprimierung audiovisueller Daten)

**independence** *n* / Unabhängigkeit *f* ‖ ~ **of random variables** (Stats) / Unabhängigkeit *f* zufälliger Variabler

**independent** *adj* / unabhängig *adj* ‖ ~ **Access Array** (Comp) / RAID-Level *m* 4 (wenn zusätzlich zum Striping von Datenblöcken die Laufwerke unabhängig voneinander arbeiten) ‖ ~ **axle-drive**\* (Elec Eng) / Einzelachsantrieb *m* ‖ ~ **chuck**\* (Eng) / Drehmaschinenfutter *n* mit einzeln verstellbaren Backen ‖ ~ **clock** (Comp) / Taktinsel *f* ‖ ~ **control** (Automation) / autonome Regelung ‖ ~ **earthing** (Elec Eng) / unabhängige Erdung, getrennte Erdung ‖ ~ **event** (Stats) / unabhängiges Ereignis ‖ ~ **feeder** (Elec Eng) / Strahlennetz *n* (eine Versorgungsnetzart) ‖ ~ **field inspection** (Build) / Bauüberwachung *f* durch Kunden auf der Baustelle ‖ ~ **front suspension** (Autos) / Einzelradaufhängung *f* vorne ‖ ~ **grounding** (Elec Eng) / unabhängige Erdung, getrennte Erdung ‖ ~ **in-process inspection** (Build) / Bauüberwachung *f* durch Kunden im Werk

**independently operating** *adj* (Comp) / alleinbetriebsfähig *adj* ‖ ~ **targetable** (Mil) / einzeln lenkbar (z.B. Tochtergefechtskopf) ‖ ~ **targetable re-entry vehicle** (Mil) / gegen getrennte Ziele einsetzbarer Wiedereintrittskörper

**independent machine time** (Work Study) / Maschinenzeit *f*, Maschinenlaufzeit *f*

**independent-particle model** (Nuc) / Schalenmodell *n* (ein Kernmodell) ‖ ~ **model** (of a nucleus) (Nuc) / Einteilchenmodell *n*, Modell *n* unabhängiger Teilchen (zusammenfassende Bezeichnung für eine Gruppe von Näherungsverfahren zur Berechnung der Wellenfunktionen und Energieeigenwerte der Grundzustände der

**independent power**
Atomhülle und des Atomkerns), Modell *n* mit unabhängigen Teilchen
**independent power producer** / unabhängiger Stromerzeuger ‖ ~ **rear suspension** (Autos) / Einzelradaufhängung *f* hinten ‖ ~ **suspension**\* (Autos) / Einzelradaufhängung *f* (unabhängige Führung der Räder einer Achse oder beider Achsen eines Kraftfahrzeugs) ‖ ~ **time-lag**\* / feste Zeitverzögerung, vorgegebene Zeitverzögerung, unabhängige Zeitverzögerung ‖ ~ **variable** (Maths) / Argumentwert *m* (einer Funktion), Argument *n* (unabhängige Variable einer Funktion) ‖ ~ **variable**\* (Maths) / unabhängige Variable (in der Analysis)
**in-depth understanding** (AI) / eingehendes Verstehen (eines Textes)
**indestructible** *adj* / unzerstörbar *adj*
**indeterminacy principle**\* (Phys) / Heisenberg'sches Unbestimmtheitsprinzip (nach W. Heisenberg, 1901 - 1976), Unschärferelation *f*
**indeterminate** *n* (Maths) / Unbestimmte *f* ‖ ~ *adj* (Maths) / unbestimmt *adj* ‖ ~\* (Mech) / statisch unbestimmt ‖ ~ **form** (Maths) / unbestimmter Ausdruck, unbestimmter Term
**index** *v* (Comp) / indizieren *v*, indexieren *v* ‖ ~ (Eng) / teilen *v* (mit der Teileinrichtung) ‖ ~ *n* (pl. indexes or indices) (Automation) / eine durch Rasten periodisch unterbrochene Abtriebsbewegung ‖ ~ (pl. indexes or indices) (Chem) / Kennzahl *f* (z.B. Säurezahl, Neutralisationszahl usw.) ‖ ~ (pl. indexes or indices) (Comp) / Index *m* (pl. -e oder -dizes) (eine Hilfsliste, welche die Kennbegriffe der gespeicherten Daten und die dazugehörigen Speicheradressen enthält) ‖ ~ (pl. indexes or indices) (Eng) / Anzeiger *m*, Anzeigemarke *f* ‖ ~ (pl. indexes or indices) (Eng, Instr) / Skalenstrich *m*, Skalenmarke *f*, Strich *m* (der Skale) ‖ ~ (pl. indexes or indices) (Eng, Instr) / Zeiger *m* (bewegliches Organ eines anzeigenden Messgeräts) ‖ ~\* (pl. indexes or indices) (a superscript) (Maths, Typog) / Exponent *m* (Bezeichnung für die hochgesetzte Zahl bei Potenzen und Wurzeln) ‖ ~ (pl. indexes or indices) (Nut) / Index *m* (pl. -e oder -dizes) ‖ ~ (pl. indexes or indices) (Print) / Stichwortverzeichnis *n*, Index *m* (pl. -e oder -dizes), Register *n*, Inhaltsverzeichnis *n* (Stichwortverzeichnis) ‖ ~ (pl. indexes or indices) (Print) / Hand *f* (ein Verweiszeichen)
**indexable insert** (Eng) / Wendeschneidplatte *f* (eine Wegwerfplatte mit mehreren Schneidkanten aus Hartmetall oder Keramik - DIN 4968 und 4969)
**index area** (Comp) / Indexbereich *m*
**indexation** *n* (Comp) / Indizierung *f* (COBOL), Indexbezeichnung *f*
**index bar** (Weaving) / Schaltschiene *f* ‖ ~ **bed** (Geol) / Leitschicht *f* ‖ ~ **characteristic** / Sollkennlinie *f* (statische Kennlinie, die ein ideales Gerät eines bestimmten Typs haben soll) ‖ ~ **contour** (Cartography) / verstärkte Haupthöhenlinie, Zählhöhenlinie *f* (verbreitert gezeichnete Höhenlinie auf den Karten) ‖ ~ **disk** (Eng) / Rastenscheibe *f*
**indexed address**\* (Comp) / indexierte Adresse, indizierte Adresse ‖ ~ **addressing** (Comp) / indizierte Adressierung ‖ ~ **file** (Comp) / indizierte Datei
**indexed-sequential** *adj* (Comp) / indiziert-sequentiell *adj*, indexsequentiell *adj*, indexsequenziell *adj* ‖ ~ **access method**\* (Comp) / indexsequentielle Zugriffsmethode (auf Daten einer Datei, deren Sätze sequentiell in Schlüsselfolge gespeichert sind) ‖ ~ **file** (Comp) / indexsequentielle Datei
**index ellipsoid** (the indicatrix of an anisotropic crystal) (Crystal) / Normalenellipsoid *n* (in der Kristalloptik), Fletcher'sche Indikatrix (nach Sir L. Fletcher, 1854 - 1921), Cauchy'sches Polarisationsellipsoid (eine einschalige Hilfsfläche), Indexellipsoid *n*, Indikatrix *f*, optische Indexfläche ‖ ~ **entry** (Comp) / Indexeintrag *m* ‖ ~ **error**\* (Instr, Surv) / Teilungsfehler *m*, Indexfehler *m* ‖ ~ **extent** (Comp) / Indexbereich *m* ‖ ~ **fossil**\* (Geol, Mining) / Leitfossil *n* ‖ ~ **gap** (Comp) / Indexmarke *f* (DIN 66238, T 1) ‖ ~ **generation** (Comp) / Indizierung *f*, Indexerstellung *f*, Indexgenerierung *f*, Registererstellung *f* ‖ ~ **glass** (Surv) / Indexspiegel *m* (ein halbdurchlässiger Spiegel eines Spiegelsextanten) ‖ ~ **heading parent** (Chem) / Registerstammname *m* ‖ ~ **hole** (Comp) / Indexöffnung *f* (der Diskette) ‖ ~ **hole** (in a floppy disk) (Comp) / Indexloch *n* (das den Spuranfang markiert)
**indexing** *n* / Indexierung *f*, Indexerstellung *f*, Indexgenerierung *f*, Registererstellung *f* ‖ ~ (Automation) / eine durch Rasten periodisch unterbrochene Abtriebsbewegung ‖ ~ (Comp) / Deskriptorzuteilung *f*, Indexierung *f* (eines Dokuments), Schlagwortzuteilung *f* ‖ ~ (Comp) / Indizierung *f* (COBOL), Indexbezeichnung *f* ‖ ~ (Comp) / Indizierung *f* (eine Adressrechnungsart) ‖ ~ (Comp) / Zeilenvorschub *m* (Textverarbeitung - vorwärts, rückwärts) ‖ ~ (Eng) / Teilen *n* (Herstellung von genauen Kreisteilungen) ‖ ~ **apparatus** (Eng) / Teileinrichtung *f* (an Werkzeugmaschinen) ‖ ~ **consistency** (Comp) / Indexierungskonsistenz *f* (bei Indexierung der Dokumente) ‖ ~ **drum-type drilling machine** (Eng) / Schalttrommel-Bohrmaschine *f* ‖ ~ **frame** / Indexaufnahme *f*

(Aufnahme eines Inhaltsverzeichnisses, vorwiegend am Anfang oder Ende einer Serie, das das Auffinden eines bestimmten Sachgebietes in einem Mikrofiche erleichtert) ‖ ~ **head**\* (Eng) / Teilkopf *m* (zur Herstellung von genauen Kreisteilungen) ‖ ~ **hole** (Electronics) / Bezugsloch *n* (der Leiterplatte) ‖ ~ **language** (Comp) / Indexierungssprache *f* (eine Dokumentationssprache) ‖ ~ **method** (Eng) / Teilverfahren *n* (beim Verzahnen) ‖ ~ **register** (Comp) / Indexregister *n* (das vorwiegend zum Modifizieren von Adressen und Verzweigungskriterien verwendet wird - DIN 44300), Bezugsregister *n* ‖ ~ **table** (Eng) / Schalttisch *m*, Rundschalttisch *m*, Tisch *m* mit Teileinrichtung ‖ ~ **worm screw** (Eng) / Teilschnecke *f*
**index label** (Comp) / Indexlabel *n* (Beschriftungsfeld an der Oberfläche der Diskettenhülle) ‖ ~-**linked wages** / gleitender Lohn, Indexlohn *m* (der beim Ansteigen des Preisindex für die Lebenshaltung entsprechend erhöht wird) ‖ ~ **matching fluid** (a liquid with refractive index that matches that of the core or cladding of an optical fibre) / Immersionsflüssigkeit *f* ‖ ~ **mineral**\* (Geol) / typomorphes Mineral, Indexmineral *n* ‖ ~ **mirror** (Surv) / Indexspiegel *m* (ein halbdurchlässiger Spiegel eines Spiegelsextanten) ‖ ~ **number** (Stats) / Indexzahl *f*, Indexziffer *f*, Index *m* (ein Verhältniszahl, die sich aus der Beziehung einer Vergleichsgröße zu einer Basisgröße ergibt) (pl. -e oder -dizes) ‖ ~ **of a root** (Maths) / Wurzelexponent *m* ‖ ~ **of prices** / Preisindex *m* ‖ ~ **of refraction**\* (Optics) / Brechzahl *f* (DIN 1349-1), Brechungsexponent *m*, Brechungsindex *m* ‖ ~ **of the zone** (Crystal) / Zonenindex *m* ‖ ~ **plane** (Geol, Min) / Indexfläche *f* ‖ ~ **plate** (Eng) / Teilscheibe *f* (des Teilkopfs) ‖ ~ **print** (Photog) / Fotoindex *m* (der alle Aufnahmen des Films entsprechend verkleinert auf einem einzigen Print darstellt - zur Erinnerung, Archivierung und Nachbestellung), Index-Print *m* ‖ ~ **profile** (Telecomm) / Brechzahlprofil *n* (DIN 57 888, T 1), Indexprofil *n* (Verlauf der Brechzahl über der Querschnittsfläche eines LWL) ‖ ~ **register** (Comp) / Indexregister *n* (das vorwiegend zum Modifizieren von Adressen und Verzweigungskriterien verwendet wird - DIN 44300), Bezugsregister *n* ‖ ~ **selection** (Comp) / Indexselektion *f*
**index-sequential** *adj* (Comp) / indiziert-sequentiell *adj*, indexsequentiell *adj*, indexsequenziell *adj* ‖ ~ **access method** (an access method for data files, supporting both sequential access and indexed access) (Comp) / indexsequentielle Zugriffsmethode (auf Daten einer Datei, deren Sätze sequentiell in Schlüsselfolge gespeichert sind)
**index set** (Maths) / Indexmenge *f* ‖ ~ **species** (Ecol) / Charakterart *f*, Leitart *f* ‖ ~ **track** (Comp) / Indexspur *f* (DIN 66010) ‖ ~ (picture) **tube** (TV) / Indexröhre *f* (eine Einstrahl-Farbbildröhre) ‖ ~ **value** (Automation) / Sollwert *m* (eine konstante Führungsgröße) ‖ ~ **variable** (Comp) / Laufvariable *f* (ein Zähler, der bei Schleifen die Durchläufe zählt)
**India Bible** (Paper) / Bibeldruckpapier *n* (ein sehr festes und dünnes, holzfreies, opakes Druckpapier), Dünndruckpapier *n*, Bibeldünndruckpapier *n* ‖ ~ **ink** (US) / [chinesische] Tusche *f*, schwarze Tusche
**Indiana limestone** (Geol) / Spergenit *m* (Karbonatgestein mit sortierten Fossilfragmenten und mit weniger als 10% Quarz)
**Indian almond** (For, Leather) / Indischer Mandelbaum, Katappenbaum *m*, Badam *m* (Terminalia catappa L.), Katappenterminalie *f* ‖ ~ **almond oil** / Talisayöl *n* (das Samenfett des Katappenbaumes - Terminalia catappa L.), Katappaöl *n*, Indisches Mandelöl ‖ ~ **arrowroot** (Nut) / Taccastärke *f*, Piastärke *f*, Tahiti-Arrowroot *n*, Fidschi-Arrowroot *n*, Tavoulistärke *f*, Südsee-Arrowroot *n* (aus Tacca leontopetaloides (L.) Kuntze) ‖ ~ **balsam** (Chem) / Indianischer Wundbalsam, Perubalsam *m* (aus dem Perubalsambaum - Myroxylon balsamum var. pereirae (Royle) Harms) ‖ ~ **blue** / Indigblau *n* (ein alter organischer Farbstoff), Indigoblau *n* ‖ ~ **corn** (US) (Agric, Bot) / Mais *m* (Zea L.), Türken *m* (A), Kukuruz *m* (A) ‖ ~ **cotton** (Textiles) / indische Baumwolle ‖ ~ **grass oil** / Ostindisches Geraniumöl (ein Grasöl aus Cymbopogon martinii (Roxb.) J.F. Watson), Indisches Geraniumöl, Palmarosaöl *n*, Rusaöl *n* ‖ ~ **gum** / Ghattigummi *n* (ein Polysaccharid, meistens aus Anogeissus latifolia (Roxb. ex DC.) Wall. oder Acacia nilotica (L.) Willd. ex Del.), Yongummi *n* ‖ ~ **hemp** (Bot) / Gambohanf *m*, Bimlipatamjute *f*, Bimlijute *f*, Kenaf *n* (Hibiscus cannabinus L.), Ambari *m*, Dekkanhanf *m*, Hanfeibisch *m* ‖ ~ **hemp**\* (Bot, Pharm) / Indischer Hanf (Cannabis sativa ssp. indica (Lam.) E. Small et Cronquist), Cannabis *m* ‖ ~ **ink**\* / [chinesische] Tusche *f*, schwarze Tusche ‖ ~ **jade**\* (Min) / Aventurinquarz *m*, Goldstein *m* ‖ ~ **laburnum** (For) / Röhrenkassie *f* (Cassia fistula L.) ‖ ~ **mustard** (Bot, Nut) / Rutenkohl *m*, Indischer Senf (Brassica juncea (L.) Czern.), Sareptasenf *m* ‖ ~ **red** (Chem) / Indischrot *n* (ein Eisenoxidpigment), Persischrot *n* ‖ ~ **rice** (Bot) / wilder Reis, Wildreis *m* (Zizania sp.) ‖ ~ **rosewood** (For) / Ostindisches Rosenbaumholz, Ostindischer Palisander, Palissandre *m* Asie, Java-Palisander *m* (aus Dalbergia latifolia Roxb. ex DC.) ‖ ~

**silk-cotton tree** (For) / Bombax n (Bombax ceiba L.) || ≃ **snakeroot** (For, Pharm) / Rauwolfia serpentina (L.) Benth. (Schlangenwurzel)
**Indian-tanned** adj (Leather) / vorgegerbt adj (Häute aus Indien)
**Indian topaz**\* (Min) / Orientalischer Topas (ein gelber Korund) || ≃ **tragacanth** (Nut, Pharm) / Karayagummi n m, Indischer Tragant, Sterkuliagummi n m, Sterculiagummi n m (meist aus Sterculia urens Roxb.) || ≃ **yellow** / echtes Indischgelb (heute nicht mehr benutzt), Piuri n (Naturfarbstoff aus dem Harn der mit Mangoblättern gefütterten Kühe) || ≃ **yellow** (Chem) / Indischgelb n, Aureolin n, Fischers Salz, Kobaltgelb n (Kaliumhexanitrokobaltat(III)) || ≃ **yellow** (Micros) / Primulin n (Natriumsalz der Monosulfonsäure), Primulingelb n
**India paper**\* (Paper) / Bibeldruckpapier n (ein sehr festes und dünnes, holzfreies, opakes Druckpapier), Dünndruckpapier n, Bibeldünndruckpapier n || ≃ **rubber** (Chem Eng) / Naturkautschuk m (DIN ISO 1629), NK (Naturkautschuk), NR (DIN ISO 1629) || ~-**rubber**\* n / Gummi m n (vulkanisiertes Material) || ≃ **rubber tree** (For) / Kautschukbaum m, Parakautschukbaum m (Hevea brasiliensis (Willd. ex A. Juss.) Müll. Arg.), Federharzbaum m
**India-tanned** adj (Leather) / vorgegerbt adj (Häute aus Indien)
**India-tint** attr (Paper) / lederfarben adj (hell)
**indican** n (a potassium salt present in urine) (Biochem, Chem) / Indican n (ein Derivat des Indoxyls), Indikan n
**indicate** v / indizieren v (Arbeit in einem Indikatordiagramm) || ~ (Instr) / anzeigen v, angeben v (Messgeräte), zeigen v (Messinstrument)
**indicated airspeed**\* (Aero) / angezeigte Fluggeschwindigkeit || ~ **airspeed**\* (Aero) / Fahrtmesseranzeige f (abgelesene) || ~ **horsepower**\* / indizierte Leistung (Innenleistung in PS) || ~ **hydrogen** (Chem) / indizierter Wasserstoff || ~ **mean effective pressure**\* (Autos, Eng) / indizierter mittlerer Druck || ~ **ore**\* (proved limits of deposit, in the light of known geology of mine and economic factors) (Geol, Mining) / bekannte Vorräte (an Erzen), bekannte Erzvorräte, bekannte Reserven || ~ **reserve** (the estimate of ore computed from boreholes, outcrops and developmental data, and projected for a reasonable distance on geological evidence) (Geol, Mining) / bekannte Vorräte (an Erzen), bekannte Erzvorräte, bekannte Reserven || ~ **value** (Instr) / Ablesewert m, Anzeigewert m, Anzeige f (abgelesener Stand nach DIN 1319, T 2), Stand m (abgelesener) || ~ **work** (Eng) / indizierte Arbeit (bei Kolbenmaschinen - die sich aus der Differenz der technischen Arbeiten, der Expansion und der Kompression ergibt)
**indicating controller** (Automation) / anzeigender Regler || ~ **electrode** (Chem, Phys) / Indikatorelektrode f (deren Potential auf die interessierende Ionenart konzentrationsrichtig anspricht) || ~ **gauge** (Instr) / Anzeigeinstrument n, anzeigendes Messinstrument, anzeigendes Messgerät (DIN 1319, T 2), Anzeiger m, Anzeigeeinrichtung f, Anzeigegerät n || ~ **instrument**\* (Instr) / Anzeigeinstrument n, anzeigendes Messinstrument, anzeigendes Messgerät (DIN 1319, T 2), Anzeiger m, Anzeigeeinrichtung f, Anzeigegerät n || ~ **range** (Instr) / Anzeigebereich m (DIN 1319, T 2 und DIN 2257, T 1)
**indication** n (Anzeige eines spezifischen Vorgangs) (Chem, Med) / Indikation f || ~ (Instr) / direkte Ausgabe (DIN 1319, T 2), Anzeige f (DIN 1319, T 2) || ~ (Instr) / Ablesewert m, Anzeigewert m, Anzeige f (abgelesener Stand nach DIN 1319, T 2), Stand m (abgelesener) || ~\* (Mag, Met) / Fehleranzeige f (bei der magnetischen Rissprüfung) || ~ (Med) / Indikation f (Heilanzeige) || ~ **error** (Instr) / Anzeigefehler m || ~ **of charges** / Gebührenanzeige f || ~ **of direction** (Mining) / Stundenangabe f (markscheiderisch festgelegte Richtung) || ~ **of origin** / Herkunftsangabe f || ~ **of power** (Eng) / Leistungsanzeige f, Leistungsangabe f || ~ **of track occupation** (Rail) / Gleisbesetztanzeige f, Gleisbesetzungsanzeige f || ~ **sensitivity** (Instr) / Anzeigeempfindlichkeit f || ~ **stability** (Instr) / Anzeigekonstanz f
**indicative dump** (Comp) / Kurzspeicherausdruck m
**indicator** n (Autos) / Fahrtrichtungsanzeiger m (elektromagnetisches Gerät, welches den beabsichtigten Richtungswechsel eines Kraftfahrzeugs anzeigt), Richtungsanzeiger m || ~ (Autos) / Kontrollleuchte f (der Instrumententafel) || ~\* (Bot, Geol) / bodenanzeigende Pflanze, bodenzeigende Pflanze, Zeigerpflanze f, Indikatorpflanze f, Leitpflanze f, Bodenzeiger m || ~\* (Chem) / Indikator m (Substanz, die den Verlauf einer chemischen Reaktion zu verfolgen ermöglicht) || ~ (Chem, Nuc) / Tracer m (ein Stoff, der durch eine bestimmte Eigenschaft erkennbar ist und der in kleinen Mengen einem anderen Stoff beigefügt wird, damit Verteilung oder Lage des letzteren bestimmt werden kann) || ~ (Comp) / Bezugszahl f || ~ (indicator species) (Ecol) / Bioindikator m (eine Art von Lebewesen, deren Vorkommen oder leicht erkennbares Verhalten sich mit bestimmten Umweltverhältnissen korrelieren lässt) || ~ (Eng) / Indikator m (eine Einrichtung bei Kolbenmaschinen zur Ermittlung des Indikatordiagramms) || ~\* (Eng, Instr) / Indikator m (Gerät zum Messen veränderlicher Drücke und Kräfte) || ~ (Geol) / erratischer Block (als Indiz für die Ausdehnung und Herkunft von Eismassen) || ~ (Hyd) / Tracer m (bei Durchflussmessungen), Spurstoff m, Markierungsstoff m (bei Durchflussmessungen) || ~ (Instr) / Anzeigeinstrument n, anzeigendes Messinstrument, anzeigendes Messgerät (DIN 1319, T 2), Anzeiger m, Anzeigeeinrichtung f, Anzeigegerät n || ~\* (Teleph) / Fallklappenanlage f, Fallklappentafel f, Signaltafel f || ~ **bolt** (Build) / Türschloss n mit Besetztanzeige (an WC-Türen) || ~ **boulder** (Geol) / Leitgeschiebe n (dessen Herkunftsort infolge seiner besonders typischen Zusammensetzung rekonstruierbar ist) || ~ **card**\* (Autos, Eng) / Indikatordiagramm n (als Träger), Arbeitsdiagramm n (als Träger) || ~ **diagram**\* (Autos, Eng) / Indikatordiagramm n (als Kurve), Arbeitsdiagramm n (als Kurve) || ~ **electrode** (Chem, Phys) / Indikatorelektrode f (deren Potential auf die interessierende Ionenart konzentrationsrichtig anspricht) || ~ **lamp** (Elec Eng) / Anzeigeleuchte f, Kennleuchte f, Meldeleuchte f || ~ **light** (Autos) / Kontrollleuchte f (der Instrumententafel) || ~ **organism** (Bacteriol, Nut) / Indikatororganismus m || ~ **organisms** (Hyd Eng) / Leitorganismen m pl (Formen niederer Lebewesen, die als Indikatoren für eine bestimmte Gewässergüte herangezogen werden) || ~ **paper** (Chem) / Reagenzpapier n, Indikatorpapier n, Testpapier n || ~ **plant** (that grows exclusively or preferentially on soil rich in a given metal or other element) (Bot, Geol, Mining) / bodenanzeigende Pflanze, bodenzeigende Pflanze, Zeigerpflanze f, Indikatorpflanze f, Leitpflanze f, Bodenzeiger m || ~ **range**\* (Chem) / Umschlagbereich m (der Indikatoren) || ~ **relay** (Elec Eng) / Anzeigerelais n, Melderelais n || ~ **solution** (Chem) / Indikatorlösung f || ~ **species** (a species which is characteristic of particular environmental conditions and which can be used to recognize these conditions) (Ecol) / Bioindikator m (eine Art von Lebewesen, deren Vorkommen oder leicht erkennbares Verhalten sich mit bestimmten Umweltverhältnissen korrelieren lässt) || ~ **tube**\* (Electronics) / Indikatorröhre f (eine Ionenröhre) || ~ **vein**\* (Geol, Mining) / erzfreier Leitgang
**indicatrix** n (pl. indicatrices) (an imaginary ellipsoidal surface whose axes represent the refractive indices of a crystal for light following different directions with respect to the crystal axes) (Crystal) / Normalenellipsoid n (in der Kristalloptik), Fletcher'sche Indikatrix (nach Sir L. Fletcher, 1854 - 1921), Cauchy'sches Polarisationsellipsoid (eine einschalige Hilfsfläche), Indexellipsoid n, Indikatrix f, optische Indexfläche || ~ (pl. indicatrices) (Maths) / Indikatrix f, Verzerrungsellipse f (nach Tissot)
**indices of crystal faces**\* (Crystal) / Millers'che Indizes (reziproke, ganzzahlige Werte der Abschnitte einer Kristallfläche im kristallografischen Achsenkreuz - nach W.H. Miller, 1801-1880), Miller-Indizes m pl
**indicial admittance**\* (Telecomm) / Kennleitwert m || ~ **equation** (Maths, Phys) / determinierende Gleichung
**indicolite**\* n (Min) / Indigolith m (blauer Turmalin)
**indienne** n (Textiles) / Indienne f (bedrucktes leichtes Baumwollgewebe mit Seide durchschossen)
**indifferent** adj (Chem) / indifferent adj (Substanz) || ~ **equilibrium** (Mech) / indifferentes Gleichgewicht || ~ **gas** / Inertgas n (natürliches oder technisch aufbereitetes Schutzgas zur Verhinderung ungewollter Reaktionen bei der Behandlung und Bearbeitung von metallischen Werkstoffen), inertes Gas || ~ **stability** (Mech) / indifferentes Gleichgewicht
**indigenous** adj (For) / einheimisch adj (Holzart), heimisch adj, indigen adj, inländisch adj
**indigestible** adj (Nut) / unverdaulich adj, schwer verdaulich adj
**indigo**\* n (pl. -s or -es) (Chem) / Indigo m n (ein organischer Farbstoff)
**indigo blue** / Indigblau n (ein alter organischer Farbstoff), Indigoblau n || ~ **carmine** (soluble indigo blue) (Chem, Micros, Nut) / Indigokarmin n, Indigocarmin n (E 132), Indigotin I || ~ **copper**\* (Min) / Kovellin m, Covellin m, Kupferindig m
**indigoid** n (Chem) / Indigoid n (ein Chromophor) || ~ adj (Chem) / indigoid adj (Farbstoff) || ~ **dye** (Chem) / Indigoid n, Indigofarbstoff m
**indigolite**\* n (Min) / Indigolith m (blauer Turmalin)
**indigo printing** (Textiles) / Blaudruck m (traditioneller Textildruck) || ~ **red** (Chem) / Indigorot n, Indirubin m
**indigotin** n (Chem, Nut) / Indigotin n (E 132)
**indigo vat** (Textiles) / Indigoküpe f || ~ **white** (Chem) / Leukoindigo m n, Indigoweiß n, Leukindigo m n, Indigweiß n
**indikator function** (Stats) / Indikatorfunktion f (eine Zufallsgröße eines Ereignisses), Indikator m
**indirect** adj / indirekt adj, mittelbar adj || ~ (Astron) / extrafoveal adj (Beobachtung der an der Sichtbarkeitsgrenze für das Auge liegenden Objekte), indirekt adj (Beobachtung) || ~ **access** (Comp) / indirekter Zugriff || ~ **a.c. converter** (Elec Eng) / Zwischenkreisumrichter m (zur Drehzahlsteuerung von Asynchron-

**indirect**

und Synchronmaschinen), ZKU (Zwischenkreisumrichter) ‖ ~ **address*** (Comp) / indirekte Adresse ‖ ~ **addressing** (Comp) / indirekte Adressierung ‖ **~-arc furnace*** (Elec Eng) / indirekter Lichtbogenofen (das Schmelzgut wird nur durch die strahlende Wärme des Lichtbogens erhitzt), Lichtbogenstrahlungsofen $m$, Lichtbogenofen $m$ mit indirekter Beheizung ‖ ~ **cargo handling** (Ships) / indirekter Umschlag (Güterumschlag über Lager) ‖ ~ **control** (Automation) / indirekte Regelung, mittelbare Regelung, Regelung $f$ mit Hilfsenergie ‖ ~ **curing resin** (Plastics) / fremdhärtendes Harz, indirekt härtendes Harz ‖ ~ **d.c. convertor** (Elec Eng) / Zwischenkreis-Gleichstromurichter $m$ ‖ ~ **detection** (Chem) / indirekte Detektion (in der Ionenchromatografie) ‖ ~ **discharger** (San Eng) / Indirekteinleiter $m$ (der Stoffe in eine Abwasseranlage verbringt, die in der Folge, ggf. nach einer Abwasserbehandlung in einer Abwasserbehandlungsanlage, in ein Gewässer gelangen) ‖ ~ **dry cooling system** / indirekte Luftkondensation (ein Trockenkühlverfahren) ‖ ~ **echo** (Radar) / indirektes Echo ‖ ~ **extrusion** (Eng, Met) / Rückwärtsstrangpressen $n$ (bei dem der Strang entgegen der Wirkrichtung der Presskraft austritt ), indirektes Strangpressen, Rückwärtsfließpressen $n$ (entgegen der Wirkrichtung des Stößels) ‖ ~ **firing** (Heat) / indirekte Heizung, mittelbare Heizung ‖ ~ **flashing** (Photog) / indirektes Blitzen ‖ ~ **heating*** (Heat) / indirekte Heizung, mittelbare Heizung ‖ ~ **hydration** (Chem Eng) / indirekte Hydratisierung (bei der synthetischen Herstellung von Ethanol) ‖ ~ **injection** (Autos) / indirekte Einspritzung, Niederdruckeinspritzung $f$

**indirect-injection diesel engine** (Autos, I C Engs) / Dieselmotor $m$ mit indirekter Einspritzung (Vorkammermotor, Wirbelkammermotor, Luftspeichermotor) ‖ ~ **engine** (I C Engs) / Vorkammermotor $m$ (ein Dieselmotor), Vorkammerdiesel $m$, Vorkammerdieselmotor $m$

**indirect letterpress** (Print) / Letterset $n$, Hochoffset $n$, indirekter Hochdruck, Trockenoffset $n$ (von einer Hochdruckform über einen Gummizylinder auf das Papier) ‖ ~ **lighting*** (Light) / indirekte Beleuchtung

**indirectly heated cathode*** (Electronics) / indirekt geheizte Katode

**indirect material** (electric energy, fuel, lubricants) / Hilfsmaterial $n$ (zur Durchführung und Sicherung des Fertigungsprozesses erforderliches Material, welches jedoch stofflich nicht in das Erzeugnis eingeht) ‖ ~ **measurement** / indirekte Messung, Indirektmessung $f$ ‖ ~ **operand** (Comp) / indirekt adressierter Operand, mittelbar adressierter Operand ‖ ~ **ovencurrent release** (Elec Eng) / Sekundärauslöser $m$ (ein Überstromauslöser) ‖ ~ **peering** (Comp, Telecomm) / indirektes Peering (der Übergang zwischen zwei oder mehreren, verschiedenen IP-Netzen verschiedener ISPs erfolgt über ein IP-Netz eines Dritten, der dieses ausschließlich als Backbone zur Verbindung von ISPs betreibt und an das keine weiteren einzelnen Nutzer angeschlossen sind) ‖ ~ **ray*** (Radio) / indirekter Strahl ‖ ~ **recombination** (Electronics) / indirekte Rekombination ‖ ~ **recursion** (Comp) / indirekte Rekursion ‖ ~ **reduction** (Met) / indirekte Reduktion ‖ ~ **referencing** (Comp) / indirekte Bezugnahme ‖ ~ **semiconductor** (Electronics) / indirekter Halbleiter ‖ ~ **stroke** (a lightning stroke that does not strike directly any part of a network but that induces an overvoltage in it) (Elec Eng) / induzierter Blitzschlag ‖ ~ **titration** (Chem) / indirekte Titration

**indirubin** $n$ (Chem) / Indigorot $n$, Indirubin $m$

**indiscrete topology** (Maths) / indiskrete Topologie

**indiscriminate dumping** (Ecol, San Eng) / wilde Deponie, ungeordnete Deponie

**indissoluble** adj (Chem) / nichtlöslich adj, unlöslich adj, unl., insolubel adj

**indistinct** adj / unklar adj, undeutlich adj (unklar)

**indistinguishable** adj / ununterscheidbar adj, nichtunterscheidbar adj, nicht unterscheidbar ‖ ~ **particles** (Phys) / identische Teilchen (Mikroteilchen mit völlig gleichen Eigenschaften, wie Ladung, Masse, Spin und anderen inneren Quantenzahlen)

**indium*** $n$ (Chem) / Indium $n$, In (Indium) ‖ ~ **antimonide** (Chem, Electronics) / Indiumantimonid $n$ (InSb) ‖ ~ **arsenide** (Chem, Electronics) / Indiumarsenid $n$ (AsIn) ‖ ~ **chloride** (Chem) / Indiumchlorid $n$ ($CI_3In$) ‖ ~ **phosphide** (Chem) / Indiumphosphid $n$ (InP) ‖ ~ **phosphide/cadmium sulphide solar cell** (Chem, Eng) / Indiumphosphid-Kadmiumsulfid-Solarzelle $f$, InP/CdS-Zelle $f$ ‖ ~ **plating** / Indiumplattierung $f$ (mit Schutzschichten, die gegen organische Säuren und Salzlösungen, Erosion und Abrasion schützen) ‖ ~ **selenide** (Chem) / Indiumselenid $n$ ‖ ~ **sulphate** (Chem) / Indiumsulfat $n$ ($In_2(SO_4)_3$) ‖ ~ **tin oxide** (Chem, Electronics) / ITO (Indium-Zinn-Oxid, z.B. auf den TN-Zellen)

**individual** adj / Einzel-, individuell adj, einzeln adj ‖ ~ / Personal-, Personen-, persönlich adj ‖ ~ **axle-drive*** (Elec Eng) / Einzelachsantrieb $m$ ‖ ~ **data processing*** (Comp) / individuelle Datenverarbeitung, IDV ‖ ~ **drive*** (Elec Eng, Eng, Rail) / Einzelradsatzantrieb $m$ (bei der Elektrotraktion), Einzelantrieb $m$ ‖

~ **error** (Eng) / Einzelabweichung $f$ (eine Verzahnungsabweichung) ‖ ~ **error** (that affects individual gear characteristics) (Eng) / Einzelfehler $m$ (ein Verzahnungsfehler, der sich auf einzelne Bestimmungsgrößen der Verzahnung auswirkt) ‖ ~ **gas constant** (Phys) / spezielle Gaskonstante, individuelle Gaskonstante, spezifische Gaskonstante ‖ ~ **heater** (Build) / Einzelheizgerät $n$ ‖ ~ **inspection** / Einzelprüfung $f$ ‖ ~ **lubrication** / Einzelschmierung $f$ (ein Schmierungssystem)

**individualmake** / Einzelausführung $f$

**individual measurement** / Einzelmessung $f$ ‖ ~ **package** / Einzelpackstück $n$ ‖ ~ **peak** (Chem) / Einzelpeak $m$ ‖ ~ **pigment** (Paint) / Einzelpigment $n$ (DIN 55949)

**individual-point lubrication** / Einzelschmierung $f$ (ein Schmierungssystem)

**individual production** (Work Study) / Einzelproduktion $f$, Einzelfertigung $f$ (eine Fertigungsart), Stückproduktion $f$ (mit der Auftragsmenge "1")

**individual-seat light** (Aero, Rail) / Einzelplatzleuchte $f$

**individual-section machine** (Glass) / IS-Maschine $f$ (eine Blas-Blas-Maschine)

**individual service pipe** / Hausanschluss- und Verteilungsleitung $f$ (Gas) ‖ ~ **variable** (AI, Comp, Maths) / Gegenstandsvariable $f$ (in der Prädikatenlogik), Objektvariable $f$, Individuenvariable $f$, Dingvariable $f$ ‖ ~ **viewing** (TV) / Einzelempfang $m$ ‖ ~ **workstation illumination** (Light) / Einzelplatzbeleuchtung $f$ (DIN 5035-1)

**indivisible** adj / unteilbar adj

**IND LITE** (US) (Autos) / Kontrollleuchte $f$ (der Instrumententafel)

**INDO** (intermediate neglect of differential overlap) (Chem) / INDO $n$ (ein semiempirisches Verfahren der Quantenchemie)

**indocarbon dyestuffs** (Textiles) / Indocarbon-Farbstoffe $m$ $pl$ (wasserunlösliche Farbstoffe), Indokarbon-Farbstoffe $m$ $pl$

**indole*** $n$ (Chem) / Indol $n$ (Benzo[b]pyrrol)

**indole-3-acetic acid*** (Biochem, Bot) / Heteroauxin $n$, 3-Indolylessigsäure $f$, IES (wichtigster Vertreter der Auxine)

**indole alkaloids** (Chem, Pharm) / Indolalkaloide $n$ $pl$ (z.B. Yohimbin od. Reserpin)

**indole-3-butyric acid*** (Biochem, Bot, Chem) / Indol-3-ylbuttersäure $f$

**indole-3-ethanoic acid** (Biochem, Bot) / Heteroauxin $n$, 3-Indolylessigsäure $f$, IES (wichtigster Vertreter der Auxine)

**indoline** $n$ (Chem) / Indolin $n$ (2,3-Dihydro-1-H-indol)

**indolizidine alkaloids** (Chem, Pharm) / Indolizidinalkaloide $n$ $pl$

**indolizine** (Chem) / Indolizin $n$, Pyrrolo/1,2-a/pyridingerüst $n$ (ein benzkondensiertes Ringsystem der Pyrrolgruppe) ‖ ~ **ring system** (Chem) / Indolizin $n$, Pyrrolo/1,2-a/pyridingerüst $n$ (ein benzkondensiertes Ringsystem der Pyrrolgruppe)

**indolylacetic, β-~ acid*** (Biochem, Bot) / Heteroauxin $n$, 3-Indolylessigsäure $f$, IES (wichtigster Vertreter der Auxine)

**indolyl alkylamine** (Chem) / Indolylalkylamin $n$

**indomethacin*** $n$ (Med, Pharm) / Indometacin $n$ (ein Derivat des Indols)

**indoor, for ~ use** (Elec Eng) / für Innenräume ‖ ~ **aerial** (Radio, TV) / Innenantenne $f$, Zimmerantenne $f$ ‖ ~ **air** / Raumluft $f$

**indoor-air pollution** (Ecol) / Innenraumluftbelastung $f$

**indoor antenna** (Radio, TV) / Innenantenne $f$, Zimmerantenne $f$ ‖ ~ **cell** (Teleph) / Pikozelle $f$ (mit einem Radius bis etwa 50 m) ‖ ~ **climate** / Raumklima $n$ (in einem umschlossenen Raum) ‖ ~ **climate** (Build) / Innenraumklima $n$ ‖ ~ **clothes** (Textiles) / Indoor-Kleidung $f$ (die meistens innerhalb geschlossener Räumlichkeiten getragen wird) ‖ ~ **contamination** (Build, Ecol) / Innenraumbelastung $f$ ‖ ~ **disconnector** (Elec Eng) / Innenraumtrennschalter $m$ ‖ ~ **film** (Cinema) / Kunstlichtfilm $m$ ‖ ~ **furnishings** (Textiles) / wohntextile Stoffe, Heimtextilien $pl$ ‖ ~ **installation** / Innenraumaufstellung $f$ ‖ ~ **load** (Ecol) / Raumbeladung $f$ (die Innenraumbelastung, z.B. durch Formaldehydemissionen aus Spanplatten usw.) ‖ ~ **luminaire** (Light) / Innenleuchte $f$ ‖ ~ **paint** (Paint) / Innenanstrichmittel $n$ ‖ ~ **pollution** (Build, Ecol) / Innenraumbelastung $f$ ‖ ~ **pool** (Build) / Swimmingpool $m$ im Haus ‖ ~ **shooting** (Cinema) / Innenaufnahme $f$ ‖ ~ **smog chamber** (Ecol) / Indoor-Smogkammer $f$

**in-door speaker** (Autos) / Türlautsprecher $m$

**indoor use** (Elec Eng) / Einsatz $m$ in Innenräumen

**indophenine reaction** (Chem) / Indopheninreaktion $f$ (zum Nachweis von Thiophen)

**indophenol*** $n$ (Chem) / Indophenol $n$

**INDOR technique** (Spectr) / INDOR-Technik $f$ (spezielle Doppelresonanztechnik in der NMR-Spektroskopie)

**indoxyl** $n$ (Chem) / Indoxyl $n$ (3-Hydroxyindol)

**INDR** (indicator) (Eng, Instr) / Indikator $m$ (Gerät zum Messen veränderlicher Drücke und Kräfte)

**indragiri** $n$ / Indragiri $n$ (natürliches Harz von Dammarharz-Typ)

**indraught** $n$ / Einströmung $f$ (von Luft)

**induce** $v$ / hervorrufen $v$, auslösen $v$ (eine Reaktion) ‖ ~ (Crystal) / anregen $v$ ‖ ~ (Med) / stimulieren $v$ (z.B. das Immunsystem) ‖ ~ (Phys) / induzieren $v$

**induced atmosphere** (Space) / Kleinatmosphäre *f* (um einen Satelliten, die durch Ausgasung entsteht) ‖ **~ charge*** (Phys) / Influenzladung *f*, induzierte Ladung ‖ **~ current*** (Elec) / induzierter Strom, Induktionsstrom *m*, Influenzstrom *m* ‖ **~ dipole** (Electronics) / induzierter Dipol
**induced-dipole induced-dipole interaction** (Electronics) / Dispersionswechselwirkung *f*
**induced drag*** (Aero) / induzierter Widerstand (am Tragflügel), W_i ‖ **~ draught*** (Eng) / künstlicher Zug, Saugzug *m*
**induced-draught burner** (Eng) / Brenner *m* mit mechanischer Abgasführung, Brenner *m* mit Saugzuggebläse ‖ **~ cooling tower** / Ventilatorkühlturm *m* ‖ **~ fan** (Eng) / saugender Ventilator ‖ **~ open-circuit cooling tower** / saugbelüfteter Kleinkühlturm mit offenem Kreislauf
**induced dynamic grating** (Optics, Phys) / induziertes dynamisches Gitter ‖ **~ (secondary) earthquake** (Geol) / Relaisbeben *n*, Auslösungsbeben *n* ‖ **~ electromotive force** (Elec) / induzierte elektromotorische Kraft, induzierte EMK ‖ **~ electron emission spectroscopy** (Spectr) / ESCA-Methode *f* (in der Fotoelektronenspektroskopie), Fotoelektronenspektroskopie *f* mit Röntgenstrahlanregung (mit der Bindungszustände analysiert werden können), Röntgen-Fotoelektronenspektroskopie *f* (mit weichen Röntgenstrahlen als Sonde), ESCA (eine Methode der Elektronenspektroskopie), XPS-Methode *f* (in der Elektronenspektroskopie) ‖ **~ e.m.f.*** (Elec) / induzierte elektromotorische Kraft, induzierte EMK ‖ **~ emission** (Phys) / induzierte Emission, stimulierte Emission, angeregte Emission (nach dem Einfall der auslösenden Strahlung) ‖ **~ failure** (Eng) / Ausfall *m* durch äußere Einwirkung ‖ **~ fission** (Nuc) / induzierte Spaltung, künstliche Spaltung ‖ **~ fit** (Chem) / Induced Fit *n* (selektive Bindung in der Affinitätschromatografie)
**induced-fit model** (Biochem) / Induced-Fit-Modell *n*, Anpassungsmodell *n*, Koshland-Modell *n* (ein Anpassungsmodell) ‖ **~ theory** (Biochem) / Anpassungstheorie *f* (Theorie zur Substratspezifität von Enzymen)
**induced magnetization** (Geophys) / induzierte Magnetisierung (DIN 1358) ‖ **~ nuclear fission** (Nuc, Nuc Eng) / induzierte Kernspaltung
**induced-overvoltage withstand test** (Elec Eng) / Prüfung *f* mit induzierter Steh-Wechselspannung
**induced polarization*** (Elec Eng) / dielektrische Polarisation ‖ **~ potential** (Elec Eng) / induzierte Spannung ‖ **~ radioactivity*** (Nuc) / induzierte Radioaktivität, künstliche Radioaktivität ‖ **~ reaction*** (Chem) / induzierte Reaktion ‖ **~ recharge of aquifer** (Hyd Eng) / Grundwasseranreicherung *f* (DIN 4046), Einleitung *f* von (Fluss)Wasser in das Grundwasser ‖ **~ topology** (Maths) / induzierte Topologie, Relativtopologie *f*, Spurentopologie *f* ‖ **~ voltage** (Elec Eng) / induzierte Spannung
**inducer** *n* (Aero, Space) / Pumpeneinlaufkranz *m* ‖ **~** (Biochem) / Induktor *m* (eine chemische Verbindung, die in einer Zelle die Synthese von Enzymen auslöst), Inducer *m* (der die Synthese der Interferone in tierischen und menschlichen Zellen anregt) ‖ **~** (Eng) / axialer Vorsatzläufer, Inducer *m* (der den NPSH-Wert verringert) ‖ **~** (Eng) / Einlaufteil *m* (bei Strömungsmaschinen)
**inductance*** *n* (Elec) / Induktivität *f* (SI-Einheit = Henry) ‖ **~** (Elec Eng) / Drosselspule *f* (DIN 40714, T 1; DIN 57532, T 1), Drossel *f* ‖ **~*** (Elec Eng) / Selbstinduktion *f*, Selbstinduktivität *f*, Selbstinduktionskoeffizient *m* ‖ **~ balance** (Elec Eng) / Induktivitätssymmetrie *f* ‖ **~ box** (Elec Eng) / Induktivitätskasten *m* (für Messzwecke) ‖ **~ bridge** (Elec Eng) / Induktivitätsmessbrücke *f* (eine Wechselstrommessbrücke)
**inductance-capacitance filter*** (Elec Eng) / I-C-Filter *n*
**inductance coefficient*** (Elec Eng) / Induktivität *f*, Selbstinduktionskoeffizient *m*, Selbstinduktivität *f*, Eigeninduktivität *f* ‖ **~ coil** (Elec Eng) / Spule *f* (Induktivität), Wicklungselement *n* ‖ **~ coil*** (Elec Eng) / Induktorspule *f* ‖ **~ coupling*** (Elec Eng, Electronics) / induktive Kopplung, magnetische Kopplung ‖ **~ loop** (Elec Eng) / Schleifendetektor *m*, Induktionsschleife *f* ‖ **~ per unit length** (Telecomm) / Induktivitätsbelag *m* (DIN 1344)
**induction*** *n* (AI, Maths) / Induktion *f* (wichtigste Form des reduktiven Schließens), induktives Schließen ‖ **~*** (Biochem, Chem) / Induktion *f* (biochemische, biologische, chemische, mikrobiologische, physikalische) ‖ **~** (Build, Ecol) / Induktion *f* (Mitnehmen von Raumluft durch einen Luftstrahl/Sekundärluft - DIN 1946-1) ‖ **~** (Elec) / Induktion *f* (elektromagnetische, magnetische, elektrostatische) ‖ **~** (I C Engs) / Saugen *n*, Ansaugen *n* (des Luft-Kraftstoff-Gemisches) ‖ **~** *attr* / induktiv *adj* (vom Einzelnen zum Allgemeinen führend) ‖ **~ accelerator** (Nuc) / Betatron *n*, Elektronenschleuder *f* ‖ **~ brake** (Rail) / Induktionsbremse *f* (eien Eisenbahnbremse) ‖ **~ brazing** / Induktionslöten *n* (ein Hartlötverfahren) ‖ **~ coil*** / Induktorwicklung *f* ‖ **~ coil*** (Elec Eng, Teleph) / Induktionsspule *f* ‖ **~ coil** s. also ignition coil ‖ **~ compass***

(Mag) / Induktionskompass *m* ‖ **~ coupler** (Comp) / induktiver Koppler ‖ **~ coupling** (Elec Eng) / Induktionskupplung *f* (eine elektromagnetische Kupplung, die wie eine Asynchronmaschine arbeitet und einen Schlupf aufweist), Schlupfkupplung *f* ‖ **~ cup** (Elec Eng) / Induktionskern *m* (Topfmagnet) ‖ **~ drag** (Phys) / Kraftwirkung *f* durch induzierte Wirbelströme ‖ **~ drying** (For) / Induktivtrocknung *f* (eine Art Elektrowärmetrocknung) ‖ **~ field*** (Phys) / Induktionsfeld *n* ‖ **~ forces** (Nuc) / Induktionskräfte *f pl*, Debye-Kräfte *f pl* ‖ **~ furnace*** (Elec Eng) / induktionsbeheizter Ofen, Induktionsofen *m* (ein elektrischer Schmelzofen mit induktiver Beheizung), Induktionsschmelzofen *m* ‖ **~ generator*** (Elec Eng) / Asynchrongenerator *m*, Induktionsgenerator *m* ‖ **~ hardening*** (Met) / Induktionshärtung *f*, Induktionshärten *n* (von Werkstücken nach oberflächigem oder durchgreifendem elektroinduktivem Erwärmen nach DIN EN 10 052) ‖ **~ heating*** (Elec Eng, Heat) / induktive Erwärmung (mit Hilfe magnetischer Wechselfelder), Induktionserwärmung *f* (eine Art Hochfrequenzerwärmung), Induktionsheizung *f* ‖ **~ heating coil** / Heizschleife *f*, Induktor *m* (zum induktiven Erwärmen) ‖ **~ instrument*** (Elec Eng) / Induktionsmessinstrument *n* ‖ **~ log** (Geol, Mining) / Induktionslog *n* (für Messungen in Bohrlöchern) ‖ **~ logging** (Oils) / Induktionsmessung *f* ‖ **~ loop** (Elec Eng) / Schleifendetektor *m*, Induktionsschleife *f*
**induction-loop detector** (a type of traffic loop detector) / Induktionsschleifendetektor *m*, Induktionsschleife *f* (als Detektor)
**induction machine** (Elec Eng) / Asynchronmaschine *f*, Induktionsmaschine *f*, AM (Asynchronmaschine) ‖ **~ manifold*** (I C Engs) / Ladeleitung *f* ‖ **~ manifold*** (I C Engs) / Saugrohr *n*, Motorsaugrohr *n*, Ansaugkrümmer *m*, Ansaugrohr *n*, Einlasskrümmer *m* (ein komplettes Bauteil, das den Einlasskanälen des Zylinderkopfs die Luft zuführt) ‖ **~ meter*** (Elec Eng) / Induktionszähler *m* (Elektrizitätszähler für Wechsel- und Drehstrom) ‖ **~ motor*** (Elec Eng) / Asynchronmotor *m*, Induktionsmotor *m* ‖ **~ noise** (I C Engs) / Ansauggeräusch *n* ‖ **~ period*** (Chem) / Induktionsperiode *f* (eine Anfangsphase bei bestimmten Reaktionen, in der die Reaktionsgeschwindigkeit sehr gering oder nahezu null ist) ‖ **~ period** (Chem, Plastics) / Induktionszeit *f* (bei Reaktionsharzen) ‖ **~ port** (I C Engs) / Einlasskanal *m* (in einem Ansaugschlitz, Einlassschlitz *m* (in einem Zweitaktmotor) ‖ **~ port** (I C Engs) / Zulaufbohrung *f* (am Pumpenzylinder einer Einspritzpumpe) ‖ **~ pressure** (I C Engs) / Ansaugdruck *m* ‖ **~ regulator*** (Elec Eng) / Drehtransformator *m* (ein Drehfeldtransformator), Induktionsregler *m* ‖ **~ relay*** (Elec Eng) / Induktionsrelais *n* (dessen Arbeitsweise auf der Kraftwirkung zwischen feststehenden, stromdurchflossenen Spulen und den durch sie in einem beweglichen Leiter induzierten Strömen beruht), Ferraris-Relais *n* ‖ **~ step** (Elec Eng) / Induktionsschritt *m* ‖ **~ stroke** (I C Engs) / Ansaughub *m* (im Viertaktzyklus), Saughub *m* ‖ **~ system** (AI) / beispielgesteuertes System, induktives System ‖ **~ traction motor** (Rail) / Induktionsfahrmotor *m* ‖ **~ valve*** (I C Engs) / Saugventil *n*, Einlassventil *n* ‖ **~ (electromagnetic) welding** (Welding) / Induktionsschweißen *n* (ein Pressschweißen)
**inductive*** *adj* / induktiv *adj* (vom Einzelnen zum Allgemeinen führend) ‖ **~*** (Elec Eng) / induktiv *adj* (durch Induktion wirkend oder entstehend) ‖ **~ circuit*** (Elec Eng) / induktiver Stromkreis ‖ **~ coupling** (Electronics) / induktive Kopplung, magnetische Kopplung ‖ **~ drop*** (Elec Eng) / induktiver Spannungsabfall ‖ **~ effect** (the polarization of one bond caused by the polarization in an adjacent bond) (Chem) / induktiver Effekt, I-Effekt *m*, Induktionseffekt *m* ‖ **~ feedback** (Elec Eng) / induktive Rückkopplung ‖ **~ learning** (AI) / induktives Lernen (bei dem durch Deduktion aus spezifischen Fakten und Regeln in allgemeiner Form gültige neue Fakten und Regeln abgeleitet werden) ‖ **~ load*** (Elec Eng) / induktive Last, nacheilende Last, reaktive Last, induktive Belastung ‖ **~ loop detector** / Induktionsschleifendetektor *m*, Induktionsschleife *f* (als Detektor)
**inductively coupled argon-plasma atomic emission spectrometry** (Spectr) / Atomemissionsspektrometrie *f* mit induktiv gekoppeltem Argonplasma ‖ **~ coupled plasma** (Plasma Phys, Spectr) / induktiv gekoppeltes Plasma (Atomisierungs- und Anregungsquelle in der Atomspektroskopie), ICP (induktiv gekoppeltes Plasma) ‖ **~ coupled plasma atomic emission spectrometry** (Spectr) / ICP-Emissions-Spektralanalyse *f*
**inductive measure** (Comp) / induktives Maß (ein Softwaremaß) ‖ **~ pick-off** (Autos) / Induktionsfühler *m* ‖ **~ pickup** (Autos) / Induktivgeber *m*, Induktionsgeber *m* (in der elektronischen Zündung) ‖ **~ potential divider** (Elec Eng) / induktiver Spannungsteiler, Ipot ‖ **~ potentiometer** (Elec Eng) / induktives Potentiometer ‖ **~ reactance** (Elec Eng) / Induktanz *f*, induktiver Blindwiderstand (ein Wechselstromwiderstand) ‖ **~ reaction** (Elec) / induktive Reaktion, elektromagnetische Reaktion ‖ **~ semiconductor ignition** (Autos) / Transistorspulenzündung *f*, TSZ ‖

**inductive**

~ **semiconductor ignition with Hall generator** (Autos) / Transistorspulenzündung f (vollelektronische) mit Hall-Generator, TSZ-h ‖ ~ **semiconductor ignition with induction-type pulse generator** (Autos) / induktiv gesteuerte Transistorzündung, Transistorspulenzündung f (vollelektronische) mit Induktionsgeber, TSZ-i ‖ ~ **set** (Maths) / induktive Menge ‖ ~ **shunt** (Elec Eng) / induktiver Nebenschluss ‖ ~ **step** (Maths) / Induktionsschritt m ‖ ~ **train-control system** (Rail) / induktive Zugbeeinflussung, Indusi f ‖ ~ **tuning** (Radio) / induktive Abstimmung, L-Abstimmung f ‖ ~**-type semiconductor ignition system** (Autos) / Transistorspulenzündung f, TSZ ‖ ~ **winding** (Autos) / Induktionswicklung f (eines Induktionsgebers)
**in-duct method** (Acous) / Kanalverfahren n der Geräuschmessung
**inductor*** n (Chem) / Induktor m (bei induzierten Reaktionen) ‖ ~* (Elec Eng) / Induktorspule f ‖ ~* (Elec Eng) / Drosselspule f (DIN 40714, T 1; DIN 57532, T 1), Drossel f ‖ ~ **alternator** (Elec Eng) / Turbogenerator m (Drehstromsynchrongenerator, der von einer Dampf- oder Gasturbine angetrieben wird), TBG (Turbogenerator) ‖ ~ **circuit** (Elec Eng) / Induktorkreis m, Induktorstromkreis m ‖ ~ **comb** (Elec Eng) / Induktorkamm f ‖ ~ **generator*** (Elec Eng) / Induktorgenerator m (DIN 42005) ‖ ~ **loudspeaker*** (Acous) / elektromagnetischer Lautsprecher (heute kaum gebraucht), magnetischer Lautsprecher
**inductor-type synchronous motor** (Elec Eng) / Induktorsynchronmotor m
**induline black** (water-soluble nigrosine) (Chem) / Indulinschwarz n
**indulines*** pl (any of a group of insoluble blue azine dyes) (Chem, Textiles) / Induline n pl, Indulinfarbstoffe m pl (Azinfarbstoffe)
**induration*** n (Geol) / Verfestigung f, Erhärtung f ‖ ~* (Med) / Induration f, Verhärtung f (krankhafte - eines Gewebes oder Organs)
**indusial limestone** (Geol) / Indusienkalk m (Süßwasserkalk im Oligozän, aus Röhren von Köcherfliegenlarven)
**industrial** adj / Industrie-, industriell adj ‖ ~ / großtechnisch adj (Anlage)
**industrial, scientific and medical apparatus** (Elec Eng, Instr) / Gerät n für industrielle, wissenschaftliche und medizinische Zwecke
**industrial, scientific and medical frequencies** (Telecomm) / ISM-Frequenzen f pl (etwa 12,2 cm) ‖ ~ **accident** (Med) / Arbeitsunfall m, Betriebsunfall m ‖ ~ **action** (Work Study) / gewerkschaftliche Kampfmaßnahme ‖ ~ **alcohol** (Chem) / Alkohol m (als Lösungsmittel) ‖ ~ **alcohol** (Chem Eng) / technischer Alkohol, Industriealkohol m ‖ ~ **alloy** (Met) / handelsübliche (technische) Legierung, Handelslegierung f ‖ ~ **and institutional catering** (Nut) / Gemeinschaftsverpflegung f ‖ ~ **anthropology** / Industrieanthropologie f (Teilgebiet der Anthropologie, das sich mit der Anpassung von Gebrauchsgegenständen an Körperformen und -maße des Menschen befasst) ‖ ~ **application** / gewerbliche Anwendung (der Erfindung) ‖ ~ **application** / industrielle Anwendung, Anwendung f in der Industrie ‖ ~ **archaeology** (the study of equipment and buildings formerly used in industry) / Industriearchäologie f ‖ ~ **architecture** (Arch) / Industriearchitektur f (industrielle Fertigungs- und Forschungsstätten mit den dazugehörigen Verwaltungs- und Sozialbauten, Lagerhallen und weitere technische Großbauten, wie z. B. Fördertürme usw.) ‖ ~ **area** (Build) / Industriegebiet n (Gebiet, das aufgrund günstiger Standortbedingungen eine Häufung von Industriebetrieben aufweist) ‖ ~ **atmosphere** (Ecol) / Industrieatmosphäre f ‖ ~ **biology** (Biol) / Ingenieurbiologie f, technische Biologie ‖ ~ **black** (carbon black) (Chem Eng) / Industrieruß m ‖ ~ **boiler** (Eng) / Industriekessel m ‖ ~ **building** / Industriebau m, Industriegebäude n ‖ ~ **centre** / Industriegebiet n (mit vielen Industrieanlagen), Industriezentrum n ‖ ~ **chemical** (Chem Eng) / Industriechemikalie f ‖ ~ **chemistry** (Chem, Chem Eng) / industrielle Chemie (Erkenntnis und Beherrschung der zweckmäßigsten Mittel für die unter Stoffumsatz verlaufende Herstellung einer gewünschten Ware), chemische Technik ‖ ~ **chromium plate** (Surf) / Hartchromschicht f (elektrolytisch abgeschiedene Chromschicht mit H-Atomen auf Zwischengitterplätzen, die eine Gitterverzerrung bewirken) ‖ ~ **cleaner** / Industriereiniger m ‖ ~ **coating** (Paint) / Industrielack m (Lack oder Lackfarbe, die auf die Bedürfnisse industrieller Großproduktion abgestimmt sind) ‖ ~ **code** / Gewerbeordnung f, GewO ‖ ~ **cogeneration plant** / industrielle KWK-Anlage ‖ ~ **control** (Automation) / selbsttätige Fertigungssteuerung, Regelung f und Steuerung von Fertigungsprozessen ‖ ~ **crops** (Bot) / Rohstoffpflanzen f pl, Industriepflanzen f pl (die Rohstoffe für die Industrie liefern) ‖ ~ **data capture** (Work Study) / Betriebsdatenerfassung f, BDE (Betriebsdatenerfassung) ‖ ~ **data processing** (Comp) / Prozessdatenverarbeitung f (Produktionssteuerung, Produktionskontrolle usw.) ‖ ~ **design** / Industriedesign n (industrielle Formgebung), Industrial Design n, industrielle Formgestaltung, Industrialdesign n ‖ ~ **design*** /

Geschmacksmuster n ‖ ~ **design** s. also product design ‖ ~ **designer** / Industrialdesigner m, Industrial Designer m, Produktdesigner m ‖ ~ **development area** (Build) / Industrieansiedlungszone f ‖ ~ **diamond*** / Industriediamant m (z.B. Carbonado, Bort), technischer Diamant ‖ ~ **disease** (Med) / Berufskrankheit f (z.B. Lärmschwerhörigkeit, Staublunge, Farmerlunge usw. - Entschädigung durch die gesetzliche Unfallversicherung) ‖ ~ **dust** (Ecol, Med) / Industriestaub m (der Staubinhalationskrankheiten verursachen kann) ‖ ~ **effluents** (Ecol) / Industrieabwässer n pl und Industrieabgase ‖ ~ **electronics** (Electronics) / Industrieelektronik f, industrielle Elektronik ‖ ~ **engineer** (Work Study) / Wirtschaftsingenieur m, Industrial Engineer m, Industrialengineer m ‖ ~ **engineering** (Work Study) / Industrial Engineering n (Wissenschaft und Technik der Rationalisierung industriebetrieblicher Arbeitsprozesse), Industrialengineering n ‖ ~ **espionage** / Wirtschaftsspionage f ‖ ~ **espionage** / Industriespionage f (Spionage in einem Betrieb eines anderen Landes oder in einem Konkurrenzbetrieb), Werksspionage f ‖ ~ **estate** (GB) / Industriepark m (kleinflächiges Industriegebiet oder zusammenhängendes Areal zur Ansiedlung kleiner und mittlerer Gewerbebetriebe), Gewerbepark m, Gewerbegebiet n ‖ ~ **expert system** (AI) / industrielles Expertensystem ‖ ~ **fabric** (Textiles) / technisches Gewebe ‖ ~ **facility** (Eng) / Industrieanlage f, industrielle Anlage ‖ ~ **film** (Cinema) / Industriefilm m, industrieller Dokumentationsfilm ‖ ~ **fish** (Agric, Nut) / Fisch m zur industriellen Weiterverarbeitung (z.B. zur Herstellung von Fischmehl) ‖ ~ **floor** / Industriefußboden m, Industrieboden m (begehbar und befahrbar) ‖ ~ **footwear** / Arbeitsschuhe m pl (als Gattungsbegriff) ‖ ~ **frequency*** (Elec Eng) / Betriebsfrequenz f (US + Kanada 60 Hz, GB + Europa 50 Hz, Japan 50 und 60 Hz), technische Frequenz ‖ ~ **furniture** / Möbel n pl für industriellen Gebrauch, Industriemöbel n pl ‖ ~ **gas** (Chem Eng) / Industriegas n, technisches Gas ‖ ~ **gear oil** / Industriegetriebeöl n ‖ ~ **geography** (Geog) / Industriegeografie f (Zweig der Wirtschaftsgeografie, der sich mit der Erforschung von Industriegebieten und -landschaften und deren besonderen Gegebenheiten befasst) ‖ ~ **glass** (Glass) / Industrieglas n
**industrial-grade** attr (Chem) / in Industriequalität (technisch) ‖ ~ **benzene** (Chem) / Benzol n (als Handelsprodukt), Handelsbenzol n
**industrial handling** (Work Study) / Industrial Handling n (Rationalisierung und Automatisierung der Handhabungsvorgänge im industriellen Bereich) ‖ ~ **haze** (Meteor) / Industriedunst m ‖ ~ **hygiene** (Med) / Arbeitshygiene f (ein Teilgebiet der Arbeitsmedizin), Gewerbehygiene f ‖ ~ **inspection** / Gewerbeaufsicht f
**industrialise** v / industrialisieren v
**industrialist** n / Industrielle m
**industrialization** n / Industrialisierung f
**industrialize** v / industrialisieren v
**industrialized building*** (Build) / industrielle Bauweise, industrielles Bauen, Industriebau m
**industrial kiln** (Eng, Met) / Industrieofen m (DIN 24201), Ofen m ‖ ~ **laser** (Phys) / Industrielaser m ‖ ~ **locomotive** / Industrielokomotive f ‖ ~ **medicine** (Med) / Arbeitsmedizin f ‖ ~ **melanism*** (Ecol, Zool) / Industriemelanismus m (in Industriegebieten beobachtete Erscheinung zunehmender Verdunklung der Körperfarbe als Folge natürlicher Selektion) ‖ ~ **meteorology** (Meteor) / Industriemeteorologie f ‖ ~ **methylated spirit** (Chem) / denaturierter Industriealkohol (mit Methanol) ‖ ~ **noise** (Acous, Ecol, Med) / Industrielärm m, Gewerbelärm m ‖ ~ **oil** / technisches Öl, Industrieöl n ‖ ~ **package** / Industrieverpackung f ‖ ~ **park** (US) / Industriepark m (kleinflächiges Industriegebiet oder zusammenhängendes Areal zur Ansiedlung kleiner und mittlerer Gewerbebetriebe), Gewerbepark m, Gewerbegebiet n ‖ ~ **PC** (Comp) / Industrie-PC m (mit speziellen Leistungs/Merkmalen) ‖ ~ **plant** / Industriebetrieb m, Industrieunternehmen n, Industrieanlage f ‖ ~ **product** / Industrieerzeugnis n, Industrieprodukt n ‖ ~ **production** (Work Study) / Industrieproduktion f, industrielle Produktion, großtechnische Herstellung ‖ ~ **property** / gewerbliches Eigentum (im gewerblichen Rechtsschutz) ‖ ~ **property right** / gewerbliches Schutzrecht ‖ ~ **psychology** / Industriepsychologie f ‖ ~ **psychology** (Psychol) / Arbeitspsychologie f (Zweig der angewandten Psychologie) ‖ ~ **radiography** (Crystal, Materials) / Röntgengrobstrukturuntersuchung f, Röntgengrobstrukturanalyse f ‖ ~ **railroad** (US) (Rail) / Werkbahn f, Industriebahn f (nichtstaatseigene Eisenbahn des nichtöffentlichen Verkehrs mit Anschluss an das allgemeine Eisenbahnnetz) ‖ ~ **railway** (Civ Eng) / Kleinbahn f, Schmalspurbahn f (z.B. auf Großbaustellen) ‖ ~ **railway** (Rail) / Werkbahn f, Industriebahn f (nichtstaatseigene Eisenbahn des nichtöffentlichen Verkehrs mit Anschluss an das allgemeine Eisenbahnnetz) ‖ ~ **reactor** (Nuc Eng) / Industriereaktor m ‖ ~ **relations** (Work Study) / Industrial Relations pl (die inner- und überbetrieblichen Beziehungen zwischen Arbeitnehmern und -gebern) ‖ ~ **relations** (Work Study) / Beziehungen f pl zwischen den Sozialpartnern ‖ ~

**robot** / Industrieroboter *m* (ein flexibles Handhabungsgerät, das über einen Arm mindestens mit drei Freiheitsgraden verfügt - ein Arbeits- und Bewegungsautomat), IR (Industrieroboter) ‖ **~ safety** (Work Study) / Arbeitssicherheit *f* ‖ **~ scale** (Work Study) / großtechnischer Maßstab ‖ **~ sewage** (San Eng) / gewerbliches Abwasser, industrielles Abwasser, Industrieabwasser *n*, betriebliches Schmutzwasser (DIN EN 752-1) ‖ **~ sewage treatment plant** (company-owned) (San Eng) / Werkskläranlage *f* ‖ **~ sewing machine** / Industrienähmaschine *f* ‖ **~ shipping** (Ships) / Werkschifffahrt *f* (Form der Spezialschifffahrt, bei der Verlader und Reeder dieselbe Person sind) ‖ **~ switch** (Elec Eng) / Industrieschalter *m* ‖ **~ television** (TV) / industrielles Fernsehen, technisches Fernsehen ‖ **~ textiles** (Textiles) / technische Textilien, Industrietextilien *pl* ‖ **~ thermometer** / Industriethermometer *n* ‖ **~ trailer** / Schlepper *m* (als Flurfördermittel zum Ziehen oder Schieben von Anhängewagen) ‖ **~ truck** (Eng) / Flurförderzeug *n* (DIN 15 140), Flurförderer *m*, Flurfördermittel *n* ‖ **~ turbine** (Eng) / Industrieturbine *f* ‖ **~ TV** (TV) / industrielles Fernsehen, technisches Fernsehen ‖ **~ use** / industrielle Verwendung ‖ **~ utilization** / industrielle Verwendung ‖ **~ valves** / Industriearmaturen *f pl* ‖ **~ vehicle** / Nutzfahrzeug *n*, Nfz (Nutzfahrzeug) ‖ **~ waste** (Ecol) / Industrieabfälle *m pl*, produktionsspezifische Abfälle (aus Industrie und Gewerbe), Industrierückstände *m pl*, Industriemüll *m* (Abfälle des produzierende Gewerbes) ‖ **~ waste water** (San Eng) / gewerbliches Abwasser, industrielles Abwasser, Industrieabwasser *n*, betriebliches Schmutzwasser (DIN EN 752-1) ‖ **~ water** / Betriebswasser *n*, Brauchwasser *n* (industrielles), Gebrauchswasser *n*, Nutzwasser *n*, Industriewasser *n*, Fabrikationswasser *n* ‖ **~ water** s. also process water ‖ **~ wood** (For) / Industrieholz *n*
**industry** *n* / Industrie *f*, Gewerbe *n* (produzierendes) ‖ **~ inspectorate** / Gewerbeaufsicht *f* (Behörde)
**industry-segment software** (Comp) / Branchensoftware *f*
**industry standard architecture** (Comp) / Industriestandard-Architektur *f*, ISA (Industriestandard-Architektur - 16-Bit-Busarchitektur) ‖ **~ standard practice** / übliche Industriepraxis
**inedible** *adj* (not suitable for human consumption) (Nut) / ungenießbar, nicht essbar
**ineffective** *adj* / unwirksam *adj*, wirkungslos *adj*, ineffektiv *adj* ‖ **~** (Teleph) / erfolglos *adj* (Anruf)
**ineffectual** *adj* / unwirksam *adj*, wirkungslos *adj*, ineffektiv *adj*
**inelastic** *adj* / unelastisch *adj*, inelastisch *adj* ‖ **~ buckling** (Tetmajer's method) (Mech) / Knicken *n* im unelastischen (Tetmajer-)Bereich ‖ **~ collision*** (Phys) / (vollkommen) unelastischer Stoß, inelastischer Stoß ‖ **~ cross section** (Nuc, Phys) / Querschnitt *m* unelastischer Streuungen ‖ **~ impact** (Phys) / (vollkommen) unelastischer Stoß, inelastischer Stoß ‖ **~ neutron scattering** (Nuc) / inelastische Neutronenstreuung, unelastische Neutronenstreuung (am Einzelkern oder an Substanzen), INS (inelastische Neutronenstreuung) ‖ **~ scattering*** (Nuc) / unelastische Streuung, inelastische Streuung (bei der die Summe der kinetischen Energie vor und nach dem Stoß verschieden ist) ‖ **~ strain** (Mech) / nicht elastische Dehnung ‖ **~ tunnelling spectroscopy** (Spectr) / inelastische Tunnelspektroskopie, unelastische Tunnelspektroskopie
**INEPT** (Spectr) / Polarisationstransfer *m* mit unselektiven Pulsen, INEPT (eine Methode des Polarisationstransfers)
**inequality*** *n* (Astron) / Ungleichheit *f* (der Bewegung), Störung *f* (der Bewegung) ‖ **~** (Maths) / Ungleichung *f* (in mathematisches Objekt, das aus zwei voneinander verschiedenen Termen besteht)
**inequigranular** *adj* / ungleichkörnig *adj*, ungleichmäßig körnig, von ungleichmäßiger Korngröße
**inert*** *adj* / inert *adj* ‖ **~*** (Mech) / träge *adj* ‖ **~** (Space) / nicht gezündet (Raketenstufe) ‖ **~** s. also inactive and low-reactivity ‖ **~ alloy** (Met, Nuc) / Inertlegierung *f*
**inertance** *n* (Acous) / Blindstandwert *m* (einer Masse)
**inert anode** (Surf) / Daueranode *f*, unlösliche Anode ‖ **~ anode*** (Surf) / Fremdstromanode *f*, Fremdstromschutzanode *f* ‖ **~ atmosphere** (Chem) / inerte Atmosphäre, indifferente Atmosphäre ‖ **~** (gas) **atmosphere** (Welding) / Schutzgasatmosphäre *f*, Inertgasatmosphäre *f* ‖ **~ dust** (Mining) / Inertstaub *m* ‖ **~ electrode** / reaktionsträge Elektrode ‖ **~ filler** (Chem, Paint) / inaktiver Füllstoff, inerter Füllstoff ‖ **~ gas** / Inertgas *n* (natürliches oder künstlich aufbereitetes Schutzgas zur Verhinderung ungewollter Reaktionen bei der Behandlung und Bearbeitung von metallischen Werkstoffen), inertes Gas ‖ **~ gas*** (Chem) / Edelgas *n* (He, Ne, Ar, Kr, Xe und Rn) ‖ **~ gas** (Welding) / Formiergas *n* (reduzierend wirkendes Gasgemisch zum Schutz der Unterseite der Wurzellage beim Schutzgasschweißen vor atmosphärischen Einflüssen)
**inert-gas blanketing** / Bedeckung *f* mit einem Schutzgaspolster ‖ **~ configuration** (Chem, Nuc) / Edelgaskonfiguration *f* (eine Elektronenkonfiguration, bei der die äußeren Schalen mit acht Elektronen besetzt sind) ‖ **~ cover** (Welding) / Schutzgashülle *f*, Schutzgasmantel *m* ‖ **~ mantle** (Welding) / Schutzgashülle *f*, Schutzgasmantel *m* ‖ **~-shielded arc welding** (Welding) / Lichtbogenschweißen *n* unter Schutzgas, SG-Schweißen *n* (DIN 1910, T 4), Schutzgasschweißen *n* (MSG oder WSG), Lichtbogeninertschweißen *n*, Schutzgas-Lichtbogenschweißen *n* (der sichtbare Lichtbogen brennt in einem Schutzgasmantel)
**inert-gas-shielded arc welding unit** (Welding) / Schutzgasschweißanlage *f*
**inert-gas shielded metal-arc welding** (Welding) / MIG-Schweißen *n* (DIN EN ISO 4063), SIGMA-Schweißen *n*, Metallschutzgasschweißen *n*, Metall-Inertgas-Schweißen *n* (DIN 1910, T 4), MSG ‖ **~ welding** (Welding) / Lichtbogenschweißen *n* unter Schutzgas, SG-Schweißen *n* (DIN 1910, T 4), Schutzgasschweißen *n* (MSG oder WSG), Lichtbogeninertschweißen *n*, Schutzgas-Lichtbogenschweißen *n* (der sichtbare Lichtbogen brennt in einem Schutzgasmantel)
**inertia*** *n* (property of a body by virtue of which it tends to continue in the state of rest or motion in which it may be placed, until acted on by some force) (Mech, Phys) / Trägheit *f* (Eigenschaft eines Körpers), Beharrungsvermögen *n* ‖ **~*** (Photog) / Inertia *f* (diejenige Stelle, an der die Verlängerung des geradlinigen Teils der Schwärzungskurve die Abszisse schneidet - in der Sensitometrie nach Hurter-Driffield, heute obsolet) ‖ **~ centre** (Phys) / Trägheitsmittelpunkt *m* ‖ **~ constant** (Elec Eng, Phys) / Trägheitskonstante *f* (Maß für das Trägheitsmoment einer Drehfeldmaschine) ‖ **~ ellipse** (Mech) / Trägheitsellipse *f* (zweidimensionale Methode zur Darstellung der Trägheitsradien für ein gedrehtes Koordinatensystem) ‖ **~ ellipsoid** (Mech) / Poinsot'sches Trägheitsellipsoid, Poinsot-Ellipsoid *n*, Trägheitsellipsoid *n* (nach der Poinsot-Konstruktion) ‖ **~ governor*** (Eng) / Beharrungsregler *m*, träger Regler
**inertial** *adj* (Mech) / inertial *adj* ‖ **~ confinement*** (Plasma Phys) / Trägheitseinschließung *f* (ein Einschlussprinzip bei der Kernfusion), Trägheitseinschluss *m*, Trägheitshalterung *f* (eines heißen Plasmas)
**inertialess** *adj* (Phys) / trägheitsfrei *adj* ‖ **~** (Phys) / trägheitslos *adj* ‖ **~ scanning** (Radio) / elektronische Strahlschwenkung
**inertial flight** (Space) / Trägheitsflug *m* ‖ **~ flow** (Phys) / Inertialströmung *f* Trägheitsströmung ohne Einfluss äußerer Kräfte) ‖ **~ force** (effective force) (Phys) / Massenkraft *f* ‖ **~ force** (Phys) / d'Alembert'sche Kraft, Trägheitswiderstand *m*, Trägheitskraft *f*, Scheinkraft *f* ‖ **~ frame** (Phys) / Trägheitsachsenkreuz *n* ‖ **~ frame of reference** (a frame of reference in which Newton's laws of motion hold) (Mech) / Inertialsystem *n* (ein Bezugsystem, in dem die Newton'schen Axiome für die Bewegung von Massepunkten gelten) ‖ **~ guidance*** (Nav) / Trägheitslenkung *f*, Inertiallenkung *f* (mittels eines Trägheitsnavigationssystems) ‖ **~ guiding** (Nav) / Trägheitslenkung *f*, Inertiallenkung *f* (mittels eines Trägheitsnavigationssystems) ‖ **~ mass** (the mass of a body as determined by its momentum, as opposed to 'gravitational mass', which is determined by the extent to which it responds to the force of gravity) (Mech) / träge Masse, Inertialmasse *f* ‖ **~ navigation** (Nav) / Trägheitsnavigation *f* (System und Anlage), Inertialnavigation *f* ‖ **~ orbit** (Space) / Trägheitsbahn *f* ‖ **~ platform** (Aero, Space) / kreiselstabilisierte Plattform, Kreiselplattform *f*, Trägheitsplattform *f* ‖ **~ reference system*** (Mech) / Inertialsystem *n* (ein Bezugsystem, in dem die Newton'schen Axiome für die Bewegung von Massepunkten gelten) ‖ **~ separator** / Massenträgheitsabscheider *m* (zur Trockenentstaubung) ‖ **~ system** (Mech) / Inertialsystem *n* (ein Bezugsystem, in dem die Newton'schen Axiome für die Bewegung von Massepunkten gelten) ‖ **~ tensor** (Mech) / Trägheitstensor *m* (DIN 13317), Tensor *m* der Trägheitsmomente ‖ **~ term** (Phys) / Trägheitsglied *n* ‖ **~ upper stage** (Space) / zweistufige Oberstufe (eine Komponente des US-Raumtransportersystems)
**inertia matrix** (Phys) / Trägheitsmatrix *f* ‖ **~-reel seat belt** (Autos) / Automatiksicherheitsgurt *m*, Automatikgurt *m* ‖ **~ selling** (the sending of unsollicited goods to potential customers in the hope of making a sale) / Trägheitsverkauf *m* (von unaufgefordert zugesandten Produkten) ‖ **~ starter** (Aero, I C Engs) / Schwungkraftanlasser *m*, Schwungkraftstarter *m* ‖ **~ switch*** (Elec Eng) / Trägheitsschalter *m* ‖ **~ tensor** (Mech) / Trägheitstensor *m* (DIN 13317), Tensor *m* der Trägheitsmomente ‖ **~ welding** (Welding) / Schwungradreibschweißen *n* ‖ **~ wheel** (Space) / Drallrad *n* (zur Drallstabilisierung)
**inerting** *n* / Inertisierung *f* (zur Vermeidung von Oxidationen und Explosionen) ‖ **~** *n* / Inertisierung *f* (eines Stoffes oder eines Systems)
**inert ingredient** / Beistoff *m* ‖ **~ ingredient** (Chem, Nut) / Beistoff *m*
**inertinite*** *n* (Geol, Mining) / Inertinit *m* (eine Mazeralgruppe)
**inertization** *n* / Inertisierung *f* (eines Stoffes oder eines Systems)
**inert metal*** (Met, Nuc) / Inertlegierung *f*
**inert-pair effect** (an effect shown by the heavier elements in groups 13, 14 an 15 of the periodic table where they have compounds with an

**inert pigment**

oxidation number of N - 12, where N is the group number) (Chem) / Inert-Pair-Effekt *m*
**inert pigment** (Paint) / inaktives Pigment (das mit trocknenden Ölen oder Harzen in keine chemische Reaktion tritt) ‖ ~ **shielding gas** (Met, Welding) / Schutzgas *n* (DIN 32526)
**INES** (International nuclear event scale) (Nuc Eng) / Internationale Skala für Stör- und Unfälle (in kerntechnischen Anlagen - mit den Stufen 0 bis 7)
**inessential state** (Stats) / unwesentlicher Zustand
**inevitable** *adj* / unvermeidbar *adj*
**inexact** *adj* / ungenau *adj* ‖ ~ **differential** (that cannot be integrated without specifying the path of integration) (Maths) / unexaktes Differential, unvollständiges Differential
**inexhaustibility test** (Rail) / Unerschöpfbarkeitsprobe *f*, Unerschöpfbarkeitsprüfung *f* (der Bremse)
**inexhaustible** *adj* / unerschöpflich *adj* (Vorrat) ‖ ~ (Rail) / unerschöpfbar *adj* (Bremse)
**inexpensive** *adj* / billig *adj* (Ware)
**inexpert** *adj* / unsachgemäß *adj* (Umgang)
**inextensible** *adj* (Maths, Mech) / undehnbar *adj*
**infant carrier** (Autos) / Babysitz *m*, Babysicherheitssitz *m*, Babyschale *f* ‖ ~ **mortality** (Electronics, Eng) / Frühausfall *m* (der gegenüber der vorgesehenen Gesamtfunktionsdauer schon nach kurzer Zeit eintritt), frühzeitiger Ausfall (von Bauelementen), Frühfehler *m* ‖ ~ **mortality failure** (Electronics, Eng) / Frühausfall *m* (der gegenüber der vorgesehenen Gesamtfunktionsdauer schon nach kurzer Zeit eintritt), frühzeitiger Ausfall (von Bauelementen), Frühfehler *m*
**infauna** *n* (the animals living in the sediments of the ocean floor or river or lake beds) (Ecol, Zool) / Infauna *f* (ein Teil des Benthos), Endofauna *f*
**INF Code** (Code for the Safe Carriage of Irradiated Nuclear Fuel, Plutonium, and High-Level Radioactive Waste in Flasks on Board of Ships) (Ships) / INF-Code *m*
**infeasible** *n* / nicht durchführbar
**infect** *v* (Comp, Med) / infizieren *v*
**infectible** *adj* (Comp) / infizierbar *adj* (Datei)
**infection** *n* (US) (Agric, For) / Befall *m* (durch Schädlinge), Infestation *f* ‖ ~* (Med) / Infektion *f*, Ansteckung *f*, Infekt *m* ‖ **thorough** ~ (Comp) / Durchseuchung *f* (mit Viren) ‖ ~ **code** (Comp) / Infektionskode *m*, Infektionscode *m* ‖ ~ **strategy** (Comp) / Infizierungsstrategie *f*
**infectious** *adj* (Med) / kontagiös *adj*, infektiös *adj*, ansteckend *adj* ‖ ~ **disease** (Med) / Infektionskrankheit *f*, ansteckende Krankheit
**infeed** *n* (Eng) / Zustellbewegung *f*, Zustellung *f* (des Fräswerkzeuges oder der Schleifscheibe) ‖ ~ (Eng) / Einstechen *n* ‖ ~ (Print) / Einzug *m* (Einlauf), Einlauf *m*, Einführung *f* ‖ ~ **grinding** (Eng) / Einstechschleifen *n* (Außen- oder Innenrundschleifen mit stetiger radialer Zustellung) ‖ ~ **table** (For) / Vordertisch *m* (der Abrichthobelmaschine), Aufgabetisch *m* (der Abrichthobelmaschine)
**inference** *n* (AI) / Inferenz *f* (ein Einzelschritt der Inferenzfindung) ‖ ~ (AI, Stats) / Rückschluss *m*, Inferenz *f*, statistische Inferenz (der Schluss von der Stichprobe auf die Grundgesamtheit, aus der die Stichprobe stammt) ‖ ~ (Stats) / Rückschluss *m*, induktiver Schluss (der Schluss von der Stichprobe auf die Grundgesamtheit, aus der sie stammt) ‖ ~ **algorithm** (AI) / Inferenzalgorithmus *m*, Schlussfolgerungsalgorithmus *m* ‖ ~ **by analogy** (AI) / analoges Schließen ‖ ~ **component** (AI) / Inferenzkomponente *f* (derjenige Bestandteil eines Expertensystems, der eine Problemstellung durch Inferenzen auf der Wissensbasis löst) ‖ ~ **engine** (AI) / Inferenzmaschine *f* (die Komponente in wissensbasierten Systemen, die die Inferenzstrategie steuert) ‖ ~ **figure scheme** (Maths) / Schlussfigurschema *n* ‖ ~ **machine** (AI) / Inferenzmaschine *f* (die Komponente in wissensbasierten Systemen, die die Inferenzstrategie steuert) ‖ ~ **net** (AI) / Inferenznetz *n* ‖ ~ **network** (AI) / Inferenznetz *n* ‖ ~ **processor** (AI) / Inferenzprozessor *m* ‖ ~ **rule** (AI) / Inferenzregel *f* (die dem Zweck dient, aus einer Menge von vorhandenen Informationen weitere Informationen abzuleiten), Deduktionsregel *f*, Ableitungsregel *f*, Schlussregel *f* ‖ ~ **system** (AI) / Inferenzsystem *n* (Schlussfolgerungs- und Problemlösungsapparat)
**inferencing** *n* (AI) / Inferenzfindung *f*, Schlussfolgerung *f* (als Prozess) ‖ ~ **system** (AI) / Inferenzsystem *n* (Schlussfolgerungs- und Problemlösungsapparat)
**inferential** *adj* (AI) / inferentiell *adj* ‖ ~ **flowmeter** / Durchflussmesser, der mit Messflügeln oder Düsen bzw. Blenden (nach DIN 1952) arbeitet
**inferior*** *adj* / tieferliegend *adj*, tieferstehend *adj* ‖ ~ (Typog) / tiefstehend *adj*, tiefgestellt *adj* ‖ ~ **conjunction*** (Astron) / untere Konjunktion ‖ ~ **figures*** (Comp, Print, Typog) / tiefstehende Ziffern (eine Art Index) ‖ ~ **letters*** (Comp, Print, Typog) / tiefstehende Buchstaben (eine Art Index) ‖ ~ **mirage** (Meteor) / Luftspiegelung *f* (nach unten), Kimmung *f*, untere Luftspiegelung ‖ ~ **numbers** (Comp, Print, Typog) / tiefstehende Ziffern (eine Art Index) ‖ ~ **planets*** (Astron) / untere Planeten (Merkur und Venus) ‖ ~ **quality** / minderwertige Qualität

**inferred reserve** (an estimate based on relationships, character of deposit, and past experience, without actual measurements or samples - it should include the limits between which the deposit may lie) (Geol, Mining) / vermutete Vorräte, geschlussfolgerte Vorräte ‖ ~**-zero instrument*** (Elec Eng, Instr) / Messinstrument *n* mit unterdrücktem Nullpunkt
**infertile** *adj* (Biol) / unfruchtbar *adj* (nicht fortpflanzungsfähig), steril *adj*
**infestation*** *n* (Agric, For) / Befall *m* (durch Schädlinge), Infestation *f*
**infested wood** (For) / schädlingsbefallenes Holz
**infield** *n* (the land around or near a farmstead, especially arable land) (Agric) / hofnahe landwirtschaftliche Nutzfläche, den Hof umgebende landwirtschaftliche Nutzfläche (meistens Ackerland)
**in-fill building** (Build) / Lückenschließung *f* ‖ ~ **drilling** (Oils) / Bohren *n* zwischen den (bestehenden) Fördersonden (um die Erträge zu steigern)
**infilling** *n* (Build) / Ausfachung *f* (Ausmauerung der Fächer im Fachwerkwänden) ‖ ~ (Build, Civ Eng) / Trägerfachwerk *n*, Trägerausfachung *f* ‖ ~* (Build, Civ Eng) / Füllung *f*, Zwischenfüllung *f*, Ausfüllung *f* ‖ ~ **concrete** (Build, Civ Eng) / Füllbeton *m* (geringer Qualität ohne statische Wirksamkeit zum Ausfüllen von Hohlräumen)
**infiltrate** *v* (a system) (Comp) / eindringen *v* (in ein System)
**infiltrated air** / Falschluft *f*
**infiltration** *n* / Einbruch *m* (der Luft) ‖ ~ (Comp) / Infiltration *f* (eines Datensystems) ‖ ~ (Geol, Hyd Eng) / Infiltration *f* (Grundwasseranreicherung) ‖ ~ (Materials) / Infiltration *f* (z.B. bei den Durchdringungsverbundwerkstoffen) ‖ ~* (Med) / Infiltration *f* (das Eindringen fremdartiger, insbesondere krankheitserregender Substanzen in Zellen und Gewebe) ‖ ~* (Powder Met) / Infiltrieren *n* (Tränken poröser Sinterkörper durch Buntmetall) ‖ ~ (Comp) s. also perpetration ‖ ~ **coefficient** (Hyd Eng) / Sickerungsbeiwert *m*, Versickerungskoeffizient *m* ‖ ~ **composite** (Materials) / Durchdringungsverbundwerkstoff *m*, Preform-MMC *m* ‖ ~ **ditch** (Hyd Eng) / Versickerungsgraben *m* ‖ ~ **gallery** (Civ Eng, Mining) / Sickerstollen *m* ‖ ~ **gallery** (Hyd Eng) / Horizontalfilterbrunnen *m* ‖ ~ **rate** (Geol, Hyd Eng) / Infiltrationsrate *f* ‖ ~ **technology** / Infiltrationstechnik *f* (bei der Herstellung von Durchdringungsverbundstoffen) ‖ ~ **water** (San Eng) / Fremdwasser *n* (in die Kanalisation eindringendes Grundwasser, unerlaubt durch Fehlanschlüsse eingeleitetes Wasser sowie einem Schmutzwasserkanal zufließendes Oberflächenwasser - DIN 4045) ‖ ~ **well** (Agric, Civ Eng) / Schluckschacht *m*, Schluckbrunnen *m* (zur künstlichen Grundwasseranreicherung)
**infimum** *n* (pl. -s or infima)* (Maths) / größte untere Schranke (einer Menge von Zahlen), untere Grenze, Infimum *n* (pl. Infima) ‖ ~ **formation** (Maths) / Infimumsbildung *f*
**infinitary** *adj* (Maths) / infinitär *adj*
**infinite** *adj* (Maths) / unendlich *adj*, transfinit *adj* ‖ ~ **attenuation*** (Phys) / unendlich große Dämpfung ‖ ~ **cardinal** (number) (Maths) / transfinite Kardinalzahl ‖ ~ **dilution** (Chem) / unendliche Verdünnung
**infinite-dimensional space** (Maths) / unendlichdimensionaler Raum
**infinite group** (Maths) / unendliche Gruppe (mit unendlich viel Elementen) ‖ ~ **impulse-record** (Radar) / unendliche Impulsantwort ‖ ~ **impulse response** (Electronics) / zeitdiskretes System mit unendlicher Impulsantwort, IIR (zeitdiskretes System mit unendlicher Impulsantwort) ‖ ~ **integral** (Maths) / uneigentliches Integral (Riemann'sches) ‖ ~ **line*** (Elec Eng) / unendlich lange Leitung
**infinitely divisible** (Maths) / unbeschränkt teilbar, unbegrenzt teilbar ‖ ~ **variable** (Eng) / stufenlos einstellbar, stufenlos regulierbar, stufenlos stellbar ‖ ~ **variable drive** (Eng) / stufenlos einstellbares Getriebe, stufenloser Antrieb, Kraftwagengetriebe *n*, Getriebe *n* mit stufenlos veränderbarer Übersetzung
**infinite medium multiplication factor** (Phys) / Multiplikationsfaktor *m* bei unendlich ausgedehntem Medium ‖ ~ **persistence screen*** (Electronics) / Bildschirmdarstellung *f* mit Langzeitspeicherung ‖ ~ **product** (Maths) / unendliches Produkt ‖ ~ **progression** (Maths) / unendliche Progression ‖ ~ **sequence** (Maths) / unendliche Folge ‖ ~ **series** (Maths) / unendliche Reihe ‖ ~ **set*** (Maths) / unendliche Menge
**infinitesimal*** *adj* (Maths) / infinitesimal *adj*, unendlich klein ‖ ~ **calculus** (Maths) / Differential- und Integralrechnung *f*, Infinitesimalrechnung *f* (zusammenfassende Bezeichnung für Differential- und Integralrechnung) ‖ ~ **element** (Maths) / infinitesimales Element
**infinity*** *n* (a quantity that is greater than any assignable quantity) (Maths) / Unendlich *n*, Unendlichkeit *f*, Infinitum *n* (pl. -nita) ‖ ~

(Photog) / Unendlich (Einstellung) || **and so on to** ~ (Maths) / und so weiter unbegrenzt
**infinity-corrected** *adj* (Optics) / für unendlich korrigiert
**infinity plug**\* *n* (Elec Eng) / Stöpselunterbrecher *m* || ~ **sign** (Maths) / Unendlichkeitszeichen *n*, Zeichen *n* für Unendlich
**infix notation** (ISO 2382-2) (Comp) / Infixschreibweise *f*
**inflame** *vi* / entzünden *vi* (sich) || ~ *vt* / entzünden *vt*
**inflammability** *n* / Zündfähigkeit *f*, Entflammbarkeit *f* (Eigenschaft eines Stoffes, bei Einwirkung einer Zündquelle zu entflammen - ISO 13 943), Entzündbarkeit *f* || ~ / Brandeigenschaften *f pl* || ~ (Fuels) / Zündwilligkeit *f* (eines Kraftstoffs)
**inflammable** *adj* / entflammbar *adj*, entzündbar *adj*, inflammabel *adj*, leicht entzündlich *adj*
**inflammation** *n* / Entzündung *f*, Entflammung *f* (von Dämpfen und Gasen)
**inflatable antenna** (Space) / aufblasbare Antenne || ~ **life net** / Sprungbalg *m*, Sprungpolster *n* (ein luftgefülltes Rettungsgerät) || ~ **life raft** (Ships) / Rettungsinsel *f* (ein Seenotrettungsmittel - Kunststoff- oder Gummiboot) || ~ **safety belt** (Autos) / aufblasbarer Sicherheitsgurt (passives Rückhaltesystem) || ~ **seat belt** (Autos) / aufblasbarer Sicherheitsgurt (passives Rückhaltesystem) || ~ **shuttering** (Build, Civ Eng) / aufblasbare Schalung
**inflate** *v* / aufblasen *v* || ~ (Autos) / aufpumpen *v* (Reifen)
**inflation**\* *n* (Aero) / Füllen *n* (des Ballons)
**inflationary universe**\* (Astron) / inflationäres Universum (nach Guth, Linde, Steinhard und Albrecht)
**inflation control seam** (Autos) / Reißnaht *f* (am Airbag) || ~ **pressure** (Autos) / Reifenfülldruck *m*, Reifendruck *m*, Reifenluftdruck *m*
**inflation-proof** *adj* / inflationssicher *adj*
**inflation propellant** (Autos) / Füllgas *n*
**inflator** *n* / Inflator *m* (bei Taucheranzügen) || ~ (Autos) / Füllgas *n* || ~ (Autos) / Gasgenerator *m* (für Airbags)
**inflected arch**\* (Arch) / Erdbogen *m*, Grundbogen *m*, Gegenbogen *m* (umgekehrter, mit dem Scheitel nach unten gerichteter Bogen zur gegenseitigen Verspannung der Fundamentpfeiler und zur gleichmäßigen Verteilung der Auflast auf schlechtem Baugrund)
**inflection** (Maths) / Wendung *f* (Änderung des Krümmungsverhaltens)
**inflector** *n* (Nuc Eng) / Einlenkkondensator *m* (bei Kreisbeschleunigern), Inflektor *m*
**inflexible** *adj* / unbiegsam *adj*, starr *adj* (inflexibel), inflexibel *adj* || ~ (Mech) / biegesteif *adj* (ohne Änderung der Form beim Biegen) || ~ (Ships) / steif *adj* (Tauwerk)
**inflexion**\* *n* (Maths) / Wendung *f* (Änderung des Krümmungsverhaltens)
**inflexional tangent** (Maths) / Wendetangente *f* (die im Wendepunkt an eine Kurve gelegte Tangente)
**inflexion point** (Maths) / Inflexionspunkt *m*, Wendepunkt *m*
**in-flight** *attr* (Aero) / während des Fluges
**in-flight collision** (Aero) / Zusammenstoß *m* im Fluge, Zusammenstoß *m* in der Luft, Kollision *f* während des Fluges || ~ **incapacitation** (Aero, Med) / gesundheitliche Beeinträchtigung während des Flugs || ~ **refuelling** (Aero) / Luftbetankung *f*, Flugbetankung *f*, Betankung *f* in der Luft, Lufttanken *n*
**inflorescence**\* *n* (Bot) / Blütenstand *m*, Infloreszenz *f*
**inflow** *v* / einströmen *v* || ~ *n* / Zufluss *m* (ein Flüssigkeitsvolumen), Zulauf *m* (ein Flüssigkeitsvolumen) || ~ / Einströmen *n* || ~ **hydrograph** (showing inflow into a reservoir) (Hyd Eng) / Zuflussganglinie *f*
**influence** *v* (Elec) / influenzieren *v* (einen elektrisch ungeladenen Körper durch die Annäherung eines geladenen beeinflussen) || ~ *n* / Einfluss *m*, Einwirkung *f* || ~ / Beeinflussung *f* || ~ (Elec) / Influenz *f*, elektrostatische Induktion, elektrische Influenz (Trennung und Verteilung elektrischer Ladungen in einem Leiter unter dem Einfluss eines elektrischen Feldes) || ~ (Geol) / Versinkung *f* (Eindringen von Wasser durch weite Hohlräume in den Untergrund) || ~ **function** (Maths) / Einflussfunktion *f* (im Allgemeinen) || ~ **line**\* (Build, Eng, Mech) / Einflusslinie *f* (z.B. in der Baustatik) || ~ **machine** (Elec) / Influenzmaschine *f* (eine Elektrisiermaschine) || ~ **quantity** (Phys) / Einflussgröße *f* (die nicht Gegenstand der Messung ist, jedoch die Messgröße oder die Ausgabe beeinflusst) || ~ **variable** (Automation) / Einflussgröße *f* (DIN 1319, T 1)
**influencing variable** (Automation) / Einflussgröße *f* (DIN 1319, T 1)
**influent seepage water** (Agric, Hyd Eng) / Sickerwasser *n* (das im Untergrund zum Grundwasser absinkende Niederschlags- und Oberflächenwasser) || ~ **stream** (Geol, Hyd Eng) / Grundwasser spendender Fluss (durch Versinkung, wie z.B. die Donau östlich von Tuttlingen), verlierender Wasserlauf (der einen Teil seines Wassers in das Grundwasser abgibt) || ~ **weir** (Chem Eng) / Zulaufwehr *n* (des Glockenbodens)

**influx** *n* (Geog) / Mündung *f* (eines Flusses), Einmündung *f* (eines Flusses) || ~ **of cold air** (Meteor) / Kaltlufteinbruch *m*
**infobahn** *n* (Comp) / Datenautobahn *f*, Infobahn *f*, Informationshighway *m*, Datenhighway *m*
**in-focus range** (Optics) / Fokalbereich *m*
**infological model** (AI, Comp, Maths) / infologisches Modell, informatorisches Modell
**infology** *n* (AI, Comp, Maths) / infologische Modellierung, Infologie *f*
**infomapping** *n* (Comp) / Infomapping *n*
**info menu bar** (Comp) / Info-Menüleiste *f*
**infomercial** *n* (an advertising film which promotes a product in an informative and supposedly objective style) / Infomercial *n*
**informal** *adj* / informell *adj* || ~ (AI) / informal *adj* (Schlussfolgern)
**informatics** *n* (Comp) / Informatik *f* (Wissenschaft von der Informationsverarbeitung) || ~ s. also artificial intelligence
**information**\* *n* (AI, Comp) / Information *f* (im Allgemeinen) || ~\* (AI, Comp) s. also piece of information || ~ **attr** (Comp) / Informations-, informationell *adj* || ~ **agency** (Comp) / Informationsstelle *f* (die auf Anfrage oder kontinuierlich Daten an bestimmte Benutzer weiterleitet, die Daten aber überwiegend nicht selbst aufbereitet)
**informational** *adj* (Comp) / Informations-, informationell *adj*
**information bit** (Comp) / Informationsbit *n*, IB (Informationsbit) || ~ **broker** (Comp) / Informationsvermittler *m*, Informationsbroker *m* || ~ **brokerage** (Comp) / Informationsvermittlung *f* (in einem Informationsbüro) || ~ **brokers** (Comp) / Informationsbüro *n* || ~ **carrier** (Comp) / Informationsträger *m* || ~ **centre** (Comp) / Informationszentrum *n* (Informationsstelle, die ihre Informationstätigkeit zentral für eine geographische, organisatorische oder politische Einheit wahrnimmt) || ~ **channel** (Telecomm) / Bearerkanal *m* (ISDN) (Bezeichnung eines digitalen duplexfähigen Übertragungskanals für Nutzdaten im ISDN mit einer Kapazität von 64 kbit/s), B-Kanal *m* (ISDN), Basiskanal *m* (ISDN) || ~ **chunk** (Comp) / Information Chunk *n* (psychologische Informationseinheit bei der individuellen Informationsaufnahme) || ~ **content** (Comp) / Informationsgehalt *m* (DIN 5493, T 1 und 44301) || ~ **content decimal unit** (Comp) / Hartley *n* (3,23 Bits - DIN 5493) || ~ **electronics** (Electronics) / Informationselektronik *f* || ~ **engineering** (Comp) / Information-Engineering *n* || ~ **exchange** (Comp) / Informationsaustausch *m* || ~ **field** (Telecomm) / Informationsfeld *n*, I-Feld *n* || ~ **flow** (Comp, Telecomm) / Informationsfluss *m* || ~ **gain** (Stats) / Informationsgewinn *m* || ~ **graphics** (Comp) / Infografik *f* || ~ **hiding** (Comp) / Geheimnisprinzip *n* (in der Programmiermethodik) || ~ **highway** (Comp) / Infobahn *f*, Informationshighway *m* || ~ **highway** (Comp) / Datenautobahn *f*, Infobahn *f*, Informationshighway *m*, Datenhighway *m* || ~ **input** (Comp) / Informationseingabe *f*, INFE (Informationseingabe) || ~ **inside the packing** / Packungseinleger *m*, Packungsbeilage *f* || ~ **line** (Teleph) / Bescheidleitung *f* || ~ **linguistics** (Comp) / Informationslinguistik *f*, linguistische Informationswissenschaft || ~ **management** (Comp) / Informationsmanagement *n*, Informationsverwaltung *f* || ~ **management system** (Comp) / Informationsverwaltungssystem *n* || ~ **market** (Comp) / Informationsmarkt *m* || ~ **menu bar** (Comp) / Info-Menüleiste *f* || ~ **modelling** (Comp) / Informationsmodellierung *f* (bei der Systemanalyse) || ~ **multiple** (Telecomm) / Informationsvielfache *n* || ~ **network** (Telecomm) / Informationsnetz *n* || ~ **output** (Comp) / Informationsausgabe *f*, INFA (Informationsausgabe) || ~ **output register** (Comp) / Informationsausgaberegister *n*, INFAR (Informationsausgaberegister) || ~ **overload** (Comp) / Informationsüberlastung *f* || ~ **parameter** (Phys) / Informationsparameter *m* (physikalische Größe, die Informationen darstellt) || ~ **privacy** (Comp) / Informationskontrolle *f* durch den Betroffenen, informationelles Selbstdarstellungsrecht, informationelles Selbstbestimmungsrecht, || ~ **processing**\* (Comp) / Datenverarbeitung *f*, Informationsverarbeitung *f*
**information-processing machine** (Comp) / informationsverarbeitende Maschine || ~ **theory** (Comp) / Nachrichtenverarbeitungstheorie *f*
**information processor** (Comp) / informationsverarbeitende Maschine || ~ **provider** (Comp) / Informationsanbieter *m* (der Btx-Informationen aufbereitet und zum Abruf bereitstellt), Informationslieferant *m* || ~ **psychology** (Comp) / Informationspsychologie *f* || ~ **quantity** (Comp) / Informationsmenge *f* || ~ **rate**\* (Telecomm) / Informationsgeschwindigkeit *f*, Informationsrate *f* (Informationsmenge je Zeit) || ~ **record** (Comp) / Mitteilungssatz *m* (erster Satz eines MATER-Austauschbandes, der eine Reihe von Angaben enthält, die für die Verarbeitung des Austauschbandes benötigt werden - DIN 2341) || ~ **request** (Comp) / Anfrage *f* (an ein System) || ~ **retrieval** (Comp) / Informationswiedergewinnung *f*, Information-Retrieval *n*, Wiederauffinden *n* (von Informationen), Retrieval *n*
**information-retrieval system** (Comp) / Dokumentretrieval-System *n*

771

**information science**

**information science** / Informationswissenschaft *f* (eine Geisteswissenschaft, die sich mit konkreter Information und Kommunikation, einschließlich Aufbewahren, Wiederauffinden, Verteilen, Darbieten und Vermitteln dokumentarischer Daten und Informationen befasst) ‖ **~ security** (Comp) / IT-Sicherheit *f*, Sicherheit *f* in der Informationstechnik ‖ **~ separator** (Comp, Telecomm) / Informationstrennzeichen *n*, Informationstrennkennzeichen *n* (CCITT-Alphabet Nr. 5) ‖ **~ service** (Comp) / Informationsdienst *m* ‖ **~ service** (Teleph) / Auskunftsdienst *m* ‖ **~ sign** (Autos) / Hinweiszeichen *n* ‖ **~ sink** (Comp, Telecomm) / Senke *f* (derjenige Teil eines datenverarbeitenden Systems, dem man die Aufnahme von Daten zuschreibt) ‖ **~ society** (Comp, Work Study) / Informationsgesellschaft *f* (eine postindustrielle Gesellschaft) ‖ **~ source** (Comp) / Informationsquelle *f* ‖ **~ superhighway** (Comp) / Datenautobahn *f*, Infobahn *f*, Informationshighway *m*, Datenhighway *m* ‖ **~ system** (Comp) / Informationssystem *n*, IS (Informationssystem) ‖ **~ technology*** (ISO/IEC 2382) (Comp) / Informationstechnik *f* (d.h. Dokumentation und neue Medien), IT (Informationstechnik) ‖ **~ theory*** (Comp, Telecomm) / Informationstheorie *f* ‖ **~ track** (Comp) / Informationsspur *f* ‖ **~ transfer cycle** (Comp) / Informationstransferzyklus *m* ‖ **~ translator** (Teleph) / Informationszuordner *m* ‖ **~ tree** (Comp, Telecomm) / Informationsbaum *m* ‖ **~ type** (Comp) / Informationsart *f* ‖ **~ unit** (Comp) / Informationseinheit *f* ‖ **~ word** (Comp) / Informationswort *n*
**informative** *adj* / informativ *adj* ‖ **~ advertising** / informative Werbung ‖ **~ labelling** / Informative Labelling *n* (Etikettierung von Waren durch aufklärende Hinweise auf Material usw. - in der Werbung)
**informatory** *adj* / informativ *adj* ‖ **~ sign** (Autos) / Hinweiszeichen *n*
**informed society** (Comp, Work Study) / Informationsgesellschaft *f* (eine postindustrielle Gesellschaft)
**infotainment** *n* (broadcast material which is intended both to entertain and to inform) (Comp, Radio, TV) / Infotainment *n* (informierende Unterhaltung und Weiterbildung)
**infrablack*** *adj* (TV) / ultraschwarz *adj*
**infracrustal** *adj* / infrakrustal *adj*
**infradyne*** *n* (Telecomm) / Überlagerungsschaltung *f* mit einer Zwischenfrequenz, die höher ist als die empfangene Frequenz
**infraglazial** *adj* (Geol) / unterglazial *adj*, subglazial *adj*, subglaziär *adj*
**infraneuston** *n* (Ecol) / Hyponeuston *n* (Lebensgemeinschaft auf der Unterseite des Oberflächenhäutchens der Gewässer, dem Wasserleben angepasst)
**infrared*** *adj* / Infrarot-, infrarot *adj*, IR ‖ **~ absorption** / Infrarotabsorption *f*, IR-Absorption *f*
**infrared-active** *adj* (Chem, Optics) / infrarotaktiv *adj*
**infrared analysis** (Spectr) / Infrarotanalyse *f* ‖ **~ astronomy*** (Astron) / Infrarotastronomie *f* (ein Gebiet der Astronomie, das sich mit der Untersuchung der aus dem Weltraum kommenden infraroten Strahlung befasst) ‖ **~ catastrophe** (Phys) / Ultrarotkatastrophe *f*, Ultrarotdivergenz *f*, Infrarotdivergenz *f*, Infrarotkatastrophe *f* (im Rahmen der Quantenelektrodynamik) ‖ **~ curing** (Paint) / Infrarothärtung *f* (von Lackfilmen) ‖ **~ detector** (Phys) / IR-Detektor *m*, Infrarotdetektor *m*, Infrarotstrahlungsmesser *m*, Infrarotempfänger *m* (Detektor) ‖ **~ divergence** (Phys) / Ultrarotkatastrophe *f*, Ultrarotdivergenz *f*, Infrarotdivergenz *f*, Infrarotkatastrophe *f* (im Rahmen der Quantenelektrodynamik) ‖ **~ emission** (Phys) / IR-Strahlung *f*, infrarote Strahlung, Infrarotstrahlung *f* (DIN 5031, T 7), Ultrarotstrahlung *f*, Infrarotemission *f*
**infrared-emitting diode** (Electronics, Phys) / infrarotemittierende Diode (Halbleiterdiode, die elektromagnetische Strahlung im kurzwelligen Bereich des infraroten Lichts aussendet), IRED *f* (Infrarotdiode), Infrarotdiode *f* (DIN 41 855, T 2)
**infrared fibre optics** (Optics) / Faseroptik *f* für Infrarot ‖ **~ fibre optics** (Optics) / Faseroptik *f* für Infrarot, IR-Faseroptik *f* ‖ **~ film** (Photog) / IR-Film *m*, Infrarotfilm *m* (für infrarote Strahlen empfindlicher Film) ‖ **~ filter** (Photog) / Infrarotfilter *n*, [manchmal auch] Schwarzfilter *n* ‖ **~ flare** (GB) / IR-Leuchtkörper *m* ‖ **~ flashlight** (Photog) / Infrarotblitzlampe *f*, Dunkelblitz *m* ‖ **~ Fourier transform spectrometer** (Spectr) / Infrarot-Fourier-Transform-Spektrometer *n*, Infrarot-FT-Spektrometer *n* ‖ **~ heating** / Infrarotheizung *f* (die Infrarotstrahlung glühender Körper ausnutzende Strahlungsheizung) ‖ **~ homing** (Mil) / Infrarotlenkung *f* (passives Zielsuchverfahren), Infrarot-Zielsuchlenkung *f* ‖ **~ hygrometer** / Infrarothygrometer *n* (zur Bestimmung der absoluten Feuchte der Luft) ‖ **~ imager** (Phys) / infrarotes bilddarstellendes Gerät ‖ **~ imaging device** (Phys) / infrarotes bilddarstellendes Gerät
**infrared-inactive** *adj* (Chem, Optics) / infrarotinaktiv *adj*
**infrared interface** (Comp) / Infrarotschnittstelle *f* ‖ **~ lens** / Infrarotlinse *f* ‖ **~ liquid cell** (Spectr) / Küvette *f* für die IR-Spektroskopie (flüssige Proben) ‖ **~ maser*** (Phys) / Infrarotmaser *m* (Molekularverstärker für infrarotes Licht) ‖ **~ measurement** / Infrarotmessung *f* ‖ **~ microscope** (Micros) / IR-Mikroskop *n*, Infrarotmikroskop *n* ‖ **~ microscopy** (Micros) / Infrarotmikroskopie *f* ‖ **~ modem** (Teleph) / Infrarotmodem *n* ‖ **~ optical materials** / infrarotdurchlässige Materialien, IR-Materialien *n pl* ‖ **~ photography*** (Photog) / IR-Fotografie *f*, Infrarotfotografie *f* ‖ **~ radiation*** (Phys) / IR-Strahlung *f*, infrarote Strahlung, Infrarotstrahlung *f* (DIN 5031, T 7), Ultrarotstrahlung *f*, Infrarotemission *f* ‖ **~ radiation emitting diode** (Electronics, Phys) / infrarotemittierende Diode (Halbleiterdiode, die elektromagnetische Strahlung im kurzwelligen Bereich des infraroten Lichts aussendet), IRED *f* (Infrarotdiode), Infrarotdiode *f* (DIN 41 855, T 2) ‖ **~ radiator** (Phys) / IR-Strahler *m*, Infrarotstrahler *m* (eine Strahlungsquelle, die Strahlung oberhalb 800 nm liefert) ‖ **~ receiver** / Infrarotempfänger *m* ‖ **~ remote control** (TV) / IR-Fernbedienung *f*, Infrarotfernsteuerung *f*, Infrarotfernbedienung *f* ‖ **~sensitive** *adj* / infrarotempfindlich *adj* ‖ **~ sensor** / IR-Sensor *m*, Infrarotsensor *m* ‖ **~ soldering** (Met) / Infrarotlöten *n* ‖ **~ source** / Infrarotquelle *f* ‖ **~ spectrometer*** (Spectr) / IR-Spektrometer *n*, Infrarotspektrometer *n*, Ultrarotspektrometer *n*, UR-Spektrometer *n* ‖ **~ spectroscopy** (Spectr) / IR-Spektroskopie *f*, Infrarotspektroskopie *f*, Ultrarotspektroskopie *f*, UR-Spektroskopie *f* ‖ **~ spectrum** (Spectr) / Infrarotspektrum *n* ‖ **~ testing** (Materials) / Infrarotprüfung *f* ‖ **~ therapy*** (Med) / Infrarottherapie *f* ‖ **~ thermography** (Optics, Photog) / IR-Thermografie *f*, Infrarotthermografie *f* (ein Fernerkundungsverfahren) ‖ **~ thermometer** / Infrarotthermometer *n* ‖ **~ transmitter** (Phys) / Infrarotsender *m*
**infrared-transmitting glass** (Glass) / infrarotdurchlässiges Glas, IR-Glas *n*
**infrared welding** / Lichtstrahlschweißen *n* (Fügeverfahren mit gebündelten Infrarotstrahlen zur Erzeugung der Schweißwärme, IR-Schweißen *n* ‖ **~ window** (Astron) / Infrarotfenster *n* (Spektralbereiche, in denen die Atmosphäre für die infrarote terrestrische Strahlung durchlässig ist) ‖ **~ window** (Astron) / infrarotes Fenster
**infrasizer** *n* (Powder Met) / Windsichter *m* (für sehr feines Gut)
**infrasonic** *adj* (Acous, Physiol) / infraakustisch *adj*, unterhalb des Hör(frequenz)bereichs ‖ **~** (Phys) / untertonfrequent *adj*, infraschall-, Infraschall-
**infrasound*** *n* (Phys) / Infraschall *m* (unter 16 Hz)
**infrastructure** *n* / Infrastruktur *f* (alle für die Wirtschaft eines Landes notwendigen Einrichtungen und Anlagen, die nur mittelbar der Produktion dienen)
**infringe** *v* (patent, law, agreement) / verletzen *v* (ein Patent)
**infringement** *n* / Verletzung *f* (des Patentrechts) ‖ **~ (of)** / Verstoß *m* (gegen), Zuwiderhandlung *f* (z.B. beim Zoll)
**infusible*** *adj* / unschmelzbar *adj*
**infusion*** *n* (Chem) / Infusum *n*, Infus *n*, Aufguss *m* (nach Vorschrift des DAB 10) ‖ **~** (Med) / Infusion *f* (direkt in das Blutgefäßsystem) ‖ **~** (Mining) / Tränkung *f* (des Kohlenstoßes mit Hilfe von Tränksonden) ‖ **~ mashing** (Brew) / Infusionsmaischverfahren *n*
**infusorial earth*** (Min) / Diatomeenerde *f*, Kieselgur *f* (ein Festgestein aus den Kieselsäuregerüsten der Diatomeen), Infusorienerde *f*, Bergmehl *n*
**InGaAsP/InP semiconductor laser** (Phys) / InGaAsP/InP-Halbleiterlaser *m*
**ingate*** *n* (Foundry) / gerichteter Anschnitt ‖ **~** (Mining) / Anschlag *m* (an dem Förderwagen auf- und abgeschoben werden oder Personen den Förderkorb betreten oder verlassen können)
**in-gear performance figures** (I C Engs) / Elastizitätswerte *m pl* (eines Motors beim Autotest)
**ingestion*** *n* (Nut, Pharm) / Nahrungsaufnahme *f*, Ingestion *f* ‖ **~** (Radiol) / Ingestion *f* (des Radionuklids)
**inglaze colour** (Ceramics) / Einsinkfarbe *f*, Inglasurfarbe *f* ‖ **~ decoration** (Ceramics) / Einsinkdekor *m n*, Inglasurdekor *m n*
**ingoing air** / Zuluft *f* (die gesamte einem Raum zugeführte Luft - DIN 1946) ‖ **~ eye** (Mining) / Stolleneingang *m*, Stollenausgang *m*, Stollenmundloch *n* (Ansatzpunkt eines Stollens an der Tagesoberfläche, der bei gebrächem Nebengestein durch Gewölbeausbau aus Stein gesichert ist) ‖ **~ signal** (Telecomm) / ankommendes Signal
**ingot*** *n* (Met) / Block *m* (gegossene Masse, meistens mit quadratischem Querschnitt), Gussblock *m*, Rohblock *m* (aus flüssigem Rohstahl erstarrter Block mit anderen Querschnitten als die Rohbramme), Ingot *m* ‖ **~** (Met) / Barren *m* (aus NE-Metall - DIN 17600, T 1) ‖ **~ bar** (Met) / Block *m* (gegossene Masse, meistens mit quadratischem Querschnitt), Gussblock *m*, Rohblock *m* (aus dem flüssigem Rohstahl erstarrter Block mit anderen Querschnitten als die Rohbramme), Ingot *m* ‖ **~ casting** (Foundry) / Blockguss *m*, Blockgießen *n* (bei Edelstählen und speziellen NE-Metallen) ‖ **~ casting conveyor** (Met) / Masselgießband *n* ‖ **~ charger** (Met) / Blockeinsatzmaschine *f*, Blockeinsetzmaschine *f*,

772

Blockchargiermaschine f ‖ ~ **crane** (Met) / Blockkran m ‖ ~ **iron**\* (Met) / technisch reines Eisen ‖ ~ **iron**\* (Met) s. also Armco iron ‖ ~ **lathe** (Eng, Met) / Blockdrehmaschine f (zum Entfernen der Gusshaut von Metallblöcken) ‖ ~ **metal** (Met) / Blockmetall n ‖ ~ **miller** (Eng, Met) / Blockfräsmaschine f ‖ ~ **mould**\* (Met) / Blockform f, Blockkokille f ‖ ~ **planing machine** (Eng) / Blockhobelmaschine f ‖ ~ **pusher** (in a pusher furnace) (Met) / Blockdrücker m (im Stoßofen) ‖ ~ **scarfing** (Met) / Blockflämmen n ‖ ~ **scum** (Met) / Blockschaum m ‖ ~ **shears** (Met) / Blockschere f ‖ ~ **slab** (Met) / Rohbramme f ‖ ~ **stripper**\* (Met) / Blockabstreifer m (zum Abstreifen der Kokille vom erstarrten Block) ‖ ~ **stripping crane** (Met) / Stripperkran m, Blockziehkran m, Blockabstreiferkran m ‖ ~ **tilter** (Met) / Blockkipper m ‖ ~ **tongs crane** (Met) / Zangenkran m, Blockzangenkran m
**ingrain** adj (yarn) (Textiles) / in der Faser gefärbt, in der Wolle gefärbt ‖ ~ (fabric) (Textiles) / im Garn gefärbt ‖ ~ **carpet** (Textiles) / Teppich m aus vor dem Weben gefärbter Wolle ‖ ~ **colour** (Chem, Textiles) / Azofarbstoff m (gekuppelter Entwicklungsfarbstoff mit Azogruppen) ‖ ~ **colours** (Textiles) / Eisfarben f pl, Eisfarbstoffe m pl (eine Klasse von Entwicklungsfarbstoffen, die bei 0-10° C verarbeitet werden)
**ingrained art paper** (Paper) / meliertes Kunstdruckpapier ‖ ~ **dirt** / tief eingedrungener Schmutz ‖ ~ **paint** (Paint) / eingetrockneter Anstrichstoff
**ingrain paper** (Paper) / Ingrainpapier n (Zeichenpapier von rauer Oberfläche mit farbigen oder schwarzen Wollfasern) ‖ ~ **paper** (Paper) / Raufaserpapier n, Raufasertapete f ‖ ~ **wall covering** (Paper) / Raufaserpapier n, Raufasertapete f
**ingredient** n (Nut) / Zutat f (jeder Stoff, einschließlich der Zusatzstoffe, der bei der Herstellung eines Lebensmittels verwendet wird und unverändert oder verändert im Enderzeugnis vorhanden ist), Ingredienz f (pl. -en), Bestandteil m (A) ‖ ~ (Pharm) / Ingrediens n (pl. -ienzien) (Bestandteil einer Arznei), Ingredienz f (pl. -en)
**ingredient(s) list** (Nut) / Zutatenverzeichnis n, Zutatenliste f
**ingredient statement** (US) (Nut) / Zutatenverzeichnis n, Zutatenliste f ‖ ~ **water** (Nut) / Schüttwasser n (bei der Teigherstellung)
**ingress** n / Einströmen n (Eindringen), Eindringen n (eines Fluids in einen Raum) ‖ ~ (Astron) / Immersion f (Eintritt eines Himmelskörpers in den Schatten eines anderen) ‖ ~ (Eng) / Zutritt m, Zugang m ‖ ~ **defect** (an extrusion defect) (Met) / Zweiwachs m (ein Pressfehler)
**ingression** n (Geol) / Ingression f (des Meeres in festländische Räume)
**ingrown bark** (For) / Rindeneinwuchs m, eingewachsene Rinde ‖ ~ **meander** (Geol) / eingesenkter Mäander, Talmäander m, Erosionsmäander m (der durch Tiefenerosion eines Flusses in den Gesteinsgrund entsteht)
**INH** (isonicotinic hydrazide) (Chem, Pharm) / Isonicotinsäurehydrazid n, Isonikotinsäurehydrazid n, Isoniacid n, Isoniazid n
**inhabitable** adj / bewohnbar adj
**inhalation**\* n (Med) / Inhalation f (Einatmung von zerstäubten oder verdampften Heilmitteln oder eines Radionuklids) ‖ ~ **anaesthetic** (Med) / Inhalationsnarkotikum n, Inhalationsanästhetikum n ‖ ~ **dose** (Radiol) / Inhalationsdosis f (beim Strahlenschutz)
**inhaler** n (Med) / Inhaler n, Inhalationsapparat m, Inhalator m
**inherent** adj / inhärent adj, innewohnend adj ‖ ~ / anhaftend adj (innewohnend) ‖ ~ s. also intrinsic ‖ ~ **addressing** (Comp) / implizite Adressierung, Fortschaltungsadressierung f ‖ ~ **ash**\* (in the original coal-forming vegetation) (Min Proc, Mining) / gebundene Asche, innere Asche, Pflanzenasche f ‖ ~ **biodegradability** (Ecol) s. also Zahn-Wellens method ‖ ~ **biodegradability** (Ecol) / prinzipiell vorhandene (mögliche) biologische Abbaubarkeit ‖ ~ **characteristic** (Elec Eng) / Eigenkennlinie f ‖ ~ **error** (Comp) / mitgeschleppter Fehler, Anfangsfehler m, Eingangsfehler m ‖ ~ **feedback** (Electronics) / innere Rückkopplung ‖ ~ **filtration**\* (Radiol) / Eigenfilterung f (bei der Röntgenröhre) ‖ ~ **flame resistance** (Textiles) / Flammensicherheit f (die auf die Substanzeigenschaften zurückzuführen ist - z.B. Asbest oder Glasfasern) ‖ ~ **floatability**\* (Min Proc) / natürliche Flotierbarkeit
**inherently biodegradable** (Chem, Ecol) / nicht leicht abbaubar
**inherent moisture** (in coal) (Mining) / Grubenfeuchte f, Eigenfeuchtigkeit f ‖ ~ **noise** (Electronics) / Eigenrauschen n ‖ ~ **noise figure** (Electronics) / Rauschzahl f des Eigenrauschens ‖ ~ **regulation**\* (Elec Eng) / Spannungsänderung f bei gleich bleibender Drehzahl ‖ ~ **regulation**\* (Elec Eng) / Drehzahländerung f bei gleich bleibender Spannung und Frequenz
**inherent(ly) safe** (Nuc Eng) / inhärent sicher (Kernreaktor)
**inherent safety** (Nuc Eng) / inhärente Sicherheit (des Reaktors) ‖ ~ **settlement** (Civ Eng) / Eigensetzung f (der Fundamente) ‖ ~ **stability** (Mech) / Eigenstabilität f ‖ ~ **stiffness** (Materials, Mech) / Eigensteifigkeit f ‖ ~ **strength** (Materials, Mech) / Eigenfestigkeit f ‖ ~ **toxicity** / innewohnende Toxizität ‖ ~ **weakness** / Schwachstelle f ‖ ~ **weakness failure** (Eng) / Ausfall m bei zulässiger Beanspruchung

**inherit** v (Gen) / erben v, ererben v
**inherited charactersistic** (Gen, Med) / Erbmerkmal n ‖ ~ **environmental damage** (Ecol) / Altlast f (Sammelbezeichnung für alte Ablagerungen umweltgefährdeter Abfälle aus der Zeit ungeordneter Abfallbeseitigung - Paragraph 1, Absatz 5 des Bundesbodengesetzes vom 17. März 1998) ‖ ~ **error**\* (Comp) / mitgeschleppter Fehler, Anfangsfehler m, Eingangsfehler m
**inherited-rights filter** (Comp) / Filter n für vererbte Rechte, Inherited Rights Filter n (Netware; mit Hilfe der IRF können Rechte gezielt nicht weitergegeben werden), IRF (Inherited Rights Filter)
**inhibin** n (Biochem) / Inhibin n (ein Glykohormon)
**inhibit** v (Biol, Chem, Comp) / inhibieren v ‖ ~ (Chem, Phys) / verzögern v, retardieren v ‖ ~ (Comp) / sperren v ‖ ~ (Electronics) / sperren v (ein Gatter) ‖ ~ (Electronics) / blockieren v, inhibieren v, hemmen v, sperren v ‖ ~ (Eng) / sperren v, hemmen v ‖ ~ **circuit** (Comp) / Verhinderungsschaltung f, Inhibitschaltung f, Sperrschaltung f, Lock-out-Schaltung f ‖ ~ **current** (Comp) / Inhibitstrom m
**inhibited oil**\* (mineral transformer oil to which a synthetic oxidation inhibitor has been added) (Elec Eng) / Wirkstofföl n (mit einem Inhibitor), inhibiertes Öl, Öl n mit Hemmstoff, Öl n mit Oxidationshemmer
**inhibit function** (Teleph) / Sperrfunktion f
**inhibiting agent** (Chem Eng) / Inhibitor m, Hemmstoff m ‖ ~ **factor** (Biochem) / freisetzungshemmendes Hormon, Statin n ‖ ~ **factor** (Biochem) / Inhibiting-Faktor m (der Gegenspieler des Releasing-Hormons), Statin n, INH ‖ ~ **gate** (Electronics) / Sperrgatter n ‖ ~ **input** (Comp) / Sperreingang m (DIN 41859) ‖ ~ **pigment** (Paint) / Korrosionsschutzpigment n, inhibierendes Pigment (Korrosionsschutz), aktives Pigment (ein Korrosionsschutzpigment in Grundbeschichtungsstoffen), inhibierendes Pigment ‖ ~ **pulse** (Comp) / Sperrimpuls m
**inhibit input** (Comp) / Sperreingang m (DIN 41859)
**inhibition**\* n (Biochem, Chem, Eng) / Hemmung f ‖ ~ (Biol, Chem) / Inhibierung f ‖ ~ (Chem) s. also anticatalysis ‖ ~ **zone** (Bacteriol) / Hemmhof m (hofartige, meist klare Zone, die sich auf einer gleichmäßig mit Bakterien oder anderen Mikroorganismen beimpften Nährbodenplatte befindet)
**inhibitive** adj / inhibitiv adj, inhibierend adj, hemmend adj ‖ ~ **pigment** (Paint) / Korrosionsschutzpigment n, inhibierendes Pigment (Korrosionsschutz), aktives Pigment (ein Korrosionsschutzpigment in Grundbeschichtungsstoffen), inhibierendes Pigment
**inhibit line** (Comp) / Inhibitdraht m, Inhibitleitung f ‖ ~ **line** (Comp, Electronics) / Sperrleitung f ‖ ~ **logic** / Sperrlogik f
**inhibitor** n (Biochem) / Inhibitor m (Effektor, der sich umkehrbar auf ein Enzymteilchen bindet und dessen Aktivität hemmt) ‖ ~ (Bot) / Hemmstoff m, Inhibitor m ‖ ~\* (Chem, Chem Eng) / Inhibitor m, Hemmstoff m
**inhibitor-containing acid pickling solution** (Eng) / Sparbeize f (Säure zur Ablösung von abgelagertem Kesselstein und von Rost auf Metall, der Inhibitoren zugesetzt sind)
**inhibitor sweetening** (Oils) / Inhibitorsüßung f
**inhibitory phase**\* (Chem) / Schutzkolloid n in einem lyophoben Sol, Inhibitionsphase f ‖ ~ **pulse** (Comp) / Sperrimpuls m
**inhibit pulse** (Comp) / Sperrimpuls m
**inhibit(ing) signal** (Comp) / Sperrsignal n
**inhibit wire** (Comp) / Inhibitdraht m, Inhibitleitung f
**in-hole plating** (Electronics) / Plattierung f im Loch (zur Herstellung von gelochten Zwischenformen für die Weiterverarbeitung zu Hülsen, Rohren und Ringen), Lochplattierung f
**inhomogeneity** n / Inhomogenität f
**inhomogeneous** adj / inhomogen adj (ungleichartig zusammengesetzt) ‖ ~ **broadening** (Spectr) / inhomogene Verbreiterung ‖ ~ **field** (Phys) / inhomogenes Feld ‖ ~ **linear differential equation** (Maths) / inhomogene lineare Differentialgleichung ‖ ~ **Lorentz group** (Maths) / Poincaré-Gruppe f, inhomogene Lorentz-Gruppe, volle Lorentz-Gruppe
**inhomogeneously broadened line** (Spectr) / inhomogen verbreiterte Linie (der Doppler-Verbreiterung)
**inhomogeneous magnetic field** (Mag) / inhomogenes Magnetfeld, inhomogenes magnetisches Feld ‖ ~ **system** (Phys) / inhomogenes System (DIN 1345)
**inhour**\* n (Nuc Eng) / Inhour f ‖ ~ **equation** (Nuc Eng) / Inhour-Gleichung f (in der Reaktorregelung)
**in-house** attr / Haus-, innerbetrieblich adj (System), betriebsintern adj, Inhouse-, firmenintern adj, im Hause ‖ ~ **coating** (Print) / Selbstbeschichtung f (Platten) ‖ ~ **communication** (Telecomm) / Inhouse-Kommunikation f, Kommunikation f im Hause (innerhalb des Unternehmens) ‖ ~ **mail** / Hauspost f ‖ ~ **monitoring** (Automation, Ecol) / Eigenüberwachung f (einer für die Allgemeinheit gefährlichen Anlage), Selbstüberwachung f ‖ ~ **monitoring** (San Eng)

**in-house**

/ Eigenkontrolle f (durch den Betreiber) ‖ ~ **network** (Comp) / betriebseigenes Netz, Inhouse-Netz n, In-Haus-Netz n (Nebenstellenanlagen + DV-Netz + lokales Netz) ‖ ~ **network** (Comp) s. also local area network ‖ ~ **plant** (Print) / eigene Druckerei (des Verlags) ‖ ~ **sensitizing** (Print) / Selbstbeschichtung f (Platten) ‖ ~ **standard** / innerbetriebliche Norm, Werknorm f ‖ ~ **supplies and services** (Build, Eng) / Eigenleistung f ‖ ~ **training** (Work Study) / betriebsinterne Ausbildung, Betriebsausbildung f (praktische), Ausbildung f am Arbeitsplatz

**inifer polymerization** (Chem) / Inifer-Polymerisation f (ein Verfahren der kationischen Polymerisation von Monomeren)

**iniferter** n (Chem) / Iniferter m (Initiator für die radikalische Polymerisation)

**INI file** (Comp) / INI-Datei f (Initialisierungsdatei für Windows-Anwendungen)

**initial** n (Maths) / Anfangsschenkel m (eines orientierten Winkels) ‖ ~ (Typog) / großer Anfangsbuchstabe (verzierter), Großbuchstabe m (am Anfang), Initial n, Initialbuchstabe m, Initiale f ‖ ~ *adj* / Initial-, Anfangs-, Ausgangs-, anfänglich *adj*, ursprünglich *adj* ‖ ~ **address message** (Telecomm) / Initialisierungsnachricht f ‖ ~ **adhesion** / Anfangshaftung f (eines Klebstoffs) ‖ ~ **approach** (Aero) / Anfangsanflug m ‖ ~ **balancing** (Eng) / Vorwuchten n ‖ ~ **band** (Spectr) / Anfangsbande f ‖ ~ **boiling point** (Chem, Phys) / SB (Siedebeginn), Siedebeginn m, Beginnsiedepunkt m, Siedepunkt m (Siedebeginn) ‖ ~ **charge of lubricant** / erste Schmiermittelfüllung ‖ ~ **compliance** / Anfangskomplianz f (DIN 1342, T 1) ‖ ~ **compression** (Civ Eng) / Vorverdichtung f (Sofortsetzung des Bodens), Sofortsetzung f, Anfangsverdichtung f ‖ ~ **concentration** (Chem) / Anfangskonzentration f ‖ ~ **conditions*** (Maths, Phys) / Anfangsbedingungen f pl ‖ ~ **consolidation** (Civ Eng) / Vorverdichtung f (Sofortsetzung des Bodens), Sofortsetzung f, Anfangsverdichtung f ‖ ~ **corrosion protection** (Surf) / Erstkorrosionsschutz m ‖ ~ **cost** (of an asset) / Anschaffungskosten pl ‖ ~ **crop rotation** (Agric) / Anlauffruchtfolge f ‖ ~ **delay time** (Autos) / Ansprechdauer f (bei Bremsen) ‖ ~ **detention** (Hyd Eng) / Anfangsrückhaltevermögen n ‖ ~ **detonating agent** / Initialsprengstoff m (gegen Schlag, Stoß und Wärme besonders empfindlicher Explosivstoff, der durch seine Entzündung die Explosion der gesamten Ladung auslöst), Zündstoff m, Zündsprengstoff m (z.B. Bleiazid oder Knallquecksilber) ‖ ~ **draw** (Eng) / Erstzug m, Erstziehen n (beim Tiefziehen), Ziehen n im Anschlag, Anschlagzug m, Tiefziehen n im Erstzug ‖ ~ **energy** (Phys) / Anfangsenergie f ‖ ~ **explosive** / Initialsprengstoff m (gegen Schlag, Stoß und Wärme besonders empfindlicher Explosivstoff, der durch seine Entzündung die Explosion der gesamten Ladung auslöst), Zündstoff m, Zündsprengstoff m (z.B. Bleiazid oder Knallquecksilber) ‖ ~ **filling** / Erstfüllung f (z.B. der Batteriesäure) ‖ ~ **friction** (Autos) / Losbrechmoment n (des Stoßdämpfers) ‖ ~ **fuel** (Nuc Eng) / Erstbrennstoff m, Brennstoff m der Erstbeladung ‖ ~ **gap** (Comp) / Anfangszwischenraum m (DIN 66 010)

**initialization** n (Comp) / Initialisierung f (das Erzeugen eines bestimmten determinierten Startzustandes in einer DV-Anlage durch ein Systemprogramm vor Abarbeitung eines Anwenderprogramms z.B. durch Löschen der Register vor dem Programmablauf, das Nullsetzen der Zähler, Schalter u. Ä.) ‖ ~ (Comp, Eng) / Initialisierung f (Herstellung einer definierten Ausgangsstellung einer NC-Maschine als Voraussetzung für den Start eines Steuerprogramms) ‖ ~ (Comp, Mag) / Initialisierung f (die Vorbereitung magnetischer Datenträger durch ein Dienstprogramm durch Schreiben des Datenträger-Kennsatzes, Aufzeichnen der Spuradressen, Kennzeichnen unbrauchbarer Spuren usw.) ‖ ~ (Mag) / Vorbereiten n (des Magnetbandes), Etikettieren n (des Magnetbandes) ‖ ~ **mode** (Telecomm) / Vorbereitungsbetrieb m (DIN 44302), Einleitungsbetrieb m

**initialize** v (Comp, Eng, Mag) / initialisieren v ‖ ~ (Mag) / vorbereiten v (ein Magnetband), etikettieren v (ein Magnetband)

**initializer** n (Comp) / Programmvorbereiter m, Einleitungsprogramm n, Initialisierungsroutine f ‖ ~ **routine** (Comp) / Programmvorbereiter m, Einleitungsprogramm n, Einleitungsroutine f

**initial letter** (Typog) / großer Anfangsbuchstabe (verzierter), Großbuchstabe m (am Anfang), Initial n, Initialbuchstabe m, Initiale f ‖ ~ **liquor** (Leather) / Anfangsbrühe f (Farbengang) ‖ ~ **loading** (Nuc Eng) / Erstbeschickung f (des Reaktors) ‖ ~ **lubrication** (Eng) / Initialschmierung f ‖ ~ **mass** (as opposed to final mass) (Space) / Startmasse f (der Rakete) ‖ ~ **measurement** / Einmessung f (als Vorarbeit) ‖ ~ **mode** (Telecomm) / Vorbereitungsbetrieb m (DIN 44302), Einleitungsbetrieb m ‖ ~ **node** (AI) / Startknoten m (in der Grafentechnik), Anfangsknoten m ‖ ~ **pass** (introduction of the rolling stock into the roll gap) (Met) / Anstich m (Einbringen des Walzgutes in den Walzspalt) ‖ ~ **permeability*** (Elec Eng) / Anfangspermeabilität f (DIN 1325)

**initial-phase tanning material** (Leather) / Vorlaufgerbstoff m

**initial point** (of an arc, of a vector) (Maths, Phys) / Anfangspunkt m ‖ ~ **pont** (Maths, Phys) s. also zero point ‖ ~ **position** / Anfangslage f ‖ ~ **position** / Ursprungsstellung f, Ausgangsstellung f, Startstellung f ‖ ~ **pressure** (Eng) / Anfangsdruck m, Saugdruck m (bei Verdichtern), Ansaugdruck m (bei Verdichtern) ‖ ~ **program loader** (Comp) / Urlader m (mit dem der Rechner in Betrieb genommen wird und das Laden weiterer Programme ermöglicht), Initialprogrammlader m, Anfangslader m, Systemeröffnungsprogramm n

**initial-program loader format** (Comp) / Urladeformat n

**initial program loading** (Comp) / Urstart m, einleitendes Programmladen, Urladen n, Initialprogrammladen n, Anfangsladen n ‖ ~ **radiation** (Mil, Nuc Eng) / Anfangsstrahlung f ‖ ~ **radiation** (Nuc) / Initialstrahlung f ‖ ~ **rate of absorption** (Build) / Saugfähigkeit f (des Ziegels) ‖ ~ **registration** (Autos) / Erstzulassung f, EZ ‖ ~ **reset** (Comp) / Urrücksetzen n (totales Rücksetzen der PE) ‖ ~ **resources** / Primärquellen f pl (der Energie) ‖ ~ **response time** (Autos) / Ansprechdauer f (bei Bremsen) ‖ ~ **retention** (Agric, Bot) / Anfangsretention f (Pflanzenschutz) ‖ ~ **run** (Print) / Startauflage f ‖ ~ **rust** (Eng, Surf) / Flugrost m (beginnende Rostbildung auf Eisen und Stahl - DIN 50900, T 1) ‖ ~ **screen** (Comp) / Eröffnungsbildschirm m, Begrüßungsbildschirm m ‖ ~ **set** (Civ Eng) / Erstarrungsbeginn m (Beton nach DIN 1164) ‖ ~ **setting motion** (Eng) / Anstellbewegung f (zwischen Werkzeugschneide und Werkstück - DIN 6580) ‖ ~ **side** (Maths) / Anfangsschenkel m (eines orientierten Winkels) ‖ ~ **solution** (Chem) / Urlösung f, Ansatzlösung f, Anfangslösung f ‖ ~ **stability*** (Ships) / Anfangsstabilität f (für sehr kleine Krängungswinkel) ‖ ~ **start** (Comp) / Urstart m, Erstanlauf m ‖ ~ **start** (Comp) / Urstart m, einleitendes Programmladen, Urladen n, Initialprogrammladen n, Anfangsladen n ‖ ~ **state** / Anfangszustand m ‖ ~ **stress** (Mech) / Anfangsspannung f ‖ ~ **stripping** (For) / erste Schälung (der Korkeiche) ‖ ~ **support** (Civ Eng) / Sicherung f (Abstützung des Tunnelraumes, die diesen für eine begrenzte Zeit vor dem Einstürzen schützt) ‖ ~ **tannage** (Leather) / Angerbung f ‖ ~ **tearing strength** (Textiles) / Einreißfestigkeit f, Einreißwiderstand m ‖ ~ **unbalance** (Eng) / Rohunwucht f (beim Herstellen der Schleifscheibe) ‖ ~ **value** / Anfangswert m, Ausgangswert m (bei einer Berechnung)

**initial-value problem** (Maths) / Cauchy'sches Problem (Bestimmung der Lösung einer Differentialgleichung), Anfangswertproblem n

**initial weight** / eingewogene Menge, Einwaage f ‖ ~ **wet strength** (Paper) / Bruchwiderstand m im initial nassen Zustand ‖ ~ **yielding** (Materials) / Fließbeginn m (Übergang von elastischer zu plastischer Verformung)

**initiate** v / zur Detonation bringen, initiieren v ‖ ~ / auslösen v (Infektion, Reaktion) ‖ ~ (Chem) / initiieren v, starten v, einleiten v (eine Reaktion) ‖ ~ (Comp) / auslösen v, starten v, einleiten v, anstoßen v (z.B. Programm) ‖ ~ (Surf) / auslösen v (z.B. Korrosion)

**initiating agent** (gegen Schlag, Stoß und Wärme besonders empfindlicher Explosivstoff, der durch seine Entzündung die Explosion der gesamten Ladung auslöst), Zündstoff m, Zündsprengstoff m (z.B. Bleiazid oder Knallquecksilber) ‖ ~ **agent** (Chem) / Initiator m (Substanz, die eine Kettenreaktion einleitet), Starter m ‖ ~ **codon*** (Gen) / Initiatorcodon n, Startcodon n, Initiatorkodon n, Startkodon n ‖ ~ **explosive** / Initialsprengstoff m (gegen Schlag, Stoß und Wärme besonders empfindlicher Explosivstoff, der durch seine Entzündung die Explosion der gesamten Ladung auslöst), Zündstoff m, Zündsprengstoff m (z.B. Bleiazid oder Knallquecksilber)

**initiation** n / Einsetzen n (Start), Einsatz m (Start) ‖ ~ / Einleitung f (Beginn) ‖ ~ (Biochem) / Initiation f (bei der Translation) ‖ ~ (Chem) / Initiation f, Start m (Anfang einer Reaktion), Einleitung f (einer Reaktion) ‖ ~ (Electronics) / Initiation f (bei der Annäherung eines Objekts) ‖ ~ **codon** (Gen) / Initiatorcodon n, Startcodon n, Initiatorkodon n, Startkodon n ‖ ~ **site** (Biochem) / Ausgangspunkt m (einer Reaktion) ‖ ~ **site** (Materials) / Ausgangspunkt m (einer Rissbildung)

**initiator*** n (Chem) / Initiator m (Substanz, die eine Kettenreaktion einleitet), Starter m ‖ ~ (the host in dialogue between SCSI devices) (Comp) / Initiator m, Host m ‖ ~ (Electronics) / Initiator m (berührungs- und kontaktlos arbeitender Schalter oder Sender mit Zweipunktverhalten, der durch Änderung physikalischer Parameter bei Annäherung eines Objekts ein Signal abgibt)

**inject** v / einspannen v (Papier in die Schreibmaschine) ‖ ~ (sound) (Acous, Cinema) / zuspielen v ‖ ~ (Agric) / injizieren v, eindrillen v (Flüssigdünger) ‖ ~ (the box sections - with) (Autos) / ausspritzen v (z.B. Hohlräume) ‖ ~ (under pressure) (Build, Civ Eng, Mining, Oils) / verpressen v, einpressen v, injizieren v ‖ ~ (Electronics, Geol, Med) / injizieren v, einspritzen v ‖ ~ (I C Engs) / einspritzen v ‖ ~ (Oils) / einpressen v (Wasser, Gas)

**injected engine** (I C Engs) / Einspritzmotor m ‖ ~ **fuel quantity** (Autos, Space) / Einspritzmenge f

**injecting electrode** (Nuc) / Injektionselektrode f ‖ ~ **with a dye** (a living tree) (For) / Durchfärben n des Holzes (am lebenden Baum) ‖ ~ **with dye** (a living tree) (For) / Lebendfärbung f (von Holz - bevorzugt von Rotbuchen, z.B. mit Anilin, Kupfer- oder Eisensulfat)

**inject into orbit** (Space) / in eine Umlaufbahn einschießen, in eine Umlaufbahn bringen

**injection** n (Agric) / Injektion f, Eindrillung f (des Flüssigdüngers) ‖ ~ (under pressure) (Build, Civ Eng) / Verpressung f (von Zementsuspension), Zementeinspritzung f, Zementierung f, Versteinung f (des Bodens), Einspritzung f der Zementpaste ‖ ~ (Chem) / Einspritzung f (Probenaufgabe in der Chromatografie) ‖ ~ (Civ Eng, Mining) / Injektion f ‖ ~* (Electronics, Geol, Med) / Injektion f (Einbringen von zusätzlichen Ladungsträgern in einen Halbleiter von außen) ‖ ~ (Eng) / Zuspeisung f (bei einem Prozessverdichter) ‖ ~ (Geol) / Intrusion f (ein magmatischer Prozess) ‖ ~* (I C Engs) / Einspritzung f ‖ ~ (Maths) / Eineindeutigkeit f (Abbildung), umkehrbare Eindeutigkeit ‖ ~ (Maths) / injektive Abbildung, Injektion f (Abbildung) ‖ ~ (Med, Pharm) / Spritze f (Injektion), Injektion f ‖ ~ (Nuc) / Injektion f, Einschuss m (bei Beschleuniger) ‖ ~ (Space) / Einschuss m, Insertion f (Einbringen eines Raumflugkörpers in eine Umlaufbahn) ‖ ~ **anaesthetic** (Med, Pharm) / Injektionsanästhetikum n, Injektionsnarkotikum n (ein Allgemein-Anästhetikum) ‖ ~ **apparatus** (Agric) / Injektionsgerät n (für Flüssigdünger) ‖ ~ **atomizer** (Eng) / Injektionszerstäuber m ‖ ~ **block** (Chem) / Einspritzblock m (bei Gaschromatografen) ‖ ~ **blow moulding** (Plastics) / Spritzblasformen n, Spritzblasen n ‖ ~ **capacity** / Spritzvolumen n ‖ ~ **carburettor*** (Aero) / Einspritzvergaser m ‖ ~ **chamber** (Foundry) / Druckkammer f (einer Druckgießmaschine)

**injection/compression moulding** (Plastics) / Spritzprägen n

**injection compressor** (I C Engs) / Einblasekompressor m ‖ ~ **condenser*** (Eng) / Mischkondensator m (der fein vernebeltes Kühlwasser in den Dampf einspritzt), Einspritzkondensator m ‖ ~ **cooler** / Einspritzkühler m ‖ ~ **cure** (Nut) / Spritzpökelung f, Schnellpökelung f ‖ ~ **current** (Electronics) / Injektionsstrom m ‖ ~ **cylinder** (Plastics) / Spritzzylinder m (der Extruderschnecke) ‖ ~ **cylinder** (Plastics) / Spritzgießzylinder m, Spritzzylinder m ‖ ~ **efficiency*** (Electronics) / Emitterergiebigkeit f, Injektionswirkungsgrad m ‖ ~ **electroluminescence** (Electronics) / Injektionselektrolumineszenz f (Anregung durch Injektion von Minoritätsträgern) ‖ ~ **fibre** (Light) / Vorlauffaser f (die zwischen einer Lichtquelle und einer anderen Faser eingefügt wird, um deren Moden auf eine bestimmte Art anzuregen), Vorschaltfaser f ‖ ~ **fluid** (Build, Civ Eng) / Injektionsstoff m (gasförmiger oder flüssiger), Zementiersubstanz f ‖ ~ **force** (I C Engs) / Einspritzkraft f ‖ ~ **lag*** (I C Engs) / Spritzverzug m, Einspritzverzögerung f ‖ ~ **laser** (Phys) / Injektionslaser m (wenn der Injektionsstrom einen Schwellenwert überschreitet) ‖ ~ **laser diode** (Phys) / Injektionslaser m (wenn der Injektionsstrom einen Schwellenwert überschreitet) ‖ ~ **laser diode** s. also semiconductor laser ‖ ~ **line** (Oils) / Totpumpleitung f

**injection-locked laser** (Phys) / injektionsstabilisierter Laser

**injection logic** (Comp, Electronics) / Injektionslogik f ‖ ~ **mould** (Plastics) / Spritzgießwerkzeug n

**injection-moulded** adj (Plastics) / gespritzt adj ‖ ~ **part** (Plastics) / Spritzgussteil n, Spritzling m, Spritzteil n

**injection moulding*** (Plastics) / Spritzgießen n (das Umformen der Formmasse derart, dass die in einem Massezylinder für mehr als einen Spritzgießvorgang enthaltene Masse unter Wärmeeinwirkung plastisch erweicht und unter Druck durch eine Düse in den Hohlraum eines vorher geschlossenen Werkzeugs einfließt - DIN 16 700), Spritzguss m, Spritzgießverfahren n, Spritztechnik f, Spritzen n ‖ ~ **moulding*** (Plastics) s. also transfer moulding

**injection-moulding part** (Plastics) / Spritzgussteil n, Spritzling m, Spritzteil n

**injection needle** (Nut) / Spritznadel f (zur Pökelung) ‖ ~ **nozzle** (I C Engs) / Einspritzdüse f ‖ ~ **optics** (Nuc) / Injektionsoptik f, Einschussoptik f (bei Beschleunigern) ‖ ~ **period** (I C Engs) / Einspritzdauer f ‖ ~ **plunger** (Foundry) / Druckkolben m (beim Druckguss) ‖ ~ **plunger** (Plastics) / Spritzkolben m (Spritzgießen) ‖ ~ **pressure** (Autos) / Einspritzdruck m ‖ ~ **pressure** (Foundry) / Gießdruck m (beim Druckguss) ‖ ~ **pressure** (Plastics) / Spritzdruck m, Einspritzdruck m ‖ ~ **process** (Met) / Injektionsverfahren n (bei der Stahlherstellung) ‖ ~ **pump** (Build, Civ Eng, Oils) / Zementierpumpe f, Einpresspumpe f ‖ ~ **pump*** (I C Engs) / Einspritzpumpe f (der Einspritzanlage) ‖ ~ **sequence** (Plastics) / Spritzfolge f, Einspritzfolge f ‖ ~ **shot** (Plastics) / Schuss m, Spritzung f (beim Spritzgießen) ‖ ~ **string*** (Oils) / Totpumpleitung f ‖ ~ **time** (Plastics) / Einspritzzeit f, Spritzzeit f ‖ ~ **valve*** (I C Engs) / Einspritzventil n (bei Benzineinspritzung) ‖ ~ **well** (Ecol) / Bohrloch n zur Endlagerung (giftiger oder korrosiver Abfallstoffe) ‖ ~ **well** (Ecol, Oils) / Schluckbohrung f (zur Ableitung pumpfähiger unerwünschter Substanzen in größere Tiefen) ‖ ~ **well** (Oils) / Einpressbohrung f, Einpresssonde f

**injective** adj (Maths) / injektiv adj (bei der Abbildung einer mathematischen Menge verschiedenen abzubildenden Elementen verschiedene abbildende Elemente zuordnend) ‖ ~ **mapping** (Maths) / injektive Abbildung, Injektion f (Abbildung)

**injector*** n (Eng) / Injektor m (eine Dampfstrahlpumpe bei Dampferzeugern) ‖ ~ (Glass) / Ölzerstäuber m (auswechselbar - in den gemauerten Brenner eingesetzt) ‖ ~* (I C Engs) / Einspritzdüse f ‖ ~* (I C Engs) / Einspritzventil n (bei Benzineinspritzung) ‖ ~ (Nuc Eng) / Vorbeschleuniger m (Teil einer Beschleunigeranlage), Injektor m, Injektionsgerät n ‖ ~ **accelerator** (Nuc Eng) / Vorbeschleuniger m (Teil einer Beschleunigeranlage), Injektor m, Injektionsgerät n ‖ ~ **insert** (Spectr) / Injektoreinsatz m, Einsatz m (des Injektors) ‖ ~ **nozzle** (Welding) / Injektordüse f ‖ ~ **torch** (Welding) / Saugbrenner m (DIN 8543, T 1)

**injector-type blowpipe** (Welding) / Saugbrenner m (DIN 8543, T 1) ‖ ~ **torch** (Welding) / Injektorbrenner m

**injunction** n / Injunktion f (in der Fuzzy-Logik)

**injurious to health** (Med) / gesundheitsschädlich adj, deletär adj ‖ ~ **to health** s. also insanitary ‖ ~ **to the wood** (For) / holzschädigend adj (Einfluss)

**injury from exposure** (Meteor) / Schaden m durch Wetterunbilden ‖ ~ **potential** (Elec Eng) / Verletzungsspannung f, Verletzungspotential n, Beschädigungsspannung f, Demarkationspotential n

**ink** v / nachziehen v (mit Tinte oder Tusche) ‖ ~ / markieren v (mit Tinte) ‖ ~ / mit Tinte schwärzen oder beschmieren ‖ ~ (Print) / einfärben v (mit Druckfarbe) ‖ ~* n (Comp, Print) / Tinte f ‖ ~* (Print, Typog) / Druckfarbe f (dünnflüssiges oder pastenförmiges Stoffgemisch zum Bedrucken von Papier, Karton usw.) ‖ ~ **ball** (Print) / Druckerballen m, Ballen m, Farbballen m, Tampon m (Druckerballen) ‖ ~ **blot** / Tintenfleck m, Tintenklecks m ‖ ~ **blue** / Tintenblau n (zur Verstärkung der Eisengallustinte) ‖ ~ **cartridge** / Tintenpatrone f (im Allgemeinen) ‖ ~ **cell** (Print) / Rasternäpfchen n (im Tiefdruckverfahren), Farbnäpfchen n ‖ ~ **cloth** (Comp) / Farbtuch n (bei Druckern) ‖ ~ **consistence** (Print) / Farbkonsistenz f ‖ ~ **coverage** (Print) / Farbverbrauch m (relativer) ‖ ~ **density** (Print) / Farbdichte f ‖ ~ **dye** (Chem) / Tintenfarbstoff m

**inker** n (Print) / Farbwalze f, Auftragwalze f, Farbauftragwalze f, Auftragwalze f (für Druckfarben)

**ink feed roller** (Print) / Heberwalze f, Heber m ‖ ~ **feed roller** (Print) / Farbheber m, Farbhebewalze f (Walze, die in den Farbkasten in die Druckfarbe eintaucht) ‖ ~ **film** (Print) / Farbschicht f (dünne), Farbfilm m (dünne Schicht) ‖ ~ **fly** (Print) / Spritzen n der Druckfarbe ‖ ~ **for marking linen** (Textiles) / Wäschezeichentinte f ‖ ~ **form(e) roller** (Print) / Farbwalze f, Auftragswalze f, Farbauftragswalze f, Auftragwalze f (für Druckfarben) ‖ ~ **for non-absorbing substrates** (Print) / Foliendruckfarbe f ‖ ~ **fountain** (Print) / Farbkasten m ‖ ~ **fountain** (Print) / Farbwanne f (Trogform im Flexodruck) ‖ ~-**grinding mill** (Print) / Farbmühle f, Farbreibmaschine f ‖ ~ **hold-out** (Paper) / Leimfestigkeitsgrad m nach der Tintenprobe ‖ ~ **in** v / nachziehen v (mit Tinte oder Tusche)

**inking** n / Markierung f (mit Tinte) ‖ ~ (Comp) / Spurschreiben n, Spuren n (Bewegen unter Hinterlassung einer Spur - in der grafischen Datenverarbeitung) ‖ ~ (Print) / Auftragung f der Druckfarbe, Farbgabe f, Farbgebung f ‖ ~ **ball** (Print) / Druckerballen m, Ballen m, Farbballen m, Tampon m (Druckerballen) ‖ ~ **device** (Print) / Farbwerk n (langes, kurzes) ‖ ~ **pad** / Stempelkissen n ‖ ~ **register** (Instr) / schreibendes Registriergerät (mit Faserstiften oder Tinte), Messdatenschreiber m, Messschreiber m ‖ ~ **roller** (Print) / Farbwalze f, Auftragwalze f, Farbauftragwalze f, Auftragwalze f (für Druckfarben) ‖ ~ **system** (Print) / Farbwerk n (langes, kurzes) ‖ ~ **train** (Print) / Farbwerk n (langes, kurzes) ‖ ~ **unit** (Print) / Farbwerk n (langes, kurzes)

**ink-jet facsimile printer** (Telecomm) / Tintenstrahlschreiber m (Fax), Fernkopierer-Tintenprinter m ‖ ~ **plotter** (Comp) / Tintenstrahlplotter m ‖ ~ **printer*** (Comp) / Farbstrahldruckwerk n (DIN 9784), Ink-Jet-Drucker m (für Schwarzweiß- und für Farbdruck), Tintenstrahldrucker m, Tintenstrahlprinter m ‖ ~ **printing*** (Comp) / Tintenstrahldruckverfahren n, Farbstrahldruckverfahren n, Ink-Jet-Verfahren n

**ink knife** (Print) / Farbspachtel m f, Farbmesser n ‖ ~ **layer** (Print) / Druckfarbenfilm m, Druckfilm m (auf den Bedruckstoff übertragener Druckfarbenfilm) ‖ ~ **metering** (Print) / Farbdosierung f ‖ ~ **mill** (Print) / Farbmühle f, Farbreibmaschine f ‖ ~ **misting*** (Print) / Nebeln n der Druckfarbe, Farbstäuben n

**ink-mist recorder** (Electronics) / Flüssigkeitsstrahloszillograf m

**inkometer** n (Print) / Inkometer n (Gerät zum Prüfen der Zähigkeit von Druckfarben)

**ink-pad** n / Stempelkissen n

**ink pump**

**ink pump**\* (Print) / Farbpumpenaggregat *n*, Pumpenfarbwerk *n*, Farbpumpe *f* ‖ ~ **receptivity** (Paper, Print) / Farbaufnahmefähigkeit *f* (des Papiers) ‖ ~ **recorder** (Instr) / Tintenschreiber *m* (bei dem der Messgrößenverlauf durch eine Tintenfeder oder einen Filzstift auf Registrierpapier aufgezeichnet wird) ‖ ~ **release** (Print) / Farbabgabe *f* ‖ ~**-repellent** *adj* (Print) / farbabstoßend *adj* (z.B. beim Offsetdruck), farbabweisend *adj* ‖ ~ **resistance** (Paper) / Tintenfestigkeit *f* (Beschreibbarkeit)
**ink-resistant** *adj* (Paper) / tintenfest *adj* (beschreibbar)
**ink(ed) ribbon** / Farbband *n* (der Schreibmaschine)
**ink roller** (Print) / Farbwalze *f*, Auftragswalze *f*, Farbauftragswalze *f*, Auftragwalze *f* (für Druckfarben)
**ink-roller pen** / Tintenroller *m*
**ink setting** (Print) / Wegschlagen *n* (der Druckfarben) ‖ ~ **shut-off** (Print) / Farbabbau *m* (Zurückstellen der Dosierelemente im Farbkasten) ‖ ~ **slab**\* (Print) / Farbtisch *m*, Farbplatte *f*, Farbstein *m* ‖ ~ **slice** (Print) / Farbspachtel *m f*, Farbmesser *m*
**ink-smear-proof** *adj* (Paper) / tintenfest *adj* (Papier, das dreiviertel bis voll geleimt ist)
**ink smudge** / Tintenverschmierung *f* ‖ ~ **specks** (Print) / Farbknoten *m pl* ‖ ~ **splitting** (Print) / Farbspaltung *f* (beim Druckfarbentransport über das Walzensystem des Farbwerkes) ‖ ~ **spread** (Print) / Vollwerden *n* (reale Punktvergrößerung im Rasterdruck), Zusetzen *n* (Vollwerden) ‖ ~ **spread** (Print) / Vollwerden *n* (reale Punktvergrößerung im Rasterdruck), Zusetzen *n* ‖ ~ **stain** / Tintenfleck *m*, Tintenklecks *m*
**ink-stain remover** (Chem, Textiles) / Tintenentferner *m*, Tintenlöscher *m*, Tintenkiller *m*, Tintenfresser *m*
**ink stamping** (Bind, Paper) / Farbprägung *f* (hebt sich durch die Farbe von der nicht geprägten Umgebung ab) ‖ ~ **stone** (Print) / Farbtisch *m*, Farbplatte *f*, Farbstein *m* ‖ ~ **strength** (Print) / Farbstärke *f* (im LTF-farbmetrischen System) ‖ ~ **table**\* (Print) / Farbtisch *m*, Farbplatte *f*, Farbstein *m* ‖ ~ **transfer** (Print) / Farbübertragung *f* (in der Druckmaschine) ‖ ~ **trapping** (Print) / Trapping *n*, Farbrückspaltung *f*, Farbannahme *f* (bei einem Bedruckstoff oder bei einer vorgedruckten Druckfarbenschicht) ‖ ~ **up** *v* (Print) / einfärben *v* (Druckform)
**ink-vapour recorder** (Electronics) / Flüssigkeitsstrahloszillograf *m*
**ink vibrator** (Print) / Heberwalze *f*, Heber *m*
**inky** *adj* / tintenbeschmiert *adj*, voller Tinte
**inlaid binding** (Bind) / Mosaikeinband *m*, Ledereinband *m* mit Einlegearbeit ‖ ~ **work** (Join) / eingelegte Arbeit (Kunsthandwerk), Einlegearbeit *f* (Intarsie, Marketerie)
**inland canal** (Geog, Hyd Eng) / Binnenkanal *m* (z.B. Main-Donau-Kanal) ‖ ~ **ice** (Geol) / Inlandeismasse *f* ‖ ~ **navigation** (Ships) / Binnenschifffahrt *f* ‖ ~ **port** (e.g. Houston, Texas) (Geog, Hyd Eng) / Binnenhafen *m* ‖ ~ **sea** (Geog) / Binnenmeer *n* ‖ ~ **site** / Binnenland-Standort *m* ‖ ~ **waters** (Geog, Hyd Eng) / Binnengewässer *n pl* (Flüsse, Kanäle, Seen, die zu einem Staatsgebiet gehören) ‖ ~ **waterway** (Geog, Hyd Eng) / Binnenwasserstraße *f*, Binnenschifffahrtsstraße *f*
**inlay** *v* / einlegen *v* ‖ ~\* *n* (Join) / eingelegte Arbeit (Kunsthandwerk), Einlegearbeit *f* (Intarsie, Marketerie) ‖ ~\* (TV) / Inlay *m* (im Trickmischgerät)
**inleakage** *n* (Mining) / Einströmen *n* (unerwünschtes Einströmen von Gasen), Eintritt *m* (von Gasen) ‖ ~ (Vac Tech) / Leckluft *f*
**inlet** *n* (Aero) / Triebwerkeinlass *m*, Triebwerkseinlass *m* ‖ ~ (Eng) / Einlass *m*, Eintritt *m*, Eingang *m* ‖ ~ (Eng) / Einströmungsöffnung *f*, Einlassöffnung *f*, Eintrittsöffnung *f*, Ansaugöffnung *f* ‖ ~ (Hyd Eng) / Bucht *f* (kleine) ‖ ~ (I C Engs) / Saugen *n*, Ansaugen *n* (des Luft-Kraftstoff-Gemisches) ‖ ~ (US) (San Eng) / Straßenablauf *m* (DIN 1213 und 4052), Regenablauf *m*, Gully *m n*, Einlaufschacht *m* ‖ ~ (Hyd Eng) s. also arm ‖ ~ **cam** (I C Engs) / Einlassnocken *m* ‖ ~ **camshaft** (Autos) / Einlassnockenwelle *f* (bei Doppelnockenwellenmotoren) ‖ ~ **capacity** (Eng) / Ansaugmenge *f* (bei einem Verdichter) ‖ ~ **chamber** (Eng) / Saugraum *m* (einer Pumpe), Saugkammer *f* (einer Pumpe) ‖ ~ **channel** (Hyd Eng) / Zufuhrkanal *m*, Zulaufrinne *f*, Zulaufgerinne *n*, Zulaufkanal *m*, Zuleitungskanal *m* ‖ ~ **diffuser** (Aero) / Einlaufdiffusor *m* (in den Lufteinläufen von Strahltriebwerken), Eintrittsdiffusor *m* ‖ ~ **diffusor** (Aero) / Einlaufdiffusor *m* (in den Lufteinläufen von Strahltriebwerken), Eintrittsdiffusor *m* ‖ ~ **duct** (Aero) / Lufteinlaufkanal *m*, Lufteinlasskanal *m* ‖ ~ **guide vanes**\* (Aero) / Eintrittsleitschaufeln *f pl* (des Axialverdichters) ‖ ~ **insulator** (Elec Eng) / Einführungsisolator *m* ‖ ~ **line** (Eng) / Einlaufleitung *f*, Zulaufleitung *f* ‖ ~ **manifold**\* (I C Engs) / Ladeleitung *f* ‖ ~ **manifold**\* (I C Engs) / Saugrohr *n*, Motorsaugrohr *n*, Ansaugkrümmer *m*, Einlasskrümmer *m* (ein komplettes Bauteil, das den Einlasskanälen des Zylinderkopfs die Luft zuführt) ‖ ~ **port**\* (I C Engs) / Zulaufbohrung *f* (am Pumpenzylinder einer Einspritzpumpe) ‖ ~ **port**\* (I C Engs) / Einlasskanal *m* (in einem Ansaugschlitz, Einlassschlitz *m* (in einem Zweitaktmotor) ‖ ~ **port** (I C Engs) / Einlasskanal *m*, Ansaugkanal *m* (im Zylinderkopf) ‖ ~ **pressure** (Eng) / Anfangsdruck *m*, Saugdruck *m* (bei Verdichtern), Ansaugdruck *m* (bei Verdichtern) ‖ ~ **ramp** (Aero) / Leitblech *n* am Flugzeugrumpf vor dem Triebwerkseinlass ‖ ~ **side** (Eng) / Saugseite *f* (eines Verdichters) ‖ ~ **splitting** (Chem) / Abteilung *f* eines geringen Gasmengenstroms (beim Einlass in der Gaschromatografie) ‖ ~ **stroke** (I C Engs) / Ansaughub *m* (im Viertaktzyklus), Saughub *m* ‖ ~ **structure** (Hyd Eng, San Eng) / Einlaufbauwerk *n* (bauliche Einrichtung zur Einleitung von Oberflächenwasser in einen Kanal oder Abwasser in eine Kläranlage - DIN 4045) ‖ ~ **system** (Spectr) / Einlasssystem *n*
**inlet-type lock** (Join) / Einlassschloss *n* (für Möbel)
**inlet valve**\* (I C Engs) / Saugventil *n*, Einlassventil *n* ‖ ~ **valve lag** (I C Engs) / Nacheinlass *m* (bei dem Einlassventil)
**inlier** *n* (Geol) / Fenster *n* (in der Antiklinale) ‖ ~\* (Geol) / Einlieger *m*
**in-line** *attr* / Reihen-, in einer Reihe liegend, in einer Linie (ausgerichtet) ‖ ~ **assembly**\* (Electronics) / maschinelle reihenweise Bestückung (gedruckter Schaltungen) ‖ ~ **blender** (Civ Eng, Oils) / Inlineblender *m* (in der Rohrleitung) ‖ ~ **blending** (Oils) / "In-line blending" *n* (kontinuierliches Mischen in der Rohrleitung), In-Line-Blending *n* ‖ ~ **coding** (Comp) / gestreckte Programmierung (im Gegensatz zur "zyklischen Programmierung") ‖ ~ **colour picture tube** (TV) / Inlineröhre *f*, Inline-Farbbildröhre *f*, Schlitzmaskenröhre *f* (mit drei nebeneinander in einer horizontalen Ebene des Halses der Bildröhre angeordneten Elektronenstrahlsystemen) ‖ ~ **directory** (Comp) / Inline-Directory *n* (für eine integrierte Steuerung und Kontrolle von Daten- und Dokumentenbanken) ‖ ~ **engine**\* (I C Engs) / Reihenmotor *m* (ein Mehrzylinderverbrennungsmotor) ‖ ~ **exhaust system** (Vac Tech) / Pumpstraße *f* ‖ ~ **fuel filter** (Autos) / Kraftstoffleitungsfilter *n* ‖ ~ **image** (Comp) / Inline-Image *n* (Grafik, die fest integrierter Bestandteil eines HTML-Dokuments ist) ‖ ~ **inspection** (Eng) / fertigungsbegleitende Prüfung, fertigungsbegleitende Inspektion, Prüfung *f* während der Fertigung, Zwischenprüfung *f* während der Fertigung ‖ ~ **machinery** (Eng) / Reihenmaschinen *f pl* ‖ ~ **machines** (Eng) / Reihenmaschinen *f pl* ‖ ~ **mill** (Met) / offenes Walzwerk, offene Walzstraße ‖ ~ **multiple-spindle drilling machine** (Eng) / Reihenbohrmaschine *f* (aus reihenförmig angeordneten Säulen- oder Ständerbohrmaschinen) ‖ ~ **processing** (Comp) / unmittelbare Verarbeitung, mitlaufende Verarbeitung, sofortige Verarbeitung ‖ ~ **pump** (Comp) / Rohreinbaupumpe *f*, Inline-Pumpe *f* (deren Saug- und Druckstutzen in der geradlinig verlaufenden Rohrleitung liegen) ‖ ~ **reading** (Instr) / Direktanzeige *f* ‖ ~ **sensor** (Comp) / Inline-Sensor *m* (zum Messen seine Probenaufbereitung benötigt und direkt in die Messflüssigkeit eingetaucht wird) ‖ ~ **testing** / Inline-Prüfung *f* (meistens automatisierte), Durchlaufprüfung *f* ‖ ~ **transfer machine** (Eng, Work Study) / Transferstraße *f*, Fließstraße *f* mit automatischem Werkstücktransport, Fertigungskette *f* (vollautomatische - mit starrer Verkettung der Stationen) ‖ ~ **tube bank** (Eng) / fluchtendes Rohrbündel (im Kessel) ‖ ~ **windrower** (Agric) / Schwadleger *m*
**in-mo(u)ld process** (Met) / Inmold-Verfahren *n*, Inmould-Verfahren *n* (zur Erzeugung von Gusseisen mit Kugelgraphit)
**in-mould coating** (Paint, Plastics) / In-Mould-Coating *n* (Beschichtung eines Formteils im Produktionswerkzeug, IMC ‖ ~ **release** (Paint, Plastics) / In-Mould-Release *n* (inneres Trennmittel), IMR (In-Mould-Release)
**INN** (international non-proprietary name) (Chem, Pharm) / internationaler Freiname (z.B. bei Schädlingsbekämpfungs- und Arzneimitteln)
**innate** *adj* (Biol) / angeboren *adj*
**inner aileron** (Aero) / Allgeschwindigkeits-Querruder *n*, inneres Querruder ‖ ~ **bank** (Hyd Eng) / Gleithang *m* (des Flusses) ‖ ~ **bark** (For) / Innenrinde *f* ‖ ~ **bead**\* (Join) / Führungsleiste *f* (bei Schiebefenstern) ‖ ~ **berm** (Hyd Eng) / Innenberme *f* (am Fuße eines Deichs) ‖ ~ **bremsstrahlung** (Nuc, Radiol) / innere Bremsstrahlung ‖ ~ **coating** / Innenbeschichtung *f* ‖ ~ **complex** (Chem) / Innerkomplex *m* ‖ ~ **complex anion** (Chem) / Innerkomplexanion *n* ‖ ~ **complex salt** (Chem) / inneres Komplexsalz *n* ‖ ~ **conductor**\* (Cables) / Mittelleiter *m* (des Koaxialkabels) ‖ ~ **cone** (Welding) / Flammkegel *m* (beim Azetylenschweißen) ‖ ~ **content** (Maths) / innerer Inhalt ‖ ~ **core** / Kernschicht *f* (bei der Sandwichbauweise) ‖ ~ **core** (Geol) / Erdkern *m* (innerer), innerer Kern (der Erde) ‖ ~ **corner** / Innenecke *f*, innere Ecke ‖ ~ **dead centre**\* (I C Engs) / innere Totlage (Kolbenstellung am Ende des Kolbenhubs im Gegenkolbenmotor, bei der der Abstand der beiden Kolben zueinander am geringsten ist) ‖ ~ **diameter** (Eng) / Innendurchmesser *m* ‖ ~ **electron** (Nuc) / kernnahes Elektron, inneres Elektron, Innerschalenelektron *n*, Innenelektron *n* ‖ ~ **fender** (Autos) / Innenkotflügel *m* (aus Kunststoff), Schottwand *f* (Innenkotflügel) ‖ ~ **form(e)**\* (Print) / innere Form, Widerdruckform *f* (in Schön- und Widerdruck) ‖ ~ **layer** (Electronics)

/ Zwischenschicht *f*, Zwischenlage *f* (bei Leiterplatten) || ~ **layer** (Electronics) / Innenlage *f* (Bestandteil eines Multilayers) || ~ **liner** (of a tyre) (the innermost layer(s) of a tubeless tyre that limit(s) diffusion of the inflation medium into the carcass) (Autos) / Innengummi *m* (in Reifen), Innenseele *f*, Kappe *f* (bei schlauchlosen Reifen) || ~ **lining** (of a tyre) (Autos) / Innengummi *m* (in Reifen), Innenseele *f*, Kappe *f* (bei schlauchlosen Reifen)
**inner-loop power control** (Telecomm) / schnelle Leistungsregelung, Inner-Loop-Power-Control *f* (UMTS)
**inner margin** (Bind, Print) / Mittelsteg *m* || ~ **margin** (Print) / innerer Seitenrand || ~ **marker** (beacon*) (Aero) / Grenzeinflugzeichen *n* (beim Instrumentenlandesystem), Innenmarker *m*, Platzeinflugzeichen *n* || ~ **member** (Eng) / Innenteil *n* (Passung)
**innermost electron** (Nuc) / kernnächstes Elektron, Elektron *n* der innersten Schale
**inner orbit** (Nuc) / Innenbahn *f* (im Atommodell) || ~ **orbital complex** (Chem) / Low-Spin-Komplex *m* (in der Koordinationslehre), Inner-Orbital-Komplex *m* || ~ **packaging** / Innenverpackung *f* || ~ **packing** / Innenverpackung *f* || ~ **pass** (Welding) / Mittellage *f* (DIN 1912) || ~ **planets** (Astron) / innere Planeten (Merkur bis Mars) || ~ **product** (Maths) / Skalarprodukt *n*, inneres Produkt, Punktprodukt *n*
**inner-product space** (Maths) / unitärer Raum, Raum *m* mit Skalarprodukt, Innenproduktraum *m*
**inner race** (Autos) / Innenstern *n* (des Gleichlaufgelenkes) || ~ **race ring** (Eng) / Innenring *m* (des Rollenlagers)
**inner-reflection spectroscopy** (Spectr) / innere Reflexionsspektroskopie
**inner ring** (Eng) / Innenring *m* (des Wälzlagers) || ~ **salt** (Chem) / inneres Salz || ~ **shell** (Nuc) / innere Elektronenschale, innere Schale, Innenschale *f*
**inner-shell electron** (Nuc) / kernnahes Elektron, inneres Elektron, Innerschalenelektron *n*, Innenelektron *n*
**inner space** (Space) / Erdgravisphäre *f*
**inner-space exploration** (Space) / Inner-Space-Forschung *f* || ~ **research** (Space) / Inner-Space-Forschung *f*
**inner spoiler** (Aero) / Landespoiler *m*
**innerspring mattress** / Federkernmatratze *f*
**inner surface** / Innenfläche *f* || ~ **tool** (for rolling or drawing) (Met) / Stopfen *m* (Innenwerkzeug bei der Herstellung nahtloser Rohre durch Walzen oder Ziehen und beim Nachziehen geschweißter Rohre), Dorn *m* || ~ **tool bar** (Met) / Dornstange *f*, Stopfenstange *f* (die beim Walzen oder Ziehen nahtloser Rohre und beim Nachziehen geschweißter Rohre den Stopfen als Innenwerkzeug im Walzspalt bzw. im Ziehwerkzeug hält) || ~ **tube** (Autos) / Schlauch *m*
**inner-wall brick** (Build, Ceramics) / Ziegel *m* für den Innenausbau, Ziegel *m* für massive leichte Trennwände
**inner wheel** (Autos) / Innenrad *n* (bei der Kurvenfahrt) || ~ **winding** (Elec Eng) / innere Wicklung
**innings*** *pl* (Civ Eng, Hyd Eng) / Neuland *n* aus dem Wattenmeer, aufgespültes Neuland, Deichland *n* (durch Abdeichung gegen das Meer gewonnenes Land)
**innocuous** *adj* / unschädlich *adj*, harmlos *adj* || ~ **data** (Comp) / unverfängliche Daten (die frei eingesehen werden können und nicht der Kontrolle durch den Betroffenen unterliegen)
**innovation** *n* / Neuerung *f* (bei der Begutachtung der Patentierbarkeit) || ~ / Innovation *f* (Produkt-, Prozess-)
**innovational cycle** / Innovationszyklus *m*
**innovation centre** / Gründerzentrum *n* (für neue Technik) || ~ **cycle** / Innovationszyklus *m* || ~ **factory** / Denkfabrik *f* (Gruppe von Fachleuten) || ~ **management** (Work Study) / Innovationsmanagement *n*
**innovative** *adj* / innovativ *adj*
**innoxious** *adj* / unschädlich *adj*, harmlos *adj*
**innutritious** *adj* (Nut) / ohne Nährwert
**inoculant** *n* (Met) / Impfmittel *n*, Impfstoff *m* || ~ **alloy** (Met) / Impflegierung *f*
**inoculate** *v* / impfen *v*, einimpfen *v*, abimpfen *v* || ~ (Med) / inokulieren *v*
**inoculating agent** (Met) / Impfmittel *n*, Impfstoff *m* || ~ **alloy** (an alloy added to molten iron for the principle purpose of nucleating a primary phase such as graphite) (Met) / Impflegierung *f*
**inoculation*** *n* / Einimpfen *n*, Einimpfung *f* (des Impfmaterials) || ~ (Bacteriol) / Abimpfung *f* (der Subkulturen) || ~ (Med) / Inokulation *f* (durch Impfung oder unbeabsichtigte Übertragung) || ~ (Med) / Schutzimpfung *f*, Impfung *f* (mit lebenden oder abgetöteten Krankheitserregern) || ~* (Med, Met) / Inokulation *f* (einer Metallschmelze), Impfen *n*, Impfung *f* || ~ (Nut) / Beimpfung *f*, Beimpfen *n* (der Getränke)
**inoculum** *n* (pl. -cula) (Biol, Med) / Impfkultur *f*, Inokulum *n* (pl. -kula)
**inoculum*** *n* (pl. -cula) (Med, Pharm) / Impfstoff *m*, Vakzine *f*, Vakzin *n*
**inodorous** *adj* / geruchfrei *adj*, nichtriechend *adj*, geruchlos *adj*
**inoffensive** *adj* / schonend *adj*

**inoperable** *adj* / nicht betriebsklar || ~ **time** (Work Study) / systembedingte Ausfallzeit (z.B. Warten auf Reparatur, Reparatur selbst, Wiederanlauf)
**inoperative** *adj* / nicht betriebsfähig, betriebsunfähig *adj*, nicht funktionsfähig || ~ / außer Betrieb, aus *adv*
**inorganic** *adj* / anorganisch *adj* || ~ **acid** (Chem) / Mineralsäure *f*, anorganische Säure
**inorganically combined sulphur** (Chem Eng) / anorganisch gebundener Schwefel (in anorganischen Füll- und Zusatzstoffen)
**inorganic binder** (Ceramics, Foundry) / anorganischer Binder || ~ **chemist** (Chem) / Anorganiker *m*, anorganischer Chemiker || ~ **chemistry*** (Chem) / anorganische Chemie || ~ **coating** (Paint) / anorganische Beschichtung (DIN 50 902) || ~ **coating** (Paint) / Anstrichstoff mit anorganischem Bindemittel *m*, anorganischer Anstrichstoff || ~ **colour pigment** (Paint) / anorganisches Buntpigment || ~ **compound** (Chem) / anorganische Verbindung || ~ **fertilizer** (Agric) / Mineraldüngemittel *n*, Kunstdünger *m*, Mineraldünger *m*, mineralischer Dünger || ~ **nitrate** (Chem) / anorganisches Nitrat || ~ **oxide glass** (Glass) / oxidisches anorganisches Glas || ~ **pigment** (Paint) / anorganisches Pigment || ~ **polarography** (Chem, Elec Eng) / Polarografie *f* anorganischer Stoffe || ~ **polymer** (Chem) / anorganisches Polymer (dessen Hauptkette keine Kohlenstoffatome enthält) || ~ **rubber** (Chem Eng) / anorganischer Kautschuk (anorganische Verbindung mit kautschukähnlichen Eigenschaften) || ~ **synthetic pigment** (Paint) / Mineralpigment *n* (anorganisches künstliches Pigment)
**inosilicate*** *n* (Min) / Inosilikat *n*, Kettensilikat *n*, Fasersilikat *n* (z.B. Bastit)
**inosine** *n* (hypoxanthinosine) (Chem) / Inosin (Ino) *n*, Ino
**inosine-5'-diphosphate** *n* (Biochem) / Inosindiphosphat *n*
**inosine-5'-monophosphate** *n* (Biochem) / Inosinsäure *f*, Inosin-5'-monophosphat *n*, IMP (Phosphorsäureester des Inosins)
**inosinic acid** (Biochem, Chem) / Inosinsäure *f*, Inosin-5'-monophosphat *n*, IMP (Phosphorsäureester des Inosins)
**inositol*** *n* (Chem) / Inosit *m* (zu den Cycliten gehörendes Hexahydrocyclohexan), Inositol *n* || ~ **phosphate** (Biochem) / Phosphoinosit *n*, Inositphosphat *n*
**in-out isomerism** (Chem) / In-out-Isomerie *f* (an den Brückenkopfatomen von Bizyklen mit großer Ringgliederzahl)
**inparabola** *n* (Maths) / einbeschriebene Parabel, Inparabel *f*
**in-pavement light** (in die Fahrbahndecke eingelassener überfahrbarer Markierungskörper, welcher der Fahrspurzuweisung dient) (Autos, Elec Eng) / Straßenunterflurleuchte *f*, SU-Leuchte *f* (Straßenunterflurleuchte)
**in-phase component*** (Elec) / Wirkkomponente *f*, Wattkomponente *f*, Wirkanteil *m* || ~ **component** (TV) / Inphasekomponente *f* || ~ **signal** (Telecomm) / gleichphasiges Signal
**in-pile** *attr* (Nuc Eng) / innerhalb eines Reaktors (Experiment oder Gerät), In-pile- || ~ **loop** (Nuc Eng) / reaktorinterner Kreislauf, In-Pile-Loop *m* (wenn ein Teil des Loops und seines Inhalts in einem Reaktor liegt), Reaktorkreislauf *m*, Kreislauf *m* innerhalb des Reaktors || ~ **section** (Nuc Eng) / Reaktoreinschub *m* || ~ **test*** (Nuc Eng) / Bestrahlungsversuch *m* innerhalb des Reaktors || ~ **unit** (Nuc Eng) / Reaktoreinschub *m*
**in-plane** *attr* (Maths) / in der gleichen Ebene || ~ **deformational vibrations** (Phys) / Deformationsschwingungen *f pl* in der Ebene
**in-plant** *attr* / Haus-, innerbetrieblich *adj* (System), betriebsintern *adj*, Inhouse-, firmenintern *adj*, im Hause || ~ **data communication** (Comp) / Datennahübertragung *f* (im Betrieb) || ~ **test** / Betriebsversuch *m* || ~ **testing** / Werksprüfung *f* || ~ **transportation** (Eng) / innerbetrieblicher (Material)Transport (im engeren Sinne) || ~ **transportation** s. also materials handling
**inpolygon** *n* (Maths) / Sehnenvieleck *n* (dessen Seiten Sehnen eines Kreises sind)
**in-process inspection** (Chem Eng) / Zwischenprüfung *f* (während des Herstellungsprozesses) || ~ **testing** (Chem Eng) / Zwischenprüfung *f* (während des Herstellungsprozesses) || ~ **testing** (Eng) / fertigungsbegleitende Prüfung, fertigungsbegleitende Inspektion, Prüfung *f* während der Fertigung, Zwischenprüfung *f* während der Fertigung
**input** *v* (data) (Comp) / eingeben *v*, eintragen *v* (Daten) || ~ *n* (Cinema) / Input *m n* (Eingangsbuchse bei Film-, Ton- und Videogeräten) || ~* (Comp) / Eingabe *f*, Input *m n* || ~* (Comp) / Eingabegerät *n* (DIN 44300), Eingabeeinheit *f* || ~* (Comp) / Eingabedaten *pl* || ~ (Comp) / Kundenstrom *m* (in der Bedienungstheorie) || ~ (Elec Eng) / Eingang *m* (DIN 41855) || ~ (Elec Eng, Eng) / Eingangsleistung *f* (die am Eingang eingespeiste Leistung) || ~ (power) (Elec Eng, Mech) / zugeführte Leistung, aufgenommene Leistung, Leistungsaufnahme *f* || ~ (Heat) / Zufuhr *f*, Zuführung *f* (von Wärme) || ~ (Mech) / aufgewendete Energie (zum Betrieb einer Maschine) || ~ (Phys) / Input *m n*, Stimulus *m* (pl. -muli) (Eingangsgröße eines Systems) || ~ **acknowledgement** (Comp) / Eingabequittung *f*,

## input

Eingabebestätigung f ‖ **~ area** (Comp) / Eingabebereich m, Eingabespeicherbereich m ‖ **~ balance** (Elec Eng) / Eingangssymmetrie f ‖ **~ block*** (Comp) / Eingabeblock m ‖ **~ buffer register** (Comp) / Eingabepufferegister n ‖ **~ capacitance*** (Electronics) / Eingabekapazität f ‖ **~ capacitance*** (Electronics) s. also Miller effect ‖ **~ channel** (Comp) / Eingabekanal m ‖ **~ characteristic** (Electronics) / Eingangskennlinie f ‖ **~ circuit** (Elec Eng) / Eingangskreis m ‖ **~ configuration** (Electronics) / Eingangskonfiguration f ‖ **~ control** (Comp) / Eingabesteuerung f ‖ **~ current** (Electronics) / Eingangsstrom m ‖ **~ data** (Comp) / Eingabedaten pl ‖ **~ destination** (Comp) / Eingabeziel n, EZI (Eingabeziel) ‖ **~ device** (Comp) / Eingabegerät n (DIN 44300), Eingabeeinheit f ‖ **~ disable** (Comp) / Eingabesperre f ‖ **~ diskette** (Comp) / Eingabediskette f ‖ **~ equations** (Comp) / Eingabegleichungen f pl (die formale Bestimmung der Schaltungsfunktionen eines Schaltnetzes als Eingänge zu Speicherelementen) ‖ **~ equipment*** (Comp) / Eingabegerät n (DIN 44300), Eingabeeinheit f ‖ **~ error** (Comp) / Eingabefehler m ‖ **~ format** (Comp) / Eingabeformat n ‖ **~ function** (Automation) / Funktion f des Eingangssignals ‖ **~ gap*** (Electronics) / Eingangsresonator m (z.B. eines Zweikammerklystrons), Einkoppelraum m ‖ **~ immittance of a two-port network** (Elec) / Eingangsimmittanz f eines Zweitors ‖ **~ impedance*** (Elec Eng, Electronics) / Eingangsimpedanz f ‖ **~ instruction** (Comp) / Eingabebefehl m ‖ **~ limit** (Comp) / Eingabegrenze f ‖ **~ list** (Comp) / Eingabeliste f ‖ **~ logic** (Comp) / Eingangslogik f ‖ **~ magazine** (Comp) / Karteneingabefach n (bei Lochern), Kartenmagazin n, Kartenzuführungsmagazin n (bei Lesern) ‖ **~ medium** (Comp) / Eingabemedium n ‖ **~ mode** (Comp) / Eingabemodus m (im Allgemeinen) ‖ **~ node** / Eingangsknoten m (des neuralen Netzes) ‖ **~ noise** (Electronics) / Eingangsrauschen n ‖ **~ offset current** (Electronics) / Eingangsfehlstrom m, Eingangs-Offset-Strom m

**input-oriented** adj (Comp) / eingabegerecht adj
**input/output** attr (Comp) / Ein-/Ausgabe-, Eingabe-Ausgabe-. ‖ **~ analysis** / Input-Output-Analyse f (in der Theorie der industriellen Verflechtung), I/O-Analyse f ‖ **~ channel** (Comp) / Ein-Ausgabe-Kanal m ‖ **~ controller** (Comp) / Ein-Ausgabe-Steuereinheit f ‖ **~ device*** (Comp) / Ein-Ausgabe-Gerät n ‖ **~ driver** (Comp) / Ein-Ausgabe-Treiber m ‖ **~ instruction** (Comp) / Ein-Ausgabe-Befehl m ‖ **~ journalling feature** (Comp) / Ein-Ausgabe-Journalführung f ‖ **~ processor*** (Comp) / Ein-Ausgabe-Prozessor m, E/A-Prozessor m (zusätzlicher Prozessor, der einem Mikroprozessor zugeordnet ist, um Ein-Ausgabe-Operationen durchzuführen), I/O-Prozessor m, IOP (I/O-Prozessor), peripherer Prozessor (der die Peripherie steuert) ‖ **~ register** (Comp) / Ein-Ausgaberegister n

**input parameter** (Comp) / Eingabeparameter m ‖ **~ peripherals** (Comp) / Eingabeperipheriegeräte n pl ‖ **~ pointer** (Comp) / Eingabezeiger m ‖ **~ power** (Elec Eng, Eng) / Eingangsleistung f (die am Eingang eingespeiste Leistung) ‖ **~ problem** (Mech) / Eingangsproblem n (bei der Behandlung von Schwingungsproblemen an Maschinen) ‖ **~ program** (Comp) / Eingabeprogramm n, Leseprogramm n ‖ **~ pulse** (Telecomm) / Eingangsimpuls m ‖ **~ quantity** / Eingangsgröße f (DIN 1319, T 1) ‖ **~ resistance** (Elec) / Eingangswiderstand m ‖ **~ resolution** (AI) / Inputresolution f (ein Spezialfall der linearen Resolution) ‖ **~ resonator** (Electronics) / Eingangsresonator m (z.B. eines Zweikammerklystrons), Einkoppelraum m ‖ **~ rpm** (Eng) / Antriebsdrehzahl f (auf der ersten Welle eines Getriebes) ‖ **~ scanner** (Comp) / Scanner m für Dateneingabe ‖ **~ sensitivity** (Radio) / Eingangsempfindlichkeit f (eines Rundfunkempfängers) ‖ **~ sequence** (Comp) / Eingabefolge f, EF (Eingabefolge) ‖ **~ shaft** (Autos) / Getriebeeingangswelle f, Getriebeantriebswelle f ‖ **~ shaft** (Eng) / Eingangswelle f, Antriebswelle f (z.B. des Getriebes), Getriebeeingangswelle f ‖ **~ signal*** (Elec Eng, Telecomm) / Eingangssignal n (DIN 40146, T 3) ‖ **~ stage** (Electronics) / Eingangsstufe f (eines Verstärkers) ‖ **~ storage** (Comp) / Eingabespeicher m ‖ **~ stream** (Comp) / Jobfolge f (meistens in der Planung), Aufgabenstrom m, Programmablauffolge f, Auftragsstrom m ‖ **~ switching register** (Comp) / Eingabekopplungsregister n, EKR (Eingabekopplungsregister) ‖ **~ system** (Comp) / Eingabesystem n ‖ **~ tension** (Textiles) / Einlaufspannung f (des Garns bei Strickmaschinen) ‖ **~ terminal** (Comp) / Eingangsanschluss m (DIN 41859, T 1) ‖ **~ terminal** (Comp) / Eingabeterminal n ‖ **~ torque** (Eng, Mech) / Antriebsmoment n ‖ **~ torque** (Mech) / Eingangsdrehmoment n ‖ **~ transformer*** (Elec Eng) / Eingangstransformator m ‖ **~ unit*** (Comp) / Eingabegerät n (DIN 44300), Eingabeeinheit f ‖ **~ voltage*** (Elec Eng) / Primärspannung f (bei Transformatoren) ‖ **~ voltage*** (Elec Eng, Electronics) / Eingangsspannung f

**in-quad cross-talk** (Telecomm) / Imviererebensprechen n
**inquartation*** n (Met) / Quartation f (Gold-Silber-Scheidung), Quartierung f, Scheidung f von Gold und Silber durch die Quart

**inquiring station** (Comp) / auffordernde Station
**inquiry** n (Comp) / Abfrage f (z. B. am Sichtgerät) ‖ **~** (Comp) / Anfrage f (an ein System) ‖ **~ console** (Comp) / Abfragekonsole f ‖ **~ language** (Comp) / Anfragensprache f, Abfragesprache f (zur gezielten Abfrage und Selektion) ‖ **~ processing** (Comp) / Anfragebearbeitung f ‖ **~ station** (Comp, Telecomm) / Abfrageplatz m, Abfragestation f ‖ **~ system** (Comp) / Auskunftssystem n (für Bestellwesen, Börse, Polizei usw.)
**inradius** n (pl. -ii or -uses) (Maths) / Inkreishalbmesser m, Halbmesser m des Inkreises, Radius m des Inkreises, Inkreisradius m ‖ **~** (pl. -ii or -uses) (Maths) / Radius m der Inkugel, Inkugelradius m
**in-route** n (Telecomm) / Inroute f (VSAT-Dienst)
**inrush** n (of water, soil - BS 3618-4) (Mining) / Einbruch m ‖ **~ current** (Elec Eng) / Einschaltstoßstrom m
**INS** (inertial navigation system) (Nav) / Trägheitsnavigation f (System und Anlage), Inertialnavigation f ‖ **~** (inelastic neutron scattering) (Nuc) / inelastische Neutronenstreuung, unelastische Neutronenstreuung (am Einzelkern oder an Substanzen), INS (inelastische Neutronenstreuung) ‖ **~** (ion neutralization spectroscopy) (Spectr) / Ionenneutralisationsspektroskopie f, INS (Ionenneutralisationsspektroskopie)
**in-sack tunnel drying** (Agric) / Tunneltrocknung f in Säcken
**insalivation** n (Nut) / Einspeichelung f (der Nahrung), Insalivation f (der Nahrung)
**insalubrious** adj (climate or place) (Med) / gesundheitsschädlich adj, deletär adj
**insanitary** adj (Build) / sanierungsreif adj ‖ **~** (Med, San Eng) / unhygienisch adj, nicht hygienisch
**INSAR** (interferometric synthetic-aperture radar) (Radar) / interferometrisches Radar mit synthetischer Apertur
**inscribe** v (Comp) / beschriften v (mit maschinenlesbaren Schriftzeichen) ‖ **~** (Maths) / einbeschreiben v
**inscribed** adj (Maths) / einbeschrieben adj ‖ **~ angle** (of a circle) (Maths) / Umfangswinkel m, Peripheriewinkel m (dessen Scheitelpunkt ein Punkt eines Kreises ist und dessen Schenkel Sekanten des Kreises sind) ‖ **~ circle*** (of a triangle) (Maths) / einbeschriebener Kreis (eines Dreiecks), Inkreis m (eines Dreiecks) ‖ **~ parabola** (Maths) / einbeschriebene Parabel, Inparabel f ‖ **~ polygon** (Maths) / Sehnenvieleck n (dessen Seiten Sehnen eines Kreises sind) ‖ **~ sphere** (Maths) / Inkugel f ‖ **~ square** (Maths) / Inquadrat n ‖ **~ tetragon** (Maths) / Sehnenviereck n (Viereck, bei dem alle vier Eckpunkte auf einem Kreis liegen)
**inscription** n / Aufschrift f, Beschriftung f, Bezeichnung f
**inseam** n (Leather) / Einstechnaht f ‖ **~** (Textiles) / Innennaht f ‖ **~ length** (Textiles) / Schrittlänge f
**insect*** n (Agric, For, Zool) / Insekt n, Kerbtier n, Kerf m ‖ **~ attack** (Agric, For) / Insektenbefall m (EN 844, T 11), Schadinsektenbefall m ‖ **~ attractant** (Chem) / Attraktant m (Substanz, die Schädlinge anlockt, jedoch keine pestizide Wirkung besitz), Attraktans m (pl. -tien), Lockmittel n, Insektenlockstoff m, Lockstoff m ‖ **~ control** (Agric, Chem, Ecol, For) / Insektenbekämpfung f ‖ **~ damage** (For) / Insektenschaden m (an Nutzholz)
**insect-damaged** adj (For, Zool) / insektengeschädigt adj (Holz)
**insect deterioration** (of wood) (For) / Insektenschaden m (an Nutzholz) ‖ **~ hole** (For, Zool) / Insektenfraßgang m, Fraßgang m, Bohrgang m ‖ **~ hormone** (Biochem) / Insektenhormon n
**insecticidal** adj (Agric, Chem, Ecol) / insektizid adj, insektentötend adj
**insecticide*** n (a substance used for killing insect pests) (Agric, Chem, Ecol, For) / Insektizid n natürlicher, halbsynthetischer oder synthetischer Wirkstoff zur Kontrolle und Bekämpfung von Insekten, deren Entwicklungsformen und Schädlingen, Insektenbekämpfungsmittel n ‖ **~ adj** (Agric, Chem, Ecol) / insektizid adj
**insectifuge** adj / insektenvertreibend adj (z.B. Imprägnierung)
**insectile** adj / nicht schneidbar
**insect infestation** (Agric, For) / Insektenbefall m (EN 844, T 11), Schadinsektenbefall m ‖ **~ invasion** (Agric, For) / Insektenbefall m (EN 844, T 11), Schadinsektenbefall m ‖ **~ management** (Agric, Chem, Ecol, For) / Insektenbekämpfung f ‖ **~ mine** (For, Zool) / Insektenfraßgang m, Fraßgang m, Bohrgang m ‖ **~ mine** (For) s. also shot-hole ‖ **~ paste** (Agric) / Raupenleim m ‖ **~ powder** (Chem) / Insektenpulver n (z.B. Dalmatinisches oder Persisches)
**insect-repellent** adj / insektenvertreibend adj (z.B. Imprägnierung) ‖ **~ paper** (Paper) / insektenfestes Papier (DIN 6730)
**insect-resistant** adj / insektenfest adj, insektenresistent adj ‖ **~ paper** (Paper) / insektenfestes Papier (DIN 6730)
**insect swarm** / Insektenschwarm m (z.B. bei Engelechos) ‖ **~ trap** (For) / Insektenfalle f ‖ **~ venom** (Chem, Zool) / Insektengift n ‖ **~ wax** / Chinesisches Wachs, Insektenwachs n, Cera f chinensis (von den Larven der Wachsschildlaus abgeschieden), Pelawachs n
**inselberg*** n (Geol) / Inselberg m (inselartig isolierter Rumpffrestberg)

**insemination** n (Agric) / Insemination f, Besamung f (künstliche - die von einer behördlichen Erlaubnis abhängig ist)
**insensitive** adj (to) / unempfindlich adj (gegen, gegenüber) ‖ ~ **interval** (Nuc) / Totzeit f (die Zeit, die nach einem Registrierakt vergehen muss, bis der Detektor /das Zählrohr/ für weitere Messungen bereit ist) ‖ ~ **nuclei enhancement by polarization transfer** (Spectr) / Polarisationstransfer m mit unselektiven Pulsen, INEPT (eine Methode des Polarisationstransfers) ‖ ~ **time*** (Nuc) / Totzeit f (die Zeit, die nach einem Registrierakt vergehen muss, bis der Detektor /das Zählrohr/ für weitere Messungen bereit ist) ‖ ~ **to light** (Light, Photog) / lichtunempfindlich adj
**insensitivity to gas fading** (Textiles) / Abgasunempfindlichkeit f ‖ ~ **to wind direction** / Unabhängigkeit f von der Windrichtung (z.B. beim Darrieus-Rotor)
**inseparable** adj / untrennbar adj, inseparabel adj, unabtrennbar adj
**insequence** n (Geol) / Insequenz f (langzeitige Sedimentationsunterbrechung)
**insequent** adj (Geol) / insequent adj (ohne Beziehung zum Schichtenbau der Erdoberfläche)
**insert** v / einspannen v (Papier in die Schreibmaschine) ‖ ~ / einfügen v, einbringen v, einschieben v, einsetzen v, einstecken v, einlegen v ‖ ~ / einlegen v ‖ ~ / einkoppeln n (in der Faseroptik) ‖ ~ (Cinema) / einblenden v (ein Insert) ‖ ~ (Electronics) / einbauen v (Störstellen) ‖ ~ (Electronics) / bestücken v (Leiterplatte) ‖ ~ (Teleph) / einwerfen v (Münze) ‖ ~ n / Einfügung f (das Eingefügte), Einsatz m (das Eingesetzte), Einlage f (das Eingelegte) ‖ ~ / Einsatz m, Einlage f (für Verpackungen) ‖ ~* (Bind) / eingeklebter Bogenteil (eingeklebte Karte usw.) in der Mitte eines Buchbinderbogens ‖ ~* (Cinema) / Einblendung f, Insert n ‖ ~ (Cinema) / Zwischenschnitt m (eine Zwischenszene, die den Ablauf der geschilderten Vorgänge verdeutlicht) ‖ ~ (Civ Eng) / Zwischenplatte f (als Auflager in der Montage von vorgefertigten Betonteilen) ‖ ~ (Eng) / Innenteil n (Passung) ‖ ~ (Foundry) / Einlegeteil n (Metallteil, das in die Gießform eingelegt wird und durch das nachfolgende Gießen Bestandteil des sich bildenden Gusskörpers wird), Formeinsatz m, Formeinsatzteil m, Eingießteil m ‖ ~ (Met) / Kern m (des Ziehsteins) ‖ ~* (Plastics) / Insert n, Einspritzteil n (in ein anderes Kunststoffteil), Einpressteil n ‖ ~ (Print) / Beilage f, Einleger m (z.B. Werbematerialien) ‖ ~ (Spectr) / Injektoreinsatz m, Einsatz m (des Injektors) ‖ ~ (Tools) / gelötete, eingesetzte oder geschweißte Schneidplatte, Schneidplatte f (z.B. aus Hartmetall - nach DIN 4950 und 4966), Schneidplättchen n, Plättchen (Schneidplättchen) ‖ ~ **bit** (Mining) / Hartmetallschneide f (als Einsatzschneide) ‖ ~ **car** (Cinema) / Fahrzeug, das ein zu filmendes Fahrzeug zieht (mit Licht und Kamera) ‖ ~ **car** (Cinema) s. also target car ‖ ~ **diameter** (Met) / Kerndurchmesser m (bei Ziehsteinen und Ziehringen)
**inserted blade cutter** (US) (Eng) / Messerkopf m ‖ ~ **blade hob** (Eng) / Messerschienenfräser m (Wälzfräser mit eingesetzten Zahnstollen) ‖ ~ **coil** (Elec Eng) / Innendurchlaufspule f (die bei den elektromagnetischen Untersuchungen verwendet wird, indem man sie in die Probe einbringt, wie im Falle einer Einführsonde bei Rohrleitungen) ‖ ~ **end** (Eng) / Einschraubende n (eines Bolzens)
**insert edit*** (Cinema) / Insertschnitt m (ein Videoschnitt - auf dem endgültigen Band werden Szenen eingefügt, wobei der Ton der ursprünglichen Szene weiterlaufen muss)
**inserted tooth cutter*** (Eng) / Messerkopf m
**inserting machine** (Print) / Beilage(n)einsteckmaschine f, Einsteckmaschine f (für Beilagen) ‖ ~ **robot** / Einlegeroboter m, Industrieroboter m für Einlegeoperationen, Einlegegerät n, Pick-and-Place-Gerät n (Einlegeroboter), Bestückungsroboter m
**insert into orbit** (Space) / in eine Umlaufbahn einschießen, in eine Umlaufbahn bringen
**insertion*** n / Aufnahme f ‖ ~* / Einfügung f, Einfügen n, Einsetzung f, Einschieben n, Einsatz m, Einsetzen n, Einlegen n (Einsatz), Einlage f, Einbringung f, Einstecken n ‖ ~ (Chem) / Insertion f (Einschub einer koordinativ ungesättigten Verbindung in eine Metall-Kohlenstoff-, Metall-Wasserstoff- oder Metall-Halogen-Bindung) ‖ ~ (Electronics) / Einbau m (von Störstellen) ‖ ~ (Electronics) / Bestückung f (der Leiterplatte mit Bauelementen) ‖ ~ (the addition of one or more base pairs into a DNA molecule) (Gen) / Insertion f ‖ ~ (Gen) / Insertion f ‖ ~ (Nuc Eng) / Einfahren n (eines Steuerstabes in die Spaltzone), Absenken n (des Steuerstabes) ‖ ~ (into orbit) (Space) / Einschuss m, Insertion f (Einbringen eines Raumflugkörpers in eine Umlaufbahn) ‖ ~* (Textiles) / Einsatzspitze f ‖ ~* (Textiles) / Einsatz m ‖ ~ **by hand** / Einlegen n von Hand ‖ ~ **character** (Comp) / Einfügungszeichen n ‖ ~ **gain*** (Elec Eng) / Einfügungsverstärkung f, Einfügungsgewinn m ‖ ~ **head** (Eng) / Einfügekopf m ‖ ~ **hole** (Electronics) / Bestückungsloch n ‖ ~ **loss** (Acous) / Einfügungsdämpfung f (bei der Schalldämmung) ‖ ~ **loss*** (Elec Eng) / Einfügungsverlust m, Einfügungsdämpfung f ‖ ~ **point** (shows where text will be inserted when you type) (Comp) / Einfügemarke f ‖ ~ **polymerization** (Chem) / Insertionspolymerisation f, Koordinationspolymerisation f, Polyinsertion f (mit Ziegler-Natta-Katalysatoren) ‖ ~ **reaction** (Chem) / Einschiebungsreaktion f (in der organischen Chemie) ‖ ~ **sequence** (Gen) / Insertionssequenz f, Insertionselement n, IS-Sequenz f ‖ ~ **signal generator** (TV) / Prüfzeilengenerator m ‖ ~ **sort** (Comp) / Einfügesort m, Sortieren n durch Einschieben ‖ ~ **test signal** (TV) / Prüfzeile f (eine festgelegte Zeile in der Vertikalaustastlücke, in die eine oder mehrere Prüfsignale zur Überwachung der Übertragseinrichtung während der laufenden Programmsendungen enthält)
**insert key** (Comp) / Einfügetaste f (eröffnet einen Einfügemodus, bzw. hebt ihn wieder auf), Einfügungstaste f ‖ ~ **mode** (Comp) / Einfügemodus m
**insert-mounted device** (Electronics) / eingestecktes Bauteil, IMD-Bauteil n (in der Oberflächenaufbautechnik)
**insert notice** (Print) / Beilagenhinweis m ‖ ~ **pyrometer** / Einsatzpyrometer n ‖ ~ **the filling** (Weaving) / einschlagen v, eintragen v ‖ ~ **the weft** (Weaving) / einschlagen v, eintragen v ‖ ~ **title** (Cinema) / Einsatztitel m (zwischen zwei Szenen) ‖ ~ **unit** (Eng) / Einsatzstück n
**in-service** attr (Eng) / ohne Abstellen, ohne Stillsetzen (z.B. die Reparatur der Maschine) ‖ ~ **conditions** / Arbeitsbedingungen f pl, Betriebsbedingungen f pl ‖ ~ **moisture content** (For, Join) / Gebrauchsfeuchte f ‖ ~ **test** (Eng) / Betriebsprüfung f (bei laufender Maschine), Prüfung f unter Betriebsbedingungen
**inset** v (Bind) / einstecken v (Bogen oder Lagen), ineinander stecken v, ineinander falzen v ‖ ~* n (Bind) / eingeklebter Bogenteil (eingeklebte Karte usw.) in der Mitte eines Buchbinderbogens ‖ ~ (Mining) / Anschlag m (an dem Förderwagen auf- und abgeschoben werden oder Personen den Förderkorb betreten oder verlassen können) ‖ ~ (Plastics) / Insert n, Einspritzteil n (in ein anderes Kunststoffteil), Einpressteil n ‖ ~ **core** (Foundry) / Außenkern m ‖ ~ **lights** (Aero) / Unterflurfeuer n pl (z.B. der Startbahnbefeuerung)
**insetter*** n (Print) / Insetter m (Steuervorrichtung in Rollendruckmaschinen zum registergenauen Vereinen einer in einer anderen Druckmaschine vorbedruckten Papierbahn mit der durch die Druckmaschine laufenden Bahn)
**in-shop testing** / Werksprüfung f
**inshore** adj (Meteor, Ocean) / auflandig adj (Wind, Strömung)
**inside antenna** (Radio, TV) / Innenantenne f, Zimmerantenne f ‖ ~ **bark** attr (For) / ohne Rinde (Messung), o.R. (ohne Rinde) ‖ ~ **callipers*** (Instr) / Lochzirkel m, Innentaster m, Lochtaster m ‖ ~ **coating** / Innenbeschichtung f ‖ ~ **coil** (Elec Eng) / Innendurchlaufspule f (die bei den elektromagnetischen Untersuchungen verwendet wird, indem man sie in die Probe einbringt, wie im Falle einer Einführsonde bei Rohrleitungen) ‖ ~ **crank*** (Eng) / beiderseitig gelagerte Kurbel f ‖ ~ **cutter** (Oils) / Innenrohrschneider m (ein Fanggerät) ‖ ~ **defect** / Innenfehler m ‖ ~ **diameter** (Eng) / lichte Weite (bei rundem Querschnitt), Lichtweite f ‖ ~ **diameter** (Eng) / Innendurchmesser m ‖ ~ **diameter** (Eng) / Gewindekerndurchmesser m ‖ ~ **dump** (Mining) / Innenkippe f (im ausgekohlten Teil des Tagebaus) ‖ ~ **edge** (I C Engs) / Innenkante f (eines Kolbenrings) ‖ ~ **face** (Mining) / Innenschneider m (einer Kernbohrkrone) ‖ ~ **flaw** / Innenfehler m ‖ ~ **forme** (Print) / innere Form, Widerdruckform f (in Schön- und Widerdruck) ‖ ~**-frosted lamp** (Light) / innenmattierter Kolben ‖ ~ **jaws** (Eng) / Innenmessfühler m pl (der Schieblehre) ‖ ~ **lap*** (Eng) / innere Schieberdeckung, Auslassdeckung f ‖ ~ **lead** (Eng) / Auslassvoreilung f (Dampfmaschinen) ‖ ~ **leg** (Textiles) / Schrittlänge f ‖ ~ **measurement** / Innenmessung f (Bestimmung des Abstandes zweier Innenflächen) ‖ ~ **micrometer** (Eng) / Innenmessschraube f, Innenmikrometer n ‖ ~ **micrometer calliper** (Eng) / Innenmessschraube f, Innenmikrometer n ‖ ~ **mirror** (Autos) / Innenspiegel m
**inside-mix burner** (Eng) / Brenner m mit Vormischung (z.B. Bunsenbrenner)
**inside out** (Textiles) / mit der Innenseite nach außen ‖ ~ **pressure** (Phys) / Innendruck m, innerer Druck, Binnendruck m (innerer Druck), Kohäsionsdruck m (nach innen ausgeübter Normaldruck) ‖ ~ **probe** (Materials) / Einführungssonde f (z.B. bei Prüfungen) ‖ ~ **rear-view mirror** (Autos) / Innenrückspiegel m ‖ ~ **roof lining** (Autos) / Himmel m (die Dachinnenverkleidung - heute meistens geformt und eingeklebt) ‖ ~ **screw** (of the stem) (Eng) / innenliegendes Gewinde (der Spindel)
**inside-screw tool** (Eng) / Innengewindedrehmeißel m
**inside selvedge** (Weaving) / Mittelleiste f ‖ ~ **shaft** (Mining) / Blindschacht m (seigerer Grubenbau, der zwei oder mehrere Sohlen miteinander verbindet oder den Zugang von einer Sohle zu einem Flöz herstellt), Stapelschacht m ‖ ~ **shutter** (Build) / Innenladen m (ein Fensterladen) ‖ ~ **slope** (Hyd Eng) / wasserseitige Böschung (des Flussdeiches) ‖ ~ **spider*** (Acous) / Spinne f (Zentriermembran eines dynamischen Lautsprechers), [gewellte] scheibenförmige

Zentrierung || ~ **spring calliper** (Eng) / Federinnentaster *m*, Federlochzirkel *m* || ~ **vapour phase oxidation** / MCVD-Verfahren *n* (Abscheidung aus der Gasphase - auch zur Herstellung des Faseroptikglases) || ~ **wall** (Build) / Innenwand *f* (tragende, nichttragende), Innenmauer *f* (Mittel-, Trennmauer, Zwischenwand) || ~ **wheel** (Autos) / kurveninneres Rad (bei Kurvenfahrt) || ~ **window** (Build) / Innenfenster *n* || ~ **work** (Work Study) / manuelle Arbeit (der Bedienungsperson) bei laufendem (produzierendem) Betriebsmittel
**insipid** *adj* (Nut) / geschmacklos *adj*, ohne Geschmack, fad *adj*, schal *adj*, abgestanden *adj*
**in situ coal** (Mining) / autochthone Kohle || ~ **situ combustion** / In-situ-Verbrennung *f* || ~ **situ concrete** (Build, Civ Eng) / Ortbeton *m* (der Baustellen- und Transportbeton, der als Frischbeton in die endgültige Lage eingebracht wird - DIN 1045) || ~ **situ foam** (Build) / eingeschäumter Schaumstoff || ~ **situ measurement** / In-situ-Messung *f* || ~ **situ pile** (Build, Civ Eng) / Ortpfahl *m* (Ortrammpfahl, Ortbohrpfahl), Ortbetonpfahl *m* || ~ **situ test** / Prüfung *f* an Ort und Stelle, Prüfung *f* am Einsatzort || ~ **situ test** (Build) / Baustellenversuch *m* || ~ **situ treatment** (Civ Eng, Ecol) / In-situ-Behandlung *f* (des kontaminierten Standorts) || ~ **situ welding** (Welding) / Feldschweißung *f*
**in-slot signalling** (Telecomm) / Inslot-Zeichengabe *f* (innerhalb des Zeitschlitzes des Sprachkanals), Inslot-Signalisierung *f*
**insol** (Chem) / nichtlöslich *adj*, unlöslich *adj*, unl., insolubel *adj*
**insolation**\* *n* (Geophys, Meteor) / Einstrahlung *f* (der Sonne), Sonneneinstrahlung *f* (die von der Sonne zur Erde gelangende Strahlungsenergie, bezogen auf die Zeit- und Flächeneinheit), Insolation *f* || ~\* (Med) / Insolation *f* (Sonnenstich), Sonnenstich *m* (Folge einer längeren Sonneneinstrahlung) || ~ (Meteor) / Insolation *f* (die Dauer der Sonneneinstrahlung) || ~ **weathering** (Geol) / Insolationsverwitterung *f*, Temperaturverwitterung *f*
**insole** *n* (Leather) / Brandsohle *f* (Innensohle des Schuhs, zwischen Laufsohle und Schaft) || ~ **board** (Paper) / Brandsohlenpappe *f* || ~ **leather** (Leather) / Brandsohlenleder *n*
**insole-slashing machine** / Brandsohlenschlitzmaschine *f*
**insolubilize** *v* (Chem) / unlöslich machen
**insoluble** *n* (Chem) / nichtlösliche Substanz, Unlösliches *n*, unlösliche Substanz || ~\* *adj* (Chem) / nichtlöslich *adj*, unlöslich *adj*, unl., insolubel *adj* || ~ (Maths) / nichtlösbar *adj*, unauflösbar *adj*, unlösbar *adj* || ~ **anode** (Surf) / Fremdstromanode *f*, Fremdstromschutzanode *f* || ~ **anode** (Surf) / Daueranode *f*, unlösliche Anode || ~ **in acid(s)** (Chem) / säureunlöslich *adj* || ~ **in ether** (Chem) / etherunlöslich *adj* || ~ **matter** (Chem) / nichtlösliche Substanz, Unlösliches *n*, unlösliche Substanz || ~ **residue** (Chem) / unlöslicher Rückstand
**insonify** *v* / anschallen *v* (in der Sonografie), beschallen *v* (in der Sonografie)
**inspect** *v* / kontrollieren *v*, prüfen *v* (kontrollieren), überprüfen *v*, inspizieren *v* || ~ (Eng) / befahren *v* (einen Kessel), begehen *v* (einen Kessel) || ~ **and lift ladders** (Textiles) / repassieren *v* (Laufmaschen, fehlerhafte Maschenware) || ~ **for dimensional stability** / maßkontrollieren *v* (nur Infinitiv und Partizip Perfekt)
**inspecting authority** / Abnahmebehörde *f* || ~ **machine** (Textiles) / Warenschaumaschine *f* (zur Kontrolle der Gewebe in der Ausrüstung - DIN 64990)
**inspection** *n* / Überprüfung *f*, Kontrolle *f*, Inspektion *f*, Nachprüfung *f*, Prüfung *f*, Kontrollprobe *f*, Kontrollmaßnahme *f* || ~ / Aufsicht *f* (Überwachung), Beaufsichtigung *f* || ~ / Begehung *f* (z.B. von Gasleitungen) || ~ (Bind) / Nachsehen *n* (fachliches) || ~ (Build) / Bauüberwachung *f* (durch den Bauherrn) || ~ (Eng) / Befahren *n*, Befahrung *f*, Begehung *f* (des Kessels) || ~ (Textiles) / Gewebeschauen *n*, Warenvorkontrolle *f*, Absuchen *n* auf Fehler || ~ (Textiles) / Schauen *n*, Schau *f* || ~ **bed** (Met) / Inspektionsbett *n*, Kontrollbett *n* || ~ **belt** (Min Proc, Mining) / Verleseband *n*, Klaubeband *n*, Leseband *n* || ~ **by attributes** (Comp, Stats, Telecomm) / Attributprüfung *f* (DIN 55350, T 31), Kontrolle *f* anhand eines qualitativen Merkmals || ~ **by variables** (Comp, Stats, Telecomm) / Variablenprüfung *f*, messende Prüfung (in der statistischen Qualitätskontrolle), Kontrolle *f* anhand eines quantitativen Merkmals || ~ **car** (Rail) / Inspektionswagen *m*, Untersuchungswagen *m*, Revisionswagen *m* || ~ **chamber**\* (Eng, San Eng) / Einsteigschacht *m*, Kontrollschacht *m*, Revisionsschacht *m*, Prüfschacht *m*, Kontrollgang *m* (ein Schacht) || ~ **copy** (Print, Typog) / Prüfstück *n*, Prüfexemplar *n* (ein Ansichtsexemplar für Lehrer) || ~ **firm** (Ships) / Kontrollfirma *f* (ein im Seehafen arbeitender Betrieb) || ~ **fitting**\* (Eng) / Rohrverbindungsstück *n* (mit einer Reinigungsöffnung) || ~ **fitting** (San Eng) / Reinigungsöffnung *f* || ~ **gallery** (Eng) / Einsteigschacht *m*, Kontrollschacht *m*, Revisionsschacht *m*, Prüfschacht *m*, Kontrollgang *m* (ein Schacht) || ~ **gauge**\* (Eng) / Abnahmelehre *f* || ~ **glass** / Schauglas *n*, Sichtfenster *n* (meistens aus Glas) || ~ **hatch** (Eng) / Schauloch *n* (im Allgemeinen) || ~ **hole** (Eng) / Schauloch *n* (im Allgemeinen) || ~ **instruction** / Prüfanweisung *f* || ~ **interval** / Inspektionsintervall *n* || ~ **lamp** / Kontrollleuchte *f* (eine Handleuchte), Handleuchte *f* (eine Kontrollleuchte) || ~ **lamp** / Montageleuchte *f* || ~ **lamp** / Ableuchtlampe *f* (für Kontrollzwecke) || ~ **lot** / Prüflos *n* (DIN 55350, T 31) || ~ **mark** / Prüfkennzeichen *n* || ~ **of damage** (Ships) / Havariebesichtigung *f* || ~ **of files** / Akteneinsicht *f* (z.B. bei den Patentanmeldungen) || ~ **plug** (Elec Eng) / Zellenverschluss *m*, Verschlussstöpsel *m* (bei Batterien)
**inspection-related** *adj* / prüfbezogen *adj* (Maßeintragung nach DIN 406, T 1)
**inspection report** / Abnahmeprüfprotokoll *n*, Abnahmebericht *m*, Abnahmeprotokoll *n* || ~ **room** / Prüfraum *m* || ~ **safety mark** / GS-Zeichen *n* (geprüfte Sicherheit) || ~ **strategy** (Eng, Work Study) / Inspektionsstrategie *f* (Methoden, Algorithmen und Programme zur Gewährleistung der erforderlichen Schritte bei der Durchführung einer Inspektion von Anlagen, Systemen, Prozessen o. Ä.) || ~ **table** (Textiles) / Durchsehtisch *m* (DIN 64990)
**insphere** *n* (Maths) / Inkugel *f*
**inspirator**\* *n* (Heat) / Mischdüse *f* (Brennermund)
**inspiratory** *adj* (Physiol) / inspiratorisch *adj*
**inspissate** *v* (Chem, Nut, Phys) / verdicken *v* (eine Flüssigkeit), inspissieren *v*, eindicken *v*
**inspissation** *n* (Chem Eng) / Eindicken *n* (durch Eindampfen), Eindampfen *n* (Eindicken) || ~ (Chem, Phys) / Verdicken *n* (einer Flüssigkeit), Inspissation *f*
**inspissator** *n* (Chem Eng) / Eindicker *m* (durch Eindampfen)
**insquare** *n* (Maths) / Inquadrat *n*
**instability**\* *n* / Unbeständigkeit *f* || ~\* (Aero) / Instabilität *f*, Unstabilität *f* || ~\* (Mech) / Labilität *f* || ~ (Meteor, Phys) / Instabilität *f* || ~ **constant** (of complex ions) (Chem) / Instabilitätskonstante *f*
**instable** *adj* (Mech) / unbeständig *adj*, labil *adj*
**instal** *v* (Eng) / aufstellen *v*, installieren *v*, montieren *v*
**install** *v* / einbauen *v* || ~ (Autos) / montieren *v* (Reifen) || ~ (Eng) / aufstellen *v*, installieren *v*, montieren *v*
**installable** *adj* (Comp) / installierbar *adj*
**installation** *n* / Einbau *m* || ~ (Build, Plumb) / Verlegung *f* (von Rohren), Rohrverlegung *f* (in Gebäuden) || ~ (Civ Eng) / Neuverlegung *f* (von Leitungen) || ~ (Eng) / Anlage(n) *f(pl)*, Einrichtung(en) *f(pl)*, Fazilität *f* (materielle, technische und organisatorische Bedingungen für einen bestimmten Zweck), Facility *f* (Ausstattung, Kundendiensteinrichtung) || ~ (Eng) / Aufstellung *f*, Montage *f*, Installation *f* (Aufstellung) || ~ **diagram** (Elec Eng) / Installationsplan *m* (DIN ISO 10 209, T 4) || ~ **indoors** / Innenraumaufstellung *f* || ~ **kit** (Eng) / Einbausatz *m* || ~ **manual** (Comp, Eng) / Installationshandbuch *n* || ~ **riser** (Build) / Steigleitung *f* (als Verbrauchs- oder Geräteanschlussleitung) || ~ **wiring diagram** (Elec Eng) / Montageschaltplan *m*
**installed capacity** (Elec Eng) / installierte Leistung || ~ **power** (Elec Eng) / installierte Leistung
**installer of heating systems** (Build) / Heizungsmonteur *m*
**installment** *n* (US) / Teillieferung *f* || ~ (US) / Teilzahlung *f*, Rate *f* (Teilzahlung)
**instalment** *n* / Teillieferung *f* || ~ / Teilzahlung *f*, Rate *f* (Teilzahlung) || ~ (Print) / Fortsetzung *f* (einzelner Teil eines Lieferungswerkes), Lieferung *f*
**instance** *n* / Instanz *f* (abstrakter Begriff für ein aktives Element oder einen Bestandteil des Systems) || ~ / Instanz *f* (konkrete Ausprägung eines Objekts, einer Menge von Gegenständen derselben Art oder Repräsentation von Individuen) || ~ (AI) / Instanz *f* (Ergebnis der Instantiierung) || ~ (AI, Comp) / Instanz *f* (als Extension eines Konzepts) || ~ **variable** (AI) / Instanzvariable *f*
**instant** *adj* (Nut) / verzehrfertig *adj*, tafelfertig *adj*, essfertig *adj* || ~ (Nut) / Instant-, instant *adj* (in Wasser rasch und rückstandslos lösliches Produkt - z.B. Kaffee- und Tee-Extrakte, Kakaopulver, Milchprodukte und Fertigsuppen), sofort löslich || ~ (Pharm) / tassenfertig *adj* (Tee)
**instant-acting brake** (Eng) / Schnellstoppbremse *f*
**instantaneous** *adj* / unverzüglich *adj*, augenblicklich *adj*, Augenblicks-, momentan *adj*, instantan *adj* || ~ **acceleration** (Phys) / Augenblicksbeschleunigung *f*, Momentanbeschleunigung *f* || ~ **automatic gain control**\* (Radar) / selbsttätige unverzögerte Schwundsteuerung, unverzögerte automatische Verstärkungsregelung || ~ **axis** (Eng) / Momentachse *f* || ~ **braking power** (Autos) / augenblickliche Bremsleistung || ~ **centre**\* (of rotation) (Mech) / Momentanpol *m*, Momentanzentrum *n*, Augenblicksdrehpunkt *m*, Geschwindigkeitspol *m* || ~ **centre of acceleration** (Mech) / Beschleunigungspol *m* || ~ **contactor relay** (Elec Eng) / unverzögertes Hilfsschütz || ~ **frequency**\* (the rate of change of phase of an oscillation, expressed in radians per second divided by $2\pi$) (Telecomm) / Augenblicksfrequenz *f* (die Änderungsgeschwindigkeit des Phasenwinkels einer winkelmodulierten Schwingung, dividiert durch $2\pi$),

Momentanfrequenz f ‖ ~ **fuse** (Elec Eng) / flinke Sicherung (DIN 49360) ‖ ~ **fuse*** (Mining) / Zündschnur f mit einer Brenngeschwindigkeit weit über 1000 m/s ‖ ~ **fuse*** (Mining) / Momentzünder m (Sprengzünder, bei dem die Initialladung unmittelbar beim Entflammen der Zündpille detoniert) ‖ ~ **orbit** (Nuc) / Momentanbahn f, momentane Bahn, Momentankreis m ‖ ~ **power*** (Elec Eng) / Augenblicksleistung f, Augenblickswert m der Leistung ‖ ~ **release** (Elec Eng) / unverzögerter Auslöser ‖ ~ **trip** (Elec Eng) / Schnellauslöser m ‖ ~ **value** (Phys) / Momentanwert m, Augenblickswert m (der zu jedem Zeitpunkt vorhandene Wert einer Wechselgröße) ‖ ~ **velocity** (Phys) / Momentangeschwindigkeit f, Augenblicksgeschwindigkeit f ‖ ~ **water heater** (Heat) / Durchlaufwassererhitzer m, Durchlaufwasserheizer m (als Gegensatz zum Boiler und zum Speicher), Durchflusserwärmer m (ein Wassererhitzer), Durchlauferhitzer m (ein Gerät, das das Wasser im Wesentlichen während des Durchlaufs erwärmt)

**instant camera** (Photog) / Instantkamera f, Sofortbildkamera f ‖ ~ **centre** (Mech) / Momentanpol m, Momentanzentrum n, Augenblicksdrehpunkt m, Geschwindigkeitspol m

**instant-change scroll bar** (Comp) / Echtzeitbildlaufleiste f

**instant flour** (Nut) / Instantmehl n, Granulatmehl n ‖ ~ **heat gun** (Electronics, Eng, Plumb) / lötbereite Lötpistole

**instantiate** v (AI) / instantiieren v (begriffliche Frames konkretisieren und spezialisieren)

**instantiated object** (AI) / instantiiertes Objekt

**instantiation** n (AI) / Instantiierung f (Konkretisierung und Spezialisierung begrifflicher Frames) ‖ ~ (AI) / Instantiierung f (bei der Mustererkennung)

**instantization** n (Chem Eng) / Instantisierung f (Agglomerierung des Staubes)

**instantizing** n (Chem Eng) / Instantisierung f (Agglomerierung des Staubes) ‖ ~ (Nut) / Instantisierung f

**instant of drop fall** / Tropfenabfallmoment n, Tropfenfallmoment n ‖ ~ **of failure** / Ausfallzeitpunkt m

**instanton** n (Phys) / Instanton n (quantenmechanischer Übergang zwischen unterschiedlichen Zuständen der Teilchen - ein Soliton)

**instant photography*** (Photog) / Instantfotografie f, Sofortbildfotografie f ‖ ~ **printing** (Print) / Sofortdruck m ‖ ~ **product** (Nut) / Instantprodukt n ‖ ~ **recovery** (Textiles) / sofortige Erholung ‖ ~ **replay** (TV) / Zeitlupenwiedergabe f, Replay n (Wiederholung einer Szene im Zeitlupentempo), Zeitlupenwiederholung f

**instant-return mirror** (Photog) / hochklappbarer Spiegel (bei der einäugigen Spiegelreflexkamera), Rückkehrspiegel m

**instant spare** (Autos) / Pannenspray m n (für Reifenpannen)

**instant-start fluorescent lamp** (Electronics) / Kaltstartlampe f, Direktstartlampe f, Sofortstartlampe f ‖ ~ **fluorescent lamp** (Elec Eng) / Kaltstart-Leuchtstofflampe f, Leuchtstofflampe f mit Kaltelektroden ‖ ~ **lamp** (US) (Electronics) / Kaltstartlampe f, Direktstartlampe f, Sofortstartlampe f

**instant sugar** (Nut) / Instantzucker m (sehr schnell löslich)

**instantuner** n (Electronics) / Schnellabstimmer m, Schnellabstimmgerät n (für Sender)

**instationary** adj / nicht stationär (Wärmeleitung), instationär adj (Wärmeleitung) ‖ ~ **heat transmission** (Phys) / instationäre Wärmeleitung (DIN 1341)

**instep** n / Rist m (bei Schuhen)

**instillation** n (Med) / Instillation f, Einträufelung f

**Institute of Electrical and Electronics Engineers** (US) / US-amerikanischer Verband der Elektrotechniker und Elektroniker

**institutionalization*** n / Institutionalisierung f

**in-store part** (Eng, Work Study) / Lagerteil n

**instream aeration** (San Eng) / Flussbelüftung f (künstliche Zufuhr von Sauerstoff in ein Fließgewässer)

**instruction** n / Unterricht m, Schulung f, Einarbeitung f ‖ ~ / Ausbildung f ‖ ~ / Einweisung f (praktische) ‖ ~* (general meaning) (Comp) / Anweisung f (allgemeine Bezeichnung für in beliebiger Sprache abgefasste Arbeitsvorschrift, die im Gegensatz zum Befehl aus weiteren Anweisungen zusammengesetzt sein kann, jedoch im gegebenen Zusammenhang wie auch im Sinne der benutzten Sprache abgeschlossen ist) ‖ ~* (specific meaning) (Comp) / Anweisung f, Befehl m (bei maschinenorientierten Programmiersprachen eine Arbeitsvorschrift, die sich nicht in weitere Anweisungen zerlegen läßt) ‖ ~ (about occupational hazards) (Work Study) / Belehrung f (über die auftretenden Gefahren) ‖ ~ **address** (Comp) / Befehlsadresse f ‖ ~ **address register*** (Comp) / Befehlsadressregister n

**instructional cycle** (Comp) / Befehlszyklus m (Zeitspanne, die zur Ausführung eines Befehls erforderlich ist, bevor der nächstfolgende Befehl ausgeführt werden kann), Befehlsablauf m ‖ ~ **flying** (Aero) / Flugschulung f (ein Unterbereich der allgemeinen Luftfahrt), Schulung f und Ausbildung ‖ ~ **television** (TV) / Unterrichtsfernsehen n, Bildungsfernsehen n

**instruction block** (Comp) / Befehlsblock m (eine Gruppe von Befehlen) ‖ ~ **board** (Eng) / Wartungsschild n ‖ ~ **code*** (Comp) / Befehlskode m, Befehlsschlüssel m ‖ ~ **counter** (a counting register that normally increments in each instruction cycle to obtain the program sequence from the memory locations) (Comp) / Instruktionszähler m, Befehlszähler m (DIN 44300) ‖ ~ **cycle** (Comp) / Befehlszyklus m (Zeitspanne, die zur Ausführung eines Befehls erforderlich ist, bevor der nächstfolgende Befehl ausgeführt werden kann), Befehlsablauf m ‖ ~ **cycle*** (Comp) / Abrufzyklus m, Abrufphase f (die Arbeitsphase eines Leitwerks, in der das Leitwerk den Betrieb eines Befehls oder Operanden aus dem Speicher steuert) ‖ ~ **execution cycle** (Comp) / Befehlszyklus m (Zeitspanne, die zur Ausführung eines Befehls erforderlich ist, bevor der nächstfolgende Befehl ausgeführt werden kann), Befehlsablauf m ‖ ~ **execution time** (Comp) / Befehlszeit f ‖ ~ **fetch cycle** (Comp) / Befehlsholphase f (die Arbeitsphase des Leitwerks, in der ein Befehl aus dem Arbeitsspeicher gelesen und in das Befehlsregister geladen wird), Holphase f (eines Befehls) ‖ ~ **format** (Comp) / Befehlsformat n, Befehlsaufbau m, Befehlsstruktur f ‖ ~ **language** (Comp) / Befehlssprache f ‖ ~ **list** (Comp) / Befehlsliste f (Darstellung eines Befehlsvorrats mit Beschreibung der zugehörigen Funktionen und mit Angabe über die Operandenteile - DIN 44300) ‖ ~ **mix** (Comp) / Befehlsmix m (bei der Beurteilung der Leistungsfähigkeit eines Rechnerkerns), Mix m ‖ ~ **modification** (Comp) / Befehlsänderung f ‖ ~ **number*** (Comp) / Befehlszahl f ‖ ~ **register** (Comp) / Befehlsregister n (in einem Leitwerk nach DIN 44300) ‖ ~ **repertoire** (Comp) / Befehlsvorrat m (DIN 44300), Befehlssatz m (Gesamtheit der Befehle, die von einer bestimmten Funktionseinheit ausgeführt werden können), Befehlsrepertoire n (pl. -s) ‖ ~ **repertory** (Comp) / Befehlsvorrat m (DIN 44300), Befehlssatz m (Gesamtheit der Befehle, die von einer bestimmten Funktionseinheit ausgeführt werden können), Befehlsrepertoire n (pl. -s)

**instructions** pl (for use) / Gebrauchsanweisung f, Gebrauchsanleitung f

**instruction sequence** (Comp) / Befehlsfolge f, Instruktionsfolge f ‖ ~ **set*** (Comp) / Befehlsvorrat m (DIN 44300), Befehlssatz m (Gesamtheit der Befehle, die von einer bestimmten Funktionseinheit ausgeführt werden können), Befehlsrepertoire n (pl. -s)

**instructions for the compositor** (Typog) / Satzanweisung f

**instruction staticizing** (Comp) / Befehlsübernahme f (bei Zentraleinheiten) ‖ ~ **time** (Comp) / Ausführungszeit f (eines Befehls), Befehlausführungszeit f, Operationszeit f ‖ ~ **time** (Comp) / Befehlszeit f ‖ ~ **trap** (Comp) / Befehlsfalle f (ein automatischer Sprung oder Unterprogrammaufruf, der das gerade aktive Programm unter gewissen Bedingungen unterbricht) ‖ ~ **word** (Comp) / Befehlswort n (DIN 44300)

**instructor** n / Instruktor m, Ausbilder m

**instrument** v (Instr) / instrumentieren v, mit Instrumenten oder Geräten ausrüsten (oder versehen) ‖ ~* n (Instr) / Messapparat m, Messgerät n (DIN 1319, T 3), Messinstrument n ‖ ~* (Instr) / Instrument n

**instrumental** adj (Chem) / Instrumenten-, instrumentell adj (chemische Analyse) ‖ ~ **analysis** (Chem) / Instrumentenanalyse f, instrumentelle Analyse, instrumentelle Analytik (eine physikalische Analyse) ‖ ~ **error** (Instr) / apparativer Fehler, Instrumentenfehler m, Gerätefehler m ‖ ~ **plot** (Surv) / fotogrammetrische Originalauswertung (das aus der stereofotogrammetrischen Ausmessung von Messbildpaaren unmittelbar gewonnene grafische Ergebnis) ‖ ~ **sensitivity*** (Elec Eng, Instr) / Empfindlichkeit f des Messinstruments

**instrument analysis** (Chem) / Instrumentenanalyse f, instrumentelle Analyse, instrumentelle Analytik (eine physikalische Analyse) ‖ ~ **approach*** (Aero) / Instrumentenanflug m

**instrumentation** n / Feinmess- und Feingerätetechnik f ‖ ~ (Instr) / Instrumentation f, Instrumentierung f (Anwendung und Einsatz von Instrumenten) ‖ ~ (Instr) / gerätetechnische Ausrüstung, Instrumentenausrüstung f ‖ **without the need of expensive** ~ (Instr) / ohne großen Geräteaufwand ‖ ~ **and control** (Automation) / Mess-, Steuerungs- und Regeltechnik f, MSR-Technik f, Leittechnik f ‖ ~ **tape** (Acous, Electronics) / Messmagnetband n

**instrument autotransformer** (Elec Eng) / Messwandler m in Sparschaltung ‖ ~ **board** (Autos) / Instrumentenanlage f, Armaturenbrett n, Instrumententafel f ‖ ~ **cluster** (Instr) / Kombiinstrument n, Instrumentenblock m ‖ ~ **damping** (Instr) / Gerätedämpfung f

**instrumented range** (Radar) / Messentfernungsbereich m

**instrument flight** (Aero) / IFR-Flug m, Instrumentenflug m ‖ ~ **flight rules*** (Aero) / Instrumentenflugregeln f pl, IFR

**instrument**

(Instrumentenflugregeln) || ~ **flight time** (Aero) / Instrumentenflugzeit f || ~ **for measuring the length of curved lines** (e.g. an opisometer) (Cartography) / Kartometer n, Kurvenmesser m, Kurvimeter n || ~ **ground time** (Aero) / Instrumentenbodenzeit f || ~ **landing system**\* (Aero) / Instrumentenlandesystem n (heute nicht mehr benutzt), ILS (Instrumentenlandesystem) || ~ **meteorological conditions** (Aero) / Instrumentenwetterbedingungen f pl || ~ **module** (Space) / Gerätemodul n, Gerätezelle f, Geräteeinheit f || ~ **noise** / Eigengeräusch n des Instruments || ~ **oil** / Instrumentenöl n || ~ **panel** (Autos) / Instrumentenanlage f, Armaturenbrett n, Instrumententafel f || ~ **range**\* (Nuc Eng) / Instrumentenbereich m || ~ **reading** (Instr) / Geräteablesung f || ~ **relay** (Elec Eng, Instr) / Messrelais n || ~ **runway** (Aero) / Instrumentenpiste f || ~ **shelter** (Meteor) / Beobachtungshütte f, Hütte f (englische), Thermometerhütte f (im Allgemeinen) || ~ **shunt**\* (Elec Eng) / Messnebenwiderstand m, Messshunt m || ~ **time** (Aero) / Instrumentenzeit f (Instrumentenflugzeit + Instrumentenbodenzeit) || ~ **transformer**\* (Elec Eng) / Messwandler m (ein Spezialtransformator)

**insufficient** adj / unzureichend adj, unzulänglich adj, insuffizient adj || ~ **feed**\* (Print) / Nacheilung f

**insulance**\* n (Elec Eng) / Isolationswiderstand m

**insulant** n (Acous) / Dämmstoff m (zur Behinderung der Schallausbreitung) || ~\* (Build) / Sperrstoff m (Schall, Hitze, Vibrationen) || ~\* (Build, Civ Eng, Heat) / Ummantelungsstoff m, wärmetechnischer Isolierstoff, Dämmstoff m || ~\* (Elec, Elec Eng) / Isolierstoff m (isolierender Werkstoff), Isolator m (Material), Isoliermaterial n, Isolierwerkstoff m

**insular shelf** (Geol) / Inselschelf m n

**insulate** v / isolieren v (thermisch, elektrisch) || ~ (Surf) / abdecken v

**insulated**\* adj (Arch) / Punkt-, abgesondert adj, allein stehend adj || ~\* (Elec Eng) / isoliert adj || ~ **bolt**\* (Elec Eng) / Klemmisolator m, Isolierklemme f || ~ **clip**\* (Elec Eng) / isolierte Leitungsklemme || ~ **conductor** (US) (Cables) / Kabelader f, Ader f (Leiter mit Isolierhülle), Aderleitung f || ~ **conductor** (Elec Eng) / isolierter Leiter

**insulated-gate bipolar transistor** (Electronics) / Bipolartransistor m mit isoliertem Gate, IGBT (Bipolartransistor mit isoliertem Gate) || ~ **field-effect transistor** (a combination of a surface-control device, the MOS capacitor, and a pn junction) (Electronics) / Oberflächenfeldeffekttransistor m, Isolierschicht-Feldeffekttransistor m, IGFET-Transistor m, IGFET m, Feldeffekttransistor m mit isoliertem Gate, Feldeffekttransistor m mit isolierter Steuerelektrode || ~ **field-effect transistor** (Electronics) s. also MOSFET

**insulated hook**\* (Elec Eng) / isolierter Leitungsträger || ~ **neutral**\* (Elec Eng) / isolierter Sternpunkt || ~ **pliers** (Elec Eng) / isolierte Zange f || ~-**return system**\* (Elec Eng) / Zweileitersystem n, Zweidrahtsystem n, Zweileiternetz n, Doppeldrahtsystem n || ~ **stream** (Hyd Eng) / vom (gesättigten) Untergrund isolierter Fluss || ~ **tool** (Elec Eng) / isoliertes Werkzeug || ~ **wire** (Cables) / Kabelader f, Ader f (Leiter mit Isolierhülle), Aderleitung f || ~ **wire**\* (Elec Eng) / isolierter Draht

**insulating beads**\* (Elec Eng) / Isolierperlen f pl || ~ **bell** (Elec Eng) / Isolatorglocke f, Isolierglocke f || ~ **bell** (Elec Eng) / Glockenisolator m (Telegrafenglocke) || ~ **board**\* (Build) / Dämmplatte f || ~ **board** (Build, For) / Isolierplatte f (eine Holzfaserplatte) || ~ **board** (Paper) / Isolierpappe f || ~ **bush** (Elec Eng) / Isolatormuffe f || ~ **bush** (Elec Eng) / Isolierbuchse f || ~ **cardboard** (Paper) / Isolierpappe f || ~ **clearance** (Elec Eng) / Isolierabstand m || ~ **cloth** (Elec Eng) / Isoliertuch m || ~ **compound**\* (Cables) / Kabelmasse f, Kabelvergussmasse f || ~ **compound**\* (Elec Eng) / Isoliermasse f (im Allgemeinen) || ~ **fibre** (Build) / Isolierfaser f (Glas-, Schlacken-, Stein- und keramische Faser) || ~ **fibreboard** (Build) / Faserdämmstoffplatte f, Faserdämmplatte f || ~ **fibreboard** n (Build, Join) / Holzfaserdämmplatte f, HFD (Holzfaserdämmplatte) || ~ **foil** (Elec Eng) / Isolierfolie f || ~ **grid** / Isolierrost m || ~ **lacquer** (Elec Eng, Paint) / Isolierlack m (DIN 46265), Elektroisolierlack m, Träufellack m, Drahtlack m (Tränklack oder Überzugslack) || ~ **layer** (Elec Eng) / Isolierschicht f || ~ **material** (Acous) / Dämmstoff m (zur Behinderung der Schallausbreitung) || ~ **material** (Elec Eng) / Isolierstoff m (isolierender Werkstoff), Isolator m (Material), Isoliermaterial n, Isolierwerkstoff m || ~ **oil**\* (Elec Eng) / Isolieröl n (DIN-IEC 1039) || ~ **oil** (Elec Eng) s. also circuit-breaker oil || ~ **pad** (Autos) / Isoliermatte f || ~ **paper** (Elec Eng, Paper) / Elektroisolierpapier n, Isolierpapier n (DIN 6740 und 6741) || ~ **resin compound** (Chem, Elec Eng) / Isolierharzmasse f (lösungsmittelfreie Reaktionsharzmasse, die nach dem Härten elektrisch isoliert und gegen mechanische oder chemische Einwirkungen schützt) || ~ **sheet** (Elec Eng) / Isolierfolie f || ~ **spacer** (Elec Eng) / Isolierzwischenlage f || ~ **strength** (Elec Eng) / Isolierfestigkeit f || ~ **tape**\* (Elec Eng) / Isolierband n (pl. Isolierbänder) || ~ **tube** (Elec Eng) / Isolierschlauch m (im Allgemeinen) || ~ **tubing** (Elec Eng) / Isolierschlauch m (im Allgemeinen) || ~ **varnish** (Elec Eng, Paint) / Isolierlack m (DIN 46456), Elektroisolierlack m, Träufellack m, Drahtlack m (Tränklack oder Überzugslack)

**insulation**\* n / Isolierung f, Isolation f (im Allgemeinen) || ~\* (Acous, Heat) / Dämmung f || ~\* (Build) / Sperrstoff m (Schall, Hitze, Vibrationen) || ~ (against loss of heat) (Build) / Kälteschutz m || ~\* (Elec Eng) / Isolierstoff m (isolierender Werkstoff), Isolator m (Material), Isoliermaterial n, Isolierwerkstoff m || ~ (Surf) / Abdeckung f (isolierende), Schutzschicht f (für Gestelle oder nicht zu galvanisierende Werkstückteile) || ~\* s. also electrical insulation || ~ **across the line trap** (Telecomm) / innere Isolation (im Inneren von Betriebsmitteln) || ~ **amplifier** (Elec Eng) / Trennverstärker m || ~ **by sprayed foam** (Build) / Sprühschaumdämmung f || ~ **class** (in class ratings) (Elec Eng) / Isolationsklasse f (z.B. Tropenisolation) || ~ **coordination** (Elec Eng) / Isolationskoordination f || ~ **defect** (Elec Eng) / Isolationsfehler m || ~ **displacement connector** (Electronics) / Schneidklemmenstecker m || ~ **displacement connexion** (GB) (Electronics) / lötfreie Anschlusstechnik, IDC (lötfreie Anschlusstechnik) || ~ **fault** (Elec Eng) / Isolationsfehler m || ~ **for tropics** (Elec Eng) / Tropenisolation f (eine Isolationsklasse) || ~ **for tropics** (Elec Eng) s. also tropicalization || ~ **level** (Elec Eng) / Isolationspegel m (eine Gruppe von Nennstehspannungen, die das Isoliervermögen sowohl für Betriebsfrequenz als auch für Stoß kennzeichnet) || ~ **piercing connection** (Elec Eng) / Schneidklemmverbindung f || ~ **pocket** (Electronics) / Isolationstasche f || ~ **resistance**\* (Elec Eng) / Isolationswiderstand m || ~ **screen** (Cables) / äußere Leitschicht (auf der äußeren Hülle aufgebracht), Aderabschirmung f || ~ **tester**\* (Elec Eng) / Isolationsprüfer m, Isolationsprüfapparat m, Isolationsmesser m

**insulator** n (Autos) / Isolierkörper m (der Zündkerze) || ~\* (Elec Eng) / Isolierstoff m (isolierender Werkstoff), Isolator m (Material), Isoliermaterial n, Isolierwerkstoff m || ~\* (I C Eng) / Isolator m (Isolierkörper, der mit der Armatur fest verbunden ist) || ~ **arcing horn**\* (Elec Eng) / Isolatorschutzhorn n (eine Lichtbogenschutzarmatur) || ~ **arcing ring** (a metal part, usually circular or oval in shape, placed at one or both ends of an insulator or of a string of insulators to establish an arcover path, thereby reducing or eliminating damage by arcover in the insulator or conductor or both) (Elec Eng) / Schutzring m (eine Lichtbogenschutzarmatur) || ~ **arcing shield** (Elec Eng) / Schutzschild m (eine Lichtbogenschutzarmatur) || ~ **body** (Elec Eng) / Isolierkörper m (Hohl- oder Massiv-) || ~ **cap**\* (Elec Eng) / Isolatorkappe f || ~ **firing end** (I C Eng) / Isolatorfußspitze f (der Zündkerze) || ~ **grading shield** (Elec Eng) / Schutzschild m (eine Lichtbogenschutzarmatur) || ~ **nose** (Autos) / Isolatorfuß m (der Zündkerze) || ~ **pin**\* (Elec Eng) / Isolatorstütze f (Armatur eines Stützenisolators) || ~ **shed** (Elec Eng) / Isolatormantel m || ~ **strength**\* (Elec Eng) / Festigkeit f des Isolators (mechanische oder elektrische) || ~ **string** (two or more suspension insulators connected in series) (Elec Eng) / Isolatorkette f (DIN 57 746-1), Kette f (von Isolatoren) || ~ **tip** (I C Engs) / Isolatorfußspitze f (der Zündkerze)

**insulin**\* n (a polypeptide hormone) (Biochem, Med) / Insulin n (Proteohormon aus den Langerhans'schen Inseln des Pankreas)

**insulinase** n (Biochem, Med) / Insulinase f (insulinzerstörendes Leberenzym)

**insulin-like growth factor** (Biochem) / Insulin-like-Growth-Factor m, IGF (Insulin-like-Growth-Factor), insulinartiger Wachstumsfaktor

**insurance medicine** (Med) / Versicherungsmedizin f || ~ **statistics** (Stats) / Versicherungsstatistik f

**insure** v / versichern v

**insured burst** (Comp, Telecomm) / Insured Burst m (der größtmögliche Burst von Daten oberhalb der zugesicherten Rate, der zeitweilig in einer dauerhaften virtuellen Verbindung zugelassen ist)

**insurer** n / Versicherer m

**insusceptible to ageing** / alterungsbeständig adj

**insweep** n (Glass) / der untere Teil eines Glasbehälters

**intaglio**\* n (Glass) / Intaglio n (pl. Intaglien) || ~ (Paper) / Schattenwasserzeichen n (erscheint auf dem Papier dunkler, Schattierungen n, Wasserzeichen m mit Schattierungen || ~\* (Print) / Tiefdruck m (ein Druckverfahren, bei dem die druckenden Stellen gegenüber den nicht druckenden vertieft in der Druckform liegen) || ~ **etching** (Print) / Tiefdruckätzung f, Tiefätzung f || ~ **paper** (Paper) / Tiefdruckpapier n (meistens mit über 20 % Füllstoffgehalt - DIN 6730)

**intake** n (Biol) / Aufnahme f (von Flüssigkeit) || ~ (Eng) / Einlass m, Eintritt m, Einlauf m || ~ (Eng) / Einströmungsöffnung f, Einlassöffnung f, Eintrittsöffnung f, Ansaugöffnung f || ~ (I C Engs) / Saugen n, Ansaugen n (des Luft-Kraftstoff-Gemisches) || ~ (Radiol) / Aktivitätszufuhr f (die durch Mund oder Nase oder durch die intakte oder verletzte Haut in den Körper gelangte Menge radioaktiver Stoffe) ‖ ~ **air chamber** (Eng) / Saugwindkessel *m* (einer Kolbenpumpe) ‖ ~ **camshaft** (Autos) / Einlassnockenwelle *f* (bei Doppelnockenwellenmotoren) ‖ ~ **capacity** (Eng) / Ansaugmenge *f* (bei einem Verdichter) ‖ ~ **duct** (Eng) / Einlasskanal *m* (z.B. bei Wasserturbinen) ‖ ~ **heading** (US) (Elec Eng, Hyd Eng) / Kopfleitwerk *n*, Einlaufbauwerk *n* (zur Heranführung der erforderlichen Wassermenge für ein Kraftwerk - DIN 4045) ‖ ~ **hopper** / Einwurftrichter *m* (z.B. des Allesbläsers) ‖ ~ **line** (Eng) / Einlaufleitung *f*, Zulaufleitung *f* ‖ ~ **manifold** (I C Engs) / Saugrohr *n*, Motorsaugrohr *n*, Ansaugkrümmer *m*, Ansaugrohr *n*, Einlasskrümmer *m* (ein komplettes Bauteil, das den Einlasskanälen des Zylinderkopfs die Luft zuführt) ‖ ~ **noise** (I C Engs) / Ansauggeräusch *n* ‖ ~ **plenum** (I C Engs) / Ansaugluftsammler *m*, Luftsammler *m*, Sammelsaugrohr *n* ‖ ~ **port** (Eng) / Einlasskanal *m* (z.B. bei Wasserturbinen) ‖ ~ **port** (I C Engs) / Einlasskanal *m*, Ansaugkanal *m* (im Zylinderkopf) ‖ ~ **pressure** (Eng) / Anfangsdruck *m*, Saugdruck *m* (bei Verdichtern), Ansaugdruck *m* (bei Verdichtern) ‖ ~ **rate** (Agric) / Infiltrationsrate *f* (Bodendurchlässigkeit) ‖ ~ **roller** (Eng) / Einzugswalze *f*, Einziehwalze *f* ‖ ~ **side** (Eng) / Saugseite *f* (eines Verdichters) ‖ ~ **silencer** (I C Engs) / Ansaugluftgeräuschdämpfer *m* ‖ ~ **strainer** (Eng) / Saugkorb *m* (am Eintrittsstutzen von Pumpenleitungen befindliches Siebgefäß zur Aufnahme von Fremdkörpern) ‖ ~ **stroke** (I C Engs) / Ansaughub *m* (im Viertaktzyklus), Saughub *m* ‖ ~ **structure** (Hyd Eng, San Eng) / Einlaufbauwerk *n* (bauliche Einrichtung zur Einleitung von Oberflächenwasser in einen Kanal oder Abwasser in eine Kläranlage - DIN 4045) ‖ ~ **tower** (Hyd Eng) / Entnahmeturm *m* (zur Wasserentnahme für Kraftwerke) ‖ ~ **valve** (I C Engs) / Saugventil *n*, Einlassventil *n* ‖ ~ **work** (Hyd Eng, San Eng) / Einlaufbauwerk *n* (bauliche Einrichtung zur Einleitung von Oberflächenwasser in einen Kanal oder Abwasser in eine Kläranlage - DIN 4045)

**Intalox saddle** (Chem Eng) / Intalox-Sattel *m* (Füllkörper einer Rektifiziersäule)

**intangible assets** / immaterielle Wirtschaftsgüter (Dienstleistungen, Rechte, Patente), immaterielle Vermögensgegenstände

**intangibles** *pl* / immaterielle Wirtschaftsgüter (Dienstleistungen, Rechte, Patente), immaterielle Vermögensgegenstände

**in-tank bladder** (Autos) / Tankinnenblase *f*

**intarsia** *n* (For, Join) / Intarsie *f*, großflächige Holzeinlegearbeit, Intarsia *f* (Säge- oder Messerverfahren) ‖ ~* (Textiles) / Intarsiamaschenware *f*, Intarsiawirkware *f* (mit Buntmusterung, bei der die farbigen Fäden nicht durch die ganze Ware laufen, sondern räumlich begrenzt sind) ‖ ~ **fabric** (Textiles) / Intarsiamaschenware *f*, Intarsiawirkware *f* (mit Buntmusterung, bei der die farbigen Fäden nicht durch die ganze Ware laufen, sondern räumlich begrenzt sind)

**integer*** *n* (Maths) / ganze Zahl, Ganzzahl *f* ‖ ~ *adj* (Maths) / ganzzahlig *adj* ‖ ~ **number** (Maths) / ganze Zahl, Ganzzahl *f* ‖ ~ **part** (Maths) / größte ganze Zahl, ganzer Teil ‖ ~ **part** (Maths) / ganze Zahl, Ganzzahl *f* ‖ ~ **programming** (Comp) / ganzzahlige Programmierung, ganzzahlige Optimierung, Ganzzahlplanungsrechnung *f*, GP ‖ ~ **solution** (Maths) / ganzzahlige Lösung *f* ‖ ~ **spin** (Nuc) / ganzzahliger Spin

**integer-valued** *adj* (Maths) / ganzwertig *adj* (Funktion) ‖ ~ **function** (Maths) / ganzwertige Funktion, Funktion *f* mit ganzen Zahlen als Werten

**integrability** *n* (Maths) / Integrierbarkeit *f*, Integrabilität *f* ‖ ~ **condition** (Maths) / Integrabilitätsbedingung *f*

**integrable** *adj* (Maths) / integrierbar *adj*, integrabel *adj* ‖ ~ **system** (of partial differential equations) (Maths, Mech) / integrables System

**integral*** *n* (Maths) / Integral *n* ‖ ~ (Maths) / Integralzeichen *n* ‖ ~ *adj* / integral *adj* ‖ ~ / eingebaut *adj* ‖ ~ / komplett *adj* ‖ ~ (Autos) / selbsttragend *adj* ‖ ~ (Autos) / integriert *adj* (Kopfstütze, Stoßstange) ‖ ~ (Eng) / aus (in) einem Stück gebaut ‖ ~ (Maths) / ganzzahlig *adj* ‖ ~ **absorbed dose** (Radiol) / Integraldosis *f* ‖ ~ **(control) action** (Automation) / integrierendes Verhalten, Integralverhalten *n*, I-Verhalten *n*

**integral-action controller** (Automation) / integralwirkender Regler, Nachstellregler *m*, I-Regler *m*, Integralregler *m*

**integral amplifier** (Elec Eng) / eingebauter Verstärker ‖ ~ **Biot-Savart law** (in non-vector notation) (Phys) / Ampère'sche Formel, integrales Biot-Savart-Gesetz *n* (in nichtvektorieller Schreibweise), integrales Biot-Savart'sches Gesetz ‖ ~ **calculus*** (Maths) / Integralrechnung *f* (ein Teilgebiet der Analyse) ‖ ~ **chromatogram** (Chem) / Integralchromatogramm *n*, integrales Chromatogramm ‖ ~ **colour** (Surf) / Eigenfärbung *f* (einer anodisch erzeugten Oxidschicht) ‖ ~ **construction** / Integralbauweise *f* (bei der auch größere Bauteile aus einem vollen Materialblock hergestellt werden), integrierende Bauweise ‖ ~ **control** (Automation) / Integralregelung *f*, I-Regelung *f* ‖ ~ **controller** (Automation) / integralwirkender Regler, Nachstellregler *m*, I-Regler *m*, Integralregler *m* ‖ ~ **convergence tes\*t** (Maths) / Cauchy'sches Konvergenzkriterium, zweites

Hauptkriterium (nach Cauchy bzw. MacLaurin), Integralkriterium *n* für die Konvergenz unendlicher Reihen (nach Cauchy bzw. MacLaurin) ‖ ~ **cover** (Bind) / Integralbuchdecke *f* ‖ ~ **curve** (Maths) / Lösungskurve *f* (die grafische Darstellung der Lösung einer Differentialgleichung), Integralkurve *f*

**integral-derivative control** (Automation) / Integral-Differential-Regelung *f*, ID-Regelung *f*

**integral domain\*** (Maths) / Integritätsbereich *m* (ein kommutativer Ring ohne Nullteiler) ‖ ~ **dose\*** (Radiol) / Integraldosis *f* ‖ ~ **equation** (Maths) / Integralgleichung *f* ‖ ~ **estimation** (Automation) / Integralkriterium *n* (z.B. der Regelgüte) ‖ ~ **exponential** (Maths) / Integralexponentielle *f*, Exponentialintegral *n* ‖ ~ **extinction** (Crystal) / integrale Auslöschung *f* ‖ ~ **flange** (Eng) / fester Flansch, Festflansch *m* ‖ ~ **foam** (Plastics) / Integralschaumstoff *m* (DIN 7726), Strukturschaumstoff *m* ‖ ~ **foam moulding** (Plastics) / Thermoplastschaum-Guss *m*, TSG (Thermoplastschaum-Guss), Integralschaum-Guss *m* ‖ ~ **formula** (Maths) / Integralsatz *m* (Cauchy'scher, Green'scher, Stokes'scher) ‖ ~ **formula** (Maths) / Integralformel *f* ‖ ~ **fuel tank** (Aero) / Integraltank *m* (Kraftstoffbehälter, der durch Abdichtung von Hohlräumen der Flugzeugzelle gebildet wird), Integralbehälter *m* ‖ ~ **function\*** (Maths) / ganze Funktion ‖ ~ **geometry** (Maths) / Integralgeometrie *f* (die Geometrie derjenigen Mengen mathematischer Objekte eines Raumes, für die ein Maß definiert ist, das invariant gegenüber den Transformationen einer Transformationsgruppe eines Raumes ist) ‖ ~ **horsepower motor** (Elec Eng) / Motor *m* mit einigen Pferdestärken ‖ ~ **(mounted) implements** (Agric) / Anbaugeräte *n pl*, Traktoranbaugeräte *n pl* ‖ ~ **inequality** (Maths) / Integralungleichung *f*

**integrality** *n* (Maths) / Ganzzahligkeit *f*

**integral logarithm** (Maths) / Integrallogarithmus *m*

**integrally fused circuit-breaker** (Elec Eng) / Leistungsschalter *m* mit integrierten Sicherungen

**integral-mode controller** (Automation) / integralwirkender Regler, Nachstellregler *m*, I-Regler *m*, Integralregler *m*

**integral-moulded seat** (Autos) / Integralsitz *m* (mit integriertem Dreipunkt-Automatikgurt)

**integral number** (Maths) / ganze Zahl, Ganzzahl *f* ‖ ~ **of motion** (Phys) / Bewegungsintegral *n* ‖ ~ **of state** (Phys) / Zustandsintegral *n* ‖ ~ **operator** (Maths) / Integraloperator *m* ‖ ~ **part** (Maths) / größte ganze Zahl, ganzer Teil ‖ ~ **photometry** (Astron) / Integralfotometrie *f* ‖ ~ **plow** (US) (Agric) / Anbaupflug *m* ‖ ~ **polynomial** (Maths) / ganzzahliges Polynom ‖ ~ **principle** (Mech) / Integralprinzip *n* (bei dem das Verhalten des Systems während endlicher Zeiten auf benachbarten Bahnkurven verglichen wird) ‖ ~ **representation** (Maths) / Integraldarstellung *f* ‖ ~ **sign** (Maths) / Integralzeichen *n* ‖ ~ **sine** (Maths) / Integralsinus *m* ‖ ~ **skin foam** (Plastics) / Integralschaumstoff *m* (DIN 7726), Strukturschaumstoff *m* ‖ ~ **slot winding** (Elec Eng) / Volllochwicklung *f*, Ganzlochwicklung *f* ‖ ~ **superheat boiling-water reactor** (Nuc Eng) / integrierter Siedewasserüberhitzungsreaktor, Siedewasserreaktor *m* mit nuklearer Überhitzung ‖ ~ **tank** (Aero) / Integraltank *m* (Kraftstoffbehälter, der durch Abdichtung von Hohlräumen der Flugzeugzelle gebildet wird), Integralbehälter *m* ‖ ~ **theorem** (Maths) / Integralsatz *m* (Cauchy'scher, Green'scher, Stokes'scher) ‖ ~ **thermal insulation** (Build) / Vollwärmeschutz *m* ‖ ~ **transformation** (Maths, Phys) / Integraltransformation *f* (z.B. Fourier- oder Laplace-Transformation) ‖ ~ **tripack\*** (Photog) / Monopack *n* (ein Film mit drei farbempfindlichen Emulsionsschichten auf einer einzigen Unterlage - für das subtraktive Farbverfahren) ‖ ~ **variational principle** (Mech) / Integralprinzip *n* (ein Extremalprinzip), Variationsprinzip *n*, Aktionsprinzip *n*, Wirkungsprinzip *n* (z.B. Hamilton'sches, Maupertuis'sches) ‖ ~ **variety** (Maths) / Integralmannigfaltigkeit *f*, Integralgebilde *n*

**integrand\*** *n* (Maths) / Integrand *m* (pl. -en) (unter dem Integralzeichen)

**integraph** *n* (Maths) / Integraf *m*, Integralzeichner *m* (ein Integriergerät)

**integrate** *v* (Electronics, Maths) / integrieren *v*

**integrated broadband communications network** (Telecomm) / integriertes Breitbandfernmeldenetz, IBFN ‖ ~ **cash-register system** (Comp) / Kassenverbundsystem *n* ‖ ~ **circuit\*** (a microcircuit) (Electronics) / integrierte Schaltung, IC (integrierte Schaltung), integrierter Schaltkreis, IS (integrierter Schaltkreis)

**integrated-circuit memory** (Comp) / integrierte Speicherschaltung (DIN 44476, T 1)

**integrated circuitry** (Electronics) / integrierte Schaltkreise (als Ganzes), integrierte Schaltungen (als Gesamtheit) ‖ ~ **circuitry** (Electronics) / integrierte Schaltungstechnik ‖ ~ **circuit under test** (Electronics) / die eben geprüfte oder kontrollierte integrierte Schaltung ‖ ~ **control** (Agric, For) / integrierte Schädlingsbekämpfung ‖ ~ **database** (Comp) / integrierte Datenbasis ‖ ~ **data processing** (Comp) / integrierte

**integrated**

Datenverarbeitung, IDV (integrierte Datenverarbeitung) ‖ ~ **development environment** (allowing access to all tools required for programming within one shell) (AI, Comp) / integrierte Entwicklungsumgebung, IDE *f* (integrierte Entwicklungsumgebung) ‖ ~ **digital access** (Telecomm) / integrierter digitaler Anschluss ‖ ~ **digital access** (Telecomm) / integrierter digitaler Zugang ‖ ~ **drive electronics** (hard-disk interface standard) (Comp) / Standard-IDE *f* (im Gegensatz zu E-IDE), IDE-Spezifikation *f*, Integrated Drive Electronics *n*, IDE (Integrated Drive Electronics), Standard-IDE *n* (als Gegensatz zu E-IDE) ‖ ~ **electronics** (Electronics) / Technik *f* der integrierten Schaltkreise, Festkörperschaltungslogik *f*, Festkörperschaltkreislogik *f* ‖ ~ **electronics** (Electronics) / Elektronik *f* der integrierten Schaltungen ‖ ~ **farming** (Agric) / integrierter Landbau ‖ ~ **fingerpring** / integrierter Fingerabdruck (in Pässen) ‖ ~ **fuse logic** (Electronics) / IF-Logik *f* (logische Semikundenschaltungen, bei denen zur Programmierung Verbindungsbrücken durchschmolzen werden) ‖ ~ **fuse logic device** (Electronics) / IFL-Baustein *m*
**integrated-gate bipolar transistor** (Electronics) / Bipolartransistor *m* mit integriertem Gate, IGBT (Bipolartransistor mit integriertem Gate)
**integrated hybrid circuit** (Electronics) / integrierte Hybridschaltung, hybride integrierte Schaltung ‖ ~ **injection logic** (Electronics) / integrierte Injektionslogik (bipolar ausgeführte Bausteine der Digitaltechnik, bei denen die Stromzuführung über Strom begrenzende pn-Übergänge erfolgt), IIL (bipolar ausgeführte Bausteine der Digitaltechnik, bei denen die Stromzuführung über Strom begrenzende pn-Übergänge erfolgt), I²L (bipolar ausgeführte Bausteine der Digitaltechnik, bei denen die Stromzuführung über Strom begrenzende pn-Übergänge erfolgt) ‖ ~ **mica** (Elec Eng) / aufgeschlossener Glimmer, Feinglimmer *m* ‖ ~ **microcircuit** (Electronics) / integrierte Mikroschaltung (DIN 41848, T 1) ‖ ~ **morphology** (Electronics) / kristalliner Aufbau, bei dem die einzelnen Zonen und deren Abgrenzungen in das Grundmaterial integriert wurden (und nicht mehr als solche erkennbar sind) ‖ ~ **nuclear waste-disposal centre** (Nuc Eng) / nukleares Entsorgungszentrum ‖ ~ **office** (Comp) / integriertes Büro (das im Rechnerverbund arbeitet) ‖ ~ **office automation** (Comp) / integrierte Büroautomatisierung ‖ ~ **optical circuit** (Electronics) / integrierte optoelektronische Schaltung, integrierte optische Schaltung ‖ ~ **optics** (Optics) / integrierte Optik (Aufbau mikrooptischer Elemente in Planartechnik) ‖ ~ **optoelectronics** (Electronics, Optics) / integrierte Optoelektronik ‖ ~ **pest management** (Agric, For) / integrierte Schädlingsbekämpfung ‖ ~ **Schottky logic technology** (Electronics) / ISL-Technik *f* (ein Gate-Array-Konzept für die Herstellung von Semikundenschaltungen) ‖ ~ **screening** (Electronics) / IS-Technik *f* ‖ ~ **sensor** (Electronics) / integrierter Sensor (Sensorsystem, in dem die Funktionen Ankopplung, Wechselwirkung mit dem Sensorelement und Signalaufbereitung in einer Baueinheit integriert sind) ‖ ~ **sensor unit** / integrierte Sensoreinheit
**integrated-services digital network** (Comp, Telecomm) / ISDN *n* (digitales Netz, in dem verschiedene Kommunikationsdienste vereint sind), Digitalnetz *n* mit Dienste-Integration, diensteintegrierendes Digitalnetz, ISD-Netz *n*
**integrated software** (Comp) / integrierte Software ‖ ~ **spectrum** (Stats) / Integralbelegungsfunktion *f* ‖ ~ **substation** (Elec Eng, Mining) / Kioskstation *f*, Kompaktstation *f* (eine Ortsnetzkabelstation) ‖ ~ **switch** (Elec Eng) / eingebauter Schalter
**integrating circuit** (Automation) / Integrationsschaltung *f* ‖ ~ **circuit\*** (Automation, Elec Eng) / Integrator *m*, integrierendes Netzwerk, Integrierschaltung *f* (DIN 40146, T 1), integrierende Schaltung, Integrierglied *n* (das ab dem Zeitpunkt t = 0 das Eingangssignal aufintegriert), I-Glied *n* (ein Übertragungsglied), Integrierwerk *n* ‖ ~ **device with time lag** (Automation, Electronics) / IT-Glied *n* (ein Übertragungsglied mit integrierendem und verzögerndem Verhalten) ‖ ~ **electricity meter** (Elec Eng) / Stromzähler *m*, Elektroenergieverbrauchszähler *m*, Elektrizitätszähler *m* ‖ ~ **element** (Automation) / Integrator *m*, integrierendes Netzwerk, Integrierschaltung *f* (DIN 40146, T 1), integrierende Schaltung, Integrierglied *n* (das ab dem Zeitpunkt t = 0 das Eingangssignal aufintegriert), I-Glied *n* (ein Übertragungsglied), Integrierwerk *n* ‖ ~ **factor\*** (Maths) / Euler-Multiplikator *m*, integrierender Faktor (eine Funktion) ‖ ~ **frequency meter\*** (Elec Eng) / integrierender Frequenzmesser ‖ ~ **gyroscope** (Phys) / Integrierkreisel *m* ‖ ~ **indicator** / integrierender Anzeiger ‖ ~ **instrument** (Elec Eng, Eng, Instr) / Zähler *m* (in der Messtechnik, mit Summenanzeige), Messer *m* ‖ ~ **meter\*** (Elec Eng, Eng, Instr) / Zähler *m* (in der Messtechnik, mit Summenanzeige), Messer *m* ‖ ~ **meter\*** (Elec Eng) / Stromzähler *m*, Elektroenergieverbrauchszähler *m*, Elektrizitätszähler *m* ‖ ~ **motor\*** (Elec Eng) / Messmotor *m* (ein Integrierglied) ‖ ~ **network\*** (Automation) / Integrator *m*, integrierendes Netzwerk, Integrierschaltung *f* (DIN 40146, T 1), integrierende Schaltung, Integrierglied *n* (das ab dem Zeitpunkt t = 0 das Eingangssignal aufintegriert), I-Glied *n* (ein Übertragungsglied), Integrierwerk *n* ‖ ~ **photometer\*** (Light) / Integralfotometer *n*, integrierendes Fotometer (mit Ulbrichtscher Kugel) ‖ ~ **sphere** (Light) / Ulbricht'sche Kugel (ein Teil des Integralfotometers nach F.R. Ulbricht, 1849-1923)
**integration** *n* / Integration *f* (Verschmelzung wirtschaftlicher Einheiten zu größeren Einheiten) ‖ ~ (Biol) / Integration *f* ‖ ~ (integration level) (Electronics) / Integrationsgrad *m* ‖ ~ (Maths) / Integration *f*, Lösen *n* (einer Differentialgleichung) ‖ ~ **by parts** (Maths) / partielle Integration ‖ ~ **component** (Work Study) / Integrationskomponente *f* (die einen bestimmten integrierten oder zu integrierenden Bestandteil charakterisiert, der in den Prozess oder in das System einbezogen ist oder einbezogen werden soll) ‖ ~ **constant** (Maths) / Konstante *f* (bei unbestimmten Integralen) ‖ ~ **density** (Electronics) / Integrationsgrad *m*, Integrationsstufe *f* ‖ ~ **host factor** (Biochem) / Wirtsfaktor *m* für Integration, Integration-Host-Faktor *m* ‖ ~ **level** *m* (Electronics) / Integrationsgrad *m* ‖ ~ **limit** (Maths) / Integrationsgrenze *f* ‖ ~ **method** (Hyd Eng) / Abflussmengenbestimmung *f* (nach dem Geschwindigkeits-Integrationsverfahren) ‖ ~ **surface** (Maths) / Integrationsfläche *m* ‖ ~ **term by term** (Maths) / gliedweise Integration ‖ ~ **testing** / Prüfung *f* einer integrierten (größeren) Einheit ‖ ~ **variable** (Maths) / Integrationsvariable *f*
**integrator** *n* (Automation) / Integrationsschaltung *f* ‖ ~ (Comp) / Integrierer *m* (DIN 40146, T 1), Integrator *m* (ein Rechenelement, dessen Ausgangsvariable dem Integral über die Summe der Eingangsvariablen nach der Zeit proportional ist) ‖ ~ (Eng) / Integrator *m* (ein kontinuierliches Personentransportmittel) ‖ ~\* (Maths) / Integriergerät *n* (mechanisches, elektronisches), Integrator *m*
**integrity** *n* (ability of a separating element to prevent passage of flames) / Raumabschluss *m* (ISO 13 943) ‖ ~\* (Comp) / Unversehrtheit *f* (des Systems und der darin enthaltenen Daten), Integrität *f* (des Systems und der Daten) ‖ ~ **constraint** (AI) / Integritätsbedingung *f* ‖ ~ **management** (Comp) / Integritätsmanagement *n* (der Daten und des Systems) ‖ ~ **statistics** (Comp) / Datenintegritätsstatistik *f* ‖ ~ **test of hydrophobic membrane filters** / Integritätsprüfung *f* von hydrophoben Membranfilterelementen (DIN 58 356-12)
**integro-differential equation** (Maths) / Integrodifferentialgleichung *f*
**intein** *n* (Biochem) / Intein *n* (selbstspleißendes Protein)
**Intel** *n* (US chips and system vendor) (Comp) / Intel *f* (Bezeichnung eines der größten Hersteller von Mikroprozessoren und anderen elektronischen Bauteilen mit Sitz in Santa Clara/Kalifornien)
**intellectics** *n* (AI) / Intellektik *f*
**intellectronics** *n* (AI) / Einsatz *m* der Elektronik in dem Bereich der Künstlichen Intelligenz
**intellectual property** / geistiges Eigentum (Immaterialgüterrecht)
**intelligence** *n* (Comp, Psychol) / Intelligenz *f* ‖ ~ (Telecomm) / Signalgehalt *m*, Informationsgehalt *m*, Zeichengehalt *m* ‖ ~ **quotient\*** (Psychol) / Intelligenzquotient *m*, IQ (Intelligenzquotient)
**intelligent** *adj* (AI, Comp) / intelligent *adj* (eine Software-Eigenschaft) ‖ ~ **agent** (Comp) / intelligenter Agent ‖ ~ **agent** (Comp) / intelligenter Agent ‖ ~ **ammunition** (Mil) / intelligente Munition (die das Ziel selbst findet) ‖ ~ **antenna** (Radar) / adaptive Antenne (z.B. mit versetzten Phasenzentrum) ‖ ~ **banking system** (Comp) / intelligentes Banksystem ‖ ~ **building** (Build, Comp) / intelligentes Gebäude ‖ ~ **building** (Build) / Gebäude *n* mit GLT-Anlage (Gebäudeleittechnik) ‖ ~ **CAI** (Comp) / intelligenter CUU ‖ ~ **computer-aided instruction** (AI, Comp) / rechnerunterstütztes Lehrsystem, computerunterstütztes Lehrsystem, ICAI (rechnerunterstütztes Lehrsystem) ‖ ~ **cruise control** (Autos) / dynamische Tempo- und Abstandsregelung, intelligente Geschwindigkeitsregelung, Intelligent Cruise Control *f* ‖ ~ **encyclopedia** (AI) / intelligente Enzyklopädie ‖ ~ **keyboard** (Comp) / intelligente Tastatur ‖ ~ **Manufacturing System** (Work Study) / intelligentes Fertigungssystem ‖ ~ **material** (Materials) / intelligenter Werkstoff ‖ ~ **network** (Comp, Telecomm) / intelligentes Netz (Bereitstellung von Mehrwertdiensten), IN (intelligentes Netz)
**intelligent-network architecture** (Comp) / Intelligentnetz-Architektur *f*, IN-Architektur *f*
**intelligent robot** / intelligenter Roboter, lernender Robot ‖ ~ **sensor** (Comp) / intelligenter Sensor (der mit einer elektronischen Datenaufbereitung verbunden ist) ‖ ~ **shield** (Mining) / intelligenter Schild (beim Schildausbau) ‖ ~ **software** (AI, Comp) / intelligente Software ‖ ~ **system** (AI) / intelligentes System ‖ ~ **terminal\*** (Comp) / intelligentes Terminal (das als eigenständige Arbeitsstation benutzt werden kann) ‖ ~ **textiles** (Textiles) / intelligente Textilien ‖ ~ **vehicle** (Autos) / intelligentes Fahrzeug (ab 2005 Versuchsbetrieb) ‖ ~ **wear** (Textiles) / intelligente Bekleidung ‖ ~ **workstation** (Comp) /

**intelligentes Terminal** (das als eigenständige Arbeitsstation benutzt werden kann) || **~ workstation** (Comp) / intelligenter Arbeitsplatz
**intelligibility*** n (Teleph) / Verständlichkeit f (prozentuale) || **~ of phrases** (Teleph) / Satzverständlichkeit f
**intelligible** adj / verständlich adj, erkennbar adj, intelligibel adj || **~ crosstalk** (Teleph) / verständliches Nebensprechen, lineares Nebensprechen
**Intelpost service** (US) (Telecomm) / Telebriefdienst m
**Intelsat*** n / Intelsat m (internationale Organisation für Bau und Betrieb eines weltweiten Systems von Nachrichtensatelliten, 1964 gegründet)
**Intel Video** (Comp) / Indeo n (ein proprietärer Kompressionsalgorithmus aus dem Hause Intel für die Komprimierung audiovisueller Daten)
**intended flight path** (Aero) / beabsichtigter Flugweg || **~ landfall** (Mil) / vorprogrammierter Landfall (eines MFK) || **~ recipient** (Telecomm) / beabsichtigter Empfänger (Mitteilungsübermittlung) || **~ target** (Mil) / angewiesenes Ziel || **~ trajectory** (Space) / Sollflugbahn f
**intense** adj / intensiv adj (Emission, Licht), stark adj (Licht)
**intense-field superconductor** (Phys) / Hochfeld-Supraleiter m
**intensification*** n (Photog) / Verstärkung f, Intensivierung f
**intensifier** n (Foundry) / Multiplikator m (beim Druckguss) || **~** (Photog, Textiles) / Verstärker m (chemischer) || **~ electrode*** (Electronics) / Nachbeschleunigungselektrode f
**intensify** v / intensivieren v, verstärken v (intensivieren) || **~** (Photog) / verstärken v (Bildkontrast)
**intensifying screen*** (Radiol) / Verstärkerfolie f
**intensional** adj (AI) / intensional adj (vom Inhalt abhängig oder auf ihn bezogen)
**intensionality** n (AI) / Intensionalität f
**intensiostatic** adj (Elec Eng) / galvanostatisch adj, amperostatisch adj
**intensitometer*** n (Radiol) / Intensimeter n (zur Messung der Energieflussdichte)
**intensity** (Phys) s. also electric field, luminous intensity, magnetic field intensity and sound intensity || **~** n (Geophys) / Stärke f (des Erdbebens) || **~** (Phys) / Intensität f || **~ fluctuation** (Chem, Phys) / Intensitätsfluktuation f
**intensity-fluctuation spectrum** (Chem, Phys) / Intensitätsfluktuationsspektrum n
**intensity interferometer** (Optics) / Intensitätsinterferometer n, Korrelationsinterferometer n || **~ level*** (Acous) / Intensitätspegel m (im Allgemeinen) || **~ match** (Light) / Intensitätsabgleich m || **~ modulation*** (Radar, TV) / Helligkeitsmodulation f, Helligkeitssteuerung f, Intensitätsmodulation f || **~ of field*** (Elec Eng, Phys) / Feldstärke f (die Feldgröße bei einem Vektorfeld) || **~ of rainfall** (Meteor) / Regenintensität f (Menge je Zeiteinheit), Regenstärke f || **~ of sound*** (Acous) / Schallintensität f (Produkt aus Schalldruck und Schallschnelle - DIN 1320), Schallstärke f || **~ of the wrench** (Mech) / Kraft f in der Kraftschraube
**intensive** adj / intensiv adj (Eigenschaft, Größe) || **~ farming** (Agric) / Intensivlandwirtschaft f (mit hohem Einsatz von Produktionsmitteln je Flächeneinheit) || **~ polluter** (Ecol) / Starkverschmutzer m || **~ property** (that is independent of the size of the system under consideration) (Phys) / Intensitätsgröße f, intensive Größe (eine Zustandsfunktion eines thermodynamischen Systems, die nicht von der Masse abhängig ist - DIN 1345), Qualitätsgröße f || **~ quantity** (Phys) / Intensitätsgröße f, intensive Größe (eine Zustandsfunktion eines thermodynamischen Systems, die nicht von der Masse abhängig ist - DIN 1345), Qualitätsgröße f || **~ reflector*** (Elec Eng) / Tiefstrahlreflektor m || **~ tillage** (Agric) / Intensivbodenbearbeitung f
**intentional** adj / intentional adj (zielgerichtet)
**intent-to-launch** n (Mil) / Starteinleitung f (bei den FK)
**interactant** n (Phys) / Partner m in einem Wechselwirkungsprozess
**interaction*** n / Wechselwirkung f (DIN 1345), gegenseitige Beeinflussung, Wechselspiel n || **~** n (Automation) / Abhängigkeitsfaktor m (bei gegenseitiger Beeinflussung der Zeitglieder in der Rückführung eines PID-Reglers) || **~*** (Comp, Pharm, Phys, Stats) / Interaktion f || **~** (Pharm) / Interaktion f (Arzneimittel-Arzneimittel-Wechselwirkung) || **~ diagram** (Civ Eng) / Interaktionsdiagramm n || **~ picture** (Nuc) / Wechselwirkungsbild n, Wechselwirkungsdarstellung f, Tomonaga-Darstellung f, Tomonaga-Bild n (nach S.I. Tomonaga, 1906-1979) || **~ representation** (Nuc) / Wechselwirkungsbild n, Wechselwirkungsdarstellung f, Tomonaga-Darstellung f, Tomonaga-Bild n (nach S.I. Tomonaga, 1906-1979)
**interactions** pl **between elementary particles** (Nuc) / Wechselwirkung f, WW
**interaction space*** (Electronics) / Wechselwirkungsraum m, Koppelraum m
**interactive** adj / interaktiv adj, gegenseitig aufeinander wirkend || **~ communication** (Comp) / Dialog m, Dialogkommunikation f, interaktive Kommunikation || **~ computer** (Comp) / Dialogrechner m, Dialogcomputer m || **~ editing** (Comp) / interaktives Editieren || **~ (computer) graphics** (Comp) / Konversationsgrafik f, interaktive grafische Datenverarbeitung (mit einem Dialog am Bildschirm), interaktive Computergrafik || **~ inquiry** (Comp) / Dialogabfrage f, interaktive Abfrage || **~ language** (Comp) / Dialogsprache f, interaktive Programmiersprache || **~ lapping** (of two workpieces) (Eng) / Einläppen n (ohne formübertragende Gegenstücke) || **~ mode** (Comp) / Dialogbetrieb m, interaktiver Betrieb, Dialogverkehr m
**interactive-mode programming** (Comp) / Dialogprogrammierung f
**interactive network** (Comp) / Dialognetz n || **~ processing** (Comp) / Dialogbetrieb m, interaktiver Betrieb, Dialogverkehr m || **~ program** (Comp) / Dialogprogramm n || **~ query** (Comp) / Dialogabfrage f, interaktive Abfrage || **~ simulation** (Comp) / interaktive Simulation || **~ television** (TV) / interaktives Fernsehen, interaktives TV, ITV n (interaktives Fernsehen) || **~ terminal** (Comp) / Dialogstation f || **~ TV** (TV) / interaktives Fernsehen, interaktives TV, ITV n (interaktives Fernsehen) || **~ videodisk** (Comp) / interaktive Videobildplatte || **~ videotex** (Telecomm, TV) / Bildschirmtext m (altes dialogfähiges System - heute T-Online), Btx (Bildschirmtext), BTX, Bildschirmtextsystem n (interaktiver - z.B. Prestel und Viewdata in GB, Télétel in Frankreich, Teledata in Deutschland, Viditel in den Niederlanden und Telidon in Kanada) || **~ videotex telephone** / Bildschirmtexttelefon n
**interannealing** n (Eng, Met) / Zwischenglühen n (ein Rekristallisationsglühen zwischen zwei Bearbeitungs- oder Behandlungsstufen - bei Draht, Blech und Knetlegierungen)
**interatomic** adj (Nuc) / interatomar adj, zwischenatomar adj || **~ distance** (Nuc) / interatomarer Abstand, Atomabstand m (die Entfernung der Atomkerne eines Moleküls)
**interaural** adj (Acous, Med) / interaural adj (die Beziehungen zwischen den beiden Ohren einer Person betreffend) || **~ phase difference** (Acous, Med) / Phasendifferenz f zwischen zwei Ohren
**interaxle differential** (Autos) / Zentraldifferential n, Zwischenachsausgleichgetriebe n, Längsdifferential n
**interband** n (Phys) / Interband n, Zwischenband n || **~ absorption** (Electronics) / Interbandabsorption f, Grundgitterabsorption f || **~ scattering** (Phys) / Interbandstreuung f (von Ladungsträgern in Festkörpern) || **~ transition** (Electronics) / Interbandübergang m, Band-Band-Übergang m (der Übergang im Energiespektrum eines Festkörpers, bei dem Anfangs- und Endzustand zu verschiedenen Energiebändern gehören) || **~ transition** (Phys) / Band-Band-Übergang m
**interbase current*** (Electronics) / Zwischenbasenstrom m, Zwischenbasisstrom m || **~ region** (Electronics) / Basiszwischenzone f || **~ resistance** (Electronics) / Interbasiswiderstand m, Interbasenwiderstand m
**interbasin diversion** (Hyd Eng) / Überleitung f in ein anderes Einzugsgebiet
**interbed** n (of one kind of rock material occuring between or alternating with beds of another kind) (Geol) / zwischengelagerte Schicht, Einlagerung f, Einschaltung f (eine Zwischenschicht) || **~** (Geol) / Zwischenmittel n
**interbedded** adj (Geol) / zwischengelagert adj, eingebettet adj, in Wechsellagerung, wechselgelagert adj, eingeschichtet adj
**interblend** v (Nut) / innig vermischen v
**interblock gap** (Comp) / Blocklücke f (zwischen zwei Bandblöcken), Blockzwischenraum m || **~ space** (Comp) / Blocklücke f (zwischen zwei Bandblöcken), Blockzwischenraum m
**interboard wiring** (Electronics) / Verdrahtung f von Platte zu Platte
**Interbus** n (Comp) / Feldbus m (DIN E 19 258)
**intercalary** adj (Geol) / eingelagert adj (Schicht)
**intercalated** adj (Geol) / zwischengelagert adj, eingebettet adj, in Wechsellagerung, wechselgelagert adj, eingeschichtet adj || **~ bed** (Geol) / Zwischenmittel n || **~ fabric** (Textiles) / Zwischengewebe n
**intercalation** n (Biochem, Chem, Gen) / Interkalation f || **~ chemistry** (Chem) / Chemie f der Interkalationsverbindungen || **~ compound** (Chem) / Interkalationsverbindung f (eine Einlagerungsverbindung), Interkalat n (z.B. bei Graphit) || **~ compounds** (Chem) / Einlagerungsverbindungen f pl, Zwischengitterverbindungen f pl (z.B. mit Kalium als Zwischengitteratomen), interstitielle Verbindungen
**intercarrier** n (Telecomm, TV) / Differenzträger m, Zwischenträger m, Intercarrier m || **~ sound system** (TV) / Intercarrier-Verfahren n, Differenzträgerverfahren n, Differenzträgerfrequenzverfahren n, DF-Verfahren n
**intercast** n (TV) / Intercast n (periodische Übertragung von Daten in der Austastlücke der Fernsehübertragung)
**intercell hand-off** (Radio, Teleph) / externes Umschalten (bei Mobilfunk) || **~ handover** (Teleph) / Handover m innerhalb einer Zelle || **~ interference** (Teleph) / Interzell-Interferenz f (die durch die

**intercellular**

Signale der aktiven Mobilstationen der Nachbarzellen verursacht wird)
**intercellular*** *adj* (Biol) / interzellular *adj*, interzellulär *adj* (zwischen den Zellen liegend), zwischenzellig *adj*
**intercept** *v* (Aero) / eindrehen *v* (auf Sollstandlinie) ‖ ~ (Aero, Mil) / abfangen *v* (ein feindliches Flugzeug beim Eindringen in den eigenen Luftraum) ‖ ~ (Telecomm) / abhören *v*, abfangen *v* (eine Nachricht) ‖ ~ *n* (Astron) / Intercept *n* (Differenz zwischen der errechneten und der gemessenen Gestirnshöhe, die in Bogenminuten angegeben wird) ‖ ~ (Maths) / Koordinatenstrecke *f*, Achsenabschnitt *m* ‖ ~ (Surv) / Teilabschnitt von Nivellier- oder Basislatten (zwischen den Distanzmessfäden des Instrumentenfernrohrs) ‖ ~ **chart** (Maths) / mehrteilige Fluchtlinientafel, Verbundnomogramm *n*
**intercepted station** (Comp) / logisch abgehängte Station
**intercept equation** (Maths) / Achsenabschnittsform *f* (eine spezielle Form der Gleichung einer Geraden bzw. einer Ebene)
**intercepting channel** (Civ Eng) / Wasserhaltungsgraben *m* (bei der offenen Wasserhaltung) ‖ ~ **circuit** (Electronics) / Abfangkreis *m* (bei Laufzeitröhren) ‖ ~ **ditch** (Civ Eng) / Abfanggraben *m* ‖ ~ **trap*** (San Eng) / Trap *m*, Geruchverschluss *m*, Geruchsverschluss *m*, Siphon *m*, U-Verschluss *m*
**interception** *n* (Aero, Mil) / Abfangen *n* (feindlicher Flugzeuge beim Eindringen in den eigenen Luftraum) ‖ ~ (Bot) / Wasseraufnahme *f* (aus der Luft - bei Pflanzen), Vegetationsrückhalt *m*, Interzeption *f* ‖ ~ (Meteor) / Interzeption *f* (Rückhaltung von Niederschlägen an Blättern und Zweigen der Pflanzen /insbesondere im Kronenraum von Wäldern/ und der damit zusammenhängende Verdunstungsverlust - DIN 4049-3) ‖ ~ **circuit** (Teleph) / Fangschaltung *f*
**intercept key** (Teleph) / Fangtaste *f* ‖ ~ **method*** / Linienschnittverfahren *n* (in der quantitativen Bildanalyse)
**interceptometer** *n* (Meteor) / Regenmesser *m* (unter Bäumen oder Büschen aufgestellt)
**interceptor** *n* (Aero, Mil) / Abfangjäger *m*, Interceptor *m* (Abfangjäger) ‖ ~ (Agric) / Hauptsammler *m* (bei der Entwässerung), Sammler *m* (Dränagerohr, das das Bodenwasser zum Dränauslauf leitet) ‖ ~* (San Eng) / Trap *m*, Geruchverschluss *m*, Geruchsverschluss *m*, Siphon *m*, U-Verschluss *m* ‖ ~-**missile** *n* (Mil) / Antiraketenrakete *f*, Abfangrakete *f*, Abwehrflugkörper *m* gegen ballistische Flugkörper, Abfangflugkörper *m*, Antirakete *f* (zur Abwehr von ballistischen Flugkörpern)
**intercept-proof** *adj* (Comp) / abfangsicher *adj* (Mittel) ‖ ~ (Telecomm) / abhörsicher *adj*, abfangsicher *adj*
**intercept(ing) station** (Telecomm) / Abhörstelle *f*
**intercept(s) theorem** (on parallel lines) (Maths) / Strahlensatz *m* (erster, zweiter - in der Elementargeometrie)
**intercept time** (Geol) / Verzögerungszeit *f*
**interchange** *n* / Auswechslung *f*, Austausch *m*, Ersetzung *f* ‖ ~ / Vertauschung *f* ‖ ~ (Autos, Civ Eng) / Kreuzung *f* (in mehreren Ebenen mit Über- und Unterführungen bzw. Brücken), Kreuzungsbauwerk *n* ‖ ~ (Autos, Civ Eng) / Knotenpunkt *m*, Autobahnknoten *m*, Anschlussstelle *f* (ein Verkehrsknoten in mehreren Eb enen, der die Verbindung einer kreuzungsfrei geführten Straße mit dem übrigen Straßennetz herstellt - z.B. Kleeblatt)
**interchangeable** *adj* / austauschbar *adj*, auswechselbar *adj*, einbaugleich *adj* ‖ ~ (Elec Eng) / austauschbar *adj*, auswechselbar *adj* (Sicherung) ‖ ~ **accessories** (Elec Eng) / austauschbares Zubehör *n* ‖ ~ **body** (Autos) / Wechselaufbau *m*, Wechsellader *m* ‖ ~ **lens** (Optics, Photog) / Wechselobjektiv *n* ‖ ~ **manufacturing** (Eng, Work Study) / Austauschbau *m*, Austauschfertigung *f* ‖ ~ (European) **pallet** / Poolpalette *f*
**interchange coefficient** (Phys) / Austauschkoeffizient *m* (in der Strömungslehre) ‖ ~ **of sites** (Crystal) / Platzwechsel *m* (Abwandern eines Atoms/Ions von seinem regulären Platz im Gitter oder auch von seinem Zwischengitterplatz) ‖ ~ **track** (Rail) / Übergabegleis *n*
**interchannel crosstalk** (Telecomm) / Kanalnebensprechen *n*
**intercharacter space** (Comp) / Schreibschritt *m*, Zeichenabstand *m* ‖ ~ **spacing** (Comp) / Schreibschritt *m*, Zeichenabstand *m*
**interchip wiring** (Electronics) / Chipverdrahtung *f*
**intercity air service** (Aero) / zwischenstädtischer Fluglinienverkehr
**intercoastal tanker** (Ships) / Küstentanker *m*, Küstentankschiff *n*
**intercolumniation*** *n* (Arch) / Interkolumnion *n* (Abstand zweier Säulen, von Achse zu Achse gemessen und durch den unteren Säulendurchmesser geteilt), Interkolumnie *f*
**intercom** *n* (Telecomm) / Gegensprechanlage *f*, Eigenverständigungsanlage *f*
**intercombination** *n* (Electronics, Nuc) / Interkombination *f*
**intercommunicating system** (Telecomm) / Gegensprechanlage *f*, Eigenverständigungsanlage *f*

**intercommunication gangway** (Rail) / Übergangseinrichtung *f* (zwischen den Eisenbahnwagen) ‖ ~ **system** (Telecomm) / Gegensprechanlage *f*, Eigenverständigungsanlage *f*
**intercompany** *attr* / zwischenbetrieblich *adj*
**interconnect** *v* (Automation) / vermaschen *v*
**interconnected grid** (Elec Eng) / Verbundnetz *n* (beim Stromverbund) ‖ ~ **power system** (Elec Eng) / Verbundnetz *n* (beim Stromverbund) ‖ ~ **star connection*** (Elec Eng) / Zickzackschaltung *f* (der Unterspannungswicklung von Verteilertransformatoren), Zickzackverbindung *f*
**interconnecting cable** (Cables, Elec Eng) / Verbindungskabel *n* ‖ ~ **feeder*** (Elec Eng) / Kuppelleitung *f*, Verbundleitung *f* (zwischen Systemeinheiten) ‖ ~ **logic** (Comp) / Verbindungslogik *f* ‖ ~ **shaft** (Autos) / Profilwelle *f* (zwischen zwei Gelenken mit einer Verzahnung an jedem Ende)
**interconnection** *n* / Verkopp(e)lung *f* ‖ ~ (Elec Eng) / Verschaltung *f*, Zusammenschaltung *f* ‖ ~ (Elec Eng) / Schaltverbindung *f* ‖ ~ (Elec Eng) / Netzverbund *m* (organisatorische Einheit = UCPTE), Netzkopp(e)lung *f* (Stromverteilungsnetz), Netzzusammenschaltung *f* (einzelner lizenzierter Netze verschiedener Betreiber zum wechselseitigen Leistungsaustausch), Interconnection *f* ‖ ~ **mask** (Electronics) / Verdrahtungsmaske *f* (für die Herstellung von integrierten Schaltungen)
**interconnector*** *n* (Elec Eng) / Kuppelleitung *f*, Verbundleitung *f* (zwischen Systemeinheiten)
**interconnexion** *n* (GB) / Verkopp(e)lung *f* ‖ ~ (GB) (Elec Eng) / Verschaltung *f*, Zusammenschaltung *f* ‖ ~ (GB) (Elec Eng) / Schaltverbindung *f* ‖ ~ (GB) (Elec Eng) / Netzverbund *m* (organisatorische Einheit = UCPTE), Netzkopp(e)lung *f* (Stromverteilungsnetz), Netzzusammenschaltung *f* (einzelner lizenzierter Netze verschiedener Betreiber zum wechselseitigen Leistungsaustausch), Interconnection *f*
**intercontinental ballistic missile** (Mil) / interkontinentaler ballistischer Flugkörper, Interkontinentalrakete *f* (mit interkontinentaler Reichweite)
**interconversion** *n* (Chem Eng) / gegenseitige Umwandlung (ineinander), Interkonversion *f*
**interconvert** *vi* (Chem Eng) / sich ineinander umwandeln ‖ ~ *vt* / ineinander umwandeln, ineinander überführen
**interconvertible** *adj* / interkonvertierbar *adj*, gegenseitig umwandelbar, wechselseitig umwandelbar
**intercooler*** *n* (Aero, Eng) / Zwischenkühler *m* ‖ ~ (I C Engs) / Ladeluftkühler *m* (zur Kühlung der vorverdichteten Ladeluft), Intercooler *m*
**intercooling** *n* (Eng) / Zwischenkühlung *f*
**intercropping** *n* (growing a crop among plants of a different kind, usually in the space between rows) (Agric) / Mischkultur *f* ‖ ~ (Agric) / Gemengeanbau *m*, Mischfruchtanbau *m*
**intercrustal** *adj* (Geol) / interkrustal *adj* (in der Erdkruste gebildet oder liegend)
**intercrystalline corrosion** (Eng, Surf) / Korngrenzenkorrosion *f*, interkristalline Korrosion (die in der Nähe an den Korngrenzen eines Werkstoffs auftritt) ‖ ~ **failure*** (Materials, Met) / Korngrenzenbruch *m*, interkristalliner Bruch ‖ ~ **fracture** (Materials, Met) / Korngrenzenbruch *m*, interkristalliner Bruch
**intercrystallized** *adj* (Crystal) / mit miteinander verzahnten Kristallen, miteinander verzahnt (Kristalle)
**intercut** *n* (Cinema) / Einschnitt *m* ‖ ~ (Cinema) / Zwischenschnitt *m* (Zusammensetzen zweier Sequenzszenen)
**intercutaneous** *adj* (Geol) / interkutan *adj*
**intercutting** *n* (Cinema) / Zwischenschnitt *m* (Zusammensetzen zweier Sequenzszenen)
**intercyclic** *adj* (Chem) / intercyclisch *adj*, interzyklisch *adj* (mit einer Doppelbindung zwischen zwei ringförmigen Molekülen)
**interdecile range** (the range of observations of a variate between the first and ninth decile) (Stats) / Dezilabstand *m*, interdezile Spannweite
**interdendritic** *adj* (Met, Surf) / interdendritisch *adj* (zwischen Dendriten) ‖ ~ **corrosion** (Surf) / vorzugsweise zwischen Dendriten fortschreitende Korrosion
**interdependence** *n* / Interdependenz *f*, gegenseitige Abhängigkeit, wechselseitige Abhängigkeit
**interdependent** *adj* / voneinander abhängig, interdependent *adj*, wechselseitig abhängig
**interdesk communications** (Comp, Electronics) / Kommunikation *f* zwischen einzelnen Büroarbeitsplätzen (elektronische)
**interdialling** *n* (Teleph) / Zwischenwahl *f*
**interdiction aircraft** (Mil) / Abriegelungsluftfahrzeug *n* (zur Gefechtsfeldabriegelung eingesetztes Flugzeug)
**interdiffusion** *n* (Met) / wechselseitige Diffusion, Interdiffusion *f*, Diffusionsausgleich *m* (in Legierungen)

**interdigital interval** (Telecomm) / Wählpause f zwischen zwei Ziffern, Zwischenwahlzeit f ‖ ~ **line** (Electronics) / Interdigitalleitung f (eine Verzögerungsleitung, welche aus zwei metallischen Kämmen besteht, deren Zähne derart ineinander greifen, dass ein mäanderförmiger Schlitz entsteht) ‖ ~ **pause** (Telecomm) / Wählpause f zwischen zwei Ziffern, Zwischenwahlzeit f ‖ ~ **structure*** (Electronics) / Interdigitalleitung f (eine Verzögerungsleitung, welche aus zwei metallischen Kämmen besteht, deren Zähne derart ineinander greifen, dass ein mäanderförmiger Schlitz entsteht) ‖ ~ **transducer** (Acous, Electronics) / akustoelektrischer Oberflächenwellenwandler, elektroakustischer Oberflächenwellenwandler, Interdigitalwandler m, IDT

**interdigitate** v / miteinander (fingerartig) verflochten sein, fingerartig ineinander greifen

**interdisciplinary** adj (relating to more than one branch of knowledge or academic discipline) / interdisziplinär adj, fachübergreifend adj ‖ ~ **science** / interdisziplinäre Wissenschaft

**interdot distance** (Photog) / Rasterpunktabstand m

**interelectrode arcing** (Elec Eng) / Elektrodenüberschlag m ‖ ~ **capacitance*** (Electronics) / Zwischenelektrodenkapazität f, Elektrodenkapazität f ‖ ~ **distance** (Elec, Phys) / Elektrodenabstand m ‖ ~ **transadmittance** (Electronics) / Scheinleitwert m der Elektrodenverkopp(e)lung ‖ ~ **transconductance** (Electronics) / Leitwert m der Elektrodenverkopp(e)lung

**interest** n (Maths) / Zins m, Zinsen pl

**interesterification** n (Chem) / Umesterung f

**interesterify** v (Chem) / umestern v

**interest formula** (Maths) / Zinsformel f ‖ ~ **profile** / Interessenprofil n (einer Organisation, eines Kunden)

**interexchange call** (Teleph) / Ferngespräch n (mit Fernwahl) ‖ ~ **call** (Teleph) / externes Gespräch ‖ ~ **link** (Telecomm, Teleph) / Amtsverbindungsleitung f ‖ ~ **traffic** (Teleph) / Externverkehr m

**interface** v / anpassen v, aufeinander abstimmen (alle notwendigen Bedingungen für das Zusammen- und Aufeinanderwirken zweier oder mehrerer Aggregate schaffen) ‖ ~ (Comp, Elec Eng) / kompatibel anschließen ‖ ~ n / Interface n (pl. -s) (ein gemeinsamer Grenzbereich) ‖ ~* / Grenzfläche f (ohne Grenzflächendiffusion), Trennungsfläche f, Phasengrenzfläche f ‖ ~* (a device) / Koppelglied n (Baugruppe zur Anpassung verschiedener Nahtstellen) ‖ ~ (Chem, Phys) / Grenzfläche f (DIN 13 310) ‖ ~* (a shared boundary across which information flows between and within programs, machines or persons, or both) (Comp) / Interface n (pl. -s) (eine genormte digitale Verbindung von Peripheriegeräten, mit einem Digitalrechner, Schnittstelle f (DIN 44300) ‖ ~ (Eng) / Fügeteilberührungsfläche f ‖ ~ (Eng) / Schnittstelle f (lösbare Verbindung zwischen Maschine und dem Aufnahme- oder Werkzeugmodul) ‖ ~ (For) / Lebendstreifen m (ungeharzter Stammumfang zwischen zwei Lachten - bei Lebendharzung) ‖ ~ (the boundary between two materials) (Materials) / Grenzfläche f ‖ ~ **card** (Comp) / Interface-Modul n, Interface-Baustein m, Schnittstellenmodul n ‖ ~ **circuit** (Electronics) / Interface-Schaltung f, Angleichschaltung f (eine Interface-Schaltung), Zwischenschaltung f

**interface-compatible** adj (Comp) / schnittstellenkompatibel adj

**interface computer** (Comp) / Schnittstellenrechner m ‖ ~ **control** (Comp) / Schnittstellensteuerung f ‖ ~ **defect** (Electronics, Phys) / Grenzschichtdefekt m ‖ ~ **Definition Language** (Comp) / Interface Definition Language (Sprache, in der die Schnittstellen zu Dienstleistungen beschrieben werden) ‖ ~ **electronics** (Comp, Electronics) / Anschlusselektronik f ‖ ~ **energy** (Phys) / Grenzflächenenergie f (in J/m²) ‖ ~ **equipment** (Comp) / Schnittstellenvervielfacher m, SSV (eine Hardware-Einrichtung) ‖ ~ **error** (Comp) / Schnittstellenfehler m, SF (Schnittstellenfehler) ‖ ~ **IC** (Electronics) / Interface-IS f, integrierte Schnittstelle ‖ ~ **integrated circuit** (Electronics) / Interface-IS f, integrierte Schnittstelle ‖ ~ **intermodulation** (Acous) / Anschlussverzerrung f ‖ ~ **layer** (Electronics) / Zwischenschicht f, Zwischenlage f (bei Leiterplatten) ‖ ~ **liquid-gas** (Phys) / Oberfläche f (die Grenzfläche zwischen einer Flüssigkeit und einem Gas nach DIN 13 310) ‖ ~ **message processor** (Comp) / IMP m (Vermittlungs-, Netz- oder Übertragungsrechner in Rechnerinformationsnetzen) ‖ ~ **module** (Comp) / Interface-Modul n, Interface-Baustein m, Schnittstellenmodul n ‖ ~ **physics** (Phys) / Grenzschichtphysik f ‖ ~ **potential** (Electronics, Phys) / Grenzschichtpotential f ‖ ~ **processor** (Comp) / Schnittstellenprozessor m ‖ ~ **science** / interdisziplinäre Wissenschaft, die sich mit den Grenzflächenerscheinungen befasst ‖ ~ **science** / interdisziplinäre Wissenschaft ‖ ~ **software** (Comp) / Schnittstellensoftware f ‖ ~ **standard** (Comp) / Schnittstellenstandard m ‖ ~ **structure** (Comp, Telecomm) / Schnittstellenstruktur f

**interfacial activity** (Chem, Phys) / Oberflächenaktivität f (z.B. bei Aktivkohle, Kieselgel und den Bleicherden), Grenzflächenaktivität f (DIN EN ISO 862), Kapillarflächenaktivität f ‖ ~ **adhesion** (Phys) / Grenzflächenhaftung f (bei einer Klebeverbindung), Grenzflächenbindung f ‖ ~ **adhesion failure** (Materials) / Adhäsionsbruch m (an der Grenzfläche von Verbundwerkstoffen) ‖ ~ **adsorption** (Phys) / Grenzflächenadsorption f ‖ ~ **angle** (Crystal) / Kantenwinkel m (wo sich zwei Kristallflächen schneiden) ‖ ~ **bonding** (Phys) / Grenzflächenhaftung f (bei einer Klebeverbindung), Grenzflächenbindung f ‖ ~ **energy** (Phys) / Grenzflächenenergie f (in J/m²) ‖ ~ **film*** (Min Proc) / Grenzflächenfilm m ‖ ~ **force** (Phys) / Grenzflächenspannung f, spezifische freie Grenzflächenenthalpie ‖ ~ **migration** (interface between dye-bath and fibre) (Textiles) / Interfazialmigrierung f, Interfacialmigrierung f, Grenzflächenmigrierung f ‖ ~ **polycondensation** (Chem) / Grenzflächenpolykondensation f ‖ ~ **potential** (Phys) / Grenzflächenspannung f, spezifische freie Grenzflächenenthalpie ‖ ~ **surface tension*** (Phys) / Grenzflächenspannung f, spezifische freie Grenzflächenenthalpie ‖ ~ **tension** (Phys) / Grenzflächenspannung f, spezifische freie Grenzflächenenthalpie ‖ ~ **waves** (Phys) / Grenzflächenwellen f pl

**interfacing circuit** (Electronics) / Interface-Schaltung f, Angleichschaltung f (eine Interface-Schaltung), Zwischenschaltung f ‖ ~ **program section** (Comp) / Anschlussprogrammteil m

**interfascicular cambium*** (Bot) / Interfaszikularkambium n, sekundäres Kambium, Zwischenbündelkambium n

**interfelting** n (Paper, Textiles) / Verfilzung f, Verfilzen n

**interfere** v (with) / interferieren v, stören v, beeinflussen v (störend) ‖ ~ (Nut) / manipulieren v (eine Lebensmittelpackung)

**interference*** n (esp. negative) / Einfluss m, Einwirkung f ‖ ~ / [störende] Beeinflussung f, Störung f ‖ ~* (Aero) / Interferenzwiderstand m (meistens positiv = ungünstig) ‖ ~ (Biol, Med) / Interferenz f ‖ ~ (Elec, Radio) / Störung f, Interferenz f ‖ ~ (Eng) / Übermaß n (Differenz zwischen den Maßen der Bohrung und der Welle vor der Paarung, wenn diese Differenz negativ ist - DIN 7182, T 1) ‖ ~ (Eng) / ungleichmäßiger Maschinenlauf, Störung f (im Maschinenlauf) ‖ ~ (Optics) / Interferenz f ‖ ~* (Phys) / Interferenz f (ungestörte Überlagerungserscheinung beim Zusammentreffen zweier oder mehrerer Wellenzüge) ‖ ~ (TV) / Bildstörung f ‖ ~ **blanker** (Electronics, Radio) / Störaustastschaltung f, Störsperre f ‖ ~ **coating** (Optics) / Interferenzschicht f ‖ ~ **colours*** (Phys) / Interferenzfarben f pl (die Mischfarben, welche bei Interferenzerscheinungen in nichtmonochromatischen Licht auftreten) ‖ ~ **current** (Elec Eng, Electronics) / Störstrom m ‖ ~ **eliminator** (Comp, Radio, Telecomm) / Störschutzfilter n, Entstörfilter n ‖ ~ **equation** (Radar) / Störergleichung m (mit einem Störer als Strahlungsquelle) ‖ ~ **fading** (Radio) / Interferenz-Fading n, Interferenzschwund m ‖ ~ **figure*** (Crystal) / Interferenzbild n, Interferenzfigur f ‖ ~ **filter*** (Comp, Radio, Telecomm) / Störschutzfilter n, Entstörfilter n ‖ ~ **filter*** (Light, Optics) / Interferenzfilter n (ein Lichtfilter), Interferenzlichtfilter n (nur für eine Wellenlänge durchlässig) ‖ ~ **fit** (Eng) / Pressverband m (eine Reibschlussverbindung) ‖ ~ **fit** (Eng) / Festsitz m (Übergangspassung) ‖ ~ **fit*** (Eng) / Presspassung f (bei der das Größtmaß der Bohrung kleiner ist als das Kleinstmaß der Welle, also stets ein Übermaß vorhanden ist - DIN 7182)

**interference-fit thread** (US) (Eng) / Gewinde n für Übermaßpassungen

**interference fringes*** (Light, Optics) / Interferenzerscheinungen f pl (wie Newton'sche oder Haidinger'sche Ringe, Fizeau'sche oder Herschel'sche Streifen), Interferenzringe m pl, Interferenzstreifen m pl ‖ ~ **guard band** (Telecomm, TV) / Schutzfrequenzband n (zwischen Frequenzbändern), Sicherheitsabstand m (zwischen zwei Übertragungsbändern) ‖ ~ **microscope** (Micros) / Interferenzmikroskop n, Mikrointerferometer n (ein Oberflächenmessgerät - Kombination von Interferometer und Mikroskop) ‖ ~ **of the second ordre** (Optics) / Interferenz f zweiter Ordnung f ‖ ~ **of waves** (Phys) / Welleninterferenz f ‖ ~ **optical sensor** / interferenzoptischer Sensor ‖ ~ **pattern*** (Phys) / Interferenz f (ungestörte Überlagerungserscheinung beim Zusammentreffen zweier oder mehrerer Wellenzüge) ‖ ~ **photography** (Photog) / Interferenzfotografie f ‖ ~ **pigment** (Paint) / Interferenzpigment n (ein Glanzpigment, dessen farbgebende Wirkung ganz oder vorwiegend auf dem Phänomen der Interferenz beruht, z.B. ein Irispigment - DIN 55943 und 55944)

**interference-prone** adj (Electronics) / störanfällig adj

**interference-proof** adj (Electronics) / störsicher adj, störungssicher adj

**interference radius** (Teleph) / Störradius m (bei zellularen Systemen), Störreichweite f ‖ ~ **source** (Radar, Radio, Telecomm) / Störquelle f ‖ ~ **spectroscope** (Spectr) / Interferenzspektroskop n ‖ ~ **spectroscopy** (Spectr) / Interferenzspektroskopie f ‖ ~ **spectrum** (Optics, Spectr) / Interferenzspektrum n ‖ ~ **suppression** (Radio) / Funkentstörung f, Störungsunterdrückung f ‖ ~ **suppression filter** (Comp, Radio, Telecomm) / Störschutzfilter n, Entstörfilter n ‖ ~-**suppression kit** (Radio) / Entstörsatz m, Funkentstörausrüstung f ‖ ~ **suppressor**

**interference**

(Radio, Telecomm) / Störsperre *f* (bei Interferenzstörungen), Entstörvorrichtung *f* || **~ thread** (Eng) / Gewinde *n* mit Übergangstoleranzfeld (DIN 13-51), Festsitzgewinde *n*, metrisches ISO-Gewinde für Festsitz (DIN 6141) || **~ trap*** (Comp, Radio, Telecomm) / Störschutzfilter *n*, Entstörfilter *n* || **~ voltage** (produced by a radio disturbance) (Radio) / Störspannung *f* || **~ wave** (Phys) / Störwelle *f* || **~ wiggler** (Nuc Eng) / Undulator *m* (eine Magnetstruktur)
**interferent** *n* (Chem) / Störsubstanz *f* (bei der Analyse)
**interfering ion** (Chem) / Störion *n* || **~ pigment** (Paint) / Interferenzpigment *n* (ein Glanzpigment, dessen farbgebende Wirkung ganz oder vorwiegend auf dem Phänomen der Interferenz beruht, z.B. ein Irispigment - DIN 55943 und 55945) || **~ signal** (Radio, Telecomm) / Störsignal *n* (Störgröße oder unerwünschter Anteil eines Messsignals) || **~ substance** (Chem) / Störsubstanz *f* (bei der Analyse) || **~ wave** (Phys) / Störwelle *f*
**interferogram** *n* (Optics) / Interferogramm *n*
**interferogramme** *n* (Optics) / Interferogramm *n*
**interferometer*** *n* (Optics) / Interferometer *n*
**interferometric** *adj* (Optics) / Interferometer-, interferometrisch *adj* || **~ synthetic-aperture radar** (Radar) / interferometrisches Radar mit synthetischer Apertur
**interferometry** *n* (Optics) / Interferometrie *f*
**interferon*** *n* (species-specific protein) (Chem, Med) / Interferon *n* (Hemmstoff der Virussynthese), INF (Interferon), IFN (Interferon)
**interfield coding** (TV) / Zwischenhalbbildkodierung *f*
**interfingering** *n* (Geol) / wechselseitige Verzahnung
**interflow** *n* (Geol) / Interflow *m*, Zwischenabfluss *m* (unterirdischer oberflächennaher Abfluss von Wasser)
**interfluve*** *n* (Geol) / Riedel *m*, Zwischenstromland *n*
**interfoliate** *v* (Bind) / einschießen *v*, durchschießen *v* (unbedruckte Blätter einfügen), interfoliieren *v*
**interformational** *adj* (Geol) / interformational *adj* (Konglomerat)
**interframe coding** (TV) / Zwischenbildkodierung *f*, Bild-zu-Bild-Kodierung *f*
**intergalactic** *adj* (Astron) / intergalaktisch *adj* (z.B. Materie)
**interglacial** *n* (Geol) / Interglazial *n*, Zwischeneiszeit *f*, Warmzeit *f*, Interglazialzeit *f* || **~ period** (Geol) / Interglazial *n*, Zwischeneiszeit *f*, Warmzeit *f*, Interglazialzeit *f* || **~ stage*** (Geol) / Interglazial *n*, Zwischeneiszeit *f*, Warmzeit *f*, Interglazialzeit *f*
**interglaze colour** (Ceramics) / Einsinkfarbe *f*, Inglasurfarbe *f*
**intergranular** *adj* / intergranular *adj*, Intergranular- (zwischen den Korngrenzen) || **~ corrosion*** (Eng, Surf) / Korngrenzenkorrosion *f*, interkristalline Korrosion (die in der Nähe an den Korngrenzen eines Werkstoffs auftritt) || **~ film** (Civ Eng, Geol) / Häutchenwasser *n* (eine Art Haftwasser) || **~ fracture** (of polycrystalline materials by crack propagation along grain boundaries) (Materials, Met) / Korngrenzenbruch *m*, interkristalliner Bruch || **~ pressure** (Civ Eng) / Korngrenzendruck *m*, Korngrenzenspannung *f* || **~ stress-corrosion cracking** (Eng, Surf) / interkristalline Spannungsrisskorrosion || **~ texture*** (Geol) / Intergranulargefüge *n*
**interground addition** (Build, Civ Eng) / Mahlhilfe *f* (bei der Zementherstellung)
**intergrow** *v* / zusammenwachsen *v*, verwachsen *v*
**intergrown knot** (a knot whose rings of annual growth are completely intergrown with those of surrounding wood) (For) / verwachsener Ast
**intergrowth** *n* / Zusammenwachsen *n* || **~** (Crystal, For, Mining) / Verwachsung *f*
**interhalogen** *n* (Chem) / Interhalogenverbindung *f* (Verbindung von verschiedenartigen Halogenen untereinander) || **~ compound*** (Chem) / Interhalogenverbindung *f* (Verbindung von verschiedenartigen Halogenen untereinander)
**interhost communication** (Comp) / Interprozesskommunikation *f* zwischen Prozessen auf verschiedenen Host-Rechnern eines Verbundsystems, Inter-Host-Kommunikation *f*
**interimage effect** (Photog) / vertikaler Eberhard-Effekt || **~ effect** (Photog) / Interimage-Effekt *m*, vertikaler Eberhard-Effekt
**interim orbit** (Space) / Zwischenbahn *f* || **~ storage** (Nuc Eng) / Zwischenlagerung *f* (Lagerung ausgedienter Brennelemente in der Zeit zwischen ihrer Entladung aus dem Reaktordruckbehälter und ihrer Verwertung und Behandlung), zeitweilige Lagerung
**interionic** *adj* / interionisch *adj* (z.B. Wechselwirkung) || **~** (Chem, Phys) / interionisch *adj* || **~ action** (Nuc) / interionische Wechselwirkung, Ionenwechselwirkung *f* || **~ attraction** (Crystal, Phys) / interionische Anziehung, gegenseitige Anziehung der Ionen || **~ distance** (Crystal, Phys) / Ionenabstand *m*
**interior** *n* / Innenraum *m*, Inneres *n*, Interieur *n* || **~** (Cinema, Photog) / Innenaufnahme *f* || **~ angle** (Maths) / Innenwinkel *m* (eines Vielecks), Eckenwinkel *m* || **~ angles** (Maths) / innere Winkel (an Parallelen) || **~ ballistics** (the branch of ballistics that deals with the propulsion of projectiles, e.g., the motion and behaviour of projectiles in a gun barrel, or the temperatures and pressures developed inside a gun barrel or rocket) (Mil, Phys) / innere Ballistik, Innenballistik *f* || **~ climate** / Raumklima *n* (in einem umschlossenen Raum) || **~ content** (Maths) / innerer Inhalt || **~ decoration** (Build) / Innenarchitektur *f* || **~ decorator** (Build) / Dekorateur *m*, Baudekorateur *m*, Raumgestalter *m*, Raumausstatter *m* || **~ decorator** (Build) / Innenarchitekt *m* || **~ design** (Build) / Innenarchitektur *f* || **~ designer** (Build) / Dekorateur *m*, Baudekorateur *m*, Raumgestalter *m*, Raumausstatter *m* || **~ door** (Arch, Build) / Innentür *f* (in einer Öffnung der Innenwand) || **~ finish** (Build) / Innenausbau *m* (im Allgemeinen) || **~ influence** / Einwirkung *f* von innen, EVI (Einwirkung von innen) || **~ joinery** (Join) / Innenausbau *m* || **~ light** (Autos) / Innenleuchte *f* || **~ lighting** (Light) / Innenbeleuchtung *f* || **~ mirror** (Autos) / Innenspiegel *m* || **~ noise** (Autos) / Innengeräusche *n pl* || **~ package** / Innenverpackung *f* || **~ packing** / Innenverpackung *f* || **~ paint** (Paint) / Innenanstrichmittel *n* || **~ painting** (Autos, Paint) / Innenlackierung *f* (im Innenraum) || **~ photography** (Cinema, Photog) / Innenaufnahme *f* || **~ ply** (For) / Innenlage *f* (bei Lagenholz) || **~ routing protocol** (Comp, Telecomm) / internes Routingprotokoll (innerhalb eines autonomen Systems) || **~ shot** (Cinema, Photog) / Innenaufnahme *f*
**interior-sprung mattress** / Federkernmatratze *f*
**interior stair** (Arch, Build) / Innentreppe *f* || **~ tile** (Build) / Fliese *f*, Kachel *f* || **~ trim** (Autos) / Innenausstattung *f*
**interior-type plywood** (Join) / Ausstattungssperrholz *n* (für Innenräume)
**interior wall** (Build) / Innenwand *f* (tragende, nichttragende), Innenmauer *f* (Mittel-, Trennmauer, Zwischenwand) || **~ window** (Build) / Innenfenster *n* || **~ zone** (the main stretch of the tunnel, over which the lowest /basic/ level of daytime lighting applies) (Civ Eng) / Tunnelinnenstrecke *f* (DIN 67 524-1)
**interjoist** *n* (Carp) / Balkenabstand *m* (z.B. bei Deckenkonstruktionen)
**interlaboratory test** (Ecol) / Ringanalyse *f*, Ringversuch *m*, Ringtest *m* (ein gemeinsamer Test mehrerer Labore unter genau vorgeschriebenen Bedingungen, um Genauigkeit und Verlässlichkeit eines Verfahrens festzustellen bzw. zu bestätigen)
**interlace** *v* / verschlingen *v*, verflechten *v*, durchflechten *v* || **~** (storage locations) (Comp) / verschachteln *v* || **~** (Weaving) / verweben *v*, einweben *v*, ineinander weben *v*
**interlaced fencing*** (Build) / Flechtzaun *m* || **~ scanning** (Radar) / verschachteltes Absuchen || **~ scanning*** (TV) / Interlace-Verfahren *n* (ein Bilddarstellungsverfahren bei TV-Monitoren), Zeilensprungverfahren *n* (zur Erzeugung des flimmerfreien Bildes), Zwischenzeilenabtasten *n*, Halbbildverfahren *n*, Abtasten *n* im Zeilensprung, Zwischenzeilenabtastung *f*, Zwischenzeilenabtastverfahren *n* || **~ threads** (Textiles) / verschlungene Fäden
**interlacing** *n* / Verschlingung *f*, Verschlingen *n*, Verflechtung *f*, Verflechten *n*, Durchflechten *n*, Durchflechtung *f* || **~ of the threads** (Textiles) / Fadenverschlingung *f* || **~ of the threads** (Textiles) / Fadenkreuzung *f* || **~ point** (Weaving) / Bindungspunkt *m*
**interlaminar** *adj* / interlaminar *adj* || **~ bonding** (Materials, Plastics) / interlaminare Haftung, Verbundhaftung *f* der einzelnen Schichten (eines Schichtstoffs) || **~ fracture** (Materials) / interlaminarer Bruch || **~ separation** / schichtenweise Trennung, Schichtentrennung *f*, Schicht(en)spaltung *f*, Aufspaltung *f* (von Schichten), Abschichtung *f* (Schichtentrennung), Ablösung *f* einer Schicht, Delaminierung *f* (Schichtentrennung), Delamination *f* || **~ shear strength** (Materials) / interlaminare Scherfestigkeit, Spaltscherfestigkeit *f* || **~ strength** (Materials) / interlaminare Festigkeit (eines Schichtstoffs), Spaltwiderstand *m*, Spaltfestigkeit *f* (eines Schichtstoffs), Schichtfestigkeit *f* || **~ strength** (Paper) / Spaltwiderstand *m* (von Mehrlagenkarton), Spaltfestigkeit *f*, Haftfestigkeit *f* (von Mehrlagenkarton)
**interlattice site** (Crystal) / Zwischengitterplatz *m* (z.B. bei Mischkristallen)
**interlay** *n* (Print) / Zurichtung *f* von unten || **~*** (Print) / Zurichtebogen *m* (zwischen Bleifuß und Druckstock)
**interlayer** *n* / Zwischenschicht *f*, Zwischenlage *f* (Zwischenschicht), Einlageschicht *f* || **~ adhesion** (Materials, Plastics) / interlaminare Haftung, Schichtverband *m*, Verbundhaftung *f* der einzelnen Schichten (eines Schichtstoffs)
**interleaf copy** (Bind) / durchschossenes Exemplar || **~ friction** (Eng) / Reibung *f* zwischen einzelnen Blattfedern
**interleave** *v* / ineinander verschachteln *v* / verzahnen *v* (verschiedene Vorgänge zeitlich ineinander verschachteln) || **~** (Bind) / einschießen *v*, durchschießen *v* (unbedruckte Blätter einfügen), interfoliieren *v* || **~** (Telecomm) / zyklisch zusammenfassen (Signale) || **~ factor** (Comp) / Interleave-Faktor *m* (der angibt, um wie viele Sektoren sich eine Festplatte während der Verarbeitungszeit der Daten durch den Rechner weiterdreht) || **~ paper** (Paper) / Durchschusspapier *n*,

Zwischenlagenpapier n, Einschießpapier n, Mitläuferpapier n (DIN 6730)
**interleaving** n (Comp) / Speicherverschränkung f ‖ ~ (Nut) / Einlegen n von Papierblättern oder Folien zwischen Portionen vor dem Einfrieren ‖ ~ **paper** (Paper) / Durchschusspapier n, Zwischenlagenpapier n, Einschießpapier n, Mitläuferpapier n (DIN 6730)
**interleukin**\* n (Chem, Med) / Interleukin n (dem Interferon nahe stehendes kohlenhydratfreies Protein), IL (Interleukin - dem Interferon nahe stehendes kohlenhydratfreies Protein)
**interlinear translation** (Comp) / Interlinearübersetzung f (am Bildschirm)
**interline rate** (Aero) / Interlinien-Rate f (Frachtrate für die Beförderung auf mehr als einer Linie/Route von zwei und mehr Luftverkehrsunternehmen, die jedoch in einem Betrag veröffentlicht wird)
**interlining**\* n (Textiles) / Zwischenfutterstoff m, Einlagestoff m ‖ ~\* (Textiles) / Zwischenfutter n, Einlage f ‖ ~ **canvas** (Textiles) / Steifleinen n, Versteifungsstoff m, steifer Einlagestoff ‖ ~ **cloth** (Textiles) / Zwischengewebe n
**interlink** v (Chem) / verketten v, verbinden v, verknüpfen v ‖ ~ (Eng) / verkoppeln v, koppeln v, ankoppeln v
**interlinkage** n (Chem) / Verkettung f, Kettenbildung f, Verbindung f, Verknüpfung f (Vorgang) ‖ ~ (Eng) / Verkopplung f (im Allgemeinen), Kopplung f (im Allgemeinen), Ankopplung f ‖ ~ (Eng, Work Study) / Verkettung f (der einzelnen Stationen der Transferstraße)
**interlinked power system** (Elec Eng) / Verbundnetz n (beim Stromverbund)
**interlinking** n (Eng) / Verkopplung f (im Allgemeinen), Kopplung f (im Allgemeinen), Ankopplung f ‖ ~ (Eng, Work Study) / Verkettung f (der einzelnen Stationen der Transferstraße)
**interlock** v / sich wechselseitig verzahnen ‖ ~ (Autos, Elec Eng, Electronics, Eng, Rail) / sperren v, abriegeln v, verriegeln v, blockieren v (sperren) ‖ ~ (Eng) / blockieren v, verklemmen v, hemmen v, klemmen v, einklemmen v ‖ ~ (Paint) / sich verhaken v (Teilchen beim Spritzmetallisieren) ‖ ~ n / Verriegelung f (gegenseitige Abhängigkeit) ‖ ~ (Civ Eng) / Schloss n (greiferartiger Falz bei Stahlspundwänden) ‖ ~\* (Elec Eng) / Verblockung f, Sperre f, Sperrung f, Blockierung f, Blockieren n, Abhängigkeitsschaltung f, Verriegelung f ‖ ~ (Eng) / Verklemmen n, Blockieren n, Hemmen n, Blockierung f, Klemmen n, Einklemmen n ‖ ~\* (Textiles) / Interlock-Ware f (DIN 62050), Interlock m (sehr dehnfähige doppelflächige Kulierstrickware) ‖ ~ **circular knitting machine** (Textiles) / Interlock-Rundstrickmaschine f (DIN 62132)
**interlocked grain** (For) / Wechseldrehwuchs m (ein Holzfehler) ‖ ~ **operation** (Comp) / verriegelte Verarbeitung
**interlocking** n / Verriegelung f (gegenseitige Abhängigkeit) ‖ ~ (Eng) / Schaltung f, Schaltvorgang m ‖ ~ (Paint) / Verhakung f (von Teilchen beim Spritzmetallisieren) ‖ ~ adj / wechselseitig verzahnt, ineinander greifend adj ‖ ~ **box** (Rail) / Stellwerk n, Stw ‖ ~ **cabin** (Rail) / Stellwerk n, Stw ‖ ~ **concrete slab** (Civ Eng) / Verbundplatte f (die einen Horizontal- und/oder Vertikalverbund ermöglicht) ‖ ~ **diagram** (Rail) / Verschlusstafel f ‖ ~ **member** (positive connection) / Formschlussglied n ‖ ~ **of particles** / Zusammenhalt m (der Teilchen nach DIN 8580) ‖ ~ **pantile** (Build) / Falzpfanne f ‖ ~ **paver** (Build, Civ Eng) / Verbundpflasterstein m (Verbundwirkung durch Ineinandergreifen), Verbundstein m ‖ ~ **plan** (Rail) / Verschlusstafel f ‖ ~ **slab** (Build, Civ Eng) / Verbundpflasterstein m (Verbundwirkung durch Ineinandergreifen), Verbundstein m ‖ ~ **table** (Rail) / Verschlusstafel f ‖ ~ **texture** (Geol) / Durchwachsungsstruktur f ‖ ~ **tile** (Build) / Falzdachziegel m, Falzziegel m (ein Dachziegel)
**interlock machine** (Textiles) / Interlock-Maschine f
**interlocutor** n (Comp) / Dialogpartner m
**interloop** v (Textiles) / ineinander hängen v
**interlude** n (a routine or program designed to perform minor preliminary operations usually of a housekeeping type, before the main routine is entered) (Comp) / Vorprogramm n, Zwischenprogramm n ‖ ~ **slide** (TV) / Pausenbild n (Träger) ‖ ~ **slide** (TV) s. also interval caption
**intermediate** n (US) (Autos) / Mittelklassewagen m, Wagen m der Mittelklasse ‖ ~\* (Chem) / Intermediat n (ein kurzlebiger Zwischenstoff bei komplexen Reaktionen), Transient m (pl. -en) (z.B. Radikale oder Radikalionen) ‖ ~\* (Chem) / Intermediat n (Halbfabrikat), Intermediärverbindung f, intermediäre Verbindung, Zwischenprodukt n, Zwischenstoff m, Zwischenverbindung f (im Allgemeinen) ‖ ~\* (Cinema, Photog) / Intermediat n (Internegativ oder Interpositiv) ‖ ~ (Electronics) / Zwischenmaske f (in der Fotolithografie) ‖ ~ (Eng) / Zwischenglied n, Zwischenstück n (Zwischenglied) ‖ ~ (Geol) / Zwischenglied n ‖ ~ adj / Zwischen-, intermediär adj, dazwischenliegend adj, dazwischen befindlich adj ‖ ~ **access** (Comp) / Hilfszugriff m ‖ ~ **aggregate** (Build, Civ Eng) /

Füllkorn n (Korngröße, die gerade in die Zwickel zwischen den nächst größeren Körnern passt, wenn sie nacheinander eingebracht werden) ‖ ~ **airport** (Aero) / Zwischenlandeflughafen m (für Transit oder Transfer) ‖ ~ **annealing** (Eng, Met) / Zwischenglühen n (ein Rekristallisationsglühen zwischen zwei Bearbeitungs- oder Behandlungsstufen - bei Draht, Blech und Knetlegierungen) ‖ ~ **approach** (Aero) / Zwischenanflug m ‖ ~ **axis** (Crystal) / Zwischenachse f ‖ ~ **bainite** (Met) / mittlere Zwischenstufe, mittlerer Bainit ‖ ~ **bath** / Zwischenbad n ‖ ~ **bearing** (Eng) / Zwischenlager n ‖ ~ **boson** (Nuc) / intermediäres Boson (ein Vektorboson) ‖ ~ **card** (Spinning) / Feinkrempel f (Pelzkrempel nach DIN 64100), Zwischenkrempel f, Vlieskrempel f, Pelzkrempel f ‖ ~ **casing** (Oils) / Zwischenrohrfahrt f, Schutzrohrfahrt f ‖ ~ **ceiling** (Build) / Zwischendecke f ‖ ~ **character** (Comp) / Zwischenzeichen n (DIN 66254) ‖ ~ **circuit** (Elec Eng, Radio) / Zwischenkreis m, ZK (Zwischenkreis) ‖ ~ **cleaning** (Surf) / Zwischenreinigung f ‖ ~ **coat** (Paint) / Zwischenanstrich m (zwischen Grund- und Schlussanstrich) ‖ ~ **code** (Eng) / Zwischenkode m, Zwischencode m ‖ ~ **compound** (Chem) / Intermediat n (Halbfabrikat), Intermediärverbindung f, intermediäre Verbindung, Zwischenprodukt n, Zwischenstoff m, Zwischenverbindung f (im Allgemeinen) ‖ ~ **constituent**\* (Chem, Met) / intermediäre Phase, intermetallische Phase, intermetallische Verbindung, metallische intermediäre Phase ‖ ~ **control number** (Comp) / Hauptgruppenbegriff m ‖ ~ **cooler** (Aero, Eng) / Zwischenkühler m ‖ ~ **cooling** (Eng) / Zwischenkühlung f ‖ ~ **copy** (Cinema) / Zwischenkopie f ‖ ~ **coupling**\* (Phys) / intermediäre Kopplung ‖ ~ **crater** (due to electrode changing) (Welding) / Ansatzfehlstelle f ‖ ~ **cut** (Chem) / Zwischenfraktion f ‖ ~ **distribution frame** (Teleph) / Zwischenverteiler m ‖ ~ **equipment** (Comp) / Zwischeneinrichtung f (zwischen DEE und Umsetzer) ‖ ~ **felling** (For) / Vornutzung f, Vornutzungshieb m, Lichtschlag m, Nachhieb m (Zwischennutzung) ‖ ~ **field** (Phys) / Induktionsfeld n ‖ ~ **filament**\* (Cyt) / intermediäres Filament, IF ‖ ~ **fix** (for an instrument approach procedure, the fix that identifies the beginning of the intermediate approach segment) (Aero) / Zwischenanflugfestpunkt m ‖ ~ **focus earthquake** (Geol) / Erdbeben n mit Epizentrum zwischen etwa 65 und 300 km ‖ ~ **form** (Eng) / Zwischenform f (DIN 8580) ‖ ~ **frequency**\* (Radio, Telecomm) / Zwischenfrequenz f, ZF (Zwischenfrequenz), Zf (Zwischenfrequenz)
**intermediate-frequency amplifier**\* (Telecomm) / Zwischenfrequenzverstärker m, ZF-Verstärker m ‖ ~ **modulation** (Radio) / Zwischenfrequenzmodulation f (in einer der ZF-Stufen des Senders), ZF-Modulation f
**intermediate gear** (Eng) / Zwischenzahnrad n ‖ ~ **gear** (Mining) / Zwischengeschirr n (Verbindungselement zwischen Förderseil und Förderkorb) ‖ ~ **host** (Biol) / Transportwirt m, Zwischenwirt m ‖ ~ **igneous rock**\* (Geol) / intermediäres Erstarrungsgestein (mit 55 bis 65%-Gesamt-SiO$_2$-Gehalt), intermediäres Gestein (z.B. Diorit oder Porphyrit) ‖ ~ **image** (Optics) / Zwischenbild n ‖ ~ **infrared** (Phys) / mittleres Infrarot, mittleres IR (DIN 5031-7), MIR (mittleres Infrarot) ‖ ~ **joist** (Carp) / Zwischenbalken m, Leerbalken m ‖ ~ **knot** (Telecomm) / Transitknoten m ‖ ~ **language** (Comp) / Zwischensprache f ‖ ~ **lantern ring** (Eng) / Zwischenlaterne f (der Stopfbuchsdichtung) ‖ ~ **layer** (Eng) / Zwischenschicht f, Zwischenlage f (Zwischenschicht), Einlageschicht f ‖ ~ **layer** (Eng) / Sperrschicht f (des Gleitlagers aus Mehrschicht-Verbundstoff) ‖ ~ **level** (Mining) / Teilsohle f (die nur in einem Teil des Grubengebäudes aufgefahren ist)
**intermediate-level waste**\* (Nuc Eng) / mittelradioaktiver Abfall, Mittelaktiv-Waste m, mittelaktiver Abfall, MAW (mittelaktiver Abfall)
**intermediate link** (Eng) / Zwischenglied n, Zwischenstück n (Zwischenglied) ‖ ~ **load** (Elec Eng) / Mittellast f
**intermediate-load plant** (power station) (Elec Eng) / Mittellastkraftwerk n (meistens als Steinkohlekraftwerk)
**intermediate-load-range capacity** (Elec Eng) / Mittellastkapazität f (eines Kraftwerks)
**intermediate memory** (Comp) / Zwischenspeicher m (Speicherbereich im Arbeitsspeicher)
**intermediate-moisture food** (Nut) / halbfeuchtes Lebensmittel, Lebensmittel n von mittlerer Feuchtigkeit
**intermediate negative** (Cinema, Photog) / Intermediatnegativ n, Internegativ n, Zwischennegativ n ‖ ~ **neglect of differential overlap** (Chem) / INDO n (ein semiempirisches Verfahren der Quantenchemie) ‖ ~ **neutron**\* (Nuc) / mittelschnelles Neutron ‖ ~ **oxide** (Chem) / amphoteres Oxid ‖ ~ **phase** (Chem) / Zwischenphase f, Interphase f ‖ ~ **phase** (Chem, Met) / intermediäre Phase, intermetallische Phase, intermetallische Verbindung, metallische intermediäre Phase ‖ ~ **pier** (Civ Eng) / Zwischenpfeiler m (z.B. einer Brücke) ‖ ~ **piling** / Zwischenstapeln n ‖ ~ **position** (Mech) / Zwischenlage f ‖ ~ **product** (Chem) / Intermediat n (Halbfabrikat),

**intermediate**

Intermediärverbindung f, intermediäre Verbindung, Zwischenprodukt n, Zwischenstoff m, Zwischenverbindung f (im Allgemeinen) ‖ **~ pumping station** (San Eng) / Überpumpwerk n, Zwischenpumpwerk n (zur Hebung von Abwasser in weiträumigen Kanalisationssystemen) ‖ **~ rafter**\* (Build, Carp, Civ Eng) / Zwischensparren m (Leergebinde), Leersparren m ‖ **~-range ballistic missile** (Mil) / Flugkörper m (ballistischer) mittlerer Reichweite, Mittelstreckenrakete f (bis etwa 6000 km) ‖ **~ reaction catalysis** (Chem) / Zwischenreaktionskatalyse f ‖ **~ reactor**\* (Nuc Eng) / intermediärer Reaktor, mittelschneller Reaktor (bei dem die Spaltungen vorwiegend von mittelschnellen Neutronen ausgelöst werden - DIN 25402) ‖ **~ reading** (Instr) / Zwischenablesung f ‖ **~ result** (Comp, Maths) / Zwischenergebnis n ‖ **~ ring** (Eng) / Abstandsring m ‖ **~ rock** (Geol) / intermediäres Erstarrungsgestein (mit 55 bis 65%-Gesamt-SiO$_2$-Gehalt), intermediäres Gestein (z.B. Diorit oder Porphyrit) ‖ **~ sealing glass** (Glass) / Zwischenglas n (zur Herstellung von Schmelzverbindungen zwischen Gläsern verschiedener Wärmedehnung)
**intermediate-shade dyed yarn** (Spinning, Textiles) / mitteltief gefärbtes Garn
**intermediate shaft** (Eng) / Vorgelegewelle f, Zwischenwelle f ‖ **~ sight**\* (Surv) / Zwischenablesung f ‖ **~ state** (Chem, Phys) / Zwischenzustand m ‖ **~ stop** (Aero) / Stop-over m, Zwischenlandung f (Unterbrechung unbestimmter Länge), Zwischenhalt m ‖ **~ storage** (Comp) / Zwischenspeicher m (Speicherbereich im Arbeitsspeicher) ‖ **~ storage** (Nuc Eng) / Zwischenlagerung f (Lagerung ausgedienter Brennelemente in der Zeit zwischen ihrer Entladung aus dem Reaktordruckbehälter und ihrer Verwertung und Behandlung), zeitweilige Lagerung ‖ **~ store** (Comp) / Zwischenspeicher m (Speicherbereich im Arbeitsspeicher) ‖ **~ substance** (Chem) / Intermediat n (Halbfabrikat), Intermediärverbindung f, intermediäre Verbindung, Zwischenprodukt n, Zwischenstoff m, Zwischenverbindung f (im Allgemeinen) ‖ **~ superabrasion furnace black** / ISAF-Ruß m (Ofenruß hoher Abriebfestigkeit) ‖ **~ support** (Build, Mech) / Zwischenauflager n (bei einem Durchlaufträger) ‖ **~ switch**\* (Elec Eng) / Kreuzschalter m (Schalter 7; VDE 0632), Zwischenschalter m ‖ **~ tap** (Eng) / Mittelschneider m, Gewindebohrer m Nr. 2 ‖ **~ technology** / mittlere Technik (keine Spitzenentwicklung, kein Handwerk), angepasste Technologie (z.B. in den Entwicklungsländern) ‖ **~ terminal** (Elec Eng) / Zwischenklemme f ‖ **~ tone** (Print) / Zwischenton m ‖ **~ train** (part of a rolling mill between roughing and finishing trains) (Met) / Zwischenstraße f
**intermediate-value theorem** (Maths) / Zwischenwertsatz m (z.B. Satz von Bolzano)
**intermediate vector boson**\* (W or Z particles) (Nuc) / intermediäres Boson (ein Vektorboson) ‖ **~ voltage** (Elec Eng) / Mittelspannung f (beim Spannungsleiter)
**intermediate-voltage winding** (Elec Eng) / Mittelspannungswicklung f, MS-Wicklung f (eines Mehrwicklungstransformators)
**intermediate wash** (Photog) / Zwischenwässerung f ‖ **~ waves**\* (Radio) / Grenzwellen f pl (für den Nahfunkverkehr) ‖ **~ wheel**\* (Eng) / Zwischenrad n
**intermedin** n (Biochem) / Intermedin n, melanotropes Hormon, Melanotropin n (Antagonist des Melatonins), Melanophorenhormon n, melanozytenstimulierendes Hormon, MSH (melanozytenstimulierendes Hormon)
**intermesh** v (Eng) / eingreifen vi, kämmen vi (Zahnräder), im Eingriff stehen, ineinander greifen v ‖ **~** (Telecomm) / vermaschen v
**intermeshing** n (Eng) / Ineinandergreifen n, Eingriff m (der Verzahnung mit der Gegenverzahnung), Kämmen n (DIN 3960) ‖ **~** (Telecomm) / Vermaschung f ‖ **~ rotors** (Aero) / ineinander kämmende Rotoren ‖ **~ zone** (between twin screws) (Plastics) / Zwickel m
**intermetallic** n (Chem, Met) / intermediäre Phase, intermetallische Verbindung, metallische intermediäre Phase ‖ **~ adj** (Chem) / Intermetall-, intermetallisch adj ‖ **~ alloy zone** (Met) / intermetallische Schicht, Legierungszwischenschicht f, Mischkristallschicht f ‖ **~ compound** (Chem, Met) / intermediäre Phase, intermetallische Phase, intermetallische Verbindung, metallische intermediäre Phase ‖ **~ phase** (Chem, Met) / intermediäre Phase, intermetallische Phase, intermetallische Verbindung, metallische intermediäre Phase
**interminable beats** (Telecomm) / nicht verschwindende Schwebungen
**intermingle** v (Spinning) / verwirbeln v (bei Texturierung)
**intermingled yarn**\* (Spinning, Textiles) / Intermingled-Garn n, Garn n aus drei bis vier Filamentarten, die nach dem DD-Verfahren verschiedenartig auffärbbar sind
**intermingling** n (Spinning) / Verwirbelung f (Texturieren ohne Verdrehungstendenz)
**intermission** n (Radio, TV) / Pause f (in der Sendung)
**intermittency effect** (Photog) / Intermittenzeffekt m (fotografischer Belichtungseffekt)

**intermittent** adj / unterbrochen adj (periodisch - Arbeitslauf, Signal) ‖ **~** / periodisch arbeitend (Industrieofen, z.B. Kammerofen, Tiefofen) ‖ **~** / intermittierend adj, aussetzend adj, diskontinuierlich adj, mit Unterbrechungen, stoßweise adj (intermittierend) ‖ **~ circuit** (Elec Eng) / Intervallschaltung f (die einen intermittierenden Prozessablauf bei einer Maschine oder technischen Anlage hervorruft) ‖ **~ control** (Autos) / Intervallschaltung f (für Scheibenwischer) ‖ **~ control**\* (Telecomm) / unstetige Regelung, diskontinuierliche Regelung ‖ **~ duct** (Aero) / Verpuffungstriebwerk n, Pulsationsstrahltriebwerk n (bei Versuchsflugkörpern), intermittierendes Luftstrahltriebwerk, Pulsotriebwerk n, Argus-Schmidt-Rohr n, Schmidt-Argus-Rohr n, Pulsstrahltriebwerk n ‖ **~ duty**\* (Elec Eng) / Aussetzbetrieb m, aussetzender Betrieb, AB (aussetzender Betrieb - eine Betriebsart), Aussetzerbetrieb m, intermittierender Betrieb ‖ **~ earth**\* (Elec Eng) / intermittierender Erdschluss, aussetzender Erdschluss ‖ **~ error** (Elec Eng) / intermittierender Fehler, aussetzender Fehler ‖ **~ exposure** (Photog) / intermittierende Belichtung ‖ **~ fault** (Elec Eng) / intermittierender Fehler, aussetzender Fehler ‖ **~ feed** (Comp, Eng) / Sprungzustellung f (bei der NC-Steuerung) ‖ **~ filtration**\* (San Eng) / Rückenberieselung f mit Dränentwässerung
**intermittent-flow conveyor** (Eng) / Unstetigförderer m (Fördermittel, dessen Hauptantriebe vorwiegend im Aussetzbetrieb arbeiten)
**intermittent jet**\* (Aero) / Verpuffungstriebwerk n, Pulsationsstrahltriebwerk n (bei Versuchsflugkörpern), intermittierendes Luftstrahltriebwerk, Pulsotriebwerk n, Argus-Schmidt-Rohr n, Schmidt-Argus-Rohr n, Pulsstrahltriebwerk n ‖ **~ kiln** (Ceramics) / periodisch arbeitender Brennofen ‖ **~ laser** (Phys) / Impulslaser m, Pulslaser m (Emission von Lichtblitzen) ‖ **~ light** (Ships) / Gleichtaktfeuer n ‖ **~ loading**\* (Elec Eng) / Aussetzbelastung f, aussetzende Belastung ‖ **~ lubrication** (Eng) / Intervallschmierung f, periodische Schmierung
**intermittently loaded cable** (Cables) / abschnittweise belastetes Kabel ‖ **~ loaded cable** (Telecomm) / Kabel n mit intermittierendem Betrieb ‖ **~ operated conveyor** (Eng) / Unstetigförderer m (Fördermittel, dessen Hauptantriebe vorwiegend im Aussetzbetrieb arbeiten)
**intermittent mechanism** (Eng) / Schaltwerk n (z.B. ein Malteserkreuzgetriebe), Schrittmechanismus m ‖ **~ motion** (Cinema) / intermittierender Filmlauf, Schrittschaltung f (für filmtechnische Geräte), Bildschrittschaltung f (intermittierender Filmtransport)
**intermittent-motion mechanism** (Eng) / Schaltwerk n (z.B. ein Malteserkreuzgetriebe), Schrittmechanismus m
**intermittent printing**\* / Schrittkopieren n (mit einer Schrittkopiermaschine) ‖ **~ rating**\* (Elec Eng) / Nennleistung f bei Aussetzbetrieb, Aussetzleistung f, AB-Leistung f ‖ **~ sand filter** (San Eng) / Bodenfilter n ‖ **~ shoe** (Cinema) / Andruckrolle f, Andruckrolle f (eine verriegelbare Rolle, die den Film gegen die intermittierende oder ziehende Zahnrolle drückt), Druckrolle f ‖ **~ slag-tapping boiler** (Eng) / Kessel m mit flüssiger und trockener Entaschung ‖ **~ spring** (Hyd Eng) / intermittierende Quelle (mit zeitlich schwankenden Wassermengen) ‖ **~ sprocket** (Cinema) / intermittierende Rolle, Schaltrolle f (eine intermittierend sich drehende Zahnrolle, die den Film im Bildfenster des Laufbildwerfers fixiert und der Projektion weiterzieht) ‖ **~ stream** (Geol) / intermittierender Fluss, periodischer Fluss ‖ **~ train control with automatic train stop** (Rail) / punktförmige Zugbeeinflussung mit Zwangsbremsung ‖ **~ use** / diskontinuierliche Nutzung ‖ **~ voltage** (Elec Eng) / abgehackte Spannung f ‖ **~ weld** (Welding) / unterbrochene Schweißnaht (mehrmals), unterbrochene Naht ‖ **~ welding** (Welding) / unterbrochenes Schweißen, Schweißen n unterbrochener Nähte ‖ **~ wind tunnel** (Aero) / intermittierender Windkanal, Windkanal mit intermittierender (kurzzeitiger) Arbeitsweise ‖ **~ wiper** (Autos) / Scheibenwischer m mit Intervallschaltung, Intervall-Scheibenwischer m
**intermix** v / mischen v (Farben, verschiedene Schriftarten)
**intermixing** n (Paint) / Farbenmischen n
**intermodal traffic** / kombinierter Ladungsverkehr, kombinierter Verkehr, gemischter Verkehr, kombinierter Transport (mit Übergang von einem Transportmittel auf ein anderes), KLV ‖ **~ transport** / kombinierter Ladungsverkehr, kombinierter Verkehr, gemischter Verkehr, kombinierter Transport (mit Übergang von einem Transportmittel auf ein anderes), KLV
**intermode link** (Comp, Teleph) / Verbindungsleitung f (Sammelbezeichnung für Leitungen zwischen Vermittlungsstellen), Leitung (ein Kommunikationskanal zwischen 2 Vermittlungseinrichtungsreihen derselben Vermittlungsstelle oder zwischen 2 Vermittlungsstellen)
**intermodulation**\* n (Telecomm) / Kreuzmodulation f (hochfrequentes Übersprechen), Intermodulation f (DIN 40148, T 3) ‖ **~ distortion**\* (Acous) / Verzerrung f durch Zwischenmodulation, Intermodulationsverzerrung f
**intermodule bus** (Comp) / Modulverbindungsbus m

**intermolecular** *adj* (Chem, Phys) / intermolekular *adj*, zwischenmolekular *adj* || ~ **condensation** (Chem) / intermolekulare Kondensation || ~ **cross-linking** (Chem) / intermolekulare Vernetzung || ~ **forces*** (Chem, Phys) / zwischenmolekulare Kräfte, Molekularkräfte *f pl* || ~ **hydrogen bond** (Chem) / intermolekulare Wasserstoffbrücke || ~ **interaction** (Chem, Phys) / zwischenmolekulare Wechselwirkung || ~ **mobility** (Chem, Phys) / intermolekulare Beweglichkeit || ~ **reaction** (Chem) / intermolekulare Reaktion || ~ **spacing** (Chem, Phys) / Abstände zwischen den Molekülen *m pl*

**intermontane** *adj* (Geol) / intermontan *adj* || ~ **basin** (Geol) / Zwischengebirge *n* (starre Scheitelung des Orogens) || ~ **basin*** (Geol) / intermontanes Becken

**intermountain** *n* (Geol) / Zwischengebirge *n* (starre Scheitelung des Orogens) / ~ *adj* / intermontan *adj* || ~ **basin** (Geol) / intermontanes Becken

**internal** *adj* / innerlich *adj*, innenbefindlich *adj*, intern *adj*, im Innern || ~ **address** (Comp) / interne Adresse, Internadresse *f* || ~ **address header** (Comp) / Internadressenvorsatz *m* || ~ **angle trowel** (Build) / Eckspachtel *m f* || ~ **antenna** (Radio, TV) / Innenantenne *f*, Zimmerantenne *f* || ~ **arcing** (Elec Eng) / Störlichtbogen *m* (in einer Schaltanlage) || ~ **bisector** (Maths) / Innenwinkelhalbierende *f* || ~ **blocking** (Teleph) / innere Blockierung (Zustand in einer Koppelanordnung) || ~ **blurring** (Photog) / innere Unschärfe (die Zone des allmählichen Übergangs zwischen Zonen verschiedener Dichte) || ~ **brake** (Autos) / Innenbackenbremse *f* (die Bremsbacken sind innerhalb der Bremstrommel) || ~ **broach** (Eng) / Räumnadel *f* (Räumwerkzeug für die Verfahrensvariante Zugräumen von Werkstück-Innenkonturen nach DIN 1415, T 1), Innenräumwerkzeug *n* || ~ **broaching** (Eng) / Innenräumen *n* (DIN 1415, DIN 55143) || ~ **broaching machine** (Eng) / Innenräummaschine *f* (auf der vorbearbeitete Bohrungen durch eine Räumnadel mit einem Innenprofil versehen werden) || ~ **broaching of helical grooves** (Eng) / Innenräumen *n* von Drallnuten (DIN 8589), Schraubräumen *n*, Drallräumen *n* || ~ **burner** (Glass) / Tischbrenner *m* || ~ **cache** (Comp) / Primär-Cache *m* (im CPU-Chip integrierter Zwischenspeicher), First-Level-Cache *m*, Level-1-Cache *m* || ~ **call** (Teleph) / Internverbindung *f* (zwischen den Nebenstellen einer Telekommunikationsanlage), internes Gespräch || ~ **call** (Teleph) / Hausgespräch *n* || ~ **callipers** (Instr) / Lochzirkel *m*, Innentaster *m*, Lochtaster *m* || ~ **call traffic** (Teleph) / Hausverkehr *m* || ~ **capacitance** (Electronics) / Zwischenelektrodenkapazität *f*, Elektrodenkapazität *f* || ~ **cast** (Geol) / Steinkern *m* (eines Fossils), Innenabguss *m* || ~ **characteristic*** (Elec Eng) / innere Belastungskennlinie (eines Generators) || ~ **check** (For) / Innenriss *m* (ein Holzfehler) || ~ **chill** (Foundry) / umgekehrter Hartguss || ~ **chill** (Foundry) / Innenkühlelement *n* || ~ **chromatogram** (Chem) / inneres Chromatogramm || ~ **circuit** (Elec Eng) / innerer Stromkreis || ~ **climate** (Biol) / Raumklima *n* (in einem umschlossenen Raum) || ~ **clock** (Biol) / physiologische Uhr (endogener Tagesrhythmus), innere Uhr || ~ **clock** (Comp) / Systemtakt *m* || ~ **clock generation** (Comp) / Selbsttakten *n* || ~ **closed-loop control system** (Space) / von den Bodenstation unabhängiger Regelkreis || ~ **coating** / Innenbeschichtung *f* || ~ **code** (Comp) / Interncode *m* (der einem Rechner eigene Code, in dem die Maschinenbefehle abgefasst sind), Internkode *m* || ~ **coil** (Elec Eng) / Innenspule *f* (bei der Wirbelstromprüfung)

**internal-combustion engine** (Eng) / Verbrennungskraftmaschine *f*, Brennkraftmaschine *f* || ~ **engine*** (I C Engs) / Verbrennungsmotor *m* (eine Kolbenmaschine nach DIN 1940) || ~ **engine*** (Eng) / Wärmekraftmaschine *f* mit innerer Verbrennung (z.B. Verbrennungsmotor oder Gasturbine) || ~ **power** (I C Engs) / verbrennungsmotorischer Antrieb

**internal command** (commands contained in DOS's COMMAND.COM, as opposed to external commands loaded from disks) (Comp) / interner Befehl || ~ **communication highway** (Teleph) / interner Kommunikationskanal (bei Mobiltelefonen) || ~ **compensation*** (Chem) / innere Kompensation || ~ **conductor*** (Cables) / Mittelleiter *m* (des Koaxialkabels) || ~ **conductor*** (Elec Eng) / Innenleiter *m* (im Dreileitersystem) || ~ **cone** (Maths) / Innenkegel *m* (der die innere Form eines Kegelkörpers begrenzt) || ~ **connection system** (Comp) / Verbindungstechniksystem *n* (technische Verbindung von Komponenten eines Informationssystems in seinem Inneren) || ~ **conversion*** (Nuc, Photog) / innere Umwandlung, innere Konversion (ein Kernprozess) || ~ **core** (Foundry) / Innenkern *m* (der zur Ausformung von Innenkonturen eingesetzt wird) || ~ **corner** (Build) / Innenecke *f* || ~ **corrosion** (Eng) / innere Korrosion, Innenkorrosion *f* (z.B. von Behältern und Rohren) || ~ **cut-in** (Teleph) / internes Aufschalten, ITA || ~ **cylindrical grinding** (Eng) / Innenrundschleifen *n*, Innenschleifen *n* || ~ **decay** (For) / Innenfäule *f* (Abbau des Holzes durch holzzerstörende Pilze, die nur im Inneren wachsen) || ~ **defect** / Innenfehler *m* || ~ **diameter** (Eng) / lichte Weite (bei rundem Querschnitt), Lichtweite *f* || ~ **diameter** (Eng) / Kaliber *n* (der innere Durchmesser von Rohren; der Durchmesser des Rohres einer Feuerwaffe) || ~ **diameter** (Eng) / Innendurchmesser *m* || ~ **door** (Arch, Build) / Innentür *f* (in einer Öffnung der Innenwand) || ~ **dormer** (Arch, Build) / stehendes Dachfenster (mit vorgelagerter horizontaler Freifläche), Loggia *f* (mit einer Türfensterkombination) || ~ **drive** (Tools) / Kraftinnenangriff *m*, Innenangriff *m*, Innenantrieb *m* || ~ **dump** (Mining) / Innenkippe *f* (im ausgekohlten Teil des Tagebaus) || ~ **electrolysis** (without external voltage) / Kurzschlusselektrolyse *f* || ~ **energy*** (Chem) / innere Energie || ~ **energy*** (Heat) / innere Energie (Kurzzeichen U) || ~ **equivalent temperature** (Electronics) / innere Ersatztemperatur, innere Temperatur (eines Halbleiterbauelements)

**internal-expanding brake*** (Autos) / Innenbackenbremse *f* (die Bremsbacken sind innerhalb der Bremstrommel) || ~ **clutch** (Eng) / Spreizbandkupplung *f*

**internal fault strength** (Elec Eng) / Störlichtbogenfestigkeit *f* || ~ **field** (Phys) / internes Feld || ~ **finishing** (Build) / Innenausbau *m* (im Allgemeinen) || ~ **flights** (Chem Eng) / Einbauten *m pl* (in Trockentrommeln zum Bewegen des Guts)

**internal-flue boiler** (Eng) / Flammrohrkessel *m*

**internal focusing** (Optics) / Innenfokussierung *f* || ~ **font** (Comp) / Druckerfont *m* (im Drucker eingebaute Schriftarten) (interner Font) || ~ **force** (Mech) / innere Kraft (DIN 13 316) || ~ **forces** (Mech) / Schnittkräfte *f pl* (die in einem Querschnitt eines durch Lasten beanspruchten Bauteiles auftretenden Längs- und Querkräfte, Biege- und Drillungsmomente - DIN 13316) || ~ **friction*** (Eng, Phys) / innere Reibung (bei einer Relativbewegung von Teilen ein und desselben Körpers) || ~ **gas drive** (Geol, Oils) / Gasentlösungsdruck *m* (Expansionsdruck des im Öl gelösten Gases), Gasentlösungstrieb *m* (in einer Erdöllagerstätte) || ~ **gas pressure cable** (Cables) / Gasinnendruckkabel *n* || ~ **gear** (Eng) / Innenverzahnung *f* || ~ **gear*** (Eng) / innenverzahntes Rad, Innenstirnrad *n*, Innenrad *n*, Rad *n* mit Innenverzahnung, Innenzahnrad *n* (DIN 3960), Hohlrad *n* || ~ **gear*** (Eng) / innenverzahntes Getriebe, Getriebe *n* mit Innenverzahnung || ~ **gear** (Eng) / Innenzahnrad *n* (geradverzahntes)

**internal-gear pump** (Eng) / Innenzahnradpumpe *f*, Sichelzahnradpumpe *f*, Sichelpumpe *f*

**internal grinding*** (Eng) / Innenrundschleifen *n*, Innenschleifen *n* || ~ **gripper** (Eng) / Innengreifer *n* (Bauform eines Greifers zur Aufnahme und Handhabung von Werkstücken und Werkzeugen, wobei die Handhabungsobjekte an ihren Innenflächen gehalten werden) || ~ **impedance** (Elec Eng) / Innenwiderstand *m* (Ausgangsimpedanz) || ~ **indicator** (Chem) / Inneneindikator *m* || ~ **indicator*** (Chem) / interner Indikator || ~ **influence** / Einwirkung *f* von innen, EVI (Einwirkung von innen) || ~ **installation** (Build, Plumb) / Verlegung *f* (von Rohren), Rohrverlegung *f* (in Gebäuden) || ~ **insulation** (Elec Eng) / innere Isolation

**internalise** *v* (GB) / internalisieren *v*

**internalize** *v* (incorporate /costs/ as part of a pricing structure, especially social costs resulting from the manufacture and use of a product or service) / internalisieren *v*

**internal layer** (Electronics) / Innenlage *f* (Bestandteil eines Multilayers) || ~ **lead** (Eng) / Auslassvoreilung *f* (Dampfmaschinen) || ~ **line** (Comp, Telecomm) / Innenleitung *f*, interne Leitung || ~ **line number** (Telecomm) / interne Leitungsnummer, ILN (interne Leitungsnummer) || ~ **link interface** (Comp) / interne Link-Leitungsschnittstelle || ~ **lubricant** (Plastics) / eingearbeitetes Entformungsmittel (das als Trennmittel dient)

**internally flawless** / lupenrein *adj* (Diamant) || ~ **focusing telescope** (Optics) / anallaktisches Fernrohr (früher bei Entfernungsmessungen gebraucht) || ~ **pressure-loaded** / innendruckbeansprucht *adj* (z.B. Druckgefäß) || ~ **silvered lamp** (Elec Eng, Light) / innenverspiegelte Lampe, Reflektorlampe *f*, Scheinwerferlampe *f* (mit aufgedampften Metallschichten) || ~ **toothed** (Eng) / mit Innenverzahnung, innenverzahnt *adj*, innengezahnt *adj*

**internal measurement** / Innenmessung *f* (Bestimmung des Abstandes zweier Innenflächen) || ~ **member** (Eng) / Innenteil *n* (Passung) || ~ **memory*** (Comp) / interner Speicher, Innenspeicher *m*, innerer Speicher, Internspeicher *m* (Arbeitsspeicher, Hauptspeicher) || ~ **mixer** (Eng) / Innenmischer *m* (Kneter), Innenkneter *m* || ~ **modem** (Comp) / internes Modem (in Steckkartenausführung), Steckkartenmodem *n* || ~ **mould** (Geol) / Steinkern *m* (eines Fossils), Innenabguss *m* || ~ **natural radiation exposure** (Ecol) / innere natürliche Strahlenexposition

**internal-network clock** (Telecomm) / netzinterner Takt || ~ **timing** (Telecomm) / netzinterner Takt

**internal notch** (I C Engs) / Innensicherung *f* (des Kolbenringstoßes) || ~ **pair production*** (Electronics, Nuc) / innere Paarbildung || ~ **phase** (Chem, Phys) / Dispersum *n*, dispergierte Phase, disperser Bestandteil

**internal**

‖ ~ **photoeffect** / innerer lichtelektrischer Effekt (das aus seiner Bindung herausgelöste Elektron bleibt im Festkörper) ‖ ~ **plaster** (Build) / Innenputz m ‖ ~ **porosity of the aggregate particles** (Civ Eng) / Haufwerksporigkeit f (des Betons) ‖ ~ **power consumption** (Elec Eng) / Eigenbedarf m (an Energie), Eigenverbrauch m ‖ ~ **pressure** (Phys) / Innendruck m, innerer Druck, Binnendruck m (innerer Druck), Kohäsionsdruck m (nach innen ausgeübter Normaldruck)
**internal-pressure-loaded** adj / innendruckbeansprucht adj (z.B. Druckgefäß)
**internal-pressure test** (Materials) / Innendruckversuch m (z.B. Abdrück- oder Berstversuch - mit Flüssigkeiten, Luft oder Inertgas als Druckmedium)
**internal-reflection spectroscopy** (Spectr) / innere Reflexionsspektroskopie
**internal resistance*** (Elec Eng) / Quellenwiderstand m, Eigenwiderstand m (einer Stromquelle) ‖ ~ **resistance*** (Elec Eng) / Innenwiderstand m, innerer Widerstand ‖ ~ **resistance*** (Elec Eng) s. also source resistance ‖ ~ **rot** (For) / Innenfäule f (Abbau des Holzes durch holzzerstörende Pilze, die nur im Inneren wachsen) ‖ ~ **screw thread*** (Eng) / Innengewinde n, Muttergewinde n
**internal-screw** (cutting) **tool** (Eng) / Innengewindedrehmeißel m
**internal secretion*** (Physiol) / innere Sekretion (der endokrinen Drüsen) ‖ ~ **shaft** (Mining) / Blindschacht m (seigerer Grubenbau, der zwei oder mehrere Sohlen miteinander verbindet oder den Zugang von einer Sohle zu einem Flöz herstellt), Stapelschacht m ‖ ~ **shrinkage** (Foundry) / Innenlunker m ‖ ~ **side** (For) / rechte Seite (eines Holzkörpers), Herzseite f, Kernseite f ‖ ~ **size** (Eng) / Innenmaß n (im Allgemeinen) ‖ ~ **splines** (Eng) / Keilnabenprofil n ‖ ~ **spoil heap** (Mining) / Innenkippe f (im ausgekohlten Teil des Tagebaus) ‖ ~ **standard** (Chem) / interner Standard (in der Analytik) ‖ ~ **standard** (Chem) / innerer Standard (in der Chromatografie) ‖ ~ **store** (Comp) / interner Speicher, Innenspeicher m, innerer Speicher, Internspeicher m (Arbeitsspeicher, Hauptspeicher) ‖ ~ **store*** (Comp) / Hauptspeicher m (interner Speicher), Internspeicher m (interner Speicher eines Systems, auf den die Programmsteuerung unmittelbaren Zugriff hat) ‖ ~ **stress*** (Mech) / Nachspannung f, Restspannung f, Eigenspannung f (neben der so genannten Lastspannung im Material auftretende Spannung) ‖ ~ **stress*** (Mech) / innere Spannung (lokaler Spannungszustand in Festkörpern, der zurückbleibt, wenn alle von außen auf den Körper wirkenden Spannungen auf Null reduziert werden), Innenspannung f, bleibende Spannung ‖ ~ **surface** / Innenfläche f ‖ ~ **symmetry** (Phys) / innere Symmetrie (die durch Transformationen in abstrakten, unserer Anschauung nicht zugänglichen Räumen dargestellt wird) ‖ ~ **taper pipe thread** (Eng) / kegeliges Innengewinde ‖ ~ **thread** (Eng) / Innengewinde n, Muttergewinde n ‖ ~ **thread broaching** (Eng) / Drallnuträumen n (z.B. bei Schmiernuten in Lagerbuchsen)
**internal-tooth** attr (Eng) / mit Innenverzahnung, innenverzahnt adj, innengezahnt adj
**internal toothing** (Eng) / Innenverzahnung f ‖ ~ **TORX** (Tools) / Torx-Innenangriff m, Innentorx m ‖ ~ **traffic** (Comp, Telecomm) / Internverkehr m ‖ ~ **transmission density** (logarithm to the base 10) (Optics) / dekadisches Absorptionsmaß (der dekadische Logarithmus des Kehrwertes des spektralen Reintransmissionsgrades) ‖ ~ **transmission density** (to the base e) (Optics) / natürliches Absorptionsmaß (der natürliche Logarithmus des Kehrwertes des spektralen Reintransmissionsgrades) ‖ ~ **transmission factor** (Optics, Photog) / spektraler Reintransmissionsgrad m ‖ ~ **transmittance** (Optics) / Reintransmissionsgrad m ‖ ~ **turning** (Eng) / Innendrehen n (Erweitern einer vorhandenen Bohrung) ‖ ~ **vibrator** (Build) / Innenrüttler m (DIN 4235-1 - der in den Frischbeton eingetaucht wird) ‖ ~ **vibrator** (Build) s. also poker vibrator and vibrating cylinder ‖ ~ **wall** (Build) / Innenwand f (tragende, nichttragende), Innenmauer f (Mittel-, Trennmauer, Zwischenwand) ‖ ~ **water** (Hyd Eng) / Wasser n unter der Sättigungszone ‖ ~ **waters** / innere Gewässer n pl (der zwischen Festland und Küstenmeer gelegene Teil der Hoheitsgewässer eines Staates) ‖ ~ **work** (Work Study) / manuelle Arbeit (der Bedienungsperson) bei laufendem (produzierendem) Betriebsmittel
**International Academy of Astronautics** (Space) / Internationale Astronautische Akademie (wissenschaftliche Institution, deren Gründung 1960 in Stockholm auf dem 11. Kongress der Internationalen Astronautischen Föderation beschlossen wurde) ‖ ~ **Aeronautical Federation** (Aero) / Internationaler Luftsportverband (1905 in Paris gegründet, Sitz: Paris) ‖ ~ **Air Transport Association*** (Aero) / Internationale Lufttransportvereinigung (1945 neu gegründet, Sitz: Montreal) ‖ ~ **Alphabet, Number 5** (Telecomm) / CCITT-Kode Nr. 5, ITA Nr. 5 (ein 7-Bit-Kode für Datenübertragung) ‖ ~ **answering machine** (Teleph) / Anrufbeantworter m (eigenes Zusatzgerät oder als Kombigerät,

AB (Anrufbeantworter) ‖ ~ **Astronautical Federation** (Space) / Internationale Astronautische Föderation (auf dem 2. Internationalen Astronautischen Kongress 1950 in London gegründet, Sitz: Paris) ‖ ~ **Atomic Energy Agency*** (Nuc Eng) / Internationale Atomenergie-Organisation (gegründet 1956, Sitz: Wien), IAEO (Internationale Atomenergie-Organisation) ‖ ~ **Atomic Time** (Phys) / Internationale Atomzeit, IAT (Internationale Atomzeit), TAI (Internationale Atomzeit) ‖ ~ **Atomic Time** / Internationale Atomzeit (nach der Cäsiumatomuhr des Bureau International de l'Heure) ‖ ~ **atomic time** / Internationale Atomzeit (nach der Cäsiumatomuhr des Bureau International de l'Heure) ‖ ~ **call** (Teleph) / Auslandsverbindung f ‖ ~ **call** (Teleph) / zwischenstaatliches Gespräch, Auslandsgespräch n ‖ ~ **call exchange** (Telecomm) / Auslandsvermittlung f ‖ ~ **candle*** (Light) / internationale Kerze, IK (veraltete Einheit der Lichtstärke - 1 IK = 1,019 cd) ‖ ~ **carriage of goods by road** (Autos) / grenzüberschreitender Güterkraftverkehr ‖ ~ **Chamber of Commerce** / Internationale Handelskammer (freie Vereinigung von Unternehmern und Wirtschaftsverbänden zur Förderung des zwischenstaatlichen Handels und zur Lösung internationaler Handelsfragen - Sitz: Paris), IHK (Internationale Handelskammer) ‖ ~ **Civil Aviation Organization*** (Aero) / Internationale Zivilluftfahrt-Organisation (1944 in Chicago gegründet, Sitz: Montreal) ‖ ~ **Commission on Illumination** (Light) / Internationale Beleuchtungskommission (gegründet 1913, Sitz: Paris) ‖ ~ **Commission on Radiological Units and Measurements** (Radiol) / Internationale Kommission für radiologische Einheiten und Messungen (1925 gegründet, Sitz: Washington, D.C.) ‖ ~ **connection** (Teleph) / Auslandsverbindung f ‖ ~ **Council for the Exploration of the Sea** (Ocean) / Internationaler Rat für Meeresforschung (gegründet 1902: Kopenhagen, Sitz: Kopenhagen) ‖ ~ **Council of Scientific Unions** / Internationaler Rat wissenschaftlicher Vereinigungen (gegründet 1931, Sitz: Paris) ‖ ~ **direct dialling** (Teleph) / Auslands-Selbstwählfernverkehr m, Auslandsfernwahl ‖ ~ **direct distance dialling** (Teleph) / Auslands-Selbstwählfernverkehr m, Auslandsfernwahl ‖ ~ **directory inquiry** (Teleph) / internationale Telefonauskunft ‖ ~ **Electrotechnical Commission*** (Elec Eng) / Internationale Elektrotechnische Kommission (gegründet 1906, Sitz: Genf - bringt Fachwörterbücher heraus und erarbeitet internationale Bestimmungen über Größenbestimmungen, Formelzeichen und elektrotechnische Erzeugnisse) ‖ ~ **Energy Agency** / Internationale Energieagentur, IEA (Internationale Energieagentur) (Sitz: Paris) ‖ ~ **Federation for Information Processing*** (Comp) / Internationale Föderation für Informationsverarbeitung, IFIP (Internationale Föderation für Informationsverarbeitung) ‖ ~ **Federation of Air Line Pilots Associations** (Aero) / Internationale Vereinigung der Luftverkehrspilotenverbände (in der BRD Cockpit e.V.) ‖ ~ **Federation of Air Traffic Controllers Associations** (Aero) / Internationale Vereinigung der Flugverkehrsleiter-Verbände (in der BRD Verband Deutscher Flugleiter) ‖ ~ **Federation of the National Standardizing Associations** (Aero) / ISA f (internationale Normungsgemeinschaft, 1926 gegründet, nach dem Zweiten Weltkrieg in der ISO aufgegangen) ‖ ~ **Frequency Registration Board*** (Telecomm) / Internationaler Ausschuss für Registrierung von Frequenzen ‖ ~ **gateway** (Teleph) / internationaler Übergang (bei Mobilfunk) ‖ ~ **gateway centre** (Teleph) / internationales Kopfamt, Auslandsvermittlung f (Amt) ‖ ~ **gateway exchange** (Teleph) / internationales Kopfamt, Auslandsvermittlung f (Amt) ‖ ~ **Halley Watch** (Astron) / umfassendes weltweites Programm, das die wissenschaftliche Beobachtung des Halley'schen Kometen bei seinem letzten Erscheinen (1986) sichergestellt hat (z.B. die GIOTTO-Sonde usw.) ‖ ~ **Institute for Cotton** (Textiles) / Internationales Baumwoll-Institut (juristischer Sitz: Washington, D.C., Zentralbüro: Brüssel)
**internationalization** n (Comp) / Internationalisierung f (Enabling plus Lokalisierung)
**international line** (Telecomm) / internationale Leitung, Auslandsleitung f ‖ ~ **Map of the World** (Cartography) / Internationale Weltkarte (1 : 1 Million, Lamberts winkeltreue Abbildung, Polargebiete in stereografischer Abbildung) ‖ ~ **Mathematical Union** (Maths) / Internationale Mathematische Union (gegründet 1950, Sitz: Paris) ‖ ~ **mobile station equipment identity** (Teleph) / internationale Mobilgerätekennung, IMEI (internationale Mobilgerätekennung) ‖ ~ **mobile subscriber identity** (Teleph) / internationale Mobilteilnehmerkennung (bei Mobiltelefonen), IMSI (internationale Mobilteilnehmerkennung) ‖ ~ **modern** (Arch) / internationaler Stil (z.B. Wright, Garnier, Loos, Gropius, Hoffmann - die erste Hälfte des 20. Jahrhunderts) ‖ ~ **Nomenclature of Cosmetic Ingredients** / INCI (von der europäischen Kosmetikindustrie und der Europäischen Kommission gemeinsam erarbeitete Nomenklatur zur Kennzeichnung von Inhaltsstoffen von

kosmetischen Mitteln entsprechend der Europäischen Kosmetikrichtlinie) || ~ **non-proprietary name** (Chem, Pharm) / internationaler Freiname (z.B. bei Schädlingsbekämpfungs- und Arzneimitteln) || ≃ **nuclear event scale** (Nuc Eng) / Internationale Skala für Stör- und Unfälle (in kerntechnischen Anlagen - mit den Stufen 0 bis 7) || ≃ **Organization for Standardization** / ISO *f* (Internationale Normungsgemeinschaft, Nachfolgeorganisation von ISA, gegründet 1947, Sitz: Genf) || ~ **paper sizes**\* (ISO) (Paper) / DIN-Papierformate *n pl* (nach DIN 476 - Reihe A,B,C) || ~ **patent** / internationales Patent || ≃ **Patent Classification** / Internationale Patentklassifikation || ≃ **practical temperature scale** (Phys) / Internationale praktische Temperaturskala (heute obsolet) || ~ **print** (Cinema) / IT-Kopie *f*, internationale Kopie || ~ **protection** (Elec Eng) / Schutzart + Schutzgrad, Schutzgrad *m* (DIN VDE 0530, T 5), Schutzart (DIN VDE 0530, T 5) || ≃ **Radiation Protection Association** (Radiol) / Internationale Gesellschaft für Strahlenschutz || ≃ **Radio Consultative Committee** (Radio) / Internationaler Beratender Ausschuss für den Funkdienst, CCIR || ≃ **Road Federation** (Civ Eng) / Internationale Straßenliga (gegründet 1948, Sitz: Washington, europäische Geschäftsstelle: Genf) || ≃ **Road Transport Union** (Autos) / Internationale Straßentransport-Union (gegründet 1948, Sitz: Genf) || ~ **roaming** (Teleph) / internationales Roaming || ≃ **Rubber Hardness Degree**\* / Grad *m* der Internationalen Gummihärte, internationaler Gummihärtegrad, IRHD (internationaler Gummihärtegrad) || ≃ **Space Station** (Space) / ISS (International Space Station) || ≃ **Standard Atmosphere**\* (Phys) / physikalische Atmosphäre, Normalatmosphäre *f* (alte Einheit des Druckes), Normatmosphäre *f*, atm (nicht mehr benutzte Einheit des Druckes = 101325 Pa) || ≃ **Standard Book Number** (with 13 digits) (Print) / internationale Standard-Buchnummer (die seit 1973 jedes neu erscheinende Buch erhält - DIN 1462), ISBN *f* (internationale Standard-Buchnummer) || ~ **standardized ISDN user port** (Comp) / international standardisierter ISDN User-Port, ISUP *m* (international standardisierter ISDN User-Port) || ≃ **Standard Serial Number** (an eight-digit number that identifies periodical publications, including electronic serials) / ISSN *f* (internationale eingeführte Identifikationsnummer für fortlaufende Sammelwerke, wie Schriftenreihen, Zeitschriften o.Ä. sowie Zeitungen) || ~ **style** (Arch) / internationaler Stil (z.B. Gropius, Mies van der Rohe, Le Corbusier usw.) || ~ **subscriber dialling** (Teleph) / internationaler Selbstwählverkehr || ~ **symbol** (Crystal) / internationales Symbol || ≃ **System of Units** / Internationales Einheitensystem (es gilt in der BRD durch das "Gesetz über Einheiten im Messwesen" vom 2.7.1969 bzw. 6.7.1973 und die zugehörige Ausführungsverordnung vom 26.6.1970) || ~ **system of units**\* / Internationales Einheitensystem (es gilt in der BRD durch das "Gesetz über Einheiten im Messwesen" vom 2.7.1969 bzw. 6.7.1973 und die zugehörige Ausführungsverordnung vom 26.6.1970) || ≃ **Telecommunication Union**\* (Telecomm) / Internationale Fernmelde-Union (gegründet 1919, eine Sonderorganisation der UN, Generalsekretariat: Genf) || ≃ **Telecommunications Satellite Consortium**\* / Intelsat *m* (internationale Organisation für Bau und Betrieb eines weltweiten Systems von Nachrichtensatelliten, 1964 gegründet) || ≃ **Telegraph Alphabet** (Teleg) / Internationales Telegrafen-Alphabet || ≃ **Telegraph and Telephone Consultative Committee** / Beratender Ausschuss der Internationalen Fernmeldeunion für den Telefon- und Telegrafendienst, CCITT (Comité Consultatif International Télégraphique et Téléphonique) || ≃ **Temperature Scale** (Phys) / Internationale Temperaturskala, ITS-90 *f* (Internationale Temperaturskala, die auf 17, die Skale abschnittsweise definierenden, Festpunkten, gut reproduzierbaren thermodynamischen Gleichgewichtszuständen, denen entsprechende Temperaturwerte zugeordnet sind, beruht) || ~ **traffic** (Telecomm) / grenzüberschreitender Verkehr || ≃ **Union for Conservation of Nature and Natural Resources** (Ecol) / Internationale Union für Naturschutz (gegründet 1948, Sitz: Gland im Kanton Waadt), Internationale Naturschutzunion || ≃ **Union of Pure and Applied Chemistry**\* (Chem) / Internationale Union für reine und angewandte Chemie , IUPAC (Internationale Union für reine und angewandte Chemie 1919 gegründet, Sitz: Research Triangle Park, North Carolina || ≃ **Union of Pure and Applied Physics** (Phys) / Internationale Union für reine und angewandte Physik (1922 gegründet, Sitz: Göteborg), IUPAP || ≃ **Union of Railways** (Rail) / Internationaler Eisenbahnverband || ~ **unit** (Pharm) / Internationale Einheit (von der Weltgesundheitsorganisation standardisierte Mengeneinheit für nicht synthetisierte Antibiotika, Hormone und Vitamine, z.B. 3 $\mu$g reines Vitamin $B_1$), I.E. (Internationale Einheit) || ≃ **Wool Secretariat** (Textiles) / Internationales Woll-Sekretariat (gegr. 1937, Zentralverwaltung: London, Zentrale für Deutschland, Österreich, Schweiz: Düsseldorf)

**internaut** *n* (Comp, Telecomm) / Internetuser *m*, Internetnutzer *m*, Internaut *m* (pl. -en)
**internegative** *n* (a second negative of an image made from the original negative) (Cinema, Photog) / Intermediatnegativ *n*, Internegativ *n*, Zwischennegativ *n*
**Internet** *n* (the Internet) (Comp, Telecomm) / Internet *n* (weltweites Computernetzwerk für die Übertragung bzw. den Austausch digitalisierter Informationen, in dem verschiedene Dienste angeboten werden) || **broadband** ≃ (Comp, Telecomm) / Breitband-Internet *n* || **on the** ≃ (Comp, Telecomm) / im Internet || ≃ **access provider** (Comp) / Internetprovider *m* (Anbieter von Internetdienstleistungen), Internet-Anbieter *m* (eine kommerzielle oder auch nicht kommerzielle /z.B. Hochschulen/ Organisation oder Unternehmung, die verschiedene Dienstleistungen auf Basis des Internets anbietet), Internet-Service-Provider *m* || ≃ **address** (Comp, Telecomm) / Internetadresse *f*, Netzadresse *f* (32-Bit lange Adresse, in der Form wie 121.100.01.44, eine Art Telefonnummer für Rechner in TCP/IP-Netzen) || ≃ **Architecture Board** (a board set up by the Internet Society which is charged with maintaining the openness of the Internet ) (Comp, Telecomm) / Internet Architecture Board (Arbeitsgruppe der ISOC) || ≃ **Assigned Number Authority** (a non-profit-making organization set up to define and store the numbers and paramaters which are responsible for the standard working of the Internet) (Comp, Telecomm) / Internet Assigned Number Authority *f*, IANA (Internet Assigned Number Authority) || ≃ **backbone** (a very high-speed transmission line to which many other Internet media are connected) (Comp, Telecomm) / Internetbackbone *n* || ≃ **café** (a café, which as well as providing food and drink, provides access to the Internet via PCs) (Comp, Telecomm) / Internetcafé *n* || ~ **chat** (Comp, Telecomm) / Internet Relay Chat *m*, IRC (Internet Relay Chat) || ≃ **Engineering Task Force** (one of the IAB task forces, responsible for short-term engineering needs of Internet- and TCP/IP-related items) (Comp, Telecomm) / Internet Engineering Task Force, IETF (Internet Engineering Task Force) || ≃ **Explorer** (Comp) / Internet Explorer *m* (Browser von Microsoft) || ≃ **marketing** (Comp) / Internet-Marketing *n* || ≃ **number** (Comp, Telecomm) / Internetadresse *f*, Netzadresse *f* (32-Bit lange Adresse, in der Form wie 121.100.01.44, eine Art Telefonnummer für Rechner in TCP/IP-Netzen) || ≃ **option** (Comp) / Internetoption *f* || ≃ **PC** (Comp) / Internet-Computer *m* (ein PC), Internet-PC *m* (laufwerkloses System, bei dem Anwendungsprogramme über Internet zur Verfügung gestellt werden und die Anwenderdaten an Web-Seiten abgelegt werden), Web-Computer *m* (ein PC) || ≃ **phone** (Comp, Teleph) / Internet-Telefon *n* || ≃ **protocol** (Comp) / Internetprotokoll *n*, IP (Internetprotokoll) || ≃ **provider** (Comp) / Internetprovider *m* (Anbieter von Internetdienstleistungen), Internet-Anbieter *m* (eine kommerzielle oder auch nicht kommerzielle /z.B. Hochschulen/ Organisation oder Unternehmung, die verschiedene Dienstleistungen auf Basis des Internets anbietet), Internet-Service-Provider *m* || ≃ **Relay Chat** (a worldwide "party line" protocol that allows one to converse with others in real time) (Comp, Telecomm) / Internet Relay Chat *m*, IRC (Internet Relay Chat) || ≃ **search engine** (Comp, Telecomm) / Internet-Suchmaschine *f*, Internet-Suchsystem *n* || ≃ **service provider** (Comp) / Internetprovider *m* (Anbieter von Internetdienstleistungen), Internet-Anbieter *m* (eine kommerzielle oder auch nicht kommerzielle /z.B. Hochschulen/ Organisation oder Unternehmung, die verschiedene Dienstleistungen auf Basis des Internets anbietet), Internet-Service-Provider *m* || ≃ **Services API** (Comp, Telecomm) / Internet Services API, ISAPI (Internet Services API) || ≃ **Society** (an umbrella group of organizations which was set up to oversee the growth of the Internet ) (Comp, Telecomm) / Internet Society (weltweiter Verbund der Internet-Nutzer), ISOC (Internet Society) || ≃ **telephony** (the use of the Internet to send telephone calls, often at little or no charge) (Teleph) / Internettelefonie *f* || ≃ **TV** (Comp, TV) / Internet-TV *f* (die Übertragung von Audio- und Videosignalen /Fernsehprogrammen/ über das Internet) || ≃ **user** (Comp, Telecomm) / Internetuser *m*, Internetnutzer *m*, Internaut *m* (pl. -en)
**internetwork** *n* (two or more networks connected by a router, bridge, etc.) (Telecomm) / Verbundnetzwerk *n* || ~ **communication** (Comp, Telecomm) / netzüberschreitende Kommunikation
**internetworking** *n* (connecting several computer networks together to form a single higher-level network, as occurs in the Internet) (Comp, Telecomm) / Internet-Working *n*, Internet Netzwerkverbindungen, Internetzwerkkommunikation *f* || ~ **unit** (Comp, Telecomm) / Internetworking-Einheit *f* (Netzübergang zum Datendurchschaltnetz)
**internetwork interface** (Telecomm) / Netz-Netz-Schnittstelle *f*
**interneuron** *n* (Med, Physiol) / Interneuron *n*

**interneurone** *n* (a neurone which transmits impulses between other neurones, especially as part of a reflex arc) (Med, Physiol) / Interneuron *n*
**internides** *pl* (Geol) / Interniden *pl* (orogene Strukturen)
**internodal line** (Telecomm) / Zwischenknotenleitung *f*
**internode*** *n* (Bot) / Internodus *m* (pl. -nodi), Stängelglied *n* (blattfreier Abschnitt zwischen zwei Blattansatzstellen), Internodium *n* (pl. -nodien) || ~ **connection** / Zwischenknotenverbindung *f* (bei Grafen)
**internuclear** *adj* (Nuc) / internuklear *adj* || ~ **axis** (Chem) / Kernverbindungsachse *f*, Kern-Kern-Achse *f*, Kernverbindungslinie *f* || ~ **distance** (Nuc) / Kernabstand *m* (zwischen zwei Atomkernen) || ~ **double resonance technique** (Spectr) / INDOR-Technik *f* (spezielle Doppelresonanztechnik in der NMR-Spektroskopie)
**interocular distance** (Optics) / Augenabstand *m*, Abstand *m* der Augen
**interoffice call** (Teleph) / Ferngespräch *n* (mit Fernwahl) || ~ **communication** (Comp, Telecomm) / Bürokommunikation *f*
**interoperability** *n* (of heterogeneous systems, the ability to cooperate) (Comp) / Interoperabilität *f* (Fähigkeit von Programmen oder Diensten, Daten in unterschiedlichen Formaten oder Protokollen verarbeiten zu können)
**interoperation** *n* / Zusammenarbeit *f* (zwischen zwei Anlagenteilen), Kooperation *f* || ~ **time** (Work Study) / Zeit *f* zwischen zwei Operationen, Zwischenzeit *f* (zwischen zwei Operationen)
**interpair angle** (Nuc) / Winkel *m* zwischen zwei benachbarten Elektronenpaaren
**interparagraph lead** (Comp, Print, Typog) / Absatzdurchschuss *m*
**interparticle bridging** (Chem Eng) / Verknüpfung *f* von Schmutzpartikeln durch Brückenbildung (bei der Flockung) || ~ **distance** / Partikelabstand *m*, Teilchenabstand *m* || ~ **spacing** / Partikelabstand *m*, Teilchenabstand *m* || ~ **volume** (Chem) / Interstitialvolumen *n*, Zwischenkornvolumen *n* (in der Gelchromatographie), Volumen *n* zwischen den Gelpartikeln
**interpenetrate** *vi* / einander durchdringen, sich gegenseitig durchdringen, ineinander greifen *v*
**interpenetrating polymeric networks** (Chem) / interpenetrierende Polymernetzwerke, interpenetrierende polymere Netzwerke, Durchdringungsnetzwerke *n pl*, IPN (interpenetrierende polymere Netzwerke) || ~ **samples** (Stats) / ineinander greifende Stichproben, überlagerte Stichproben
**interpenetration** *n* (Crystal) / Durchwachsung *f* || ~ (Eng) / Ineinandergreifen *n*, gegenseitiges Durchdringen, gegenseitige Durchdringung || ~ (Eng) s. also intermeshing || ~ (Crystal) s. also intergrowth || ~ **twins*** (Crystal, Min) / Durchwachsungszwillinge *m pl*, Penetrationszwillinge *m pl*, Durchdringungszwillinge *m pl*, Verwachsungszwillinge *m pl*
**interpersonal** *adj* / interpersonell *adj* || ~ **message** (Telecomm) / IP-Mitteilung *f*, interpersonelle Mitteilung
**interphase*** *n* / Phasengrenzfläche *f* (mit Grenzflächendiffusion) || ~ (Chem) / Zwischenphase *f*, Interphase *f* || ~ **reactor*** (Elec Eng) / Saugdrossel *f* || ~ **transformer** (Elec Eng) / Phasendrehtransformator *m* || ~ **transformer*** (Elec Eng) / Saugdrossel *f*
**interphone** *n* (Telecomm) / Gegensprechanlage *f*, Eigenverständigungsanlage *f*
**interplanar angle** (Chem) / Interplanarwinkel *m*
**interplane strut*** (Aero) / Stiel *m*, Flügelstiel *m* (Verbindung des unteren und des oberen Tragflügels von Doppeldeckern)
**interplanetary** *adj* (Astron) / interplanetar *adj* (zwischen den Planeten), interplanetarisch *adj* || ~ **dust** (Astron) / interplanetarer Staub (eine Art interplanetare Materie) || ~ **flight** (Space) / interplanetarer Flug, interplanetarer Raumflug || ~ **gas** (Astron) / interplanetares Gas || ~ **matter*** (Astron) / interplanetare Materie (zwischen Sonne und Planeten) || ~ **probe** (Space) / interplanetare Sonde || ~ **space*** (Space) / interplanetarer Raum
**interplant** *attr* (US) / zwischenbetrieblich *adj* || ~ **bridge** (Build) / Werkverbindungsbrücke *f* (zwischen zwei Werksanlagen)
**interplanting** *n* (Agric) / Nachbesserungspflanzung *f* || ~ (Agric) / Gemengeanbau *m*, Mischfruchtanbau *m*
**interplay** *n* / Zusammenspiel *n*, Zusammenwirken *n* || ~ (Eng) / gegenseitige Beeinflussung, gegenseitiger Einfluss
**interply connection** (Electronics) / Zwischenlagenverbindung *f*
**interpolate** *v* (Maths) / interpolieren *v*
**interpolation** *n* (Comp) / Interpolation *f* (Abbildung von Pixeln in einem Bild auf die darzustellende Vergrößerung auf einem Bildschirm) || ~* (Maths) / Interpolation *f* (Schluss von bekannten Funktionswerten auf Zwischenwerte - eine spezielle Form der Approximation) || ~ **error** (Maths) / Interpolationsfehler *m* || ~ **node** (Maths) / Interpolationsknoten *m*, Stützstelle *f* (bei der Interpolation), Knoten *m* (Interpolationsknoten) || ~ **parameter** (Eng) / Interpolationsparameter *m* (DIN 66257)
**interpolator** *n* (Automation) / Interpolator *m* (ein Bahnsollwertgenerator)

**interpole*** *n* (Elec Eng) / Wendepol *m*
**interposable** *adj* (Telecomm) / zwischenschaltbar *adj*
**interpose** *v* / dazwischenlegen *v*
**interposed vault** (Arch) / Zwischengewölbe *n*
**interposing transformer** (Elec Eng) / Zwischentransformator *m*
**interposition calling** (Teleph) / Dienstverkehr *m*
**interpretation** *n* / Interpretation *f* (z.B. der Messergebnisse), Auswertung *f*, Deutung *f* || ~ **system** (AI) / Interpretationssystem *n*
**interpretative machine** (Comp) / interpretative Maschine
**interpreter** *n* (AI) / Interpreter *m* (ein Subsystem des Inferenzsystems), Regelinterpreter *m* (zur Wissensverarbeitung im Produktionssystem) || ~* (Comp) / Interpreter *m* (ein Programm, das den Quellcode eines in einer bestimmten Programmiersprache geschriebenen Programms schrittweise in ausführbaren Maschinencode übersetzt und den übersetzten Befehl noch vor dem Übersetzen des nächsten Befehls ausführt), Interpretierprogramm *n*, Interpretierer *m* (DIN 44300), interpretierendes Programm || ~ **code** (Comp) / Interpretierkode *m*, Interpretiercode *m*
**interpretive code** (Comp) / Interpretierkode *m*, Interpretiercode *m* || ~ **program** (Comp) / Interpreter *m* (ein Programm, das den Quellcode eines in einer bestimmten Programmiersprache geschriebenen Programms schrittweise in ausführbaren Maschinencode übersetzt und den übersetzten Befehl noch vor dem Übersetzen des nächsten Befehls ausführt), Interpretierprogramm *n*, Interpretierer *m* (DIN 44300), interpretierendes Programm || ~ **trace program** (Comp) / interpretierendes Protokollprogramm
**interprocess communication** (Comp) / Prozesskommunikation *f*, Interprozesskommunikation *f*
**interprogram communication** (Comp) / Interprogrammkommunikation *f*
**interproximity effect** (Elec) / Interproximity-Effekt *m* (eine Erscheinungsform des Proximity-Effekts)
**interpulse period** (Radar) / Zwischenimpulsperiode *f*
**interpupillary distance** (the distance between the centres of the pupils of the eyes) (Optics) / Pupillendistanz *f*
**interquartile range** (a measure of dispersion) (Stats) / Quartilabstand *m* (Abstand zwischen oberem und unterem Quartil), Interquartilabstand *m*
**interrack cable** (Comp, Telecomm) / Gestellverbindungskabel *n*
**interrecord gap** (Comp) / Start-Stopp-Zwischenraum *m*, Satzzwischenraum *m*, Satzlücke *f* (Bereich ohne Aufzeichnungen zwischen benachbarten Datensätzen) || ~ **processor** (Comp) / Interrecord-Prozessor *m* (ein Mehrzweckprozessor, der für verschiedene satzübergreifende Operationen eingesetzt wird), IP (Interrecord-Prozessor - ein Mehrzweckprozessor, der für verschiedene satzübergreifende Operationen eingesetzt wird) || ~ **slack byte** (Comp) / Füllbyte *n* (zwischen logischen Sätzen)
**interreference interval** (Comp) / Interreferenz-Intervall *n* (die Anzahl der Zeiteinheiten im Prozesszustand "aktiv", die zwischen zwei aufeinander folgenden Referenzen zur gleichen Seite liegen)
**interrelated dimensions** (Eng) / Anschlussmaße *n pl*, Paarungsmaße *n pl* (DIN 7182, T 1)
**interrogating typewriter** (Comp) / Abfrageblattschreiber *m* (als Gegensatz zu console typewriter)
**interrogation*** *n* (Radar, Telecomm) / Abfrage *f* || ~ **command** (Telecomm) / Abfragebefehl *m* (in der Fernwirktechnik) || ~ **equation** (Radar) / Abfragegleichung *f* (beim Überwachungssekundärradar) || ~ **identification** (Radar) / Abfragekennung *f* (bei dem Sekundärradar) || ~ **mode** (Radar) / Abfragemodus *f* || ~ **pulse-pair** (Radar) / Abfrageimpulspaar *n*
**interrogation-repetition frequency** (Radar) / Abfragefolgefrequenz *f*
**interrogation-sidelobe suppression** (Radar) / Abfragenebenkeulenunterdrückung *f*
**interrogation test pulse** (Comp) / Abfrageprüfimpuls *m*
**interrogator** *n* (the ground-base surveillance radar beacon transmitter-receiver that normally scans in synchronism with a primary radar system) (Aero, Radar, Telecomm) / Abfragegerät *n*, Abfragesender *m*
**interrogator-responder** *n* (Telecomm) / Interrogator-Responder *m*, Frage-Antwort-Gerät *n*
**interrogator-responsor** *n* (Telecomm) / Interrogator-Responder *m*, Frage-Antwort-Gerät *n*
**inter-row** *n* (Agric) / Zwischenreihe *f*
**interrupt** *v* / unterbrechen *v* || ~ (Comp) / unterbrechen *v* (ein Programm) || ~* *n* (Comp) / Interrupt *n* (Unterbrechung eines gerade in Bearbeitung befindlichen Programms), Programmunterbrechung *f* || ~ **acknowledge** (Comp) / Unterbrechungsquittung *f*
**interrupt-acknowledge cycle** (Comp) / Interruptacknowledge-Zyklus *m*
**interrupt capability** / Unterbrechbarkeit *f*, Unterbrechungsmöglichkeit *f* || ~ **control routine** (Comp) /

Unterbrechungssteuerungsprogramm n, Interrupt-Handler m ‖ ~ **disable** (Comp) / Unterbrechungssperre f
**interrupt-driven** adj (denoting a process that is restarted by the occurrence of an interrupt) (Comp) / unterbrechungsgesteuert adj (ein Mikrocomputersystem)
**interrupted** adj / unterbrochen adj (im Allgemeinen) ‖ ~ **continuous waves*** (Radio) / unterbrochene ungedämpfte Wellen ‖ ~ **dialling** (Comp, Teleph) / abgesetzte Wahl (zuerst Null mit Wählscheibe, dann Tastaturwahl) ‖ ~ **flight** (Aero) / abgebrochener Flug ‖ ~ **quenching** (Met) / gebrochenes Härten ‖ ~ **ringing** (Teleph) / intermittierender Ruf ‖ ~ **stream** (Hyd Eng) / Bachschwinde f ‖ ~ **toothing** (For) / Gruppenzahnung f (Zusammenfassung von mehreren Zähnen mit der gleichen Zahnform) ‖ ~ **twill** (Weaving) / abgesetzter Köper
**interrupt enable** (Comp) / Unterbrechungsfreigabe f
**interrupter*** n (Elec Eng) / Unterbrecher m (z.B. thermischer)
**interrupt flag** (Comp) / Unterbrechungsmarke f ‖ ~ **handler** (a section of code to which control is transferred when a processor is interrupted) (Comp) / Unterbrechungssteuerungsprogramm n, Interrupt-Handler m ‖ ~ **handling** (Comp) / Unterbrechungsbehandlung f
**interruptibility** n / Unterbrechbarkeit f, Unterbrechungsmöglichkeit f
**interruptible** adj unterbrechbar adj ‖ ~ **contract** / unterbrechbarer Vertrag (Gaslieferung), Abschaltvertrag m (Gaslieferung) ‖ ~ **loads** (Elec Eng) / abschaltbare Verbraucher (während Spitzenlastzeiten)
**interrupt instruction** (Comp) / Interruptbefehl m
**interruption*** n / Unterbrechung f
**interruption-free** adj (Comp, Elec Eng) / unterbrechungsfrei adj
**interruption in printing** (Comp) / Druckunterbrechung f, Druckpause f
**interrupt level** (Comp) / Unterbrechungsebene f (eine Gruppe von Unterbrechungseingängen mit gleicher Priorität), Programmunterbrechungsebene f ‖ ~ **level change** (Teleph) / Dringlichkeitswechsel m ‖ ~ **mask** (a means of selectively suppressing interrupts when they occur so that they can be acted upon at a later time) (Comp) / Unterbrechungsmaske f
**interrupt-mask register** (Comp) / Unterbrechungsmaskenregister n
**interruptor** n (Elec Eng) / Unterbrecher m (z.B. thermischer)
**interrupt processing program** (Comp) / Alarmbearbeitungsprogramm n ‖ ~ **request** (Comp) / Unterbrechungsanforderung f ‖ ~ **routine** (Comp) / Unterbrechungsroutine f ‖ ~ **service routine** (Comp) / Unterbrechungs-Serviceprogramm n ‖ ~ **signal** (Comp) / Unterbrechungssignal n, Eingriffssignal n ‖ ~ **vector** (Comp) / Unterbrechungsvektor m, Interruptvektor m ‖ ~ **word** (Comp) / Alarmwort n
**intersatellite link** (Telecomm) / Satellitenquerverbindung f
**interscan** v (Radar) / einblenden v (Linien, Punkte, Marken - in das Rundsichtbild) ‖ ~ **display** (Radar) / Zwischenbildeinblendung f
**intersect** v / durchschneiden v (sich hindurchziehen) ‖ ~ / durchziehen v (das Land, die Gesteine - Partizip: durchzogen) ‖ ~ / schneiden v (sich) ‖ ~ vi / sich kreuzen v (Wege) ‖ ~ (Maths) / sich überschneiden v (zwei Geraden), sich schneiden v ‖ ~ vt / durchdringen v (einen Körper)
**intersecting** adj (Bogen, Körper, Maßwerk) / durchdringend adj ‖ ~ **gillbox** (Spinning) / Intersekting n, Intersekting-Nadelstrecke f, Doppel-Nadelstabstrecke f
**intersection** (Arch) / Verschneidung f (zweier Gewölbe) ‖ ~ (Autos) / Kreuzung f (auf gleichem Niveau) ‖ ~ (Comp) / Kreuz n (Formatzeichen bei Perforationen als Einspannhilfe für Formulare usw.) ‖ ~ (Maths) / Schnittpunkt m ‖ ~ (Maths) / Durchdringung f (gemeinsame Punktmenge einer Geraden mit einer Fläche oder die von zwei Flächen bzw. Körpern im Raum) ‖ ~* (Maths) / Intersektion f (Durchschnittsmenge zweier Mengen, deren Elemente in beiden Mengen vorkommen), Durchschnitt m (in der Mengenlehre A n B), Schnittmenge f, Durchschnittsmenge f ‖ ~ (Mining) / Durchschlag m ‖ ~* (Surv) / Einschneiden n, Einschnitt m ‖ ~ **angle** (Maths) / Schnittwinkel m (den zwei sich schneidende Geraden miteinander bilden) ‖ ~ **of two ducts** (Civ Eng) / Kreuzung f zweier Rohrleitungen mit Verbindungsstelle ‖ ~ **point** (Maths) / Schnittpunkt m
**intersertal texture*** (of a porphyric igneous rock in which the groundmass, composed of a glassy or partly crystalline material other than augite, occupies the interstices between unoriented feldspar laths, the groundmass forming a relatively small proportion of the rock) (Geol) / Intersertalstruktur f (Gefügeart bei Erstarrungsgesteinen mit Einlagerungen einer feinkörnigen oder glasigen Grundmasse zwischen sperrigen Feldspatleisten), Intersertalgefüge n
**interservice communications** (Telecomm) / Interworking n (dienst- bzw. netzüberschreitende Kommunikation)
**inter-setter** n (Print) / Insetter m (Steuervorrichtung in Rollendruckmaschinen zum registergenauen Vereinen einer in einer anderen Druckmaschine vorbedruckten Papierbahn mit der durch die Druckmaschine laufenden Bahn)

**intersetting*** n (Print) / registergenaues Vereinen einer in einer anderen Druckmaschine vorbedruckten Papierbahn mit der durch die Rollendruckmaschine laufenden Bahn, gegebenenfalls nach nochmaligem Bedrucken der vorbedruckten Bahn
**intersheath*** n (Cables) / Zwischenmantel m
**intersole** n / Zwischensohle f (eine durchgehende Sohle)
**interspace** v / Zwischenräume schaffen ‖ ~ n / Zwischenraum m, Abstand m, Intervall n ‖ ~ (For) / Lebensstreifen m (ungeharzter Stammumfang zwischen zwei Lachten - bei Lebendharzung)
**interspersed gang-punching** (Comp) / Folgestanzen n mit durchsetzten Hauptkarten, Gruppenstanzen n mit durchsetzten Leitkarten
**interstade** n (Geol) / Interstadial n (kurze Wärmeschwankung zwischen zwei kälteren Zeiten innerhalb einer Eiszeit)
**interstadial era** (Geol) / Interstadial n (kurze Wärmeschwankung zwischen zwei kälteren Zeiten innerhalb einer Eiszeit)
**interstage coupling** (Radio) / Röhrenkopplung f, Kopplung f zwischen Röhren
**inter-state** n (Chem, Phys) / Zwischenzustand m
**interstation interference*** (Telecomm) / Störung f durch benachbarte Sender (im Frequenzband) ‖ ~ **muting** (Radio) / Stummabstimmung f, Stummschaltung f ‖ ~ **noise suppression*** (Telecomm) / automatische Stummabstimmung
**interstellar** adj (Astron) / interstellar adj (zwischen den Sternen) ‖ ~ **absorption** (Astron) / interstellare Absorption f ‖ ~ **dust** (Astron) / interstellarer Staub ‖ ~ **flight** (Space) / interstellarer Flug (zu einem anderen Fixstern) ‖ ~ **gas** (Astron) / interstellares Gas ‖ ~ **hydrogen*** (Astron) / interstellarer Wasserstoff ‖ ~ **matter** (Astron) / interstellare Materie (die den Raum zwischen den Sternen unregelmäßig erfüllende diffus verteilte Materie sehr geringer Dichte) ‖ ~ **medium*** (Astron) / interstellare Materie (die den Raum zwischen den Sternen unregelmäßig erfüllende diffus verteilte Materie sehr geringer Dichte) ‖ ~ **molecule*** (Astron, Chem) / interstellares Molekül ‖ ~ **travel** (Space) / interstellarer Flug (zu einem anderen Fixstern)
**interstice** n (Cables) / Zwickel m (ein störender Hohlraum in Kabeln und Leitungen), Zwickelraum m ‖ ~* (Crystal) / Zwischengitterplatz m (meistens unbesetzt), Zwischengitterstelle f ‖ ~ **of rails** (Rail) / Ausdehnungslücke f, Wärmelücke f
**interstitial** n (Crystal) / Zwischengitteratom n (auf einem Zwischengitterplatz), Einlagerungsatom n (bei Additionsbaufehlern), Lückenatom n ‖ ~ (Geol) / Interstitial n (mit Wasser erfülltes Lückensystem im Gewässer- und Meeresboden) ‖ ~ adj / interstitiell adj (in den Zwischenräumen) ‖ ~ **alloy** (Met) / interstitielle Legierung (zwischen Metall und Nichtmetall) ‖ ~ **atom** (an additional atom situated between the normal sites in a crystal lattice, causing a defect) (Crystal) / Zwischengitteratom n (auf einem Zwischengitterplatz), Einlagerungsatom n (bei Additionsbaufehlern), Lückenatom n ‖ ~ **carbide** (Chem) / interstitielles Karbid, interstitielles Carbid, Einlagerungscarbid n, Einlagerungskarbid n, Lückenkarbid n ‖ ~ **cell-stimulating hormone*** (Biochem, Physiol) / zwischenzellstimulierendes Hormon, interstitiellstimulierendes Hormon, Luteinisierungshormon n, Lutropin n, LH ‖ ~ **compounds*** (Chem) / Einlagerungsverbindungen f pl, Zwischengitterverbindungen f pl (z.B. mit Kalium als Zwischengitteratomen), interstitielle Verbindungen f ‖ ~ **diffusion** (Crystal, Materials) / Zwischengitterdiffusion f, Zwischengitterplatzdiffusion f (bei thermisch aktivierten Prozessen) ‖ ~ **fluid** (Civ Eng, Geol) / Porenzwickelwasser n, Porensaugwasser n, Porenwasser n (eine Art von Haftwasser)
**interstitial-free steel** (Met) / IF-Stahl m (in dem noch gelöster Kohlenstoff und Stickstoff durch Titan oder Niob vollständig abgebunden sind)
**interstitial hydride** (Chem) / Einlagerungshydrid n, interstitielles Hydrid ‖ ~ **mixed crystal** (Crystal) / interstitieller Mischkristall, Einlagerungsmischkristall m (der durch Besetzung von Gitterlücken durch Atome oder Ionen einer anderen Komponente entsteht), EMK ‖ ~ **position** (Crystal) / Zwischengitterplatz m (meistens unbesetzt), Zwischengitterstelle f ‖ ~ **site** (Crystal) / Zwischengitterplatz m (meistens unbesetzt), Zwischengitterstelle f ‖ ~ **solid solution** (Crystal) / interstitieller Mischkristall, Einlagerungsmischkristall m (der durch Besetzung von Gitterlücken durch Atome oder Ionen einer anderen Komponente entsteht), EMK ‖ ~ **solution** (Chem) / interstitielle Lösung (eine Klasse von festen Lösungen bzw. Mischkristallen) ‖ ~ **vacancy** (Crystal) / Zwischengitterdefekt m, Zwischengitterfehlstelle f ‖ ~ **void volume** (Chem) / Interstitialvolumen n (in der Gelchromatografie), Volumen n zwischen den Gelpartikeln ‖ ~ **volume** (Chem) / Interstitialvolumen n, Zwischenkornvolumen n (in der Gelchromatografie), Volumen n zwischen den Gelpartikeln ‖ ~ **water** (Civ Eng, Geol) / Porenzwickelwasser n, Porensaugwasser n,

**interstitial**

**Porenwasser** *n* (eine Art von Haftwasser) ‖ ~ **water** (Mining) / Bergfeuchtigkeit *f*
**interstratification** *n* (Geol) / Zwischenlagerung *f*, Einlagerung *f* (zwischen), Wechsellagerung *f*, Zwischenschichtung *f*
**interstratified** *adj* (Geol) / zwischengelagert *adj*, eingebettet *adj*, in Wechsellagerung, wechselgelagert *adj*, eingeschichtet *adj*
**intersubband transition** (Electronics) / Interteilbandübergang *m*
**interswitchboard line** (Teleph) / Querverbindung *f*, Querverbindungsleitung *f*
**intersymbol difference** (Comp, Telecomm) / Intersymboldifferenz *f* ‖ ~ **interference** (Comp, Telecomm) / Intersymbolinterferenz *f* (ein Parameter, der bei der Übertragung digital codierter Informationen über analoge Kanäle mit Verfahren der digitalen Modulation angibt, wie störsicher das Verfahren der digitalen Modulation unter bestimmten ungünstigen Bedingungen ist), ISI (Intersymbolinterferenz), Intersymbolstörung *f*, Impulsnebensprechen *n*
**intersystem crossing** (Chem, Phys) / Interkombinationsübergang *m* (im Jablonski-Diagramm) ‖ ~ **crossing** (Chem, Photog) / Intersystem-Crossing *n* (in der Fotochemie), Interkombination *f* (ein strahlungsloser Prozess im Jablonski-Diagramm) ‖ ~ **handover** (Teleph) / Intersystem-Handover *m*, systemübergreifender Handover
**intertask communication** (Comp) / Intertask-Kommunikation *f*
**interterminal capacity** (Electronics) / Anschlusskapazität *f* (Kollektor-Basis, Kollektor-Emitter, Emitter-Basis)
**intertie*** *n* (Carp) / Querband *n*, Diagonale *f*
**intertoll dialling** (Teleph) / Selbstwählferndienst *m*, Teilnehmerfernwahl *f*, Selbstwählfernverkehr *m*, Fernwahl *f* (automatische), SWFD (Selbstwählferndienst), SWF-Dienst *m*
**intertongued lithofacies** / aufgefingerte (verzahnte) lithostratigrafische Einheit
**intertrack bond*** (Elec Eng, Rail) / Schienenquerverbinder *m*
**intertripping connexion** (Elec Eng) / Mitnahmeschaltung *f* (Schutz) ‖ ~ **scheme** (Elec Eng) / Mitnahmeschaltung *f* (Schutz)
**intertropical convergence** (Geog, Meteor) / intertropische Konvergenz, innertropische Konvergenz ‖ ~ **convergence zone*** (Geog, Meteor) / innertropische Konvergenzzone (der äquatoriale Tiefdruckrinne zwischen den Passatgürteln der Nord- und Südhalbkugel)
**interturn insulation** (between adjacent turns, often in the form of strips) (Elec Eng) / Windungsisolierung *f*, Isolation *f* zwischen den Windungen ‖ ~ **test** (Elec Eng) / Windungsprüfung *f*
**intertwine** *v* (Weaving) / verweben *v*, einweben *v*, ineinander weben *v* ‖ ~ *vi* / sich verflechten *v*, sich verschlingen *v*
**intertwining** *n* / Verschlingung *f*, Verschlingen *n*, Verflechtung *f*, Verflechten *n*, Durchflechten *n*, Durchflechtung *f*
**Intertype*** *n* (Typog) / Intertype-Setzmaschine *f* (verschiedene Typen der Setzmaschinen der Firma Intertype Comp. Brooklyn oder Harris-Intertype, Berlin)
**interurban** *adj* / interurban *adj*, zwischen mehreren Städten
**interval*** *n* (Acous) / Intervall *n*, Intervallschritt *m* (der Tonskala) ‖ ~* (Maths) / Intervall *n* (Zeitraum zwischen zwei begrenzten Punkten) ‖ ~* (Maths) / Intervall *n* (Gesamtheit der Zahlen, die zwischen zwei begrenzten reellen Zahlen liegen) ‖ ~ **additivity** (Maths) / Intervalladditivität *f* ‖ ~ **between two trains** (Rail) / Zugfolgeabstand *m*, Zugfolge *f* (räumlicher Abstand) ‖ ~ **caption** (TV) / Pausenbild *n* ‖ ~ **control** (Autos) / Intervallschaltung *f* (für Scheibenwischer) ‖ ~ **estimate** (an interval within which the value of a parameter of a population has a stated probability of occurring) (Stats) / Intervallschätzung *f*, Konfidenzintervallschätzung *f*
**intervalley ridge** (Geol) / Riedel *m*, Zwischenstromland *n* ‖ ~ **scattering** (Phys) / Intervalleystreuung *f* (an Gitterschwingungen)
**interval-modulated pulse train** (Telecomm) / zeitmodulierter Puls (DIN 5483, T 1)
**interval moulding** (Plastics) / Intervallspritzgießen *n* (zur Erzielung von Mehrfarbeneffekten) ‖ ~ **order** (Comp) / Intervallordnung *f* ‖ ~ **signal** (Radio, TV) / Pausenzeichen *n*, Stationskennzeichen *n* ‖ ~ **slide** (TV) / Pausenbild *n* (Träger) ‖ ~ **timer** (Comp) / Intervallzeitgeber *m* (eine Digitalschaltung)
**intervalve coupling** (Radio) / Röhrenkopplung *f*, Kopplung *f* zwischen Röhren
**intervascular pit** (For) / Gefäßtüpfel *m*
**intervening sequence** (Gen) / intervenierende Sequenz (Teil eines Mosaikgens)
**intervention** *n* (Comp, Eng) / Intervention *f* (Eingriff), Eingriff *m* (z.B. seitens der Bedienungsperson) ‖ ~ **level** (Nuc Eng, Radiol) / Eingreifwert *m* (im Strahlenschutz) ‖ ~ **limit** / Eingriffsgrenze *f* (Abweichung vom Sollmaß, bei dem ein Bedienereingriff erforderlich wird) ‖ ~ **time** (Comp) / Interventionszeit *f* (der Zeitraum zwischen der Meldung einer Störung durch den Kunden eines Anbieters von Telekommunikationsdienstleistungen und dem Beginn der Reparatur)

**interview** *v* (Stats) / interviewen *v*, befragen *v* ‖ ~ *n* (oral examination of an applicant for a job) / Einstellungsgespräch *n* ‖ ~ (Stats) / Interview *n* (pl. -s), Befragung *f*
**interviewee** *n* (Stats) / Interviewpartner *m*, Interviewter *m*, Befragter *m*
**interviewer** *n* (Stats) / Interviewer *m*, Befrager *m*, Fragesteller *m*
**interweave** *v* / verschlingen *v*, verflechten *v*, durchflechten *v* ‖ ~ (Textiles, Weaving) / verweben *v*, einweben *v*, ineinander weben *v* ‖ ~ (Textiles) s. also weave in
**interweaving** *n* / Verschlingung *f*, Verschlingen *n*, Verflechtung *f*, Verflechten *n*, Durchflechten *n*, Durchflechtung *f*
**interwinding fault** (Elec Eng) / Wicklungskurzschluss *m*
**interword space** (Typog) / Wortzwischenraum *m*
**interworking** *n* (Telecomm) / Interworking *n* (dienst- bzw. netzüberschreitende Kommunikation) ‖ ~ (Telecomm) / Anbindung *f* (von Netzen) ‖ ~ **function** (Teleph) / Übergangsfunktion *f* (Funktion einer GMSC, welche die Datenformate und Protokolle der Festnetze in die des Mobilfunknetzes umsetzt und umgekehrt), IWF (Übergangsfunktion) ‖ ~ **point** (Telecomm) / Interworking Point *m* (ISDN) ‖ ~ **service** (Telecomm) / ISDN-TA-Dienst *m*
**interwoven fencing*** (Build) / Flechtzaun *m*
**in-the-rough** *attr* (Leather) / gegerbt *adj* (aber nicht zugerichtet - meistens Rindsleder)
**intimate** *adj* / eng *adj*, innig *adj* (Kontakt) ‖ ~ / innig *adj* (Mischung) ‖ ~ **blending** (Spinning) / Intimmischung *f* (verschiedener textiler Rohstoffe im Garn) ‖ ~ **ion pair** (Chem) / Kontaktionenpaar *n* (durch Lösemittel nicht trennbar)
**intolerance** *n* (Biol) / Intoleranz *f* ‖ ~ (Nut) / Intoleranz *f* (gegen bestimmte Lebensmittelbestandteile)
**into-wind landing** (Aero) / Gegenwindlandung *f*
**intoxicant** *n* (Med, Pharm) / Rauschmittel *n*
**intoxicate** *v* (Med, Pharm) / vergiften *v*
**intoxication*** *n* (Med, Pharm) / Vergiftung *f*, Intoxikation *f* ‖ ~ **by nitrites** (Chem, Med) / Nitritvergiftung *f*
**intraatomic** *adj* (Nuc) / inneratomar *adj*, intraatomar *adj*
**intraband scattering** (Phys) / Intrabandstreuung *f* (von Ladungsträgern in Festkörpern) ‖ ~ **transition** (Electronics) / Intrabandübergang *m* (der Übergang im Energiespektrum eines Festkörpers, bei dem Anfangs- und Endzustand sich im gleichen Energieband befinden)
**intrabeam viewing** / direktes Hineinsehen in den Strahl (z.B. des Lasers)
**intracell handover** (Teleph) / Intra-Funkzelle-Handover *m*
**intracellular*** *adj* (Biol, Cyt) / intrazellulär *adj*, intrazellulär *adj*, zellständig *adj*, in einer Zelle liegend
**intrachain disulphide bond** (Chem) / Disulfidbrücke *f* (die den Zusammenhalt zwischen den einzelnen Polypeptidketten der Proteine mit bewirkt, aber auch innerhalb einer Polypeptidkette vorkommt und deren Konformation stabilisiert), Disulfidspange *f*, Cystinbrücke *f*, Zystinbrücke *f*, -S-S-Spange *f*, Disulfidbindung *f*
**intracity** *attr* / innerstädtisch *adj* (Verkehr)
**intraclast** *n* (Geol) / Intraklast *m*
**intracloud lightning** (Meteor) / Wolkenblitz *m*
**intracommunity** *attr* / Binnen- (innerhalb der EU), innergemeinschaftlich *adj* (innerhalb der EU)
**intracontinental** *adj* (Geol) / intrakontinental *adj*
**intracranial locatedness** (Acous) / Im-Kopf-Lokalisiertheit *f* (des Hörereignisses nach DIN 1320)
**intracrustal** *adj* (Geol) / intrakrustal *adj*
**intracrystalline fracture** (Materials, Met) / transkristalliner Bruch, intrakristalliner Bruch
**intrados*** *n* (the lower or inner curve of an arch) (Build, Civ Eng) / Bogenlaibung *f*, Laibung *f* (innere Bogenoberfläche), Gewölbeleibung *f* (die Untersicht des Gewölbes), Unterseite *f* (des Gewölbes)
**intraexchange circuit** (Teleph) / Internsatz *m*, IS (Internsatz)
**intrafield coding** (TV) / Innenhalbbildkodierung *f*
**intraformational** *adj* (Geol) / intraformational *adj* (Konglomerat)
**intraframe coding** (TV) / Innenbildkodierung *f*
**intraline** *attr* (Typog) / innerhalb einer Zeile
**intramax multilayer board** (Electronics) / Intramax-Mehrlagenleiterplatte *f* (Mehrlagenleiterplatte mit Kompaktpfosten)
**intramodule control** (within the processor module) (Comp) / intramodulare Steuerung, modulinterne Steuerung
**intramolecular** *adj* (Chem, Phys) / intramolekular *adj*, innermolekular *adj* ‖ ~ **charge transfer** (Chem) / intramolekularer Ladungstransfer ‖ ~ **condensation** (Chem) / intramolekulare Kondensation ‖ ~ **cross-linking** (Chem) / intramolekulare Vernetzung ‖ ~ **hydrogen bridge** (Chem) / intramolekulare Wasserstoffbrücke ‖ ~ **reaction** (Chem) / intramolekulare Reaktion (innerhalb eines Moleküls), innermolekulare Reaktion ‖ ~ **salt** (Chem) / intramolekulares Salz
**intramontane** *adj* (Geol) / intramontan *adj* (z.B. Becken)

**Intranet** *n* (a TCP/IP network designed for information processing within a company or organization) (Comp) / Intranet *n* (unternehmensinternes Informations- und Kommunikationsnetz, das auf der Basis des Internet-Protokolls TCP/IP arbeitet), Konzernnetz *n*, privates Kommunikationsnetz
**intransitive** *adj* (Maths) / intransitiv *adj*
**intranuclear** *adj* (Nuc) / intranuklear *adj*, innernuklear *adj* || ~ **forces*** (Nuc) / intranukleare Kräfte, innernukleare Kräfte
**intraocular*** *adj* (Optics) / intraokulär *adj*, intraokular *adj*, innerhalb des Auges liegend
**intraoffice call** (Teleph) / Ortsgespräch *n*
**intrapreneuring** *n* (Work Study) / Intrapreneuring *n* (Mitarbeiter als Unternehmer)
**intraproximity effect** (Elec) / Intraproximity-Effekt *m* (eine Erscheinungsform des Proximity-Effekts)
**intraquad cross-talk** (Telecomm) / Imviererebensprechen *n*
**intrasystem** *attr* / innerhalb des Systems || ~ **interference** / systeminterne Störung (im Gegensatz von außen auf das System einwirkende Störung)
**intratelluric** *adj* (Geol) / intratellurisch *adj* (im Erdkörper entstanden oder liegend)
**intravalley scattering** (Phys) / Intravalley-Streuung *f* (an Gitterschwingungen)
**intravehicular operation** (Space) / innerhalb des Raumflugkörpers durchgeführte Operation
**intravital staining** (Biochem, Micros) / Intravitalfärbung *f* (eine Art Vitalfärbung)
**intravitam staining*** (Biochem, Micros) / Intravitalfärbung *f* (eine Art Vitalfärbung)
**intrazonal** *adj* (Agric, Geol) / intrazonal *adj* (Boden)
**intrenched meander** (Geol) / eingesenkter Mäander, Talmäander *m*, Erosionsmäander *m* (der durch Tiefenerosion eines Flusses in den Gesteinsgrund entsteht)
**intricate shape** / komplizierte Form
**intrinsic** *adj* / von innen wirkend || ~ (Chem, Phys) / stoffeigen *adj* || ~ (Electronics) / Eigen-, eigenleitend *adj*, i-leitend *adj*, intrinsisch *adj*
**intrinsically safe** (Elec Eng) / eigensicher *adj*
**intrinsic angular momentum*** (Nuc) / Eigendrehimpuls *m* (Spin) || ~ **ash** (that cannot be separated mechanically from the coal) (Min Proc, Mining) / gebundene Asche, innere Asche, Pflanzenasche *f* || ~ **colour** / Eigenfarbe *f* (z.B. des Holzes) || ~ **concentration** (Electronics) / Eigenleitungskonzentration *f*, Intrinsic-Konzentration *f* || ~ **conduction*** (Electronics) / Eigenleitung *f* (DIN 41852) || ~ **conductivity** (Electronics) / intrinsische Leitfähigkeit, Eigenleitfähigkeit *f* (als Größe), Intrinsic-Leitfähigkeit *f* || ~ **density** (Electronics) / Intrinsic-Dichte *f* (der im Leitungsband freibeweglichen Elektronen eines Eigenleiters), Eigenleitungsdichte *f* || ~ **equation*** (Maths) / natürliche Gleichung (in der Kurventheorie) || ~ **error** (Instr) / Grundfehler *m* (eines Messgeräts) || ~ **factor** (Biochem) / Intrinsic Factor *m* (der an der Resorption des Vitamins B$_{12}$ beteiligt ist), Castle-Ferment *n* || ~ **function** (FORTRAN) / interne Standardfunktion || ~ **geodesy** (Geophys, Surv) / innere Geodäsie (Differentialgeometrie des Schwerefeldes nach A. Marussi) || ~ **geometry** (Maths) / Pangeometrie *f*, absolute Geometrie, innere Geometrie || ~ **impedance*** (Phys) / Eigenimpedanz *f* || ~ **induction** / eingeprägte Induktion, innere Induktion || ~ **layer** (Electronics) / eigenleitende Schicht, Intrinsic-Schicht *f* (bei Halbleitern), i-Schicht *f* || ~ **parity** (Phys) / innere Parität, Eigenparität *f* || ~ **reaction coordinate** (Chem) / idealer Reaktionsweg (durch die Energiehyperfläche) || ~ **region** (Electronics) / i-Zone *f* (ein Halbleiterbereich mit Eigenleitfähigkeit), Eigenleitungsbereich *m*, Intrinsic-Bereich *m* || ~ **safety** / Eigensicherheit *f* || ~ **semiconductor*** (in which the electrical properties are characteristic of the ideal crystal) (Electronics) / Eigenhalbleiter *m* (DIN 41852), Intrinsic-Halbleiter *m* || ~ **temperature** / Eigentemperatur *f* (im Allgemeinen) || ~ **temperature** (Electronics) / Intrinsic-Temperatur *f*, Eigenleitungstemperatur *f* || ~ **temperature range** (Electronics) / Intrinsic-Temperaturbereich *m* (dessen untere Grenze die Intrinsic-Temperatur ist) || ~ **viscosity** (the limiting value of reduced viscosity as the concentration in a solvent approaches zero) (Phys) / Staudinger-Index *m* (nach H. Staudinger, 1881-1965 - DIN 1342, T 1), Grenzviskositätszahl *f*, GVZ (Grenzviskositätszahl) || ~ **viscosity number** (Phys) / Staudinger-Index *m* (nach H. Staudinger, 1881-1965 - DIN 1342, T 1), Grenzviskositätszahl *f*, GVZ (Grenzviskositätszahl)
**introduce** *v* / einführen *v*, einleiten *v* || ~ (Electronics) / einbauen *v* (Störstellen) || ~ (San Eng) / einleiten *v* (Abwässer)
**introducer** *n* (Comp) / Einleitungszeichen *n* (DIN 66254)
**introduction** *n* / Einführung *f*, Einleitung *f* || ~ (Electronics) / Einbau *m* (von Störstellen)
**introductory price** / Einführungspreis *m*

**introfaction** *n* (Chem) / Herabsetzen der Grenzflächenspannung durch ein Netzmittel (um das Eindringen von Flüssigkeiten zu erleichtern)
**introfier** *n* (Chem) / das Eindringen von Flüssigkeiten erleichterndes Netzmittel
**intromission** *n* (Acous, Eng, Materials) / Einschaltung *f* (des Prüfstücks)
**intron*** *n* (an intervening sequence in a eukaryotic gene) (Biochem, Gen) / Intron *n* (der nicht kodierende Abschnitt bei den Eukaryonten)
**intro search** (Acous, Radio) / Anspielautomatik *f*, Intro-Search *n*
**intrude** *v* / eindringen *v* || ~ (Geol) / intrudieren *v* || ~ (Paint) / intrudieren *v* (in die Lackschicht)
**intruded body** (Geol) / Intrusionskörper *m*
**intruder** *n* (Aero, Mil) / Intruder *m* (militärisches Schutz- und Aufklärungsflugzeug, speziell im Schnellwarndienst zur Unterstützung von Flugzeugträgern) || ~ **alarm** (Electronics) / Einbruchsicherungsanlage *f*, Einbruchmeldeanlage *f* || ~ **detection lockout** (Comp) / Eindringsperre *f* || ~ **lockout** (NOS feature that locks a user account when password restrictions are violated) (Comp) / Eindringsperre *f*
**intrusion** *n* (Comp) / Eindringen *n*, Eindringung *f* (der erfolgreiche unerlaubte Zugang bzw. Zugriff zu einem DV-System), Intrusion *f* || ~ (Geol) / Salzwasserintrusion *f*, Salzwassereinbruch *m* || ~ (Geol) / Intrusionskörper *m* || ~* (Geol) / Intrusion *f* (ein magmatischer Prozess) || ~ (Paint) / Intrusion *f* (in die Lackschicht) || ~ (Plastics) / Intrusion *f* (Förderung erwärmter, weicher Kunststoffmasse durch mäßigen Druck in eine Form) || ~ (Teleph) / Aufschalten *n* (Herstellen einer - meist kurzzeitigen - Verbindung zu einer besetzten Endstelle; ein Leistungsmerkmal) || ~ (Geol) s. also intrusives || ~ **alarm system** (Electronics) / Intrusionsmeldeanlage *f* (welche das Eindringen von Personen und Sachen in gesicherte Bereiche erkennt und die Meldung weiterverarbeitet) || ~ **detection** (Comp) / Einbrucherkennung *f* (Feststellung der unbefugten Nutzung) || ~ **into privacy** (Comp) / Verletzung *f* der Privatsphäre, Bedrohung *f* der Persönlichkeitssphäre || ~ **moulding** (Plastics) / Intrusionsverfahren *n*, Intrusionsspritzgießverfahren *n*, Eckert-Ziegler-Verfahren *n*, Intrudieren *n*, Fließgießverfahren *n* (eine Art Schneckenspritzgießen)
**intrusion-proof** *adj* / eindringungssicher *adj*, eindringungsdicht *adj*
**intrusion protection** (Teleph) / Anklopfschutz *m*, Aufschalteschutz *m* || ~ **response** (Comp) / Gegenmaßnahme *f* gegen Einbruch (in das System)
**intrusive** *adj* (Geol) / intrusiv *adj* (durch Intrusion entstanden) || ~ **igneous rocks** (Geol) / Intrusivgesteine *n pl* || ~ **rocks** (formed by intrusion) (Geol) / Intrusivgesteine *n pl*
**intrusives** *n pl* (Geol) / Intrusivgesteine *n pl*
**intuitionism** *n* (a school of mathematical thought) (Maths) / Intuitionismus *m* (z.B. nach L.E.J. Brouwer, 1881-1966 und H. Weyl, 1885 - 1955)
**intumescence*** *n* (Chem, Paint) / Intumeszenz *f* (Aufblähen, Quellen und Schäumen), Aufblähung *f*, Blähen *n* (z.B. von Intumeszenzfarben), Blähung *f* (z.B. der Schutzschichten bei Wärmeeinwirkung)
**intumescent coating** (Paint) / Intumeszenzfarbe *f* (Beschichtungsstoff, der mit krustenbildenden Brandschutzmitteln ausgerüstet ist und der im Brandfall unter erheblicher Volumenvergrößerung zu einer hellbraunen bis schwarzen Dämmschicht aufschäumt), schaumschichtbildender Anstrich, schaumschichtbildender Dämmschichtbildner *m*, Schaumschichtbildner *m* (ein Feuerschutzmittel), Dämmschichtbildner *m* (Intumeszenzfarbe) || ~ **paint*** (Paint) / Intumeszenzfarbe *f* (Beschichtungsstoff, der mit krustenbildenden Brandschutzmitteln ausgerüstet ist und der im Brandfall unter erheblicher Volumenvergrößerung zu einer hellbraunen bis schwarzen Dämmschicht aufschäumt), schaumschichtbildender Anstrich, schaumschichtbildender Anstrichstoff, Schaumschichtbildner *m* (ein Feuerschutzmittel), Dämmschichtbildner *m* (Intumeszenzfarbe)
**inturned welt** (Textiles) / Doppelrand *m* (des Strumpfs)
**intussusception** *n* (Biol) / Intussuszeption *f* (Einbau von Stoffen, besonders in wachsende Zellmembranen)
**inulase** *n* (Biochem) / Inulinase *f* (Enzym, welches Inulin zu Fruktose abbaut), Inulase *f*
**inulin*** *n* (Chem) / Inulin *n* (hochpolymerisierter Fruchtzucker), Dahlin *n* (ein Reservepolysaccharid aus Dahlienknollen)
**inulinase** *n* (Biochem) / Inulinase *f* (Enzym, welches Inulin zu Fruktose abbaut), Inulase *f*
**inundate** *v* (Hyd Eng) / überfluten *v*, überschwemmen *v*, inundieren *v*, fluten *v* || ~ *vt* (Mining) / versaufen *vt* (eine Grube), ersaufen *vt* (eine Grube)
**inundated mine** (Mining) / ersoffene Grube
**inundation** *n* (Hyd Eng) / Überflutung *f*, Überschwemmung *f*, Inundation *f*, Fluten *n*, Flutung *f* || ~ (Mining) / Wassereinbruch *m* (unerwartetes Einströmen großer Wassermassen in einen

**inundation**

Grubenbau) ‖ ~ **bridge** (Civ Eng, Hyd Eng) / Flutbrücke f ‖ ~ **canal** (Hyd Eng) / Entlastungsgraben m
**invader** n (Bot) / Eindringling m
**invalid** adj / ungültig adj, invalid adj ‖ ~ / nicht ordnungsgemäß ‖ ~ (Comp) / falsch formatiert, formal falsch
**invalidate** v / entkräften v (ungültig machen, z.B. eine Hypothese) ‖ ~ / ungültig machen, für ungültig erklären, für nichtig erklären
**invalidation** n / Nichtigkeitserklärung f (des Patents)
**invalid character** (Comp) / unzulässiges Zeichen, verbotenes Zeichen ‖ ~ **data address** (Comp) / unzulässige Datenadresse ‖ ~ **facility request** (Telecomm) / ungültige Leistungsmerkmalanforderung (Netzmeldung) ‖ ~ **frame** (Comp) / ungültiger Datenübertragungsblock
**invalidity** n / Nichtigkeit f (des Patents) ‖ ~ **suit** / Patentnichtigkeitsklage f
**Invar*** n (Met) / Invar-Legierung f, Invar n (Eisen-Nickel-Legierung, die den Invar-Effekt aufweist))
**invariability** n / Unveränderlichkeit f, Invariabilität f
**invariable** adj / invariabel adj, unveränderlich adj ‖ ~ **plane*** (Astron) / invariable Ebene, invariante Ebene
**invariancy** n (Maths, Phys) / Invarianz f (Unveränderlichkeit von Größen bzw. Eigenschaften gegenüber bestimmten Operationen, Abbildungen bzw. Transformationen)
**invariant*** n (Maths, Phys) / Invariante f ‖ ~* adj (Phys) / invariant adj, ohne Freiheitsgrad ‖ ~ **chain*** (Biochem) / invariante Kette ‖ ~ **equilibrium** (stable state among a number of phases exceeding by two the number of components in the system and in which more of the external variables may be varied without causing a decrease in the number of phases present) (Phys) / invariantes Gleichgewicht (nach dem Gibbs'schen Phasengesetz) ‖ ~ **mass** (Phys) / invariante Masse ‖ ~ **measure** (Maths) / invariantes Maß ‖ ~ **subgroup** (Maths) / Normalteiler m, invariante Untergruppe ‖ ~ **theory** (Maths) / Invariantentheorie f
**Invar pendulum** (Phys) / Invar-Pendel n (ein Kompensationspendel)
**invasion** n (Biol, Med, Pharm) / Befall m (mit/durch Parasiten), Invasion f ‖ ~ (Geol) / Intrusion f (ein magmatischer Prozess) ‖ ~ (Geol, Ocean) / Transgression f (Vorrücken des Meeres in Landgebiete) ‖ ~ (Meteor, Oils) / Einbruch m ‖ ~ **of privacy** (Comp) / Verletzung f der Privatsphäre, Bedrohung f der Persönlichkeitssphäre
**invasive** adj (Materials, Med) / invasiv adj
**invent** v / erfinden v
**invention** n / Erfindung f ‖ ~ **description** / Erfindungsbeschreibung f
**inventive** adj / erfinderisch adj (z.B. Tätigkeit) ‖ ~ **merit** / erfinderische Leistung
**inventiveness** n / Erfindergeist m
**inventive step** / erfinderische Tätigkeit (bei patentfähigen Erfindungen)
**inventor** n / Erfinder m
**inventory** n / Inventarverzeichnis n, Bestandsverzeichnis n, Bestandsaufnahme f (als Listenverzeichnis), Bestandsliste f ‖ ~ / Inventar n, Lagerbestand m ‖ ~ / Lageraufnahme f, Inventur f, Bestandsaufnahme f (als Tätigkeit), Inventarisation f, Inventarerrichtung f, Inventarisierung f, Aufnahme f der Bestände, Inventaraufnahme f ‖ ~* (Nuc Eng) / Materialeinsatz m, Materialbestand m ‖ ~ **accounting** (Comp, Work Study) / Lagerbestandsführung f ‖ ~ **file** (Comp, Work Study) / Bestandsdatei f
**inverform** (Paper) / Inverform-Maschine f (mit Obersieb) ‖ ~ **machine** (Paper) / Inverform-Maschine f (mit Obersieb)
**inverse*** n (Maths) / Inverse f (z.B. 1/a bei a) ‖ ~* (Maths) / Inverses n, inverses Element ‖ ~ / inverse Operation, Umkehroperation f ‖ ~* adj / Umkehr-, Kehr-, invers adj (DIN 4898), umgekehrt adj, entgegengesetzt adj ‖ ~ **amplification factor** (Electronics) / Durchgriff m (eine Kenngröße von Elektronenröhren) ‖ ~ **amplifier** (Electronics) / Umkehrverstärker m (invertierte Schaltungsart eines Operationsverstärkers) ‖ ~ **bremsstrahlung** (Nuc Eng) / inverse Bremsstrahlung, Frei-frei-Absorption f ‖ ~ **calculation** (Maths) / Rückrechnung f ‖ ~ **chilled casting** (Foundry) / umgekehrter Hartguss ‖ ~ **Compton effect** (Nuc) / inverser Compton-Effekt ‖ ~ **cosecant** (Maths) / Arkuskosekans m, Arc cosec ‖ ~ **cosine** (Maths) / Arkuskosinus m, Arc cos, arc cos ‖ ~ **cotangent** (Maths) / Arkuskotangens m, Arc cot ‖ ~ **current** (Electronics) / Gegenstrom m ‖ ~ **current*** (Electronics) s. also reverse current ‖ ~ **direction** (Electronics) / Sperrichtung f ‖ ~ **display** (Comp) / invertierte Darstellung (dunkle Schrift auf hellem Hintergrund), negative Bildschirmdarstellung, Negativdarstellung f (von Zeichen auf dem Bildschirm)
**inverse-distance law** (Elec) / Gesetz n der umgekehrten Proportionalität zwischen Feldstärke und Entfernung
**inversed type** (Print) / Negativschrift f
**inverse element** (Maths) / Inverses n, inverses Element ‖ ~ **fat** (Chem) / inverses Fett, Retrofett n ‖ ~ **fine-structure constant** (Spectr) / inverse Feinstrukturkonstante ‖ ~ **function** (Maths) / inverse Funktion, Umkehrfunktion f, Kehrfunktion f ‖ ~ **hyperbolic function*** (Maths) / Areafunktion f (Umkehrfunktion der Hyperbelfunktion) ‖ ~ **identity** (Maths) / Umkehridentität f ‖ ~ **ignition** (Electronics) / Rückzündung f (bei Röntgenröhren) ‖ ~ **image** (Maths) / Urbild n, inverses Bild ‖ ~ **image** (Maths) s. also counter image and full inverse image
**inverse-image set** (Maths) / Urbildmenge f, volles Urbild, Originalmenge f (Menge aller Urbilder einer Abbildung)
**inversely congruent** (Maths) / gegensinnig kongruent, invers kongruent ‖ ~ **egg-shaped** (Maths) / oboval adj ‖ ~ **proportional** (Maths) / umgekehrt proportional, antiproportional adj
**inverse matrix** (Maths) / Umkehrmatrix f, inverse Matrix, Inverse f, reziproke Matrix (DIN 5486) ‖ ~ **micelle** (Chem) / inverse Micelle ‖ ~ **multiplexing** (Comp, Telecomm) / inverses Multiplexing (Aufsplitten breitbandiger Datenströme beim Teilnehmer mit von ihm gekauftem Gerät) ‖ ~ **networks*** (Elec Eng) / umgekehrte Netzwerke ‖ ~ **of a matrix*** (Maths) / Umkehrmatrix f, inverse Matrix, Inverse f, reziproke Matrix (DIN 5486) ‖ ~ **operation** (Maths) / inverse Operation, Umkehroperation f ‖ ~ **piezoelectric effect** (Crystal, Elec, Materials) / inverser piezoelektrischer Effekt (wenn ein elektrisches Feld an das Material angelegt wird, das sich daraufhin verformt) ‖ ~ **point** (Maths) / inverser Punkt ‖ ~ **probability** (Phys) / inverse Wahrscheinlichkeit ‖ ~ **proportion** (Maths) / umgekehrtes Verhältnis ‖ ~ **proportionality** (Maths) / umgekehrte Proportionalität, Antiproportionalität f ‖ ~ **Raman scattering** (Phys) / inverse Ramanstreuung ‖ ~ **ratio** (Maths) / umgekehrtes Verhältnis ‖ ~ **relation** (Maths) / konverse Relation, Umkehrrelation f ‖ ~ **SAR** (Radar) / inverses SAR (bei dem ein bewegtes Ziel mit einem stationären Radarsystem beobachtet wird) ‖ ~ **secant** (Maths) / Arkussekans m, Arc sec ‖ ~ **segregation*** (Met) / umgekehrte Seigerung ‖ ~ **sine** (Maths) / Arkussinus m, Arc sin, arc sin ‖ ~**-speed motor*** (Elec Eng) / Motor m mit Reihenschlussverhalten ‖ ~ **square law** (Maths) / quadratisches Reziprozitätsgesetz ‖ ~ **square law*** (Phys) / quadratisches Entfernungsgesetz, fotometrisches Entfernungsgesetz, Abstandsgesetz n (quadratisches), Enfernungsgesetz n (quadratisches), Entfernungsquadratgesetz n (das Entfernungsquadrat im Nenner des fotometrischen Grundgesetzes) ‖ ~ **standing-wave ratio** (Telecomm) / Anpassungsfaktor m (Kehrwert des Welligkeitfaktors) ‖ ~ **SWR** (Telecomm) / Anpassungsfaktor m (Kehrwert des Welligkeitfaktors) ‖ ~ **synthetic-aperture radar** (Radar) / Radar mit inverser synthetischer Apertur m ‖ ~ **tangent** (Maths) / Arkustangens m, Arc tan ‖ ~ **time-lag*** (Elec Eng) / abhängige Zeitverzögerung, inverse Zeitverzögerung ‖ ~ **transformation** (Maths) / inverse Transformation, Rücktransformation f, Umkehrtransformation f ‖ ~ **trigonometrical function** (Maths) / Arcusfunktion f (Umkehrfunktion der trigonometrischen Funktion), zyklometrische Funktion, Kreisbogenfunktion f, Arkusfunktion f ‖ ~ **variation** (Maths) / umgekehrt proportionale Änderung ‖ ~ **video*** (Comp) / invertierte Darstellung (dunkle Schrift auf hellem Hintergrund), negative Bildschirmdarstellung, Negativdarstellung f (von Zeichen auf dem Bildschirm) ‖ ~ **voltage*** (Elec Eng) / Rückwärtsspannung f (in einem Gleichrichter)
**inversion*** n / Umkehrung f, Inversion f, Umkehr f ‖ ~ / Umkehrung f (einer Relation) ‖ ~ (Chem) / Inversion f (Konfigurationsumkehr) ‖ ~* (Chem) / Inversion f (die Vorzeichenänderung der optischen Aktivität im Verlaufe der Reaktion chiraler Verbindungen) ‖ ~ (Chem Eng) / Inversion f (Nachhydrolyse der bei der Haupthydrolyse aus den Holzpolysacchariden gebildeten Oligosaccharide und Dextrine, um die Monosaccharid-Ausbeute zu erhöhen) ‖ ~ (Crystal, Phys) / Inversion f, Spiegelung f an einem Punkt (dem Inversions- oder Symmetriezentrum) ‖ ~ (Elec Eng) / Wechselrichten n ‖ ~ (Electronics) / Inversion f (qnalog - Umkehrung des Vorzeichens, digital - Umkehrung des Logikpegels) ‖ ~ (Electronics) / Inversion f (Übergang von n- zu p-Leistung und umgekehrt - DIN 41852) ‖ ~ (Geol) / inverse Lagerung ‖ ~ (Geol) / Überkippung f (Aufrichtung von Gesteinsschichten um mehr als 90°, wodurch inverse Lagerung entsteht) ‖ ~* (Maths) / Inversion f (bei der Permutation) ‖ ~* (Maths) / Inversion f, Spiegelung f am Kreis, Abbildung f durch reziproke Radien ‖ ~ (Meteor) / Inversion f, Temperaturumkehr f ‖ ~ (Phys) / Raumspiegelung f, Paritätstransformation f ‖ ~ (Telecomm) / Zeichenwechsel m ‖ ~ (Teleph) / invertierte Sprache (Sprachverschlüsselung)
**inversional vibration** (Chem, Phys) / Inversionsschwingung f
**inversion axis of symmetry** (Crystal) / Gyroide f, Drehinversionsachse f, Inversionsdrehachse f ‖ ~ **barrier** (Chem) / Inversionsbarriere f (Energiebarriere zur Planarität bei Molekülen mit pyramidaler Gleichgewichtsgeometrie) ‖ ~ **casting** (Foundry) / Kippgießen n ‖ ~ **channel** (Phys) / Inversionskanal m (kanalförmiges Inversionsgebiet) ‖ ~ **charge** (Phys) / Inversionsladung f (in einem Inversionsgebiet

oder -kanal) ‖ ~ **error** (e.g. 731 into 137) (Comp) / überspringende Vertauschung ‖ ~ **layer** (Electronics) / Inversionsschicht *f* (eines Feldeffekttransistors), Inversionsgebiet *n* ‖ ~ **layer** (Meteor, Radio) / Inversionsschicht *f* (in der Atmosphäre)
**inversion-layer solar cell** / Inversionsschicht-Solarzelle *f*
**inversion of cane sugar** (Chem) / Rohrzuckerinversion *f* ‖ ~ **of relief**\* (Geol) / Reliefumkehr *f*, Inversion *f* ‖ ~ **of sucrose** (Chem) / Rohrzuckerinversion *f* ‖ ~ **of temperature gradient** (Meteor) / Inversion *f*, Temperaturumkehr *f* ‖ ~ **of the direction** (Eng) / Richtungsumkehr *f*, Wechsel *m* (Richtungsumkehr) ‖ ~ **spectrum** (Optics) / Inversionsspektrum *n* ‖ ~ **symmetry** (Crystal) / Inversionssymmetrie *f* ‖ ~ **temperature** (Phys) / Inversionstemperatur *f* (thermischer Umkehrpunkt beim Drosseleffekt)
**invert** *v* / umkehren *v*, invertieren *v* ‖ ~ (Elec Eng) / wechselrichten *v* (nur Infinitiv und Partizip) ‖ ~ *vi* (Crystal) / sich umwandeln *v* (Kristalle) ‖ ~\* *n* (of a culvert, drain, sewer, channel, or tunnel) (Civ Eng) / Sohle *f* (z.B. eines Tunnels, eines Durchlasses, eines Kanals)
**invertase**\* *n* (Chem) / Invertase *f* (β-Fructofuranosidase)
**inverted** *adj* / umgekehrt *adj*, verkehrt *adj*, Kopf stehend *adj* (Bild) ‖ ~ **arch** (Arch) / Erdbogen *m*, Grundbogen *m*, Gegenbogen *m* (umgekehrter, mit dem Scheitel nach unten gerichteter Bogen zur gegenseitigen Verspannung der Fundamentpfeiler und zur gleichmäßigen Verteilung der Auflast bei schlechtem Baugrund) ‖ ~ **comma** (Typog) / Hochkomma *n* (pl. -s or -ta) ‖ ~ **commas**\* (in handset matters) (Typog) / Anführungszeichen *n* pl (englische - meistens doppelte) ‖ ~ **crosstalk** (Teleph) / unverständliches Nebensprechen ‖ ~ **database system** (Comp) / invertierte Datenbank (Datenbanksystem, das sich des Zugriffs über invertierte Dateien bedient) ‖ ~ **engine**\* (Aero) / hängender Motor, Motor *m* mit hängenden Zylindern ‖ ~ **extrusion** (Eng, Met) / Rückwärtsstrangpressen *n* (bei dem der Strang entgegen der Wirkrichtung der Presskraft austritt ), indirektes Strangpressen, Rückwärtsfließpressen *n* (entgegen der Wirkrichtung des Stößels) ‖ ~ **F antenna** (Radio) / Inverted-F-Antenne *f*, umgekehrte F-Antenne ‖ ~ **file** (Comp) / invertierte Datei (die nach einem Sekundärschlüssel über einen Index organisiert ist) ‖ ~ **flight** (Aero) / Rückenflug *m* ‖ ~ **gull wing** (Aero) / Knickflügel *m* (negativer), umgekehrter Knickflügel (der Innenflügel bildet mit dem Flugzeugrumpf ein umgekehrtes V) ‖ ~ **image** (Optics) / umgekehrtes Bild (das auf dem Kopf steht) ‖ ~ **image** (Optics) / Kehrbild *n* ‖ ~ **loop**\* (Aero) / Looping *m* *n* aus dem Rückenflug
**inverted-L-type of calender** (Chem Eng) / F-Kalander *m*, Brustkalander *m*
**inverted micelle** (Chem) / inverse Micelle ‖ ~ **microscope** (Micros) / Le-Chatelier-Mikroskop *n*, umgekehrtes Mikroskop (das Objektiv befindet sich unter dem Objekttisch) ‖ ~ **multiplet** (Phys) / umgekehrtes Multiplett ‖ ~ **pleat** (Textiles) / doppelt gelegte Falte, Kellerfalte *f* ‖ ~ **pleats** (Textiles) / Quetschfalte *f* ‖ ~ **position** (Radio) / Kehrlage *f* (eine Frequenzlage des Hauptseitenbandes) ‖ ~ **rectifier**\* (Elec Eng) / Wechselrichter *m* (Stromrichter zum Umformen von Gleichstrom in ein- oder mehrphasigen Wechselstrom mit einstellbarer Frequenz), WE ‖ ~ **relief** (Geol) / Reliefumkehr *f*, Inversion *f* ‖ ~ **repeat** (Biochem) / gegenläufige Wiederholung (ähnlicher Nucleotidsequenzen) ‖ ~ **rotary converter**\* (Elec Eng) / umlaufender Wechselrichter ‖ ~ **seam** / Zwienaht *f* (in der Schuhherstellung) ‖ ~ **siphon**\* (Civ Eng) / Rohrleitung *f* unter Hindernissen, Düker *m* DIN 4047-5 und 19 661, T 1) ‖ ~ **slider crank** (Eng) / Kurbelschleife *f* ‖ ~ **Socket Process Architecture** (Comp) / ISPA-Architektur *f* ‖ ~ **speech**\* (Teleph) / invertierte Sprache (Sprachverschlüsselung) ‖ ~ **spin** (Aero) / Rückentrudeln *n* ‖ ~ **telephoto lens**\* (Optics, Photog) / Retrofokusobjektiv *n* ‖ ~**-tooth chain** (Eng) / Zahnkette *f* (deren Laschen zahnförmig ausgebildet sind)
**inverted-T rail** / Breitfußschiene *f*, Vignolschiene *f* (nach Ch.B. Vignoles, 1793-1875)
**inverted-V antenna**\* (Elec Eng) / Inverted-V-Antenne *f* (ein abgewinkelter Halbwellendipol), umgekehrte V-Antenne, Bruce-Antenne *f*
**inverted vee** (Elec Eng) / Inverted-V-Antenne *f* (ein abgewinkelter Halbwellendipol), umgekehrte V-Antenne, Bruce-Antenne *f*
**inverted-vee guides** (Eng) / Prismenführung *f* (Dachform), Dachführung *f* (Prismenführung mit dachförmigem Querschnitt an Werkzeugmaschinen)
**inverted well** (San Eng) / Schluckbrunnen *m*, Sickerbrunnen *m*
**inverter** *n* (Comp) / Umkehrer *m*, Negationsglied *n*, NICHT-Glied *n*, Negator *m*, Inverter *m* (Schaltungsanordnung zur Realisierung der Negation) ‖ ~\* (Elec Eng) / Wechselrichter *m* (Stromrichter zum Umformen von Gleichstrom in ein- oder mehrphasigen Wechselstrom mit einstellbarer Frequenz), WE ‖ ~\* (Telecomm) / Inverter *m* ‖ ~ **motor** (Elec Eng) / Stromrichtermotor *m* ‖ ~ **operation** (Elec Eng) / Wechselrichterbetrieb *m*

**invert glass** (Glass) / Invertglas *n* (das weniger als 50 Mol.-% Neztwerkbildner enthält)
**invertible**\* *adj* (Maths) / umkehrbar *adj*, invertierbar *adj* ‖ ~ **matrix** (Maths) / nichtsinguläre Matrix, invertierbare Matrix
**inverting amplifier** (Electronics) / Invertierer *m* (ein invertierender Operationsverstärker), invertierender Verstärker (ein Operationsverstärker, bei dem der n-Eingang beschaltet und der p-Eingang auf Masse gelegt ist) ‖ ~ **telescope** (Optics) / Kepler'sches Fernrohr (astronomisches)
**invert soap**\* (Chem) / Kationseife *f*, Invertseife *f* (eine oberflächenaktive organische Verbindung, die desinfizierend wirkt), Kationenseife *f*, Quat *n* (kationisches Tensid) ‖ ~ **sugar**\* (a mixture of equal parts D-glucose and D-fructose) (Chem, Nut) / Invertzucker *m* (Gemisch von gleichen Teilen Trauben- und Fruchtzucker mit mindestens 62 % Trockenmasse)
**investigate** *v* / nachforschen *v*, untersuchen *v* ‖ ~ / forschen *v*
**investigation** *n* / Erhebung *f* (in der Marktforschung) ‖ ~ (of, into) / Nachforschung *f*, Investigation *f* ‖ ~ / Nachforschung *f*, Untersuchung *f*
**investigative** *adj* / investigativ *adj*
**investment** *n* / Kapitalanlage *f*, Investierung *f* ‖ ~ / Investition *f*, angelegtes Kapital, Anlagewert *m* ‖ ~ / Beteiligung *f* (als Bilanzposten) ‖ ~\* (Foundry) / feuerfester Formstoff zum Umhüllen der Modelle (beim Feinguss) ‖ ~ **adviser** / Anlageberater *m* ‖ ~ **casting**\* (Foundry) / Investmentguss *m*, Investmentverfahren *n* (ein Feingussverfahren)
**investment-casting alloy** (Foundry) / Feingusslegierung *f*
**investment compound** (Foundry) / Modellformstoff *m* (beim Investmentguss) ‖ ~ **goods** / Investitionsgüter *n* pl (die für die Erhaltung, Erweiterung oder Verbesserung des betrieblichen Anlagevermögens eingesetzt werden - Gegensatz: Konsumgüter), Produktionsgüter *n* pl ‖ ~ **in time** (Work Study) / Zeitaufwand *m*, Zeitbedarf *m* ‖ ~ **pattern** (Foundry) / ausschmelzbares Modell, Ausschmelzmodell *n* (beim Investmentguss) ‖ ~ **project** / Investitionsprojekt *n*, Investitionsvorhaben *n*
**inviable** *adj* (Biol) / nicht lebensfähig
**invigilator** *n* (device which checks the performance of a control unit and generates a signal if the response to control action does not conform to specified limits) (Comp) / Überwachungsgerät *n* (bei Prozessrechnern)
**inviscid flow** (Phys) / reibungsfreie Strömung, ideale Strömung ‖ ~ **fluid** (Phys) / ideale Flüssigkeit (eine inkompressible Flüssigkeit ohne innere Reibung - nach DIN 1342, T 1)
**invisible** *adj* / unsichtbar *adj* ‖ ~\* (Glass) / reflexionsfrei *adj* ‖ ~ **(writing) ink** / Geheimtinte *f*, Zaubertinte *f*, sympathetische Tinte ‖ ~ **part** (Eng) / Einzelteil *n* im Nicht-Sichtbereich (z.B. Bodenblech oder Radhaus bei Automobilen) ‖ ~ **radiation** (Phys) / unsichtbare Strahlung (im Allgemeinen) ‖ ~ **tape** / unsichtbares Klebeband (Magic tape)
**INVIS smoke** (an automatic fire-detection system) (Civ Eng, Ecol, San Eng) / INVIS-Smoke *n*
**invitation to break** (Comp) / Anhalteanzeige *f* ‖ ~ **to send** (Telecomm) / Sendeaufforderung *f*
**invite** *v* / zur Abgabe eines Angebots auffordern (z.B. ein Unternehmen)
**in vitro**\* (Biol) / in vitro, im Glase, im Reagenzglas ‖ ~ **vivo**\* (Biol) / in vivo, am lebenden Objekt, am lebenden Organismus
**invoice** *v* / Rechnung stellen, berechnen *v* (in Rechnung stellen), fakturieren *v* ‖ ~ *n* / Rechnung *f*, Faktur *f*, Faktura *f* (pl. -ren) ‖ ~ **in duplicate** / Rechnung *f* in doppelter Ausfertigung
**invoicing machine** / Fakturiermaschine *f*
**invoke** *v* (Comp) / aufrufen *v* (ein Unterprogramm)
**invoked procedure** (Comp) / aufgerufene Prozedur
**invoking** *n* (Comp) / Aufruf *m* (z.B. eines Unterprogramms) ‖ ~ **procedure** (Comp) / aufrufende Prozedur
**involuntary eye movement** (Optics) / unwillkürliche Augenbewegung
**involute**\* *n* (Eng, Maths) / Involute *f*, Evolvente *f*, Kreisevolvente *f*, Filarevolvente *f* ‖ ~ *adj* (Maths) / evolventenförmig *adj* ‖ ~ **function** (Maths) / Evolventenfunktion *f* (zur Berechnung zahlreicher Größen der Evolventenverzahnung) ‖ ~ **gear** (teeth)\* (Eng) / Evolventenverzahnung *f* (DIN 3960) ‖ ~ **internal gears** (Eng) / Evolventen-Innenverzahnung *f* ‖ ~ **pinion** (Eng) / Evolventenritzel *n* ‖ ~ **profile** (Eng) / Evolventenzahnprofil *n* (DIN 5480) ‖ ~ **spline** (Eng) / Keilwellenprofil *n* mit Evolventenflanken, Keilnabenprofil *n* mit Evolventenflanken ‖ ~ **splines** (Eng) / Evolventenkeilverzahnung *f* ‖ ~ **toothing** (Eng) / Evolventenverzahnung *f* (DIN 3960) ‖ ~ **toothing with a spherical line of contact** (Eng) / Kugelevolventenverzahnung *f* (DIN 3971)
**involution**\* *n* (Maths) / Potenzierung *f*, Potenzrechnung *f*, Potenzieren *n* ‖ ~\* (Maths) / Involution *f* (eine projektive Abbildung)
**involutivity** *n* (Maths) / Involutivität *f*
**involutorial** *adj* (Maths) / involutorisch *adj*

**involutory**

**involutory** adj (Maths) / involutorisch adj
**involvement** n (Work Study) / Mitwirkung f (z.B. des Menschen in automatisierten Prozessen)
**inward-bound traffic** / einstrahlender Verkehr, einlaufender Verkehr, einströmender Verkehr, ankommender Verkehr, einfahrender Verkehr
**inward bulging** / Einbauchen n
**inward-curving** adj / sich nach innen krümmend
**inward diffusion** / Eindiffundieren n, Eindiffusion f, Einwärtsdiffusion f || ~ **dipping** (Geol) / nach innen einfallend
**inward-flow** attr / mit äußerer Beaufschlagung (Strömungsmaschine)
**inward opening** (Build) / Öffnen n nach innen (des Fensterflügels)
**inward-opening** adj (Build) / nach innen öffnend (Fensterflügel)
**inward traffic** (GB) / einstrahlender Verkehr, einlaufender Verkehr, einströmender Verkehr, ankommender Verkehr, einfahrender Verkehr
**inweave** v (Weaving) / verweben v, einweben v, ineinander weben v
**inwrought** adj (Weaving) / mit eingewebtem Muster (Gewebe)
**IO** (integrated optics) (Optics) / integrierte Optik (Aufbau mikrooptischer Elemente in Planartechnik) || ~ (image orthicon) (TV) / Zwischenbildorthikon n, Image-Orthikon n, Superorthikon n (Fernsehaufnahmeröhre mit Ladungsspeicher)
**IOC** (input/output controller) (Comp) / Ein-Ausgabe-Steuereinheit f
**I/O cabinet** (Comp) / Ein-Ausgabeschrank m || ~ **channel** (Comp) / Ein-Ausgabe-Kanal m || ~ **channel** (Comp) s. also data channel
**iodamino acid** (Chem) / Iodaminosäure f
**iodargyrite** n (Min) / Iodsilber n, Iodargyrit m
**iodate(I)** n (Chem) / Hypoiodit n (Salz und Ester der hypoiodigen Säure)
**iodate*** n (Chem) / Iodat n (Salz der Iodsäure) || ~(**VII**) n (Chem) / Periodat n (Ortho-, Meta-)
**iodatometry** n (Chem) / Iodatometrie f (Oxidimetrie mit Iodat-Ionen als Oxidationsmittel in saurer Lösung)
**iodazide** n (Chem) / Iodazid n (ein Halogenazid)
**I/O device*** (Comp) / Ein-Ausgabe-Gerät n
**iodic** adj / Iod(V)-
**iodic(I) acid** (Chem) / hypoiodige Säure (HOI)
**iodic • (V) acid** (Chem) / Iodsäure f || ~(**VII**) **acid** (Chem) / Periodsäure f, Überiodsäure f (Meta-, Ortho-) || ~ **acid anhydride** (Chem) / Diiodpentoxid n, Iod(V)-oxid n ($I_2O_5$) || ~ **anhydride*** (Chem) / Diiodpentoxid n, Iod(V)-oxid n ($I_2O_5$)
**iodide*** n (Chem) / Iodid n (Verbindung, in der Iod als der elektronegative Bestandteil auftritt)
**iodimetric** adj (Chem) / iodometrisch adj
**iodimetry** n (Chem) / Iodimetrie f, Iodometrie f (maßanalytisches Verfahren)
**iodinate** v (Chem) / iodieren v
**iodination*** n (Chem) / Iodieren n, Iodierung f
**iodinator** n (San Eng) / Iodanlage f zur Trinkwasserentkeimung
**iodine*** n (Chem) / Iod n, I (Iod), Jod n, J (Jod - in der älteren und der populärwissenschaftlichen deutschsprachigen Literatur) || ~ (Pharm) / Iodtinktur f (ethanolhaltige Iodlösung) || ~ **bisulphide** (Chem) / Diiodisulfid n ($I_2S_2$) || ~ **colour number** / Iodfarbzahl f, IFZ (Iodfarbzahl), JFZ (Jodfarbzahl)
**iodine-containing** adj / iodhaltig adj
**iodine cyanide** (Chem) / Iodzyanid n, Iodcyanid n || ~ **disulphide** (Chem) / Diiodisulfid n ($I_2S_2$) || ~ **laser** (Chem, Phys) / Iodlaser m (ein chemischer Laser) || ~ **monochloride*** (Chem) / Iod(I)-chlorid n, Iodmonochlorid n (ICl) || ~ **number** (Chem) / Iodzahl f (dient zur Bestimmung der ungesättigten Säuren in Fetten und Ölen - DIN 53241, T 1), JZ (dient zur Bestimmung der ungesättigten Säuren in Fetten und Ölen - DIN 53241, T 1) || ~ **ointment** (Pharm) / Iodsalbe f || ~(**V**) **oxide*** (Chem) / Diiodpentoxid n, Iod(V)-oxid n ($I_2O_5$) || ~ **pentafluoride*** (Chem) / Iodpentafluorid n ($IF_5$) || ~ **pentoxide** (Chem) / Diiodpentoxid n, Iod(V)-oxid n ($I_2O_5$)
**iodine-potassium iodide solution** (Chem) / Iod-Iodkalium-Lösung f, Kaliumpolyiodidlösung f, Iod-Kaliumiodid-Lösung f
**iodine solution** (Pharm) / Iodtinktur f (ethanolhaltige Iodlösung)
**iodine-starch paper** (Chem) / Iodstärkepapier n (z.B. Kaliumiodidstärke- oder Zinkiodidstärkepapier) || ~ **reaction** (Chem) / Iodstärkereaktion f
**iodine tincture** (Pharm) / Iodtinktur f (ethanolhaltige Iodlösung) || ~ **trichloride*** (Chem) / Iod(III)-chlorid n, Iodtrichlorid n (als Antiseptikum und Desinfizien in 0,1%igen Lösungen) || ~ **value*** (Chem) / Iodzahl f (dient zur Bestimmung der ungesättigten Säuren in Fetten und Ölen - DIN 53241, T 1), JZ (dient zur Bestimmung der ungesättigten Säuren in Fetten und Ölen - DIN 53241, T 1)
**iodipamide** n / Adipiodon n (ein Röntgenkontrastmittel), Iodipamid n
**iodism*** n (Med) / Iodvergiftung f, Iodismus m
**iodization** n (Chem) / Iodieren n, Iodierung f
**iodize** v (Chem) / iodieren v

**iodized activated carbon** (Med, Pharm) / Iodkohle f (iodhaltige Aktivkohle, die Quecksilberdämpfe bindet) || ~ **active carbon** (Med, Pharm) / Iodkohle f (iodhaltige Aktivkohle, die Quecksilberdämpfe bindet) || ~ **collodion process** (Print) / Iodkollodium-Silberverfahren n, nasses Verfahren (ein veraltetes Aufnahmeverfahren in der Reproduktionsfotografie) || ~ **table salt** (Nut) / iodiertes Salz, iodiertes Speisesalz (zur Kropfprophylaxe), Iodsalz n
**iodoacetic acid** (Chem) / Iodessigsäure f (eine Halogenessigsäure)
**iodoaurate** n / Iodoaurat(III) n, Tetraiodoaurat(III) n
**iodobenzene** n (Chem) / Iodbenzol n
**iodoethane** n (Chem) / Ethyliodid n, Iodethan n
**iodoethanoic acid** (Chem) / Iodessigsäure f (eine Halogenessigsäure)
**iodoform*** n (Chem) / Jodoform n, Iodoform n, Triiodmethan n (Antiseptikum) || ~ **reaction** (Chem) / Iodoformreaktion f || ~ **test*** (Chem) / Iodoformprobe f (eine Nachweisreaktion für bestimmte organische Verbindungen)
**iodogorgoic acid*** (Chem) / Iodgorgosäure f (3,5-Diiodtyrosin)
**iodomethane** n (Chem) / Methyliodid n, Iodmethan n, Monoiodmethan n
**iodometric*** adj (Chem) / iodometrisch adj
**iodometry** n (Chem) / Iodimetrie f, Iodometrie f (maßanalytisches Verfahren)
**iodophor** n (any compound that is a carrier of iodine) (Chem) / Iodophor m (Trägermaterial aus Polycarbonsäuren, Tensiden oder Polymeren wie Polyvinylpyrrolidon, das 0,5% bis 3% Iod als so genanntes aktives Iod komplex gebunden enthält)
**iodopsin*** n (Optics, Physiol) / Iodopsin n (Sehstoff der Netzhautzapfenzellen)
**iodosobenzene** n (Chem) / Iodosylbenzol n ($C_6H_5$-IO), Iodosobenzol n
**iodoso compound*** (Chem) / Iodosoverbindung f, Iodosylverbindung f (mit der Atomgruppierung -IO)
**iodosylbenzene** n (Chem) / Iodosylbenzol n ($C_6H_5$-IO), Iodosobenzol n
**iodotrimethylsilane** n (Chem) / Iodtrimethylsilan n
**iodous** adj (Chem) / Iod(III)-
**iodoxamic acid** (Chem, Med) / Iodoxaminsäure f (ein Röntgenkontrastmittel)
**iodyrite** n (Min) / Iodsilber n, Iodargyrit m
**Ioffe bar** (Nuc Eng) / Joffé-Stab m (nach dem russischen Physiker A.F. Joffé, 1880-1960)
**iolite*** n (Min) / Iolit m (veilchenfarbiger Cordierit)
**ion*** n (Chem, Phys) / Ion n || ~ **abundance** (Phys) / Ionenhäufigkeit f
**ion-acoustic wave** (Acous) / ionenakustische Welle, Ionenschallwelle f
**ion activity** (Chem, Phys) / Ionenaktivität f || ~ **association** (Chem) / Ionenassoziation f || ~ **atmosphere** (Phys) / Ionenwolke f, Ionenatmosphäre f (bei interionischen Wechselwirkungen) || ~ **avalanche** (Electronics, Phys) / Ionenlawine f || ~ **beam*** (Phys) / Ionenstrahl m
**ion-beam etching** (Electronics) / Ionenstrahlätzen n (mit Inertgas - der Abtrag erfolgt ausschließlich durch physikalische Zerstäubung) || ~ **lithography** (Electronics) / Ionenstrahllithografie f (in der Halbleitertechnologie) || ~ **spectrochemical analysis** (Chem, Spectr) / Ionenstrahl-Spektralanalyse f
**ion burn*** (Electronics) / Ionenfleck m (auf den Leuchtschirmen von Oszillografenröhren) || ~ **chamber** (Nuc Eng) / Ionisationskammer f, IK (Ionisationskammer) || ~ **channel** (Biochem, Cyt) / Ionenkanal m || ~ **chromatography** (Chem) / Ionenchromatografie f (Variante der Ionenaustauschchromatografie, bei der der die Detektion störende Elektrolytuntergrund der mobilen Phase durch eine Nachsäulenderivatisierung zurückgedrängt wird)
**ion-chromatograpic** adj (Chem) / ionenchromatografisch adj
**ion cloud** (Phys) / Ionenwolke f, Ionenatmosphäre f (bei interionischen Wechselwirkungen) || ~ **cluster*** (Phys) / Ionencluster m, Ionenschwarm m, Ionenanhäufung f || ~ **collector** (Vac Tech) / Ionenkollektor m, Ionenfänger m (z.B. in einem Ionisationsvakuummeter) || ~ **concentration*** (Chem) / Ionenkonzentration f || ~ **concentration*** (Phys) / Ionisationsdichte f, Ionisierungsdichte f
**ion-concentration cell** (Surf) / Konzentrationszelle f, Konzentrationselement n (ein Korrosionselement, das durch Unterschiede in den physikalischen Bedingungen gebildet wird - DIN 50900), Konzentrationskette f
**ion-conducting** adj (Chem) / ionenleitend adj
**ion conduction** (Chem) / Ionenleitung f (die auf der Bewegung von Ionen beruht), Leitung f II. Ordnung || ~ **counter** (Phys) / Ionenzähler m || ~ **counter** (Phys) s. also ionization counter || ~ **current** (Electronics) / Ionenstrom m || ~ **cyclotron frequency*** (Phys) / Ionenzyklotronfrequenz f || ~ **cyclotron resonance** (Phys) / Ionenzyklotronresonanz f, Ionencyclotronresonanz f, ICR (Ionencyclotronresonanz)
**ion-cyclotron-resonance mass spectrometer** (Spectr) / Fourier-Transform-Spektrometer n, FT-Spektrometer n || ~

**spectroscopy** (Spectr) / Ionen-Zyklotron-Resonanzspektroskopie f, ICR-Spektroskopie f (eine Methode der Massenspektroskopie)
**ion density** (Phys) / Ionisationsdichte f, Ionisierungsdichte f || ~ **detector** (Chem, Phys) / Ionendetektor m
**ion-dipole interaction** (Nuc) / Ion-Dipol-Wechselwirkung f
**ion dose** (Nuc Eng, Radiol) / Ionendosis f (SI-Einheit: C/kg) (DIN 6809) || ~ **dose** (Nuc Eng, Radiol) s. also radiation exposure || ~ **dose rate** (Radiol) / Ionendosisrate f (DIN 5476) || ~ **drift** (Phys) / Ionendrift f (Freisetzung von Ionen durch Feldemission) || ~ **dump** / Ionenfriedhof m || ~ **emission** (Chem, Phys) / Ionenemission f || ~ **engine**\* (Space) / elektrostatisches Raketentriebwerk, Ionentriebwerk n || ~ **exchange**\* (Chem, Phys) / Ionenaustausch m (DIN 54400), IA (Ionenaustausch)
**ion-exchange bed** (Chem) / Ionenaustauschbett n || ~ **capacity**\* (Chem) / Ionenaustauschkapazität f || ~ **chromatography** (Chem) / Ionenaustauschchromatografie f, IEC (Ionenaustauschchromatografie), heteropolare Chromatografie || ~ **group** (Chem) / Ankergruppe f, ionenaustauschende Gruppe, austauschaktive Gruppe || ~ **membrane** (Chem Eng) / Ionenaustauschmembran f || ~ **paper** (Chem) / Ionenaustauschpapier n
**ion-exchange resin**\* (a synthetic, organic-ion-exchange material) (Chem) / Austauschharz n, Ionenaustauschharz n, Ionenaustauscher m (Harz), Ionenaustauscherharz n
**ion-exchange softening** (Chem Eng) / Austauschenthärtung f || ~ **unit** (Chem Eng) / Ionenaustauscher m (Anlage)
**ion exclusion** (Chem) / Ionenausschluss m, Ionenexklusion f
**ion-exclusion chromatography** (Chem) / Ionenausschlusschromatografie f
**ion flotation**\* (Chem) / Ionenflotation f || ~ **gauge** (Phys, Vac Tech) / Ionisationsvakuummeter n || ~ **generation** (Chem, Phys) / Ionenerzeugung f || ~ **getter pump** (Vac Tech) / Ionengetterpumpe f (Ionenverdampferpumpe oder Penning-Pumpe) || ~ **gun** (Phys) / Ionenstrahler m || ~ **gun** (Vac Tech) / Ionenstrahlquelle f (z.B. nach Penning), Ionenquelle f (eine Vorrichtung zur Erzeugung gerichteter Ionenstrahlen im Vakuum) || ~ **hydration** (Chem) / Ionenhydratation f, Ionenhydration f
**Ionic** adj (Arch) / ionisch adj || ~\* adj (Chem, Phys) / Ionen-, ionisch adj
**ionical** adj (Chem, Phys) / Ionen-, ionisch adj || ~ **relay** (Elec Eng) / Glimmrelais n
**ionic association** (Chem) / Ionenassoziation f || ~ **atmosphere** (Phys) / Ionenwolke f, Ionenatmosphäre f (bei interionischen Wechselwirkungen) || ~ **beam**\* (a directed flux of charged atoms or molecules) (Phys) / Ionenstrahl m || ~ **binding to a carrier** (Biochem) / Bindung f an einen Ionenaustauscher (bei Enzymfixierung) || ~ **bombardment**\* (Electronics) / Ionenbeschuss m, Ionenbombardment n || ~ **bond**\* (an electrostatic attraction between oppositely charged ions) (Chem) / elektrovalente Bindung, Ionenbindung f (eine Art der chemischen Bindung), heteropolare Bindung, elektrostatische Bindung, polare Bindung || ~ **chain polymerization** (Chem) / Ionenkettenpolymerisation f || ~ **charge** (Chem) / Ionenwertigkeit f, Ionenladung f, Ladungszahl f (die die Zahl der Ladungen eines Ions angibt) || ~ **concentration**\* (Chem) / Ionenkonzentration f || ~ **conduction**\* (Chem) / Ionenleitung f (die auf der Bewegung von Ionen beruht), Leitung f II. Ordnung || ~ **conductivity**\* (Chem) / Ionenleitfähigkeit f (spezifische) || ~ **conductor**\* (Electronics) / Ionenleiter m (Festkörperelektrolyt, der elektrischen Strom aufgrund freibeweglicher Ionen leitet), elektrolytischer Leiter, Leiter m II. Ordnung, Leiter m zweiter Klasse || ~ **contamination** (Electronics) / Ionenkontamination f, Ionenverschmutzung f || ~ **crystal**\* (Crystal) / Ionenkristall m (Kristall mit Ionengitter) || ~ **current**\* (Electronics) / Ionenstrom m
**ionic-current measuring method** (Autos) / Ionenstrommessverfahren n (für die Wärmewertanpassung von Zündkerzen) || ~ **measuring technique** (Autos) / Ionenstrommessverfahren n (für die Wärmewertanpassung von Zündkerzen)
**ionic diffusion** (Chem) / Ionendiffusion f || ~ **dissociation** (Chem) / elektrolytische Dissoziation, elektrolytische Zersetzung || ~ **distance** (Crystal, Phys) / Ionenabstand m || ~ **equilibrium** / Ionengleichgewicht n || ~ **focussing** (Electronics, Plasma Phys) / Gasfokussierung f, Gaskonzentrierung f || ~ **formula** (a simplified electron formula) (Chem) / Ionenformel f
**ionic-heated cathode**\* (Electronics) / entladungsgeheizte Katode, Selbstaufheizkatode f
**ionic hydride** (Chem) / salzartiges Hydrid, elektrovalentes Hydrid, ionisches Hydrid || ~ **interaction** (Chem, Phys) / Ion-Ion-Wechselwirkung f
**ionicity** n (Chem) / ionischer Charakter, Ionizität f
**ionic lattice** (Crystal) / Ionengitter n (ein Kristallgittertyp) || ~ **load** (Phys) / Ionenbelastung f || ~ **loudspeaker** (Acous) / Ionenlautsprecher m || ~ **medication** (Med) / Iontophorese f, Ionentherapie f, Elektrokataphorese f || ~ **migration**\* (Phys) /

Ionenwanderung f (DIN 41852), Ionenmigration f || ~ **mobility** (Chem, Phys) / Ionenbeweglichkeit f || ~ **molecule** (Chem) / Ionenmolekül n (aus entgegengesetzt geladenen Atom- oder Radikalionen aufgebautes Molekül, dessen Zusammenhalt durch Ionenbindung bewirkt wird) / salzartiges Nitrid (z.B. $Li_3N$) || ~ **order** (Arch) / ionische Säulenordnung || ~ **polarization** (Electronics, Phys) / Ionenpolarisation f (Verschiebung ionisierter Atome unter der Einwirkung eines elektrischen Feldes), Atompolarisation f, Gitterpolarisation f || ~ **polymer** (Chem) / ionisches Polymer || ~ **polymerization** (Chem) / ionische Polymerisation || ~ **product**\* (Chem) / Ionenprodukt n (Produkt sämtlicher Konzentrationen der bei der Dissozation von Molekülen entstehenden Ionenarten) || ~ **radius**\* (Crystal) / Ionenradius m (der scheinbare Radius der als starre, einander berührende Kugeln gedachten Ionen in einem Kristallgitter) || ~ **reaction** (Chem) / Ionenreaktion f || ~ **semiconductor** (Electronics) / Ionenhalbleiter m || ~ **speed** (Chem, Phys) / Ionengeschwindigkeit f, Ionenwanderungsgeschwindigkeit f || ~ **strength**\* (Chem) / Ionenstärke f (mol/kg)
**ionic-strength adjuster** (Chem) / Ionenstärkeeinsteller m (in der Potentiometrie) || ~ **adjustment buffer** (Chem) / Pufferlösung f zur Ionenstärkeeinstellung
**ionic strength of resins** (Chem, Plastics) / Basizität f von Harzen || ~ **tail** (Astron) / Gasschweif m (des Kometen), Plasmaschweif m, Ionenschweif m (des Kometen) || ~ **valence** (Chem) / Ionenwertigkeit f, Ionenladung f, Ladungszahl f (die die Zahl der Ladungen eines Ions angibt) || ~ **valve** (Electronics) / Elektronenventil n, Ionenröhre f || ~ **velocity** (Chem, Phys) / Ionengeschwindigkeit f, Ionenwanderungsgeschwindigkeit f || ~ **weight** (Phys) / Ionengewicht n (Summe der Atomgewichte der das Ion aufbauenden Elemente)
**ion implantation**\* (the injection of ions into a specimen) (Electronics) / Ionenstrahldotierung f, Ioneneinpflanzung f, Ionenimplantation f (in der Halbleitertechnologie), Ioneneinbau m (Methode zur Dotierung von Silizium-Wafern)
**ion-implanted** adj (Electronics) / ionenimplantiert adj || ~ **junction** (Electronics) / ionenimplantierter Übergang || ~ **sensor** (Electronics) / ionenimplantierter Sensor
**ion-ion interaction** (Chem, Phys) / Ion-Ion-Wechselwirkung f
**ionisation** n (Phys) / Ionisierung f, Ionisation f
**ionise** v (GB) (Phys) / ionisieren v
**ionium** n (Chem) / Ionium n (radioaktives Zerfallsprodukt des Uran-Radium-Zerfallsreihe, Thoriumisotop der Massenzahl 230)
**ionizable** adj (Phys) / ionisierbar adj
**ionization**\* n (Phys) / Ionisierung f, Ionisation f || ~ **by collision**\* (Electronics, Spectr) / Stoßionisation f, Elektronenstoßionisation f, Ionisation f durch Elektronenstoß || ~ **chamber**\* (Nuc Eng) / Ionisationskammer f, IK (Ionisationskammer) || ~ **chamber region** (Nuc Eng) / Ionisationskammerbereich m (des Zählrohrs) || ~ **charge** (of a coating powder) (Paint, Surf) / Ionisationsaufladung f (bei der elektrostatischen Pulverlackierung) || ~ **constant**\* (Chem, Phys) / Ionisationskonstante f s. also dissociation constant || ~ **continuum**\* (Phys) / Ionisationskontinuum n || ~ **counter** (Radiol) / Ionisationszähler m, Impuls-Ionisationskammer f || ~ **cross-section**\* (the probability that an incident particle traversing a gas or solid will produce an ionizing collision) (Phys) / Ionisierungsquerschnitt m || ~ **current**\* (Phys) / Ionisierungsstrom m, Ionisationsstrom m || ~ **density**\* (Phys) / Ionisationsdichte f, Ionisierungsdichte f || ~ **dosemeter** (Radiol) / Ionisationsdosimeter n (DIN 6817), Dosimeter mit Ionisationskammer n || ~ **energy** (Nuc) / Ionisationsenergie f, Ionisierungsenergie f (die zum Abtrennen des Elektrons erforderlich ist) || ~ **gauge**\* (Electronics, Phys, Vac Tech) / Ionisationsvakuummeter n || ~ **isomerism** (Chemistry) / Ionisationsisomerie f (bei Koordinationsverbindungen)
**ionization-loss spectroscopy** (Spectr) / Ionisationsverlustspektroskopie f
**ionization manometer**\* (direct reading) (Nuc Eng) / Ionisationsmanometer n, Ionisierungsmanometer n || ~ **method** (Spectr) / Ionisierungsmethode f (in der Massenspektrometrie) || ~ **noise** (Phys) / Ionenrauschen n, Ionisationsrauschen n || ~ **potential**\* (Nuc) / Ionisierungsspannung f, Ionisierungspotential n, Ionisationspotential n, Ionisationsspannung f || ~ **potential**\* (Nuc) s. also ionization energy || ~ **pump** (Vac Tech) / Ionenpumpe f (zur Erstellung eines Höchstvakuums) || ~ **smoke detector** / Ionisationsrauchmelder m (zur Feststellung von Bränden im Frühstadium) || ~ **source** (Vac Tech) / Ionenstrahlquelle f (z.B. nach Penning), Ionenquelle f (eine Vorrichtung zur Erzeugung gerichteter Ionenstrahlen im Vakuum) || ~ **temperature**\* (Phys) / Ionisierungstemperatur f, Ionisationstemperatur f || ~ **vacuum gauge** (Phys, Vac Tech) / Ionisationsvakuummeter n || ~ **vacuum gauge** (Phys, Vac Tech) s. also Penning ionization gauge
**ionize** v (Phys) / ionisieren v
**ionized atom**\* (Phys) / Atomion n, ionisiertes Atom

**ionizer** *n* (in ion engines or other devices, a filament, grid, or porous body that strips electrons from the outer shells of neutral atoms to form positively charged ions) / Ionenerzeuger *n* (bei elektrostatischem Antrieb) ‖ ~ **wire** / Sprühdraht *m* (des Elektrofilters)

**ionizing collision*** (Phys) / Ionisationsstoß *m* ‖ ~ **energy*** (Nuc) / Ionisationsenergie *f*, Ionisierungsenergie *f* (die zum Abtrennen des Elektrons erforderlich ist) ‖ ~ **event*** (Phys) / Ionisierung *f* (als einmaliges Ereignis) ‖ ~ **particle*** (Phys) / ionisierendes Teilchen *n* ‖ ~ **power** (Phys) / Ionisierungsvermögen *n*, Ionisierungsfähigkeit *f* ‖ ~ **radiation*** (Phys) / ionisierende Strahlung (die beim Einwirken auf Materie so viel Energie an deren Atome oder Moleküle abgibt, dass Elektronen abgelöst werden und somit eine Ionisation stattfindet - DIN 6814, DIN 2541) ‖ ~ **voltage*** (Electronics) / Zündspannung *f* (der Gasentladungslampe)

**ion laser** (Phys) / Ionenlaser *m*, Ionengaslaser *m* ‖ ~ **lattice** (Crystal) / Ionengitter *n* (ein Kristallgittertyp) ‖ ~ **lithography** (Electronics) / Ionenlithografie *f* ‖ ~ **mass** (Chem, Phys) / Ionenmasse *f* ‖ ~ **microprobe** / Ionenmikrosonde *f* ‖ ~ **microprobe analysis** (Spectr) / SIMS (abbildende, statische, dynamische), Ionenstrahl-Mikroanalyse *f*, Sekundärionen-Massenspektrometrie *f*, ISMA (Ionenstrahl-Mikroanalyse) ‖ ~ **microscope** (Micros) / Ionenmikroskop *n* ‖ ~ **microscopy** (Micros) / Feldionenmikroskop *n* ‖ ~ **migration** (Phys) / Ionenwanderung *f* (DIN 41852), Ionenmigration *f* ‖ ~ **mobility*** (Chem, Phys) / Ionenbeweglichkeit *f* ‖ ~ **molecule** (Chem) / Ionenmolekül *n* (aus entgegengesetzt geladenen Atom- oder Radikalionen aufgebautes Molekül, dessen Zusammenhalt durch Ionenbindung bewirkt wird)

**ion-molecule reaction** (Chem) / Ionen-Molekül-Reaktion *f*

**ion motion** (Chem, Phys) / Ionenbewegung *f* ‖ ~ **movement** (Chem, Phys) / Ionenbewegung *f* ‖ ~ **neutralization spectroscopy** (Spectr) / Ionenneutralisationsspektroskopie *f*, INS (Ionenneutralisationsspektroskopie)

**ionogenic*** *adj* (Chem, Phys) / ionogen *adj*, ionenerzeugend *adj*

**ionogram** *n* (Med) / Ionogramm *n* (bei der Ionografie gewonnene Abbildung) ‖ ~ (Meteor) / Ionogramm *n* (durch Ionosonde geliefert)

**ionography** *n* (Crystal, Radiol) / Ionografie *f*, Elektroradiografie *f*

**ionol** *n* (butylated hydroxytoluene) (Chem) / Jonol *n*, Ionol *n* (Trivialname für den von Jonon abgeleiteten Alkohol)

**ionomer** *n* (Plastics) / Ionomeres *n*, Ionomere *n*, Ionomer *n* (vernetzte, thermoplastische, transparente Kunststoffe, vor allem Copolymere des Ethylens mit carboxylgruppenhaltigen Monomeren)

**ionone** *n* (Chem) / Jonon *n*, Ionon *n* (natürlicher Riechstoff)

**ionophone*** *n* (Acous) / Ionophon-Lautsprecher *m* ‖ ~* (Acous) / Katodophon *n*

**ionophore*** *n* (Biochem) / Ionophor *m*

**ionophoresis** *n* (pl. -ses) (Chem) / Ionophorese *f* (Elektrophorese bei niedermolekularen Ionen)

**ion optics** (Optics) / Ionenoptik *f* (Teilgebiet der Physik, das die Führung von Ionenstrahlen nach den Prinzipien der geometrischen Optik behandelt)

**ionosonde** *n* (Radar, Radio) / Ionosonde *f*

**ionosphere*** *n* (Geophys, Meteor, Radio) / Ionosphäre *f* (ein Teil der oberen Atmosphäre) ‖ ~ **disturbance** (Meteor) / ionosphärische Störung (beim Ionosphärensturm)

**ionospheric** *adj* / ionosphärisch *adj* ‖ ~ **backscatter radar** (Radar) / Ionosphärenrückstreuradar *m* ‖ ~ **disturbance*** (Meteor) / ionosphärische Störung (beim Ionosphärensturm) ‖ ~ **focussing** / ionosphärische Fokussierung

**ionospheric-path error** (Radar) / Raumwellenfehler *m*

**ionospheric prediction** (Radio) / ionosphärische Voraussage ‖ ~ **propagation** (Radio) / Ionosphärenausbreitung *f*, Ausbreitung *f* in der Ionosphäre ‖ ~ **ray** (Radio) / indirekter Strahl ‖ ~ **region*** (Geophys, Meteor) / Gebiet *n* der Ionosphäre (mit Ionosphärenschichten) ‖ ~ **scatter(ing)** (Radio) / ionosphärische Streuausbreitung ‖ ~ **storm** (Geophys, Telecomm) / Ionosphärensturm *m* ‖ ~ **wave** (Radio) / Raumwelle *f* (die sich vom Erdboden unbeeinflusst im Raum ausbreitet - DIN 45020)

**ionotropy*** *n* (Chem) / Ionotropie *f* (räumlich geordnete Koagulation durch Eindiffusion von niedermolekularen Elektrolyten in Lösungen von Polyelektrolyten)

**ion pair*** (Phys) / Ionenpaar *n*

**ion-pair chromatography** (Chem) / Ionenwechselwirkungschromatografie *f*, Ionenpaarchromatografie *f* (zur Trennung von hydrophoben ionischen Spezies), IPC (Ionenpaarchromatografie) ‖ ~ **formation** / Ionenpaarbildung *f*

**ion-pairing** *n* / Ionenpaarbildung *f*

**ion plasma** (Plasma Phys) / Ionenplasma *n* ‖ ~ **plating** (Surf) / Ionenplattieren *n* (ein PVD-Verfahren, bei dem ein Teil des kondensierenden Materials an der Verdampfungsquelle oder auf dem Weg zu den Substraten ionisiert wurde) ‖ ~ **propulsion*** (Space) / Ionenantrieb *m* (ein elektrischer Antrieb), elektrostatischer Antrieb ‖ ~ **pump** (Biochem) / Ionenpumpe *f* (ein Enzymkomplex) ‖ ~ **pump** (Vac Tech) / Ionenpumpe *f* (zur Erstellung eines Höchstvakuums) ‖ ~ **radius** (Crystal) / Ionenradius *m* (der scheinbare Radius der als starre, einander berührende Kugeln gedachten Ionen in einem Kristallgitter) ‖ ~ **retardation** (Chem Eng) / Ionenverzögerung *f* ‖ ~ **retardation process** / Ionenverzögerungsverfahren *n* ‖ ~ **rocket*** (Space) / Ionenrakete *f*, Rakete *f* mit elektrostatischem Triebwerk, Rakete *f* mit Ionenantrieb

**ion-scattering spectroscopy** (Spectr) / Ionenstreu(ungs)spektroskopie *f*, ISS (Ionenstreuspektroskopie), Ionenrückstreu-Spektroskopie *f*, LEIS-Spektroskopie *f*

**ion-selective electrode** (Chem, Electronics) / ionenselektive Elektrode, ionensensitive Elektrode (eine Messelektrode in der chemischen Analyse)

**ion-sensitive field-effect transistor** (Electronics) / ionensensitiver Feldeffekttransistor, ISFET-Transistor *m*

**ion sound** (Plasma Phys) / Ionenschall *m* (zeitliche Aufeinanderfolge von Verdichtungen und Verdünnungen des Plasmas) ‖ ~ **source*** (Vac Tech) / Ionenstrahlquelle *f* (z.B. nach Penning), Ionenquelle *f* (eine Vorrichtung zur Erzeugung gerichteter Ionenstrahlen im Vakuum) ‖ ~ **specific electrode** (Chem, Electronics) / ionenspezifische Elektrode ‖ ~ **spot*** (Electronics) / Ionenfleck *m* (auf den Leuchtschirmen von Oszillografenröhren) ‖ ~ **spray** (Spectr) / Ionenspray *m* *n* ‖ ~ **therapy** (Med) / Iontophorese *f*, Ionentherapie *f*, Elektrokataphorese *f*

**iontophoresis*** *n* (pl. -phoreses) (Chem, Med) / Iontophorese *f*, Ionentherapie *f*, Elektrokataphorese *f*

**ion transfer pump** (Vac Tech) / Ionentransferpumpe *f* ‖ ~ **trap*** (Electronics, Phys, Spectr) / Ionenfalle *f* (Vorrichtung zur Speicherung von Ionen über einen bestimmten Zeitraum ohne Kontakt zu materiellen Wänden, die eine höchst auflösende Spektroskopie einzelner, isolierter Ionen gestatten)

**ion-trap detector** (Chem) / massenselektiver Detektor

**ion vapour deposition** (Surf) / IVD-Verfahren *n* (zur Al-Beschichtung von Titan- und Stahlwerkstoffen) ‖ ~ **velocity*** (Chem, Phys) / Ionengeschwindigkeit *f*, Ionenwanderungsgeschwindigkeit *f* ‖ ~ **yield*** (Phys) / Ionenausbeute *f*

**IOP*** (input/output processor) (Comp) / Ein-Ausgabe-Prozessor *m*, E/A-Prozessor *m* (zusätzlicher Prozessor, der einem Mikroprozessor zugeordnet ist, um Ein-Ausgabe-Operationen durchzuführen), I/O-Prozessor *m*, IOP (I/O-Prozessor), peripherer Prozessor (der die Peripherie steuert)

**i-operator** *n* (Maths) / imaginäre Einheit (i)

**I/O processor** *n* (Comp) / Ein-Ausgabe-Prozessor *m*, E/A-Prozessor *m* (zusätzlicher Prozessor, der einem Mikroprozessor zugeordnet ist, um Ein-Ausgabe-Operationen durchzuführen), I/O-Prozessor *m*, IOP (I/O-Prozessor), peripherer Prozessor (der die Peripherie steuert)

**IOR** (input/output register) (Comp) / Ein-Ausgaberegister *n*

**IOS** (interference optical laser) / interferenzoptischer Sensor

**ioxynil** *n* (Agric, Chem) / Ioxynil *n* (ein schwach systemisches Nachlaufherbizid)

**IP** (interrecord processor) (Comp) / Interrecord-Prozessor *m* (ein Mehrzweckprozessor, der für verschiedene satzübergreifende Operationen eingesetzt wird), IP (Interrecord-Prozessor - ein Mehrzweckprozessor, der für verschiedene satzübergreifende Operationen eingesetzt wird) ‖ ~ (international protection) (Elec Eng) / Schutzart + Schutzgrad, Schutzgrad *m* (DIN VDE 0530, T 5), Schutzart (DIN VDE 0530, T 5) ‖ ~ (ionization potential) (Nuc) / Ionisierungsspannung *f*, Ionisierungspotential *n*, Ionisationspotential *n*, Ionisationsspannung *f* ‖ ~ (Internet protocol) (Comp) / Internetprotokoll *n*, IP (Internetprotokoll) ‖ ~ (information provider) (Comp) / Informationsanbieter *m* (der Btx-Informationen aufbereitet und zum Abruf bereitstellt), Informationslieferant *m* ‖ ~ (ice point) (Phys) / Eispunkt *m* (Schmelzpunkt des Eises bei einem Druck von 101324,72 Pa - einer der beiden Fundamentalpunkte der Temperaturskale)

**IPA** *n* (isopropyl alcohol) (Chem, Nut) / Isopropanol *n* (auch als Trägerlösemittel in der Lebnesmittelindustrie), Isopropylalkohol *m*, 2-Propanol *n*

**IP address** (Internet Protocol address) (Comp) / IP-Adresse *f* (aus Ziffern bestehende Internetadresse eines Rechners)

**IPC** (isopropyl-N-phenylcarbamate) (Agric, Chem) / Propham *n* (ein selektives Vor- und Nachlaufherbizid) ‖ ~ (ion-pair chromatography) (Chem) / Ionenwechselwirkungschromatografie *f*, Ionenpaarchromatografie *f* (zur Trennung von hydrophoben ionischen Spezies), IPC (Ionenpaarchromatografie) ‖ ~ (interprocess communication) (Comp) / Prozesskommunikation *f*, Interprozesskommunikation *f*

**IP datagram** (the fundamental unit of information passed across the Internet) (Comp, Telecomm) / IP-Datagramm *n*

**ipe** *n* (For) / Ipé *n* (Holz von Tabebuia sp.)

**IPE beam** (European section) (Met) / IPE-Träger *m*, I-Träger *m* mit parallelen Flanschflächen
**ipecac** *n* (Pharm) / Ipekakuanha *f*, Ipecacuanha *f*, Brechwurzel *f* (aus Psychotria ipecacuanha (Brot.) Stokes) ‖ ~ **alkaloid** (Pharm) / Ipecac-Alkaloid *n*, Ipecacuanhaalkaloid *n*, Ipekakuanhaalkaloid *n*
**ipecacuanha** *n* (Pharm) / Ipekakuanha *f*, Ipecacuanha *f*, Brechwurzel *f* (aus Psychotria ipecacuanha (Brot.) Stokes)
**IPL** (initial program loader) (Comp) / Urlader *m* (mit dem der Rechner in Betrieb genommen wird und der das Laden weiterer Programme ermöglicht), Initialprogrammlader *m*, Anfangslader *m*, Systemeröffnungsprogramm *n* ‖ ~ (initial program loading) (Comp) / Urstart *m*, einleitendes Programmladen, Urladen *n*, Initialprogrammladen *n*, Anfangsladen *n*
**IP masquerading** (Comp) / IP-Masquerading *n* (Schutzfunktion bei Firewalls) ‖ ~ **message** (Telecomm) / IP-Mitteilung *f*, interpersonelle Mitteilung
**ipomoea alkaloids** (Pharm) / Ipomoea-Alkaloide *n pl* (aus mexikanischen Prunkwinden) ‖ ~ **resin** (Pharm) / Ipomoea-Harz *n*, Orizaba-Harz *n*, mexikanisches Skammoniaharz (aus den Wurzeln einer mexikanischen Prunkwinde)
**IPOT** *n* (inductive potentiometer) (Elec Eng) / induktives Potentiometer
**ipot** *n* (inductive potential divider) (Elec Eng) / induktiver Spannungsteiler, Ipot *n*
**IPP** (independent power producer) / unabhängiger Stromerzeuger ‖ ~ (interpulse period) (Radar) / Zwischenimpulsperiode *f*
**ipso-substitution** *n* (Chem) / ipso-Substitution *f* (elektrophile Substitution an aromatischen Verbindungen, bei denen die Abgangsgruppe kein Proton, sondern ein anderes Atom oder eine Atomgruppierung ist)
**IP spoofing** (Comp) / DNS-Spoofing *n* (Begriff aus der Szene der Hacker), IP-Spoofing (Begriff aus der Szene der Hacker)
**IPTS** (International practical temperature scale) (Phys) / Internationale praktische Temperaturskala (heute obsolet)
**IPT thermometer*** (Chem) / Thermometer *n* nach Institute of Petroleum Technologists
**IPX internetwork address** (Comp, Telecomm) / IPX-Verbundnetzadresse *f*
**ipy** (inch per year) (Eng, Paint, Surf) / alte Einheit, die zur Messung des jährlichen Korrosionsverlusts benutzt wurde
**IQ*** (intelligence quotient) (Psychol) / Intelligenzquotient *m*, IQ (Intelligenzquotient)
**i.r.** (infrared) / Infrarot-, infrarot *adj*, IR
**IR** (infrared) / Infrarot-, infrarot *adj*, IR ‖ ~ (industrial robot) / Industrieroboter *m* (ein flexibles Handhabungsgerät, das über einen Arm mindestens mit drei Freiheitsgraden verfügt - ein Arbeits- und Bewegungsautomat), IR (Industrieroboter) ‖ ~ (isoprene rubber) / Isoprenkautschuk *m*, IR (Isoprenkautschuk), NR (Isoprenkautschuk nach DIN ISO 1629)
**Ir** (iridium) (Chem) / Iridium *n*, Ir (Iridium)
**IR** (information retrieval) (Comp) / Informationswiedergewinnung *f*, Information-Retrieval *n*, Wiederauffinden *n* (von Informationen), Retrieval *n* ‖ ~ (index register) (Comp) / Indexregister *n* (das vorwiegend zum Modifizieren von Adressen und Verzweigungskriterien verwendet wird - DIN 44300), Bezugsregister *n* ‖ ~ (instruction register) (Comp) / Befehlsregister *n* (in einem Leitwerk nach DIN 44300) ‖ ~ (interrogator-responsor) (Telecomm) / Interrogator-Responder *n*, Frage-Antwort-Gerät *n*
**iraser** *n* (Phys) / Infrarotlaser *m*, Iraser *m* (ein im Infrarotbereich arbeitender Laser)
**IRBM** (intermediate-range ballistic missile) (Mil) / Flugkörper *m* (ballistischer) mittlerer Reichweite, Mittelstreckenrakete *f* (bis etwa 6000 km)
**IRC** (intrinsic reaction coordinate) (Chem) / idealer Reaktionsweg (durch die Energiehyperfläche) ‖ ~ (Internet Relay Chat) (Comp, Telecomm) / Internet Relay Chat *m*, IRC (Internet Relay Chat) ‖ ~ **channel** (Comp) / Chatroom *m* (virtueller Gesprächsraum im Internet), Chatraum *m*, IRC-Channel *m* (IRC-Online-Konferenz), Channel *m* (Chatraum) ‖ ~ **client** (Comp) / IRC-Client *m* ‖ ~ **client** (Comp, Telecomm) / Chat-Steuerungsprogramm *n* ‖ ~ **server** (Comp) / IRC-Server *m* (der das Chatten auf IRC-Kanälen ermöglicht)
**IRDATA** *n* (industrial robot data) / IRDATA *m* (ein Übersetzercode für Robotersprachen)
**IR divergence** (Phys) / Ultrarotkatastrophe *f*, Ultrarotdivergenz *f*, Infrarotdivergenz *f*, Infrarotkatastrophe *f* (im Rahmen der Quantenelektrodynamik) ‖ ~ **dome** (Phys) / infrarotdurchlässige Haube, IR-Haube *f*, Infrarothaube *f*
**I.R. drop*** (Elec, Elec Eng) / IR-Abfall *m*, Ohm'scher Spannungsabfall, Widerstandsabnahme *f*
**IR Earth sensor** (Geophys) / Aufnehmer *m* für Infrarotstrahlung der Erde

**IRED** (infrared radiation emitting diode) (Electronics, Phys) / infrarotemittierende Diode (Halbleiterdiode, die elektromagnetische Strahlung im kurzwelligen Bereich des infraroten Lichts aussendet), IRED *f* (Infrarotdiode), Infrarotdiode *f* (DIN 41 855, T 2)
**IRF** (International Road Federation) (Civ Eng) / Internationale Straßenliga (gegründet 1948, Sitz: Washington, europäische Geschäftsstelle: Genf) ‖ ~ (inherited-rights filter) (Comp) / Filter *n* für vererbte Rechte, Inherited Rights Filter *n* (Netware; mit Hilfe der IRF können Rechte gezielt nicht weitergegeben werden), IRF (Inherited Rights Filter)
**IRFO** (infrared fibre optics) (Optics) / Faseroptik *f* für Infrarot, IR-Faseroptik *f*
**IRG** (interrecord gap) (Comp) / Start-Stopp-Zwischenraum *m*, Satzzwischenraum *m*, Satzlücke *f* (Bereich ohne Aufzeichnungen zwischen benachbarten Datensätzen)
**irgalan dyes** (Chem, Textiles) / Irgalan-Farbstoffe *m pl* (Metallkomplexfarbstoffe zum Färben von Wolle, Naturseide und Polyamid)
**IRHD*** (International Rubber Hardness Degree) / Grad *m* der Internationalen Gummihärte, internationaler Gummihärtegrad, IRHD (internationaler Gummihärtegrad)
**iridesce** *v* / irisieren *v*
**iridescence*** *n* / Schillern *n* (schillerndes Farbenspiel), Irisieren *n*
**iridescent, be** ~ / irisieren *v* ‖ ~ **cloud*** (Meteor) / irisierende Wolke ‖ ~ **layer** (Chem, Phys) / irisierende Schicht ‖ ~ **paper** (Paper) / Perlmuttpapier *n*, Perlmutterpapier *n*
**iridic chloride** ($IrCl_4$) (Chem) / Iridiumchlorid *n* ($IrCl_4$)
**iridium*** *n* (Chem) / Iridium *n*, Ir (Iridium)
**iridium(IV) chloride** (Chem) / Iridiumchlorid *n* ($IrCl_4$)
**iridium chloride** (Chem) / Iridiumchlorid *n* (im Allgemeinen - $IrCl_4$ oder $IrCl_3$) ‖ ~ **chloride** (Chem) / Iridiumchlorid *n* ($IrCl_4$) ‖ ~ **deposition** (Surf) / Iridiumniederschlag *m* (elektrolytischer - aus dem Schmelzfluss) ‖ ~ **tetrachloride** (Chem) / Iridiumchlorid *n* ($IrCl_4$)
**iridoid** *n* (Chem) / Iridoid *n* (ein Monoterpen, wie z.B. Loganin)
**iridosmine*** *n* (Min) / Iridosmium *n* (mit > 55% Os), Sysserskit *m*
**iris*** *n* (Elec Eng, Photog) / Irisblende *f* (veränderliche Lochblende) ‖ ~* (Min) / Regenbogenquarz *m* (Handelsbezeichnung für Quarz mit irisierendem Farbenspiel, das auf dünne Risse zurückzuführen ist), Irisquarz *m* ‖ ~* (Optics) / Regenbogenhaut *f*, Iris *f* ‖ ~* (Elec Eng, Photog) s. also diaphragm
**irisation*** *n* / Schillern *n* (schillerndes Farbenspiel), Irisieren *n*
**iris control** (Cinema) / Steuerung *f* der Irisblende ‖ ~ **diaphragm** (a continuously variable hole forming an adjustable stop for a camera lens and usually integral with the mounting of the lens) (Elec Eng, Photog) / Irisblende *f* (veränderliche Lochblende)
**Irish linen** (Textiles) / irische Leinwand, Irisch-Leinen *n* (aus Irland kommender sehr feinfädiger, dichter gebleichter Leinenstoff) ‖ ~ **moss*** (Bot, Nut) / Carrageen *n* (E 407), Knorpeltang *m*, Irländisches Moos, Irisches Moos, Carragheen *n*, Karragheen *n*, Karrageen *n*, Gallertmoos *n*
**iris in** *v* (Optics, Photog) / aufblenden *v* ‖ ~ **oil** / Veilchenwurzelöl *n* (das etherische Öl des Rhizoms der Iris sp.), Iriswurzelöl *n*, Irisöl *n*
**irisone** *n* (Chem) / Jonon *n*, Ionon *n* (natürlicher Riechstoff)
**iris out** *v* (Optics, Photog) / abblenden *v*
**IR language** (Comp) / Sprache *f* eines Roboters, Robotersprache *f*
**I²R loss*** (Elec Eng) / Stromwärmeverlust *m* (nach dem bisher am häufigsten verwendeten Leitungsmaterial wird er sehr oft als Kupferverlust bezeichnet)
**IR microscopy** (Micros) / Infrarotmikroskopie *f*
**iroko*** *n* (For) / Iroko *n* (das Holz der Milicia excelsa (Welw.) C.C. Berg), Kambala *n*
**iron • (III) chloride*** (Chem) / Ferrum(III)-chlorid *n*, Eisen(III)-chlorid *n* ‖ ~ *v* (Textiles) / bügeln *v*, plätten *v*, glätten *v* ‖ ~ *n* / Iron *n* (alte amerikanische Einheit für Sohllederstärke = 0,53 mm) ‖ ~* (Chem) / Eisen *n*, Ferrum *n*, Fe (Eisen) ‖ ~ **(III)** *attr* (Chem) / Eisen(III)- ‖ ~ **(II)** (Chem) / Eisen(II)- ‖ ~ **acetate** (Chem) / Eisenethanoat *n*, Eisenazetat *n*, Eisenacetat *n* ‖ ~ **acetate liquor** (Textiles) / Eisenbeize *f* (z.B. Eisenazetat, basisches Eisen(III)-sulfat, Schwarzbeize *f* ‖ ~ **alloy** (Met) / Eisenlegierung *f* ‖ ~ **alum** (Chem) / Eisenalaun *m* ‖ ~ **alum*** (Min) / Halotrichit *m*, Eisenalaun *m*, Bergbutter *f* (Aluminiumeisen(II)-sulfat-22-Wasser)
**iron-ammonium alum** (Chem) / Ammoniumeisenalaun *m*, Eisenammoniakalaun *m*
**iron • (III) ammonium citrate** (Chem) / Eisen(III)-ammoniumcitrat *n*, Eisen(III)-ammoniumzitrat *n*, Ammoniumeisen(III)-citrat *n*, Ammoniumeisen(III)-zitrat *n*, Ammoniumferricitrat *n*, Ammoniumferrizitrat *n* ‖ ~ **(II) ammonium sulphate** (Chem) / Ammoniumeisen(II)-sulfat *n*, Ferroammoniumsulfat *n*
**iron-ammonium sulphate** (Chem) / Eisenammoniumsulfat *n*, Ammoniumeisensulfat *n*

**iron • (III) ammonium sulphate** (Chem) / Ammoniumeisen(III)-sulfat n (Ammoniumeisenalaun), Ferriammoniumsulfat n ‖ **~(II) ammonium sulphate** (Chem) s. also Mohr's salt ‖ **~ and steel producing industry** (Met) / eisenschaffende Industrie (z.B. Hochofen- und Stahlwerke, Gießereien) ‖ **~ and steel working industry** (steel users) (Met) / eisenverarbeitende Industrie (z.B. Walzwerke, Drahtziehereien) ‖ **~ arc*** (Elec Eng, Optics) / Eisenlichtbogen m, Eisenbogen m ‖ **~ bacteria*** (Ecol, Hyd Eng, Physiol) / Eisenbakterien f pl (die zur Oxidation von reduziertem Eisen befähigt sind)
**ironbark*** n (For) / Eisenrindenbaumholz n (Holz des Eucalyptus leucoxylon)
**iron-base material** (Met) / Eisenwerkstoff m (DIN 17014, T 1)
**iron-bearing** adj / eisenführend adj
**iron-binding protein** (Biochem) / eisenbindendes Protein
**iron black** (Chem) / Eisenschwarz n (ein Antimonpulver) ‖ **~ blue** (Paint) / Berliner Blau n (ein lichtechtes Eisenblaupigment), Pariser Blau, Preußischblau n, Eisenblau n, Eisencyanblau n, Eisencyanid n, Bronzeblau n, Bronceblau n, Williamsons Violett
**iron-blue pigment** (Paint) / Eisenblaupigment n (ein Komplexsalzpigment nach DIN 55 944)
**iron boride** (Chem) / Eisenborid n
**iron-bound** adj / eisenbeschlagen adj
**iron bridge** (Civ Eng) / Stahlbrücke f
**iron(III) bromide** (Chem) / Eisen(III)-bromid n, Eisentribromid n
**iron buff** (Textiles) / Nankinggelb n (z.B. für die Khakifärberei), Rostgelb n ‖ **~ carbide** (Chem) / Eisenkarbid n, Eisencarbid n ‖ **~ carbonate** (Chem) / Eisenkarbonat n, Eisencarbonat n
**iron-carbon equilibrium diagram** (Met) / Eisen-Kohlenstoff-Diagramm n (grafische Darstellung der Zustandsänderungen im System Eisen-Kohlenstoff in Abhängigkeit von der Temperatur und von dem Kohlenstoffgehalt), Fe-C-Diagramm n
**iron carbonyl** (Chem) / Eisenkarbonyl n, Eisencarbonyl n (z.B. Eisenpentacarbonyl) ‖ **~ cast(ing) alloy** (Foundry) / Eisengusslegierung f (entweder Stahlguss oder Gusseisen) ‖ **~ casting** (Foundry) / Eisenguss m (Gussteil), Eisengussstück n ‖ **~ catalyst** (Chem) / Eisenkatalysator m ‖ **~ channel** (Met) / Masselgraben m ‖ **~(II) chloride** (Chem) / Eisen(II)-chlorid n, Ferrum(II)-chlorid n
**iron-chloride-containing wad** (Med) / Eisenchloridwatte f
**iron(III) citrate** (Chem, Med) / Eisen(III)-zitrat n, Eisen(III)-citrat n
**iron-clad** adj (Elec Eng) / metallgekapselt adj, metallisch gekapselt, gussgekapselt adj ‖ **~ magnet** (Elec Eng, Mag) / Mantelmagnet m ‖ **~ plate** (Elec Eng) / Panzerplatte f (bei Batterien) ‖ **~ switchgear*** (Elec Eng) / Schaltgerät, bei dem jedes einzelne Teil gekapselt ist
**iron-containing** adj / eisenführend adj
**iron core** (Elec Eng) / Eisenkern m
**iron-core accelerator** (Nuc, Nuc Eng) / Beschleuniger m mit Eisenkernspulen, Eisenspulenbeschleuniger m
**iron-cored choke** (Elec Eng) / Eisendrossel f (mit Eisenkern), Drossel f mit Eisenkern ‖ **~ reactor** (Elec Eng) / Eisendrossel f (mit Eisenkern), Drossel f mit Eisenkern
**iron-core sheet** (Elec Eng, Met) / Dynamoblech n (für den Aufbau von Eisenkernen elektrischer Maschinen und Eisendrosseln - meistens ein weichmagnetisches Blech aus einer Eisen-Silicium-Legierung)
**iron dichloride** (Chem) / Eisen(II)-chlorid n, Ferrum(II)-chlorid n ‖ **~(II) diiron(III) oxide** (Chem) / Eisen(II,III)-oxid n, Ferroferrioxid n (Fe₃O₄) ‖ **~ dust core*** (Elec Eng) / Massekern m (DIN 41281), Eisenpulverkern m
**irone*** n (Chem) / Iron n (Riechstoff der Veilchenwurzel-2-Methyljonon)
**ironer** n (Textiles) / Bügelpresse f (mit zwei ruhenden Arbeitsflächen)
**iron ethanoate** (Chem) / Eisenethanoat n, Eisenazetat n, Eisenacetat n ‖ **~ fighter** (Build) / Stahlbaumonteur m, Stahlbauschlosser m ‖ **~ fighter** (Civ Eng) / Bewehrungsflechter m, Betonstahlbieger m, Eisenbieger m (A) ‖ **~ foundry** (Foundry) / Eisengießerei f
**iron-gallate ink** / Eisengallustinte f, Gallustinte f
**iron-glance*** n (Min) / Eisenglanz m, Spekularit m, Specularit m
**iron group** (Chem) / Eisengruppe f (im periodischen System)
**ironhat** n (Mining) / Eiserner Hut m (in der Oxidationszone)
**iron(III) hydroxide** (Chem) / Eisen(III)-oxidhydrat n (FeO(OH))
**iron(II) hydroxide** (Chem) / Eisen(II)-hydroxid n, Eisendihydroxid n
**ironing** n (Met) / Abstreckgleitziehen n, Abstreckziehen n (Gleitziehen von Hohlkörpern durch einen Abstreckring) (eines Hohlkörpers nach DIN 8584) ‖ **~** (Textiles) / Bügeln n, Plätten n, Glätten n ‖ **~ cloth** (Textiles) / Bügeltuch n (Bügelunterlage) ‖ **~ fabric** (Textiles) / Aufbügelstoff m ‖ **~ fastness** (Textiles) / Bügelechtheit f ‖ **~ machine** (Textiles) / Bügelpresse f (mit zwei ruhenden Arbeitsflächen) ‖ **~ range** (Textiles) / Bügelstraße f ‖ **~ ring** (Met) / Abstreckring m (zum Abstreck-Gleitziehen, dessen Werkzeugöffnung sich in Abstreckrichtung verjüngt) ‖ **~ roll drawing** (Met) / Abstreckwalzziehen n (Walzziehen von Hohlkörpern mit einem gegen den Werkstückboden drückenden Innenwerkzeug - DIN 8584) ‖ **~ temperature** (Textiles) / Bügeltemperatur f
**iron liquor** (Textiles) / Eisenbeize f (z.B. Eisenazetat, basisches Eisen(III)-sulfat), Schwarzbeize f ‖ **~ loss*** (Elec Eng, Mag) / Ummagnetisierungsverlust m im Eisenkern, Ummagnetisierungsverlust m (angegeben in W/kg bei 50 Hz - DIN 46400) ‖ **~ making** (Met) / Roheisenerzeugung f (meistens im Hochofen), Roheisenherstellung f, Roheisengewinnung f ‖ **~ metal** (Met) / Eisenmetall n, EM (Eisenmetall) ‖ **~ metallurgy** (Met) / Eisenmetallurgie f ‖ **~ meteorite*** (Geol) / Holosiderit m, Eisenmeteorit m, Siderit m ‖ **~ mica** (Min, Paint) / Eisenglimmer m (Eisenoxid von glimmerartiger, grobkristalliner Struktur - ein Mischpigment, natürlich oder synthetisch) ‖ **~ mica** (Min) s. also lepidomelane ‖ **~ mine** (Mining) / Eisenbergwerk n, Eisenerzgrube f ‖ **~ mixer** (Met) / Roheisenmischer m, Mischer m (im Hochofenwerk)
**ironmongery** n (Eng) / Eisenware(n) f(pl), Metallwaren f pl, Metallartikel m pl, Beschlagteile n pl (im Allgemeinen)
**iron monosulphide** (Chem) / Eisen(II)-sulfid n ‖ **~ mordant** (Textiles) / Eisenbeize f (z.B. Eisenazetat, basisches Eisen(III)-sulfat), Schwarzbeize f ‖ **~-mould** n (Paper) / alter Tintenfleck, Eisenfleck m, Rostfleck m (Eisengallustinte) ‖ **~-nickel accumulator*** (Elec Eng) / Nickel-Eisen-Akkumulator m (ein alkalischer Akkumulator), Eisen-Nickel-Akkumulator m, Edison-Akkumulator m, NiFe-Akkumulator m, Nickel-Eisen-Batterie f, Stahlakkumulator m ‖ **~-nickel storage battery** (Elec Eng) / Nickel-Eisen-Akkumulator m (ein alkalischer Akkumulator), Eisen-Nickel-Akkumulator m, Edison-Akkumulator m, NiFe-Akkumulator m, Nickel-Eisen-Batterie f, Stahlakkumulator m
**iron(III) nitrate** (Chem) / Eisen(III)-nitrat n
**iron nitride** (Chem, Met) / Eisennitrid n ‖ **~ nonacarbonyl** (Chem) / Dieisennonacarbonyl n, Dieisenenneakarbonyl n ‖ **~ olivine*** (Min) / Fayalit m, Eisenolivin m ‖ **~ on** v (Textiles) / aufbügeln v
**iron-on patch** (Textiles) / Bügelfleck m (zum Aufbügeln)
**iron ore*** (Mining) / Eisenerz n ‖ **~ ore deposit** (Mining) / Eisenerzlagerstätte f, Eisenerzvorkommen n
**iron(II) oxalate** (Chem, Med, Photog) / Eisen(II)-oxalat n
**iron • (III) oxide*** (Chem) / Eisen(III)-oxid n, Eisensesquioxid n (Fe₂O₃) ‖ **~(II) oxide*** (Chem) / Eisen(II)-oxid n, Eisenmonoxid n (FeO) ‖ **~ oxide** (ferrous-ferric) (Chem) / Eisen(II,III)-oxid n, Ferroferrioxid n (Fe₃O₄) ‖ **~ oxide coating** (Welding) / oxidische Umhüllung (heute bedeutungslos) ‖ **~ oxide covering** (Welding) / oxidische Umhüllung (heute bedeutungslos) ‖ **~ oxide pigment** (Paint) / Eisenoxidpigment n (gelb, braun, schwarz oder rot - heute nur synthetisches Produkt) ‖ **~ oxide red** (Paint) / Eisenoxidrot n (Caput mortuum, Polierrot, Englischrot, Marsrot) ‖ **~ pan*** (Geol) / Ortstein m (mit hohem Prozentanteil von Eisenhydraten) ‖ **~ pattern*** (Foundry) / Gusseisenmodell n ‖ **~ paving** (Civ Eng) / Gusseisenplattenbelag m ‖ **~ pentacarbonyl*** (Chem) / Eisenpentakarbonyl n (auch ein Antiklopfmittel), Eisenpentacarbonyl n
**iron(III) phosphate** (Chem) / Eisen(III)-phosphat n (FePO₄)
**iron phosphating** (Surf) / Eisenphosphatierung f ‖ **~ phosphide** (Chem) / Eisenphosphid n (Eisenmonophosphid, Dieisenphosphid und Trieisenphosphid) ‖ **~ pigment** (Paint) / Eisenpigment n (ein anorganisches Pigment, z.B. Berliner Blau) ‖ **~ porphyrin** (Biochem) / Eisenporphyrin n ‖ **~ Portland cement** (Build, Civ Eng) / Eisenportlandzement m, EPZ (mit weniger als 35 Gew.-% Hüttensand - DIN 1164) ‖ **~ powder** (Paint) / Eisenpulver n
**iron-powder electrode** (Welding) / Hochleistungselektrode f, Eisenpulverelektrode f
**iron-powder-type electrode** (Welding) / Hochleistungselektrode f, Eisenpulverelektrode f
**iron preparation** (Pharm) / Eisenpräparat n ‖ **~ protein** (Biochem) / Eisenprotein n (ein Metallprotein), Ferroprotein n ‖ **~ pyrites*** (Min) / Pyrit m, Eisenkies m, Schwefelkies m, Kies m ‖ **~ roofing** (Build) / Metalldeckung f, Metalldachdeckung f (Stahlblech) ‖ **~ saccharate** (Pharm) / Eisensaccharat n, Eisenzucker m ‖ **~ saffron** (Chem) / Indischrot n (ein Eisenoxidpigment), Persischrot n ‖ **~ salt** (Chem) / Eisensalz n ‖ **~ scrap** (Met) / Eisenschrott m, Alteisen n, Fe-Schrott m
**iron-sequestering action** (Leather) / eisenmaskierende Wirkung (Verhindern von Eisenflecken durch Komplexieren)
**ironshot** adj (Geol, Min) / eisenhaltig adj, eisenschüssig adj, eisenführend adj ‖ **~ concrete** (Civ Eng, Radiol) / Eisengranulatbeton m, Eisenschrotbeton m
**iron silicide** (Chem, Met) / Eisensilicid n, Eisensilizid n
**iron-silicon alloy** (Met) / Eisen-Silizium-Legierung f, Eisen-Silicium-Legierung f
**iron-sodium tartrate** (Chem) / Eisen-Weinsäure-Natrium-Natron-Lauge f, Eisennatriumtartrat n (ein Lösungsmittel für Zellulose), EWNN (Eisen-Weinsäure-Natrium-Natron-Lauge)

**iron soldering** (Eng, Plumb) / Löten *n* mit dem Lötkolben, Kolbenlöten *n* (weich) ‖ **~ solution value(s)** / Eisenlässigkeit *f* ‖ **~ spectrum** (Spectr) / Eisenspektrum *n* ‖ **~ spinel*** (Min) / Hercynit *m*, Ferrospinell *m* (Eisen/II/-aluminat) ‖ **~ sponge** (Met) / Eisenschwamm *m* ‖ **~ spot** (a discolouration in refractory brick resulting from a concentration of iron bearing impurities) (Ceramics) / Eisenfleck *m* ‖ **~ stain** (For) / Eisenfleck *m*, Eisenverfärbung *f* ‖ **~ stain** (For) / Verfärbung *f* durch Eisengegenstände, Eisenfleck *m* (im Allgemeinen))
**iron-steam process** (Chem Eng) / Eisen-Dampf-Verfahren *n* (zur Herstellung von technischem Wasserstoff)
**ironstone** *n* (a kind of hard white opaque stoneware) (Ceramics) / hartbrennendes Steingut ‖ **~*** (Geol) / Eisenstein *m* (eisenreiches Sedimentgestein) ‖ **~ clay** (brown or red) (Min) / Toneisenstein *m*, Sphärosiderit *m*
**iron • (III) sulphate** (Chem) / Eisen(III)-sulfat *n* ‖ **~(II) sulphate** (Chem, Leather, Textiles) / Eisen(II)-sulfat *n* ‖ **~(II) sulphide** (Chem) / Eisen(II)-sulfid *n*
**iron-sulphur protein** (Biochem) / Eisen-Schwefel-Protein *n*
**iron tannage** (Leather) / Eisengerbung *f*, Eisensalzgerbung *f*
**iron-tannate stain** (For) / Eisen-Gerbstoff-Verfärbung *f*, Eisen-Gallus-Färbung *f*, Blauschwarzfärbung *f*, Eisentannatverfärbung *f* (eine chemische Färbung)
**iron-tanned leather** (Leather) / Eisenleder *n*
**iron(II) tartrate** (Chem) / Eisen(II)-tartrat *n*
**iron tetracarbonyl** (Chem) / Eisentetrakarbonyl *n*, Eisentetracarbonyl *n*
**iron(III) thiocyanate** (Chem) / Eisen(III)-thiozyanat *n*, Eisen(III)-thiocyanat *n*, Eisen(III)-rhodanid *n*
**iron tramp** (Min Proc) / Fremdeisen *n*, schädliche Eisenteile, Fremdeisenteile *n pl* ‖ **~ trichloride** (Chem) / Ferrum(III)-chlorid *n*, Eisen(III)-chlorid *n* ‖ **~ trough** (Met) / Masselgraben *m*
**iron-vane instrument** (Elec Eng) / Dreheiseninstrument *n* (ein Messinstrument mit beweglichem Eisenteil, das vom Magnetfeld der feststehenden Spule abgelenkt wird), Weicheiseninstrument *n*
**ironwood** *n* (For) / Eisenholzbaum *m* (der Eisenholz liefert) ‖ **~** (For) / Holz *n* der Virginischen Hopfenbuche (Ostrya virginiana (Mill.) K. Koch) ‖ **~** (For) / Holz *n* der Amerikanischen Weißbuche (Carpinus caroliniana Walt.) ‖ **~** (For) / Eisenholz *n* (aus den Stämmen verschiedener tropischer und subtropischer Bäume) ‖ **~** (For) / Nagasbaum *m* (Mesua ferrea L.)
**ironwork** *n* / Eisenbeschläge *m pl* ‖ **~** (Eng) / Eisenware(n) *f(pl)*, Metallwaren *f pl*, Metallartikel *m pl*, Beschlagteile *n pl* (im Allgemeinen))
**iron worker** (Build) / Stahlbaumonteur *m*, Stahlbauschlosser *m*
**ironworks** *n(pl)* (Met) / Eisenhütte *f*, Eisenhüttenwerk *n* ‖ **~ chemistry** (Chem, Met) / Eisenhüttenchemie *f*
**iron yarn** (Spinning) / lüstriertes Garn, Glacégarn *n*, Eisengarn *n*, Glanzgarn *n* (stark appretiertes Baumwollgarn)
**IRP** (irregularity report) (Aero) / Unregelmäßigkeitsmeldung *f* ‖ **~** (interior routing protocol) (Comp, Telecomm) / internes Routingprotokoll (innerhalb eines autonomen Systems)
**IRPA** (International Radiation Protection Association) (Radiol) / Internationale Gesellschaft für Strahlenschutz
**IRQ** (interrupt request) (Comp) / Unterbrechungsanforderung *f*
**irradiance*** *n* (refers only to light) (Light) / Beleuchtungsdichte *f* ‖ **~** (Phys) / Bestrahlungsstärke *f* (Strahlungsmenge, die die Oberfläche eines bestrahlten Körpers in einem Strahlungsfeld gegebener Stärke erhält) ‖ **~** (Phys) / Strahlungsleistung *f* (in J/sec.m²)
**irradiate** *v* (Med, Nuc Eng, Nut) / verstrahlen *v*
**irradiated food** (Nut) / bestrahlte Lebensmittel ‖ **~ seed** (Agric) / bestrahltes Saatgut
**irradiation** *n* (Med, Nuc Eng, Nut) / Verstrahlen *n*, Verstrahlung *f* (radioaktive Verseuchung der Lebensmittel, z.B. nach der Reaktorkatastrophe in Tschernobyl / Ukraine) ‖ **~*** (Nut, Radiol) / Bestrahlen *n*, Bestrahlung *f* (mit ionisierender Strahlung - auch bei getrockneten Kräutern und Gewürzen) ‖ **~*** (Photog) / Irradiation *f* (Einfluss des Streulichtes auf die scheinbare Größenzunahme heller Objekte) ‖ **~ by ultrasonic waves** / Durchschallungsverfahren *n* ‖ **~ cataract** (Biol, Med) / Strahlenstar *m* (ein Strahlenschaden) ‖ **~ chart** (Radiol) / Bestrahlungskarte *f* ‖ **~ damage** (Crystal, Phys) / Strahlenschaden *m* (ein Kristallfehler) ‖ **~ preservation** (Nut) / Konservierung *f* durch Bestrahlung ‖ **~ reactor** (Med, Nuc, Nut) / Bestrahlungsreaktor *m*
**irrational** *adj* (not expressible as the quotient of two integers) (Maths) / Irrationalzahl *f*, irrationale Zahl ‖ **~ adj** (Maths) / irrational *adj* ‖ **~ equation** (Maths) / irrationale Gleichung ‖ **~ function** (Maths) / irrationale Funktion
**irrationality** *n* (Maths) / Irrationalität *f*
**irrational number*** (Maths) / Irrationalzahl *f*, irrationale Zahl
**irrecoverable error** (without use of recovery techniques external to the computer program or run) (Comp) / permanenter Fehler, nichtbehebbarer Fehler, bleibender Fehler, irreparabler Fehler

**irreducible** *adj* (Maths) / irreduzibel *adj* ‖ **~ case** (Maths) / Casus irreducibilis *m* (bei kubischen Gleichungen) ‖ **~ generating set** (Maths) / irreduzibles Erzeugendensystem, minimales Erzeugendensystem (in der Gruppentheorie) ‖ **~ polynomial** (Maths) / unzerlegbares (nicht faktorierbares) Polynom, irreduzibles Polynom ‖ **~ representation** (Maths) / irreduzible Darstellung (von Gruppen)
**irreflexive** *adj* / irreflexiv *adj* (z.B. Relation) ‖ **~ relation** / irreflexive Relation
**irregular** *adj* / irregulär *adj*, unregelmäßig *adj* ‖ **~ (Mech)** / ungleichförmig *adj*, irregulär *adj* (Bewegung), nicht periodisch (Bewegung des mechanischen Systems) ‖ **~** (Spinning) / schnittig *adj* (defektes Garn) ‖ **~ block** (Chem) / unregelmäßiger Block (bei Blockpolymeren) ‖ **~ doublet** (Nuc) / Abschirmungsdublett *n* (zwei eng benachbarte Energieniveaus im Energieniveauschema der Atomhülle eines Atoms mit mehreren Elektronen), Abschirmdublett *n*
**irregularity** *n* / Unregelmäßigkeit *f*, Irregularität *f* ‖ **~ report** (Aero) / Unregelmäßigkeitsmeldung *f*
**irregular nebula** (pl. nebulae) (Astron) / diffuser Nebel (galaktischer Nebel von unregelmäßiger Form aus interstellarer Materie) ‖ **~ running** (Eng) / Laufunruhe *f* ‖ **~ twill** (Textiles) / versetzter Köper ‖ **~ variables*** (Astron) / irreguläre Veränderliche, unregelmäßige Veränderliche, I-Sterne *m pl*
**irrelevant** *adj* / irrelevant *adj*, bedeutungslos *adj*, unwesentlich *adj*
**irreparable** *adj* / irreparabel *adj* (sich nicht durch eine Reparatur instand setzen lassend)
**irresoluble** *adj* (Chem) / irresolubel *adj* (ein Stoff, der nach Abscheidung aus einer Lösung nicht wieder auflösbar ist)
**irrespirable** *adj* (Med, Physiol) / irrespirabel *adj* (nicht einatembar), nicht einatembar
**irreversibility*** *n* / Nichtumkehrbarkeit *f*, Irreversibilität *f*
**irreversible** *adj* / nichtumkehrbar *adj*, irreversibel *adj* (Effekt, Umweltschaden), nicht umkehrbar ‖ **~ change** / irreversible Änderung ‖ **~ coating** (compound) (Paint) / irreversibler Anstrichstoff (filmbildendes Anstrichmittel, das nach der Trocknung in ihrem Lösemittel nicht mehr wieder löslich ist) ‖ **~ colloid** (Chem) / irreversibles Kolloid ‖ **~ controls*** (Aero) / irreversible Steuerung, selbsthemmende Steuerung ‖ **~ electrode** (Chem) / nichtumkehrbare Elektrode, irreversible Elektrode ‖ **~ reaction*** (Chem) / nichtumkehrbare Reaktion, irreversible Reaktion ‖ **~ steering*** (Autos) / vollkommen selbsthemmende Lenkung
**irrevocable** *adj* / unwiderruflich *adj*
**irrigable** *adj* (Agric) / bewässerbar *adj*, bewässerungswürdig *adj*
**irrigate** *v* (Agric) / wässern *v* (Pflanzen, Boden), bewässern *v*, berieseln *v*
**irrigation*** *n* (Agric) / Bewässerung *f*, Berieselung *f*, Irrigation *f* ‖ **~ by flooding** (Agric) / Überstaubewässerung *f*, Bewässerung *f* durch Überschwemmung ‖ **~ canal** (Agric, Hyd Eng) / Bewässerungskanal *m* ‖ **~ ditch** (Agric) / Bewässerungsgraben *m* ‖ **~ field** (San Eng) / Rieselfeld *n* (auf dem Abwässer oder Oberflächenwasser nach Absetzen der festen Stoffe zum Versickern gebracht werden) ‖ **~ mat** (Agric, Textiles) / Bewässerungsvlies *n* ‖ **~ pipe** (Agric) / Bewässerungsrohr *n* ‖ **~ pump** (Agric) / Beregnungspumpe *f* (eine Bewässerungspumpe) ‖ **~ requirement** (Agric) / Wasserbedarf *m* (für Bewässerungsprojekte), Wasserbedarf *m* für die Bewässerung ‖ **~ requirement** (Agric) / Bewässerungsbedarf *m* ‖ **~ rotation** (Agric) / Bewässerungsfruchtfolge *f* ‖ **~ roundabout** (Agric) / Beregnungskarussell *n* ‖ **~ water** (Agric) / Bewässerungswasser *n*
**irritability*** *n* (Biol) / Reizbarkeit *f*, Irritabilität *f* (z.B. eines Gewebes)
**irritable** *adj* (Biol) / reizbar *adj*, irritabel *adj*
**irritant** *n* (Chem) / Reizstoff *m*, Reizmittel *n* (z.B. CS-Gas), reizender Stoff (Gefährlichkeitsmerkmal) ‖ **~ adj** / reizend *adj* (Gefahrensymbol) ‖ **~ gas** (Chem) / Reizstoff *m* (gasförmiger) ‖ **~ smoke** (Chem) / Nasen-Rachen-Reizstoff *m*, Reizgas *n*, Niesmittel *n*, Niesreizstoff *m* ‖ **~ spray dispenser** / Reizstoffsprühgerät *n* ‖ **~ timber** (For) / Reizstoffe enthaltendes Holz
**irritation** *n* / Reizung *f* ‖ **~** (Ecol) / Irritation *f* (auf die Dauer zum Tode führende Beeinträchtigung eines Organismus durch Schadstoffe) ‖ **~** (the stimulation of an organism, cell or organ to produce an active response) (Physiol) / Reiz *m*, Anreiz *m*, Stimulus *m* (pl. -muli)
**irritative dose** (Med) / irritative Dosis, $ID_{50}$
**irrotational** *adj* (Hyd, Phys) / wirbelfrei *adj* ‖ **~** (Phys) / drehungsfrei *adj*, rotationsfrei *adj* ‖ **~ field*** (Elec Eng, Phys) / wirbelfreies Feld ‖ **~ flow** (Phys) / drehungsfreie Strömung, drallfreie Strömung, Potentialströmung *f* ‖ **~ motion** (Phys) / drehungsfreie Strömung, drallfreie Strömung, Potentialströmung *f* ‖ **~ vector field** (Elec Eng, Phys) / wirbelfreies Feld ‖ **~ wave** (Geophys) / P-Welle *f* (Longitudinalwelle beim Erdbeben), Verdichtungswelle *f*, Kompressionswelle *f* (longitudinale Raumwelle)

**IRS**

**IRS** (inverse Raman scattering) (Phys) / inverse Ramanstreuung ‖ ≙ (inner-reflection spectroscopy) (Spectr) / innere Reflexionsspektroskopie
**IR sensor** / IR-Sensor m, Infrarotsensor m
**IRTF** (infrared Fourier transform spectrometer) (Spectr) / Infrarot-Fourier-Transform-Spektrometer n, Infrarot-FT-Spektrometer n
**IR thermography** (Optics, Photog) / IR-Thermografie f, Infrarotthermografie f (ein Fernerkundungsverfahren)
**Irwin bit** (Carp) / Schlangenbohrer m (mit durchgehendem Schaft), Irwinbohrer m (ein Holzbohrer), Schlangenbohrer m (zweischneidig und eingängig, mit vollem Kern), Irwinschlangenbohrer m
**IS** (information system) (Comp) / Informationssystem n, IS (Informationssystem) ‖ ≙ (information separator) (Comp, Telecomm) / Informationstrennzeichen n, Informationstrennkennzeichen n (CCITT-Alphabet Nr. 5)
**ISA** (International Federation of the National Standardizing Associations) / ISA f (internationale Normungsgemeinschaft, 1926 gegründet, nach dem Zweiten Weltkrieg in der ISO aufgegangen) ‖ ≙ (ionic strength adjuster) (Chem) / Ionenstärkeeinsteller m (in der Potentiometrie) ‖ ≙ (industry standard architecture) (Comp) / Industriestandard-Architektur f, ISA (Industriestandard-Architektur - 16-Bit-Busarchitektur) ‖ ≙* (International Standard Atmosphere) (Phys) / physikalische Atmosphäre, Normalatmosphäre f (alte Einheit des Druckes), Normatmosphäre f, atm (nicht mehr benutzte Einheit des Druckes = 101325 Pa)
**isabella** adj / isabellfarbig adj (graugelb), isabellfarben adj
**isabelline** adj / isabellfarbig adj (graugelb), isabellfarben adj
**ISA bus** (Comp) / ISA-Bus m
**ISAF carbon black** / ISAF-Ruß m (Ofenruß hoher Abriebfestigkeit)
**IS aircraft** n (interdiction and strike)* (Aero) / IS-Flugzeug n (zur Gefechtsfeldabriegelung und zum atomaren Gegenschlag mit taktischen Waffen)
**is-a-kind-of relation** (AI) / Ist-Ein-Beziehung f, Generalisierungsbeziehung f
**isallobars*** pl (Meteor) / Isallobaren f pl (Linien gleicher Luftdruckänderung in einer bestimmten Zeiteinheit)
**isallotherm** n (Meteor) / Isallotherme f (Linie, die Orte gleicher Temperaturveränderung verbindet)
**ISAM** (indexed-sequential access method) (Comp) / indexsequentielle Zugriffsmethode (auf Daten einer Datei, deren Sätze sequentiell in Schlüsselfolge gespeichert sind)
**isano oil** / Isanoöl n (aus den Samen der Ongokea gore (Hua) Pierre, Bolekoöl n, Isanöl n, Ingokeöl n
**ISAPI** (Internet Services API) (Comp, Telecomm) / Internet Services API, ISAPI (Internet Services API)
**ISAR** (inverse synthetic-aperture radar) (Radar) / Radar mit inverser synthetischer Apertur m n
**is-a relation** (AI) / Ist-Ein-Beziehung f, Generalisierungsbeziehung f
**isarithm** (Cartography, Meteor) / Isolinie f, Isarithme f
**ISA slot** (Industry Standard Architecture) (Comp) / ISA-Steckplatz m
**isatic acid** (Chem) / Isatinsäure f
**isatin** n (Chem) / Isatin n (2,3-Indolindion)
**isatinic acid** (Chem) / Isatinsäure f
**isatoic anhydride** (Chem) / Isatosäureanhydrid n (2H-3,1-Benzoxazin-2,4(1H)-dion)
**ISBN** (International Standard Book Number) (Print) / internationale Standard-Buchnummer (die seit 1973 jedes neu erscheinende Buch erhält - DIN 1462), ISBN f (internationale Standard-Buchnummer)
**ISC** (intersystem crossing) (Chem, Photog) / Intersystem-Crossing n (in der Fotochemie), Interkombination f (ein strahlungsloser Prozess im Jablonski-Diagramm)
**ISD** (international subscriber dialling) (Teleph) / internationaler Selbstwählverkehr
**ISDN** (ISD network) (Comp, Telecomm) / ISDN n (digitales Netz, in dem verschiedene Kommunikationsdienste vereint sind), Digitalnetz n mit Dienste-Integration, diensteintegrierendes Digitalnetz, ISD-Netz n ‖ ≙ **access** (Telecomm) / ISDN-Anschluss m, ISDN-Zugang m ‖ ≙ **basic access** (Telecomm) / ISDN-Basisanschluss m, ISDN-BA (ISDN-Basisanschluss) ‖ ≙ **card** (Comp, Telecomm) / ISDN-Karte f ‖ ≙ **compatible** (Comp, Telecomm) / ISDN-fähig adj ‖ ≙ **controller** (Comp, Telecomm) / ISDN-PC-Karte f (Steckkarte für PC-Zugang zum ISDN-Basisanschluss)
**ISD network** (Comp, Telecomm) / ISDN n (digitales Netz, in dem verschiedene Kommunikationsdienste vereint sind), Digitalnetz n mit Dienste-Integration, diensteintegrierendes Digitalnetz, ISD-Netz n
**ISDN exchange** (Comp, Telecomm) / ISDN-Vermittlungsstelle f ‖ ≙ **modem** (Comp) / ISDN-Modem n, ISDN-V.24-Adapter m ‖ ≙ **network termination** (Telecomm) / ISDN-Netzabschluss m, ISDN-NT

‖ ≙ **PBX line** (Comp, Telecomm) / ISDN-Sammelanschlussleitung f ‖ ≙ **PC card** (Comp, Telecomm) / ISDN-PC-Karte f (Steckkarte für PC-Zugang zum ISDN-Basisanschluss) ‖ ≙ **reference configuration** (Telecomm) / ISDN-Bezugskonfiguration f ‖ ≙ **subscriber-access controller** (Telecomm) / ISDN-Subscriber-Access-Controller m, ISAC-S (für den Anschluss von Sprach-/Datenendgeräten an die ISDN-S-Schnittstelle) ‖ ≙ **subscriber module** (Comp, Telecomm) / ISDN-Teilnehmermodul n ‖ ≙ **telephony** (Teleph) / ISDN-Fernsprechen n ‖ ≙ **user network interface** (Telecomm) / ISDN-Teilnehmerschnittstelle f
**ISE** (ion specific electrode) (Chem, Electronics) / ionenspezifische Elektrode ‖ ≙ (ion selective electrode) (Chem, Electronics) / ionenselektive Elektrode, ionensensitive Elektrode (eine Messelektrode in der chemischen Analyse)
**I-section** n (Civ Eng, Met) / I-Profil n, Doppel-T-Profil n
**isenthalp** n (Phys) / Isenthalpe f, Drossellinie f (Kurve, auf der Zustände gleicher Enthalpie liegen) ‖ ~ (Phys) s. also Joule-Thompson effect
**isenthalpic*** adj (of equal enthalpy) (Phys) / isenthalp adj, mit gleicher Enthalpie, isenthalpisch adj ‖ ~ **expansion** (Phys) / isenthalpe Entspannung (wärmegedämmte Drosselung)
**isentrope** n (Phys) / Isentrope f (Diagrammkurve einer reversiblen adiabatischen Zustandsänderung)
**isentropic** n (Phys) / Isentrope f (Diagrammkurve einer reversiblen adiabatischen Zustandsänderung) ‖ ~ adj (of equal entropy) (Phys) / isentropisch adj, isentrop adj ‖ ~ **expansion** (Phys) / isentrope Entspannung (verlustfreie) ‖ ~ **exponent** (a ratio defined by the specific heat at constant pressure divided by the specific heat at constant volume) (Phys) / Isentropenexponent m
**isethionic acid** (a synthetic crystalline acid with detergent and surfactant properties) (Chem) / Isethionsäure f (2-Hydroxyethansulfonsäure)
**ISFET** (ion-sensitive field-effect transistor) (Electronics) / ionensensitiver Feldeffekttransistor, ISFET-Transistor m ‖ ≙ **sensor** (Chem) / ISFET m (chemischer Sensor, mit dem die Ionenkonzentration von Elektrolyten bestimmt werden kann)
**ISI** (intersymbol interference) (Comp, Telecomm) / Intersymbolinterferenz f (ein Parameter, der bei der Übertragung digital codierter Informationen über analoge Kanäle im Verfahren der digitalen Modulation angibt, wie störsicher das Verfahren der digitalen Modulation unter bestimmten ungünstigen Bedingungen ist), ISI (Intersymbolinterferenz), Intersymbolstörung f, Impulsnebensprechen n
**isinglass** n (US) / transparentes dünnes Glimmerblatt ‖ ~* (a product containing about 90% gelatin, made from the swimming bladders of fish) (Chem, Nut) / Hausenblasenleim m, Fischleim m ‖ ~* (Paint) / Vergolderleim m (Hausenblase) ‖ ≙ **gold-size** (Paint) / Vergolderleim m (Hausenblase)
**Ising model** (Phys) / Ising-Modell n (ein Modellsystem insbesondere zur Beschreibung der Phasenübergänge - nach G.A. Ising, 1883 - 1960)
**island** n (Geog, Geol) / Insel f ‖ ~ (a superstructure above aircraft-carrier deck) (Ships) / Insel f (des Flugzeugträgers) ‖ ~ **arc** (Geol) / Inselbogen m ‖ ~ **arrangement of the passenger building** (Rail) / Insellage f des Empfangsgebäudes, Inselbahnhof m ‖ ~ **depot** (station) (Rail) / Insellage f des Empfangsgebäudes, Inselbahnhof m ‖ ~ **effect*** (Electronics) / Inselbildung f (eine unerwünschte Erscheinung bei den Elektronenröhren), Inseleffekt m ‖ ~ **exchange** (Teleph) / Inselamt n ‖ ~ **fuel** (Aero) / Treibstoffrest m ‖ ~ **mode** (Elec Eng) / Inselbetrieb m ‖ ~ **of automation** (Work Study) / Fertigungsinsel f (meistens ein kreisförmig angeordnetes Montagezentrum, welches von den übrigen Fertigungsbereichen, wie Fließbändern und Werkstätten, umgeben ist), FI (Fertigungsinsel), Produktionsinsel f ‖ ~ **of nuclear stability** (Chem) / Stabilitätsinsel f ‖ ~ **reserve** (Aero) / Treibstoffrest m ‖ ~ **shelf** (Geol) / Inselschelf m n ‖ ~ **silicate** (Min) / Nesosilicat n, Nesosilicat n, Inselsilikat n, Inselsilicat n (z.B. Gemeiner Olivin) ‖ ~ **solution** (Work Study) / Insellösung f (z.B. bei Organisationsproblemen)
**ISLS** (interrogation-sidelobe suppression) (Radar) / Abfragenebenkeulenunterdrückung f
**ISL technology** (integrated Schottky logic technology) (Electronics) / ISL-Technik f (ein Gate-Array-Konzept für die Herstellung von Semikundenschaltungen)
**IS machine** (individual-section machine) (Glass) / IS-Maschine f (eine Blas-Blas-Maschine)
**ISM apparatus** (industrial, scientific and medical apparatus) (Elec Eng, Instr) / Gerät n für industrielle, wissenschaftliche und medizinische Zwecke
**ISO** (International Organization for Standardization) / ISO f (Internationale Normungsgemeinschaft, Nachfolgeorganisation von ISA, gegründet 1947, Sitz: Genf) ‖ ≙ **7*** (a character code) (Comp) / ISO-7-Bit-Kode m (von der ISO genormter Kode mit 128

Kode-Kombinationen), ISO-7-Bit-Code m || ≙ n (Photog) / ISO f (Einheit der Lichtempfindlichkeit fotografischer Materialien)
**isoabsorption** *attr* (Phys) / mit demselben Absorptionsgrad
**isoabsorptive** *adj* (Phys) / mit demselben Absorptionsgrad
**isoagglutination** n (Physiol) / Isoagglutination f
**isoagglutinin** n (Med) / Isoagglutinin n (im Blutserum vorhandener Antikörper)
**isoalloxazine** n (Chem) / Isoalloxazin n (ein Isomeres des Alloxazins - der Grundkörper der Flavine)
**isoamyl alcohol** (Chem) / Isopentylalkohol m, Isoamylalkohol m, 3-Methylbutanol-(1) n || **~ isovalerate** (Chem, Med) / Valeriansäureisopentylester n, Isopentylvalerianat n || **~ nitrite** (Pharm) / Isoamylnitrit n (3-Methylbutylnitrit), Isopentylnitrit n, Salpetrigsäureisoamylester m || **~ salicylate** (Chem) / Salizylsäurepentylester m, Salicylsäurepentylester m, Isoamylsalizylat n, Isoamylsalicylat n || **~ valerate** (Chem, Med) / Valeriansäureisopentylester n, Isopentylvalerianat n
**isoantibody** n (Med) / Isoantikörper m (Antikörper, der gegen arteigene, aber körperfremde Antigene gerichtet ist)
**isoascorbic acid** (Nut) / Isoascorbinsäure f (E 315, E 316), Isoaskorbinsäure f, Erythorbinsäure f, Isovitamin n C
**isoazimuthal line** (Nav) / Loxodrome f (Linie auf der Kugel oder auf dem Ellipsoid, die alle Meridiane unter dem gleichen Winkel schneidet), Kursgleiche f, Isoazimutallinie f, Kurslinie f
**isobar*** n (a line on a map or chart connecting points having equal /atmospheric/ pressure at a given time or on average over a given period) (Chem, Meteor) / Isobare f || **~*** (Chem, Phys) / Isobare f (Kurve, auf der Zustände gleichen Druckes liegen) || **~*** (one of two or more nuclides having the same number of nucleons in their nuclei but differing in their atomic numbers and chemical properties - DIN 25 401) (Nuc) / Isobar n
**isobaric** *adj* / Isobar-, isobar *adj* || **~** (Hyd, Meteor) / isopiestisch *adj*, mit konstantem Druck, mit gleichem Druck || **~ analogue state** (Nuc) / Isobaranalogzustand m, Analogzustand m || **~ chart*** (Meteor) / Bodenwetterkarte f mit Isobaren || **~ heat input** (Phys) / isobare Wärmezufuhr || **~ law** (Nuc) / Isobarenregel f, Mattauch-Regel f (nach J. Mattauch, 1895-1976) || **~ line** (Meteor) / Isobare f || **~ spin*** (Nuc) / Isobarenspin m, isobarer Spin, Isospin m (Kurzzeichen I), isotoper Spin, Isotopenspin m
**isobarometric chart*** (Meteor) / Bodenwetterkarte f mit Isobaren || **~ filler** (Chem Eng, Nut) / Gegendruckfüller m (in dem meist kohlensäurehaltige Getränke abgefüllt werden)
**ISO basic profile** (Eng) / ISO-Gewindeprofil n, ISO-Grundprofil n (ein Gewindeprofil)
**isobath** n (Surv) / Isobathe f (Linie gleicher Wassertiefe) || **~ chart** (Cartography, Ocean) / Tiefenlinienkarte f
**ISO-Becher** m (genormter Auslaufbecher) (Paint, Phys) / ISO cup
**isobornyl acetate** (Chem) / Isobornylazetat n, Isobornylacetat n ($C_{10}H_{17}OOCCH_3$)
**isobront** n (Meteor) / Isobronte f (Linie gleicher Uhrzeit des ersten Donners)
**isobutane*** n (2-methylpropane) (Chem) / Isobutan n (2-Methylpropan)
**isobutanoic acid** (Chem) / Isobuttersäure f (gesättigte verzweigte Fettsäure), 2-Methylpropionsäure f
**isobutanol** n (Chem) / Isobutylalkohol m, Isobutanol n
**isobutene** n (Chem) / Isobuten n, Isobutylen n (2-Methylpropen)
**isobutyl*** (an alkyl radical) (Chem) / Isobutyl n || **~ acetate** (Chem, Paint) / Isobutylazetat n, Isobutylacetat n (DIN 53 246 und DIN 55 686), Essigsäureisobutylester m (Essigsäure-2-methylpropylester) || **~ alcohol*** (Chem) / Isobutylalkohol m, Isobutanol n || **~ aldehyde** (Chem) / Isobutylaldehyd m
**isobutylation** n (Chem) / Isobutylierung f
**isobutyl carbinol** (Chem) / Isopentylalkohol m, Isoamylalkohol m, 3-Methylbutanol-(1) n
**isobutylene** n (2-methylpropene) (Chem) / Isobuten n, Isobutylen n (2-Methylpropen)
**isobutylene-isoprene rubber** (Build, Chem, Plastics) / Butylkautschuk m, IIR (Butylkautschuk)
**isobutylidene diurea** (Agric, Chem) / Isobutylidendiharnstoff m, IBDU (Isobutylidendiharnstoff)
**isobutyl isobutyrate** (Chem) / Isobutylisobuttersäureester m || **~ nitrite** (Chem) / Isobutylnitrit n
**isobutyraldehyde** n (Chem) / Isobutylaldehyd m
**isobutyrate** n (Chem) / Isobutyrat n (Ester oder Salz der Isobuttersäure)
**isobutyric acid** (Chem) / Isobuttersäure f (gesättigte verzweigte Fettsäure), 2-Methylpropionsäure f
**ISOC** (Internet Society) (Comp, Telecomm) / Internet Society (weltweiter Verbund der Internet-Nutzer), ISOC (Internet Society)

**isocal** n (Geol) / Linie f gleichen Heizwerts || **~ line** (a line connecting points of equal calorific value in coal) (Geol) / Linie f gleichen Heizwerts
**isocarb** n (Geol) / Linie f gleichen Kohlenstoffverhältnisses (in der Carbon-ratio-Theorie) || **~ line** (a line connecting points of equal fixed-carbon content in coal) (Geol) / Linie f gleichen Kohlenstoffverhältnisses (in der Carbon-ratio-Theorie)
**isoceraunic line** (Meteor) / Isokeraune f (Verbindungslinie zwischen Orten gleicher Häufigkeit, Stärke oder der Gleichzeitigkeit von Gewittern)
**isocetyl laurate** (Chem, Pharm, Textiles) / Isozetyllaurat n, Isocetyllaurat n
**isochain** n (Chem) / Isokette f (mit Atomen ein und derselben Sorte als Kettengliedern), homogene Kette
**isocheim** n (a line on a map connecting points having equal mean winter temperature) (Meteor) / Isochimene f (Linie gleicher mittlerer Wintertemperatur)
**isochime** n (Meteor) / Isochimene f (Linie gleicher mittlerer Wintertemperatur)
**isocholesterol** n (Chem) / Isocholesterin n (ein Bestandteil des Lanolins)
**isochore*** n (Chem, Phys) / Isoplere (Kurve, auf der Zustände gleichen Volumens liegen)f., Isochore f || **~ map** (a map showing drilled thickness of a given stratigraphic unit by means of isochores) (Geol, Mining) / Karte f gleicher erbohrter Mächtigkeiten
**isochromatic*** n (Crystal, Light, Materials) / isochromatische Kurve, Isochrome f, Isochromate f (z.B. in der Spannungsoptik), Kurve f gleicher Farbe || **~*** *adj* (Light) / isochromatisch *adj* (gleichfarbig, farbtonrichtig), gleichfarbig *adj*, homochromatisch *adj*, isochrom *adj* || **~ curve** (Crystal, Light, Materials) / isochromatische Kurve, Isochrome f, Isochromate f (z.B. in der Spannungsoptik), Kurve f gleicher Farbe || **~ line** (Crystal, Light, Materials) / isochromatische Kurve, Isochrome f, Isochromate f (z.B. in der Spannungsoptik), Kurve f gleicher Farbe
**isochron** n (in seismology, in geochronology) (Geol) / Isochrone f, Geochrone f
**isochrone** n (Geol) / Isochrone f, Geochrone f || **~*** (Telecomm) / Isochrone f
**isochroneity** n (the state or quality of being isochronous) (Geol) / Zeitäquivalenz f
**isochronous*** *adj* / isochron *adj* || **~ cyclotron** (Nuc Eng) / sektorfokussierendes Zyklotron, Isochronzyklotron n, FFAG-Zyklotron n || **~ cyclotron** (Nuc Eng) s. also Thomas cyclotron || **~ distortion** (Telecomm) / Isochronverzerrung f || **~ governor** (a device that maintains constant engine rotational speed, regardless of load) (Eng) / Isochronregler n || **~ modulation** (Teleg) / isochrone Tastung || **~ nuclei** (Chem) / isochrone Kerne (die zufällig oder infolge ihrer chemischen Äquivalenz dieselbe Verschiebung haben) || **~ restitution** (Teleg) / isochrone Tastung || **~ signal** (Telecomm) / Isochronsignal n || **~ transmission** (Comp) / isochrone Übertragung
**isocitrate** n (Chem) / Isocitrat n, Isozitrat n || **~ dehydrogenase** (Biochem) / Isocitrat-Dehydrogenase f, Isozitrat-Dehydrogenase f
**isocitric acid** (Biochem) / Isozitronensäure f, Isocitronensäure f
**isoclinal** (Mag) / Isokline f (Linie gleicher magnetischer Inklination) || **~ *adj*** (Geol) / isoklinal *adj* (nach der gleichen Richtung einfallend), isoklin *adj* || **~ fold*** (Geol) / Isoklinalfalte f (Gesteinsfalte, deren beide Schenkel gleich geneigt sind)
**isocline** (Geol) / Isoklinalfalte f (Gesteinsfalte, deren beide Schenkel gleich geneigt sind) || **~*** (Mag) / Isokline f (Linie gleicher magnetischer Inklination)
**isoclinic** *adj* (Geol) / isoklinal *adj* (nach der gleichen Richtung einfallend), isoklin *adj* || **~ line** (Mag) / Isokline f (Linie gleicher magnetischer Inklination) || **~ line** (Materials) / Isokline f (dunkle Linie, die Punkte gleicher Hauptspannungsrichtung kennzeichnet - in der Spannungsoptik)
**isoconcentrate** n (Chem) / Linie f gleicher Konzentration, Isokonzentrate f, Isokonzentrationslinie f
**isocorrosion chart** / Diagramm n der Isokorrosionslinien
**isocount contours** (Nuc, Radiol) / Isozahlkonturen f pl (körperliche Isotopenverteilung) || **~ surface** (Nuc, Radiol) / Fläche f gleicher Zählrate, Isoimpulsfläche f
**isocratic** *adj* (involving a mobile phase whose composition is kept constant and uniform) (Chem) / isokrat *adj*, isokratisch *adj*
**isocrotonic acid** (Chem) / Isocrotonsäure f (cis-2-Butensäure), Isokrotonsäure f, Allocrotonsäure f, Allokrotonsäure f
**isocyanate** n (Chem) / Isozyanat n (Ester der Isozyansäure), Isocyanat n || **~ adhesive** / Isozyanatklebstoff m (ein Einkomponenten-Reaktionskleblack), Isocyanatklebstoff m || **~ resin** (Chem) / Isocyanatharz n (DIN 55 958), Isozyanatharz n, Polyisocyanatharz n, Polyisozyanatharz n || **~ tannage** (Leather) / Isozyanatgerbung f (mit aliphatischen Diisozyanaten), Isocyanatgerbung f

**isocyanatobenzene** *n* (Chem) / Phenylisocyanat *n* (der Phenylester der Isocyansäure), Phenylisozyanat *n*
**isocyanic acid** (Chem) / Isocyansäure *f*, Isozyansäure *f*
**isocyanide*** *n* (Chem) / Isocyanid *n*, Isozyanid *n*, Isonitril *n*, Carbylamin *n*, Karbylamin *n* ‖ ~ **dihalide** (Chem) / Isozyaniddihalogenid *n*, Isocyaniddihalogenid *n*
**isocyanuric acid** (Chem) / Isozyanursäure *f* (tautomere Form der Zyanursäure), Isocyanursäure *f*
**isocyclic** *adj* (Chem) / isocyclisch *adj*, isozyklisch *adj* ‖ ~ **compounds*** (Chem) / ringförmige Kohlenstoffverbindungen, isozyklische Verbindungen, homozyklische Verbindungen, Isozyklen *pl*, Isocyclen *pl*, Homozyklen *pl*, Homocyclen *pl*
**iso-daylight-factor curve** (Light) / Kurve *f* mit gleichem Tageslichtkoeffizienten
**isodesmic structure*** (Crystal) / isodesmische Kristallstruktur, isodemische Kristallstruktur
**isodiametric** *adj* (Biol) / mit gleichem Durchmesser ‖ ~* (Bot) / isodiametrisch *adj*
**isodiapheres*** *pl* (nuclides in which the difference between the number of neutrons and protons is the same, e.g. a nuclide and its decay product after it has emitted an alpha-particle are isodiapheres) (Nuc) / isodiaphere Kerne, Isodiaphere *n pl*, Kernisodiaphere *n pl* (mit gleichem Neutronenüberschuss)
**isodimensional** *adj* (Chem) / isodimensional *adj*
**isodimorphism** *n* (Crystal) / Isodimorphie *f* (heterotype Mischkristallbildung)
**isodisperse*** *adj* (Chem) / löslich in Lösungen mit dem gleichen pH-Wert ‖ ~* (Chem) s. also monodisperse
**isodose** *n* (Radiol) / Isodose *f* (Linie bzw. Fläche gleicher Dosis) ‖ ~ **chart*** (Radiol) / Isodosenkarte *f*, Isodosenplan *m* ‖ ~ **contour*** (Radiol) / Isodosenkurve *f* (in der Isodosenkarte) ‖ ~ **curve*** (Radiol) / Isodosenkurve *f* (in der Isodosenkarte) ‖ ~ **surface*** (Radiol) / Isodosenfläche *f*
**ISO/DR** / Entwurf *m* einer ISO-Empfehlung (ISO/DR)
**ISO Draft Recommendation*** / Entwurf *m* einer ISO-Empfehlung (ISO/DR)
**isodrin*** *n* (Chem) / Isodrin *n* (ein Stereoisomer von Dieldrin - ein im Pflanzenschutz verbotenes Insektizid)
**isodynamic** *adj* (Mech) / isodynamisch *adj* ‖ ~ **line*** (Geophys) / Isodyname *f* (Linie gleicher Intensität des erdmagnetischen Feldes) ‖ ~ **line** (Mech) / Isodyname *f* (Kurve, auf der Zustände gleicher freier Energie liegen)
**isoelectric** *adj* (Elec) / isoelektrisch *adj* ‖ ~ **focusing*** (Chem) / isoelektrische Fokussierung (Trennung von Stoffen mit verschiedenen isoelektrischen Punkten), IEF (isoelektrische Fokussierung), isoelektrische Fokussierung *f* (eine Trennmethode der Elektrophorese) ‖ ~ **point*** (Chem) / isoelektrischer Punkt (I.P., I.E.P.) (derjenige pH-Wert einer amphoteren Elektrolytlösung, bei dem Ladungsgleichheit eintritt), I.P. (derjenige pH-Wert einer amphoteren Elektrolytlösung, bei dem Ladungsgleichheit eintritt), I.E.P. (derjenige pH-Wert einer amphoteren Elektrolytlösung, bei dem Ladungsgleichheit eintritt) ‖ ~ **state** (Chem) / isoelektrischer Zustand ‖ ~ **wool washing** (Textiles) / isoelektrische Wollwäsche
**isoelectronic*** *adj* (Electronics, Nuc) / isoelektronisch *adj*, isoster *adj* ‖ ~ **sequence** (Phys, Spectr) / isoelektronische Reihe
**isoenergetic** *adj* / isoenergetisch *adj*
**isoenzyme*** *n* (each of two or more enzymes with identical function but different structure) (Biochem) / Isozym *n*, isodynamisches Enzym, Isoenzym *n*
**isoeugenol** *n* (Chem, Nut) / Isoeugenol *n* (2-Methoxy-4-(propenyl)phenol)
**isoflavone** *n* (Chem) / Isoflavon *n* (ein Pflanzenfarbstoff)
**isoflavonoid** *n* (Chem) / Isoflavonoid *n*
**isoforming** *n* (Oils) / Isoforming-Prozess *m* ‖ ~ **process** (Oils) / Isoforming-Prozess *m*
**isogam** *n* (Geophys) / Isogamme *f* (Linie gleicher Abweichung der Schwerebeschleunigung vom Normalfeld der Erde oder von einem lokalen Bezugsfeld)
**isogel** *n* (Chem) / Isogel *n*
**isogeotherm** *n* (Geophys) / Geoisotherme *f* (Fläche oder Linie gleicher Temperatur im Erdinneren)
**isoglucose** *n* (Nut) / Isoglucose *f*, Isoglukose *f*
**isogon** *n* (Maths) / Isogon *n* (regelmäßiges Vieleck)
**isogonal** *adj* (Crystal, Maths) / isogonal *adj*, gleichwinklig *adj* ‖ ~ **transformation*** (Maths) / konforme Abbildung
**isogonic** *adj* (Crystal, Maths) / isogonal *adj*, gleichwinklig *adj* ‖ ~ **line*** (Geophys) / Isogone *f* (Linie gleicher Missweisung)
**isogony** *n* (Crystal, Maths) / Isogonie *f*, Isogonismus *m* (Gleichwinkligkeit)
**isograd*** *n* (Geol) / Isograd *m* (Fläche gleichen Metamorphosegrads)
**isogram** *n* (Cartography, Meteor) / Isolinie *f*, Isarithme *f*
**isogriv*** *n* (Aero, Nav) / Isogrive *f* (Linie gleicher Grivation)

**isogyre** *n* (Optics) / Isogyre *f* (Kurve, die allgemein Orte mit gleicher Schwingungsrichtung darstellt)
**isohel*** *n* (line connecting points having equal duration of sunshine) (Meteor) / Isohelie *f* (Linie gleicher mittlerer Sonnenscheindauer)
**isohydria** *n* (Chem) / Isohydrie *f*
**isohydric*** *adj* (Chem) / von gleichem pH-Wert ‖ ~* (Chem) / isohydrisch *adj*
**isohyet*** *n* (Meteor) / Isohyete *f* (Linie gleicher Niederschlagshöhe)
**isohyetal line** (Meteor) / Isohyete *f* (Linie gleicher Niederschlagshöhe)
**ISO inch screw thread** (Eng) / ISO-Zollgewinde *n*
**isoionic** *adj* (Chem, Phys) / isoionisch *adj*, gleichionisch *adj*
**isoionical point** (Chem) / isoionischer Punkt (der die Elektroneutralität der Partikeln einschließlich gebundener Ionen anzeigt)
**isokinetic** *n* (Geog, Meteor) / Isotache *f* (Linie gleicher Windgeschwindigkeit) ‖ ~ *adj* / isokinetisch *adj* ‖ ~ **sample*** (Powder Met) / isokinetische Probe
**isokom** *n* (a line on a phase diagram joining points of equal viscosity) (Phys) / Isoviskositätslinie *f*, Linie *f* gleicher Viskosität
**isolable** *adj* (Chem) / isolierbar *adj* (rein darstellbar)
**isolate** *v* (obtain or extract in pure form) / herauslösen *v* (isolieren) ‖ ~ / isolieren *v*, abscheiden *v*, absondern *v* (isolieren) ‖ ~ / trennen *v* (z.B. eine Rohrleitung, einen Stromkreis) ‖ ~ (Acous) / einkapseln *v*, kapseln *v* (Lärmquellen) ‖ ~ (Elec) / trennen *v*
**isolated** *adj* (Build) / Einzel-, frei stehend *adj* (z.B. Haus) ‖ **powering ~ homes** / Stromversorgung *f* abgelegener Wohnhäuser ‖ ~ **conductor** (Elec Eng) / Leiter *m* mit schwebendem Potential, freier Leiter ‖ ~ **double bond** (Chem) / isolierte Doppelbindung ‖ ~ **essential singularity*** (Maths) / wesentliche singuläre Stelle, wesentliche Singularität (isolierte) ‖ ~ **figure** (Print) / freigestelltes Bild, frei stehendes Bild ‖ ~ **flight** (Aero) / Einzelflug *m* ‖ ~ **from earth** (Elec Eng) / ungeerdet *adj*, erdfrei *adj*, nicht geerdet ‖ ~ **I/O** (Comp) / direkte Ein-/Ausgabe ‖ ~ **location** (Comp) / geschützter Speicherplatz, geschützte Speicherzelle ‖ ~ **network** (Telecomm) / Inselnetz *n* ‖ ~ **operation** (a mode of operation in which the fuel cell power plant is separated from all other sources of electrical energy) (Elec Eng) / Inselbetrieb *m*
**isolated-phase switchgear*** (Elec Eng) / Schaltanlage *f* mit getrennten Phasen
**isolated point*** (Maths) / Einsiedlerpunkt *m* (in der Kurvendiskussion), isolierter Kurvenpunkt ‖ ~ **point*** (Maths) / Einsiedlerpunkt *m*, isolierter Punkt (einer Teilmenge) ‖ ~ **pulse** (Elec Eng, Telecomm) / Einzelimpuls *m* ‖ ~ **singularity** (Maths) / isolierte Singularität (Laurent-Reihe) ‖ ~ **system** (Phys) / absolut abgeschlossenes System, abgeschlossenes System (das in keinerlei Wechselwirkung mit der Umgebung steht), isoliertes System (das von allen Einwirkungen isoliert ist - in der Thermodynamik)
**isolated-words recognition** (AI, Comp) / Einzelworterkennung *f*, Erkennen *n* einzelner Wörter
**isolating capacitor** (Elec Eng) / Trennkondensator *m* ‖ ~ **gap** (Elec Eng) / Trennstrecke *f* (beim Trennschalter) ‖ ~ **link** (Elec Eng) / Trennlasche *f* (beim Trennschalter - wenn kein Sicherungsunterteil eingebaut wird) ‖ ~ **transformer** (Elec Eng) / Trenntransformator *m* (dessen Ein- und Ausgangswicklung elektrisch nicht verbunden sind), Isoliertransformator *m* (der nur eine galvanische Trennung vom speisenden Netz bewirkt) ‖ ~ **valves** (Eng) / Absperrarmatur *f*, Durchgangsarmatur *f*
**isolation*** *n* (Acous) / Einkapselung *f*, Kapselung *f* (von Lärmquellen) ‖ ~ (Chem) / Isolierung *f*, Reindarstellung *f* (aus einem Stoffgemisch durch Trennverfahren) ‖ ~ (Comp) / Eingrenzung *f* (des Fehlers) ‖ ~ (Elec Eng) / Schutztrennung *f* (Maßnahme des Berührungsspannungsschutzes) ‖ ~ (Elec Eng) / Isolation *f* (Trennung von Potentialen) ‖ ~ (Elec Eng) / Trennung *f*, Abschaltung *f*, Unterbrechung *f* (Trennung), Isolierung *f* ‖ ~ **diffusion** (Electronics) / Isolationsdiffusion *f* (z.B. in der Bipolartechnik) ‖ ~ **diode** (Electronics) / Sperrdiode *f* ‖ ~ **to (against) earth** (ground) (Elec Eng) / Isolation *f* gegen Erde ‖ ~ **transformer*** (Elec Eng) / Trenntransformator *m* (dessen Ein- und Ausgangswicklung elektrisch nicht verbunden sind), Isoliertransformator *m* (der nur eine galvanische Trennung vom speisenden Netz bewirkt) ‖ ~ **valve** (Electronics) / Trennröhre *f* ‖ ~ **valves** (Eng) / Absperrarmatur *f*, Durchgangsarmatur *f*
**isolator*** *n* (Electronics, Radar) / Richtungsleitung *f* (Bauelement der Mikrowellentechnik, das in der Durchlassrichtung eine sehr niedrige, in der entgegengesetzten Richtung eine hohe Dämpfung für elektromagnetische Wellen aufweist), Einwegleitung *f*, Richtungsisolator *m*, Isolator *m* (nichtreziprokes Bauelement)
**isolene oil** / Isolenöl *n* (trocknendes Öl mit isolierten Doppelbindungen - z.B. Lein- oder Sojaöl)
**isoleucine*** *n* (Biochem, Nut) / Isoleuzin *n* (eine essentielle Aminosäure - 2-Amino-3-methylpentansäure), Isoleucin *n*, L-Isoleuzin *n*, Ile *n* (Isoleucin)

**isoline** *n* (Cartography, Meteor) / Isolinie *f*, Isarithme *f* ‖ ~ (Cartography, Maths) / Isoplethe *f* (Linie gleichen Zahlenwerts in grafischen Darstellungen)
**isolobal** *n* (Chem) / Isolobal *n* (elektronisch äquivalentes Fragment innerhalb eines Moleküls)
**isolog** *n* (Chem) / Isolog *n*
**isologous** *adj* (Chem) / isolog *adj* (mit einem bestimmten Verwandtschaftsgrad - von Substanzen)
**isologue** *n* (Chem) / Isolog *n*
**isolux*** *n* (Light) / Isoluxkurve *f*, Isoluxe *f* (Linie gleicher Beleuchtungsstärke)
**isomagnetic line*** (Geophys) / isomagnetische Kurve (z.B. Isopore, Isodyname, Isogone)
**isomalt** *n* (Nut) / Isomalt *m* (ein Zuckeraustauschstoff - E 953), Palatinit *m* (ein Markenname für Isomalt)
**isomaltose** *n* (Chem) / Isomaltose *n* (ein Disaccharid)
**isomer*** *n* (Chem) / Isomer *n*, Isomeres *n*, Isomere *n*
**isomerase** (Biochem) / Isomerase *f* (eine Hauptklasse der Enzyme)
**isomeric** *adj* (Chem) / isomer *adj* ‖ ~ **fatty acids** (Chem, Paint) / isomerisierte Fettsäuren ‖ ~ **shift** (Phys, Spectr) / Isomerieverschiebung *f* (in der Mößbauer-Spektroskopie) ‖ ~ **shift** (Spectr) / chemische Verschiebung (in der Kernresonanzspektroskopie), Shift *m* (chemische Verschiebung) ‖ ~ **transition** (Chem) / isomere Umwandlung
**isomerism*** *n* (Chem) / Isomerie *f* (die Erscheinung, dass Verbindungen gleicher stöchiometrischer Summenformel unterschiedliche molekulare Struktur aufweisen) ‖ ~ **of atomic nucleus** (Chem, Nuc) / Kernisomerie *f*
**isomerization** *n* (Chem) / Isomerisierung *f*, Isomerisation *f* ‖ ~ **polymerization** (Chem) / Isomerisationspolymerisation *f*
**isomerize** *vi* (Chem) / sich isomerisieren *v*, isomerisiert werden *v* ‖ ~ *vt* (Chem) / isomerisieren *v*
**isomerized fatty acids** (Chem, Paint) / isomerisierte Fettsäuren ‖ ~ **rubber*** (Chem Eng) / isomerisierter Kautschuk ‖ ~ **rubber*** (Chem Eng) s. also cyclized rubber
**isomerose** *n* (Nut) / Isomerose *f* (ein synthetisches, mit Hilfe von Isomerase gewonnenes Gemisch aus Glukose und Fruktose)
**isomerous** *adj* (Chem) / isomer *adj*
**isomer separation*** (Nuc Eng) / Isomerentrennung *f*
**isometric** *n* (Phys) / Isoplere (Kurve, auf der Zustände gleichen Volumens liegen)f., Isochore *f* ‖ ~ *adj* / isometrisch *adj* (einmaßstäblich) ‖ ~ (Crystal) / isometrisch *adj* ‖ ~ **projection*** (Arch) / isometrische Projektion, isometrische Darstellung (eine rechtwinklige Parallelprojektion nach DIN 5, T 1) ‖ ~ **projection*** s. also cabinet projection
**ISO metric screw thread** (Eng) / metrisches ISO-Gewinde (DIN 13)
**isometric surfaces** (Maths) / verbiegbare Flächen, isometrische Flächen, abbildbare Flächen, abwickelbare Flächen ‖ ~ **system*** (Crystal) / kubisches System
**ISO metric trapezoidal screw thread** (Eng) / metrisches ISO-Trapezgewinde (DIN 103 und 263)
**isometric view** (Cartography) / Militärperspektive *f*
**isometry** *n* (Maths) / Isometrie *f* (senkrechte Parallelprojektion, bei der alle drei Achsen eines Würfels gleich lang erscheinen und sich unter Winkeln von 120 Grad schneiden - ein Spezialfall der Axonometrie) ‖ ~ (Maths) / Isometrie *f*, Kongruenzabbildung *f*, starre Abbildung (eine Bijektion, bei der die Größe von Strecken und Winkeln invariant ist)
**ISO miniature screw thread** (Eng) / ISO-Miniatur-Gewinde *n* für kleine Durchmesser (DIN 14)
**isomorphic** *adj* (Crystal, Maths) / isomorph *adj* ‖ ~ **groups*** (Maths) / isomorphe Gruppen, holoedrisch isomorphe Gruppen ‖ ~ **set** (Maths) / isomorphe Menge
**isomorphism*** *n* (Chem, Crystal) / Isomorphie *f* ‖ ~* (Maths) / isomorphe Abbildung, Isomorphismus *m* ‖ ~ **theorem** (Maths) / Isomorphiesatz *m*
**isomorphous replacement*** (Crystal) / isomorpher Ersatz (bei der Kristallstrukturanalyse) ‖ ~ **series** (Min) / isomorphe Reihe (z.B. die Olivin-Reihe und die Triphylin-Reihe innerhalb der Verbindungen mit Olivin-Typus)
**isoneph** *n* (Meteor) / Isonephe *f*, Linie *f* gleicher Bewölkung
**isoniazid(e)** *n* (Chem, Pharm) / Isonicotinsäurehydrazid *n*, Isonikotinsäurehydrazid *n*, Isoniacid *n*, Isoniazid *n*
**isonicotinic acid** (Chem) / Isonikotinsäure *f*, Isonicotinsäure *f* (4-Pyridincarbonsäure) ‖ ~ **hydrazide** (Chem, Pharm) / Isonicotinsäurehydrazid *n*, Isonikotinsäurehydrazid *n*, Isoniacid *n*, Isoniazid *n*
**isonitrile*** *n* (Chem) / Isocyanid *n*, Isozyanid *n*, Isonitril *n*, Carbylamin *n*, Karbylamin *n* ‖ ~ **test** (Chem) / Isonitril-Probe *f* (zum qualitativen Nachweis primärer Amine)
**isononanoic acid** (Chem) / Isononansäure *f*
**isononanol** *n* (Chem) / Isononanol *n*, Isononylalkohol *m*

**isononsymmetric** *adj* (Nuc) / isonichtsymmetrisch *adj* (Kern)
**isontic line** (Cartography, Maths) / Isoplethe *f* (Linie gleichen Zahlenwerts in grafischen Darstellungen)
**ISO number** (Photog) / ISO-Zahl *f* (konkrete Angabe der Filmempfindlichkeit, die der ASA-Zahl entspricht; 64 ISO = 19 DIN)
**isooctane** *n* (Chem) / Isooktan *n*, Isooctan *n*
**isooctanol** *n* (Chem) / Isooctanol *n*, Isooktylalkohol *m*, Isooctanol *n*, Isooctylalkohol *m*
**isooleic acid** (Chem) / Isoölsäure *f*
**ISO/OSI reference model** (Comp, Telecomm) / ISO-Referenzmodell *n*, OSI-Schichtenmodell *n* (Rechnerverbundmodell mit sieben Funktionsschichten), Schichtenmodell *n* (ISO/OSI), Layermodell *n* (ISO/OSI)
**isoosmotic*** *adj* (Biol, Chem) / isoosmotisch *adj*, isotonisch *adj*
**isopach*** *n* (a line drawn on a map through points of equal true thickness of a designated stratigraphic unit or group of stratigraphic units) (Cartography, Geol) / Isopache *f*, Isopachyse *f* (Linie gleicher Schichtenmächtigkeit)
**isopachyte** *n* (GB) (Cartography, Geol) / Isopache *f*, Isopachyse *f* (Linie gleicher Schichtenmächtigkeit)
**ISO (paper) sizes*** (Paper) / DIN-Papierformate *n pl* (nach DIN 476 - Reihe A,B,C)
**isopectic** *n* (Meteor) / Isochrone *f* des Gefrierens, Isopekte *f*
**isopentane** *n* (Chem) / Isopentan *n* (2-Methylbutan)
**isopentyl acetate** (Chem) / Isopentylazetat *n*, Isopentylacetat *n*, Essigsäureisopentylester *m* ‖ ~ **alcohol** (Chem) / Isopentylalkohol *m*, Isoamylalkohol *m*, 3-Methylbutanol-(1) *n*
**isopeptide** *n* (Biochem) / Isopeptid *n* ‖ ~ **bond** (Biochem) / Isopeptidbindung *f*
**isopercental** *n* (Meteor) / Linie *f* der gleichen prozentualen Niederschlagsmengen
**isoperibolic** *adj* / isoperibol *adj* (Betrieb des Kalorimeters)
**isoperimetric** *adj* (Maths) / isoperimetrisch *adj*
**isoperimetrical** *adj* (Maths) / isoperimetrisch *adj*
**isoperimetric problem** (Maths) / isoperimetrisches Problem (Aufgabe, unter allen ebenen Flächenstücken gleichen Umfangs oder Körpern gleicher Oberfläche diejenigen mit dem größten Flächeninhalt bzw. größten Volumen zu ermitteln)
**isophase** *n* (Phys) / Isophase *f* (Koexistenzkurve in Zustandsdiagrammen - außer im p,T-Diagramm)
**isophased recrystallization** (Min) / isophase Umkristallisation
**isophase light** (Ships) / Gleichtaktfeuer *n*
**isophone** *n* (Acous) / Isophone *f* (in der physiologischen Akustik), Kurve *f* gleichen Lautstärkepegels, Kurve *f* gleicher Lautstärke, Kurve *f* gleicher Pegellautstärke, Kurve *f* gleicher Lautstärkeempfindung
**isophorone diisocyanate** (Chem, Paint) / Isophorondiisozyanat *n*, Isophorondiisocyanat *n*
**isophot** *n* (Light) / Isophote *f* (Linie gleicher Helligkeit in einem Objekt oder auch einem Bild)
**isophote** *n* (Light) / Isophote *f* (Linie gleicher Helligkeit in einem Objekt oder auch einem Bild)
**isophthalic acid** (Chem) / Isophthalsäure *f* (1,3-Benzoldicarbonsäure)
**isopic** *adj* (Geol) / isopisch *adj*
**isopiestic*** *adj* (Hyd, Meteor, Phys) / isopiestisch *adj*, mit konstantem Druck, mit gleichem Druck ‖ ~ **line** (Civ Eng, Geol, Hyd Eng) / Äquipotentiallinie *f* (Linie konstanter hydraulischer Druckhöhe) ‖ ~ **line** (Hyd, Meteor) / Isopieste *f*
**isopimaric acid** (Chem, For) / Isopimarsäure *f*
**isoplanar** *adj* (Electronics, Maths) / isoplanar *adj* (in der gleichen Ebene) ‖ ~ **I²L** (Electronics) / Isoplanartechnik *f*, I²L-Technik *f* ‖ ~ **integrated injection technology (I²L)** (Electronics) / Isoplanartechnik *f*, I²L-Technik *f* ‖ ~ **oxide isolation** (Electronics) / Isoplanartechnik *f*, I²L-Technik *f*
**isopleth*** *n* (a line or surface on which some mathematical function has a constant value) (Cartography, Maths) / Isoplethe *f* (Linie gleichen Zahlenwerts in grafischen Darstellungen)
**isopluvial line** (Meteor) / Isohyete *f* (Linie gleicher Niederschlagshöhe)
**isopolyacids** *pl* (Chem) / Isopolysäuren *f pl* (Gruppenname für anorganische Polysäuren, die partielle Anhydride der Säuren darstellen)
**isopolymorphism** *n* (Chem) / Isopolymorphie *f*
**isopolytungstate** *n* (Chem) / Isopolywolframat *n*
**isopor** *n* (Geophys) / Isopore *f* (Linie gleicher Säkularvariation)
**isopotential level** (Hyd Eng) / Äquipotentialfläche *f* (Fläche konstanter hydraulischer Druckhöhe) ‖ ~ **point** (Phys) / Äquipotentialpunkt *m*, Punkt *m* gleichen Potentials ‖ ~ **surface** (Phys) / Äquipotentialfläche *f* (in wirbelfreien physikalischen Feldern), Niveaufläche *f*, Isopotentialfläche *f*
**isoprene*** *n* (Chem) / Isopren *n* (2-Methyl-1,3-butadien) ‖ ~ **rubber*** / Isoprenkautschuk *m*, IR (Isoprenkautschuk), NR

**isoprene**

(Isoprenkautschuk nach DIN ISO 1629) ‖ **~ rule** (Chem) / Isoprenregel f ‖ **~ unit** (Chem) / Isopreneinheit f (nach Ružička)
**isoprenoid** n (Chem) / Isoprenoid n, Isopentenoid n, isoprenoide Verbindung (die durch Zusammenlagerung von Isopreneinheiten entstanden ist) ‖ **~ compound** (Chem) / Isoprenoid n, Isopentenoid n, isoprenoide Verbindung (die durch Zusammenlagerung von Isopreneinheiten entstanden ist)
**isopropanol** n (Chem, Nut) / Isopropanol n (auch als Trägerlösemittel in der Lebensmittelindustrie), Isopropylalkohol m, 2-Propanol n
**isopropanolamine** n (Chem) / Isopropanolamin n (1-Amino-2-propanol), MIPA
**isopropenyl acetate** (Chem) / Essigsäureisopropenylester n, Isopropenylazetat n, Isopropenylacetat n, Methylvinylazetat n, Methylvinylacetat n
**isopropyl alcohol*** (Chem, Nut) / Isopropanol n (auch als Trägerlösemittel in der Lebensmittelindustrie), Isopropylalkohol m, 2-Propanol n
**isopropylamine** n (Chem) / Isopropylamin n, 2-Propanamin n
**isopropyl benzene*** (Chem, Fuels) / Isopropylbenzol n, Cumol n ‖ **~ palmitate** (Chem) / Isopropylpalmitat n, Palmitinsäureisopropylester m
**isopropylphenol** n (Chem) / Isopropylphenol n
**isopulse surface** (Nuc, Radiol) / Fläche f gleicher Zählrate, Isoimpulsfläche f
**isopurpurin** n (Chem) / Anthrapurpurin n (1,2,7-Trihydroxy-9,10-anthrachinon), Isopurpurin n
**isopycnal** n (Geophys) / isometrische Linie, Isopykne f, Isophere f, Linie f konstanten Volumens ‖ **~** (Meteor) / Isopykne f (Linie, die alle Orte gleicher Luftdichte verbindet)
**isopycnic** n (Geophys) / isometrische Linie, Isopykne f, Isophere f, Linie f konstanten Volumens ‖ **~*** (Meteor) / Isopykne f (Linie, die alle Orte gleicher Luftdichte verbindet)
**isoquants** pl (Maths) / Isoquanten f pl (Kurven in der (x,y)-Ebene mit gleichem Funktionswert)
**isoquinoline*** n (Chem) / Isochinolin n (dem Chinolin isomere heterozyklische organische Verbindung) ‖ **~ alkaloids** (Pharm) / Isochinolinalkaloide n pl (mit Isochinolin als Grundgerüst, z.B. Kaktusalkaloide)
**ISO/R** / ISO-Empfehlung f (ISO/R)
**ISO Recommendation** / ISO-Empfehlung f (ISO/R)
**ISO-recommended symbol for geometric characteristic** / ISO-Symbol n (des Toleranzrahmens)
**isorubijervine** n (Pharm) / Isorubijervin n (ein Veratrumalkaloid)
**isosafrole** n (Chem) / Isosafrol n
**isosbestic points** (Chem) / isosbestische Punkte (Punkte gleicher molarer Absorptionskoeffizienten bei einer definierten Wellenlänge)
**isoscalar** adj (Phys) / isoskalar adj
**isosceles trapezium** (Maths) / gleichschenkliges Trapez ‖ **~ triangle*** (Maths) / gleichschenkliges Dreieck
**isoseismal** n (Geol) / Isoseiste f (Linie, die alle Orte gleicher Intensität eines Erdbebens verbindet) ‖ **~** adj (Geol) / isoseismisch adj ‖ **~ line*** (Geol) / Isoseiste f (Linie, die alle Orte gleicher Intensität eines Erdbebens verbindet)
**isoseismic** adj (Geol) / isoseismisch adj ‖ **~ line** (Geol) / Isoseiste f (Linie, die alle Orte gleicher Intensität eines Erdbebens verbindet)
**ISO sharp-notch test bar** (Materials, Met) / ISO-Scharfkerbprobe f
**IsoSiv process** (Oils) / IsoSiv-Verfahren n (zur Paraffinextraktion mittels Molsieben)
**ISO sizes*** (Paper) / ISO-Formate n pl
**isosmotic** adj (Biol, Chem) / isoosmotisch adj, isotonisch adj
**isosorbide dinitrate** (Pharm) / Isosorbiddinitrat n (ein Vasodilatator)
**isospace** n (Nuc) / Isoraum m, Isospinraum m, isotoper Raum (der dreidimensionale Raum, in dem der Isospin ein Vektor ist)
**isospin*** n (Nuc) / Isobarenspin m, isobarer Spin, Isospin m (Kurzzeichen I), isotoper Spin, Isotopenspin m ‖ **~ multiplet** (Nuc) / Isobarenmultiplett n, Isospinmultiplett n, Ladungsmultiplett n
**isospinor** n (Nuc) / Isospinor m
**isospin space** (Nuc) / Isoraum m, Isospinraum m, isotoper Raum (der dreidimensionale Raum, in dem der Isospin ein Vektor ist)
**isostasy*** n (Geol, Geophys) / Isostasie f (das Einspielen eines Schweregleichgewichtszustandes einzelner Schollen der Erdrinde)
**isostatic** adj (Mech) / statisch bestimmt ‖ **~ adjustment** (Geol) / isostatische Kompensation ‖ **~ compacting** (Powder Met) / isostatisches Pressen ‖ **~ compensation** (the adjustment of the lithosphere of the Earth to maintain equilibrium among units of varying mass and density) (Geol) / isostatische Kompensation ‖ **~ correction** (Geol) / isostatische Kompensation ‖ **~ pressing** (Powder Met) / isostatisches Pressen
**isostatics** pl (Materials, Mech) / Spannungstrajektorien f pl, Spannungslinien f pl
**isostere*** n (Meteor, Phys) / Isostere f

**isosteric** adj (Biochem) / isosterisch adj (Enzym) ‖ **~*** (Chem) / isoster adj
**isosterism** n (Chem) / Isosterie f (Gleichheit der Elektronenkonfiguration)
**isostructural** adj (Crystal) / isostrukturell adj, strukturgleich adj, (von) gleicher Struktur
**isosurface** n (Comp) / Isofläche f (in der Computergrafik)
**isosurfacing** n (Comp, Photog) / Isoflächenbildung f (Bildvorverarbeitungsoperation)
**isosyrup** n (Nut) / Isomeratzucker m, Isoglucosesirup m, Isoglukosesirup m, Isozucker m
**isotach*** n (Geog, Meteor) / Isotache f (Linie gleicher Windgeschwindigkeit)
**isotachophoresis** n (pl. -reses) (Chem) / Isotachophorese f (eine Methode der Elektrophorese)
**isotactic*** adj (a type of polymer chain configuration where all side groups are positioned on the same side of the chain molecule) (Chem) / isotaktisch adj ‖ **~ index** (Chem) / Isotaxieindex m ‖ **~ polymer** (Chem) / isotaktisches Polymer
**isotaxy*** n (Chem) / Isotaxie f (bei Polymeren)
**isoteniscope*** n (Chem) / Isoteniskop n (Gerät zur Bestimmung des Sättigungsdruckes von Flüssigkeiten)
**isothere** n (line connecting points having equal mean summer temperature) (Meteor) / Isothere f (Linie gleicher mittlerer Sommertemperatur)
**isotherm*** n (Meteor, Phys) / Isotherme f (Kurve, auf der Zustände gleicher Temperatur liegen)
**isothermal*** n (Meteor, Phys) / Isotherme f (Kurve, auf der Zustände gleicher Temperatur liegen) ‖ **~*** adj (at a constant temperature) (Meteor, Phys) / isothermisch adj, isotherm adj ‖ **~ annealing** (Met) / isothermes Glühen ‖ **~ change*** (Phys) / isotherme Umwandlung ‖ **~ compression** (Phys) / isotherme Verdichtung (im Carnot-Prozess), isotherme Kompression ‖ **~ curve*** (Meteor, Phys) / Isotherme f (Kurve, auf der Zustände gleicher Temperatur liegen) ‖ **~ efficiency*** (Eng) / isothermischer Wirkungsgrad (die Güte des Verdichters kennzeichnender Wert) ‖ **~ expansion** (Phys) / isotherme Expansion, isotherme Ausdehnung (im Carnot-Prozess) ‖ **~ extrusion** (Eng, Met) / isothermes Fließpressen (bei dem die während der Umformung erzeugte Wärme so schnell abgeführt wird, dass die Temperatur des Werkstücks konstant bleibt) ‖ **~ hardening** (Met) / isotherme Härtung
**isothermal-isobaric chromatography** (Chem) / isotherm-isobare Chromatografie
**isothermal line*** (Meteor, Phys) / Isotherme f (Kurve, auf der Zustände gleicher Temperatur liegen) ‖ **~ nitriding** (Met) / isothermes Nitrieren (bei gleich bleibender Temperatur und gleich bleibender Haltezeit) ‖ **~ plasma** (Plasma Phys) / isothermisches Plasma ‖ **~ process*** (Phys) / isotherme Zustandsänderung ‖ **~ quenching** (Met) / isotherme Härtung ‖ **~ transformation** (Phys) / isotherme Umwandlung ‖ **~ transformation diagram*** (Met) / ZTU-Schaubild n, ZTU-Diagramm n (in das Umwandlungsvermögen von Stählen nach dem Austenitisieren bei isothermem Halten auf verschiedenen Temperaturen oder bei kontinuierlicher Abkühlung dargestellt wird), Zeit-Temperatur-Umwandlungsschaubild n ‖ **~ transformation in the bainite stage** (Met) / isothermische Umwandlung in der Bainitstufe ‖ **~ treatment** (Met) / isothermische Umformung, Isoforming n
**isothiazole** n (Chem) / Isothiazol n
**isothiocyanate** n (Chem) / Isothiozyanat n, Isothiocyanat n ‖ **~** (Chem) s. also mustard oil
**isotone*** n (Nuc) / Isoton n (Atomkern mit gleicher Neutronenzahl wie das andere Isoton - DIN 25401, T 1) ‖ **~ mapping** (Maths) / isotone Abbildung, monotone Abbildung, Ordnungshomomorphismus m
**isotonic*** adj (Biol, Chem) / isoosmotisch adj, isotonisch adj ‖ **~ mapping** (Maths) / isotone Abbildung, monotone Abbildung, Ordnungshomomorphismus m ‖ **~ sodium chloride solution** (Pharm) / physiologische Kochsalzlösung
**isotope*** n (Chem, Nuc) / Isotop n (Nuklid mit gleicher Protonenzahl, aber unterschiedlicher Neutronenzahl als ein anderes Isotop) ‖ **~ analysis** (Chem) / Isotopenanalyse f ‖ **~ chemistry** (Chem) / Isotopenchemie f ‖ **~ cosmology** (Astron) / Isotopenkosmologie f ‖ **~ dating** (Geol, Phys) / radiometrische Altersbestimmung, radiometrisches Verfahren der Altersbestimmung, radioaktive Altersbestimmung, Isotopenaltersbestimmung f, Radionuklidendatierung f ‖ **~ dilution** (Nuc, Radiol) / Isotopenverdünnung f ‖ **~ effect** (Phys) / Isotopieeffekt m ‖ **~ enrichment** (Nuc Eng) / Isotopenanreicherung f (Prozess, durch den die relative Häufigkeit eines Isotops in einem Element vergrößert wird) ‖ **~ exchange** (Chem) / Isotopenaustausch m ‖ **~ geology** (Geol) / Isotopengeologie f ‖ **~ hydrology** / Isotopenhydrologie f ‖ **~ mass spectrometer** (Spectr) / Isotopenmassenspektrometer n, IMS (Isotopenmassenspektrometer) ‖ **~ separation*** (Nuc, Nuc Eng) /

Isotopentrennung f (die vollständige Trennung verschiedener Isotope oder die Anreicherung einzelner Isotope in einem Gemisch) ‖ ~ **separation by countercurrent electrolysis** (Nuc Eng) / gegenstromelektrolytische Isotopentrennung, Isotopentrennung f durch Gegenstromelektrolyse ‖ ~ **shift*** (Nuc) / Isotopieverschiebung f (in Atom- oder Molekülspektren), Isotopieverschiebungseffekt m ‖ ~ **sluice** (Nuc) / Isotopenschleuse f (Methode des unterbrochenen Molekularstrahls) ‖ ~ **structure*** (Nuc) / Isotopiehyperfeinstruktur f, Isotopiestruktur f ‖ ~ **tag** (Nuc) / Isotopenindikator m, Isotopentracer m, Leitisotop n ‖ ~ **tomography** (Radiol) / Radionuklidtomografie f, Tomografie f mit Radionukliden ‖ ~ **volume effect** (Nuc) / Kernvolumeneffekt m (der Isotopie)

**isotopic** adj (Chem, Nuc) / Isotopie-, isotop adj, Isotopen- ‖ ~ **abundance*** (Nuc) / Isotopenhäufigkeit f

**isotopically pure material** (Chem, Nuc) / isotopenreines Material, isotopenreine Substanz ‖ ~ **pure substance** (Chem, Nuc) / isotopenreines Material, isotopenreine Substanz

**isotopic analysis** (Chem) / Isotopenanalyse f ‖ ~ **anomaly** / Isotopenanomalie f ‖ ~ **battery** (Nuc Eng) / Radionuklidbatterie f (direkte, indirekte), Isotopenbatterie f, strahlengalvanisches Element, Kernbatterie f, RNB (Radionuklidbatterie), Atombatterie f ‖ ~ **carrier** (Nuc) / isotoper Träger ‖ ~ **dilution*** (Nuc, Radiol) / Isotopenverdünnung f ‖ ~ **dilution analysis*** (Nuc) / Isotopenverdünnungsanalyse f (Methode zur quantitativen Bestimmung eines Stoffes in einem Gemisch sehr ähnlicher Komponenten), Isotopenverdünnungsanalyse f, Isotopenverdünnungsverfahren n ‖ ~ **indicator** (Nuc) / Isotopenindikator m, Isotopentracer m, Leitisotop n ‖ ~ **label** (Nuc) / Isotopenindikator m, Isotopentracer m, Leitisotop n ‖ ~ **mass** (Chem) / Isotopenmasse f ‖ ~ **mixture** (Nuc) / Isotopengemisch n ‖ ~ **number*** (Nuc) / Neutronenüberschuss m (die Differenz zwischen den Anzahlen der Neutronen und Protonen im Atomkern) ‖ ~ **parity** (Nuc) / G-Parität f (eine Quantenzahl) ‖ ~ **spin*** (Nuc) / Isobarenspin m, isobarer Spin, Isospin m (Kurzzeichen I), isotoper Spin, Isotopenspin m ‖ ~ **symbols*** (Chem) / Indizes m pl für Isotopen (am Symbol), Symbolik f der Isotopen (Massenzahl links oben, Ordnungszahl links unten und die Anzahl der Atome rechts unten) ‖ ~ **tracer** (Nuc) / Isotopenindikator m, Isotopentracer m, Leitisotop n ‖ ~ **tracer** (Nuc) / isotoper Tracer (konträr dazu: nichtisotoper Tracer) ‖ ~ **weight*** (Chem) / Isotopenmasse f

**isotopomer** n (Chem) / Isotopomer n, isotopes Isomer
**isotransmittance curve** (Optics) / Kurve f gleicher Durchlässigkeit
**isotron*** n (Nuc Eng) / Isotron n (Anlage zur Isotopentrennung nach dem Laufzeitprinzip)
**isotropic*** adj (exhibiting identical values of a property in all crystallographic directions) (Bot, Crystal, Maths, Min, Phys) / isotrop adj (DIN 1342, T 1) ‖ ~ **antenna** (Radio) / Isotropstrahler m (eine Bezugsantenne bei der Angabe des Antennengewinns, Kugelstrahler m (der nach allen Richtungen mit gleicher Leistung abstrahlt) (Phys) / isotropes Kontinuum (DIN 1311, T 4) ‖ ~ **dielectric*** (Elec Eng) / isotropes Dielektrikum ‖ ~ **etching*** (Electronics) / isotropes Ätzen ‖ ~ **line** (Maths) / isotrope Gerade, Minimalgerade f ‖ ~ **material** (Materials, Mech) / isotroper Werkstoff, isotroper Stoff (in dem die jeweiligen Eigenschaften grundsätzlich keine Funktion der Richtung sind, gegebenenfalls jedoch von Parametern wie Zeit, Temperatur und Richtung abhängig sein können - DIN EN ISO 9251) ‖ ~ **pattern** (Radio) / Kugelcharakteristik f (die Richtcharakteristik eines Kugelstrahlers oder -mikrofons) ‖ ~ **plane** (Maths) / isotrope Ebene ‖ ~ **plate** (Build) / isotropische Platte (ein Flächentragwerk) ‖ ~ **polarizability** (Chem) / isotrope Polarisierbarkeit ‖ ~ **radiation pattern** (Radio) / Kugelcharakteristik f (die Richtcharakteristik eines Kugelstrahlers oder -mikrofons) ‖ ~ **radiator** (Radio) / Isotropstrahler m (eine Bezugsantenne bei der Angabe des Antennengewinns, Kugelstrahler m (der nach allen Richtungen mit gleicher Leistung abstrahlt) ‖ ~ **scattering** (Optics) / isotrope Streuung (DIN 1319, T 2) ‖ ~ **turbulence** (Phys) / isotrope Turbulenz
**isotropization** n (Phys) / Isotropierung f
**isotropy** n (Biol, Chem, Maths, Phys) / Isotropie f
**isotypic** adj (Crystal) / isotyp adj (z.B. Kristalle von Steinsalz, Bleiglanz und Periklas)
**isotypism** n (Crystal) / Isotypie f (das Auftreten kristallgeometrischer Ähnlichkeiten)
**isovalent** adj (Chem) / isovalent adj
**isovaleraldehyde** n (Chem) / Isovaleraldehyd m (3-Methylbutyraldehyd)
**isovaleric acid** (Chem, Pharm) / Isovaleriansäure f (gesättigte verzweigte Fettsäure), 3-Methylbuttersäure f, Delphinsäure f
**isovectorial meson** (Nuc) / isovektorielles Meson, Isovektormeson n
**isovector meson** (Nuc) / isovektorielles Meson, Isovektormeson n
**isoviscous** adj (Phys) / isoviskos adj

**ISO V-notch** (Materials) / ISO-Spitzkerb m, ISO-V-Kerb m ‖ ~ **V-notch test bar** (Materials, Met) / ISO-Spitzkerbprobe f, ISO-V-Probe f
**isoxazole** n (Chem) / Isoxazol n
**isozyme*** n (Biochem) / Isozym n, isodynamisches Enzym, Isoenzym n
**ISP** (Internet service provider) (Comp) / Internetprovider m (Anbieter von Internetdienstleistungen), Internet-Anbieter m (eine kommerzielle oder auch nicht kommerzielle /z.B. Hochschulen/ Organisation oder Unternehmung, die verschiedene Dienstleistungen auf Basis des Internets anbietet), Internet-Service-Provider m ‖ ~ (Imperial Smelting Process) (Met) / Imperial-Smelting-Verfahren n (ein altes Verfahren zur Pb-Zn-Gewinnung), IS-Verfahren n
**ISPA** (Inverted Socket Process Architecture) (Comp) / ISPA-Architektur f
**i-spin** n (Nuc) / Isobarenspin m, isobarer Spin, Isospin m (Kurzzeichen I), isotoper Spin, Isotopenspin m
**IS process** (Imperial Smelting Process) (Met) / Imperial-Smelting-Verfahren n (ein altes Verfahren zur Pb-Zn-Gewinnung), IS-Verfahren n
**ISR** (interrupt service routine) (Comp) / Unterbrechungs-Serviceprogramm n ‖ ~ (input switching register) (Comp) / Eingabekopplungsregister n, EKR (Eingabekopplungsregister)
**ISS** (ion-scattering spectroscopy) (Spectr) / Ionenstreu(ungs)spektroskopie f, ISS (Ionenstreuspektroskopie), Ionenrückstreu-Spektroskopie f, LEIS-Spektroskopie f
**ISSN** (international standard serial number) / ISSN f (international eingeführte Identifikationsnummer für fortlaufende Sammelwerke, wie Schriftenreihen, Zeitschriften o.Ä. sowie Zeitungen)
**issue** v / ausfließen v, auslaufen v ‖ ~ / ausstellen v (ein Dokument) ‖ ~ / herausgeben v, veröffentlichen v (z.B. Erklärung, Stellungnahme) ‖ ~ (Aero) / erteilen v (Freigabe) ‖ ~ (Geol) / herausfließen v, ausströmen v, herausströmen v (Lava)
**isthmic** adj (Geog, Geol) / isthmisch adj (den Isthmus betreffend - z.B. bei Korinth)
**isthmus** n (pl. -es) (a narrow strip of land, bordered on both sides by water, that connects two larger bodies of land) (Geog) / Isthmus m (pl. -men), Isthmos m (pl. -men), Landenge f ‖ ~ (pl. -es) (Maths) / Isthmus m (pl. -men) (bei Grafen), Brücke f (bei Grafen)
**istle fibre** (Textiles) / Istlefaser f, Ixtlefaser f (meistens aus der "Hundertjährigen Aloe" - Agave lechuguilla Torr.)
**ISU** (integrated sensor unit) / integrierte Sensoreinheit
**ISUP** (international standardized ISDN user port) (Comp) / international standardisierter ISDN User-Port, ISUP m (international standardisierter ISDN User-Port)
**IT** (intelligent terminal) (Comp) / intelligentes Terminal (das als eigenständige Arbeitsstation benutzt werden kann) ‖ ~ (information technology) (Comp) / Informationstechnik f (d.h. Dokumentation und neue Medien), IT (Informationstechnik) ‖ ~ (information theory) (Comp, Telecomm) / Informationstheorie f ‖ ~ (instrument module) (Space) / Gerätemodul n, Gerätezelle f, Geräteeinheit f
**itabirite** n (Geol) / Itabirit m (ein wichtiges Eisenerz)
**itacolumite*** n (Geol) / Gelenksandstein m, Gelenkquarzit m (ein biegsamer Quarzit), Itacolumit m (glimmerhaltiger Sandstein), Itakolumit m
**itaconate** n (Chem) / Itakonat n, Itaconat n
**itaconic acid** (Chem, Pharm) / Itakonsäure f, Itaconsäure f, Methylenbernsteinsäure f
**itai-itai disease** (Ecol, Med) / Itai-Itai-Krankheit f (die durch Aufnahme von Kadmiumverbindungen hervorgerufen wird und durch Kalziumausscheidung zu Schrumpfungen des menschlichen Knochengerüsts führt)
**Italian alder** (For) / Herzblättrige Erle (Alnus cordata (Loisel.) Desf.) ‖ ~ **asbestos*** (Min) / Tremolitasbest m (ein Hornblendeasbest) ‖ ~ **blind*** (Build) / Außenjalousie f ‖ ~ **chestnut** (For) / Edelkastanie f, Esskastanie f (Castanea sativa Mill.) ‖ ~ **cloth** (Textiles) / Zanella m, Cloth m n (A), Kloth m n (A) ‖ ~ **millet** (Agric, Bot) / Borstenhirse f, Kolbenhirse f, Fench m, Fennich m (Setaria italica (L.) P. Beauv.) ‖ ~ **pink** / Quercitrongelb n (auf der Basis des Quercetins) ‖ ~ **pocket** (Textiles) / französische Tasche (steil, fast senkrecht eingeschnittene Tasche an Jeans) ‖ ~ **roof*** (Build) / abgewalmtes Dach, Walmdach n (ungebrochene Dachformen) ‖ ~ **stone pine** (For) / Pinie f (Pinus pinea L.) ‖ ~ **tiling** (Arch, Build) / Priependeckung f, Mönch- und Nonnendeckung f (römische Version)
**italic** adj (Typog) / kursiv adj ‖ ~ **button** (Comp) / Symbol n für Kursiv
**italicise** v (Typog) / in Kursivschrift auszeichnen, mit Kursivschrift hervorheben, kursiv setzen, kursiv legen
**italicize** v (Typog) / in Kursivschrift auszeichnen, mit Kursivschrift hervorheben, kursiv setzen, kursiv legen
**italics*** pl (Typog) / Kursivschrift f, Kursive f, Schrägschrift f ‖ **in** ~ (Typog) / kursiv adj

**ITC** (intertropical convergence) (Geog, Meteor) / intertropische Konvergenz, innertropische Konvergenz
**i-T-chart** *n* (Phys) / i,T-Diagramm *n*, Enthalpie-Temperatur-Diagramm *n* (ein Mollier-Diagramm)
**itching** *n* (Med) / Juckreiz *m*
**ITCZ\*** (intertropical convergence zone) (Geog, Meteor) / innertropische Konvergenzzone (der äquatorialen Tiefdruckrinne zwischen den Passatgürteln der Nord- und Südhalbkugel)
**item** *n* / Item *n* (pl. Items) (Einzelposten, Einzelangabe) ‖ ~ / Einzelgegenstand *m*, Gegenstand *m*, Stück *n* ‖ ~ / Artikel *m* (als Posten) ‖ ~ / Posten *m*, Buchungsposten *m* ‖ ~ / Item *n* (pl. Items) (eine Frage aus einem Lernprogramm, einzelne Aufgabe innerhalb eines Tests) ‖ ~ / Position *f* (z.B. in einem Angebot, auf Zeichnungen), Einzelposition *f* ‖ ~ / Betrachtungseinheit *f* (bei einer Aufzählung) ‖ ~ (Comp) / Größe *f* (Oberbegriff für Datenwort, Literal und vorgesehene Konstante) ‖ ~ (Comp) / Posten *m* (zur Verarbeitung eingegebene Zahl nach DIN 9757) ‖ ~ (Comp) / Beleg *m* (besonders im Zahlungsverkehr der Kreditinstitute) ‖ ~ (Comp) / Größe *f* (PL/I) ‖ ~ (Comp) s. also data item ‖ ~ **analysis** (Stats) / Itemanalyse *f* (der Testkonstruktionen)
**itemize** *v* / aufgliedern *v* (z.B. Kosten), detailliert aufstellen (Position für Position) ‖ ~ / spezifizieren *v* (einzeln anführen)
**itemized billing** (Teleph) / Einzelabrechnung *f* der Gebühren ‖ ~ **costs** / Einzelkosten *pl*
**itemizer** *n* (mark to divide off items in a list) (Typog) / Spiegelstrich *m*
**item number** (Work Study) / Sachnummer *f* (Teilnummer, Teilfamiliennummer, Erzeugnisnummer)
**item-numbering system** / Sachnummernsystem *n* (DIN 6763)
**item processing** (Comp) / Belegverarbeitung *f* (besonders bei Kreditinstituten)
**ITER** (International Thermonuclear Experimental Reactor) (Nuc Eng) / ITER (ein als europäisch-japanisch-russisch-amerikanisches Gemeinschaftsprojekt geplanter Fusionsreaktor vom Typ Tokamak)
**iterate** *v* (Maths) / iterieren *v*
**iterated fission** (Nuc) / iterierte Spaltung, Mehrfachspaltung *f*, Vielfachspaltung *f* ‖ ~ **fission expectation\*** (Nuc) / iterierte Spalterwartung, asymptotische Spalterwartung ‖ ~ **function** (Maths) / iterierte Funktion ‖ ~ **logarithm** (Maths) / iterierter Logarithmus
**iteration\*** *n* (Comp, Maths) / Iteration *f* (die wiederholte Anwendung desselben Rechenverfahrens auf dabei gewonnene Zwischenwerte, um sich von einer Näherungslösung der exakten Lösung einer Gleichung anzunähern) ‖ ~ **index** (Comp) / Iterationsindex *m*, Schleifenindex *m* ‖ ~ **loop** (Comp) / Iterationsschleife *f*
**iterative** *adj* (Comp, Maths) / iterativ *adj* ‖ ~ **computation** (Maths) / iterative Berechnung ‖ ~ **cycle** (Maths) / Iterationsschleife *f* ‖ ~ **division** (Maths) / schrittweise Division, iterative Division ‖ ~ **impedance\*** (Elec) / Wellenwiderstand *m* (das geometrische Mittel aus Kurzschluss- und Leerlaufwiderstand) ‖ ~ **impedance\*** (Elec) / Kettenwiderstand *m*, Kettenimpedanz *f* ‖ ~ **loop** (Comp) / Iterationsschleife *f* ‖ ~ **network** (Elec Eng) / Kettenschaltung *f* ‖ ~ **operation** (Comp) / iterative Operation ‖ ~ **programming** (AI) / iterative Programmierung ‖ ~ **search** (Comp) / iterative Suche
**IT image sensor** (TV) / IT-Bildsensor *m* (Zwischenzeilen-Bildübertragungssensor)
**ITL** (intent-to-launch) (Mil) / Starteinleitung *f* (bei den FK)
**ITO** (indium tin oxide) (Chem, Electronics) / ITO (Indium-Zinn-Oxid, z.B. auf den TN-Zellen)
**IT print** (Cinema) / IT-Kopie *f*, internationale Kopie ‖ ~ **protective scheme** (Elec Eng) / IT-Netz *n* (Schutzleitungssystem)
**ITS-90** (International Temperature scale) (Phys) / Internationale Temperaturskale, ITS-90 *f* (Internationale Temperaturskale, die auf 17, die Skale abschnittsweise definierenden, Festpunkten, gut reproduzierbaren thermodynamischen Gleichgewichtszuständen, denen entsprechende Temperaturwerte zugeordnet sind, beruht)
**ITS** (inelastic tunnelling spectroscopy) (Spectr) / inelastische Tunnelspektroskopie, unelastische Tunnelspektroskopie ‖ ~ (invitation to send) (Telecomm) / Sendeaufforderung *f*
**it's a wrap** (Cinema) / gestorben *adj* (eine definitiv abgedrehte Einstellung) ‖ ~ **in the can** (Cinema) / gestorben *adj* (eine definitiv abgedrehte Einstellung)
**ITU\*** (International Telecommunication Union) (Telecomm) / Internationale Fernmelde-Union (gegründet 1919, eine Sonderorganisation der UN, Generalsekretariat: Genf)
**ITV** (instructional television) (TV) / Unterrichtsfernsehen *n*, Bildungsfernsehen *n*
**i-type semiconductor** (Electronics) / Eigenhalbleiter *m* (DIN 41852), Intrinsic-Halbleiter *m*
**I.U.** (international unit) (Pharm) / Internationale Einheit (von der Weltgesundheitsorganisation standardisierte Mengeneinheit für nicht synthetisierte Antibiotika, Hormone und Vitamine, z.B. 3 $\mu$g reines Vitamin B$_1$), I.E. (Internationale Einheit)

**Iub interface** (Teleph) / Iub-Schnittstelle *f* (die Verbindung zwischen RNC und Node B)
**IU charging method** (Elec Eng) / IU-Lademethode *f* (Arbeitsweise eines geregelten Ladegeräts)
**IUCN** (International Union for Conservation of Nature (and Natural Resources)) (Ecol) / Internationale Union für Naturschutz (gegründet 1948, Sitz: Gland im Kanton Waadt), Internationale Naturschutzunion
**Iu interface** (Teleph) / Iu-Schnittstelle *f* (die Verbindung zwischen den RNCs des UTRAN und dem UMTS-Kernnetz)
**IUPAC** (International Union of Pure and Applied Chemistry) (Chem) / Internationale Union für reine und angewandte Chemie , IUPAC (Internationale Union für reine und angewandte Chemie) (1919 gegründet, Sitz: Research Triangle Park, North Carolina
**IUPAP** (Phys) / Internationale Union für reine und angewandte Physik (1922 gegründet, Sitz: Göteborg), IUPAP
**IUS** (inertial upper stage) (Space) / zweistufige Oberstufe (eine Komponente des US-Raumtransportersystems)
**Ivadizing** *n* (Surf) / IVD-Verfahren *n* (zur Al-Beschichtung von Titan- und Stahlwerkstoffen)
**Ivanoff reaction** (Chem) / Ivanoff-Reaktion *f* (aldolartige Addition von Phenylessigsäure an Aldehyde oder Ketone in Gegenwart einer Grignard-Verbindung), Ivanov-Reaktion *f*
**Ivanov reaction** (Chem) / Ivanoff-Reaktion *f* (aldolartige Addition von Phenylessigsäure an Aldehyde oder Ketone in Gegenwart einer Grignard-Verbindung), Ivanov-Reaktion *f*
**IVD** (ion vapour deposition) (Surf) / IVD-Verfahren *n* (zur Al-Beschichtung von Titan- und Stahlwerkstoffen)
**ivermectin** *n* (Pharm) / Ivermectin *n* (Makrolidantibiotikum gegen parasitäre Krankheiten), MK-933
**ivory\*** *n* / Elfenbein *n*, Ebur *n* ‖ ~ *attr* / elfenbeinfarben *adj* ‖ ~ **black** / Elfenbeinschwarz *n* (schwarzes Pigment für Künstlerfarben - heute nur aus gewöhnlichen Knochen) ‖ ~ **board\*** (Paper) / Elfenbeinkarton *m* (hochwertiger holzfreier Karton mit klarer Durchsicht) ‖ ~ **bristol** (US) (Paper) / Elfenbeinkarton *m* (hochwertiger holzfreier Karton mit klarer Durchsicht) ‖ ~ **chippings** / Elfenbeinabfälle *m pl* (zur Herstellung von Elfenbeinschwarz) ‖ ~ **nut** (Bot) / Elfenbeinnuss *f* (der Phytelephas macrocarpa Ruiz et Pav.), Steinnuss *f*
**ivory-nut palm** (Bot) / Elfenbeinpalme *f* (Astrocaryum sp.), Steinnusspalme *f*
**IVS** (Gen) / intervenierende Sequenz (Teil eines Mosaikgens)
**IW\*** (isotopic weight) (Chem) / Isotopenmasse *f*
**Iwan auger** (Civ Eng) / Tellerbohrer *m* (ein Handbohrer)
**I-Way** *n* (Comp) / Datenautobahn *f*, Infobahn *f*, Informationshighway *m*, Datenhighway *m*
**I-wear** *n* (Textiles) / intelligente Bekleidung
**IWF** (interworking function) (Teleph) / Übergangsfunktion *f* (Funktion einer GMSC, welche die Datenformate und Protokolle der Festnetze in die des Mobilfunknetzes umsetzt und umgekehrt), IWF (Übergangsfunktion)
**IWS** (Textiles) / Internationales Woll-Sekretariat (gegr. 1937, Zentralverwaltung: London, Zentrale für Deutschland, Österreich, Schweiz: Düsseldorf)
**IX\*** (ion exchange) (Chem, Phys) / Ionenaustausch *m* (DIN 54400), IA (Ionenaustausch) ‖ ~ (information exchange) (Comp) / Informationsaustausch *m*
**i-x diagram** (Phys) / i,x-Diagramm *n* (ein Mollier-Diagramm), Enthalpie-Feuchtigkeit-Diagramm *n* (ein Mollier-Diagramm)
**ixiolite** *n* (Min) / Ixiolith *n*
**ixocide** *n* (Pharm) / Zeckenbekämpfungsmittel *n*
**Ixodes** *pl* (Zool) / Zecken *f pl* (auffallend große Milben - Ektoparasiten an Wirbeltieren), Ixodida *pl*
**ixodid** *n* (Zool) / Schildzecke *f* (aus der Familie Ixodidae)
**Ixodidae** *pl* (Agric, Zool) / Ixodidae *pl* (Familie der Zecken, z.B. Schild- oder Lederzecken)
**Ixodides** *pl* (Agric, Zool) / Ixodidae *pl* (Familie der Zecken, z.B. Schild- oder Lederzecken) ‖ ~ (Zool) / Zecken *f pl* (auffallend große Milben - Ektoparasiten an Wirbeltieren), Ixodida *pl*
**ixtle fibre** (Textiles) / Istlefaser *f*, Ixtlefaser *f* (meistens aus der "Hundertjährigen Aloe" - Agave lechuguilla Torr.)
**Izod machine** (the specimen is mounted vertically and supported from the bottom in a cantilever fashion; the hammer strikes the specimen on its notched side at a specified distance above the notch) (Materials) / Schlagprüfgerät *n* nach Izod, Izod-Schlagprüfgerät *n* ‖ ~ **(impact) test\*** (an impact test in which a notched bar is broken by a blow from a pendulum) (Materials, Met) / Izod-Kerbschlagbiegeversuch *m*, Izod-Prüfung *f*, Kerbschlagbiegeversuch *m* nach Izod (ein dynamisches Härteprüfverfahren)
**izombe** *n* (For) / Izombé *n* (Holz der Testulea gabonensis Pellegr.), IZO

# J

**J** (joule) (Phys) / Joule *n* (gesetzliche abgeleitete SI-Einheit für Arbeit, Energie und Wärmemenge; 1 J = 1 Nm = 1 Ws), J (Joule - DIN 1301, T 1)

**Jablonski diagram** (Chem, Phys) / Jablonski-Termschema *n*, Jablonski-Diagramm *n* (eine schematische Darstellung der Übergänge zwischen Grund-, Singulett- und Triplettzuständen)

**jaborandi leaves** (Pharm) / Jaborandiblätter *n pl* (des Pilocarpus jaborandi Holmes - mit Pilokarpin als Hauptalkaloid)

**jacaranda** *n* (For) / Echtes Rosenholz, Brasilianisches Rosenholz, Rio-Palisander *m*, Jakarandaholz *n*, Palissandre Brésil *m*, Bahia-Rosenholz *n* (aus Dalbergia nigra (Vell.) Allemann ex Benth.)

**jacconette** *n* (Textiles) / Jaconet *m* (weicher baumwollener Futterstoff), Jaconnet *m*, Jakonett *m*

**J-acid** *n* (Chem) / J-Säure *f* (eine Buchstabensäure)

**jacinth*** *n* (Min) / Hyazinth *m* (Zirkoniumorthosilikat - der bekannteste Stein unter den Zirkonen)

**jack** *v* (Autos) / abstützen *v* (auf Wagenheber) ‖ ~ (Eng) / heben *v* (mit einem Kleinhebezeug), anheben *v*, winden *v*, hochwinden *v* ‖ ~ *n* (US)* / Hebelroller *m* ‖ ~* (Autos) / Wagenheber *m*, Heber *m* ‖ ~ (Ceramics) / Muttermodell *n*, Modellform *f*, Mutterform *f* ‖ ~ (for tensioning prestressing wires) (Civ Eng) / Spannpresse *f* (für Spannbeton) ‖ ~* (Elec Eng, Radio) / Buchse *f* ‖ ~* (a machine for raising a heavy weight through a short distance) (Eng) / kurzhubige Winde, Hebebock *m*, Kleinhebezeug *n* (kurzhubiges) ‖ ~ (Oils) / Pumpenbock *m* ‖ ~* (Telecomm, Teleph) / Klinke *f* (schaltendes Kontaktbauelement) ‖ ~ (Teleph) / Klinkengehäuse *n* ‖ ~ (Weaving) / Fadenauswähler *m*, Wippe *f* ‖ ~ **arch*** (US) (Arch) / scheitrechter Bogen (ein gemauerter Sturz über einer Öffnung ganz oder fast ohne Stich) ‖ ~ **base** (Acous) / Klinkensockel *m* ‖ ~ **bean** (Agric, Bot) / Jackbohne *f* (Canavalia ensiformis /L./ DC.), Riesenbohne

**jackbit*** *n* (Mining) / aufsetzbare Bohrkrone, Bohrschneide *f*

**jackblock*** *n* (Build) / Jackblock-Bauweise *f*

**jack bolt** (Elec Eng) / Positionierbolzen *m*, Prisonierstift *m* ‖ ~ **box*** (Telecomm, Teleph) / Klinkengehäuse *n* ‖ ~ **connection** (Telecomm) / Stecker- und Buchsenverbindung *f*

**jacked pile** (Civ Eng) / Mikropfahl *m* (bei Unterfangungsmaßnahmen)

**jacked-up** *adj* / hochgebockt *adj* (z.B. bei Reparaturen)

**jacket** *v* / hüllen *v*, ummanteln *v* ‖ ~ **eintaschen** *v* ~ (Build, Eng) / umkleiden *v*, verkleiden *v* (ummanteln), ummanteln *v*, umhüllen *v*, bekleiden *v* ‖ ~ (Comp) / hüllen *v*, einhüllen *v* (z.B. Disketten) ‖ ~ (Nuc Eng) / umhüllen *v* (den Kernbrennstoff) ‖ ~ (Print) / jackettieren *v* (Mikroformen) ‖ ~* *n* / Hülle *f*, Umhüllung *f* ‖ ~* (Bind) / Schutzumschlag *m* (den Einband schützender Umschlag) ‖ ~ (Build) / Jacket *n* (eine Brandschutzrohrabschottung für schwer entflammbare Kunststoffrohre) ‖ ~ (Cables, Elec Eng) / Mantel *m* ‖ ~* (Eng) / Mantel *m*, Ummantelung *f*, Haube *f* ‖ ~ (Foundry) / Überwurfrahmen *m*, Gießrahmen *m*, Rahmen *m*, Formrahmen *m* (bei kastenlosen Formen), Formenrahmen *m* ‖ ~* (Nuc Eng) / Brennelementhülle *f*, Brennelementhülle *f* ‖ ~ (Oils) / stählerne Förderplattform (die im Meeresboden verankert ist) ‖ ~ (Oils) / Jacket *n* (eine pyramidenförmige Röhrenkonstruktion in dem Meeresboden) ‖ ~ (Paper, Print) / rundgewebter Filz, Manchon *m*, Filzschlauch *m* (als Überzug auf Walzen), Filzärmel *m* ‖ ~ (Photog) / Jacket *n* (transparenter Kunststoffträger mit einer oder mehreren Filmtaschen, um Mikrofilmstreifen aufzunehmen) ‖ ~* (Print) / Umschlag *m*, Schutzumschlag *m*, Hülle *f* ‖ ~* (Space) / Kühlmantel *m* ‖ ~ **band** (Bind) / Buchbinde *f*, Buchbauchbinde *f*, Streifband *n* (des Buches)

**jacketed carburettor** (Autos) / Heizmantelvergaser *m* ‖ ~ **distilling receiver** (Chem) / ummantelte Vorlage ‖ ~ **pipe** (Civ Eng, Eng) / Jacketrohr *n*, Mantelrohr *n* (ein nahtloses Stahlrohr für Versorgungsleitungen) ‖ ~ **trough** (Textiles) / doppelwandiger Trog ‖ ~ **valve** (Eng) / Heizmantelarmatur *f*

**jacket flap** (Bind) / Schutzumschlagklappe *f* (meistens mit dem Klappentext), Einschlagklappe *f*, Einschlag *m* (des Schutzumschlags) ‖ ~ **heating** / Mantelheizung *f*

**jacketing** *n* / Eintaschen *n* ~ (Build, Eng) / Umkleidung *f*, Verkleidung *f* (Ummantelung), Ummantelung *f*, Bekleidung *f* ‖ ~ (Comp) / Hüllen *n*, Einhüllen *n* (z.B. von Disketten) ‖ ~ (Nuc Eng) / Umhüllen *n* (des Kernbrennstoffs), Canning *n* (Umhüllen des Kernbrennstoffs) ‖ ~ (Print) / Jackettieren *n* (von Mikroformen)

**jacket pipe** (Civ Eng, Eng) / Jacketrohr *n*, Mantelrohr *n* (ein nahtloses Stahlrohr für Versorgungsleitungen) ‖ ~ **tube** (Civ Eng) / Hüllrohr *n*, Hülse *f* (bei Vorspannung mit nachträglichem Verbund nach DIN 18553) ‖ ~ **tube** (Civ Eng, Eng) / Jacketrohr *n*, Mantelrohr *n* (ein nahtloses Stahlrohr für Versorgungsleitungen)

**jack field** (Teleph) / Klinkenfeld *n* ‖ ~ **frame** (Spinning) / Extrafeinflyer *m*, Doppelfeinflyer *m*

**jackfruit** *n* (For, Nut) / Jackfruitbaum *m* (Artocarpus heterophyllus Lm. - wichtiger Stärkelieferant)

**jackhammer*** *n* (Eng, Mining) / leichter Bohrhammer, Handbohrmaschine *f*

**jacking** *n* (Spinning) / Wagennachzug *m* ‖ ~ **motion** (Spinning) / Wagennachzugvorrichtung *f* ‖ ~ **point** (Aero) / Aufbockpunkt *m* (Stelle, an der das Flugzeug mit einem Hebebock angehoben werden kann) ‖ ~ **point** (Autos) / Wagenheberannahme *f*, Wagenheberansatzpunkt *m*, Ansatzpunkt *m* für den Wagenheber

**jack-in-the-box** *n* (Textiles) / Ausgleichsgetriebe *n*

**jack-knife bridge** (Civ Eng) / Dreifeld-Klappbrücke *f*

**jackknifing** *n* (of an articulated vehicle) (Autos) / Klappmessereffekt *m*, Querstellung *f* des Anhängers (bei einem Lastzug)

**jack lamp** (Elec Eng) / steckbare Lampe

**jack-o'-lantern** *n* (Elec) / Elmsfeuer *n* (bei Gewitterluft auftretende elektrische Lichterscheinung an hohen, spitzen Gegenständen, wie z.B. Masten), St.-Elms-Feuer *n*, Sankt-Elms-Feuer *n* ‖ ~ (Phys) / Irrlicht *n* (Selbstentzündung des Sumpfgases)

**jack panel** (Comp) / Steckbrett *n*, Schaltbrett *n* ‖ ~ **panel** (Teleph) / Klinkenfeld *n* ‖ ~ **pine** (For) / Bankskiefer *f* (Pinus banksiana Lamb.) ‖ ~ **plane*** (Carp, Join, Tools) / Schropphobel *m*, Schrupphobel *m* (zum groben Ebnen von Holzflächen), Stoßhobel *m*, Schrothobel *m* (über 40 cm lang) ‖ ~ **plug** (Elec Eng, Radio) / Stecker *m* (ein Teil der Steckvorrichtung) ‖ ~ **point** (Aero) / Aufbockpunkt *m* (Stelle, an der das Flugzeug mit einem Hebebock angehoben werden kann) ‖ ~ **rafter*** (Build, Carp) / Schiftsparren *m* (meistens ein Kehlschifter), Schifter *m* (Sparren des Haupt- oder Nebendachs sowie der Walmflächen, der an Grat- oder Kehlsparren endet) ‖ ~ **screw** (for lifting a heavy load) (Eng) / Schraubenwinde *f* (kurzhubiges Hebezeug), Schraubspindel *f* ‖ ~ **shaft*** (a smal auxiliary or intermediate shaft in machinery) (Elec Eng, Eng, Rail) / Zwischenwelle *f*, Blindwelle *f* ‖ ~ **sinker** (Textiles) / Kulierplatine *f* (DIN 62 154) ‖ ~ **socket** (a socket with two or more pairs of terminals designed to receive a jack plug) (Elec Eng, Radio) / Buchse *f*

**jackstaff** *n* (Ships) / Bugflaggenstock *m*

**jack star** (Foundry) / Putzstern *m* ‖ ~ **strip** (Telecomm) / Klinkenstreifen *m* ‖ ~ **up** *v* (Autos) / abstützen *v* (auf Wagenheber) ‖ ~ **up** (Autos) / aufbocken *v* (ein Fahrzeug in der Werkstatt), hochbocken (ein Fahrzeug) ‖ ~ **up** (Eng) / heben *v* (mit einem Kleinhebezeug), anheben *v*, winden *v*, hochwinden *v*

**jack-up** *n* (Oils) / Hubbohrinsel *f*, Bohrhubinsel *f* (mit absenkbaren, in den Boden einfahrenden Beinen), Hubplattform *f*, Hubinsel *f*, Hebebohrinsel *f*

**jack-up platform** (Oils) / Hubbohrinsel *f*, Bohrhubinsel *f* (mit absenkbaren, in den Boden einfahrenden Beinen), Hubplattform *f*, Hubinsel *f*, Hebebohrinsel *f*

**jack-up rig** (Oils) / Hubbohrinsel *f*, Bohrhubinsel *f* (mit absenkbaren, in den Boden einfahrenden Beinen), Hubplattform *f*, Hubinsel *f*, Hebebohrinsel *f*

**Jacobian*** *n* (Maths) / Jacobi'sche Determinante (nach C.G. Jacobi, 1804-1851), Funktionaldeterminante *f* ‖ ~ **determinant** (Maths) / Jacobi'sche Determinante (nach C.G. Jacobi, 1804-1851), Funktionaldeterminante *f* ‖ ~ **elliptic function*** (Maths) / Jacobi'sche elliptische Funktion

**Jacobi bracket** (Mech) / Jacobi-Klammer *f* (in der analytischen Mechanik)

**Jacobi's elliptic function** (Maths) / Jacobi'sche elliptische Funktion

**Jacobsen epoxidation** (Chem) / Jacobsen-Epoxidierung *f* ‖ ~ **reaction** (Chem) / Jacobsen-Reaktion *f* (nach O. Jacobsen, 1840 - 1889)

**Jacob's ladder*** (Civ Eng, Eng) / senkrechtes Becherwerk ‖ ~ **ladder** (Ships) / Jakobsleiter *f* (leichte Tauwerksleiter mit runden Holzsprossen), Knüppelleiter *f*

**Jacobson topology** (Maths) / Jacobson'sche Topologie

**jaconet** *n* (Textiles) / Jaconet *m* (weicher baumwollener Futterstoff), Jaconnet *m*, Jakonett *m*

**jacquard*** *n* (Textiles) / Jacquard *m* (Gewebe, dessen Musterung mit Hilfe von Jacquardkarten hergestellt wurde), Jacquardgewebe *n* ‖ ~ *n* (Weaving) / Jacquardmaschine *f* (nach J.M. Jacquard, 1752-1834) ‖ ~* *n* (Weaving) / Jacquardmaschine *f* (nach J.M. Jacquard, 1752-1834) ‖ ~ **board** (Paper, Weaving) / Jacquardpappe *f* ‖ ~ **card** (Weaving) / Jacquardkarte *f* (gelochte Pappkarte, die der Webmaschine das Muster vermittelt), Jacquard-Musterkarte *f* ‖ ~ **carpet loom** (Weaving) / Teppich-Jacquardmaschine *f* ‖ ~ **cord** (Weaving) / Bindeschnur *f* für Jacquardkarten, Jacquardschnur *f* ‖ ~ **damask loom** (Weaving) / Damast-Jacquardmaschine *f* ‖ ~ **fabric**

**jacquard**

(Textiles) / Jacquard m (Gewebe, dessen Musterung mit Hilfe von Jacquardkarten hergestellt wurde), Jacquardgewebe n ‖ ~ **harness** (Weaving) / Jacquardharnisch m ‖ ~ **heald** (Weaving) / Jacquardlitze f ‖ ~ **lock** (Weaving) / Jacquardschloss n ‖ ~ **loom** (Weaving) / Jacquardmaschine f (nach J.M. Jacquard, 1752-1834) ‖ ~ **paper** (Weaving) / Papier n für endlose Papierkarten (der Verdol-Jacquard-Maschine)
**Jacquinot's advantage** (Spectr) / Jacquinot-Vorteil m (ein besseres Signal-Rausch-Verhältnis in der FTIR-Spektroskopie)
**jacupirangite*** n (Geol) / Jacupirangit m (vorwiegend aus Pyroxen, daneben aus Magnetit und Ilmenit bestehendes Tiefengestein)
**jacuzzi** n (Build, Med) / Whirlpool m (Bassin mit warmem, durch Düsen in brodelnde Bewegung gebrachtem Wasser, in dem man sich sitzend oder liegend aufhält ), Jacuzzi m (pl. -s) (nach dem italoamerikanischen Erfinder C. Jacuzzi, 1903 - 1986)
**jad*** n (Mining) / unterschrämter und geschlitzter Steinblock
**jade*** n (Min) / Jade m f (Sammelbezeichnung für Nephrit, Jadeit und Chloromelanit) ‖ ~ attr (a light bluish-green) / jadegrün adj, jaden adj, jade adj (zartgrün)
**jade-green** adj / jadegrün adj, jaden adj, jade adj (zartgrün)
**jadeite*** n (Min) / Jadeit m (Natriumaluminiumdisilikat)
**jadestone** n (Min) / Jade m f (Sammelbezeichnung für Nephrit, Jadeit und Chloromelanit)
**Jaffé reaction** (Chem) / Jaffé-Reaktion f
**jag** vi / splittern v, zersplittern vi ‖ ~ vt (Eng) / zacken v, auszacken v, mit Zacken versehen, zackig schneiden, zackig reißen, zersplittern vt ‖ ~ n / Zacke f, Zacken m ‖ ~ (Eng, Tools) / Scharte f (unregelmäßige Vertiefung an der Schneidkante eines Werkzeugs)
**jag-bolt*** n (Civ Eng, Eng) / Klauenschraube f, Steinschraube f (zum Einmauern im Mauerwerk)
**Jäger's load curve** (Mech) / Traglastkurve f nach Jäger
**jagged** adj (Eng) / zackig adj, zackenförmig adj, gezackt adj ‖ ~ (Photog) / ausgefranst adj (Kontur), unscharf adj (ausgefranste Kontur) ‖ ~ (with rough, sharp points protruding) (Tools) / schartig adj (Messer, Beil)
**jaggies** pl (Comp) / Treppenlinie f (beim Treppeneffekt) ‖ ~ (Comp) / Treppchen n pl
**jags, without ~** (Eng) / zackenfrei adj
**Jahn-Teller effect** (Phys) / Jahn-Teller-Effekt m (die Aufhebung einer Entartung von Elektronenzuständen an der Störstelle durch Verzerrung des umgebenden Gitters - nach E. Teller, 1908 - 2003) ‖ ~ **theorem** (Phys) / Jahn-Teller'sche Regel
**jalap** n (Pharm) / Jalapenwurzel f, Jalape f (aus Ipomoea purga (Wender.) Hayne
**jalapinolic acid** (Chem) / Jalapinolsäure f (11-Hydroxypalmitinsäure)
**jalopy** n (Autos) / Rostlaube f (altes, verrostetes Auto)
**jalousette** n (Build) / Jalousette f (Jalousie aus Leichtmetall- oder Kunststofflamellen)
**jalousie** n (Build) / Jalousie f, Raffstore f, Lamellenstore f (A)
**jam** v / klemmen v (Schloss) ‖ ~ (Eng) / blockieren v, verklemmen v, hemmen v, klemmen v, einklemmen v ‖ ~ (Textiles) / vermaschen v (beim Stricken und Wirken) ‖ ~ n (traffic jam) (Autos) / Verkehrsstau m, Verkehrsstauung f, Stau m (Verkehrsstau) ‖ ~ (Cinema) / Filmsalat m (in der Kamera) ‖ ~ (Comp) / Papierstau m (DIN 32742, T 4), Papiertransportfehler m (Papierstau) ‖ ~ (Eng) / Verklemmen n, Blockieren n, Hemmen n, Blockierung f, Klemmen n, Einklemmen n
**jama** n (Geol) / Karstbrunnen m
**Jamaica bark** (For) / Quassiaholzbaum m, Quassia f (Quassia amara L.) ‖ ~ **bark** (Pharm) / Simarubarinde f, Ruhrrinde f (aus der Quassia simarouba) ‖ ~ **ebony*** (For) / Kokusholz n (westindisches Edelholz aus Brya sp.), Cocuswood n
**Jamaican satinwood** (For) / Westindisches Satinholz (von dem Rautengewächs Zanthoxylum flavum Vahl), Espenille n, Atlasholz n
**Jamaica quassia** (For) / Picrasma excelsa (Sw.) Planch. ‖ ~ **sorrel** (Textiles) / Rosellahanf m, Rosellafaser f (eine Bastfaser aus Hibiscus sabdariffa L.), JS (Javajutefaser), Javajutefaser f
**jamaicin*** n (Chem) / Berberin n (ein Isochinolinalkaloid), Umbellatin n
**jamb*** n (Build) / Gewändepfosten m, Gewände n (seitliche Begrenzung der /Fenster/Öffnung) ‖ ~* (Build) / Leibung f (des Fensters - innere), Laibung f (des Fensters - innere), Fensterlaibung f (innere) ‖ ~ (of a flue) (Build) / Wange f (Außenwand des Schornsteins) ‖ ~ **brick** (Met) / Türstein m (mit abgerundeter Ecke) ‖ ~ **linings*** (Build) / Türstockverkleidung f ‖ ~ **post*** (Build) / Türpfosten m (ein Seitenteil des Stockes) ‖ ~ **wall** (Build) / Kniestock m, Drempel m (durch Anheben des Dachfußes über die Geschossdecke beim Kehlbalken- oder Pfettendach)
**jamesonite*** n (Min) / Jamesonit m, Bleiantimonspießglanz m
**Jamin interferometer*** (Light) / Jamin-Interferometer n, Jamin'sches Interferenzrefraktometer (nach J. Jamin, 1818-1886)
**jammer** n (Mil, Radar, Radio) / Störsender m, Störer m (Störsender)

**jamming** n (Cinema) / Verklemmen n (des Filmes in der Kamera) ‖ ~ (Comp) / Papierstau m (DIN 32742, T 4), Papiertransportfehler m (Papierstau) ‖ ~ (Eng) / Verklemmen n, Blockieren n, Hemmen n, Blockierung f, Klemmen n, Einklemmen n ‖ ~* (Radio) / Jamming n (durch Störsendung), (böswillige) Störung f ‖ ~ (Radio) / Störsendung f, Störaussendung f ‖ ~ **transmitter** (Mil, Radar, Radio) / Störsender m, Störer m (Störsender)
**jam nut** (Eng) / Gegenmutter f, Sicherungsmutter f, Kontermutter f ‖ ~ **on the brakes** (Autos) / voll (scharf) bremsen ‖ ~ **sense bar** (Comp) / Beleganstoßstange f ‖ ~ **signal** (ISO/IEC 2382-25:1992) (Comp) / Jam-Signal n (z.B. bei dem CSMA/CD-Zugriffsverfahren) ‖ ~ **switch** (Comp) / Stauschalter m
**jamun** n (Bot, For) / Jambolan n ‖ ~ (Nut) / Jambolan(a)pflaume f (des Syzygium cumini (L.) Skeels) ‖ ~ **tree** (Bot, For) / Jambolan n
**jam-up** n (Print) / Knautscher m, Papierknäuel m n, Papierknautscher m, Wickler m (beim Papierstau)
**Janák detector** (Chem) / Janák-Detektor m (ein integrierender Detektor in der Gaschromatografie - nach J. Janák, geb. 1924)
**janapan** n (Bot, Textiles) / Ostindischer Hanf, Bombayhanf m, Bengalischer Hanf, Sunnhanf m, Sunn m (DIN 60 001-1), SN (Sunn), Bengalhanf m (Crotalaria juncea L.)
**JANET*** n (Telecomm) / Joint Academic Network n (altes britisches Forschungsnetz - heute SuperJANET), JANET n (Joint Academic Network)
**jansky*** n (a unit of spectral power flux density) / Jansky n (in der Radioastronomie verwendete Einheit für die Flussdichte kosmischer Strahlung; 1 Jy = $10^{-26}$Wm$^{-2}$Hz$^{-1}$ - nach K. G. Jansky, 1905-1950) ‖ ~ **noise** (Radio) / galaktisches Rauschen (kosmisches Rauschen, das infolge kosmischer Meterwellenstrahlung aus der Milchstraße entsteht)
**J-antenna*** n (Radio) / J-Antenne f (vertikaler Halbwellenstrahler mit Viertelwellenanpassleitung)
**janus antenna** (with two antennas back-to-back) (Radar) / Janusantenne f ‖ ~ **green B** (Micros) / Janusgrün n B (ein Janusfarbstoff) ‖ ~ **stain** (Micros) / Janusfarbstoff m (eine Gruppe von Azofarbstoffen) ‖ ~ **system** (Nav) / Janus-System n (ein Abstrahlungsverfahren für Doppler-Navigationsanlagen)
**japan** v (Paint) / brandlackieren v (mit anschließender Hitzehärtung) ‖ ~* n (Asphaltlack (ein Schwarzlack) ‖ ~* (Paint) / Schwarzlack m (Asphalt-, Bitumen- oder Teerpechlack) ‖ ~ (Paint) / [echter] Japanlack m, Urushilack m, Kiurushilack m (aus dem Giftsumach) ‖ ~ **acid** (Chem) / Japansäure f, Heneicosandisäure f (im Japanwachs) ‖ ~ **camphor*** (Chem) / Japankampfer m (rechtsdrehende Form des Kampfers), d-Kampfer m
**Japanese ash** (For) / Japanische Esche (Fraxinus mandshurica Rupr.), Mandschurische Esche ‖ ~ **beeswax** / Sumachtalg m, japanisches Bienenwachs, Japantalg m (aus dem Talgsumach /Rhus succedanea L./ oder aus dem Lacksumach /Rhus vernicflua Stokes/ gewonnen), Japanwachs n, Cera f japonica ‖ ~ **cedar** (For) / Sicheltanne f (Cryptomeria japonica (L. f.) D. Don), Japanzeder f ‖ ~ **lacquer** (Paint) / [echter] Japanlack m, Urushilack m, Kiurushilack m (aus dem Giftsumach) ‖ ~ **lacquer tree** (For) / Lacksumach m (Rhus vernicflua Stokes) ‖ ~ **lacquer tree** (For) / Giftsumach m (Rhus toxicodendron L.)
**Japanese-lantern-type steering-column** (Autos) / Lenksäule f mit Pralltopf (eine Sicherheitslenksäule), Lenksäule f mit Faltelementen, teleskopartig zusammenschiebbare Sicherheitslenksäule
**Japanese law** (Crystal) / Japaner-Gesetz n ‖ ~ **paper*** (Paper) / Japanpapier n (aus den Maulbeergewächsen) ‖ ~ **paper*** (Paper) s. also rice paper ‖ ~ **peppermint oil** / Japanisches Pfefferminzöl (aus Mentha arvensis ssp. haplocalyx (Briq.) Briq.), Japanisches Heilpflanzenöl, Minzöl n (mit hohem Mentholgehalt), Mentha-arvensis-Öl n ‖ ~ **silk** (Textiles) / Japanseide f, Japon m ‖ ~ **silk** (Textiles) s. also habutai ‖ ~ **sumac** (For) / Lacksumach m (Rhus vernicflua Stokes) ‖ ~ **tung oil** / Japanisches Holzöl (aus Aleurites cordata) ‖ ~ **twin** (Min) / Japaner-Zwilling m ‖ ~ **varnish tree** (For) / Lacksumach m (Rhus vernicflua Stokes) ‖ ~ **varnish tree** (For) / Giftsumach m (Rhus toxicodendron L.) ‖ ~ **vellum*** (Paper) / Japan-Velinpapier n ‖ ~ **white birch** (For) / Mandschurische Birke (Betula platyphylla Sukaczev) ‖ ~ **wood oil** / Japanisches Holzöl (aus Aleurites cordata)
**Japan filler** (Paint) / Ölspachtel m (Spachtelmasse auf Ölbasis) ‖ ~ **gold-size** (Paint) / Mordent m n (ein Gemisch aus Wachs, Talg und Terpentin, das bei der Mordentvergoldung gebraucht wird)
**japanic acid** (Chem) / Japansäure f, Heneicosandisäure f (im Japanwachs)
**Japan law** (Crystal) / Japaner-Gesetz n
**japanned leather** (Leather) / Lackleder n
**japanners' gold-size*** (Paint) / Mordent m n (ein Gemisch aus Wachs, Talg und Terpentin, das bei der Mordentvergoldung gebraucht wird)

**japanning*** n (Paint) / Überziehen n mit Japan-(Ofen)Lack, Brandlackierung f (mit anschließender Hitzehärtung)
**Japan silk** (Textiles) / Japanseide f, Japon m || ~ **tallow** / Sumachtalg m, japanisches Bienenwachs, Japantalg m (aus dem Talgsumach /Rhus succedanea L./ oder aus dem Lacksumach /Rhus verniciflua Stokes/ gewonnen), Japanwachs n, Cera f japonica || ~ **wax*** / Sumachtalg m, japanisches Bienenwachs, Japantalg m (aus dem Talgsumach /Rhus succedanea L./ oder aus dem Lacksumach /Rhus verniciflua Stokes/ gewonnen), Japanwachs n, Cera f japonica
**Japp-Klingemann reaction** (Chem) / Japp-Klingemann-Reaktion f (Herstellung von Arylhydrazonen)
**jar** v (Foundry) / rüttelverdichten v (Formsand) (nur Infinitiv und Partizip), rütteln v || ~ n (Elec Eng) / Zellengefäß n (DIN 40729) || ~ (Elec Eng) / Flasche f, Gefäß n || ~ **breaker** (Chem, Eng) / Kugelmühle f (kleines Laborgerät), Topfmühle f || ~ **crusher** (Chem, Eng) / Kugelmühle f (kleines Laborgerät), Topfmühle f
**jarding** n (Geol) / Yardang-Landschaft f (morphologische Landschaftsform, die durch Windausblasung in extrem ariden Gebieten entstanden ist)
**jardiniere glaze** (a type of unfritted glaze, either hard or soft, containing the oxides of lead, aluminium, calcium, potassium, silicon, and zinc, used as a decorative glaze on products such as flower pots) (Ceramics) / ungefrittete (bleihaltige) Glasur, Jardiniereglasur f
**jargon*** n (Min) / Jargon m (ein blassgelber Zirkon)
**jargoon*** n (Min) / Jargon m (ein blassgelber Zirkon)
**jarjar** v (Comp) / aufmotzen v (Software)
**jar mill** (Chem, Eng) / Kugelmühle f (kleines Laborgerät), Topfmühle f
**jarosite*** n (Min) / Jarosit m (ockergelbes oder schwarzbraunes, meist in deren Aggregaten vorkommendes Eisensulfatmineral), Gelbeisenerz n
**jarrah*** n (For) / Jarrah n (schweres Konstruktionsholz - aus dem westaustralischen Eucalyptus marginata Donn ex Sm. gewonnen)
**jar-ramming machine*** (Foundry) / Rüttelformmaschine f
**jarring** n (Foundry) / Rüttelverdichtung f || ~ **density** (Foundry) / Rütteldichte f
**jasmine oil** / Jasminöl n (aus Jasminum officinale 'Grandiflorum' L. oder Jasminum officinale L. gewonnenes etherisches Blütenöl für die Feinparfümerie)
**jasmone** n (a liquid ketone found in jasmine oil and other essential oils from plants) (Chem) / Jasmon n (im Jasminöl vorkommendes Keton)
**jaspé*** n (Spinning) / Jaspégarn n (zwei verschiedenfarbige Vorgarne mit geringer Drehung, die leicht verzwirnt sind) || ~ * (Textiles) / Jaspégewebe n, Jaspé m, jaspierter Stoff
**jasper** n (Ceramics) / Jaspisware f, Jasperware f (feines unglasiertes, in der Masse eingefärbtes Steingut - nach J. Wedgwood) || ~ * (Min) / Jaspis m (zu den Jaspisarten rechnen Heliotrop, Plasma und Silex) || ~ (Textiles) / Pfeffer-und-Salz-Muster n (bei Köpergeweben), Fil-à-Fil-Muster n (ein klassisches Dessin), Fil-à-Fil n (ein Mustereffekt)
**jasperite** n (Min) / Jaspis m (zu den Jaspisarten rechnen Heliotrop, Plasma und Silex)
**jasperware** n (unglazed stoneware developed by Josiah Wedgwood) (Ceramics) / Jaspisware f, Jasperware f (feines unglasiertes, in der Masse eingefärbtes Steingut - nach J. Wedgwood)
**jaspilite** n (Geol) / Jaspilit m (ein gebändertes Sedimentgestein aus Hornstein und Hämatit)
**jaspis** n (Min) / Jaspis m (zu den Jaspisarten rechnen Heliotrop, Plasma und Silex)
**jasp opal** (Min) / Jaspopal m (roter Opal)
**jateorhizine** n (Chem) / Iatrorrhizin n (Alkaloid der Kolombowurzel aus der Jateorhiza palmata (Lam.) Miers)
**jato** (jet-assisted take-off) (Aero) / Start m mit Hilfsstrahlantrieb, JATO
**JATO*** (Aero) / Start m mit Hilfsstrahlantrieb, JATO
**jato unit** (Aero) / Starthilfe f (als technische Einheit)
**jatrorrhizine** n (Chem) / Iatrorrhizin n (Alkaloid der Kolombowurzel aus der Jateorhiza palmata (Lam.) Miers)
**Java** n (Comp) / Java f (eine universelle, objektorientierte Programmierumgebung, in deren Mittelpunkt die Programmiersprache Java steht) || ~ (a programming language, developed by Sun Microsystems, Inc., that can be run on any platform) (Comp) / Java n (C++-ähnliche Programmiersprache, deren Compiler prozessorunabhängigen Code erzeugt) || ~ **almond oil** / Talisayöl n (das Samenfett des Katappenbaumes - Terminalia catappa L.), Katappaöl n, Indisches Mandelöl || ~ **applet** (Comp) / Java-Applet n, Applet n || ~ **application** (a stand-alone program written in Java) (Comp) / Java-Anwendung f
**JavaBeans*** n (a portable, platform-independent, reusable component model) (Comp) / JavaBeans n
**Java cotton** (Textiles) / Kapokfaser f (DIN 66 001-1), Kapok m (Kapselwolle des Kapokbaumes), Ceibawolle f, vegetabilische Wolle || ~ **jute** (Textiles) / Kenaffaser f, KE (Kenaffaser nach DIN 60 001), Gambofaser f, Javajutefaser f || ~ **Management API** (Comp) / Java Management API n, JMAPI (Java Management API) || ~ **Platform** n (Comp) / Java-Plattform f (die aus der jeweils neuesten Version von Java, APIs und anderen Enwicklungstools besteht)
**JavaScript** n (Comp) / JavaScript n (in HTML eingebettete, Java-ähnliche Scriptsprache von Sun und NetScape)
**Java servlet** (Comp) / Java-Servlet n (serverseitiges Java-Bytecode-Objekt) || ~ **virtual machine** (Comp) / Java-Virtualmaschine f (die als Konzept die Architektur einer Kooperation verteilter Java-Applikationen beschreibt und sämtliche Funktionalitäten zusammenfasst, die im Client laufen)
**javelina leather** (Leather) / Pekarileder n, Peccaryleder n, Nabelschweinleder n
**Javelle water** (Chem) / Javelle'sche Lauge, Javelle'sche Lösung, Javel-Lauge f, Eau de Javel n f (Kaliumhypochloritlösung, Liquor Kalii hypochlorosi)
**Javel water*** (Chem) / Javelle'sche Lauge, Javelle'sche Lösung, Javel-Lauge f, Eau de Javel n f (Kaliumhypochloritlösung, Liquor Kalii hypochlorosi)
**jaw*** n / Schnabel m (der Schieblehre) || ~ * (Eng) / Klemmbacke f, Spannbacke f, Backe f (des Futters) || ~ (Eng) / Klaue f (der Klauenkupplung) || ~ * (Eng) / Backe f (des Backenbrechers) || ~ **breaker*** n (Eng) / Backenbrecher m (eine Grobzerkleinerungsmaschine) || ~ **capacity** (Tools) / Zangenmaul n (als Größe) || ~ **chuck** (Eng) / Backenfutter n, Backenspannfutter n || ~ **clutch** (Eng) / Klauenkupplung f (eine formschlüssige Schaltkupplung) || ~ **crusher*** (Eng) / Backenbrecher m (eine Grobzerkleinerungsmaschine) || ~ **fold** (Bind) / Klappenfalz m || ~ **folder** (Print) / Klappenfalzapparat m || ~ **plate** (Eng) / Brecherbacke f || ~ **plate** (Eng) / Schraubstock-Einsatzplatte f
**JAWS** (Josephson Atto-Weber switch) (Comp) / Josephson-Atto-Weber-Schalter m
**jaw-type crusher** (Eng) / Backenbrecher m (eine Grobzerkleinerungsmaschine)
**JAZ drive** (Comp) / JAZ-Laufwerk n (das über auswechselbare Platten in einem Cartridge verfügt)
**J-box** n (Elec Eng) / Anschlusskasten m || ~ (Textiles) / J-Box f, Muldenwarenspeicher m, Bemberg-Stiefel m, Freiberger Stiefel (in der Kontinue-Bleiche)
**JC** (junction) (Electronics) / Zonenübergang m, Halbleiterübergang m, Übergang m (bei Halbleitern), Übergangszone f || ~ (jack connection) (Telecomm) / Stecker- und Buchsenverbindung f
**JCL*** (job control language) (Comp) / Betriebssprache f (DIN 44 300), Jobbetriebssprache f, Auftragssprache f
**J-display*** n (a modified A-display in which the time base is a circle and targets appear as radial deflections from the time base) (Radar) / J-Darstellung f, J-Anzeige f (eine eindimensionale Anzeige, bei der zur Erhöhung der Ablesegenauigkeit der Elektronenstrahl in einer Kreisbahn läuft)
**JDS** (job diagnostic survey) (Work Study) / Arbeitsplatzbefragung f
**jean*** n (Textiles) / Jeans f (geköperter Baumwollstoff), Jeansstoff m
**jeanette** n (Textiles) / feine Jeans, Jeanette f
**jeans** pl (Textiles) / Bluejeans pl, Blue Jeans || ~ **wear** (Textiles) / Jeanswear f
**jeeping** n (Oils) / automatische elektronische Prüfung eines Rohrstranges
**Jeffrey crusher** (Eng) / Schwinghammermühle f
**Jeffreys theorem** (Meteor) / Jeffreys-Theorem n (nach Sir H. Jeffreys, 1891 -1989)
**Jeffries' method** (Min Proc) / Korngrößenbestimmung f (durch Auszählung einer Stichprobe auf einer bestimmten Fläche)
**jellied gasoline** (Fuels) / gelatiniertes Benzin
**jellification** n / Gelbildung f, Gelatinierung f, Gelatinieren n, Gallertbildung f, Gelieren n, Gelierung f
**jellify** vi / gelieren v, gelatinieren vi, zu Gelee erstarren || ~ vt / gelieren lassen, gelatinieren vt, in Gelee überführen
**jellium model** (Phys) / Jellium-Modell n (ein Näherungsmodell zur Beschreibung elektronischer Festkörpereigenschaften), Jellium n
**jelly** vi / gelieren v, gelatinieren vi, zu Gelee erstarren || ~ n (Chem) / Gallerte f, Gallert n || ~ (Chem, Nut) / Gelee n m || ~ * (Cinema) / Gelatinefilter n (ein Farbfilter)
**jellying** n / Gelbildung f, Gelatinierung f, Gelatinieren n, Gallertbildung f, Gelieren n, Gelierung f
**jelly pocket** (Nut) / Geleeabsatz m (im Fleisch) || ~ **strength** (Chem) / Gelierstärke f (beim Leim) || ~ **sugar** (Nut) / Gelierzucker m (Zubereitung aus Kristallzucker, Trockenpektin, Wein- oder Citronensäure)
**jelutong*** / Jelutong m (Chicle-Jelutong), Djelutung m, Pontianak m (wilder Gummi der Dyera-Arten) || ~ (a light hardwood) (For) / Jelutong n (Dyera costulata (Miq.) Hook.)), JEL (Jelutong)
**jemmy*** n (Eng) / Brecheisen n (kleines), Brechstange f (kurze)

## Jena

**Jena glass** (Glass) / Jenaer Glas (Sonderglas des JENAer Glaswerkes Schott & Gen., Jena)
**Jenner's stain** (Micros) / May-Grünwald-Färbung *f*
**jenny** *n* (Rail) / Kranwagen *m* (mit Eigenantrieb) ‖ ~ (Spinning) / Jenny-Maschine *f* (eine Feinspinnmaschine)
**Jensen's inequality** (Maths) / Jensen'sche Ungleichung
**Jeppel's oil** / Dippels Tieröl (Oleum animale aeth.), Dippels Öl, etherisches Tieröl
**Jequie rubber** / Jequie-Kautschuk *m* (von Manihot dichotoma Ule)
**jequitiba** *n* (rosa) (For) / Jequitiba *n* (Holz der Cariniana brasiliensis Casar.)
**jerk** *n* (Eng) / ruckweise Bewegung, Ruck *m*, Stoß *m* (z.B. bei der Beschleunigung), Beschleunigungssprung *m* ‖ ~ (Eng) / Überbeschleunigung *f* (ungewollte) ‖ ~ (Met) / Rattermarke *f* (nicht geschmierte Stelle beim Drahtziehen) ‖ ~ (Phys) / Ruck *m* (DIN 13317)
**jerked beef** (Nut) / Trockenrindfleisch *n* (ungesalzenes, an der Sonne gedörrt)
**jerkily** *adv* / ruckartig *adv*
**jerking table** (Min Proc) / Schüttelherd *m*
**jerkin head\*** (hipped roof above a part-gable) (Build) / Schopfwalm *m*, Krüppelwalm *m* ‖ ~-**head roof** (Build) / Schopfwalmdach *n*, Krüppelwalmdach *n* (eine gebrochene Dachform)
**jerk·-pump\*** *n* (I C Engs) / Einspritzpumpe *f* (der Einspritzanlage) ‖ ~ **system** (Autos) / konventionelle Einspritzung (bei Dieselmotoren) ‖ ~ **system** (Autos) s. also common-rail system
**jerky movement** (Eng) / ruckweise Bewegung, Ruck *m*, Stoß *m* (z.B. bei der Beschleunigung), Beschleunigungssprung *m* ‖ ~ **pan** (Cinema) / ruckartiger Schwenk *m* (als Fehler)
**jerrican** *n* (Autos) / Reservekanister *m*
**jerry-building** *n* (Build) / Pfuschbau *m*
**jerrycan** *n* (Autos) / Reservekanister *m*
**jersey** *n* (Textiles) / Jersey *m* (Kleiderstoff aus gewirkter Maschenware) ‖ ~ **fabrics\*** (Textiles) / Strick-, Wirk- und Häkelwaren *f pl*, Trikotagen *f pl* (Gewirke, besonders für Unterwäsche), Maschenwaren *f pl* ‖ ~ **goods** (Textiles) / Strick-, Wirk- und Häkelwaren *f pl*, Trikotagen *f pl* (Gewirke, besonders für Unterwäsche), Maschenwaren *f pl* ‖ ~ **stitch** (Textiles) / Rechtsmasche *f*
**Jerusalem artichoke** (Agric, Bot) / Topinambur *m f* (Helianthus tuberosus L.), Erdbirne *f*
**jerveratrum alkaloids** (Chem, Pharm) / Jerveratrum-Alkaloide *n pl* (Veratrum-Steroidalkaloide mit 1 - 3 Sauerstoffatomen)
**jervine** *n* (Pharm) / Jervin *n* (Alkaloid aus verschiedenen Veratrum-Arten)
**JESSI** = Joint European Submicron Silicon
**Jesuits' bark** (Pharm) / Chinarinde *f* (aus etwa 40 Cinchona-Arten), Cortex *m* cinchonae ‖ ~ **bark** (Pharm) s. also Peruvian bark
**JET\*** (Nuc Eng) / JET-Projekt *n* (zur Erforschung der Kernfusion und die dazugehörige gemeinsame Anlage der EG in Culham bei Oxford)
**jet** *v* / herausspritzen *v*, hervorsprudeln *v* (in dünnem Strahl) ‖ ~ (Aero) / jetten *v* (mit einem Jet fliegen), mit dem Strahlflugzeug fliegen oder reisen ‖ ~ *n* (Aero) / Düsenstrahl *m*, Strahl *m* (Düsenstrahl) ‖ ~ (Aero) / Düsenflugzeug *n*, Jet *m* (Düsenflugzeug), Strahlflugzeug *n*, Strahlluftfahrzeug *n* ‖ ~ (jet engine) (Aero) / Strahltriebwerk *n*, Strahlmotor *m* ‖ ~ (Astron) / Jet *m* (aus dem Zentrum der Quasaren schießender Materiestrahl) ‖ ~* (Autos, Eng, I C Engs) / Düse *f*, Strahldüse *f* ‖ ~* (Autos, I C Engs) / Vergaserdüse *f* ‖ ~* (Eng) / Strahl *m* (dünner, scharfer) ‖ ~ (Geophys) / Strahlstrom *m*, Jetstream *m* (in der oberen Troposphäre und unteren Stratosphäre) ‖ ~* (Mining) / Jett *m n*, Gagat *m*, Jet *m n* (Schmuckstein organischen Ursprungs) ‖ ~ (Nuc) / Jet *m* (Teilchenbündel) ‖ ~ (Aero) s. also exhaust blast
**Jet-A 1** (aviation turbine fuel) (Aero, Fuels, Oils) / Kerosin *n*, Turbinenpetroleum *n*, Turbinentreibstoff *m*
**JET** *n* **A** (Aero, Fuels) / Flugturbinenkerosin *n*
**jet acidization** (Oils) / Jetsäuren *n* (das Entfernen von Ablagerungen auf der Oberfläche sandiger Träger, indem die Sandoberfläche durch Säureströme mit hoher Geschwindigkeit abgewaschen wird) ‖ ~ **acidizing** (Oils) / Jetsäuren *n* (das Entfernen von Ablagerungen auf der Oberfläche sandiger Träger, indem die Sandoberfläche durch Säureströme mit hoher Geschwindigkeit abgewaschen wird) ‖ ~ **aircraft** (Aero) / Düsenflugzeug *n*, Jet *m* (Düsenflugzeug), Strahlflugzeug *n*, Strahlluftfahrzeug *n* ‖ ~ **airplane** (Aero) / Düsenflugzeug *n*, Jet *m* (Düsenflugzeug), Strahlflugzeug *n*, Strahlluftfahrzeug *n* ‖ ~ **angle** / Strahlwinkel *m* (des Verdüsungsmediums) ‖ ~-**assisted take-off** (Aero) / Start *m* mit Hilfsstrahlantrieb, JATO
**jetavator** *n* (Aero) / Strahlruder *n* (in den Abgasstrahl eintauchendes drehbares Ruder)
**Jet** *n* **B** (Aero, Fuels) / Flugturbinenbenzin *n* ‖ ~ **backwash** (of a jet engine) (Aero) / Düsenstrahl *m*, Strahl *m* (Düsenstrahl) ‖ ~ **bag** (Autos) / Jet-Bag *n* (stromlinienförmiger Dachgepäckträger) ‖ ~ **barker** (For) / Wasserstrahlschälmaschine *f*, Wasserstrahlentrinder *m* (z.B. Streambarker oder Hansel-Entrinder), Wasserstrahlentrindungsmaschine *f* ‖ ~ **barking** (For) / Wasserstrahlentrindung *f*
**jet-black** *adj* / tiefschwarz *adj* (von tiefem Schwarz)
**jet blast** (a wake turbulence) (Aero) / Düsenstrahl *m*, Strahl *m* (Düsenstrahl) ‖ ~ **blast** (Aero) / Abgasstrahl *m*
**jet-blast wear** (Eng) / Gleitstrahlverschleiß *m*
**jet carrier** (I C Engs) / Düsenstock *m* ‖ ~ **cleaning** / Abdüsen *n* (Reinigung) ‖ ~ **coal** (Mining) / Jett *m n*, Gagat *m*, Jet *m n* (Schmuckstein organischen Ursprungs) ‖ ~ **coefficient\*** (Aero) / Schub-Lift-Verhältnis *n* der Strahlklappe ‖ ~ **compressor** (Eng) / Strahlverdichter *m* ‖ ~ **condenser\*** (Eng) / Mischkondensator *m* (de: fein vernebeltes Kühlwasser in den Dampf einspritzt), Einspritzkondensator *m* ‖ ~ **contraction** (Phys) / Strahleinschnürung *f*, Strahlkontraktion *f* (Verminderung des Strahlquerschnitts gegenüber dem Querschnitt einer Austrittsöffnung) ‖ ~ **control** (Space) / Strahlsteuerung *f* ‖ ~ **cooking** (Chem Eng) / Jet-Cooking *n* (ein Verfahren der Stärkeindustrie) ‖ ~ **cooler** / Einspritzkühler *m*
**jetcrete** *n* (Build) / Torkretbeton *m* (nach der Firma Torkret GmbH, Essen), Spritzbeton *m* (DIN 18551), Torkret *m*
**jet cutting** (Eng) / Jet-Cutting *n* (Fertigungs- bzw. Bearbeitungsverfahren, bei dem Wasserstrahlen unter hohem Druck zum Schneiden, zur Oberflächenbearbeitung und zum Abtragen verwendet werden) ‖ ~ **cutting** (Textiles) / Jet-Cutting *n* (vollautomatische Zuschnittmethode für Fertigkleidung durch einen elektronisch gesteuerten Hochdruckwasserstrahl auf speziellem Zuschneidetisch mit Pumpe) ‖ ~ **deckle** (Paper) / Strahlformatbegrenzung *f* (der Stoffbahn) ‖ ~ **deflection\*** (Aero) / Strahlablenkung *f* (z.B. als Landehilfe) ‖ ~ **drilling** (Mining) / Flammstrahlbohrverfahren *n*, Schmelzbohrverfahren *n*, Düsenstrahlbohren *n* ‖ ~ **drilling\*** (Oils) s. also thermic boring ‖ ~ **dyeing\*** (Textiles) / Massefärbung *f*, Spinnfärbung *f*, Düsenfärbung *f* (von Chemiefasern) ‖ ~ **effect** (Meteor) / Düseneffekt *m* (die Zunahme der Windgeschwindigkeit infolge Kanalisierung der Strömung und Einengung des Strömungsquerschnittes) ‖ ~ **efflux** (Aero) / Düsenstrahl *m*, Strahl *m* (Düsenstrahl) ‖ ~ **engine** (Aero) / Strahltriebwerk *n*, Strahlmotor *m*
**jet-engine pod** (Aero) / Strahltriebwerksgondel *f*
**jetevator** *n* (Aero) / Strahlruder *n* (in den Abgasstrahl eintauchendes drehbares Ruder)
**jet exhaust** (Aero) / Düsenstrahl *m*, Strahl *m* (Düsenstrahl) ‖ ~ **exhaust velocity** (Aero) / Düsenaustrittsgeschwindigkeit *f* ‖ ~ **flap\*** (Aero) / Strahlklappe *f* (eine Landehilfe) ‖ ~ **foam monitor** / Schaumstrahlmonitor *m* (ein Feuerlöscher)
**jetfoil** *n* (a type of passenger-carrying hydrofoil) (Ships) / Düsentragflächenboot *n*
**jet freezing** / Luftstromgefrieren *n* ‖ ~ **fuel** (Aero, Fuels) / Flugturbinenkraftstoff *m*, Düsenkraftstoff *m* ‖ ~ **head** (I C Engs) / Düsenstock *m* ‖ ~ **helicopter** (Aero) / Strahlhubschrauber *m* ‖ ~ **impingement** (Eng) / Strahlaufprall *m* ‖ ~ **interface** (Spectr) / Thermospray-Interface *n* (in der Massenspektroskopie) ‖ ~ **lag** (Aero) / Desynchronose *f*, Jetlag *m* (Störung des gewohnten Alltagsrhythmus durch die Zeitverschiebung bei Langstrecken-Flugreisen)
**jetliner** *n* (Aero) / Jet-Liner *m* (Düsenverkehrsflugzeug), Düsenverkehrsflugzeug *n*
**jet loom\*** (Weaving) / Düsenwebmaschine *f* ‖ ~ **mill\*** (Chem Eng) / Strahlmühle *f* (Zerkleinerungsaggregat für die Feinstzerkleinerung) ‖ ~ **mixer** (Eng) / Strahlmischer *m* ‖ ~ **needle** (I C Engs) / Düsennadel *f* (SU- oder Stromberg-Vergaser) ‖ ~ **noise\*** (Aero) / Düsenlärm *m* ‖ ~ **nozzle** (Eng, I C Engs) / Düse *f*, Strahldüse *f* ‖ ~ **nozzle process\*** (Nuc Eng) / Trenndüsenverfahren *n* (Isotopentrennung), Isotopentrennung *f* nach dem Düsenverfahren ‖ ~-**O-Mizer** *n* / Wheeler-Mühle *f* (eine moderne Strahlmühle) ‖ ~ **perforating** (Oils) / Jet-Perforation *f* ‖ ~ **physics** (Phys) / Jetphysik *f* ‖ ~ **piercing** (Mining) / Flammstrahlbohrverfahren *n*, Schmelzbohrverfahren *n*, Düsenstrahlbohren *n* ‖ ~ **pipe** (Eng, I C Engs) / Düse *f*, Strahldüse *f* ‖ ~ **plugging** / Düsenverstopfung *f* ‖ ~ **pod** (Aero) / Strahltriebwerksgondel *f*
**jetport** *n* (Aero) / Flughafen *m* für Strahlflugzeuge
**jet-power helicopter** (Aero) / Strahlhubschrauber *m*
**jet printing** (Textiles) / Spritzdruck *m* (meistens mit Metallschablonen aus Zinkblech), Jetprinting *n* (ein Spritzdruckverfahren) ‖ ~ **process** (Surf) / Düsenabstreifverfahren *n* (bei der Feuerverzinkung)
**jet-propelled vessel** (Ships) / Schiff *n* mit Düsenantrieb
**jet propulsion\*** (Aero) / autogener Reaktivantrieb, Strahlantrieb *m*, Düsenantrieb *m*, Rückstoßantrieb *m*
**jet-propulsion fuel** (Aero, Fuels) / Flugturbinenkraftstoff *m*, Düsenkraftstoff *m*

816

~t **pulverizer** (Chem Eng) / Strahlprallmühle f (mit einem Treibmittelstrom) ‖ ~ **pump** (Eng) / Strahlpumpe f (verwendet, wenn bei zu tief liegendem Wasserspiegel kein Ansaugen mit einer normalen Pumpe möglich ist) ‖ ~ **pump**\* (Eng, Mining) / Strahlpumpe f ‖ ~ **pump** (Vac Tech) / Treibmittelpumpe f, Strahlpumpe f, Strahlapparat m
~**tsam** n (Ships) / über Bord geworfene Gegenstände, über Bord geworfenes (treibendes) Gut
~t **scrubber** (Chem Eng) / Strahlwäscher m (ein Reaktionsapparat für Gas-Flüssigkeits-Reaktionen, der nach dem Prinzip der Wasserstrahlpumpe arbeitet) ‖ ~ **separation** (Phys) / Strahlablösung f (bei der Strömung) ‖ ~ **separator** (Spectr) / Düsenseparator m (in der Massenspektroskopie) ‖ ~ **size** / Düsenkaliber n ‖ ~ **spinning** (Textiles) / Düsenspinnen n ‖ ~ **stream**\* (Geophys, Meteor) / Strahlstrom m, Jetstream m (in der oberen Troposphäre und unteren Stratosphäre) ‖ ~ **stream** (Phys) / freier Flüssigkeitsstrahl (bei Farbstofflasern) ‖ ~ **tab** (Aero) / Strahlruder n (in den Abgasstrahl eintauchendes drehbares Ruder) ‖ ~ **test** (Materials, Surf) / Strahlverfahren n (zur Bestimmung der Dicke metallischer Schichten durch chemisches Auflösen der Metallschicht - DIN 50951)
~**t-textured yarn**\* (Spinning) / luftdüsengebauschtes Garn, im Düsenblasverfahren texturiertes Garn, luftdüsentexturiertes Garn
~t **throat** (I C Engs) / Düsenhals m (bei Vergaserdüsen) ‖ ~ **thrust** (Aero) / Schub m (Vortriebskraft), Schubkraft f
~**ttie** n (Build) / Auskragung n (als Bauteil)
~**tting** n (Civ Eng) / Pfahltreiben n mit Wasserspülung, Spülbohrverfahren n (bei der Pfahlgründung, bei Ortbohrpfählen) ‖ ~ **lance** (Civ Eng) / Spüllanze f
~**tting-out**\* n (Arch) / Auskragung f, Vorspringen n (eines Bauteiles)
~**ttison** v (Aero) / ablassen v (Treibstoff - als Notmaßnahme)
~**ttisonable tank** (Aero) / Abwurfbehälter m (Anordnung u.a. als Flügelspitzentank unter den Tragflächenspitzen, als Rumpfaußentank unter dem Rumpf), Droptank m
~**ttisoning** n (Ships) / Überbordwerfen n, Seewurf m
~**ttison of cargo** (Ships) / Ladungswurf m ‖ ~ **valve** (Aero) / Schnellablassventil n, Entleerventil n
~**t trainer** (Aero) / Strahltrainer m
~**tty** n (Aero) / ausziehbare Fluggastbrücke ‖ ~ (Build) / Auskragung n (als Bauteil) ‖ ~ (a groyne to check scour or encourage silting) (Hyd Eng) / Buhne f (vom Ufer aus in das Wasser hineingebauter Dammkörper - DIN 4054), Flussbuhne f ‖ ~ (Ocean) / Sperrwerk n, Sturmflutsperrwerk n ‖ ~ (a deck carried usually on piles at the water's edge and used as a landing stage) (Ships) / Landungsbrücke f, Anleger m (künstlich angelegte, ins Wasser hinausragende Landzunge) ‖ ~ **head** (Hyd Eng) / Molenkopf m (äußerstes Ende einer Mole)
~**t-type fan** / Strahlventilator m (zur künstlichen Belüftung eines Tunnels), SV (Strahlventilator) ‖ ~ **ventilator** / Strahlventilator m (zur künstlichen Belüftung eines Tunnels), SV (Strahlventilator)
~**t vane** (Aero) / Strahlruder n (in den Abgasstrahl eintauchendes drehbares Ruder) ‖ ~ **ventilator** / Strahlventilator m (zur künstlichen Belüftung eines Tunnels), SV (Strahlventilator) ‖ ~ **ware** (a pottery-type ware fabricated from a red-clay body and coated with a black, manganese-bearing glaze) (Ceramics) / Jetware f (eine Töpferware) ‖ ~**-wave rectifier**\* (Elec Eng) / Wellenstrahlgleichrichter m
**jetway** n (Aero) / Jetway m (Markenname der ABEX Corporation, USA, für eine teleskopartig ausfahrbare, schwenkbare und überdachte Fluggastbrücke auf Flughäfen), ausfahrbare Gangway für strahlgetriebene Flugzeuge
**jewel**\* v (Horol, Instr) / auf Steinen lagern, Lagersteine einsetzen (in) ‖ ~ n / Edelstein m (geschliffener und geschnittener), Schmuckstein m (undurchsichtiger Edelstein) ‖ ~\* (Horol, Instr) / Stein m (im Lager der Uhr), Lagerstein m (DIN 8256) ‖ ~ **Box** (Astron) / Schmuckkästchen n ‖ ~ **box** (Comp) / Caddy m (durchsichtiges Kunststoffbehältnis eines CD-ROM-Laufwerkes, das die CD aufnimmt - als Staubschutz) ‖ ~ **Box Cluster** (Astron) / Schmuckkästchen n ‖ ~ **case** (Comp) / Caddy m (durchsichtiges Kunststoffbehältnis eines CD-ROM-Laufwerkes, das die CD aufnimmt - als Staubschutz)
**jewelled bearing**\* (Instr) / Edelsteinlager n, Edelsteinlagerung f, Steinlager n (von Messinstrumenten)
**jeweller's borax** (Chem) / Juwelierborax m (Pentahydrat) ‖ ~ **enamel** / Schmuckemail n, Kunstemail n ‖ ~ **platinum** (Chem, Met) / Juwelierplatin n
**jeweller's putty** (Build, Glass) / Polierpulver n mit Zinndioxid als Hauptbestandteil
**jeweller's rouge** (finely ground ferric oxide, used as a polish for metal, optical glass and precious stones) / Polierrot n ‖ ~ **tissue** (Paper) / Juwelierseidenpapier n ‖ ~ **velvet** (Textiles) / Etuisamt m
**jewellery alloy** (Met) / Schmucklegierung f

**jewelry alloy** (US) (Met) / Schmucklegierung f
**JFET**\* (junction field-effect transistor) (Electronics) / Sperrschicht-FET m, Feldeffekttransistor m mit PN-Übergang, Sperrschichtfeldeffekttransistor m (Steuerung des Stroms erfolgt durch Änderung des Querschnitts eines Stromkanals), SFET (Sperrschichtfeldeffekttransistor), Junktions-FET m (ein Sperrschichtfeldeffekttransistor), PN-FET (Feldeffekttransistor mit PN-Übergang), JFET m (ein Sperrschichtfeldeffekttransistor)
**J-flange** n (Autos) / J-Horn n (eine Felgenhornausführung)
**J-groove weld** (Welding) / J-Naht f, Jot-Naht f
**JH** (juvenile hormone) (Biochem) / Juvenilhormon n (ein Häutungshormon), Larvalhormon n, JH n (glanduläres Insektenhormon)
**jib**\* n (the boom of a crane or derrick) (Eng) / Ausleger m (eines Drehkrans) ‖ ~ (Ships) / Klüver m (mit Klauen an den Vorstagen befestigte Segel) ‖ ~ **crane**\* (Eng) / Auslegerkran m ‖ ~ **door**\* (Build) / Tapetentür f ‖ ~ **winch** (Eng) / Auslegerwinde f (des Krans) ‖ ~ **with hook and slings** / Kranvorsatz m (z.B. bei einem Gabelstapler)
**jig** v (Min Proc) / setzen v ‖ ~ n (a device employed to hold and position work during manufacture or assembly) (Ceramics) / Spannvorrichtung f ‖ ~ (Eng) / Spannvorrichtung f, Werkzeugspanner m, Aufspannvorrichtung f, Werkstückaufspannvorrichtung f, Werkstückspanner m, Spannzeug n, Werkstückspannmittel n ‖ ~ (Eng) / Bohrschablone f ‖ ~ (Eng) / Baum m (zur Handhabung schwerer Lasten) ‖ ~\* (Eng) / [werkzeugführende] Vorrichtung f ‖ ~ (Mining) / Schüttelrutsche f (ein Schwingförderer) ‖ ~\* (Min Proc) / Setzmaschine f (zur Trennung der Komponenten eines gröberen Mineralgemisches mit genügend engem Korngrößenbereich) ‖ ~\* (Textiles) / Jigger m (eine Färbemaschine), Breitjigger m, Breitfärbemaschine f ‖ ~ (Textiles) / Schablone f (für die Nähmaschinen) ‖ ~**-back** n (an aerial ropeway) (Civ Eng) / Drahtseilbahn f mit Pendelbetrieb, Pendelseilbahn f ‖ ~ **borer**\* (Eng) / Lehrenbohrmaschine f, Lehrenbohrwerk n, Koordinatenbohrmaschine f (zur Herstellung von Bohrungen mit sehr genauen Lochabständen) ‖ ~**-boring machine** (Eng) / Lehrenbohrmaschine f, Lehrenbohrwerk n, Koordinatenbohrmaschine f (zur Herstellung von Bohrungen mit sehr genauen Lochabständen) ‖ ~ **box** (Min Proc) / Setzkasten m (ein Teil der Setzmaschine) ‖ ~ **bushing** (Eng) / Bohrhülse f, Bohrbuchse f (an der Bohrvorrichtung) ‖ ~ **feed** (Min Proc) / Setzgut n (Aufgabegut für die Setzmaschine)
**jigger** v (Ceramics) / drehen v (mit der Überdrehmaschine) ‖ ~ n (Ceramics) / Überdrehmaschine f, Drehmaschine f, Roller m ‖ ~ (Elec Eng) / Kopplungstransformator m (für Funkensender) ‖ ~\* (Eng) / hydraulischer Aufzug mit Seilübersetzung f ‖ ~ (Mining) / Schüttelrutsche f (ein Schwingförderer) ‖ ~ (Min Proc) / Setzmaschine f (zur Trennung der Komponenten eines gröberen Mineralgemisches mit genügend engem Korngrößenbereich) ‖ ~\* (Textiles) / Jigger m (eine Färbemaschine), Färbejigger m, Breitfärbemaschine f ‖ ~ **chuck** (Ceramics) / Dornsel m (Körper aus Hartformengips, auf den rotationssymmetrische Formlinge aufgesetzt werden), Donsel m
**jiggering** n (Ceramics) / Drehen n (mit der Drehmaschine) ‖ ~ **scrap** (Ceramics) / Drehmassenabfall m
**jigger saw** (Join, Tools) / Dekupiersäge f ‖ ~ **screen** (Min Proc) / Schüttelsieb n, Schwingsieb n ‖ ~ **screen** (Min Proc) s. also shaking screen ‖ ~ **spindle** (Ceramics) / Drehspindel f (elektrisch angetriebene Drehscheibe)
**jigging** n (Build, Min Proc) / Setzarbeit f, Setzwäsche f ‖ ~ **conveyor** (Mining) / Schüttelrutsche f (ein Schwingförderer) ‖ ~ **screen** / Vibrationssieb n, Rüttelsieb n, Schwingsieb n, Schüttelsieb n (im Allgemeinen) ‖ ~ **screen** (Min Proc) / Schüttelsieb n, Schwingsieb n ‖ ~ **stenter** (Textiles) / Changier-Spannrahmen m
**jiggle** v / rütteln v (an), wackeln v (an) ‖ ~ n (Cinema, Photog) / Kamerabewegung f (ungewollte, einmalige) ‖ ~ **bar** (Autos, Civ Eng) / Rüttelschwelle f, "schlafender Polizist", Schwelle f (schlafender Polizist), Holperschwelle f (um die Autofahrer zu zwingen, langsam zu fahren), Temposchwelle f, Fahrbahnschwelle f ("schlafender Polizist")
**jiggling** n (Cinema) / schnelle Hin- und Herbewegung des Films (Fehler)
**jigsaw**\* n (Join, Tools) / Dekupiersäge f
**jig washer** (Min Proc) / Setzmaschine f (zur Trennung der Komponenten eines gröberen Mineralgemisches mit genügend engem Korngrößenbereich) ‖ ~ **welding** (Plastics) / Überlappschweißen n
**jim crow**\* (Eng) / Brechstange f ‖ ~ **crow** (Rail) / Schienenbiegegerät n, Schienenbiegevorrichtung f, Schienenbieger m (ein tragbares Gerät) ‖ ~ **crow**\* n (Eng) / [schwenkbarer] Hobelmaschinensupport für Spanabnahme in beiden Richtungen
**jimmy**\* n (Eng) / Brecheisen n (kleines), Brechstange f (kurze)
**J-indicator** n (Radar) / J-Schirm m, Radaranzeigegerät n vom Typ J

817

**jingle** *n* (a short slogan or tune) / Werbemelodie *f*, Jingle *m* (pl. -s) (kurze einprägsame Melodie oder Tonfolge eines Werbespots, gesungener Werbeslogan, musikalische Werbung (mit einem Jingle)
**jinjili oil** (Nut) / Sesamöl *n* (von Sesamum indicum L.), Gergeliöl *n*, Gingelyöl *n*
**J integral** (a contour energy integral formulated by Rice and used for evaluating fracture toughness of elastoplastic materials) (Materials) / J-Integral *n* (ein Bruchmechanikparameter)
**JIT compiler** (Comp) / JIT-Compiler *m*
**jitney** *n* (US) (Autos) / Mikrobus *m* (als billiges Linienverkehrsmittel)
**JIT production** (Work Study) / Just-in-Time-Fertigung *f* (moderne Art der voll automatisierten rechnerunterstützten Fertigung), Just-in-Time-Produktion *f* (Produktion auf Abruf)
**jitter\*** *n* (Telecomm) / Signalunbeständigkeit *f* (Phasenzittern), Signaldegeneration *f* ‖ ~ \* (Telecomm) / Jitter *m n* (die Schwankungen der Kennzeitpunkte eines Digitalsignals um die idealen, im Allgemeinen äquidistanten Zeitpunkte) ‖ ~ (TV) / Synchronisationsfehler *m* (Zittern) ‖ ~ \* (TV) / Jitter *m n* (ein Signal, das plötzlichen Änderungen unterworfen ist) ‖ ~ **amplitude** (Telecomm) / Jitteramplitude *f*
**jitterbug-type sander** (Tools) / Schwingschleifer *m* (z.B. als Handzusatzgerät für Heimwerker), Sander *m* (ein Handschleifer), Vibrationsschleifer *m* (auf dessen hin- und herschwingendem Werkzeugträger der auswechselbare Schleifkörper gespannt ist), Rutscher *m* (ein Handschleifer)
**jitter suppression** (Telecomm) / Jitterunterdrückung *f* ‖ ~ **tolerance** (Telecomm) / Jitterfestigkeit *f*
**JJ** (Josephson junction) (Phys) / Josephson-Kontakt *m* (ein kryoelektronisches Bauelement), Josephson-Übergang *m*, Josephson-Element *n*, Josephson-Tunnelelement *n*, Josephson-Verbindung *f*, Josephson-Baustein *m*
**j.j. coupling\*** (Nuc) / jj-Kopplung *f* (ein Grenzfall der Drehimpulskopplung)
**JJD wheel** (Autos) / JJD-Rad *n* (ein Sicherheitsrad mit Notlaufeigenschaften), Rad *n* mit Doppelfelge, Twinrad *n*, Zwillingsrad *n*
**JK** (jack) (Teleph) / Klinke *f* (schaltendes Kontaktbauelement) ‖ ~ **flip-flop** (Electronics) / JK-Flipflop *n* (bistabiler Multivibrator mit zwei Eingängen)
**JMAPI** (Java Management API) (Comp) / Java Management API *n*, JMAPI (Java Management API)
**η-meson\*** *n* (Nuc) / Etameson *n*
**JMM system** (Comp) / Mensch-Technik-Verbund-System *n*, MTV-System *n*
**JND\*** (just noticeable difference) (Optics, Physiol) / Unterschiedsschwelle *f* (bei normaler Beobachtung)
**joaquinite** *n* (Min) / Joaquinit *m* (ein Zyklosilikat mit Viererring)
**job\*** *n* (Comp) / Auftrag *m* (eine Aufforderung, in vereinbarter Form eine bestimmte Datenverarbeitungsleistung zu erbringen - DIN 44300), Job *m* (pl. Jobs) ‖ ~ (Work Study) / berufliche Tätigkeit (Stellung, Arbeit) ‖ **out of** ~ (US) / arbeitslos *adj*
**job-accounting interface** (Comp) / Jobabrechnungsschnittstelle *f* (eine Funktion, die für jeden Jobstep Abrechnungsinformationen sammelt)
**job action** (Work Study) / gewerkschaftliche Kampfmaßnahme ‖ ~ **around time** (Comp) / Auftragsumlaufzeit *f*
**jobber** *n* (US) / Großhändler *m*, Grossist *m*
**jobbing** *n* (Comp) / Auftragsarbeit *f* ‖ ~ **foundry** (Foundry) / Kundengießerei *f* ‖ ~ **ink** (Print) / Werkdruckfarbe *f* ‖ ~ **machines\*** (Print) / Akzidenzmaschinen *f pl*, Akzidenzpressen *f pl* ‖ ~ **printing** (Print) / Merkantildruck *m*, Akzidenzdruck *m*, Akzidenzen *pl* (Herstellung von Geschäftsdrucksachen, Behördenformularen usw. ‖ ~ **work\*** (Print) / Merkantildruck *m*, Akzidenzdruck *m*, Akzidenzen *pl* (Herstellung von Geschäftsdrucksachen, Behördenformularen usw.
**jobcentre** *n* (GB) / Arbeitsagentur *f*, Arbeitsvermittlungsstelle *f* (offizielle)
**job characteristics** (Oils) / Tätigkeitsmerkmale *n pl* ‖ ~ **classification** (Work Study) / Einstufen *n* von Arbeiten ‖ ~ **control language\*** (Comp) / Betriebssprache *f* (DIN 44 300), Jobbetriebssprache *f*, Auftragssprache *f* ‖ ~ **creation** (Work Study) / Schaffung *f* von Arbeitsplätzen ‖ ~ **cut** (Work Study) / Arbeitsplatzabbau *m* ‖ ~ **cutback** (Work Study) / Arbeitsplatzabbau *m* ‖ ~ **description** (Work Study) / Arbeitsplatzbeschreibung *f* ‖ ~ **diagnostic survey** (Work Study) / Arbeitsplatzbefragung *f* ‖ ~ **documentation** (Comp) / Auftragsunterlagen *f pl*, Programmbetriebsunterlagen *f pl* ‖ ~ **dyer** (Textiles) / Lohnfärber *m* ‖ ~ **end** (Comp) / Auftragsende *n* (DIN 66 200-1), Jobende *n* ‖ ~ **enlargement** (Work Study) / Arbeitsfeldvergrößerung *f* (Jobenlargement), Aufgabenerweiterung *f*, Jobenlargement *n* (Zusammenfassung von zerstückelten Tätigkeiten in der Arbeitsteilung) ‖ ~ **enrichment** (Work Study) / Arbeitsbereicherung *f* (Jobenrichment), Jobenrichment *n* (qualitative Erweiterung des Arbeitsinhalts), Aufgabenbereicherung *f* ‖ ~ **entry** (Comp) / Auftragseingabe *f*, Jobeingabe *f* ‖ ~ **evaluation** (Work Study) / Arbeitsbewertung *f* ‖ ~ **execution** (Comp) / Auftragsdurchführung *f* ‖ ~ **factor** (Work Study) / Anforderungsart *f* ‖ ~ **file** (Comp) / Auftragsdatei *f* ‖ ~ **floater** (Work Study) / Jobfloater *m* ‖ ~ **grading** (Work Study) / Einstufen *n* von Arbeiten ‖ ~ **handling** (Comp) / Auftragsabwicklung *f* (DIN 66 200, T 1), Jobabwicklung *f* ‖ ~ **hopper** / Jobhopper *m*, häufiger Berufs- oder Betriebswechsler ‖ ~ **identification** (Comp) / Auftragskennzeichen (DIN 66 200, T 1), Jobkennzeichen *n* ‖ ~ **input** (Comp) / Auftragseingabe *f*, Jobeingabe *f*
**jobless** *adj* / arbeitslos *adj*
**job library** (Comp) / Jobbibliothek *f*, Auftragsbibliothek *f* ‖ ~ **list** (AI) / Aktionsliste *f*, Agenda *f* (pl. Agenden)
**Jo block** (Eng) / Parallelendmaß *n* (ein Längenmaß-Normal nach DIN 861), Endmaß *n* (mit rechteckigem Querschnitt und parallelen Messflächen - DIN EN ISO 3650) ‖ ~ **block** (Eng) / Parallelendmaß *n* nach Johansson
**job lot** / Partie *f* (Warenmenge), Warenposten *m*
**job-mixed concrete** (Build, Civ Eng) / Baustellenbeton *m*
**job name** (Comp) / Jobname *m*, Auftragsname *m* ‖ ~ **opportunities** (Work Study) / Arbeitsmöglichkeiten *f pl* ‖ ~ **order** (Work Study) / Werkauftrag *m* ‖ ~ **order costs** / Auftragskosten *pl* ‖ ~ **orders in process** (Work Study) / in Arbeit befindliche Werkaufträge
**job-oriented** *adj* (Comp) / auftragsbezogen *adj* ‖ ~ **terminal** (Comp) / aufgabenorientierte Außenstation (Datenstation)
**job output** (Comp) / Auftragsergebnis *n* (Teil des Auftragsgesamtergebnisses, der ausgegeben wird - DIN 66 200-1) ‖ ~ **paper** / Werkstattbeleg *m*, Werkstattunterlage *f* (schriftliche)
**job-placed concrete** (Build, Civ Eng) / Ortbeton *m* (der Baustellen- und Transportbeton, der als Frischbeton in die endgültige Lage eingebracht wird - DIN 1045)
**job planning** (Work Study) / Arbeitsvorbereitung *f*, AV (Arbeitsvorbereitung) ‖ ~ **pool** (Comp) / Auftragswarteschlange *f* ‖ ~ **priority** (Comp) / Auftragspriorität *f* ‖ ~ **profile** (Work Study) / Berufsbild *n* ‖ ~ **queue\*** (Comp) / Auftragswarteschlange *f*
**job-related** *adj* / auftragsabhängig *adj* (Kosten) ‖ ~ **disease** (Med) / Berufskrankheit *f* (z.B. Lärmschwerhörigkeit, Staublunge, Farmerlunge usw. - Entschädigung durch die gesetzliche Unfallversicherung)
**job result** (Comp) / Auftragsergebnis *n* (Teil des Auftragsgesamtergebnisses, der ausgegeben wird - DIN 66 200-1) ‖ ~ **rotation** (Work Study) / Arbeitsplatzwechsel *m*, Jobrotation *f* (bei der ein Beschäftigter die einzelnen Stellen eines Fertigungsabschnitts oder eines Unternehmens nacheinander durchläuft) ‖ ~ **scheduling** (Comp) / Auftragsorganisation *f*, Joborganisation *f* ‖ ~ **scheduling** (Work Study) / Arbeitsvorbereitung *f*, AV (Arbeitsvorbereitung) ‖ ~ **sharing** (Work Study) / Jobsharing *n* (Aufteilung eines Vollzeitarbeitsplatzes unter zwei oder mehrere Personen)
**job-shop computer centre** (Comp) / Lohnarbeitsrechenzentrum *n*
**job site** (Build) / Baustelle *f* (auf der gebaut wird), Baugelände *n* (auf dem gebaut wird)
**job-site demobilization** (Build, Civ Eng) / Baustellenräumung *f* (die Schlussphase der Einrichtungsplanung) ‖ ~ **mobilization** (Build, Civ Eng) / Verfügbarkeit *f* von Maschinen und Gerätschaften ‖ ~ **mobilization** (Build) / Baustelleneinrichtung *f* (Vorgang)
**job start** (Comp) / Jobanfang *m* ‖ ~ **statement** (Comp) / Jobanweisung *f* ‖ ~ **step** (Comp) / Jobschritt *m*, Jobstep *m*, Jobbetriebsanweisungsschritt *m*, Auftragsschritt *m* (die Ausführung eines einzelnen Verarbeitungsprogramms) ‖ ~ **stream** (Comp) / Jobfolge *f* (meistens in der Planung), Aufgabenstrom *m*, Programmablauffolge *f*, Auftragsstrom *m* ‖ ~ **stress** (Work Study) / Stress *m* am Arbeitsplatz ‖ ~ **submission** (Comp) / Abgabe *f* eines Jobs ‖ ~ **throughput** (Comp) / Durchflussleistung *f* (Jobzahl pro Zeiteinheit) ‖ ~ **ticket** / Jobticket *n* (Fahrkarte für die tägliche Fahrt zur Arbeitsstätte mit öffentlichen Verkehrsmitteln, die ein kommunales Verkehrsunternehmen einem Betrieb zu einem günstigen Tarif überlässt und für deren Erwerb die Mitarbeiter des Betriebes einen ermäßigten Preis zahlen) ‖ ~ **validation** (Comp) / Auftragssyntaxprüfung *f* ‖ ~ **variable** (Comp) / Auftragsvariable *f*, Jobvariable *f*
**job-work** *n* (Work Study) / Leistungslohnarbeit *f*, Stücklohnarbeit *f*
**jock** *n* (US) (Aero) / Pilot *m*, Luftfahrzeugführer *m*, Flugzeugführer *m* ‖ ~ (US) (Space) / Raumfahrer *m*, Astronaut *m* (pl. -en), Kosmonaut *m* (pl. -en), Weltraumfahrer *m*
**jockey** *n* (Eng) / Bedienungsperson *f* (an der Maschine) ‖ ~ **pot** (a glass-melting pot of such size and shape that it may be supported in a furnace by two other pots) (Glass) / Satzel *m*, Sätzel *m* ‖ ~ **pulley** (a small pulley wheel which is weighted so that it keeps a drive belt or chain taut) (Eng) / Spannrolle *f* (für Riemen und Ketten) ‖ ~ **roller** (Print) / Tänzerwalze *f* ‖ ~ **weight** (Eng) / Reiterchen *n*

(Laufgewichtsstück), Laufgewichtstück *n*, Laufgewicht *n* (DIN 1305), Reiter *m*, Reiterwägestück *n* ‖ ~ **wheel** (Autos) / Bugrad *n* (auf der Caravandeichsel), Deichsellaufrad *n*

**joddie** *n* (Autos) / Absetzkante *f* (der mit einer Absetzzange im Blech ausgeformte Absatz)

**joddle-join** *v* (Autos) / absetzen *v* (eine Absetzkante herstellen)

**joddler** *n* (Autos) / Absetzzange *f* (zum Absetzen von Kanten in Feinblechen)

**jog** *v* (Print) / glatt stoßen *v*, schütteln *v*, rütteln *v*, gerade stoßen *v* ‖ ~ *n* (Chem) / Jog *n* (durch Rotationsisomerie bewirkter Knick in den Ketten höherer Kohlenwasserstoffmoleküle) ‖ ~ (Crystal) / Jog *n* (ein zwischengeschobenes Segment der Schraubenversetzungslinie mit Stufencharakter) ‖ ~ (Crystal) / Versetzungssprung *m*, Sprung *m* in einer Versetzung

**jogger** *n* (Print) / Glattstoßmaschine *f* (Rütteltisch mit Seitenwänden) ‖ ~* (at the delivery) (Print) / Bogengeradleger *m*, Bogengeradstoßer *m*

**jogging** *n* (Cinema) / Einzelbildfortschaltung *f* ‖ ~ *n* (Elec Eng) / Tippbetrieb *m*, elektrisches Drehen (DIN 42005), Tippen *n* ‖ ~ (Print) / Schütteln *n*, Glattstoßen *n*, Rütteln *n*, Gerad(e)stoßen *n* ‖ ~ (Aus- oder Gleichstoßen von Bogen vor dem Durchschneiden) ‖ ~ **delivery** (Print) / Schüttelauslage *f* ‖ ~ **machine** (Print) / Glattstoßmaschine *f* (Rütteltisch mit Seitenwänden)

**joggle** *n* (as a web stiffener) (Build) / Verklammerung *f* ‖ ~ (Build) / Verzahnungsstelle *f* (Anschluss im Mauerwerksverband) ‖ ~* (Carp) / blinder Zapfen ‖ ~ (a plaster or brass insert serving as a key to ensure the correct alignment and adjustment of two halves of a plaster mould) (Ceramics) / Schloss *n* (das Passstück bei geteilten Gipsformen), Gipsschloss *n* (Kerbe und Zapfen bei mehrteiligen Gipsformen) ‖ ~* (Eng) / Schubsicherung *f* (durch eine Nase), Schubverankerung *f* ‖ ~* (Eng) / einseitig glatte Überlappung ‖ ~ **beam** (Carp) / verzahnter Balken, Zahnbalken *m* ‖ ~ **piece*** (Build, Carp) / einfache Hängesäule (im Hängewerk)

**joggle-post*** *n* (Build, Carp) / einfache Hängesäule (im Hängewerk)

**joggling** *n* (Build) / Verzahnung *f* (Mauerwerksanschluss an Wandenden oder wenn eine Innenwand auf eine Außenwand stößt)

**jog shuttle** / Jog-Shuttle *m* (Drehknopf an Videorecordern)

**johannite** *n* (Min) / Johannit *m*, Uranylvitriol *n* (ein Uranylsulfat)

**Johansson block** (Eng) / Parallelendmaß *n* nach Johansson ‖ ~ **block** (Eng) / Parallelendmaß *n* (ein Längenmaß-Normal nach DIN 861), Endmaß *n* (mit rechteckigem Querschnitt und parallelen Messflächen - DIN EN ISO 3650)

**Johnson noise*** (Comp, Electronics, Telecomm) / Widerstandsrauschen *n*, Nyquist-Rauschen *n*, Stromrauschen *n*, thermisches Rauschen (durch die Wärmebewegung des Ladungsträgers), thermisches Zufallsrauschen

**join** *v* (Carp) / abbinden *v* ‖ ~ (Eng) / verbinden *v* (fügen), anschließen *v*, fügen *v* (einpressen, nieten, schweißen, löten, kleben) ‖ ~ (Eng) / fügen *v* (eine Verbindung von geometrisch bestimmten Körpern miteinander oder mit formlosem Stoff nach DIN 8580 herstellen), zusammenfügen *v*, aneinander fügen *v* ‖ ~ *n* (Maths) / Vereinigung *f* (verbandstheoretische) ‖ ~* (Print) / Klebverbindung *f* (von verschiedenen Papierbahnen)

**joinable container** / zerlegbarer Container, zerlegbarer Behälter

**join a traffic stream** (Autos) / sich einfädeln *v* ‖ ~ **by sleeves** (Eng) / vermuffen *v*

**joined letters** (Typog) / Ligatur *f* (zwei oder mehrere auf einer Drucktype oder einer Setzmaschinenmatrize vereinigte Buchstaben)

**joiner** *n* (Build, Join) / Bautischler *m*, Bauschreiner *m* ‖ ~* (Cinema) / Filmklebegerät *n*, Filmklebeautomat *m*, Klebepresse *f*, Filmklebepresse *f* ‖ ~ (Join) / Tischler *m* ‖ ~ (Join) / Möbeltischler *m*, Möbelschreiner *m* ‖ ~* (Join) s. also cabinet-maker

**joiner's hatchet** (Tools) / Schreinerbeil *n*

**joinery*** *n* (Build, Join) / Tischlerei *f*, Tischlerhandwerk *n*, Schreinerei *f*, Schreinerhandwerk *n*, Bautischlerei *f*, Bauschreinerei *f* ‖ ~* (Join) / Tischlerarbeit *f*, Schreinerarbeit *f* ‖ ~ **grade** (For) / Tischlerqualität *f* (Schnittholzgüteklasse)

**joining** *n* (AI, Comp) / Joining *n* (relationale Datenbank - Bildung einer neuen Relation aus zwei oder mehreren Relationen) ‖ ~ (Carp) / Abbinden *n* (maßstabsgerechtes Zuarbeiten von Balken zu Balkenlagen und das Anreißen und Bearbeiten von Verbandshölzern für Dachtragwerke insbesondere mit Schiftung), Abbund *m* ‖ ~ (Elec Eng) / Anschluss *m* ‖ ~ (Telecomm) / Vereinigen *n* (ein Übermittlungsereignis) ‖ ~ **a traffic stream** (Autos) / Einfädelung *f* ‖ ~ **by welding** (Welding) / Verbindungsschweißen *n* (zum Verbinden von Teilen) ‖ ~ **dog** (Build) / Gerüstklammer *f*, Bauklammer *f*, Maurerklammer *f*, Eisenklammer *f* (eine Bauklammer) ‖ ~ **machine** (For, Join) / Abbundkreissägemaschine *f* ‖ ~ **metallurgy** (Met) / Verfahren *n* zum Verbinden metallischer Werkstücke (meistens mit Hilfe eines geschmolzenen Zusatzmetalls) ‖ ~ **point** (Aero) / Einflugpunkt *m* (im kontrollierten Luftraum)

**joint** *v* (Build, Civ Eng) / verfugen *v* (im frischen Zustand), ausfugen *v*, fügen *v* ‖ ~ (Eng) / fügen *v* (eine Verbindung von geometrisch bestimmten Körpern miteinander oder mit formlosem Stoff nach DIN 8580 herstellen), zusammenfügen *v*, aneinander fügen *v* ‖ ~ (Eng) / fügen *v*, stoßen *v* (fügen) ‖ ~ (Nut) / zerteilen *v* (Schlachtkörper), zerlegen *v* (Schlachtkörper) ‖ ~ (Acous) / Cutterstelle *f* (Tonbandtechnik) ‖ ~ (Bind) / Buchgelenk *n*, Buchdeckelgelenk *n* ‖ ~ (between stones in masonry) (Build, Civ Eng) / Stoßfuge *f*, Fuge *f* (beabsichtigter oder toleranzbedingter Raum zwischen zwei Bauteilen nach DIN 52 460), Mörtelfuge *f* ‖ ~ (Build, Mech) / Knotenpunkt *m* (eines Tragwerks) ‖ ~* (Cables) / Muffe *f* (eine Verbindungsgarnitur) ‖ ~ (Carp) / Verbindung *f*, Verband *m* (Längs-, Quer-, Eck- oder Schräg-) ‖ ~ (in steel-sheet piling) (Civ Eng) / Schloss *n* (greiferartiger Falz bei Stahlspundwänden) ‖ ~ (Elec Eng) / Spalt *m* (bei Geräten) ‖ ~* (Elec Eng, Radar) / Verbindung *f*, Verbindungsstelle *f* ‖ ~ (Eng) / Gelenk *n* (Wellenverbindung, eines Roboters) ‖ ~ (Eng) / Verbindungsstück *n* ‖ ~* (Foundry) / Formteilung *f* (die Trennlinie oder Trennfläche bzw. -ebene) ‖ ~* (an actual or potential fracture in a rock) (Geol) / Absonderung *f* ‖ ~* (Geol) / Lithoklase *f* (Trennfuge im Gestein), Trennfuge *f* (im Gestein) ‖ ~ (Geol, Mining) / Kluft *f* ‖ ~ (Mech) / Gelenk *n* ‖ ~ (Welding) / Fuge *f* ‖ ~ (of the metals to be welded) (Welding) / Schweißstoß *m*, Stoß *m* (Anordnung, in der die Werkstücke verschweißt werden sollen) ‖ ~ *adj* (Maths) / gemeinsam *adj* ‖ ~ **Academic Network*** (Telecomm) / Joint Academic Network *n* (altes britisches Forschungsnetz - heute SuperJANET), JANET *n* (Joint Academic Network) ‖ ~ **area** (Civ Eng) / Nahtfläche *f* (in der Schwarzdecke) ‖ ~ **Aviation Authorities** (Aero) / Europäische Vereinigung zur Kontrolle und Regulierung der europäischen Zivilluftfahrt ‖ ~ **box** (Cables) / Muffengehäuse *n* ‖ ~ **by sleeves** (Eng) / vermuffen *v* ‖ ~ **cathodic protection** (Surf) / Verbundkorrosionsschutz *m* (gemeinsamer elektrochemischer Korrosionsschutz mehrerer Schutzobjekte durch eine oder mehrere katodische Schutzanlagen) ‖ ~ **charge** (Aero) / Interlinien-Rate *f* (Frachtrate für die Beförderung auf mehr als einer Linie/Route von zwei und mehr Luftverkehrsunternehmen, die jedoch in einem Betrag veröffentlicht wird) ‖ ~ **clamp** (for ground-glass joints) (Chem) / Ligatur *f* (für Schliffverbindungen) ‖ ~ **clearance** (Eng, Rail) / Stoßlücke *f* ‖ ~ **coordinates** (Eng) / Gelenkkoordinaten *f pl* (für einen Gelenkroboter) ‖ ~ **cutter** (Civ Eng) / Fugensäge *f*, Fugenschneidgerät *n*, Fugenschneider *m* (Maschine zur Herstellung von Fugen bei Betonstraßen) ‖ ~ **cutting blade** (Civ Eng, Tools) / Fugenmesser *n*, Fugenschneidmesser *n* ‖ ~ **cutting machine** (Civ Eng) / Fugensäge *f*, Fugenschneidgerät *n*, Fugenschneider *m* (Maschine zur Herstellung von Fugen bei Betonstraßen) ‖ ~ **denial** (Comp) / NOR-Glied *n*, NICHT/ODER-Glied *n*, NOR-Schaltglied *n* ‖ ~ **design** (Civ Eng) / Fugenausbildung *f* ‖ ~ **detection** (Radar) / Verbundentdeckung *f* (durch Zusammenfassung von Informationen mehrerer Sensoren) ‖ ~ **displacement** (Build) / Stoßfugenversatz *m* ‖ ~ **distribution** (Comp) / Verbundverteilung *f* (Zusammenhang zwischen den Amplitudenverteilungen mehrerer Signale)

**jointed rock** (Geol, Mining) / geklüftetes Gestein ‖ ~ **shaft** (Eng) / Gelenkwelle *f* (im Allgemeinen - Profilwelle mit mindestens einem Gelenk, in der Regel mit zwei Gelenken)

**joint efficiency*** (Eng) / Stoßfestigkeit *f*, relative Festigkeit des Stoßes (beim Nieten oder Schweißen)

**jointer** *n* (US) (Agric) / Vorschäler *m* (kleiner Pflugkörper ohne Anlage am Grindel oder Pflugrahmen,der eine mit Stoppeln und Unkraut durchsetzte Bodenoberfläche beim Pflügen recht tief unterbringt), Vorschneider *m* ‖ ~* (Build) / Fugeisen *n*, Fugenkelle *f*, Streicheisen *n* ‖ ~ (Build) / Stecher *m* (für Feinarbeiten in Ecken und Winkeln, wie auch für Ausbesserungen) ‖ ~ (Cables) / Kabellöter *m* ‖ ~ (Carp) / Langhobel *m*, Raubank *f* (ein Handhobel, etwa 75 cm lang - zur Herstellung von geraden Kanten und ebenen Flächen sowie zum Fügen) ‖ ~ (Oils) / zusammengeschweißtes Rohr (aus mehreren kürzeren) ‖ ~ **plane*** (Carp) / Langhobel *m*, Raubank *f* (ein Handhobel, etwa 75 cm lang - zur Herstellung von geraden Kanten und ebenen Flächen sowie zum Fügen) ‖ ~ **saw** (Build) / Steinsäge *f*

**Joint European Torus** (experiment within the Fourth European Fusion Programme) (Nuc Eng) / JET-Projekt *n* (zur Erforschung der Kernfusion und die dazugehörige gemeinsame Anlage der EG in Culham bei Oxford) ‖ ~ **face** (Build, Civ Eng) / Fugenwandung *f* ‖ ~ **filler** (Build, Civ Eng) / Fugenfüller *m* ‖ ~ **filling** (Build, Civ Eng) / Fugenfüllen *n* ‖ ~ **filling material** (Build, Civ Eng) / Fugenfüllstoff *m*, Fugeneinlage *f* (Material) ‖ ~ **flash** (Eng) / Grat *m* an der Teilungsfläche ‖ ~ **flat** *v* (Build) / flach ausfugen *v*

**joint-forming** (heated) **rail** (Bind) / Falzbrennschiene *f* (beheizte Schiene der Falzenbrennmaschine, die das Deckengelenk warm einbügelt)

**joint gap**

**joint gap** (Eng, Rail) / Stoßlücke *f* ‖ ~ **gap** (Eng, Rail) s. also interstice of rails ‖ ~ **glue** (Carp, Join) / Klebstoff *m* für Holz oder Möbel ‖ ~ **gluing** (For) / Fugenklebung *f*, Fugenverleimung *f* ‖ ~ **grease** (Chem, Glass) / Schliff-Fett *n* (ein Dichtungs- und Schmiermittel für Schliffe auf der Basis von Siliconfetten), Hahnfett *n* (für Schliffe) ‖ ~ **grease** (Eng) / Dichtungsfett *n* ‖ ~**-hole cut** (Eng) / Durchdringung *f*
**jointing*** *n* (Build) / Verbindungsherstellung *f*, Zusammenfügen *n*, Fügen *n* ‖ ~* (working the surface of mortar joints to give a finished face while green) (Build, Civ Eng) / Verstreichen *n* von Fugen, Verfugen *n* (im frischen Zustand), Fugenverstrich *m*, Fugenverfüllen *n* (im frischen Zustand) ‖ ~* (Eng) / druckfeste Dichtung ‖ ~* (Geol) / Absonderung *f* ‖ ~ (Mining) / Schlechtenbildung *f* (bei Kohle) ‖ ~ **box** (Cables) / Lötbrunnen *m* ‖ ~ **chamber** (Cables) / Lötbrunnen *m* ‖ ~ **cut** (For) / Fügeschnitt *m* ‖ ~ **dimension** (Eng) / Fügeabmessung *f* ‖ ~ **hole** (Eng) / Fügeloch *n* ‖ ~ **machine** (For) / Fügemaschine *f* (zur Herstellung von Fügeflächen an Furnieren und dickeren Hölzern) ‖ ~ **plane*** (Carp) / Langhobel *m*, Raubank *f* (ein Handhobel, etwa 75 cm lang - zur Herstellung von geraden Kanten und ebenen Flächen sowie zum Fügen) ‖ ~ **rule*** (Build) / Führungsleiste *f* zum Fugenausmalen ‖ ~ **suitable to robot assembly** (Eng) / robotermontagegerechtes Fügen ‖ ~ **tube** (Eng) / Überwurfmuffe *f* ‖ ~ **without jamming** (Eng) / verklemmungsfreies Fügen ‖ ~ **yard** (Glass) / Umgipserei *f* ‖ ~ **yard** (Glass) / Auflegestelle *f*, Auflegerei *f*
**jointless flooring*** (Build) / fugenloser Fußbodenbelag, fugenloser Belag, fugenloser Fußboden ‖ ~ **track** (Rail) / lückenloses Gleis
**joint man-machine system** (Comp) / Mensch-Technik-Verbund-System *n*, MTV-System *n* ‖ ~ **mechanism** (Mech) / Gelenkmechanismus *m* ‖ ~ **mortar** (Build) / Fugenmörtel *m*, Verfugmörtel *m* ‖ ~ **of a robot** / Robotergelenk *n* ‖ ~ **of rails** (Rail) / Schienenstoß *m* ‖ ~ **Photographic Experts Group** (Comp, Photog) / JPEG *n* (verlustbehaftetes Kompressionsverfahren für Standbilder), Kompressionsverfahren *n* JPEG ‖ ~ **piece** (Eng) / Verbindungsstück *n* ‖ ~ **pin** (Eng) / Gelenkbolzen *m*, Gelenkzapfen *m*, Gelenkstift *m* (meistens in einem Gabelgelenk) ‖ ~ **position** (Welding) / Nahtanordnung *f* ‖ ~ **preparation** (Welding) / Schweißnahtvorbereitung *f* ‖ ~ **preparation** (Welding) / Fugenvorbereitung *f* (Bearbeitung der Werkstücke zur Schaffung von Schweiß- und Lötfugen) ‖ ~ **product** (Oils) / Kuppelprodukt *n* (z.B. Benzin, Heizöl, Schweröl) ‖ ~ **profile** (Build, Civ Eng) / Fugenprofil *n* ‖ ~ **rate** (Aero) / Interlinien-Rate *f* (Frachtrate für die Beförderung auf mehr als einer Linie/Route von zwei und mehr Luftverkehrsunternehmen, die jedoch in einem Betrag veröffentlicht wird) ‖ ~ **reinforcement** (Civ Eng) / Fugenbewehrung *f* (zur Lagesicherung der Fugenbänder und -bleche) ‖ ~ **robot** (Eng) / Gelenkroboter *m* ‖ ~ **roller** (Build) / Nahtroller *m* (tonnenförmiger, für die Tapezierarbeiten)
**joints** *pl* (Mining) / Schlechten *f pl* (alle natürlichen und nicht schichtparallelen Trennfugen in der Kohle) ‖ ~* *n pl* (Bind) / Falz *m* (tiefer Gelenk zwischen dem Buchrücken und dem Buchdeckel)
**joint saw** (Civ Eng) / Fugensäge *f*, Fugenschneidgerät *n*, Fugenschneider *m* (Maschine zur Herstellung von Fugen bei Betonstraßen) ‖ ~ **sawing** (Civ Eng) / Einschneiden *n* von Fugen (in die Betonstraßendecken), Fugenschneiden *n* ‖ ~ **seal(ing)** (Build) / Fugenabdichtung *f* ‖ ~ **sealant** (Build) / Fugendichtmasse *f*, Fugendichtungsmasse *f* (DIN 18540) ‖ ~ **sealing material** (Build) / Fugendichtmasse *f*, Fugendichtungsmasse *f* (DIN 18540) ‖ ~ **sealing strip** (Civ Eng) / Fugenband *n* (weiches Profil zum Abdichten von Fugen) ‖ ~ **set** (Geol) / Kluftschar *f* (in ungefähr gleicher Richtung verlaufende Kluftgemeinschaft) ‖ ~ **sheet** (Geol) / Absonderungsfläche *f*
**joint-stock company** (GB) / Aktiengesellschaft *f*, AG *f* (Aktiengesellschaft)
**joint stock company** (US) / Handelsgesellschaft *f* ohne eigene Rechtspersönlichkeit (Haftung beschränkt auf den Anteil) ‖ ~ **strip** (Carp) / Fugenleiste *f* ‖ ~ **system** (Geol) / Kluftsystem *n* (die Zusammenfassung gleich alter, jedoch verschieden streichender Kluftscharen) ‖ ~ **tape** (For) / Klebstreifen *m* (für die Taping-Maschine) ‖ ~ **use** / gemeinsame Benutzung, gemeinsame Nutzung ‖ ~ **venture** / Joint Venture *n* (vorübergehender oder dauernder Zusammenschluss von Unternehmen zur gemeinsamen Ausführung von Projekten, die von einem Unternehmen allein nicht realisiert oder finanziert werden können), Gemeinschaftsunternehmen *n* (mit internationalen Anteilseignern) ‖ ~ **welding** (Welding) / Verbindungsschweißen *n* (zum Verbinden von Teilen) ‖ ~ **width** (Civ Eng) / Fugenbreite *f*, Fugenweite *f* ‖ ~ **with root face** (Welding) / Stegnaht *f* ‖ ~ **yoke** (Autos) / Gelenkgabel *f*
**join up** (Build) / verstreichen *v* (Fugen) ‖ ~ **up** (in a circuit) (Elec Eng) / anschalten *v*
**joist*** *n* (Build) / Unterzug *m*, Deckenunterzug *m*, Stockwerkunterzug *m* (meistens I-Profil) ‖ ~* (Carp) / Deckenbalken *m* ‖ ~* (Build, Civ Eng) s. also H-beam, I-beam and rolled-steel joist ‖ ~ **anchor** (Build) / Wandanker *m* ‖ ~ **anchor** (Carp) / Balkenanker *m* (auf der tragenden Außenwand), Schließe *f* (A) ‖ ~ **ceiling** (Carp) / Holzbalkendecke *f*, Unterzugdecke *f*, Balkendecke *f*, Plattenbalkendecke *f* ‖ ~ **hanger** (Build, Carp) / Balkenschuh *m* (für Balken- und Kantholzauflagerungen)
**jojoba** *n* (an oil) / Jojobaöl *n* ‖ ~ (For) / Jojoba *f*, Jojobastrauch *m* (Simmondsia chinensis (Link) C.K. Schneid.) ‖ ~ **oil** / Jojobaöl *n*
**joker** *n* (Comp) / Ersetzungszeichen *n*
**jolley** *v* (Ceramics) / eindrehen *v*, einformen *v* ‖ ~ *n* (Ceramics) / Eindrehmaschine *f*
**jolleying** *n* (Ceramics) / Drehen *n* von Hohlwaren
**jolly** *v* (US) (Ceramics) / eindrehen *v*, einformen *v* ‖ ~ *n* (US) (Ceramics) / Eindrehmaschine *f* ‖ ~ **balance*** (Chem, Min) / Jolly'sche Federwaage (nach Ph.v. Jolly, 1809-1884)
**jollying** *n* (Ceramics) / Drehen *n* von Hohlwaren
**jolt** *v* / rumpeln *v* (Fahrzeug), rütteln *v* (Fahrzeug) ‖ ~ (Foundry) / rüttelverdichten *v* (Formsand) (nur Infinitiv und Partizip), rütteln *v* ‖ ~ *n* (Eng) / ruckweise Bewegung, Ruck *m*, Stoß *m* (z.B. bei der Beschleunigung), Beschleunigungssprung *m*
**jolter** *n* (Foundry) / Rüttler *m*
**jolting** *n* (Autos) / Bonanzaeffekt *m* (Längsruckeln der Karosserie beim Wiedereinkuppeln) ‖ ~ (Foundry) / Rüttelverdichtung *f*
**jolt moulding** (a process of the shaping of refractory forms in which the plastic body is subjected to mechanical jolting or jerky movements) (Ceramics) / Rüttelformgebung *f*
**jolt-moulding machine** (Foundry) / Rüttelformmaschine *f*
**jolt-ram machine*** (Foundry) / Rüttelformmaschine *f*
**jolt**•**-ramming machine*** (Foundry) / Rüttelformmaschine *f* ‖ ~**-squeeze machine*** (Foundry) / Rüttelpress-Formmaschine *f* ‖ ~ **table** (Foundry) / Rütteltisch *m* (der durch Außenrüttler in Schwingung versetzt wird)
**Joly's steam calorimeter** (Phys) / Dampfkalorimeter *n*, Kondensationskalorimeter *n*
**Jominy end-quench test*** (Eng) / Stirnabschreckversuch *m* (nach Jominy), Jominy-Versuch *m* (zur Beurteilung der Härtbarkeit von Stählen oder zur Aufstellung von ZTU-Bildern) ‖ ~ **hardenability test** (Eng) / Stirnabschreckversuch *m* (nach Jominy), Jominy-Versuch *m* (zur Beurteilung der Härtbarkeit von Stählen oder zur Aufstellung von ZTU-Bildern) ‖ ~ **test*** (Eng) / Stirnabschreckversuch *m* (nach Jominy), Jominy-Versuch *m* (zur Beurteilung der Härtbarkeit von Stählen oder zur Aufstellung von ZTU-Bildern)
**Jona effect** (Cables) / Verseilfaktor *m*
**Jones splitter** (Min Proc) / Probenteiler *m* (nach Jones - eine mechanische Vorrichtung) ‖ ~ **zone** (Electronics, Phys) / Jones-Zone *f* (ein von Brillouin'schen Zonenebenen begrenzter Bereich im k-Raum, wobei die zu diesen Ebenen gehörigen Fourier-Koeffizienten des Kristall- bzw. Pseudo- oder Modellpotentials besonders groß sind)
**jonquil oil** / Jonquillenöl *n*, Narzissenöl *n* (meistens aus Narcissus jonquilla L.)
**Jonval turbine** (Hyd Eng) / Jonval-Turbine *f*
**Joosten process*** (Civ Eng, Mining) / Joosten-Verfahren *n* (chemisches Verfestigungsverfahren zur Schachtabdichtung - Wasserglaslösung + Kalziumchloridlösung)
**j-operator** *n* (Maths) / imaginäre Einheit (i)
**jordan** *n* (Paper) / Jordan-Kegelstoffmühle *f*, Jordan-Mühle *f* (zur Stoffaufbereitung) ‖ ~ **algebra** (Maths) / Jordan-Algebra *f* ‖ ~ **bearing** (a sleeve bearing and thrust bearing combined in a single unit) (Eng) / Tragstützlager *n*, Querlängslager *n* ‖ ~ **curve** (Maths) / Jordan-Bogen *m*, Jordan-Kurve *f* (ein Teilraum eines topologischen Raumes - nach M.-E.C. Jordan, 1838-1922) ‖ ~ **curve theorem** (an important theorem which says that a Jordan curve divides the plane into two regions, the interior and the exterior of the curve) (Maths) / Jordan'scher Kurvensatz (nach C. Jordan, 1838 - 1922)
**Jordan-Hölder theorem** (Maths) / Jordan-Hölder'scher Satz
**jordanite** *n* (Min) / Jordanit *m* ($Pb_4As_2S$)
**Jordan matrix** (Maths, Phys) / Jordan'sche Matrix, Jordan-Matrix *f* (nach P. Jordan, 1902-1980) ‖ ~ **measurable** (Maths) / Jordan-messbar *adj* (beschränkte Punktmenge) ‖ ~ **refiner*** (Paper) / Jordan-Kegelstoffmühle *f*, Jordan-Mühle *f* (zur Stoffaufbereitung)
**Jordan-Wigner commutation rules** (Phys) / Jordan-Wigner-Matrizen *f pl*
**joria*** *n* (Textiles) / Indische Wolle erster Qualität
**Josephson Atto-Weber switch** (Comp) / Josephson-Atto-Weber-Schalter *m* ‖ ~ **bridge** (Phys) / Josephson-Brücke *f* ‖ ~ **constant** (Phys) / Josephson-Konstante *f* ‖ ~ **contact** (Phys) / Josephson-Kontakt *m* (ein kryoelektronisches Bauelement), Josephson-Übergang *m*, Josephson-Element *n*, Josephson-Tunnelelement *n*, Josephson-Verbindung *f*, Josephson-Baustein *m* ‖ ~ **effect*** (Electronics) / Josephson-Effekt *m* (ein Tunneleffekt zwischen zwei durch eine dünne isolierende

Schicht verbundenen Supraleitern, bei dem Cooper-Paare tunneln) ‖ ≃ **element** (Phys) / Josephson-Kontakt *m* (ein kryoelektronisches Bauelement), Josephson-Übergang *m*, Josephson-Element *n*, Josephson-Tunnelelement *n*, Josephson-Verbindung *f*, Josephson-Baustein *m* ‖ ≃ **frequency-voltage ratio** (Phys) s. also Josephson constant ‖ ≃ **frequency-voltage ratio** (Phys) / Josephson-Frequenz-Spannungs-Quotient *m* (nach B.D. Josephson, geb. 1940) ‖ ≃ **junction** (device) (Phys) / Josephson-Kontakt *m* (ein kryoelektronisches Bauelement), Josephson-Übergang *m*, Josephson-Element *n*, Josephson-Tunnelelement *n*, Josephson-Verbindung *f*, Josephson-Baustein *m* ‖ ≃ **tunnelling** (Electronics) / Josephson-Effekt *m* (ein Tunneleffekt zwischen zwei durch eine dünne isolierende Schicht verbundenen Supraleitern, bei dem Cooper-Paare tunneln)

**Josephus problem** (is to find the position of the one who survives when there are n people in a circle and every m-th remaining person is eliminated) (Maths) / Josephus-Problem *n* (nach Josephus Flavius)

**Jost function** (Phys) / Jost-Funktion *f* (in der quantenmechanischen Streutheorie)

**Joukowski profile** (Aero) / Schukowski'sches Flügelprofil (nach N.Je. Schukowskij, 1847 - 1921)

**joule*** *n* (Phys) / Joule *n* (gesetzliche abgeleitete SI-Einheit für Arbeit, Energie und Wärmemenge; 1 J = 1 Nm = 1 Ws), J (Joule - DIN 1301, T 1)

**Joulean heat** (Elec) / Joule'sche Wärme, Stromwärme *f*, Joule-Aufheizung *f* (Wärmewirkung des elektrischen Stroms im leitenden Material)

**Joule cycle** (Eng, Phys) / Joule-Prozess *m* (ein Kreisprozess) ‖ ≃ **effect*** (Elec Eng) / Entstehung *f* der Stromwärme in einem stromdurchflossenen Ohm'schen Widerstand, Wärmewirkung *f* des elektrischen Stroms (nach dem Joule-Effekt) ‖ ≃ **effect*** (Mag) / Joule-Effekt *m* (bei isobaren und isothermen Längenänderungen) ‖ ≃ **heat** (the thermal energy resulting from the Joule effect) (Elec) / Joule'sche Wärme, Stromwärme *f*, Joule-Aufheizung *f* (Wärmewirkung des elektrischen Stroms im leitenden Material) ‖ ≃ **integral** (Elec Eng) / Joule-Integral *n* (das Integral des Stromwertes zum Quadrat über eine gegebene Zeitdauer)

**Joule-Kelvin coefficient** (Phys) / Joule-Thomson-Koeffizient *m* ‖ ≃ **effect*** (Phys) / Drosseleffekt *m* (isenthalpischer), Joule-Thomson-Effekt *m*, Kelvin-Effekt *m*, Joule-Kelvin-Effekt *m* (Temperaturänderung realer Gase bei Drosselung)

**Joule magnetostriction*** (Mag) / Joule-Magnetostriktion *f* (eine Gestaltsänderung bei gleichem Volumen) ‖ ≃ **meter*** (Phys) / Joule-Zähler *m* (nach J.P. Joule, 1818-1889), Joule-Messer *m* (ein Leistungsmesser), Joule-Meter *n* ‖ ≃ **'s equivalent*** (Heat) / mechanisches Wärmeäquivalent (1842 von Robert v. Mayer entdeckt)

**Joule's law*** (Elec Eng) / Joule'sches Gesetz (Umwandlung elektrischer Energie in Wärme) ‖ ≃ **law*** (Phys) / Joule'sches Gesetz (bei idealen Gasen sind die innere Energie und die Enthalpie nur von der Temperatur abhängig, nicht vom Volumen)

**Joule•-Thomson effect*** (Phys) / Drosseleffekt *m* (isenthalpischer), Joule-Thomson-Effekt *m*, Kelvin-Effekt *m*, Joule-Kelvin-Effekt *m* (Temperaturänderung realer Gase bei Drosselung) ‖ ≃ **value** (Nut, Physiol) / physiologischer Brennwert

**Jourdain's principle** (Mech) / Jourdain'sches Prinzip (ein differentielles Extremalprinzip der Mechanik - nach P.E.B. Jourdain, 1879-1919)

**journal*** *n* (Eng) / Kurbelwellenlagerzapfen *m*, Wellenzapfen *m* (DIN ISO 7967-2), Lagerzapfen *m* (der von einem Radialgleitlager unterstützt wird) ‖ ≃ * (Eng) / Wellengleitlagersitz *m* ‖ ~ **bearing** (Eng) / Radiallager *n* (DIN ISO 4378-1), Querlager *n* (mit Belastung vorwiegend senkrecht zur Lagerachse) ‖ ~ **bearing** (Eng) / Wellenzapfenlager *n*, Gleitzapfenlager *n* ‖ ~ **block** (Comp) / Rufdatenblock *m* ‖ ~ **file*** (Comp) / Rufdatenaufzeichnungsdatei *f*, Journaldatei *f* ‖ ~ **friction** (of the axle in a journal bearing) (Eng) / Zapfenreibung *f* ‖ ~ **pad** (Eng) / Radialgleitschuh *m* (DIN ISO 4378-1) ‖ ~ **postprocessing** (Comp) / Rufdatennachverarbeitung *f* ‖ ~ **thrust bearing** (Eng) / Radial-Axial-Gleitlager *n* (DIN ISO 4378-1)

**Jovian** *adj* (Astron) / Jupiter-, jovianisch *adj* ‖ ≃ **planet*** (Astron) / jupiterähnlicher Planet, iovanischer Planet, Riesenplanet *m* (Jupiter, Saturn, Uranus, Neptun), jupiterartiger Planet (Riesenplanet)

**joyboard** *n* (Comp) / Joyboard *n* (Integration von Joystick und Joypad)

**Joy miner** (US) (Mining) / Abbaumaschine *f* der amerikanischen Firma Joy Manufacturing Inc.

**joypad** *n* (Comp) / Joypad *n* (Steuergerät bei Konsolen-Spielsystemen)

**joystick*** *n* (Aero) / Steuerhebel *m*, Steuerknüppel *m*, Knüppel *m* (der Knüppelsteuerung bei Starrflügelflugzeugen) ‖ ~* (Comp) / Joystick

*m*, Steuerhebel *m*, Steuerknüppel *m* ‖ ~ (Elec Eng) / Meisterschalter *m* (ein Hilfsstromschalter mit einem Steuerknüppel als Bedienteil)

**JP** (US) (jet propulsion fuel) (Aero, Fuels) / Flugturbinenkraftstoff *m*, Düsenkraftstoff *m*

**J particle** (Nuc) / Psi *n* (ein von Richter und Ting entdecktes Elementarteilchen), J *n* (ein Elementarteilchen), Psi-Teilchen *n*, J-Teilchen *n*

**jpd** (just perceptible difference) / Wahrnehmungsschwelle *f* (der Differenz - bei sehr sorgfältiger Beobachtung)

**JPEG** (Joint Photographic Experts Group) (Comp, Photog) / JPEG *n* (verlustbehaftetes Kompressionsverfahren für Standbilder), Kompressionsverfahren *n* JPEG

**J-plate** *n* (Met) / Blechspezifikation *f* J

**J/ψ*** (Nuc) / Psi *n* (ein von Richter und Ting entdecktes Elementarteilchen), J *n* (ein Elementarteilchen), Psi-Teilchen *n*, J-Teilchen *n*

**J-resolved 2D spectrum** (Spectr) / J-aufgelöstes 2D-Spektrum ‖ ≃ **spectroscopy** (Spectr) / zweidimensionale J-aufgelöste NMR-Spektroskopie

**JR flip-flop** (Electronics) / Flipflop *n* mit dominierender Löschung, JR-Flipflop *n*, O-Flipflop *n*

**J-scope** *n* (Radar) / J-Schirm *m*, Radaranzeigegerät *n* vom Typ J

**J-tube** *n* (Textiles) / J-Box *f*, Muldenwarenspeicher *m*, Bemberg-Stiefel *m*, Freiberger Stiefel (in der Kontinue-Bleiche)

**jubé** *n* (Arch) / Lettner *m* (eine Abschlussmauer in mittelalterlichen Kirchen)

**jubilee clip** (Autos) / Schlauchklemme *f* (mit Schneckenschraube) ‖ ~ **waggon** (Civ Eng) / kippfähiger Wagen, Kipplore *f*, Seitenentleerwagen *m* (kleiner - auf Schienen)

**jud*** *n* (Mining) / unterschrämter und geschlitzter Steinblock

**judas** (Build) / Spion *n* (in der Wohnungstür), Türgucklock *n* ‖ ≃ **tree** (Bot, For) / Judasbaum *m* (Cercis spp.)

**judder** *v* (Autos) / rupfen *v* (Kupplung) ‖ ~ (Autos) / ruckeln *v* (Kupplung) ‖ ~ (Autos) / rubbeln *v* (von Bremsen) ‖ ~ (Carp, For) / flattern *v* (Sägeblatt) ‖ ~ (Paint) / schlagen *v* (Lackvorhänge beim Gießen) ‖ ~ *vi* / vibrieren *v* (stark) ‖ ~ *n* (transverse) / Zittern *n* (vertikales - eine Fernkopiererstörung) ‖ ~ (Autos) / Rupfen *n* (der Kupplung, z.B. beim Verschleiß der Beläge) ‖ ~ (Carp, For) / Flattern *n* (seitliches Schlagen des Maschinensägeblattes) ‖ ~ (Photog) / Bewegungsruckeln *n* ‖ ~ (Telecomm) / unregelmäßige Abtastgeschwindigkeit ‖ ~ (Telecomm) / Verwacklung *f*, Verzerrung *f* (unregelmäßige Abtastgeschwindigkeit)

**judgment sampling** (any method of sampling where instead of using probability sampling the investigator uses his own expert judgment to select elements which he considers to be typical or representative of the population) (Stats) / bewusste (subjektive) Auswahl

**Judson powder** / ein Zellulosenitratpulver (rauchschwaches Pulver)

**jug** *n* (Acous, Geophys) / Seismophon *n*, Geophon *n* (ein Schallwandler), Erdhörer *m*

**JUGFET** (junction field-effect transistor) (Electronics) / Sperrschicht-FET *m*, Feldeffekttransistor *m* mit PN-Übergang, Sperrschichtfeldeffekttransistor *m* (die Steuerung des Stroms erfolgt durch Änderung des Querschnitts eines Stromkanals), SFET (Sperrschichtfeldeffekttransistor), Junktions-FET *m* (ein Sperrschichtfeldeffekttransistor), PN-FET *m* (Feldeffekttransistor mit PN-Übergang), JFET *m* (ein Sperrschichtfeldeffekttransistor)

**juggernaut** *n* (a large, heavy vehicle, especially an articulated lorry) (Autos, Civ Eng) / Sattelkraftfahrzeug *n* (Sattelzugmaschine + Sattelanhänger), Sattelzug *m*

**juggle** *n* (For) / längsgeschnittener Sägeblock

**juglone** *n* (Chem) / Juglon *n* (ein Keimungshemmstoff, Bestandteil der in Hautbräunungsmitteln verwendeten Walnussschalenextrakte)

**juice** *n* (umgangssprachlich) treibendes Medium, "Saft" *m* (Elektrizität oder Kraftstoff) ‖ ~ (in fruit or vegetables) (For, Nut) / Saft *m* ‖ ~ (Nut) / Juice *m* ‖ ~ (Nut) / Fleischsaft, Jus *f m n*, Bratensaft *m*, Saft *m* (A) ‖ ~ **clarification** (Nut) / Saftreinigung *f* (bei der Zuckerfabrikation) ‖ ~ **concentrate** (Nut) / Fruchtsaftkonzentrat *n* ‖ ~ **extractor** (Nut) / Saftpresse *f* (ein Haushaltsgerät), Entsafter *m*, Saftzentrifuge *f*, Fruchtpresse *f* ‖ ~ **purification** (Nut) / Saftreinigung *f* (bei der Zuckerfabrikation)

**juicy** *adj* (Nut) / saftig *adj* (Frucht) ‖ ~ (Nut) s. also mellow

**jujube** *n* (Bot, Nut) / Gemeiner Judendorn, Jujube *f* (Ziziphus jujuba Mill.)

**jukebox** *n* (Acous) / Musikbox *f*, Plattenspielautomat *m*, Jukebox *f* ‖ ~ (optical disk library) (Comp) / Jukebox-Speicher *m* (optischer Plattenspecher) ‖ ~ **memory** (Comp) / Jukebox-Speicher *m* (optischer Plattenspecher)

**Julian date*** (Astron) / julianisches Datum (mit dem Nullpunkt 1.1.4713 v. Chr. - von Joseph Justus Scaliger vorgeschlagen)

**Julia set** (Maths) / Julia-Menge *f* (nach G. Julia, 1893 - 1978)

**jumble sale** (for charity) / Wohltätigkeitsbasar *m*

**jumbo** *n* (Aero) / Großraumdüsenflugzeug *n*, Jumbo *m* (ein Verkehrsflugzeug), Jumbojet *m* ‖ ~ (Build, Civ Eng) / Schalwagen *m* ‖ ~ (a mobile carrier) (Civ Eng) / Bohrwagen *m*, auf Lafette montierter schwerer Bohrhammer ‖ ~* (Civ Eng, Mining) / Vortriebsschild *m*, Tunnelbohrwagen *m* ‖ ~ **block** (Build, Ceramics) / großformatiger Stein, Großblock *m*, Stein *m* in Großformat ‖ ~ **brick** (Build, Ceramics) / großformatiger Stein, Großblock *m*, Stein *m* in Großformat ‖ ~ **fibre** / Makrofaser *f* (des Lichtwellenleiterkabels)
**jumboise** *v* (GB) (Ships) / vergrößern *v* (vor allem Tanker durch Ersetzen des mittleren Schiffskörpers)
**jumboize** *n* (Ships) / vergrößern *v* (vor allem Tanker durch Ersetzen des mittleren Schiffskörpers)
**jumbo jet** (Aero) / Großraumdüsenflugzeug *n*, Jumbo *m* (ein Verkehrsflugzeug), Jumbojet *m* ‖ ~ **reel** (Paper, Print) / Tambour *m* (Maschinenrolle) ‖ ~ **roll** / Großrolle *f* (Tapeten) ‖ ~ **skein** (Spinning) / Großstrang *m*
**jumel cotton** (Textiles) / ägyptische Baumwollsorte (Sea Island Baumwolle - 1838 vom französischen Kaufmann Jumel eingeführt)
**jumelle window** (Arch) / gekuppeltes Fenster, Zwillingsfenster *n*
**jump** *v* / springen *v* ‖ ~ (the track) (US) (Rail) / entgleisen *vi*, aus den Gleisen springen ‖ ~ *n* (Aero) / Sprung *m*, Absprung *m* ‖ ~* (a departure from the normal sequential execution of program instructions) (Comp) / Verzweigung *f* (ohne Rückkehr), Sprung *m*, Weiche *f*, Programmverzweigung *f*, Branch *m* ‖ ~ (Crystal, Maths) / Sprung *m* ‖ ~ **cut*** (Cinema) / springender Schnitt, Bildsprung *m* (Schnittwechsel von einer Szene zu einer anderen, der visuell eine Unterbrechung darstellt), zu harter Schnitt (Fehler oder ausgefallene künstlerische Idee) ‖ ~ **destination** (Comp) / Sprungziel *n* ‖ ~ **discontinuity** (Phys) / Sprungstelle *f*
**jumper** *v* (Comp) / jumpern *v* ‖ ~ (Elec Eng) / rangieren *v* (mit der Drahtbrücke) ‖ ~ *n* / abgeplattetes Email ‖ ~ (Autos) / Starthilfekabel *n* (DIN 72553), Schnellstartkabel *n* ‖ ~* (Build) / Durchbinder *m* (bei schwächeren Mauern durch die ganze Mauerstärke), Ankerstein *m* (Durchbinder), Kopfbinder *m* ‖ ~* (Civ Eng) / Bohrstange *f* (ein Handgerät), Stoßbohrer *m*, Bohreisen *n* (ein Handgerät) ‖ ~ (Comp) / Steckbrücke *f*, Jumper *m*, Brücke *f* (zum Einstellen der Gerätekonfiguration) ‖ ~ (Elec Eng) / Schaltbrücke *f* ‖ ~* (Elec Eng) / Überbrückungsdraht *m*, Verbindungsdraht *m*, Jumper *m* ‖ ~* (Elec Eng) / fliegender Anschluss (provisorische Leitung) ‖ ~ (Eng) / Ventilkegel *m* (bei Auslaufventilen) ‖ ~* (Rail) / Verbindungskabel *n* zwischen Triebwagen ‖ ~* (Teleph) / Schaltdraht *m*, Verteilerschaltdraht *m* ‖ ~ **bar** (Civ Eng) / Bohrstange *f* (ein Handgerät), Stoßbohrer *m*, Bohreisen *n* (ein Handgerät) ‖ ~ **block** (Comp) / Jumper-Block *m* (kleiner Stecker bzw. kleine Steckbrücke auf Zusatzkarten oder Motherboards für PCs, die je zwei benachbarte Stiftkontakte verbinden können) ‖ ~ **cable** (Autos) / Starthilfekabel *n* (DIN 72553), Schnellstartkabel *n*
**jumpering** *n* (Comp, Elec Eng) / Rangieren *n* ‖ ~ **panel** (Comp) / Patchfeld *n*, Rangierfeld *n*
**jumperless** *adj* (Comp, Electronics) / jumperlos *adj* ‖ ~ **configuration** (Comp, Electronics) / jumperlose Konfiguration
**jumper wire*** (Teleph) / Schaltdraht *m*, Verteilerschaltdraht *m*
**jump function** (Electronics, Maths) / Sprungfunktion *f* (ein Standardeingangssignal) ‖ ~ **function** (Maths) / Sprungfunktion *f* (Verallgemeinerung der Heaviside-Funktion)
**jumping** *n* / Springen *n* ‖ ~ (Build, Ceramics) / Abplatzung *f* (Fehler, der sich durch Abspringen kleiner und kleinster runder Teilchen äußert - z.B. bei Glasuren) ‖ ~ (TV) / Tanzeffekt *m* ‖ ~ **cushion** / Sprungbalg *m*, Sprungpolster *n* (ein luftgefülltes Rettungsgerät) ‖ ~ **gene** (Gen) / springendes Gen, Transposon *n* ‖ ~ **motion** / Hüpfbewegung *f*, hüpfende Bewegung ‖ ~ **sheet** / Sprungtuch *n* (für die Feuerwehr - DIN 14151) ‖ ~ **the queue** (Autos) / Kolonnenspringen *n* ‖ ~**-up*** (Materials, Met) / Stauchen *n* (Verkürzen der Längsausdehnung bei gleichzeitiger Querschnittszunahme - DIN 8583, T 3), Stauchschmieden *n* (negative Dehnung)
**jump instruction** (an instruction that specifies a jump) (Comp) / Sprungbefehl *m*, Verzweigungsbefehl *m*, Branch-Befehl *m*
**jump-jet** *n* (Aero) / Senkrechtstartflugzeug *n* (mit einem Strahlmotor)
**jump joint*** (Welding) / T-Stoß *m* (beim Feuerschweißen) ‖ ~ **lead(s)** (Autos) / Starthilfekabel *n* (DIN 72553), Schnellstartkabel *n* ‖ ~ **out** *v* / herausspringen *v* (Kette) ‖ ~ **seat** (US) (Autos) / Klappsitz *m*
**jump-start** *n* (with jump leads) (Autos) / Starten *n* mit Starthilfekabel
**jump starting** (Autos) / Starten *n* mit Starthilfekabel
**jumpsuit** *n* (Aero, Textiles) / Fallschirmsportkombination *f* ‖ ~ (Textiles) / Jumpsuit *m*, Jumpy *m* (pl. -ies) (Ganzanzurpulli als Gymnastikanzug)
**jump take-off** (Aero) / Sprungstart *m* (beim Tragschrauber) ‖ ~ **up** *v* (Materials, Met) / stauchen *v* (Längsausdehnung bei gleichzeitiger Querschnittszunahme verkürzen - DIN 8583, T 3)
**junction** *n* / Verbindungsstelle *f* ‖ ~ (Autos, Civ Eng) / Knotenpunkt *m*, Verkehrsknotenpunkt *m* ‖ ~* (Civ Eng) / Anschluss *m* (Verzweigung) ‖ ~ (Comp) / Junktion *f* (Negation und die zweistelligen aussagenlogischen Verknüpfungen) ‖ ~ (Comp) / Zusammenführung *f* (in einem Programmablaufplan) ‖ ~ (Cyt) / Zellkontakt *m*, Zell-Zell-Kontakt *m* ‖ ~ (Elec Eng) / Knoten *m* (ein Anschlusspunkt von dem mindestens zwei Leiter ausgehen), Knotenpunkt *m* (Verbindungsstelle von mindestens drei Zweigen - DIN 40 108) ‖ ~ (Elec Eng) / Abzweig *m* (von Leitern) ‖ ~* (Electronics) / Sperrschicht *f* (in einem Halbleiter ein Gebiet, in dem die Ladungsdichte der beweglichen Ladungsträger kleiner ist als die resultierende Ladungsdichte von Akzeptoren und Donatoren und das deswegen elektrisch nicht neutral ist - DIN41 852) ‖ ~* (Electronics) / Zonenübergang *m*, Halbleiterübergang *m*, Übergang *m* (bei Halbleitern), Übergangszone *f* ‖ ~ (Eng) / Verbindung *f* (Zusammenfügung) ‖ ~ (Eng) / Verbindungsstelle *f* (Nieten, Schweißen), Anschlussstelle *f* ‖ ~ (Eng) / Verbindung *f*, Anschluss *m* ‖ ~ (Eng) / Mikrokontakt *m* (beim Adhäsionsverschleiß) ‖ ~ (Eng) / Verbindungsstück *n* ‖ ~ (Eng) / Lötstelle *f* (bei Thermoelementen) ‖ ~ (Hyd Eng) / Kreuzungsbauwerk *n* ‖ ~ (Rail) / Eisenbahnknotenpunkt *m* ‖ ~ (Rail) / Streckeneinmündung *f*, Streckeneinführung *f* ‖ ~* (Telecomm) / Verzweigung *f*, Verzweigungsstelle *f*, Verbindungsübergang *m* (Wellenleiter) ‖ ~ **box** (Elec Eng) / Anschlusskasten *m* ‖ ~ **box** (Elec Eng) / Dose *f* (Verbindungsmaterial zur festen Verbindung von Leitungen und zum Abzweigen von Strompfaden), Abzweigdose *f* (Verteilerdose), Verbindungsdose *f*, Abzweigkasten *m* ‖ ~ **capacitance** (Electronics) / Sperrschichtkapazität *f*, Kapazität *f* einer Sperrschicht ‖ ~ **chamber** (San Eng) / Trompetengewölbe *n* ‖ ~ **circuit*** (Teleph) / Ortsverbindungsleitung *f* ‖ ~ **depletion layer** (Electronics) / Verarmungsrandschicht *f* (eine Randschicht, bei der die Dichte der freien Ladungsträger an der Halbleiteroberfläche kleiner als im Innern des Halbleiters ist) ‖ ~ **detector** (Nuc Eng) / Halbleiterdetektor *m*, Halbleiterzähler *m*, Festkörperdetektor *m*, Oberflächensperrschichtzähler *m* (zum Nachweis oder zur Messung der Strahlung) ‖ ~ **device** (Electronics) / Sperrschichtbauelement *n* ‖ ~ **diode*** (Electronics) / Flächendiode *f*, Junktionsdiode *f* ‖ ~ **field-effect transistor*** (Electronics) / Sperrschicht-FET *m*, Feldeffekttransistor *m* mit PN-Übergang, Sperrschichtfeldeffekttransistor *m* (Steuerung des Stroms erfolgt durch Änderung des Querschnitts eines Stromkanals), SFET (Sperrschichtfeldeffekttransistor), Junktions-FET *m* (ein Sperrschichtfeldeffekttransistor), PN-FET *m* (Feldeffekttransistor mit PN-Übergang), JFET *m* (ein Sperrschichtfeldeffekttransistor) ‖ ~ **gate field-effect transistor** (Electronics) / Sperrschicht-FET *m*, Feldeffekttransistor *m* mit PN-Übergang, Sperrschichtfeldeffekttransistor *m* (Steuerung des Stroms erfolgt durch Änderung des Querschnitts eines Stromkanals), SFET (Sperrschichtfeldeffekttransistor), Junktions-FET *m* (ein Sperrschichtfeldeffekttransistor), PN-FET *m* (Feldeffekttransistor mit PN-Übergang), JFET *m* (ein Sperrschichtfeldeffekttransistor) ‖ ~ **isolation** (Elec Eng, Electronics) / Sperrschichtisolation *f* (in der integrierten Schaltungstechnik die elektrische Isolation einzelner Bauelemente voneinander durch in Rückwärtsrichtung vorgespannte p-n-Übergänge ) ‖ ~ **layer** (Electronics) / Sperrschichthöhe *f* ‖ ~ **loss** (Telecomm) / Verbindungsverlust *m* ‖ ~ **point** (Rail) / Anschlussstelle *f* ‖ ~ **points** (Rail) / Anschlussweiche *f* ‖ ~ **potential** (Electronics) / Übergangspotential *f* (bei Halbleitern) ‖ ~ **rectifier*** (Electronics) / Flächengleichrichter *m* ‖ ~ **rectifier*** (Electronics) s. also junction diode ‖ ~ **station** (Rail) / Zugwechselbahnhof *m*, Knotenbahnhof *m* ‖ ~ **station** (where two lines run in side by side) (Rail) / Berührungsbahnhof *m* ‖ ~ **temperature** (Electronics) / Sperrschichttemperatur *f* (die an der Sperrschicht eines betriebenen pn-Übergangs auftritt) ‖ ~ **temperature sensor** (Electronics) / Sperrschichttemperatursensor *m* (Temperatursensor, bei dem die Temperaturabhängigkeit von pn-Übergängen in Halbleiterbauelementen zum Temperaturmessen benutzt wird) ‖ ~ **transistor*** (Electronics) / Flächentransistor *m* ‖ ~ **welding** (Welding) / Verbindungsschweißen *n* (zum Verbinden von Teilen)
**juncture** *n* / Verbindungsstelle *f* ‖ ~ (Autos) / Fläche *f* zwischen zwei Hauptteilen des Reifens
**June bug** (Agric, Zool) / Gartenlaubkäfer *m* (Phyllopertha horticola)
**jungle green** (Coating) / Dschungelgrün *n* ‖ ~ **suede** (Leather) / Dschungel-Rauleder *n*
**junior management** (Work Study) / unteres Management
**juniper-berry oil** (Nut, Pharm) / Wacholderöl *n* (das durch Wasserdampfdestillation aus reifen getrockneten Wacholderbeeren gewonnen wird), Oleum *n* Juniperi baccarum
**juniperic acid** (Chem) / Juniperinsäure *f* (eine Hydroxyfettsäure)
**juniper oil** (Nut, Pharm) / Wacholderbeeröl *n* (das durch Wasserdampfdestillation aus reifen getrockneten Wacholderbeeren gewonnen wird), Oleum *n* Juniperi baccarum
**juniper-tar oil** (Pharm) / Wacholderteer *m*, Spanisch-Zederntneer *m*, Kranewittöl *n*, Kadeöl *n*, Kaddigöl *n*, Wacholderteeröl *n*

**juniper wood oil** (Pharm) / Wacholderholzöl n, Oleum n Juniperi e ligno
**junk** n (Comp) / Garbage f (Daten, die während eines Programmlaufs entstehen und nach einer gewissen Zeit für den weiteren Programmlauf nicht mehr benötigt werden), falsche (unverständliche) Eintragung, falsche (fehlerhafte) Eingabe ‖ ~ (Ecol, San Eng) / Abfall m, Abfallstoff m (aus der Produktion), Altstoff m, Abprodukt n ‖ ~ (For) / großes Holzstück ‖ ~ (Paper) / Spuckstoff m (grober), Grobstoff m, "Sauerkraut" n, Sortierstoff m ‖ ~ **basket** (Oils) / Schrottkorb m ‖ ~ **car** (Autos) / Schrottfahrzeug n, Schrottauto n ‖ ~ **DNA**\* (Gen) / nicht codogener DNS-Strang
**Junkers flap** (Aero) / Junkers-Doppelflügelklappe f (nach H. Junkers, 1859 - 1935) ‖ ~ **water flow calorimeter** / Junkers-Kalorimeter n (zur Messung der Verbrennungswärme von Gasen)
**junk food** (Nut) / Junkfood n (Nahrung von geringem Nährwert, aber von hoher Joulezahl)
**junk-head ring** (Eng, I C Engs) / Zylinderkopfring m (bei einem Hülsenschiebemotor)
**junking**\* n (Mining) / Pfeilerdurchhieb m, Pfeilerdurchörterung f
**junk iron** (Met) / Eisenschrott m, Alteisen n, Fe-Schrott m ‖ ~ **mail** / Papierkorbwerbung f (mit gedrucktem Material) ‖ ~ **mail** (Comp, Telecomm) / Spamming n (Massenversand von E-Mails), Zumüllen n (mit E-Mails) ‖ ~ **ring**\* (Eng, I C Engs) / Zylinderkopfring m (bei einem Hülsenschiebemotor) ‖ ~ **ring**\* (I C Engs) / Kolbendeckel m, Kolbendecke f ‖ ~ **ring pin** (I C Engs) / Kolbendeckelschraube f
**junkyard** n (US) (Autos, Met) / Schrottplatz m
**jurimetrics** n (Comp) / Jurimetrik f, Jurimetrie f (Wissenschaft, die sich mit der Anwendung mathematischer Methoden im Recht beschäftigt)
**juristic person** / juristische Person
**justifiable cost(s)** / vertretbare Kosten
**justification** n (Telecomm) / Stopfen n (in der Pulskodemodulation) ‖ ~\* (Typog) / Randausgleich m ‖ ~\* (Typog) / Ausschließen n, Ausschluss m (Tätigkeit) ‖ ~ **bit** (Comp, Telecomm) / Stopfbit n, Anpassungsbit n ‖ ~ **logic** (Comp, Typog) / Ausschließlogik f (eines Satzprogramms)
**justified setting** (Print) / ausgeschlossener Satz, Blocksatz m ‖ ~ **style** (Print) / ausgeschlossener Satz, Blocksatz m
**justifier** n (Typog) / Ausschluss m (Ausschlussstück nach DIN 16507)
**justify** v (Typog) / ausschließen v
**justifying drum** (Typog) / Settrommel f (der Monotype) ‖ ~ **typewriter** / zeilenausschließende Schreibmaschine
**just-in-time compiler** (Comp) / JIT-Compiler m ‖ ~ **manufacture**\* (Work Study) / Just-in-Time-Fertigung f (moderne Art der voll automatisierten rechnerunterstützten Fertigung), Just-in-Time-Produktion f (Produktion auf Abruf) ‖ ~ **production** (Eng, Work Study) / Just-in-Time-Fertigung f (moderne Art der voll automatisierten rechnerunterstützten Fertigung), Just-in-Time-Produktion f (Produktion auf Abruf)
**just noticeable difference**\* (Optics, Physiol) / Unterschiedsschwelle f (bei normaler Beobachtung)
**just-operating current** (Elec Eng) / Ansprechstrom m (Stromwert, bei dem und über dem das Gerät anspricht)
**just perceptible difference** / Wahrnehmungsschwelle f (der Differenz - bei sehr sorgfältiger Beobachtung) ‖ ~ **scale**\* (Acous) / reine Stimmung (Stammtonleiter) ‖ ~ **temperament**\* (Acous) / reine Stimmung (Stammtonleiter)
**jute**\* n (Bot, Textiles) / Jute f (Bastfaser aus den Stängeln des Corchorus olitorius L. und Corchorus capsularis L.) ‖ ~ (Paper) / Papierstoff m aus Holzschliff und Altpapier (zur Herstellung besonders reißfester Papiersorten) ‖ ~ **fibre** (Textiles) / Jutefaser f (DIN 60001), Ju ‖ ~ **paper** (Paper) / Hanfpapier n, Tauenpapier n (holzfreies oder leicht holzhaltiges, scharf satiniertes Packpapier, im Allgemeinen aus Sulfitzellstoff, meist getönt, teilweise auch gemustert) ‖ ~ (bag) **paper** (Paper) / Tauenpapier n aus Jutefasern, Jutepapier n ‖ ~ **processing** (Textiles) / Juteverarbeitung f
**jute-proetcted cable** (Cables) / Kabel n mit Juteschutz
**jute sack** (Textiles) / Jutesack m ‖ ~ **sacking** (Textiles) / Jutedrell m, Juteköper m ‖ ~ **spinning** (Spinning) / Jutespinnerei f (als Tätigkeit nach DIN 60013) ‖ ~ **spinning mill** (Spinning, Textiles) / Jutespinnerei f (als Textilbetrieb)
**jute-tow yarn** (Textiles) / Jutewerggarn n
**jut out** v / überkragen v
**juvabione** n (Biochem) / Juvabion n (Todomatsusäuremethylester), Papierfaktor m (ein Juvenilhormon aus Abies balsamea)
**juvenile** adj (Geol) / juvenil adj (Wasser, Magma, Pyroklastika) ‖ ~ **hormone**\* (Biochem) / Juvenilhormon n (ein Häutungshormon), Larvalhormon n, JH n (glanduläres Insektenhormon) ‖ ~ **water**\* (Geol) / juveniles Wasser (entstammt Magmenherden und ist im magmatischen Zyklus neu gebildet) ‖ ~ **wood** (formed adjacent to the pith, characterized by progressive change in cell dimension, different microstructure than mature wood, and greater shrinkage parallel to the grain) (For) / Juvenilholz n, Jugendholz n, Holz n in der Juvenilphase
**Juvin's rule** (Phys) / Formel f für die Steighöhe (der Flüssigkeit in Kapillaren)
**juxtaposition twins**\* (Crystal) / Berührungszwillinge m pl, Kontaktzwillinge m pl, Juxtapositionszwillinge m pl
**JVM** (Java virtual machine) (Comp) / Java-Virtualmaschine (die als Konzept die Architektur einer Kooperation verteilter Java-Applikationen beschreibt und sämtliche Funktionalitäten zusammenfasst, die im Client laufen)

# K

**K** (kilo-) / Kilo- (= 1000, bei der Ermittlung der Speicherkapazität = 1024), kilo-
**K** (potassium) (Chem) / Kalium *n*, K (Kalium)
**Ka-band**\* *n* (K-above) (Radar) / Ka-Band *n* (26 bis 40 GHz)
**kabinett** *n* (Nut) / Kabinett *n* (unterste Stufe der Qualitätsweine mit Prädikat) ‖ ~ **wine** (Nut) / Kabinett *n* (unterste Stufe der Qualitätsweine mit Prädikat)
**K-acid**\* *n* (Chem) / K-Säure *f* (1-Amino-8-naphthol-4,6-disulfonsäure - eine Buchstabensäure)
**K-A dating** (Phys) / Kalium-Argon-Methode *f* (K-40 zu Ar-40 - physikalische Altersbestimmung)
**kadaya gum** (Nut, Pharm) / Karayagummi *n m*, Indischer Tragant, Sterkuliagummi *n m*, Sterculiagummi *n m* (meist aus Sterculia urens Roxb.)
**Kadenacy effect** (Autos) / Kadenacy-Effekt *m* (Saugwirkung beim Austritt der Gase aus dem Auslassschlitz des Zylinders)
**KADS** (knowledge acquisition) (AI) / Wissenserwerb *m*
**kainic acid** (Chem) / Kainsäure *f* (aus den Rotalgen Digenea simplex und Centroceras clavulatum)
**kainite** *n* (Min) / Kainit *m* (Kaliummagnesiumchloridsulfat)
**kairomone**\* *n* (Chem, Physiol) / Kairomon *n* (ein Ökomon)
**Kaiser effect** (Acous) / Kaiser-Effekt *m* (in Metallen)
**Kaldo process** (Met) / Kaldo-Verfahren *n* (Stahlerzeugungsverfahren, bei dem die Schmelze mit technisch reinem Sauerstoff verblasen wird), Kalling-Domnarvet-Verfahren *n*
**K-algebra** *n* (Maths) / Algebra *f* (über einen Körper) K
**kaliborite** *n* (Min) / Kaliborit *m* (ein Kettenborat)
**Kalina cycle** (Heat) / Kalina-Kreisprozess *m* (mit etwa 50% Wasser-Ammoniak-Lösung)
**kalinite** *n* (Min) / Kalialaun *m*, Kalinit *m*, Pottasche-Alaun *m*
**kaliophilite**\* *n* (Min) / Kaliophilit *m* (formelgemäß Nephelin ähnlich, Struktur aber etwas anders)
**kalksaltpetre** *n* (Chem, Min) / Kalksalpeter *m*, Nitrokalzit *m*, Nitrocalcit *m*
**kallidin** *n* (Biochem) / Kallidin *n*
**kallikrein** *n* (a proteolytic enzyme) (Biochem) / Kallikrein *n* (ein proteolytisches Enzym)
**Kalman filter** (Radar) / Kalman'sches Adaptivfilter (zur Verfolgung manövrierender Ziele - nach R.E. Kalman, geb. 1930), Kalmanfilter *n* (als Rückwärts- oder Vorwärtsfilter)
**kalmuck** *n* (Textiles) / Kalmuck *m*, Calmuc *m*, Schwerflanell *m*
**kalsilite**\* *n* (Min) / Kalsilit *m* (dem Nephelin sehr ähnliches Mineral)
**kalso** *n* (Build, Paint) / Tünchpinsel *m*, Tünchbürste *f*
**kalsomine** *n* (Build, Paint) / Tünchpinsel *m*, Tünchbürste *f* ‖ ~ (Build, Paint) s. also calcimine
**kalungi** *n* (For) / Sipo-Mahagoni *n* (gefragtes Konstruktionsholz, besonders für Fenster - Entandrophragma utile /Dawe et Sprague/ Sprague), Sipo *n*
**Kaluza theory** (Nuc) / Klein-Kaluza-Theorie *f* (nach T.F.E. Kaluza, 1885-1954), Kaluza-Klein-Theorie *f* (allgemein kovariante Theorie von Raum-Zeit in d = 4 + k Dimensionen)
**Kalvar process** (Photog) / Kalvar-Verfahren *n* (ein Verfahren der Kalvar Corporation zur Herstellung von Diapositivfilmen)
**kamacite**\* *n* (Min) / Kamacit *m*, Kamazit *m* (Balkeneisen)
**kamala** *n* (Chem, Pharm, Textiles) / Kamala *n* (indische Faserstoffdroge mit leicht abführender Wirkung) ‖ ~ **oil** / Kamalaöl *n*, Camulöl *n* (fettes Öl aus den Samen von Mallotus philippensis (Lam.) Müll. Arg.)
**kambala** *n* (For) / Iroko *n* (das Holz der Milicia excelsa (Welw.) C.C. Berg), Kambala *n*
**kame**\* *n* (Geol) / Kame *n*, Kam *m* (Hügel der Grundmoränenlandschaft aus geschichteten Sanden und Kiesen fluvioglazialer Herkunft) ‖ ~\* (Geol) / Gesteinsschuttablagerung *f* im Moränengebiet
**kamela oil** / Kamalaöl *n*, Camulöl *n* (fettes Öl aus den Samen von Mallotus philippensis (Lam.) Müll. Arg.)
**K-A method** (Phys) / Kalium-Argon-Methode *f* (K-40 zu Ar-40 - physikalische Altersbestimmung)
**Kamm back** (Autos) / Fastback *n*, Fließheck *n*, Abreißheck *n*, Abrissheck *n*, Schrägheck *n* (eine Heckform von Personenkraftwagen) ‖ ~ **tail** (Autos) / Fastback *n*, Fließheck *n*, Abreißheck *n*, Abrissheck *n*, Schrägheck *n* (eine Heckform von Personenkraftwagen)

**kanamycin** *n* (Pharm) / Kanamycin *n* (internationaler Freiname für Aminoglykosid-Antibiotika aus Kulturen von Streptomyces kanamyceticus), Kanamyzin *n*
**kanban** *n* (Work Study) / Kanban *n* (ein Teilsystem des JIT-Konzeptes) ‖ ~ **system** (Work Study) / Kanban *n* (ein Teilsystem des JIT-Konzeptes)
**kandahar** *n* (Textiles) / Indische Teppichwolle
**Kanda sensor** / Kandasensor *m* (ein Drucksensor)
**kandite**\* *n* (Min) / Kandit *m* (ein Mineral der Kaolin-Familie, z.B. Kaolinit, Nakrit, Dickit, Halloysit usw.)
**kangaroo pouch pocket** (Textiles) / Kängurutasche *f*
**Kanigen process** (Surf) / Kanigen-Verfahren *n* (zum stromlosen Vernickeln)
**kanji** *n* (one of Japan's written languages) / Kanji *n*
**kanthal**\* *n* (Elec Eng, Met) / Kanthal *n* (Legierung mit 67% Fe, 25% Cr, 5% Al und 3% Co)
**kaolin**\* *n* (Geol) / Porzellanerde *f*, Kaolin *n m* (Tongestein, das aus Umwandlung und Verwitterung feldspathaltiger Gesteine entstanden ist), Rohkaolin *n m* ‖ ~ **deposit** (Geol) / Kaolinlagerstätte *f*, Kaolinvorkommen *n*
**kaoline** *n* (Geol) / Porzellanerde *f*, Kaolin *n m* (Tongestein, das aus Umwandlung und Verwitterung feldspathaltiger Gesteine entstanden ist), Rohkaolin *n m*
**kaolin group** (Min) / Kaolingruppe *f* (Kaolinit, Dickit, Nakrit)
**kaolinite**\* *n* (Min) / Kaolinit *m* (Aluminiumhydroxidsilikat - wichtigstes Tonmineral der Kaolingruppe)
**kaolinitic** *adj* (Min) / kaolinitisch *adj*
**kaolinization**\* *n* (Geol) / Kaolinitisierung *f*, Kaolinisierung *f*
**kaolin plastic refractory clay** (Met) / Kaolinklebsand *m* ‖ ~ **sand** (Foundry) / Kaolinsand *m*
**kaon**\* *n* (Nuc) / K-Meson *n*, Kaon *n* (instabiles Elementarteilchen aus der Familie der Mesonen)
**kaonic atom** (Nuc) / Kaonenatom *n*, Kaonatom *n*, kaonisches Atom
**Kapitza resistance** (Phys) / Kapiza-Widerstand *m* (nach dem russischen Nobelpreisträger P. Kapiza, 1894-1984)
**Kaplan turbine** (a propeller type water turbine with blades of a pitch which can be automatically adjusted with the load to improve its performance) (Eng) / Kaplan-Turbine *f* (entwickelt von V. Kaplan, 1876-1934) ‖ ~**-type hydraulic turbine** (Eng) / Kaplan-Turbine *f* (entwickelt von V. Kaplan, 1876-1934) ‖ ~ **water turbine**\* (Eng) / Kaplan-Turbine *f* (entwickelt von V. Kaplan, 1876-1934)
**kapok** *n* (Textiles) / Kapokfaser *f* (DIN 66 001-1), Kapok *m* (Kapselwolle des Kapokbaumes), Ceibawolle *f*, vegetabilische Wolle ‖ ~ **oil** (Nut) / Kapokfett *n*
**kapok-tree** *n* (For) / Echter Kapokbaum *m* (Ceiba pentandra (L.) Gaertn.), Wollbaum *m*, Fromager *m*
**kappa curve** (Maths) / Kappakurve *f* ‖ ~ **number**\* (Paper) / Kappazahl *f* (die Bestimmung der Härte und der Bleichbarkeit des Zellstoffs nach DIN 54357) ‖ ~ **resonance** (Nuc) / Kapparesonanz *f*
**Kapp coefficient** (Elec Eng) / Kappfaktor *m* ‖ ~ **phase advancer**\* (Elec Eng) / Kapp'scher Phasenschieber, Kapp'scher Vibrator ‖ ~ **vibrator**\* (Elec Eng) / Kapp'scher Phasenschieber, Kapp'scher Vibrator
**Kapsenberg cap** (Chem) / Kapsenberg-Kappe *f* (Metallkappe zum sterilen Verschluss mikrobiologischer Kulturen) ‖ ~ **lubricant** (Chem) / Kapsenberg-Schmiere *f* (für die Schliffapparaturen)
**kapur**\* *n* (For) / Kapurholz *n*, Kapur *n* (Holz der Dryobalanops aromatica C.F. Gaertn.)
**karabiner** *n* (Eng) / Karabinerhaken *m* (mit einer federnden Zunge)
**karakul** *n* / Karakulschaf *n* ‖ ~ **cloth** (Textiles) / Karakul *m* (gewebte oder geklebte Pelzimitation)
**karat**\* *n* / Karat *n* (altes Maß für die Feinheit einer Goldlegierung)
**karaya gum** (Nut, Pharm) / Karayagummi *n m*, Indischer Tragant, Sterkuliagummi *n m*, Sterculiagummi *n m* (meist aus Sterculia urens Roxb.)
**Karbate**\* *n* (Chem Eng) / Karbate (ein alter Kunststoff aus graphitischem Material - von Union Carbide Corporation entwickelt)
**Karl Fischer method** / Karl-Fischer-Methode *f* (zur Wasserbestimmung), Karl-Fischer-Titration *f*, KF-Titration *f* ‖ ~ **Fischer solution** (Chem) / Karl-Fischer-Lösung *f*, Karl-Fischer-Reagens *n* (zur quantitativen Bestimmung von Wasser - nach K. Fischer, 1901-1958), KFR (Karl-Fischer-Reagens)) ‖ ~ **Fischer technique** (a titration method for accurately determining moisture content of solid, liquid, or gas samples using Karl Fischer reagent) / Karl-Fischer-Methode *f* (zur Wasserbestimmung), Karl-Fischer-Titration *f*, KF-Titration *f* ‖ ~ **Fischer titration** / Karl-Fischer-Methode *f* (zur Wasserbestimmung), Karl-Fischer-Titration *f*, KF-Titration *f*
**Karlsbad salt** (Pharm) / Karlsbader Salz (Salzgemisch aus eingedampftem Wasser der Karlsbader Quellen - Böhmen) ‖ ~ **salt** (artificial) (Pharm) / Künstliches Karlsbader Salz, Sal *n* Carolinum factitium

**karman** *n* (Aero) / Flügelübergangsverkleidung *f* ‖ ~ (Aero) / Wirbelkeule *f* (an den Enden von Tragflügeln oder Leitwerksteilen)
**Kármán, von** ≃ **vortex street** (Aero, Hyd) / Kármán'sche Wirbelstraße (eine regelmäßige Anordnung rechts- und linksdrehender Wirbel hinter stumpfen Körpern - nach T.v.Kármán, 1881-1963), Wirbelstraße *f* (nach von Kármán) ‖ ≃ **street** (Aero, Hyd) / Kármán'sche Wirbelstraße (eine regelmäßige Anordnung rechts- und linksdrehender Wirbel hinter stumpfen Körpern - nach T.v.Kármán, 1881-1963), Wirbelstraße *f* (nach von Kármán)
**Kármán-Trefftz profile** (Aero) / Kármán-Trefftz-Profil *n* (ein Tragflügelprofil)
**Kármán vortex street*** (Aero, Hyd) / Kármán'sche Wirbelstraße (eine regelmäßige Anordnung rechts- und linksdrehender Wirbel hinter stumpfen Körpern - nach T.v.Kármán, 1881-1963), Wirbelstraße *f* (nach von Kármán)
**Karnaugh map** (ISO 2382-2: 1976) (Comp) / Karnaugh-Veitch-Diagramm *n*, KV-Diagramm *n*, Karnaugh-Diagramm *n* (in der Schaltalgebra), Karnaugh-Tabelle *f*
**Karplus curve** (Spectr) / Karplus-Kurve *f* ‖ ≃ **equation** (the variation of the spin-spin coupling constant) (Chem) / Karplus-Beziehung *f* (nach M. Karplus, geb. 1930), Karplus-Conroy-Beziehung *f*
**karren** *pl* (Geol) / Karren *pl* (häufigste Kleinform des Karstes), Schratten *f pl*
**Karrer method** (Chem Eng) / Karrer-Methode *f* (Synthese von Riboflavin und Tocopherol - nach P. Karrer, 1889-1971)
**karri*** *n* (For) / Karri *n* (Holz der Eucalyptus diversicolor F. Muell.), Karriholz *n*
**karst*** *n* (Geol) / Karst *m* ‖ ~ **formation** (Geol) / Verkarstung *f* ‖ ~ **landscape** (Geol) / Karstlandschaft *f* ‖ ~ **spring** (Geol) / Karstquelle *f* ‖ ~ **valley** (Geol) / Karstdoline *f* ‖ ~ **valley** (Geol) s. also uvala ‖ ~ **water** (Geol) / Karstwasser *n* (Spalten- und Höhlenwasser in den Karstgebieten)
**karyokinesis** *n* (Cyt) / Kernteilung *f*, Karyokinese *f*
**karyolymph** *n* (Biol) / Nukleoplasma *n*, Karyoplasma *n*, Kernplasma *n* (Protoplasma des Zellkerns)
**Kasha's rule** (Chem) / Kasha-Regel *f* (Fluoreszenz von größeren organischen Molekülen)
**Kassel kiln** (Ceramics) / Kasseler Ofen (bekanntester Töpferofen und Ofen für das Brennen von Mauer- und Dachziegeln, Kacheln u. dgl.)
**kastanozem** *n* (Agric) / Kastanosjom *n* (ein Bodentyp der Trockensteppen), Kalktschernosjom *n*, Kastanosem *m*, Kastanienboden *m* (ein Bodentyp)
**kasugamycin** *n* (Pharm) / Kasugamycin *n* (ein Antibiotikum)
**kasumin** *n* (Pharm) / Kasugamycin *n* (ein Antibiotikum)
**kat** (Biochem) / Katal *n*, kat (eine bestimmte katalytisch wirkende Menge eines Katalysators oder eines Enzyms)
**katabatic** *adj* (Meteor) / katabatisch *adj* (mit abwärts gerichteter Bewegungskomponente) ‖ ~ **front** (Meteor) / Katafront *f*, Abgleitfront *f*, Abgleitfläche *f* ‖ ~ **wind*** (a localized wind which flows down valley slopes, usually at night) (Aero, Meteor) / katabatischer Wind (mit abwärts gerichteter Bewegungskomponente)
**katabolism** *n* (Biochem) / Katabolie *f*, Katabolismus *m*, Betriebsstoffwechsel *m* (die Gesamtheit der Abbauprozesse des Stoffwechsels)
**katabolite** *n* (Biochem, Biol) / Stoffwechselendprodukt *n*, Katabolit *m*
**Katadyn process** (Chem) / Katadyn-Ag+-Verfahren *n* (auf der Oligodynamie aufbauendes Verfahren zur Entkeimung von Trinkwasser durch Zugabe von Silber-Ionen auf elektrolytischem Wege - Katadyn Deutschland GmbH)
**katafront*** *n* (Meteor) / Katafront *f*, Abgleitfront *f*, Abgleitfläche *f*
**katal** *n* (SI unit of catalytic activity) (Biochem) / Katal *n*, kat (eine bestimmte katalytisch wirkende Menge eines Katalysators oder eines Enzyms)
**kataphorite*** *n* (Min) / Katophorit *m* (eine natron- und eisenreiche Hornblende zwischen Arfvedsonit und Barkevikit)
**Kata thermometer** (Mining, Phys) / Katathermometer *n* (DIN 1946-1) (zur Messung des Katawertes)
**katathermometer*** *n* (Mining, Phys) / Katathermometer *n* (DIN 1946-1) (zur Messung des Katawertes)
**katazone** *n* (Geol) / Katazone *f* (Tiefenstufe der Metamorphose)
**katchung oil** / Erdnussöl *n*, Arachisöl *n*
**katergol** *n* (monofuel with a catalyst) (Fuels, Space) / Katergol *n* (Raketenmonotreibstoff, der durch einen Katalysator zum Zerfall gebracht wird)
**Kater's reversible pendulum** (Phys) / Kater'sches Pendel (nach H. Kater, 1777-1835)
**katharometer*** *n* (Phys) / Wärmeleitdetektor *m*, Katharometer *n*, Wärmeleitfähigkeitsmesser *m*
**katophorite*** *n* (Min) / Katophorit *m* (eine natron- und eisenreiche Hornblende zwischen Arfvedsonit und Barkevikit)

**katydid** *n* (For) / Rückewagen *m* (einachsiger Anhänger)
**kauri** *n* (Chem) / Kaurikopal *m*, Kauriharz *n*, Kaurigum *m*, Cowrikopal *m*, Agathokopal *m* (aus der Kaurifichte) ‖ ~ (pl. -s) (For) / Kaurifichte *f*, Kaori *f* (ein Pechbaum), Kopalfichte *f* (Agathis australis (D. Don) Salisb.) ‖ ~**-butanol value*** (Chem, Fuels) / Kauri-Butanol-Wert *m*, Kauri-Butanol-Zahl *f*, KBZ (Kauri-Butanol-Zahl) ‖ ~ **copal** (Chem) / Kaurikopal *m*, Kauriharz *n*, Kaurigum *m*, Cowrikopal *m*, Agathokopal *m* (aus der Kaurifichte) ‖ ~**-gum*** *n* (Chem) / Kaurikopal *m*, Kauriharz *n*, Kaurigum *m*, Cowrikopal *m*, Agathokopal *m* (aus der Kaurifichte) ‖ ~ **pine** (For) / Kaurifichte *f*, Kaori *f* (ein Pechbaum), Kopalfichte *f* (Agathis australis (D. Don) Salisb.
**kava** *n* (Bot, Nut) / Kawapfeffer *m* (Piper methysticum G. Forst.), Rauschpfeffer *m*
**Kavalier glass** (a high-potash-bearing, chemical-resistant glass) (Glass) / Kavalier-Glas *n* (chemisches und hitzebeständiges Haushaltsglas der böhmischen Firma Sklárny Kavalier)
**kawain** *n* (Chem, Pharm) / Kavain *n* (aus den Wurzeln des Rauschpfeffers - Piper methysticum G. Forst.), Kawain *n* (Goniothalamin-7,8-epoxid)
**Kaye effect*** (Phys) / Kaye-Effekt *m* (bei nicht newtonschen Flüssigkeiten) ‖ ≃ **effect*** (Phys) s. also Weissenberg effect
**kayser*** *n* (Spectr) / Kayser *n* (eine alte Längeneinheit - nach H. Kayser, 1853-1940), K ( = 1 cm$^{-1}$)
**KB** (knowledge base) (AI, Comp) / Wissensdatenbank *f* (Komponente zur expliziten Beschreibung von Wissen), Informationsbank *f* (mit künstlicher Intelligenz), Wissensbank *f*, Wissensbasis *f* ‖ ≃ (kilobyte) (Comp) / Kilobyte *n*, Kbyte *n* ‖ ~ (kilobyte) (Comp) / Kilobyte *n*, Kbyte *n*
**K-band*** *n* (Radar) / K-Band *n* (12 bis 40 GHz; meistens jedoch nur 18 bis 26 GHz)
**KBD** (keyboard) (Comp) / Tastaturfeld *n*, Tastenfeld *n* (DIN 40 100-16), Tastatur *f* (DIN 2148), Keyboard *n*, Eingabetastatur *f*
**kbd** (Teleg) / Kilobaud *n*, kBd
**K-bentonite** *n* (Geol) / Metabentonit *m* (Ton von Illittyp)
**K-bracing** (Build) / K-Verband *m* (ein Windverband)
**KBr pellet** (Chem, Spectr) / Kaliumbromidpressling *m*, KBr-Pressling *m* (in der IR-Spektroskopie)
**Kbyte** (kilobyte) (Comp) / Kilobyte *n*, Kbyte *n*
**K = 1024 Bytes**
**K-capture*** *n* (Nuc) / K-Einfang *m* (ein Elektroneneinfang), Bahnelektroneneinfang *m*
**KCL** (Kirchhoff's current law) (Elec Eng) / Knotenregel *f* (eine der Kirchhoff'schen Regeln - DIN 5489), Knotensatz *m* (DIN 5489), Verzweigungssatz *m*
**K-Coater** *n* (Paint) / Spiraldrahtapplikator *m* (für den Drawdown)
**K corona** (Astron) / K-Korona *f*, K-Corona *f*
**KD furniture** / Paketmöbel *n pl* (die so zerlegbar sind, dass sie als Paket verschickt und gehandelt werden können) ‖ ≃ **furniture** (Join) / Mitnahmemöbel *n pl*, Knock-down-Möbel *n pl*
**K-display*** (Radar) / K-Darstellung *f*
**KDK process** (Textiles) / Crinkle-Verfahren *n* (Knautschausrüstung)
**KDO** *n* (Chem, Pharm) / Ketodesoxyoctonsäure *f*, Ketodesoxyoktonsäure *f*, KDO (Ketodesoxyoctonsäure)
**KDP** (potassium dihydrogen phosphat) (Chem) / primäres (einbasisches) Kaliumphosphat, Kaliumdihydrogenphosphat *n* ($K_2Cr_2O_7$)
**KdV equation** (Phys) / Korteweg-de-Vries-Gleichung *f* (bei Solitonen)
**KE** (kinetic energy) (Mech) / kinetische Energie (derjenige Teil der Energie, der vom Bewegungszustand eines physikalischen Systems abhängt - DIN 13 317), Bewegungsenergie *f*, Energie *f* der Bewegung, KE (kinetische Energie)
**KEAS** (knot-equivalent air speed) (Aero) / KEAS-Geschwindigkeit *f*, KEAS (KEAS-Geschwindigkeit)
**keatite*** *n* (Min) / Keatit *m* (Silica-K; eine nur synthetisch bekannte Hochdruckomodifikation des $SiO_2$)
**ked** *n* (sheep ked) (Agric, Zool) / Tecke *f* (Melophagus ovinus), Schaflausfliege *f* ("Schafzecke"), Schaffliege *f*
**Kedde reaction** (Chem) / Kedde-Reaktion *f* (eine Farbreaktion)
**kedge** *n* (Ships) / Verholanker *m*, Warpanker *m* (kleiner Anker zum Verholen des Schiffes, der mit einem Boot ausgebracht wird, um das Schiff mit der Warpleine weiterzuziehen) ‖ ~ **anchor*** (Ships) / Verholanker *m*, Warpanker *m* (kleiner Anker zum Verholen des Schiffes, der mit einem Boot ausgebracht wird, um das Schiff mit der Warpleine weiterzuziehen)
**keel** *n* / Markierungskreide *f* ‖ ~ (Civ Eng) / Sporn *m* (Fußvertiefung mit Stützmauer) ‖ ~ (Ships) / Kiel *m* ‖ ~ **arch** (Arch) / Kielbogen *m*, persischer Bogen ‖ ~ **arch** (Arch) s. also ogee arch ‖ ~ **block*** (Foundry) / Gießkeilprobe *f*, Keilprobe *f*, Gießkeil *m* (ein Testkörper zur Ermittlung der Weißeinstrahlung) ‖ ~ **block** (Ships) / Kielpallung *f* (im Trockendock)

**keelson*** *n* (Aero) / Längsversteifung *f* (des Flugbootrumpfs) ‖ ~* (Ships) / Kielschwein *n* (Stegblech zur Versteifung der Bodenkonstruktion von Schiffen ohne Doppelboden)
**keen** *adj* / scharf *adj* (schneidend), schneidend *adj* ‖ ~ / grell *adj* (Licht) ‖ ~ / fein *adj* (Geruchssinn) ‖ ~ **edge** / scharfe Kante (im Allgemeinen)
**keen-edged** *adj* / scharfkantig *adj* (im Allgemeinen)
**Keene's cement*** (an anhydrous gypsum plaster characterized by a low mixing water requirement and special setting properties, primarily used with lime to produce hard, dense finish coats) (Build) / Marmorgips *m* (mit härtenden Stoffen getränkter Gips), Marmorzement *m*, Gipszement *m*
**keep** *v* / zurücklegen *v* (Ware) ‖ ~ / halten *v* (Zustand, Wert) ‖ ~ / einhalten *v* (z.B. bestimmte Grenzwerte bzw. Fristen) ‖ ~ / beibehalten *v*, behalten *v* ‖ ~ / festhalten *v*, halten *v* ‖ ~ (GB) / zum Verkauf bereithalten, führen *v* (einen Artikel) ‖ ~ (Agric) / züchten *v* (Bienen) ‖ ~ (Nut) / aufbewahren *v*, lagern *v* ‖ ~ *n* (innermost) (Arch) / Donjon *m* (pl. -s), Wohnturm *m* (in mittelalterlichen Burgen) ‖ ~* (Mag) / Rückschlussstück *n*, Magnetschlussstück *n*
**keepability** *n* / Lagerfähigkeit *f* (die Eigenschaft von Erzeugnissen, Rohstoffen usw., ohne chemische oder physikalische Veränderung eine bestimmte Lagerzeit zu überstehen), Haltbarkeit *f*
**keep-alive arc** (holding anode) (Elec Eng) / Hilfslichtbogen *m* (des Quecksilberdampfgleichrichters) ‖ ~ **circuit** (Radar) / Haltekreis *m*
**keep•-alive electrode*** (Electronics) / Zündelektrode *f* ‖ ~ **at the boil** / am Sieden halten, am Kochen halten ‖ ~ **away from children!** / Von Kindern fern halten! ‖ ~ **cool!** / kühl lagern! ‖ ~ **distance!** / Abstand halten! ‖ ~ **dry and cool** / trocken und kühl aufbewahren!
**keeper*** *n* (Carp, Join) / Schließblech *n* (ein Türbeschlag nach DIN 18 251) ‖ ~* (Mag) / Rückschlussstück *n*, Magnetschlussstück *n* ‖ ~ (Nut) / lagerfähige Ware
**keep exit clear!** / Ausfahrt frei halten!
**keep-fresh packing** (Nut) / Frischhaltepackung *f*
**keep in** *v* (Typog) / eng ausschließen, eng halten (Spatien)
**keeping** *n* / Aufbewahrung *f* ‖ ~ / Einhaltung *f* (von Fristen) ‖ ~ **of register** (Print) / Registerhalten *n* (gleichmäßiges Bedrucken von Bogen oder Blättern auf beiden Seiten des gesamten Fortdruckes, so dass mindestens zwei Kanten des Satzspiegels deckungsgleich aufeinander stehen) ‖ ~ **of the hole gauge** (Mining, Oils) / Durchmesserhaltigkeit *f* (beim Bohren) ‖ ~ **quality** / Lagerfähigkeit *f* (die Eigenschaft von Erzeugnissen, Rohstoffen usw., ohne chemische oder physikalische Veränderung eine bestimmte Lagerzeit zu überstehen), Haltbarkeit *f* ‖ ~ **quality** (Nut, Photog) / Lagerfähigkeit *f*, Haltbarkeit *f*
**keep open** *v* (Print) / offenhalten *v* (Druckbild) ‖ ~ **out** (Typog) / weit halten (Spatien)
**keeps** *pl* (Mining) / Aufsetzvorrichtung *f* (Falle)
**keep standing*** (Typog) / aufbewahren *v* (Satz), stehen lassen *v* ‖ ~ **the area above the machine clear!** / Bereich über der Maschine freihalten! (Aufschrift) ‖ ~ **the temperature constant** / temperieren *v* (die Temperatur konstant halten) ‖ ~ **up** *v* / halten *v* (Geschwindigkeit) ‖ ~ **up*** (Typog) / aufbewahren *v* (Satz), stehen lassen *v* ‖ ~ **upright** / Nicht umlegen! (Aufschrift auf der Kiste)
**Keesom forces** (Nuc) / Orientierungskräfte *f pl*, Keesom-Kräfte *f pl* (nach W.H. Keesom, 1876-1956)
**kefir*** *n* (Nut) / Kefir *m* (ein leicht alkoholisches Sauermilcherzeugnis)
**keg** *n* (Brew) / zylindrisches Biertransportfass, Keg *n* ‖ ~ **beer** (GB) (Brew, Nut) / Fassbier *n* (filtriert, karbonisiert), Kegbier *n*
**Kegel karst** (Geol) / Kegelkarst *m*
**keilhauite*** *n* (Min) / Keilhauit *m* (eine Abart von Titanit)
**keiretsu** *n* (Work Study) / Keiretsu *n* (konzernähnliche Gruppe von selbstständigen Unternehmen mit koordinierten Unternehmensstrategien in Japan)
**Kekulé structure** (Chem) / Kekulé-Struktur *f* (nach F. A. Kekulé von Stradonitz, 1829 - 1896)
**kekune oil** / Bankulöl *n*, Lichtnussöl *n*, Lumbangöl *n*, Kerzennussöl *n*, Iguapeöl *n* (von Samen der Aleurites moluccana (L.) Willd.)
**K-electron** *n* (in the K-shell) (Nuc) / K-Elektron *n*, Elektron *n* der K-Schale
**K-electron capture*** (Nuc) / K-Einfang *m* (ein Elektroneneinfang), Bahnelektroneneinfang *m*
**keledang** *n* (a medium hardwood) (For) / Keledang *n* (Holz von Artocarpus lanceifolius oder A. rigidus), KEL
**Kel-F*** *n* (Chem Eng) / Kel-F *n* (Warenzeichen von 3M für PCTFE und für Kopolymere aus Vinylidenfluorid und Chlortrifluorethylen)
**Keller furnace** (Foundry) / Keller-Ofen *m*
**Kell factor** (the relationship between the total number of scanning lines per field and the corresponding bandwidth of the video signal) (TV) / Kell-Faktor *m*
**Kellner eyepiece** (a Ramsden eyepiece with an achromatic eye lens) (Optics) / Kellner'sches Okular

**kelly*** *n* (a heavy-wall tube or pipe, usually square or hexagonal in cross section, which works inside the matching centre hole in the rotary table of a drill rig to impart rotary motion to the drill string) (Mining, Oils) / Kelly-Stange *f*, Mitnehmerstange *f*, Kelly *n* (auch zum Abführen des Bohrkleins) ‖ ~ **bushing*** (Oils) / Drehtischeinsatz *m*, Drehtischfutter *n*, Mitnehmerstangeneinsatz *m* ‖ ~ **cock** (Mining, Oils) / Kelly-Hahn *m*, Mitnehmerstangenhahn *m* ‖ ~ **filter** (Chem Eng) / Kelly-Filter *n* (ein Blattfilter), Kelly-Filterpresse *f* ‖ ~ **filter press** (Chem Eng) / Kelly-Filter *n* (ein Blattfilter), Kelly-Filterpresse *f* ‖ ~ **joint** (Mining, Oils) / Kelly-Stange *f*, Mitnehmerstange *f* (auch zum Abführen des Bohrkleins) ‖ ~ **safety valve** (Mining, Oils) / Kelly-Hahn *m*, Mitnehmerstangenhahn *m*
**kelp*** *n* / Kelp *m* (Seetangasche zur Gewinnung von Iod und Iodsalzen, Brom- und Kaliumsalzen) ‖ ~* (Bot) / Kelp *n* (große Braunalgen der Ordnung Laminariales und Fucales in frischem Zustand)
**Kelpie process** (gives wool greater brilliance of colour, permanent fibre softness and resiliency, as well as retarded dirt penetration) (Textiles) / Kelpie-Verfahren *n*
**kelson** *n* (Aero) / Längsversteifung *f* (des Flugbootrumpfs) ‖ ~ (Ships) / Kielschwein *n* (Stegblech zur Versteifung der Bodenkonstruktion von Schiffen ohne Doppelboden)
**Kelvin** *n* (Kelvin body) (Phys) / Voigt-Körper *m*, Voigt-Kelvin-Körper *m*, Kelvin-Körper *m* (in der Modelldarstellung der Rheologie - DIN 13 343) ‖ ~ (Kelvin absolute temperature scale) (Phys) / Kelvin-Skale *f* (fundamentale thermodynamische Temperaturskale - nach Lord Kelvin of Largos, 1824-1907) ‖ ~* *n* (Phys) / Kelvin *n* (SI-Basiseinheit der thermodynamischen Temperatur), K (SI-Basiseinheit nach DIN 1301, T 1) ‖ ~ **absolute temperature scale** (Phys) / Kelvin-Skale *f* (fundamentale thermodynamische Temperaturskale - nach Lord Kelvin of Largos, 1824-1907) ‖ ~ **ampere-balance*** (Elec Eng) / Thomson'sche Stromwaage, Stromwaage *f* nach Kelvin ‖ ~ **balance** (Elec Eng) / Stromwaage *f* (eine Messeinrichtung zur fundamentalen Bestimmung der elektrischen Stromstärke) ‖ ~ **body** (Phys) / Voigt-Körper *m*, Voigt-Kelvin-Körper *m*, Kelvin-Körper *m* (in der Modelldarstellung der Rheologie - DIN 13 343) ‖ ~ **bridge*** (Elec Eng) / Thomson-Brücke *f* (eine Gleichstrommessbrücke), Doppelmessbrücke *f* nach Thomson ‖ ~ **double bridge** (Elec Eng) / Thomson-Brücke *f* (eine Gleichstrommessbrücke), Doppelmessbrücke *f* nach Thomson ‖ ~ **effect*** (Elec Eng) / Thomson-Effekt *m* (ein thermoelektrischer Effekt) ‖ ~ **effect*** (Elec Eng) s. also skin effect ‖ ~ **electrometer*** (Elec, Instr) / Quadrantenelektrometer *n* (ein elektrostatisches Messwerk mit zusätzlichen Elektroden, an die Hilfsspannungen gelegt werden) ‖ ~ **model** (Phys) / Voigt-Kelvin-Modell *n*, Kelvin-Modell *n* (ein rheologisches Modell nach DIN 1342-1)
**Kelvin's formula** (Elec Eng) / Thomson-Formel *f*, Thomson-Kirchhoff-Gleichung *f*, Kirchhoff-Formel *f*, Thomson'sche Schwingungsgleichung (Zusammenhang zwischen Induktivität, Kapazität und Resonanzfrequenz)
**Kelvin skin effect** (Elec Eng) / Stromverdrängung *f*, Skineffekt *m* (Effekt der Stromverdrängung aus dem Inneren von elektrischen Leitern an die Oberfläche, der bei hohen Frequenzen auftritt), Hautwirkung *f*, Hauteffekt *m*
**Kelvin's minimum-energy theorem** (Phys) / Kelvin'sches Prinzip der kleinsten kinetischen Energie, Thomson'scher Minimalsatz
**Kelvin thermodynamic scale of temperature*** (Phys) / Kelvin-Skale *f* (fundamentale thermodynamische Temperaturskale - nach Lord Kelvin of Largos, 1824-1907) ‖ ~ **tube** (Hyd Eng) / Kelvin-Rohr *n* (Wassertiefemessung)
**Kelvin-Varley slide*** (Elec Eng) / Kelvin-Varley-Teiler *m* (ein präziser Spannungsteiler für Messzwecke) ‖ ~ **voltage divider** (Elec Eng) / Kelvin-Varley-Teiler *m* (ein präziser Spannungsteiler für Messzwecke)
**kelyphite** *n* (Geol) / Korona *f*, Kelyphit *m*
**kelyphitic rim*** (Geol) / Kelyphitrinde *f*
**kemp** *n* (Textiles) / Schielhaar *n*, Grannenhaar *n*, Stichelhaar *n*
**kempas** (a medium hardwood) (For) / Kempas *n* (Holz der Koompassia malaccensis Maing.), Kem
**kemp fibre** (Textiles) / Schielhaar *n*, Grannenhaar *n*, Stichelhaar *n*
**kempy wool** (Textiles) / Wolle *f* mit Stichelhaaren
**kenaf** *n* (Bot) / Gambohanf *m*, Bimlipatamjute *f*, Bimlijute *f*, Kenaf *n* (Hibiscus cannabinus L.), Ambari *m*, Dekkanhanf *m*, Hanfeibisch *m* ‖ ~ (Textiles) / Kenaffaser *f*, KE (Kenaffaser nach DIN 60 001), Gambofaser *f*, Javajutefaser *f* ‖ ~ **fibre** (Textiles) / Kenaffaser *f*, KE (Kenaffaser nach DIN 60 001), Gambofaser *f*, Javajutefaser *f*
**kench curing** (Nut) / Trockensalzung *f* (von Fischen)
**kenching** *n* (Nut) / Trockensalzung *f* (von Fischen)
**Kendal Green** (Textiles) / Kendal *n* (grobes grünes Wolltuch)
**Kendall effect** (Telecomm) / Kendall-Effekt *m* (bei der Faksimile-Übertragung)

**Kendall's tau** (Stats) / Kendall'scher Rangkorrelationskoeffizient, Kendall's Tau *n* (ein Rangkorrelationskoeffizient nach Kendall)

**Kenelly layer** (Geophys, Meteor) / Kennelly-Heaviside-Schicht *f* (der Ionosphäre - nach A.E. Kennelly, 1861-1939, und O. Heaviside, 1850-1925)

**Kennedy key** (Eng) / Diagonalpassfeder *f*

**Kennelly-Heaviside layer*** (Geophys, Meteor) / Kennelly-Heaviside-Schicht *f* (der Ionosphäre - nach A.E. Kennelly, 1861-1939, und O. Heaviside, 1850-1925) || ≃ **layer*** (Geophys, Meteor, Radio) / E-Gebiet *n* (der Ionosphäre - früher Heavisideschicht), Heaviside-Schicht *f* (nach O. Heaviside, 1850 - 1925), E-Schicht *f* (der Ionosphäre)

**kenotron** *n* (Electronics) / Kenotron *n* (ein Glühkatodengleichrichter)

**kentledge*** *n* (Civ Eng) / Belastungseisen *n* (Gegengewicht eines Krans), Ballasteisen *n* (des Krans), Gegengewicht *n* des Krans, Ballast *m* (des Krans - z.B. Betonplatten)

**kephalin** *n* (Biochem) / Kephalin *n*, Kephalin *n* (ältere Bezeichnung für eine Mischung von Glycerophospholipiden)

**Keplerian ellipse** (Astron) / Kepler-Ellipse *f* (erstes Kepler-Gesetz) || ≃ **motion** (Astron) / Zweikörperbewegung *f*, Kepler-Bewegung *f* || ≃ **orbit** (Astron) / Kepler'sche Bahn (eine Kegelschnittbahn nach Johannes Kepler, 1571-1630), Kepler-Bahn *f* || ≃ **telescope** (Optics) / Kepler'sches (astronomisches) Fernrohr

**Kepler problem** (Astron, Nuc) / Kepler-Problem *n* (ein Zweikörper-Problem) || ≃ **'s laws of planetary motion*** (Astron) / Kepler'sche Gesetze *n pl* (die drei die Bewegung der Planeten bestimmenden Gesetze), Kepler-Gesetze *n pl*

**keps** *pl* (Mining) / Aufsetzvorrichtung *f* (Falle)

**keranji** *n* (a heavy hardwood) (For) / Keranji *n* (Holz von Dialium spp.)

**keratan sulphate** (Chem) / Keratansulfat *n*

**keratin** *n* (Biochem) / Keratin *n*, Hornsubstanz *f* (zu den Skleroproteinen gehörender Eiweißstoff)

**keratinization** *n* (Cyt) / Verhornung *f*, Keratinisierung *f*

**keratolysis** *n* (pl. -lyses) (Cyt, Leather) / Keratolyse *f*, Keratinabbau *m*

**keratophyre*** *n* (Geol) / Keratophyr *m* (Ergussstein der Alkalireihe, z.B. der Lahnporphyr)

**kerb** *n* / steinerne Einfassung *f* ~ (GB) (Civ Eng) / Rinnstein *m*, Bordstein *m* (DIN 482), Bordeinfassung *f* || ~ (Civ Eng) s. also upstanding kerb || ~ **alignment** (Civ Eng) / Bordsteinführung *f*, Hochbordsteinführung *f* || ~ **drill** (Autos) / Verkehrserziehung *f* || ~ **idle** (Autos) / normale Leerlaufdrehzahl, Leerlaufdrehzahl *f* bei betriebswarmem Motor || ~ **light** (Autos) / Ausstiegsleuchte *f* (unten in der Türverkleidung) || ~ **scuffing** (Autos) / Bordsteinanscheuerung *f* (des Reifens) || ~ **side** (Autos) / Ausstiegsseite *f*, Bordsteinseite *f*, dem Bürgersteig zugewandte Seite *f* (eines Verkehrsmittels)

**kerbstone** *n* (GB) (Civ Eng) / Rinnstein *m*, Bordstein *m* (DIN 482), Bordeinfassung *f*

**kerb weight** (Autos) / Leergewicht *n* (das in den Fahrzeugpapieren angegebene)

**kerf** *n* (Autos) / feiner Einschnitt im Reifenprofilstollen (der den Profilelementen größere Beweglichkeit verleiht und damit die Rutschfestigkeit bei nasser Straße verbessert), Lamelle *f* (im Reifenprofilstollen) || ~ (Build) / Halde *f* || ~ (Carp, Eng) / Schnittfugenbreite *f* || ~* (the material lost during a cutting action) (Carp, For, Join) / Sägestaub *m* || ~* (Carp, Join) / Schnittfuge *f*, Schneidfuge *f*, Sägefuge *f*, Sägeschnitt *m* (Fuge) || ~ (For) / Fallkerb *m*, Fallkerbe *f* || ~* (in coal winning, undercut made by coal-cutting machine to depth of 1 m or more) (Mining) / Schram *m* (in der schneidenden Gewinnung) || ~ (Typog) / Signatur *f* (eine am Schaft der Drucktype vorhandene Einkerbung - DIN 16507) || ~ (Welding) / Schneidfuge *f*, Brennschnitt *m* || ~ **bottom** (Carp) / Schnittfugengrund *m* || ~ **loss** (Carp, For, Join) / Sägeverlust *m* || ~ **width** (Carp, Eng) / Schnittfugenbreite *f* || ~ **width** (Electronics) / Schnittbreite *f* (beim Auseinandersägen von Halbleiterstäben)

**kerma*** *n* (Nuc) / Kerma *f* (SI-Einheit Gy) || ~ **rate** (Nuc) / Kermaleistung *f* (Quotient aus der Kerma und der Zeit), Kermarate *f* (Gy/s)

**kermes** *n* (Min) / Kermesit *m*, Rotspießglanz *m*, Antimonblende *f* (Antimon(III)-oxidsulfid) || ~ *pl* / Kermeskörner *n pl*, Scharlachkörner *n pl*, Kermes *m* (getrocknete weibliche Kermesschildläuse) || ~ **grains** / Kermeskörner *n pl*, Scharlachkörner *n pl*, Kermes *m* (getrocknete weibliche Kermesschildläuse)

**kermesic acid** (Chem) / Kermessäure *f* (eine Anthrachinonsäure - die wichtigste farbgebende Komponente des Naturfarbstoffs Kermes), Kermesinsäure *f*

**kermesite*** *n* (Min) / Kermesit *m*, Rotspießglanz *m*, Antimonblende *f* (Antimon(III)-oxidsulfid)

**kermes mineral** (Min) / Kermesit *m*, Rotspießglanz *m*, Antimonblende *f* (Antimon(III)-oxidsulfid) || ~ **oak** (For) / Kermeseiche *f* (Quercus coccifera L.) || ~ **scarlet** / Kermesscharlach *m*, Kermesfarbstoff *m*, Kermes *m* (ein alter Farbstoff), Alkermes *m* (ein alter Farbstoff)

**Kermit** *n* (a widely used set of utility programs that allows a computer to support terminal access across a network, and to carry out file transfers) (Comp) / Kermit *n*

**kern** *n* (Mech) / Kern *m*, Kernfläche *f* (eines Druck- oder Zugstabes) || ~* (Typog) / Überhang *m* || ≃ **counter** (a photoelectric instrument that measures the number and size of dust particles in a known volume of air) (Meteor, Mining) / Staubzähler *m*

**kernel** *n* (Bot) / Korn *n*, Samenkorn *n* || ~ (Comp) / Kernel *m* (die innerste Schicht eines Betriebssystems, die der Hardware am nächsten ist), Systemkern *m*, Kern *m* (eines modularen Betriebssystems), Rechnerkern *m* (bei Betriebssystemen der wichtigste Teil mit den am häufigsten benötigten Programmteilen), Core *n* || ~ (Comp) / Kernprogramm *n* (Standardprogramm, dessen Ausführungszeit zur Bewertung eines Rechnerkerns herangezogen wird) || ~ (Maths) / Kerngruppe *f* (einer Halbgruppe) || ~ (Maths) / Kern *m* (der Integralgleichung), Integralkern *m* || ~ (Nut) / Kern *m*, Nusskern *m* || ~ **program** (Comp) / Kernprogramm *n* (Standardprogramm, dessen Ausführungszeit zur Bewertung eines Rechnerkerns herangezogen wird) || ~ **software for intelligent terminals** (Telecomm) / Kernsoftware *f* für intelligente Terminals, KIT

**kerning*** *n* (the adjustment of the spacing between adjacent characters, using the natural slope in the letters, in order to improve the text appearance) (Comp) / Kerning *n*, Unterschneiden *n* (Vermindern des normal vorgesehenen Abstands zwischen bestimmten Buchstabenkombinationen, um das Schriftbild zu verbessern), Unterschneidung *f* || ~ **table** (Comp, Print) / Unterschneidungstabelle *f*, Tabelle *f* der Unterschneidungswerte || ~ **values** (Comp, Print) / Unterschneidungswerte *m pl*

**kernite*** *n* (Min) / Kernit *m* (Natriumtetraborat-3-Wasser), Rasorit *m*

**kerogen** *n* (Geol) / Kerogen-Gestein *n* (mit authigenem Bitumen), Kerabitumen *n*, Kerogen (organischer Kohlenwasserstoffgehalt des Ölschiefers) || ~ **shale** (Geol) / Ölschiefer *m* (aus Faulschlamm entstandenes, relativ bitumenreiches Sedimentgestein), bituminöser Schiefer

**kerosene** *n* (Fuels, Oils) / Kerosin *n* (Leucht- und Heizpetroleum) || ~ (Oils) / Petroleum *n*, Petrol *n* (S)

**kerosine** *n* (Fuels, Oils) / Kerosin *n* (Leucht- und Heizpetroleum) || ~ (Nut, Pharm) / pharmazeutisches Weißöl, dickflüssiges Paraffin, Paraffinöl *n*, Paraffinum *n* liquidum || ~ (Oils) / Petroleum *n*, Petrol *n* (S) || ~ **shale** (Min) / Bituminit *m*, Torbanit *m* (Bogheadkohle von Torbane Hill, Schottland) || ~ **sweetening** (Oils) / Kerosinsüßung *f*

**Kerr cell*** (Elec Eng) / Kerr-Zelle *f* (Lichtsteuerzelle nach A. Karolus, 1893-1972), Kerr-Zelle *f*, Polarisationsschalter *m* (unter Verwendung des elektrooptischen Kerr-Effekts) || ≃ **constant** (Elec Eng) / Kerr-Konstante *f* (vom Material abhängig - nach J. Kerr, 1824-1907) || ≃ **effect*** (Elec Eng, Phys) / Kerr-Effekt *m* (elektrooptischer, magnetooptischer - nach J. Kerr,1824-1907) || ≃ **electrostatic effect** (Phys) / elektrooptischer Kerr-Effekt, elektrische Doppelbrechung *f* || ≃ **magnetooptical effect** (Optics) / magnetooptischer Kerr-Effekt || ≃ **shutter** (Elec Eng) / Karolus-Zelle *f* (Lichtsteuerzelle nach A. Karolus, 1893-1972), Kerr-Zelle *f*, Polarisationsschalter *m* (unter Verwendung des elektrooptischen Kerr-Effekts) || ≃ **solution** (Phys) / Kerr-Lösung *f* (statische Lösung der Einstein'schen Gravitationsgleichungen für den leeren Raum außerhalb einer rotierenden Masse)

**kersantite** *n* (Geol) / Plagioklas-Biotit-Lamprophyr *m*, Kersantit *m* (ein vorwiegend aus Plagioklas und Biotit, auch aus Augit bestehendes Ergussstein)

**kersey*** *n* (Textiles) / Kersey *m* (ein grober Stoff in Köperbindung, der früher für Militärmäntel verwendet wurde), Kersei *m*, Kirsey *m*

**kerseymere** *n* (Textiles) / Kasimir *m*

**keruing*** *n* (For) / Yang *n* (rotbraunes, hartes, schweres Konstruktionsholz aus Ostasien - Dipterocarpus turbinatus C.F. Gaertn.)

**Kessener brush** (San Eng) / Kessener-Bürste *f* (aus Piassava, zur Oberflächenbelüftung - heute nicht mehr verwendet)

**Kesternich corrosion test** (Surf) / Kesternich-Test *m* (DIN EN ISO 6988), Kesternich-Prüfung *f* (ein Korrosionsprüfverfahren mit Schwitzwasser-Wechselklima und schwefeldioxidhaltiger Atmosphäre)

**Kestner evaporator** (Chem Eng) / Steigfilmverdampfer *m*, Kletterfilmverdampfer *m* (in dem eine ringförmige Filmströmung mit einem Dampfheim entsteht)

**ket** *n* (Phys) / ket-Symbol *n* (von Dirac bei der Ausarbeitung des formalen Apparates der Quantenmechanik eingeführte Schreibweise - gebildet aus dem englischen Wort für Klammer bra-c-ket)*

**ketal** *n* (acetal of a ketone) (Chem) / Ketal *n*, Ketonazetal *n*, Ketonacetal *n*

**ketalization** *n* (Chem) / Ketalisierung *f*

**ketamine** *n* (Med) / Ketamin *n* (ein Injektionsnarkotikum)

**ketene***  n (Chem) / Keten n (organische Verbindung, welche die allgemeine Formel $R^1R^2C=C=O$ hat)
**ketimine** n (Chem) / Ketimin n
**keto acid** (Chem) / Ketokarbonsäure f, Ketosäure f (eine Oxocarbonsäure), Ketocarbonsäure f ‖ ~ **alcohol** (Chem) / Ketol n, Ketonalkohol m (Hydroxyketon) ‖ ~ **carboxylic acid** (Chem) / Ketokarbonsäure f, Ketosäure f (eine Oxocarbonsäure), Ketocarbonsäure f ‖ ~**-enolic tautomerism*** (Chem) / Keto-Enol-Tautomerie f
**keto-enol tautomerism** (Chem) / Keto-Enol-Tautomerie f
**keto ester** (Chem) / Oxoester m (der außer der Estergruppe eine Karbonylgruppe enthält), Ketoester m ‖ ~ **form*** (Chem) / Ketonform f, Ketoform f
**ketogenesis** n (pl. -geneses) (Chem) / Ketogenese f, Ketonkörperbildung f, Ketonkörperentstehung f
**ketogenic*** adj (Biochem, Med) / ketogen adj ‖ ~ **amino acid** (Biochem) / ketogene Aminosäure, ketoplastische Aminosäure (die bei ihrem Abbau im intermediären Stoffwechsel Ketonkörper liefert)
**ketoglutarate** n (Chem) / Oxoglutarat n, Ketoglutarat n (Ester oder Salz der Oxoglutarsäure)
**ketoglutaric acid** (Chem) / Oxoglutarsäure f, Oxopentandisäure f, Ketoglutarsäure f
**keto group** (Chem) / Ketogruppe f (eine Carbonylgruppe)
**ketohexose*** n (Chem) / Ketohexose f (ein Ketozucker), Hexulose f
**ketoketene** n (Chem) / Ketoketen n
**ketol** n (Chem) / Ketol n, Ketonalkohol m (Hydroxyketon)
**ketomalonic acid** (Chem) / Mesoxalsäure f, Ketomalonsäure f, Oxomalonsäure f
**ketone*** n (Chem) / Keton n (von Aceton abgeleiteter Gruppenname für Verbindungen der allgemeinen Formel $R^1R^2C=O$) ‖ ~ **body** (organic compound produced by ketogenesis in the organism) (Biochem, Chem) / Ketonkörper m ‖ ~ **resin** (Chem) / Ketonharz n (ein synthetisches Harz)
**ketonic rancidity** (Nut) / Ketonranzigkeit f (beim Abbau der Fettsäuren zu Methylketonen) ‖ ~ **resin** (Chem) / Ketonharz n (ein synthetisches Harz)
**ketonize** v (Chem) / ketonisieren v
**ketopentose** n (Chem) / Ketopentose f (ein Ketozucker)
**ketose*** n (Chem) / Ketose f (ein Monosaccharid), Ketozucker m
**ketosteroid** n (Biochem) / Ketosteroid n
**ketotriose** n (Chem) / Ketotriose f (ein Ketozucker)
**ketoxime*** n (Chem) / Ketoxim n (Oxim der Ketone)
**Kettering ignition system** (Autos) / konventionelle Zündanlage
**kettle*** n (Kessel n (kleiner, offener) ‖ ~* Kochkessel m, Siedekessel m, Wasserkessel m (Kochkessel) ‖ ~* (Geol) / Gletschertopf m (ein Strudelloch) ‖ ~ **basin** (Geol) / Gletschertopf m (ein Strudelloch) ‖ ~ **hole** (Geol) / Gletschertopf m (ein Strudelloch)
**kettlestitch*** n (Bind) / Fitzbund m (bei Handeinbänden)
**ket vector** (Phys) / ket-Vektor m (in der Dirac'schen Schreibweise)
**ketyl** n (Chem) / Ketyl n (kurzlebige organische Verbindung)
**KeV*** (Nuc) / Kiloelektronvolt n, KeV
**Kevlar*** n (Plastics) / Kevlar n (eine Aramidfaser)
**Kew barometer** (Meteor) / Kew-Barometer n (ein Stationsbarometer)
**Kew-pattern barometer*** (Meteor) / Kew-Barometer n (ein Stationsbarometer)
**key** v (Comp) / eintasten v, eingeben v (über Tastatur), tasten v, erfassen v (über Tastatur) ‖ ~ (Eng) / verkeilen v (bei der Keilwellenverbindung), aufkeilen v ‖ ~ (key component) / Schlüsselkomponente f (einer Mischung) ‖ ~ (Acous) / Tonart f (die Bestimmung des Tongeschlechts als Dur und Moll auf einer bestimmten Tonstufe) ‖ ~* (Build) / Haftgrund m, Haftfläche f ‖ ~* (Chem) / Schlüsselkomponente f ‖ ~* (Comp) / Schlüssel m (ein oder mehrere Zeichen, bezogen auf ein Datenfeld) ‖ ~ (Comp) / Kennbegriff m, Ordnungsbegriff m ‖ ~* (Comp, Telecomm, Teleg, Typog) / Taste f, Drucktaste f ‖ ~* (Eng) / Feder f (in Welle und Nabe eingelassen, ergibt eine formschlüssige Verbindung in Drehrichtung und gestattet eine Axialbewegung der Nabe - im Gegensatz zu Keilen) ‖ ~* (Eng) / Längskeil m ‖ ~ (Geol) / Soll n (kleine Bodensenke) ‖ ~ (Geol) / Inselbank f, Küsteninsel f (aus Korallen oder Sand) ‖ ~ (Paint, Surf) / Haftgrund m (z.B. bei eiem Anstrichsystem), Haftgrundlage f, Haftoberfläche f, Verankerungsgrund m (für abgeschiedene Schichten) ‖ ~ (Photog) / Lichtcharakter m, Lichtstimmung f (der Aufnahme) ‖ ~* (Photog) / Helligkeitsumfang m (als subjektiver, nicht messbarer Eindruck) ‖ ~* (Tools) / Schlüssel m ‖ ~ (Comp) s. also defining argument ‖ ~ **bed** (Carp) / verdübelter Balken (ein zusammengesetzter Balken) ‖ ~ **bed** (Geol) / Leithorizont m, Leitschicht f (ein stratigrafischer Bezugshorizont)
**key-bit** n (Build, Eng) / Schlüsselbart m, Bart m (des Schlüssels)
**key blank** / Schlüsselrohling m ‖ ~ **block** (Arch, Build, Ceramics) / Bogenstein m, Schlussstein m (Scheitelstein eines Bogens), Scheitelstein m

**keyboard** v (Comp) / eintasten v, eingeben v (über Tastatur), tasten v, erfassen v (über Tastatur) ‖ ~ n (Acous) / Keyboard n (elektrisch verstärktes Musikinstrument) ‖ ~* (Comp) / Tastaturfeld n, Tastenfeld n (DIN 40 100-16), Tastatur f (DIN 2148), Keyboard n Eingabetastatur f ‖ ~ (Typog) / Taster m (an alten Setzmaschinen) ‖ ~ **buffer** (Comp) / Tastaturspeicher m, Pufferspeicher m (Tastatur) ‖ ~ **connector** (Comp) / Tastaturstecker m ‖ ~ **driver** (Comp) / Tastaturtreiber m ‖ ~ **editor** (Comp) / Tastatureditor m ‖ ~ **entry** (Comp) / Eintasten n (der Daten), Konsoleingabe f, [Daten]Erfassung f über Tastatur, manuelle Eingabe (über eine Tastatur), Eingabe f über Tastatur ‖ ~ **event** (Comp) / Tastaturevent n
**keyboarding** n (Comp) / Eintasten n (der Daten), Konsoleingabe f, [Daten]Erfassung f über Tastatur, manuelle Eingabe (über eine Tastatur), Eingabe f über Tastatur
**keyboard input** (Comp) / Eintasten n (der Daten), Konsoleingabe f, [Daten]Erfassung f über Tastatur, manuelle Eingabe (über eine Tastatur), Eingabe f über Tastatur ‖ ~ **inquiry** (Comp) / Tastaturabfrage f, Abfrage f (durch den Operator usw.) ‖ ~ **layout** (Comp) / Tastenbelegung f, Tastaturbelegung f, Tastenfeldbelegung f, Tastaturplan m ‖ ~ **lock** (Comp) / Tastatursperre f, Tastensperre f ‖ ~ **lock-up** (Comp) / Tastatursperre f, Tastensperre f
**keyboard-operated transmission** (Telecomm) / über Tastatur ausgelöste Übertragung
**keyboard operator** (Comp) / Erfassungskraft f ‖ ~ **operator** (Comp, Typog) / Taster m (Bedienungsperson), Texterfasser m, Erfasser m (Bedienungsperson) ‖ ~ **printer** (Comp) / Datenschreiber m mit Eingabetastatur, Terminaldrucker m (Hardcopy-Einheit mit Tastatur)
**keyboard-programmable RAM** (Comp) / tastaturprogrammierbarer Speicher mit wahlfreiem Zugriff), tastaturprogrammierter Speicher mit wahlfreiem Zugriff
**keyboard selection** (Teleph) / Tastenwahl f, Tastaturwahl f, Tastwahl f, Tonwahl f ‖ ~ **send/receive unit** (Telecomm) / Sende-Empfangsfernschreiber m, Fernschreiber m
**key buckle** (For) / Keilangel f (eine Sägeangel) ‖ ~ **card** (a small plastic card, sometimes used instead of a door key in hotels, bearing magnetically encoded data that can be read and processed by an electronic device) / Magnetkarte f (für elektronische Schließmechanismen) ‖ ~ **chirp*** (Telecomm) / Tastklick m, Tastgeräusch n, Tastzirpen n ‖ ~ **chuck*** (Eng) / [schlüsselbetätigtes] Klauenfutter n ‖ ~ **click*** (Telecomm) / Tastklick m, Tastgeräusch n, Tastzirpen n ‖ ~ **code** / Keycode m (zur elektronischen Sicherung von Wertsachen) ‖ ~ **combination** (Comp) / Tastenkombination f (im Allgemeinen) ‖ ~ **component** / Schlüsselkomponente f (einer Mischung)
**key-controlled** adj (Comp) / tastaturgesteuert adj, tastengesteuert adj
**key depression** (Comp) / Anschlag m (auf der Tastatur), Tastenanschlag m ‖ ~ **drawing** (Cinema) / Grundphasenzeichnung f (im Zeichentrickfilm)
**key-drift** n (Eng) / Splinteintreiber m, Keiltreiber m, Splintentreiber m
**key drive** (Eng) / Mitnahme f durch Keil
**key-driven** adj (Comp) / tastaturgesteuert adj, tastengesteuert adj
**key drop** (Comp) / Tastenhub m
**keyed beam** (Carp) / verdübelter Balken (ein zusammengesetzter Balken) ‖ ~ **cw** (Teleg) / Telegrafie f tonlos (A1) ‖ ~ **joint** (Build) / Hohlfuge f ‖ ~ **joint** (Eng) / Keilverbindung f (eine formschlüssige Verbindung) ‖ ~ **record** (Comp) / Block m mit Schlüsselfeld
**key effect** (Cinema) / Key-Effekt m
**keyer*** n (Radar, Telecomm) / Tastgerät n
**key escutcheon plate** (Build) / Schlüsselschild n ‖ ~ **feature** / Hauptmerkmal n ‖ ~ **field** (that part of a block of data that contains identification of the block) (Comp) / Schlüsselfeld n, Kernbegriffsfeld n ‖ ~ **file** (Eng) / Schlüsselfeile f (eine flachstumpfe dünne Feile) ‖ ~ **fossil** (Geol, Mining) / Leitfossil n
**keyhole** n (Build) / Schlüsselloch n (Durchbruch für Schlüssel) ‖ ~ (Welding) / Stichloch n (beim Laserschweißen), Dampfkapillare f ‖ ~ **blocker** (Build) / Schlüssellochsperrer m ‖ ~ **effect** (Acous) / Schlüssellocheffekt m (bei der Schalldämmung) ‖ ~ **notch** (Materials) / Schlüssellochkerb m, U-Kerb m, Rundkerb m (beim Kerbschlagbiegeversuch) ‖ ~ **saw*** (Join, Tools) / Schlüssellochsäge f, Stichsäge f (eine Tischlerstiefsäge mit einem vorn spitz zulaufenden Sägeblatt), Lochsäge f, Spitzsäge f ‖ ~ **welding** (Welding) / Stichlochschweißen n (eine Art Laserschweißen), Keyhole-Schweißen n
**keyholing** n (Welding) / Stichlochbildung f (beim Laserschweißen), Keyholing n
**key horizon** (Geol) / Leithorizont m, Leitschicht f (ein stratigrafischer Bezugshorizont) ‖ ~ **in** v (Comp) / eintasten v, eingeben v (über Tastatur), tasten v, erfassen v (über Tastatur) ‖ ~ **industry** (Eng) / Schlüsselindustrie f
**keying*** n (Eng) / Verkeilen n (bei der Keilwellenverbindung), Aufkeilen n, Einlegen n des Keils ‖ ~ (Telecomm) / Tastung f,

Eintastung f ‖ ~* (Typog) / Setzen n auf der Setzmaschine ‖ ~ **error** (Comp) / Fehleintastung f, Tastfehler m, Eintastfehler m ‖ ~ **filter** (Telecomm) / Tastfilter n ‖ ~ **interval** (Telecomm) / Impulstastverhältnis n (Zeichen x Pause), Tastverhältnis n ‖ ~ **rate** (Telecomm) / Tastgeschwindigkeit f ‖ ~ **speed** (Telecomm) / Tastgeschwindigkeit f ‖ ~ **surface** (Elec Eng, Paint, Surf) / Haftgrund m (z.B. bei eiem Anstrichsystem), Haftgrundlage f, Haftoberfläche f, Verankerungsgrund m (für abgeschiedene Schichten) ‖ ~ **wave** (Telecomm) / Tastwelle f ‖ ~ **wave*** (Telecomm) / Zeichenwelle f
**key interlock** (Eng) / Schlüsselverriegelung f ‖ ~ **joint** (Eng) / Keilverbindung f (eine formschlüssige Verbindung) ‖ ~ **legend** (Comp) / Tastenbeschriftung f (erläuternde Zeichenfolge)
**keyless** adj (Autos) / ohne Zündschlüssel (Start) ‖ ~ **ringing** (Teleph) / automatischer Ruf, selbsttätiger Ruf
**key lever** / Tastenhebel m (der Schreibmaschine) ‖ ~ **light*** (Cinema, Photog) / Hauptlicht n (einer Beleuchtung mit mehreren Scheinwerfern), Führungslicht n, Mainlight n
**keylock** n (Comp) / Tastatursperre f, Tastensperre f
**key management** (Comp) / Schlüsselverteilung f (in Kryptosystemen) ‖ ~ **on flat** (Eng) / Flachkeil m (bei dessen Verwendung die Welle segmentförmig angeschliffen wird - DIN 6883)
**key-opening can** (Nut) / Dose f mit Abrolldeckel ‖ ~ **lid** (Nut) / Abrolldeckel m (bei Konserven)
**key-operated push-button** (Elec Eng) / Schlüsseltaster m ‖ ~ **rotary switch** (Elec Eng) / Schlüsseldrehschalter m (mit einem Schlüssel als Bedienteil)
**key operation** (Work Study) / Schwerpunktsarbeitsgang m
**keypad** n (Comp) / Block m (Tastaturzone eines Textautomaten) ‖ ~ (Comp) / Tastaturblock m, Tastenblock m ‖ ~ (Comp, Electronics) / Kleintastatur f für die Fernbedienung eines Geräts, Fernbedienung f (kleines elektronisches Gerät zur Fernbedienung), Keypad n ‖ ~ (Teleph) / Wähltastatur f
**key plan** / schematische Zeichnung, Schemazeichnung f, schematische Darstellung ‖ ~ **plan*** (Build, Civ Eng) / Lageplan m ‖ ~ **plate*** (Build) / Schlüssellochdeckel m, Sicherheitstürschild n (DIN 18257), Schlossschild n ‖ ~ **plate** (Eng) / Keilplatte f ‖ ~ **pulsing** (Teleph) / Tastenwahl f, Tastaturwahl f, Tastwahl f, Tonwahl f
**keypunch** v (Comp) / handlochen v (nur Infinitiv und Partizip), lochen v (manuell), ablochen v (manuell) ‖ ~ n (US) (Comp) / Kartenlocher m (manuell) ‖ ~ (Comp) / Handlocher m (ein Gerät) ‖ **printing** ~ (Comp) / Schreiblocher m
**keypunching** n (Comp) / Lochen n
**keypunch operator** (male) (Comp) / Handlocher m (eine Arbeitskraft)
**key roll-over** (operation) (Comp) / Legatoschreiben n ‖ ~-**seating*** n (Eng) / Keilnut f, Keillängsnut f ‖ ~-**seating machine*** (Eng) / Keilnutenstoßmaschine f
**keysender*** n (Teleph) / Zahlengeber m
**key sequence** (Comp) / Tastenfolge f (eine Sortierfolge von Datensätzen, die durch die Werte der Schlüsselwörter jedes Datensatzes bestimmt wird) ‖ ~ **sequence** (Comp) / Tastenfolge f, Anschlagfolge f
**key-sequenced file** (Comp) / Datei f in Schlüsselfolge (deren Sätze in Schlüsselfolge geladen und von einem Index gesteuert werden)
**keyset** n (Comp) / Tastaturfeld n, Tastenfeld n (DIN 40 100-16), Tastatur f (DIN 2148), Keyboard n, Eingabetastatur f
**key station** (US) (Radio) / Hauptsender m
**keystone*** n (Arch, Build, Ceramics) / Bogenstein m, Schlussstein m (Scheitelstein eines Bogens), Scheitelstein m ‖ ~ (Build, Civ Eng) / Feinkies m (als Betonzuschlag nach DIN 4226) ‖ ~* (Arch) s. also boss ‖ ~ **distortion*** (Cinema, Optics, TV) / Trapezverzeichnung f, trapezförmige Verzerrung (bei der Projektion)
**keystroke** n (Comp) / Anschlag m (auf der Tastatur), Tastenanschlag m ‖ ~ **programmable** (Comp) / manuell programmierbar
**key technology** / Schlüsseltechnologie f, Schlüsseltechnik f (deren Produkte technische Schrittmacher sind) ‖ ~ **telephone system** (Teleph) / Fernsprechsystem n mit Tastenwahl ‖ ~ **title** / Keytitle m (standardisierter Kurztitel von Periodika, der zusammen mit dem ISSN in einem Index verzeichnet wird)
**key-to-disk unit** (Comp) / Magnetplatten-Erfassungsgerät n, Magnetplatten-Beschriftungsgerät n
**key-to-tape unit*** (Comp) / Magnetband-Erfassungsgerät n, Magnetband-Beschriftungsgerät n
**keyway*** n (a shallow longitudinal slot cut in a shaft or a hub for receiving a key) (Eng) / Keilnut f, Keillängsnut f ‖ ~ (Eng) / Mitnehmernut f (zwischen Fräserwelle und Fräser) ‖ ~ **broach** (Eng) / Ziehmesser n (zum Nutenziehen, wobei die Breite des Ziehmessers die Nutbreite bestimmt) ‖ ~ **broaching** (Eng) / Nutenziehen n (mit einem Ziehmesser) ‖ ~ **cutter** (Eng) / Schlitzfräser m (ein schmaler Scheibenfräser zur Herstellung von Scheibenfedernuten - nach DIN 850) ‖ ~ **milling** (Eng) / Nutenfräsen n ‖ ~ **milling machine** (Eng) / Keilnutenfräsmaschine f ‖ ~ **slotting** (Eng) / Nutenstoßen n, Einstechstoßen n

**keyword** n (Comp) / Stichwort n (das einem Text zu dessen inhaltlichen Kennzeichnung unmittelbar entnommen ist) ‖ ~* (Comp) / Schlüsselwort n (eine Buchstabenkombination, die in einer Programmiersprache für die Verwendung im Rahmen der Programmierung reserviert ist und daher nicht als Variablenname etc. verwendet werden darf), Keyword n, reserviertes Wort
**keyword-in-context index** (Comp) / KWIC-Index m, KWIC-Register n
**keyword macro** (Comp) / Kennwortmakro n, Schlüsselwortmakro m
**keyword-out-of-context index** (Comp) / KWOC-Index m, KWOC-Register n
**keyword query** (Comp) / Stichwortfrage f ‖ ~ **search** (Comp) / Schlagwortsuche f
**K-feldspar** n (Min) / Kalifeldspat m (z.B. Orthoklas oder Mikroklin)
**K felspar** (Min) / Kalifeldspat m (z.B. Orthoklas oder Mikroklin)
**K-flange** n (Autos) / K-Horn n (eine Felgenhornausführung)
**K frame** (Elec Eng) / Hirschhornmast m (mittlerer Leiter höherhängend)
**kg** (kilogram) / Kilogramm n, kg (SI-Basiseinheit nach DIN 1301, T 1) (SI-Basiseinheit der Masse)
**KGD** (Elec Eng) / Bezugsgerät n, Beleggerät n (bei Prüfungen)
**KGRA** (known geothermal resource area) (Geol) / sicheres geothermisches Vorkommen
**khaki** n (Textiles) / Kaki m (erdbrauner Stoff), Kakistoff m ‖ ~ adj / kakibraun adj, kakifarben adj, kakifarbig adj, kaki adj
**khapra beetle** (Agric) / Khaprakäfer m (ein Speckkäfer - Trogoderma granarium Ev.)
**khaya** n (For) / Afrikanisches Mahagoni (meistens aus Khaya ivorensis A. Chev.), Khaya n (rötliche bis rotbraune Holzart aus dem tropischen afrikanischen Regenwald), Acajou Afrique n
**khellin** n (Pharm) / Khellin n (ein Furochromon aus dem Zahnstocherkraut)
**Khintchine's theorem** (Maths) / Chintschin'sches Gesetz (nach A. Ja. Chinčin, 1894 - 1959), Satz m von Chintschin
**khorasan** n (Textiles) / langstapelige iranische Wolle
**Khornerstone** n (Comp) / Khornerstone m (Einheit für Ergebnisse der Khornerstone-Benchmark) ‖ ~ **tests** (test suite of 21 tests that stress a workstation's CPU, FPU, and disk subsystem) (Comp) / Khornerstone-Benchmark f
**khus-khus oil** / Vetiveröl n (ein Grasöl aus Vetiveria zizanioides (L.) Nash), Ivarancusaöl n
**kHz*** (Phys) / Kilohertz n, KHz
**kiaat** n (For) / Ostafrikanischer Padouk, Muninga n (Holz des Pterocarpus angolensis DC.), Kiaat n
**kibble** v / körnen v (Gelatine) ‖ ~ (Nut) / schroten v ‖ ~* n (Mining) / Abteufkübel m, Teufkübel m
**kibbled gelatin** / gekörnte Gelatine, Körnergelatine f
**kibbler** n (Nut) / Schrotmühle f (für Getreide)
**kick** v (Rail) / abstoßen v (beim Rangieren) ‖ ~ vi / anziehen vi (z.B. Spachtelmasse) ‖ ~* n (Autos) / Rückstoß m (infolge Fehlzündung), Rückschlag m (beim Starten) ‖ ~ (Build) / leichte Ziegelauskehlung (als Mörtellager) ‖ ~ (Mil) / Rückstoß m (bei Schusswaffen) ‖ ~* (Oils) / Kick m (der sich aus einem planmäßigen oder unplanmäßigen Zufluss von Medien aus der Formation in die Bohrung ergibt) ‖ ~ (Space) / Apogäumsimpuls m, Antriebsimpuls m im Apogäum, Kick m
**kickback*** n (Autos) / Verreißen n (des Lenkrads - bei einem großen Hindernis auf der Straße, gegen das man fährt) ‖ ~ (Eng) / Rückschlag m
**kick crank** (Eng) / Fangleiste f (Stufe in der Gesenkfuge zur Aufnahme von Seitenkräften)
**kickdown** n (forced downshift) (Autos) / Kickdown m (starkes Durchtreten des Gaspedals beim raschen Beschleunigen - automatisches Getriebe) ‖ ~ **shutoff** (Autos) / Kickdownabschaltung f
**kicker** n / Außenbordmotor m (kleiner) ‖ ~ (Build) / Schalungsfuß m ‖ ~ (Photog) / Gegenstreiflicht, Seitenlicht n ‖ ~ (Plastics) / Kicker m (bei der Schaumstofferzeugung entstehendes Gas) ‖ ~ (Print) / Dachzeile f über der Hauptüberschrift ‖ ~ **head** (Print) / Dachzeile f über der Hauptüberschrift ‖ ~ **light** (Cinema, Photog) / Fill-in-Light n (zur Aufhellung von durch das Führungslicht verursachten Schatten und Bereitstellung einer gleichmäßigen Ausleuchtung einer aufzunehmenden Szene), Aufhelllicht n (eine Zusatzbeleuchtung), Fülllicht n (eine zusätzliche Lichtquelle, welche die vom Hauptlicht gebildeten Schatten aufhellen soll)
**kickers** pl (Leather) / Hammerwalke f (bei der Sämischgerbung), Kurbelwalke f
**kicking** n (Rail) / Abstoßen n (ein Rangierverfahren) ‖ ~ **plate** (Build) / Sockelblech n (als Schutzblech, z.B. bei Türen mit starkem Verkehr), Stoßplatte f (z.B. unten auf den Türen)
**kick into orbit** (Space) / in eine Umlaufbahn einschießen, in eine Umlaufbahn bringen
**kick-light** n (Photog) / Gegenlicht n (innen)

**kick-off**

**kick-off** n (Space) / Trennung f (des Satelliten von der Trägerrakete)
**kick•-off temperature** (Chem, Chem Eng) / Anspringtemperatur f (bei einem katalytischen Prozess) ‖ ~ **over** vi / anziehen vi (z.B. Spachtelmasse) ‖ ~ **over** (I C Engs) / anspringen v ‖ ~ **plate** (Build) / Fallschutzbrett n (um eine Plattform oder um ein Dach), Fußleiste f (um eine Plattform oder um ein Dach) ‖ ~ **plate** (Build) / Sockelblech n (als Schutzblech, z.B. bei Türen mit starkem Verkehr), Stoßplatte f (z.B. unten auf den Türen) ‖ ~ **pleat** (Textiles) / Gehfalte f
**kicksorter*** n (a pulse height analyser) (Nuc, Telecomm) / Vielkanalanalysator m (ein Diskriminator)
**kick stage*** (Space) / Kickstufe f
**kick-starter** n (Autos) / Kickstarter m (ein alter Tretanlasser beim Kraftrad)
**kick up** v (Autos) / hochschleudern v (Steine)
**kick-up pipe** (Autos) / Overaxle-Pipe n (im Abgassystem), Achsrohr n (im Abgassystem)
**kick wheel** (operated by a foot pedal) (Ceramics) / Töpferscheibe f mit Fußantrieb, Schubscheibe f
**kid** n (Hyd Eng) / Faschine f (zu Bündeln zusammengefasste Ruten oder Zweige aus lebendem oder totem Material - DIN 18 918), Reisigbündel n (als Faschine) ‖ ~* (Hyd Eng) / Buhne f aus Faschinen ‖ ~ (glove and shoe leather made usually from goatskin) (Leather) / Kid n (feines Ziegen- oder Kalbleder)
**Kidderminster carpet** (Textiles) / Kidderminster-Teppich m (beidseitig gemusterter Teppich)
**kidding** n (Hyd Eng) / Faschinenbau m, Faschinenverbauung f
**kid finish** (Paper) / feine pergamentartige Oberfläche ‖ ~ **mohair** (Textiles) / Kid-Mohär m (von jungen Mohärziegen)
**kidney** (iron) **ore*** (Min) / Glaskopf m (nierenförmiger), Niereneisenerz n ‖ ~ **poison** (Chem, Med) / Nierengift n (wie z.B. Quecksilberchlorid oder Pyrogallol)
**kidney-shaped** adj / nierenförmig adj, nierig adj, reniform adj
**kidney stone*** (Min) / Nierenstein m (eine Art Nephrit)
**kidvid** n (Radio, TV) / Kinderprogramm n ‖ ~ (TV) / Kinderfernsehen n
**kier** v (Textiles) / beuchen v (DIN 61703, 61704 und 54295) ‖ ~ n (For) / Kochkessel m (für kurze Stammstücke), Kocher m ‖ ~* (Textiles) / Beuchkessel m (DIN 64990)
**kier-boil** v (Textiles) / beuchen v (DIN 61703, 61704 und 54295)
**kier boiling** (Textiles) / Beuchen n, Beuche f, Beuchprozess m (eine chemische Vorreinigung von Baumwollgeweben nach DIN 54295)
**kier-boiling assistant** (Textiles) / Beuchhilfsmittel n ‖ ~ **plant** (Textiles) / Beuchanlage f (für Baumwollgewebe)
**kier decatizing** (Textiles) / Kesseldekatur f
**kiering** n (Textiles) / Beuchen n, Beuche f, Beuchprozess m (eine chemische Vorreinigung von Baumwollgeweben nach DIN 54295)
**kieselguhr*** n (Min) / Diatomeenerde f, Kieselgur f (ein Festgestein aus den Kieselsäureresten der Diatomeen), Infusorienerde f, Bergmehl n ‖ ~ **paper** (Chem) / mit Kieselgur imprägniertes Papier
**kieserite*** n (Min) / Kieserit m (wasserhaltiges Magnesiumsulfat)
**kieving*** n (Min Proc) / Eindicken n (des Konzentrats)
**Kikuchi lines** (Crystal) / Kikuchi-Linien f pl (parallele dunkle und helle Linien in Elektronenbeugungsaufnahmen - nach Kikuchi Masashi, geb. 1902)
**kiku oil** / Kiküöl n (das in Japan destillativ aus den Chrysanthemen gewonnen wird)
**Kiliani reaction** (a method of synthesizing a higher aldose from a lower aldose) (Chem) / Kiliani-Synthese f (nach H. Kiliani, 1855 - 1945) ‖ ~ **synthesis** (Chem) / Kiliani-Synthese f (nach H. Kiliani, 1855 - 1945)
**kilkenny coal** (Mining) / Anthrazitkohle f, Anthrazit m (Handelsbezeichnung für hochwertige, gasarme Steinkohle im Allgemeinen)
**kill** v (Agric) / vertilgen v (Ungeziefer), vernichten v ‖ ~ (Agric, Nut) / schlachten v, töten v (Tiere) ‖ ~ (the engine) (Autos) / abwürgen vt (Motor) ‖ ~ (Bacteriol) / abtöten v (Mikroorganismen) ‖ ~ (Chem Eng) / ungewünschte Eigenschaften des Materials unterdrücken ‖ ~* (Comp, Print) / löschen v ‖ ~ (Oils) / totpumpen v
**killed matter** (Typog) / Ablegesatz m ‖ ~ **spirits of salts** (Eng, Plumb) / Lötwasser n ‖ ~ **steel** (Met) / vollberuhigter Stahl, ruhig vergossener Stahl, beruhigter Stahl ‖ ~ **well** (Oils) / totgepumpte Bohrung
**killer*** n (Nuc Eng) / Reaktorgift n, Neutronengift n (ein Stoff, der infolge seines hohen Absorptionsquerschnitts für Neutronen die Reaktivität eines Reaktors herabsetzt, wie z.B. [135]Xe) ‖ ~ **app** (Comp) / Killeranwendung f, Killer-Applikation f ‖ ~ **application** (technological breakthrough in SW applications, generating a new market segment) (Comp) / Killeranwendung f, Killer-Applikation f ‖ ~ **circuit** (Radar) / fremdgesteuerte Austastschaltung ‖ ~ **circuit** (Radar, TV) / Austastschaltung f (fremdgesteuert) ‖ ~ **program** (Comp) / Killerprogramm n ‖ ~ **satellite** (Mil) / Jägersatellit m, Killersatellit m (eine Antisatellitenwaffe), Abfangsatellit m, Antisatellit m ‖ ~ **software** (Comp) / Killeranwendung f, Killer-Applikation f ‖ ~ **software** (Comp) / Killersoftware f ‖ ~ **submarine** (Mil) / U-Jagd-U-Boot n ‖ ~ **yeast** (Chem) / Killerhefe f (die Proteine oder Glykoproteine ausscheidet, wodurch empfindlichere Hefen abgetötet werden)
**kill file** (Comp) / Kill File n (Datei, die bestimmte Informationen darüber erhält, wie eingehende E-Mails gefiltert werden sollten, bevor sie dem Nutzer angezeigt werden)
**Killinchy space dyeing** (Textiles) / Killinchy-Space-Dyeing n (ein Kettdruckverfahren zur Erzielung von Mehrfarbeffekten auf Tufting-Teppichen)
**killing defect** (Electronics) / funktionsbeeinträchtigender Defekt (bei Halbleiterelementen)
**kill line** (Oils) / Totpumpleitung f ‖ ~ **probability** (Mil) / Vernichtungswahrscheinlichkeit f (z.B. bei einem Satelliten) ‖ ~ **string*** (Oils) / Totpumpleitung f
**kiln** v (Brew) / darren v, abdarren v, rösten v (Grünmalz) ‖ ~ n (a heated enclosure used for drying, burning, calcining, or firing materials such as ore or ceramics) / Ofen m ‖ ~* (Ceramics) / Brennofen m ‖ ~ (For) / Trockner m ‖ ~* (Met, Min Proc) / Trockenofen m, Trockenkammer f ‖ ~* (Met, Min Proc) / Kiln m (zum Abrösten von stückigen Schwefelerzen) ‖ ~ (**drying**) ~ (Brew) / Darre f, Darrofen m ‖ ~ **atmosphere** (Heat) / Ofenatmosphäre f (oxidierende, reduzierende, inerte) ‖ ~ **burn** (For) / Braunverfärbung f (unregelmäßige - nach künstlicher Trocknung) ‖ ~ **car** (a movable carriage or truck with one or more platforms on which ware is placed for transport through a kiln) (Ceramics) / Ofenwagen m
**kiln-dried malt** (Brew) / Spitzmalz n, Braumalz n, Darrmalz n
**kiln-dry** v (Brew) / darren v, abdarren v, rösten v (Grünmalz) ‖ ~ adj / ofentrocken adj, otro, ofengetrocknet adj, im Trockenschrank getrocknet
**kiln drying** / Ofentrocknung f (im Allgemeinen) ‖ ~ **drying** (Brew) / Darren n ‖ ~ **drying** (For) / künstliche Holztrocknung ‖ ~ **drying** (For) / technische thermische Holztrocknung, Verdampfungstrocknung f, Hochtemperaturtrocknung f (des Holzes), Verdunstungstrocknung f, Kammertrocknung f
**kiln-drying schedule** (For) / Trocknungsplan m, Trocknungsprogramm n
**kiln drying time** (For) / Gesamttrocknungszeit f (Anwärmzeit + Trocknungszeit + Nachbehandlungszeit) ‖ ~ **floor** (Ceramics) / Ofensohle f ‖ ~ **furniture** (Ceramics) / Brennhilfsmittel n pl (z.B. Stützen, Stäbchen, Dreifuß usw.) ‖ ~ **malt** (Brew) / Spitzmalz n, Braumalz n, Darrmalz n ‖ ~ **material** / Ofenwerkstoff m ‖ ~ **run** (brick, tile, or other product from a kiln which has not been sorted or graded for size, uniformity, colour variation, or other property) (Ceramics) / Brenngut n einer Ofenladung ‖ ~ **scum** (discolouration of the surface of a body, such as brick or roofing tile, caused by the migration of soluble salts from the interior to the surface of the body or by the reaction of kiln gases with surface constituents during the drying and firing operations) (Ceramics) / aufgeschäumtes Brenngut f ‖ ~ **seasoning** (For) / technische thermische Holztrocknung, Verdampfungstrocknung f, Hochtemperaturtrocknung f (des Holzes), Verdunstungstrocknung f, Kammertrocknung f ‖ ~ **stain** (For) / Verfärbung f des Holzes (ein Trocknungsfehler - bei technischer Holztrocknung) ‖ ~ **temperature** (Brew) / Darrtemperatur f ‖ ~ **wash** (a coating, usually consisting of refractory clay and silica, applied to the surface of kilns and kiln furniture to protect them from volatile glazes or glaze drops from ware being fired) (Ceramics) / Ofenengobe f ‖ ~ **waste heat** / Ofenabwärme f ‖ ~ **wattage** (Elec Eng) / Ofenanschlusswert m
**kilo-*** (SI prefix denoting x $10^3$) / Kilo- (= 1000, bei der Ermittlung der Speicherkapazität = 1024), kilo-
**kilobase** n (Gen) / Kilobase f (Sequenz von 1000 Basen oder Basenpaaren von DNA oder Oligonukleotiden), kb, kbp
**kilobaud** n (Teleg) / Kilobaud n, kBd
**kilobyte** n (1024 bytes) (Comp) / Kilobyte n, Kbyte n
**kilo-electron-volt*** n (Nuc) / Kiloelektronvolt n, KeV
**kilogram*** n / Kilogramm n, kg (SI-Basiseinheit nach DIN 1301, T 1) (SI-Basiseinheit der Masse)
**kilogramme*** n / Kilogramm n, kg (SI-Basiseinheit nach DIN 1301, T 1) (SI-Basiseinheit der Masse)
**kilohertz*** n (Phys) / Kilohertz n, KHz
**kilometer*** n (US) / Kilometer m n (= 1000 m)
**kilometers flown** (Aero) / geleistete Flugkilometer
**kilometrage** n (Autos) / Kraftstoffverbrauch m pro Kilometer ‖ ~ (Autos, Ships) / zurückgelegte Fahrstrecke (in km oder m)
**kilometre** n / Kilometer m n (= 1000 m) ‖ ~ **covered** (Autos) / Fahrkilometer m (wirklich gefahren) ‖ ~ **post** (Rail) / Kilometerstein m (Abteilungszeichen) ‖ ~ **stone** (Rail) / Kilometerstein m (Abteilungszeichen)
**kilometric wave*** (Radio) / Kilometerwelle f (30-300 kHz)
**kiloton*** n (Nuc) / Kilotonne f, kton-Sprengkraft f (= 1000 tons TNT), KT (Kilotonne)

**kilotonnage** *n* (Mil) / Kilotonnenwert *m* (der Kernwaffen)
**kilovolt-ampere** *n* (Elec Eng) / Kilovoltampere *n* (Einheit der Leistung, zur Angabe elektrischer Scheinleistungen), kVA ‖ ~ **rating** (Elec Eng) / Typenleistung *f*
**kilowatt**\* *n* (Autos, Elec Eng) / Kilowatt *n*, kW ‖ ~**-hour**\* *n* (Elec Eng) / Kilowattstunde *f*, kWh (Kilowattstunde) (inkohärente Einheit der Arbeit = $3.6 \cdot 10^6$ J)
**kilt plaits** (Textiles) / gleichgerichtete Einzelfalten
**Kim-Anderson model** (Phys) / Kim-Anderson-Modell *n* (kritischer Zustand nichtidealer Supraleiter 2. Art)
**Kimball tag**\* (Comp) / Abrisskarte *f*, Kurzlochkarte *f*, perforierte Karte
**kimberlite**\* (Geol) s. also blue ground and yellow ground ‖ ~\* *n* (Geol) / Kimberlit *m* (Explosionsbrekzie von Glimmerperidotit)
**kinaesthetic**\* *adj* (Physiol) / kinästhetisch *adj* (bewegungsempfindlich) ‖ ~ **illusion** (Optics) / Bewegungstäuschung *f*
**kinase**\* *n* (Biochem) / Kinase *f* (zu den Transferasen gehörendes Enzym)
**kind, in** ~ / Sach- (z.B. Leistung), in natura
**K-indicator** *n* (Radar) / K-Schirm *m*, Radaranzeigegerät *n* vom Typ K
**kindling** *n* (For) / Anmachholz *n* ‖ ~ **point** (the lowest temperature at which a material will ignite and continue combustion) (Ceramics) / Entflammungstemperatur *f*
**kind of current** (Elec) / Stromart *f*
**kindred** *n* (Geol) / Gesteinsstamm *m* ‖ ~ **products** / verwandte Produkte, gleichartige Erzeugnisse
**kind to the skin** / hautfreundlich *adj*, hautschonend *adj*
**kine** *n* (US) (TV) / Bildröhre *f*
**kinematic** *adj* / kinematisch *adj*
**kinematical theory of X-ray diffraction**\* (Crystal) / kinematische Theorie (der Raumgitterinterferenzen - nach M.v. Laue)
**kinematic analysis** (Eng, Mech) / kinematische Analyse (eines Getriebes) ‖ ~ **chain**\* (Eng) / kinematische Kette (offene, geschlossene, offene verzweigte, geschlossene verzweigte) ‖ ~ **equation** (Phys) / Bewegungsgleichung *f* ‖ ~ **pair** (two elements or links which are connected together in such a way that relative motion is partly or completely constrained) (Mech) / Elementenpaar *n*
**kinematics**\* *n* (that branch of mechanics that deals with the motion of bodies without consideration of the character of the bodies or of the influence of forces upon their motion; it considers only concepts of geometry and time) (Mech) / Bewegungslehre *f*, Phoronomie *f*, Kinematik *f* (Lehre von der Bewegung materieller Körper und Systeme, die die bewegenden Kräfte außer Betracht lässt - DIN 13317) ‖ ~ **of nuclear reactions** (Chem, Nuc) / Reaktionskinematik *f*
**kinematic viscosity**\* (Eng, Phys) / kinematische Viskosität (in $m^2 s^{-1}$) (DIN 1342, T 1)
**kinescope**\* *n* (US)\* (TV) / Bildröhre *f*
**kinescope recording** (US) (TV) / Fernsehaufzeichnung *f* (Überspielung von Magnetbändern auf Film), Filmaufzeichnung *f*, FAZ (Filmaufzeichnung)
**kinescoping**\* *n* (US) (TV) / Fernsehaufzeichnung *f* (Überspielung von Magnetbändern auf Film), Filmaufzeichnung *f*, FAZ (Filmaufzeichnung)
**kinesis** *f* (pl. -es) (Zool) / Kinese *f* (durch Reize hervorgerufene Geschwindigkeitsänderung bei der /ungerichteten/ Ortsbewegung von Tieren), Kinesis *f*
**kinesthetic** *adj* (Physiol) / kinästhetisch *adj* (bewegungsempfindlich)
**kinetheodolite** *n* (Space) / Kinetheodolit *m*
**kinetic** *adj* / kinetisch *adj* ‖ ~ **analysis** (Chem) / kinetische Analyse ‖ ~ **control** (Chem) / kinetische Kontrolle (der chemischen Reaktion) ‖ ~ **current** (Chem) / kinetischer Strom ‖ ~ **energy**\* (Mech) / kinetische Energie (derjenige Teil der Energie, der vom Bewegungszustand eines physikalischen Systems abhängt - DIN 13 317), Bewegungsenergie *f*, Energie *f* der Bewegung, KE (kinetische Energie) ‖ ~ **equilibrium** (Chem) / kinetisches Gleichgewicht ‖ ~ **friction**\* (Phys) / Bewegungsreibung *f*, Reibung *f* der Bewegung (zwischen zwei sich bewegenden Körpern), dynamische Reibung, kinetische Reibung ‖ ~ **head** (the energy per unit weight of water due to its velocity) (Hyd, Hyd Eng) / dynamische Druckhöhe (in der Bernoulli'schen Gleichung für stationäre inkompressible Strömung), Geschwindigkeitshöhe *f* (als Flüssigkeitssäule ausgedrückter Staudruck) ‖ ~ **heating**\* (Phys) / kinetische Erwärmung (Molekülverzögerung der Luft und dadurch in der Grenzschicht bewirkte Umsetzung der kinetischen Energie in Wärme) ‖ ~ **instability** (Plasma Phys) / Mikroinstabilität *f*, kinetische Instabilität ‖ ~ **metamorphism** (Geol) / Dynamometamorphose *f* (durch tektonische Vorgänge verursachte Umbildung des Gesteins), Dislokationsmetamorphose *f*, kinetische Metamorphose, Kinetometamorphose *f* ‖ ~ **metamorphism** (Geol) s. also dynamic metamorphism ‖ ~ **molecular theory** (of gases) (Phys) / kinetische Gastheorie, kinetische Theorie von Gasen ‖ ~ **potential** (Mech) / Lagrange-Funktion *f* (kinetisches Potential), kinetisches Potential ‖ ~ **pressure**\* (Aero) / dynamischer Druck ‖ ~ **pressure** (Phys) / kinetischer Druck, Geschwindigkeitsdruck *m* ‖ ~ **pump** (Eng) / Kreiselpumpe *f* (DIN 24250), Turbopumpe *f* (eine Turboarbeitsmaschine) ‖ ~ **pump** (Vac Tech) / kinetische Vakuumpumpe

**kinetics**\* *n* (Chem, Phys) / Kinetik *f* (DIN 13317) ‖ ~ (Mech) / Kinetik *f*, Dynamik *f* ‖ ~ **of corrosion** (Surf) / Korrosionskinetik *f*
**kinetic theory of gases**\* (Phys) / kinetische Gastheorie, kinetische Theorie von Gasen
**kinetin**\* *n* (Bot, Chem) / Kinetin *n* (ein Pflanzenwachstumsregulator)
**kinetostatic** *adj* (Eng) / kinetostatisch *adj* (Analyse eines Getriebes)
**king** *n* (Chem) / Kinke *f* (Knick in Polymethylenketten) ‖ ~ **brick** (Ceramics, Foundry) / Königstein *m*, Verteilerstein *m*, Kanalmittelstein *m* (die Verbindung zwischen dem Trichter und den Kanalsteinsträngen)
**kingdom**\* *n* (Bot) / Reich *n* (regnum)
**King-Kong peptide** (Biochem) / King-Kong-Peptid *n* (zu den Conotoxinen zählendes Peptid)
**king piece**\* (Build, Carp) / einfache Hängesäule (im Hängewerk) ‖ ~ **pile**\* (Build) / Mittelrammträger *m* (beim waagerechten Verbau) ‖ ~ **pin**\* (Autos) / Achsschenkelbolzen *m*
**king-pin angle** (Autos) / Spreizungswinkel *m*, Spreizung *f* (Winkel zwischen der Achse des Achsschenkelbolzens und einer Ebene, senkrecht zur Standebene des Fahrzeugs und parallel zu dessen Längsachse) ‖ ~ **inclination** (Autos) / Spreizungswinkel *m*, Spreizung *f* (Winkel zwischen der Achse des Achsschenkelbolzens und einer Ebene, senkrecht zur Standebene des Fahrzeugs und parallel zu dessen Längsachse) ‖ ~ **offset** (Autos) / Lenkrollhalbmesser *m*, Lenkrollradius *m*
**king post**\* (a vertical post extending from the ridge of a roof to support the tie-beam below in the centre of its length) (Build, Carp) / einfache Hängesäule (im Hängewerk) ‖ ~**'s blue** / Königsblau *n* (ein Co-K-Silikat)
**Kingsbury thrust bearing** (Eng) / Axial-Kippsegmentlager *n* (Bauart Kingsbury)
**king-size** *attr* / Groß-, groß *adj*, großformatig *adj*
**king-sized** *adj* / Groß-, groß *adj*, großformatig *adj*
**king's red** / Königsrot (roter CuO-Überzug, der beim Eintauchen von Cu in geschmolzenes $NaNO_2$ entsteht)
**Kingston valve**\* (Ships) / Kingstonventil *n*, Flutventil *n*
**king's yellow** (Chem) / Königsgelb *n* (reines Arsentrisulfid)
**king-tower**\* *n* (Build) / senkrechter Derrickmast, Hauptmast *m* (des Derricks)
**kingwood** *n* (For) / Kingwood *n* (aus Dalbergia cearensis Ducke), Königsholz *n*
**kinic acid** (Pharm) / Chinasäure *f* (1,3,4,5-Tetrahydroxycyclohexancarbonsäure)
**kinin**\* *n* (Physiol) / Kinin *n* (ein Oligopeptid), Plasmakinin *n* ‖ ~\* (Physiol) s. also bradykinin and kallidin
**kininogenase** *n* (Biochem) / Kallikrein *n* (ein proteolytisches Enzym)
**kininogenin** *n* (Biochem) / Kallikrein *n* (ein proteolytisches Enzym)
**kink** *v* / knicken *v* (Schlauch) ‖ ~ *n* / Knickstelle *f* (des Schlauchs) ‖ ~\* (Crystal, Electronics, Met) / Knick *m*, Kinke *f*, Kink *m* ‖ ~ (Eng) / Kink *f* (am Drahtseil), Seilkink *f*, Klanke *f* (Knick, durch den das Seil unbrauchbar werden kann) ‖ ~ (Textiles) / Schlinge *f* (im einlaufenden Faden) ‖ ~ **band formation** (Crystal, Electronics, Met) / Knickbandbildung *f* ‖ ~ **bands** (Geol) / Knickzonen *f pl*, Knitterung *f* (Kluftgneis)
**kinked face** (Crystal) / K-Fläche *f* (mit 0 PBC)
**kink fold** (Geol) / Staffelfalte *f*
**kinking** *n* (Crystal, Electronics, Met) / Knickbildung *f* ‖ ~ (Textiles) / Schlingenbildung *f* (Fehler), Schlingen *n* (Fehler)
**kink instability**\* (Plasma Phys) / Knickinstabilität *f*, Instabilität *f* gegen Knickung (eine Art magnetohydrodynamische Instabilität) ‖ ~ **soliton** (Phys) / Knicksoliton *n*
**kinky thread** (Textiles) / Schlinge *f* (im einlaufenden Faden)
**kino**\* *n* (Chem, For) / Kino *m n*, Kinoharz *n*, Kinogummi *n* (der eingetrocknete Saft verschiedener Pterocarpus-Arten)
**kinone** *n* (Chem) / Chinon *n*
**kinotannic acid** (Chem) / Kinogerbsäure *f*
**kinzigite** *n* (Geol) / Kinzigit *n* (metasomatischer Gneis)
**kiosk** *n* (GB) (Teleph) / Fernsprechzelle *f* (öffentliche), Fernsprechkabine *f*, Fernsprechautomat *m*, Telefonzelle *f* ‖ ~ **substation** (Elec Eng, Mining) / Kioskstation *f*, Kompaktstation *f* (eine Ortsnetzkabelstation)
**kip** *n* (Leather) / Rindbox *n* (6,8 bis 15,9 kg)
**kip** *n* (Leather) / Kalbshaut *f* (stapelgesalzen zwischen 6,8 bis 15,9 kg) ‖ ~ (Leather) / Kipshaut *f* (von zweijährigen Rindern) ‖ ~ (Leather) / Kips *n* (leichte indische Rindhaut, leichte skandinavische Haut)
**kipper** *n* (Nut) / Kipper *m* (kaltgeräucherter Hering oder Lachs)
**Kipp generator** (Chem) / Kipp'scher Apparat (zur Herstellung und Entnahme von Gasen für Laboratoriumsbedarf nach DIN 12 485 -

## Kipp

nach J.P. Kipp, 1808-1864), Kipp-Gasentwickler *m* ‖ ≃ **relay** (Electronics) / Univibrator *m*, Multivibrator *m* mit einer (einzigen) Gleichgewichtslage, monostabiler Multivibrator, Monoflop *n* (Flipflop, das nur eine stabile Lage hat), monostabile Kippstufe ‖ ≃**'s apparatus*** (Chem) / Kipp'scher Apparat (zur Herstellung und Entnahme von Gasen für Laboratoriumsbedarf nach DIN 12 485 - nach J.P. Kipp, 1808-1864), Kipp-Gasentwickler *m*

**KIPS** (knowledge information processing system) (AI, Comp) / Wissensverarbeitungssystem *n*

**Kirchhoff radiation law** (Phys) / Kirchhoff'sches Gesetz (DIN 5031-8), Kirchhoff'sches Strahlungsgesetz ‖ ≃**'s current law** (currents meeting at a point) (Elec Eng) / Knotenregel *f* (eine der Kirchhoff'schen Regeln - DIN 5489), Knotensatz *m* (DIN 5489), Verzweigungssatz *m* ‖ ≃**'s law** (for radiation) (Phys) / Kirchhoff'sches Gesetz (DIN 5031-8), Kirchhoff'sches Strahlungsgesetz ‖ ≃**'s laws*** (of electric circuits) (Elec Eng) / Maschensatz *m* (nach G.R. Kirchhoff, 1824-1887 - DIN 5489), Kirchhoff'sche Regeln (Knotenregel, Maschenregel) ‖ ≃**'s voltage law** (voltage distribution in a closed circuit) (Elec Eng) / Maschensatz *m*, Maschenregel *f* (eine der Kirchhoffschen Regeln - DIN 5489) ‖ ≃ **theory** (Light) / Kirchhoff-Integral *n*

**Kirkendall effect*** (Met) / Kirkendall-Effekt *m* (in einer Grenzfläche zwischen zwei Legierungen)

**Kirkman schoolgirl problem** (Maths) / Kirkman'sches Schulmädchenproblem, Kirkmans Problem (der 15 Schulkinder)

**Kirkman's problem** (Maths) / Kirkman'sches Schulmädchenproblem, Kirkmans Problem (der 15 Schulkinder)

**Kirkwood gap*** (Astron) / Kirkwood-Lücke *f* (nach D. Kirkwood, 1814-1895), Kommensurabilitätslücke *f* (Sonnenabstand, in dem sich im Hauptplanetoidengürtel nur wenige oder gar keine Planetoiden befinden)

**Kirlian photography** (Photog) / Kirlian-Fotografie *f*, Hochspannungsfotografie *f*

**Kirschner beater** (Spinning) / Kirschnerflügel *m*, Kardierflügel *m*

**kirve** *n* (Build) / Halde *f* ‖ ≃* (Mining) / Schram *m* (in der schneidenden Gewinnung)

**kirvings** *pl* (Mining) / Schrämklein *n*, Kohleklein *n*

**kish*** *n* (Met) / Garschaumgraphit *m*

**kiss coater** (Paper) / Walzenstreichmaschine *f* ‖ ≃ **coating** (Paper) / Schleifauftrag *m* ‖ ≃ **impression*** (Print) / leichteste Druckpressung, Kussdruck *m*, leichter Beistelldruck, Druck *m* mit leichter Druckspannung ‖ ≃ **mark** (Leather) / Berührungsfleck *m* (Fehler) ‖ ≃ **mark** (Leather) / Berührungsfleck *m*, Angerbfleck *m*

**kiss-rolling** *n* (Textiles) / Pflatschen *n* (Aufbringen flüssiger Ausrüstungsmittel mittels Walzen auf dem Foulard)

**kiss spot** (Leather) / Berührungsfleck *m* (Fehler)

**kit** *n* / Ausrüstung *f*, Ausstattung *f* (Gesamtheit kleiner Geräte) ‖ ≃ / Bausatz *m* (zum Selbstzusammenbau) ‖ ≃ / Handwerkszeug *n*, Arbeitsgerät *n* ‖ ≃ / Ersatzteilkasten *m* ‖ ≃ / Paket *n* (z.B. Schlechtwetterpaket bei den Kraftfahrzeugen) ‖ ≃ (Leather) / Jungtierhaut *f* (bei Pelztieren) ‖ ≃ (Tools) / Werkzeugkiste *f*, Werkzeugkasten *m*, Werkzeugkoffer *m*

**kitchen appliance** (Elec Eng) / Küchengerät *n* ‖ ≃ **electrical** (Elec Eng) / elektrische Küchenmaschine, elektrisches Küchengerät

**kitchenette** *n* (Build) / Teeküche *f* (kleine Küche, in der man Tee, Kaffee, einen Imbiss o.Ä. bereiten kann) ‖ ≃ (Build) / Kochnische *f* (meist von einem Wohnraum abgetrennte Nische, in der sich auf engem Raum die notwendige Kücheneinrichtung befindet)

**kitchen furniture** (Join) / Küchenmöbel *n pl* ‖ ≃ **paper** (typically sold as a roll) (Paper) / Küchenpapier *n*, Küchenkrepp *m* ‖ ≃ **refuse** (Ecol) / Küchenabfälle *m pl* (Essensreste) ‖ ≃ **roll** (Paper) / Küchenpapierrolle *f*, Küchenrolle *f* ‖ ≃ **scraps** (Ecol) / Küchenabfälle *m pl* (Essensreste) ‖ ≃ **sink** (Build, Plumb) / Spüle *f*, Spülstein *m*, Ausguss *m* ‖ ≃ **unit** (Build) / Küchenzelle *f*, Küchenblock *m*

**kitchenware** *n* (Ceramics) / Haushaltsgeschirr *n*

**kitchen waste** (Ecol) / Küchenabfälle *m pl* (Essensreste)

**kite*** *n* (Aero) / Drachen *m* ‖ ≃ (Meteor) / Drachen *m* (zum Drachenaufstieg) ‖ ≃ (Radar) / Schwebereflektor *m* ‖ ≃ **antenna** (Radio) / Drachenantenne *f*

**Kitemark** *n* / Verbandszeichen der British Standards Institution zum Kennzeichen normgerechter Erzeugnisse und deren Verpackungen

**kite winder*** (Build) / gewendelte Stufe zwischen geraden Läufen

**kitkaite** (Min) / Kitkait *m* (ein Mineral der Melonit-Reihe)

**kit out** *v* (Tools) / ausstatten *v* (mit Zusatzwerkzeugen)

**Kiviat graph** (Comp) / Kiviat-Graf *m* (zur Analyse sich dynamisch ändernder Systemauslastungen)

**Kjeldahl** *n* (Chem) / Kjeldahl'sche Stickstoffbestimmung, Kjeldahl-Methode *f* (nach J. Kjeldahl, 1849-1900) ‖ ≃ **connecting bulb** (Chem) / Tropfenfänger *m* (Reitmaieraufsatz), Reitmaieraufsatz *m*, Schaumbrecher *m* (Tropfenfänger) ‖ ≃ **flask*** (Chem) / Kjeldahl-Kolben *m* (kleiner, birnenförmiger Langhalsrundkolben, der zum Aufschluss stickstoffhaltiger Substanz mit Schwefelsäure und Zusätzen verwendet wird - DIN 12360) ‖ ≃ **nitrogen** (Chem) / Kjeldahl-Stickstoff *m* (der nach Kjeldahl bestimmt wurde) ‖ ≃**'s method*** (Chem) / Kjeldahl'sche Stickstoffbestimmung, Kjeldahl-Methode *f* (nach J. Kjeldahl, 1849-1900)

**Kjelland process** (Chem Eng) / Kjelland-Verfahren *n* (zur Gewinnung von Kalisalzen aus Meerwasser)

**Kjellin furnace** (Elec Eng) / Kjellin-Ofen *m* (ein Induktionsofen)

**K-language** *n* (Comp) / K-Sprache *f* (die von einer K-Grammatik erzeugt werden kann)

**Klason lignin** (For) / Schwefelsäurelignin *n*, Klason-Lignin *n*

**$k_L$a value** (Chem Eng) / $k_L$a-Wert, volumetrischer Sauerstoffübergangskoeffizient

**klaxon** *n* (Autos) / lautes Hupsignal, (unangenehmer) anhaltender Hupton ‖ ≃ (a trademark) (Autos) / [lautes] Horn *n*, [laute] Hupe *f*

**Kleene closure** (Comp) / Sternoperation *f* (Iteration) ‖ ≃ **hierarchy** (Maths) / Kleene-Hierarchie *f* (eine Klassifikation von Mengen natürlicher Zahlen nach S. C. Kleene, geb. 1909) ‖ ≃ **language** (Comp) / K-Sprache *f* (die von einer K-Grammatik erzeugt werden kann) ‖ ≃ **star** (Comp) / Sternoperation *f* (Iteration) ‖ ≃ **star** (Comp) s. also regular operation

**Klein bottle*** (Maths) / Klein'scher Schlauch (eine geschlossene nichtorientierbare Fläche vom Geschlecht 2 - nach F. Klein, 1849-1925), Klein'sche Flasche ‖ ≃ **four-group** (Maths) / Klein'sche Vierergruppe, Vierergruppe *f* ‖ ≃ **-Gordon equation*** (Phys) / Klein-Gordon-Gleichung *f* (relativistische Verallgemeinerung der Schrödinger-Gleichung nach O. Klein, 1894-1977, und W. Gordon, 1893-1939), Fock-Gleichung *f*

**Klein-Kaluza theory** (Nuc) / Klein-Kaluza-Theorie *f* (nach T.F.E. Kaluza, 1885-1954), Kaluza-Klein-Theorie *f* (allgemein kovariante Theorie von Raum-Zeit in d = 4 + n Dimensionen)

**Klein-Nishina formula*** (Nuc) / Klein-Nishina-Formel *f*

**Kleistian jar** (Elec Eng) / Leidener Flasche, Kleist'sche Flasche (nach E.G.v. Kleist, 1700-1748)

**Klenow fragment** (Gen) / Klenow-Fragment *n*

**klieg** *n* (Cinema) / Aufheller *m*, Breitstrahler *m* (nach A.T. Kliegl, 1872-1927, und J.H. Kliegl, 1869 - 1959) ‖ ≃ **light** (Cinema) / Aufheller *m*, Breitstrahler *m* (nach A.T. Kliegl, 1872 - 1927, und J.H. Kliegl, 1869 - 1959) ‖ ≃ **light** (Cinema) / Jupiterlampe *f* (eine alte Bogenlampe)

**Kligler iron agar** (Bacteriol) / Kligler-Agar *m n*, Kligler-Eisen-Agar *m n*

**K-lines*** *pl* (Phys) / K-Linien *f pl*

**klinker brick*** (Build) / Klinker *m* (bis zur Dichtsinterung gebrannter Ziegel), Keramikklinker *m*, Hartbrandziegel *m*

**klippe*** *n* (pl. klippen, klipps or klippes ) (Geol) / Klippe *f*

**klirrfaktor** *n* (Radio, Telecomm) / Klirrfaktor *m* (Oberwellenanteil eines Verstärker- oder Übertragungsanlage), Oberschwingungsgehalt *m*

**Klitzing, von ≃ constant** (Phys) / Klitzing-Konstante *f* ($R_K$) ‖ ≃ **effect** (Phys) / Klitzing-Effekt *m* (Stufen in der Hall-Spannung, wenn diese in Abhängigkeit vom Magnetfeld oder von der Elektronendichte gemessen wird - nach K.v. Klitzing, geb. 1943)

**kludge** *n* (system made up of components that are poorly matched or were originally intended for some other use) (Comp) / Flickschusterei *f* ‖ ≃ (Comp) / zusammengeflicktes System, zusammengeschustertes System

**klydonogram** *n* (Elec Eng) / Klydonogramm *n*

**klydonograph** *n* (Elec Eng) / Klydonograf *m* (eine einfache Registriereinrichtung)

**Klyne-Prelog convention** (Chem) / Klyne-Prelog-Konvention *f* (bei der Beschreibung von Konformationen)

**klystron** *n* (a velocity-modulated tube)* (Electronics) / Klystron *n*, Triftröhre *f* (eine Laufzeitröhre)

**k-meson** *n* (Nuc) / K-Meson *n*, Kaon *n* (instabiles Elementarteilchen aus der Familie der Mesonen)

**KMT** (kinetic molecular theory) (Phys) / kinetische Gastheorie, kinetische Theorie von Gasen

**Kn** (Knudsen number) / Knudsen-Zahl *f* (ein Maß für die Dichte der Gasströmung - DIN 1341), Kn (Knudsen-Zahl) ‖ ≃ (knot) (Aero, Ships) / Knoten *m* (Einheit der Geschwindigkeit = 1 sm/h), kn (Knoten)

**KNA** (knife-line attack) (Welding) / interkristalliner Korrosionsangriff auf schmalen Streifen, Messerlinienangriff *m*, Messerlinienkorrosion *f*, Messerschnittkorrosion *f* (meistens an Hartlötverbindungen)

**knag** *n* (For) / Astknorren *m*, Knorren *m* ‖ ≃ (For) / Aststumpf *m*, Aststummel *m*

**knallgas bacteria** (Bacteriol, Space) / Knallgasbakterien *f pl*, Wasserstoffbakterien *f pl*

**knapping hammer*** (Build) / Steinhammer *m*, Steinmetzhammer *m*

**knapsack problem** (Maths, Space) / Knapsackproblem *n* (ein Standardproblem der Unternehmensforschung) ‖ ≃ **sprayer** (a

sprayer apparatus, carried on the operator's back, consisting of a spray solution tank, pressure source, and an atomizing device that forms and distributes the spray) (Agric) / Rückensprühgerät *n*, Rückenspritzgerät *n*, Rückenspritze *f* (für Pflanzenschutz)
**knead** *v* (Chem Eng, Eng) / kneten *v* ‖ ~ (Nut) / kneten *v*
**kneadable** *adj* / knetbar *adj*
**kneaded eraser** / Knetgummi *m* (knetbarer Radiergummi), Knet-Radiergummi *m*
**kneader** *n* / Knetgummi *m* (knetbarer Radiergummi), Knet-Radiergummi *m* ‖ ~ (Chem Eng, Eng) / Kneter *m*, Knetwerk *n*, Knetmaschine *f* ‖ ~ **blade** (Chem Eng) / Knetschaufel *f* ‖ ~ **mixer** (Chem Eng) / Knetmischer *m*
**kneading disk** (Chem Eng) / Knetscheibe *f*
**kneading-through** *n* (Nut) / Backtrog *m*, Backmulde *f*
**knebelite\*** *n* (Min) / Knebelit *m* (ein Nesosilikat)
**knee\*** *n* (Electronics) / Kennlinienknick *m*, Knick *m* (einer Kennlinie) ‖ ~ (Eng) / Konsole *f*, Winkeltisch *m*, Knietisch *m* ‖ ~\* (Plumb) / Kniestück *n*, Knie *n* ‖ ~ **air bag** (Autos) / Knie-Airbag *m*
**knee-and-column milling machine** (Eng) / Konsolfräsmaschine *f*, Knietischfräsmaschine *f* (mit in Höhe einstellbarem konsolförmigem Frästisch)
**knee current** (Electronics) / Z-Messstrom *m* (bei Z-Dioden)
**knee-deep** *adj* / knietief *adj*
**knee drive** (Eng) / Konsolgetriebe *n* (Konsolspindel + Mutter) ‖ ~ **joint** (Eng) / Kniehebel *m* (Gelenkmechanismus) ‖ ~ **kicker** / Kniespanner *m* (beim Teppichlegen)
**kneeler** *n* (in a battlement) (Arch) / Zinnenzahn *m* (als Gegensatz zum Einschnitt im Zinnenkranz)
**kneeless milling mashine** (Eng) / Kreuzschiebetischfräsmaschine *f*
**kneeling facility** (Autos) / Kneeling-Einrichtung *f*, Absenkvorrichtung *f* (z.B. bei Bussen) ‖ ~ **gear** (a landing gear assembly or installation designed to lower the aircraft for ground handling purposes, such as parking, loading, maintenance, and catapulting) (Aero) / Kneeling-Fahrwerk *n* ‖ ~ **mat** / Kniematte *f*, Knieunterlage *f* ‖ ~ **system** (Autos) / Kneeling-Einrichtung *f*, Absenkvorrichtung *f* (z.B. bei Bussen)
**knee-pad** *n* / Knieschoner *m*, Knieschützer *m*
**knee restraint** (Autos) / Knieschutz *m* ‖ ~ **roof\*** (Build) / Mansarddach *n* (geknicktes Dach mit steilerer Neigung im unteren Teil), Mansardendach *n* (das eine Dachwohnung enthält) ‖ ~ **roof\*** (Build) / Mansardwalmdach *n* ‖ ~ **slide** (Eng) / Konsolführung *f* ‖ ~ **spindle** (Eng) / Konsolspindel *f*, Teleskopspindel *f* (des Konsolgetriebes)
**knick bands** (Geol) / Knickzonen *f pl*, Knitterung *f* (Kluftpaare)
**knickerbocker\*** *n* (Spinning, Textiles) / buntes Noppengarn, Noppengarn *n* mit leuchtenden Farbfleckchen ‖ ~ **yarn** (Spinning) / buntes Noppengarn, Noppengarn *n* mit leuchtenden Farbfleckchen
**knicker yarn** (Spinning) / buntes Noppengarn, Noppengarn *n* mit leuchtenden Farbfleckchen
**knickpoint** *n* (Civ Eng, Geol) / Gefällebruch *m*, Knickpunkt *m*
**knickpunkt** *n* (Civ Eng, Geol) / Gefällebruch *m*, Knickpunkt *m*
**knick zones** (Geol) / Knickzonen *f pl*, Knitterung *f* (Kluftpaare)
**knife** *v* (Paint) / aufziehen *v* (viskose Massen), aufspachteln *v* (viskose Massen) ‖ ~ *n* (Chem Eng) / Abstreifer *m* (eines Filters) ‖ ~ (Paper, Plastics, Print) / Rakel *f* ‖ ~ (Tools) / Schneidmesser *n* (bei schneidenden oder hackenden Werkzeugen), Klinge *f* (bei schneidenden oder hackenden Werkzeugen) ‖ ~\* (Tools) / Schabeisen *n*, Schaber *m*, Schabmesser *n*, Kratzeisen *n* ‖ ~\* (Tools) / Messer *n*, Schneidemesser *n*, Schneidmesser *n* (im Allgemeinen), Klinge *f* ‖ ~ (Tools) s. also doctor ‖ ~ **application** / Messerauftrag *m* ‖ ~ **barker** (Paper) / Messerentrinder *m*, Messerentrindungsmaschine *f*, Messerschälmaschine *f*
**knife-blade test** (Paint) / Spanschnittprobe *f* (Bestimmung der Geschmeidigkeit eines Lackfilms nach Peters gemäß DIN 53155)
**knife check** (Paper) / Schälriss *m* ‖ ~ **coating** (Paper) / Rakelauftrag *m* (von zähen Veredlungsmassen) ‖ ~ **coating** (Plastics) / Rakelstreichverfahren *n*, Aufrakeln *n* ‖ ~ **contact** (Elec Eng) / Messerkontakt *m* ‖ ~ **coulter** (Agric) / Messersech *n* ‖ ~ **cutting** (For) / blattweises Abmessern (des Messerfurniers) ‖ ~-**cut veneer** (For) / Messerfurnier *n* (das durch blattweises Abmessern gewonnen wurde) ‖ ~ **disk** (Eng) / Messerscheibe *f* ‖ ~ **drum** (Eng) / Messerwalze *f*, Messertrommel *f* ‖ ~ **edge\*** (Eng) / Messerschneide *f* ‖ ~ **edge\*** (Instr) / Waagenschneide *f*, Schneide *f* (der Waage)
**knife-edge corrosion** (Surf) / Kantenkorrosion *f* ‖ ~ **file** (Eng) / Messerfeile *f* ‖ ~ **pointer** (Instr) / Messerzeiger *m* (mit einer vertikal lzur Skalenebene stehenden Lamelle am Zeigerende) ‖ ~ **straight edge** (Eng) / Haarlineal *n* (zum Prüfen der Ebenheit von Flächen)
**knife file** (Eng) / Messerfeile *f* ‖ ~ **filler** (Paint) / Spachtelmasse *f* (DIN 55 945), Spachtel *m f* (Beschichtungsstoff zum Ausgleich von Unebenheiten bzw. Fehlern) ‖ ~ **filling** (Build) / Spachteln *n*, Spachtelziehen *n* (mit dem Spachtelmesser - zum Ausgleich von Unebenheiten bzw. Fehlern) ‖ ~ **finger** (Agric) / Mähbalkenfinger *m*

‖ ~ **folder** (Bind) / Messerfalzmaschine *f* (mit Falzmessern oder Schwertern)
**knife-grade** *attr* / spachtelbar *adj* (Kitt)
**knife grinder** (For) / Messerschleifmaschine *f* ‖ ~ **head** (Agric) / Messerkopf *m* (der Mähmaschine)
**knife-line attack** (intergranular corrosion of an alloy, usually stabilized stainless steel, along a line adjoining or in contact with a weld after heating into the sensitization temperature range) (Met, Welding) / interkristalliner Korrosionsangriff auf schmalen Streifen, Messerlinienangriff *m*, Messerlinienkorrosion *f*, Messerschnittkorrosion *f* (meistens an Hartlötverbindungen) ‖ ~ **corrosion** (Welding) / interkristalliner Korrosionsangriff auf schmalen Streifen, Messerlinienangriff *m*, Messerlinienkorrosion *f*, Messerschnittkorrosion *f* (meistens an Hartlötverbindungen)
**knife-on-blanket coater** (Paper) / Gummituchrakelstreichmaschine *f*
**knife-over-roll coater** (Paper) / Walzenrakel *f* ‖ ~ **coating** (Paper) / Walzenauftrag *m* (des Veredlungsmittels)
**knife pass** (Met) / Schneidkaliber *n* (erstes Kaliber bei I-, H-, U- und Schienenkalibrierungen, in dem in einem rechteckigen Anstichquerschnitt Flansche und Stege vorgeformt sind), geteiltes Kaliber
**knife-pleats** *pl* (Textiles) / Quetschfalte *f*
**knife plug** (Elec Eng) / Messerstecker *m* ‖ ~ **pointer** (Instr) / Messerzeiger *m* (mit einer vertikal lzur Skalenebene stehenden Lamelle am Zeigerende)
**knife-ring flaker** (For) / Fliehkraftzerspaner *m*, Messerringzerspaner *m*, Messerkorbzerspaner *m*
**knife-scratch test** (Paint) / Spanschnittprobe *f* (Bestimmung der Geschmeidigkeit eines Lackfilms nach Peters gemäß DIN 53155)
**knife sharpener** (Tools) / Messerschärfer *m* ‖ ~ **stand** (Nut) / Messerblock *m* (für Küchenmesser) ‖ ~-**switch** *n* (Elec Eng) / Messerschalter *m* ‖ ~ **tool\*** (Eng) / Seitendrehmeißel *m*
**knifing** *n* (Build) / Spachteln *n*, Spachtelziehen *n* (mit dem Spachtelmesser - zum Ausgleich von Unebenheiten bzw. Fehlern) ‖ ~ **filler** (Paint) / Ziehspachtel *m* ‖ ~ **filler** (Paint) / Messerspachtelmasse *f* ‖ ~ **stopper** (Paint) / Ziehspachtel *m*
**Knight shift** (Nuc) / Knight-Verschiebung *f*, Knightshift *m* (Verschiebung der Kernresonanzlinien gegenüber dem freien Atom - eine Hyperfeinstrukturwechselwirkung)
**knight's move square** (Maths) / Rösselquadrat *n*
**knit** *v* (Textiles) / wirken *v* (wenn mehrere Maschen zugleich vorgeformt und dann zu einzelnen Maschen ausgearbeitet werden) ‖ ~ (Textiles) / stricken *v* (wenn aus einem Faden eine Masche nach der anderen gebildet wird) ‖ ~ (Textiles) / Maschen bilden (stricken oder wirken)
**knit-deknit process** (Textiles) / Crinkle-Verfahren *n* (Knautschausrüstung)
**knit fabrics** (Textiles) / Strick-, Wirk- und Häkelwaren *f pl*, Trikotagen *f pl* (Gewirke, besonders für Unterwäsche), Maschenwaren *f pl*
**knits** *pl* (Textiles) / Maschenware *f*, Strickware *f*, Knitwear *f* (modische Strickkleidung) ‖ ~ (Textiles) / Wirkware *f* (auf Wirkmaschinen hergestellte textile Maschenware), Gewirke *n* (Wirkware)
**knitted across the wale** (Textiles) / quergestrickt *adj* ‖ ~ **carpet** (Textiles) / Wirkteppich *m*, gewirkter Teppich ‖ ~ **curtain** (Textiles) / Wirkgardine *f* ‖ ~ **fabrics** (Textiles) / Strick-, Wirk- und Häkelwaren *f pl*, Trikotagen *f pl* (Gewirke, besonders für Unterwäsche), Maschenwaren *f pl* ‖ ~ **glass fabric** / Textilglasgewirk *n*, Textilglasgestrick *n* (DIN 61850) ‖ ~ **high-pile fabric** (Weaving) / Wirkplüsch *m* ‖ ~ **lace pattern** (Textiles) / Petinetmuster *n* (Rechts/Links/ durchbrochen) ‖ ~ **open tube** (Chem) / gestrickte Reaktionskapillare ‖ ~ **pile** (Weaving) / Wirkplüsch *m* ‖ ~ **plush** (Textiles) / Kulierplüsch *m* ‖ ~ **sets** (Textiles) / Obertrikotagen (OT) *f pl*, OT ‖ ~ **terry goods** (Textiles) / Wirkfrottierware *f* ‖ ~ **velvet** (Textiles) / Wirksamt *m* ‖ ~ **with the wale** (Textiles) / längsgestrickt *adj*
**knitting** *n* (Textiles) / Wirkerei *f*, Wirken *n* (ein Zweig der Textiltechnik nach DIN EN ISO 4921) ‖ ~ (Textiles) / Rechts-Rechts-Stricken *n* ‖ ~ (Textiles) / Strickerei *f*, Stricken *n* (ein Zweig der Textiltechnik nach DIN EN ISO 4921) ‖ ~ **frame** (Textiles) / Wirkmaschine *f*, Wirkstuhl *m* ‖ ~ **lock** (Textiles) / Strickschloss *n* ‖ ~ **loom** (Textiles) / Wirkmaschine *f*, Wirkstuhl *m* ‖ ~ **machine** (Textiles) / Wirkmaschine *f*, Wirkstuhl *m* ‖ ~ **machine** (Textiles) / Strickmaschine *f* (einbettige, zweibettige) ‖ ~ **machine\*** (Textiles) / maschenbildende Maschine (Wirk- und Strickmaschine nach DIN ISO 7839) ‖ ~ **needle** (Textiles) / Wirknadel *f* ‖ ~ **needle** (Textiles) / Stricknadel *f* ‖ ~ **pattern** (Textiles) / Strickmuster *n* ‖ ~ **property** (of wool) (Textiles) / Strickverhalten *n* (der Wolle)
**knittings** *pl* (Textiles) / Wirkware *f* (auf Wirkmaschinen hergestellte textile Maschenware), Gewirke *n* (Wirkware)
**knitting tension** (Textiles) / Strickspannung *f* ‖ ~ **wool** (Textiles) / Strickwolle *f* ‖ ~ **yarn** (for machine-knitted goods) (Spinning) / Wirkgarn *n* ‖ ~ **yarn** (Spinning) / Strickgarn *n* (zum Handstricken)
**knitwear\*** *n* (Textiles) / Maschenware *f*, Strickware *f*, Knitwear *f* (modische Strickkleidung) ‖ ~\* (Textiles) / Wirkware *f* (auf

**knit yarn**

Wirkmaschinen hergestellte textile Maschenware), Gewirke *n* (Wirkware)
**knit yarn** (Spinning) / Strickgarn *n* (zum Handstricken)
**knob** *v* (Ceramics) / garnieren *v* (mit runden Griffen und Knöpfen) ‖ ~ *n* (Eng) / Knopf *m*, Kugelknopf *m* ‖ ~ (Eng) / [abgerundeter] Griff *m* ‖ ~ (For) / Ast *m* (der beim gefällten und ausgeformten Rohholz im Holz eingeschlossene Aststumpf), Astknoten *m* ‖ ~ (Geol) / Kuppenberg *m* ‖ ~ (Spinning) / Noppe *f* (erwünschter Effekt bei Noppengarnen und Noppenzwirnen)
**knobbed wrack** (Bot) / Knotentang *m* (Ascophyllum nodosum L.)
**knobby** *adj* (Autos) / grobstollig *adj* (Reifen)
**knob insulator** (Elec Eng) / Isolator *m* mit Einlochbefestigung ‖ ~ **latch** (Build) / Knopfriegel *m* (ein Beschlag)
**knock** *v* (Eng) / schlagen *v*, klopfen *v* ‖ ~ (Fuels) / klopfen *v* ‖ ~* *n* (Eng) / Schlag *m*, Schlagen *n*, Klopfen *n* ‖ ~ (Eng) / Flattern *n* (bei Ventilen) ‖ ~* (Fuels) / Klopfen *n* (im Vergasermotor)
**knockabout** *adj* (suitable for rough use) (Textiles) / strapazierfähig *adj* (Kleid)
**knock characteristic(s)** (Fuels) / Klopfeigenschaften *f pl* ‖ ~ **control** (Fuels) / Klopfregelung *f* ‖ ~ **down** *v* / herabsetzen *v*, senken *v*, reduzieren *v* (senken), ermäßigen *v* (Preise) ‖ ~ **down** (Autos) / zu Boden schleudern ‖ ~ **down** (Build, Civ Eng) / schleifen *vt* (- habe geschleift - Wall, Festung), abreißen *v*, abtragen *v*, niederreißen *v* (Gebäude), abbrechen *v* (ein altes Haus), demolieren *v* ‖ ~ **down** (For) / fällen *v* (Bäume), einschlagen *v*, hauen *v*, schlagen *v* ‖ ~ **down** *vt* (Autos) / umfahren *vt* (einen Fußgänger), überfahren *v* (einen Fußgänger)
**knockdown** *n* / Knockdown *n* (Zusammenbruch der Gleichgewichtshaltung vergifteter Tiere bei der Insektizidprüfung), KD (Knockdown) ‖ ~ *adj* (Eng) / zerlegbar *adj* ‖ ~ **furniture** / Paketmöbel *n pl* (die so zerlegbar sind, dass sie als Paket verschickt und gehandelt werden können) ‖ ~ **furniture** (Join) / Mitnahmemöbel *n pl*, Knock-down-Möbel *n pl* ‖ ~ **price** / Schleuderpreis *m*
**knock-down sketch** (Eng) / Demontageskizze *f*
**knocked-down** *adj* (Eng) / demontiert *adj*, in Einzelteile zerlegt (für Versand)
**knocked-on atom** (Nuc) / angestoßenes Atom, Anstoßatom *n*, "Knocked-on"-Atom *n*
**knocker** *n* (Build, Join) / Türklopfer *m* (ein Baubeschlag)
**knocking** *n* / Betäubung *f* (des Schlachtviehs) ‖ ~ (Eng) / Schlag *m*, Schlagen *n*, Klopfen *n* ‖ ~ (Eng) / Flattern *n* (bei Ventilen) ‖ ~* (Fuels) / Klopfen *n* (im Vergasermotor) ‖ ~ (Mining) / Signalgebung *f* durch Schlagen auf die Kohle ‖ ~ (Min Proc) / großes Stück (im Siebüberlauf), das von Hand verlesen werden muss ‖ ~ *adj* / verunglimpfend *adj*, herabsetzend *adj* (Werbung)
**knocking-off** *n* (Foundry) / Abschlagen *n* (des Anschnittsystems) ‖ ~ **motion** (Textiles) / Fadenwächter *m* (ein elektronisches Fadenlaufüberwachungsgerät)
**knocking under load** (Fuels) / Klopfen *n* unter Last
**knocking-up** *n* (Paint) / Verarbeitung *f* der Pigmente (z.B. durch Durchmischen, Rühren, Kneten)
**knock intensity** (Fuels) / Klopfstärke *f* ‖ ~ **limit** (Fuels) / Klopfgrenze *f* ‖ ~ **off** *v* (Fuels) / abkupfern *v* (illegal, einen Markenartikel) ‖ ~ **off** / abklopfen *v* (entfernen), abschlagen *v* ‖ ~ **off** (Foundry) / abschlagen *v* (Anschnitte)
**knock-off dagger** (Weaving) / Stecher *m* (des Schützenwächters) ‖ ~ **device** (Weaving) / Stechereinrichtung *f* (Sicherheitsvorrichtung an der Webmaschine, die das Anschlagen des Rietes an den Warenrand verhindert) ‖ ~ **feeder core** (Foundry) / Einschnürkern *m*, Luftkern *m* (Speiser), Washburn-Kern *m*
**knock-on atom** (Nuc) / angestoßenes Atom, Anstoßatom *n*, "Knocked-on"-Atom *n* ‖ ~ **effect** (a secondary, indirect, or cumulative effect) / mittelbare Auswirkung (meistens negative)
**knock•-on electrons*** (Nuc) / Anstoßelektronen *n pl* ‖ ~ **out** *v* / außer Betrieb setzen, unterbrechen *v* (z.B. Sturm die Fernsprechleitungen) ‖ ~ **out** / ausbrechen *v* (Steine aus der Mauer) ‖ ~ **out** (Foundry) / ausleeren *v*, ausschlagen *v* (Formen) ‖ ~ **out** (Nut) / ausklopfen *v* (Schokolade auf der Klopfbahn)
**knock-out** *n* (Eng) / Innenabfall *m*, Butzen *m* (z.B. beim Stanzen) ‖ ~ **grid** (Foundry) / Auslerrrost *m* ‖ ~ **pin** (Eng) / Auswerferstift *m*
**knock over** *v* (Autos) / zu Boden schleudern ‖ ~ **over** *vt* (Autos) / umfahren *vt* (einen Fußgänger), überfahren *v* (einen Fußgänger)
**knock-over** *n* (Textiles) / Abschlag *m*, Abschlagen *n* (bei der Maschenbildung bei Wirkwaren) ‖ ~ (Textiles) / Ableeren *n* (der Färbeflotte) ‖ ~ **bit** (Textiles) / Abschlagplatine *f* (ein Maschenbildungswerkzeug) ‖ ~ **bit** (Textiles) / Abschlagbarre *f* (bei Cotton-Maschinen), Abschlagplatine *f* (bei Cotton-Maschinen) ‖ ~ **sinker** (Textiles) / Abschlagplatine *f* (ein Maschenbildungswerkzeug)
**knock rating*** (Fuels) / Klopfwertbestimmung *f*, Klopfwertermittlung *f*, Ermittlung *f* der Klopffestigkeit ‖ ~ **resistance** (Fuels) / Klopffestigkeit *f* (die Eigenschaft eines Ottokraftstoffs, ohne Klopfen zu verbrennen) ‖ ~ **sensor** (Autos) / Klopfsensor *m* (ein Fühler im Motorblock) ‖ ~ **suppressor** (Fuels) / Gegenklopfmittel *n*, Klopfbremse *f*, Antiklopfmittel *n* ‖ ~ **through** *v* (Carp, Eng) / durchschlagen *v* (einen Nagel) ‖ ~ **together** / zusammenzimmern *v* (z.B. Möbel) ‖ ~ **up** (Paint) / verarbeiten *v* (Pigmente)
**Knoevenagel condensation** (Chem) / Knoevenagel-Kondensation *f* (nach E. Knoevenagel, 1865-1921) ‖ ~ **reaction** (Chem) / Knoevenagel-Kondensation *f* (nach E. Knoevenagel, 1865-1921)
**knoll** *n* (a small hill or mound) (Geol) / Hügel *m* (niedriger), Erdhügel *m*
**Knoop hardness** (the relative microhardness of a material, such as metal, determined by the Knoop indentation test) (Materials) / Knoop-Härte *f* ‖ ~ **hardness number** (Materials) / Knoop-Härte *f* (konkret ermittelter Wert), Härtegrad *m* nach Knoop (eine US-Pyramidenhärte), HK (Knoop-Härte) ‖ ~ **hardness test** (Materials, Met) / Härteprüfung *f* nach Knoop (mit der verlängerten Diamantpyramide) ‖ ~ **indentation** (hardness) **test** (a relative hardness measurement of a material determined by the depth to which a diamond indenter having a rhombic base penetrates the material under specified procedures) (Materials) / Härteprüfung *f* nach Knoop (mit der verlängerten Diamantpyramide) ‖ ~ **indenter** (a diamond indenter) (Materials) / Knoop-Eindringkörper *m* (verlängerte Diamantpyramide)
**knop** *n* (Spinning) / Noppe *f* (erwünschter Effekt bei Noppengarnen und Noppenzwirnen) ‖ ~ **yarn*** (Textiles) / Knoten-Effektgarn *n*, Noppen-Effektgarn *n*, Noppengarn *n*
**Knorr synthesis** (Chem) / Knorr-Synthese *f* (die zu Stickstoffheterozyklen führt - nach L. Knorr, 1859-1921)
**knot** *v* / verknoten *v*, knoten *v*, knüpfen *v* (Teppiche) ‖ ~ / einen Knoten machen ‖ ~ / verknoten *v*, durch einen Knoten verbinden ‖ ~* *n* (Aero, Ships) / Knoten *m* (Einheit der Geschwindigkeit = 1 sm/h), kn (Knoten) ‖ ~ (Chem) / Knoten *m* (ein exotisches Molekül) ‖ ~ (Eng) / Knoten *m*, Knötchen *n* (Materialfehler) ‖ ~* (hard cross-grained disfigurement in timber which is formed where the parent stem puts out the shoots which develop into branches) (For) / Ast *m* (der beim gefällten und ausgeformten Rohholz im Holz eingeschlossene Aststumpf), Astknoten *m* ‖ ~ (Glass) / Knoten *m* (Einschluss als Fehler) ‖ ~ (an imperfection in glass resulting from an inhomogeneity in the form of a vitreous lump of a composition different from that of the surrounding glass) (Glass) / Tropfen *m*, Tropfenschliere *f* ‖ ~ (Maths) / Knoten *m* (topologischer) ‖ ~ (Paper) / Knoten *m* ‖ ~ (Textiles) / Knoten *m* (Verschlingung von Fasern, Garnen, Seilen, Tauen) ‖ ~ **borer** (For) / Astausbohrer *m* (Forstnerbohrer oder Kunstbohrer)
**knot-boring machine** (For) / Astausbohrmaschine *f*, Astlochbohrmaschine *f*
**knot-breaking strength** (Textiles) / Knotenreißkraft *f*
**knot catcher** (Paper) / Knotenfänger *m*, Splitterfang *m* (eine Reinigungseinrichtung), Knotenfang *m*, Astfänger *m* ‖ ~ **catcher stop motion** (Weaving) / Knotenfänger *m*, Knotenwächter *m* ‖ ~ **cluster** (For) / Gruppenast *m* ‖ ~ **cluster** (For) / Astbüschel *n* (ein Holzfehler) ‖ ~ **cluster** (For) s. also group knots
**knot-equivalent air speed** (Aero) / KEAS-Geschwindigkeit *f*, KEAS (KEAS-Geschwindigkeit)
**knot-free** *adj* (For) / astfrei *adj*, astrein *adj*, astlos *adj*
**knot-holding property** (resistance to knot-slippage) (Textiles) / Knotenhaftung *f*, Knotenrutschfestigkeit *f*
**knothole** *n* (For) / Astloch *n* ‖ ~ **boring machine** (For) / Astausbohrmaschine *f*, Astlochbohrmaschine *f*
**knotless wood** (For) / astfreies Holz, astreines Holz
**knot-slippage** *n* (Textiles) / Knotenrutschen *n*
**knotted** *adj* (For) / ästig *adj*, astig *adj* (Rohholz), astreich *adj* ‖ ~ **carpet** (Textiles) / Knüpfteppich *m* ‖ ~ **slate** (Geol) / Knotenschiefer *m* ‖ ~ **topology** (Maths) / verknotete Topologie
**knotter*** *n* (Paper) / Knotenfänger *m*, Splitterfang *m* (eine Reinigungseinrichtung), Knotenfang *m*, Astfänger *m*
**knot theory** (Maths) / Knotentheorie *f*
**knotting*** *n* (Build, Paint) / Ästelack *m* (Lösung von Schellack in Spiritus) ‖ ~ **machine** (Weaving) / Knotmaschine *f*
**knotty** *adj* (For) / ästig *adj*, astig *adj* (Rohholz), astreich *adj* ‖ ~ **cords** / Knotenschlieren *f pl*
**know-how** *n* / Know-how *n* (spezielles Wissen um die ingenieurtechnische Verwirklichung eines Verfahrens)
**knowledge** *n* (AI) / Wissen *n*
**knowledgeable** *adj* / sachkundig *adj*, mit Sachkenntnissen
**knowledge acquisition** (AI) / Wissenserwerb *m* ‖ ~ **base** (AI, Comp) / Wissensdatenbank *f* (Komponente zur expliziten Beschreibung von Wissen), Informationsbank *f* (mit künstlicher Intelligenz), Wissensbank *f*, Wissensbasis *f*
**knowledge-based** *adj* (AI, Comp) / wissensbasiert *adj*
**knowledge elicitation** (AI) / Wissenserwerb *m* ‖ ~ **engineer** (AI) / Wissensingenieur *m* (ein Mehrfachspezialist, der auf dem Gebiet

der Expertensysteme arbeitet) ‖ ~ **engineering** (AI) / ingenieurmäßige Anwendung der (rechnergestützten) Wissensverarbeitung, Knowledge Engineering *n*, Wissenstechnik *f* ‖ ~ **information processing system** (AI, Comp) / Wissensverarbeitungssystem *n* ‖ ~ **management** (AI) / Knowledgemanagement *n* (Strategien zur optimalen Nutzung des gesammelten Wissens, der Erfahrungen und Ideen der Mitarbeiter eines Unternehmens) ‖ ~ **processing** (AI, Comp) / Wissensverarbeitung *f* (rechnergestützte) ‖ ~ **representation** (AI, Comp) / Wissensrepräsentation *f* (Darstellung von vorliegendem Wissen auf einem Rechner), Repräsentation *f* von Wissen (eine Teildisziplin der künstlichen Intelligenz) ‖ ~ **representation language** (AI) / Wissensrepräsentationssprache *f*, KR-Sprache *f* ‖ ~ **representation system** (AI) / Wissensrepräsentationssystem *n*, WRS (Wissensrepräsentationssystem)

**knowledge-representation theory** (AI) / Wissensrepräsentationstheorie *f*, Theorie *f* der Wissensdarstellung

**knowledge spectrum** (AI) / Wissensspektrum *n* ‖ ~ **transfer** (AI) / Wissenstransfer *m* ‖ ~ **updating** (AI) / Wissensfortschreibung *f*

**Knowles dobby** (Weaving) / Räderschaftmaschine *f*, Knowles-Schaftmaschine *f* (eine Einhub-Hoch-Offenfach-Schaftmaschine, die im Gegenzug arbeitet)

**known** *adj* / bekannt *adj* ‖ ~ **geothermal resource area** (Geol) / sicheres geothermisches Vorkommen

**known-good device** (Elec Eng) / Bezugsgerät *n*, Beleggerät *n* (bei Prüfungen)

**known quantity** (Maths) / bekannte Größe ‖ ~ **reserves** (Geol, Mining) / bekannte Reserven, bekannte Vorräte (an Mineralien und Steinen)

**knuckle** *n* (Autos) / Achsschenkel *m* (gelenkte Achse) ‖ ~ (Join) / Gelenk *n*, Gelenkverbindung *f* ‖ ~* (Join) / Lappenband *n* mit Angel, Gelenkband *n* ‖ ~ (Rail) / Kupplungsklaue *f*, Klaue *f* (Mittelpufferkupplung) ‖ ~ **joint*** (Eng) / Gabelgelenk *n* ‖ ~ **joint** (Oils) / Kniegelenk *n* (ein Zwischenstück im Bohrgestänge)

**knuckle-joint press*** (Eng) / Kniehebelpresse *f* (weggebundene mechanische Presse, bei der die Presskraft von der Kurbelwelle über einen Kniehebel auf den Stößel übertragen wird)

**knuckle thread** (Eng) / Rundgewinde *n* (z.B. DIN 405)

**Knudsen diffusion** (Chem Eng, Vac Tech) / Gemischtströmung *f* (Knudsen-Effekt), Knudsen-Strömung *f* (Nichtkontinuumströmung - nach M.H.Ch. Knudsen, 1871-1949) ‖ ~ **flow*** (Chem Eng, Vac Tech) / Gemischtströmung *f* (Knudsen-Effekt), Knudsen-Strömung *f* (Nichtkontinuumströmung - nach M.H.Ch. Knudsen, 1871-1949) ‖ ~ **flow*** (Chem Eng, Vac Tech) s. also molecular streaming ‖ ~ **gas** (Chem Eng, Vac Tech) / Knudsen-Gas *n* ‖ ~ **gauge** (Phys, Vac Tech) / Molekulardruckvakuummeter *n*, Radiometervakuummeter *n*, Knudsen-Vakuummeter *n* ‖ ~ **number** / Knudsen-Zahl *n* (ein Maß für die Dichte der Gasströmung - DIN 1341), Kn (Knudsen-Zahl) ‖ ~ **pressure gauge** (Phys, Vac Tech) / Molekulardruckvakuummeter *n*, Radiometervakuummeter *n*, Knudsen-Vakuummeter *n* ‖ ~ **vacuum gauge** (Phys, Vac Tech) / Molekulardruckvakuummeter *n*, Radiometervakuummeter *n*, Knudsen-Vakuummeter *n*

**knurl** *v* (Eng) / ränderieren *v*, rändeln *v* (aufrauen)

**knurled nut** (Eng) / Rändelmutter *f* (niedrige Form nach DIN 467), flache Rändelmutter, gerändelte Mutter ‖ ~ **nut with collar** (Eng) / hohe Rändelmutter, Rändelmutter *f* (hohe Form nach DIN 466) ‖ ~ **ring** (Eng) / Rändelring *m*

**knurling** *n* (Eng) / Rändeln *n* (ein Aufrauverfahren, z.B. bei Muttern, Schraubenknöpfen, Bedienungsknöpfen usw. - DIN 8583, T 5) ‖ ~ **tool*** (small hard serrated steel rollers, mounted on a pin, which are pressed against circular work to make a series of ridges on a surface to improve the finger grip on the part surface) (Eng) / Rändelwerkzeug *n*, Rändel *n* (gehärtete, an ihrem Umfang eine feine Zahnung aufweisende Stahlrolle), Rändelrädchen *n*, Rändelrad *n*

**kobellite*** *n* (Min) / Kobellit *m*

$K_{OC}$ (soil adsorption coefficient) / $K_{OC}$ (Bodenabsorptionskoeffizient)

**Koch curve** (Maths) / Schneeflockenkurve *f*, Koch-Kurve *f* (eine selbstähnliche fraktale Kurve nach H. v. Koch, 1870-1924) ‖ ~ **reaction** (Chem) / Koch-Reaktion *f* (stufenweise Darstellung von Monocarbonsäuren durch Carbonylierung von Alkenen und anschließende Zersetzung des Zwischenproduktes mit Wasser) ‖ ~ **synthesis** (Chem Eng) / Koch'sche Carbonsäure-Synthese, Koch'sche Karbonsäure-Synthese (nach H. Koch, 1904-1967), Koch-Haaf-Carboxylierung *f*

**Koebe function** (Maths) / Koebe'sche Funktion (nach P. Koebe, 1882 - 1945)

**Koehler lamp** (US) (Mining) / Ölwetterlampe *f*, Wetterlampe *f* (nach Koehler)

**Koepe hoist** (Mining) / Koepe-Fördermaschine *f* (bei der Treibscheibenförderung), Koepe-Förderanlage *f* ‖ ~ **sheave** (Mining) / Koepe-Scheibe *f*, Treibscheibe *f* (nach Koepe) ‖ ~ **wheel** (Mining) / Koepe-Scheibe *f*, Treibscheibe *f* (nach Koepe) ‖ ~ **winder** (Mining) /

Koepe-Fördermaschine *f* (bei der Treibscheibenförderung), Koepe-Förderanlage *f* ‖ ~ **winding system** (Mining) / Treibscheibenförderung *f*, Koepe-Förderung *f*

**Koerting condenser** (Nuc) / Körting-Kondensator *m*

**Kogasin** *n* (Chem Eng) / Kogasin *n* (Abkürzung aus Koks*, Gas* und Benzin* - Kohlenwasserstoffe, die bei der Fischer-Tropsch-Synthese anfallen)

**Köhler illumination** (Micros) / Köhler'sche Beleuchtung(sanordnung) (nach A. Köhler, 1866 - 1948), Köhler'sche Beleuchtungseinrichtung

**Kohlrausch's law*** (Chem) / Kohlrausch-Gesetz *n* (für die Isotachophorese), Gesetz *n* von Kohlrausch (der unabhängigen Ionenwanderung - nach F.W.G. Kohlrausch, 1840 - 1910) ‖ ~ **square-root law** (Chem) / Kohlrausch'sches Quadratwurzelgesetz

**kojic acid** (Chem, Pharm) / Kojisäure *f*

**kokko** *n* (For) / Siris *n*, Kokko *n* (indisches), Albizia *n* (Albizia lebbeck (L.) Benth.)

**koko** *n* (For) / Siris *n*, Kokko *n* (indisches), Albizia *n* (Albizia lebbeck (L.) Benth.)

**kokrodua** *n* (For) / Afrormosia (Afrormosia elata Harms - mit dauerhaftem dunkelbraunem Holz), Kokrodua *n* (falsches Gold-Teak), Obang *n*

**kok-saghyz** *n* (Bot) / Kok-Saghys *m* (Taraxacum kok-saghyz Rodin - die Pflanze wird als Kautschuklieferant ausgewertet), Kok-Saghyz *m*

**kok-sagyz** *n* (Bot) / Kok-Saghys *m* (Taraxacum kok-saghyz Rodin - die Pflanze wird als Kautschuklieferant ausgewertet), Kok-Saghyz *m*

**kola nut** / Kolanuss *f*, Gurunuss *f*, Kola *f* (aus Cola acuminata (P. Beauv.) Schott et Endl.) ‖ ~ **seed** / Kolanuss *f*, Gurunuss *f*, Kola *f* (aus Cola acuminata (P. Beauv.) Schott et Endl.)

**Kolbe electrolysis** (Chem) / Fettsäureelektrolyse *f* (nach Kolbe) ‖ ~ **hydrocarbon synthesis** (Chem) / Kolbe'sche Synthese (Verfahren zum Aufbau höherer gesättigter Kohlenwasserstoffe - nach H. Kolbe, 1818-1884)

**Kolbe-Schmitt synthesis** (Chem Eng) / Kolbe-Schmitt-Synthese *f* (von Phenolcarbonsäuren unter Druck)

**Kolbe's method** (Chem) / Kolbe'sche Synthese (Verfahren zum Aufbau höherer gesättigter Kohlenwasserstoffe - nach H. Kolbe, 1818-1884)

**kolinski** *n* (Leather, Zool) / Sibirischer Nerz, Kolinsky *m* (Handelsbezeichnung für Kolonok bzw. Feuerwiesel im Pelztiergeschäft), Kolinski *m*

**kolinsky** *n* (pl. -ies) (Leather, Zool) / Sibirischer Nerz, Kolinsky *m* (Handelsbezeichnung für Kolonok bzw. Feuerwiesel im Pelztiergeschäft), Kolinski *m* ‖ ~ (Leather, Zool) s. also sable brush

**kollergang** *n* (Eng, Min Proc) / Kollergang *m*

**Kolmogorov inequality** (Stats) / Kolmogorow'sche Ungleichung (nach A.N. Kolmogorow, 1903 - 1987)

**Kolmogorov-Sinai invariant** (Phys) / Kolmogorow-Sinai-Invariante *f*, Entropie *f* eines dynamischen Systems

**Kolmogorov-Smirnov test** (Stats) / Kolmogorov-Test *m*, Kolmogorov-Smirnov-Test *m* (ein Signifikanztest nach N. W. Smirnow, 1900 - 1966)

**Kondo effect** (change in superconductivity characteristics resulting from magnetic impurities in the compounds involved) (Mag) / Kondo-Effekt *m* (bei glasartigen magnetischen Werkstoffen) ‖ ~ **resonance** (Phys) / Abrikossow-Suhl-Resonanz *f* (nach A.A. Abrikossow, geb. 1928)

**Königsberg bridge problem** (Maths) / Euler'sches Brückenproblem (eine klassische topologische Fragestellung), Königsberger Brückenproblem (von L. Euler)

**König's theorem** (Maths) / Satz *m* von König

**konimeter*** *n* / Konimeter *n* (ein Staubmesser)

**konoscopic** *adj* (Micros, Optics) / konoskopisch *adj*

**Konovaloff rule** (an empirical rule which states that in the vapour over a liquid mixture there is a higher proportion of that component which, when added to the liquid, raises its vapour pressure, than of other components) (Chem) / Konowalow'sche Regel (Gesetzmäßigkeit für Siede- und Dampfdruckdiagramme binärer Mischungen)

**Konowalow's law** (Chem) / Konowalow'sche Regel (Gesetzmäßigkeit für Siede- und Dampfdruckdiagramme binärer Mischungen)

**Konvoi** *n* (Nuc Eng) / Konvoi *m* (Typenbezeichnung des 1300 MW-Druckwasserreaktors der Framatome ANP GmbH)

**Kooman's array*** (Radio) / Tannenbaumantennen-Wand *f*, Tannenbaumantennen-System *n*, Tannenbaumantennen-Anordnung *f*

**Koopmans energy** (a calculated energy of an electron in an orbital, on the assumption that its removal to infinity is unaccompanied by electronic relaxation) (Nuc) / Koopmans-Energie *f* (der Energieparameter in dem Hartree-Fock-Verfahren)

**Kopp and Neumann's law** (Phys) / Neumann-Kopp'sche Regel, Kopp-Neumann'sche Regel (Molwärme fester Verbindungen ist

### Köppen

gleich der Summe der Atomwärmen der sie bildenden Elemente - nach F.E. Neumann, 1798-1895, und H. Kopp, 1817-1892)
**Köppen classification**\* (Meteor) / Köppen'sche Klassifikation (nach W. Köppen, 1846 - 1940)
**Kopp's law** (Phys) / Neumann-Kopp'sche Regel, Kopp-Neumann'sche Regel (Molwärme fester Verbindungen ist gleich der Summe der Atomwärmen der sie bildenden Elemente - nach F.E. Neumann, 1798-1895, und H. Kopp, 1817-1892) || ≃ **rule** (Phys) / Neumann-Kopp'sche Regel, Kopp-Neumann'sche Regel (Molwärme fester Verbindungen ist gleich der Summe der Atomwärmen der sie bildenden Elemente - nach F.E. Neumann, 1798-1895, und H. Kopp, 1817-1892)
**kordofan gum** / Kordofangummi n (eine Art Gummiarabikum)
**Kornblum's rule** (Chem) / Kornblumregel f
**Korndorfer starting method** (Elec Eng) / Dreischaltermethode f
**kornerupine**\* n (Min) / Kornerupin m (ein komplexes Silikatmineral), Prismatin m (aus dem Granulit von Waldheim in Sachsen)
**Korn shell** (AI, Comp) / Korn-Shell f (eine Weiterentwicklung der Bourne-Shell)
**Korteweg-de Vries equation** (Phys) / Korteweg-de-Vries-Gleichung f (bei Solitonen)
**Kort nozzle** (Ships) / Kortdüse f (düsenförmiger Ring um die Schiffsschraube - nach L. Kort, 1888-1958)
**kosher hide** (Leather) / Rohhaut f von der rituellen (jüdischen) Schlachtung (durch Schächtschnitt)
**kosmochlor** n (Min) / Kosmochlor m, Ureyit m (aus Eisenmeteoriten und Jade)
**Kossel effect** (Phys) / Kossel-Effekt m (Röntgenstrahlinterferenzen, die auftreten, wenn die Strahlungsquelle im Kristall selbst liegt - nach W. Kossel, 1888 - 1956)
**Köster process** (Chem Eng) / Köster-Verfahren n (Herstellung von bororganischen Verbindungen)
**Kostinsky effect**\* (Photog) / Kostinsky-Effekt m (ein Nachbareffekt)
**KOT** (knitted open tube) (Chem) / gestrickte Reaktionskapillare
**kotibé** n (For) / Danta n, Ototutu n, Kotibé n (Nesogordonia papaverifera Capuron), KOB
**koto** n (For) / Koto n (Pterygota sp.), Pterygota n
**koumiss** n (Nut) / Kumys m, Kumyss m (gegorene Stutenmilch)
**Kovar**\* n (Elec Eng, Met) / Kovar n (Warenzeichen für einen Leiterwerkstoff aus 53,5% Fe, 28,5% Ni und 18% Co)
**Kováts index** (Chem) / Retentionsindex m (der die Lage eines Peaks in einem Gaschromatogramm angibt), RI (Retentionsindex), Kováts-Index m (in der Gaschromatografie)
**KOX** (keyboard-operated transmission) (Telecomm) / über Tastatur ausgelöste Übertragung
**kozo** n (For) / Papiermaulbeerbaum m (Broussonetia papyrifera (L.)Vent.)
**KP** (key pulsing) (Teleph) / Tastenwahl f, Tastaturwahl f, Tastwahl f, Tonwahl f
**k-particle** n (Nuc) / K-Meson n, Kaon n (instabiles Elementarteilchen aus der Familie der Mesonen)
**K-plate** n (Met) / spezielles Elektrolytweißblech (mit dickem Zinnüberzug) || ≃ (Met) / Blechspezifikation f K
**KPRAM** (keyboard-programmable RAM) (Comp) / tastaturprogrammierbarer Speicher (mit wahlfreiem Zugriff), tastaturprogrammierter Speicher mit wahlfreiem Zugriff
**K profile** (Eng) / K-Profil n (Verbindungsart von Welle und Nabe), Polygonprofil n
**K-profile shaft** (Eng) / Keilwelle f, K-Profil-Welle f, Keilnutenwelle f
**Kr** (krypton) (Chem) / Krypton n, Kr (Krypton)
**K-radiation** n (Radiol) / K-Strahlung f (eine charakteristische Röntgenstrahlung)
**Kraemer•-Sarnow test**\* (Build, Civ Eng) / Kraemer-Sarnow-Test m (zur Ermittlung des Kraemer-Sarnow-Erweichungspunkts nach DIN 1995) || ≃ **system** (Elec Eng) / Dreifeldmaschine f, Krämermaschine f, Krämer-Kaskade f
**Krafft point** (Chem Eng) / Krafft-Punkt m (DIN 53918) || ≃ **temperature** (Chem Eng) / Krafft-Punkt m (DIN 53918)
**kraft** n (Paper) / Kraftpapier n (DIN 6730) || ~ **bag paper** (Paper) / Kraftsackpapier n (DIN 6730) || ~ **board** (Paper) / Kraftpappe f
**kraftliner** n (Paper) / Kraftliner m (Deckenpapier für Wellpappe aus Sulfatzellstoff)
**kraft paper** (Paper) / Kraftpapier n (DIN 6730) || ~ **process** (Paper) / Sulfatverfahren n (alkalisches Aufschlussverfahren zur Gewinnung von Zellstoff) || ~ **pulp** (Paper) / Sulfatzellstoff m (nach dem Sulfatverfahren gewonnener Zellstoff - DIN 6730), Kraftzellstoff m (hochfester Sulfatzellstoff) || ~ **qualities** (Paper) / krafthaltige Sorten (von Altpapier)
**Kramer control**\* (Elec Eng) / Drehzahlregelung f mit Hintermotor
**Kramers-Kronig equation** (Phys) / Kramers-Kronig-Relation f (eine Dispersionsrelation nach H.A. Kramers, 1894-1952, und Ralph de Laer Kronig, 1900-1995), Kramers-Kronig-Beziehung f || ≃ **formula**

(Phys) / Kramers-Kronig-Relation f (eine Dispersionsrelation nach H.A. Kramers, 1894-1952, und Ralph de Laer Kronig, 1900-1995), Kramers-Kronig-Beziehung f || ≃ **relation** (Optics, Phys) / Kramers-Kronig-Relation f (eine Dispersionsrelation nach H.A. Kramers, 1894-1952, und Ralph de Laer Kronig, 1900-1995), Kramers-Kronig-Beziehung f
**Kramer's theorem** (Nuc) / Kramer'sches Theorem (eine aus gruppentheoretischen Überlegungen folgende Aussage, dass in einem gegen Zeitumkehr invarianten System mit einer ungeraden Anzahl von Elektronen alle Energiezustände wenigstens zweifach entartet sind)
**Krarup loading** (Elec Eng) / Krarupisierung f (ein Verfahren, bei dem Kupferkabel zur Erhöhung der Selbstinduktion mit dünnen Eisendrähten mit einem Durchmesser von 0,2 oder 0,3 mm umwickelt werden, um so die Leitungsdämpfung zu vermindern und längere Distanzen bei gegebener Sendeleistung überbrücken zu können), Krarupisieren n, Krarup-Verfahren n
**kraton**\* n (Geol) / Kraton n m (ein Krustenteil), Kratogen n
**krausening** n (Brew) / Kräusen n (beim intensiv gärenden Jungbier), Aufkräusen n
**Krawtchouk polynomial** (Maths) / Krawtschuk'sches Polynom, Kravčuk-Polynom n
**Krebs cycle** (Biochem) / Krebs-Zyklus m, Citronensäurezyklus m, Zitronensäurezyklus m, Trikarbonsäurezyklus m, Tricarbonsäurezyklus m (von Sir H.A. Krebs [1900-1981] entdeckt) || ≃ **-Henseleit cycle** (Biochem, Physiol) / Krebs-Henseleit-Zyklus m, Harnstoffzyklus m, Ornithinzyklus m, Arginin-Harnstoff-Zyklus m
**Krebs-Kornberg cycle** (Biochem) / Krebs-Kornberg-Zyklus m, Glyoxylsäurezyklus m, Glyoxylatzyklus m
**KREEP** n (Astron, Geol) / KREEP n (Basaltgestein des Mondes mit merklichem Gehalt an Kalium /K/, seltenen Erden /Rare Earth Elements/ und Phosphor /P/)
**Krein-Milman theorem** (Maths) / Krein-Milman'scher Satz
**Kremnitz white** (Paint) / Kremser Weiß n (ein mit Mohnöl angerührtes Bleiweiß, in der Kunstmalerei verwendet)
**Krems white** (Paint) / Kremser Weiß n (ein mit Mohnöl angerührtes Bleiweiß, in der Kunstmalerei verwendet)
**krennerite** n (Min) / Krennerit m
**k-resolved inverse photoemission spectroscopy** (Spectr) / k-aufgelöste inverse Fotoelektronenspektroskopie
**kriging** n (Geol, Stats) / Kriging n (eine Interpolationsmethode für räumlich variable Größen auf der Grundlage des Semivariogramms)
**krimmer** n (Leather, Textiles) / Krimmer m (Fell das auf der Krim und in der Ukraine beheimateten Fettschwanzschafes) || ~ (a karakul cloth) (Textiles) / Krimmer m (persianerähnliche Pelzimitation)
**KRIPES** (k-resolved inverse photoemission spectroscopy) (Spectr) / k-aufgelöste inverse Fotoelektronenspektroskopie
**KRL** (knowledge representation language) (AI) / Wissensrepräsentationssprache f, KR-Sprache f
**Kroll's process**\* (Met) / Kroll-Verfahren n (ein wichtiges hüttenmännisches Verfahren zur Gewinnung von schwammförmigem Titan oder Zirkonium - nach W.J. Kroll, 1889-1973)
**Kronecker delta**\* (Maths) / Kronecker-Symbol n (nach L. Kronecker, 1823-1891), Deltasymbol n || ≃ **product** (Maths) / Kronecker-Produkt n
**Kronig-Penney model**\* (Phys) / Kronig-Penney-Modell n (für ein Kristallpotential)
**KRS** (knowledge representation system) (AI) / Wissensrepräsentationssystem n, WRS (Wissensrepräsentationssystem)
**kruger flap** (a movable flap running underneath the leading edge of the wing, with the hinge line on the upstream side of the flap) (Aero) / Krüger-Klappe f (eine Auftriebshilfe) || ≃ **flap**\* (Aero) / Krüger-Klappe f (eine Auftriebshilfe)
**krummholz**\* n (For) / Krummholz n, Knieholz n
**Krupp ball mill** (Eng) / Kugelmühle f Krupp'scher Bauart (mit Hartguss- oder Stahlkugeln als Mahlkörpern)
**Kruskal and Wallis test** (Stats) / Kruskal-Wallis-Test m (ein Signifikanztest, eine Verallgemeinerung des U-Tests) || ≃ **limit** (Nuc) / Kruskal-Grenze f
**kryptol furnace** (in which heat is generated by passing an electric current through a rammed refractory of high electrical resistance) (Ceramics) / Tammann-Ofen m (mit Widerstandsheizung)
**krypton**\* n (Chem) / Krypton n, Kr (Krypton) || ~ **difluoride** (Chem) / Kryptondifluorid n || ~ **fluoride laser** (Phys) / KrF-Laser m, Kryptonfluorid-Laser || ~ **lamp** (Elec Eng, Light) / Kryptonlampe f (zu den Allgebrauchslampen zählende, das Edelgas Krypton enthaltende Glühlampe) || ~ **monofluoride** (Chem) / Kryptonmonofluorid n
**kryptosterol** n (Chem) / Lanosterol n (ein Bestandteil des Lanolins)

**K-scope** *n* (Radar) / K-Schirm *m*, Radaranzeigegerät *n* vom Typ K
**K-series** *n* (Nuc) / K-Serie *f*
**K-shell**\* *n* (consisting of the electrons in the s-orbital with n = 1) (Nuc) / K-Schale *f* (die innerste Elektronenschale im Atom)
**k-space**\* *n* (Phys) / k-Raum *m* ‖ ~\* (Phys) s. also Brillouin zone
**KSR terminal** (keyboard send/receive terminal) (Telecomm) / Sende-Empfangsfernschreiber *m*, Fernschreiber *m*
**K-strut** *n* (Civ Eng) / doppelt gegabelte Strebe, K-Stiel *m*, Doppelgabelstiel *m*
**kt** (kiloton) (Nuc) / Kilotonne *f*, kton-Sprengkraft *f* (= 1000 tons TNT), KT (Kilotonne)
**Ku-band**\* *n* (J-band) (Radar) / Ku-Band *n* (12 bis 18 GHz) (J-Band)
**Kubelka-Munk coefficient** (Optics) / Kubelka-Munk-Koeffizient *m* (nach P. Kubelka, 1900-1954), KM-Koeffizient *m* (beim Durchgang optischer Strahlung durch trübe Stoffe nach DIN 1349, T 2) ‖ ~ **model** (Optics) / Kubelka-Munk-Modell *n*, KM-Modell *n* ‖ ~ **theory** (phenomenological turbid-medium theory relating the reflectance and transmittance of scattering and absorbing materials to optical constants and the concentrations of their colourants) (Optics) / Kubelka-Munk-Theorie *f*
**Kübler dowel** (For) / Hartholz-Runddübel *m*, Küblerdübel *m* (Hartholz-Runddübel)
**kugel** *n* (Geol) / Kugel *f*
**Kühl cement** (Civ Eng) / Kühl-Zement *m* (heute nicht mehr hergestellt)
**Kuhn model** (Electronics) / Kuhn-Modell *n* (ein klassisches Modell gekoppelter linearer Oszillatoren)
**Kuhn-Roth method** (Chem) / Kuhn-Roth-Methode *f* (oxidativer Abbau von organischen Verbindungen mit Chromsäure-Schwefelsäure)
**kukersite** *n* (Geol) / Kuckersit *m* (rotbrauner, dünnschiefriger, kalkhaltiger Bitumenschiefer)
**kukui oil** / Bankulöl *n*, Lichtnussöl *n*, Lumbangöl *n*, Kerzennussöl *n*, Iguapeöl *n* (von Samen der Aleurites moluccana (L.) Willd.)
**kulaite**\* *n* (Geol) / Kulait *m* (Hornblende-Nephelin-Tephrit)
**Kullenberg corer** (Geol, Ocean) / Kullenberg-Probenehmer *m* (für Tiefseesedimente) ‖ ~ **piston corer** (Geol, Ocean) / Kullenberg-Probenehmer *m* (für Tiefseesedimente)
**kumis** *n* (Nut) / Kumys *m*, Kumyss *m* (gegorene Stutenmilch)
**kumiss** *n* (fermented mare's or ass's milk) (Nut) / Kumys *m*, Kumyss *m* (gegorene Stutenmilch)
**Kummer's convergence test**\* (Maths) / Kummer'sches Konvergenzkriterium (für Reihen - nach E.E. Kummer, 1810-1893)
**Kundt constant**\* (Light) / Kundt'sche Konstante (bei der magnetischen Drehung der Polarisationsebene) ‖ ~ **effect** (Light) / Kundt-Effekt *m* (sehr starke Drehung der Polarisationsebene des Lichtes in ferromagnetischen Substanzen)
**Kundt's powder** (dust) **figures** (Acous) / Kundt'sche Staubfiguren (akustisches Analogon zu den elektrischen stehenden Wellen) ‖ ~ **rule**\* (Optics, Spectr) / Kundt'sches Gesetz (der anomalen Dispersion)
**Kundt's tube**\* (Acous) / Kundt'sches Rohr (in dem Kundt'sche Staubfiguren entstehen - nach A. Kundt, 1839-1894), Impedanzmessrohr *n*
**kunzite**\* *n* (Min) / Kunzit *m* (eine Abart des Spodumens; in GB und in USA als Schmuckstein sehr geschätzt)
**kupfernickel**\* *n* (Min) / Kupfernickel *n* (Nickelarsenid), Rotnickelkies *m*, Arsennickel *n*, Nickelin *m*, Niccolit *m*
**Kupffer cell**\* (Cyt) / Kupffer-Sternzelle *f* (nach K.W. von Kupffer, 1829 - 1902)
**Kuratowski's lemma** (Maths) / Satz *m* von Kuratowski (bei ebenen Grafen - nach K. Kuratowski, 1896-1980)
**Kuratowski theorem** (Maths) / Satz *m* von Kuratowski (bei ebenen Grafen - nach K. Kuratowski, 1896-1980)
**kurchatovium**\* *n* (Chem) / Kurtschatovium *n* (radioaktives, nur künstlich darstellbares chemisches Element der Ordnungszahl 104), Ku
**Kurie plot**\* (Nuc) / Fermi-Plot *n*, Fermi-Kurve *f*, Kurie-Plot *n*, Fermi-Diagramm *n*
**kurki wool** (Textiles) / Korkwolle *f* (von persischen Schafen), Kurkwolle *f*
**Kurrol's salt** (Chem) / Kurrol'sches Salz (hochmolekulares Polyphosphat)
**kurtosis**\* *n* (Stats) / Kurtosis *f* (Maß für die Ausprägung des Gipfels einer Verteilung), Wölbung *f* (Maß der Gipfligkeit einer Häufigkeitskurve), Exzess *m*
**Kurzweil data entry machine** (Comp) / Kurzweil-Einlesemaschine *f*
**kutnahorite** *n* (Min) / Kutnahorit *m* (nach Kutná Hora - Kuttenberg - in Böhmen) ‖ ~ (Min) s. also ankerite and dolomite
**Kutta-Joukowski equation** (Aero, Phys) / Kutta-Joukowski'scher Satz (über den Zusammenhang zwischen Auftriebskraft und Zirkulation - nach M.W. Kutta, 1867-1944, und N. Shukowskij, 1847-1921), Kutta-Shukowski'scher Satz (in der Strömungslehre), Kutta-Joukowsky-Gleichung *f*

**Kutta-Joukowski theorem** (Aero, Phys) / Kutta-Joukowski'scher Satz (über den Zusammenhang zwischen Auftriebskraft und Zirkulation - nach M.W. Kutta, 1867-1944, und N. Shukowski, 1847-1921), Kutta-Shukowski'scher Satz (in der Strömungslehre), Kutta-Joukowsky-Gleichung *f*
**kVA** (kilovolt-ampere) (Elec Eng) / Kilovoltampere *n* (Einheit der Leistung, zur Angabe elektrischer Scheinleistungen), kVA
**K-value** *n* (Build, Heat) / Wärmeleitfähigkeit *f* (DIN 1341), thermische Leitfähigkeit
**k-value** *n* (Chem) / K-Wert *m* (zur Charakterisierung der Molmasse von Polymeren - nach Fikentscher), Eigenviskosität *f* (von Polymeren)
**kVA rating** (Elec Eng) / Typenleistung *f*
**KVL** (Kirchhoff's voltage law) (Elec Eng) / Maschensatz *m*, Maschenregel *f* (eine der Kirchhoffschen Regeln - DIN 5489)
**KVVD** (Kelvin-Varley voltage divider) (Elec Eng) / Kelvin-Varley-Teiler *m* (ein präziser Spannungsteiler für Messzwecke)
**kW-hr** (kilowatt-hour) (Elec Eng) / Kilowattstunde *f*, kWh (Kilowattstunde) (inkohärente Einheit der Arbeit = $3{,}6 \cdot 10^6$ J)
**KWIC index** (Comp) / KWIC-Index *m*, KWIC-Register *n*
**KWOC index** (Comp) / KWOC-Index *m*, KWOC-Register *n*
**kyanite**\* *n* (Min) / Zyanit *m*, Disthen *n*, Kyanit *n* (Aluminiumoxidorthosilikat)
**kyanizing**\* *n* (Build, For) / Kyanisierung *f*, Kyanisieren *n* (ein altes Holzschutzverfahren) (mit Quecksilber(II)-chlorid)
**kymograph** *n* (Radiol) / Kymograf *m*
**kymography**\* *n* (Radiol) / Kymografie *f* (röntgenologische Darstellung von Bewegungsabläufen in einem Organ)
**kynurenic acid** (Biochem) / Kynurensäure *f* (4-Hydroxychinolin-2-carbonsäure)
**kytoon** *n* (Meteor) / Drachenballon *m*

# L

**L** (Autos) / Lastgang *m* (im Automatikgetriebe), Berggang *m*
**L** (Autos) / low (Stellung des Wählhebels im automatischen Getriebe)
**L** (Autos) / L-Stellung *f* (der oberste Gang wird nicht mit geschaltet - im automatischen Getriebe)
**L** (low-pressure area) (Meteor) / Tiefdruckgebiet *n* (in dem niedriger Luftdruck herrscht), Tief *n*
**LA** (AI) / Logikanalyse *f*, logische Analyse
**La** (lanthanum) (Chem) / Lanthan *n*, La (Lanthan)
**lab** / Laboratorium *n*, Labor *n* ‖ ~ **accreditation** (Chem) / Akkreditierung *f* (eines Prüflabors nach DIN EN 45 000)
**Labarraque's solution** (Chem) / Labarraque'sche Lauge, Eau de Labarraque *n f* (wenig beständige wässrige Natriumhypochloritlösung mit stark oxidierender Wirkung - nach A. G. Labarraque, 1777 - 1850)
**labdane** *n* (Chem) / Labdan *n* (ein Diterpen)
**labdanum** *n* (a gum resin) (Chem) / Labdanum *n*, Cistusharz *n*, Zistusharz *n*, Ladanum *n*, Ladanharz *n* (aus Cistus ladanifer oder C. laurifolius L.) ‖ ~ **shrub oil** (Chem) / Cistrosenöl *n*, Zistrosenöl *n*
**label** *v* / etikettieren *v*, mit Etikette versehen ‖ ~ (Chem, Nuc) / markieren *v* ‖ ~ *n* / Label *n* (ein beschreibarer Aufkleber) ‖ ~ / Etikette *f*, Bezeichnungsschild *n*, [Klebe-, Anhänge-]Zettel *m*, Etikett *n*, Anhänger *m* ‖ ~ / Aufschrift *f*, Beschriftung *f*, Bezeichnung *f* ‖ ~ / Label *n* (Schallplattenetikett) ‖ ~ / Label *n* (Schallplattenfirma) ‖ ~* (Arch) / überstehende Umrahmung (einer Öffnung) ‖ ~* (Build) / Türgesims *n*, Fenstergesims *n*, Fensterverdachung *f* ‖ ~ (COBOL) (Comp) / Kennsatz *m* ‖ ~ (Comp) / Etikett *n*, Kennsatz *m* (Satz für die Identifikation einer Datei) ‖ ~ (Comp) / Marke *f* (symbolischer Name für eine Adresse in einem Programm), Label *n* (Sprungziel in einem Programm, welchem eine für den Rechner verständliche Adresse zugeordnet wird) ‖ ~ **atom** (Nuc) / Traceratom *n*, Indikatoratom *n*, markiertes Atom ‖ ~ **byte** (Comp) / Markenbyte *n* (zur Markierung bei Disketten und Platten) ‖ ~ **check** (Comp, Telecomm) / Kennsatzprüfung *f* ‖ ~ **clearance** (Agric, Chem Eng) / Zulassung *f* des Pflanzenschutzmittels (amtlich) ‖ ~ **cloth** (Textiles) / Etikettenstoff *m* ‖ ~ **dispenser** / Etikettenspender *m* ‖ ~ **flushing** / Etikettenabschwallung *f* (bei der Flaschenreinigung)
**labelled atom*** (Nuc) / Traceratom *n*, Indikatoratom *n*, markiertes Atom ‖ ~ **cargo** (Chem) / gefährliche Ladung (mit Bildsymbolen oder Buchstaben gekennzeichnet) ‖ ~ **compound** (Chem) / markierte Verbindung
**labeller** *n* (Eng) / Etikettiermaschine *f*, Etikettierer *m*
**labelling** *n* / Kenntlichmachung *f* ‖ ~ / Etikettierung *f*, Etikettieren *n* ‖ ~ (Chem, Nuc) / Markierung *f*, Markieren *n* ‖ ~ **machine** (Eng) / Etikettiermaschine *f*, Etikettierer *m* ‖ ~ **paper** (Paper) / Etikettenpapier *n*
**label loom** (Weaving) / Etikettenwebmaschine *f* ‖ ~ **paper** (Paper) / Etikettenpapier *n* ‖ ~ **printing** (Print) / Etikettendruck *m* ‖ ~ **record** (Comp) / Kennsatz *m*
**labels and dressings** / Ausstattungsmittel *n pl* (Packhilfsmittel)
**label side** (Comp) / Labelseite *f* (einer CD)
**labile*** *adj* (easily broken down or displaced) (Chem) / empfindlich *adj* (z.B. gegen Säuren) ‖ ~* (Chem, Mech) / unbeständig *adj*, labil *adj* ‖ ~ **equilibrium** (Mech) / labiles Gleichgewicht, Umfallgleichgewicht *n*, instabiles Gleichgewicht
**lability** *n* (Chem) / Empfindlichkeit *f* (z.B. gegen Säuren) ‖ ~ (Mech) / Labilität *f*
**labilization** *n* (Ecol, Meteor) / Labilisierung *f* (der Atmosphäre)
**lablab** *n* (Agric, Bot, Nut) / Lablabbohne *f*, Helmbohne *f*, Faselbohne *f* (Lablab purpureus (L.) Sweet)
**lab-on-a-chip device** (Chem) / Labor-auf-einem-Chip-Gerät *n*
**labor** *n* (US) / Arbeitskräftepotential *n*, Arbeitskräfte *f pl* ‖ ~ (US) (Work Study) / Belegschaft *f*, Personal *n* ‖ ~ (US) (Work Study) / Arbeit *f*, Arbeitsaufwand *m*
**laboratory** *n* / Laboratorium *n*, Labor *n* ‖ ~ **accreditation** (Chem) / Akkreditierung *f* (eines Prüflabors nach DIN EN 45 000) ‖ ~ **analysis** (Chem) / Laboranalyse *f* ‖ ~ **animal** / Labortier *n* ‖ ~ **apparatus** (Chem) / Laborgerät *n*, Laborapparat *n* ‖ ~ **assistant** / Laborant *m* (pl. -en), Chemielaborant *m* (pl. -en) ‖ ~ **atmosphere** (Chem) / Laboratmosphäre *f*, Laborklima *n* ‖ ~ **automation** / Laborautomatisierung *f*, Laborautomation *f* ‖ ~ **calender** (Textiles) / Versuchskalander *m* ‖ ~ **centrifuge** (Chem Eng) / Laborzentrifuge *f* ‖ ~ **chemical** (Chem) / Laborchemikalie *f* ‖ ~ **computer** (Comp) / Laborrechner *m*, Laborcomputer *m* ‖ ~ **coordinate system** / Laboratoriumsbezugssystem *n*, Laborsystem *n* (in dem der Beobachter und seine Geräte ruhen) ‖ ~ **corrosion testing** (Materials) / Laborkorrosionsprüfung *f*, Korrosionsprüfung *f* unter Laborbedingungen ‖ ~ **equipment** (Chem) / Laboratoriumsausstattung *f*, Laboreinrichtung *f*, Laborausstattung *f*, Laborausrüstung *f* ‖ ~ **finding** / Laborbefund *m* ‖ ~ **fume hood** (Chem Eng) / Digestorium *n* (pl. -ien), Abzug *m* (ein völlig vom Arbeitsraum des Labors abgetrennter Experimentiertisch, der Arbeiten mit gesundheitsschädlichen und giftigen Dämpfen, Gasen und Stäuben gestattet - DIN 12924), Abzugsschrank *m*, Kapelle *f*, Digestor *m* ‖ ~ **glass** (Chem, Glass) / chemisches Geräteglas, Laborglas *n* ‖ ~ **glassware** (Chem) / Laborgeräte und -apparate aus Glas ‖ ~ **kit** (Chem) / Experimentierkasten *m* ‖ ~ **measuring** (Chem, Phys) / Labormesstechnik *f* (die im Zusammenhang mit industrieller Forschung und Entwicklung angewandte Messtechnik, daneben auch diejenige Betriebsmesstechnik, die unter Laborbedingungen stattfindet) ‖ ~ **module** (Space) / Labormodul *n* ‖ ~ **porcelain** (Chem) / Laborporzellan *n* ‖ ~ **report** / Laborbericht *m* ‖ ~ **robot** / Laborroboter *m* ‖ ~ **sample** (a portion of material taken to represent the lot sample, or the original material, and used in the laboratory as a source of test specimens) (Chem) / Laborprobe *f* (Einzelprobe, Sammelprobe, Teilprobe), Substanzprobe *f* für das Labor, Laboratoriumsprobe *f* ‖ ~ **sand bath*** (Chem) / Sandbad *n* (ein Festsubstanz-Heizbad) ‖ ~ **scale** / Labormaßstab *m* ‖ ~ **sealer** (Plastics) / Laborsiegelgerät *n* ‖ ~ **stage** (Chem) / Laborstadium *n* (z.B. Forschung) ‖ ~ **statistics** / Laborstatistik *f* ‖ ~ **system of coordinates** / Laboratoriumsbezugssystem *n*, Laborsystem *n* (in dem der Beobachter und seine Geräte ruhen) ‖ ~ **test** (Chem) / Laboratoriumsversuch *m*, Laborversuch *m*, Labortest *m*, Laborprüfung *f* ‖ ~ **test** (Chem) / Kopierwerktest *m* ‖ ~ **test sieve** / Laborprüfsieb *n* ‖ ~ **test stand** (Chem, Phys) / Laborprüfplatz *m* (aus Einzelmessgeräten aufgebaute Anordnung zur Funktionsprüfung einer relativ kleinen Zahl von Prüflingen) ‖ ~ **timer** / Laborwecker *m* (ein Kurzzeitwecker) ‖ ~ **trial** (Chem) / Laboratoriumsversuch *m*, Laborversuch *m*, Labortest *m*, Laborprüfung *f* ‖ ~ **worker** / Laborant *m* (pl. -en), Chemielaborant *m* (pl. -en)
**labor court** (US) / Arbeitsgericht *n*
**laborer** *n* (US) / Hilfsarbeiter *m*, Arbeiter *m* (angelernter, ungelernter)
**labour** *n* / Arbeitskräftepotential *n*, Arbeitskräfte *f pl* ‖ ~ (Work Study) / Arbeit *f*, Arbeitsaufwand *m* ‖ ~ **charges** / Personalkosten *pl* ‖ ~ **cost** / Personalkosten *pl*
**labourer** *n* (a person doing unskilled manual work for wages) / Hilfsarbeiter *m*, Arbeiter *m* (angelernter, ungelernter)
**labour inspectorate** / Gewerbeaufsicht *f* (Behörde)
**labour-intensive** *adj* (Work Study) / arbeitsaufwendig *adj*, arbeitsintensiv *adj*
**labour relations** (Work Study) / Beziehungen *f pl* zwischen den Sozialpartnern
**labour-saving** *adj* (Work Study) / arbeitssparend *adj*
**labour shortage** / Arbeitskräftemangel *m*, Personalmangel *m*
**labradorescence*** (Min) / Labradorisieren *n* (Farbenschimmer des Labradorits)
**labradorite** *n* (Geol) / Labradorit *m* (ein magmatisches Gestein) ‖ ~* (Min) / Labradorit *m* (ein Plagioklas), Labradorstein *m*, Labrador *m* (ein Mischglied der Plagioklas-Reihe)
**Labrador pine** (For) / Bankskiefer *f* (Pinus banksiana Lamb.) ‖ ~ **spar** (a feldspar mineral of the plagioclase series having approximately equal proportions of sodium and calcium) (Min) / Labradorit *m* (ein Plagioklas), Labradorstein *m*, Labrador *m* (ein Mischglied der Plagioklas-Reihe) ‖ ~ **stone** (Min) / Labradorit *m* (ein Plagioklas), Labradorstein *m*, Labrador *m* (ein Mischglied der Plagioklas-Reihe)
**lab test** (Chem) / Laboratoriumsversuch *m*, Laborversuch *m*, Labortest *m*, Laborprüfung *f* ‖ ~ **test** (Chem) / Kopierwerktest *m*
**lab-tested** *adj* (Chem) / laborgeprüft *adj*
**labware** *n* (Chem) / Laborgeräte *n pl*
**lab work** (Cinema, Photog) / Kopieren *n*, Kopierarbeiten *f pl*
**labyrinth factor** (Chem) / Labyrinthfaktor *m* (Konstante, die berücksichtigt, dass die Diffusion über labyrinthartige Umwege erfolgt - in der Chromatografie) ‖ ~ **package** (Eng) / Labyrinthdichtung *f* (eine Bewegungsdichtung - axiale, radiale) ‖ ~ **packing*** (Eng) / Labyrinthdichtung *f* (eine Bewegungsdichtung - axiale, radiale) ‖ ~ **seal** (minimum-leakage seal that offers resistance to fluid flow while providing radial or axial clearance ) (Eng) / Labyrinthdichtung *f* (eine Bewegungsdichtung - axiale, radiale) ‖ ~ **seal ring** (Eng) / Labyrinthring *m*
**labyrinth-type seal** (Eng) / Labyrinthdichtung *f* (eine Bewegungsdichtung - axiale, radiale)
**lac*** *n* (Paint, Zool) / Rohschellack *m*
**Lacasse pitch** (Weaving) / Lacasse-Stich *m* (Lochverteilung, Mittenabstand und Lochdurchmesser eines Steuerkastensystems

für Jacquardvorrichtungen an Webmaschinen), Vincenzi-Stich *m*, französischer Feinstich
**laccaic acid** (Chem) / Laccainsäure *f* (ein roter Anthrachinonfarbstoff - Naturrot 25)
**laccase** *n* (Biochem) / Laccase *f* (p-Polyphenoloxidase)
**laccolite** *n* (Geol) / Laccolith *m*, Lakkolith *m* (in flacher Tiefe stecken gebliebene Magmamasse)
**laccolith\*** *n* (a concordant igneous intrusion that has domed the overlying rocks ) (Geol) / Laccolith *m*, Lakkolith *m* (in flacher Tiefe stecken gebliebene Magmamasse)
**lac dye** (red dye obtained by the maceration of lac) (Paint) / roter Lackfarbstoff, Lacdye *m n*
**LACE** (liquid-air-cycle engine) (Space) / Lace-Antrieb *m*
**lace** *v* / verschnüren *v*, schnüren *v* (Schuhe), zuschnüren *v* ‖ ~ (Cinema) / einlegen *v* (Film), einfädeln *v* (Film) ‖ ~ (add an ingredient, especially alcohol, to a drink or dish, to enhance its flavour or strength) (Nut) / versetzen *v* (mit einem Zusatzstoff) ‖ ~ *n* / Senkel *m*, Schnürsenkel *m* ‖ ~ (Nut) / Schuss *m* (z.B. von Branntwein) ‖ ~\* (Textiles) / Spitze *f* (ein Flächengefüge mit formverschiedenen Lakunen) ‖ ~ **crepe** (Chem Eng) / Kreppkautschuk *m* (dünnes Fell)
**laced card** (Comp) / Karte *f* mit Volllochung ‖ ~ **into shape** (Cables) / ausgeformt *adj*
**lace fabric** (Textiles) / Spitzengewebe *n* (ein Flächengefüge mit formverschiedenen Lakunen) ‖ ~ **fabric\*** (Textiles) / Ajourstoff *m*, Ajourwirkware *f*, Ajourgewirk *n*, Petinetware *f* (Rechts/Links/durchbrochen) ‖ ~ **glass** (Glass) / Fadenglas *n* (ein Kunstglas), Filigranglas *n* ‖ ~ **leather** (Leather) / Leder *n* für Riemenverbindungen ‖ ~ **machine\*** (Textiles) / Spitzenmaschine *f* ‖ ~ **pattern** (Textiles) / Petinetmuster *n* (Rechts/Links/ durchbrochen)
**laces** *pl* / Senkel *m*, Schnürsenkel *m*
**lacet** *n* (Textiles) / Lacetband *n* (schmales biegsames Flechtband für Verzierungen)
**lace through** / durchziehen *v* (Gummiband, Schnur durch eine Schlaufe) ‖ ~ **tulle** (Textiles) / Spitzentüll *m*, Valenciennestüll *m* ‖ ~ **up** *v* / verschnüren *v*, schnüren *v* (Schuhe), zuschnüren *v*
**lacewood** *n* (the timber of the plane tree) (For) / Platanenholz *n*, PLT *n* (Platanenholz)
**lacework** *n* (Textiles) / Spitzengewebe *n* (ein Flächengefüge mit formverschiedenen Lakunen) ‖ ~ (Textiles) / Spitzenfertigung *f*, Spitzenherstellung *f* ‖ ~ (Textiles) / Ajourstoff *m*, Ajourwirkware *f*, Ajourgewirk *n*, Petinetware *f* (Rechts/Links/durchbrochen)
**lachrymator** *n* (Chem, Med, Mil) / Augenreizstoff *m*, Tränenreizstoff *m*
**lachrymatory** *adj* (Chem, Med, Mil) / augenreizend *adj*, tränenreizend *adj*, lakrimogen *adj*
**L acid** (Chem) / Cleve'sche Säure, Cleve-Säure *f* (eine Buchstabensäure - nach P.T. Cleve, 1840-1905)
**lacing** *n* (Build) / Ziegelverbindungsschicht *f* (eine Rollschicht) ‖ ~ (Build, Civ Eng) / Trägerfachwerk *n*, Trägerausfachung *f* ‖ ~ (Cinema) / Abschnüren *n* (einer Bildwand) ‖ ~ (Cinema) / Einlegen *n* (des Films in ein Gerät und Bereitstellung zum Filmlauf), Einfädelung *f* (des Films) ‖ ~ (Civ Eng) / Verteilerbewehrung *f*, Verteilerstäbe *m* (Bewehrungsstäbe, die die Querzugkräfte der Hauptbewehrung aufnehmen), Querbewehrung *f* (in Stahlbetonplatten) ‖ ~ (Glass) / Spitzenschliff *m* ‖ ~ (Mining) / Verschalung *f* (provisorische Tätigkeit) ‖ ~ (Textiles) / Spitzenbesatz *m* ‖ ~ **cord** (Weaving) / Kartenschnur *f* (für Jacquardkarten) ‖ ~ **course** (a course of upright bricks) (Build) / Ziegelverbindungsschicht *f* (eine Rollschicht) ‖ ~ **course\*** (Build) / Ausgleichsschicht *f* (aus besserem Material, z.B. im Bruchsteinmauerwerk)
**lack** *n* (of) / Nichtvorhandensein *n*, Mangel *m* (an), Fehlen *n* (von)
**lacklustre** *adj* / glanzlos *adj*, matt *adj* (im Allgemeinen), mattiert *adj*, stumpf *adj*
**lack of adhesion** (Build, Paint) / mangelhafte Haftung (an Voranstrich oder Untergrund), mangelnde Haftfestigkeit (bis zum Abplatzen), mangelndes Haftvermögen ‖ ~ **of fusion** (Welding) / Bindefehler *m* (örtlich begrenzter Bereich einer Schweißnaht, in dem keine stoffschlüssige Verbindung zwischen dem Schweißgut und dem Fügeteil bzw., bei Schweißnähten ohne Zusatzwerkstoff, zwischen den einzelnen Fügeteilen vorliegt) ‖ ~ **of gloss** / Glanzlosigkeit *f* ‖ ~ **of light** / Lichtmangel *m* ‖ ~ **of lustre** / Glanzlosigkeit *f* ‖ ~ **of root fusion** (Welding) / Wurzelbindefehler *m* ‖ ~ **of vibration(s)** / Schwingungsfreiheit *f*, Erschütterungsfreiheit *f*
**lacmus** *n* (Chem) / Lackmus *m n* (blauer Flechtenfarbstoff)
**lac operon** (an operon mechanism operating in cells / particularly in Escherichia coli / to regulate the expression of sequences of DNA associated with the synthesis of enzymes involved in the metabolism of the sugar lactose) (Gen) / lac-Operon *n*, Lactose-Operon *n*, Laktose-Operon *n*
**La Cour converter** (Elec Eng) / Kaskadenumformer *m* (DIN 42005)
**lacquer** *v* (Paint) / lackieren *v* ‖ ~ *n* / Lackschicht *f* (in der chinesischen und japanischen Lackkunst) ‖ ~\* (Paint) / Lackfarbe *f* (aus pigmentiertem Lack - nach DIN 55945) ‖ ~\* (clear composition based on cellulose) (Paint) / Lack *m* (mit physikalischer Trocknung) ‖ ~\* (Paint) s. also cellulose lacquer ‖ ~ **disk** (Acous) / Lackplatte *f*
**lacquered paper** (Elec Eng, Paper) / lackiertes Papier, Lackpapier *n* (isolierendes geschmeidiges lackiertes Papier), Lp
**lacquer-film capacitor** (Electronics) / Lackfilmkondensator *m*
**lacquer master** (Acous) / Lackfolie *f* (bei der Schallplattenaufnahme), Masterfolie *f* ‖ ~ **original** (Acous) / Lackfolie *f* (bei der Schallplattenaufnahme), Masterfolie *f* ‖ ~ **original** (Acous) s. also lacquer disk and master ‖ ~ **printing** (Textiles) / Lackdruck *m* ‖ ~ **thinner** (Paint) / Lackverdünner *m* ‖ ~ **tree** (For) / Lacksumach *m* (Rhus verniciflua Stokes)
**lacrimator** *n* (Chem, Med, Mil) / Augenreizstoff *m*, Tränenreizstoff *m*
**lacrimatory** *adj* (Chem, Med, Mil) / augenreizend *adj*, tränenreizend *adj*, lakrimogen *adj*
**lactalbumin** *n* (Chem) / Laktalbumin *n*, Lactalbumin *n*
**lactam** *n* (Chem) / Laktam *n*, Lactam *n* (ein zyklisches Amid) ‖ ~ **antibiotics** (Pharm) / β-Laktamantibiotika *n pl* (z.B. Penizillin)
**lactam-lactim tautomerism** (Chem) / Lactam-Lactim-Tautomerie *f* (Spezialfall der Amid-Iminol-Tautomerie bei Lactamen), Laktam-Laktim-Tautomerie *f*
**lactase** *n* (Biochem) / Laktase *f* (Ferment, das Milchzucker in Glukose und Galaktose zerlegt), Lactase *f* (eine Hydrolase)
**lactate** *v* (Agric, Biol) / laktieren *v*, Milch absondern ‖ ~ *n* (Chem, Nut) / Laktat *n* (Salz oder Ester der Milchsäure), Lactat *n* (E 235 - E 327) ‖ ~ **dehydrogenase** (an oxidoreductase) (Biochem) / Lactatdehydrogenase *f*, Laktatdehydrogenase *f*, LDH (ein zu den Oxidoreduktasen gehörendes Enzym, das die Hydrierung der Brenztraubensäure zu Milchsäure katalysiert) ‖ ~ **extraction method** (Agric) / Lactatmethode *f* (Extraktionsmethode, mit der die pflanzenverfügbare Anteile von Nährstoffen erfasst werden sollen), Laktatmethode *f*
**lactation** *n* (Agric, Zool) / Laktation *f* (Milchproduktion)
**lactic acid\*** (Bot, Chem) / Milchsäure *f* (2-Hydroxypropionsäure - E 270) ‖ ~ **acid bacteria** (Bacteriol) / Milchsäurebakterien *pl* ‖ ~ **acid dehydrogenase** (Biochem) / Lactatdehydrogenase *f*, Laktatdehydrogenase *f*, LDH (ein zu den Oxidoreduktasen gehörendes Enzym, das die Hydrierung der Brenztraubensäure zu Milchsäure katalysiert) ‖ ~ **acid ester** (Chem) / Milchsäureester *m* ‖ ~ **acid malt** (Brew) / Sauermalz *n* ‖ ~ **fermentation** (Biochem) / Milchsäurefermentation *f*, Milchsäuregärung *f* ‖ ~ **starter** (Biochem) / Milchsäurestarter *m*, Milchsäurebakterienkultur *f* ‖ ~ **taste** (Nut) / Milchsäurestich *m* (beim Wein)
**lactide** *n* (Chem) / Laktid *n*, Lactid *n*
**lactiferous\*** *adj* (Agric, Biol) / milchführend *adj* ‖ ~\* (Bot) / latexhaltig *adj*, latexführend *adj*, latexabsondernd *adj*
**lactim** *n* (Chem) / Laktim, Lactim *n* (ein Tautomer des Lactams)
**lactitol** (Nut) / Lactit *m* (ein Zuckeraustauschstoff - E 966), Laktit *m*
**lactobacillic acid** (Biochem) / Laktobazillsäure *f*, Lactobacillsäure *f*
**lactobiose** *n* (Chem, Nut) / Laktose *f* (ein Disaccharid), Lactose *f*, Laktobiose *f*, Lactobiose *f*, Milchzucker *m* (Saccharum lactis)
**lactoferrin** *n* (Biochem, Nut) / Laktoferrin *n*, Lactoferrin *n* (Eisen bindendes Protein)
**lactoflavin\*** *n* (Biochem, Nut, Pharm) / Laktoflavin *n*, Lactoflavin *n*, Riboflavin *n*, Vitamin *n* B$_2$
**lactogenic hormone** (Biochem, Physiol) / Prolaktin *n*, Prolactin *n*, PRL (Prolactin), luteotropes Hormon, Luteotropin *n*, Mammahormon *n*, Mammotropin *n*, luteomammotropes Hormon, LTH (luteomammotropes Hormon) (Laktationshormon des Hypophysenvorderlappens)
**lactometer** *n* (Nut) / Laktodensimeter *n*, Galaktometer *n*, Laktometer *n* (Aräometer für Milch), Milchspindel *f* (ein Aräometer)
**lactone\*** *n* (Chem) / Lakton *n*, Lacton *n* (ein zyklischer Lactonsäureester) ‖ ~ **acid** (Chem) / Laktonsäure *f*, Lactonsäure *f*
**lactonic acid** (any of several acids with a lactone ring bearing the carboxyl group) (Chem) / Laktonsäure *f*, Lactonsäure *f*
**lactonization** *n* (Chem) / Laktonisierung *f*, Lactonisierung *f*, Laktonbildung *f*, Lactonbildung *f*
**lactoperoxidase** *n* (Biochem, Nut) / Laktoperoxidase *f*, Lactoperoxidase *f* (Enzym, das mit Hilfe von Wasserstoffperoxid verschiedene Elektronendonoren oxidiert)
**lactoprotein** *n* (Biochem, Nut) / Milchprotein *n*, Milcheiweiß *n*, Laktoprotein *n*, Lactoprotein *n*
**lactose\*** *n* (Chem, Nut) / Laktose *f* (ein Disaccharid), Lactose *f*, Laktobiose *f*, Lactobiose *f*, Milchzucker *m* (Saccharum lactis)
**lactotropin** *n* (Biochem, Physiol) / Prolaktin *n*, Prolactin *n*, PRL (Prolactin), luteotropes Hormon, Luteotropin *n*, Mammahormon *n*, Mammotropin *n*, luteomammotropes Hormon, LTH (luteomammotropes Hormon) (Laktationshormon des Hypophysenvorderlappens)
**lactulose** *n* (Chem, Nut, Pharm) / Lactulose *f* (ein Disaccharid), Laktulose *f*

**lacuna**

**lacuna** *n* (pl. lacunas or lacunae) (Biol, Med) / Lakune *f* ‖ ~ (pl. lacunas or lacunae) (Textiles) / Lakune *f* (der fadenumgrenzte Bereich eines Flächengefüges, der nicht durch Bauglieder ausgefüllt ist)
**lacunal** *adj* (Biol, Med) / lakunär *adj* (Höhlungen, Buchten oder freie Felder enthaltend)
**lacunar** *n* (Arch) / Feld *n* (der Felderdecke) ‖ ~ (ceiling consisting of recessed panels) (Arch) / Felderdecke *f* ‖ ~ (Arch) s. also coffered ceiling ‖ ~ *adj* (Biol, Med) / lakunär *adj* (Höhlungen, Buchten oder freie Felder enthaltend)
**lacunary** *adj* (Biol, Med) / lakunär *adj* (Höhlungen, Buchten oder freie Felder enthaltend)
**lacustral** *adj* (Ecol) / lakustrisch *adj*, See- (Süßwasser), lakustär *adj*, limnisch *adj*
**lacustrian** *adj* (Ecol) / lakustrisch *adj*, See- (Süßwasser), lakustär *adj*, limnisch *adj*
**lacustrine*** *adj* (pertaining to lakes) (Ecol) / lakustrisch *adj*, See- (Süßwasser), lakustär *adj*, limnisch *adj* ‖ ~ **deposits** (Geol) / lakustrische Sedimentation, limnische Ablagerungen (in Süßwasserseen), Süßwasserablagerung *f* ‖ ~ **sediments** (Geol) / lakustrische Sedimentation, limnische Ablagerungen (in Süßwasserseen), Süßwasserablagerung *f*
**ladanum** *n* (Chem) / Labdanum *n*, Cistusharz *n*, Zistusharz *n*, Ladanum *n*, Ladanharz *n* (aus Cistus ladanifer oder C. laurifolius L.)
**ladar** *n* (a missile-tracking system that uses a visible light beam in place of a microwave radar beam to obtain measurements of speed, altitude, direction, and range of missiles) (Radar) / optisches Radar, Colidar *n*, Laserradar *m n*
**ladder** *n* (Mining) / Leiter *f*, Sprossenleiter *f* (mit eingezapften Sprossen), Steigleiter *f* ‖ ~ (the bucket ladder of a machine for underwater excavation) (Civ Eng) / Eimerleiter *f* (Führungseinrichtung für die Eimerkette von Eimerkettenbaggern) ‖ ~ (Electronics) / Kettenglied *n* (eine Filterschaltung) ‖ ~ (Mining) / Fahrt *f* (pl. -e) (aus Holz oder Stahl hergestellte Leiter im Grubenbetrieb, hauptsächlich in Schächten) ‖ ~ (GB)* (Textiles) / Laufmasche *f*, Fallmasche *f* (bei Strümpfen) ‖ ~ **beam** (Build, Carp) / Holm *m* (der Leiter), Leiterholm *m*, Leiterbaum *m* ‖ ~ **excavator** (Civ Eng) / Eimerkettengrabenbagger *m*, Eimerkettentrockenbagger *m* ‖ ~ **fittings** (Build, Carp) / Leiterbeschläge *m pl* ‖ ~ **frame** (Autos) / Leiterrahmen *m* ‖ ~ **gasket** (Eng) / leiterartige Profildichtung ‖ ~ **hoist gantry** (Civ Eng) / Leiterbock *m* (des Baggers) ‖ ~ **ignition** / Durchzünden *n* (Zündvorgang, bei dem das an den einzelnen Öffnungen eines Brenners austretendes Gas in Folge gezündet wird)
**ladder-lifting machine** (Textiles) / Laufmaschenaufnehmemaschine *f*
**ladder network** (Elec) / Reihenschaltung *f* von Zweitoren, Kettenleiter *m* ‖ ~ **network** (Telecomm) / Abzweigschaltung *f* ‖ ~ **network*** (Telecomm) / Kettenleiter-Widerstandsnetzwerk *n*, Kettennetzwerk *n* ‖ ~ **polymer** (Chem) / Leiterpolymer *n* (Hochpolymer, dessen Strukturformel dem Bild einer Sprossenleiter ähnelt - z.B. Black Orlon der Fa. Du Pont de Nemours) ‖ ~ **programming** / Kontaktplanprogrammierung *f* (mit grafischen Symbolen wie Stromlaufplan - nach DIN IEC 65A)
**ladderproof** *adj* (Textiles) / maschenfest *adj*, laufmaschenfest *adj*
**ladderproofing agent** (Textiles) / Maschenfestmittel *n*
**ladder road** (Mining) / Fahrtrum *n* (Teil eines Schachtes oder Blindschachtes, der der Fahrung dient) ‖ ~ **scaffold** (Build) / Leitergerüst *n* ‖ ~**-type filter** (Telecomm) / Abzweigfilter *n*
**ladder-type frame** (Autos) / Trapezrahmen *m* (symmetrische Konstruktion aus zwei Längsträgern mit Querversteifungen)
**ladderway** (Mining) / Fahrtrum *n* (Teil eines Schachtes oder Blindschachtes, der der Fahrung dient)
**ladder with safety cage** (Build, Carp) / Leiter *f* mit Rückenschutz
**laddic** *n* (Electronics) / Laddic *n* (leiterförmige Anordnung von Ferritkernen)
**Ladenburg benzene** (Chem) / Ladenburg-Benzol *n* (nach A. Ladenburg, 1842-1911), Prisman *n* (Valenzisomeres des Benzols) ‖ ≙ **f value** (Electronics, Nuc) / Oszillatorstärke *f* (in der quantenmechanischen Dispersionstheorie)
**laden weight** (Autos) / Gesamtgewicht *n* (das tatsächliche Gewicht des beladenen Fahrzeugs einschließlich der Besatzung und der Fahrgäste)
**lading** *n* / Beladen *n*, Laden *n*, Aufladen *n*, Verladen *n*, Ladung *f* (Tätigkeit)
**ladle*** *n* (Build) / Schiefertafel *f* (406 x 203 mm) ‖ ~* (Foundry) / Gießpfanne *f* (mit der das Gießgut zur Form transportiert und vergossen wird) ‖ ~ (Glass) / Kelle *f*, Schöpfkelle *f*, Schöpflöffel *m* ‖ ~ (Met) / Pfanne *f* ‖ ~ **addition*** (Met) / Pfannenzusatz *m* ‖ ~ **analysis** (Met) / Pfannenanalyse *f*, Schmelzanalyse *f* (chemische) ‖ ~ **bogie** (Met) / Pfannenwagen *m* ‖ ~ **brick** (Met) / Pfannenstein *m* ‖ ~ **carriage** (Met) / Pfannenwagen *m* ‖ ~ **crane** (Foundry) / Gießkran *m* (der Gießpfannen transportiert und kippt) ‖ ~ **degassing** (Foundry) / Pfannenentgasung *f* (in der Vakuummetallurgie)

**ladled-out sample** (Met) / Pfannenprobe *f*, Schöpfprobe *f*
**ladle-furnace process** (Met) / LF-Verfahren *n* (mit der Beheizung der Schmelze unter atmosphärischem Druck)
**ladle heating** (Met) / Pfannenbeheizung *f*, Pfannenvorwärmung *f*, Pfannenerwärmung *f* ‖ ~ **heating furnace** (Met) / Pfannenofen *m* ‖ ~ **man** (Foundry, Met) / Pfannenmann *m* ‖ ~ **metallurgy** (Met) / Sekundärmetallurgie *f*, Pfannenmetallurgie *f* (Nachbehandlung des durch Frischprozesse erzeugten Stahls in der Pfanne oder in anderen nachgeschalteten Gefäßen) ‖ ~ **refining** (Met) / Feinen *n* in der Pfanne ‖ ~ **revolving turret** (Met) / Drehturm *m* ‖ ~ **skull** (Foundry) / Pfannenbär *m* ‖ ~ **stand** (Foundry) / Pfannenständer *m* ‖ ~ **test** (Met) / Pfannenprobe *f*, Schöpfprobe *f* ‖ ~ **truck** (Met) / Pfannenwagen *m* ‖ ~ **truck** (Met) / Pfannenwagen *m* ‖ ~ **turning tower** (Met) / Pfannendrehturm *m* ‖ ~ **turntable** (Met) / Pfannendrehturm *m*
**ladling** *n* (Foundry) / Beschickung *f* mit Löffel
**LADR** (linear accelerator-driven reactor) (Nuc Eng) / linearbeschleunigergetriebener Reaktor
**laevogyratory** *adj* (Chem, Optics) / linksdrehend *adj*, l-drehend *adj*, lävogyr *adj*
**laevogyric** *adj* (Chem, Optics) / linksdrehend *adj*, l-drehend *adj*, lävogyr *adj*
**laevorotatory*** *adj* (Chem, Optics) / linksdrehend *adj*, l-drehend *adj*, lävogyr *adj* ‖ ~ **acid** (Chem) / linksdrehende Säure, Linkssäure *f*, (-)-Säure *f* ‖ ~ **camphor** (Chem) / Matrikariakampfer *m* (linksdrehende Form des Kampfers), l-Kampfer *m*
**laevotartaric acid** (Chem) / linksdrehende Weinsäure, Linksweinsäure *f*, l-Weinsäure *f*
**laevulic acid** (Chem) / Lävulinsäure *f* (4-Oxo-pentansäure)
**laevulinic acid** (Chem) / Lävulinsäure *f* (4-Oxo-pentansäure)
**laevulose*** *n* (Chem) / D-Fruktose *f*, D-Fructose *f*, Lävulose *f*, Fruchtzucker *m*, Fru (Fructose)
**Lafarge cement** (a non-staining white or near white cement containing lime, plaster of Paris, and marble powder) (Build) / Grappierzement *m*, Krebszement *m*
**lag** *n* / Lag *m* (pl. -s) (zeitliche Verschiebung) ‖ ~* (Elec Eng) / Nacheilung *f* ‖ ~* (Telecomm) / Verzögerung *f* ‖ ~ (dobby) (Weaving) / Belagbrettchen *n* ‖ ~ **angle** (Elec Eng, Telecomm) / Nacheilungswinkel *m*, Verzögerungswinkel *m* ‖ ~ **bolt** (US) (For) / Vierkantholzschraube *f*
**lager** *n* (Brew) / Lagerbier *n* (untergäriges Bier, bei dessen Gärung die Hefe nach unten sinkt) ‖ ~ **beer*** (Brew) / Lagerbier *n* (untergäriges Bier, bei dessen Gärung die Hefe nach unten sinkt) ‖ ~ **yeast** (Brew) / untergärige Hefe, Unterhefe *f*, Unterhefen *f pl* (die bei 5 - 10 °C gärt)
**lagging** *n* (Acous) / Verkleidungsstoff *m* (zur Isolierung) ‖ ~ (Acous, Build) / Schalldämmstoff *m*, schalldämmendes Material ‖ ~ (Build) / Wärmedämmstoff *m* (der die Fortleitung von Wärme in Gebäuden verhindert oder verlangsamt) ‖ ~* (Build, Civ Eng) / Schalung *f* (Unterstützung der Steingewölbe) ‖ ~* (Build, Civ Eng, Heat) / Ummantelungsstoff *m*, wärmetechnischer Isolierstoff, Dämmstoff *m* ‖ ~* (Build, Heat) / wärmetechnische Isolierung, Wärmedämmung *f*, Wärmeisolierung *f* ‖ ~* (Cables) / Verschalung *f* (der Kabeltrommel) ‖ ~ (Civ Eng) / Fanggerüst *n* (im Tunnelbau) ‖ ~* (Civ Eng) / Schalungsgerüst *n*, Lehrgerüst *n*, Schalgerüst *n* (bei der Herstellung von Beton- und Stahlbetontragwerken) ‖ ~ (Mining) / Verschalung *f* (provisorische Tätigkeit) ‖ ~ (Mining) / Verzugsholz *n*, Schalholz *n* ‖ ~ (Mining) / Verzug *m* (mit Holz) ‖ ~ (Mining) / Verschalung *f* (provisorische), (vorläufige) Verpfählung *f* ‖ ~ *adj* / nachhinkend *adj* ‖ ~ (Elec Eng) / nacheilend *adj* ‖ ~ **adhesive** (Plastics) / Wärmeschutzkleber *m* ‖ ~**-back** (Weaving) / Zurückholen *n* der Musterkette ‖ ~ **crankshaft** (Autos) / Schleppkurbel *f* ‖ ~ **current*** (Elec Eng) / nacheilender Strom ‖ ~ **load*** (Elec Eng) / induktiveLast, nacheilende Last, reaktive Last, induktive Belastung ‖ ~ **of tide** (Ocean) / Verspätung *f* der Gezeit, Gezeitenverspätung *f* ‖ ~ **phase*** (Elec Eng) / nacheilende Phase ‖ ~ **power factor** (Elec Eng) / nacheilender Leistungsfaktor, induktiver Leistungsfaktor ‖ ~ **strand** (Gen) / Folgestrang *m* (in der Replikationsgabel)
**lag network** (Elec Eng) / Verzögerungsnetzwerk *n*, Verzögerungsschaltung *f* ‖ ~ **of tide** (Ocean) / Verspätung *f* der Gezeit, Gezeitenverspätung *f*
**lagoon*** *n* (Geog, Geol) / Lagune *f* ‖ ~ (a pond used for sewage treatment) (San Eng) / Abwasserteich *m* (belüftet, unbelüftet - zur natürlichen biologischen Behandlung von Abwasser nach DIN 4045)
**lagooning** *n* (Ecol, San Eng) / biologische Abwasserreinigung im Abwasserteich
**lagoon operation** (Ecol, San Eng) / biologische Abwasserreinigung im Abwasserteich
**lag phase** (Chem Eng) / Adaptionsphase *f* (die Zeit, in der bei einer submers betriebenen Batch-Fermentation direkt nach dem Beimpfen noch keine Zellvermehrung zu beobachten ist),

Lag-Phase *f* (gehemmte Anfangsphase eines Prozesses), Inkubationsphase *f*
**Lagrange bracket** (Mech) / Lagrange-Klammer *f* (in der analytischen Mechanik) ‖ ~ **coordinates** (coordinate system whereby fluid parcels can be identified for all times) (Phys) / Lagrange'sche Koordinaten (körper- und teilchenfeste) ‖ ~ **coordinates** (Phys) s. also Eulerian coordinates and generalized coordinates ‖ ~ **function** (Mech) / Lagrange-Funktion *f* (kinetisches Potential), kinetisches Potential
**Lagrange-Helmholtz equation** (Optics) / Helmholtz-Lagrange'sche Invariante (Grundlage der Abbildungsgleichung)
**Lagrange's dynamical equation*** (Mech) / Lagrange'sche Bewegungsgleichung (nach L.J. de Lagrange, 1736-1813)
**Lagrange's interpolation formula** (Maths) / Interpolationsformel *f* nach Lagrange, Lagrange'sche Interpolationsformel ‖ ~ **polynomial** (Maths) / Lagrange'sches Polynom, Lagrange-Polynom *n* ‖ ~ **theorem** (Maths) / Lagrange-Satz *m* (in der Gruppen- oder in der Zahlentheorie), Lagrange'scher Satz, Satz *m* von Lagrange (die Ordnung einer Untergruppe U einer endlichen Gruppe G ist ein Teiler der Ordnung von G)
**Lagrangian** *n* (a function of the generalized coordinates of a mechanical system, used in Hamilton's principle to derive equations of motion for the system) (Mech) / Lagrange-Funktion *f* (kinetisches Potential), kinetisches Potential ‖ ~ **coordinates** (Phys) / Lagrange'sche Koordinaten (körper- und teilchenfeste) ‖ ~ **density** (Phys) / Lagrange-Dichte *f* ‖ ~ **derivative** (Maths) / Variationsableitung *f*, Lagrange'sche Ableitung ‖ ~ **dynamics** (Mech) / Lagrange'sche Dynamik ‖ ~ **equation of motion** (Mech) / Lagrange'sche Bewegungsgleichung (nach L.J. de Lagrange, 1736-1813) ‖ ~ **function** (Mech) / Lagrange-Funktion *f* (kinetisches Potential), kinetisches Potential ‖ ~ **multipliers** (Maths) / Lagrange'sche Multiplikatoren, Lagrange-Faktoren *m pl* ‖ ~ **points*** (Astron, Phys) / Lagrange'sche Punkte (in dem Mehrkörperproblem in der Himmelsmechanik), Lagrange-Punkte *m pl*
**lag time** (Automation) / Laufzeit *f*
**Laguerre polynomials** (Maths) / Laguerre-Polynome *n pl*, Tschebyschow-Laguerre-Polynome *n pl* (nach P.L. Tschebyschow, 1821-1894, und E. Laguerre, 1834-1886)
**LAH** (lithium aluminium hydride) (Chem) / Lithiumaluminiumhydrid *n*, Lithiumtetrahydroaluminat *n*, Lithiumalanat *n*
**lahar*** *n* (a landslide or mudflow of pyroclastic material on the flank of a volcano) (Geol) / Lahar *m* (bei Vulkanausbrüchen entstehender Schlammstrom)
**LAI*** (leaf area index) (Bot) / Blattflächenindex *m*, BFI (Verhältnis der im Pflanzenbestand vorhandenen Blattfläche zu der überdeckten Bodenfläche)
**laid dandy roll** (Paper) / Spiralripp-Egoutteur *m* ‖ ~-**dry*** *adj* (Build) / trockenverlegt *adj*, Trockenmauer-
**laid-in selvedge** (Textiles) / Einlegekante *f*, Einlagekante *f*, Einlegeleiste *f*
**laid lines** (Paper) / Wasserlinien *f pl* (durchgehendes echtes Wasserzeichen nach ISO 4046), Rippung *f* ‖ ~ **paper*** (Paper) / Papier *n* mit Egoutteurrippung (mit Wasserlinien versehen) ‖ ~ **rope** (Ships) / geschlagenes Tau
**laitance*** *n* (milky white deposit on new concrete; a form of bleeding) (Civ Eng) / Ausblühung *f* (Beton)
**lake*** *n* (Chem, Paint, Textiles) / Farblack *m* (durch Fällung von gelösten Farbstoffen mit Fällungsmitteln erzeugtes Pigment) ‖ ~* (Chem, Textiles) / adjektiver Farbstoff, Beizenfarbstoff *m* ‖ ~* (Geog, Geol) / See *m*, Binnensee *m* ‖ ~* (Paint) / Pigment *n* ‖ ~ **colour** (Chem, Paint, Textiles) / Farblack *m* (durch Fällung von gelösten Farbstoffen mit Fällungsmitteln erzeugtes Pigment) ‖ ~ **floating** (For) / Seeflößerei *f* ‖ ~ **iron ore** (Geol) / See-Erz *n* (ein Eisenhydroxiderz aus Binnenseen) ‖ ~ **marl** (Geol) / Seekreide *f* (terrestrischer Kalk) ‖ ~ **ore** (Geol) / See-Erz *n* (ein Eisenhydroxiderz aus Binnenseen) ‖ ~ **ore** (Geol) s. also bog iron ore ‖ ~ **pitch** (Geol, Min) / Naturasphalt *m* aus dem Asphaltsee (Pitch Lake) in Trinidad ‖ ~ **stratification** (Ecol) / Seenschichtung *f* (Auftreten jahreszeitlich wechselnder Temperaturschichtung in Süßwassern der gemäßigten Zone) ‖ ~ **without outflow** (Geol) / Endsee *m* (ein abflussloser See)
**Lalancette's reagent** (Chem) / Lalancette-Reagens *n*
**Lalande cell** (Elec Eng) / Lalande-Element *n* (Zink-Eisen-Primärelement)
**LA latex** / LA-Latex *m* (mit niedrigem Ammoniakgehalt)
**lallemantia oil** / Lallemantiaöl *n* (aus Lallemantia iberica (M.Bieb. Fisch. et C. A. Mey.)
**LALLS** (low-angle laser-light scattering) (Phys) / Laser-Kleinwinkellichtstreuung, Kleinwinkel-Laserstreuung *f*
**LAM** (lobe-attachment module) (Telecomm) / LAM *n* (eine Netzwerkkomponente)
**lambda** *n* (a hyperon) (Nuc) / Lambda-Hyperon *n* (Elementarteilchen aus der Familie der Baryonen), Lambda-Teilchen *n* ‖ ~ **calculus** (Maths) / Lambda-Kalkül *m* ‖ ~ **convention** (Chem) / Lambdaregel *f* (zur Angabe der Bindigkeit) ‖ ~ **convention** (Chem) / Lambda-Konvention *f* (zur Angabe der Bindigkeit) ‖ ~ **leak*** (Phys) / Kammerlingh-Onnes-Effekt *m*, Lambda-Leck *n* ‖ ~-**particle*** *n* (Nuc) / Lambda-Hyperon *n* (Elementarteilchen aus der Familie der Baryonen), Lambda-Teilchen *n* ‖ ~ **phage** (Biochem, Gen) / Lambdaphage *m* ‖ ~ **plate** (Min) / Lambda-Plättchen *n*, λ-Plättchen *n* (ein Phasenplättchen) ‖ ~ **point*** (Chem, Phys) / Lambda-Punkt *m* (im Phasendiagramm von Helium), λ-Punkt *m* (2,186 K), Lambda-Kurve *f*, Lambda-Phänomen *n* ‖ ~ **probe** (Autos) / Lambda-Sonde *f* (ein Sensor im Auspuffkrümmer der Kat-Autos - linearer, binärer), Sauerstoffmesssonde *f*
**lambda-regulating circuit** / Lambda-Regelkreis *m* (zur Anpassung des Kraftstoff-Luftgemisches für Ottomotoren mit Katalysator zur Erreichung einer Gemischzusammensetzung, die eng um das Luftvehältnis λ = 1 liegen soll)
**lambda resonances** (Nuc) / Lambda-Resonanzen *f pl* ‖ ~ **rule** (Chem) / Lambdaregel *f* (zur Angabe der Bindigkeit) ‖ ~ **sensor** (Autos) / Lambda-Sonde *f* (ein Sensor im Auspuffkrümmer der Kat-Autos - linearer, binärer), Sauerstoffmesssonde *f* ‖ ~ **sulphur** (one of the two components of gamma sulphur) (Chem) / λ-Schwefel *m* ‖ ~ **window** (with the lowest emission values) (Autos) / Lambda-Fenster *n* (bei Dreiwege-Katalysatoren)
**lambert*** *n* (Light) / Lambert *n* (eine restlos veraltete Einheit der Leuchtdichte = 3,18 . $10^3$ cd/m²)
**Lambert-Beer law** (Phys) / Lambert-Beer'sches Gesetz, Beer'sches Gesetz (nach A. Beer, 1825-1863)
**Lambert conformal conic projection** (Cartography, Geog) / flächentreue Azimutalabbildung, Lamberts flächentreuer Azimutalentwurf (nach J.H. Lambert, 1728-1777)
**Lambertian radiator** (Phys) / Lambert-Strahler *m*, Lambert'scher Strahler (strahlende Fläche, für die das Lambert'sche Gesetz zutrifft - DIN 5031- 8) ‖ ~ **source** (Phys) / Lambert-Strahler *m*, Lambert'scher Strahler (strahlende Fläche, für die das Lambert'sche Gesetz zutrifft - DIN 5031- 8) ‖ ~ **surface** (Optics) / Lambert'sche Fläche ‖ ~ **white** (Optics) / reinweiß *adj* (z.B. der Innenanstrich der Ulbricht'schen Kugel)
**Lambert pine** (Chem, For) / Zuckerkiefer *f* (Pinus lambertiana Douglas) ‖ ~'s **cosine law*** (Light) / Lambert'sches Kosinusgesetz, cos-Gesetz *n*, Lambert'sches Gesetz
**Lambert's law of emission** (Light) / Lambert'sches Kosinusgesetz, cos-Gesetz *n*, Lambert'sches Gesetz
**Lambert•'s projection** (Cartography, Geog) / flächentreue Azimutalabbildung, Lamberts flächentreuer Azimutalentwurf (nach J.H. Lambert, 1728-1777) ‖ ~ **surface** (Optics) / Lambert'sche Fläche
**Lamb-Mössbauer factor** (Spectr) / Lamb-Mößbauer-Faktor *m*, LMF (Lamb-Mößbauer-Faktor)
**Lamb-Rutherford shift** (Nuc, Spectr) / Lamb-Verschiebung *f*, Lamb-Shift *m* (Aufspaltung im Feinstrukturspektrum des Wasserstoffatoms - nach dem amerikanischen Physiker W.E. Lamb, geb. 1913)
**Lamb shift*** (Nuc, Spectr) / Lamb-Verschiebung *f*, Lamb-Shift *m* (Aufspaltung im Feinstrukturspektrum des Wasserstoffatoms - nach dem amerikanischen Physiker W.E. Lamb, geb. 1913)
**lambskin** *n* (Textiles) / Lambskin *n* (Lammfellimitation aus Plüsch) ‖ ~* (Textiles) / Lammfell *n* (z.B. Persianer)
**lamb's wool** (Textiles) / Lammwolle *f*, Lambswool *f*
**lambswool** *n* (Textiles) / Lammwolle *f*, Lambswool *f* ‖ ~ **roller*** (Paint) / Rolle *f* mit Lammfellbezug, Farbenroller *m* mit Lammplüsch
**Lamb wave** (a specific mode of propagation in which the two parallel boundary surfaces of the material under examination /such as a plate or the wall of a tube/ establish the mode of propagation) (Phys) / Lambwelle *f*, Plattenwelle *f* (Lambwelle)
**lamé*** *n* (Textiles) / Lamé *m* (leichterer modischer Kleiderstoff, der durch Mitverwendung von Metallfäden hergestellt wird)
**Lamé constants** (Mech) / Lamé'sche Elastizitätskonstanten, Lamé'sche Konstanten *f pl* (für Spannungsgleichgewicht - nach G. Lamé, 1795 - 1870) ‖ ~ **formula*** (Mech) / Lamé'sche Gleichung (für Spannungsgleichgewicht - nach G. Lamé, 1795 - 1870)
**lamella** *n* (pl. lamellae)* / Lamelle *f* ‖ ~ (pl. lamellae) (Crystal) / Streifen *m* ‖ ~ (pl. lamellae) (Min) / Spaltplättchen *n* (z.B. bei Glimmer)
**lamellar** *adj* / lamellenartig *adj*, lamellar *adj* (in dünnen Schichten), lamellär *adj* ‖ ~ **compound** (Chem) / Interkalationsverbindung *f* (eine Einlagerungsverbindung), Interkalat *n* (z.B. bei Graphit) ‖ ~ **fracture** (Materials, Met) / Terrassenbruch *m* (bei Beanspruchung des Werkstoffes auf Zug in Dickenrichtung lamellenförmige Risse und Brüche parallel zur Blechoberfläche infolge von langgestreckten metallischen Einschlüssen, vorzugsweise von Sulfiden) ‖ ~ **graphite** / Lamellengraphit *m* (DIN 1691 und DIN 1694) ‖ ~ **magnetization***

**lamellar**

(Elec Eng) / Quermagnetisierung *f* (von Blechen), transversale Magnetisierung || **~ pearlite** (Met) / Lamellarperlit *m* || **~ structure** (Crystal, Min) / Schichtstruktur *f*, Lamellenstruktur *f* || **~ tearing** (Materials, Met) / Terrassenbruch *m* (bei Beanspruchung des Werkstoffes auf Zug in Dickenrichtung lamellenförmige Risse und Brüche parallel zur Blechoberfläche infolge von langgestreckten metallischen Einschlüssen, vorzugsweise von Sulfiden) || **~ tearing** (Materials) / Lamellenriss *m* (beim Terrassenbruch) || **~ vector field** (Elec Eng, Phys) / wirbelfreies Feld
**Lamé's constants** (Mech) / Lamé'sche Elastizitätskonstanten, Lamé'sche Konstanten || **~ functions** (Maths) / Lamé'sche Funktionen
**lamina** *n* (pl. laminae) (a single layer of composite material with fibres running in one direction) / Schicht *f* (z.B. eines Faserverbundwerkstoffes) || ~* (pl. laminae) / Blättchen *n*, Plättchen *n* || ~ (pl. laminae) / dünne Schicht || ~ (pl. laminae) (Maths) / Lamina *f* (pl. Laminae) || ~* (pl. laminae) (Met) / Feinblech *n* (mit einer Dicke unter 3 mm)
**laminant** *n* (Paper, Textiles) / Kaschiermittel *n*, Beschichtungsmittel *n*
**laminar*** *adj* (Phys) / Laminar- (wirbelfrei in parallelen Schichten fließend), laminar *adj* || ~* (Phys) s. also lamellar || **~ boundary layer*** (Aero) / laminare Grenzschicht (in der alle Stromlinien parallel zueinander und zur Wandkontur verlaufen) || **~ boundary layer*** (Aero) s. also boundary layer || **~ flow*** (Phys) / laminare Strömung (stationäre Strömung reibungsbehafteter Flüssigkeiten oder Gase, bei der die Schichten der strömenden Substanz ohne Wirbelbildung aneinander gleiten - DIN 1342-1)
**Laminarflow** *n* (Med) / Laminarflow *n* (zur Belüftung von Operationsräumen, Intensivstationen und mikrobiologischen Laborplätzen erzeugter keim- und wirbelfreier Luftstrom)
**laminar-flow airfoil** (Aero) / Laminarprofil *n* || **~ hood** (Biochem) / Laminarbox *f* (in dem Reinraum) || **~ scavenging** (Autos) / Steilstromspülung *f* (von Zweitaktmotoren) || **~ wing** (Aero) / Laminarflügel *m* || **~ workbench** (Biochem) / Laminar-Flow-Arbeitsplatz *m* (DIN 12950)
**laminar insulation** (Elec Eng) / geschichtete Isolation
**laminarized wing** (Aero) / Laminarflügel *m*
**laminar pearlite** (Met) / Lamellarperlit *m* || **~ plasma torch** (Elec Eng) / Brenner *m* mit laminarem Plasma
**laminar-turbulent transistion** (Aero, Phys) / laminar-turbulenter Umschlag (im Umschlagspunkt)
**laminary grating** (Optics) / Laminargitter *n* (optisches Beugungsgitter mit rechteckigen Vertiefungen)
**laminate** *v* / schichten *v* || ~ (Bind, Textiles) / auskleben *v*, kaschieren *v*, einkaschieren *v*, auskaschieren *v* (mit Klebstoff), laminieren *v*, befilmen *v*, beschichten *v* || ~ (Electronics) / laminieren *v* (Mehrlagenleiterplatten) || ~ (Textiles) / laminieren *v* (um Fasern in Längsrichtung zu ordnen) || ~ (Plastics) / Laminat *n*
**laminated beam** (Build, Carp) / schichtverleimter Holzträger || **~ belt** / laminierter Riemen || **~ bending** (For) / Flach- und Formpressen *n* (Sperrholz) || **~ brush*** (Elec Eng) / Schichtbürste *f*, lamellierte Bürste || **~ composite** (Eng, Plastics) / Schichtverbundwerkstoff *m* || **~ conductor** (Elec Eng) / geschichteter Leiter || **~ construction** (Carp) / Holzklebebauweise *f* (die Einzelteile sind in Flächen aneinander geschlossen und durch geeignete Klebstoffe verbunden), Holzleimbau *m*, Leimbau *m* || **~ contact*** (Elec Eng) / lamellierter Kontakt || **~ contact*** (Elec Eng) s. also brush contact || **~ core** (Elec Eng) / Blechpaket *n* (einer elektrischen Maschine) || **~ core*** (Elec Eng) / Schichtkern *m*, lamellierter Kern, Blechkern *m* (bei Transformatoren) || **~ fabric*** (Textiles) / Hartgewebe (Hgw) *n* (ein Schichtpressstoff mit Gewebe als Füllstoff - DIN 7735, T 1), Hgw (ein Schichtpressstoff mit Gewebe als Füllstoff - DIN 7735, T 1) || **~ foil** / kaschierte Folie, Verbundfolie *f* (Metall) || **~ (safety) glass*** (Glass) / Verbundsicherheitsglas *n*, Mehrschichtensicherheitsglas *n*, Mehrscheibensicherheitsglas *n*, Verbundglas *n*, VSG (Verbundsicherheitsglas ), MSG (Mehrschichtensicherheitsglas)
**laminated-iron core** (Elec Eng) / Schichtkern *m*, lamellierter Kern, Blechkern *m* (bei Transformatoren)
**laminated joint** (Join) / Zinkung *f* (eine Holzverbindung für Ecken), Zinkenverbindung *f* (eine Flächenverbindung), Zinkeneckverbindung *f*, gerade Verzinkung || **~ magnet*** (Elec Eng) / Lamellenmagnet *m*, Magnet *m* mit unterteiltem Eisenkern || **~ packing ring** (Eng) / Lamellenpackungsring *m* (eine Stopfbuchsendichtung) || **~ paper** (Elec Eng, Paper, Plastics) / Hartpapier *n* (ein Schichtpressstoff aus Harz und geschichtetem Papier - DIN 7735), Hp (Hartpapier) || **~ paper*** (Paper) / kaschiertes Papier, Schichtpapier *n* || **~ plastics*** (Join, Paper, Plastics) / Laminate *n pl*, Schichtpressstoffe *m pl*, Schichtstoffe *m pl* || **~ pole*** (Elec Eng) / lamellierter Pol, geblechter Pol
**laminated-rim rotor** (Elec Eng) / Blechkettenläufer *m*, Schichtpolrad *n*
**laminated spring*** (Eng) / Blattfeder *f* (geschichtete) || **~ timber beam** (Build, Carp) / lamellierter Balken, Brettschichtbalken *m* || **~ welded construction** (Eng) / Scheuerplattenbauweise *f* (bei geschweißten Maschinengestellen) || **~ windscreen** (Autos) / Windschutzscheibe *f* aus Verbundglas || **~ wood** (For) / Schichtholz *n* (ein Lagenholz) || **~ yoke*** (Elec Eng) / Blechjoch *n*, lamelliertes Joch
**laminate flooring** (Build) / Laminatboden *m*
**laminates*** *pl* (Join, Paper, Plastics) / Laminate *n pl*, Schichtpressstoffe *m pl*, Schichtstoffe *m pl*
**laminating** *n* / Beschichten *n* (Aufbringen von fest haftenden Schichten aus formlosem Stoff auf die Oberfläche von Werkstücken - DIN 8580), Beschichtung *f* || **~** / Laminieren *n* (wenn ein vorgebildeter Film aus der Schmelze aufgebracht wird), Befilmen *n* || **~ agent** (Paper, Textiles) / Kaschiermittel *n*, Beschichtungsmittel *n* || **~ machine** (Paper, Plastics, Textiles) / Kaschiermaschine *f*, Beschichtungsmaschine *f*, Befilmungsmaschine *f* || **~ resin** (Plastics) / Laminierharz *n* || **~ unit** (Plastics) / Laminator *m* || **~ wax** (Paper) / Kaschierwachs *n*
**lamination** *n* / schichtenweise Trennung, Schichtentrennung *f*, Schicht(en)spaltung *f*, Aufspaltung *f* (von Schichten), Abschichtung *f* (Schichtentrennung), Ablösung *f* einer Schicht, Delaminierung *f* (Schichtentrennung), Delamination *f* || **~*** / Schichten *n*, Schichtung *f* || **~*** / Schichtbildung *f* (Ausgestaltung der Schichten) || **~** (of a laminated material) / Schicht *f*, Lage *f* || **~** / Laminieren *n* (wenn ein vorgebildeter Film aus der Schmelze aufgebracht wird), Befilmen *n* || **~** / Pressriss *m* (bei Schichtstoffen) || **~** (Bind, Plastics, Textiles) / Auskleben *n*, Einkaschieren *n*, Auskaschieren *n*, Kaschieren *n*, Beschichten *n*, Laminieren *n* || **~** (Cartography) / Einbettung *f*, Laminieren *n* (Überziehen der Landkarte mit einer Schutzschicht) || **~*** (Elec Eng) / Trafoblech *n* || **~*** (Elec Eng) / Lamelle *f*, Blechlamelle *f* || **~*** (Elec Eng) / Blechen *n* (z.B. von Eisenkernen) || **~*** (Geol) / Lamination *f*, Laminierung *f* (feine Schichtung bei Sedimentgesteinen) || **~** (defect in roll products caused by the rolling out of cavities or large areas of non-metallic inclusions) (Met) / Dopplung *f* (durch innere Trennung), Doppelung *f* || **~** (Paper, Plastics) / Kaschieren *n*, Beschichtung *f*, Beschichten *n* || **~** (Textiles) / Kaschieren *n* (deckungsgleiches Verkleben zweier oder mehrerer Stoffbahnen auf einer Kaschiermaschine) || **~ factor** (a numeric, less then unity and usually expressed as a percentage, which is defined as the ratio of the uniform solid height h of the magnetic material in a laminated core to the actual height h' when measured under specified pressure) (Elec Eng) / Eisenfüllfaktor *m* (reine Eisenlänge geteilt durch Blechpaketlänge ohne Kühlschlitze, nach DIN 40121), Füllfaktor *m*, Stapelfaktor *m*, Paketfaktor *m*
**laminations** *pl* (Ceramics) / Textur *f* (Orientierungsverteilung von Kristallen, die zu Produktionsausfällen führen kann)
**lamination wax** (Paper) / Kaschierwachs *n*
**laminator** *n* (Paper, Plastics, Textiles) / Kaschiermaschine *f*, Beschichtungsmaschine *f*, Befilmungsmaschine *f* || **~** (Plastics) / Laminator *m*
**laminboard*** *n* (Join) / Stäbchenplatte *f* (geklebte - mit Stäbchen bis zu 7 mm), Stäbchen-Sperrholz *n*
**laminography*** (Med, Radiol) / Emissionscomputertomografie *f* (nuklearmedizinische Untersuchungsmethode zur Ermittlung der Aktivitätsverteilung eines Radiopharmakons), ECT (Emissionscomputertomografie)
**LAMMA** (laser-microprobe mass analysis) (Spectr) / Lasermikrosonden-Massenspektrometrie *f*
**La Mont boiler** (Eng) / La-Mont-Kessel *m* (ein Zwangumlaufkessel), assisted-circulation boiler
**Lamont's law*** (Elec Eng, Met) / Lamont-Gesetz *n*
**lamp** *n* (a generic term for a man-made source of light) (Elec Eng, Light) / Lampe *f* (Lichtquelle nach DIN 5039)
**lampante virgin olive oil** (Nut) / Lampantöl *n* (Jungfern-Olivenöl der Kategorie 4 mit erhöhtem Säuregrad, das nicht ohne weiteres zum Verzehr geeignet ist - es wird raffiniert und zu Olivenöl Kategorie 5 verarbeitet)
**lamp aperture** (Autos) / Leuchtenausschnitt *m* (für Einbauleuchten) || **~ base** (Elec Eng) / Glühlampensockel *m*, Lampensockel *m*
**lampblack*** *n* (Chem, Paint) / Flammruß *m*, Lampenschwarz *n* (Pigment), Lampenruß *m*
**lampblown glassware** (Chem, Glass) / lampengeblasenes Glas (Laborgeräte)
**lamp cap** (Elec Eng) / Glühlampensockel *m*, Lampensockel *m* || **~ cord** (US) (Elec Eng) / Anschlussschnur *f* (flexible) || **~ display** (Elec Eng) / Lampenanzeige *f* || **~ driver circuit** (Elec Eng) / Lampensteuerkreis *m*
**lampholder*** *n* (Elec Eng) / Lampenfassung *f*, Fassung *f* || **~ plug*** (current tip) (Elec Eng) / Schraubsteckdose *f* (für Lampenfassungen), Fassungssteckdose *f*
**lamphole** (San Eng) / Beleuchtungsschacht *m*, Beleuchtungsöffnung *f*
**lamphouse*** *n* (Cinema) / Lampenhaus *n* (eines Stehbild- oder Filmprojektors) || **~*** (Photog) / Beleuchtungseinrichtung *f* (Lampe mit Kondensor) des Vergrößerers, Lampenkopf *m*

**lamp housing** (Photog) / Beleuchtungseinrichtung f (Lampe mit Kondensor) des Vergrößerers, Lampenkopf m
**lamping*** n (Min Proc, Mining) / Ultraviolettbestrahlung f (beim Prospektieren oder beim Aufbereitungsgut)
**lamp man*** (Mining) / Lampenwärter m, Lampenaufseher m ‖ **~ oil** (Oils) / Leuchtöl n (früher in Petroleumlampen verwendetes Erdölprodukt), Leuchtpetroleum n ‖ **~ output** (Elec Eng) / Lampenleistung f ‖ **~ panel** (Telecomm) / Lampenfeld n ‖ **~ pole** (Light) / Beleuchtungsmast m, Lichtmast m ‖ **~ post** (a standard support provided with the necessary internal attachments for wiring and the external attachments for the bracket and luminaire) (Light) / Beleuchtungsmast m, Lichtmast m ‖ **~ resistance*** (Elec Eng) / Lampenwiderstand m ‖ **~ room** (Mining) / Lampenstube f
**lamprophyre*** n (Geol) / Lamprophyr m (eine Sammelbezeichnung für Ganggesteine)
**lamps** pl (Mining) / Geleucht n (Beleuchtungseinrichtungen im Untertagebetrieb)
**lampshade** n (Elec Eng) / Lampenschirm m, Leuchtenschirm m, Schirm m (einer Lampe)
**lamp socket** (Elec Eng) / Lampenfassung f, Fassung f ‖ **~ standard** (Light) / Beleuchtungsmast m, Lichtmast m ‖ **~ strip** (Elec Eng) / Lampenstreifen m (DIN 49560) ‖ **~ trolley** (Print) / Lampenwagen m (der Horizontalkamera) ‖ **~ tubing** (Glass) / Lampenrohrglas n ‖ **~ wattage** (Elec Eng) / Lampenleistung f
**lamp-wire connector** (Elec Eng) / Leuchtenklemme f, Lüsterklemme f (zum ortsfesten Anschluss von Leuchten an festverlegte Leitungen)
**lamp working*** (forming glass articles from tubing and cane by heating in a gas flame) (Glass) / Lampenarbeit f, Lampenbläserei f, Glasblasen n mit der Glasbläserlampe
**LAN** (local apparent noon) (Astron) / wahrer Ortsmittag (nach der Sonne) ‖ **~*** n (local area network) (Comp, Telecomm) / lokales Netzwerk (lokales Netz mit einer Ausdehnung von einigen 10 m bis hin zu 10-15 km und von zwei bis hin zu einigen hundert angeschlossenen Stationen), LAN n (lokales Netzwerk)
**lanameter** n (for measuring the thickness and the surface development of the wool fibre) (Micros, Textiles) / Lanameter n (Wolldickenmesser), Lanometer n, Wolldickenmesser m
**LAN architecture** (Comp) / LAN-Architektur f, Architektur f lokaler Netze
**lanarkite*** n (Min) / Lanarkit m
**lanata glycoside** (cardiac glycoside from the Digitalis lanata Ehrh.) (Pharm) / Lanataglykosid n, Lanatacysosid n
**lanate*** adj (Bot, Zool) / wollig adj
**lanatoside** n (Pharm) / Lanatosid n (ein Digitalisglykosid der Digitalis lanata Ehrh.), primäres Lanataglykosid (aus dem Wolligen Fingerhut)
**LAN bridging** (Comp) / LAN-Bridging n
**Lancashire boiler*** (Eng) / Lancashire-Kessel m (ein Flammrohrkessel mit glattem Boden)
**Lancaster mixer** (Plastics) / Gegenstromtellermischer m (mit Läufern und/oder Schaufeln)
**lance** v (Eng, Met) / einschneiden v (Blech nach DIN 8588) ‖ **~*** n (Build) / Schneidspitze f ‖ **~** (Met) / Blaslanze f (ein mehrwandiges, gekühltes Rohr mit einer oder mehreren Öffnungen zum Auf- oder Einblasen von Sauerstoff und staub- oder stückförmigem Kalk auf Roheisenschmelzen zur Erzeugung von Stahl) ‖ **~ ampoule** (Chem) / Spießampulle f
**lanceolate*** adj (Bot) / lanzettlich adj
**lancet arch*** (Arch) / Lanzettbogen m (in der englischen Gotik) ‖ **~ pointer** (Instr) / lanzettförmiger Zeiger, Lanzenzeiger m, Lanzettzeiger m
**lancewood*** (For) / Lanzenholz n (Oxandra lanceolata (Sw.) Baill.) ‖ **~*** (For) / Lancewood n (Holz der Oxandra lanceolata (Sw.) Baill.)
**lancing*** n (Eng, Met) / Einschneiden n (des Bleches nach DIN 8588)
**LAN coupling service** (Comp, Telecomm) / Busnetz-Koppelservice m n
**land** v (Aero, Ships) / aussteigen v (aus einem Flugzeug oder Schiff) ‖ **~** vi (Aero) / landen vi ‖ **~** vt (Aero) / landen vt ‖ **~** (Ships) / ausschiffen v, an Land setzen ‖ **~** (Ships) / absetzen v (einen Lotsen) ‖ **~** n (the record surface between two adjacent grooves of a mechanical recording) (Acous) / Steg m, Grat m (der Schallplatte) ‖ **~** (Comp) / Land n (Fläche zwischen den Pits einer Digitalplatte mit logisch "1" als Bedeutung), Steg m (Abstand zwischen den Pits einer CD-Platte) ‖ **~** (Elec Eng, Electronics) / Anschlussfläche f (des Leiterbildes), Lötpad n (Anschlussfläche, speziell beim Verlöten oberflächenmontierter Bauteile, die häufig mit Bleizinn oder anderen Schutzschichten zum Erhalt der Lötfähigkeit versehen ist), Anschlussauge n (bei Leiterplatten) ‖ **~** (a connection made by dip soldering) (Electronics) / Lötauge n (ringförmiger Teil eines Leiterzuges auf einer Leiterplatte), Kontaktfleck m ‖ **~** (connecting points of small components) (Electronics) / Kontaktfleck m ‖ **~** (Eng) / Gratbahn f (rund um die Gesenkgravur) ‖ **~** (of the flank) (Eng) / Freiflächenfase f, Fase f (DIN 6581) ‖ **~** (Eng) / Schneidrücken m ‖ **~** (Eng) / Gratbahn f (Flächen in Ober- und Untergesenk) ‖ **~** (I C Engs) / Laufsteg m (zwischen zwei Kolbenringnuten) ‖ **~** (Optics) / hervorstehender Teil zwischen zwei Furchen (eines Gitters) ‖ **~** (Tools) / Stollen m (beim Gewindebohrer) ‖ **~** (Welding) / Fugenansatz m ‖ **~** (Electronics) s. also dip soldering ‖ **~ accretion** (the reclamation of land from swamps, low-lying boggy areas, or the sea) (Agric) / Neulandgewinnung f, Landgewinnung f (aus dem Wattenmeer, durch Trockenlegung) ‖ **~ aerodrome** (Aero) / Landflugplatz m ‖ **~ aeroplane** (Aero) / Landflugzeug n
**land-attack cruise missile** (Mil) / Landziel-Marschflugkörper m
**Landau damping** (Plasma Phys) / Landau-Dämpfung f (von Wellen im stößefreien Plasma) ‖ **~ equation** (Phys) / Landau-Gleichung f (eine kinetische Gleichung für elektrisch geladene Teilchen), Landau-Wlassow-Gleichung f
**Landauer formula** (Nuc) / Landauer-Formel f
**Landau-Ginzburg parameter** (Phys) / Ginsburg-Landau-Parameter m (der den Lösungstyp der Ginsburg-Landau-Gleichungen bestimmt) ‖ **~ theory** (Phys) / Ginsburg-Landau-Theorie f (der Supraleitfähigkeit)
**Landau level*** (energy level of an electron in a magnetic field due to the quantization of the energy associated with motion perpendicular to the field) (Phys) / Landau-Niveau n ‖ **~ theory*** (Chem) / Landau'sche Theorie (mit Landau-Gleichung und Landau-Dämpfung - nach dem russischen Physiker L.D. Landau /1908 - 1968/)
**landaway** n (Aero, Mil) / Landung f auf einem fremden Flugplatz
**land-based** adj (Mil) / landgestützt adj (Startgerät)
**land breeze*** n (Meteor) / Landwind m ‖ **~ bridge** (Geol) / Landbrücke f ‖ **~ burial** (Nuc Eng) / Eingraben n, Vergraben n (von Atommüll) ‖ **~ camera*** (Photog) / Polaroidkamera f (eine Sofortbildkamera der Polaroid Corporation, Cambridge, Mass., von Dr. E. Land / 1909-1991 / erfunden), Polaroid-Land-Kamera f ‖ **~ consolidation** (Agric) / Grundstückszusammenlegung f, Flurbereinigung f (eine agrarstrukturelle Maßnahme) ‖ **~ drain** (Agric) / Dränagerohr n, Dränrohr n (DIN 1180 und DIN 4047, T 1), Röhrendrän m
**land-drainage pump** (Hyd Eng) / Schöpfwerk n (das Wasser aus Entwässerungsgräben von Niederungen pumpt) ‖ **~ works** (Agric) / Entwässerungsarbeiten f pl (Beseitigung und Verhinderung schädlicher Bodenvernässung)
**landed hole** (Electronics) / Eingangsloch n ‖ **~ property** / Grundbesitz m
**Landé g factor** (Phys, Spectr) / g-Faktor m (atomarer), gyromagnetischer Faktor, Aufspaltungsfaktor m, Landé-Faktor m (nach A. Landé, 1888-1975) ‖ **~ interval rule** (Nuc) / Landé'sche Intervallregel (die Energie- bzw. Wellenzahlabstände benachbarter Terme eines Termmultipletts sind proportional zur größeren der beiden Quantenzahlen), Landé'sche Regel
**lander** n (Space) / Landeeinheit f, Landerakete f
**Landé splitting factor*** (Phys, Spectr) / g-Faktor m (atomarer), gyromagnetischer Faktor, Aufspaltungsfaktor m, Landé-Faktor m (nach A. Landé, 1888-1975)
**landfall** n (Aero, Ships) / Sichten n von Land, Landkennung f ‖ **~** (Mil) / Landfall m (Punkt, an dem der MFK nach Flug über See die Küste erreicht) ‖ **~ map** (Mil) / Landfallkarte f
**landfast ice** (Ocean) / Festeis n (Meereis, meistens entlang der Küste)
**landfill*** n (US) (Ecol, San Eng) / Mülldeponie f (eine Abfallentsorgungsanlage), Deponie f (geordnete, wilde, unter Tage, über Tage), Müllabladeplatz m, Müllgrube f ‖ **~ gas** (Ecol, San Eng) / Deponiegas n (Methan, Kohlendioxid und Umwelt belastende Spurengase) ‖ **~ gas extraction** (US) (Ecol, San Eng) / Gasgewinnung f aus Mülldeponien ‖ **~ incinerator residues** (Ecol, San Eng) / deponierte Verbrennungsrückstände (aus Verbrennungsanlagen) ‖ **~ leachate** (Ecol, San Eng) / Deponiesickerwasser n (aus Abfalldeponien) ‖ **~ methane** (Ecol, San Eng) / Methan n aus der Deponie ‖ **~ sealing** (Ecol, San Eng) / Deponieabdichtung f ‖ **~ simulation reactor** (Ecol, San Eng) / Deponiesimulationsreaktor m (Stahl- oder Kunststoffbehälter, der mit Abfällen gefüllt wird und an dem unter kontrollierbaren Randbedingungen das Langzeitverhalten einer Deponie unter Laborbedingungen oder im halbtechnischen Maßstab untersucht werden kann), DSR (Deponiesimulationsreaktor)
**land floe** (Ocean) / Festeis n (Meereis, meistens entlang der Küste)
**landform** (Geog) / Oberflächenform f, Bodenform f, Geländeform f
**land improvement** (Agric) / Melioration f, Bodenmelioration f (DIN 4047-10), Bodenverbesserung f (Melioration)
**landing** n (Aero, Ships) / Landung f ‖ **~** (small floor between flights) (Build) / Podest n m (pl. -e) (meistens ein Geschosspodest), Treppenpodest n m (pl. -e) (ein Treppenabsatz am Anfang oder Ende eines Treppenlaufs, meist Teil der Geschossdecke - DIN 18 064), Treppenabsatz m ‖ **~** (Eng) / Haltestelle f (des Aufzugs) ‖ **~** (For) / Ländungsplatz m, Lände f, Holzgarten m (für die Flößerei) ‖ **~*** (Mining) / Anschlag m (Hängebank oder Füllort), Füllort n ‖ **~** (of the casing) (Mining, Oils) / Abhängen n (Sicherung oder

**landing**

Befestigung der Verrohrung an der Oberfläche) ‖ ~ (Ships) / Landung *n* ‖ ~ (Ships) / Ausschiffung *f* ‖ ~ (Ships) / Anlegen *n* ‖ **2-point** ~ (Aero) / Zweipunktlandung *f* ‖ ~ **accuracy** (Eng) / Haltegenauigkeit *f* (des Aufzugs) ‖ ~ **against the wind** (Aero) / Gegenwindlandung *f* ‖ ~ **aid** (Aero) / Landehilfe *f* (bord- oder bodenseitige) ‖ ~ **approach** (to...) (Aero) / Anflug *m*, Landeanflug *m* (auf...), Approach *m* ‖ ~ **area**\* (Aero) / Landebereich *m* ‖ ~ **area**\* (Aero) s. also landing surface ‖ ~ **attempt** (Aero) / Landungsversuch *m* ‖ ~ **beacon**\* (Aero) / Landefunkfeuer *n* ‖ ~ **beam**\* (Aero) / Landestrahl *m* ‖ ~ **chart** (Aero) / Landekarte *f* ‖ ~ **clearance** (Aero) / Landefreigabe *f* ‖ ~ **configuration** (Aero, Mil) / Landekonfiguration *f* ‖ ~ **course** (Aero, Nav) / Landekurs *m* ‖ ~ **deck** (Mil, Ships) / Landedeck *n* (auf Flugzeugträgern) ‖ ~ **direction indicator**\* (Aero) / Landerichtungsanzeiger *m* ‖ ~ **distance** (Aero) / Landestrecke *f* ‖ ~ **distance required** (Aero, Mil) / erforderliche Landestrecke ‖ ~ **door** / Schachttür *f* (des Aufzuges) ‖ ~ **field** (Aero) / Flugfeld *n* ‖ ~ **flap** (Aero) / Landespoiler *m* ‖ ~ **forecast** (Aero) / Landewettervorhersage *f* ‖ ~ **gear**\* (Aero) / Fahrgestell *n*, Fahrwerk *n* ‖ ~ **gear** (Aero) / Landeeinrichtung *f* (z.B. Radfahrwerk, Schwimmer) ‖ ~ **gear** (Autos) / Stützräder *n pl* (des Einachsanhängers)
**landing-gear bay** (Aero) / Fahrwerkschacht *m* ‖ ~ **door** (Aero) / Fahrwerksklappe *f*, Schachtklappe *f*
**landing-gear-extended speed** (Aero) / Geschwindigkeit *f* bei ausgefahrenem Fahrwerk
**landing-gear leg** (Aero) / Fahrwerksbein *n* ‖ ~ **retraction lock** (Aero) / Fahrwerkeinziehverriegelung *f* ‖ ~ **shock strut** (Aero) / Federbein *n* (z.B. Öl-, Öl-Luft-), Fahrwerkfederbein *n* (mit gedämpft federnder Aufhängung der Räder) ‖ ~ **well** (Aero) / Fahrwerkschacht *m*
**landing ground**\* (Aero) / Flugfeld *n* ‖ ~ **ground**\* (Aero) / Landeplatz *m* ‖ ~ **headlight** (an aircraft aeronautical light designed to illuminate a ground area from the aircraft) (Aero) / Landescheinwerfer *m* ‖ ~ **impact** (Aero) / Landestoß *m* ‖ ~ **interval** (Aero) / Landeabstand *m* ‖ ~ **light** (Aero) / Landescheinwerfer *m* ‖ ~ **loads** (Aero) / Landestoßkräfte *f pl* ‖ ~ **mass** (Aero) / Landemasse *f*, Landegewicht *n* ‖ ~ **mat** (a ground cover laid down for a purpose of supporting aircraft operations, i.e., parking taxi, take-off and landing.) (Aero) / Landematte *f* ‖ ~ **on the Moon** (Space) / Mondlandung *f*, Landung *f* auf dem Mond ‖ ~ **parachute**\* (Aero) / Bremsfallschirm *m*, Bremsschirm *m* ‖ ~ **pattern** (Aero) / Landeschema *n* ‖ ~ **place** (Mining) / Schachtbühne *f* ‖ ~ **place** (Ships) / Landestelle *f*, Landeplatz *m*, Schiffslände *f* ‖ ~ **procedure** *f* (Aero) / Anflugsinkverfahren *n* ‖ ~ **push-button** / Stockwerkdruckknopf *m* (des Aufzugs) ‖ ~ **rights** (Aero) / Landerecht *n* ‖ ~ **roll** (Aero) / Landelauf *m*, Landerollstrecke *f*, Auslauf *m* (bei der Landung), Landelaufstrecke *f*, Ausrollstrecke *f* ‖ ~ **roll-out** (Aero) / Landelauf *m*, Landerollstrecke *f*, Auslauf *m* (bei der Landung), Landelaufstrecke *f*, Landerollstrecke *f*, Auslauf *m* (bei der Landung), Landelaufstrecke *f*, Landerollstrecke *f* ‖ ~ **run** (Aero) / Landelauf *m*, Landerollstrecke *f*, Auslauf *m* (bei der Landung), Landelaufstrecke *f*, Ausrollstrecke *f* ‖ ~ **runway** (Aero) / Landestreifen *m*, Landebahn *f* ‖ ~ **shock** (Aero) / Landestoß *m* ‖ ~ **skid** (Aero) / Landekufe *f* ‖ ~ **speed**\* (Aero) / Landegeschwindigkeit *f* ‖ ~ **stage** (Ships) / Landungsbrücke *f* (vom Ufer ausgehende, brückenähnliche Vorrichtung, welche den Übergang von anlegenden Schiffen an Land und umgekehrt ermöglicht), Landebrücke *f*, Anleger *m* (eine Schiffsanlegestelle), Landesteg *m*, Landungssteg *m* ‖ ~ **step** (Build) / Austrittsstufe *f*, letzte Stufe (eines Treppenlaufs) ‖ ~ **strip** (Aero) / Landestreifen *m*, Landebahn *f* ‖ ~ **surface** (Aero) / Landefläche *f* ‖ ~**-switch** *n* (Elec Eng) / Treppenschalter *m* (für Treppenhausautomaten) ‖ ~**-switch** (Elec Eng) / Stockwerkschalter *m* (des Aufzugs) ‖ ~ **system** (Aero) / Landeführungssystem *n* (MLS, früher ILS)
**landing-T** *n* (Aero) / Landekreuz *n* (helles, bei Schnee meist rotes Segeltuch, das auf Flugplätzen in T-Form in Richtung gegen den Wind ausgelegt wird, um den Aufsetzpunkt anzuzeigen), Lande-T *n*
**landing tee** (Aero) / Landekreuz *n* (helles, bei Schnee meist rotes Segeltuch, das auf Flugplätzen in T-Form in Richtung gegen den Wind ausgelegt wird, um den Aufsetzpunkt anzuzeigen), Lande-T *n* ‖ ~ **weight** (Aero) / Landemasse *f*, Landegewicht *n* ‖ ~ **zone** (Comp) / Landezone *f* (des Schreib-/Lesekopfes auf der Festplattenoberfläche nach dem Abschalten des Systems)
**landless hole** (Electronics) / lötaugenloses Loch, anschlussloses Loch
**land lift** (Civ Eng) / Bodenhebung *f*, Quellung *f* (des Bodens)
**landline** *n* (a conventional telecommunications connection by cable laid across land, typically either on poles or buried underground) (Elec Eng, Telecomm) / Überlandleitung *f* (drahtgebundene)
**land link** (Telecomm) / Landverbindung *f*
**land-locked** *adj* (Geog) / landumschlossen *adj* ‖ ~ **country** / Entwicklungsland *n* ohne Zugang zum Meer, Landlocked Country *n*
**landlord** *n* / Verpächter *m*
**landmark** *n* (Aero) / Landmarke *f* ‖ ~ (Ships) / Landmarke *f* (markanter Punkt oder Seezeichen an Land, die zur Orientierung oder Standortbestimmung dienen können)

**Landmark speed** (Comp) / Landmark-Wert *m* (bei einem Benchmark-Test)
**landmass** *n* (a part of the continental crust lying above sea level, considered as a unit without regard to size or relief) (Geol) / Landmasse *f*
**land measure** (Surv) / Landmessung *f* ‖ ~ **mobile service** (Radio) / beweglicher Landfunkdienst ‖ ~ **offset** (I C Engs) / Laufstegversatz *m*
**Landolt reaction** (Chem) / Landolt-Reaktion *f*, Landolt'sche Zeitreaktion (nach H.H. Landolt, 1831-1910) ‖ ~ **ring** (Med, Optics) / Landolt'scher Ring
**land packer** (Agric) / Bodenpacker *m*, Krumenpacker *m* (Sonderbauart der Ackerwalzen), Untergrundpacker *m* ‖ ~ **pattern** (Elec Eng) / Lötaugenmuster *n* (auf gedruckten Schaltungen)
**land-pebble phosphate** (Geol) / knolliger oder pelletoider Phosphorit
**landplane** *n* (Aero) / Landflugzeug *n*
**land planting** (Civ Eng, Ecol) / Begrünung *f* (vegetationsloser Flächen) ‖ ~ **preparation** (Agric) / Bodenvorbereitung *f*
**landrace**\* *n* (Agric, Biol) / Landrasse *f*
**land radar** (Radar) / Landradar *m n* (für Schiffssicherung) ‖ ~ **reallotment** (Build) / Baulandumlegung *f* (nach dem Bundesbaugesetz) ‖ ~ **reclamation** (Agric) / Neulandgewinnung *f*, Landgewinnung *f* (aus dem Wattenmeer, durch Trockenlegung) ‖ ~ **reform** (Agric) / Bodenreform *f* ‖ ~ **register** (Agric, Civ Eng) / Flurbuch *n* (von dem Katasteramt geführt) ‖ ~ **retention works** (Civ Eng) / Erd- und Tunnelbau *m* ‖ ~ **rig** (Oils) / Landbohranlage *f* ‖ ~ **roller** (Agric) / Ackerwalze *f* (DIN 11075), Bodenwalze *f* (z.B. Rauwalze) ‖ ~ **rover** (Autos) / Landrover *n* (geländegängiger PKW mit Allradantrieb) ‖ ~ **rover** (Autos) s. also off-road vehicle
**landscape** *v* (Arch) / landschaftlich verschönern (die Umgebung), die Landschaft architektonisch gestalten ‖ ~ *n* (Ecol) / Landschaft *f* ‖ ~\* (Paper) / Querformat *n* ‖ ~\* (Photog, Print) / Querformat *n* (bei den die Druckzeilen parallel zur längeren Kante verlaufen), Landscape *n* (Querformat) ‖ ~ **architecture** (Arch) / landschaftsgebundene Architektur ‖ ~ **architecture** (Arch) / Landschaftsarchitektur *f* ‖ ~ **conservation** (Ecol) / Landschaftspflege *f*, Landschaftsschutz *m* ‖ ~ **conservation** (Ecol) s. also nature conservation ‖ ~ **degradation** (Ecol) / Landschaftsschaden *m* ‖ ~ **ecology** (Ecol) / Landschaftsökologie *f* ‖ ~ **elements** (Ecol) / Landschaftselemente *n pl* (Bestandteile einer Landschaft), Landschaftsfaktoren *m pl* (Böden, Gesteine, Klima, Wasser usw.) ‖ ~ **enhancement** (Ecol) / Landespflege *f* ‖ ~ **film** (Cinema) / Landschafts-Rückprofilm *m* (der Landschaften als Hintergrund für eine Rückprojektion darstellt) ‖ ~ **(man-made)** following mining activities (Ecol, Mining) / Bergbaufolgelandschaft *f* ‖ ~ **improvement measures** (Ecol) / Landschaftsverbesserungsmaßnahmen *f pl*, Landschaftsverschönerungsmaßnahmen *f pl* ‖ ~ **loading by development** (Arch) / Zersiedlung *f* (der Landschaft mit Streusiedlungen) ‖ ~ **management** (Ecol) / Landschaftspflege *f* (Verwaltung) ‖ ~ **office** (freed from partitions) (Work Study) / Großraumbüro mit Blumen- und Pflanzenschmuck sowie individuell gestalteten Arbeitsplätzen, Bürolandschaft *f* (eine Sonderform des Großraumbüros) ‖ ~ **preservation** (Ecol) / Landschaftspflege *f*, Landschaftsschutz *m* ‖ ~ **protection** (Ecol) / Landschaftspflege *f*, Landschaftsschutz *m*
**landscaping work** (Arch, Civ Eng) / Landschaftsbauarbeiten *f pl*
**landside** *n* (of the warehouse) / Landseite *f* (der Lagerhalle) ‖ ~ (Aero) / Raum *m* vor der Pass- und Zollkontrolle (des Flughafens), allgemein zugänglicher Bereich (des Flughafens) ‖ ~ (Agric) / Anlage *f* (des Scharpflugkörpers) ‖ ~ (Agric) / Landseite *f* (Pflug)
**landslide** *n* (a general term for a wide variety of perceptible processes and landforms involving the downslope movement, under gravity, of masses of soil and rock material) (Geol) / Bergsturz *m* (plötzlicher Absturz umfangreicher Erd- und Felsmassen an Steilwänden und übersteilen Hängen), Erdrutsch *m* (von Erdmassen) ‖ ~ **lake** (Geol) / Bergsturzsee *m*
**landslip**\* *n* (Geol, Geophys) / Bergsturz *m* (plötzlicher Absturz umfangreicher Erd- und Felsmassen an Steilwänden und übersteilen Hängen), Erdrutsch *m* (von Erdmassen)
**land spring** (Geol) / offene Quelle ‖ ~ **surveyor** (Surv) / Vermesser *m*, Geometer *m*, Vermessungsingenieur *m*, Feldmesser *m*, Landvermesser *m*, Landvermesser *m* ‖ ~ **swell** (Ocean) / einlaufende Dünung ‖ ~**-tie**\* *n* (Civ Eng) / Erdanker *m* (DIN 4125) ‖ ~ **transport** / Landtransport *m* ‖ ~ **treatment**\* (San Eng) / Landbehandlung *f* der Abwässer, Abwasserlandbehandlung *f* ‖ ~ **treatment**\* (San Eng) s. also intermittent filtration ‖ ~ **upheaval** (Civ Eng) / Bodenhebung *f*, Quellung *f* (des Bodens)
**land-use plan** (Build) / Flächennutzungsplan *m* ‖ ~ **planning** (Arch, Build) / Raumplanung *f* (Sammelbegriff für Raumordnungs-, Bauleit- und Landesplanung)
**landway** *n* (Aero) / Landung *f* auf einem fremden Flugplatz
**land width** (Tools) / Stollenbreite *f* (beim Gewindebohrer)

**lane** *n* (Aero) / Schneise *f* ‖ ~ (Autos) / Spur *f* (auf Autobahnen) ‖ ~ (Autos) / Fahrstreifen *m*, Fahrspur *f* ‖ ~ (Chem) / Spur *f*, Bahn *f* (in der Chromatografie) ‖ ~ (For) / Schneise *f*, Gestell *n* (schneisenartig ausgehauenes Waldstück), Jagenlinie *f*
**lane-control signal** (Autos) / Fahrstreifensignal *n* (mittig über dem Fahrstreifen einer Fahrbahn angebrachter Lichtsignalgeber, der das Benutzen eines Fahrstreifens erlaubt oder verbietet), Fahrspursignalgeber *m*, Dauerlichtzeichen *n* (Fahrstreifensignal)
**lane hopper** (Autos) / Kolonnenspringer *m* ‖ ~ **line** (Autos) / Leitlinie *f* ‖ ~ **marking** (Civ Eng) / Fahrstreifenmarkierung *f*
**lane-traffic signal** (Autos) / Fahrstreifensignal *n* (mittig über dem Fahrstreifen einer Fahrbahn angebrachter Lichtsignalgeber, der das Benutzen eines Fahrstreifens erlaubt oder verbietet), Fahrspursignalgeber *m*, Dauerlichtzeichen *n* (Fahrstreifensignal)
**lane-use signal** (Autos) / Fahrstreifensignal *n* (mittig über dem Fahrstreifen einer Fahrbahn angebrachter Lichtsignalgeber, der das Benutzen eines Fahrstreifens erlaubt oder verbietet), Fahrspursignalgeber *m*, Dauerlichtzeichen *n* (Fahrstreifensignal)
**langbeinite** *n* (Min) / Langbeinit *m*
**Langevin-Debye formula** / Langevin-Debye-Gleichung *f* (eine Beziehung, die in einfacher Form die Überlagerung permanenter und induzierter Dipolmomente in einem Dielektrikum behandelt) ‖ ~ **law** / Langevin-Debye-Gleichung *f* (eine Beziehung, die in einfacher Form die Überlagerung permanenter und induzierter Dipolmomente in einem Dielektrikum behandelt)
**Langevin equation** (Phys) / Langevin-Gleichung *f* (Bewegungsgleichung eines Teilchens, das mit anderen Teilchen eines Mediums in unregelmäßiger Wechselwirkung steht) ‖ ~ **formula** (Mag) / Langevin-Formel *f* (eine Verallgemeinerung des Curie-Gesetzes für paramagnetische Stoffe) ‖ ~ **function** (Elec) / Langevin-Funktion *f* (des Dielektrikums - die die Temperaturabhängigkeit der statischen Dielektrizitätskonstanten beschreibt) ‖ ~ **ion** (Phys) / Langevin-Ion *n* (in atmosphärischen Aerosolen bis 1000 nm - nach P. Langevin, 1872-1946)
**lang lay*** (Eng) / Längsschlag *m*, Albertschlag *m* (nach J. Albert, 1787-1846 - eine Seilmacherart), Gleichschlag *m* (bei dem die einzelnen Drähte und Litzen und die Litzen selbst in der gleichen Richtung gewunden sind)
**langley** *n* (Meteor) / Langley *n*, ly (inkohärente veraltete Einheit der Flächendichte der Strahlungsenergie - nach S.P. Langley, 1834-1906)
**Langmuir adsorption isotherm*** (Chem) / Langmuir'sche Adsorptionsisotherme, Adsorptionsisotherme *f* nach Langmuir (nach I. Langmuir, 1881-1957)
**Langmuir-Blodgett film** (Chem) / LB-Film *m* (dünne Schicht aus geordneten Monolagen von amphiphilen oder amphotropen Molekülen), Langmuir-Blodgett-Film *m* ‖ ~ **technology** (Chem) / Langmuir-Blodgett-Technik *f* (Erzeugung von ultradünnen Schichten aus geordneten Monolagen - nach K.M. Blodgett, 1898-1979), LB-Technik *f*
**Langmuir-Child equation** (Electronics) / Child-Langmuir'sche Gleichung, Raumladungsgesetz *n*
**Langmuir effect** (Electronics) / Langmuir-Effekt *m*, Oberflächenionisation *f*
**Langmuir-Hinshelwood mechanism** (Chem) / Langmuir-Hinshelwood-Mechanismus *m* (einer heterogenen Katalyse - nach Sir C.N. Hinshelwood, 1897 - 1967)
**Langmuir isotherm** (Chem) / Langmuir'sche Adsorptionsisotherme, Adsorptionsisotherme *f* nach Langmuir (nach I. Langmuir, 1881-1957) ‖ ~ **plasma frequency** (Plasma Phys) / Plasmafrequenz *f* (der longitudinalen Plasmaschwingungen) ‖ ~ **probe*** (Electronics) / Langmuir-Sonde *f* (eine Gleichspannungs-Plasmasonde - nach I. Langmuir, 1881-1957)
**Langmuir's film balance** / Langmuir'sche Waage (zur direkten Messung partieller Oberflächenspannungen von Filmen)
**Langmuir torch** (Chem, Welding) / Langmuir-Fackel *f* (bei der Rekombination der H-Atome)
**Lang's lay** (Eng) / Längsschlag *m*, Albertschlag *m* (nach J. Albert, 1787-1846 - eine Seilmacherart), Gleichschlag *m* (bei dem die einzelnen Drähte und Litzen und die Litzen selbst in der gleichen Richtung gewunden sind)
**language*** *n* (AI, Comp) / Sprache *f* ‖ ~ **analysis** (AI, Comp) / Sprachanalyse *f* (automatische, morphologische, semantische, syntaktische, textuelle) ‖ ~ **architecture** (Comp) / Spracharchitektur *f* (direktausführende oder mit Darstellungstransformation) ‖ ~ **card** (Comp) / Sprachenkarte *f* ‖ ~ **editor** (Comp) / Spracheditor *m* ‖ ~ **for special purposes** / Fachsprache *f*, Sprache *f* im Fach(gebrauch) ‖ ~ **identification number** (Comp) / Sprachkennnummer *f*, LIN (Sprachkennnummer)
**language-independent** *adj* (Comp) / sprachneutral *adj*
**language industry** / Sprachindustrie *f*, Sprachdatenindustrie *f* (die Dienstleistungen mit der Bearbeitung von Texten erbringt, hierzu gegebenenfalls Hardware und Software produziert oder benutzt und dabei linguistisches Wissen zugrunde legt) ‖ ~ **laboratory** / Sprachlabor *n*
**language-oriented** *adj* (Comp) / sprachorientiert *adj*
**language processor** (Comp) / Übersetzer *m* (DIN 44300), Übersetzerrogramm *n*, Übersetzungsprogramm *n*
**language-sensitive** *adj* (Comp) / sprachabhängig *adj*, sprachsensitiv *adj*
**language statement** (Comp) / Sprachanweisung *f* ‖ ~ **technology** (Comp) / Technik *f* für die Sprachindustrie, Sprachtechnik *f* (Hardware und Software) ‖ ~ **translation** (AI, Comp) / Sprachübersetzung *f* ‖ ~ **translator** (Comp) / Übersetzer *m* (DIN 44300), Übersetzerrogramm *n*, Übersetzungsprogramm *n*
**laniferous** *adj* (Textiles) / Wolle tragend (z.B. Schaf, Kamel, Kaninchen, Ziege), wolletragend *adj*
**lanigerous** *adj* (Textiles) / Wolle tragend (z.B. Schaf, Kamel, Kaninchen, Ziege), wolletragend *adj*
**LAN implementation** (Comp) / Realisierung *f* des lokalen Netzes ‖ ~ **internetworking** (Comp, Telecomm) / LAN-Internetworking *n*
**LAN-LAN coupling** (Comp) / LAN-LAN-Kopplung *f* ‖ ~ **interconnection** (Telecomm) / LAN-LAN-Verbund *n*
**lanoceric acid** (Chem) / Lanocerinsäure *f* (ein Bestandteil des Lanolins)
**lanolin*** *n* (Chem, Textiles) / [gereinigtes] Wollfett *n*, Lanolin *n* ‖ ~ **alcohol** (Chem) / Wollwachsalkohol *m* (unverseifbare Fraktion von Wollwachs)
**lanosterol** *n* (Chem) / Lanosterol *n* (ein Bestandteil des Lanolins)
**LAN performance protocol** (Comp) / Betriebsprotokoll *n* des lokalen Netzes
**lansfordite*** *n* (Min) / Lansfordit *m* (ein Magnesiumkarbonat aus der Nesquehoning-Anthrazitgrube bei Lansford, Pa.)
**L antenna** (Radio) / L-Antenne *f* (eine Linearantenne - einfache Form einer kapazitiv verkürzten, beschwerten Antenne)
**lantern*** *n* (Arch) / Laterne *f* (Dachaufbau, türmchenartiger Aufsatz, durchbrochene Bekrönung von Türmen) ‖ ~ (Light) / Außenleuchte *f* (Straßenlaterne) ‖ ~ (Ships) / Laterne *f* (des Leuchtturms) ‖ ~ **on a column with a swan-neck bracket** (with a side or top entry) (Light) / Peitschenlampe *f*, Peitschenleuchte *f* ‖ ~ **on a swan-necked column** (Light) / Peitschenlampe *f*, Peitschenleuchte *f* ‖ ~ **pinion*** (Eng) / Triebstockkranz *m* ‖ ~**-slide** (Photog) / Diapositiv *n*, Dia *n*
**lantern-type stuffing box** (Eng) / Sperrstopfbuchse *f*
**lanthana** *n* (Chem) / Lanthanoxid *n*
**lanthanide** *n* (Chem, Nuc) / Lanthanoid *n* (Element der Lanthanoidenreihe) ‖ ~ **contraction*** (Chem, Nuc) / Lanthanoidenkontraktion *f* ‖ ~ **series*** (Chem) / Lanthanoidenreihe *f*, Lanthanoidengruppe *f*, Ln (Lanthanoidenreihe) (OZ 58 - 71)
**lanthanoid** *n* (Chem, Nuc) / Lanthanoid *n* (Element der Lanthanoidenreihe) ‖ ~ **contraction** (Chem, Nuc) / Lanthanoidenkontraktion *f* ‖ ~ **shift reagent** (Spectr) / Lanthanoidenshiftreagens *n*
**lanthanum*** *n* (Chem) / Lanthan *n*, La (Lanthan) ‖ ~ **glass*** (Glass) / Lanthanglas *n* ‖ ~ **nitrate** (Chem) / Lanthannitrat *n*
**lanthanum(III) oxide** (Chem) / Lanthanoxid *n*
**lanthanum series** (Chem) / Lanthanoidenreihe *f*, Lanthanoidengruppe *f*, Ln (Lanthanoidenreihe) (OZ 58 - 71) ‖ ~ **sesquioxide** (Chem) / Lanthanoxid *n* ‖ ~ **trioxide** (Chem) / Lanthanoxid *n*
**lanthionine bridge** (Chem, Leather) / Lanthioninbrücke *f*
**lanuginose*** *adj* (Bot, Zool) / wollig *adj*
**lanwair system** (Mil) / Land/Wasser/Luft-System *n*
**lanyard** *n* (Ships) / Bedienungsreep *n*, Betätigungsreep *n*
**LAP** (link access procedure) (Comp) / Leitungszugangsverfahren *n*
**lap** *v* (Cables) / umbandeln *v*, umwickeln *v*, bewickeln *v*, umspinnen *v* (mit Schmalband), wickeln *v* (mit Band), umhüllen *v* ‖ ~ (Eng) / läppen *v* (spanabhebend bearbeiten mit losem in einer Paste oder Flüssigkeit verteiltem Korn) ‖ ~ (Eng) / überschieben *v*, übergreifen *v*, überdecken *v* (teilweise), überlagern *v*, überlappen *v*, übereinander greifen *v* ‖ ~ (Spinning) / wickeln *v* ‖ ~ *n* (Civ Eng) / Anhaftungslänge *f* (Stahlbeton) ‖ ~ (Eng) / überlappte Stelle ‖ ~ (the amount by which a slide valve has to move from mid-position to open the steam or exhaust port of a steam-engine) (Eng) / Schieberüberdeckung *f* (Dampfmaschine) ‖ ~ (Eng) / Läppwerkzeug *n* (ein Schleifmittelträger beim Läppen) ‖ ~* (Eng, Met) / Überlappung *f* (ein Oberflächenschaden an Schmiedestücken und Walzwerkerzeugnissen in Form von verzundertem Werkstofftrennungen mit stumpfem Auslauf), Schmiedefalte *f* (beim Freiformschmieden), Kneiper *m* (beim Gesenkschmieden) ‖ ~ (Glass) / Pulsschalter *m*, Handschützer *m* ‖ ~ (Glass) / Schleifscheibe *f*, Polierscheibe *f* ‖ ~ (Glass) / Überlage *f* (bei Dachverglasungen, bei kittlosen Verglasungen) ‖ ~ (Glass) / Falte *f* (Pressfalte, Quetschfalte - ein Fehler), Verfaltung *f* (ein Fehler) ‖ ~* (Met) / Überwalzung *f*, Walzgrat *m*, Dopplung *f* (durch Überwalzen) ‖ ~ (Met) / Dopplung *f* (durch innere Trennung), Doppelung *f* ‖ ~* (Mining) / Wicklung *f*, Umwicklung *f*, Lage *f*, Seillage *f* (des Förderseils auf der Scheibe) ‖ ~* (Spinning) / Wickelwatte *f*

**lap**

(Erzeugnis der Baumwollschlagmaschine) || ~* (Spinning) / Pelz *m* (mehrere Florschichten nach DIN 60021) || ~ (Tools) / Schleifmittelträger *m* (Läppwerkzeug)
**lapacho** *n* (For) / Ipé *n* (Holz von Tabebuia sp.)
**lapachol** *n* (Chem) / Lapachol *n* (ein prenyliertes Naphthochinon aus holzbildenden Pflanzen), Tecomin *n*
**lap belt** (Autos) / Beckengurt *m* || ~ **dissolve** (Cinema) / Überblendung *f*, Bildüberblendung *f* (mit Hilfe einer Addierstufe)
**lap-dissolve projector** (Optics) / Überblendprojektor *m*
**lap drawing frame** (Textiles) / Wickelkehrstrecke *f*, Kehrstrecke *f* (DIN 64100), Wickelstrecke *f*
**lapel** *n* (Textiles) / Revers *n m* (nach außen umgeschlagene Vorderkante) || ~ **microphone** (adapted to positioning on the clothing of the user) (Acous) / Ansteckmikrofon *n* (Revers)
**lapidary** *n* (Ceramics, Min) / Schleifer *m* (für An- und Dünnschliffe) || ~ *n* / Edelsteinschneider *m* (Person)
**lapiés** *pl* (Geol) / Karren *pl* (häufigste Kleinform des Karstes), Schratten *f pl*
**lapilli*** *pl* (2 - 64 mm) (Geol) / Lapilli *pl*, Rapilli *pl* (festes vulkanisches Auswurfsmaterial von Nussgröße und kleiner, mit eckiger oder unregelmäßiger Form)
**lapilli tufa** (Geol) / Lapilli *pl*, Rapilli *pl* (festes vulkanisches Auswurfsmaterial von Nussgröße und kleiner, mit eckiger oder unregelmäßiger Form)
**lapis lazuli*** (Min) / Lapislazuli *m* (ein Schmuckstein, Hauptfundorte Hindukusch, Sibirien und Chile) || ~ **lazuli blue** *adj* / lasurblau *adj*, lapisblau *adj*
**lap joint*** (Welding) / Überlappstoß *m* (die Teile liegen überlappt und flächig aufeinander - DIN 1912, T 1), Überlapptstoß *m*, Überlappungsstoß *m*
**Laplace, bilateral ~ transform** (Maths) / zweiseitige Laplace-Transformation || **unilateral ~ transformation** (Maths) / einseitige Laplace-Transformation || ~ **distribution** (Stats) / Laplace-Verteilung *f* (eine stetige Verteilung) || ~ **linear equation*** (Maths) / Laplace'sche gewöhnliche Differentialgleichung || ~ **operator** (the differential operator that gives the sum of partial derivatives of second order with respect to each variable) (Maths) / Laplace-Operator *m* (nach P.S. Marquis de Laplace, 1749-1827), Deltaoperator *m*
**Laplace's differential equation** (Maths) / Laplace'sche Gleichung, Laplace'sche Differentialgleichung, Potentialgleichung *f*, Laplace-Gleichung *f* (partielle Differentialgleichung 2. Ordnung) || ~ **equation*** (Maths) / Laplace'sche Gleichung, Laplace'sche Differentialgleichung, Potentialgleichung *f*, Laplace-Gleichung *f* (partielle Differentialgleichung 2. Ordnung) || ~ **expansion** (Maths) / Entwicklungssatz *m* nach Laplace (bei Determinanten) || ~ **law** (Elec) / Ampère'sches Gesetz (das Elementargesetz über die Kraft zwischen elektrischen Strömen)
**Laplace space** (Stats) / Laplace-Raum *m* (irgendeine endliche Menge zusammen mit der Gleichverteilung)
**Laplace's probability space** (Stats) / Laplace-Wahrscheinlichkeitsraum *m*
**Laplace transform*** (Maths) / Laplace-Transformation *f* (eine Integraltransformation nach DIN 13 343) || ~ **transform*** (Maths) / Laplace-Transformierte *f* || ~ **transformation** (Maths) / Laplace-Transformation *f* (eine Integraltransformation nach DIN 13 343)
**laplacian** *n* (Mag, Nuc) / negatives Buckling || ~ *n* (Maths) / Laplace-Operator *m* (nach P.S. Marquis de Laplace, 1749-1827), Deltaoperator *m* || ~ *n* (Maths) / Laplace-Operator *m* (nach P.S. Marquis de Laplace, 1749-1827), Deltaoperator *m* || ~ **operator** (Maths) / Laplace-Operator *m* (nach P.S. Marquis de Laplace, 1749-1827), Deltaoperator *m*
**Laporte selection rule** (Nuc) / Laporte'sche Auswahlregel (für erlaubte Übergänge müssen die miteinander kombinierenden Atomzustände verschiedene Parität haben), Laporte'sche Regel
**lapped insulation** (Elec Eng) / gewickelte Isolierung, Bandisolierung *f* || ~ **stacking** / überlappte Schichtung, überlappte Stapelung
**lapping** *n* (Cables) / Umbandelung *f*, Umwicklung *f*, Bespinnung *f* || ~ (Cables) / Schmalbandbewicklung *f*, Umspinnung *f* mit Band (als Außenschutz), Bandumspinnung *f*, Bewicklung *f* mit Band || ~* (Elec Eng) / Feinschleifen *n* von Quarzplatten (zur Abstimmung auf gewünschte Frequenz) || ~* (Eng) / Läppen *n* (spanabhebende Bearbeitung mit losem in einer Paste oder Flüssigkeit verteiltem Korn), Läppverfahren *n* (Feinbearbeitungsverfahren nach DIN 8589, T 15) || ~ (Spinning) / Wickelbildung *f* (Kleinaufmachungen ), Wickeln *n* (Überführen der Garne in so genannte Kleinaufmachungen verschiedener Formen) || ~ (Textiles) / Wirklegung *f*, Legung *f* über den Nadeln || ~ (Textiles) / Legung *f* (Bewegung der Legeschienen) || ~ (Textiles) / Lapping *n* (unter der zu bedruckenden Ware auf der Rouleauxdruckmaschine) || ~ **in opposite direction** (Textiles) / gegenläufig *adj* || ~ **machine** (Cables) / Bandwickelmaschine *f*, Spinnmaschine *f* (Band) || ~ **machine*** (Eng) / Läppmaschine *f* || ~ **movement** (Textiles) / Legung *f* (Bewegung der Legeschienen)

**lap-rivet** *v* (Eng) / überlappt nieten
**lap riveting** (Eng) / Überlappnietung *f*, Überlappungsnietung *f*
**laps** *pl* (Build) / überlappende Einfassungsbleche || ~ (Plumb) / Überlappung *f* der Einfassungsbleche, Überlappung *f* der Anschlussstreifen
**lap seam** (Met) / Überwalzung *f*, Walzgrat *m*, Dopplung *f* (durch Überwalzen) || ~ **seam** (Welding) / Überlappnaht *f*
**lapseaming** *n* (Textiles) / überlapptes Nähen
**lapse rate*** (Meteor) / senkrechter Temperaturgradient, vertikales Gefälle
**lap-shoulder belt** (Autos) / Dreipunkt-Sicherheitsgurt *m* (der häufigste Sicherheitsgurt), Dreipunktgurt *m*, 3-Punkt-Gurt *m*
**laptop** *n* (a microcomputer that is portable and suitable for use while travelling) (Comp) / Laptop *m* (pl. -s) (ein tragbarer kompakter PC mit Flachbildschirm, der netzunabhängig betrieben werden kann), Aktentaschenrechner *m*, Aktentaschencomputer *m* || ~ **computer** (Comp) / Laptop *m* (pl. -s) (ein tragbarer kompakter PC mit Flachbildschirm, der netzunabhängig betrieben werden kann), Aktentaschenrechner *m*, Aktentaschencomputer *m* || ~ **printer** (Comp) / Laptop-Drucker *m*, Laptop-Printer *m*
**lap waste** (Spinning) / Wickelabfall *m* (bei Garnen)
**lap-weld** *v* (Welding) / überlappt schweißen
**lap welding** (Welding) / Überlappschweißen *n*, Überlappschweißen *n* || ~ **winding** (Elec Eng) / Schleifenwicklung *f*
**LARAM** *n* (line-addressable RAM) (Comp) / linienadressierbarer Speicher mit wahlfreiem Zugriff, linienadressierbares RAM, LARAM (linienadressierbares RAM)
**larch bark beetle** (For, Zool) / Großer Lärchenborkenkäfer (Ips cembrae) || ~ **canker** (For) / Lärchenkrebs *m* (durch Trichoscyphella willkommii (Hart.) Nannf.) || ~ **saw-fly** (Zool) / Lärchenblattwespe *f* (meistens Große ~ - Pristiphora erichsoni)
**larch-seed oil** (Chem Eng, Paint) / Lärchensamenöl *n*
**larch turpentine** (Paint) / Venezianischer Terpentin, Lärchenterpentin *m* (aus Larix decidua Mill.) || ~ **weevil** (For, Zool) / Lärchenrüsselkäfer *m* (Hylobius piceus)
**larchwood** *n* (For) / Lärchenholz *n* (aus der Larix decidua)
**lard** *v* (Nut) / spicken *v* || ~ *n* (Nut) / Schmalz *n*, Schweinefett *n*, Schweineschmalz *n*
**lardalite*** *n* (Geol) / Laurdalit *m*
**larder beetle** (a brownish scavenging beetle which is a pest of stored products, especially meat and hides) (Leather, Nut, Zool) / Speckkäfer *m* (Dermestes lardarius)
**larding knife** (Nut) / Spickmesser *n*
**lardite** *n* (Min) / Bildstein *m*, Agalmatolith *m*, Pagodit *m*, Pagodenstein *m* (eine Abart des Pyrophyllits)
**lard (grease) oil** (Nut) / Schmalzöl *n*, Speckröl *n* (nach dem Abpressen von Schweineschmalz), Lardöl *n*, Lardoil *n*
**lardon** *n* (a chunk or cube of bacon used to lard meat) (Nut) / Speckstreifen *m* (zum Spicken von Fleisch)
**lardoon** *n* (Nut) / Speckstreifen *m* (zum Spicken von Fleisch)
**lard stone** (Min) / Speckstein *m* (Talk in dichten weißen Aggregaten), Seifenstein *m* (Speckstein)
**large** *adj* (Textiles) / groß *adj* (Kleidergröße), large *adj* (Kleidergröße), L (große Kleidergröße) || ~ **aircraft** (Aero) / Großflugzeug *n*
**large-angle (grain) boundary** (Crystal) / Großwinkelkorngrenze *f* (ein Flächendefekt), GWKG (Großwinkelkorngrenze)
**large-area** *attr* / großflächig *adj*, Großflächen- || ~ **contact** (Elec Eng) / großflächiger Kontakt || ~ **contact** (Elec Eng) / großflächiger Kontakt, breitflächiger Kontakt || ~ **solar cell** / großflächige Solarzelle
**large-authority stability augmentation system** (Aero) / Dämpfungsregler *m* mit weitgehender Autorität, Flugstabilisierungssystem *n* großer Autorität
**large bell** (Met) / große Glocke (eine Gichtglocke)
**large-blade circular saw** (For) / Großblattkreissäge *f*
**large-bore pipe** (Eng) / Rohr *n* mit großem Durchmesser
**large-bubble aeration** (San Eng) / grobblasige Belüftung
**large-cab vehicle** (Autos) / Großraumkabiner *m*, Großraumkabinenwagen *m*
**large calorie*** (Phys) / Kilokalorie *f*, kcal, große Kalorie, Cal (nicht mehr zugelassene Einheit der Wärmemenge)
**large-capacity drum** (Leather) / Großraumfass *n* || ~ **silo** (Agric) / Großraumsilo *m n* || ~ **storage** (Comp) / Speicher *m* großer Kapazität, Großkapazitätsspeicher *m*
**large coal** (over 6 in.) (Mining) / Stückkohle *f* (Steinkohle über 80 mm) || ~ **cobbles** (6 to 3 in.) (Fuels, Mining) / Würfelkohle *f* (80-120 mm - Steinkohle) || ~ **cobbles** (6 to 3 in.) (Mining) / Stückkohle *f* (Steinkohle über 80 mm) || ~ **combustion plant** / Großfeuerungsanlage *f* || ~ **cone** (Met) / große Glocke (eine

Gichtglocke) ‖ **~ crude-carrying vessel** (Ships) / Supertanker *m* (mit Tragfähigkeit über 100 000 t Erdöl)
**large-diameter hole** (Mining) / Großbohrloch *n* (meist drehbohrend hergestelltes Bohrloch von mehr als 65 mm Durchmesser)
**Large Electron Positron Collider** (Nuc) / Large-Elektron-Positron-Collider *m* (der größte Ringbeschleuniger der Welt - CERN in Genf), LEP (Large-Elektron-Positron-Collider) ‖ **~ fabric batch** (Textiles) / Großdocke *f* (eine Warendocke) ‖ **~ firing installation** / Großfeuerungsanlage *f*
**large-format colour printer** (Comp) / Großformatfarbdrucker *m*
**large-headed** *adj* / breitköpfig *adj*
**large-head nail** (Eng) / Breitkopfnagel *m*
**large-hole drilling** (Mining) / Großlochbohrverfahren *n*
**large ion** (Chem, Phys) / Groß-Ion *n* (bis 10 mm) ‖ **~ ion** (Phys) / Langevin-Ion *n* (in atmosphärischen Aerosolen bis 1000 nm - nach P. Langevin, 1872-1946)
**large-leaved** *adj* (Bot, For) / großblättrig *adj*
**Large Magellanic Cloud** (Astron) / Große Magellan'sche Wolke (im Sternbild Schwertfisch) ‖ **~ molecule** (Chem) / Makromolekül *n*, Riesenmolekül *n* ‖ **~ optical cavities laser** (Phys) / Laser *m* mit breiten optischen Resonatoren, LOC-Laser *m* (ein Mehrfach-Heterostruktur-Laser)
**large-panel construction*** (Build) / Großtafelbau *m*, Großtafelbauart *f*, Großplattenbauweise *f*
**large pine pith borer** (For, Zool) / Großer Waldgärtner (Blastophagus piniperda L. - ein Forstschädling) ‖ **~ pine sawfly** (For, Zool) / Kiefernbuschhornblattwespe *f* (Diprion pini L.)
**large-pore gel** (Chem) / weitporiges Gel
**large power station** / Großkraftwerk *n* ‖ **~ repeat printing** (Textiles) / Großrapportdruck *m*
**larger pine shoot beetle** (For, Zool) / Großer Waldgärtner (Blastophagus piniperda L. - ein Forstschädling)
**large-scale** *attr* / großtechnisch *adj* (Anlage) ‖ **~ belt conveyor** (Eng, Mining) / Großbandanlage *f* ‖ **~ changeover** (Elec Eng) / Massenumschaltung *f* ‖ **~ chemistry** (Chem) / Großchemie *f* ‖ **~ display** (Instr) / Großanzeige *f*
**large-scale integrated circuit** (Electronics) / LSI-Schaltung *f* (eine monolithische Halbleiterschaltung mit hohem Integrationsgrad - über 100 000 Bauelemente auf einem Halbleiterplättchen, hochintegrierter Festkörperschaltkreis, großintegrierter Schaltkreis
**large-scale integration*** (computer chips, integrated circuits) (Electronics) / Integrationsgrad *m* LSI (mindestens 10 000 Grundfunktionen bzw. 100 000 Bauelemente pro Chip) ‖ **~ livestock farming** (Agric) / industrielle Tierproduktion (intensive Tierhaltung), Massentierhaltung *f*, Intensivhaltung *f* (von landwirtschaftlichen Nutztieren) ‖ **~ power plant** (Elec Eng) / Großkraftwerk *n* ‖ **~ power station** (Elec Eng) / Großkraftwerk *n* ‖ **~ production** (Eng) / Großproduktion *f* ‖ **~ screw press** (Eng) / Großspindelpresse *f* ‖ **~ site** (Build) / Großbaustelle *f* ‖ **~ test** / Großversuch *m*
**large•-scale trial** / Großversuch *m* ‖ **~-scale weather pattern** (Meteor) / Großwetterlage *f*, GWL
**large-screen projection** / Großbildprojektion *f*, Großwandprojektion *f* ‖ **~ television** (TV) / Großbildfernsehen *n*
**large-signal amplification** (Electronics) / Großsignalverstärkung *f* ‖ **~ gain** (Electronics) / Großsignalverstärkung *f*
**large-size** *attr* / Groß-, groß *adj*, großformatig *adj*
**large-sized** *adj* / Groß-, groß *adj*, großformatig *adj* ‖ **~ slab** (Build, Ceramics) / Großplatte *f*
**large space telescope** (Astron) / Weltraumteleskop *n*, Spacetelescop *n* (ein Spezialsatellit, der von einem Raumtransporter in die Umlaufbahn gebracht wird)
**large-span** *attr* / mit großer Spannweite
**largest element** (Maths) / Einselement *n* (ein Element eines Ordnungsgebildes), letztes Element, größtes Element *f*
**large-surface contact** (Elec Eng) / großflächiger Kontakt, breitflächiger Kontakt
**larixinic acid** (Chem, Nut) / Maltol *n* (ein Pyron-Derivat, das z.B. beim Backen von Brot gebildet wird; auch als Geschmacksverstärker), Larixinsäure *f*
**larmier*** *n* (Build) / Fensterbekrönung *f* (als Regenschutz)
**Larmor frequency*** (Electronics) / Larmor-Frequenz *f* ‖ **~ precession*** (Electronics) / Larmor-Präzession *f* (eine Bewegung, die ein atomarer magnetischer Dipol in einem konstanten Magnetfeld um die Feldrichtung herum ausführt - nach Sir J. Larmor, 1857-1942) ‖ **~ radius*** (Nuc) / Gyrationsradius *m* (Radius der Gyrationsbewegung eines elektrisch geladenen Teilchens), Gyroradius *m*, Larmor-Radius *m*
**larnite*** *n* (Min) / Larnit *m*

**larrigan leather** (Leather) / sämischgegerbtes Rindsleder (für Mokassins), trangegerbtes Kuhleder (hauptsächlich zur Herstellung von Mokassinen)
**larry** *n* (Build) / dünnflüssiger Mörtel, Schlempe *f* ‖ **~*** (Build) / Mörtelkrücke *f*, Mörtelhaue *f*, Mörtelrührer *m*, Mörtelmischspaten *m* ‖ **~** (Build) / Gussmörtel *m* ‖ **~** (Chem Eng) / Füllwagen *m* (des Verkokungsofens) ‖ **~ car** (Chem Eng) / Füllwagen *m* (des Verkokungsofens)
**Larsen's pile** (Mining) / Hohlprofilstahl-Spundpfahl *m*, Hohlprofilstahl-Abtreibepfahl *m*
**Larson-Miller parameter** (Materials) / Larson-Miller-Parameter *m* (Hilfsmittel zur Darstellung und Extrapolation von Messergebnissen der Zeit bis zum Bruch von Werkstoffen bei hoher Temperatur)
**Larssen sheet pile** (Civ Eng) / Larssen-Spundbohle *f*, Larssen-Pfahl *m*, U-Profil *n* (Walzstahlprofil mit angewalztem Schloss)
**larvacide** *n* (Chem) / Larvengift *n* (ein selektiv wirkendes Insektizid), Larvizid *n*
**larval hormone** (Biochem) / Juvenilhormon *n* (ein Häutungshormon), Larvalhormon *n*, JH *n* (glanduläres Insektenhormon)
**larvicide** *n* (Chem) / Larvengift *n* (ein selektiv wirkendes Insektizid), Larvizid *n*
**larvikite*** *n* (Arch, Build, Geol) / Larvikit *m* (ein Tiefengestein mit bis zu 88% Rhombenfeldspat), Laurvikit *m* (beliebter Architekturstein mit dem Handelsnamen Labrador)
**laryngophone*** *n* (Acous) / Kehlkopfmikrofon *n*
**larynx*** *n* (pl. -nges) (Acous, Med) / Kehlkopf *m*, Larynx *m* (pl. -ngen)
**LAS** (linear alkyl benzene sulphonate) (Chem) / lineares Alkylbenzolsulfonat (mengenmäßig wichtigstes anionisches Tensid), lineares ABS, LAS (lineares Alkylbenzolsulfonat)
**LASCR** (light-activated silicon-controlled rectifier) (Electronics) / Optothyristor *m*, optisch gezündeter Thyristor, Fotothyristor *m* (ein optoelektronisches Halbleiterbauelement, bei dem das signaltragende Medium das Licht ist)
**lase** *v* (Phys) / lasern *v*, lasen *v*
**laser*** *n* (Phys) / Laser *m* (Lichtverstärkung durch induzierte Emission von Strahlung) ‖ **~ ablation** (Phys, Surf) / Laserablation *f* (meistens mit Excimerlaser) ‖ **~ action** (Phys) / Laserbetrieb *m*, Lasern *n*, Lasen *n*, Lasing *n*, Laservorgang *m*, Laseremission *f*, Laserwirkung *f* ‖ **~ aligning instrument** (Surv) / Laserfluchtgerät *n* ‖ **~ alloying** (Met) / Laser-Schmelzhärten *n* (Gefügeumwandlung durch Diffusion von Kohlenstoff oder Stickstoff in niedriglegierten Stahl unter Erhitzung mittels Laserstrahl) ‖ **~ alloying** (Met) / Laseralloying *n* (Auftragen des gewünschten Oberflächenmaterials mit einer konventionellen Technik und anschließendes Aufschmelzen der Oberfläche mit einem Laserstrahl) ‖ **~ altimeter** (Aero) / Laserhöhenmesser *m* ‖ **~ amplifier** (Light, Phys) / Laserverstärker *m* (zum Verstärken extrem hoher Strahlungsleistungen) ‖ **~ anemometer** (wind-measuring instrument in which the wind passes through two perpendicular light beams and the resulting change in velocity of one or both beams is measured) (Meteor) / Laseranemometer *n* ‖ **~ annealing** (Met) / Laserannealing *n* (Anlassen von kaltverformten, dünnen Metallteilen, ohne deren Oberfläche aufzuschmelzen) ‖ **~ array** (Phys) / Laserarray *n* ‖ **~ atomic absorption spectrometry** (Spectr) / Laser-Atomabsorptionsspektrometrie *f*, LAAS (Laser-Atomabsorptionsspektrometrie *f*) ‖ **~ battle station** (Mil) / Laser-Kampfstation *f* ‖ **~ beam** (Phys) / Laserstrahl *m*
**laser-beam cutting*** (Eng) / Laserschneiden *n* (ein modernes thermisches Schneiden nach DIN 2310), Laserstrahlschneiden *n* ‖ **~ hardening** (Met) / Laserstrahlhärten *n* ‖ **~ image typesetter** (Print) / Laserbelichter *m* ‖ **~ machining*** (Eng) / Laserstrahlbearbeitung *f*, Laserbearbeitung *f*, Abtragen *n* mit Laserstrahlen ‖ **~ printer** (Comp) / Laserdrucker *m* (ein nichtmechanischer Drucker) (LD), LD ‖ **~ scanning** / Laserstrahlabtastung *f* ‖ **~ welding** (Welding) / Laserstrahlschweißen *n*, Laserschweißen *n*, Schweißen *n* mit Laserstrahlen
**laser card** (Comp) / Laserkarte *f* ‖ **~ cavity** (Phys) / Laserresonator *m* ‖ **~ chemistry** (Chem) / Laserchemie *f* (ein Teilgebiet der Fotochemie), Laser-Fotochemie *f* ‖ **~ cladding** (Surf) / Lasercladding *n* (Auftragen einer verschleißfesten Legierung auf ein metallisches Werkstück durch Aufblasen eines Pulvers aus dieser Legierung auf die mit einem Laserstrahl geschmolzene Oberfläche) ‖ **~ compression*** (Nuc Eng) / Laserkomprimierung *f* (des Brennstoffs bei der Trägheitshalterung)
**laser-computer-output-microfilm recorder** (Comp) / Laser-COM-Gerät *n* (COM-Gerät zur Aufzeichnung von Informationen mittels Laserstrahl auf metallbeschichtetem Film)
**laser cooling** (Nuc Eng) / Laserkühlung *f* ‖ **~ cutting** (Eng) / Laserschneiden *n* (ein modernes thermisches Schneiden nach DIN 2310), Laserstrahlschneiden *n* ‖ **~ CVD** (Phys) / Laser-CVD-Prozess *m* (eine Schichtabscheidung aus der Gasphase) ‖ **~ desorption**

847

laser

**ionization** (Spectr) / Laser-Desorptions-Ionisation f ‖ ~ **diode** (Electronics) / Laserdiode f (eine Halbleiterdiode), Diodenlaser m, LD (Diodenlaser) ‖ ~ **diode array** (Phys) / Laserdiodenzelle f
**laserdisc** n / Laserdisc f, LD (Laserdisc), Laserbildplatte f ‖ ~ **memory** (Comp) / Laserplattenspeicher m (optische Speicherplatte)
**laserdisk** n / Laserdisc f, LD (Laserdisc), Laserbildplatte f
**laser display** / Laserdisplay n ‖ ~ **distance measurement** (Phys) / Laserentfernungsmessung f ‖ ~ **distance sensor** (Phys) / abstandsmessender Lasersensor, Laserabstandsensor m (bei IR) ‖ ~ **doppler anemometer** (Phys) / Laser-Doppler-Anemometer n (zur Bestimmung von Strömungsgeschwindigkeit), LDA ‖ ~ **doppler velocimeter** (Phys) / Laser-Doppler-Velocimeter n (optisches Gerät zur berührungsfreien Schwingungsanalyse), L-D-Velocimeter n, LDV (Laser-Doppler-Velocimeter) ‖ ~ **drilling** (Eng) / Laserbohren n
**laser-driven fusion** (Nuc Eng) / Laserfusion f (im Fusionsreaktor), lasergetriebene Fusion (mit Hilfe gepulster Laser sehr hoher Leistung), lasergesteuerte Fusion
**laser dye** (Chem, Phys) / Laserfarbstoff m (z.B. Terphenyl oder Stilben) ‖ ~ **energy** (Phys) / Laserenergie f, Energie f des Lasers ‖ ~ **energy level** / Laserniveau n ‖ ~ **enrichment*** (Nuc Eng) / Laseranreicherung f ‖ ~ **excitation** (Phys) / Laseranregung f
**laser-excited atomic fluorescence spectrometry** (Spectr) / Laser-Atomfluoreszenzspektrometrie f
**laser exposer** (Print) / Laserbelichter m, Laser-Imagesetter m ‖ ~ **film** (Comp) / Laserfilm m
**laser-flash photolysis** / Laserblitzfotolyse f
**laser font** (Comp, Print) / Laserfont m (eine digitalisierte Schrift für Laserdrucker und Laserbelichter) ‖ ~ **fusion*** (Nuc Eng) / Laserfusion f (im Fusionsreaktor), lasergetriebene Fusion (mit Hilfe gepulster Laser sehr hoher Leistung), lasergesteuerte Fusion ‖ ~ **fusion reactor*** (Nuc Eng) / Laserfusionsreaktor m ‖ ~ **gas** (Phys) / Lasergas n ‖ ~ **gas-jet cutting** (Eng) / Laserbrennschneiden n ‖ ~ **generator** (Electronics) / Laseroszillator m, Lasergenerator m ‖ ~ **glass** (Glass) / Laserglas n (sehr reines extrem schlierenfreies Glas, das mit Neodym dotiert ist) ‖ ~ **glazing** (Eng) / Laseraufschmelzen n (dünner Oberflächenschichten mit sehr kurzen Laserpulsen oder mit Laser-Dauerstrich von sehr großer Leistung)
**laser-guided bomb** (Mil) / lasergeführte Bombe, LGB (lasergeführte Bombe)
**laser gyro*** (Aero, Instr, Nav) / Lasergyroskop n, Laserkreisel m ‖ ~ **gyroscope** (Aero, Instr, Nav) / Lasergyroskop n, Laserkreisel m ‖ ~ **hard-facing** (Surf) / Lasercladding n (Auftragen einer verschleißfesten Legierung auf ein metallisches Werkstück durch Aufblasen eines Pulvers aus dieser Legierung auf die mit einem Laserstrahl geschmolzene Oberfläche)
**laserhead** n / Laserkopf m
**laser holography** / Laserholografie f ‖ ~ **host** (Phys) / Laserwirt m ‖ ~ **imager** (Print) / Laserbelichter m
**laser-induced** adj (Phys) / laserinduziert adj ‖ ~ **fluorescence** (Phys, Spectr) / laserinduzierte Fluoreszenz, LIF (laserinduzierte Fluoreszenz) ‖ ~ **fusion** (Nuc Eng) / Laserfusion f (im Fusionsreaktor), lasergetriebene Fusion (mit Hilfe gepulster Laser sehr hoher Leistung), lasergesteuerte Fusion
**laser interferometer** (Optics) / Laserinterferometer n (ein Längenmessgerät, das auf der Interferenz von Laserstrahlen basiert) ‖ ~ **ionization** / Laserionisation f ‖ ~ **junction** (Phys) / Laserübergang m ‖ ~ **level** (tool) (Build) / Baulaser m ‖ ~ **level*** (Surv) / Lasernivellier n ‖ ~ **light** (Light) / Laserlicht n ‖ ~ **low-angle light scattering** / Laserlicht-Kleinwinkelstreung f, Laser-Kleinwinkellichtstreuung f ‖ ~ **medium** (Phys) / laseraktives Material, aktives Medium (für Laser), verstärkendes Medium (für Laser), Lasermedium n, Lasermaterial n ‖ ~ **melt cutting** (Eng) / Laser-Schmelzschneiden n ‖ ~ **memory** (Comp) / Laserspeicher m, Laserdatenspeicher m ‖ ~ **microprobe** (Phys) / Lasermikrosonde f
**laser-microprobe mass analysis** (Spectr) / Lasermikrosonden-Massenspektrometrie f
**laser microscope** (Micros) / Lasermikroskop n ‖ ~ **microwelding** (Welding) / Mikroschweißen n mit Laser, Lasermikroschweißen n, Laserschweißen n in der Mikrotechnik ‖ ~ **mode** (Phys) / Lasermode f m, Laserwelle f ‖ ~ **optics** (Optics) / Laseroptik f ‖ ~ **oscillator** (Electronics) / Laseroszillator m, Lasergenerator m ‖ ~ **oxygen-assisted cutting** (Eng) / Laserbrennschneiden n ‖ ~ **photochemistry** (Chem) / Laserchemie f (ein Teilgebiet der Fotochemie), Laser-Fotochemie f ‖ ~ **photodetachment electron spectrometry** (Chem, Phys, Spectr) / Laserfotodetachment-Elektronenspektrometrie f ‖ ~ **physics** (Phys) / Laserphysik f ‖ ~ **pick-up** (Electronics) / auf kohärentes Licht empfindlicher Wandler ‖ ~ **plasma** (Plasma Phys) / Laserplasma n ‖ ~ **platemaker** (Print) / Laserplattenproduktionsanlage f ‖ ~ **plotter** (Comp) / Laserplotter m ‖ ~ **pointer** (Phys) / Laserpointer m ‖ ~ **polymer chemistry** (Chem) / Laser-Polymerchemie f ‖ ~ **printer***

(Comp) / Laserdrucker m (ein nichtmechanischer Drucker) (LD), LD
**laser-print font** (Comp, Print) / Laserfont m (eine digitalisierte Schrift für Laserdrucker und Laserbelichter)
**laser printing** (Comp) / Laserdruck m ‖ ~ **propulsion** (Space) / Laserantrieb m ‖ ~ **pump** (Phys) / Laserpumpe f ‖ ~ **pumping** (the application of a laser beam of appropriate frequency to a laser medium whereby absorption of the radiation increases the population of atoms or molecules in higher energy states) (Phys) / Laserpumpen ‖ ~ **pyrolysis** / Laserpyrolyse f (z.B. bei der Laser-Mikrospektralanalyse) ‖ ~ **radar** (Radar) / optisches Radar, Colidar n, Laserradar m n ‖ ~ **radiation** (Light, Phys) / Laserstrahlung f (Licht als elektromagnetische Strahlung synchronisierter atomarer Dipole) ‖ ~ **Raman spectroscopy** (Spectr) / Laser-Raman-Spektroskopie f ‖ ~ **rangefinder** (Phys) / Laserentfernungsmesser m ‖ ~ **resonator** (Phys) / Laserresonator m ‖ ~ **scan microscope** (Micros, Optics) / Laserscanning-Mikroskop n (mit einem fokussierenden Laserstrahl), Laserscan-Mikroskop n, optisches Rastermikroskop ‖ ~ **scanner** (Instr) / Laserscanner m (in der industriellen Messtechnik - Messeinrichtung zur automatischen Längenmessung, das auf dem Prinzip der Lichtschranke beruht) ‖ ~ **sensor** / Lasersensor m ‖ ~ **separation of isotopes** (Nuc Eng) / Laser-Isotopentrennung f ‖ ~ **shock hardening** (Eng) / Laser-Oberflächenverdichten n, Laserverdichten n (dünner Oberflächenschichten durch kurze Laserimpulse großer Intensität) ‖ ~ **sorter** (Glass) / Laserraster m (für die automatische Oberflächenprüfung von bahnförmigen Erzeugnissen) ‖ ~ **spectroscopy** (Spectr) / Laserspektroskopie f ‖ ~ **storage** (Comp) / Laserspeicher m, Laserdatenspeicher m ‖ ~ **store** (Comp) / Laserspeicher m, Laserdatenspeicher m ‖ ~ **sublimation cutting** (Eng) / Laser-Sublimierschneiden n ‖ ~ **surface hardening** (Eng) / Laser-Oberflächenhärten n ‖ ~ **targeting system** (Mil) / Laser-Erfassungszielsystem n, Laser-Zielmarkierungssystem n, Laser-Zielbeleuchtungssystem n ‖ ~ **technology** (Phys) / Lasertechnik f, Lasertechnologie f ‖ ~ **theodolite** (Surv) / Lasertheodolit m ‖ ~ **threshold*** (Phys) / Laserschwelle f (Schwelle für die Laserschwingung in einem bestimmten Mode, die einer Verstärkung entspricht, welche gerade gleich den Verlusten ist), Laserschwellenwert m ‖ ~ **tracker** / Lasernachführgerät n ‖ ~ **transition** (Phys) / Laserübergang m ‖ ~ **triad** (Mil) / Lasertriade f ‖ ~ **triangulation** (Surv) / Lasertriangulation f ‖ ~ **velocimeter** (Phys) / Lasergeschwindigkeitsmesser m
**Laservision*** n / Laservision f (eine Bildplatten-Technik), LV
**laser weapon** (Mil) / Laserwaffe f ‖ ~ **welding** (Welding) / Laserstrahlschweißen n, Laserschweißen n, Schweißen n mit Laserstrahlen ‖ ~ **with free electrons** (Phys) / Laser m mit freien Elektronen
**LASH** (Ships) / Trägerschiff n (Spezialfrachtschiff, das Güter in schwimmfähigen Behältern, die auch als Schubleichter auf Binnenwasserstraßen eingesetzt werden können, befördert), LASH-Schiff n, LASH-Carrier m, Barge-Carrier m
**lash** v (Ships) / festzurren v (mit Zurrringen oder Ketten), zurren v
**LASH** n (lighter-aboard-ship) / LASH-Transport m, LASH n (ein Transportverfahren mit Hilfe von Trägerschiffen)
**lash** n (US) (Eng) / Lose f, Spiel n, toter Gang (Lose), Luft f, Spielraum m
**lashing** n (Cables) / Anwendeln n ‖ ~* (Mining) / Wegfüllen n (des Haufwerks), Wegfüllarbeit f, Bergeladen n ‖ ~ (Ships) / Lashing n (Ladungssicherung für Stückgut) ‖ ~ (Ships) / Zurren n, Festzurren n (mit Zurrringen oder Ketten)
**lash-up*** n (Telecomm) / provisorische Anschaltung, vorläufige Zusammenschaltung, provisorischer Anschluss
**lasing** n (Phys) / Laserbetrieb m, Lasern n, Lasen n, Lasing n, Laservorgang m, Laseremission f, Laserwirkung f ‖ ~ **condition** (Phys) / Laserbedingung f, Anschwingbedingung f, Schwellbedingung f (für die Erzeugung kohärenten Lichts durch Laserwirkung) ‖ ~ **fibre** / lasernde Faser f ‖ ~ **material** (Phys) / laseraktives Material, aktives Medium (für Laser), verstärkendes Medium (für Laser), Lasermedium n, Lasermaterial n ‖ ~ **medium** (Phys) / laseraktives Material, aktives Medium (für Laser), verstärkendes Medium (für Laser), Lasermedium n, Lasermaterial n ‖ ~ **process** (Phys) / Laserbetrieb m, Lasern n, Lasen n, Lasing n, Laservorgang m, Laseremission f, Laserwirkung f ‖ ~ **threshold** (Phys) / Laserschwelle f (Schwelle für die Laserschwingung in einem bestimmten Mode, die einer Verstärkung entspricht, welche gerade gleich den Verlusten ist), Laserschwellenwert m
**Laspeyres index** (Stats) / Laspeyres-Index m (eine Indexzahl, die den Einfluss von Inflation auf die Lebenshaltungskosten misst - nach E.L.E. Laspeyres, 1834 - 1913)
**Lassaigne's test*** (Chem) / Lassaigne'sche Probe (qualitativer Farbnachweis von Stickstoff), Lassaigne-Test m (in der

Elementaranalyse), Vorprobe f nach Lassaigne, Vortest m nach Lassaigne

**lasso tool** (Comp) / Lassowerkzeug n, Freihandschere f (zur digitalen Bildbearbeitung)

**last** v / zwicken v (den Schaft eines Schuhs über den Leisten ziehen und befestigen) || ~ n / Leisten m (Schuhform zum Spannen der Schuhe), Schuhleisten m, Form f (Leisten)

**last-choice route** (Telecomm) / Letztweg m

**last cut** (Chem Eng) / Nachlauf m (bei der Destillation), Ablauf m (dritte Fraktion bei der Destillation)

**Lastex** n (Textiles) / Lastex n (düsengespritzte Gummifäden, mit Viskosefilament umsponnen)

**last forme** / Leistenkopie f (für den Aufbau eines Grundmodells für die Schuh-Serienfabrikation) || ~ **in, first out**\* n / LIFO-Prinzip n, LLIFO-Methode f (zur Ermittlung der Anschaffungs- oder Herstellungskosten von gleichartigen Gegenständen des Vorratsvermögens zum Zwecke der Bewertung - auch ein Wartesystem in der DV)

**lasting** n / Zwicken n (in der Schuhherstellung) || ~ (Textiles) / Lasting m (Möbel- oder Kleiderstoff) || ~ **cement** / Zwickzement m (für Schuhfabrikation)

**last layer** (of the metal deposited) (Welding) / Decklage f (DIN 1912-1) || ~ **mile** (Telecomm) / Last Mile f (die letzten zu überbrückenden Meter von der Teilnehmervermittlungsstelle bis hin zum Teilnehmer) || ~ **number redial key** (Teleph) / Wahlwiederholungstaste f, WW-Taste f

**last-number redialling** (Teleph) / Wahlwiederholung f (ein Leistungsmerkmal)

**last•-party release**\* (Teleph) / Auflösung f durch den zuletzt auflegenden Teilnehmer || ~ **runnings** (Brew) / Glattwasser n (Nachwürze)

**last-saved version** (Comp) / die zuletzt gesicherte Version (eines Textes)

**last step** (Build) / Austrittsstufe f, letzte Stufe (eines Treppenlaufs) || ~**-subscriber release**\* (Teleph) / Auflösung f durch den zuletzt auflegenden Teilnehmer || ~ **wort** (Brew) / Glattwasser n (Nachwürze)

**lat.** (latitude) (Astron, Geog, Surv) / Breite f (in einem Koordinatensystem)

**LATA** n (local access and transport area) (Telecomm) / LATA n (Gebiet, in dem ein LEC auch Dienste wie Fernverbindungen etc., die über das Ortsnetz hinaus gehen, anbieten kann)

**latch** v / einspringen v (Türschloss), einschnappen v (Türschloss) || ~ (Build) / verriegeln v || ~ (Comp, Elec Eng) / verklinken v || ~ vt / zuklinken v, einklinken v || ~ n (Autos) / Schlossfalle f || ~ (Build) / Klinke f (des Schlosses), Schnappriegel m || ~ (Build) / Schließhaken m || ~ (of a disk drive) (Comp) / Klappe f (zum Schließen des Diskettenschlitzes) || ~ (a circuit which retains whatever output state results from a momentary input signal until reset by another signal) (Comp, Electronics) / Signalspeicher m, Latch n (Flipflop zur Speicherung von Informationen), Auffang-Flipflop f (beim Datenaustausch zwischen Mikroprozessor und Peripheriegeräten) || ~ (Electronics) / D-Flipflop n (bei dem die an seinem Dateneingang D im Taktzeitintervall n liegende Information um ein Zeitintervall verzögert am Ausgang erscheint), Latch n || ~ (Eng) / Klinke f, Schaltklinke f || ~ (Eng) / Feststellvorrichtung f, Sperreinrichtung f, Sperre f, Sperrvorrichtung f, Festhalteeinrichtung f, Arretiereinrichtung f, Festhalteeinrichtung f || ~ **assembly** (Space) / automatisches Schnappschloss (des Kopplungsmechanismus) || ~ **bolt** (US) (Build) / Klinke f (des Schlosses), Schnappriegel m || ~ **bolt** (Build) / Falle f (Riegel des Türschlosses) || ~ **circuit** (Electronics) / Latch-Kreis m (Selbsthalteschaltung)

**latched contactor** (Elec Eng) / verklinktes Schütz (Schütz, dessen bewegbare Teile bei Erregung des Antriebes die Ruhestellung verlassen, jedoch durch eine Verklinkung daran gehindert werden, beim Aufhören der Erregung in die Ruhestellung zurückzukehren), verriegeltes Schütz || ~ **position** (Elec Eng) / verklinkte Stellung (Endstellung, bei der die Wirkung der Speicherenergie durch eine Klinke blockiert wird)

**latchet** n (Build) / Hafter m

**latch eye** (Build) / Riegelauge n (zum Einmauern)

**latching**\* n (Telecomm) / Verriegelung f || ~ **current** (Electronics) / Latching-Current m, Einraststrom m (beim Thyristor) || ~ **relay** (real device or program element that retains a changed state without power) (Comp, Elec Eng) / Selbsthalterelais n, selbsthaltendes Relais

**latch-in relay** (Comp, Elec Eng) / Selbsthalterelais n, selbsthaltendes Relais || ~ **relay** (Elec Eng) / Verklinkrelais n, Einrastrelais n, Rastrelais n

**latch lock** (Build) / Fallenschloss n || ~ **needle**\* (Textiles) / Zungennadel f

**latch-up effect** (Electronics) / Latch-up-Effekt m, Einrasteffekt m, Einklinkeffekt m (sprungartige Arbeitspunktverlagerung eines Halbleiterbauelementes)

**late bark** (For) / Spätbast m (im Rindenjahrring) || ~ **bark** (For) / Spätrinde f, Sommerrinde f

**late-bearing prop** (Mining) / spättragender Stempel

**lateen** n (Ships) / Lateinersegel n, Lateinsegel n || ~ **sail** (Ships) / Lateinersegel n, Lateinsegel n

**late failure** (Comp, Eng) / Spätausfall m || ~ **frost** (Agric, Meteor) / Spätfrost m (der letzte Frost /in Bezug auf die winterliche Frostzeit/, der innerhalb der Vegetationsperiode auftritt und vielfach zu Schäden an den in voller Entwicklung befindlichen Pflanzen, insbesondere Kulturpflanzen, führen kann) || ~ **injury** (Biol, Radiol) / Spätschaden m

**latency**\* n (Biol, Med, Physiol) / Latenz f || ~ (Comp) / Latenz f (in einem LAN die Zeit, die ein Datenpaket benötigt, um ein aktives Netzelement zu durchlaufen), Latenzzeit f (in einem LAN) || ~\* (a part of the total access time) (Comp) / Wartezeit f || ~\* (Comp) / Latenzzeit f, Latenz f (Umdrehungswartezeit), Umdrehungswartezeit f (die vergeht, bis der Lese-/Schreibkopf eine bestimmte Stelle auf der Festplatte erreicht hat) || ~ (Comp, Telecomm) / Latenzzeit f (in einem LAN die Zeit zwischen der Anforderung eines Übertragungskanal durch eine sendewillige Station und der Zuteilung eines Kanals), Latenzzeit f || ~\* (Comp, Electronics) s. also delay || ~ **time** (Biol, Physiol) / Latenzzeit f || ~ **time** (Comp) / Latenz f (in einem LAN die Zeit, die ein Datenpaket benötigt, um ein aktives Netzelement zu durchlaufen), Latenzzeit f (in einem LAN) || ~ **time** (Comp) / Latenzzeit f, Latenz f (Umdrehungswartezeit), Umdrehungswartezeit f (die vergeht, bis der Lese-/Schreibkopf eine bestimmte Stelle auf der Festplatte erreicht hat) || ~ **time** (Comp, Telecomm) / Latenz f (in einem LAN die Zeit zwischen der Anforderung eines Übertragungskanal durch eine sendewillige Station und der Zuteilung eines Kanals), Latenzzeit f

**latensification**\* n (Photog) / Latensifikation f (Empfindlichkeitssteigerung fotografischer Schichten nach dem Belichten)

**latent** adj / latent adj (versteckt, verborgen) || ~ (Med) / latent adj (ohne typische Merkmale vorhanden, nicht gleich erkennbar) || ~ **defect** / verborgener Mangel, vorhandener Fehler, versteckter Mangel (der gelieferten Ware nach Paragr. 377 des Handelsgesetzbuches) || ~ **heat**\* (of heat, of vaporization) (Phys) / Umwandlungswärme f (die bei jedem Phasenübergang 1. Art freigesetzt oder verbraucht wird), Umwandlungsenthalpie f (Erstarrungs-, Verdampfungs-, Kondensations- und Sublimationsenthalpie), latente Wärme || ~ **heat of fusion** (Heat, Phys) / Schmelzwärme f (eine Umwandlungswärme) || ~ **hydraulic** (Build) / latent hydraulisch || ~ **image**\* (Photog) / Latentbild n, latentes Bild (die durch Lichtabsorption verursachte stabile Veränderung der Silberhalogenidkörner einer fotografischen Emulsion) || ~ **ore** (Mining) / Erzvorrat, der in der Zukunft abbauwürdig werden kann || ~ **period** (Autos, Physiol) / Reaktionszeit f (zwischen der Einwirkung des Reizes und der dadurch ausgelösten Handlung), Latenzzeit f (z.B. bei Nervenreizen) || ~ **period**\* (Radiol) / Latenzzeit f (die zwischen einer Bestrahlung und dem Auftreten der durch diese Bestrahlung ausgelösten Symptome verstreicht) || ~ **root** (of a matrix)\* (Maths) / Eigenwert m (einer Matrix) || ~ **slip system** (Crystal) / latentes Gleitsystem || ~ **virus** (Comp) / latenter Virus

**late-occurring injury** (Biol, Radiol) / Spätschaden m

**lateral** n (Agric) / Sekundär- oder Tertiärleitung m (in der Bewässerungsanlage) || ~ (Build) / Abzweigleitung f || ~ (Chem) / (seitlicher) Ansatz m (z.B. der Saugflasche) || ~ (Eng) / Ansatzstück n (Fitting) || ~ (US) (Eng) / Stichleitung f, Abzweigleitung f || ~\* adj / Seiten-, seitlich adj, lateral adj || ~ **acceleration** (Aero, Rail) / Seitenbeschleunigung f || ~ **air bag** (Autos) / Seitenairbag m || ~ **area** (Eng) / Seitenfläche f (z.B. eines Prismas) || ~ **area** (Maths) / Seitenfläche f (das Polyeder begrenzendes Vieleck), Mantelfläche f (eines Polyeders) || ~ **axis**\* (Aero) / Querachse f, y-Achse f (des Flugzeugs) || ~ **blowing** (Met) / Blasen n von der Seite, seitliches Blasen || ~ **buckling** (Mech) / Knickung f (Längsbiegung eines langen Stabes) || ~ **buckling** (Mech) / Kippung f (bei schmalen hohen Trägern)

**lateral-burning rocket** (Space) / Lateralrakete f

**lateral canal**\* (Hyd Eng) / Seitenkanal m, Lateralkanal m || ~ **chain** (Chem) / Seitenkette f (eine kürzere Kette aus Atomen, die über eine Verzweigung mit einer längeren Kette verknüpft ist), Seitenrest m

**lateral-channel spillway** (Hyd Eng) / Sammelrinne f (einseitig angeströmte)

**lateral chromatic aberration** (Optics) / Farbquerfehler m, chromatische Queraberration || ~ **cleavage** (Crystal) / Spaltbarkeit f parallel zur Seitenfläche || ~ **contraction** (Materials, Mech) / Querkontraktion f || ~ **controls** (Aero) / Quersteuerflächen f pl, Rollsteuerflächen f pl (Höhenruder) || ~ **crash** (Autos) / Seitencrash m || ~ **direction** (Radar) / Seitenrichtung f || ~ **disk** (Eng) / Seitenscheibe f (der Spindelpresse) || ~ **disparation** (Optics) / Querdisparation f || ~ **displacement** (Mech) / laterale Verschiebung || ~ **drain** (Agric) / Sauger m (Dränagerohr,

**lateral**

das das Bodenwasser aufnimmt) ‖ ~ **drift landing** (Aero) / Schiebelandung f ‖ ~ **edge** (Maths) / Seitenkante f (des Prismas) ‖ ~ **erosion** (Geol) / Seitenerosion f (Einschneiden des Flusses nach den Seiten - Talverbreiterung) ‖ ~ **expansion** (Mech) / Querdehnung f ‖ ~ **extrusion** (Eng) / Querfließpressen n (quer zur Wirkrichtung des Stößels) ‖ ~ **face** (Eng) / Seitenfläche f (z.B. eines Prismas)
**lateral-flow spillway** (Hyd Eng) / Randkanalüberfall m ‖ ~ **spillway** (Hyd Eng) / Hochwasserentlastungsanlage f (vom Stauwerk getrennt)
**lateral force** (Mech) / Seitenkraft f
**lateral-force design** (Build, Civ Eng) / erdbebensichere Auslegung (z.B. des Kernreaktors)
**lateral forces** (Aero, Autos) / Querkräfte f pl ‖ ~ **forces** (Autos) / Seitenkräfte f pl (des Reifens - die vom Schräglaufwinkel, Radlast und Bodenhaftung abhängig sind) ‖ ~ **impact** (Autos) / Seitenaufprall m, seitlicher Aufprall, Seitencrash m, seitlicher Crash ‖ ~ **injection** (Electronics) / Lateralinjektion f (z.B.bei der CHL-Technik) ‖ ~ **instability**\* (Aero) / Rollinstabilität f ‖ ~ **inversion** (Optics, Photog, TV) / Seitenumkehrung f (Tätigkeit), Seitenvertauschung f ‖ ~ **inversion** (the inversion produced by a plane mirror - it is seen when the image of a printed page is observed in a mirror) (Optics, Photog, TV) / Seitenumkehr f (umgekehrte Seite), Seitenverkehrtheit f
**lateralization** n (Acous) / Lateralisation f (DIN 1320)
**lateral load**\* (Eng) / Querbelastung f, Querlast f ‖ ~ **logging** (Mining, Oils) / seitliche Bohrlochmessung, Laterologmessung f
**laterally correct** (Optics) / seitenrichtig adj ‖ ~ **coupled cavity laser** / LCC-Laser m (ein Halbleiterlaser) ‖ ~ **reversed** (Optics) / seitenverkehrt adj, seitenvertauscht adj, rückwendig adj (Bild) ‖ ~ **sprung** / mit seitlichen Federabstützungen
**lateral magnification** (Maths, Optics) / Abbildungsmaßstab m (das Verhältnis der linearen Maße eines reellen Bildes zu denen des abgebildeten Gegenstands), Lateralvergrößerung f, Seitenmaßstab m, Seitenverhältnis n ‖ ~ **moraine** (Geol) / Seitenmoräne f, Ufermoräne f, Randmoräne f ‖ ~ **movement** (Aero, Phys) / Seitenbewegung f ‖ ~ **offset** (Eng) / Seitenstaffelung f (der Zähne eines Räumwerkzeugs) ‖ ~ **order** (Chem) / laterale Ordnung ‖ ~ **plane** (Ships) / Seitenplan m, Lateralplan m (Fläche der Seitenprojektion) ‖ ~ **pressure** (Mech) / Seitendruck m ‖ ~ **pressure** (Mech) / Querdruck m ‖ ~ **recording**\* (Acous) / Berliner-Schrift f (mit horizontaler Auslenkung der Graviernadel - nach E.Berliner, 1851-1929), Seitenschrift f ‖ ~ **register** (Print) / Seitenregister n (seitliche Verschiebung des Rollensterns) ‖ ~ **reversing** (Photog) / Kontern n (von seitenverkehrt in seitenrichtig und umgekehrt) ‖ ~ **run-out** (Autos) / Scheibenschlag n (bei Bremsscheiben) ‖ ~ **shrinkage** (Materials, Mech) / Querkontraktion f ‖ ~ **stability**\* (Aero) / Seitenstabilität f (Quer- + Richtungsstabilität) ‖ ~ **storage** (Hyd Eng) / Uferspeicherung f ‖ ~ **surface** (Maths) / Mantel m, Mantelfläche f (eines Kegels, eines Zylinders) ‖ ~ **thrust** (Arch, Build) / Seitenschub m (horizontale Resultierende einer Gewölberkraft) ‖ ~ **transistor** (Electronics) / lateraler Transistor ‖ ~ **transistor** (Electronics) / Lateraltransistor m (lateral an der Halbleiteroberfläche gebildeter Bipolartransistor, bei dem die Emitter- und Kollektor-Basis-Übergänge nebeneinander liegen und der Injektionsstrom parallel zur Halbleiteroberfläche fließt) ‖ ~ **traverse**\* (Eng, Rail) / seitliches Spiel
**later arrival** (Geol) / späterer Einsatz (bei Seismogrammen)
**laterite**\* n (Geol) / Laterit m (Verwitterungsprodukt - im Wesentlichen aus Eisen- und Aluminium-Hydraten, bei relativ geringer Beteiligung von $SiO_2$)
**lateritic** adj (Geol) / lateritisch adj ‖ ~ **soil** (Agric, Geol) / Latosol m (nährstoff- und kieselsäurearmer Boden, in dem Eisen- und Aluminiumoxide dominieren), Oxisol m, Ferralsol m
**laterization**\* n (Geol) / Laterisierung f, Laterisation f, Lateritbildung f, Ferralitisierung f (die meistens zu Rotfärbung führt), Lateritverwitterung f
**Laterolog** n (Mining, Oils) / Laterolog n (für geoelektrische Bohrlochmessungen verwendetes Verfahren)
**late-type star** (Astron) / Stern m vom späten Typ
**late wood** (For) / Spätholz n, Sommerholz n, Engholz n
**latex** v (Textiles) ‖ ~\* (pl. latexes or latices) / Polymerdispersion f, Latex m (pl. Latizes) (Kunstharzdispersion nach DIN 53593) ‖ ~\* (pl. latexes or latices) (a milky fluid produced by certain plants) (Bot) / Latex m (pl. Latizes), Milchsaft m (Latex)
**latex adhesive** / Latexkleber m ‖ ~ **binder** / Latexbindemittel n ‖ ~ **canal** (For) / Latexkanal m ‖ ~ **cement** / Latexkleber m ‖ ~ **channel** (For) / Latexkanal m ‖ ~ **emulsion** (Paint) / Latexfarbe f, Latexanstrichfarbe f (eine Dispersionsfarbe) ‖ ~ **foam** (cellular rubber made from rubber latex) (Plastics) / Latexschaum m ‖ ~ **foam** s. also foam rubber
**latexing** n (Autos, Textiles) / Latexieren n (Aufbringen eines Haftvermittlers auf Filamentgarnen zur Verwendung als Kordeinlage bei der Reifenherstellung)

**latex paint** (Paint) / Latexfarbe f, Latexanstrichfarbe f (eine Dispersionsfarbe) ‖ ~ **water paint** (Paint) / Latexfarbe f, Latexanstrichfarbe f (eine Dispersionsfarbe)
**lath**\* n (Build) / Plafondlatte f, Spalierlatte f, Gipslatte f ‖ ~ (Build) / Maschendraht m, Putzdraht m (als Putzträger) ‖ ~ (Carp, Join) / Latte f ‖ ~\* (Crystal) / langsäuliger Habitus
**lathe**\* n (Eng) / Drehbank f, Drehmaschine f (eine Werkzeugmaschine) ‖ ~ (Eng) / Drückbank f (zum Metalldrücken), Drückmaschine f, Metalldrückbank f, Treibumformmaschine f ‖ ~ (Eng, For) / Holzdrehmaschine f, Drechselbank f, Drechslerbank f, Holzdrehbank f ‖ ~ (For) / Schälmaschine f (für Furniere), Furnierschälmaschine f, Rundschälmaschine f ‖ ~ (Weaving) / Lade f (zur Aufnahme der Weberschiffchen), Weblade f ‖ **fully automatic** ~ (Eng) / Vollautomat m (Drehmaschine), Futterautomat m (eine Drehmaschine) ‖ ~ **bed**\* (Eng) / Drehmaschinenbett n
**lathe-carrier**\* n (Eng) / Mitnehmer m, Drehherz n (beim Drehen zwischen den Spitzen)
**lathe centre** (Eng) / Drehmaschinenspitze f ‖ ~ **check** (For) / Schälriss m ‖ ~ **chuck** (Eng) / Drehmaschinenfutter n, Drehfutter n ‖ ~ **dog**\* (Eng) / Mitnehmer m, Drehherz n (beim Drehen zwischen den Spitzen) ‖ ~ **mandrel** (Eng) / Drehdorn m (Werkstückspanner auf der Drehmaschine - DIN 523)
**lather** v / schäumen v, Schaum bilden (Seife) ‖ ~ n (a foam or froth when a detergent is agitated in water or other liquid) / Schaum m, Seifenschaum m ‖ ~ **breakage** (Chem, Phys) / Schaumzusammenbruch m ‖ ~ **collapse** (Chem, Phys) / Schaumzusammenbruch m
**lathe spindle** (Eng) / Drehmaschinenspindel f, Drehspindel f ‖ ~ **standard** (the support of the lathe bed) (Eng) / Drehmaschinenständer m, Drehmaschinenfuß m ‖ ~ **threading tool** (Tools) / Gewindedrehmeißel m ‖ ~ **tool**\* (Eng) / Drehmeißel m (einschneidiges Werkzeug zum Drehen), Drehwerkzeug n, Drehstahl m ‖ ~ **work** (Eng) / Drehanbeit f
**lath floor** (Build) / Lattenrostfußboden m ‖ ~ **hammer** (a plasterer's hammer) (Build, Tools) / Lattenhammer m, Latthammer m (DIN 7239)
**lathing**\* n (Build) / Maschendraht m, Putzdraht m (als Putzträger) ‖ ~\* (Build) / Putztragelattenwerk n, Putzträger m aus Latten, Latten f pl als Putzträger, Lattenschalung f (als Putzträger) ‖ ~\* (Carp) / Auflattung f, Belattung f, Holzverlattung f
**lathlike** adj (Geol) / leistenförmig adj
**lath partition** (Build) / Lattenverschlag m
**lath-shaped** adj (Geol) / leistenförmig adj
**lathwork** n (Build) / Putztragelattenwerk n, Putzträger m aus Latten, Latten f pl als Putzträger, Lattenschalung f (als Putzträger)
**lathyrane** n (Chem) / Lathyran n (ein Diterpen)
**lathyrism** m (Med) / Lathyrismus m (chronische Vergiftung bei überwiegender Ernährung mit den Samen bestimmter Platterbsen)
**laticifer**\* n (For) / Latexkanal m
**laticiferous** adj (Bot) / latexhaltig adj, latexführend adj, latexabsondernd adj
**Latin square** (Maths, Stats) / lateinisches Quadrat (in der Varianzanalyse)
**latite** n (Geol) / Latit m (Vulkangestein - Zwischenglied zwischen Trachyt und Andesit)
**latitude**\* n (Astron, Geog, Surv) / Breite f (in einem Koordinatensystem) ‖ ~ (of a photographic emulsion) (Photog) / Belichtungsspielraum m (das Verhältnis der durch die Gradation vorgegebenen Umfangs der richtigen Belichtung zum Belichtungsumfang des aufgenommenen Motivs) ‖ ~ **effect** (Geophys) / Breiteneffekt m, Poleffekt m (Zunahme der Intensität der kosmischen Strahlung mit zunehmender geomagnetischer Breite)
**latosol** n (Agric, Geol) / Latosol m (nährstoff- und kieselsäurearmer Boden, in dem Eisen- und Aluminiumoxide dominieren), Oxisol m, Ferralsol m
**Latour circuit** (Elec Eng) / Greinacher-Schaltung f (eine Gleichrichterschaltung zur Spannungsverdopplung mit zwei Gleichrichterventilen und zwei Kondensatoren in Brückenschaltung - nach H. Greinacher, 1880-1974), Delon-Schaltung f, Liebenow-Schaltung f ‖ ~**-Winter-Eichberg motor** (Elec Eng) / Latour-Motor m (ein kompensierter Repulsionsmotor mit feststehendem Doppelbürstensatz)
**lattice** n (Build, Civ Eng) / Fachwerk n (ein ebenes oder räumliches System von geraden Stäben, die in ihren Endpunkten miteinander verbunden sind) ‖ ~ (a came used in leaded lights) (Build, Glass) / Bleiprosse f (der Bleiverglasung), Bleiprofil n (der Bleiverglasung) ‖ ~\* (Crystal) / Raumgitter n der Kristalle, Kristallgitter n (Raumgitter der Kristalle + Kristallstruktur) ‖ ~\* (Crystal, Eng) / Gitter n (dreifach periodische Anordnung der Atome im Kristall) ‖ ~\* (Maths) / Verknüpfungsgebilde n, Verband m ‖ ~\* (Nuc Eng) / Reaktorgitter n (eine regelmäßige Anordnung von Kernbrennstoff und anderen Materialien zur Bildung eines multiplizierenden

Mediums), Spaltstoffgitter n ‖ ~ (Telecomm) / Kreuzglied n (ein Frequenzfilter) ‖ ~ **absorption** (Crystal) / Gitterabsorption f (optische Absorption in Festkörpern, bei der elektromagnetische Strahlung absorbiert wird und dafür der Kristall in einem angeregten Zustand seiner Gitterschwingungen verbleibt) ‖ ~ **anisotropy** (Nuc) / Gitteranisotropie f ‖ ~ **apron** (Spinning) / Lattentuch n ‖ ~ **atom** (Crystal) / Gitteratom n ‖ ~ **bar**\* (Build, Civ Eng) / Fachwerkstab m ‖ ~ **base** (Crystal) / Gitterbasis f, Basis f der Gitter ‖ ~ **bond** (Crystal) / Gitterbindung f ‖ ~ **boom** (Eng) / Gitterausleger m (des Baggers, des Krans)
**lattice-boom truck-crane** (Autos, Eng) / Gittermast-Autokran m
**lattice bridge**\* (Civ Eng) / Fachwerkbrücke f (bei der das Tragwerk aus einem Fachwerk besteht), Brücke f mit Fachwerkträgern, Fachwerkträgerbrücke f, Gitterträgerbrücke f, Gitterfachwerkbrücke f (Fachwerkbrücke mit engmaschigem Netzwerk der Fachwerkstäbe) ‖ ~ **coil**\* (Elec Eng) / Wabenspule f, Spule mit Wabenwicklung f, Honigwabenspule f (eine Abart der Kreuzwickelspule mit wenigen, weit auseinanderliegenden Windungen pro Lage) ‖ ~ **constant** (Crystal) / Gitterparameter m, Gitterkonstante f (der Abstand zweier gleichwertiger Netzebenen)
**lattice-controlled polymerization** (Chem) / topochemische Polymerisation, gitterkontrollierte Polymerisation
**lattice crate** / Lattenkiste f, Steige f (flache Lattenkiste, in der Obst oder Gemüse zum Verkauf angeboten wird), Stiege f (flache Lattenkiste)
**latticed** adj / gitterartig adj, Gitter-
**lattice defect** (Crystal, Electronics) / Gitterbaufehler m, Gitterstörung f, Gitterfehler m, Gitterfehlstelle f (lokalisierte Abweichung von der perfekten Ordnung im Raumgitter kristalliner Werkstoffe) ‖ ~ **disorder** (Crystal, Electronics) / Gitterfehlordnung f ‖ ~ **distance** (Crystal) / Gitterabstand m, Netzebenenabstand m ‖ ~ **distribution** (Stats) / gitterförmige Verteilung (in der Theorie der Grenzwertsätze) ‖ ~ **drum** (Textiles) / Lattentrommel f
**latticed tulle** (Textiles) / Gittertüll m (ein Bobinet-Tüll mit quadratischen bzw. wabenförmigen Öffnungen)
**lattice dynamics**\* (Crystal) / Gitterdynamik f ‖ ~ **element** (Crystal) / Gitterbaustein m ‖ ~ **energy** (molar) (Crystal) / Gitterenergie f (die auf ein Mol bezogene Bindungsenergie eines Ionenkristalls) ‖ ~ **enthalpy** (the standard change in enthalpy when a solid substance is converted to a vapour) (Phys) / Gitterenthalpie f ‖ ~ **field theory** (Nuc) / Gitterfeldtheorie f ‖ ~ **filter** (Radio) / Brückenfilter n, Lattice-Filter n (ein Quarzfilter) ‖ ~ **forces** (Crystal) / Gitterkräfte f pl ‖ ~ **gauge theory** (Nuc) / Gittereichfeldtheorie f ‖ ~ **girder**\* (Build) / Gitterträger m (dreidimensionaler Fachwerkträger mit vielen Diagonalstäben, die ein Netzwerk zwischen den beiden Gurten bilden) ‖ ~ **imperfection** (Crystal, Electronics) / Gitterbaufehler m, Gitterstörung f, Gitterfehler m, Gitterfehlstelle f (lokalisierte Abweichung von der perfekten Ordnung im Raumgitter kristalliner Werkstoffe) ‖ ~ **jig** (Eng) / Gitterausleger m (des Baggers, des Krans) ‖ ~ **mast** (Elec Eng) / Gittermast m (für Hochspannungsleitungen) ‖ ~ **network**\* (Elec Eng) / X-Glied n, Kreuzglied n, Brückenglied n (Zweitor), Zweitor n in Kreuzschaltung ‖ ~ **opener** (Spinning) / Doppelkastenspeiser m ‖ ~ **parameter** (Crystal) / Gitterparameter m, Gitterkonstante f (der Abstand zweier gleichwertiger Netzebenen) ‖ ~ **plane** (Crystal) / rationale Ebene, Netzebene f (die durch drei Gitterpunkte, die nicht in einer Geraden liegen, festgelegt ist), Gitterebene f (in Richtungen, die vom Kristall abhängig sind) ‖ ~ **point** (Crystal) / Gitterpunkt m
**lattice-point method** (Maths) / Differenzenverfahren n, Differenzmethode f, Gitterpunktmethode f
**lattice polarization** (Electronics, Phys) / Ionenpolarisation f (Verschiebung ionisierter Atome unter der Einwirkung eines elektrischen Feldes), Atompolarisation f, Gitterpolarisation f ‖ ~ **position** (Crystal) / Gitterplatz m, Gitterstelle f ‖ ~ **row** (Crystal) / Gittergerade f (eine so im Raumgitter gezogene Gerade, dass auf ihr in regelmäßigen Abständen Atome liegen) ‖ ~ **scattering** (Crystal) / Gitterstreuung f ‖ ~ **section** (Elec Eng) / X-Glied n, Kreuzglied n, Brückenglied n (Zweitor), Zweitor n in Kreuzschaltung ‖ ~-**sided container** / Drahtgitter-Container m ‖ ~ **site** (Crystal) / Gitterplatz m, Gitterstelle f ‖ ~ **spacing** (Crystal) / Gitterabstand m, Netzebenenabstand m ‖ ~ **steel tower** (Elec Eng) / Gittermast m (frei stehender Mast in vergitterter Fachwerkkonstruktion) ‖ ~ **stirrer** (Chem Eng) / Gitterrührer m ‖ ~ **structure**\* (Crystal) / Gitterstruktur f, Gitteraufbau m, Gitterbau m ‖ ~ **theory** (Crystal) / Gittertheorie f (die Theorie der Bewegungen der Gitterbausteine eines Kristallgitters und der dadurch hervorgerufenen physikalischen Erscheinungen, Gitterdynamik f ‖ ~ **theory** (Maths) / Verbandstheorie f ‖ ~ **tower** (Civ Eng) / Gitterturm m (bei Gerüstbrücken) ‖ ~ **tower** (Elec Eng) / Gittermast m (für Hochspannungsleitungen) ‖ ~ **transition** (Electronics) / Gitterübergang m ‖ ~ **truss bridge** (Civ Eng) / Fachwerkbrücke f (bei der das Tragwerk aus einem Fachwerk besteht), Brücke f mit Fachwerkträgern, Fachwerkträgerbrücke f, Gitterträgerbrücke f, Gitterfachwerkbrücke f (Fachwerkbrücke mit engmaschigem Netzwerk der Fachwerkstäbe) ‖ ~ **tulle** (Textiles) / Gittertüll m (ein Bobinet-Tüll mit quadratischen bzw. wabenförmigen Öffnungen) ‖ ~ **type** (Crystal, Electronics) / Gittertyp m, Kristallgittertyp m, Strukturtyp m (des Gitters) ‖ ~ **vacancy** (Crystal, Nuc) / Gitterlücke f (nicht besetzter Gitterplatz), Lücke f (unbesetzter Gitterplatz), Leerstelle f, Vakanz f (ein Subtraktionsbaufehler), Gitterloch n (unbesetzter Gitterplat) ‖ ~ **vector** (Crystal, Maths) / Gittervektor m (bei Translationsgittern) ‖ ~ **vibration**\* (Crystal) / Gitterschwingung f, thermische Gitterbewegung (der Atome und der Moleküle in einem Festkörper in der Nähe ihrer thermischen Gleichgewichtslage) ‖ ~ **winding**\* (Elec Eng) / Wabenwicklung f, Honigwabenwicklung f, Rautenwicklung f (an Kreuzspulen) ‖ ~ **window**\* (with diamond-shaped leaded lights) (Arch, Build) / bleiverglastes Fenster (mit Rautenscheiben), Bleifenster n (mit Rautenscheiben) ‖ ~-**work** n / Gitterwerk n der Regeneratorkammer n, Gitter n ‖ ~-**work** (Build, Civ Eng) / Fachwerk n (ein ebenes oder räumliches System von geraden Stäben, die in ihren Endpunkten miteinander verbunden sind)
**latus rectum** (pl. latera recta) (Maths) / Parameter m (Länge 2p einer Kegelschnittsehne, die parallel zur Leitlinie durch einen Brennpunkt des Kegelschnitts verläuft)
**lauan** n (For) / Laúan n (leichtes bis mittelschweres rotbraunes Holz von Shorea-, Parashorea- und Pentacme-Arten)
**laubmannite** (Min) / Laubmannit m (ein wasserfreies Phosphat)
**laudanosine** n (Chem) / Laudanosin n
**laudanum**\* n (Pharm) / Laudanum n (Opiumtinktur)
**Laue, back-reflection ~ technique** (Crystal) / Rückstrahl-Laue-Methode f (mit Rückstrahlaufnahmen) ‖ ~ **camera** (Crystal) / Laue-Kamera f (eine Röntgenkamera für das Laue-Verfahren) ‖ ~ **condition** (Crystal) / Laue-Bedingung f (in der kinematischen Theorie) ‖ ~ **equations** (Crystal) / Laue-Gleichungen f pl ‖ ~ **method** (Crystal) / Laue-Verfahren n, Laue-Methode f (eine Feinstrukturuntersuchung) ‖ ~ **pattern** (Crystal) / Laue-Aufnahme f (Röntgenbeugungsaufnahme eines still stehenden Kristalls mit kontinuierlicher Röntgenstrahlung - nach Max v. Laue, 1879-1960), Laue-Diagramm n ‖ ~ **photograph** (Crystal) / Laue-Aufnahme f (Röntgenbeugungsaufnahme eines still stehenden Kristalls mit kontinuierlicher Röntgenstrahlung - nach Max v. Laue, 1879-1960), Laue-Diagramm n ‖ ~ **theory** (of X-ray diffraction) (Crystal) / kinematische Theorie (der Raumgitterinterferenzen - nach M.v. Laue)
**laughing-gas**\* n (Chem) / Lachgas n (Distickstoffoxid)
**lauhala** n (For) / Pandanuspalme f (Pandanus tectorius Parkinson ex Du Roi)
**laumontite**\* n (Min) / Laumontit m (Kalziumbisalumosilikat - ein Faserzeolith)
**launch** v / einkoppeln n (in der Faseroptik) ‖ ~ (a bridge) (Civ Eng) / vor Kopf anbauen (einen Brückenteil im Freivorbau) ‖ ~ (Ships) / vom Stapel (laufen) lassen ‖ ~ (Ships) / aussetzen v (Boot), ins Wasser lassen (Boot) ‖ ~ vt (For) / einwässern v (Triftholz), einwerfen v (Triftholz) ‖ ~ (Space) / starten vt ‖ ~ n (Ships) / Beiboot n, Pinasse f ‖ ~ (Space) / Start m, Starten n ‖ ~ (Ships) s. also pilot launch ‖ **complex** (Space) / Raumfahrtgelände n, Raketenstartanlage f (z.B. auf Cape Canaveral, in Baikonur oder Kourou), Startanlage f (als Gesamtkomplex), Startgelände n, Startplatz m (für Raketen), Startstellung f (für Raketen)
**launcher** n (Mil, Space) / Werfer m (Startvorrichtung für Raketen[waffen]), Raketenwerfer m, Launcher m, Startgestell n ‖ ~ (Space) / Raumfahrzeugträger m (ESA) ‖ ~ (Space) / Startgerät n ‖ ~ (Telecomm) / Ankopplungstrichter m, Trichter m für O-Leitung ‖ ~ (Space) s. also take-off rocket
**launcher-container** n (Mil) / Startbehälter m
**launching** n (of a bridge) (Civ Eng) / Vorschub m (im Brückenbau), Vorbau m ‖ ~ (Ships) / Stapellauf m (Zuwasserlassen eines fertig gebauten Schiffsrumpfs auf geneigten Ablaufbahnen, Ablauf m ‖ ~ (Space) / Start m, Starten n ‖ ~\* (Telecomm) / Energieübertragung f vom Koaxialkabel zum Wellenleiter, Ankopplung f ‖ ~ **aircraft** (Space) / Trägerluftfahrzeug n ‖ ~ **catapult** (Aero) / Katapult m, Schleuder f, Flugzeugschleuder f, Startschleuder f ‖ ~ **fibre** (Light) / Vorlauffaser f (die zwischen einer Lichtquelle und einer anderen Faser eingefügt wird, um deren Moden auf eine bestimmte Art anzuregen), Vorschaltfaser f ‖ ~ **pad** (Mil, Space) / Startplattform f ‖ ~ **phase** (Space) / Startphase f (im Allgemeinen) ‖ ~ **rail** (Mil) / Startschiene f ‖ ~ **ramp** (Space) / Startrampe f, Abschussrampe f ‖ ~ **site** (Mil) / Flugkörper-Feuerstellung f ‖ ~ **site** (Space) / Raumfahrtgelände n, Raketenstartanlage f (z.B. auf Cape Canaveral, in Baikonur oder Kourou), Startanlage f (als Gesamtkomplex), Startgelände n, Startplatz m (für Raketen), Startstellung f (für Raketen) ‖ ~ **vehicle** (Space) /

851

**launching**

Raumfahrzeugträger m (ESA) ‖ ~ **ways** (Ships) / Ablaufbahn f (der Helling), Stapellaufbahn f ‖ ~ **window** (Space) / Startfenster n (Zeitspanne von mehreren Stunden, Tagen oder /seltener/ Wochen, in der ein Raumflugkörper oder bemanntes Raumschiff starten muss, um das Ziel unter besonders günstigen Umständen erreichen zu können)
**launch numerical aperture** (Telecomm) / numerische Apertur der Einkopplung (bei LWL-Systemen) ‖ ~ **pad**\* (Mil, Space) / Startplattform f ‖ ~ **platform** (Mil, Space) / Startplattform f ‖ ~ **sequencer** (Mil) / Startablaufsteuergerät n, Startsequenzgeber m ‖ ~ **site** (Space) / Raumfahrtgelände n, Raketenstartanlage f (z.B. auf Cape Canaveral, in Baikonur oder Kourou), Startanlage f (als Gesamtkomplex), Startgelände n, Startplatz m (für Raketen), Startstellung f (für Raketen) ‖ ~ **vehicle** (Space) / Trägerrakete f (z.B. "Ariane")
**launchway** n (Ships) / Ablaufbahn f (der Helling), Stapellaufbahn f
**launch weight** (Space) / Startmasse f (der Rakete) ‖ ~ **window**\* (Space) / Startfenster n (Zeitspanne von mehreren Stunden, Tagen oder /seltener/ Wochen, in der ein Raumflugkörper oder bemanntes Raumschiff starten muss, um das Ziel unter besonders günstigen Umständen erreichen zu können)
**launder** v (Textiles) / waschen und bügeln v ‖ ~ n (Met) / Gießrinne f, Abstichrinne f ‖ ~\* (Mining) / Auswaschrinne f (heute weitgehend durch automatische Aufbereitunganlagen verdrängt), Waschrinne f ‖ ~ (Mining) / Gefluder n (Rinne zum Ableiten von Wasser) ‖ ~\* (Min Proc) / Gerinne n, Rinne f
**launderable** adj / waschbar adj, abwaschbar adj
**launderette** n / Waschsalon m, Selbstbedienungswäscherei f
**launderproof** adj (Textiles) / waschecht adj (und bügelfrei)
**laundrette** n / Waschsalon m, Selbstbedienungswäscherei f
**laundromat** n (US) / Waschsalon m, Selbstbedienungswäscherei f
**laundry** n / Wäscherei f ‖ ~ (Textiles) / Wäsche f (Gesamtheit der zu waschenden bzw. gewaschenen Textilien), Waschgut n ‖ ~ **agent** / Waschmittel n (im weitesten Sinne) ‖ ~ **blue** (Textiles) / Wäscheblau n, Waschblau n (Berliner Blau, Ultramarin oder Indigokarmin - zur Verhinderung der Gelbfärbung der Wäsche) ‖ ~ **compound** (Chem, Textiles) / Vollwaschmittel n (für den Haushalt), Universalwaschmittel n ‖ ~ **drains** (San Eng) / Wäschereiabwässer n pl ‖ ~ **presoak product** (Chem, Textiles) / Einweichmittel n (beim Waschen) ‖ ~ **press** (Textiles) / Wäschepresse f ‖ ~ **starch** (Chem, Textiles) / Wäschestärke f ‖ ~ **to be boiled** / Kochwäsche f
**lauraldehyde** n (Chem) / Laurinaldehyd m (n-Dodekanal)
**laurate** n (Chem) / Laurat n (Salz oder Ester der Laurinsäure)
**laurdalite**\* n (Geol) / Laurdalit m
**laurel** n (For) / Lorbeerbaum m (Laurus L.) ‖ ~ (For) / Laurel n (Handelsbezeichnung für das Holz der chilenischen Laureliaarten) ‖ ~ **forest** (For) / Lorbeerwald m (ein subtropischer Regenwald) ‖ ~ **wax** / Grünes Wachs, Myricawachs n, Myrtenwachs n, Myricatalg m, Bayberrywachs n, Lorbeerkernfett n, Bayberrytalg m, Lorbeerwachs n
**laurence** n (a shimmering seen over a hot surface on a calm, cloudless day, caused by the unequal refraction of light by innumerable convective air columns of different temperatures and densities) (Meteor, Optics) / Flimmern n
**Laurent half-shade plate** (Optics) / Laurent-Halbschattenplatte f
**Laurent's acid** (Chem) / Purpurinsäure f, Laurent'sche Säure (eine Naphthylaminsulfonsäure), Laurent-Säure f
**Laurent•'s expansion**\* (Maths) / Laurent'sche Entwicklung (nach P.A. Laurent, 1813-1854), Laurent-Reihe f (die durch Entwicklung einer analytischen Funktion entsteht) ‖ ~ **transformation** (Maths, Telecomm) / Laurent-Transformation f (zweiseitige Z-Transformation)
**lauric acid**\* (Chem) / Laurinsäure f, n-Dodekansäure f, Dodecansäure f
**laurionite** n (Min) / Laurionit m (ein Mineral der Fiedlerit-Laurionit-Gruppe)
**laurisilva** n (For) / Lorbeerwald m (ein subtropischer Regenwald)
**laurite** n (Min) / Laurit m (RuS₂ mit geringem Os-Gehalt)
**Lauritsen electroscope** (Instr) / Lauritsen-Elektroskop n
**laurolactam** n (Chem) / Laurinlactam n, Laurinlaktam n
**laurostearic acid** (Chem) / Laurinsäure f, n-Dodekansäure f, Dodecansäure f
**lauroyl peroxide** (Chem) / Lauroylperoxid n, Didodecanoylperoxid n, Didodecanoylperoxid n
**laurvikite**\* n (Arch, Build, Geol) / Larvikit m (ein Tiefengestein mit bis zu 88% Rhombenfeldspat), Laurvikit f (beliebter Architekturstein mit dem Handelsnamen Labrador)
**lauryl alcohol**\* (dodecan-1-ol) (Chem, Pharm) / Laurylalkohol m, Dodecan-1-ol n, Dodekan-1-ol n) ‖ ~ **aldehyde** (Chem) / Laurinaldehyd m (n-Dodekanal) ‖ ~ **mercaptan** (Chem) / Laurylthiol n ‖ ~ **pyridinium chloride** (Chem, Textiles) / Laurylpyridiniumchlorid n

**lautarite**\* n (Min) / Lautarit m (ein Iodat aus den Natrosalpeterlagern der Atacama-Wüste)
**lauter** v (Brew) / läutern v (die Bierwürze) ‖ ~ **tub** (Brew) / Läuterbottich m
**Lauth's trio** (Met) / Lauth'sches Trio (ein Dreiwalzengerüst, bei dem der Durchmesser der Mittelwalze geringer als der der gleich dicken Ober- und Unterwalze ist) ‖ ~ **violet** (Biol, Micros) / Lauth'sches Violett (Thioninhydrochlorid)
**lava**\* n (Geol) / Lava f (pl. Laven) (bei vulkanischen Eruptionen austretender hochtemperierter Gesteinsschmelzfluss) ‖ ~ **cascade** (Geol) / Lavakaskade f ‖ ~ **cave** (Geol) / Lavahöhle f ‖ ~ **cavern** (Geol) / Lavahöhle f ‖ ~ **cement** (Build) / Lavazement m (nicht genormter Zement aus Portlandzementklinker und Lavamehl) ‖ ~ **dome** (Geol) / Lavadom m (Staukuppe) ‖ ~ **dome** (Geol) / vulkanischer Dom, Vulkankuppe f ‖ ~ **flow**\* (Geol) / Lavastrom m ‖ ~ **fountain** (Geol) / Lavafontäne f ‖ ~ **lake** (Geol) / Lavasee f (in einem Krater)
**lavaliere** n (Acous) / Umhängemikrofon n, Lavaliermikrofon n ‖ ~ **microphone** (Acous) / Umhängemikrofon n, Lavaliermikrofon n
**Lavalier microphone**\* (Acous) / Umhängemikrofon n, Lavaliermikrofon n
**Laval nozzle** / Lavaldüse f (Düsenbauart in Dampfturbine nach dem schwedischen Ingenieur G. de Laval, 1845 - 1913)
**Laval's compression ratio** (Phys) / Laval-Druckverhältnis n (Strömung idealer Gase)
**Laval turbine** (a steam turbine) (Eng) / Laval-Turbine f (einstufige schnell laufende Gleichdruckturbine)
**lavandine oil** / Lavandinöl n (aus dem blühenden Kraut des Lavandins /einer sterilen Kreuzung zwischen Echtem Lavendel und dem Großen Speik/)
**lava sand** (Geol) / Lavasand m ‖ ~ **sheet** (Geol) / Lavadecke f ‖ ~ **shield** (Geol) / Schildvulkan m
**lavatory** n / Waschraum m (z.B. in einem Flugzeug) ‖ ~ **water** (San Eng) / Fäkal- und Spülwasser n (häusliches Schmutzwasser)
**lava tube** (Geol) / Lavatunnel m ‖ ~ **tunnel** (Geol) / Lavatunnel m
**lavender oil** (Ceramics, Chem Eng, Pharm) / Lavendelöl n ‖ ~ **print** (Cinema) / Lavendelkopie f, Lavendel m
**laver** n (Nut) / Laverbread n, Laver m (Lebensmittel aus gesammelten oder kultivierten Rotalgen /Gattung Porphyra/)
**laverbread** n (Nut) / Laverbread n, Laver m (Lebensmittel aus gesammelten oder kultivierten Rotalgen /Gattung Porphyra/) ‖ ~ (Nut) s. also amanori
**Laves phase** (Chem, Met) / Laves-Phase f (die größte Gruppe der intermetallischen Verbindungen - nach F. H. Laves, 1906-1978)
**law**\* n / Gesetz n (generalisierende Induktion aus Einzelfällen) ‖ ~ (Maths, Phys) / Theorem n, Lehrsatz m, Satz m ‖ ~ **calf**\* (Bind) / Kalbledereinband m (für juristische Nachschlagewerke) ‖ ~ **clutch coupling** (Eng) / Kegelklauenkupplung f
**Lawesson reagent** (Chem) / Lawesson-Reagens n
**lawful data** (Comp) / Daten, deren Handhabung rechtlich geregelt ist
**lawn** n / Rasen m ‖ ~ (Ceramics, Print) / Feinsieb n ‖ ~ (Textiles) / Linon m (feinfädiges, leinwandbindiges Baumwoll-Flachgewebe), Glanztuch n ‖ ~\* (Textiles) / [feiner] Batist m ‖ ~ **bleaching** (Textiles) / Rasenbleiche f, Naturbleiche f
**lawnmower** n (Agric) / Grasmäher m, Rasenmäher m ‖ ~ (Radar) / "Rasenmäher" m, Rauschunterdrücker m
**lawn paving block** (Build, Ceramics) / Betonrasenstein m (mit Löchern versehenes Betonbauteil zur Befestigung von begrünbaren Verkehrsflächen), Betongrasstein m (mit Aussparungen für eine Begrünung), bg-Stein m, Rasenstein m (ein Betonstein mit Aussparungen für eine Begrünung) ‖ ~ **raker** (Agric) / Rasenbelüfter m ‖ ~ **sieve** (Ceramics, Print) / Feinsieb n ‖ ~ **sod** (Agric) / Rasensode f, Rasenplatte f, Rasenplagge f ‖ ~ **sprinkler** (Agric) / Rasensprenger m, Sprenger m (Rasensprenger), Sprinkler m ‖ ~ **tractor** (Agric) / Rasentraktor m, Gartentraktor m ‖ ~ **trimmer** (Agric) / Rasentrimmer m
**law of action and reaction** (Phys) / Wechselwirkungsprinzip n (das dritte Newton'sche Axiom), Reaktionsprinzip n, Gegenwirkungsprinzip n (das dritte Newton'sche Axiom), Gesetz n von Wirkung und Gegenwirkung (Lex tertia) ‖ ~ **of closure** (AI) / Gesetz n der Abgeschlossenheit ‖ ~ **of combining volumes** (if gases interact and form a gaseous product, the volumes of the reacting gases and the volumes of the products are in simple proportion ) (Chem) / Gay-Lussac-Gesetz n, Boyle-Gay-Lussac-Gesetz n (erstes - ein Gasvolumengesetz nach J.L. Gay-Lussac, 1778-1850) ‖ ~ **of composition** (Maths) / Verknüpfungsvorschrift f, Verknüpfungsgesetz n ‖ ~ **of conservation of** (electric) **charge** (Elec, Phys) / Ladungserhaltungsgesetz n ‖ ~ **of conservation of elements** (Chem) / Gesetz n von der Erhaltung der Elemente ‖ ~ **of conservation of energy** (Phys) / Prinzip n der Erhaltung der Energie, Satz m von der Erhaltung der Energie, Energieerhaltungssatz m, Energiesatz m (ein Erhaltungssatz) ‖ ~ **of conservation of mass** (Phys) / Gesetz n von der Erhaltung der Masse, Satz m von der Erhaltung der Masse

(ein Erhaltungssatz) ‖ ~ **of conservation of matter**\* (Phys) / Gesetz *n* von der Erhaltung der Masse, Satz *m* von der Erhaltung der Masse (ein Erhaltungssatz) ‖ ~ **of conservation of momentum** (Mech) / Impulssatz *m*, Impulserhaltungssatz *m*, Satz *m* von der Erhaltung des Gesamtimpulses ‖ ~ **of constancy of interfacial angles** (Crystal) / Steno-Regel *f* (nach N. Stensen, 1638-1686), Gesetz *n* der Winkelkonstanz , Winkelkonstanzgesetz *n* (nach N. Stensen), Steno'sches Gesetz (ein kristallografisches Grundgesetz), Steno-Regel *f* (nach dem seligen Steno) ‖ ~ **of constant angles** (Crystal) / Steno-Regel *f* (nach N. Stensen, 1638-1686), Gesetz *n* der Winkelkonstanz , Winkelkonstanzgesetz *n* (nach N. Stensen), Steno'sches Gesetz (ein kristallografisches Grundgesetz), Steno-Regel *f* (nach dem seligen Steno) ‖ ~ **of constant composition** (Chem) / Gesetz *n* der konstanten Proportionen ‖ ~ **of constant heat summation** (Chem) / Gesetz *n* der konstanten Wärmesummen, Wärmesummensatz *m*, Hess-Gesetz *n* (nach G.H. Hess, 1802-1850), Hess'sches Gesetz (der konstanten Wärmesummen) ‖ ~ **of constant interfacial angles** (Crystal) / Steno-Regel *f* (nach N. Stensen, 1638-1686), Gesetz *n* der Winkelkonstanz , Winkelkonstanzgesetz *n* (nach N. Stensen), Steno'sches Gesetz (ein kristallografisches Grundgesetz), Steno-Regel *f* (nach dem seligen Steno) ‖ ~ **of constant proportions**\* (Chem) / Gesetz *n* der konstanten Proportionen ‖ ~ **of cosines** (Maths) / Kosinussatz *m* (in einem Dreieck ist das Quadrat einer Seitenlänge gleich der Summe der Quadrate der beiden anderen Seitenlängen, vermindert um das doppelte Produkt aus diesen Seitenlängen und dem Kosinus des von diesen Seiten eingeschlossenen Winkels - ein grundlegender Satz der Trigonometrie ) ‖ ~ **of definite proportions**\* (Chem) / Gesetz *n* der konstanten Proportionen ‖ ~ **of Dulong and Petit**\* (Chem) / Dulong-Petit-Regel *f*, Dulong-Petit'sche Regel (nach P.L. Dulong, 1785-1838, und A.T. Petit, 1791-1820) ‖ ~ **of equal areas** (Astron, Mech) / Flächensatz *m* (zweites Kepler'sches Gesetz - Sonderfall des Satzes von der Erhaltung des Impulses) ‖ ~ **of equivalent proportions**\* (Chem) / Gesetz *n* der äquivalenten Proportionen ‖ ~ **of exponentiation** (Maths) / Potenzregel *f*, Potenzgesetz *n* ‖ ~ **of extreme path** (Optics) / Gesetz *n* des kürzesten Lichtweges ‖ ~ **of flow** (Phys) / Fließregel *f*, Fließgesetz *n* (DIN 1342, T 1) ‖ ~ **of formation** (Maths) / Bildungsgesetz *n* (einer Folge) ‖ ~ **of Guldberg and Waage**\* (Chem) / Massenwirkungsgesetz *n*, MWG (Massenwirkungsgesetz), Guldberg-Waage'sches Massenwirkungsgesetz ‖ ~ **of induction** (Elec) / Induktionsgesetz *n* (Faraday'sches) ‖ ~ **of inertia** (Maths) / Trägheitssatz *m* (von Sylvester), Sylvester-Satz *m* (nach J.J. Sylvester, 1814-1897) ‖ ~ **of isomorphism**\* (Chem) / Isomorphiegesetz *n* nach Mitscherlich, Mitscherlich'sche Regel (eine alte Mischkristall-Regel nach E. Mitscherlich, 1794-1863) ‖ ~ **of large numbers** (Maths) / Gesetz *n* der großen Zahl(en) ‖ ~ **of least squares**\* (Maths) / Gesetz *n* der kleinsten Quadrate ‖ ~ **of Malus** (Optics) / Malus'scher Satz (nach E. L. Malus, 1775-1812) ‖ ~ **of mass action**\* (Chem) / Massenwirkungsgesetz *n*, MWG (Massenwirkungsgesetz), Guldberg-Waage'sches Massenwirkungsgesetz ‖ ~ **of maximum multiplicity** (Electronics, Nuc) / Hund'sche Regel, erste Hund'sche Regel (mit der höchsten Spinmultiplizität 2 S + 1 - nach F. Hund, 1896 - 1997) ‖ ~ **of moment of momentum** (Mech) / Impulsmomentensatz *m* ‖ ~ **of monotony** (Maths) / Monotoniegesetz *n* (der Addition, der Multiplikation) ‖ ~ **of multiple proportions**\* (Chem) / Gesetz *n* der multiplen Proportionen (nach Dalton) ‖ ~ **of nature** / Naturgesetz *n* (Erfahrungssatz der Naturwissenschaft, der als absolut gesichert angesehen wird - lex naturae) ‖ ~ **of outer space** / Weltraumrecht *n* ‖ ~ **of quadratic reciprocity** (Maths) / quadratisches Reziprozitätsgesetz ‖ ~ **of radii-quotients** (Crystal) / Radienquotientenregel *f* ‖ ~ **of rational indices**\* (Crystal) / Rationalitätsgesetz *n* (in der Kristallgeometrie), Gesetz *n* der rationalen Indizes ‖ ~ **of rational intercepts** (Crystal) / Rationalitätsgesetz *n* (in der Kristallgeometrie), Gesetz *n* der rationalen Indizes ‖ ~ **of rationality of intercepts** (Crystal) / Rationalitätsgesetz *n* (in der Kristallgeometrie), Gesetz *n* der rationalen Indizes ‖ ~ **of reciprocal proportions** (Crystal) / Gesetz *n* von der Wiederkehr der gleichen Massenverhältnisse ‖ ~ **of refraction** (Optics, Phys) / Brechungsgesetz *n* ‖ ~ **of similarity transformation** (Maths) / Ähnlichkeitssatz *m* (Laplacetransformation) ‖ ~ **of sines** (Maths) / Sinussatz *m* (ein grundlegender Satz der Trigonometrie) ‖ ~ **of small numbers** (Stats) / Grenzwertsatz *m* von Poisson, Gesetz *n* der kleinen Zahlen ‖ ~ **of tangents** (Maths) / Tangenssatz *m* ‖ ~ **of the excluded middle** (Maths) / Satz *m* vom ausgeschlossenen Dritten (tertium non datur), Grundsatz *m* vom ausgeschlossenen Dritten ‖ ~ **of the independent migration of ions** (Phys) s. also Kohlrausch's law ‖ ~ **of the independent migration of ions** (Phys) / Gesetz *n* der unabhängigen Ionenwanderung ‖ ~ **of the mean** (Maths) / Mittelwertsatz *m* (z.B. Satz von Rolle) ‖ ~ **of trichotomy** (Maths) / Trichotomiegesetz *n* ‖ ~ **of universal gravitation** (Phys) / Newton'sches Gravitationsgesetz ‖

~ **of volumes**\* (Chem) / Gay-Lussac-Gesetz *n*, Boyle-Gay-Lussac-Gesetz *n* (erstes - ein Gasvolumengesetz nach J.L. Gay-Lussac, 1778-1850) ‖ ~ **of yield** (Bot, Ecol) / Ertragsgesetz *n* (z.B. Minimum-, Maximum- oder Wirkungsgesetz) ‖ ~ **of zones** (Crystal) / Zonenverbandsgesetz *n* (ein kristallografisches Grundgesetz nach Ch.S. Weiss, 1780-1856)
**lawrencium**\* *n* (Chem) / Lawrencium *n*, Lr (Lawrencium)
**Lawson criterion**\* (Nuc Eng) / Lawson-Kriterium *n* (Bedingung bei der sich selbst tragenden thermonuklearen Reaktionen - nach J. D. Lawson, geb. 1923)
**lawsone** *n* (Chem) / Lawson *n* (färbender Bestandteil von Henna - 2-Hydroxy-1,4-naphthochinon)
**lawsonite**\* *n* (Min) / Lawsonit *m* (als Gemengteil und auf Klüften in metamorph veränderten Gabbros und Diabasen, besonders in Glaukophanschiefern - entstanden aus Anorthit)
**Lawson's cypress** (For) / Lawson-Zypresse *f*, Lawsons Scheinzypresse (Chamaecyparis lawsoniana (A. Murray) Parl.)
**laxatives**\* *pl* (Pharm) / Laxantia *n pl* (sg. Laxans), Laxanzien *n pl* (sg. Laxans), Laxative *n pl* (sg. Laxativ), Laxativa *n pl* (sg. Laxativum), Laxantien *n pl* (sg. Laxans), Abführmittel *n pl*, Aperienzien *n pl* (sg. Aperiens), Aperientia *n pl* (sg. Aperiens)
**LAXS**\* (low-angle X-ray scattering) (Nuc) / Kleinwinkelröntgenstreuung *f*
**lay** *v* (pipe, cable, railway track, carpet, tiles) / verlegen *v* (Teppiche, Linoleum, Rohre, Kabel) ‖ ~ (with linoleum) / belegen *v*, bedecken *v* ‖ ~ (Build) / verschießen *v* (die Wände), berappen *v*, auftragen *v* (die Grundschicht - bei mehrlagigem Putz) ‖ ~ (Cables, Civ Eng, Elec Eng) / verlegen *v* (Kabel) ‖ ~ (Cables, Eng) / verseilen *v*, schlagen *v* (ein Seil, ein Tau) ‖ ~ (a pipeline) (Civ Eng, Oils, Ships) / Rohre legen, Rohre verlegen ‖ ~\* *n* (Cables, Eng) / Drall *m* (Höhe des Gangs verseilter Drähte), Schlag *m* ‖ ~ (Eng) / Oberflächenzeichnung *f* (Muster der Bearbeitungsspuren) ‖ ~\* (Print) / Anlegemarke *f*, Marke *f* (des Bogenanlegers) ‖ ~ (Weaving) / Lade *f* (zur Aufnahme der Weberschiffchen), Weblade *f* ‖ ~**-away pit** (Leather) / Versenk *m n* (Grube, auf deren Brühe ein Lattenrost schwimmt), Versenkgrube *f* ‖ ~ **bar** (Glass) / horizontale Glashalteleiste ‖ ~ **barge**\* (Oils, Ships) / Rohrleitungsverlegeschiff *n*, Verlegeschiff *n*, Verlegebarge *f* (für Erdölrohrleitungen) ‖ ~ **board** (Carp) / Sparrenfußbalken *m*, Sparrenfußbohle *f* ‖ ~ **boy** (Paper) / Blattabnehmer *m* (am Bogenschneider) ‖ ~**-by** *n* (Autos) / Parkstreifen *m* ‖ ~**-by** (Autos, Civ Eng) / Bucht *f* (als Parkplatz oder Haltestelle gekennzeichneter Teil der Straße) ‖ ~**-by** (Mining) / Ausweichgleis *n*, Ausweichstelle *f*, Überholgleis *n* ‖ ~ **day** (Ships) / Liegetag *m* (ein Tag, an dem ein Schiff im Hafen liegt) ‖ ~ **direction** (Eng) / Schlagrichtung *f* (bei Seilen) ‖ ~ **down** *v* / festlegen *v* (Regeln, Richtlinien, Bedingungen)
**lay-down collar** (Textiles) / Umlegekragen *m* ‖ ~ **rate** (Civ Eng) / Einbauleistung *f* (eines Straßenfertigers)
**lay edge**\* (Print) / Anlegekante *f*, Anlagekante *f*
**layer** *v* / schichten *v* ‖ ~ *n* / Schicht *f*, Lage *f* ‖ ~ (a shoot fastened down to take root while attached to the parent plant) (Agric, Bot) / Absenker *m* (ein Ableger), Ableger *m* (Gartenbau) ‖ ~ (Agric, Zool) / Legehenne *f* ‖ ~\* (Build) / Reihe *f*, Schicht *f* (Mauerwerk) ‖ ~\* (Build, Civ Eng) / Mörtelschicht *f* (im Mauerverband), Mörtelbett *n* (im Mauerverband), Mörtelscheibe *f* ‖ ~ (Electronics) / Lage *f* (einer Mehrlagenleiterplatte) ‖ ~ (Geol) / Schicht *f* (durch Trennflächen unterteilte Ablagerung von Sedimentgestein) ‖ ~ (Leather) / eine Schicht im Versatz ‖ ~ (Riemann surface) (Maths) / Blatt *n* (Riemann'sche Fläche) ‖ ~ (Mining) / Bank *f* (Oberbank oder Unterbank) ‖ ~ (Mining) / Flöz *n* (eine Schicht nutzbarer Gesteine oder Minerale) ‖ ~\* (Phys) / Schicht *f* (der Ionosphäre) ‖ ~ **cable** (Cables) / lagenverseiltes Kabel (wenn die Verseilelemente einzeln in konzentrischen Lagen angeordnet sind), Lagenkabel *n* ‖ ~ **cloud** (Meteor) / Schichtwolke *f*, stratiforme Wolke ‖ ~ **cloud** (Meteor) s. also stratus
**layered** *adj* / geschichtet *adj*, in Schichten laminiert ‖ ~ **architecture** (Telecomm) / Schalenmodell *n*, Schichtenmodell *n* (hierarchische Ebenenstruktur der Protokolle) ‖ ~ **cable** (Cables) / lagenverseiltes Kabel (wenn die Verseilelemente einzeln in konzentrischen Lagen angeordnet sind), Lagenkabel *n* ‖ ~ **chip** (Electronics) / dreidimensionaler Chip, geschichteter Chip ‖ ~ **gneiss** (Geol) / Lagengneis *m* ‖ ~ **map**\* (Cartography) / Reliefkarte *f* (mit geschichteter Betonung der Geländeformen) ‖ ~ **map** (Surv) / Höhenschichtenkarte *f* ‖ ~ **missile defence system** (Mil) / Mehrfach-Flugkörperabwehrsystem *n* (in der Tiefe gestaffeltes Flugkörperabwehrsystem) ‖ ~ **silicate** (Chem) / Schichtsilikat *n* (für Waschmittel), Schichtsilicat *n* (für Waschmittel)
**layering** *n* / Schichten *n*, Schichtung *f* ‖ ~ / Schichtbildung *f* (Ausgestaltung der Schichten) ‖ ~ (Textiles) / Zwiebellook *m*, Layering *n* (das Übereinandertragen von mehreren verschiedenen Kleidungsstücken)
**layer lattice**\* (Crystal) / Schichtstruktur *f* (Kristalle mit Schichtstruktur sind parallel den Schichten ausgezeichnet spaltbar) ‖ ~ **lattice**\*

**layer**

(Crystal) / Schichtgitter n, Schichtengitter (z.B. Graphit oder Molybdändisulfid)n. || ~ **method** (Met) / Scheibenmethode f || ~ **model** (Comp, Telecomm) / ISO-Referenzmodell n, OSI-Schichtenmodell n (Rechnerverbundmodell mit sieben Funktionsschichten, Schichtenmodell n (ISO/OSI), Layermodell n (ISO/OSI) || ~ **of ice** / Eisschicht f || ~ **pattern** / Lagenbild n (bei palettierten Waren) || ~ **pit** (Leather) / Versenk m n (Grube, auf deren Brühe ein Lattenrost schwimmt), Versenkgrube f || ~ **protocol** (Comp, Telecomm) / Schichtprotokoll n, Schichtenprotokoll n
**layers** pl (Leather) / geschichtete Stapel der angegerbten Häute in Lohe (beim Versatz) || ~ (Leather) / Versatz m (in dem die angegerbten Häute abwechselnd mit viel Lohe in einer Gerbgrube aufgesetzt und dann erst mit Wasser oder Brühe abgetränkt werden)
**layer's tape** (Build) / Verlegeband n (z.B. für Teppichböden mit Vlies- oder Filzrücken)
**layer•-stranded cable** (Cables) / lagenverseiltes Kabel (wenn die Verseilelemente einzeln in konzentrischen Lagen angeordnet sind), Lagenkabel n || ~**-stranding** n (Cables, Eng) / Verseilung f, Seilen n, Seilschlagen n, Schlagen n, Zusammenschlagen n (von Seilen) || ~ **structure** (Crystal) / Schichtstruktur f (Kristalle mit Schichtstruktur sind parallel den Schichten ausgezeichnet spaltbar) || ~ **substrate pigment** (Paint) / Schicht-Substrat-Pigment n || ~ **thickness** / Schichtdicke f (im Allgemeinen)
**layer-to-layer spacing** / Lagenabstand m
**layer winding** (Elec Eng) / Lagenwicklung f
**layflat width** / Flachbreite f
**lay gauge** (Print) / Anlegemarke f, Marke f (des Bogenanlegers) || ~ **guide** (Print) / Anlegemarke f, Marke f (des Bogenanlegers)
**lay-in effect** (Textiles) / Lay-in-Effekt m (eine Musterungsmöglichkeit bei Jerseystoffen)
**laying** n / Verlegen n (von Teppichen, Linoleum, Rohren, Kabeln usw.) || ~* (Build) / Bewurf m, Unterputz m (im zweilagigen Putz) || ~* (Build) / Verschießen n (der Wände), Berappen n, Auftragen der Grundschicht n (eines mehrlagigen Putzes) || ~ (Textiles) / Gelege n
**laying-down** (Agric) / Lagerung f (des Getreides durch Wettereinflüsse)
**laying drawing** (Build, Civ Eng) / Verlegezeichnung f (Plan), Verlegeplan m || ~ **hen** (Agric, Zool) / Legehenne f || ~ **method** (Electronics) / Legeverfahren n (bei der Herstellung von Leiterplatten)
**laying-off*** n (Ships) / Abschnüren n, Abschlagen n
**laying-on brush** (Build, Tools) / Tapezierbürste f || ~ **trowel** (Build) / Glättkelle f, Kelle f (eines Putzers), Traufel f (eines Putzers)
**laying-out*** n (Carp, Eng) / Anreißen n (das Kennzeichnen der in der Werkstückzeichnung festgelegten Maße durch Bearbeitungs- und Hilfslinien auf dem Werkstück)
**laying tape** (Build) / Verlegeband n (z.B. für Teppichböden mit Vlies- oder Filzrücken)
**laying-up** n (Autos) / Handlaminierverfahren n, Handauflegeverfahren n
**laying yard** (Glass) / Umgipserei f || ~ **yard** (Glass) / Auflegestelle f, Auflegerei f
**lay light*** (Build) / Deckenoberlicht n || ~ **light*** (Build) / Deckenfenster n (horizontales) || ~ **mark*** (Print) / Anlegemarke f, Marke f (des Bogenanlegers) || ~ **off** v (Paint) / gleichmäßig verteilen (einen Anstrichstoff) || ~ **off** (Ships) / absetzen v (den Kurs des Schiffs auf der Seekarte festlegen) || ~ **off** (US) (Work Study) / entlassen v (Arbeitnehmer)
**lay-off** n (US) / Entlassungen f pl, Arbeitskräfteeinsparung f, Arbeitskräfteabbau m
**lay on** v / aufeinander legen v || ~ **on** (Paint) / aufbringen v, auftragen v (Anstrichstoffe), applizieren v || ~ **on plaster** (Glass) / aufgipsen v || ~ **out** v (Carp, Eng) / anreißen v
**layout** (Comp, Print, Typog) / layouten v || ~* n / Übersichtsplan m, Grundrissanordnung f || ~ (Build) / Anordnung f, Gesamtanordnung f, Anlage f (Anordnung), Auslegung f, Plan m || ~ (Build, Civ Eng) / Lageplan m || ~ (Comp) / Belegung f (der Tastatur), Plan m (der Tastatur) || ~* (Comp, Print, Typog) / Layout n (Anordnungsskizze für Bild, Grafik und Text) || ~ (Elec Eng, Electronics) / Schaltungsanordnung f (Entwurf), Layout n (Anordnung von Bauelementen und Leiterbahnen auf einer Platine) || ~ (Textiles) / Zuschneideplan m || ~ (Typog) / Gestaltung f, Formgestaltung f, Formgebung f (konstruktive) || ~* (Print) s. also typographical arrangement || ~ **data** / Planungsgrundlagen f pl (für technische Konstruktionen) || ~ **man** (Print) / Layouter m || ~ **paper** (Eng, Paper) / Teilzeichenpapier n, Detailzeichenpapier n || ~ **workstation** (Print) / Gestaltungsarbeitsplatz m
**lay ratio*** (Cables) / Schlaglängenfaktor m || ~ **shaft*** (Eng) / Vorgelegewelle f, Zwischenwelle f || ~ **sword** (Weaving) / Ladenarm m, Ladenstelze f, Ladenschwinge f || ~ **up** v (Paper) / ablegen v (Bogen) || ~ **up** (Plastics) / schichten v (verstärkte Kunststoffe) || ~**-up** n (Paper) / Ablegen n (der Bogen)

**lazuli** n (Min) / Lapislazuli m (ein Schmuckstein, Hauptfundorte Hindukusch, Sibirien und Chile)
**lazulite*** n (Min) / Lazulith m, Blauspat m (ein Aluminium, Magnesium und Eisen enthaltendes Phosphat)
**lazurite*** n (Min) / Lasurit m, Lasurstein m (der wichtigste Bestandteil des Lapislazuli)
**lazy about changing gears** (Autos) / schaltfaul adj || ~ **arm** (Acous) / kleiner Mikrofongalgen
**lazyboy** n (Acous) / Scherenarm m (Mikrofon)
**lazy daisy stitch** (Textiles) / Millefleurs-Stickerei f || ~ **H antenna** (Radio) / "Fauler-Heinrich"-Antenne f || ~ **tongs** (Eng) / Scherengreifer m
**lb*** / Pfund n (= 0,45359237 kg)
**LB** (load balancing) (Comp) / Load Balancing n (in einem LAN mit einer Client/Server-Architektur), Lastverteilung f, Lastausgleich m (in einem LAN mit einer Client/Server-Architektur) || ≃ (line buffer) (Telecomm) / Leitungspuffer m
**L.B.** (local battery) (Teleph) / Ortsbatterie f, OB (Ortsbatterie) (bei jeder Teilnehmersprechstelle)
**LBA** (linear-bounded automaton) (Comp) / linear beschränkter Automat (restriktive Turing-Maschine), LB-Automat m
**L-band*** n (Radar, Telecomm) / L-Band n (1 bis 2 GHz)
**LB film** (a layer of molecules on a solid structure) (Chem) / LB-Film m (dünne Schicht aus geordneten Monolagen von amphiphilen oder amphotropen Molekülen), Langmuir-Blodgett-Film m
**LBM** (laser-beam machining) (Eng) / Laserstrahlbearbeitung f, Laserbearbeitung f, Abtragen n mit Laserstrahlen
**lbound function** (builtin) (Comp) / Untere-Grenze-Funktion f (eingebaute)
**L.B.P.** (length between perpendiculars) (Ships) / Länge f in den Loten, $L_{pp}$ (Länge in den Loten), $L_L$ (Länge in den Loten)
**LC** (liquid chromatography) (Chem) / Flüssigkeitschromatografie f, Flüssigchromatografie f
**l.c.*** (lower case) (Typog) / Kleinbuchstaben m pl
**LCA** (life-cycle assessment) (Ecol) / Ökobilanz f (Zusammenstellung und Beurteilung der Stoff- und Energieflüsse sowie der potentiellen Umweltwirkungen eines Produktsystem im Verlauf seines Lebenswegs), Lebenswegsanalyse f (von Produkten und Dienstleistungen), Ökobilanz-Studie f (Lebensweganalyse von Produkten und Dienstleistungen), ökologische Bilanzierung (ISO 14 040)
**LCAO** (linear combination of atomic orbitals) (Phys) / Bloch-Summe f (mit der Eigenschaft einer Bloch-Funktion) || ≃ **method** (Chem, Phys) / LCAO-Methode f (eine Methode der Molekülzustände - durch Hund, Mulliken und Lennard Jones entwickeltes Näherungsverfahren zur Beschreibung der molekularen Bindungsverhältnisse), MO-LCAO-Methode f
**L-capture*** n (Nuc) / L-Einfang m (ein Elektroneneinfang)
**LCC** (leadless chip carrier) (Electronics) / leitungsloser Chipträger
**LC cable** (Cables) / Papier-Blei-Kabel n, papierisoliertes Kabel mit Bleimantel, Bleimantelkabel n || ≃ **circuit** (Elec Eng) / LC-Schaltung f, Induktivitäts-Kapazitäts-Schaltung f
**LCC laser** / LCC-Laser m (ein Halbleiterlaser)
**LC coupling*** (Electronics) / LC-Kopplung f
**LCCV** (large crude-carrying vessel) (Ships) / Supertanker m (mit Tragfähigkeit über 100 000 t Erdöl)
**LCD*** (Comp, Phys) / Flüssigkristalldisplay n, Flüssigkristallanzeige f, Flüssigkristallanzeigeeinheit f, LCD || ≃ (lowest common denominator) (Maths) / Hauptnenner m (kleinstes gemeinsames Vielfaches, um die Brüche gleichnamig zu machen), kleinster gemeinsamer Nenner
**LCF** (low-cycle fatigue) (Materials) / Plastoermüdung f, Niedriglastwechselermüdung f, LCF (Niedriglastwechselermüdung), Niedrigspielermüdung f
**LC generator** (Electronics) / LC-Generator m (ein Messgenerator)
**LCI** (line card interface) (Telecomm) / Leitungsschnittstelle f, LCI (Leitungsschnittstelle) || ≃ **study** (life-cycle inventory study) (Ecol, Nuc Eng) / Sach-Ökobilanz-Studie f
**LCL rate** (Rail) / Stückguttarif m
**LCM*** (lowest common multiple) (Maths) / kleinstes gemeinsames Vielfaches, k.g.V. (kleinstes gemeinsames Vielfaches) || ≃ **process** (Chem Eng) / LCM-Verfahren n (Extrudieren der Kautschukmischungen in heiße Flüssigkeitsbäder)
**LCN*** (load classification number) (Aero) / Tragfähigkeitszahl f, LCN-Zahl f
**L corona** (Astron) / L-Korona f, L-Corona f
**LCP** (liquid-crystalline polymer) (Chem) / flüssigkristallines Polymer, Flüssigkristallpolymer n, LC-Polymer n || ≃* (light change points) (Cinema) / Kopielichterskala f
**LC polymer** (liquid-crystalline polymer) (Chem) / flüssigkristallines Polymer, Flüssigkristallpolymer n, LC-Polymer n
**LCP pigment** (Paint) / Liquid-Crystal-Polymer-Pigment n, LCP-Pigment n

**LCR** (least cost routing) (Comp, Telecomm) / Least Cost Routing *n* (ein Protokoll, das den einfachen Zugang zu Directory-Systemen nach X.500 über das Internet ermöglicht) ‖ ≙ (ligase chain reaction) (Gen) / Ligase-Kettenreaktion *f* (ein Amplifikationsreaktion in der Gentechnologie)

**LCS** (lane-control signal) (Autos) / Fahrstreifensignal *n* (mittig über dem Fahrstreifen einer Fahrbahn angebrachter Lichtsignalgeber, der das Benutzen eines Fahrstreifens erlaubt oder verbietet), Fahrspursignalgeber *m*, Dauerlichtzeichen *n* (Fahrstreifensignal) ‖ ≙ (large-capacity storage) (Comp) / Speicher *m* großer Kapazität, Großkapazitätsspeicher *m* ‖ ≙ (liquid-crystal shutter) (Comp) / Flüssigkristall-Lineal *n*, Flüssigkristallverschluss *m*

**LD** (laserdisc) / Laserdisc *f*, LD (Laserdisc), Laserbildplatte *f* ‖ ≙ (landing distance) (Aero) / Landestrecke *f* ‖ ≙ (lift/drag ratio) (Aero) / Gleitzahl *f* (Kehrwert der aerodynamischen Güte), Gleitverhältnis *n* ‖ ≙ (laser diode) (Electronics) / Laserdiode *f* (eine Halbleiterdiode), Diodenlaser *m*, LD (Diodenlaser)

**LD**₅₀* (Med) / semiletale Dosis, halbletale Dosis, L.D.₅₀ (tödliche Dosis für 50% der Versuchstiere - charakteristische Größe bei der Prüfung von Arzneimitteln), DL₅₀, mittlere Letaldosis

**LD** (lethal dose) (Med) / Letaldosis *f*, Dosis *f* letalis, letale Dose, LD, DL

**L.D.A.C. process** (Met) / LD/AC-Verfahren *n* (Linz-Donawitz-Arbed-CNRM - ein Blasstahlverfahren für phosphorreiches Roheisen)

**LDB** (linguistic data bank) (Comp) / linguistische Datenbank

**LDC** (less-developed countries) (Geog) / wenig(er) entwickelte Länder, Schwellenländer *n pl*

**LD cable** (Telecomm) / Fernkabel *n*, Fk (Fernkabel), Langstreckenkabel *n*

**LDH** (lactate dehydrogenase) (Biochem) / Lactatdehydrogenase *f*, Laktatdehydrogenase *f*, LDH (ein zu den Oxidoreduktasen gehörendes Enzym, das die Hydrierung der Brenztraubensäure zu Milchsäure katalysiert)

**LDI** (laser desorption ionization) (Spectr) / Laser-Desorptions-Ionisation *f*

**L display*** (Radar) / L-Darstellung *f*

**LDL** (low-density lipoprotein) (Biochem) / Lipoprotein *n* mit geringer Dichte, Low-Density-Lipoprotein *n*

**L-dopa** *n* (3,4-dihydroxyphenylalanine - the laevorotatory form of dopa, used to treat Parkinson's disease) (Chem) / L-Dopa *n* (zur Behandlung der Parkinson'schen Krankheit) ‖ ≙ *n* (the laevorotatory form of dopa, used to treat Parkinson's disease) (Pharm) / L-Dopa *n*

**LDPE** (low-density polyethylene) (Chem, Plastics) / Polyethylen *n* (mit niedriger Dichte, PE weich, Hochdruck-PE *n*, Weichpolyethylen *n*, LDPE (Polyethylen niedriger Dichte), Weich-PE *n*, PE-LD (Polyethylen niedriger Dichte)

**L.D. process** (Met) / LD-Verfahren *n* (ein Blasstahlverfahren mit technisch reinem Sauerstoff für phosphorarmes Roheisen), Linz-Donawitz-Verfahren *n*

**LDR** (linear dynamic range) / Linearitätsbereich *m*, Linearbereich *m* ‖ ≙ (light-dependent resistor) (Electronics) / Fotowiderstand *m* (ein Halbleiterwiderstand nach DIN 41 855 - ein optoelektronisches Bauelement), Fotowiderstandszelle *f*, Fotoresistor *m* (optoelektronischer Sensor), LDR-Widerstand *m*

**L/D ratio** (Eng) / Länge/Durchmesser-Verhältnis *n*

**L/D ratio** (Radar) / Stauchgrad *m*, Stauchverhältnis *n*

**L-driver** *n* (Autos) / Fahrschüler *m*

**L.D. steel** (Met) / LD-Stahl *m*, Linz-Donawitz-Stahl *m*

**LDV** (laser doppler velocimeter) (Phys) / Laser-Doppler-Velocimeter *n* (optisches Gerät zur berührungsfreien Schwingungsanalyse), L-D-Velocimeter *n*, LDV (Laser-Doppler-Velocimeter)

**LE** (Little Endian) (Comp) / Little-Endian-Byteordnung *f*, LE (Little-Endian-Byteordnung), LE-Byteordnung *f* ‖ ≙ (leading edge) (Comp) / Vorderkante *f* (eines Belegs, einer Lochkarte) ‖ ≙ (less than or equal (to)) (Maths) / kleiner oder gleich, kleiner gleich, KLG (kleiner oder gleich)

**Le** (Lewis number) (Phys) / Lewis-Zahl *f* (das Verhältnis von Temperaturleitzahl zum Diffusionskoeffizienten)

**LE** (leading edge) (Telecomm) / Vorderflanke *f* (des Impulses), steigende Flanke

**lea** *n* (Spinning) / Garngebinde *n*, Gebinde *n* ‖ ≙ (Textiles) / Lea *n* (eine alte englische Längeneinheit, besonders für Garn: Kammgarn = 80 yd, Baumwollgarn = 120 yd, Leinen- und Hanfgarn = 300 yd)) ‖ ≙ **breaking strain** (Textiles) / Strangreißfestigkeit *f*

**leach** *v* (Met) / laugen *v*, auslaugen *v* ‖ ≙ *n* (Met) / Lauge *f*

**leachant** *n* (Chem, Min Proc) / Laugemittel *n*, Laugungsmittel *n*

**leachate** *n* (Chem) / Auszug *m* (aus Drogen oder Böden) ‖ ≙ (solution obtained by leaching) (Met) / Lauge *f* ‖ ≙ (Chem) s. also percolate

**leached soil** (Agric) / ausgelaugter Boden ‖ ≙ **zone*** (Geol) / Auslaugungszone *f* (im Allgemeinen)

**leaching** *n* (Agric, Geol) / Auswaschung *f* (Austrag der in der Bodenlösung vorhandenen Nährstoffionen aus dem Wurzelbereich durch das Sickerwasser in das Grundwasser - DIN ISO 11 074-1) ‖ ~* (Chem Eng) / Auslaugen *n*, Auslaugung *f* ‖ ≙ (Geol) / Solung *f* (im Salzstock), Solprozess *m* ‖ ~* (Met) / Laugung *f*, Laugeverfahren *n*, Laugen *n* ‖ ≙ **agent** (Chem, Min Proc) / Laugemittel *n*, Laugungsmittel *n* ‖ ≙ **by agitation** (Met) / Rührlaugung *f* (ein Laugeverfahren der Nassmetallurgie) ‖ ≙ **by percolation** (Met) / Sickerlaugung *f* (ein Laugeverfahren der Nassmetallurgie) ‖ ≙ **in place** (Min Proc) / In-situ-Laugung *f*

**leaching-out of nitrogen** (Agric, San Eng) / Stickstoffauswaschung *f*, Nitratauswaschung *f*

**leaching tank** / Laugenbehälter *m* ‖ ≙ **vat** / Laugenbehälter *m*

**leach liquor** (Leather) / Ascherbrühe *f* (z.B. Weißkalkäscher), Äscherflotte *f*, Äscher *m*, Kalkäscher *m* ‖ ≙ **out** *v* (Chem) / herauslösen *v*

**leach-resistant** *adj* (For) / auswaschungsfest *adj* (z.B. Holzschutzmittel)

**lead** *v* (li:d)* / leiten *v*, führen *v* ‖ ~ (led)* / verbleien *v*, bleien *v* (als Oberflächenschutz) ‖ ~ (led)* (Autos, Fuels) / verbleien *v* (Benzin), mit Bleitetraethyl versetzen (Kraftstoff) ‖ ~ (li:d) (Elec Eng) / voreilen *v* (Phase) ‖ ~ (led) (Typog) / durchschießen *v* (größere Zeilenabstände schaffen) ‖ ~ *n* (li:d)* / Leitung *f*, Führung *f* ‖ ~ (led) / Bleistiftmine *f*, Mine *f* ‖ ~ (li:d) / Lead *n* (Voraussseilen einiger wirtschaftlicher Größen vor anderen im Konjunkturverlauf) ‖ ~ (li:d) (Automation) / Vorhalt *m* (die Aufschaltung einer Größe auf den Reglereingang, die der Änderungsgeschwindigkeit der Regelgröße proportional ist), D-Aufschaltung *f*, Vorhaltwirkung *f*, D-Verhalten *n*, differenzierendes Verhalten ‖ ~ (led)* (Build, Glass) / Bleisprosse *f* (der Bleiverglasung), Bleiprofil *n* (der Bleiverglasung) ‖ ~ (led)* (Chem) / Blei *n*, Pb (Blei) ‖ ~ (li:d) / (Civ Eng) / Transportweg *m* (für den Aushub) ‖ ~ (li:d) (Civ Eng) / Mäkler *m*, Läuferrute *f* (eines Rammgerüsts) ‖ ~* (li:d) (Elec Eng) / Energieleitung *f*, Speiseleitung *f*, Stromzuleitung *f*, Feeder *m*, Zuleitung *f*, Leitung *f* (elektrische - als Anlage) ‖ ~ (li:d) (Elec Eng) / Voreilen *n*, Voreilung *f* (der Phase) ‖ ~ (li:d)* (Eng) / Steigung *f* (Kenngröße eines Gewindes nach DIN 13), Ganghöhe *f* (eines ein- oder mehrgängigen Gewindes) ‖ ~* (li:d) (Eng) / Steigung *f* (der Vollschnecke) ‖ ~ (li:d) (Eng) / Anschnitt *m* (der Reibahle) ‖ ~ (a surficial mineral deposit) (Geol) / Seife *f* (Diamant-, Gold-), Placer-Mine *f*, Seifenlagerstätte *f* ‖ ~ (li:d) (Hyd Eng) / Zufuhrkanal *m*, Zulaufrinne *f*, Zulaufgerinne *n*, Zulaufkanal *m*, Zuleitungskanal *m* ‖ ~ (li:d) (Maths) / Steigung *f* (der Schraubenlinie) ‖ ~ (led)* (Ships, Surv) / Senkblei *n* (heute aus Messing), Lot *n* ‖ ~ (Typog) / Durchschuss *m* (im alten Bleisatz) ‖ ~ **accumulator*** (Autos, Elec Eng) / Bleibatterie *f*, Bleiakkumulator *m*, Bleisammler *m*

**lead(IV) acetate** (Chem) / Blei(IV)-azetat *n*, Blei(IV)-acetat *n*, Bleitetraazetat *n*, Bleitetraacetat *n*

**lead·(II) acetate** (Chem) / Blei(II)-azetat *n*, Blei(II)-acetat *n*, Bleidiazetat *n*, Bleidiacetat *n*, Bleizucker *m* ‖ ~-**acid accumulator*** (Autos, Elec Eng) / Bleibatterie *f*, Bleiakkumulator *m*, Bleisammler *m*

**lead-acid battery** (Autos, Elec Eng) / Bleibatterie *f*, Bleiakkumulator *m*, Bleisammler *m*

**lead age*** (Geol) / Bleialter *n* (Gesteinsalter, nach der Blei/Blei-Methode geschätzt) ‖ ~ **alkyl** (Chem) / Bleialkyl *n* ‖ ~ **alloy** (Met) / Bleilegierung *f* (z.B. Hartblei, Blei-Zinn-Lote oder Letternmetall - DIN 17640)

**lead-alloy anode** (Surf) / Bleilegierungsanode *f*

**lead angle** (Elec Eng) / Voreilungswinkel *m*, Voreilwinkel *m* ‖ ≙ **angle** (Eng) / Steigungswinkel *m* (des Zahnrads) ‖ ~ **angle** (Eng) / Einstellwinkel *m* (DIN 8000), Steigungswinkel *m* (des Gewindes, der Schnecke) ‖ ~ **anode** (Surf) / Anode *f* aus Blei (DIN 1728), Bleianode *f* ‖ ~ **antimonite** (Ceramics, Chem, Glass) / Bleiantimonat(III) *n* ‖ ~ **antimonite** (Ceramics, Chem, Glass) s. also Naples yellow

**lead-antimony alloy** (Met) / Blei-Antimon-Legierung *f* (DIN 17641)

**lead arsenate** (Chem) / Bleiarsenat *n* (ein Fraßgift gegen Obstmaden) ‖ ~ **azide*** (Chem) / Bleiazid *n* (Pb(N₆)) ‖ ~ **ball** (Autos) / Bleikugel *f* (in Schallschutzmaterialien) ‖ ~ **barium crown glass** (Glass, Optics) / Bariumflint *m*, BaF (Bariumflint) ‖ ~-**base babbitt** (Eng, Met) / Weißmetall *n* auf Pb-Basis, Bleibabbitt *n* (weißes Lagermetall: Pb + Sb + Sn)

**lead-base Babbitt metal** (Eng, Met) / Weißmetall *n* auf Pb-Basis, Bleibabbitt *n* (weißes Lagermetall: Pb + Sb + Sn) ‖ ~ **Babbitt metal (without Zn)** (Met) / Bahnmetall *n*, BN-Metall *n* (bei der deutschen Eisenbahn verwendetes Lagermetall auf Pb-Basis mit geringen Zusätzen an Al, Ca, Na, K und Li)

**lead bath** (Met) / Bleibad *n* (zur Wärmeübertragung beim Brünieren) ‖ ~ **bath** (Surf) / Bleischmelze *f*, Bleibad *n* ‖ ~ **bisilicate** (Ceramics, Chem) / Bleisilikat *n* (System PbO · SiO₂), Bleisilicat *n* ‖ ~ **block** / Bleiblockprobe *f* (Prüfstück zur Ermittlung der Sprengkraft) ‖ ~ **block** / Trauzl-Block *m* (zur Ermittlung der Sprengkraft von Sprengstoffen), Bleiblock *m* (nach Trauzl)

**lead-block**

**lead-block expansion** / Bleiblockausbauchung f (bei der Bleiblockprobe zur Ermittlung der Sprengkraft von Stoffen)
**lead borate** (Chem, Glass, Paint) / Blei(II)-borat n ‖ ~ **brick** (Nuc Eng) / Bleibaustein m (für Isotopenlaboratorien), Bleiziegel m ‖ ~ **bromide** (Chem) / Blei(II)-bromid n ‖ ~ **bronze** (Met) / Bleibronze f (ein Lagermetall aus mindestens 60% Cu und dem Hauptlegierungszusatz Pb mit etwa 5 - 18% - DIN 1718) ‖ ~ **burning*** (Build) / Bleilöten n durch Zusammenschmelzen ‖ ~ **cable** (Cables) / Papier-Blei-Kabel n, papierisoliertes Kabel mit Bleimantel, Bleimantelkabel n ‖ ~ **came** (Build, Glass) / Bleisprosse f (der Bleiverglasung), Bleiprofil n (der Bleiverglasung) ‖ ~**(II) carbonate*** (Chem) / Blei(II)-karbonat n, Blei(II)-carbonat n ‖ ~**(II) carbonate hydroxide** (Chem) / Bleihydroxidkarbonat n, Bleihydroxidcarbonat n, basisches Bleicarbonat (Bleiweiß) ‖ ~ **castle** (Radiol) / Bleiburg f, Bleimesskammer f ‖ ~**(II) chloride** (Chem) / Blei(II)-chlorid n (PbCl₂), Bleidichlorid (mindergiftige Bleiverbindung) ‖ ~**(IV) chloride** (Chem) / Blei(IV)-chlorid n (PbCl₄), Bleitetrachlorid n ‖ ~**(II) chromate(VI)** (Chem) / Blei(II)-chromat n (PbCrO₄)
**lead-chromate pigment** (Paint) / Bleichromatpigment n (anorganisches Buntpigment, wie z.B. Chromgelb oder Chromorange)
**lead chrome** (pigment based on chromate of lead) (Paint) / Bleichromatpigment n (anorganisches Buntpigment, wie z.B. Chromgelb oder Chromorange) ‖ ~ **chrome** (yellow) (Paint) / Kölner Gelb, Leipziger Gelb, Chromgelb n, Neugelb n, Pariser Gelb (eine Malerfarbe) ‖ ~ **chrome green** (Paint) / Englischgrün n, Chromgrün n (ein Gemisch bestimmter Chromgelbsorten mit Berliner Blau, Zinnobergrün n (Chromgrün), Ölgrün n, Deckgrün n, Russischgrün n, Druckgrün n ‖ ~ **coating** / Verbleiung f (als Oberflächenschutz), Verbleien n ‖ ~ **coating** / Bleischutzschicht f, Bleiüberzug m
**lead-coating line** / Verbleiungsanlage f
**lead colic** (Med) / Bleikolik f (eine Bleivergiftung), Colica saturnina f
**lead-coloured** adj / bleifarbig adj, bleifarben adj
**lead compound** (Chem) / Leitsubstanz f, Leitverbindung f ‖ ~-**covered cable** (Cables) / Papier-Blei-Kabel n, papierisoliertes Kabel mit Bleimantel, Bleimantelkabel n ‖ ~ **crown glass** (Glass) / Kronflintglas n (ein altes optisches Glas), Kronflint m, KF (Kronflint) ‖ ~ **crystal** (Glass) / Bleikristall n (mit mindestens 24% PbO) ‖ ~ **cyanide** (Chem, Met) / Bleizyanid n, Bleicyanid n ‖ ~ **deposit** (Autos, Elec Eng) / Bleischlamm m (in der Batterie) ‖ ~ **diacetate** (Chem) / Blei(II)-azetat n, Blei(II)-acetat n, Bleidiazetat n, Bleidiacetat n, Bleizucker m ‖ ~ **dichloride** (Chem) / Blei(II)-chlorid n (PbCl₂), Bleidichlorid (mindergiftige Bleiverbindung) ‖ ~ **dioxide** (Chem) / Blei(IV)-oxid n (PbO₂), Bleidioxid n ‖ ~ **disilicate*** (Ceramics, Chem) / Bleisilikat n (System PbO - SiO₂), Bleisilicat n ‖ ~ **dithiocarbamate** (Chem, Eng) / Bleidithiocarbamat n (auch als Schmierstoffadditiv), Bleidithiokarbamat n ‖ ~ **dot*** (Build) / Bleidübel m ‖ ~ **dowel** (Build) / Bleidübel m ‖ ~ **dross** (Met) / Bleikrätze f ‖ ~ **dust** / Bleistaub m
**leaded** adj / bleihaltig adj, mit Bleizusatz ‖ ~ **brass** (Eng, Met) / Kupfer-Zink-Knetlegierung f mit 3% Pb, Automatenmessing n ‖ ~ **chip carrier** (Electronics) / Chipträger m mit Stiften ‖ ~ **fuel** (Autos, Fuels) / verbleiter Kraftstoff (heute - Juli 2005 - weltweit verboten), Bleibenzin n ‖ ~ **gasoline** (Autos, Fuels) / verbleiter Kraftstoff (heute - Juli 2005 - weltweit verboten), Bleibenzin n ‖ ~ **glass** (pieces of glass fixed together with strip lead of "H" or "U" section to form a window) (Build, Glass) / Butzenscheibenglas n (für Fensterverglasung) ‖ ~ **light** (Arch, Build) / Bleifeld n (eines bleiverglasten Fensters) ‖ ~ **lights*** (Arch, Build) / bleiverglaste Fenster, Bleifenster n pl ‖ ~ **lights*** (Build) s. also lattice window ‖ ~ **matter** (Typog) / durchschossener Bleisatz ‖ ~ **petrol** (Autos, Fuels) / verbleiter Kraftstoff (heute - Juli 2005 - weltweit verboten), Bleibenzin n
**lead electrode** (Elec Eng) / Bleielektrode ‖ ~ **element** (Automation) / dynamisches Vorhaltglied
**leaden** adj / Blei-, aus Blei, bleiern adj ‖ ~ (ledn) / bleifarbig adj, bleifarben adj
**lead equivalent*** (Radiol) / Bleigleichwert m, Bleiäquivalent n
**leader(s)** n (pl) (Civ Eng) / Mäkler m, Läuferrute f (eines Rammgerüsts)
**leader** (Autos) / Auto, das bei einem Überholmanöver überholt wird ‖ ~* (US) (Build) / Regenfallrohr n (DIN 18 460), Abfallrohr n (A), Regenrohr n, Regenabflussrohr n ‖ ~ (Chem Eng) / Mitläufer m (Gewebebahn als Zwischenlage beim Aufrollen von kalandrierten Platten usw.) ‖ ~* (Cinema) / Filmanfang m, Allonge f (Filmstück am Anfang der Filmrolle) ‖ ~* (Cinema) / Vorlauf m (Verlängerung bei bandförmigen Kopiermaterialien) ‖ ~ (Comp) / Kopfsatz m ‖ ~ (Elec Eng) / Leader m (Mechanismus des elektrischen Durchschlags in Gasen bei inhomogenen Feldern und großer Schlagweite) ‖ ~ (Elec Eng) / Vor-Vorseil n (bei der Montage von Freileitungsseilen) ‖ ~ (Eng) / Bezugslinie f (in technischen Zeichnungen) ‖ ~ (Eng) / führendes Element ‖ ~ (Eng) / Maßhilfslinie f (DIN 406, T 2) ‖ ~ (of the load) (Geol, Mining) / Leitgang m ‖ ~* (Geol, Mining) / Mineraltrümchen n, Ader f ‖ ~ (Geophys) / Leitentladung f (bei der Blitzentladung), Vorentladung f ‖ ~ (Met) / Vorschlichtkaliber n ‖ ~* (Print) / Führungspunkte m pl, punktierte Linie (in Inhaltsverzeichnissen, Tabellen) ‖ ~* (Print) / Auspunktierung f (meistens Mehrzahl) (z.B. im Katalog- und Registersatz und bei Inhaltsverzeichnissen) ‖ ~ (Met) s. also leading pass section ‖ ~ **cable** (Nav) / Leitkabel n ‖ ~ **head** (US) (Build, Plumb) / Rinnenkessel m (bei langen Rinnen), Rinnenkasten m, Wasserfangkasten m
**leader-hook** n (Build) / Rohrschelle f, Fallrohrschnelle f
**leadering** n (Print) / Einfügen n der Führungspunkte (in Inhaltsverzeichnissen und Tabellen)
**leader line** / Hinweislinie f (DIN 406, T 2) ‖ ~ **pass** (Met) / Leitstich m (beim Walzen) ‖ ~ **pass** (Met) / Vorschlichtstich m, Vorfertigstich m
**leaders** pl (Print) / Führungspunkte m pl, punktierte Linie (in Inhaltsverzeichnissen, Tabellen)
**leader sequence** (Gen) / Leadersequenz f, Führungssequenz f, Leitersequenz f
**leadership style** / Führungsstil m (der die Beziehungen zwischen den betrieblichen Stellen, die sich durch die Rangordnung ergeben, bestimmt)
**leader tape** (Comp, Mag) / Leader-Band n, Vorspannband n (eines Magnettongerätes), Bandführungsstück n
**lead•(II) ethanoate** (Chem) / Blei(II)-azetat n, Blei(II)-acetat n, Bleidiazetat n, Bleidiacetat n, Bleizucker m ‖ ~ **fluoride** (Chem, Electronics, Optics) / Bleifluorid n (PbF₂) ‖ ~ **foil** / Bleifolie f (Walzblei), Pb-Folie f ‖ ~ **formate** (Chem) / Blei(II)-formiat n ‖ ~ **frame** (Electronics) / Leadframe (pl -s) m
**lead-free** adj (Fuels) / unverbleit adj, bleifrei adj, ohne Bleitetraethyl (Benzin) ‖ ~ **soldering** (Electronics) / bleifreies Löten
**lead frit*** (Ceramics, Chem) / Bleifritte f ‖ ~ **fume** / Bleidämpfe m pl ‖ ~ **glance*** (Min) / Bleiglanz m, Galenit m (Blei(II)-sulfid - das wichtigste Bleierz) ‖ ~ **glass*** (Glass) / Bleiglas n (ein Alkali-Blei-Silikatglas mit einem Massenanteil von Bleioxid von mindestens 10% - DIN 1259-1) ‖ ~ **glaze** (containing a substantial amount of lead oxide as a flux) (Ceramics) / bleihaltige Glasur, Bleiglasur f ‖ ~ **glazing** (Arch, Build, Glass) / Bleiverglasung f ‖ ~ **grip*** (Cables) / Bleiklemme f
**leadhillite*** n (Min) / Leadhillit m (ein wasserfreies Karbonat, monoklines Bleimineral, aus Leadhills)
**lead hole** (Electronics) / Bestückungsloch n ‖ ~**(IV) hydride** (Chem) / Bleitetrahydrid n, Bleiwasserstoff m (unbeständiger Grundkörper der bleiorganischen Verbindungen), Plumban n (PbH₄) ‖ ~**(II) hydroxide*** (Chem) / Blei(II)-hydroxid n
**lead-impregnated gloves** (Radiol) / Bleihandschuhe m pl
**lead-in*** n (Acous) / Einlaufrille f (der Schallplatte) ‖ ~ (Build, Elec Eng) / Mauerdurchführung f, Wanddurchführung f ‖ ~ (Eng) / Anfahren n (z.B. der Zeichnungskontur bei den Brennschneidmaschinen) ‖ ~ (Radio) / Antenneneinführung f
**leadiness** n (Paint) / Glanzverlust m, Einschlagen n des Glanzes (bei Aluminiumlackfarben)
**leading** n (led•) / Verbleiung f (als Oberflächenschutz), Verbleien n ‖ ~ (led-) (Autos, Fuels) / Verbleiung f (des Benzins nach dem Benzinbleigesetz vom 8.8.1971 - höchstens 0,15 g pro Liter Ottokraftstoff) ‖ ~ (led-) (Build) / Blei n (als Material in der Bauklempnerei) ‖ ~ (Chem) / Fronting n (in der Chromatografie), Leading n, Peakleading n, Bartbildung f ‖ ~ (led-) (Typog) / Durchschießen n (Schaffung größerer Zeilenabstände) ‖ ~ **axle** (Rail) / Vorderachse f der Lokomotive, führende Achse ‖ ~ **bobbin** (Textiles) / voreilende Spule ‖ ~ **bogie** (Rail) / Vorderdrehgestell n, Führungsdrehgestell n ‖ ~ **car** (Autos) / Auto, das bei einem Überholmanöver überholt wird ‖ ~ **coil** (Elec Eng) / Eingangsspule f ‖ ~ **current** (Elec Eng) / voreilender Strom ‖ ~ **diagonal** (Maths) / Hauptdiagonale f (einer Matrix)
**leading-down** n (Radio) / Herabführung f (der Antenne)
**leading edge*** (Aero) / [Flügel]Vorderkante f ‖ ~ (Autos) / Angriffskante f (des Profilstollens) ‖ ~ **edge** (Bind, Print) / Vorderkante f (des Buchdeckels oder des Buchblocks) ‖ ~ **edge** (Comp) / Vorderkante f (eines Belegs, einer Lochkarte) ‖ ~ **edge** (Elec Eng) / Eintrittskante f (der Bürste), auflaufende Kante n ‖ ~ **edge*** (of a brush) (Elec Eng) / auflaufende Bürstenkante, Bürstenvorderkante f ‖ ~ **edge*** (Telecomm) / Vorderflanke f (des Impulses), steigende Flanke ‖ ~**-edge flap*** (Aero) / Nasenklappe f
**leading-edge saw-tooth** (Aero) / Sägezahn m (Tiefensprung in der Vorderkante von Pfeilflügeln, der zur Bildung eines Wirbelbands auf der Tragflügeloberseite führt, wodurch wie durch einen Grenzschichtzaun ein Abwandern der Grenzschicht nach außen verhindert wird) ‖ ~ **technology** / Spitzentechnik f (im Weltmaßstab), High-Tech n f, Hochtechnologie f, Spitzentechnologie f, hoch entwickelte Technik
**leading ion** (Chem) / Leition f (bei der Isotachophorese) ‖ ~ **link** (Autos) / Längslenker m (Achse geschoben) ‖ ~ **load*** (Elec Eng) / kapazitive Belastung

**leading-out**\* *n* (Typog) / Durchschießen *n* (Schaffung größerer Zeilenabstände)
**leading pad** (Comp) / Auffüllzeichen, das *n* vor der Information gesendet wird (bei der Datenfernübertragung) ‖ ~ **page** (Comp, TV) / Btx-Leitseite *f* ‖ ~ **pass** (Met) / Leitstich *m* (beim Walzen) ‖ ~ **pass** (Met) / Anstich *m* (Einbringen des Walzgutes in den Walzspalt) ‖ ~ **pass section** (Met) / Anstichquerschnitt *m* ‖ ~ **peak** (Chem) / Peak *m* mit Fronting ‖ ~ **phase**\* (Elec Eng) / voreilende Phase, Führungsphase *f* ‖ ~ **pole horn**\* (Elec Eng) / auflaufende Polkante ‖ ~ **pole tip**\* (Elec Eng) / auflaufende Polkante ‖ ~ **power factor** (Elec Eng) / kapazitiver Leistungsfaktor ‖ ~ **record** (Comp) / Kopfsatz *m*
**lead-in groove** (Acous) / Einlaufrille *f* (der Schallplatte)
**leading screw** (Eng) / Leitspindel *f* (der Drehmaschine - zum Antrieb des Gewindezuges) ‖ ~ **shoe** (Autos) / Auflaufbacke *f*, Primärbacke *f*, auflaufende Backe (der Trommelbremse) (der Trommelbremse) ‖ ~ **strand** (Gen) / Leitstrang *m* (der Replikationsgabel) ‖ ~ **term** (Maths) / Anfangsglied *n* (der Zahlenfolge) ‖ ~ **tongs** / Plombierzange *f* ‖ ~ **truck** (Rail) / vorderer Laufradsatz *m* ‖ ~ **white** (TV) / Weißvorläufer *m* ‖ ~ **zero** (Comp) / führende Null (COBOL)
**lead-in insulator**\* (Build, Elec Eng) / Durchführung *f* (Isolator)
**lead iodide** (Chem, Photog, Print) / Bleiiodid *n* ‖ ~ **jacket** / Bleimantel *m*, Pb-Mantel *m*
**lead-jacketed** *adj* / mit Blei ummantelt, bleiummantelt *adj*
**lead joint** (Plumb) / Muffenstemmverbindung *f* mit Blei und Hanf, Stemm-Muffenverbindung *f*
**leadless** *adj* (Fuels) / unverbleit *adj*, bleifrei *adj*, ohne Bleitetraethyl (Benzin) ‖ ~ **chip carrier** (Electronics) / leitungsloser Chipträger ~ **(li:dles) device** (Electronics) / Halbleiterbauelement *n* ohne Verbindungen (funktionsfähige, aber nicht eingebaute Komponente) ‖ ~ **glaze** (containing only an imperceptible amount of lead in any form ) (Ceramics) / bleifreie Glasur ‖ ~ **package** (Electronics) / Baustein *m* ohne Drahtanschlüsse
**lead•-lights** *pl* (Arch, Build) / bleiverglaste Fenster, Bleifenster *n pl* ‖ ~ **line** (Build, Surv) / Lotleine *f* ‖ ~ **line** (Elec Eng) / Vor-Vorseil *n* (bei der Montage von Freileitungsseilen) ‖ ~ **lining** / Auskleidung *f* mit Blei, Bleiauskleidung *f* ‖ ~ **monoxide** (Chem, Glass) / Blei(II)-oxid *n* (PbO), Bleimonoxid *n* ‖ ~ **moulding**\* (Print) / Galvanoplastik *f* (zur Herstellung von Galvanos mit Hinterfütterung aus Blei) ‖ ~ **naphthenate** (Chem) / Bleinaphthenat *n* ‖ ~ **(II) nitrate** (Chem) / Blei(II)-nitrat *n* ‖ ~ **ochre** / Massicot *m* (gelbes Pulver aus Blei(II)-oxid), Bleiglätte *f* ‖ ~ **of winding** (Elec Eng) / Wicklungsanfang *m*, Wicklungseingang *m* ‖ ~ **ore mine** (Mining) / Bleierzgrube *f* ‖ ~ **out** *v* (Typog) / durchschießen *v* (größere Zeilenabstände schaffen) ‖ ~**-out**\* *n* (Acous) / Auslaufrille *f*, Ausschaltrille *f* (der Schallplatte)
**lead-out** *n* (Electronics) / Anschluss *m* (eines Bauteils)
**lead•-out groove** (Acous) / Auslaufrille *f*, Ausschaltrille *f* (der Schallplatte) ‖ ~ **(IV) oxide** (Chem) / Blei(IV)-oxid *n* (PbO$_2$), Bleidioxid *n* ‖ ~ **(II) oxide**\* (Chem, Glass) / Blei(II)-oxid *n* (PbO), Bleimonoxid *n* ‖ ~ **(II) oxide**\* (Chem, Glass) s. also litharge and massicot ‖ ~ **oxychloride**\* (Chem) / Blei(II)-oxidchlorid *n* ‖ ~ **packing** (Eng) / Bleidichtung *f* ‖ ~ **paint**\* (Paint) / Bleifarbe *f* (als Anstrichstoff verwendete Bleiverbindung) ‖ ~ **paint regulations**\* (Paint) / Verordnung zum Schutze gegen Bleivergiftung bei Anstricharbeiten (vom 27.V. 1930) + Bleimerkblatt (Reichsarbeitsblatt 1941/17, neu gefasst 26. III. 1956) ‖ ~ **palsy** (Med) / Bleilähmung *f* (der Streckermuskulatur infolge von Bleivergiftung) ‖ ~ **paper** (Chem) / Bleipapier *n* (Filterpapier, mit Bleiazetat- oder Bleinitrat-Lösung getränkt; zum Nachweis von Schwefelwasserstoff) ‖ ~ **paralysis** (Med) / Bleilähmung *f* (der Streckermuskulatur infolge von Bleivergiftung) ‖ ~ **patenting** (Met) / Bleibadpatenieren *n* ‖ ~ **pencil** / Zeichenstift *m* (Graphitstift), Graphitstift *m*, Bleistift *m*, Stift *m*
**lead-pencil paper** (Paper) / Papier, das man mit Bleistift gut beschreiben kann
**lead peroxide** (Chem) / Blei(IV)-oxid *n* (PbO$_2$), Bleidioxid *n* ‖ ~ **phthalocyanine** (Chem, Elec Eng) / Bleiphthalocyanin *n*, Bleiphthalozyanin *n* (ein organischer Leiter) ‖ ~ **pig** (Met) / Bleiblock *m*, Bleibarren *m*, Bleimassel *f* ‖ ~ **pigment** (Paint) / Bleipigment *n* (z.B. Bleiweiß oder Bleimennige) ‖ ~ **pipe** (Plumb) / Bleirohr *n*, Bleileitungsrohr *n* ‖ ~ **plate** / Bleiplatte *f* ‖ ~ **plating** (Surf) / Bleiabscheidung *f* (als Überzug)
**lead-plating bath** (Surf) / Bleischmelze *f*, Bleibad *n*
**lead plug**\* (Build) / Bleidübel *m* (zur Befestigung von Blechteilen auf Naturstein) ‖ ~ **poisoning**\* (Med) / Bleivergiftung *f* (z.B. Bleianämie, Bleiarthralgie usw.), Saturnismus *m*, Erkrankung *f* durch Blei, Bleikrankheit *f*, Bleiintoxikation *f* ‖ ~ **powder** / Bleistaub *m* ‖ ~ **print** (Met) / Bleiabdruck *m* ‖ ~ **protection**\* (Radiol) / Bleischutz *m* (z.B. Bleigummischutz, Bleiglasfenster, Bleibausteine usw.) ‖ ~ **quenching** (Met) / Abschreckung *f* im Bleibad ‖ ~ **release** / Bleilässigkeit *f* (Angreifbarkeit bleihaltiger Glasuren durch Säure und Abgabe von Blei in das angreifende Medium), Bleiabgabe *f* ‖ ~ **rubber**\* (Radiol) / Bleigummi *m* (zur Abschirmung ionisierender Strahlung)
**lead-rubber apron** (Radiol) / Bleigummischürze *f*
**leads** *pl* (leds) (Build) / Blei *n* (als Bedachungsmaterial und zur Bleiverglasung) ‖ ~\* (Typog) / Durchschussmaterial *n* (Regletten + Stückdurchschuss)
**lead scrap** (Met) / Bleischrott *m* ‖ ~ **screen** (Radiol) / Bleiabschirmung *f* (Material), Bleischirm *m* ‖ ~ **screening** (Radiol) / Bleiabschirmung *f* (Tätigkeit) ‖ ~ **screw** (Eng) / Leitspindel *f* (der Drehmaschine - zum Antrieb des Gewindezuges)
**lead-screw nut** (Eng) / Mutterschloss *n* (längsgeteilte Mutter der Leit- und Zugspindeldrehmaschine), Schlossmutter *f*
**lead seal** / Bleiplombe *f*
**lead-sealing pliers** / Plombierzange *f*
**lead(II) selenide** (Chem) / Blei(II)-selenid *n*
**lead sheath** (Cables) / Bleimantel *m*, Pb-Mantel *m*
**lead-sheathed cable** (Cables) / Papier-Blei-Kabel *n*, papierisoliertes Kabel mit Bleimantel, Bleimantelkabel *n*
**lead shield** (Radiol) / Bleiabschirmung *f* (Material), Bleischirm *m* ‖ ~ **shielding** (Radiol) / Bleiabschirmung *f* (Tätigkeit) ‖ ~ **silicochromate** (Chem, Paint) / Bleisilicochromat *n*, Bleisilicochromat *n* ‖ ~ **sinker bar** (Textiles) / Platinenbarre *f* ‖ ~ **slag** (Met) / Bleischlacke *f* ‖ ~ **sludge** (Autos, Elec Eng) / Bleischlamm *m* (in der Batterie) ‖ ~ **soap** / Bleiseife *f* (eine Metallseife) ‖ ~ **spar** (Min) / Anglesit *m*, Bleiglas *n* ‖ ~ **stearate** (Chem) / Bleistearat *n* ‖ ~ **storage battery** (Autos, Elec Eng) / Bleibatterie *f*, Bleiakkumulator *m*, Bleisammler *m* ‖ ~ **styphnate** (Chem) / Trizinat *n* (ein Initialsprengstoff), Bleitrinitroresorcinat *n*, Bleitrinitroresorzinat *n*, Bleistyphnat *n*, Bleitrizinat *n* (Bleisalz der Styphninsäure), TNRS (als Booster in Bleiazid-Sprengkapseln) ‖ ~ **subacetate** (Chem) / Bleiessig *m* (basische Blei(II)-acetat-Lösung) ‖ ~ **subacetate** (Chem) s. also Goulard's extract ‖ ~ **(II) sulphate**\* (Chem) / Bleisulfat *n*, Blei(II)-sulfat *n* ‖ ~ **(II) sulphide**\* (Chem) / Blei(II)-sulfid *n* ‖ ~ **sulphide cell** (Elec Eng) / Bleisulfidzelle *f* ‖ ~ **susceptibility** (Fuels) / Bleiempfindlichkeit *f* (bei Benzin) ‖ ~ **tack** (Build) / Hafter *m* ‖ ~ **(II) telluride**\* (PbTe) (Chem, Electronics) / Blei(II)-tellurid *n* ‖ ~ **tetraacetate** (Chem) / Blei(IV)-azetat *n*, Blei(IV)-acetat *n*, Bleitetraazetat *n*, Bleitetraacetat *n* ‖ ~ **tetrachloride** (Chem) / Blei(IV)-chlorid *n* (PbCl$_4$), Bleitetrachlorid *n* ‖ ~ **tetraethyl(IV)** (Chem) / Tetraethylblei *n*, Bleitetraethyl *n*, TEL (Tetraethylblei) ‖ ~ **tetraethyl**\* (Chem) / Tetraethylblei *n*, Bleitetraethyl *n*, TEL (Tetraethylblei) ‖ ~ **tetramethyl** (Chem) / Tetramethylblei *n*, Bleitetramethyl *n* ‖ ~ **tetroxide** (Chem, Paint) / Blei(II,IV)-oxid *n* (Bleimennige) ‖ ~ **thiocyanate** (Chem) / Bleithiocyanat *n*, Blerithiozyanat *n*, Bleirhodanid *n* ‖ ~ **titanate** (Chem) / Bleititanat *n* (PbTiO$_3$)
**lead-tolerant catalyst** (Autos) / bleiverträglicher Katalysator
**lead track**\* (Rail) / Abstand zwischen der Zungenwurzel (Weiche) und dem Herzstück ‖ ~ **track** (US) (Rail) / Ablaufgleis *n* ‖ ~ **tree**\* (Chem) / Bleibaum *m* ‖ ~ **tungstate** (Chem, Paint) / Blei(II)-wolframat *n* ‖ ~ **vitriol** (Min) / Anglesit *m*, Bleiglas *n* ‖ ~ **waste** (Met) / Bleiabfälle *m pl* ‖ ~ **water** (Pharm) / Bleiwasser *n*, Aqua *f* plumbi ‖ ~ (balancing) **weight** (Eng) / Auswuchtgewicht *n* (aus Blei), Wuchtgewicht *n* (Blei)
**lead-weight** *n* (Ocean, Ships) / Lotkörper *m* (des Handlots)
**lead wire** / Bleidraht *m* (Lieferform: Ringe oder Spulen) ‖ ~ **wolframate** (Chem, Paint) / Blei(II)-wolframat *n* ‖ ~ **wool** (Plumb) / Blei(faser)dichtung *f* ‖ ~**-works** *pl* (Met) / Bleihütte *f* ‖ ~ **zirconate** (Chem) / Bleizirkonat *n* (PbZrO$_3$) ‖ ~ **zirconate titanate**\* (Chem) / Bleizirkonattitanat *n* (ein piezokeramischer Werkstoff mit hoher Dielektrizitätskonstante)
**leaf** *v* (through a book) / blättern *v* ‖ ~ *n* / Blatt *n*, Folie *f* ‖ ~ (end node of a tree) (AI, Comp) / terminaler Knoten (eines Baumes), Endknoten *m*, Blatt *n* (eines Baumes - ein Knoten, der keine Nachfolger hat) ‖ ~ (Bind) / Blattfolie *f*, Brechfolie *f* ‖ ~\* (Bot) / Blatt *n* ‖ ~ (part of a door, panel, or shutter that folds, i.e. is hung on hinges or pivoted) (Build) / Flügel *m* (Tür, Fenster) ‖ ~ (one of two skins of brick or block forming a cavity wall) (Build) / Schale *f* (einer Schalenmauer, Mauerwerksschale *f* (eines zweischaligen Mauerwerks), Wandfläche *f* (einer Hohlwand), Wandschale *f* (einer Hohlwand) ‖ ~ (Eng, Met) / Blatt *n* (eines Blattfilters) ‖ ~ (Civ Eng) / Flügel *m* (beweglicher Überbau einer Klappbrücke) ‖ ~ (Eng) / Blatt *n* (der Blattfeder) ‖ ~ (Eng) / Schale *f* (eines Mehrschalengreifers) ‖ ~ (Heat) / Platte *f* (eines Mehrplattenheizkörpers) ‖ ~ (Mining) / Bank *f* (Oberbank oder Unterbank) ‖ ~ (Photog) / Lamelle *f* (der Irisblende) ‖ ~ (Textiles) / Blatt *n*, Blätterstaub *m* (als Verunreinigung der Baumwolle)
**leafage** *n* (Arch) / Blattwerk *n*, Laubwerk *n* ‖ ~ (Bot) / Blätter *n pl*, Laub *n*, Laubwerk *n*
**leaf area index**\* (Bot) / Blattflächenindex *m*, BFI (Verhältnis der im Pflanzenbestand vorhandenen Blattfläche zu der überdeckten Bodenfläche) ‖ ~ **beetle** (Agric, Zool) / Blattkäfer *m* (Familie Chrysomelidae) ‖ ~ **blight** (For) / Blattdürre *f*, Blattbrand *m* ‖ ~ **capital** (Arch) / Blattkapitell *n* ‖ ~ **clay** (Geol) / Warventon *m*,

**leaf**

Bänderton *m* (infolge regelmäßiger Wechsellagerung von hellen Feinsand- und dunklen Tonlagen im Querbruch bändrig aussehendes Sedimentgestein) || ~ **dressing** (Agric) / Blattdüngung *f* || ~ **feeding** (Agric) / Blattdüngung *f* || ~ **fibre** (Textiles) / Blattfaser *f* (Naturfaser wie z.B. Abaka, Ananas od. Sisal) || ~ **filter**\* (Chem Eng, Met) / Blattfilter *n* || ~ **green** (Chem) / grüner Zinnober, Chromoxidgrün *n*, Laubgrün *n*
**leaf-green** *n* / Blattgrün *n* (Farbe) || ~ *adj* / laubgrün *adj* (kräftig hellgrün wie frisches Laub)
**leaf hair** (Bot) / Blatthaar *n*
**leafing**\* *n* (Paint) / Leafing *n* (Aufschwimmen von Bronzepulvern) || ~ **pigment** (Paint) / aufschwimmendes Metalleffektpigment, Leafing-Pigment *n*
**leaf litter** (Agric) / Laubstreu *f* || ~ **litter** (Agric, For) / Waldstreu *f* (aus Laubwäldern) || ~ **mould** (For) / Lauberde *f*, Blumenerde *f*
**leaf-movement factor** (Bot, Chem) / Leaf-Movement-Faktor *m*, LMF (Leaf-Movement-Faktor)
**leaf node** (any node of a tree with no descendants and hence of degree zero) (AI, Comp) / terminaler Knoten (eines Baumes), Endknoten *m*, Blatt *n* (eines Baumes - ein Knoten, der keine Nachfolger hat) || ~ **of Descartes** (Maths) / kartesisches Blatt, Blatt *n* des Descartes, Folium Cartesii (eine algebraische Kurve dritter Ordnung) || ~ **pigment** (Bot, Chem) / Blattfarbstoff *m* (z.B. Chlorophyll) || ~ **protein concentrate** (Nut) / Blattproteinkonzentrat *n* || ~ **pruning** (Agric, Nut) / Abblatten *n* (z.B. der Zuckerrübe) || ~ **respiration** (Bot) / Blattatmung *f* || ~ **roll** (Agric) / Blattrollkrankheit *f* (bei Kartoffeln und Tomaten)
**LEAFS** (laser-excited atomic fluorescence spectrometry) (Spectr) / Laser-Atomfluoreszenzspektrometrie *f*
**leaf shutter** (Photog) / Lamellenverschluss *m* || ~ **spring** (Eng) / Blattfeder *f*, Einzelblattfeder *f*, einfache Blattfeder (meistens Rechteckfeder), Einblattfeder *f* || ~ **valve** (Autos) / Membranventil *n*, Flatterventil *n* || ~ **wax** (Bot) / Blattwachs *n*
**leafy** *adj* / blättrig *adj*
**leak** *v* / tropfen *v* (Wasserhahn), tröpfeln *v* (Wasserhahn) || ~ / lecken *v*, undicht sein || ~ (Elec Eng) / ableiten *v* (Strom) || ~ *n* / Leck *n*, undichte Stelle, lecke Stelle, Undichtigkeit *f*, Leckstelle *f* || ~ / Auslaufen *n* (ungewolltes - z.B. einer Flüssigkeit aus einem Behälter), Coulage *f* || ~ / Undichtsein *n*, Lecken *n*, Undichtigkeit *f* || ~ / Undichtheit *f*, Undichtigkeit *f* || ~\* (Elec Eng) / Ableitung *f* (der durch die Leitfähigkeit der Isolation bedingte Nebenschluss) || ~\* (Elec Eng) / Streuung *f* (Verluststrom) || ~ (Ships) / Leck *n* (Beschädigung der Außenhaut des Schiffes mit Wassereinbruch) || ~ (Spectr) / Leak *m* (Schleuse bei Massenspektrometern) || **spring a** ~ / einen Riss bekommen, ein Leck bekommen
**leakage** *n* / Auslaufen *n* (ungewolltes - z.B. einer Flüssigkeit aus einem Behälter), Coulage *f* || ~ / Undichtsein *n*, Lecken *n*, Undichtigkeit *f* || ~ / Verlust *m* (bei Flüssigkeiten), Leckage *f*, Leckverlust *m*, Sickerverlust *m* || ~ / Leckflüssigkeit *f* (Gas oder Tropfflüssigkeit) || ~ (Chem Eng) / Schlupf *m* (bei Ionenaustauschern) || ~ (Elec Eng) / Streuung *f* (Verluststrom) || ~ (Mining) / Schleichwetterstrom *m*, Schleichstrom *m* (kleiner unkontrollierter Wetterstrom) || ~ (Nuc Eng) / Neutronenausfluss *m* (Neutronenverlust in der Reaktortheorie) || ~ (Nuc Eng, Radiol) / Leakage *f* (Sickerstrahlung - die durch eine Abschirmung nicht durchdringende Strahlung) || ~ (Rail) / Rinnverlust *m* || ~ **coefficient**\* (Elec Eng) / Streugrad *m* (im Magnetkreis einer elektrischen Maschine usw.), Streufaktor *m*, Streukoeffizient *m* || ~ **conductance**\* (Elec) / dielektrische Leitfähigkeit (Isolator) || ~ **current** (Elec Eng) / Ableitungsstrom *m* (bei einer Doppelleitung durch die Isolation zum Nachbarleiter oder zur Erde fließender Strom), || ~ **current**\* (Elec Eng) / Irrstrom *m*, Reststrom *m* (eines Elektrolytkondensators), vagabundierender Strom, Fremdstrom *m* (der sich von einer elektrischen Anlage aus unbeabsichtigt ausbreitet), Kriechstrom *m* (Strom zwischen spannungsführenden Teilen auf der Oberfläche eines Isolierkörpers), Leckstrom *m* (im Allgemeinen), Ableitungsstrom *m* (bei einer Doppelleitung durch die Isolation zum Nachbarleiter oder zur Erde fließender Strom), Streustrom *m* (der aus stromführenden Leitern in den Erdboden unbeabsichtigt austretende Strom)
**leakage-current barrier** (Autos) / Kriechstrombarriere *f* (der Zündkerze) || ~ **relay** (Elec Eng) / Fehlerstromrelais *n*
**leakage detection** / Lecksuche *f* || ~ **distance** (Elec Eng) / Kriechstrecke *f*, Kriechüberschlagstrecke *f* (längs einer Isolierstoffoberfläche zwischen zwei Bezugspunkten) || ~ **factor**\* (Elec Eng) / Streugrad *m* (im Magnetkreis einer elektrischen Maschine usw.), Streufaktor *m*, Streukoeffizient *m* || ~ **flux**\* (Elec Eng, Mag) / Streufluss *m* (magnetischer) || ~ **indicator**\* (Elec Eng) / Erdschlussanzeiger *m*, Erdschlussprüfer *m* || ~ **inductance** (Elec Eng) / Streuinduktivität *f* (z.B. bei Transformatoren) || ~ **interception system** (Nuc Eng) / Leckauffangsystem *n* || ~ **loss** / Lässigkeitsverlust *m* (bei der Turbine) || ~ **loss** (Elec Eng) / Streuverlust *m* || ~ **path** (Elec Eng) /

Streuweg *m* || ~ **path** (Elec Eng) / Kriechweg *m* (DIN 53480), Kriechüberschlagweg *m* || ~ **power** (Radio, Telecomm) / Verlustleistung *f*
**leakage-protection system** (Elec Eng) / Erdschlussschutz *m* (als System), Fehlerschutz *m* gegen Erdschluss
**leakage protective system**\* (Elec Eng) / Erdschlussschutz *m* (als System), Fehlerschutz *m* gegen Erdschluss || ~ **radiation** (Nuc Eng) / Durchlassstrahlung *f* (Mangel bei der Abschirmung), Leckstrahlung *f* || ~ **reactance**\* (Elec Eng) / Streureaktanz *f* || ~ **resistance** (Paint) / Ableitfähigkeit *f* (des Anstrichs)
**leakance** *n* (Elec) / dielektrische Leitfähigkeit (Isolator) || ~ (Elec) / Ableitung *f* (Querleitwert) || ~ **per unit length** (Elec Eng) / Ableitungsbelag *m* (eine Leitungskonstante)
**leak-before-fracture concept** (Eng, Materials) / Leck-vor-Bruch-Konzept *n* (Verhinderung katastrophalen Bruchversagens durch Anwendung des Konzeptes der Basissicherheit)
**leak-catchment area** / Auffangraum *m* (rund um die Behälter)
**leak check** *m* / Lecksuche *f* || ~ **current** (Elec Eng) / Irrstrom *m*, Reststrom *m* (eines Elektrolytkondensators), vagabundierender Strom, Fremdstrom *m* (der sich von einer elektrischen Anlage aus unbeabsichtigt ausbreitet), Kriechstrom *m* (Strom zwischen spannungsführenden Teilen auf der Oberfläche eines Isolierkörpers), Leckstrom *m* (im Allgemeinen), Ableitungsstrom *m* (bei einer Doppelleitung durch die Isolation zum Nachbarleiter oder zur Erde fließender Strom), Streustrom *m* (der aus stromführenden Leitern in den Erdboden unbeabsichtigt austretende Strom) || ~ **current** (Elec Eng) / Ableitungsstrom *m* (bei einer Doppelleitung durch die Isolation zum Nachbarleiter oder zur Erde fließender Strom)
**leak-current barrier** (Autos) / Kriechstrombarriere *f* (der Zündkerze)
**leak-detection pig** / Lecksuchmolch *m* (ein Prüfmolch) || ~ **spray** / Lecksuchspray *m n*
**leak detector**\* (Eng, Phys) / Lecknachweisgerät *n*, Leckspürgerät *n*, Lecksuchgerät *n*, Leckdetektor *m* || ~ **detector**\* (Nuc Eng) / BE-Lecknachweisgerät *n*, Hülsenbruch-Überwachungsgerät *n*
**leaker** *n* / Leckstelle *f* || ~ / undichter Behälter
**leak-free** *adj* / lecksicher *adj*, leckagefrei *adj*, leckagesicher *adj*
**leakiness** *n* / Undichtheit *f*, Undichtigkeit *f* || ~ / Leckanfälligkeit *f*
**leak-off system** (Nuc Eng) / Leckabsaugesystem *n*
**leak-proof** *adj* / lecksicher *adj*, leckagefrei *adj*, leckagesicher *adj* || ~ (Elec Eng) / leckgeschützt *adj* (Bauweise bei Zink-Mangandioxid-Elementen) || ~ **construction** (Elec Eng) / Leak-proof-Konstruktion *f* (bei Monozellen)
**leak rate** / Leckgeschwindigkeit *f* || ~ **rate** (Vac Tech) / Leckrate *f* || ~ **test** (Eng) / Dichtheitsprüfung *f* (DIN EN 1330-8), Dichtigkeitsprüfung *f*, Lecktest *m* (Dichtheitsprüfung), Lecksuche *f*
**leak-test mass spectrometer** (Vac Tech) / Lecksuchmassenspektrometer *n*
**leak-tight** *adj* / lecksicher *adj*, leckagefrei *adj*, leckagesicher *adj*
**leaky** *adj* / undicht *adj*, leck *adj* || ~ **bucket** (Comp, Telecomm) / Leaky Bucket *m* (ein Verfahren des Verkehrsmanagements zum Abbau von Überlast bzw. Congestion durch Traffic Policing in ATM-basierten Telekommunikationsnetzen) || ~ **mode** (Electronics) / Leckmode *m* (Faseroptik) || ~ **wave** (Telecomm) / Leckwelle *f* (ein Wellentyp, der durch Abstrahlung längs der Faser gedämpft wird)
**lean** *vt* (Autos, V-Mot) / abmagern *v* (Gemisch) || ~ *adj* (Nut) / fettarm *adj* (Fleisch), mager *adj* || ~ (Ships) / scharf *adj* (Schiffsform) || ~ **clay** (a clay of low plasticity and poor green strength) (Ceramics, Geol) / Ton *m* mit geringer Plastizität, magerer (unplastischer) Ton, Magerton *m* || ~ **computing** (Comp) / Leancomputing *n* (dezentralisierte Datenverarbeitung, die im Gegensatz zu Großrechenanlagen flexibel und kostengünstig den wechselnden Erfordernissen eines Unternehmens angepasst werden kann) || ~ **concrete** (Build) / Magerbeton *m*, magerer Beton (mit geringem Zementgehalt, z.B. für Sauberkeitsschichten)
**leaner** *n* (Glass) / schiefe Flasche (mit der Achsabweichung)
**lean fuel mixture** (I C Engs) / mageres Gemisch, abgemagertes Gemisch, Spargemisch *n* || ~ **gas** (Fuels) / Schwachgas *n* (ein Produkt der Kohlevergasung) || ~ **gas** (Fuels) / Leangas *n* (Erdgas mit unter 1 Vol.-% Schwefelwasserstoff) || ~ **gas** (Fuels) / niederkaloriges Gas, Armgas *n*, Schwachgas *n*, mageres Gas (mit niedrigem spezifischem Brennwert) || ~ **handle** (Textiles) / trockener Griff
**leaning** *adj* (Build) / schief *adj* (Turm) || ~ **material** (Foundry) / Magerungsmittel *n* (für festen Sand) || ~ **thread** (Eng) / Sägengewinde *n* (DIN 513)
**lean lime** / magerer Kalk (mit 10-20% Beimengungen des rohen Kalksteins) || ~ **lime** (Build) / Magerkalk *m* || ~ **management** (Work Study) / Lean-Management *n*
**leanmeter** *n* (Nut) / Leanmeter *n* (Gerät zur Messung der Speckdicke am lebenden Schwein aufgrund der unterschiedlichen elektrischen Leitfähigkeit von Fleisch und Fett)

**lean-mix concrete** (Build) / Magerbeton *m*, magerer Beton (mit geringem Zementgehalt, z.B. für Sauberkeitsschichten) || **~ engine** (I C Engs) / Magermotor *m* (Ottomotor, der mit einem sehr mageren Kraftstoff-Luft-Gemisch arbeitet)

**lean mixture** (insufficient amount of fuel in the fuel-to-air mixture required by an internal-combustion engine) (Autos, I C Engs) / mageres Gemisch, abgemagertes Gemisch, Spargemisch *n* || **~ mortar** (Build) / magerer Mörtel, Magermörtel *m*, Sparmörtel *m*

**leanness** *n* (I C Engs) / Luftüberschuss *m*

**lean ore*** (Mining) / armes Erz, minderwertiges Erz, geringwertiges Erz, Magererz *n*, geringhaltiges Erz || **~ out** *vt* (Autos) / abmagern *v* (Gemisch) || **~ place** (Spinning) / spitze Stelle (ein Garnfehler) || **~ production** (Work Study) / Lean Production *f* (Industriefertigung unter größtmöglicher Einsparung von Arbeitskräften, Kosten usw.), Leanproduction *f* || **~ sour gas** (Oils) / Schwachsauergas *n*

**lean-to** *n* (Build) / Pultanbau *m* (mit einem Pultdach)

**lean-to roof*** (Arch) / Pultdach *n* (das an eine höhere Mauer anschließt)

**leap-frog test*** (Comp) / sprungweise Durchprüfung, Bocksprungtest *m*

**leaping weir*** (Civ Eng, Hyd Eng) / Entlastungswehr *n* || **~ weir*** (Hyd Eng) / Springregenüberlauf *m* (Bauweise eines Regenüberlaufs, bei dem in der Sohle der durchgehenden Leitung eine Öffnung, die teilweise durch ein parabelförmiges Blech verdeckt ist, den Trockenwetterabfluss vollständig in die darunterliegende Leitung zur Kläranlage fließen lässt, während der Mischwasserzufluss die Öffnung übersprungen wird und steigende Mengen im weiterführenden Kanal zum Vorfluter gelangen)

**leap in luminance** (a sudden decrease in luminance between the approach road and threshold zone) (Civ Eng, Light) / Leuchtdichtesprung *m* (in einem Tunnel) || **~ second*** (Astron) / Schaltsekunde *f* (die am Ende eines UTC-Monats eingefügt wird) || **~ year** (Astron) / Schaltjahr *n*

**lear*** *n* (Glass) / Bandentspannungsofen *m*, Bandkühlofen *m*, Kühlbahn *f* (ein Entspannungsofen)

**learner** *n* (Autos) / Fahrschüler *m* || **~ allowance** (Work Study) / Einarbeitungszuschlag *m* || **-driver** *n* (male) (Autos) / Fahrschüler *m*

**learning** *adj* (Comp) / lernfähig *adj* || **~ by doing** (AI) / Learning *n* by Doing, Lernen *n* durch Tun (selbständiges Handeln) || **~ by examples** (AI) / Lernen *n* an Beispielen || **~ control** (Automation) / lernende Regelung || **~ curve** (Eng) / Ablaufkurve *f* (in der Serienfertigung) || **~ environment** (AI, Comp) / Lernumgebung *f* || **~ factor** / Learning-Faktor *m* (in der Ausfallratenberechnung) || **~ machine** (Comp) / lernfähige Maschine, lernender Automat (der das Verhalten des Gesamtsystems und seine Anpassung an die Umgebung durch Lernen verbessern kann) || **~ matrix** (Comp) / Lernmatrix *f* || **~ on the job** (AI) / Learning *n* on the Job, Lernen *n* durch Berufstätigkeit || **~ program** (Comp) / Lehrprogramm *n* || **~ samples** (AI, Comp) / Lernstichproben *f pl* (für die Mustererkennung) || **~ set** (AI, Comp) / Lernstichproben *f pl* (für die Mustererkennung) || **~ system** (AI, Comp) / lernendes System (das nach Aufnahme von Informationen sein Verhalten zur Umwelt verbessert), Lernsystem *n*, lernfähiges System

**LEAR oil** (low-erucic acid colza oil) (Agric, Bot, Nut) / Doppelnullöl *n* (Rapsöl, das sowohl Erucasäure als auch Glucosinolate nur noch in Spuren enthält)

**lease** *v* (Weaving) / kreuzgreifen *v* (nur Infinitiv und Partizip), einlesen *v* (in das Geleseblatt), schränken *v* || **~ *n*** / Leasing *n* (Vermietung von [Industrie]Gütern; moderne Industriefinanzierungsform) || **~** (Weaving) / Gelese *n*, Fadenkreuz *n* || **~ band** (Weaving) / Kreuzschnur *f* || **~ broker** / Leasingmakler *m* (der vorwiegend Leasing-Geschäfte für Dritte arrangiert) || **~ cord** (Weaving) / Kreuzschnur *f*

**leased circuit** (Comp, Telecomm) / Mietleitung *f*, angemietete Leitung || **~ line** (Comp, Telecomm) / Mietleitung *f*, angemietete Leitung || **~ line** (Comp, Telecomm) s. also dedicated line

**lease operator** (Oils) / Förderbetriebsleiter *m* || **~ payment** / Leasingrate *f* || **~ reed** (Weaving) / Geleseblatt *n* (Vorrichtung beim Schären, Zetteln und Schlichten, die dazu dient, quer durch die Kettfäden Kreuzfäden einzuziehen), Geleseriet *n*, Rispleblatt *n* (Einrichtung zur Ermöglichung von Kettfäden) || **~ rods*** (Weaving) / Kreuzstäbe *m pl*, Kreuzruten *f pl*, Teilruten *f pl*, Trennstäbe *m pl* || **~ tank** (Oils) / Betriebstank *m*

**leasing** *n* / Leasing *n* (Vermietung von [Industrie]Gütern; moderne Industriefinanzierungsform) || **~** (Weaving) / Einlesen *n*, Kreuzeinlesen *n*, Schränken *n*, Kreuzgreifen *n* (Einordnung der Kettfäden in das Geleseblatt) || **~ rods** (Weaving) / Kreuzstäbe *m pl*, Kreuzruten *f pl*, Teilruten *f pl*, Trennstäbe *m pl*

**lea skein** (Spinning) / Gebindestrang *m*

**least•-action principle*** (Phys) / Prinzip *n* der kleinsten Wirkung (Maupertuis'sches Prinzip, Hamilton'sches Prinzip) || **~ common denominator** (Maths) / Hauptnenner *m* (kleinstes gemeinsames Vielfaches, um die Brüche gleichnamig zu machen), kleinster gemeinsamer Nenner || **~ common multiple** (Maths) / kleinstes gemeinsames Vielfaches, k.g.V. (kleinstes gemeinsames Vielfaches) || **~ cost routing** (Comp, Telecomm) / Least Cost Routing *n* (ein Protokoll, das den einfachen Zugang zu Directory-Systemen nach X.500 über das Internet ermöglicht) || **~ count** (the smallest change in indication that can be customarily be determined and reported) (Instr) / kleinster ablesbarer Wert (z.B. bei einem Nonius), kleinste Teilung

**least-developed countries** (Geog) / am wenigsten entwickelte Länder

**least distance of distinct vision*** (Optics) / Bezugssehweite *f*, Normalsehweite *f*, Normsehweite *f*, deutliche Sehweite || **~ element** (Maths) / Nullelement *n* (einer halbgeordneten Menge), erstes Element, kleinstes Element (einer halbgeordneten Menge) || **~ energy principle*** (Phys) / Prinzip *n* vom Minimum der potentiellen Energie || **~ reading** (Instr) / Ablesegenauigkeit *f*

**lea strength** (Textiles) / Strangreißfestigkeit *f*

**least significance difference** (Stats) / Grenzdifferenz *f*, GD (Grenzdifferenz) || **~ significant bit** (Comp) / wertniedrigstes Bit, niedrigstwertiges Bit (bei einer Dual- bzw. Binärzahl) || **~ significant digit** (Comp, Maths) / niedrigstwertige Stelle, niedrigstwertige Ziffer

**least-squares approximation** (Maths) / Approximation *f* nach der Methode der kleinsten Quadrate || **~ method** (Maths) / Methode *f* der kleinsten Quadrate (Grundlage für die Ausgleichsrechnung - DIN 1319, T 4)

**least-time track** (Aero) / Kurs *m* (über Grund) für kürzeste Flugzeit

**least upper bound*** (Maths) / obere Grenze, Supremum *n* (pl. Suprema), kleinste obere Schranke

**leat** *n* (GB) (Hyd Eng) / Mühlgerinne *n*, Mühlkanal *m*, Mühlrinne *f*

**leather*** *n* (Leather) / Leder *n* || **~ adhesive** (Leather) / Lederklebstoff *m* || **~ apron** / Lederschürze *f* || **~ back** (Bind) / Lederrücken *m* || **~ bellows** (Photog) / Lederbalgen *m* || **~ belt** (Eng) / Lederriemen *m* (ein Treibriemen) || **~ binding** (Bind) / Ganzleder *n* (Einband), Ganzlederband *m*, Ledereinband *m*, Lederband *m*

**leatherboard** *n* (Leather) / Faserleder *n*, Lederfaserwerkstoff *m* || **~*** (a type of fibreboard in which the fibre content is at least 75% leather, usually with asphaltic or resinous binder) (Paper) / [braune] Lederpappe *f*, Braunholzpappe *f*, Lederfaserpappe *f* || **~ insole** / Pappbrandsohle *f*

**leather-bound book** (Bind) / Ganzleder *n* (Einband), Ganzlederband *m*, Ledereinband *m*, Lederband *m*

**leather case** / Lederetui *n*, Lederfutteral *n* || **~ chemist** (Chem, Leather) / Gerbereichemiker *m* || **~ cleaning** / Lederreinigung *f*

**leathercloth** *n* (Leather) / Lederersatzstoff *m* || **~*** (Textiles) / Gewebekunstleder *n*

**leather cup** (Eng) / Ledermanschette *f* (eine Manschettendichtung)

**leather-disk buffing** (Eng) / Schwabbeln *n* mit der Lederscheibe

**leather dressing** (Leather) / Lederappretur *f*

**leather-dressing agent** (Leather) / Lederpflegemittel *n*

**leatherette paper** (Paper) / Lederpapier *n*

**leather facing** (Leather, Photog) / Gehäusebezug *f* (Belederung des Gehäuses) || **~ fibre** (Leather) / Lederfaser *f*

**leather-fibreboard** *n* (Paper) / [braune] Lederpappe *f*, Braunholzpappe *f*, Lederfaserpappe *f*

**leather finishing** (Leather) / Lederzurichtung *f* || **~ for upholstery** (Leather) / Polsterleder *n* (z.B. für Autos), Möbelleder *n* || **~ for worker's protective clothing** (Leather) / Asaleder *n*, Leder *n* für Arbeitsschutzartikel || **~ gaiter** (Autos) / Ledermanschette *f* (am Schaltknüppel) || **~ gearshift boot** (Autos) / Lederschaltmanschette *f* || **~ glue** / Lederleim *m* (aus Lederabfällen)

**leather-hard** *adj* (Ceramics) / lederhart *adj* (Scherben, der noch nicht völlig ausgetrocknet, aber bereits genügend verfestigt ist)

**leather interior trim** (Autos, Leather) / Lederausstattung *f*

**leatherlike** *adj* (Leather) / lederähnlich *adj*, lederartig *adj*

**leather mallet** (Tools) / Hammer *m* mit Lederbahn || **~ paper** (Paper) / Lederpapier *n* || **~ return** (Leather) / Lederausbeute *f*, Rendement *n* (beim Lederzuschnitt) || **~ scrapings** (Leather) / Lederabfälle *m pl* || **~ shavings** (Leather) / Lederabfälle *m pl*

**leather-skiving machine** (Leather) / Lederschärfmaschine *f*

**leather-splitting machine** (Leather) / Lederspaltmaschine *f*

**leather trim** (Autos, Leather) / Lederausstattung *f*

**leather-trimmed steering wheel** (Autos) / Lederlenkrad *n*

**leather upholstery** (Autos) / Lederpolsterung *f*

**leatherwear** *n* (Leather) / Lederkleidung *f*

**leatherwood** *n* (For, Pharm) / Lederholz *n* (Dirca palustris L.)

**leather-working machine** (Leather) / Maschine *f* für die Lederherstellung

**leathery** *adj* (Leather) / ledern *adj* || **~** / lederähnlich *adj*, lederartig *adj* || **~** (Nut) / sehnig *adj*, faserig *adj*, flechsig *adj*, zäh *adj* (Fleisch)

**leather yellow** (Textiles) / Ledergelb *n*

**leather-yellow** *attr* / lederfarben *adj*, ledergelb *adj*

**lea value** (Textiles) / Leawert *m* (Qualitätsangabe für Baumwolle)

**leave**

**leave** v / hinterlassen v, verlassen v, zurücklassen v ‖ ~ (Rail) / abfahren v (Zug) ‖ ~ n / Austritt m (z.B. des Wassers aus der Turbine) ‖ ~ **allowance** / Urlaubsgeld n
**leaved** adj / blättrig adj
**leave edge** (Print) / Hinterkante f
**leaven** v (Nut) / aufgehen lassen (Teig) ‖ ~ (Nut) / lockern v, säuern v, sauer werden lassen (Teig) ‖ ~ n (Nut) / Treibmittel n, Teiglockerungsmittel n, Triebmittel n (z.B. Hefe, Sauerteig oder Backpulver), Teigtriebmittel n, Backtriebmittel n, Lockerungsmittel n (meistens Kalium- oder Natriumhydrogenkarbonat) ‖ ~ (Nut) / Sauerteig m (auf biologischem Wege spontan gesäuerter Mehlteig, das älteste Teiglockerungsmittel)
**leavening acid** (Nut) / Säureträger m (Backpulver) ‖ ~ **agent** (Nut) / Treibmittel n, Teiglockerungsmittel n, Triebmittel n (z.B. Hefe, Sauerteig oder Backpulver), Teigtriebmittel n, Backtriebmittel n, Lockerungsmittel n (meistens Kalium- oder Natriumhydrogenkarbonat)
**Leavers machine*** (Textiles) / Leaversmaschine f (für gewebte Spitzen - nach J. Leavers, 1786-1848)
**leaves** pl / Hauptgut n (bei der Einzelblatternte der Tabakpflanze) ‖ ~ (Weaving) / Geschirr n (Gesamtzahl der Schäfte), Webgeschirr n, Schaftwerk n
**leave the metals** (GB) (Rail) / entgleisen vi, aus den Gleisen springen ‖ ~ **to prove** (the dough) (Nut) / aufgehen lassen (Teig bei der Brotherstellung), garen v (Teig)
**leaving ability** (Phys) / Austrittsfähigkeit f (von Elektronen) ‖ ~ **a traffic stream** (Autos) / Ausfädelung f ‖ ~ **edge*** (Elec Eng) / Hinterkante f (der Bürste), ablaufende Kante ‖ ~ **edge** (Print) / Hinterkante f ‖ ~ **group** (Chem) / Abgangsgruppe f (bei chemischen Reaktionen), abgehende Gruppe (bei chemischen Reaktionen), nucleofuge Gruppe, nukleofuge Gruppe ‖ ~ **point** (Aero, Nav) / Ausflugpunkt m (z.B. aus dem kontrollierten Luftraum)
**Lebanon cedar** (For) / Libanonzeder f (Cedrus libani A. Rich.)
**lebbek** n (For) / Siris n, Kokko n (indisches), Albizia n (Albizia lebbeck (L.) Benth.) ‖ ~ **tree** (For) / Siris n, Kokko n (indisches), Albizia n (Albizia lebbek (L.) Benth.)
**Lebesgue-integrable** adj (Maths) / Lebesgue-integrierbar adj
**Lebesgue integral*** (Maths) / Lebesgue'sches Integral n, L-Integral n (Lebesgue'sches Integral)
**Lebesgue-measurable set** (Stats) / Lebesgue-messbare Menge
**Lebesgue measure** (Maths) / Lebesgue-Maß n (zur Definition des Lebesgue-Integrals)
**Lebesgue-Stieltjes measure** (Maths) / Lebesgue-Stieltjes-Maß n (nach H. Lebesgue, 1875-1941, und T.J. Stieltjes, 1856-1894)
**Leblanc connexion** (three-phase to two-phase transformer)* (Elec Eng) / Leblanc'sche Schaltung f ‖ ≂ **phase advancer*** (Elec Eng) / Leblanc'scher Phasenschieber, eigenerregte Drehstrom-Erregermaschine
**LEC** (liquid-exclusion chromatography) (Chem) / Gelchromatografie f (eine als Säulenchromatografie durchgeführte Flüssigkeitschromatografie), Ausschlusschromatografie f, AC (Ausschlusschromatografie), Gelpermeationschromatografie f, Gelfiltration f, GFC (Gelfiltration), Molekularsiebchromatografie f, Permeationschromatografie f, GPC (Gelpermeationschromatografie), Größenausschlusschromatografie f ‖ ≂ (local exchange carrier) (Telecomm) / lokaler Betreiber
**lecanoric acid** (Chem) / Lecanorsäure f (eine Flechtensäure), Lekanorsäure f
**Le Chatelier-Braun principle*** (Phys) / Gauß'sches Prinzip, Prinzip n des kleinsten Zwangs, Le-Chatelier-Braun'sches Prinzip (nach H.L. Le Chatelier, 1850-1936, und K.F. Braun, 1850-1918)
**lechatelierite*** n (Min) / Lechatelierit m (das natürliche Kieselglas z.B. in Form von Blitzröhren)
**Le Chatelier's principle*** (when a system at equilibrium is subjected to a disturbance, it responds by tending to minimize the effect of the disturbance) (Phys) / Gauß'sches Prinzip, Prinzip n des kleinsten Zwangs, Le-Chatelier-Braun'sches Prinzip (nach H.L. Le Chatelier, 1850-1936, und K.F. Braun, 1850-1918) ‖ ≂ **Chatelier's theorem** (Phys) / Gauß'sches Prinzip, Prinzip n des kleinsten Zwangs, Le-Chatelier-Braun'sches Prinzip (nach H.L. Le Chatelier, 1850-1936, und K.F. Braun, 1850-1918)
**Lecher line** (Elec Eng) / Lecher-System n (ein Wellenleiter nach E. Lecher,1856-1926), Lecher-Leitung f (eine zweiadrige Hochfrequenzleitung) ‖ ≂ **wires*** (Elec Eng) / Lecher-System n (ein Wellenleiter nach E. Lecher,1856-1926), Lecher-Leitung f (eine zweiadrige Hochfrequenzleitung)
**lecithin*** n (phosphatidyl choline) (Biochem, Chem, Nut) / Lezithin n (ein Glycerinphosphatid), Lecithin n (E 322)
**lecithinase** n (Biochem) / Lecithinase f (Phospholipase, die Phosphatidylcholine hydrolysiert), Lezithinase f

**Leclanché cell*** (a primary cell) (Elec Eng) / Zink-Kohle-Zelle f, Leclanché-Element n (Kohle-Zink-Zelle nach G. Leclanché, 1839-1882), Braunsteinelement n, Kohle-Zink-Zelle f, Zink-Mangandioxid-Element n
**lectin** n (phytohaemagglutinin) (Biochem, Bot) / Lectin n (Protein in pflanzlichen Speicherorganen), Lektin n
**lecture hall** (Acous, Build) / Hörsaal m (größerer) ‖ ~ **theatre** (Acous, Build) / Hörsaal m (größerer)
**LED*** (light-emitting diode) (Electronics) / Lumineszenzdiode f, Leuchtdiode f, lichtemittierende Diode, LED-Diode f
**Leddicon*** n (TV) / Plumbicon n (eine Bildaufnahmekameraröhre), Plumbikon n (eine Weiterentwicklung des Vidikons)
**LED display** (Comp) / LED-Anzeige f, Leuchtdiodenanzeige f
**ledeburite** n (Met) / Ledeburit m (Eutektikum des metastabilen Systems im Eisen-Kohlenstoff-Diagramm - nach A. Ledebur, 1837-1906)
**ledeburitic** adj (Met) / ledeburitisch adj ‖ ~ **carbide** (Met) / ledeburitisches Karbid, ledeburitisches Carbid
**Lederberg technique** (Bacteriol) / Replikatechnik f, Replikaplattierung f, Stempeltechnik f (nach Lederberg), Lederberg-Stempeltechnik f (nach J. Lederberg, 1925 -)
**Lederer-Manasse reaction** (Chem) / Lederer-Manasse-Reaktion f (Hydroxymethylierung von Phenolen mit Formaldehyd)
**ledge** n (Arch, Build) / Gesims n, Sims m n ‖ ~* (Build, Join) / Querleiste f, Riegel m, Riegelbrett n (an der Latten- und Bretterür), Türleiste f (an der Latten- und Bretterür) ‖ ~ (Carp) / Gratleiste f, Gratfeder f ‖ ~ (Civ Eng) / Berme f (horizontaler oder schwach geneigter schmaler Absatz in einer Böschung - DIN 4047) ‖ ~ (Geol) / Gesims n (vorspringender Teil eines Felsens) ‖ ~ (Geol) / Ader f (kleiner Gang, kleiner Gang, Gangtrum m n ‖ ~ (un underwater ridge) (Geol) / Felsenriff n (Reihe zusammenhängender Klippen im Meer), Felsriff n ‖ ~ (Geol) s. also bedrock
**ledged and battened door** (Carp) / Lattentür f (mit Riegel und Diagonalverstrebung - für untergeordnete Räume, z.B. für Keller- und Bodenräume), Brettertür f (mit Riegel und Diagonalverstrebung ‖ ~ **door** (Carp) / Brettertür f (gespundete oder stumpf gestoßene Bretter) ‖ ~ **door** (Carp) s. also batten door
**ledge matter** (Mining) / Gangart f, Gangmineral n
**ledger*** n (Build) / Längsträger m (des Holzgerüsts), Streichstange f, Längsstange f (des Holzgerüsts) ‖ ~ (Mining) / liegende Seite eines Gangs
**ledgering** n (Comp) / Fixpunkterstellung f
**ledger paper** (Paper) / Kontokartenpapier n, Geschäftsbücherpapier n
**LED light bar** (Electronics) / LED-Leuchtstrich m
**ledol** n (Pharm) / Ledol n, Ledumcampher m (aus dem Sumpfporst - Ledum palustre L.)
**LED printer** (Comp) / LED-Drucker m
**Leduc effect*** (Phys) / Righi-Leduc-Effekt m (erster - die Erscheinung, dass eine Temperaturdifferenz entsteht, wenn auf einen Wärmestrom in einem Elektronenleiter senkrecht zur Stromrichtung ein Magnetfeld einwirkt), Leduc-Righi-Effekt m (nach S.A. Leduc, 1856-1937, und A. Righi, 1850-1920)
**ledum camphor** (Pharm) / Ledol n, Ledumcampher m (aus dem Sumpfporst - Ledum palustre L.)
**lee** n (Geol, Meteor) / Lee n f (die dem Wind abgekehrte Seite, z.B. eines Berges) ‖ ~ (Ships) / Leeseite f, Lee n f
**leech** n (Civ Eng) / kleiner offener Senkkasten
**leeches** pl (Elec Eng) / Elektrodenhalter m (bei zerstörungsfreien Prüfungen)
**LEED*** (low-energy electron diffration) (Phys) / Beugung f mit langsamen Elektronen (Methode zur Untersuchung der Struktur von Oberflächen bzw. dünnen Schichten), LEED (Beugung mit langsamen Neutronen)
**Lee distance** (Comp) / Lee-Abstand m
**leek-green** adj (Min) / lauchgrün adj (z.B. Prasem)
**Lee metric** (Comp) / Lee-Abstand m
**leer*** n (a long, tunnel-shaped oven for annealing glass by continuous passage) (Glass) / Bandentspannungsofen m, Bandkühlofen m, Kühlbahn f (ein Entspannungsofen)
**lees** pl / Niederschlag m (Bodensatz), Bodensatz m, Satz m (Niederschlag), Sediment n, Bodenkörper m, Bodenniederschlag m, Ablagerung f (das Abgelagerte) ‖ ~ (Nut) / Trub m (in Fruchtsäften) ‖ ~ (Nut) / Trub m (beim Wein, Bier), Geläger n, Weingeläger n, Hefe f (Bodensatz)
**lee side** (Ships) / Leeseite f, Lee n f
**leeward** adv / leewärts adv
**lee wave** (Aero, Geol, Meteor) / Leewelle f (stationäre atmosphärische Welle auf der Leeseite eines quer angeströmten Gebirges)
**leeway** (Ships) / Abdrift f (seitliche Versetzung), Abtrift f, Abtrieb m
**LEFM** (linear-elastic fracture mechanics) (Materials, Mech) / linear-elastische Bruchmechanik, LEBM-Konzept n

(linear-elastische Bruchmechanik), Konzept n der linear-elastischen Bruchmechanik
**left-aligned** adj (Comp) / linksbündig adj
**left arrow** (Comp, Print) / Pfeil m nach links, Linkspfeil m
**left-associated** adj (Maths) / linksassoziiert adj, links assoziiert
**left-bank tributary** (Geol) / linker Nebenfluss
**left blank** (Comp, Typog) / Vorbreite f (Leerraum links des Zeichens) ‖ ~ **bracket** (Maths, Typog) / öffnende Klammer, Klammer auf
**left-circularly polarized** (Optics) / links zirkular polarisiert
**left coset** (Maths) / Linksnebenklasse f, linksseitige Nebenklasse, linke Nebenklasse ‖ ~ **derivative** (Maths) / linke Ableitung, linksseitige Ableitung
**left-direction arrow** (Comp, Print) / Pfeil m nach links, Linkspfeil m
**left-eye shuttle** (Weaving) / Linksschützen m (DIN 64685)
**left-hand** attr (Eng) / linksgängig adj (Gewinde, Fräser)
**left-hand airscrew** (Aero) / linksgängige Luftschraube
**left-hand derivative** (Maths) / linke Ableitung, linksseitige Ableitung
**left•-hand door** (Build) / linkshändige Tür, nach links aufgehende Tür, links aufschlagende Tür, Linkstür f ‖ ~**-handed** adj / linkshändig adj ‖ ~**-handed** (Agric) / linkswendend adj (Pflug) ‖ ~**-handed** (Eng) / linksgängig adj (Gewinde, Fräser) ‖ ~**-handed** (Eng) / linksschneidend adj (Fräser) ‖ ~**-handed crystal** (Electronics) / linkshändiger Kristall
**left-handed engine**\* (Aero) / Linksmotor m
**left-hand(ed) helix** (Maths) / Linksschraube f
**left-handed quartz** (Min) / Linksquarz m
**left-handed screw** (Eng) / Linksgewindeschraube f, Linksschraube f
**left-handed spiral grain** (For) / sonniger Drehwuchs (bei linksgedrehten Stämmen) ‖ ~ **sugar** (Nut) / L-Zucker m ‖ ~ **system** (Maths) / linkshändiges Koordinatensystem ‖ ~ **winding** (Elec Eng) / linksgängige Wicklung
**left-hand(ed) helix** (Eng) / Linksdrall m (bei schraubenverzahnten Fräsern)
**left-hand helix cutter** (Eng) / Fräser m mit Linksdrall ‖ ~ **justified** (Comp) / linksbündig adj ‖ ~ **limit** (Maths) / linksseitiger Limes, linksseitiger Grenzwert ‖ ~ **lock** (Build) / Linksschloss n ‖ ~ **lock** (Build, Join) / Schloss n für eine Linkstür ‖ ~ **nut** (Eng) / Mutter f mit Linksgewinde
**left•-hand page** (Print, Typog) / linke Buchseite (mit gerader Seitenzahl) ‖ ~ **hand(ed) polarized wave** (Electronics) / linksdrehend polarisierte Welle
**left-hand propeller**\* (Aero) / linksgängige Luftschraube ‖ ~ **rule**\* (Elec) / Linkehandregel f
**left-hand screw** (Eng) / Linksgewindeschraube f, Linksschraube f
**left-hand screw** (Maths) / Linksschraube f ‖ ~ **side** (AI) / linke Seite (der Regelfolge von Bedingungselementen) ‖ ~ **side** (Maths) / linke Seite (einer Gleichung) ‖ ~ **tooth flank** (Eng) / Linksflanke f (DIN 3960) ‖ ~ **traffic** (Autos) / Linksverkehr m ‖ ~ **turn** (Autos) / Linkskurve f ‖ ~ **turning lane** (Autos) / Linksabbiegerspur f ‖ ~ **turn lane** (US) (Autos) / Linksabbiegerspur f ‖ ~ **turnout** (Rail) / Linksweiche f (einfache) ‖ ~ **twill** (Weaving) / S-Grat-Köper m, Linksgratköper m, S-Köper m (wenn die Köpergrate von rechts nach links gehen) ‖ ~ **twist** (Cables) / Linksdrall m, Linksschlag m ‖ ~ **volume** (Acous, Radio) / Lautstärke f im linken Kanal
**left-hand welding** (Welding) / NL-Schweißen n, Nachlinksschweißen n
**left-hand zero** (Comp) / führende Null
**left helix** (Eng) / Linksdrall m (bei schraubenverzahnten Fräsern) ‖ ~ **helix** (Maths) / Linksschraube f ‖ ~ **hereditary ring** (Maths) / linkserblicher Ring ‖ ~ **inverse** (Maths) / linksinvers adj
**left-justified** adj (Comp) / linksbündig adj
**left-lateral fault** (Geol) / sinistrale Blattverschiebung, Linksverwerfung f, linkshändige Blattverschiebung ‖ ~ **slip fault** (Geol) / sinistrale Blattverschiebung, Linksverwerfung f, linkshändige Blattverschiebung
**left-linear grammar** (Comp) / linkslineare Grammatik (wenn alle Produktionen linkslinear sind)
**left margin** (Print) / linker Rand
**leftmost** adj (Maths) / höchstwertig adj (Stelle, Ziffer) ‖ ~ **position** (Maths) / höchstwertige Stelle, höchstwertige Ziffer
**left multiplication** (Maths) / Multiplikation f von links nach rechts
**leftover paint** (Paint) / Farbreste m pl
**left parenthesis** (Maths, Typog) / öffnende Klammer, Klammer auf
**left-pointing** adj / linksweisend adj, linksgerichtet adj
**left-regular** adj (Maths) / linksregulär adj
**left shift** (Comp) / Linksverschiebung f, Stellenverschiebung f nach links ‖ ~ **side view** / Seitenansicht f von links ‖ ~ **term** (Maths) / Linksterm m (einer Gleichung)
**left-to-right** attr / von links nach rechts (arbeitend, lesend) ‖ ~ **reversed** (Optics) / seitenverkehrt adj, seitenvertauscht adj, rückwendig adj (Bild) ‖ ~ **twill** (Weaving) / Z-Grat-Köper m, Rechtsgratköper m (wenn die Köpergrate von links nach rechts gehen), Z-Köper m

**left turn** (Autos) / Linkskurve f
**left-turning traffic** (Autos) / Linksabbiegen n
**left-turn lane** (Autos, Civ Eng) / Linksabbiegestreifen m
**left twill** (Weaving) / S-Grat-Köper m, Linksgratköper m, S-Köper m (wenn die Köpergrate von rechts nach links gehen)
**left-unique** adj (Maths) / linkseindeutig adj, voreindeutig adj (Relation)
**leftward arrow** (Comp, Print) / Pfeil m nach links, Linkspfeil m ‖ ~ **welding** (Welding) / NL-Schweißen n, Nachlinksschweißen n
**leg** n (Agric) / Grindel m (des Pflugs), Grendel m, Pflugbaum m ‖ ~ (Build, Carp) / Stiel m, Pfosten m, Säule f, Ständer m (senkrecht stehende Stütze in Holzkonstruktionen), Vertikale f, Vertikalstab m ‖ ~ (Civ Eng) / Knotenpunktarm m ‖ ~ (of a bridge) (Elec Eng) / Zweig m (der Messbrücke) ‖ ~ (Eng) / Strang m (paralleler - einer Rohrleitung) ‖ ~ (Eng) / Fuß m (z.B. ein Gerätefuß) ‖ ~ (Eng) / Schenkel m (z.B. eines U-Rohres) ‖ ~ (Leather) / Schaft m (des Stiefels) ‖ ~ (Maths) / Schenkel m (eines Zirkels, eines Trapezes) ‖ ~ (Maths) / Kathete f (im rechtwinkligen Dreieck) ‖ ~ (Met) / Schenkel m (des Winkelstahls) ‖ ~ (Mining) / Einzelstempel m ‖ ~ (Nav) / Leg n (Routenabschnitt), Routenabschnitt m, Teilstrecke f einer Route ‖ ~ (Oils) / Eckstiel m (des Bohrturms) ‖ ~ (Optics) / Arm m (z.B. eines Justierkreuzes) ‖ ~\* (Telecomm) / Leitungszweig m ‖ ~ (Textiles) / Schenkel m (eines Reißverschlusszahns) ‖ ~ (Textiles) / Längen n (Strumpfwirkerei) ‖ ~ (Welding) / Schweißnahtschenkel m (DIN 1912, T 1), Nahtschenkel m (bei einer Kehlnaht)
**legacy** n (Comp) / Vermächtnis n (wenn alte Dateien aufgrund einer Systemänderung in ein neues Format umgewandelt werden müssen), Legacy n (»Vermächtnis«) ‖ ~ **devices** (Comp) / Legacy-Geräte n pl (die nicht auf neuestem Stand sind und z.B. nicht Plug & Play unterstützen) ‖ ~ **software** (Comp) / alte (ältere) Software (die den neuesten Standards nicht entspricht) ‖ ~ **system** (a computer, software program, network, or other computer system that remains in use after a business or organization installs new systems) (Comp)
**legal** adj / gesetzlich adj (z.B. Auflagen), behördlich adj ‖ ~ **approach** / kriminalpolitische Strategie (in der Drogenpolitik) ‖ ~ **cap** (Paper) / ein veraltetes Papierformat (8,5 x 13 bzw. 14 Zoll) ‖ ~ **chemistry** (Chem) / Gerichtschemie f, forensische Chemie, gerichtliche Chemie ‖ ~ **deposit** / Pflichthinterlegung f, Pflichtabgabe f (eines Pflichtexemplars an öffentliche Bibliotheken) ‖ ~ **entity** / juristische Person ‖ ~ **geology** (Geol) / forensische Geologie, Gerichtsgeologie f
**legally open communications system** (Comp) / juristisch offenes Kommunikationssystem ‖ ~ **permitted** / zugelassen adj (z.B. Lebensmittelzusatzstoffe)
**legal medicine**\* (Med) / Gerichtsmedizin f, forensische Medizin, Rechtsmedizin f, gerichtliche Medizin ‖ ~ **metrology** / gesetzliches Messwesen ‖ ~ **permission** (Nut) / Zulassung f (im Lebensmittelrecht) ‖ ~ **provisions** / gesetzliche Bestimmungen ‖ ~ **test** (Biochem, Med) / Legal-Test n (nach E. Legal, 1859 - 1922) ‖ ~ **test** (Ecol) / vom Gesetz vorgeschriebener Test zur Prüfung des Einhaltens von Auflagen ‖ ~ **titer** (Spinning, Textiles) / legaler Titer, Legaltiter m (Gewicht von 9000 m eines Garnes) ‖ ~ **unit** / gesetzliche Einheit (die im Messwesen amtlich zugelassen ist)
**legend**\* n (Typog) / Zeichenerklärung f, Legende f (erklärender Text), Bildunterschrift f (Legende)
**Legendre contact transformation** (Maths) / Legendre-Transformation f (eine spezielle Berührungstransformation) ‖ ~ **equation** (Maths) / Legendre-Differentialgleichung f (nach A.M. Legendre, 1752-1833) ‖ ~ **functions** (Maths) / Legendre'sche Funktionen (Lösungen der Legendre-Differentialgleichung) ‖ ~ **polynomial expansion** (Maths) / Entwicklung f nach Kugelfunktionen
**Legendre's differential equation**\* (Maths) / Legendre-Differentialgleichung f (nach A.M. Legendre, 1752-1833) ‖ ~ **elliptic integral** (Maths) / Legendre'sches Normalintegral
**Legendre•'s polynomials**\* (Maths) / Legendre-Polynome n pl (zonale Kugelfunktionen), Legendre'sche Polynome ‖ ~ **symbol** (Maths) / Legendre'sches Symbol (in der Zahlentheorie) ‖ ~ **transformation** (Maths) / Legendre-Transformation f (eine spezielle Berührungstransformation)
**legendrians** pl (Maths) / Legendre-Polynome n pl (zonale Kugelfunktionen), Legendre'sche Polynome
**legger** n (Textiles) / Strumpflängenmaschine f, Wirkmaschine f zur Herstellung von Längen
**legging** n / Fadenziehen n (bei getrennten Teilen an der Klebstelle) ‖ ~ **machine** (Textiles) / Strumpflängenmaschine f, Wirkmaschine f zur Herstellung von Längen
**leggings** pl (Textiles) / Leggings pl (Strumpfhose ohne Füßlinge), Leggins pl
**legibility** n / Leserlichkeit f, Lesbarkeit f
**legible** adj / leserlich adj ‖ ~ (Instr) / lesbar adj, ablesbar adj
**legitimate recipient** (Telecomm) / berechtigter Empfänger ‖ ~ **user** (Comp) / berechtigter Benutzer, autorisierter Benutzer

**leg length**

**leg length** (Welding) / Flankenbreite f ‖ ~ **rest** (Autos) / Beinstütze f (bei Kindersitzen) ‖ **~-room** n (Autos, Eng) / Wirkraum m der Beine, Beinraum m, Beinfreiheit f (z.B. im Fond, am Sitzarbeitsplatz) ‖ ~ **spring** (Eng) / biegebeanspruchte Schraubenfeder, Schenkelfeder f, Schraubenverdrehfeder f ‖ ~ **support** (Autos) / Beinstütze f (bei Kindersitzen)
**legume silage** (Agric) / Leguminosensilage f
**Leguminosae*** pl (Agric, Bot) / Leguminosen f pl, Leguminosae pl, Hülsenfrüchtler m pl
**leg wire** (Mining) / Zünderdraht m
**Lehigh jig** (Min Proc) / Kolbensetzmaschine f (für Anthrazit)
**lehr*** n (Glass) / Bandentspannungsofen m, Bandkühlofen m, Kühlbahn f (ein Entspannungsofen) ‖ ~ **belt** (continuous) (Glass) / Kühlband n ‖ ~ **loader** (a machine which places and spaces glassware on a continuous lehr belt) (Glass) / Kühlofenbeschicker m, Eintragmaschine f (für den Bandentspannungsofen)
**Leibniz's rule** (Maths) / Leibniz'sche Formel (eine Verallgemeinerung der Produktregel - nach G.W. Leibniz, 1646 - 1716)
**Leicester wool** (Textiles) / englische Wolle erster Qualität
**Leidenfrost's phenomenon** (Phys) / Leidenfrost'sches Phänomen (Ausbildung einer wärmedämmenden Dampfschicht zwischen nicht gasförmigen Stoffen mit sehr großem Temperaturunterschied - nach J.G. Leidenfrost, 1715-1794)
**Leipzig yellow** (Paint) / Kölner Gelb, Leipziger Gelb, Chromgelb n, Neugelb n, Pariser Gelb (eine Malerfarbe)
**leisure accommodation vehicle** (Autos) / bewohnbares Freizeitfahrzeug ‖ ~ **centre** / Freizeitanlage f, Freizeitzentrum n
**leisurewear** n (casual clothes designed to be worn for leisure activities, particularly tracksuits and other sportswear) (Textiles) / legere Kleidung ‖ ~ (Textiles) s. also casual wear
**LEL** (lower explosive limit) (Chem, Mil) / untere Explosionsgrenze
**L-electron capture** (Nuc) / L-Einfang m (ein Elektroneneinfang)
**L.E.M.** (lunar excursion module) (Space) / Mondlandeeinheit f, Mondlandefähre f, Mondlandegerät n, Mondfähre f
**lem** (lunar excursion module) (Space) / Mondlandeeinheit f, Mondlandefähre f, Mondlandegerät n, Mondfähre f
**Lemberg solution** (which produces a violet stain on calcite but leaves dolomite unchanged) (Chem, Geol) / Lemberg-Reagens n (wässrige Lösung des Blauholzextrakts + Aluminiumchlorid)
**Lemberg's stain test*** (Geol) / Lemberg-Probe f
**lemma** n (pl. lemmata or lemmas) / Lemma n (pl. -ta) (Stichwort in einem Wörterbuch), Eintrag m (in einem Wörterbuch), Wortstelle f ‖ ~* (pl. lemmata or lemmas) (Maths) / Hilfssatz m, Lemma n (pl. -ta)
**lemniscate** n (Maths) / Bernoulli'sche Lemniskate, Lemniskate f (eine spezielle Cassini'sche Kurve), Bernoulli-Lemniskate f ‖ ~ **of Bernoulli*** (Maths) / Bernoulli'sche Lemniskate, Lemniskate f (eine spezielle Cassini'sche Kurve), Bernoulli-Lemniskate f ‖ ~ **of Gerono** (Maths) / Lemniskate f von Gerono (eine Cassini'sche Kurve), Geronos Lemniskate, Achterkurve f
**Lemoine point** (Maths) / Lemoine-Punkt m, Symmedianpunkt m (in dem sich die drei Symmedianen eines Dreiecks schneiden)
**lemon balm oil** (Pharm) / Melissenöl n (etherisches Öl aus den Blättern der Zitronenmelisse = Melissa officinalis L.) ‖ ~ **chips** (Nut) / Zitronengranulat n ‖ ~ **chrome** (Paint) / Kölner Gelb, Leipziger Gelb, Chromgelb n, Neugelb n, Pariser Gelb (eine Malerfarbe) ‖ ~ **chrome** (Paint) s. also lemon yellow ‖ ~ **essence** (Nut) / Citronenessenz f, Zitronenessenz f ‖ ~ **grass oil** (Chem) / Lemongrasöl n ( ein Grasöl von Cymbopogon-Arten - westindisches oder ostindisches), Sereh-öl n ‖ ~ **juice** (Nut) / Zitronensaft m ‖ ~ **oil** (Nut) / Zitronenöl n, Citronenöl n, Zitrusöl n, Citrusöl n
**lemon-press** (Nut) / Zitronenpresse f
**lemon shellac** (Join) / Blätterschellack m
**lemon-squeezer** n (Nut) / Zitronenpresse f
**lemon yellow** (a very pale yellow pigment made by precipitating barium chloride with sodium bichromate) (Paint) / Zitronengelb n ‖ ~ **yellow** (Paint) / Barytgelb n, Ultramaringelb n (BaCrO$_4$)
**Lempel-Ziv-Welch compaction** (a data compaction method that uses a VTVL or VTFL code - an improved form of Lempel-Ziv data compaction) (Comp) / LZW-Verfahren n, Lempel-Ziv-Welch-Algorithmus m
**lenacil** n (Bot, Chem) / Lenacil n (Herbizid - ein Uracil-Derivat), Lenazil n
**Lenard effect** (Phys) / Lenard-Effekt m ‖ ~ **rays** (Electronics) / Lenard-Strahlen m pl (Strahlen schneller Elektronen - nach P.E.A. Lenard, 1862-1947) ‖ ~ **tube** (Electronics) / Lenard-Röhre f, Katodenstrahlröhre f mit Lenard-Fenster
**length*** n (Comp) / Länge f (Wortlänge, Informationslänge) ‖ ~ (Maths) / Länge f (in Metern nach DIN 1301, T 1) ‖ ~ (of a vector) (Maths, Phys) / Betrag m (eines Vektors), Norm f (eines Vektors), Länge f ‖ ~ (Textiles) / Stofflänge f (einer gewebten Stoffbahn), Warenlänge f ‖ ~ **between perpendiculars*** (Ships) / Länge f in den Loten, L$_{pp}$ (Länge in den Loten), L$_L$ (Länge in den Loten) ‖ ~ **contraction*** (Phys) / Längenkontraktion f (in der speziellen Relativitätstheorie) ‖ ~ **dependence** / Längenabhängigkeit f
**length-diameter ratio** (Met) / Stauchgrad m, Stauchverhältnis n
**lengthen** v / verlängern v, längen v (DIN 8580) ‖ ~ (Leather) / verlängern v (Flotte)
**lengthening** n (Eng, Maths) / Verlängerung f, Längen n, Längenzunahme f (eine positive Dehnung) ‖ ~ **bar** (Instr) / Verlängerungsstück n ‖ ~ **joint** (Carp, Join) / Längsverband m (Verbindung zur Verlängerung von Hölzern), Längsverbindung f (z.B. Hakenblatt) ‖ ~ **piece** (Eng) / Ansatz m (Verlängerungsstück)
**length error** (Comp) / Längenfehler m ‖ ~ **fold** (Print) / Längsfalz m ‖ ~ **limit** / Längenbegrenzung f
**lengthman** n (pl. -men) (Civ Eng) / Straßenwärter m ‖ ~ (pl. -men) (Rail) / Streckenwärter m, Streckenläufer m
**length-measuring device** / Längenmessgerät n ‖ ~ **head** / Längenmesskopf m
**length of action** (US) (Eng) / Eingriffsstrecke f (in einer Radpaarung) ‖ ~ **of arc** (Maths) / Bogenlänge f ‖ ~ **of engagement** (Eng) / Verschraubungslänge f, Einschraublänge f (DIN 13), Einschraubtiefe f ‖ ~ **of fabric** (Textiles) / Stofflänge f (einer gewebten Stoffbahn), Warenlänge f ‖ ~ **of lap** (Welding) / Überlappungslänge f ‖ ~ **of lay*** (Cables, Eng, Telecomm) / Schlaglänge f (eines Seils) ‖ ~ **of path** (Nuc) / Weglänge f ‖ ~ **of path of contact** (GB) (Eng) / Eingriffsstrecke f (in einer Radpaarung) ‖ ~ **of run** (Bind) / Bindequote f ‖ ~ **of run** (Hyd Eng) / Flussweg m (in Kilometern) ‖ ~ **of scale** (Instr) / Skalenlänge f (zwischen Skalenanfang und Skalenende (DIN 1312, T 1)) ‖ ~ **of tear** (Textiles) / Einreißlänge f ‖ ~ **of travel** (Eng) / Verfahrweg m (z.B. des beweglichen Maschinentisches) ‖ ~ **of unthreaded shank** (Eng) / Schaftlänge f (bei Schrauben mit Teilgewinde, ohne Gewindeauslauf) ‖ ~ **of virus code** (Comp) / Länge f des Viruscodes n ‖ ~ **overall*** (Ships) / Länge f über alles (vom vordersten bis zum hintersten festen Punkt des Schiffs), L$_{OA}$ (Länge über alles), L.ü.a. (Länge über alles) ‖ ~**-preserving** adj / längentreu adj ‖ ~**-preserving** s. also equidistant ‖ ~ **register** (Print) / Umfangsregister n (Veränderung der Papierbahnlänge zwischen zwei Druckwerken mittels Schwenkwalzen)
**lenitic** adj (Biol, Ecol) / stagnikol adj (stehende Gewässer bewohnend)
**Lennard-Jones potential*** (Chem) / Lennard-Jones-Potential n (das sowohl für Anziehungs- als auch für Abstoßungskräfte ein Potenzgesetz annimmt - nach Sir J.E. Lennard-Jones, 1894-1954)
**leno** n (Textiles) / Gazegewebe n, Drehergewebe n (zartes, durchsichtiges oder poröses Gewebe in Dreherbindung, z.B. Etamine, Gaze, Marquisette oder Madras) ‖ ~ **fabric** (Textiles) / Gazegewebe n, Drehergewebe n (zartes, durchsichtiges oder poröses Gewebe in Dreherbindung, z.B. Etamine, Gaze, Marquisette oder Madras) ‖ ~ **heald** (Weaving) / Dreherlitze f ‖ ~ **heddle** (Weaving) / Dreherlitze f ‖ ~ **loom** (Weaving) / Dreherwebmaschine f ‖ ~ **weave** (Weaving) / Dreherbindung f (bei der außer den Kettfäden Dreherkettfäden eingezogen sind)
**lens*** n (Electronics) / Linse f (die die aus dem Hornstrahler austretende kugelförmige Wellenfront in eine ebene Wellenfront verwandelt) ‖ ~ (Geol) / Linse f (beidseitig auskeilender Gesteinskörper), Gesteinslinse f ‖ ~* (Optics, Photog) / Objektiv n ‖ ~* (Optics, Photog, Physiol) / Linse f ‖ ~ (Geol) s. also lenticle ‖ ~ **adapter** (Cinema, Photog) / Objektivvorsatz m ‖ ~ **angle** (Cinema, Photog) / Aufnahmewinkel m, Kamerawinkel m ‖ ~ **antenna*** (with an antenna pattern determined by an electromagnetic lens) (Electronics, Radar) / Linsenantenne f ‖ ~ **aperture** (Optics) / Objektivöffnung f, freie Öffnung ‖ ~ **attachment** (Cinema, Photog) / Objektivvorsatz m ‖ ~ (optical) **axis** (Optics) / Linsenachse f ‖ ~ **barrel*** (Photog) / Objektivtubus m ‖ ~ **blank** (Optics) / Presslinse f, Linsenrohling m, Linsenpressling m ‖ ~ **brush** (Photog) / Objektivpinsel m ‖ ~ **cap*** (Photog) / Objektivdeckel m ‖ ~ **changing** (Optics, Photog) / Objektivwechsel m ‖ ~ **coating** (Cinema, Optics, Photog) / Entspiegelung f (zur Reflexminderung), Vergütung f (der gegen Luft stehenden Linsenoberfläche) ‖ ~ **coating** (Cinema, Photog) s. also antireflection coating ‖ ~ **design** (Optics) / Linsenberechnung f ‖ ~ **design** (Optics) / Linsenberechnung f ‖ ~ **element** (Optics) / Objektivglied n, Einzellinse f (in einem Objektiv), Glied n (eines Objektivs), Teil m (eines Objektivs) ‖ ~ **equation** (Light, Maths) / Linsenformel f (Zusammenhang zwischen den Krümmungsradien, der Dicke und der Brechzahl einer Linse einerseits und der Brennweite sowie der Lage der Hauptpunkte usw. andererseits), Linsengleichung f ‖ ~ **formula** (Light, Maths) / Linsenformel f (Zusammenhang zwischen den Krümmungsradien, der Dicke und der Brechzahl einer Linse einerseits und der Brennweite sowie der Lage der Hauptpunkte usw. andererseits), Linsengleichung f ‖ ~ **grinding*** (Glass, Optics) / Linsenschleifen n ‖ ~ **hood*** (Cinema, Photog) / Gegenlichtblende f, Sonnenblende f
**lensing** n (Geol) / Auskeilen n (einer Schicht)

**lensing-out** *n* (Geol) / Auskeilen *n* (einer Schicht)
**lenslike** *adj* (Min) / linsenförmig *adj*, lentikulär *adj*
**lens mount** (Optics) / Objektivfassung *f* ‖ ~ **mount*** (Photog) / Linsenfassung *f* ‖ ~ **mount*** (Photog) / Objektivanschluss *m* ‖ ~ **mounting** (Photog) / Objektivanschluss *m* ‖ ~ **mounting** (Photog) / Linsenfassung *f* ‖ ~ **of fixed focal length** (Photog) / Fixfokusobjektiv *n* (mit unveränderlicher Entfernungseinstellung auf den Hyperfokalpunkt seiner größten Blendenöffnung) ‖ ~ **panel** (Optics, Photog) / Objektivstandarte *f*, Objektivbrett *n* ‖ ~ **performance** (Photog) / Objektivleistung *f* ‖ ~ **shade** (Cinema, Photog) / Gegenlichtblende *f*, Sonnenblende *f* ‖ ~ **speed** (Optics, Photog) / Objektivlichtstärke *f* ‖ ~ **stop** (Optics) / Objektivblende *f* ‖ ~ **system** (Optics) / mehrgliedriges optisches System, Optik *f* (eines Geräts), Linsensystem *n* ‖ ~ **tissue** (Optics, Paper) / Linsenpapier *n* (zum Reinigen von Objektiven)
**lens-to-image distance** (Optics, Photog) / Objektiv-Bild-Abstand *m*
**lens turret** (Cinema, TV) / Objektivrevolver *m*
**lenthionin** *n* (Chem) / Lenthionin *n* (1,2,3,5,6-Pentathiepan)
**lentic*** *adj* (Biol, Ecol) / stagnikol *adj* (stehende Gewässer bewohnend) ‖ ~* (Ecol) / lentisch *adj*, lemtisch *adj*, stehend *adj* (Wasser)
**lenticel** (For) / Lentizelle *f* (Rindenpore)
**lenticle*** *n* (Geol) / Linsenschicht *f*
**lenticular*** *adj* (Min) / linsenförmig *adj*, lentikulär *adj* ‖ ~ **cloud** (Meteor) / linsenförmige Wolke, Lentikulariswolke *f*, Leewellenwolke *f* ‖ ~ **girder** (Civ Eng) / Linsenträger *m* (Fachwerk mit fischbauchartig gekrümmtem Ober- und Untergurt), Pauli-Träger *m*
**lenticularis** *n* (pl. -res) (Meteor) / linsenförmige Wolke, Lentikulariswolke *f*, Leewellenwolke *f*
**lenticular screen** (Cinema) / geprägte Bildwand (die projiziertes Licht mit einer stark ausgeprägten Vorzugsrichtung reflektiert) ‖ ~ **truss** (Civ Eng) / Linsenträger *m* (Fachwerk mit fischbauchartig gekrümmtem Ober- und Untergurt), Pauli-Träger *m* ‖ ~ **vein** (Geol) / Linsengang *m*
**lentil** *n* (Nut) / Linse *f* (Lens culinaris Medik.)
**Lentz valve gear*** (Eng) / Lentz-Steuerung *f*
**Lenz's law*** (Elec Eng) / Lenz'sche Regel, Lenz'sches Gesetz (von H.F.E. Lenz, 1804-1865, aufgestellt)
**LEO*** (low-Earth orbit) (Space) / erdnaher Orbit (eines Satelliten), erdnahe Bahn
**leonine spun** (Textiles) / leonisches Gespinst (aus leonischen Fäden)
**leopard moth** (For, Zool) / Blausieb *n* (Zeuzera pyrina L.), Kastanienbohrer *m*
**leopardwood*** *n* (For) / Letternholz *n*, Schlangenholz *n*, Buchstabenholz *n* (aus Piratinera guianensis Aubl.)
**LEP** (Large Electron Positron Collider) (Nuc) / Large-Elektron-Positron-Collider *m* (der größte Ringbeschleuniger der Welt - CERN in Genf), LEP (Large-Elektron-Positron-Collider)
**lepargylic acid** (Chem) / Azelainsäure *f*, Nonandisäure *f*
**lepidin** *n* (4-methylquinoline) (Chem) / Lepidin *n* (ein Methylchinolin)
**lepidoblastic** *adj* (Geol) / lepidoblastisch *adj* (Gefüge von metamorphen Gesteinen)
**lepidocrocite*** *n* (Min) / Lepidokrokit *m*, Rubinglimmer *m* (Eisenoxidhydroxid)
**lepidolite*** *n* (Min) / Lepidolith *m* (ein Lithionglimmer), Lithionit *m*
**lepidomelane*** *n* (Min) / Lepidomelan *m* (magnesiumarmer, sehr eisenreicher Glimmer), Eisenglimmer *m*
**lepidopteran*** *n* (Biochem) / Lepidopteran *n* (antibakteriell wirkendes Peptid)
**leptin** *n* (a protein produced by fatty tissue which is believed to regulate fat storage in the body) (Biochem) / Leptin *n*, Ob-Protein *n*
**leptino** *n* (Nuc) / Leptino *n*
**leptite*** *n* (Geol) / Leptit *m* (feinkörniger präkambrischer Gneis)
**leptokurtic curve** (Maths, Stats) / leptokurtische Verteilungskurve, Verteilungskurve *f* mit positivem Exzess ‖ ~ **distribution** (Stats) / leptokurtische Verteilung, hochgipflige Verteilung
**leptokurtosis** *n* (Maths, Stats) / leptokurtische Verteilungskurve, Verteilungskurve *f* mit positivem Exzess
**leptom*** *n* (Bot, For) / Leptom *n* (der Siebteil des Leitbündels ohne mechanische Elemente)
**leptome*** *n* (Bot, For) / Leptom *n* (der Siebteil des Leitbündels ohne mechanische Elemente)
**lepton*** *n* (electron, positron, muon, tau lepton, neutrino) (Nuc) / Lepton *n* (ein Elementarteilchen) ‖ ~ **charge** (Nuc) / Leptonenzahl *f*, leptonische Ladung (ladungsartige Quantenzahl der Elementarteilchen) ‖ ~ **era** (Astron) / Leptonenära *f* (in der Big-Bang-Kosmologie) ‖ ~ **flavour** (Nuc) / Lepton-Flavour *m n*
**lepton-hadron symmetry** (Nuc) / Lepton-Hadron-Symmetrie *f*
**leptonic** *adj* (Nuc) / leptonisch *adj* ‖ ~ **decay** (Nuc) / leptonischer Zerfall
**lepton number*** (Nuc) / Leptonenzahl *f*, leptonische Ladung (ladungsartige Quantenzahl der Elementarteilchen)

**leptospirosis** *n* (Agric, Med) / Leptospirose *f* (weltweit verbreitete Infektionskrankheit, die durch parasitäre Serotypen der Gattung Leptospira hervorgerufen wird), Leptospireninfektion *f*, Leptospirenerkrankung *f*
**Lesbian cymatium** (Arch) / Cyma reversa *f*, stützendes steigendes Karnies, Karnies *n* (stützendes steigendes), Glockenleiste *f*
**lesene** *n* (Arch) / Lisene *f* (schwach vortretende, vertikale Mauerverstärkung ohne Basis und Kapitell zur Gliederung von Fassaden)
**leslie** *n* (Acous) / Lesley *n* (hauptsächlich durch Schallumlenkung mit Hilfe rotierender Lautsprecher oder einer um einen Lautsprecher rotierenden Trommel bewirktes Vibrato), Leslie *n* ‖ ~ **matrix model*** (Ecol) / Leslie-Matrizenmodell *n* (ein populationsdynamisches Modell)
**less-developed countries** (Geog) / wenig(er) entwickelte Länder, Schwellenländer *n pl*
**lessee** *n* / Leasingnehmer *m*
**lesser grain borer** (Agric, Zool) / Getreidekapuziner *m* (Rhizopertha dominica - ein Vorratsschädling an Getreide) ‖ ~ **pine shoot beetle** (For, Zool) / Kleiner Waldgärtner (Blastophagus minor L. - ein Forstschädling) ‖ ~ **surveying** (Surv) / Vermessungskunde *f* (in der die Krümmungsverhältnisse der Erde nicht berücksichtigt werden müssen), Feldmesskunde *f* ‖ ~ **triangulation** (Surv) / Triangulation *f* mit Netzen niedriger Ordnung, Kleintriangulation *f* ‖ ~ **wax moth** (Agric, Zool) / Kleine Wachsmotte (Achroia grisella)
**Lessing ring** (Chem Eng) / Lessing-Ring *m* (ein Keramik-Füllkörper)
**lessivage*** *n* (Agric, Bot, Geol) / Lessivierung *f* (des Bodens), Illimerisierung *f*, Tonverlagerung *f*
**lessivated** *adj* (Agric, Geol) / lessiviert *adj*, tonverarmt *adj*
**lessor** *n* / Leasinggeber *m* ‖ ~ / Verpächter *m*
**less-probable symbol** (Comp, Telecomm) / Symbol *n* mit geringerer Wahrscheinlichkeit
**less-than-carload freight** (US) (Rail) / Stückgut *n*
**less than or equal (to)** (Maths) / kleiner oder gleich, kleiner gleich, KLG (kleiner oder gleich)
**less-than symbol** (Maths) / Kleiner-Zeichen *n*
**less-than-truck load** (US) / kleiner als eine LKW-Ladung
**less volatile component** (Chem) / Phlegma *n* (bei der Destillation)
**LET** (letter shift character) (Comp) / Buchstabenumschaltzeichen *n*, Zeichen *n* "Umschaltung Buchstaben" ‖ ~* (linear energy transfer) (Nuc) / lineares Energieübertragungsvermögen (Größe zur Beschreibung der lokalen Energieübertragung), lineare Energieübertragung, LET (lineare Energieübertragung), LEÜ (lineares Übertragungsvermögen)
**let down** *v* / herablassen *v* ‖ ~ **down** (Eng, Met) / anlassen *v* (DIN EN 10 052) ‖ ~ **down** (Textiles) / auslassen *v* (Saum) ‖ ~**-down path** (Aero) / Sinkflugweg *m* ‖ ~ **drag** (Autos) / schleifen lassen (Kupplung)
**lethal*** *adj* (Biol) / letal *adj*, tödlich *adj* ‖ ~ **dose 50** (Med) / semiletale Dosis, halbletale Dosis, L.D.$_{50}$ (tödliche Dosis für 50% der Versuchstiere - charakteristische Größe bei der Prüfung von Arzneimitteln), DL$_{50}$, mittlere Letaldosis ‖ ~ **dose** (Med) / Letaldosis *f*, Dosis *f* letalis, letale Dose, LD, DL
**lethality** *n* (Med, Stats) / Sterblichkeit *f*, Letalität *f* (Anzahl der Todesfälle in der definierten Zeiteinheit)
**lethal rate** (Nut) / Abtötungsrate *f* (z.B. bei der Pasteurisation)
**lethargy** *n* (of neutrons)* (Nuc) / Lethargie *f* (natürlicher Logarithmus des Verhältnisses der Bezugsenergie zur Momentanenergie eines Neutrons - DIN 25401, T 2)
**let-in** *n* (Build) / genutete Treppenwange (der Holztreppe), gestemmte Treppenwange ‖ ~ **area** (Comp) / Auftragsstauraum *m* (DIN 66200, T1)
**let off** *v* / ablaufen lassen (Wasser)
**let-off motion*** (Weaving) / Kettfadenablassvorrichtung *f*, Kettenspannungsregler *m*
**let out** *v* / ablaufen lassen (Wasser) ‖ ~ **out** (Textiles) / auslassen *v* (Saum)
**let-out area** (Comp) / Ausgabestauraum *m* (DIN 66200, T 1)
**letovicite** *n* (Min) / Letovicit *m* (ein wasserfreies Sulfat mit sehr großen Kationen)
**let slip** (Autos) / schleifen lassen (Kupplung)
**letter** *v* / beschriften *v* (eine Zeichnung nach DIN 16 und 17) ‖ ~ *n* / Brief *m* ‖ ~ (Comp) / Mengenvariable *f* (in PASCAL) ‖ ~ (Comp, Typog) / Schriftzeichen *n* (DIN 66203), Bildzeichen *n* (DIN 30600) ‖ ~ (Typog) / Buchstabe *m*, alphabetisches Zeichen *n* ‖ ~ **acid** (Chem) / Buchstabensäure *f* (eine Gruppe von Sulfonsäuren der Naphthalin-Reihe, deren Trivialnamen aus einem Buchstaben als Präfix und -säure gebildet werden) ‖ ~ **combination** / Buchstabenkombination *f* ‖ ~ **cutting** (Typog) / Schriftschnitt *m* (Tätigkeit)
**letter-folding machine** / Brieffaltmaschine *f*
**letter for dimension(ing)** / Maßbuchstabe *m* (DIN 406, T 2)
**letterhead** *n* / Briefkopf *m*

**letter-heading**

**letter-heading** n / Briefkopf m
**lettering** n / Beschriftung f (der Zeichnungen nach DIN 16 und 17) || ~ (Print) / Schriftbild n (im Allgemeinen) || ~ **pen** / Zeichenfeder f (für technische Zeichnungen), Schreibfeder f (Zeichenfeder) || ~ **pen** (tubular) / Trichterfeder f (mit Federdraht und Röhrchen), Schablonenfeder f || ~ **stencil** / Schriftschablone f || ~ **style** (Print) / Plakatschrift f
**letter metal** (Met, Typog) / Schriftmetall n (historische Bezeichnung - meistens Bleilegierung mit Antimon), Letternmetall n (DIN 1728) || ~ **of credit** / Kreditbrief m (ein Zahlungsversprechen eines Kreditinstituts), Akkreditiv n || ~ **of indemnity** / Indemnitätsbrief m (im Außenhandelsgeschäft gebräuliche Form der Konnossementsgarantie) || ~ **of intent** / Kaufabsichtserklärung f, Absichtserklärung f
**letter-opening machine** / Brieföffnungsmaschine f, Brieföffnermaschine f
**letter-perfect printer** (Comp) / Schönschreibdrucker m (heute nur eine historische Benennung), Briefqualitätsdrucker m, Drucker m mit Korrespondenzqualität
**letterpress*** n (Print) / Buchdruck m, Hochdruck m || ~* (Typog) / Text m (der eigentliche Inhalt von Büchern, im Gegensatz zur Titelei, zum Bildanhang usw.), Grundschriftteil m || ~ **ink** (Print) / Buchdruckfarbe f || ~ **rotary press** (Print) / Hochdruckrotation f, Buchdruckrollenrotation f
**letter-quality printer** (Comp) / Schönschreibdrucker m (heute nur eine historische Benennung), Briefqualitätsdrucker m, Drucker m mit Korrespondenzqualität
**letterset printing*** (Print) / Letterset n, Hochoffset n, indirekter Hochdruck, Trockenoffset n (von einer Hochdruckform über einen Gummizylinder auf das Papier)
**letters-figures recognizer** (Comp) / Bu-Zi-Auswerteschaltung f
**letter shift character** (Comp) / Buchstabenumschaltzeichen n, Zeichen n "Umschaltung Buchstaben" || ~ **sizes*** (Eng) / buchstabengekennzeichnete Bohrerabmessungen (Reihen von 0,234 bis 0,413 in.)
**letter-sorting unit** / Briefsortieranlage f
**letter-space** v (Typog) / spationieren v, sperren v
**letter-spacing** n (Print, Typog) / Spationierung f, Sperren n, Sperrung f || ~ **instruction** (Comp) / Spationierbefehl m
**letter string** (Comp) / Buchstabenfolge f
**letterwood*** n (For) / Letternholz n, Schlangenholz n, Buchstabenholz n (aus Piratinera guianensis Aubl.)
**let through** v / durchlassen v (Licht, Wärme)
**letting down*** (Aero) / Sinkflug m (beim Anflug) || ~ **down*** (Eng, Met) / Anlassen n (DIN EN 10 052)
**lettuce-green** adj / salatgrün adj
**let up** v / nachlassen v (Sturm, Regen)
**Leu** (leucine) (Biochem, Nut) / L-Leuzin n (eine essentielle Aminosäure), Leucin n, Leu (Leucin)
**LEU** (low-enriched uranium) (Nuc Eng) / schwach angereichertes Uran
**leucaenin** n (Agric, Chem) / Mimosin n (auch als Enthaarungsmittel bei Schafen eingesetzt), Leucenol n, Leucenin n
**leucaenol** n (Agric, Chem) / Mimosin n (auch als Enthaarungsmittel bei Schafen eingesetzt), Leucenol n, Leucenin n
**leucenine** n (Agric, Chem) / Mimosin n (auch als Enthaarungsmittel bei Schafen eingesetzt), Leucenol n, Leucenin n
**leucenol** n (Agric, Chem) / Mimosin n (auch als Enthaarungsmittel bei Schafen eingesetzt), Leucenol n, Leucenin n
**Leuchs anhydride** (Biochem) / Leuchs-Anhydrid n (bei der Peptidsynthese), Leuchs'scher Körper
**leucine** (Biochem, Nut) / L-Leuzin n (eine essentielle Aminosäure), Leucin n, Leu (Leucin) || **L-~** (Biochem, Nut) / L-Leuzin n (eine essentielle Aminosäure), Leucin n, Leu (Leucin) || ~ **zipper** (Gen) / Leucin-Reißverschluss m, Leuzin-Reißverschluss m
**leucite*** n (Min) / Leuzit m (Kaliumalumodisilikat), Leucit m (ein Feldspatvertreter)
**leucitohedron** n (pl. -hedrons or -hedra) (Crystal, Maths) / Leuzitoeder n, Leucitoeder n (Vierundzwanzigflächner mit Deltoiden als Begrenzungsflächen)
**leucitophyre*** n (Geol) / Leuzitophyr m
**Leuckart reaction** (Chem) / Leuckart-Reaktion f (Spaltung aromatischer Xanthogensäureester mit alkoholischer Kalilauge zu Thiophenolen), Xanthogenatspaltung f (nach R. Leuckart) || ~ **reaction** (Chem) s. also Eschweiler-Clarke reaction
**Leuckart-Wallach reaction** (Chem) / Leuckart-Wallach-Reaktion f, Leuckart-Reaktion f (reduktive Alkylaminierung von Carbonylverbindungen in Gegenwart von Ameisensäure)
**leuco-base*** n (Chem) / Leukobase f (Reduktionsprodukt der Triarylmethanfarbstoffe)
**leuco-compound*** n (Chem) / Leukoverbindung f (Reaktionsprodukt von Küpenfarbstoffen)

**leucocratic*** adj (Geol) / leukokrat adj (Gesteine, bei denen helle Bestandteile vorherrschen)
**leucocyte** n (Physiol) / Leukozyt m, weißes Blutkörperchen
**leucoindigo** n (Chem) / Leukoindigo m n, Indigoweiß n, Leukindigo m n, Indigweiß n
**leucometer** n / Leukometer n (Gerät zur fotoelektrischen Messung des Reflexionsgrades weißer oder heller Objekte, zur Ermittlung des Weißgrades beim Porzellan und der Transparenz des Papiers)
**leucoplast*** n (Bot) / Leukoplast m (fotosynthetisch inaktives, farbloses Chromatophor)
**leucopterin** n (Chem) / Leukopterin n (Pigmentstoff des Kohlweißlings)
**leukobase** n (Chem) / Leukobase f (Reduktionsprodukt der Triarylmethanfarbstoffe)
**leukocompound** n (Chem) / Leukoverbindung f (Reaktionsprodukt von Küpenfarbstoffen)
**leukocyte** n (US) (Physiol) / Leukozyt m, weißes Blutkörperchen
**leukotrienes*** pl (Biochem, Med) / Leukotriene n pl (hormonartig wirkende Peroxidationsprodukte), LT
**leurocristine** n (Pharm) / Vincristin n (ein Vincaalkaloid - 22-Oxo-vinblastin), Leurocristin n, VCR (Vincristin), LCR (Leurocristin)
**levallorphan** n (Pharm) / Levallorphan n (ein Antidot bei Morphinvergiftungen)
**levamisole** n (Pharm) / Levamisol n (ein Anthelmintikum und Immunstimulans)
**Levant** n (Leather) / levantiertes Saffianleder || ~ (Leather) s. also boarding
**Levant-grained goatskin** (Leather) / levantiertes Saffianleder
**levantine** n (Textiles) / Levantine f (dichtes Gewebe aus Chemiefasern in Köperbindung, besonders für Steppdeckenbezüge, als Futter- und Kleiderstoff) || ~ **sponge** / Levantinerschwamm m (feiner becherförmiger Schwamm)
**Levant sponge** / Levantinerschwamm m (feiner becherförmiger Schwamm) || ~ **storax** (Pharm) / Türkischer Styrax (aus dem Orientalischen Amberbaum - Liquidambar orientalis Mill.)
**levee** v (Hyd Eng) / eindeichen v (einen Fluss) || ~ n (Civ Eng, Hyd Eng) / Damm m (Abgrenzung einer Baustelle gegen offenes Wasser) || ~* (US) (Hyd Eng) / Flussdeich m || ~* (US) (Ships) / Landestelle f, Landeplatz m, Schiffslände f
**levée** n (Civ Eng, Hyd Eng) / Damm m (Abgrenzung einer Baustelle gegen offenes Wasser)
**levee bank** (Hyd Eng) / Flussdeich m
**level** v / abstreichen v (Löffel), abstreifen v (Löffel) || ~ (by pumping) (Autos) / auf Niveau hochpumpen || ~ (Chem, Leather, Textiles) / egalfärben v, egalisieren v || ~* (Civ Eng) / einebnen v, eben machen, ebnen v, planieren v, nivellieren v, applanieren v || ~ (Eng) / einen Füllstand messen (Eng, Met) / richten v (Blech,Stab,Rohr), geradrichten v, planieren v (Blech) || ~ (Foundry) / abstreichen v (mit einer Abstreichlatte), glatt streichen v || ~ (Paint) / verlaufen v || ~ (Paint) / vertreiben v || ~ (Surf) / einebnen v (mittels einebnender Elektrolyte) || ~* (Surv) / nivellieren v, einnivellieren v || ~ (Surv) / horizontieren v (geodätische Instrumente) || ~* n / Niveau n, Stand m (Niveau), Level m || ~ / Horizontalebene f, Horizontale f (eine Ebene) || ~* (Acous) / Lautstärke f || ~* (Acous, Telecomm) / Pegel m (Angabe von Strom-, Spannungs-, Schall- oder Leistungsverhältnissen im logarithmischen Maß - DIN 5493) || ~ (Build) / Richtwaage f (Gerät zur Bestimmung kleiner Abweichungen von der Waagerechten - DIN 877) || ~* (Civ Eng, Maths) / ebene Fläche, Ebene f || ~ (Comp) / Ebene f (in der Rechnerhierarchie) || ~ (Comp) / Level m (Spielebene mit ansteigendem Schwierigkeitsgrad, besonders bei Computerspielen) || ~ (Comp) / Stufe f (COBOL) || ~* (Eng, Hyd Eng) / Füllstand m, Füllhöhe f, Spiegel m, Pegelstand m, Standhöhe f || ~* (Mining) / Sohle f (des Grubengebäudes), Stockwerk m (im Grubenfeld - z.B. die 700-m-Sohle) || ~ (Mining) / Grundstrecke f, Sohlstrecke f || ~ (of containment) (Nuc Eng) / Maß n an Sicherheitsvorkehrungen (bei Containment) || ~* (Nuc Eng, Phys) / Niveau n || ~* (of energy) (Phys) / Energieniveau n || ~ (Radio) / Pegel m || ~* (Surv) / Nivelliergerät n, Nivellier n (DIN 18718) || ~ (Surv) / Geländehöhe f, Bodenhöhe f || ~ (Surv) / Kote f || ~* (Teleph) / Gruppenschritt m (EMD-Wähler), Höhenschritt m (Hebdrehwähler) || ~ adj / eben adj || ~ adj (Textiles) / gleichmäßig adj (Färbung) || ~ attr / horizontal adj, waagerecht adj || ~ (Mining) / söhlig adj (ohne Einfallen), horizontal adj (verlaufend) || **5%-~** (Stats) / Grenzdifferenz f, GD (Grenzdifferenz) || **no-adverse-effect ~** (Chem, Med) / No-observed-adverse-Effect-Level m (höchste Dosis oder Konzentration eines Stoffes, die ohne schädliche Wirkung bleibt; Dosis f ohne schädliche Wirkung (Toleranzwert bei Pestiziden) || ~ **addition** (Acous) / Pegeladdition f || ~ **book** (Surv) / Vermessungsheft n || ~ **canal*** (Hyd Eng) / schleusenloser Kanal
**level-compounded** adj (Elec Eng) / mit Reihenschluss, mit Reihenschlusswicklung

**level-compound excitation** (Elec Eng) / Flachverbunderregung *f*, ausgeglichene Verbunderregung, Verbunderregung *f* für gleichbleibende Spannung
**level conversion** (Elec Eng) / Pegelumsetzung *f* ‖ ~ **course** (Geol, Mining) / Streichen *n* (Richtung, die die Schnittlinie einer Lagerstätte mit der Horizontalebene hat), Streichrichtung *f* (rechtwinklig zum Einfallen) ‖ ~ **crossing** (Rail) / Wegübergang *m* (höhengleicher Bahnübergang), schienengleicher Bahnübergang, Bahnübergang *m* (höhengleiche Kreuzung)
**level-crossing distribution** (Radio) / Klassendurchgangsverteilung *f* (eine spezielle Art von Amplitudenverteilung)
**level crossing with barrier or gate ahead** (Autos, Rail) / beschrankter Bahnübergang (ein Verkehrszeichen) ‖ ~ **crossing without barrier or gate ahead** (Autos, Rail) / unbeschrankter Bahnübergang (ein Verkehrszeichen) ‖ ~ **difference** (Phys) / Pegeldifferenz *f* ‖ ~ **distribution** (Acous) / Schallpegelhäufigkeitsverteilung *f*, Pegelhäufigkeitsverteilung *f*
**leveler** *n* (US) (Agric) / Ackerschleppe *f*, Ackerschleife *f* (ein Bodenbearbeitungsgerät) ‖ ~ (US) (Civ Eng) / Flachbagger *m* (Gerät, das großflächig anstehende Bodenmassen mit einem Schneidmesser oder einer Pflugschar in dünnen Schichten parallel zur Oberfläche abträgt) ‖ ~ (US) (Eng, Met) / Richtapparat *m*, Rollenrichtapparat *m* (in der Blechbearbeitung) ‖ ~ (US) (Surf) / Streckgerüst *n* (der Bandverzinkungsanlage) ‖ ~ (US) (Surf) / Abstreifer *m* (beim Schmelztauchmetallisieren)
**level fixing** (Phys) / Festlegung *f* des Pegels ‖ ~ **flight** (Aero) / Horizontalflug *m* ‖ ~ **flying speed** (Aero) / Horizontalgeschwindigkeit *f* ‖ ~ **indicator** (Acous, Telecomm) / Pegelmesser *m* (ein Verstärkervoltmeter) ‖ ~ **indicator** (Comp) / Stufenbezeichnung *f* (COBOL) ‖ ~ **indicator** (Eng) / Niveauanzeiger *m*, Pegelstandanzeiger *m*, Höhenstandanzeiger *m*, Füllstandsanzeiger *m* ‖ ~ **indicator** (Eng) / Füllungsgradanzeiger *m* (Bunker)
**leveling** *n* (US) (Bind) / Egalisierfräsen *n* ‖ ~ (US) (Chem, Leather, Textiles) / Egalfärbung *f*, Egalisierung *f* (gleichmäßiges Anfärben) ‖ ~ (US) (Eng, Met) / Richten *n* (von Blech,Stab, Rohr), Richtarbeiten *f pl* ‖ ~ (US) (Foundry) / Abstreichen *n*, Glattstreichen *n* ‖ ~ (US) (Paint) / Verlauf *m* (eines noch flüssigen Anstriches, um Unebenheiten auszugleichen) ‖ ~ (US) (Paint) / Vertreiben *n* (Verteilen frisch aufgetragener Anstrichmittel mit weichhaarigen, langborstigen Pinseln, so genannten Vertreibern) ‖ ~ (US) (Surf) / Einebnung *f* (mittels einebnender Elektrolyte), Einebnen *n* ‖ ~ (US) (Surv) / Horizontierung *f* (des geodätischen Messinstruments) ‖ ~ (US) (Surv) / Nivellieren *n*, Nivellierung *f*, Nivellement *n* (ein Messverfahren zur Bestimmung von Höhenunterschieden im Gelände), Einnivellierung *f* ‖ ~ **machine** (US) (Eng, Met) / Richtapparat *m*, Rollenrichtapparat *m* (in der Blechbearbeitung)
**level landing** (Aero) / Zweipunktlandung *f*
**leveller** *n* (Chem, Leather, Textiles) / Egalisierungsmittel *n* (ein Hilfsmittel zur Förderung des gleichmäßigen Anfärbens), Egalisiermittel *n* ‖ ~ (Eng, Met) / Richtapparat *m*, Rollenrichtapparat *m* (in der Blechbearbeitung) ‖ ~ (Eng, Met) / Richtmaschine *f* (die Bleche richtet) ‖ ~ (Surf) / Streckgerüst *n* (der Bandverzinkungsanlage) ‖ ~ (Surf) / Abstreifer *m* (beim Schmelztauchmetallisieren) ‖ ~ (Surf) / einebnender Elektrolyt, Einebner *m* (Mittel, das die Abscheidung von galvanischen Überzügen bewirkt, die das Feinprofil der Oberfläche einebnen) ‖ ~ **roll** (Eng, Met) / Richtrolle *f*
**levelling** *n* (Bind) / Egalisierfräsen *n* ‖ ~ (Chem, Leather, Textiles) / Egalfärbung *f*, Egalisierung *f* (gleichmäßiges Anfärben) ‖ ~ (Eng, Met) / Richten *n* (von Blech,Stab, Rohr), Richtarbeiten *f pl* ‖ ~ (Foundry) / Abstreichen *n*, Glattstreichen *n* ‖ ~ (Paint) / Verlauf *m* (eines noch flüssigen Anstriches, um Unebenheiten auszugleichen) ‖ ~ (Paint) / Vertreiben *n* (Verteilen frisch aufgetragener Anstrichmittel mit weichhaarigen, langborstigen Pinseln, so genannten Vertreibern) ‖ ~ (Paint) / Verlauf *m* (eines noch flüssigen Anstriches, um Unebenheiten auszugleichen) ‖ ~ (Surf) / Einebnung *f* (mittels einebnender Elektrolyte), Einebnen *n* ‖ ~ (Surv) / Horizontierung *f* (des geodätischen Messinstruments) ‖ ~* (Surv) / Nivellieren *n*, Nivellierung *f*, Nivellement *n* (ein Messverfahren zur Bestimmung von Höhenunterschieden im Gelände), Einnivellierung *f* ‖ ~* (Surv) / Höhenmessung *f* (z.B. barometrische) ‖ ~ **accuracy** (Eng) / Haltegenauigkeit *f* (des Aufzugs) ‖ ~ **action** (Surf) / Einebnungswirkung *f* (z.B. eines Galvanisierelektrolyten) ‖ ~ **agent*** (Chem, Leather, Textiles) / Egalisierungsmittel *n* (ein Hilfsmittel zur Förderung des gleichmäßigen Anfärbens), Egalisiermittel *n* ‖ ~ **agent** (Paint) / Vertreiber *m* (das Nasslacken zu eben verlaufenden Filmen verhilft - DIN 55945), Ausgleichsmittel *n*, Verlaufverbesserer *m*, Verlaufhilfsmittel *n* ‖ ~ **agent** (Surf) / einebnender Elektrolyt, Einebner *m* (Mittel, das die Abscheidung von galvanischen Überzügen bewirkt, die das Feinprofil der Oberfläche einebnen) ‖ ~ **board** (Surv) / Setzlatte *f* (ein Gerät zur Aufmessung von Querprofilen in steilem Gelände) ‖ ~ **bottle** (Chem) / Niveauflasche *f* ‖ ~ **brush** (For, Paint) / Vertreiber *m* (breiter, weichhaariger Pinsel zum gleichmäßigen Verteilen und Aufnehmen nicht eingezogener Flüssigkeit nach dem Einstreichen oder Aufsprühen der Beize oder des Färbemittels) ‖ ~ **bulb*** (Chem) / Niveaukugel *f*, Niveaubirne *f* (der alten Gaspipetten) ‖ ~ **compound** (Build) / Ausgleichsschicht *f* (eine Estrichschicht), Estrich *m* (DIN 18 560), Ausgleichsestrich *m* (DIN 18 202-5) ‖ ~ **defect** (Paint) / Verlaufstörung *f* (wenn die Ebenheit der Lackschichtoberfläche nicht erreicht wurde) ‖ ~ **depth** (Eng) / Glättungstiefe *f*, RP, mittlere Rautiefe (DIN 4762) ‖ ~ **frame** (Textiles) / Egalisierrahmen *m* (DIN 64 990) ‖ ~ **machine** (Eng, Met) / Richtmaschine *f* (die Bleche richtet) ‖ ~ **machine** (Eng, Met) / Richtapparat *m*, Rollenrichtapparat *m* (in der Blechbearbeitung)
**levelling-off degree of polymerization** (Chem) / Levelling-off-Polymerisationsgrad *m*
**levelling plan** (Surv) / Kotenplan *m* (ein Feldaufnahmeblatt) ‖ ~ **plate** (Eng) / Ausgleichsstück *n* (eines Lagers) ‖ ~ **plate** (Eng, Met) / Richtplatte *f* ‖ ~ **rod** (Surv) / Nivellierlatte *f* (mit Strich- oder Felderteilung) ‖ ~ **screw** (Instr) / Nivellierschraube *f*, Horizontierschraube *f* ‖ ~ **screw** (Instr) s. also plate screw ‖ ~ **staff*** (Surv) / Nivellierlatte *f* (mit Strich- oder Felderteilung) ‖ ~ **stuff** (Build) / Nivelliermasse *f* ‖ ~ **to the horizon** (Surv) / Nivellierung *f* auf den Horizont
**level-luffing** *n* (Eng) / Wippen *n* (des Wippkrans mit horizontalem Lastweg)
**level•-luffing crane*** (Eng) / Wippdrehkran *m* (bei dem die Last beim Einzieren des Auslegers annähernd horizontal bleibt) ‖ ~ **mark** (Surv) / Nivellierzeichen *n* ‖ ~ **measuring set*** (Telecomm) / Pegelmesseinrichtung *f*, Pegelmessgerät *n* ‖ ~ **meter** (Acous, Telecomm) / Pegelmesser *m* (ein Verstärkervoltmeter) ‖ ~ **monitoring device** / Niveauwächter *m* (Grenzsignalgeber für Füllstand) ‖ ~ **multiple** (Teleph) / Höhenschrittvielfach *n* ‖ ~ **of abstraction** (AI) / Abstraktionsebene *f* ‖ ~ **of cellar** (basement) **floor** (Build) / Oberkante *f* Kellerdecke, OKD ‖ ~ **of error of the first kind** (Stats) / Irrtumswahrscheinlichkeit *f* (Wahrscheinlichkeit des Fehlers 1. Art) ‖ ~ **off** *v* / einpegeln *v* ‖ ~ **off** / abflachen *v* (Kurve, Konjunktur) ‖ ~ **off** (Aero) / vom Sink- oder Steigflug in den Geradeflug übergehen ‖ ~ **of integration** (Electronics) / Integrationsgrad *m*, Integrationsstufe *f* ‖ ~ **of invention** / Erfindungshöhe *f* ‖ ~ **of priority** / Prioritätsstufe *f* ‖ ~ **of saturation** / Sättigungsstufe *f* (im Farbsystem, nach DIN 6164) ‖ ~ **of service** (Telecomm) / Quality of Service (Verkehrsgüte, Dienstgüte), Verkehrsgüte *f*, QoS (Quality of Service), Dienstgüte *f* ‖ ~ **of significance** (Stats) / Signifikanzniveau *n* ‖ ~ **of stacking** / Stapelhöhe *f* (als Vorgabe) ‖ ~ **out** *v* (Aero) / vom Sink- oder Steigflug in den Geradeflug übergehen ‖ ~ **out** (Autos) / glätten *v* (verbeulte Blechstellen mit Hammer und Handfaust) ‖ ~ **out** (Paint) / vertreiben *v* ‖ ~ **out** (Paint) / verlaufen *v* ‖ ~ **recorder** (Hyd Eng) / Schreibpegel *m* (der mit einer Schreibeinrichtung zur fortlaufenden selbsttätigen Aufzeichnung des Wasserstandes ausgestattet ist), Pegelschreiber *m*, Limnigraf *m* ‖ ~ **rod** (US) (Surv) / Nivellierlatte *f* (mit Strich- oder Felderteilung) ‖ ~ **screen** / Plansieb *n* ‖ ~ **sensor** / Niveausensor *m* (ein Füllstandssensor) ‖ ~ **setting*** (Telecomm) / Basisklemmschaltung *f* ‖ ~ **shift stage** (IC design) (Electronics) / Pegelverschiebungsstufe *f* ‖ ~ **small caps*** (Typog) / Kapitälchen *n pl* (ohne Anfangsversal) ‖ ~ (editorial) **sync** (Cinema) / Schnittsynchronisierung *f* ‖ ~ **trier*** (Surv) / Libellenprüfer *m* ‖ ~ **tube*** (Build, Civ Eng) / Röhrenlibelle *f* (DIN 18718) ‖ ~ **turn** (Aero) / Horizontalkurve *f*
**lever** *v* (Eng) / mittels Hebel betätigen ‖ ~ *n* (Eng) / Hebebaum *m*, Beißer /A/ *m* ‖ ~ (Eng) / Schwinge *f* (ein Getriebeglied) ‖ ~ (Eng, Mech) / Hebebaum *m*, Beißer /A/ *m* ‖ ~* (Eng, Mech) / Hebel *m*
**leverage** *n* (Eng) / Hebelgestänge *n* ‖ ~ (Mech) / Kraftübertragung *f* (mittels Hebel), Hebelübersetzung *f* ‖ ~ (Mech) / Hebelwirkung *f*
**lever arm** (Eng, Mech) / Hebelarm *m* (Lastarm oder Kraftarm)
**lever-head mixer** / Einhebelmischer *m* (eine Entnahmearmatur)
**lever-lid can** / Eindrückdeckeldose *f*
**lever locking** (Eng) / Hebelarretierung *f* ‖ ~ **of first class** (Mech) / zweiarmiger Hebel, zweiseitiger Hebel (wenn Kraft und Last, vom Drehpunkt aus gesehen, auf verschiedenen Seiten des Hebels angreifen) ‖ ~ **of second class** (Mech) / einarmiger Hebel (mit Kraftangriff außerhalb des Lastangriffs), einseitiger Hebel (wenn Kraft und Last vom Drehpunkt aus gesehen auf derselben Seite des Hebels angreifen) ‖ ~ **of third class** (Mech) / Winkelhebel *m* ‖ ~ **of third class** (Mech) / einarmiger Hebel (bei dem der Kraftarm näher dem Drehpunkt liegt), einseitiger Hebel (bei dem der Kraftarm näher beim Drehpunkt liegt), einarmiger Hebel mit Lastangriff außerhalb des Kraftangriffs ‖ ~ **principle** (Mech, Met) / Hebelgesetz *n*, Hebelsatz *m* ‖ ~ **ratio** (Mech) / Übersetzungsverhältnis *n*, Hebelübersetzung *f* (eine Verhältniszahl) ‖ ~ **rule** (Phys) / Hebelgesetz *n* (für das Zustandsdiagramm) ‖ ~ **rule** (in a binary system) (Phys) / Hebelarmbeziehung *f* ‖ ~ **safety valve*** (Eng) / Sicherheitsventil *n* mit Hebelbelastung, Hebelsicherheitsventil *n* ‖ ~

**lever**

**lever scales** / Hebelwaage f (als Oberbegriff) ‖ ~ **shears** (Eng) / Hebelschere f mit Handantrieb, Handhebelschere f, Hebelblechschere f, Blechschere f mit Übersetzung ‖ ~ **switch** (Elec Eng) / Kellogg-Schalter m, Kipphebelschalter m, Kippschalter m, Tumbler-Schalter m ‖ ~ **system** (Eng) / Hebelgestänge n

**lever-type brush-holder** (Elec Eng) / Hebelbürstenhalter m, Schenkelbürstenhalter m ‖ ~ **closure bottle** / Bügelflasche f, Hebelflasche f ‖ ~ **starter**\* (Elec Eng) / Flachbahnanlasser m

**lever-wind**\* n (Photog) / Schnellaufzug m (Spannen des Verschlusses + Filmtransport + Weiterschaltung des Bildzählers durch Schwenken oder Niederdrücken des Schnellschalthebels)

**leviathan washer** (Textiles) / Leviathan m (alte Bezeichnung für große Wollwaschmaschinen)

**Levi-Civita parallel displacement** (Maths) / Levi-Civita-Parallelverschiebung f (nach T. Levi-Civita, 1873 - 1941) ‖ ~ **symbol** (Maths) / Levi-Civita-Tensor m, Epsilontensor m

**levigate** v / anschlämmen v, anteigen v ‖ ~ / schlämmen v (feinste Bestandteile aus einem körnigen Gut in fließendem Wasser herausspülen), abschlämmen v

**levigation**\* n (Chem Eng) / Elutriation f, Schlämmen n, Abschlämmen n, Auswaschen n, Ausschlämmen n

**levisticum oil** / Liebstockwurzelöl n, Liebstöckelöl n, Maggikrautöl n (aus der Wurzel von Levisticum officinale W.D.J. Koch)

**levitation** n (Elec Eng) / Schweben n (elektrodynamisches, elektromagnetisches) ‖ ~ (Min Proc) / Aufschwimmen n (der hydrophoben Erzbestandteile in einem Schaum an der Oberfläche) ‖ ~ **by permanent magnets** / permanentmagnetisches Schweben (in der Magnetfeld-Fahrtechnik) ‖ ~ **melting**\* (Met, Vac Tech) / Schwebeschmelzen n

**levitron**\* n (Nuc Eng) / Levitron n

**levodopa** n (Pharm) / L-Dopa n

**levopropoxyphene** n (Pharm) / Levopropoxyphen n

**levorotatory** adj (US) (Chem, Optics) / linksdrehend adj, l-drehend adj, lävogyr adj

**levorphanol** n (Pharm) / Levorphanol n (ein synthetisch zugängliches Morphinanderivat - verkehrsfähig, aber nicht verschreibungsfähig)

**levulinic acid** (US) (Chem) / Lävulinsäure f (4-Oxo-pentansäure)

**Lévy distribution** (Stats) / L-Verteilung f, Lévy-Verteilung f

**levyne**\* n (Min) / Levyn m (ein Mineral der Chabasit-Gruppe - Kalziumdialumotrisilikat mit typischer Käfigstruktur)

**levynite**\* n (Min) / Levyn m (ein Mineral der Chabasit-Gruppe - Kalziumdialumotrisilikat mit typischer Käfigstruktur)

**lewis** n (Build) / kleiner Wolf (zum Heben von härteren Steinen) ‖ ~\* (Build) / Wolf m, Steinwolf m (meistens zweiteilig) ‖ ~ **acid**\* (Chem) / Lewis-Säure f ‖ ~ **acidity** (Chem) / Azidität f nach Lewis ‖ ~ **acid site** (Chem) / Lewis-saures Zentrum n ‖ ~ **acid site** (Chem) / einsames Zentrum n ‖ ~ **base**\* (Chem) / Lewis-Base f (die Elektronenpaare zur Verfügung stellt - nach dem amerikanischen Physikochemiker G.N. Lewis, 1875-1946) ‖ ~ **basicity** (Chem) / Basizität f nach Lewis ‖ ~ **bit** (Carp) / Lewis-Bohrer m, Schlangenbohrer m mit ausgefrästem Kern ‖ ~ **bolt** (Civ Eng, Eng) / Klauenschraube f, Steinschraube f (zum Einmauern im Mauerwerk) ‖ ~ **bolt**\* (Civ Eng, Eng) / Klauenschraube f, Steinschraube f (zum Einmauern im Mauerwerk) ‖ ~ **formula** (Chem) / Lewis-Formel f, Lewis-Diagramm n, Lewis-Struktur f ‖ ~ **hole** / in die obere Lagerfläche des Werksteins eingearbeitetes Loch (für den kleinen Wolf) ‖ ~ **hole** (Mining) / Serie f nebeneinanderliegender Bohrlöcher (deren Rippen beseitigt wurden)

**lewisite**\* n (Chem) / Lewisit n (2-Chlorvinylarsindichlorid)

**Lewis key** (Eng) / Tangentialpassfeder f ‖ ~ **number** (Phys) / Lewis-Zahl f (das Verhältnis von Temperaturleitzahl zum Diffusionskoeffizienten) ‖ ~ **number** (Phys) s. also Prandtl number and Schmidt number

**lewisson** n (Build) / Wolf m, Steinwolf m (meistens zweiteilig)

**Lewis structure** (Chem) / Lewis-Formel f, Lewis-Diagramm n, Lewis-Struktur f

**lexical analyser** (Comp) / lexikalischer Analysierer ‖ ~ **analysis**\* (Comp) / lexikalische Analyse ‖ ~ **analyzer** (US) (Comp) / lexikalischer Analysierer ‖ ~ **binding** (AI) / lexikalische Bindung ‖ ~ **set** / Wortform n ‖ ~ **token** (Comp) / lexikalische Einheit ‖ ~ **unit** (Comp) / lexikalische Einheit

**lexicographic** adj (Comp) / lexikografisch adj

**lexicographical** adj (Comp) / lexikografisch adj ‖ ~ (Maths) / lexikografisch adj (Ordnung von Vektoren)

**lexicographic order** (Maths) / lexikografische Ordnung, Ordnung f nach ersten Differenzstellen

**Leyden jar**\* (Elec Eng) / Leidener Flasche, Kleist'sche Flasche (nach E.G.v. Kleist, 1700-1748)

**ley farming** (Agric) / Ackergrasbau m

**LF** (line feed) (Comp) / Zeilenvorschub m (DIN 66 303), Zeilenschritt m (Bewegung des Papiers senkrecht zur Schreibstelle um einen vorher eingestellten Zeilenabstand nach DIN 9757) ‖ ~ (light flint) (Glass) / Leichtflint n, Leichtflintglas n, LF (Leichtflint) ‖ ~ (low frequency) (Nav, Radio) / Niederfrequenz f (ein Frequenzbereich), NF (Frequenzbereich 30 - 300 kHz), Nf (Niederfrequenz) ‖ ~ **character** (Comp) / Zeilenvorschubzeichen n

**LFC mud** (Oils) / LFC-Spülung f

**LFER** (linear free energy relationship) (Chem) / Hansch-Analyse f (die quantitative Struktur-Wirkungs-Beziehungen ermittelt - nach C. Hansch, geboren 1918)

**LFE relation** (linear free enthalpy relation) (Chem, Phys) / lineare Freie-Enthalpie-Beziehung (z.B. in der Hammett- und Taft-Gleichung), LFEB

**LFO** (low-frequency oscillator) (Electronics) / Niederfrequenzoszillator m

**LFSE** (ligand-field stabilization energy) (Chem) / Ligandenfeldstabilisierungsenergie f, LFSE (Ligandenfeldstabilisierungsenergie)

**LFT** (ligand-field theory) (Chem, Phys) / Ligandenfeldtheorie f (in der Quantenchemie), LFT (Ligandenfeldtheorie)

**LH** (luteinizing hormone) (Biochem) / zwischenzellenstimulierendes Hormon, interstitialzellenstimulierendes Hormon, Luteinisierungshormon n, Lutropin n, LH ‖ ~ (left-handed) (Eng) / linksgängig adj (Gewinde, Fräser)

**L-halving** n (Carp, For) / überblattete Rahmeneckverbindung (durchgehende)

**L.H. crystal** (Electronics) / linksdrehender Kristall

**L-head**\* n (I C Engs) / L-Kopf m (Zylinderkopf mit stehender Ventilanordnung - heute veraltet)

**L-head engine** (I C Engs) / Seitenventiler m, sv-Motor m (mit seitlich stehenden Ventilen), Seitenventilmotor m

**lherzolite**\* n (Geol) / Lherzolith m (Varietät von Peridot)

**LH/hi-fi-band** n (Acous) / High-Output/Low-Noise-Band n (ein extrem rauscharmes Tonband mit erweiterter Aussteuerbarkeit)

**l'Hôpital's cubic** (Maths) / Catalan'sche Trisektrix

**L-horizon** n (Agric) / L-Horizont m (auf dem Boden aufliegende Schicht aus abgestorbenen Pflanzenteilen)

**L'Hospital's rule**\* (for evaluating indeterminate forms) (Maths) / L'Hospitalsche Regel (für die Bestimmung von Grenzwerten unbestimmter Ausdrücke), Regel f von Bernoulli und L'Hospital (nach G. L'Hospital, 1661-1704)

**LH rotation** (Phys) / Linksdrehung f, Drehung f entgegen dem Uhrzeigersinn

**LHS** (left-hand side) (AI) / linke Seite (der Regelfolge von Bedingungselementen)

**LH side** (Autos) / Links- (linke Fahrzeugseite), linke Seite

**Li** (lithium) (Chem) / Lithium n, Li (Lithium)

**liability** n / Haftung f (für einen entstandenen Schaden) ‖ ~ **insurance** (Autos) / Haftpflichtversicherung f ‖ ~ **of the manufacturer** / Produzentenhaftpflicht f (Haftung des Herstellers eines Produkts für Schäden, welche durch das Produkt verursacht werden), Produzentenhaftung f (für fehlerhafte Erzeugnisse), Produkthaftpflicht f, Produkthaftung f ‖ ~ **of the producer** / Produzentenhaftpflicht f (Haftung des Herstellers eines Produkts für Schäden, welche durch das Produkt verursacht werden), Produzentenhaftung f (für fehlerhafte Erzeugnisse), Produkthaftpflicht f, Produkthaftung f

**liable, be ~ to** / neigen zu v ‖ ~ **for damages** / schaden(s)ersatzpflichtig adj ‖ ~ **to a charge** / gebührenpflichtig adj ‖ ~ **to a fee** / gebührenpflichtig adj ‖ ~ **to give trouble** / störanfällig adj (im Allgemeinen) ‖ ~ **to rust** (Eng) / rostanfällig adj ‖ ~ **to stain** (For) / verfärbbar (leicht)

**Liapunov function** (Maths) / Ljapunow-Funktion f (abstrahierte und verallgemeinerte Energiefunktion für Systeme höherer Ordnung - nach A.M. Ljapunow, 1857-1918) ‖ ~ **stability** (Automation) / Ljapunow-Stabilität f (bei einem System, das nach DIN 19 226, T 1 nach einer beliebigen Anfangsauslenkung in seine Ruhelage zurückkehrt)

**liar paradox** (e.g. "This statement is false") (AI, Maths) / Antinomie f vom Lügner, Antinomie f des Lügners

**Libbey-Owens-Ford sheet process** (Glass) / Colburn-Verfahren n (Flachglasherstellung), Libbey-Owens-Verfahren n (ein altes Waagerechtziehverfahren)

**liber** n (Agric, For) / Innenrinde f, Bast m, sekundäre Rinde, Lindenbast m

**liberal** adj (in generous amounts) / reichlich adj (großzügig), ausgiebig adj, genügend adj (eher großzügig bemessen) ‖ ~ (Paint) / dick adj (aufgetragene Schicht) ‖ ~ **approach** / antiprohibitive Strategie (in der Drogenpolitik)

**liberate** v / freisetzen v (z.B. Energie) ‖ ~ (e.g. heat) / entbinden v ‖ ~ (from contaminants) / befreien v (von Verunreinigungen)

**liberation** n (from contaminants) / Befreiung f ‖ ~ / Freiwerden n ‖ ~\* (Min Proc) / Vorbereitungsverfahren n bei der Erzaufbereitung

(Zerkleinern + Aufschließen) ‖ ~ (Phys) / Freisetzung *f* (der Energie) ‖ ~ **felling** (For) / Freihieb *m*
**liberin** *n* (Biochem) / Freisetzungshormon *n*, Liberin *n*, Releasinghormon *n*, Releasingfaktor *m* (ein Neurohormon)
**libethenite**\* *n* (Min) / Libethenit *m* (Kupfer(II)-hydroxidorthophosphat)
**libi-dibi** *n* (pl. -dibis) (Leather) / Dividivi *pl* (gerbstoffreiche, getrocknete Hülsenfrüchte des Baumes Caesalpinia coriaria (Jacq.) Willd.), Libilibi *pl*
**libollite**\* *n* (Min) / asphaltische Kohle
**librarian** *n* (Comp) / Bibliotheksverwaltungsprogramm *n*, Bibliotheksführungsprogramm *n* ‖ ~ **program** (Comp) / Bibliotheksverwaltungsprogramm *n*, Bibliotheksführungsprogramm *n*
**library** *n* (Cinema) / Kinemathek *f*, Filmothek *f*, Filmmuseum *n*, Filmarchiv *n*, Cinemathek *f* ‖ ~\* (Comp) / Bibliothek *f* (eine Sammlung von Dateien oder Programmen, die durch gemeinsame Eigenschaften miteinander verbunden sind), Library *f* ‖ ~ **binding**\* (Bind) / Bibliothekseinband *m* (für Bibliotheken und Leihbüchereien bestimmter Einband, der eine besonders hohe Haltbarkeit aufweist) ‖ ~ **edition** (Print) / Bibliotheksausgabe *f* ‖ ~ **function** (Comp) / Bibliotheksfunktion *f* ‖ ~ **name** (Comp) / Bibliotheksname *m* ‖ ~ **of Congress Classification** (US) / ein Klassifikationssystem der U.S.-Kongressbibliothek in Washington, D.C. ‖ ~ **of fonts** (Comp) / Schriftbibliothek *f* ‖ ~ **of spectra** (Spectr) / Spektrenbibliothek *f* ‖ ~ **program**\* (Comp) / Bibliotheksprogramm *n* ‖ ~ **routine**\* (Comp) / Bibliotheksprogramm *n* ‖ ~ **science** / Bibliothekswissenschaft *f* ‖ ~ **shot** (Cinema, Photog) / Archivaufnahme *f* ‖ ~ **spectrum** (Spectr) / Bibliotheksspektrum *n* ‖ ~ **subroutine**\* (Comp) / Bibliotheksunterprogramm *n*
**libration(s)**\* *n(pl)* (Astron) / Libration *f* (scheinbare Schwankung des Mondes)
**libration in latitude**\* (Astron) / Libration *f* in (selenografischer) Breite ‖ ~ **in longitude**\* (Astron) / Libration *f* in (selenografischer) Länge ‖ ~ **points**\* (Astron, Phys) / Lagrange'sche Punkte (in dem Mehrkörperproblem in der Himmelsmechanik), Lagrange-Punkte *m pl*
**libriform fibre** (For) / Sklerenchymfaser *f*, Holzfaser *f* (die der Festigung des (Laub)Holzes dient), Libriformfaser *f*
**LIC** (linear integrated circuit) (Electronics) / analoge integrierte Schaltung, analoge integrierte Mikroschaltung
**licanic acid** (Chem, Paint) / Licansäure *f*, Likansäure *f* (der Hauptbestandteil des Oiticica-Öls) ‖ ~ **oil** (Paint) / Oiticicaköl *n* (von Licania rigida Benth.), Oiticica-Öl *n*
**licence** *v* / genehmigen *v*, behördlich zulassen, bewilligen *v*, berechtigen *v* ‖ ~ / lizenzieren *v*, Lizenz erteilen ‖ ~ *n* / behördliche Genehmigung, Lizenz *f*, Konzession *f*, Zulassung *f* ‖ ~ / Lizenz *f* (im Urheber- und Patentrecht) ‖ ~ **agreement** / Lizenzvertrag *m* ‖ ~ **agreement** (Comp) / Software-Lizenzvertrag *m*, Software-Nutzungsvertrag *m* ‖ ~ **broker** / Lizenzvermittler *m* ‖ ~ **department** / Lizenzabteilung *f*
**licenced software** (Comp) / lizensierte Software
**licence in** *v* / Lizenz nehmen ‖ ~ **out** / lizenzieren *v*, Lizenz erteilen ‖ ~ **program** (Comp) / Lizenzprogramm *n* (für das eine Lizenzgebühr bezahlt werden muss)
**license** *v* / genehmigen *v*, behördlich zulassen, bewilligen *v*, berechtigen *v* ‖ ~ / lizenzieren *v*, Lizenz erteilen ‖ ~ (Pharm) / zulassen *v* (Arzneimittel) ‖ ~ *n* (US) / Lizenz *f* (im Urheber- und Patentrecht)
**licensed aircraft engineer**\* (Aero) / Luftfahrzeugprüfingenieur *m*
**licensee** *n* / Lizenznehmer *m* ‖ ~ / Konzessionsinhaber *m*
**license in** *v* / Lizenz nehmen ‖ ~ **light** (US) (Autos) / Kennzeichenbeleuchtung *f*, Nummernschildbeleuchtung *f* ‖ ~ **plate** (US) (Autos) / Kennzeichenschild *n*, Nummernschild *n*
**licenser** *n* / Lizenzgeber *m* ‖ ~ / Konzessionserteiler *m*
**licensing** (Autos) / Zulassung *f* ‖ ~ **authority** / Genehmigungsbehörde *f*, zuständige Behörde (für die Erteilung der Erlaubnis), Zulassungsbehörde *f* ‖ ~ **number** (Pharm) / Zulassungsnummer *f* ‖ ~ **procedure** / Lizenzverfahren *n* ‖ ~ **procedure** (Aero) / Genehmigungsverfahren *n* (behördliches) ‖ ~ **violation** / Lizenzmissbrauch *m* (Verstoß gegen vereinbarte Lizenzbedingungen)
**licensor** *n* / Lizenzgeber *m* ‖ ~ / Konzessionserteiler *m*
**lichen**\* *n* (Bot) / Lichen *m*, Flechte *f* ‖ ~ **cartography** (Ecol) / Flechtenkartierung *f* (zur Bewertung der Luftqualität) ‖ ~ **colouring matter** (Chem) / Flechtenfarbstoff *m* ‖ ~ **desert** (Ecol) / Flechtenwüste *f* (in Städten und Ballungsräumen) ‖ ~ **dye** (Chem) / Flechtenfarbstoff *m*
**lichenin** *n* (Bot, Chem) / Lichenin *n*, Moosstärke *f*, Flechtenstärke *f*
**lichen pigment** (Chem) / Flechtenfarbstoff *m* ‖ ~ **substance** (Bot) / Flechtenstoff *m*
**lich gate**\* (Arch) / Torüberdachung *f*, überdachtes Wegetor

**Lichtenberg figure**\* (Elec Eng) / Lichtenberg'sche Figur (Ladungsbild auf der Isolier- oder Fotoplatte - nach G.Ch. Lichtenberg, 1742-1799) ‖ ~ **figure camera** (Elec Eng) / Klydonograf *m* (eine einfache Registriereinrichtung)
**Lichtenberg's metal** / Lichtenberg-Legierung *f* (50% Bi, 30% Pb, 20% Sn)
**lick** *n* (Nut) / Leckstein *m* (für Tiere), Salzleckstein *m* (ausgelegter)
**licker-in** *n* (Textiles) / Vorreißer *m* (der Walzenkrempel)
**LiCl hygrometer** (Meteor) / LiCl-Hygrometer, Lithiumchloridhygrometer *n*
**licorice** *n* (US) (Nut, Pharm) / Süßholzsaft *m*
**licury wax** / Urikuriwachs *n* (von der Scheelea martiana Burret)
**lid** *n* (Autos) / Deckel *m* (des Kofferraums) ‖ ~ (Build) / Haube *f* (des Schornsteins) ‖ ~ (Eng) / Deckel *m* (aufklappbar oder aufgesetzt) ‖ ~\* (Meteor) / Sperrschicht *f* (bei der Inversion) ‖ ~ (liquid development) (Photog) / Feuchtentwicklung
**lidar**\* *n* (Meteor) / Lidar *m n* (Gerät zur Sondierung der Atmosphäre mittels Impulslasers) ‖ ~\* (Meteor) s. also colidar
**lidded** *adj* (Eng) / mit Klappe oder Deckel
**lido** *n* (Geog, Geol) / Nehrungsinsel *f*, Lido *m* (pl. -s oder Lidi)
**lidocaine** *n* (Med) / Lidocain *n* (internationaler Freiname für ein Lokalanästhetikum und Antiarrhythmikum), Lidokain *n*
**Lido deck** (Ships) / Lidodeck *n*
**lid polyethylene** (Chem, Plastics) / Polyethylen *n* niedriger Dichte mit linearer Struktur, LLDPE (Polyethylen niedriger Dichte mit linearer Struktur)
**LID system** / LID-System *n* (Gerät zur optimalen Faserjustierung vor dem Spleißen)
**lie** *v* (Ships) / liegen *v* (im Hafen, vor Anker, vor Reede) ‖ ~ *n* (For) / Fällrichtung *f*, Fallrichtung *f* ‖ ~ **algebra**\* (Maths) / Infinitesimalring *m*, Liesche Algebra, Lie-Ring *m*, Lie-Algebra *f* (nach S. Lie, 1842-1899)
**Lieben's iodoform test** (Chem, Med) / Lieben'scher Iodoformtest (nach F. Lieben, 1890 - 1966)
**Liebermann-Storch test**\* (Paper) / Liebermann-Storch-Reaktion *f* (ein unspezifischer Farbtest auf Harze)
**Liebermann test for phenols**\* (Chem) / Liebermann'sche Phenolreaktion (nach C.T. Liebermann, 1842-1914)
**Liebig condenser**\* (Chem) / Liebig'scher Kühler (nach J.v. Liebig, 1803-1873), Liebig-Kühler *m* (eine alte Kühlerform, 1771 von Weigel entwickelt)
**liebigite** *n* (Min) / Uranothallit *m*, Liebigit *m* (radioaktives Verwitterungsprodukt in Uranerzen)
**Liebig's law of the minimum** (Ecol) / Minimumgesetz *n* (ein Wirkungsgesetz der Umweltfaktoren - die Entwicklung eines Lebewesens oder einer Pflanze hängt hauptsächlich von dem Faktor ab, der für diese Entwicklung den ungünstigsten Zustand darstellt), Gesetz *n* vom Minimum
**lie day** (Ships) / Liegetag *m* (ein Tag, an dem ein Schiff im Hafen liegt) ‖ ~ **flat** (Paper, Print) / flachliegen *v*, planliegen *v* ‖ ~ **group** (Maths) / Lie'sche Gruppe (eine topologische Gruppe)
**Liénard-Wiechert potential** (Phys) / Liénard-Wiechert-Potential *n* (Lösung der Maxwell'schen Gleichungen für eine beliebig bewegte Punktladung - nach A. Liénard, 1869-1959, und E. Wiechert, 1861-1928)
**lie on** *v* / aufliegen *v*
**lier**\* *n* (Glass) / Bandentspannungsofen *m*, Bandkühlofen *m*, Kühlbahn *f* (ein Entspannungsofen)
**lierne** *n* (Arch) / Lierne *f* (nichttragende Zwischenrippe in spätgotischen Gewölben) ‖ ~ **rib** (running from rib to rib) (Arch) / Lierne *f* (nichttragende Zwischenrippe in spätgotischen Gewölben)
**Liesegang banding** (Chem) / Liesegang'sche Ringe (nach R.E. Liesegang, 1869-1947), Liesegang-Ringe *m pl* (die auf rhythmische Fällungsreaktionen in Gallerten zurückzuführen sind und z.B. als Maserung von Achaten vorkommen) ‖ ~ **rings** (Chem) / Liesegang'sche Ringe (nach R.E. Liesegang, 1869-1947), Liesegang-Ringe *m pl* (die auf rhythmische Fällungsreaktionen in Gallerten zurückzuführen sind und z.B. als Maserung von Achaten vorkommen)
**Lie superalgebra** (Maths) / Lie'sche Superalgebra
**LIF** (laser-induced fluorescence) (Phys, Spectr) / laserinduzierte Fluoreszenz, LIF (laserinduzierte Fluoreszenz)
**life** *n* (Biol) / Leben *n* ‖ ~ **assessment** / Zustandsbewertung *m* (von Betriebsmitteln) ‖ ~ **averaging** / Zeitmittelwertbildung *f*
**lifebelt** *n* (Ships) / Rettungsring *m*
**lifeboat** *n* (Ships) / Rettungsboot *n* ‖ ~ **equipment** (Ships) / Rettungsbootausrüstung *f*
**lifebuoy** *n* (Ships) / Rettungsboje *f* ‖ ~ **light** (Ships) / Nachtrettungslicht *n* (selbstzündendes Licht, das mit einer Leine am Rettungslicht befestigt ist und bei Dunkelheit dessen Position anzeigt), Wasserlicht *n*, Bojenlicht *n*

**life coefficient**

**life coefficient** / Lebensdauerbeiwert m (z.B. für die Ausfallwahrscheinlichkeit für den Werkstoff, für die Betriebsbedingungen - DIN ISO 281) || **~ collar** (Ships) / Rettungskragen m (ein individuelles Rettungsmittel) || **~ cycle** (Biol, Ecol) / Lebenszyklus m (Abfolge von Entwicklunsphasen eines Einzelorganismus, die genetisch festgelegt ist, aber von Ökofaktoren beeinflusst wird) || **~ cycle** (Eng) / Lebensdauer f (Dauer der Funktionsfähigkeit)
**life-cycle assessment** (Ecol) / Ökobilanz f (Zusammenstellung und Beurteilung der Stoff- und Energieflüsse sowie der potentiellen Umweltwirkungen eines Produktsystem im Verlauf seines Lebenswegs), Lebenswaganalyse f (von Produkten und Dienstleistungen), Ökobilanz-Studie f (Lebensweganalyse von Produkten und Dienstleistungen), ökologische Bilanzierung (ISO 14 040) || **~ inventory study** (Ecol, Nuc Eng) / Sach-Ökobilanz-Studie f
**life cycle of a product** (Ecol, Work Study) / Produktlebenszyklus m (den man z.B. durch Relaunch verlängern kann), PLZ (eine Ökobilanzstudie)
**life-cycle test** (Ecol) / Fischtest m (zweier Generationen)
**life distance** (Eng) / Standweg m (Vorschubweg des Fräsers, den dieser bis zu seiner Abstumpfung zurücklegt) || **~ distribution** / Lebensdauerverteilung f (zeitlicher Verlauf des auf die Beanspruchungsbedingungen bezogenen Bestands einer Gesamtheit von Erzeugnissen) || **~ expectancy** / voraussichtliche Lebensdauer f || **~ expectancy** (Biol, Stats) / Lebenserwartung f (die durchschnittliche Lebensdauer, die Individuen einer Organismenart oder einer Population zu erwarten haben) || **~ expectancy** (Eng) / Lebenserwartung f (von Systemen oder Bauteilen) || **~ fraction** (Eng, Materials, Met) / Lebensdaueranteil m (bei Wechselbeanspruchung) || **~ jacket** (Ocean, Ships) / Schwimmweste f (ein Seenotrettungsmittel), Rettungsweste f, Rettungsjacke f, Lifevest f || **~ jacket** s. also Mae West || **~ jacket effective for unconscious persons** / ohnmachtssichere Rettungsweste
**life-like** adj / natürlich adj (Farbe)
**life-limited part** (Eng) / Einzelteil n mit beschränkter Lebensdauer
**life-line** n (Oils) / Rettungsseil n (z.B. für den Bühnenmann)
**life of coal** (Mining) / Gang m der Kohle, Gängigkeit f der Kohle (Gewinnbarkeit im Streb) || **~ preserver** (Ships) / Rettungsgerät n, Rettungsmittel n (kollektives oder individuelles) || **~ raft** (Ocean, Ships) / Rettungsfloß n (Schlauchboot als Seenotrettungsmittel) || **~ ring** (Ships) / Rettungsring m
**life-saving equipment** (Ships) / Rettungsgerät n, Rettungsmittel n (kollektives oder individuelles) || **~ parachute** (Aero) / Rettungsfallschirm m || **~ raft** (Ocean, Ships) / Rettungsfloß n (Schlauchboot als Seenotrettungsmittel)
**life science** (Biol) / Biologie f (als übergeordneter Begriff), Biowissenschaften f pl
**life-size** attr / lebensgroß adj, in voller Größe, größenrichtig adj
**life•-support system** (Space) / Lebenserhaltungssystem n (z.B. Atem- oder Druckschutz), Life-Support-System n (in einer zum Leben nicht geeigneten Umgebung) || **~ test** (Materials) / Lebensdauerprüfung f, Langzeitprüfung f
**life-threatening** adj (extremely dangerous) / lebensgefährlich adj
**lifetime*** n (Elec, Nuc) / Lebensdauer f (z.B. von Ladungsträgern) || **~** (Eng) / Verwendbarkeit f (als zeitliche Einheit) || **~** (Eng, Materials) / Lastspielzahl f (Prüfdauer bis zum vollen Durchbruch der Probe) || **~ lubrication** (Autos) / Lifetime-Schmierung f (bei Zweitaktmotoren von der Mischungsschmierung unabhängige Schmierung, z.B. der Kurbelwellenlager) || **~ lubrication** (Eng) / Lebensdauerschmierung f (für die gesamte Lebensdauer der Reibstelle), For-Life-Schmierung f, Dauerschmierung f
**life zero** (Instr) / Life-Zero f (wenn der Messanfang nicht der Signalwert Null ist)
**LIFO principle** / LIFO-Prinzip n, LLIFO-Methode f (zur Ermittlung der Anschaffungs- oder Herstellungskosten von gleichartigen Gegenständen des Vorratsvermögens zum Zwecke der Bewertung - auch ein Wartesystem in der DV) ≙ **stack*** (Comp) / LIFO-Speicher m
**lift** v / abheben v (eine Schutzschicht) || **~** (Eng) / heben v, anheben v, erheben v, hochheben v, aufheben v, liften v || **~** (Eng) / anlüften v || **~** (Mining) / quellen v, heben v (Sohle), blähen v (Sohle) || **~** (Ships) / liften v (schwere Gegenstände anheben) || **~** (Ships) / lichten v (Anker) || **~** (Textiles) / aufnehmen v (Fall- oder Laufmaschen) || **~** (Autos) / Fördereinheit f (z.B. Kiste) || **~** / Absatzfleck m, Fleck m (des Schuhabsatzes) || **~** (Aero, Mil) / Flugzeugaufzug m (des Flugzeugträgers), Flugzeuglift m (des Flugzeugträgers) || **~** (Autos) / Verschränkungsfähigkeit f (Maß, um welches ein Vorderrad angehoben werden kann, ohne dass eines der übrigen Räder die Standebene verlässt) || **~** (Autos) / Hebebühne f || **~** (Ceramics) / Abblättern n (der Glasur - großflächiges), Abplatzen n (großflächiges) || **~** (Civ Eng) / Stahlbetonbauelement n (auf einmal eingeschaltes und eingebrachtes) || **~** (Eng) / Förderhöhe f (einer Pumpe) || **~** (GB)* (Eng) / Aufzug m, Lift m || **~** (Eng) / Hebezeug n || **~** (Eng) / Heben n, Aufheben n, Hochheben n, Anheben n, Liften n || **~** (lockage) (Hyd Eng) / Schleusenhubhöhe f || **~** (a power-operated hoist which elevates or lowers vessels from one reach to the next where a lock is not available) (Hyd Eng, Ships) / Hebewerk n, Schiffshebewerk n (im Allgemeinen - nach DIN 4054) || **~** (Mil, Space) / Tragkraft f (der Trägerrakete) || **~** (Mining) / Sohlenhebung f, Sohlenauftrieb m, Aufblähen n der Sohle, Sohlenblähen n || **~** (Mining) / Förderhöhe f (im Förderschacht) || **~** (Mining) / Abbaustrecke f (parallel zur Grundstrecke), Sohlstrecke f (eine Abbaustrecke), Grundstrecke f || **~** (Textiles) / Heben n (der Kettfäden) || **~*** (TV) / Schwarzabhebung f (DIN 45060)
**lift*, (vertical) ~** (Aero, Phys) / [dynamischer, aerodynamischer] Auftrieb m
**lift, inspect and ~ ladders** (Textiles) / repassieren v (Laufmaschen, fehlerhafte Maschenware) || **~ air** (Oils) / Förderluft f, Luft f für Airlift || **~ attendant** / Fahrstuhlführer m || **~ axis*** (Aero) / Hochachse f, z-Achse f (des Flugzeugs) || **~ axle** (Autos) / Liftachse f
**lift-bar-type door outside handle** (Autos) / Klapptürgriff m (ein Außentürgriff)
**lift bridge*** (Civ Eng) / Hubbrücke f (eine bewegliche Brücke, bei der der Überbau an Seilen oder Ketten durch Gegengewichte hochgezogen oder durch hydraulischen Antrieb und Schwimmer unmittelbar emporgehoben wird), Hebebrücke f || **~ by jack** (Eng) / heben v (mit einem Kleinhebezeug), anheben v, winden v, hochwinden v || **~ cage** (Eng) / Aufzugskabine f, Fahrstuhl m || **~ car** (Eng) / Aufzugskabine f, Fahrstuhl m || **~ coefficient*** (Aero) / Auftriebsbeiwert m, Auftriebskoeffizient m || **~ control** (Aero) / Auftriebssteuerung f
**lift/drag ratio** (Aero) / Gleitzahl f (Kehrwert der aerodynamischen Güte), Gleitverhältnis n
**lift-dumper** n (Aero) / Lift-Dumper m (auf der Tragflügeloberseite angebrachte großflächige Spreizklappe)
**lifted terminal pad** (Electronics) / abgehobenes Lötauge || **~ throat** (Glass) / erhöhter Durchlass
**lift engine*** (Aero) / Hubtriebwerk n (von VTOL-Flugzeugen)
**lifter*** n (Foundry) / Sandhaken m, Sandheber m, Ausheberand n (ein Formerwerkzeug) || **~** (Mining) / Heberschuss m || **~*** (Min Proc) / Riffel f, Nocken m, Dorn m (auf der Mantelberfläche der Brechwalzen) || **~** (Weaving) / Platine f (hakenförmiges Huborgan bei Schaft- und Jacquardmaschinen) || **~ hole** (Mining) / Heberloch n, Sohlloch n
**liftering** n / Filterung f bei der Cepstrum-Analyse
**lift fan** (Aero) / Hubgebläse n (z.B. bei VTOL-Flugzeugen) || **~ fork** (Eng) / Gabel f (des Gabelstaplers) || **~ frame** (Eng) / Hubgerüst n (eines Staplers - mit dem Rahmen als Führungsteil)
**lift-front filter-glass holder** (Welding) / Freisichtschutzschild m || **~ goggles** / hochklappbare Schutzbrille (mit Doppelglas)
**lift gas** (Oils) / Liftgas n, Fördergas n || **~ gate** (Hyd Eng) / Hubschütz n (ein Wehrverschluss)
**liftgate** n (US) (Autos) / Heckklappe f, Hecktür f (bei Kombis) || **~ washer** (US) (Autos) / Heckscheibenwaschanlage f (bei Heckklappe)
**lift hammer** (Eng) / Fallhammer m (ein Schmiedehammer, z.B. Brettfallhammer, Riemenfallhammer, Kettenfallhammer, Stangenfallhammer) || **~ here** / hier anheben! (Aufschrift auf der Kiste)
**lift-increasing device** (Aero) / Hochauftriebsmittel n, Auftriebshilfe f
**lifting** n / Abbau m (von Handels- und Zollschranken bzw. -beschränkungen) || **~** (Ceramics) / Abblättern n (der Glasur - großflächiges), Abplatzen n (großflächiges) || **~** (Eng) / Heben n, Aufheben n, Hochheben n, Anheben n, Liften n || **~** (Foundry) / Heben n der Form (ein Gussfehler) || **~*** (Paint) / Hochziehen n (Anquellen und Loslösung eines Anstriches durch die Lösungsmittel der darüber aufgebrachten nächsten Anstrichschicht), Aufziehen n || **~ appliance** (Eng) / Hebezeug n || **~ arm*** (Civ Eng) / hochklappbarer Überbau (der Klappbrücke) || **~ bag systems for fire and rescue service use** / Hebekissensystem n für Feuerwehren und Rettungsdienste (DIN EN 13 731) || **~ belt** (Eng) / Fallhammerriemen m (mit dem der Bär hochgehoben wird) || **~ blade** (Weaving) / Hebemesser n (z.B. der Jacquardmaschine) || **~ block(s)*** (Eng) / Flaschenzug m, Rollenzug m || **~ block with one fixed pulley only** (Eng) / Potenzflaschenzug m (mit mehreren Flaschenzügen) || **~ body** (Aero) / Auftriebskörper m (flügelloser Flugkörper, dessen Rumpf so geformt ist, dass er einen für einen Gleitflug ausreichenden Auftrieb liefert), Lifting Body n (Auftriebskörper) || **~ cable** (of a crane) (Eng) / Kranseil n || **~ capacity** (Eng) / maximale Tragkraft, maximale Traglast (des Kranes) || **~ chain** (Eng) / Hebezeugkette f, Lastkette f || **~ cord** (Weaving) / Aufziehschnur f || **~ device** (Eng) / Hebezeug n
**lifting-eye bolt** (Eng) / Ringschraube f (DIN 580), Transportöse f || **~ nut** (Eng) / Ringmutter f (DIN ISO 1891)

**lifting force** (Aero, Phys) / Auftriebskraft *f* ‖ ~ **fork** (Eng) / Hubgabel *f* ‖ ~ **gate** (Rail) / Hubschranke *f* ‖ ~ **gear** (Eng) / Hebezeug *n* ‖ ~ **gear** (Eng) / Hubgerüst *n* (eines Staplers - mit dem Rahmen als Führungsteil) ‖ ~ **gears** (Ships) / Anschlagmittel *n pl* (Hilfsmittel zum Befestigen von Einzellasten am Lasthaken der Hebezeuge, z.B. Seile, Ketten, Stropps usw.) ‖ ~ **heald** (Weaving) / Hebelitze *f* ‖ ~ **height** (Eng) / Hubhöhe *f*, Förderhöhe *f* (senkrechter Abstand zwischen unterer und oberer Endstellung des Gutträgers), Steighöhe *f* ‖ ~ **hook** (Eng) / Lasthaken *m* (DIN 1505 und 1506) ‖ ~ **hook** (For, Tools) / Sapine *f*, Sappel *m*, Krempel *f*, Krempe *f*, Sapin *m* (der Spitzhacke ähnliches Werkzeug zum Wegziehen gefällter Bäume) ‖ ~ **hook** (Weaving) / Platine *f* (hakenförmiges Huborgan bei Schaft- und Jacquardmaschinen) ‖ ~ **jack** (Eng) / kurzhubige Winde, Hebebock *m*, Kleinhebezeug *n* (kurzhubiges) ‖ ~ **knife** (Weaving) / Platinenmesser *n*, Schaftmesser *n* (Jacquard) ‖ ~ **leaf** (Civ Eng) / Flügel *m* (beweglicher Überbau einer Klappbrücke) ‖ ~ **leather** (Leather) / Absatzbaulederen *n* (Schuhe) ‖ ~ **lewis** (Build) / kleiner Wolf (zum Heben von härteren Steinen) ‖ ~ **magnet*** (Elec Eng, Eng) / Hubmagnet *m*, Hebemagnet *m*, Last(en)hebemagnet *m* ‖ ~ **nut** (Eng) / Bügelmutter *f* ‖ ~ **of clouds** (Aero, Meteor) / Anheben *n* von Wolken ‖ ~ **of patterns*** (Foundry) / Ausheben *n* (der Modelle), Ziehen *n* (der Modelle), Herausheben *n* (der Modelle), Modellausheben *n* (aus der Form) ‖ ~ **of warp threads** (Weaving) / Kettehebung *f* (bei der der Kettfaden über dem Schussfaden liegt), Hebung *f* des Kettfadens ‖ ~ **pin** (Foundry) / Abhebestift *m* ‖ ~ **pins** (Build) / kleiner Wolf (zum Heben von härteren Steinen) ‖ ~ **plan** (Weaving) / Stuhlzettel *m* (Hebeplan der Kettfäden) ‖ ~ **platform** (Autos) / Hebebühne *f* ‖ ~ **platform** (Chem) / Hebebühne *f* (mit der Scherenmechanik und stufenloser Höheneinstellung), Labor-Boy *m* (eine Hebebühne)

**lifting-platform take-up point** (Autos) / Hebebühneaufnahme *f* (am Fahrzeug)

**lifting power** (Eng) / Zugleistung *f* (einer Presse) ‖ ~ **power** (Eng, Mech) / Hubkraft *f* (vertikale Stützkraft) ‖ ~ **re-entry** (Space) / aerodynamische Wiedereintritt (mit einer rein ballistischen oder einer flugzeugähnlichen Landung) ‖ ~ **rotor** (Aero) / Rotor *m* (eines Drehflüglers), Drehflügel *m*, Hubschraube *f* (des Hubschraubers), Tragschraube *f* ‖ ~ **screw*** (Foundry) / Aushebeschraube *f* (des Modells) ‖ ~ **share** (Agric) / Rodeschar *n f* (des Rübenroders) ‖ ~ **ship** (Ships) / Hebeschiff *n* ‖ ~ **table** (Eng) / Hubtisch *m* (eine Lasthebevorrichtung) ‖ ~ **tackle** (Eng) / Hebezeug *n* ‖ ~ **tackle** (Eng) / Flaschenzug *m*, Rollenzug *m* ‖ ~ **the offsets*** (Ships) / Aufmessen *n* ‖ ~ **tongs** (Eng) / Zange *f* (ein Lastaufnahmemittel) ‖ ~ **truck*** (Eng) / Hubwagen *m* (ein Handfahrgerät nach DIN ISO 5053), Hubkarren *m*

**lift in use** (Eng) / Aufzug besetzt (Signal) ‖ ~ **landing** (GB) (Eng) / Aufzughaltestelle *f* ‖ ~ **landing control** / Außensteuerung *f* (bei Aufzügen) ‖ ~ **latch** (US) (Join) / Daumendrücker *m*, Drückerfalle *f* (an den Türen)

**lift-limited** *adj* (Aero) / auftriebsbegrenzt *adj* (z.B. Kurvengeschwindigkeit)

**lift line** (Oils) / Liftleitung *f*, Heberleitung *f* (zum Heben des Katalysators beim katalytischen Kracken) ‖ ~ **lock** (Eng) / Aufzugschloss *n*

**lift-lock*** *n* (Hyd Eng) / Schleusenkammer *f* ‖ ~* (Hyd Eng) / Schiffshebewerk *n* (eine Schleuse)

**lift motor*** (Elec Eng) / Aufzugsmaschine *f*, Antriebsmotor *m* für den Aufzug (meist Drehstrom-Asynchronmotor) ‖ ~ **motor** (Eng) / Hubmotor *m*

**lift-moulding machine** (Foundry) / Abhebeformmaschine *f* (Press- und Rüttelformmaschine ohne Wendevorrichtung)

**lift off** *v* (Aero) / abheben *v*, starten *v* ‖ ~ **off** (Foundry) / ausziehen *v*, ausheben *v* (Form) ‖ ~ **off** (Foundry) / Modell ziehen, ausheben *v* (aus der Form) ‖ ~**-off*** (Aero) / Abheben *n* (Lösen des Flugzeugs vom Boden nach Erreichen der Abfluggeschwindigkeit) ‖ ~**-off** *n* (speed)* (Aero) / Abhebegeschwindigkeit *f* (bei der das Abheben des Flugzeugs vom Boden möglich ist)

**lift-off** *n* (Aero) / Flammenabriss *m* (bei Strahlmotoren), Abreißen *n* der Flamme (ein unerwarteter Ausfall des Verbrennungsvorganges im Innern des Strahltriebwerks, Flame-out *m* ‖ ~ (Electronics) / Abhebetechnik *f* (in der Halbleitertechnologie) ‖ ~ (Eng) / Abhebung *f* (wenn das Schneidrad beim Rückhub außer Eingriff gebracht wird)

**lift-off*** *n* (Space) / Anhebemoment *n* (der Rakete - in streng vertikaler Richtung)

**lift-off and carry-over mechanism** (Met) / Überhebevorrichtung *f* ‖ ~ **distance** (Aero) / Schwebestrecke *f* (beim Start)

**lift of the warp** (Weaving) / Kettehebung *f* (bei der der Kettfaden über dem Schussfaden liegt), Hebung *f* des Kettfadens ‖ ~**-on-lift-off** *n* (Ships) / vertikaler Umschlag (Be- und Entladung des Schiffs mit Kaikranen, Mobilkranen oder Ladegeschirr durch die an Deck befindlichen Luken)

**lift-on-lift-off ship** (Ships) / Li-li-Schiff *n*

**lift-over height** (Autos) / Ladekante *f* (unter der Heckklappe des Kombiwagens)

**lift platform** (Eng) / Hubplattform *f* (ein Flurförderzeug) ‖ ~ **plug valve** (Eng) / Anlüfthahn *m*, Leichtschalthahn *m* (mit einem Anlüftkreuz) ‖ ~ **pump** (Eng) / Hubverdrängermaschine *f* (eine Hydropumpe) ‖ ~ **shaft** (Build) / Aufzugsschacht *m*, Fahrstuhlschacht *m* ‖ ~**-slab construction** (Build) / Liftslab-Verfahren *n*, Hubplattenverfahren *n*, Deckenhubverfahren *n*, Hubdeckenbau *m* ‖ ~ **spring** (Eng) / Hubfeder *f* ‖ ~ **truck** (Eng) / Hubwagen *m* (ein Handfahrgerät nach DIN ISO 5053), Hubkarren *m*

**lift-type check valve** (Eng) / Rückschlagklappe *f*

**lift up** *v* (Ships) / lichten *v* (Anker) ‖ ~**-valve*** *n* (Eng) / Absperrorgan *n* (Ventil, Hahn, Schieber) mit senkrechter Bewegung des Abschlusskörpers ‖ ~ **well** (Build) / Aufzugsschacht *m*, Fahrstuhlschacht *m*

**ligament** *n* (Eng) / Steg *m* (zwischen zwei Löchern eines Blechteils)

**ligancy** *n* (Chem) / Koordinationszahl *f* (die Zahl der Liganden in einer Komplexverbindung), KZ (Koordinationszahl), Kz (Koordinationszahl)

**ligand*** *n* (the Lewis base when forming a complex) (Chem) / Ligand *m* (Atome, Ionen, Radikale oder Moleküle, die in einer Komplexverbindung um das Zentralatom bzw. Zentralion in geometrisch regelmäßiger Anordnung gruppiert sind) ‖ ~ **atom** (Chem) / Donoratom *n*, Ligatoratom *n* (bei mehratomigen Liganden) ‖ ~ **band** (Chem, Phys) / Ligandenbande *f* ‖ ~ **concentration** *f* (Chem) / Ligandenkonzentration ‖ ~ **exchange** (Chem) / Ligandenaustausch *m*

**ligand-field splitting** (Chem) / Ligandenfeldaufspaltung *f* ‖ ~ **stabilization energy** (Chem) / Ligandenfeldstabilisierungsenergie *f*, LFSE (Ligandenfeldstabilisierungsenergie) ‖ ~ **theory*** (a more sophisticated version of crystal-field theory) (Chem, Phys) / Ligandenfeldtheorie *f* (in der Quantenchemie), LFT (Ligandenfeldtheorie) ‖ ~ **theory** (Chem, Phys) s. also crystal-field theory

**ligand replacement** (Chem) / Ligandenaustausch *m*, Ligandensubstitution *f* ‖ ~ **substitution** (Chem) / Ligandenaustausch *m*, Ligandensubstitution *f*

**ligase*** *n* (Biochem) / Ligase *f* (eine Hauptklasse der Enzyme) ‖ ~ **chain reaction** (Gen) / Ligase-Kettenreaktion *f* (ein Amplifikationsreaktion in der Gentechnologie)

**ligature*** *n* (Typog) / Ligatur *f* (zwei oder mehrere auf einer Drucktype oder einer Setzmaschinenmatrize vereinigte Buchstaben)

**ligger** *n* (Build) / Mörtelbrett *n* (Mörtelmischtisch), Ablageplatte *f* für den frischen Putzmörtel (etwa 1 m² groß), Mörtelmischtisch *m*

**light** *v* / entzünden *vt* ‖ ~ / anzünden *v* ‖ ~ (Aero) / befeuern *v* ‖ ~ (Cinema, Photog) / ausleuchten *v* ‖ ~ (Light) / Licht machen, mit Licht versorgen ‖ ~ (Light) / beleuchten *v* ‖ ~ *n* (Aero) / Leuchtfeuer *n*, Feuer *n*, Luftfahrtleuchtfeuer *n* ‖ ~ (Autos) / Wagenfenster *n* ‖ ~ (Autos) / Kontrollleuchte *f* (der Instrumententafel) ‖ ~* (Build) / Lichtöffnung *f*, Fensteröffnung *f*, Lichte *f* (Öffnung) ‖ ~* (Build) / Lichthof *m*, Lichtschacht *m* ‖ ~* (Build, Join) / Fensterteil *m* (abgegrenzte Fensterfläche), Fensterfeld *n* ‖ ~ (Hyd Eng, Ships) / Leuchtfeuer *n* ‖ ~* (Light) / Licht *n* (sichtbare Strahlung, Anteil des sichtbaren Lichts an der Gesamtstrahlung - DIN 5039) ‖ ~ *adj* / licht *adj*, hell *adj* ‖ ~ / leicht *adj* ‖ ~ (Autos) / leichtgängig *adj* (Lenkung) ‖ ~ (Chem) / leichtersiedend *adj* (Fraktion) ‖ ~* (Glass, Optics) / niedrigbrechend *adj* ‖ ~ (Light, Optics) / hell *adj* (Licht) ‖ ~ (Nut) / light *adj* (weniger von dem jeweiligen charakteristischen Inhaltsstoff enthaltend, der gesundheitsschädigend oder fettbildend sein kann), leicht *adj* (Colagetränk - der Süßstoff an Stelle von viel Zucker; Mineralwasser - mit niedrigem Gehalt an Kohlensäure; Fettprodukte - mit weniger Fett; Zigaretten - mit weniger Nikotin und anderen Schadstoffen usw.)

**light-absorbing** *adj* (Light) / lichtschluckend *adj*, lichtabsorbierend *adj*

**light absorption** (Light) / Lichtabsorption *f*

**light-activated** *adj* (Elec Eng) / lichtbetätigt *adj* (Schalter) ‖ ~ **silicon-controlled rectifier** (Electronics) / Optothyristor *m*, optisch gezündeter Thyristor, Fotothyristor *m* (ein optoelektronisches Halbleiterbauelement, bei dem das signaltragende Medium das Licht ist)

**light activation** (Electronics) / Lichtzündung *f* (bei Thyristoren)

**light-adapt** *v* (Optics) / sich helladaptieren (nur Infinitiv und Partizip)

**light adaptation** (Optics) / Helladaption *f* ‖ ~**-adapted*** *adj* (Optics) / helladaptiert *adj* (Auge) ‖ ~ **advertising** (Light) / Lichtwerbung *f*, Lichtreklame *f* ‖ ~ **ageing** (Light) / Alterung *f* durch Licht, Lichtalterung *f*, Alterung *f* durch Lichteinwirkung ‖ ~ **air** (Meteor) / leichter Zug (Beaufortgrad 1) ‖ ~ **air** (Meteor, Ocean) / fast Stille ‖ ~ **aircraft*** (Aero) / Leichtflugzeug *n*, Kleinflugzeug *n* (mit etwa 5 670 kg Starthöchstgewicht) ‖ ~ **alloy*** (Met) / Leichtmetalllegierung *f*

**light-alloy welding** (Welding) / Leichtmetallschweißung *f*

**light amplification**

**light amplification by stimulated emission of radiation** (Phys) / Laser *m* (Lichtverstärkung durch induzierte Emission von Strahlung) ‖ ~ **amplifier** / Lichtverstärker *m* ‖ ~ **amplifier** s. also laser ‖ ~ **architecture** (Arch) / Lichtarchitektur *f* ‖ ~ **ash** (Glass) / leichte Soda ‖ ~ **attenuation** (Light) / Lichtabschwächung *f*, Lichtschwächung *f* ‖ ~ **-bar(s)** *n(pl)* (Aero) / Feuerkette *f* ‖ ~ **bar** (Electronics) / Leuchtstrich *m* ‖ ~ **barrier** (Electronics) / Lichtschranke *f* (auf eine Fotozelle fallender Lichtstrahl) ‖ ~ **beacon** (Aero) / Leuchtfeuer *n*, Feuer *n*, Luftfahrtleuchtfeuer *n* ‖ ~ **beacon** (Aero) s. also radio beacon ‖ ~ **beam** (Light, Optics) / Lichtstrahl *m*
**light-beam deflector** (Light, Optics) / Lichtstrahlablenker *m*, Lichtstrahlablenkeinheit *f*, Lichtablenker *m* (akustooptischer, digitaler, elektrooptischer, mechanischer), Lichtstrahldeflektor *m* ‖ ~ **oscillograph** (Elec) / Lichtstrahloszillograf *m*
**light-blue** *adj* / lichtblau *adj*
**light box** (Cinema) / Lichtkasten *m* ‖ ~ **box** (Print) / Leuchttisch *m* (ein Montagetisch), Leuchtpult *n* ‖ ~ **breeze** (Meteor) / leichter Wind ‖ ~ **breeze** (Meteor, Ocean) / leichte Brise (Beaufortgrad 2)
**light-bulb** *n* (Elec Eng, Light) / Kolben *m* (der Glühlampe), Lampenkolben *m*, Birne *f*, Glühbirne *f*
**light bundle** (Light) / Lichtbündel *n* ‖ ~ **button** (Comp) / virtuelle Funktionstaste, Lichtknopf *m* ‖ ~ **centre** (Light) / Lichtzentrum *n* (einer Lichtquelle)
**light-centre length\*** (Elec Eng) / Wendelaufhängehöhe *f* (Lichtschwerpunktabstand)
**light chain\*** (Biochem) / leichte Peptidkette, leichte Kette (Bestandteil der Antikörper) ‖ ~ **chain** (Elec Eng, Light) / Lichtkette *f* (aus mehreren an einer gemeinsamen Leitung aufgereihten Fassungen) ‖ ~ **change points\*** (Cinema) / Kopielichterskala *f* ‖ ~ **collector** (Micros) / Kollektor *m* (in der Köhler'schen Beleuchtungseinrichtung eines Mikroskops) ‖ ~ **collimator** (Optics) / Lichtkollimator *m*
**light-coloured** *adj* (Textiles) / leicht gefärbt (hell), hell gefärbt *adj* ‖ ~ **sheet** (Chem Eng) / LC-Sheetkautschuk *m*, LC-Sheets *pl* (lichte, gelbbraune Sheets)
**light communication** (Telecomm) / Lichtnachrichtenübertragung *f* ‖ ~ **conditions** (Cinema, Photog) / Lichtverhältnisse *n pl*
**light-conducting** *adj* (Light, Optics) / lichtleitend *adj* ‖ ~ **fibre** (Optics) / Lichtleitfaser *f* (DIN 58140, T 1) ‖ ~ **rod** (Optics) / Lichtleitstab *m* (starrer Lichtleiter nach DIN 58140, T 1)
**light conduction** (Electronics) / Hellleitfähigkeit *f*, Hellleitung *f* ‖ ~ **cone** (Light) / Lichtkegel *m* ‖ ~ **cone** (Light, Optics) / Strahlenkegel *m* ‖ ~ **cone** (Phys) / Kausalitätskegel *m* (im Minkowski-Raum), Lichtkegel *m* (im Minkowski-Raum) ‖ ~ **construction** (Eng) / Leichtbau *m* (optimales Verhältnis zwischen Masse und Ökonomie)
**light-controlled** *adj* / lichtgesteuert *adj*
**light crude** (Oils) / leichtes Rohöl ‖ ~ **current\*** (Phys) / Hellstrom *m* (eines fotoelektronischen Bauelements nach DIN 44020)
**light-current plant** (Elec Eng) / Schwachstromanlage *f*
**light-curve\*** (Astron) / Lichtkurve *f* (grafische Darstellung der scheinbaren Helligkeit außerirdischer Objekte)
**light deficiency** (Light) / Lichtmangel *m* ‖ ~ **deflection** (Light, Optics) / Lichtablenkung *f* ‖ ~ **deflection** (Phys) / Gravitationsaberration *f* (die Abweichung eines Lichtstrahls von einer Geraden, wenn dieser das Gravitationsfeld eines massereichen Körpers durchsetzt - in der Relativitätstheorie), Lichtablenkung *f* (Gravitationsaberration) ‖ ~ **density** (Photog) / Densität *f* (Menge des durch Belichtung und Entwicklung in einer fotografischen Schicht hervorgerufenen kristallinen Silbers /Schwärzung/ oder der Farbstoffpartikel /Farbdichte/), fotografische Dichte
**light-density feel** (Leather) / Luftigkeit *f* (des Leders)
**light•-dependent resistor** (Electronics) / Fotowiderstand *m* (ein Halbleiterwiderstand mit einem fotoaktiven - in optoelektronischen Bauelement), Fotowiderstandszelle *f*, Fotoresistor *m* (optoelektronischer Sensor), LDR-Widerstand *m* ‖ ~ **detector** (Electronics) / Fotoempfänger *m*, fotoelektrischer Detektor, fotoelektrisches Bauelement (z.B. Fotozelle), Fotodetektor *m* (meist eine Fotodiode mit nachgeschaltetem Verstärker), Lichtdetektor *m*
**light-diffusing** *adj* (Light) / lichtstreuend *adj*
**light dissipation** (Photog) / Lichtabfall *m* (wenn das Licht des kameraeigenen Blitzgerätes mit zunehmender Distanz der angestrahlten Bildobjekte immer schwächer wird) ‖ ~ **distribution curve\*** (Light) / Lichtverteilungskurve *f* (welche die Abhängigkeit der Lichtstärke einer Lichtquelle von der Ausstrahlungsrichtung angibt) ‖ ~ **distribution solid** (Light) / Lichtverteilungskörper *m*, Lichtverteilungskörper *m* (Endpunkte sämtlicher Lichtstärkevektoren) ‖ ~ **dome** (Photog) / Lichtzelt *n*
**light-duty non-wovens** (Textiles) / niedrig belastbares Vlies
**light-duty vehicle** (US) (Autos) / Kraftwagen *m* (PKW und LKW) bis 2.727,6 kg Gesamtgewicht
**lighted dial** (a dial or indicating scale and pointer that has a small lamp within the assembly so that the scale and pointer are illuminated for viewing in darkness) (Instr) / belichtetes Zifferblatt, belichtete Skale ‖ ~ **display** (Comp, Instr) / Leuchtanzeige *f*
**light effect** (Light) / Lichteffekt *m* ‖ ~ **efficiency\*** (Light, TV) / Lichtausbeute *f* (Lumen pro Watt - DIN 1301, T 2) ‖ ~ **element** (glazed or plastic) (Build) / Lichtelement *n*
**light-emitting** *adj* (Bot, Zool) / lichterzeugend *adj*, lichtausstrahlend *adj*, lichtaussendend *adj*, lichtemittierend *adj*, fotogen *adj*
**light-emitting diode\*** (Electronics) / Lumineszenzdiode *f*, Leuchtdiode *f*, lichtemittierende Diode, LED-Diode *f*
**light-emitting-diode printer** (Comp) / LED-Drucker *m*
**lighten** *v* / aufhellen *v* (heller machen) ‖ ~ / erleichtern *v*, entlasten *v*, leichter machen ‖ ~ (Ships) / ableichtern *v*, teilweise löschen
**light end** (Weaving) / fehlerhaftes Kettgarn ‖ ~ **end[s]** (Chem Eng) / Vorlauf *m* (leichtsiedender Anteil) ‖ ~ **energy** (Light) / Lichtenergie *f* ‖ ~ **engine** (Rail) / Lokomotivzug *m*, Lokzug *m* ‖ ~ **engineer** (Light) / Beleuchtungstechniker *m*
**light-engine running** (Rail) / Lokomotivleerfahrt *f*
**lightening** *n* (Light, Paint) / Aufhellung *f*, Aufhellen *n* ‖ ~ **hole** (Eng) / Erleichterungsbohrung *f*, Massereduzierungsbohrung *f*
**light equation** (Phys) / Lichtgleichung *f*
**lighter** *v* (Ships) / leichtern *v* ‖ ~ / Anzünder *m*, Feuerzeug *n* ‖ ~ (Autos) / Zigarettenanzünder *m* (am Armaturenbrett des Autos) ‖ ~ (Ships) / Leichter *m* (ein flachgehendes Küstenlastschiff ohne Eigenantrieb)
**lighter-aboard-ship carrier** (Ships) / Trägerschiff *n* (Spezialfrachtschiff, das Güter in schwimmfähigen Behältern, die auch als Schubleichter auf Binnenwasserstraßen eingesetzt werden können, befördert), LASH-Schiff *n*, LASH-Carrier *m*, Barge-Carrier *m*
**lighterage** *n* (Ships) / Leichterverkehr *m*, Leichtertransport *m*, Beförderung *f* durch Leichter ‖ ~ (Ships) / Leichtergeld *n*, Leichterlohn *m*, Leichterkosten *pl*
**lighter flint** / Zündstein *m* (z.B. aus Cermetall)
**lighter-than-air aircraft** (Aero) / Luftfahrzeug *n* leichter als Luft, gasgetragenes Luftfahrzeug, Aerostat *m* (gasgetragenes Luftfahrzeug)
**lighter-than-light** *adj* (Chem) / leichtest siedend (Komponente)
**light exit** (Light) / Lichtaustritt *m* ‖ ~ **exit panel** (Light) / Lichtaustrittsscheibe *f* (bei Scheinwerfern)
**light-expanded-clay aggregate** (Build, Civ Eng) / Light-expanded-Clay-Aggregat *n* (Handelsbezeichnung für Blähtonmaterial, Leca *n* (Zuschlag für Leichtbeton)
**light face\*** (Typog) / magere Schrift ‖ ~ **fastness\*** / Lichtechtheit *f* (Maß für die Farbechtheit von Färbungen unter Lichteinwirkung)
**light-fastness scale** / Lichtechtheitsmaßstab *m*
**light-fastness standard** / Lichtechtheitsstufe *f*, LE-Stufe *f*
**lightfield illumination** (Micros) / Hellfeldbeleuchtung *f*
**light filling** (Weaving) / dünner Schussfaden ‖ ~ **filter\*** (Optics, Photog) / Lichtfilter *n*, [optisches] Filter *n* ‖ ~ **fixture** (Light) / Leuchte *f* (ein Gerät zur Aufnahme und zum Betrieb künstlicher Lichtquellen - DIN 5039), Beleuchtungskörper *m* ‖ ~ **flash** (Light) / Lichtblitz *m*, Szintillationsblitz *m* ‖ ~ **flint** (Glass) / Leichtflint *n*, Leichtflintglas *n*, LF (Leichtflint) ‖ ~ **flux** (Light) / Lichtstrom *m* (von einer Lichtquelle in verschiedenen Richtungen ausgestrahlte Leistung - in lm gemessen - DIN 5031, T 3) ‖ ~ **flux\*** (Optics) / Lichtfluss *m* ‖ ~ **from above** (Light) / Oberlicht *n* (von oben einfallendes Tageslicht) ‖ ~ **fuel oil** / (in etwa:) Heizöl L (leichtflüssig) ‖ ~ **gas oil** (containing about 16 - 20 carbon atoms) / leichtes Gasöl ‖ ~ **gasoline** (Fuels) / Leichtbenzin *n*, leichtes Benzin (Siedebereich 20 - 135 °C) ‖ ~ **gasoline** (US) (Paint) / Testbenzin *n*, Lackbenzin *n* (DIN 51632)
**light-gathering power** (of a lens) (Optics) / Lichtstärke *f* (eines Teleskops)
**light grey** / lichtgrau *adj* ‖ ~ **guide** (Optics) / Lichtleitfaser *f* (DIN 58140, T 1) ‖ ~ **gun** (Aero) / Signalscheinwerfer *m* ‖ ~ **gun** (Electronics) / Leuchtstift *m*, Lichtstift *m*, Lichtgriffel *m*, Lightpen *m*
**light-hardening** *n* (Photog) / Lichthärtung *f* (Verminderung der Quellfähigkeit und Löslichkeit der Kopierschicht durch Lichteinwirkung)
**light harvesting** (Chem) / Lichternten *n* (bei der Fotosynthese)
**light-harvesting complex** (Bot, Chem) / Lichtsammelkomplex *m*, Antennenkomplex *m* (in den Thylakoid-Membranen der Chloroplasten der grünen Pflanzen sowie in fotosynthetisierenden Bakterien)
**light hours** (US) (Autos) / verkehrsschwache Zeit
**lighthouse** *n* (Ships) / Leuchtturm *m* (ein Schifffahrtszeichen nach DIN 4054) ‖ ~ **tube\*** (Electronics) / Scheibenröhre *f* (eine Mikrowellenröhre), Leuchtturmröhre *f* (für die Hochfrequenztechnik), Scheibentriode *f* ‖ ~ **tube\*** (Electronics) s. also megatron
**light hydrocarbon** (Chem, Oils) / niederer Kohlenwasserstoff, niedrigsiedender Kohlenwasserstoff ‖ ~ **hydrogen** (Chem) / Protium *n* (leichter Wasserstoff) ‖ ~ **identification** / Leuchtfeuererkennung *f*

(Blink-, Funkelfeuer usw.) ‖ ~ **incidence** (Light) / Lichteinfall *m* (Kennzeichnung der Richtung, aus der das Licht einfällt)
**light-independent reaction** (Bot, Chem) / Dunkelreaktion *f* (der Fotosynthese)
**light-induced flavour** (Nut) / Lichtgeschmack *m* (Bier, Milch), Sonnenlichtgeschmack *m* (ein Aromafehler der Milch)
**lighting** *n* / Ausleuchtung *f* (Tätigkeit) ‖ Anzünden *n* ‖ ~ (Aero) / Befeuerung *f* (durch elektrische Leuchtfeuer) ‖ ~ (Light) / Beleuchtung *f* ‖ ~ (Photog) / Lichtführung *f* ‖ ~ **bowl** (Light) / Leuchtenschale *f* ‖ ~ **bridge** (Cinema) / Beleuchterbrücke *f* ‖ ~ **cable** (Elec Eng) / Lichtkabel *n* ‖ ~ **circuit** (Elec Eng, Light) / Lichtstromkreis *m* ‖ ~ **circuit** (Elec Eng) / Lichtschaltung *f* ‖ ~ **circuit** (Elec Eng, Light) / Beleuchtungsstromkreis *m* ‖ ~ **column** (Light) / Beleuchtungsmast *m*, Lichtmast *m* ‖ ~ **console** / Lichtstellwarte *f* ‖ ~ **console** (Cinema, Light) / Lichtorgel *f* (ein elektronisches Effektgerät) ‖ ~ **control** (Cinema, Light) / Lichtorgel *f* (ein elektronisches Effektgerät) ‖ ~ **control** (Light) / Beleuchtungsregelung *f* ‖ ~ **design** (Light) / Lichtregie *f* (der künstlerische Einsatz von Licht), Lichtgestaltung *f*, Lighting-Design *n* ‖ ~ **engineering** (Light) / Beleuchtungstechnik *f* ‖ ~ **engineering** (Light) / Lichttechnik *f* ‖ ~ **environment** (Light) / Beleuchtungsmilieu *n* ‖ ~ **equipment** (Cinema) / Lichtausrüstung *f* ‖ ~ **equipment** (Light) / Beleuchtungsanlage *f* ‖ ~ **fixture** (Light) / Leuchte *f* (ein Gerät zur Aufnahme und zum Betrieb künstlicher Lichtquellen - DIN 5039), Beleuchtungskörper *m* ‖ ~ **glass** (Glass) / Beleuchtungsglas *n* (für Beleuchtungskörper) ‖ ~ **installation(s)** (Light) / Beleuchtungsanlage *f* ‖ ~ **installations** (Light) / Beleuchtungsanlage *f* ‖ ~ **lines** (Elec Eng) / Lichtleitung *f* (Lichtnetz), Lichtnetz *n* ‖ ~ **mains** (Elec Eng) / Lichtleitung *f* (Lichtnetz), Lichtnetz *n* ‖ ~ **outlet** (Build, Elec Eng) / Brennstelle *f* (Decken-, Wand-), Stromanschlusspunkt *m* ‖ ~ **point** (Build, Elec Eng) / Brennstelle *f* (Decken-, Wand-), Stromanschlusspunkt *m* ‖ ~ **setting** (Cinema) / Einleuchtung *f* (der Szene), Einleuchten *n* (Aufbau der Beleuchtung im Studio oder bei Außenaufnahmen) ‖ ~ **switch** (Autos) / Lichtschalter *m* ‖ ~ **trough** (Cinema, Light) / Lichtwanne *f* ‖ ~ **trough** (Light) / Beleuchtungswanne *f* (bei der indirekten Deckenbeleuchtung) ‖ ~ **ware** (Glass) / Beleuchtungsglas *n* (für Beleuchtungskörper)
**light injection** (Optics) / Lichteinkopplung *f*
**light-insensitive** *adj* (Light, Photog) / lichtunempfindlich *adj*
**light intersection method** (Materials) / Lichtschnittverfahren *n* (ein Oberflächenprüfverfahren nach DIN 50948) ‖ ~ **ion** (Phys) / Leicht-Ion *n*, leichtes Ion *n* ‖ ~ **key** (Chem) / niedrigsiedende Schlüsselkomponente ‖ ~ **line** (Ships) / Leichtwasserlinie *f*, Leichtladelinie *f* (Schwimmebene des Schiffs bei voller Ausrüstung ohne Ladung) ‖ ~ **liquid** (San Eng) / Leichtflüssigkeit *f* ‖ ~ **liquid paraffin** (Oils) / Leichtparaffin *n* ‖ ~ **list** (Ships) / Leuchtfeuerverzeichnis *n*, Lfv., Verzeichnis *n* der Leuchtfeuer und Signalstellen ‖ ~ **load** (Elec Eng) / Schwachlast *f* ‖ ~ **load line** (Ships) / Leichtwasserlinie *f*, Leichtladelinie *f* (Schwimmebene des Schiffs bei voller Ausrüstung ohne Ladung) ‖ ~ **lorry** (Autos) / Lieferwagen *m* mit offener Ladefläche, offener Schnelllieferwagen, Leichtlastkraftwagen *m*, Pritschenlieferwagen *m*, Pick-up *m* ‖ ~ **loss** (Light) / Lichtverlust *m*, Lichtabfall *m* ‖ ~ **machine oil** (Chem, Eng, Oils) / leichtes Maschinenöl
**light-matter interaction** (Phys) / Licht-Materie-Wechselwirkung *f*
**light maximum** (Light) / Lichtmaximum *n* ‖ ~ **metal alloy** (Met) / Leichtmetalllegierung *f* ‖ ~ **metals** (Chem) / Leichtmetalle *n pl* (metallische Elemente bis etwa 5 g Dichte - technisch wichtige Leichtmetalle = Al, Mg, Ti)
**light-metal welding** (Welding) / Leichtmetallschweißung *f*
**light meter*** (Photog) / Belichtungsmesser *m* (zur objektiven Bestimmung der Belichtung) ‖ ~ **metering** (Light) / Lichtdosierung *f* ‖ ~ **mineral** (Min) / Leichtmineral *n* (mit Dichte unter 2,9 g/cm³) ‖ ~ **minimum** (Light) / Lichtminimum *n* ‖ ~ **modulation** (TV) / Lichtmodulation *f* ‖ ~ **motorcycle** (with a kick-starter) (Autos) / Mokick *n* (Kleinkraftrad)
**lightness*** *n* (Light) / Helligkeit *f* (Leuchtdichte bei Selbstleuchtern, Hellbezugswert bei Körperfarben) ‖ ~ **flop** (Paint) / Helligkeitsflop *m* (nei Metalleffekt- und anderen Effektlackierungen)
**lightning*** *n* (Meteor) / Blitzentladung *f*, Blitz *m* ‖ ~ **arrester*** (Elec Eng) / Überspannungsschutzgerät *n*, Überspannungsableiter *m* ‖ ~ **call** (Teleph) / Blitzgespräch *n* ‖ ~ **channel** (Geophys, Meteor) / Blitzbahn *f*, Blitzkanal *m* ‖ ~ **conductor*** (Elec Eng) / Blitzableiter *m* (der Blitzschutzanlage), Auffangstange *f* (der Blitzschutzanlage), Fangstange *f* (der Blitzschutzanlage) ‖ ~ **generator** (Elec Eng) / Stoßgenerator *m* (Impulsgenerator zur Erzeugung von Blitzstoßspannungen und Blitzströmen) ‖ ~ **path** (Geophys, Meteor) / Blitzbahn *f*, Blitzkanal *m* ‖ ~ **protector*** (Elec Eng) / Überspannungsableiter *m*, Überspannungsableiter *m* ‖ ~ **rod*** (US) (Elec Eng) / Blitzableiter *m* (der Blitzschutzanlage), Auffangstange *f* (der Blitzschutzanlage), Fangstange *f* (der Blitzschutzanlage) ‖ ~ **scar** (For) / Blitzriss *m* (ein Holzschaden) ‖ ~ **shake** (For) / Blitzriss *m* (ein Holzschaden) ‖ ~ **stroke** (Geophys, Meteor) / Blitzschlag *m*, Blitzeinschlag *m*, Einschlag *m* des Blitzes ‖ ~ **(surge) arrester*** (Elec Eng) / Blitzschutzanlage *f*, Blitzschutz *m* (innerer, äußerer) ‖ ~ **tube*** (Min) / Blitzröhre *f* (durch Blitzeinschlag im Sand entstanden), Fulgurit *m*, Blitzsinter *m*
**light occluder** / Lichtschutz *m* (Einrichtung)
**light-off characteristics** (Autos) / Anspringverhalten *n* (des Katalysators) ‖ ~ **performance** (Autos) / Anspringverhalten *n* (des Katalysators)
**light oil** / dünnflüssiges Öl, niedrig viskoses Öl ‖ ~ **oils*** (Chem, Oils) / Leichtdestillate *n pl*, leichte Öle, Leichtöle *n pl*
**light-optical lithography** (Electronics) / lichtoptische Lithografie
**light optics** (Optics) / Lichtoptik *f* ‖ ~ **panel** (Elec Eng, Light) / Lumineszenzplatte *f*, Leuchtplatte *f*, Elektrolumineszenzplatte *f* (plattenförmige Lichtquelle), Elektrolumineszenzlampe *f* ‖ ~ **pen*** (Electronics) / Leuchtstift *m*, Lichtstift *m*, Lichtgriffel *m*, Lightpen *m* ‖ ~ **pencil** (Electronics) / Leuchtstift *m*, Lichtstift *m*, Lichtgriffel *m*, Lightpen *m* ‖ ~ **pick** (Weaving) / dünner Schussfaden ‖ ~ **pillar** (Astron, Meteor) / Lichtsäule *f* (ein Halo in Form einer vertikalen weißen Säule über und unter Sonne) ‖ ~ **pillar** (Astron) s. also sun pillar ‖ ~ **pipe** (Optics) / Light-Pipe *f*, Lichtleiterbündel *n*
**lightplane** *n* (Aero) / Leichtflugzeug *n*, Kleinflugzeug *n* (mit etwa 5 670 kg Starthöchstgewicht)
**light plotter** (Electronics) / Lichtzeichenmaschine *f*, Lichtzeicheneinrichtung *f* ‖ ~ **pollution** (Astron) / Lichtverschmutzung *f* (künstliche Aufhellung des Nachthimmels in Ortschaften, die sich bei visuellen und fotografischen Beobachtungen störend bemerkbar macht)
**light-positive** *adj* / lichtelektrisch positiv *adj*
**light pressure** (Light, Phys) / Lichtdruck *m* ‖ ~ **pressure** (Light, Phys) s. also radiation pressure
**light-producing** *adj* (Bot, Zool) / lichterzeugend *adj*, lichtausstrahlend *adj*, lichtaussendend *adj*, lichtemittierend *adj*, fotogen *adj*
**light-profile interferometry** / Lichtschnittinterferometrie *f*
**light-proof** *adj* (Optics, Photog) / undurchsichtig *adj*, opak *adj*, lichtundurchlässig *adj*
**light-proofness** *n* (Light, Photog) / Undurchsichtigkeit *f*, Opazität *f*, Lichtundurchlässigkeit *f* (Kehrwert des Durchlassgrades)
**light propagation** (Light) / Lichtfortpflanzung *f*, Lichtausbreitung *f* ‖ ~ **protection** (Nut) / Lichtschutz *m* (Schutz gegen zu starke Einwirkung von Licht, bes. Sonnenlicht) ‖ ~ **pulse** / Lichtimpuls *m* ‖ ~ **quant[um]*** (Nuc) / Photon *n* (DIN 5031-8), Lichtquant *n* ‖ ~ **railway** (Civ Eng) / Feldbahn *f* (leicht verlegbare Schmalspurbahn für untergeordnete Transportaufgaben), Feldeisenbahn *f* ‖ ~ **railway*** (Rail) / Feldeisenbahn *f* ‖ ~ **ray** (Light, Optics) / Lichtstrahl *m* ‖ ~ **reaction*** (Chem) / Lichtreaktion *f* (bei der Fotosynthese) ‖ ~ **receptor*** (Light, Physiol) / Lichtsinnesorgan *n* ‖ ~ **reddish brown** (as a roe-deer) / rehbraun *adj* ‖ ~ **Red Meranti** (For) / hellrotes Meranti ‖ ~ **red silver ore*** (Min) / Lichtes Rotgültig, Lichtes Rotgültigerz, Proustit *m* ‖ ~ **relay*** (Telecomm) / Lichtrelais *n*, Lichtventil *n* ‖ ~ **resistance** (Materials) / Lichtbeständigkeit *f* (keine oder nur geringe Änderung der mechanischen Eigenschaften durch Lichteinwirkung)
**light-resistant** *adj* / lichtecht *adj* (Verpackung), lichtbeständig *adj*, lichtdicht *adj* (Verpackung)
**light ruby silver ore** (Min) / Lichtes Rotgültig, Lichtes Rotgültigerz, Proustit *m* ‖ ~ **running fit** (Eng) / leichter Laufsitz
**lights** *pl* (Autos) / Lichtsignalanlage *f*, Wechselzeichenanlage *f*, Verkehrsampel *f*, Ampelanlage *f*, Ampel *f*, Lichtzeichenanlage *f* ‖ ~ (Mining) / Geleucht *n* (Beleuchtungseinrichtungen im Untertagebetrieb) ‖ ~ (Print) / Spitzlichter *n pl* (einer Vorlage oder eines fotografisch gewonnenen Aufsichts- oder Durchsichtspositivs), Hochlichter *n pl*
**light saturation** (Bot) / Lichtsättigung *f* (bei Pflanzen) ‖ ~ **scattering** (Light) / Lichtstreuung *f*
**light-scattering detector** (Light) / Lichtstreudetektor *m*
**light scrap** (Met) / leichter Schrott ‖ ~ **sea** (Ocean, Ships) / leichte See, leichter Seegang ‖ ~ **section** (Met) / leichtes Profil (mit kleineren Steg- und Flanschdicken als bei dem Mutterprofil), Leichtprofil *n* (Feinstahl) ‖ ~ **section** (Optics) / Lichtschnitt *m* (Schnitt der Oberfläche mit einer Lichtebene)
**light-section measuring device** / Lichtschnittmessgerät *n* (optisches Prüfgerät zur Ermittlung von Oberflächenkenngrößen) ‖ ~ **microscope** (Micros) / Lichtschnittmikroskop *n* ‖ ~ **mill** (Met) / Feinstahlstraße *f*, Leichtprofilstraße *f*
**light-sensitive*** *adj* (Light, Photog) / lichtempfindlich *adj*, fotosensitiv *adj*
**light•-sensitive cell** (Electronics) / Fotoempfänger *m*, fotoelektrischer Detektor, fotoelektrisches Bauelement (z.B. Fotozelle), Fotodetektor *m* (meist eine Fotodiode mit nachgeschaltetem Verstärker), Lichtdetektor *m* ‖ ~**-sensitive detector** (Electronics) / Fotoempfänger *m*, fotoelektrischer Detektor, fotoelektrisches

**light-sensitive**
Bauelement (z.B. Fotozelle), Fotodetektor *m* (meist eine Fotodiode mit nachgeschaltetem Verstärker), Lichtdetektor *m*
**light-sensitive side** (Cinema, Photog) / Schichtseite *f*, lichtempfindliche Seite
**light sensitivity** (Elec, Light) / Lichtempfindlichkeit *f* (in A/lm) || ~ **sensor** (Light) / Lichtsensor *m* (der sich zum Lichtmessen eignet)
**light-sensor photodevice** (Electronics) / Fotoempfänger *m*, fotoelektrischer Detektor, fotoelektrisches Bauelement (z.B. Fotozelle), Fotodetektor *m* (meist eine Fotodiode mit nachgeschaltetem Verstärker), Lichtdetektor *m*
**light shield** / Lichtschutz *m* (Einrichtung) || ~ **ship** (Ships) / unbeladenes Schiff
**lightship** *n* (Ships) / Feuerschiff *n* (als Seezeichen verankertes Schiff mit Leuchtfeuer, Nebelsignal, Funkfeuer und anderen nautischen Einrichtungen)
**light signal** / Lichtzeichen *n* || ~ **signal** (Light) / Lichtsignal *n*
**light-slit method** (Materials) / Lichtschnittverfahren *n* (ein Oberflächenprüfverfahren nach DIN 50948)
**light soil** (Agric) / leichter Boden
**lights-on buzzer** (Autos) / Lichtwarnsummer *m* || ~ **reminder** (Autos) / Lichtwarner *m* (meist Summer oder Warnmelodie)
**light source** (Light, Optics) / Lichtquelle *f* || ~ **spot** (Electronics) / Leuchtfleck *m* (auf dem Schirm der Oszillografenröhre), Lichtpunkt *m*, Leuchtpunkt *m*
**light-spot galvanometer** (Elec Eng) / Lichtmarkengalvanometer *n*
**light-spot-operated typewriter** (for disabled persons) / Lichtstrahlschreibmaschine *f*
**light stability** (Materials) / Lichtbeständigkeit *f* (keine oder nur geringe Änderung der mechanischen Eigenschaften durch Lichteinwirkung) || ~ **stabilizer** / Lichtschutzmittel *n* || ~ **station** (a group of buildings including a lighthouse) (Ships) / Leuchtturmanlage *f* || ~ **steel construction** (Civ Eng) / Stahlleichtbau *m* || ~ **steel section** (Civ Eng, Met) / Stahlleichtprofil *n* (aus Band und Feinblech) || ~ **stimulus** (Optics, Physiol) / Lichtreiz *m* || ~ **storage** / Lichtspeicherung *f*
**light-struck** *adj* (Photog) / belichtet *adj* (unabsichtlich - Fotomaterial) || ~ **flavour** (Nut) / Lichtgeschmack *m* (Bier, Milch), Sonnenlichtgeschmack *m* (ein Aromafehler der Milch)
**light switch** (Elec Eng) / Lichtschalter *m* (Übertragungsglied in einem Lichtweg)
**light-switching array** (Light) / lichtschaltende Anordnung (steuerbare Lichtschleuse, bei der die Eigenschaft optomagnetischer Materialien auf der Grundlage des Faraday-Effekts genutzt wird), LISA *f* (lichtschaltende Anordnung)
**light table*** (Print) / Leuchttisch *m* (ein Montagetisch), Leuchtpult *n*
**light-tanning** *adj* (Leather) / hellgerbend *adj*
**light•-tight** *adj* (Light) / lichtdicht *adj* || ~ **time** (Astron) / Lichtzeit *f*, Aberrationszeit *f* (die Zeitspanne, die ein Lichtstrahl auf seinem Weg von einem Gestirn zur Erde benötigt) || ~ **trace** / Leuchtspur *f* || ~ **traffic** (Autos) / schwacher Verkehr || ~ **trap** / Lichtfalle *f* (für nachts fliegende Schadinsekten), Fanglampe *f* (auch zur Ermittlung der Dichte von Schadinsektenpopulationen) || ~ **trap*** (Photog) / Lichtschleuse *f* (zum sicheren Abschirmen der Tanks oder der Teile der Entwicklungsmaschine oder als lichtsicherer Verkehrsweg zwischen Hell- und Dunkelräumen in Kopieranstalten) || ~ **truck** (Autos) / Kleinlastkraftwagen *m*, Kleinlaster *m* || ~ **up** *v* (Light) / beleuchten *v*
**light-up push-button** / Leuchttaste *f*
**light valve*** (Cinema) / Lichthahn *m* (magnetischer, dynamischer - ein Oszillografensystem des Lichttons) || ~ **valve*** (Cinema) / Lichtmodulator *m*, Lichtschleuse *f* || ~ **valve** (Optics) / Lichtventil *n* (elektrooptisches Element oder elektrooptische Baugruppe, die je nach ihrem Schaltzustand mehr oder weniger Licht passieren lassen) || ~ **vector** (Light) / Lichtvektor *m* || ~ **vessel** (Ships) / Feuerschiff *n* ohne eigenen Antrieb || ~ **Water** / filmbildender Schaum (ein schaumbildendes Feuerlöschmittel auf der Basis von Fluortensiden, Feuerlöschmittel *n* auf der Basis von Fluortensiden || ~ **water*** (Chem, Nut) / Leichtwasser *n* || ~**-water-cooled reactor** (Nuc Eng) / Leichtwassergekühlter Reaktor || ~ **water line** (Ships) / Leichtwasserlinie *f*, Leichtladelinie *f* (Schwimmebene des Schiffs bei voller Ausrüstung ohne Ladung) || ~**-water-moderated reactor** (Nuc Eng) / leichtwassermoderierter Reaktor
**light-water (nuclear) reactor*** (Nuc Eng) / Leichtwasserreaktor *m* (bei dem normales Wasser Moderator und Kühlmittel zugleich ist), LWR (Leichtwasserreaktor)
**light-wave** *n* (Light) / Lichtwelle *f* || ~ **communications** (Telecomm) / optische Nachrichtenübertragung (als Prozess), optische Kommunikationstechnik || ~ **train** (Light) / Lichtwellenzug *m*
**light weight** / Taragewicht *n*, Tara *f* (Masse der Verpackung einer Ware)
**lightweight** *adj* (Textiles) / leicht *adj* (Gewebe) || ~ **aggregate*** (Build, Civ Eng) / Leichtzuschlag *m* (mit niedriger Kornrohdichte nach DIN 4226) || ~ **anchor** (Ships) / Leichtanker *m* || ~ **board** (with economy core) (Join) / Füllplatte *f*, Verbundplatte *f* (mit Hohlraummittellage) || ~ **brick** (Build) / Leichtstein *m* (mit porösem Scherben und sehr geringem Wärmeleitvermögen) || ~ **building** (Fng) / Leichtbau *m* (optimales Verhältnis zwischen Masse und Ökonomie) || ~ **building board** (Build) / Leichtbauplatte *f* (aus langfasriger Holzwolle) || ~ **building stone** (Build) / Leichtbaustein *m* || ~ **casting resin** (Plastics) / Gießharz *n* zur Herstellung von Leichtstoffen || ~ **coated paper** (Paper) / LWC-Papier *n* (dünnes, maschinengestrichenes kaolinhaltiges Papier mit leichtem beidseitigem Pigmentstrich, auf dem besonders Versandhauskataloge und Magazine gedruckt werden) || ~ **coating** (Surf) / Dünnbeschichtung *f* || ~ **concrete*** (Build) / Leichtbeton *m* (wärmedämmender oder konstruktiver nach DIN 4108, 4232), LBn (Leichtbeton) || ~ **construction** (Build) / Leichtbauweise *f*, Leichtbaukonstruktion *f*, leichte Bauweise, Leichtbau *m* || ~ **core** (For) / Hohlraummittellage *f* (der Verbundplatte) || ~ **fabric** (Textiles) / leichtes Gewebe || ~ **gypsum** (Build) / Leichtgips *m*
**lightweight-metal construction** (Build) / Metallleichtbau *m*
**lightweight monobloc shaft** (Autos) / Leichtbaumonoblockwelle *f* || ~ **mortar** (Build) / Leichtmörtel *m*, Leichtmauermörtel (DIN 1053).m. || ~ **paper** (Paper) / Dünndruckpapier *n*, Leichtdruckpapier *n* || ~ **slab** (Join) / Füllplatte *f*, Verbundplatte *f* (mit Hohlraummittellage)
**light well** (Build) / Lichthof *m*, Lichtschacht *m*
**lightwood*** *n* (For) / harzreiches Nadelholz || ~ (US) (For) / Anmachholz *n*
**light-year*** *n* (Astron) / Lichtjahr *n* (inkohärente, alte Einheit der Länge in der Astrophysik = 0,3068 pc = 9,460528.10$^{12}$ km), Lj, ly
**lignaloe oil** / Linaloeöl *n* (etherisches Öl verschiedener Bursera-Arten)
**lignan** *n* (phenolic substance from plant or wood extracts) (Chem) / Lignan *n* (phenolischer Holz- oder Pflanzenextraktstoff)
**ligne*** *n* (Horol) / Linie *f* ( = 2,2558 mm)
**ligneous** *adj* (Bot) / Holz-, holzartig *adj*, holzig *adj* || ~ **plant** (Bot, For) / Holzgewächs *n*, Holzpflanze *f*, Gehölz *n* (mehrjährige Pflanze mit verholzenden oberirdischen Trieben - DIN1946-1)
**lignicole*** *adj* (Bot, Zool) / lignikol *adj*, auf Holz lebend, holzbewohnend *adj*
**lignicolous*** *adj* (Bot, Zool) / lignikol *adj*, auf Holz lebend, holzbewohnend *adj*
**lignification*** *n* (Bot, For) / Verholzung *f* (durch Lignineinlagerung), Lignifizierung *f*
**lignified wood** (For) / Plast-Presslagenholz *n*, Pressschichtholz *n* (Plast-Presslagenholz, bei dem die Faserrichtung der Furniere parallel zueinander angeordnet ist)
**ligniform** *adj* / holzähnlich *adj*
**lignin*** *n* (Bot, Chem, For) / Lignin *n*, Holzstoff *m* (wichtiger Holzbestandteil)
**lignin-lignin bond** (For) / Lignin-Lignin-Bindung *f*
**ligninolytic** *adj* (Chem, For) / lignin(auf)lösend *adj*
**lignin residues** (Bot) / restliches Lignin, Restlignin *n* (im Zellstoff), Ligninreste *m pl*
**ligniperdous** *adj* (For, Zool) / holzzerstörend *adj* (Schädling, Pilz)
**lignite** *n* (loosely consolidated material) (Fuels, Mining) / Weichbraunkohle *f*, helle Braunkohle (mit etwa 70 % C) || ~* (Geol, Mining) / Xylit *m* / Holzbestandteile der Braunkohle), Lignit *m* || ~* (US) (Mining) / Braunkohle (subbituminös) || ~* (Geol, Mining) s. also black lignite and brown lignite || ~ **A** (73,6 - 76,2 % C) (Mining) / Hartbraunkohle *f*, Glanzbraunkohle *f*, schwarze Braunkohle (mit 70-75 % C) || ~ **B** (65-73,5° C) (Fuels, Mining) / Weichbraunkohle *f*, helle Braunkohle (mit etwa 70 % C) || ~ **(low-temperature) coke** (Fuels) / Grudekoks *m*, Braunkohlenschwelkoks *m* || ~ **high-temperature process** (Fuels) / Braunkohlen-Hochtemperaturverfahren *n*, BHT-Verfahren *n* || ~ **tar** (Chem Eng) / Braunkohlenteer *m* || ~ **wax** (Chem) / Montanwachs *n* (ein fossiles Pflanzenwachs aus bitumenreicher Braunkohle)
**lignitic coal** (Mining) / Braunkohle *f* (subbituminöse)
**lignitization** *n* (Geol, Mining) / Braunkohlenbildung *f*, Bildung *f* der Braunkohle
**lignivorous*** *adj* (For) / holzfressend *adj* (Schädling), lignivor *adj*
**lignocaine** *n* (Med) / Lidocain *n* (internationaler Freiname für ein Lokalanästhetikum und Antiarrhythmikum), Lidokain *n*
**lignocellulose*** *n* (Chem, For) / Lignozellulose *f* (eine Verbindung von Lignin, Polynose und Zellulose), Lignozellulose *f*, Holzzellulose *f*
**lignoceric acid** (Chem) / Lignocerinsäure *f* (n-Tetracosansäure - eine gesättigte, unverzweigte Fettsäure), Lignozerinsäure *f*
**lignoceryl alcohol** (Chem) / Lignocerylalkohol *m* (ein Wachsalkohol), Lignozerylalkohol *m*
**lignolytic** *adj* (Chem, For) / lignin(auf)lösend *adj*
**lignosulphonate** *n* (Chem, Paper) / Ligninsulfonat *n*, Lignosulfonat *n*
**lignosulphonic acid** (Chem) / Ligninsulfonsäure *f*

**lignum vitae*** (pl. lignum vitaes) (For) / Franzosenholz n, Pockholz n, Guajakholz n (meistens aus Guaiacum sanctum L. od. Guaiacum officinale L.)
**ligroin*** n (Chem) / Ligroin n (leichte Kohlenwasserstofffraktion, Kp. 90 - 120° C - in den USA 20-135° C)
**ligroine** n (Chem) / Ligroin n (leichte Kohlenwasserstofffraktion, Kp. 90 - 120° C - in den USA 20-135° C)
**Li-ion accumulator** (Comp, Elec Eng) / Lithium-Ionen-Akkumulator m || **~ battery** (Comp, Elec Eng) / Lithium-Ionen-Akkumulator m
**like charge** (Phys) / gleichnamige Ladung
**like-charged** adj (Phys) / gleichnamig geladen (z.B. Ion)
**likelihood** n (Stats) / Likelihood f (wahrscheinlichkeitsähnliches Maß) || **~ function*** (Stats) / Likelihoodfunktion f (eine spezielle Wahrscheinlichkeitsfunktion)
**like operations** / gleichnamige Operationen || **~ terms** (Maths) / gleichnamige Glieder von Polynomen
**lilac** adj / hellviolett adj, lila adj, fliederfarben adj, fliederfarbig adj || **~ oil** / Fliederöl n
**LIM** (linear induction motor) (Elec Eng) / Wanderfeldmotor m, Asynchron-Linearmotor m, linearer Asynchronmotor, linearer Induktionsmotor
**lim*** (Maths) / Limes m (pl. Limes) (ein Grundbegriff der Analysis), lim
**Lima beans** (Bot, Nut) / Rangoonbohnen f pl, Rangunbohnen f pl, Mondbohnen f pl (aus dem Phaseolus lunatus L.), Limabohnen f pl, Sievabohnen f pl
**limaçon*** n (Maths) / Pascal'sche Schnecke (ebene algebraische Kurve 4. Ordnung)
**liman coast** (Geog) / Limanküste f (mit senkrecht zur Küste verlaufenden Strandseen - meistens am Schwarzen oder Kaspischen Meer)
**Lima wood** (For) / Pernambukholz n, Martinsholz n, Fernambukholz n (aus Caesalpinia echinata Lam.)
**limb** v (For) / entasten v, aufasten v, abästen v (gefällte Bäume), entästen v (liegende Bäume) || **~ (US)** (For) / stehend ästen || **~\*** n (Astron, Surv) / Rand m eines Himmelskörpers || **~** (Elec Eng) / Zweig m (einer Doppelleitung) || **~** (Elec Eng) / Schenkel m (bei magnetischen Kreisen und Transformatoren) || **~** (Eng) / Ende n (des Winkelhebers) || **~** (For) / Ast m (verholzter Seitentrieb des Baumes) || **~** (Geol) / Ausläufer m (des Gebirges) || **~\*** (Geol) / Schenkel m, Flügel m, Flanke f (einer Falte) || **~** (Nav) / Gradbogen m (z.B. eines Spiegelsextanten) || **~** (Phys) / Schenkel m (eines Manometers) || **~\*** (Surv) / Limbus m (pl. Limbi, [horizontaler] Teilkreis (im Unterbau des Theodoliten), Horizontalkreis m (an Winkelmessgeräten)
**limba*** n (For) / Limba n (aus Terminalia superba Engl. et Diels)
**limb darkening*** (Astron) / Randverdunkelung f
**limbeck** n (Chem Eng) / Blase f (zum Verdampfen oder zur diskontinuierlichen Destillation), Destillationsblase f, Destillationsgefäß n, Destillierblase f
**limber** adj / flexibel adj, biegsam adj, nachgiebig adj
**limbless** adv (For) / astfrei adj, astrein adj, astlos adj
**limb of the Earth** (Geophys) / Erdrand m
**limbric*** n (Textiles) / Limbric m (merzerisiertes feinfädiges leinwandbindiges Gewebe, bestehend aus links- und rechtsgedrehten Makogarnen)
**limbs** pl (For) / Astholz n
**limburgite*** n (Geol) / Limburgit m (glasführender Nephelinbasalt)
**limb whorl** (For) / Astquirl m (in gleicher oder fast gleicher Höhe des Stammes gewachsene Äste, im Stammquerschnitt sternförmig sichtbar)
**limby** adj (For) / ästig adj, astig adj (Rohholz), astreich adj
**lime** v (Agric) / kalken v, mit Kalk düngen || **~** (Leather) / schwöden v (Felle mit wertvollen Haaren und Wollen, mit Schwödebrei) || **~** (Leather) / kälken v, Haare lockern, äschern v (Häute, meistens mit Weißkäscher) || **~** (Met) / kälken v (Stahldraht und -stangen mit gelöschtem Kalk) || **~ (the juice)** (Nut) / scheiden v (Zuckerrohrsaft mit Kalkmilch reinigen), kalken v (Zuckerrohrsaft) || **~\*** n (Build, Chem) / Kalk m || **~ (esp. from Tilia americana)** (For) / Lindenholz n || **~\*** (For) / Linde f (Tilia L.) || **~ addition** / Kalkzugabe f, Kalkzusatz m || **~ ashes** (Build, Chem) / zweitklassiger Branntkalk (mit Asche und Schlacke vermischt), Kalkasche f
**lime-base grease** (Chem) / Kalkfett n (ein Schmierfett), Kalziumseifenfett n || **~ mud** (Oils) / Kalkspülung f
**lime bath** (Met) / Kalkbad n || **~ blast** (Leather) / Kalkschatten m (Fehler: Kalziumkarbonatniederschlag) || **~ blasts** (Leather) / Kalkflecken m pl (wenn kalkhaltige Blößen längere Zeit an der Luft liegen) || **~ bloom** (Build) / Kalkausblühung f || **~ blue*** (Paint) / Kalkblau n (mit Ultramarin abgetönte Kalkfarbe) || **~ blue*** (Paint) s. also verditer blue || **~ burning** (Build) / Kalkbrennen n (Entsäuerung), Kalkbrennerei f (Tätigkeit) || **~ concrete** (a mixture of gravel, sand and lime which sets hard and was used in Roman times and later before Portland cement was made) (Build) / Römischer Beton (Opus caementicium), Kalkbeton m, Kalk-Sand-Beton m || **~ cream**

(Leather) / Schwöde f (Schwödebrei), Schwödebrei m (meistens eine Aufschwemmung von Kalziumhydroxid in einer wässerigen Natriumsulfidlösung)
**limed juice** (Nut) / Kalkungssaft m, Scheidesaft m (bei der Zuckergewinnung) || **~ oak** (For) / gekalkte Eiche, gekalktes Eichenholz (Oberflächeneffekt mit weißgetönten Poren) || **~ oil** / kalkverseiftes Öl || **~ wool** (Textiles) / Schwödewolle f
**lime electrode** (Welding) / kalkbasisch umhüllte Elektrode || **~ fastness** / Kalkechtheit f || **~ felspar** (Geol) / Kalkfeldspat m || **~ fertilizer** (Agric) / Düngekalk m || **~ fertilizer** (Agric) / Kalkdünger m, Ca-Dünger m, Kalkdüngemittel n || **~ for animal forage** (Agric) / Futterkalk m (z.B. für raschwüchsige Haustiere, Hühner in der Legezeit usw.) || **~ glass** (Glass) / Kalkglas n || **~ grease** (Chem) / Kalkfett n (ein Schmierfett), Kalziumseifenfett n || **~ green** / Kalkgrün n (mit Chromoxidgrün abgetönte Kalkfarbe) || **~ green** / Kalkgrün n (ein aus Brillantgrün hergestelltes Pigment)
**lime-green** n / Lindgrün n
**lime-induced chlorosis*** (Bot) / Kalkchlorose f
**lime-injection plant** (Met) / Kalkblasanlage f
**limekiln** n (Build) / Kalkofen m, Kalkbrennofen m
**limelight*** n / Drummond'sches Licht, Drummond'sches Kalklicht (nach T. Drummond, 1797-1840), Drummond'scher Brenner, Kalklicht n
**lime liniment** (Pharm) / Kalkliniment n, Brandliniment n, Linimentum n Calcariae (Leinöl und Kalkwasser zu gleichen Teilen) || **~ liquor** (Leather) / Kalkbrühe f (z.B. Weißkäscher), Ascherflotte f, Äscher m, Kalkäscher m || **~ marl** (Geol) / Kalkmergel m (mit 25-35% Ton) || **~ mortar*** (Build) / Kalkmörtel m (ein Luftmörtel - Mauer- und Putzmörtel) || **~ mud** (Oils) / Kalkspülung f
**limen** n (Med, Physiol) / Limen n (pl. -mina)
**lime nitrogen** (calcium cyanamide) (Chem) / Kalkstickstoff m (Kalziumzyanamid als technisches Produkt) || **~ oil** / Limettöl n (etherisches Öl aus Citrus aurantiifolia oder Citrus latifolia Tanaka - destilliertes oder gepresstes) || **~ paint** (Leather) / Schwöde f (Schwödebrei), Schwödebrei m (meistens eine Aufschwemmung von Kalziumhydroxid in einer wässerigen Natriumsulfidlösung) || **~ paint*** (Paint) / Kalkfarbe (wässrige Aufschlämmung von gelöschtem Kalk - nach DIN 55945) || **~ painting** (Leather) / Schwöden (Äschern mit Schwödebrei), Schwöde f (ein Haarlockerungsverfahren) || **~ paste*** (Build) / Kalkbrei m (Kalkhydrat von breiartiger Konsistenz) || **~ pigment** (Paint) / kalkechtes Pigment
**limepit** n (Build) / Kalkgrube f, Kalkloch n, Löschgrube f (eine Kalkgrube) || **~** (Leather) / Aschergrube f (in der Wasserwerkstatt)
**lime plaster** (Build) / Kalkputz m (ein Mineralputz mit Luftkalk oder hydraulischem Kalk als Bindemittel)
**lime-plumped** adj (Leather) / äschergeschwollen adj
**lime powder*** (Build) / Staubkalk m (Löschkalk) || **~ powder*** (Build) / Feinkalk m (feingemahlener Branntkalk) || **~ precipitation** (San Eng) / Kalkfällung f (mit Kalk als Fällmittel) || **~ putty** (Build) / Kalkteig m (breiiges eingesumpftes Kalziumhydroxid mit ungebundenem Wasser - DIN 1060, T 1)
**limer** n (Build, Paint) / Kalktüncher m, Weißbinder m || **~** (Nut) / Karbonatationspfanne f (bei der Zuckergewinnung), Scheidepfanne f, Scheidegefäß n, Kalkscheidepfanne f || **~** (Paint) / Kalkbürste f (eine Deckenbürste)
**lime raker** (Tools) / Kalkkrücke f || **~ resistance** / Kalkechtheit f || **~-resisting** adj / kalkecht adj
**Limerick lace** (Textiles) / Limerickspitze f
**lime saltpetre** (Chem, Min) / Kalksalpeter m, Nitrokalzit m, Nitrocalcit m
**lime-silicate rock*** (Geol) / Kalksilikatfels m
**lime slacking** (Build) / Kalklöschen n (Zugabe von Wasser zu Branntkalk, wodurch unter Wärmeentwicklung Kalkhydrat entsteht) || **~ slaking** (Build) / Kalklöschen n (Zugabe von Wasser zu Branntkalk, wodurch unter Wärmeentwicklung Kalkhydrat entsteht) || **~ slightly** v (Leather) / anäschern v || **~ slurry** (Build) / Kalkschlämme f || **~ slurry*** (thick aqueous suspension of finely ground slaked lime, used to control alkalinity of ore pulps in flotation and cyanide process) (Min Proc) / Kalkmilch f (dicke), Kalkschlamm m || **~ soap** (Chem) / Calciumseife f (z.B. Calciumstearat), Kalziumseife f (eine Metallseife), Kalkseife f || **~-soda process*** (Chem) / Kalk-Soda-Verfahren n (Wasserenthärtung) || **~ soil** (Agric) / Kalkboden m (mit über 40% Kalziumkarbonat, z.B. Rendzina oder Terra rossa) || **~ specks** (Leather) / Kalkflecken m pl (wenn kalkhaltige Blößen längere Zeit an der Luft liegen)
**limestone*** n (Geol) / Kalkstein m, Kalk m (Kalkstein) || **~ flux** (Met) / Kalksteinzuschlag m (als Flussmittel) || **~ packing** (Paper) / Kalksteinfüllung f || **~ shale** (Geol) / Kalkschiefer m || **~ sink** (Geol) / Katavothre f, Schwinde f, Flussschwinde f, Ponor m (pl. -e) (in Karstgebieten), Schlundloch n

**lime sulphur** (Agric) / Schwefelkalkbrühe f ‖ ~ **sulphur spray** (Agric) / Schwefelkalkbrühe f ‖ ~ **tree** (For) / Linde f (Tilia L.) ‖ ~ **vertical-shaft kiln** (Build) / Kalkschachtofen m ‖ ~ **waggon** (Rail) / Kalkwagen m
**limewash** v (Paint) / weißen v (mit weißer Tünche anstreichen), weißeln v, tünchen v, ausweißen v, weiß tünchen ‖ ~ n (Build, Paint) / Kalkmilch f (in Wasser aufgeschlämmtes Calciumhydroxid), Weiße f
**lime•wash*** n (Paint) / Tünche f (Kalkfarbe) ‖ ~ **water** (Build) / dünnflüssiger, weißer, gelöschter Sumpfkalk (zum Putzen des Sichtmauerwerks) ‖ ~ **water*** (Chem, Pharm) / Kalkwasser n (sehr verdünnte Lösung von Calciumhydroxid), Aqua f Calcariae ‖ ~ **wool** (Textiles) / Schwödewolle f ‖ ~ **works** / Kalkwerk n
**limicolous*** adj (Zool) / limikol adj, im Schlamm lebend
**liming** n (Agric) / Kalkdüngung f, Kalkung f, Kalken n ‖ ~* (Leather) / Schwöden n (Äschern mit Schwödebrei), Schwöde f (ein Haarlockerungsverfahren) ‖ ~ (Leather) / Äschern n, Äscher m (Tätigkeit) ‖ ~ (Nut) / Defäkation f, Scheidung f, Kalkung f (zur Gewinnung des Scheidesafts in der Zuckerherstellung) ‖ ~ **drum** (Leather) / Ascherfass n ‖ ~ **effluent** (Leather, San Eng) / Äscherabwasser n ‖ ~ **stain** (Leather) / Äscherflecken m (Fehler), Ascherfleck m
**limit** v / begrenzen v, limitieren v ‖ ~ n / Limit n (nach oben oder unten festgelegte Grenze), Begrenzung f ‖ ~ (Eng) / Grenzmaß n (entweder Größt- oder Kleinstmaß) ‖ ~* (Maths) / Limes m (pl. Limes) (ein Grundbegriff der Analysis), lim ‖ ~* (Maths) / Häufungsgrenze f ‖ ~* (Maths) s. also limit value
**limitation** n / Limitierung f, Limitation f (Begrenzung von Resourcen), Begrenzung f (z.B. von Resourcen), Beschränkung f ‖ ~ **of liability** / Haftungsbeschränkung f
**limit case of failure** (Eng) / Versagensgrenzfall m ‖ ~ **contact** (Automation) / Grenzwertkontakt m ‖ ~ **design** (Build, Civ Eng) / Traglastverfahren n (in der Stahlbetontheorie - bei statisch unbestimmten Rahmen) ‖ ~ **dextrin** (Chem) / Grenzdextrin n ‖ ~ **dimension** (Eng) / Grenzmaß n (entweder Größt- oder Kleinstmaß)
**limited** n (US) (Rail) / Schnellzug m (mit Platzkartenzwang) ‖ ~ adj (Mil) / begrenzt adj (atomare Reaktion, Krieg, Vergeltung)
**limited-access** attr / schwer zugänglich
**limited-availability group** (Telecomm) / unvollkommenes Bündel
**limited integrator** (Comp) / Integrierer m mit Begrenzung ‖ ~ **miscibility** (Chem) / beschränkte Mischbarkeit, begrenzte Mischbarkeit ‖ ~ **service-life** / begrenzte Lebensdauer ‖ ~ **shelf life** / beschränkte Haltbarkeit (Lagerfähigkeit)
**limited-slip differential** (Autos) / sperrbares Differential, Sperrausgleichgetriebe n, Sperrdifferential n ‖ ~ **differential** (Autos) / selbsthemmendes Differential, Lamellensperrdifferential n, automatisches (selbstsperrendes) Differential, Reibscheiben-Sperrdifferential n ‖ ~ **ratio** (Autos) / Sperrgrad m (der Differentialsperre)
**limited space•-charge accumulation diode** (Electronics) / LSA-Diode f (eine Abart der Gunn-Diode mit begrenzter Raumladungsausbildung) ‖ ~ **train** (Rail) / Schnellzug m (mit Platzkartenzwang)
**limiter** n (Acous) / Spitzenwertbegrenzer m, Limiter m (zur Kassettenaussteuerung) ‖ ~ (Autos) / Abregler m (für Höchstgeschwindigkeit) ‖ ~* (Comp, Telecomm) / Begrenzer m ‖ ~ (Electronics, Telecomm) / Amplitudenbegrenzer m (ein Amplitudenfilter nach DIN 40146, T 1) ‖ ~* (Plasma Phys) / Plasmabegrenzer m, Limiter m ‖ ~ **valve** (Telecomm) / Begrenzerröhre f
**limit function** (Maths) / Schrankenfunktion f ‖ ~ **gauge*** (Eng) / Grenzlehre f (ein Messwerkzeug mit Gut- und Ausschusslehre) ‖ ~ **gust** (Aero, Meteor) / sichere Bö ‖ ~ **inferior** (Maths) / Limes m inferior, unterer Limes, untere Häufungsgrenze, lim inf
**limiting-angle refractometer** (Optics) / Grenzwinkelrefraktometer n (nach dem Prinzip der Messung des Grenzwinkels der Totalreflexion)
**limiting aperture** (Optics) / Grenzapertur f ‖ ~ **case** / Extremfall m ‖ ~ **case** / Grenzfall m ‖ ~ **concentration** (Chem) / Grenzkonzentration f ‖ ~ **concentration** (Chem) s. also maximal dilution ratio ‖ ~ **conductivity*** (Chem) / Grenzleitfähigkeit f ‖ ~ **density*** (Chem) / Grenzdichte f ‖ ~ **density** (Phys) / Gasdichte f bei unendlich kleinem Druck ‖ ~ **device** (Elec Eng) / Endbegrenzungseinrichtung f ‖ ~ **diffusion current** (Chem, Elec Eng) / Diffusionsgrenzstrom m (in der Polarografie) ‖ ~ **down-gradient** (Rail) / maßgebende Neigung ‖ ~ **drawing ratio** (Met) / Grenztiefziehverhältnis n (maximal mögliches Verhältnis von Rondendurchmesser zum Stempeldurchmesser beim Tiefziehen ohne Entstehung von fehlerhaften Werkstücken) ‖ ~ **factor*** (Bot, Ecol) / limitierender Faktor, begrenzender Faktor ‖ ~ **frequency** (Telecomm) / Eckfrequenz f, Grenzfrequenz f (im Allgemeinen) ‖ ~ **friction*** (the frictional force, which when increased slightly, will cause slipping) (Phys) / maximale Haftreibung (bei deren Überschreiten gerade das Gleiten eintritt), Reibungshöchstgrenze f ‖ ~ **gradient*** (Rail) / maßgebender Grenzwert des Neigungsverhältnisses, Grenzneigung f, Neigungsgrenze f ‖ ~ **Mach number** (Aero) / Grenz-Machzahl f ‖ ~ **magnitude** (Astron) / Reichweite f (eines Teleskops) ‖ ~ **no-danger current** (Elec Eng) / kleiner Prüfstrom (bei Sicherungseinsätzen) ‖ ~ **oxygen index** (Chem, Phys) / Sauerstoffindex m, LOI ‖ ~ **oxygen index** (Textiles) / LOI-Wert m (Mess- bzw. Prüfwert, der das Brennverhalten von Textilien unter definierter Sauerstoffeinwirkung charakterisiert) ‖ ~ **quality** (Stats) / rückzuweisende Qualitätsgrenzlage (DIN 55 350, T 13) ‖ ~ **range of stress*** (Materials, Mech) / Dauerschwingfestigkeit f (für die Mittelspannung Null) ‖ ~ **ray** (Acous) / Grenzstrahl m (der tangential zu einer horizontalen Ebene verläuft, in der die Schallgeschwindigkeit maximal ist - DIN 1320)
**limiting-signal transmitter** (indicator) (Telecomm) / Grenzwertmelder m (zum Melden von Über- und/oder Unterschreitungen eingestellter Grenzwerte des Signals), Grenzsignalgeber m
**limiting size** (Eng) / Grenzmaß n (entweder Größt- oder Kleinstmaß) ‖ ~ **slenderness** (Mech) / Grenzschlankheit f (z.B. beim Knicken) ‖ ~ **speed** (Eng) / Grenzdrehzahl f (z.B. bei Lagern) ‖ ~ **speed** (Ships) / Rumpfgeschwindigkeit f (die bei günstigstem Wellenwiderstand erreichbare Geschwindigkeit eines Verdrängungsschiffs), Gleitgeschwindigkeit f, Grenzgeschwindigkeit f ‖ ~ **stress** (Mech) / Grenzspannung f (mechanische) ‖ ~ **structure** (Chem) / Grenzstruktur f (mit lokalisierten Valenzstrichen darstellbare Molekülstruktur) ‖ ~ **up-gradient** (Rail) / maßgebende Steigung ‖ ~ **value** (Maths) / Grenzwert m (DIN 1302 und 40200)
**limiting-value monitoring** / Grenzwertüberwachung f
**limiting velocity*** (Aero) / Grenzgeschwindigkeit f ‖ ~ **viscosity number** (Phys) / Staudinger-Index m (nach H. Staudinger, 1881-1965 - DIN 1342, T 1), Grenzviskositätszahl f, GVZ (Grenzviskositätszahl) ‖ ~ **wavelength** (Radiol, Spectr) / Grenzwellenlänge f
**limit load*** (Aero) / sichere Last (höchstzulässige) ‖ ~ **load** (Build, Civ Eng, Mech) / Traglast f (in der Plastizitätstheorie) ‖ ~ **load** (Eng) / Grenzbelastung f ‖ ~ **of a difference quotient** (Maths) / Grenzwert m eines Differenzenquotienten ‖ ~ **of backwater** (Hyd Eng) / Rückstaugrenze f ‖ ~ **of detection** (a parameter for the sensitivity of qualitative detection reactions) (Chem) / Nachweisgrenze f (bei Analysen die kleinste Stoffkonzentration, die noch statistisch gesichert erfasst werden kann - DIN 32 645), NG (Nachweisgrenze) ‖ ~ **of elasticity** (the largest stress to which a material can be subjected and still returns to its original form upon removal of the load) (Materials, Mech) / Elastizitätsgrenze f, E-Grenze f ‖ ~ **of (permissible) error** (Instr) / Fehlergrenze f (DIN 1319, T 3) ‖ ~ **of flammability** / Zündgrenze f (untere und obere), Entzündungsgrenze f ‖ ~ **of inflammability** / Zündgrenze f (untere und obere), Entzündungsgrenze f ‖ ~ **of integration** (Maths) / Integrationsgrenze f ‖ ~ **of liquidity** (Agric, Civ Eng) / Fließgrenze f (bei bindigen Böden der Wassergehalt einer Bodenprobe am Übergang vom flüssigen zum bildsamen Zustand) ‖ ~ **of proportionality*** (Mech, Met) / Proportionalitätsgrenze f (in der Elastizitätslehre) ‖ ~ **of quantization** (Comp) / Bestimmungsgrenze f (kleinste quantifizierbare Menge) ‖ ~ **on the left** (Maths) / linksseitiger Limes, linksseitiger Grenzwert ‖ ~ **on the right** (Maths) / rechtsseitiger Limes, rechtsseitiger Grenzwert ‖ ~ **point*** (Maths) / Häufungspunkt m ‖ ~ **register** (Comp) / Grenzregister n (das die höchste bzw. die niedrigste zugelassene Adresse speichert) ‖ ~ **size** (Eng) / Grenzmaß n (entweder Größt- oder Kleinstmaß) ‖ ~ **slenderness** / Grenzschlankheit f (bei Knicklastberechnungen)
**limits of audition** (Acous) / Hörbereich m, Grenzen f pl des Hörbereichs ‖ ~ **of explosion** / Zündgrenzen f pl (Explosionsgrenzen), Explosionsgrenzen f pl (festliegende Mischungsverhältnisse, die den Bereich kennzeichnen, in dem eine Explosion von Gemischen aus brennbaren Gasen oder Dämpfen und Luft erfolgen kann) ‖ ~ **of grip** (Autos) / Haftgrenze f (bei Reifen) ‖ ~ **of tolerance** (Eng) / Toleranzfeld n (das Intervall zwischen Höchstmaß und Mindestmaß nach DIN 7182, T 1)
**limit speed** (Ships) / Rumpfgeschwindigkeit f (die bei günstigstem Wellenwiderstand erreichbare Geschwindigkeit eines Verdrängungsschiffs), Gleitgeschwindigkeit f, Grenzgeschwindigkeit f
**limits spaced equally above and below the nominal size** (Eng) / symmetrisch zur Nulllinie liegendes Toleranzfeld
**limit state** (Build, Civ Eng) / Tragzustand m (in der Plastizitätstheorie) ‖ ~ **state** (Mech) / Grenzzustand m ‖ ~ **stress** (Materials, Mech) / Grenzbeanspruchung f ‖ ~ **superior** (Maths) / obere Häufungsgrenze, Limes m superior, oberer Limes, lim sup ‖ ~ **switch*** (Elec Eng) / Endschalter m, Endlagenschalter m, Grenzwertschalter m (binärer Schalter, der beim Überschreiten von Endlagen betätigt wird) ‖ ~ **theorem** (Maths) / Grenzwertsatz m ‖ ~ **theorem of Poisson** (Stats) / Grenzwertsatz m von Poisson, Gesetz n

der kleinen Zahlen ‖ ~ **value** (Maths) / Grenzwert *m* (DIN 1302 und 40200) ‖ ~ **value of distortion** / Grenzverzerrung *f*
**limnetic** *adj* (Ecol) / lakutrisch *adj*, See- (Süßwasser), lakusträr *adj*, limnisch *adj* ‖ ~ **sediment** (gyttja + sapropel) (Geol) / Mudde *f*
**limnic** *adj* (Ecol) / lakutrisch *adj*, See- (Süßwasser), lakusträr *adj*, limnisch *adj*
**limnological** *adj* (Geol) / limnologisch *adj*
**limnology*** *n* (Teilgebiet der Ökologie, das sich mit den Gewässern auf dem Festland befasst) (Biol, Ecol) / Limnologie *f*, Binnengewässerkunde *f*, Süßwasserbiologie *f* ‖ ~* (Geol) / Seenkunde *f*
**limnoplankton** *n* (Ecol) / Limnoplankton *n* (im Süßwasser)
**limnoquartzite** *n* (Geol) / Süßwasserquarzit *m*
**limo** *n* (limousine) (Autos) / Limousine *f*
**limonene*** *n* (dipentene) (Chem, Paint) / Limonen (z.B. D-, L- oder DL-Limonen)
**limonin** *n* (Chem, Nut) / Limonin *n*, Evodin *n*
**limonite*** *n* (Min) / Limonit *m*, Brauneisenerz *n*, Brauneisenstein *m* (mit 60 bis 63% Fe-Gehalt)
**limousine** *n* (Autos) / Limousine *f* ‖ ~ (US) (Autos) / Kleinbus *m* (für Flughafenzubringerdienste)
**limp** *adj* / spannungslos *adj*, schlaff *adj* (Seil) ‖ ~* (Bind) / flexibel *adj* (Einband) ‖ ~ (Textiles) / lappig *adj* ‖ ~ **binding** (with a cover that is not stiffened with board) (Bind) / flexibler Einband
**limpet** *n* (Civ Eng) / kleiner offener Senkkasten ‖ ~ **asbestos** / Spritzasbest *m* ‖ ~ **dam** (Civ Eng) / kleiner offener Senkkasten ‖ ~ **washer*** (Build) / U-Scheibe *f* für Wellblech
**limy** *adj* / kalkhaltig *adj*, kalkartig *adj*, kalkig *adj* ‖ ~ **soil** (Agric) / Kalkboden *m* (mit über 40% Kalziumkarbonat, z.B. Rendzina oder Terra rossa)
**LIN** (language identification number) (Comp) / Sprachkennnummer *f*, LIN (Sprachkennnummer)
**lin** (Elec Eng, Electronics) / Linear-, linear *adj*
**linac** *n* (Nuc Eng) / Linac *m*, Linearbeschleuniger *m* (ein Teilchenbeschleuniger), LB
**linage** *n* (Paper) / Lineatur *f* (Linierung in Schulheften), Linierung *f*
**linaloe wood oil** / Linaloeöl *n* (etherisches Öl verschiedener Bursera-Arten)
**linalool** *n* (Chem) / Linalool *n* (Hauptbestandteil des Linaloeöls)
**linalyl acetate** (Chem) / Linalylazetat *n*, Linalylacetat *n*
**linamarin** *n* (Chem) / Phaseolunatin *n*, Linamarin *n*
**linarite*** *n* (Min) / Linarit *m* (lasurblaues, glasglänzendes, muschlig brechendes Oxidationsmineral auf Pb-Cu-Lagerstätten), Bleilasur *f*
**linch pin*** (Eng) / Achsennagel *m*, Radnagel *m*
**Lincoln green** (bright green woollen cloth originally made at Lincoln) (Textiles) / Lincolner Tuch ‖ ~ **green** (Textiles) / Lincolngrün *n* (eine Tuchfarbe) ‖ ~ **index*** (Ecol) / Lincoln'scher Index (Formel zur Errechnung der Populationsdichte nach Wiederfang markierter Individuen)
**lincrusta** *n* (Build, Paper) / Linkrusta *f* (strapazierfähiger Wandbelag aus starkem Spezialpapier mit aufgewalzter und mit Mustern geprägter Linoleummasse; "unechte" L. ist abwaschbare Papiertapete, mitunter mit pigmentierten Kunststoffen kaschiert), Lincrusta *f*
**linctus** *n* (Pharm) / Lecksaft *m*
**lindane** *n* (gamma-HCH) (Chem) / Lindan *n* (Insektizid - γ-Hexachlorzyklohexan) ‖ ~ (Chem) s. also benzene hexachloride
**Linde liquefaction process** (Phys) / Linde-Verfahren *n* zur Luftverflüssigung (nach C.v. Linde, 1842-1934)
**Lindelöf space** (Maths) / Lindelöf-Raum *m*
**Lindelöf's principle** (Maths) / Lindelöf'sches Prinzip (nach E.L. Lindelöf, 1870-1946)
**Lindemann glass** (a lithium-borate-beryllia glass containing no element having an atomic number greater than 8; used in applications requiring high transmission of X-rays) (Radiol) / Lindemann-Glas *n* (ein Lithium-Beryllium-Boratglas in Lindemann-Fenstern, das noch sehr weiche Röntgenstrahlen austreten lässt)
**Lindemann-Hinshelwood mechanism** (theory) (Chem) / Lindemann-Hinshelwood-Mechanismus *m* (zur Behandlung unimolekularer Reaktionen)
**Lindemann window** (Radiol) / Lindemann-Fenster *n* (an Röntgenröhren - nach F.A. Lindemann, Viscount Cherwell, 1886-1957)
**linden** *n* (For) / Linde *f* (Tilia L.)
**Lindenmayer system** (Comp) / Lindenmayer-System *n* (mit der Vorschrift, dass stets über die ganze Breite des Wortes mögliche Ersetzungen parallel vorzunehmen sind)
**Linde process*** (Phys) / Linde-Verfahren *n* zur Luftverflüssigung (nach C.v. Linde, 1842-1934) ‖ ~ **sieve*** (Chem) / Molekülsieb *n*, Molekularsieb *n* (Zeolith und poröses Glas - anorganische Polymere)

**Lindlar catalyst** (Chem Eng) / Lindlar-Katalysator *m* (ein Hydrierungskatalysator aus mit Blei vergiftetem Palladium - zur selektiven Hydrierung, nach H.H.M. Lindlar, geb.1909)
**line** *v* / abfluchten *v*, einfluchten *v* ‖ ~ / ausschlagen *v* (z.B. Kiste mit Papier) ‖ ~ / auskleiden *v*, verkleiden *v* (auskleiden), ausfüttern *v* ‖ ~ / einfassen *v* (das Bohrloch) ‖ ~ (Bind) / hinterkleben *v* (den kapitalen Buchblock am Rücken) ‖ ~ (Bind, Textiles) / auskleben *v*, kaschieren *v*, einkaschieren *v*, auskaschieren *v* (mit Klebstoff), laminieren *v*, befilmen *v*, beschichten *v* ‖ ~ (Met) / ausmauern *v*, zustellen *v* ‖ ~ (Mining) / ausbauen *v* (Schacht) ‖ ~ (Paint) / linieren *v*, liniieren *v*, strichziehen *v* (nur Infinitiv oder Partizip Perfekt) ‖ ~ (Paper) / linieren *v* (Schulhefte), liniieren *v* ‖ ~ (Textiles) / füttern *v*, ausfüttern *v*, polstern *v*, auspolstern *v*, ausstopfen *v* ‖ ~ (Textiles) / abfüttern *v* (ein Kleidungsstück) ‖ ~ *n* / Linie *f* (in Zeichnungen nach DIN 15, T 1) ‖ ~ / Strich *m* (Linie), Linie *f* ‖ ~ / Leine *f* (starke Schnur) ‖ ~ (Aero, Autos, Eng, Maths, Radiol, Ships) / Linie *f* ‖ ~* (Build) / Schnur *f* (beim Mauern, Pflastern, zur Absteckung der Baugrube auf Schnurböcken), Fluchtschnur *f*, Mauerschnur *f* ‖ ~* (Comp, Print, TV) / Zeile *f* ‖ ~* (Horol) / Linie *f* ( = 2,2558 mm) ‖ ~* (Maths) / Gerade *f* (Planimetrie), Großkreisbogen *m* (sphärische Geometrie) ‖ ~ (Optics) / Strich *m* (eingeritzter - des Gitters) ‖ ~ (railway line) (Rail) / Bahnlinie *f*, Linie *f* (Bahnlinie), Strecke *f*, Eisenbahnstrecke *f* ‖ ~* (Telecomm) / Leitung *f* ‖ ~ (Telecomm) / Linie *f* (die zweite Übertragungsebene einer GGA-Anlage), Nebenleitung *f*, Sekundärleitung *f* ‖ ~ (Textiles) / reines Flachsgarn aus Hechelflachs ‖ ~ (Textiles) / Wäscheleine *f*, Leine *f* ‖ ~ s. also production line ‖ ~ **abreast formation** (Aero) / Flug *m* in Linie ‖ ~ **absorption spectrum** (Spectr) / Linienabsorptionsspektrum *n*
**lineac** *n* (Nuc Eng) / Linac *m*, Linearbeschleuniger *m* (ein Teilchenbeschleuniger), LB
**line adapter** (Comp) / Leitungsanpassungsteil *n*, LAT (Leitungsanpassungsteil)
**line-addressable RAM** (Comp) / linienadressierbarer Speicher mit wahlfreiem Zugriff, linienadressierbares RAM, LARAM (linienadressierbares RAM) ‖ ~ **random-access memory** (Comp) / linienadressierbarer Speicher mit wahlfreiem Zugriff, linienadressierbares RAM, LARAM (linienadressierbares RAM)
**line addressing** (Comp, Telecomm) / Zeilenadressierung *f*
**line-address of the offering port** (Comp) / Leitungsadresse des Zubringers, LAZ (Leitungsadresse des Zubringers)
**line adjustment** (Spectr) / Linienverschiebung *f*
**lineage** (Paper) / Lineatur *f* (Linierung in Schulheften), Linierung *f*
**line air traffic** (Aero) / Linienluftverkehr *m*, Linienflugverkehr *m*, Flugliniendienst *m*, Fluglinienverkehr *m*
**lineament*** *n* (a linear topographic feature of regional extent that is believed to reflect crustal structure) (Geol) / Lineament *n*
**line amplifier*** (Telecomm) / Leitungsverstärker *m*
**linear** *adj* / linear *adj* (ungewinkelt, geradlinig) ‖ ~ / linear *adj* (Skale) ‖ ~* (having an output directly proportional to the input) (Elec Eng, Electronics) / Linear-, linear *adj* ‖ ~ (having only first-degree terms) (Maths) / linear *adj* ‖ ~* (Maths) / linear *adj* (Abbildung, Gleichung, Graf) ‖ ~ **absorption coefficient*** (a measure of a medium's ability to absorb radiation, but not to scatter or diffuse it) (Phys) / Absorptionskonstante *f* (nach dem Lambert-Beer'schen Gesetz), linearer Absorptionskoeffizient *m* ‖ ~ **accelerator*** (Nuc Eng) / Linac *m*, Linearbeschleuniger *m* (ein Teilchenbeschleuniger), LB ‖ ~ **accelerator-driven reactor** (Nuc Eng) / linearbeschleunigergetriebener Reaktor ‖ ~-**accelerator-fuel-regenerator** *n* (Nuc Eng) / Linearbeschleuniger-Kernbrennstoff-Regenerator *m* (Brookhaven National Laboratory) ‖ ~ **algebra** (Maths) / lineare Algebra ‖ ~ **alkyl benzene sulphonate** (Chem) / lineares Alkylbenzolsulfonat (mengenmäßig wichtigstes anionisches Tensid), lineares ABS, LAS (lineares Alkylbenzolsulfonat) ‖ ~ **amplifier*** (Radio) / linearer Verstärker ‖ ~ **antenna** (Radio) / Linearantenne *f* (deren Grundform ein gestreckter gerader, dünner Leiter ist), Linearstrahler *m* ‖ ~ **array*** (Radar, Radio, Telecomm) / Dipollinie *f* (lineare Gruppe von Dipolantennen, deren Achsen in einer geraden Linie liegen) ‖ ~ **array antenna** (Radar, Radio, Telecomm) / Dipollinie *f* (lineare Gruppe von Dipolantennen, deren Achsen in einer geraden Linie liegen) ‖ ~ **ball bearing*** (Eng) / Linearkugellager *n*
**linear-beam tube** (Electronics) / Laufzeitröhre *f* (Triftröhre + Lauffeldröhre) ‖ ~ **tube** (Electronics) s. also klystron
**linear-bounded automaton** (Comp) / linear beschränkter Automat (restriktive Turing-Maschine), LB-Automat *m*
**linear building** (Arch) / Zeilenbauweise *f* (bei der die Stirnseiten der Baublöcke offen bleiben) ‖ ~ **cam** (Textiles) / lineares Schloss (bei Strickmaschinen) ‖ ~ **collider** (Nuc) / Linear-Collider *m* ‖ ~ **colloid** (Chem) / fibrilläres Kolloid, Linearkolloid *n* ‖ ~ **combination** (Maths) / Linearkombination *f* ‖ ~ **combination of atomic orbitals** (Phys) / Bloch-Summe *f* (mit der Eigenschaft einer Bloch-Funktion) ‖ ~ **control** (Automation) / lineare Regelung (wenn der Regelkreis

**linear**

ausschließlich aus linearen Übertragungsgliedern aufgebaut ist) ‖ ~ (electric) **current density** (Elec) / Strombelag *m* (elektrischer - eine Größe nach DIN 1301, T 2 und DIN 1324, T 1) ‖ ~ **defect** (Crystal, Electronics) / Liniendefekt *m* (ein Gitterbaufehler), Linienfehler *m*, eindimensionale Fehlordnung (z.B. Versetzung), linienhafter Defekt, eindimensionaler Fehler (Linienfehler) ‖ ~ **density** (Phys) / längenbezogene Masse, Massenbelag *m* (in kg/m) ‖ ~ **density** (Phys) / Belag *m* (DIN 5485) ‖ ~ **density** (Phys, Spectr) / Liniendichte *f* ‖ ~ **density** (Spinning) / Titer *m* (längenbezogene Masse - heute vom Tex-System verdrängt) ‖ ~ **dependence** (Maths) / lineare Abhängigkeit ‖ ~ **detector*** (Telecomm) / linearer Gleichrichter ‖ ~ **development** (Arch) / Bandbebauung *f*, Reihenbauweise *f* (bei der Wohnhäuser zu beliebig langen, mit den Straßen gleichlaufenden Reihen aneinander gereiht sind) ‖ ~ **differential equation** (Maths) / lineare Differentialgleichung, lineare gewöhnliche Differentialgleichung ‖ ~ **differential equation with constant coefficients** (Maths) / lineare Differentialgleichung mit konstanten Koeffizienten ‖ ~ **dispersion** (Spectr) / Lineardispersion *f*, lineare Dispersion ‖ ~ **distortion*** (Telecomm) / lineare Verzerrung, Linearverzerrung *f* ‖ ~ **Doppler effect** (Phys) / Doppler-Effekt *m* erster Ordnung, linearer Doppler-Effekt ‖ ~ **drive** (Eng) / Linearantrieb *m* (zur Erzeugung einer Längsbewegung) ‖ ~ **dynamic range** (of a detector) / Linearitätsbereich *m*, Linearbereich *m* ‖ ~ **eccentricity** (Maths) / lineare Exzentrizität (bei Kegelschnitten) ‖ ~ **elastic** (Mech) / linear elastisch
**linear-elastic fracture mechanics** (Materials, Mech) / linear-elastische Bruchmechanik, LEBM-Konzept *n* (linear-elastische Bruchmechanik), Konzept *n* der linear-elastischen Bruchmechanik
**linear elastic strain** (Mech) / linearelastische Dehnung ‖ ~ **electric multiport** (Elec Eng) / lineares elektrisches Mehrtor (DIN 4899) ‖ ~ **energy transfer*** (Nuc) / lineares Energieübertragungsvermögen (Größe zur Beschreibung der lokalen Energieübertragung), lineare Energieübertragung, LET (lineare Energieübertragung), LEÜ (lineares Übertragungsvermögen) ‖ ~ **equation** (Maths) / lineare Gleichung (in der alle Gleichungsvariablen in der ersten Potenz auftreten und nicht miteinander multipliziert werden), Gleichung *f* ersten Grades ‖ ~ **expansion** (Phys) / Längsdehnung *f*, Länge(n)ausdehnung *f* (Wärmeausdehnung lang gestreckter Körper in Richtung der Länge) ‖ ~ **expansion coefficient** (Phys) / linearer Ausdehnungskoeffizient, Längenausdehnungskoeffizient *m*, linearer Dehnungskoeffizient, Längsdehnungskoeffizient *m* ‖ ~ **expansivity** (Phys) / linearer Ausdehnungskoeffizient, Längenausdehnungskoeffizient, linearer Dehnungskoeffizient, Längsdehnungskoeffizient *m* ‖ ~ **extent** / Längenausdehnung *f* (Länge) ‖ ~ **extrapolation** (Maths) / lineare Extrapolation ‖ ~ **form** (Maths) / Linearform *f*
**linear-formula method** (Chem) / lineare Formelschreibweise
**linear fractional transformation** (Maths) / Möbius-Transformation *f*, Möbius-Kreisverwandtschaft *f* ‖ ~ **free energy relation** (Chem, Phys) / lineare Freie-Enthalpie-Beziehung (z.B. in der Hammett- und Taft-Gleichung), LFEB ‖ ~ **free energy relationship** (Chem) / Hansch-Analyse *f* (die quantitative Struktur-Wirkungs-Beziehungen ermittelt - nach C. Hansch, geboren 1918) ‖ ~ **free enthalpy relation** (Chem, Phys) / lineare Freie-Enthalpie-Beziehung (z.B. in der Hammett- und Taft-Gleichung), LFEB ‖ ~ **function** (Maths) / lineare Funktion ‖ ~ **functional** (Maths) / lineares Funktional ‖ ~ **grammar** (a grammar in which each production contains at most one non-terminal in its right-hand side) (Comp) / lineare Grammatik (wenn alle Produktionen linear sind) ‖ ~ **group** (Maths) / lineare Gruppe ‖ ~ **holding** (Aero) / lineares Warteverfahren, Warteverfahren *n* durch Verringerung der Reisegeschwindigkeit (unter Beibehaltung des geplanten Flugweges) ‖ ~ **hydraulic motor** (Eng) / hydraulischer Linearmotor, Hydrozylinder *m* (geradlinig arbeitendes Gerät zum Umwandeln von hydrostatischer Energie in mechanische Energie)
**linear-image CCD sensor** (Electronics) / CCD-Zeilensensor *m*
**linear independence** (Maths) / lineare Unabhängigkeit ‖ ~ **independence** (Maths) / affine Unabhängigkeit (von Punkten) ‖ ~ **induction motor** (Elec Eng) / Wanderfeldmotor *m*, Asynchron-Linearmotor *m*, linearer Asynchronmotor, linearer Induktionsmotor ‖ ~ **inequality** (Maths) / lineare Ungleichung ‖ ~ **integral equation** (Maths) / lineare Integralgleichung ‖ ~ **integrated circuit** (Electronics) / analoge integrierte Schaltung, analoge integrierte Mikroschaltung ‖ ~ **interpolation** (Maths) / Linearinterpolation *f* (bei der als Approximationsfunktion eine Geradengleichung benutzt wird), lineare Interpolation
**linearising gear** (GB) (Instr) / Ellipsenlenker *m* (Hebelwerk, duch welches die Drehbewegung des Messwerks eines Schreibers in eine geradlinige Bewegung der Schreibspitze umgesetzt wird)
**linearity*** *n* / Linearität *f* ‖ ~ **control*** (Electronics) / Linearitätsregelung *f* ‖ ~ **error** / Linearitätsfehler *m*

**linearization** *n* (Maths) / Linearisierung *f* (nichtlinearer Gleichungssysteme)
**linearize** *v* (Maths) / linearisieren *v*
**linearizing gear** (Instr) / Ellipsenlenker *m* (Hebelwerk, duch welches die Drehbewegung des Messwerks eines Schreibers in eine geradlinige Bewegung der Schreibspitze umgesetzt wird)
**linear language** (Comp) / lineare Sprache (die durch eine lineare Grammatik erzeugt werden kann) ‖ ~ **list** (Comp) / lineare Liste (eine Datenstruktur) ‖ ~ **low-density polyethylene** (Chem, Plastics) / Polyethylen *n* niedriger Dichte mit linearer Struktur, LLDPE (Polyethylen niedriger Dichte mit linearer Struktur)
**linearly dependent** (Maths) / affin abhängig (Punkte) ‖ ~ **dependent*** (Maths) / linear abhängig (System, Menge) ‖ ~ **dependent points** (Maths) / affin abhängige Punkte ‖ ~ **independent** (Maths) / linear unabhängig ‖ ~ **independent points** (Maths) / affin unabhängige Punkte ‖ ~ **independent set** (Maths) / freie Menge, linear unabhängige Menge ‖ ~ **independent system** (Maths) / linear unabhängiges System, freie Menge ‖ ~ **ordered ring** (Maths) / vollständig geordneter Ring ‖ ~ **ordered set** (Maths) / total geordnete Menge, Kette *f*, Ordnung *f*, linear geordnete Menge ‖ ~ **polarized** (Optics) / linear polarisiert (DIN 5483, T 3), planpolarisiert *adj*
**linear magnification** (the ratio of the size /as a linear dimension/ of the image to the size of the object) (Maths, Optics) / Abbildungsmaßstab *m* (das Vielfache der linearen Maße eines reellen Bildes zu denen des abgebildeten Gegenstands), Lateralvergrößerung *f*, Seitenmaßstab *m*, Seitenverhältnis *n* ‖ ~ **mapping** (Maths) / lineare Transformation, lineare Abbildung ‖ ~ **mass** (Phys) / längenbezogene Masse, Massenbelag *m* (in kg/m) ‖ ~ **measure** (Phys) / Längenmaß *n* ‖ ~ **measurement** (Maths, Surv) / Längenmessung *f*, Streckenmessung *f*, Longimetrie *f* ‖ ~ **model** (Stats) / lineares Modell ‖ ~ **modulation*** (Radio) / verzerrungsfreie Modulation, lineare Modulation, geradlinige Modulation ‖ ~ **molecule** (Chem) / Linearmolekül *n*, Fadenmolekül *n* ‖ ~ **momentum*** (Phys) / Impulsvektor *m* ‖ ~ **motor*** (Elec Eng) / Linearmotor *m* (für Linearbewegungen - im Unterschied zu den rotierenden elektrischen Maschinen) ‖ ~ **motor*** (Elec Eng) s. also travelling-field motor ‖ ~ **network*** (Elec) / lineares Netzwerk ‖ ~ **operator** (Maths) / linearer Operator ‖ ~ **optics** (Optics) / lineare Optik ‖ ~ **oscillating motor** (Elec Eng) / schwingender Linearmotor ‖ ~ **oscillation** (Phys) / lineare Schwingung, geradlinige Schwingung
**linear-output Hall-effect transducer** (Electronics) / linearer Hallsensor, LOHET (linearer Hallsensor)
**linear particle accelerator** (Nuc Eng) / Linac *m*, Linearbeschleuniger *m* (ein Teilchenbeschleuniger), LB ‖ ~ **path system** (Automation) / Streckensteuerung *f* (DIN ISO 2806) ‖ ~ **perspective** (Maths) / Zentralperspektive *f* (bei der Zentralprojektion), Fluchtpunktperspektive *f* ‖ ~ **piston pump** (Eng) / Reihenkolbenpumpe *f* ‖ ~ **plunging unit** (Autos) / Linearverschiebeeinheit *f* (bei Profilwellen) ‖ ~ **polarization** (Chem) / lineare Polarisation ‖ ~ **polarization** (Phys) / lineare Polarisation ‖ ~ **polymer** (Chem) / lineares Polymer ‖ ~ **programming*** (Comp) / lineare Programmierung (Ableiten der Aufgabenstellung bei linearer Optimierung) ‖ ~ **programming*** (Comp) / lineare Optimierung (wenn die Zielfunktion und die zugehörigen Gleichungen linear sind) ‖ ~ **quadripole** (Elec, Phys) / linearer Vierpol ‖ ~ **ramp** (Elec Eng) / lineare Rampe
**line arrangement** (Print) / Zeilenfall *m* (Anordnung der Zeilen einer Satzgruppe)
**linear rectifier*** (Telecomm) / linearer Gleichrichter ‖ ~ **regression** (Maths, Stats) / lineare Regression ‖ ~ **relationship** (Maths) / lineare Beziehung (Abhängigkeit) ‖ ~ **resistance** (Elec) / Gleichstromwiderstand *m* (DIN 40110), Ohm'scher Widerstand ‖ ~ **resistor*** (Elec Eng) / linearer Widerstand ‖ ~ **resolution** (AI) / lineare Resolution (eine Beweisstrategie) ‖ ~ **resolving power** (Optics) / lineares Auflösungsvermögen ‖ ~ **response** (Automation) / Ansprechverhalten *n* erster Ordnung ‖ ~ **rolling bearing and ball spline** (Eng) / Längsführung *f* (z.B. Kugelführung, Kugelhülse oder Rollenführung) ‖ ~ **ruling engine** (Optics) / Teilmaschine *f*, Teilungsmaschine *f*, Gitterteilmaschine *f* ‖ ~ **scale** / lineare Skale ‖ ~ **scale** / Linearmaßstab *m* ‖ ~ **scale** (Cartography) / Maßstabsleiste *f* ‖ ~ **scan*** (TV) / Zeilenabtastung *f*, Horizontalabtastung *f* ‖ ~ **scanning** (TV) / Zeilenabtastung *f*, Horizontalabtastung *f* ‖ ~ **sensor** / Linearsensor *m* (mit eindimensionaler Anordnung mehrerer Einzelsensoren des gleichen Typs) ‖ ~ **shrinkage** / lineare Schrumpfung ‖ ~ **slide rule** / Rechenstab *m*, Rechenschieber *m* ‖ ~ **sound source** (Acous) / lineare Schallquelle ‖ ~ **space** (Maths) / Vektorraum *m*, linearer Raum ‖ ~ **spring** (Eng) / lineare Feder ‖ ~ **Stark effect** (Phys) / linearer Stark-Effekt ‖ ~ **stopping power*** (Nuc) / lineares Bremsvermögen ‖ ~ **strain** (Eng) / einachsige Längenänderung, lineare Längenänderung (z.B. Dehnung) ‖ ~ **substitution** (Maths) / lineare Substitution ‖ ~ **sweep** (Electronics) /

lineare Zeitablenkung ‖ ~-sweep generator (TV) / Sägezahngenerator m (zum Speisen der Ablenkeinrichtungen)
linear-sweep polarography (Chem) / Singlesweep-Polarografie f, Katodenstrahlpolarografie f, SSP
linear synchronous motor (Elec Eng) / Synchronlinearmotor m (ein dem konventionellen /rotierenden/ Synchronmotor entsprechender Linearmotor), linearer Synchronmotor ‖ ~ system (Automation) / lineares System
line art (Comp) / Schwarzweißgrafik f ‖ ~ art (Comp, Typog) / Strichvorlage f (die nur aus gleichmäßig gedeckten schwarzen oder farbigen oder weißen Flächen oder Strichen besteht)
linear taper (Elec Eng) / linear veränderlicher Widerstand ‖ ~ time-invariant system / lineares zeitinvariantes System, LTI-System n ‖ ~ transducer (a type of transducer for which a plot of input signal level versus output signal level is a straight line) (Comp, Electronics) / linearer Wandler ‖ ~ transformation* (Maths) / lineare Transformation, lineare Abbildung
line-art scanner (Comp, Print, Typog) / Scanner m für Strichvorlagen
linear two-port (Elec, Telecomm) / lineares Zweitor ‖ ~ variable differential transformer (a type of position sensor consisting of a central primary coil and two secondary coils wound on on the same core) (Elec Eng) / linear verstellbarer Differentialtransformator ‖ ~ velocity (Phys) / Lineargeschwindigkeit f ‖ ~ vibration (Mech) / lineare Schwingung f ‖ ~ viscoelastic (Phys) / linear-viskoelastisch adj (Stoff nach DIN 13 343) ‖ ~ wipe / Linearwischer m, Linearwischanlage f ‖ ~ wiper system / Linearwischer m, Linearwischanlage f
line astern formation (Aero) / Flug m in Reihe
line-at-a-time printer (Comp) / Zeilendrucker m (heute nur bei Thermodruckern), Paralleldrucker m
line at infinity* (Maths) / uneigentliche Gerade (die Menge der uneigentlichen Punkte einer projektiven Ebene), unendlich ferne Gerade (ein uneigentliches Element in der projektiven Geometrie)
lineation* n (Geol) / Lineation f, Linearstreckung f (der Textur)
line balance (Telecomm) / Leitungsnachbildung f ‖ ~ balance (Telecomm) / Leitungsabgleich m, Leitungssymmetrie f ‖ ~ balance* (Teleg) / Leitungsnachbildung f ‖ ~ balance (Telecomm) s. also line impedance ‖ ~ bend (TV) / parabolische Zeilensignale (ein Fehler) ‖ ~ blanking (TV) / Zeilenaustastung f, horizontale Austastung, Horizontalaustastung f, H-Austastung f ‖ ~ blanking interval (TV) / Horizontalaustastlücke f, Zeilenaustastlücke f, horizontale Austastlücke ‖ ~ block* (Print) / Strichätzung f (eine nach einer Strichvorlage hergestellte Originaldruckplatte für den Buchdruck) ‖ ~ bonding / Linienverklebung f ‖ ~ boring machine (Eng) / Reihenaufbohrmaschine f ‖ ~ break (Cables, Elec Eng) / Kabelbruch m, Leitungsbruch m ‖ ~ break (Comp, Print) / Zeilenumbruch m
line-break accident (Nuc Eng) / Unfall m mit Leitungsbruch
line-breaker* n (Elec Eng) / Fahrleitungsschalter m
line breeding (Agric) / Linienzucht f, Linienzüchtung f ‖ ~ broadcasting (Radio) / Kabel- oder Drahtfunk m ‖ ~ broadening* (Phys, Spectr) / Linienverbreiterung f ‖ ~ buffer (Telecomm) / Leitungspuffer m ‖ ~ by line / zeilenweise adv ‖ ~ call button (Teleph) / Linienruftaste f ‖ ~ capacity (Comp) / Zeilenzahl f (Anzahl der Textzeilen, die auf einem Bildschirm auf einmal dargestellt werden können) ‖ ~ card interface (Comp, Telecomm) / Leitungsschnittstelle f, LCI (Leitungsschnittstelle)
linecaster n (Typog) / Zeilensetz- und -gießmaschine f
line•-casting machine* (Typog) / Zeilensetz- und -gießmaschine f ‖ ~ charge (Telecomm) / Leitungsgebühr f ‖ ~ charger (Elec Eng) / Netzladegerät n
line-charging capacity (Elec Eng) / Netzladeleistung f
line chart (Maths) / Kurvendiagramm n, Liniendiagramm n ‖ ~ choking coil* (Elec Eng) / Leitungsschutzdrossel f, Schutzdrossel f ‖ ~ code (Telecomm) / Leitungskode m (zur unmittelbaren Übertragung digitaler Signale auf Leitungen) ‖ ~ communication (Telecomm) / drahtgebundene Kommunikation, drahtgebundene Übertragung
line-commutated inverter (Elec Eng) / netzgeführter Wechselrichter, NW (netzgeführter Wechselrichter)
line commutation (Elec Eng) / Netzführung f
line-concentrator n (Comp, Telecomm, Teleph) / Leitungsdurchschalter m, Leitungskonzentrator m, Leitungsknoten m
line condition (Telecomm) / Leitungszustand m ‖ ~ conditioning (Telecomm) / Leitungsverbesserung f (der Einsatz von Einrichtungen auf angemieteten Sprachkanälen zur Verbesserung der analogen Eigenschaften, wodurch höhere Übertragungsraten ermöglicht werden) ‖ ~ constant (Elec Eng) / Leitungskonstante f, Leitungsbelag m (DIN 1311) ‖ ~ contact (Eng) / Linienberührung f (zweier Maschinenelemente) ‖ ~ coordinates* (Maths) / Linienkoordinaten f pl, Plücker-Koordinaten (nach J. Plücker, 1801-1868) ‖ ~ cord (Elec Eng) / Netzschnur f ‖ ~ corrosion (Ships) / Wasserlinienkorrosion f, Korrosion f an (in) der Wasserlinie ‖ ~ counter (Comp) / Zeilenzähler m ‖ ~ coupling* (Telecomm) / Link-Kopplung f ‖ ~ current (Elec Eng) / Netzstrom m ‖ ~ cut (Print) / Strichätzung f (eine nach einer Strichvorlage hergestellte Originaldruckplatte für den Buchdruck) ‖ ~ data channel (Comp) / Ferndatenkanal m (in der Datenfernverarbeitung)
lined bag (Paper) / gefütterter Beutel
line defect* (Crystal, Electronics) / Liniendefekt m (ein Gitterbaufehler), Linienfehler m, eindimensionale Fehlordnung (z.B. Versetzung), linienhafter Defekt, eindimensionaler Fehler (Linienfehler) ‖ ~ definition (Electronics) / Linienschärfe f (bei Leiterplatten) ‖ ~ deletion (Comp) / Löschen n einer Zeile
line(s) density (Spectr) / Liniendichte f
line distance (Comp, Print) / Zeilenabstand m (Abstand zwischen zwei aufeinanderfolgenden Schriftlinien, der ein ganzes oder gebrochenes Vielfaches eines Grundzeilenabstandes beträgt - DIN 9757), ZAB (Zeilenabstand) ‖ ~ distortion* (Telecomm) / lineare Verzerrung infolge Frequenzganges der Leitung, Leitungsverzerrung f
lined paper (Textiles) / Patronenpapier n, Linienpapier n
line•-drawing n (Print) / Strichzeichnung f ‖ ~ drilling (Mining) / Loch bei Loch Bohren (mit nachfolgendem Wegbrechen der Rippen zwischen den Löchern), broaching n, broach channelling ‖ ~ driver (Electronics) / Leitungstreiber m, LT ‖ ~ drop* (Telecomm) / Spannungsabfall m (in einer Leitung) ‖ ~ drying (Textiles) / Trocknen n auf der Wäscheleine
lined with oil-paper / mit Ölpapier ausgeschlagen
line editor (Comp) / Zeileneditor m ‖ ~ element (Comp) / Strichelement n, Linienelement n ‖ ~ emitter (Spectr) / Linienstrahler m (der Spektrallinien aussendet - DIN 5031, T 8) ‖ ~ end (Comp, Print) / Zeilenende n ‖ ~ equalization (Telecomm) / Leitungsentzerrung f ‖ ~ equalizer* (Telecomm) / Leitungsentzerrer m ‖ ~ equation (Elec) / Leitungsgleichung f ‖ ~ etching (Print) / Strichätzung f (eine nach einer Strichvorlage hergestellte Originaldruckplatte für den Buchdruck) ‖ ~ feed (Comp) / Zeilenvorschub m (DIN 66 303), Zeilenschritt m (Bewegung des Papiers senkrecht zur Schreibstelle um einen vorher eingestellten Zeilenabstand nach DIN 9757)
line-feed character (Comp) / Zeilenvorschubzeichen n ‖ ~ insertion (Comp) / Einfügen n von Zeilenvorschub (ein Leistungsmerkmal)
line-filler n (Eng) / Materialbereitsteller m (an der Montagelinie)
line filter (Elec Eng, Telecomm) / Netzfilter n ‖ ~ finder* (Teleph) / Anrufsucher m, Suchschalter m ‖ ~ flicker (TV) / Teilbildflimmern n (Zwischenzeilenflimmern) ‖ ~ flight (Aero) / planmäßiger Flug, Linienflug m ‖ ~ flyback* (TV) / Zeilenrücklauf m ‖ ~ focus* (Electronics, Radiol) / Strichfokus m, Götze-Fokus m ‖ ~ force (Mech) / Linienkraft f ‖ ~ frequency* (TV) / Zeilenfrequenz f (z.B. in der CCIR-Norm), Horizontalfrequenz f
line-frequency current (Elec Eng) / netzfrequente Netzstromkomponente
line generation (Comp) / Zeilenerzeugung f (bei Druckern)
line-graduated scale / Strichskale f (DIN 1319, T 2 und DIN 2257, T 1), Sks
line graph (Maths) / Kurvendiagramm n, Liniendiagramm n ‖ ~ graphics (Comp) / Koordinatengrafik f, Liniengrafik f, Strichgrafik f ‖ ~ grating (Optics) / Strichgitter n ‖ ~ gravure printing (Print) / Stichtiefdruck m, Linientiefdruck m (ein Kupferdruckverfahren) ‖ ~ illustration (Print) / Strichzeichnung f ‖ ~ impedance* (Telecomm) / Leitungsimpedanz f ‖ ~ in attr (Elec Eng) / line in (hineinführend - von Anschlüssen)
line-in jack (Acous, Comp) / Audioanschlussbuchse f, Audioeingangsbuchse f, Line-in-Eingangskanal m
line insertion (Typog) / Zeileneinfügung f
line-in service (Telecomm) / beschaltete Leitung
line insulator (Elec Eng) / Freileitungsisolator m, Freiluftisolator m ‖ ~ integral* (Maths) / Kurvenintegral n, Linienintegral n ‖ ~ integral of electric field strength along a closed path (Elec) / elektrische Umlaufspannung (DIN 1323), elektrische Randspannung ‖ ~ integral of magnetic field strength along a closed path (Elec) / magnetische Randspannung (DIN 1325), magnetische Umlaufspannung ‖ ~ integral of the magnetic field strength (Elec) / magnetische Spannung (DIN 1324, T 1) ‖ ~ interface (Telecomm) / Leitungsschnittstelle f, U-Schnittstelle f (ISDN) ‖ ~ interface unit (Telecomm) / LIU (Schnittstelleneinheit zwischen LTG und SN) ‖ ~ jump scanning (TV) / Interlace-Verfahren n (ein Bilddarstellungsverfahren auf TV-Monitoren), Zeilensprungverfahren n (zur Erzeugung des flimmerfreien Bildes), Zwischenzeilenabtasten n, Halbbildverfahren n, Abtasten m im Zeilensprung, Zwischenzeilenabtastung f, Zwischenzeilenabtastverfahren n ‖ ~ justification (Typog) / Zeilenausschluss m ‖ ~ length (Comp, Print) / Zeilenlänge f ‖ ~ level (Build) / Schnurwasserwaage f ‖ ~ load (Elec Eng) / Leitungsbelegung f ‖ ~ lockout (Telecomm) / Freischalten n der Verbindung
line-lockout time (Comp) / Dauer f der unnötigen Belegungen

**lineman**

**lineman** *n* (pl. linemen) (Elec Eng) / Freileitungsmonteur *m* ‖ ~ (pl. linemen) (Rail) / Streckenwärter *m*, Streckenläufer *m* ‖ ~ (pl. linemen) (Telecomm, Teleph) / Fernmeldeelektroniker *m*, Fernmeldetechniker *m* (ein Kommunikationselektroniker bei der Post)
**line map** (Cartography) / Strichkarte *f*, Linienkarte *f* ‖ ~ **map** (Cartography, Surv) / Grundrisskarte *f* ‖ ~ **mask** (Print) / Strichmaske *f* ‖ ~ **measure** (Comp, Print) / Zeilenlänge *f* ‖ ~ **microphone** (a directional microphone consisting of a single straight line element, or an array of contiguous or spaced electroacoustic transducing elements disposed on a straight line, or the acoustical equivalent of such an array) (Acous) / Linienmikrofon *n*, lineares Mikrofon ‖ ~ **microphone** (Acous) / Rohrmikrofon *n* (ein Tauchspulenmikrofon, bei dem der Schall vor Erreichen der eigentlichen Membran ein reflexionsfreies Rohr durchläuft) ‖ ~ **mode** (Comp) / Zeilenmodus *m* (auf dem Bildschirm) ‖ ~ **mode** (Comp) / zeilenweiser Betrieb (des Printers)
**linen** *n* (Textiles) / Wäsche *f* (zum Tragen) ‖ ~* (Textiles) / Leinwand *f*, Leinen *n*, Leinengewebe *n* ‖ ~ (Textiles) / Weißwaren *f pl*, Weißzeug *n* ‖ ~ (Textiles) / Weißwäsche *f* (weiße Textilien, die beim Waschen gekocht werden können) ‖ ~* *adj* / leinen *adj*, Leinen-, Leinwand-
**line narrowing** (Spectr) / Linienverschmälerung *f*
**linen bleaching** (Textiles) / Leinenbleiche *f* ‖ ~ **blends** (Textiles) / Leinenmischgewebe *n* ‖ ~ **check** (Textiles) / kariertes Leinen ‖ ~ **finish** (Paper) / Leinenprägung *f*
**LINENO built-in function** (Comp) / eingebaute Zeilennummerfunktion
**line noise*** (Teleph) / Leitungsrauschen *n*
**linen paper** (Paper) / Leinenpapier *n* (mit Leinenprägung oder als Hadernpapier aus Leinenabfällen) ‖ ~ **tape** (Surv) / Gewebebandmaß *n*, Leinenbandmaß *n* (nicht eichfähig)
**line number** (Comp, Print) / Zeilennummer *f* ‖ ~ **of action** (Eng) / Profilnormale *f* im Berührpunkt (in einer Radpaarung) ‖ ~ **of action** (Mech) / Angriffslinie *f*, Wirkungslinie *f* (der angreifenden Kräfte) ‖ ~ **of apsides*** (Astron, Space) / Apsidenlinie *f* ‖ ~ **of cars** (Autos) / Autoschlange *f* ‖ ~ **of centres** (Eng) / Kreuzungslinie *f* (bei Schraubgetrieben) ‖ ~ **of centres** (Maths) / Mittellinie *f*, Mittenlinie *f* ‖ ~ **of centres** (Mech) / Zentrallinie *f* ‖ ~ **of collimation*** (Optics, Surv) / Zielachse *f*, Ziellinie *f*, Visierlinie *f*, Zielstrahl *m*, Sehstrahl *m*, Gesichtslinie *f*, Sichtlinie *f*, Blicklinie *f* ‖ ~ **of constant bearing** (Nav) / Loxodrome *f* (Linie auf der Kugel oder auf dem Ellipsoid, die alle Meridiane unter dem gleichen Winkel schneidet), Kursgleiche *f*, Isoazimutallinie *f*, Kurslinie *f* ‖ ~ **of constant piezometric head** (Civ Eng, Geol) / Grundwasserisohypse *f*, Grundwasserstandsgleiche *f* ‖ ~ **of contact** (Eng) / Berührungslinie *f* (Verbindung von sämtlichen möglichen Berührungspunkten der Flanken einer Radpaarung) ‖ ~ **of creep** (Hyd Eng) / Sickerlinie *f* (die die freie Oberfläche des durch einen Damm strömenden Wassers beschreibt) ‖ ~ **of criticality** (Nuc Eng) / Kritikalitätslinie *f* ‖ ~ **of dislocation** (Crystal) / Versetzungslinie *f* ‖ ~ **of displacement** (Geol) / tektonische Linie ‖ ~ **of engagement** (Eng) / Eingriffslinie *f* (DIN 3960) ‖ ~ **of equal concentration** (Chem) / Linie *f* gleicher Konzentration, Isokonzentrate *f*, Isokonzentrationslinie *f* ‖ ~ **of flux*** (Phys) / Feldlinie *f* (elektrische, magnetische) ‖ ~ **of force*** (Phys) / Kraftlinie *f*, Feldlinie *f* ‖ ~ **offset** (TV) / Zeilenoffset *n* (nach DIN 45060) ‖ ~ **of impact** (Phys) / Stoßnormale *f* (die Normale der Berührungsflächen beim Stoß) ‖ ~ **of maximum velocity** (Hyd) / Stromstrich *m* (Linie der größten Oberflächenfließgeschwindigkeiten entlang einer Fließgewässerstrecke) ‖ ~ **of nodes** (Astron, Space) / Knotenlinie *f* ‖ ~ **of position** (Aero, Nav, Radar) / Standlinie *f* (durch Peilung ermittelte Linie, auf der sich das peilende Fahrzeug befindet) ‖ ~ **of reasoning** (AI) / Schlusskette *f* ‖ ~ **of regression** (Stats) / Regressionslinie *f* (grafische Darstellung der Regression im linearen Fall), Regressionsgerade *f* ‖ ~ **of seepage** (Civ Eng) / Sickerlinie *f* (in der Bodenmechanik) ‖ ~ **of sight*** (Astron) / Gesichtslinie *f* (Verbindungslinie zwischen Beobachter und Gestirn), Sichtlinie *f* ‖ ~ **of sight*** (Optics, Surv) / Zielachse *f*, Ziellinie *f*, Visierlinie *f*, Zielstrahl *m*, Sehstrahl *m*, Gesichtslinie *f*, Sichtlinie *f*, Blicklinie *f* ‖ ~ **of sight*** (Telecomm) / quasioptische Sichtweite
**line-of-sight connection** (Optics, Telecomm) / Sichtverbindung *f* (Laser-, Mikrowellen- und IR-Systeme, bei denen sich keine Hindernisse auf dem direkten Weg zwischen Sender und Empfänger befinden dürfen), Sichtkontakt *m* ‖ ~ **connexion** (GB) (Optics, Telecomm) / Sichtverbindung *f* (Laser-, Mikrowellen- und IR-Systeme, bei denen sich keine Hindernisse auf dem direkten Weg zwischen Sender und Empfänger befinden dürfen), Sichtkontakt *m* ‖ ~ **coverage** (Radar) / quasioptische Reichweite
**line-of-sight link** (Optics, Telecomm) / optische Verbindung, Sichtverbindung *f*
**line-of-sight microwave link** (Telecomm) / Richtfunkverbindung *f* mit optischer Sicht ‖ ~ **radio relay link** (Radio) / Richtfunkverbindung *f* auf Sichtweite ‖ ~ **range** (Radar) / quasioptische Reichweite (begrenzt durch den Radarhorizont)
**line•-of-sight velocity*** (Astron, Phys) / Radialgeschwindigkeit *f* (die Geschwindigkeitskomponente eines Gestirns in Richtung der Sehlinie des Beobachters) ‖ ~ **of striction** (Maths) / Striktionslinie *f* (einer Kurvenschar zugeordnete Linie, längs derer benachbarte Scharkurven einen extremalen Abstand haben) ‖ ~ **of support** (Maths) / Stützgerade *f* ‖ ~ **of the backbone** (Leather) / Rückenlinie *f*, Rückenmittellinie *f*, Grotzen *m* (bei Fellen) ‖ ~ **of wells** (San Eng) / Brunnenreihe *f*, Brunnengalerie *f* ‖ ~ **of work** (Work Study) / Berufszweig *m*
**line-operated** *adj* (Elec Eng) / netzgespeist *adj*, netzbetrieben *adj*, mit Netzbetrieb
**line operation** (Elec Eng) / Netzbetrieb *m*, NB (Netzbetrieb) ‖ ~ **original** (Comp, Typog) / Strichvorlage *f* (die nur aus gleichmäßig gedeckten schwarzen oder farbigen oder weißen Flächen oder Strichen besteht) ‖ ~ **oscillator*** (Electronics) / Phasenkettenoszillator *m* ‖ ~ **out** (Elec Eng) / line out (herausführend - von Anschlüssen) ‖ ~ **outage** (Elec Eng) / Leitungsausfall *m* ‖ ~ **output transformer** (TV) / Zeilentransformator *m* (in dem die aus den übertragenen Synchronsignalen gewonnene Horizontalablenkfrequenz in die sägezahnförmigen Ablenkströme umgeformt wird, die den Ablenkspulen zugeführt werden) ‖ ~ **output valve** (TV) / Zeilenendröhre *f* ‖ ~ **pair** (Phys, Spectr) / Linienpaar *n* ‖ ~ **pairing** (TV) / Zeilenpaarigkeit *f* (eine Bildstörung), Zeilenpaarung *f*, Zeilensprungfehler *m* ‖ ~ **parameter** (Elec Eng) / Leitungsparameter *m* ‖ ~ **plate** (Print) / Strichätzung *f* (eine nach einer Strichvorlage hergestellte Originaldruckplatte für den Buchdruck)
**line-powered** *adj* (Elec Eng) / netzgespeist *adj*, netzbetrieben *adj*, mit Netzbetrieb
**line printer*** (Comp) / Zeilendrucker *m* (heute nur bei Thermodruckern), Paralleldrucker *m*
**line-printer daemon** (Comp) / LP-Dämon (ein Protokoll für den Versand von Druckaufträgen zwischen UNIX-Systemen)
**line processor** (Photog, Print) / Line-Entwicklungsmaschine *f* ‖ ~ **profile** (Eng) / Linienform *f* (Formtoleranz nach DIN 7184, T 1) ‖ ~ **profile*** (Phys, Spectr) / Linienprofil *n* (der Spektrallinie), Profil *n* der Spektrallinie, Linienform *f* (der Spektrallinie) ‖ ~ **profile*** (Phys) s. also line shape ‖ ~ **program** (Comp) / Leitungsprogramm *n*
**liner** *n* / Ausfütterung *f*, Verkleidung *f* (Auskleidung) ‖ ~ (Bind, Paper) / Überzugspapier *n* (DIN 6730), Bezugspapier *n* ‖ ~ (Bind, Print) / Vorsatz *n* aus Seide ‖ ~ (Eng) / verschleißfeste Auskleidung (einer Mühle) ‖ ~ (Foundry) / Druckkammer *f* (einer Druckgießmaschine) ‖ ~* (I C Engs) / Zylinderlaufbuchse *f* (trockene, nasse - nach DIN ISO 7967 - 1), Zylinderbuchse *f*, Laufbuchse *f* (des Zylinders) ‖ ~ (Mining) / Fußpfahl *m*, Fußholz *n* (Ausbau) ‖ ~ (Oils) / Liner *m* (Rohrtour, welche nicht von der Absetzstufe bis zu Tage reicht) ‖ ~ (Paint) / Strichzieher *m*, Schlepper *m* ‖ ~ (Paint) / Kielpinsel *m* (Haarpinsel, der im Federkiel gefasst ist) ‖ ~ (a lining paper) (Paper) / Liner *m*, Deckenpapier *n* (z.B. für Decken der Wellpappe) ‖ ~ (Paper) / Deckschicht *f*, Decklage *f* (auf Papierbahnen und Kartons, nach DIN 6730) ‖ ~ (Paper) / Deckenbahn *f* (bei Wellpappe) ‖ ~ (ocean liner) (Ships) / Liner *m* (Überseedampfer) ‖ ~ (Ships) / Linienschiff *n* (im Liniendienst eingesetzt), Liner *m* (Linienschiff)
**line radiation** (Radio) / Linienstrahlung *f*
**liner agent** (Ships) / Linienagent *m* (natürliche oder juristische Person, die die Interessen des Linienreeders vertritt) ‖ ~ **backing** (Eng) / Stützschale *f* (des Lagers), Lagerstützschale *f* (Teil einer Mehrschicht-Lagerschale, der dem Lager die erforderliche Festigkeit und/oder Steifheit gibt) ‖ ~ **board** (Paper) / Deckenbahn *f* (bei Wellpappe) ‖ ~ **board** (Paper) / kaschierter Karton
**line repairs** (Rail) / Gleisarbeiten *f pl* (Ausbesserungsarbeiten an den Gleisen)
**linerider** *n* (US) / Streckenwärter *m* (bei Überlandrohrleitungen), Streckenläufer *m* (Streckenwärter bei Überlandrohrleitungen)
**line rod** (Surv) / Trassierstab *m*, Absteckstab *m*, Fluchtstab *m*, Jalon *m* (S), Aussteckstab *m*, Bake *f*
**liner-off*** *n* (Ships) / Anzeichner *m* (ein Werftarbeiter)
**liner paper** (Paper) / Beklebepapier *n* (DIN 6730) ‖ ~ **service** (Ships) / Liniendienst *m* (kleinste selbständige Organisationseinheit der Linienschifffahrt) ‖ ~ **shipping** (Ocean, Ships) / Linienfahrt *f*, Linienschifffahrt *f* (eine Betriebsform der Seeschifffahrt) ‖ ~ **trade** (Ocean, Ships) / Linienfahrt *f*, Linienschifffahrt *f* (eine Betriebsform der Seeschifffahrt) ‖ ~ **train** (Rail) / Containerzug *m*
**lines** *pl* (Glass) / Kämmung *f*, gekämmtes Glas (feine Fäden, die bündelweise parallel zur Ziehrichtung auftreten)
**line scanner** (Aero) / Zeilenabtastgerät *n* (ein Aufklärungssensor), Zeilenabtaster *m* ‖ ~ **scanning*** (TV) / Zeilenabtastung *f*, Horizontalabtastung *f* ‖ ~ **screen** (Print) / Linienraster *m* ‖ ~ **screen process*** (Photog) / Linienrasterverfahren *n* (der Farbfotografie)

**lines drawing** (Ships) / Linienriss *m* (zeichnerische Darstellung der Schiffsform in vier Projektionsebenen)
**line section** (Elec Eng) / Leitungsfeld *n*, Spannfeld *n* (zwischen zwei Masten) ‖ ~ **section** (Elec Eng) / Leitungsabschnitt *m* ‖ ~ **section** (Teleph) / Teilstrecke *f* ‖ ~ **segment** (Comp) / zusammengesetzter Vektor (in der grafischen Datenverarbeitung) ‖ ~ **segment** (Maths) / Strecke *f* (Abschnitt einer Geraden zwischen zwei Punkten)
**line-segment formula** (Chem) / Strichformel *f* (in der Kohlenstoffketten und -ringe als Zickzacklinien und Vielecke symbolisiert und alle an C gebundenen H-Atome weggelassen werden)
**line seizure** (Teleph) / Leitungsbelegung *f*, LB ‖ ~ **selection** (Telecomm) / Leitungswahl *f*, Leitungsauswahl *f* ‖ ~ **sensor** / Liniensensor *m* (optoelektronischer Sensor, mit dem die Strahlungsverteilung entlang einer Geraden erfasst werden kann)
**line-sequential system*** (TV) / Zeilenfolgeverfahren *n*, Zeilensequentialverfahren *n*, zeilensequentielle Übertragung
**line-set** *n* (Work Study) / Reihenfolgebestimmung *f* Montage (im Rahmen der Fertigungsplanung der Montage)
**line shafting*** (Eng) / Transmissionswelle *f* (zum Gruppenantrieb; heute durch Einzelantrieb abgelöst) ‖ ~ **shape** (Phys, Spectr) / Linienform *f*, Liniengestalt *f*, Linienausbildung *f* (bei Spektrallinien)
**line-shape analysis** (Spectr) / Linienformanalyse *f*
**line shift** (Spectr) / Linienverschiebung *f*
**lineside signal** (Rail) / Streckensignal *n*
**line size** (Comp, Print) / Zeilenlänge *f*
**line-size option** (Comp) / Zeilenlängenangabe *f*
**line skipping** (Comp) / Zeilenvorschub *m* (COBOL) ‖ ~ **slip*** (TV) / Zeilenschlupf *m*
**linesman** *n* (pl. linesmen) (Elec Eng) / Freileitungsmonteur *m*
**lines of curvature*** (Maths) / Krümmungslinien *f pl* ‖ ~ **of equal density** (Photog) / Äquidensiten *pl*
**line source** (Spectr) / Linienstrahler *m* (der Spektrallinien aussendet - DIN 5031, T 8) ‖ ~ **space and carrier return key** / Zeilenschalt- und Wagenrücklauftaste *f* ‖ ~ **spacing** / Linienabstand *m* (im Allgemeinen) ‖ ~ **spacing** / Zeilenschaltung *f* (der Schreibmaschine), Einstellung *f* des Zeilenabstands (bei der Schreibmaschine) ‖ ~ **spacing** (Comp, Print) / Zeilenabstand *m* (Abstand zwischen zwei aufeinanderfolgenden Schriftlinien, der ein ganzes oder gebrochenes Vielfaches eines Grundzeilenabstandes beträgt - DIN 9757), ZAB (Zeilenabstand) ‖ ~ **spacing** (Optics) / Strichabstand *m* (des Strichgitters)
**line-spacing selector** / Einstellung *f* des Zeilenabstandes (Mechanismus der Schreibmaschine)
**line spectrum*** (Acous, Light, Spectr) / Atomspektrum *n*, Linienspektrum *n* (ein diskontinuierliches Spektrum, z.B. nach DIN 13320)
**lines per inch** (an old measure of the resolution of printers) (Comp) / Linien *f pl* pro Zoll ‖ ~ **per minute** (Comp) / Zeilen/min (eine Angabe bei Druckern) ‖ ~ **plan** (Ships) / Linienriss *m* (zeichnerische Darstellung der Schiffsform in vier Projektionsebenen)
**line splitting** (Phys, Spectr) / Aufspaltung *f* einer Spektrallinie, Linienaufspaltung *f* (bei Spektrallinien)
**line-spread function** (Astron, Spectr) / Linienverwaschungsfunktion *f*
**line squall*** (Meteor) / Linienbö *f* ‖ ~ **standard*** (Phys) / Strichmaßstab *m* (der Verkörperung einer Längeneinheit; die Länge ist dabei durch Striche gegeben) ‖ ~ **standard** (TV) / Zeilennorm *f* (im Rahmen der CCIR-Norm) ‖ ~ **status** (Telecomm) / Leitungszustand *m*
**line-store conversion** (TV) / Zeilenspeicherwandlung *f*, Zeilenspeicherumsetzung *f*
**line stretcher*** (Telecomm) / Wellenstrecker *m* (des Wellenleiters) ‖ ~ **suppression** (TV) / Zeilenunterdrückung *f* ‖ ~ **switch** (Elec Eng) / Leitungsschalter *m*, Netzschalter *m* ‖ ~ **switch*** (Teleph) / Leitungssucher *m*, Liniensucher *m*
**line-switched** *adj* (Comp, Telecomm, Teleph) / leitungsvermittelt *adj*
**line switching** (Telecomm, Teleph) / Durchschaltevermittlung *f*, Leitungsvermittlung *f* ‖ ~ **synchronization*** (TV) / Zeilensynchronisation *f* ‖ ~ **system** (Elec Eng) / Leitungssystem *n* ‖ ~ **tap** (Elec Eng) / Netzabzweigung *f* ‖ ~ **tearing** (TV) / Zeilenreißen *n* (die örtlich und zeitlich unregelmäßige Verlagerung von Zeilen in horizontaler Richtung als Folge gestörter Horizontalsynchronisation)
**line-terminating equipment** (Teleph) / Leitungsendgerät *n*, LE (Leitungsendgerät)
**line termination** (Elec Eng) / Leitungsabschluss *m*
**line-termination unit*** (Teleph) / Leitungsendgerät *n*, LE (Leitungsendgerät)
**line thrower** (Ships) / Leinenwurfgerät *n* (Raketenapparat zur Herstellung von Verbindungen zwischen zwei Schiffen oder vom Land zum Schiff und umgekehrt)
**line-throwing apparatus** (rifle or gun) (Ships) / Leinenwurfgerät *n* (Raketenapparat zur Herstellung von Verbindungen zwischen zwei Schiffen oder vom Land zum Schiff und umgekehrt) ‖ ~ **rocket** (Ships) / Rettungsrakete *f* ‖ ~ **rocket** (Ships) / Raketenapparat *m* (Ausrüstung einer Küstenrettungsstelle zum Bergen von Personen von vor der Küste gestrandeten Schiffen), Leinenwurfapparat *m*
**line tilt** (TV) / Sägezahn-Zeilensignale *n pl* (ein Fehler)
**line-to-earth fault** (Elec Eng, Radio) / Erdschluss *m*, Erdfehler *m*
**line-to-line fault** (Elec Eng) / zweipoliger Kurzschluss
**line tracer** (Welding) / Leitrolle *f* ‖ ~ **trap** (Elec Eng) / TFH-Sperre *f* (ein Betriebsmittel, das in den Zug der Hochspannungsleitungen eingefügt wird), Sperre *f* der Trägerfrequenz-Nachrichtenübertragung (über Hochspannungsleitungen) ‖ ~ **trimmer** (Agric) / Motorsense *f* (für den Rasen), Rasentrimmer *m*
**line/trunk group** (Telecomm, Teleph) / Anschlussgruppe *f*, LPG (Anschlussgruppe)
**line twinning** (TV) / Zeilenpaarigkeit *f* (eine Bildstörung), Zeilenpaarung *f*, Zeilensprungfehler *m*
**line-type expulsion errester** (Elec Eng) / Löschrohrableiter *m*, Löschrohr *n*
**line under pressure** / Druckleitung *f* (die konkret unter Druck steht) ‖ ~ **up** *v* / abfluchten *v*, einfluchten *v* ‖ ~ **up** / aufeinander einstellen, in Übereinstimmung bringen ‖ ~ **up** / aufreihen *v* (in eine Reihe). ‖ ~ **up** (Bind) / hinterkleben *v* (den kapitalen Buchblock am Rücken)
**line-up*** *n* (Telecomm) / Einregelung *f* ‖ ~ **sheet** (Print) / Standbogen *m* (auf dem die Stellung der Satzteile und der Bilder innerhalb der Druckform markiert wird)
**line usage** (Comp) / Zeilenauslastung *f* (bei Druckern) ‖ ~ **vector** (Phys) / Linienvektor *m* ‖ ~ **voltage** (Elec Eng) / Netzspannung *f*, Speisespannung *f*, Leitungsspannung *f*, Betriebsspannung *f* (Leitungsspannung) ‖ ~ **voltage*** (Elec Eng) / verkettete Spannung, Leiterspannung *f* ‖ ~ **voltage variation** (Elec Eng) / Netzspannungsschwankung *f*, Netzspannungsänderung *f*
**Lineweaver-Burk plot** (Biochem) / doppelt-reziprokes Diagramm (bei enzymkinetischen Messungen), Lineweaver-Burk-Auswertung *f*
**line weight** (Spectr) / Linienbreite *f* (DIN 15, T 1), Linienstärke *f*, Strichbreite *f*, Strichstärke *f* ‖ ~ **width** (Comp, Print) / Zeilenlänge *f* ‖ ~ **width** (Spectr) / Linienbreite *f* (DIN 15, T 1), Linienstärke *f*, Strichbreite *f*, Strichstärke *f* ‖ ~ **width*** (TV) / Zeilenstärke *f* ‖ ~ **with a rubber coat** / kautschutieren *v*, gummieren *v* (als Oberflächenschutz) ‖ ~ **with dissipation** (Elec Eng) / Leitung *f* mit Verlusten
**line-work** *n* / Linienführung *f* (Art des Zeichnens)
**line wrench** (Tools) / offener Ringschlüssel (zum Betätigen von Überwurfmuttern und Schrauben an Rohrleitungen)
**lingo** *n* (pl. lingoes) (Weaving) / Harnischgewicht *n*, Jacquardgewicht *n* (das das Absenken der Kettfäden regelt), Gewicht *n* für Harnischfäden
**linguistic analysis** (AI, Comp) / Sprachanalyse *f* (automatische, morphologische, semantische, syntaktische, textuelle) ‖ ~ **data bank** (Comp) / linguistische Datenbank ‖ ~ **information science** (Comp) / Informationslinguistik *f*, linguistische Informationswissenschaft
**linguistics** *n* / Linguistik *f*
**liniment** *n* (Pharm) / Liniment *n* (flüssige oder feste Einreibung)
**lining*** *n* / Ausfütterung *f*, Auskleidung *f*, Verkleidung *f* (Auskleidung) ‖ ~ / Einfassung *f* (des Bohrlochs) ‖ ~ (Autos) / Belag *m* (Brems-, Kupplungs-) ‖ ~* (Bind) / Hinterkleben *n* (des kapitalen Buchblocks am Rücken) ‖ ~ (Bind, Plastics, Textiles) / Auskleben *n*, Einkaschieren *n*, Auskaschieren *n*, Kaschieren *n*, Beschichten *n*, Laminieren *n* ‖ ~ (Bind, Print) / Vorsatz *n* aus Seide ‖ ~ (Build) / Klebung *f* von Makulatur, Klebung *f* von Grundpapier (vor dem Tapezieren) ‖ ~ (Carp) / Türfutter *n*, Futter *n* (die Holzauskleidung der Leibung bei Türen), Umfassungszarge *f* ‖ ~ (Civ Eng) / Auskleidung *f* (endgültige Sicherung des Tunnels) ‖ ~ (Ecol) / Einschließung *f* (einer Altlast), Einkapselung *f*, Einkapseln *n* (von Altlasten) ‖ ~* (Eng) / verschleißfeste Auskleidung (einer Mühle) ‖ ~* (to minimise seepage losses, resist erosion, withstand pressure, and in general improve flow conditions) (Hyd Eng) / wasserundurchlässige Verkleidung (der Uferböschung), Befestigung *f* (der Kanalböschung) ‖ ~ (Leather) / Schaffleischspalt *m* ‖ ~ (Met) / Zustellung *f*, Futter *n* (Auskleidung oder Ausmauerung von Feuerungsanlagen und Industrieöfen) ‖ ~ (Mining) / Ausbau *m* (des Schachts) ‖ ~ (Paint) / Linierung *f*, Liniierung *f*, Strichziehen *n* ‖ ~ (Textiles) / Futter *n* (zum Abfüttern der Kleidungsstücke oder Lederwaren), Futterstoff *m* (als Futter für Kleidungsstücke oder Lederwaren verwendeter Stoff) ‖ ~ (Textiles) / Abfüttern *n* (der Kleidungstücke) ‖ ~ **bag** / Einlagebeutel *m* ‖ ~ **brush** (Paint) / Kielpinsel *m* (Haarpinsel, mit dem Federkiel gefasst ist) ‖ ~ **fabric** (Textiles) / Futter *n* (zum Abfüttern der Kleidungsstücke oder Lederwaren), Futterstoff *m* (als Futter für Kleidungsstücke oder Lederwaren verwendeter Stoff) ‖ ~ **figures*** (Typog) / Normalziffern *f pl* (die die Linie halten) ‖ ~ **fitch*** (Paint) / Strichzieher *m*, Schlepper *m*

**lining-in** *n* (Eng) / Fluchten *n* (z.B. von Wellen bei starren Kupplungen), Ausrichten *n*
**lining leather** (Leather) / Futterleder *n* (für den Schuhinnenbau) ‖ ~ **machine** (Paper, Plastics, Textiles) / Kaschiermaschine *f*, Beschichtungsmaschine *f*, Befilmungsmaschine *f* ‖ ~ **paper** (Bind, Paper) / Überzugspapier *n* (DIN 6730), Bezugspapier *n* ‖ ~ **paper** (Build) / Makulatur *f*, Rollmakulatur *f* (Grundpapier beim Tapezieren) ‖ ~ **paper** (Paper) / Liner *m*, Deckenpapier *n* (z.B. für Decken der Wellpappe) ‖ ~**-papers*** *pl* (Bind, Print) / Vorsätze *n pl* (die meist an Titel- und Endbogen angeklebten, mitunter auf der Innenseite bedruckten Doppelblätter, welche dazu beitragen, die Verbindung zwischen Buchblock und Buchdecke herzustellen) ‖ ~ **pencil** (Paint) / Kielpinsel *m* (Haarpinsel, der im Federkiel gefasst ist) ‖ ~ **pencil** (a type of signwriting brush) (Paint) / Strichzieher *m*, Schlepper *m* ‖ ~ **pipe** (Mining, Oils) / Futterrohr *n* ‖ ~ **stock** (Leather) / Futterleder *n* (für den Schuhinnenbau) ‖ ~ **tool** (Paint) / Strichziehapparat *m*, Linierapparat *m* ‖ ~ **twill** (Textiles) / Futterköper *m*
**lining-up** *n* (Bind) / Hinterkleben *n* (des kapitalten Buchblocks am Rücken)
**lining-up*** *n* (Eng) / Abgleich *m*
**lining-up*** *n* (Eng) / Fluchten *n* (z.B. von Wellen bei starren Kupplungen), Ausrichten *n* ‖ ~ **table** (Print) / Montage- und Standtisch *m*, Montagetisch *m*
**lining wheel*** (Paint) / Führungsrädchen *n* des Strichziehapparats
**linish** *v* (Eng) / verschleifen *v* (die Oberfläche glätten)
**linishing** *n* (Eng) / Bandschleifen *n* (DIN 8589, T 2)
**link** *v* (Chem) / verketten *v*, verbinden *v*, verknüpfen *v* ‖ ~ (Comp) / linken *v* (ein arbeitsfähiges Gesamtprogramm aus Programmteilen erzeugen) ‖ ~ (Comp) / binden *vt* (übersetzte, aber noch nicht ablauffähige Programme in einem Binderlauf zu einem Lademodul verknüpfen) ‖ ~ (Eng) / verkoppeln *v*, koppeln *v*, ankoppeln *v* ‖ ~ (Textiles) / ketteln *v* ‖ ~ (Autos) / Lenker *m* (Radaufhängung) ‖ ~ (Chem) / Link *m* (in der Merrifield-Technik) ‖ ~ (Chem) / Bindung *f* (Zustand) ‖ ~ (hyperlink) (Comp) / Hyperlink *m* (Verbindung zwischen verschiedenen Texten, die dem Anwender mittels eines Hypertextes angezeigt wird), Link *m* (Referenz innerhalb eines Hyperdokumentes für ein anderes Dokument oder einen anderen Bereich im World Wide Web) ‖ ~ (Comp) / Verknüpfung *f* (DDE) ‖ ~ (Comp) / Verknüpfungsindikator *m* (semantisch-syntaktisches Hilfsmittel der Inhaltserschließung von Dokumenten) ‖ ~* (Comp, Teleph) / Verbindungsleitung *f* (Sammelbezeichnung für Leitungen zwischen Vermittlungsstellen), Leitung *m* im Kommunikationskanal zwischen 2 Vermittlungseinrichtungsreihen derselben Vermittlungsstelle oder zwischen 2 Vermittlungsstellen) ‖ ~ (Elec) / Verbindungszweig *m*, Sehne *f* (Zweig eines Cobaumes) ‖ ~* (Eng) / Verbindungsglied *n* (mit Gelenken, [angelenktes] Bindeglied *n*, Zwischenglied *n* ‖ ~* (Eng) / Getriebeelement *n*, Getriebeglied *n* ‖ ~* (Eng) / Kulisse *f* (Kulissensteuerung der Dampfmaschine) ‖ ~ (Mech) / Gelenk *n* ‖ ~ (Surv) / Glied *n* der Messkette (Gunter's chain = 20,1168 cm, Engineer's chain = 30,48 cm) ‖ ~ (Telecomm) / Übertragungsweg *m*, Übertragungsstrecke *f*, Link *m* ‖ ~ (Telecomm) / Übermittlungsabschnitt *m*, Leitungsabschnitt *m* ‖ ~ (Telecomm) / Linie *f* (die zweite Übertragungsebene einer GGA-Anlage), Nebenleitung *f*, Sekundärleitung *f* ‖ ~* (Teleph) / Zwischenleitung *f* ‖ ~ **access procedure** (Comp) / Leitungszugangsverfahren *n*
**linkage*** *n* (Chem) / Verkettung *f*, Kettenbildung *f*, Verbindung *f*, Verknüpfung *f* (Vorgang) ‖ ~* (Chem) / Bindung *f* (Zustand) ‖ ~ (Comp) / Programmverbindung *f* ‖ ~* (Elec) / elektrische Durchflutung, Amperewindungszahl *f* (Produkt aus Stromstärke und Windungszahl einer Spule) ‖ ~ (Eng) / Verkopplung *f* (im Allgemeinen), Kopplung *f* (im Allgemeinen), Ankopplung *f* ‖ ~ (Eng, Mech) / Gelenkgetriebe *n*, Koppelgetriebe *n* ‖ ~* (Stats) / Verkettung *f* ‖ ~ **brake** (Autos) / Gestängebremse *f* ‖ ~ **conventions** (Comp) / Richtlinien *f pl* der Programmverknüpfung ‖ ~ **editor** (Comp) / Linkage Editor *m*, Linker *m* (ein Dienstprogramm), Binder *m* (ein Verarbeitungsprogramm, das die Ausgabe der Sprachübersetzer für die Ausführung aufbereitet), Binderprogramm *n* ‖ ~ **isomerism** (Chem) / Salzisomerie *f* (bei Koordinationsverbindungen) ‖ ~ **map** (Gen) / Genkarte *f*
**link belt** (Eng) / Gliederriemen *m* ‖ ~ **cabling** (Telecomm) / Link-Verkabelung *f* ‖ ~ **chain** (Eng) / Gliederkette *f* ‖ ~ **chute** (Aero, Mil) / Fallschirm *m* mit automatischer Öffnung (die Aufzugsleine ist mit dem Flugzeug verbunden) ‖ ~ **coupling** (Eng) / Gelenkkupplung *f* (z.B. bei einer Rohrleitung) ‖ ~ **coupling*** (Telecomm) / Link-Kopplung *f* ‖ ~ **drive** (Eng) / Kulissenantrieb *m*
**linked file system** (Comp) / Dateienverbundsystem *n* ‖ ~ **imported graphics** (Comp) / verknüpfte importierte Grafik
**link-edit** *v* (Comp) / binden *vt* (übersetzte, aber noch nicht ablauffähige Programme in einem Binderlauf zu einem Lademodul verknüpfen)
**link editor** (a utility program that combines several separately compiled modules into one, resolving internal references between them) (Comp) / Linkage Editor *m*, Linker *m* (ein Dienstprogramm), Binder *m* (ein Verarbeitungsprogramm, das die Ausgabe der Sprachübersetzer für die Ausführung aufbereitet), Binderprogramm *n*
**linked lights** (Autos) / grüne Welle (im Kraftfahrzeugverkehr) ‖ ~ **list** (Comp) / gekettete Liste, verknüpfte Liste ‖ ~ **subroutine** (Comp) / geschlossenes Unterprogramm (das nur einmal im Speicher vorhanden ist und beliebig oft von jedem Programm aufgerufen und durchlaufen werden kann)
**linker** *n* (Biochem) / Linker *m* (kurzer synthetischer DNA-Doppelstrang) ‖ ~ (Chem) / Linker *m* (Molekül oder Molekülgruppe, die bei Synthese zum Verknüpfen größerer Fragmente herangezogen werden) ‖ ~* (Comp) / Linkage Editor *m*, Linker *m* (ein Dienstprogramm), Binder *m* (ein Verarbeitungsprogramm, das die Ausgabe der Sprachübersetzer für die Ausführung aufbereitet), Binderprogramm *n*
**Linke scale** (Meteor) / Blauskale *f*, Linke-Skale *f* (Farbtafeln zur Bestimmung des Himmelsblaus - nach F. Linke, 1878-1944)
**link hyphen** (Comp, Typog) / Bindestrich *m* ‖ ~ **indicator** (Comp) / Verknüpfungsindikator *m* (semantisch-syntaktisches Hilfsmittel der Inhaltserschließung von Dokumenten)
**linking** *n* / Anbindung *f* (z.B. Autobahnanbindung) ‖ ~ (Automation) / Weitergabe *f* (des Werkstücks) mit automatischer Kontrolle (Fertigungsstraße) ‖ ~ (Chem) / Verkettung *f*, Kettenbildung *f*, Verbindung *f*, Verknüpfung *f* (Vorgang) ‖ ~ (Eng) / Verkopplung *f* (im Allgemeinen), Kopplung *f* (im Allgemeinen), Ankopplung *f* ‖ ~ (Textiles) / Ketteln *n* (maschengerechtes Verbinden zweier Maschenwarenkanten) ‖ ~ **agent** (Glass) / Haftvermittler *m* ‖ ~ **loader** (Comp) / Bindelader *m* (Ladeprogramm zum Zusammenfügen mehrerer unabhängig voneinander erstellter Programmteile zu einem Gesamtprogramm) ‖ ~ **loader program** (Comp) / Bindelader *m* (Ladeprogramm zum Zusammenfügen mehrerer unabhängig voneinander erstellter Programmteile zu einem Gesamtprogramm) ‖ ~ **machine** (Textiles) / Kettelmaschine *f* ‖ ~ **seam** (Textiles) / Kettelnaht *f*
**link joint** (Eng) / Gelenkverbindung *f* ‖ ~ **layer** (Comp, Telecomm) / Sicherungsschicht *f* (Übertragungssteuerung, abschnittsweise Fehlerüberwachung, Block- oder Rahmensynchronisation - Schicht 2 im OSI-Referenzmodell, DIN ISO 7498), Verbindungsschicht *f* (im OSI-Referenzmodell), Verbindungssicherungsschicht *f*, Sicherungsebene *f*
**linkless** *adj* (Textiles) / kettellos *adj* (Strumpf)
**link library** (Comp) / Hauptbibliothek *f* ‖ ~ **line** (Teleph) / Zwischenleitung *f* ‖ ~ **list** (Comp) / Linkliste *f* ‖ ~ **loader** (Comp) / Bindelader *m* (Ladeprogramm zum Zusammenfügen mehrerer unabhängig voneinander erstellter Programmteile zu einem Gesamtprogramm)
**linkman** *n* (pl. -men) (Radio, TV) / Moderator *m*
**link mechanism*** (Eng) / Kurbelgetriebe *n*, Hebelgetriebe *n*, Kurbeltrieb *n* (ein Gelenkgetriebe) ‖ ~ **motion** (Stephenson's)* (Eng) / Kulissensteuerung *f* ‖ ~ **plate** (Eng) / Lasche *f* (der Laschenkette) ‖ ~ **point** (Agric) / Anschlussstelle *f*, Anlenkpunkt *m* (am Gerät beim Dreipunktanbau) ‖ ~ **point** (Mech) / Gliedpunkt *m* (in der Kinematik) ‖ ~ **polygon** (Build, Phys) / Seileck *n* (geometrische Konstruktion zur Ermittlung der resultierenden Kraft und des resultierenden Kraftpaars für ein ebenes Kraftsystem), Seilpolygon *n* ‖ ~ **rod** (Eng) / Verbindungsstange *f* ‖ ~ **rod** (Eng) / Kulissenstange *f* (in der Getriebelehre) ‖ ~ **rods** (Aero) / Nebenpleuelstangen *f pl*, Anlenkpleuelstangen *f pl* (bei Sternmotoren)
**links-links machine** (Textiles) / Links-links-Maschine *f*
**link symbol** (Eng) / Gliedersymbol *n* (in der Getriebetechnik) ‖ ~ **system** (Comp) / Linksystem *n* (jeder Dateieintrag enthält die Adresse seines Nachfolgers) ‖ ~ **system** (array of switching matrices intermeshed by intermediate links, suited for conjugate selection) (Comp, Telecomm) / Linksystem *n* ‖ ~ **trainer** (Aero) / Linktrainer *m* (ein alter Simulator zum Üben des Instrumentenfluges und der Schlechtwetter-Landeverfahren am Boden - nach E.A. Link, 1904-1981) ‖ ~ **up** *v* / anbinden *v* (an eine Verbindungsstraße) ‖ ~**-up** *n* (Chem) / Verkettung *f*, Kettenbildung *f*, Verbindung *f*, Verknüpfung *f* (Vorgang)
**link-up** *n* (Radio, Teleph, TV) / Konferenzschaltung *f* (eine Sammelschaltung) ‖ ~ (Space) / Docking *n* (Ankopplung eines Raumfahrzeuges an ein anderes), Kopplung *f*, Ankopplung *f*
**link virus** (Comp) / Linkvirus *m* (der sich in ausführbare Dateien kopiert)
**lin-log receiver*** (Radio) / Lin-log-Empfänger *m*
**Linnaean system*** (Biol) / Linné'sches System (der binären Nomenklatur, nach C. von Linné, 1707 - 1778)
**linnaeite** *n* (Min) / Linneit *m* (ein Kobaltnickelkies)
**Linnean system*** (Biol) / Linné'sches System (der binären Nomenklatur, nach C. von Linné, 1707 - 1778)
**linneite** *n* (Min) / Linneit *m* (ein Kobaltnickelkies)

**lino** *n* (pl. linos) / Linoleum *n* (ein Fußbodenbelag)
**linocut*** *n* (Print) / Linolschnitt *m* (Hochdruckform, in Linoleum geschnitten)
**linoleate** *n* (Chem) / Linoleat *n* (Salz und Ester der Linolsäure)
**linoleic acid*** (Biochem) / Linolsäure *f* (mehrfach ungesättigte essentielle Fettsäure)
**linolenic acid** (Biochem) / Linolensäure *f* (dreifach ungesättigte, essentielle Fettsäure)
**linoleum*** *n* / Linoleum *n* (ein Fußbodenbelag) ‖ ~ **back cloth** / Linoleumunterlage *f* (Jute) ‖ ~ **base** / Linoleumunterlage *f* (Jute) ‖ ~ **cement** / Linoleumzement *m* ‖ ~ **lining** / Linoleumpappe *f*
**linon** *n* (Textiles) / Linon *m* (feinfädiges, leinwandbindiges Baumwoll-Flachgewebe), Glanztuch *n*
**lino printing** (Print) / Linoleumdruck *m*
**linotype** *n* (an alloy of about 80% lead with antimony used for setting printing types for Linotype composing machines) (Met, Typog) / Linometall *n* ‖ ~ (Typog) / Linotype *f* (eine alte Zeilensetzmaschine der Mergenthaler Linotype Corp; in Deutschland: Linotype GmbH, Berlin und Frankfurt) ‖ ~ **composing machine*** (Typog) / Linotype *f* (eine alte Zeilensetzmaschine der Mergenthaler Linotype Corp; in Deutschland: Linotype GmbH, Berlin und Frankfurt)
**linoxyn*** *n* (Chem) / Linoxyn *n* (Oxidations- und Polymerisationsprodukt des Leinöls)
**linseed** *n* (the flax plant, especially when grown for linseed oil) / Öllein *m* ‖ ~ (Bot, Nut) / Leinsamen *m* (des Dreschleins) ‖ ~ **cake** / Leinkuchen *m* ‖ ~ **meal** (Nut) / geschroteter Leinsamen, Leinmehl *n* ‖ ~ **oil*** / Leinöl *n* (das durch Pressen des Leinsamens gewonnen wird)
**linseed-oil fatty acid** (Chem) / Leinölfettsäure *f* ‖ ~ **paint** (Paint) / Leinölfarbe *f* ‖ ~ **putty** / Leinölkitt *m* (z.B. Glaserkitt) ‖ ~ **varnish** (Paint) / Leinölfirnis *m* (DIN 55932)
**linsey** *n* (Textiles) / Linsey-Woolsey *m* (Kette: Baumwolle oder Leinen, Schuss: minderwertige Wolle) ‖ ~ (Textiles) / Halbwoll-Lumpen *m pl* ‖ ~**-woolsey** *n* (Textiles) / Linsey-Woolsey *m* (Kette: Baumwolle oder Leinen, Schuss: minderwertige Wolle)
**lint** *n* (Comp) / Kartenstaub *m* ‖ ~* (Med) / Lint *m* (einseitig gerautes, saugfähiges, schmiegsames Baumwollgewebe für Krankenhauszwecke - als Borlint mit Borwasser getränkt) ‖ ~* (Med) / Scharpie *f* (gezupfte Leinwand, die anstelle von Watte als Verbandsmaterial verwendet wurde) ‖ ~ (Paper) / Fussel *f m* ‖ ~ (Paper, Print) / Fusseln *f pl*, Papierstaub *m*, Flusen *f pl* ‖ ~* (Textiles) / Fluse *f* ‖ ~ (Textiles) / Fussel *f m*, Faserflaum *m* ‖ ~ **ball** (Textiles) / Faserflugknötchen *n* ‖ ~ **cotton** (Textiles) / Lintbaumwolle *f*, Lintwolle *f*, Lint *m* ‖ ~ **doctor** (Textiles) / Konterrakel *f*, Gegenrakel *f*
**lintel*** *n* (Build) / Überdeckung *f*, Sturz *m* (Träger über einer Maueröffnung) ‖ ~ (over a door head) (Build, Carp) / Türsturz *m*
**linters*** *pl* (Textiles) / Linters *pl* (kurze Baumwollfasern), Baumwoll-Linters *pl*
**lint filter** (Textiles) / Flusensieb *n* (in der Waschmaschine) ‖ ~ **fly** (Textiles) / Fluse *f* ‖ ~ **formation** (Weaving) / Flusenbildung *f* (auf Baumwollgeweben beim Waschen und beim Trocknen) ‖ ~**-free** *adj* (Textiles) / nichtfasernd *adj* (Tuch)
**linting** *n* (Paper, Print) / Linting *n*, Stauben *n* des Papiers ‖ ~ (Textiles, Weaving) / Flusenbildung *f* (auf Baumwollgeweben beim Waschen und beim Trocknen)
**lint remover** (roller) (Textiles) / Kleiderrolle *f* ‖ ~ **screen** (Textiles) / Flusensieb *n* (in der Waschmaschine) ‖ ~ **trap** (Textiles) / Flusensieb *n* (in der Waschmaschine)
**lint-white** *adj* / flachsfarben *adj*, flachsfarbig *adj*, flachsgelb *adj*, flächsern *adj*
**linty** *adj* (Textiles, Weaving) / mit Flusen bedeckt
**linuron** *n* (Agric, Chem) / Linuron *n* (ein Harnstoffderivat als selektives Unkrautbekämpfungsmittel, z.B. "Afalon" von Hoechst oder "Lorox" von Du Pont)
**Linux** *n* (Comp) / Linux *n* (Bezeichnung eines frei verfügbaren Dialektes des Betriebssystems Unix, insbesondere für PCs) ‖ ~ (Comp) s. also UNIX
**Linville truss*** (Civ Eng, Eng) / Fachwerkträger *m* mit senkrechten Druck- und diagonalen Zugstäben im V-Verband, Pratt-Fachwerk *n* (nach Sir Roger Pratt, 1620 - 1685)
**Linz-Donawitz process** (Met) / LD-Verfahren *n* (ein Blasstahlverfahren mit technisch reinem Sauerstoff für phosphorarmes Roheisen), Linz-Donawitz-Verfahren *n*
**Liouville equation** (Mech, Stats) / Liouville-Gleichung *f* (Bewegungsgleichung für die statistische Verteilungsfunktion - nach J. Liouville, 1809-1882)
**Liouville-Neumann series** (Maths) / Liouville-Neumann-Reihe *f*
**Liouville number** (Maths) / Liouville'sche Zahl
**Liouville's theorem** (Maths) / Liouville'scher Satz (in der Funktionentheorie)
**lip** *n* / Rand *m* (Kante) ‖ ~ (Eng) / Lippe *f* (Dichtung) ‖ ~ (Eng) / Schneidlippe *f*, Schneide *f* (des Bohrers) ‖ ~ (Eng) / Vorderteil *m* (der Klappschaufel) ‖ ~ (major cutting edge) (Eng) / Hauptschneide *f* (DIN 6581) ‖ ~ (Foundry) / Gießschnauze *f*, Schnauze *f* (der Schnauzenpfanne) ‖ ~ (Foundry) / Ausguss *m* ‖ ~ (Glass) / Ausguss *m* ‖ ~ (Hyd Eng) / Schnauze *f* (eines Dammes), Rand *m* (eines Damms) ‖ ~ (Paint) / Gießlippe *f* (der Lackgießmaschine) ‖ ~ (Paper) / Lippe *f* (einstellbare - in der Siebpartie der Papiermaschine)
**liparite*** *n* (Geol) / Rhyolith *m* (jungvulkanisches saures Ergussgestein), Liparit *m*
**lipase*** *n* (Biochem, Chem, Nut) / Lipase *f* (fettspaltendes Enzym), Glycerinester-Hydrolase *f*, Glyzerinester-Hydrolase *f*
**lip auger** (For) / Lippenbohrer *m* ‖ ~ **clearance angle** (Eng) / Freiwinkel *m* (DIN 6581) (beim Bohren)
**lipid*** *n* (a generic term for a triacylglycerol containing fatty acids) (Biochem, Chem) / Lipid *n* (Oberbegriff für eigentliche Fette und fettähnliche Stoffe) ‖ ~ **antioxidant** (Biochem) / Lipidantioxidans *n* ‖ ~ **bilayer** (Biochem) / Lipiddoppelschicht *f* ‖ ~ **chemistry** (Chem) / Lipidchemie *f*
**lipid-lowering substance** (Pharm) / Lipidsenker *m*, lipidblutspiegelsenkender Arzneistoff
**lipid peroxidation** (Biochem) / Lipidperoxidation *f*
**lip microphone*** (Acous) / Lippenmikrofon *n*
**lipochrome*** *n* (pigment of butter fat) (Chem) / Lipochrom *n* (fettlöslicher Naturfarbstoff)
**lipochrome*** *n* (Chem) s. also carotenoid
**lipofuscin** *n* (Physiol) / Lipofuszin *n* (Alterspigment), Lipofuscin *n*
**lipogel** *n* (Chem) / Oleogel *n*, Lipogel *n*
**lipogenesis** *n* (Physiol) / Lipogenese *f* (als Gegensatz zu Lipolyse)
**lipoic, β-~ acid** (Biochem) / β-Liponsäure *f* (ein Koenzym oder prosthetische Gruppe) (S-Oxid der Liponsäure) ‖ ~ **acid** (Biochem, Chem) / Thioctsäure *f*, Thioktsäure *f*, Thioctansäure *f*, Thioktansäure *f*, α-Liponsäure *f*, Lip (Liponsäure)
**lipoid*** *n* (Biochem) / fettähnlicher Stoff, Lipoid *n* (fettähnliche, lebenswichtige organische Substanz)
**lipolysis** *n* (Physiol) / Lipolyse *f*
**lipolytic** *adj* (Physiol) / lipolytisch *adj* ‖ ~ **hormone** (Biochem) / Lipotropin *n* (ein Polypeptidhormon aus dem Hypophysenvorderlappen), lipotropes Hormon, LPH
**liponamide** *n* (Chem) / Liponamid *n* (Säureamid), Thioctamid *n*
**lipooligosaccharides** *n* (Chem) / Lipooligosaccharide *n pl*, LOS
**lipophile** *adj* (Chem) / lipophil *adj*
**lipophilic** *adj* (Chem) / lipophil *adj*
**lipophobic** *adj* (Chem) / lipophob *adj*
**lipopolysaccharide*** *n* (Chem) / Lipopolysaccharid *n* (aus Lipiden und Polysacchariden), LPS (Lipopolysaccharid)
**lipoprotein*** *n* (Biochem, Chem) / Lipoprotein *n* (Konjugat aus Lipiden und Proteinen) ‖ ~* (Biochem) s. also HDL, LDL und VLDL
**liposoluble** *adj* / fettlöslich *adj*
**liposome** *n* (Biochem) / Liposom *n*
**lipotropic hormone** (Biochem) / Lipotropin *n* (ein Polypeptidhormon aus dem Hypophysenvorderlappen), lipotropes Hormon, LPH
**lipotropin** *n* (Biochem) / Lipotropin *n* (ein Polypeptidhormon aus dem Hypophysenvorderlappen), lipotropes Hormon, LPH
**Lipowitz's fusible alloy** (Met) / Lipowitz'sches Metall (50% Bi, 26,7% Pb, 13,3% Sn und 10% Cd) ‖ ~ **metal** (a fusible alloy) (Met) / Lipowitz'sches Metall (50% Bi, 26,7% Pb, 13,3% Sn und 10% Cd)
**lipoxygenase** *n* (Biochem) / Lipoxidase *f*, Lipoxygenase *f*
**lipping** *n* (For) / Kantenleiste *f*
**lip relief angle** (US) (Eng) / Freiwinkel *m* (DIN 6581) (beim Bohren)
**LIPS** (logical inferences per second) (Comp) / Zahl *f* der logischen Inferenzen pro Sekunde, Lips (Zahl der logischen Inferenzen pro Sekunde)
**Lipschitz condition** (Maths) / Lipschitz-Bedingung *f* (nach R. Lipschitz, 1832-1903) ‖ ~ **constant** (Maths) / Lipschitz-Konstante *f*
**lip seal*** (Eng) / Lippendichtung *f*
**lipstick tree** (Bot, For) / Annatto *m* (Bixa orellana L.), Anatto *m*
**lip-sync*** *adj* (Cinema) / lippensynchron *adj*
**lip-sync band** (Cinema) / Leitband *n* für Nachsynchronisation nach dem Rhythmografieverfahren
**lip-synch** *adj* (Cinema) / lippensynchron *adj*
**lip-synchronized** *adj* (Cinema) / lippensynchron *adj*
**liptinite** *n* (Geol, Mining) / Exinit *m* (eine Mazeralgruppe), Liptinit *m*
**liptobiolith** *n* (Geol) / Liptobiolith *m* (organogenes Gestein)
**lip tool** (Glass) / Schnauzenschere *f*, Ausgussschere *f*
**liq** / liq (Vorsatz zu den amerikanischen bzw. englischen Volumeneinheiten pint, quarter und quart als Kennzeichen, dass diese für Flüssigkeitsmaße gelten) ‖ ~ **pt** / Pint *n* (ein altes Hohlmaß - US = 0,473 l, GB = 0,568 l) ‖ ~ **qt** / Liquid quart *n* (0,946359 dm³)
**liquated Parkes dross** (Met) / Schaum *m* (im Parkes-Prozess - entweder Reich- oder Armschaum)
**liquation** *n* (Geol) / Liquation *f* (Aufspaltung eines Schmelzflusses in mehrere Schmelzen), Liquidentmischung *f* ‖ ~* (Met) / Seigern *n*, Seigerung *f* (Ausbildung mikro- oder makroskopischer

**liquefaction**

Zusammensetzungsunterschiede in sonst homogen zusammengesetzten Körpern im Verlauf der Erstarrung)
**liquefaction*** n (Chem, Phys) / Verflüssigung f (von Gasen), Liquefaktion f || ~ (Geol) / Setzungsfließen n (infolge Porenwasserüberdrucks) || ~ (Phys) / Flüssigwerden n || ~ **of gases*** (Phys) / Gasverflüssigung f
**liquefied gas** (Chem Eng) / Flüssiggas n, verflüssigtes Gas || ~ **natural gas** (Fuels) / verflüssigtes Erdgas, Flüssigerdgas n || ~ **petroleum gas*** (Chem Eng) / Flüssiggas n (nur Kohlenwasserstoffe, z.B. Butan oder Propan) || ~ **petroleum gas** (Fuels) / Autogas n (ein Flüssiggas)
**liquefier** n (Chem Eng) / Verflüssiger m (z.B. für Erdgas)
**liquefy** v (Chem, Phys) / verflüssigen v
**liqueur** n (usually drunk after a meal) (Nut) / verdauungsförderndes Mittel
**liqueuring** n (Nut) / Dosage f (mit Dosagelikör)
**liquid*** n (Phys) / Flüssigphase f, flüssige Phase, Liquidphase f || ~* (Phys) / [tropfbare] Flüssigkeit f || ~ adj / tropfbar adj, flüssig adj || ~* / klar adj, durchsichtig adj (klar) || ~ / flüssig adj (Mittel - z.B. Kassenbestände, Bank- und Postgiroguthaben usw.) || ~ **air** / flüssige Luft (die in Dewargefäßen oder Tanks aufbewahrt wird), Flüssigluft f
**liquid-air-cycle engine** (Space) / Lace-Antrieb m
**liquid-air trap** / Kühlfalle f (mit flüssiger Luft)
**liquidambar** n (For) / Amberbaum m (Liquidambar L. sp.) || ~ (Pharm) / Styrax m (Exsudat aus Holz und Rinde des Amberbaums), Storax m
**liquid ammonia** (Agric, Chem) / flüssiges Ammoniak (als Düngemittel) || ~ **argon** (Chem Eng) / Flüssigargon n || ~ **asphalt** / Asphaltöl n || ~ **atomization** / Flüssigkeitsversprühung f || ~ **at rest** (Phys) / ruhende Flüssigkeit || ~ **barometer** (Phys) / Flüssigkeitsbarometer n || ~ **bath** (Chem) / Flüssigkeitsbad n (z.B. Wasserbad) || ~ **bath** (Met) / Schmelze f (Flüssigkeit in einem Schmelzofen) || ~ **body** (for casting) (Ceramics) / Gießmasse f (mit bis 40% Wasseranteil) || ~**-borne sound** (Acous) / Flüssigkeitsschall m (DIN 1320) || ~ **bright gold** (Ceramics) / Glanzgold n || ~ **carburizing** (Met) / Badaufkohlen n (in flüssigen Wirkmedien), Badaufkohlung f || ~ **cargo** (Ships) / Flüssigladung f, flüssige Ladung || ~ **chaptalisation** (GB) (Nut) / Nasszuckerung n, Nassverbesserung f (Anreicherung des Traubenmostes), Gallisierung f (Zusatz von Zuckerwasser zum Most) || ~ **chaptalization** (Nut) / Nasszuckerung f, Nassverbesserung f (Anreicherung des Traubenmostes), Gallisierung f (Zusatz von Zuckerwasser zum Most) || ~ **chromatography** (Chem) / Flüssigkeitschromatografie f, Flüssigchromatografie f || ~ **chromatography-mass spectrometry coupling** (Chem, Spectr) / Flüssigkeitschromatografie-Massenspektrometrie-Kopplung f, LC-MS-Kopplung f || ~ **compass*** / Fluidkompass m, Schwimmkompass m || ~ **composting** (Agric, San Eng) / Flüssigkompostierung f (aerob thermophile Stabilisierung) || ~ **conductor** (Elec Eng) / flüssiger Leiter
**liquid-cooled** adj / flüssigkeitsgekühlt adj
**liquid•-cooled reactor** (Nuc Eng) / flüssiggekühlter Reaktor (DIN 25402) || ~ **cooling** / Flüssigkeitskühlung f || ~ **cooling set** / Flüssigkeitskühlsatz m (Kältesatz, bestimmt und ausgerüstet zur Kühlung einer Flüssigkeit) || ~ **counter*** (Nuc, Nuc Eng) / Zählrohr n für Flüssigkeiten || ~ **crystal*** (Chem, Electronics) / flüssiger Kristall, FK (flüssiger Kristall), Flüssigkristall m, kristalline Flüssigkeit || ~ **crystal display*** (Comp, Electronics, Phys) / Flüssigkristalldisplay n, Flüssigkristallanzeige f, Flüssigkristallanzeigeeinheit f, LCD
**liquid-crystal-display projector** (TV) / LCD-Projektor m (ein Gerät des Projektionsfernsehens)
**liquid-crystalline** adj / kristallin-flüssig adj || ~ **polymer** (Chem) / flüssigkristallines Polymer, Flüssigkristallpolymer m, LC-Polymer n
**liquid crystalline polymer glass** (Chem, Plastics) / LCP-Glas n (selbstverstärkender Kunststoff)
**liquid-crystal polymer** (Chem) / flüssigkristallines Polymer, Flüssigkristallpolymer n, LC-Polymer n
**liquid-crystal-polymer pigment** (Paint) / Liquid-Crystal-Polymer-Pigment n, LCP-Pigment n
**liquid-crystal shutter** (Comp) / Flüssigkristall-Lineal n, Flüssigkristallverschluss m
**liquid culture** (Bacteriol) / Flüssigkultur f
**liquid-curing-medium process** (Chem Eng) / LCM-Verfahren n (Extrudieren der Kautschukmischungen in heiße Flüssigkeitsbäder)
**liquid development** (Photog) / Feuchtentwicklung || ~ **dielectric** (Elec Eng) / Isolierflüssigkeit f (z.B. Transformator- oder Kabelöl) || ~ **distributor** (Chem Eng) / Flüssigkeitsverteiler m (ein Einbauteil in technischen Kolonnen)
**liquid-dominated system** / Nassdampfsystem n (in der Geothermie)
**liquid dressing** (Agric) / Nassbeize f, Nassbeizung f (eine Saatgutbeizung)
**liquid-drop model*** (Nuc) / Tröpfchenmodell n (ein Kernmodell)
**liquid egg** (Nut) / Flüssigei n

**liquid-exclusion chromatography** (Chem) / Gelchromatografie f (eine als Säulenchromatografie durchgeführte Flüssigkeitschromatografie), Ausschlusschromatografie f, AC (Ausschlusschromatografie), Gelpermeationschromatografie f, Gelfiltration f, GFC (Gelfiltration), Molekularsiebchromatografie f, Permeationschromatografie f, GPC (Gelpermeationschromatografie), Größenausschlusschromatografie f
**liquid extract** (Pharm) / Fluidextrakt m n, Extractum fluidum n || ~ **fertilizer application** (Agric) / Flüssigdüngung f || ~**-filled thermometer** (Phys) / Flüssigkeitsausdehnungsthermometer n, Flüssigkeitsthermometer n (z.B. Alkoholthermometer) || ~ **film** / Flüssigkeitsfilm m
**liquid-film coefficient** (Chem, Phys) / Flüssig-Film-Koeffizient m (flüssigkeitsseitiger Stoffübergangskoeffizient beim Stoffübergang zwischen Gas- und Flüssigphase) || ~ **lubrication** / Flüssigkeitsschmierung f, Vollschmierung f, ideale Schmierung (die zur Flüssigkeitsreibung führt)
**liquid flow** (Phys) / Flüssigkeitsströmung f, Strömung f von Flüssigkeiten || ~ **flow** (Textiles) / Flottenlauf m, Flottenbewegung f || ~ **fluorine** (Chem, Space) / Flüssigfluor n (ein Sauerstoffträger in den Raketentreibstoffen) || ~ **for removing wallpaper(s)** (Build) / Tapetenablöser m (z.B. Dufix, TAB) || ~ **fuel** (Fuels) / flüssiger Brennstoff (DIN 51416) || ~ **fuel** (Space) / flüssiger Raketentreibstoff || ~ **gas** (Chem Eng) / Flüssiggas n, verflüssigtes Gas || ~ **gasket** (Eng) / formlose Dichtmasse (in Tuben- oder Pastenform), Flüssigdichtmittel n || ~ **glass** (Chem) / flüssiges Wasserglas || ~ **glue** / Flüssigleim m || ~ **gravure ink** (Print) / dünnflüssige Druckfarbe (für den Tiefdruck) || ~ **green soap** (Chem, Paint) / weiche Seife, Schmierseife f (Seife von streichfähiger Konsistenz, die aus billigen Pflanzenölen durch Verseifung mit Kalilauge hergestellt wird) || ~ **handling** (Chem) / Liquid Handling n || ~ **helium II*** (Chem, Phys) / Helium n II (flüssige Modifikation des Heliums) || ~ **honing** (Eng) / Flüssigkeitshonen n, Druckstrahlläppen n, Druckfließläppen n || ~ **hydrogen** ($LH_2$) (Chem) / Flüssigwasserstoff m, flüssiger Wasserstoff || ~ **impingement erosion** (Geol) / Aufprallerosion f durch Flüssigkeiten, Erosion f durch Aufprall flüssiger Stoffe, Wasserschlagerosion f, Tropfschlagerosion f
**liquid-in-glass thermometer** / Glasthermometer n (das wichtigste Flüssigkeitsausdehnungsthermometer)
**liquid insulator** (Elec Eng) / flüssiger Isolierstoff
**liquidiser** n (GB) / Mixer m (ein Küchengerät), Mixgerät n
**liquidity** n (Phys) / Flüssigkeit f (Zustand)
**liquidizer** n / Mixer m (ein Küchengerät), Mixgerät n
**liquid jet** (Phys) / Flüssigkeitsstrahl m
**liquid-jet pump** (Vac Tech) / Flüssigkeitsstrahlvakuumpumpe f (eine Treibmittelvakuumpumpe)
**liquid junction potential** (Chem, Elec) / Diffusionspotential n, Flüssigkeitspotential n (eine elektrische Potentialdifferenz, die an der Phasengrenzfläche zweier verschiedener Elektrolytlösungen oder von zwei Lösungen des gleichen Elektrolyten unterschiedlicher Konzentration auftritt) || ~ **laser** (Electronics) / Flüssigkeitslaser m || ~ **level** / Flüssigkeitsstand m, Flüssigkeitsniveau n, Flüssigkeitsspiegel m
**liquid-level indicator** (Agric) / Füllstandanzeiger m (für Flüssigkeiten), Flüssigkeitsstandanzeiger m (im Allgemeinen)
**liquid limit** (of a soil, of a clay) (Agric, Civ Eng) / Fließgrenze f (bei bindigen Böden der Wassergehalt einer Bodenprobe am Übergang vom flüssigen zum bildsamen Zustand)
**liquid-liquid chromatography** (Chem) / Flüssig-Flüssig-Chromatografie f, Liquidus-Liquidus-Chromatografie f
**liquid-liquid extraction*** (Chem Eng) / Flüssig-flüssig-Extraktion f, Lösungsmittelextraktion f, Solventextraktion f, Extraktion f flüssig-flüssig
**liquid-liquid interface** (Phys) / Grenzfläche f Flüssigkeit-Flüssigkeit, Grenzfläche f flüssig-flüssig, Flüssigkeit-Flüssigkeit-Grenzfläche f
**liquid lubricant** / flüssiger Schmierstoff, Schmierflüssigkeit f || ~ (column) **manometer** (Eng, Instr) / Flüssigkeitsmanometer n || ~ **manure** (Agric) / Gülle f (natürlicher organischer Dünger, der sich aus Jauche, Kot und Wasser zusammensetzt - DIN 11 622), Flüssigmist m, Schwemmmist m || ~ **manure** (Agric) / Jauche f (natürlicher organischer Dünger), Mistjauche f, Sickersaft m (aus der Festmistbereitung, der überwiegend aus Harn und Kot besteht), Adel m (A)
**liquid-manure tanker** (Agric) / Jauchetankwagen m, Flüssigmisttankwagen m
**liquid measure** (Phys) / Flüssigkeitsmaß n || ~ **measure** (system) (Phys) / Flüssigkeitsmaßsystem n || ~ **membrane** (Chem Eng) / flüssige Membran (organische Phase bei der Flüssig-Membran- Extraktion)

**liquid-membrane permeation** (Chem Eng) / Flüssig-Membran-Permeation $f$, FMP (Flüssig-Membran-Permeation)
**liquid metal** (Met) / Metallschmelze $f$ || ~ **metal** (Met, Nuc) / Flüssigmetall $n$
**liquid-metal attack** (Surf) / Metallschmelzenangriff $m$, Korrosionsangriff $m$ schmelzflüssiger Metalle
**liquid-metal-cooled reactor** (Nuc Eng) / Reaktor $m$ mit Flüssigmetallkühlung
**liquid-metal cooling** (Nuc Eng) / Flüssigmetallkühlung $f$ || ~ **embrittlement** (Met, Welding) / Flüssigmetallversprödung $f$ (interkristalline Zerstörung von Bauteilen beim Lötprozess), Versprödung $f$ durch flüssige Metalle (an Schweiß- und Lötstellen), Lötbrüchigkeit $f$, Versprödung $f$ von Metallen und Legierungen beim Kontakt mit anderen (spezifischen) schmelzflüssigen Metallen
**liquid-metal-fuelled reactor** (Nuc Eng) / Reaktor $m$ mit Flüssigmetallbrennstoff, Flüssigmetallreaktor $m$
**liquid-metal fuel reactor** (Nuc Eng) / Reaktor $m$ mit Flüssigmetallbrennstoff, Flüssigmetallreaktor $m$ || ~ **fuel suspension reactor** (Nuc Eng) / Suspensionsreaktor $m$ mit Flüssigmetallbrennstoff
**liquid-metal reactor**\* (cooled with liquid metal) (Nuc Eng) / Reaktor $m$ mit Flüssigmetallkühlung
**liquid-metal reactor**\* (Nuc Eng) / Reaktor $m$ mit Flüssigmetallbrennstoff, Flüssigmetallreaktor $m$ || ~ **squeeze casting** (Eng, Foundry, Met) / Flüssigpressen $n$ (Urformverfahren zur Fertigung von Formteilen aus metallischen Schmelzen durch Pressen), Gießpressen $n$ (z.B. bei faserverstärkten Metallen bei Drücken bis 120 Mpa), Pressgießen $n$ || ~ **squeeze casting** (Foundry) / Gießpressen $n$ || ~ **welding** (Welding) / Gießschmelzschweißen $n$
**liquid mineral** (Min) / flüssiges Mineral (im Gegensatz zu festem Mineral) || ~ **mobile phase** (Chem) / flüssige mobile Phase
**liquid-moderated reactor** (Nuc Eng) / Flüssigkeitsreaktor $m$
**liquid nitriding** (Met) / Badnitrokarburieren $n$, Badnitrieren $n$ (in Stickstoff abgebenden Salzbädern nach DIN 17014, T 1) || ~ **nitrogen** (Chem) / Flüssigstickoff $m$ || ~ **oil drier** (Paint) / Flüssigtrockner $n$ (öllösliche Metallseife) || ~ **oleo** (Nut) / Oleomargarin $n$ (flüssige Fraktion des Rindertalgs), Presstalg $m$ || ~ **ounce** (US) / ein veraltetes Flüssigkeitsmaß = 29,5735 cm³ || ~ **oxygen**\* (Chem) / verflüssigter Sauerstoff, Flüssigsauerstoff $m$, flüssiger Sauerstoff
**liquid-oxygen explosive** / Flüssigluftsprengstoff $m$
**liquid paint** (Paint) / Nasslack $m$, Flüssiglack $m$ || ~ **paraffin**\* (Nut, Pharm) / pharmazeutisches Weißöl, dickflüssiges Paraffin, Paraffinöl $n$, Paraffinum $n$ liquidum
**liquid-penetrant inspection**\* (Elec Eng, Materials) / Kalkmilchprobe $f$ || ~ **inspection**\* (Materials) / Eindringverfahren $n$ (bei der Rissprüfung), Eindringprüfung $f$ (DIN EN ISO 3452) || ~ **method** (of non-destructive testing) (Materials) / Eindringverfahren $n$ (bei der Rissprüfung), Eindringprüfung $f$ (DIN EN ISO 3452) || ~ **test** (Materials) / Eindringverfahren $n$ (bei der Rissprüfung), Eindringprüfung $f$ (DIN EN ISO 3452)
**liquid petrolatum** (Nut, Pharm) / pharmazeutisches Weißöl, dickflüssiges Paraffin, Paraffinöl $n$, Paraffinum $n$ liquidum || ~ **phase** (Chem Eng) / Flüssigphase $f$, Sumpfphase $f$ (bei Kohlehydrierung) || ~ **phase** (Phys) / Flüssigphase $f$, flüssige Phase, Liquidphase $f$
**liquid-phase catalyst** (Chem Eng) / Flüssigphasenreaktor $m$ || ~ **converter** (Chem Eng) / Sumpfphaseofen $m$, Sumpfphasehydrierofen $m$, Sumpfofen $m$ || ~ **epitaxy** (Electronics) / Epitaxie $f$ aus der flüssigen Phase, schmelzepitaxiale Abscheidung, Flüssigphasenepitaxie $f$
**liquid-phase hydrogenation** (Chem Eng) / Flüssigphasenhydrierung $f$, Sumpfphasehydrierung $f$, Hydrierung $f$ in der flüssigen Phase
**liquid-phase sintering**\* (Powder Met) / Sintern $n$ mit flüssiger Phase, Flüssigphasensinterung $f$
**liquid-piston-type compressor** (Eng) / Flüssigkeitsringverdichter $m$, Wasserringverdichter $m$
**liquid pool** (Chem Eng, Met) / Sumpf $m$ (im Ofen, in der Pfanne) || ~ **pressure propagation** (Phys) / Druckausbreitung $f$ in Flüssigkeiten || ~ **pressure transmission** (Phys) / Druckausbreitung $f$ in Flüssigkeiten || ~ **pressure welding** (Welding) / Gießpressschweißen $n$ || ~ **propellant** (Space) / flüssiger Raketentreibstoff
**liquid-propellant missile** (Space) / Flüssigkeitsrakete $f$ || ~ **rocket** (Space) / Flüssigkeitsrakete $f$ || ~ **rocket engine** (Space) / Flüssigkeitsraketentriebwerk $n$
**liquid quart** (US) / Liquid quart $n$ (0,946359 dm³)
**liquid-quenched fuse**\* (Elec Eng) / Sicherung $f$ mit Löschflüssigkeit
**liquid resin** / Flüssigharz $n$, flüssiges Harz (im Allgemeinen) || ~ **resistance**\* (Elec Eng) / Flüssigkeitswiderstand $m$ (Größe) || ~ **resistor** (Elec Eng) / Flüssigkeitswiderstand $m$ (als Bauteil) || ~ **return** / Rücklaufflüssigkeit $f$ || ~ **return siphon** (Chem) / Überlauf $m$ (z.B. des Soxhlet-Extraktors)

**liquid-ring compressor** (Eng) / Flüssigkeitsringverdichter $m$, Wasserringverdichter $m$ || ~ **pump** (Vac Tech) / Flüssigkeitsringpumpe $f$, Flüssigkeitsringvakuumpumpe $f$ || ~ **vacuum pump** (Vac Tech) / Flüssigkeitsringpumpe $f$, Flüssigkeitsringvakuumpumpe $f$
**liquid rocket** (Space) / Flüssigkeitsrakete $f$ || ~ **rosin** (Paper) / Tallöl $n$ (Nebenprodukt bei der Zellstoffgewinnung aus Nadelhölzern), flüssiges Harz (Tallöl) || ~ **rubber** (Chem Eng) / Flüssigkautschuk $m$ || ~ **scintillation counter**\* (Nuc Eng) / Flüssigszintillationszähler $m$, Szintillationszähler $m$ mit flüssigem Szintillator, Flüssigkeitsszintillationszähler $m$ || ~ **scintillation counting** (Nuc Eng) / Flüssigkeitsszintillationszählung $f$ (eine Methode zur Messung von radioaktiven Substanzen in Flüssigkeiten) || ~ **seal** (Eng) / Absperrtopf $m$, Wasserverschluss $m$, Flüssigkeitsverschluss $m$ || ~ **seal** (Surf) / Trennvorlage $f$ (bei Messungen an korrosiven Medien)
**liquid-seal blower** / Flüssigkeitsringgebläse $n$
**liquid secondary ion mass spectrometry** (Nuc, Spectr) / Fast-Atom-Bombardment $n$ (Ionisierungsmethode für schwer oder nichtverdampfbare organische Molekeln), FAB (Fast-Atom-Bombardment), Beschuss $m$ mit schnellen Atomen || ~ **slag** (Met) / flüssige Schlacke || ~ **sludge** (San Eng) / Flüssigschlamm $m$ || ~ **smoke** (Nut) / Flüssigrauch $m$ || ~ **soap** / Flüssigseife $f$, flüssige Seife (eine Kaliumseife)
**liquid-solid chromatography** (Chem) / Liquidus-Solidus-Chromatografie $f$, Flüssig-Fest-Chromatografie $f$ || ~ **interface** (Phys) / Grenzfläche $f$ Flüssigkeit-Festkörper, Grenzfläche $f$ flüssig-fest, Flüssigkeit-Festkörper-Grenzfläche $f$ || ~ **transition** (Phys) / Flüssig-Fest-Übergang $m$
**liquid stain remover** (Textiles) / Nassdetachiermittel $n$ || ~ **starter**\* (Elec Eng) / Flüssigkeitsanlasser $m$ || ~ **stationary phase** (Chem) / flüssige stationäre Phase || ~ **storax** (Pharm) / Türkischer Styrax (aus dem Orientalischen Amberbaum - Liquidambar orientalis Mill.) || ~ **storax** (Pharm) / Styrax $m$ (Exsudat aus Holz und Rinde des Amberbaums), Storax $m$ || ~ **sugar** (Nut) / Flüssigzucker $m$ (wässrige Lösung von Saccharose) || ~ **sulphur** (Chem) / flüssiger Schwefel, Flüssigschwefel $m$ || ~ **thermometer** (Phys) / Flüssigkeitsausdehnungsthermometer $n$, Flüssigkeitsthermometer $n$ (z.B. Alkoholthermometer)
**liquid-to-solid ratio** (Paper) / Flottenverhältnis $n$
**liquid** (seed) **treatment** (Agric) / Nassbeize $f$, Nassbeizung $f$ (eine Saatgutbeizung)
**liquidus**\* $n$ (Chem, Met) / Liquiduskurve $f$ (Kurvenzug, der in binären Systemen diejenigen Temperaturpunkte verbindet, bei denen ein Stoffgemisch vollständig geschmolzen ist), Liquiduslinie $f$ || ~ **curve** (Chem, Met) / Liquiduskurve $f$ (Kurvenzug, der in binären Systemen diejenigen Temperaturpunkte verbindet, bei denen ein Stoffgemisch vollständig geschmolzen ist), Liquiduslinie $f$
**liquid vapour-cycle degreaser** (Eng, Surf) / Flüssigkeits-Dampf-Entfetter $m$
**liquid-vapour equilibrium diagram** (Chem, Phys) / Siedepunktdiagramm $n$, Siedediagramm $n$ || ~ **phase transition point** (Phys) / Verdampfungspunkt $m$, Verdampfungsendpunkt $m$ || ~ **separator** (Autos) / Tröpfchenabscheider $m$
**liquid waste** (Ecol) / Flüssigabfall $m$, flüssiger Abfall, flüssige Abfallstoffe
**liquid-water content** (Civ Eng) / Wassergehalt $m$ (ein Bodenkennwert nach DIN 18121)
**liquid yeast** (Nut) / Flüssighefe $f$
**liquify** $v$ (Chem, Phys) / verflüssigen $v$
**liquitainer** $n$ / Flüssigkeitscontainer $m$
**liquor** (Leather) / Gerbbrühe $f$, Brühe $f$ || ~ (pl. -es) (Med, Pharm) / Liquor $m$ (pl. -es), Liq. || ~ (Paper) / Lauge $f$ (Prozess-Abfallflüssigkeit) || ~ (Pharm) / wässrige Lösung, Flüssigkeit $f$ || ~ (Textiles) / Flotte $f$ (ein Behandlungsbad) || ~ (Textiles) / Färbebad $n$, Färbeflotte $f$, Farbbad $n$, Farbflotte $f$, Flotte $f$ (Färbeflotte) || ~ **application** (Textiles) / Flottenauftrag $m$ || ~ **circulation** (Textiles) / Flottenkreislauf $m$, Flottenzirkulation $f$, Flottenumwälzung $f$ || ~ **concentration** (Textiles) / Flottenkonzentration $f$
**liquor-finish process** (Met, Surf) / Liquor-Finish $n$ (stromlos arbeitendes Metallabscheidungsverfahren, bei dem in 30 - 120 s bei Raumtemperatur ein Bronzeniederschlag erzielt wird)
**liquor flow** (Textiles) / Flottenlauf $m$, Flottenbewegung $f$ || ~ **flow direction** (Textiles) / Flotten(lauf)richtung $f$ || ~ **flow rate** (Textiles) / Flottendurchströmungsgeschwindigkeit $f$, Flottendurchsatzgeschwindigkeit $f$ || ~ **flow reversal** (Textiles) / Flottenrichtungswechsel $m$ || ~ **formulation** (Textiles) / Flottenansatz $m$
**liquorice** $n$ (Nut, Pharm) / Süßholzsaft $m$
**liquor passage rate** (Textiles) / Flottendurchströmungsgeschwindigkeit $f$, Flottendurchsatzgeschwindigkeit $f$ || ~ **pickup** (Textiles) / Flottenaufnahme $f$, FA (Flottenaufnahme) || ~ **ratio**\* (Textiles) / Flottenverhältnis $n$ (die Verhältniszahl aus Trockengewicht des

**liquor**

Veredelungsgutes in kg und Volumen der Flotte in l), FV (Flottenverhältnis) ‖ ~ **renewal** (Textiles) / Flottenerneuerung f
**liquor-to-goods ratio** (Textiles) / Flottenverhältnis n (die Verhältniszahl aus Trockengewicht des Veredelungsgutes in kg und Volumen der Flotte in l), FV (Flottenverhältnis)
**liquor uptake** (Textiles) / Flottenaufnahme f, FA (Flottenaufnahme)
**LIRF** (low-intensity reciprocity failure) (Photog) / Langzeitfehler m (ein Belichtungsfehler)
**liroconite** n (Min) / Lirokonit m
**L-iron**\* n (Met) / Winkelstahl m (DIN 1022), Winkel m, Winkelprofil n
**LISA** (light-switching array) (Light) / lichtschaltende Anordnung (steuerbare Lichtschleuse, bei der die Eigenschaft optomagnetischer Materialien auf der Grundlage des Faraday-Effekts genutzt wird), LISA f (lichtschaltende Anordnung)
**lisle**\* n (Spinning, Textiles) / Florgarn n (feiner Baumwollzwirn aus gasierten, merzerisierten Garnen) ‖ ~ **goods** (Textiles) / Florware f (Handschuhe, Strümpfe usw. aus zweifädigem Baumwollzwirn)
**LISP**\* (language) (AI, Comp) / Listenverarbeitungs-Programmiersprache f, LISP n (höhere Programmiersprache zur Behandlung nichtnumerischer Probleme)
**LISP** (list processing) (Comp) / Listenverarbeitung f
**Lissajous' curve**\* (Maths, Phys) / Lissajous-Figur f (Überlagerung zweier Schwingungen - nach J. Lissajous, 1822-1880)
**Lissajous' figure**\* (Maths, Phys) / Lissajous-Figur f (Überlagerung zweier Schwingungen - nach J. Lissajous, 1822-1880)
**list** v / eine Liste aufstellen ‖ ~ (Agric) / häufeln v, anhäufeln v ‖ ~\* (Comp) / listenmäßig erfassen, auflisten v, listen v, anlisten v ‖ ~ (For) / Waldkanten beschneiden, Waldkanten abschneiden ‖ ~ (Ships) / Schlagseite haben ‖ ~ n / Liste f ‖ ~ (AI) / Liste f (spezieller S-Ausdruck mit dem Atom NIL als Kennzeichen für das Listenende) ‖ ~\* (Comp) / Liste f (Listenstruktur) ‖ ~\* (Ships) / Schlagseite f (bleibende Neigung des Schiffs in Querrichtung) ‖ ~ (GB) (Textiles, Weaving) / Salleiste f, Salkante f, Salband f, Webkante f, Randleiste f
**Li star** (Astron) / Lithiumstern m
**list box** (Comp) / Listenfeld n ‖ ~ **carpet** (Textiles) / Lumpenteppich m ‖ ~ **cycle** (Comp) / Listgang m
**list-directed** adj (Comp) / listengesteuert adj
**listed** adj (Textiles) / mit fehlerhaften Kanten (Ware) ‖ ~ **building** (GB) (Arch) / unter Denkmalschutz stehendes, im Denkmalbuch erfasstes Bauwerk ‖ ~ **frequency** (Telecomm) / Sollfrequenz f
**listel** n (Build) / rechteckige Deckleiste f ‖ ~ (Join) / Kehlleiste f (für Anschlüsse), Deckleiste f (zwischen Rahmen und Füllung)
**list element** (Comp) / Listenelement n
**listener** n (Acous) / Zuhörer m, Hörer m ‖ ~ (Comp) / Listenerprogramm n ‖ ~ (Comp) / Mithörer m, Listener m (Funktionseinheit in einem Busnetz) ‖ ~ (Radio, TV) / Rundfunkhörer m, Hörer m (Rundfunk)
**listen** v (Radio) / abhören v, mithören v
**listening box** (Cinema) / Monitorlautsprecher m ‖ ~ **comprehension** (AI) / Hörverstehen n (des Textes) ‖ ~ **device** (Mil) / Horchgerät n ‖ ~ **jack** (Teleph) / Mithörklinke f ‖ ~ **key**\* (Teleph) / Abfrageschalter m ‖ ~ **test** (Teleph) / Hörtest m (Verständlichkeitsprüfung) ‖ ~ **watch** (Telecomm) / Hörbereitschaft f, Empfangsbereitschaft f
**listen-in key** (Telecomm, Teleph) / Mithörschalter m, Abhörschalter m
**lister** n (US) (Agric) / Vielfachgerät n (eine Hackmaschine)
**listing** (Agric) / Häufeln n, Furchenziehen n ‖ ~\* (Carp) / Saumholz n, Brettkante n (Saumholz) ‖ ~\* (Carp, For) / Waldkantenbeschneidung f ‖ ~ (Comp) / Listing n m (Programm- oder Rechnerausdruck), Programmlisting n (vollständiger Ausdruck des Quellcodes eines Programms auf Papier) ‖ ~\* (Comp) / Protokoll n ‖ ~\* (defect) (Textiles) / Kantenablauf m, unegale Anfärbung an den Salleisten ‖ ~\* (Weaving) / Salleiste f, Salkante f, Salband n, Webkante f, Randleiste f ‖ ~ adj (Ships) / mit Schlagseite f ‖ ~ **file** (Comp) / Protokoll-File m ‖ ~ **mark** (Elec Eng) / Konformitätszeichen n ‖ ~ **quality** (Comp) / Listing-Qualität f (bei einem Zeilendrucker)
**list of exceptions** (Comp) / Ausnahmeliste f ‖ ~ **of illustrations** (Print) / Abbildungsverzeichnis n ‖ ~ **of ingredients** (Nut) / Zutatenverzeichnis n, Zutatenliste f ‖ ~ **of parts** (Eng) / Stückliste f (eine Fertigungsunterlage, die die Art und die Menge der einzeln bezeichneten Teile ausweist - DIN 199, T 2 und 3, DIN 6771) ‖ ~ **of prices** / Preisliste f ‖ ~ **price** / Listenpreis m ‖ ~ **printing** (Comp) / Listing n m (Programm- oder Rechnerausdruck), Programmlisting n (vollständiger Ausdruck des Quellcodes eines Programms auf Papier) ‖ ~ **processing** (Comp) / Listenverarbeitung f ‖ ~ **processing language** (AI, Comp) / Listenverarbeitungs-Programmiersprache f, LISP n (höhere Programmiersprache zur Behandlung nichtnumerischer Probleme) ‖ ~ **program generator** (Comp) / Listenprogrammgenerator m, LPG (Listenprogrammgenerator) / Reportprogrammgenerator m, Listprogrammgenerator m
**listric** adj (Geol) / listrisch adj ‖ ~ **surface** (Geol) / Schaufelfläche f, listrische Fläche (eine tektonische Bewegungsfläche)

**list-sequential addressing** (Comp) / selbstindizierte Adressierung
**LISTSERV** n (an electronic mailing list of people who wish to receive specified information from the Internet) (Comp, Telecomm) / Listserv n
**list server** (Comp) / Listserver m (der Mailing-Listen verwaltet) ‖ ~ **structure** (Comp) / Listenstruktur f ‖ ~ **to port** (Ships) / Backbordschlagseite f ‖ ~ **to starboard** (Ships) / Steuerbordschlagseite f
**list-view control** (Windows) (Comp) / Listenansicht f
**lite** n (US) (Build) / Lichtöffnung f, Fensteröffnung f, Lichte f (Öffnung) ‖ ~ (US) (Build, Join) / Fensterteil m (abgegrenzte Fensterfläche), Fensterfeld n ‖ ~ (US) (Elec Eng) / Leuchte f (Bezeichnung in Verdrahtungsplänen)
**liter** n (US) / Liter m n ($1\ \text{dm}^3$)
**literal** n (Comp) / Literal n (Operand an Adressposition) ‖ ~ (Comp) / Literal n (in der Logik, Konstante in einem Programm) ‖ ~\* (Typog) / Satzfehler m, Buchstabenfehler m (falscher Buchstabe) ‖ ~ **error** (Typog) / Satzfehler m, Buchstabenfehler m (falscher Buchstabe) ‖ ~ **operand** (Comp) / Literal n (Operand an Adressposition) ‖ ~ **pool** (Comp) / Literalbereich m
**lithal** n (lithium tetrahydridoaluminate) (Chem) / Lithiumaluminiumhydrid n, Lithiumtetrahydroaluminat n, Lithiumalanat n
**lithamide** n (Chem) / Lithiumamid n
**litharge**\* n (Chem, Paint) / Lithargyrum n (ein Kunstprodukt - PbO), Goldglätte f ‖ ~\* (Min) / Bleiglätte f (natürliches PbO), Lithargit m (natürliche Bleiglätte) ‖ ~ **cement** (Glass) / Glas- und Metallkitt m (auf der Basis von Bleiglätte)
**lithargite** n (Min) / Bleiglätte f (natürliches PbO), Lithargit m (natürliche Bleiglätte)
**lithergol** n (Fuels, Space) / Lithergol n (ein Raketentreibstoff)
**lithia**\* n (Chem) / Lithiumoxid n ‖ ~ **emerald**\* (Min) / Hiddenit\* m (eine Abart des Spodumens; in GB und in USA als Schmuckstein sehr geschätzt) ‖ ~ **mica**\* (Min) / Lithionglimmer m ‖ ~ **mica**\* (Min) s. also lepidolite
**lithiation** n (Chem) / Lithiierung f (Einführung von Lithium in organische Verbindungen)
**lithia water** (Med) / Lithiumwasser n (ein Mineralwasser)
**lithic** adj (Chem) / Lithium- ‖ ~ (Geol) / Stein- ‖ ~ (Geol) / lithologisch adj ‖ ~ **arenite**\* (Geol) / Sandstein m mit mehr Gesteinsfragmenten als Feldspatanteilen ‖ ~ **sandstone** (Geol) / Sandstein m mit mehr Gesteinsfragmenten als Feldspatanteilen
**lithification**\* n (Geol) / Lithifikation f, Sedimentverfestigung f ‖ ~\* (Geol) s. also petrifaction
**lithiophilite**\* n (Min) / Lithiophilit m
**lithium**\* n (Chem) / Lithium n, Li (Lithium) ‖ ~ **alanate** (Chem) / Lithiumaluminiumhydrid n, Lithiumtetrahydroaluminat n, Lithiumalanat n ‖ ~ **alkyl** (Chem) / Alkyllithium n ‖ ~ **aluminium hydride**\* (Chem) / Lithiumaluminiumhydrid n, Lithiumtetrahydroaluminat n, Lithiumalanat n ‖ ~ **aluminium silicate** (Chem) / Lithiumaluminiumsilikat n (negative Wärmeausdehnung) ‖ ~ **amide** (Chem) / Lithiumamid n ‖ ~ **amide** (Chem) / Lithiumamid n
**lithium-base grease** / Lithiumfett n, Lithiumseifenfett n (ein Schmierfett)
**lithium battery** (Elec Eng) / Lithiumbatterie f ‖ ~ **bicarbonate** (Chem) / Lithiumhydrogencarbonat n, Lithiumhydrogenkarbonat n ‖ ~ **boranate** (Chem) / Lithiumboranat n, Lithiumborhydrid n, Lithiumtetrahydridoborat n ‖ ~ **borohydride** (Chem) / Lithiumboranat n, Lithiumborhydrid n, Lithiumtetrahydridoborat n ‖ ~ **bromide** (Chem) / Lithiumbromid n (LiBr - auch für klimatechnische Anlagen) ‖ ~ **carbonate** (Ceramics, Chem, Med) / Lithiumkarbonat n, Lithiumcarbonat n ‖ ~ **cell** (Elec Eng) / Lithiumelement n (ein Primärelement) ‖ ~ **chloride** (Chem) / Lithiumchlorid n ‖ ~ **chloride cell** (Elec Eng) / Lithiumchloridzelle f ‖ ~ **citrate** (Chem, Pharm) / Lithiumzitrat n, Lithiumcitrat n ‖ ~ **deuteride** (an essential component of hydrogen bombs) (Chem, Nuc Eng) / Lithiumdeuterid n (LiD)
**lithium-drifted silicon** (semiconductor) **detector**\* (Nuc) / lithiumgedrifteter Silizium-Halbleiterdetektor, Li-gedrifteter Silizium-Halbleiterdetektor
**lithium fluoride** (Ceramics, Chem, Welding) / Lithiumfluorid n ‖ ~ **grease** / Lithiumfett n, Lithiumseifenfett n (ein Schmierfett) ‖ ~ **hydride**\* (Chem) / Lithiumhydrid n ‖ ~ **hydrogencarbonate** (Chem) / Lithiumhydrogencarbonat n, Lithiumhydrogenkarbonat n ‖ ~ **hydroxide**\* (Chem) / Lithiumhydroxid n ‖ ~ **iodate** (Chem) / Lithiumiodat n (auch als Modulatorkristalle in Lasern) ‖ ~ **iodide** (Chem) / Lithiumiodid n
**lithium-iodide crystal** (Nuc) / Lithiumiodidkristall m
**lithium iodine battery** (Elec Eng) / Lithium-Iod-Akku m, Lithium-Iod-Batterie f

**lithium-ion battery** (Comp, Elec Eng) / Lithium-Ionen-Akkumulator m ‖ ~ **storage battery** (Comp, Elec Eng) / Lithium-Ionen-Akkumulator m
**lithium niobate*** (Chem, Electronics) / Lithiumniobat n (LiNbO$_3$ - auch als Modulatorkristalle in Lasern) ‖ ~ **nitride** (Chem) / Lithiumnitrid n ‖ ~ **oxide*** n (Chem) / Lithiumoxid n ‖ ~ **perchlorate** (Chem, Space) / Lithiumperchlorat n ‖ ~ **peroxide** (Chem) / Lithiumperoxid n (Li$_2$O$_2$)
**lithium-polymer battery** (Elec Eng, Teleph) / Lithium-Polymer-Akku m, Lithium-Polymer-Batterie f
**lithium preparation** (a mood-stabilizing drug) (Pharm) / Lithiumpräparat n ‖ ~ **soap grease** / Lithiumfett n, Lithiumseifenfett n (ein Schmierfett) ‖ ~ **star** (Astron) / Lithiumstern m ‖ ~ **stearate** (Chem) / Lithiumstearat n (Schmierfett, Kunststoffstabilisator) ‖ ~ **sulphate** (Chem) / Lithiumsulfat n
**lithium-sulphur battery** (Elec Eng) / Lithium-Schwefel-Akkumulator m, Lithium-Schwefel-Batterie f
**lithium tantalate*** (Chem, Electronics) / Lithiumtantalat n ‖ ~ **tetraborate** (Ceramics, Chem) / Lithiumborat n, Lithiumtetraborat n ‖ ~ **tetrahydridoaluminate(III)*** (a powerful reductant encountered very widely in organic chemistry, used in ether solution followed by addition of water) (Chem) / Lithiumaluminiumhydrid n, Lithiumtetrahydroaluminat n, Lithiumalanat n ‖ ~ **titanate** (Chem) / Lithiumtitanat n ‖ ~ **triethyl boron hydride** (Chem) / Lithiumtriethylborhydrid n, Superhydrid n (Li[B(C$_2$H$_5$)$_3$H])
**litho*** (Print) / Lithografie f, Steindruck m (als Drucktechnik und Kunstblatt)
**lithobiontics** n (Geol, Met) / Lithobiontik f (ein Grenzgebiet zwischen Geologie und Mikrobiologie)
**lithochemistry** n (Chem, Geol) / Petrochemie f (die Wissenschaft von der chemischen Zusammensetzung der Gesteine), Gesteinschemie f
**lithocholic acid** (Physiol) / Lithocholsäure f (eine Gallensäure)
**lithoclase** n (Geol) / Lithoklase f (Trennfuge im Gestein), Trennfuge f (im Gestein)
**litho crayon** (Print) / Fettkreide f (für die Lithografie)
**lithofacies** n (Geol) / Lithofazies f, Petrofazies f (Gesamtheit der anorganogenen Charakteristika eines Gesteins)
**lithogenese** n (Geol) / Lithogenese n (Lehre von der Entstehung der Gesteine)
**lithogenesis** n (pl. -geneses) (Geol) / Lithogenese n (Lehre von der Entstehung der Gesteine)
**lithogeny** n (Geol) / Lithogenese n (Lehre von der Entstehung der Gesteine)
**lithogeochemistry** n (Geol) / Lithogeochemie f
**lithograph** v (Print) / lithografieren v ‖ ~ n (Print) / Lithografie f (als Kunstdruckerzeugnis), Litho n (als Kunstblatt)
**lithograph** adj (Print) / lithografisch adj, Steindruck- ‖ ~ **crayon** (Print) / lithografische Kreide f ‖ ~ **limestone** (a compact, dense, homogeneous, exceedingly fine-grained limestone having a pale creamy yellow or greyish colour and a conchoidal or subconchoidal fracture) (Geol, Print) / Lithografiestein m (der beste kommt aus Solnhofen, Mittelfranken), Lithostein m ‖ ~ **offset** (Print) / Offsetlithografie f ‖ ~ **paper*** (Paper) / Lithografiepapier n, Lithografiepapier n, Steindruckpapier n ‖ ~ **stone*** (Geol, Print) / Lithografiestein m (der beste kommt aus Solnhofen, Mittelfranken), Lithostein m
**lithograph paper** (Paper) / Lithografiepapier n, Lithografenpapier n, Steindruckpapier n
**lithography** (US) (Print) / indirekter Offsetdruck m ‖ ~ n (Electronics) / Lithografie f ‖ ~* (Print) / Lithografie f, Steindruck m (als Drucktechnik und Kunstblatt)
**lithogravure** n (Print) / Steingravur f (eine Lithografietechnik)
**lithologic** adj (Geol) / lithologisch adj
**lithological** adj (Geol) / lithologisch adj ‖ ~ **map** (Geol) / lithologische Karte f
**lithologic facies** (Geol) / Gesteinsfazies f
**lithology*** n (Geol) / Lithologie f
**lithomorphic** adj / lithomorph adj (Boden)
**litho paper** (Paper) / Lithografiepapier n, Lithografenpapier n, Steindruckpapier n
**lithophile*** adj (Geol) / lithophil adj (Element - z.B. K, Na, Ca, Mg)
**lithopone** n (Paint) / Lithopone f (ein Gemisch von Bariumsulfat und Zinksulfid - ein ungiftiges, lichtechtes Weißpigment), Lithopon n, Deckweiß n ‖ ~* (Paint) s. also zinc sulphide white ‖ ~ **in oil** (Paint) / Ölweißpaste f, Ölweiß n
**lithosiderite** n (Astron) / Lithosiderit m (Stein-Eisen-Meteorit, bei dem Meteoreisen den Silikatanteil überwiegt)
**lithosol** n (Geol) / Steinboden m, Gesteinsboden m, Felsboden m ‖ ~ (Geol) / Lithosol m, Gesteinsboden m, Rohboden m (auf kompakten Gesteinen)
**lithosome** n / aufgefingerte (verzahnte) lithostratigrafische Einheit
**lithosphere*** n (Geol) / Lithosphäre f (äußere Erdschale), Sklerosphäre f (Gesteinshülle der Erde)

**lithospheric** adj (Geol) / lithosphärisch adj, sklerosphärisch adj ‖ ~ **plate** (Geol) / Lithosphärenplatte f
**lithostratigraphic unit** (Geol) / lithostratigrafische Einheit
**lithostratigraphy** n (Geol) / Lithostratigrafie f (Alterseinstufung von Gesteinen aufgrund petrografischer Merkmale)
**lithotype** n (Geol) / Lithotyp m (z.B. der Kohle), Streifenart f (in der Steinkohle - z.B. Vitrit)
**litmus*** n (Chem) / Lackmus m n (blauer Flechtenfarbstoff) ‖ ~-**paper** n (Chem) / Lackmuspapier n
**litre*** n / Liter m n (1 dm$^3$) ‖ ~ **mass** / Litermasse f ‖ ~ **per second** (Hyd Eng) / Sekundenliter m n ‖ ~ **weight** / Litermasse f ‖ ~ **weight** (Phys) / Litergewicht n (bei Gasen, in g/L)
**litter** n / Abfall m, Abfälle m pl ‖ ~ (Agric) / Wurf m (Jungtiere) ‖ ~ (Agric) / Einstreu f, Streu f ‖ ~* (Agric) / abgestorbene pflanzliche oder tierische Stoffe (aus denen Humus gebildet wird) ‖ ~ (For) / Waldstreu f, Nadelerde f, Nadelstreu f ‖ ~ **bag** (Agric) / Netzbeutel m (mit dem man die Leistungen von den Bodenorganismen ermittelt) ‖ ~ **bag** (Agric) s. also minicontainer ‖ ~ **peat** / Torfstreu f
**little-end*** n (I C Engs) / Kolbenbolzenende n (des Pleuels), kolbenseitiges Kolbenstangenende (Pleuelkopf)
**Little Endian** n (Comp) / Little-Endian-Byteordnung f, LE (Little-Endian-Byteordnung), LE-Byteordnung f ‖ ~ **gastrin** (Biochem) / Little Gastrin (aus 17 Aminosäureresten) ‖ ~ **pulley** (Weaving) / Nuss f
**Littleton softening point** (Glass) / Littleton-Punkt m, Erweichungspunkt m nach Littleton, 0$^{7,6}$-Temperatur f
**Littleway lasting machine** / Seitenklammerzwickmaschine f (für das Littleway-Verfahren der Schuhfabrikation)
**littoral*** n (Bot, Ecol, Geog, Zool) / Uferzone f, Litoralzone f, Gezeitenbereich m, Litoral n (Uferzone), Uferbereich m der Gewässer (innerhalb der euphotischen Zone) ‖ ~ **current** (Ocean) / küstenparallele Strömung, Küstenströmung f ‖ ~ **deposits*** (Geol) / Litoralsediment n, Küstensediment n ‖ ~ **drift** (Geol, Ocean) / Materialtransport m schräg zur Küste (Schwemmstoffe) ‖ ~ **drift** (Geol, Ocean) / Küstenversetzung f, Küstenversatz m (Verlagerung von Küstensedimenten längs der Küste) ‖ ~ **drift** (Ocean) / Materialtransport m entlang der Küste (Schwemmstoffe) ‖ ~ **state** / Küstenstaat m, Uferstaat m, Anrainerstaat m, Anliegerstaat m (ein Küstenstaat) ‖ ~ **zone** (Bot, Ecol, Geog, Zool) / Uferzone f, Litoralzone f, Gezeitenbereich m, Litoral n (Uferzone), Uferbereich m der Gewässer (innerhalb der euphotischen Zone)
**Littrow grating mounting*** (Optics, Phys) / Littrow'sche Gitteraufstellung f ‖ ~ **mounting*** (Optics, Phys) / Littrow-Aufstellung f (eine Autokollimationsanordnung des Monochromators) ‖ ~ **prism spectrograph*** (Phys, Spectr) / Littrow-Prismenspektrograf m
**lituus** n (Maths) / Lituus m (pl. Litui) (eine ebene Kurve, die wie eine altrömische Trompete gestaltet ist)
**litz** n (Elec Eng) / Litzendraht m, Litze f (biegsame Leitung aus dünnen Einzeldrähten)
**litzendraht wire*** (Elec Eng) / Litzendraht m, Litze f (biegsame Leitung aus dünnen Einzeldrähten)
**Litzow curve** / Fuller-Kurve f, Litzow-Kurve f (eine Summenkurve zur Erreichung der günstigsten Korngrößenzusammenstellung bzw. einer günstigen Packungsdichte von Schamottemassen)
**litz wire*** (Elec Eng) / Litzendraht m, Litze f (biegsame Leitung aus dünnen Einzeldrähten)
**LIU** (line interface unit) (Telecomm) / LIU (Schnittstelleneinheit zwischen LTG und SN)
**livability** n (Build) / Wohnwert m
**livable** adj / erträglich adj, ertragbar adj (Klima) ‖ ~ (Build) / bewohnbar adj (Haus)
**live** adj / glühend adj (Kohle) ‖ ~ / knisternd adj (Kohle) ‖ ~* (Acous) / hallig adj, mit Nachhall ‖ ~* (Elec Eng) / unter Spannung (stehend), spannungsführend adj ‖ ~* (Elec Eng) / unter Strom (stehend), stromdurchflossen adj, Strom führend adj, stromführend adj ‖ ~ (Eng) / mitlaufend adj (Spitze) ‖ ~ (Mil) / scharf adj (Munition) ‖ ~ (Mining) / erzführend adj, produktiv adj (Mineralgang) ‖ ~* (Radio, TV) / Direkt-, live adj, direkt adj, unmittelbar übertragen
**liveability** n (Build) / Wohnwert m
**liveable** adj / erträglich adj, ertragbar adj (Klima) ‖ ~ (Build) / bewohnbar adj (Haus)
**live action** (Cinema) / Originalszene f ‖ ~ **animation** (Cinema) / Figurentrick m, Sachtrick m ‖ ~ **axle*** (Autos) / Starrachse f (von Rad zu Rad durchgängige gelenklose Welle) ‖ ~ **axle** (Eng) / Antriebsachse f, Treibachse f ‖ ~ **boom** (Civ Eng) / Baggerausleger m (der während des Baggerns gehoben und gesenkt werden kann) ‖ ~ **broadcast** (Radio, TV) / Livesendung f, Originalsendung f, Direktsendung f ‖ ~ **centre*** (Eng) / mitlaufende Spitze f ‖ ~ **centre*** (Eng) / Spindelstockspitze f (in die Drehmaschinenspindel eingesetzte und mit ihr umlaufende Spitze) ‖ ~ **centre*** (Eng) / mitlaufende Reitstockspitze, umlaufende Reitstockspitze (die radial und axial wälzgelagert ist und auch axial zum Ausgleich der

885

**live**

Wärmedehnung gefedert sein kann) ‖ **~ data** (Comp) / echte Daten (im Gegensatz zu Testdaten) ‖ **~ electronics** (Electronics) / Live-Elektronik f (jede Art der akustischen Realisation von Musik, bei der den verwendeten elektronischen Übertragungs-, Steuer- und Effektgeräten ein substantieller Anteil am Klangerlebnis zukommt) ‖ **~-head** n (Agric) / Dreipunktbock m ‖ **~ insert*** (TV) / Direkteinblendung f, Live Insert n ‖ **~ knot** (For) / Grünast m, grüner Ast
**liveliness** n (of wool) (Textiles) / Lebendigkeit f
**live load*** (Build) / Verkehrslast f (als Gegenteil zu der ständigen Belastung aus Eigengewicht - DIN 1055, T 3), zeitweilige Belastung, temporäre Last (vorwiegend ruhend) ‖ **~ main** (Eng) / Rohrleitung f unter Druck ‖ **~ matter** (Typog) / Stehsatz m
**liven** v (Acous) / halliger machen (einen Raum) ‖ **~** (Textiles) / avivieren v (Textiles), aufhellen v (Farben)
**liveness** n (Comp) / Lebendigkeit f (eine Systemeigenschaft)
**livening** n (Textiles) / Avivage f (Aufhellen von Farben)
**live oak** (For) / Quercus virginiana Mill., Virginia-Eiche f, Lebenseiche f ‖ **~ oil** (US) (Oils) / gasreiches Erdöl, gashaltiges Erdöl ‖ **~ pass** (Met) / Arbeitsstich m (beim Walzen)
**live-picture service** (Telecomm) / Bewegtbilddienst m
**liver** n (a defect in glazes and dry-process enamels characterized by a wave-like form of abnormally thick coating) / Welligkeit f (der Emailglasur)
**live rail*** (Elec Eng, Rail) / Stromschiene f (in der Elektrotraktion), dritte Schiene, Kontaktschiene f (bei einem Verkehrssystem mit Zwangsführung)
**liver-brown** adj / leberbraun adj (z.B. ein Mineral)
**liver-coloured** adj / leberbraun adj (z.B. ein Mineral)
**live recording** (Acous, Cinema, TV) / Mitschnitt m
**liver factor** (Biochem) / Cyanocobalamin n (zur Vitamin-B$_{12}$-Gruppe zählendes Vitamin), Zyanocobalamin n (Antiperniziosafaktor) ‖ **~ hides** (Nut) / Graxe f, Lebergraxe f (fester Rückstand, der bei der Lebertrangewinnung nach Abtrennung des Trans zurückbleibt und reich an Vitaminen und Nährstoffen ist)
**live ring** (Eng) / Kugel- und Rollenverbindung f, Drehscheibe f, Drehkranz m, Kugeldrehverbindung f ‖ **~ ring** (Rail) / Drehkranz m (der Drehscheibe)
**livering** n / Welligkeit f (der Emailglasur) ‖ **~*** (Paint) / Eindickung f
**livering-up*** n (Paint) / Eindickung f
**liver-maroon** adj / leberbraun adj (z.B. ein Mineral)
**liver of sulphur** (Chem) / Schwefelleber f, Hepar sulfuris ‖ **~ of sulphur** s. also sulphurated lime and sulphurated potash ‖ **~ oil** (Pharm) / Lebertran m (im Allgemeinen)
**live roller conveyor** (Eng, Met) / angetriebene Rollenbahn ‖ **~ roller table** (Met) / angetriebener Rollengang ‖ **~ room*** (Acous) / Nachhallstudio n, Nachhallraum m, hallender Raum, Hallraum m (ISO 354)
**liver opal*** (Min) / Leberopal m, Menilit m (graue oder schwarze Knollen und Lagen aus Opal) ‖ **~ poison** (Chem, Med) / Lebergift n (wie z.B. Phosphor oder Tetrachlormethan)
**live steam*** (Eng) / Frischdampf m, FD (Frischdampf)
**live-steam turbine** (Eng) / Frischdampfturbine f
**livestock** n (Agric) / Viehbestand m, Vieh n, lebendes Inventar ‖ **~ farming** (Agric) / Viehwirtschaft f, Viehhaltung f, Viehzucht f ‖ **~ unit** (Agric) / Großvieheinheit f (einheitlicher Umrechnungsschlüssel für das Nutzvieh), GV (Großvieheinheit)
**live studio** (Cinema, Radio, TV) / Studio m mit Nachhall ‖ **~ testing** (Space) / Starten n der Rakete zu Versuchszwecken (also kein Standversuch) ‖ **~ vaccine** (Pharm) / Lebendimpfstoff m, Lebendvakzine f
**liveware** n (Comp) / Liveware f, DV-Personal n, Personal n eines Rechenzentrums (einer Datenverarbeitungszentrale), Computerpersonal n
**live work** (Ships) / lebendes Werk (die unter der Konstruktionswasserlinie liegenden Teile des Schiffs / Unterwasserschiff) ‖ **~ working** (Elec Eng) / Arbeiten n an unter Spannung stehenden Teilen ‖ **~ zero** (Telecomm) / Live Zero n f (wenn der Signalbereich den Wert Null nicht enthält)
**live-zero principle** (Telecomm) / Live-Zero-Prinzip n (bei Messumformern - wenn der Signalbereich den Wert Null nicht enthält)
**living area** (Build) / Wohnbereich m (Teil einer Wohnung, eines Hauses, in dem sich die Wohnräume befinden) ‖ **~ cell** (Biol, Cyt) / lebende Zelle ‖ **~ density** (Build, Ecol) / Wohndichte f ‖ **~ link** (Comp) / Hyperlink m (Verbindung zwischen verschiedenen Texten, die dem Anwender mittels eines Hypertextes angezeigt wird), Link m (Referenz innerhalb eines Hyperdokumentes für ein anderes Dokumentoder einen anderen Bereich im World Wide Web) ‖ **~ polymer** (Chem) / lebendes Polymer (mit Kettenwachstum) ‖ **~ room** (Build) / Wohnzimmer n ‖ **~ space** (Arch, Build) / Wohnraum m (die Summe aller Aufenthaltsräume einer Wohnung - DIN 5034-1)

**livingstonite** n (Min) / Livingstonit m
**living unit** (Build) / Wohneinheit f (meistens standardisiert)
**lixiviate** v (Met) / laugen v, auslaugen v
**lixiviation*** n (Chem Eng) / Auslaugen n, Auslaugung f ‖ **~*** (Met) / Laugung f, Laugeverfahren n, Laugen n
**lizardite*** n (Min) / Lizardit m (ein Serpentinmineral)
**lizard skin** (Ceramics) / Schlangenhautglasur f (die sich zu Inseln zusammengezogen hat)
**LJE** (local job entry) (Comp) / Jobnaheingabe f, Auftragsnaheingabe f
**Ljungstrom regenerative air heater*** (Eng) / Ljungström-Luftvorwärmer m (ein Regenerativvorwärmer der für die Dampfkesselfeuerung benötigten Verbrennungsluft) ‖ **≈ turbine** (a radial-flow double-motion reaction turbine with the groups of blades arranged in concentric rings) (Eng) / Ljungström-Turbine f (eine Gegenlauf-Dampfturbine mit zwei in entgegengesetztem Drehsinn umlaufenden Rädern ohne feststehende Leitschaufeln in ihrem radialen Teil - nach F. und B. Ljungström, 1875-1964 bzw. 1872-1948)
**LK-MF** n (Self-Lock fine thread) (Eng) / metrisches Self-Lock-Feingewinde, LK-MF n (metrisches Self-Lock-Feingewinde)
**LL** (liquid limit) (Agric, Civ Eng) / Fließgrenze f (bei bindigen Böden der Wassergehalt einer Bodenprobe am Übergang vom flüssigen zum bildsamen Zustand) ‖ **≈** (leased line) (Comp, Telecomm) / Mietleitung f, angemietete Leitung ‖ **≈** (logical link) (Elec Eng, Telecomm) / logische Verbindung (innerhalb eines Netz, die nicht ausschließlich den verbundenen Teilnehmern zur Verfügung steht)
**LLALS** (laser low-angle light scattering) / Laserlicht-Kleinwinkelstreuung f, Laser-Kleinwinkellichtstreuung f
**llama** n (Textiles) / Lamawolle f (aus Lama spp.), Lama n, WL (DIN 001-4) ‖ **~ fibre*** (Textiles) / Lamawolle f (aus Lama spp.), Lama n, WL (DIN 60 001-4) ‖ **~ wool** (Textiles) / Lamawolle f (aus Lama spp.), Lama n, WL (DIN 60 001-4)
**LLC** (land-locked country) / Entwicklungsland n ohne Zugang zum Meer, Landlocked Country n ‖ **≈** (liquid-liquid chromatography) (Chem) / Flüssig-Flüssig-Chromatografie f, Liquidus-Liquidus-Chromatografie f
**LLDC** (least developed country) (Geog) / am wenigsten entwickelte Länder
**LLDPE** (linear low-density polyethylene) (Chem, Plastics) / Polyethylen n niedriger Dichte mit linearer Struktur, LLDPE (Polyethylen niedriger Dichte mit linearer Struktur)
**L-leucine** n (Biochem, Nut) / L-Leuzin n (eine essentielle Aminosäure), Leucin n, Leu (Leucin)
**L level** (Electronics) / L-Pegel m (bei Verwendung binärer Signale, das Signal mit der niedrigsten Spannung)
**LLL** (low-level language) (Comp) / maschinenorientierte Programmiersprache (DIN 44300) ‖ **≈** (low-level logic) (Electronics) / leistungsarme Logik (Variante der Dioden-Transistor-Logik, bei der Basiswiderstand des Transistors durch ein oder zwei Offsetdioden ersetzt wird)
**LLLTV** (low-light level TV) (TV) / Nachtsichtfernsehen n, Restlichtfernsehen n
**Lloyd's mirror*** (a device for producing interference fringes) (Optics) / Lloyd'scher Spiegel ‖ **≈ reagent** (Chem Eng) / Lloyds Reagens (besonders gereinigte Bleicherde)
**Lloyd's Register of Shipping** (Ships) / Lloyds Schiffsregister (älteste Klassifikationsgesellschaft, Sitz: London)
**LLRES** (load-limiting resistor) (Elec Eng) / Strombegrenzungswiderstand m
**LLZ** (localizer) (Aero) / Landekurssender m (beim Instrumentenlandesystem)
**lm*** (lumen) (Light) / Lumen n (pl. - oder -mina) (gesetzliche abgeleitete SI-Einheit des Lichtstroms), lm (Lumen - DIN 1301, T 1)
**LM** (lunar module) (Space) / Mondlandeeinheit f, Mondlandefähre f, Mondlandegerät n, Mondfähre f
**LMC** (Large Magellanic Cloud) (Astron) / Große Magellan'sche Wolke (im Sternbild Schwertfisch)
**LMDT** (logarithmic mean temperature difference) (Chem Eng) / logarithmischer Mittelwert der Temperaturunterschiede
**LME** (liquid-metal embrittlement) (Met, Welding) / Flüssigmetallversprödung f (interkristalline Zerstörung von Bauteilen beim Lötprozess), Versprödung f durch flüssige Metalle (an Schweiß- und Lötstellen), Lötbrüchigkeit f, Versprödung f von Metallen und Legierungen beim Kontakt mit anderen (spezifischen) schmelzflüssigen Metallen
**LMO** (light machine oil) (Chem, Eng, Oils) / leichtes Maschinenöl
**LMR*** (liquid-metal reactor) (Nuc Eng) / Reaktor m mit Flüssigmetallkühlung ‖ **≈** (liquid-metal reactor, fuelled with liquid metal) (Nuc Eng) / Reaktor m mit Flüssigmetallbrennstoff, Flüssigmetallreaktor m

**L/M ratio** (Nuc) / L/M-Verhältnis n
**LMS*** (level measuring set) (Telecomm) / Pegelmesseinrichtung f, Pegelmessgerät n
**LMSFR** (liquid-metal fuel suspension reactor) (Nuc Eng) / Suspensionsreaktor m mit Flüssigmetallbrennstoff
**LMT** (local mean time) (Astron) / mittlere Ortszeit, MOT (mittlere Ortszeit)
**LN*** (lithium niobate) (Chem, Electronics) / Lithiumniobat n ($LiNbO_3$ - auch als Modulatorkristalle in Lasern)
**ln** (Maths) / natürlicher Logarithmus (DIN 5493-1), Logarithmus m naturalis, ln, Neper-Logarithmus m (mit der Euler'schen Zahl e als Basis)
**LNA** (launch numerical aperture) (Telecomm) / numerische Apertur der Einkopplung (bei LWL-Systemen)
**LNB** (low-noise block converter) (Telecomm) / rauscharmer Blockwandler (Satellitenkommunikation)
**LNC** (low-noise converter) (Telecomm) / rauscharmer Konverter (Satellitenkommunikation), rauscharmer Empfangsumsetzer
**L-network*** n (Elec, Telecomm) / Zweitor n in L-Schaltung, L-Zweitor n
**L-network*** n (Telecomm) / L-Glied n, L-Schaltung f
**LNG** (liquefied natural gas) (Fuels) / verflüssigtes Erdgas, Flüssigerdgas n
**lo*** (Mil) / Tiefflug m
**LO** (local oscillator) (Radio) / eingebauter Oszillator (der selbstschwingenden Mischstufe) ‖ ~ (local oscillator) (Radio) / Überlagerungsoszillator m, Empfangsoszillator m (des Superhets)
**LOA** (length overall) (Ships) / Länge f über alles (vom vordersten bis zum hintersten festen Punkt des Schiffs), $L_{OA}$ (Länge über alles), L.ü.a. (Länge über alles)
**load** v / aufspannen v pl (Werkstücke auf den Paletten), spannen v (Werkstücke auf den Paletten) ‖ ~ / laden v, beladen v, verladen v ‖ ~ (Chem, Paper) / füllen v, beschweren v (mit Füllstoffen) ‖ ~ (Comp) / belegen v (Speicherbereich) ‖ ~ (Electronics) / bestücken v (Leiterplatte) ‖ ~ (Eng) / belegen v (Maschinen mit Werkstücken) ‖ ~ (Eng) / sich zusetzen v, sich verschmieren v (Schleifscheibe) ‖ ~ (Met) / beschicken v, begichten v, chargieren v, möllern v (den Hochofen beschicken), befüllen v ‖ ~ (Met) / beschicken v ‖ ~ (Spinning) / beschweren v (Garn) ‖ ~ (Surf) / beschicken v ‖ ~ (Textiles) / erschweren v, beschweren v (Naturseide), chargieren v (Naturseide) ‖ ~ (Textiles) / beschweren v (Baumwoll- und Zellwollgewebe bei der Ausrüstung) ‖ ~ (Tools) / bestücken v (mit Werkzeugen) ‖ ~* n / Fassungsvermögen n (des Waschautomaten) ‖ ~ / Charge f ‖ ~* / Ladegut n, Ladung f, Fracht f, Frachtgut n ‖ ~ (Ceramics) / Besatz m ‖ ~ (Chem Eng) / Beladung f (Stoffkonzentration in einer fluiden Phase) ‖ ~ (Comp) / Anschlussleistung f ‖ ~ (Ecol, San Eng) / Fracht f (Mengenbezeichnung für Abwasserinhaltsstoffe) ‖ ~* (Elec Eng) / Bürde f (der Belastungswiderstand eines Wandlers, der durch das angeschlossene Messinstrument und seine Zuleitungen gegeben ist), Gesamtlast f ‖ ~* (Elec Eng) / Stromverbraucher m, Verbraucher m (Belastung), Netzverbraucher m ‖ ~* (Elec Eng) / Belastung f (der Energieanlage in kW) ‖ ~ (Elec Eng) / Betriebszustand m (der die Belastung kennzeichnet) ‖ ~* (Eng) / Last f ‖ ~ (Eng) / Hublast f (z.B. bei Staplern) ‖ ~ (Glass) / Ausstoß m (des Glasofens, meistens pro Tag) ‖ ~ (Leather) / Gerbsäuregehalt m (in pflanzlich gegerbten Ledern) ‖ ~* (Mech) / Last f (die von Körpern unter Normfallbeschleunigung ausgeübte Kraft) ‖ ~* (Mech) / Beanspruchung f (durch von außen einwirkende Kräfte) ‖ ~ (Met) / Ladung f, Beladung f, Beschickung f ‖ ~* (Rail) / Ladegewicht n ‖ ~ (San Eng) / Belastung f (mit wasserverschmutzenden Stoffen) ‖ ~* (Ships) / Kargo m, Schiffsladung f, Cargo m ‖ ~ (Ships) / Load n (ein altes internationales Holzmaß) ‖ ~ (Textiles) / Beschwerungsmittel n, Erschwerungsmittel n
**loadable** adj (Build, Eng, Mech) / belastbar adj ‖ ~ (Comp) / ladefähig adj, ablaufbereit adj (in Programm), ablauffähig adj (Programm) ‖ ~ **phase** (Comp) / ablauffähige Phase ‖ ~ **software** (Comp) / ladbare Software
**load address** (Comp) / Ladeadresse f ‖ ~ (Autos) / Lastwechsel m (Übergang von antreibenden zu angetriebenen Rädern beim Schließen der Drosselklappe)
**load-and-go** n (Comp) / Laden n und Ausführen, Load-and-go-Betrieb m, Umwandeln n und Ausführen
**load angle** (Elec Eng) / Polradwinkel m (der Phasenverschiebungswinkel zwischen der Polradspannung einer Synchronmaschine und ihrer Klemmenspannung bzw. der Spannung eines starren Netzes oder einer weiteren Synchronmaschine), Lastwinkel m ‖ ~ **application** (Mech) / Lastenaufbringung f, Lastaufbringung f, Belastung f (Aufbringung einer Last) ‖ ~ **arm** (Mech) / Lastarm m (des Hebels) ‖ ~ **at rupture** (Mech) / Bruchlast f (die Last, die überschritten werden muss, um einen Bruch herbeizuführen) ‖ ~ **balancing** (Comp) / Load Balancing n (in einem LAN mit einer Client/Server-Architektur), Lastverteilung f, Lastausgleich m (in einem LAN mit einer Client/Server-Architektur) ‖ ~**-bearing** adj (Build) / lasttragend adj, tragend adj (z.B. Wand)
**load-bearing ability** (Eng) / Belastbarkeit f ‖ ~ **brick** (Build) / Mauerstein m mit erhöhter Druckfestigkeit (für Tragwände) ‖ ~ **capability under creep conditions** (Materials) / Tragfähigkeit f unter Zeitstandbeanspruchung ‖ ~ **capacity** (Eng) / zulässige Belastung, Tragfähigkeit f (im Allgemeinen), Traglast f (diejenige maximal zulässige Last in kg oder t, für die ein Hebezeug unter Berücksichtigung aller Betriebsbedingungen ausgelegt ist) ‖ ~ **capacity** (Eng) / Belastbarkeit f ‖ ~ **structure** (Build, Civ Eng) / Tragkonstruktion f, Tragwerk n (System aus Trägern oder anderen Bauelementen, das die Wirkungen aus ständigen Lasten, Verkehrs- und Nutzlasten aufnimmt und an die Auflager überträgt), Stützkonstruktion f, tragende Konstruktion
**load-bearing wall** (Build) / lasttragende Wand, Tragwand f, tragende Wand
**load-bearing width** (Ships) / mittragende Breite (von Deckträgern)
**load board** (Electronics) / Performanceboard m, Loadboard m (eine Leiterplatte, die beim Test von integrierten Schaltungen als Verbindungsglied zwischen dem Testhead des Testautomaten und dem Testobjekt dient) ‖ ~ **brake** (Eng) / Bremse f (des Kleinhebezeugs) ‖ ~ **cable** (Civ Eng) / Tragseil n (z.B. einer Zeltdachkonstruktion) ‖ ~ **capacitor** (Elec Eng) / Belastungskondensator m ‖ ~ **capacity** (Eng) / Belastbarkeit f ‖ ~ **capacity** (Eng) / zulässige Belastung, Tragfähigkeit f (im Allgemeinen), Traglast f (diejenige maximal zulässige Last in kg oder t, für die ein Hebezeug unter Berücksichtigung aller Betriebsbedingungen ausgelegt ist) ‖ ~**-carrying burner** (Eng) / Betriebsbrenner m
**load-carrying capacity** (of a lubricant) / Druckaufnahmefähigkeit f (eines Ölfilms), Lastaufnahmefähigkeit f, Lasttragfähigkeit f (eines Ölfilms), Druckaufnahmevermögen n, Tragfähigkeit f (eines Ölfilms) ‖ ~ **capacity** (Eng) / zulässige Belastung, Tragfähigkeit f (im Allgemeinen), Traglast f (diejenige maximal zulässige Last in kg oder t, für die ein Hebezeug unter Berücksichtigung aller Betriebsbedingungen ausgelegt ist)
**load cast*** (a sole mark) (Geol) / Belastungsmarke f, Belastungswulst m ‖ ~ **cell*** (Elec Eng, Eng) / Kraftmessdose f (kapazitive, induktive, mit Dehnungsmessstreifen, piezoelektrische, magnetoelastische, hydraulische - dosenförmiger Kraftaufnehmer) ‖ ~ **cell*** (Elec Eng, Eng) s. also dynamometer ‖ ~ **cell weigh hopper** (Met) / Wiegebunker m (für Möllerung) ‖ ~ **centre** (Elec Eng) / Verbraucherschwerpunkt m (in der Stromversorgung), Lastzentrum n (in der Stromversorgung), Lastschwerpunkt m ‖ ~ **centre** (Mech) / Lastschwerpunkt m (z.B. beim Heben) ‖ ~ **change** (Elec Eng) / Lastschwankung f, Laständerung f (Lastschwankung), Leistungsänderung f (Änderung der Netzbelastung als Folge der schwankenden Leistungsabnahme durch die Verbraucher), Belastungsschwankung f ‖ ~ **characteristic*** (Elec Eng, Eng) / Belastungscharakteristik f (einer Arbeitsmaschine), Belastungskennlinie f, Lastcharakteristik f (einer Arbeitsmaschine) ‖ ~ **circuit** (Elec Eng) / Lastkreis m ‖ ~ **class** (five classes in Germany) (Ecol, Hyd Eng) / Belastungsstufe f (Einteilung der Gewässergüte), BS ‖ ~ **classification number*** (Aero) / Tragfähigkeitszahl f, LCN-Zahl f ‖ ~ **coil*** (Elec Eng) / Lastspule f, Heizspule f
**load-commutated inverter** (Elec Eng) / lastgeführter Wechselrichter (ein Teil des Schwingkreisumrichters)
**load commutation** (Elec Eng) / Lastführung f der Kommutierung ‖ ~ **compartment** (Autos) / Gepäckabteil n
**load(ed) condition** (Build, Mech) / Belastungsfall m, Lastfall m
**load configuration** (Materials, Mech) / Belastungskonfiguration f
**load-containing device** (Eng) / Lasthebeorgan n (bei Hebezeugen) ‖ ~ **device** (Eng) / Gutbehälter m, Gutträger m (z.B. Kasten oder Trog des Kettenförderers)
**load control** / Lastregelung f
**load-controlled** adj / lastabhängig adj
**load current** (Elec Eng) / Laststrom m ‖ ~ **curve*** (Build, Eng, Mech) / Einflusslinie f (z.B. in der Baustatik) ‖ ~ **curve*** (Elec Eng) / Lastganglinie f (grafische Darstellung des zeitlichen Verlaufs der gesamten Abgabe elektrischer Leistung an die angeschlossenen Verbraucher), Ganglinie f, Belastungskennlinie f, Belastungskurve f, Belastungsganglinie f ‖ ~ **cycle** (Materials, Mech) / Lastspiel n
**load-deformation diagram of a spring** (Eng) / Federkennlinie f
**load-dependent** adj / lastabhängig adj
**load despatcher*** (Elec Eng) / Lastverteiler m ‖ ~ **dispatcher** (Elec Eng) / Lastverteiler m ‖ ~ **dispatching centre** (Elec Eng) / Lastverteilungswarte f
**load-displacement*** n (Ships) / Ladeverdrängung f ‖ ~ **curve** (Carp, Join) / Lastverschiebungsbild n (grafische Darstellung der Verformung einer Holzverbindung unter der Gebrauchslast)

**load displacement**

**load displacement** (characteristic) **curve** (Mech) / Kraft-Weg-Diagramm *n* (ebene Darstellung des Kraftverlaufs in Abhängigkeit vom Weg), Kraft-Weg-Kennlinie *f*, Kraft-Weg-Kurve *f* || ~ **distribution** (Mech) / Lastverteilung *f* || ~ **distributor** (Elec Eng) / Lastverteiler *m* || ~ **duration** (Materials, Mech) / Beanspruchungsdauer *f*
**loaded** *adj* / belastet *adj*, unter Last || ~ (Textiles) / beschwert *adj* (Ware, Garn) || ~ **antenna** (Radio) / Antenne *f* (mit Endbelastung) || ~ **antenna**\* (Radio) / belastete Antenne || ~ **cable** (Cables) / bespultes Kabel, pupinisiertes Kabel (nach M. Pupin, 1858 - 1935), Pupinkabel *n* || ~ **car** (Mining) / Vollwagen *m* || ~ **concrete** (Nuc Eng) / Schwerbeton *m* (als Abschirmbeton) || ~ **concrete**\* (Nuc Eng) / Beton *m* für biologische Abschirmung (mit Blei u. Ä.), Abschirmbeton *m* || ~ **impedance**\* (Telecomm) / Eingangsimpedanz *f* bei Nennbelastung, belastete Impedanz || ~ **paper** (Chem) / beladenes Papier (in der Flüssigkeitschromatografie) || ~ **push-pull amplifier** (Telecomm) / angepasster Gegentaktverstärker || ~ **yarn** (Spinning) / beschwertes Garn
**load efficiency**\* (Electronics) / Lastwirkungsgrad *m* || ~ **enable** (Comp) / Ladefreigabe *f*
**loader** *n* (for cheapening or weighting) / Zuschlagstoff *m*, Zuschlag *m* || ~\* (Civ Eng) / Ladegerät *n*, Lader *m*, Lademaschine *f* || ~ (Comp) / Laderoutine *f*, Ladeprogramm *n*, Lader *m*, Programmlader *m* || ~\* (Mining) / Lademaschine *f* (für das Haufwerk) || ~ **program** (Comp) / Laderoutine *f*, Ladeprogramm *n*, Lader *m*, Programmlader *m*
**load-extension curve**\* (Materials) / Kraftverlängerungsdiagramm *n* (beim Zugversuch), Kraftverlängerungsschaubild *n*
**load factor** / Belastungsfaktor *m*, Stressfaktor *m* (bei der Ausfallratenberechnung) || ~ **factor**\* (Aero) / Lastvielfaches *n* (bei der Festigkeitsberechnung einer Flugzeugkonstruktion) || ~ **factor**\* (Aero) / Nutzladefaktor *m* (bei Transportflugzeugen) || ~ **factor**\* (Aero) / Fluggastauslastungsgrad *m*, Sitzladefaktor *m* (bei Passagierflugzeugen) || ~ **factor** (Comp) / Ladefaktor *m* (das Verhältnis von belegtem zu reserviertem Speicherplatz) || ~ **factor**\* (Elec Eng) / Belastungsfaktor *m*, Belastungsziffer *f* (der kurzzeitig gemittelten Höchstlast) || ~ **factor** (Electronics) / Lastfaktor *m* (Anzahl der Einheitslasten, mit denen der Eingang /Fan-in/ oder der Ausgang /Fan-out/ einer Digitalschaltung belastet ist oder belastet werden kann) || ~ **factor** (Mil) / Querbeschleunigung *f* (eine Kenngröße zur Manövrierfähigkeit von Flugkörpern und Raketen) || ~ **fluctuation** (Elec Eng) / Lastschwankung *f*, Laständerung *f* (Lastschwankung), Leistungsänderung *f* (Änderung der Netzbelastung als Folge der schwankenden Leistungsabnahme durch die Verbraucher), Belastungsschwankung *f*
**load-frequency control** (Elec Eng) / Netzregelung *f* (Aufrechterhaltung der Stabilität eines elektrischen Versorgungsnetzes unter Konstanthaltung von Spannung und Frequenz durch Frequenzregelung, Leistungsregelung oder durch beide Regelungen gleichzeitig)
**load graph** (Elec Eng) / Lastganglinie *f* (grafische Darstellung des zeitlichen Verlaufs der gesamten Abgabe elektrischer Leistung an die angeschlossenen Verbraucher), Ganglinie *f*, Belastungskennslinie *f*, Belastungskurve *f*, Belastungsganglinie *f* || ~ **guide** / Lastführung *f* (Anlage) || ~ **guiding** / Lastführung *f* (Tätigkeit)
**load-haul-dump technology** (Mining) / LHD-Technik *f* (Arbeitsverfahren, bei dem gummibereifte Dieselfahrlader Haufwerk an einer Stelle aufnehmen und laden, über eine bestimmte Strecke bis zur Abwurfstelle fördern und dort in einen Bunker oder in ein Rollloch abwerfen)
**load hook** (Eng) / Lasthaken *m* (DIN 1505 und 1506) || ~ **immittance** (Elec) / Belastungsimmittanz *f* (Abschlussimmittanz am Ausgangstor) || ~ **impedance**\* (Elec Eng) / Abschlussimpedanz *f*
**load-independent** *adj* / lastunabhängig *adj*
**loading**\* *n* / Füllstoff *m* || ~\* / Beladen *n*, Laden *n*, Aufladen *n*, Verladen *n*, Ladung *f* (Tätigkeit) || ~\* / Overheads *pl* (Gemeinkosten), Gemeinkosten *pl*, allgemeine Kosten || ~ (Chem Eng) / Eintrag *m* (Beschickung), Eintragen *n* || ~\* (Chem, Paper) / Füllen *n*, Beschweren *n* (mit Füllstoffen) || ~ (Ecol, San Eng) / Fracht *f* (Mengenbezeichnung für Abwasserinhaltsstoffe) || ~ (Elec Eng) / Bespulung *f*, Pupinisierung *f* || ~ (Eng) / Verschmieren *n*, Zusetzen *n* (der Schleifscheibe) || ~ (Mech) / Lastenaufbringung *f*, Lastaufbringung *f*, Belastung *f* (Aufbringung einer Last) || ~ (Met) / Beschicken *n*, Begichtung *f*, Beladung *f* (des Hochofens) || ~ (Mining) / Laden *n* (Einbringen der Sprengladung) || ~\* (Nuc Eng) / Beladen *n* (des Reaktorkerns) || ~\* (Paper) / Füllstoff *m* (feingeschlämmte weiße Erden, die dem Papier Geschmeidigkeit, Opazität und geschlossene Oberfläche verleihen), Papierfüllstoff *m* || ~ (Photog) / Einlegen *n* (eines neuen Films in das Magazin) || ~ (San Eng) / Belastung *f* (mit wasserverschmutzenden Stoffen) || ~ (Surf) / Beschickung *f* || ~ (Textiles) / Chargierung *f*, Erschwerung *f* (eine Seidenausrüstung) || ~ (Textiles) / Beschwerungsmittel *n*, Erschwerungsmittel *n* || ~ (Textiles) / Beschweren *n* (eine Ausrüstung

bei Baumwoll- und Zellwollgeweben) || ~ **agent** / Zuschlagstoff *m*, Zuschlag *m* || ~ **agent** (Paper) / Beschwerungsmittel *n* || ~ **and unloading machine**\* (Nuc Eng) / Lade- und Entlademaschine *f*, Kernbrennstoffwechselmaschine *f*, Umlademaschine *f*, UM (Umlademaschine) || ~ **bank** (Autos, Rail) / Verladerampe *f*, Laderampe *f* || ~ **bolt** (Surf) / Spannschraube *f* (zur Prüfung der Spannungsrisskorrosion) || ~ **bridge** (Civ Eng) / Verladebrücke *f* (an großer Bockkran) || ~ **capacity** (Eng) / Belastbarkeit *f* || ~ **chute** (Mining) / Ladeschurre *f* || ~ **coil**\* (Elec Eng, Teleph) / Pupinspule *f* (verlustarme Induktivität) || ~ **condition** (Build, Mech) / Belastungsfall *m*, Lastfall *m* || ~ **condition** (Materials, Mech) / Belastungsbedingung *f*, Lastbedingung *f* || ~ **density** (Crystal) / Belastungsdichte *f* (einer Netzebene in einem Kristallgitter) || ~ **edge** / Ladekante *f* || ~ **gauge** (Rail) / Fahrzeugbegrenzungslinie *f* || ~ **gauge**\* (Rail) / Lademaß *n* (festgelegte Begrenzungslinie, bis zu der ein Güterwagen beladen werden darf) || ~ **gauge**\* (Rail) / Ladelehre *f*, Lademaß *n* (ortsfeste Einrichtung zum Überprüfen der Einhaltung des Lademaßes) || ~ **gear** (Ships) / Ladegeschirr *n* (Gesamtheit der an Bord des Schiffs vorhandenen Einrichtungen zum Laden und Löschen der Ladung)
**loading-hauling-dumping technique** (Mining) / LHD-Technik *f* (Arbeitsverfahren, bei dem gummibereifte Dieselfahrlader Haufwerk an einer Stelle aufnehmen und laden, über eine bestimmte Strecke bis zur Abwurfstelle fördern und dort in einen Bunker oder in ein Rollloch abwerfen)
**loading height** / Ladehöhe *f* || ~ **history** (Materials, Mech) / Belastungsverlauf *m* || ~ **hopper** (Foundry, Met) / Fülltrichter *m*, Schütttrichter *m*, Einlauftrichter *m*, Aufgabetrichter *m*, Speisetrichter *m*, Beschickungstrichter *m*, Trichter *m* (zur Beschickung) *f* || ~ **instruction** (Rail) / Beladevorschrift *f* || ~ **list** (Ships) / Ladeliste *f* || ~ **material** / Zuschlagstoff *m*, Zuschlag *m* || ~ **material** (Paper) / Füllstoff *m* (feingeschlämmte weiße Erden, die dem Papier Geschmeidigkeit, Opazität und geschlossene Oberfläche verleihen), Papierfüllstoff *m* || ~ **material** (Paper) / Beschwerungsmittel *n* || ~ **place** / Ladeort *m* || ~ **platform** (Autos, Rail) / Verladerampe *f*, Laderampe *f* || ~ **point** (Chem Eng) / untere Belastungsgrenze (einer Rektifiziersäule) || ~ **pot** (Telecomm) / Spulenmuffe *f* (des Fernmelde-Außenkabels) || ~ **rack** (Autos, Rail) / Verladerampe *f*, Laderampe *f* || ~ **ramp** (Autos, Rail) / Verladerampe *f*, Laderampe *f* || ~ **robot** / Einlegeroboter *m*, Industrieroboter *m* für Einlegeoperationen, Einlegegerät *n*, Pick-and-Place-Gerät *n* (Einlegeroboter), Bestückungsroboter *m* || ~ **routine** (Comp) / Laderoutine *f*, Ladeprogramm *n*, Lader *m*, Programmlader *m*
**loadings** *pl* (Mech) / Lastwechsel *m*
**loading section** (Cables) / Spulenfeld *n* (eines Kabels) || ~ **shovel** (Civ Eng) / Ladeschaufel *f*, LS (Ladeschaufel) || ~ **shovel** (Civ Eng) / Schaufellader *m* || ~ **station** (Civ Eng) / Ladeplatz *m*, Verladeplatz *m*, Verladestelle *f*, Ladestelle *f* || ~ **system** / Ladesystem *n* (Mechanik in Video- und Kamerarecorder) || ~ **task** (Eng) / Beschickungsaufgabe *f* (z.B. eines IR) || ~ **term** / Ladefrist *f* || ~ **test** (Build, Civ Eng) / Belastungsversuch *m* || ~ **time** / Ladezeit *f* || ~ **time** (Mech) / Beanspruchungszeit *f* (bei Festigkeitsberechnungen) || ~ **weight** / Beschwergewicht *n*, Belastungsgewicht *n* || ~ **weight** (Powder Met) / Füllgewicht *n* || ~ **zone** / Ladezone *f*, Ladebereich *m*
**load instruction** (Comp) / Ladebefehl *m*, Ladeanweisung *f* || ~ **key** (Comp) / Ladetaste *f*, LADEN-Taste *f* (an der Konsole) || ~ **leads**\* (Elec Eng) / Leistungsleitungen *f pl*
**load-levelling relay**\* (Elec Eng) / Lastbegrenzungsrelais *n*
**load limit** (Materials, Mech) / Belastungsgrenze *f*, Lastgrenze *f*
**load-limiting resistor** (Elec Eng) / Strombegrenzungswiderstand *m*
**load line** (Comp) / Ladeleitung *f* (Steuerleitung eines Zählers oder eines Schieberegisters) || ~ **line** (Electronics) / Lastlinie *f* (bei Transistoren) || ~ **line**\* (Electronics) / Widerstandsgerade *f* (durch den Arbeitspunkt im Ia/Ua-Kennlinienfeld) || ~-**line disk** (Ships) / Lademarke *f* || ~-**line mark** (Ships) / Tiefladenmarke *f* || ~ **lines**\* (Ships) / Ladelinien *f pl* || ~ **loss** (Elec Eng) / lastabhängige Verluste, Lastverluste *m pl* || ~ **loss** (Elec Eng) / Kurzschlussverluste *m pl* (bei Zwei- oder Mehrwicklungstransformatoren) || ~ **matching**\* (Elec Eng) / Lastausgleich *m*, Lastanpassung *f*
**load-matching network** (Elec Eng) / Lastausgleichsnetz *n*
**load on top** (Ships) / Load on top *n* (das verschmutzte Ballast- und Tankwaschwasser wird in einem Tank gesammelt) || ~ **peak** (Mech) / Belastungsspitze *f* || ~ **period** (Materials, Mech) / Beanspruchungsdauer *f* || ~ **point gap** (Comp) / Anfangszwischenraum *m* (DIN 66 010) || ~ **population** (Mech) / Lastkollektiv *n* || ~ **projection** (Mech) / Belastungshochrechnung *f*, Belastungsvorschau *f* || ~ **range** (e.g. of a tensile testing machine) (Instr, Materials) / Kraftmessbereich *m*
**load-rate prepayment meter**\* (Elec Eng) / belastungsabhängiger Münzzähler
**load rating** (Eng) / Tragfähigkeit *f* (errechnete) || ~ **reduction by means of ignition retard** (Autos) / Zündungseingriff *m*, Motoreingriff *m* ||~

**regulation** (Automation) / Belastungsregelung f ‖ ~ **regulation** (Automation) / Ausregelung f von Lastschwankungen ‖ ~ **resistance** (Elec Eng) / Lastwiderstand m, Verbraucherwiderstand m, Arbeitswiderstand m ‖ ~ **resistance** (Elec Eng) / Außenwiderstand m ‖ ~ **resistance** (of a rectifier) (Elec Eng) / Richtwiderstand m (Belastungswiderstand eines Gleichrichters) ‖ ~ **scheme** (Materials, Mech) / Belastungsbild n
**load-sensing system** (Eng, Mech) / Grenzlastsystem n, Load-Sensing-System n (z.B. eines Baggers)
**load-sensitive** adj / lastabhängig adj
**load sensor** / Lastsensor m (eine Wägezelle) ‖ ~ **shedding** (removing preselected loads from a power system) (Elec Eng) / Lastabwurf m
**load-sheet** n (Aero) / Ladungsnachweis m
**load signal** / Lastsignal n
**loadspace** n (the space in a vehicle for carrying a load) (Autos, Rail) / Ladevolumen n
**loadstone*** n (Min) / Magneteisenerz n (natürlicher Magnet), magnetisches Erz
**load stress** (Mech) / Lastspannung f
**load-supporting device** (Eng) / Tragorgan n, Gutträger m (z.B. das Band des Bandförderers)
**load take-up device** (Eng) / Lastaufnahmemittel n (z.B. bei Kranen), Lastaufnahmeeinrichtung f (DIN 15 003) ‖ ~ **test** (Build, Civ Eng) / Belastungsversuch m ‖ ~ **trip** / Lastfahrt f (eines Fördermittels) ‖ ~ **unbalance protection** (Elec Eng) / Schieflastschutz m ‖ ~ **unit** / Ladeeinheit f ‖ ~ **up** v (Textiles) / aufhocken v (Maschen auf den Nadeln) ‖ ~ **variation** (Elec Eng) / Lastschwankung f, Laständerung f (Lastschwankung), Leistungsänderung f (Änderung der Netzbelastung als Folge der schwankenden Leistungsabnahme durch die Verbraucher), Belastungsschwankung f ‖ ~ **voltage** (Elec Eng) / Lastspannung f ‖ ~ **waterline** (Ships) / Ladewasserlinie f, Tiefladelinie f (bis zu der das Schiff im Höchstfall eintauchen darf) ‖ ~ **winding** (Elec Eng) / Arbeitswicklung f ‖ ~ **with cover lead** (Autos) / verschwemmen v (Karosseriezinn)
**load-yield curve** (of pit-props) (Mining) / Stempelkennlinie f (Charakteristik des Stempelverhaltens bei Belastung als Lastaufnahme in kN), Lastwegdiagramm n (bei Stempeln)
**LOAEL** (lowest-observed-adverse-effect level) (Chem, Med) / LOAEL-Wert m
**loaf away** v / abbummeln v (die Arbeitszeit) ‖ ~ **splitter** / Brotschneidemaschine f (industrielle) ‖ ~ **sugar** (Nut) / Hutzucker m, Zuckerhut m
**loam*** n (Geol) / Verwitterungslehm m, Lehm m ‖ ~* (slaty) (Geol) / Letten m (Sammelbezeichnung für unreine, deutlich geschichtete Tone)
**loam board** (Foundry) / Schablonierbrett n, Drehschablone f ‖ ~ **brick*** (Foundry) / Lehmstein m ‖ ~ **casting** (Foundry) / Lehmguss m (in Lehmformen) ‖ ~ **core** (Foundry) / Lehmkern m (zur Einzelfertigung von Großguss)
**loamification** n (Agric, Geol) / Verlehmung f
**loaming** n (Geol, Mining) / Schürfen n nach Gold (in Australien) ‖ ~ (Geol, Mining) / Schürfen n (ein geochemisches Verfahren)
**loam mould** (Foundry) / Lehmform f ‖ ~ **moulding** (Foundry) / Lehmformen n, Lehmformerei f ‖ ~ **pit** / Lehmgrube f, Lettengrube f ‖ ~ **sand** (Foundry) / Klebsand m (stark tonhaltiger Quarzsand)
**loamy** adj / Lehm-, lehmhaltig adj, lehmig adj ‖ ~ **sand** (Foundry) / Klebsand m (stark tonhaltiger Quarzsand)
**loan** n (Paper) / Dokumentenpapier n (besonders alterungsbeständiges Papier, bestimmt für Schriftstücke, die lange aufbewahrt werden müssen) ‖ ~* (Paper) s. also bank paper
**Lobachevski geometry** (Maths) / hyperbolische Geometrie (eine nichteuklidische Geometrie), Lobatschewski'sche Geometrie (nach N.I. Lobatschewski, 1792-1856)
**lobar pump** (Vac Tech) / Rollkolbenpumpe f
**lobe** n (Arch) / Pass m (Kreisteil zwischen den Nasen des gotischen Maßwerkes) ‖ ~ (Eng) / Flügel m, Lappen m, Nase f ‖ ~ (Eng) / Daumen m (des Daumenrades) ‖ ~ (Geol, Med) / Lappen m, Lobus m (pl. Lobi) ‖ ~* (I C Engs) / Erhebung f, Höcker m (des Nockens) ‖ ~* (Radar, Radio, Telecomm, Teleph) / Strahlungskeule f, Strahlungslappen m, Keule f, Zipfel m (eines Strahlungsdiagramms)
**lobe-attachment module** (Telecomm) / LAM n (eine Netzwerkkomponente)
**lobed and multipad plain bearings** (Eng) / Mehrgleitflächenlager n pl, MGF-Lager n pl ‖ ~ **bearing** (Eng) / Mehrflächenlager n (Radialsegmentlager, in dem zwei oder mehr Keilspalten in Umfangsrichtung durch spezielle Formgebung der Gleitfläche entstehen) ‖ ~ **impeller counter** (Eng) / Ovalradzähler m (ein Durchflusszähler, der nach dem Verdrängungsprinzip arbeitet)
**lobelia alkaloids** (Chem, Pharm) / Lobeliaalkaloide n pl (Piperidinalkaloide)
**lobeline*** n (Chem, Pharm) / Lobelin n (Hauptalkaloid einiger Lobelien-Arten - Analeptikum und Tabakentwöhnungsmittel),

Inflatin n ‖ ~ **hydrochloride** (Chem, Pharm) / Lobelinhydrochlorid n, Lobelinum hydrochloricum
**lobe switching*** (Radar) / sequentielle Umtastung (wenn das Antennendiagramm sequentiell zwischen zwei Positionen umgeschaltet wird), Keulenumtastung f
**lobing** n (Radar) / Aufzipfelung (eine unerwünschte Multikeulenbildung infolge von Welleninterferenz)
**loblolly pine** (For) / Weihrauchkiefer f (Pinus taeda L. - wichtiger Lieferant der Pinazeenprodukte), Taedaföhre f
**Lobry de Bruyn-Ekenstein transformation** (Chem) / Lobry-de-Bruyn-van-Ekenstein-Umlagerung f (Isomerisierung der Monosaccharide)
**lobster** attr / hummerrot adj, krebsrot adj
**LOC** (localizer) (Aero) / Landekurssender m (beim Instrumentenlandesystem)
**LOCA*** (loss of coolant accident) (Nuc Eng) / Störfall m mit Kühlmittelverlust, Kühlmittelverlust-Störfall m, Unfall m mit Kühlmittelverlust
**local** n (an anaesthetic) (Med, Pharm) / Lokalanästhetikum n (Mittel zur örtlichen Betäubung) ‖ ~ adj (Comp) / unabhängig adj (Taste) ‖ ~ (Maths, Phys) / lokal adj, Lokal- ‖ ~ **acceleration** (Mech) / örtliche Beschleunigung ‖ ~ **acceleration of free fall** (Phys) / örtliche Fallbeschleunigung ‖ ~ **access and transport area** (Telecomm) / LATA n (Gebiet, in dem ein LEC auch Dienste wie Fernverbindungen etc., die über das Ortsnetz hinaus gehen, anbieten kann) ‖ ~ **action*** (Elec Eng) / Selbstentladung f (durch örtliche Effekte in Batterien)
**local-action cell** (Surf) / Lokalelement n (sehr kleines Korrosionselement - DIN 50900, T 2), Mikrokorrosionselement n ‖ ~ **corrosion** (Eng) / Lokalelementkorrosion f
**local anaesthetic** (Med, Pharm) / Lokalanästhetikum n (Mittel zur örtlichen Betäubung) ‖ ~ **analysis** (Chem) / Lokalanalyse f, Punktanalyse f (von kleinen definierten Bereichen der Oberfläche fester Proben) ‖ ~ **anesthetic** (US) (Med, Pharm) / Lokalanästhetikum n (Mittel zur örtlichen Betäubung) ‖ ~ **apparent noon** (Astron) / wahrer Ortsmittag (nach der Sonne) ‖ ~ **area** (Telecomm) / Ortsbereich m ‖ ~ **area network*** (Comp, Telecomm) / lokales Netzwerk (lokales Netz mit einer Ausdehnung von einigen 10 m bis hin zu 10-15 km und von zwei bis hin zu einigen hundert angeschlossenen Stationen), LAN n (lokales Netzwerk) ‖ ~ **area network interconnection** (Telecomm) / LAN-LAN-Verbund m ‖ ~ **area network linking** (Comp) / LAN-LAN-Kopplung f
**local-area-network performance protocol** (Comp) / Betriebsprotokoll n des lokalen Netzes
**local attraction*** (Phys) / lokale Anziehung ‖ ~ **battery** (Teleph) / Ortsbatterie f, OB (Ortsbatterie) (bei jeder Teilnehmersprechstelle) ‖ ~ **broadcasting station** (Radio) / Lokalsender m, Ortssender m ‖ ~ **building regulation(s)** (Build) / örtliche Bauvorschrift (die sich auf die äußere Gestaltung baulicher Anlagen, auf Anlagen der Außenwerbung in schutzbedürftigen Ortsteilen, auf die Festlegung von Grundstücksgrößen und deren Nutzung und Gebäudeabstände bezieht) ‖ ~ **bus** (Comp) / lokaler Bus (die Verbindung des Eingabe- und Ausgabebusses mit der CPU), Local Bus m ‖ ~ **cable** (Teleph) / Teilnehmerkabel n, Ortsanschlusskabel n, OAsk (Ortsanschlusskabel) ‖ ~ **call** (within the local-service area) (Teleph) / Ortsgespräch n ‖ ~ **call fee** (Teleph) / Ortsgebühr f ‖ ~ **cell** (Surf) / Lokalelement n (sehr kleines Korrosionselement - DIN 50900, T 2), Mikrokorrosionselement n ‖ ~ **central office*** (Teleph) / Ortsvermittlungsstelle f, OVMS (Ortsvermittlungsstelle), OVSt (Ortsvermittlungsstelle), Ortsamt n ‖ ~ **channel** (station) (Radio) / Lokalsender m, Ortssender m
**local-charging prevention** (Telecomm) / Verhinderung f lokaler Gebührenerfassung
**local climate** (Meteor) / Ortsklima n ‖ ~ **computer network** (Comp, Telecomm) / lokales Rechnernetz ‖ ~ **corrosion** (Surf) / örtliche Korrosion, Lokalkorrosion f
**local-corrosion cell** (Surf) / Lokalelement n (sehr kleines Korrosionselement - DIN 50900, T 2), Mikrokorrosionselement n
**local DCE queue overflow** (Telecomm) / Überlauf m der örtlichen Warteschlange (Netzmeldung) ‖ ~ **discretization error** (Maths) / lokaler Abbruchfehler ‖ ~ **dose** (Radiol) / Lokaldosis f
**locale** n (Comp) / Regionsdaten pl (Formatanweisungen mit regionaler Gültigkeit, die vom Benutzer eines Systems gewählt und vom Betriebssystem gespeichert werden, wie z.B. Datums- und Zeitformate, Währungs- und Maßangaben) ‖ ~ (a region, characterized by language and cultural conventions) (Comp) / Region f
**local earthquake** (Geol) / Ortsbeben n ‖ ~ **etching** (Eng) / Auftragsätzen n (bei dem die Atzlösung mit Hilfe eines Wattebausches oder Pinsels so oft auf die zu ätzende Stelle aufgetragen wird, bis die gewünschte Ätzung erreicht ist) ‖ ~ **exchange** (Teleph) / Endvermittlungsstelle f (Mobilfunk) ‖ ~ **exchange*** (Teleph) / Ortsvermittlungsstelle f,

**local**

OVMS (Ortsvermittlungsstelle), OVSt (Ortsvermittlungsstelle), Ortsamt *n* ‖ ~ **exchange area** (Teleph) / Ortsanschlussbereich *m* ‖ ~ **exchange carrier** (Telecomm) / lokaler Betreiber ‖ ~ **exchange network** (Teleph) / Ortsnetz *n* (kleinste selbstständige Einheit im Aufbau und in der Abgrenzung des öffentlichen Fernsprechnetzes), lokales Netz, ON (Ortsnetz) ‖ ~ **fading** (Radio) / Nahschwund *m* (der in der Überlappungszone von Boden- und Raumwelle entsteht) ‖ ~ **fare** (Aero) / Lokaltarif *m* (im Fluggastverkehr) ‖ ~ **field** (Chem, Phys) / lokales Feld ‖ ~ **flight** (Aero) / örtlicher Flug ‖ ~ **group of galaxies*** (Astron) / lokale Gruppe, lokale Nebelgruppe (Gruppe von Sternsystemen, die mit dem Milchstraßensystem eine lokale Verdichtung bilden) ‖ ~ **heating** / örtliche Erwärmung ‖ ~ **injection and detection system** / LID-System *n* (Gerät zur optimalen Faserjustierung vor dem Spleißen)
**locality** *n* (Agric, Bot, For, Zool) / Standort *m* ‖ ~ (Geol) / Fundort *m* ‖ ~ **class** (Agric, For) / Bonität *f*, Ertragsklasse *f*
**localization*** *n* / Lokalisation *f*, Lokalisierung *f*, örtliche Bestimmung, örtliche Begrenzung, Ortsbestimmung *f* ‖ ~ (Acous) / Lokalisation *f* (eines Hörereignisses nach DIN 1320) ‖ ~ (the process of localizing) (Comp) / Lokalisierung *f* (die Übersetzung eines Programms und seiner Dokumentation in eine andere Sprache einschließlich Anpassungen an kulturelle Gepflogenheiten der Zielregion) ‖ ~ **criterion** (Chem) / Lokalisierungskriterium *n*
**localize** *v* (to) / lokalisieren *v*, örtlich bestimmen
**localized bond** (Chem) / lokalisierte Bindung ‖ ~ **corrosion** (Surf) / örtliche Korrosion, Lokalkorrosion *f* ‖ ~ **heating** / örtliche Erwärmung ‖ ~ **lighting** (Light) / Platzbeleuchtung *f*, Arbeitsplatzbeleuchtung *f* ‖ ~ **retouching** (Print) / Spotretusche *f* ‖ ~ **vector*** (Mech) / gebundener Vektor (mit festem Anfangspunkt)
**localizer** *n* (Aero) / Landekurssender *m* (beim Instrumentenlandesystem) ‖ ~ **beacon*** (Aero) / Landekurssender *m* (beim Instrumentenlandesystem) ‖ ~ **course** (Aero, Nav) / Landekurs *m*
**local job entry** (Comp) / Jobnaheingabe *f*, Auftragsnaheingabe *f* ‖ ~ **junction circuit*** (Teleph) / Ortsverbindungsleitung *f* ‖ ~ **keyboard operation** (Comp) / lokaler Tastaturbetrieb ‖ ~ **level** (Electronics) / örtliches Niveau, lokales Niveau ‖ ~ **lighting** (Light) / Platzbeleuchtung *f*, Arbeitsplatzbeleuchtung *f* ‖ ~ **line** (Telecomm) / Teilnehmeranschlussleitung *f* ‖ ~ **line** (Teleph) / Anschlussleitung *f*, Asl (Anschlussleitung), Teilnehmeranschlussleitung *f*, Teilnehmerleitung *f* ‖ ~ **loop** (Telecomm) / lokale Schleife
**locally compact** (Maths) / lokal kompakt *adj* ‖ ~ **connected topological space** (Maths) / lokal zusammenhängender topologischer Raum ‖ ~ **oxidized CMOS technology** (Electronics) / oxidisolierte CMOS-Technik, LOCMOS-Technik *f* (ein Isolationsverfahren für integrierte komplementäre MOS-Schaltungen)
**local Mach number*** (Aero) / örtliche Machzahl ‖ ~ **maximum** (a value of a variable greater than any values close to it) (Maths) / lokales Maximum ‖ ~ **mean time** (Astron) / mittlere Ortszeit, MOT (mittlere Ortszeit) ‖ ~ **memory** (Comp) / lokaler Speicher ‖ ~ **minimum** (Maths) / lokales Minimum ‖ ~ **mobility** (Teleph) / lokale Mobilität ‖ ~ **mode** (Comp) / unabhängiger Betrieb, Lokalbetrieb *m* (Systemlauf ohne Einwirkungen von außen)
**local-mode** *attr* (Comp) / geräteintern *adj*
**local network** (Teleph) / Ortsnetz *n* (kleinste selbstständige Einheit im Aufbau und in der Abgrenzung des öffentlichen Fernsprechnetzes), lokales Netz, ON (Ortsnetz) ‖ ~ **number** (Teleph) / Rufnummer *f* (im Ortsnetz), örtliche Anschlussnummer ‖ ~ **operating network** (Comp) / LON *n* (Technologie zur Realisierung eines schmalbandigen LANs für Steuerzwecke) ‖ ~ **optical network** / lokales optisches Netz ‖ ~ **optimization** (Comp) / lokale Kodeoptimierung ‖ ~ **oscillator*** (Radio) / Überlagerungsoszillator *m*, Empfangsoszillator *m* (des Superhets) ‖ ~ **oscillator** (Radio) / eingebauter Oszillator (der selbstschwingenden Mischstufe) ‖ ~ **output line** (Comp) / Kanalausgangsleitung *f* (zu der bzw. von der Kanalschaltung) ‖ ~ **overheating** / örtliche Überhitzung ‖ ~ **overheating when grinding** (Eng) / Schleifbrand *m* (thermomechanisch bedingter Schleiffehler, der sich beim Schleifen als Folge einer örtlichen Überhitzung der Werkstückrandzone durch Martensitzerfall und Oxidation besonders bei ungehärteten und durchgehärteten Kohlenstoffstählen einstellt), Weichfleckigkeit *f* ‖ ~ **oxidation** (Electronics) / lokale Oxidation, örtlich gezielte Oxidation, Oxidwallisolation *f* (für die Isolation der einzelnen Strukturen einer integrierten Schaltung - z.B. LOCMOS, LOCOS, PLANOX oder SATO) ‖ ~ **potential** / lokales Potential ‖ ~ **practice** (Ecol, San Eng) / Ortsüblichkeit *f* (nach Paragraph 906 des Bürgerlichen Gesetzbuches) ‖ ~ **public transport** (Autos, Rail) / öffentlicher Verkehr, Verkehr *m* mit öffentlichen Verkehrsmitteln, öffentlicher Personennahverkehr, ÖPNV ‖ ~ **rate** (Teleph) / Ortsgebühr *f* ‖ ~ **record** (Telecomm) / Mitlesedruck *m* (bei Fernschreibern), Mitlesekopie *f*
**local-remote switch** (Automation) / Orts-Fern-Schalter *m*

**local service** / Nahverkehr *m* ‖ ~ **service area** (Teleph) / Ortsanschlussbereich *m* ‖ ~ **state** (Comp) / lokaler Zustand (eines Automaten) ‖ ~ **subscriber's connection cable** (Teleph) / Teilnehmerkabel *n*, Ortsanschlusskabel *n*, OAsk (Ortsanschlusskabel) ‖ ~ **switching** (Teleph) / Ortsvermittlung *f* ‖ ~ **telephone network** (Teleph) / Fernsprechortsnetz *n* ‖ ~ **time*** (Astron) / Ortszeit *f*, OZ (Ortszeit), LT (Ortszeit) (an allen Orten gleicher geografischer Länge - EN 28601) ‖ ~ **traffic** / Ortsverkehr *m*, Binnenverkehr *m* ‖ ~ **train** (Rail) / Vorortzug *m*, Nahverkehrszug *m* ‖ ~ **transmitter** (Radio) / Ortssender *m* ‖ ~ **truncation error** (Maths) / lokaler Abbruchfehler ‖ ~ **variable*** (Comp) / lokale Variable (die nur in einem Unterprogramm, einer Funktion, einer Subroutine eines Programms Gültigkeit hat und auf die nur dort zugegriffen werden kann) ‖ ~ **vent*** (Plumb) / Abzug *m* ins Freie
**locant** *n* (Chem) / Lokant *n* (ein Hilfsmittel in Form von Zahlen oder Buchstaben zur örtlichen Festlegung von Atomen und Bindungen in einem Molekül)
**locao** *n* / Chinesisches Grün, Lokao *n* (ein Farblack aus den Rhamnus-Arten)
**LoCap cable** (Cables) / verlustarmes Kabel
**locate** *v* / lokalisieren *v*, örtlich bestimmen
**locating** *n* (Nav, Radio) / Ortung *f*, Standortbestimmung *f* ‖ ~ **hole** (US) (Eng) / Körnerloch *n* (am Außendurchmesser des Schneideisens) ‖ ~ **mechanism** (Elec Eng) / Rastmechanismus *m* (der Teil des Betätigungssystems, der das Bedienteil und/oder die Schaltglieder in ihrer Stellung halten) ‖ ~ **pin** (Eng) / Fixierstift *m*, Haltestift *m* ‖ ~ **pin** (Eng) / Aufnahmebolzen *m* ‖ ~ **pin** (Eng) / Passstift *m*
**location** *n* / Lokalisation *f*, Lokalisierung *f*, örtliche Bestimmung, örtliche Begrenzung, Ortsbestimmung *f* ‖ ~ / Standort *m* (einer Industrie, eines Unternehmens) ‖ ~ (Build, Civ Eng) / Ermittlung *f* des Bauplatzes ‖ ~* (Eng) / Gelände *n* für Außenaufnahmen, Drehort *m*, Aufnahmeort *m*, Außen *n* ‖ ~ (Eng) / Fixierung *f*, Verdrehsicherung *f* ‖ ~* (Eng) / Ausrichtung *f*, Zentrierung *f* (Ausrichtung), Positionierung *f*, genaue Anordnung ‖ ~ (Mining) / Kux *m* (pl. Kuxe) (börsenmäßig gehandelter quotenmäßiger Anteil an einer bergrechtlichen Gewerkschaft - in Deutschland abgeschafft) ‖ ~ (Nav, Radio) / Ortung *f*, Standortbestimmung *f* ‖ ~ (Oils) / Lokation *f* (Bohrloch; Stelle, wo gebohrt wird) ‖ ~ (Telecomm) / Aufenthaltsort *m* (Mobilfunk) ‖ **on** ~ (Cinema) / bei Außenaufnahmen
**locational advantage** / Standortvorteil *m* ‖ ~ **choice** / Standortwahl *f* ‖ ~ **preference** / Standortpräferenz *f*
**location hole** (Electronics, Eng) / Aufnahmeloch *n* ‖ ~ **hunt** (Cinema, TV) / Vorbesichtigung *f*, Schauplatzbesichtigung *f* (für Außenaufnahmen), Rekognoszierung *f* (für Außenaufnahmen) ‖ ~ **number** (Comp) / Platznummer *f* ‖ ~ **of a plant** (Eng) / Betriebsstandort *m* ‖ ~ **of the railway line** (Rail) / Streckenführung *f*, Streckentrassierung *f* ‖ ~ **on a slope** (Build) / Hanglage *f* ‖ ~ **parameter** (Stats) / Lokationsparameter *m*, Lageparameter *m* (Parameter einer Wahrscheinlichkeits/Verteilung, z.B. arithmetisches Mittel oder Median) ‖ ~ **plan** (Build, Civ Eng) / Lageplan *m* ‖ ~ **plan** (Mech) / Lageplan *m* (beim Zusammensetzen mehrerer Kräfte in der Ebene) ‖ ~ **principle** (Maths) / Zwischenwertsatz *m* (z.B. Satz von Bolzano) ‖ ~ **shot** (Cinema) / Außenaufnahme *n* ‖ ~ **study** / Standortstudie *f* (Cinema, TV) / Vorbesichtigung *f*, Schauplatzbesichtigung *f* (für Außenaufnahmen), Rekognoszierung *f* (für Außenaufnahmen) ‖ ~ **theorem** (Maths) / Zwischenwertsatz *m* (z.B. Satz von Bolzano) ‖ ~ **threshold** (Radar) / Ortungsschwelle *f* ‖ ~ **tolerance** (Eng) / Lagetoleranz *f* (die die Abweichungen der Lage zweier oder mehrerer Bauteile zueinander begrenzt - DIN 7184, T 1) ‖ ~ **update** (Telecomm) / Aktualisierung *f* der Aufenthaltsregistrierung (beim Mobilfunk)
**locator** *n* (Aero) / Anflugfunkfeuer *n*, Platzanflugfeuer *n*, Anflugfeuer *n* ‖ ~ (Comp) / Positionsgeber *m* ‖ ~ **beacon*** (Aero) / Anflugfunkfeuer *n*, Platzanflugfeuer *n*, Anflugfeuer *n* ‖ ~ **hole** (Electronics, Eng) / Aufnahmeloch *n*
**lock** *v* / verstopfen *v* (Rohr), zusetzen *v* (Rohr), versetzen *v* (Rohr) ‖ ~ (fasten or secure with a lock) / zusperren *v*, zuschließen *v*, schließen *v*, abschließen *v*, verschließen *v* ‖ ~ (Autos) / blockieren *v* (Räder) ‖ ~ (Autos, Elec Eng, Electronics, Eng, Rail) / sperren *v*, abriegeln *v*, verriegeln *v*, blockieren *v* ‖ ~ (Comp) / sperren *v* (eine Datei) ‖ ~ (Eng) / festsperren *v*, sperren *v*, absperren *v* ‖ ~ (Eng) / arretieren *v*, verrasten *v*, einrasten *v*, verriegeln *v*, sperren *v* (arretieren) ‖ ~ (through a lock on a canal) (Hyd Eng, Ships) / schleusen *v*, durchschleusen *v* ‖ ~ (Print) / aufspannen *v* (Platten) ‖ ~ (Spectr) / locken *v* (in der Kernresonanzspektroskopie) ‖ ~ *n* / Schleuse *f* (Vorraum von angedichteten oder strahlungsgefährdeten Räumen) ‖ ~ (Autos) / Anschlag *m* ‖ ~ (Autos) / Einschlag *m* (der Vorderräder) ‖ ~ (Build, Join) / Schloss *n* (zum Verschließen) ‖ ~ (Eng) / Fangleiste *f* (Stufe in der Gesenkfuge zur Aufnahme von

Seitenkräften) ‖ ~* (Eng) / Verrastung f, Arretierung f, Verriegelung f, Sperrung f ‖ ~ (Eng) / Verschluss m ‖ ~ (Eng) / Feststellvorrichtung f, Sperreinrichtung f, Sperre f, Sperrvorrichtung f, Feststelleinrichtung f, Arretiereinrichtung f, Festhalteeinrichtung f ‖ ~* (Horol) / Ruhe f (in der Ankerhemmung) ‖ ~* (Hyd Eng) / Schiffschleuse f, Schleuse f (Anlage an Wasserstraßen zur Hebung und Senkung von Schiffen von einem tiefer zu einem höher gelegenen Wasserspiegel und umgekehrt), Schifffahrtsschleuse f ‖ ~ (Plastics) / geschlossener Schuss ‖ ~ (Spectr) / Lock m (externer, interner) ‖ ~ (Textiles) / Strickschloss n ‖ ~ (Textiles) / Wollbüschel n, Faserbüschel n

**lockable** adj (Eng) / rastbar adj, feststellbar adj, arretierbar adj ‖ ~ **tank cap** (Autos) / abschließbarer Tankverschluss

**lockage** n (Hyd Eng) / Schleusenbau m ‖ ~ (Hyd Eng) / Schleusengeld n, Schleusengebühr f ‖ ~ (Hyd Eng) / Schleusenfallhöhe f, Schleusengefälle n ‖ ~* (Hyd Eng) / Schleusenwasserverbrauch m, Verlustwasser n (in der Schleuse) ‖ ~ (Hyd Eng, Ships) / Schleusen n, Durchschleusen n (des Schiffes) ‖ ~ **time** (Hyd Eng, Ships) / Schleusungszeit f

**Lockalloy** n (Met, Space) / Lockalloy n (Legierung mit etwa 62% Be und 38% Al)

**lock-and-key model** (Biochem) / Schlüssel-Schloss-Modell n (ein altes Modell der Spezifität des Enzym-Substrat-Komplexes) ‖ ~ **theory** (Biochem) / Schlüssel-Schloss-Theorie f (eine alte Theorie zur Substanzspezifität von Enzymen)

**lock-bay** n (Hyd Eng) / Schleusenkammer f

**lock•-bay*** n (Hyd Eng) / Schleusenwasser n (in der Kammer) ‖ ~ **beading** (Eng) / Versicken n (Fügeverfahren bei Blechen)

**lock-beading machine** (Eng) / Sickenmaschine f

**lock brace** (Aero) / Sicherungsstrebe f (welche die Knickstrebe in der Ausfahrtstellung sichert) ‖ ~-**chamber*** n (Hyd Eng) / Schleusenkammer f ‖ ~ **cylinder** / Schließzylinder m (mit Schlüssel) ‖ ~ **down** v (Hyd Eng) / hinabschleusen v (Schiff)

**locked** adj / transportgesichert adj (Wagen der Schreibmaschine) ‖ ~ / verschlossen adj, verriegelt adj ‖ ~ **cable** / verschlossenes Seil (wenn durch Formdrähte in der Außenlage eine glatte Oberfläche und ein dichter Abschluss des Seiles erreicht werden)

**locked-coil conductor*** (Elec Eng) / verschlossenes Leiterseil

**locked contactor** (Elec Eng) / verklinktes Schütz (Schütz, dessen bewegbare Teile bei Erregung des Antriebes die Ruhestellung verlassen, jedoch durch eine Verklinkung daran gehindert werden, beim Aufhören der Erregung in die Ruhestellung zurückzukehren), verriegeltes Schütz ‖ ~-**cover switch*** (Elec Eng) / Schalter m unter Verschluss, Schalter m mit Sperrgehäuse, verschlossener Schalter ‖ ~ **file** (Comp) / gesperrte Datei ‖ ~ **gear** (Eng) / Festrad n ‖ ~ **generator** (Elec Eng) / mitlaufender Generator ‖ ~ **groove*** (Acous) / endlose Auslaufrille ‖ ~ **motor** (Elec Eng) / festgebremster Motor ‖ ~ **oscillator*** (Radio) / Mitnahmeoszillator m ‖ ~ **points** (GB) (Rail) / verriegelte Weiche ‖ ~ **position** (Elec Eng) / verriegelte Stellung (eine /definierte/ Stellung, in der der Drehschalter durch separate Betätigung festgehalten wird) ‖ ~ **rotor** (Elec Eng) / festgebremster Läufer, blockierter Rotor, festgebremster Rotor

**locked-rotor current** (Elec Eng) / Strom m beim festgebremsten Läufer ‖ ~ **impedance characteristic** (Elec Eng) / Kurzschlusscharakteristik f (bei den Synchronmaschinen) ‖ ~ **torque** (Elec Eng) / Drehmoment n bei festgebremstem Läufer

**locked switch** (US) (Rail) / verriegelte Weiche

**locked-up stress** (Mech) / Nachspannung f, Restspannung f, Eigenspannung f (neben der so genannten Lastspannung im Material auftretende Spannung) ‖ ~ **wheel** (Autos) / bremsblockiertes Rad

**locker** n / Spind m (~ verschließbar) ‖ ~ **plant** (a cold storage installation) / Schließfach-Kühllager n (mit verschlossenen Abteilen, von denen jedes nur seinem Benutzer zugänglich ist) ‖ ~ **rack** (Rail) / Locher-Zahnstange f (liegende Stufenstange für Steilhübe - ein Zahnradbahnsystem) ‖ ~ **room** (Build) / Umkleideraum m

**lock-filling system** (Hyd Eng) / Schleusenfülleinrichtung f

**lock forming** (Eng) / Verlappen n (Fügeverfahren bei Blechen)

**lock-gate*** n (Hyd Eng) / Schleusentor n (Klapptor, Stemmtor, Hubtor, Drehtor), Tor n (der Schiffsschleuse) ‖ **vertical-lift** ~ (Hyd Eng) / Hubtor n (der Schleuse)

**lockhopper** n (Met) / Schleuse f (parallele, bei dem Paul-Würth-Verschluss)

**lock in** v (Civ Eng) / einschleusen v (in den Caisson) ‖ ~ **in** (Electronics) / synchronisieren v (Schwinger)

**lock-in*** n (Telecomm) / Mitnahme f, Mitziehen n, Ziehen n ‖ ~ **amplifier*** (Electronics, Telecomm) / Lock-in-Verstärker m (der eine bessere Aufzeichnung stark verrauschter Messsignale ermöglicht), phasenempfindlicher Verstärker

**locking** (Build) / Einreiber m (Verschluss an Tür- oder Fensterrahmen) ‖ ~ (Electronics) / Sperren n ‖ ~ (Eng) / Sicherung f (Schraube) ‖ ~ (Print) / Aufspannen n (Platten) ‖ ~ (Telecomm) / Mitnahme f, Mitziehen n, Ziehen n ‖ ~* (Telecomm) / Verriegelung f ‖ ~ (Telecomm, TV) / Netzsynchronisation f, Netzsynchronisierung f ‖ ~ adj (key) (Comp) / rastbar adj, feststellbar adj, arretierbar adj ‖ ~ **angle*** (Horol) / Hebungswinkel m ‖ ~ **bushing** (Eng) / Klemmbuchse f ‖ ~ **circuit** (Electronics) / Haltestromkreis m ‖ ~ **clip** (Eng) / Verschlussklemme f ‖ ~ **device** (Eng) / Feststellvorrichtung f, Sperreinrichtung f, Sperre f, Sperrvorrichtung f, Feststelleinrichtung f, Arretiereinrichtung f, Festhalteeinrichtung f ‖ ~ **device** (for screws) (Eng) / Schraubensicherung f (z.B. Gegenmutter, Sicherungsblech oder ein anderes Sicherungselement) ‖ ~ **differential** (Autos) / sperrbares Differential, Sperrausgleichgetriebe n, Sperrdifferential n ‖ ~ **fast forward** (Acous, Electronics) / rastbarer schneller Vorlauf, arretierbarer schneller Vorlauf (z.B. bei Kassettenabspielgeräten) ‖ ~ **force** (Foundry) / Schließkraft f (beim Druckguss) ‖ ~ **force** (Plastics) / Zuhaltekraft f, Schließkraft f ‖ ~ **force** (Plastics) s. also clamping force ‖ ~ **gas cap** (US) (Autos) / abschließbarer Tankverschluss ‖ ~ **gear** (Eng) / Sperrgetriebe n, Sperrwerk n, Gesperre n ‖ ~ **handle** (Eng) / Knebelgriff m ‖ ~ **hub** (Autos) / Zentralverschlussnabe f, Kerbnabe f ‖ ~ **key** (Comp, Typog) / selbsthaltende Taste, Sperrtaste f ‖ ~ **lug** (Eng) / Haltenase f (im Lager) ‖ ~ **mechanism** (Eng) / Sperrgetriebe n, Sperrwerk n, Gesperre n ‖ ~ **of the axle differential** (Autos) / Quersperre f, Sperrung f des Achsdifferentials ‖ ~ **pawl** (Eng) / Sperrklinke f ‖ ~ **plate** (Eng) / Sicherungsblech n ‖ ~ **pliers** (Tools) / Gripzange f, Festhaltezange f, Grip f ‖ ~ **power** (Autos) / Sperrmoment n (bei Differentialsperre) ‖ ~ **ratio** (Autos) / Sperrgrad m (der Differentialsperre) ‖ ~ **relay** (Electronics) / Halterelais n, Haftrelais n (das in stromlosem Zustand durch den Restmagnetismus des Eisens selbsttätig geschlossen bleibt; ein Öffnen erfolgt durch Erregung mit umgekehrter Feldstärke) ‖ ~ **screw** (Eng) / Verblockungsschraube f, Klemmschraube f ‖ ~ **switch** (Elec Eng) / Schalter m unter Verschluss, Schalter m mit Sperrgehäuse, verschlossener Schalter ‖ ~ **synchromesh** (Autos) / Sperrsynchronisierung f ‖ ~ **time** (Plastics) / Schließzeit f (beim Pressen härtbarer Kunststoffe)

**lock-in relay** (Comp, Elec Eng) / Selbsthalterelais n, selbsthaltendes Relais ‖ ~ **relay** (Electronics) / Halterelais n, Haftrelais n (das in stromlosem Zustand durch den Restmagnetismus des Eisens selbsttätig geschlossen bleibt; ein Öffnen erfolgt durch Erregung mit umgekehrter Feldstärke)

**lockjaw*** n (Med) / Trismus m (pl. -men), Kieferklemme f

**lock-joint compasses** (Instr) / feststellbarer Zirkel ‖ ~ **dividers** (Instr) / feststellbarer Zirkel

**lock-keeper** n (Hyd Eng) / Schleusenwärter m, Schleusenmeister m

**lock-knitting** (Textiles) / Steppwirken n

**locknit*** n (Textiles) / Charmeuse f (maschenfeste Kettenwirkware aus zwei Fadensystemen in gegenlaiger Tuchtrikotbindung gewirkt)

**lock nut** (Eng) / Gegenmutter f, Sicherungsmutter f, Kontermutter f ‖ ~-**nut*** n (Eng) / Feststellring m (der Bügelmessschraube), Klemmvorrichtung f (der Bügelmessschraube) ‖ ~ **of barges** (Hyd Eng, Ships) / Schleppzugschleuse f (die einen gesamten Schleppzug aufnehmen kann) ‖ ~ **off** / ausschließen v (z.B. einen defekten Sektor von der weiteren Benutzung) ‖ ~ **on** v / lokalisieren v, örtlich bestimmen ‖ ~ **on** (to a target) (Mil) / sich aufschalten (Rakete)

**lock-on** n (Mil) / Zielaufschaltung f (automatische) ‖ ~ (Mil) / Aufschalten n (des Suchkopfes auf das Ziel)

**lock out** v (Civ Eng) / ausschleusen v (aus dem Caisson) ‖ ~ **out** (Work Study) / aussperren v (eine Kampfmaßnahme der Arbeitgeber)

**lockout** n (Comp) / Sperre f (Zugangssperre) ‖ ~ (Radar) / Transponderblockierung f (nach einer Antwort mit einer Transpondertotzeit) ‖ ~ (Work Study) / Aussperrung f (beim Arbeitskampf) ‖ ~ **circuit** (Comp) / Verhinderungsschaltung f, Inhibitschaltung f, Sperrschaltung f, Lock-out-Schaltung f ‖ ~ **switch** (Comp) / Sperrschalter m

**lock• paddle*** (Hyd Eng) / Füllorgan n der Schleuse ‖ ~ **pillar** (Autos) / B-Säule f (vor der Vordertür), Schlosssäule f, Mittelholm m (hinter der Vordertür), mittlerer Dachpfosten

**lock-plate** (Eng) / Sicherungsblech n

**lock rail*** (Build, Join) / Mittelfries n (ein Querfries der Rahmentür) ‖ ~ **range** (Automation) / Haltebereich n ‖ ~ **relay** (Elec Eng) / Sperrklinkenrelais n ‖ ~ **ring** (Eng) / Feststellring m (der Bügelmessschraube), Klemmvorrichtung f (der Bügelmessschraube) ‖ ~ **ring** (Eng) / Spannringverschluss m ‖ ~ **seam*** (Eng) / Falz m (bei Blechen) ‖ ~ **seaming** (Eng) / Falzen n (Fügeverfahren bei Blechen), Bördeln n (von Dosen) ‖ ~ **signal** (Spectr) / Locksignal n ‖ ~-**sill*** n (Hyd Eng) / Drempel m (Schwelle im Torboden einer Schleuse, gegen die sich das geschlossene Schleusentor stützt)

**locksman** n (Hyd Eng) / Schleusenwärter m, Schleusenmeister m

**locksmith** n (Build) / Schlosser m, Bauschlosser m ‖ ~ **service** / Schlüsseldienst m

**locksmith's**

**locksmith's hammer** (Tools) / Bankhammer m
**lock spring** (Eng) / Sperrfeder f ‖ ~ **stay** (Airbus) (Aero) / Sicherungsstrebe f (welche die Knickstrebe in der Ausfahrstellung sichert) ‖ ~ **stile*** (Build, Join) / Schlossbohle f, Schlossbrett n (der Tür) ‖ ~ **stitch** (Textiles) / Steppstich m ‖ ~ **stitch** (Textiles) / Doppelsteppstich m
**lock-stitch machine** / Durchnähmaschine f (eine Schuhmaschine) ‖ ~ **sewing machine** (Textiles) / Steppstichnähmaschine f, Doppelsteppstichnähmaschine f
**lock-strip gasket** (Eng) / Profildichtung f in Schnurform, Dichtleiste f
**lock strut** (Boeing) (Aero) / Sicherungsstrebe f (welche die Knickstrebe in der Ausfahrstellung sichert) ‖ ~ **through** v (Hyd Eng, Ships) / schleusen v, durchschleusen v ‖ ~ **up** / blockieren vt (von Bremsen) ‖ ~ **up** (Eng) / festsperren v, sperren v, absperren v ‖ ~ **up** (Hyd Eng) / hinaufschleusen v (Schiff) ‖ ~ **up** (Print) / schließen v (Form)
**lock-up*** n (Print) / Formschließen n ‖ ~ **space** (Ships) / Verschlussraum m
**lock valve** (Autos) / Sperrschieber m (in Automatikgetriebesteuerung) ‖ ~ **washer** (Eng) / Federring m (eine Schraubensicherung nach DIN 127) ‖ ~ **wedge** (Mining) / Schlosskeil m (eines Stempels) ‖ ~ **wedge** (Typog) / Sperrkeil m
**lockwire** v / mit Draht befestigen
**lock-woven mesh*** (Build, Civ Eng) / Baustahlmatte f (punktgeschweißte - für Stahlbeton), Betonstahlmatte f, Baustahlnetz n (S) (kaltbearbeitete Stahlstäbe, die in ihren Kreuzungspunkten durch Punktschweißung miteinander verbunden sind - DIN 488-5)
**LOC laser** (Phys) / Laser m mit breiten optischen Resonatoren, LOC-Laser m (ein Mehrfach-Heterostruktur-Laser)
**LOCMOS technology** (Electronics) / oxidisolierte CMOS-Technik, LOCMOS-Technik f (ein Isolationsverfahren für integrierte komplementäre MOS-Schaltungen)
**loco** n (GB) (Rail) / Lokomotive f, Lok f
**locomotive*** n (Rail) / Lokomotive f, Lok f ‖ ~ adj / fahrbar adj, ortsveränderlich adj, fortbewegungsfähig adj ‖ ~ **body frame** (Rail) / Lokomotivkastengerippe n ‖ ~ **boiler*** (Eng) / Lokomotivkessel m ‖ ~ **crane** (Rail) / Kranwagen m (mit Eigenantrieb) ‖ ~ **framing** (Rail) / Lokomotivkastengerippe n ‖ ~ **inductor** (Rail) / Lokomotivmagnet m ‖ ~ **magnet** (Rail) / Lokomotivmagnet m ‖ ~ **shed** (Rail) / Lokomotivschuppen m
**locus** n (pl. loci) (Maths) / geometrischer Ort (Gesamtheit aller Punkte, die eine bestimmte Eigenschaft besitzen), Ortskurve f, geometrische Figur
**locust** n (Agric, Zool) / Heuschrecke f, Heuschreck m (A), Springschrecke f ‖ ~ (**black, yellow**) (For) / Scheinakazie f (Gewöhnliche), Robinie f (Robinia pseudoacacia L.) ‖ ~ (**honey**) (For) / Amerikanische Gleditschie, Gleditsia triacanthos L. (liefert u.a. Honey Locust Gum), Christusdorn m (ein Parkbaum) ‖ ~* (Zool) / Feldheuschrecke f ‖ ~ **bean** (Nut) / Karube (Johannisbrot) / ~ **bean gum** / Johannisbrotgummi n (von Ceratonia siliqua L.) ‖ ~ **bean gum powder** (Nut) / Johannisbrotkernmehl n (Verdickungsmittel und Trägerstoff - E 410), Kernmehl n (Carobin), JBK (Johannisbrotkernmehl) ‖ ~ **tree** (For) / Scheinakazie f (Gewöhnliche), Robinie f (Robinia pseudoacacia L.)
**LOD** (limit of detection) (Chem) / Nachweisgrenze f (bei Analysen die kleinste Stoffkonzentration, die noch statistisch gesichert erfasst werden kann - DIN 32 645), NG (Nachweisgrenze)
**lodar** n (Nav, Radar) / Lodar n (Impulspeilanlage für Loran)
**lode*** n (Geol, Mining) / erzführender Gang, Erzmineralgang m, Erzader f, Erzgang m (DIN 21918), Mineralader f ‖ ~* (Hyd Eng) / Deich m (See-), Damm m (aus Erdbaustoffen)
**loden*** n (Textiles) / Lodenstoff m, Loden m (ungewalktes Streichgarngewebe in einfacher Tuch- oder Köperbindung, meistens Halb- oder Reinwolle) ‖ ~ **cloth** (Textiles) / Lodenstoff m, Loden m (ungewalktes Streichgarngewebe in einfacher Tuch- oder Köperbindung, meistens Halb- oder Reinwolle)
**lode rock** (Geol) / Ganggestein n (hypabyssisches Gestein)
**lodestone*** n (a magnetic variety of natural iron oxide) (Min) / Magneteisenerz n (natürlicher Magnet), magnetisches Erz
**lodestuff** n (Mining) / Erzgangfüllung f, Gangmittel n
**lode tin** (Mining) / Bergzinn n (als Gegensatz zu Seifenzinn)
**lodge** n (Arch) / Portierloge f, Portiersloge f ‖ ~ (Arch) / Bauhütte f (mittelalterlicher Werkstattverband) ‖ ~ (Mining) / Pumpensumpf m, Schachtsumpf m, Sumpf m
**lodgement till** (Geol) / Grundmoränengeschiebe n
**lodgepole** n (For) / Drehkiefer f (Pinus contorta Douglas ex Loudon) ‖ ~ **pine** (For) / Drehkiefer f (Pinus contorta Douglas ex Loudon)
**lodge-resistant** adj (Agric) / standfest adj (Getreide)
**lodging** n (of a crop) / Lagern n (Niederliegen von Halmfrüchten), Niederliegen n (von Halmfrüchten) ‖ ~ **resistance** (Agric) / Standfestigkeit f (von Getreide)
**lodging-resistant** adj (Agric) / standfest adj (Getreide)

**lodgment till** (Geol) / Grundmoränengeschiebe n
**LODP** (levelling-off degree of polymerization) (Chem) / Levelling-off-Polymerisationsgrad m
**loellingite*** n (Min) / Arseniakalkies m, Löllingit m (Arseneisen)
**loess*** n (Geol) / Löß m (gelbes bis gelbgraues, poröses, zerreibliches, äolisches Staubsediment), Löss m ‖ ~ **doll** (Geol) / Lößkindel n (bizarre Kalkkonkretion in tieferen Teilen des Lößprofils), Lößpuppe f, Lößmännchen n, Lösskindel n
**loessification** n (Geol) / Lößbildung f
**loess kindchen** (Geol) / Lößkindel n (bizarre Kalkkonkretion in tieferen Teilen des Lößprofils), Lößpuppe f, Lößmännchen n, Lösskindel n
**loess-like loam** (Geol) / Lösslehm m, Lößlehm m
**loess loam** (Geol) / Lösslehm m, Lößlehm m
**LOFA** (linseed-oil fatty acid) (Chem) / Leinölfettsäure f ‖ ~* (loss of flow accident) (Nuc Eng) / Kühlmitteldurchsatz-Störfall m
**lofar** n (low-frequency acquisition and ranging) (Nav, Ships) / Lofar n
**LOF-driven TOP** (accident) (Nuc Eng) / durch Durchsatzstörung bewirkter Überlaststörfall
**Löffler boiler*** (Eng) / Löffler-Kessel m (ein Kessel mit mittelbarer Dampferzeugung)
**loft** n (Arch) / Empore f (in der Kirche) ‖ ~ (Arch) / Loft m (Dachboden als Wohnraum), Loft-Wohnung f (im obersten Geschoss des Gebäudes) ‖ ~ (used for storage, without any finishes) (Build) / Speicher m (Dachboden), Dachboden m (der Dachboden oder ein Teil des Dachraumes, der nicht für den Aufenthalt von Menschen ausgebaut ist und z.B. als Wäschetrockenboden benutzt wird), Boden m (Dachboden), Estrich m (S) ‖ ~ (Spinning) / Bauschigkeit f, Voluminosität f, Fülligkeit f ‖ ~ (of yarn) (Spinning) / Offenheit f, Lockerheit f
**loft-access hatch** (Build) / Bodenfalltür f
**loft antenna** (Radio) / Dachbodenantenne f
**loft-dried** adj (Carp, Paper) / luftgetrocknet adj, auf dem Trockenboden getrocknet
**lofting** n (Ecol) / Lofting n (Form einer Schornsteinabluftfahne bei Ausbreitung in neutraler vertikaler Temperaturschichtung oberhalb einer Bodeninversion - der einseitig aufsteigende Verlauf ist für die Schadstoffverteilung günstig; es sind lokal bedingte thermische Ursachen vorhanden), Dachwindfahne f ‖ ~ (Mining) / Hangendverzug m (aus Holz über Stahlkappen) ‖ ~ (Ships) / Anreißen n (auf dem Schnürboden)
**loft ladder** (folding or concertina) (Build) / hochschiebbare Treppe, Einschiebetreppe f, Bodeneinschubtreppe f, Einschubtreppe f, Schiebetreppe f, Ziehtreppe f, Bodentreppe f, herunterklappbare Stufenleiter, Einschubstiege f (zum Dachboden)
**lofty** adj (Spinning) / füllig adj, bauschig adj (Garn), voluminös adj ‖ ~ (Textiles) / voluminös adj (Griff) ‖ ~ (Textiles) / offen adj (Garn), locker adj (Garn)
**log** v / in das Logbuch eintragen ‖ ~ (Comp) / protokollieren v ‖ ~ (For) / fällen v (Bäume), einschlagen v, hauen v, schlagen v ‖ ~ (For) / bringen v (Holz) ‖ ~ (Oils) / vermessen v (Bohrloch), messen v (im Bohrloch) ‖ ~ (Ships) / loggen v (Schiffsgeschwindigkeit mit dem Log messen) ‖ ~ n (logbook) (Aero) / Logbuch n, Bordbuch n ‖ ~ (Comp) / Protokoll n ‖ ~ (For) / Sägeblock m (für die Erzeugung von Schnittholz vorbereitetes kurzes Sägeholz), Sägeklotz m ‖ ~ (For) / Holzscheit n, Scheit n ‖ ~ (For) / unbearbeiteter Baumstamm, unbearbeitetes Holzstamm, Stammabschnitt m, Stammblock m, Block m ‖ ~ (For, Paper) / Langholz n, Langnutzholz n (z.B. Stammholz) ‖ ~* (Maths) / Logarithmus m (pl. -rithmen) (DIN 1302) ‖ ~* (a continuous record as a function of depth, usually graphic and plotted to scale on a narrow paper strip, of observations made on the rocks and fluids encountered in a well bore) (Oils) / Log n, Bohrlochaufnahme f ‖ ~ (Oils) / Bohrjournal n, Bohrbericht m ‖ ~* (Ships) / Logge f, Log n (Messgerät zur Bestimmung der Geschwindigkeit) ‖ ~ (Ships) / Eintrag m im/ins Schiffstagebuch ‖ ~ (logbook) (Ships) / Logbuch n (nach Paragraph 520 des HGB), Schiffstagebuch n (gesetzlich vorgeschriebene an Bord eines Schiffes in Verantwortung des Kapitäns laufend zu führende Urkunde), Schiffsjournal n, Journal n ‖ ~ (For) s. also logs ‖ **in the** ~ (Carp, For) / unbehauen adj
**logan** n (Geol) / Wackelstein m
**loganin** n (an ester glucoside belonging to the iridoid group) (Chem) / Loganin n (der Bitterstoff des Bitterklees, ein Iridoid)
**logan stone** (Geol) / Wackelstein m
**logarithm*** n (Maths) / Logarithmus m (pl. -rithmen) (DIN 1302)
**logarithmic** adj (Maths) / logarithmisch adj ‖ ~ **amplifier*** (Acous) / logarithmischer Verstärker (dessen Ausgangsgröße immer proportional zum Logarithmus der jeweiligen Eingangsgröße ist) ‖ ~ **antenna** (Radio) / logarithmische Antenne ‖ ~ **branch point** (Maths) / logarithmische Singularität f ‖ ~ **chart** (Maths) / logarithmische Darstellung ‖ ~ **curve** (Maths) / logarithmische Kurve, Logarithmikkurve f ‖ ~ **decrement*** (Phys) / logarithmisches

**logic**

Dekrement (zur Messung der Dämpfung) ‖ ~ **deformation** (Mech) / Umformgrad *m*, logarithmische Formänderung ‖ ~ **derivation** (Maths) / logarithmische Differentiation ‖ ~ **derivative** (Maths) / logarithmische Ableitung ‖ ~ **ellipse** (a spatial curve of fourth order) (Maths) / logarithmische Ellipse ‖ ~ **equation** (Maths) / logarithmische Gleichung ‖ ~ **frequency interval** (Acous) / Frequenzmaßintervall *n* (DIN 1320) ‖ ~ **function**\* (Maths) / Logarithmusfunktion *f*, logarithmische Funktion ‖ ~ **horn**\* (Acous) / Exponentialtrichter *m*, Exponentialhorn *n*, logarithmischer Trichter (ein Lautsprechergehäuse) ‖ ~ **mean temperature difference**\* (Chem Eng) / logarithmischer Mittelwert der Temperaturunterschiede ‖ ~ **normal distribution** (Stats) / logarithmische Normalverteilung, logarithmische normale Verteilung, Lognormalverteilung *f* (DIN 55 350, T 22) ‖ ~ (coordinate) **paper** (Paper) / Logarithmenpapier *n* (ein Funktionspapier), logarithmisches Papier (ein mathematisches Papier) ‖ ~ **quantity** (Maths) / logarithmische Größe (DIN 5493, T 1) ‖ ~ **scale** (Instr, Maths) / logarithmische Skale ‖ ~ **series** (Maths) / logarithmische Reihe ‖ ~ **singularity** (Maths) / logarithmische Singularität ‖ ~ **spiral**\* (Maths) / logarithmische Spirale (bei der der Radiusvektor mit der Tangente in einem Kurvenpunkt einen konstanten Winkel bildet) ‖ ~ **tables** (Maths) / Logarithmentafeln *f pl* (für die Zehnerlogarithmen)

**logarithm integral** (Maths) / Integrallogarithmus *m* ‖ ~ **of the noise figure** (Acous) / Rauschmaß (die logarithmierte Rauschzahl)

**logatom**\* *n* (Acous, Telecomm) / Logatom *n* (zur Messung der Silbenverständlichkeit) ‖ ~ **articulation** (Acous, Telecomm) / Logatomverständlichkeit *f* (Prozentsatz der korrekt erkannten Logatome bei einem Verständlichkeitstest)

**log band-sawing machine** (For) / Blockbandsägemaschine *f* (Bandsägemaschine zur Herstellung von Schnittholz aus Sägeholz und zum Zuschnitt von Messerfurnierblöcken)

**logbook** *n* (Aero) / Logbuch *n*, Bordbuch *n* ‖ ~ (GB) (Autos) / Fahrzeugbrief *m* ‖ ~ (GB) (Autos) / Fahrtenbuch *n* ‖ ~ (Cinema) / Schnittliste *f* (mit allen verwendeten Szenen eines geschnittenen Films) ‖ ~ (Radio) / Logbuch *n* (zur Aufzeichnung des getätigten Funkverkehrs), Stationstagebuch *n*, Funktagebuch *n* (eines Funkamateurs) ‖ ~ (Ships) / Logbuch *n* (nach Paragraph 520 des HGB), Schiffstagebuch *n* (gesetzlich vorgeschriebene an Bord eines Schiffes in Verantwortung des Kapitäns laufend zu führende Urkunde), Schiffsjournal *n*, Journal *n*

**log cabin** (Build) / Blockhaus *n*, Blockhütte *f* ‖ ~ **causeway** (Civ Eng) / Knüppeldamm *m* (ein Bohlenweg), Prügelweg *m* ‖ ~ **chain conveyor** (For) / Sägeblock-Kettenlängsförderer *m* ‖ ~ **chute** (Hyd Eng) / Holzschleuse *f*, Holzpass *m*, Floßgasse *f*, Floßrinne *f*, Floßschleuse *f* ‖ ~ **cross-cut sawing machine** (For) / Fuchsschwanzsägemaschine *f*, Baumstammquersäge *f*, Abspranzsäge *f*, Kopfsäge (Fuchsschwanzsägemaschine), Klotzstutzsäge *f* ‖ ~ **cross-cutting saw** (Carp, For) / Gegenzugsäge *f* für Querschnitt, Ablängsäge *f* ‖ ~**-dec**\* (Phys) / logarithmisches Dekrement (zur Messung der Dämpfung) ‖ ~ **deck** (the platform in a saw mill on which logs are placed just before sawing) (For) / Rundholzpolter *m n* (Ablade-, Frei- und Sortenpolter) ‖ ~ **dump** (For) / Rundholzlagerplatz *m*, Rundholzplatz *m* (im Sägewerk) ‖ ~ **file** (Comp) / Log-File *n* (die Protokollierung aller Transaktionen auf einer Datenbank) ‖ ~ **frame saw** (Carp, For) / Gattersägemaschine *f* (mit dem Werkzeug Gattersägeblatt ausgerüstete Sägemaschine, die nach der Lage des Gattersägeblattes unterschieden werden kann in Vertikal-Gattersägemaschine und Horizontal-Gattersägemaschine), Gattersäge *f*, Gatter *n*, Sägegatter *n*, Vollgatter *n*, Vollgattersägemaschine *f*

**logger** *n* (a device that automatically records physical processes and events, usually chronologically) (Comp) / Registriereinrichtung *f*, Schreibgerät *n*, Messschreiber *m* (z.B. des Prozessrechners) ‖ ~\* (For) / Holzfäller *m*, Holzhacker *m*, Holzhauer *m*, Holzarbeiter *m* ‖ ~\* (Telecomm) / Logger *m* (zur Erzeugung logarithmischer Ausgangssignale)

**loggia**\* *n* (Arch) / Loggia *f* (pl. Loggien) (offener oder überdeckter Aufenthaltsraum bei Gebäuden, der - im Gegensatz zum Balkon - hinter der Gebäudeflucht zurückspringt), Dachterrasse *f*

**logging** *n* / Eintragung *f* in das Logbuch ‖ ~ (Comp) / Protokollierung *f*, Logging *n* ‖ ~ (Comp) / Logging *n* (Aufzeichnen der Veränderungen eines Datenbestandes) ‖ ~ (For) / Holzbringung *n*, Bringung *f* (Rücken, Vorführen, Abfuhr) ‖ ~ (For) / Fällen *n*, Holzeinschlag *m*, Holzwerbung *f*, Hauungsbetrieb *m*, Einschlag *m* (Holzeinschlag), Holzfällung *f*, Baumfällen *n*, Holzhieb *m*, Nutzung *f* ‖ ~ (For) / Einschneiden *n* (Zersägen eines Stammes in die gewünschten Längen) ‖ ~ (For) / Waldnutzung *f* ‖ ~ (Mining, Oils) / Karottage *f*, Messung *f* (im Bohrloch), Bohrlochmessung *f*, Geophysik *f* im Bohrloch, Carottage *f* ‖ ~ **cycle** (Comp) / Protokollzyklus *m* ‖ ~ **damage** (For) / Rückeschaden *m* ‖ ~ **damage** (For) / Fällungsschäden *m pl* (Riss, Bruch, Rindenverletzung) ‖ ~

**residues** (For) / Schlagabraum *m* (nach Beendigung des Holzeinschlags und Abtransport der ausgeformten Rohholzsorten bei den derzeitigen Erntemethoden auf der Schlagfläche zurückbleibendes Material, wie dünne Äste, Reisig und Grüngut), Schlagreste *m pl*, Schlagreisig *m*, Abraum *m* (beim Holzfällen und Abtransport) ‖ ~ **road** (For) / Rückeweg *m*, Rückeschneise *f*, Holzabfuhrweg *m* ‖ ~ **season** (For) / Einschlagzeit *f*, Fällzeit *f* ‖ ~ **skidder** (For) / Rücketraktor *m*, Skidder *m* ‖ ~ **tongs** (For) / Polterzange *f*, Rückzange *f*, Stammzange *f* ‖ ~ **trailer** (For) / Langholzanhänger *m* ‖ ~ **wheels**\* (For) / Rückewagen *m* (einachsiger Anhänger)

**log grading** (For) / Rundholzsortierung *f* ‖ ~ **haul** (For) / Blockzug *m* (im Sägewerk) ‖ ~ **haul** (For) / Blockaufzug *m* ‖ ~ **hauling** (For) / Rundholzförderung *f* ‖ ~ **house** (Build) / Blockhaus *n*, Blockhütte *f*

**log-house construction** (Build) / Blockhausbau *m*

**logic**\* *n* / Logik *f* (eine Grundwissenschaft) ‖ ~\* (Automation, Comp, Elec Eng) / Verknüpfung(en) *f (pl)* (logische), Logik *f* (Schaltkreisfamilie) ‖ ~ (Electronics) / Schaltkreisfamilie *f* ‖ ~ *adj* / logisch *adj*

**logical** *adj* / logisch *adj* ‖ ~ (Comp) / Boole'sch *adj* (nach G. Boole, 1815 - 1864, benannt) ‖ ~ **add** (Comp) / logische Addition ‖ ~ **addition** (Comp) / logische Addition

**logical-block number** (Comp) / Nummer *f* des logischen Blocks

**logical bomb** (Comp) / Logikbombe *f* (spezielle und selten vorkommende Art von Viren, die zu einem bestimmten Zeitpunkt Schäden anrichtet), logische Bombe ‖ ~ **boundary** (Telecomm) / logische Grenze ‖ ~ **calculus** (deduction system) / Logikkalkül *m* (z.B. Aussagen- oder Prädikatenkalkül) ‖ ~ **channel** (Comp, Telecomm) / logischer Kanal (welcher die Datenübertragung erlaubt, jedoch physikalisch nicht oder nur teilweise existiert), Logikkanal *m* (ein nicht dedizierter paketaustauschender Kommunikationspfad zwischen zwei oder mehreren Netzwerkknoten) ‖ ~ **connective** / Junktor *m* ‖ ~ **design**\* (Comp) / logischer Aufbau, logisches Konzept, logische Struktur, logische Konzeption ‖ ~ **element** (Comp) / Boole'scher Elementarausdruck ‖ ~ **element** (Comp) s. also logic gate and switching gate ‖ ~ **error**\* (AI) / logischer Fehler ‖ ~ **expression** (Comp) / Boole'scher Ausdruck ‖ ~ **flowchart** (Comp) / logisches Flussdiagramm ‖ ~ **formatting** (Comp) / logische Formatierung

**logic algebra** (Electronics) / Schaltalgebra *f* (Boole'sche Algebra für binäre Schaltungen), Schaltungsalgebra *f*

**logical inference** (AI, Comp) / logische Inferenz, logische Schlussfolgerung ‖ ~ **inferences per second** (Comp) / Zahl *f* der logischen Inferenzen pro Sekunde, Lips (Zahl der logischen Inferenzen pro Sekunde) ‖ ~ **level** (Comp) / logische Ebene ‖ ~ **link** (Elec Eng, Telecomm) / logische Verbindung (in einem Netz, die nicht ausschließlich den verbundenen Teilnehmern zur Verfügung steht) ‖ ~ **operations**\* (Comp, Maths) / logische Operationen, logische Verknüpfungen, funktionelle Operationen ‖ ~ **product** / UND-Verknüpfung *f*, Konjunktion *f* (DIN 5474) ‖ ~ **record** (Comp) / logischer Satz (im COBOL) ‖ ~ **shift**\* (Comp) / zyklische Stellenwertverschiebung, zyklische Stellenverschiebung, zyklische Verschieben, zyklische Verschiebung ‖ ~ **shift**\* (Comp) / logische Verschiebung, logisches Verschieben, binäres Schieben ‖ ~ **sign** (for Boolean functions) / logisches Zeichen, logisches Symbol, Symbol *n* der [mathematischen] Logik, (i.e.S.) Junktor *m* (ein Funktor) ‖ ~ **symbol** / logisches Zeichen, logisches Symbol, Symbol *n* der [mathematischen] Logik, (i.e.S.) Junktor *m* (ein Funktor) ‖ ~ **unit**\* (Comp) / Digitalbaustein *m*, Logikbaustein *m*, Logikbauelement *n*, logische Einrichtung (in einem SNA-Netz) ‖ ~ **value** (Comp) / Boole'scher Wert ‖ ~ **value** (Comp) s. also truth-value ‖ ~ **variable** (Comp) / Schaltvariable *f* (DIN 44300), Logikvariable *f*

**logic analyser** (GB) (Comp) / Logikanalysator *m* (eine Hardwareentwicklungshilfe, welche die Zustände frei wählbarer Leitungen, die von einem Triggersignal erregt werden, speichert und in Form von Impulsdiagrammen darstellt) ‖ ~ **analyser** (GB) (an electronic instrument that monitors the logic states of digital systems and stores the results for subsequent displays) (Electronics, Instr) / Logikanalysator *m* (ein Testgerät zur Feststellung logischer Zustände in komplizierten Schaltkreisen) ‖ ~ **analysis** (AI) / Logikanalyse *f*, logische Analyse ‖ ~ **analyzer** (Comp) / Logikanalysator *m* (eine Hardwareentwicklungshilfe, welche die Zustände frei wählbarer Leitungen, die von einem Triggersignal erregt werden, speichert und in Form von Impulsdiagrammen darstellt) ‖ ~ **analyzer** (Electronics, Instr) / Logikanalysator *m* (ein Testgerät zur Feststellung logischer Zustände in komplizierten Schaltkreisen) ‖ ~ **array** (Electronics) / Gatteranordnung *f*, Gate-Array *m n*, Gattermatrix *f* (regelmäßige Anordnung von Logikgattern in einer integrierten Schaltung), Logikanordnung *f*

**logic-based representation formalism** (AI) / logikbasierter Repräsentationsformalismus

**logic bomb** (for example, a logic bomb may be programmed to destroy valuable data should the programmer's name ever be deleted from the firm's payroll file code introduced into a program to have an

893

**logic**

undesirable effect following the occurrence of some later event ) (Comp) / Logikbombe *f* (spezielle und selten vorkommende Art von Viren, die zu einem bestimmten Zeitpunkt Schäden anrichtet), logische Bombe || **~ card** (Comp, Electronics) / Logikkarte *f*, Flachbaugruppe *f* (mit Hilfe einer gedruckten Schaltung auf einer Isolierplatte zusammengefasste integrierte Schaltkreise), gedruckte Schaltkarte, Schaltkartenmodul *n* || **~ chart** (Comp) / logisches Flussdiagramm || **~ chip** (Comp) / Logikchip *m* || **~ circuit** (Comp) / logische Schaltung (zur Durchführung logischer Operationen), Logikschaltung *f*, Logikschaltkreis *m* || **~ configuration** (Electronics) / logische Konfiguration || **~ design** (Comp) / logischer Aufbau, logisches Konzept, logische Struktur, logische Konzeption || **~ device** (Comp) / Digitalbaustein *m*, Logikbaustein *m*, Logikbauelement *n*, logische Einrichtung (in einem SNA-Netz) || **~ diagram** (AI, Comp) / Logikdiagramm *n*, logisches Diagramm || **~ driver** (Comp) / Logiktreiber *m* || **~ element*** (Comp) / Schaltglied *n*, Schaltelement *n* (Realisierung einer Boole'schen Verknüpfung), Gatter *n* (DIN 44 300), Gatterschaltung *f*, Verknüpfungsglied *n* (DIN 44 300) || **~ error** (AI) / logischer Fehler || **~ families** (Comp) / Schaltkreisfamilien *f pl*, Logikfamilien *f pl* (Digitalschaltungen, die verschiedene logische Funktionen ausführen, jedoch die gleiche Schaltungstechnik verwenden), Schaltungsfamilien *f pl* || **~ family** (Electronics) / Schaltkreisfamilie *f* || **~ flow chart** (AI) / Logikablaufplan *m* || **~ flowchart** (Comp) / logisches Flussdiagramm || **~ function** (Comp, Maths) / Schaltfunktion *f*, logische Funktion || **~ gap** / logischer Hub (Breite des verbotenen Bereichs zwischen den Logikpegeln) || **~ gate** (Comp) / Schaltglied *n*, Schaltelement *n* (Realisierung einer Boole'schen Verknüpfung), Gatter *n* (DIN 44 300), Gatterschaltung *f*, Verknüpfungsglied *n* (DIN 44 300) || **~ instruction** (Comp) / logischer Befehl, boolescher Befehl, Logikbefehl *m*, logische Instruktion

**logicism** *n* (a school of mathematical thought) (Maths) / Logizismus *m* (z.B. nach B. Russell, 1872 - 1970)

**logic level** (Comp) / Logikpegel *m* (einer von zwei möglichen Werten, den ein digitales Signal einnehmen kann) || **~ level** (Comp) / logische Ebene || **~ level** (Comp) s. also logical level || **~ module** (Comp) / logisches Modul || **~ network** (Comp) / logisches Netz (endlich digitaler, digital arbeitender Automat, der durch Verknüpfung von endlich vielen Bauelementen konstruiert ist) || **~ network** (Comp) / logische Schaltungen (als Sammelbegriff) || **~ operations** (Comp, Maths) / logische Operationen, logische Verknüpfungen, funktionelle Operationen

**logic(al) operator** (a logical connective) (Comp) / Boole'scher Operator (z.B. im Relationenkalkül)

**logic-oriented programming language** (Comp) / logikorientierte Programmiersprache

**logic programming** (Comp) / logische Programmierung || **~ proposition** (AI) / logische Aussage || **~ shift** (Comp) / logische Verschiebung, logisches Verschieben, binäres Schieben || **~ simulation** (Comp, Electronics) / Logiksimulation *f* (Simulationsverfahren zu Entwurf und Überprüfung der logischen Funktionen eines digitalen Systems oder eines Funktionsblocks) || **~ state** / logischer Zustand || **~ symbol** / logisches Zeichen, logisches Symbol, Symbol *n* der [mathematischen] Logik, (i.e.S.) Junktor *m* (ein Funktor) || **~ tester** (Comp) / Logikprüfgerät *n*, Logiktester *m* || **~ unit*** (Comp) / Schaltglied *n*, Schaltelement *n* (Realisierung einer Boole'schen Verknüpfung), Gatter *n* (DIN 44 300), Gatterschaltung *f*, Verknüpfungsglied *n* (DIN 44 300) || **~ variable** (Comp) / Schaltvariable *f* (DIN 44300), Logikvariable *f*

**log in*** *v* (Comp) / sich anmelden *v* (Sitzung mit der Eröffnungsmaske zum Bestellen eines gewünschten Menüs eröffnen), sich einloggen

**login** *n* (Comp) / Login *n*, Anmeldung *f*, Einloggen *n*, Logon *n* || **~ script** (Comp) / Anmeldeskript *n*, Login-Skript *n*, Logon-Skript *n*

**logistic** *adj* / logistisch *adj* (Kurve, Trend, Verteilung) || **~ curve** (Biol) / logistische Kurve (z.B.in der Populationsökologie) || **~ distribution** / logistische Verteilung, logistische Distribution

**logistics** *n* / Logistik *f* (auch bei den Warenverteilungsprozessen)

**logistics-oriented** *adj* / logistikorientiert *adj* (z.B. ein CIM-Konzept)

**logistic support** / logistische Unterstützung

**logjam** *n* (For, Hyd Eng) / Triftstauung *f*, Stauung *f* des Holzes (bei der Flößerei)

**log line** (Ocean) / Logleine *f* || **~ line** (Ocean) s. also sounding wire || **~ loader** (For) / Rundholzgreifer *m*

**loglog paper** (Paper) / Potenzpapier *n*, doppeltlogarithmisches Papier (den Abständen der einzelnen Geraden liegt eine logarithmische Teilung zugrunde), Doppel-Logarithmenpapier *n*

**lognormal distribution** (Stats) / logarithmische Normalverteilung, logarithmische normale Verteilung, Lognormalverteilung *f* (DIN 55 350, T 22)

**log numeral** (Ships) / Logbuchstabe *m*

**logo** *n* (pl. logos) / Firmenlogo *m n*, Firmenzeichen *n*, Firmensignet *n*, Logo *m n* (pl. -s) (grafisches Symbol für ein Unternehmen, meist verbunden mit einer besonderen Firmenfarbe und Schrifttype)

**LOGO*** *n* (Comp) / LOGO *n* (Programmiersprache für Ausbildungs- und Unterrichtszwecke)

**logo** *n* (pl. logos) (Typog) / Logotype *f* (Type, die aus mehreren Buchstaben oder ganzen Silben besteht, um das Setzen zu beschleunigen), Logo *n* (pl. -s), Mehrbuchstabenletter *f*

**log off** *v* (Comp) / sich abmelden *v* (Sitzung beenden), eine Arbeitssitzung beenden (das Menü verlassen)

**logoff** *n* / Verbindungsabbau *m* (bei Videotex-Systemen) || **~** (Comp) / Abmeldung *f*, Logoff *n*

**logo light** (Aero) / Logostrahler *m* (an den hinteren Tragflächenspitzen)

**log on** *v* (Comp) / sich anmelden *v* (Sitzung mit der Eröffnungsmaske zum Bestellen eines gewünschten Menüs eröffnen), sich einloggen

**logon** *n* (Comp) / Login *n*, Anmeldung *f*, Einloggen *n*, Logon *n*

**log-on authorization** (Comp) / Zugangsberechtigung *f* || **~ message** (Comp) / Anmeldenachricht *f* (Datenfernverarbeitung)

**logon script** (Comp) / Anmeldeskript *n*, Login-Skript *n*, Logon-Skript *n*

**logotype*** *n* / Firmenlogo *m n*, Firmenzeichen *n*, Firmensignet *n*, Logo *m n* (pl. -s) (grafisches Symbol für ein Unternehmen, meist verbunden mit einer besonderen Firmenfarbe und Schrifttype) || **~*** (Typog) / Logotype *f* (Type, die aus mehreren Buchstaben oder ganzen Silben besteht, um das Setzen zu beschleunigen), Logo *n* (pl. -s), Mehrbuchstabenletter *f*

**log out*** *v* (Comp) / sich abmelden *v* (Sitzung beenden), eine Arbeitssitzung beenden (das Menü verlassen)

**logout** *n* / Verbindungsabbau *m* (bei Videotex-Systemen) || **~** (Comp) / Abmeldung *f*, Logoff *n* || **~** (Comp) / Fehlermeldung *f* (bei Minicomputern)

**log paper** (Paper) / Logarithmenpapier *n* (ein Funktionspapier), logarithmisches Papier (ein mathematisches Papier)

**log-periodic antenna** (Radio) / logarithmisch-periodische Antenne

**log piling** (For) / Blockstapeln *n*, Blockstapelung *f*

**log-planing machine** (For) / Blockhobelmaschine *f*

**log pond** (For) / Blockteich *m*, Klotzteich *m*, Wassergarten *m* (ein Wasserbecken), Wasserlager *n* || **~ printer** (Comp) / Protokolldrucker *m* || **~ road** (Civ Eng) / Knüppeldamm *m* (ein Bohlenweg), Prügelweg *m* || **~ rule** (For) / Tabelle *f* zur Bestimmung der Schnittholzausbeute || **~ run** (For) / komplexe Rundholzausnutzung, Ausbeute *f* von Schnittholz (maximale)

**logs** *pl* (For) / Rundholz *n* (DIN EN 13 556)

**logsaw carriage** (For) / Zuführungswagen *m* (des Gatters), Blockwagen *m* (des Gatters), Gatterwagen *m*

**log sorter** (For) / Blocksortierer *m* || **~ sorting** (For) / Sägeblocksortierung *f* (nach Holzart, Durchmesser, Güte und Länge) || **~ sorting** (For) / Rundholzsortierung *f* || **~ splitter** (For) / Brennholzspaltmaschine *f*, Brennholzspalter *m* || **~ storage pond** (For) / Blockteich *m*, Klotzteich *m*, Wassergarten *m* (ein Wasserbecken), Wasserlager *m* || **~ turner** (For) / Stammdreher *m*, Blockwender *m* || **~ washer*** (Min Proc) / Logwasher *m* (Gerät zum Läutern von Erz) || **~-way** *n* (Hyd Eng) / Holzschleuse *f*, Holzpass *m*, Floßgasse *f*, Floßrinne *f*, Floßschleuse *f* || **~ weir** (Hyd Eng) / Dammbalkenwehr *n*

**logwood** *n* (For) / Langholzsortiment *n* || **~*** (For) / Blauholz *n*, Kampescheholz *n*, Campecheholz *n*, Blutholz *n* (Haematoxylum campechianum L.)

**LOHET** (linear-output Hall-effect transducer) (Electronics) / linearer Hallsensor, LOHET (linearer Hallsensor)

**LOI** (loss on ignition) (Ceramics) / Glühverlust *m* (im Brand eingetretene Masseverminderung, bezogen auf die Trockenmasse) || **≙** (limiting oxygen index) (Textiles) / LOI-Wert *m* (Mess- bzw. Prüfwert, der das Brennverhalten von Textilien unter definierter Sauerstoffeinwirkung charakterisiert)

**lokao** *n* / Chinesisches Grün, Lokao *n* (ein Farblack aus den Rhamnus-Arten)

**loktal base*** (Electronics) / Loktalsockel *m*, Oktalsockel *m* (ein 5- bis 8poliger Röhrensockel)

**löllingite*** *n* (Min) / Arseniakalkies *m*, Löllingit *m* (Arseneisen)

**lollipop lady** / Schülerlotse *m*, Verkehrslotse *m* (für Kinder - Erwachsene oder ältere Schüler) || **~ (wo)man** (a road-crossing patrol) (GB) / Schülerlotse *m*, Verkehrslotse *m* (für Kinder - Erwachsene oder ältere Schüler)

**LOM** (linear oscillating motor) (Elec Eng) / schwingender Linearmotor

**Lombardy poplar** (For) / Schwarzpappel *f* 'Italica' (Populus nigra var. italica), Pyramidenpappel *f*

**Lomer-Cottrell dislocation** (Crystal) / Cottrell-Lomer-Versetzung *f* (eine nicht gleitfähige Versetzung) || **≙ partial dislocation** (Crystal) / Lomer-Cottrell-Partialversetzung *f* (mit "sesshaften" Burgers-Vektoren), Lomer-Partialversetzung *f*

**Lomer dislocation** (Crystal) / Lomer-Versetzung f (ein Versetzungstyp) ‖ ⁓ **partial dislocation** (Crystal) / Lomer-Cottrell-Partialversetzung f (mit "sesshaften" Burgers-Vektoren), Lomer-Partialversetzung f
**LON** (local optical network) / lokales optisches Netz ‖ ⁓ (local operating network) (Comp) / LON n (Technologie zur Realisierung eines schmalbandigen LANs für Steuerzwecke)
**London board** (bristol-type board) (Paper) / Londonkarton m ‖ ⁓ **dispersion forces** (the most important of the intermolecular forces) (Nuc) / London-Kräfte f pl (Dispersionskräfte nach Fritz London, 1900-1954) ‖ ⁓ **forces*** (Nuc) / London-Kräfte f pl (Dispersionskräfte nach Fritz London, 1900-1954) ‖ ⁓ **hammer*** (Tools) / leichter Kreuzhammer ‖ ⁓ **interaction** (Electronics) / Dispersionswechselwirkung f ‖ ⁓ **penetration depth** (Electronics) / Londonscher Parameter (in der Theorie der Supraleitfähigkeit), Londonsche Eindringtiefe ‖ ⁓ **plane*** (For) / Bastardplatane f, Gewöhnliche Platane (Platanus x hispanica Münchh.), Ahornblättrige Platane
**London-shrunk** n (Textiles) / London-shrunk n (ein spezielles Dekatierverfahren auf Maschinen mit durchlöcherten Trommeln, die den Dampfdurchtritt auf die Ware ermöglichen), London-Krumpf m
**London·-shrunk*** adj (Textiles) / krumpfecht ausgerüstet durch Schrinken ‖ ⁓ **smog** (Ecol) / Wintersmog m, Londoner Smog (Konzentration und teilweise Oxidation des Schwefeldioxids zu Schwefeltrioxid und Schwefelsäure) ‖ ⁓ **tie** (Weaving) / verkreuzter Harnisch, Hin- und Herschnürung f
**lone electron** (Electronics) / Einzelelektron n (DIN IEC 1(CO)1163, T 521)
**lone-electron pair** (a pair of electrons not shared with another atom) (Chem, Nuc) / einsames Elektronenpaar, freies Elektronenpaar (das einem Atom allein angehört)
**lone pair*** (of electrons) (Chem, Nuc) / einsames Elektronenpaar, freies Elektronenpaar (das einem Atom allein angehört)
**long.** (longitude) (Astron, Geog, Surv) / Länge f (in einem Koordinatensystem)
**long** adj / lang adj, Lang- ‖ ⁓ (Ceramics) / hochplastisch adj (Ton) ‖ ⁓ * (Ceramics, Glass) / lang adj ‖ ⁓ **accent** (Print) / Längezeichen n
**long-addendum teeth** (Eng) / Hochverzahnung f
**long-and-short addendum gears** (Eng) / V-Null-Getriebe n (Zahnräder kämmen miteinander ohne Profilverschiebung, ihre Teilkreise berühren sich im Wälzpunkt)
**long arc** (Welding) / Langlichtbogen m
**long-arc welding** (Welding) / Langlichtbogenschweißen n
**long auger bit** (Carp) / Stangenbohrer m (nach Douglas oder Irwin - zum Eindrehen von Hand, Gesamtlänge bis 60 cm)
**long-base method** (Surv) / Vorwärtseinschnitt m, Vorwärtseinschneiden n
**long-bodied aeroplane** (Aero) / Langrumpfflugzeug n
**long-boled** adj (For) / langschaftig adj, langschäftig adj, langstämmig adj
**long-boom satellite** (Space) / Long-Boom-Satellit m
**long-branched** adj (For) / langästig adj
**long-butt needle** (Textiles) / Hochfußnadel f
**long button** (Elec Eng) / langer Druckknopf (VDE 0660, T 201)
**long-cargo channel** (Autos) / Durchladeraum m (zwischen Kofferraum und Innenraum)
**long-chain** attr (Chem) / Ketten- (Molekül), langkettig adj (Polymer)
**long-chain fatty acid** (Chem) / höhere Fettsäure
**long circuit** (Telecomm) / Fernsprechweitverkehrsverbindung f (mit Echosperre) ‖ ⁓ **column*** (Civ Eng) / Knickstab m
**long-crawler construction** (Civ Eng, Eng) / LC-Ausführung f (des Baggers - mit breiterer Spur und längerem Fahrschiff)
**long-day plant*** (Bot) / Langtagpflanze f, LTP f (Pflanze, die nur dann zur Blüte kommt bzw. mit anderen charakteristischen Morphosen reagiert, wenn die tägliche Beleuchtungsdauer eine artspezifisch festgelegte Minimalzeit, die so genannte kritische Tageslänge, überschreitet)
**long descenders*** (Typog) / Buchstaben m pl mit normalen Unterlängen ‖ ⁓ **direction** (Paper) / Maschinenrichtung f (DIN 6730), Laufrichtung f, Papierlaufrichtung f, Maschinenlaufrichtung f, Längsrichtung f
**long-distance cable** (Telecomm) / Fernkabel n, Fk (Fernkabel), Langstreckenkabel m
**long·-distance call** (US)* (Teleph) / Ferngespräch n ‖ ⁓ **-distance flight** (Aero) / Langstreckenflug m (meistens über 12 000 km)
**long-distance gas** / Ferngas n (das über große Entfernung transportiert wird) ‖ ⁓ **heat** (energy) / Fernwärme f (DIN 4747) ‖ ⁓ **lens** (Optics, Photog) / Fernobjektiv n (mit unverkürzter Baulänge) ‖ ⁓ **lens** (Optics, Photog) s. also telephoto lens ‖ ⁓ **line** (Elec Eng) / Fernleitung f ‖ ⁓ **network** (Comp) / Datenfernübertragungsnetz n, Fernnetz n (Rechnerverbundnetz über große Entfernungen) ‖ ⁓ **radio transmission** (Radio) / Fernfunkverkehr m, DX-Verkehr m (Fernfunkverkehr) ‖ ⁓ **refrigeration** / Fernkälte f
**long-distance shot** (Cinema) / Fernaufnahme f
**long-distance traffic range** (Telecomm) / Weitverkehrsbereich m ‖ ⁓ **transmission line** (Elec Eng) / Fernleitung f ‖ ⁓ **transport** (Autos, Rail) / Fernverkehr m ‖ ⁓ **transport** (Bot) / Ferntransport m (von Wasser und darin gelösten Mineralsalzen aus der Wurzel in das Sprosssystem) ‖ ⁓ **transportation** / Ferntransport m (z.B. von Brennstoffen)
**long division** (Maths) / lange (unabgekürzte) Division ‖ ⁓ **dolly*** (when the pile head is bellow the leaders and thus out of reach of the pile hammer) (Civ Eng) / Rammjungfer f, Afterramme f, Rammknecht m ‖ ⁓ **door-plate** (Build) / Langschild n (das Schlüsselloch und die Türschnalle zusammenfassender Beschlag)
**longeron*** n (Aero) / Längsträger m (Hauptlängsbauteil des Rumpfes oder der Rumpfgondel)
**longest-lived** adj (Nuc) / längstlebig adj (Isotop)
**long-fibred** adj (For, Textiles) / langfaserig adj ‖ ⁓ **yarn** (Spinning) / Langfasergarn n
**long-fibre pulp** (For, Paper) / Faserlangstoff m
**long filename** (Comp) / langer Dateiname (der länger ist als 8 + 3 Zeichen) ‖ ⁓ **-flame coal** (Mining) / langflammige Kohle (mit einem hohen Prozentsatz an flüchtigen Bestandteilen)
**long-flame coal** (Mining) / Gasflammkohle f (mit 35-40% an Flüchtigem)
**long float** (Leather) / lange Flotte (Flüssigkeitsvolumen groß im Verhältnis zum Warengewicht)
**long-focal-length lens** (Optics, Photog) / Fernobjektiv n (mit unverkürzter Baulänge)
**long folding** / Längsfalzung f ‖ ⁓ **forming** (Nut) / Langwirken n (beim Teig) ‖ ⁓ **glass** (Glass) / langes Glas (mit breitem Verarbeitungstemperaturbereich)
**long-grown malt** (Brew) / Langmalz n
**long-hair** attr / langhaarig adj
**long-handle** attr (Tools) / langstielig adj
**long haul** / Güterfernverkehr m ‖ ⁓ **haul** (Aero) / Langstrecke f (meistens über 12 000 km)
**long-haul** attr (Comp) / langstreckengeeignet adj (Modul) ‖ ⁓ **driving** (Autos) / Langstreckenbetrieb m (auf Autobahnen und Landstraßen), Langstreckenverkehr m ‖ ⁓ (computer) **network** (Comp) / Datenfernübertragungsnetz n, Fernnetz n (Rechnerverbundnetz über große Entfernungen) ‖ ⁓ **network** (Comp) / Rechnerverbundnetz n (über größere Entfernungen) ‖ ⁓ **network** (Elec Eng) / Fernnetz n, Fernleitungsnetz n ‖ ⁓ **traffic range** (Telecomm) / Weitverkehrsbereich m
**long-heel needle** (Textiles) / Hochfußnadel f
**long-holed** adj (For) / hochstämmig adj
**longhorn beetle** (Ecol, For) / Bockkäfer m (Käfer der Familie Cerambycidae)
**long-horned beetle** (Ecol, For) / Bockkäfer m (Käfer der Familie Cerambycidae)
**longifolene** (Chem) / Longifolen n (ein weit verbreitetes Pflanzen-Sesquiterpen)
**long ink*** (Print) / lange Druckfarbe
**longitude*** n (Astron, Geog, Surv) / Länge f (in einem Koordinatensystem) ‖ ⁓ **zone** (Cartography) / Meridianstreifen m
**longitudinal*** n (Aero) / Längsträger m (des Starrluftschiffs) ‖ ⁓ adj / Längs-, longitudinal adj ‖ ⁓ **aberration** (Optics) / Längsaberration f ‖ ⁓ **acceleration** (Mech) / Längsbeschleunigung f ‖ ⁓ **axis*** (Aero) / x-Achse f (des Flugzeugs), Längsachse f ‖ ⁓ **axis** (Eng, Maths) / Längsachse f ‖ ⁓ **barrel vault** (Arch) / Längstonne f (Gewölbe) ‖ ⁓ **bearer** (Rail) / Langträger m (durchgehendes Bauteil eines Eisenbahnfahrzeugs, das die in Längsrichtung wirkenden Kräfte aufnimmt und den Fahrzeugkasten trägt) ‖ ⁓ **check** (Comp) / Longitudinalprüfung f, Blockprüfung f (DIN 44302) ‖ ⁓ **chromatic aberration** (Optics) / Farblängsfehler m ‖ ⁓ **colour aberration** (Optics) / Farblängsfehler m ‖ ⁓ **contraction** (Welding) / Längsschrumpfung f (in Längsrichtung einer Schweißnaht) ‖ ⁓ **control** (Aero) / Höhensteuerung f (Steuerung der Drehbewegung des Flugzeugs um die Querachse mithilfe des Höhenruders) ‖ ⁓ **controls** (Aero) / Längssteuerflächen f pl, Nickstеuerflächen f pl (Querruder)
**longitudinal-cutting circular shears** (Met, Ships) / Längsschnittschere f, Rundlangmesserschere f
**longitudinal direction** / Längsrichtung f (im Allgemeinen) ‖ ⁓ **distortion** (Mech) / Längsverformung f (DIN 13 316) ‖ ⁓ **driveshaft** (Autos) / Längswelle f (zwischen vorne angeordnetem Motor und Hinterachse) ‖ ⁓ **dune** (Geol) / Längsdüne f ‖ ⁓ **engine** (Autos) / Längsmotor m ‖ ⁓ **engine** (Autos) s. also transverse engine ‖ ⁓ **fillet weld** (Welding) / Flankenkehlnaht f ‖ ⁓ **force** (Mech) / Längskraft f, Axialkraft f ‖ ⁓ **forces** (Autos) / Längskräfte f pl (in der Reifenaufstandsfläche wirksame Kräfte), Umfangskräfte f pl ‖ ⁓ **frame*** (Ships) / Längsspant m n ‖ ⁓ **furrow tank** (San Eng) /

**longitudinal**

Furchenbecken *n* (ein Belüftungsbecken) ‖ ~ **girder** (Rail) / Langträger *m* (durchgehendes Bauteil eines Eisenbahnfahrzeugs, das die in Längsrichtung wirkenden Kräfte aufnimmt und den Fahrzeugkasten trägt) ‖ ~ **grade** (US) (Civ Eng) / Längsneigung *f* ‖ ~ **gradient** (Civ Eng) / Längsneigung *f* ‖ ~ **impact** (Phys) / Längsstoß *m* ‖ ~ **instability*** (Aero) / Längsinstabilität *f* ‖ ~ **joint** / Längsfuge *f* ‖ ~ **joint*** (Carp) / Verlängerung *f*, Stoß *m* ‖ ~ **joint** (Geol) / Längskluft *f*, S-Kluft *f*
**longitudinally welded pipe** (Welding) / Längsnahtrohr *n*
**longitudinal magnetic recording** (Acous) / magnetische Längsaufzeichnung ‖ ~ **magnetization*** (Acous, Mag, Spectr) / longitudinale Magnetisierung, Längsmagnetisierung *f*, Gleichgewichtsmagnetisierung *f* ‖ ~ **magnification*** (Optics) / Tiefenmaßstab *m*, Tiefenverhältnis *n*, Längsvergrößerung *f* ‖ ~ **mass** (Phys) / longitudinale Masse (Masseveränderlichkeit) ‖ ~ **metacentre*** (Ships) / Längenmetazentrum *n* ‖ ~ **oscillation*** (Phys) / Längsschwingung *f*, longitudinale Schwingung ‖ ~ **parenchyma** (For) / Längsparenchym *n* ‖ ~ **parity** (Comp) / Längsparität *f*, Blockparität *f* (Parität eines Datenblocks nach Ergänzung durch ein Blockprüfzeichen; im Gegensatz zur Quer- bzw. Zeichenparität) ‖ ~ **profile** / Längsschnitt *m*, Längsprofil *n*, Längenprofil *n* ‖ ~ **redundancy check** (Comp) / Longitudinalprüfung *f*, Blockprüfung *f* (DIN 44302) ‖ ~ **redundancy check character** (Comp) / Blockprüfzeichen *n* ‖ ~ **relaxation** (Mag, Nuc) / longitudinale Relaxation, Spin-Gitter-Relaxation *f* (eine paramagnetische Relaxation) ‖ ~ **ridge** (Arch) / Längsscheitel *m* (im Gewölbe) ‖ ~ **ridge-rib** (Arch) / Längsscheitelrippe *f* (im Gewölbe) ‖ ~ **rolling** (Met) / Längswalzen *n* (DIN 8583, T 2) ‖ ~ **rolling machine** (Met) / Längswalzmaschine *f* ‖ ~ **seam** (weld) (Welding) / Längsnaht *f* ‖ ~ **section** / Längsschnitt *m*, Längsprofil *n*, Längenprofil *n* ‖ ~ **separation** (Aero) / Längsstaffelung *f* ‖ ~ **slide** (Eng) / Längsschlitten *m* (der Fräsmaschine) ‖ ~ **stability*** (Aero) / Nickstabilität *f*, Längsstabilität *f* (in Bezug auf Drehmomente um die Querachse) ‖ ~ **stream** (Geol) / subsequenter Fluss, Nachfolgefluss *m* ‖ ~ **structure** (Ships) / Längsverband *m* (z.B. Kiel, Deck) ‖ ~ **surface grinder with horizontal main spindle** (Eng) / Langtisch-Flachschleifmaschine *f* mit horizontaler Hauptspindel ‖ ~ **vibration** (Mech) / Längsschwingung *f*, Longitudinalschwingung *f* ‖ ~ **video recording** (TV) / Längsspurvideoaufzeichnung *f* ‖ ~ **wave** (Geophys) / P-Welle *f* (Longitudinalwelle beim Erdbeben), Verdichtungswelle *f*, Kompressionswelle *f* (longitudinale Raumwelle) ‖ ~ **wave*** (Phys) / Längswelle *f* (wenn die Schwingung in Ausbreitungsrichtung erfolgt), Longitudinalwelle *f*, longitudinale Welle (DIN 1311, T 4) ‖ ~ **weld** (Welding) / Längsnaht *f*, Längsschweißnaht *f* ‖ ~ **welder** (Welding) / Längsnahtschweißmaschine *f* (zur Herstellung längsnahtgeschweißter Stahlrohre) ‖ ~ **wind component** (Aero) / Längswindkomponente *f* ‖ ~ **zigzag twill** (Weaving) / Längszickzackköper *m*
**long-lance retracting-type soot blower** (Eng) / Lanzenschraubrußbläser *m*, Langschraubbläser *m*, Langschubdrehbläser *m*
**long•-lasting** *adj* / langlebig *adj* (z.B. Batterie) ‖ ~**-lasting** / langanhaltend *adj*
**longleaf pine** (For) / Sumpfkiefer *f* (Pinus palustris Mill.), Longleaf-Pine *f* (eine nordamerikanische Kiefernart)
**long-leaved pine** (For) / Sumpfkiefer *f* (Pinus palustris Mill.), Longleaf-Pine *f* (eine nordamerikanische Kiefernart)
**long-life** *attr* / Langzeit-, langlebig *adj*
**long-life guarantee** / Langzeitgarantie *f* ‖ ~ **milk** (Nut) / haltbare Milch, H-Milch *f*, UHT-Milch *f* ‖ ~ **sparking plug** (I C Engs) / Longlife-Zündkerze *f* (mit Auslegung auf lange Dauer) ‖ ~ **tape** (Comp) / Dauerlochstreifen *m* ‖ ~ **warranty** (US) / Langzeitgarantie *f*
**long-line effect*** (Build, Carp, Telecomm) / Long-line-Effekt *m* (bei einem Oszillator)
**long-lived** *adj* / Langzeit-, langlebig *adj* ‖ ~ (Nuc) / langlebig *adj* ‖ ~ **tool** (Instr, Tools) / Werkzeug *n* mit hoher Standzeit
**long-log flaker** (For) / Langholzzerspaner *m*
**long-necked flask** (Chem) / Langhalskolben *m*
**long-neck flask** (Chem) / Langhalskolben *m*
**longnose** *n* (US) (Autos) / Haubenfahrzeug *n* (ein amerikanischer LKW), Hauber *m* (ein amerikanischer LKW)
**long-nose pliers** (Eng) / Langbeckzange *f*, Schnabelzange *f* ‖ ~ **pliers** (Tools) / Flachrundzange *f*, Spitzzange *f*, Telefonzange *f*
**long-oil** *attr* (Paint) / langölig *adj* (Alkydharz) ‖ ~ **alkyd** (resin) / Langöl-Alkydharz *m*
**long-oil alkyd** (Paint) / fetter Alkydharzlack (mit >60% Öl)
**long-path bearing** (Radar) / Großkreispeilung *f*
**long period** (Chem) / Langperiode *f*, lange Periode (im Periodensystem der Elemente)
**long-period** *attr* (Astron) / langperiodisch *adj* ‖ ~ **comet** (Astron) / langperiodischer Komet (Umlaufzeit über 200 Jahre) ‖ ~ **forecast** (Meteor) / langfristige Wettervorhersage, Langfristprognose *f* (über einen Monat) ‖ ~ **oscillation** (Phys) / langperiodische Schwingung ‖ ~ **variables** (Astron) / langperiodische Veränderliche (Mira-Sterne)
**long•-persistence screen*** (Electronics) / Bildschirm *m* langer Nachleuchtdauer ‖ ~**-pile carpet** (Textiles) / Hochflorteppich *m* (mit hochpoligem geschnittenem Flor), Langflorteppich *m*
**long-pitch winding** (Elec Eng) / Wicklung *f* mit Schrittverlängerung, Wicklung *f* mit verlängertem Schritt
**long plane** (Carp) / Langhobel *m*, Raubank *f* (ein Handhobel, etwa 75 cm lang - zur Herstellung von geraden Kanten und ebenen Flächen sowie zum Fügen) ‖ ~ **plane** (Join) / Langhobel *m* (etwa 56 cm Länge) ‖ ~ **play** (Acous) / Langspielplatte *f*, LP (Langspielplatte)
**long-playing band** (Acous) / Langspielband *n* (eine Tonbandsorte)
**long-playing record** (Acous) / Langspielplatte *f*, LP (Langspielplatte)
**long-pull magnet** (Elec Eng) / Kegelankermagnet *m*
**long range** (Aero) / Langstrecke *f* (meistens über 12 000 km) ‖ ~ **range*** (Aero) / Langstrecke *f* ‖ ~ **range*** (Aero, Radar) / große Reichweite ‖ ~**-range*** *attr* / Fern-, Weitstrecken-, weitreichend *adj* (Weitstrecken-), Langstrecken- ‖ ~**-range*** (Meteor) / langfristig *adj* (Wettervorhersage)
**long-range administration** (Teleph) / Fernverwaltung *f* ‖ ~ **bomber** (Mil) / Fernbomber *m* ‖ ~ **bomber aircraft** (Mil) / Fernbomber *m* ‖ ~ **communications** (Telecomm) / Weitverkehr *m* ‖ ~ **coupling** (Spectr) / Fernkopplung *f*, Long-Range-Kopplung *f* ‖ ~ **forecast** (Meteor) / langfristige Wettervorhersage, Langfristprognose *f* (über einen Monat) ‖ ~ **jet airliner** (Aero) / Langstrecken-Düsen-Airliner *m*, Düsen-Airliner *m* mit großer Reichweite ‖ ~ **order** (Crystal) / Fernordnung *f* (bei Mischkristallen)
**long range order parameter** (Crystal) / Fernordnungsparameter *m*
**long-range pencil beam** (Light) / Fernstrahl *m* (der Taschenlampe)
**long-range radar** (Radar) / Großraumradar *m*
**long-range reconnaissance aircraft** (Aero, Mil) / Fernaufklärer *m*, Fernaufklärungsflugzeug *n* ‖ ~ **sprinkler** (Agric) / Weitstrahlregner *m* ‖ ~ **traffic** (Telecomm) / Weitverkehr *m* ‖ ~ **transport of air pollution** (Ecol) / Ferntransport *m* von Luftverunreinigungen
**long-rolling sea** (Ships) / langausrollende See (Logbuchstabe L.)
**long-run printing** (Print) / Großauflagendruck *m*
**long saw*** (For) / Zweimannblattsäge *f* (mit gekrümmtem Blatt), Blattspaltsäge *f* (mit geradem Blatt)
**longscrew** *n* (Eng) / Rohrverschraubung *f* (mit einem zylindrischen und einem Kegelgewinde)
**long-shanked needle** (Textiles) / Hochfußnadel *f*
**longshore current*** (Ocean) / Küstenstrom *m* ‖ ~ **drift*** (Geol, Ocean) / Materialtransport *m* schräg zur Küste (Schwemmstoffe) ‖ ~ **drift*** (Geol, Ocean) / Küstenversetzung *f*, Küstenversatz *m* (Verlagerung von Küstensedimenten längs der Küste)
**longshoreman** *n* (US) (Ships) / Schauermann *m* (der im Laderaum arbeitet)
**long shot*** (Cinema) / Totale *f* (weiteste Einstellung eines Motivs), Gesamtaufnahme *f*
**long-sighted** *adj* (Optics) / weitsichtig *adj*, übersichtig *adj*, hypermetropisch *adj*
**long-sightedness*** *n* (Optics) / Übersichtigkeit *f* (eine Art Fehlsichtigkeit), Hypermetropie *f*, Hyperopie *f*, Weitsichtigkeit *f*
**long-slot burner** / Langlochbrenner *m*
**long-span** *attr* / mit großer Spannweite ‖ ~ **suspension bridge** (Civ Eng) / weitgespannte Hängebrücke
**long-staple cotton** (Textiles) / langstapelige Baumwollfaser, lange Baumwollfaser (> 29 mm)
**long-stator linear motor** (Elec Eng) / Langstator-Linearmotor *m* (Magnetschwebetechnik)
**long-stemmed** *adj* (For) / langschaftig *adj*, langschäftig *adj*, langstämmig *adj* ‖ ~ (For) / hochstämmig *adj*
**long string casing** (Oils) / Produktionsrohrfahrt *f*
**long-stroke** *attr* (Eng) / langhubig *adj* ‖ ~ **engine** (I C Engs) / Langhuber *m*, Langhubmotor *m* ‖ ~ **honing** (Eng) / Langhubhonen *n* (bei dem der Werkstoff mit feinkörnigen, keramisch oder durch Kunstharz gebundenen Honsteinen mit Korund oder Siliciumcarbid als Kornwerkstoff von der Werkstückoberfläche abgetrennt wird) ‖ ~ **honing machine** (Eng) / Langhubhonmaschine *f*
**long superstructure*** (Ships) / langer Aufbau
**long-tail pair*** (Electronics) / katodengekoppelte Gegentaktstufe
**long-term** *attr* / Langzeit-, langfristig *adj*, Lang-
**long-term** *attr* (Astron) / langperiodisch *adj* ‖ ~ **ageing** (Met) / Langzeitalterung *f* ‖ ~ **anticorrosion protection** / Langzeitkorrosionsschutz *m* ‖ ~ **behaviour** (Materials) / Langzeitverhalten *n* ‖ ~ **development** / langfristige Entwicklung ‖ ~ **fading** (Comp, Telecomm) / Long-Term-Fading *n* (z.B. durch Funklöcher oder Abschattung) ‖ ~ **lease** / Long-Leasing *n* (mit einer durchschnittlichen Vertragsdauer von zehn Jahren und mehr) ‖ ~ **memory** / Langzeitgedächtnis *n* (beim Menschen) ‖ ~ **study** / Langzeitstudie *f* ‖ ~ **value** / Langzeitqualität *f*, Langzeitwert *m*

**long-thread milling** (Eng) / Langgewindefräsen n
**long-time creep test** (Materials, Met) / Zeitstandversuch m (DIN 50118), Standversuch m (zur Ermittlung von Festigkeitseigenschaften), Langzeitversuch m (bei dem die Proben nach DIN 50118 in der Zeitstandprüfeinrichtung bei konstanter Temperatur auf Zug beansprucht werden) ‖ ~ **effect** (Materials) / Langzeitauswirkung f, Langzeiteinwirkung f, Dauereffekt m ‖ ~ **memory** / Langzeitgedächtnis n (beim Menschen) ‖ ~ **memory** (AI) / Langzeitspeicher m ‖ ~ **stability** / Langzeitstabilität f (z.B. eines Sensors) ‖ ~ **static test** (Materials) / Zeitstandversuch m (DIN 50118), Standversuch m (zur Ermittlung von Festigkeitseigenschaften), Langzeitversuch m (bei dem die Proben nach DIN 50118 in der Zeitstandprüfeinrichtung bei konstanter Temperatur auf Zug beansprucht werden) ‖ ~ **storage** (Comp) / Langzeitspeicher m ‖ ~ **stress-rupture strength** (Materials, Met) / Zeitstandfestigkeit f (ruhende Spannung, die nach bestimmter Belastungszeit zum Bruch führt)
**long tom*** (Mining) / Waschrinne f (bei der Goldwäsche) ‖ ~ **ton*** (Mining, Ships) / Longton f (eine veraltete Masseneinheit = 2240 lb)
**long-tube (vertical-film) evaporator** (Chem Eng) / Steigfilmverdampfer m, Kletterfilmverdampfer m (in dem eine ringförmige Filmströmung mit einem Dampfkern entsteht)
**longwall** n (face) (Mining) / Streb m (langer, schmaler Abbauraum) ‖ ~ **caving** (Mining) / Strebbruchbau m ‖ ~ **coal-cutting machine*** (Mining) / Strebmaschine f (eine Gewinnungsmaschine)
**longwalling** n (Mining) / langfrontartiger Abbau, [langfrontiger] Strebbau m
**longwall machinery** (Mining) / Schrämmaschinen f pl (Maschinen der schneidenden Gewinnung) ‖ ~ **peak stoping** (Mining) / Schrägbau m (Abbauverfahren, das nach der langfrontartigen Bauweise arbeitet) ‖ ~ **system** (Mining) / langfrontartiger Abbau, [langfrontiger] Strebbau m ‖ ~ **working*** (Mining) / langfrontartiger Abbau, [langfrontiger] Strebbau m
**long wave*** (Radio) / Langwelle f (elektromagnetische Welle mit einem Frequenzbereich von 30 bis 300 kHz => > 1 km)
**long-wave** attr / langwellig adj
**long-wavelength** attr / langwellig adj
**long-wearing** adj (US) (Textiles) / widerstandsfähig adj, strapazierfähig adj, trittfest adj (z.B. Teppich)
**long•-wire antenna** (Radio) / Langdrahtantenne f (eine Linearantenne) ‖ ~ **wool** (Textiles) / langstapelige Wolle (18 bis 51 cm)
**long-woolled** adj / langwollig adj (Schaf)
**longwork** n (Mining) / langfrontartiger Abbau, [langfrontiger] Strebbau m
**loofah** n / Luffa f, Luffaschwamm m (meistens aus Luffa cylindrica (L.) M. Roem.).) ‖ ~ (For) / Schwammgurke f (Luffa cylindrica (L.) M. Roem.)
**look** n / Aussehen n ‖ ~ (Textiles) / Aussehen n (einer Ware), Look m, Optik f (einer Ware)
**look-ahead** n (Comp) / Vorgriff m (in den Lesebereich), Look-ahead n ‖ ~ (Comp) / Carry-look-Ahead n, Parallelübertrag m ‖ ~ **field** (Comp) / Vorgriffsfeld n ‖ ~ **tree** (AI) / Baum m der vorausschauenden Suche
**look angle** (Radar) / Keulensteuerwinkel m
**look-aside cache** (Comp) / Look-Aside-Cache m
**look-at-me request** (Comp) / LAM-Anforderung f (DIN IEC 678)
**look-back capability** (Radar) / Rückblickfähigkeit f
**look for** v / suchen v
**look-forward capability** (Radar) / Vorausblickfähigkeit f
**look-out** n (Arch) / Aussichtsturm m
**look-through** n (Mil, Radio) / Störlückentechnik f (bei Störsendern)
**look-through*** n (Paper) / Durchsicht f (bei der optisch-fotometrischen Prüfung)
**look-through cache** (Comp) / Look-Through-Cache m
**look-up table filter** (Radar) / Tabellenfilter n
**loom** n (Elec Eng) / nichtmetallisches Isolierrohr ‖ ~* (Weaving) / Webmaschine f (DIN ISO 5247, T 2), Webstuhl m (mechanischer), Stuhl m ‖ ~ **beam** (Weaving) / Webbaum m, Baum m ‖ ~ **beam** (Weaving) / Kettbaum m (zylindrischer Aufwickelkörper nach DIN ISO 8116-1), Zettelbaum f (ein Vorbaum), Kettenbaum m (ein Vorbaum) ‖ ~ **efficiency*** (Weaving) / Webmaschinenleistung f, Webstuhlleistung f
**loom-finished cloth** (Textiles) / Stuhlware f, stuhlrohes Gewebe, Rohgewebe n, Stuhltuch n (Gewebe, das nach dem Weben keine Ausrüstung mehr durchmacht)
**loom fly** (Weaving) / eingewebte Fremdfasern ‖ ~ **fly** (Weaving) / Webmaschinenflug m, Stuhlflug m ‖ ~ **for narrow fabrics** (Weaving) / Bandwebstuhl m, Bandwebmaschine f, Getau n (zur Herstellung von Schmalgeweben bis zu einer Höchstbreite von etwa 400 mm) ‖ ~ **framing** (Weaving) / Webmaschinengestell n, Webstuhlgestell n

**looming*** n (Meteor) / Luftspiegelung f (nach unten), Kimmung f, untere Luftspiegelung ‖ ~* (Weaving) / Einziehen n der Kettfäden in Geschirr und Schaft, Einzug m
**Loomis-Wood diagram** (a graph used in a molecular spectrum to the various branches of rotational bands when these branches overlap, in which the difference between observed wave numbers and wave numbers extrapolated from a few lines that apparently belong to one branch are plotted against arbitrary running numbers for that branch) / Loomis-Wood-Diagramm n
**loom oil** (Weaving) / Webstuhlöl n ‖ ~ **sley** (Weaving) / Lade f (zur Aufnahme der Weberschiffchen), Weblade f
**loomstate fabric** (Textiles) / Stuhlware f, stuhlrohes Gewebe, Rohgewebe n, Stuhltuch n (Gewebe, das nach dem Weben keine Ausrüstung mehr durchmacht)
**loom winder** (Weaving) / Unifil m, Loom-Winder m, Schussspulaggregat n (der Webmaschine)
**loop** v (the loop) (Aero) / drehen v (einen Looping) ‖ ~ (Comp) / schleifen v (vom Programm) ‖ ~ (Textiles) / ketteln v ‖ ~ n / Schlaufe f, Schleife f ‖ ~ / Schlinge f ‖ ~* (Aero) / Looping m n (eine Kunstflugfigur), Überschlag m ‖ ~ (Automation) / Regelkreis m (mit geschlossenem Wirkungsablauf), Kreis m mit Rückführung ‖ ~ (Automation) / Wirkungskette f (meistens geschlossene), Wirkungsweg m (Wirkungskette) ‖ ~* (Cinema) / Filmschleife f (des Laufbildwerfers), Filmschlaufe f ‖ ~* (Cinema, Comp, Elec) / Schleife f ‖ ~ (Elec Eng) / Teilschwingung f (des Stromes zwischen zwei aufeinanderfolgenden Nulldurchgängen) ‖ ~ (Elec Eng) / Ringleitung f (Elektroenergieübertragung) ‖ ~ (Eng) / Öse f (z.B. bei Zugfedern) ‖ ~ (Geog) / Schleife f (eines Flusses) ‖ ~ (Maths) / Loop m, Quasigruppe f mit neutralem Element ‖ ~ (Met) / Schlinge f (beim Walzen) ‖ ~ (Nuc Eng) / Loop m (geschlossener Kreislauf in einem Kernreaktor) ‖ ~* (Phys) / [Wellen-, Schwingungs-]Bauch m ‖ ~ (Radio) / Rahmen m (Antenne), Rahmenantenne f, Loopantenne f ‖ ~ (Telecomm) / Schleife f (eine Route, auf der Pakete ihr Ziel nie erreichen, sondern wiederholt eine gleichbleibende Reihe von Netzknoten durchlaufen) ‖ ~* (Telecomm) / Masche f (ein Weg in einem Netzwerk) ‖ ~ (Textiles) / Masche f (der Maschenware nach DIN ISO 7839) ‖ ~ (Textiles) / Henkel m (beim Henkelplüsch) ‖ ~ **antenna** (Aero, Nav, Radio) / Peilrahmen m, Drehpeiler m, Drehrahmen m ‖ ~ **antenna*** (Radio) / Rahmen m (Antenne), Rahmenantenne f, Loopantenne f
**loop-back plug** (Comp, Telecomm) / Loop-back Plug m (ein spezieller Stecker, der an Schnittstellen den sendenden Kontaktstift intern gleich wieder mit dem empfangenden Kontaktstift verbindet)
**loop-breaking extension** (Textiles) / Schlingenhöchstzugkraftdehnung f ‖ ~ **strength** (Textiles) / Schlingenreißfestigkeit f
**loop cable*** (Elec Eng) / doppeladriges Kabel, Zweileiterkabel n ‖ ~ **calculation during rolling** (process for the mathematical determination of the loops that form between the stands in open or continuous rolling mills) (Met) / Schlingenberechnung f beim Walzen ‖ ~ **car** (Surf) / Bandausgleichswagen m (in einer Bandverzinkungsanlage) ‖ ~ **cartridge** (Acous) / Endloskassette f (mit einem Bandwickel) ‖ ~ **characteristic** (Automation) / schleifenförmige Charakteristik ‖ ~ **check** (Comp) / Prüfung f durch Rückübertragung, Echokontrolle f, Echosicherung f ‖ ~ **closure on a/b wires** (Teleph) / Belegung f ‖ ~ **cloth** (Textiles) / Schlingengewebe n, Schlingenware f ‖ ~ **coding** (Comp) / zyklische Programmierung (als Gegensatz zu "gestreckte Programmierung") ‖ ~ **control** (Automation) / Schleifensteuerung f ‖ ~ **current** (Elec Eng) / Schleifenstrom m
**loop-current characteristic** (Elec Eng) / Schleifenstromkennlinie f
**loop detector** / Induktionsschleifendetektor m, Induktionsschleife f (als Detektor) ‖ ~ **dialling*** (Teleph) / Schleifenwahl f, Ziffernwahl f mit Schleifenimpulsgabe ‖ ~ **direction-finding system*** (Telecomm) / Rahmenpeilgerät n
**loop-disconnect dialling** (Teleph) / Hauptanschluss-Kennzeichen n, HKZ ‖ ~ **pulsing*** (Teleph) / Schleifenwahl f, Ziffernwahl f mit Schleifenimpulsgabe
**looped coupling link** (Rail) / Kupplungsbügel m (der Schraubenkupplung) ‖ ~ **filament** (Elec Eng) / schleifenförmiger Glühfaden (meistens ein Kohlefaden) ‖ ~ **pile** (Textiles) / Schlingenflor n ‖ ~ **pile floor covering** (Textiles) / Bouclé-Fußbodenbelag m, Schlingenflorteppich m, Schlingenpolteppich m (meist in abgepasster Form hergestellter textiler Fußbodenbelag mit geschlossenen, gleichhohen Polnoppen), Bouclé m (Teppich) ‖ ~ **plush** (Textiles) / Henkelplüsch m (auf Rundwirkmaschinen gearbeitete Wirkfrottierware mit geschlossenen Plüschschleifen) ‖ ~ **stitch** (Textiles) / Schlingenstich m, Kettelstich m ‖ ~ **thread** (Textiles) / Schlinge f (im einlaufenden Faden)
**loop efficiency** (Textiles) / Schlingenreißkraft f, Schlingenfestigkeit f ‖ ~ **element** (Automation) / Regelkreisglied n

**looper**

**looper** n (Met) / Schlingenbildner m ‖ ~ (Met) / Umführung f (Walzgut) ‖ ~ (Surf) / Bandausgleichswagen m (in einer Bandverzinkungsanlage) ‖ ~ (Textiles) / Greifer m (Schlingenfänger bei der Nähmaschine), Obergreifer m der Nähmaschine ‖ ~ (Textiles) / Kettelmaschine f
**loop fabric** (Textiles) / Schlingengewebe n, Schlingenware f ‖ ~ **fabric** (Textiles) s. also frotté ‖ ~ **formation** (Textiles) / Schleifenbildung f, Schlingenbildung f ‖ ~ **formation** (Textiles) / Maschenbildung f (DIN ISO 7839)
**loop-forming sinker** (Textiles) / Kulierplatine f (DIN 62 154) ‖ ~ **sinker** (Textiles) s. also sinker divider
**loop gain*** (Electronics) / Schleifenverstärkung f ‖ ~ **galvanometer*** (Elec Eng) / Schleifengalvanometer n
**loop-hole** n (Comp) / Lücke f im System, Schlupfloch n (im Datenschutz)
**looping** n (Aero) / Looping m n (eine Kunstflugfigur), Überschlag m ‖ ~ (Ecol) / schleifenförmige Rauchfahne (Luftunruhen durch thermische oder geländemäßige Ursachen) ‖ ~ (Met) / Umführen n (Walzen mit Umführungen oder Umlenken des Walzguts von Hand von einem Gerüst in das nebenstehende offener Walzstraßen, wobei sich eine Schlinge zwischen den Gerüsten bildet), Umwalzen n ‖ ~ (Textiles) / Schleifenbildung f, Schlingenbildung f ‖ ~ (Textiles) / Maschenbildung f (DIN ISO 7839) ‖ ~ (Textiles) / Ketteln n (maschengerechtes Verbinden zweier Maschenwarenkanten) ‖ ~ **fastness** (Textiles) / Schlingenfestigkeit f (gegen Schlingenbildung)
**looping-in** n (Elec Eng) / Einschleifen n
**looping machine** (Textiles) / Kettelmaschine f ‖ ~ **mill*** (Met) / Umsteckwalzwerk n ‖ ~ **mill** (Met) / offenes Walzwerk, offene Walzstraße ‖ ~ **pit** (Met) / Schlingengrube f (Einrichtung in Kaltwalzwerken zur Aufnahme vertikaler Schlingen - für Bandstahl und Breitband), Bandspeicher m (turmartiger - einer Bandbeschichtungsanlage) ‖ ~ **pit** (Met) / Schlingengrube f, Bandspeicher m (grubenförmiger - einer Bandbeschichtungsanlage)
**looping-through** n (Cables) / Durchschleifen n
**looping tower** (Met) / Schlingengrube f (Einrichtung in Kaltwalzwerken zur Aufnahme vertikaler Schlingen - für Bandstahl und Breitband), Bandspeicher m (turmartiger - einer Bandbeschichtungsanlage) ‖ ~ **wheel** (Textiles) / Kulierrad n, Mailleuse f, Maschenrad n (bei der französischen Rundkulierwirkmaschine)
**loop iteration method** (Eng) / Schleifeniterationsmethode f (bei der Getriebeanalyse)
**loopless** n (Textiles) / kettellos adj (Strumpf)
**loop network** (Telecomm) / Schleifennetz n ‖ ~ **network** (Telecomm) s. also ring network ‖ ~ **of magnetic tape** (Acous, Comp, Mag) / endloses Magnetband ‖ ~ **pile*** (Textiles) / Schlingenflor m (unaufgeschnittener Flor) ‖ ~ **pile carpet** (Textiles) / Bouclé-Fußbodenbelag m, Schlingenflorteppich m, Schlingenpolteppich m (meist in abgepasster Form hergestellter textiler Fußbodenbelag mit geschlossenen, gleichhohen Polnoppen), Bouclé n (Teppich) ‖ ~ **plush** (Textiles) / Henkelplüsch m (auf Rundwirkmaschinen gearbeitete Wirkfrottierware mit geschlossenen Plüschschleifen) ‖ ~ **ply yarn** (Spinning) / Schleifenzwirn m, Schlingenzwirn m ‖ ~ **reactor** (Chem Eng) / Schlaufenreaktor m (mit Rückführung des Reaktionsproduktes zum Ausgangsgemisch), Schleifenreaktor m, Umlaufreaktor m, SR (Schlaufenreaktor), Kreislaufreaktor m ‖ ~ **resistance** (Cables) / Schleifenwiderstand m ‖ ~ **resistance** (Textiles) / Schlingenreißkraft f, Schlingenfestigkeit f
**loops** pl (Textiles) / Rundschlingen f pl auf Seidenfäden
**loop scavenging** (I C Engs) / Schnürle-Spülung f, Umkehrspülung f (spezielles Spülverfahren zum Ladungswechsel bei Zweitaktmotoren)
**loop-shaped** adj / schleifenförmig adj
**loopstick antenna*** (Radio) / Ferritstabantenne f, Ferritantenne f
**loop stitch** (Textiles) / Schlingenstich m, Kettelstich m ‖ ~ **stitch** (Textiles) s. also chain stitch ‖ ~ **strength** (Textiles) / Schlingenreißkraft f, Schlingenfestigkeit f ‖ ~ **test*** (Teleg, Teleph) / Fehlerortsbestimmung f durch Messung des Schleifenwiderstandes
**loop-type bubble reactor** (Chem Eng) / Schlaufenreaktor m (eine Weiterentwicklung der Blasensäule)
**loop wheel** (Textiles) / Kulierrad n, Mailleuse f, Maschenrad n (bei der französischen Rundkulierwirkmaschine) ‖ ~ **yarn*** (Spinning) / Bouclé n (Garn mit Knoten und Schlingen), Bouclégarn n, Buklee n (Garn mit Knoten und Schlingen) ‖ ~ **yarn*** (Spinning) / Loopgarn n (Effektzwirn mit Schleifencharakter), Loopzwirn m (Zwirngarn, das Schlingen oder Schleifen bildet, oder texturiertes Schleifengarn), Schlingeneffektgarn n ‖ ~ **yarn** (Spinning) / Schleifenzwirn m, Schlingenzwirn m
**loopy edge** (Weaving) / Schlingenleiste f, Schlingenkante f (ein Webfehler) ‖ ~ **selvage** (US) (Weaving) / Schlingenleiste f, Schlingenkante f (ein Webfehler) ‖ ~ **selvedge** (Weaving) /

Schlingenleiste f, Schlingenkante f (ein Webfehler) ‖ ~ **yarn** (Spinning) / Garn n mit gesplissenen Fäd(ch)en
**loose** v (Chem, Glass) / lösen v (z.B. festsitzende Schliffpaare) ‖ ~ adj / ungebunden adj (Korn) ‖ ~ / spannungslos adj, schlaff adj (Seil) ‖ ~ (Eng) / mit (ungewolltem) Spiel, mit (ungewolltem) totem Gang ‖ ~ (Eng) / schaltbar adj (Wellenkupplung) ‖ ~ (Geol) / unverfestigt adj, lose adj, locker adj ‖ ~ (Leather) / abfällig adj (eine Hautpartie) ‖ ~ **abrasive** (Eng) / loses Schleifmittel, freies Schleifmittel, Schleifmittel n in freier Form
**loo-seat** n (Build) / Klosettbrille f
**loose bearing** (Eng) / Loslager n ‖ ~ **bottom** / abnehmbarer Boden ‖ ~ **butt hinge*** (Build) / Aufsatzband n (ein Beschlag) ‖ ~ **connection** (Elec Eng) / fehlerhafter Kontakt, Wackelkontakt m ‖ ~ **contact** (Elec Eng) / fehlerhafter Kontakt, Wackelkontakt m ‖ ~ **coupling*** (Elec Eng) / lose (unterkritische) Kopplung ‖ ~ **coupling*** (Eng) / schaltbare Kupplung, [lösbare] Kupplung f, Ausrückkupplung f, Schaltkupplung f, aus- und einrückbare Kupplung ‖ ~**-fill insulation** (Build) / Schüttdämmung f (mit Schall- und Wärmedämmstoffen) ‖ ~ **fit** (Eng) / sehr großes Spiel (Kennzeichen bei Montage) ‖ ~ **fit** (Eng) / weiter Laufsitz, WL (großes Spiel) ‖ ~ **flange** (Eng) / Losflansch m, loser Flansch ‖ ~ **floating** (of wood) (For) / Triften n (stammsweises Treibenlassen von Rohholz auf Wasserwegen, Einzelflößerei f, Wildflößerei f, Holzschwemmerei f ‖ ~ **gland*** (Eng) / Dichtung f für Ausdehnungsrohrverbindungen ‖ ~ **ground** (Geol) / lockeres Gebirge ‖ ~ **ground** (Mining) / leicht hereinbrechendes Gestein ‖ ~ **heel switch** (Rail) / Gelenkzunge f (einer Weiche) ‖ ~ **insert(s)** (Print) / Beilagen f pl ‖ ~ **interlinking** (Eng, Work Study) / lose Verkettung (bei Transferstraßen) ‖ ~ **joint butt** (Build) / Aufsatzband n (ein Beschlag) ‖ ~ **knot** (a knot that is not held firmly in place by growth or position and that cannot be relied upon to remain in place) (For) / Einschlussast m, nichtverwachsener Ast, loser Ast, Durchfallast m, Ausfallast m, ausfallender Ast ‖ ~ **laying** / lose Verlegung ‖ ~**-leaf*** attr (Bind) / Loseblatt-
**loose-leaf binder** (Bind) / Loseblattordner m, Ordner m für das Loseblattwerk
**loosely adhering** / schlechthaftend adj ‖ ~ **constructed** (Weaving) / schütter adj (Gewebe), locker eingestellt (Gewebe) ‖ ~ **constructed fabric** (Textiles) / lockeres Gewebe (im Allgemeinen) ‖ ~ **spaced** (Typog) / splendid adj (Satz) ‖ ~ **woven** (Weaving) / schütter adj (Gewebe), locker eingestellt (Gewebe) ‖ ~ **woven fabric** (Textiles) / loses Gewebe, offenes Gewebe ‖ ~ **woven fabric** (Textiles) / lockeres Gewebe (im Allgemeinen)
**loosen** v / nachlassen v (locker werden) ‖ ~ vi / sich lösen v, locker werden, lose werden, sich losmachen v ‖ ~ vt / lockern v, lösen v, losmachen v ‖ ~ (bolts, screws, nuts) (Eng) / lösen v ‖ ~ (the nut) (Eng) / abschrauben v
**loose pattern** (Foundry) / mehrteiliges zerlegbares Modell ‖ ~ **pick** (Weaving) / freigelegter Schussfaden ‖ ~ **piece*** (Foundry) / Ansteckteil n, loses Teil ‖ ~ **pulley** (Eng, Mech) / lose Rolle (des Flaschenzugs) ‖ ~ **pulley*** (Eng, Mech) / Losscheibe f, lose Riemenscheibe
**loose-reed loom** (Weaving) / Losblattstuhl m, Blattauswerfer m (Webstuhl mit Losblatteinrichtung, d.h. mit ausschwenkbarem Blatt)
**loose rock** (Build, Civ Eng, Geol) / Lockergestein n, lockeres Gestein ‖ ~ **rock dam** (Hyd Eng) / geschütteter Steindamm, Steinschüttdamm m ‖ ~ **selvedge** (Weaving) / lockere Leiste, wellige Leiste ‖ ~ **side** (For) / offene (= rechte) Seite (bei Furnieren) ‖ ~ **sketch** / Freihandzeichnung f, Faustskizze f ‖ ~ **wool** (Glass) / Glaswatte f, lose Glaswolle (nach dem Schleuderverfahren hergestelltes Material aus Glasfasern)
**LOP** (line of position) (Aero, Nav, Radar) / Standlinie f (durch Peilung ermittelte Linie, auf der sich das peilende Fahrzeug befindet)
**lop** v / abschneiden v, beschneiden v, kappen v ‖ ~ (For) / entasten v, aufasten v, abästen v (gefällte Bäume), entästen v (liegende Bäume) ‖ ~ (For) / stehend ästen ‖ ~ (For) / aufasten v, aufästen v (stehende Bäume)
**loparite*** n (Min) / Loparit m (ein Perowskit mit bis 34% Ce und 10% Nb)
**lophophorine** n (Chem, Pharm) / Lophophorin n (giftiges Lophophora-Alkaloid)
**lop off** v / abschneiden v, beschneiden v, kappen v ‖ ~ **off** (For) / entasten v, aufasten v, abästen v (gefällte Bäume), entästen v (liegende Bäume)
**lopolith** n (Geol) / Lopolith m (Pluton von schüssel- bis trichterartiger Form)
**loppers** pl (Agric) / Baumschere f
**lopside** v (Ships) / Schlagseite haben ‖ ~ n (Ships) / Schlagseite f (bleibende Neigung des Schiffs in Querrichtung)
**lopsided** adj (Ships) / mit Schlagseite

**LOPT** (line output transformer) (TV) / Zeilentransformator *m* (in dem die aus den übertragenen Synchronsignalen gewonnen Horizontalablenkfrequenz in die sägezahnförmigen Ablenkströme umgeformt wird, die den Ablenkspulen zugeführt werden)
**Lorac** *n* (Nav, Radar) / Loran *n* C (Unterschiede gegenüber dem Standard-Loran: Verringerung der Frequenz auf 100 kHz, Vergrößerung des Abstandes Hauptstation-Nebenstation bis zu 2800 km), Lorac-System *n* ‖ ~ *n* (long-range accuracy radar system) (Nav, Radar) / Loran *n* C (Unterschiede gegenüber dem Standard-Loran: Verringerung der Frequenz auf 100 kHz, Vergrößerung des Abstandes Hauptstation-Nebenstation bis zu 2800 km), Lorac-System *n*
**lorad** *n* (Nav, Radar) / Lodar *n* (Impulspeilanlage für Loran)
**loran** *n* (long-range navigation) (Nav, Radar) / [Standard-]Loran *n* (ein Hyperbel-Navigationsverfahren hoher Genauigkeit zur Weitbereichsnavigation) ‖ **~-C** *n* (Nav, Radar) / Loran *n* C (Unterschiede gegenüber dem Standard-Loran: Verringerung der Frequenz auf 100 kHz, Vergrößerung des Abstandes Hauptstation-Nebenstation bis zu 2800 km), Lorac-System *n*
**Lorentz broadening** (Phys, Spectr) / Lorentz-Verbreiterung *f* (der Spektrallinie nach dem Zusammenstoß mit einem fremdartigen Atom) ‖ ~ **contraction*** (Phys) / Längenkontraktion *f* (Hypothese zur Erklärung des negativen Resultats des Michelson-Versuchs, Lorentz-Kontraktion *f*, FitzGerald-Lorentz-Kontraktion *f* (nach G.F.FitzGerald, 1851-1901, und H.A.Lorentz, 1853-1928) ‖ ~**-FitzGerald contraction** (Phys) / Längenkontraktion *f* (Hypothese zur Erklärung des negativen Resultats des Michelson-Versuchs, Lorentz-Kontraktion *f*, FitzGerald-Lorentz-Kontraktion *f* (nach G.F.FitzGerald, 1851-1901, und H.A.Lorentz, 1853-1928) ‖ ~ **force*** (Phys) / Lorentz-Kraft *f* (magnetische Kraft auf eine sich mit der Geschwindigkeit v im Magnetfeld B bewegende Ladung q) ‖ ~ **gas** (Elec) / Lorentz-Gas *n* (als Modell für kinetische Berechnungen gewähltes Gasgemisch) ‖ ~ **gauging** (Phys) / Lorentz-Eichung *f* (wichtigste Eichung der elektrodynamischen Potentiale) ‖ ~ **group** (Maths) / Lorentz-Gruppe *f* (von Transformationen) ‖ ~ **group** (Maths) s. also Poincaré group
**Lorentzian function** (Spectr) / Lorentz-Funktion (bei einem Kernresonanzsignal) ‖ ~ **line** (Spectr) / Spektrallinie *f* mit Lorentz-Profil, Lorentz-förmige Spektrallinie, Lorentz-Profil *n* (der Spektrallinie) ‖ ~ **profile** (Spectr) / Spektrallinie *f* mit Lorentz-Profil, Lorentz-förmige Spektrallinie, Lorentz-Profil *n* (der Spektrallinie)
**Lorentz invariance** (Phys) / Lorentz-Invarianz *f* (unter Lorentz-Transformationen)
**Lorentz-invariant mechanics** (Mech) / Lorentz-invariante Mechanik
**Lorentz line-splitting** (Spectr) / Zeeman-Aufspaltung *f*
**Lorentz-Lorenz equation*** (Chem) / Lorentz-Lorenz-Gleichung *f* (dielektrische Polarisation)
**Lorentz transformation*** (Maths, Mech, Phys) / Lorentz-Transformation *f* (Umrechnungsbeziehung zwischen den Raum- und Zeitkoordinaten zweier gleichförmig zueinander bewegter physikalischer Bezugssysteme - in der speziellen Relativitätstheorie)
**Lorenz apparatus*** (Elec Eng) / Widerstandsmessgerät *n* nach Lorenz ‖ ~ **curve** (Stats) / Lorenz-Kurve *f* (welche die Konzentration einer wirtschaftlichen Einheit relativ zu einer anderen charakterisiert) ‖ ~ **number** (Wiedemann-Franz ratio) (Heat) / Lorenz-Konstante *f* (nach L.V. Lorenz, 1829-1891), Lorenz-Zahl *f* (die Proportionalitätskonstante im Wiedemann-Franz'schen Gesetz)
**Lorenzo's oil** / synthetisches erukareiches Öl
**Lorenz relation** (Heat) / Wiedemann-Franz-Lorenz'sches Gesetz (nach L.V. Lorenz, 1829-1891), Wiedemann-Franz'sches Gesetz (nach G.H. Wiedemann, 1826-1899, und R. Franz, 1827-1902), Lorenz'sches Gesetz
**lo-res** *adj* (Comp, Electronics, Optics) / niedrigauflösend *adj*
**Lorikal tanning** (Leather) / Lorikal-Gerbung *f* (mit Fettalkoholsulfaten)
**lorimer** *n* (Build) / Fensterbekrönung *f* (als Regenschutz)
**Lorin duct** (Aero) / Lorin-Triebwerk *n*, Lorin-Rohr *n*, Staustrahlrohr *n*, Staustrahltriebwerk *n* (mit Unterschallverbrennung), Ramjet *m*
**lorry** *n* (GB) (Autos) / Lastkraftwagen *m*, LKW, Lkw, Camion *m* (S), Truck *m* (pl. -s) (meistens ein Haubenfahrzeug, Fernlaster *m* ‖ ~ (Chem Eng) / Füllwagen *m* (des Verkokungsofens) ‖ ~* (Mining) / fahrbare Sturzbühne (im Abteufförderegerüst)
**lorry-driver** *n* (Autos) / LKW-Fahrer *m*, Fernfahrer *m*, Trucker *m*
**lorry-mounted concrete pump** (Civ Eng) / Autobetonpumpe *f* (auf dem LKW-Fahrgestell aufgebaut)
**lorry pooling** (Autos) / Lastkraftwagen-Pooling *n*, LKW-Pooling *n* ‖ ~ **with trailer** (Autos) / Lastzug *m* (LKW mit Anhänger)
**LOS** (line of sight) (Telecomm) / quasioptische Sichtweite ‖ ~ (loss of signal) (Telecomm) / Signalverlust *m*

**Los Angeles smog** (Ecol) / fotochemischer Smog, Sommersmog *m*, Fotosmog *m* (bei intensiver Sonneneinstrahlung und überhöhter Oxidantienkonzentration), Los-Angeles-Smog *m*
**Loschmidt number*** (Phys) / Loschmidt-Konstante *f* (nach J. Loschmidt, 1821-1895) (= $(2{,}68763 +- '10) \cdot 10^{25}$ m$^{-3}$), n$_O$
**Loschmidt's constant** (Phys) / Loschmidt-Konstante *f* (nach J. Loschmidt, 1821-1895) (= $(2{,}68763 +- '10) \cdot 10^{25}$ m$^{-3}$), n$_O$
**lose** *v* / verlieren *v* (z.B. Energie) ‖ ~ **colour** (Textiles) / verbleichen *v*, verschießen *v* (von Farben), ausbleichen *vi* (von Farbtönen) ‖ ~ **water** (Oils) / Spülungsverlust *m* (als Substanzverlust)
**losing stream** (Geol, Hyd Eng) / Grundwasser spendender Fluss (durch Versinkung, wie z.B. die Donau östlich von Tuttlingen), verlierender Wasserlauf (der einen Teil seines Wassers in das Grundwasser abgibt)
**LOS microwave link** (Telecomm) / Richtfunkverbindung *f* mit optischer Sicht
**loss** *n* / Verlust *m* (im Allgemeinen) ‖ ~ / Schaden *m* (Verlust als Versicherungsfall) ‖ ~ (Elec Eng, Nuc, Telecomm) / Dämpfung *f* (Differenz zweier Pegelwerte einer Übertragungsstrecke nach DIN 40 148), Schwächung *f* (eine Zustandsgröße ist am Ausgang eines Übertragungsgliedes kleiner als am Eingang), Längsdämpfung *f* (Abschwächung eines längs der Leitung sich verbreitenden Signals)
**löss*** *n* (Geol) / Löß *m* (gelbes bis gelbgraues, poröses, zerreibliches, äolisches Staubsediment), Löss *m*
**loss*** *n* (Telecomm) / Verlust *m*, Dämpfung *f* ‖ ~ (Textiles) / Gewichtsschwund *m*, Gewichtsverlust *m* ‖ ~ **angle*** (Elec) / Verlustwinkel *m* (bei Spulen oder Kondensatoren nach DIN 1344) ‖ ~ **by drying** (Textiles) / Trocknungsverlust *m* (im Allgemeinen) ‖ ~ **by reflection** (Optics) / Reflexionsverlust *m* ‖ ~ **cone** (Plasma Phys) / Verlustkegel *m*
**loss-cone instability** (Plasma Phys) / Verlustkegelinstabilität *f*
**loss current to earth** (Elec Eng) / Erdschlussstrom *m*
**Lossen degradation** (Chem) / Lossen-Abbau *m* (nach W.C. Lossen, 1838 - 1906)
**losses from distribution** (Elec Eng) / Verteilungsverluste *m pl*
**Lossev effect*** (Electronics) / Injektionselektrolumineszenz *f* (Anregung durch Injektion von Minoritätsträgern)
**loss factor*** (Telecomm) / Verlustfaktor *m*, Verlustziffer *f* ‖ ~ **factor*** (Telecomm) s. also power factor
**loss-factor bridge** (Elec Eng) / Verlustfaktormessbrücke *f* (eine Wechselstrommessbrücke)
**Lossier's cement** (Civ Eng) / Expansivzement *m*, treibender Zement, Quellzement *m* (der bei der Hydration sein Volumen etwas vergrößert), Schwellzement *m*
**loss in bleaching** (Textiles) / Bleichverlust *m* ‖ ~ **index** (Elec) / dielektrische Verlustzahl (Produkt aus Dielektrizitätszahl und dem Verlustfaktor) ‖ ~ **in level** (Rail) / verlorene Steigung ‖ ~ **in performace** (Eng) / Leistungseinbuße *f* ‖ ~ **in strength** (Materials) / Festigkeitsverlust *m* ‖ ~ **in weight** (Phys) / Gewichtsverlust *m*
**loss-leader** *n* / Lockangebot *n* (in den Geschäften), Lockvogelangebot *n*
**lossless compression** (Comp) / verlustlose Kompression ‖ ~ **line*** (Telecomm) / verlustlose Leitung, verlustfreie Leitung, ideale Leitung
**loss lubrication** (Eng) / Durchlaufschmierung *f* (bei der der Schmierstoff nur einmal der Schmierstelle zugeführt und dann ohne erneute Aufbereitung nicht weiterverwendet wird), Verbrauchsschmierung *f*, Verlustschmierung *f* (Verfahren, bei dem der Schmierstoff periodisch oder kontinuierlich zugeführt wird, ohne in das Schmiersystem zurückzukehren - DIN ISO 4378-3), Frischölschmierung *f* ‖ ~ **modulus** (Chem Eng, Mech) / phasenverschobener Modul (die Komponente der Scherkraft), Verlustmodul *m*, Viskositätsmodul *m*, Hysteresismodul *m*, imaginärer Modul ‖ ~ **of adhesion** / Haftungsverlust *m*, Enthaftung *f* ‖ ~ **of all power** (Nuc) / Totalspannungsausfall *m*, TSA, vollständiger Ausfall der normalen Stromversorgung ‖ ~ **of brightness** / Glanzeinbuße *f*, Glanzverlust *m* (im Allgemeinen)
**loss-of-charge method*** (Elec Eng) / Entladungsmethode *f*, Messung durch Kondensatorentladung
**loss of circulation** (Oils) / Spülungsverlust *m* (als Erscheinung) ‖ ~ **of coolant accident*** (Nuc Eng) / Störfall *m* mit Kühlmittelverlust, Kühlmittelverlust-Störfall *m*, Unfall *m* mit Kühlmittelverlust ‖ ~ **of efficiency** (Eng) / Leistungsverlust *m* ‖ ~ **of energy** (Phys) / Energieverlust *m* ‖ ~ **of flow accident** (Nuc Eng) / Kühlmitteldurchsatz-Störfall *m*
**loss-of-flow-driven transient overpower accident** (Nuc Eng) / durch Durchsatzstörung bewirkte Überlaststörfall
**loss of gloss** / Glanzeinbuße *f*, Glanzverlust *m* (im Allgemeinen) ‖ ~ **of gloss** (Paint, Surf) / Vermattung *f*, Mattwerden *n* ‖ ~ **of head** (Hyd) / Druckabfall *m*, Druckverlust *m* ‖ ~ **of heat** (Heat) / Wärmeverlust *m*, Wärmeabgabe *f* ‖ ~ **of information** (Telecomm) / Informationsverlust *m* ‖ ~ **of lustre** / Glanzeinbuße *f*, Glanzverlust *m* (im Allgemeinen) ‖ ~ **of machine** (Glass) / Blattverlust *m*, Maschinensturz *m* ‖ ~ **of**

**loss**

**photochromic response** (Glass) / fotochrome Ermüdung ‖ **~ of pressure** (Eng) / Druckverlust *m* (im Allgemeinen) ‖ **~ of prestress** (losses of prestressing force after transfer arise mainly through elastic shortening, shrinkage and creep of the concrete and creep of the steel) (Civ Eng) / Vorspannungsabfall *m* ‖ **~ of priority** / Prioritätsverlust *m* (in Patentsachen) ‖ **~ of profits coverage** (GB) / Betriebsunterbrechungsversicherung *f* ‖ **~ of sheet** (Glass) / Blattverlust *m*, Maschinensturz *m* ‖ **~ of signal** (Telecomm) / Signalverlust *m* ‖ **~ of vend*** (Mining) / prozentuales Ausbringen, Gewichtsausbringen *n* (Verhältnis von Rohkohlenförderung zur absatzfähigen Kohle) ‖ **~ on drying** / Trocknungsverlust *m* (im Allgemeinen) ‖ **~ on heating** / Verlust *m* bei (nach) der Erwärmung ‖ **~ on ignition** (Ceramics) / Glühverlust *m* (im Brand eingetretene Masseverminderung, bezogen auf die Trockenmasse) ‖ **~ system** (Teleph) / Verlustsystem *n* (ein Vermittlungssystem) ‖ **~ tangent** (the ratio of dielectric loss in an insulation system, to the apparent power required to establish an alternating voltage across it of a specified amplitude and frequency, the insulation being at a specified temperature) (Elec Eng) / Verlustfaktor *m* (der reziproke Wert des Gütefaktors DIN 1344)

**loss-tangent test** (Elec Eng) / Verlustfaktormessung *f*, tan-delta-Prüfung *f*

**lossy*** *adj* (Elec, Phys) / mit Verlust behaftet, verlustbehaftet *adj* ‖ **~ compression** (Comp) / verlustreiche Kompression (die Originalbilder nicht vollständig erhält), verlustbehaftete Kompression

**lost call** (Teleph) / Verlustbelegung *f*, abgewiesene Belegung ‖ **~ call** (Teleph) / nicht zur Verbindung führender Anruf ‖ **~ circulation** (Oils) / Spülungsverlust *m* (als Substanzverlust) ‖ **~ cluster** (Comp) / verlorene Zuordnungseinheit ‖ **~ days of life** (Ecol) / verlorene Lebenstage (einer Risikogruppe) ‖ **~ flux*** (Mag) / Streufluss *m* (magnetischer)

**lost-foam process** (Foundry) / Lost-Foam-Verfahren *n* (mit Schaumstoffmodellen)

**lost ground** (Civ Eng) / fließender Boden (nicht stabiler, rutschender Boden ‖ **~ head** (Hyd) / Druckabfall *m*, Druckverlust *m* ‖ **~ of returns** (Oils) / Spülungsverlust *m* (als Substanzverlust) ‖ **~ pass** (Met) / Leerstich *m* (beim Walzen) ‖ **~ plot** (Radar) / Leermeldung *f* (wenn in einem Erwartungsgebiet keine Ziel- oder Falschmeldung erfolgt), Meldungsausfall *m* ‖ **~ returns** (Oils) / Spülungsverlust *m* (als Substanzverlust) ‖ **~ river** (Geol) / wasserabgebender Karstfluss ‖ **~ river** (a dried-up stream in an arid region) (Geol) / ausgetrockneter Fluss ‖ **~ tangent** (Telecomm) / Verlustfaktor *m*, Verlustziffer *f* ‖ **~ time** / Verlustzeit *f* ‖ **~ traffic** (Teleph) / Verlustverkehr *m* ‖ **~ water** (Oils) / Spülungsverlust *m* (als Substanzverlust), ‖ **~ wax casting*** (Foundry) / Wachsausschmelzgenaugießverfahren, Wachsausschmelzverfahren *n* (ein Feingussverfahren) ‖ **~ wax process** (Foundry) / Wachsausschmelzgenaugießverfahren *n*, Wachsausschmelzverfahren *n* (ein Feingussverfahren)

**lot** *n* / Gelände *n* (Park-, Film-) ‖ **~** / Posten *m* (bestimmte Menge Ware gleicher Art, z.B. in der statistischen Qualitätskontrolle), Partie *f* ‖ **~** (Autos, Civ Eng) / Parkplatz *m*, Sammelstellplatz *m* (für mehrere Wagen), Parkfläche *f* (für mehrere Fahrzeuge), Parkgelände *n* (eine Verkehrsanlage zur Aufnahme des ruhenden Verkehrs) ‖ **~** (US) (Build) / Bauplatz *m* (auf dem gebaut werden soll) ‖ **~** (Build, Surv) / [Kataster]Parzelle *f*, Baugrundstück *n*, Flurstück *n*, Areal *n* (Grundstück) ‖ **~** (Textiles) / Charge *f*, Partie *f* ‖ **~** (Work Study) / Los *n* (Anteil oder Mehrfaches einer durch Bedarfsermittlung festgelegten Menge, aus der ein Fertigungsauftrag entsteht), Einzellos *n*

**LOT** *n* (light-spot-operated typewriter) (for disabled persons) / Lichtstrahlschreibmaschine *f*

**lo-tech** *adj* (Eng) / einfache Technik

**lotic** *adj* (Ecol) / lotisch *adj*, fließend *adj* (Wasser) ‖ **~** (Ecol, Geol) / torrentikol *adj*, lotisch *adj* (stark bewegte Gewässer, Sturzbäche bewohnend)

**lotion** *n* (Pharm) / Lotion *f* (Anreibung, Suspension oder Lösung von Arzneistoffen, die zur äußerlichen Anwendung dient), Schüttelmixtur *f*, Lotio *f* (pl. -nes)

**lot production** (Work Study) / Serienfertigung *f* (eine Fertigungsart), Serienproduktion *f*, Serienerzeugung *f*, Reihenfertigung *f*, Reihenbau *m* ‖ **~ size** (Work Study) / Losgröße *f* (nach kapazitiven und/oder wirtschaftlichen Gesichtspunkten ermittelte Menge an Material oder Erzeugnissen, die zu beschaffen oder zu produzieren sind), Losumfang *m*

**lot-size optimization** (Work Study) / Losgrößenoptimierung *f*

**lot splitting** / Losteilung *f* ‖ **~ tolerance fraction defective** (Stats, Work Study) / Schlechtgrenze *f* (bei der statistischen Qualitätskontrolle), höchst zulässiger Ausschussanteil eines Postens ‖ **~ tolerance per cent defective** (Stats) / rückzuweisende Qualitätsgrenzlage (DIN 55 350, T 13)

**loturine** *n* (Pharm) / Harmanalkaloid *n* (z.B. aus der Passionsblume), Harman *n*

**lotus effect** / Lotoseffekt *m*, Lotuseffekt *m* (bei Oberflächen) ‖ **~ projection** (Cartography) / Lotusabbildung *f*

**loud** *adj* / grell *adj*, knallig *adj* (Farbe), schreiend *adj* (Farbe), aufdringlich *adj* (Farbe) ‖ **~** (Physiol) / laut *adj* ‖ **~-hailer*** *n* (Acous) / elektroakustisches Megaphon (mit Mikrofon, Transistorverstärker mit Batterien und Druckkammerlautsprecher)

**loudness** *n* (Acous) / Tonstärke *f* ‖ **~*** (Acous, Physiol) / Lautheit *f* (subjektive Lautstärkenbeurteilung nach DIN 1320, 45630, T 1 und 45631) ‖ **~ balance** (Acous) / Lautstärkeabgleich *m* ‖ **~ contour*** (Acous) / Isophone *f* (in der physiologischen Akustik), Kurve *f* gleichen Lautstärkepegels, Kurve *f* gleicher Lautstärke, Kurve *f* gleicher Pegellautstärke, Kurve *f* gleicher Lautstärkeempfindung ‖ **~ control** (Acous) / Lautstärkeregelung *f* (gehörrichtige) ‖ **~ level** (Acous) / Pegellautstärke *f* (DIN 1320) ‖ **~ level** (Acous) / Lautstärke *f* ‖ **~ level*** (Acous) / Lautstärkepegel *m*, $L_N$ (quantitatives Maß für die Stärke der Schallempfindung nach DIN 45630, T 1)

**loudspeaker*** *n* (Acous) / Lautsprecher *m* (DIN 1320) ‖ **~ box** (Acous) / Lautsprecherbox *f*, Box *f* ‖ **~ car** (Acous, Cinema, Electronics) / Lautsprecherwagen *m* ‖ **~ dividing network*** (Acous) / Lautsprecherweiche *f* (Netzwerk, bestehend aus C- und L-Gliedern zur Aufteilung der Frequenzbereiche für die einzelnen Teilbereiche der verwendeten Lautsprecher) ‖ **~ frame** (Acous) / Lautsprecherkorb *m* ‖ **~ grille** (Acous) / Schutzgitter *n* des Lautsprechers ‖ **~ microphone*** (Acous) / Lautsprechermikrofon *n* ‖ **~ monitoring** (Teleph) / Lauthören *n* (Leistungsmerkmal bei Fernsprechern) ‖ **~ van** (Acous, Cinema, Electronics) / Lautsprecherwagen *m*

**loughlinite*** *n* (Min) / Loughlinit *m* (weiße seidige Fasern - dem Sepiolith nahe verwandt)

**Louis heel** / Louis-Absatz *m* (ein Schuhabsatz), Louis-XV-Absatz *m*

**lounge** *n* (Aero) / Wartehalle *f* (des Flughafens) ‖ **~** (Aero, Build) / Lounge *f*

**loupe** *n* (Optics) / Monokellupe *f*

**louver*** *n* (US) / Jalousie *f* (einer Ventilationsöffnung) ‖ **~** (US) (Acous) / Schallöffnung *f* (des Lautsprechers) ‖ **~** (US) (Elec Eng) / Raster *m* (bei Leuchten), Lichtraster *m* (bei Leuchten) ‖ **~** (Eng) / Belüftungsklappe *f*, Luftschlitz *m*, Ventilationsöffnung *f*

**louvered cover** (US) (Eng) / Schutzhaube *f* mit Luftschlitzen ‖ **~ panel** (US) (Build) / Lüftungsteil *m* (des Fensters)

**louvre*** *n* / Jalousie *f* (einer Ventilationsöffnung) ‖ **~** (Acous) / Schallöffnung *f* (des Lautsprechers) ‖ **~** (Elec Eng) / Raster *m* (bei Leuchten), Lichtraster *m* (bei Leuchten) ‖ **~** (Eng) / Belüftungsklappe *f*, Luftschlitz *m*, Ventilationsöffnung *f*

**louvred cover** (Eng) / Schutzhaube *f* mit Luftschlitzen ‖ **~ fitting** (Elec Eng) / Rasterleuchte *f* ‖ **~ panel** (Build) / Lüftungsteil *m* (des Fensters)

**lovage oil** / Liebstockwurzelöl *n*, Liebstöckelöl *n*, Maggikrautöl *n* (aus der Wurzel von Levisticum officinale W.D.J. Koch)

**love arrows*** (Min) / Haarstein *m* (faseriger Rutil, Titandioxid), Venushaar *n*, Crinis *m* Veneris ‖ **~ grass** (Agric) / Zwerghirse *f* (Eragrostis tef (Zuccagni) Trotter), Äthiopisches Liebesgras

**Love wave** (Geophys) / Love-Welle *f* (eine Oberflächen-Erdbebenwelle, nach A.E.H. Love, 1863-1940, benannt)

**Lovibond tintometer*** (a colorimeter in which the colour of a liquid, surface, powder, or light source is compared with a series of glass slides of standardized colours) (Chem) / Lovibond'sches Tintometer, Tintometer *n* nach Lovibond (ein Farbmessgerät)

**Low** (Autos) / Lastgang *m* (im Automatikgetriebe), Berggang *m* ‖ **~** (Autos) / L-Stellung *f* (der oberste Gang wird nicht mit geschaltet - im automatischen Getriebe) ‖ **~** (Meteor) / Tiefdruckgebiet *n* (in dem niedriger Luftdruck herrscht), Tief *n* ‖ **~** *adj* / tief *adj* (niedrig) ‖ **~** (Elec Eng) / erschöpft *adj*, leer *adj* (Batterie), entladen *adj* (Batterie), verbraucht *adj* (Batterie)

**low-activity waste** (Nuc Eng) / Leichtaktiv-Waste *m*, niedrigradioaktiver Abfall, geringaktiver Abfall, LAW

**low-alkali** *attr* / alkaliarm *adj*

**low-alloy steel** (Met) / niedriglegierter Stahl (Legierungselementgehalt bis 5 Gew.-%)

**low-ammonia latex** / LA-Latex *m* (mit niedrigem Ammoniakgehalt)

**low-amplitude wave** (Phys) / Welle *f* mit kleiner (niedriger) Amplitude

**low-angle** *n* (Cinema, Photog) / Untersicht *f*, Sicht *f* von unten

**low-angle laser-light scattering** (Phys) / Laser-Kleinwinkellichtstreuung, Kleinwinkel-Laserstreuung *f* ‖ **~ plane*** (Eng) / Stirnholzhobel *m* ‖ **~ plane** (about 34°) (Join) / Hirnholzhobel *m*, Bestoßhobel *m* ‖ **~ shot** (Cinema, Photog) / Froschperspektive *f* (Aufnahme unterhalb der normalen Augenhöhe) ‖ **~ view** (Photog) / Froschperspektive *f* ‖ **~ X-ray scattering*** (Nuc) / Kleinwinkelröntgenstreuung *f*

**low-ash** *attr* (Chem, Fuels) / niedrigaschehaltig *adj*, mit niedrigem Aschengehalt, aschenarm *adj*, schwach aschehaltig

**low-aspect ratio tyre** (Autos) / Breitreifen m
**low-bake booth** (Paint) / Lacktrockenkabine f, Trockenkabine f (der Lackierstraße) ‖ ~ **paint** (Autos, Paint) / Einbrennlack (ein Reparaturlack, der bei etwa 80° C eingebrannt wird) ‖ ~ **spray booth** (Autos, Paint) / Einbrennlackierkabine f, Einbrennlackierofen m (für Reparaturlackierungen)
**low-band system** (Acous) / Lowband-Verfahren n (ein Signalaufbereitungsverfahren für Videobandgeräte)
**low beam** (US) (Autos) / Abblendlicht n, Fahrlicht n
**low-bed truck** (Autos) / Tiefladeanhänger m, Tieflader m
**low-biodegradable** adj (Chem, Ecol) / schwer abbaubar
**low bog** (Geol) / Niederungsmoor n (mit einer Wasserversorgung über Grundwasser und Niederschlag), topogenes Moor, Flachmoor n
**low-boiler** n (Chem) / Niedrigsieder m (Lösungsmittel mit einem Siedepunkt unter 100°)
**low-boiling** adj / leichtsiedend adj, niedrigsiedend adj
**low-boiling fraction** (Chem Eng) / niedrigsiedende Fraktion ‖ ~ **solvent** (Chem) / Niedrigsieder m (Lösungsmittel mit einem Siedepunkt unter 100°)
**low brass** (Met) / Kupfer-Zink-Legierung f mit etwa 20% Zn
**low-bulk** attr (Textiles) / wenig gebauscht
**low-butt needle** (Textiles) / Niederfußnadel f
**low-calling-rate subscriber** (Teleph) / Wenigsprecher m
**low-calorie** attr (Nut) / kalorienarm adj, brennwertarm adj, energiearm adj
**low-capacitance cable** (Cables) / verlustarmes Kabel
**low-carbon** attr (Chem) / kohlenstoffarm adj
**low-carbon steel*** (Met) / kohlenstoffarmer Stahl, niedriggekohlter Stahl (bis 0,25%C), Stahl m mit niedrigem Kohlenstoffgehalt
**low-ceilinged** adj (Build) / niedrig adj (Raum)
**low-cholesterol** attr (Med, Nut) / cholesterinarm adj
**low-chromium steel** (Met) / Stahl m mit niedrigem Chromgehalt
**low clouds** (Aero, Meteor) / tiefe Wolken (eine Wolkenfamilie, meistens unter 1800 m)
**low-compression** attr (I C Engs) / niedrig verdichtend
**low-contrast** attr (Photog) / kontrastarm adj (Fotografie), kontrastlos adj (Fotografie), flau adj (Fotografie)
**low-cost** attr ‖ billig adj (Ware) ‖ ~ **matrix printer** (Comp) / Low-Cost-Matrixdrucker m
**low-crested groin** (Hyd Eng) / Unterwasserbuhne f
**low-cycle fatigue** (Materials) / Plastoermüdung f, Niedriglastwechselermüdung f, LCF (Niedriglastwechselermüdung), Niedrigspielermüdung f ‖ ~ **fatigue** (Materials) / Kurzzeitermüdung f (im Bereich niedriger Lastspielzahlen) ‖ ~ **fatigue test** (Materials) / niederfrequenter Dauerschwingversuch, LCF-Versuch m (mit niedrigen Lastspielzahlen), Low-Cycle-Versuch m, Dehnungswechselversuch m
**low degradability** (Chem, Ecol) / schwere Abbaubarkeit
**low-density fibreboard** (For, Join) / Spanplatte f niedriger Dichte (Isolierplattentyp) ‖ ~ **lipoprotein** (Biochem, Chem) / Lipoprotein n mit geringer Dichte, Low-Density-Lipoprotein n
**low-density polyethylene** (Chem, Plastics) / Polyethylen n (mit) niedriger Dichte, PE weich, Hochdruck-PE n, Weichpolyethylen n, LDPE (Polyethylen niedriger Dichte), Weich-PE n, PE-LD (Polyethylen niedriger Dichte)
**low-distortion** attr (Telecomm) / verzerrungsarm adj ‖ ~ **oscillator** (Electronics) / verzerrungsarmer Oszillator
**low-drift amplifier** (Electronics) / driftarmer Verstärker
**low-Earth orbit*** (Space) / erdnaher Orbit (eines Satelliten), erdnahe Bahn
**löweite*** n (Min) / Löweit m (Natriummagnesiumsulfat)
**low-emission vehicle** (Autos) / schadstoffarmes Fahrzeug, abgasarmes Fahrzeug, abgasentgiftetes Fahrzeug, Fahrzeug n mit Abgasentgiftung, umweltfreundliches Fahrzeug, Kraftfahrzeug n mit emissionsmindernder Einrichtung
**low-end printer** (Comp) / preisgünstigster und einfachster Drucker einer Typenreihe
**low-energy** attr / niederenergetisch adj, niedrig energetisch ‖ ~ (Nut) / kalorienarm adj, brennwertarm adj, energiearm adj ‖ ~ **building** (Build) / Niedrigenergiebau m (wenn der Heizwärmebedarf nachweislich viel geringer ist als nach der Wärmeschutzverordnung zulässig)
**low-energy electron diffraction*** (Phys) / Beugung f mit langsamen Elektronen (Methode zur Untersuchung der Struktur von Oberflächen bzw. dünnen Schichten, LEED (Beugung mit langsamen Neutronen)
**low-energy ion-scattering spectroscopy** (Spectr) / Ionenstreu(ungs)spektroskopie f, ISS (Ionenstreuspektroskopie), Ionenrückstreu-Spektroskopie f, LEIS-Spektroskopie f
**Lowenhertz thread** (a screw thread that differs from U.S. Standard form in that the angle between the flanks measured on an axial plane is 53°8', height equals 0,75 times the pitch, and width of flats at top and bottom equals 0,125 times the pitch) (Eng) / Löwenherzgewinde n (mit Flankenwinkel 53°8' - in der feinmechanischen und in der optischen Industrie)
**Löwenherz thread** (Eng) / Löwenherzgewinde n (mit Flankenwinkel 53°8' - in der feinmechanischen und in der optischen Industrie)
**low-enriched** adj (Nuc Eng) / schwach angereichert, leicht angereichert ‖ ~ **uranium** (Nuc Eng) / schwach angereichertes Uran
**lower** v / tiefer legen ‖ ~ / senken v (sinken lassen), absenken v, herablassen v ‖ ~ / herabsetzen v, senken v, reduzieren v (senken), ermäßigen v (Preise) ‖ ~ (Hyd Eng) / absenken v (Grundwasser) ‖ ~ (Leather) / tiefflassen v (Häute im Farbengang) ‖ ~ (Oils) / einlassen v (die Verrohrung) ‖ ~ **back panel** (US) (Autos) / Heckschürze f (unter dem Heckabschlussblech) ‖ ~ **bainite** (Met) / untere Zwischenstufe, unterer Bainit (dem Martensit ähnlich) ‖ ~ **beam** (US) (Autos) / Abblendlicht n, Fahrlicht n ‖ ~ **bell** (Met) / Gichtglocke f (untere), untere Glocke ‖ ~ **blade** (Met, Tools) / Untermesser n (der Schere) ‖ ~ **bound** (Maths) / Minorante f (Reihen, uneigentliche Integrale) ‖ ~ **bound*** (Maths) / untere Schranke (einer beschränkten Funktion, einer Punktmenge) ‖ ~ **cabinet** (Teleph) / Unterschrank m ‖ ~ **case*** (Typog) / Kleinbuchstaben m pl
**lower-case letters** (Typog) / Kleinbuchstaben m pl
**lower chord** (Arch, Civ Eng) / Untergurt m (der in einem Fachwerk oder Vollwandträger örtlich unten gelegene der beiden Gurte) ‖ ~ **consolute temperature** (Chem) / untere kritische Lösungstemperatur, unterer kritischer Lösungspunkt ‖ ~ **consolution temperature** (Chem) / untere kritische Lösungstemperatur, unterer kritischer Lösungspunkt ‖ ~ **culmination*** (Astron) / unterer Durchgang, untere Kulmination, unterer Kulminationspunkt ‖ ~ **deck** (Civ Eng) / untenliegende Fahrbahn (einer Brücke) ‖ ~ **deck*** (Ships) / Unterdeck n, unteres Deck ‖ ~ **deviation** (Eng) / unteres Abmaß (algebraische Differenz zwischen Kleinstmaß und Nennmaß) ‖ ~ **die** (Eng) / Untergesenk n, Gesenkunterteil n ‖ ~ **edge** (Build, Civ Eng) / Unterkante f, UK (Unterkante)
**lowered position** (Hyd Eng) / abgesenkte Stellung (eines Wehrverschlusses)
**lower explosive limit** (the lowest concentration of vapour that will produce a fire or flash when ignition source is available) (Chem, Mil) / untere Explosionsgrenze ‖ ~ **flammable limit** (Chem, Mil) / untere Explosionsgrenze ‖ ~ **heating value** (Chem, Phys) / spezifischer Heizwert (auf die Masse m bezogener - nach DIN 5499), $H_u$ (spezifischer Heizwert)
**lowering** n (Hyd Eng) / Absenkung f (des Grundwassers) ‖ ~ **funnel** (Ships) / Klappschornstein m, einziehbarer Schornstein ‖ ~ **harness** (Weaving) / Zuggeschirr n ‖ ~ **of order** (Maths) / Erniedrigung f der Ordnung, Reduktion f der Ordnung ‖ ~ **of the roof** (Mining) / Absenkung f des Hangenden ‖ ~ **of the warp** (Weaving) / Kettsenkung f, Senkung f des Kettfadens ‖ ~ **of vapour pressure** (Chem, Phys) / Dampfdruckerniedrigung f (nach dem Raoult'schen Gesetz) ‖ ~ **speed** (Eng) / Senkgeschwindigkeit f ‖ ~ **wedge*** (Civ Eng) / Doppelkeil m (um ein Absenken der Schalung beim Ausschalen zu ermöglichen) ‖ ~ **wedges*** (Civ Eng) / Unterlegkeile m pl
**lower instep** / Vorspann m (an Schuhen) ‖ ~ **leaf** (Mining) / Unterbank f (eines Flözes) ‖ ~ **limit** (Maths) / Limes m inferior, untere Limes, untere Häufungsgrenze, lim inf ‖ ~ **limit of controllability** (Automation) / Herabregelmöglichkeit f (bis zu...) ‖ ~ **magazine** (Cinema) / Aufwickelmagazin n, Aufwickeltrommel f (eines Laufbildwerfers) ‖ ~ **management** (Work Study) / unteres Management ‖ ~ **mantle** (Geol) / unterer Mantel ‖ ~ **oxide** (Chem) / Oxid n der niedrigen Oxidationsstufe ‖ ~ **plate** (Surv) / Limbus m (pl. Limbi), [horizontaler] Teilkreis (im Unterbau des Theodoliten), Horizontalkreis m (an Winkelmessgeräten) ‖ ~ **punch** (Powder Met) / Unterstempel m (der Pulverpresse) ‖ ~ **quartile*** (Stats) / erstes Quartil, unteres Quartil ‖ ~ **reaches** (Geog) / Unterlauf m (der Teil des Flusslaufs, der nahe der Mündung liegt) ‖ ~ **reservoir** (Elec Eng, Hyd Eng) / Unterbecken n (des Pumpspeicherwerkes) ‖ ~ **shed** (Weaving) / Tieffach n (bei der Fachbildung) ‖ ~ **sideband** (Radio) / unteres Seitenband
**lower-speed engine** (Eng) / langsamlaufende Maschine, Langsamläufer m
**lower strand** (Eng) / unterer Trum (als konstruktiver Teil des Bandförderers), ablaufender Trum (bei der Analyse der an den Umlenkrollen wirkenden Kräfte), schlaffer Trum ‖ ~ **sum** (Maths) / Untersumme f (in der Integralrechnung) ‖ ~ **surface** (Aero) / Unterseite f (des Flügels) ‖ ~ **thread** (Textiles) / Untergarn n (der Nähmaschine) ‖ ~ **transit*** (Astron) / unterer Durchgang, untere Kulmination, unterer Kulminationspunkt ‖ ~ **triangular matrix** (Maths) / untere Dreiecksmatrix (eine quadratische Matrix, bei der alle unterhalb der Hauptdiagonalen stehenden Elemente Null sind)
**low-erucic acid colza oil** (Agric, Bot, Nut) / Doppelnullöl n (Rapsöl, das sowohl Erucasäure als auch Glucosinolate nur noch in Spuren

**low-erucic**

enthält) || **~ colza** (Agric, Bot, Nut) / erukasäurearmer Raps || **~ rapeseed** (Agric, Bot, Nut) / erukasäurearmer Raps
**lower-voltage winding** (Elec Eng) / Unterspannungswicklung f, US-Wicklung f (mit der niedrigsten Nennspannung)
**lower wing** (Aero) / unterer Flügel (bei Doppeldeckern) || **~ yarn** (Weaving) / Untergarn n || **~ yield point** (Materials) / untere Fließgrenze (unterhalb deren keine merkliche plastische Verformung auftritt)
**lowest common denominator** (Maths) / Hauptnenner m (kleinstes gemeinsames Vielfaches, um die Brüche gleichnamig zu machen), kleinster gemeinsamer Nenner || **~ common multiple*** (Maths) / kleinstes gemeinsames Vielfaches, k.g.V. (kleinstes gemeinsames Vielfaches)
**lowest-energy unoccupied molecular orbital** (Chem) / niedrigstes unbesetztes Molekülorbital, LUMO (niedrigstes unbesetztes Molekülorbital)
**lowest-grade coal** (Min Proc, Mining) / Ballastkohle f (Kohle mit erhöhtem Asche- und Wassergehalt von beispielsweise insgesamt 35%, die im Aufbereitungsverfahren anfällt und nicht weiter aufgeschlossen wird)
**lowest layer of the troposphere** (Geophys) / Grundschicht f der Troposphäre, Peplosphäre f
**lowest-observed-adverse-effect level** (Chem, Med) / LOAEL-Wert m
**lowest operating level** (Hyd Eng) / Absenkziel n (niedrigster zulässiger Oberwasserstand an der Stauanlage eines Wasserlaufs)
**lowest-order bit** (Comp) / wertniedrigstes Bit, niedrigstwertiges Bit (bei einer Dual- bzw. Binärzahl)
**lowest priority level** (Comp) / niedrigste Prioritätsstufe || **~ useful frequency** (Telecomm) / Dämpfungsfrequenz f (niedrigste Frequenz elektromagnetischer Wellen, die noch für eine zuverlässige Signalübermittlung zu einem bestimmten Zeitpunkt auf einer vorgegebenen Übertragungsstrecke brauchbar ist) || **~ vacant flight level** (Aero) / niedrigste verfügbare Flugfläche
**low-expansion alloy** (Met) / Legierung f mit niedrigem thermischem Ausdehnungskoeffizienten
**low-expansion foam** / Schwerschaum m (ein Löschmittel mit niedriger Verschäumungszahl) || **~ glass** (Glass) / Low-Expansion-Glas n (ein Fotomaskenglas für hohe Qualitätsansprüche), LE-Glas n (Low-Expansion-Glas)
**low explosive** / Treibmittel n (für Geschosse, Schießstoff m (Treibmittel für Geschosse) || **~ explosive** (Chem) / deflagrierender Sprengstoff || **~ (propellant) explosive** (Mil) / Schießmittel n || **~ explosive** (Mining) / schiebend wirkender Sprengstoff
**low-fat** attr (Nut) / fettreduziert adj, mager adj
**low-field shift** (Spectr) / Tieffeldverschiebung f
**low-floor construction** (Autos) / Niederflurbauweise f (z.B. von Omnibussen) || **~ design** (Autos) / Niederflurbauweise f (z.B. von Omnibussen)
**low-flow contact** (Eng) / Strömungswächter m (Gerät, welches die Unterschreitung einer Mindestdurchflussmenge in einem Gerinne oder Rohr feststellt und meist einen Impuls abgibt, um zur Verhinderung des Trockenlaufens einer Pumpe diese abzuschalten)
**low-flux reactor** (Nuc Eng) / Reaktor m mit niedrigem Neutronenfluss, Niederflussreaktor m
**low-flying aircraft or sudden aircraft noise** (Autos) / Flugbetrieb (ein Verkehrszeichen)
**low-flying area** (Aero) / Tieffluggebiet n
**low-flying missile** (Mil) / tiefliegender Flugkörper
**low-foaming** adj / schaumarm adj
**low forest** (For) / Niederwald m, Ausschlagwald m (hervorgegangen aus Stockausschlag, schlafenden Augen der Stämme oder aus Wurzelbrut) || **~ frequency*** (Nav, Radio) / Niederfrequenz f (ein Frequenzbereich), NF (Frequenzbereich 30 - 300 kHz), Nf (Niederfrequenz)
**low-frequency amplifier*** (Telecomm) / Niederfrequenzverstärker m, NF-Verstärker m || **~ drying** / Niederfrequenztrocknung f (eine Art Elektrowärmetrocknung), NF-Trocknung f || **~ induction furnace** (Elec Eng, Met) / Niederfrequenzinduktionsofen m, Niederfrequenzofen m || **~ oscillator** (Electronics) / Niederfrequenzoszillator m || **~ power amplifier** (Telecomm) / NF-Leistungsverstärker m || **~ preamplifier** (Telecomm) / NF-Vorverstärker m || **~ transistor** (Electronics) / NF-Transistor m (zur Verarbeitung niederfrequenter Signale) || **~ welding** (Welding) / Niederfrequenzschweißen n, NF-Schweißen n
**low-fuel indicator** (Autos) / Kraftstoffreserveanzeige f, Reservewarnleuchte f
**low-fuel-level indicator light** (Autos) / Kraftstoffreserveanzeige f, Reservewarnleuchte f
**low-gain** attr (Acous) / niedrigverstärkend adj
**low-gear** attr (Autos) / kurz übersetzt (Getriebe) || **~** (Eng) / niedrig übersetzt (mit niedriger Übersetzung)

**low gearing** (Autos) / kurzes Übersetzungsverhältnis || **~ gearing ratio** (Autos) / kurzes Übersetzungsverhältnis || **~ gear ratio** (Autos) / kurzes Übersetzungsverhältnis || **~-grade** attr / minderwertig adj, von minderer Qualität, geringwertig
**low-grade flour** (Nut) / Nachmehl n || **~ ore** (Mining) / armes Erz, minderwertiges Erz, geringwertiges Erz, Magererz n, geringhaltiges Erz || **~ sirup** (Nut) / Ablauf m (von Nachprodukt) 2 || **~ sugar** (Nut) / Nachproduktzucker m, drittes Produkt (bei der Zuckerherstellung)
**low-green sirup** (Nut) / Ablauf m (von Nachprodukt) 2
**low-hazard** attr (Ecol) / mit vermindertem Schadstoffgehalt
**low-head hydro installation** (Hyd Eng) / Niederdruckkraftwerk n (bis etwa 15 m Fallhöhe) || **~ power plant** (Hyd Eng) / Niederdruckkraftwerk n (bis etwa 15 m Fallhöhe)
**low-heat cement** (BS 1370) (Build, Civ Eng) / Zement m mit niedriger Hydratationswärme (in den ersten 7 Tagen höchstens 65 cal/g nach DIN 1164)
**low-hydration-heat cement** (Civ Eng) / NW-Zement m (mit niedriger Hydratationswärme)
**low-hydrogen** attr (Chem) / wasserstoffarm adj
**low-hysteresis steel*** (Elec Eng) / Stahl m mit wenig Hystereseverlusten (mit etwa 2,5 - 4% Si)
**low-idle speed** (Autos) / Grundleerlauf m, abgesenkte Leerlaufzahl, langsamer Leerlauf
**low-index** attr (Glass, Optics) / niedrigbrechend adj
**low-inductance** attr (Elec Eng) / induktionsarm adj
**low in fat** (Nut) / fettreduziert adj, mager adj || **~ in maintenance cost** / mit niedrigen Instandhaltungskosten
**low-intensity reciprocity failure** (Photog) / Langzeitfehler m (ein Belichtungsfehler)
**low-iron** attr / eisenarm adj, mit niedrigem Eisengehalt
**Lowitz arc** (Meteor) / Lowitz-Bogen m (eine Haloerscheinung - ein seitlicher Berührungsbogen)
**low-joule** attr (Nut) / kalorienarm adj, brennwertarm adj, energiearm adj
**low key** (Photog) / Low-Key-Effekt m
**low-key effect** (Photog) / Low-Key-Effekt m || **~ lighting** (Cinema, Photog) / Ausleuchtung f des Motivs, bei der dunkle, schwere Bildtöne erzielt werden (z.B. in der Low-Key-Technik)
**low-leaded** adj (Fuels) / niedrig verbleit, mit niedrigem Bleigehalt
**low-lead gasoline** (US) (Autos, Fuels) / niedrig verbleiter Ottokraftstoff, bleiarmes Benzin, bleiarmer Ottokraftstoff, Ottokraftstoff m mit niedrigem Bleigehalt, Benzin n mit geringem Bleigehalt
**low·-lead petrol** (Autos, Fuels) / niedrig verbleiter Ottokraftstoff, bleiarmes Benzin, bleiarmer Ottokraftstoff, Ottokraftstoff m mit niedrigem Bleigehalt, Benzin n mit geringem Bleigehalt || **~ level** (Electronics) / L-Pegel m (bei Verwendung binärer Signale, das Signal mit der niedrigsten Spannung) || **~-level attack aircraft** (Aero, Mil) / Flugzeug n für Tiefflugangriffe, Tiefflieger m
**low-level flight** (Aero) / Flug m in geringer Höhe || **~ flight** (Mil) / Tiefflug m || **~ formatting** (Comp) / physikalische Formatierung || **~ formatting** (Comp) / Low-Level-Formatierung f || **~ ionizing radiation** (Comp) / Low-Level-Strahlung f || **~ jet stream** (Meteor) / Grenzschichtstrahlstrom m || **~ language*** (Comp) / maschinenorientierte Programmiersprache (DIN 44300) || **~ logic** (Electronics) / leistungsarme Logik (Variante der Dioden-Transistor-Logik, bei der Basisvorwiderstand des Transistors durch ein oder zwei Offsetdioden ersetzt wird) || **~ modulation*** (Radio) / Vorstufenmodulation f (in einer der Vorverstärkerstufen des Senders), Modulation f vor der Verstärkerstufe || **~ radiation** (Radiol) / Low-Level-Strahlung f || **~ radioactive waste** (Nuc Eng) / Leichtaktiv-Waste m, niedrigradioaktiver Abfall, geringaktiver Abfall, LAW || **~ reservoir** (Elec Eng, Hyd Eng) / Unterbecken n (des Pumpspeicherwerkes) || **~ signal** (Telecomm) / schwaches Signal, undeutliches (schwaches) Signal || **~ waste*** (Nuc Eng) / Leichtaktiv-Waste m, niedrigradioaktiver Abfall, geringaktiver Abfall, LAW
**low-lift elevating platform truck** (Eng) / Niederhubwagen m (als Plattformhubwagen) || **~ pallet truck** (Eng) / Niederhubwagen m (als Gabelhubwagen) || **~ platform truck** (Eng) / Niederhubwagen m (als Plattformhubwagen) || **~ safety valve** (Eng) / Niederhub-Sicherheitsventil n
**low-light level TV** (TV) / Nachtsichtfernsehen n, Restlichtfernsehen n || **~ television*** (Aero, TV) / Nachtsichtfernsehen n, Restlichtfernsehen n
**low loader** (Autos) / Tiefladeanhänger m, Tieflader m || **~ loader** (Autos, Rail) / Straßenroller m, Culemeyer-Fahrzeug n (nach J. Culemeyer, 1883-1951), Tiefladewagen m, Culemeyer m
**low-loading amplifier** (Telecomm) / angepasster Gegentaktverstärker || **~ trailer** (Autos, Rail) / Straßenroller m, Culemeyer-Fahrzeug n (nach J. Culemeyer, 1883-1951), Tiefladewagen m, Culemeyer m
**low-loss** attr / verlustarm adj, mit niedrigen Verlusten || **~ coil** (Elec Eng) / verlustarme Spule

**low-luminosity** attr (Light) / lichtschwach adj
**low-lying** adj (Phys) / tief liegend adj (Energieniveau)
**low machine finish** (Paper) / schwache Maschinenglätte ‖ ~ **magnetic field** (Mag) / schwaches Magnetfeld, schwaches magnetisches Feld
**low-maintenance** attr (Eng) / wartungsarm adj
**low-melting** adj (Phys) / niedrigschmelzend adj, mit niedrigem Schmelzpunkt, leicht schmelzbar ‖ ~ **alloy** (Met) / niedrigschmelzende Legierung, leicht schmelzende Legierung (z.B. Wood'sches Metall)
**low\*-melting glass** (Glass) / niedrigschmelzendes Glas (mit Se, As, Tl, oder S - Schmelzpunkt zwischen 127 und 350° C) ‖ ~**-melting-point alloy\*** (Met) / niedrigschmelzende Legierung, leicht schmelzende Legierung (z.B. Wood'sches Metall)
**low-melting-point fusible alloy** (Met) / niedrigschmelzende Legierung, leicht schmelzende Legierung (z.B. Wood'sches Metall)
**low mill finish** (Paper) / schwache Maschinenglätte
**low-moisture** attr / mit geringem Feuchtigkeitsgehalt, mit niedrigem Wassergehalt
**low-molecular** adj (Chem) / niedermolekular adj
**low moor** (Geol) / Niedermoor n
**low-noise** attr (Acous) / lärmarm adj
**low-noise** attr (Acous) / geräuscharm adj (Wiedergabe), rauscharm adj
**low-noise block converter** (Telecomm) / rauscharmer Blockwandler (Satellitenkommunikation) ‖ ~ **converter** (Telecomm) / rauscharmer Konverter (Satellitenkommunikation), rauscharmer Empfangsumsetzer ‖ ~ **level** (machine) (Acous, Eng) / geräuscharm adj (beim Betrieb) ‖ ~ **trim** (Eng) / schallarme Innengarnitur
**low-octane** attr (Fuels) / niedrigoktanig adj, mit niedriger Oktanzahl, niedrigoktanzahlig adj
**low-oil-content breaker** (Elec Eng) / ölarmer Leistungsschalter
**low-order address** (Comp) / niederwertige Adresse ‖ ~ **bit** (Comp) / niederwertiges Bit, wertniedrigeres Bit ‖ ~ **memory locations** (Comp) / unterer Adressenbereich ‖ ~ **mode** (Phys, Telecomm) / Mode m niedriger Ordnung ‖ ~ **warning** (Comp) / Papiervoralarm m
**low-oxygen** attr (Chem) / niedrigsauerstoffhaltig adj, sauerstoffarm adj, mit niedrigem Sauerstoffgehalt
**low-paper warning** (Comp) / Papiervoralarm m
**low-pass delay network** (Telecomm) / Verzögerungsschaltung f
**low\*-pass filter\*** (Telecomm) / Tiefpass (TP) m (ein Netzwerk nach DIN 40100, T 17), Tiefpassfilter n, TP ‖ ~ **permittivity** (Elec Eng) / hohe Dielektrizitätskonstante
**low-phosphorus ore** (Met) / phosphorarmes Erz
**low-phosphorus pig iron** (Met) / phosphorarmes Gießereiroheisen, Semihämatit-Roheisen n
**low-pill** attr (Textiles, Weaving) / pillarm adj
**low-pilling** adj (Weaving) / pillarm adj
**low\*-pitched** adj (Acous) / tief adj (Ton) ‖ ~**-pitched** (Build) / flachgeneigt adj (Dach), flach adj (Dach), mit geringer Neigung (Dach)
**low-pollutant car** (Autos) / umweltfreundliches Auto, "Umweltauto" n, schadstoffarmes Auto
**low-P ore** (Met) / phosphorarmes Erz
**low-power** attr / leistungsarm adj ‖ ~ (Eng) / leistungsschwach adj, mit kleiner Leistung, mit geringer Leistung ‖ ~ **diode-transistor logic** (Electronics) / Dioden-Transistor-Logik f mit niedriger Verlustleistung, LPDTL (Dioden-Transistor-Logik mit niedriger Verlustleistung)
**low-powered** adj / leistungsarm adj ‖ ~ (Eng) / leistungsschwach adj, mit kleiner Leistung, mit geringer Leistung
**low-power laser** (Phys) / Kleinleistungslaser m ‖ ~ **magnification** (Micros, Optics) / schwache Vergrößerung ‖ ~ **modulation\*** (Radio) / Vorstufenmodulation f (eine Art der Vorverstärkerstufen des Senders), Vorstufenmodulation f vor der Verstärkerstufe ‖ ~ **reactor** (Nuc Eng) / Niederleistungsreaktor m ‖ ~ **signal diode** (Electronics) / Signaldiode f kleiner Leistung
**low-premium-grade petrol** (Autos, Fuels) / Normalottokraftstoff m, Normalbenzin n, Normal n (Benzin)
**low-pressure area** (Meteor) / Tiefdruckgebiet n (in dem niedriger Luftdruck herrscht), Tief n
**low-pressure compressor\*** (Aero, Eng) / Niederdruckkompressor m (der erste von mindestens 2 hintereinander angeordneten Verdichtern), Niederdruckverdichter m, ND-Kompressor m, ND-Verdichter m
**low-pressure cut-off valve** (Eng) / Druckmangelsicherungsventil n ‖ ~ **CVD** (Surf) / Tiefdruck-CVD n, LPCVD-Prozess m (eine Schichtabscheidung aus der Gasphase) ‖ ~ **cycle** (Electronics) / Kontaktdruck m (bei Mehrlagenleiterplatten), Voraushärtedruck m
**low\*-pressure cylinder\*** (Eng) / Niederdruckzylinder m (der Mehrfachexpansionsdampfmaschine) ‖ ~**-pressure die casting** (Foundry) / Niederdruck-Kokillenguss m (meistens für die Automobilindustrie)
**low-pressure die casting** (Foundry) / Niederdruckgießen n, Niederdruck-Gussverfahren n ‖ ~ **flashback valve** (Welding) / Niederdruckvorlage f, Niederdruckwasservorlage f ‖ ~ **foaming** (Plastics) / Niederdruckschäumen n (Verschäumen von Kunststoffen) ‖ ~ **furnace** (Build) / Niederdruckkessel m (für die Gaszentralheizung) ‖ ~ **hydraulic backpressure valve** (Welding) / Niederdruckvorlage f, Niederdruckwasservorlage f
**low-pressure line** (Autos, Eng) / Saugleitung f
**low-pressure moulding method** (Plastics) / Niederdruckpressverfahren n ‖ ~ **pay area** (Oils) / druckschwache Lagerstätte ‖ ~ **plasma** (Plasma Phys) / Niederdruckplasma n ‖ ~ **plasma technology** (Paint) / ND-Plasmatechnik f, Niederdruckplasmatechnik f (von etwa 0,1 bis 1 mbar) ‖ ~ **polyethylene** (Chem, Plastics) / Niederdruckpolyethylen n, Niederdruck-PE n ‖ ~ **process polyethylene** (Chem, Plastics) / Niederdruckpolyethylen n, Niederdruck-PE n ‖ ~ **pump** (Eng) / Niederdruckpumpe f ‖ ~ **sodium vapour lamp** (Elec Eng) / Natriumdampfniederdrucklampe f (eine Gasentladungslichtquelle nach DIN 5039), Natriumniederdrucklampe f ‖ ~ **spraying** (Surf) / LPS-Verfahren n (Auftragen von metallischen oder nichtmetallischen Schichten durch thermische Spritzverfahren) ‖ ~ **stage\*** (Aero, Eng) / Niederdruckstufe f ‖ ~ **storage** (Nut) / Unterdrucklagerung f (z.B. des Obsts) ‖ ~ **torch** (Eng, Welding) / Niederdruckbrenner m, ND-Brenner m
**low-pressure turbine\*** (Aero, Eng) / Niederdruckturbine f (letzte Turbine bei Hintereinanderschaltung von 2 oder 3 Turbinen), ND-Turbine f
**low-pressure wet oxidation** / LOPROX-Verfahren n (eine Niederdruck-Nassoxidation)
**low-priced** adj / preiswert adj ‖ ~ / preisgünstig adj ‖ ~ / billig adj (Ware)
**low-priority processing** (Comp) / Hintergrundverarbeitung f (Programme können im Batchbetrieb mit geringer Priorität im Hintergrund ablaufen, während der Benutzer interaktiv mit dem System arbeitet), nachrangige Verarbeitung
**low-profile plug** (Telecomm) / Flachheizstecker m ‖ ~ **radiator** (Autos) / Flachheizkörper m, Flachheizkörper m ‖ ~ **resin** (Plastics) / Low-profile-Harz n (schwundarm härtendes Harz), LP-Harz n ‖ ~ **tyre** (Autos) / Niederquerschnittreifen m
**low-protein** adj (Biochem, Nut) / eiweißarm adj
**low-quality** attr (Comp) / minderwertig adj, von minderer Qualität, geringwertig adj
**low\*-quartz** n (Min) / Tiefquarz m, α-Quarz m, Niederquarz m (< 573 °C) ‖ ~ **range** (Comp, Instr) / unterer Bereich (eines binären Signals nach DIN 41859, T 1), unterer Wertebereich
**low-rank** attr / minderwertig adj (Kohle) ‖ ~ **coal** (Mining) / niedriggekohlte Kohle, geringkohlte Kohle, Kohle f von niedrigem Inkohlungsgrad
**low-rate timber** (For) / minderwertiges Holz, Abfallholz n (Kisten- oder Brennholz) ‖ ~ **timber** (For) / geringwertiges Holz
**low\*-reactivity** attr (Chem) / reaktionsträge adj, reaktionsschwach adj, träge adj ‖ ~ **red heat\*** (Met) / beginnende Rotglut (Glühfarbe)
**low-refractive-index** attr (Glass, Optics) / niedrigbrechend adj
**low relief** (a piece of sculpture) (Arch) / Flachbild n, Basrelief n, Flachrelief n
**low-res** adj (Comp, Electronics, Optics) / niedrigauflösend adj
**low-resistance** attr (Elec Eng) / niederohmig adj
**low-resolution** attr (Comp, Electronics, Optics) / niedrigauflösend adj ‖ ~ **graphics\*** (Comp) / niedrigauflösende Grafik
**low rider** (Autos) / Lowrider m (extrem tiefergelegtes Fahrzeug im Custom-Look, das nur minimale Bodenfreiheit aufweist) ‖ ~**-rise construction** (Build) / Flachbau m
**low-riser plate** (Chem Eng) / Flachglockenboden m ‖ ~ **tray** (Chem Eng) / Flachglockenboden m
**lowry\*** n (Rail) / niederbordiger Wagen, Niederbordwagen m (1,14 m) ‖ ≃ **method** (Biochem) / Lowry-Methode f (zur quantitativen Bestimmung von Proteinen und Enzymen), Folin-Reaktion f
**low-section high-grip tyre** (Autos) / Haftbreitreifen m ‖ ~ **tyre** (Autos) / Niederquerschnittreifen m
**low segment** (Elec Eng) / zurückstehende Lamelle
**low-severity cracking** (Oils) / niedrige Spaltschärfe
**low\*-shrink** attr (Textiles) / krumpfarm adj, schrumpfarm adj ‖ ~**-shrinkage** attr (Textiles) / krumpfarm adj, schrumpfarm adj
**low-shrink resin** (Plastics) / Low-Shrink-Harz n (das beim Aushärtungsprozess hinsichtlich Schwundarmut den Low-Profile-Harzen unterlegen ist, diese jedoch, was die Einfärbbarkeit angeht, übertrifft), LS-Harz n (Low-Shrink-Harz)
**low side** / Saugdruckseite f (in Klimaanlagen) ‖ ~ **side** / Niederdruckseite f (der Klimaanlage)
**low-sided open waggon** (Rail) / niederbordiger Wagen, Niederbordwagen m (1,14 m)
**low-side gondola** (US) (Rail) / niederbordiger Wagen, Niederbordwagen m (1,14 m)
**low sirup** (Nut) / Ablauf m (von Nachprodukt) 2

**low-smoke**

**low-smoke powder** / rauchschwaches Pulver (mit Cellulosenitrat als Hauptbestandteil) ‖ **~ zero halogen sheath** (Cables) / LS0H-Kabelmantel *m*
**low-sodium salt** (Nut) / Kochsalzersatzmittel *n* (z.B. Adipate oder Citrate), Diätsalz *n* (kochsalzarm)
**low-soiling** *adj* (Textiles) / schmutzabweisend *adj* (Stoff, Teppich)
**low-solids paint** (Paint) / Low-Solids-Lack *m* (mit geringem Festkörpergehalt), LS-Lack *m* (mit geringem Festkörpergehalt)
**low-solubility glaze** (a lead-bearing glaze in which no more than 5% of the lead oxide is soluble) (Ceramics) / Glasur *f* mit geringer Bleilöslichkeit
**low-speed aileron** (Aero) / Langsamflug-Querruder *n*, äußeres Querruder ‖ **~ balancing** (Eng, Mech) / niedertouriges Wuchten
**low-speed engine** (Eng) / langsamlaufende Maschine, Langsamläufer *m*
**low-speed machine** (Eng) / langsamlaufende Maschine, Langsamläufer *m*
**low-spin complex** (Chem) / Low-Spin-Komplex *m* (in der Koordinationslehre), Inner-Orbital-Komplex *m* ‖ **~ state** (Nuc) / Kleinspinzustand *m*
**low-stop filter**\* (Telecomm) / Hochpass *m* (ein Netzwerk), Hochpassfilter *n*, HP (Hochpassfilter)
**low-strength weld** (Welding) / Schweißnaht *f* geringer Festigkeit
**low-stress fracture** (Materials) / Niedrigspannungsbruch *m*
**low-suction** *attr* (Build, Paint) / saugfähig *adj* (schwach), schwach saugend (Putzgrund), kaum saugend
**low-sulphide lime** (liquor) (Leather) / sulfidarmer Äscher ‖ **~ liming liquor** (Leather) / sulfidarmer Äscher
**low-sulphur** *attr* / schwefelarm *adj* ‖ **~ crude** (oil) (Oils) / Erdöl *n* mit niedrigem Schwefelgehalt, schwefelarmes Rohöl ‖ **~ fuel** (Fuels) / Brennstoff *m* mit niedrigem Schwefelgehalt
**low-tech** *adj* (Eng) / einfache Technik
**low-technology** *attr* (Eng) / einfache Technik
**low-temperature acoustics** (Acous) / Kryoakustik *f* ‖ **~ brittleness** (Met) / Tieftemperaturprödigkeit *f* ‖ **~ cable** (Cables) / Tieftemperaturkabel *n*
**low-temperature carbonization**\* (Fuels) / Schwelverfahren *n*, Schwelen *n* (ein Verfahren der Kohleveredelung), Schwelung *f*, Tieftemperaturverkokung *f*, Tieftemperaturentgasung *f*, Niedertemperaturentgasung *f* (unter Luftabschluss)
**low-temperature carbonization furnace** (Fuels) / Schwelgenerator *m* (zur Vergasung von teerhaltigen Vergasungsstoffen) ‖ **~ carbonization plant** (Fuels) / Schwelanlage *f* ‖ **~ carbonizer** (Fuels) / Schwelgenerator *m* (zur Vergasung von teerhaltigen Vergasungsstoffen) ‖ **~ chemistry** (Chem) / Kryochemie *f*, Tieftemperaturchemie *f* (bei sehr tiefen Temperaturen etwa im Bereich -196 bis -270 °C)
**low-temperature coke**\* (Fuels) / Schwelkoks *m*, Tieftemperaturkoks *m*
**low-temperature CVD**\* (Surf) / Tieftemperatur-CVD *n* ‖ **~ distillation** (Fuels) / Schwelverfahren *n*, Schwelen *n* (ein Verfahren der Kohleveredelung), Schwelung *f*, Tieftemperaturverkokung *f*, Tieftemperaturentgasung *f*, Niedertemperaturentgasung *f* (unter Luftabschluss)
**low•-temperature dyeing** (Textiles) / Kaltfärben *n* (Färben bei niedriger Temperatur) ‖ **~-temperature dyestuff** (Textiles) / Kaltfarbstoff *m*, Kaltfärber *m*
**low-temperature hydrogenation** (Chem Eng) / Tieftemperaturhydrierung (TTH) *f* (ein Verfahren zur raffinierend-katalytischen Hydrierung), TTH (ein Verfahren zur raffinierend-katalytischen Hydrierung) ‖ **~ isomerization** (Chem) / Tieftemperaturisomerisierung *f* ‖ **~ oxide** / LTO *n* (das im LPCVD-Ofen hergestellte $SiO_2$) ‖ Siliziumdioxid *n* (das im LPCVD-Ofen hergestellt wird) ‖ **~ phosphating** (Surf) / Kaltphosphatierung *f* (bei Raum- oder wenig erhöhter Temperatur - 20-50° C)
**low-temperature physics** (Phys) / Kryophysik *f*, Tieftemperaturphysik *f*
**low-temperature physics** (Phys) / Kältephysik *f* ‖ **~ pressure distillation** (Chem Eng) / Tieftemperaturdruckdestillation *f*
**low-temperature-resistant** *adj* / tieftemperaturbeständig *adj*
**low-temperature separation** / Tieftemperaturtrennung *f* ‖ **~ spectrum** (Spectr) / Tieftemperaturspektrum *m* ‖ **~ steel** (Met) / kaltzäher Stahl (zum Einsatz bei tiefen Temperaturen - DIN 17 280) ‖ **~ tar** (Chem Eng) / Urteer *m*, Tieftemperaturteer *m*, Schwelteer *m*
**low-temperature treatment** / Tieftemperaturbehandlung *f* (unter dem Gefrierpunkt)
**low-temperature treatment** (Met) / Tieftemperaturbehandlung *f* (Nachbehandlung gehärteter Stähle bei Temperaturen bis zu -180 °C), Tiefkühlen *n* (von gehärteten Stählen nach DIN EN 10 052)
**low tension**\* (Elec Eng, Electronics, Radio) / Niederspannung *f* (bis 250 V) ‖ **~ tension**\* (Electronics) / Heizspannung *f*
**low-tension** (electric) **detonator**\* / Glühzünder *m* (mit einem elektrisch beheizten Widerstandsdraht)
**low-tension ignition**\* (I C Engs) / Niederspannungszündung *f*

**low-tide line** (Ocean, Surv) / Niedrigwasserlinie *f*, Wattgrenze *f*
**low-torque** *attr* (I C Engs) / durchzugsschwach *adj* (Motor), drehmomentschwach *adj*
**low vacuum** (100 kPa to 3 kkPa) (Electronics, Vac Tech) / geringes Vakuum, Grobvakuum *n*
**low-velocity scanning**\* (Electronics) / langsames Abtasten
**low-velocity zone** (the zone in the upper mantle, variously defined as from 60 to 250 km in depth, in which velocities are about 6% lower than in the outermost mantle) (Geol) / Low-Velocity-Zone *f*, Gutenberg-Zone *f* (an der Wiechert-Gutenberg-Diskontinuität), Schicht *f* mit geringerer seismischer Wellengeschwindigkeit (Gutenberg-Zone)
**low-velocity zone** (Geol) / Schicht *f* mit geringerer seismischer Wellengeschwindigkeit (direkt unter der Erdoberfläche)
**low-viscosity** *attr* / dünnflüssig *adj*
**low viscosity index** (Phys) / niederer Viskositätsgrad
**low-viscosity oil** / Öl *n* der L-Reihe
**low-volatile steam coal** (Mining) / Magerkohle *f* (10-14% an Flüchtigem), Esskohle *f* (Steinkohle mit 14-19% flüchtigen Bestandteilen)
**low voltage**\* (Elec Eng, Electronics, Radio) / Niederspannung *f* (bis 250 V)
**low-voltage electrophoresis** (Chem, Phys) / Niederspannungselektrophorese *f* ‖ **~ fuse** (Elec Eng) / Niederspannungssicherung *f* ‖ **~ protection** (Elec Eng) / Unterspannungsschutz *m* (Gesamtheit der Maßnahmen zum Schutz von Leitungen, Anlagen und Betriebsmitteln gegen Unterspannung) ‖ **~ switchgear** (Elec Eng) / Niederspannungsschaltgerät *n* (DIN 57 638) ‖ **~ switchgear and control-gear assembly** (Elec Eng) / Niederspannung-Schaltgerätekombination *f* ‖ **~ system** (Elec Eng) / Niederspannungsnetz *n* ‖ **~ winding** (Elec Eng) / Unterspannungswicklung *f*, US-Wicklung *f* (mit der niedrigsten Nennspannung)
**low-volt release** (Elec Eng) / Unterspannungsauslöser *m* (der das Öffnen oder Schließen eines Leistungsschalters mit oder ohne Verzögerung bewirkt, wenn die Spannung an seinen Anschlüssen einen vorgegebenen Wert unterschreitet ) ‖ **~ release**\* (Elec Eng) / Unterspannungsauslösung *f*, Spannungsrückgangsauslösung *f*
**low-volume** *attr* / kleinvolumig *adj*
**low warp**\* (Textiles) / niedrige Kettdichte
**low-warp loom** (Weaving) / Basselissestuhl *m*, Flachwebstuhl *m* (ein Handwebstuhl mit waagerecht geführter Kette)
**low water** (Hyd Eng) / Niedrigwasser *n*
**low-water alarm**\* (Eng) / Wassermangelmelder *m*
**low-water line** (Ocean, Surv) / Niedrigwasserlinie *f*, Wattgrenze *f*
**low-water mark** (Ocean) / Ebbelinie *f* ‖ **~ mark** (Surv) / Niedrigwassermarke *f*
**low-wattage glowlamp** (Elec Eng, Electronics) / Glimmlampe *f* mit geringer Leistungsaufnahme
**low-wear** *attr* / verschleißarm *adj*
**low-wind period** (Elec Eng, Meteor) / windschwache Zeit (z.B. bei Windkraftwerken), windschwache Periode
**low-wing monoplane** (with a wing mounted low on body, usually so that undersurfaces coincide)\* (Aero) / Tiefdecker *m* (Flugzeug mit einem Tragflügel, der an der Unterseite des Rumpfes angebracht ist)
**LOX** (explosive) / Flüssigluftsprengstoff *m*
**lox**\* *n* (Chem) / verflüssigter Sauerstoff, Flüssigsauerstoff *m*, flüssiger Sauerstoff
**loxodrome** *n* (Nav) / Loxodrome *f* (Linie auf der Kugel oder auf dem Ellipsoid, die alle Meridiane unter dem gleichen Winkel schneidet), Kursgleiche *f*, Isoazimutallinie *f*, Kurslinie *f*
**loxodromic** *adj* / loxodromisch *adj*, loxodrom *adj*
**loxodromical** *adj* / loxodromisch *adj*, loxodrom *adj*
**lozenge** *n* (Comp) / Rhombuszeichen *n*, "Suppenstern" *m* ‖ **~** (Maths) / Rhombus *m* (pl. -ben) (Parallelogramm, bei dem alle vier Seiten gleich lang sind), Raute *f* ‖ **~ key** (Teleg) / Rautentaste *f*
**LP** (linear programming) (Comp) / lineare Programmierung (Ableiten der Aufgabenstellung bei linearer Optimierung) ‖ **≏** (line printer) (Comp) / Zeilendrucker *m* (heute nur bei Thermodruckern), Paralleldrucker *m* ‖ **≏** (limit of proportionality) (Mech) / Proportionalitätsgrenze *f* (in der Elastizitätslehre) ‖ **≏** (launch pad) (Mil, Space) / Startplattform *f* ‖ **antenna** (Radio) / logarithmisch-periodische Antenne *f* ‖ **≏ band** (Acous) / Langspielband *n* (eine Tonbandsorte)
**LPC** (leaf protein concentrate) (Nut) / Blattproteinkonzentrat *n*
**LP compressor**\* (Aero, Eng) / Niederdruckkompressor *m* (der erste von mindestens 2 hintereinander angeordneten Verdichtern), Niederdruckverdichter *m*, ND-Kompressor *m*, ND-Verdichter *m*
**LPCVD** (low-pressure CVD) (Surf) / Tiefdruck-CVD *n*, LPCVD-Prozess *m* (eine Schichtabscheidung aus der Gasphase)

**LPDTL** (low-power diode-transistor logic) (Electronics) / Dioden-Transistor-Logik f mit niedriger Verlustleistung , LPDTL (Dioden-Transistor-Logik mit niedriger Verlustleistung)

**LPE\*** (liquid-phase epitaxy) (Electronics) / Epitaxie f aus der flüssigen Phase, schmelzepitaxiale Abscheidung, Flüssigphasenepitaxie f

**LPES** (laser photodetachment electron spectrometry) (Spectr) / Laserfotodetachment-Elektronenspektrometrie f

**LPG\*** (liquefied petroleum gas) (Chem Eng) / Flüssiggas n (nur Kohlenwasserstoffe, z.B. Butan oder Propan) ‖ ≙ (list program generator) (Comp) / Listenprogrammgenerator m, LPG (Listenprogrammgenerator), Reportprogrammgenerator m, Listprogrammgenerator m ‖ ≙ (line/trunk group) (Telecomm, Teleph) / Anschlussgruppe f, LPG (Anschlussgruppe)

**LPG/air mixture** / Flüssiggas/Luft-Gemisch n (homogenes Gemisch aus Flüssiggas und Luft, das anstelle von Stadtgas oder Erdgas der öffentlichen Gasversorgung dient)

**LPG amine treating** (Chem Eng) / Flüssiggasaminbehandlung f, Flüssiggasaminwäsche f ‖ ≙ **amine treatment** (Chem Eng) / Flüssiggasaminbehandlung f, Flüssiggasaminwäsche f ‖ ≙ **carrier** (Ships) / Gastanker m, Flüssiggastanker m

**LPG-operated spark-ignition engine** (I C Engs) / Ottogasmotor m, Gasottomotor m

**LPH** (lipotropic hormone) (Biochem) / Lipotropin n (ein Polypeptidhormon aus dem Hypophysenvorderlappen), lipotropes Hormon, LPH

**L-plate** n (Autos) / Anfängerschild n (ohne Führerschein - rotes L auf weißem Hintergrund)

**lpm** (lines per minute) (Comp) / Zeilen/min (eine Angabe bei Druckern)

**L-ported plug** (Eng) / L-Küken n

**LP record** (long-playing record) (Acous) / Langspielplatte f, LP (Langspielplatte)

**LPS** (lipopolysaccharide) (Chem) / Lipopolysaccharid n (aus Lipiden und Polysachariden), LPS (Lipopolysaccharid) ‖ ≙ (low-pressure spraying) (Surf) / LPS-Verfahren n (Auftragen von metallischen oder nichtmetallischen Schichten durch thermische Spritzverfahren)

**LP stage\*** (Aero, Eng) / Niederdruckstufe f

**LPS vapour lamp** (Elec Eng) / Natriumdampfniederdrucklampe f (eine Gasentladungslichtquelle nach DIN 5039), Natriumniederdrucklampe f

**LPT** (logical device name for line printer) (Comp) / LPT m (Zeilendrucker)

**LP turbine\*** (Aero, Eng) / Niederdruckturbine f (letzte Turbine bei Hintereinanderschaltung von 2 oder 3 Turbinen), ND-Turbine f

**LQ** (limiting quality) (Stats) / rückzuweisende Qualitätsgrenzlage (DIN 55 350, T 13) ‖ ≙ **printer** (Comp) / Schönschreibdrucker m (heute nur eine historische Benennung), Briefqualitätsdrucker m, Drucker m mit Korrespondenzqualität

**LR** (left-to-right) / von links nach rechts (arbeitend, lesend)

**Lr** (lawrencium) (Chem) / Lawrencium n, Lr (Lawrencium)

**L-radiation** n (characteristic X-rays produced by an atom or ion when a vacancy in the L-shell is filled by one of the outer electrons) (Radiol) / L-Strahlung f (eine charakteristische Röntgenstrahlung)

**LRC** (longitudinal redundancy check) (Comp) / Longitudinalprüfung f, Blockprüfung f (DIN 44230) ‖ ≙ **character** (Comp) / Blockprüfzeichen n

**L-rest\*** n (For, Join) / L-Handauflage f (der Holzdrehbank)

**LR grammar** (Comp) / LR(k)-Grammatik f (eine kontextfreie Grammatik, bei der die Entscheidung über die zielgerichtete Anwendbarkeit einer Regel nur von den bereits verarbeiteten und k folgenden Kontextzeichen abhängt)

**LRV** (lunar roving vehicle) (Space) / Mondmobil n, Mondauto n, Mondfahrzeug n (zum Befahren des Mondes)

**LS** (linear shrinkage) / lineare Schrumpfung ‖ ≙ (loudspeaker) (Acous) / Lautsprecher m (DIN 1320) ‖ ≙ (light scattering) (Light) / Lichtstreuung f

**LSA-diode** n (Electronics) / LSA-Diode f (eine Abart der Gunn-Diode mit begrenzter Raumladungsausbildung)

**LSB** (least significant bit) (Comp) / wertniedrigstes Bit, niedrigstwertiges Bit (bei einer Dual- bzw. Binärzahl) ‖ ≙ (lithium-ion storage battery) (Comp, Elec Eng) / Lithium-Ionen-Akkumulator m

**LSC** (liquid-solid chromatography) (Chem) / Liquidus-Solidus-Chromatografie f, Flüssig-Fest-Chromatografie f ‖ ≙ (liquid scintillation counting) (Nuc Eng) / Flüssigkeitsszintillationszählung f (eine Methode zur Messung von radioaktiven Substanzen in Flüssigkeiten) ‖ ≙ (liquid scintillation counter) (Nuc Eng) / Flüssigszintillationszähler m, Szintillationszähler m mit flüssigem Szintillator, Flüssigkeitsszintillationszähler m

**l-s coupling\*** (Nuc) / Russell-Saunders-Kopplung f (nach H.N. Russell, 1877-1957, und F.A. Saunders, 1875-1963), normale Kopplung, LS-Kopplung f (ein Grenzfall der Drehimpulskopplung)

**LSD•-25** (Chem, Pharm) / Lysergsäurediethylamid (LSD) n, LSD (Suchtmittel, ein Psychosomimetikum) ‖ ≙* (lysergic acid diethylamide) (Chem, Pharm) / Lysergsäurediethylamid (LSD) n, LSD (Suchtmittel, ein Psychosomimetikum) ‖ ≙ (least significant digit) (Comp, Maths) / niedrigstwertige Stelle, niedrigstwertige Ziffer ‖ ≙ (least significance difference) (Stats) / Grenzdifferenz f, GD (Grenzdifferenz)

**L section** (Met) / L-Profil n

**L-section\*** n (Telecomm) / L-Glied n (ein Frequenzfilter) ‖ ≙ **ring** (I C Engs) / L-Ring m (eine Kolbenringbauart), L-Kolbenring m

**L-series** n (Nuc, Spectr) / L-Serie f (Spektrallinien)

**LSF** (line spread function) (Astron, Spectr) / Linienverwaschungsfunktion f

**L-shell** n (Geophys) / L-Schale f, Driftschale f (ein Schalenmodell der Magnetosphäre)

**L-shell\*** n (consisting of the electrons in the orbitals with n = 2) (Nuc) / L-Schale f

**LS0H sheath** (Cables) / LS0H-Kabelmantel m

**LSI** (large-scale integrated circuit) (Electronics) / LSI-Schaltung f (eine monolithische Halbleiterschaltung mit hohem Integrationsgrad - über 100 000 Bauelemente auf einem Halbleiterplättchen), hochintegrierter Festkörperschaltkreis, großintegrierter Schaltkreis ‖ ≙ (large-scale integration) (Electronics) / Integrationsgrad m LSI (mindestens 10 000 Grundfunktionen bzw. 100 000 Bauelemente pro Chip)

**LSIMS** (liquid secondary ion mass spectrometry) (Nuc, Spectr) / Fast-Atom-Bombardment n (Ionisierungsmethode für schwer oder nichtverdampfbare organische Molekeln), FAB (Fast-Atom-Bombardment), Beschuss m mit schnellen Atomen

**LSM** (linear synchronous motor) (Elec Eng) / Synchronlinearmotor m (ein dem konventionellen /rotierenden/ Synchronmotor entsprechender Linearmotor), linearer Synchronmotor

**LSP** (language for special purposes) / Fachsprache f, Sprache f im Fach(gebrauch) ‖ ≙ (linear-sweep polarography) (Chem) / Singlesweep-Polarografie f, Katodenstrahlpolarografie f, SSP

**LSR** (lanthanoid shift reagent) (Spectr) / Lanthanoidshiftreagens n

**LST** (large space telescope) (Astron) / Weltraumteleskop n, Spacetelescop n (ein Spezialsatellit, der von einem Raumtransporter in die Umlaufbahn gebracht wird)

**L-system** n / Laboratoriumsbezugssystem n, Laborsystem n (in dem der Beobachter und seine Geräte ruhen) ‖ ≙ (Comp) / Lindenmayer-System n (mit der Vorschrift, dass stets über die ganze Breite des Wortes mögliche Ersetzungen parallel vorzunehmen sind)

**LT** (local time) (Astron) / Ortszeit f, OZ (Ortszeit), LT (Ortszeit) (an allen Orten gleicher geografischer Länge - EN 28601) ‖ ≙* (Lithiumtantalat) (Chem, Electronics) / Lithiumtantalat n

**L. T.** (low tension) (Elec Eng, Electronics, Radio) / Niederspannung f (bis 250 V)

**LTC** (low-temperature carbonization) (Fuels) / Schwelverfahren n, Schwelen n (ein Verfahren der Kohleveredelung), Schwelung f, Tieftemperaturverkokung f, Tieftemperaturgasung f, Niedertemperaturentgasung f (unter Luftabschluss)

**LTE** (line-terminating equipment) (Teleph) / Leitungsendgerät n, LE (Leitungsendgerät)

**L-2 test** (Oils) / eine Motorölpuntersuchung in dem Einzylinder-Caterpillar-Testmotor (Diesel)

**LTL** (less-than-truck load) / kleiner als eine LKW-Ladung

**ltn** (long ton) (Mining, Ships) / Longton f (eine veraltete Masseneinheit = 2240 lb)

**LTO\*** (Lithiumtantalat) (Chem, Electronics) / Lithiumtantalat n

**LTPD** (lot tolerance per cent defective) (Stats) / rückzuweisende Qualitätsgrenzlage (DIN 55 350, T 13)

**LT symbol** (Maths) / Kleiner-Zeichen n

**LTV evaporator** (Chem Eng) / Steigfilmverdampfer m, Kletterfilmverdampfer m (in dem eine ringförmige Filmströmung mit einem Dampfkern entsteht)

**L-type of calender** (Chem Eng) / L-Kalander m

**Lu** (lutetium) (Chem) / Lutetium n, Lu (Lutetium)

**LU** (logical unit) (Comp) / Digitalbaustein m, Logikbaustein m, Logikbauelement n, logische Einrichtung (in einem SNA-Netz)

**lubber line** (Nav) / Steuerstrich m (der Strich im Kompassgehäuse, nach dem gesteuert wird)

**lubber's line** (Nav) / Steuerstrich m (der Strich im Kompassgehäuse, nach dem gesteuert wird)

**lube cut** (Oils) / Schmierölfraktion f ‖ ~ **distillate** (Oils) / Schmieröldestillat n, destilliertes Schmieröl ‖ ~ **oil** / Schmieröl n (flüssiger Schmierstoff)

**lube-oil**

**lube-oil distillate** (Oils) / Schmieröldestillat n, destilliertes Schmieröl ‖ ~ **distillate** (Oils) / Schmierölfraktion f ‖ ~ **extraction** (Oils) / Schmierölextraktion f ‖ ~ **hydrofining** (Oils) / Schmierölhydrofinishing n, hydrierende Behandlung von Schmierölen ‖ ~ **refinery** (Oils) / Schmierölraffinerie f
**lube stock** (Oils) / Schmierölfraktion f
**lubricant*** n / Schmierstoff m (Substanz, die zwischen die Oberflächen von tribologisch beanspruchten Körpern gebracht wird, um Reibung und Verschleiß zu vermindern und Wärme abzuführen), Schmiermittel n, Schmiermedium n ‖ ~ (Paint) / Annässmittel n (bei Nassschleifen) ‖ ~* (Plastics) / Gleitmittel n ‖ ~ (Spinning) / Schmälzmittel n, Schmälze f (in der Streichgarn- oder Zweizylinderspinnerei) ‖ ~ (Spinning, Textiles) / Avivagemittel n, Aviviermittel n ‖ ~ **additive** / Schmierstoffadditiv n, Schmierstoffzusatzstoff m ‖ ~ **binder** / Schmierstoffbindemittel n ‖ ~ **blend** / Schmierstoffverschnitt m ‖ ~ **bloom** (Eng) / schmierstoffbedingter Oberflächenfehler ‖ ~ **bloom** (Plastics) / Oberflächenfehler m durch Gleitmittel ‖ ~ **carrier** (in a drawing process) (Met) / Schmierstoffträger m, Schmiermittelträger m ‖ ~ **compatibility** / Verträglichkeit f zwischen Schmierstoffen ‖ ~ **consumption** (Eng) / Schmierstoffverbrauch m, Schmierstoffdurchsatz m ‖ ~ **coolant** / Kühlschmierstoff m ‖ ~ **deposit** / Schmierstoffablagerung f ‖ ~ **dispensing unit** / Schmierstoffabgabegerät n ‖ ~ **drawing** (Met) / Schmierziehen n (Ziehverfahren, bei dem als Schmierstoffe Fette /Grobzug/ oder Öle /Feinzug/ eingesetzt werden) ‖ ~ **feed** (Eng) / Schmierstoffversorgung f, Schmierstoffzufuhr f ‖ ~ **film** (Eng) / Schmierfilm m (im Allgemeinen) ‖ ~ **flow** / Schmierstofffluss m ‖ ~ **fluidity** / Schmierstofffließvermögen n, Fließvermögen n des Schmierstoffes ‖ ~ **formulation** / Schmierstoffrezeptur f, Schmierstoffformulierung f (Schmierstoffzusammensetzung)
**lubricant-free** adj / schmierstofffrei adj
**lubricant friction** (Eng) / Schmiermittelreibung f, schwimmende Reibung (wenn die gleitenden Flächen völlig voneinander durch die Schmierschicht getrennt sind) ‖ ~ **groove** (Eng) / Schmiernut f ‖ ~ **leakage** (Eng) / Schmiermittelaustritt m ‖ ~ **line** / Schmierstoffleitung f ‖ ~ **oxidation** / Schmierstoffoxidation m, Schmierstoffalterung f ‖ ~ **paste** / Schmierpaste f ‖ ~ **pocket** / Schmiertasche f, Schmierstofftasche f ‖ ~ **preheater** / Schmierstoffvorwärmungsgerät n ‖ ~ **pressure** / Schmierstoffdruck m ‖ ~ **pump** (Eng) / Schmierölpumpe f, Schmierstoffpumpe f ‖ ~ **sputtering** / Spritzschmierung f, Schmierstoffzerstäubung f (eine Art Schmierung) ‖ ~ **supply** (Eng) / Schmierstoffversorgung f, Schmierstoffzufuhr f ‖ ~ **viscosity** (Eng) / Schmierstoffzähigkeit f (DIN 51 502) ‖ ~ **wettability** / Schmierstoffbenetzbarkeit f ‖ ~ **with additives** / Schmierstoff m mit Zusätzen ‖ ~ **with slip additives** / Gleitlack m (mit Bindemitteln gebundener Festschmierstoff)
**lubricate** v (Eng) / schmieren v (zur Verminderung der Reibung sowie zur Abführung von Wärme), abschmieren v ‖ ~ (Spinning) / schmälzen v ‖ ~ (Textiles) / präparieren v (mit Textilhilfsmitteln für Avivage, Schmälzen, Schlichten usw. behandeln)
**lubricated friction** (Eng, Phys) / Reibung f mit Schmierstoff ‖ ~ **gasoline** (US) (Autos) / Zweitaktgemisch n, Kraftstoff-Öl-Gemisch n ‖ ~ **petrol** (Autos) / Zweitaktgemisch n, Kraftstoff-Öl-Gemisch n
**lubricating** n (Eng) / Abschmierung f, Schmierung f (zur Verminderung von Verschleiß, von Oberflächenschäden und/oder der Reibungskraft) ‖ ~ (Spinning) / Schmälzen n (Vorbehandeln der Fasern für das Spinnen, meistens mit einer Fettemulsion), Spicken n, Ölen n (Vorbehandeln der Fasern) ‖ ~ **ability** / Schmiervermögen n ‖ ~ **agent** (Eng) / Avivagemittel n, Aviviermittel n ‖ ~ **device** (Eng) / Schmiergerät n, Schmiereinrichtung f, Abschmiervorrichtung f, Schmierapparat m ‖ ~ **film** (Eng) / Schmierfilm m (im Allgemeinen) ‖ ~ **fluid** / Schmierflüssigkeit f ‖ ~ **grease** (Eng) / Fett n (eine Schmierstoffart), Schmierfett n, Schmiermittel n ‖ ~ **mist generator** (Eng) / Ölnebelanlage f (eine Schmieranlage), Ölnebelgerät n ‖ ~ **nipple** (Eng) / Schmiernippel m (schmutzdichter Verschluss an Schmierstellen), Schmierkopf m ‖ ~ **nipple cupped type** / Trichterschmiernippel m ‖ ~ **oil** / Schmieröl n (flüssiger Schmierstoff) ‖ ~ **oil with improved resistance to ageing** / Schmieröl n mit verbesserter (besserer) Alterungsbeständigkeit (nach DIN 51517) ‖ ~ **paste** / Schmierpaste f ‖ ~ **power** (Eng) / Schmierfähigkeit f ‖ ~ **pressure** (Eng) / Schmierdruck m ‖ ~ **system** (Eng) / Schmiersystem n
**lubrication** n (Eng) / Abschmierung f, Schmierung f (zur Verminderung von Verschleiß, von Oberflächenschäden und/oder der Reibungskraft) ‖ ~ (Spinning) / Avivage f (von Garnen mit Präparationsölen) ‖ ~ (Textiles, Weaving) / Präparation f (Behandlung mit Textilhilfsmitteln für Avivage, Schmälzen, Schlichten usw.) ‖ ~ **chart** (Work Study) / Schmierplan m (meist zeichnerische Darstellung, die eine Übersicht über Art und Lage der Schmierstellen einer Maschine, einer Anlage oder eines Betriebes sowie die dafür erforderlichen Schmierstoffe nach Art und Menge und ggf. Ausführ- und Kontrolltermine enthält) ‖ ~ **clearance height** (Eng) / Schmierspalthöhe f ‖ ~ **duct** (Eng) / Schmierkanal m ‖ ~ **film** (Eng) / Schmierfilm m (im Allgemeinen) ‖ ~ **fitting** (Eng) / Schmiernippel m (schmutzdichter Verschluss an Schmierstellen), Schmierkopf m ‖ ~ **gap** (Eng) / Schmierspalt m ‖ ~ **groove** (Eng) / Schmiernut f ‖ ~ **hole** / Schmierbohrung f (in Zeichnungen) ‖ ~ **indentation** (Eng) / Schmiertasche f
**lubrication-oil refinery** (Oils) / Schmierölraffinerie f
**lubrication oil waste** / Altschmieröl n ‖ ~ **on assembly** (Eng) / Einbauschmierung f ‖ ~ **pocket** (Eng) / Schmiermitteltasche f ‖ ~ **point** (Eng) / Schmierstelle f (meistens in der Einzelschmierung) ‖ ~ **pressure** (Eng) / Schmierdruck m ‖ ~ **pump** (Eng) / Schmierölpumpe f, Schmierstoffpumpe f ‖ ~ **system** (Eng) / Schmiersystem n ‖ ~ **unit** / Schmieranlage f ‖ ~ **wedge** (Mech) / Ölkeil m (bei der Flüssigkeitsschmierung), Schmierkeil m
**lubricator** n (Eng) / Schmiergerät n, Schmiereinrichtung f, Abschmiervorrichtung f, Schmierapparat m ‖ ~ **nipple** (Eng) / Schmiernippel m (schmutzdichter Verschluss an Schmierstellen), Schmierkopf m ‖ ~ **spring** (Eng) / Schmierfeder f
**lubricity** n / Schlüpfrigkeit f, Lubrizität f (das Verhältnis der totalen dynamischen Viskosität zur differentiellen dynamischen Viskosität) ‖ ~ (Eng) / Schmierfähigkeit f
**lubritorium** n (US) (Autos) / Abschmierdienst m
**lucarne** n (Arch) / Lukarne f (ein Dacherker bzw. ein Zwerchhaus) ‖ ~ (US) (Arch, Build) / stehendes Dachfenster (mit besonderem Aufbau auf den Sparrenwerk), Dachaufbau m
**lucca oil** (Chem, Nut) / Olivenöl n
**lucerne** n (Agric, Bot) / Luzerne f (Blaue - Medicago sativa L.)
**luciferase*** n (Biochem) / Luciferase f, Luziferase f (zu den Oxidoreduktasen gehörendes Enzym)
**luciferins*** pl (a collective name for the substrates of luciferases) (Biochem, Chem) / Luciferine n pl, Luziferine n pl (Substrate der von Luciferasen katalysierten Biolumineszenzreaktionen)
**lucifugous** adj (Biol, Ecol) / lichtmeidend adj, lichtscheu adj, heliophob adj (den Sonnenschein meidend), fotophob adj, sonnefliehend adj, schattenliebend adj
**luciphilous** adj (Biol, Ecol) / lichtliebend adj, heliophil adj, fotophil adj, sonneliebend adj
**Lucite** n (tradename for a polymer made from polymethyl methacrylate) (Chem, Plastics) / Polymethylmethacrylat n, Polymethylmethakrylat n, PMMA (Polymethylmethacrylat) (DIN 7728)
**lucrative** adj / einträglich adj, lukrativ adj, Gewinn bringend adj (finanziell), gewinnbringend adj
**LU decomposition** (Comp, Maths) / LU-Zerlegung f
**Lüders' bands*** (Met) / Fließfiguren f pl (bei Stählen mit ausgeprägter Streckgrenze zu Beginn der plastischen Verformung auf den blanken Teilen auftretende schmale, verformte Zonen), Lüders'sche Linien f pl, Fließlinien f pl ‖ ~ **lines*** (Met) / Fließfiguren f pl (bei Stählen mit ausgeprägter Streckgrenze zu Beginn der plastischen Verformung auf den blanken Teilen auftretende schmale, verformte Zonen), Lüders'sche Linien f pl, Fließlinien f pl
**Ludlow*** n (Print) / Satzgießsystem n im Buchdruck (der Fa. Ludlow Typograph Comp., Chicago, Ill. - heute veraltet)
**Ludwig equation** (Materials) / Ludwig-Gleichung f (zur Beschreibung der wahren Spannungs-Dehnungs-Kurve von metallischen Werkstoffen, insbesondere von Stählen)
**LUF** (lowest useful frequency) (Telecomm) / Dämpfungsfrequenz f (niedrigste Frequenz elektromagnetischer Wellen, die noch für eine zuverlässige Signalübermittlung zu einem bestimmten Zeitpunkt auf einer vorgegebenen Übertragungsstrecke brauchbar ist)
**luff** v (Ships) / luven v (das Schiff nach Luv drehen), anluven v
**luffa** n (For) / Schwammgurke f (Luffa cylindrica (L.) M. Roem
**luffer** n / Jalousie f (einer Ventilationsöffnung)
**luffing** n (Eng) / Wippen f (des Wippkrans mit horizontalem Lastweg)
**luffing-jib crane** (a crane with its jib hinged at its lower end to the crane structure to allow alteration in its radius of action) (Eng) / Wippdrehkran m, Wippauslegerkran m, Wippkran m (bei dem die Reichweite des Auslegers durch Kippen verändert werden kann)
**luffing rope** (Eng) / Wippseil n (des Wippkrans)
**lug** n (Autos) / Stollen m (im Reifenprofil) ‖ ~ (Autos) / Radbolzen m, Radschraube f ‖ ~ (Cables) / Kabelschuh m ‖ ~* (Elec Eng) / Lötfahne f, Fahne f (Lötfahne), Anschlussfähnchen n, Lötöseneleiste f ‖ ~* (Elec Eng) / Anschlusslasche f, Anschlussöse f, Anschlussfahne f ‖ ~* (Eng) / Öhr n, Öse f, Ohr n, Auge n ‖ ~ (Eng) / Nase f, Ansatz m, Vorsprung m ‖ ~ (Foundry) / Lappen m, Ansatz m (des Formkastens) ‖ ~ (Foundry) / Fahne f (der Schabloniervorrichtung) ‖ ~ (Textiles) / Schieberhöcker m (des Reißverschlusses) ‖ ~ (Textiles) s. also bail
**lug-base tyre** (Autos) / Hochstollenreifen m
**lug coupling** (Eng) / Klauenanschluss m (bei Unterflurhydranten)
**luggage** n (GB) / Gepäck n, Reisegepäck n ‖ ~ **capacity** (Autos) / Kofferraumvolumen n ‖ ~ **compartment** (Rail) / Gepäckraum m

**freight** (Rail) / Gepäckfracht *f* ‖ ~ **locker** (Autos) / Gepäckfach *n* (eines Reiseomnibusses) ‖ ~ **net** (Autos, Rail) / Gepäcknetz *n* ‖ ~ **rack** / Gepäckablage *f* ‖ ~ **space** (Autos) / Kofferraum *m* ‖ ~ **ticket** / Gepäckaufbewahrungsschein *m* ‖ ~ **transport** (Rail) / Gepäckbeförderung *f* ‖ ~ **truck** / Kistenkarre *f* ‖ ~ **van** (Rail) / Gepäckwagen *m*, Packwagen *m*
**lugger** *n* (Ships) / Logger *m* (ein Fischereifahrzeug), Lugger *m*
**lugging** *adj* (Autos) / untertourig *adj* (Motorbetrieb)
**Luggin-Haber capillary** / Haber-Luggin-Sonde *f* (die die Potentialmessung in nächster Nähe der Elektrode ermöglicht - Aufnahme der Stromdichte-Potential-Kurve), Kapillarsonde *f*, Luggin-Haber-Kapillare *f*, Kapillarsonde *f* nach Luggin und Haber, Haber-Luggin-Sonde *f* ‖ ~ **probe** / Haber-Luggin-Sonde *f* (die die Potentialmessung in nächster Nähe der Elektrode ermöglicht - Aufnahme der Stromdichte-Potential-Kurve), Kapillarsonde *f*, Luggin-Haber-Kapillare *f*, Kapillarsonde *f* nach Luggin und Haber, Haber-Luggin-Sonde *f*
**Luggin probe** / Haber-Luggin-Sonde *f* (die die Potentialmessung in nächster Nähe der Elektrode ermöglicht - Aufnahme der Stromdichte-Potential-Kurve), Kapillarsonde *f*, Luggin-Haber-Kapillare *f*, Kapillarsonde *f* nach Luggin und Haber, Haber-Luggin-Sonde *f*
**lughole** *n* (Foundry) / Führungslappen *m*
**lug nut** (Autos) / Radmutter *f*
**Lugol's solution** (Chem) / Lugol-Lösung *f* (eine Iod-Kaliumiodid-Lösung nach J.G.A. Lugol, 1786-1851)
**lugs** *pl* / Sandblätter *n pl* (die zu den größten und wertvollsten Blättern einer Tabakpflanze gehörenden Blätter, die in Bodennähe wachsen und meist zur Herstellung von Zigarren verwendet werden)
**lug steel** (Build, Met) / Nockenstahl *m* (nicht mehr übliche Bezeichnung des Betonstahls mit verbesserter Verbundwirkung) ‖ ~ **steel** (Civ Eng, Met) / Nockenstahl *m* (nicht mehr üblicher Begriff für Betonstahl mit verbesserter Verbundwirkung) ‖ ~ **strap** (Weaving) / Schlagriemen *m*
**Lukasiewicz notation** (Comp) / Polnische Notation *f*, Präfixschreibweise *f*, [klammerfreie] Polnische Schreibweise, PN (nach Lukasiewicz)
**lukewarm** *adj* / verschlagen *adj*, lauwarm *adj*, überschlagen *adj* (Wasser)
**lumachella\*** *n* (Geol) / Lumachelle *f* (ein Schill-Kalk)
**lumbang oil** / Bankulöl *n*, Lichtnussöl *n*, Lumbangöl *n*, Kerzennussöl *n*, Iguapeöl *n* (von Samen der Aleurites moluccana (L.) Willd.)
**lumbar support** (Autos) / Lendenwirbelstütze *f* (variable), Lordosenstütze *f* (zur Sitzformanpassung)
**lumber** *v* / Holz zuschneiden ‖ ~ (US) (For) / bringen *v* (Holz) ‖ ~ *n* (US) (Build, For) / Bauschnittholz *n* ‖ ~\* (US) (For) / Schnittholz *n* (DIN EN 13 556), Schnittware *f* ‖ ~ (US) (For) / Holz *n* (Bauholz, Grubenholz) ‖ ~ (US) (For) / Nutzholz *n* ‖ ~ **and timber** (US) (For) / Schnittholz *n* (DIN EN 13 556), Schnittware *f* ‖ ~ **core** (plywood) (US) (Join) / Stichlerplatte *f* (DIN 68791), Verbundplatte *f* mit Vollholzmittellage ‖ ~ **defect** (For) / Fehler *m* des Holzes, Holzfehler *m* (im Allgemeinen) ‖ ~ **harvest** (For) / Holzernte *f* ‖ ~ **harvesting machine** (For) / Holzerntemaschine *f*
**lumbering** (US) (For) / Holzbringung *f*, Bringung *f* (Rücken, Vorführen, Abfuhr) ‖ ~ (US) (For) / Fällen *n*, Holzeinschlag *m*, Holzwerbung *f*, Hauungsbetrieb *m*, Einschlag *m* (Holzeinschlag), Holzfällung *f*, Baumfällen *n*, Holzfällen *n*, Holzschlag *m*, Nutzung *f*
**lumberjack** *n* (US)\* (For) / Holzfäller *m*, Holzhacker *m*, Holzhauer *m*, Holzarbeiter *m*
**lumberman** *n* (US) (For) / Holzfäller *m*, Holzhacker *m*, Holzhauer *m*, Holzarbeiter *m*
**lumber manufacture** (US) (For) / Schnittholzerzeugung *f* ‖ ~ **mill** (US) (For) / Sägewerk *n* (holzbearbeitender Betrieb), Sägemühle *f*
**lumber-room** *n* (Build) / Abstellraum *m*
**lumber scrap** (US) (For) / Holzabfälle *m pl*, Holzreste *m pl* ‖ ~ **yard** (US) (For) / Holzlager *n*, Holzlagerplatz *m*, Holzplatz *m*
**lumen\*** *n* (pl. lumina) (the central cavity of a tubular or other hollow structure in an organism or cell) (Bot, For, Med, Physiol) / Lumen *n* (pl. - oder -mina) ‖ ~\* (the SI unit of luminous flux) (Light) / Lumen *n* (pl. - oder -mina) (gesetzliche abgeleitete SI-Einheit des Lichtstroms), lm (Lumen - DIN 1301, T 1)
**lumen-hour\*** *n* (Light) / Lumenstunde *f*, lm.h
**lumenmeter\*** *n* (Light) / Lumenmeter *n*, Lichtstrommessgerät *n*
**lumen per watt** (Light) / Lumen/Watt *n*, Lumen pro Watt, lm/W (Einheit der Lichtausbeute und des fotometrischen Strahlungsäquivalents) ‖ ~**-second** *n* (Light) / Lumensekunde *f*, lm.s (SI-Einheit der Lichtmenge)
**luminaire\*** *n* (Light) / Leuchte *f* (ein Gerät zur Aufnahme und zum Betrieb künstlicher Lichtquellen - DIN 5039), Beleuchtungskörper *m*
**luminance\*** *n* (Light) / Leuchtdichte *f* (die fotometrisch bewertete Strahldichte, Einheit: cd/m$^2$ - DIN 5031, T 3) ‖ ~ (TV) / Helle *f*, Luminanz *f*, Helligkeit *f* ‖ ~ **carrier** (TV) / Bildträger *m* (eine hochfrequente Welle) ‖ ~ **channel\*** (TV) / Luminanzkanal *m* ‖ ~ **distribution** (Light) / Leuchtdichteverteilung *f* ‖ ~ **flicker\*** (TV) / Helligkeitsflimmern *n* ‖ ~ **level** (Light) / Leuchtdichteniveau *n* ‖ ~ **meter** (Light) / Leuchtdichtemesser *m*, Leuchtdichtemessgerät *n* ‖ ~ **profile** (Light) / Leuchtdichteverlauf *m* ‖ ~ **range** (Photog) / Objektumfang *m*, Kontrastumfang *m*, Motivkontrast *m* (als objektive, messbare Größe) ‖ ~ **signal\*** (TV) / Y-Signal *n*, Luminanzsignal *n*, Helligkeitssignal *n*, Leuchtdichtesignal *n* ‖ ~ **standard** (Light) / Leuchtdichtenormal *n* ‖ ~ **temperature** (Phys) / Gesamtstrahlungstemperatur *f*
**luminesce** *v* (Light) / lumineszieren *v*
**luminescence\*** *n* (Light) / Lumineszenz *f* (Emission von Licht nach vorangegangener Anregung durch Energieabsorption) ‖ ~ **of crystals** / Kristallolumineszenz *f* (bei der Kristallisation aus Schmelzen) ‖ ~ **spectroscopy** (Spectr) / Lumineszenzspektroskopie *f*
**luminescent** *adj* (Light) / lumineszierend *adj*, Lumineszenz- ‖ ~ (Light) / lumineszent *adj* ‖ ~ **cell** (Elec Eng) / Elektrolumineszenzzelle *f* ‖ ~ **centres** (Light) / Lumineszenzzentren *n pl* ‖ ~ **diode** (Electronics) / Lumineszenzdiode *f*, Leuchtdiode *f*, lichtemittierende Diode, LED-Diode *f* ‖ ~ **ink** (Print) / Leuchtdruckfarbe *f* ‖ ~ **panel** (Elec Eng, Light) / Lumineszenzplatte *f*, Leuchtplatte *f*, Elektrolumineszenzplatte *f* (plattenförmige Lichtquelle), Elektrolumineszenzlampe *f* ‖ ~ **pigment** (Paint) / Leuchtpigment *n* (DIN 16515, T 1 und DIN 55944 - selbstleuchtend, nachleuchtend oder fluoreszierend), Lumineszenzpigment *n*
**luminogen** *n* (Phys) / Luminogen *n*, Lumineszenzaktivator *m*, Aktivator *m* (einer leuchtfähigen Substanz zugesetzter Wirkstoff) ‖ ~ *adj* (Phys) / lumineszenzerregend *adj*, luminogen *adj*
**luminol** *n* (Chem) / Luminol *n* (5-Amino-2,3-dihydro-1,4-phthalazindion - zum Nachweis von Blut)
**luminophore\*** *n* (Chem, Light, Phys) / Leuchtstoff *m*, Luminophor *m*
**luminosity\*** *n* (Astron) / Helligkeit *f* (ein Maß für die Strahlung eines Himmelskörpers) ‖ ~\* (Astron, Light) / Leuchtkraft *f* (in W/s) ‖ ~\* (Phys) / [scheinbare] Helligkeit *f* ‖ ~ **coefficient\*** (Light) / Hellbezugswert *m* ‖ ~ **curve** (Optics) / spektrale Empfindlichkeitskurve, Kurve *f* der spektralen Augenempfindlichkeit, spektrale Augenempfindlichkeitskurve ‖ ~ **curve\*** (Light) s. also sensation curve ‖ ~ **factor\*** (Light) / Licht *n* (sichtbare Strahlung, Anteil des sichtbaren Lichts an der Gesamtstrahlung - DIN 5039) ‖ ~ **factor\*** (Light) / Anteil des sichtbaren Lichts an der Gesamtstrahlung ‖ ~ **factor\*** (Light) / Leuchtdichtefaktor *m* ‖ ~ **factor** (Optics) / fotometrisches Strahlungsäquivalent *n* (Kehrwert des energetischen Strahlungsäquivalents)
**luminous** *adj* (Light) / leuchtend *adj*, Leucht-, Licht- ‖ ~ ‖ leuchtend *adj* (Farbe) ‖ ~ **advertising** (Light) / Lichtwerbung *f*, Lichtreklame *f* ‖ ~ **area** (Light) / Leuchtfläche *f* ‖ ~ **beam** (Light) / Lichtband *n* (eine bauliche Zusammenfassung mehrerer Leuchten, so dass der optische Eindruck einer fortlaufenden Linie oder eines Bandes entsteht) ‖ ~ **blast wave** (Mil) / leuchtende Druckwelle ‖ ~ **board** / Leuchttafel *f* ‖ ~ **call system** / Lichtrufsystem *n*, Lichtruftechnik *f* (DIN 57834) ‖ ~ **ceiling** (Build) / Lichtdecke *f*, Leuchtdecke *f* ‖ ~ **column** (Civ Eng, Elec Eng) / Leuchtsäule *f* (Straßenbau) ‖ ~ **dial** (a dial or indicating scale and pointer whose scale divisions, numerals, and pointer are made of or coated with a light-emitting substance, such as luminous paint, so that they can be seen in the darkness) (Instr) / Leuchtzifferblatt *n*, Leuchtskale *f* (selbstleuchtende) ‖ ~ **dial** (Instr) s. also lighted dial ‖ ~ **effect** (Light) / Lichteffekt *m* ‖ ~ **efficacy** (Light) / Lichtleistung *f* (einer Lichtquelle) ‖ ~ **efficacy** (Light) / Strahlungsausbeute *f* (als Strahlungsgröße) ‖ ~ **efficacy** (Optics) / fotometrisches Strahlungsäquivalent (Kehrwert des energetischen Strahlungsäquivalents) ‖ ~ **efficiency\*** (Light, TV) / Lichtausbeute *f* (Lumen pro Watt - DIN 1301, T 2) ‖ ~ **efficiency\*** (Light) / Lichtleistung *f* (einer Lichtquelle) ‖ ~ **efficiency** (Optics) / Hellempfindlichkeitsgrad *m* ‖ ~ **efficiency** (of complex radiation) (Phys) / visueller Nutzeffekt (einer zusammengesetzten Strahlung) ‖ ~ **electron** (Chem) / Leuchtelektron *n* (ein einsames /Valenz/Elektron, besonders bei Alkalimetallen), optisch aktives Elektron ‖ ~ **energy** (Light) / Lichtenergie *f* ‖ ~ **exitance** (Light) / spezifische Lichtausstrahlung (Dichte des von einer Fläche abgegebenen Lichtstromes auf die strahlende Fläche - lm/m$^2$ - DIN 5031, T 3) ‖ ~ **figure** / Leuchtziffer *f* ‖ ~ **flame** / Leuchtflamme *f* ‖ ~ **flux\*** (Light) / Lichtstrom *m* (von einer Lichtquelle in verschiedenen Richtungen ausgestrahlte Leistung - in lm gemessen - DIN 5031, T 3) ‖ ~ **intensity\*** (the term is restricted to point sources) (Light) / Lichtstärke *f* (in cd gemessen - nach DIN 5031, T 3) ‖ ~ **key** (Instr) / Leuchttaste *f* ‖ ~ **nucleon** (Nuc) / Leuchtnukleon *n* ‖ ~ **paint** (Paint) / Leuchtfarbe *f* (mit Leuchtstoffen vermischter Anstrichstoff) ‖ ~ **pigment** (Paint) / Leuchtpigment *n* (DIN 16515, T 1 und DIN 55944 - selbstleuchtend, nachleuchtend oder fluoreszierend), Lumineszenzpigment *n* ‖ ~ **point** / leuchtender Punkt ‖ ~ **range** (the

**luminous**

distance at which a marine light may be seen in clear weather, expressed in nautical miles) (Light, Ships) / optische Reichweite (von Leuchttürmen und Leuchtfeuern) ‖ ~ **ray** (Light, Optics) / Lichtstrahl m ‖ ~ **reflectance** (Light, Optics) / Reflexionsgrad m (Verhältnis des reflektierten Lichtstroms zum auffallenden Lichtstrom) ‖ ~ **row** (Light) / Lichtband n (eine bauliche Zusammenfassung mehrerer Leuchten, so dass der optische Eindruck einer fortlaufenden Linie oder eines Bandes entsteht) ‖ ~ **scale** / Leuchtskale f ‖ ~ **sensitivity**\* (Elec, Light) / Lichtempfindlichkeit f (in A/lm) ‖ ~ **signal** / Lichtzeichen n ‖ ~ **sulphide** (Paint) / nachleuchtende Leuchtfarbe (die aus Zink- oder Erdalkalisulfiden besteht), phosphoreszierende Leuchtfarbe ‖ ~ **trace** / Leuchtspur f ‖ ~ **transmittance** (Light) / Lichttransmissionsgrad m (DIN 58140) ‖ ~ **transmittance** (Optics, Phys) / Transmission f (als Anteilwert), Transmissionsgrad m, Transmittivität f ‖ ~ **value** (of the colour) (Light) / Hellbezugswert m
**Lummer-Brodhun cube** (Light, Phys) / Lummer-Brodhun-Würfel m (nach E. Brodhun, 1860-1938) ‖ ≙ **photometer**\* (Light, Phys) / Lummer-Brodhun-Fotometer n
**Lummer-Gehrcke interferometer**\* (Phys) / Lummer-Gehrcke-Platte f (nach O. Lummer, 1860-1925, und E.J. Gehrcke, 1878-1960), Interferenzspektroskop n von Lummer-Gehrcke ‖ ≙ **plate** (Phys) / Lummer-Gehrcke-Platte f (nach O. Lummer, 1860-1925, und E.J. Gehrcke, 1878-1960), Interferenzspektroskop n von Lummer-Gehrcke
**LUMO** (lowest-energy unoccupied molecular orbital) (Chem) / niedrigstes unbesetztes Molekülorbital , LUMO (niedrigstes unbesetztes Molekülorbital)
**lump** n (a compact mass of a substance, especially one without a definite or regular shape) / Klumpen m, Stück n (großes) ‖ ~ (Ceramics) / Batzen m ‖ ~ (Glass) / Posten m, Glasposten m ‖ ~ (Glass, Textiles) / verdickte Stelle (bei Glasfasern), Glasfaserverdickung f ‖ ~ (Paper) / Verdickung f (örtliche - der Papierbahn) ‖ ~ (Spinning) / Garnverdickung f, Fadenverdickung f, Dickstelle f (eines Fadens) ‖ ~ (Textiles, Weaving) / nicht appretierte Stückware ‖ ~\* (Weaving) / doppelte oder dreifache Stoffbreite, die nach dem Weben durchgeschnitten wird ‖ ~ **attr** (Min Proc, Mining) / großstückig adj, grobstückig adj, derbstückig adj, stückig adj
**lumpbreaker roll** (Paper) / Kittner-Walze f, Abpresswalze f
**lump coke** / Stückkoks m, Grobkoks m
**lumped capacitance** (Elec) / punktförmig verteile Kapazität ‖ ~ **constant**\* (Elec) / konzentrierte Konstante (z.B. einer Leitung) ‖ ~ **impedance**\* (Electronics) / konzentrierte Impedanz ‖ ~ **optical system** (Optics) / diskretes optisches System ‖ ~ **parameters** (Electronics) / konzentrierte Parameter m pl ‖ ~ **parameters**\* (Electronics) / Parameter m pl eines (abgegrenzten) Bauelements ‖ ~ **uranium** (Chem, Nuc Eng) / Uran n in Blöcken, stückiges Uran
**lumper** n (Ships) / Umschlagarbeiter m, Schauermann n (Hafen-, Kaiarbeiter für Lade- und Löschbetrieb), Stauer m, Stevedor m
**lump lime**\* (best hand-picked lime) (Build) / [hochwertiger] Stückkalk m ‖ ~ **man** (Glass) / Einleger m ‖ ~ **ore** (Met, Mining) / Stückerz n, Stufenerz n ‖ ~ **slag** (Met) / Stückschlacke f ‖ ~ **sugar** (Nut) / Stückzucker m, stückiger Zucker ‖ ~ **sum** / Pauschalsumme f
**lumpy** adj / massig adj, schwer adj ‖ ~ / klumpig adj, voller Klumpen ‖ ~ / knollig adj (Sand) ‖ ~ (Leather) / bullig adj (Haut mit verhältnismäßig dünnem Rücken bei dicken Stellen in Bauch und Hals) ‖ ~ (Min Proc, Mining) / großstückig adj, grobstückig adj, derbstückig adj, stückig adj
**lunar** adj (Astron) / Mond-, lunar adj ‖ ~ **caustic** (Chem, Pharm) / Höllenstein m (Silbernitrat [über 95 %] mit Kaliumnitrat [unter 5 %] in Stäbchenform geschmolzen, zur örtlichen Oberflächenätzung von Gewebe), Lapis infernalis m ‖ ~ **chart** (Cartography) / Mondkarte f (Karte des Erdmondes) ‖ ~ **charting** (Cartography) / Kartierung f des Mondes ‖ ~ **cycle** (Astron) / metonischer Zyklus (235 Monate - der bis heute der Berechnung des christlichen Osterdatums zugrunde liegt) ‖ ~ **eclipse** (Astron) / Mondfinsternis f ‖ ~ **excursion module** (Space) / Mondlandeeinheit f, Mondlandefähre f, Mondlandegerät n, Mondfähre f ‖ ~ **geology** (Geol) / Lunargeologie f (die sich mit dem Aufbau des Mondes befasst), Selenogeologie f ‖ ~ **landing** (Space) / Mondlandung f, Landung f auf dem Mond ‖ ~ **map** (Cartography) / Mondkarte f (Karte des Erdmondes) ‖ ~ **mapping** (Cartography) / Kartierung f des Mondes ‖ ~ **mineralogy** (Min) / Mondmineralogie f ‖ ~ **module** (Space) / Mondlandeeinheit f, Mondlandefähre f, Mondlandegerät n, Mondfähre f ‖ ~ **month**\* (Astron) / synodischer Monat (von Neumond zu Neumond = 29,53 d) ‖ ~ **rainbow** (Meteor, Phys) / Mondregenbogen m ‖ ~ **regolith** (Astron, Geol) / Mondregolith m, Mondboden m, Staubschicht f des Mondes ‖ ~ **rock** (Geol) / Mondgestein n ‖ ~ **rover** (Space) / Mondmobil n, Mondauto n, Mondfahrzeug n (zum Befahren des Mondes) ‖ ~ **roving vehicle** (Space) / Mondmobil n, Mondauto n, Mondfahrzeug n (zum Befahren des Mondes) ‖ ~ **soil** (Astron, Geol) / Mondregolith m, Mondboden m, Staubschicht f des Mondes
**lunate**\* adj / halbmondförmig adj, sichelförmig adj (halbmondförmig)

**lunated** adj / halbmondförmig adj, sichelförmig adj (halbmondförmig)
**lunation**\* n (Astron) / Lunation f (Ablauf der Mondphasen, z.B. von Vollmond zu Vollmond)
**lunch-paper roll** (Paper) / gewachstes Haushaltspapier (in Rollen)
**lune**\* n (Maths) / Kugelzweieck n (die Kugeloberfläche des Kugelkeils), sphärisches Zweieck, Möndchen f
**Luneberg lens** (an electromagnetic lens) (Radar) / Luneberglinse f (für dreidimensionales Abtastverfahren) ‖ ≙ **reflector** (Radar) / Lunebergreflektor m (ein Radarreflektor)
**lunette**\* n (Arch) / Lünette f (halbkreisförmiges Bogenfeld über Türen und Fenstern) ‖ ~\* (Arch) / Lichtraum m, Ohr n (des Gewölbes)
**Lunge nitrometer**\* (Chem) / Gasvolumeter n nach Lunge (zur Analyse organischer Stickstoffverbindungen - nach G. Lunge, 1839 - 1923) ‖ ≙ **reagent** (Chem) / Lunge-Reagens n (Nachweisreagens für Nitrit und Nitrat nach G. Lunge, 1839-1923) ‖ ≙ **scale** (Phys) / Baumé-Aräometerskala f (eine alte Skala nach A.Baumé, 1728-1804), Baumé-Skale f
**lung poison** (Chem, Med) / Lungengift n ‖ ~ **poison** (Mil) / lungenschädigender Kampfstoff
**lunisolar** adj (Astron) / lunisolar adj
**lunitidal interval**\* (Ocean) / Hafenzeit f, Mondflutintervall n, Flutstunde f
**lunular** adj / halbmondförmig adj, sichelförmig adj (halbmondförmig)
**lunulate**\* adj / halbmondförmig adj, sichelförmig adj (halbmondförmig)
**lupeol** n (a pentacyclic, triterpene alcohol) (Bot, Chem) / Lupeol n, Fagarasterol n
**lupin(e) alkaloid** (Biochem) / Lupinenalkaloid n (aus der Gruppe der Chinolizidinalkaloide) ‖ ~ **flour** / Lupinenmehl n (aus Lupinus L.)
**lupinine**\* n (Chem) / Lupinin n (das am einfachsten gebaute Lupinenalkaloid)
**lupulin** n / Lupulin n, Hopfenmehl n
**lupulinic**, α-~ **acid** (Brew) / α-Lupulinsäure f, α-Hopfenbittersäure f, α-Bittersäure f, Humulon n (ein Bitterstoff aus dem Harz des reifen Hopfens) ‖ β-~ **acid** (Brew) / Lupulon n, β-Lupulinsäure f, β-Hopfenbittersäure f, β-Bittersäure f
**lupulone** n (Brew) / Lupulon n, β-Lupulinsäure f, β-Hopfenbittersäure f, β-Bittersäure f
**lurch** v (Autos) / schieben vi ‖ ~ (Rail) / schlingern v (sich um die senkrechte Schwerpunktachse drehen)
**lurching** n (Rail) / Schlingern n ‖ ~ **distance** (Rail) / Schlingerabstand m
**Lurex** n (Textiles) / Lurex n (nicht oxidierende Metallfolie auf Basis Aluminium, die in feine Streifen geschnitten und verzwirnt wird)
**Lurgi coal gasification process** (Fuels) / Lurgi-Verfahren n (mit Sauerstoff und Dampf unter einem Druck von 20 bis 30 at bei Anwendung eines Drehrostes), Lurgi-Druckvergasung f (ein Festbettdruckvergasungsverfahren) ‖ ~ **process**\* (Fuels) / Lurgi-Verfahren n (mit Sauerstoff und Dampf unter einem Druck von 20 bis 30 at bei Anwendung eines Drehrostes), Lurgi-Druckvergasung f (ein Festbettdruckvergasungsverfahren)
**Lurgi-Ruhrgas process** (Oils) / Lurgi-Ruhrgas-Verfahren n (zur Ölschieferaufarbeitung)
**Lurgi sandcracker** (Oils) / Lurgi-Sandcracker m (zur thermischen Spaltung des Erdöls)
**lurry**\* n (Mining) / fahrbare Sturzbühne (im Abteufördergerüst)
**lush** adj (Agric, Bot) / üppig adj (gedeihend, z.B. Vegetation)
**Lusin's theorem** (Maths) / Lusin'scher Satz, Satz m von Lusin
**luster** n (US) (Ceramics) / Lüster m (z.B. Brianchon-) ‖ ~ (US) (Elec Eng) / Kronleuchter m, Lüster m ‖ ~ (US) (Glass) / Lüster m (starkes Irisieren der Glasoberfläche) ‖ ~ (US) (Min) / Glanz m ‖ ~ (US) (Paper) / Glanz m
**lustering press** (US) (Textiles) / Zylinderpresse f (zum Pressen von Tuchen)
**lusterware** n (US) (Ceramics) / Ware f mit Lüsterglasur
**lustre** n (Ceramics) / Lüster m (z.B. Brianchon-) ‖ ~ (a cut-glass chandelier) (Elec Eng) / Kronleuchter m, Lüster m ‖ ~ (Glass) / Lüster m (starkes Irisieren der Glasoberfläche) ‖ ~\* (Min, Paper) / Glanz m ‖ ~\* (Paint, Print) / Lüster m (Oberflächeneffekt eines Anstriches oder Druckes) ‖ ~ (Paper) / Glanz m ‖ ~ (GB) (Textiles) / Lüster m (tuchbindiger Stoff aus Baumwollkette und stark verzwirntem Mohär- oder Alpaka-Kammgarn im Schuss)
**lustred yarn** (Spinning) / lüstriertes Garn, Glacégarn n, Eisengarn n, Glanzgarn n (stark appretiertes Baumwollgarn)
**lustre finish** (Textiles) / Glanzappretur f, Glacéappretur f ‖ ~ **glaze** (Ceramics) / Lüsterglasur f (schillernde, irisierende Glasur auf der Basis leichtflüssiger Alkali-Blei-Bor-Silikate, die mit Cu-, Ag- oder Bi-Salzen versetzt sind)
**lustreless** adj / glanzlos adj, matt adj (im Allgemeinen), mattiert adj, stumpf adj
**lustre pigment** (Paint) / Glanzpigment n (DIN 55943 und 55944) ‖ ~ **pottery** (Ceramics) / Ware f mit Lüsterglasur
**lustreware** n (Ceramics) / Ware f mit Lüsterglasur

**lustre wool** (Textiles) / Glanzwolle *f*
**lustring** *n* (Textiles) / Lüstrierung *f*, Lüstrieren *n*, Glanzgebung *f* ‖ ~ **agent** (Textiles) / Lüstriermittel *n*, Glanzmittel *n*, Glanzausrüstungsmittel *n* ‖ ~ **press** (Textiles) / Zylinderpresse *f* (zum Pressen von Tuchen)
**lustrous** *adj* (Min) / Glanz-, glänzend *adj*, leuchtend *adj* ‖ ~ **pigment** (Paint) / Glanzpigment *n* (DIN 55943 und 55944)
**lute** *v* / verschmieren *v* (mit Kitt), abdichten *v* (mit Kitt) ‖ ~ (Build) / verkitten *v*, kitten *v*, einkitten *v* ‖ ~ *n* (a rubber seal for a jar or glass) / Gummiring *m* (für Flaschen und Gläser) ‖ ~ (Build) / Kitt *m*, Dichtungskitt *m* (meistens auf Bitumen- oder Kunststoffbasis), Dichtungsmaterial *n* ‖ ~* (Foundry) / Abdichtungsmasse *f*
**lutein** *n* (Chem, Nut) / Lutein *n* (ein Farbstoff - Dihydroxyderivat de α-Karotins- E 161b)
**luteinizing hormone*** (Biochem) / zwischenzellenstimulierendes Hormon, interstitialzellenstimulierendes Hormon, Luteinisierungshormon *n*, Lutropin *n*, LH
**luteol** *n* (Chem, Nut) / Lutein *n* (ein Farbstoff - Dihydroxyderivat de α-Karotins- E 161b)
**luteolin** *n* (Chem) / Luteolin *n* (ein Flavonfarbstoff), Natural *n* Yellow 2
**luteotrophic hormone*** (Biochem, Physiol) / Prolaktin *n*, Prolactin *n*, PRL (Prolactin), luteotropes Hormon, Luteotropin *n*, Mammahormon *n*, Mammotropin *n*, luteomammotropes Hormon, LTH (luteomammotropes Hormon) (Laktationshormon des Hypophysenvorderlappens)
**luteotrophin*** *n* (prolactin) (Biochem, Physiol) / Prolaktin *n*, Prolactin *n*, PRL (Prolactin), luteotropes Hormon, Luteotropin *n*, Mammahormon *n*, Mammotropin *n*, luteomammotropes Hormon, LTH (luteomammotropes Hormon) (Laktationshormon des Hypophysenvorderlappens)
**lutetium*** *n* (Chem) / Lutetium *n*, Lu (Lutetium)
**luthern** *n* (Arch) / Lukarne *f* (ein Dacherker bzw. ein Zwerchhaus)
**lutidine*** *n* (Chem) / Lutidin *n* (Dimethylpyridin)
**lutite*** *n* (a general name for rocks composed of material that was once mud) (Geol) / Lutit *m* (klastische Karbonatsedimente bzw. Sedimentteile mit Korngrößen von 0,001-0,004 mm)
**lutropin** *n* (Biochem) / zwischenzellenstimulierendes Hormon, interstitialzellenstimulierendes Hormon, Luteinisierungshormon *n*, Lutropin *n*, LH
**lutyte** *n* (Geol) / Lutit *m* (klastische Karbonatsedimente bzw. Sedimentteile mit Korngrößen von 0,001-0,004 mm)
**lux*** *n* (pl. - or -es) (Light) / Lux *n*, lx (LUX - DIN 1301 - 1) (gesetzliche abgeleitete SI-Einheit der Beleuchtungsstärke = lm/m²)
**Luxemburg effect*** (Radio) / Luxemburg-Effekt *m* (Störung einer Übertragung im Mittelwellenbereich)
**luxmeter** (Light, Optics) / Beleuchtungsstärkemesser *m*, Beleuchtungsmesser *m*, Luxmeter *m*
**luxon** *n* (Nuc) / Luxon *n* (Teilchen ohne Ruhemasse, das sich stets mit Lichtgeschwindigkeit bewegt)
**luxullianite** *n* (Geol) / Luxullianit *m* (Turmalingranit)
**luxuriant** *adj* (Agric, Bot) / üppig *adj* (gedeihend, z.B.Vegetation)
**luxurious handle** (Textiles) / warmer und voller Griff
**luxury wood** (For) / Edelholz *n* (mit dekorativer Textur)
**luzonite** *n* (Min) / Luzonit *n* (gelblich-rosa-stahlgraues Fahlerz)
**LV** (low voltage) (Elec Eng, Electronics, Radio) / Niederspannung *f* (bis 250 V)
**LVDT** (linear variable differential transformer) (Elec Eng) / linear verstellbarer Differentialtransformator
**LVE** (low-voltage electrophoresis) (Chem, Phys) / Niederspannungselektrophorese *f*
**L.V.I.** (low viscosity index) (Phys) / niederer Viskositätsgrad
**L.V.N.** (limiting viscosity number) (Phys) / Staudinger-Index *m* (nach H. Staudinger, 1881-1965 - DIN 1342, T 1), Grenzviskositätszahl *f*, GVZ (Grenzviskositätszahl)
**L$_w$** (liquid limit) (Agric, Civ Eng) / Fließgrenze *f* (bei bindigen Böden der Wassergehalt einer Bodenprobe am Übergang vom flüssigen zum bildsamen Zustand)
**L.W.** (low water) (Hyd Eng) / Niedrigwasser *n*
**L-wave** *n* (a type of seismic body wave)* (Geophys) / L-Welle *f*, Oberflächenwelle *f* (eine Erdbebenwelle)
**LWC paper** (light weight coated paper) (Paper) / LWC-Papier *n* (Flächengewicht bis 75 g/m²)
**L.W.L.** (load waterline) (Ships) / Ladewasserlinie *f*, Tiefladelinie *f* (bis zu der das Schiff im Höchstfall eintauchen darf)
**LWM** (low-water mark) (Ocean) / Ebbelinie *f* ‖ ~ (low-water mark) (Surv) / Niedrigwassermarke *f*
**LWR*** (light-water reactor) (Nuc Eng) / Leichtwasserreaktor *m* (bei dem normales Wasser Moderator und Kühlmittel zugleich ist), LWR (Leichtwasserreaktor)
**lx** (lux) (Light) / Lux *n*, lx (LUX - DIN 1301 - 1) (gesetzliche abgeleitete SI-Einheit der Beleuchtungsstärke = lm/m²)

**Lyapunov function** (Maths) / Ljapunow-Funktion *f* (abstrahierte von verallgemeinerte Energiefunktion für Systeme höherer Ordnung - nach A.M. Ljapunow, 1857-1918) ‖ ~ **stability** (Automation) / Ljapunow-Stabilität *f* (bei einem System, das nach DIN 19 226, T 1 nach einer beliebigen Anfangsauslenkung in seine Ruhelage zurückkehrt)
**lyase** *n* (Biochem, Chem) / Lyase *f* (eine Hauptklasse der Enzyme)
**lych gate*** (a roofed gateway entrance to a churchyard) (Arch) / Torüberdachung *f*, überdachtes Wegetor
**lycoctonine** *n* (Chem) / Lycoctonin *n* (ein Diterpenalkaloid)
**lycopene** *n* (Biochem, Nut) / Lycopin *n* (tief gelbroter, dem Karotin isomerer Farbstoff, z.B. in Tomaten oder Hagebutten E 160 d), Lykopin *n*
**lycopodium** *n* (Foundry, Pharm) / Bärlappsporen *f pl* (in pulvriger Form), Blitzpulver *n*, Hexenmehl *n*, vegetabilischer Schwefel, Lycopodium *n*, Lykopodium *n*
**lycorine** *n* (Pharm) / Lycorin *n* (ein Amaryllidaceen-Alkaloid), Lykorin *n*
**Lyctidae** *pl* (For, Zool) / Splintholzkäfer *m pl*, Parkettkäfer *m pl*, Holzmehlkäfer *m pl*, Schattenkäfer *m pl*
**lyctus** *n* (For, Zool) / Holzmehlkäfer *m* (ein tierischer Holzschädling), Splintholzkäfer *m* (ein tierischer Holzschädling), Schattenkäfer *m*, Rindenbrüter *m* (Brutgang zwischen Rinde und Holz)
**Lyddane-Sachs-Teller relation** (Phys) / Lyddane-Sachs-Teller-Beziehung *f* (eine für Ionengitter gültige Relation)
**lyddite** *n* / Lyddit *n* (ein alter Sprengstoff)
**Lydian stone*** (Geol) / Lydit *m* (schwarzer Kieselschiefer), Probierstein *m* (eine Kieselschieferart)
**lydite** *n* (Geol) / Lydit *m* (schwarzer Kieselschiefer), Probierstein *m* (eine Kieselschieferart)
**lye*** (alkaline solution) (Chem) / Lauge *f*, Laugflüssigkeit *f*, Alkalilauge *f*
**lye-proof** *adj* (Chem) / laugenbeständig *adj*
**lying** *adj* (Eng) / liegend *adj* (Ausführung)
**Lyman continuum** (Spectr) / Lyman-Kontinuum *n* ‖ ~ **ghosts** (they appear if two regular periodicities of groove displacements are present) (Spectr) / Lyman-Geister *m pl* (Gittergeister bei Gitterspektrografen) ‖ ~ **series*** (Phys) / Lyman-Serie *f* (im Termschema des Wasserstoffatoms - nach T. Lyman, 1874-1954)
**lyme-grass** *n* (Bot, Civ Eng) / Gewöhnlicher Strandroggen *f* (Leymus arenarius - zur Dünenbefestigung angepflanzt), Haargerste *f* (zur Stabilisierung von Wanderdünen)
**lymphocyte*** *n* (Biochem, Med, Physiol) / Lymphozyt *m* (pl. -en), Lymphocyt *m* (pl. -en)
**Lynch machine** (Glass) / Lynch-Maschine *f* (eine Blas-Blas-Maschine)
**lynchpin** *n* (Eng) / Achsennagel *m*, Radnagel *m*
**Lynden-Bell statistics** (Astron) / Lynden-Bell-Statistik *f* (nach dem amerikanischen Astrophysiker D. Lynden-Bell, geb. 1935)
**Lynn sand** (a pure form of quartzose sand) / Edelquarzsand *m*, hochwertiger (reiner) Quarzsand
**lyogel** *n* (Chem) / Lyogel *n*
**lyolysis*** *n* (pl. lyolyses) (Chem) / Lyolysis *f*, Lyolyse *f*, Solvolyse *f*
**lyolytic** *adj* (Chem) / lyolytisch *adj*, solvolytisch *adj*
**lyophilic** *adj* (solvent-attracting) (Chem) / lyophil *adj*, lösungsmittelanziehend *adj* ‖ ~ **colloid*** (Chem) / lyophiles Kolloid ‖ ~ **sol** (Chem) / lyophiles Sol
**lyophilisation** *n* / Gefriertrocknung *f* (schonende Konservierung), Lyophilisation *f*, Sublimationstrocknung *f*, Gefrieren *n* nach Vortrocknen, Dehydrogefrieren *n*
**lyophobic** *adj* (solvent-repelling) (Chem) / lyophob *adj*, lösungsmittelabstoßend *adj* ‖ ~ **colloid*** (Chem) / lyophobes Kolloid ‖ ~ **sol** (Chem) / lyophobes Sol
**lyosorption*** *n* (Chem) / Lyosorption *f* (Adsorption von Molekülen des Lösungsmittels durch feste Oberflächen)
**Lyot division** (Astron) / Lyot-Teilung *f* ‖ ~ **filter*** (Astron) / Lyot-Filter *n* (Monochromatlichtfilter mit spektral sehr schmalem Transmissionsbereich - nach B. Lyot, 1897-1952)
**lyotrophic series*** (Chem) / Hofmeister'sche Reihe (beim Kationenaustausch), lyotrope Ionenreihe, Hofmeister-Serie *f* (nach F. Hofmeister, 1850-1923)
**lyotropic*** *adj* (Chem, Phys) / lyotrop *adj* (Polymer, Flüssigkristall)
**lyra-shaped contact** (Elec Eng) / Lyrakontakt *m*
**Lys** (lysine) (Biochem, Nut) / Lysin *n* (eine essentielle Aminosäure), L-Lysin *n*, Lys (Lysin)
**lysalbinic acid** (Chem, Pharm) / Lysalbinsäure *f*
**lyse** *v* (GB) (Biol, Chem) / lysieren *v* ‖ ~* *vt* (Chem) / abbauen *vt*, der Lyse unterziehen
**lysergic acid** (Chem) / Lysergsäure *f* (Grundkörper des LSD und einer Gruppe der Ergotalkaloide) ‖ ~ **acid diethylamide*** (Chem, Pharm) / Lysergsäurediethylamid (LSD) *n*, LSD (Suchtmittel, ein Psychosomimetikum)

**Lysholm grid** (Radiol) / Streustrahlenraster *m* für unbewegte Anwendung (mit Aluminium als Zwischenmedium), Lysholm-Raster *m*, stehender Streustrahlenraster, unbewegte Streustrahlenblende ‖ ~ **supercharger** (I C Engs) / Lysholm-Lader *m*
**lysigenous** *adj* (For) / lysigen *adj* (Gang)
**lysimeter** *n* (Agric, Meteor) / Lysimeter *n* (Apparatur zur Bestimmung der versickernden Wassermenge und der Verdunstung), Evapotranspirometer *n*
**lysin*** *n* (Biol, Zool) / Lysin *n* (ein Ambozeptor)
**lysine*** *n* (Biochem, Chem, Nut) / Lysin *n* (eine essentielle Aminosäure), L-Lysin *n*, Lys (Lysin)
**lysinoalanine** *n* (Chem, Nut) / Lysinoalanin *n* (unerwünschtes Folgeprodukt bei der Erhitzung von proteinreichen Lebensmitteln), LAL (Lysinoalanin)
**lysis*** (pl. lyses) (Cyt) / Lysis *f* (pl. Lysen) (Auflösung von Zellen) ‖ ~ *n* (pl. lyses) (Chem) / Lyse *f*, Lysis *f* (pl. Lysen), Abbau *m*
**lysogenic** *adj* (Bacteriol, Biol) / lysogen *adj* (durch Auflösung entstanden)
**lysogenization** *n* (Bacteriol) / Lysogenisierung *f*
**lysogeny** *n* (Bacteriol) / Lysogenisierung *f* ‖ ~ (Bacteriol) / Lysogenie *f*
**lysol** *n* (Chem) / Lysol *n* (Liq. Cresoli saponatus - ein Desinfektionsmittel) ‖ ~* *n* (Chem) / Lysol *n* (Liq. Cresoli saponatus - ein Desinfektionsmittel)
**lysosome** *n* (Cyt) / Lysosom *n* (pl. -somen)
**lysozyme*** *n* (Biochem) / Lysozym *n* (Bakterien tötendes Enzym in zahlreichen tierischen und menschlichen Geweben), Muramidase *f* (ein zu den Hydrolasen gehörendes Enzym)
**lytic** *adj* (Biol, Chem) / lytisch *adj* (eine Lysis bewirkend), lysierend *adj*
**lyxose** *n* (Chem) / Lyxose *f* (technisch unbedeutende Aldopentose)
**lyze** *v* (Biol, Chem) / lysieren *v*
**LZW compaction** (Comp) / LZW-Verfahren *n*, Lempel-Ziv-Welch-Algorithmus *m*

# M

**M**\* / Vorsatz von Einheiten mit selbständigem Namen ($10^6$) (Kurzzeichen M)
**M** (Chem Eng) / M (nach DIN-ISO 1629 ein Gruppenbuchstabe für Kautschuke mit einer gesättigten Kette von Polymethylentyp)
**M** (medium) (Textiles) / mittelgroß adj (Kleidergröße), medium adj (mittelgroß), M (medium - Kleidergröße)
**MA** (memory address) (Comp) / Speicheradresse f, Adresse f eines Speicherplatzes || ≃ (mechanical advantage) (Mech) / Last-Kraft-Verhältnis n || ≃ (mechanical advantage) (Mech) / mechanische Kraftverstärkung, Kraftgewinn m (Kraftvergrößerung durch mechanische Mittel)
**MAA** (methyl methacrylate) (Chem) / Methakrylsäuremethylester m, Methacrylsäuremethylester m, Methylmethacrylat n (Grundbaustein für Polymethylmethacrylat), MMA (Methylmethacrylat), Methylmethakrylat n || ≃ (methanearsonic acis) (Chem) / Methanarsonsäure f
**maar**\* n (Geol) / Maar n (selbständige vulkanische Bildung von trichter- bis schüsselförmiger Gestalt, eingetieft in Untergrund)
**maarad** n (Textiles) / ägyptische Baumwollsorte (eine Abart der amerikanischen Pima-Baumwolle)
**MAC** (mean aerodynamic chord) (Aero) / mittlere aerodynamische Sehne, MAS (mittlere aerodynamische Sehne) || ≃ (maximum allowable concentration) (Chem) / zulässige Höchstkonzentration || ≃ (machine-aided cognition) (Comp) / rechnerunterstützter kognitiver Prozeß || ≃ (Message Authentication Code) (Comp, Telecomm) / Message Authentication Code m (internationale Bezeichnung für eine aus einem mathematischen Verfahren gewonnene Prüfsumme, die mit einem Verschlüsselungsverfahren errechnet wird) || ≃ (Media Access Control) (Comp, Telecomm) / MAC-Schicht f (Unterschicht der Schicht 2 des OSI-Referenzmodells, zuständig für die Medienzugangskontrolle), Media Access Control f, Mediumzugangssteuerung f, Medienzugangskontrolle f || ≃ (Med) / maximale Arbeitsplatzkonzentration (die Konzentration eines Stoffes in der Luft am Arbeitsplatz, bei der im Allgemeinen die Gesundheit der Arbeitnehmer nicht beeinträchtigt wird), MAK (maximale Arbeitsplatzkonzentration), MAK-Wert m
**mac** n (Textiles) / Mackintosh m (durch eine Kunststoff- oder Gummischicht wasserdicht gemachtes Gewebe)
**MAC**\* n (multiplexed analogue components) (TV) / mehrfach analoge Bauelemente, gemultiplexte Analogkomponenten (CCIT, Rep. 1 73), MAC (mehrfach analoge Bauelemente)
**macadam** n (Civ Eng) / Makadam m n (Streu-, Misch- und Tränkmakadam - nach J.L. Mac Adam, 1756-1836) || **~ effect** (Geol) / Zementationseffekt m (in Karbonatgesteinen durch Evaporation)
**macadamia** n (macadamia nut) (Bot) / Australische Haselnuss, Australnuss f, Macadamianuss f, Queenslandnuss f (der Macadamia ternifolia F. Muell. oder Macadamia integrifolia Maiden et Betche) || **~ nut** (Bot) / Australische Haselnuss, Australnuss f, Macadamianuss f, Queenslandnuss f (der Macadamia ternifolia F. Muell. oder Macadamia integrifolia Maiden et Betche)
**macadamize** v (Civ Eng) / makadamisieren v
**macadamized road**\* (Civ Eng) / Schotterstraße f
**macadam pavement** (Civ Eng) / Makadamdecke f
**MacAdam's ellipse** (Optics) / MacAdam-Ellipse f, Schwellenellipse f nach MacAdam (in der Farbmetrik)
**macadam spreader** (like Barber Greene machine) (Civ Eng) / Schotterverteiler m
**macaluba** n (Geol) / Schlammvulkan m, Salse f, Schlammsprudel m, Macaluba f (bei Girgenti), Maccaluba f
**Macaluso-Corbino effect** (Optics) / Macaluso-Corbino-Effekt m (ein magnetooptischer Effekt)
**macaroni industry** / Teigwarenindustrie f
**macassar** n (For) / Ebène m Macassar (Diospyros celebica Bakh.), Makassarbaum m || ≃ **ebony** (For) / Ebène m Macassar (Diospyros celebica Bakh.), Makassar-Ebenholzbaum m || ≃ **ebony** (For, Join) / Makassar-Ebenholz n (aus Diospyros celebica Bakh.), Macassar-Ebenholz n || ≃ **oil** / Makassaröl n (aus Schleichera trijuga Willd.)
**macaw** (For) / Palme der Gattung Acrocomia || **~ palm** (For) / Palme der Gattung Acrocomia || **~ tree** (For) / Palme der Gattung Acrocomia

**Mace** n (Chem) / "chemische Keule" (Augenreizstoff [Chlorazetophenon], der in fein verteilten Partikeln bei Krawallen und Tumulten eingesetzt wird) || **~** (Chem, Nut, Pharm) / Macisblüte f, Maziszblüte f
**Macedonian pine** (For) / Griechische Strobe, Rumelische Kiefer (Pinus peuce Griseb.), Rumelische Strobe, Mazedonische Kiefer
**mace oil** (Nut) / Macisöl n (aus dem Muskatnusssamenmantel), Muskatöl n (etherisches), Mazisöl n
**maceral**\* n (Min, Mining) / Mazeral n, Gefügebestandteil m (der Streifenarten), Maceral n (inhomogener Gefügebestandteil der Kohle) || **~ group** (Min, Mining) / Mazeralgruppe f (z.B. Huminit, Inertinit, Liptinit, Vitrinit usw.)
**macerate** v (Nut) / einmaischen v (bei der Rotweinherstellung) || **~** (Nut) / mazerieren v, wässern v || **~** (Nut, Pharm) / mazerieren v
**macerated paper** (Paper) / Papierschnitzel n m pl, Papierschnipsel m pl
**maceration** n (Nut) / Einmaischen n (bei der Rotweinherstellung) || **~** (Nut) / Wässerung f, Mazerieren n, Mazeration f, Mazerierung f, Wässern n || **~** (Pharm) / Mazeration f, Mazerat n (Extrakt oder Zellaufschluss)
**Mach** n (Aero, Space) / Mach'sche Zahl, Mach-Zahl f (Kennzahl, die das Verhältnis der Luftfahrzeuggeschwindigkeit zur Schallgeschwindigkeit im umgebenden Medium angibt), Machzahl f (nach E.Mach, 1838-1916 benannt), M (Machzahl), Ma (Machzahl) || **~** (Comp) / M (ein Betriebssystem) || ≃ **angle**\* (Aero) / Mach'scher Winkel (der halbe Öffnungswinkel des Mach'schen Kegels und der Mach'schen Linien) || ≃ **cone**\* (Aero) / Mach-Kegel m, Mach'scher Kegel (kegelförmiger Raum hinter der Störquelle)
**machete** n / Machete f, Haumesser n, Buschmesser n, Hackmesser n
**Mach front** (Phys) / Front f der Mach'schen Welle || ≃ **hold** (Aero) / Machzahlhaltung f || ≃ **holder** (Aero) / Autopilot m als Machzahl-Halter
**machicolations**\* pl (Arch) / Maschikulis m pl (zwischen den Konsolen des vorkragenden Wehrganges), Pechnasenkranz m
**machinability**\* n (Eng) / Zerspanbarkeit f, Verarbeitkarkeit f (meistens durch Zerspanung), Bearbeitkarkeit f (meistens durch Zerspanung), Verarbeitungsfähigkeit f, Spanbarkeit f (maschinelle)
**machinable** adj (Comp) / maschinenlesbar adj, maschinell lesbar || **~** (with a machine-tool) (Eng) / zerspanbar adj (Werkstoff)
**machine** v (Eng) / spanabhebend bearbeiten, spanen v, zerspanen v, Span abheben, abspanen v, bearbeiten v (spanend), spanend formen || **~** (Eng) / [mechanisch, maschinell] bearbeiten v || **~** (Print) / drucken v, ausdrucken v, abdrucken v || **~**\* n (working) (Eng) / Arbeitsmaschine f (die eine Arbeit verrichtet) || **~**\* (Eng, Phys) / Maschine f || **by ~** (Eng) / Motor- (mechanisch, maschinell), Maschinen-, mechanisch adj, maschinell adj || **~ acoustics** (Acous, Eng) / Maschinenakustik f || **~ address** (Comp) / echte Adresse, absolute Adresse, Maschinenadresse f
**machine-aided cognition** (Comp) / rechnerunterstützter kognitiver Prozeß || **~ human translation** (Comp) / Übersetzen n mit maschineller Hilfe (der Mensch übersetzt, die Maschine übernimmt Hilfsfunktionen)
**machine•-aided translation** (Comp) / rechnerunterstützte Sprachübersetzung, DV-gestützte Sprachübersetzung, maschinenunterstützte Sprachübersetzung || **~ application of plaster** (Build) / Maschinenputzen n, maschinelles Putzen
**machine-applied mortar** (Build) / maschinenangespritzter Mörtel || **~ plaster** (Build) / Maschinenputz m
**machine availability** (Eng, Met) / Maschinenverfügbarkeit f, Geräteverfügbarkeit f || **~ barking** (For) / Maschinenentrindung f, mechanische Entrindung (mit Maschinen) || **~ breakdown** (Eng) / Maschinenausfall m || **~ burden unit** (Work Study) / Platzkostensatz m, Kostenplatzsatz m || **~ burn** (For) / Brandfleck m (durch unsachgemäße Bearbeitung) || **~ burn** (For) / reibungswärmebedingte Holzverfärbung bei mechanischer Bearbeitung || **~ casting** (Foundry) / Maschinenguss m || **~ centre** (GB) (Eng, Work Study) / Bearbeitungszentrum n (CNC-Maschine mit hohem Automatisierungsgrad und mit mindestens drei translatorischen, bahngesteuerten Maschinenachsen), BAZ (Bearbeitungszentrum im flexiblen Fertigungssystem), BZ (Bearbeitungszentrum) || **~ chest** (Paper) / Maschinenbütte f
**machine-coated paper** (Paper) / maschinengestrichenes Papier (DIN 6730), in der Maschine gestrichenes Papier
**machine coating** (Paint) / Maschinenlackierung f (Beschichtung von Werkstücken im Bereich des Maschinenbaus mit Maschinenlacken) || **~ code**\* (Comp) / Maschinenkode m (Verschlüsselung von Arbeitsprogrammen entsprechend dem Kodeschlüssel eines speziellen Mikroprozessors), Rechnerkode m, Maschinencode m
**machine-code instruction**\* (Comp) / Maschinenbefehl m, Befehl m im Maschinenkode, Maschineninstruktion f
**machine-controlled time** (Work Study) / Maschinenzeit f, Maschinenlaufzeit f

**machine controls**

**machine controls** (Eng) / Maschinenbedienelemente n pl ‖ ~ **control unit** (Eng) / Steuereinheit f der Maschine (bei numerisch gesteuerten Maschinen) ‖ ~ **coordinates** (Eng) / Maschinenkoordinaten f pl ‖ ~ **cycle** (Comp) / Operationszyklus m, Maschinenzyklus m ‖ ~ **cycle** (Comp) s. also memory cycle ‖ ~ **deckle** (Paper) / nutzbare Siebbreite (einer Papiermaschine)
**machine-dependent** adj / maschinenabhängig adj ‖ ~ (Comp) / systemabhängig adj (Software), anlagenspezifisch adj (Software)
**machine dictionary** (Comp) / Maschinenwörterbuch n ‖ ~ **direction*** (Paper) / Maschinenrichtung f (DIN 6730), Laufrichtung f, Papierlaufrichtung f, Maschinenlaufrichtung f, Längsrichtung f ‖ ~ **drive** (Eng) / Maschinenantrieb m
**machined surface** (Eng) / bearbeitete Fläche (maschinell)
**machine element** (Eng) / Maschinenelement n, Maschinenteil n ‖ ~ **equation** (Comp) / Maschinengleichung f ‖ ~ **error** (Comp) / Hardware-Fehler m, Maschinenfehler m ‖ ~ **face** (Mining) / Schrämmaschinenstreb m, Schrämstreb m ‖ ~ **failure** (Eng) / Maschinenausfall m ‖ ~**-finish[ed]*** (Paper) / maschinengeglättet adj (geleimt und einmal kalandert), m'gl, maschinenglatt adj ‖ ~ **fitter** (Eng) / Industriemechaniker m, Monteur m (Schlosser), Maschinenschlosser m ‖ ~ **flame cutter** (Welding) / Automatenschweißbrenner m, Maschinenschweißbrenner m ‖ ~ **for circular milling** (Eng) / Rundfräsmaschine f ‖ ~ **function** (Comp) / Maschinenfunktion f ‖ ~**-glazed*** adj (Paper) / einseitig glatt, einseitig geglättet ‖ ~ **grinding** (Eng) / Maschinenschleifen n ‖ ~ **guard** (Eng) / Schutzvorrichtung f an Maschinen ‖ ~ **gun** (Mil) / Maschinengewehr n, MG
**machine-gun microphone** (Acous) / Rohrrichtmikrofon n
**machine-independent** adj / maschinenunabhängig adj
**machine installation** / Maschinenaufstellung f (Tätigkeit) ‖ ~ **instruction*** (Comp) / Maschinenbefehl m, Befehl m im Maschinenkode, Maschineninstruktion f ‖ ~ **intelligence** (AI) / künstliche Intelligenz, maschinelle Intelligenz, KI (künstliche Intelligenz), MI (kognitive Informatik) ‖ ~ **interference** (Work Study) / überlappende Brachzeit (bei Mehrstellenarbeit)
**machine-intimate** adj (Comp) / hardwarenah adj (Programm)
**machine key** (Eng) / Keil m (bei Spannungsverbindung mit Anzug) ‖ ~ **key** (Eng) / Feder f (bei Mitnehmerverbindungen ohne Anzug)
**machine-knit** v (Textiles) / maschinestricken v (Partizip: maschinegestrickt), maschinenstricken v (Partizip: maschinengestrickt), maschinstricken v (A) (nur Infinitiv oder Partizip Perfekt) ‖ ~ (Textiles) / maschinwirken v (A) (nur Infinitiv oder Partizip Perfekt), maschinenwirken v
**machine knitting** (Textiles) / Wirkerei f, Wirken n (ein Zweig der Textiltechnik nach DIN EN ISO 4921)
**machine-knotted carpet** (Textiles) / Maschinenteppich m
**machine language*** (Comp) / Maschinensprache f (eine maschinenorientierte Programmiersprache nach DIN 44300) ‖ ~ **learning** (Comp) / maschinelles Lernen ‖ ~ **loading** (Eng) / Maschinenbelegung f, Maschinenbelastung f ‖ ~**-made lace** (Textiles) / Maschinenspitze f (z.B. Barmer Spitze, Atzspitze usw.)
**machine-made slate** (Build) / Kunstschiefer m (Dachschiefer aus Faserzement-Werkstoffen)
**machine malfunction** (Comp) / Hardware-Fehler m, Maschinenfehler m ‖ ~ **milking** (Agric) / Maschinenmelken n ‖ ~ **model** (Comp) / rechnerinternes Modell
**machine-mould casting** (Foundry) / Maschinenformguss m
**machine moulding*** (Foundry) / Maschinenformen n (mit Pressdrücken von etwa 0,2 MPa) ‖ ~ **noise** (Acous) / Maschinengeräusch n ‖ ~ **oil** (Eng) / Maschinenöl n (höher viskose Fraktion)
**machine-operated punched card** (Comp) / Maschinenlochkarte f
**machine operation** (Comp) / Rechneroperation f, Maschinenoperation f ‖ ~ **operator** (Eng) / Maschinenbediener m
**machine-oriented language** (Comp) / maschinenorientierte Programmiersprache (DIN 44300)
**machine paint** (Paint) / Maschinenlack m ‖ ~ **painting** (Paint) / Maschinenlackierung f (Beschichtung von Werkstücken im Bereich des Maschinenbaus mit Maschinenlacken) ‖ ~ **part** (Eng) / Maschinenelement n, Maschinenteil n ‖ ~ **part** (Eng) / Konstruktionselement n ‖ ~ **pin** (Eng) / Stiftlochbohrer m (kegeliger Spiralbohrer zum Bohren von kegeligen Stiftlöchern - DIN 1898) ‖ ~ **plot** (Surv) / fotogrammetrische Originalauswertung (das aus der stereofotogrammetrischen Ausmessung von Messbildpaaren unmittelbar gewonnene grafische Ergebnis) ‖ ~ **program** (Comp) / Maschinenprogramm n (ein Programm in einer Maschinensprache nach DIN 44300, T 1), Objektprogramm n (das vom Compiler übersetzte Quellenprogramm), Zielprogramm n (wenn die entsprechende Zielsprache die Maschinensprache ist) ‖ ~ **proof*** (Print) / Maschinenabzug m (der vor Beginn des Fortdrucks mit der Druckmaschine angefertigt wird, welche die Auflage drucken soll) ‖ ~ **protection** (Elec Eng) / Maschinenschutz m ‖ ~ **quality** (Eng) / erste Qualität (von Nägeln) ‖ ~**-readable** adj (capable of being read by an input device) (Comp) / maschinenlesbar adj, maschinell lesbar ‖ ~ **reamer** (Eng) / Maschinenreibahle f (DIN 208, DIN 212) ‖ ~ **recognition of patterns** (Comp) / vollautomatische Flachmustererkennung ‖ ~ **reference point** (Eng) / Maschinennullpunkt m (der Werkzeugmaschine), Nullpunkt m der Werkzeugmaschine ‖ ~ **revise*** (Print) / Revision f (letztes Überprüfen einer Druckform auf Satzfehler vor Beginn des Fortdruckes), Maschinenrevision f (anhand des Revisionsbogens) ‖ ~ **ringing** (Teleph) / automatischer Ruf, selbsttätiger Ruf ‖ ~ **riveting** (Eng) / Maschinennietung f (elektrischer, hydraulischer oder Druckluftantrieb) ‖ ~ **room** (of a computer centre) (Comp) / DV-Raum m, Maschinenraum m (eines Rechenzentrums) ‖ ~ **room*** (Print) / Maschinensaal m (einer Druckerei) ‖ ~ **run** (For) / komplexe Rundholzausnutzung, Ausbeute f von Schnittholz (maximale)
**machinery** n (Eng) / Maschinen f pl, maschinelle Einrichtung ‖ ~ **directive** (Eng) / Maschinenrichtlinie f (die für Maschinen gilt, die seit dem 1.1. 1995 erstmalig in der EU in Verkehr gebracht wurden) ‖ ~ **noise** (Acous) / Maschinengeräusch n ‖ ~ **oil** (Eng) / Maschinenöl n (höher viskose Fraktion)
**machinery-producing industry** (Eng) / Maschinenbau m (als konkreter Zweig der Industrie)
**machinery steel** (Met) / Maschinenbaustahl m
**machine saw** / Sägemaschine f, Motorsäge f, Maschinensäge f ‖ ~ **screw** (Eng) / Maschinenkopfschraube f, Maschinenschraube f (d => > + 3/8 inches)
**machine-sensible** adj (Comp) / maschinenlesbar adj, maschinell lesbar
**machine set-up time** (Work Study) / Rüstzeit f ‖ ~**-sewing** n (Bind) / Maschinenheftung f, mechanische Heftung ‖ ~ **shop** (Eng) / mechanische Werkstatt, Maschinenhalle f, Maschinenwerkhalle f ‖ ~ **shop** (Eng) / Produktionshalle f
**machine-shop practice** (Eng) / Werkstattpraxis f
**machines on stock** (Eng, Work Study) / Maschinenbestand m, Gerätebestand m
**machine specifications** (Eng) / Maschinendaten pl ‖ ~ **steel** (Met) / Maschinenbaustahl m ‖ ~ **switching** (Teleph) / Selbstwählsystem n, Selbstanschlusssystem n, Wählsystem n ‖ ~ **table** (Eng) / Maschinentisch m ‖ ~ **tap** (Eng) / Maschinengewindebohrer m (DIN 371) ‖ ~ **taper** (Eng) / Aufnahmekegel m, Befestigungskegel m, Werkzeugkegel m ‖ ~ **tapper** (Eng) / Gewindeschneideinrichtung f (Gewindebohren) ‖ ~ **thinking** (AI) / maschinelles Denken ‖ ~ **time** (Comp) / Maschinenzeit f, Rechenzeit f ‖ ~ **time** (Eng) / Nutzungszeit f der Maschine ‖ ~ **time** (Work Study) / Maschinenzeit f, Maschinenlaufzeit f ‖ ~ **tool*** (Eng) / Werkzeugmaschine f (spanende) ‖ ~**-tool control computer** (Comp, Eng) / Werkzeugmaschinensteuerrechner m ‖ ~ **translation** (of languages) (Comp) / Maschinenübersetzung f, automatische Sprachübersetzung, maschinelle Sprachübersetzung (die Maschine übersetzt allein) ‖ ~ **twist** (Textiles) / Nähmaschinenzwirn m ‖ ~ **unit** (Eng) / Maschinenaggregat n, Maschinensatz m ‖ ~ **vice** (Eng) / Spannstock m (der Bohr-, Fräs-, Schleif- und Stoßmaschine) ‖ ~ **vice** (Eng) / Maschinenspannstock m ‖ ~ **vision** (AI) / maschinelles Sehen, künstliches Sehen, Computervision f ‖ ~ **wall** (Mining) / Schrämmaschinenstreb m, Schrämstreb m ‖ ~ **wash** (Textiles) / Maschinenwäsche f ‖ ~**-washable*** adj (Textiles) / waschmaschinenfest adj, maschinenwaschbar adj, in der Waschmaschine waschbar ‖ ~ **wire*** (Paper) / Siebgewebe n ‖ ~ **word*** (Comp) / Maschinenwort n (DIN 44300) ‖ ~**-working tap** (Eng) / Maschinengewindebohrer m (DIN 371) ‖ ~ **working without stock removal** (Eng) / Umformmaschine f (im Allgemeinen) ‖ ~ **working with stock removal** (Eng) / Zerspanungsmaschine f
**machining** (Eng) / spanabhebende Bearbeitung, Spanen n (DIN 8589), Spanung f, spanende Formung, Spanabnahme f (DIN 6580 bis DIN 6584), Zerspanen n, Zerspanung f (Bearbeitung durch Abtrennen von Stoffteilchen auf mechanischem Wege), Abspanen n ‖ ~ (Eng) / [mechanische, maschinelle] Bearbeitung ~ (Eng, Surf) / Abtragen n (chemisches, elektrochemisches) ‖ ~ * (Print) / Druck m (Vorgang), Drucken n, Drucklegung f, Druckvorgang m ‖ ~ **allowance*** (Eng, Foundry) / Bearbeitungszugabe f (Rohteilaufmaß zur Erzielung von Oberflächen definierter Qualität durch nachfolgende abtrenntechnische, meist spanende Bearbeitung) ‖ ~ **center** (US) (Eng, Work Study) / Bearbeitungszentrum n (CNC-Maschine mit hohem Automatisierungsgrad und mit mindestens drei translatorischen, bahngesteuerten Maschinenachsen), Bearbeitungszentrum im flexiblen Fertigungssystem, BZ (Bearbeitungszentrum) ‖ ~ **cycle** (Eng) / Bearbeitungszyklus m, Arbeitszyklus m ‖ ~ **defect** (Eng) / Bearbeitungsfehler m (in der Maschinenbearbeitung) ‖ ~ **mark** (Eng, Materials) / Bearbeitungsspur f (ein Oberflächenschaden) ‖ ~ **time** (Work Study) / Grundzeit f (Summe der Sollzeiten von Ablaufabschnitten, die für die planmäßige Ausführung eines Ablaufes - durch den Menschen - erforderlich sind) ‖ ~ **time** (Work

Study) / Bearbeitungszeit *f* ‖ ~ **with geometrically undefined tool edges** (Eng) / Spanen *n* mit geometrisch unbestimmten Schneiden (DIN 8589, T 0) ‖ ~ **with geometrically well-defined tool edges** (Eng) / Spanen *n* mit geometrisch bestimmten Schneiden (DIN 8589, T 0)
**machinist** *n* (US) / Industriemechaniker *m*, Monteur *m* (Schlosser), Maschinenschlosser *m*
**machinist's dividers** / Spitzzirkel *m* (Messwerkzeug in Zirkelform mit zwei geraden, spitzen Schenkeln zum Markieren und Übertragen von Maßen auf Blechen und Metallteilen) ‖ ~ **outside** (micrometer) **calliper** / Bügelmessschraube *f* (ein Längenmessgerät, bei dem die Maßverkörperung ein Messgewinde ist) ‖ ~ **outside calliper with micrometer reading** (Instr) / Messschraube *f* (DIN 863), Mikrometerschraube *f* ‖ ~ **square** (Eng) / Winkelmaß *n* (ein Mess- und Zeichengerät), Winkel *m* (Messwerkzeug)
**Mach line** (Phys) / Mach'sche Linie (Mach'sche Welle in ebener Strömung) ‖ ~ **lock** (Aero) / Machzahlhaltung *f*
**machmeter*** *n* (Aero) / Machmeter *n* (ein Gerät, das die Machzahl eines Luftfahrzeugs anzeigt), Machzahlmesser *m*
**Mach number*** (Aero, Space) / Mach'sche Zahl, Mach-Zahl *f* (Kennzahl, die das Verhältnis der Luftfahrzeuggeschwindigkeit zur Schallgeschwindigkeit im umgebenden Medium angibt), Machzahl *f* (nach E.Mach, 1838-1916 benannt), M (Machzahl), Ma (Machzahl)
**MACHO** *n* (Massive Compact Halo Object) (Astron) / Macho *m* (postuliertes massereiches, aber nicht leuchtend in Erscheinung tretendes Objekt zur Erklärung der im Halo des Milchstraßensystems wahrscheinlich existierenden dunklen Materie)
**Mach refractometer** (Optics) / Mach-Zehnder-Interferometer *n* (nach L.A.Zehnder, 1854-1949), Phaseninterferometer *n*, M-Z-Interferometer *n*
**Mach's principle*** (Phys) / Mach'sches Prinzip (globale Äquivalenz zwischen Trägheitskräften und Gravitation)
**Mach stem** (Phys) / Front *f* der Mach'schen Welle ‖ ~ **trim system** (Aero) / Mach-Trimmeinrichtung *f*, Trimmeinrichtung *f* für hohe Machzahlen ‖ ~ **wave** (Phys) / Mach'sche Welle
**Mach-Zehnder interferometer** (Optics) / Mach-Zehnder-Interferometer *n* (nach L.A.Zehnder, 1854-1949), Phaseninterferometer *n*, M-Z-Interferometer *n*
**mack** *n* (Textiles) / Mackintosh *m* (durch eine Kunststoff- oder Gummischicht wasserdicht gemachtes Gewebe)
**mackerel sky*** (Meteor) / Himmel *m* mit Schäfchenwolken, Schäfchenhimmel *m*
**Mackie line** (Photog) / Mackie-Linie *f* (ein Kanteneffekt)
**mackintosh** *n* (Textiles) / Mackintosh *m* (durch eine Kunststoff- oder Gummischicht wasserdicht gemachtes Gewebe) ‖ ~ **probe** (Civ Eng) / Mackintosh-Sonde *f* (zur Bodenuntersuchung)
**mackle** *v* (Print) / schmitzen *v* ‖ ~* *n* (Print) / Schmitz *m* (Walzenschmitz, Farbschmitz, Druckschmitz und Fallschmitz)
**Mack spalling test** / Mack-Spalling-Test *m* (bei Höchstdruckgetriebeölsorten)
**Maclaurin expansion** (Maths) / Maclaurin'sche Reihe (für die Umgebung der Stelle x = 0 entwickelte Taylor-Reihe - nach C. Maclaurin, 1698 - 1746), Stirling'sche Reihe ‖ ~**'s series*** (Maths) / Maclaurin'sche Reihe (für die Umgebung der Stelle x = 0 entwickelte Taylor-Reihe - nach C. Maclaurin, 1698 - 1746), Stirling'sche Reihe
**Maclaurin's theorem** (Maths) / Maclaurin'scher Satz, Satz *m* von Maclaurin ‖ ~ **trisectrix** (Maths) / Maclaurin'sche Trisektrix
**MAC layer** (Comp, Telecomm) / MAC-Schicht *f* (Unterschicht der Schicht 2 des OSI-Referenzmodells, zuständig für die Medienzugangskontrolle), Media Access Control *f*, Mediumzugangssteuerung *f*, Medienzugangskontrolle *f*
**macle*** *n* (Crystal) / Zwillingskristall *m*, Zwilling *m* (fester Körper, der aus zwei Einkristallen derselben Kristallart in bestimmter relativer Orientierung besteht), Kristallzwilling *m*, Doppelkristall *m*
**Macleod's equation*** (Chem, Phys) / Macleod-Gleichung *f* (für die Oberflächenspannung - nach J.J.R. Macleod, 1876-1935)
**maclurin** *n* (Chem, Leather, Nut) / Moringerbsäure *f*, Maclurin *n*
**maco cotton** (Textiles) / Mako *f m n*, Makobaumwolle *f* (frühere Bezeichnung für eine langstapelige, gelblichweiße ägyptische Baumwollsorte, die vor vielen Jahren durch neue Sorten ersetzt worden ist)
**Macpherson strut*** (Autos) / radführendes Federbein, Achsschenkelfederbein *n*, McPherson-Federbein *n* ‖ ~ **strut suspension*** (Autos) / McPherson-Federbein-Vorderachse *f*, Federbein-Vorderachse *f*
**Macquer's salt** (Chem) / Kaliumarsenat *n* ($K_3AsO_4$)
**macramé** *n* (Textiles) / Makramee *n* (eine Knüpftechnik), Macramé *n*
**macro*** *n* (Comp) / Makrobefehl *m*, Makroinstruktion *f* ‖ ~ (Comp) / Makro *m n*, Makroaufruf *m* (bei der Programmierung in Assembler-Sprache eine Anweisung, die eine Gruppe von vorgegebenen Anweisungen, sogenannte Makrodefinitionen, erzeugt)

**macroanalysis** *n* (Chem) / Makroanalyse *f* (Grammethode - von etwa 0,2 bis rund 10 g)
**macroanalytic** *adj* (Chem) / makroanalytisch *adj*
**macroanalytical** *adj* (Chem) / makroanalytisch *adj*
**macroassembler** *n* (Comp) / Makroassembler *m*
**macroassembly program** (Comp) / Makroassembler *m*
**macroaxis*** *n* (Crystal) / Makroachse *f*
**macrobending** *n* (in an optical waveguide, all macroscopic deviations of the axis from a straight line) (Optics, Telecomm) / Makrobiegung *f* (DIN 57888, T 1), Makrokrümmung *f* (bei Lichtwellenleitern)
**macrobrownian motion** (Phys) / makrobrownsche Bewegung
**macro call** (Comp) / Makro *m n*, Makroaufruf *m* (bei der Programmierung in Assembler-Sprache eine Anweisung, die eine Gruppe von vorgegebenen Anweisungen, sogenannte Makrodefinitionen, erzeugt)
**macrocanonical** *adj* (Phys) / makrokanonisch *adj* ‖ ~ **assembly** (Phys) / makrokanonische Gesamtheit ‖ ~ **ensemble** (Phys) / makrokanonische Gesamtheit
**macrocarpa** *n* (For) / Monterey-Zypresse *f* (Cupressus macrocarpa Hartw. ex Gordon)
**macrocell** *n* (Surf) / Makrokorrosionselement *n* (bei Kontaktkorrosion) ‖ ~ (in UMTS) (Teleph) / Makrozelle *m* (mit einem Radius von mehreren Kilometern) ‖ ~ (Teleph) s. also microcell and picocell
**macrochemical** *adj* (Chem) / makrochemisch *adj*
**macrochemistry** *n* (Chem) / Makrochemie *f*
**macroclimate** *n* (Ecol, Meteor) / Makroklima *n*, Großklima *n*, Regionalklima *n*, regionales Klima
**macrocode*** *n* (Comp) / Makrokode *m*, Macrocode *m*
**macrocontext** *n* / Makrokontext *m*, Großkontext *m*
**macrocouple** *n* (Surf) / Makrokorrosionselement *n* (bei Kontaktkorrosion)
**macrocrack** *n* (that is visible to the unaided eye) (Materials, Surf) / Makroriss *m*
**macrocrystalline** *adj* (Crystal) / makrokristallin *adj*
**macrocycles*** *pl* (Chem) / Makrocyclen *m pl*, makrozyklische Verbindungen, Makrozyklen *m pl*
**macrocyclic** *adj* (Chem) / makrocyclisch *adj*, makrozyklisch *adj* ‖ ~ **compounds** (Chem) / Makrocyclen *m pl*, makrozyklische Verbindungen, Makrozyklen *m pl*
**macrodecision** *n* (AI) / Makroentscheidung *f*
**macro-defect-free cement*** (Build, Civ Eng) / makroporenfreier Zement, MDF-Zement *m* (makroporenfreier Zement)
**macro definition** (Comp) / Makrodefinition *f*, Makroerklärung *f*
**macrodeformation** *n* / Makroverformung *f* (im Makrobereich), Makrodeformation *f*
**macrodome** *n* (Crystal) / Makrodoma *n* (pl. Makrodomen)
**macroelement** *n* (Chem, Physiol) / Mengenelement *n*
**macroemulsion** *n* (Chem) / Makroemulsion *f* (milchig trübe, mit größeren Teilchen)
**macroenvironment** *n* (Ecol) / Makroumgebung *f*
**macroetching** *n* / Makroätzung *f*, Grobätzung *f*
**macroevolution** *n* (Biol, Gen) / Makroevolution *f*
**macroexpansion** *n* (Comp) / Makroumwandlung *f*, Makroexpansion *f*, Makrosubstitution *f*, Makroersetzung *f*
**macrofauna** *n* (Agric, Biol, Ecol) / Makrofauna *f*
**macrofibre** *n* / Makrofaser *f* (des Lichtwellenleiterkabels)
**macrofractography** *n* (Materials, Met) / Makrofraktografie *f*
**macrogalvanic cell** (Surf) / Makrokorrosionselement *n* (bei Kontaktkorrosion)
**macro-generating program** (Comp) / Makrogenerator *m*, Makrogenerierer *m*, Makroumwandler *m*
**macrogeneration** *n* (Comp) / Makroumwandlung *f*, Makroexpansion *f*, Makrosubstitution *f*, Makroersetzung *f*
**macrogenerator** *n* (Comp) / Makrogenerator *m*, Makrogenerierer *m*, Makroumwandler *m* ‖ ~ (Comp) s. also macroprocessor
**macroglobulin*** (Biochem, Med) / Makroglobulin *n*
**macrograph*** *n* (Photog) / makroskopische Aufnahme, Makroaufnahme *f*
**macroinclusion** *n* / makroskopisch sichtbarer Einschluss
**macroinitiator** *n* (Chem) / Makroinitiator *m*
**macroinstability** *n* (Plasma Phys) / makroskopische Instabilität, Makroinstabilität *f*
**macroinstruction*** *n* (Comp) / Makrobefehl *m*, Makroinstruktion *f*
**macroion** *n* (Chem, Phys) / Makroion *n*
**macrokinetics** *n* (Chem) / Makrokinetik *f*
**macrolanguage** *n* (Comp) / Makrosprache *f*
**macrolens*** *n* (Optics) / Makroobjektiv *n*
**macrolibrary** *n* (Comp) / Makrobibliothek *f*

**macrolide** *n* (Chem) / Makrolid *n* (Naturstoff mit einem Laktonring, der mehr als zehn Atome im Ring aufweist) ‖ ~ **antibiotics** (Pharm) / Makrolidantibiotika *n pl*
**macromer** *n* (Chem) / Makromer *n*, Makromonomer *n*
**macrometeorology** *n* (Meteor) / Makrometeorologie *f*
**macromodel** *n* / Makromodell *n* (ein Simulationsmodell)
**macromolecular** *adj* (Chem) / makromolekular *adj* ‖ ~ **bundle** (Chem) / Makromolekülbündel *n* ‖ ~ **chemistry** (Chem) / makromolekulare Chemie, Chemie *f* der Hochpolymeren ‖ ~ **monomer** (Chem) / Makromer *n*, Makromonomer *n*
**macromolecule**\* *n* (Chem) / Makromolekül *n*, Riesenmolekül *n*
**macromorphology** *n* (Materials) / Makromorphologie *f* (der Bruchfläche)
**macron** *n* (Print) / Längezeichen *n*
**macroname** *n* (Comp) / Makroname *m*
**macronavigation** *n* (Comp, Telecom) / Makronavigation *f*, Hauptnavigation *f*
**macronutrients**\* *pl* (Ecol) / Makroelemente *n pl*, Makronährstoffe *m pl*
**macro-operation** *n* (Comp) / Makrooperation *f*
**macrophage**\* *n* (Med) / Makrophage *m* (großer Phagozyt)
**macrophotography**\* *n* (Photog) / Makrofotografie *f*
**macrophysical** *adj* (Phys) / makrophysikalisch *adj*
**macrophysics** *n* (Phys) / Makrophysik *f* (derjenige Teil der Physik, der sich mit den mehr oder weniger groben, unmittelbar wahrnehmbaren Körpern befasst)
**macropolycycles** *pl* (Chem) / Makropolycyclen *m pl* (nach Lehn), Makropolyzyklen *m pl*
**macropore** *n* / Makropore *f* (eine Feinpore, über 50 nm)
**macropotential** *n* (Elec) / Makropotential *n* (das durch Raumladungen in einem Festkörper bestimmt wird)
**macropowder** *n* / Grobpulver *n*
**macroprocessor** *n* (Comp) / Makroprozessor *m* ‖ ~ (Comp) / Makroübersetzer *m*
**macroprogramming** *n* (Comp) / Makroprogrammierung *f*
**macroprototype statement** (Comp) / Makroprototypanweisung *f*
**macroradical** *n* (Chem) / Makroradikal *n*
**macroreticular** *adj* (Chem) / makroretikulär *adj*
**macrorheology** *n* (Phys) / Makrorheologie *f* (DIN 1342, T 1)
**macroscale** *n* (Meteor) / Makro-Scale *m* (Größenordnung atmosphärischer Phänomene)
**macroscopic**\* *adj* (Optics) / makroskopisch *adj*, mit bloßem Auge sichtbar, visuell *adj* ‖ ~ **state**\* (Phys) / Makrozustand *m* (in der statistischen Mechanik, thermodynamischer Zustand (Maxwell-Boltzmann-Statistik)) ‖ ~ **X-ray analysis** (Crystal, Materials) / Röntgengrobstrukturuntersuchung *f*, Röntgengrobstrukturanalyse *f*
**macrosection** *n* (Met) / Makroschliff *m*
**macrosegregation** *n* (Foundry) / Blockseigerung *f*, Makroseigerung *f*
**macroseism** *n* (Geol) / Makrobeben *n*, Makroseismik *f*
**macroseismic** *adj* (Geol) / makroseismisch *adj*
**macroshrinkage** *n* (Foundry) / Makrolunker *m*
**macrostate** *n* (Chem, Phys) / Makrozustand *m* (in der statistischen Mechanik, thermodynamischer Zustand (Maxwell-Boltzmann-Statistik)
**macrostructure**\* *n* (Geol, Met) / Makrogefüge *n*, Makrostruktur *f*, Grobgefüge *n*, Grobstruktur *f*
**macrothesaurus** *n* (pl. -auri) / Dachthesaurus *m* (pl. -ren oder -ri), Makrothesaurus *m* (pl. -ren oder -ri)
**macrothrowing power**\* (of a plating solution) (Surf) / Makrostreufähigkeit *f* (Fähigkeit eines Elektrolyten, die Schichtdicke an verschiedenen Stellen der Katode den galvanisch abgeschiedenen Niederschlag zu beeinflussen), Makrostreukraft *f*, Makrostreuvermögen *n*
**macro virus** (a virus which attaches itself to a macro and which is executed when the macro is invoked) (Comp) / Makrovirus *m* (der in Form eines Makros von Anwendungsprogrammen implementiert und als solches weiter verbreitet wird)
**MAD** (magnetic airborne detection) (Aero) / Orten *n* mit Magnetometern, Orten *n* mit MAD-Geräten (z.B. von Ubooten) ‖ ≙\* (magnetic anomaly detection) (Geol) / Erfassung *f* magnetischer Anomalie
**Madagascar beans** (Bot, Nut) / Rangoonbohnen *f pl*, Rangunbohnen *f pl*, Mondbohnen *f pl* (aus dem Phaseolus lunatus L.), Limabohnen *f pl*, Sievabohnen *f pl* ‖ ≙ **periwinkle** (Bot, Pharm) / Madagaskar-Immergrün *n* (aus dem Catharanthus-roseus-Alkaloide gewonnen werden), Catharanthus roseus (L.) G. Don ‖ ≙ **topaz**\* (Min) / Zitrin *n* (Quarzvarietät), Citrin *n*, Quarztopas *m*
**madapolam** *n* (Textiles) / Madapolam *m* (weich appretiertes, feinfädiges, dichtes Baumwoll- oder Zellwollgewebe in Leinwandbindung)

**madar fibre** / Yercum-Faser *f* (aus der Rinde der Schwalbenwurzgewächsart Calotropis gigantea (L.) Dryand.)
**mad cow disease** (Agric, Med, Nut) / spongiforme Rinderenzephalopathie, BSE (spongiforme Rinderenzephalopathie), Rinderseuche *f*, Rinderwahnsinn *m*
**madder** *n* / Krappfarbstoff *m* (Pflanzenfarbstoff der Rötegewächse), Krapprot *n* ‖ ~ (Bot) / Färberröte *f* (Echte), Krapp *m* (Rubia tinctoria L.) ‖ ~ **dyestuff** / Krappfarbstoff *m* (Pflanzenfarbstoff der Rötegewächse), Krapprot *n* ‖ ~ **lake** (Mordant Red 11, Pigment Red 83) / Krapplack *m* (rotes Pigment für Künstlerfarben) ‖ ~ **root** (Bot) / Krappwurzel *f*, Färberwurzel *f* ‖ ~ **root** (Bot, Chem) / Krappwurzel *f* (von Rubia tinctorum L.)
**Maddrell's salt** (Chem) / Maddrell'sches Salz (ein Natriumpolyphosphat)
**made ground**\* (Build, Civ Eng) / Verfüllung *f*, herangebrachter Boden, Auffüllung *f*, Bodenauftrag *m*, Aufschüttung *f*, Anschüttung *f* (eine im Erdbau durch Aufbringen neuer Erdmassen gebildete Geländeerhöhung) ‖ ~ **ground** (Civ Eng) / Auftragsmaterial *n*
**Madeira embroidery** (Textiles) / Madeiralochstickerei *f*, Madeirastickerei *f* (eine Art Lochstickerei) ‖ ≙ **nut** (For) / Walnussbaum *m* (Juglans regia L.) ‖ ≙ **topaz**\* (Min) / Madeira-Topas *m*, Gebrannter Kristall, Spanischer Topas (ein durch Erhitzen gelbbraun bis braunrot gewordener Amethyst) ‖ ≙ **wood** (For) / Mahagoniholz *n* (Westindisches - aus Swietenia mahagoni (L.) Jacq.), Westindisches Mahagoni
**Madelung's constant**\* (Crystal) / Madelung-Konstante *f* (nach E. Madelung, 1881-1972)
**made road** (Civ Eng) / befestigter Weg, befestigte Straße
**made-to-measure** *adj* (Textiles) / Schneider- (maßgeschneidert), maßgeschneidert *adj*, nach Maß angefertigt ‖ ~ **suit** (Textiles) / Maßanzug *m*
**made-to-order** *adj* (Textiles) / Schneider- (maßgeschneidert), maßgeschneidert *adj*, nach Maß angefertigt
**made-up** *adj* (Civ Eng) / aufgeschüttet *adj* (Boden)
**made-up** *adj* (Textiles) / Konfektions-, konfektioniert *adj*, Fertig-, von der Stange (Anzug, Kleider)
**made-up in pages** (Comp) / seitenaufbereitet *adj* (Text)
**made-up proof** (Typog) / Umbruchkorrektur *f*, Bogenkorrektur *f*, Seitenabzug *m*
**mad honey** / Tollhonig *m* (Rhododendron-Honig)
**madia oil** / Madiaöl *n* (das fette Öl der Samen der Madia sativa Molina - Schmier- und Brennöl, Öl zur Seifenfabrikation), Madienöl *n*
**madistor** *n* (Electronics) / Madistor *m* (aus Germanium hergestellte Halbleiterdiode), Magnetdiode *f*
**madras** (Bot, Textiles) / Ostindischer Hanf, Bombayhanf *m*, Bengalischer Hanf, Sunnhanf *m*, Sunn *m* (DIN 60 001-1), SN (Sunn), Bengalhanf *m* (Crotalaria juncea L.) ‖ ≙ (a strong cotton fabric with colourful stripes and checks) (Textiles) / Madras *m* ‖ ≙ **goods** (crust, vegetable tanned hides and skins from India) (Leather) / Madrasware *f* ‖ ≙ **muslin** (Textiles) / Madrasmusselin *m*, Madras *m* (Madrasmusselin)
**MADT** (microalloy diffused transistor) (Electronics) / MAD-Transistor *m*, MADT *m* (MAD-Transistor)
**Mae West**\* (Aero) / aufblasbare Schwimmweste (nach der amerikanischen Filmschauspielerin Mae West, 1892-1980)
**maf** (moisture- and ash-free) / wasser- und aschefrei *adj* (Kohle), waf (wasser- und aschefrei)
**mafic**\* *adj* (Geol) / mafisch *adj* (Bezeichnung für dunkel gefärbte Minerale)
**MAFT** (Mushroom Apparel Flammability Test) (Textiles) / Mushroom-Test *m*
**mag** (magnitude) (Astron) / Magnitudo *f* (pl. -dines), mag. (Magnitudo), astronomische Größenklasse (eines Gestirns) ‖ ~ (magneto) (Autos, Elec Eng) / Magnetzünder *m* (eigengelagerter) ‖ ~ (magnesium alloy) (Met) / Magnesiumlegierung *f* ‖ ~ *adj* (Autos) / Leichtmetallfelge *f*, LM-Felge *f*
**magainine** *n* (Pharm) / Magainin *n* (Antibiotikum tierischen Ursprungs)
**magamp**\* *n* (Acous, Elec Eng) / Transduktor *m*, Transduktorverstärker *m*, Magnetverstärker *m*, magnetischer Verstärker *m* ‖ ~\* (Acous, Elec Eng) s. also transductor
**magazine** *n* / Materiallager *n* ‖ ~ (Cinema) / Feuerschutztrommel *f* ‖ ~ (Cinema, Photog) / Filmmagazin *n*, Magazin (abnehmbares, lichtfest verschließbares Rückteil einer Kamera, das den Film enthält und schnellen Wechsel des Films ermöglicht) ‖ ~ (Eng) / Magazin *n* (für Arbeitsgegenstände, Werkzeuge oder Hilfsstoffe) ‖ ~ (Mil) / Magazin *n* (Patronenkammer in automatischen Gewehren und Pistolen) ‖ ~ (of a grinder) (Paper) / Magazin *n*, Holzschacht *m* (eines Schleifers) ‖ ~ (Photog) / Magazin *n* (des Diaprojektors) ‖ ~ (Radio, TV) / Magazin *n* (Rundfunk- oder Fernsehsendung, die über politische, wirtschaftliche, gesellschaftliche oder ähnliche Themen und Ereignisse informiert) ‖ ~\* (Typog) / Magazin *n* (der alten

Zeilensetz- und -gießmaschinen) || **~ arc-lamp**\* (Elec Eng) / Kohlelichtbogenlampe *f* mit mehreren Kohleelektroden || **~ grinder** (Paper) / Magazinschleifer *m* (ein Holzschleifer) || **~ programme** (Radio, TV) / Magazin *n* (Rundfunk- oder Fernsehsendung, die über politische, wirtschaftliche, gesellschaftliche oder ähnliche Themen und Ereignisse informiert) || **~ projector**\* (Light, Photog) / [halb]automatischer Diaprojektor (mit Diamagazin)

**MAGC** *n* (with $CO_2$ as a shielding gas) (Welding) / MAG-Schweißen *n* mit Kohlendioxid

**Magellanic Clouds**\* (Astron) / Magellan'sche Wolken (zwei irreguläre Sternsysteme am Südhimmel; Begleiter des Milchstraßensystems)

**magenta**\* *n* / Magenta *n* (Fuchsin - eine Normfarbe)

**MAGFET** *n* (magneto FET) (Electronics) / magnetfeldabhängiger Feldeffekttransistor

**maghemite**\* *n* (Min) / Maghemit *m* (magnetisches, durch Oxidation von Magnetit entstandenes $\gamma\text{-Fe}_2O_3$)

**magic acid** (Chem) / magische Säure (eine Supersäure) || **~ angle** (Spectr) / magischer Winkel (in der NMR-Spektroskopie)

**magic-angle rotation** (Spectr) / Rotieren *n* um den magischen Winkel (der Probe bei der NMR-Spektroskopie), MAS-Methode *f* || **~ spinning** (Spectr) / Rotieren *n* um den magischen Winkel (der Probe bei der NMR-Spektroskopie), MAS-Methode *f*

**magic dimension** (Acous) / Stereoaufnahme *f* mit zusätzlicher Rauminformation || **~ eye**\* (Radio) / magisches Auge (alte Abstimmanzeigeröhre) || **~ numbers**\* (Nuc) / magische Zahlen (die Protonen- oder Neutronenzahlen 2, 8, 20, 28, 50, 82 und 126; Kerne mit diesen Nukleonenzahlen sind besonders stabil), magische Nukleonenzahlen || **~ spot** (Biochem) / Guanosintetraphosphat *n* (ein seltenes Nucleotid), ppGpp *n* (Guanosintetraphosphat), Magic Spot *n* || **~ square** (Maths) / magisches Quadrat, Zahlenquadrat *n* (magisches) || **~-T** *n* (Radar, Telecomm) / magisches T-Glied (ein spezielles Hohlleiterbauteil, das eine kombinierte Serien- und Parallelverzweigung darstellt), Doppel-T-Glied *n*, magisches T, Hybrid-T-Verzweigung *f*, EH-Verzweigung *f* || **~ tape** / unsichtbares Klebeband || **~ tee**\* (Radar, Telecomm) / magisches T-Glied (ein spezielles Hohlleiterbauteil, das eine kombinierte Serien- und Parallelverzweigung darstellt), Doppel-T-Glied *n*, magisches T, Hybrid-T-Verzweigung *f*, EH-Verzweigung *f*

**MAGLAC** (magnetic linear accelerator) (Nuc Eng) / magnetischer Linearbeschleuniger, MAGLAC *m* (magnetischer Linearbeschleuniger)

**maglev** *n* (a transport system in which trains glide above a track, supported by magnetic repulsion and propelled by a linear motor) / Magnetfeld-Fahrtechnik *f*, magnetische Schwebeführung, Magnetschwebetechnik *f* (modernste Verkehrstechnik) || **~ vehicle** / Magnetschwebefahrzeug *n* (z.B. Transrapid 06 der Firmen MBB, Krauss-Maffei und Thyssen-Henschel)

**MAGM** *n* (Welding) / Mischgasschweißen *n* (mit Mischgasen aus Argon, Kohlendioxid und Sauerstoff)

**magma**\* *n* (pl. magmata or magmas) (Geol) / Magma *n* (pl. Magmen)

**magmatic** *adj* (Geol) / magmatisch *adj*, Magma- || **~ assimilation** (Geol) / Assimilation *f* || **~ cycle** (Geol) / magmatischer Zyklus || **~ differentiation** (Geol) / magmatische Differentiation || **~ ore deposit** (Geol, Mining) / magmatische Erzlagerstätte || **~ stoping** (a process of magmatic emplacement or intrusion that involves detaching and engulfing pieces of the country rock) (Geol) / magmatische Aufstemmung (mechanische Raumschaffung bei magmatischer Intrusion) || **~ water** (water released by molten igneous rocks or magma during the process of cooling and consolidation) (Geol) / juveniles Wasser (entstammt Magmenherden und ist im magmatischen Zyklus neu gebildet)

**magmatism** *n* (Geol) / Magmatismus *m* (die das Magma betreffenden Vorgänge)

**magmosphere** *n* (Geol) / Magmazone *f* (mit nach der Tiefe zunehmendem Fe-Gehalt), Zone *f* unterhalb der Mohorovičić-Diskontinuität

**Magna-Flux** *n* (Materials) / magnetische Rissprüfung (DIN 54 130), Risprüfung *f* nach dem Magnetpulververfahren, Magnetpulverprüfung *f* (sehr empfindliches zerstörungsfreies Prüfverfahren zum Nachweis von Fehlern an der Oberfläche von magnetischen Prüfstücken und darunter), Magnetpulververfahren *n* (zerstörungsfreie Werkstoffprüfung ferromagnetischer Materialien)

**magnal base** (Electronics) / Elfstiftsockel *m* (einer Katodenstrahlröhre)

**Magnalium** *n* (Met) / Magnalium *n* (Legierung aus Magnesium und Aluminium)

**magnesia**\* *n* (magnesium oxide) (Chem, Min) / Talkerde *f*, Magnesia *f*, Bittererde *f* (MgO)

**magnesia alba** (basic magnesia carbonate) (Pharm) / Magnesia carbonica *f*, Magnesia alba *f*, Magnesiaweiß *n* (künstlich hergestelltes Magnesiumhydroxidkarbonat-5-Wasser) || **~ bacilli** (Chem) / Magnesiastäbchen *n pl* (aus gesintertem Magnesiumoxid - für die qualitative Analyse) || **~ brick** (Met) / Magnesitstein *m* (auf der Basis von Sintermagnesia hergestellter basischer feuerfester Stein), Magnesiastein *m* || **~ cement**\* (Build) / Magnesitbinder *m* (DIN 273), Magnesiabinder *m*, Magnesiazement *m*, Sorelmörtel *m*, Sorelzement *m* (kein Zement im Sinne der DIN 1164) || **~ glass**\* (Electronics, Glass) / Magnesiaglas *n* (elektrotechnisches Glas mit Magnesiumoxid) || **~ hardness** / Magnesiumionen *n pl* (Erdalkalien im Wasser), Magnesiahärte *f*, Magnesiumhärte *f* (eine Art Wasserhärte) || **~ limestone** (Geol) / Kalkstein *m* (mit 5 bis 35% $MgCO_3$) || **~ magma** (Pharm) / Magnesiamilch *f* (Aufschwemmung von Magnesiumhydroxid in Wasser) || **~ mixture**\* (Chem) / Magnesiamixtur *f* (eine Magnesiumammoniumchloridlösung zum Nachweis und zur Bestimmung der Phosphorsäure sowie zur quantitativen Ausfällung von Arsen), Magnesiamischung *f*

**magnesian** *adj* / magnesiahaltig *adj* || **~** (Chem) / magnesiumhaltig *adj* || **~ lime** (Build) / Magnesiakalk *m* (mit 5-40 % MgO) || **~ limestone** (Geol) / Dolomitkalkstein *m*, dolomitischer Kalkstein (mit etwa 35-46% $MgCO_3$) || **~ spinel**\* (Min) / Edelspinell *m*, Magnesiospinell *m* (Magnesiumaluminat)

**magnesia usta** (Chem) / gebrannte Magnesia (Magnesiumoxid), Magnesia usta *f*, kaustische Magnesia (DIN 273, T 1), kalzinierte Magnesia || **~ white** (Paint) / Magnesiaweiß *n* (Gemisch von Gips oder Bariumsulfat mit Magnesia) || **~ white** (Pharm) / Magnesia carbonica *f*, Magnesia alba *f*, Magnesiaweiß *n* (künstlich hergestelltes Magnesiumhydroxidkarbonat-5-Wasser)

**magnesiochromite** *n* (Min) / Magnesiochromit *m* (ein Chromitspinell)

**magnesioferrite** *n* (Min) / Magnesioferrit *m*, Magnoferrit *m*

**magnesite**\* *n* (Min) / Magnesit *m*, Bitterspat *m* (Magnesiumkarbonat) || **~ brick** (Met) / Magnesitstein *m* (auf der Basis von Sintermagnesia hergestellter basischer feuerfester Stein), Magnesiastein *m*

**magnesite-chrome brick** (Met) / Magnesit-Chromerz-Stein *m*

**magnesite flooring**\* (Build) / Steinholzfußboden *m* (Magnesiaestrich mit einer Rohdichte von 1,2 - 1,6 kg/dm³ - DIN 272 und 273) || **~ flooring** (Build) / Magnesiaestrich *m* (DIN 272), ME (Magnesiaestrich), Steinholzestrich *m* (bis zur Rohdichteklasse 1,6 - DIN 18 560-1)

**magnesium**\* *n* (Chem) / Magnesium *n*, Mg (Magnesium) || **~ acetate** (Chem) / Magnesiumacetat *n* (Tetrahydrat), Magnesiumazetat *n* || **~ alloy** (Met) / Magnesiumlegierung *f* || **~ ammonium phosphate** (Chem) / Magnesiumammoniumphosphat *n*, Ammoniummagnesiumphosphat *n* || **~ anode** (Surf) / Magnesiumanode *f* (eine Schutzanode für den Korrosionsschutz)

**magnesium-base grease** / Magnesiumfett *n* (mit Magnesiumhydroxid verseiftes Spezialfett)

**magnesium bicarbonate** (Chem) / Magnesiumhydrogenkarbonat *n*, Magnesiumhydrogencarbonat *n* || **~ bromide** (Chem) / Magnesiumbromid *n* || **~ bronze** (Met) / Magnesiumbronze *f* (DIN 17 666) || **~ carbide** (Chem) / Magnesiumkarbid *n*, Magnesiumcarbid *n*, Magnesiumazetylid *n*, Magnesiumacetylid *n* || **~ carbonate**\* (Chem, Nut) / Magnesiumkarbonat *n*, Magnesiumcarbonat *n* (E 504) || **~ chloride** (Chem) / Magnesiumchlorid *n*

**magnesium-chloride solution** (Chem) / Magnesiumchloridlösung *f* (DIN 273, T 2)

**magnesium citrate** (Chem, Nut) / Magnesiumzitrat *n*, Magnesiumcitrat *n*, Trimagnesiumdizitrat *n*, Trimagnesiumdicitrat *n* || **~ dihydrogenphosphate** (Chem) / Magnesiumhydrogenphosphat *n* (primäres Magnesiumphosphat), einbasiges Magnesiumphosphat || **~ diphosphate** ($Mg_2P_2O_7$) (Chem) / Magnesiumdiphosphat *n*, Magnesiumpyrophosphat *n* || **~ ethoxide** (Chem) / Magnesiumethoxid *n*, Magnesiumethanolat *n*, Magnesiumethylat *n* || **~ fertilizer** (Agric) / Magnesiumdünger *m*, Mg-Dünger *m*, Magnesiumdüngemittel *n* || **~ fluate** (Chem) / Magnesiumhexafluorosilicat *n*, Magnesiumhexafluorosilikat *n*, Kieselfluormagnesium *n*, Magnesiumfluat *n*, Magnesiumsilicofluorid *n*, Magnesiumsilikofluorid *n* || **~ fluoride** (Chem, Optics, Photog) / Magnesiumfluorid *n* || **~ gluconate** (Chem, Nut) / Magnesiumglukonat *n*, Magnesiumgluconat *n* (E 580) || **~ glutamate** (Chem) / Magnesiumglutamat *n* || **~ hexafluorosilicate** (Chem) / Magnesiumhexafluorosilicat *n*, Magnesiumhexafluorosilikat *n*, Kieselfluormagnesium *n*, Magnesiumfluat *n*, Magnesiumsilicofluorid *n*, Magnesiumsilikofluorid *n* || **~ hydride** (Chem) / Magnesiumhydrid *n* ($MgH_2$), Magnesiumwasserstoff *m* (auch Hochtemperaturenergiespeicher) || **~ hydrogencarbonate** (Chem) / Magnesiumhydrogenkarbonat *n*, Magnesiumhydrogencarbonat *n* || **~ hydrogenphosphate** (Agric, Ceramics, Chem, Pharm) / Magnesiumhydrogenphosphat *n* (sekundäres Magnesiumphosphat), zweibasiges Magnesiumphosphat || **~ hydroxide** (Chem, Nut) / Magnesiumhydroxid *n* ($Mg(OH)_2$) || **~ limestone** (Geol) / Kalkstein *m* (mit 5 bis 35% $MgCO_3$) || **~ metasilicate** (Chem) / Magnesiummetasilikat *n*, Magnesiummetasilicat *n* || **~ methoxide** (Chem) /

**magnesium**

Magnesiummethoxid n, Magnesiummethanolat n, Magnesiummethylat n ‖ **~ nitrate** (Chem) / Magnesiumnitrat n (meistens als Hexahydrat) ‖ **~ nitride** (Chem) / Magensiumnitrid n ($Mg_3N_2$) ‖ **~ orthosilicate** (Chem) / Magnesiumorthosilikat n, Magnesiumorthosilicat n ‖ **~ oxide**\* (Chem, Glass, Pharm) / Magnesiumoxid n (zur Erhöhung der Spannbarkeit und der Entglasungsfestigkeit) ‖ **~ oxychloride cement**\* (Build) / Magnesitbinder m für Steinholz ‖ **~ oxychloride cement**\* (Build) / Magnesitbinder m (DIN 273), Magnesiabinder m, Magnesiazement m, Sorelmörtel m, Sorelzement m (kein Zement im Sinne der DIN 1164) ‖ **~ oxychloride flooring** (Build) / Steinholzfußboden m (Magnesiaestrich mit einer Rohdichte von 1,2 - 1,6 kg/dm³ - DIN 272 und 273) ‖ **~ oxychloride flooring** (Build) / Magnesiaestrich m (DIN 272), ME (Magnesiaestrich), Steinholzestrich m (bis zur Rohdichteklasse 1,6 - DIN 18 560-1) ‖ **~ perchlorate** (Chem) / Magnesiumperchlorat n ‖ **~ peroxide** (Chem, Pharm, Textiles) / Magnesiumperoxid n ‖ **~ phosphate** ($Mg_3(PO_4)_2$) (Chem, Pharm) / Trimagnesiumphosphat n (tertiäres Magnesiumphosphat, dreibasiges Magnesiumphosphat), **~ phosphate** (Chem) / Magnesiumphosphat n (im Allgemeinen) ‖ **~ pyrophosphate** (Chem) / Magnesiumdiphosphat n, Magnesiumpyrophosphat n ‖ **~ silicate** (Chem) / Magnesiumsilikat n, Magnesiumsilicat n ‖ **~ silicofluoride** (Chem) / Magnesiumhexafluorosilicat n, Magnesiumhexafluorosilikat n, Kieselfluormagnesium n, Magnesiumfluat n, Magnesiumsilicofluorid n, Magnesiumsilikofluorid n ‖ **~ stearate** (Nut, Paint, Pharm) / Magnesiumstearat n (E 572) ‖ **~ sulphate** (Chem) / Magnesiumsulfat n ‖ **~ tetrahydrogenphosphate** (Chem) / Magnesiumhydrogenphosphat n (primäres Magnesiumphosphat), einbasiges Magnesiumphosphat ‖ **~ torch** / Magnesiumfackel f
**magneson**\* n (Chem) / Magneson n (Reagens auf Magnesium)
**magnesyn** n (Elec Eng) / Magnesyngerät n, Magnesyn n
**magnet**\* n (Mag) / Magnet m ‖ **~ alloy** (Mag, Met) / Magnetlegierung f, magnetische Legierung
**magnetarc soldering** (Welding) / Magnetarc-Schweißen n
**magnet coil**\* (Elec Eng) / Feldspule f, Magnetisierungsspule f ‖ **~ core**\* (Mag) / Magnetkern m (Schaltungsanordnung, bei dem ein elektrische Leistung mit Hilfe von sättigbaren Drosseln gesteuert wird), Ferritkern m ‖ **~ crane** / Magnetkran m ‖ **~ frame** (Elec Eng) / Magnetgestell n
**magnetic** n (Elec Eng) / Magnetikum n (pl. -tika), Magnetwerkstoff m (weich- oder hartmagnetisch), magnetischer Werkstoff (ein Funktionswerkstoff) ‖ **~**\* adj (Mag) / Magnet-, magnetisch adj ‖ **~**\* (Nav, Surv) / missweisend adj (Peilung, Steuerkurs) ‖ **~ adhesion** (Mag) / magnetische Klebkraft ‖ **~ aftereffect** (Elec Eng) / magnetische Nachwirkung (das gegenüber einer Feldänderung verspätete Einstellen eines Gleichgewichts der Magnetisierung) ‖ **~ airborne detection** (Aero) / Orten n mit Magnetometern, Orten n mit MAD-Geräten (z.B. von Unbooten) ‖ **~ alloy**\* (Mag, Met) / Magnetlegierung f, magnetische Legierung
**magnetically hard** (Elec Eng) / hartmagnetisch adj, magnetisch hart ($H_c$ > 10 A/cm)
**magnetically-moved-arc welding process** (Welding) / MBL-Schweißen n (bei dem der Lichtbogen von einem Magnetfeld entlang des Verlaufes der Schweißnaht bewegt wird)
**magnetically soft** (Elec Eng) / magnetisch weich ($H_c$ < 10 A/cm)
**magnetic amplifier** (Acous, Elec Eng) / Transduktor m, Transduktorverstärker m, Magnetverstärker m, magnetischer Verstärker ‖ **~ analogue memory** (Comp) / magnetischer Analogspeicher ‖ **~ anisotropy** (Mag) / magnetische Anisotropie, Anisotropie f der Suszeptibilität ‖ **~ annealing** (Met) / Magnetfeldglühen n ‖ **~ anomaly** (Geol, Mag) / erdmagnetische Anomalie, magnetische Anomalie (im Hauptfeld) ‖ **~ anomaly detection** (Geol) / Erfassung f magnetischer Anomalie ‖ **~ attraction** (Mag) / magnetische Anziehung ‖ **~ axis**\* (Mag) / magnetische Achse, Magnetachse f, Polachse f ‖ **~ badge** (Comp, Mag) / Kodekarte f, elektronische Stechkarte ‖ **~ balance**\* (Chem, Elec Eng, Mag) / magnetische Waage, Feldwaage f (magnetische), Magnetwaage f ‖ **~ bay** (Geophys) / Bay-Störung f (buchtförmige Auslenkung in der Registrierung der Komponenten des geomagnetischen Feldes) ‖ **~ bearing**\* (Aero, Nav, Surv) / missweisende Peilung, magnetischer Azimut, missweisender Peilwinkel ‖ **~ bias**\* (Acous, Electronics) / Vormagnetisierung f, magnetische Vorspannung ‖ **~ biasing** (the simultaneous conditioning of the magnetic recording medium during recording by the superposing of an additional magnetic field upon the signal magnetic field) (Acous, Electronics) / Vormagnetisierung f, magnetische Vorspannung ‖ **~ blowout**\* (Elec Eng) / magnetische Bogenbeeinflussung, magnetische Blasung, magnetische Blaswirkung ‖ **~ board** / Magnethafttafel f ‖ **~ bottle**\* (an arrangement of magnetic fields used to confine plasma) (Plasma Phys) / magnetische Flasche (eine Magnetfeldanordnung, in der Hochtemperaturplasmen für längere Zeit zusammengehalten werden können) ‖ **~ brake** (Elec Eng) / Bremsmagnet m (einer Wirbelstrombremse oder eines Elektrizitätszählers) ‖ **~ braking**\* (Elec Eng) / Magnetbremser n, magnetische Bremsung ‖ **~ bubble** (Phys) / Magnetdomäne f, Magnetblase f (zylinderförmige Domäne) ‖ **~ bubble memory**\* (Comp) / Magnetblasenspeicher m, Blasenspeicher m, Domänentransportspeicher m, magnetischer Blasenspeicher, Magnetdomänenspeicher m ‖ **~ calorimeter** (Phys) / magnetisches Kalorimeter ‖ **~ card**\* (Comp) / Magnetkarte f (mit einem als Datenträger dienenden Streifen magnetisierbaren Materials) ‖ **~ card file** (Comp) / Magnetkartendatei f ‖ **~ card memory** (Comp) / Magnetkartenspeicher m ‖ **~ card reader** (Comp) / Magnetkartenleser m ‖ **~ card storage** (Comp) / Magnetkartenspeicher m ‖ **~ cassette tape** (Comp) / Kassettenmagnetband n ‖ **~ cell** (Comp) / magnetische Speicherzelle, magnetisches Speicher#+element ‖ **~ character** (Comp) / Magnetschriftzeichen n ‖ **~ character reading**\* (Comp, Print) / Lesen n in der Magnetschrift ‖ **~ character recognition** (a recognition technology that utilizes ink capable of being magnetized and sensed) (Comp) / Magnetschriftzeichenerkennung f, magnetische Zeichenerkennung (DIN 66 226) ‖ **~ chuck**\* (Eng) / Magnetfutter n, Magnetspannfutter n ‖ **~ circuit**\* (a closed loop of magnetic field) (Elec, Mag) / Magnetkreis m, magnetischer Kreis (eine in sich geschlossene Anordnung zur weitgehenden Führung und Bündelung des magnetischen Flusses mit dem Ziel, eine hohe magnetische Flussdichte zu erreichen - DIN 5489)
**magnetic-circuit transducer** (Mag) / induktiver Messwandler
**magnetic circular dichroism** (Chem, Nuc, Optics, Spectr) / magnetischer Zirkulardichroismus, MCD (magnetischer Zirkulardichroismus) ‖ **~ clutch**\* (Elec Eng) / elektromagnetische Schlupfkupplung, Elektromagnetkupplung f, magnetische Kupplung, Magnetkupplung f, elektrische Kupplung ‖ **~ coating** (Mag) / magnetische Beschichtung ‖ **~ compass** (Instr, Nav) / Magnetkompass m (Messgerät zur Richtungsbestimmung unter Ausnutzung des Magnetfeldes der Erde) ‖ **~ compression** (Plasma Phys) / magnetische Kompression (Zusammenpressung und Verdichtung eines Plasmas durch magnetische Kräfte) ‖ **~ conductance** (Elec) / magnetischer Leitwert, Permeanz f (DIN 1304 und 5489) ‖ **~ conductivity** (Mag) / magnetische Leitfähigkeit ‖ **~ confinement** (Plasma Phys) / Magnethalterung f, magnetische Halterung (eines heißen Plasmas), magnetischer Einschluss (eines heißen Plasmas) ‖ **~ constant** (Mag) / magnetische Feldkonstante (im materiefreien Raum nach DIN 1324, T 1), Induktionskonstante f, absolute Permeabilität(skonstante) (des Vakuums) ‖ **~ contact** (Elec Eng) / Magnetkontakt m ‖ **~ contactor** (Elec Eng) / elektromagnetisches Schütz n ‖ **~ controller**\* (Elec Eng) / Magnetregler m, magnetisches Steuerelement n ‖ **~ core**\*, (Comp, Mag) / Ferritkern m ‖ **~ core** (Mag) / Magnetkern m (Schaltungsanordnung, bei dem eine elektrische Leistung mit Hilfe von sättigbaren Drosseln gesteuert wird), Ferritkern m ‖ **~ core memory** (Comp) / Magnetkernspeicher m (wahlfreier permanenter Speicher mit kleinen Ferritringen als binäres Speichermedium), Kernspeicher m, Ferritkernspeicher m, Ringkernspeicher m, Ferritspeicher m ‖ **~ coupling**\* (Elec Eng) / magnetische Kopplung ‖ **~ course** (Nav, Ships) / missweisender Kurs (Winkel zwischen der magnetischen Nordrichtung und der Kiellinie), mwK ‖ **~ crack detection** (Materials) / magnetische Rissprüfung (DIN 54 130), Rissprüfung f nach dem Magnetpulververfahren, Magnetpulverprüfung f (sehr empfindliches zerstörungsfreies Prüfverfahren zum Nachweis von Fehlern an der Oberfläche von magnetischen Prüfstücken und darunter), Magnetpulververfahren n (zerstörungsfreie Werkstoffprüfung ferromagnetischer Materialien) ‖ **~ creeping**\* (Elec Eng) / magnetische Nachwirkung ‖ **~ damping**\* (Elec Eng) / Wirbelstromdämpfung f ‖ **~ damping** (Phys) / magnetische Dämpfung ‖ **~ declination**\* (Surv) / erdmagnetische Deklination, Missweisung f (Winkel zwischen Magnetisch-Nord und Geografisch-Nord; Linien gleicher Missweisung heißen Isogonen), magnetische Deklination, magnetische Abweichung ‖ **~ deflection** (Mag) / elektromagnetische Ablenkung, Ablenkung f im Magnetfeld ‖ **~ deviation**\* (Surv) / erdmagnetische Deklination, Missweisung f (Winkel zwischen Magnetisch-Nord und Geografisch-Nord; Linien gleicher Missweisung heißen Isogonen), magnetische Deklination, magnetische Abweichung ‖ **~ digital memory** (Comp) / magnetischer Digitalspeicher ‖ **~ dip** (Geophys, Mag) / Inklination f (der Winkel zwischen den Feldlinien des Erdmagnetfeldes und der Horizontalebene), magnetische Inklination ‖ **~ dipole** (Mag) / magnetischer Dipol ‖ **~ dipole moment**\* (Mag) / magnetisches Dipolmoment (DIN 1324, T 1) ‖ **~ dipole moment per unit volume** (Mag) / magnetische Polarisation (in T - nach DIN 1325) ‖ **~ discontinuity**\* (Elec Eng) / magnetisch isolierte Stelle, Unterbrechung f im magnetischen Kreis ‖ **~ disk**\* (Comp) / Magnetplatte f (DIN 31631, T 2)

**magnetic**

**magnetic-disk cartridge** (Comp) / Magnetplattenkassette f, Plattenkassette f ‖ ~ **memory*** (Comp) / Magnetplattenspeicher m, Plattenspeicher m (aus mehreren Magnetplatten, die auf eine gemeinsame Achse montiert sind), PSP ‖ ~ **storage** (Comp) / Magnetplattenspeicher m, Plattenspeicher m (aus mehreren Magnetplatten, die auf eine gemeinsame Achse montiert sind), PSP
**magnetic displacement*** (Elec Eng) / magnetische Verschiebung ‖ ~ **displacement*** (Elec Eng) / magnetische Flussdichte (Einheit Tesla nach DIN 1325), magnetische Induktion ‖ ~ **diurnal variation** (Geophys) / magnetische Tagesvariation ‖ ~ **domain*** (small areas on the surface or in the body of thin films of a magnetic medium each of which maintains a discrete magnetic field orientation relative to the others around it) (Mag, Met) / Magnetdomäne f, magnetische Domäne, magnetischer Elementarbereich, Magnetblase f
**magnetic-domain memory** (Comp) / Datenspeicher m auf der Basis magnetischer Domänen
**magnetic double layer** / Ampère'sche Doppelschicht, magnetische Doppelschicht, magnetisches Blatt ‖ ~ **double refraction** / magnetische Doppelbrechung (z.B. beim Voigt-Effekt oder Majorana-Effekt)
**magnetic-drive pump** (Eng, Mag) / Pumpe f mit permanent-magnetischem Antrieb, Magnetkreiselpumpe f, Magnetpumpe f
**magnetic drum*** (Comp) / Magnettrommelspeicher m, Trommelspeicher m (heute nicht mehr benutzt) ‖ ~ **drum memory** (Comp) / Magnettrommelspeicher m, Trommelspeicher m (heute nicht mehr benutzt) ‖ ~ **drum separator** (Min Proc) / Magnettrommelscheider m, Trommelmagnetscheider m ‖ ~ **drum storage** (Comp) / Magnettrommelspeicher m, Trommelspeicher m (heute nicht mehr benutzt) ‖ ~ **electron lens** (Electronics) / magnetische Elektronenlinse ‖ ~ **elements** (Geophys) / magnetische Elemente (alle Größen des Erdmagnetismus, die das Erdmagnetfeld an einem Ort bestimmen) ‖ ~ **elongation*** (Elec Eng) / magnetostriktive Verlängerung ‖ ~ **encoding** (Comp) / magnetische Aufzeichnung (von Binärdaten) ‖ ~ **energy*** (Elec Eng, Mag) / magnetische Energie, magnetische Feldenergie, Energie f des magnetischen Feldes ‖ ~ **equator*** (Geog, Geophys) / erdmagnetischer Äquator, geomagnetischer Äquator (dessen Verlauf von Aklinen bestimmt ist), magnetischer Äquator (Verbindungslinie um den Erdball durch alle Orte, an denen die Inklination des erdmagnetischen Vektors gleich Null ist) ‖ ~ **equator** (Geophys) / erdmagnetischer Äquator, Akline f (Linie, die alle Punkte verbindet, in denen die magnetische Inklination null beträgt) ‖ ~ **equivalence** (Elec Eng, Mag) / magnetische Äquivalenz ‖ ~ **escapement*** (Horol) / elektromagnetisches Schaltwerk ‖ ~ **fatigue** (Elec Eng) / Blechalterung f, magnetische Nachwirkung ‖ ~ **ferrites*** (Elec Eng) / magnetische Ferrite ‖ ~ **field*** (Elec Eng, Mag) / Magnetfeld n, magnetisches Feld (ein Raumgebiet, in dem jedem Punkt eine magnetische Feldstärke zugeordnet ist)
**magnetic-field-dependent resistor** (Elec Eng) / magnetfeldabhängiger Widerstand, Magnetresistor m, Fluxistor m, Feldplatte f (ein galvanomagnetisches Bauelement), Feldplattenwiderstand m (als Bauteil), Magnetoresistor m, Magnetowiderstand m (als Bauteil)
**magnetic-field intensity*** (Elec Eng) / magnetische Feldstärke (Einheit: Ampere je Meter, DIN 1304 und 1324, T 1), magnetische Erregung
**magnetic-field sensor** / Magnetfeldsensor m
**magnetic-field strength*** (Elec Eng) / magnetische Feldstärke (Einheit: Ampere je Meter, DIN 1304 und 1324, T 1), magnetische Erregung
**magnetic-field strength produced by an electric current** (Elec) / Ampère'sches Verkettungsgesetz, Ampère-Verkettungsgesetz n, Durchflutungsgesetz n (allgemeine Formulierung für den Zusammenhang der Stärke eines magnetischen Feldes und des erzeugenden Stroms) ‖ ~ **strength produced by an electric current** (Phys) / Biot-Savart'sches Gesetz (in der Elektrodynamik - nach J.B. Biot, 1774-1862, und F. Savart, 1791-1841), Laplace'sches Gesetz
**magnetic film** (Cinema, Comp) / Magnetfilm m
**magnetic-film memory*** (Comp) / Dünnfilmspeicher m, Dünnschichtspeicher m, Magnetschichtspeicher m ‖ ~ **store** (Comp) / Dünnfilmspeicher m, Dünnschichtspeicher m, Magnetschichtspeicher m
**magnetic filter** (San Eng) / Magnetfilter n ‖ ~ **flaw detection** (Materials) / magnetische Rissprüfung (DIN 54 130), Rissprüfung f nach dem Magnetpulververfahren, Magnetpulverprüfung f (sehr empfindliches zerstörungsfreies Prüfverfahren zum Nachweis von Fehlern an der Oberfläche von magnetischen Prüfstücken und darunter), Magnetpulververfahren n (zerstörungsfreie Werkstoffprüfung ferromagnetischer Materialien) ‖ ~ **fluid** / Ferrofluid n, magnetische Flüssigkeit (eine kolloidale, besonders stabilisierte Suspension magnetischer Partikel), Ferroflüssigkeit f ‖ ~ **fluid clutch** / Magnet-Flüssigkeitskupplung f ‖ ~ **flux*** (Elec Eng, Mag) / magnetischer Fluss (Einheit: Weber, DIN 1304 und 1324, T 1), magnetischer Induktionsfluss, Magnetfluss m ‖ ~ **flux density***

(Elec Eng) / magnetische Flussdichte (Einheit Tesla nach DIN 1325), magnetische Induktion ‖ ~ **flux quantum** (Mag) / magnetisches Flussquant ‖ ~ **focusing*** / elektromagnetische Fokussierung ‖ ~ **force** (the part of the Lorentz force arising from the magnetic field, or the force of attraction or repulsion between magnetic poles) (Mag) / magnetische Kraft ‖ ~ **force** (Mag) s. also magnetic-field intensity ‖ ~ **force resistance welding** (Welding) / Magnetkraftwiderstandsschweißen n ‖ ~ **forming*** (Eng) / elektromagnetische Umformung, Magnetumformung f, Umformung f im Magnetfeld ‖ ~ **gap** (Elec Eng, Mag) / Luftspalt m im Eisenkreis ‖ ~ **garnet** (Comp) / magnetischer Granat (epitaktisch aufgebrachte Einkristallschicht in Magnetblasenspeichern) ‖ ~ **gate** (Plasma Phys) / Magnettor n, magnetisches Tor ‖ ~ **grader** (Min Proc, Phys) / Magnetabscheider m, Magnetscheider m (eine Aufbereitungsmaschine zur Sortierung von Mineralgemischen nach ihren magnetischen Eigenschaften), Magnetseparator m ‖ ~ **gripper** (Eng) / Magnetgreifer m (eines IR) ‖ ~ **head*** (Acous, Comp, Mag) / Magnetkopf m (DIN 66010) ‖ ~ **heading** (Aero, Surv) / missweisender Steuerkurs ‖ ~ **hysteresis*** (Elec Eng) / magnetische Hysterese (in einem ferro- oder ferrimagnetischen Stoff - DIN IEC 50) ‖ ~ **hysteresis loop** (Elec Eng, Mag) / Hystereseschleife f, Hysteresekurve f (DIN 1325) ‖ ~ **hysteresis loss** (Elec Eng) / Hystereseverlust m (in einem Ferromagnetikum) ‖ ~ **image resonance** (Med) / magnetische Bildresonanz ‖ ~ **inclination** (Geophys, Mag) / Inklination f (der Winkel zwischen den Feldlinien des Erdmagnetfeldes und der Horizontalebene), magnetische Inklination ‖ ~ **induction*** (Elec Eng) / magnetische Flussdichte (Einheit Tesla nach DIN 1325), magnetische Induktion ‖ ~ **ink*** (that contains particles of a magnetic substance whose presence can be detected by magnetic sensors) (Comp, Print) / Magnetfarbe f, Magnettinte f, magnetische Druckfarbe, magnetisierbare Tinte, magnetische Tinte ‖ ~ **ink character recognition*** (Comp) / Magnetschriftzeichenerkennung f, magnetische Zeichenerkennung (DIN 66 226) ‖ ~ **ink document** (Comp) / Magnetschriftbeleg m ‖ ~ **ink font** (Comp) / Magnetschrift f ‖ ~ **inspection** (Materials) / magnetische Rissprüfung (DIN 54 130), Rissprüfung f nach dem Magnetpulververfahren, Magnetpulverprüfung f (sehr empfindliches zerstörungsfreies Prüfverfahren zum Nachweis von Fehlern an der Oberfläche von magnetischen Prüfstücken und darunter), Magnetpulververfahren n (zerstörungsfreie Werkstoffprüfung ferromagnetischer Materialien) ‖ ~ **intensity*** (Elec Eng) / magnetische Feldstärke (Einheit: Ampere je Meter, DIN 1304 und 1324, T 1), magnetische Erregung ‖ ~ **interference** / magnetische Störung, magnetische Interferenz ‖ ~ **iron-ore*** (Min) / Magnetit m, Magneteisenerz n, Magneteisenstein m (ein Ferritspinell) ‖ ~ **iron separator** (Min Proc) / Eisenabscheider m, Eisenscheider m, Eisenausscheider m, Schutzmagnet m ‖ ~ **lag** (Elec Eng) / magnetische Nachwirkung (das gegenüber einer Feldänderung verspätete Einstellen eines Gleichgewichts der Magnetisierung) ‖ ~ **layer storage** (Comp) / Dünnfilmspeicher m, Dünnschichtspeicher m, Magnetschichtspeicher m ‖ ~ **leakage** (Elec Eng) / Streuung f des magnetischen Kraftflusses, magnetische Streuung ‖ ~ **leakage flux** (the excursion of magnetic lines of force from the surface of a test specimen) (Mag) / Streufluss m (magnetischer) ‖ ~ **ledger card** (Comp) / Magnetkontokarte f ‖ ~ **lens*** (Electronics) / magnetische Linse, Magnetlinse f ‖ ~ **lettering** (Mag) / Magnetbeschriftung f (Daten werden als Magnetisierungsflecken auf das Band aufgebracht, nach dem Muster eines Streifenlochers), magnetische Beschriftung, Magnettintenbeschriftung f ‖ ~ **levitation*** (technology) / Magnetfeld-Fahrtechnik f, magnetische Schwebeführung, Magnetschwebetechnik f (modernste Verkehrstechnik) ‖ ~-**levitation vehicle** / Magnetschwebefahrzeug n (z.B. Transrapid 06 der Firmen MBB, Krauss-Maffei und Thyssen-Henschel) ‖ ~ **linear accelerator** (Nuc Eng) / magnetischer Linearbeschleuniger, MAGLAC m (magnetischer Linearbeschleuniger) ‖ ~ **line of force** / magnetische Feldlinie ‖ ~ **lock** (Join, Mining) / Magnetverschluss m, Magnetschloss n ‖ ~ **losses** (Elec Eng) / magnetische Verluste (durch ein zeitlich verändertes Magnetfeld in Wärme umgewandelte Energie) ‖ ~ **map*** (Geophys) / Missweisungskarte f, Deklinationskarte f, Weltkarte f der Deklination ‖ ~ **material** (ferromagnetic or ferrimagnetic) (Elec Eng) / Magnetikum n (pl. -tika), Magnetwerkstoff m (weich- oder hartmagnetisch), magnetischer Werkstoff (ein Funktionswerkstoff) ‖ ~ **memory*** (Comp) / Magnetspeicher m (Datenspeicher mit magnetischem Material als Datenträger, das gegenüber einem feststehenden Magnetkopf bewegt wird), magnetischer Speicher ‖ ~ **meridian** (a line, usually on the Earth's surface, of constant magnetic declination, analogous to a meridian) (Nav) / magnetischer Meridian ‖ ~ **method** (Paint) / magnetisches Verfahren (zur Schichtdickenmessung nach DIN EN 2178) ‖ ~ **microphone*** (Acous) / magnetisches Mikrofon ‖ ~ **mirror*** (Nuc Eng, Plasma Phys) /

917

**magnetic**

magnetischer Spiegel (eine Magnetfeldanordnung, in der Hochtemperaturplasmen für längere Zeit zusammengehalten werden können) ‖ ~ **modulator**\* (Elec Eng) / Magnetmodulator m ‖ ~ **moment**\* (Mag) / magnetisches Moment (DIN 1325) ‖ ~ **monopole**\* (Nuc) / magnetischer Monopol (ein hypothetisches Teilchen) ‖ ~ **needle** / Magnetnadel f ‖ ~ **neutron scattering** (Nuc) / magnetische Neutronenstreuung (Wechselwirkung des magnetischen Momentes des Neutrons mit den atomaren magnetischen Momenten) ‖ ~ **noise** (Electronics) / magnetisches Rauschen ‖ ~ **north**\* (Mag, Surv) / Magnetisch Nord m, MaN (Magnetisch Nord) ‖ ~ **nuclear resonance** (Spectr) / Kernspinresonanz f (eine Methode der Hochfrequenzspektroskopie), kernmagnetische Resonanz, Kernresonanz f, magnetische Kernresonanz, paramagnetische Kernresonanz ‖ ~ **optical rotatory dispersion** (Optics, Spectr) / magnetooptische Rotationsdispersion, magnetische optische Rotationsdispersion, MORD (magnetooptische Rotationsdispersion) ‖ ~ **oxide of iron**\* (Min) / Magnetit m, Magneteisenerz n, Magneteisenstein m (ein Ferritspinell)
**magnetic-particle clutch**\* (Eng) / Magnetpulverkupplung f (DIN 42 005) ‖ ~ **coupling** (Mag) / Magnetpulverkopplung f ‖ ~ **inspection**\* (Materials) / magnetische Rissprüfung (DIN 54 130), Rissprüfung f nach dem Magnetpulververfahren, Magnetpulverprüfung f (sehr empfindliches zerstörungsfreies Prüfverfahren zum Nachweis von Fehlern an der Oberfläche von magnetischen Prüfstücken und darunter), Magnetpulververfahren n (zerstörungsfreie Werkstoffprüfung ferromagnetischer Materialien) ‖ ~ **method** (of non-destructive testing) (Materials) / magnetische Rissprüfung (DIN 54 130), Rissprüfung f nach dem Magnetpulververfahren, Magnetpulverprüfung f (sehr empfindliches zerstörungsfreies Prüfverfahren zum Nachweis von Fehlern an der Oberfläche von magnetischen Prüfstücken und darunter), Magnetpulververfahren n (zerstörungsfreie Werkstoffprüfung ferromagnetischer Materialien)
**magnetic pendulum**\* (Elec Eng) / Magnetpendel n ‖ ~ **permeability** (the ratio of the magnetic flux density in a medium to the external magnetic field strength that induces it) (Mag) / Permeabilität f (bei magnetischen Werkstoffen nach DIN 1324, T 2) ‖ ~ **pickup** (assembly) (Autos) / Induktivgeber m, Induktionsgeber m (in der elektronischen Zündung) ‖ ~ **pickup** (Mag) / magnetischer Geber, magnetisches Sensorelement ‖ ~ **pigment** (Comp) / Magnetpigment n (zur Herstellung von magnetischen Informationsträgern) ‖ ~ **plasma** (Plasma Phys) / Magnetoplasma n, magnetisch aktives Plasma ‖ ~ **polarization** (Mag) / magnetische Polarisation (in T - nach DIN 1325) ‖ ~ **pole**\* (Elec Eng) / Magnetpol m, magnetischer Pol ‖ ~ **pole** (Geophys) / magnetischer Pol (positiver, negativer) ‖ ~ **pole strength** (Elec) / magnetische Polstärke (magnetostatische Größe, die der elektrischen Ladung in der Elektrostatik entspricht) ‖ ~ **polymer** (Chem, Mag) / magnetisches Polymer (mit ferromagnetischen Eigenschaften) ‖ ~ **pool tape** (Comp) / Poolband n ‖ ~ **potential**\* (Phys) / magnetisches Potential ‖ ~ **potential difference along a closed path** (Elec) / magnetische Randspannung (DIN 1325), magnetische Umlaufspannung ‖ ~ **potentiometer**\* (Elec Eng) / magnetischer Spannungsmesser ‖ ~ **powder** (Eng) / Magnetpulver n ‖ ~ **powder clutch** (Eng) / Magnetpulverkupplung f (DIN 42 005) ‖ ~ **powder test** (Materials) / magnetische Rissprüfung (DIN 54 130), Rissprüfung f nach dem Magnetpulververfahren, Magnetpulverprüfung f (sehr empfindliches zerstörungsfreies Prüfverfahren zum Nachweis von Fehlern an der Oberfläche von magnetischen Prüfstücken und darunter), Magnetpulververfahren n (zerstörungsfreie Werkstoffprüfung ferromagnetischer Materialien) ‖ ~ **pressure**\* (Mag, Plasma Phys) / magnetischer Druck (die abstoßende Wirkung zwischen parallelen magnetischen Kraftlinien) ‖ ~ **printing** (Acous, Mag) / Kopiereffekt m ‖ ~ **printing**\* (Comp, Print) / Magnetdruck m ‖ ~ **prospecting** (Geophys) / magnetische (Erdöl)Prospektion, magnetische Exploration (der Erdöllagerstätten - angewandte Magnetik) ‖ ~ **pumping**\* (Phys) / magnetisches Pumpen (die Energiezufuhr an ein Plasma durch periodische Änderung des stabilisierenden Magnetfeldes) ‖ ~ **pyrites**\* (Min) / Pyrrhotin m, Magnetkies m, Magnetopyrit m ‖ ~ **quantum number**\* (Kernphys, Phys) / magnetische Quantenzahl, räumliche Quantenzahl, Orientierungsquantenzahl f ‖ ~ **rating** (Gehalt m an Magnetpartikeln (im Asbest) ‖ ~ **reaction** (Elec) / induktive Reaktion, elektromagnetische Reaktion ‖ ~ **recorder** (Acous) / Magnettongerät n, Magnetophon n (der Fa. AEG-Telefunken) ‖ ~ **recording** (Acous) / Magnetaufzeichnung f ‖ ~ **recording**\* (Acous) / magnetische Aufzeichnung, magnetische Tonaufzeichnung, Magnetaufzeichnung n (der Schallaufzeichnung), Magnetbandaufzeichnung f ‖ ~ **recording head** (Acous, Elec Eng, Mag) / Sprechkopf m, Aufnahmekopf m, Aufsprechkopf m, Aufzeichnungskopf m, Schreibkopf m ‖ ~ **recording medium** (Acous) / Magnettonträger m, magnetisches Aufzeichnungsmaterial ‖ ~

**relaxation** (Elec Eng) / magnetische Nachwirkung (das gegenüber einer Feldänderung verspätete Einstellen eines Gleichgewichts der Magnetisierung) ‖ ~ **reluctance** (Elec Eng, Mag) / Reluktanz f, magnetischer Widerstand, $R_m$ (DIN 1304) ‖ ~ **reproducing head** (Acous, Elec Eng, Mag) / Hörkopf m (des Magnettongeräts), Wiedergabekopf m, Abspielkopf m (des Magnettongeräts) ‖ ~ **resistance** (Elec Eng, Mag) / Reluktanz f, magnetischer Widerstand, $R_m$ (DIN 1304) ‖ ~ **resonance** (Nuc) / magnetische Resonanz ‖ ~ **resonance imager** (Med) / Kernspintomograf m ‖ ~ **resonance imaging**\* (Med) / NMR-Bildgebung f, Kernspintomografie f (Magnetfelddiagnostik), NMR-Tomografie f, KST (Kernspintomografie), MRT (NMR-Tomografie) ‖ ~ **resonance microscopy** (Micros) / NMR-Mikroskopie f ‖ ~ **resonance spectroscopy** (Chem, Spectr) / Magnetresonanzspektroskopie f ‖ ~ **reversal**\* (Geol, Mag) / Ummagnetisierung f, Magnetisierungsumkehr f (Änderung der Magnetisierung einer zunächst in einer Richtung gesättigten Probe in die entgegengesetzte Richtung), Umkehrung f der Polarität ‖ ~ **rigidity**\* (Nuc Eng) / magnetische Steifigkeit, Steifigkeit f (eines Teilchens im Magnetfeld) ‖ ~ **rotation** (Light, Mag, Optics) / Faraday-Effekt m (die durch ein äußeres Magnetfeld hervorgerufene Drehung der Polarisationsebene linear polarisierten Lichtes), Magnetorotation f, magnetische Drehung (der Polarisationsebene), Faraday-Drehung f, magnetisches Drehvermögen ‖ ~ **rotation**\* (Phys) / magnetische Drehung (Faraday-Effekt)
**magnetics** n (Geophys) / Magnetik f (ein Teilgebiet der Geophysik) ‖ ~ (Mag) / Magnetismus m (Lehre vom magnetischen Feld und vom Verhalten der Materie im magnetischen Feld)
**magnetic saturation**\* (Mag) / magnetische Sättigung (DIN IEC 50) ‖ ~ **screen**\* (Elec Eng) / magnetischer Schutz (durch hochpermeable Stoffe), magnetische Abschirmung, magnetische Schirm ‖ ~ **sensitivity** (Mag) / magnetische Empfindlichkeit ‖ ~ **separation** (Min Proc) / Magnetscheidung f, magnetische Aufbereitung (Trennung aufgrund unterschiedlicher magnetischer Eigenschaften), magnetische Sortierung, Magnetabscheidung f ‖ ~ **separator**\* (Min Proc, Phys) / Magnetabscheider m, Magnetscheider m (eine Aufbereitungsmaschine zur Sortierung von Mineralgemischen nach ihren magnetischen Eigenschaften), Magnetseparator m ‖ ~ **shell**\* (Elec Eng) / magnetische Schale ‖ ~ **shield**\* (Elec Eng) / magnetischer Schutz (durch hochpermeable Stoffe), magnetische Abschirmung, magnetischer Schirm ‖ ~ **shielding** (Elec Eng) / magnetische Schirmwirkung, magnetische Abschirmung (als Tätigkeit) ‖ ~ **shift register**\* (Comp) / Schieberegister n (Register als Speicher in Form einer Transportkette, wobei die Informationswerte durch Taktimpulse vom Eingang zum Ausgang weiter geleitet werden) ‖ ~ **shunt**\* (Elec Eng) / magnetischer Nebenschluss ‖ ~ **slot-wedge**\* (Elec Eng) / magnetischer Nutverschlusskeil ‖ ~ **sound** (Acous) / Magnetton m ‖ ~ **sound track** (Acous, Cinema) / Magnetspur f, Magnettonspur f ‖ ~ **South**\* (Mag, Surv) / Magnetisch Süd m, MaS ‖ ~ **spectrometer**\* (Nuc Eng, Spectr) / Magnetspektrometer n ‖ ~ **spectrum** (Phys) / magnetisches Spektrum ‖ ~ **spot** / Magnetfleck m (z.B. auf einem Dünnschichtspeicher)
**magnetic-spring relay** (Elec Eng) / Magnetfederrelais n
**magnetic stability**\* (Mag) / Magnetostabilität f ‖ ~ **star** (Astron) / Magnetstern m, magnetischer Stern (mit starkem Magnetfeld) ‖ ~ **state** (Mag) / Magnetisierungszustand m ‖ ~ **steel sheet** (Elec Eng, Met) / Elektroblech n (mit 0,7 - 4,3 % Si, 0,08 % C und bis 0,3 % Mn) ‖ ~ **stirrer** (Chem Eng) / Magnetrührer m, magnetisches Rührwerk ‖ ~ **storage** (Comp) / Magnetspeicher m (Datenspeicher mit magnetischem Material als Datenträger, das gegenüber einem feststehenden Magnetkopf bewegt wird), magnetischer Speicher ‖ ~ **storm** (Meteor) / erdmagnetischer Sturm, magnetischer Sturm (durch Sonneneruptionen verursacht), Magnetsturm m ‖ ~ **strength** (Mag) / Anziehungskraft f eines Magneten ‖ ~ **strip** (Comp) / Magnetstreifen m, magnetisierbarer Streifen ‖ ~ **strip card** (Comp) / Magnetstreifenkarte f ‖ ~ **stripe** (Comp) / Magnetstreifen m, magnetisierbarer Streifen
**magnetic-stripe account card** (Comp) / Magnetkontokarte f ‖ ~ **memory** (Comp) / Magnetstreifenspeicher m, Büchsenspeicher m ‖ ~ **storage** (Comp) / Magnetstreifenspeicher m, Büchsenspeicher m
**magnetic striping** (Cinema) / Magnetbespurung f ‖ ~ **substance** (Elec Eng) / Magnetikum n (pl. -tika), Magnetwerkstoff m (weich- oder hartmagnetisch), magnetischer Werkstoff (mit Funktionswerkstoff) ‖ ~ **surface wave** (Radar) / magnetische Oberflächenwelle ‖ ~ **susceptibility**\* (Elec Eng) / magnetische Suszeptibilität (der Quotient des Betrages der Magnetisierung zum Betrag der magnetischen Feldstärke, DIN 1325) ‖ ~ **suspension**\* (Elec Eng) / magnetische Abstützung ‖ ~ **tape**\* (Acous, Comp, Mag) / Magnetband n, Magnettonband n, Tape n m ‖ ~ **tape cartridge** (Comp) / Datenkassette f, Cartridge f, Magnetband-Cartridge f ‖ ~ **tape**

**cassette** (Comp) / Digitalkassette f, Magnetbandkassette f (DIN 66235), Kassette f (DIN 66229)
**magnetic-tape-controlled** adj / magnetbandgesteuert adj
**magnetic tape device** (Acous) / Magnetbandgerät n (DIN 66010), MG (Magnetbandgerät), Magnetbandaufnahmegerät n ‖ **~ tape drive** (Comp, Mag) / Magnetbandlaufwerk n (DIN 66010), Bandlaufwerk n, Laufwerk n (eines Magnetbandgerätes) ‖ **~ tape drive** (Comp) s. also tape deck
**magnetic-tape editing** (Acous, Comp) / Bandaufbereitung f
**magnetic-tape-fed card punching** (Comp) / magnetbandgesteuertes Stanzen von Lochkarten
**magnetic tape librarian** (Comp, Mag) / Magnetbandarchivar m, Bandarchivar m ‖ **~ tape library** (Acous, Comp, Mag) / Magnetbandbibliothek f, Magnetbandarchiv n, Bandbibliothek f, Bandarchiv n ‖ **~ tape memory** (Comp) / Magnetbandspeicher m ‖ **~ tape reader*** (Comp) / Magnetbandleser m ‖ **~ tape recorder** (Acous) / Magnetbandgerät n (DIN 66010), MG (Magnetbandgerät), Magnetbandaufnahmegerät n ‖ **~ tape slippage** (Comp) / Magnetbandschlupf m, Bandschlupf m ‖ **~ tape sorting** (Comp, Mag) / Bandsortieren n ‖ **~ tape storage** (Comp) / Magnetbandspeicher m ‖ **~ tape unit** (Comp) / Magnetbandeinheit f (innerhalb von Speichersystemen), Bandeinheit f (Magnetbandeinheit) ‖ **~ tape unit** (Comp) s. also tape deck ‖ **~ thermometer** (Phys) / Thermometer (für Temperaturen unter 1 K) ‖ **~ track*** (Acous, Cinema) / Magnetspur f, Magnettonspur f ‖ **~ track** (Aero, Nav) / magnetischer Kurs, Magnetkurs m, missweisender Kurs (über Grund) ‖ **~ transformation** / magnetische Umwandlung (z.B. bei der Curie-Temperatur) ‖ **~ transition temperature** / Curie-Temperatur f, Curie-Punkt m ferromagnetische oder ferroelektrische - nach P. Curie, 1859-1906) ‖ **~ trap*** (Plasma Phys) / Magnetfalle f (eine Magnetfeldanordnung), magnetische Falle, magnetischer Käfig ‖ **~ tube*** (Astron) / Polarlichtzone f, Bereich m des eingefangenen Plasmas ‖ **~ unit*** (Elec, Mag) / magnetische Einheit f ‖ **~ variables*** (Astron) / magnetische Sterne ‖ **~ variation** (Aero, Surv) / Ortsmissweisung f ‖ **~ variation** (at a particular location, the angle between the horizontal component of the Earth's magnetic field and the geographical north pole) (Surv) / erdmagnetische Deklination, Missweisung f (Winkel zwischen Magnetisch-Nord und Geografisch-Nord; Linien gleicher Missweisung heißen Isogonen), magnetische Deklination, magnetische Abweichung ‖ **~ variations*** (Geophys) / magnetische Unruhe (unregelmäßige Schwankungen des Erdmagnetfeldes) ‖ **~ vector potential** (Mag) / magnetisches Vektorpotential (DIN 1324, T 1) ‖ **~ video camera** (Cinema) / Videokamera f, Mavica f (magnetische Videokamera) ‖ **~ videodisc** (Cinema, Photog) / magnetische Bildplatte ‖ **~ videodisk** (Cinema, Photog) / magnetische Bildplatte ‖ **~ wire*** (Acous, Elec Eng) / Magnetdraht m
**magnetic-wire memory** (Comp) / Magnetdrahtspeicher m, Drahtspeicher m, DSP
**magnetic yoke** (Elec Eng) / Rückschluss, magnetischer ~, Rückschlussjoch n, magnetischer Rückschluss ‖ **~ yoke** (Elec Eng) / Joch n (ein unbewickelter magnetischer Rückschluss aus massivem oder lamelliertem Eisen im magnetischen Kreis), Magnetjoch n
**magnetise** v (GB) (Elec Eng) / magnetisieren v
**magnetism** n (Mag) / Magnetismus m (physikalische Erscheinung) ‖ **~*** (Mag) / Magnetismus m (Lehre vom magnetischen Feld und vom Verhalten der Materie im magnetischen Feld)
**magnetite*** n (Min) / Magnetit n, Magneteisenerz n, Magneteisenstein m (ein Ferritspinell)
**magnetizable** adj (Elec Eng, Mag) / magnetisierbar adj
**magnetization** n (Elec Eng, Mag) / Magnetisierung f (Magnetisierungsstärke in A/m nach DIN 1325) ‖ **~*** (Elec Eng, Mag) / Magnetisieren n (das Erzeugen einer dauernden magnetischen Feldstärke in einem Körper aus ferromagnetischem Stoff) ‖ **~ by rotation** (Phys) / Barnett-Effekt m (Magnetisierungsänderung durch Änderung des Drehimpulses eines Körpers - nach S.E. Barnett, 1873-1956) ‖ **~ curve*** (Elec Eng, Mag) / Magnetisierungskurve f, Magnetisierungsschleife f, B-H-Kurve f (Hysteresekurve bei Magnetwerkstoffen) ‖ **~ power** (Elec Eng, Mag) / Magnetisierungsarbeit f (reversible, irreversible) ‖ **~ transfer** (Phys) / Populationstransfer m, Kohärenztransfer m, Magnetisierungstransfer m
**magnetize** v (Elec Eng, Mag) / magnetisieren v
**magnetized ink** (Comp, Print) / Magnetfarbe f, Magnettinte f, magnetische Druckfarbe, magnetisierbare Tinte, magnetische Tinte
**magnetizing coil*** (Elec Eng) / Feldspule f, Magnetisierungsspule f ‖ **~ current*** (Elec Eng) / Magnetisierungsstrom m ‖ **~ curve** (Elec Eng, Mag) / Magnetisierungskurve f, Magnetisierungsschleife f, B-H-Kurve f (Hysteresekurve bei Magnetwerkstoffen) ‖ **~ field** (Elec Eng, Mag) / Magnetisierungsfeld n ‖ **~ force** (the magnetizing field applied to a ferromagnetic material to induce magnetization) (Elec Eng, Mag) / Magnetisierungskraft f ‖ **~ force*** (Elec Eng) /

magnetische Feldstärke (Einheit: Ampere je Meter, DIN 1304 und 1324, T 1), magnetische Erregung ‖ **~ roast*** (Met) / magnetisierendes Rösten
**magnet moulding process** (Foundry) / Magnetformverfahren n
**magneto*** n (Autos, Elec Eng) / Magnetzünder m (eigengelagerter) ‖ **~ (inductor)** (Elec Eng) / Kurbelinduktor m (im Allgemeinen)
**magnetoabsorption** n (Electronics, Optics) / Magnetoabsorption f (optische Absorption an Halbleitern mit einem äußeren Magnetfeld)
**magnetoacoustic** adj / magnetoakustisch adj ‖ **~ effect** (Phys) / magnetoakustischer Effekt (das Auftreten von Oszillationen der Ultraschallabsorption und der Ultraschallgeschwindigkeit in Metallen als Funktion eines homogenen Magnetfeldes) ‖ **~ wave** (Nuc) / magnetoakustische Welle, Magnetoschallwelle f
**magnetobremsstrahlung** n (Nuc Eng) / Synchrotronstrahlung f (polarisierte elektromagnetische Strahlung, die von Elektronen in Kreisbeschleunigern emittiert wird, wenn sie in den Magneten senkrecht zu ihrer Flugrichtung abgelenkt werden)
**magnetocaloric** adj / magnetokalorisch adj ‖ **~ effect*** (Heat, Mag) / magnetokalorischer Effekt (die Temperaturänderungen bei rein magnetischen Zustandsänderungen)
**magneto capacitor-discharge ignition** (Autos) / Magnet-Hochspannungs-Kondensatorzündung f, MHKZ
**magnetocardiography** n (Med) / Magnetokardiografie f
**magnetochemistry*** n (Chem) / Magnetochemie f (Teilgebiet der physikalischen Chemie, in dem die magnetischen Eigenschaften der Stoffe zur Klärung von Strukturfragen ausgenutzt werden)
**magnetoconductivity** n (Mag) / magnetische Leitfähigkeit
**magnetodynamic** adj (Mag) / magnetodynamisch adj
**magnetodynamics** n (Mag) / Magnetodynamik f (die Lehre von den zeitlich veränderlichen magnetischen Feldern)
**magnetoelastic** adj (Phys) / magnetoelastisch adj (Effekt)
**magnetoelectric*** adj (Elec) / magnetoelektrisch adj ‖ **~ effect** / magnetoelektrischer Effekt ‖ **~ generator** (Elec Eng) / magnetoelektrischer Generator
**magnetoelectronics** n (Electronics) / Magnetoelektronik f (ein Teilbereich der Festkörperelektronik)
**magneto FET** (Electronics) / magnetfeldabhängiger Feldeffekttransistor
**magnetofluid** n / Ferrofluid n, magnetische Flüssigkeit (eine kolloidale, besonders stabilisierte Suspension magnetischer Partikel), Ferroflüssigkeit f ‖ **~ dynamics** (Mag) / Dynamik f magnetischer Flüssigkeiten (Bewegungsvorgänge von magnetischen Flüssigkeiten und deren Zurückführung auf einwirkende Kräfte)
**magnetogalvanic effect** (Phys) / galvanomagnetischer Effekt (z.B. Hall-Effekt oder Gauß-Effekt)
**magnetogasdynamics** n (Phys) / Magnetogasdynamik f (Magnetohydrodynamik von Gasen), MGD (Magnetogasdynamik)
**magnetogenerator*** n (Elec Eng) / Magnetinduktor m
**magnetogram** n (Astron) / Magnetogramm n (Aufzeichnung eines Magnetografen)
**magnetograph** n (Astron) / Magnetograf m (eine den Zeeman-Effekt ausnutzende Anordnung zur Bestimmung des Magnetfeldes von Sternen oder der Sonne)
**magnetography** n (Comp, Print) / Magnetografie f (Desktop-Publishing)
**magnetogyric** adj (Phys) / gyromagnetisch adj, kreiselmagnetisch adj ‖ **~ ratio** (Nuc) / magnetomechanischer Faktor, magnetogyrisches Verhältnis, gyromagnetisches Verhältnis
**magnetohydrodynamic** adj (Phys) / hydromagnetisch adj, magnetohydrodynamisch adj ‖ **~ bearing** (Eng) / magnetohydrodynamisches Lager, MHD-Lager n ‖ **~ generator*** (Plasma Phys) / plasmadynamischer Generator, magnetohydrodynamischer Generator (zur direkten Umwandlung der dem Plasma innewohnenden thermischen Energie in elektrische Energie), hydromagnetischer Generator, MHD-Generator m, MHD-Wandler m ‖ **~ instability** (Plasma Phys) / magnetohydrodynamische Instabilität, MHD-Instabilität f
**magnetohydrodynamics*** n (Phys) / Magnetohydrodynamik f, MHD
**magnetohydrodynamic wave** (Plasma Phys) / hydromagnetische Welle, magnetohydrodynamische Welle (in einem Plasma, auf das ein Magnet einwirkt), MHD-Welle f
**magnetoignition*** n (Autos) / Magnetzündung f
**magnetoionic*** adj (Phys) / magnetoionisch adj ‖ **~ theory** (Phys) / magnetoionische Theorie (der Ausbreitung elektromagnetischer Wellen in einem teilweise ionisierten Gas bei Anwesenheit eines konstanten äußeren Magnetfeldes)
**magnetomechanical effect** / magnetomechanischer Effekt (gyromagnetischer Effekt, magnetoelastischer Effekt) ‖ **~ factor** (Phys, Spectr) / g-Faktor m (atomarer), gyromagnetischer Faktor, Aufspaltungsfaktor m, Landé-Faktor m (nach A. Landé, 1888-1975) ‖ **~ ratio** (Nuc) / magnetomechanisches Verhältnis (Kehrwert des gyromagnetischen Verhältnisses)

**magnetometer**

**magnetometer*** n (Geophys) / Magnetometer n (zur Messung der Vektorenelemente magnetischer Felder und zur Prüfung von Materialeigenschaften)
**magnetometric** adj (Geophys) / magnetometrisch adj
**magnetometry** n (Geophys) / Magnetometrie f
**magnetomotive force*** (Phys) / Durchflutung f (entlang einer geschlossenen Linie nach DIN 1324-1), magnetomotorische Kraft, MMK (magnetomotorische Kraft)
**magneton*** n (Elec, Nuc) / Magneton n (theoretische Einheit des magnetischen Momentes)
**magnetooptic** adj (Optics) / magnetooptisch adj
**magnetooptical** adj (Optics) / magnetooptisch adj || ~ **disk** (Comp, Electronics) / magnetooptische Platte, MOD (magnetooptische Platte), MO-Platte f || ~ **effect*** (Optics, Phys) / magnetooptischer Effekt || ~ **Kerr effect** (Optics) / magnetooptischer Kerr-Effekt || ~ **memory** (Comp) / magnetooptischer Speicher || ~ **rotatory dispersion** (Optics, Spectr) / magnetooptische Rotationsdispersion, magnetische optische Rotationsdispersion, MORD (magnetooptische Rotationsdispersion)
**magnetooptic Kerr effect** (Light, Optics) / magnetooptischer Kerr-Effekt || ~ **rotation*** (Optics, Phys) / paramagnetische Drehung der Polarisationsebene
**magnetooptics** n (Optics) / Magnetooptik f (Einfluss magnetischer Felder auf elektromagnetische Wellen bei ihrer Emission, Absorption und Ausbreitung in Medien)
**magnetooptic storage** (Comp) / magnetooptischer Speicher
**magnetopause** n (the outer boundary of a planetary magnetic field) (Geophys, Radio) / Magnetopause f (obere Begrenzung der Mesosphäre)
**magnetophone*** n (Acous) / Magnettongerät n, Magnetophon n (der Fa. AEG-Telefunken)
**magnetoplasma** n (Plasma Phys) / Magnetoplasma n, magnetisch aktives Plasma
**magnetoplasmadynamic generator*** (Plasma Phys) / plasmadynamischer Generator, magnetohydrodynamischer Generator (zur direkten Umwandlung der dem Plasma innewohnenden thermischen Energie in elektrische Energie), hydromagnetischer Generator, MHD-Generator m, MHD-Wandler m
**magnetoplasmadynamics*** n (Phys) / Magnetoplasmadynamik f (Magnetohydrodynamik von Plasmen), MPD (Magnetoplasmadynamik)
**magnetoplumbite** n (Min) / Magnetoplumbit m
**magnetoresistance*** n (Elec Eng, Mag) / magnetische Widerstandsänderung, Magnetoresistenz f, Widerstandsänderung f im Magnetfeld
**magnetoresistive** adj (Elec Eng, Mag) / magnetoresistiv adj || ~ **effect** (the change in the resistance of a current-carrying Hall plate when acted upon by a magnetic field) (Elec Eng, Mag) / magnetische Widerstandsänderung, Magnetoresistenz f, Widerstandsänderung f im Magnetfeld
**magnetoresistor** n (Elec Eng) / magnetfeldabhängiger Widerstand, Magnetresistor m, Fluxistor m, Feldplatte f (ein galvanomagnetisches Bauelement), Feldplattenwiderstand m (als Bauteil), Magnetoresistor m, Magnetowiderstand m (als Bauteil)
**magnetosheath** n (Geophys) / Magnetosheath f (stark turbulentes Übergangsgebiet vom Sonnenwind zur Magnetosphäre zwischen Bow Shock und Magnetopause), Übergangsregion f (Magnetosheath)
**magnetosonic wave** (Nuc) / magnetoakustische Welle, Magnetoschallwelle f
**magnetosphere*** n (Geophys) / Magnetosphäre f (geomagnetische Kavitation)
**magnetospheric** adj (Geophys) / magnetosphärisch adj || ~ (Geophys) / Magnetosphären- || ~ **plasma** (Geophys) / magnetosphärisches Plasma || ~ **substorm** (Geophys) / magnetosphärischer Substurm
**magnetostatic** adj (Mag) / magnetostatisch adj || ~ **field** (Mag) / statisch-magnetisches Feld, magnetostatisches Feld, statisches Magnetfeld
**magnetostatics*** n (Mag) / Magnetostatik f (die Lehre von den zeitlich konstanten magnetischen Feldern)
**magnetostatic shielding** (Mag) / magnetostatische Schirmwirkung, magnetostatische Abschirmung (als Tätigkeit)
**magnetostratigraphy** n (Geol) / Magnetostratigrafie f
**magnetostriction*** n (the change in dimensions of a body resulting from magnetization) (Mag) / Magnetostriktion f (Änderung der geometrischen Abmessungen eines Körpers unter dem Einfluss von Magnetisierungsänderungen) || ~ **loudspeaker*** (Acous) / magnetostriktiver Lautsprecher || ~ **microphone*** (Acous) / magnetostriktives Mikrofon || ~ **oscillator** (a device consisting of a central rod magnetized by a coil carrying a direct current on which an alternating current is superimposed) (Acous) / magnetostriktiver Schallgeber, Magnetostriktionssender m || ~ **transducer*** (Elec Eng) / Magnetostriktionswandler m, Magnetostriktionsschwinger m, magnetostriktiver Schwinger (für die Ultraschallerzeugung)
**magnetostrictive** adj (Mag) / Magnetostriktions-, magnetostriktiv adj || ~ **material** (Materials) / magnetostriktiver Werkstoff || ~ **oscillator** (Electronics) / magnetostriktiver Oszillator
**magnetostrictor*** n (Elec Eng) / Magnetostriktionswandler m, Magnetostriktionsschwinger m, magnetostriktiver Schwinger (für die Ultraschallerzeugung)
**magneto system** (Autos, Elec Eng) / Magnetzündanlage f
**magnetotail** n (Geophys) / Magnetfeldschweif m (der Magnetosphäre), Magnetschweif m, geomagnetischer Schweif (der Magnetosphäre), magnetische Schleppe, Schweif m (in der Magnetosphäre)
**magnetotaxis** n (Biol) / Magnetotaxis f (pl. -taxen) (die Orientierung von Organismen nach dem Magnetfeld der Erde)
**magneto telephone set** (Teleph) / Fernsprechapparat m mit Induktoranruf
**magnetotelluric** adj (Geophys) / magnetotellurisch adj || ~ **method** (Geol, Oils) / Tellurik f
**magnetotellurics** n (Geophys) / Magnetotellurik f
**magnet pole*** (Elec Eng) / Polstück n
**magnetron*** n (a thermionic valve capable of producing high power oscillations in the microwave region) (Electronics) / Magnetron n (eine Magnetfeldröhre) || ~ **amplifier*** (Electronics) / Magnetronverstärker m || ~ **modes*** (Electronics) / Magnetronbetriebsarten f pl || ~ **pushing** (Electronics) / Magnetronstromverstimmung f || ~ **vacuum gauge** (Electronics) / Magnetronvakuummeter n, Redhead-Vakuummeter n
**magnet steel*** (Met) / Magnetstahl m || ~ **wire** (Acous, Elec Eng) / Magnetdraht m
**magnet-wire enamel** (Elec Eng, Paint) / Isolierlack m (DIN 46456), Elektroisolierlack, Träufellack m, Drahtlack m (Tränklack oder Überzugslack)
**magnet yoke*** (Elec Eng) / Joch n (ein unbewickelter magnetischer Rückschluss aus massivem oder lamelliertem Eisen im magnetischen Kreis), Magnetjoch m
**magnification*** n (Optics) / Vergrößerung f || ~ (Photog) / Abbildungsfaktor m || ~ **beyond the useful limit** (Optics) / leere Vergrößerung, Leervergrößerung f, Übervergrößerung f (über die obere Grenze der förderlichen Vergrößerung) || ~ **factor*** (Elec Eng, Phys) / Kreisgüte f, Güte f (eines schwingenden Systems), Gütefaktor m, Resonanzschärfe f (DIN 1344)
**magnifier** n (Optics) / Vergrößerungsglas n, Lupe f, Vergrößerungslinse f || ~* (Radiol) / elektronischer Verstärker
**magnify icon** (user interface) (Comp) / Lupenikon n, Lupenicon n
**magnifying glass** (Optics) / Vergrößerungsglas n, Lupe f, Vergrößerungslinse f || ~ **power*** (of an optical system) (Optics) / Vergrößerung f (förderliche) || ~ **power** (angular) (Optics) / Winkelvergrößerung f (bei subjektiv benutzten optischen Instrumenten) || ~ **power*** (Optics) s. also angular magnification || ~ **window** (Comp) / Vergrößerungsfenster n (auf Bildschirmen)
**Magnistor*** n (Electronics) / Magnistor m (ein Magnetfühler, bei dem Effekte magnetischer Felder auf injizierte Halbleiter ausgenutzt werden)
**magnitude*** n (Astron) / Magnitudo f (pl. -dines, mag. (Magnitudo), astronomische Größenklasse (eines Gestirns) || ~* (a measure of the brightness of a star or other celestial object) (Astron) / Helligkeit f (ein Maß für die Strahlung eines Himmelskörpers) || ~ (Eng, Phys) / Größenordnung f, Größe f || ~ (earthquake magnitude) (Geol, Geophys) / Richter-Magnitude f, Magnitude f (die die Stärke eines Erdbebens objektiv charakterisiert) || ~ (Maths) / Absolutwert m (z.B. einer komplexen Zahl) || ~ (the length of a vector) (Maths, Phys) / Betrag m (eines Vektors), Norm f (eines Vektors), Länge f || ~ **of a signal voltage** (Telecomm) / Größe f der Signalspannung || ~ **of error** (Telecomm) / Fehlergröße f || ~ **of the mantissa** (Maths) / ziffernmäßiger Wert der Mantisse || ~ **range** (Maths) / Größenbereich m (der Länge, der Massen, der Gewichte, der Zeitintervalle)
**magnoferrite** n (Min) / Magnesioferrit m, Magnoferrit m
**magnolia metal*** (Met) / Bleilagermetall n (mit etwa 78-84% Pb und einem hohen Anteil an Sb)
**magnon** n (Phys) / Magnon n (quantisierte Spinwelle), Spinwelle f
**Magnox*** n (Nuc Eng) / Magnox n (Magnesiumlegierung für Brennstabhüllen) || ~ **reactor*** (Nuc Eng) / Magnox-Reaktor m
**Magnus effect*** (Phys) / Magnus-Effekt m (bei unsymmetrischer Umströmung - nach H.G. Magnus, 1802-1870) || ~ **force** (Phys) / Quertrieb m (Auftrieb bei Magnus-Effekt)
**Magnus' green salt** (Chem) / Magnus-Salz n (Tetraamminplatin(II)-tetrachloroplatinat) || ~ **salt** (Chem) / Magnus-Salz n (Tetraamminplatin(II)-tetrachloroplatinat)
**mag-opt*** n (Cinema) / Magnetton-Lichtton-Kopie f, MagOptical-Kopie f

**nagoptical print** (Cinema) / Magnetton-Lichtton-Kopie f, MagOptical-Kopie f
**nagpie moth** (Agric) / Stachelbeerspanner m (Abraxas grossulariata)
**Magslip*** n (Automation, Electronics) / Selsyn n (größere Drehmelder-Leistungseinheit)
**nag tape** (Acous, Comp, Mag) / Magnetband n, Magnettonband n, Tape n
**maguey** n (Textiles) / Maguey-Faser f (aus der Agave cantala (Haw.) Roxb.)
**MAG welding** (Welding) / MAG-Schweißen n (ein Metallschutzgasverfahren), Metall-Aktivgas-Schweißen n (DIN 1910-4), MAG-Verfahren n (ein Hochleistungs-Lichtbogenschweißen mit einer kontinuierlich zugeführten abschmelzenden Drahtelektrode unter Schutzgas)
**mag wheel** (Autos) / Leichtmetallscheibenrad n, Leichtmetallrad n, LM-Rad n
**MAH** (mobile access hunting) (Teleph) / Zugangssuchvorgang m beim Mobilfunk, Absuchen n mehrerer Anschlüsse
**Mahaleb cherry** (For) / Felsenkirsche f (Prunus mahaleb L.), Steinweichsel f
**mahlstick*** n (Paint) / Malstock m (des Schriftenmalers)
**mahogany*** n (For) / Mahagoniholz n (im Allgemeinen) || ~* (For) s. also West Indian mahogany || ~ **acids** (Chem) / Mahagonisäuren f pl (öllösliche Petroleumsulfonate)
**mahua butter** (Nut) / Mowrahbutter f (das Samenfett der Mahuafrucht)
**maiden** adj (Mining) / unverritzt adj (Gebirge), unverhauen adj, jungfräulich adj || ~ **coal** (Mining) / anstehende Kohle (im festen Gebirgsverband) || ~ **field** (Mining) / unverritztes Abbaufeld || ~ **flight** (Aero) / Jungfernflug m (erster Flug)
**Maihak curve** (Plastics) / Maihak-Kurve f (Druck-Weg-Kurve während des Einspritzvorgangs beim Spritzgießen härtbarer Formmassen)
**mail** v (Comp) / mailen v (eine E-Mail zuschicken) || ~ n (Weaving) / Maillon n (Mittelohr der Litze), Litzenauge n, Auge n || ~ **address** (Comp) / Mail-Adresse f || ~ **and cargo terminal** (Aero) / Fracht- und Posthalle f (des Flughafens) || ~ **bomb** (Comp) / Mailbombe f, Mailbomb f (die Mailbox eines Benutzers überflutende Menge nutzloser Daten, die den Absturz des Computers verursachen) || ~ **bombing** (Comp) / Mailbombing n (Mailbombs verschicken)
**mailbox** n (a file on a compute in which mail is stored) (Comp) / Mailbox f (elektronischer Briefkasten) || ~ (Comp, Teleph) / Mailbox f (Anrufbeantworter für Handys) || ~ **virus** (Comp) / Mailboxvirus m
**mail bridge** (a gateway that forwards email messages from one network to another) (Comp) / Mail-Bridge f (Spezialform eines Mail-Gateways)
**mailer** n / Briefwerbematerial n (das per Post verschickt wird) || ~ [envelope] (Cinema, Photog) / Umschlag m für die Zusendung des belichteten Films an das Kopierwerk (zur Entwicklung), Versandbeutel m || ~ (Comp, Telecomm) / Mailer m (die Software bei einem Client, die ein Benutzer zum Erstellen und Versenden eines E-Mails benötigt)
**mail exchanger** (Comp) / Mail-Exchanger m (Vermittlungsrechner, der E-Mails empfangen und versenden kann), MX (Mail-Exchanger) || ~ **exploder** (part of an electronic mail delivery system which allows a message to be delivered to a list of addresses) (Comp) / Mail-Exploder m, Mail-Verteiler m || ~ **gateway** (Comp) / Mail-Gateway n (System, das den Transport von E-Mail zwischen heterogenen Netzen ermöglicht)
**mailgram** n (Comp) / Mailgram n (Dienst zur elektronischen Briefübertragung in den USA)
**mail-handling line** (Automation, Comp) / Poststraße f
**mail host** (Comp) / Mail-Host m
**mailing** n / Mailing n (Versand /von Werbematerialien/ mit der Post) || ~ **envelope** (Cinema, Photog) / Umschlag m für die Zusendung des belichteten Films an das Kopierwerk (zur Entwicklung), Versandbeutel m || ~ **house** / Adressenverlag m || ~ **list** (a list of email addresses, used by a mail exploder, to forward messages to groups or people) (Comp) / Mailing-Liste f
**Maillard reaction** / Maillard-Reaktion f (Denaturierungsreaktion zwischen reduzierenden Zuckern und Aminosäuren - nach L.C. Maillard, 1878-1936)
**Maillart arch** / Maillart-Bogen m (bei den Bogenbrücken - nach Robert Maillart, 1872-1940)
**mailmerge*** n (Comp) / Mailmerge n (Mischen von Daten mit Serienbriefen)
**mail-order catalogue** / Versandhauskatalog m || ~ **house** / Versandhaus n, Versandgeschäft n
**mailroom** n / Versandraum m (Versandstelle) || ~ / Poststelle f (in einem Unternehmen)
**mail server** (Comp, Telecomm) / Mail-Server m (der sich um die E-Post kümmert) || ~ **session** (Comp) / Mail-Sitzung f

**mailshot** n (a dispatch of mail, especially promotional material, to a large number of people) / Mailing n (Versand /von Werbematerialien/ mit der Post)
**mail slot** (Comp) / Mail-Slot m (der die Nachrichtenübertragung von einem oder mehreren Clients zu einem Server ermöglicht)
**mailto** n (Comp) / MailTo-Protokoll n
**MailTo protocol** (opens electronic mail programs to send a message to the specified Internet e-mail address) (Comp) / MailTo-Protokoll n
**mail user agent** (Telecomm) / Mail User Agent m, MUA m (Mail User Agent) || ~ **wire** (Textiles) / Augendraht m
**main(s)** n(pl) (Plumb) / Hauptrohrleitung f, Hauptleitung f, Hauptstrang m
**main** n (Mining) / Hauptstrecke f || ~ **air current** (Mining) / Hauptwetterstrom m || ~ **airfield** (Aero) / Hauptflugplatz m || ~ **airway*** (Mining) / Hauptbewetterungsstrecke f, Hauptwetterstrecke f || ~ **and tail** (haulage)* (Mining) / Schlepperhaspelförderung f mit Vorder- und Hinterseil || ~ **anode*** (Electronics) / Hauptanode f || ~ **appointed date** / Ecktermin m
**Mainardi-Codazzi equations** (Maths) / Mainardi-Codazzi'sche Gleichungen (zwei Integrabilitätsbedingungen für das Umkehrproblem der Flächentheorie - nach G. Mainardi, 1800 - 1879, und D. Codazzi, 1824 - 1873)
**main bang** (Radar) / Sendeimpuls m || ~ **bath** (Surf) / Grundelektrolyt m || ~ **beam** (GB) (the undipped beam of the headlights of a motor vehicle) (Autos) / Fernlicht n || ~ **beam*** (Build) / Unterzug m, Deckenunterzug m, Stockwerkunterzug m (meistens I-Profil) || ~ **beam** (Radar, Radio, Telecomm) / Hauptkeule f (Strahlungskeule mit maximalem Wert der Richtfunktion), Hauptstrahlungskeule f (keine Nebenkeule), Hauptlappen m, Hauptzipfel m (bei Antennen)
**main-beam direction** (Radar, Radio, Telecomm) / Hauptkeulenrichtung f || ~ **killing** (Radar) / Abfrageunterdrückung f in der Hauptkeule
**main bearing** (of the crankshaft) (Autos) / Kurbelwellenhauptlager n, KW-Hauptlager n, Hauptlager n (der Kurbelwelle) || ~ **bearing** (Eng) / Hauptlager n (z.B. der Kurbelwelle) || ~ **board** (of a personal computer) (Comp) / Hauptplatine f, Mainboard n || ~ **cabinet** (Telecomm) / Linienverzweiger m, LV (Linienverzweiger) || ~ **cable** (Civ Eng) / Tragseil n (der Zweiseil-Umlaufbahn), Haupttragseil n (einer Seilbahn) || ~ **cable** (Elec Eng) / Hauptkabel n, Hauptspeisekabel n, Stammkabel n, HK || ~ **canal** (Agric) / Hauptkanal m (in der Bewässerungsanlage), Primärkanal m, Feldzuleiter m (der Bewässerungsanlage) || ~ **chain** (Chem) / Hauptkette f (eines verzweigten Moleküls) || ~ **circuit*** (Elec Eng) / Hauptstrombahn f, Hauptstromkreis m || ~ **claim** / Hauptanspruch m (ein von anderen Ansprüchen unabhängiger Patentanspruch) || ~ **clock** (Comp) / Mastertakt m, Haupttakt m || ~ **combustion chamber** (I C Engs) / Hauptbrennraum m (des Dieselmotors) || ~ **component** / Grundbestandteil m, Hauptkomponente f, Hauptbestandteil m, Prinzip n (Grundbestandteil) || ~ **constituent** / Grundbestandteil m, Hauptkomponente f, Hauptbestandteil m, Prinzip n (Grundbestandteil) || ~ **contacts*** (Elec Eng) / Hauptkontakte m pl || ~ **contractor** (Build) / Generalunternehmer m, GU (Generalunternehmer) || ~ **coupling pin** (Rail) / Hauptkuppelbolzen m || ~ **crater** (Geol) / Hauptkrater m || ~ **current** (Elec Eng) / Hauptstrom m || ~ **cut** (Oils) / Hauptfraktion f, Hauptschnitt m || ~ **deck*** (Ships) / Verbandsdeck n, Hauptdeck n, Gurtungsdeck n (oberstes durchlaufendes Deck) || ~ **defecation** (Nut) / Hauptkalkung f (in der Zuckerherstellung) || ~ **diagonal** (Elec Eng) / Hauptdiagonale f || ~ **diagonal** (Maths) / Hauptdiagonale f (einer Matrix) || ~ **distributing frame** (Teleph) / Hauptverteiler m (in Ortsnetzen der Punkt in einer Ortsvermittlung, an dem das Hauptkabel angeschlossen ist), HVt (Hauptverteiler) || ~ **distribution frame*** (Teleph) / Hauptverteiler m (in Ortsnetzen der Punkt in einer Ortsvermittlung, an dem das Hauptkabel angeschlossen ist), HVt (Hauptverteiler) || ~ **drain** (Agric) / Hauptsammler m (bei der Entwässerung), Sammler m (Dränagerohr, das das Bodenwasser zum Dränauslauf leitet) || ~ **drain** (San Eng) / Vorflutdrän m || ~ **drier** (For) / Haupttrockner m || ~ **drive** (Eng) / Hauptantrieb m || ~ **engine** (Ships) / Hauptmaschine f (Anlage zum Vortrieb des Schiffs - Dieselmotor, Dampf- oder Gasturbine) || ~ **equation** (Comp) / Hauptgleichung f || ~ **exchange*** (Teleph) / Vollvermittlungsstelle f, Vollamt n || ~ **feed (motion)** (Eng) / Hauptvorschubbewegung f (in Richtung des Hauptarbeitsfortschritts), Hauptvorschubrichtung f (DIN 6580) || ~ **felling** (For) / Räumungshieb m, Endnutzungshieb m, Räumung f (Holzernte) || ~ **field*** (Elec Eng) / Hauptfeld n || ~ **file** (GB) (Comp) / Stammdatei f, Hauptdatei f, Bestandsdatei f || ~ **float*** (Aero) / zentraler Schwimmer (bei Wasserflugzeugen - als Gegensatz zu Stützschwimmern), Zentralschwimmer m || ~ **flow** (Aero) / Hauptstrom m (Luftstrom, der das Kerntriebwerk durchläuft und den heißen Abgasstrahl erzeugt), Primärstrom m (ein Luftstrom) || ~ **fraction** (Chem Eng) / Hauptfraktion f, Hauptlauf m (zweite

**main**

Fraktion bei der Destillation) ‖ **~ fraction** (Oils) / Hauptfraktion *f*, Hauptschnitt *m*
**mainframe*** *n* (still found in companies; many commentators predict their demise in the first decade of the twenty-first century) (Comp) / Mainframe *n* (Oberbegriff für Großcomputer sowohl von der Rechenleistung als auch vom Volumen her), Großrechner *m*, Universalgroßrechner *m* ‖ **~** (Instr) / Grundgerät *n* (meistens in der Messtechnik) ‖ **~ computer** (Comp) / Mainframe *m* (Oberbegriff für Großcomputer sowohl von der Rechenleistung als auch vom Volumen her), Großrechner *m*, Universalgroßrechner *m* ‖ **~ manufacturer** (Comp) / Großrechnerhersteller *m*
**mainframer** *n* (person involved in programming, selling, or maintaining mainframes) (Comp) / Mainframer *m* ‖ **~** (Comp) / Großrechnerhersteller *m*
**main fuse** (Elec Eng) / Hauptsicherung *f* ‖ **~ gate** (Mining) / Grundstrecke *f* ‖ **~ gear** (Aero) / Hauptfahrwerk *n* ‖ **~ gearshaft** (Autos) / Getriebehauptwelle *f* ‖ **~ generator** (Elec Eng) / Hauptgenerator *m* ‖ **~ girder** (Build, Civ Eng) / Hauptträger *m* (der den größten Anteil der Lasten in den Unterbau ableitet), Haupttragwerk *n* ‖ **~ group** (Chem) / Hauptgruppe *f* (Untergruppe im Periodensystem), HG (Hauptgruppe) ‖ **~ headstock** (Eng) / Hauptspindelstock *m* ‖ **~ inductance** (Elec Eng) / Hauptinduktivität *f* (bei Transformatoren) ‖ **~ landing gear** (Aero) / Hauptfahrwerk *n* ‖ **~ leaf** (Eng) / Hauptfederblatt *n* ‖ **~ level** (Mining) / Hauptsohle *f* ‖ **~ light** (Cinema, Photog) / Hauptlicht *n* (einer Beleuchtung mit mehreren Scheinwerfern), Führungslicht *n*, Mainlight *n* ‖ **~ line** (Aero) / Ankertau *n*, Ankerkabel *n* (für Luftschiffe) ‖ **~ line*** (Oils) / Haupt-Pipeline *f* (für die Raffinerie) ‖ **~ line** (a chief railway line) (Rail) / Hauptstrecke *f*, Stammstrecke *f* ‖ **~ line** (Telecomm, Teleph) / Hauptanschluss *m*, HAs (Hauptanschluss), Hauptanschlussleitung *f* (mit der ein Teilnehmerendgerät an die Ortsvermittlung angeschlossen ist), Endstellenleitung *f* ‖ **~ line** (Telecomm) s. also service cable and services ‖ **~ lobe** (Radar, Radio, Telecomm) / Hauptkeule *f* (Strahlungskeule mit maximalem Wert der Richtfunktion), Hauptstrahlungskeule *f* (keine Nebenkeule), Hauptlappen *m*, Hauptzipfel *m* (bei Antennen) ‖ **~ memory*** (Comp) / Hauptspeicher *m* (interner Speicher), Internspeicher *m* (interner Speicher eines Systems, auf den die Programmsteuerung unmittelbaren Zugriff hat) ‖ **~ memory*** (Comp) / Zentralspeicher *m* (nach DIN 44300), Arbeitsspeicher *m*, ASP (Arbeitsspeicher)
**main-memory system** (Comp) / Hauptspeichersystem *n*, Speicherwerk *n* (Arbeitsspeicher als Teil der Zentraleinheit)
**main menu** (Comp) / Hauptmenü *n* (ein übersichtliches Menü, von dem aus Untermenüs angesteuert werden können) ‖ **~ mine fan** (Mining) / Hauptgrubenlüfter *m* ‖ **~ network** (Elec Eng) / Fernnetz *n*, Fernleitungsnetz *n* ‖ **~ note** (Nut) / Hauptaromakomponente *f*, Grundnote *f* (Aroma) ‖ **~ nutrient** (Aero) / Hauptnährstoff *m* ‖ **~ opening** (Civ Eng) / Hauptöffnung *f* (der Brücke) ‖ **~ parachute** (Aero) / Hauptfallschirm *m* ‖ **~ part** / Hauptteil *m* (im Allgemeinen) ‖ **~ patent** / Hauptpatent *n* (zu dem ein oder mehrere Zusatzpatente existieren) ‖ **~ pipeline** (Hyd Eng) / Hauptstrang *m* (der Wasserleitung) ‖ **~ plane*** (Aero) / Haupttragfläche *f* (Flügel) ‖ **~ plane structure** (Aero) / Tragwerk *n* (die Haupttragfläche mit allen zugehörigen Einrichtungen, die den größten Teil des Auftriebs liefert) ‖ **~ pressure angle** (US) (Eng) / Eingriffswinkel *m* (am Normalschnitt - bei Zahnrädern) ‖ **~ program** (Fortran) (Comp) / Hauptprogramm *n* ‖ **~ program** (Comp) s. also executive routine ‖ **~ reflector** (Optics) / Hauptspiegel *m*, Primärspiegel *m* (des Spiegelteleskops) ‖ **~ reflector** (Radio) / Hauptreflektor *m* (der Cassegrain-Antenne) ‖ **~ road** (leading out of the city) (Autos) / Ausfallstraße *f* ‖ **~ roof** (Build) / Hauptdach *n* (z.B. bei einem Zwerchdach) ‖ **~ rope** (Civ Eng) / Vollseil *n* (des Schrappers) ‖ **~ rope** (Mining) / Vorderseil *n* (am Bremsberg) ‖ **~ rotor*** (Aero) / Hauptrotor *m* (des Hubschraubers) ‖ **~ routine** (Comp) / Main Routine *f*, Hauptroutine *f* ‖ **~ runway** (Aero) / Hauptpiste *f*
**mains** *pl* (Elec Eng) / Steigleitung *f* ‖ **~*** (Elec Eng) / Stromversorgungsnetz *n*, Versorgungsnetz *n*, Stromnetz *n* ‖ **~ antenna** (Radio) / Netzantenne *f*
**mains-borne interference** (Elec Eng) / leitungsgebundene Störung, Netzstörung *f*, vom Netz hervorgerufene Störung
**mains connection** (Elec Eng, Telecomm) / Netzanschluss *m* (im Allgemeinen) ‖ **~ control** (Elec Eng) / Netzregelung *f* (Aufrechterhaltung der Stabilität eines elektrischen Versorgungsnetzes unter Konstanthaltung von Spannung und Frequenz durch Frequenzregelung, Leistungsregelung oder durch beide Regelungen gleichzeitig) ‖ **~ cord** (Elec Eng, Radio, Telecomm, TV) / Netzkabel *n* ‖ **~ current** (Elec Eng) / Netzstrom *m* ‖ **~ decoupling factor** (Radio) / Netzentkopplungsmaß *n*
**mains-dependent** *adj* (Elec Eng, Telecomm) / netzabhängig *adj*
**mains disconnection** (Elec Eng, Telecomm) / Netzabschaltung *f*
**main sequence*** (Astron) / Hauptast *m*, Hauptreihe *f*, Hauptsequenz *f* (im Hertzsprung-Russell-Diagramm) ‖ **~ sewer** (Agric) /

Hauptsammler *m* (bei der Entwässerung), Sammler *m* (Dränagerohr, das das Bodenwasser zum Dränauslauf leitet) ‖ **~ sewer** (San Eng) / Vorflutdrän *m*
**mains failure** (Elec Eng) / Stromausfall *m*, Netzausfall *m* ‖ **~ failure** (Elec Eng) s. also power failure
**mains-failure operation** (Telecomm) / Netzausfallschaltung *f* ‖ **~ restart** (Elec Eng) / Netzausfallrestart *m*
**mains filter** (Elec Eng, Telecomm) / Netzfilter *n* ‖ **~ frequency*** (Elec Eng) / Netzfrequenz *f* (GB: 50 Hz, US: 60 Hz, Aero: 400 Hz) ‖ **~ frequency channel induction furnace** (Met) / Netzfrequenz-Induktionsrinnenofen *m*
**main-shaft-mounted auxiliary generator** (Elec Eng) / Wellengenerator *m* (für Erregung)
**mains hold** (TV) / Netzsynchronisation *f*, Netzsynchronisierung *f* ‖ **~ hum** (Acous, Telecomm) / Netzbrumm *m*, Brumm *m*
**main signal** (Rail) / Hauptsignal *n*
**mains impedance** (Elec) / Netzimpedanz *f* ‖ **~ interference** (Elec Eng) / leitungsgebundene Störung, Netzstörung *f*, vom Netz hervorgerufene Störung
**mains-interference immunity** (Elec Eng) / Netzstörfestigkeit *f* (als konkreter Faktor) ‖ **~ immunity** (Elec Eng) / Netzstörfestigkeit *f* (als allgemeine Eigenschaft) ‖ **~ immunity factor** (Elec Eng) / Netzstörfestigkeit *f* (als konkreter Faktor)
**mains interference ratio** (Elec Eng) / Netzstörfestigkeit *f* (als konkreter Faktor) ‖ **~ lead** (Elec Eng) / Netzleitung *f* ‖ **~ locking** (TV) / Netzverriegelung *f*
**mains-operated** *adj* (Elec Eng) / netzgespeist *adj*, netzbetrieben *adj*, mit Netzbetrieb ‖ **~ stacker** (Eng) / Handstapler *m* (Energiezuführung durch Kabel)
**mains operation** (Elec Eng) / Netzbetrieb *m*, NB (Netzbetrieb)
**main span** (Civ Eng) / Hauptöffnung *f* (der Brücke)
**mains plug** (Elec Eng) / Netzstecker *m* ‖ **~ power line** (Elec Eng) / Netzleitung *f*
**mainspring** *n* (Horol) / Zugfeder *f*, Aufzugfeder *f*
**mains protection** (Elec Eng) / Netzschutz *m* (zum Schutze eines elektrischen Versorgungsnetzes) ‖ **~ receiver** (Radio) / Netzempfänger *m*, Netzanschlussempfänger *m* ‖ **~ socket** (Elec Eng) / Netzdose *f*, Netzanschlussdose *f*
**mains-stabilized** *adj* (Elec Eng) / netzstabilisiert *adj*
**mains switch** (Elec Eng) / Netzschalter *m*
**main station for fixed connection** (Teleph) / Hauptanschluss *m* für Direktruf, HfD ‖ **~ steam** (in a boiler) (Eng) / Frischdampf *m*, FD (Frischdampf)
**main-steam pipe** (Eng) / Frischdampfleitung *f* (des Kessels) ‖ **~ turbine** (Eng) / Frischdampfturbine *f*
**mains tester** (Elec Eng) / Leitungsprüfer *m*
**main storage** (Comp) / Hauptspeicher *m* (interner Speicher), Internspeicher *m* (interner Speicher eines Systems, auf den die Programmsteuerung unmittelbaren Zugriff hat) ‖ **~ storage** (Comp) / Zentralspeicher *m* (nach DIN 44300), Arbeitsspeicher *m*, ASP (Arbeitsspeicher) ‖ **~ store*** (Comp) / Zentralspeicher *m* (nach DIN 44300), Arbeitsspeicher *m*, ASP (Arbeitsspeicher)
**mains transformer*** (Elec Eng) / Netztransformator *m* (zur Kopplung von elektrischen Übertragungs- und Verteilungsnetzen unterschiedlicher Spannungsebenen) ‖ **~ unit** (Elec Eng) / Netzspeisegerät *n*, NSG ‖ **~ voltage** (Elec Eng) / Netzspannung *f*, Speisespannung *f*, Leitungsspannung *f*, Betriebsspannung *f* (Leitungsspannung) ‖ **~ voltage variation** (Elec Eng) / Netzspannungsschwankung *f*, Netzspannungsänderung *f*
**main switchboard** (Elec Eng) / Hauptschalttafel *f*
**maintain** *v* / halten *v* (Zustand, Wert) ‖ **~** (Comp) / auf dem aktuellen Stand halten, pflegen *v* (eine Datei) ‖ **~** (Eng) / instandhalten *v*, warten *v* (im Sollzustand bewahren), pflegen *v*, unterhalten *v*
**maintainability** *n* (Eng, Work Study) / Instandhaltbarkeit *f*, Wartungsfreundlichkeit *f*, Wartbarkeit *f* (erhöhte)
**maintainable** *adj* (Eng, Work Study) / wartungsfreundlich *adj*, instandhaltbar *adj*, instandhaltungsgerecht *adj*, wartbar *adj*, wartungsgerecht *adj*
**maintained tuning fork*** (Acous, Radio) / Stimmgabeloszillator *m*
**maintained-vacuum rectifier** (Elec Eng) / Gleichrichter *m* mit Vakuumhaltung
**maintaining voltage*** (Electronics) / Brennspannung *f* (einer Gasentladungsröhre)
**main tank*** (Aero) / Haupttank *m* (der die Hauptmasse des Brennstoffs aufnimmt), Hauptbrennstoffbehälter *m* ‖ **~ tannage** (Leather) / Ausgerbung *f*
**maintenance** *n* (Comp) / Maintenance *f* (von Systemen) ‖ **~** (Comp) / Bestandspflege *f*, Pflege *f*, Laufendhalten *n* (z.B. von maschinellen Wörterbüchern) ‖ **~** (Eng) / Instandhaltung *f* (Inspektion + Wartung + Instandsetzung) ‖ **~** (Eng, Work Study) / Instandhaltung *f* (DIN 31051), Unterhalt *m* (S), Wartung *f* (Bewahrung des Sollzustandes) ‖ **~ agreement** / Kundendienstvertrag *m*, Wartungsvertrag *m* ‖

**board** (Eng) / Wartungsschild n ‖ **~ charges** / Wartungskosten pl ‖ **~ chart** (Work Study) / Wartungsplan m ‖ **~ console** (Comp) / Wartungsfeld n ‖ **~ cost** / Wartungskosten pl ‖ **~ dose** (Pharm) / Erhaltungsdosis f (die Menge eines Arzneimittels, die täglich zugeführt werden muß, um einen bestimmten Wirkstoffspiegel aufrechtzuerhalten) ‖ **~ engineer** (Eng) / Wartungstechniker m ‖ **~ expenses** (Eng) / Wartungsaufwand m (Kosten) ‖ **~ feed** (Agric) / Erhaltungsfutter n ‖ **~ feeding** (Agric) / Erhaltungsfütterung f ‖ **~ fitter** (Eng) / Instandhalter m ‖ **~-free** adj / wartungsfrei adj ‖ **~ function** / Wartbarkeit f, Wartbarkeitsfunktion f, Reparaturwahrscheinlichkeit f (dass eine ausgefallene, reparierbare Komponente wieder in den funktionsfähigen Zustand zurückgeführt wird) ‖ **~ interval** (Eng) / Wartungsintervall n ‖ **~ man** (Civ Eng) / Straßenwärter m ‖ **~ man** (Eng) / Wartungsmonteur m ‖ **~ man-hour** (Work Study) / Wartungsstunde f ‖ **~ metabolism** (Biol) / Erhaltungsmetabolismus m, Erhaltungsstoffwechsel m ‖ **~ of air purity** (Ecol) / Luftreinhaltung f ‖ **~ of roads** (highways) (Civ Eng) / Straßeninstandhaltung f ‖ **~ period** (Build) / Gewährleistungsfrist f ‖ **~ plan** (Work Study) / Wartungsplan m ‖ **~ procedure violation** / Nichteinhaltung f der Wartungsvorschriften ‖ **~ processor** (Comp) / Wartungsprozessor m ‖ **~ program** (Comp) / Wartungsprogramm n ‖ **~ programmer** (Comp) / Wartungsprogrammierer m ‖ **~ programming** (Comp) / Wartungsprogrammieren n, Wartungsprogrammierung f ‖ **~ ration** (Agric) / Erhaltungsration f, Erhaltungsfutter-Ration f ‖ **~ record** (Autos) / Kundendienstscheckheft n ‖ **~ recorder** (Aero) / Datenschreiber m für Wartung, Datenschreiber m für Unterhalt (S) ‖ **~ release** (Aero) / Unterhaltsbescheinigung f, Wartungsabnahmeschein m ‖ **~ saving** (Eng) / Wartungsarmut f
**maintenance-saving** adj (Eng) / wartungsarm adj
**maintenance schedule** (Work Study) / Wartungsplan m ‖ **~ service** (Eng) / Wartungsdienst m ‖ **~ siding** (Rail) / Reparaturgleis n, Ausbesserungsgleis n ‖ **~ staff** (Eng, Work Study) / Instandhaltungspersonal n, Wartungspersonal n ‖ **~ system** (Eng) / Wartungsanlage f ‖ **~ welding** (Welding) / Instandsetzungsschweißen n, Ausbesserungsschweißen n
**main terminal** (Electronics) / Hauptanschluss m (bei einem Thyristor) ‖ **~ tie** (Carp) / Gebindefußbalken m, Gebindeschließbalken m ‖ **~ title** (Print) / Haupttitel m, Obertitel m ‖ **~ track** (Rail) / Hauptstrecke f, Stammstrecke f ‖ **~ track** (Rail) / Hauptgleis n (z.B. Einfahr- oder Ausfahrgleis), Stammgleis n ‖ **~ type** (Typog) / Grundschrift f (im gemischten Satz die Schrift, aus der der größte Teil gesetzt wird), Textschrift f ‖ **~ water** / Leitungswasser n ‖ **~ water-table** (Geol) / Grundwasserhorizont m, phreatische Grundwasserschicht (oberhalb der Sättigungszone)
**maiolica** n (Ceramics) / Majolika f (nach der Insel Mallorca benannte Töpferware)
**maisonette*** n (Arch, Build) / Maisonette f, Maisonnette f (zweistöckige Wohnung in einem Haus)
**maitotoxin** n (Chem) / Maitotoxin n (das stärkste bisher bekannte nicht proteinogene Gift)
**maize*** n (Agric, Bot) / Mais m (Zea L.), Türken m (A), Kukuruz m (A)
**maize-coloured** adj / maisfarben adv, maisgelb adj
**maize ear** (Agric, Bot) / Maiskolben m ‖ **~ factor** (Biochem) / Zeatin n (das wirksamste Cytokinin) ‖ **~ flour** (Nut) / Maismehl n ‖ **~ germ oil** (Nut) / Maisöl n, Maiskeimöl n, Cornöl n ‖ **~ gluten** (Agric) / Maiskleber m ‖ **~ oil*** (Nut) / Maisöl n, Maiskeimöl n, Cornöl n ‖ **~ protein fibre** (Textiles) / Zeinfaser f, ZE (eine regenerierte Proteinfaser, z.B. Vicara) ‖ **~ sheller** (Agric) / Maisrebler m ‖ **~ silage** (Agric) / Maissilage f ‖ **~ smut** (Agric) / Maisbrand m ‖ **~ starch** (Nut) / Maisstärke f ‖ **~ thresher** (Agric) / Maisdrescher m ‖ **~ yellow** / Maisgelb n
**majolica** n (Ceramics) / Majolika f (nach der Insel Mallorca benannte Töpferware) ‖ **~ glaze** (Ceramics) / Majolikaglasur f
**major** adj (ore) / wichtig adj (z.B. Erz) ‖ **~ accident** (Aero) / schwerer Unfall
**Majorana effect** / Majorana-Effekt m (ein magnetooptischer Effekt - nach Qu. Majorana, 1871-1957) ‖ **~ force** (Nuc) / Majorana-Kraft f (eine Austauschwechselwirkung - nach E. Majorana, 1906-1938)
**majorant** n (Maths) / Majorante f (Reihen, uneigentliche Integrale) ‖ **~ criterion** (Maths) / Majorantenkriterium n (ein Konvergenzkriterium für Reihen)
**major axis** (of an ellipse)* (Maths) / Hauptachse f (der Ellipse), große Achse (der Ellipse) ‖ **~ control** (Comp) / Übergruppenkontrolle f (in der Lochkartentechnik)
**major-control field** (Comp) / Übergruppenkontrollfeld n ‖ **~ field** (Comp) / Hauptkontrollfeld n
**major cutting edge** (Eng) / Hauptschneide f (DIN 6581) ‖ **~ cutting edge** (Eng) / Eckenwinkel m (bei Zerspanwerkzeugen nach DIN 6581) ‖ **~ cycle** (Comp) / Hauptzyklus m ‖ **~ defect** (Materials) / Hauptmangel m, Hauptfehler m (der die Einsetzbarkeit des Werkstoffs unmöglich macht) ‖ **~ diagonal** (Maths) / Hauptdiagonale f (einer Matrix) ‖ **~ diameter** (Eng) / Außendurchmesser m (Gewinde) ‖ **~ divide** (Hyd Eng) / Hauptwasserscheide f ‖ **~ failure** (Eng) / Hauptausfall m (der die Fähigkeit einer verhältnismäßig komplexen Einheit zur Erfüllung der vorgesehenen Funktion beeinträchtigt, schwerer Ausfall (eines Systems) ‖ **~ flank** (Tools) / Hauptfreifläche f ‖ **~ gridline** (Comp) / Hauptgitternetzlinie f (in der Tabellenkalkulation) ‖ **~ groove** (Biochem) / große Furche (in der B-DNS), größere Rille (in der B-DNS) ‖ **~ histocompatibility complex*** (Gen) / Haupthistokompatibilitätskomplex m ‖ **~ histocompatibility locus** (Gen) / Haupthistokompatibilitätskomplex m
**majority** n / Mehrheit f, Majorität f ‖ **~ carrier*** (Electronics) / Majoritätsträger m (DIN 41852), Majoritätsladungsträger m
**majority-decision principle** (Teleph) / Maheheitsentscheid-Prinzip n
**majority element** (Comp) / Majoritätsglied n, Mehrheitsglied n ‖ **~ emitter*** (Electronics) / Majoritätsemitter m ‖ **~ function** (Elec Eng) / Majoritätsfunktion (bei Schaltwerken und -netzen)
**majority-voting logic circuit** (Comp) / Mehrheitsentscheidungslogik f
**majorize** v (Maths) / majorisieren v (eine Reihe)
**major lobe*** (Radar, Radio, Telecomm) / Hauptkeule f (Strahlungskeule mit maximalem Wert der Richtfunktion), Hauptstrahlungskeule f (keine Nebenkeule), Hauptlappen m, Hauptzipfel m (bei Antennen) ‖ **~ loop** (Comp) / Hauptschleife f (des magnetischen Blasenspeichers) ‖ **~ nutrient** / Hauptnährstoff m ‖ **~ ore** (Min) / wichtiges Erz (z.B. Wolframit für Wolfram) ‖ **~ overhaul** (Eng) / Grundüberholung f, Grundinstandsetzung f ‖ **~ overhaul** (Eng) s. also general overhaul ‖ **~ pest** (Agric, For) / Hauptschädling m, Hauptschaderreger m (tierischer) ‖ **~ planet** (Astron) / Planet m, Wandelstern m ‖ **~ road** (Autos) / Straße f höherer Ordnung, übergeordnete Straße, Hauptstraße f ‖ **~ road ahead** (Autos) / Einmündung in Hauptstraße (ein Verkehrszeichen) ‖ **~ segregation** (Foundry) / Blockseigerung f, Makroseigerung f
**majuscules*** pl (Typog) / Versalien m pl, Versalbuchstaben m pl, Großbuchstaben m pl
**make** v / herstellen v, produzieren v, fertigen v, erzeugen v, fabrizieren v ‖ **~ (for an airfield)** (Aero) / anfliegen v (ein Flugfeld) ‖ **~** n / Produkt n, Erzeugnis n (DIN 199, T 2), Fabrikat n ‖ **~** (Build) / Ausbildung f (bauliche) ‖ **~** (Eng) / Bauart f, Ausführung f (Version), Bauform f, Machart f, Ausführungsform f, Version f (Herstellungsart) ‖ **~** (Eng) / Output m m, Ausstoß m (Leistung eines Produktionsbetriebes oder einer Maschine an Fertigwaren in einem bestimmten Zeitraum), Arbeitsergebnis n ‖ **~*** (Telecomm, Teleph) / Ansprechen n (Relais) ‖ **~*** (Teleph) / Schließen n (des Herstellen des elektrischen Kontakts an dafür bestimmten Kontaktstücken) ‖ **~** (Eng) s. also type ‖ **~ a crash-landing** (Aero) / bruchlanden v (nur Infinitiv und Partizip), eine Bruchlandung machen ‖ **~ a finishing touch** / letzte Hand an etwas legen ‖ **~ and break** (Elec Eng) / Schließen n und Unterbrechen ‖ **~ an index** (Comp) / indizieren v, indexieren v ‖ **~-before-break contact*** (Teleph) / unterbrechungsloser Umschaltkontakt, Wechsler m ohne Unterbrechung, Folgeumschaltkontakt m
**make-coat** n (Paper) / Spezialklebstoff als erste Schicht auf der Schleifpapierunterlage ‖ **~** (Paper) s. also seed-coat
**make even*** (Typog) / Ausgang m auf volles Satzformat (mit einer vollen Zeile) ‖ **~ hydrophobic** (Textiles) / hydrophobieren v, wasserdicht ausrüsten, wasserdicht imprägnieren ‖ **~ more precise** / präzisieren v ‖ **~ out** v / erkennen v (Fehler) ‖ **~ out a list** / eine Liste aufstellen
**maker** n / Hersteller m, Produzent m (Fabrikant), Erzeuger m ‖ **~** (Elec Eng) / Schließer m (ein Relaiskontakt, der dann geschlossen ist, wenn die Relaisspule erregt ist - DIN 40713), Schließkontakt m, Arbeitskontakt m
**make** v **ready** (Print) / zurichten v (für den Fortdruck)
**make-ready*** n (Print) / Zurichtung f (vorbereitender Arbeitsgang für den Fortdruck) ‖ **~** (by underlaying) (Print) / Kraftzurichtung f (beim Einrichten einer Druckform mit Bildern) ‖ **~ sheet** (Print) / Zurichtebogen m (im Allgemeinen)
**make-run** n (Chem) / Gasen m, Gasung f (bei der Wassergaserzeugung)
**makeshift** n / Notbehelf m ‖ **~** attr / behelfsmäßig adj (provisorisch)
**make the first cut** / anschneiden v ‖ **~ up** v / aufstellen v (eine Bilanz) ‖ **~ up** (into) / vermischen v (zu) ‖ **~ up** (Spinning) / aufmachen v ‖ **~ up** (Typog) / umbrechen v (Partizip: umbrochen)
**make-up** n / Nachfüllen n, Nachdosieren n (Nachfüllen) ‖ **~** / Nachfüllmaterial n ‖ **~** (Eng, Work Study) / Vervollständigung f, Auffüllung f, Ausgleich m (für verbrauchtes Material) ‖ **~** (Geol) / Ausgehen n (einer Lagerstätte) ‖ **~** (Spinning) / Aufmachung f ‖ **~** (Textiles) / Aufmachungsform f (einer Garnart)
**make-up*** n (Typog) / Umbrechen n, Umbruch m, Mettage f (beim Bleisatz)
**make-up area** (Aero) / Bereitstellungsfläche f ‖ **~ feed** (Eng) / Nachspeisung f (des Kessels) ‖ **~ gas** (Chem Eng) / Make-up-Gas n, Zusatzgas n (in der Chromatografie) ‖ **~ gas** (Oils) / Frischgas n ‖ **~ man** (Print) / Metteur m, Umbrecher m ‖ **~ of a cable** (Eng) /

**make-up**

Seilkonstruktion f (z.B. Drahtseilkonstruktion nach DIN 3051), Seilmachart f ‖ ~ **solvent** (Chem) / Zusatzlösungsmittel n (Ersatz von Verlust oder Verbrauch)
**make up the charge** (Met) / gattieren v (Ausgangsmaterialien in richtigen Mengenverhältnissen zur gewünschten Zusammensetzung der Schmelze zusammenstellen), möllern v (Erze mischen)
**make-up water** / Zusatzwasser n
**make water** (Ships) / Wasser machen (bei einem Leck) ‖ ~ **waterproof** / wasserdicht machen ‖ ~ **watertight** / wasserdicht machen
**make-work scheme** / Arbeitsbeschaffungsprogramm n
**making** n (Chem Eng, Eng) / Herstellung f, Produktion f, Fertigung f, Erzeugung f, Fabrikation f
**making-capacity*** n (Elec Eng) / Einschaltvermögen n (Scheitelwert des unbeeinflussten Stromes, den ein Leistungsschalter bei der angegebenen Spannung unter vorgeschriebenen Bedingungen einschalten kann) ‖ ~* (Elec Eng) / Einschaltleistung f (eine Schaltleistung)
**making-current*** (the maximum peak of current which occurs at the instant of closing the switch) (Elec Eng) / Einschaltstrom m
**making good** (of defects)* / Fehlerbeseitigung f (Reparatur), Fehlerausbesserung f ‖ ~ **good** (Build, Paint) / Vorbereitung f des Untergrunds ‖ ~ **paper*** (Print) / Voreilung f ‖ ~**-ready*** n (Print) / Zurichtung f (vorbereitender Arbeitsgang für den Fortdruck) ‖ ~**-up*** n (Spinning) / Aufmachung f
**making-up of trains** (Rail) / Zugzusammenstellung f, Zugbildung f
**making up work from materials supplied** / Lohnveredelung f
**makore** n (For) / afrikanischer Birnbaum, Makoré n (Handelsbezeichnung für ein fein strukturiertes, rötliches bis dunkelrotbraunes Holz der Tieghemella heckelii Pierre)
**Maksutov-Schmidt telescope** (Optics) / Meniskusspiegelteleskop n (nach D.D. Maksutov, 1896 - 1964), Meniskusteleskop n, Maksutow-Teleskop n
**Maksutov telescope*** (Optics) / Meniskusspiegelteleskop n (nach D.D. Maksutow, 1896 - 1964), Meniskusteleskop n, Maksutow-Teleskop n
**Malabar almond** (For, Leather) / Indischer Mandelbaum, Katappenbaum m, Badam m (Terminalia catappa L.), Katappenterminalie f ‖ ≃ **almond oil** / Talisayöl n (das Samenfett des Katappenbaumes - Terminalia catappa L.), Katappaöl n, Indisches Mandelöl ‖ ≃ **kino** / Malabarkino n (Kinoharz von Pterocarpus marsupium Roxb.) ‖ ~ **tallow** / Pineytalg m (aus den Butterbohnen), Pineafett n, Malabartalg m (aus Vateria indica L.), Butterbohnenfett n, Vateriafett n, Vellapineytalg m
**malabsorption*** n (Nut, Physiol) / Malabsorption f
**malachite*** n (Min) / Malachit m (Kupfer(II)-dihydroxidkarbonat) ‖ ~ **green*** / Malachitgrün n, Neugrün n, Viktoriagrün n B, Basic Green 4 (wasserlöslicher grüner Triarylmethanfarbstoff)
**malacon** n (Min) / Malakon m (isotropisierter Zirkon) ‖ ~ (Min) s. also cyrtolite
**malacone** n (Min) / Malakon m (isotropisierter Zirkon)
**maladjusted** adj / dejustiert adj
**malakon** n (Min) / Malakon m (isotropisierter Zirkon)
**malate** n (Chem) / Malat n (Salz oder Ester der Äpfelsäure) ‖ ~ (Chem) s. also maleate
**malathion*** n (a strong contact poison) (Chem) / Malathion n (ein Dithiophosphorsäureester-Insektizid und Akarizid)
**malattendance** n (Eng, Instr) / Bedienungsfehler m, Handhabungsfehler m
**Malayan camphor** / Borneokampfer m (d-Borneol), Baroskampfer m, Sumatrakampfer m, Malayischer Kampfer (aus Dryanops aromatica Gaertn.) ‖ ≃ **kauri** (For) / Kaori f (Agathis philippinensis Warb.), Damar Minyak n, Dammarabaum m
**MALDI** n (Spectr) / matrixunterstützte Laser-Desorption/-Ionisation, MALDI f (bei der die Probe in "kondensierter" Phase vorliegt)
**maldigestion** n (Nut, Physiol) / Maldigestion f
**maldistribution** n / schlechte Verteilung ‖ ~ **of load**(s) (Mech) / falsche Lastverteilung
**male** adj (Eng) / Außen- (Gewinde) ‖ ~ **adapter** (Eng) / Sattelring m (V-Packung) ‖ ~ **adapter** (Eng) / Zwischenstück n mit Außengewinde
**maleate** n (Chem) / Maleinat n, Maleat n (Salz oder Ester der Maleinsäure) ‖ ~ **resin** (Chem, Paint, Plastics) / Maleinatharz n (Alkydharz mit Maleinsäure als Säurekomponente)
**male component** (Eng) / Innenteil n (Passung) ‖ ~ **connector** (Elec Eng) / Stecker m (einer Steckverbindung) ‖ ~ **connector** (Elec Eng) / Messerleiste f (ein Mehrfachstecker) ‖ ~ **connector** (Eng) / Einschraubverschraubung f ‖ ~ **contact** (Elec Eng) / Steckerkontakt m, Steckkontakt m ‖ ~ **die** (Eng) / Stempel m (Gesenk), Patrize f, Oberwerkzeug n ‖ ~ **end** (of a pipe) (Eng) / äußeres Rohrende (bei Rohrverbindungen) ‖ ~ **end of pipe** (Eng) / Einsteckrohr n, glattes Ende (des Muffenrohrs)

**male-facing flange** (Eng) / Flansch m mit Vorsprung, Vorsprungflansch m
**male/female flange facing** (Eng) / Flansch m mit Vor- und Rücksprung
**male flange** (Eng) / Flansch m mit Vorsprung, Vorsprungflansch m ‖ ~ **form** (Plastics) / Stempel m ‖ ~ **ground-glass joint** (Chem, Glass) / Kern m (des Schliffes)
**maleic acid*** (Chem) / (Z)-2-Butendisäure f, Maleinsäure f ‖ ~ **acid ester** (Chem) / Maleinsäureester m ‖ ~ **anhydride*** (Chem) / Maleinsäureanhydrid n (2,5-Furandion), MSA (Maleinsäureanhydrid - zur Herstellung von Harzen auf Polyesterbasis und von Lackrohstoffen) ‖ ~ **hydrazide*** (Bot, Chem) / Maleinsäurehydrazid n, MH (Maleinsäurehydrazid) ‖ ~ **hydrazide*** (Bot, Chem) s. also growth retardant ‖ ~ **resin** (a synthetic resin) (Chem, Paint, Plastics) / Maleinatharz n (Alkydharz mit Maleinsäure als Säurekomponente) ‖ ~ **value** (Paint) / Malein-Wert m (eine Kenngröße bei trocknenden Ölen), Dienwert m
**maleimide** n (Chem) / Maleinimid n, Maleimid n (Pyrrol-2,5-dion)
**maleinized oil** (Paint) / maleinisiertes Öl (ein trocknendes Öl)
**male** (tapered) **joint** (of ground-joint glassware) (Chem, Glass) / Schliffkern m (eines Schliffpaares) ‖ ~ **joint** (Chem, Glass) / Kern m (des Schliffes) ‖ ~ **mould** (Plastics) / positive Form, Positivform f, positives Werkzeug, Füllraumwerkzeug n
**male-mould process** (Eng) / Patrizenverfahren n (beim Umformen von Blechen)
**male multipoint connector** (Elec Eng) / Messerleiste f (ein Mehrfachstecker) ‖ ~ **pattern** (Foundry) / Positivmodell n ‖ ~ **plug** (Elec Eng) / Steckerstift m
**males** pl (Leather) / (schwere) Felle männlicher Pelztiere
**male screw** / Schraubenspindel f ‖ ~ **screwed end** (Eng) / Gewindezapfen m ‖ ~ **sex hormone** (Biochem, Med, Physiol) / androgener Stoff (männliches Keimdrüsenhormon), Androgen n ‖ ~ **taper** (Eng) / Außenkegel m ‖ ~ **thread*** (Eng) / Außengewinde n, Bolzengewinde n
**Malfatti problem** (Maths) / Malfatti-Aufgabe f (in ein Dreieck drei sich berührende Kreise zu legen; nach G. Malfatti, 1731-1807)
**malfocus** n (Optics) / Fokusfehler m
**malformation** n (Crystal) / Missbildung f (des Kristalls)
**malfunction** v / versagen v (z.B. Messgerät), falsch funktionieren ‖ ~ n / Störung f (Aussetzen einer Funktion), Betriebsstörung f (Defekt), Fehlfunktion f ‖ ~ (Comp) / Fehler m (Maschinenfehler) ‖ ~ s. also error, failure and mistake ‖ ~ **indication** (Electronics) / Störanzeige f, Störungsanzeige f ‖ ~ **routine** (Comp) / Testhilfe f
**Malgrange-Ehrenpreis theorem** (Maths) / Satz m von Malgrange und Ehrenpreis (über Grundlösungen partieller Differentialgleichungen)
**malic acid*** (Chem, Nut) / Äpfelsäure f (E 296), Apfelsäure f, Hydroxybernsteinsäure f ‖ ~ **dehydrogenase** (Biochem) / Malatdehydrogenase f (eine am Citronensäurezyklus beteiligte Oxidoreduktase) ‖ ~ **enzyme** (Biochem) / Malatdehydrogenase f (eine am Citronensäurezyklus beteiligte Oxidoreduktase) ‖ ~ **enzyme** (Biochem) / Malatenzym n
**malicious call** (Teleph) / böswilliger Anruf ‖ ~ **caller** (Teleph) / böswilliger Anrufer
**malicious-call identification** (Teleph) / Fangen n (von böswilligen Anrufen - ein ISDN-Leistungsmerkmal) ‖ ~ **identification data** (Comp, Teleph) / Fangdaten pl ‖ ~ **tracing** (Comp, Teleph) / Fangen n (von böswilligen Anrufen - ein ISDN-Leistungsmerkmal) ‖ ~ **tracing data** (Comp, Teleph) / Fangdaten pl
**malicious code** (Comp) / Malware f (jegliche Form von schädlichen Programmzeilen, z.B. Virus oder bewusst eingebauter Bug), schädliche Software (mit Viren oder eingebauten Bugs) ‖ ~ **virus** (Comp) / bösartiger Virus
**malignant** n (Med) / maligne adj, bösartig adj
**malignite*** n (Geol) / Malignit m (Nephelinsyenit)
**malines** n (Textiles) / Tüll m (lockeres, netzartiges Gewebe) ‖ ~ (Textiles) / Malines pl, Mechelner Spitze(n) ‖ ~ ≃ **lace**(s) (Textiles) / Malines pl, Mechelner Spitze(n)
**M-alkalinity** n / m-Wert m (alte Bezeichnung für die im Wasser vorhandenen Mengen an Laugen, Karbonaten und Hydrogenkarbonaten, sowie bei Entkarbonisierungsanlagen ein Maß für den Kalkzusatz)
**mall** v (Arch, Autos) / in eine Fußgängerzone verwandeln ‖ ~ n (Arch) / Fußgängerstraße f (mit konzentrierten Einkaufsmöglichkeiten), Einkaufsstraße(n) f (pl), Ladenstraße f (überdachte oder überdeckte Fläche, an der Verkaufsräume liegen und die dem Kundenverkehr dient) ‖ ~ (chiefly Upstate New York) (Autos, Civ Eng) / Mittelstreifen m (zwischen zwei Richtungsfahrbahnen der Autobahn), Trennstreifen m, Grünstreifen m, Grasstreifen m ‖ ~* (Civ Eng) / Holzhammer m (großer) ‖ ~* (Tools) / schwerer Hammer (meistens ein Holzhammer)
**mallardite** n (Min) / Mallardit m, Manganvitriol n

**malleability*** n (Met) / bruchlose Verformbarkeit, Verformbarkeit f unter Druck- und/oder Stoßbeanspruchung (Hämmerbarkeit, Stauchbarkeit, Schmiedbarkeit, Walzbarkeit)
**malleable brass** (Met) / Muntz-Metall n (eine schmiedbare Kupfer-Zink-Legierung mit 40% Zn - nach G.F. Muntz, 1794-1857) ‖ ~ **brass** (Met) / Messingknetlegierung f, Walzmessing n ‖ ~ **cast-iron*** (Met) / Temperguss m (DIN 1692), TG (Temperguss), GT (Temperguss) ‖ ~ **foundry** (US) (Foundry) / Tempergießerei f ‖ ~ **iron** (US)* (Met) / Temperguss m (DIN 1692), TG (Temperguss), GT (Temperguss)
**malleablize** v (Met) / tempern v
**malleablizing** n (Met) / Tempern n (Glühen von weißem Gusseisen zum Zerfall des Zementits bei einer Temperatur oberhalb des unteren Umwandlungspunktes $Ac_1$ - nach DIN 17014), Temperglühen n ‖ ~ **by decarburization** (Met) / Glühfrischen n (Tempern in Sauerstoff abgebenden Mitteln unter Verringerung des Kohlenstoffgehaltes nach DIN 17014 - 1)
**mallet** n (Optics) / Klotz m (aus Kittpech oder Siegellack) ‖ ~ (Tools) / Knüpfel m, Bildhauerknüpfel m ‖ ~ (Tools) / Holzhammer m, Holzschlegel m, Stemmknüppel m ‖ ~* (Tools) / Klopfholz n, Hammer m (meistens Holzhammer), Klöpfel m ‖ ~ **bark** (Leather) / Malettrinde f, Malettorinde f (gerbstoffreiche Rinde - meistens von Eucalyptus occidentalis Endl.)
**mallet-headed** adj (Tools) / nur mit dem Klopfholz zu schlagen (Meißel)
**mallet pitch** (Optics) / Kittpech n
**malm** n (Agric, Geol) / Kalktonboden m ‖ ~ (Geol) / brüchiger Kalkstein
**malnourished** adj (Nut) / falsch ernährt
**malnourishment** n (Nut) / Malnutrition f, Fehl- oder Mangelernährung f, falsche Ernährung
**malnutrition** n (Nut) / Malnutrition f, Fehl- oder Mangelernährung f, falsche Ernährung
**malodinitril** (Chem) / Malonsäuredinitril n, Malononitril n, Malondinitril n, Propandinitril n
**malodorous** adj / widerlich riechend, Übelkeit erregend (Geruch), widerwärtig adj (Geruch), übelriechend adj, ekelerregend adj (Geruch) ‖ ~ **compound** (Chem) / Stinkstoff m (Riechstoff mit kakosmophoren Gruppen) ‖ ~ **substance** (Chem) / Stinkstoff m (Riechstoff mit kakosmophoren Gruppen)
**malolactic fermentation** (Biochem) / Äpfelsäure-Milchsäure-Gärung f
**malonaldehyde** n (Chem) / Malondialdehyd m, Propandial n
**malonamide nitrile** (Chem) / Cyanoacetamid n, Zyanoazetamid n, Malonamidnitril n
**malonate** n (Chem) / Malonat n (Salz oder Ester der Malonsäure)
**malonic acid** (methanedicarboxylic acid)* (Chem) / Malonsäure f, Propandisäure f ‖ ~ **dialdehyde** (Chem) / Malondialdehyd m, Propandial n ‖ ~ **dinitrile** (Chem) / Malonsäuredinitril n, Malononitril n, Malondinitril n, Propandinitril n ‖ ~ **ester** (Chem) / Malonsäurediethylester m, Diethylmalonat n, Malonester m ‖ ~ **ester synthesis** (Chem) / Malonestersynthese f ‖ ~ **ester synthesis** (Chem) s. also Knoevenagel condensation ‖ ~ (acid) **mononitrile** (Chem) / Malonsäuremononitril n, Zyanoessigsäure f, Cyanoessigsäure f
**malononitrile** (Chem) / Malonsäuredinitril n, Malononitril n, Malondinitril n, Propandinitril n
**malonyl** n (Chem) / Malonyl n (Radikal der Malonsäure)
**malonylurea** n / Barbitursäure f (Malonylharnstoff, Pyrimidin-2,4,6-trion)
**maloperation** n (Eng, Instr) / Bedienungsfehler m, Handhabungsfehler m
**Malotte's metal** (Met) / Malotte-Legierung f (46,1% Bi, 34,2% Sn und 19,7% Pb)
**malster** n (Brew) / Mälzer m
**malt** v (Brew) / mälzen v, malzen v (aus Getreide Malz herstellen) ‖ ~ vi (Brew) / zu Malz werden ‖ ~ n (Brew) / Malz n (bis zu einem bestimmten Grad gekeimtes, danach gedarrtes Getreide, bes. Gerste) ‖ ~ (US) (Nut) / Malzmilchgetränk n ‖ ~ **amylase** (Biochem, Chem) / Malzamylase f (im Gerstenmalz vorkommendes amylolytisch wirkendes Enzym)
**maltase** n (Biochem, Chem) / Maltase f (in Bierhefe enthaltene Hydrolase), α-1,4-Glukosidase f (eine Disaccharidase), α-1,4-Glucosidase f
**malt barley** (Agric, Brew) / Malzgerste f ‖ ~ **beverage** (Nut) / Malzgetränk n (z.B. Bier) ‖ ~ **coffee** (Nut) / Malzkaffee m (Kaffee-Ersatz aus geröstetem Gerstenmalz) ‖ ~ **crusher** (Brew) / Malzquetsche f ‖ ~ **culm** (Brew, Nut) / Malzkeim m
**malted barley** (Brew) / Gerstenmalz n ‖ ~ **milk** (Nut) / Malzmilchgetränk n ‖ ~ **wheat** (Brew) / Weizenmalz n
**maltene** n (Chem) / Malten n (niedermolekularer Anteil des Bitumens), Petrolen n
**Malter effect** (Electronics) / Malter-Effekt m (Aufbau hoher elektrischer Spannungen durch Sekundärelektronenemission)
**Maltese cross** (Arch) / Johanniterkreuz n, Malteserkreuz n ‖ ≙ **cross*** (Cinema) / Malteserkreuzgetriebe n (ein Sperrgetriebe) ‖ ≙ **cross*** (Cinema) / Malteserkreuz n (bestehend aus Nuten und Sperrschuhen) ‖ ≙ **cross mechanism** (Cinema) / Malteserkreuzgetriebe n (ein Sperrgetriebe)
**malt extract** (Nut, Pharm) / Malzextrakt m n (Pulver oder Sirup aus Gerstenmalz)
**malt-floor** n (Brew) / Malztenne f, Tenne f
**maltha** n (GB) (Oils) / Erdteer m, Bergteer m (natürlicher, asphaltartiger Verdunstungsrest von Erdöl)
**malthenes*** pl (Oils) / Maltene n pl, Petrolene n pl (niedermolekularer Anteil des Bitumens)
**malthouse** n (Brew) / Mälzerei f (zu einer Brauerei gehörender Betrieb, in dem Malz hergestellt wird), Malzfabrik f
**Malthusianism** n (Ecol) / Malthusianismus m (Lehre von Thomas R. Malthus, 1766-1834, über das Bevölkerungswachstum)
**malting*** n (Brew) / Vermälzung f, Mälzen n, Mälzung f, Malzbereitung f, Malzherstellung f ‖ ~ **barley** (Brew) / Brauereigerste f, Braugerste f ‖ ~ **box** (Brew) / Keimkasten m (in der Mälzerei) ‖ ~ **loss** (Brew) / Mälzungsschwund m (durch die Atmungstätigkeit des Keimes und den Putzmalzabfall - bis zu 20%)
**maltings** n (Brew) / Mälzerei f (zu einer Brauerei gehörender Betrieb, in dem Malz hergestellt wird), Malzfabrik f
**maltitol** n (Chem, Nut) / Maltit m (Zuckeralkohol der Maltose - als Diabetikerzucker benutzt), Maltitol n
**malt kiln** (Brew) / Malzdarre f
**maltman** n (pl. maltmen) (Brew) / Mälzer m
**malt mill** (Brew, Nut) / Schrotmühle f (für Malz), Malzmühle f
**maltobiose*** n (Chem, Nut) / Maltose f (ein Disaccharid), Maltobiose f, Malzzucker m
**maltodextrin** n (Nut) / Maltodextrin n (heute als partieller Zucker- und Fettersatzstoff verwendet)
**maltol** n (Chem, Nut) / Maltol n (ein Pyron-Derivat, das z.B. beim Backen von Brot gebildet wird; auch als Geschmacksverstärker), Larixinsäure f
**maltopentose** n (Chem, Nut) / Maltopentose f (z.B. im Maissirup)
**maltose*** n (Chem, Nut) / Maltose f (ein Disaccharid), Maltobiose f, Malzzucker m ‖ ~ **figure** (Nut) / Maltosezahl f
**maltotetraose** n (Chem, Nut) / Maltotetraose n (z.B. im Maissirup)
**maltotriose** n (Chem, Nut) / Maltotriose f (z.B. im Maissirup)
**malt plough** (Brew) / Malzpflug m (zum Wenden von keimendem Malz) ‖ ~ **polisher** (Brew) / Malzpoliermaschine f ‖ ~ **sprouts** (Brew) / Malzkeime m pl
**maltster** n (Brew) / Mälzer m
**malt•-sugar*** n (Chem, Nut) / Maltose f (ein Disaccharid), Maltobiose f, Malzzucker m ‖ ~ **tails** (Brew) / Malzkeime m pl ‖ ~ **turner** (Brew) / Malzwender m ‖ ~ **turning device** (Brew) / Malzwender m
**maltulose** n (Chem, Nut) / Maltulose f (ein Disaccharid)
**malt vinegar** (Nut) / Malzessig m ‖ ~ **whiskey** (US) (Nut) / Malt Whisky m (schottischer Whisky aus über Torf- oder Kohlenrauch gedarrtem Gerstenmalz), Malzwhisky m ‖ ~ **whisky** (Nut) / Malt Whisky m (schottischer Whisky aus über Torf- oder Kohlenrauch gedarrtem Gerstenmalz), Malzwhisky m ‖ ~ **wort** (Brew) / Malzwürze f
**Malus' law*** (Optics) / Malus'scher Satz (nach E. L. Malus, 1775-1812) ‖ ≙ **law of rays** (Optics) / Malus'scher Satz (nach E. L. Malus, 1775-1812) ‖ ≙ **theorem** (Optics) / Malus'scher Satz (nach E. L. Malus, 1775-1812)
**malvalic acid** (Chem) / Malvaliasäure f
**malvidin** n (Chem) / Malvidin n (ein Farbstoff aus der Gruppe der Anthocyanidine) ‖ ~ **chloride** (Chem) / Primulidinchlorid n, Malvidinchlorid n, Oenidinchlorid n, Syringidinchlorid n
**mamelon** n (Geol) / kleine (vulkanische) Bodenerhebung mit rundem Top
**mamey** n (For) / Mammiapfel m (Mammea americana L.), Mameiapfel m
**mammato-cumulus** n (Meteor) / Mammatokumulus m (Kumulus mit sackartigen Ausbuchtungen)
**mammee** n (For) / Mammiapfel m (Mammea americana L.), Mameiapfel m ‖ ~ **apple** (For) / Mammiapfel m (Mammea americana L.), Mameiapfel m
**mammillary** adj (Min) / warzig adj, kugelig adj
**mammoth pump** (Hyd) / Mammutpumpe f (Drucklufheber), Mischluftwasserheber m, Druckluftheber m ‖ ~ **tree** (For) / Mammutbaum m (Sequioadendron giganteum (Lindl.) Buchholz - die einzige Art einer Gattung der Sumpfzypressengewächse), Sequoia f, Sequoie f
**mamu*** n (Nuc) / Tausendstelmasseeinheit f, TME (Tausendstelmasseeinheit)
**MAN** (Metropolitan Area Network) (Comp, Telecomm) / Metropolitan Area Network n (privates Netz mit einer Ausdehnung bis zu ca. 30 km /Stadtgebietsgröße/, obwohl auch Ausdehnungen bis hin in den Bereich von 150 km möglich sind), MAN (Metropolitan Area Network), Großstadtnetz n (ein regionales Netz - MAN)

**man**

**man** *n* (Ships) / Gast *m* (Person, die an Bord bestimmte Funktionen ausübt)
**manage** *v* (Comp) / verwalten *v*
**management** *n* (Agric) / Haltung *f* (von Tieren) ‖ ~ (Comp) / Verwaltung *f* ‖ ~ (Work Study) / Unternehmungsführung *f*, Management *n* ‖ ~ **and unions** / Tarifpartner *m pl* ‖ ~ **buy-in** (Work Study) / Buyin *n* (pl. -s) (Übernahme eines Unternehmens durch den Erwerb von Geschäftsanteilen von einem externen Manager oder Managementteam), Management-Buyin *n*, MBI (Management-Buyin) ‖ ~ **buy-out** (Work Study) / Buyout *n* (pl. -s) (Übernahme eines Unternehmens durch die eigene Geschäftsleitung), Management-Buyout *n*, MBO (Management-Buyout) ‖ ~ **domain** (in a message-handling system) (Telecomm) / Versorgungsbereich *m* ‖ ~ **game** (Comp) / Unternehmensspiel *n* (ein Planspiel) ‖ ~ **information base**\* (Comp) / Management-Informationsbank *f*, MIB *f* I\* ‖ ~ **information system** (Comp) / Managementinformationssystem *n*, MIS (Managementinformationssystem) ‖ ~ **library** (Comp) / Verwaltungsbibliothek *f* ‖ ~ **plane** (Telecomm) / Managementebene *f*
**manager** *n* (Eng) / Betriebsleiter *m* ‖ ~ (Work Study) / Führungskraft *f*
**manager/secretary station** (Teleph) / Chef-Sekretär-Anlage *f*, Chef-Sekretärin-Anlage *f*
**managing** *adj* / geschäftsführend *adj*
**man-and-lad drive** (Ships) / Vater-und-Sohn-Anlage *f* (ein Antriebsaggregat für Schiffe)
**man-and-machine chart** (Work Study) / Arbeitsplanungsbogen *m* (auf dem die Tätigkeiten von mehr als einem Arbeiter oder mehr als einem Betriebsmittel auf einer gemeinsamen Zeitskale aufgezeichnet sind)
**man cage** (Mining) / Seilfahrtkorb *m* ‖ ~ **car** (Mining) / Personenwagen *m* (für Mannschaftsförderung)
**man-carrying platform** (Eng) / Arbeitsgerüst *n* (DIN 4420)
**Manchester encoding**\* (a binary encoding technique in which each bit period is divided in half by a transition whose direction determines the value of the bit) (Comp) / Manchesterkodierung *f*, Manchestercodierung *f* ‖ ≃ **goods** (GB) (Textiles) / Baumwollwaren *f pl* ‖ ≃ **plate** (Elec Eng) / Röllchenelektrode *f*, Wickelelektrode *f* ‖ ≃ **velvet** (Textiles) / Manchester *m*, Manchestersamt *m*, Manchesterstoff *m* (ein breitgerippter Kordsamt) ‖ ≃ **velvet** (light) (Textiles) / Schnürlsamt *m* (leichter Kordsamt) ‖ ≃ **yellow**\* (Chem) / Martiusgelb *n*, Manchestergelb *n*, Naphthalingelb *n* (ein Naphtholfarbstoff)
**mandarin oil** (Nut) / Mandarinenöl *n*, Mandarinenschalenöl *n*
**mandarin oil** (Nut) / Mandarinenöl *n*, Mandarinenschalenöl *n*
**mandatory** *adj* / vorgeschrieben *adj*, zwingend *adj*, obligatorisch *adj*, verbindlich *adj*, Pflicht-, Muss- ‖ ~ **field** (Comp) / Mussfeld *n* (Nutzdatenfeld, das unbedingt ausgefüllt werden muss) ‖ ~ **instruction** (Comp) / Muss-Anweisung *f* ‖ ~ **sign** (Autos) / Gebotszeichen *n*
**mandelate** *n* (Chem) / Mandelat *n* (Salz oder Ester der Mandelsäure)
**Mandelbrot set** (a particularly famous fractal) (Maths) / Mandelbrot-Menge *f* (nach B. Mandelbrot, geb. 1924)
**mandelic acid**\* (Chem) / Mandelsäure *f*, Phenylglykolsäure *f* ‖ ≃ **acid nitrile** (Chem) / Mandelsäurenitril *n*
**mandelonitrile** *n* (Chem) / Mandelsäurenitril *n*
**Mandelshtam effect** (Phys) / Brillouin-Streuung *f* (von Licht an akustischen Phononen in Festkörpern und Flüssigkeiten) ‖ ≃ **representation** (Nuc) / Mandelštam-Darstellung *f* (analytische Matrix-Theorie nach L.I. Mandelštam, 1879-1944)
**mandrel**\* *n* (Eng) / Spanndorn *m* (Vorrichtung zur Aufnahme und Befestigung von Werkzeugen oder Werkstücken in ihren zylindrischen Bohrungen), Dorn *m* ‖ ~ (in bend testing) (Eng, Materials) / Stützdorn *m* (beim Biegen), Biegedorn *m* ‖ ~\* (Eng, Met) / Dorn *m* (pl. Dorne) ‖ ~ (in Glass) / Pfeife *f* (rotierende - bei Danner oder Philipps) ‖ ~ (inner tool for rolling or drawing) (Met) / Stopfen *m* (Innenwerkzeug bei der Herstellung nahtloser Rohre durch Walzen oder Ziehen und beim Nachziehen geschweißter Rohre), Dorn *m* ‖ ~\* (Met) / Dorn *m* (pl. Dorne), Dornstange *f* (mit dem verdickten Stopfen - auf dem Stopfenwalzwerk) ‖ ~ (Paint) / Dorn *m* (für den Dornbiegeversuch nach DIN 53152) ‖ ~ **bar** (Met) / Dornstange *f*, Stopfenstange *f* (die beim Walzen oder Ziehen nahtloser Rohre und beim Nachziehen geschweißter Rohre den Stopfen als Innenwerkzeug im Walzspalt bzw. im Ziehwerkzeug hält) ‖ ~ **bend test** (Materials, Paint) / Dornbiegeversuch *m* (nach DIN 53152) ‖ ~ **extractor** (Met) / Dornausziehmaschine *f* ‖ ~ **friction force** (Met) / Dornzugkraft *f* (Reibkraft, die während des Pressens infolge der Relativbewegung zwischen dem Presswerkstoff und dem Dornschaft auf den Dorn wirkt) ‖ ~ **movement** (Plastics) / Blasdornbewegung *f* ‖ ~ **press** (Eng) / Dornpresse *f* ‖ ~ **reeler** (Met) / Dornglättwalzwerk *n* ‖ ~ **release** (Met) / Dornfreigabe *f* ‖ ~ **tube-rolling mill** (Met) / Konti-Rohrwalzwerk *n*, kontinuierliches Rohrwalzwerk

**mandril**\* *n* (Eng) / Spanndorn *m* (Vorrichtung zur Aufnahme und Befestigung von Werkzeugen oder Werkstücken in ihren zylindrischen Bohrungen), Dorn *m* ‖ ~ (Eng, Met) / Dorn *m* (pl. Dorne) ‖ ~\* (Met) / Dorn *m* (pl. Dorne), Dornstange *f* (mit dem verdickten Stopfen - auf dem Stopfenwalzwerk)
**maneb** *n* (Chem) / Maneb (Mangansalz der Ethylen-bis-Dithiokarbamidsäure - ein Fungizid)
**Manebach law** (Crystal) / Manebacher Gesetz *n* ‖ ≃ **twin law** (Crystal) / Manebacher Gesetz *n*
**maneuver** *v* (US) (Autos) / rangieren *v* (ein Fahrzeug) ‖ ~ *n* (US) (Aero) / Flugmanöver *n*
**maneuver(US)** *n* (Aero, Ships) / Manöver *n*
**maneuver** *n* (US) (Autos) / Rangieren *n* (des Fahrzeugs)
**mangabeira rubber** / Mangabeirakautschuk *m* (aus Hancornia speciosa Gomez)
**manganate(VI)** (Chem) / Manganat(VI) *n*, Tetraoxomanganat(VI) (grünes Salz der hypothetischen Mangansäure)
**manganate**\* *n* (Chem) / Manganat *n* (im Allgemeinen - farbiges Salz der hypothetischen Mangansäuren) ‖ ~ **(VII)** *n* (Chem) / Permanganat *n*, Manganat(VII) *n*, Tetraoxomanganat(VII) *n* ‖ ~ **(IV)** ($Mn_2O_5$) (Chem) / Manganat(IV) *n*, Pentaoxodimanganat(IV) *n* (braunes Salz der hypothetischen Mangansäure)
**manganate(VI) ion** (Chem) / Manganat(VI)-Ion *n*
**manganate(VII) ion** (Chem) / Manganat(VII)-Ion *n*
**manganblende**\* *n* (Min) / Alabandin *m*, Manganblende *f*
**manganepidote**\* *n* (Min) / Piemontit *m* (manganhaltiger Epidot)
**manganese**\* *n* (Chem) / Mangan *n*, Mn (Mangan)
**manganese(III) acetate** (Agric, Chem, Textiles) / Mangan(III)-azetat *n*, Mangan(III)-acetat *n* (meistens Tetrahydrat)
**manganese • (II) acetate** (Chem, Leather, Paint, Textiles) / Mangan(II)-azetat *n*, Mangan(II)-acetat *n* (meistens Tetrahydrat) ‖ ~ **additive** (Fuels) / Manganadditiv *n* (in Partikelfiltern an Dieselmotoren) ‖ ~ **alloy**\* (Met) / Manganlegierung *f* ‖ ~ **binoxide** (Chem) / Mangan(IV)-oxid *n*, Mangandioxid *n* ‖ ~ **bister** (Paint) / Manganbraun *n*, Mineralbister *m n*, Manganbister *m m*, Bisterbraun *n* (als schwarzbraune Malerfarbe verwendetes Mangan(III)-oxid-Hydrat) ‖ ~ **black** / Manganschwarz *n*, Zementschwarz *n* (als billiges Farbpigment verwendetes Mangandioxid) ‖ ~ **blue** (Build, Paint, Plastics) / Manganblau *n*, Zementblau *n* ‖ ~ **borate** (Chem) / Mangan(II)-borat *n* ‖ ~ **bronze**\* (Elec Eng, Met) / Manganbronze *f* (Cu-Mn-Legierung mit maximal 15% Mn) ‖ ~ **brown** (manganese(III) oxide hydroxide) (Paint) / Manganbraun *n*, Mineralbister *m n*, Manganbister *m m*, Bisterbraun *n* (als schwarzbraune Malerfarbe verwendetes Mangan(III)-oxid-Hydrat) ‖ ~ **(II) carbonate** (Chem) / Mangan(II)-karbonat *n*, Mangan(II)-carbonat *n* ‖ ~ **carbonyl** (Chem) / Mangankarbonyl *n*, Mangancarbonyl *n* (ein Metallcarbonyl) ‖ ~ **(II) chloride** (Chem) / Mangan(II)-chlorid *n* (meistens Tetrahydrat) ‖ ~ **dioxide**\* (Chem) / Mangan(IV)-oxid *n*, Mangandioxid *n* ‖ ~ **dioxide**\* (Min) / ein Mineral der Braunsteingruppe (wie z.B. Pyrolusit oder Manganomelane) ‖ ~ **enzyme** (Biochem) / manganhaltiges Enzym *n* ‖ ~ **epidote**\* (Min) / Piemontit *m* (manganhaltiger Epidot) ‖ ~ **(II) ethanoate** (Chem, Leather, Paint, Textiles) / Mangan(II)-azetat *n*, Mangan(II)-acetat *n* (meistens Tetrahydrat) ‖ ~ **garnet**\* (Min) / Spessartin *m* (ein orangegelber bis braunroter Granat) ‖ ~ **green** (Paint) / Kasseler Grün, Mangangrün *n* (Bariummanganat(VI)), Rosenstiehls Grün (Bariummanganat(VI)), Kassler Grün ‖ ~ **heptoxide**\* (Chem) / Dimanganheptoxid *n* ($Mn_2O_7$), Mangan(VII)-oxid *n*, Manganheptoxid *n* ‖ ~ **hopeite** (Min) / Manganhopeit *m* ‖ ~ **linoleate** (Chem, Paint) / Manganlinoleat *n* (ein wichtiger Trockenstoff) ‖ ~ **naphthenate** (Chem) / Mangannaphthenat *n* ‖ ~ **nodules**\* (Geol, Ocean) / Manganknollen *f pl* (mariner Erzbergbau) ‖ ~ **oleate** (Chem) / Mangan(II)-oleat *n* ‖ ~ **oxalate** (Chem) / Mangan(II)-oxalat *n* (Dihydrat) ‖ ~ **(II) oxide**\* (Chem) / Mangan(II)-oxid *n* ‖ ~ **(II, III) oxide** (Chem) / rotes Manganoxid, Mangan(II,III)-oxid *n*, Trimangantetroxid *n* (in der Natur als Hausmannit) ‖ ~ **(III) oxide** ($Mn_2O_3$) (Chem) / Dimangantrioxid *n*, Mangansesquioxid *n*, Mangan(III)-oxid *n* ‖ ~ **(IV) oxide**\* ($MnO_2$) (Chem) / Mangan(IV)-oxid *n*, Mangandioxid *n* ‖ ~ **(VII) oxide**\* (Chem) / Dimanganheptoxid *n* ($Mn_2O_7$), Mangan(VII)-oxid *n*, Manganheptoxid *n* ‖ ~ **phosphate** (Chem) / Manganphosphat *n* (im Allgemeinen) ‖ ~ **protein** (Biochem) / Manganprotein *n* ‖ ~ **resinate** (Chem, Paint) / Manganresinat *n* ‖ ~ **sesquioxide** (Chem) / Dimangantrioxid *n*, Mangansesquioxid *n*, Mangan(III)-oxid *n* ‖ ~ **spar**\* (Min) / Himbeerspat *m*, Rhodochrosit *m*, Manganspat *m* (Mangan(II)-karbonat) ‖ ~ **steel**\* (Met) / Manganstahl *m* (ein verschleißfester Stahl mit 6-15 % Mn) ‖ ~ **(II) sulphate** (Chem) / Mangan(II)-sulfat *n* ($MnSO_4$) ‖ ~ **(III) sulphate** (Chem) / Mangan(III)-sulfat *n* ($Mn_2(SO_4)_3$) ‖ ~ **violet** (Paint) / Manganviolett *n*, Nürnberger Violett, Mineralviolett *n*

**manganic** *adj* (Chem) / Mangan-, Mangan(III)-, Mangani- || **~ acid** (Chem) / Mangansäure $f$ ($H_2MnO_4$) (eine Oxosäure)
**manganic(VII) acid**\* (Chem) / Permangansäure $f$, Mangan(VII)-säure $f$
**manganic oxide** (Chem) / Dimangantrioxid $n$, Mangansesquioxid $n$, Mangan(III)-oxid $n$
**manganiferous** *adj* / manganhaltig *adj*, manganführend *adj*
**manganin**\* $n$ (Elec Eng, Met) / Manganin $n$ (Widerstandslegierung mit 12%-14% Mn, 3%-5% Ni, Rest Kupfer)
**manganise** $v$ (GB) (Met) / manganieren $v$ (die Randschicht anreichern)
**manganite** (Chem) / Manganat(IV) $n$, Pentaoxodimanganat(IV) $n$ (braunes Salz der hypothetischen Mangansäure) || **~**\* (Min) / Manganit $m$ (Mangan(III)-hydroxid, Braunmanganerz $n$)
**manganize** $v$ (Met) / manganieren $v$ (die Randschicht anreichern)
**manganolangbeinite** $n$ (Min) / Manganolangbeinit $m$ (am Vesuv entdecktes, mit Langbeinit isotypes Mineral)
**mangano-manganic oxide**\* ($Mn_3O_4$) (Chem) / rotes Manganoxid, Mangan(II,III)-oxid $n$, Trimangantetroxid $n$ (in der Natur als Hausmannit)
**manganomelane** $n$ (Min) / Weichbraunstein $m$, Manganomelan $m$ (aus kolloidalen Lösungen ausgeschiedenes Mangandioxidmineral)
**manganometry** $n$ (Chem) / Manganometrie $f$, Permanganometrie $f$ (eine oxidimetrische Methode der Maßanalyse)
**manganophyllite**\* $n$ (Min) / Manganophyllit $m$ (Abart von Biotit)
**manganosis** $n$ (Chem, Med) / Manganose $f$ (Vergiftung durch Aufnahme von manganhaltigen Stäuben und Dämpfen), Manganintoxikation $f$
**manganosite**\* $n$ (Min) / Manganosit $m$
**manganous** *adj* (Chem) / Mangan(II)-, Mangan-, Mangano- || **~ bromide** (Chem) / Mangan(II)-bromid $n$ || **~ oxide**\* (Chem) / Mangan(II)-oxid $n$ || **~ sulphate** (Chem) / Mangan(II)-sulfat $n$ ($MnSO_4$)
**mangel** $n$ (Agric) / Mangold $m$ (Beta vulgaris L. - mit verschiedenen Unterarten), Runkelrübe $f$
**mangel-wurzel** $n$ (Agric) / Mangold $m$ (Beta vulgaris L. - mit verschiedenen Unterarten), Runkelrübe $f$
**manger** $n$ (Agric) / Futterkrippe $f$, Krippe $f$ || **~** (Agric) / Futtertrog $m$, Barren $m$ (Futtertrog der Rinder)
**Mangin mirror** (Optics) / Mangin-Spiegel $m$
**mangle** $v$ (Textiles) / mangeln $v$ (Wäsche) || **~** $n$ (Ceramics) / einfacher Trockenraum (der sich oberhalb des Brennofens befindet) || **~**\* (Textiles) / Mangel $f$, Mange $f$, Quetschmaschine $f$ (DIN 64950)
**mangold** $n$ (Agric) / Mangold $m$ (Beta vulgaris L. - mit verschiedenen Unterarten), Runkelrübe $f$
**mangrove** $n$ (Bot, Ecol) / Mangrovewald $m$, Mangrovenwald $m$ || **~** (Bot, For, Leather) / Mangrovebaum $m$ (Rhizophora sp.) || **~** (Bot, For, Leather) / Manglebaum $m$ (Rhizophora mangle L.) || **~** (Leather) / Cutchextrakt $m$ $n$ (Gerbstoffextrakt aus der Mangrovenrinde), Mangrovenrindenextrakt $m$ $n$ || **~ bark** / Mangrovenrinde $f$ (aus der Rhizophora mangle L.), Manglerinde $f$ || **~ swamp** (Geog) / Mangrovesumpf $m$
**manhead** $n$ (Eng) / Einstiegöffnung $f$, Einsteigöffnung $f$, Einsteigluke $f$, Mannloch $n$
**man-hoisting** $n$ (Mining) / Seilfahrt $f$ (Fördern von Personen im Schacht mittels Förderkorb)
**man-hoist shaft** (Mining) / Seilfahrtschacht $m$
**manhole** $n$ (Eng) / Einstiegschacht $m$, Kontrollschacht $m$, Revisionsschacht $m$, Prüfschacht $m$, Kontrollgang $m$ (ein Schacht) || **~** (Eng) / Einstiegöffnung $f$, Einsteigöffnung $f$, Einsteigluke $f$, Mannloch $n$ || **~ cover** (Build, Civ Eng) / Schachtdeckel $m$ (des Revisionsschachtes) || **~ cover** (Eng) / Einsteigschachtdeckel $m$, Kontrollschachtdeckel $m$ || **~ head** (Eng) / Einsteigschachtdeckel $m$, Kontrollschachtdeckel $m$ || **~ ring** (Eng) / Mannlochversteifung $f$ (kreisförmige) || **~ with steps** (Eng) / Steigeingang $m$
**man-hour** $n$ (Work Study) / Mann-Stunde $f$, Mannstunde $f$, Arbeitsstunde $f$
**manifest** $n$ (Ships) / Manifest $n$ (vom Agenten oder Makler im Auftrage des Reeders ausgestelltes Ladungsdokument)
**manifestation of corrosion** (Surf) / Korrosionserscheinung $f$ (typisiertes Ergebnis eines Korrosionsvorganges) || **~ time** (Ecol) / Manifestationszeit $f$ (zwischen Giftberührung und dem ersten Auftreten eindeutiger Schädigung)
**manifold** $n$ (Autos) / Krümmer $m$ || **~**\* (Eng) / Sammelrohr $n$, Sammelleitung $f$ || **~**\* (Eng) / Rohrverteiler $m$, Verteilungsrohr $n$, Verteilerstück $n$ (ein Rohrstück), Verteiler $m$ (ein Rohrstück) || **~**\* (I C Engs) / Ladeleitung $f$ || **~**\* (Maths) / Mannigfaltigkeit $f$ || **~** (Oils) / Manifold $n$ (Rohrleitungen mit Schiebern) || **~** (Plastics) / Verteiler $m$ (beim Extrudieren)
**manifold-absolute-pressure sensor** (Autos) / MAP-Sensor $m$ (mit typischem Messbereich von 0,2 bis 1,1 bar)
**manifold paper** (US) (Paper) / Durchschlagpapier $n$ || **~ pressure**\* (Autos) / Ansaugunterdruck $m$ || **~ valve** (Oils) / Manifold-Ventil $n$ (Rückschlagventil in dem Rohrleitungssystem eines Tankers)
**manihot** $n$ (Bot) / Manihot $m$ (Manihot Mill. sp.)

**manila** $n$ / Manilakopal $m$ (Harz des Dammarabaumes - Agathis philippinensis Warb.) || **~**\* (Bot, Textiles) / Abakafaser $f$ (eine Hartfaser), Manilafaser $f$, Musafaser $f$, Abacá $m$, Abaka $m$ (Spinnfaser der Faserbanane), Manilahanffaser $f$ (Faserbündel aus den Blattscheiden der Musa textilis), Pisanghanffaser $f$ || **~** $n$ (Paper) / Manilapapier $n$ || **~** (Paper) / Manilapapier $n$ || **≏ copal** / Manilakopal $m$ (Harz des Dammarabaumes - Agathis philippinensis Warb.) || **≏ elemi** / Manila-Elemi $n$ (natürliches Harz des Canarium luzonicum) || **≏ hemp** (Bot, Textiles) / Abakafaser $f$ (eine Hartfaser), Manilafaser $f$, Musafaser $f$, Abacá $m$, Abaka $m$ (Spinnfaser der Faserbanane), Manilahanffaser $f$ (Faserbündel aus den Blattscheiden der Musa textilis), Pisanghanffaser $f$ || **≏ maguey** (Textiles) / Maguey-Faser $f$ (aus der Agave cantala (Haw.) Roxb.) || **≏ padouk** (For) / Manila-Padouk $n$ (Holz des Pterocarpus indicus Willd.), Amboyna $n$ || **≏ paper** (Paper) / Manilapapier $n$ || **≏ resin** / Manilakopal $m$ (Harz des Dammarabaumes - Agathis philippinensis Warb.) || **≏ rope** / Manilaseil $n$ (DIN 83 322) || **≏ rope** / Hanfseil $n$ (DIN 83 325)
**manilla** $n$ (Bot, Textiles) / Abakafaser $f$ (eine Hartfaser), Manilafaser $f$, Musafaser $f$, Abacá $m$, Abaka $m$ (Spinnfaser der Faserbanane), Manilahanffaser $f$ (Faserbündel aus den Blattscheiden der Musa textilis), Pisanghanffaser $f$
**man-in-the loop system** (Comp) / Man-in-the-Loop-System $n$ (interaktive Simulation mit Echtzeitanforderungen)
**manioc** $n$ (Bot) / Maniok $m$ (Manihot esculenta Crantz), Kassawa $f$, Cassawa $f$, Kassave $f$, Mandioka $f$ || **~** (Nut) / Maniokmehl $n$, Tapioka $f$ (teilverkleisterte gereinigte Stärke aus Maniokwurzeln - Manihot esculenta Crantz), Kassawamehl $n$
**manioca** $n$ (Bot) / Maniok $m$ (Manihot esculenta Crantz), Kassawa $f$, Cassawa $f$, Kassave $f$, Mandioka $f$
**manipulated variable** (in a process designed to regulate some condition, a quantity or condition that is altered by the control in order to initiate a change in the value of the regulated condition) (Automation) / Stellgröße $f$ (DIN 19226)
**manipulation** $n$ (Comp, Eng) / Bedienung $f$, Betätigung $f$ (Bedienung), Operating $n$ || **~ language** (Comp) / Manipulationssprache $f$ || **~ of blowpipe** (Welding) / Brennerführung $f$ || **~ of torch** (Welding) / Brennerführung $f$ || **~ virus** (Comp) / manipulierender Virus, verändernder Virus
**manipulative error** (Eng, Instr) / Bedienungsfehler $m$, Handhabungsfehler $m$
**manipulator**\* $n$ (Eng, Nuc Eng) / Manipulator $m$ (eine Vorrichtung, mit deren Hilfe mechanische Arbeiten an außerhalb der normalen Reichweite liegenden Gegenständen oder hinter Strahlenschutz ausgeführt werden können) || **~ language** (Comp) / problemorientierte Sprache für Industrieroboter (von der Firma IBM entwickelt)
**maniu** $n$ (For) / Maniu $n$ (Holz des Dacrydium Lamb.)
**Mänle reaction** / Mänle-Reaktion $f$ (Farbreaktion zum Nachweis von Lignin)
**man lock** (Civ Eng) / Luftschleuse $f$ (für Personen)
**man-machine communication** (AI) / Mensch-Maschine-Kommunikation $f$, Mensch-Computer-Kommunikation $f$, MCK || **~ communication** / Kommunikation $f$ Mensch-Maschine || **~ dialogue** (AI) / Mensch-Maschine-Dialog $m$ || **~ interaction** (AI, Comp) / Mensch-Maschine-Interaktion $f$, Mensch-Computer-Interaktion $f$, MCI || **~ interface** (AI, Comp) / Mensch-Maschine-Schnittstelle $f$ (bei der Mensch-Maschine-Kommunikation), Mensch-Computer-Schnittstelle $f$ || **~ language** (AI) / Mensch-Maschine-Sprache $f$ || **~ mix** (Meteor) / Man-Machine-Mix $m$
**man-made** *adj* / künstlich *adj* || **~ board** (For, Join) / Holzplatte $f$ (Span-, Faser-, Verbundplatte und Sperrholz), Holzwerkstoffplatte $f$ || **~ disease** (Med) / Zivilisationskrankheit $f$ || **~ earthquake** (Geol, Geophys) / anthropogen verursachtes Erdbeben, ein durch menschliche Eingriffe in die Natur verursachtes Erdbeben, Erdbeben $n$ nach einem menschlichen Eingriff || **~ element** (Chem) / künstliches chemisches Element, künstlich darstellbares chemisches Element (Technetium + Promethium + Transurane) || **~ exposure** (Nuc, Radiol) / zivilisatorische Strahlenexposition $f$ || **~ fibres**\* (Textiles) / Chemiefasern $f$ $pl$ (DIN 60001) || **~ interference** (Telecomm) / Störung $f$ durch elektrische Geräte || **~ island** / künstliche Insel $f$ || **~ lake** (Hyd Eng) / künstlicher See (z.B. ein Baggersee oder ein Stausee) || **~ landscape** (Ecol) / Landschaft $f$ aus Menschenhand (von Menschen gestaltete oder verunstaltete Landschaft), Kulturlandschaft $f$ (Anthropogaea nach DIN 4047-1) || **~ mineral fibre** / künstliche Mineralfaser, KMF (künstliche Mineralfaser) || **~ moon** (Astron) / künstlicher Satellit || **~ noise** (Radio) / technische Funkstörung (alle Störungen, die von Geräten/Maschinen ausgehen), künstlich erzeugtes Störsignal || **~ pollutant** (Ecol) / vom Menschen produzierter Schadstoff || **~**

**manna**

**radiation** (Radiol) / künstliche Strahlung (als Gegensatz zur natürlichen Strahlung)
**manna*** n / Manna n f (Ausscheidungsprodukt der Mannaesche oder der Mannaflechte) ‖ ~ **ash** (For) / Blumenesche f (Fraxinus ornus L.), Mannaesche f
**mannan*** n (Chem) / Mannan n (eine Polyose, die aus Mannoseeinheiten aufgebaut ist)
**manned** adj (Aero, Ships, Space) / bemannt adj ‖ ~ **face** (Mining) / belegter Abbau, belegter Streb ‖ ~ **operation** (Comp, Telecomm) / bedienter Betrieb ‖ ~ **orbiting laboratory** (Space) / bemanntes Laboratorium in einer (Erd)Umlaufbahn ‖ ~ **orbiting research laboratory** (Space) / bemanntes Forschungslaboratorium in einer (Erd)umlaufbahn ‖ ~ **space flight*** (Space) / bemannter Raumflug ‖ ~ **space flight*** (Space) s. also staffed flight
**Mannerism*** n (Arch) / Manierismus m (eine Stilrichtung zwischen Renaissance und Barock)
**Mannesmann piercing*** (Met) / Mannesmann-Verfahren n (ein Schrägwalzverfahren zur Herstellung nahtloser Rohre, nach den Erfindern, den Gebrüdern M. Mannesmann (1857-1915), und R. Mannesmann (1856-1922) benannt) ‖ ≏ **process*** (Met) / Mannesmann-Verfahren n (ein Schrägwalzverfahren zur Herstellung nahtloser Rohre, nach den Erfindern, den Gebrüdern M. Mannesmann (1857-1915), und R. Mannesmann (1856-1922) benannt) ‖ ≏ **process*** (Met) s. also cross-rolling mill and tube drawing
**Mannheim gold** / Mannheimer Gold (eine Kupfer-Zink-Zinn-Legierung mit etwa 15% Zn und 5% Sn)
**Mannich condensation reaction** (Chem) / Mannich-Reaktion f (eine Aminoalkylierung von Karbonylverbindungen und anderen CH-aciden Verbindungen durch Kondensation - nach C.F.U. Mannich, 1877-1947) ‖ ≏ **reaction** (Chem) / Mannich-Reaktion f (eine Aminoalkylierung von Karbonylverbindungen und anderen CH-aciden Verbindungen durch Kondensation - nach C.F.U. Mannich, 1877-1947)
**manning** n (Ships) / Bemannung f (als Tätigkeit)
**mannite** n (Chem, Nut) / Mannit m (E 421 - ein Alditol), Mannazucker m, Mannitol n (ein optisch aktiver, sechswertiger, süß schmeckender Alkohol)
**mannitol*** n (Chem, Nut) / Mannit m (E 421 - ein Alditol), Mannazucker m, Mannitol n (ein optisch aktiver, sechswertiger, süß schmeckender Alkohol) ‖ ~ **hexanitrate** (Chem) / Mannithexanitrat n, Mannitolhexanitrat n, MHN (Mannithexanitrat), Hexanitromannit m, Nitromannit m
**mannogalactan** n (Chem) / Galactomannan n ( ein Heteropolysaccharid), Galaktomannan n (Reservepolysaccharid aus den Samen der Hülsenfrüchte)
**mannosan*** n (Chem) / Mannan n (eine Polyose, die aus Mannoseeinheiten aufgebaut ist)
**mannose*** n (Chem, Nut) / Seminose f, Mannose f (zu den Aldosen gehörende Hexose), Carubinose f, Karubinose f, Man (Mannose)
**mannuronic acid** (Chem) / Mannuronsäure f
**Mann-Whitney U-test** (Stats) / Mann-Whitney-Test m (ein Signifikanztest), U-Test m (ein Signifikanztest zur Prüfung der Hypothese, dass zwei unabhängig voneinander gewonnene Stichproben aus ein und derselben Grundgesamtheit entstammen), Wilcoxon-Test m (nach F. Wilcoxon, 1892 - 1965)
**manoeuvrability** n (Autos) / Wendigkeit f (eines Fahrzeugs) ‖ ~ (Nav) / Manövrierfähigkeit f
**manoeuvrable** adj / manövrierfähig adj ‖ ~ (Mil) / führig f (Waffe) ‖ ~ **antiradar vehicle** (Mil) / manövrierfähiges Antiradarfahrzeug (für die militärische Raumfahrt), ballistischer Flugkörper mit MARV-Technik
**manoeuvre** v (Autos) / rangieren v (ein Fahrzeug) ‖ ~ (Aero) / Flugmanöver n ‖ ~ (Aero, Ships) / Manöver n ‖ ~ (Autos) / Rangieren n (des Fahrzeugs) ‖ ~ **computer** (Aero) / Manöverrechner m
**manoeuvre-load control** (Aero) / Manöverlaststeuerung f
**manoeuvring ability** (Autos) / Wendigkeit f (eines Fahrzeugs) ‖ ~ **ability** (Nav) / Manövrierfähigkeit f ‖ ~ **aid** (Ships) / Manövrierhilfe f ‖ ~ **area** (Aero, Mil) / Rollfeld n (Teil eines Flugplatzes, der für Starts und Landungen sowie für die damit verbundenen Rollbewegungen von Luftfahrzeugen zu benutzen ist) ‖ ~ **load** (Aero) / Belastung f aus gewollter Flugbewegung ‖ ~ **parameters** (Ships) / Manövrierkennwerte m pl ‖ ~ **rocket** (Space) / Steuerrakete f ‖ ~ **valve** (Aero) / Manövrierventil n (des Ballons)
**man-of-war** n (pl. men-of-war) (Ships) / Kriegsschiff n
**manometer*** n (Phys) / Manometer n, Druckmesser m
**manometric** adj (Phys) / manometrisch adj ‖ ~ **flame** (Phys) / schallempfindliche Flamme, schallbeeinflusste Flamme (die Schallwellen treffen auf eine Membran)
**manometry** n (Phys) / Druckmessung f
**manool** n (Chem) / Manool n (ein bizyklisches Diterpen)
**manostat*** n (Phys) / Manostat m (zum Konstanthalten von Druck), Druckhalter m

**man-portable air-defence system** (Mil) / Fliegerfaust f
**man-powered aircraft** (Aero) / Muskelkraftflugzeug n
**manpower requirement** (Work Study) / Personalbedarf m ‖ ~ **shortage** / Arbeitskräftemangel m, Personalmangel m
**man-riding*** n (Mining) / Seilfahrt f (Fördern von Personen im Schacht mittels Förderkorb), Mannschaftsfahrung f
**mansard dormer window** (Build) / Mansardenfenster n ‖ ~ **roof*** (Build) / Mansarddach n (geknicktes Dach mit steilerer Neigung im unteren Teil), Mansardendach n (das eine Dachwohnung enthält) ‖ ~ **roof** (Build) / Mansardwalmdach n ‖ ~ **roof*** (gabled) (GB) (Build) / Mansardgiebeldach n
**Mansbridge capacitor** (Elec Eng) / selbstheilender Kondensator (wenn keine Energiezufuhr von außen notwendig ist)
**man shaft** (Mining) / Seilfahrtschacht m
**man-size** attr (Civ Eng) / begehbar adj (z.B. Kanal)
**mantelpiece** n (ornamental structure and frame around a fireplace-opening, including the shelf, concealing the mantel and structure) (Build) / gestaltete Kamineinfassung ‖ ~ (Build) / Kaminsims m, Kaminablagebank f
**mantelshelf** n (Build) / Kaminsims m, Kaminablagebank f
**mantel tree*** (Build) / Kaminsims m, Kaminablagebank f
**mantissa** n (Comp) / Mantisse f (in der Gleitpunktrechnung DIN 44300) ‖ ~* (Maths) / Mantisse f (die hinter dem Komma eines Logarithmus stehenden Ziffern)
**mantle** n (Arch) / äußere Mauerschale, Mauermantel m ‖ ~* (Geol) / Erdmantel m, Mantel m (Erdmantel) ‖ ~ (Geol) / Regolith m (unverfestigtes Material über dem Anstehenden) ‖ ~* (Met) / Mantel m
**mantled gneiss dome*** (Geol) / ummantelter Gneisdom
**mantlerock** n (Geol) / Regolith m (unverfestigtes Material über dem Anstehenden)
**Mantoux test*** (Med) / Mantoux-Reaktion f (intrakutane Tuberkulinreaktion)
**manual** n / Leitfaden m (kurzgefasste Darstellung), Handbuch n (z.B. Wartungs-) ‖ ~ adj (Eng) / handbetrieben adj, handbetätigt adj, Hand-, mit Handantrieb, manuell adj, handbedient adj ‖ ~ **answering service** (Telecomm) / Dienstplatz m (ISDN) ‖ ~ **arc welding** (Welding) / Lichtbogenhandschweißen n (DIN 1910, T 2), LBH-Schweißen n, E-Schweißen n ‖ ~ **call point** (BS 4422-4) (Civ Eng) / Handfeuermelder m, nicht automatischer Brandmelder ‖ ~ **camera** (Photog) / nichtautomatische Kamera (bei der keine Bedienungsfunktionen automatisiert sind) ‖ ~ **control** (Automation, Eng) / Handregelung f ‖ ~ **control** (Eng) / Handbedienung f, Bedienung f von Hand, Steuerung f von Hand, Handsteuerung f
**manual-crank window** (Autos) / Handkurbelfenster f
**manual cutting-blowpipe** (Eng, Welding) / Handschneidbrenner m ‖ ~ **debarker** (For) / Handentrinder m (z.B. Römer-REB-Entrinder) ‖ ~ **fire alarm call point** (BS 4422-4) (Civ Eng) / Handfeuermelder m, nicht automatischer Brandmelder ‖ ~ **fire alarm device** (ISO 8421-3) (Civ Eng) / Handfeuermelder m, nicht automatischer Brandmelder ‖ ~ **four-wheel drive selection** (Autos) / manuelle Zuschaltung des Allradantriebs ‖ ~ **gearbox** (Autos) / Schaltgetriebe n (handgeschaltetes), mechanisches Getriebe (handgeschaltet) ‖ ~ **gearbox** (Autos) / Handschaltgetriebe n, Schaltgetriebe n ‖ ~ **input** (Comp) / manuelle Eingabe (von Hand), Konsoleingabe f, Handeingabe f ‖ ~ **kerning** (Comp, Typog) / manuelles Unterschneiden ‖ ~ **labour** (Work Study) / manuelle Arbeit, Handarbeit f (als Tätigkeit) ‖ ~ **link** (Comp, Telecomm) / manuelle Verknüpfung (DDE-Verbindung, bei der alle Aktivitäten vom Clientprogramm ausgehen; der Server bleibt passiv), kalte Verbindung
**manually operated** (Eng) / handbetrieben adj, handbetätigt adj, Hand-, mit Handantrieb, manuell adj, handbedient adj ‖ ~ **operated crane** / Handlaufkran m ‖ ~ **operated parachute** (Aero, Mil) / Fallschirm m mit manueller Öffnung, manueller Fallschirm ‖ ~ **put-through** (Teleph) / handvermittelt adj (Gespräch), platzvermittelt adj ‖ ~ **selectable four-wheel drive** (Autos) / manuell zuschaltbarer Allradantrieb ‖ ~ **switched** (Teleph) / handvermittelt adj (Gespräch), platzvermittelt adj
**manual metal-arc welding** (Welding) / Metalllichtbogenhandschweißen n, Metalllichtbogenschweißen n von Hand, Hand-Metalllichtbogenschweißen n ‖ ~ **mode** (Comp) / manueller Arbeitsmodus ‖ ~ **operation** / Handbetätigung f (z.B. des Schalters) ‖ ~ **operation** (Comp) / Operation f von Hand (z.B. Formularwechsel, Bandwechsel) ‖ ~ **operation** (Eng) / Handbedienung f, Bedienung f von Hand, Steuerung f von Hand, Handsteuerung f ‖ ~ **release** (Eng, Photog) / Handauslösung f ‖ ~ **shower** (Build) / Handbrause f ‖ ~ **skill** / manuelle Fertigkeit, manuelle Geschicklichkeit ‖ ~ **spinning** (Eng) / Metalldrücken n von Hand ‖ ~ **test** (Comp) / manuelle Prüfung ‖ ~ **tester** (Comp, Elec Eng) / Handprüfgerät n ‖ ~ **time** (Work Study) / Handzeit f (Grundzeit-Hand, Hilfszeit-Hand) ‖ ~ **transmission** (Autos) / Schaltgetriebe n (handgeschaltetes), mechanisches Getriebe

(handgeschaltet) ‖ ~ **version** (Autos) / Schaltversion *f* (ohne Automatikgetriebe) ‖ ~ **welding** (Welding) / Handschweißen *n* (bei dem alle Bewegungsabläufe vom Schweißer ausgeführt und überwacht werden), manuelles Schweißen ‖ ~ **welding-blowpipe** (Welding) / Handschweißbrenner *m* ‖ ~ **window control** (a handle) (Autos) / Fensterkurbel *f*

**Manueline style** (Arch) / Emanuelstil *m*, Manuelstil *m* (z.B. Batalha oder Belém)

**manufacture** *v* / herstellen *v*, produzieren *v*, fertigen *v*, erzeugen *v*, fabrizieren *v* ‖ ~ *n* / Produkt *n*, Erzeugnis *n* (DIN 199, T 2), Fabrikat *n* ‖ ~ (Chem Eng, Eng) / Herstellung *f*, Produktion *f*, Fertigung *f*, Erzeugung *f*, Fabrikation *f*

**manufactured abrasive** (Eng) / künstliches Schleifmittel, synthetisches Schleifmittel (z.B. Bornitrid, Siliziumkarbid) ‖ ~ **board** (For, Join) / plattenförmiger Werkstoff aus Holz (z.B. Lagenholz, Verbund-, Faser- und Spanplatten) ‖ ~ **building** (Build) / Fertigbauweise *f*, Fertigteilbau *m*, Fertigbau *m*, Montagebauweise *f* ‖ ~ **carbon** / Kunstkohle *f* (grüne Masse aus Petrolkoksen) ‖ ~ **cork** / Presskork *m*, agglomerierter Kork ‖ ~ **curve** (Elec Eng) / Ist-Charakteristik *f*, Ist-Kurve *f* (der geprüften Maschine), Ist-Kennlinie *f* ‖ ~ **gas** (Chem Eng) / technisches Gas (künstlich hergestelltes) ‖ ~ **head** (Eng) / Setzkopf *m* (einer Nietverbindung) ‖ ~ **house** (Build) / Fertighaus *n* (in Vollmontagebauweise)

**manufacture of electrical machines** (Elec Eng, Eng) / Elektromaschinenbau *m*

**manufacturer** *n* / Hersteller *m*, Produzent *m* (Fabrikant), Erzeuger *m*
**manufacturer's liability** / Produzentenhaftpflicht *f* (Haftung des Herstellers eines Produkts für Schäden, welche durch das Produkt verursacht werden), Produzentenhaftung *f* (für fehlerhafte Erzeugnisse), Produkthaftpflicht *f*, Produkthaftung *f* ‖ ~ **specifications** / Herstellerangaben *f pl*

**manufacturing** *n* (Chem Eng, Eng) / Herstellung *f*, Produktion *f*, Fertigung *f*, Erzeugung *f*, Fabrikation *f* ‖ ~ **automation protocol** (ISO OSI Standard) (Comp) / Kommunikationsprotokoll *n* in der automatisierten Fertigung (einheitliches), Fertigungs-Automatisierungs-Protokoll *n* (Standardisierungsprogramm zum Zusammenschluss unterschiedlicher Rechnersysteme zu einer homogenen Kette der Fertigungsabläufe) ‖ ~ **bend** (Leather) / Fabrikationsvacheleder *n* (leichter, flexibler Unterledercroupon, meistens für Neuschuhwerk) ‖ ~ **conditions** (Work Study) / Herstellungsbedingungen *f pl*, Fertigungsbedingungen *f pl* ‖ ~ **control system** (Comp, Work Study) / Fertigungsleitsystem *n* ‖ ~ **costs** / Herstellungskosten *pl*, Herstellkosten *pl*, Fertigungskosten *pl* ‖ ~ **cost sheet** (Comp) / Betriebsabrechnungsbogen *m*, BAB (Betriebsabrechnungsbogen) ‖ ~ **defect** / Herstellungsfehler *m*, Fabrikationsfehler *m* ‖ ~ **defect** / Fertigungsfehler *m* ‖ ~ **engineering** / Fertigungstechnik *f* (DIN 8580) ‖ ~ **gauge**\* (Eng) / Arbeitslehre *f* ‖ ~ **hole** (Electronics, Eng) / Aufnahmeloch *n* ‖ ~ **lead time** (Work Study) / Fertigungsdurchlaufzeit *f*, Fertigungsdurchlaufdauer *f* ‖ ~ **milk** (Nut) / Werkmilch *f* (Rohmilch für Weiterverarbeitung in der Molkerei)

**manufacturing-process-related** *adj* / fertigungsbezogen *adj* (Maßeintragung nach DIN 406, T 1)

**manufacturing programme** (Work Study) / Erzeugnisprogramm *n*, Produktionsprogramm *n*, Fertigungsprogramm *n* (Erzeugnisse und Bauelemente) ‖ ~ **requirements** / Produktionsanforderungen *f pl*, Fabrikationsanforderungen *f pl* ‖ ~ **supervision** (Build) / Bauüberwachung *f* im Werk durch Werksabnahme ‖ ~ **technology** / Fertigungstechnik *f* (DIN 8580)

**manuka** *n* (a small tree with aromatic leaves which are sometimes used for tea, native to New Zealand and Tasmania) (For) / Manuka *f* (Leptospermum scoparium J.R. Forst. et G. Forst.)

**manure** *v* (Agric) / düngen *v* ‖ ~ *n* (Agric) / Mist *m*, Dung *m*, Stalldünger *m*, Stalldung *m*, Stallmist *m* ‖ ~ (Agric) / organisches (wirtschaftseigenes) Düngemittel, Wirtschaftsdünger *m* (Stallmist, Jauche, Kompost, Gülle usw.) ‖ ~ **attachment** (Agric) / Dungeinleger *m* (am Grindel vor dem Pflugkörper) ‖ ~ **distributor** (Agric) / Düngerstreuer *m*, Stalldungstreuer *m*, Streuer *m* (für Stalldung) ‖ ~ **drill** (Agric) / Jauchdrillgerät *n* ‖ ~ **hotbed** (Agric) / Mistbeet *n* ‖ ~ **pit** (Agric) / Dungstätte *f*, Dunggrube *f* ‖ ~ **removal** (Agric) / Entmistung *f* (des Stalls) ‖ ~ **salt** (potash salt that has a high proportion of chloride and 20-30% potash - used in fertilizers) (Agric, Chem) / Düngesalz *n* ‖ ~ **spreader** (Agric) / Düngerstreuer *m*, Stalldungstreuer *m*, Streuer *m* (für Stalldung)

**manurial salt** (Agric, Chem) / Düngesalz *n*
**manuring** *n* (Agric) / Düngung *f* (mit Stalldünger, organische) ‖ ~ **lime** (Agric) / Düngekalk *m*

**manuscript holder** (Typog) / Manuskripthalter *m*, Blatthalter *m*, Vorlagenhalter *m*, Tenakel *n*, Originalhalter *m* ‖ ~ **sheet** (Surv) / Zeichenkarton *m* (auf der Platte des Messtisches)

**manway** *n* (Mining) / Fahrtrum *m n* (Teil eines Schachtes oder Blindschachtes, der der Fahrung dient)

**many-body problem** (Phys) / Vielkörperproblem *n*, Mehrkörperproblem *n*, n-Körperproblem *n*
**many-coloured** *adj* / mehrfarbig *adj*, bunt *adj*, verschiedenfarbig *adj*
**man-year** *n* (Work Study) / Mannjahr *n*
**many-particle reaction** (Nuc) / Mehrteilchenreaktion *f*, Vielteilchenreaktion *f* ‖ ~ **system** (Nuc) / Mehrteilchensystem *n*, Vielteilchensystem *n*
**many-valued** *adj* / mehrwertig *adj* (Logik - die mit mehr als zwei Wahrheitswerten arbeitet)
**many-valued** *adj* (AI, Maths) / mehrdeutig *adj*, vieldeutig *adj*
**many-valuedness** *n* (Maths) / Mehrdeutigkeit *f*, Vieldeutigkeit *f*
**many-world interpretation** (Nuc) / Schicht-Welt-Interpretation *f*
**MAO** (monoamine oxidase) (Biochem) / Tyraminase *f*, Monoaminoxidase *f*, MAO (ein Enzym)
**MAP** (manufacturing automation protocol) (Comp) / Kommunikationsprotokoll *n* in der automatisierten Fertigung (einheitliches), Fertigungs-Automatisierungs-Protokoll *n* (Standardisierungsprogramm zum Zusammenschluss unterschiedlicher Rechnersysteme zu einer homogenen Kette der Fertigungsabläufe) ‖ ~ (mechanical alloyed product) (Met) / pulvermetallurgisch hergestellte Superlegierung ‖ ~\* (modified atmosphere packing) (Nut) / Schutzgasverpackung *f*, Schutzatmosphärenverpackung *f* ‖ ~ (mobile application part) (Telecomm) / Mobilanwenderteil *n* (bei SS#7)

**map** *v* (Cartography) / abbilden *v* ‖ ~ (Cartography, Cartpgraphy, Gen, Surv) / kartieren *v* ‖ ~ (S /on/to T) (Maths) / abbilden *v* (auf) ‖ ~ *n* (Cartography, Surv) / Karte *f*, Landkarte *f* ‖ ~\* (Maths) / Abbildung *f*, Zuordnung *f* ‖ **a romer, or a rectangular scale printed in the margin of a ~ for reading grid co-ordinates** (Cartography) / Planzeiger *m* ‖ ~ **comparison unit**\* (Radar) / Kartenvergleichsgerät *n* ‖ ~ **content** (Cartography) / Karteninhalt *m*, Kartenbestandteile *m pl* ‖ ~ **cracking** (Build) / feine Rissbildung ‖ ~ **cracking** (Civ Eng) / Risse *m pl* unregelmäßige Struktur (im Beton), unregelmäßige Risse ‖ ~ **drawing** (Build) / Planzeichnen *n* ‖ ~ **face** (Cartography) / Kartenfeld *n*, Kartenspiegel *m* ‖ ~ **fastener** (Textiles) / Druckknopf *m*

**maple**\* *n* (For) / Ahorn *m* (Acer L.) ‖ ~ **sap** (Nut) / Ahornsaft *m* ‖ ~ **sugar**\* (Nut) / Ahornzucker *m* (den man durch Eindampfen aus dem Ahornsirup gewinnt) ‖ ~ **syrup**\* (Nut) / Ahornsirup *m* (aus dem Saft des Zuckerahorns gewonnener Sirup)

**map-light** *n* (Autos) / Kartenleseleuchte *f*
**map-maker** *n* (Cartography) / Kartograf *m*, Mappeur *m* (A)
**map-making** *n* (Build) / Planzeichnen *n* ‖ ~ (Cartography) / Kartentechnik *f*
**map measurer**\* (Cartography) / Entfernungsmesser *m* (für die Landkarten) ‖ ~ **measurer**\* (Cartography) s. also opisometer ‖ ~ **of forest vegetation** (Cartography, For) / Bewaldungskarte *f* ‖ ~ **overlay** (Radar) / transparente Kartenauflage
**mappable** *adj* (Cartography, Gen, Surv) / kartierbar *adj*
**map paper** (Cartography, Paper) / Kartenpapier *n*, Landkartenpapier *n*
**mapped area** (Cartography, Surv) / kartierte Fläche
**mapping** *n* (Autos) / Kennfeld *n* (Zündkennfeld, Schließwinkelkennfeld) ‖ ~ (Cartography) / Kartografie *f* ‖ ~\* (Cartography, Surv) / Landesaufnahme *f*, Kartieren *n*, Aufnehmen *n*, Aufnahme *f* ‖ ~ (For) / Landkartenstruktur *f* (Oberflächenfehler der Spanplatten) ‖ ~\* (Gen) / Kartierung *f* ‖ ~\* (Maths) / Abbildung *f*, Zuordnung *f* ‖ ~\* (Maths) s. also function, operator and transformation ‖ ~\* **camera** (Photog, Surv) / Messkammer *f*, Bildmesskammer *f*, Messbildkamera *f* ‖ ~ **of the set M into the set N** (Maths) / Abbildung *f* der Menge M in die Menge N ‖ ~ **of the set M onto the set N** (Maths) / Abbildung *f* der Menge M auf die Menge N ‖ ~ **onto** (Maths) / Surjektion *f* (eindeutige Abbildung einer Menge A auf einer Menge B) ‖ ~ **problem** (Comp) / Mapping-Problem *n* ‖ ~ **radar** (Radar) / abbildendes Radar (zur Ziel- oder Geländeabbildung) ‖ ~ **ROM** (Comp) / Mapping-ROM *n* (ein Kodeumsetzer, der durch einen ROM-Speicher verwirklicht wird)
**map plane** (Cartography) / Kartenebene *f* (bei der Darstellung des Kartengegenstandes im Allgemeinen) ‖ ~ **pocket** (Autos) / Kartentasche *f* (in der Türverkleidung) ‖ ~ **projection** (Cartography, Geog) / Kartabbildung *f*, kartografische Abbildung (Wiedergabe der Oberfläche eines Weltkörpers auf eine Kartenebene), Netzentwurf *m*, Kartennetzentwurf *m*, Kartenprojektion *f* ‖ ~ **reading** (Cartography) / Kartenlesen *n*
**map-reading light** (Autos) / Kartenleseleuchte *f*
**map scale** (Cartography) / Kartenmaßstab *m*
**MAP sensor** (Autos) / MAP-Sensor *m* (mit typischem Messbereich von 0,2 bis 1,1 bar)
**map subject** (Cartography) / Kartengegenstand *m*, Kartenobjekt *n* (die in einer Karte dargestellte Sache) ‖ ~ **unit** (Gen) / Rekombinationseinheit *f* (Maß für die durch Crossing-over bestimmten Abstände der Gene eines Chromosomenpaares voneinander), Rekombinationseinheit *f*, Morgan-Einheit *f* (nach T.H. Morgan, 1866-1945) ‖ ~ **with insets** (Cartography) / Inselkarte *f* (mit Kartenausschnitten)

**maquis** *n* (Bot, For) / Macchia *f* (pl. -chien) (für den Mittelmeerraum charakteristisches immergrünes niedriges Gehölz), Macchie *f*, Maquis *m*
**MAR*** (microanalytical reagent) (Chem) / Reagens *n* für die Mikroanalyse ‖ ~* (memory address register) (Comp) / Speicheradressregister *n* ‖ ~* (magic-angle rotation) (Spectr) / Rotieren *n* um den magischen Winkel (der Probe bei der NMR-Spektroskopie), MAS-Methode *f*
**mar** *v* / verunstalten *v* (durch Kratzen), beschädigen *v*, entstellen *v* ‖ ~ s. also spoil ‖ ~ *n* (mutilation of polish film reparable only by recoating) (Paint) / Kratzer *m* (stärkere Beschädigung der Lackoberfläche)
**marabout silk** (Textiles) / Marabutseide *f* (hartgedrehter Seidenwirn)
**Maracaibo boxwood** (For) / Zapatero *n* (Gossypiospermum praecox)
**maraging*** *n* (Met) / Maraging *n* (Aushärten von Martensit, Martensitaushärten *n* ‖ ~* **steel** (Met) / Maraging-Stahl *m* (hochfeste Legierung mit etwa 18-23% Ni), martensitaushärtender Stahl
**Marangoni effect** (Chem Eng, Phys) / Marangoni-Effekt *m* (der die Stabilität von Grenzflächen und anderen dünnen Schichten gegen Deformationen beschreibt)
**marathon mill** (Eng) / Kugelmühle *f* (mit Stäben als Mahlmittel) ‖ ~ **test** (Comp) / Marathonprüfung *f*, Marathontest *m* (bei Disketten)
**maratti knitting loom** (Weaving) / Maratti-Maschine *f* (eine rundgebaute Milanese-Kettenwirkmaschine)
**marble** *v* / marmorieren *v* (mit einem der Struktur des Marmors ähnlichen Muster versehen) ‖ ~ (Print) / perlen *v* (Druckfarbe) ‖ ~* *n* (Geol) / Marmor *m*
**marbled** *adj* (Nut) / durchwachsen *adj* (Fleisch) ‖ ~ **edge** (Bind) / Marmorschnitt *m*, marmorierter Buchschnitt ‖ ~ **paper** (Paper) / Marmorpapier *n*, marmoriertes Papier, Tunkpapier *n*
**marble dust** / Marmormehl *n* ‖ ~ **flour** / Marmormehl *n* ‖ ~ **gall** (a hard spherical gall which forms on the common oak in response to the developing larva of a gall wasp) (Bot) / Österreichische Galle (durch Cynips kollari), Deutsche Galle ‖ ~ **gypsum** (Build) / Marmorgips *m* (mit härtenden Stoffen getränkter Gips), Marmorzement *m*, Gipszement *m*
**marbleize** *v* / marmorieren *v* (mit einem der Struktur des Marmors ähnlichen Muster versehen)
**marble paper** (Paper) / Marmorpapier *n*, marmoriertes Papier, Tunkpapier *n* ‖ ~ **quarry** / Marmorbruch *m*, Marmorsteinbruch *m* ‖ ~ **silk** (Textiles) / Seidenstoff *m* mit Vielfarbeneffekt ‖ ~ **slab** (Build) / Marmorplatte *f* ‖ ~ **veneer** (Arch) / Marmorfurnier *n*
**marblewood*** *n* (For) / Marblewood *n* (Handelsbezeichnung für echtes Ebenholz)
**marbling** *n* (Agric, Geol) / Marmorierung *f* (Nebeneinander von braunen und grauen Flecken im Bodenprofil) ‖ ~* (Bind) / Marmorieren *n* (von Buchschnitten und Leder) ‖ ~ (Med) / Hautmarmorierungen *f pl* (bei Tauchern und Caissonarbeitern) ‖ ~ (Paint) / Marmorieren *n*, Marmormalerei *f*
**marc** *n* (Nut) / Trester *m pl* (Rückstände beim Keltern)
**marcasite*** *n* (Min) / Wasserkies *m*, Markasit *m* (Eisendisulfid)
**marcella*** *n* (Textiles) / Marcella-Piqué *n*
**marcfortine** *n* (Chem, Nut) / Marcfortin *n* (ein Indolalkaloid)
**March equinox** (Astron) / Frühlings-Tagundnachtgleiche *f*, Frühlingsäquinoktium *n*
**Marconi antenna*** (Radio) / vertikale Antenne (mit vertikalem Strahler), Vertikalantenne *f*
**Marconi-Franklin antenna** (Radio) / Marconi-Franklin-Antenne *f* (eine vertikale Langdrahtantenne nach G. Marchese Marconi, 1874-1937, und B. Franklin, 1706-1790), Marconi-Antenne *f* ‖ ~* **beam array*** (Radio) / Marconi-Franklin-Antenne *f* (eine vertikale Langdrahtantenne nach G. Marchese Marconi, 1874-1937, und B. Franklin, 1706-1790), Marconi-Antenne *f*
**marcus*** *n* (Tools) / Hammer *m* (mit stählernem Kopf)
**Marcusson flashpoint tester** (Chem) / Flammpunktgerät *n* nach Marcusson (offener Flammpunktprüfer nach DIN 51 584) ‖ ~* **tester** (Chem) / Flammpunktgerät *n* nach Marcusson (offener Flammpunktprüfer nach DIN 51 584)
**Marcus theory of electron-transfer reactions** (Chem) / Marcus-Theorie *f* der Elektronenübertragungsreaktionen (nach R.A. Marcus, geb. 1923)
**mare*** *n* (Astron) s. maria
**marekanite*** *n* (Geol) / Edler Obsidian, Marekanit *m*
**marengo** *n* (Textiles) / Marengo *m* (Fasermischung von etwa 95% schwarzen und 5% weißen Wollfasern)
**mares** *pl* (sg. mare) (Astron) / Maria *n pl* (die größten Oberflächenformationen des Erdmondes)
**mare's tail** (Meteor) / lang gestreckte Federwolken ‖ ~ **tail** (Meteor) s. also cirrus
**Marezzo marble*** (an artificial marble like scagliola, which differs from it mainly in having no chips of added coloured matter - when precast, it is cast on a smooth sheet of plate glass or slate to give a polished surface) (Build) / Gipsmarmor *m*, Kunstmarmor *m*
**Marform process*** (Eng) / Marformverfahren *n* (ein Gummikissen-Tiefziehverfahren)
**margaric acid*** (Chem) / Margarinsäure *f* (n-Heptadekansäure), Daturinsäure *f*
**margarine*** *n* (Nut) / Margarine *f* (nach dem Milch- und Margarinegesetz vom 25.7. 1990)
**margarite*** *n* (Min) / Margarit *m* (ein Sprödglimmer), Kalkglimmer *m*, Perlglimmer *m*
**marge** *n* (GB) (Nut) / Margarine *f* (nach dem Milch- und Margarinegesetz vom 25.7. 1990)
**margin** *n* / Grenze *f*, Begrenzung *f* (Grenze) ‖ ~ / Marge *f* (z.B. zwischen An- und Verkaufspreisen) ‖ ~ / Saum *m* ‖ ~* (in panelled framing) (Build) / sichtbarer Rahmensteg ‖ ~ (Build) / [vertikale] Stützweite *f* (der Schieferplatten und der Dachziegel) ‖ ~ (US) (Eng) / Freiflächenfase *f*, Fase *f* (DIN 6581) ‖ ~ (Eng) / Randabstand *m* (Abstand von Nietlochmitte bis Längskante) ‖ ~ (Instr) / Spielraum *m*, Spanne *f* (eines Gerätes) ‖ ~ (Print) / Steg *m* (der freie, unbedruckte Raum um die Kolumnen) ‖ ~ (Typog) / Randbreite *f* ‖ ~ **adjustment** (Typog) / Randausgleich *m*
**marginal** *adj* (Ocean) / marginal *adj* (Randbucht) ‖ ~ **aberration** (Optics) / Randabbildungsfehler *m* ‖ ~ **basin** (Geol) / Randbecken *n* (am Fuße der Kontinentalabhangs) ‖ ~ **benefit** (the additional benefit arising from a unit increase in a particular activity) / Grenznutzen *m* (in der Volkswirtschaftslehre) ‖ ~ **check** (a preventive-maintenance procedure in which certain operating conditions are varied about their normal values in order to detect and locate incipient defective units) / Marginal Check *m* (bei der vorbeugenden Wartung), Grenzwertprüfung *f*, Randwertprüfung *f* ‖ ~ **costing** (GB) (Work Study) / Grenzplankostenrechnung *f* (weiterentwickelte Plankostenrechnung), Deckungsbeitragsrechnung *f* (ein Verfahren der betrieblichen Erfolgsplanung und -kontrolle, das auf der Teilkostenrechnung aufbaut) ‖ ~ **damage** (Ecol) / Grenzschaden *m* (der monetär bewertete Schadenszuwachs, der aus der Emission einer zusätzlichen Schadstoffeinheit entsteht) ‖ ~ **definition** (Optics) / Randschärfe *f* ‖ ~ **density** (Stats) / Randdichte *f*, Dichte *f* der Randverteilung ‖ ~ **distortion** (Optics) / Randverzeichnung *f* ‖ ~ **distribution** (the distribution of row totals or column totals in two-way or multiway tables) (Stats) / Marginalverteilung *f*, Randverteilung *f* ‖ ~ **land** (Agric) / Land, dessen Bebauung sich gerade noch lohnt ‖ ~ **note** (Typog) / Marginalglosse *f*, Randbemerkung *f*, Marginalie *f* ‖ ~ **ore*** (Mining) / Erz, dessen Gewinnung und Verarbeitung an der Grenze der Rentabilität liegt ‖ ~ **productivity** (Work Study) / Grenzproduktivität *f* ‖ ~ **ray cell** (For) / marginale Strahlzelle, Kantenzelle *f* ‖ ~ **sea** (Ocean) / Randmeer *n* (ein den Kontinenten randlich angelagertes Nebenmeer) ‖ ~ **soil** (Agric) / Grenztragboden *m* ‖ ~ **test** / Marginal Check *m* (bei der vorbeugenden Wartung), Grenzwertprüfung *f*, Randwertprüfung *f* ‖ ~ **testing*** / Marginal Check *m* (bei der vorbeugenden Wartung), Grenzwertprüfung *f*, Randwertprüfung *f* ‖ ~ **value** (Maths) / Randwert *m* (der durch die Randbedingungen festgelegte Wert der Lösungsfunktion) ‖ ~ **zone** / Randzone *f* (im Allgemeinen)
**margin from outside of angle to rivet centre** (Eng) / Streichmaß *n*, Randmaß *n* (bis End- oder Querkanten) ‖ ~ **of error** (Instr) / Fehlergrenze *f* (DIN 1319, T 3) ‖ ~ **of safety** / Sicherheitsgrad *m* (der Konstruktion) ‖ ~ **of safety** / Sicherheitsgrenze *f* (des Werkstoffs) ‖ ~ **of safety** (Mech) / Festigkeitsreserve *f*, Festigkeitsvorrat *m*, Festigkeitsüberschuss *m* (der Konstruktion)
**margin-perforated fanfold paper** (Paper) / Faltpapier *n* mit Führungslochrand
**margin-punched card** (Comp) / Lochstreifenkarte *f* (DIN 31631)
**margin release** / Randlöser *m* (der Schreibmaschine) ‖ ~ **release key** / Randlösetaste *f* (der Schreibmaschine) ‖ ~ **stop** / Randsteller *m* (der Schreibmaschine)
**margo** *n* (For) / Margo *f* (Randzone des Torus)
**margosa oil** / Margosaöl *n*, Nimöl *n*, Neemöl *n* (das fette Öl der Samen von Melia azadirachta A. Juss.)
**Margoulis number** (Phys) / Stantonzahl *f* (St oder St' - DIN 1341 und 5491 - nach Th.E. Stanton, 1865-1931)
**Margules equation** (Meteor) / Margules-Formel *f* (die Bedingungen für die Neigung einer Grenzfläche zwischen zwei im Gleichgewicht nebeneinanderliegenden Luftmassen in Abhängigkeit von Temperatur- und Windverteilung)
**maria** *pl* (sg. mare) (Astron) / Maria *n pl* (die größten Oberflächenformationen des Erdmondes)
**marialite*** *n* (Min) / Marialith *m* (Natron-Skapolith)
**mariculture** *n* (Agric, Ocean) / Marikultur *f*, marine Aquakultur (Einrichtungen zur Zucht von Meeresorganismen in großem Maßstab)

**marigold window**\* (Arch) / Maßwerkrose *f* (ein Rundfenster), Fensterrose *f* (mit Maßwerk gefüllt), Rosette *f*, Rosenfenster *n*, Rose *f*
**marigram**\* *n* (Ocean, Ships) / Mareogramm *n*, Gezeitendiagramm *n*, Tidenkurve *f*
**marigraph** *n* (Ocean, Ships) / Mareograf *m*, Flutschreiber *m* (selbstregistrierender Flutmesser)
**marihuana**\* *n* (Pharm) / Marihuana *n* (ein Rauschmittel)
**marijuana** *n* (Pharm) / Marihuana *n* (ein Rauschmittel)
**marina** *n* (Ships) / Marina *f* (pl. -s) (Jacht- und/oder Motorboothafen)
**marinade** *v* (Nut) / marinieren *v*, beizen *v* ‖ ~ *n* (liquid in which meat or fish is steeped to tenderize and flavour it before cooking) (Nut) / Marinade *f* (saurer Aufguss oder flüssige Zubereitung mit Kräutern, Würzen und Gewürzen und Essig, Beize *f* (Marinade)
**marinate** *v* (Nut) / marinieren *v*, beizen *v*
**marine** *adj* (Geog, Ocean) / See-, Meer[es]- ‖ ~ (Geol) / marin *adj* ‖ ~ (Ocean, Ships) / Schiffs- ‖ ~ **abrasion** (of a bedrock surface) (Geol, Ocean) / Brandungserosion *f* (Abtragungswirkung der Meeresbrandung), Abrasion *f* ‖ ~ **abrasion** (Geol) s. also marine erosion
**marine-animal oil** / Seetieröl *n*
**marine atmosphere** (Meteor, Surf) / Meeresatmosphäre *f* (marines Klima nach DIN EN ISO 12 944-2) ‖ ~ **band** (Radio) / Seefunkbereich *m*, Seefunkband *n* ‖ ~ **biology** (Biol) / Meeresbiologie *f*, marine Biologie (ein Teilgebiet der Hydrobiologie)
**marine-blue** *adj* / marineblau *adj*
**marine boiler**\* (Eng, Ships) / Schiffskessel *m* ‖ ~ **borer** (For) / Bohrmuschel *f* (Meeresmuschel) ‖ ~ **borers** (For, Zool) / Meerwasserschädlinge *m pl*, holzzerstörende Muscheln und/oder Krebstiere (z.B. Teredo, Bankia, Martesia, Limnoria, Sphaeroma oder Chelura) ‖ ~ **cave** (Geol) / Brandungshöhle *f* ‖ ~ **chart** (Cartography, Ocean) / Seekarte *f*, nautische Karte ‖ ~ **chemistry** (Chem, Ocean) / Meereschemie *f*, Seechemie *f* ‖ ~ **chronometer**\* (Ships) / Schiffschronometer *n m* ‖ ~ **climate** (Meteor) / Seeklima *n*, maritimes Klima, ozeanisches Klima, marines Klima ‖ ~ **coating**\* (Paint) / seewasserfestes Anstrichmittel, Schiffslack *m*, Schiffsfarbe *f*, Schiffsanstrichmittel *n* (für die Seefahrt) ‖ ~ **communications** (Radio) / Seefunk *m* ‖ ~ **construction** (Hyd Eng, Ocean) / Meerwasserbau *m* ‖ ~ **corrosion** / Seewasserkorrosion *f*, Meerwasserkorrosion *f* ‖ ~ **current** (Ocean) / Meeresströmung *f* (Oberflächen- und Tiefwasser-) ‖ ~ **deposit** (Geol) / mariner Lagerstätte *f* ‖ ~ **deposit**\* (Geol) / Meeresablagerung *f*, Meeressediment *n*, marines Sediment ‖ ~ **diesel** (I C Engs, Ships) / Schiffsdieselmotor *m* ‖ ~ **Diesel engine** (I C Engs, Ships) / Schiffsdieselmotor *m* ‖ ~ **diesel fuel** (Fuels) / Marine-Dieselöl *n*, Brennstoff *m* für Schiffsdieselmotoren, Schiffsdieselöl *n* ‖ ~ **diesel oil** (Fuels) / Marine-Dieselöl *n*, Brennstoff *m* für Schiffsdieselmotoren, Schiffsdieselöl *n* ‖ ~ **dredger** (Civ Eng, Ocean) / Seebagger *m* ‖ ~ **electric apparatus** (Ships) / Elektrogerät *n* für die Seefahrt (meistens ein Bordgerät) ‖ ~ **energy** (Ocean) / Meeresenergie *f* (der im Meer vorhandene Energieinhalt - Wärme, Wellen, Strömungen) ‖ ~ **engine** (Ocean, Ships) / Schiffsmotor *m* ‖ ~ **engineering** (Ships) / Schiffsmaschinenbau *m* ‖ ~ **environment** (Ecol, Ocean) / Meeresumwelt *f*, marine Umwelt ‖ ~ **erosion**\* (Geol) / marine Erosion *f* ‖ ~ **erosion**\* (of coastlines) (Geol, Ocean) / Brandungserosion *f* (Abtragungswirkung der Meeresbrandung), Abrasion *f* ‖ ~ **exposure** (Surf) / Auslagerung *f* im marinen Klima (bei Korrosionsprüfungen) ‖ ~ **farm** / Salzwasserfarm *f*, Seefarm *f*, Marikulturanlage *f* ‖ ~ **flora** (Bot, Ocean) / Meeresflora *f*, Meerespflanzenwelt *f* ‖ ~ **fouling** (Ocean) / Seebewuchs *m* (Gesamtheit der sich an den unter Wasser liegenden Teilen eines Schiffes ansetzenden Pflanzen, Muscheln o.Ä.), mariner Bewuchs, Schiffsbewuchs *m*, Seeanwuchs *m* ‖ ~ **fungus** (Bot, Ocean) / Meerespilz *m* ‖ ~ **generator** (Elec Eng) / Schiffsgenerator *m* ‖ ~ **geology** (Geol) / Meeresgeologie *f*, marine Geologie ‖ ~ **glue**\* (For) / Marineleim *m* (zum Abdichten von Schiffsplanken aus Holz), Marinleim *m*, Decksverguss *m* (für Holzdecks) ‖ ~ **growth** (Ocean) / Seebewuchs *m* (Gesamtheit der sich an den unter Wasser liegenden Teilen eines Schiffes ansetzenden Pflanzen, Muscheln o.Ä.), mariner Bewuchs, Schiffsbewuchs *m*, Seeanwuchs *m* ‖ ~ **insurance** / Seeversicherung *f*, Seeassekuranz *f* ‖ ~ **map** (Cartography, Ocean) / Seekarte *f*, nautische Karte ‖ ~ **meteorology** (Meteor) / Meereswetterkunde *f*, Seewetterkunde *f* ‖ ~ **mining** (Mining) / Meeresbergbau *m*, mariner Bergbau, Tiefseebergbau *m* ‖ ~ **natural products** / marine Naturstoffe *m* ‖ ~ **navigation** (Ships) / Steuermannskunst *f*, Nautik *f* (Schifffahrtskunde), Schifffahrtskunst *f* ‖ ~ **observatory** (Meteor) / Seewetterwarte *f* ‖ ~ **oil** / Seetieröl *n* ‖ ~ **ore mining** (Mining) / mariner Erzbergbau ‖ ~ **paint** (Paint) / seewasserfestes Anstrichmittel, Schiffslack *m*, Schiffsfarbe *f*, Schiffsanstrichmittel *n* (für die Seefahrt) ‖ ~ **park** (Ecol) / Seenationalpark *m* (ein abgegrenztes, großräumiges geschütztes Meeresgebiet, das dem freien Eindringen von Menschen entzogen ist - z.B. in den Vereinigten Staaten, in Japan, in Israel, in Australien usw.) ‖ ~ **phosphorescence** (Ocean) / Meeresleuchten *n*, Meerleuchten *n* ‖ ~ **pollution** (Ecol, Ocean) / Verschmutzung *f* des Meeres, Verschmutzung *f* der maritimen Umwelt, Meeresverschmutzung *f*, Meeresverunreinigung *f* ‖ ~ **propulsion** (Eng, Ships) / Schiffsantrieb *m* ‖ ~ **radar** (shipborne) (Radar) / Schiffsradar *m n* (für Navigation und Kollisionswarnung) ‖ ~ **radio** (Radio) / Seefunk *m* ‖ ~ **radio station** (Radio, Ships) / Seefunkstelle *f* (im Allgemeinen)
**mariner's compass** (Ships) / Schiffskompass *m*
**marine sciences** / Meereswissenschaften *f pl* (Ozeanologie, maritime Meteorologie, Meeresgeologie usw.) ‖ ~ **screw-propeller**\* (Ships) / Propeller *m*, Schiffsschraube *f*, Schiffspropeller *m* ‖ ~ **sediment** (Geol) / Meeresablagerung *f*, Meeressediment *n*, marines Sediment ‖ ~ **signalling device** (Ships) / Seezeichen *n* (signalgebendes) ‖ ~ **stage** (Geol) / marine Stufe ‖ ~ **surveying**\* (Surv) / Seevermessungstechnik *f* ‖ ~ **technology** (Ocean, Ships) / Schiffstechnik *f* (Meerestechnik) ‖ ~ **terminal** (Rail) / Hafenbahnhof *m* (eines Seehafens), Seebahnhof *m* ‖ ~ **terrace** (Geol) / Strandterrasse *f*, Meeresterrasse *f* ‖ ~ **transgression** (Geol, Ocean) / Transgression *f* (Vorrücken des Meeres in Landgebiete, positive Strandverschiebung *f* ‖ ~ **tunnel** (Civ Eng) / Unterwassertunnel *m* ‖ ~ **varnish** (Paint) / seewasserfestes Anstrichmittel, Schiffslack *m*, Schiffsfarbe *f*, Schiffsanstrichmittel *n* (für die Seefahrt) ‖ ~ **wave** (Ocean) / Meereswelle *f*, Seewelle *f* ‖ ~ **works** (Hyd Eng) / Schiffsbauten *m pl*
**marinizing** *n* (Ships) / Marino-Verfahren *n*, Navalisieren *n* (eine Korrosionsschutzmaßnahme gegen Seewasser)
**Mariotte's law**\* (Phys) / Boyle-Mariotte'sches Gesetz (nach R. Boyle, 1627-1691, und Mariotte Edme Seigneur de Chazenil, 1620-1684)
**maritime** *adj* / maritim *adj* ‖ ~ **air** (Meteor) / maritime Luft, Seeluft *f*, Meeresluft *f* ‖ ~ **climate** (Meteor) / Seeklima *n*, maritimes Klima, ozeanisches Klima, marines Klima ‖ ~ **coating** (Paint) / maritime Beschichtung ‖ ~ **declaration of health** (Med, Ships) / Schiffsgesundheitserklärung *f* ‖ ~ **insurance** / Seeversicherung *f*, Seeassekuranz *f* ‖ ~ **law** / Seerecht *n* ‖ ~ **meteorology** (Meteor) / Meereswetterkunde *f*, Seewetterkunde *f* ‖ ~ **mineral resources** (Geol, Min, Mining) / mineralische Meeresschätze, Meeresbodenschätze *m pl* (mineralische) ‖ ~ **pilot** (Ships) / Lotse *m* ‖ ~ **pine** (For) / Pinaster *f*, Strandkiefer *f* (Pinus pinaster Aiton), See-Strandkiefer *f* ‖ ~ **resources** (Ecol, Geol, Mining) / Meeresschätze *m pl*, Naturreichtümer *m pl* des Meeres ‖ ~ **terminal** (Rail) / Hafenbahnhof *m* (eines Seehafens), Seebahnhof *m* ‖ ~ **trade** / Seehandel *m* ‖ ~ **transport** (Ships) / Seetransport *m*
**marjoram oil** / Majoranöl *n*, Meiranöl *n* (etherisches Öl aus Origanum majorana L.)
**mark** *v* (with a centre-punch) / ankörnen *v* (mit dem Körner) ‖ ~ / signieren *v* (z.B. mit Kreide) ‖ ~ (make a visible stain) / Flecken machen ‖ ~ / verschrammen *v*, verkratzen *v* (Fußboden) ‖ ~ / kennzeichnen *v*, markieren *v*, bezeichnen *v* ‖ ~ / mit Preisen versehen, auszeichnen *v* (Ware mit Preisen) ‖ ~ (Agric, Surv) / vermarken *v* (mit Steinen, Bolzen und Rohren) ‖ ~ (Carp, Eng) / anreißen *v* ‖ ~ (For) / schalmen *v* (Bäume), anschalmen *v* (Bäume), anplätzen *v* (Bäume), anlaschen *v* (Bäume), ausschalmen *v* ‖ ~ *vi* / schmutzanfällig sein ‖ ~ / abfärben *vi* (Farbstoff), abschmutzen *v*, Farbe abgeben ‖ ~ *n* / Teilstrich *m* (der Skale), Strichmarke *f* ‖ ~\* (Cinema, Print) / Marke *f* ‖ ~ (Comp) / Marke *f* (z.B. Abschnittsmarke, Bandmarke, Gruppenmarke) ‖ ~ (Comp) / Kennzeichen *n*, Flag *f* (eine häufig nur ein Bit umfassende Information in einem Zeichen oder Wort zur Markierung eines bestimmten Sachverhaltes), Marke *f*, Merker *m* ‖ ~ (For, Surv) / Schalm *m* (streifenweises Entfernen der Rinde mit einem Beil) ‖ ~ (Geol) / Marke *f* (Spur in Sedimenten) ‖ ~ (Ships) / Marke *f* (des Handlots - farbige Läppchen oder gelochte Lederlappen) ‖ ~ (Ships) / Markierung *f* auf der Lotleine ‖ ~\* (Telecomm) / Zeichen *n*, Signal *n* (DIN 40146, T 1) ‖ ~\* (Telecomm) / Mark *f* (Kennzustand des Fernschreibsignals, der dem Ruhezustand oder der Stoppolarität entspricht)
**Markarian galaxy**\* (Astron) / Markarian-Galaxie *f* (mit außergewöhnlich starker Strahlung im blauen und ultravioletten Spektralbereich und mit sehr hellen, nahezu sternförmigen Kernen - nach B.E. Markarian, 1913 - 1985)
**mark detection device** (Comp) / Strichmarkierungsleser *m* ‖ ~ **down** *v* / herabsetzen *v*, senken *v*, reduzieren *v*, ermäßigen *v* (Preise)
**marked proof** (Print) / Hauskorrektur *f* (die in der Druckerei, meistens vom Korrektor, gelesene erste Korrektur einer Setzarbeit)
**marker** *n* / Marker *m* (zur Identifizierung eines Lebewesens, einer Substanz oder eines Zustandes) ‖ ~ / Textmarker *m*, Markierungsstift *m* ‖ ~ / Kennwert *m*, Eckwert *m* (z.B. bei Leistungsangaben) ‖ ~\* (Aero) / Markierungsfeuer *n*, Marker *m*, Markierungsfunkfeuer *n* ‖ ~ (Agric) / Markierer *m*, Markör *m* ‖ ~ (Biol) / Marker *m* (genetisches Merkmal bei Viren) ‖ ~ (Biol, Med) / Marker *m* (biologische Substanz, deren Vorhandensein im Körper auf einen Krankheitszustand hindeutet) ‖ ~ (Comp) / Marke *f* (z.B.

**marker**

Abschnittsmarke, Bandmarke, Gruppenmarke) ‖ ~ (Print) / Lesezeichen n, Buchzeichen n ‖ ~* (Radar) / Markierung f, Marke f ‖ ~* (Telecomm) / Markierer m (eine vermittlungstechnische Steuereinrichtung) ‖ ~ **beacon*** (Aero) / Markierungsfeuer n, Marker m, Markierungsfunkfeuer n ‖ ~ **beacon** (Aero) / Einflugzeichensender m (beim Instrumentenlandesystem) ‖ ~ **beacon transmitter** (Aero) / Einflugzeichensender m (beim Instrumentenlandesystem) ‖ ~ **bed** (Geol) / Leithorizont m, Leitschicht f (ein stratigrafischer Bezugshorizont) ‖ ~ **buoy** (Ships) / Boje f ‖ ~ **gene** (Gen) / Markierungsgen n (das für eine bestimmte Substanz kodiert) ‖ ~ **horizon*** (Geol) / Leithorizont m, Leitschicht f (ein stratigrafischer Bezugshorizont) ‖ ~ **light** (Autos) / Begrenzungsleuchte f (Standlicht vorne), Begrenzungslicht n ‖ ~ **light** (a light that by its colour or position, or both, is used to qualify the signal aspect) (Rail) / Kennlicht n (Signal) ‖ ~ **organism** (Bacteriol, Nut) / Markerorganismus m ‖ ~ **pen** / Textmarker m, Markierungsstift m ‖ ~ **post** / Schilderpfahl m (Markierungspfahl zur Kennzeichnung des Leitungsverlaufes - z.B. der Gasleitung) ‖ ~ **price** / Richtpreis m, Orientierungspreis m ‖ ~ **pulse*** (Comp, Telecomm) / Markierungsimpuls m ‖ ~ **reaction** (Chem, Spectr) / Markierungsreaktion f ‖ ~ **system*** (Telecomm) / Markierersystem n ‖ ~ **thread** (Cables) / Firmenkennfaden m (z.B. nach dem Farbkode des CENELEC)

**market** v / vermarkten v, kommerzialisieren v ‖ ~ / auf den Markt bringen, auf dem Markt verkaufen oder handeln, herausbringen v (auf den Markt bringen) ‖ ~ n / Markt m, Absatzmarkt m

**marketable** adj (suitable for the market) / marktreif adj, marktfähig adj (marktreif) ‖ ~ (wanted by purchasers) / marktfähig adj (für den /Massen/Absatz geeignet), marktgängig adj (leicht absetzbar) ‖ ~ s. also in the pipeline ‖ ~ **size** / Herstellmaß n, Handelsgröße f

**market basket** / Warenkorb m (Gesamtheit derjenigen Waren, die der Berechnung des Preisindexes zugrunde gelegt werden) ‖ ~ **basket analysis** (Nut) / Marktkorbanalyse f (die Ermittlung des Pestizidrückstände im durchschnittlichen Nahrungsbedarf eines Menschen), Warenkorbanalyse f ‖ ~ **capacity** / Aufnahmefähigkeit f des Marktes ‖ ~ **communication** (Comp) / Marktkommunikation f

**market-dominant** adj / marktbeherrschend adj

**market economy** / Marktwirtschaft f

**market-friendly** adj / marktwirtschaftlich orientiert

**market gardening** (Agric) / Gemüseanbau m für den Markt, Marktgemüseanbau m ‖ ~ **grade** / Handelsklasse f (bei der Klassifizierung von Fertigwaren), Handelsqualität f ‖ ~ **hall** (Arch) / Markthalle f

**marketing** n / Marketing n (Absatzpolitik oder Vermarktung) ‖ ~ **research** / Absatzforschung f, Marktforschung f ‖ ~ **strategy** / Marketingstrategie f (langfristiges Konzept zur Realisieruung der Marketingziele), Absatzstrategie f

**market leader** / Marktführer m, Marktleader m ‖ ~ **milk** (Nut) / Trinkmilch f (in verschiedenen handelsüblichen Sorten) ‖ ~ **niche** / Marktlücke f, Marktnische f ‖ ~ **potential** / Marktpotential n ‖ ~ **price** / Marktpreis m ‖ ~ **research** / Absatzforschung f, Marktforschung f ‖ ~ **satiation** / Marktsättigung f ‖ ~ **saturation** / Marktsättigung f ‖ ~ **share** / Marktanteil m ‖ ~ **trend** / Marktentwicklung f ‖ ~ **value** / Marktwert m ‖ ~ **value** / Verkehrswert m (eines Wirtschaftsgutes), gemeiner Wert (im Steuerrecht) ‖ ~ **wire** (Met) / Draht m in Handelsgüte

**Mark-Houwink equation*** (the relationship between intrinsic viscosity and molecular weight for homogeneous linear polymers) (Plastics) / Mark-Houwink-Gleichung f, Mark-Houwink-Beziehung f (Beziehung zwischen Staudinger-Index und Molmasse von Polymeren)

**mark in** v (Textiles) / aufzeichnen v (auf Stofflagen)

**marking** n / Kennzeichnung f, Bezeichnung f, Markierung f, Beschriftung f ‖ ~ (Carp, Eng) / Anreißen n (das Kennzeichnen der in der Werkstückzeichnung festgelegten Maße durch Bearbeitungs- und Hilfslinien auf dem Werkstück) ‖ ~ (Surv) / Vermarkung f (mit Steinen, Bolzen oder Rohren) ‖ ~ **awl** (Eng) / Reißnadel f ‖ ~ **dye** (Textiles) / Signierfarbstoff m (zur Materialkennzeichnung), Blendfarbstoff m ‖ ~ **felt** (Paper) / Markierfilz m, geripptes Obertuch ‖ ~ **gauge*** (Carp) / Streichmaß n ‖ ~ **gauge** (Carp, Eng, Tools) / Parallelreißer m, Reißstock m, Höhenreißer m ‖ ~ **hammer** (For) / Nummerierschlägel m, Revierhammer m, Waldhammer m (zur Holzkennzeichnung), Anschlaghammer m (zur Holzkennzeichnung), Markierhammer m ‖ ~ **ink** (Carp, Eng) / Anreißfarbe f ‖ ~ **ink** (Ceramics, Glass) / Glastinte f, Porzellantinte f ‖ ~ **ink** (Textiles) / Wäschezeichentinte f ‖ ~ **knife** (Carp, Join) / Anreißmesser n ‖ ~ **of dimensions** / Maßkennzeichnung f (DIN 406, T 2)

**marking-off** n (For) / Auslängung f (verwendungsgerechtes Festlegen der Schnittstellen für das Querschneiden von Rundholz zu Blöcken) ‖ ~ (in wet goods) (Textiles) / Färbung f (ungewollte), Abfärbung f, Farbabgabe f, Abschmutzung f (mit Verfärbung) ‖ ~ (Textiles) / Abfärben n, Abflecken n, Abklatschen n (bei fehlerhaften Färbungen) (bei fehlerhaften Färbungen) ‖ ~ **table** (Eng, For) / Reißplatte f (zum Anreißen), Anreißplatte f, Richtplatte f (zum Anreißen)

**marking-out*** n (Carp, Eng) / Anreißen n (das Kennzeichnen der in der Werkstückzeichnung festgelegten Maße durch Bearbeitungs- und Hilfslinien auf dem Werkstück)

**marking-out** n (Surv) / Abstecken n (einer Trasse), Trassieren n ‖ ~ **plate** (Eng, For) / Reißplatte f (zum Anreißen), Anreißplatte f, Richtplatte f (zum Anreißen) ‖ ~ **table** (Eng, For) / Reißplatte f (zum Anreißen), Anreißplatte f, Richtplatte f (zum Anreißen)

**marking pen** / markierender Stift, Markierstift m

**marking-up*** n (Typog) / Manuskriptaufbereitung f, Manuskriptauszeichnung f

**marking wave*** (Telecomm) / Zeichenwelle f

**mark off** v / abfärben vi (Farbstoff), abschmutzen v, Farbe abgeben ‖ ~ **off** (Maths) / abtragen v (übertragen, z.B. auf eine Gerade) ‖ ~ **off** (Textiles) / abflecken v

**Markoff process** (Stats) / Markow'scher Prozess (ein stochastischer Prozess ohne Nachwirkung), Prozess m ohne Gedächtnis, Prozess m ohne Nachwirkung, Markow-Prozess m

**mark of reference*** (Typog) / Fußnotenzeichen n, Hinweiszeichen n, Anmerkungszeichen n

**mark-only operation** (Telecomm) / Mark-only-Betrieb m (Fernschreibsignalübertragung mit nur einer Kennfrequenz)

**mark out** v (Agric, Surv) / vermarken v (mit Steinen, Bolzen und Rohren) ‖ ~ **out** (Carp, Eng) / anreißen v ‖ ~ **out** (Surv) / abstecken v (eine Trasse), trassieren v ‖ ~ **out** (Surv) / abstecken v

**Markov algorithm** (Comp) / Markow-Algorithmus m, normaler Algorithmus ‖ ≃ **chain*** (a probabilistic chain of events in which the probability of an event is dependent only on the event that precedes it) (Maths, Stats) / Markow'sche Kette (im Markow'schen Prozess), Markow-Kette f (nach A.A. Markow, 1856-1922) ‖ ≃ **grammar** (Comp) / Markow-Grammatik f ‖ ≃ **model** (AI) / Markow-Modell n

**Markovnikov rule** (Chem) / Markownikoff'sche Regel (nach W.W. Markownikoff, 1838-1904), Markownikow'sche Regel, Markownikow-Regel f

**Markov process** (Stats) / Markow'scher Prozess (ein stochastischer Prozess ohne Nachwirkung), Prozess m ohne Gedächtnis, Prozess m ohne Nachwirkung, Markow-Prozess m ‖ ≃ **property** (Stats) / Markow'sche Eigenschaft ‖ ≃ **source** (Comp) / Markow'sche Quelle (eine diskrete Quelle)

**Markownikoff rule** (Chem) / Markownikoff'sche Regel (nach W.W. Markownikoff, 1838-1904), Markownikow'sche Regel, Markownikow-Regel f

**Markownikoff's rule** (Chem) / Markownikoff'sche Regel (nach W.W. Markownikoff, 1838-1904), Markownikow'sche Regel, Markownikow-Regel f

**mark page** (Comp) / Markierungsbogen m, Markierungsbeleg m (mit Strichmarkierungen versehener Beleg) ‖ ~ **reader** (Comp) / Strichmarkierungsleser m ‖ ~ **reading** (Comp) / Markierungslesen n, Zeichenabtasten n, Markierungsabtasten n, Markierungsabfühlen n ‖ ~ **scanning** (Comp) / Markierungslesen n, Zeichenabtasten n, Markierungsabtasten n, Markierungsabfühlen n ‖ ~ **scanning document** (Comp) / Markierungsbeleg m (optische Abtastung)

**mark-sense** v (Comp) / durch Zeichenabfühlung lesen

**mark sense card** (carrying marks made with some conductive material to be sensed electrically) (Comp) / Zeichenlochkarte f, Markierungslochkarte f ‖ ~ **sense reader*** (Comp) / Markierungsleser m ‖ ~ **sensing** (Comp) / Zeichenabtasten n, Markierungsabtasten n (der Bleistiftzeichen auf den Lochkarten - heute nicht mehr benutzt) ‖ ~ **sheet** (Comp) / Markierungsbogen m, Markierungsbeleg m (mit Strichmarkierungen versehener Beleg)

**marks pl of omission** (Typog) / Auslassungspunkte m pl, Gedankenpunkte m pl

**mark/space ratio*** (Telecomm) / Impulstastverhältnis n (Zeichen x Pause), Tastverhältnis n

**mark the boundary** / abgrenzen v, begrenzen v ‖ ~ **up** v / erhöhen v, heraufsetzen v (Preise) ‖ ~ **up** (Print, Typog) / auszeichnen v (bei der Satzanweisung), aufbereiten v, einrichten v (Manuskript)

**markup language** (a text-processing language which embeds commands into the text that is to be processed) (Comp) / Textauszeichnungssprache f (bei Desktop-Publishing)

**mark with a centre punch** (Eng) / körnen v ‖ ~ **with dem Körner**), ankörnen v, mit dem Körner markieren ‖ ~ **with a chalk line** (plucked against a surface) (Build) / abschnüren v (markieren mit einer Schlagleine)

**marl*** n (Geol) / Mergel m (Sedimentgestein mit bestimmtem Mischungsverhältnis von Kalk und Ton: z.B. Mergelton (bis 15% Kalk), mergeliger Ton (bis 5% Kalk) usw.)

**marlaceous** adj (Geol) / mergelartig adj, mergelig adj, Mergel-

**marl effect** (Textiles) / Melangeeffekt m (durch gleichmäßige Mischung von in mehreren Farbtönen eingefärbten Fasern)
**marling** n (Agric) / Mergeln n (des Bodens)
**marlpit** n / Mergelgrube f
**marlstone** n (Geol) / Mergelstein m
**marly** adj (Geol) / mergelartig adj, mergelig adj, Mergel-
**marl yarn**\* (Spinning, Textiles) / mehrfarbiges Kammgarn, gesprenkeltes Garn, Moulinégarn n, Mottled-Garn n
**marly lime** (Geol) / Mergelkalk m (mit 15 - 20% Ton)
**marmarosis** n (pl. -oses) (Geol) / Marmorisierung f (Rekristallisation zu Marmor)
**marmatite** n (Min) / Marmatit m (eisenreiche Zinkblende)
**marmoratum**\* n (Build) / Marmorgips m (mit Marmormehlzusatz), Marmorzement m
**marmoretum**\* n (Build) / Marmorgips m (mit Marmormehlzusatz), Marmorzement m
**marmorization**\* n (Geol) / Marmorisierung f (Rekristallisation zu Marmor)
**marocain** n / eine Art Dunkelrot ‖ ~ (a dress fabric of ribbed crêpe, made of silk or wool, or both) (Textiles) / Marocain m, Crêpe marocain n (Wolle,Seide, Baumwolle), Marok m (ganz aus Chemiefasergarnen)
**maroon** n (a firework) (Ships) / Signalrakete f ‖ ~ attr / maron adj, maronenbraun adj ‖ ~ s. also chestnut
**maroquin** n (Leather) / Maroquin n m (feines, genarbtes Ziegenleder), Marokkoleder n
**Marquardt body** (Ceramics) / Marquardt-Masse f (feinporiges Hartporzellan) ‖ ~ **keyboard** (Comp) / ergonomische Tastatur (verschiedene Tastaturkonstruktionen, die helfen sollen, Gelenkerkrankungen zu vermeiden), Ergotastatur f
**marque** n (Autos) / Automarke f
**marquee** n (Comp) / Laufrahmen m (GUI-Objekt, das Anzeigen in Laufschrift liefert)
**marquenching** n (of an austenitized alloy in a salt or hot-oil bath) (Met) / Warmbadhärten n (Abschrecken)
**marqueterie** n (Join) / Marketerie f (eine Art Intarsia), Marqueterie f (Verzierung von Möbeln, die dem Kernholz aufgeleimt wird)
**marquetry** n (Join) / Marketerie f (eine Art Intarsia), Marqueterie f (Verzierung von Möbeln, die dem Kernholz aufgeleimt wird)
**marquise**\* n (Build) / Markise f
**marquisette** n (Textiles) / Markisette f, Marquisette f m (feinfädiges Drehergewebe für Gardinen)
**Marquis reaction** (Chem) / Marquis-Reaktion f (Farbreaktion zum Nachweis von phenolischen Verbindungen)
**marram** n (a coarse European grass of coastal sand dunes, binding the loose sand with its tough rhizomes) (Bot) / Gewöhnlicher Strandhafer, Sandhafer m, Helm m (Ammophila arenaria (L.) Link - ein dünenbefestigendes Helmgras) ‖ ~ **grass** (Bot) / Gewöhnlicher Strandhafer, Sandhafer m, Helm m (Ammophila arenaria (L.) Link - ein dünenbefestigendes Helmgras)
**mar-resistance** n (Materials) / Kratzfestigkeit f, Nagelfestigkeit f, Beständigkeit f gegen oberflächliche Beschädigungen, Ritzfestigkeit f, Riefenfestigkeit f
**mar-resistant** adj / kratzfest adj (beständig gegen oberflächliche Beschädigungen), ritzfest adj, nagelfest adj (kratzfest), riefenfest adj
**marriage problem** (Maths) / Heiratsproblem n ‖ ~ **theorem** (Maths) / Heiratsproblem n
**married casks** (Ships) / zwei Fässer, die zusammen gehievt werden ‖ ~ **print**\* (Cinema) / kombinierte Kopie, Lichttonkopie f, Standardkopie f
**marroon** attr / maron adj, maronenbraun adj
**marrying**\* n (Cinema) / Herstellung f der kombinierten (Lichtton)Kopie
**Mars**\* n (Astron) / Mars m (vierter Planet des Sonnensystems)
**Marseilles soap** (Textiles) / Marseiller Seife (aus Oliven- oder Baumwollsamenöl)
**Mars green** / Marsgrün n (Eisenoxidpigment, welches durch Mischen von Berliner Blau mit Marsgelb oder durch Farbstoff-Fixierung auf Grünerde erhalten wird)
**marsh** n (Ecol, Geol) / morastiger Grund, Sumpf m ‖ ~\* (Geol) / Moor n (organischer Nassboden - Lagerstätte von Torf und ihre Vegetationsdecke), Fehn n, Fenn n, Filz m, Moos n (Moor), Bruch m n (pl. Brüche oder Brücher), Ried n, Venn n ‖ ~ (Geol) / Marsch f (vor Küsten angeschwemmter fruchtbarer Boden)
**marshal** v (direct the movement of (an aircraft) on the ground at an airport) (Aero) / einwinken v, einweisen v ‖ ~ (position /rolling stock/ in the correct order) (Rail) / auf ein anderes Gleis verschieben, rangieren v
**marshaller** n (Aero) / Einwinker m, Rollwart m (S)
**marshalling** n (Rail) / Zugzusammenstellung f, Zugbildung f ‖ ~ **radio** (Rail) / Rangierfunk m ‖ ~ **yard** (GB) (Rail) / Rangierbahnhof m, Verschiebahnhof m

**Marshall line** (Geol) / Andesitlinie f
**Marsh-Berzelius test** (Chem) / Marsh'sche Probe (zum Nachweis geringster Mengen von Arsen), Marsh-Test m (nach J. Marsh, 1790-1846)
**marsh gas** / Sumpfgas n (Methan-Kohlendioxid-Gemisch)
**marshland** n (Geol) / Marsch f (vor Küsten angeschwemmter fruchtbarer Boden)
**marshlands** pl (Geol) / Marsch f (vor Küsten angeschwemmter fruchtbarer Boden)
**Marsh's test** (for arsenic) (Chem) / Marsh'sche Probe (zum Nachweis geringster Mengen von Arsen), Marsh-Test m (nach J. Marsh, 1790-1846)
**Marsh test** (Chem) / Marsh'sche Probe (zum Nachweis geringster Mengen von Arsen), Marsh-Test m (nach J. Marsh, 1790-1846)
**marshy** adj (Geol) / morastig adj, sumpfig adj
**Mars landing** (Space) / Landung f auf dem Mars, Marslandung f ‖ ~ **pigment** (produced when milk of lime is added to a ferrous sulphate solution, and the precipitate is calcined) (Chem) / Marspigment n (ein Eisenoxidpigment - z.B. Marsgelb, -grün, oder -rot) ‖ ~ **pigment** (Chem) / Marspigment n (ein Eisenoxidpigment - z.B. Marsgelb, -grün, oder -rot) ‖ ~ **probe** (Space) / Marssonde f (z.B. Mariner, Mars, Viking oder Pathfinder) ‖ ~ **red** / Marsrot n (ein Eisenoxidpigment), Eisenoxidrot n ‖ ~ **yellow** / Marsgelb n (ein Eisenoxidpigment), Eisenoxidgelb n
**martempering**\* n (Met) / Warmbadhärten (Anlassen nach DIN EN 10 052)
**marten-hair brush** (Paint) / Marderhaarpinsel m
**marten repeller** (Autos) / Marder-Schutzgerät n, Marder-Abwehranlage f
**martensite**\* n (Met) / Martensit m (metastabiles Umwandlungsprodukt des Austenits, das bei schneller Abkühlung entsteht und eine große Härtesteigerung beim Stahl bewirkt - nach A. Martens, 1850-1914) ‖ ~ **range** (Met) / Martensitbereich m
**martensitic** adj (Met) / martensitisch adj ‖ ~ **steel** (Met) / martensitischer Stahl (ein nicht rostender Stahl) ‖ ~ **transformation** (Met) / Martensitumwandlung f
**Martin factor** (Chem) / Martin-Faktor m (zur Bestimmung des Nettoretentionsvolumens in der Gaschromatografie)
**martingale** n (Stats) / Martingal n (ein spezieller stochastischer Prozess)
**martite**\* n (Min) / Martit m (zu Hämatit pseudomorphisiertes Magneteisenerz)
**martius yellow**\* (Chem) / Martiusgelb n, Manchestergelb n, Naphthalingelb n (ein Naphtholarbstoff)
**MARV** (manoeuvrable antiradar vehicle) (Mil) / manövrierfähiges Antiradarfahrzeug (für die militärische Raumfahrt), ballistischer Flugkörper mit MARV-Technik
**marver** v (Glass) / wälzen v (auf ebener Platte), marbeln v, motzen v (Külbel in einer Motze), wulgern v (in einem Wulgerlöffel bei der Stuhlarbeit), wulchern v ‖ ~ n (Glass) / Wulgerlöffel m, Wulcherlöffel m ‖ ~\* (Glass) / Wälzplatte f, Motze f, Marbel m f n, Walzblech n ‖ ~ **plate** (a flat plate of metal or stone on which hand-gathered glass is rolled, shaped, and cooled) (Glass) / Wälzplatte f, Motze f, Marbel m f n, Walzblech n
**Marx generator** (a high-voltage electrical pulse generator in which capacitors are charged in parallel, then discharged in series to generate a voltage much higher than the charging voltage) (Radiol) / Marxgenerator m, Marx'scher Stoßspannungsgenerator
**marzipan** n (a paste made from ground almonds) (Nut) / Marzipan n
**MAS** (a transistor) (Electronics) / MAS-Transistor m ‖ ~ (magic-angle spinning) (Spectr) / Rotieren n um den magischen Winkel (der Probe bei der NMR-Spektroskopie), MAS-Methode f
**mascagnite** n (Min) / Mascagnit m (ein wasserfreies Sulfat mit sehr großen Kationen), Mascagnin n
**mascaret** n (Mascaret n (in Flussmündungen aufwärts wandernde Welle)
**mascaron** n (Arch) / Maskaron m (Menschen- oder Fratzengesicht als Ornament), Maskenornament n
**Mascheroni's constant** (Maths) / Euler'sche Konstante ($\gamma$ = 0,57721566...), Mascheroni'sche Konstante (nach L. Mascheroni, 1750-1800), Euler-Mascheroni-Konstante f
**mascon**\* n (Astron) / Mascon n (abweichende Massekonzentration unter einigen Mondmaria)
**maser**\* n (Phys) / Maser m (ein rauscharmer Verstärker für kleine Leistungen im Mikrowellenbereich) ‖ ~ **relaxation**\* (Phys) / Maserrelaxation f
**mash** v (bananas) / zerquetschen v, zerdrücken v (zu Brei), zu Brei zerstampfen ‖ ~ / einkneten v ‖ ~ (Brew) / maischen v, einmaischen v ‖ ~ (potatoes) (Nut) / zerstampfen v, quetschen v, zerquetschen v, zerdrücken v ‖ ~ n / breiige Masse, Brei m ‖ ~ (Autos) / Stauchung f (ein Rahmenschaden) ‖ ~ (Brew, Nut) / Maische f ‖ ~ (Nut) / Mus n ‖ ~ **cooler** (Brew) / Maischekühler m

**mashed**

**mashed** *adj* (Nut) / breiig *adj* (Geschmackseindruck) ‖ ~ **potatoes** (Nut) / Kartoffelpüree *n*, Stampfkartoffeln *f pl*
**masher** *n* (Agric, Nut) / Quetsche *f* (z.B. für Futterkartoffeln), Stampfer *m*, Muser *m* ‖ ~ (Brew) / Maischebereiter *m*, Maischapparat *m*
**mashing** *n* (Brew) / Maischen *n*, Einmaischen *n*, Maischverfahren *n* ‖ ~ **tub** (Brew) / Maischbottich *m*
**mash roll** (Agric) / Quetschrolle *f* ‖ ~ **seam welding**\* (Welding) / Quetschnahtschweißen *n*
**mash-tub** *n* (Brew) / Maischbottich *m*
**mash-tun**\* *n* (Brew) / Maischepfanne *f*, Maischekessel *m*, Maischekochkessel *m*
**mash-tun** *n* (Brew) / Maischbottich *m*
**mask** *v* (Acous) / maskieren *v* ‖ ~ (Acous) / verdecken *v* ‖ ~ (Chem) / maskieren *v* ‖ ~ (Cinema, Electronics, Paint, Photog, TV) / abdecken *v*, maskieren *v*, kaschieren *v* ‖ ~ (Paint) / abkleben *v* (die zu lackierende Stelle) ‖ ~ (Print) / maskieren *v*, abdecken *v* (z.B. beim Formätzen) ‖ ~ (TV) / ein Silhouettensignal einblenden, ein Silhouettensignal einmischen ‖ ~\* *n* (Cinema) / Filmmaske *f* ‖ ~\* (Cinema, Photog, TV) / Abdeckung *f*, Kasch *m*, Kaschblende *f*, Filmkasch *m* ‖ ~\* (Cinema, TV) / Maske *f* (der Kamera) ‖ ~ (Comp) / Maske *f* (Flipflop bei Programmunterbrechungen) ‖ ~ (Comp) / Maske *f* (auf dem Bildschirm dargestelltes Schema zur Anzeige und Eingabe von Daten - nach DIN 66233, T 1), Bildschirmmaske *f* ‖ ~ (Electronics) / Fotoschablone *f* ‖ ~\* (Electronics) / Maske *f* (Abdeckung in einem Herstellungsverfahren für Halbleiter), Diffusionsmaske *f* ‖ ~\* (Photog) / Maske *f* (ein Korrekturbild, das in Verbindung mit dem Originalbild desselben Objekts verwendet wird, aber in seiner Helligkeitsverteilung dem Original entgegengesetzt ist), Bildmaske *f* ‖ ~ (TV) / Gittermaske *f* (z.B. bei einem Trinitron), Streifenmaske *f*
**maskable interrupt** / maskierbare Unterbrechung (auf Softwareanweisung von der CPU ignorierbares Unterbrechungssignal)
**mask-based user guidance** (Comp) / maskengesteuerte Dialogführung
**mask bit** (Comp) / Maskenbit *n*
**mask-controlled** *adj* (Comp) / maskengesteuert *adj*
**mask cut-out** (Electronics, Photog) / Maskenausschnitt *m* (auf der zu ätzenden Fläche)
**masked advertising** / Schleichwerbung *f* ‖ ~ **headlamp** (Autos) / Tarnscheinwerfer *m*
**mask editor** (Comp) / Maskeneditor *m* (der dem Programmierer hilft, eine Eingabemaske zu erstellen)
**masked liquor** (Leather) / maskierte Brühe ‖ ~ **threshold** (Acous) / Mithörschwelle *f* (Hörschwelle eines bestimmten Schalles in Gegenwart eines Maskierers - DIN 1320)
**maskeeg** *n* (Bot, Geol) / mit Moos und Gras überwachsene sumpfige Landschaft (Kanada, Alaska)
**maskelynite**\* *n* (Min) / Maskelynit *m*
**masker** *n* (Acous) / Maskierer *m* (Schall, der die Wahrnehmung eines anderen Schalles verdeckt oder in der Lautheit drosselt - DIN 1320)
**mask for data entry** (Comp) / Erfassungsmaske *f*
**masking**\* *n* (Acous) / Verdeckung *f* (wenn Störgeräusche bei genügend großer Nutzlautstärke nicht mehr wahrgenommen werden) ‖ ~ (Chem) / Maskierung *f* ‖ ~\* (Comp) / Maskierung *f* (z.B. eines Maschinenwortes) ‖ ~ (Paint) / Abkleben *n* (der zu lackierenden Stelle) ‖ ~ (Photog, Print) / Abdecken *n* (des Negativs) ‖ ~ (Print) / Maskierung *f*, Abdeckung *f* (z.B. beim Formätzen) ‖ ~ (TV) / Einmischung *f* eines Silhouettensignals ‖ ~ **agent** (Chem) / Maskierungsmittel *n* ‖ ~ **frame**\* (Photog) / Formatblende *f* (des Vergrößerungsgeräts) ‖ ~ **lacquer** (Photog) / Abdecklack *m* ‖ ~ **layer** (Electronics) / maskierende Schicht ‖ ~ **of odours** / Geruchsmaskierung *f*
**masking-out** *n* (Paint) / Abkleben *n* (der zu lackierenden Stelle)
**masking reagent** (Chem) / Maskierungsmittel *n* ‖ ~ **resistance** (Paint) / Abklebfestigkeit *f* (Grad der Widerstandsfähigkeit einer im Allgemeinen noch frischen Lackschicht gegenüber der Einwirkung von Klebeband beim Abkleben) ‖ ~ **tape**\* (Build, Paint) / Klebstreifen *m*, Klebestreifen *m*, Kreppstreifen *m*, selbsthaftendes Kreppband, Abdeckband *n*, Abdeckklebeband *n*, Abdeckmaskenband *n*, Malerband *n* (gekrepptes), Abklebeband *n* (z.B. Tesa-Krepp)
**mask instruction** (Comp) / Ausblendbefehl *m* (zum Ausblenden von Daten) ‖ ~ **off** *v* (Paint) / abdecken und abgrenzen (Flächen oder Teile, z.B. beim Spritzen) ‖ ~ (Comp) / ausblenden *v* (Textverarbeitung) ‖ ~ **out** (Paint) / abkleben *v* (die zu lackierende Stelle) ‖ ~ **pitch** (TV) / Abstand der Mittelpunkte der Löcher einer Lochmaske (in Monitoren)
**mask-programmable read-only memory** (Comp) / maskenprogrammierbarer Festwertspeicher
**mask-programmed** *adj* (Comp) / maskenprogrammiert *adj* ‖ ~ **read-only memory** (Comp) / Masken-ROM *n*, maskenprogrammierter Festwertspeicher (DIN 44476, T 1) ‖ ~ **ROM** (Comp) / Masken-ROM *n*, maskenprogrammierter Festwertspeicher (DIN 44476, T 1)

**mask programming** (Comp) / Maskenprogrammierung *f* (für Festwertspeicher) ‖ ~ **register** (Comp) / Maskenregister *n* ‖ ~ **sequence** (Comp) / Maskenfolge *f*
**MASM** (microassembler) (Comp) / Mikroassembler *m*
**mason** *n* (Build) / Maurer *m* (Naturstein) ‖ ~ (Build) / Steinmetz *m* (der Mauerwerk aus Natursteinen errichtet)
**Masonite** *n* (For, Join) / Masonit *n* (eine Holzfaserplatte), Masonite-Faserplatte *f* (nach dem Dampfexplosionsverfahren hergestellt)
**Mason jar** (US) (Nut) / Einmachglas *n*, Einweckglas *n*, Konservenglas *n*
**masonry** *n* (Build) / Mauerwerk *n* (DIN 1053 und 4172), Gemäuer *n* ‖ ~ (Build) / Maurerarbeit *f*, Maurerhandwerk *n* ‖ ~ **anchor** (Build) / Wandanker *m* ‖ ~ **arch** (Arch) / Mauerwerkbogen *m* ‖ ~ **arch** (Build) / Mauerbogen *m* ‖ ~ **cement**\* (Build) / Mauerwerkzement *m* ‖ ~ **construction** (Build) / Mauerwerksbau *m* (DIN 1053) ‖ ~ **dam** (Hyd Eng) / Mauerdamm *m* ‖ ~ **drill** (Build) / Mauerdurchbruchbohrer *m* ‖ ~ **mortar** (Build) / Mauermörtel *m* (DIN 1053, T 1) ‖ ~ **mortar** (Build, Civ Eng) / Speis *m*, Mörtel *m* (ein Bindebaustoff) ‖ ~ **nail** (Build) / Mauernagel *m*, Steinnagel *m* ‖ ~ **paint** (Build, Paint) / Maueranstrichfarbe *f* ‖ ~ **unit** (Build) / Mauerwerkstein *m* (als Baumaß), Mauerstein *m* (als Baumaß)
**mason's level** (Build) / Lot *n* (Schnur + Senkblei), Schnurlot *n* ‖ ~ **lodge** (Arch) / Bauhütte *f* (mittelalterlicher Werkstattverband) ‖ ~ **mark** (device carved in stones by a mason to identify his work, often found in medieval buildings) (Build) / Steinmetzzeichen *n* ‖ ~ **mate** (Build) / Hilfsarbeiter *m* ‖ ~ **putty** (lime putty mixed with stone dust and Portland cement for jointing ashlar, the mix being approximately 5 : 7 : 2) (Build) / Mörtelpaste *f* ‖ ~ **quicklime** (Build) / Baukalk *m* (vorwiegend zur Bereitung von Mauer- und Putzmörtel verwendet - DIN 1060 und DIN EN 459) ‖ ~ **scaffold**\* (with standards) (Build) / Stangengerüst *n*, Standgerüst *n* ‖ ~ **tool** (Build) / Geschirr *n* (des Steinmetzes)
**masquerade** *n* (Comp) / Simulation *f* eines berechtigten Systemzugriffs durch illegale Beschaffung der benötigten Identifikationsdaten
**masquerading** *n* (Comp) / Simulation *f* eines berechtigten Systemzugriffs durch illegale Beschaffung der benötigten Identifikationsdaten
**mass** *v* / anhäufen *v*, ansammeln *v*, massieren *v* ‖ ~\* *n* (Phys) / Masse *f* (DIN 1305) ‖ ~ **absorption** (Phys) / Massenabsorption *f* ‖ ~ **absorption coefficient**\* (Phys) / Massenabsorptionskoeffizient *m* ‖ ~ **action constant** (Chem) / Gleichgewichtskonstante *f* (thermodynamische), Massenwirkungskonstante *f* ‖ ~ **action law**\* (Chem) / Massenwirkungsgesetz *n*, MWG (Massenwirkungsgesetz), Guldberg-Waage'sches Massenwirkungsgesetz
**mass-analysed ion kinetic energy spectroscopy** (Spectr) / Ionenenergiespektrometrie *f* (zum Nachweis metastabiler Zerfälle)
**mass analyser** (GB) (Spectr) / Massenanalysator *m* ‖ ~ **analyzer** (Spectr) / Massenanalysator *m*
**massaranduba** *n* (For) / Massaranduba *n* (Holz der Manilkara elata (Allemann ex Miq.) Monach.), Balata *f* rouge
**mass balance**\* (Aero) / Massenausgleich *m* (ein Ruderausgleich) ‖ ~ **balance** (Chem Eng) / Stoffbilanz *f*, Massenbilanz *f*, Mengenbilanz *f* (z.B. für eine Verfahrensstufe) ‖ ~ **bonding** (Electronics) / Massenbonden *n*, Massenkontaktierung *f* ‖ ~ **centre** (Aero, Phys) / Massenmittelpunkt *m* (DIN 13317) ‖ ~ **chromatogram** (Chem) / Massenchromatogramm *n* ‖ ~ **chromatography** (Chem) / Massenchromatografie *f* ‖ ~ **coefficient** (of reactivity) (Nuc Eng) / Gefährdungsfaktor *m*, Reaktivitätskoeffizient *m*, Massenkoeffizient *m* (der Reaktivität) ‖ ~ **colour** (Paint) / Vollton *m*, Purton *m* (bei einer deckenden Schicht)
**mass-coloured** *adj* (Textiles) / spinngefärbt *adj*, düsengefärbt *adj*, in der Spinnlösung gefärbt
**mass communication** (Telecomm) / Massenkommunikation *f* ‖ ~ **concentration** (Chem, Phys) / Massenkonzentration *f* (DIN 1310), Partialdichte *f* (DIN 1310) ‖ ~ **concrete** (Civ Eng) / Massenbeton *m* (für Bauteile mit Dicken über etwa 1 m - mit Zuschlagstoffen von über 150 mm Korngröße) ‖ ~ **culture** (Chem Eng) / Massenkultur *f* (Fermentationsverfahren mit hoher Zelldichte) ‖ ~ **curve** (Hyd Eng) / Summenkurve *f* (der Zuflüsse) ‖ ~ **data** (Comp) / Massendaten *pl* ‖ ~ **decrement**\* (Nuc, Phys) / Massedefekt *m* (die Differenz zwischen der Summe der Ruhemassen sämtlicher Nukleonen eines Atomkerns und der tatsächlichen Kernmasse), Massendefekt *m* (DIN 1304) ‖ ~ **defect**\* (Nuc, Phys) / Massedefekt *m* (die Differenz zwischen der Summe der Ruhemassen sämtlicher Nukleonen eines Atomkerns und der tatsächlichen Kernmasse), Massendefekt *m* (DIN 1304) ‖ ~ **defect**\* (Nuc) s. also mass excess ‖ ~ **detector** (Phys) / Massendetektor *m*, Massenflussdetektor *m* ‖ ~ **diagram** (Hyd Eng) / Summenkurve *f* (der Zuflüsse) ‖ ~ **dipole** (Electronics) / Massendipol *m* ‖ ~ **distribution** (Phys) / Massenverteilung *f*
**mass-dyed** *adj* (Textiles) / spinngefärbt *adj*, düsengefärbt *adj*, in der Spinnlösung gefärbt

**mass dyeing** (US) (Textiles) / Massefärbung f, Spinnfärbung f, Düsenfärbung f (von Chemiefasern)
**massecuite** n (Nut) / Füllmasse f (in der Zuckergewinnung - eine zähe Masse mit etwa 85 % Zucker, 8 % Nichtzucker und 7 % Wasser)
**massed wire** (Cables) / Kabelbündel n
**mass effect** (Met) / Masseneffekt m || ~ **effect** (Nuc) / Packungseffekt m, Masseneffekt m (bei der Bindung von Nukleonen zu einem Atomkern) || ~**-energy equivalence** (Phys) / Masse-Energie-Äquivalenz f
**Massenfilter** n (Spectr) / Quadrupolmassenspektrometer n (ein Hochfrequenzspektrometer für nicht magnetische Trennungsmethoden)
**mass excess*** n (Phys) / Massenüberschuss m (die Differenz aus der relativen Atommasse und der geradzahligen Massenzahl eines Kerns - nach DIN 1304) || ~ **extinction of fish** (Ecol) / Fischsterben n (Massensterben von Fischen in Gewässern, verursacht vor allem durch Sauerstoffmangel infolge starker Wasserverschmutzung, Vergiftung des Wassers und Infektionskrankheiten)
**Massey coating** (Paper) / Massey-Verfahren n (ein Streichverfahren) || ~ **formula** (Nuc) / Massey'sche Formel
**mass flow** (Phys) / Materiefluss m, Massendurchfluss m (als Vorgang), Massefluss m || ~ **flow** (Phys) / Massenstrom m (durchgeflossene Masse durch Zeit - DIN 5485), Massendurchsatz m, Mengenstrom m (Volumenstrom mal Dichte) || ~ **flow rate** / Massendurchfluss m (im quantitativen Sinne) || ~ **flow rate meter** / Massendurchsatzmesser m || ~ **formula** (Nuc) / Massenformel f || ~ **fraction** (Phys) / Massenbruch m, Massenanteil m (eines Stoffes in % nach DIN 1310), Masseanteil m || ~**-haul curve*** (Civ Eng) / Massenverteilungsplan m, Massentransportkurve f
**massicot*** n (the mineral form of lead monoxide) / Massicot m (gelbes Pulver aus Blei(II)-oxid), Bleiglätte f
**Massieu function** (minus the quotient of the Helmholtz function and the temperature T) (Phys) / Massieu-Funktion f (eine thermodynamische Funktion)
**massif** n (Geol) / Gebirgsmassiv n, Massiv n, Massengebirge n
**mass-impregnated non-draining cable** (Cables) / Haftmassekabel n, Kabel n mit nicht abwandernder Tränkmasse || ~ **non-draining insulation** (Elec Eng) / Papierhaftmasseisolierung f || ~ **paper insulation** (Elec Eng) / vollgetränkte Papierisolierung, masseimprägnierte Papierisolierung, Papier-Masse-Isolierung f (imprägnierte Papierisolierung, bei der die Papierbänder nach dem Bewickeln imprägniert werden)
**mass increase** (Phys) / Massezunahme f, Gewichtszunahme f
**massing** n (Phys) / Bestimmung f von Massen || ~ **bottle** (Chem) / Wägeglas n
**massive** adj / massiv adj, voll adj (massiv) || ~ **bar** / Vollstab m, Massivstab m || ~ **coining** (Eng) / Vollprägen n (Gesenkformen mit ganz umschlossenem Werkstück), Massivprägen n (wenn der Werkstoff so hohen Flächenpressungen ausgesetzt wird, dass er überall plastisch wird) || ~ **field** (Phys) / massenbehaftetes Feld, massives Feld
**massively parallel processor** (a high-performance computer system providing a new approach to supercomputing but with very specialized programming requirements) (Comp) / massives paralleles System (mit Supercomputern)
**massive-parallel processing** (Comp) / massiv-parallele Verarbeitung
**massive rock** (Geol) / massiges Gestein || ~ **working** (Eng) / Massivumformung f (der Rohlinge oder Halbzeuge), Massivumformen n (z.B. Gesenkschmieden oder Prägen)
**massless** adj (Phys) / massenlos adj, mit Masse Null
**mass loss** / Substanzverlust m (Masseverlust im Allgemeinen, z.B. durch die Korrosion) || ~ **loss** (Phys) / Masseverlust m, Massenverlust m
**mass-loss per unit area** / flächenbezogener Massenverlust (eine Korrosionsgröße) || ~ **rate** / Massenverlustrate f (eine Korrosionsgröße)
**mass-luminosity law*** (Astron) / Masse-Leuchtkraft-Beziehung f, Masse-Helligkeit-Beziehung f (Abhängigkeit der absoluten Helligkeit der Sterne von ihrer Masse)
**mass matrix** (Mech) / Massenmatrix f || ~ **media** / Massenmedien n pl (auf große Massen einwirkende Kommunikationsmittel wie Presse, Hörfunk und Fernsehen), Massenkommunikationsmittel n pl || ~ **memory** (Comp) / Massenspeicher m (peripheres Speichermedium mit großer Kapazität) || ~ **movement** (Geophys) / Massenbewegung f (unter dem Einfluss der Schwerkraft auf geneigten Hängen), Massenschwerebewegung f || ~ **multipole** (Phys) / Massenmultipol m || ~ **number*** (Nuc) / Massezahl f (Zahl der in einem Atomkern enthaltenen Nukleonen), Massenzahl f (DIN 1304), Nukleonenzahl f || ~ **of earth** (Civ Eng) / Erdmasse f || ~ **of electron*** (Phys) / Elektronenmasse f (eine atomare Konstante) || ~ **per unit area** (Phys, Textiles) / flächenbezogene Masse, Massenbelegung (Quotient aus der Masse und der Fläche in kg/m$^2$), Flächenmasse f,
Flächengewicht n, Flächendichte f || ~ **per unit length** (Spinning) / Titer m (längenbezogene Masse - heute vom Tex-System verdrängt) || ~ **per unit volume** (Chem, Phys) / Massenkonzentration f (DIN 1310), Partialdichte f (DIN 1310) || ~ **point** (Phys) / Massepunkt m, Punktmasse f, Materialpunkt m, materieller Punkt || ~ **point mechanics** (Mech) / Mechanik f der Massepunkte, Punktmechanik f || ~ **poisoning of fish** (due to pollution) (Ecol) / Fischsterben n (Massensterben von Fischen in Gewässern, verursacht vor allem durch Sauerstoffmangel infolge starker Wasserverschmutzung, Vergiftung des Wassers und Infektionskrankheiten) || ~ **polymerization** (Chem) / Massepolymerisation f, Substanzpolymerisation f
**mass-produced article** / Massenartikel m || ~ **articles** / Massenware f || ~ **goods** / Massenware f
**mass production** (Work Study) / Massenfertigung f, Massenerzeugung f, Massenproduktion f (eine Fertigungsart) || ~ **radiator** (Electronics) / Massenstrahler m || ~ **rate of flow** / Massendurchfluss m (im quantitativen Sinne) || ~ **ratio*** (Aero, Space) / Massenverhältnis n (z.B. zwischen Abflug- und Leermasse) || ~ **ratio** (Phys) / Massenverhältnis n (DIN 1310) || ~ **renormalization** (Phys) / Masserenormierung f (in der Quantenfeldtheorie) || ~ **resistivity** (Elec Eng) / spezifischer Massewiderstand || ~ **resonances** (Nuc) / Massenresonanzen f pl, Teilchenresonanzen f pl (äußerst kurzlebige Elementarteilchen)
**mass-sensitive detector** (Phys) / Massendetektor m, Massenflussdetektor m
**mass separation** (Nuc Eng, Phys) / Massentrennung f || ~ **separator** (Nuc Eng, Phys) / Massenseparator m, Massentrenner m || ~ **shooting** (Mining) / Massensprengung f || ~ **soldering** (Electronics) / Massenlöten n, Komplettlötung f, Serienlöten n || ~ **spectrogram** (Spectr) / Massenspektrogramm n || ~ **spectrograph*** (a mass spectroscope that records intensity distributions on a photographic plate - an obsolete name) (Phys, Spectr) / Massenspektrograf m (Gerät zur Analyse eines Ionenstrahles auf Bestandteile verschiedener Masse und zur genauen Massebestimmung) || ~ **spectrometer*** (a mass spectroscope that uses an electronic instrument to indicate intensity distribution in the separated ion beam) (Phys, Spectr) / Massenspektrometer n || ~ **spectrometric analysis** (Phys, Spectr) / Massenspektralanalyse f || ~ **spectrometry** (Phys, Spectr) / Massenspektrometrie f (mit Registrierung in einem Ionenstrom), MS || ~ **spectroscopy** (Spectr) / Massenspektroskopie f (mit Registrierung auf einer Fotoplatte), MS (Massenspektroskopie) || ~ **spectrum*** (Nuc, Phys, Spectr) / Massenspektrum n || ~ **stopping power*** (Nuc) / Massenbremsvermögen n || ~ **storage** (Comp) / Massenspeicher m (peripheres Speichermedium mit großer Kapazität) || ~ **susceptibility** (Geol, Mag) / spezifische Suszeptibilität || ~ **timber** (sold in accordance with its weight) (For) / Gewichtsholz n (das nach Masse gehandelt wird)
**mass-to-charge ratio** (Spectr) / Masse-Ladung-Verhältnis n
**mass tone** (Paint) / Vollton m, Purton m (bei einer deckenden Schicht) || ~ **track** (Radar) / Pulkspur f (gemeinsame Spur benachbarter Ziele) || ~ **transfer*** (Chem Eng) / Stoffübergang m (DIN 5491), Massentransfer m, Stoffübertragung f (DIN 5491), Stofftransport m, Stoffaustausch m
**mass-transfer coefficient** (Chem Eng) / Massentransferkoeffizient m, Stoffübergangskoeffizient m (DIN 5491)
**mass transfer cooling** / Kühlung f durch Stoffaustausch (z.B. eine Ablationskühlung) || ~ **transit** (Autos, Rail) / öffentlicher Verkehr, Verkehr m mit öffentlichen Verkehrsmitteln, öffentlicher Personennahverkehr, ÖPNV || ~ **transport** (Autos, Rail) / öffentlicher Verkehr, Verkehr m mit öffentlichen Verkehrsmitteln, öffentlicher Personennahverkehr, ÖPNV || ~ **transportation** (Autos, Rail) / öffentlicher Verkehr, Verkehr m mit öffentlichen Verkehrsmitteln, öffentlicher Personennahverkehr, ÖPNV || ~ **unit** (Phys) / Masseeinheit f (atomphysikalische, technische) || ~ **wasting*** (Civ Eng, Geol) / Bodenverlagerung f (eine Schwerkraft-Gleitbewegung)
**massy** adj / massiv adj, voll adj (massiv)
**mast*** n (Bot) / Mast f (Fruchtertrag von Eiche und Buche) || ~* (Elec Eng, Eng, Ships) / Mast m, Mastbaum m || ~ (Eng) / Standbaum m (des Derricks) || ~ **anchor** / Mastanker m || ~ **antenna** (Radio) / selbstschwingender Antennenmast, Mastantenne f
**mast-cell degranulating peptide** (Biochem) / mastzellendegranulierendes Peptid, MCD-Peptid n (im Bienengift)
**master** n (registered) / Meister m (rechtlich geschützter Titel) || ~* (Acous) / Vaterplatte f, Vater m (erstes Negativ bei Schallplatten, auf galvanischem Wege verkupfert und metallisch verstärkt) || ~* (Acous) / Matrize f mit erhabenen Konturen (bei der Schallplattenherstellung) || ~ (Comp) / Master m (diejenige Einheit, welche auf einem Bus einen Datentransferzyklus imitiert) || ~ (Electronics) / Muttermaske f (von der bei der Herstellung integrierter Schaltungen Arbeitsmasken abgeleitet werden) || ~*

**master**

(Eng) / Musterstück n (Bezugsstück), Muster n, Bezugsformstück n, Bezugsstück n, Meisterstück n || ~* (Eng, Tools) / Kontrolllehre f, Prüflehre f, Vergleichslehre f || ~ (Photog) / Zwischenoriginal n (eine zusätzlich hergestellte Kopie vom Original, die zur Herstellung von Vervielfältigungen verwendet wird, um das Original zu schonen) || ~ (Print) / Kopiervorlage f (für Kopiergeräte) || ~ **alloy*** (Met) / Vorlegierung f (die das Legierungselement in relativ großer Menge enthält und die der Schmelze des Basismetalls dosiert zugesetzt wird)
**master-and-slave control** (Eng) / Nachführregelung f (eines IR)
**master antenna** (TV) / Gemeinschaftsantennenanlage f, Gemeinschaftsantenne f, GAA (Gemeinschaftsantennenanlage) || ~ **antenna television** (US) (TV) / Großgemeinschafts-Antennenanlage f, GGA-Anlage f || ~ **arm** (Eng) / Masterarm m (bei dem Master-Slave-Manipulator) || ~ **artwork** (Electronics) / Urvorlage f, Originalvorlage f (für Druckoriginale)
**masterbatch*** n (Chem Eng) / Vormischung f (granulatförmiges, staubfreies Konzentrat von Kautschuk oder einem Kunststoff-Rohstoff), Masterbatch m, Stammmischung f, Grundmischung f
**master boot record** (Comp) / Master-Boot-Record m, MBR (Master-Boot-Record) || ~ **cash box** (Comp) / Leitkasse f (in den Kassenverbundsystem) || ~ **clock*** (Comp) / Mastertakt m, Haupttakt m || ~ **clock*** (Elec Eng, Horol) / Zentraluhrenanlage f, Hauptuhr f, Mutteruhr f (eine Normaluhr) || ~ **clock signal generator** (Comp) / Haupttaktgeber m || ~ **compass** (Ships) / Regelkompass m, Mutterkompass m || ~ **component** (Eng) / Bezugswerkstück n (beim Kopierfräsen) || ~ **computer** (Comp) / Leitrechner m || ~ **connecting-rod*** (Autos, Eng) / Hauptpleuel m || ~ **connecting-rod assembly** (Autos, Eng) / Pleuelstern m || ~ **con rod** (Autos, Eng) / Hauptpleuel m || ~ **controller*** (Elec Eng) / Hauptsignalsteuereinheit f (in der Verkehrsregelung) || ~ **copy** (Print) / Kopiervorlage f (für Kopiergeräte) || ~ **cylinder** (Autos) / Geberzylinder m (bei der hydraulischen Kupplungsbetätigung) || ~ **cylinder*** (Autos, Eng) / Hauptbremszylinder m, Hauptzylinder m
**master-cylinder inlet port** (Autos) / Nachlaufbohrung f (im Hauptzylinder)
**master data** (Comp) / Stammdaten pl || ~ **database** (Comp) / Stammdatenbasis f || ~ **disc** (Comp) / Masterplatte f || ~ **document** (Comp) / Urbeleg m, Originalbeleg m, Erstbeleg m, Ursprungsbeleg m, Originaldokument n || ~ **drawing** / Originalzeichnung f, Stammzeichnung f || ~ **drawing** (Electronics) / Urvorlage f, Originalvorlage f (für Druckoriginale) || ~ **drive** (Eng) / Hauptantrieb m || ~ **exchange** (Teleph) / Muttervermittlungsstelle f || ~ **file*** (Comp) / Stammdatei f, Hauptdatei f, Bestandsdatei f || ~ **frequency meter*** (Elec Eng) / integrierender Frequenzmesser || ~ **gain control*** (Acous) / Hauptverstärkungsregelung f || ~ **gauge** (Eng) / Normallehre f || ~ **gauge*** (Eng, Tools) / Kontrolllehre f, Prüflehre f, Vergleichslehre f || ~ **gear** (Eng) / Lehrzahnrad n (Gegenrad zum Prüfling bei der Zweiflankenwalzprüfung) || ~ **generator** (Phys) / Muttergenerator m (ein Impulsgenerator zur Erzeugung der Grundfrequenz) || ~ **grating** (Optics) / Originalgitter n || ~ **group*** (Telecomm) / Tertiärgruppe f (fünf Sekundärgruppen in der Frequenzmultiplex-Übertragungstechnik)
**master-group link** (Telecomm) / Tertiärgruppenverbindung f
**master heat** (Met) / Grundschmelze f, Basisschmelze f, Stammschmelze f
**mastering** n (Acous, Comp) / Mastering n (erste Fertigungsstufe bei Compact Disks)
**master jaw** (Eng, Tools) / Grundbacke f (Unterteil der geteilten Spannbacke) || ~ **key** (Autos) / Hauptschlüssel m || ~ **mask** (Electronics) / Muttermaske f (von der bei der Herstellung integrierter Schaltungen Arbeitsmasken abgeleitet werden) || ~ **mason** (Build) / Polier m (meistens bei Steinmetz- und Natursteinarbeiten) || ~ **menu** (Comp) / Hauptmenü n (ein übersichtartiges Menü, von dem aus Untermenüs angesteuert werden können) || ~ **negative** (Cinema) / Originalnegativ n, Dup-Negativ n, Originegativ n || ~ **oscillator** (Elec Eng, Electronics) / Mutteroszillator m || ~ **oscillator*** (Radio) / Steueroszillator m || ~ **pattern** (Electronics) / Druckoriginal n, Originaldruckvorlage f, Druckvorlage f || ~ **pattern** (Electronics) / Ätzvorlage f || ~ **photomask** (Electronics) / Originalfotoschablone f || ~ **piece** (Eng) / Bezugswerkstück n (beim Kopierfräsen)
**masterplate** n (Bacteriol) / Stammplatte f (in der Replikatechnik)
**master positive** (Cinema) / Masterkopie f, Dup-Positiv n, Masterpositiv n, Positivkopie f || ~ **processor** (Comp) / Hauptprozessor m (im Gegensatz zum untergeordneten Prozessor) || ~ **pulse** (Telecomm) / Leitimpuls m || ~ **record** (Acous) / Originaltonträger m || ~ **record** (Comp) / Hauptsatz m, Stammeintrag m || ~ **reference system** (Radio) / Bezugskreis m (ein international festgelegter Bezugswert für das zulässige Rauschen einer Richtfunklinie und einer Kabelverbindung von 2500 km Streckenlänge) || ~ **schedule** (Work Study) / Primärprogramm n || ~ **screw** (Eng) / Leitpatrone f (Gewindestrehlen) || ~**-slave computer system** (a system that has more than one processor and in which one of the processors is designated as being the master and all other processors are slaves) (Comp) / Host-Rechnersystem n (ein Verbundsystem), Master-Slave-Rechnersystem n
**master-slave flip-flop** (Electronics) / Master-Slave-Flipflop n (ein taktgesteuertes Flipflop, bei dem der "Master" bei ansteigender Taktflanke die Information einliest und der "Slave" bei abfallender Taktflanke diese Information übernimmt)
**master-slave manipulator** / Parallelmanipulator m, Master-Slave-Manipulator m ("magische Hände") (System von zwei Manipulatoren, bei dem die vom Bediener eingeleiteten Bewegungen von einem entfernt vom Steuermanipulator aufgestellten Manipulator direkt und synchron ausgeführt werden)
**master-slave principle** (Automation) / Master-Slave-Prinzip n (in Systemhierarchien) || ~ **system** (Eng) / Master-Slave-System n (auch in der Robotik) || ~ **test** / Master-Slave-Prüfung f (Referenzprüfling und der eigentliche Prüfling)
**master-slice technology** (Electronics) / Master-Slice-Technik f (in der Monochiptechnik)
**master socket** (Telecomm) / Netzabschluss m (bei Installationen) || ~ **station** (Comp) / Sendestation f (eine Datenstation zu der Zeit, zu der sie aufgefordert ist, Daten auszusenden) || ~ **station** (Nav) / Leitstation f || ~ **station*** (Radar, Radio) / Hauptstation f || ~ **station*** (Radio) / Muttersender m, Leitsender m || ~ **switch*** (Elec Eng) / Hauptschalter m, Generalschalter m, Meisterschalter m, Zentralschalter m || ~ **synchronizer** (Comp) / Mastertakt m, Haupttakt m || ~ **tap*** (a substandard screw-tap) (Eng) / Nachschneider m || ~ **tape** (Acous, Comp) / Masterband n, Mutterband n || ~ **tape** (Acous, Comp, Mag) / Urband n, Stammband n (Originalaufzeichnung), Hauptband n, Normband n, Bestandsband n || ~ **tape** (Cinema) / Originalband n || ~ **telephone transmission reference system*** (Teleph) / Ureichkreis m (CCITT, Genf) || ~ **timer** (Comp) / Mastertakt m, Haupttakt m || ~ **unit** (Photog) / Hauptgerät n (der Blitzausrüstung) || ~ **valve** (Eng) / Hauptventil n (bei hilfsgesteuerten Sicherheitsventilen zur Unterscheidung vom Steuerventil)
**mastic*** n (Build) / Kitt m, Dichtungskitt m (meistens auf Bitumen- oder Kunststoffbasis), Dichtungsmaterial n || ~* (a gum resin) (Chem, For) / Pistazienharz n, Mastix m (ein schwach gelb gefärbtes Harz von Pistacia lentiscus L.) || ~ **asphalt*** (Build) / Heißbitumen n (z.B. als Dämmstoff) || ~ **asphalt** (Civ Eng) / Gussasphalt m (Mineralgemisch von abgestufter Körnung, dem im heißen Zustand ein durch Erhitzen dünnflüssig gemachtes Straßenbaubitumen zugemischt worden ist) || ~ **asphalt*** (Civ Eng) / Asphaltmastix m (fabrikmäßig hergestelltes Gemisch aus Steinmehl und Bitumen mit genau eingestelltem Bitumengehalt) || ~ **asphalt*** (Civ Eng) / Mastix m (ein Gemisch aus Asphalt und Goudron für Straßenbelag)
**masticate** v (Chem Eng) / mastizieren v
**mastication*** n (Chem Eng) / Mastikation f (mechanischer Abbauprozess des rohen Naturkautschuks), Mastizieren n
**masticator*** n (Chem Eng) / Mastikator m (schwerer Innenmischer mit Knetschaufeln)
**masticatory substance** (Nut) / Kaumasse f (für den Kaugummi)
**mastic gun** (Build) / Kartuschenpistole f, Handpistole f (für die Dichtungsmittel); Kittspritzpistole;f.
**mastiche** n (Chem, For) / Pistazienharz n, Mastix m (ein schwach gelb gefärbtes Harz von Pistacia lentiscus L.)
**masting** n (Ships) / Mastwerk n
**mastix*** n (a sealing compound) / Dichtungsspachtelmasse f, Spachtelmasse f (für Dichtungen)
**MAS transistor** (Electronics) / MAS-Transistor m
**masut** n (Fuels) / Masut n (hochsiedender Rückstand bei der Destillation von russischem Erdöl)
**MAT** (machine-aided translation) (Comp) / rechnerunterstützte Sprachübersetzung, DV-gestützte Sprachübersetzung, maschinenunterstützte Sprachübersetzung
**mat** v (Paint) / mattieren v || ~ (Textiles) / verfilzen vt (zu Filz machen) || ~ n (Acous) / Matrize f || ~ (Aero, Autos, Build, Plastics, Textiles) / Matte f || ~ (Cinema, Photog, TV) / Abdeckung f, Kasch m, Kaschblende f, Filmkasch m || ~ (For) / Vlies n (Faservlies, Spanvlies) || ~ (Paper, Typog) / Maternpappe f, Prägekarton m, Matrizenpappe f || ~* (Print) / Mater f (zum Herstellen von Stereos) || ~ (Textiles) / Vlies n (loser Pelz) || ~ **adj** / matt adj, stumpf adj (Farbton) || ~ / glanzlos adj, matt adj (im Allgemeinen), mattiert adj, stumpf adj
**matadero hides** (Leather) / Matadero-Häute f pl (argentinische Rindshäute)
**match** v (correspond or cause to correspond in some essential respect) / anpassen v || ~ / anpassen v, abstimmen v (aufeinander) || ~ (an aperture through which a cask can be filled or emptied) (Carp, Join) /

spunden v (Bretter) ‖ ~ (Elec Eng) / anpassen v (einen bestimmten Betriebszustand in einem elektrischen Stromkreis durch Angleichen herbeiführen) ‖ ~ (For) / zusammensetzen v (Furniere) ‖ ~ (Paint) / nachstellen v (Farben verschiedener Materialien angleichen) ‖ ~ n / Ebenbild n, Gegenstück n ‖ ~ / Zündholz n, Streichholz n ‖ ~ (Build) / Ansatz m (der Tapete) ‖ ~ (Comp) / Match n (Vergleichsoperation, bei der die Übereinstimmung zweier Datenstrukturen bezüglich bestimmter Matchregeln überprüft wird), Matching n
**match-boarding** n (Carp) / Nuten n und Spunden ‖ ~* (Carp, Join) / gespundete Bretter, Profilbretter n pl, Spundbretter n pl
**match dissolve** (Cinema, TV) / Aufeinanderüberblendung f
**matched board*** (Carp, Join) / Profilbrett n, Spundbrett n ‖ ~ **boards*** (Carp, Join) / gespundete Bretter, Profilbretter n pl, Spundbretter n pl ‖ ~ **filter** (Radar) / angepasstes Filter ‖ ~ **filter** (Telecomm) / abgestimmtes Filter ‖ ~ **filter*** (Telecomm) / Optimalfilter n (bei bestmöglicher Anpassung des Empfängers an die Sendesignalform) ‖ ~ **load*** (Telecomm) / Anpassoptimum n ‖ ~ **pairs** (Stats) / gepaarte Stichproben (im Wilcoxon-Test) ‖ ~ **rolling bearing** (Eng) / gepaartes Wälzlager (DIN ISO 5593) ‖ ~ **termination*** (Telecomm) / angepasster Abschluss ‖ ~ **terraces** (Geol) / niveaugleiche Terrassen (beiderseits des Flusses)
**matchet** n / Machete f, Haumesser n, Buschmesser n, Hackmesser n
**match gate** (Automation, Comp) / Äquivalenzglied n (das die Äquivalenz realisiert) ‖ ~ **hooks** (Ships) / Teufelsklaue f (zweiteiliger Haken, der am Ring und Hals mit den glatten Seiten der beiden Teile aufeinander liegt)
**matching** n / Anpassung f, Abstimmung f (aufeinander) ‖ ~ (for recognition purposes) (AI) / Matchen n, Matching n, Vergleich m ‖ ~ (AI, Comp) / Vergleichsprozess m (z.B. beim Erkennen fließender Rede) ‖ ~* (Carp) / Nuten n und Spunden ‖ ~ (Comp) / Match n (Vergleichsoperation, bei der die Übereinstimmung zweier Datenstrukturen bezüglich bestimmter Matchregeln überprüft wird), Matching n ‖ ~ (Electronics) / Anpassung f (Abschluss eines Netzwerkes mit einem Lastwiderstand, der gleich dem Innenwiderstand des Netzwerks ist) ‖ ~ (For) / Stürzen n (von Furnierblättern) ‖ ~ (For, Join) / Furnierbilderzusammensetzung f ‖ ~ **attenuation** (Telecomm) / Anpassungsdämpfung f ‖ ~ **circuit** (Telecomm) / Anpassungsschaltung f, Anpassungskreis m ‖ ~ **loss** (Teleph) / innere Blockierung (Zustand in einer Koppelanordnung) ‖ ~ **method** / Angleichprüfung f (bei der Farbprüfung) ‖ ~ **network** (Elec, Telecomm) / Anpassungsglied n, Anpassungsnetzwerk n ‖ ~ **of colours** (Light, Print, Textiles) / Farbabmusterung f (DIN 6173 und 16 605), Farbnachstellung f, Abmustern n (visuelles Prüfen und visuelle Beurteilung der Farbgleichheit bzw. des Farbabstandes), Farbabstimmung f ‖ ~ **optics** (Optics) / Anpassungsoptik f ‖ ~ **piece** (Eng) / Passteil n (mit einer oder mehreren Passflächen nach DIN 7182, T 1), Passstück n ‖ ~ **records** (Comp) / paarige Sätze ‖ ~ **stub*** (Telecomm) / Anpassstichleitung f, Anpassungsstichleitung f ‖ ~ **transformer*** (Telecomm) / Anpassungstransformator m
**match-lining*** n (Carp, Join) / gespundete Bretter, Profilbretter n pl, Spundbretter n pl
**match plane** (Carp, Join) / Grathobel m (zum Herstellen von Gratfedern)
**match-plate pattern** (Foundry) / zweiseitiges Modell
**match splint** (For) / Holzdraht m (für die Herstellung von Zündhölzern) ‖ ~ **wax** / Zündholzparaffin n (mit Schmelzpunkt zwischen 30 und 40° als Imprägniermittel für Zündhölzer)
**matchwood*** n (For) / Holz n für Zündholzherstellung, Streichhölzerholz n ‖ ~ (very small pieces or splinters of wood) (Paper) / Holzspäne m pl
**mate** v (Eng) / eingreifen vi, kämmen vi (Zahnräder), im Eingriff stehen, ineinander greifen v ‖ ~ (Eng) / zusammenpassen v (Einzelteile), paaren v
**matelassé** n (Textiles) / Matelassé m (pikeeähnliches Steppgewebe mit einer reliefartigen Musterung, die durch einen im Innern des Gewebes liegenden Füllschuss hervorgerufen wird)
**material** n / Material n (Sammelbegriff für Rohstoffe, Werkstoffe, Halbzeuge, Hilfsstoffe, Betriebsstoffe, Teile und Gruppen, die zur Fertigung erforderlich sind) ‖ ~ / Gut n (zu bearbeitendes) ‖ ~ (Eng) / Werkstoff m ‖ ~ adj stofflich adj (materiell), materiell adj ‖ ~ **allowance** (Eng) / Werkstoffzugabe f ‖ ~ **balance** (Chem, Nuc Eng) / Materialbilanz f ‖ ~ **balance zone** (Nuc Eng) / Materialbilanzzone f ‖ ~ **behaviour** (Materials) / Werkstoffverhalten n ‖ ~ **being crushed** / Brechgut n (das zu brechende Material) ‖ ~ **being formed** / Umformgut n ‖ ~ **being ground** / Mahlgut n (das zu mahlende Material) ‖ ~ **being melted** / Schmelzgut n (geschmolzene Masse), Schmelze f (flüssiger Aggregatzustand) ‖ ~ **buckling** (Nuc) / Materialbuckling n, materielle Flussdichtewölbung f ‖ ~ **characteristic** (Materials) / Werkstoffcharakteristik f, Werkstoffkennwert m ‖ ~ **characteristics** (Materials) / Eigenschaftskenngrößen f pl des Werkstoffs, Werkstoffkennwerte m pl, Materialkennwerte m pl ‖ ~ **constant** (Materials) / Stoffwert m

(feste Größe, die vom Material eines untersuchten Körpers abhängt), Materialkonstante f, Werkstoffkonstante f ‖ ~ **coordinates** (Phys) / Lagrange'sche Koordinaten (körper- und teilchenfeste) ‖ ~ **costs** (Work Study) / Materialkosten pl ‖ ~ **deforming** / Materialumformung f ‖ ~ **dispersion** (that dispersion attributable to the wavelength dependence of the refractive index of material used to form the waveguide) (Optics, Telecomm) / Materialdispersion f (die Wellenlängenabhängigkeit des Stoffes nach DIN 57888, T 1) ‖ ~ **fatigue** (Materials) / Werkstoffermüdung f (DIN 50 100)
**material(s) flow** (Work Study) / Materialfluss m (Weg des Materials vom Wareneingang durch die Fertigung bis zum Versand), Werkstofffluss m
**material for casting** (Foundry) / Gusswerkstoff m (metallischer Werkstoff, der für die Herstellung von Gussteilen verwendet und zu diesem Zweck in den flüssigen Zustand überführt wird)
**materialization*** n (Phys) / Materialisation f, Fotoerzeugung f (nach der Einsteinschen Gleichung $E = mc^2$)
**material(s) lock*** (Civ Eng) / Materialschleuse f
**material number** (Materials) / Werkstoffnummer f (DIN 17 007, T 1) ‖ ~ **particle** (Phys) / materielles Teilchen ‖ ~ **planning by order-point technique** (Work Study) / verbrauchsgesteuerte Materialdisposition ‖ ~ **point** (Phys) / Massepunkt m, Punktmasse f, Materialpunkt m, materieller Punkt
**material-processing robot** (Eng) / Verfahrensroboter m, Prozessroboter m (der technologische Verfahren mittels Werkzeugen bzw. Prüfmitteln durchführt)
**material procurement and stores** / Materialwirtschaft f (als Tätigkeitsbereich im Betrieb) ‖ ~ **property** (Materials) / Werkstoffeigenschaft f ‖ ~ **rack** (Photog) / Transporteinsatz m, Rack n (pl. -s) (für den Materialtransport in Entwicklungsmaschinen) ‖ ~ **removal** (Eng) / Abtragen n (ein Fertigungsverfahren nach DIN 8590 - thermisches, chemisches oder elektrochemisches ) ‖ ~ **removal rate** (Eng) / Materialabtragrate f ‖ ~ **requirements** (Work Study) / Werkstoffanforderungen f pl ‖ ~ **resources** / vorhandene materielle Werte, Ressourcen, materielle ~, materielle Ressourcen ‖ ~ **safety data sheet** (Chem, Med) / Gefahrzettel m (für Gefahrstoffe) ‖ ~ **saving** (Work Study) / Werkstoffeinsparung f
**materials chemistry** (Chem) / Werkstoffchemie f
**material(s) science** / Werkstoffwissenschaft f, Materialwissenschaft f
**materials databank** (Comp) / Werkstoffdatenbank f
**materials-data gathering** / Materialdatenerfassung f
**material selection** / Werkstoffauswahl f
**materials engineer** (Materials) / Werkstofftechniker m ‖ ~ **engineering** (Materials) / Werkstofftechnik f (Übertragung werkstoffwissenschaftlicher Grundkenntnisse auf die technische Anwendung von Werkstoffen)
**material separation** (Chem, Phys) / Stofftrennung f
**materials flow control** / Materialflusssteuerung f ‖ ~ **for dressings** (Med, Textiles) / Verbandmaterial n ‖ ~ **handling** / Materialtransport m (innerbetrieblicher) ‖ ~ **handling*** (Eng) / innerbetrieblicher (Material)Transport (im weitesten Sinne), Material-Handling n, Materialhandhabung f ‖ ~ **handling*** (Eng) / Fördertechnik f (im Betrieb) ‖ ~ **issue card** (Comp) / Materialausgabeschein m, Materialentnahmeschein m, Materialkarte f, Materialbezugsschein m ‖ ~ **lock** (Civ Eng) / Luftschleuse f (für Material) ‖ ~ **management** / Materialwirtschaft f (als Tätigkeitsbereich im Betrieb) ‖ ~ **-processing reactor** (Nuc Eng) / Materialbehandlungsreaktor m (ein Bestrahlungsreaktor) ‖ ~ **recycling** (Materials) / Werkstoffrückgewinnung f, Werkstoffrecycling n, Materialrückgewinnung f ‖ ~ **requisition card** / Materialanforderungsschein m ‖ ~ **science** / Werkstoffkunde f ‖ ~ **scientist** (Materials) / Werkstoffkundler m, Werkstoffwissenschaftler m ‖ ~ **stock** (Materials) / Materiallager n ‖ ~ **tester** (Materials) / Stoffprüfer m ‖ ~ **testing** (Materials) / Werkstoffprüfung f, Materialprüfung f ‖ ~ **testing laboratory** (Build) / Baustoffprüflabor n ‖ ~ **testing machine** (Materials) / Werkstoffprüfmaschine f (DIN 51 220) ‖ ~ **testing of works of art** (Materials) / Kunstwerkprüfung f ‖ ~ **testing reactor*** (Nuc Eng) / Materialprüfreaktor m (ein Forschungsreaktor mit hoher Neutronenflussdichte), Materialtestreaktor m, MTR m (Materialtestreaktor)
**material supply bill** / Materialausgabeschein m, Materialentnahmeschein m, Materialkarte f, Materialbezugsschein m
**materials utilization** / Materialausnutzung f
**material to be conveyed** (Eng) / Fördergut n (das zu fördernde Material) ‖ ~ **to be crushed** / Brechgut n (das zu brechende Material) ‖ ~ **to be ground** / Mahlgut n (das zu mahlende Material) ‖ ~ **to be handled** (Eng) / Fördergut n (das zu fördernde Material) ‖ ~ **to be melted** / Schmelzgut n (das geschmolzen werden soll) ‖ ~ **to be sprayed** / Spritzgut n (vor der Verarbeitung) ‖ ~ **to be tested** (Materials) / Untersuchungsgut n (das zu untersuchen ist) ‖ ~ **to be**

**material**

**weighed** / Wägegut n ‖ **~ unaccounted for** (Nuc Eng) / nicht nachgewiesenes Material (die Differenz zwischen dem realen Bestand und dem Buchbestand an Kernmaterial) ‖ **~ under examination** (Materials) / Untersuchungsgut n (das gerade untersucht wird) ‖ **~ under test** (Materials) / Untersuchungsgut n (das gerade untersucht wird) ‖ **~ under test** (Materials) / geprüfter Werkstoff (der gerade geprüft wird) ‖ **~ without precrack** (Materials) / anrissfreier Werkstoff
**maternity clothes** (Textiles) / Umstandskleidung f ‖ **~ clothing** (Textiles) / Umstandskleidung f ‖ **~ wear** (Textiles) / Umstandskleidung f
**mat finish** (Surf) / matte Oberflächenschicht (z.B. elektrochemische)
**mat-formed particle board** (For) / Flachpressplatte f (eine Spanplatte)
**mat-forming machine** (For) / Streumaschine f (Aggregat zur Bildung eines Spanvlieses bzw. einer Schicht im Bereich der Formstation der Spanplattenanlage)
**mat foundation** (Build) / Plattengründung f (eine Flachgründung) ‖ **~ glaze** (Ceramics) / Mattglasur f, matte Stellen, matte Glasur (Kristallausscheidungen - ein Glasurfehler)
**math** n (Maths) / Mathematik f ‖ **~ coprocessor** (Comp) / mathematischer Koprozessor, numerischer Koprozessor
**mathematic** adj (Maths) / mathematisch adj
**mathematical** adj (Maths) / mathematisch adj ‖ **~ analysis** (Maths) / Analysis f (Teilgebiet der Mathematik, das als grundlegende Begriffe die Funktion, den Grenzwert und die Stetigkeit hat) ‖ **~ biology** (Biol) / mathematische Biologie ‖ **~ check(ing)** (Maths) / mathematische Prüfung f ‖ **~ entity** (Maths) / mathematisches Objekt (z.B. Koordinaten) ‖ **~ geology** (Geol) / mathematische Geologie ‖ **~ induction*** (AI, Maths) / vollständige Induktion (bei der Beweisführung), mathematische Induktion ‖ **~ logic*** (Maths) / mathematische Logik, symbolische Logik ‖ **~ model** (the general characterization of a process, object, or concept, in the terms of mathematics) (Maths) / mathematisches Modell ‖ **~ particle** (Nuc) / nacktes Teilchen, mathematisches Teilchen ‖ **~ programming** (Maths) / Planungsrechnung f, mathematische Programmierung (Optimierung) ‖ **~ programming software** (Comp) / Software f für mathematische Programmierungssprache, MP-Software f ‖ **~ quantity** (Maths) / mathematische Größe ‖ **~ set** / Reißzeug n ‖ **~ setting** (Typog) / mathematischer Satz (Satz von mathematischem Text) ‖ **~ statistics** (Stats) / mathematische Statistik (DIN 13 303, T 2) ‖ **~ symbol** (Maths) / mathematisches Symbol
**mathematic model** (Maths) / mathematisches Modell
**mathematics*** n (Maths) / Mathematik f
**mathematization** n / Mathematisierung f
**Mathieu's equation** (Maths) / Mathieu'sche Differentialgleichung ‖ **~ equation** (Maths) s. also Hill's determinant ‖ **~ function** (solution of the Mathieu's equation) (Maths) / Mathieu'sche Funktion (erster Art)
**math symbol** (Maths) / mathematisches Symbol
**matildite** n (Min) / Matildit m (ein Silberbismutglanz, unterhalb 210°, hexagonal bzw. orthorhombisch) ‖ **~** (Min) s. also schapbachite
**mating** n (Eng) / Zusammenpassen n (von Einzelteilen), Paaren n (von Einzelteilen), Paarung f (Eng) / Ineinandergreifen n, Eingriff m (der Verzahnung mit der Gegenverzahnung), Kämmen n (DIN 3960) ‖ **~ adj** (Eng) / aneinanderpassend adj ‖ **~ chamber** (For) / Rammelkammer f (bei Borkenkäfern) ‖ **~ connector** (Elec Eng) / Gegenstecker m ‖ **~ dimensions** (Eng) / Anschlussmaße n pl, Paarungsmaße n pl (DIN 7182, T 1) ‖ **~ flange** (Eng) / Gegenflansch m ‖ **~ flank** (Eng) / Gegenflanke f (DIN 3998) ‖ **~ gear** (Eng) / Gegenrad n (DIN 3960 und DIN 3998) ‖ **~ part** (Eng) / Passteil n (mit einer oder mehreren Passflächen nach DIN 7182, T 1), Passstück n ‖ **~ profile** (Eng) / Gegenprofil n ‖ **~ surface** (Eng) / Gegenfläche f (z.B. bei Lagern) ‖ **~ surface** (Eng) / Passungsfläche f ‖ **~ surface** (Eng) / Passfläche f ‖ **~ surface** (Eng) / Gegenfläche f (bei Passungen) ‖ **~ tooth flank** (Eng) / Gegenflanke f (DIN 3998)
**matlockite** n (Min) / Matlockit m (ein Oxyhalogenid)
**mat moulding** (Plastics) / Mattenpressen n, Pressen n mit Matten, Pressen n mit Vorformlingen ‖ **~ of grass** (Agric) / Grasnarbe f
**matricaria camphor** (Chem) / Matrikariakampfer m (linksdrehende Form des Kampfers), l-Kampfer m
**matricin** n (Chem) / Matricarin n (ein Proazulen), Matrikarin n, Matricin n, Matrizin n
**matrix** n (pl. matrices or matrixes) (Acous) / Matrize f ‖ **~** (pl. matrices or matrixes) (Agric, Civ Eng, Geol) / Matrix f (in der Bodenkunde die Festphase des Bodens) ‖ **~*** (pl. matrices or matrixes) (Build, Chem) / Bindemittel n, Binder m ‖ **~*** (pl. matrices or matrixes) (Ceramics, Powder Met) / Matrix f (der Phasenanteil eines keramischen Werkstoffes, in den die anderen Phasen eingebettet sind), Grundmasse f ‖ **~** (pl. matrices or matrixes) (Chem Eng) / Grundgerüst n, Gerüst n, Matrix f (des Harzes bei Ionenaustauschern) ‖ **~** (pl. matrices or matrixes) (Chem, Spectr) / Matrix f (Hüll- und Begleitmaterial in der Spektroskopie) ‖ **~** (pl. matrices or matrixes) (Comp, Eng) / Matrize f ‖ **~** (pl. matrices or matrixes) (Cyt) / Matrix f (der jungen Zellwand) ‖ **~** (pl. matrices or matrixes) (Gen) / Matrix f (Proteingerüst des Zellkerns mit Funktionen bei der Organisation des Chromatins) ‖ **~** (pl. matrices or matrixes) (Geol) / Grundmasse f in Eruptivgesteinen, Matrix f (Grundmasse) ‖ **~*** (pl. matrices or matrixes) (a system of mn quantities, called elements, arranged in a rectangular array of m rows and n columns) (Maths) / Matrix f (DIN 5486) ‖ **~** (pl. matrices or matrixes) (the crystalline phase in an alloy in which the other phases are contained) (Met) / Matrix f, Grundmasse f (einer Legierung) ‖ **~** (pl. matrices or matrixes) (Nut) / Matrix f (pl. -izes oder -izen) (z.B. Wasser) ‖ **~** (pl. matrices or matrixes) (Plastics, Powder Met) / Pressform f, Matrize f ‖ **~*** (pl. matrices or matrixes) (Print) / Mater f (zum Herstellen von Stereos) ‖ **~** (pl. matrices or matrixes) (TV) / Matrix f
**matrix algebra** (Maths) / Matrizenalgebra f (DIN 5486) ‖ **~ calculus** (Maths) / Matrizenrechnung f ‖ **~ case** (Typog) / Gießrahmen m (der alten Monotype-Gießmaschine), Matrizenrahmen m ‖ **~ circuit** (Electronics, TV) / Matrixstromkreis m, Matrixschaltung f (eine integrierte Schaltung, bei der die Elemente in Form einer Matrix angeordnet sind) ‖ **~ effect** (Chem) / Matrixeffekt m (bei den spektroskopischen Bestimmungsverfahren, Dritter-Partner-Effekt m ‖ **~ entrapment** (Biochem) / Einschluss m in eine Matrix ‖ **~ fibril bicomponent fibre** (Textiles) / M/F-Fasertyp m (Fibrillen in eine Matrix eingesponnen), Matrix-Fibrillen-Bikomponentenfaser f (wobei die Trägerschicht fibrilläre Einschlüsse der zweiten Komponente erhält), Bikonstituentenfaser f ‖ **~ form** (Maths) / Matrixform f, Matrixgestalt f ‖ **~ game** (an example of a zero-sum game) (Maths) / Matrixspiel n (ein endliches Nullsummenspiel mit zwei Spielern) ‖ **~ image** (Comp) / Rasterbild n (bei Druckern)
**matrixing*** n (TV) / Matrizierung f
**matrix inversion** (a numerical method by which the inverse matrix of a given matrix is produced) (Maths) / Matrixinversion f, Matrizenumkehrung f, Matrizeninversion f ‖ **~ isolation** (a method of stabilizing a reactive species by trapping them in a solid unreactive matrix, such as solid argon, for long enough for their spectral properties to be determined) (Spectr) / Matrixisolation f (in der Matrixisolationsspektroskopie) ‖ **~ isolation spectroscopy** (Spectr) / Matrixisolationsspektroskopie f ‖ **~ mechanics** (Phys) / Quantenmechanik f (von Heisenberg), Matrizenmechanik f (von W.Heisenberg, M.Born und P.Jordan) ‖ **~ memory** (Comp) / Matrixspeicher m (DIN 66 001), Koordinatenspeicher m ‖ **~ metal** (Ceramics) / Grundmetall n (in einer metallkeramischen Masse der zuerst schmelzende und als Bindemittel wirkende Gemengeanteil) ‖ **~ mimic board** (Elec Eng) / Blindschaltbild n zur Darstellung des Netzzustandes ‖ **~ multiplication** (Maths) / Matrixmultiplikation f, Matrizenmultiplikation f ‖ **~ norm** (Maths) / Matrixnorm f, Norm f einer Matrix ‖ **~ of coefficients** (Maths) / Koeffizientenmatrix f (DIN 13321) ‖ **~ of similarities** (Stats) / Ähnlichkeitsmatrix f ‖ **~ of the transformation** (Maths) / Koeffizientenmatrix f (der Transformation), Transformationsmatrix f (bei einer Koordinatentransformation - DIN 13321) ‖ **~ polymerization** (Chem) / Template-Polymerisation f, Matrizenpolymerisation f ‖ **~ polymerization** (Chem) / Matrixpolymerisation f (z.B. die Merrifield-Technik) ‖ **~ potential** (Ecol) / Matrixpotential n (ein Maß für als durch die Festsubstanz auf das Wasser ausgeübten Einwirkungen), Kapillarpotential n ‖ **~ printer** (Comp) / Matrixdrucker m, Rasterdrucker m, Mosaikdrucker m ‖ **~ program** (Chem) / Matrixprogramm n ‖ **~ representation** (Maths) / Matrizendarstellung f ‖ **~ rotation** (Maths) / Matrixdrehung f, Matrixrotation f ‖ **~ spectrum** (Spectr) / Matrixspektrum n ‖ **~ storage** (Comp) / Matrizenspeicher m (DIN 66 001), Koordinatenspeicher m ‖ **~ switch** (Comp, Electronics) / Matrixschalter m ‖ **~ switching relay** (Telecomm) / Koppelrelais n ‖ **~ tube** (TV) / Lochmaskenröhre f (mit dreieckigem Strahlsystem - heute veraltet), Deltafarbröhre f (mit dreieckigem Strahlsystem - heute veraltet), Schattenmaskenröhre f, Maskenröhre f
**matrix-type phosphoric acid cell** / matrixartige Phosphorsäurezelle f (eine Brennstoffzelle), Phosphorsäure-Matrix-Zelle f
**matroid** n (Maths) / Matroid n (ein System von Teilmengen einer endlichen Menge)
**matt** vt / abstumpfen v (Farbe), mattieren v ‖ **~ adj** / mattpoliert adj (Fläche, z.B. durch feines Schleifen oder Bürsten) ‖ **~*** / matt adj, stumpf adj (Farbton) ‖ **~ glanzlos** adj, matt adj (im Allgemeinen), mattiert adj, stumpf adj ‖ **~** (Paint) / matt adj (Lack)
**Mattauch-Herzog design geometry** (Spectr) / Mattauch-Herzog-Geometrie f
**Mattauch rule** (Nuc) / Isobarenregel f, Mattauch-Regel f (nach J. Mattauch, 1895-1976)
**matt dip** (Surf) / Mattierungslösung f, Mattbrenne f (für Kupfer und Kupferlegierungen) ‖ **~ dipping** (Surf) / Mattieren n (galvanisches), Mattbrennen n (Kupfer und Kupferlegierungen)
**matte*** n (Cinema, Photog, TV) / Abdeckung f, Kasch m, Kaschblende f, Filmkasch m ‖ **~*** (Met) / Stein m (künstlich erschmolzenes Gemisch

von Metallsulfiden) ‖ ~* adj (dull and flat, without a shine) / matt adj, stumpf adj (Farbton) ‖ ~ box (Cinema, Photog) / Kompendium n (pl.: -ien)
**matted wool** (Textiles) / filzige Wolle (mit der beim Entschweißen entstandenen Verfilzung), leicht verfilzte Wolle (DIN 60004)
**matte finish** (Paper) / Mattglanz m ‖ ~ finish (Surf) / matte Oberflächenschicht (z.B. elektrochemische) ‖ ~ glaze (a fired glaze having little or no gloss) (Ceramics) / Mattglasur f, matte Stellen, matte Glasur (Kristallausscheidungen - ein Glasurfehler)
**matter*** n (Phys) / Materie f, Stoff m, Substanz f ‖ ~ (Print, Typog) / Satz m (Erzeugnis), Schriftsatz m (Erzeugnis) ‖ ~ constant (Materials) / Stoffwert m (feste Größe, die vom Material eines untersuchten Körpers abhängt), Materialkonstante f, Werkstoffkonstante f ‖ ~ era (Astron) / Materieära f (in der Big-Bang-Kosmologie) ‖ ~ field (Phys) / Materiefeld n, Materiewellenfeld n ‖ ~ wave (Phys) / Materiewelle f, De-Broglie-Welle f (nach L.V. Prinz von Broglie, 1892-1987)
**Matteucci effect** (Mag) / Matteucci-Effekt m (tordiert man einen ferromagnetischen Draht in einem Magnetfeld, so ändert sich seine Magnetisierung)
**matt glaze** (Ceramics) / Mattglasur f, matte Stellen, matte Glasur (Kristallausscheidungen - ein Glasurfehler)
**Matthias rule** (Chem, Phys) / Matthias'sche Regel (für Supraleiter), Valenzelektronenregel f
**Matthiessen hypothesis*** (Electronics) / Matthiessen-Regel f (Bestimmung des gesamten spezifischen Widerstands nach A. Matthiessen, 1831-1870) ‖ ≏ rule (Electronics) / Matthiessen-Regel f (Bestimmung des gesamten spezifischen Widerstands nach A. Matthiessen, 1831-1870)
**mat timber** (For, Mining) / Mattenholz n (zum Abfangen herabfallenden Gesteins)
**matting** n (Brew) / Verfilzung f (des Keimguts) ‖ ~ (Paint, Surf) / Mattierung f ‖ ~ (Paper, Textiles) / Verfilzung f, Verfilzen n ‖ ~ agent (Paint, Surf) / Mattierungsmittel n ‖ ~ during spinning (Textiles) / Spinnmattierung f (Minderung des natürlichen Glanzes von Chemiefasern)
**mattock** n (Instr, Tools) / Breithacke f, Breithaue f ‖ ~ man (Build) / Abbrucharbeiter m
**mattress*** n (Build, Civ Eng) / Streckmetalleinlage f ‖ ~* (Civ Eng) / Betonstahlmatte f, Bewehrungsmatte f (bei den Flachgründungen), Bewehrung f (der Fundamentplatte) ‖ ~ (For) / Spanvlies n (mattenartiges Flächengebilde aus Spänen zur Spanplattenherstellung) ‖ ~ (a layer or blanket of brushwood) (Hyd Eng) / Sinkstück n, Sinklage f (aus Faschinen)
**matt screen** (Photog) / Mattscheibe f, Mattglas n, Projektionsmattscheibe f ‖ ~ subsequently (Textiles) / nachmattieren v (Stückware) ‖ ~ weave (Weaving) / Mattenbindung f, Panamabindung f, Würfelbindung f (eine Leinwandbindung)
**Matura diamond*** (Min) / Maturadiamant m (geschliffener farbloser wasserheller Zirkon)
**maturation*** n / Reifen n, Reifwerden n, Ausreifen n, Reifung f (Klebstoffe, Nahrungsmittel) ‖ ~ pond (San Eng) / Reifungsteich m, Schönungsteich m (in der Abwassertechnik eingesetzte Behandlungsstufe, die Belebungs- oder Tropfkörperanlagen nachgeschaltet ist, um die Qualität des gereinigten Abwassers vor Einleitung in ein Gewässer weiter zu verbessern)
**maturation-promoting factor** (Biochem) / reifungsfördernder Faktor, Maturation-promoting-Faktor m
**mature** v (Ceramics) / gar brennen v (Ziegel) ‖ ~ (Civ Eng) / nacherhärten v (beim Beton nach dem 28. Tag) ‖ ~ (Teleph) / zustande kommen (von Gesprächen) ‖ ~ vi (cheese, wine) / reifen v, reif werden, ausreifen v ‖ ~ vt / ablagern lassen ‖ ~ (For) / reifen lassen v, zur Reife bringen ‖ ~ adj / ausgereift adj (Konstruktion) ‖ ~ (cheese, wine) / reif adj, ausgereift adj ‖ ~ (Agric) / gut verwittert (Boden) ‖ ~ (For) / hiebsreif adj, schlagreif adj, schlagbar adj, haubar adj ‖ ~ (Fuels) / hochwertig adj (Kohle)
**matured flour** (Nut) / gealtertes Mehl
**mature river** (Hyd Eng) / Gleichgewichtsfluss m, Fluss m im Gleichgewicht ‖ ~ valley (Geol) / reifes Tal
**maturing** n (keeping concrete or mortar damp for the first week or month of its life so that the cement is always provided with enough water to harden) (Civ Eng) / Nachbehandlung f (des Betons, meistens nur Feuchthalten) ‖ ~ agent (Nut) / Reifungsmittel n ‖ ~ temperature (Ceramics) / Garbrandtemperatur f (beim Glattbrand) ‖ ~ time (Build) / Liegezeit f (des Mörtels)
**maturity** (Bot, Nut) / Reife f, Reifezustand m ‖ ~* (Geol) / Maturität f, Reife f (bei Sedimenten bezogen auf Stoffbestand und Gefüge) ‖ ~ degree / Reifegrad m (z.B. der Baumwolle) ‖ ~ index / Reifegrad m (z.B. der Baumwolle) ‖ ~ of germination (Brew) / Keimreifung f (Mälzerei)
**MATV** (master antenna television) (TV) / Großgemeinschafts-Antennenanlage f, GGA-Anlage f

**maul*** n (Civ Eng) / Holzhammer m (großer) ‖ ~* (Tools) / schwerer Hammer (meistens ein Holzhammer) ‖ ~* (Tools) s. also beetle
**Mäule reaction** (Chem) / Mäule-Reaktion f (zum Nachweis von Lignin), Mäule-Test m
**maulstick*** n (Paint) / Malstock m (des Schriftenmalers)
**Maunder diagram*** (Astron) / Schmetterlingsdiagramm n (grafische Darstellung der Zonenwanderung der Fleckenhäufigkeit im Verlauf des Sonnenfleckenzyklus), Maunder-Diagramm n
**Maupertuis' principle** (of least action) (Mech, Phys) / Maupertuis'sches Prinzip (der kleinsten Wirkung nach P.L.M. de Maupertuis, 1698-1759), Euler-Maupertuis'sches Prinzip (ein Prinzip der Mechanik)
**mauritius** n (Textiles) / Mauritiusfaser f, Mauritiushanf m (Blattfaser der Furcraea foetida (L.) Haw.), Fique f, FI (DIN 60001, T 4) ‖ ≏ hemp (Textiles) / Mauritiusfaser f, Mauritiushanf m (Blattfaser der Furcraea foetida (L.) Haw.), Fique f, FI (DIN 60001, T 4)
**mauve** adj (of a pale purple colour) / malvenfarbig adj, mauve adj
**mauveine*** n (Chem) / Mauvein n, Mauve n (basischer Azinfarbstoff - heute ohne Bedeutung)
**MAVAR** n (reactance amplifier) (Electronics, Telecomm) / parametrischer Verstärker, Reaktanzverstärker m (Hf-Verstärker mit kleiner Rauschzahl), MAVAR m, Parameterverstärker m
**mavar** n (reactance amplifier) (Electronics, Telecomm) / parametrischer Verstärker, Reaktanzverstärker m (Hf-Verstärker mit kleiner Rauschzahl), MAVAR m, Parameterverstärker m
**maverick** n (Foundry) / Ausreißer m (Ausschuss)
**mawl** n (Tools) / schwerer Hammer (meistens ein Holzhammer)
**max** (Maths) / Maximum n (ein Extremwert) ‖ ~ function (Maths) / Maximumfunktion f ‖ ~ gross* (Aero) / Abflugmasse f (zulässige), Starthöchstgewicht n (zulässiges), Starthöchstmasse f (zulässige)
**maximal** n (Stats) / Maximale f (in der Variationsrechnung) ‖ ~ adj / Maximal-, maximal adj ‖ ~ chain (Maths) / maximale Kette ‖ ~ credible accident (Nuc Eng) / größter anzunehmender Unfall (der schwerste Störfall in einer kerntechnischen Anlage, dessen Beherrschung sichergestellt ist), GAU (stattgefunden in Tschernobyl/Ukraine - April/Mai 1986) ‖ ~ dilution ratio (Chem) / Verdünnungsgrenze f ‖ ~ dose (Pharm) / Maximaldosis f, MD
**maximal-flow problem** (Comp) / Maximalflussproblem n (Grundaufgabe der Grafentheorie)
**maximal ideal** (Maths) / maximales Ideal
**maximally • flat*** (Radio) / maximal geebnet ‖ ~ flat filter (Electronics) / Potenzfilter n, Butterworthfilter n, maximal flaches Filter
**maximal member** (Maths) / maximales Element (Mengenlehre) ‖ ~ tree (Maths) / Gerüst n, maximaler Baum ‖ ~ tree subgraph (Maths) / Gerüst n, maximaler Baum ‖ ~ value / Höchstwert m, Maximalwert m
**maximin strategy** (AI, Comp) / Maximinstrategie f (in der Spieltheorie), Minimaxstrategie f (in der Spieltheorie)
**maximise** v (GB) / maximieren v
**maximization** (Maths) / Maximierung f, Maximieren n
**maximize** v / maximieren v
**maximizing** n (Maths) / Maximierung f, Maximieren n
**maximum** n (pl. maxima or maximums) / Maximum n, Höchstgrenze f, Höchstmaß n ‖ ~ (pl. maxima or maximums) (Maths) / Maximum n (ein Extremwert) ‖ ~ acceptable concentration (Chem) / zulässige Höchstkonzentration ‖ ~ acceptable roughness (Eng) / Rauigkeitstoleranz f ‖ ~ alcohol content / Abtriebsgrenze f (bei Alkoholdestillaten) ‖ ~ allowable concentration (Med) / maximale Arbeitsplatzkonzentration (die Konzentration eines Stoffes in der Luft am Arbeitsplatz, bei der im Allgemeinen die Gesundheit der Arbeitnehmer nicht beeinträchtigt wird), MAK (maximale Arbeitsplatzkonzentration), MAK-Wert m ‖ ~ allowable concentration (Chem) / zulässige Höchstkonzentration ‖ ~ and minimum thermometer* (Meteor) / Maximum-Minimum-Thermometer n ‖ ~ axle weight (Autos) / Achsfahrmasse f, Achslast f (DIN 70020) ‖ ~ beam (Ships) / Breite f über alles, größte Breite ‖ ~ boiling point (Phys) / höchster Siedepunkt (obere Grenze des Siedeintervalls bei mehrkomponentigen Systemen), Maximumsiedepunkt m ‖ ~ burst rate (Telecomm) / Höchstburstlänge f, maximale Burstlänge ‖ ~ conceivable accident (Nuc Eng) / denkbar schwerster Unfall ‖ ~ continuous power (Aero) / höchstzulässige Dauerleistung ‖ ~ continuous rating* (Aero) / höchstzulässige Dauerleistung ‖ ~ correlation (Stats) / Maximalkorrelation f ‖ ~ credible accident (Nuc Eng) / größter anzunehmender Unfall (der schwerste Störfall in einer kerntechnischen Anlage, dessen Beherrschung sichergestellt ist), GAU (stattgefunden in Tschernobyl/Ukraine - April/Mai 1986) ‖ ~ demand / Bedarfsspitze f, Spitzenbedarf m ‖ ~ demand* (Elec Eng) / Höchstlast f, Maximalbelastung f
**maximum-demand indicator*** (Elec Eng) / Zähler m mit Maximumanzeige, Maximumanzeiger m ‖ ~ meter (Elec Eng) /

**maximum-demand**

Maximumzähler *m* (ein Elektroenergieverbrauchszähler), Spitzenzähler *m*
**maximum•-demand tariff**\* (Elec Eng) / Maximaltarif *m* (ein Strombezugstarif, der neben dem Arbeitspreis noch eine Leistungsgebühr für die innerhalb eines bestimmten Zeitraumes aufgetretene Höchstlast beansprucht) ‖ ~ **direction-finding** (by searching for the direction of maximum amplitude) (Radar) / Maximumpeilung *f* ‖ ~ **discharge** (Hyd Eng) / Spitzenabfluss *m*, Höchstwassermenge *f* ‖ ~ **distortion energy theory** (Mech) / Hypothese *f* der größten Gestaltsänderungsarbeit ‖ ~ **distortion energy theory** (Mech) / Gestaltsänderungsenergiehypothese *f* (Fließbedingung), GE-Hypothese *f* (nach v. Mises und Henky) ‖ ~ **dose** (Pharm) / Maximaldosis *f*, MD ‖ ~ **durability** (as unit of time) / Grenznutzungsdauer *f* (eines Systems in der Zuverlässigkeitstheorie - bis zum Schadenseintritt) ‖ ~ **elongation** (Materials) / Höchstdehnung *f* ‖ ~ **emission concentration** (Ecol) / MEK-Wert *m*, maximale Emissionskonzentration ‖ ~ **field** (Elec Eng) / maximale Erregung ‖ ~ **flood** (Hyd Eng) / Maximalhochwasser *n*, höchstes (je registriertes) Hochwasser ‖ ~ **function** (Maths) / Maximumfunktion *f* ‖ ~ **gradient** (Rail) / Grenzwert *m* des Neigungsverhältnisses ‖ ~ **likelihood estimation** (Radar) / Wahrscheinlichkeitsmaximumschätzung *f* (bei der Identifizierung des Ziels) ‖ ~ **likelihood method** (Stats) / Maximum-Likelihood-Methode *f* (zur Gewinnung von Punktschätzungen), Methode *f* der maximalen Stichprobenwahrscheinlichkeit ‖ ~ **load** / Höchstlast *f*, Grenzlast *f* (Maximallast, Höchstlast) ‖ ~ **load** (Build, Civ Eng) / Tragfähigkeit *f*, maximale Lastaufnahme
**maximum-material condition** (Eng) / Maximum-Material-Bedingung *f* (ein Symbol im Toleranzrahmen nach DIN 7184, T 1)
**maximum of interference** (Phys) / Interferenzmaximum *n* ‖ ~ **operating flow** (Eng) / Schluckfähigkeit *f* (einer Wasserturbine) ‖ ~ **output** / Spitzenleistung *f*, Höchstleistung *f* ‖ ~ **peak to valley height** (Eng) / Rautiefe *f* (DIN 4762) ‖ ~ **permissible concentration** (Radiol) / maximal zulässige Äquivalentdosis ‖ ~ **permissible concentration**\* (Ecol) / höchstzulässige Konzentration, maximal zulässige (Schadstoff)Konzentration (z.B. ein Emissionsgrenzwert) ‖ ~ **permissible dose** (Radiol) / maximal zulässige Äquivalentdosis ‖ ~ **permissible level**\* (Ecol) / höchstzulässige Konzentration, maximal zulässige (Schadstoff)Konzentration (z.B. ein Emissionsgrenzwert) ‖ ~ **permissible risk level** (Ecol) / MRL *f* (Konzentration einer Substanz, bei der 95% der Spezies eines Ökosystems geschützt sind) ‖ ~ **permissible weight** (Autos) / zulässiges Gesamtgewicht ‖ ~ **possible flood** (that theoretically can occur in a given area) (Hyd Eng) / höchstes mögliches Hochwasser ‖ ~ **precipitation** (Meteor) / Maximalniederschlag *m* ‖ ~ **pressure** / Maximaldruck *m*, Höchstdruck *m* (im Allgemeinen) ‖ ~ **principal stress criterion** (Mech) / Normalspannungshypothese *f* (eine Festigkeitshypothese - wenn mit einem Trennbruch senkrecht zur Hauptzugspannung zu rechnen ist) ‖ ~ **probable flood** (Hyd Eng) / wahrscheinlich höchstes Hochwasser ‖ ~ **range** (Radar) / Reichweite *f* (maximale Entfernung eines Ziels), Maximalentfernung *f* (größte messbare Zielentfernung), Leistungsreichweite *f* ‖ ~ **reading** / Maximumanzeige *f* ‖ ~ **relay** (Elec Eng) / Maximalrelais *n* ‖ ~ **reliability** / Höchstzuverlässigkeit *f* ‖ ~ **residue level** (limit) (Agric, Nut) / Höchstrückstandsmenge *f*, Rückstandsgrenzwert *m*, Höchstmenge *f* an Rückständen (von Pflanzenschutzmitteln) ‖ ~ **shear strain energy criterion** (Mech) / Gestaltsänderungsenergiehypothese *f* (Fließbedingung), GE-Hypothese *f* (nach v. Mises und Henky) ‖ ~ **shear stress criterion** (Mech) / Schubspannungshypothese *f* (eine Festigkeitshypothese beim Gleitbruch - nach Tesca) ‖ ~ **size** (Eng) / Größtmaß *n* (bei Passungen) ‖ ~ **speed** (Eng) / Höchstgeschwindigkeit *f* ‖ ~ **static-friction force** (Phys) / maximale statische Reibungskraft
**maximum-strain theory** (Mech) / Hypothese *f* der maximalen Dehnung
**maximum suction head** (Eng) / Saugfähigkeit *f* (der Pumpe) ‖ ~ **take-off weight** (Aero) / Abflugmasse *f* (zulässige), Starthöchstgewicht *n* (zulässiges), Starthöchstmasse *f* (zulässige) ‖ ~ **tensile force** (Materials) / Höchstzugkraft *f* (DIN 50 145) ‖ ~ **tensile stress** (Elec Eng) / Höchstzugspannung *f* (bei Freileitungen) ‖ ~ **usable frequency**\* (Radio) / höchste anwendbare (brauchbare) Übertragungsfrequenz, Grenzfrequenz *f* (in der Kurzwellenübertragung) ‖ ~ **valence** (Chem) / Maximalvalenz *f* ‖ ~ **value**\* / Höchstwert *m*, Maximalwert *m* ‖ ~ **wavelength** (Phys) / maximale Wellenlänge, Grenzwellenlänge *f* (nach oben) ‖ ~ **weight** / Maximalgewicht *n*, Höchstgewicht *n*, Höchstmasse *f* ‖ ~ **weight**\* (Aero) / Abflugmasse *f* (zulässige), Starthöchstgewicht *n* (zulässiges), Starthöchstmasse *f* (zulässige)
**max take-off weight**\* (Aero) / Abflugmasse *f* (zulässige), Starthöchstgewicht *n* (zulässiges), Starthöchstmasse *f* (zulässige)

**maxterm** *n* (a sum /OR/ of n Boolean variables, uncomplemented or complemented but not repeated, in a Boolean function of n variables) (Comp) / Maxterm *m* (Darstellung einer Schaltfunktion als Disjunktion von Variablen, wobei jede davon entweder bejaht oder negiert wird)
**Maxwell body** (Phys) / Maxwell'sche Flüssigkeit (in der Rheologie), Maxwell'scher Körper ‖ ~-**Boltzmann distribution law**\* (Phys) / Maxwell'sches Geschwindigkeitsverteilungsgesetz, Maxwell-Boltzmannsches Geschwindigkeitsverteilungsgesetz (nach J.C. Maxwell, 1831-1879, und L. Boltzmann, 1844-1906)
**Maxwell-Boltzmann equation** (Phys) / Boltzmann-Gleichung *f* (quantitative Beschreibung des Transports von Masse, Ladung, Energie und Impuls in Vielteilchensystemen), Boltzmann'sche Stoßgleichung, Boltzmann'sche Transportgleichung ‖ ~ **statistics** (Phys) / Boltzmann-Statistik *f*, Maxwell-Boltzmann-Statistik *f*
**Maxwell bridge**\* (Elec Eng) / Maxwellbrücke *f*, Maxwell'sche Brückenschaltung (eine Induktivitätsmessbrücke), Maxwell-Wien-Brücke *f* ‖ ~ **effect** (Optics) / Strömungsdoppelbrechung *f* (die durch die in einem Schergefälle eintretende Orientierung anisometrischer Teilchen hervorgerufene optische Doppelbrechung)
**Maxwellian distribution** (Phys) / Maxwell-Verteilung *f*, Maxwell'sche Geschwindigkeitsverteilung, Maxwell'sche Geschwindigkeitsverteilungsfunktion ‖ ~ **gas** (Phys) / Maxwell-Gas *n* (das aus Maxwell'schen Molekülen besteht) ‖ ~ **viewing system**\* (Optics) / Maxwell'sches Beobachtungssystem
**Maxwell liquid** (Phys) / Maxwell'sche Flüssigkeit (in der Rheologie), Maxwell'scher Körper
**Maxwell-Mohr method** (Mech) / Mohr'sches Verfahren
**Maxwell relationship** (Phys) / Maxwell'sche Relation, Maxwell'sche Beziehung (Zusammenhang zwischen dem Brechungsindex, der relativen Permeabilität und der relativen Dielektrizitätskonstanten eines Mediums)
**Maxwell's demon**\* (Chem) / Maxwell'scher Dämon (falsche gedankliche Konstruktion von Maxwell) ‖ ~ **reciprocal theorem**\* (Mech) / Betti'scher Satz, Reziprozitätssatz *m* (der Elastizitätstheorie)
**May bug** (Agric, Zool) / Maikäfer *m* (Melolontha sp.)
**mayday**\* *n* (radiotelephone distress signal) (Telecomm) / Mayday *n* (in internationalen Sprechfunkverkehr verwendetes Kennwort für den Notfall)
**Mayer's reagent** (Chem) / Mayers Reagens (für Alkaloide)
**May-Grünwald stain** (Micros) / May-Grünwald-Färbung *f*
**Mayo equation** (Chem) / Mayo-Gleichung *f* (mit der man die Wirkung aller kettenübertragender Spezies in einem Reaktionssystem auf den Polymerisationsgrad ermittelt) ‖ ~ **twill** (Textiles) / Mayo-Feinköper *m* ‖ ~ **twill** (Textiles) s. also Campbell twill
**Mazac** *n* (Met) / eine Zinklegierung (mit Al-+Cu-+Mg-Zusatz)
**Mazamet wool** (Textiles) / Schlachtwolle *f*, Hautwolle *f*, Mazametwolle *f* (aus der Haut geschlachteter Tiere gelöste Wolle)
**mazarine** *adj* / mazarinblau *adj* (hellblau mit leichtem Rotstich) ‖ ~ **blue** / dunkles Kobaltblau (ins Violette gehend), Mazarinblau *n* (z.B. Fondblau der Porzellanfabrik in Chelsea) ‖ ~ **blue** (with approximately 50% cobalt oxide) / dunkles Kobaltblau (ins Violette gehend), Mazarinblau *n* (z.B. Fondblau der Porzellanfabrik in Chelsea)
**maze**\* *n* (Nuc Eng) / Strahlenschleuse *f*
**mazout** *n* (Fuels) / Masut *n* (hochsiedender Rückstand bei der Destillation von russischem Erdöl)
**mazut** *n* (Fuels) / Masut *n* (hochsiedender Rückstand bei der Destillation von russischem Erdöl)
**MB** (marker beacon) (Aero) / Markierungsfeuer *n*, Marker *m*, Markierungsfunkfeuer *n*
**Mb** (megabase) (Biochem) / Megabase *f*
**MB** (megabyte) (Comp) / Megabyte *n* ($10^6$ Bytes), Mbyte *n* ‖ ~ (memory bank) (Comp) / SB (Speicherbank), Speicherbank *f*
**MBAS** (Chem) / methylenblauaktive Substanz, MBAS (methylenblauaktive Substanz)
**MBC** (multiband coding) (Telecomm) / Mehrbandcodierung *f* (Aufteilung des Sprachbandes in mehrere Teilbänder), Mehrbandcodierung *f*
**MBE** (molecular beam epitaxy) (Electronics, Surf) / Molekularstrahlepitaxie *f* (die auf dem Prinzip beruht, dass man im Ultrahochvakuum ein Material durch Erhitzen verdampft) ‖ ~ **process** (Electronics) / MBE-Prozess *m* (zur Herstellung planarer Strukturen)
**MBI** (management buy-in) (Work Study) / Buyin *n* (pl. -s) (Übernahme eines Unternehmens durch den Erwerb von Geschäftsanteilen von einem externen Manager oder Managementteam), Management-Buyin *n*, MBI (Management-Buyin)
**M bit** (Comp, Telecomm) / Folgepaket *n* (Anzeige)

**MBM** (magnetic bubble memory) (Comp) / Magnetblasenspeicher *m*, Blasenspeicher *m*, Domänentransportspeicher *m*, magnetischer Blasenspeicher, Magnetdomänenspeicher *m*

**MBO** (management buy-out) (Work Study) / Buyout *n* (pl. -s) (Übernahme eines Unternehmens durch die eigene Geschäftsleitung), Management-Buyout *n*, MBO (Management-Buyout)

**MBONE** *n* (a multicasting network which overlays the Internet and which is used for transmission of digital multimedia) (Comp) / M-Bone *n* (spezielle reservierte Ladungskapazität im Internet, auf der Multicasting möglich ist)

**MBR** (master boot record) (Comp) / Master-Boot-Record *m*, MBR (Master-Boot-Record) ‖ ≏ (memory buffer register) (Comp) / Speicherpufferregister *n*

**MBT** (mercaptobenzothiazole) (Chem) / Merkaptobenzothiazol *n*, Mercaptobenzothiazol *n* (ein wichtiger Vulkanisationsbeschleuniger in der Kautschukindustrie), MBT (Mercaptobenzothiazol), Benzothiazol-2-thiol *n*

**MBV process** (modified Bauer-Vogel process) (Chem Eng) / modifiziertes Bauer-Vogel-Verfahren, MBV-Verfahren *n* (zur chemischen Oxidation von Aluminium)

**MBX** (Mailbox) (Comp, Teleph) / Mailbox *f* (Anrufbeantworter für Handys)

**Mbyte** *n* (Comp) / Megabyte *n* ($10^6$ Bytes), Mbyte *n*

**MC** (moisture content) / Feuchtegehalt *m*, Feuchtigkeitsgehalt *m*, MC (Feuchtegehalt) ‖ ≏ (marginal check) / Marginal Check *m* (bei der vorbeugenden Wartung), Grenzwertprüfung *f*, Randprüfung *f* ‖ ≏* (metric carat) / metrisches Karat, Kt (im Edelsteinhandel verwendete Masseeinheit = 0,2 g) ‖ ≏ (music cassette) (Acous) / Musikkassette *f* ‖ ≏ (methyl celluose) (Chem, Nut, Pharm) / Methylcellulose *f* (Methylether der Cellulose - E 461), Methylzellulose *f*, MC (Methylcellulose) ‖ ≏ (machine cycle) (Comp) / Operationszyklus *m*, Maschinenzyklus *m* ‖ ≏ (mission capable) (Mil) / einsatzfähig *adj* ‖ ≏ (multicoating) (Optics, Photog) / Mehrschichtvergütung *f*, Multicoating *n* (auf optisch wirksame Flächen aufgedampfte reflexionsmindernde Schichten mit verschiedenen Brechzahlen), Mehrfachvergütung *f*, Mehrfachbeschichtung *f*

**MCA** (microchannel architecture) (Comp) / MCA *f* (32-bit-Busarchitektur von IBM) ‖ ≏ (maximum credible accident) (Nuc Eng) / größter anzunehmender Unfall (der schwerste Störfall in einer kerntechnischen Anlage, dessen Beherrschung sichergestellt ist), GAU (stattgefunden in Tschernobyl/Ukraine - April/Mai 1986)

**MCB** (miniature circuit-breaker) (Elec Eng) / Leitungsschutzschalter *m*, Sicherungsautomat *m*, Selbstschalter *m*, Ausschalter *m*, [selbsttätiger] Unterbrecher

**MCC** (mobile country code) (Teleph) / Mobil-Landeskennzahl *f*

**McCabe-Thiele diagram*** (Chem Eng) / McCabe-Thiele-Diagramm *n* (das der Ermittlung der theoretischen Bodenzahl für die Trennung eines Gemisches mittels Treppendiagramm im y/x-Schaubild dient)

**MC cable** (metal-clad cable) (Cables) / Metallmantelkabel *n*

**McClure metric** (Comp) / McClure-Metrik *f*

**McConnell-Robertson equation** (Spectr) / McConnell-Robertson-Gleichung *f* (für Chelatkomplexe der Lanthaniden), McConnell-Robertson-Bezihung *f*

**MCD** (mad cow disease) (Agric, Med, Nut) / spongiforme Rinderenzephalopathie, BSE (spongiforme Rinderenzephalopathie), Rinderseuche *f*, Rinderwahnsinn *m* ‖ ≏ (magnetic circular dichroism) (Chem, Nuc, Optics, Spectr) / magnetischer Zirkulardichroismus, MCD (magnetischer Zirkulardichroismus)

**M-centre** *n* (Crystal, Electronics) / M-Zentrum *n* (ein Aggregatzentrum)

**MCFC** (molten-carbonate fuel cell) (Chem, Elec Eng) / Schmelzcarbonat-Brennstoffzelle *f*, Schmelzkarbonat-Brennstoffzelle *f*

**MCH** (melanin-concentrating hormone) (Biochem) / Melanin konzentrierendes Hormon, MCH (Melanin konzentrierendes Hormon)

**MCHO** (Teleph) / dezentraler Handover

**MCI** (malicious-call identification) (Teleph) / Fangen *n* (von böswilligen Anrufen - ein ISDN-Leistungsmerkmal)

**MCID** (malicious-call identification) (Teleph) / Fangen *n* (von böswilligen Anrufen - ein ISDN-Leistungsmerkmal)

**McIntyre joint** (Elec Eng) / Verseilung *f* (in einem ovalen nahtlosen Kupfer- oder Aluminiumrohr)

**McKay footwear** (Leather) / durchgenähte Schuhe, McKay-Schuhe *m pl*

**McKea top** (Met) / McKea-Verschluss *m* (ein Gichtverschluss)

**Mc Lafferty rearrangement** (Chem, Spectr) / Mc-Lafferty-Umlagerung *f* (β-Spaltung mit H-Verschiebung)

**Mcleod gauge** (Chem, Vac Tech) / Kompressionsvakuummeter *n*, McLeod-Manometer *n*, McLeod-Vakuummeter *n* (nach H. McLeod, 1841-1923)

**McLeod gauge*** (Chem, Vac Tech) / Kompressionsvakuummeter *n*, McLeod-Manometer *n*, McLeod-Vakuummeter *n* (nach H. McLeod, 1841-1923) ‖ ≏ **vacuum gauge** (Chem, Vac Tech) / Kompressionsvakuummeter *n*, McLeod-Manometer *n*, McLeod-Vakuummeter *n* (nach H. McLeod, 1841-1923)

**MCM** (multichip module) (Comp) / Multichipmodul *n*, MCM (Multichipmodul) ‖ ≏ **catalyst** (multicomponent metal-oxide) (Chem) / MCM-Katalysator *m*

**McMurry reaction** (Chem) / McMurry-Reaktion *f*

**MCO** (miscellaneous charges order) (Aero) / Sammelumtauschanweisung *f*, Sammelkostenanweisung *f* (von einem Luftverkehrsunternehmen auf den Namen des Fluggastes ausgestellte Quittung)

**m-commerce** *n* (commercial transactions conducted electronically by mobile phone) (Teleph) / M-Commerce *m*

**M contact** (medium-time contact) (Photog) / M-Kontakt *m* (beim Synchronverschluss)

**MCP*** (Agric, Chem) / MCPA (Nachauflaufherbizid mit selektiver Wirkung aus der Gruppe der Phenoxykarbonsäuren) ‖ ≏ (microchannel plate) (Astron, Electronics) / Mikrokanalplatte *f* (ein Bildverstärker)

**MCPA*** (2-methyl-4-chlorophenoxyacetic acid) (Agric, Chem) / MCPA (Nachauflaufherbizid mit selektiver Wirkung aus der Gruppe der Phenoxykarbonsäuren)

**MC paper** (Paper) / maschinengestrichenes Papier (DIN 6730), in der Maschine gestrichenes Papier

**MCPB*** (4-(4-chloro-2-methylphenoxy)-butyric acid) (Agric, Chem) / MCPB (Nachauflaufherbizid mit selektiver Wirkung aus der Gruppe der Phenoxykarbonsäuren)

**McPherson front suspension** (with a McPherson strut) (Autos) / McPherson-Federbein-Vorderachse *f*, Federbein-Vorderachse *f* ‖ ≏ **strut** (Autos) / radführendes Federbein, Achsschenkelfederbein *n*, McPherson-Federbein *n*

**MCR** (magnetic character recognition) (Comp) / Magnetschriftzeichenerkennung *f*, magnetische Zeichenerkennung (DIN 66 226)

**McReady ring** (Aero) / Scheibenkalkulator *m* (für Segelflieger)

**McReynolds constant** (Chem) / McReynolds-Konstante *f* (für die Beurteilung und Einteilung stationärer Phasen in der Gaschromatografie)

**MCRW laser** (Phys) / MCRW-Laser *m*

**MCS** (multiple chemical sensitivity) (Chem, Ecol, Med) / Multiple Chemical Sensitivity *f* (bei Innenraumchemikalien) ‖ ≏ (manufacturing cost sheet) (Comp) / Betriebsabrechnungsbogen *m*, BAB (Betriebsabrechnungsbogen)

**mcs** (multiple cloning site) (Gen) / multiple Klonierungsstelle, Polylinker *m*, MCS

**MC switchgear** (Elec Eng) / Schaltgerät, bei dem jedes einzelne Teil gekapselt ist

**MCU** (machine control unit) (Eng) / Steuereinheit *f* der Maschine (bei numerisch gesteuerten Maschinen)

**MCW** (modulated continuous wave) (Radio, Telecomm) / modulierte ungedämpfte Welle

**MD** (magic dimension) (Acous) / Stereoaufnahme *f* mit zusätzlicher Rauminformation

**Md** (mendelevium) (Chem) / Mendelevium *n*, Md (Mendelevium)

**MD** (machine direction) (Paper) / Maschinenrichtung *f* (DIN 6730), Laufrichtung *f*, Papierlaufrichtung *f*, Maschinenlaufrichtung *f*, Längsrichtung *f* ‖ ≏ (management domain) (Telecomm) / Versorgungsbereich *m*

**MDA** (monochrome display adapter) (Comp) / Monochrome Display Adapter *m* (monochrome Bildschirmdarstellung), MDA (Monochrome Display Adapter)

**MDF** (medium-density fibreboard) (Join) / Spanplatte *f* mittlerer Dichte, MDF-Platte *f* (Spanplatte mittlerer Dichte) ‖ ≏* (main distribution frame) (Teleph) / Hauptverteiler *m* (in Ortsnetzen der Punkt in einer Ortsvermittlung, an dem das Hauptkabel angeschlossen ist), HVt (Hauptverteiler)

**MDFC*** (macro-defect-free cement) (Build, Civ Eng) / makroporenfreier Zement, MDF-Zement *m* (makroporenfreier Zement)

**MDH** (malic dehydrogenase) (Biochem) / Malatdehydrogenase *f* (eine am Citronensäurezyklus beteiligte Oxidoreduktase)

**MDI** (methylene diisocyanate) (Chem) / 4,4-Methylendiphenylisocyanat *n*, Diphenylmethan-4,4-diisozyanat *n*, MDI (4,4-Methylendiphenylisocyanat)

**M display*** *n* (a type of A-display in which one target range is determined by moving an adjustable pedestal, notch, or step along the baseline until it coincides with the horizontal position of the target-signal deflection) (Radar) / M-Darstellung *f*

**MDMA** (methylenedioxymethamphetamine) / Ecstasy *f* (Szenenbezeichnung für das Rauschgift

**MDPE**

3,4-Methylendioxy-N-methylamphetamin), MDMA *n* (ein Amphetaminderivat), E (Ecstasy)
**MDPE** (middle-density polyethylene) (Chem, Plastics) / Polyethylen *n* (mit) mittlerer Dichte
**MDR** (magnetic-field-dependent resistor) (Elec Eng) / magnetfeldabhängiger Widerstand, Magnetresistor *m*, Fluxistor *m*, Feldplatte *f* (ein galvanomagnetisches Bauelement), Feldplattenwiderstand *m* (als Bauteil), Magnetoresistor *m*, Magnetowiderstand *m* (als Bauteil)
**MDS** (microcomputer development system) (Comp) / Mikrocomputerentwicklungssystem *n*, MES (Mikrocomputerentwicklungssystem)
**mdse** (merchandise) / Waren *f pl*, Handelsware *f*, Ware *f*, Handelsgüter *n pl*
**MDT** (mean down time) (Work Study) / mittlere Ausfalldauer (Nichtverfügbarkeit einer Anlage), MAD *f* (mittlere Ausfalldauer)
**MEA** (minimum en-route altitude) (Aero) / Mindestreisehöhe *f* ‖ ~ (membrane-electrode assembly) (Chem, Elec Eng) / Membran-Elektroden-Einheit
**meadow** *n* (Agric) / Wiese *n*, Graslandfläche *f* ‖ ~ **chalk** (Geol) / Wiesenkalk *m*
**meadowland** *n* (Agric) / Wiese *n*, Graslandfläche *f*
**meadow marl** (Geol) / Wiesenmergel *m* (toniger Kalk) ‖ ~ **of one cut** (Agric) / einschürige Wiese, Magerwiese *f* ‖ ~ **of two cuts** (Agric) / Fettwiese *f*, zweischürige Wiese ‖ ~ **ore** (Min) / Morasterz *n*, Raseneisenerz *n* (ein Limonit), Wiesenerz *n*, Sumpferz *n*, Sumpfeisenerz *n* ‖ ~ **roller** (Agric) / Wiesenwalze *f* ‖ ~ **saffron** (Bot, Pharm) / Herbstzeitlose *f* (Colchicum autumnale L.)
**meager subset** (Maths) / magere Teilmenge
**meal** *n* (US) (Nut) / Maismehl *n* ‖ ~ (Nut) / Schrotmehl *n*, grobes (griffiges) Mehl (besonders Roggenmehl)
**meal-beetle** *n* (Nut) / Mehlkäfer *m* (Gewöhnlicher - Tenebrio molitor L.)
**meal ready to eat** (Nut) / Fertigmahlzeit *f*
**meal-worm** *n* (Nut) / Mehlwurm *m* (die Larve des Gewöhnlichen Mehlkäfers), Mehlkäferlarve *f*
**mealy** *adj* / mehlartig *adj*, mehlig *adj* (Konsistenz) ‖ ~ (Nut) / mehlig *adj* (Geschmack) ‖ ~ (Print) / wolkig *adj* (Druckbild)
**Mealy machine** (Comp) / Mealy-Automat *m*, Mealy-Maschine *f* (ein sequentielles System)
**mean** *n* (Maths) / Innenglied *n* (einer Proportion), inneres Glied (einer Proportion) ‖ ~ (arithmetic mean) (Maths, Stats) / arithmetisches Mittel ‖ ~* (Maths, Stats) / Mittelwert *m*, Durchschnitt *m*, Mittel *n* ‖ ~ (Stats) / Erwartung *f* ‖ ~ *attr* (Maths, Stats) / durchschnittlich *adj* ‖ ~ **aerodynamic chord** (Aero) / mittlere aerodynamische Sehne, MAS (mittlere aerodynamische Sehne) ‖ ~ **anomaly** (Astron) / mittlere Anomalie ‖ ~ **camber line** (Aero) / Mittellinie *f* (eines Profils), Profilmittellinie *f*, Skelettlinie *f* (gedachte Mittellinie eines Profils) ‖ ~ **centre** (Maths) / arithmetischer Mittelwert (der Fläche) ‖ ~ **chord*** (Aero) / mittlere geometrische Flügeltiefe ‖ ~ **conducting state power loss** (Electronics) / mittlere Durchlassverlustleistung (DIN 41781) ‖ ~ **continuity** (Maths) / mittlere Stetigkeit ‖ ~ **curvature** (Maths) / mittlere Krümmung (einer Fläche), durchschnittliche Krümmung ‖ ~ **delay of all calls** (Teleph) / mittlere Wartedauer aller Belegungen
**meander** *v* (Geol, Hyd Eng) / mäandrieren *v*, mäandern *v* ‖ ~* *n* (Geol, Hyd Eng) / Mäander *m* ‖ ~ **belt** (Geol) / Mäandergürtel *m* ‖ ~ **bend** (Geol, Hyd Eng) / Mäanderschlinge *f*, Mäanderbogen *m* ‖ ~ **core** (Geol) / Umlaufberg *m* (in einem Tal isoliert aufragende Erhebung, von einer ehemaligen Flussschlinge umgeben) ‖ ~ **cut** (Geol, Hyd Eng) / Mäanderdurchbruch *m*, Durchbruch *m* (bei Mäandern) ‖ ~ **cut-off** (Geol, Hyd Eng) / Mäanderdurchbruch *m*, Durchbruch *m* (bei Mäandern)
**meandering** *n* (Geol, Hyd Eng) / Mäanderbildung *f*
**meander** (delay) **line** (Electronics) / Mäanderleitung *f* (in gedruckten Schaltungen) ‖ ~ **neck** (Geol, Hyd Eng) / Schlingenhals *m* (bei Talmäandern), Mäanderhals *m* ‖ ~ **spur** (Geol) / Talsporn *m* ‖ ~ **structure** / Mäanderstruktur *f* (z.B. bei Elektroden von Oberflächenwellen-Bauelementen), Kammstruktur *f*
**mean deviation** (Maths, Stats) / durchschnittliche Abweichung ‖ ~ **diagonal of impression** (indentation) (Materials) / Eindruckdiagonale *f* (beim Vickershärteprüfverfahren) ‖ ~ **difference** (Stats) / mittlere Differenz, MD ‖ ~ **down time** (Work Study) / mittlere Ausfalldauer (Nichtverfügbarkeit einer Anlage), MAD *f* (mittlere Ausfalldauer) ‖ ~ **draught*** (Ships) / mittlerer Tiefgang ‖ ~ **effective pressure*** (Eng) / Literarbeit *f*, mittlerer Nutzdruck, spezifische Nutzarbeit, Arbeitsdichte *f*, Arbeit *f* pro Einheit des Hubvolumens
**mean-failure-detection time** (Eng, Work Study) / mittlere für Ausfallerkennung benötigte Zeit, MFDT (mittlere für Ausfallerkennung benötigte Zeit)
**mean fibre length** / mittlere Faserlänge ‖ ~ **free path*** (Nuc, Phys) / mittlere freie Weglänge, freie Weglänge ‖ ~ **free time*** (Phys) /

mittlere Stoßzeit, mittlere Zeit zwischen zwei Stößen ‖ ~ **function** (Stats) / Erwartungswertfunktion *f* ‖ ~ **geometric chord** (Aero) / mittlere geometrische Flügeltiefe ‖ ~ **information content** / mittlerer Informationsgehalt (DIN 44301) ‖ ~ **information content per character** (Telecomm) / mittlerer Informationsbelag (einer Nachrichtenquelle)
**meaning** *n* (AI) / Bedeutung *f*
**meaningful** *adj* / bedeutungsvoll *adj* ‖ ~ **formula** / prädikatenlogischer Ausdruck, Ausdruck *m* des Prädikatenkalküls, P-Ausdruck *m*
**meaningless** *adj* (Maths) / sinnlos *adj* ‖ ~ **character** (Comp) / Pseudozeichen *n*, leeres Zeichen
**mean latitude** (Nav) / Mittelbreite *f* (arithmetisches Mittel der Breiten zweier Orte) ‖ ~ **lethal dose*** (Med) / semiletale Dosis, halbletale Dosis, L.D.$_{50}$ (tödliche Dosis für 50% der Versuchstiere - charakteristische Größe bei der Prüfung von Arzneimitteln), DL$_{50}$, mittlere Letaldosis ‖ ~ **life*** (Nuc, Stats) / mittlere Lebensdauer (die Verweilzeit im angeregten Zustand) ‖ ~ **mass range** (Chem, Phys) / Massenreichweite *f* ‖ ~ **noon*** (Astron) / mittlerer Mittag (bei dem Durchgang der mittleren Sonne), wahrer Mittag (bei dem tatsächlichen Durchgang der Sonne) ‖ ~ **opinion score** (Telecomm) / subjektives Qualitätsmaß ‖ ~ **pages between service** (Comp) / Druckseitenzahl *f* zwischen zwei Service-Intervallen (bei Druckern) ‖ ~ **perpendicular** (Maths) / Mittelsenkrechte *f* (einer Strecke) ‖ ~ **place*** (Astron) / mittlerer Ort, mittlere Position ‖ ~ **pressure** (Eng) / Literarbeit *f*, mittlerer Nutzdruck, spezifische Nutzarbeit, Arbeitsdichte *f*, Arbeit *f* pro Einheit des Hubvolumens ‖ ~ **producibility** (of a power plant) (Elec Eng) / mittleres Arbeitsdargebot ‖ ~ **proportional** (Maths) / mittlere Proportionale (gleiches Innenglied einer stetigen Proportion) ‖ ~ **range** (Nuc) / mittlere Reichweite (Teilchenstrahlung) ‖ ~ **sea level*** (Cartography) / Normalnull *n* (physikalisch definierte Bezugsfläche für Höhenangaben), N.N., NN (z.B. der Amsterdamer oder der Kronstädter Pegel) ‖ ~ **sea level** (Ocean) / mittlerer Wasserstand
**means-ends analysis** (AI) / Mittel-Zweck-Analyse *f*
**mean sidereal time** (Astron) / mittlere Sternzeit, mZ
**means of communication** / Kommunikationsmittel *n pl* ‖ ~ **of transport** (Eng) / Transportmittel *n pl*
**mean solar time*** (Astron) / mittlere Sonnenzeit, mSZ (mittlere Sonnenzeit) ‖ ~ **squared deviation** (Maths) / mittleres Abweichungsquadrat, MQ (mittlerwes Abweichungsquadrat) ‖ ~ **-square(d) error*** (Maths) / Standardabweichung *f* (des Mittelwertes), mittlerer quadratischer Fehler (des Mittelwertes), Standardfehler *m* (des Mittelwertes) ‖ ~ **stress*** (Eng, Materials, Met) / Mittelspannung *f* (beim Dauerschwingversuch) ‖ ~ **sun*** (Astron) / mittlere Sonne (die sich gleichförmig auf dem Himmelsäquator bewegt) ‖ ~ **term** (Maths) / Innenglied *n* (einer Proportion), inneres Glied (einer Proportion) ‖ ~ **time before first failure** / mittlere Zeit(spanne) bis zum ersten Ausfall, MTTFF (mittlere Zeitspanne bis zum ersten Ausfall) ‖ ~ **time between failures*** / MTBF-Zeitwert *m* (bei gewarteten Systemen), mittlerer Ausfallabstand (mittlere Zeit, in der im Fehler mit einer Wahrscheinlichkeit von 37% auftritt), mittlere störungsfreie Zeit (Bauteilzuverlässigkeit als Funktion der Zeit), mittlere Zeitspanne zwischen zwei Ausfällen ‖ ~ **time between malfunctions** (Eng, Instr) / mittlerer Störungsabstand (Quotient aus der Summe der Betriebszeiten eines Gerätes zur Gesamtzahl seiner Störungen über einen bestimmten Zeitraum) ‖ ~ **time to failure** (Eng) / MTTF-Zeitwert *m* (bei nicht gewarteten Systemen), mittlere Lebensdauer (bei nicht gewarteten Systemen), mittlere Betriebsdauer ‖ ~ **time to first failure** / mittlere Zeit(spanne) bis zum ersten Ausfall, MTTFF (mittlere Zeitspanne bis zum ersten Ausfall) ‖ ~ **time to repair** (F.Org.) / mittlere Reparaturdauer, MTTR-Zeitwert *m* (mittlere Zeitspanne, die nach Ausfall einer Anlage benötigt wird, um die Funktionsfähigkeit wieder herzustellen)
**mean-value analysis** (Maths) / Mittelwertanalyse *f* ‖ ~ **theorem** (Maths) / Mittelwertsatz *m* (z.B. Satz von Rolle) ‖ ~ **theorem** (Maths) / Lagrange'sche Formel, erster Mittelwertsatz (der Differentialrechnung), einfacher Mittelwertsatz (der Differentialrechnung)
**mean value theorem for derivatives** (Maths) / Schrankensatz *m* ‖ ~ **water level** (Hyd Eng) / mittlerer Wasserstand, MW
**measurability** *n* / Messbarkeit *f* (Aussage darüber, ob ein Phänomen mit Hilfe der Messtechnik quantitativ erfassbar ist), Mensurabilität *f* ‖ ~ **limit** / Messbarkeitsgrenze *f*
**measurable** *adj* / messbar *adj*, mensurabel *adj* ‖ ~ **function** (Stats) / messbare Funktion ‖ ~ **transformation** / messbare Transformation
**measurand** *n* (physical phenomenon, parameter, quantity, property, or condition that is to be measured) / Messgröße *f* (ein Objektmerkmal, welches mit dem Messvorgang bestimmt wird - DIN 1319, T 1 und DIN 2257, T 1) ‖ ~ **transmitter** (Elec Eng) / Messwandler *m* (der eine Messgröße in eine andere umwandelt - z.B. bei der Fernübertragung), Messumformer *m*

**measure** v / messen v (DIN 1319, T 1), abmessen v ‖ ~ n / Maß n (Maßverkörperung) ‖ ~* (in ems of 12-point) (Typog) / Satzbreite f in Gevierten (besser: in Cicero) ‖ **of equal** ~ / maßgleich adj
**measured mile trip** (Ships) / Meilenfahrt f (bei der Abnahmeprobefahrt) ‖ ~ **object** / Messgegenstand m ‖ ~ **ore*** (Geol, Mining) / ausgewiesener Erzvorrat, Rohvorrat m an Erz ‖ ~ **quantity** / Messgröße f (ein Objektmerkmal, welches mit dem Messvorgang bestimmt wird - DIN 1319, T 1 und DIN 2257, T 1) ‖ ~ **signal** / Messsignal n (Signal, dessen Informationsgehalt demjenigen der Messgröße entspricht - DIN 40146, T 3)
**measured-signal processing** / Messsignalverarbeitung f
**measured spectrum** (spectrogram) (Materials, Spectr) / Spektrogramm n (ein aufgezeichnetes Spektrum) ‖ ~ **surface** / Ist-Oberfläche f (das messtechnisch erfasste, angenäherte Abbild der wirklichen Oberfläche eines Formelements nach DIN 4762) ‖ ~ **value** (Instr) / Messwert m (der am Messgerät abgelesene Wert nach DIN 1319, T 2 und DIN 2257, T 1) ‖ ~ **variable** / Messgröße f (ein Objektmerkmal, welches mit dem Messvorgang bestimmt wird - DIN 1319, T 1 und DIN 2257, T 1)
**measureless** adj / unausmessbar adj, unmessbar adj, immensurabel adj
**measurement** n / Messverfahren n (DIN 1319, T 1) ‖ ~ / Messung f (DIN 1319, T 1), Messen n (DIN 1319, T 1), Vermessung f ‖ ~ **conditions** / Messbedingungen f pl ‖ ~ **current** (Elec Eng) / Messstrom m ‖ ~ **data logging** / Messwerterfassung f ‖ ~ **engineering** / Messtechnik f (digitale, elektrische, elektronische usw. - DIN 1319, T 1) ‖ ~ **item** (Build) / Aufmaßposition f ‖ ~ **kit** / Messkoffer m ‖ ~ **mechanism** (Instr) / Messwerk n (durch das ein von einem Messwert abhängiges Drehmoment oder eine davon abhängige Bewegung erzeugt oder ausgeführt wird) ‖ ~ **of characteristics** / Kennwertermittlung f ‖ ~ **performance** / Erfolgskontrolle f (im Management) ‖ ~ **point** / Messpunkt m (grafische Darstellung eines Messwertes in einem Diagramm) ‖ ~ **procedure** / Messverfahren n (DIN 1319, T 1) ‖ ~ **range** (Instr) / Messbereich m (Teil des Anzeigebereichs nach DIN 1319, T 1 und T 2 und DIN 2257, T 2), Nutzmessbereich m ‖ ~ **range** (Phys) / Reichweite f (bei Rückstreumessgeräten) ‖ ~ **room** / Messraum m (ein Teil des Prüfraums)
**measurements, take** ~ / messen v, Maß nehmen
**measurement sensitivity** / Messempfindlichkeit f ‖ ~ **sequence** / Messkette f (eine Folge von Messungen), Messfolge f ‖ ~ **series** / Messreihe f (Reihe von Messwerten), Messwertreihe f (abgelesene), Messwertfolge f ‖ ~ **stability** / Messbeständigkeit f (DIN ISO 10012-1) ‖ ~ **system** / Messsystem n (Messobjekt + Messeinrichtung + Umgebung) ‖ ~ **theory** / Messtheorie f (wissenschaftliche Grundlage der Messtechnik) ‖ ~ **tolerance** / Messtoleranz f ‖ ~ **uncertainty** / Messunsicherheit f (ein Kennwert nach DIN ISO 10012-1)
**measure of association** (Stats) / Ähnlichkeitsmaß n, Ähnlichkeitskoeffizient m ‖ ~ **of dispersion** (Stats) / Streuungsmaß n ‖ ~ **of distance** (Phys) / Längenmaß n ‖ ~ **of length** (Phys) / Längenmaß n ‖ ~ **of similarity** (Stats) / Ähnlichkeitsmaß n, Ähnlichkeitskoeffizient m ‖ ~ **of time** / Zeitmaß n (z.B. Sekunde) ‖ ~ **process** / Maßwertprozess m (ein Bestandteil des Modells für funktionale Eingabegeräte), Maßwertmodell n
**measures** pl (a group of rock strata) (Geol) / Schichtgruppe f, Schichtfolge f, Bank f ‖ ~ (a group of rock strata) (Mining) / Gebirge n (kohleführendes) ‖ ~ (Mining) / kohleführende Schichten ‖ ~ **of central tendency** (Stats) s. also local parameter ‖ ~ **of central tendency** (Stats) / Mittelwerte m pl, Maße zur Beschreibung der zentralen Tendenz n pl
**measure space** (Maths) / Maßraum m ‖ ~ **up** v / ausmessen v ‖ **zero** (Maths) / Nullmaß n
**measuring** n / Messung f (DIN 1319, T 1), Messen n (DIN 1319, T 1), Vermessung f ‖ ~ **accuracy** / Messgenauigkeit f ‖ ~ **amplifier** (Electronics) / Messverstärker m (in der elektrischen Messtechnik) ‖ ~ **and control technology** (Automation) / Mess-, Steuerungs- und Regeltechnik f, MSR-Technik f, Leittechnik f ‖ ~ **arrangement** / Messanordnung f (Zusammenstellung von Messgeräten und Hilfsmitteln zur Durchführung einer bestimmten Messaufgabe) ‖ ~ **axis** / Messachse f ‖ ~ **chain** / Messkette f (Folge von Elementen eines Messgerätes oder einer Messeinrichtung, die den Weg des Messsignals von der Aufnahme der Messgröße bis zur Bereitstellung der Ausgabe bildet - DIN 1319, T 1) ‖ ~ **chain*** (Surv) / Messkette f (heute nicht mehr gebraucht) ‖ ~ **current** (Elec Eng) / Messstrom m ‖ ~ **cylinder** (Chem) / Messzylinder m, Maßzylinder m, Mensur f ‖ ~ **device** / Messeinrichtung f (DIN 1319, T 2) ‖ ~ **electrode** (Chem) / Messelektrode f (die so aufgebaut ist, dass sie ein elektrisches Potential ausbildet, das den chemischen Zustand des mit ihr in Berührung stehenden Elektrolyten möglichst eindeutig kennzeichnet) ‖ ~ **element** (Instr) / Messwerk n (durch das ein von einem Messwert abhängiges Drehmoment oder eine davon abhängige Bewegung erzeugt oder ausgeführt wird) ‖ ~ **facility** / Messeinrichtung f (DIN 1319, T 2) ‖ ~ **flask** (Chem) / Messkolben m (Stehkolben mit langem, engem Hals, auf dem etwa auf der Mittte ein Eichstrich angebracht ist), Maßkolben m, Messflasche f ‖ ~ **flume** (Hyd Eng) / Messkanal m (mit speziell definiertem Abflussquerschnitt), Messrinne f ‖ ~ **force** / Messkraft f (DIN 2257, T 1) ‖ ~ **frame*** (Build) / Messrahmen m (für Zuschläge) ‖ ~ **frequency** (Telecomm) / Messfrequenz f ‖ ~ **gas** / Messgas n (der dem Analysengerät zugeführte Teil des zu untersuchenden Betriebsgases) ‖ ~ **geometry** (Spectr) / Messgeometrie f ‖ ~ **installation** / Messanlage f (zusammengefasste, meistens aus einer Vielzahl von verschiedenen Messgeräten bestehende messtechnische Ausrüstung - DIN 1319, T 1) ‖ ~ **instruction** / Messanweisung f (die einzuhaltenden Bedingungen und den Ablauf des Messvorgangs festlegt - DIN 2257, T 1) ‖ ~ **instrument*** (Instr) / Messapparat m, Messgerät n (DIN 1319, T 3), Messinstrument n ‖ ~ **jaws** pl (Instr) / Messschnabel m (der Schieblehre) ‖ ~ **jug** (Nut) / Messbecher m ‖ ~ **junction** / Messstelle f (eine Schweißstelle des Thermoelements), Messlötstelle f ‖ ~ **laboratory** / Messlaboratorium n, Messlabor n ‖ ~ **machine** / Messmaschine f ‖ ~ **magnifier** (Optics) / Messlupe f (mit einem Maßstab am Fuß des Lupenträgers) ‖ ~ **mechanism** (Instr) / Messwerk n (durch das ein von einem Messwert abhängiges Drehmoment oder eine davon abhängige Bewegung erzeugt oder ausgeführt wird) ‖ ~ **method** / Messmethode f (DIN 1319, T 1) ‖ ~ **microphone** (Acous) / Messmikrofon n (Aufnehmer zur messtechnischen Erfassung von Schallwellen) ‖ ~ **microscope** (Optics) / Messmikroskop n ‖ ~ **nozzle** / Messdüse f (bei Wirkdruck-Druchflussmessern) ‖ ~ **period** / Messzeitraum m ‖ ~ **pipette** (Chem) / Messpipette f ‖ ~ **plane** / Messebene f ‖ ~ **point** / Messpunkt m (grafische Darstellung eines Messwertes in einem Diagramm) ‖ ~ **point** / Messstelle f ‖ ~ **principle** / Messprinzip n (die bei der Realisierung einer Messmethode benutzten physikalischen und/oder chemischen Vorgänge - DIN 1319, T 1) ‖ ~ **prism** (Optics) / Messprisma n ‖ ~ **range** (Instr) / Messbereich m (Teil des Anzeigebereichs nach DIN 1319, T 1 und T 2 und DIN 2257, T 2), Nutzmessbereich m ‖ ~ **record** / Messprotokoll n (dokumentarische Fixierung der Messergebnisse) ‖ ~ **rectifier** (Elec Eng) / Messgleichrichter m (eines Gleichrichtermessinstruments) ‖ ~ **relay** (Elec Eng, Instr) / Messrelais n ‖ ~ **result** (Instr) / Messergebnis n (DIN 1319-1, 1319-3 und DIN 225-1) ‖ ~ **rod** / Messstab m ‖ ~ **room** / Messraum m ~ **room** s. also test room ‖ ~ **sensor** (Automation) / Sensor m (ein Messfühler als erstes Glied einer Messkette), Messgrößenfühler m, Aufnehmer m ‖ ~ **set-up** / Messanordnung f (Zusammenstellung von Messgeräten und Hilfsmitteln zur Durchführung einer bestimmten Messaufgabe) ‖ ~ **signal** / Messsignal n (das zwischen den Geräten einer Messeinrichtung ausgetauschte Signal - DIN 1319, T 1) ‖ ~ **signal** s. also test signal ‖ ~ **slide** (Autos) / Messschlitten m (zur Vermessung der Karosserie) ‖ ~ **span** (Elec Eng) / Messspanne f (die Differenz zwischen Endwert und Anfangswert des Messbereiches - DIN 2257, T 1) ‖ ~ **spoon** (Chem) / Messlöffel m ‖ ~ **spot** / Messort m (direkte, indirekte Messung) ‖ ~ **strategy** / Messstrategie f ‖ ~ **system** / Messeinrichtung f (Gesamtheit aller Messgeräte und zusätzlicher Einrichtungen zur Erzielung eines Messergebnisses) ‖ ~ **tape*** (Build) / Bandmaß n, Rollbandmaß n, Messband n (DIN 6403), Maßband n (bedrucktes Messband in Stahl- oder Kunststoffgehäuse) ‖ ~ **time** / Messzeit f (zur Ermittlung eines einzelnen Messwertes benötigte Zeitdauer) ‖ ~ **tool** (Tools) / Messwerkzeug n, Messzeug n ‖ ~ **unit** / Maßeinheit f, Maß n (Einheit, mit der etwas gemessen werden kann) ‖ ~ **unit** (Instr) / Messteil m (einer technischen Einrichtung) ‖ ~ **unit** (Instr) / Messorgan n, Messglied n ‖ ~ **valve** (Eng) / Zumessventil n, Dosierventil n, Dosiervorrichtung f ‖ ~ **weir** (Hyd Eng) / Messwehr n (zur Messung des Wasserabflusses), Messüberfall m ‖ ~ **wheel*** (Surv) / Messrad n ‖ ~ **worm** (Agric, For, Zool) / Spanner m (ein Exemplar der Schmetterlingsfamilie Geometridae)
**meat** n (Nut) / Fleisch n ‖ ~ **ageing** (Nut) / Fleischreifung f (ein muskelzellinterner Vorgang, der nach dem Schlachten einsetzt) ‖ ~ **analogue** (Nut) / Fleischsurrogat n ‖ ~ **colour** (Nut) / Fleischfarbe f ‖ ~ **defect** (Nut) / Fleischfehler m (abweichende physikalische oder chemische Eigenschaften) ‖ ~ **emulsion** (Nut) / Brät n, Wurstmasse f, Wurstbrät n ‖ ~ **extender** (Nut) / fleischstreckende Substanz (texturierte Proteine) ‖ ~ **extract** (Nut) / Fleischextrakt m (eingedickter, albumin-, leim- und fettfreier Wasserauszug aus frischem Fleisch) ‖ ~ **flavour** (Nut) / Fleischaroma n (nach der Reifung) ‖ ~ **grinder** (US) (Nut) / Fleischwolf m (ein Küchengerät nach DIN 44967, T 1), Fleischhacker m ‖ ~ **inspection** (Agric, Nut) / Schlachttier- und Fleischuntersuchung f, Fleischbeschau f
**meat-mix** n (Nut) / Brät n, Wurstmasse f, Wurstbrät n
**meat-portioning machine** (Nut) / Fleischportioniermaschine f
**meat processing** (Nut) / Fleischverarbeitung f
**meat-processing plant** (Nut) / Fleischverarbeitungsbetrieb m

**meat stamp**

**meat stamp ink** (Chem, Nut) / Stempelfarbe f für Fleisch ‖ ~ **substitute** (Nut) / Fleischsurrogat n ‖ ~ **wrapper** (Paper) / Fleischeinwickelpapier n
**meaty cotton** (Textiles) / gute Baumwolle mit hohem Garnertrag
**Mecarbam** n (Agric, Chem) / Mecarbam n (ein Insektizid und Akarizid der Murphy Chem.)
**Mecca balsam** (Chem) / Mekkabalsam m (eingetrockneter Milchsaft des Balsamstrauches)
**mechanic** n / Maschinist m ‖ ~ / Industriemechaniker m, Monteur m (Schlosser), Maschinenschlosser m ‖ ~ / Mechaniker m
**mechanical** n (Print) / Reproduktionsvorlage f (zusammengeklebte Barytabzüge), Reprovorlage f ‖ ~ (Print) / Einkopierraster m, Rasterfilm m, technischer Raster ‖ ~ adj / handwerklich adj ‖ ~ (Eng) / Motor- (mechanisch, maschinell), Maschinen-, mechanisch adj, maschinell adj ‖ ~ (Eng) / weggebunden adj (Presse) ‖ ~ (Eng, Mech) / mechanisch adj ‖ ~ **adhesion** (Phys) / mechanische Adhäsion (z.B. von Klebstoffen) ‖ ~ **advantage*** (Mech) / mechanische Kraftverstärkung, Kraftgewinn m (Kraftvergrößerung durch mechanische Mittel) ‖ ~ **advantage*** (Mech) / Last-Kraft-Verhältnis n ‖ ~ **alloyed product** (Met) / pulvermetallurgisch hergestellte Superlegierung ‖ ~ **analysis** (Agric, Civ Eng) / Korngrößenanalyse f (ein Bodenkennwert nach DIN 18123) ‖ ~ **atomizer** / Druckzerstäuber m (des Brenners) ‖ ~ **bond** (Civ Eng) / mechanischer Verband (mit Bewehrung) ‖ ~ **bond*** (Civ Eng) / Haftfähigkeit f (z.B. des Betons am Stahl beim Stahlbeton), Haftwirkung f
**mechanical-contact seal** (Eng) / Berührungsdichtung f (im Allgemeinen)
**mechanical containment** (Ecol) / mechanische Ölsperre (Tätigkeit) ‖ ~ **core** (Build, San Eng) / Installationszelle f, Wohnungssanitärzelle f, Installationsblock m, Sanitärzelle f, Installationskern m (sanitärer) ‖ ~ **draught** (Elec Eng) / Fremdbelüftung f ‖ ~ **draught** (Eng) / künstlicher Zug, Saugzug m
**mechanical-draught cooling tower** / Ventilatorkühlturm m
**mechanical drawing** / technisches Zeichnen ‖ ~ **drawing** (Glass) / Düsenziehverfahren n (für Glas-Endlosfasern) ‖ ~ **dredge** (Civ Eng, Hyd Eng) / mechanischer Schwimmbagger (Eimer-, Löffel- oder Greiferbagger) ‖ ~ **efficiency*** (Eng) / mechanischer Wirkungsgrad (DIN 1940) ‖ ~ **energy** (Phys) / mechanische Energie (DIN 13 317) ‖ ~ **engineering*** (Eng) / Maschinenbau m ‖ ~ **equivalent of heat*** (Heat) / mechanisches Wärmeäquivalent (1842 von Robert v. Mayer entdeckt) ‖ ~ **equivalent of light*** (Light) / mechanisches (energetisches) Lichtäquivalent (spektrale Augenempfindlichkeit) ‖ ~ **equivalent system** / mechanisches Ersatzsystem (bei der Berechnung von Maschinenschwingungen) ‖ ~ **excitation** (Eng, Mech) / mechanische Anregung ‖ ~ **face seal** (Eng) / Gleitringdichtung f ‖ ~ **filter*** (Cinema, Electronics, Telecom) / mechanisches Filter ‖ ~ **finishing*** (Textiles) / mechanische Ausrüstung, mechanische Appretur ‖ ~ **floor** (Build) / technisches Geschoss ‖ ~ **foam** / Luftschaum m, mechanischer Schaum (als Löschmittel) ‖ ~ **fracture** (Materials) / mechanischer Bruch ‖ ~ **frothing** (Plastics) / Schaumschlagverfahren n (z.B. bei PVC) ‖ ~ **gasket** (Eng) / formlose Dichtmasse (in Tuben- oder Pastenform), Flüssigdichtmittel n ‖ ~ **governor** (Automation) / fliehkraftgesteuerter Drehzahlregler, Fliehkraftregler m (mechanische Regeleinrichtung), mechanischer Drehzahlregler, Zentrifugalregulator m, Zentrifugalregler m ‖ ~ **guard** / Schutzeinrichtung f (DIN 31001, T 1), Schutzvorrichtung f, Schutzausrüstung f, technische Sicherheitseinrichtung ‖ ~ **hysteresis** (the dependence of the strain of material not only on the instantaneous value of the stress but also on the previous history of the stress) (Mech) / mechanische Hysteresis ‖ ~ **impedance** (Acous) / mechanische Impedanz (Quotient aus den komplexen Amplituden von Schalldruck und Schallfluss nach DIN 1320) ‖ ~ **impedance*** (the complex ratio of a phasor representing a sinusoidally varying force applied to a system to a phasor representing the velocity of a point in the system) (Mech) / mechanische Impedanz (das Verhältnis zwischen Kraft und Geschwindigkeit eines Systems) ‖ ~ **integrator** (Maths) / mechanischer Integrator (mit Kugeln und Walzen oder mit einem Reibradgetriebe) ‖ ~ **jamming** (Mil, Radar) / passive Störung (EloKa) ‖ ~ **key** (Build) / Haftgrund m, Haftfläche f ‖ ~ **knitting** (Textiles) / Wirkerei f, Wirken n (ein Zweig der Textiltechnik nach DIN EN ISO 4921) ‖ ~ **lamp base** (Elec Eng) / kittloser Lampensockel ‖ ~ **leather** (Leather) / technisches Leder (meistens für die Textilindustrie)
**mechanically anisotropic** (Mech) / mechanisch anisotrop (Körper nach DIN 13 316) ‖ ~ **operated brake** (Eng) / mechanische Bremse ‖ ~ **recovered meat*** (Nut) / Separatorenfleisch n, mechanisch ausgebeintes Fleisch zur Herstellung von Formfleisch ‖ ~ **refrigerated vehicle** (Autos) / Kühlfahrzeug n mit Kältesatz
**mechanical make-ready** (Print) / Kraftzurichtung f (mit Hilfe einer Maschine) ‖ ~ **metallurgy** (the science and technology of the behaviour of metals relating to mechanical forces imposed on them; includes rolling, extruding, deep drawing, bending, and other processes) (Met) / Umformen n (mechanisches metallurgisches), mechanische Technologie im Hüttenwesen ‖ ~ **mixture** (Chem, Phys) / Gemenge n, heterogenes Gemisch, Haufwerk n (kompaktes Gemenge aus pulverartigen Substanzen nach DIN 66 160) ‖ ~ **paste-up** (Print) / Reproduktionsvorlage f (zusammengeklebte Barytabzüge), Reprovorlage f ‖ ~ **pencil** (US) / Drehbleistift m ‖ ~ **plastering** (Build) / Maschinenputzen n, maschinelles Putzen ‖ ~ **plating** (Surf) / Plattieren n (Herstellen einer gegenüber dem Grundwerkstoff korrosionsbeständigeren Schicht - nach DIN 50902) ‖ ~ **plating** (Surf) / Peenplating n, Anreiben n (tribogalvanischer Korrosionsschutz) ‖ ~ **plating*** (Surf) / mechanisches Plattieren, M.P.-Verfahren n (ein Beschichtungsverfahren für Massengut) ‖ ~ **power input** (Paint) / Leistungseintrag m (beim Dispergieren von Pigmenten und Füllstoffen in Dispergiergeräten) ‖ ~ **press** (Eng) / mechanische Presse (eine weggebundene Presse, bei der die rotierende Antriebsbewegung eines Elektromotors über ein mechanisches Getriebe in die hin- und hergehende Bewegung eines Pressenstößels umgewandelt wird) ‖ ~ **process** (Ecol, San Eng) / mechanischer Prozess zur Abtrennung suspendierter Bestandteile (Abwassertechnik) ‖ ~ **process engineering** (Eng) / mechanische Verfahrenstechnik ‖ ~ **producer** (Chem Eng, Fuels) / Drehrostgenerator m, Drehrostgaserzeuger m ‖ ~ **property** (Materials) / mechanische Eigenschaft ‖ ~ **pulp** (Paper) / [mechanischer] Holzschliff m (DIN 6730), [mechanischer] Holzstoff m, Holzmasse f ‖ ~ **recording** (Acous) / Nadeltonverfahren n (eine veraltete Schallaufzeichnung) ‖ ~ **rectifier** (Elec Eng) / mechanischer Gleichrichter ‖ ~ **refrigerator** (Eng) / Kompressionskältemaschine f ‖ ~ **return-flow atomizer** (Eng) / Rücklaufdruckzerstäuber m (mit breitem Arbeitsbereich) ‖ ~ **rupture** (Materials) / mechanischer Bruch f ‖ ~ **saw** / Sägemaschine f, Motorsäge f, Maschinensäge f ‖ ~ **sediments*** (Geol) / Trümmersedimente n pl, klastische Sedimente (die aus dem mechanischen Absatz mitgeführter fester Teilchen entstehen) ‖ ~ **services** (Build) / technische Gebäudeausrüstung ‖ ~ **shovel** (Civ Eng) / Eingefäßbagger m, Löffelbagger m, Kraftschaufel f, Schaufelbagger m ‖ ~ **spark** (Elec Eng, Eng) / Funke m (der bei Reibungsvorgängen entsteht) ‖ ~ **splice** (Light) / mechanischer Spleiß m (zweier Fasern des LWL) ‖ ~ **spring** (Eng) / Feder f (Sprungfeder - Zug- oder Druckfeder) ‖ ~ **stoker*** (Eng) / automatischer Stoker, automatische Rostbeschickungsanlage ‖ ~ **stop** (Carp, Eng, Join) / Anschlag m (Bauteil zur Bewegungsbegrenzung), Knagge f, Begrenzungsanschlag m ‖ ~ **sweeper** (Autos, Civ Eng) / Straßenkehrmaschine f, Kehrmaschine f ‖ ~ **switching device** (Elec Eng) / mechanischer Schalter ‖ ~ (process) **technology** (Eng, Met) / mechanische Technologie (ursprünglich als Gegensatz zur chemischen Technologie) ‖ ~ (materials) **testing** (Materials) / mechanisch-technologische Untersuchung (des Materials), mechanisch-technologische Werkstoffprüfung, mechanische (Werkstoff)Prüfung, mechanisches Prüfverfahren ‖ ~ **transformer*** (Eng) / Maschine f mit mechanischer Kraftverstärkung (z.B. ein Hebelwerk) ‖ ~ **twinning** (Crystal) / mechanische Zwillingsbildung f ‖ ~ **ventilation** (Eng) / künstliche Lüftung (Druck-, Saug- und Verbundlüftung), Zwangslüftung f, Ventilatorlüftung f, Zwangsbelüftung f (mit Ventilatoren) ‖ ~ **vibration** (Mech) / mechanische Schwingung ‖ ~ **water** (usually added to a body or slip to produce plasticity or workability, and which is removed by evaporation during drying or the early stages of firing) (Ceramics) / mechanisch gebundenes Wasser ‖ ~ **wear** (removal of surface material due to mechanical action such as abrasion) / mechanischer Verschleiß m ‖ ~ **weathering** (Geol) / mechanische Verwitterung, physikalische Verwitterung ‖ ~ **wheel wear** / Verschleiß m durch Kornausbruch (der Schleifscheibe) ‖ ~ **wood** (Paper) / [mechanischer] Holzschliff m (DIN 6730), [mechanischer] Holzstoff m, Holzmasse f ‖ ~ **wood pulp*** (Paper) / [mechanischer] Holzschliff m (DIN 6730), [mechanischer] Holzstoff m, Holzmasse f ‖ ~ **woodpulp board** (Paper) / Maschinenholzpappe f (DIN 6730), Holzkarton m (DIN 6730) ‖ ~ **work** (Mech) / mechanische Arbeit (DIN 13 317) ‖ ~ **working*** (Eng, Met) / mechanische Bearbeitung (mechanische Technologie)
**mechanician** n (Eng) / Maschinenbauer m
**mechanics*** n (that branch of science that treats of forces and motion) (Mech) / Mechanik f
**mechanic's creeper** (Autos) / Rollbrett n (für Arbeiten unter dem Fahrzeug ohne Bühne oder Grube), Montagerollbrett n, Montageroller m, Roller m (für die Autoreparaturen von unten) ‖ ~ **nippers** (Tools) / Monierzange f (DIN 5242), Rabitzzange f, Flechterzange f
**mechanics of deformable bodies** (Mech) / Mechanik f deformierbarer Körper ‖ ~ **of materials** (Materials, Mech) / Festigkeitslehre f (ein Teilgebiet der technischen Mechanik) ‖ ~ **of plasticity** (Mech) /

944

Plastomechanik f ‖ ~ **of rigid bodies** (Mech) / Mechanik f starrer Körper (DIN 13317), Mechanik f der starren Körper, Mechanik f von festen Körpern ‖ ~ **of solids** (Mech) / Festkörpermechanik f, Mechanik f fester Körper
**mechanic•'s pliers** (Eng, Tools) / Montagezange f (mit verstellbarem Drehpunkt) ‖ ~**'s pliers** (Tools) / Wasserpumpenzange f (mit Gleitgelenk), Rohrzange f (mit Gleitgelenk), Wapu-Zange f
**mechanise** v (GB) (Work Study) / mechanisieren v (von einem manuellen auf einen maschinellen oder einen mit Hilfe technischer Geräte betriebenen Ablauf umstellen)
**mechanism** n / Mechanismus m (Ablauf, Wirkungsweise) ‖ ~ (Eng) / Mechanismus m (technisches Gebilde, Komplex von Teilen einer Maschine, eines Geräts, einer Einrichtung) ‖ ~ (Eng) / Laufwerk n ‖ ~ (Eng, Mech) / Getriebe n (Mechanismus, dessen Glied angetrieben wird) ‖ ~ (Mech) / Mechanismus m (Kette mit einem Glied, das als Gestell gewählt wird) ‖ ~ (Chem) s. mechanisms of a reaction
**mechanisms of a reaction** (description of reactions that designate exactly how each step of the reactions occurs) (Chem) / Reaktionsmechanismen m pl (Geschehen während der Reaktion)
**mechanization** n (Eng) / Mechanisierung f (Schaffung und Anwendung technischer Mittel mit dem Ziel, Arbeitsoperationen oder -funktionen des Menschen zu erleichtern und insbesondere menschliche Arbeitskraft durch andere Energieformen zu ersetzen - Einsatzfeld sind vor allem arbeitsintensive und eintönige Prozesse)
**mechanize** v (Work Study) / mechanisieren v (von einem manuellen auf einen maschinellen oder einen mit Hilfe technischer Geräte betriebenen Ablauf umstellen)
**mechanized assembly** / automatisches Montieren, automatische Montage
**mechanocaloric effect** (Phys) / mechanokalorischer Effekt (die Umkehrung des thermomechanischen Effekts)
**mechanochemical** adj (Chem) / mechanochemisch adj ‖ ~ **wear** / mechanisch-chemischer Verschleiß, tribochemischer Verschleiß
**mechanochemistry** n (Chem) / Mechanochemie f (Zweig der physikalischen Chemie, der sich mit den chemischen Veränderungen von Stoffen infolge Einwirkung von mechanischer Energie befasst)
**mechanoelectrical** adj / elektromechanisch adj, mechanisch-elektrisch adj
**mechanoluminescence** n (Phys) / Mechanolumineszenz f
**mechanotronics** n (Electronics) / Mechanotronik f
**mechatronic** adj (Comp, Elec Eng, Eng) / mechatronisch adj
**mechatronics** n (Comp, Elec Eng, Eng) / Mechatronik f (eine interdisziplinäre Wissenschaft, bei der mechanische, elektrische bzw. elektronische und informationsverarbeitende Komponenten miteinander kombiniert werden)
**mechatronic transmission module** (Autos) / mechatronisches Getriebemodul (ein ins Getriebe integriertes mechatronisches Steuergerät)
**mechlorethamine** n (Chem, Med) / Chlormethin n (internationaler Freiname für ein alkylierend wirkendes Zytostatikum), Mechlorethamin n
**meconic acid** (Chem) / Mohnsäure f (3-Hydroxy-4-oxo-4H-pyran-2,6-dicarbonsäure), Hydroxychelidonsäure f, Mekonsäure f, Opiumsäure f
**mecoprop** n (Agric, Chem) / Mecoprop n (Herbizid aus der Substanzklasse der Phenoxycarbonsäure-Derivate), MCPP (Mecoprop)
**MECS** (medium-size wind conversion system) / mittelgroße Windumwandlungsanlage
**Media Access Control** (a layer of the ISO model describing how devices share access to the network) (Comp, Telecomm) / MAC-Schicht f (Unterschicht der Schicht 2 des OSI-Referenzmodells, zuständig für die Medienzugangskontrolle), Media Access Control f, Mediumzugangssteuerung f, Medienzugangskontrolle f ‖ ~ **conversion** (Comp) / Datenträgerumwandlung f ‖ ~ **data throughput** (Comp) / Mediendatendurchsatz m
**media-dependent interface** (Comp) / medienabhängige Schnittstelle, mediumabhängige Schnittstelle
**media environment** (Telecomm) / Medienlandschaft f
**media-independent** adj (Comp) / mediumunabhängig adj, medienneutral adj (Daten)
**media landscape** (Telecomm) / Medienlandschaft f ‖ ~ **library** / Mediothek f (mit auditiven, audiovisuellen und visuellen Materialien und Aufzeichnungen), Mediathek f
**medial moraine** (Geol) / Mittelmoräne f ‖ ~ **test** (Stats) / Medialtest m, Quadrantentest m (ein Signifikanztest zur Untersuchung von Abhängigkeiten zwischen zwei Zufallsgrößen)
**median** n / Median m (mittlerer Teilchendurchmesser nach DIN 66 160) ‖ ~ (US) (Autos, Civ Eng) / Mittelstreifen m (zwischen zwei Richtungsfahrbahnen der Autobahn), Trennstreifen m, Grünstreifen m, Grasstreifen m ‖ ~ (Comp, Maths) / Median m (Knoten eines Grafen) ‖ ~ (a line from a vertex of a triangle to the midpoint of the opposite side) (Maths) / Mittellinie f, Seitenhalbierende f (Verbindungsstrecke einer Ecke mit dem Mittelpunkt der gegenüberliegenden Seite), Mediane f, Schwerelinie f (eine Dreieckstransversale) ‖ ~ (Maths) / Mittellinie f (im Trapez) ‖ ~ (Maths) / Mediane f (in einem Tetraeder) ‖ ~* (Maths, Stats) / Medianwert m, Median m (eine mit der Verteilung einer Zufallsgröße zusammenhängende Messzahl), Zentralwert m ‖ ~ **band** (Eng) / Zentralwertbereich m (bei Toleranzen) ‖ ~ **centre** (Maths) / Median m (der Fläche) ‖ ~ **lethal dose** (Med) / semiletale Dosis, halbletale Dosis, L.D.$_{50}$ (tödliche Dosis für 50% der Versuchstiere - charakteristische Größe bei der Prüfung von Arzneimitteln), DL$_{50}$, mittlere Letaldosis ‖ ~ **lethal time** (Nuc) / mittlere Letalzeit (die Zeit, in der 50% der Lebewesen als Folge einer bestimmten Energiedosis sterben) ‖ ~ **mass** (Geol) / Zwischengebirge m (starre Scheitelung des Orogens) ‖ ~ **plane** (Acous, Med) / Medianebene f (Bezugsebene, die zur Beschreibung von Eigenschaften des Gehörs benutzt wird - DIN 1320) ‖ ~ **planting** (US) (Civ Eng) / Mittelstreifenbepflanzung f ‖ ~ **point** (Maths) / Mittenpunkt m, Mittelpunkt m ‖ ~ **ridge** (Geol, Ocean) / mittelozeanische Schwelle, Ozeanrücken m, Rücken m, Tiefseerücken m, mittelozeanischer Rücken, Schwelle f (submarine, mittelozeanische) ‖ ~ **strip** (US) (Autos, Civ Eng) / Mittelstreifen m (zwischen zwei Richtungsfahrbahnen der Autobahn), Trennstreifen m, Grünstreifen m, Grasstreifen m ‖ ~ **test** (Stats) / Mediantest m (Signifikanztest zur Prüfung der Hypothese, dass der Median einer vorliegenden Grundgesamtheit gleich einer vorgegebenen Zahl ist)
**media plan** / Medienplan m, Werbeplan m ‖ ~ **planning** / Mediaplanung f (deren Ziel es ist, die richtigen Personen mit der ausreichenden Anzahl Werbeanstöße zu kontaktieren, zum rechten Zeitpunkt, bei geringsten Kosten) ‖ ~ **resources centre** / Mediothek f (mit auditiven, audiovisuellen und visuellen Materialien und Aufzeichnungen), Mediathek f ‖ ~ **studies** / Medienforschung f
**mediator** n (Chem) / Zwischenreagens f
**medicagenic acid** (Bot, Chem) / Medicagensäure f
**medical** adj / medizinisch adj, ärztlich adj ‖ ~ (Mil) / Sanitäts- ‖ ~ **check-up** (Med) / Vorsorgeuntersuchungen f pl (im Rahmen der Gesundheitsvorsorge) ‖ ~ **electrical equipment** (Electronics, Med) / elektromedizinische Geräte ‖ ~ **electronics** (Electronics) / medizinische Elektronik, Elektronik f in der Medizin ‖ ~ **engineering** (Med) / medizinische Technik (als Fach), Medizintechnik f ‖ ~ **evacuation** (Med) / Rücktransport m einer kranken Person ‖ ~ **examination** (Med) / ärztliche Untersuchung ‖ ~ **geology** (Geol) / medizinische Geologie (Einfluss der geologischen Elemente und Prozesse auf die Gesundheit der Menschen) ‖ ~ **imaging** (Comp, Radiol) / medizinische Bildgebung, Medizinbildgebung f (zu diagnostischen Zwecken) ‖ ~ **lock** (Civ Eng) / Luftschleuse f (für Personen) ‖ ~ **physics** (Med, Phys) / medizinische Physik (z.B. Laseranwendung, Sonografie, Thermografie, Kalorimetrie, Neutronentherapie, Elektronenspinresonanz usw.) ‖ ~ **radiologist** (Med) / Facharzt m für Radiologie, Radiologe m ‖ ~ **representative** (Pharm) / Pharmavertreter m (Ärztebesucher), Pharmaberater m ‖ ~ **soap** (Pharm) / medizinische Seife (mit Desinfektionsmitteln oder pharmazeutischen Wirkstoffen), Sapo m medicatus ‖ ~ **software** (Comp) / medizinische Software, Medizin-Software f ‖ ~ **technology** (Med) / biomedizinische Technik, BMT (biomedizinische Technik), Medizintechnik f ‖ ~ **textiles** (Textiles) / medizinische Textilien ‖ ~ **waste** (Ecol, San Eng) / Klinikmüll m, Klinikabfall m
**medicament** n (Pharm) / Medikament n, Mittel n
**medication** n (Pharm) / Arzneimittelverschreibung f, Medikation f
**medicinal** (Pharm) s. also botanical ‖ ~ adj (Med) / medizinisch adj, Medizinal-, medizinal adj ‖ ~ **bark** (Pharm) / offizinelle Rinde ‖ ~ **calamine** (Pharm) / Calamina f, Lapis m calaminaris (gemahlenes Galmeierz), Galmeistein m ‖ ~ **chemistry** (Chem, Med) / medizinische Chemie (klinische + physiologische Chemie) ‖ ~ **herb** (Pharm) / Arzneipflanze f, Heilkraut n, Heilpflanze f, Drogenpflanze f ‖ ~ **mineral water** / Heilwasser n (Mineralwasser zur Linderung oder Verhütung von Krankheiten) ‖ ~ **oil** (Pharm) / arzneiliches Öl, Oleum n medicatum, Öl n für medizinische Zwecke ‖ ~ **paraffin oil** (Nut, Pharm) / pharmazeutisches Weißöl, dickflüssiges Paraffin, Paraffinöl n, Paraffinum n liquidum ‖ ~ **plant** (Pharm) / Arzneipflanze f, Heilkraut n, Heilpflanze f, Drogenpflanze f ‖ ~ **soap** (Pharm) / medizinische Seife (mit Desinfektionsmitteln oder pharmazeutischen Wirkstoffen), Sapo m medicatus ‖ ~ **soft soap** (Chem, Med) / Sapo m kalinus venalis, Sapo m viridis ‖ ~ **wafer** (Pharm) / Cachet n, Kapsel f aus Stärkemasse (eine Arzneiform) ‖ ~ **white oil** (Nut, Pharm) / pharmazeutisches Weißöl, dickflüssiges Paraffin, Paraffinöl n, Paraffinum n liquidum ‖ ~ **wine** (Pharm) / medizinischer Wein (vinum medicatum), Arzneiwein m

medicine

**medicine** n (if internally taken) (Pharm) / Medikament n, Mittel n || ~ **bottle** (Glass, Pharm) / Arzneiflasche f, Medizinflasche f, Vial n
**medina quartzite** (Min) / Medina-Quarzit m (mit etwa 97,8% $SiO_2$)
**medio twist** (Spinning) / Mediogarn n (mittelhart gedrehtes Baumwollgarn - feiner als Mulegarn), Mediotwist m || ~ **yarn** (Spinning) / Mediogarn n (mittelhart gedrehtes Baumwollgarn - feiner als Mulegarn), Mediotwist m
**Mediterranean flour moth** (Nut) / Mehlmotte f (Ephestia kuehniella - zu den Zünslern gehörender grauer Schmetterling, dessen 1,5 cm lange Raupen Mehl, Grieß und Kleie fressen und mit Gespinst durchsetzen) || ~ **suite** (Geol) / mediterrane Sippe (Kaligesteine)
**medium*** n (pl. media or mediums) / Medium n (Träger), Mittel n, Träger m (Medium) || ~* (pl. media or mediums) / Milieu n || ~ (pl. media or mediums) / Medium n (eines der Massenmedien) || ~* (pl. media or mediums) (Paint) / Farbenbindemittel n, Vehikel n || ~* (pl. media or mediums) (paint vehicle) (Paint) / Bindemittellösung f, Anstrichbindemittel n || ~ attr / durchschnittlich adj (Preis, Qualität, Größe) || ~ (Nut) / medium adj (Fleisch - halb durchgebraten) || ~ (Textiles) / mittelgroß adj (Kleidergröße), medium adj (mittelgroß), M (medium - Kleidergröße)
**medium-access control** (Comp, Telecomm) / MAC-Schicht f (Unterschicht der Schicht 2 des OSI-Referenzmodells, zuständig für die Medienzugangskontrolle), Media Access Control f, Mediumzugangssteuerung f, Medienzugangskontrolle f
**medium-activity waste** (Nuc Eng) / mittelradioaktiver Abfall, Mittelaktiv-Waste m, mittelaktiver Abfall, MAW (mittelaktiver Abfall)
**medium-bodied** adj / mittelflüssig adj
**medium-body** attr / mittelflüssig adj
**medium-bubble aeration** (San Eng) / mittelblasige Belüftung
**medium-carbon steel** (US) (an alloy of iron and carbon containing about 0,25 to 0,6% C, and up to about 0,7% Mn) (Met) / halbweicher Stahl
**medium-chain** attr (Chem) / mittelkettig adj
**medium close-up** (Cinema) / Halbnaheinstellung f || ~ **clouds** (Aero, Meteor) / mittelhohe Wolken (etwa 2400 bis 5300 m) || ~ **cotton** (Textiles) / mittelstapelige Baumwolle (mit einem Handelsstapel zwischen 22 und 29 mm)
**medium-CV gas** / mittelkaloriges Gas, Mittelgas n (mit mittlerem spezifischen Brennwert)
**medium-density fibreboard** (For, Join) / Spanplatte f mittlerer Dichte, MDF-Platte f (Spanplatte mittlerer Dichte) || ~ **hardboard** (Build, For, Join) / mittelharte Holzfaserplatte (DIN EN 316), halbharte Holzfaserplatte (mit mittlerer Rohdichte)
**medium-dependent interface** (Comp) / medienabhängige Schnittstelle, mediumabhängige Schnittstelle
**medium-Earth orbit*** (Space) / MEO f (Umlaufbahn eines Satelliten mit einer Höhe zwischen LEO und GEO)
**medium-faced** adj (Comp, Typog) / halbfett adj (Schriftschnitt)
**medium-fat dairy product** (Nut) / Milchhalbfetterzeugnis n
**medium fit** (Eng) / Laufsitz m, LS (Laufsitz) || ~ **fit** (Eng) / Feinsitz m || ~ **force fit** (Eng) / Festsitz m, FS (Festsitz) || ~ **frequency*** (Radio) / Mittelfrequenz f (Hektometerwellenbereich), MF (300 kHz - 3 MHz)
**medium-frequency hardening** (Met) / Mittelfrequenzhärten n, MF-Härten n || ~ **heating** (Met) / Mittelfrequenzerwärmung f (eine Art Induktionserwärmung)
**medium fuel oil** / (in etwa:) Heizöl M (mittelflüssig) || ~ **gravel** (Build, Civ Eng, Geol) / Mittelkies (6,3 bis 20 mm)
**medium-hard** adj / halbhart adj, mittelhart adj
**medium haul** (Aero) / Mittelstrecke f (um 5 000 km)
**medium-high-voltage system** (Elec Eng) / Mittelspannungsnetz n
**medium-independent** adj (Comp) / mediumunabhängig adj, medienneutral adj (Daten)
**medium-level radioactive waste** (Nuc Eng) / mittelradioaktiver Abfall, Mittelaktiv-Waste m, mittelaktiver Abfall, MAW (mittelaktiver Abfall)
**medium-lift launch vehicle** (Mil, Space) / Trägerrakete f mittlerer Tragkraft || ~ **safety valve** (Eng) / Mittelhub-Sicherheitsventil n
**medium load** (Build, Civ Eng) / Mittellast f || ~ **long shot** (Cinema) / Halbtotale f (Aufnahmeart mit einem geringeren Blickwinkel als bei der Totalen für einen Überblick über die aufzunehmende Szene) || ~ **pitch** / Mittelpech n (Erweichungspunkt um 70 °C)
**medium-power satellite** (TV) / Medium-Power-Satellit m
**medium-pressure liquid chromatography** (Chem) / Mitteldruckchromatografie f, MPLC (Mitteldruckchromatografie)
**medium price** / Durchschnittspreis m, Mediumpreis m
**medium-priority alarm** (Med) / Alarm m mittlerer Priorität (DIN EN 475), Achtungssignal n (DIN EN 475)
**medium quality** / mittlere Qualität, Durchschnittsqualität f || ~ **range** (Aero) / Mittelstrecke f (um 5 000 km) || ~ **range** (Aero, Radar) / mittlere Reichweite

**medium-range** attr (Meteor) / Mittelfrist-, mittelfristig adj (5-7 Tage - Wettervorhersage) || ~ **ballistic missile** (Mil) / Flugkörper m (ballistischer) mittlerer Reichweite, Mittelstreckenrakete f (bis etwa 6000 km) || ~ **radar** (Radar) / Mittelstreckenradar n (etwa 50 bis 100 km)
**medium-resolution graphics** (Comp) / Grafik f mittlerer Auflösung
**medium•-scale integration*** (Electronics) / Integrationsgrad m MSI, mittlerer Integrationsgrad, mittlere Integrationsdichte, Integration f mittleren Grades (mindestens 100 Grundfunktionen bzw. 500 Bauelemente pro Chip), MSI-Integrationsgrad m || ~ **screen*** (Photog, Print) / Rasterfeinheit f zwischen etwa 39 bis 47 Linien pro cm (vorzugsweise verwendete Papiersorte: holzhaltiges Illustrationsdruckpapier)
**medium-section mill** (Met) / Mittelstraße f (Formstahl- und Stabstahlstraße mit 400 bis 600 mm Walzendurchmesser)
**medium silt** (Geol) / Mittelschluff m (0,02 - 0,006 mm)
**medium-size** attr / Mittel-, mittelgroß adj, von mittlerer Größe
**medium-sized** adj / Mittel-, mittelgroß adj, von mittlerer Größe || ~ **sheet** (Met) / Mittelblech n (Stahlblech zwischen 3 mm und 4,75 mm)
**medium-size wind conversion system** / mittelgroße Windumwandlungsanlage
**medium-solids paint** (Paint) / Medium-Solids-Lack m, MS-Lack m (mit Festkörpergehalt von ca. 50 - 65%)
**medium-speed** attr / mittelschnelllaufend adj (Motor)
**medium strength** (Materials) / mittlere Festigkeit || ~ **temperature** (Instr) / Mediumtemperatur f (Temperatur des zu steuernden Mediums) || ~ **thermal black** (Chem Eng) / Medium-Thermalruß m || ~ **van** (Autos) / Lieferwagen m (Kastenfahrzeug, Kofferfahrzeug), Transporter m (z.B. Volkswagen)
**medium-volatile** adj (Chem) / mittelflüchtig adj || ~ **solvent** (Chem) / mittelflüchtiges Lösemittel (DIN 53170)
**medium voltage** (250•-650 V)* (Elec Eng) / Mittelspannung f || ~ **waves*** (Radio) / Mittelwellen f pl (200 - 1000 m)
**medium-weight threaded tube** (Met) / mittelschweres Gewinderohr (DIN 2440)
**medulla*** n (Bot, Textiles) / Markkanal m (z.B. der Baumwolle) || ~* (For) / Mark n (im Zentrum des Holzstammes), Markröhre f, Kernröhre f
**medullary ray*** (For) / Markstrahl m || ~ **spot** (For) / Markfleck m (ein Holzfehler, meistens durch Larvengänge verursacht), Braunfleck m (hell- bis dunkelbraun gefärbtes Wundnarbengewebe der Fraßgänge von Kambium-Minierfliegen)
**medullation** n (Textiles) / Markhaltigkeit f (von Fasern)
**MEE** (methyl ester ethoxylate) (Chem) / Methylesterethoxylat n, MEE n (Methylesterethoxylat)
**meerschaum*** n (Min) / Meerschaum m, Sepiolith m (ein wasserhaltiges Magnesiumsilikat)
**Meerwein-Ponndorf reduction** (Chem) / Meerwein-Ponndorf-Verley-Reduktion f (von Aldehyden oder Ketonen zu primären oder sekundären Alkoholen mit Aluminiumtri-2-propanolat in Toluol- oder Benzollösung)
**Meerwein reaction** (Chem) / Meerwein-Reaktion f (nach H.L. Meerwein, 1879-1965)
**meet** v / einhalten v (z.B. bestimmte Grenzwerte bzw. Fristen) || ~ entsprechen v (den Bedingungen), genügen v (den Bedingungen), erfüllen v (Bedingungen) || ~ (the requirements) / genügen v (den Ansprüchen) || ~ n (Maths) / Durchschnitt m (verbandstheoretischer)
**meeting** n / Einhaltung f (von Fristen) || ~ **beam** (Autos) / Abblendlicht n, Fahrlicht n || ~ **post** (Hyd Eng) / Schlagsäule f (des Schleusentores) || ~ **stile*** (Join) / Schließlängsholz n (Tür) || ~ **traffic** (Autos) / Gegenverkehr m
**meet-me conference** (Telecomm) / Meet-Me-Konferenz f
**mega-*** / Vorsatz von Einheiten mit selbständigem Namen ($10^6$) (Kurzzeichen M)
**megabase** n (Biochem) / Megabase f
**megabit*** n (Comp) / Megabit n ($10^6$ Bits), Mbit n || ~ **memory** (Comp) / Megabit-Speicher m
**megabyte** n (Comp) / Megabyte n ($10^6$ Bytes), Mbyte n
**megacryst** n (Geol) / Großkristall m (Einsprengling)
**megacycles per second*** (Comp, Telecomm) / Megahertz n (Maßeinheit für die Rechengeschwindigkeit des Prozessors - heute durchschnittlich etwa 1500), MHz (Megahertz)
**megadeath** n (Mil) / Megatote f (eine Million Tote - in Darstellungen der möglichen Opfer eines zukünftigen Krieges)
**megaelectronvolt*** n (Elec Eng) / Megaelektronvolt n (DIN 1301, T 1), MeV
**megaflop** n (Comp) / Megaflop m || ~ **power** (Comp) / Megaflopleistung f (von Supercomputern)
**megaflops** pl (Comp) / MFLOPS pl (Millionen Gleitkommaoperationen pro Sekunde)

**megagram** *n* / Tonne *f* (1000 kg - eine Einheit der Masse außerhalb des SI)
**megahertz*** *n* (Comp, Telecomm) / Megahertz *n* (Maßeinheit für die Rechengeschwindigkeit des Prozessors - heute durchschnittlich etwa 1500), MHz (Megahertz)
**megalopolis** *n* (Arch) / Megalopolis *f* (z.B. die Stadtregion zwischen Boston und Washington)
**megalopolitan corridor** / Großstädteballung *f* (z.B. zwischen Washington und Boston oder im Ruhrgebiet)
**megaparsec** *n* (Astron) / Megaparsec *n*, Mpc (Megaparsec)
**megaphone*** *n* (Acous) / Megafon *n*, Sprachrohr *n*
**megapixel** *n* (Comp, Photog) / Megapixel *n* (Maßeinheit für die Leistungsfähigkeit von Digitalkameras)
**megapolis** *n* (Arch) / Megalopolis *f* (z.B. die Stadtregion zwischen Boston und Washington)
**megarep** *n* (Radiol) / Megarep *n*, Mrep (nicht mehr zugelassene Dosiseinheit)
**megascopic*** *adj* (Geol, Min) / freisichtig *adj*, megaskopisch *adj*, makroskopisch *adj*
**megaton*** *n* (Nuc) / Megatonne *f*, MT (Megatonne) (= 1,000.000 tons TNT)
**megatonnage** *n* (Mil) / Megatonnenwert *m* (der Kernwaffen)
**megavoltage therapy** (Med, Radiol) / Megavolttherapie *f*, Hochvolttherapie *f*, Supervolttherapie *f*, Hochenergiestrahlentherapie *f*
**megawatt-day** *n* (Nuc Eng) / Megawatt-Tag *m* (Maßeinheit für die Energiemenge, die je Tonne Kernbrennstoff im Reaktor nutzbar freigesetzt wird), MWd/t
**megawatt-day per tonne*** (Nuc Eng) / Megawatt-Tag *m* (Maßeinheit für die Energiemenge, die je Tonne Kernbrennstoff im Reaktor nutzbar freigesetzt wird), MWd/t
**megawatt electric** (Nuc Eng) / Megawatt *n* (Leistung der Kernkraftwerke)
**megger** *n* (Elec Eng) / Megaohmmeter *n*, Megger *m*, Kurbelinduktor *m* (ein Isolationsmessgerät)
**megilp*** *n* (Paint) / Leinölfirnis *m* mit Terpentin (Zusatz zu Lasurfarben)
**megohm** *n* (Elec) / Megaohm *n*
**Megohmit** *n* (Elec Eng) / mikanitähnlicher Isolierstoff (ohne Bindemittel)
**megohmmeter*** *n* (Elec Eng) / Megaohmmeter *n*, Megger *m*, Kurbelinduktor *m* (ein Isolationsmessgerät)
**Megotalc** *n* (Elec Eng) / mikanitähnlicher Isolierstoff (mit Schellack)
**Mehler's integral** (Maths) / Mehler'sche Integralstellung (der Kegelfunktionen)
**Meinzer unit** (coefficient of permeability) (Agric, Hyd Eng) / Durchlässigkeitsbeiwert *m*, Durchlässigkeitsziffer *f* (z.B. im Darcy'schen Gesetz)
**meionite*** *n* (Min) / Mejonit *m* (Kalkskapolith)
**meiosis*** *n* (pl. -ses) (Cyt) / Meiosis *f* (pl. -sen), Meiose *f* (Kernteilung, bei der die Chromosomenzahl auf die Hälfte reduziert wird)
**Meisenheimer complex** (Chem) / Meisenheimer-Komplex *m* (nach J. Meisenheimer, 1876-1934)
**Meissen** (Ceramics) / Meißener Porzellan *n* (aus der Meißener Porzellanmanufaktur - mit der Schwertermarke) || ≈ **china** (Ceramics) / Meißener Porzellan *n* (aus der Meißener Porzellanmanufaktur - mit der Schwertermarke) || ≈ **ware** (Ceramics) / Meißener Porzellan *n* (aus der Meißener Porzellanmanufaktur - mit der Schwertermarke)
**Meissner circuit** (Radio) / induktive Rückkopplungsschaltung, Meißner-Schaltung *f* (nach A. Meißner, 1883-1958) || ≈ **effect*** (Phys) / Meißner-Ochsenfeld-Effekt *m* (nach F.W. Meißner, 1882-1974, und R. Ochsenfeld, 1901- )
**Meissner-Ochsenfeld effect** (Phys) / Meißner-Ochsenfeld-Effekt *m* (nach F.W. Meißner, 1882-1974, und R. Ochsenfeld, 1901- )
**Meissner oscillator** (Electronics) / Meißner-Oszillator *m* (heute veraltet)
**meitnerium** *n* (Chem) / Meitnerium *n* (Element 109 - nach Lise Meitner, 1878 - 1968), Mt (Meitnerium) || ~ (Chem) s. also unnilennium
**MEK** (methyl ethyl ketone) (Chem, Nut) / 2-Butanon *n* (ein Extraktionsmittel), Methylethylketon *n*, Ethylmethylketon *n*
**MEKC** (micellar electrokinetic chromatography) (Chem) / mizellare elektrokinetische Chromatografie, MEKC (mizellare elektrokinetische Chromatografie)
**Meker blast burner** (Chem) / Méker-Brenner *m* (ein verbesserter Bunsenbrenner, der mit einem durchlöcherten Nickelrost abschließt) || ≈ **burner*** (Chem) / Méker-Brenner *m* (ein verbesserter Bunsenbrenner, der mit einem durchlöcherten Nickelrost abschließt)
**mel*** *n* (Acous) / Mel *n*, mel (Hinweiswort bei der Angabe von Tonhöheempfindungen)

**melaleuca oil** (a medicinal oil) / Teebaumöl *n* (das etherische Öl des australischen Teebaums), Melaleukaöl *n*
**melamine** *n* (Chem) / Zyanursäuretriamid, Cyanursäuretriamid *n*, Melamin *n* (1,3,5-Triazin-2,4,6-triamin) || ~ **cyanurate** (Chem) / Melaminzyanurat *n* (ein Brandschutzmittel), Melamincyanurat *n*
**melamine-formaldehyde methanal resin*** (Plastics) / Melamin-Formaldehyd-Harz *n* (DIN 7728, T 1), MF, MF-Harz *n* (DIN 7735, T 2)
**melamine•-formaldehyde resin** (Plastics) / Melamin-Formaldehyd-Harz *n* (DIN 7728, T 1), MF, MF-Harz *n* (DIN 7735, T 2) || ~ **phenol formaldehyde resin** (Plastics) / Melamin-Phenol-Formaldehyd-Harz *n*, MPF || ~ **resin** (a synthetic resin made from melamine and aldehyde) (Chem, Plastics) / Melaminharz *n* || ~ **veneer** (Plastics) / melaminharzgetränkte Deckschicht (z.B. bei Resopalplatten, die als Arbeitsflächen dienen können)
**melange*** *n* (Geol) / Mélange *f* || ~* (Spinning) / Meliergarn *n*, Melangegarn *n*, meliertes Garn, Mischgarn, Melange *f* || ~* (Textiles) s. also blend || ~ **effect** (Textiles) / Melangeeffekt *m* (durch gleichmäßige Mischung von in mehreren Farbtönen eingefärbten Fasern) || ~ **printing** (Textiles) / Vigoureuxdruck *m*, Vigoureuxverfahren *n*
**melangeur** *n* / Melangeur *m* (z.B. bei Schokoladeherstellung)
**melange yarn** (Spinning) / Meliergarn *n*, Melangegarn *n*, meliertes Garn, Mischgarn *n*, Melange *f*
**melanin*** *n* (Biochem) / Melanin *n* (natürlicher dunkler Farbstoff bei Menschen und Tieren)
**melanin-concentrating hormone** (Biochem) / Melanin konzentrierendes Hormon, MCH (Melanin konzentrierendes Hormon)
**melanite*** *n* (Min) / Melanit *m* (schwarzer, undurchsichtiger Kalk-Eisen-Granat mit Titangehalt)
**melanocortin** *n* (Biochem) / Melanocortin *n*, Melanokortin *n*
**melanocratic*** *adj* (Geol) / melanokrat *adj* (Gesteine, bei denen dunkle Bestandteile vorherrschen)
**melanocyte-stimulating hormone** (Biochem) / Intermedin *n*, melanotropes Hormon, Melanotropin *n* (Antagonist des Melatonins), Melanophorenhormon *n*, melanozytenstimulierendes Hormon, MSH (melanozytenstimulierendes Hormon)
**melanophlogite** *n* (Min) / Melanophlogit *m*
**melanotropin** *n* (Biochem) / Intermedin *n*, melanotropes Hormon, Melanotropin *n* (Antagonist des Melatonins), Melanophorenhormon *n*, melanozytenstimulierendes Hormon, MSH (melanozytenstimulierendes Hormon)
**melanterite*** *n* (Min) / Eisenvitriol *n*, Melanterit *m*
**melaphyre** *n* (Geol) / Melaphyr *m* (ein basaltisches Gestein)
**melatonin** *n* (Biochem) / Melatonin *n* (Hormon der Epiphyse)
**melawis** *n* (For) / Melawis *n*, Ramin *n* (das Holz des Gonystylus bancanus (Miq.) Kurz), RAM
**melded fabric*** (Textiles) / Gewebe *n* aus Schmelzklebefasern
**Meldrum's acid** (Chem) / Malonsäureisopropylidenester *m*, Meldrumsäure *f* (2,2-Dimethyl-1,3-dioxan-4,6-dion)
**melf** (metal electrode face bonding) (Electronics) / Metallelektroden-Oberseitenanschluss *m* (bei integrierten Schaltungen)
**melf-resistor** *n* (Electronics) / MELF-Widerstand *n* (ein zylindrischer Keramikkörper mit Widerstandsschicht und lötbaren Metallkappen)
**melibiose*** *n* (Chem) / Melibiose *f* (ein Spaltprodukt der Raffinose)
**melilite*** *n* (Min) / Melilith *m* (honiggelbes bis braunes Silikat, zur Skapolithgruppe gehörend)
**melilotic acid** (Chem) / Melilotinsäure *f* (Hydrocumarsäure)
**Melinex** *n* (GB)* / Melinex *n* (ein Polyesterfaserstoff auf der Basis des Polyethylenglykolterephthalats - ICI Fibres Ltd.)
**meliorate** *v* (Agric) / meliorieren *v*
**melissa oil** (Pharm) / Melissenöl *n* (etherisches Öl aus den Blättern der Zitronenmelisse = Melissa officinalis L.)
**melissic acid** (Chem) / Melissinsäure *f* (eine gesättigte, unverzweigte Fettsäure), Triacontansäure *f*
**melissyl alcohol** (Chem) / Melissylalkohol *m*, Myrizylalkohol *m* (farbloser Wachsalkohol), Myricylalkohol *m*, 1-Hentriacontanol *n*, 1- Triacontanol *n*
**melitose** *n* (Chem) / Melitose *f*, Raffinose *f* (ein Trisaccharid), Melitriose *f*
**melitriose*** *n* (Chem) / Melitose *f*, Raffinose *f* (ein Trisaccharid), Melitriose *f*
**melittin** *n* (Chem) / Melittin *n* (ein Polypeptidamid im Bienengift)
**Mellin's transformation** (Maths) / Mellin-Transformation *f* (in der Funktionentheorie)
**Mellin transformation** (Maths) / Mellin-Transformation *f* (in der Funktionentheorie)

**mellite**

**mellite** *n* (Min) / Mellit *m*, Honigstein *m* (das Al-Salz der Benzolhexacarbonsäure)
**mellithic acid** (Chem) / Mellithsäure *f*, Mellitsäure *f*, Honigsteinsäure *f*, Benzolhexacarbonsäure *f*, Benzolhexakarbonsäure *f*
**mellitic acid**\* (Chem) / Mellithsäure *f*, Mellitsäure *f*, Honigsteinsäure *f*, Benzolhexacarbonsäure *f*, Benzolhexakarbonsäure *f*
**mellorite** *n* (Min) / Fireclay-Mineral *n* (Hauptkomponente eines feuerfesten Tones aus Yorkshire und Irland, die dem Kaolinit entsprechende Lagen, diese aber in ungeordneter Folge enthält)
**mellow** *v* (Leather) / abschwächen *v* (Äscher, Gerbbrühe) ‖ ~ *adj* / weich *adj*, sanft *adj* (Farbton, Licht) ‖ ~ (Brew) / mürbe *adj* (Malz) ‖ ~ (Nut) / weich *adj* (Geschmack) ‖ ~ (Nut) / reif und saftig (Frucht) ‖ ~ (Nut) / mürbe *adj*, bröcklig *adj* (Gebäck) ‖ ~ **handle** (Leather) / milder Griff ‖ ~ **lime liquor** (Leather) / Stinkäscher *m* ‖ ~ **vat** (Textiles) / reife Küpe
**melody chip** (Acous, Electronics) / Musikchip *m*
**melon dome** (Arch) / Faltkuppel *f*
**melonite** *n* (Min) / Melonit *m* (NiTe₂)
**mel-scaled cepstral coefficient** (AI, Comp) / mel-skalierter Cepstralkoeffizient (bei der Merkmalextraktion für die Spracherkennung)
**melt** *v* / zergehen *v* (im Wasser, im Mund) ‖ ~ (Met) / schmelzen *v*, einschmelzen *v* (auch Asche, Filterstaub und Schlacken) ‖ ~ (Nut) / umlösen *v* (bei Zuckergewinnung) ‖ ~ (Nut) / zerlassen *v* (Fett) ‖ ~ *vi* / schmelzen *vi*, zum Schmelzen kommen ‖ ~ *vt* / niederschmelzen *v*, schmelzen *v* (DIN 8580), abschmelzen *v*, einschmelzen *v*, zum Schmelzen bringen ‖ ~ *n* / Schmelzgut *n* (geschmolzene Masse), Schmelze *f* (flüssiger Aggregatzustand) ‖ ~ (Geol) / Schmelzfluss *m* (Magma) ‖ ~ (Glass) / Einsatz *m* ‖ ~ (Plastics) / Masse *f* ‖ ~ (Plastics) / Schmelze *f* (z.B. bei dem Engelit-Verfahren)
**meltability** *n* (Phys) / Schmelzbarkeit *f*
**meltable** *adj* (Phys) / schmelzbar *adj* ‖ ~ **precipitate** (Chem) / Diamminquecksilber(II)-chlorid *n*, schmelzbares weißes Präzipitat ‖ ~ **rib** (Plastics) / Abschmelzsteg *m*
**meltback technique** (Electronics) / Meltback-Verfahren *n*, Rückschmelzverfahren *n* ‖ ~ **technology** (Electronics) / Meltback-Verfahren *n*, Rückschmelzverfahren *n* ‖ ~ **transistor**\* (Electronics) / Meltback-Transistor *m*, Schmelzperlentransistor *m*, Nachschmelztransistor *m*, Rückschmelztransistor *m*
**melt condensation** (Chem) / Schmelzkondensation *f* (Polykondensation, die als Substanzpolymerisation durchgeführt wird) ‖ ~ **crystallization** (Crystal) / Schmelzkristallisation *f* (aus der Schmelze) ‖ ~ **down** *vi* / schmelzen *vi* (Eis, Schnee), abschmelzen *vi* ‖ ~ **down** (Nuc Eng) / durchbrennen *v* (Kernreaktor) ‖ ~ **down** *vt* / niederschmelzen *v*, schmelzen *v* (DIN 8580), abschmelzen *v*, einschmelzen *v*, zum Schmelzen bringen
**meltdown**\* *n* (Nuc Eng) / Niederschmelzen *n* (des Kerns), Durchbrennen *n* (eines Kernreaktors nach unten), Meltdown *n*
**melted** *adj* / Schmelz-, aufgeschmolzen *adj*, geschmolzen *adj*, schmelzflüssig *adj* ‖ ~ **mass** / Schmelzgut *n* (geschmolzene Masse), Schmelze *f* (flüssiger Aggregatzustand)
**melter** *n* / Schmelzofen *m* (im Allgemeinen) ‖ ~ (Foundry) / Schmelzer *m* ‖ ~ (Glass) / Schmelzzone *f*, Schmelzteil *m* (des Glaswannenofens), Schmelzwanne *f* (als Teil des Wannenofens)
**melt extrusion** (Plastics, Textiles) / Schmelzspinnverfahren *n*, Schmelzspinnen *n* (das Erspinnen synthetischer Chemiefasern aus dem geschmolzenen Granulat), Spinnen *n* aus der Schmelze
**melt-film coating** (Surf) / Schmelzüberzug *m* (DIN 50 902)
**melt flow number** (Plastics) / Melt-Flow-Index *m*, MFI-Index *m* ‖ ~ **fracture** (Plastics) / Strukturbruch *m*, Schmelzbruch *m* (einer erstarrenden Polymerschmelze), Schmelzbruch *m* (bei kritischer Schergeschwindigkeit auftretende Oberflächenrauigkeit) ‖ ~ **index** (extrusion rate of a thermoplastic material through an orifice of specified diameter and length under specified condition of time, temperature, and pressure) (Plastics) / Melt-Flow-Index *m*, MFI-Index *m*
**melting** *n* (Heat) / Schmelzen *n* (Urformen nach DIN 8580), Schmelze *f*, Schmelzung *f* ‖ ~ (Met) / Schmelzen *n*, Schmelzung *f* ‖ ~ **accelerator** (Glass) / Schmelzbeschleuniger *m* (Glasfritten, Schreben, Wasser usw.) ‖ ~ **bath** (Met) / Schmelzbad *n* ‖ ~ **capacity** / Schmelzleistung *f* (z.B. eines Schmelzofens) ‖ ~ **channel** (Met) / Schmelzrinne *f* (eines Rinnenofens) ‖ ~ **cone** (Ceramics, Heat) / Pyrometerkegel *m* (ein aus Oxiden oder Silikatgemengen geformter Kegel, der zur Kontrolle des Brennzustandes in keramischen Öfen dient), PK (Pyrometerkegel), Brennkegel *m*, Schmelzkegel *m* ‖ ~ **core catcher** (Nuc Eng) / Corecatcher *m*, Auffangeinrichtung *f* für einen abschmelzenden Reaktorkern ‖ ~ **crucible** (Chem Eng, Met) / Tiegel *m*, Schmelztiegel *m* ‖ ~ **curve** (Met, Phys) / Schmelzpunktkurve *f*, Schmelzkurve *f* ‖ ~ **diagram** (Met, Phys) / Schmelzdiagramm *n* ‖ ~ **end** (Glass) / Schmelzzone *f*, Schmelzteil *m* (des Glaswannenofens), Schmelzwanne *f* (als Teil des Wannenofens) ‖ ~ **equilibrium** (Met, Phys) / Schmelzgleichgewicht *n* ‖ ~ **flow index** (Plastics) / Schmelzindex *m* (Kenngröße für die Fließfähigkeit thermoplastischer Formmassen) ‖ ~ **furnace** / Schmelzofen *m* (im Allgemeinen) ‖ ~ **house** (Met) / Schmelzerei *f*, Schmelzhütte *f*, Schmelze *f* (ein Industriebetrieb), Hütte *f* (Blei-, Kupfer-, Zink-) ‖ ~ **loss** (Met) / Ausbrand *m*, Abbrand *m* (Metallverlust durch Oxidation oder Verflüchtigung - bei Schmelzprozessen, Burn-up *n* ‖ ~ **period** / Schmelzdauer *f*, Schmelzzeit *f* ‖ ~ **plant** (Met) / Schmelzerei *f*, Schmelzhütte *f*, Schmelze *f* (ein Industriebetrieb), Hütte *f* (Blei-, Kupfer-, Zink-)
**melting-plate extruder** (Plastics) / Schmelztellerextruder *m*
**melting point**\* (Phys) / Schmelzpunkt *m*, Fließpunkt *m*, Schmelztemperatur *f*, Fusionspunkt *m*, Fp (Fusionspunkt), Schmp. (Schmelzpunkt)
**melting-point depression** (Phys) / Schmelzpunkterniedrigung *f* ‖ ~ **diagram** (Met, Phys) / Schmelzdiagramm *n* ‖ ~ **test**\* (Build, Civ Eng) / Schmelzpunktprüfung *f*
**melting pot** (Plumb) / Schmelztiegel *m* ‖ ~ **pot** (Typog) / Gießtopf *m* (der alten Monotype-Gießmaschine) ‖ ~ **range** (Met, Phys) / Schmelzbereich *m*, Schmelzintervall *n* ‖ ~ **rate** (Welding) / Abschmelzleistung *f* (in kg/h) ‖ ~ **room** / Schmelzraum *m* ‖ ~ **shop** (Met) / Schmelzhalle *f*, Schmelzbetrieb *m* (Halle), Schmelzabteilung *f* ‖ ~ **superheat** (Foundry) / Schmelzüberhitzung *f* (um bessere mechanische Eigenschaften im Gussstück zu erreichen) ‖ ~ **time** / Schmelzdauer *f*, Schmelzzeit *f* ‖ ~ **time** (of a fuse) (Elec Eng) / Ansprechdauer *f* (einer Schmelzsicherung) ‖ ~ **time** (Met) / Schmelzzeit *f*, Abschmelzzeit *f* ‖ ~ **unit** (Met) / Schmelzaggregat *n* ‖ ~ **until seed-free** (Glass) / Feinschmelze *f*, Blankschmelze *f*, Blankschmelzen *n*, Läuterung *f* (nach der Rauschmelze - thermische oder Dünnschichtläuterung)
**melting-up of the batch** (Glass) / Rauschmelze *f*
**melting zone** (Met) / Schmelzzone *f* (des Hochofens)
**melt(ing) metallurgy** (Met) / Pyrometallurgie *f* (Gewinnung und Raffination von Metallen bei höheren Temperaturen), Thermometallurgie *f*, Trockenmetallurgie *f*, Schmelzflussmetallurgie *f*
**melton**\* *n* (Textiles) / Melton *m* (weicher Kammgarnstoff in Köperbindung mit leicht verfilzter Oberfläche) ‖ ~ \* (Textiles) s. also **kersey** ‖ ~ **finish** (Textiles) / Meltonausrüstung *f*
**melt pressure** (Plastics) / Massedruck *m* (DIN 24450)
**melt-quench transistor** (Electronics) / Rückschmelz-Aschreck-Transistor *m* (mit durch Zurückschmelzen und Abschrecken gewonnenen Übergangszonen)
**melt shop** (Met) / Schmelzhalle *f*, Schmelzbetrieb *m* (Halle), Schmelzabteilung *f*
**melt-spinning**\* *n* (Plastics, Textiles) / Schmelzspinnverfahren *n*, Schmelzspinnen *n* (das Erspinnen synthetischer Chemiefasern aus dem geschmolzenen Granulat), Spinnen *n* aus der Schmelze ‖ ~ (Powder Met) / Schmelzverdüsen *n*
**melt-through** *n* / Durchschmelzen *n* (z.B. der Verkleidung)
**melt-volume index** (Plastics) / Volumenfließindex *m* (DIN 53 735), MVI (Volumenfließindex)
**meltwater** *n* / Schmelzwasser *n*
**meltwaters** *pl* / Schmelzwasser *n*
**member**\* *n* (Automation, Build, Civ Eng, Maths) / Glied *n* ‖ ~ \* (Build, Civ Eng, Mech) / Stab *m* (des Fachwerks), Stabelement *n* ‖ ~ \* (Build, Eng) / Konstruktionsteil *n* ‖ ~ (Eng) / Glied *n* (ein Organ der Getriebe) ‖ ~ (Maths) / Element *n* (einer Menge) ‖ ~ (Maths) / Term *m*, Seite *f* (in der Gleichung)
**membership function** (Maths) / Zugehörigkeitsfunktion *f* (in der Fuzzy-Logik)
**membrane** *n* (Eng) / Diaphragma *n* (pl. -gmen), Membrane *f*, Membran *f*
**membrane-active compound** (San Eng) / membranaktiver Werkstoff (ein Mikrobizid)
**membrane analogy** (Materials, Mech) / Seifenhautanalogie *f*, Analogie *f* von Prandtl, Membrangleichnis *n*, Seifenhautgleichnis *n* ‖ ~ **bioreactor** / Biomembranreaktor *m* (Kombination von Bioreaktor und Ultrafiltrations- bzw. Dialyseeinheit), Membranbioreaktor *m* ‖ ~ **capacitor** (Elec Eng) / Membrankondensator *m* ‖ ~ **carrier protein** (Biochem) / Membrantransportprotein *n* ‖ ~ **cell** (Chem Eng) / Membranzelle *f* (für das Membranverfahren - eine Variante des Diaphragmaverfahrens - der Chloralkalielektrolyse) ‖ ~ **electrode** (Chem) / Membranelektrode *f* (heterogene, homogene, ionenselektive)
**membrane-electrode assembly** (Chem, Elec Eng) / Membran-Elektroden-Einheit
**membrane enzyme** (Biochem) / Membranenzym *n* ‖ ~ **equilibrium** (Chem) / Membrangleichgewicht *n* (das isotherme Gleichgewicht zwischen zwei Lösungen, die durch eine semipermiable Membran voneinander getrennt sind) ‖ ~ **filter**\* (Chem, Chem Eng) / Membranfilter *n*, Ultrafilter *n* (für die diskontinuierliche Ultrafiltration), Filtermembrane *f* ‖ ~ **filter reactor** /

Biomembranreaktor *m* (Kombination von Bioreaktor und Ultrafiltrations- bzw. Dialyseeinheit), Membranbioreaktor *m* || ~ **filtration** (Chem Eng) / Membranfiltration *f* || ~ **fouling** (Chem Eng) / Fouling *n* von Membranen (bei Membrantrennprozessen) || ~ **keyboard** (Comp) / Folientastatur *f* (bei der zwei Folien übereinander angebracht sind), Folientastenfeld *n*, Membrantastatur *f* || ~ **keyboard** (Comp) s. also touch screen || ~ **permeation** (Chem Eng) / Membranpermeation *f* (bei der Pervaporation) || ~ **potential** (Biol) / Membranpotential *n* (Potentialdifferenz zwischen Membranseiten) || ~ **protein** (Biochem) / Membranprotein *n* || ~ **reactor** / Biomembranreaktor *m* (Kombination von Bioreaktor und Ultrafiltrations- bzw. Dialyseeinheit), Membranbioreaktor *m* || ~ **shell** (Build, Civ Eng) / Membranschale *f* || ~ **stress** (Mech) / Membranspannung *f* (z.B. bei dünnwandigen Bauelementen) || ~ **suppressor** (Chem) / Membransuppressor *m* || ~ **switch** (Elec Eng) / Membranschalter *m* || ~ **valve** (Eng) / Membranventil *n* (Absperrarmatur mit einer Membran als Absperrkörper), Ventil *n* mit Mebranabschluss || ~ **wall** (Eng) / Membranwand *f* (des Dampferzeugers, die aus glatten Rohren mit zwischengelegten Flacheisen zusammengeschweißt ist)

**MEMC** (methoxyethylmercury chloride) (Agric, Chem) / Methoxyethylquecksilberchlorid *n* (in Deutschland nicht zugelassen)

**memistor** *n* (Elec Eng) / Memistor *m* (Zelle mit Metallsalzelektrolyt, durch den ein Widerstandsdraht läuft)

**memo field** (Comp) / Memo-Field *n* (spezielles Datenbankfeld bei Datenbanken mit fester Feldlänge, das unstrukturierte Daten aufnehmen kann)

**memomotion photography** (Work Study) / Zeitrafferfotografie *f* für die Arbeitsablauf- und Arbeitszeitstudien || ~ **study** (Work Study) / Filmaufnahmeverfahren *n* (des Arbeits- und Zeitstudiums mit der Zeitrafferfotografie), Zeitrafferaufnahme *f* (für die Arbeitsablauf- und Arbeitszeitstudien)

**memory** *n* / Memory *f n* (der automatische Stopp eines vorher eingestellten Zählwerks zwecks Wiederholung einer bestimmten Stelle des Bandes - Kassettentechnik) || ~* (Comp) / Speicher *m*, Memory *n* || ~ **access** (Comp) / Speicherzugriff *m* || ~ **access control** (Comp) / Speicherzugriffssteuerung *f* || ~ **access request** (Comp) / Anforderung *f* auf Arbeitsspeicherzugriff

**memory-action relay** (Elec Eng) / Relais *n* mit Gedächtnisfunktion

**memory address** (Comp) / Speicheradresse *f*, Adresse *f* eines Speicherplatzes || ~ **addressing** (Comp) / Speicheradressierung *f* || ~ **address register*** (Comp) / Speicheradressregister *n* || ~ **allocation** (Comp) / Speicherplatzzuteilung *f*, Speicherplatzzuweisung *f* || ~ **alloy** (Met) / Memorylegierung *f* (die dem Hooke'schen Gesetz nicht gehorcht), Memory-Metall *n* (52-57% Ni, einige % Co, Rest Ti), Metallwerkstoff *m* mit Gedächtnis, Formgedächtnislegierung *f* (die nach geeigneter Behandlung auf Grund von Gefügeumwandlungen ihre Gestalt in Abhängigkeit von der Temperatur ändert), FGL *f* (Formgedächtnislegierung), Legierung *f* mit Formgedächtnis || ~ **area** (Comp) / Stammbereich *m* (im Gegensatz zu "Arbeitsbereich") || ~ **assignment** (Comp) / Speicherplatzzuteilung *f*, Speicherplatzzuweisung *f* || ~ **bank** (Comp) / SB (Speicherbank), Speicherbank *f* || ~ **bank address** (Comp) / Speicherbankadresse *f*, SB-Adresse *f*, SBAD (Speicherbankadresse) || ~ **bank standard interface trunk code** (Comp) / Speicherbank-Normanschlusskennung *f*, SBNK (Speicherbank-Normanschlusskennung) || ~ **buffer register*** (Comp) / Speicherpufferregister *n* || ~ **bus** (Comp) / Memory-Bus *m*, Speicherbus *m* || ~ **capacity*** (Comp) / Speicherkapazität *f* (Arbeitsspeicher), Speichermaßzahl *f* || ~ **card** (an add-in card containing memory chips either directly mounted on the card or arranged in SIMMS that plug into sockets on the card) (Comp) / Speicherkarte *f* (Karte mit Speicher, z.B. Telefonkarte oder Karte für die Digitalkameras /z.B. Compact/Flash/) || ~ **cell** (Comp) / Speicherzelle *f*, Zelle *f* (Speicherzelle) || ~ **cell** (Cyt) / Gedächtniszelle *f* || ~ **chip** (Comp) / Speicherchip *m* (heute mit 256 Megabit) || ~ **chip card** (Comp) / Speicherchipkarte *f* || ~ **contents** (Comp) / Speicherinhalt *m* || ~ **creasing** (Textiles) / Dauerfalte *f*, dauerhafte Falte, bleibende Falte || ~ **cycle** (the complete sequence of operations required to insert or extract a unit of data from memory) (Comp) / Speicherzyklus *m* || ~ **cycle request** (signal) (Comp) / Speicherzyklusanforderung *f*, SZA (Speicherzyklusanforderung) || ~ **data enable** (Comp) / Speicherdatenfreigabe *f* || ~ **device** (Comp) / Speicherbaustein *m* || ~ **effect** (Electronics) / Speichereffekt *m* (in der Halbleiterelektronik) || ~ **effect** (Eng, Mech, Phys) / Elastizitätsverzögerung *f* (bei der Be- und Entlastung) || ~ **effect** (Materials, Met) / Form-Gedächtnis-Effekt *m* || ~ **effect** (Nuc, Plastics) / Memory-Effekt *m*, Gedächtniseffekt *m*, Formgedächtniseffekt *m* (Verbleiben von Restaktivität) || ~ **effect** (Spectr) / Memory-Effekt *m* (wenn nach einer Messung im Ionenquellen-Raum eines Massenspektrometers noch Substanzreste verbleiben, die dann bei der nächsten Messung wieder in Erscheinung treten) || ~ **expansion** (Comp) / Speichererweiterung *f* || ~ **function** / Memory-Funktion *f* (Messwertspeicherung) || ~ **guard** (Comp) / Speicherschutz *m*, Speicherbereichsschutz *m* || ~ **hierarchy** (Comp) / Speicherhierarchie *f*

**memory-intensive** *adj* (Comp) / speicherintensiv *adj*, mit großem Speicherplatzbedarf

**memory location*** (Comp) / Speicherplatz *m*, Arbeitsspeicherplatz *m*, Speicherzelle *f* (bei einem wortorganisierten Speicher eine Gruppe von Speicherelementen, die ein Maschinenwort aufnimmt - nach DIN 44300) || ~ **management** (Comp) / Memory Management *n*, Speicherverwaltung *f* || ~ **map*** (Comp) / Speicherbelegung *f* (bildliche Darstellung, was die in der Form von Speicheradressen hervorgeht, welche Speicherbereiche bereits belegt sind und welche Speicherbereiche dem Anwender für Programme und/oder Daten noch zur Verfügung stehen), Speicherplan *m*, Speicherübersicht *f* || ~ **map** (Comp) / Adressumwandlungstabelle *f* || ~ **mapping** (Comp) / Speicherabbild *n*, Memory-Mapping *f* (Zuordnung bestimmter Bereiche des Hauptspeichers) || ~ **matrix** (Comp) / Speichermatrix *f* || ~ **metal** (Met) / Memorylegierung *f* (die dem Hooke'schen Gesetz nicht gehorcht), Memory-Metall *n* (52-57% Ni, einige % Co, Rest Ti), Metallwerkstoff *m* mit Gedächtnis, Formgedächtnislegierung *f* (die nach geeigneter Behandlung auf Grund von Gefügeumwandlungen ihre Gestalt in Abhängigkeit von der Temperatur ändert), FGL *f* (Formgedächtnislegierung), Legierung *f* mit Formgedächtnis || ~ **module** (Comp) / Speichermodul *n* (eine Ansammlung von Speicherzellen, die man über einen gemeinsamen Port erreichen kann) || ~ **module** (Comp) / Speicherbaustein *m* || ~ **object** (Comp) / Speicherobjekt *n* (byteweise ansprechbare Sammlung von Daten) || ~ **occupancy** (Comp) / Speicherbelegung *f* || ~ **operation** (Comp) / Speicheroperation *f* || ~ **organization** (Comp) / Speicherorganisation *f* || ~ **performance** (Comp) / Speicherleistung *f* || ~ **pointer** (Comp) / Basisregister *n* || ~ **polymer** (Chem) / Memorypolymer *n* (mit quasi eingebautem "Gedächtnis") || ~ **port** (Comp) / Speicherport *m*, Speicheranschluss *m* || ~ **position** (Comp) / Speicherstelle *f* (Teil eines Speichers zur Aufnahme eines Zeichens nach DIN 44300)

**memory-programmable robot** / speicherprogrammierbarer Roboter

**memory protect** (Comp) / Speicherschutz *m*, Speicherbereichsschutz *m* || ~ **protect error** (Comp) / Speicherschutzfehler *m* || ~ **protection** (Comp) / Speicherschutz *m*, Speicherbereichsschutz *m* || ~ **protect violation bit** (Comp) / Speicherschutzfehlerbit *n* || ~ **protect violation program** (Comp) / Speicherbereichsschutz-Fehlerprogramm *n* || ~ **refresh** (Comp) / Speicherauffrischung *f* || ~ **register*** (Comp) / Speicherregister *n*

**memory-resident program*** (Comp) / Terminate-and-stay-resident-Programm *n*, TSR-Programm *n*, speicherresidentes Programm (das in den Arbeitsspeicher geladen und per Tastenkombination aktiviert oder deaktiviert wird)

**memory scan** (Radio, TV) / Speicherabfrage *f* || ~ **stop** (Acous, Electronics) / Memory-Stop-Taste *f* (mit der man eine vorgegebene Bandstelle rasch finden kann) || ~ **technology** (Comp) / Speichertechnologie *f*, Speichertechnik *f* (bei Arbeitsspeichern) || ~ **tube** (Electronics) / Speicherröhre *f*, Memory-tube *f* || ~ **typewriter** / Speicherschreibmaschine *f* || ~ **word** (Comp) / Speicherwort *n*

**menaquinone** *n* (Biochem) / Menachinon *n*, 2-Methyl-1,4-naphthochinon *n* (Sammelbezeichnung für Verbindungen mit Vitamin-K-Aktivität)

**menazon** *n* (Chem) / Menazon *n* (ein Insektizid, dessen Wirkstoff von der Biologischen Bundesanstalt für Land- und Forstwirtschaft nicht anerkannt wird)

**mend** *v* / nachbessern *v* || ~ (Leather) / zubessern *v* (Bad) || ~ (Leather) / anschärfen *v* (Ascher beim Äscherverfahren, z.B. mit Natriumsulfid) || ~ (Textiles) / stopfen *v* (vor allem Strümpfe) || ~ (Textiles) / ausbessern *v*, flicken *v*, repassieren *v*

**Mendele(y)ev's table*** (Chem) / Periodensystem *n* der Elemente nach D.I. Mendelejew (1834-1907), Mendelejew-Tabelle (streng der Klassifizierung nach dem Atomgewicht folgend)

**mendelevium*** *n* (Chem) / Mendelevium *n*, Md (Mendelevium)

**Mendel's laws*** (Biol, Gen) / Mendel'sche Gesetze (für die Vererbung einfacher Merkmale), Mendel'sche Regeln (nach dem Augustiner-Abt G.J. Mendel /1822-1884/ benannt)

**mending** *n* / Nachbesserung *f* || ~* (Textiles) / Ausbessern *n*, Flicken *n*, Repassieren *n* || ~ **cotton** (Textiles) / Stopfgarn *n* || ~ **thread** (Textiles) / Stopfgarn *n*

**mendozite** *n* (Min) / Mendozit *m*

**Menelaus' theorem** (Maths) / Satz *m* von Menelaos (von Alexandria - schneidet eine Dreieckstransversale die Geraden durch die Ecken eines Dreiecks in drei von den Ecken verschiedenen Punkten, so hat das Produkt der Teilverhältnisse, die jeder dieser Punkte mit den auf seiner Geraden liegenden Eckpunkten bildet, den Wert -1), Meneleaos'scher Satz

**Menger's**

**Menger's theorem** (Maths) / Satz *m* von Menger (ein Packungs- und Repräsentationsproblem)
**menhaden oil** (Chem, Paint) / Menhadenöl *n* (ein Fischkörperöl von der Brevoortia tyrannus Latrobe), Menhadentran *m*
**men hoist** (Mining) / Ausfahren *n* (der Belegschaft)
**men-hoisting** *n* (Mining) / Seilfahrt *f* (Fördern von Personen im Schacht mittels Förderkorb)
**menilite*** *n* (Min) / Leberopal *m*, Menilit *m* (graue oder schwarze Knollen und Lagen aus Opal)
**meniscus** *n* (pl. -sci) (Foundry) / Meniskus *m* (pl. -ken) (z.B. zwischen Gießgut und Form) ‖ ~ (pl. -sci) (Glass) / Zwiebel *f* (der sich verjüngende Teil eines durch Ziehen oder durch Auslaufen aus einer Düse entstehenden Stranges), Blattwurzel *f*, Fuß *m* des Blattes ‖ ~ (pl. -sci) (Optics) / Meniskus *m* (pl. -ken), Meniskuslinse *f* (mit einer konvexen und einer konkaven Fläche) ‖ ~* (pl. -sci) (Phys) / Meniskus *m* (pl. -ken) (die gekrümmte Oberfläche einer Flüssigkeit in einem vertikalen Rohr)
**meniscus lens*** (Optics) / Meniskus *m* (pl. -ken), Meniskuslinse *f* (mit einer konvexen und einer konkaven Fläche)
**meniscus-Schmidt telescope** (Optics) / Meniskusspiegelteleskop *n* (nach D.D. Maksutow, 1896 - 1964), Meniskusteleskop *n*, Maksutow-Teleskop *n*
**meniscus telescope*** (Optics) / Meniskusspiegelteleskop *n* (nach D.D. Maksutow, 1896 - 1964), Meniskusteleskop *n*, Maksutow-Teleskop *n* ‖ ~ **test** (Electronics) / Meniskustest *m*, Meniskografie *f* (Messung der Lötbarkeit)
**men-riding** *n* (Mining) / Seilfahrt *f* (Fördern von Personen im Schacht mittels Förderkorb), Mannschaftsfahrung *f* ‖ ~ (on the floor) (Mining) / Fahrung *f* (Fortbewegung von Menschen unter Tage zu Fuß, mit Personenzügen, mit Einschienenhängebahnen usw.)
**mensa** *n* (pl. -s or -e) (Arch) / Mensa *f* (pl. -s oder -sen) (Platte eines Altars), Mensa *f* Domini (Altarplatte)
**men's outfitter** (Textiles) / Herrenausstatter *m*
**mensuration** *n* / Messung *f* (DIN 1319, T 1), Messen *n* (DIN 1319, T 1), Vermessung *f* ‖ ~ (the part of geometry concerned with ascertaining length, areas, and volumes) (Maths) / Berechnung *f* ‖ ~ **formula** (Maths) / Berechnungsformel *f* (z.B. bei geometrischen Figuren oder Körpern)
**menswear** *n* (clothes for men) (Textiles) / Herrenbekleidung *f*
**mental arithmetic** (Maths) / Kopfrechnen *n* ‖ ~ **representation** (AI) / mentale Darstellung
**menthene** *n* (Chem) / Menthen *n*
**menthol*** *n* (Chem) / Menthol *n* (aus dem etherischen Öl der Pfefferminze)
**mentholated** *adj* (Nut, Pharm) / mentholhaltig *adj*
**menthone** *n* (Chem) / Menthon *n* (3-p-Menthanon)
**menu*** *n* (Comp) / Menü *n* (eine Liste von Kommandos oder Darstellungselementen, die auf dem Bildschirm erscheinen und es dem Benutzer erlaubt, seine nächste Aktion zu markieren) ‖ ~ **bar*** (in either a text- or graphics-based user interface, a row, usually horizontal, of words, or abbreviations that when activated by a pointing device or a sequence of key depressions cause some appropriate action ) (Comp) / Menüleiste *f* (ein Schriftbalken, der dem Benutzer eine Auswahlmöglichkeit von Funktionen anzeigt), Menübalken *m* ‖ ~ **command** (Comp) / Menübefehl *m* ‖ ~ **control** (Comp) / Menüsteuerung *f* ‖ ~ **design** (Comp) / Menüdesign *n*, Menügestaltung *f*
**menu-driven** *adj* (system, approach) (Comp) / menügesteuert *adj*, menügeführt *adj* ‖ ~ **dialogue** (Comp) / Menüdialog *m*
**menu interface** (Comp) / Menüoberfläche *f* ‖ ~ **item** (Comp) / Menüpunkt *m* (Handlungsoption), Menüelement *n* ‖ ~ **item** (Comp) / Menüpunkt *m*, Menüeintrag *m*, Menüoption *f* ‖ ~ **language** (Comp) / Menüsprache *f* ‖ ~ **logic** (Comp) / Menütechnik *f* ‖ ~ **manager** (Comp) / Menümanager *m* ‖ ~ **memory** (Comp) / Menüspeicher *m* ‖ ~ **option** (Comp) / Menüpunkt *m* (Handlungsoption), Menüelement *n* ‖ ~ **option** (Comp) / Menüpunkt *m*, Menüeintrag *m*, Menüoption *f* ‖ ~ **processor** (Comp) / Menüprozessor *m*
**menu-prompt text entry** (Comp) / Texterfassung *f* mit Bedienerführung
**menu selection** (Comp) / Menüwahl *f*, Auswahl *f* aus dem Menü, Menüauswahl *f* ‖ ~ **software** (Comp) / Menüsoftware *f*, Software *f* in Menütechnik ‖ ~ **support** (Comp) / Menüunterstützung *f* ‖ ~ **tablet** (Comp) / Menütablett *n* (ein Eingabegerät, bei dem mit einem Stift ein entsprechendes Menü angetippt wird) ‖ ~ **technique** (Comp) / Menütechnik *f* ‖ ~ **text** (Comp) / Menütext *m* ‖ ~ **title** (Comp) / Menüpunkt *m* (Handlungsoption), Menüelement *n* ‖ ~ **tree** (Comp) / Menübaum *m* ‖ ~ **window** (Comp) / Menüfenster *n*
**MEO*** (medium-Earth orbit) (Space) / MEO *f* (Umlaufbahn eines Satelliten mit einer Höhe zwischen LEO und GEO)
**mep** (mean effective pressure) (Eng) / Literarbeit *f*, mittlerer Nutzdruck, spezifische Nutzarbeit, Arbeitsdichte *f*, Arbeit *f* pro Einheit des Hubvolumens

**MEP** (microwave-excited plasma) (Plasma Phys) / mikrowellenangeregtes Plasma
**meprobamate** *n* (Med) / Meprobamat *n* (ein Biscarbamidsäureester eines zweiwertigen Alkohols - der erste Tranquilizer)
**mer-** (Chem) / mer- (ein Strukturpräfix bei oktaedrischen Koordinationsverbindungen)
**mer** *n* (Chem) / Mer *n* (kleinste strukturelle Einheit von Polymeren)
**meranti*** *n* (For) / Meranti *n* (gefragtes Konstruktionsholz, besonders für Fenster - Shorea spp.)
**merawan** *n* (a heavy heartwood) (For) / Merawan *n* (Holz aus Hopea spp.), Giam *n*
**merbau** *n* (For) / Merbau *n* (Intsia bijuga (Colebr.) Kuntze)
**Mercalli scale*** (an intensity scale) (Geol) / Mercalli-Skala *f* (12-stufige Skala nach dem italienischen Vulkanologen G. Mercalli, 1850-1914), Mercalli-Sieberg-Skala *f*
**mercantile marine** (Ships) / Handelsmarine *f*, Handelsflotte *f*
**mercaptal** *n* (Chem) / Merkaptal *n* (ein Thioacetal), Mercaptal *n* (ein Kondensationsprodukt eines Thiols mit einem Aldehyd)
**mercaptan*** *n* (Chem) / Thioalkohol *m* (ein Thiol), Mercaptan *n*, Merkaptan *n* ‖ ~ **epoxy curing agent** (Paint) / Polysulfid-Härter *m*, Merkaptan-Härter *m*, Mercaptan-Härter *m* (für die Kalthärtung von Epoxidharzen) ‖ ~ **hardener** (Paint) / Polysulfid-Härter *m*, Merkaptan-Härter *m*, Mercaptan-Härter *m* (für die Kalthärtung von Epoxidharzen)
**mercaptide** *n* (Chem) / Thiolat *n*, Thioalkoholat *n*, Thiophenolat *n* (Metallsalz der Thiole und Thiophenole)
**mercaptoacetic acid** (Chem) / Thioglykolsäure *f*, Thioglycolsäure *f*, Merkaptoessigsäure *f*, Mercaptoessigsäure *f*
**mercaptobenzene** *n* (Chem) / Thiophenol *n* (eine farblose, widerlich riechende Flüssigkeit - ein Thiol), Phenylmercaptan *n*, Phenylmerkaptan *n*, Benzolthiol *n*
**mercaptobenzothiazole** *n* (Chem) / Merkaptobenzothiazol *n*, Mercaptobenzothiazol *n* (ein wichtiger Vulkanisationsbeschleuniger in der Kautschukindustrie), MBT (Mercaptobenzothiazol), Benzothiazol-2-thiol *n*
**mercaptoethanoic acid** (Chem) / Thioglykolsäure *f*, Thioglycolsäure *f*, Merkaptoessigsäure *f*, Mercaptoessigsäure *f*
**mercaptoethanol** *n* (Chem) / 2-Mercaptoethanol *n*, Monothioethylenglykol *n*
**mercapto group** (Chem) / Sulfhydrylgruppe *f*, Mercaptogruppe *f*, Merkaptogruppe *f*, Thiolgruppe *f*
**mercaptol** *n* (Chem) / Merkaptol *n*, Mercaptol *n* (ein Thioacetal)
**mercaptopropionic, 2-~ acid** (Chem) / 2-Thiomilchsäure *f* (eine Mercaptopropionsäure)
**mercaptosuccinic acid** (Chem, Eng) / Thioäpfelsäure *f*, Mercaptobernsteinsäure *f*, Merkaptobernsteinsäure *f*, Merkaptobutandisäure *f*, Mercaptobutandisäure *f*
**mercasting** *n* (Foundry) / Mercast-Verfahren *n* (mit Modellen aus gefrorenem Quecksilber)
**Mercator course** (Aero, Nav, Ships) / loxodromer Weg ‖ ~ **map projection** (Geog) / Mercatorentwurf *m*, Mercatorabbildung *f* (konforme normalachsige Zylinderabbildung, nach G. Mercator, 1512-1594), Mercatorprojektion *f* ‖ ~ **sailing** (Aero, Cartography, Ships) / vergrößerte Breite ‖ ~ **sailing triangle** (Cartography, Ships) / vergrößertes Kursdreieck (Abbildung des loxodromischen Dreiecks in die Seekarte) ‖ ~**'s projection*** (Geog) / Mercatorentwurf *m*, Mercatorabbildung *f* (konforme normalachsige Zylinderabbildung, nach G. Mercator, 1512-1594), Mercatorprojektion *f*
**mercer** *n* (GB) (Textiles) / Seiden- und Textilienhändler *m*
**mercerise** *v* (GB) (Textiles) / merzerisieren *v*, mercerisieren *v*
**mercerization*** *n* (Textiles) / Merzerisierung *n* (ein Verfahren der Textilveredlung nach J. Mercer, 1791-1866), Mercerisierung *f*, Merisation *f* (Behandeln von Baumwollerzeugnissen mit starken Laugen und Merzerisierhilfsmitteln unter Kühlung und Streckeinwirkung), Mercerisation *f* ‖ ~ **auxiliary** (Textiles) / Merzerisierhilfsmittel *n*, Mercerisierhilfsmittel *n*
**mercerize** *v* (Textiles) / merzerisieren *v*, mercerisieren *v*
**mercerizing assistant** (Textiles) / Merzerisierhilfsmittel *n*, Mercerisierhilfsmittel *n* ‖ ~ **without tension** (Textiles) / Slack-Merzerisieren *n*, spannungslose Merzerisierung
**mercery** *n* (GB) (Textiles) / Schnittwaren *f pl*, Textilien *pl*, Textilwaren *pl*
**merchandise** *v* / auf den Markt bringen, auf dem Markt verkaufen oder handeln, herausbringen *v* (auf den Markt bringen) ‖ ~ *n* / Waren *f pl*, Handelsware *f*, Ware *f*, Handelsgüter *n pl* ‖ ~ **management system** (Comp) / Warenwirtschaftssystem *n*
**merchandiser** *n* (GB) / Verkaufsexperte *m*, Fachmann *m* für Einzelhandelsverkaufspolitik
**merchandising** *n* / Merchandising *n* (Produktgestaltung + Warendarbietung)
**merchandizer** *n* / Verkaufsexperte *m*, Fachmann *m* für Einzelhandelsverkaufspolitik

**merchantable** *adj* / marktfähig *adj* (für den /Massen/Absatz geeignet), marktgängig *adj* (leicht absetzbar) ‖ ~ **grade** / Handelsklasse *f* (bei der Klassifizierung von Fertigwaren), Handelsqualität *f* ‖ ~ **wood** (For) / Nutzholz *n*
**merchant bar mill** (rolling mill for the hot rolling of semi-products to round bars and sections with small cross-sections) (Met) / Feinstahlstraße *f* ‖ ~ **bars** (Met) / Feinstahl *m* (nicht mehr üblicher Begriff für Langerzeugnis mit relativ kleinem Querschnitt) ‖ ~ **iron**\* (Met) / Gärbstahl *m*, Garbstahl *m*, Paketstahl *m*, Raffinierstahl *m*
**merchantman** *n* (Ships) / Handelsschiff *n*
**merchant marine** (US) (Ships) / Handelsmarine *f*, Handelsflotte *f* ‖ ~ **mill** (Met) / Stabwalzwerk *n*, Stabstahlwalzwerk *n* (für kleinere Profile) ‖ ~ **navy** (Ships) / Handelsmarine *f*, Handelsflotte *f* ‖ ~ **pig iron** (Met) / Handelsroheisen *n* ‖ ~ **power producer** (Elec Eng) / handelsorientierter Stromlieferant, handelsorientierter Stromversorger ‖ ~ **ship** (Ships) / Handelsschiff *n*
**merch bricks** (discoloured, off-size, or distorted building bricks) (Build, Ceramics) / unterbrannte (lachsfarbene) Ziegelsteine, Ausschussziegel *m pl*
**mercuration** *n* (Chem) / Merkurierung *f* (Einführung von Hg in organische Verbindungen), Mercurierung *f*
**mercurial barometer** (Meteor, Phys) / Quecksilberbarometer *n* (ein Flüssigkeitsbarometer) ‖ ~ **horn** (Min) / Kalomel *n*, Hornquecksilber *n*, Quecksilberhornerz *n*
**mercurialism** *n* (Med) / Merkurialismus *m* (chronische Quecksilbervergiftung)
**mercurial pendulum**\* (Horol) / Quecksilberpendel *n*
**mercuric** *adj* (Chem) / Quecksilber(II)-, Mercuri-, Merkur- ‖ ~ **acetate** (Chem) / Quecksilber(II)-acetat *n*, Quecksilber(II)-azetat *n* ‖ ~ **barium iodide** (Chem) / Quecksilber(II)-bariumiodid *n* ‖ ~ **bromide** (HgBr₂) (Chem) / Quecksilber(II)-bromid *n*, Quecksilberdibromid *n* ‖ ~ **chloride**\* (Chem) / Quecksilber(II)-chlorid *n* (Sublimat) ‖ ~ **nitrate** (Chem) / Quecksilber(II)-nitrat *n* ‖ ~ **oxide** (Chem) / Quecksilber(II)-oxid *n*
**mercurimetry** *n* (Chem) / Merkurimetrie *f* (Titration mit Quecksilber(II)-nitratlösung), Mercurimetrie *f*
**mercurization** *n* (Chem) / Merkurierung *f* (Einführung von Hg in organische Verbindungen), Mercurierung *f*
**mercurometry** *n* (Chem) / Merkurometrie *f* (Titration mit Quecksilber(I)-nitratlösung), Mercurometrie *f*
**mercurous** *adj* (Chem) / Quecksilber(I)-, Mercuro-, Merkuro- ‖ ~ **acetate** (Chem) / Quecksilber(I)-acetat *n*, Quecksilber(I)-azetat *n* ‖ ~ **chloride**\* (Chem, Med) / Quecksilber(I)-chlorid *n* (Kalomel) ‖ ~ **chromate** (Chem) / Quecksilber(I)-chromat *n* ‖ ~ **iodide** (Chem) / Quecksilber(I)-iodid *n* ‖ ~ **nitrate** (Chem) / Quecksilber(I)-nitrat *n*
**Mercury**\* *n* (Astron) / Merkur *m* (erster Planet des Sonnensystems) ‖ ~\* *n* (Chem) / Quecksilber *n*, Hg (Quecksilber) ‖ ~ **alkyl** (Chem) / Alkylquecksilber *n* ‖ ~ **anode** / Quecksilberanode *f*, Hg-Anode *f* ‖ ~ **arc**\* (Electronics) / Quecksilberlichtbogen *m*
**mercury-arc converter**\* (Elec Eng) / Quecksilberdampfstromrichter *m*
**mercury•-arc rectifier**\* (Elec Eng) / Quecksilberdampfgleichrichter *m*, Quecksilberdampfventil *n* (ein altes Gasentladungsgleichrichter) ‖ ~ **barometer**\* (Meteor, Phys) / Quecksilberbarometer *n* (ein Flüssigkeitsbarometer) ‖ ~ **breaker** (Elec Eng) / Quecksilberunterbrecher *m*, Turbinenunterbrecher *m*
**mercury-cadmium telluride** (Chem) / Quecksilber-Cadmium-Tellurid *n*, Quecksilber-Kadmium-Tellurid *n*
**mercury cathode** / Quecksilberkatode *f*, Hg-Katode *f* ‖ ~ **cell**\* (Chem Eng) / Hg-Zelle *f*, Quecksilberzelle *f* (für das Amalgamverfahren der Chloralkalielektrolyse), Amalgamzelle *f* ‖ ~ **cell**\* (Elec, Elec Eng) / Quecksilberoxidzelle *f* (mit rotem Quecksilber(II)-oxid) ‖ ~ **cell** (Elec Eng) / Quecksilbernormalelement *n* ‖ ~**(II) chloride**\* (HgCl₂) (Chem) / Quecksilber(II)-chlorid *n* (Sublimat) ‖ ~**(I) chloride**\* (Hg₂Cl₂) (Chem, Med) / Quecksilber(I)-chlorid *n* (Kalomel)
**mercury(I) chromate** (Chem) / Quecksilber(I)-chromat *n*
**mercury-circuit breaker** (Elec Eng) / Quecksilberunterbrecher *m*, Turbinenunterbrecher *m*
**mercury-coated electrode** / quecksilberbeschichtete Elektrode
**mercury column** (Phys) / Quecksilbersäule *f*
**mercury-contact relay** (Elec Eng) / Quecksilberrelais *n*
**mercury cracking** / Lötbrüchigkeit *f* durch Quecksilber ‖ ~ **delay line**\* (Telecomm) / Quecksilberverzögerungsleitung *f* ‖ ~ **delay line**\* (Telecomm) s. also mercury memory
**mercury-discharge lamp**\* (Electronics) / Quecksilberdampflampe *f* (eine Gasentladungslichtquelle)
**mercury electrode** / Quecksilberelektrode *f*, Hg-Elektrode *f* ‖ ~ **element** (Chem Eng) / Hg-Zelle *f*, Quecksilberzelle *f* (für das Amalgamverfahren der Chloralkalielektrolyse), Amalgamzelle *f*
**mercury-film electrode** / Quecksilberfilmelektrode *f*, Hg-Filmelektrode *f*

**mercury(II) fulminate** (Chem) / Quecksilber(II)-fulminat *n*, Knallquecksilber *n* (Initialsprengstoff und Zündsatzaufladung für Sprengkapseln)
**mercury fulminate**\* (Chem) / Quecksilber(II)-fulminat *n*, Knallquecksilber *n* (Initialsprengstoff und Zündsatzaufladung für Sprengkapseln) ‖ ~**-in-glass thermometer** / Quecksilberglasthermometer *n* ‖ ~ **intensifier** (Photog) / Quecksilberverstärker *m*, Sublimatverstärker *m* ‖ ~ **intrusion method**\* (Chem) / Quecksilberdruckmethode *f* ‖ ~ **lamp** (Electronics) / Quecksilberdampflampe *f* (eine Gasentladungslichtquelle) ‖ ~ **manometer** (Phys) / Quecksilbermanometer *n* ‖ ~ **memory** (Telecomm) / Quecksilberspeicher *m* ‖ ~ **motor meter** (Elec Eng) / Quecksilbermotorzähler *m*, Quecksilberzähler *m* ‖ ~ **ore** (Min) / Quecksilbererz *n* ‖ ~**(II) oxide** (Chem, Pharm) / Quecksilber(II)-oxid *n* (HgO) ‖ ~ **oxide cell** (Elec Eng) / Quecksilberoxidzelle *f* (mit rotem Quecksilber(II)-oxid) ‖ ~ **poisoning** (Med) / Quecksilbervergiftung *f*
**mercury-pool cathode** / Quecksilberkatode *f*, Hg-Katode *f*
**mercury-pool cathode**\* (Electronics) / flüssige Quecksilberkatode (z.B. eines Ignitrons)
**mercury-pool rectifier** (Electronics) / Quecksilberdampfgleichrichter *m* (mit flüssiger Katode)
**mercury process** / Amalgamverfahren *n* (der Chloralkalielektrolyse), Quecksilberverfahren *n* (der Chloralkalielektrolyse) ‖ ~ **protoiodide** (Chem) / Quecksilber(I)-iodid *n* ‖ ~ **relay** (Elec Eng) / Quecksilberrelais *n* ‖ ~ **seal**\* (Chem, Eng) / Quecksilberabdichtung *f* ‖ ~**(II) sulphide** (Chem) / Quecksilber(II)-sulfid *n* (rotes oder schwarzes) ‖ ~ **switch**\* (Elec Eng) / Quecksilberschalter *m* (meistens für selbsttätige Schaltanlagen) ‖ ~ **tank** (Telecomm) / Quecksilberbehälter *m* (für Verzögerungsleitungen) ‖ ~ **thermometer** / Quecksilberthermometer *m* (Ausdehnungsthermometer, bei welchem die temperaturabhängige räumliche Ausdehnung von Quecksilber als Messeffekt benutzt wird) ‖ ~ **thin-film electrode** / Quecksilberfilmelektrode *f*, Hg-Filmelektrode *f*
**mercury(II) thiocyanate** (Chem) / Quecksilberthiozyanat *n*, Quecksilberthiocyanat *n*, Quecksilberrhodanid *n*
**mercury tilting tube** (Electronics) / Quecksilberkipprohre *f* ‖ ~ **tipping tube** (Electronics) / Quecksilberkipprohre *f* ‖ ~**-vapour lamp**\* (Electronics) / Quecksilberdampflampe *f* (eine Gasentladungslichtquelle) ‖ ~**-vapour pump**\* (Vac Tech) / Quecksilberdiffusionspumpe *f* (nach Gaede)
**mercury-vapour rectifier** (Elec Eng) / Quecksilberdampfgleichrichter *m*, Quecksilberdampfventil *n*, Quecksilberventil *n* (ein altes Gasentladungsgleichrichter)
**mercury-vapour tube**\* (Electronics) / Quecksilberdampfröhre *f* (eine alte Gasentladungsröhre)
**mercury-wetted relay** (Elec Eng) / Quecksilberfilmrelais *n*
**merge**\* *v* (Comp) / mischen *v*, mergen *v* ‖ ~ *n* (Textiles) / Partie *f* (von Fasern)
**merged sort** (Comp) / Mischsortieren *n*, Sortieren *n* durch Mischen, Mischsortierung *f*, Sortieren *n* durch Verschmelzen ‖ ~ **transistor logic** (Electronics) / integrierte Injektionslogik (bipolar ausgeführte Bausteine der Digitaltechnik, bei denen die Stromzuführung über Strom begrenzende pn-Übergänge erfolgt), IIL (bipolar ausgeführte Bausteine der Digitaltechnik, bei denen die Stromzuführung über Strom begrenzende pn-Übergänge erfolgt), I²L (bipolar ausgeführte Bausteine der Digitaltechnik, bei denen die Stromzuführung über Strom begrenzende pn-Übergänge erfolgt)
**merge program** (Comp) / Mischprogramm *n*
**merger** *n* / Fusionierung *f*, Fusion *f*, Vereinigung *f*, Zusammenschluss *m* (der Unternehmen) (der Betriebe) ‖ ~ / Unternehmenszusammenschluss *m*, Merger *m* (Unternehmenszusammenschluss)
**merge sort** (Comp) / Mischsortieren *n*, Sortieren *n* durch Mischen, Mischsortierung *f*, Sortieren *n* durch Verschmelzen
**merging** *n* / Integration *f* (Verschmelzung wirtschaftlicher Einheiten zu größeren Einheiten) ‖ ~ (Autos) / Vereinigung *f* (der Verkehrsströme) ‖ ~ (Comp) / Mischen *n* (DIN 66 001) ‖ ~ (Phys) / Merging *n* (das Verschmelzen von Feldlinien im Schweif der Magnetosphäre) ‖ ~ (Radar) / Überdeckung *f* (von Radarzielen), Verschmelzung *f* (von Radarzielen) ‖ ~ **bit** (Comp) / Koppelbit *n* ‖ ~ **routine** (Comp) / Mischprogramm *n*
**meridian**\* *n* (Astron) / Meridian *m* (der größte Kreis am Himmelsgewölbe), Längenkreis *m* ‖ ~ **circle**\* (Astron) / Meridiankreis *m* (ein astronomisches Winkelmessinstrument) ‖ ~ **circle**\* (Astron) s. also transit instrument ‖ ~ **line** (Geog, Surv) / Meridian *m* (geometrischer Ort aller Oberflächenpunkte mit konstanter geografischer Länge), Meridianlinie *f* ‖ ~ **of Greenwich** (Cartography) / Meridian *m* von Greenwich (internationaler Nullmeridian) ‖ ~ **of longitude**\* (Astron) / Meridian *m* (der größte Kreis am Himmelsgewölbe), Längenkreis *m* ‖ ~ **passage**\* (of a star) (Astron) / Meridiandurchgang *m* ‖ ~ **plane** (Maths) / Meridianebene *f* ‖ ~

**meridian**

**section** (Maths) / Meridianschnitt *m*, Meridianbereich *m* ‖ ~ **transit** (Astron) / Meridiandurchgang *m* ‖ ~ **transit** (Astron) / Durchgang *m*, Passage *f*

**meridional** *adj* (Astron, Geophys, Meteor) / meridional *adj* ‖ ~ (Optics) / meridional *adj*, tangential *adj* (Hauptschnitt durch ein optisches System, in dem ein außeraxialer Objektpunkt, sein konjugierter Bildpunkt sowie die optische Achse liegen) ‖ ~ **ray** (Optics) / Meridionalstrahl *m*, meridionaler Strahl ‖ ~ **section** (Optics) / Meridionalschnitt *m*

**Mérimée's yellow** (Ceramics, Glass, Paint) / Neapelgelb *n* (Bleiantimonat(III)), Antimongelb *n* (alte, toxische Künstlermal- und Zementfarbe)

**merino** *n* (Textiles) / Merinowolle *f* (vom Merinoschaf) ‖ ~ (Textiles) / Merino *m* (pl. -s) (feines, weiches Kammgarngewebe oder -gestrick) ‖ ~ (Textiles, Zool) / Merinoschaf *n* (Hausschafrasse mit sehr feiner, gekräuselter, elastischer Wolle), Merino *m* (pl. -s) ‖ ~ **sheep** (Textiles, Zool) / Merinoschaf *n* (Hausschafrasse mit sehr feiner, gekräuselter, elastischer Wolle), Merino *m* (pl. -s) ‖ ~ **wool**\* (Textiles) / Merinowolle *f* (vom Merinoschaf)

**meriquinoid system** (Chem) / merichinoides System (als Farbträger)

**merismitic** *adj* (Geol) / merismitisch *adj*

**meristem**\* *n* (Bot) / Meristem *n* (pflanzliches Bildungsgewebe), Bildungsgewebe *n* (embryonaler Zellen) ‖ ~ **culture**\* (Bot) / Meristemzüchtung *f*, Meristemkultur *f*, Sprossspitzenkultur *f* (Mikrovermehrung)

**meristem-tip culture** (Bot) / Meristemzüchtung *f*, Meristemkultur *f*, Sprossspitzenkultur *f* (Mikrovermehrung)

**merit** *n* / Vorteil *m*, günstige Eigenschaft (z.B. einer Organisationsstruktur, einer Legierung) ‖ ~ (gain-bandwidth merit or signal-to-noise merit) (Radio, Telecom) / Übertragungsgüte *f* ‖ ~ **goods** (a commodity or service, such as education, that is regarded by society or government as deserving public finance) / öffentliche Güter ‖ ~ **goods** / meritorische Güter (bei denen der Staat in das Marktgeschehen eingreift - z.B. Alkohol, Benzin, Tabakwaren)

**Merkel coefficient** / Merkel-Zahl *f* (Kennzahl zur Beschreibung des Leistungsverhaltens von Kühltürmen)

**merlon**\* *n* (Arch) / Zinnenzahn *m* (als Gegensatz zum Einschnitt im Zinnenkranz)

**merocrystalline** *adj* (Geol) / hypokristallin *adj* (magmatisches Gestein)

**merocyanine** *n* (Chem, Photog, Textiles) / Merocyanin *n* (ein Polymethinfarbstoff), Merozyanin *n*

**merohedral** *adj* (Crystal) / meroedrisch *adj*, teilflächig *adj*

**meromorphic**\* *adj* (Maths) / meromorph *adj* (Funktion)

**meroplankton**\* *n* (Ecol) / Meroplankton *n*

**meros**\* *n* (Arch) / Steg *m* (zwischen der Schlitzen einer Triglyphe)

**merosymmetric** *adj* (Crystal) / merosymmetrisch *adj* ‖ ~ (Crystal) s. also merohedral

**merotope** *n* (Ecol) / Merotop *n*, Kleinstbiotop *n*, Minimalbiotop *n* (z.B. eine Wasserlache im sonst trockenen Gelände)

**meroxene**\* *n* (Min) / Meroxen *m* (eisenarme Abart des Biotits)

**merox process** (Oils) / Merox-Prozess *m* (ein Verfahren zum Süßen von Benzin)

**Merrifield synthesis** (Chem) / Merrifield-Technik *f* (eine Form der Festphasentechnik nach R.B. Merrifield, geb. 1921), Merrifield-Verfahren *n*, Merrifield-Synthese *f* (eine Peptidsynthese) ‖ ≃ **technique** (Chem) / Merrifield-Technik *f* (eine Form der Festphasentechnik nach R.B. Merrifield, geb. 1921), Merrifield-Verfahren *n*, Merrifield-Synthese *f* (eine Peptidsynthese)

**Merrington effect** (Phys) / Strangaufweitung *f* (Querschnittsvergrößerung des frei aus einer Kapillare austretenden Strahls einer viskoelastischen Flüssigkeit - DIN 1342-1)

**merry-go-round conveyor** (Aero, Eng) / Karussellförderer *m* ‖ ~ **train** (Rail) / Ganzzug *m* im Pendelverkehr

**Mersenne number** (Maths) / Mersenne-Zahl *f* ‖ ≃ **prime**\* (Mersenne number first of a new prime - only 41 Mersenne primes are known so far /autumn 2005/) (Maths) / Mersenne'sche Primzahl, Mersenne-Primzahl *f* (nach M. Mersenne, 1588-1648), Mersenne-Zahl *f*

**Mersey yellow coal** (Geol) / Tasmanit *m* (Zwischenstufe zwischen Kännelkohle und Ölschiefer)

**Merthiolate** *n* (Agric, Chem) / Merthiolat *n* (Warenzeichen eines Germizids und Fungizids)

**Merulius lacrymans**\* (Build, For) / Echter Hausschwamm (holzzerstörender Rindenpilz)

**merveilleux** *n* (used as lining in men's outerwear) (Textiles) / Merveilleux *m* (glänzender Futterstoff)

**mesa**\* *n* (Electronics) / Mesa *f*, Tisch *m* (in der Mesatechnik nach DIN 41852) ‖ ~ (Geol) / Tafelberg *m* (eine isolierte, plateauartige Bergform, z.B. in Kapstadt), Mesa *f* (Tafelberg - in spanischsprachigen Ländern und den USA) ‖ ~\* (Geol) / Tafelrestberg *m*, Tafelland *n* ‖ ~\* (Geol) s. also butte and outlier ‖ ~ **configuration** (Electronics) / Mesastruktur *f* (in der Mesatechnik)

**mesaconic acid** (Chem) / Mesaconsäure *f*, Methylfumarsäure *f*

**mesa construction** (Comp) / Mesatechnik *f* (DIN 41852) ‖ ~ **diode** (Electronics) / Mesadiode *f* (eine pn-Diode mit besonders kleiner Sperrschichtfläche) ‖ ~ **structure** (Electronics) / Mesastruktur *f* (in der Mesatechnik) ‖ ~ **technology** (Comp) / Mesatechnik *f* (DIN 41852) ‖ ~ **transistor**\* (Electronics) / Mesatransistor *m* (mittels Mesatechnik geätzter diffusionslegierter Bipolartransistor - DIN 41855)

**mescal** *n* (Bot) / Peyote *m* (Lophophora williamsii /Lem. ex Salm-Dyck/ J.M. Coult.)

**mescalin** *n* (Chem, Pharm) / Meskalin *n*, Mescalin *n* (3,4,5-Trimethoxyphenylethylamin), Mezkalin *n* (ein Halluzinogen aus den Schnapsknöpfen der Lophophora williamsii /Lem. ex Salm-Dyck/ J.M. Coult. - 3,4,5-Trimethoxyphenylethylamin)

**mescaline**\* *n* (Chem, Pharm) / Meskalin *n*, Mescalin *n* (3,4,5-Trimethoxyphenylethylamin), Mezkalin *n* (ein Halluzinogen aus den Schnapsknöpfen der Lophophora williamsii /Lem. ex Salm-Dyck/ J.M. Coult. - 3,4,5-Trimethoxyphenylethylamin)

**meseta** *n* (Geol) / Meseta *f* (pl. Meseten), Plateaufläche *f* (Hochplateau)

**MESFET** *n* (metal-semiconductor-FET) (Electronics) / MES-Feldeffekttransistor *m*, MESFET-Transistor *m* (mit einem Metall-Halbleiter-Übergang), Schottky-Sperrschicht-Feldeffekttransistor *m*

**mesh** *v* (Comp) / mischen *v*, mergen *v* ‖ ~ (Eng) / eingreifen *vi*, kämmen *vi* (Zahnräder), im Eingriff stehen, ineinander greifen *v* ‖ ~ *n* (of a sieve) / Masche *f* (des Siebes), Sieböffnung *f*, Siebmasche *f* ‖ ~ / Mesh-Zahl *f*, Siebnummer *f*, Maschenzahl *f* (DIN ISO 9045) (Anzahl der Siebmaschen je Zoll linear) ‖ ~ (for patching holes in plaster) (Build) / rissüberbrückendes Material (Gaze, Glasfaserstoff, Draht) ‖ ~\* (Build, Civ Eng) / Streckmetalleinlage *f* ‖ ~ (Comp) / Netz *n* (mit dem ein Objekt bei dem FEM überzogen wird) ‖ ~ (Elec Eng, Telecomm) / Masche *f* (Schleife, die keine weiteren Schleifen enthält) ‖ ~ (Eng) / Ineinandergreifen *n*, Eingriff *m* (der Verzahnung mit der Gegenverzahnung), Kämmen *n* (DIN 3960) ‖ ~\* (Telecomm) / Masche *f* (ein Weg in einem Netzwerk) ‖ ~ **aperture** / Maschenweite *f* (bei Sieben), Maschenteilung *f* ‖ ~ **connection**\* (Elec Eng) / Maschenschaltung *f* ‖ ~ **count** / Mesh-Zahl *f*, Siebnummer *f*, Maschenzahl *f* (DIN ISO 9045) (Anzahl der Siebmaschen je Zoll linear) ‖ ~ **current** (Elec) / Maschenstrom *m*

**meshed** *adj* (Eng) / im Eingriff (Werkzeug) ‖ ~ **network** (Telecomm) / Maschennetz *n* (eine Netzart)

**meshes, fix the ~** (Textiles) / abketten *v* (die Maschen zu einem festen Rand verbinden), abketteln *v*

**mesh face** (For) / Siebseite *f* (Rückseite von einseitig glatten Faserplatten) ‖ ~ **generator** (Comp) / Netzgenerator *m* für ein Netz finiter Elemente ‖ ~ **grounding** (Elec Eng) / Flächenerdung *f*

**meshing** *n* (Comp) / Mischen *n* (DIN 66 001) ‖ ~ **gear** (Eng) / Gegenrad *n* (DIN 3960 und DIN 3998)

**mesh method** (Elec Eng) / Maschenstrommethode *f* (zur einfachen Berechnung linearer Netzwerke), Maschenmethode *f* ‖ ~ **network** (Telecomm) / Maschennetz *n* (eine Netzart) ‖ ~ **pattern** (For) / Siebmarkierung *f* (von Faserplatten) ‖ ~ (wire) **screen** / Maschensieb *n* (Drahtsieb nach DIN 4188) ‖ ~ **size** / Maschenweite *f* (bei Sieben), Maschenteilung *f* ‖ ~ **surface** (Eng) / Freiformfläche *f* (frei gestaltete komplexe Produktoberfläche) ‖ ~ **voltage**\* (in a symmetrical polyphase system) (Elec Eng) / verkettete Spannung (zwischen zwei Leitungsdrähten eines symmetrischen Mehrphasensystems) ‖ ~ **voltage**\* (Elec Eng) s. also delta voltage and hexagon voltage ‖ ~ **with rolling contact** (Eng) / abrollen *v* (aufeinander)

**mesial line** (Telecomm) / Mesiallinie *f*

**mesic** *adj* (Nuc) / mesonisch *adj*

**MESI cache coherency protocol** (Comp) / MESI-Protokoll *n*, M.E.S.I.-Kohärenzprotokoll *n*

**mesic atom**\* (Nuc) / mesonisches Atom, Mesonenatom *n* (Atom, in dem ein Elektron der innersten Schale gegen ein negativ geladenes Meson ausgetauscht ist), mesisches Atom ‖ ~ **molecule** (Nuc) / Mesomolekül *n*, Mesonmolekül *n*

**mesitine** *n* (Min) / Mesitit *m*, Mesitinspat *m* ‖ ~ **spar** (Min) / Mesitit *m*, Mesitinspat *m*

**mesitite** *n* (Min) / Mesitit *m*, Mesitinspat *m*

**mesitylene**\* *n* (Chem) / Mesitylen *n* (1,3,5-Trimethylbenzol)

**mesityl oxide**\* (Chem) / Mesityloxid *n* (ein aliphatisches, ungesättigtes Keton - 4-Methyl-pent-3-en-2-on)

**mesoatom** *n* (Nuc) / mesonisches Atom, Mesonenatom *n* (Atom, in dem ein Elektron der innersten Schale gegen ein negativ geladenes Meson ausgetauscht ist), mesisches Atom

**mesobilirubin** *n* (Physiol) / Mesobilirubin *n* (ein Abbauprodukt der Gallenfarbstoffe)

**mesochronous network** (Comp) / mesochrones Netz
**mesocolloid*** n (Chem) / Mesokolloid n (Kettengliederzahl 500 bis etwa 2500)
**meso compound** (Chem) / Mesoverbindung f (ein achirales Diastereomer aus einem Satz von Stereoisomeren, der auch chirale Verbindungen enthält)
**mesocrystalline** adj (Geol) / mesokristallin adj (zwischen 0,20 und 0,75 mm)
**mesodesmic structure** (Crystal) / mesodesmische Kristallstruktur
**mesofauna** n (Agric, Biol, Ecol) / Mesofauna f
**meso form** (Chem) / meso-Form f
**mesogen** adj (Chem) / mesogen adj
**mesogenic** adj (Chem) / mesogen adj || ~ **group** / mesogene Gruppe (die in einem bestimmten Temperaturbereich eine Mesophase bildet)
**mesohaline** adj / mesohalin adj (Brackwasser)
**meso-ionic** adj (Chem) / mesoionisch adj (Verbindung)
**mesokurtic curve** (Stats) / mesokurtische Verteilungskurve || ~ **distribution** (Stats) / mesokurtische Verteilung
**mesokurtosis** n (Stats) / mesokurtische Verteilungskurve
**mesomeric effect** (Chem) / Resonanzeffekt m, R-Effekt m, mesomerer Substituenteneffekt, mesomerer Effekt, Mesomerieeffekt m, M-Effekt m || ~ **energy** (Chem) / Mesomerieenergie f, Resonanzenergie f
**mesomerism*** n (Chem) / Mesomerie f, Resonanz f (nach L. Pauling), Strukturresonanz f
**mesometeorology** n (Meteor) / Mesometeorologie f
**mesomorph** adj (Chem, Crystal) / mesomorph adj, liquokristallin adj
**mesomorphic** adj (Chem, Crystal) / mesomorph adj, liquokristallin adj
**mesomorphous*** adj (Chem, Crystal) / mesomorph adj, liquokristallin adj
**meson*** n (Nuc) / Meson n (ein Hadron) || ~ **factory** (meson-producing accelerator) (Nuc) / Mesonenfabrik f (ein Beschleuniger) || ~ **field*** (Nuc) / Mesonenfeld n
**mesonic** adj (Nuc) / mesonisch adj || ~ **atom** (Nuc) / mesonisches Atom, Mesonenatom n (Atom, in dem ein Elektron der innersten Schale gegen ein negativ geladenes Meson ausgetauscht ist), mesisches Atom || ~ **singlet** (Nuc) / Mesonensingulett n
**meson-meson effect** (Nuc) / Meson-Meson-Wechselwirkung f, Meson-Meson-Effekt m || ~ **interaction** (Nuc) / Meson-Meson-Wechselwirkung f, Meson-Meson-Effekt m
**meson physics** (Nuc) / Mesonenphysik f || ~ **resonances** (Nuc) / Mesonenresonanzen f pl || ~ **shower** (Nuc) / Mesonengarbe f || ~ **spectroscopy** (Spectr) / Mesonenspektroskopie f || ~ **yield** (Nuc) / Mesonenausbeute f
**mesopause*** n (Geophys, Meteor) / Mesopause f (oberste Schicht der Mesosphäre)
**mesoperiodate** n (Chem) / Mesoperiodat n, Pentoxoperiodat n
**mesophase** n (Crystal) / mesomorphe Phase, Mesophase f (Übergangsphase bei flüssigen Kristallen)
**mesophilic*** adj (Biol) / mesophil adj (mit Wachstumsoptimum bei mittleren Temperaturen und mittlerem Feuchtigkeitsgehalt der Luft) || ~ **digestion** (Biol, San Eng) / mesophile Faulung
**mesophyll** n (Bot) / Mesophyll n (des Blattes)
**mesoplankton*** n (Biol) / Mesoplankton n (Plankton aus mehr als 182 m Tiefe)
**mesopore** n / Mesopore f (eine Feinpore, 2 - 50 nm)
**meso sample** (Chem) / Mesoprobe f (Probenmasse 0,1 bis 0,01 g), Halbmikroprobe f
**mesoscale** n (Meteor) / Meso-Scale m (der Bereich mittlerer Größenordnung atmosphärischer Phänomene)
**mesosiderite** n / Mesosiderit m (durch Schockwirkung erzeugter seltener Siderolith)
**mesosphere** n (Geol) / Mesosphäre f (der unterste Teil des oberen Erdmantels) || ~* (Geophys, Meteor) / Mesosphäre f (ein Teil der Erdatmosphäre oberhalb der Stratopause)
**mesothermal** adj (Geol) / mesothermal adj (wässriges Transportmedium in Erzlagerstätten - 250 bis 150° C)
**mesotrophic** adj (Ecol) / mesotroph adj (mit mittlerem oder geringem Gehalt an Pflanzennährstoffen)
**mesoxalic acid** (Chem) / Mesoxalsäure f, Ketomalonsäure f, Oxomalonsäure f
**mesozone** n (Geol) / Mesozone f (Tiefenstufe der Metamorphose)
**mesquit** n (For) / Mesquitebaum m (Prosopis juliflora (Sw.) DC. - der Stamm liefert Mesquite- oder Sonoragummi), Algorrababaum m
**mesquite** n (For) / Mesquitebaum m (Prosopis juliflora (Sw.) DC. - der Stamm liefert Mesquite- oder Sonoragummi), Algorrababaum m || ~ **gum** / Mesquitegummi n (aus Prosopis juliflora (Sw.) DC.) || ~ **gum** s. also sonora gum
**mess** n (Ships) / Messe f (Speise- und Aufenthaltsraum)
**message*** n / Nachricht f, Mitteilung f, (Aero) / Meldung f || ~* (Comp) / Message f (Nachricht oder Information) || ~ (Mil) / Spruch m || ~ **Authentication Code** (Comp, Telecomm) / Message Authentication Code m (internationale Bezeichnung für eine aus einem mathematischen Verfahren gewonnene Prüfsumme, die bei einem Verschlüsselungsverfahren errechnet wird) || ~ **block** (Telecomm) / Nachrichtenblock m || ~ **centre** (Telecomm) / Message-Zentrum n (in dem eingehende Anrufe z.B. vom Sekretariat oder dem Vermittlungsplatz per PC notiert und dem abwesenden Empfänger als elektronische Rückrufliste elektronisch zugeschickt werden) || ~ **designation** (Telecomm) / Nachrichtensenke f, Nachrichtensinke f (DIN 40146, T 1) || ~ **event** (Telecomm) / Nachrichtenevent m n || ~ **flow** (Telecomm) / Mitteilungsfluss m || ~ **flow confidentiality** (Telecomm) / Vertraulichkeit f des Nachrichtenflusses || ~ **formatting** (Comp) / Nachrichtenformatierung f || ~ **handling** (Telecomm) / Mitteilungsübermittlung f || ~ **handling** (Telecomm) / Nachrichtenbehandlung f
**message-handling system** (Comp, Telecomm) / Message-Handling-System n (das direkte Kommunikation zwischen den Partnern ermöglicht), Nachrichtenübermittlungssystem n, MHS (Message-Handling-System), Mitteilungsübermittlungssystem n
**message header** (Telecomm) / Nachrichtenvorsatz m, Vorsatz m, Nachrichtenkopf m || ~ **interface** (Comp) / Meldungsschnittstelle f || ~ **label check** (Comp, Telecomm) / Kennsatzprüfung f || ~ **length** (Telecomm) / Nachrichtenlänge f, Umfang m der Meldung || ~ **passing** (Comp) / Nachrichtenweiterleitung f || ~ **server** (Comp) / Nachrichtenserver m || ~ **source** (Telecomm) / Nachrichtenquelle f (DIN 44301, DIN 40146, T 1) || ~ **storage** (Telecomm) / Mitteilungsspeicherung f || ~ **switching** (Comp, Telecomm) / Speichervermittlung f (Vorgang), Nachrichten-Speichervermittlung f || ~ **switching** (Telecomm) / Nachrichtenvermittlung f, Sendungsvermittlung f (Datagram-Dienst)
**message-switching system** (Comp, Telecomm) / Packet-Switching-System n (Variante der Nachrichtenvermittlung, bei der die zu übertragende Nachricht in einzelne Nachrichtensegmente zerlegt und unter jeweiliger Zwischenspeicherung von Teilstrecke zu Teilstrecke bis hin zur Zielstation durchgereicht wird), Paketvermittlungstechnik f, Paketverkehr m, Paketvermittlungssystem n (zwischen zwei Netzstationen), Paketvermittlung f
**message trailer** (Telecomm) / Nachrichtenabschluss m || ~ **transfer** (Telecomm) / Mitteilungstransfer m || ~ **transfer agent** (an OSI application process used to store and forward messages in the X.400 Message Handling System) (Comp, Telecomm) / Message Transfer Agent m, MTA (Message Transfer Agent)
**message-transfer layer** (Telecomm) / MHS-Teilschicht f (untere - in dem Nachrichtenübermittlungssystem)
**message transmission** (Telecomm) / Nachrichtenübertragung f (DIN 40146, T 1), Nachrichtenübermittlung f || ~ **unit** (Teleph) / Gesprächsgebühreneinheit f, Gebühreneinheit f (Maßeinheit für die Gesprächsgebühr)
**messaging** n (Telecomm) / Mitteilungsübermittlung f || ~ **database** (Comp) / Nachrichtendatenbank f
**messenger** n (US) (For) / Rückholseil n (der Seilbringungsanlage) || ~ **cable** (Elec Eng) / Tragseil n, Luftkabeltragseil n
**messenger-cable strand** (Elec Eng, Telecomm) / Leiterseil n (Freileitung), Freileitungsseil n, Seil n (Freileitungsseil)
**messenger RNA*** (Biochem) / Messenger-Ribonukleinsäure f, Messenger-RNS f, Boten-RNS f, m-RNS f || ~ **wire*** (Elec Eng) / Tragseil n, Luftkabeltragseil n
**Messier catalogue*** (Astron) / Messier-Katalog m (nach Ch. Messier, 1730-1817)
**mess of spaghetti** (Cables, Comp) / Kabelsalat m
**messuage*** n (Build) / Wohnhaus n mit Nebengebäuden und Grundstück, Anwesen n (Haus mit Grundbesitz)
**mesyl** n (Chem) / Mesyl n, Methansulfonyl n (ein Säurerest)
**mesylate** n (Chem) / Mesylat n (Trivialname für Salze und Ester der Methansulfonsäure), Mesilat n
**Met*** (methionine) (Biochem, Med) / Methionin n (eine essentielle proteinogene Aminosäure), Met (Methionin)
**MET** (metal-evaporated tape) (Cinema, TV) / metalldampfbeschichtetes Videoband, ME-Band n
**meta*** adj (Chem) / metaständig adj, m-ständig adj, in meta-Stellung
**meta-aldehyde*** n (Chem) / Metaldehyd m (tetramere Form des Azetaldehyds)
**metaanthracite** n (US) (Mining) / Anthrazitkohle f, Anthrazit m (mit 2% flüchtigen Bestandteilen)
**metabelian** adj (Maths) / metabelsch adj (Gruppe)
**metabentonite** n (Geol) / Metabentonit m (Ton von Illittyp)
**metabolic*** adj (Biol, Physiol) / metabolisch adj, den Stoffwechsel betreffend || ~ **chain** (Physiol) / Stoffwechselkette f || ~ **heat** (Physiol) / Stoffwechselwärme f || ~ **pathway** (Physiol) / Stoffwechselweg m, Stoffwechselbahn f || ~ **rate** (Physiol) / Stoffumsatz m

**metabolise**

**metabolise** *v* (GB) (Biol) / verstoffwechseln *v*, metabolisieren *v*, im Stoffwechsel umsetzen
**metabolism** *n* (Arch) / Metabolismus *m* (eine moderne japanische urbanistische Theorie) ‖ ~* (Biol) / Stoffwechsel *m*, Metabolismus *m*
**metabolite*** *n* (Biol) / Stoffwechselprodukt *n*, Metabolit *m* (pl. -en), Stoffwechselzwischenprodukt *n*
**metabolize** *v* (Biol) / verstoffwechseln *v*, metabolisieren *v*, im Stoffwechsel umsetzen
**metaboric acid*** (Chem) / Metaborsäure *f* (HBO$_2$), Dioxoborsäure *f*
**metacenter** *n* (US) (Phys, Ships) / Metazentrum *n* (Längen-, Breiten-)
**metacentre*** *n* (Phys, Ships) / Metazentrum *n* (Längen-, Breiten-)
**metacentric*** *adj* (Ships) / metazentrisch *adj* ‖ ~ **height*** (Ships) / metazentrische Höhe (der Abstand des Metazentrums von dem Massenmittelpunkt, projiziert auf die Auftriebsrichtung), Metazentrumshöhe *f*
**metacharacter** *n* (AI) / Metazeichen *n* (anderes als alphanumerisches Zeichen mit einer besonderen Bedeutung für die Shell oder das System)
**metachromasia** *n* (Chem) / Metachromasie *f* (eine der Solvatochromie verwandte Erscheinung)
**metachromatic** *adj* (Micros) / metachromatisch *adj*
**metachromatism** *n* (Chem) / Metachromasie *f* (eine der Solvatochromie verwandte Erscheinung)
**metachrome dyestuff** / Metachromfarbstoff *m*
**metacinnabar** *n* (Min) / Metazinnabarit *m*, Metacinnabarit *m*
**metacinnabarite** *n* (Min) / Metazinnabarit *m*, Metacinnabarit *m*
**metacryst** *n* (Geol) / Porphyroblast *m*
**metacyclic** *adj* (Chem) / metacyclisch *adj*, metazyklisch *adj*
**metadata** *pl* (Comp) / Metadaten *pl* (systeminterne Daten, welche zur Speicherung und Management der eigentlichen Nutzdaten dienen) ‖ ~ (Comp) s. also user data
**metadyne*** *n* (Elec Eng) / Querfeldumformer *m*, Konstantstrom-Verstärkermaschine *f*, Metadyne *f* (eine Querfeldmaschine mit Zwischenbürstensatz, die als Umformer konstanten Strom liefert) ‖ ~* (Elec Eng) s. also amplidyne
**metafile** *n* (Comp) / Metafile *n*, Metadatei *f* (mit einem systemunabhängigen Inhalt und Format)
**metafiltration cascade** (Chem Eng) / Kaskadenfilter *n*
**meta form** (Chem) / Metaform *f*
**metagalaxy** *n* (Astron) / Metagalaxis *f* (hypothetisches System, dem viele Sternsysteme, unter anderem auch das Milchstraßensystem, angehören)
**metage** *n* / amtliches Messen (von Kohlen, Getreide)
**metagermanate** *n* (Chem) / Metagermanat *n*
**metaharmonic triangle** (Maths) / metaharmonisches Dreieck
**metahydrate sodium carbonate** (Chem) / Kristallsoda *f* (Natriumkarbonat-Dekahydrat), Waschsoda *f*, wasserhaltige Soda ‖ ~ **sodium carbonate** (Chem) / rhombisches Monohydrat (Na$_2$CO$_3$ · H$_2$O)
**metainference** *n* (Comp) / Metainferenz *f*
**metaknowledge** *n* (AI) / Metawissen *n* (Kontrollwissen über die richtige Anwendung von Wissensfragmenten)
**metal** *n* (Civ Eng) / beschottern *v* (Straße, Weg), schottern *v* ‖ ~ *n* (Chem) / Metall *n* (als chemisches Element, seine Legierungen und intermetallische Verbindungen) ‖ ~* (Civ Eng) / Straßenschotter *m*, Schotter *m* ‖ ~ (Eng, Materials, Met) / Metall *n*, metallischer Werkstoff ‖ ~ (Geol, Mining) / Metallerz *n* ‖ ~ (Glass) / Glasmasse *f* (im Glasofen), Glasschmelze *f*, flüssige Glasmasse ‖ ~ **acetylacetonate** (Chem) / Metallacetylazetonat *n* (Metallchelat mit dem Enolat-Anion von 2,4-Pentandion als Ligand), Metallacetylacetonat *n* (Metall-2,4-pentandionat) ‖ ~ **active gas welding** (Welding) / MAG-Schweißen *n* (ein Metallschutzgasverfahren), Metall-Aktivgas-Schweißen *n* (DIN 1910-4), MAG-Verfahren *n* (ein Hochleistungs-Lichtbogenschweißen mit einer kontinuierlich zugeführten abschmelzenden Drahtelektrode unter Schutzgas) ‖ ~ **adhesive** / Klebstoff *m* für Metallklebverbindungen, Metallklebstoff *m* (DIN 53 281 und DIN 53 282) ‖ ~ **affinity** (Chem) / Metallaffinität *f* ‖ ~ **against metal** (Eng, Phys) / Metall auf Metall (Reibung) ‖ ~ **ague** (Med) / Gießfieber *n*, Metalldampffieber *n* (kennzeichnende, aber harmlose Berufskrankheit), Gießerfieber *n* ‖ ~ **alkyl** (one of the family of organometallic compounds, a combination of an alkylorganic radical with a metal atom or atoms) (Chem) / alkylmetallische Verbindung, Metallalkyl *n* ‖ ~ **alloy** (Met) / Metallegierung *f*
**metal-alloy tape** / Metall-Alloy-Band *n*
**metal-alumina-silicon FET** (Electronics) / MASFET *m* (ein MISFET mit Al$_2$O$_3$ als Isoliermaterial zwischen Torelektrode und Halbleitermaterial)
**metal amalgam** (Chem) / Metallamalgam *m* ‖ ~ **amide** (Chem) / Metallamid *n* (z.B. MNH$_2$) ‖ ~ **angle bead** (Build) / Kantenschutzwinkel *m*, Metallkantenschoner *m*

**metalanguage** *n* (Comp) / Metasprache *f* (Sprache, in der über eine andere Sprache gesprochen wird)
**metal arc** (Elec Eng) / Metalllichtbogen *m*, Lichtbogen *m* zwischen Metallelektroden ‖ ~**-arc welding*** (Welding) / Metalllichtbogenschweißung *f* (DIN 1910, T 2)
**metal-arc welding** (Welding) / Metalllichtbogenschweißen *n* (DIN 1910), offenes Lichtbogen-Schmelzschweißen mit Metallelektroden ‖ ~ **welding with filler-wire electrode** (Welding) / Metall-Lichtbogenschweißen *n* mit Fülldrahtelektrode
**metalation** *n* (Chem) / Metallierung *f* (Darstellung von metallorganischen Verbindungen durch Substitution von organischen Verbindungen am Kohlenstoffatom durch Metalle)
**metal atom** (Chem) / Metallatom *n* ‖ ~ **bath** (Chem, Met) / Metallbad *n* (auch ein Heizbad)
**metal-bath dipping** (Surf) / Metallbadtauchen *n*
**metal-bearing** *adj* (Mining) / erzführend *adj*, metallführend *adj*, erzhaltig *adj* ‖ ~ **ore** (Geol, Mining) / Metallerz *n*
**metal bellows** (Eng) / Metallbalg *m*, Metallfaltenbalg *m* (zur Spindelabdichtung)
**metal-belt conveyor** (Eng) / Drahtgurtförderer *m*
**metal-bonded pc board** (Electronics) / geklebte Schaltungsplatte
**metal bonding** / Metallkleben *n* (zweier Fügeteile von denen mindestens eins Metall ist)
**metal-bonding adhesive** / Klebstoff *m* für Metallklebverbindungen, Metallklebstoff *m* (DIN 53 281 und DIN 53 282)
**metal-braided** *adj* (Cables) / metallumsponnen *adj*
**metal brush** / Metallbürste *f* ‖ ~ **carbide** (Chem) / Metallcarbid *n*, Metallkarbid *n* ‖ ~ **carbonyl** (Chem) / Metallcarbonyl *n* (eine Koordinationsverbindung von bestimmten Metallen der Nebengruppen des Periodensystems mit Kohlenmonoxid), Metallkarbonyl *n*
**metal-cased** *adj* (Elec Eng) / metallgekapselt *adj*, metallisch gekapselt, gussgekapselt *adj*
**metal catalyst** (Autos) / Metallkatalysator *m*
**metal-ceramic** *n* (Powder Met) / Cermet *n* (Mischkeramik aus einer oxidischen und einer metallischen Komponente - DIN EN ISO 3252)
**metal chelate** (Chem) / Metallchelat *n* (die Koordinationsverbindung der Metalle) ‖ ~ **chelate complex** (Chem) / Metallchelat *n* (die Koordinationsverbindung der Metalle) ‖ ~ **chemistry** (Chem) / Metallchemie *f* ‖ ~**-clad** *adj* / metallverkleidet *adj*, blechverkleidet *adj*
**metal-clad** *adj* / metallplattiert *adj*, metallkaschiert *adj* ‖ ~ (Elec Eng) / metallgekapselt *adj*, metallisch gekapselt, gussgekapselt *adj* ‖ ~ (Elec Eng) / metallgeschottet *adj* (Schaltanlage) ‖ ~ **cable** (Cables) / Metallmantelkabel *n* ‖ ~ **ridge waveguide laser** (Phys) / MCRW-Laser *m* ‖ ~ **substation** (Elec Eng) / metallgekapselte Station
**metal·clad switchgear*** (Elec Eng) / Schaltgerät, bei dem jedes einzelne Teil gekapselt ist ‖ ~ **cleaning** / Metallreinigung *f* (z.B. Strahlverfahren, Entfetten usw.) ‖ ~ **cluster compound** (Chem) / Metallcluster *m*
**metal-coated** *adj* (Surf) / mit metallischer (Schutz- oder Zier-)Oberflächenschicht, mit Metallüberzug, mit Fremdmetallüberzug ‖ ~ **paper** (Paper) / metallisiertes Papier ‖ ~ **yarn** (Spinning) / metallisiertes Garn, metallisiertes Textilgarn
**metal colouring** (Met) / Metallfärbung *f*, Metallfärben *n* (z.B. Brünieren) ‖ ~ **complex** (Chem) / Metallkomplex *m*
**metal-complex dyestuff** (Photog, Textiles) / Metallkomplexfarbstoff *m* (ein Metallchelat), MKF (Metallkomplexfarbstoff)
**metal container** (Autos) / Kanister *m* ‖ ~ **content** / Metallgehalt *m* (im Allgemeinen) ‖ ~ **core** / Metallkern *m* ‖ ~**-cored carbon*** (Elec Eng) / Metallseelenkohle *f* ‖ ~ **cutting** (Eng) / spanabhebende Bearbeitung, Spanen *n* (DIN 8589), Spanung *f*, spanende Formung, Spanabnahme *f* (DIN 6580 bis DIN 6584), Zerspanen *n*, Zerspanung *f* (Bearbeitung durch Abtrennen von Stoffteilchen auf mechanischem Wege), Abspanen *n*
**metal-cutting** *adj* (Eng) / spanend *adj* ‖ ~ **tool** (Eng) / Zerspanwerkzeug *n*, Spanwerkzeug *n*, Zerspanungswerkzeug *n*
**metal deactivator** / Metalldeaktivator *m* ‖ ~ **degreasing** (Eng, Paint) / Metallentfettung *f*
**metaldehyde*** *n* (Chem) / Metaldehyd *m* (tetramere Form des Azetaldehyds)
**metal deposit** (Surf) / Metallniederschlag *m*, Metallabscheidung *f* (abgeschiedene Schicht) ‖ ~ **deposit** s. also metallic coating ‖ ~ **deposition** (Surf) / Metallabscheidung *f* (Vorgang) ‖ ~ **depth** (Glass) / Glasstand *m*, Glasbadtiefe *f* ‖ ~ **detector*** (Eng) / Metalldetektor *m*, Splittersuchgerät *n*, Metallsucher *m*, Metallsonde *f*, Metallsuchgerät *n*, Metallspürgerät *n* ‖ ~ **distribution ratio** / Metallverteilungsverhältnis *n* / the ratio of the thicknesses of metal upon two specified parts of a cathode) (Surf) / Metallverteilungsverhältnis *n* ‖ ~ **drop** (Welding) / Metalltropfen *m* ‖ ~ **droplet** (Welding) / Metalltropfen *m* ‖ ~ **dusting** / pulvriger Zerfall

der Metalloberfläche (in kohlenstoffhaltigen Gasen bei hohen Temperaturen) ‖ ~ **dusting** (Med) / Metallstaubbildung f
**metal-effect pigment** (Paint) / Metalleffektpigment n (schuppenförmige Buntmetall- oder gefärbte Aluminiumteilchen nach DIN 55945), Metallpulver n
**metal electrode*** (Elec Eng, Welding) / Metallelektrode f ‖ ~ **electrode face bonding** (Electronics) / Metallelektroden-Oberseitenanschluss m (bei integrierten Schaltungen) ‖ ~ **electrode face resistor** (Electronics) / MELF-Widerstand n (ein zylindrischer Keramikkörper mit Widerstandsschicht und lötbaren Metallkappen)
**metal-enclosed** adj (Elec Eng) / metallgekapselt adj, metallisch gekapselt, gussgekapselt adj ‖ ~ **bus** (an assembly of rigid electrical buses with associated connections, joints, and insulating supports, all housed within a grounded metal enclosure) (Elec Eng) / metallgekapselte Schiene ‖ ~ **dry-reed relay** (Elec Eng) / Stahlkoppler m, Stahlrelais n
**metal•-enclosed switchgear*** (Elec Eng) / Schaltgerät n, das als Ganzes gekapselt ist ‖ ~ **end** (Eng) / Einschraubende n (einer Stiftschraube) ‖ ~ **etching** (Met, Surf) / Metallätzung f, Metallätzen n
**metal-evaporated tape** (Cinema, TV) / metalldampfbeschichtetes Videoband, ME-Band n
**metal fabric** / Metallgewebe n, Metalltuch n (Metallgewebe) ‖ ~ **fabric** s. also wire-cloth
**metal-faced plywood** (Autos, For) / Metallschichtholz n (Verbundwerkstoff, der aus wechselweise geschichteten Metallfolien und Furnieren besteht)
**metal fairings** (Autos) / Blechverkleidung f (des Motorrollers) ‖ ~ **fatigue** (Materials) / Metallermüdung f ‖ ~ **fibre** / Metallfaser f (DIN 60001, T 1), MTF (Metallfaser) ‖ ~ **filament*** (Elec Eng) / Metallfaden m (z.B. Leucht- od. Glühdraht) ‖ ~**-filament lamp*** (Elec Eng) / Metalldrahtlampe f, Metallfadenlampe f ‖ ~**-film resistor*** (Elec Eng) / Metallschichtwiderstand m (DIN 44061) ‖ ~ **filter** / Metallfilter n ‖ ~ **flow, Pearson type A** (Materials, Met) / Werkstofffluss m mit Schmierung ‖ ~ **flow, Pearson type B** (Materials, Met) / Werkstofffluss m ohne Schmierung ‖ ~ **fluorescent indicator** (Chem) / Metallfluoreszenzindikator m ‖ ~ **fog** (a fine dispersion of metal in a fused electrolyte) (Surf) / Metallnebel m ‖ ~ **foil** / Metallfolie f (z.B. Schlagmetall, Franzgold) ‖ ~ **foil** s. also metallic foil
**metal-foil mask** (Electronics) / Wechselmaske f (mehrfach verwendbare Metallfolie mit Durchbrüchen) ‖ ~ **paper** (Paper) / Metallpapier n (z.B. Gold-, Silber- oder Bronzepapier) ‖ ~ **paper** n (Paper) / metallkaschiertes Papier, Folienpapier n ‖ ~ **printing** (Textiles) / Metallfoliendruck m
**metal forming** (Eng) / Umformen n (umformende Fertigung nach DIN 8580), Umformung f (Formänderung von festen Körpern durch plastisches Fließen)
**metal-forming machine tool** (Eng) / Umformmaschine f (eine Werkzeugmaschine der Umformtechnik)
**metal-fume fever** (Med) / Gießfieber n, Metalldampffieber n (kennzeichnende, aber harmlose Berufskrankheit), Gießerfieber n ‖ ~ **fever** (Med) s. also brass chill
**metal furniture** / Metallmöbel n pl ‖ ~ **gate** (Electronics) / Metall-Gate n (bei MOS-Transistoren) ‖ ~ **gauze** / Metallnetz n (feines), Metalltuch n (feines), Metallgaze f
**metal-glass combination** / Metall-Glas-Kombination f
**metal-graphite brush** (Elec Eng) / metallhaltige Bürste, metallisierte Bürste, Metall-Graphit-Bürste f
**metal haberdashery** (GB) / Hartkurzwaren f pl, Metallkurzwaren f pl
**metal-halide lamp*** (Elec Eng) / Metallhalogenlampe f
**metal hydride** (Chem) / Metallhydrid n ‖ ~ **hydride** (Chem) s. also metallic hydride ‖ ~ **hydride tank** (Autos) / Metallhydridtank m (in dem Wasserstoffgas bei Drücken um 50 bar gespeichert wird) ‖ ~ **hydroxide** (Chem) / Metallhydroxid n
**metalimnion** n (pl. -limnia) (Ecol, Geol) / Sprungschicht f (in tiefen stehenden Gewässern - DIN 4049, T 2), Metalimnion n (pl. -limnia) (zwischen Epilimnion und Hypolimnion)
**metal inclusion** / Metalleinschluss m (z.B. im Holz) ‖ ~ **indicator** (Chem) / Metallochromindikator m (in der Komplexometrie), Metallindikator m (ein organischer Komplexbildner) ‖ ~ **inert-gas welding*** (Welding) / MIG-Schweißen n (DIN EN ISO 4063), SIGMA-Schweißen n, Metallschutzgasschweißen n, Metall-Inertgas-Schweißen n (DIN 1910, T 4), MSG ‖ ~ **inlay** (Paper) / Metalleinschluss m ‖ ~ **insulator*** (Electronics, Telecomm) / Metallisolator m
**metal-insulator-metal element** / Metall-Isolator-Metall-Element n, MIM-Element n
**metal-insulator semiconductor** (Electronics) / Metall-Isolator-Halbleiter m, MIS (Metall-Isolator-Halbleiter) ‖ ~ **semiconductor field-effect transistor** (Electronics) / MISFET-Transistor m (Steuerung des Stroms erfolgt durch Änderung der Ladungsträgerdichte in einem Stromkanal), MISFET m (ein Galliumarsenid-Feldeffekttransistor) ‖ ~ **semiconductor**

**solar cell** (Electronics) / MIS-Solarzelle f ‖ ~ **semiconductor technology** (Electronics) / MIS-Technik f
**metal ion** (Chem, Phys) / Metall-Ion n
**metalit** n (Autos) / Metallmonolith m (bei Metallkatalysatoren), Metallträger m (bei Metallkatalysatoren)
**metalize** v (US) / metallisieren v
**metal lathing*** (plain or ribbed) (Build) / Streckmetallunterlage f (für den Putz) ‖ ~ **lathing*** (BS 1369) (Build) / Metallputzträger m ‖ ~ **lattice** (Crystal) / Metallgitter n (ein Kristallgittertyp, z.B. beim Kupfer)
**metalled road** (Civ Eng) / Schotterstraße f
**metal level** (Glass) / Spiegellinie f
**metallic** n / Metallfaser f (DIN 60001, T 1), MTF (Metallfaser) ‖ ~ (Textiles) / Metallgarn n ‖ ~ adj / Metall-, metallen adj, metallisch adj ‖ ~ (Elec Eng) / metallisch adj (Leitung), galvanisch adj (Leitung) ‖ ~ (Eng) / hartdichtend adj (Armatur) ‖ ~ **abrasive** / metallisches Strahlmittel ‖ ~ (Met) / Metalllegierung f ‖ ~ **anode** (Electronics) / Metallanode f ‖ ~ **arc** (Elec Eng) / Metalllichtbogen m, Lichtbogen m zwischen Metallelektroden ‖ ~ **atom** (Chem) / Metallatom n ‖ ~ **bond** (Chem) / metallische Bindung (eine chemische Bindung), Metallbindung f ‖ ~ **bridge** (Elec Eng) / metallische Brücke, Frittbrücke f ‖ ~ **circuit*** (Telecomm) / metallischer Kreis (Stromkreise und Leitungen, bei denen die Erde nicht als Rückleiter benutzt wird), Drahtübertragungsweg m ‖ ~ **coated paper*** (Paper) / metallisiertes Papier ‖ ~ **coating** (Surf) / Metallüberzug m, metallische Schutzschicht, metallischer Überzug, metallische Beschichtung (DIN 50 902), metallische (Schutz- oder Zier-)Oberflächenschicht, Fremdmetallüberzug m ‖ ~ **coating of plastics** (Plastics, Surf) / Kunststoffmetallisierung f (z.B. durch Kunststoffgalvanisierung) ‖ ~ **complex dyestuff** (Photog, Textiles) / Metallkomplexfarbstoff m (ein Metallchelat), MKF (Metallkomplexfarbstoff) ‖ ~ **conduction*** (Elec) / metallische Leitung ‖ ~ **content** / Metallgehalt m (im Allgemeinen) ‖ ~ **copper** (Chem, Met) / Kupfermetall n, metallisches Kupfer ‖ ~ **corrosion** (Surf) / Metallkorrosion f, Korrosion f der Metalle (DIN 50 900) ‖ ~ **fibre** / Metallfaser f (DIN 60001, T 1), MTF (Metallfaser)
**metallic-film resistor*** (Elec Eng) / Metallschichtwiderstand m (DIN 44061)
**metallic finish** (Autos, Paint) / Metallic-Lackierung f, Metalleffektlackierung f ‖ ~ **flavour** (Nut) / Metallgeschmack m ‖ ~ **foil** (Print) / Folie f (zum Pressen - aus Metallpulver) ‖ ~ **gases** (Phys) / metallische Gase (die bei hohen Drücken metallische Eigenschaften aufweisen) ‖ ~ **glass*** (Glass) / Metallglas n, Glasmetall n, metallisches Glas (metallischer Werkstoff), amorphes Metall (z.B. METGLAS oder VITROVAC), glasiges Metall ‖ ~ **grey** / granitgrau adj ‖ ~ **halide** (Chem) / Metallhalogenid n ‖ ~ **hydride** (Chem) / metallartiges Hydrid ‖ ~ **hydrogen** (a phase of hydrogen believed to occur at extremely high pressures, in which the material transforms to a conducting molecular solid) (Chem) / metallischer Wasserstoff (Höchstdruck-Modifikation) ‖ ~ **ion** (Chem, Phys) / Metall-Ion n ‖ ~ **lattice** (Crystal) / Metallgitter n (ein Kristallgittertyp, z.B. beim Kupfer) ‖ ~ **lead paint** (Paint) / Bleipulveranstrichstoff m ‖ ~ **lens*** (Radio) / Verzögerungslinse f ‖ ~ **line** (Telecomm) / Leitung f (physikalisches Übertragungsmedium, z.B. für Punkt-zu-Punkt-Verbindungen und LAN) ‖ ~ **lustre*** (Min) / Metallglanz m ‖ ~ **mirror** (Optics) / Metallspiegel m ‖ ~ **mortar** (a ceramic mortar containing substantial amounts of lead powder - used to form plasters, casting sections, and blocks for X-ray and nuclear shielding) (Nuc Eng, Radiol) / bleihaltiger Mörtel (Keramikbinder mit Bleipulver zur Herstellung von Abschirmbauten) ‖ ~ **nitride** (Chem) / metallartiges Nitrid (z.B. VN, CrN) ‖ ~ **packing** (Eng) / Metallpackung f (für Kolbenmaschinen) ‖ ~ **paint** (Paint) / Metallic-Lack m, Metalleffektlack m ‖ ~ **paint** (Paint) / Metallanstrichfarbe f, metallpigmentierter Anstrichstoff ‖ ~ **paint** (Paint) / Metallbronze f, Anstrich m mit metallischem Pulver als Pigment ‖ ~ **paper** (Paper) / Metallpapier n (z.B. Gold-, Silber- oder Bronzepapier) ‖ ~ **pigment** (Paint) / Metalleffektpigment n (schuppenförmige Buntmetall- oder gefärbte Aluminiumteilchen nach DIN 55945), Metallpulver n ‖ ~ **pigment** (Paint) / Metallpigment n (feinteiliges, meist blättchenförmiges metallisches Pigment, das als Pulver oder Pigmentpaste in den Handel kommt), metallisches Pigment ‖ ~ **poisoning** / durch Kautschukgifte beschleunigte Autoxidation ‖ ~ **rectifier** (Elec Eng) / Trockengleichrichter m, Trockenplattengleichrichter m ‖ ~ **roofing** (Build) / Metalldachhaut f, Blechdachabdeckung f, Metalldachbelag m, Metalldachdeckung f, metallischer Bedachungsstoff
**metallics** pl / Eisenware(n) f(pl), Metallwaren f pl, Metallartikel m pl, Beschlagteile n pl ‖ ~ (Mining) / gediegen vorkommende Metalle
**metallic seating** (Eng) / harte Dichtung, metallische Dichtung (bei Armaturen) ‖ ~ **sheath** (Cables) / Metallmantel m ‖ ~ **soap** (Chem) /

**metallic**

Metallseife f ‖ ~ **support** (Autos) / Metallmonolith m (bei Metallkatalysatoren), Metallträger m (bei Metallkatalysatoren) ‖ ~ **taste** (Nut) / Metallgeschmack m ‖ ~ **transfer foil** / Metall-Transfer-Folie f (z.B. für Lederwaren) ‖ ~ **yarn** (Textiles) / Metallgarn n ‖ ~ **zinc dust** (Min Proc, Paint) / Zinkstaub m (kugelförmiges Zinkpigment)

**metalliding** n (Surf) / Metallidieren n (elektrolytisches Diffusionsverfahren, das bei höherer Temperatur arbeitet)

**metalliferous** adj / metallhaltig adj ‖ ~ (Mining) / erzführend adj, metallführend adj, erzhaltig adj ‖ ~ **brine** (Min Proc, Mining) / metallführende Sole, erzführende Sole ‖ ~ **deposit** (Geol, Mining) / Erzlagerstätte f, Erzlager n ‖ ~ **mine** (Mining) / Erzbergwerk n, Erzgrube f, Erzzeche f ‖ ~ **mineral** (Min) / metallhaltiges Mineral, Erzmineral n ‖ ~ **vein** (Geol, Mining) / erzführender Gang, Erzmineralgang m, Erzader f, Erzgang m (DIN 21918), Mineralader f

**metal limit** (Eng) / fertigungsgerichtete Tolerierung, Tolerierung f in Richtung der Spanabnahme ‖ ~ **line** (surface) (Glass) / Glasspiegel m (in dem Wannenofen) ‖ ~ **line** (Glass) / Spiegellinie f

**metal-line attack** (Glass) / Schwappkante f, Spülkante f, Glasspiegellinie f ‖ ~ **corrosion** (Glass) / Schwappkante f, Spülkante f, Glasspiegellinie f

**metalling** n (Civ Eng) / Beschotterung f (von Straßen und Wegen) ‖ ~* (Civ Eng) / Straßenschotter m, Schotter m

**metallise** v (GB) / metallisieren v

**metallizable** adj (Textiles) / metallisierbar adj (Farbstoff) ‖ ~ (Textiles) s. also lake

**metallization*** n / Metallspritzen n (ein thermisches Spritzverfahren), Metallspritzverfahren n, Spritzmetallisieren n ‖ ~* / Metallisierung f, Metallisieren n (Beschichten von nichtmetallischen Werkstoffen mit dünnen Metallschichten) ‖ ~ (Geol) / Vererzung f, Metallisation f ‖ ~ **fault** (Electronics, Surf) / Metallisierungsfehler m

**metallize** v / metallisieren v

**metallized brush** (Elec Eng) / metallhaltige Bürste, metallisierte Bürste, Metall-Graphit-Bürste f ‖ ~ **dyestuff** (Photog, Textiles) / Metallkomplexfarbstoff m (ein Metallchelat, MKF (Metallkomplexfarbstoff)) ‖ ~ **fabrics** (Textiles) / metallisierte Stoffe ‖ ~ **filament** (Elec Eng) / graphitierter Glühfaden ‖ ~ **filament** (Textiles) / leonischer Faden

**metallized-paper capacitor** (Elec Eng) / Metallpapierkondensator m, MP-Kondensator m (DIN 41180 - 41190)

**metallized porcelain** (Ceramics) / Metallporzellan n ‖ ~ **thread** (Textiles) / leonischer Faden ‖ ~ **transfer film** / Metall-Transfer-Folie f (z.B. für Lederwaren) ‖ ~ **wood** (For, Join) / Metallholz n (mit leichtschmelzbaren Metallen oder Legierungen getränkt) ‖ ~ **yarn*** (Spinning, Textiles) / metallisiertes Garn, metallisiertes Textilgarn

**metallizing** n / Metallspritzen n (ein thermisches Spritzverfahren), Metallspritzverfahren n, Spritzmetallisieren n ‖ ~ **of plastics** (Plastics, Surf) / Kunststoffmetallisierung f (z.B. durch Kunststoffgalvanisierung)

**metal locator** (Eng) / Metalldetektor m, Splittersuchgerät n, Metallsucher m, Metallsonde f, Metallsuchgerät n, Metallspürgerät n

**metallocenes** pl (Chem) / Metallocene n pl (Gruppenname für Bis-(η-cyclopentadienyl)-metall-Komplexe)

**metallochrome indicator** (Chem) / Metallochromindikator m (in der Komplexometrie), Metallindikator m (ein organischer Komplexbildner)

**metallochromic indicator** (Chem) / Metallochromindikator m (in der Komplexometrie), Metallindikator m (ein organischer Komplexbildner)

**metallochromy** n (Surf) / Metallochromie f, Metallfärbung f im galvanischen Verfahren

**metalloenzyme** n (Biochem) / Metallenzym n (ein Metallprotein)

**metallogenetic** adj (Geol) / metallogenetisch adj

**metallogenetical** adj (Geol) / metallogenetisch adj

**metallogenetic province** (Geol) / metallogenetische Provinz (Bereich, dessen Metallogenese auf gleichzeitige und durch den gleichen Grundvorgang gesteuerte Bildungsvorgänge zurückgeführt werden kann)

**metallogenic** adj (Geol) / metallogenetisch adj ‖ ~ **province** (Geol) / metallogenetische Provinz (Bereich, dessen Metallogenese auf gleichzeitige und durch den gleichen Grundvorgang gesteuerte Bildungsvorgänge zurückgeführt werden kann)

**metallogeny** n (Geol) / Metallogenese f (ein Teilgebiet der Minerogenie, das sich mit der Bildung und Entwicklung von Erzlagerstätten befasst)

**metallograph** n (Micros) / Metallmikroskop n (Mikroskop für Auflicht mit mikrofotografischer Einrichtung)

**metallographer** n (Met) / Metallograf m (physikalisch-technische Sonderkraft, die sich mit Metallografie beschäftigt)

**metallographic** adj / metallografisch adj ‖ ~ **microscope** (Micros) / Metallmikroskop n (Mikroskop für Auflicht mit mikrofotografischer Einrichtung) ‖ ~ **specimen** (polished section) / Metallschliff m (Prüfling zur metallografischen, insbesondere mikroskopischen Untersuchung)

**metallography*** n (Met) / Metallografie f (Teilgebiet der Metallkunde, das sich mit der Untersuchung des Makro- und Mikrogefüges von Metallen und Legierungen anhand von Metallschliffen befasst) ‖ ~* (Met) s. also physical metallurgy

**metalloid*** n (Chem) / Halbmetall n, Metall n 2. Art ‖ ~ (Chem, Met) / Metalloid n (Halbmetall oder Nichtmetall) ‖ ~ (Met) / mit Metallen Legierungen bildendes Nichtmetall (z.B. Kohlenstoff oder Stickstoff) ‖ ~ **lattice** (Crystal) / metalloides Gitter

**metallometry** n / Metallometrie f (geochemische Methode der Metallbestimmung)

**metallo-organic chemical vapour deposition** (Surf) / MOCVD-Prozess m (eine Schichtabscheidung aus der Gasphase) ‖ ~ **chemistry** (Chem) / metallorganische Chemie ‖ ~ **compounds*** (Chem) / metallorganische Verbindungen, Metallorganyle n pl, Organometallverbindungen f pl, organometallische Verbindungen (bei denen ein Metallatom direkt an ein Kohlenstoffatom gebunden ist)

**metalloporphyrin** n (Biochem) / Metallporphyrin n (ein Porphyrinkomplex, bei dem Metall an die Stelle der beiden zentralen Wasserstoffatome des Porphyrinringes tritt), Metalloporphyrin n

**metalloprotein** n (Biochem) / Metallprotein n (mit Metallionen in ionischer oder koordinativer Bindung), Metalloprotein n

**metal loss** (Met) / Ausbrand m, Abbrand m (Metallverlust durch Oxidation oder Verflüchtigung - bei Schmelzprozessen), Burn-up n

**metallothermic process** (Met) / Metallothermie f (Aluminothermie + Silikothermie)

**metallothionein** n (Biochem) / Metallothionein n (metall- und schwefelhaltiges metallbindendes mikrobielles Protein)

**metallurgic** adj (Met) / metallurgisch adj, hüttenmännisch adj, Hütten-

**metallurgical** adj (Met) / metallurgisch adj, hüttenmännisch adj, Hütten- ‖ ~ **chemistry** (Chem, Met) / metallurgische Chemie, Hüttenchemie f ‖ ~ **coke** (Fuels, Met) / Hüttenkoks m, metallurgischer Koks ‖ ~ **engineering** (Met) / Metallurgie f (als praktische Disziplin) ‖ ~ **fume** (Met) / Hüttenrauch m (mit Flugstaub vermischte Abgase) ‖ ~ **furnace** (Met) / Hüttenofen m, metallurgischer Ofen ‖ ~ **joining** (Met) / stoffschlüssiges Verbinden durch Löten und/oder Schweißen ‖ ~ **lime** / Hüttenkalk m ‖ ~ **microscope** (Micros) / Metallmikroskop n (Mikroskop für Auflicht mit mikrofotografischer Einrichtung) ‖ ~ **ore** (Met, Min Proc) / Hüttenerz n ‖ ~ **plant** (Met) / Hütte f, Hüttenwerk n ‖ ~ **works** (Met) / Hütte f, Hüttenwerk n

**Metallurgie Hoboken-Overpelt's process** (Met) / MHO-Verfahren n (für Vakuumentzinkung von Reinzsaum im Induktionsofen)

**metallurgy*** n (Met) / Hüttenwesen n, Metallurgie f, Metallindustrie f (hüttenmäßige Gewinnung von Metallen aus Erzen und Sekundärrohstoffen) ‖ ~* (Met) / Hüttenkunde f, Hütten- und Gießereikunde f, Metallurgie f (als wissenschaftliche Disziplin) ‖ ~ **of ferrous metals** (Met) / Eisenhüttenkunde f

**metal marking** (Paint) / Metal-Marking n (ein Oberflächentest) ‖ ~ **mask** (Electronics) / Metallmaske f ‖ ~ **master** (Acous) / Vaterplatte f, Vater m (erstes Negativ bei Schallplatten, auf galvanischem Wege verkupfert und metallisch verstärkt) ‖ ~ **matrix composite*** (Aero, Powder Met, Space) / Metallmatrix-Verbund(werk)stoff m, Schichtverbundstoff m mit metallischer Matrix, MMC (Metallmatrix-Verbundstoff) ‖ ~ **melt** (Met) / Metallschmelze f

**metal-metal bond** (Chem) / Metall-Metall-Bindung f

**metal mineral** (Min) / metallhaltiges Mineral, Erzmineral n ‖ ~ **mining** (Mining) / Metallbergbau m ‖ ~ **mist** (Met) / Metallnebel m ‖ ~ **monolith** (Autos) / Metallmonolith m (bei Metallkatalysatoren), Metallträger m (bei Metallkatalysatoren) ‖ ~ **nitride** (Chem) / Metallnitrid n

**metal-nitride-oxide semiconductor technology** (Electronics) / MNOS-Technologie f

**metalogic** n (AI) / Metalogik f (Theorie der Logikkalküle)

**metalogical** adj (AI) / metalogisch adj

**metal-on-glass photomask** (Electronics) / Metall-auf-Glas-Fotomaske f

**metal-organic CVD** (Surf) / MOCVD-Prozess m (eine Schichtabscheidung aus der Gasphase)

**metal oxide** (Chem) / Metalloxid n

**metal-oxide semiconductor*** (Electronics) / Metalloxidhalbleiter m, MOS (Metalloxidhalbleiter)

**metal•-oxide semiconductor transistor*** (Electronics) / MOSFET-Transistor m, Metalloxidtransistor m, MOSFET m (ein Transistor), MOST (MOSFET-Transistor) (ein Hetero-Feldeffekttransistor mit einer isolierenden Metalloxidschicht) ‖ ~ **package** / Blechverpackung f

**metal-particle tape**\* / Reineisenband *n* (mit nichtoxidischer Beschichtung), Metallband *n*, Metallpartikelband *n*
**metal passivator** (Surf) / Passivator *m* (für Metalle - z.B. Chromate oder Phosphate), Passivierungsmittel *n* ‖ ~ **pattern**\* (Foundry) / Metallmodell *n* (auch für den Maskenguss - DIN EN 12890) ‖ ~ **penetration** (Foundry) / Vererzen *n*, Penetration *f*, Vereisen *n*, Verzerrung *f* (von Form- oder Kernsanden - ein Gussfehler) ‖ ~ **physics** (Phys) / Metallphysik *f* (Spezialdisziplin der Festkörperphysik)
**metal-pigment band** / Metallpigmentband *n* ‖ ~ **cassette** / Metallpigmentkassette *f*
**metal-plate air-seal gasket** (Telecomm) / Metallscheibengasdichtung *f* ‖ ~ **chamber** (Elec Eng) / Löschblechkammer *f* (eine Lichtbogenlöschkammer)
**metal plating** (Surf) / elektrochemisches Beschichten, Elektroplattieren *n* (Herstellung der elektrochemischen Überzüge), Galvanisieren *n*, Galvanoformung *f*
**metal-plus-organic-coating system** (Paint, Surf) / Duplexsystem *n*
**metal positive** (Acous) / Mutterplatte *f*, Mutter *f* (pl. Muttern) (Originalmatrize mit Rillen bei der Schallplattenherstellung) ‖ ~ **powder** (Powder Met) / Metallpulver *n*, pulverisiertes Metall
**metal-powder flame cutting** / Metallpulverbrennschneiden *n* ‖ ~ **fusion cutting** / Metallpulverschmelzschneiden *n* (thermisches Abtragen) ‖ ~ **moulding press** / Metallpulverpresse *f*
**metal preservation** / Metallschutz *m* (gegen Korrosion, Abrieb usw.) ‖ ~ **pretreatment** / Metallvorbehandlung *f*
**metal-processing industry** (Eng) / Metallverarbeitung *f* (als gewerblicher Zweig)
**metal profile** (Build) / Blechschablone *f* (für die Zugarbeiten) ‖ ~ **protection** / Metallschutz *m* (gegen Korrosion, Abrieb usw.) ‖ ~ **recovery** (Welding) / Ausbringen *n* (das Verhältnis des niedergeschmolzenen Schweißgutes zum abgeschmolzenen Kernstab) ‖ ~ **rectifier**\* (Elec Eng) / Trockengleichrichter *m*, Trockenplattengleichrichter *m*
**metal-refining-process converter** (Met) / MRP-Konverter *m* (zur sekundärmetallurgischen Behandlung des Rohstahls)
**metal-reinforced wood** (For, Join) / Metallholz *n* (mit Metallverstärkung meistens in der Mittellage) ‖ ~ **wood** (For, Join) s. also plymetal
**metal removal** (a quantity characteristic) (Eng) / Abschliffmenge *f*, Abschliff *m* (Abschliffmenge) ‖ ~ **removal** (Eng) / Abschliffnahme *f* ‖ ~ **removal** (Eng) s. also metal cutting ‖ ~ **restoration** (Eng) / Reparatur *f* von (beschädigten oder abgenutzten) Metallteilen
**metals**\* *pl* (Rail) / Eisenbahnschienen *f pl* ‖ ~ (Rail) / Gleis *n*, Gleiskörper *m*
**metal salt** (Chem) / Metallsalz *n*
**metal-salt stain** (For) / Metallsalzbeize *f* (zum Nachbeizen)
**metal science** (Eng, Materials) / Metallkunde *f* (Lehre vom Aufbau, den Eigenschaften und den Verarbeitungsmöglichkeiten der Metalle und ihrer Legierungen - ein Teilgebiet der Werkstoffkunde), Metallogie *f* (Metallkunde)
**metal-semiconductor field-effect transistor** (Electronics) / MES-Feldeffekttransistor *m*, MESFET-Transistor *m* (mit einem Metall-Halbleiter-Übergang), Schottky-Sperrschicht-Feldeffekttransistor *m*
**metal shadowing** (Micros) / Metallbeschattung *f* ‖ ~ **shears** (hand-operated) (Plumb) / Faustschere *f* (zum Blechschneiden), Blechschere *f* (eine Handschere), Handblechschere *f* ‖ ~ **sheath** (Cables) / Metallmantel *m*
**metal-sheet specimen** / Prüfblech *n* (z.B. für die Hull-Zelle) ‖ ~ **test panel** (Paint) / Prüfblech *n* (Probenplatte aus Blech)
**metal-shielded thermocouple** (Elec Eng) / Rohrthermoelement *n* (für Betriebsmessungen, bei dem das Schutzrohr zugleich ein Schenkel des Thermopaares ist)
**metal shot** (Met, Mining) / Schrot *m n*
**metal-slag reaction** (Met) / Metall-Schlacken-Reaktion *f*
**metal slitting saw** / Metallschlitzsäge *f* ‖ ~ **slotting saw** / Metallschlitzsäge *f* ‖ ~ **spinning**\* (Eng) / Drückwalzen *n*, Drücken *n*, Metalldrücken *n* (zum Herstellen von meist rotationssymmetrischen Hohlkörpern mit zylindrischer oder komplexer Mantellinie), Außenformdrücken *n* ‖ ~ **spiral** (Chem) / Drahtspirale *f* (gestreckt oder eng gewickelt - als Füllkörper) ‖ ~ **spray** (Welding) / Metallspritzer *n* ‖ ~ **spraying**\* (Eng) / Metallspritzen *n* (ein thermisches Spritzverfahren), Metallspritzverfahren *n*, Spritzmetallisieren *n*
**metal-spraying pistol** / Metallspritzpistole *f*, Metallisator *m*
**metal spring** (Eng) / Metallfeder *f* ‖ ~ **substrate** (Chem) / Metallsubstrat *n* ‖ ~ **surface** / Metalloberfläche *f* ‖ ~ **surface treatment** / Metalloberflächenbehandlung *f* ‖ ~ **tape** (with non-oxide coating) / Reineisenband *n* (mit nichtoxidischer Beschichtung), Metallband *n*, Metallpartikelband *n*
**metal-tape compatibility** (of a stereo/cassette receiver) (Acous) / Metallbandeignung *f* (der Vollstereokombination)

**metal teasel** (Spinning) / Metallkarde *f*, Metallkratze *f* ‖ ~ **template** (Build) / Blechschablone *f* (für die Zugarbeiten) ‖ ~ **tender** (a workman supervising the temperature and melting operations of a glass tank) (Glass) / Wannenarbeiter *m* (der sich um die Glasschmelze kümmert) ‖ ~ **thread** (Textiles) / Metallfaden *m* (leonischer, metallisierter usw.)
**metal-to-metal** *attr* (Eng) / hartdichtend *adj* (Armatur) ‖ ~ **contact** (Elec Eng) / metallische Berührung ‖ ~ **seat facing** (Eng) / harte Dichtung, metallische Dichtung (bei Armaturen)
**metal trim**\* (Build) / Metallzierbeschlag *m* ‖ ~ **tubing** (Eng, Mining) / Strahlrohr *n* ‖ ~ **valley**\* (Plumb) / Dachkehlenauskleidung *f* aus Blech, Dachkehle *f* aus Blech, Metalldachkehle *f*
**metal-vapour lamp** (Electronics) / Metalldampflampe *f* (z.B. Quecksilber- oder Alkalidampflampe)
**metal vein** (Geol, Mining) / erzführender Gang, Erzmineralgang *m*, Erzader *f*, Erzgang *m* (DIN 21918), Mineralader *f*
**metalware** *n* (Eng) / Eisenware(n) *f(pl)*, Metallwaren *f pl*, Metallartikel *m pl*, Beschlagteile *n pl* (im Allgemeinen)
**metalwares** *pl* (Eng) / Eisenware(n) *f(pl)*, Metallwaren *f pl*, Metallartikel *m pl*, Beschlagteile *n pl* (im Allgemeinen)
**metal welding** (Welding) / Metallschweißen *n* (DIN ISO 857-1)
**metal-whisker reinforced plastic** (Plastics) / metallwhiskerverstärkter Kunststoff, MWK (metallwhiskerverstärkter Kunststoff nach DIN 7728, T 2)
**metalwork** *n* (Eng) / Bewehrung *f* (Metall-)
**metal working** (Eng) / Metallbearbeitung *f*
**metal-working oil** (Eng) / Metallbearbeitungsöl *n*
**metal yarn** (Textiles) / Metallgarn *n*
**metamagnetism** *n* (Mag, Phys) / Metamagnetismus *m*
**metamathematical** *adj* (Maths) / metamathematisch *adj*
**metamathematics** *n* (Maths) / Metamathematik *f* (Untersuchungen über mathematische Theorien, in denen die Mathematik selbst zum Gegenstand der Betrachtung wird)
**metamer** *n* (Chem) / Metamer *n*, Metameres *n*
**metameric** *adj* (Chem) / metamer *adj* ‖ ~ **colours** (Light) / metamere Farben, bedingt gleiche Farben
**metamerism** *n* (Chem, Phys) / Metamerie *f*
**metamers** *pl* (Light) / metamere Farben, bedingt gleiche Farben
**metametal** *n* (Chem) / Metametall *n* (tiefschmelzendes Schwermetall, dessen Kristallgitter eine etwas geringere Symmetrie aufweist - Be, Zn, Cd, Hg, In, Tl und Pb)
**metametalanguage** *n* (Comp) / Metametasprache *f*
**metamict**\* *adj* (Min) / isotropisiert *adj* (Kristall), metamikt *adj*
**metamictization** *n* (Min, Nuc Eng) / Isotropisierung *f* durch radioaktive Strahlung, Metamiktisierung *f*
**metamorphic** *adj* (Geol) / metamorph *adj* ‖ ~ **differentiation** (Geol) / metamorphe Differentiation ‖ ~ **facies**\* (Geol) / metamorphe Fazies ‖ ~ **rocks** (Geol) / Metamorphite *m pl*, metamorphe Gesteine, Umwandlungsgesteine *n pl*
**metamorphism**\* *n* (Geol) / Allometamorphose *f*, eigentliche Gesteinsmetamorphose, Metamorphose *f*
**metamorphosis** *n* (pl. -oses) (Bot, Zool) / Metamorphose *f*
**metanilic acid**\* (Chem) / Metanilsäure *f*, m-Aminobenzolsäure *f*
**metanil yellow** / Victoriagelb *n*, Metanilgelb *n* (ein Indikator), Viktoriagelb *n*, Acid Yellow 36 (ein Indikator)
**metaphase** *n* (Biol) / Metaphase *f* (eine charakteristische Phase der Mitose)
**metaphosphate** *n* (Chem) / Metaphosphat *n* (Salz und/oder Ester der Metaphosphorsäure)
**metaphosphoric acid**\* (Chem) / Metaphosphorsäure *f* $(HPO_3)_n$
**metaplumbate** *n* (Chem) / Trioxoplumbat *n*, Metaplumbat(IV) *n*
**meta position** (Chem) / Metastellung *f*
**metaquartzite** *n* (Geol) / Felsquarzit *m*
**metaraminol**\* *n* (Pharm) / Metaraminol *n* (ein Vasopressor)
**METAR code** (Aero, Meteor) / METAR-Code *m* (für die Flugwettermeldung)
**metarule** *n* (AI) / Metaregel *f* (Wissen über Strategien und Strategienauswahl)
**metasearch engine** (each search engine has strengths and weaknesses and one search engine may have indexed Web sites that another has not - metasearch engines have been developed to overcome this problem) (Comp) / Meta-Suchmaschine *f* (die mit einem Suchstring parallel mehrere Suchen in verschiedenen Suchdiensten startet)
**metasilicate** *n* (Chem) / Trioxosilikat *n*, Metasilikat *n*, Metasilicat *n*
**metasilicic acid** (Chem) / Metakieselsäure *f*
**metasomatism**\* *n* (Geol) / Metasomatose *f* (Verdrängung und Substitution), Verdrängung *f* (Bildung neuer Minerale mit abweichender chemischer Zusammensetzung an Stelle eines ursprünglichen Mineralbestandes), allochemische Metamorphose *f*
**metasome** *n* (Geol, Min) / Verdrängendes *n* (bei Migmatiten), Metasom *n*, Gastmineral *n*

**metastable** adj (Phys) / metastabil adj || ~ s. also labile || ~ **equilibrium** (Phys) / gehemmtes Gleichgewicht, metastabiles Gleichgewicht || ~ **ion** (Chem) / metastabiles Ion || ~ **state*** (Phys) / metastabiler Zustand
**metathesis** n (pl. metatheses) (Chem) / Metathese f, Metathesis f, doppelte Umsetzung, Wechselumsetzung f || ~ **polymerization** (Chem) / Metathesepolymerisation f (eine Ringöffnungspolymerisation)
**metathetical** adj (Chem) / metathetisch adj, Metathese-
**metatitanic acid** (Chem) / Titan(IV)-oxidhydrat n, Titansäure f, Titandioxidhydrat n
**metavanadate** n (Chem) / Metavanadat n
**metaxylem*** n (Bot, For) / Metaxylem n (das später gebildete Primärxylem mit getüpfelten trachealen Elementen)
**meta-xylene** n (Chem) / meta-Xylol n
**met briefing** (Aero, Meteor) / mündliche Wetterberatung || ~ **debriefing** (Aero) / mündlicher Flugbericht
**meteor*** n (Astron) / Meteor m n (die beim Eindringen eines Meteoriten in die Erdatmosphäre hervorgerufene Leuchterscheinung: hellere Meteore = Feuerkugeln, Meteore mit schwacher Helligkeit = Sternschnuppen, Meteorleuchten || ~* (Astron) s. also trails || ~ **bumper** (Space) / Meteorschild m || ~ **crater*** (Geol) / Impaktkrater m, Meteorkrater m, Meteoritenkrater m (eine Aufschlagstelle)
**meteoric iron** (Astron) / Meteoreisen n, meteoritisches Eisen, siderisches Eisen || ~ **shower*** (Astron) / Meteoritenschauer m, Steinregen m (in der Erdatmosphäre) || ~ **stone** (Astron) / Steinmeteorit m, Meteorstein m, Aerolith m || ~ **water** (Meteor) / Niederschlagswasser n der Atmosphäre
**meteorite*** n (Astron) / Meteorit m (i.e.S. - die zur Erdoberfläche fallenden Reststücke der extraterrestrischen Festkörper) || ~ **crater** (Geol) / Impaktkrater m, Meteorkrater m, Meteoritenkrater m (eine Aufschlagstelle) || ~ **impact** (Geol, Space) / Meteoriteneinschlag m, Meteoritenaufschlag m, Impact m (Meteoriteneinschlag, wie z.B. im Nördlinger Ries), Impakt m
**meteoritic** adj (Meteor) / meteoritisch adj
**meteorogram** n (Meteor) / Meteorogramm n (Schreibstreifen des Meteorografen) || ~ (Meteor) / Aerogramm n, Refsdal-Diagramm n (nach A. Refsdal, 1897-1956)
**meteorograph** n (Meteor) / Meteorograf m (Vorläufer der Radiosonde)
**meteoroid** n (Astron) / Meteoroid n (alle Kleinkörper, die sich durch das Sonnensystem bewegen)
**meteorolite** n (Astron) / Steinmeteorit m, Meteorstein m, Aerolith m
**meteorological** adj (Meteor) / Wetter-, meteorologisch adj || ~ **briefing** (Aero, Meteor) / mündliche Wetterberatung || ~ **broadcasting** (Meteor, Radio) / Wetterfunk m || ~ **centre** (Meteor) / meteorologische Zentrale (innerhalb des globalen Datenverarbeitungssystems der Weltwetterwacht) || ~ **chart** (Meteor) / Wetterkarte f || ~ **conditions** (Meteor) / Wetterbedingungen f pl || ~ **debriefing** (Aero) / mündlicher Flugbericht || ~ **elements** (Meteor) / Wetterelemente n pl, meteorologische Elemente (Elemente des Wetters, die untereinander durch Beziehungen und Gesetzmäßigkeiten verknüpft sind) || ~ **minima** (Aero) / Wetterminima n pl (Wettermindestbedingungen für Starts, Flugmanöver und Landungen), Wettermindestbedingungen f pl || ~ **optics** (Optics) / atmosphärische Optik (die das Verhalten des Lichts in der Atmosphäre beschreibt), meteorologische Optik || ~ **radar** (Radar) / Wetterradar m n (zur Ermittlung der durch Niederschläge, Wolkenformationen, Nebel und Dunst gekennzeichneten Wetterlage) || ~ **reconnaissance flight** (Aero, Meteor, Mil) / Wettererkundungsflug m || ~ **report** (Meteor) / Wettermeldung f, Wetterbericht m || ~ **rocket** (Meteor) / Wetterrakete f, meteorologische Rakete, Wetterforschungsrakete f || ~ **satellite*** (Meteor) / Wettersatellit m, meteorologischer Satellit, Satellit m zur Wetterbeobachtung || ~ **solenoid** (Meteor) / Solenoidfeld n || ~ **station** (Meteor) / Wetterstation f, Wetterwarte f (meteorologische Beobachtungsstation mit lokalem Wettervorhersagedienst), Wetterdienststelle f, meteorologische Station || ~ **visibility** (Ships) / meteorologische Sichtweite || ~ **warning** (Aero, Ships) / Wetterwarnung f || ~ **watch** (Aero) / Flugwetterüberwachung f
**meteorologist** n (Meteor) / Meteorologe m
**meteorology*** n (Meteor) / Meteorologie f || ~ **of the cargo hold** (Ships) / Laderaummeteorologie f (ein Teilgebiet der technischen Meteorologie)
**meteorosensitivity** n (Med, Meteor) / Wetterfühligkeit f, Meteoropathie f
**meteorotropism** n (Med, Meteor) / Meteorotropismus m (durch die Witterung bedingter krankhafter Zustand bzw. Auslösung von Krankheiten durch Wettervorgänge)
**meteor stream*** (Astron) / Meteorstrom m || ~ **trail** (Meteor) / Meteorschweif m
**meter** v / messen v (DIN 1319, T 1), abmessen v || ~ (Eng) / zumessen v, dosieren v (DIN 1319, T 1), zudosieren v || ~ (Instr) / zählen v (mit dem Messer) || ~ n (US)* / Meter n m (SI-Basiseinheit der Länge), m (SI-Basiseinheit nach DIN 1301, T 1) || ~* / [integrierendes] Messgerät n || ~* (Elec Eng, Eng, Instr) / Zähler m (in der Messtechnik, mit Summenanzeige), Messer m || ~* (Instr) / Messapparat m, Messgerät n (DIN 1319, T 3), Messinstrument n || ~ **ampere** (Elec) / Strommoment n || ~ **amplifier** / Messgeräteverstärker m (im Messgerät integrierter Messverstärker) || ~ **board** (Elec Eng) / Zählertafel f || ~ **calibration** (Elec Eng, Instr) / Zählereichung f || ~ **circuit** (Elec Eng) / Messschaltung f || ~ **cock** (US) / Zählerhahn m, Zählerabsperreinrichtung f (bei Gaszählern) || ~ **constant** (Elec Eng) / Zählerkonstante f (die Zahl der Läuferumdrehungen je Ableseeinheit) || ~ **control** (cock) / Zählerhahn m, Zählerabsperreinrichtung f (bei Gaszählern)
**metered bore** (Autos) / kalibrierte Bohrung (z.B. von Vergaserdüsen) || ~ **drilling** (Autos) / kalibrierte Bohrung (z.B. von Vergaserdüsen) || ~ **port** (Autos) / kalibrierte Bohrung (z.B. von Vergaserdüsen)
**metering** n / Messung f (DIN 1319, T 1), Messen n (DIN 1319, T 1), Vermessung f || ~ (Eng) / Dosieren n (DIN 1319, T 1), Dosierung f, Zudosierung f, Zumessung f || ~ (Telecomm) / Traffic Shaping n (ein Mechanismus des Traffic Handling), Verkehrsgestaltung f (die Verwendung von Warteschlangen zum Begrenzen von Spitzen, die zu Stauungen im Netzwerk führen können) || ~ **bar** (Paper) / Rollschaber m, Rollrakel f || ~ **blade** (Print) / Dosierrakel f || ~ **nozzle** / Zumessdüse f || ~ **port** (Autos) / Steuerschlitz m, Zumessschlitz m || ~ **pulse** (Teleph) / Gebührenimpuls m || ~ **pump** (Eng) / Messpumpe f (eichbare Pumpe) || ~ **pump** (Eng) / Dosierungspumpe f, Dosierpumpe f, Zumesspumpe f || ~ **pump** (Plastics) / Titerpumpe f || ~ **rate** / Zudosierung f (zudosierte Menge pro Zeiteinheit) || ~ **relay** (Elec Eng, Instr) / Messrelais n || ~ **roll** (Paper) / Messwalze f || ~ **scale** / Chargenwaage f, Dosierwaage f || ~ **screw** (Eng) / Dosierschnecke f || ~ **system** / Messsystem n (Messobjekt + Messeinrichtung + Umgebung) || ~ **valve** / Stromventil n (ein Hydroventil zur Beeinflussung eines Druckmittelstromes, z.B. Drossel oder Stromregelventil) || ~ **valve** (Eng) / Zumessventil n, Dosierventil n, Dosiervorrichtung f || ~ **zone** (Telecomm) / Gebührenzone f
**meter leather** (Leather) / technisches (Schafs)Leder für Balgenherstellung (bei Gaszählern), Gasmesserleder n || ~ **maid** / Politesse f, die die Parkuhren überwacht || ~ **panel** (Elec Eng) / Zählertafel f || ~ **pulse** (Teleph) / Gebührenimpuls m || ~ **reading** / Zählerablesung f (als Tätigkeit) || ~ **relay** (Elec Eng, Instr) / Messrelais n || ~ **stop** (US) / Zählerhahn m, Zählerabsperreinrichtung f (bei Gaszählern) || ~ **wire*** (Teleph) / Zählader f
**metglass** n (Glass) / Metallglas n, Glasmetall n, metallisches Glas (metallischer Werkstoff), amorphes Metall (z.B. METGLAS oder VITROVAC), glasiges Metall
**methacrolein** n (Chem) / Methakrylaldehyd m, Methakrolein n, Methacrolein n, Methacrylaldehyd m
**methacrylaldehyde** n (Chem) / Methacrylaldehyd m, Methakrolein n, Methacrolein n, Methacrylaldehyd m
**methacrylate** n (a salt or ester of methacrylic acid) (Chem) / Methacrylat n, Methakrylat n || ~ **resins** (Plastics) / Methakrylatharze n pl, Methacrylatharze n pl (DIN 16 945)
**methacrylic acid** (Chem) / Methakrylsäure f, Methacrylsäure f, 2-Methyl-propensäure f || ~ **anhydride** (Chem) / Methakrylsäureanhydrid n, Methacrylsäureanhydrid n, MAAH
**methadone*** n (Pharm) / Methadon n (internationaler Freiname des Polamidonwirkstoffs - ein synthetisches Morphinomimetikum)
**methaemoglobin*** n (Biochem) / Methämoglobin n (Oxidationsprodukt des Hämoglobins), Ferrihämoglobin n, Eisen(III)-hämoglobin n, Hemiglobin n, MetHb
**methaemoglobinaemia** n (Med) / Methämoglobinämie f
**methallyl acetate** (Chem, Glass) / Methallylazetat n, Methallylacetat n || ~ **chloride** (Chem) / Methallylchlorid n (3-Chlor-2-methyl-1-propen)
**methamidophos** n / Methamidophos n (ein Insektizid und Akarizid)
**methanal** n (Chem) / Methanal n, Formaldehyd m || ~ **resin** (Chem, Plastics) / Formaldehydharz n
**methanation** n (Chem Eng) / Methanisierung f (Herstellung von Methan aus Kohlenmonoxid und Wasserstoff)
**methane*** n (Chem) / Methan n (Kohlenwasserstoff der Alkanreihe), Methangas n
**methanearsonic acid** (Chem) / Methanarsonsäure f
**methane carrier** (Ships) / Methantanker m (ein Flüssiggastanker) || ~ **desorption** (Mining) / Methandesorption f (Methanabgabe von Steinkohlenflözen nach der Entspannung der Kohle, zeitlich und mengenmäßig begrenzt) || ~ **detector** (Mining) / Methanspürgerät n, Schlagwetterdetektor m || ~ **digester** / Biogasofen m || ~ **digestion** (Biochem) / Methangärung f (Methangewinnung aus Abfall), Fermentation f zu Methan (alkalische Gärung) || ~ **fermentation** (Biochem) / Methangärung f (Methangewinnung aus Abfall), Fermentation f zu Methan (alkalische Gärung) || ~ **gas** (from landfills) (Ecol, San Eng) / Deponiegas n (das aufgrund anaerober biologischer Abbauprozesse entstandene Biogas) || ~ **hydrate**

(Chem) / Methanhydrat n ‖ ~ **number** (Fuels) / Methanzahl f (für gasförmige Kraftstoffe), MZ ‖ **~-producers** pl (Bacteriol) / Methanbakterien f pl (im Faulschlamm, in Kläranlagen, im Pansen der Wiederkäuer) ‖ ~ **production** / Methanogenese f (letzter Schritt des anaeroben Abbaus von Biomasse), Methangasbildung f, Methanerzeugung f (z.B. die Gasbildungsphase bei der anaeroben Gärung) ‖ ~ **reforming** (Chem Eng) / Methanreformierung f (Umkehrung der Methanisierung)
**methanesulphonic acid** (Chem) / Methansulfonsäure f ‖ ~ **acid** (Chem) s. also mesylate
**methanesulphonyl chloride** (Chem) / Methansulfonylchlorid n, Mesylchlorid n
**methane sulphonyl group** (Chem) / Mesyl n, Methansulfonyl n (ein Säurerest)
**methanization** n (Chem Eng) / Methanisierung f (Herstellung von Methan aus Kohlenmonoxid und Wasserstoff)
**methanoate\*** n (Chem) / Methanat n, Formiat n (Salz oder Ester der Ameisensäure)
**methanofuran** n (Chem) / Methanofuran n, MFR (Methanofuran)
**methanogenesis** n (pl. -geneses) / Methanogenese f (letzter Schritt des anaeroben Abbaus von Biomasse), Methangasbildung f, Methanerzeugung f (z.B. die Gasbildungsphase bei der anaeroben Gärung)
**methanogenic bacteria** (Bacteriol) / Methanbakterien f pl (im Faulschlamm, in Kläranlagen, im Pansen der Wiederkäuer)
**methanoic acid\*** (the simplest monocarboxylic acid) (Chem, Nut) / Ameisensäure f (als Konservierungsstoff = E 236), Methansäure f
**methanol\*** n (Chem) / Methanol n, Methylalkohol m ‖ ~ **swabbing** / Methanolmolchung f (der Rohrleitung) ‖ ~ **to gasoline process** (Fuels) / MTG-Verfahren n (bei dem Methanol bei etwa 200° bis 400° C an speziellen Molekularsiebkatalysatoren in Kohlenwasserstoffe umgewandelt wird), Mobil-Oil-Verfahren n, Mobil-MTG-Verfahren n
**methanolysis** n (pl. -lyses) (Chem Eng) / Methanolyse f (Solvolyse mit Methanol als Alkohol)
**methanometer** n / Methanometer n (zum Nachweis und zur Bestimmung von Methan)
**methemoglobin** n (US) (Biochem) / Methämoglobin n (Oxidationsprodukt des Hämoglobins), Ferrihämoglobin n, Eisen(III)-hämoglobin n, Hemiglobin n, MetHb
**methenamine** n (Chem, For, Med) / Methenamin n, Hexamin n, Hexamethylentetramin n, Urotropin n (ein Warenzeichen), Cystamin n
**methene** n (Chem) / Methylen n, Methylengruppe f
**methenyls** pl (Chem) / Methingruppe f, Methine n pl, Methylidingruppe f (eine Kohlenwasserstoffgruppe)
**methicillin** n (a semi-synthetic form of penicillin used against staphylococci which produce penicillinase) (Pharm) / Methicillin n, Methizillin n
**methidathion** n / Methidathion n (ein Insektizid und Akarizid)
**methide** n (Chem) / Methid n
**methine\*** n (Chem) / Methin n ‖ ~ **bridge** (Chem) / Methinbrücke f ‖ ~ **dyes\*** (Chem) / Methinfarbstoffe m pl ‖ ~ **dyestuffs** (Chem) / Methinfarbstoffe m pl ‖ ~ **group** (Chem) / Methingruppe f, Methine n pl, Methylidingruppe f (eine Kohlenwasserstoffgruppe)
**methines\*** pl (Chem) / Methingruppe f, Methine n pl, Methylidingruppe f (eine Kohlenwasserstoffgruppe)
**methionine\*** n (Biochem, Med) / Methionin n (eine essentielle proteinogene Aminosäure), Met (Methionin)
**method** n / Methode f (auf einem Regelsystem aufbauendes Verfahren oder eine Art und Weise eines Vorgehens) ‖ ~ **bank** (Comp) / Methodenbank f, MeB (eine Weiterentwicklung einfacher computergestützter Methodensammlungen) ‖ ~ **for determining the permanent elongation limit** (Mech) / Formdehngrenzenverfahren n
**methodical** adj / planmäßig adj, methodisch adj, planvoll adj
**method of adjusting** (Acous) / Angleichen n (Messverfahren zur Lautstärkeermittlung) ‖ ~ **of application** / Anwendungsverfahren n, Applikationsverfahren n ‖ ~ **of constant stimulus** (Acous) / Abfragen n (Messverfahren zur Lautstärkeermittlung) ‖ ~ **of determination** (Stats) / Ermittlungsverfahren n (bei der Qualitätssicherung nach DIN 55 350, T 13) ‖ ~ **of equating** (Maths) / Gleichsetzungsmethode f, Gleichsetzungsverfahren n ‖ ~ **of exhaustion(s)** (Maths) / Exhaustionsmethode f (zur Berechnung von Raum- und Flächeninhalten) ‖ ~ **of false position** (Maths) / Regula Falsi f (Sekantennäherungsverfahren), Sekantenverfahren n (zur näherungsweisen Bestimmung einer Nullstelle einer stetigen Funktion) ‖ ~ **of felling** (For) / Hiebsart f (Art des waldbaulichen Vorgehens beim Holzeinschlag) ‖ ~ **of fictitious bars** (Build, Civ Eng) / Ersatzstabverfahren n, Vianello-Verfahren n ‖ ~ **of joints** (Build) / Rundschnittverfahren n ‖ ~ **of least squares** (Maths) / Methode f der kleinsten Quadrate (Grundlage für die Ausgleichsrechnung - DIN 1319, T 4) ‖ ~ **of maximum likelihood** (originated by R.A. Fisher) (Stats) / Maximum-Likelihood-Methode f (zur Gewinnung von Punktschätzungen), Methode f der maximalen Stichprobenwahrscheinlichkeit ‖ ~ **of measurement** / Messmethode f (DIN 1319, T 1) ‖ ~ **of mixtures** (Chem, Phys) / Mischungsmethode f ‖ ~ **of moments\*** (Stats) / Momentenmethode f (zur Konstruktion von Punktschätzungen für einen Parameter) ‖ ~ **of paired samples** (Nut) / Methode f der gepaarten Proben (bei der organoleptischen Prüfung), Duoprobe f (mit gepaarten Proben) ‖ ~ **of path coefficients** (Stats) / Pfadanalyse f ‖ ~ **of payment** (Work Study) / Lohnzahlungsform f ‖ ~ **of steepest descents** (Maths) / Methode f des steilsten Abstiegs (ein Abstiegsverfahren), Sattelpunktmethode f ‖ ~ **of tracking** (Acous) / pendelndes Angleichen (ein Messverfahren zur Lautheitsmessung), Pendelangleichungsverfahren n (Lautheitsmessung) ‖ ~ **patent** / Verfahrenspatent n
**methods engineer** / Technologe m ‖ ~ **engineer** (Work Study) / Arbeitsstudien-Fachmann m, Arbeitsstudien-Ingenieur m, REFA-Ingenieur m ‖ ~ **engineering** (Work Study) / Arbeitsstudium n, Arbeitsstudienwesen n
**method study\*** (Work Study) / Arbeitsgestaltung f
**methoxone\*** n (Agric, Chem) / MCPA (Nachauflaufherbizid mit selektiver Wirkung aus der Gruppe der Phenoxykarbonsäuren)
**methoxyaniline** n (Chem) / Anisidin n, Aminophenylmethylether m, Aminoanisol n, Methoxyanilin n
**methoxybenzene** n (used in perfumes and as a vermicide) (Chem) / Anisol n, Methylphenylether m, Methoxybenzol n
**methoxychlor\*** n (Chem) / Methoxychlor n (Common name für das Insektizid $C_{16}H_{15}Cl_3O_2$), DMDT (Methoxychlor)
**methoxy-DDT\*** (Chem) / Methoxychlor n (Common name für das Insektizid $C_{16}H_{15}Cl_3O_2$), DMDT (Methoxychlor)
**2-methoxyethanol** n (Chem, Paint) / 2-Methoxyethanol n, Methylglykol n
**methoxyethylmercury chloride** (Agric, Chem) / Methoxyethylquecksilberchlorid n (in Deutschland nicht zugelassen)
**methoxyflurane** n (Med) / Methoxyfluran n (internationaler Freiname für ein Inhalationsanästhetikum)
**methoxyl group** (Chem) / Methoxylgruppe f, Methoxygruppe f
**methoxymethane** n (Chem) / Methoxymethan n, Oxybismethan n, Dimethylether m, Methylether m
**methyl** n (Chem) / Methyl n, Methylradikal n, Methylgruppe f ‖ **2-~ propan-1-ol\*** (Chem) / Isobutylalkohol m, Isobutanol n ‖ ~ **abietate** (Chem, Paint) / Methylabietat n ‖ ~ **acetate** (Chem) / Methylacetat n, Essigsäuremethylester m, Methylazetat n ‖ ~ **acetophenone** (used in perfumery) (Chem) / Methylacetophenon n, Methylazetophenon n ‖ ~ **acetylene\*** (Chem) / Propin n (ein stark reaktionsfähiges Gas der Alkin-Reihe) ‖ ~ **acrylate** (Chem, Plastics) / Methacrylsäureester m, Methacrylsäuremethylester m, Akrylsäuremethylester m, Acrylsäuremethylester m, Methacrylat n, Methakrylat n, Methylakrylat n (zur Herstellung von Kunststoffen)
**Methylal\*** n (Chem) / Methylal n, Dimethoxymethan n, Formaldehyddimethylazetal n, Formaldehyddimethylacetal n
**methyl alcohol\*** (Chem) / Methanol n, Methylalkohol m ‖ ~ **allyl chloride** (Agric, Chem) / Methylallylchlorid n
**methylaluminoxane** (Chem) / Methylalumoxan n, MAO
**methylamine\*** n (a gas with an odour of ammonia) (Chem) / Aminomethan n, Methylamin n
**methyl anthranilate** (artificial neroli oil) (Chem) / Anthranilsäuremethylester m (in vielen Blütenölen), Methylanthranilat n (2-Aminobenzoesäuremethylester) ‖ ~ **arachidate** (Chem, Med) / Arachidinsäuremethylester m, Methylarachidat n, Methyleicosanoat n, Methyleikosanoat n
**methylate** v (Chem) / methylieren v (Methylgruppe/n/ einführen) ‖ ~ (Chem, Nut) / mit Methanol denaturieren, mit Methanol vergällen
**methylated spirit\*** (Chem) / denaturierter Alkohol (mit Methanol), Spiritus denaturatus (mit Methanol) ‖ ~ **spirits** (Chem Eng) / Brennspiritus m (konzentriertes vergälltes Ethanol für Brennzwecke)
**methylation\*** n (Chem) / Methylierung f (Einführung der Methylgruppe(n) in organische Verbindungen) ‖ ~ (Chem, Nut) / Vergällung f (mit Methanol), Denaturierung f (mit Methanol)
**methyl behenate** (Chem) / Methylbehenat n
**methylbenzene\*** n (Chem) / Toluol n (aromatischer Kohlenwasserstoff), Methylbenzol n
**methyl benzoate** (Chem) / Benzoesäuremethylester m ‖ ~ **benzoate** (Chem) s. also niobe oil ‖ ~ **blue** (Chem) / Baumwollblau n, Methylblau n (ein Triarylmethanfarbstoff) ‖ ~ **bromide\*** (Chem) / Methylbromid n, Brommethan n ($CH_3Br$), Monobrommethan n (ein Kühl-, Lösch- und Methylierungsmittel sowie ein Nematizid)
**methylbutanoic, 3-~ acid** (Chem, Pharm) / Isovaleriansäure f (gesättigte verzweigte Fettsäure), 3-Methylbuttersäure f, Delphinsäure f
**3-methylbutanoic acid** (Chem, Pharm) / Isovaleriansäure f (gesättigte verzweigte Fettsäure), 3-Methylbuttersäure f, Delphinsäure f

**methylbutanol**

**methylbutanol** n (Chem) / Methylbutanol n (ein Pentanol)
**methyl butene** (Chem) / Methylbuten n
**methylbutenedioic, cis-~ acid** (Chem) / Citraconsäure f, Zitrakonsäure f, Methylmaleinsäure f, Methylbutendisäure f
**methylbutynol** n (2-methyl-3-butyn-2-ol) (Ceramics, Pharm) / Methylbutinol n (2-Methyl-3-butin-2-ol)
**methyl cellulose*** (Chem, Nut, Pharm) / Methylcellulose f (Methylether der Cellulose - E 461), Methylzellulose f, MC (Methylcellulose) || ~ **cellulose paste** (a cellulose-based adhesive for use in paperhanging) / MC-Spezialkleister m (für Tapeten) || ~ **chavicol** (Chem) / Estragol n, Chavicolmethylether m, Methylchavicol n || ~ **chloride*** (Chem) / Chlormethan n, Methylchlorid n, Monochlormethan n
**methylchlorosilane** n (Chem) / Chlormethylsilan n, Methylchlorsilan n (technische Bezeichnung)
**methylcyclohexane** n (Chem) / Hexahydrotoluol n, Methylzyklohexan n (ein Lösungsmittel), Methylcyclohexan n
**methylcyclohexanol (IV)*** n (a solvent for rubber and cellulose) (Chem) / Methylzyklohexanol n, Methylcyclohexanol n, Hexahydrokresol n (ein Lösungsmittel), Hexahydrocresol n
**methylcyclohexanone** n (Chem) / Methylzyklohexanon n (ein sich vom Methylzyklohexan ableitendes Keton - ein Lösungsmittel), Methylcyclohexanon n
**methyl cyclopentane** (Chem) / Methylzyklopentan n, Methylcyclopentan n || ~ **derivative** (Chem) / Methylderivat n
**methyldiglycol** n (Chem) / Methyldiglykol n, Diethylenglykolmonomethylether m
**methyl docosanoate** (Chem) / Methylbehenat n
**methyldopa*** n (a highly active antihypertensive) (Pharm) / Methyldopa n (ein Antihypertensivum)
**methyl eicosanoate** (Chem, Med) / Arachidinsäuremethylester m, Methylarachidat n, Methyleicosanoat n, Methyleikosanoat n
**methylene*** n (Chem) / Methylen n, Methylengruppe f || ~ **blue** (Basic Blue 8)* (Chem) / Methylenblau n (basischer Farbstoff der Thiazinreihe)
**methylene-blue test** (San Eng) / Methylenblauprobe m (Analyseverfahren zur Bestimmung der Fäulnisfähigkeit organischer Stoffe, z.B. in der Abwasseruntersuchung)
**methylene bridge** (Chem) / Methylenbrücke f || ~ **bromide** (Chem) / Dibrommethan n, Methylenbromid n || ~ **chloride*** (Chem) / Dichlormethan n, Methylenchlorid n || ~ **diisocyanate** (Chem) / 4,4-Methylendiphenylisocyanat n, Diphenylmethan-4,4-diisozyanat n, MDI (4,4-Methylendiphenylisocyanat) || ~ **group** (Chem) / Methylen n, Methylengruppe f || ~ **iodide*** (Chem) / Diiodmethan n, Methyleniodid n
**methylenesuccinic acid** (Chem, Plastics) / Itakonsäure f, Itaconsäure f, Methylenbernsteinsäure f
**methyl ester** (Chem) / Methylester m || ~ **ester ethoxylate** (Chem) / Methylesterethoxylat m, MEE n (Methylesterethoxylat) || ~ **ethanoate** (Chem) / Methylacetat n, Essigsäuremethylester m, Methylazetat n || ~ **ethyl ketone*** (Chem, Nut) / 2-Butanon n (ein Extraktionsmittel), Methylethylketon n, Ethylmethylketon n || ~ **fluoride** (Chem) / Fluormethan n (ein Fluorkohlenwasserstoff), Methylfluorid n ($CH_3F$) || ~ **fluorosulphate** (Chem) / Fluoroschwefelsäuremethylester m, Fluorsulfonsäuremethylester m, Methylfluorosulfat n || ~ **fluorosulphonate** (Chem) / Fluoroschwefelsäuremethylester m, Fluorsulfonsäuremethylester m, Methylfluorosulfat n
**methylformal** n (Chem) / Methylal n, Dimethoxymethan n, Formaldehyddimethylazetal n, Formaldehyddimethylacetal n
**methyl formate** (Chem) / Ameisensäuremethylester m, Methylformiat n || ~ **fumaric acid** (Chem) / Mesaconsäure f, Methylfumarsäure f || ~ **gallate** (Chem) / Methylgallat n || ~ **glycocol** (Biochem) / Sarkosin (Sar) n (eine Zwischenstufe im Aminosäurestoffwechsel), Sarcosin n (N-Methylglycin), Sar (eine Zwischenstufe im Aminosäurestoffwechsel)
**methylglyoxal** n (2-oxopropanal) (Chem) / Brenztrauben(säure)aldehyd m, Methylglyoxal n (Trivialname für 2-Oxopropanal), Pyruvaldehyd m
**methyl green** (Chem, Micros) / Methylgrün n (ein wasserlöslicher Triarylmethanfarbstoff), Parisgrün n (ein Mikroskopierfarbstoff) || ~ **group** (Chem) / Methyl n, Methylradikal n, Methylgruppe f
**methylhexalin** n (Chem) / Methylzyklohexanol n, Methylcyclohexanol n, Hexahydrokresol n (ein Lösungsmittel), Hexahydrocresol n
**methyl iodide*** (Chem) / Methyljodid n, Iodmethan n, Monoiodmethan n || ~ **isobutyl ketone** (Chem, Paint) / 4-Methyl-2-pentanon n, Methylisobutylketon n, MIBK (Methylisobutylketon), Hexon n, Isopropylaceton n || ~ **isocyanate** (Chem) / Methylisocyanat n (Nematizid und Fungizid), Methylisozyanat n, MIC (Methylisocyanat) || ~ **isothiocyanate** (Chem) / Methylisothiocyanat n, Methylisothiozyanat n, Methylsenföl n || ~ **jasmonate** (Chem) / Jasmonsäuremethylester m, Methyljasmonat n || ~ **lactate** (Chem, Paint) / Milchsäuremethylester m, Methyllaktat n, Methyllactat n || ~ **laurate** (Chem) / Laurinsäuremethylester n, Methyllaurat n || ~ **linoleate** (Chem) / Methyllinoleat n (Octadeca-9,12-diensäuremethylester)
**methyllithium** n (Chem) / Methyllithium n
**methylmaleic acid** (Chem) / Citraconsäure f, Zitrakonsäure f, Methylmaleinsäure f, Methylbutendisäure f
**methyl mercury** (Chem) / Methylquecksilber n (eine quecksilberorganische Verbindung) || ~ **methacrylate** (Chem) / Methakrylsäuremethylester m, Methacrylsäuremethylester m, Methylmethacrylat n (Grundbaustein für Polymethylmethacrylat), MMA (Methylmethacrylat), Methylmethakrylat n || ~ **mustard oil** (Chem) / Methylisothiocyanat n, Methylisothiozyanat n, Methylsenföl n
**methylnaphthalenes** pl (Chem, Oils) / Methylnaphthaline n pl
**methylnaphthyl ketone** (Chem) / 2-Acetylnaphthalin n, 2-Azetylnaphthalin n, 2-Azetonaphthon n, 2-Acetonaphthon n, Methyl-2-naphthylketon n
**methylol group*** (Chem) / Hydroxymethylgruppe f, Methylol n
**methyl orange*** (Chem) / Methylorange n (ein Azofarbstoff), Orange n III, Helianthin n (ein Natriumsalz der 4'-Dimethylaminoazobenzol-4'-sulfonsäure)
**methyloxirane** n (Chem, Paint, Plastics) / Propylenoxid n (1,2-Epoxypropan), Methyloxiran n
**methyl-2-pentanone, 4-~** (Chem, Paint) / 4-Methyl-2-pentanon n, Methylisobutylketon n, MIBK (Methylisobutylketon), Hexon n, Isopropylaceton n
**methyl perchloroformate** (Chem) / Diphosgen n, Chlorameisensäuretrichlormethylester m
**methylphenol** n (Chem) / Cresol n, Kresol n, Methylphenol n, Hydroxytoluol n
**methyl phenyl ether** (Chem) / Anisol n, Methylphenylether m, Methoxybenzol n || ~ **phenyl ketone** (Chem, Paint, Pharm) / Azetophenon n, Acetylbenzol n, Azetylbenzol n, Acetophenon n, Methylphenylketon n || ~ **phenyl silicone oil** / Methylphenylsilikonöl n
**methylpropanoic, 2-~ acid** (Chem) / Isobuttersäure f (gesättigte verzweigte Fettsäure), 2-Methylpropionsäure f
**methyl-2-propanol, 2-~** (Chem, Fuels, Paint) / tert-Butanol n, tert-Butylalkohol m
**methyl propenoate** (Chem, Plastics) / Methacrylsäureester m, Methacrylsäureester m, Akrylsäuremethylester m, Acrylsäuremethylester m, Methacrylat n, Methakrylat n, Methylakrylat n (zur Herstellung von Kunststoffen)
**methylpropenoic, 2-~ acid** (Chem) / Methakrylsäure f, Methacrylsäure f, 2-Methyl-propensäure f
**methyl pyridine** (Chem) / Picolin n (Methylderivat des Pyridins), Pikolin n, Methylpyridin n
**methyl-2-pyrrolidone, N-~** (Chem) / Methylpyrrolidon n, NMP
**methyl radical** (Chem) / Methyl n, Methylradikal n, Methylgruppe f || ~ **red** (a dark red indicator) (Chem) / Anthranilsäureazodimethylanilin n, Methylrot n (ein Azofarbstoff)
**methyl-rubber*** (Chem, Chem Eng) / Methylkautschuk m (erster synthetischer Kautschuk)
**methyl salicylate*** (methyl 2-hydroxybenzenecarboxylate) (Chem) / Salizylsäuremethylester m, Salicylsäuremethylester m, Methylsalicylat n, Methylsalizylat n (künstliches Gaultheriaöl) || ~ **silicone oil** / Methylsilikonöl n || ~ **silicone rubber** (Chem Eng) / Methylsilikonkautschuk m, Methylsiliconkautschuk m, MQ (DIN ISO 1629) || ~ **styrene** (Chem) / Vinyltoluol n, ar-Methylstyrol n, Methylvinylbenzol n
**methylsuccinic acid** (Chem) / Brenzweinsäure f, Pyroweinsäure f, Methylbernsteinsäure f, Methylbutandisäure f
**methyl sulphate** (Chem) / Methylsulfat n (saurer Schwefelsäureester), Schwefelsäuremethylester m
**methylsulphonic acid** (Chem) / Methansulfonsäure f
**methylsulphonyl** n (Chem) / Mesyl n, Methansulfonyl n (ein Säurerest)
**methyl-tert-butyl-ether** n (Autos, Chem, Fuels) / tert-Butylmethylether m, Methyltertiärbutylether m, MTBE (Methyltertiärbutylether)
**methyltrimethylolmethane** n (Chem) / Trimethyloletan n (2-Hydroxymethyl-2-methyl-1,3-propandiol), TME (Trimethyloletan)
**methyl-vinyl-silicone rubber** (Plastics) / MVP-Siliconelastomer n, MVP-Silikonelastomer n
**methyl violet** (Basic Violet 1)* (Micros, Pharm) / Methylviolett n (Gemisch von Hydrochloriden verschiedener Triarylmethanfarbstoffe) || ~ **xanthine** (Chem) / Methylxanthin n (z.B. Theobromin oder Theophyllin)
**MET-L-X extinguisher** / D-Pulver-Feuerlöscher m (mit Natrium- oder Kaliumchlorid)
**metol*** n (Photog) / Metol n (Warenzeichen der Agfa-Gevaert für 4-(Methylamino)-phenol)

**Metonic cycle**\* (Astron) / metonischer Zyklus (235 Monate - der bis heute der Berechnung des christlichen Osterdatums zugrunde liegt)
**me-too product** / Me-too-Produkt $n$ (sich nur unwesentlich von einem Konkurrenzprodukt unterscheidendes neues Erzeugnis eines Unternehmens, das sich durch die Imitation mit möglichst geringen Kosten und geringem Risiko am Erfolg des imitierten Produkts beteiligen will - allerdings können mit solchen Produkten auch Verstöße gegen Patente, Warenzeichen oder Geschmacksmuster sowie Markenpiraterie verbunden sein)
**metope**\* $n$ (Arch) / Metope $f$ (viereckige Reliefplatte unter der Traufrinne dorischer Tempel), Metopenrelief $n$
**M & E track** (Acous, Cinema) / IT-Band $n$ (mit IT-Ton)
**metrage** $n$ (Textiles) / Schneidware $f$, Meterware $f$, Metrage $f$, Schnittware $f$, Ausschnittware $f$ (Meterware)
**Metra Potential Method** / Metra-Potential-Methode $f$ (eine Netzplantechnik für deterministische Vorgänge), MPM
**metre**\* $n$ / Meter $n$ = $m$ (SI-Basiseinheit der Länge), m (SI-Basiseinheit nach DIN 1301, T 1) || ~ **bridge**\* (Elec Eng) / Meterbrücke $f$ (eine Schleifdrahtmessbrücke) || ~-**candle**\* $n$ (Light) / Lux $n$, lx (LUX - DIN 1301 - 1) (gesetzliche abgeleitete SI-Einheit der Beleuchtungsstärke = lm/m$^2$) || ~ **per second squared** / Meter durch Sekundenquadrat $n$ $m$
**metres, 2200 ~ per second flux** (Nuc) / 2200-m/s-Flussdichte, thermische Standardflussdichte
**metric** $n$ / Maßstab $m$ (Maßeinheit) || ~\* (Maths) / Metrik $f$ (eine Funktion) || ~ (Phys) / Metrik $f$ (der Zusammenhang zwischen den Abständen je zweier Punkte und deren Koordinaten in einem Raum, besonders in der vierdimensionalen Raum-Zeit) || ~ adj / metrisch adj
**metrication** $n$ / Metrifizierung $f$, Einführung $f$ des metrischen Systems, Umstellung $f$ auf metrisches (Maß-, Einheiten-)System
**metric buttress thread** (Eng) / metrisches Sägengewinde (DIN 513) || ~ **camera** (Surv, Telecomm) / Bildmesskammer $f$, Messkammer $f$ (mit genau kalibrierter Brennweite und Rahmenmarken als geometrischen Bezugselementen) || ~ **carat**\* / metrisches Karat, Kt (im Edelsteinhandel verwendete Masseeinheit = 0,2 g) || ~ **centner** / Meterzentner $m$ (100 kg), Doppelzentner $m$, dz (DIN 1301, T 3), Dezitonne $f$ || ~ **Conversion Act** (of 1975) (US) / am 23.12.1975 vom Kongress verabschiedetes Gesetz, das die verstärkte Anwendung des metrischen Systems empfiehlt und die Errichtung eines US-Metrifizierungsrates beschließt || ~ **count** (Spinning) / metrische Nummer, internationale Nummer, Nm || ~ **count** (Spinning) s. also count of yarn || ~ **form** (Maths) / metrische Fundamentalform (in der Differentialgeometrie) || ~ **fundamental form** (Maths) / metrische Fundamentalform (in der Differentialgeometrie) || ~ **horsepower** (Eng) / Pferdestärke $f$, PS (nach DIN 1301, T 3 nicht mehr zugelassene kontinentale Einheit der Leistung = 735,49875 W) || ~ **practice** / Messen $n$ in metrischen Einheiten
**metrics** $n$ / Messkunde $f$
**metric screw thread MJ profile** (Eng) / metrisches MJ-Gewinde || ~ **space**\* (Maths) / metrischer Raum (eine Menge, auf der eine Metrik definiert ist) || ~ **system**\* / metrisches System (das von der Längeneinheit Meter ausgeht und bei dem die Einheiten dezimal geteilt werden) || ~ **taper fine thread** (Eng) / metrisches kegeliges Feingewinde (DIN 8507, T 1) || ~ **tensor** (Maths) / Maßtensor $m$ || ~ (screw) **thread**\* (Eng) / metrisches Gewinde (DIN 13, 14) || ~ **ton** / Tonne $f$ (1000 kg - eine Einheit der Masse außerhalb des SI) || ~ **tonne/day** (Work Study) / Tagestonne $f$ (Angabe der Produktionsrate nach DIN 1301, T 3), tato || ~ **wave** (Radio) / Meterwelle $f$ (30-300 MHz)
**metrizability** $n$ (Maths) / Metrisierbarkeit $f$
**metrizable** adj (Maths) / metrisierbar adj || ~ **space** (Maths) / metrisierbarer Raum (ein topologischer Raum)
**metro driving** (Autos) / Stadtfahrzyklus $m$, Stadtverkehr $m$ (z.B. bei der Beurteilung des Kraftstoffverbrauchs) || ~ **driving** (Autos) s. also city driving cycle
**metrological** adj / feinmesstechnisch adj, messtechnisch adj || ~ **grating** (Optics) / Gitter $n$ für messtechnische Zwecke
**metrology**\* $n$ / Metrologie $f$ (Messkunde + Messtechnik + Messwesen)
**metrology-related problem** / messtechnisches Problem
**metronidazole**\* $n$ (Pharm) / Metronidazol $n$ (ein Nitroimidazolderivat)
**Metropolitan Area Network** (a computer communication network spanning a limited geographic area, such as a city) (Comp, Telecomm) / Metropolitan Area Network $n$ (privates Netz mit einer Ausdehnung bis zu ca. 30 km /Stadtgebietsgröße/, obwohl auch Ausdehnungen bis hin in den Bereich von 150 km möglich sind), MAN (Metropolitan Area Network), Großstadtnetz $n$ (ein regionales Netz - MAN)
**metropolization** $n$ (Arch) / Metropolisierung $f$ (Überkonzentration der Bevölkerung in den Millionenstädten der Dritten Welt)
**metro tunnel** (Civ Eng) / U-Bahn-Tunnel $m$

**met satellite** (Meteor) / Wettersatellit $m$, meteorologischer Satellit, Satellit $m$ zur Wetterbeobachtung
**metteur-en-scene** $n$ (Cinema) / Realisator $m$
**Meusnier's theorem** (Maths) / Meusnier'scher Satz, Satz $m$ von Meusnier
**MeV**\* (Elec Eng) / Megaelektronvolt $n$ (DIN 1301, T 1), MeV
**mevalonic acid**\* (Chem) / Mevalonsäure $f$ (Ausgangsprodukt der Biosynthese der Terpene), MVA (Mevalonsäure)
**mevinphos** $n$ / Mevinphos $n$ (ein Insektizid und Akarizid)
**Mexican linaloe oil** (Chem) / Mexikanisches Holzöl, Mexikanisches Linaloeöl (aus Bursera penicillata (Sessé et Moç. ex DC.) Engl.) || ~ **nut pine** (For) / Pinus cembroides Zucc. || ~ **onyx**\* (Min) / Orientalischer Alabaster, Onyxmarmor $m$ (gestreifter zartfarbiger alabasterartiger Kalksinter)
**mezza majolica** (Ceramics) / Mezzamajolika $f$, Halbmajolika $f$, Halbfayence $f$
**mezzanine**\* $n$ (Arch, Build) / Mezzanin $n$ (ein niedriges Halb- oder Zwischengeschoss überm Erdgeschoss oder unterm Dach), Mezzaningeschoss $n$ || ~\* (Arch, Build) / Entresol $n$, Beigeschoss $n$, Halbgeschoss $n$
**mezzotint**\* $n$ (Print) / Mezzotinto $n$ (pl. Mezzotintos oder Mezzotinti), Schabkunst $f$, Schabmanier $f$ (ein manuelles Verfahren zur Herstellung einer Druckform für den Kupferdruck)
**MF** (maize factor) (Biochem) / Zeatin $n$ (das wirksamste Cytokinin) || ~\* (machine-finished) (Paper) / maschinengeglättet adj (geleimt und einmal kalandert), m'gl, maschinenglatt adj || ~ (matched filter) (Radar) / angepasstes Filter || ~ (medium frequency) (Radio) / Mittelfrequenz $f$ (Hektometerwellenbereich), MF (300 kHz - 3 MHz)
**MFC** (multifrequency code) (Telecomm) / Multifrequenzcode $m$, MFC (Multifrequenzcode), Multifrequenzkode $m$
**MF code** (multifrequency code) (Telecomm) / Multifrequenzcode $m$, MFC (Multifrequenzcode), Multifrequenzkode $m$
**MFD** (multifunction display) (Electronics) / Multifunktionsanzeige $f$, Multifunktionsdisplay $n$, multifunktionales Display
**MFDT** (mean-failure-detection time) (Eng, Work Study) / mittlere für Ausfallerkennung benötigte Zeit, MFDT (mittlere für Ausfallerkennung benötigte Zeit)
**MFE** (mercury-film electrode) / Quecksilberfilmelektrode $f$, Hg-Filmelektrode $f$
**mfg** (manufacturing) (Chem Eng, Eng) / Herstellung $f$, Produktion $f$, Fertigung $f$, Erzeugung $f$, Fabrikation $f$
**MF headlight** (Autos) / Multifokusscheinwerfer $m$, MF-Scheinwerfer $m$
**MFI** (Plastics) / Schmelzindex $m$ (Kenngröße für die Fließfähigkeit thermoplastischer Formmassen)
**MF2 keyboard** (Comp) / MF-II-Tastatur $f$ (102 Tasten, 12 Funktionstasten oben), AT-Tastatur $f$
**MFLOPS** pl (million floating-point operations per second) (Comp) / MFLOPS pl (Millionen Gleitkommaoperationen pro Sekunde)
**MFR** (multifunction radar) (Radar) / Multifunktionsradar $m$
**MF resin**\* (Plastics) / Melamin-Formaldehyd-Harz $n$ (DIN 7728, T 1), MF, MF-Harz $n$ (DIN 7735, T 2) || ~ **ringing generator** (Teleph) / Mehrfrequenzrufgenerator $m$
**MG** (microgranules) (Agric) / Mikrogranulat $n$ (Pflanzenschutzmittelformulierung im Konrrngrößenbereich von 0,1 bis 0,6 mm Durchmesser), MG (Mikrogranulat) || ~\* (making good) (Build, Paint) / Vorbereitung $f$ des Untergrunds
**Mg** (magnesium) (Chem) / Magnesium $n$, Mg (Magnesium)
**MG**\* (machine-glazed) (Paper) / einseitig glatt, einseitig geglättet
**MGD** (magnetogasdynamics) (Phys) / Magnetogasdynamik $f$ (Magnetohydrodynamik von Gasen), MGD (Magnetogasdynamik)
**M glass** (Glass) / M-Glas $n$ (berylliumhaltiges Glas mit hohem E-Modul)
**MG machine**\* (Paper) / Selbstabnahmemaschine $f$ (für einseitig glatte dünne Papiere), Yankee-Maschine $f$, Einzylinder-Papiermaschine $f$ || ~ **set** (Elec Eng, Eng) / Motorgenerator $m$ (ein Maschinensatz)
**mgu** (most general unifier) (AI) / allgemeinster Unifikator
**MH** (maleic hydrazide) (Bot, Chem) / Maleinsäurehydrazid $n$, MH (Maleinsäurehydrazid)
**MHC**\* (major histocompatibility complex) (Gen) / Haupthistokompatibilitätskomplex $m$
**MHD**\* (magnetohydrodynamics) (Phys) / Magnetohydrodynamik $f$, MHD || ~ **bearing** (Eng) / magnetohydrodynamisches Lager, MHD-Lager $n$ || ~ **generator**\* (Plasma Phys) / plasmadynamischer Generator, magnetohydrodynamischer Generator (zur direkten Umwandlung der dem Plasma innewohnenden thermischen Energie in elektrische Energie), hydromagnetischer Generator, MHD-Generator $m$, MHD-Wandler $m$ || ~ **instability** (Plasma Phys) / magnetohydrodynamische Instabilität, MHD-Instabilität $f$
**M-H fuel economy** (Autos) / M-H-Verbrauch $m$, Metro-Highway-Durchschnittsverbrauch $m$ (der etwa zwischen dem

MHL

"Verbrauch im Stadtverkehr" und dem "Verbrauch bei 90 km/h" liegt)
**MHL** (major histocompatibility locus) (Gen) / Haupthistokompatibilitätskomplex *m*
**MH lamp**\* (Elec Eng) / Metallhalogenlampe *f*
**MHO process** (Met) / MHO-Verfahren *n* (für Vakuumentzinkung von Reinschaum im Induktionsofen)
**MHS** (message-handling system) (Comp, Telecomm) / Message-Handling-System *n* (das direkte Kommunikation zwischen den Partnern ermöglicht), Nachrichtenübermittlungssystem *n*, MHS (Message-Handling-System), Mitteilungsübermittlungssystem *n*
**MI** (mineral-insulated) (Cables, Elec Eng) / mineralisoliert *adj*
**mianserin**\* *n* (Pharm) / Mianserin *n* (ein Antidepressivum und Antiallergikum)
**miargyrite** *n* (Min) / Miargyrit *m*, Silberantimonglanz *m*
**miarolitic**\* *adj* (Geol) / miarolithisch *adj*
**MIB**\* (management information base) (Comp) / Management-Informationsbank *f*, MIB *f* I\*
**MIBK** (methyl isobutyl ketone) (Chem, Paint) / 4-Methyl-2-pentanon *n*, Methylisobutylketon *n*, MIBK (Methylisobutylketon), Hexon *n*, Isopropylaceton *n*
**MIC** (microbial corrosion) / mikrobiologische Korrosion, Korrosion *f* durch Mikroorganismen, Biokorrosion *f* (Biodeterioration), mikrobielle Korrosion (unter Mitwirkung von Mikroorganismen)
**mic** (microphone) (Acous, Ecol, Physiol) / Mikrofon *n* (DIN 1320, 45500, 45590, 45591), Mikro *n*
**M³IC** (millimetre-wave MIC) (Electronics) / integrierte Millimeterwellenschaltung (30 bis 300 GHz)
**mica**\* *n* (Elec Eng, Min) / Glimmer *m* (ein Alumosilikat), Mika *m f* ‖ ~ **block** (Elec Eng) / Blockglimmer *m* (Scheiben von 10 bis 400 cm² mit einer Dicke von 0,3 bis 3 mm) ‖ ~ **book** (Elec Eng) / Blockglimmer *m* (in "Buchform") ‖ ~ **cambric** (Elec Eng, Textiles) / Glimmerbatist *m* ‖ ~ **capacitor** (Elec Eng) / Glimmerkondensator *m*
**micaceous** *adj* / glimmerartig *adj*, glimmerig *adj*, Glimmer- ‖ ~ **clay** (Geol) / Glimmerton *m* ‖ ~ **iron-ore**\* (Min, Paint) / Eisenglimmer *m* (Eisenoxid von glimmerartiger, grobkristalliner Struktur - ein Mischpigment, natürlich oder synthetisch) ‖ ~ **iron oxide** (Min, Paint) / Eisenglimmer *m* (Eisenoxid von glimmerartiger, grobkristalliner Struktur - ein Mischpigment, natürlich oder synthetisch) ‖ ~ **sandstone**\* (Geol) / Glimmersandstein *m*
**mica cone**\* (Elec Eng) / Glimmerkonus *m* ‖ ~ **flake** (Elec Eng) / Spaltglimmer *m* (bis 0,028 mm dick und 1 cm²) ‖ ~ **flake** (Min) / Glimmerblättchen *n* ‖ ~ **fleece tape** (Elec Eng) / Vlies-Glimmerband *n*
**micafolium**\* *n* (Elec Eng) / zerkleinerter und mit Bindemitteln verpresster Naturglimmer (Mikanit, Mikafolium)
**mica metal-oxide pigment** (Paint) / Mika-Pigment *n*, Metalloxid-Glimmer-Pigment *n*, Glimmerpigment *n*
**micanite**\* *n* (Elec Eng) / Mikanit *n* (ein Isolierwerkstoff aus Spalt- oder Feinglimmer und Bindemittel)
**mica paper** (Elec Eng) / Mikapapier *n*, Glimmerpapier *n*
**mica-plate compensator** (Optics) / Glimmerkompensator *m*
**mica**\*-**schist**\* *n* (Geol) / Glimmerschiefer *m* (ein metamorphes Gestein der Mesozone) ‖ ~ **sheet** (Elec Eng) / Glimmerfolie *f* (dicker als Mikafolium) ‖ ~ **slab** (Elec Eng) / Blockglimmer *m* (Scheiben von 10 bis 400 cm² mit einer Dicke von 0,3 bis 3 mm) ‖ ~ **-slate** *n* (Geol) / Glimmerschiefer *m* (ein metamorphes Gestein der Mesozone) ‖ ~ **spangle** (Elec Eng) / Glimmerflitter *m* ‖ ~ **splittings** (Elec Eng) / Spaltglimmer *m* (0,015 - 0,028 mm dick und über 1 cm²) ‖ ~ **tape** (Elec Eng) / Glimmerband *n* (ein Erzeugnis, bei dem ein Träger mit Spaltglimmer oder Feinglimmerfolie belegt ist und gegebenenfalls eine Decklage besitzt)
**micatization** *n* (Min) / Glimmerbildung *f*, Verglimmerung *f*
**mica V•-ring**\* (Elec Eng) / Glimmerkonus *m* ‖ ~ **wedge** (Elec Eng) / keilförmiges Glimmerplättchen
**MICC cable** (Cables) / mineralisoliertes kupferüberzogenes Kabel
**micellar** *adj* (Bot, Chem) / mizellar *adj*, micellar *adj* ‖ ~ **colloid** (Chem) / Assoziationskolloid *n*, Micellkolloid *m*, Mizellkolloid *n* ‖ ~ **electrokinetic chromatography** (Chem) / mizellare elektrokinetische Chromatografie, MEKC (mizellare elektrokinetische Chromatografie) ‖ ~ **flooding** (Oils) / chemisches Fluten (mit Tensiden)
**micelle**\* *n* (Bot, Chem) / Mizelle *f*, Micelle *f*, Mizell *n*, Micell *n*
**Michaelis-Arbusov reaction** (Chem) / Michaelis-Arbusov-Reaktion *f*
**Michaelis constant** (Biochem) / Michaelis-Konstante *f* (kinetische Konstante in der Michaelis-Menten-Gleichung - nach L. Michaelis, 1875-1949)
**Michaelis-Menten equation** (Biochem) / Michaelis-Menten-Gleichung *f* (zur Beschreibung enzymgesteuerter biologischer Abbauprozesse) ‖ ~ **mechanism** (Biochem) / Michaelis-Menten-Gleichung *f* (zur Beschreibung enzymgesteuerter biologischer Abbauprozesse)

**Michael reaction** (for extending the carbon chain) (Chem) / Michael-Addition *f*, Michael-Reaktion *f* (nach A. Michael, 1853-1942)
**Michell bearing**\* (Eng) / Axial-Kippsegmentlager *n* (Bauart Michell - nach A.G.M. Michell, 1870-1959)
**Michel-Lévy compensator** (Optics) / Quarzkeilkompensator *m*, Michel-Lévy-Kompensator *m*
**Michell turbine** (Eng) / Michell-Turbine *f* (eine Gleichdruck-Wasserturbine), Durchströmturbine *f*, Bánki-Turbine *f* (nach D. Bánki, 1859-1912), Ossberger-Turbine *f*
**Michelson interferometer**\* (Optics) / Michelson-Interferometer *n* (nach A.A. Michelson, 1851-1931) ‖ ~ **-Morley experiment**\* (Phys) / Michelson-Versuch *m* (historisch experimentelle Grundlage der speziellen Relativitätstheorie - nach E.W. Morley, 1838 - 1923)
**Michigan cut** (Mining) / Brennereinbruch *m*
**Michler's ketone** (tetramethyldiaminobenzophenone) (Chem) / Michlers Keton (Zwischenprodukt für Farbstoffsynthesen - nach W. Michler, 1846-1889), Michler-Keton *n*
**mickey** *n* (Comp) / Mickey *n* (ein Bewegungsschrittmaß einer Maus)
**mickey-mouse program** (Comp) / Mickymausprogramm *m* (leichtes Einarbeitungsprogramm für Anfänger)
**microscope camera** (Micros, Photog) / Mikroskopkamera *f*
**MICR**\* (magnetic ink character recognition) (Comp) / Magnetschriftzeichenerkennung *f*, magnetische Zeichenerkennung (DIN 66 226)
**micrate** *n* (Micros, Photog) / Mikrat *n* (sehr stark verkleinerte Wiedergabe eines Schriftstücks)
**micrinite** *n* (Min, Mining) / Mikrinit *m* (ein Mazeral)
**micrite**\* *n* (Geol) / Mikrit *m* (Kalkschlammsediment mit Korngrößen von 0,05 mm oder kleiner)
**micro•-**\* / Vorsatz für 10⁻⁶ (Kurzzeichen $\mu$) ‖ ~ *n* (Comp) / Mikrocomputer *m*, Mikrorechner *m*, $\mu$C (Mikrocomputer), MC (Mikrocomputer) ‖ ~ (Comp) / Mikroprozessor *m*, MIP (Mikroprozessor)
**microaccuracy** *n* (Eng) / Mikrogenauigkeit *f*
**microacoustics** *n* (Acous, Electronics) / Mikroakustik *f* (sich überschneidendes Teilgebiet der Mikroelektronik und Akustoelektronik, das sich akustoelektronischer Prinzipien unter Verwenden mikroelektronischer Strukturen bedient)
**microaddress register** (Comp) / Mikroadressregister *n*
**microalloy** *n* (Met) / Mikrolegierung *f* ‖ ~ **diffused transistor** (Electronics) / MAD-Transistor *m*, MADT *m* (MAD-Transistor)
**microalloyed steel** (Met) / mikrolegierter Stahl
**microalloy technique** (Electronics, Met) / Mikrolegierungstechnik *f*
**microammeter**\* *n* (Elec Eng) / Mikroamperemeter *n*
**microanalyser** *n* (GB) (Chem) / Mikroanalysator *m*
**microanalysis**\* *n* (Chem) / Mikroanalyse *f*
**microanalytic** *adj* (Chem) / mikroanalytisch *adj*
**microanalytical** *adj* (Chem) / mikroanalytisch *adj* ‖ ~ **reagent**\* (Chem) / Reagens *n* für die Mikroanalyse
**microanalyzer** *n* (Chem) / Mikroanalysator *m*
**microarchitecture** *n* (Electronics) / Mikroarchitektur *f*
**microassembler** *n* (Comp) / Mikroassembler *m*
**microassembly** *n* (Electronics) / zusammengesetzte Mikroschaltung, Mikrobaustein *m*
**microautoradiograph** *n* (Nuc) / Mikroautoradiogramm *n*, Mikroradioautogramm *n*
**microbalance**\* *n* (Chem) / Mikrowaage *f* (die maximal bis etwa 40-50 g belastet werden darf und auf der man noch Gewichtsdifferenzen von 10⁻⁶ g ablesen kann)
**microballoon** *n* (Chem Eng) / Mikroball *n* (Kügelchen aus Kunststoff oder Glas zum Flüssigkeitsabschluss an der Oberfläche von Lösungsmitteln, Treibstoffen und dgl.), Mikrohohlperle *f*
**microbar**\* *n* (Phys) / Mikrobar *n*
**microbarograph** *n* (Instr) / Mikrobarograf *m* (Instrument zur Messung kleinster Druckdifferenzen)
**microbattery** *n* (Elec Eng) / Mikrobatterie *f*
**microbe**\* *n* (Bacteriol) / Mikrobe *f*
**microbending** *n* (in an optical waveguide, sharp curvatures involving local axial displacements of a few micrometers and spatial wavelengths of a few millimeters) (Optics, Telecomm) / Mikrokrümmung *f* (DIN 57 888, T 1), Mikrobiegung *f* (bei Lichtwellenleitern) ‖ ~ **sensor** / Mikrobiegungssensor *m*
**microbend(ing) loss** (Optics, Telecomm) / Mikrokrümmungsverluste *m pl*
**microbend loss** (in an optical waveguide, that loss attributable to microbending) (Optics, Telecomm) / Mikrobiegeverlust *m* (bei Lichtleitfasern)
**microbial** *adj* (Bacteriol) / Mikroben-, mikrobiell *adj* (durch Mikroben hervorgerufen) ‖ ~ **attack** (Bacteriol) / Mikrobenbefall *m* ‖ ~ **biomass** (Biol, Ecol) / mikrobielle Biomasse ‖ ~ **breakdown** (Chem, Ecol) / biologischer Abbau (DIN ISO 11074-1) ‖ ~ **conversion** (Biochem, Ecol) / Biotransformation *f* (Stoffumwandlung mittels eines

962

Biokatalysators), Biokonversion *f* (ein Verfahren, mit dem die Biomasse durch mikrobielle Einwirkung in andere Produkte, bes. Energieträger, umgewandelt wird) || **~ corrosion** / mikrobiologische Korrosion, Korrosion *f* durch Mikroorganismen, Biokorrosion *f* (Biodeterioration), mikrobielle Korrosion (unter Mitwirkung von Mikroorganismen) || **~ count** (Bacteriol, Nut) / Keimzahl *f* || **~ degradation** (Chem, Ecol) / biologischer Abbau (DIN ISO 11074-1) || **~ fermentation** (Nut) / mikrobielle Gärung
**microbial-induced corrosion** / mikrobiologische Korrosion, Korrosion *f* durch Mikroorganismen, Biokorrosion *f* (Biodeterioration), mikrobielle Korrosion (unter Mitwirkung von Mikroorganismen)
**microbial insecticide** (Agric, Chem, Ecol) / mikrobielles Insektizid *n* || **~ leaching** (Min Proc) / biologische Laugung, bakterielle Laugung (von Erzen und mineralischen Rohstoffen), bakterielle Erzlaugung, Bioleaching *n* (Verfahren zur Anreicherung von Metallen mit Hilfe von Mikroorganismen, z.B. auf ehemaligen Abraumhalden) || **~ load** (Bacteriol) / Keimgehalt *m* || **~ loop** (Bacteriol, Nut) / Microbial Loop *m* (wenn Bakterien und Nahrungsketten miteinander verknüpfen) || **~ mat** (San Eng) / mikrobieller Rasen, biologischer Rasen (Bewuchs von Mikroorganismen auf einem Festbett, z.B. Füllstoffe von Tropfkörpern), mikrobielle Matte (Biofilm) || **~ receptor assay** (Nut) / Rezeptortest *m* (zum Nachweis von Antibiotikarückständen in Lebensmitteln) || **~ rennet** (Chem, Nut) / mikrobielles Rennet (Labaustauschstoff) || **~ sensor** / mikrobieller Sensor
**microbic** *adj* (Bacteriol) / Mikroben-, mikrobiell *adj* (durch Mikroben hervorgerufen)
**microbicidal** *adj* (Bacteriol) / mikrobizid *adj* (Mikroben abtötend), antimikrobiell *adj*
**microbicide** *n* / mikrobizides Mittel (zur Bekämpfung von Mikroorganismen), Mikrobizid *n* (Mittel zur Abtötung von Mikroben), antimikrobieller Wirkstoff *m* || **~** *adj* (Bacteriol) / mikrobizid *adj* (Mikroben abtötend), antimikrobiell *adj*
**microbiological** *adj* (Biol) / mikrobiologisch *adj* || **~ corrosion** / mikrobiologische Korrosion, Korrosion *f* durch Mikroorganismen, Biokorrosion *f* (Biodeterioration), mikrobielle Korrosion (unter Mitwirkung von Mikroorganismen) || **~ mining\*** (Min Proc) / biologische Laugung, bakterielle Laugung (von Erzen und mineralischen Rohstoffen), Bakterienlaugung *f*, bakterielle Erzlaugung, Bioleaching *n* (Verfahren zur Anreicherung von Metallen mit Hilfe von Mikroorganismen, z.B. auf ehemaligen Abraumhalden)
**microbiology\*** *n* (Biol) / Mikrobiologie *f*
**microbiosensor** *n* / Mikrobiosensor *m*
**microboat** *n* (Chem) / Mikroboot *n*, Mikroschiffchen *n*
**microbodies\*** *pl* (Cyt) / Mikrobodies *pl*, Zytosomen *n pl*, Microbodies *pl* (Cytosomen)
**microbomb** *n* (Chem) / Mikrobombe *f* (für den Bombenaufschluss)
**microbore chromatography** (Chem) / Kapillarchromatografie *f* mit Mikrosäulen
**microbridge** *n* (Phys) / Mikrobrücke *f* (ein Josephson-Element)
**microbrownian motion** (Phys) / mikrobrownsche Bewegung
**microbuckling** *n* (Materials, Mech) / Knicken *n* von einzelnen Fasern
**microburet** *n* (US) (Chem) / Mikrobürette *f*, Feinbürette *f*
**microburette** *n* (Chem) / Mikrobürette *f*, Feinbürette *f*
**microburner** *n* (Chem) / Mikrobrenner *n*
**microburst\*** *n* (Aero, Meteor) / Microburst *m* (eine Fallbö mit geringem Durchmesser)
**microbus** *n* (Autos) / Mikrobus *m*, Kleinstbus *m*
**microcanonical** *adj* (Phys) / mikrokanonisch *adj* || **~ assembly\*** (Phys) / mikrokanonische Gesamtheit (in der Gibbs'schen Statistik), mikrokanonisches Ensemble || **~ ensemble** (Phys) / mikrokanonische Gesamtheit (in der Gibbs'schen Statistik), mikrokanonisches Ensemble
**microcapacitor** *n* (Elec Eng) / Mikrokondensator *m*, Kleinstkondensator *m*
**microcapsule** *n* (Chem, Nut, Pharm) / Mikrokapsel *f*
**microcard** *n* (Photog) / Mikrofilmkarte *f* (Mikrobilder auf opakem Papier, die in ähnlicher Art wie bei Mikrofiche angeordnet sind), Mikrokarte *f*
**microcassette** *n* (Comp) / Mikrokassette *f*
**microcatalyst** *n* (Chem) / Mikrokatalysator *m*
**microcausality** *n* (Phys) / Mikrokausalität *f*
**microcavity hydrogen storage** / Wasserstoffspeicherung *f* in Mikroglaskugeln
**microcell** *n* (Surf) / Lokalelement *n* (sehr kleines Korrosionselement - DIN 50900, T 2), Mikrokorrosionselement *n* || **~\*** (in UMTS) (Teleph) / Mikrozelle *f* (mit einem Radius von mehreren 100 m)
**microcellular rubber** / Moosgummi *n* (Schaumstoff mit geschlossenen Mikrozellen auf der Basis von Natur- und Synthesekautschuk)

**microchannel** *n* (Comp) / Mikrokanal *m* (bei Personalcomputern) || **~ architecture\*** (Comp) / MCA *f* (32-bit-Busarchitektur von IBM) || **~ plate** (Astron, Electronics) / Mikrokanalplatte *f* (ein Bildverstärker)
**Microcharacter** *n* (Met) / ein Mikrohärteprüfgerät
**microchemical** *adj* (Chem) / mikrochemisch *adj*
**microchemistry\*** *n* (Chem) / Mikrochemie *f* (Mikroanalyse + präparative Prozesse, die mit kleinsten Substanzmengen durchgeführt werden)
**microchip** *n* (Comp, Electronics) / Chip *m* (Einkristallblock aus Halbleitermaterial, vorwiegend aus Silizium, der eine Diode, einen Transistor oder eine integrierte Schaltung trägt), Mikrochip *m*
**microchips** *pl* (For) / Feinstspäne *m pl*
**microchromatography** *n* (Chem) / Mikrochromatografie *f*
**microcircuit\*** *n* (Electronics) / Mikroschaltung *f* (DIN 41 848-1)
**microclimate\*** *n* (Ecol, Meteor) / Mikroklima *n*, Kleinklima *n*, Grenzflächenklima *n*
**microcline\*** *n* (Min) / Mikroklin *m* (Kaliumaluminiumsilikat)
**microcluster** *n* (Chem) / Mikrocluster *m* (bei der Kondensation)
**microcode\*** *n* (Comp) / Mikrokode *m*, Mikrocode *m*
**microcolumn** *n* (Chem) / Mikrosäule *f*, Micropack-Säule *f* (eine Trennkapillare von 0,5 bis 1 mm Innendurchmesser, die mit sehr feinkörniger Trennsäulenfüllung versehen ist), gepackte Kapillarsäule, Microbore-Säule *f*, MB-Säule *f* || **~** (Comp) / Mikrospalte *f* || **~ liquid chromatography** (Chem) / Mikrosäulen-Flüssigkeitschromatografie *f*
**microcomponent** *n* / Mikrokomponente *f*
**microcomputer\*** *n* (Comp) / Mikrocomputer *m*, Mikrorechner *m*, μC (Mikrocomputer), MC (Mikrocomputer)
**microcomputer-based software** (Comp) / Microcomputer-Software *f*, MC-Software *f*
**microcomputer development system** (Comp) / Mikrocomputerentwicklungssystem *n*, MES (Mikrocomputerentwicklungssystem) || **~ kit** (Comp) / Mikrocomputerbausatz *m* || **~ numerical control** (Eng) / numerische Steuerung mit Mikrorechner
**microconstituent** *n* (Met) / Gefügebestandteil *m*
**microcontext** *n* / Mikrokontext *m*, Mindestkontext *m*
**microcontroller** *n* (Comp) / Mikrosteuerbaustein *m*, Microcontroller *m* (ein Programmschaltwerk, wobei das Steuerprogramm in einem PROM gespeichert ist)
**microcontrolling** *n* (Comp) / Microcontrolling *n*, Mikroprozessorsteuerung *f*
**microcooler** *n* (Electronics) / Mikrokühler *m* (z.B. für Josephson-Bausteine)
**microcopy** *n* / Mikrofotokopie *f*, Mikrokopie *f* (fotografisch verkleinerte Kopie einer Vorlage, die nur mit optischen Hilfsmitteln gelesen werden kann - DIN 19060)
**microcopying** *n* / Mikrokopieren (DIN 19060), Mikroaufzeichnung *f*, Mikrodokumentation *f*
**microcoquille\*** *n* (Optics) / (gewölbtes) Brillenglas mit verminderter Krümmung (mit 7" Wölbungsradius)
**microcosmic bead** / Phosphorsalzperle *f* (zum Nachweis bestimmter Metalle) || **~ salt\*** (Chem) / Phosphorsalz *n*, Natriumammoniumhydrogenphosphat-4-Wasser *n*
**microcrack** *n* (that is invisible to the unaided eye) (Materials, Surf) / Mikroriss *m* || **~** (Met) / Mikroriss *m* (Riss im mikroskopischen Bereich), mikroskopischer Riss
**microcracking** *n* (Materials, Surf) / Mikrorissebildung *f*
**microcrystal** *n* (Crystal) / Mikrokristall *m*
**microcrystalline** *adj* (Crystal) / mikrokristallin *adj*, feinkristallin *adj* || **~ cellulose** (Chem, Nut) / mikrokristalline Zellulose (als Füllstoff in Backwaren), mikrokristalline Cellulose || **~ wax** / mikrokristallines Wachs (ein Erdölwachs), Mikrowachs *m*, Mikroparaffin *n*
**microdecision** *n* (AI) / Mikroentscheidung *f*
**microdefect** *n* / Mikrofehler *m*, Fehler *m* im mikroskopischen Bereich
**microdeformation** *n* (Materials) / Mikrodeformation *f* (im Mikrobereich)
**microdensitometer\*** *n* (Instr) / Mikrodensitometer *n*
**microdetermination** *n* / Mikrobestimmung *f*
**microdiscontinuous** *adj* (Surf) / mikrodiskontinuierlich *adj* (Überzug mit Unterbrechungen im Mikrobereich - mikrorissig oder mikroporös)
**microdisk** *n* (Comp) / Mikrodiskette *f* (Diskette mit 3 1/2 Zoll Durchmesser), Mikrofloppy *f*
**microdisperse** *adj* (Chem, Paint) / mikrodispers *adj*
**microdistillation** *n* (Chem) / Mikrodestillation *f*
**microdrilling** *n* / Mikrobohren *n* (mit der Lasertechnik)
**microdrive** *n* (Comp) / Mikrolaufwerk *n*
**microdroplet** *n* (Chem) / Mikrotröpfchen *n* (z.B. der Quecksilberelektrode)
**microductile crack propagation** (Materials) / mikroduktile Rissausbreitung

**microelectrode**

**microelectrode**\* n (Biol) / Mikroelektrode f (zur Messung von Potentialen in zellulärem Bereich)
**microelectromechanical** adj (Electronics, Eng) / mikroelektromechanisch adj
**microelectromechanics** n (Electronics, Eng) / Mikroelektromechanik f
**microelectronic** adj (Electronics) / mikroelektronisch adj
**microelectronic(s) glass** (Glass) / Mikroelektronikglas n
**microelectronics**\* n (Electronics) / Mikroelektronik f (DIN 41857)
**microelectronics compatibility** (Electronics) / Mikroelektronik-Kompatibilität f
**microelectrophoresis** n (pl. -reses) (Chem, Phys) / Mikroelektrophorese f
**microelement** n (Electronics) / Mikroelement n (Baustein) || ~ (Work Study) / Mikroelement n (bei dem Mikrobewegungsstudium)
**microemulsion** n (Chem) / Mikroemulsion f (klare, mit winzig kleinen Teilchen) || ~ **flooding** (Oils) / chemisches Fluten (mit Tensiden)
**microencapsulation** n (Agric, Chem) / Mikroverkapselung f (Umhüllung von Flüssigkeitströpfchen oder Feststoffteilchen mit natürlichen oder synthetischen Polymeren zu Kapseln von 1 bis 5000 μm) || ~ (Chem, Nut, Pharm) / Mikroverkapselung f || ~\* (Paper) / Mikroverkapselung f (bei karbonfreien selbstdurchschreibenden Papieren)
**microengineering**\* n (Electronics) / Mikrostrukturherstellung f
**microenvironment**\* n (Ecol) / Mikroumgebung f
**microetching** n / Mikroätzung f, Feinätzung f
**microevolution** n (Biol, Gen) / Mikroevolution f
**microfabric** n (Geol, Micros) / Korngefüge n
**microfabrication**\* n (Electronics) / Mikrostrukturherstellung f
**microfacies** n (Geol) / Mikrofazies f (Gesamtheit der in Gesteinsdünnschliffen typisierbaren paläontologischen und sedimentpetrografischen Merkmale)
**microfarad**\* n (Elec Eng) / Mikrofarad n, μF
**microfauna** n (Agric, Biol, Ecol) / Mikrofauna f
**microfelsitic**\* adj (Geol) / mikrofelsitisch adj
**microfibre** n / Mikrofaser f
**microfibril composite fibre** (Textiles) / Mikrofibrillenverbundfaser f
**microfiche**\* n (Photog) / Mikroplanfilm m (DIN 19054), Mikrofiche n m (DIN 19060), Mikrofilmblatt n (ein Mikroplanfilm, der - reihen- oder kolonnenweise angeordnet - mehrere Mikrokopien aufweist), Fiche n m, MF, Microfiche n m || ~ **printer** (Comp, Photog, Print) / Mikrofiche-Rückvergrößerungsgerät n, Mikrofilm-Rückvergrößerungsgerät n, Rückvergrößerungsgerät n
**microfield** n (Plasma Phys) / Mikrofeld n
**microfilm** v / mikroverfilmen v (nur Infinitiv und Partizip Perfekt) || ~\* n (Micros, Photog) / Mikroaufnahme f (die nur mit optischen Hilfsmitteln gelesen werden kann), mikroskopische Aufnahme, Mikrofotografie f (einzelne Aufnahme), Mikrobild n, Mikroform f || ~\* (Photog) / Mikrofilm m (ein Speichermedium nach DIN 19 060), MF (Mikrofilm) || ~ **aperture card** (Optics, Photog) / Mikrofilmlochkarte f (DIN 19060), Filmlochkarte f || ~ **card** (Photog) / Mikrofilmkarte f (Mikrobilder auf opakem Papier, die in ähnlicher Art wie bei Mikrofiche angeordnet sind), Mikrokarte f
**microfilming** n (Cinema) / Mikroverfilmung f
**microfilm output** (Comp) / Mikrofilmausgabe f || ~ **plotter** (Comp) / COM-Plotter m (elektronisches Zeichengerät, bei dem die grafische Darstellung von einer Katodenstrahlröhre auf Mikrofilm projiziert wird), Mikrofilmplotter m || ~ **print** (Photog) / Rückvergrößerung f (des Mikrofilms nach DIN 19060) || ~ **printer** (Comp, Photog, Print) / Mikrofiche-Rückvergrößerungsgerät n, Mikrofilm-Rückvergrößerungsgerät n, Rückvergrößerungsgerät n || ~ **reader** (Optics, Photog) / Mikrofilmlesegerät n, Mikrofilmbetrachtungsgerät n || ~ **reading glass** (Optics, Photog) / Mikrofilmleselupe f || ~ **strip** (Photog) / Mikrofilmstrip m (Mikrofilme im Sechserstreifen)
**microfiltration** n / Mikrofiltrierung f, Mikrofiltration f
**micro finger joint** (Join) / Mikrozinkenverbindung f (Keilzinkenverbindung, bei der die Zinkenlänge 7,5 mm oder kleiner ist)
**microfissure** n (Met) / Mikroriss m (Riss im mikroskopischen Bereich), mikroskopischer Riss || ~ (Met) s. also hairline crack
**microflash** n (Photog) / Mikroblitz m
**microflaw** n / Mikrofehler m, Fehler m im mikroskopischen Bereich
**microfloppy** n (Comp) / Mikrodiskette f (Diskette mit 3 1/2 Zoll Durchmesser), Mikrofloppy f || ~ **disk** (Comp) / Mikrodiskette f (Diskette mit 3 1/2 Zoll Durchmesser), Mikrofloppy f
**microflora** n (Agric, Bot) / Mikroflora f
**microfoam** n (Plastics, Textiles) / Mikroschaum m
**microfog** n / Mikronebel m (zum Schmieren)
**microform** n (Photog) / Mikroform f (Material jeder Art und Größe, auf dem Mikrobilder enthalten sind)
**microfossil**\* n (Geol) / Mikrofossil n (dessen Untersuchung stärkere Vergrößerung verlangt)

**microfractography** n (Materials, Met) / Mikrofraktografie f (Mikrountersuchung von Bruchflächen mit dem Rasterelektronenmikroskop)
**microgap switch**\* (Elec Eng) / Mikroschalter m, Kleinschalter m
**microgel** n (Chem) / Mikrogel n (stabile Dispersion vernetzter Harzpartikel)
**microgeology** n (Geol) / Mikrogeologie f
**microglass** n (Glass) / Deckglas n (optisch reines Glas zur Herstellung von Deckgläsern für mikroskopische Präparate)
**micro-glass** n (Glass, Micros) / Glas n für Deckgläser
**microglass** n (Micros) s.also cover glass
**microglobulin**\* n (Biochem) / Mikroglobulin n
**micrograded toner** (Comp) / Toner m mit feinstgemahlenen Partikeln kontrollierter Größe (für Laserdrucker)
**micrograined** adj / mit Mikrokörnung, mikrogekörnt adj
**micrograin nickel** (Surf) / Micrograin-Nickel n (Nickel-Abscheidung mit mikrokörniger Struktur aus einem normalen Sulfatelektrolyten ohne organische Zusätze)
**microgram**\* n / Mikrogramm n ($10^{-9}$ kg)
**microgramme**\* n (Phys) / Mikrogramm n ($10^{-9}$ kg)
**micrograntie**\* n (Geol) / Mikrogranit m
**microgranular** adj / feinkörnig adj
**microgranules** pl (Agric) / Mikrogranulat n (Pflanzenschutzmittelformulierung im Konrngrößenbereich von 0,1 bis 0,6 mm Durchmesser), MG (Mikrogranulat)
**micrograph** n (Met, Min) / Schliffbild n (mikrofotografische Aufnahme eines Metall- oder Mineralschliffes zur Ermittlung des mikrokristallinen Gefüges), Mikroschliffbild n || ~ (a photograph taken by means of a microscope) (Micros, Photog) / Mikroaufnahme f (die nur mit optischen Hilfsmitteln gelesen werden kann), mikroskopische Aufnahme, Mikrofotografie f (einzelne Aufnahme), Mikrobild n, Mikroform f
**micrographic** adj / mikrografisch adj || ~ **recording** (Mag) / mikrografische Aufzeichnung
**micrographics** n / Mikrografie f (DIN 19060)
**microgravity**\* n (Space) / Mikroschwerkraft f
**microgroove** n (Acous) / Mikrorille f (Raum sparende Plattenrille) || ~ **record** (Acous) / Mikrorillenplatte f
**microhardness** n (Materials, Met) / Mikrohärte f (Maßzahl für die Härte einzelner sehr kleiner Bereiche) || ~ **tester** (e.g. Eberbach) (Materials) / Mikrohärteprüfgerät n, Mikrohärteprüfer m (z.B. Microcharacter)
**microheterogeneity** n / Mikroheterogenität f
**microheterogeneous catalysis** (Chem) / mikroheterogene Katalyse
**microhole** n (Electronics) / Mikroloch n
**micro hollow sphere** / Mikrohohlkugel f
**microhydrogenation** n (Chem) / Mikrohydrierung f (in der organischen Analytik)
**microincineration**\* n (Biol) / Mikroverbrennung f
**microinclusion** n (Micros) / mikroskopisch sichtbarer Einschluss
**microindentation hardness tester** (Materials) / Mikrohärteprüfgerät n, Mikrohärteprüfer m (z.B. Microcharacter)
**microinjection** n (Biochem) / Mikroinjektion f (gezieltes Einschleusen von Substanzen wie DNA, RNA oder Proteinen in einzelne Zellen mit Hilfe spezieller Instrumente)
**microinstability** n (Plasma Phys) / Mikroinstabilität f, kinetische Instabilität
**microinstruction**\* n (Comp) / Mikrobefehl m (die Ausführung einer Mikroinstruktion besteht in der Ausführung von Pikoprogrammen oder Nanoprogrammen zur Durchführung der in der Mikroinstruktion enthaltenen Mikrooperationen), Mikroinstruktion f || ~ **format** (Comp) / Mikroinstruktionsformat n || ~ **register** (Comp) / Mikrobefehlsregister n
**microinterferometer** n (Micros) / Interferenzmikroskop n, Mikrointerferometer n (ein Oberflächenmessgerät - Kombination von Interferometer und Mikroskop)
**microion** n (Chem, Phys) / Mikroion n
**microjustification** n (Comp) / Leerzeichenausgleich m (durch Einfügen schmaler Leerräume)
**microkernel**\* n (Comp) / Mikrokernel m
**microkinetics** n (Chem) / Mikrokinetik f (Untersuchung des zeitlichen Ablaufs chemischer Elementarreaktionen zur Feststellung oder Abschätzung der Geschwindigkeitskonstanten aus den Moleküldaten der Reaktionspartner)
**microlamp** n (Micros) / Mikroskopierlampe f
**microlaser** n (Phys) / Mikrolaser m
**microlens** n (Optics) / Mikrolinse f
**microlensing** n (Astron) / Microlensing n (bei Gravitationslinsen)
**microlibrary** n (Cinema) / Mikrothek f (als Sammlung von Mikrofilmen oder als Behälter dafür)
**microlight** adj / superleicht adj, extrem leicht || ~\* adj (GB) (Aero) / ultraleicht adj (Flugzeug bis 150 kg), UL

**microline** *n* (Comp) / Mikrozeile *f*
**microlite*** *n* (Crystal, Geol) / Mikrolith *m* (sehr kleine Kristallindividuen in vulkanischen Gläsern) ‖ ~ (Min) / Mikrolith *m* (ein Tantalmineral der Pyrochlorgruppe))
**microlithography** *n* (Electronics, Print) / Mikrolithografie *f*
**microlithotype** *n* (Geol) / Lithotyp *m* (z.B. der Kohle), Streifenart *f* (in der Steinkohle - z.B. Vitrit) ‖ ~ (Mining) / Mikrolithotype *f* (Maceralvergesellschaftung), Streifenart *f* (wie z.B. Vitrit, Durit, Fusit)
**microlitre syringe** (Chem) / Mikrodosierspritze *f*, Mikroliterspritze *f*, Mikrospritze *f*
**Microlog** *n* (trade name for a well log) (Mining, Oils) / Mikrolog *n* (für geoelektrische Bohrlochmessungen verwendetes Verfahren, bei dem durch Widerstandsmessungen im Abstand weniger Zentimeter von der Bohrlochwand die Gesteinsporosität und andere Feinstrukturen des Gesteins erfasst werden können)
**micrologic** *n* (Electronics) / Mikrologik *f*
**micrology** *n* (Micros) / Mikroskopie *f* (als Lehre) ‖ ~ (Micros) s. also microscopic technique
**micromachining** *n* (Eng) / Mikrobearbeitung *f*
**micromagnetism** *n* (Mag) / Mikromagnetismus *m*
**micromanipulation** *n* (Biol, Micros) / Arbeitstechnik *f* mit dem Mikromanipulator
**micromanipulator*** *n* (Biol, Micros) / Mikromanipulator *m* (Gerät zur Ausführung von Feinbewegungen)
**micromanometer** *n* (Phys) / Mikromanometer *n*
**micromechanical** *adj* / mikromechanisch *adj*
**micromechanics** *n* / Mikrostrukturtechnik *f*, Mikrominiaturbau *m*, Mikromechanik *f*, Feinstwerktechnik *f*, Mikrotechnik *f* (Bau von mikroskopisch kleinen Geräten)
**micromemory** *n* (Comp) / Mikrospeicher *m*
**micromesh** *adj* (Textiles) / Micromesh-, feinstmaschig *adj* ‖ ~ **sieve*** / Micromesh-Sieb *n*, feinstmaschiges Sieb, Mikromaschensieb *n*
**micrometeorite*** *n* (Astron, Space) / Mikrometeorit *m* (Staubpartikel aus dem Weltraum) ‖ ~ **sensor** (Space) / Mikrometeoritensensor *m*
**micrometeorology** *n* (Meteor) / Mikrometeorologie *f* (der bodennahen Regionen)
**micrometer** *n* (US) / Mikrometer *m n*, μm (Mikrometer) ($10^{-6}$ m) ‖ ~* (Instr) / Messschraube *f* (DIN 863), Mikrometerschraube *f* ‖ ~* (Instr) / Mikrometer *n* (z.B. des Mikroskops) ‖ ~ **calliper** (Instr) / Messschraube *f* (DIN 863), Mikrometerschraube *f* ‖ ~ **eyepiece*** (Micros) / Mikrometerokular *n*, Feinmessokular *n*, Messokular *n* ‖ ~ **gauge*** (Instr) / Messschraube *f* (DIN 863), Mikrometerschraube *f* ‖ ~ **head** / Einbaumessschraube *f* (zum Einbau in ein Gerät bestimmte, bügellose Messschraube) ‖ ~ **screw** (of a tilting level) (Surv) / Kippschraube *f* ‖ ~ **theodolite*** (Surv) / Mikrometertheodolit *m*
**micromethod** *n* (Chem) / Mikromethode *f* (ein laborchemisches Analyseverfahren)
**micrometre*** *n* / Mikrometer *m n*, μm (Mikrometer) ($10^{-6}$ m)
**micromicro-*** / Vorsatz vor Einheiten für $10^{-12}$ (Kurzzeichen p)
**micromicrofarad*** *n* (Elec Eng) / Pikofarad *n*, pF (Pikofarad) ($10^{-12}$ Farad)
**microminiature circuit** (Electronics) / Mikroschaltung *f* (DIN 41 848-1) ‖ ~ **electronics** (Electronics) / Mikroelektronik *f* der extremen Miniaturisierung
**microminiaturization*** *n* (Electronics) / Mikrominiaturisierung *f* (bis zu > 50 mm)
**micromodel** *n* / Mikromodell *n* (ein Simulationsmodell)
**micromodule*** *n* (Elec Eng, Electronics) / Mikromodul *n* ‖ ~ **technology** (Electronics) / Mikromodultechnik *f*, MM-Technik *f*
**micromolecular** *adj* (Chem) / mikromolekular *adj*
**micromorphic material** (Materials, Phys) / mikromorphes Material (bei dem jedes Körperteilchen als infinitesimaler kleiner starrer Körper, der auch einen Drehimpuls haben kann, statt als materieller Punkt angesehen wird)
**micromorphology** *n* (Eng) / Mikromorphologie *f* (der Bruchfläche)
**micromotion study** (Work Study) / Mikrobewegungsstudium *n* (eine für die Arbeitsgestaltung verwendete Analysenmethodik)
**micron*** *n* / Mikrometer *m n*, μm (Mikrometer) ($10^{-6}$ m)
**Micronaire value** (Textiles) / Micronaire-Wert *m* (Kennzahl für die Faserfeinheit von Baumwolle und Wolle nach dem Luftstrom-Prüfverfahren - DIN 53941)
**micronavigation** *n* (Comp, Telecomm) / Mikronavigation *f*, Unternavigation *f*
**micronize** *v* / mikronisieren *v*, feinstmahlen *v*, atomisieren *v* (feinstmahlen)
**micronized wax** / mikronisiertes Wachs
**Micronizer** *n* / Micronizer-Mühle *f*, Micronizer *m* (Spiralstrahlmühle *f*, Spiralstrahlmühle *f* (für rieselfähiges Mahlgut)
**micronizing** *n* / Mikronisierung *f* (feinstes Vermahlen), Feinstmahlen *n*

**micronutrients*** *pl* (Ecol, Nut) / Mikroelemente *n pl*, Mikronährstoffe *m pl*, Spurennährstoffe *m pl* ‖ ~* (Ecol, Nut) s. also trace element
**micro-opaque** *n* (Optics, Photog) / Mikrofilmlochkarte *f* (DIN 19060), Filmlochkarte *f*
**micro-operation** *n* (Comp) / Mikrooperation *f*
**microoptics** *n* (Optics) / Mikrooptik *f*
**micro-organism** *n* (Biol) / Mikroorganismus *m* (z.B. Bakterien, Protozoen, Hefen usw.)
**micropackaging** *n* (Electronics) / Micropackaging *n* (Fertigungsverfahren, bei dem mehrere Chips auf eine Mehrschicht-Keramikunterlage aufgebracht werden)
**micropack column** (Chem) / Mikrosäule *f*, Micropack-Säule *f* (eine Trennkapillare von 0,5 bis 1 mm Innendurchmesser, die mit sehr feinkörniger Trennsäulenfüllung versehen ist), gepackte Kapillarsäule, Microbore-Säule *f*, MB-Säule *f*
**micropacked column** (Chem) / Mikrosäule *f*, Micropack-Säule *f* (eine Trennkapillare von 0,5 bis 1 mm Innendurchmesser, die mit sehr feinkörniger Trennsäulenfüllung versehen ist), gepackte Kapillarsäule, Microbore-Säule *f*, MB-Säule *f*
**micropenetration tester** (Materials, Met) / Mikrohärteprüfgerät *n*, Mikrohärteprüfer *m* (z.B. Microcharacter)
**microperforation** *n* (Comp, Paper) / Mikroperforation *f*
**microperthite*** *n* (Geol) / Mikroperthit *m* (Orthoklas mit orientierten Albitspindeln)
**microphage*** *n* (Med) / Mikrophage *m*
**microphase separation** (Chem) / Mikrophasentrennung *f*, Mikrophasenseparation *f*
**microphone*** *n* (Acous, Ecol, Physiol) / Mikrofon (DIN 1320, 45500, 45590, 45591), Mikro *n* ‖ ~ **amplifier** (Acous) / Mikrofonverstärker *m* ‖ ~ **boom** (Acous) / Mikrofonausleger *m* (bei der Tonkamera) ‖ ~ **boom** (Acous, Cinema, TV) / Mikrofongalgen *m*, Giraffe *f*, Mikrogalgen *m*, Tonangel *f*, Angel *f* (eines Mikrofons) ‖ ~ **button** (Acous) / Mikrofontaste *f* ‖ ~ **button** (Radio) / Sprechtaste *f* ‖ ~ **cable** (Acous) / Mikrofonkabel *n* ‖ ~ **calibration** (Acous) / Mikrofoneichung *f* ‖ ~ **circuit** (Acous, Elec Eng) / Mikrofonkreis *m* ‖ ~ **connection** (Acous) / Mikrofonanschluss *m* ‖ ~ **connexion** (GB) (Acous) / Mikrofonanschluss *m* ‖ ~ **current** (Elec Eng) / Mikrofonstrom *m* ‖ ~ **disconnect button** (Acous, Teleph) / Mikrofonabschalttaste *f* ‖ ~ **housing** (Acous) / Mikrofongehäuse *n*
**microphone-in jack** (Acous, Comp) / Mikrofoneingang *m*
**microphone jack** (Acous) / Mikrofonbuchse *f* ‖ ~ **key** (Acous) / Mikrofontaste *f* ‖ ~ **noise** (Acous) / Mikrofongeräusch *n* ‖ ~ **pair** (Acous) / Mikrofonpaar *n* ‖ ~ **preamplifier** (Acous) / Mikrofonvorverstärker *m* ‖ ~ **recording** (Acous) / Mikrofonaufnahme *f* ‖ ~ **response*** (Acous) / Ansprechempfindlichkeit *f* des Mikrofons ‖ ~ **selectivity selector** (Acous) / Mikrofonempfindlichkeits-Wahlschalter *m* ‖ ~ **socket** (Acous) / Mikrofonbuchse *f* ‖ ~ **stand** (Acous) / Mikrofonstativ *n* ‖ ~ **suspension** (Acous) / Mikrofonaufhängung *f* ‖ ~ **switch** (Radio) / Sprechtaste *f* ‖ ~ **transformer** (Acous) / Mikrofonübertrager *m* ‖ ~ **tripod** (Acous) / Mikrofonstativ *n*
**microphonic effect** (Acous) / Mikrofonie *f* (Kling-, Heul- oder Brummtöne an empfindlichen Verstärkern, hervorgerufen durch mechanische Erschütterungen, die durch vom Lautsprecher abgestrahlte Schallwellen verursacht werden) ‖ ~ **flame** (Phys) / schallempfindliche Flamme, schallbeeinflusste Flamme (die Schallwellen treffen auf eine Membran)
**microphonicity*** *n* (Acous) / Mikrofonie *f* (Kling-, Heul- oder Brummtöne an empfindlichen Verstärkern, hervorgerufen durch mechanische Erschütterungen, die durch vom Lautsprecher abgestrahlte Schallwellen verursacht werden)
**microphonic noise*** (Acous) / Mikrofonie *f* (Kling-, Heul- oder Brummtöne an empfindlichen Verstärkern, hervorgerufen durch mechanische Erschütterungen, die durch vom Lautsprecher abgestrahlte Schallwellen verursacht werden)
**microphonics** *n* (Acous) / Mikrofonie *f* (Kling-, Heul- oder Brummtöne an empfindlichen Verstärkern, hervorgerufen durch mechanische Erschütterungen, die durch vom Lautsprecher abgestrahlte Schallwellen verursacht werden)
**microphonism** *n* (Acous) / Mikrofonie *f* (Kling-, Heul- oder Brummtöne an empfindlichen Verstärkern, hervorgerufen durch mechanische Erschütterungen, die durch vom Lautsprecher abgestrahlte Schallwellen verursacht werden)
**microphotograph** *n* (Photog) / Mikroaufnahme *f* (die nur mit optischen Hilfsmitteln gelesen werden kann), mikroskopische Aufnahme, Mikrofotografie *f* (einzelne Aufnahme), Mikrobild *n*, Mikroform *f*
**microphotographic** *adj* (Photog) / mikrofotografisch *adj*, fotomikrografisch *adj*
**microphotography*** *n* (Photog) / Mikrofotografie *f*, Fotomikrografie *f* (als Anwendungsgebiet)

**microphotometer**

**microphotometer** n (Instr) / Densitometer n (zur objektiven Messung der Filmschwärzung), Mikrofotometer n
**microphyric*** adj (Geol) / mikrophyrisch adj
**microphysical** adj (Phys) / mikrophysikalisch adj
**microphysics** n (Phys) / Mikrophysik f (Physik der Elementarteilchen, der Atome und Moleküle, die im Wesentlichen auf der Quantentheorie beruht)
**micropipet** n (US) (Chem) / Mikropipette f
**micropipette** n (Chem) / Mikropipette f
**micropitting** n (Eng) / Grauflecken m pl (ein Zahnschaden)
**microplasma** n (Electronics, Plasma Phys) / Mikroplasma n
**microplate** n (Biol, Med) / Mikrotiterplatte f
**micropollution** n (Ecol, San Eng) / Spurenverunreinigung f, Mikroverunreinigung f, Mikropollution f
**micropore** n / Mikropore f (eine Feinpore bis 2 nm)
**microporosity** n (Agric) / Feinporigkeit f (des Bodens)
**micropowder** n / Feinstpulver n (im Allgemeinen)
**microprism*** n (Optics, Photog) / Mikroprisma f
**microprobe** n (Met) / Mikrosonde f
**microprocessing unit** (Comp) / Mikroprozessor m, MIP (Mikroprozessor)
**microprocessor*** n (Comp) / Mikroprozessor m, MIP (Mikroprozessor) ‖ ~ **chip** (Comp, Electronics) / Mikroprozessorchip m
**microprocessor-controlled** adj (Comp) / mikroprozessorgesteuert adj
**microprogram** v (Comp) / mikroprogrammieren v (nur Infinitiv und Partizip) ‖ ~* n (Comp) / Mikroprogramm n
**microprogrammable** adj (Comp) / mikroprogrammierbar adj ‖ ~ **computer** (Comp) / mikroprogrammierbarer Rechner
**microprogrammed control circuit** (Comp, Teleph) / mikroprogrammierte Steuerung
**microprogram memory** (Comp) / Mikroprogrammspeicher m
**microprogramming** n (Comp) / Mikroprogrammierung f
**microprogramming-language interpreter** (Comp) / Mikroprogrammierspracheninterpreter m
**microprominence** n (Eng) / Erhebung f im Mikroprofil (einer Oberfläche), Peak m, Rauheitsspitze f (Oberflächenrauheit), Rauigkeitsspitze f, Rauigkeitspeak m
**micropublishing** n / Publikation f von Mikroformen
**micropulsation** n (Geophys) / Mikropulsation f (geomagnetische)
**microradiography*** n (Radiol) / Mikroröntgenbilderzeugung f, Mikroradiografie f (Röntgendarstellung von sehr dünnen Objekten), Mikroröntgenfotografie f (ein Verfahren der Röntgenstrahlmikroskopie), Mikroröntgenografie f
**microradiometer** n (Acous, Phys) / Mikroradiometer n
**microreactor** n (Chem Eng) / Mikroreaktor m (zur Pyrolyse)
**micro-ready foods** (Nut) / mikrowellengeeignete Lebensmittel
**microreduction camera** (Photog) / Mikroverkleinerungskamera f, Mikrografiekamera f
**microrheology** n (Phys) / Mikrorheologie f (DIN 1342, T 1), Strukturrheologie f
**microrobot** n / Mikroroboter m
**microroughness** n (Eng) / Mikrorauigkeit f, Mikrorauheit f
**microroutine** n (Comp) / Mikroroutine f (Folge von Mikroprogrammschritten)
**microsampling** n / Entnahme f von Mikroproben
**microscale** n (Meteor) / Mikro-Scale m (der kleinräumige Größenbereich atmosphärischer Phänomene)
**microscope** v (Micros) / mikroskopieren v ‖ ~* n (Micros) / Mikroskop n ‖ ~ **camera** (Micros, Photog) / Mikroskopkamera f ‖ ~ **field of view** (Micros) / Mikroskopgesichtsfeld n ‖ ~ **illuminator** (Micros) / Mikroskopierleuchte f, Beleuchtungsapparat m (unter dem Mikroskoptisch bei Durchlichtmikroskopen; am Mikrotubus bei Auflicht) ‖ ~ **objective thread** (US) (Micros) / Gewinde n für Mikroskopobjektive ‖ ~ **photometry** (Micros) / Mikroskopfotometrie f ‖ ~ **preparation** (Micros) / Mikroskoppräparat n ‖ ~ **slide** (Micros) / Objektglas n, Objektträger m ‖ ~ **stage** (Micros) / Mikroskoptisch m, Objekttisch m
**microscopic** adj (Micros) / Mikroskop- (sich auf das Mikroskop beziehend) ‖ ~ (invisible or indistinguishable except with the aid of a microscope) (Micros) / mikroskopisch adj, mikroskopisch klein
**microscopical** adj (pertaining to a microscope or microscopy) (Micros) / Mikroskop- (sich auf das Mikroskop beziehend) ‖ ~ (Micros) / mikroskopisch adj, mikroskopisch klein
**microscopic analysis** (Micros) / mikroskopische Analyse ‖ ~ **examination** (Micros) / mikroskopische Untersuchung f ‖ ~ **glass** (Glass, Micros) / Glas n für Deckgläser ‖ ~ **reversibility** (Chem) / mikroskopische Reversibilität ‖ ~ **section** (Micros) / mikroskopischer Schnitt, Dünnschnitt m ‖ ~ **state*** (Phys) / Komplexion f (Maxwell-Boltzmann-Statistik), Mikrozustand m (in der statistischen Physik) ‖ ~ **stress*** (Eng) / Mikrospannung f ‖ ~ **technique** (Micros) / Mikroskopieverfahren n, mikroskopische Technik, mikroskopisches Verfahren ‖ ~ **theory of superconductivity** (Phys) / mikroskopische Theorie der Supraleitfähigkeit (z.B. die BCS-Theorie)
**microscopy** n (Micros) / Mikroskopie f
**microsealed drug delivery system** (Pharm) / MDD-System n (mit Wirkstoffen gefüllte Mikrokammern)
**microsecond** n / Mikrosekunde f
**microsection** n (Geol, Min) / Dünnschliff m ‖ ~* (Micros) / mikroskopischer Schnitt, Dünnschnitt m
**microsegregation** n (Foundry) / Kornseigerung f, Mikroseigerung f, Kristallseigerung f, Mikroentmischung f
**microseism** n (Geol) / Mikrobeben n, Mikroseismik f
**microseismic** adj (Geol) / mikroseismisch adj
**microsensor** n (Electronics) / Mikrosensor m
**microshrinkage** n (Foundry) / Mikrolunker m
**microsieve** n (San Eng) / Mikrosieb (für die Trink- und Brauchwasseraufbereitung)
**microsite** n (Comp, Telecomm) / Microsite f (wenn die Portal Page einen Auszug aus der eigentlichen Site darstellt und alle Informationen für das auf dem Banner beworbene Produkt enthält)
**microsize** n / Mikroabmessung f, sehr kleine Abmessung
**micro-software** n (Comp) / Microcomputer-Software f, MC-Software f
**Microsoft Windows** n (Comp) / MS Windows n, Windows n (eine auf dem Betriebssystem DOS aufbauende grafische Benutzeroberfläche aus dem Hause Microsoft)
**microspace justification** (Comp) / Leerzeichenausgleich m (durch Einfügen schmaler Leerräume)
**microspectrophotometer** n (Phys) / Mikrospektrofotometer n, Mikrospektralfotometer n
**microspectroscope** n (Phys, Spectr) / Mikrospektroskop n, Mikrospektralokular n
**microspeed drive** (Eng) / Feingangantrieb m
**microsphere** n / Mikrohohlkugel f
**microspherulitic*** adj (Geol) / mikrosphärulitisch adj
**microstate** n (Chem, Phys) / Komplexion f (Maxwell-Boltzmann-Statistik), Mikrozustand m (in der statistischen Physik)
**microstep** n (Automation, Elec Eng) / Mikroschritt m (bei Schrittmotoren)
**microstrain** n (Mech) / Mikroeigenspannung f ‖ ~ (Mech) / Microstrain m (meistens eine Dehnung von $10^{-6}$), Dehnungswert m
**microstrainer** n (San Eng) / Mikrosieb n (für die Trink- und Brauchwasseraufbereitung)
**microstress** n (Eng) / Mikrospannung f ‖ ~ (Mech) / Mikroeigenspannung f
**microstrip*** n (Electronics, Telecomm) / Mikrostrip m (eine Streifenleitung), miniaturisierte Streifenleitung, Mikrostreifenleiter m, Mikrowellenstreifenleiter m, Mikrostreifenleitung f, Mikrowellenstreifenleitung f, Mikrostrip-Leitung f ‖ ~ (Photog) / Mikrostrip m (Streifen von Einzelbildern eines zerschnittenen Mikrofilms) ‖ ~ **antenna** (Radio) / Mikrostrip-Antenne f ‖ ~ **line** (Electronics) / Mikrostrip m (eine Streifenleitung), miniaturisierte Streifenleitung, Mikrostreifenleiter m, Mikrowellenstreifenleiter m, Mikrostreifenleitung f, Mikrowellenstreifenleitung f, Mikrostrip-Leitung f
**microstructural component** (Met) / Gefügebestandteil m
**microstructure** n (Electronics) / Mikrostruktur f ‖ ~* (Geol, Met) / Feinstruktur f, Mikrogefüge n, Mikrostruktur f, Feingefüge n (mikroskopisch feines)
**microswitch*** n (Elec Eng) / Mikroschalter m, Kleinschalter m
**microsyn*** n (Elec Eng) / Mikrosyn n, Kleindrehmelder m
**microsynchronization** n (Electronics) / Mikrosynchronisation f
**microsyringe** n (Chem) / Mikrodosierspritze f, Mikroliterspritze f, Mikrospritze f
**microsystem** n (Comp, Electronics) / Mikrosystem n (für eine bestimmte Aufgabe entwickeltes miniaturisiertes Bauteil, das aus mehreren unterschiedlichen funktionalen Komponenten besteht) ‖ ~ **technology** (Electronics) / Mikrosystemtechnik f
**microteaching** n (Micros) / Mikroteaching n (eine Lehrmethode mit Mini-Lehreinheiten)
**microtechnic** n (Micros) / Mikroskopieverfahren n, mikroskopische Technik, mikroskopisches Verfahren
**microtechnique** n (Chem) / Mikromethode f (ein laborchemisches Analyseverfahren) ‖ ~ (Micros) / Mikroskopieverfahren n, mikroskopische Technik, mikroskopisches Verfahren
**microtechnology** n / Mikrotechnologie f
**microtectonics** n (Geol) / Mikrotektonik f (tektonische Spuren im mikroskopischen Größenbereich) ‖ ~ (Geol) / Feintektonik f, Kleintektonik f (welche die Deformationsspuren im kleinen Bereich bis zum Dünnschliff beschreibt)
**microthesaurus** n (pl. -auri) (Comp) / Spezialthesaurus m, Mikrothesaurus m

**microthrowing power** (of a plating solution) (Surf) / Mikrostreukraft f, Mikrostreuvermögen n, Mikrotiefenstreuung f, Mikrostreufähigkeit f
**microthruster** n (Space) / Mikroantrieb m, Kleinstantrieb m
**microtitration plate** (Biol, Med) / Mikrotiterplatte f
**microtome*** n (For, Micros) / Mikrotom m n || **~ blade** (For, Micros) / Mikrotommesser m
**microtone** n (Acous) / Mikroton m (Intervall, das kleiner als ein Halbton ist)
**microtorch** n (Chem) / Mikrobrenner m
**microtrace** n (Chem) / Mikrospur f || **~ analysis** (Chem) / Mikrospurenanalyse f ($10^{-4}$ - $10^{-7}$ ppm)
**microtron** n (Nuc Eng) / Mikrotron n (ein Kreisbeschleuniger für relativistische Elektronen)
**microtubule*** n (Med) / Mikrotubulus m (pl. -li)
**microtunnelling** (Civ Eng) / Rohrvortrieb m (bei dem der Baugrund bei kleineren Querschnitten durchpresst und bei größeren Querschnitten durchbohrt bzw. durchörtert wird) || **~** n (Civ Eng) / Leitungstunnelbau m
**microveneer** n (For) / Mikrofurnier n (eine Art von Rundschälfurnieren - 0,08 bis 0,1 mm dick, auf Spezialpapier kaschiert)
**microvoid coalescence** (Materials) / Mikroporenkoaleszenz f, Zusammenwachsen n von Poren
**microwav(e)able** adj / mikrowellenfest adj (Packung)
**microwave** v (Nut) / in der Mikrowelle zubereiten || **~ amplifier** (Electronics) / Höchstfrequenzverstärker m, Mikrowellenverstärker m || **~ antenna** (Radio) / Mikrowellenantenne f || **~ astronomy** (Astron) / Mikrowellenastronomie f (ein Teilgebiet der Radioastronomie) || **~ background*** (Astron) / Reliktstrahlung f, Drei-Kelvin-Strahlung f, Drei-Grad-Kelvin-Strahlung f, kosmische Hintergrundstrahlung, 3-K-Strahlung f, kosmische Urstrahlung || **~ cooker** (Elec Eng) / Mikrowellenherd m, Mikrowellengerät n, Mikrowellenkochgerät n || **~ diode** (Electronics) / Mikrowellendiode f (Diode, deren Betriebsfrequenz größer als 1 GHz ist, z.B. Tunnel-, Schottky-, Gunn- oder IMPATT-Diode) || **~ drill** (Build, Ceramics, Glass) / Mikrowellenbohrer m || **~ engineering** (Elec Eng) / Höchstfrequenztechnik f, Mikrowellentechnik f
**microwave-excited plasma** (Plasma Phys) / mikrowellenangeregtes Plasma
**microwave foods** (Nut) / mikrowellengeeignete Lebensmittel || **~ heating*** (Elec Eng) / Mikrowellenerwärmung f (ein Arbeitsverfahren der dielektrischen Erwärmung - elektrische Erwärmung im Mikrowellenfeld, dessen Energie bei der Ausrichtung natürlicher polarer Moleküle im dielektrischen Stoff in Wärmeenergie umgewandelt wird) || **~ heating*** (Elec Eng, Heat) / Hochfrequenzerwärmung f, Erhitzung f durch Hochfrequenz, HF-Erwärmung f || **~ hypothesis** (For) / Mikrowellenhypothese f (Belastung der Assimilationsorgane durch Mikrowellen, heute widerlegte Hypothese vom Waldsterben)
**microwave-induced plasma** (Plasma Phys) / mikrowelleninduziertes Plasma, Mikrowellenplasma n, MIP (Mikrowellenplasma)
**microwave integrated circuit technology** (Radio) / MIC-Technik f || **~ landing system** (Aero) / Mikrowellenlandesystem n, MLS (Mikrowellenlandesystem), Mikrowellen-Landeführungssystem n || **~ link** (Telecomm) / Mikrowellenstrecke f || **~ optics** (Optics) / Mikrowellenoptik f || **~ oscillator** (Elec Eng) / Höchstfrequenzoszillator m, Mikrowellenoszillator m (ein Oszillator für ungedämpfte, vorwiegend sinusförmige Schwingungen mit Höchstfrequenzen) || **~ oven** (Met) / Mikrowellenofen m || **~ oven** (Nut) / Mikrowellenherd m, Mikrowellengerät n, Mikrowelle f (Mikrowellenherd) || **~ packaging materials** / mikrowellenfestes Verpackungsmaterial || **~ plasma** (Plasma Phys) / mikrowelleninduziertes Plasma, Mikrowellenplasma n, MIP (Mikrowellenplasma) || **~ radiation** / Mikrowellenstrahlung f || **~ radio link** (Radio) / Mikrowellenfunkstrecke f || **~ radiometer** n (Phys) / Mikrowellenradiometer n || **~ relay** (Electronics) / Mikrowellenrelais n || **~ repeater** (Radio) / Richtfunkbetriebsstelle f, Relaisstelle f für Richtfunk || **~ resonator*** (Telecomm) / Höchstfrequenzresonator m, Mikrowellenresonator m
**microwaves*** pl (Radio) / Mikrowellen f pl (1 mm - 30 cm)
**microwave sound** (Phys) / Mikrowellenschall m, Hyperschall m (mit Frequenz über 1 GHz), Mikroschall m || **~ spectrometer*** (Phys, Spectr) / Mikrowellenspektrometer n || **~ spectroscopy*** (Phys, Spectr) / Mikrowellenspektroskopie f (ein Teilgebiet der Hochfrequenzspektroskopie), MW-Spektroskopie f (eine Art Hochfrequenzspektroskopie) || **~ spectrum*** (Phys, Spectr) / Mikrowellenspektrum n || **~ technique** (Elec Eng) / Höchstfrequenztechnik f, Mikrowellentechnik f || **~ therapy** (Med) / Mikrowellendiathermie f, Mikrowellenbehandlung f, Mikrowellentherapie f (eine Form der Elektrotherapie) || **~ transistor** (operating in the high-frequency region) (Electronics) / Mikrowellentransistor m (ein Transistor als Mikrowellenhalbleiterelement, für den Betrieb bei sehr hohen Frequenzen) || **~ tube** (Electronics) / Mikrowellenröhre f (für Frequenzen, bei denen die Laufzeit nicht mehr klein gegen die Schwingung ist) || **~ valve** (Electronics) / Mikrowellenröhre f (für Frequenzen, bei denen die Laufzeit nicht mehr klein gegen die Schwingung ist)
**microwax** n / mikrokristallines Wachs (ein Erdölwachs), Mikrowachs n, Mikroparaffin n || **~** s. also petroleum wax
**microwelding** n (Welding) / Mikroschweißen n (ein Mikrofügeverfahren), Feinstschweißen n
**microwell plate** (Biol, Med) / Mikrotiterplatte f
**microwiring** n (Electronics) / Mikroverdrahtung f
**micrurgy** n (Biol) / Mikrurgie f (Technik der operativen Behandlung einzelner Mikroorganismen)
**mid-air collision** (Aero) / Zusammenstoß m im Fluge, Zusammenstoß m in der Luft, Kollision f während des Fluges || **~ refuelling** (Aero) / Luftbetankung f, Flugbetankung f, Betankung f in der Luft, Lufttanken n
**mid-beam** n (US) (Autos) / Abblendlicht n, Fahrlicht n
**mid-boiling point** (Phys) / mittlerer Siedepunkt
**midcourse guidance** (Mil) / Marschphasenlenkung f
**middle-blow** attr (Elec Eng) / mittelträge adj (Schmelzeinsatz)
**middle clouds** (Aero, Meteor) / mittelhohe Wolken (etwa 2400 bis 5300 m) || **~ condenser** (Textiles) / Mittelfeldverdichter m (DIN 64 050) || **~ conductor*** (Elec Eng) / Neutralleiter m (DIN 40 108), Sternpunktleiter m (eines Drehstrom-Vierleitersystems nach DIN 40108), Mittelpunktleiter m, Mp-Leiter m || **~ cut** (For) / Mittelblock m (Holzausformung), Mittelstamm m, Mittelstück n
**middle-density polyethylene** (Chem, Plastics) / Polyethylen n (mit) mittlerer Dichte
**middle distillate** (Oils) / Mitteldestillat n || **~ dot** (Typog) / Punkt m in der Mitte (ein diakritisches Zeichen) || **~ fraction** (Chem Eng) / mittlere Fraktion f || **~ ground** (Hyd Eng, Ships) / Mittelgrund m (Untiefe, die ein Fahrwasser in 2 benutzbare Arme teilt, die sich hinter dem Mittelgrund wieder treffen)
**middle-head power plant** (Hyd Eng) / Mitteldruckkraftwerk n (mit 15 bis 50 m Fallhöhe)
**middle infrared** (Light, Phys) / mittleres Infrarot, mittleres IR (DIN 5031-7), MIR (mittleres Infrarot) || **~ lamella** (For) / Interzellularschicht f, Mittellamelle f, Kittsubstanz f, Interzellularsubstanz f (isotrope Schicht zwischen aneinander stoßenden Zellen) || **~ log** (For) / Mittelblock m (Holzausformung), Mittelstamm m, Mittelstück n || **~ marker** (Aero) / Haupteinflugzeichen n (ILS) || **~ marker beacon*** (Aero) / Haupteinflugzeichen n (ILS) || **~ oil*** (Chem Eng) / Karbolöl n, Mittelöl n, Carbolöl n (Steinkohlenteerdestillat)
**middle-oil alkyd** (resin) (Paint) / mittelöliges Alkydharz, Mittelöl-Alkydharz n
**middle phase** (Phys) / Middle-Phase f (bei lyotropen flüssigen Kristallen) || **~ plain** (Maths) / Mittelebene f || **~ post*** (Build, Carp) / einfache Hängesäule (im Hängewerk) || **~ purlin** (Build, Carp) / Mittelpfette f (die durch Stuhlsäule gestützt ist) || **~ rail** (Build, Join) / Türblattquerholz n (einer Rahmenfüllungstür) || **~ rail** (Rail) / Mittelschiene f (eine Stromschiene)
**middles** pl (Min Proc) / Zwischengut n (klassiertes, das verwertbare und nicht verwertbare Anteile in verwachsener Form enthält und in dieser Zusammensetzung abgesetzt wird), Mittelgut n
**middle section of grate** (Eng, Heat) / Mittelrostfeld n || **~ sheet** (Paper) / Einlage f (z.B. bei Bristolkarton)
**middle-sized** adj / mittelgroß adj || **~ gravel** (Build, Civ Eng, Geol) / Mittelkies (6,3 bis 20 mm)
**middle sole** / Zwischensohle f (eine durchgehende Sohle) || **~ split** (Leather) / Mittelspalt m (mittlere Schicht beim Spalten von schweren Häuten) || **~ temperature error*** (Horol) / Dent'sche Anomalie, sekundärer Kompensationsfehler m || **~ tone** (Print) / Mittelton m || **~ ultraviolet** (Phys) / UV-B-Strahlung f, Dornostrahlung f (280 bis 315 nm - nach C. Dorno, 1865-1942), mittleres Ultraviolett (DIN 5031, T 7), UV-B n (mittleres Ultraviolett)
**middle-ultraviolet lamp** (e.g. a sunlamp or a photochemical lamp) (Phys) / Dornostrahler m (zwischen 315 und 280 nm)
**middleware** n (system software tailored to a particular user's need) (Comp) / Middleware f (Hilfsmittel bei inkompatiblen Anlagen, z.B. Emulator oder Konvertierungsprogramm)
**middle wire*** (Elec Eng) / Neutralleiter m (DIN 40 108), Sternpunktleiter m (eines Drehstrom-Vierleitersystems nach DIN 40108), Mittelpunktleiter m, Mp-Leiter m || **~ zone** / mittlere Zone (z.B. der Linse)
**middling quality** / mittlere Qualität, Durchschnittsqualität f

**middlings**

**middlings** *pl* / Mittelsorte *f*, zweite oder dritte Wahl (der Waren) ‖ ~* (Min Proc) / Zwischengut *n* (klassiertes, das verwertbare und nicht verwertbare Anteile in verwachsener Form enthält und in dieser Zusammensetzung abgesetzt wird), Mittelgut *n* ‖ ~ (Nut) / Zwischenprodukt *n* (z.B. Grieß oder Dunst, die dem nächsten Walzenstuhl zugeführt werden können)
**mid-engine** *n* (Autos) / Mittelmotor *m* ‖ ~ **car** (Autos) / Mittelmotorauto *n*
**mid-feather*** *n* (Build) / Schornsteinzunge *f* (Trennwand zwischen den Schornsteinzügen), Zunge *f* (Schornsteinzunge), Langette *f* (Trennwand zwischen den Schornsteinzügen)
**mid-feather*** *n* (Build) / Trennleiste *f* (Zink oder Holz - bei Hubfenstern)
**midget open-end wrench** (US) (Tools) / kleiner Doppelmaulschlüssel, Kleingabelschlüssel *m*, Elektrikerschlüssel *m*, Elektriker-Doppelmaulschlüssel *m* ‖ ~ **relay** (Elec Eng) / Zwergrelais *n*
**MIDI** (musical-instrument digital interface) (Comp) / MIDI-Protokoll *n* (Schnittstellen- und Dateistandard zur Übertragung und Speicherung von Tondaten), Musical Instrument Digital Interface *n*
**midi** *n* (Comp) / Midicomputer *m* (heute /2005/ nur noch historische Bezeichnung), Midirechner *m*
**midicomputer** *n* (a computer that has a maximum word memory size of 256,000, a maximum of 24 bits per word, and uses higher-level languages such as FORTRAN, BASIC, ALGOL, RPG, and COBOL) (Comp) / Midicomputer *m* (heute /2005/ nur noch historische Bezeichnung), Midirechner *m*
**MIDI file** (Comp) / MIDI-Datei *f* ‖ ≃ **sequencer** (Comp) / MIDI-Sequencer *m*, MIDI-Sequenzer *m*
**Midland-Ross process** (Met) / Midland-Ross-Verfahren *n* (ein Direktreduktionsverfahren)
**midnight sun** (Astron) / Mitternachtssonne *f*
**mid-oceanic ridge** (Geol, Ocean) / mittelozeanische Schwelle, Ozeanrücken *m*, Rücken *m*, Tiefseerücken *m*, mittelozeanischer Rücken, Schwelle *f* (submarine, mittelozeanische)
**mid-ocean ridge** (Geol, Ocean) / mittelozeanische Schwelle, Ozeanrücken *m*, Rücken *m*, Tiefseerücken *m*, mittelozeanischer Rücken, Schwelle *f* (submarine, mittelozeanische) ‖ ~ **rift** (Geol, Ocean) / Rift Valley *n* (tiefer, tektonisch gebildeter, festländischer oder ozeanischer Graben) ‖ ~ **rise** (Geol, Ocean) / mittelozeanische Schwelle, Ozeanrücken *m*, Rücken *m*, Tiefseerücken *m*, mittelozeanischer Rücken, Schwelle *f* (submarine, mittelozeanische)
**mid-ordinate rule** (Maths) / Flächeninhaltsberechnung *f* nach der Mittelwertsformel
**mid-perpendicular** *n* (Maths) / Mittelsenkrechte *f* (einer Strecke)
**mid-plane** *n* (Eng) / Kreuzungsebene *f* (DIN 868)
**midpoint** *n* (Elec Eng) / Mittelpunkt *m* (DIN 40 108) ‖ ~ (Maths) / Mittenpunkt *m*, Mittelpunkt *m* ‖ ~ (Maths) / Intervallmitte *f*, Mitte *f* (eines Intervalls) ‖ ~ (Stats) / Spannweitenmitte *f* (ein Streuungsmaß - bei der Qualitätssicherung) ‖ ~ **tap** (Elec Eng) / Mittelpunktanzapfung *f*
**midrange** *n* (Stats) / Spannweitenmitte *f* (ein Streuungsmaß - bei der Qualitätssicherung) ‖ ~ **flexibility** (I C Engs) / Elastizität *f* im mittleren Drehzahlbereich ‖ ~ **loudspeaker** (Acous, Radio) / Mitteltonlautsprecher *m*, Mitteltöner *m* ‖ ~ **speaker** (Acous) / Mitteltonlautsprecher *m*, Mitteltöner *m*
**Midrex process** (Met) / Midrex-Verfahren *n* (zur kontinuierlichen Direktreduktion von pelletierten Eisenoxiden oder Stückerzen zu Eisenschwamm)
**midroll change** (Photog) / Wechsel *m* eines teilbelichteten Filmes
**mid-run explanation** (AI) / Erklärung *f* während des Ablaufs, Routine-Erklärung *f*, Online-Erklärung *f* ‖ ~ **explanation** (Comp) / Selbsterläuterung *f* eines laufenden Programms (Erklärung der gerade ablaufenden Arbeitsgänge und der bevorstehenden Absichten des Programms)
**mid-scale setting** (Instr) / Skalenmitteneinstellung *f*
**midship** (section) **coefficient** (Ships) / Koeffizient *m* der Hauptspantfläche, Völligkeitsgrad *m* des Hauptspants (bezogen auf den Spantenriss)
**mid-shot** *n* (Cinema) / Amerikanische *f*
**mid-size car** (Autos) / Mittelklassewagen *m*, Wagen *m* der Mittelklasse
**mid-sole** *n* / Zwischensohle *f* (eine durchgehende Sohle)
**midspan** *n* (Mech) / Feldmitte *f* (in der Statik) ‖ ~ **loading** (Mech) / Einzellast *f* in Feldmitte
**midsplit process** (Telecomm) / Midsplitverfahren *n* (in der Breitbandtechnik)
**mid-square method** (Stats) / Quadratmittenmethode *f* (ein rekursiver Algorithmus zur Berechnung von Zahlen mit dem Zweck, diese als Zufallszahlen zu verwenden)
**mid-tone** *n* (Print) / Mittelton *m*
**mid-value of a class** (Stats) / Klassenmitte *f*

**mid-wing airplane** (Aero) / Mitteldecker *m* (Flugzeug, bei dem die Tragflügel in mittlerer Höhe am Rumpf befestigt sind oder durch den Rumpf hindurchgehen)
**mid-wing monoplane*** (Aero) / Mitteldecker *m* (Flugzeug, bei dem die Tragflügel in mittlerer Höhe am Rumpf befestigt sind oder durch den Rumpf hindurchgehen)
**Mie scattering** (Light) / Mie-Streuung *f* (DIN 1349, T 2), Mie-Effekt *m* (nach G.Mie, 1868-1957) ‖ ≃ **theory** (Phys) / Mie-Theorie *f* (der Streuung elektromagnetischer Strahlung)
**MIG*** (metal inert-gas welding) (Welding) / MIG-Schweißen *n* (DIN EN ISO 4063), SIGMA-Schweißen *n*, Metallschutzgasschweißen *n*, Metall-Inertgas-Schweißen *n* (DIN 1910, T 4), MSG
**migma** *n* (mobile, or potentially mobile, mixture of solid rock material and magma, the magma having been injected into or melted out of the rock material) (Geol) / Migma *n*
**migmatite*** *n* (Geol) / Mischgestein *n*, Migmatit *m* (ein grob gemengtes Gestein)
**mignonette** *attr* / resedagrün *adj*
**mignonette-green** *adj* / resedagrün *adj*
**migrant worker** / Wanderarbeitnehmer *m*
**migrate** *v* (Chem, Ecol, Nuc) / wandern *v*, migrieren *v* ‖ ~ **in** / hineinwandern *v* ‖ ~ **out** / hinauswandern *v* ‖ ~ **out** / auswandern *v* ‖ ~ **through** / hindurchwandern *v*
**migrating arc** (Elec Eng) / wandernder Lichtbogen
**migration** *n* (Agric, Zool) / Migration *m* (Wanderung von Tieren) ‖ ~* (Chem, Comp, Ecol, Nuc) / Migration *f*, Wanderung *f* ‖ ~ (Ecol) / Migration *f* (spontane oder induzierte Wanderung von gelösten Stoffen, Organismen oder Feststoffen in einem Wasserkörper - ISO 6107-6) ‖ ~ (Oils) / Migration *f* (von Erdöl oder Erdgas) ‖ ~ (Radar) / Positionswanderung *f* (eines Ziels während der Zielbeobachtungszeit) ‖ ~ **area*** (Nuc) / Migrationsfläche *f*, Wanderfläche *f* (DIN 1304) ‖ ~ **current** (Chem) / elektrostatischer Zusatzstrom (in der Polarografie) ‖ ~ **distance** (Chem) / Laufstrecke *f* (in der Chromatografie) ‖ ~ **length** (Nuc) / Migrationslänge *f*, Wanderlänge *f* (in der Neutronendiffusionstheorie) ‖ ~ **speed** (Elec) / Wanderungsgeschwindigkeit *f* (mit der Ionen eines Elektrolyten in einem elektrischen Feld wandern) ‖ ~ **velocity** (Elec) / Wanderungsgeschwindigkeit *f* (mit der Ionen eines Elektrolyten in einem elektrischen Feld wandern)
**migratory** *adj* / wandernd *adj* ‖ ~ **dune** (Geol) / Wanderdüne *f* (in der vorherrschenden Windrichtung langsam vorrückende Düne) ‖ ~ **locust** (Agric, Zool) / Wanderheuschrecke *f* (Locusta migratoria) ‖ ~ **plasticizer** (Plastics) / wandernder Weichmacher
**MIG shielding gas** (Welding) / Schutzgas *n* für das MIG-Schweißen
**M.I.G. welding** (Welding) / MIG-Schweißen *n* (DIN EN ISO 4063), SIGMA-Schweißen *n*, Metallschutzgasschweißen *n*, Metall-Inertgas-Schweißen *n* (DIN 1910, T 4), MSG
**MIG welding*** (Welding) / MIG-Schweißen *n* (DIN EN ISO 4063), SIGMA-Schweißen *n*, Metallschutzgasschweißen *n*, Metall-Inertgas-Schweißen *n* (DIN 1910, T 4), MSG
**mike** *n* (Acous, Ecol, Physiol) / Mikrofon *n* (DIN 1320, 45500, 45590, 45591), Mikro *n*
**MIKES** (mass-analysed ion kinetic energy spectroscopy) (Spectr) / Ionenenergiespektrometrie *f* (zum Nachweis metastabiler Zerfälle)
**mil** (millilitre) / Milliliter *m n*, ml (Milliliter) ‖ ~* *n* / Mil *n* ($10^{-3}$ inch)
**milage** *n* / Meilenlänge *f*, Meilenzahl *f* ‖ ~ (Autos) / Kilometerstand *m* (am Tacho), Tachostand *m* ‖ ~ (Autos) / Kilometerleistung *f* (Laufleistung von Reifen)
**Milan cut and cover method** (Civ Eng) / Mailänder Deckelbauweise (im Tunnelbau), Deckelbauweise *f* (im Tunnelbau), halboffene Bauweise (im Tunnelbau)
**milanese fabric*** (Textiles) / Milanese *m* (maschenfeste Kettenwirkware für feine Damenunterwäsche) ‖ ≃ **loom** (knitting) (Textiles) / Milanese-Wirkmaschine *f* (Kettenwirkmaschine, die eine Atlaslegung ohne Umkehrreihe herstellt) ‖ ≃ **machine** (Textiles) / Milanese-Wirkmaschine *f* (Kettenwirkmaschine, die eine Atlaslegung ohne Umkehrreihe herstellt) ‖ ≃ **silk** (Textiles) / Seidenmilanese *m*
**Milankovitch curve** (Geophys) / Strahlungskurve *f* (Intensität der Sonneneinstrahlung), Milanković'sche Strahlungskurve (nach M. Milanković, 1879 - 1958)
**milarite*** *n* (Min) / Milarit *m* (ein Silikat)
**mild** *adj* / mild *adj* (wirkend) ‖ ~ / schonend *adj* ‖ ~ **clay*** (Geol) / Verwitterungslehm *m*, Lehm *m* ‖ ~ **cleaner** (Textiles) / Sanftreinigungsmittel *n* ‖ ~ **cleaning agent** (Textiles) / Sanftreinigungsmittel *n*
**mildew*** *n* (Bot) / Mehltau *m* (durch Mehltaupilze hervorgerufene Pflanzenkrankheit) ‖ ~ (on cloth or leather) (Textiles) / Schimmel *m*
**mildewcide** *n* (Paint, Textiles) / Schimmelverhütungsmittel *n*
**mildewproofing** *n* (Textiles) / Schimmelfestausrüstung *f* ‖ ~ **agent** (Paint, Textiles) / Schimmelverhütungsmittel *n*

**mildew resistance*** (Textiles) / Schimmelwiderstandsfähigkeit $f$ (DIN 53931), Schimmelbeständigkeit $f$, Schimmelfestigkeit $f$
**mildew-resistance finish** (Textiles) / Schimmelfestausrüstung $f$
**mildewy** adj / verschimmelt adj, schimmelig adj, schimmlig adj (mit Schimmel bedeckt, voll Schimmel) || ~ / moderig adj, modrig adj
**mildly hazardous** (toxic) / mindergiftig adj (Stoff)
**mild steel*** (with up to 0,25% C) (Met) / weicher Stahl, Weichstahl $m$, Flussstahl $m$ (Kohlenstoffgehalt höchstens 0,25 %) || ~ **wash cycle** / Schonwaschgang $m$ (bei den Waschautomaten)
**mile*** $n$ / Meile $f$ (eine veraltende Längeneinheit)
**mileage** $n$ / Meilenlänge $f$, Meilenzahl $f$ || ~ (Aero) / Streckenabschnitt $m$ zwischen zwei Flughäfen (in Meilen) || ~ (Autos) / Kilometerstand $m$ (am Tacho), Tachostand $m$ || ~ (Autos) / Kilometerleistung $f$ (Laufleistung von Reifen) || ~ (Autos) / Kraftstoffverbrauch $m$ pro Meile || ~ (Autos, Ships) / zurückgelegte Fahrstrecke (in km oder m)
**mileometer** $n$ (Autos) / Meilenzähler $m$ (heute weitgehend durch einen Kilometerzähler ersetzt)
**miles per gallon** (Autos) / Meilen $f\,pl$ pro Gallon (in den Vereinigten Staaten übliche Angabe des Kraftstoffverbrauchs)
**military aircraft** (Aero) / Militärflugzeug $n$ || ~ **bridge** (Mil) / Kriegsbrücke $f$ (schnell zu bauende und abzubauende Brücke aus vorgefertigtem Gerät, für zeitlich begrenzten Einsatz) || ~ **capability** (Mil) / militärisches Potential, Militärpotential $n$ || ~ **chemistry** (Chem) / Militärchemie $f$, Wehrchemie $f$ || ~ **geology** (Geol) / Wehrgeologie $f$, Militärgeologie $f$ || ~ **power** (Aero) / Startleistung $f$ eines militärischen Triebwerks || ~ **satellite** (Mil) / militärischer Satellit (z.B. ein Inspektionssatellit, ein Orbitaljäger usw.) || ~ **smoke** (Chem, Mil) / Nebelwaffe $f$ || ~ **Specifications*** (US) (Mil) / Pflichten- oder Lastenheft bei Beschaffung von Geräten, Waffen usw. für die US-Streitkräfte || ~ **Standards** (US) / Militärnormen $f\,pl$ (der US-Streitkräfte) || ~ **technology** (Mil) / Wehrtechnik $f$
**milk** $n$ / Milch $f$ || ~ (Chem) / Milch $f$ (Suspension verschiedener Oxide oder von Stärke) || ~ (Bot, Chem) / Milchsäure $f$ (2-Hydroxypropionsäure - E 270)
**milk-collecting centre** (Nut) / Milchsammelstelle $f$ || ~ **depot** (Nut) / Milchsammelstelle $f$
**milk cooler** (Nut) / Milchkühler $m$ || ~ **deposit** (Nut) / Milchstein $m$ (in den Anlagen entstehende Beläge)
**milker** $n$ (Elec Eng) / Einzellen-Lademaschine $f$
**milk fat** (Nut) / Milchfett $n$, Butterfett $n$, Butteröl $n$
**milk-float** $n$ (GB) / Elektromobil $n$ für Frühstücksmilchlieferung
**milk glass** (a translucent white or coloured opal glass made by adding alumina and fluorspar to a soda-lime glass) (Glass) / Milchglas $n$ (trübes, das Licht gleichmäßig verteilendes, undurchsichtiges Glas - satt weisses Opakglas) || ~ **imitation product** (Nut) / Milchimitat $n$, Kunstmilchprodukt $n$
**milkiness** $n$ / Milchigkeit $f$, Trübung $f$ (milchige) || ~ (Photog) / Entwicklungsschleier $m$
**milking generator** (Elec Eng) / Einzellen-Lademaschine $f$ || ~ **machine** (Agric) / Melkmaschine $f$ (z.B. ein Pulspumpenmelker) || ~ **parlour** (Agric) / Melkstand $m$ || ~ **pipeline installation** (Agric) / Rohrmelkanlage $f$ || ~ **plant** (Agric) / Melkanlage $f$
**milk intolerance** (Med, Nut) / Milchunverträglichkeit $f$ || ~ **of cows** (Nut) / Kuhmilch $f$ || ~ **of lime** (Build, Paint) / Kalkmilch $f$ (in Wasser aufgeschlämmtes Calciumhydroxid, Weiße $f$) || ~ **of magnesia** (Pharm) / Magnesiamilch $f$ (Aufschwemmung von Magnesiumhydroxid in Wasser) || ~ **phosphatase** (Nut) / Milchphosphatase $f$ || ~ **powder** (Nut) / Trockenmilch $f$, Milchpulver $n$ || ~ **processing** (Nut) / Milchverarbeitung $f$
**milk-producing** adj (Agric, Biol) / milchführend adj
**milk products** (Nut) / Milcherzeugnisse $n\,pl$, Molkereiprodukte $n\,pl$, Milchprodukte $n\,pl$ || ~ **protein** (Biochem, Nut) / Milchprotein $n$, Milcheiweiß $n$, Laktoprotein $n$, Lactoprotein $n$ || ~ **serum** (Nut) / Milchserum $n$ (das von Caseinen befreite Milchplasma) || ~ **solids** (Nut) / Milchtrockenmasse $f$ || ~-**sugar*** $n$ (Chem, Nut) / Laktose $f$ (ein Disaccharid), Lactose $f$, Laktobiose $f$, Lactobiose $f$, Milchzucker $m$ (Saccharum lactis) || ~ **train** (Rail) / Morgenzug $m$ (ein Bummelzug) || ~ **transport** / Milchtransport $m$ || ~ **tubing** (Nut) / Milchschläuche $m\,pl$
**milk-white** adj / milchweiß adj
**milky** adj / milchartig adj, milchig adj, milchig matt || ~ / milchreich adj || ~ (Nut) / milchlässig adj (Butter) || ~ **quartz** (Min) / Milchquarz $m$ (mit Flüssigkeits- oder Gaseinschlüssen) || ~ **Way*** (Astron) / Galaxis $f$, Milchstraße $f$ (Hauptebene des Milchstraßensystems) || ~ **Way system** (Astron) / Milchstraßensystem $n$ (dessen Teil die Milchstraße ist)
**mill** $v$ / vermahlen $v$, zermahlen $v$, mahlen $v$, einmahlen $v$ || ~ / pilieren $v$ (Toilettenseifen) || ~ (Agric, Nut) / entspelzen $v$ (Reis) || ~ (Chem Eng) / walzen $v$ (Kautschuk) || ~ (Eng) / abtragen $v$ || ~ (Eng) / fräsen $v$ (DIN 8589, T 3) || ~ (Eng) / ränderieren $v$, rändeln $v$ (aufrauen) || ~ (Leather) / millen $v$ (Leder weich machen) || ~ (GB) (Leather, Textiles) / aufwalken $v$, walken $v$ || ~ (Met) / walzen $v$ (meistens Feinblech) || ~ (Min Proc, Mining) / grob zerkleinern $v$, brechen $v$ || ~ (Nut) / konchieren $v$, auf der Konche vermengen, conchieren $v$ (Schokoladenmasse) || ~ (Nut) / schälen $v$ (Reis, Hafer usw.) || ~ (Oils) / zerkleinern $v$ (Fische im Bohrloch) || ~ (Paint, Pharm) / anreiben $v$, reiben $v$, zerreiben $v$, triturieren $v$ || ~ (Print) / anreiben $v$ (Farbe) || ~* / Mühle $f$ (Gebäude, Betrieb und Zerkleinerungsmaschine) || ~* (cotton mill, rolling mill, saw-mill, spinning mill) / Werk $n$ (Produktionsstätte), Fabrik $f$ || ~* (Eng) / Betrieb $m$ || ~ (Met) / Walzwerk $n$ (zur Herstellung von Walzerzeugnissen) || ~ (Met) / Kupferhalbzeug $n$ (für Walzwerke) || ~ (Mining) / Trichter $m$ (über- oder untertägig) || ~ (GB)* (Mining) / Brechanlage $f$, Zerkleinerungsanlage $f$ (für Erze) || ~ (US)* (Mining) / Aufbereitungsanlage $f$ (für Erze) || **ex** ~ (e.g., paper-mill, saw-mill) / ab Werk (eine Lieferungsvereinbarung) || ~ **addition** / Mühlenzusatz $m$ (bei der Weiterverarbeitung der Fritte unter Mahlen) || ~ **away** $v$ (Eng) / abfräsen $v$, wegfräsen $v$ || ~ **bar** (Met) / Platine $f$ (nicht mehr übliche Bezeichnung für rechteckiges Halbzeug, welches nur auf zwei Flächen gewalzt wird und abgerundete Kanten hat) || ~ **base** (Paint) / Reibgut $n$, Mahlgut $n$
**millboard** $n$ (Bind) / Pappbuchdecke $f$ || ~* (Paper) / graue Wickelpappe (z.B. Buchbinderpappe)
**mill bristol** (Paper) / Gautschbristol $m$ || ~ **cake** (Agric) / Ölkuchen $m$, Presskuchen $m$ (die Rückstände der pflanzlichen fetten Öle) || ~ **chips** (Met) / Walzsplitter $m\,pl$
**mill-dam*** $n$ (Hyd Eng) / Mühldamm $m$, Mühlwehr $n$
**mill drying** (Eng) / Mahltrocknung $f$
**milled cloth*** (Textiles) / gewalktes Tuch
**mill edge** (Met) / Naturkante $f$ (des Walzprodukts) || ~ **edge** (Paper) / Maschinenrand $m$
**milled lead*** (Met) / Walzblei $n$, Tafelblei $n$, Bleiblech $n$ || ~ **peat** / Frästorf $m$ || ~ **rice** (paddy rice milled either to produce brown rice or to produce a white rice) (Nut) / geschliffener Reis
**milled-wood lignin** (Chem, For) / Milled-Wood-Lignin $n$, MW-Lignin $n$, Björkman-Lignin $n$
**millefiori glass*** (Glass) / Millefioriglas $n$
**millefleurs** $n$ (Ceramics, Textiles) / Millefleurs $n$ (eine Streumusterung), Streublumenmuster $n$
**mille map** (Cartography) / Tausendpunktkarte $f$ (Punktstreuungskarte, die in der Gesamtmenge des dargestellten Gegenstandes durch eintausend Mengenpunkte ausgedrückt wird)
**miller** $n$ / Müller $m$ || ~ (Eng) / Fräsmaschine $f$ || ~ (Nut) / Mehlwurm $m$ (die Larve des Gewöhnlichen Mehlkäfers), Mehlkäferlarve $f$ || ~ **bridge*** (Electronics) / Durchgriffsmessbrücke $f$ || ~ **capacitance** (Electronics) / Miller-Kapazität $f$ (zwischen dem Eingang und dem Ausgang eines Verstärkers, die den Miller-Effekt bewirkt) || ~ **effect*** (Electronics) / Miller-Effekt $m$ (Veränderung der Eingangsimpedanz eines Verstärkers infolge parasitärer Kapazität zwischen Eingang und Ausgang; Erhöhung der Gitter-Katoden-Kapazität durch Rückwirkung über Gitter-Anoden-Kapazität) || ~ **generator** (Electronics) / Miller-Integrator $m$ (zur Umformung ankommender Impulse in korrekte Sägezahnimpulse sowie zur Erzielung genau definierter Verzögerungszeiten) || ~ **indices*** (Crystal) / Millers'che Indizes (reziproke, ganzzahlige Werte der Abschnitte einer Kristallfläche im kristallografischen Achsenkreuz - nach W.H. Miller, 1801-1880), Miller-Indizes $m\,pl$
**millerite*** $n$ (Min) / Millerit $m$, Haarkies $m$ (Nickel(II)-sulfid)
**Miller law** (Crystal) / Rationalitätsgesetz $n$ (in der Kristallgeometrie), Gesetz $n$ der rationalen Indizes || ~ **time-base** (Electronics) / Miller-Integrator $m$ (zur Umformung ankommender Impulse in korrekte Sägezahnimpulse sowie zur Erzielung genau definierter Verzögerungszeiten)
**millet** $n$ (Bot) / Echte Hirse (Panicum miliaceum L.), Rispenhirse $f$ (Gewöhnliche)
**millet-seed sand** (Geol) / Flugsand $m$ (mit absolut runden Körnern)
**mill feed** (Eng) / Mahlansatz $m$ || ~ **file** (Eng) / einhiebige Feile (meistens für Sägen) || ~ **file** (For, Tools) / Mühlsägefeile $f$ (eine Flachstumpf-Schärffeile)
**mill-finish[ed]** (Paper) / maschinengeglättet adj (geleimt und einmal kalandert), m'gl, maschinenglatt adj
**mill-finish sheet** (Met) / Rohblech $n$
**mill fitting*** (Elec Eng) / Werkstattleuchte $f$ (geschützte) || ~ **floor** (Met) / Hüttenflur $m$ || ~ **head*** (Met) / verhüttungsfähiges Erzkonzentrat
**mill-head ore** (Met) / verhüttungsfähiges Erzkonzentrat
**mill hole** (Mining) / Trichter $m$ (über- oder untertägig)
**milli-*** / Milli- (Vorsatz für $10^{-3}$, Kurzzeichen m)
**milliammeter*** $n$ / Milliamperemeter $n$
**millibar*** $n$ (Phys) / Millibar $n$ (inkohärente Einheit des Druckes = 100 Pa = $10^2$ N/m²)
**milli-k** $n$ (Nuc Eng) / Milli-k $n$ (Reaktivität)
**Millikan oil-drop experiment*** (Nuc) / Öltröpfchenversuch $m$ (nach Millikan), Millikan-Versuch $m$ (nach R.A. Millikan, 1868 - 1953)

**millikay** *n* (Nuc Eng) / Milli-k *n* (Reaktivität)
**Milliken conductor** (Cables) / Milliken-Leiter *m*, Segmentleiter *m* (verseilter Leiter, bestehend aus mehreren profilförmigen verseilten Leitern, die gegeneinander leicht isoliert sind)
**millilitre**\* *n* / Milliliter *m n*, ml (Milliliter)
**millimass unit**\* (Nuc) / Tausendstelmasseeinheit *f*, TME (Tausendstelmasseeinheit)
**millimeter** *n* (US) / Millimeter *m n*
**millimetre**\* *n* / Millimeter *m n* || ~ **of mercury** / Millimeter Quecksilbersäule, mmHg (DIN 1301, T 3) (nicht mehr zugelassene Einheit des Druckes = 133,322 Pa) || ~ **paper** (Paper) / Millimeterpapier *n* (ein mathematisches Papier) || ~ **wave** (Radio) / Millimeterwelle *f* (30-300 GHz)
**millimetre-wave MIC** (Electronics) / integrierte Millimeterwellenschaltung (30 bis 300 GHz)
**millimetric wave** (Radio) / Millimeterwelle *f* (30-300 GHz)
**millimicron**\* *n* / Nanometer *n* ($10^{-9}$) (DIN 8589, T 3)
**millinery** *n* (Textiles) / Modewaren *f pl*, Putzwaren *f pl* || ~ **articles** (Textiles) / Modewaren *f pl*, Putzwaren *f pl* || ~ **felt** (Textiles) / Hutfilz *m*
**milling** *n* / Pilieren *n* (der Toilettenseifen) || ~ (Chem Eng) / Walzen *n* (des Kautschuks) || ~ (Eng) / Rändeln *n* (ein Aufrauverfahren, z.B. bei Muttern, Schraubenköpfen, Bedienungsknöpfen usw. - DIN 8583, T 5) || ~\* (Eng) / Fräsen *n* (DIN 8589, T 3) || ~ (GB)\* (Leather, Textiles) / Walken *n*, Walke *f* || ~ (Met) / Walzen *n* (von Feinblechen) || ~ (Mining) / Trichterbau *m* (übertägiger) || ~\* (Min Proc, Mining) / Mahlen *n*, Brechen *n* || ~ (Nut) / Vermahlen *n*, Mahlen *n*, Einmahlen *n* || ~ (Nut) / Müllerei *f*, Mahlmüllerei *f* || ~ (Nut) / Konchieren *n* (der Schokoladenmasse), Conchieren *n* || ~ (Nut) / Schälen *n* (von Reis, Hafer usw.) || ~ (Nut) / Verarbeitung *f* (der Getreide zu Stärke) || ~ (Oils) / Zerkleinern *n* (von Fischen aus Bohrloch) || ~ (Paint, Pharm) / Trituration *f*, Reiben *n*, Zerreiben *n*, Anreiben *n* || ~ **attachment** (Eng) / Fräsvorrichtung *f* (der Drehmaschine) || ~ **cutter**\* (Eng) / Fräser *m* (Fräswerkzeug nach DIN 857) || ~ **cutter with straight teeth** (Eng) / geradverzahnter Fräser || ~ **cycle** / Mahlgang *m* (im Allgemeinen) || ~ **dye** (Textiles) / Walkfarbstoff *m* || ~ **dyestuff** (Textiles) / Walkfarbstoff *m* || ~ **glaze** (Leather) / Walzenglanz *m* (bei Sohlledern)
**milling-grade ore** (Min Proc) / aufbereitungswürdiges Erz, aufzubereitendes Erz, Erz *n* zur Aufbereitung
**milling hammer** (GB) (Leather, Textiles) / Walkhammer *m* (der Hammerwalke) || ~ **head** (Eng) / Fräskopf *m*, Messerkopf *m* (zum Fräsen) || ~ **industry** (Nut) / Schälmühlenindustrie *f* (Weißreis, Hafer, Hülsenfrüchte usw.) || ~ **machine**\* (Eng) / Fräsmaschine *f* || ~ **machine** (Textiles) / Walke *f*, Walkmaschine *f* || ~ **machine** (Textiles) / Brechmaschine *f* (DIN 64250) || ~ **ore** (Min Proc) / Pocherz *n* || ~ **ore** (Min Proc) / aufbereitungswürdiges Erz, aufzubereitendes Erz, Erz *n* zur Aufbereitung || ~ **out** (Eng) / Ausfräsung *f* || ~ **plant** (Nut) / Müllereimaschine *f* || ~ **quill** (Eng) / Fräspinole *f* (z.B. bei Fräseinheiten für Langfräsmaschinen), Frässpindelhülse *f*
**millings** *pl* (Eng) / Frässpäne *m pl*
**milling sleeve** (Eng) / Fräspinole *f* (z.B. bei Fräseinheiten für Langfräsmaschinen), Frässpindelhülse *f* || ~ **spindle** (Eng) / Frässpindel *f*
**milling-spindle head** / Frässpindelkopf *m*, Frässpindelnase *f* || ~ **nose** / Frässpindelkopf *m*, Frässpindelnase *f*
**milling spindle unit** (Eng) / Frässpindeleinheit *f* (DIN 69643) || ~ **system** (Mining) / Trichterbau *m* (übertägiger) || ~ **table** (Eng) / Fräsmaschinentisch *m*, Frästisch *m* || ~ **template** (Eng) / Frässchablone *f* || ~ **unit** (Eng) / Fräseinheit *f* || ~ **wheel** (Eng) / Rändelwerkzeug *n*, Rändel *n* (gehärtete, an ihrem Umfang eine feine Zahnung aufweisende Stahlrolle), Rändelrädchen *n*, Rändelrad *n* || ~ **width** (Mining) / Abbaubreite *f* eines Erzgangs (aus der Bemusterung festgelegt) || ~ **yellow** (Textiles) / Walkgelb *n*
**millinile** *n* (Nuc Eng) / Millinile *n*, $10^{-3}$-Prozent *n*
**million electronvolt**\* *n* (Elec Eng) / Megaelektronvolt *n* (DIN 1301, T 1), MeV || ~ **instructions per second**\* (Comp) / Millionen Befehle pro Sekunde, MIPS (Millionen Befehle pro Sekunde) || ~ **operations per second** (Comp) / Millionen Operationen pro Sekunde, MOPS (Millionen Operationen pro Sekunde) || ~ **tons oil equivalent** (the standard basis for comparing between countries the annual production and consumption of different fuels) (Oils) / Erdöläquivalent *n*
**Millipore filter**\* (Chem) / Millipore-Filter *n* (ein Membranfilter)
**milliradian**\* *n* (Maths) / Milliradiant *m*
**mill iron** (Met) / Puddelroheisen *n*
**millisecond** *n* / Millisekunde *f* || ~ **delay** (Mining) / Millisekundenverzögerung *f* (bei Sprengarbeiten)
**1-milliwatt generator** (Telecomm) / Normalgenerator *m*
**mill level** (Met) / Hüttenflur *m*
**mill-mixed** *adj* / Fertig- (eine Mischung)
**mill off** *v* (Eng) / abfräsen *v*, wegfräsen *v* || ~ **offal** (Nut) / Müllereiabfall *m*

**Millon•'s reaction**\* (Chem) / Millon'sche Reaktion (auf Eiweißstoffe) || ~'s **reagent** (Chem) / Millons Reagens (zum Nachweis von tyrosinhaltigen Eiweißstoffen - nach dem französischen Pharmazeuten A.N.E. Millon, 1812-1867)
**mill ore** (Min Proc) / Pocherz *n* || ~ **ore** (Min Proc) / aufbereitungswürdiges Erz, aufzubereitendes Erz, Erz *n* zur Aufbereitung || ~ **out** *v* (Eng) / ausfräsen *v* || ~ **plant** (Mining) / Brechanlage *f*, Zerkleinerungsanlage *f* (für Erze)
**mill-pond** *n* (For) / Blockteich *m*, Klotzteich *m*, Wassergarten *m* (ein Wasserbecken), Wasserlager *n*
**mill-primed** *adj* (Paint) / mit einem Fertigungsanstrich (versehen - in der Fabrik)
**mill primer** (Paint) / Fertigungsbeschichtung *f*, Shop-Primer *m* (bindemittelarme, überschweißbare Zinkstaubfarbe), Werkstattbeschichtung *f*, Ablieferungsbeschichtung *f*, Auslieferungsbeschichtung *f*, Fertigungsanstrich *m*, FA (Fertigungsanstrich), Werksbeschichtung *f*, im Werk aufgebrachte Schutzschicht || ~ **race**\* (Eng, Hyd Eng) / Mühlgerinne *n*, Mühlkanal *m*, Mühlrinne *f* || ~ **reel** (Paper, Print) / Tambour *m* (Maschinenrolle) || ~ **rig**\* (Textiles) / Walkschwiele *f*, Walkrippe *f*, Walkstrieme *f* || ~ **rolls** (Met) / Walzwerk *n* (zur Herstellung von Walzerzeugnissen) || ~ **run** (For) / komplexe Rundholzausnutzung, Ausbeute *f* von Schnittholz (maximale) || ~ **scale**\* (Met) / Walzzunder *m* (nach dem Warmwalzen), Walzsinter *m*, Zunder *m* (Walzzunder) || ~ **shank** (Eng) / Fräserschaft *m* || ~ **stand** (Met) / Walzgerüst *n*, Gerüst *n* (in einem Walzwerk)
**mill-stand modulus** (Met) / Gerüstmodul *m* (Federsteifigkeit des Walzgerüsts in MN/mm Walzkraft, bei der das Walzgerüst um 1 mm elastisch auffedert) || ~ **spring** (Met) / Gerüstauffederung *f* (Veränderung der Walzenöffnung durch elastische Deformationen aller im Kraftfluss liegenden Bauteile des Walzgerüsts)
**millstone** *n* / Mühlstein *m*, Mahlstein *m*
**mill stream** (Hyd Eng) / Mühlgerinne *n*, Mühlkanal *m*, Mühlrinne *f* || ~ **table** (Met) / Arbeitsrollgang *m* (in einem Walzwerk) || ~ **tail** (Hyd Eng) / Unterwassergraben *m* || ~ **train** (Met) / Walzstraße *f* || ~ **-wheel**\* *n* (Eng) / Mühlrad *n*
**millwork** *n* (Build, For) / Bauelemente *n pl* (vorgefertigtes - aus Holz), Bauhalbfabrikate *n pl* (aus Holz), Holzbauteile *n pl* (vorgefertigte)
**milometer** *n* (Autos) / Meilenzähler *m* (heute weitgehend durch einen Kilometerzähler ersetzt)
**Milori blue** (highest quality Prussian blue) / Miloriblau *n* (ein Berliner Blau) || ~ **green** / Milorigrün *n* (Berliner Blau + Chromgelb)
**milo starch** / Milostärke *f* (aus Mohrenhirse)
**Mil-Specs**\* (Mil) / Pflichten- oder Lastenheft bei Beschaffung von Geräten, Waffen usw. für die US-Streitkräfte
**MIMD**\* (multiple instruction, multiple data) (Comp) / MIMD (möglichst viele Befehle arbeiten simultan an möglichst vielen Datenelementen)
**MIME** (Multipurpose Internet Mail Extension) (Comp) / Multipurpose Internet Mail Extension (RFC-Standard 1521 zur Übermittlung von Sounddaten, Video und Bildern über SMTP), MIME (Multipurpose Internet Mail Extension)
**MIM element** / Metall-Isolator-Metall-Element *n*, MIM-Element *n*
**mimeograph** *n* / eine primitive Schablonen-Vervielfältigungsmaschine (von Albert Blake Dick, 1884 patentiert)
**mimetesite** *n* (Min) / Mimetesit *m*, Grünbleierz *n*
**mimetic** *adj* (Crystal) / mimetisch *adj* (Z.B. Zwilling) || ~ **crystals** (Crystal) / mimetische Kristalle (Zwillingsbildungen von Kristallen, die eine höhere Symmetrie vortäuschen als der Kristallart zukommt) || ~ **diagram**\* (Elec Eng) / Blindschaltbild *n*, Übersichtsschaltbild *n* (für Schaltwarten) || ~ **twin** (Crystal) / mimetischer Zwilling (scheinbar höhersymmetrische Zwillingsstöcke)
**mimetite**\* *n* (Min) / Mimetesit *m*, Grünbleierz *n* || ~\* (Min) s. also pyromorphite
**MIMIC** (millimetre-wave MIC) (Electronics) / integrierte Millimeterwellenschaltung (30 bis 300 GHz)
**mimic diagram** (Eng) / Fließbild *n* || ~ **diagram** (Elec Eng) / Blindschaltbild *n*, Übersichtsschaltbild *n* (für Schaltwarten)
**mimicry**\* *n* (Zool) / Mimikry *f*
**mimosa extract** (Leather) / Mimosenextrakt *m n* (ein Vegetabilgerbstoff) || ~ **gum** (Bot, Chem, Nut) / Mimosengummi *n*, Arabisches Gummi, Arabingummi *n*, Akaziengummi *n*, Gummiarabikum *n* (als Verdickungsmittel, E 414) (Gummi arabicum, Gummi acaciae)
**mimosine** *n* (Agric, Chem) / Mimosin *n* (auch als Enthaarungsmittel bei Schafen eingesetzt), Leucenol *n*, Leucenin *n*
**min** = Minute *f* (Einheit der Zeit), min (DIN 1301, T 1) || ~ (Maths) / Minimum *n* (ein Extremwert)
**minable** *adj* (Mining) / bauwürdig *adj*, abbaufähig *adj*, abbauwürdig *adj*
**Minamata disease** (Ecol, Med) / Minamata-Krankheit *f* (durch methylquecksilberhaltige Abwässer und Schlamm hervorgerufen)

**minaret*** n (Arch) / Minarett n (pl. -e oder -s), Minar n (pl. -e)
**mince** v (Nut) / zu Hackfleisch verarbeiten, wolfen v (durch den Fleischwolf drehen), durch den Fleischwolf drehen, durchdrehen vt (Fleisch durch den Wolf) || ~ n (especially beef) (Nut) / Hackfleisch n, Gehacktes n, Hack n (Hackfleisch), Faschiertes n
**minced meat** (Nut) / Hackfleisch n, Gehacktes n, Hack n (Hackfleisch), Faschiertes n
**mincemeat** n (Nut) / eine Art Pastetenfüllung || ~ (Nut) / Hackfleisch n, Gehacktes n, Hack n (Hackfleisch), Faschiertes n
**mincer** n (Nut) / Fleischwolf m (ein Küchengerät nach DIN 44967, T 1), Fleischhacker m
**mincing cutter(s)** (Nut) / Schnitzelwerk n (im Fleischwolf, im Zerkleinerer usw.) || ~ **machine** (Nut) / Fleischwolf m (ein Küchengerät nach DIN 44967, T 1), Fleischhacker m
**mind-altering** adj (hallucinogenic drug) (Med, Pharm) / psychische Konstitution (negativ) beeinflussend
**mine** v (Mining) / fördern v (gewinnen), gewinnen v, ausbringen v, abbauen v || ~ n (For, Zool) / Insektenfraßgang m, Fraßgang m, Bohrgang m || ~ (Mil, Mining) / Mine f (ein Sprengkörper) || ~ (GB) (Mining) / Eisenerz n || ~* (Mining) / Bergwerk n (alle über- und untertägigen Einrichtungen), Grube f, Zeche f, Mine f || ~ **air** (Mining) / Wetter pl (Grubenluft) || ~ **bike** (Mining) / Grubenfahrrad n (gleisgebundenes Fahrrad mit vier Rädern für eine bis vier Personen in Leichtbauweise, das von den Fahrenden durch Treten von Pedalen bewegt wird) || ~ **cage** (Mining) / Fördergestell n, Förderschale f, Förderkorb m || ~ **car** (Mining) / Hund m (kleiner kastenförmiger Förderwagen), Hunt m, Grubenwagen m, Förderwagen m (der Grubenbahn), Wagen m (Hunde)
**mine-car circuit** (Mining) / Wagenumlauf m (eine Gleisanlage)
**mine carpenter** (Mining) / Zimmerling m, Zimmerhauer m || ~ **clearance** (Mil) / Minenräumen n || ~ **climate** (Mining) / Grubenklima n || ~ **coal** (Mining) / Zechenkohle f || ~ **damage** (Mining) / Bergschaden m (der vom Bergwerkseigentümer zu ersetzen ist)
**mine-detector*** n (Mil) / Minensuchgerät n
**mine development** (Mining) / Grubenaufschluss m || ~ **drainage** (Mining) / Wasserwirtschaft f (Entwässerungsmaßnahmen im weitesten Sinne) || ~ **drainage water** (Mining) / Grubenwasser n (das bei der Wasserhaltung zutage geförderte Wasser, das häufig salzhaltig ist), Schachtwasser n || ~ **dust** (Mining) / Gesteinsstaub m || ~ **fan** (Mining) / Grubenlüfter m, Grubenventilator m || ~ **fire** (Mining) / Grubenbrand m (Feuer oder Schwelbrand unter Tage) || ~ **fungus** (For) / Weißer Kellerschwamm, Porenschwamm m (Weißer - Poria vaillantii), Porenhausschwamm m, Lohschwamm m (ein holzzerstörender Porling) || ~ **gas** (Mining) / Grubengas n (vor allem aus Methan bestehendes Gas), Schlagwetter n pl, schlagende Wetter || ~ **hoist** (Mining) / Förderhaspel f m || ~ **lamp** (Mining) / Wetterlampe f, Sicherheitslampe f, Grubenlampe f, Davy-Lampe f
**minelayer** n (Mil, Ships) / Minenleger m
**mine locomotive** (Mining) / Grubenlokomotive f (z.B. Fahrdraht-, Akkumulator-, Diesel-, Druckluft- oder Verbundlokomotive)
**mine-mouth power station** (Mining) / Grubenkraftwerk n
**mine openings** (Mining) / Grubengebäude n (alle bergmännisch aufgefahrenen Grubenbaue eines Bergwerks) || ~ **out** v (Mining) / völlig abbauen, (Kohle) auskohlen v
**mine-owned power plant** (Mining) / Grubenkraftwerk n
**mine plan** (Mining) / bergmännischer Riss (Karte od. Grubenbild)
**miner** n (Mining) / Bergmann m (pl. -leute), Bergarbeiter m, Grubenarbeiter m, Schachtarbeiter m || ~ (Mining) / Abbaumaschine f, Gewinnungsmaschine f
**mine radio** (telephone) **system** (Mining) / Grubenfunk m (Funksprechen in Bergwerken)
**mineragraphy** n (Min) / Erzmikroskopie f, mineralogische Mikroskopie (im reflektierten Licht)
**mine rail track** (Mining) / Gestänge n (Schienen von Grubenbahnen) || ~ **railway** (Mining) / Grubenbahn f (gleisgebundenes Streckenfördermittel in Gruben)
**mineral*** n (Min) / Mineral n (pl. -e od. -ien) || ~ adj / Mineral-, mineralisch adj || ~ **acid** (Chem) / Mineralsäure f, anorganische Säure || ~ **assemblage** (Geol) / Mineralbestand m (eines Gesteins) || ~ **binder** (Build) / mineralisches Bindemittel (DIN 18555) || ~ **black** (Mining, Paint) / Ölschwarz n, Schieferschwarz n, Mineralschwarz n, Erdschwarz n (ein Schieferton, als Pigment verwendet) || ~ **blue** (Paint) / basisches Kupferkarbonat als blaues Pigment (z.B. Azurblau, Hamburgerblau, Mineralblau usw.), Kupferblau n (Hamburgerblau, Mineralblau)
**mineral-bonded** adj (For, Join) / mineralisch gebunden (Spanplatte)
**mineral boring** (Mining) / Bohren n nach Mineralien || ~ **building materials** (Build) / mineralische Baustoffe (die nicht Holz, Holzwerkstoffe, Kunststoffe und Metalle sind) || ~ **caoutchouc*** (Min) / Elaterit m, Mineralkautschuk m || ~ **charcoal** (Geol, Mining) / Fusit m, Fusain m (zerreibbare, schwärzende Streifenart, petrografische Bezeichnung für Faserkohle) || ~ **chemistry** (Chem, Min) / Mineralchemie f (ein Teilgebiet von Geochemie und Mineralogie) || ~ **coal** (Geol, Mining) / Fusit m, Fusain m (zerreibbare, schwärzende Streifenart, petrografische Bezeichnung für Faserkohle) || ~ **colour** (Paint) / Mineralpigment n (anorganisches künstliches Pigment) || ~ **deposit*** (Geol) / Minerallagerstätte f, Mineralvorkommen n, Lagerstätte f von nutzbaren Mineralien || ~ **dressing*** (Min Proc) / [bergbauliche] Aufbereitung f, Mineralaufbereitung f, Anreicherung f (von Erzen), Aufbereitung f der Steine und Erden || ~ **dressing plant** (Min Proc) / Aufbereitungsanlage f (für Erz, Steine und Erden) || ~ **dust** (Mining) / Gesteinsstaub m || ~ **element** (Agric) / Nährelement n, Mineralstoff m (entweder Makro- oder Mikronährelement) || ~ **engineering** (Mining) / Bergingenieurwesen n, Bergbauwesen n || ~ **extraction technology** (Mining) / Bergbautechnik f || ~ **facies** (Geol) / metamorphe Fazies || ~ **fat** / Mineralfett n (z.B. Vaseline) || ~ **feed** (Agric) / Mineralfutter n (ein Ergänzungsfuttermittel für Haus- und Nutztiere) || ~ **felt** / Filz m aus Gesteinsfasern (z.B. Asbest) || ~ (inorganic) **fertilizer** (Agric) / Mineraldüngemittel n, Kunstdünger m, Mineraldünger m, mineralischer Dünger || ~ **fibre** / Mineralfaser f (natürlich vorkommende anorganische Fasersubstanz oder auf mineralischer Basis hergestellte anorganische Faser), Steinfaser f, Gesteinsfaser f (DIN 60001), mineralische Faser (aus Schmelzen natürlicher Gesteine) || ~ **flax*** (Min) / Faserasbest m
**mineral-forming** adj / mineralbildend adj
**mineral fuel** (Fuels) / fossiler (mineralischer) Brennstoff, Fossilbrennstoff m (in dem die Sonnenenergie als chemische Energie gespeichert ist), mineralischer Brennstoff || ~ **green** / Malachitgrün n, Neugrün n, Viktoriagrün n B, Basic Green 4 (wasserlöslicher grüner Triarylmethanfarbstoff) || ~ **inclusion** (Min) / Mineraleinsprengling m || ~ **industry** (non-metallic) / Steine-und-Erden-Industrie f, Bergbau und Industrie "Steine und Erden"
**mineral-insulated** adj (Cables, Elec Eng) / mineralisoliert adj || ~ **copper-covered cable** (Cables) / mineralisoliertes kupferüberzogenes Kabel
**mineralization*** n (Bot, Ecol) / Mineralisierung f (Abbau organischer in anorganische Stoffe durch Mikroorganismen) || ~ (Geol) / Vererzung f, Metallisation f || ~ (Geol, Min) / Mineralisation f, Mineralisierung f
**mineralized carbon** (Elec Eng) / Effektkohle f (Dochtkohle, deren Kern Salze den Steinen zugesetzt sind) || ~ **coal** (Mining) / Kohle f mit Mineraleinsprenglingen
**mineralizer** n (Bot) / Mineralisierer m (z.B. Bakterien oder Pilze) || ~ (Geol, Min) / Mineralbildner m, leichtflüchtige Bestandteile (z.B. Wasserdampf, Fluorgas), Mineralisator m (magmatogenes Gas od. magmatogener Dampf)
**mineralizing** adj / mineralbildend adj
**mineral kingdom** (Min) / Mineralreich n
**mineral-matter-free** adj / mineralstofffrei adj
**mineral nutrient*** (Bot) / Mineralstoff m (meistens Makronährelemente) || ~ **nutrient** (Nut) / Mineralstoff m (anorganischer Bestandteil der Lebensmittel)
**mineralocorticoid** n (Biochem) / Mineralocorticoid n (lebenswichtiges Steroidhormon der Nebennierenrinde), Mineralokortikoid n (ein Nebennierenrindenhormon)
**mineralogical** adj (Min) / mineralogisch adj
**mineralogist** n (Min) / Mineraloge m
**mineralography** n (Min) / Erzmikroskopie f, mineralogische Mikroskopie (im reflektierten Licht)
**mineralogy*** n (Min) / Mineralogie f, Mineralkunde f
**mineraloid** n (Min) / Gelmineral n, amorphes Mineral
**mineral oil** (consisting of a mixture of hydrocarbons either naturally occurring or obtained by treatment of materials of mineral origin) (Geol, Oils) / mineralisches Öl || ~ **oil*** (Mining, Oils) / Mineralöl n (aus Erdöl, aus Kohle)
**mineral-oil-base fluid** / mineralölbasische Flüssigkeit (für die Fluidik)
**mineral-oil processing** (Oils) / Mineralölverarbeitung f, Erdölverarbeitung f || ~ **refinery** (Oils) / Ölraffinerie f, Mineralölraffinerie f, Erdölraffinerie f, Erdölanlage f
**mineral paint** (with an inorganic binder) (Paint) / Mineralfarbe f (in wässriger Dispersion oder Lösung als Anstrichmittel verwendetes anorganisches Bindemittel) || ~ **paint** (Paint) s. also inorganic pigment and mineral pigment || ~ **pigment** (Paint) / Mineralpigment n, Farberde f, Erdfarbe f, Erdpigment n (anorganisches natürliches Pigment) || ~ **pitch** (Min) / Bergpech n, Erdpech n, Mineralpech n || ~ **plaster** (Build) / Mineralputz m (aus mineralischen Bindemitteln, Zuschlagstoffen und Zusatzmitteln) || ~ **powder** (Welding) / Mineralpulver n || ~ **powder cutting** (flame and fusion cutting) / Mineralpulverschneiden n (thermisches Abtragen) || ~ **processing*** (Min Proc) / [bergbauliche] Aufbereitung f, Mineralaufbereitung f, Anreicherung f (von Erzen), Aufbereitung f der Steine und Erden || ~ **processing** s. also ore dressing || ~ **processing plant** (Min Proc) / Aufbereitungsanlage f (für Erz, Steine und Erden) || ~ **red** (Paint) /

**mineral**

Eisenoxidrot *n* (Caput mortuum, Polierrot, Englischrot, Marsrot) ‖ **~ resources** / mineralische Ressourcen ‖ **~ resources** (Mining) / Bodenschätze *m pl* ‖ **~ rubber** / Mineral Rubber *m*, Mineralkautschuk *m* ‖ **~ rubber** s. also elaterite
**minerals** *pl* (Nut) / Mineralstoffe *m pl*
**mineral salt** (Nut) / Mineralsalz *n*, Nährsalz *n* ‖ **~ soil** (Agric) / Mineralboden *m* (der überwiegend aus anorganischen Substanzen besteht) ‖ **~ solvent** (Paint) / Lösungsbenzin *n*, Spezialbenzin *n* (ein Verschnittlöser nach DIN 51630) ‖ **~ spirits** (Paint) / Lösungsbenzin *n*, Spezialbenzin *n* (ein Verschnittlöser nach DIN 51630) ‖ **~ spring** (Hyd Eng) / Heilquelle *f* (i.e.S.), Mineralquelle *f* ‖ **~-surfaced bitumen felt** (Build) / gesandete oder geschieferte Dachpappe, mit mineralischen Stoffen bestreute Dachpappe (eine Rohfilzpappe) ‖ **~ surfacing material** (Build) / Bestreuungsgut *n* (für Dachpappen), Bestreuungsmaterial *n*, Beschieferungsmaterial *n* (DIN 52 143) ‖ **~ tallow** (Min) / Bergtalg *m* (talgige erdwachsartige Substanz), Hatchettin *f* ‖ **~ tanning** (Leather) / mineralische Gerbung, Mineralgerbung *f* (z.B. Chromgerbung) ‖ **~ tar** (Oils) / Erdteer *m*, Bergteer *m* (natürlicher, asphaltartiger Verdunstungsrest von Erdöl) ‖ **~ treatment plant** (Min Proc) / Aufbereitungsanlage *f* (für Erz, Steine und Erden) ‖ **~ vein**\* (Geol, Mining) / erzführender Gang, Erzmineralgang *m*, Erzader *f*, Erzgang *m* (DIN 21918), Mineralader *f* ‖ **~ violet** (Paint) / Manganviolett *n*, Nürnberger Violett, Mineralviolett *n* ‖ **~ water** (Geol, Nut) / Mineralwasser *n* (nach der Mineral- und Tafelwasserverordnung) ‖ **~ wax** / mineralisches Wachs (z.B. Montanwachs), Mineralwachs *n* (das aus fossilen Pflanzenresten gewonnen wird) ‖ **~ wool**\* (Build, Min) / Gesteinswolle *f*, Steinwolle *f*, Mineralwolle *f*, Rockwool *f* (Gesteinsfasern zur Schall- und Wärmedämmung) ‖ **~ yellow** / Kasseler Gelb (mit Blei(II)-oxidchlorid), Patentgelb *n*, Veroneser Gelb (eine Malerfarbe) ‖ **~ yellow** (Paint) / Operment *n*, Gelbglas *n* (unreines Arsentrisulfid als Malerfarbe), Orpiment *n* (giftige Mischbildung aus $As_2O_3$ und $As_2S_3$)
**mine rescue corps** (Mining) / Grubenwehr *f* ‖ **~ resistance** (Mining) / Widerstandswert *m* (Quotient aus Druckunterschied zwischen Anfangs- und Endpunkt durch Wetterstromquadrat), R-Wert *m*
**minerogenic** *adj* (Geol, Min) / minerogen *adj*
**minerogeny** *n* (Geol) / Minerogenie *f* (Bildung und Entwicklung von Lagerstätten)
**miners' anaemia** (Med) / Grubenwurmkrankheit *f*, Ankylostomiasis *f* (pl. -asen), Ankylostomiase *f*, Hakenwurmkrankheit *f* (eine Bergmannskrankheit), Bergarbeiteranämie *f*, Tunnelkrankheit *f* ‖ **~ cramps** (Med) / Hitzekrämpfe *m pl*, Hitzetetanie *f*
**miner's dip needle**\* (Mining) / Gradbogen *m*
**miners' dressing room** (Mining) / Kaue *f* (Umkleideraum der Bergleute)
**miner's lamp**\* (Mining) / Wetterlampe *f*, Sicherheitslampe *f*, Grubenlampe *f*, Davy-Lampe *f* ‖ **~ nystagmus** (Med) / Ohm'scher Nystagmus, Bergmannsnystagmus *m*, Augenzittern *n* der Bergleute (eine Berufskrankheit) ‖ **~ rule of cumulative damage** (Materials) / Lebensdaueranteilregel *f* von Miner
**miner's self-rescuer** (Mining) / Selbstretter *m* (abhängiger, unabhängiger)
**miner's tools** (Mining) / Gezähe *n*
**mine-run ore** (Mining) / Roherz *n* (gefördertes), Fördererz *n*, Rohhaufwerk *n* (im Erzbergbau) ‖ **~ potash salt** (Mining) / Kalirohsalz *n*
**mineshaft** *n* (Mining) / Schacht *m* (lotrechter Grubenbau, mit dem die Lagerstätte von der Tagesoberfläche aus erschlossen wird)
**mines inspection** (Mining) / Bergaufsicht *f*
**mine subsidence damage** (Mining) / Bergschaden *m* (der vom Bergwerkseigentümer zu ersetzen ist) ‖ **~ support section** (long product within the group of hot-rolled sections with an I or similar cross section) (Met, Mining) / Grubenausbauprofil *n* ‖ **~ surveying** (Mining, Surv) / Markscheidewesen *n*, Markscheidekunst *f*, Markscheiderei *f* (untertägige Vermessung), Markscheidekunde *f* ‖ **~ surveyor** (Mining, Surv) / Markscheider *m* (akademischer Vermessungsingenieur, der eine zusätzliche staatliche Ausbildung und Konzession erhalten hat)
**minesweeper** *n* (Mil, Ships) / Minensuchboot *n*, Minensucher *m*, Minenräumboot *n*
**minesweeping** *n* (Mil) / Minenräumen *n*
**minette**\* *n* (Geol) / Minette *f* (zu den Lamprophyren gehörendes dunkelgraues Ganggestein) ‖ **~**\* (Geol, Min) / Minette *f* (oolithisches Eisenerz aus Lothringen und Luxemburg)
**mine ventilation** (Mining) / Grubenbewetterung *f* (Versorgung von belegten Grubenbauen mit Frischwettern), Bewetterung *f* einer Grube ‖ **~ ventilation** (system) (Mining) / Wetterführung *f* (um bestimmte Wetterströme zu allen Betriebspunkten hin- und dann wieder entsprechend abzuführen) ‖ **~ viewer** (Mining, Surv) / Markscheider *m* (akademischer Vermessungsingenieur, der eine zusätzliche staatliche Ausbildung und Konzession erhalten hat) ‖ **~**

**water** (Mining) / Grubenwasser *n* (das bei der Wasserhaltung zutage geförderte Wasser, das häufig salzhaltig ist), Schachtwasser *n*
**min function** (Maths) / Minimumfunktion *f*
**mingle** *v* / vermengen *v* ‖ **~** (Spinning) / verwirbeln *v* (bei Texturierung)
**mingling** *n* (Spinning) / Verwirbelung *f* (Texturieren ohne Verdrehungstendenz)
**mini** *n* (Comp) / Minicomputer *m*, Minirechner *m*
**miniaceous** *adj* / mennigrot *adj*
**miniate** *v* (Paint) / mit Mennige anstreichen
**mini-AT-style case** (Comp) / Baby-AT-Gehäuse *n*
**miniature camera**\* (Photog) / Kleinbildkamera *f* (Bildgröße größer als 18x24 mm), 35-mm-Kamera *f* ‖ **~ circuit-breaker** (Elec Eng) / Miniaturschalter *m* ‖ **~ circuit-breaker** (Elec Eng) / Leitungsschutzschalter *m*, Sicherungsautomat *m*, Selbstschalter *m*, Ausschalter *m*, [selbsttätiger] Unterbrecher ‖ **~ corn** (Nut) / fingergroße frische oder eingedoste Maiskölbchen ‖ **~ spot welding machine** (Welding) / Kleinpunktschweißmaschine *f*
**miniaturise** *v* (GB) (Electronics) / miniaturisieren *v*
**miniaturization** *n* (Electronics) / Miniaturisierung *f*
**miniaturize** *v* (Electronics) / miniaturisieren *v*
**minibearing** *n* (Eng) / Minilager *n*
**minibus** *n* (Autos) / Kleinbus *m*, Minibus *m*
**minicam** *n* (Cinema) / Minicamcorder *m*
**minicare** *adj* (Textiles) / pflegeleicht *adj* (Ausrüstung - Warenzeichen der Fa. Bancroft & Sons)
**mini cinch** (Cinema, Comp, Elec Eng) / Mini-Cinch-Stecker *m* (z.B. bei Laptops)
**minicomputer**\* *n* (Comp) / Minicomputer *m*, Minirechner *m*
**minicontainer** *n* (Biol) / Minicontainer *n* (für bodenbiologische Untersuchungen)
**miniconverter** *n* (Met) / Kleinkonverter *m*
**minidisk** *n* (Comp) / Minidiskette *f*
**miniexcavator** *n* (Civ Eng) / Minibagger *m* (bis etwa 3 t)
**mini finger joint** (Join) / Minizinkenverbindung *f* (Keilzinkenverbindung, bei der die Zinkenlänge 10 mm oder kleiner ist)
**minifloppy** *n* (Comp) / Minidiskette *f* ‖ **~ disk** (Comp) / Minidiskette *f*
**minigastrin** *n* (Biochem) / Mini-Gastrin *n* (aus 13 Aminosäureresten)
**minihydraulics** *n* (Hyd) / K-Hydraulik *f*, Kleinhydraulik *f*
**minikin**\* *n* (Typog) / Brillant *f* (Schriftgrad von 3 Punkt)
**Minilite** *n* (an alloy wheel) (Autos) / Minilite-Felge *f*
**minim** *n* / min: GB: 59,1939 $mm^3$, US: 61,61189 $mm^3$), Minim *n* (ein veraltetes Hohlmaß)
**minimal** *adj* / Minimal-, minimal *adj* ‖ **~ dose** (Pharm) / Mindestdosis *f* ‖ **~ linear language** (Comp) / minimale lineare Sprache ‖ **~ machine** (Comp) / minimaler Automat (reduzierter endlicher Automat) ‖ **~ polynomial** (Maths) / Minimalpolynom *n* ‖ **~ principle** (Mech, Phys) / Integralprinzip *n* (ein Extremalprinzip), Variationsprinzip *n*, Aktionsprinzip *n*, Wirkungsprinzip *n* (z.B. Hamilton'sches, Maupertuis'sches) ‖ **~ shift keying** (Telecomm) / Minimalumtastungsmodulation *f*, MSK (Minimalumtastungsmodulation) ‖ **~ surface** (Maths) / Minimalfläche *f* (die unter allen Flächen mit gleicher Randkurve die kleinste Oberfläche hat) ‖ **~ system of generators** (Maths) / irreduzibles Erzeugendensystem, minimales Erzeugendensystem (in der Gruppentheorie) ‖ **~ value** (Maths) / Kleinstwert *m*, Mindestwert *m* ‖ **~ value** (Maths) s. also minimum
**minimax** *n* (AI, Maths) / Minimaxprinzip *n*, Neumann'scher Minimaxsatz, Minimaxsatz *m* (Hauptsatz der Spieltheorie, von J.v. Neumann formuliert) ‖ **~ method** (AI) / Minimaxverfahren *n* (Suchtechnik zur Bewertung von Spielgrafen) ‖ **~ principle** (AI, Comp) / Minimaxprinzip *n* (spieltheoretisches Prinzip der Vorsicht, das dem Spieler denjenigen Gewinn garantiert, den er unter Berücksichtigung der für ihn ungünstigsten Reaktionen des Gegners in jedem Fall erzielen kann) ‖ **~ procedure** (Maths) / Tschebyschow-Approximation *f* ‖ **~ strategy** (AI) / Minimaxverfahren *n* (Suchtechnik zur Bewertung von Spielgrafen) ‖ **~ technique** (Maths) / Tschebyschow-Approximation *f*
**minimeter** *n* (Eng) / Minimeter *n* (ein altes Präzisionsmessgerät)
**minimise** *v* (GB) (Maths) / minimieren *v*, minimisen *v*, auf das Mindestmaß herabsetzen
**minimization** *n* (Maths) / Minimierung *f*, Minimierung *f* (Bestimmung einer zulässigen Lösung eines Optimierungsproblems mit kleinstem Wert der Zielfunktion), Minimieren *n*
**minimize** *v* (Maths) / minimisieren *v*, minimieren *v*, auf das Mindestmaß herabsetzen
**minimizing** *n* (Maths) / Minimierung *f*, Minimierung *f* (Bestimmung einer zulässigen Lösung eines Optimierungsproblems mit kleinstem Wert der Zielfunktion), Minimieren *n*
**mini motor** / Kleinmotor *m*, Kleinstmotor *m*

**minimum** *n* (pl. minima or minimums) (Maths) / Minimum *n* (ein Extremwert) ‖ ~ (pl. minima or minimums) (Maths) / Minimum *n*, kleinstes Element (in der Mengenlehre)
**minimum-access code** (Comp) / zeitoptimale Programmierung, optimale Programmierung, Bestzeitprogrammierung *f* ‖ ~ **program**\* (Comp) / optimales Programm, Bestzeitprogramm *n*, Optimalprogramm *n* ‖ ~ **programming** (a form of programming for early computers with magnetic-drum storage) (Comp) / zeitoptimale Programmierung, optimale Programmierung, Bestzeitprogrammierung *f*
**minimum-B-geometry** *n* (Nuc Eng) / Minimum-B-Geometrie *f*
**minimum blowing current**\* (Elec Eng) / Ansprechstrom *m* (bei der Sicherung) ‖ ~ **boiling point** (Chem, Phys) / unterster Siedepunkt (untere Grenze des Siedeintervalls bei mehrkomponentigen Systemen), Minimumsiedepunkt *m*
**minimum-care properties** (Textiles) / Pflegeleichteigenschaften *f pl*, Pflegeleichtigkeit *f*
**minimum chimney height** (Build, Ecol) / Schornsteinmindesthöhe *f* ‖ ~ **clearance** / Mindestabstand *m* (von zwei Maschinen) ‖ ~ **clearing** (Radio) / Enttrübung *f* ‖ ~ **conductor** / Minimumleiter *m* (z.B. Au, Ag) ‖ ~ **configuration** (Comp) / Mindestkonfiguration *f*, Minimalkonfiguration *f*, Mindestausstattung *f*, Minimumsystem *n* ‖ ~ **control speed** (in free air) (Aero) / Mindestfluggeschwindigkeit *f* bei (mit) gewahrter Steuerbarkeit, Geschwindigkeit *f* noch ausreichender Steuerbarkeit, Mindestgeschwindigkeit *f* im steuerbaren Flug
**minimum-cost strategy** (AI) / kostenminimale Strategie, Parsimonitätsprinzip *n*, Strategie *f* des geringsten Kostenaufwands
**minimum-delay programming** (Comp) / zeitoptimale Programmierung, optimale Programmierung, Bestzeitprogrammierung *f*
**minimum detectable power** (Eng) / kleinste nachweisbare Leistung ‖ ~ **direction-finding** (by searching for the direction of minimum amplitude variation) (Radar) / Minimumpeilung *f* ‖ ~ **discernible signal**\* (Telecomm) / kleinstes wahrnehmbares Signal ‖ ~ **dose** (Pharm) / Mindestdosis *f* ‖ ~ **en-route altitude** (Aero) / Mindestreisehöhe *f* ‖ ~ **feature size** (Electronics) / minimale Strukturgröße (bei Transistoren), kleinste Strukturgröße ‖ ~ **field** (Elec Eng) / minimale Erregung ‖ ~ **film-forming temperature** (Paint) / Mindestfilmbildetemperatur *f* (bei Dispersionsfarben), MFT ‖ ~ **flight altitude** (Aero) / Mindestflughöhe *f* ‖ ~ **fluidization** (Chem Eng) / Lockerungspunkt *m* (Grenzzustand, der den Übergang von der ruhenden Partikelschüttung in den Zustand der Wirbelschicht kennzeichnet), Minimalfluidisation *f* ‖ ~ **flying speed**\* (Aero) / Mindestfluggeschwindigkeit *f*, Mindestgeschwindigkeit *f* (bei der ein Luftfahrzeug im Horizontalflug gehalten werden kann) ‖ ~ **function** (Maths) / Minimumfunktion *f* ‖ ~ **height** / Mindesthöhe *f* ‖ ~ **ignition energy** / Mindestzündeenergie *f* (in mJ), MZE (Mindestzündenergie nach DIN 14 011, T 1) ‖ ~ **ionization**\* (Phys) / Minimumionisation *f*, Minimumionisierung *f* ‖ ~ **line** (Maths) / isotrope Gerade, Minimalgerade *f* ‖ ~ **load** / Mindestlast *f* ‖ ~ **lubrication** (Eng) / Minimalmengenschmierung *f*
**minimum-maintenance** *attr* (Eng) / wartungsarm *adj*
**minimum mean square error restoration** (Electronics, Radar) / Wiederaufbau *m* eines Bildes (wobei die mittelquadratische Abweichung des Bildes von ursprünglichen Bildern minimal ist) ‖ ~ **number of teeth** (Eng) / Mindestzähnezahl *f* (bei Zahnrädern) ‖ ~ **of interference** (Phys) / Interferenzminimum *n* ‖ ~ **optical path** (Optics) / kleinster Lichtweg ‖ ~ **output** (Eng) / Mindestleistung *f*
**minimum-phase system** (Automation, Elec Eng) / phasenminimales System, Phasenminimumsystem *n*, Minimalphasensystem *n*
**minimum pressure** / Mindestdruck *m*, Minimaldruck *m* ‖ ~ **range** (Radar) / Minimalentfernung *f* (kleinste messbare Zielentfernung) ‖ ~ **reading** (Instr) / Minimumanzeige *f* ‖ ~ **reading** (Instr) / abgelesenes Minimum ‖ ~ **reflux ratio** (Chem Eng) / Mindestrücklaufverhältnis *n* ‖ ~ **reinforcement** (Civ Eng) / Mindestbewehrung *f* (DIN 4227, T 1) ‖ ~ **relay** (Elec Eng) / Minimalrelais *n* ‖ ~ **requirements** (Ecol, San Eng) / Mindestanforderungen *f pl* (z.B. an das Einleiten von Abwasser)
**minimum-risk strategy** (AI) / Strategie *f* des geringsten Risikos
**minimum safe altitude** (Aero) / Mindestsicherheitshöhe *f*, Sicherheitsmindesthöhe *f* über Grund ‖ ~ **safe height** (Aero) / Mindestsicherheitshöhe *f*, Sicherheitsmindesthöhe *f* über Grund ‖ ~ **separable** (Optics) / einfache Trennschärfe, Minimum *n* separabile (Auflösungsvermögen des Auges) ‖ ~ **size** (Eng) / Kleinstmaß *n* (bei Passungen) ‖ ~ **speed** (Eng) / Mindestgeschwindigkeit *f* ‖ ~ **stay** / Mindestaufenthaltsdauer *f* (z.B. von Verkehrsmitteln) ‖ ~ **steady flight speed** (Aero) / Mindestgeschwindigkeit *f* für einen gleichmäßigen Flug ‖ ~ **stock** (Work Study) / Mindestbestand *m* (in der Lagerhaltung) ‖ ~ **substances** (Ocean) / Minimumstoffe *m pl* (im Meerwasser gelöste Stoffe in geringer Verteilung) ‖ ~ **system** (Comp) / Mindestkonfiguration *f*, Minimalkonfiguration *f*, Mindestausstattung *f*, Minimumsystem *n* ‖ ~ **thermometer** / Minimumthermometer *n* (mit dem der tiefste Wert der Temperatur zwischen zwei Ablesungen bestimmt werden kann) ‖ ~ **tillage** (Agric) / Minimalbodenbearbeitung *f* ‖ ~ **tread thickness** (Autos) / Abfahrgrenze *f* (noch zulässige Profiltiefe des Reifens) ‖ ~ **trigger level** (Electronics, Radar) / Auslöseschwelle *f* ‖ ~ **turning circle** (Autos) / Wendekreisdurchmesser *m* (Durchmesser des kleinsten Kreises, der durch die am weitesten vorstehenden Fahrzeugteile bei größtem Lenkeinschlag beschrieben wird) ‖ ~ **value** / Sohlenwert *m* (negativer Extremwert eines Messwertverlaufs), Talwert *m*, Kleinstwert *m* ‖ ~ **value** (Maths) / Kleinstwert *m*, Mindestwert *m* ‖ ~ **variance estimation** (Radar) / Varianzminimumschätzung *f* (bei der Identifizierung des Ziels) ‖ ~ **water level** / Mindestwasserstand *m* ‖ ~ **wavelength**\* (Phys) / minimale Wellenlänge, Grenzwellenlänge *f* (nach unten) ‖ ~ **weight** / Minimalgewicht *n*, Mindestmasse *f*

**mining** *n* (Civ Eng) / Minieren *n* (Anlegen von unterirdischen Gängen oder Stollen) ‖ ~ (Mining) / Förderung *f*, Gewinnung *f*, Abbau *m* (von Bodenschätzen) ‖ ~ (Mining) / Bergbau *m*, Bergwesen *n* ‖ ~ **accident** (Mining) / Grubenunglück *n* ‖ ~ **activities** (Mining) / bergbauliche Tätigkeit ‖ ~ **activity** (Mining) / bergbauliche Tätigkeit ‖ ~ **authority** (Mining) / Bergbehörde *f* ‖ ~ **cable** (Cables, Mining) / Grubenkabel *n*, Kabel *n* für den Bergbau unter Tage ‖ ~ **claim** (a grant under law and mining regulations to a person or group of approved persons of the right to develop and exploit a properly delineated area for its mineral wealth ) (Mining) / Bergbauberechtigung *f* ‖ ~ **claim** (Mining) / Grubenfeld *n*, Bergwerksfeld *n*, verliehenes Grubenfeld ‖ ~ **company** (Mining) / bergbaurechtliche Gewerkschaft (in der BRD zum 31.12.1985 aufgelöst), Bergbauunternehmen *n*, Bergwerksgesellschaft *f* ‖ ~ **dial**\* (Mining, Surv) / Markscheiderkompass *m*, Grubenkompass *m*, Bergkompass *m*, Stativkompass *m* ‖ ~ **disaster** (Mining) / Grubenunglück *n* ‖ ~ **district** (Mining) / Grubenrevier *n*, Bergrevier *n* ‖ ~ **engineering**\* (Mining) / Bergingenieurwesen *n*, Bergbauwesen *n* ‖ ~ **engineering**\* (Mining) / Bergbautechnik *f* (als angewandte Disziplin) ‖ ~ **field** (Mining) / Kux *m* (pl. Kuxe) (börsenmäßig gehandelter quotenmäßiger Anteil an einer bergrechtlichen Gewerkschaft - in Deutschland abgeschafft) ‖ ~ **lease** (Mining) / Bergbau-Gerechtsame *f* ‖ ~ **losses** (Mining) / Abbauverluste *m pl* ‖ ~ **machine** (Mining) / Abbaumaschine *f*, Gewinnungsmaschine *f* ‖ ~ **machinery** (Mining) / Bergbaumaschinen *f pl* ‖ ~ **method** (Mining) / Ausbeutungsmethode *f*, Abbaumethode *f*, Gewinnungsart *f* ‖ ~ **of coal** (Mining) / Kohlenbergbau *m*, Kohlebergbau *m* (als Industriezweig) ‖ ~ **of ores** (Mining) / Erzabbau *m*, Erzbergbau *m*, Erzbau *m* ‖ ~ **on a shoestring** (US) (Mining) / finanziell schlecht abgesicherter Berg(raub)bau ‖ ~ **permit** (Mining) / Bergbauberechtigung *f* ‖ ~ **power** (Mining) / die für den Bergbau eingesetzte Energie(art) ‖ ~ **regulations** (Mining) / Bergordnung *f* ‖ ~ **right** (Mining) / Bergbau-Gerechtsame *f* ‖ ~ **safety** (Mining) / Bergbausicherheit *f*, Sicherheit *f* im Bergbau ‖ ~ **share** (Mining) / Kux *m* (pl. Kuxe) (börsenmäßig gehandelter quotenmäßiger Anteil an einer bergrechtlichen Gewerkschaft - in Deutschland abgeschafft) ‖ ~ **system** (Mining) / Abbauverfahren *n* ‖ ~ **system** (Mining) / Abbauführung *f* (Lage und Bewegung des Abbauraums in der Lagerstätte) ‖ ~ **title** (US) (Mining) / Bergbauberechtigung *f*

**mininuke** *n* (Mil) / Minikernsprengkörper *m*
**minion**\* *n* (Typog) / Kolonel *f* (Schriftgrad von sieben typografischen Punkten), Mignon *f*
**minipad circuit** (Electronics) / lötaugenlose Schaltung (bei Leiterplatten)
**miniperipheral** *n* (Comp) / Minirechner-Peripheriegerät *n*
**minipod** *n* (Photog) / Kleinstativ *n*
**mini power plant** (Elec Eng) / Minikraftwerk *n*
**minirack** *n* (Eng) / Miniaturgestell *n*
**minirail** *n* / Minirail *n* (eine in verkleinertem Maßstab gebaute Sattelbahn nach dem Alwegprinzip zur Personenbeförderung)
**minishaker** (Chem) / Minishaker *m* (im Labor zur Züchtung von mikrobiologischen Kulturen oder zur Durchmischung von chemischen Reagenzien)
**mini steel mill** (Met) / Ministahlwerk *n* (mit einer begrenzten Produktion, meist unter einer Million Tonnen je Jahr, und einer Beschränkung auf wenige Produkte)
**ministirrer** *n* (Chem Eng) / Minirührer *m*
**Ministry test** (Autos) / [in etwa] TÜV-Untersuchung *f*
**minitrack**\* *n* (Radio) / Satellitenbahnverfolgung *f* nach den von ihm ausgesandten Signalen
**minium** *n* (Chem, Glass, Paint) / Mennige *f* (rote Modifikation nach DIN 55 916 - Korrosionsschutz), Bleimennige *f* (heute kaum noch eingesetzt)
**minivan** *n* (Autos) / Minivan *m* (Mehrzweckauto auf Pkw-Basis), Van *m* (Großraumlimousine)
**mink oil** (Chem) / Nerzöl *n* (aus dem dorsalen Fett des Zuchtnerzes)

## Minkowski

**Minkowski metric** (Maths, Phys) / Minkowski-Symbol *n* (metrischer Fundamentaltensor des Minkowski-Raumes)
**Minkowski's inequality**\* (Maths) / Minkowski'sche Ungleichung
**Minkowski space-time** (Maths, Phys) / Minkowski-Raum *m*, Minkowski-Welt *f* (nach H. Minkowski, 1864-1909) ‖ ≃ **universe** (Maths, Phys) / Minkowski-Raum *m*, Minkowski-Welt *f* (nach H. Minkowski, 1864-1909) ‖ ≃ **world** (Maths, Phys) / Minkowski-Raum *m*, Minkowski-Welt *f* (nach H. Minkowski, 1864-1909)
**min-max technique** (Maths) / Tschebyschow-Approximation *f* ‖ ~ **theorem** (AI, Maths) / Minimaxprinzip *n*, Neumann'scher Minimaxsatz, Minimaxsatz *m* (Hauptsatz der Spieltheorie, von J.v. Neumann formuliert)
**min-min light** (an Australian term) (Phys) / Irrlicht *n* (Selbstentzündung des Sumpfgases)
**minnesotaite**\* *n* (Min) / Minnesotait *m* (ein Talk)
**minor**\* *n* (Maths) / Unterdeterminante *f*, Minor *m* ‖ ~ **accident** (Aero) / leichter Unfall
**minorant** *n* (Maths) / Minorante *f* (Reihen, uneigentliche Integrale) ‖ ~ **criterion** (Maths) / Minorantenkriterium *n* (ein Konvergenzkriterium für Reihen)
**minor axis** (of an ellipse)\* (Maths) / Nebenachse *f* (der Ellipse), kleine Achse (der Ellpse) ‖ ~ **control** (Comp) / Untergruppenkontrolle *f* (in der Lochkartentechnik) ‖ ~ **control field** (Comp) / Untergruppenkontrollfeld *n*, niedrigster Ordnungsbegriff ‖ ~ **cutting edge** (Eng) / Nebenschneide *f* (jede Schneide, die keine Hauptschneide ist) ‖ ~ **defect** (Maths) / Nebenfehler *m* ‖ ~ **determinant** (Maths) / Unterdeterminante *f*, Minor *m* ‖ ~ **diameter** (Eng) / Kerndurchmesser *m* (Gewinde - nach DIN 13) ‖ ~ **element** (of an alloy) (Met) / Legierungszusatz *m* ‖ ~ **exchange**\* (Telecomm) / Unteramt *n* ‖ ~ **failure** (Eng) / harmloser Ausfall (eines Systems), Nebenausfall *m* (der die Fähigkeit einer verhältnismäßig komplexen Einheit zur Erfüllung der vorgesehenen Funktion beeinträchtigt) ‖ ~ **flank** (US) (Eng) / Nebenfreifläche *f* (des Spiralbohrers), Rückenfläche *f* ‖ ~ **gridline** (Comp) / Hilfsgitternetzlinie *f* (in der Tabellenkalkulation) ‖ ~ **groove** (Biochem, Gen) / kleine Furche (in der B-DNS) ‖ ~ **ingredient** (Nut) / kleinere Rille (in der B-DNS) ‖ ~ **intrusion**\* (Geol) / Kleinintrusion *f*, Nebenbestandteil *m*
**minority** *n* / Minorität *f*, Minderheit *f* ‖ ~ **carrier**\* (Electronics) / Minoritätsladungsträger *m*, Minoritätsträger *m* (DIN 41852) ‖ ~ **program** (Radio, TV) / Minoritätenprogramm *n* (rassisch oder ethnisch aufoktroyiert)
**minorize** *v* (Maths) / minorisieren *v* (eine Reihe)
**minor lobe** (Radar, Radio, Telecomm) / Nebenkeule *f* (keine Hauptkeule), Nebenstrahlungskeule *f*, Nebenzipfel *m*, Nebenlappen *m* (bei Sendeantennen) ‖ ~ **loop** (Automation) / Nebenregelkreis *m* ‖ ~ **loop** (Comp) / Nebenschleife *f* (des magnetischen Blasenspeichers) ‖ ~ **nonconformance** (Nibeb) / Nebenfehler *m* ‖ ~ **ore** (Min) / untergeordnetes (nicht wichtiges) Erz ‖ ~ **planet**\* (Astron) / Planetoid *m* (pl. -en), Asteroid *m* (pl. -en), kleiner Planet, Kleinplanet *m* ‖ ~ **road** (Autos) / Straße *f* niedrigerer Ordnung, untergeordnete Straße, Nebenstraße *f* ‖ ~ **tranquilizer** (Pharm) / kleines Tranquillans, Ataraktikum *n* (ein Psychotherapeutikum)
**minoxidil** *n* (Pharm) / Minoxidil *n* (internationaler Freiname für das blutdrucksenkende 6-Piperidino-2,4-pyrimidindiamin-3-oxid)
**minster** *n* (a large or important church, typically one of cathedral status in the north of England that was built as part of a monastery) (Arch) / Dom *m* (pl. -e) (Bischofs- oder Hauptkirche), Münster *n m*, Kathedrale *f*
**mint** *v* / münzen *v*, prägen *v* (Münzen) ‖ **in ~ condition** (Autos) / fabrikneu *adj* (Gebrauchtwagen in Topzustand)
**mintage** *n* / Münzprägung *f*, Prägen *n* (von Münzen)
**mint camphor** (Chem) / Menthol *n* (aus dem etherischen Öl der Pfefferminze) ‖ ~ **condition** / einwandfreier Zustand, tadelloser Zustand (z.B. eines Buches, eines Gebrauchtwagens)
**minter** *n* (Autos) / Gebrauchtwagen *m* im einwandfreiem Zustand
**M-interface** *n* (Comp) / herstellerspezifische Schnittstelle
**minterm** *n* (Comp) / Minterm *m* (Darstellung einer Schaltfunktion als Konjunktion von Variablen, wobei jede davon entweder bejaht oder negiert wird)
**mint-green** *adj* / pfefferminzgrün *adj*
**minting** *n* / Münzprägung *f*, Prägen *n* (von Münzen)
**minuend**\* *n* (Maths) / Minuend *m* (pl. -en) (Zahl, von der der Subtrahend abgezogen wird)
**minus-blue filter** (Optics) / Gelbfilter *n* (das Grün und Rot durchlässt und Blau unterdrückt)
**minus colour**\* (Phys) / subtraktive Farbe, Subtraktionsfarbe *f* ‖ ~ **colour**\* (Phys) s. also complementary colour
**minuscule**\* *n* (Typog) / Gemeine *m*, Kleinbuchstabe *m*, Minuskel *f*
**minus g**\* (Aero, Space) / negative Beschleunigungskraft (in Richtung Fuß-Kopf) ‖ ~ **material** (Eng) / Unterlauf *m*, Feingut *n* (bei der Siebanalyse), Siebdurchgang *m*, Unterkorn *n* bei der Siebanalyse (DIN 66160), Siebfeines *n* (bei der Siebanalyse) ‖ ~ **mesh** (Eng) / Unterlauf *m*, Feingut *n* (bei der Siebanalyse), Siebdurchgang *m*, Unterkorn *n* bei der Siebanalyse (DIN 66160), Siebfeines *n* (bei der Siebanalyse) ‖ ~ **sieve sizes** (Eng) / Unterlauf *m*, Feingut *n* (bei der Siebanalyse), Siebdurchgang *m*, Unterkorn *n* bei der Siebanalyse (DIN 66160), Siebfeines *n* (bei der Siebanalyse) ‖ ~ **sight** (Surv) / Vorblick *m* (Nivellierlatte) ‖ ~ **sign** (Maths) / Minuszeichen *n* (Rechenzeichen für die Subtraktion, negatives Vorzeichen für Zahlen), negatives Zeichen ‖ ~ **stand** (For) / Minusbestand *m*
**minute** *v* (record or note the proceedings of a meeting) / protokollieren *v* ‖ ~\* *n* / Minute *f* (Einheit der Zeit), min (DIN 1301, T 1) ‖ ~\* / Minute *f* (Zeiteinheit zur Angabe eines Zeitpunktes, z.B. $5^h\ 10^{min}$) ‖ ~\* (Arch) / Minute *f* (der sechzigste Teil des unteren Säulendurchmessers), Pars *f* (pl. Partes) (Einheit der antiken Formenlehre) ‖ ~\* (Maths) / Minute *f* (Einheit des ebenen Winkels nach DIN 1315, Zeichen ') ‖ ~\* (Arch) s. also module ‖ ~ **mark** / Minutenzeichen *n* (ein Einheitenzeichen = ') ‖ ~ **of arc** (Maths) / Minute *f* (Einheit des ebenen Winkels nach DIN 1315, Zeichen ') ‖ ~ **pinion** (Horol) / Minutentrieb *m* ‖ ~ **thickness** / geringe Dicke
**MIO** (micaceous iron-ore) (Min, Paint) / Eisenglimmer *m* (Eisenoxid von glimmerartiger, grobkristalliner Struktur - ein Mischpigment, natürlich oder synthetisch)
**miogeosyncline** *n* (Geol) / Miogeosynklinale *f*
**MIP** (microwave-induced plasma) (Plasma Phys) / mikrowelleninduziertes Plasma, Mikrowellenplasma *n*, MIP (Mikrowellenplasma)
**Mipolam** *n* (Plastics) / Mipolam *n* (Mischpolymerisat aus Vinylchlorid und Akrylaten)
**MIPS** (million instructions per second) (Comp) / Millionen Befehle pro Sekunde , MIPS (Millionen Befehle pro Sekunde)
**MIR** (microinstruction register) (Comp) / Mikrobefehlsregister *n* ‖ ~ (magnetic image resonance) (Med) / magnetische Bildresonanz ‖ ~ (multiple internal reflection) (Optics) / mehrfache Totalreflexion ‖ ≃ (middle infrared) (Phys) / mittleres Infrarot, mittleres IR (DIN 5031-7), MIR (mittleres Infrarot)
**mirabilite**\* *n* (Min) / Mirabilit *m* (Glaubersalz)
**mirage**\* *n* (Meteor) / Luftspiegelung *f* (eine atmosphärische Erscheinung) ‖ ~ **landing** (Aero) / Glattwasserlandung *f* (bei Wasserflugzeugen)
**Mira Stars**\* (Astron) / Mira-Sterne *m pl* (eine Gruppe von Veränderlichen)
**mirbane oil** (Chem) / Mirbanöl *n* (Nitrobenzol), Mirbanessenz *f*
**MIRD-5 phantom** (Radiol) / MIRD-5-Phantom *n*, Snyder-Fisher-Phantom *n*
**mire** *n* (soft and slushy mud or dirt) (Autos, Civ Eng) / Schlamm *m*
**mired**\* *n* (Photog) / Mired *n*, M, rd (Einheit für den $10^6$fachen Kehrwert der Farbtemperatur) ‖ ~ **value** (Photog) / Mired *n*, M, rd (Einheit für den $10^6$fachen Kehrwert der Farbtemperatur)
**mirex** *n* (Agric, Chem) / Mirex *n* (meistens als Fraßgift in Ameisenködern)
**mirid** *n* (Bot, Zool) / Blindwanze *f* (Schädling an Kulturpflanzen), Weichwanze *f*, Schmalwanze *f*
**mirror** *v* / widerspiegeln *v* (als Spiegelbild) ‖ ~ *vt* / verspiegeln *v* ‖ ~ *n* (Comp) / Mirror-Site *f* (eine FTP-Site mit dem gleichen Inhalt wie die Hauptseite, aus der sie abgeleitet ist) ‖ ~\* (Optics) / Spiegel *m* ‖ ~ **blank** (Glass) / Spiegelrohling *m*
**mirror-bright** *adj* / spiegelblank *adj*
**mirror clock** (Comp) / Spiegeltakt *m* ‖ ~ **coating** (Glass, Optics) / Spiegelbelag *m*, Verspiegelung *f*, Spiegelschicht *f* ‖ ~ **drum**\* (TV) / Spiegelrad *n* (Weiller'sches)
**mirrored** *adj* (Optics) / verspiegelt *adj* ‖ ~ **image** (Optics) / Spiegelbild *n* (seitenverkehrtes Bild)
**mirror-erecting system** (Optics) / Spiegelumkehrsystem *n*
**mirror extensometer** (Eng, Instr, Mech) / Martens'sches Spiegelgerät (ein Feindehnungsmesser) ‖ ~ **finish**\* / Hochglanzpolitur *f* (mit der man Spiegelglanz erzielen kann) ‖ ~ **formula** (Optics) / Abbildungsgleichung *f* für einen Spiegel ‖ ~ **galvanometer**\* (Elec Eng) / Spiegelgalvanometer *n* (ein Drehspulgalvanometer mit Fadenaufhängung) ‖ ~ **illuminator** (Micros) / Spiegelkondensor *m* ‖ ~ **image** (Optics) / Spiegelbild *n* (seitenverkehrtes Bild)
**mirror-image isomerism** (Chem, Min) / Spiegelbildisomerie *f*, Enantiomorphie *f* (wenn sich die Enantiomerie auch im spiegelbildlichen Bau von Kristallen ausdrückt)
**mirror-image-like approximation** (Maths) / spiegelbildliche Näherung
**mirror-image relationship** (Chem, Min) / Spiegelbildisomerie *f*, Enantiomorphie *f* (wenn sich die Enantiomerie auch im spiegelbildlichen Bau von Kristallen ausdrückt)
**mirror imaging** (Eng) / Spiegeln *n* (Bearbeitung spiegelbildlicher Werkstücke mit gleichem Programm - DIN 66 257)
**mirroring** *n* (Comp) / RAID-Level *m* 1 (die Daten eines Plattenstapels werden zusätzlich zum Striping des Levels 0 zur Sicherung auf einem zweiten Plattenstapel dupliziert) ‖ ~ (Comp) / Mirroring *n*

(das doppelte Vorhalten technischer Ressourcen zur Erhöhung der Verfügbarkeit), Spiegelung

**mirror insert** (Build, Join) / Spiegelfeder *f* (für Wände und Decken)

**mirror-inverted** *adj* / spiegelverkehrt *adv*

**mirror lens\*** (Optics, Photog) / Spiegellinsenobjektiv *n*, Spiegellinse *f* (abbildendes optisches System)

**mirror-like** *adj* / spiegelähnlich *adj* ‖ ~ **surface** (Eng) / Spiegelfläche *f* (z.B. nach Polieren)

**mirror machine\*** (Plasma Phys) / Spiegelmaschine *f* (mit magnetischen Spiegeln) ‖ ~ **nuclides\*** (Nuc) / Spiegelkerne *m pl* (isobare Kerne) ‖ ~ **optics** (Optics) / Spiegeloptik *f* (ein Spiegelsystem) ‖ ~ **plane** (of symmetry) (Crystal) / Spiegelebene *f*, Symmetrieebene *f*, Spiegelungsebene *f* (Symmetrieelement einer räumlichen Spiegelung) ‖ ~ **plating** (Glass) / Spiegelbedampfung *f* ‖ ~ **quality** (Glass) / Spiegelqualität *f* (des Belegglases), Belegqualität *f* (des Glases) ‖ ~ **reactor** (Nuc Eng) / Spiegelreaktor *m* ‖ ~ **reflection** (Light, Phys) / regelmäßige Reflexion, spiegelnde Reflexion, reguläre Reflexion (an spiegelnden Oberflächen), gerichtete Reflexion (bei sehr ebenen Grenzflächen) ‖ ~ **reflector\*** (Radio) / Spiegelreflektor *m* ‖ ~ **sea** (Ships) / spiegelglatte See (ein Seezustand), vollkommen glatte See ‖ ~ **site** (Comp) / Mirror-Site *f* (eine FTP-Site mit dem gleichen Inhalt wie die Hauptseite, aus der sie abgeleitet ist) ‖ ~ **symmetry\*** (Phys) / Spiegelsymmetrie *f* ‖ ~ **tile** (Build) / Spiegelkachel *f*

**mirror-type electron microscope** (Micros) / Elektronenspiegelmikroskop *n* ‖ ~ **fusion reactor** (Nuc Eng) / Spiegelreaktor *m*

**mirror velvet** (Textiles) / Spiegelsamt *m* ‖ ~ **zone fracture** (Telecomm) / Spiegelbruch *m* (senkrechter, glatter Bruch der Fasern in einem LWL)

**MIRV** (multiple independently re-entry vehicle) (Mil) / ballistischer Flugkörper mit MIRV-Technik, Rakete *f* mit mehreren, unabhängig voneinander in verschiedene Ziele gesteuerten Sprengköpfen, MIRV (ballistischer Flugkörper mit MIRV-Technik), mehrere gegen getrennte Ziele einsetzbare Wiedereintrittskörper (Mehrfachgefechtskopf mit MIRV-Technik) ‖ ~ *v* (Mil) / mit Raketen mit mehreren, unabhängig voneinander in verschiedene Ziele gesteuerten Sprengköpfen bestücken (z.B. ein Uboot)

**miry** *adj* / schlammig *adj*, schlammhaltig *adj*, voller Schlamm

**MIS** (management information system) (Comp) / Managementinformationssystem *n*, MIS (Managementinformationssystem) ‖ ~ (metal-insulator semiconductor) (Electronics) / Metall-Isolator-Halbleiter *m*, MIS (Metall-Isolator-Halbleiter)

**misaligned** *adj* (Build, Civ Eng) / nicht fluchtend, außer Flucht

**misalignment** *n* / Justagefehler *m* (beim Justieren zweier Faserstirnflächen) ‖ ~ / falsche Ausrichtung ‖ ~ (Autos) / Verziehen *n* (ein Rahmenschaden) ‖ ~ (Build, Eng) / Fluchtungsfehler *m*, Nichtfluchten *n* ‖ ~ (Eng) / Versatz *m* (von Wellen)

**misapplication** *n* / Fehlanwendung *f*

**misbrand** *v* / falsch bezeichnen (Ware)

**miscast** *n* (Cinema) / Fehlbesetzung *f*

**miscella** *n* (Chem) / Miszella *f* (beladenes Extraktionsmittel)

**miscellaneous binding** (Bind) / handwerkliche Buchbinderei, Sortimentsbuchbinderei *f* ‖ ~ **charges order** (Aero) / Sammelumtauschanweisung *f*, Sammelkostenanweisung *f* (von einem Luftverkehrsunternehmen auf den Namen des Fluggastes ausgestellte Quittung) ‖ ~ **function** (ISO 2806) (Eng) / Zusatzfunktion *f* (DIN ISO 2806) ‖ ~ **time** (Comp, Work Study) / sonstige Betriebszeit (z.B. für Vorführungen, Bedienerausbildung usw.)

**misch metal\*** (Met) / Mischmetall *n* (Legierung aus Metallen der seltenen Erden) ‖ ~ **metal of cerium** (Met) / Zer-Mischmetall *n*, Cer-Mischmetall *n*, CeMM (50-60% Ce, 25-30% La, 10-15% Nd, 4-6% Pr und 1% Fe)

**miscibility\*** *n* (Chem) / Mischbarkeit *f* ‖ ~ **gap\*** (Chem) / Mischungslücke *f* (derjenige Bereich der Zusammensetzung eines Mehrstoffsystems mit begrenzter Mischbarkeit, in dem sich keine homogene Mischung ausbildet) ‖ ~ **in all proportions** / unbeschränkte Mischbarkeit, unbegrenzte Mischbarkeit

**miscible** *adj* / vermischungsfähig *adj*, mischbar *adj*

**miscoding** *n* / Fehlkodierung *f*, Fehlcodierung *f*

**miscoloured** *adj* / missfarbig *adj*

**misconvergence** *n* / Konvergenzfehler *m*

**miscount** *n* / Fehlzählung *f*

**MISD computer** (Comp) / MISD-Rechner *m*

**misdial** *v* (Teleph) / sich verwählen

**misdirect** *v* / fehlleiten *v* (eine Sendung)

**MISD organization** (multiple instruction, single data) (Comp) / MISD-Organisation *f*

**misdraw** *n* (Weaving) / Einzugsfehler *m*

**miser\*** *n* (Tools) / Erdbohrer *m* (mit zylinderförmigem Spiralbohrer im Schaft - für feuchten Boden)

**miserere** *n* (Arch) / Miserikordie *f* (die an der Unterseite der Klappsitze des Chorgestühls angebrachte Stütze zum Anlehnen im Stehen bei längeren liturgischen Handlungen)

**misericord** *n* (mercy-seat, subsellium) (Arch) / Miserikordie *f* (die an der Unterseite der Klappsitze des Chorgestühls angebrachte Stütze zum Anlehnen im Stehen bei längeren liturgischen Handlungen)

**Mises' yield criterion** (Materials, Mech) / Mises'sche Fließbedingung, Fließbedingung *f* nach Mises, Fließkriterium *n* nach von Mises (nach R. Edler von Mises, 1883 - 1953)

**misfeed** *n* (Comp) / Fehler *m* beim Belegabzug ‖ ~ (Comp) / fehlerhafte Zuführung ‖ ~ (Comp, Eng) / Zuführungsfehler *m*, Fehler *m* bei der Zuführung

**MISFET** *n* (metal-insulator semiconductor field-effect transistor) (Electronics) / MISFET-Transistor *m* (Steuerung des Stroms erfolgt durch Änderung der Ladungsträgerdichte in einem Stromkanal), MISFET *m* (ein Galliumarsenid-Feldeffekttransistor)

**misfire** *n* (I C Engs) / Zündaussetzer *m* (stochastisches Ausbleiben des Zündung des Luft-Kraftstoff-Gemischs), Zündungsaussetzer *m*, Aussetzer *m* ‖ ~ (Mining) / Versager *m* (nicht oder nur teilweise umgesetzte Sprengladung), abgerissener Schuss ‖ ~ **hole** (Mining) / nicht gekommenes Bohrloch, stecken gebliebener Schuss ‖ ~ **limit** (Autos) / Laufgrenze *f* (der Zündkerze)

**misfiring\*** *n* (I C Engs) / Zündaussetzer *m* (stochastisches Ausbleiben des Zündung des Luft-Kraftstoff-Gemischs), Zündungsaussetzer *m*, Aussetzer *m* ‖ ~ (Phys) / Fehlzündung *f* (eines Lasers)

**misfit** *n* (Eng) / Fehlanpassung *f* ‖ ~ **stream** (Geol) / Kümmerfluss *m*

**misframing** *n* (Cinema, TV) / falsche Bildeinstellung

**mishandle** *v* / unsachgemäß behandeln, falsch behandeln ‖ ~ s. also improper

**misinterpretation** *n* / Fehldeutung *f* (der Messwerte), Fehlinterpretation *f* (grober Ablesefehler)

**misinvestment** *n* / Fehlinvestition *f*

**mismatch** *v* (Surv) / klaffen *v* (Linien) ‖ ~ *n* (Eng) / Profilabweichung *f* (DIN 4762) ‖ ~ (Eng) / Mittenversatz *m*, Versatz *m* (spezieller Fall der Außenmittigkeit) ‖ ~ (Eng) / Versatz *m* (von Bauteilen gegeneinander), Versetzung *f* (Verschiebung des Oberwerkzeuges zum Unterwerkzeug beim Gesenkschmieden mit Grat) ‖ ~ (Foundry) / Versatz *m* (an Gussstücken) ‖ ~\* (Telecomm) / Fehlanpassung *f*, Falschanpassung *f*

**mismatched filter** (Radar) / fehlangepasstes Filter ‖ ~ **joint** (Civ Eng) / Fugenversprung *m* (bei den Fugen von benachbarten Platten)

**mismatches** *pl* (Surv) / Klaffung *f*, Klaffen *f pl*, Streifenklaffen *f pl* (das Springen an sich stetiger Linien in der Fotogrammetrie)

**mismatch in mould(s)** (Foundry) / Formversatz *m* ‖ ~ **loss** (Teleph) / innere Blockierung (Zustand in einer Koppelanordnung)

**misnomer** *n* / Fehlbezeichnung *f* (in der Nomenklatur), Fehlbenennung *f*, falscher Name, irrtümliche Bezeichnung

**misorientation** *n* / Fehlorientierung *f*, Orientierungsabweichung *f*

**misphased** *adj* (Elec Eng) / falschphasig *adj*, phasenfalsch *adj*

**mispick** *n* (US) (Weaving) / Schussfehler *m* (fehlender Schuss), fehlender Schuss, verlorener Schuss

**mispickel\*** *n* (Min) / Arsenkies *m*, Arsenopyrit *m*, Misspickel *m*, Giftkies *m* (Eisenarsensulfid)

**misplaced hole** (Mining, Oils) / falsch angesetztes Bohrloch

**mispredicted** *adj* / falsch vorhergesagt

**misprint** *v* (Print) / verdrucken *v* ‖ ~ *n* (Print) / Druckfehler *m*, Erratum *n* (pl. Errata)

**misprints** *pl* (Print) / Makulatur *f* (Fehldrucke, Fehlbogen, die beim Druck oder durch Beschädigung entstanden sind)

**mispunching** *n* (Comp) / falsche Lochung, Falschlochung *f*

**misreading** *n* (Instr) / Falschablesung *f*, Fehlablesung *f*, Ablesefehler *m*

**misregister** *n* (Paint) / Fehlregister *n*, Blitzer *m*, Nichtpasser *m*, Fehlpasser *m* ‖ ~ (Print) / Passerdifferenz *f*, Passdifferenz *f* (Abweichung vom genauen Übereinander- od. Nebeneinanderdruck zusammengehörender Formteile und aller Druckelemente)

**misroute** *v* / fehlleiten *v* (eine Sendung)

**misrouting** *n* (Eng) / falsche Führung, falsche Verlegung (z.B. der Schläuche) ‖ ~ (Telecomm) / Fehlleitung *f*

**misrun** *n* (Foundry) / schlecht ausgelaufener Guss, Fehlguss *m* ‖ ~ **casting** (Foundry) / schlecht ausgelaufener Guss, Fehlguss *m*

**miss** *v* / verfehlen *v* ‖ ~ (I C Engs) / aussetzen *v* (Zündfunke) ‖ ~ (Mining) / versagen *v* (Sprengung) ‖ ~ *n* (Paint) / Fehlstelle *f* (ein Anstrichfehler nach DIN EN ISO 4618, freigelassene Stelle (ein Anstrichfehler)

**missed approach** (a manoeuvre conducted by a pilot when an instrument approach cannot be completed to a landing) (Aero) / Fehlanflug *m*

**missed-approach procedure** (Aero) / Fehlanflugverfahren *n*

**missed filling**

**missed filling thread** (Weaving) / Springschuss *m*, Überspringer *m* (ein Webfehler) ‖ ~ **hole** (Mining) / nicht gekommenes Bohrloch, stecken gebliebener Schuss
**missending** *n* (Telecomm) / Fehlleitung *f*
**misshaped** *adj* (For) / missgeformt *adj* (Baum)
**missile*** *n* (Aero, Mil) / Flugkörper *m*, Fluggerät *n* (unbemanntes), FK ‖ ~* (Aero, Mil, Space) / Geschoss *n* ‖ ~ **barrier** (Nuc Eng) / Splitterschutz *m* (konkrete Baumaßnahme), Trümmerschutz *m* (konkrete Baumaßnahme bei kerntechnischen Anlagen) ‖ ~ **base** (Mil) / Flugkörperstellung *f*, FK-Stellung *f* ‖ ~ **cruiser** (Mil, Ships) / Flugkörperkreuzer *m*, Lenkwaffenkreuzer *m*, FK-Kreuzer *m* ‖ ~ **launch** (Mil) / FK-Start *m* ‖ ~ **protection** (Nuc Eng) / Splitterschutz *m*, Trümmerschutz *m* (als allgemeiner Begriff)
**missilery** *n* (Mil) / Flugkörpertechnik *f* (technische und wissenschaftliche Disziplin, die sich mit dem Bau und Einsatz von Lenkflugkörpern befasst)
**missile shield*** (Nuc Eng) / Splitterschutz *m* (konkrete Baumaßnahme), Trümmerschutz *m* (konkrete Baumaßnahme bei kerntechnischen Anlagen)
**missilry** *n* (Mil) / Flugkörpertechnik *f* (technische und wissenschaftliche Disziplin, die sich mit dem Bau und Einsatz von Lenkflugkörpern befasst)
**missing** *n* (I C Engs) / Zündaussetzer *m* (stochastisches Ausbleiben des Zündung des Luft-Kraftstoff-Gemischs), Zündungsaussetzer *m*, Aussetzer *m* ‖ ~ **aircraft** (Aero) / vermisstes Flugzeug ‖ ~ **design** (Ceramics) / Fehlstelle *f* im Muster ‖ ~ **dots** (Print) / Missing-Dots *pl* (nicht vollständig oder überhaupt nicht ausdruckende Rasternäpfchen auf Tiefdruckerzeugnissen, die sich als farbfreie Stellen darstellen), Schneeflockeneffekt *m* ‖ ~ **end** (Weaving) / fehlender Kettfaden ‖ ~ **energy** (Phys) / fehlende Energie ‖ ~ **link** (Biol) / Missink Link *n* ‖ ~ **mass*** (the mass of a hypothetical quantity of matter in the Universe that cannot be observed) (Astron, Nuc) / Missing Mass *f* ‖ ~ **mass*** (Astron, Nuc) s. also dark matter and weakly interacting massive particle
**missing-mass problem** (Astron, Nuc) / Missing-Mass-Problem *n*
**missing picks** (Weaving) / gerissene Schussfäden, Schussplatzer *m pl* ‖ ~ **plot** (Radar) / Leermeldung *f* (wenn in einem Erwartungsgebiet keine Ziel- oder Falschmeldung erfolgt), Meldungsausfall *m* ‖ ~ **primary colour** (Optics) / Fehlfarbe *f* ‖ ~ **quantity** / Fehlmenge *f* ‖ ~ **sheet** (Print) / Fehlbogen *m* (fehlender Bogen) ‖ ~ **shift** (Work Study) / Fehlschicht *f* ‖ ~ **stitch** (Textiles) / übersprungener Stich, Fehlstich *m* ‖ ~ **weft** (Weaving) / Schussfehler *m* (fehlender Schuss), fehlender Schuss, verlorener Schuss
**mission** *n* (Aero) / Flugauftrag *m* (Einsatz eines oder mehrerer Flugzeuge zur Durchführung einer Aufgabe) ‖ ~ (Space) / Unternehmen *n* ‖ ~* (Space) / Mission *f* ‖ ~ **capable** (Mil) / einsatzfähig *adj* ‖ ~ **profile** (Aero, Mil) / Einsatzprofil *n* (festgelegte Zuordnung von Flughöhe und -geschwindigkeit, mit der ein Luftfahrzeug eine vorgegebene Strecke zwischen Start- und Zielpunkt überfliegen soll) ‖ ~ **specialist*** (Space) / Missionsspezialist *m* (in den Raumtransportern) ‖ ~ **tiling** (US) (Arch) / Priependeckung *f* (spanische Version), Mönch- und Nonnendeckung *f*
**MIS solar cell** (Electronics) / MIS-Solarzelle *f*
**missort** *n* (Comp) / falsche Sortierung, Falschsortierung *f*
**misspelling** *n* / falsche Schreibweise, fehlerhafte Schreibweise
**misspick** *n* (Weaving) / Schussfehler *m* (fehlender Schuss), fehlender Schuss, verlorener Schuss
**mist** *n* / Beschlag *m* (feuchter Niederschlag, z.B. an Fenstern, Scheiben) ‖ ~* (Meteor) / Dunst *m* (feuchter - Trübung durch feinste Wassertropfen) ‖ ~ (Meteor, Ocean) / Mist *m* (leichter Nebel) ‖ ~* (Paint, Print) / Nebel *m*
**mistake** *n* / Fehler *m* (menschlicher Eingriff, der ein unerwünschtes Ergebnis zur Folge hat), menschlicher Fehler, menschliche Fehlleistung, Fehlhandlung *f* ‖ s. also error and malfunction
**mist blower** (Agric) / Nebelgerät *n*, Nebler *m* ‖ ~ **cooling** / Sprühkühlung *f* (bei Emulsionen)
**MIS technology** (Electronics) / MIS-Technik *f*
**misted-up** *adj* / beschlagen *adj* (Fensterscheibe)
**mist eliminator** (Chem Eng) / Flüssigkeitsabscheider *m* (zur Abscheidung von Flüssigkeitströpfchen aus den Brüden von Verdampferanlagen) ‖ ~ **eliminator** (Eng) / Tropfenabscheider *m* (Monsanto-Müllverbrennung)
**mist-grey** *adj* / nebelgrau *adj* ‖ ~ **board** (Paper) / Wolkenmarmorpappe *f*
**mistiming** *n* / falsche Zeiteinstellung, zeitlich falsche Einstellung
**mistletoe attack** (For) / Mistelbefall *m*
**mistracking** *n* (Acous) / Verfehlen *n* der Spur (Rille), Verlassen *n* der Spur ‖ ~ (Electronics) / Mistracking *n* (Fehlabtastung der Videospur durch den Videokopf)
**mist sprayer** (Agric) / Nebelgerät *n*, Nebler *m* ‖ ~ **up** *vi* / beschlagen *v* (sich) (Glas), sich trüben *v*

**misty** *adj* / nebelig *adj*, neblig *adj* ‖ ~ (Meteor, Nav) / diesig *adj* ‖ ~ (Meteor, Ocean) / mistig *adj* (leicht neblig)
**mistype** *v* / sich vertippen *v*
**misuse** *n* / Fehlanwendung *f* ‖ ~ (Pharm) / Missbrauch *m* (z.B. von Arzneimitteln), Abusus *m* (Missbrauch, übermäßiger Gebrauch) ‖ ~ **failure** (Eng) / Ausfall *m* bei unzulässiger Beanspruchung
**MIS varactor diode** (Electronics) / MIS-Varaktordiode *f*, Hybridvaraktor *m*
**miter** *v* (US) (Carp, Join) / auf Gehrung stoßen (Holzverband) ‖ ~ (US) (Carp, Join) / auf Gehrung (meistens 45°) schneiden, gehren *v* ‖ ~ *n* (US) (Carp, Join) / Gehrungsschnitt *m*, Schrägschnitt *m*, Gehre *f* (Ergebnis) ‖ ~ (US) (Carp, Join) / Gehrung *f* (Eckfuge einer 45°-Holzverbindung), Gehre *f* (echte), Gehrfuge *f* ‖ ~ (US) (Glass) / Strahlenschliff *m* ‖ ~ **gate** (US) (Hyd Eng) / Stemmtor *n* (der Schleuse)
**miticidal agent** (Agric, Chem) / Mitizid *n*, milbentötendes Mittel, Akarizid *n* (Mittel zur Bekämpfung von Milben)
**miticide** *n* (Agric, Chem) / Mitizid *n*, milbentötendes Mittel, Akarizid *n* (Mittel zur Bekämpfung von Milben)
**mitochondrion*** *n* (pl. -dria) (Cyt) / Mitochondrium *n* (pl. -drien)
**mitogenic** *adj* (Cyt) / mitogen *adj* (eine Mitose hervorrufend)
**mitosis*** *n* (pl. mitoses) (Cyt) / Mitose *f*, indirekte Kernteilung (ein Kernteilungsmechanismus)
**mitosis inhibitor** (Cyt) / Mitosehemmstoff *m*, Mitosegift *n*, Mitosehemmer *m*, Antimitotikum *n* (pl. -totika)
**mitotic poison** (Cyt) / Mitosehemmstoff *m*, Mitosegift *n*, Mitosehemmer *m*, Antimitotikum *n* (pl. -totika)
**mitragyna alkaloids** (Pharm) / Mitragyna-Alkaloide *n pl* (aus der Gattung Mitragyna /Rubiaceae/)
**mitre** *v* (Carp, Join) / auf Gehrung stoßen (Holzverband) ‖ ~ (Carp, Join) / auf Gehrung (meistens 45°) schneiden, gehren *v* ‖ ~ *n* (Carp, Join) / Gehrungsschnitt *m*, Schrägschnitt *m*, Gehre *f* (Ergebnis) ‖ ~* (Carp, Join) / Gehrung *f* (Eckfuge einer 45°-Holzverbindung), Gehre *f* (echte), Gehrfuge *f* ‖ ~ (Glass) / Strahlenschliff *m* ‖ ~ **block*** (Join) / Schneidlade *f*, Gehrungslade *f*, Gehrungsschneidlade *f* (45°) ‖ ~ **board** (Join) / Schneidlade *f*, Gehrungslade *f*, Gehrungsschneidlade *f* (45°) ‖ ~ **box*** (Join) / Schneidlade *f*, Gehrungslade *f*, Gehrungsschneidlade *f* (45°)
**mitre-box saw** (Carp, Join) / Gehrungssäge *f*
**mitre circular sawing machine** (Carp, Join) / Gehrungskreissägemaschine *f* ‖ ~ **clamp*** (Join) / Gehrungsschraubzwinge *f* (eine Kantenzwinge) ‖ ~ **cramp*** (Join) / Gehrungsschraubzwinge *f* (eine Kantenzwinge) ‖ ~ **dovetail** (Join) / doppelseitig verdeckte Handzinkung, Gehrungszinken *f pl*
**mitre-facing disk** (Eng) / konischer Kegel (ein Drosselkegel)
**mitre fillet weld** (Welding) / Flachkehlnaht *f* ‖ ~ **gate** (Hyd Eng) / Stemmtor *n* (der Schleuse) ‖ ~ **joint** (Carp, Join) / Gehrungsverbindung *f* ‖ ~ **post** (Hyd Eng) / Schlagsäule *f* (des Schleusentores) ‖ ~ **saw** (Carp, Join) / Gehrungssäge *f* ‖ ~ **saw*** (Join) / Feinsäge *f* ‖ ~-**sill*** *n* (Hyd Eng) / Drempel *m* (Schwelle im Torboden einer Schleuse, gegen die sich das geschlossene Schleusentor stützt) ‖ ~ **square*** (rule) (Carp, Join) / Gehrmaß *n*, Gehrungsmaß *n* (45°) ‖ ~-**wheels*** *pl* (Eng) / Kegelräder 1 : 1 *n pl* (mit Wellen im rechten Winkel)
**mitring** *n* (Carp, Join) / Gehrungsschnitt *m*, Schrägschnitt *m* (Tätigkeit) ‖ ~ **angle** (Carp, Join) / Gehrungswinkel *m* (meistens 45°) ‖ ~ **gate** (Hyd Eng) / Stemmtor *n* (der Schleuse)
**Mitscherlich pulp** (Paper) / Mitscherlichzellstoff *m* (nach A. Mitscherlich, 1836-1918)
**Mitscherlich's law of isomorphism*** (Chem) / Isomorphiegesetz *n* nach Mitscherlich, Mitscherlich'sche Regel (eine alte Mischkristall-Regel nach E. Mitscherlich, 1794-1863)
**Mitsubishi process** (Foundry) / V-Prozess *m*, Vakuumformverfahren *n* (eine Methode zur Herstellung von Formteilen, bei denen binderfreier, rieselfähiger Sand durch Unterdruck im Formkasten verfestigt wird)
**Mittag-Leffler's theorem** (Maths) / Mittag-Leffler'sches Theorem (in der Theorie der Partialbrüche - nach G. Mittag-Leffler, 1846-1927)
**mix** *v* / zusammenmischen *v*, vermischen *v*, mischen *v*, anrühren *v* (Gips, Teig) ‖ ~ (ores) (Met) / gattieren *v* (Ausgangsmaterialien in richtigen Mengenverhältnissen zur gewünschten Zusammensetzung der Schmelze zusammenstellen), möllern *v* (Erze mischen) ‖ ~ (Nut) / verrühren *v* ‖ ~ (Nut) / verschneiden *v* (alkoholische Getränke) ‖ ~ (Nut) / kneten *v* ‖ ~ (Print) / anmachen *v* (Farbe) ‖ ~ (Textiles) / melangieren *v* ‖ ~ *n* / Gemisch *n*, Mischung *f* ‖ ~ (Comp) / Befehlsmix *m* (bei der Beurteilung der Leistungsfähigkeit eines Rechnerkerns), Mix *m*
**mixed acid** (Chem) / Mischsäure *f*, [meist] Salpeterschwefelsäure *f*, Nitriersäure *f* ‖ ~ **adhesive** (Chem) / Mehrkomponentenklebstoff *m* (aus mehreren getrennt aufzubewahrenden Komponenten, die vor der Verarbeitung zu mischen sind oder im Vorstreichverfahren verarbeitet werden), Mehrkomponentenkleber *m* ‖ ~ **adhesive**

(Paint) / Zweikomponentenkleber m (Bindemittel + Härter), Zweikomponentenklebstoff m (ein Reaktionskleblack) ‖ ~ **aniline point** (Chem, Oils) / Mischanilinpunkt m (bei zu hohem Aromatengehalt) ‖ ~ **base** (Comp, Maths) / gemischte Basis

**mixed-base crude** (Oils) / gemischtbasisches Rohöl, Erdöl n auf gemischter Basis ‖ ~ **notation** (Maths) / Gemischtbasisschreibweise f ‖ ~ **petroleum** (Oils) / gemischtbasisches Rohöl, Erdöl n auf gemischter Basis ‖ ~ **system** (Maths) / Gemischtbasisschreibweise f

**mixed bed** (Chem) / Mischbett n (bei den Ionenaustauschern) ‖ ~ **bed** (Met) / Mischbett n

**mixed-bed column** (Chem) / Säule f mit gemischter stationärer Phase (in der Gaschromatografie), Mischbettsäule f ‖ ~ **demineralization** (Chem Eng) / Vollentsalzung f mittels Mischbettaustauschers ‖ ~ **exchanger** (Chem Eng) / Mischbettaustauscher m ‖ ~ **resin** (Chem Eng) / Mischbettharz n

**mixed** (hydraulic) **binder** (Build) / Mischbinder m (DIN 4207), MB ‖ ~ **bond** (Crystal) / Mischbindung f (zwischen den verschiedenen Bindungszuständen in einem Kristallgitter) ‖ ~ **catalyst** (Chem) / Mischkatalysator m

**mixed-catalyst system** (Surf) / Fremdsäuregemisch n (zum Verchromen)

**mixed-cell foamed plastic** (open-cell and closed-cell) (Plastics) / gemischtzelliger Schaumstoff (z.B. Moosgummi)

**mixed cereals** (Agric) / Menggetreide n, Mengkorn n ‖ ~ **cloud** (Meteor) / Mischwolke f (aus Wassertröpfchen und Eiskristallen bestehend) ‖ ~ **colour** (Optics) / Mischfarbe f ‖ ~ **complex tanning material** (Leather) / Mischkomplexgerbstoff m, Mischgerbstoff m ‖ ~ **construction** (Build) / Gemischtbauweise f ‖ ~ **crystal*** (Crystal) / Mischkristall m (eine Anordnung aus Bausteinen/Atomen, Ionen, Molekülen, die zwei oder mehr Komponenten entstammen, mit einer Struktur, welche sich aus der Kristallstruktur einer der Komponenten ableitet) ‖ ~ **crystal*** (Crystal) s. also solid solution ‖ ~ **crystallization** (Crystal) / Mischkristallisation f ‖ ~ **electrode** / Mischelektrode f (DIN 50900), Mehrfachelektrode f (an der mehrere Elektrodenreaktionen ablaufen) ‖ ~ **ether** (Chem) / Mischether m ‖ ~ **fertilizer** (Agric) / Mehrnährstoffdünger m ‖ ~ **fertilizer** (dry-blended) (Agric) / Mischdünger n ‖ ~ **filament yarn** (Spinning) / Heterogarn n (aus mindestens zwei verschiedenen Fasern) ‖ ~ **filling** (Weaving) / verwechselter Schuss (farblich, stofflich) ‖ ~ **filling** (Weaving) s. also discoloured pick

**mixed-film lubrication** (Eng) / Schmierung f im Mischreibungsgebiet (Schmierzustand, bei dem sowohl Flüssigkeitsschmierung als auch Grenzschmierung durchgeführt werden)

**mixed-flow cooling tower** / Querstromkühlturm m, Kreuzstromkühlturm m (ein Nasskühlturm) ‖ ~ **impeller** (Autos) / Halbaxialläufer m, Halbaxialrad n (ein Laufrad der Kreiselpumpe)

**mixed•-flow propeller pump** (Eng) / Diagonalradpumpe f mit doppelt gekrümmten Schaufeln ‖ ~-**flow pump** (Eng) / Halbaxialpumpe f, Diagonalradpumpe f ‖ ~-**flow turbine** (Eng) / vereinigte Axial- und Radialturbine, Halbaxialturbine f, Turbine f mit diagonaler Durchströmrichtung, Diagonalturbine f

**mixed-flow water turbine*** / amerikanische Wasserturbine (eine Reaktionsturbine mit radial eintretendem Wasser und einem axialen Austritt)

**mixed forest** (For) / Mischwald m (der sich aus mehreren Holzarten zusammensetzt) ‖ ~ **frequency** (Telecomm) / Mischfrequenz f, Kombinationsfrequenz f ‖ ~ **friction** (Eng, Phys) / Mischreibung f (Reibung, bei der Festkörperreibung bzw. Grenzreibung und Flüssigkeits- bzw. Gasreibung sich überlagern, so dass die Belastung partiell von Festkörperkontakten und partiell von einem tragenden Film aufgenommen wird)

**mixed-function oxygenase** (Biochem) / Monooxygenase f, mischfunktionelle Oxygenase, MFO (mischfunktionelle Oxygenase)

**mixed gas** / Mischgas n (Gemisch aus Kohlengas mit 10 bis 40% Wassergas)

**mixed-gas flooding** (Oils) / Mischgasfluten n (zur Steigerung des Entölungsgrades von Erdöllagerstätten) ‖ ~ **laser** (Phys) / Mischgaslaser m

**mixed glue** / fertig gemischter Leim (mit Härter) ‖ ~ **hardware** (Comp) / Mixed Hardware f (von verschiedenen Herstellern) ‖ ~ **highs*** (TV) / Mischhöhen f pl ‖ ~ **indicator** (Chem) / Mischindikator m, Indikatorgemisch n ‖ ~-**in-place** n (Civ Eng) / Mixed-in-Place-Verfahren n (ein Bodenmischverfahren), Baumischverfahren n (ein Bodenmischverfahren - mixed-in-place) ‖ ~-**in-plant** n (Civ Eng) / Zentralmischverfahren n (ein Bodenmischverfahren), Mixed-in-Plant-Verfahren n ‖ ~-**layer clay minerals** (Min) / Mixed-Layer-Minerale n pl (Mineralgruppe, die in einem Kristall über eine unregelmäßige Wechsellagerung verschiedener Schichtpakete verfügt), Wechsellagerungsmineralien n pl, Wechselschichtminerale n pl ‖ ~ **logic** (Comp) / gemischte Logik (negative + positive) ‖ ~ **lubrication** (Eng) / Mischreibung f ‖ ~ **melting point*** (Chem) / Mischschmelzpunkt m

**mixed-mode ASIC** (Comp) / analog-digitale anwendungsspezifische integrierte Schaltung ‖ ~ **document** (Teleg) / Mischmode-Dokument n (Faksimile)

**mixed number** (Maths) / gemischte Zahl (z.B. 76 1/2) ‖ ~ **oxide** (a structure in which an array of oxide ions has two or more cations present) (Chem) / Mischoxid n, gemischtes Oxid, Doppeloxid n (das aus den Oxiden von zwei verschiedenen Elementen besteht)

**mixed-oxide fuel*** (Nuc Eng) / Mischoxidbrennstoff m

**mixed phase** (Chem) / Mischphase f (ein homogenes Mehrstoffsystem nach DIN 1310), Gemischtphase f

**mixed-phase chemistry** (Chem) / Chemie f der Mischphasen ‖ ~ **column** (Chem) / Säule f mit gemischter stationärer Phase (in der Gaschromatografie), Mischbettsäule f

**mixed polymer** (Chem) / Multipolymerisat n, Mischpolymerisat n (nicht zu verwechseln mit Kopolymer) ‖ ~ **potential** (the electrode potential of a material while more than one electrochemical reaction is occurring simultaneously) (Elec Eng) / Mischpotential n ‖ ~-**pressure turbine*** (Eng) / Zweidruckdampfturbine f, Mehrdruckdampfturbine f ‖ ~ **product** (Maths) / Spatprodukt n (dreier Vektoren), Dreierprodukt n, gemischtes Produkt ‖ ~ **quadratic equation** (Maths) / gemischtquadratische Gleichung ‖ ~ **radiation** (Phys) / Mischstrahlung f ‖ ~ **radix** (Comp, Maths) / gemischte Basis

**mixed-radix notation** (Maths) / Gemischtbasisschreibweise f ‖ ~ **system** (Maths) / Gemischtbasisschreibweise f

**mixed salt** (Chem) / gemischtes Salz (wenn eine mehrwertige Base durch mindestens zwei verschiedene Säuren neutralisiert wird), Mischsalz n ‖ ~ **service*** (Teleph) / gemischter Betrieb, gemischter Verkehr (Amts- und Privatnebenstellen) ‖ ~ **shoddy spinning** (Spinning) / Vigognespinnerei f ‖ ~ **shoddy spinning** s. also carded wool spinning ‖ ~ **solvent** (Chem, Paint) / Lösungsmittelgemisch n, gemischtes Lösungsmittel, Lösemittelgemisch n (als Abbeizmittel), lösendes Abbeizmittel ‖ ~ **spectrum** (Spectr) / Mischspektrum n, MS ‖ ~-**spectrum reactor** (Nuc Eng) / Mischspektrumreaktor m (mit sehr unterschiedlichen Neutronenspektren in einzelnen Teilen der Spaltzone) ‖ ~ **strategy** (AI) / gemischte Strategie (eines Spieles)

**mixed-stream spinning** (Spinning) / Mischstromverfahren n (eine Art von Chemietexturierung)

**mixed thrust** (Aero) / gemischtes System (z.B. zur Schaffung einer vertikalen Schubkomponente bei Senkrechtstartflugzeugen)

**mixed-thrust system** (Aero) / gemischtes System (z.B. zur Schaffung einer vertikalen Schubkomponente bei Senkrechtstartflugzeugen)

**mixed valence** (Chem) / Mischwertigkeit f, Mischvalenz f ‖ ~ **water** (Geol) / Wasser n mit hohem Chlorid-Sulfat-Gehalt ‖ ~ **water** (Geol) / gemischt juvenil-vadoses Wasser

**mixer*** n (Acous, Electronics) / Mischpult n (Tonmischeinrichtung), Tonmischpult n ‖ ~* (Acous, Electronics) / Mixer m, Mischpult n (das Mischpult bedient) ‖ ~ (Ceramics) / Löser m (ein Rührwerk zum Aufschlämmen bzw. Mischen von bildsamen Rohstoffen, Massekuchen, Glasuren usw.) ‖ ~ (Chem Eng, Eng) / Mischer m, Mischmaschine f ‖ ~ (Comp) / ODER-Schaltung f ‖ ~* (Electronics, Radio) / Mischer m, Mischstufe f, erster Detektor ‖ ~ (Met) / Roheisenmischer m, Mischer m (im Hochofenwerk) ‖ ~ (Plumb) / Wassermischer m, Mischbatterie f (eine Auslauf- oder Durchlaufarmatur) ‖ ~ **circuit** (Electronics) / Mischkreis m ‖ ~ **console** (Acous, Electronics) / Mischpult n (Tonmischeinrichtung), Tonmischpult n ‖ ~ **control panel** (Acous, Electronics) / Mischpult n (Tonmischeinrichtung), Tonmischpult n ‖ ~ **diode** (Electronics) / Mischdiode f (Halbleiterdiode, die für die Umsetzung der Frequenz einer Schwingung in eine andere Frequenz vorgesehen ist) ‖ ~-**settler*** n (Chem Eng) / Mischer-Abscheider m, Mixer-Settler-Extraktor m, Misch-Trenn-Behälter m, Mischabsetzer m ‖ ~ **valve** (Electronics) / Mischröhre f (die aus zwei oder mehr zugeführten Gitterwechselspannungen unterschiedlicher Frequenz Anodenwechselströme anderer Frequenz erzeugt)

**mix gate** (Comp) / Alternator m, ODER-Glied n ‖ ~ **in** v / zurühren v

**mixing*** n / Zusammenmischen v, Vermischen n, Mischen n, Mischung f (Tätigkeit) ‖ ~ (Nut) / Verschneiden n (von alkoholischen Getränken) ‖ ~* (Textiles) / Melangieren n (verschiedenartiger Fasern vor dem Verspinnen) ‖ ~ **bank** (Met) / Mischbett n ‖ ~ **blade** / Mischflügel m ‖ ~ **blade** (Chem Eng) / Knetschaufel f ‖ ~ **chamber** / Mischkammer f (der Klimaanlage)

**mixing-chamber burner** (Chem) / Mischkammerbrenner m

**mixing conduit** (San Eng) / Mischstrecke f (Rinne mit Einbauten zur Erzeugung starker Turbulenz, um eine gute Durchmischung verschiedener Abwasserströme zu erreichen) ‖ ~ **console** (Acous, Electronics) / Mischpult n (Tonmischeinrichtung), Tonmischpult n ‖ ~ **desk** (Acous, Electronics) / Mischpult n (Tonmischeinrichtung), Tonmischpult n ‖ ~ **efficiency*** (Nuc) / Homogenisierungsausbeute f ‖ ~ **enthalpy** (Phys) / Mischungsenthalpie f ‖ ~ **faucet** (US) (Plumb) / Wassermischer m, Mischbatterie f (eine Auslauf- oder Durchlaufarmatur) ‖ ~ **funnel** / Mischtrichter m ‖ ~ **head** (Welding) /

mixing

Mischrohr n || ~ **heat** (Phys) / Mischungswärme f || ~ **impeller** (Eng) / Rührerlaufrad n || ~ **length** / Mischungslänge f (bei der Strömung) || ~ **length**\* (Phys) / Prandtl-Mischungslänge f, Prandtl-Mischungsweg m (eines Turbulenzballens) || ~ **nozzle** / Mischdüse f || ~ **plant** (Civ Eng) / Mischanlage f || ~ **point** (Telecomm) / Mischpunkt m || ~ **prohibition** (San Eng) / Vermischungsverbot n (bei Abfällen), Getrennthaltungsgebot n (bei Abfällen, z.B. beim Altöl) || ~ **pulse** (Spectr) / Mischpuls m || ~ **pump** (Eng, Paper) / Mischpumpe f || ~ **ratio** / Mischungsverhältnis n (im Allgemeinen) || ~ **roll** / Mischwalze f || ~ **rolls** (Chem Eng, Plastics) / Mischwalzwerk n || ~ **rule** (Chem) / Mischungsregel f || ~ **system** (Autos, Paint) / Mischsystem n (in der Autoreparaturlackierung) || ~ **tank** (Chem Eng) / Ansetzstation f (Rauchgasentschwefelung) || ~ **tap** (Plumb) / Wassermischer m, Mischbatterie f (eine Auslauf- oder Durchlaufarmatur) || ~ **tube** (Welding) / Mischrohr n || ~ **valve** / Mischventil n (Stellventil, das zwei eingehende Stoff- oder Energieströme vermischt) || ~ **valve** (Plumb) / Wassermischer m, Mischbatterie f (eine Auslauf- oder Durchlaufarmatur) || ~ **varnish** (Paint) / Mischlack m, Farbenmischlack m || ~ **water** (Ceramics) / Anmachwasser n (Wassermenge, die einen keramischen Stoff in einen knetbaren Teig verwandelt = Oberflächenfeuchte + Zugabewasser)

**mix plant** (Civ Eng) / Mischanlage f

**mixture** n (Agric) / Brühe f, Spritzbrühe f (zur Schädlingsbekämpfung) || ~ (Eng) / Gemisch n, Mischung f || ~\* (I C Engs) / Gemisch n || ~ (Pharm) / Mixtur f (flüssige Arzneimischung), Mixtura f (pl. -ae) || ~ (Textiles) / Melangegewebe n, Mischgewebe n, Mischware f || ~ (Textiles) / Fasermischung f || ~ **control**\* (I C Engs) / Gemischregelung f

**mixture-control unit** (I C Engs) / Gemischregler m

**mixture formation** (I C Engs) / Gemischbildung f || ~ **ignition** (I C Engs) / Gemischzündung f, Gemischentflammung f

**mixture-making** n (Met) / Gattierung f, Gattieren n

**mixture of aliphatic compounds** (distillation range 130 - 220 °C) (Paint) / Kristallöl n (Gemisch aliphatischer Kohlenstoffe nach DIN 51 632) || ~ **of polymers** (Chem) / Polymermischung f || ~ **setting** (I C Engs) / Gemischcharakteristik f, Einstellcharakteristik f || ~ **thread** (Spinning) / Mischgespinst n || ~ **yarn** (Spinning) / Meliergarn n, Melangegarn n, meliertes Garn, Mischgarn n, Melange f

**mizzle** n (Meteor) / Sprühregen m (kleine fallende Wassertropfen, die kleiner als 0,5 mm im Durchmesser sind), Nieseln n, Nieselregen m (leichter Regen in feinen dichten Tropfen)

**mizzonite**\* n (Min) / Mizzonit m (der gewöhnlichste Skapolith)

**MKK system** (Astron) / MKK-System n (ein zweidimensionales Klassifikationssystem für Sternspektren)

**MKSA**\* (Giorgi system) / Giorgi'sches Einheitensystem n (nach G. Giorgi, 1871-1950), MKSA-System n (ein altes Einheitensystem), Giorgi-System n (ein altes Einheitensystem)

**ml**\* (millilitre) / Milliliter m n, ml (Milliliter)

**ML** (machine language) (Comp) / Maschinensprache f (eine maschinenorientierte Programmiersprache nach DIN 44300) || ~ (manipulator language) (Comp) / problemorientierte Sprache für Industrieroboter (von der Firma IBM entwickelt) || ~ (machine learning) (Comp) / maschinelles Lernen

**MLB** (multilayer board) (Paper) / Multiplexkarton m, Multiplexpappe f

**MLD**\* (mean lethal dose) (Med) / semiletale Dosis, halbletale Dosis, L.D.$_{50}$ (tödliche Dosis für 50% der Versuchstiere - charakteristische Größe bei der Prüfung von Arzneimitteln), DL$_{50}$, mittlere Letaldosis

**MLE** (maximum likelihood estimation) (Radar) / Wahrscheinlichkeitsmaximumschätzung f (bei der Identifizierung des Ziels)

**MLG** (main landing gear) (Aero) / Hauptfahrwerk n

**MLLV** (medium-lift launch vehicle) (Mil, Space) / Trägerrakete f mittlerer Tragkraft

**MLS** (microwave landing system) (Aero) / Mikrowellenlandesystem n, MLS (Mikrowellenlandesystem, Mikrowellen-Landeführungssystem n || ~ (medium long shot) (Cinema) / Halbtotale f (Aufnahmeart mit einem geringeren Blickwinkel als bei der Totalen für einen Überblick über die aufzunehmende Szene)

**MLT** (median lethal time) (Nuc) / mittlere Letalzeit (die Zeit, in der 50% der Lebewesen als Folge einer bestimmten Energiedosis sterben)

**MM** (middle marker) (Aero) / Haupteinflugzeichen n (ILS)

**MMA** (monomethylaniline) (Chem, Fuels, I C Engs) / N-Methylanilin n (außer in organischer Synthese auch als Klopfbremse benutzt)

**MMC** (metal matrix composite) (Aero, Powder Met, Space) / Metallmatrix-Verbund(werk)stoff m, Schichtverbundstoff m mit metallischer Matrix, MMC (Metallmatrix-Verbundstoff)

**MM composite** (Aero, Powder Met, Space) / Metallmatrix-Verbund(werk)stoff m, Schichtverbundstoff m mit metallischer Matrix, MMC (Metallmatrix-Verbundstoff) || ~ **document** (Teleg) / Mischmode-Dokument n (Faksimile)

**mmf** (mineral-matter-free) / mineralstofffrei adj || ~\* (micromicrofarad) (Elec Eng) / Pikofarad n, pF (Pikofarad) (10$^{-12}$ Farad) || ~\* (magnetomotive force) (Phys) / Durchflutung f (entlang einer geschlossenen Linie nach DIN 1324-1), magnetomotorische Kraft, MMK (magnetomotorische Kraft)

**mm free** / mineralstofffrei adj

**MMH** (monomethylhydrazine) (Space) / Monomethylhydrazin n (ein Raketentreibstoff) || ~\* (maintenance man-hour) (Work Study) / Wartungsstunde f

**mm Hg** / Millimeter Quecksilbersäule, mmHg (DIN 1301, T 3) (nicht mehr zugelassene Einheit des Druckes = 133,322 Pa)

**MMI** (man-machine interface) (AI, Comp) / Mensch-Maschine-Schnittstelle f (bei der Mensch-Maschine-Kommunikation), Mensch-Computer-Schnittstelle f

**MMIC** (monolithic microwave integrated circuit) (Electronics) / monolithische integrierte Mikrowellenschaltung

**MML** (man-machine language) (AI) / Mensch-Maschine-Sprache f

**MMMF** (man-made mineral fibre) / künstliche Mineralfaser, KMF (künstliche Mineralfaser)

**MMT** (multimirror telescope) (Astron, Optics) / Mehrspiegelteleskop n (mit mehreren Spiegeln auf einer gemeinsamen Montierung)

**mmu** (milimass unit) (Nuc) / Tausendstelmasseeinheit f, TME (Tausendstelmasseeinheit)

**MMX** (multimedia extensions) (Comp) / Multimedia-Extensions pl (Weiterentwicklung des Pentium-Prozessors), MMX (Multimedia-Extensions) || ~ **instruction** (Comp) / MMX-Befehl m

**Mn** (manganese) (Chem) / Mangan n, Mn (Mangan)

**M$_n$** (Mersenne number) (Maths) / Mersenne-Zahl f

**MNDO method** (Chem) / MNDO-Verfahren n (ein semiempirisches Verfahren der Quantenchemie, das alle Valenzelektronen berücksichtigt)

**mnemonic**\* adj / mnemotechnisch adj || ~ **code** / mnemonischer Kode (ein Buchstabenkode), mnemotechnischer Kode || ~ **machine instruction** (Comp) / Maschinenbefehl m in Assemblersprache

**MNOS technology** (Electronics) / MNOS-Technologie f

**M/N ratio** (Nuc) / Ausbeute f pro Ionenpaar, M/N-Verhältnis n (Ausbeute pro Ionenpaar)

**Mo** (molybdenum) (Chem) / Molybdän n, Mo (Molybdän)

**MOB** n (movable object block) (Comp) / Sprite n (eine zusammengehörende Gruppe von Pixels), Shape n, Mob m (ein frei programmierbares Objekt in hochauflösender Grafik)

**mobile** n (mobile phone) (Teleph) / Mobiltelefon n, mobiles Telefon, Handy n (pl. -s) || ~ adj / versetzbar adj, verfahrbar adj, mobil adj, bewegbar adj, fahrbar adj || ~ / dünnflüssig adj (Flüssigkeit) || ~ / ortsbeweglich adj, ortsveränderlich adj, beweglich adj, bewegbar adj || ~ / fahrbar adj (Werkstatt) || ~ **access hunting** (Teleph) / Zugangssuchvorgang m beim Mobilfunk, Absuchen n mehrerer Anschlüsse || ~ **application part**\* (Telecomm) / Mobilanwenderteil m (bei SS#7) || ~ **belt** (Geol) / labile Zone || ~ **cellular system** (Teleph) / zellulares Mobilfunksystem (ein funkgestütztes System, das Mobiltelefonie und andere Dienste ermöglicht, indem das Versorgungsgebiet in kleinere geografische Gebiete /Zellen/ eingeteilt wird, die von Basisstationen versorgt werden), zellulares System (Mobilfunksystem, das nach dem zellularen Prinzip aufgebaut ist) || ~ **client** (Comp, Teleph) / mobiler Client || ~ **communication system** (Radio, Teleph) / Mobilfunk m, mobiler Funkdienst, beweglicher Funkdienst || ~ **compressor** (Eng) / fahrbarer Verdichter, fahrbarer Kompressor || ~ **controlled handover** (Teleph) / dezentraler Handover || ~ **country code** (Teleph) / Mobil-Landeskennzahl f || ~ **crane** (Autos, Civ Eng) / Mobilkran m (ohne eigenen Antrieb fahrbar) || ~ **dislocation** (Crystal, Materials) / mobile Versetzung f || ~ **dock** (Aero) / fahrbare Plattform (z.B. für Flugzeugwartung) || ~ **dune** (Geol) / Wanderdüne f (in der vorherrschenden Windrichtung langsam vorrückende Düne) || ~ **excavator** (Autos, Civ Eng) / Mobilbagger m (selbstfahrende Arbeitsmaschine bis 30 t Dienstgewicht) || ~ **home** (Autos) / Mobilheim n || ~ **home** (US) (Autos) / Wohnwagen m (Reisewohnwagen), Wohnanhänger m, Caravan m (DIN 7941) || ~ **industry** (independent of any siting restriction) / standortunabhängige Industrie (meistens ein Montagebetrieb) || ~ **laboratory** (Chem, Ecol) / fahrbares Labor || ~ **library** (Autos) / Bücherwagen m, Fahrbücherei f, Autobibliothek f, Bibliobus m || ~ **liquid** (Chem) / Trennmittel n (in der Chromatografie), Elutionsmittel n (in der Elutionstechnik der Gaschromatografie), Fließmittel n (mobile Phase in der Chromatografie), Laufmittelgemisch n, Laufmittel n, Entwickler m (in der Chromatografie) || ~ **load** (Mech) / bewegliche Last || ~ **magazine** (parts and tools) (Eng) / Mobilspeicher m (beweglicher Werkstück- oder Werkzeugspeicher), mobiler Speicher || ~ **microwave station**

(Radio) / mobile Richtfunkstation ‖ ~ **network** (Teleph) / Mobilnetz n ‖ ~ **phase**\* (Chem) / mobile Phase (in der Chromatografie, bewegliche Phase ‖ ~ **phase front** (Chem) / Lösungsmittelfront f (in der Chromatografie), Laufmittelfront f, Fließmittelfront f

**mobile-phase ion chromatography** (Chem) / Ionenwechselwirkungschromatografie f, Ionenpaarchromatografie f (zur Trennung von hydrophoben ionischen Spezies), IPC (Ionenpaarchromatografie)

**mobile phone** (Teleph) / Mobiltelefon n, mobiles Telefon, Handy n (pl. -s) ‖ ~ **radio concentrator** (Radio) / Funkkonzentrator m, FuKo (Zellenfunk) ‖ ~ **radio network** (Radio, Teleph) / mobiles Funknetz, MFN ‖ ~ **radio service** (Radio, Teleph) / Mobilfunk m, mobiler Funkdienst, beweglicher Funkdienst ‖ ~ **radio telephone service** (Radio, Teleph) / Mobilfunk m, mobiler Funkdienst, beweglicher Funkdienst ‖ ~ **reactor** (Nuc Eng) / fahrbarer Reaktor, mobiler Reaktor ‖ ~ **recording unit** (Cinema, TV) / Tonaufnahmewagen m ‖ ~ **robot** (Eng) / ortsbeweglicher Roboter ‖ ~ **satellite system** (Radio) / mobiler Satellitenfunkdienst ‖ ~ **scaffold** (Build) / bewegliches Gerüst ‖ ~ **service** (Teleph) / mobiler Dienst ‖ ~ **services switching centre**\* (Teleph) / Mobilvermittlungsstelle f, Mobilkommunikations-Vermittlungsstelle f ‖ ~ **shop** / fahrbarer Verkaufsstand ‖ ~ **solvent** (Chem) / Trennmittel n (in der Chromatografie), Elutionsmittel n (in der Elutionstechnik der Gaschromatografie), Fließmittel m (mobile Phase in der Chromatografie), Laufmittelgemisch n, Laufmittel n, Entwickler m (in der Chromatografie) ‖ ~ **station** (Teleph) / Mobilstation f, MS (Mobilstation) ‖ ~ **subscriber** (Teleph) / Mobilteilnehmer m ‖ ~ **switching centre** (Teleph) / Mobilvermittlungsstelle f (Komponente eines Mobilfunknetzes), MSC f (Mobilvermittlungsstelle) ‖ ~ **telephone** (Teleph) / Mobiltelefon n, mobiles Telefon, Handy n (pl. -s) ‖ ~ **tower** (Build, Paint) / Fahrgerüst n (Gerät) ‖ ~ **transfer conveyor** (Mining) / fahrbares Band, Bandwagen m (Aufgabe- bzw. Übergabewagen oder Verbindungsglied zwischen rückbaren und festen Bandanlagen), rückbares Band ‖ ~ **use** (Eng) / mobile Anwendung, mobiler Einsatz ‖ ~ **virus** (Teleph) / Handyvirus m ‖ ~ **WAP phone** (Teleph) / WAP-Handy n

**mobility** n / Mobilität f (z.B. technologische) ‖ ~ (Chem, Phys) / Mobilität f (des Stoffes - Quotient aus Permeabilität und Viskosität) ‖ ~\* (Electronics) / Beweglichkeit f ‖ ~ (Work Study) / Freizügigkeit f (z.B. der Arbeitskräfte innerhalb der EU)

**mobilization** n (Build) / Baustelleneinrichtung f (Vorgang) ‖ ~ (Geol) / Mobilisation f (bei der Metamorphose und Ultrametamorphose) ‖ ~ **of the job site** (Build, Civ Eng) / Verfügbarkeit f von Maschinen und Gerätschaften

**Mobil-Oil process** (Fuels) / MTG-Verfahren n (bei dem Methanol bei etwa 200° bis 400° C an speziellen Molekularsiebkatalysatoren in Kohlenwasserstoffe umgewandelt wird), Mobil-Oil-Verfahren n, Mobil-MTG-Verfahren n

**Möbius aromaticity** (Chem) / Möbius-Aromatizität f, Antiaromatizität f ‖ ≃ **band** (Maths) / Möbius'sches Band (eine nicht orientierbare und einseitige Fläche), Möbius-Band n, Möbius'sche Fläche (nach A.F. Möbius, 1790-1868) ‖ ≃ **inversion formula** (Maths) / Möbius'sche Umkehrformel ‖ ≃ **molecule** (Chem) / Möbius-Molekül n ‖ ≃ **strip**\* (Maths) / Möbius'sches Band (eine nicht orientierbare und einseitige Fläche), Möbius-Band n, Möbius'sche Fläche (nach A.F. Möbius, 1790-1868) ‖ ≃ **system** (Chem) / Möbius-Aromatizität f, Antiaromatizität f ‖ ≃ **transformation** (Maths) / Möbius-Transformation f, Möbius-Kreisverwandtschaft f

**MOBS** (multiple orbital bombardment system) (Mil) / Mehrfachumlaufbahn-Bombardierungssystem n ("Weltraumbombe")

**mocaya oil** / Mocayaöl n (aus der Fruchtpulpe und den Kernen der Palme Acrocomia sclerocarpa Mart.)

**mocha** n (suede) (Leather) / Mochaleder n, Mocha n (samtartiges geschliffenes Glacéleder aus Lamm- oder Zickelfellen der nordafrikanischen Schwarzkopfschafe) ‖ ~ (Min) / Baumachat m, Mokkastein m (ein Chalzedon), Baumstein m (faseriges Quarzaggregat) ‖ ~ (Min) s. also moss agate ‖ ~ **stone**\* (Min) / Baumachat m, Mokkastein m (ein Chalzedon), Baumstein m (faseriges Quarzaggregat)

**mock architecture** (Arch) / Scheinarchitektur f (illusionistische gemalte Architektur, die durch ihre Perspektive eine wirkliche Architektur vortäuschen will, vor allem in barocken Kirchenbauten, in der Deckenmalerei und im Bühnenbild)

**mockernut hickory** (For) / Echter Hickory, Echte Hickory (Carya tomentosa (Lam. ex Poir.) Nutt.)

**mock lead** (Min) / Zinkblende f mit Bleiglanz als Begleiter ‖ ~ **lead** (Min) s. also sphalerite ‖ ~ **leno** (Textiles) / Scheindreherbindung f, Gazeimitatbindung f ‖ ~ **moon**\* (Astron) / Nebenmondhalo m ‖ ~ **ore** (Min) / Zinkblende f mit Bleiglanz als Begleiter ‖ ~ **pleat** (Textiles) / nichtöffnende Falte ‖ ~ **resin** (in affinity chromatography) (Chem) / Scheinharz n ‖ ~ **resin** (Chem) / Kontrollharz n (bei der

Affinitätschromatografie) ‖ ~ **rib** (Weaving) / Scheingrat m ‖ ~ **sun**\* (Astron) / Nebensonnenhalo m, Nebensonne f (eine Art des Halos)

**mock-sun ring** (Astron) / Horizontalkreis m (eine Haloerscheinung)

**mock-up** n / Nachbildung f, Attrappe f, Lehrmodell n, Modell n (z.B. einer Anlage)

**mock-up** n (Aero) / Flugzeugmodell n (für Anschauungszwecke und Forschung), Attrappe f ‖ ~ (Bind, Print) / Stärkeband m, Stärkemuster n (das nur die buchbinderische Gestaltung veranschaulicht)

**mock wood** / Holzimitat n (Produkt)

**MOCVD** n (Surf) / metallorganisches CVD-Verfahren, MOCVD n (metallorganisches CVD-Verfahren)

**MOD** (magnetooptical disk) (Comp) / magnetooptische Platte, MOD (magnetooptische Platte), MO-Platte f

**modacrylic fibre**\* (Spinning) / Modacrylfaser f, Modakrylfaser f, modifizierte Akrylfaser

**modal** adj / modal adj ‖ ~ **analysis** (Elec Eng, Telecomm) / Schwingungsanalyse f ‖ ~ **analysis** (Phys) / modale Analyse (der Schwingungen) ‖ ~ **damping** (Mech) / modale Dämpfung (in der Schwingungslehre) ‖ ~ **dispersion** (Telecomm) / Modendispersion f (die durch Überlagerung von Moden mit verschiedener Laufzeit hervorgerufene Signalverzerrung in einem Lichtwellenleiter DIN 5788, T 1), Laufzeitdispersion f ‖ ~ **fibre**\* (Spinning) / Modalfaser f (hochnassfeste Viskosespezialfaser mit hohem Polymerisationsgrad) ‖ ~ **logic** (AI) / Modallogik f (Logik der Modalitäten), Modalitätenlogik f (Erweiterung der klassischen Logik um die Begriffe der Möglichkeit und der Notwendigkeit) ‖ ~ **noise** (Telecomm) / Modenrauschen n (Störeffekt in Multimodefasern) ‖ ~ **operator** (AI) / Modaloperator m (Möglichkeit und Notwendigkeit in der Modallogik), modaler Operator ‖ ~ **parameter** (Mech) / modaler Parameter (in der Schwingungslehre) ‖ ~ **value**\* (Stats) / Modalwert m (Dichtemittel), dichtester Wert, Modus m (pl. Modi), Mode m (dichtester Wert)

**mod cons** (GB) (the amenities and appliances characteristic of well-equipped modern houses that contribute to an easier and more comfortable way of life) (Build) / luxuriös ausgestattet, mit allen Schikanen (Küche, Haus)

**mode** n (Comp) / Mode m (Menge aller Eigenschaften einer Datengruppe) ‖ ~\* (Comp, Elec Eng) / Modus m (pl. Modi), Betriebsart f, Mode m f ‖ ~\* (Electronics, Phys, Telecomm) / Schwingungsmode m f, Schwingmode m, Mode m f, Schwingungsart f, Schwingungsform f, Schwingungstyp m, Schwingungsmodus m, Eigenwelle f (Mode), Modus m (pl. Modi) ‖ ~ (Geol) / Modus m (der quantitative Mineralbestand der Gesteine, ausgedrückt in Vol.-%), modaler Mineralbestand ‖ ~ (Glass, Telecomm) / Mode m (Strahlrichtung innerhalb einer Glasfaser) ‖ ~\* (the value of x that occurs most frequently) (Maths, Stats) / Modalwert m (Dichtemittel), dichtester Wert, Modus m (pl. Modi), Mode m (dichtester Wert) ‖ ~ (Photog) / Betrieb m (z.B. manueller, automatischer) ‖ ~ (Phys) / Erscheinungsform f, Art f (Erscheinungsform) (z.B. der Energie) ‖ ~\* (Phys) / Feldtyp m (jede für sich allein in einer homogenen Wellenleitung mögliche elektromagnetische Feldform) ‖ ~ (Telecomm) / Wellentyp m (in Wellenleitern), Wellenleiterschwingungsform f, Hohlleiterschwingungsform f, Wellenleitermode m, Mode m (die im LWL ausbreitungsfähigen Lichtwellen) ‖ ~ **conversion** (Telecomm) / Wellentypwandlung f, Modenwandlung f ‖ ~ **converter** (Telecomm) / Wellentypwandler m, Modenwandler m ‖ ~ **dispersion**\* (Telecomm) / Modendispersion f (die durch Überlagerung von Moden mit verschiedener Laufzeit hervorgerufene Signalverzerrung in einem Lichtwellenleiter DIN 5788, T 1), Laufzeitdispersion f ‖ ~ **filter** (Telecomm) / Modenfilter n ‖ ~ **hop** (Telecomm) / Modensprung m ‖ ~ **interlace** (with alternating radar modes) (Radar) / Wechselabfrage f ‖ ~ **jump**\* (Telecomm) / Frequenzspringen n (eines Oszillators) ‖ ~ **jump**\* (Telecomm) / Modensprung m

**model 2008** (Autos) / Baujahr n 2008, 08er Modell ‖ ~ n / Makette f (Modell) ‖ ~ / Bauart f (Design), Ausführung f (Bauart), Baumuster n, Konstruktion f, Modell n, Bauform f ‖ ~ / Modell n, Vorlage f (Modell), Muster n (Modell) ‖ ~ (Maths) / Modell n ‖ **starting with ~ year 2007** / ab Baujahr 2007, ab Modelljahr 2007 ‖ ~ **airplane** (Aero) / Flugzeugmodell n

**model-based** adj (AI) / modellgestützt adj, auf einem Modell basierend ‖ ~ **database** (Comp) / Modelldatenbank f ‖ ~ **system** (AI) / modellbasiertes System (kombiniertes analytisches und heuristisches System)

**model basin** (Ships) / Schleppversuchsbecken n, Schleppinne f, Schleppversuchsanlage f (in der hydrodynamische Vorgänge an Modellen untersucht werden) ‖ ~ **computer** (Comp) / Modellrechner m ‖ ~ **data** (Comp) / Modelldaten pl ‖ ~ **designation** (Autos) / Typenbezeichnung f

**model-driven** adj (AI) / modellgesteuert adj

**modeless dialogue box** (Comp) / nichtmodale Dialogbox

**model experiment** / Modellversuch *m* ‖ ~ **farm** (Agric) / Mustergut *n*, landwirtschaftlicher Musterbetrieb ‖ ~ **improvement** (Autos) / Modellpflege *f* (Verbesserungen an Konstruktion und Ausstattung eines Fahrzeugmodells im Laufe des Produktlebenszyklus)
**modeling** *n* (US) / Modellieren *n*, Modellierung *f*
**model kit** *n* / Modellsatz *m*, Modellbausatz *m*
**modelling** *n* / Modellieren *n*, Modellierung *f* ‖ ~ **light** (Cinema, Photog) / Hauptlicht *n* (einer Beleuchtung mit mehreren Scheinwerfern), Führungslicht *n*, Mainlight *n*
**mode-locking** *n* (Phys) / Modelocking *n* (in der Lasertechnik), Modensynchronisation *f* (bei einem Laser), Phasenkopplung *f*, Kopplung *f* der Schwingungsmoden (bei einem Laser), Modenkopplung *f* (in der Lasertechnik)
**model polymer** (Chem) / Modellpolymer *n* (maßgeschneidertes, molekular einheitliches) ‖ ~ **potential** (Phys) / Modellpotential *n* (ein Potential in der Festkörperphysik, das anstelle der tiefen Potentialtrichter des Kristallpotentials einen nur schwach variablen Verlauf zeigt, aber dieselben Streueigenschaften wie das Kristallpotential hat) ‖ ~ **rules** / Modellregeln *f pl* (die aus der Ähnlichkeitstheorie folgenden Regeln zur Übertragung der Versuchsergebnisse vom Modell auf die Großausführung) ‖ ~ **state** / Modellzustand *m* ‖ ~ **tank** (Ships) / Schleppversuchsbecken *n*, Schleppbrinne *f*, Schleppversuchsanlage *f* (in der hydrodynamische Vorgänge an Modellen untersucht werden) ‖ ~ **test** / Modellversuch *m* ‖ ~ **theory** / Modelltheorie *f* ‖ ~ **year** (Autos) / Modelljahr *n* (z.B. 2009) ‖ ~ **year 2008** (Autos) / Baujahr *n* 2008, 08er Modell
**modem*** *n* (Telecomm) / Modem *m n* (pl. -s oder -e) (Modulations- und Demodulationsgerät) ‖ ~ **status** (Comp) / Modem-Status *m*
**modem-to-modem gaming** (Comp) / Spielen *n* über Modem
**mode number*** (Electronics) / Moduszahl *f* (des Klystrons) ‖ ~ **of application** / Einsatzart *f* ‖ ~ **of cracking** (Materials) / Rissart *f* ‖ ~ **of energy** (Phys) / Energieart *f*, Energieform *f* (konkrete Erscheinungsform der Energie) ‖ ~ **of function** / Einsatzart *f* ‖ ~ **of growth** (Crystal) / Wachstumstyp *m* ‖ ~ **of interaction** / Wechselwirkungsart *f* ‖ ~ **of operation** (Comp, Elec Eng) / Modus *m* (pl. Modi) / Betriebsart *f*, Mode *f* ‖ ~ **of operation** (Eng) / Wirkungsweise *f* ‖ ~ **of oscillation** (Electronics, Phys, Telecomm) / Schwingungsmode *m f*, Schwingmode *m f*, Mode *m f*, Schwingungsart *f*, Schwingungsform *f*, Schwingungstyp *m*, Schwingungsmodus *m*, Eigenwelle *f* (Mode), Modus *m* (pl. Modi) ‖ ~ **of propagation** (Telecomm) / Ausbreitungsmode *m*, Ausbreitungsmodus *m* ‖ ~ **of propagation** (Telecomm) / ausbreitungsfähiger Mode (in den Multimodefasern) ‖ ~ **of vibration** (Electronics, Phys, Telecomm) / Schwingungsmode *m f*, Schwingmode *m f*, Mode *m f*, Schwingungsart *f*, Schwingungsform *f*, Schwingungstyp *m*, Schwingungsmodus *m*, Eigenwelle *f* (Mode), Modus *m* (pl. Modi) ‖ ~ **purity** (Telecomm) / Wellentypreinheit *f*
**moder*** *n* (Agric) / Moder *m* (eine lockere Humusform)
**moderate** *v* (Nuc) / moderieren *v* ‖ ~ *adj* / mäßig *adj* (Preis) ‖ ~ / mäßig *adj*, gemäßigt *adj* ‖ ~ **breeze** (Meteor, Ocean) / mäßige Brise (Beaufortgrad 4) ‖ ~ **gale** (Meteor) / steifer Wind (Beaufortgrad 7)
**moderately polar** (Chem) / schwach polar ‖ ~ **resistant** (For) / mäßig resistent (nach DIN 68364)
**moderate-risk** *attr* / mit mäßigem Risiko, mit mäßiger Gefährdung
**moderate sea** (Ships) / mäßig bewegte See (ein Seezustand)
**moderating area** (Nuc) / Bremsfläche *f* ‖ ~ **block** (Nuc Eng) / Bremsblock *m* ‖ ~ **ratio*** (Nuc) / Moderationsverhältnis *n*, Bremsverhältnis *n*
**moderation*** *n* (Nuc) / Moderation *f*, Moderierung *f*, Abbremsung *f* (Neutronenbremsung), Neutronenbremsung *f* (durch Energieabgabe an Atomkerne bei Stößen mit den Atomkernen eines Moderators)
**moderator*** *n* (Nuc, Nuc Eng) / Moderator *m* (ein Stoff, der Neutronen hoher Energie durch elastische Stöße auf geringere Energie abbremst - DIN 25401, T 2), Bremssubstanz *f* (Moderator) ‖ ~ **control*** (Nuc Eng) / Moderatortrimmung *f*, Moderatorsteuerung *f*
**moder humus** (Agric) / Moder *m* (eine lockere Humusform)
**modern-day machinery** / moderne Maschinen, moderner Maschinenpark
**modern face*** (Typog) / klassizistische Antiqua (z.B. Bodoni, Didot oder Walbaum)
**modernisation** *n* (GB) / Modernisierung *f*
**modernization** *n* (adaption to modern needs or habits) / Modernisierung *f*
**mode scrambler** (Telecomm) / Modenscrambler *m*, Modenmischer *m* (bei LWL) ‖ ~ **separation*** (Electronics) / Frequenzabstand *m* (bei Mikrowellenröhren) ‖ ~ **shift*** (Telecomm) / Frequenzspringen *n* (eines Oszillators) ‖ ~ **shift** (Telecomm) / Frequenzgleiten *n*, Frequenzinstabilität *f* ‖ ~ **skip** (Telecomm) / Modensprung *m*
**modest** *adj* / mäßig *adj* (Preis)
**mode stripper** (Electronics) / Mantelmodenabstreifer *m* (ein Werkzeug zum Entfernen von Mantelmoden), Modenabstreifer *m* (wenn ein Glasfaserkabel z.B. gespleißt werden muss) ‖ ~ **structure** (Telecomm) / Modenstruktur *f* ‖ ~ **switch** (Autos) / Funktionsschalter *m* (bei Autoradios) ‖ ~ **transducer** (Telecomm) / Wellentypwandler *m*, Modenwandler *m* ‖ ~ **transformer** (Telecomm) / Wellentypwandler *m*, Modenwandler *m* ‖ ~ **volume** (Telecomm) / Modenvolumen *n* (ein Produkt aus Querschnittsfläche und Raumwinkel, das in einem LWL für die Lichtausbreitung zur Verfügung steht)
**MODFET** (modulation-doped field-effect transistor) (Electronics) / modulationsdotierter Feldeffekttransistor
**modification** *n* / Modifikation *f*, Änderung *f* (geringfügige), Abänderung *f* ‖ ~ (Brew) / Lösung *f* (von Malz) ‖ ~ (Crystal) / Modifikation *f* ‖ ~ (Foundry) / Veredelung *f* (z.B. einer Al-Si-Legierung) ‖ ~ **entry** (Comp) / Modifikationseintrag *m* ‖ ~ **file** (Comp) / Änderungsdatei *f*, Bewegungsdatei *f* ‖ ~ **of COS** (Telecomm) / Berechtigungsumschaltung *f* ‖ ~ **service** (Comp) / Änderungsdienst *m* (Aktualisierung und Dateipflege)
**modified-atmosphere packing*** (Nut) / Schutzgasverpackung *f*, Schutzatmosphärenverpackung *f*
**modified Bauer-Vogel process** (Chem Eng) / modifiziertes Bauer-Vogel-Verfahren, MBV-Verfahren *n* (zur chemischen Oxidation von Aluminium) ‖ ~ **Bessel function of the first kind*** (Maths) / modifizierte Bessel'sche Funktion erster Gattung ‖ ~ **chemical vapour deposition** / MCVD-Verfahren *n* (Abscheidung aus der Gasphase - auch zur Herstellung des Faseroptikglases) ‖ ~ **mean** (Maths) / korrigierter Mittelwert ‖ ~ **Mohs' scale of hardness** (Min) / erweiterte Mohs'sche Härteskala ‖ ~ **natural product** (Chem) / abgewandelter Naturstoff (z.B. ein Derivat der Zellulose) ‖ ~ **protein** (Nut) / modifiziertes Protein ‖ ~ **resin** / veredeltes (Natur)Harz, modifiziertes Harz ‖ ~ **starch** (Nut) / modifizierte Stärke (ein Umwandlungsprodukt der Stärke - E 1401-1402) ‖ ~ **Uniontown method** (Fuels) / modifizierte Uniontown-Methode (zur Ermittlung der Straßenoktanzahl) ‖ ~ **wood** (For) / modifiziertes Holz (mit modifizierten Eigenschaften), vergütetes Holz
**modifier*** *n* (Chem Eng) / Modifikationsmittel *n* ‖ ~ (Chem Eng) / Regler *m* (bei radikalischen Polymerisationen), Reglersubstanz *f* ‖ ~* (Comp) / Modifizierfaktor *m* ‖ ~ (Comp, Eng) / Modifikator *m* (in problemorientierten Programmiersprachen zur maschinellen Programmierung von NC-Maschinen) ‖ ~* (Min Proc) / Regler *m* (regelndes Schwimmmittel im Allgemeinen) ‖ ~ (Spinning) / Zusatzmittel *n* zu Spinnlösungen und -schmelzen (zur Modifizierung der Eigenschaften eines Spinnerzeugnisses) ‖ ~ (Spinning) / Modifikator *m* (Zusatzmittel zu Spinnlösungen und -schmelzen zur Modifizierung der Eigenschaften eines Spinnerzeugnisses), Modifier *m* ‖ ~ **bit** (Comp) / Modifikationsbit *n*
**modify** *v* / veredeln *v* (Naturharz) ‖ ~ / (make partial or minor changes to...) / abändern *v*, modifizieren *v*, ändern *v* ‖ ~ (Foundry) / veredeln *v* (z.B. eine Al-Si-Legierung)
**modillion** *n* (a projecting bracket under the soffit of a cornice in the Corinthian and other orders) (Arch) / Modillion *m* (pl. -s), Zierkonsole *f*, Kragstein *m* (plastisch verzierter)
**moding** *n* (Telecomm) / Frequenzsprung *n* (eines Oszillators)
**mod-N check** (Comp) / Modulo-N-Kontrolle *f*, Modulo-N-Prüfung *f*, Restprüfung *f*
**modular** *adj* / Standard- (aus Baukastenelementen zusammengestellt), Baukasten-, im Baukastensystem aufgebaut, in Baukastenform, nach dem Baukastensystem aufgebaut ‖ ~* (Electronics) / modular *adj*, in Modulbauweise, in Baukastenform ‖ ~ **construction** / modularer Aufbau, Modulbauweise *f*, Modulaufbau *m* ‖ ~ **coordination** (Arch) / Maßordnung *f*, Modulordnung *f* (DIN 18100) ‖ ~ **design*** / modularer Aufbau, Modulbauweise *f*, Modulaufbau *m* ‖ ~ **frame** (Comp) / Steckrahmen *m* ‖ ~ **furniture** (Join) / Anbaumöbel *n* ‖ ~ **grid** (Arch) / Raster *m* (ein Liniennetz), Entwurfsraster *m*, Zeichnungsraster *m*
**modularity** *n* (of the software - the extent to which software is composed of discrete components such that a change to one component has minimal impact on other components) (Comp) / Modularität *f* (die Auswechslung eines Bausteins hat keinen oder nur geringen Einfluss auf die anderen Bausteine des Systems), Baukastenstruktur *f*, Bausteinsystem *n* (der Software)
**modularized** *adj* / Standard- (aus Baukastenelementen zusammengestellt), Baukasten-, im Baukastensystem aufgebaut, in Baukastenform, nach dem Baukastensystem aufgebaut
**modular lattice** (Maths) / modularer Verband ‖ ~ **line** (Arch) / Rasterlinie *f* ‖ ~ **mill** / Modularmühle *f* (eine Rührwerksmühle, die aufgrund ihrer technischen Konzeption wahlweise parallel oder hintereinander geschaltet werden kann - z.B. eine Mehrkammermühle) ‖ ~ **parts list** (Work Study) / Baukasten-Stückliste *f* ‖ ~ **principle** (Eng) / Baukastenprinzip *n* (systematisches Gliedern technischer Gebilde in funktionell abgegrenzte und montagemäßig selbständige Bauelemente im Sinne von Bausteinen) ‖ ~ **programming*** (a technique for developing a system or program as a collection of modules) (Comp) /

**modulare Programmierung** (bei der ein Programm in logisch abgeschlossene Funktionen mit klar definierten Schnittstellen aufgeteilt wird) ‖ ~ **ratio*** (Civ Eng) / Verhältnis *n* der E-Module von Stahl und Beton ‖ ~ **robot** / Baukastenroboter *m* (der aus modular zusammengesetzten Baueinheiten besteht, die je nach Verwendungszweck oder Handhabungsaufgabe zusammengestellt werden können) ‖ ~ **steam generator** (Eng) / Dampferzeuger *m* in Modulbauweise, nach dem Baukastenprinzip gebauter Dampferzeuger ‖ ~ **system** (Arch) / Maßordnung *f*, Modulordnung *f* (DIN 18100) ‖ ~ **system** (Electronics) / Modularsystem *n*, Modulsystem *n* (in dem mehrere Gerätefunktionen nach einem gemeinsamen Prinzip ausgeführt sind)
**modulate** *v* (Electronics, Radio, Telecomm) / modeln *v*, modulieren *v*, aussteuern *v*
**modulated amplifier*** (Telecomm) / Modulationsstufe *f* ‖ ~ **continuous wave** (Radio, Telecomm) / modulierte ungedämpfte Welle ‖ ~ **light** (Light) / moduliertes Licht ‖ ~ **pulse train** (Telecomm) / modulierter Puls (DIN 5483, T 1) ‖ ~ **signal** (Radio) / Modulationsprodukt *n*, moduliertes Signal ‖ ~ **stage*** (Telecomm) / Modulationsstufe *f* ‖ ~ **wave*** (Radio) / modulierte Welle
**modulate upon** *v* (Radio) / aufmodulieren *v*
**modulating anode** (Telecomm) / Modulationsanode *f* ‖ ~ **current** (Radio) / Modulationsstrom *m* ‖ ~ **function** (Radio) / Modulationsfunktion *f* ‖ ~ **oscillations** (Telecomm) / Modulationsschwingung *f*, modulierende Schwingung ‖ ~ **signal** (Radio) / modulierendes Signal, Modulationssignal *n*
**modulation*** *n* (Beeinflussung einer charakteristischen Größe) (Electronics, Radio, Telecomm) / Modulation *f*, Aussteuerung *f*, Modelung *f* (Verstärker) ‖ ~ **amplifier** (Telecomm) / Modulationsverstärker *m* (ein Messverstärker zur Vervielfachung kleiner Gleichspannungen) ‖ ~ **analysis** (Radio) / Modulationsanalyse *f* ‖ ~ **capability*** (Telecomm) / Modulierbarkeit *f*, Modulationsfähigkeit *f* ‖ ~ **depth*** (Telecomm) / Modulationsgrad *m*, Aussteuerungsgrad *m* ‖ ~ **distortion*** (Radio) / Modulationsverzerrung *f*, Modulationsklirrfaktor *m*
**modulation-doped field-effect transistor** (Electronics) / modulationsdotierter Feldeffekttransistor ‖ ~ **photoconductive detector** (Electronics) / modulationsdotierter Fotoleitungsdetektor (der durch Ausnutzung der hohen Beweglichkeit eines zweidimensionalen Elektronengases ein großes Verstärkungsbandbreitenprodukt erreicht)
**modulation envelope** (Telecomm) / Modulationshüllkurve *f* ‖ ~ **factor** (Telecomm) / Modulationsgrad *m*, Aussteuerungsgrad *m* ‖ ~ **frequency*** (Radio) / Modulationsfrequenz *f* ‖ ~ **frequency** (Spectr) / Modulationsfrequenz *f* ‖ ~ **index*** (Radio) / Modulationsindex *m* (bei einem sinuförmig frequenzmodulierten Signal das Verhältnis des Frequenzhubes zu maximaler Modulationsinhaltsfrequenz) ‖ ~ **in opposition** (Electronics, Radio, Telecomm) / Gegenmodulation *f* ‖ ~ **principle** (Spectr) / Modulationsprinzip *n* (in der Atomabsorptionsspektrometrie) ‖ ~ **rate*** (the reciprocal of the duration of the unit signal element, expressed in "baud") (Comp, Telecomm) / Schrittgeschwindigkeit *f* (Kehrwert der Zeitdauer eines Schrittes nach DIN 44302) ‖ ~ **spectroscopy** (Spectr) / Modulationsspektroskopie *f* ‖ ~ **transfer** (Optics, Photog) / Kontrastübertragung *f*, Modulationsübertragung *f* (Fähigkeit eines Objektivs oder Filmmaterials, Helldunkelkontraste entsprechend ihrer räumlichen Verteilung abzubilden) ‖ ~ **transfer function** (Optics, Photog) / Modulationsübertragungsfunktion *f* (Realteil der optischen Übertragungsfunktion - der Imaginärteil ist die Phasenübertragungsfunktion), MÜF (Modulationsübertragungsfunktion), Modulationstransferfunktion *f*, MTF (Modulationstransferfunktion), Kontrastübertragungsfunktion *f*
**modulation-type multiplier** (Comp) / Modulationsmultiplizierer *m* (ein analoger Multiplizierer)
**modulator** *n* (Autos) / Modulator *m* (im Automatikgetriebe) ‖ ~ (Cinema) / Lichtsteuerorgan *n* (in der Lichttontechnik), Lichtsteuergerät *n* ‖ ~ (Radio, Telecomm) / Modulator *m* (DIN 40146, T 1) ‖ ~ **chain** (Telecomm) / Modulatorkette *f* ‖ ~ **crystal** (Electronics) / Modulatorkristall *m* (als Lichtmodulator verwendeter, optisch anisotroper Kristall) ‖ ~ **valve** (Radio) / Modulatorröhre *f*
**module*** *n* (Arch) / Model *m* (der halbe untere Säulendurchmesser als Einheit für die Maßverhältnisse der Säulenordnung), Modul *m* (pl. -n) ‖ ~* (Build) / Baumodul *m* (Grundmaß im Bauwesen) ‖ ~ (Comp) / Modul *n* (pl. Module), Strukturblock *m* (in der strukturierten Programmierung) ‖ ~* (Comp, Electronics, Mech) / Modul *n* (pl. Module) (Baustein mit bestimmten Funktionen) ‖ ~ (Electronics, Eng) / Baustein *m* (Aggregat von Bauelementen), Aufbaueinheit *f*, Baueinheit *f* ‖ ~* (Eng) / Modul *m* (pl. -n) (Teilkreisdurchmesser dividiert durch die Zähnezahl - Grundmaß in der Zahnradgeometrie) ‖ ~* (a detachable self-contained unit of a spacecraft) (Space) / Modul *n* (pl. -n) (z.B. Lunar Excursion Module), Einheit *f*, Zelle *f* (Modul), Kapsel *f* ‖ ~ **library** (Comp) / Modulbibliothek *f*, Bausteinbibliothek *f*
**module-milling cutter** (Eng) / Modulfräser *m* (ein Zahnformfräser)
**module of a robot** (Eng) / Robotermodul *n* (einzelne Funktionseinheit eines Baukastenroboters) ‖ ~ **robot** (Eng) / Modulroboter *m* ‖ ~ **steam generator** (Eng) / Dampferzeuger *m* in Modulbauweise, nach dem Baukastenprinzip gebauter Dampferzeuger ‖ ~ **test** (Comp) / Modultest *m* (bei der Software-Entwicklung) ‖ ~ **testing** (Electronics) / Prüfung *f* eines (einzelnen) Bauelements (einer Funktionseinheit) ‖ ~ **under test** (Electronics) / geprüfter Baustein (der gerade geprüft wird)
**modulo-n check** (Comp) / Modulo-N-Kontrolle *f*, Modulo-N-Prüfung *f*, Restprüfung *f* ‖ ~ **check** (Comp) s. also checksum check
**modulor** *n* (Le Corbusier's system of proportion) (Arch) / Modulor *m* (Modulordnung von Le Corbusier)
**modulus** *n* (Chem Eng) / Modul *m* (pl. -n), Spannungswert *m* (ein Maß für die Strammheit des Vulkanisats) ‖ ~* (Eng) / Modul *m* (pl. -n) (eine Materialkonstante, wie z.B. Elastizitätsmodul) ‖ ~* (Maths) / Absolutbetrag *m*, Absolutwert *m* (einer reellen oder komplexen Zahl), absoluter Wert, Betrag *m* (einer Zahl) ‖ ~ (Phys) / Modul *m* (Kehrwert einer Komplianz nach DIN 1342, T 1) ‖ ~ **of a complex number** (Maths) / Betrag einer komplexen Zahl, Modul *m* (pl. -n) ‖ ~ **of alumina** (relation of $Al_2O_3$ to $Fe_2O_3$) (Chem) / Tonerdemodul *m* (in der Zementchemie) ‖ ~ **of deformation** (Materials, Mech) / Verformungsmodul *m* (bei Stoffen, für die das Hooke'sche Gesetz nicht anwendbar ist) ‖ ~ **of elasticity*** (is given by the slope of the initial straight-line portion of the stress-strain diagram) (Mech) / E-Modul *m*, Elastizitätsmodul *m* (DIN 13316) ‖ ~ **of elasticity in shear** (Eng, Phys) / Schermodul *m* (DIN 13343), Gleitmodul *m*, Schubmodul *m* (DIN 1304, DIN 13316 und DIN 13343), Scherungsmodul *m*, G-Modul *m*, Gestaltmodul *m*, Schubelastizitätsmodul *m* ‖ ~ **of rigidity*** (Eng, Mech, Phys) / Schermodul *m* (DIN 13343), Gleitmodul *m*, Schubmodul *m* (DIN 1304, DIN 13316 und DIN 13343), Scherungsmodul *m*, G-Modul *m*, Gestaltmodul *m*, Schubelastizitätsmodul *m* ‖ ~ **of rupture*** (Mech) / Bruchmodul *m* (Biegefestigkeit) ‖ ~ **of volume elasticity** (Eng, Phys) / Volumenelastizitätsmodul *m*, Raummodul *m*
**MOE** (modulus of elasticity) (Mech) / E-Modul *m*, Elastizitätsmodul *m* (DIN 13316)
**Moebius process*** (Met) / Möbius-Prozess *m* (elektrolytisches Verfahren zur Silberraffination), Möbius-Verfahren *n* (zur Gewinnung des Elektrolytsilbers)
**moellon*** *n* (Build) / Steinfüllung *f* zwischen Mauerschalen ‖ ~ (Leather) / Degras *n* (Lederfettungsmittel), Moellon *n* (beim Abwelken gewonnenes Fett) ‖ ~ **degras** (Leather) / Degras *n* (Lederfettungsmittel), Moellon *n* (beim Abwelken gewonnenes Fett)
**Moeslinger fining** (Nut) / Blauschönung *f* (des Weins mit Kaliumhexazyanoferrat(II))
**mofette*** *n* (Geol) / Mofette *f* (kühle, vulkanogene $CO_2$-Exhalation)
**mogas*** *n* (motor gasoline) (Aero, I C Engs) / Motorbenzin *n* (mit 91 bis 93 ROZ-Wert)
**Mogensen sizer** / Mogensen-Sizer *m* (ein Siebkasten mit mehreren untereinander angeordneten Siebflächen, die mit von oben nach unten zunehmender Neigung fest eingebaut sind)
**mogul** *n* / Buckel *m* (der Buckelpiste) ‖ ~ **base** (Elec Eng) / Goliath-Sockel *m*, Glühlampensockel *m* E 40
**mohair*** *n* (Textiles) / Mohairwolle *f*, Mohär *m*, Mohair *m*, Mo (die Haare von Angoraziegen), WM (DIN 60001, T 4) ‖ ~ (Weaving) / Mohär *m* (Kleider- oder Mantelstoff), Mohair *m* (Stoff, dem die glanzreiche weiße und feine Wolle der Angoraziege beigemischt ist) ‖ ~ **plush** (Textiles) / Mohairplüsch *m*
**mohavite** *n* (Min) / Tinkalkonit *m*, Tincalconit *m*, Mohavit *m* (ein Soroborat)
**Moho** *n* (Geophys) / Mohorovičić-Diskontinuität *f* (eine Unstetigkeitsfläche der Erde), M-Fläche *f*, Moho *f* (nach A. Mohorovičić, 1857-1936)
**Mohorovičić discontinuity** (Geophys) / Mohorovičić-Diskontinuität *f* (eine Unstetigkeitsfläche der Erde), M-Fläche *f*, Moho *f* (nach A. Mohorovičić, 1857-1936)
**Mohr balance*** (Phys) / Mohr'sche Waage (zur Bestimmung der Dichte von Flüssigkeiten nach C.F. Mohr, 1806-1879), Mohr-Westphal'sche Waage ‖ ~ **circle** (Mech) / Mohr'scher Kreis, Mohr'scher Spannungskreis (grafische Darstellung des Spannungszustands an einem Materialpunkt - nach O. Mohr, 1835-1918), Mohr-Spannungskreis *m* ‖ ~ **envelope** (Mech) / Mohr'sche Bruchlinie, Mohr'sche Hüllkurve
**Mohr's circle** (for stress) (a graphical representation of the stresses acting on the various planes at a given point) (Mech) / Mohr'scher Kreis, Mohr'scher Spannungskreis (grafische Darstellung des Spannungszustands an einem Materialpunkt - nach O. Mohr, 1835-1918), Mohr-Spannungskreis *m* ‖ ~ **criterion** (Mech) /

erweiterte Schubspannungshypothese (eine Festigkeitshypothese nach Mohr) || ~ **envelope** (the envelope of a sequence of Mohr circles representing stress conditions at failure for a given material) (Mech) / Mohr'sche Bruchlinie, Mohr'sche Hüllkurve || ~ **limit strength** (Mech) / Grenzfestigkeit f nach Mohr

**Mohr•'s salt*** (Chem) / Mohr'sches Salz (Ammoniumeisen(II)-sulfat-6-Wasser) || ~ **titration** (Chem) / Argentometrie f (Fällungsanalyse, bei der Halogenide und Pseudohalogene durch Titration mit Silbernitratlösung bestimmt werden)

**mohsite** n (Min) / Mohsit m

**Mohs's scale of hardness*** (Min) / Mohs'sche Härteskala, Härteskala f nach Mohs (nach dem deutschen Mineralogen Friedrich Mohs, 1773-1839)

**moiety** n (Chem) / Teil m, Anteil m

**moil*** n (Glass) / Absprengkappe f, Kappe f || ~ (Mining) / Bergeisen n, Spitzkeil m

**moiré** v (Textiles) / moirieren v || ~ n (Print) / Moiré-Muster n (DIN 16528), Moiré m n (störendes regelmäßiges Muster in mehrfarbigen Bildern, die durch Überlagerung mehrerer Raster wiedergegeben sind)

**moire** n (Textiles) / Moiré m n (Gewebe mit matt schimmerndem geflammtem Muster), moirierter Stoff

**moiré** n (Textiles) / Moiré m n (Gewebe mit matt schimmerndem geflammtem Muster), moirierter Stoff || ~ (TV) / Moiré m n (Überlagerungsstörung des Bildes) || ~ **calender** (Textiles) / Moirékalander m (DIN 64990), Prägekalander m (DIN 64990) || ~ **effect*** (Photog) / Moiréeffekt m, Moiré m n || ~ **fringe*** (Optics) / Moiréstreifen m || ~ **method** (Mech) / Moiréverfahren n (in der Spannungsoptik), Moirémethode f || ~ **pattern*** (Print) / Moiré-Muster n (DIN 16528), Moiré m n (störendes regelmäßiges Muster in mehrfarbigen Bildern, die durch Überlagerung mehrerer Raster wiedergegeben sind) || ~ **technique** (of strain analysis) (Mech) / Moiréverfahren n (in der Spannungsoptik), Moirémethode f

**moist** adj / feucht adj || ~ (Mining) / grubenfeucht adj, bergfeucht adj || ~ **adiabat** (Meteor) / Feuchtadiabate f, Kondensationsadiabate f, Pseudoadiabate f

**moist-adiabatic lapse rate** (Meteor) / feuchtadiabatischer Temperaturgradient, feuchtadiabatisches Temperaturgefälle

**moist concrete** (Build, Civ Eng) / feuchter Beton

**moisten** vi / feucht werden v || ~ vt / nass machen, befeuchten v, anfeuchten v, feucht machen, nässen v

**moistening** n / Anfeuchtung f, Befeuchtung f, Nassmachen n

**moisten previously** (Civ Eng) / vornässen v (Schalung beim Betonieren)

**moisture** n / Feuchtigkeit f (absolute, relative, spezifische), Feuchte f || ~ **absorption** (Phys) / Wasseraufnahme f, Wasserabsorption f, Feuchteaufnahme f

**moisture- and ash-free** / wasser- und aschefrei adj (Kohle), waf (wasser- und aschefrei)

**moisture and soilage pocket** (Eng) / Tasche f (in einer nicht korrosionsgeschützten Konstruktion) || ~ **barrier** (Build) / Dampfsperrschicht f

**moisture-barrier building paper** (Build, Paper) / Sperrschichtpapier n

**moisture-carrying** adj / feuchtebeladen adj, Feuchteaufnahme-

**moisture condensate alternating atmosphere test** / Kondenswasser-Wechselklima-Test m (eine Korrosionsprüfung nach DIN 50018) || ~ **conductivity** / Feuchteleitfähigkeit f || ~ **content** / Feuchtegehalt m, Feuchtigkeitsgehalt m, MC (Feuchtegehalt) || ~ **content** (Civ Eng) / Wassergehalt m (ein Bodenkennwert nach DIN 18121)

**moisture-control agent** (Chem, Nut) / Feuchthaltemittel n (das das Austrocknen von Lebensmitteln verhindert - z.B. Zucker oder Sorbit), Feuchtigkeitsstabilisator m, Feuchthalter m

**moisture-cured** adj (Paint) / feuchtigkeitshärtend adj

**moisture curing** (Build, Civ Eng) / Feuchtnachbehandlung f (des Betons), Feuchthaltung f (des Betons) || ~ **curing** (Paint) / Feuchtigkeitshärtung f (bei einer bestimmten Gruppe von Einkomponenten-Polyurethanlacken) || ~ **damage** (For) / Feuchteschaden m || ~ **deficiency** (Geol, Meteor) / Wassermangel m, Feuchtigkeitsmangel m || ~ **equilibrium** / Feuchtigkeitsgleichgewicht n || ~ **exchange** / Feuchtigkeitsaustausch m (im Allgemeinen) || ~ **expansion*** (Build, Civ Eng, Paper) / Feuchtigkeitsausdehnung f, Feuchtigkeitsdehnung f, Feuchtdehnung f || ~ **extraction** / Entfeuchtung f, Feuchtigkeitsentzug m || ~ **film** / Feuchtigkeitsfilm m, Feuchtefilm m

**moisture-free** adj / wasserfrei adj, wf (wasserfrei) (nach der Trocknung) || ~ **weight** (For) / Darrgewicht n (DIN 52 183)

**moisture gradient** (For) / Feuchtegefälle n (in der Holztrocknung der Unterschied zwischen der Holzfeuchte im Inneren eines Holzkörpers und an der Oberfläche) || ~ **gradient** (Meteor) / Feuchtegefälle n, Feuchtegradient m || ~ **index** (Agric, Bot) /

Feuchteindex m, Feuchtigkeitszahl f || ~ **in wood** (For, Join) / Holzfeuchte f (DIN 18355)

**moisture-laden** adj / feuchtebeladen adj, Feuchteaufnahme-

**moistureless** adj / wasserfrei adj, wf (wasserfrei) (nach der Trocknung)

**moisture meter** (Materials) / Feuchtemesser m (in der Werkstoffkunde), Feuchtigkeitsanzeiger m, Feuchtigkeitsmesser m || ~ **on the "as is" basis** / Feuchtegehalt m, Feuchtigkeitsgehalt m, MC (Feuchtegehalt)

**moisture-proof** adj / feuchteunempfindlich adj || ~ / feuchtegeschützt adj || ~ (Elec Eng) / feuchtraumgeeignet adj || ~ **fittings** (Elec Eng) / Feuchtraumarmaturen f pl

**moisture proofing** (Build) / Feuchtigkeitsschutz m, Feuchteschutz m (gegen Durchfeuchtung) || ~ **proofing** (For) / Feuchteschutzbehandlung f

**moisture-proof installation** (Elec Eng) / Feuchtraumanlage f || ~ **installation cable** (Elec Eng) / Feuchtraumleitung f

**moisture regain** (Textiles) / Reprise f (im Normalklima), Feuchtigkeitsaufnahme f (tatsächliche) || ~ **regime** (Agric, Hyd Eng) / Wasserhaushalt m, Wasserregime n

**moisture-repellent** adj / feuchtigkeitsabweisend adj

**moisture resistance** / Nassbeständigkeit f || ~ **resistance** / Feuchtefestigkeit f

**moisture-sensitive** adj / nässeempfindlich adj

**moisture separator** (Eng) / Wasserabscheider m, Feuchtigkeitsabscheider m || ~ **separator drains** (Nuc Eng) / Nebenkondensat n, Abscheiderkondensat n

**moistureset ink** (Chem, Print) / Moistureset-Druckfarbe f (eine Buchdruckfarbe)

**moisture strain** (For) / Feuchtedehnung f || ~ **test** / Feuchtigkeitsprüfung f || ~ **transfer** (Textiles) / Feuchteaustausch m, Feuchtigkeitsaustausch m || ~ **transfer property** (Textiles) / Feuchteaustauschvermögen n (eine die Behaglichkeit der Textilien bestimmende Eigenschaft) || ~ **transport** / Feuchtigkeitstransport m || ~ **trap** (Eng) / Tasche f (in einer nicht korrosionsgeschützten Konstruktion)

**moisture-vapour transmission** (Textiles) / Wasserdampfdurchlässigkeit f (DIN 53 122)

**moisture wicking** (Textiles) / Feuchtigkeitstransport m

**moisturise** v (GB) / nass machen, befeuchten v, anfeuchten v, feucht machen, nässen v

**moisturiser** n (GB) / Feuchtigkeitskomplex m (in der Toilettenseifen) || ~ (GB) (Chem) / Moisturizer m (Stoffe oder Stoffgemische, die kosmetischen Mitteln die Eigenschaft verleihen, nach leichtem Einmassieren in die Haut den Feuchtigkeitsgehalt der Hornschicht zu erhöhen, z.B. Argininpyroglutamat oder Chondroitinsulfat) || ~ (GB) (Chem, Nut) / Feuchthaltemittel n (das das Austrocknen von Lebensmitteln verhindert - z.B. Zucker oder Sorbit), Feuchtigkeitsstabilisator m, Feuchthalter m

**moisturize** v / nass machen, befeuchten v, anfeuchten v, feucht machen, nässen v

**moisturizer** n / Feuchtigkeitskomplex m (in der Toilettenseifen) || ~ (Chem) / Moisturizer m (Stoffe oder Stoffgemische, die kosmetischen Mitteln die Eigenschaft verleihen, nach leichtem Einmassieren in die Haut den Feuchtigkeitsgehalt der Hornschicht zu erhöhen, z.B. Argininpyroglutamat oder Chondroitinsulfat) || ~ (Chem, Nut) / Feuchthaltemittel n (das das Austrocknen von Lebensmitteln verhindert - z.B. Zucker oder Sorbit), Feuchtigkeitsstabilisator m, Feuchthalter m

**moit** n (Textiles) / Verunreinigung f (pflanzliche - z.B. Samen in der Baumwolle), Fremdkörper m (in der Wolle)

**moity wool** (Textiles) / durch Fremdkörper verunreinigte Wolle, mit Fremdbestandteilen versetzte Wolle

**Moivre, de ~'s theorem*** (Maths) / Moivre'scher Satz (nach A. de Moivre, 1667-1754), Moivre'sche Formel (für die Potenz einer komplexen Zahl), Moivre-Lehrsatz m

**mol*** (Chem) / Mol n (SI-Basiseinheit der Stoffmenge nach DIN 1301, T 1), mol (SI-Basiseinheit)

**MOL** (machine-oriented language) (Comp) / maschinenorientierte Programmiersprache (DIN 44300) || ~ (manned orbiting laboratory) (Space) / bemanntes Laboratorium in einer (Erd)Umlaufbahn

**molal boiling-point elevation constant** (Chem, Phys) / ebullioskopische Konstante, molale Siedepunktserhöhung || ~ **concentration** (Chem) / Molalität f (DIN 1310 und 32625)

**molality*** n (Chem) / Molalität f (DIN 1310 und 32625)

**molal solution** (Chem) / gewichtsmolare Lösung, molale Lösung || ~ **specific heat capacity*** (Chem) / Molwärme f (molare spezifische Wärmekapazität)

**molar** adj (Chem) / stoffmengenbezogen adj (Koeffizient), molar adj, Molar- || ~ **absorbance*** (Chem) / stoffmengenbezogener Absorptionskoeffizient, molarer Absorptionskoeffizient || ~ **absorption coefficient** (Light) / dekadischer Extinktionskoeffizient (in der Fotometrie) ‖ ~ **absorption coefficient** (Chem) / stoffmengenbezogener Absorptionskoeffizient, molarer Absorptionskoeffizient ‖ ~ **absorptivity** (Chem) / stoffmengenbezogener Absorptionskoeffizient, molarer Absorptionskoeffizient ‖ ~ **concentration** (Chem) / Stoffmengenkonzentration $f$ (DIN 1310 und DIN 32625), Molarität $f$ ‖ ~ **conductivity*** (Chem, Elec) / konzentrationsbezogene Leitfähigkeit, molare Leitfähigkeit (der Leitfähigkeitsbetrag eines Mols Elektrolyt) ‖ ~ **energy** (Chem) / stoffmengenbezogene innere Energie ‖ ~ **extinction coefficient** (Chem) / stoffmengenbezogener Absorptionskoeffizient, molarer Absorptionskoeffizient ‖ ~ **flow rate** / Stoffmengendurchfluss $m$ ‖ ~ **fraction** (Chem) / Molenbruch $m$ (ein altes Maß für das Mischungsverhältnis in Mischphasen) ‖ ~ **gas constant** (Phys) / allgemeine Gaskonstante, universelle Gaskonstante, molare Gaskonstante, absolute Gaskonstante, stoffmengenbezogene Gaskonstante ‖ ~ **heat*** / Molwärme $f$, molare Wärmekapazität (in $JK^{-1}\,mol^{-1}$) ‖ ~ **heat capacity*** / Molwärme $f$, molare Wärmekapazität (in $JK^{-1}\,mol^{-1}$)

**molarity*** $n$ (Chem) / Stoffmengenkonzentration $f$ (DIN 1310 und DIN 32625), Molarität $f$

**molar latent heat** (Chem, Phys) / molare Umwandlungswärme ‖ ~ **mass** (Chem) / stoffmengenbezogene Masse, molare Masse (DIN 32625), Molmasse $f$ ‖ ~ **molar-mass determination** (Chem) / Molmassenbestimmung $f$ ‖ ~ **distribution** (Chem) / Molmassenverteilung $f$, Molekulargewichtsverteilung $f$

**molar polarization** (Elec) / Molarpolarisation $f$, Molpolarisation $f$, molare Polarisation ‖ ~ **quantity** (Chem) / molare Größe (mikroskopische extensive Größe, die auf ein Mol eines reinen Stoffes bezogen ist) ‖ ~ **refraction** (Chem, Optics) / Molekularrefraktion $f$, Molrefraktion $f$ (die bei Frequenzen des sichtbaren Lichts gemessene Molpolarisation) ‖ ~ **solution** (Chem) / volumenmolare Lösung, molare Lösung, m-Lösung $f$ ‖ ~ **volume*** (Chem) / Molvolumen $n$

**molasse*** $n$ (Geol) / Molasse $f$ (eine abgelagerte Schichtenfolge)

**molasses*** $n$ (Nut, Pharm) / Melasse $f$ (sirupartiger Rückstand der Zuckergewinnung aus Zuckerrohr oder Zuckerrüben), Melassesirup $m$, [dicker, schwarzbrauner] Sirup $m$ ‖ ~ $pl$ (Nut) / Melasse $f$ (aus Zuckerrohr oder Zuckerrüben)

**mold** $v$ (US) (Plastics) / pressen $v$ ‖ ~ $n$ (US) (Acous) / Matrize $f$ mit Rillen (für die Schallplattenherstellung) ‖ ~ (US) (Bot, Nut) / Schimmel $m$ ‖ ~ (US) (Build) / Formteil $n$ (z.B. für die Stuckverzierung), Stuckplastik $f$, Stuckprofil $n$ ‖ ~ (US) (Build, Civ Eng) / Form $f$ (für Betonwaren) ‖ ~ (US) (Chem Eng) / Heizform $f$ (der Vulkanisationspresse und des Vulkanisationskessels) ‖ ~ (US) (Foundry) / Gießform $f$ (verloren oder Dauerform), Form $f$ ‖ ~ (US) (Geol) / Abdruck $m$ (Negativabdruck tierischer oder pflanzlicher Körper oder Körperteile in Gesteinen) ‖ ~ (US) (Glass) / Form $f$ ‖ ~ (US) (Print) / Matrize $f$ ‖ ~ (US) (Textiles) / Schimmel $m$ ‖ ~* (US) s. **mould**

**moldavite*** $n$ (Min) / Moldavit $m$ (ein Tektit), Bouteillenstein $m$, Flaschenstein $m$

**moldboard plow** (US) (Agric) / Scharpflug $m$ (mit Schar und Streichblech)

**molder** $v$ (US) / vermodern $v$, modern $v$

**molding** $n$ (US) (Plastics) / Verpressen $n$, Pressen $n$ ‖ ~* (US) s. **moulding**

**mole*** $n$ (Chem) / Mol $n$ (SI-Basiseinheit der Stoffmenge nach DIN 1301, T 1), mol (SI-Basiseinheit) ‖ ~ (Civ Eng) / Maulwurf $m$ (Tunnelbohrgerät) ‖ ~ (Eng, Plumb) / mit Lötfett getränktes Kissen (Tuch) ‖ ~* (Hyd Eng) / Mole $f$ (eine besondere Form des Leitdamms), Molo $m$ (pl. Moli) (A) ‖ ~ (Plumb) / Wischer $m$, Lötlappen $m$

**molectronics** $n$ (Electronics) / molekulare Elektronik, Molekularelektronik $f$, Molektronik $f$, Moletronik $f$

**molecular*** $adj$ (Chem) / Molekular-, Molekül-, molekular $adj$ ‖ ~* (Chem) / stoffmengenbezogen $adj$ (Koeffizient), molar $adj$, Molar- ‖ ~ **absorption** (Chem) / Molekülabsorption $f$ ‖ ~ **acoustics** (Phys) / Molekularakustik $f$ (in der Molekülphysik) ‖ ~ **activity** (Biochem) / Wechselzahl $f$ (die die Enzymaktivität charakterisiert), molekulare Aktivität (katalytische Konstante) ‖ ~ **adhesion** (Chem) / Moleküladhesion $f$ ‖ ~ **anion** (Chem, Spectr) / Molekülanion $n$ ‖ ~ **association** (Chem) / Molekülassoziation $f$ (ein Sonderfall der Assoziation), Assoziation $f$ (Molekülassoziation) ‖ ~ **asymmetry** (Chem) / Molekülasymmetrie $f$ ‖ ~ **attraction** (a force which pulls molecules toward each other) (Phys) / Molekularattraktion $f$, intermolekulare Anziehung, zwischenmolekulare Anziehung ‖ ~ **beam*** (Phys) / Molekülstrahl $m$, Molekularstrahl $m$

**molecular-beam epitaxial process*** (Electronics) / MBE-Prozess $m$ (zur Herstellung planarer Strukturen)

**molecular beam epitaxy** (a slow deposition of thin layer of an evaporator with great precision on a substrate in ultra-high vacuum) (Electronics, Surf) / Molekularstrahlepitaxie $f$ (die auf dem Prinzip beruht, dass man im Ultrahochvakuum ein Material durch Erhitzen verdampft)

**molecular-beam resonance** (Nuc) / Molekülstrahlresonanz $f$, Rabi-Methode $f$ (eine Methode der Hochfrequenzspektroskopie nach I.I. Rabi, 1898-1988)

**molecular biology*** (Biol, Chem) / Molekularbiologie $f$ (angewandte Chemie einiger makromolekularer Naturstoffe, besonders der Nukleinsäure und der Proteine) ‖ ~ **bond** (Chem, Crystal) / Molekülbindung $f$ ‖ ~ **bonding** (Chem, Crystal) / Molekülbindung $f$ ‖ ~ **cation** (Chem, Spectr) / Molekülkation $n$ ‖ ~ **charmonium** (Nuc) / Charmoniummolekül $n$, molekulares Charmonium ‖ ~ **cloning** (Gen) / DNS-Klonierung $f$ ‖ ~ **colloid** (Chem) / Molekülkolloid $n$ ‖ ~ **complex** (Chem) / Molekülkomplex $m$ ‖ ~ **compound** (Chem) / Molekülverbindung $f$, Molekularverbindung $f$ ‖ ~ **conductivity** (Chem) / molekulare Leitfähigkeit ‖ ~ **depression of freezing point** (Phys) / kryoskopische Konstante, molare Gefrierpunktserniedrigung, molare Depression ‖ ~ **design** (Chem) / Moleküldesign $n$ ‖ ~ **device** (Chem, Comp, Med) / molekulare Funktionseinheit ‖ ~ **diameter** (Chem) / Moleküldurchmesser $m$ ‖ ~ **diffusion** (Chem) / Molekulardiffusion $f$ ‖ ~ **dipole** (Phys) / Molekulardipol $m$ ‖ ~ **distillation*** (Chem, Vac Tech) / Molekulardestillation $f$, Kurzwegdestillation $f$ ‖ ~ **drag pump** (Vac Tech) / Molekularluftpumpe $f$ (eine Turbopumpe), Molekularpumpe $f$ (eine mechanische kinetische Vakuumpumpe) ‖ ~ **dynamics** (a branch of physical chemistry) (Chem) / Molekulardynamik $f$, MD, Moleküldynamik $f$

**molecular-dynamics simulation** (Chem, Comp) / Computersimulation der Molekulardynamik, Rechnersimulation $f$ der Molekulardynamik

**molecular-dynamic theory** (Chem) / molekulardynamische Theorie

**molecular electronics*** (Electronics) / molekulare Elektronik, Molekularelektronik $f$, Molektronik $f$, Moletronik $f$ ‖ ~ **elevation of boiling point*** (Chem, Phys) / ebullioskopische Konstante, molale Siedepunktserhöhung ‖ ~ **energy transfer** (Chem, Phys) / Energieübertragung $f$ (Transport von Energie im molekularen Bereich), Energietransport $m$ ‖ ~ **engineering** (Chem) / [gezielte] $f$ Änderung der Polymerstruktur ‖ ~ **entity** (a chemically or isotopically distinct atom, molecule, ion, complex, free radical, or similar unit that can be distinguished from other kinds of units) (Chem) / chemisches Objekt, molekulares Gebilde ‖ ~ **evaporator** (Chem Eng) / Kurzwegverdampfer $m$ (der zur Molekulardestillation dient) ‖ ~ **exclusion chromatography** (Chem) / Gelchromatografie $f$ (eine als Säulenchromatografie durchgeführte Flüssigkeitschromatografie), Ausschlusschromatografie $f$, AC (Ausschlusschromatografie), Gelpermeationschromatografie $f$, Gelfiltration $f$, GFC (Gelfiltration), Molekularsiebchromatografie $f$, Permeationschromatografie $f$, GPC (Gelpermeationschromatografie), Größenausschlusschromatografie $f$ ‖ ~ **farming** (Gen) / Gen-Farming $f$ (Verwendung von transgenen Organismen als Bioreaktoren für die Herstellung von Genprodukten) ‖ ~ **filter*** (Chem Eng) / Membranfilter $n$, Ultrafilter $n$ (für die diskontinuierliche Ultrafiltration), Filtermembrane $f$ ‖ ~ **flow** (Chem Eng) / Molekularströmung $f$ ‖ ~ **formula*** (Chem) / Molekularformel $f$, Molekülformel $f$ ‖ ~ **formula*** (Chem) s.also empirical formula ‖ ~ **fragment** (Chem) / Molekülbruchstück $n$ (z.B. bei der Heterolyse) ‖ ~ **gauge** (a type of pressure gauge for measuring a low gas pressure) (Phys, Vac Tech) / Molekulardruckvakuummeter $n$, Radiometervakuummeter $n$, Knudsen-Vakuummeter $n$ ‖ ~ **genetics*** (the branch of molecular biology concerned with analysing the structure of genes and with gene sequencing) (Gen) / Molekulargenetik $f$ ‖ ~ **graphics** (Chem, Comp) / Computergrafik $f$ für Molecular Modelling, Molecular Modelling mit Einsatz der Computergrafik ‖ ~ **heat*** (Chem) / Molwärme $f$, molare Wärmekapazität (in $JK^{-1}\,mol^{-1}$) ‖ ~ **heat capacity** / Molwärme $f$, molare Wärmekapazität (in $JK^{-1}\,mol^{-1}$) ‖ ~ **hybridization** (Biol) / molekulare Hybridisierung ‖ ~ **interaction** (Chem, Phys) / zwischenmolekulare Wechselwirkung $f$ ‖ ~ **ion** (Chem) / Molekülion $n$ ‖ ~ **ionics** (Biol, Chem, Comp) / molekulare Ionik

**molecularity** $n$ (the number of molecules which come together and form the activated complex) (Chem) / Molekularität $f$ (der Reaktion), Reaktionsmolekularität $f$ (in der chemischen Kinetik)

**molecular** (gas) **laser** (Chem, Phys) / Molekül(gas)laser $m$ ‖ ~ **lattice** (Chem, Crystal) / Molekülgitter $n$ (ein Kristalltyp, z.B. bei Naphthalin), molekulares Gitter

**molecularly disperse** (Chem) / molekulardispers $adj$

**molecular magnet** (a molecule having a non-vanishing magnetic dipole moment, whether it is permanent or produced by an external field) (Mag) / Elementarmagnet $m$ ‖ ~ **mass** (the actual mass of a specified molecule) (Chem) / Molekülmasse $f$, molekulare Masse ‖ ~ **mechanics** (Chem) / Molekülmechanik $f$ ‖ ~ **model*** (Chem) / Molekülmodell $n$ (Vorstellung vom räumlichen Bau eines Moleküls)

**molecular**

‖ ~ **modelling** (Chem) / Molecular Modelling n ‖ ~ **modelling** (Chem) / Molekülentwicklung f (gezielte) ‖ ~ **movement** (Phys) / Molekularbewegung f ‖ ~ **orbital*** (Chem, Nuc, Phys) / Molekülorbital n (Aufenthaltswahrscheinlichkeit von bindenden Elektronenpaaren, die die Bindungspartner einbeziehen), MO (Molekülorbital), molekulares Orbital ‖ ~ **orbital method** (Chem) / Methode f der Molekülzustände (ein Näherungsverfahren zur Beschreibung der molekularen Bindungsverhältnisse), MO-Methode f, Molekülorbitalmethode f, Hund-Mulliken-Methode f (nach F. Hund, 1896-1997, und R.S. Mulliken, 1896-1987) ‖ ~ **orbital theory** (Chem) / MO-Theorie f, Molekülorbitaltheorie f ‖ ~ **order** (Chem) / molekulare Ordnung ‖ ~ **photonics** (Chem) / molekulare Fotonik ‖ ~ **physics** (Phys) / Molekülphysik f, Molekularphysik f ‖ ~ **polarization** (Elec) / Molarpolarisation f, Molpolarisation f, molare Polarisation ‖ ~ **ray** (Phys) / Molekülstrahl m, Molekularstrahl m ‖ ~ **recognition** (Chem) / molekulare Erkennung ‖ ~ **refraction*** (Chem, Optics) / Molekularrefraktion f, Molrefraktion f (die bei Frequenzen des sichtbaren Lichts gemessene Molpolarisation) ‖ ~ **region** (Spectr) / Molekularregion f ‖ ~ **rotation*** (Chem) / molekulare Drehung, Molekularrotation f, Molekulardrehung f ‖ ~ **rotation*** (Chem) / Molrotation f (Produkt aus spezifischer Drehung einer Substanz und ihrer Molmasse) ‖ ~ **science** (Chem) / molekulare Lehre ‖ ~ **separator** (Spectr) / Molekülseparator m, Separator m (Molekülseparator) ‖ ~ **shape** (Chem) / Molekülgestalt f ‖ ~ **sieve*** (Chem) / Molekülsieb n, Molekularsieb n (Zeolith und poröses Glas - anorganische Polymere)

**molecular-sieve chromatography** (Chem) / Gelchromatografie f (eine als Säulenchromatografie durchgeführte Flüssigkeitschromatografie), Ausschlusschromatografie f, AC (Ausschlusschromatografie), Gelpermeationschromatografie f, Gelfiltration f, GFC (Gelfiltration), Molekularsiebchromatografie f, Permeationschromatografie f, GPC (Gelpermeationschromatografie), Größenausschlusschromatografie f

**molecular sieving** (Chem) / Molekularsiebung f

**molecular-skeleton parent compound** (Chem) / Molekülgerüst-Stammverbindung f, Stammhydrid n

**molecular spectroscopy** (Spectr) / Molekülspektroskopie f (summarische Bezeichnung für alle Methoden der Spektroskopie, die auf der Anregung von Rotations-, Schwingungs- und Elektronenzuständen in Molekülen beruhen und statt eines Linienspektrums ein Bandenspektrum erzeugen), Molekularspektroskopie f ‖ ~ **spectrum** (Phys, Spectr) / Molekülspektrum n ‖ ~ **speed** (Chem) / Molekulargeschwindigkeit f ‖ ~ **still** (Chem, Vac Tech) / Molekulardestillierapparat m ‖ ~ **streaming*** (Chem Eng) / Molekularströmung f ‖ ~ **structure*** (Chem) / Molekülstruktur f ‖ ~ **switch** (Chem, Electronics) / molekularer Schalter (in der Molekularelektronik) ‖ ~ **symmetry** (Chem) / Molekülsymmetrie f ‖ ~ **trunk** (Chem) / Molekülrumpf m ‖ ~ **velocity** (Chem) / Molekülgeschwindigkeit f, Geschwindigkeit f der Moleküle ‖ ~ **vibration** / Molekülschwingung(en) f (pl) ‖ ~ **volume*** (Chem) / Molvolumen n ‖ ~ **weight*** (Chem) / Molekularmasse f (Molekulargewicht), relative Molekülmasse ‖ ~ **weight distribution** (Chem) / Molmassenverteilung f, Molekulargewichtsverteilung f

**molecule*** n (Chem) / Molekül n, Molekel f n ‖ ~ **flexibility** (Chem) / Flexibilität f von Molekülen (z.B. Rotation oder Inversion), Molekülflexibilität f ‖ ~ **phase space** (Phys) / Molekülphasenraum m

**mole drainage** (Agric) / Maulwurfdränung f (einfache Hohlgänge im Boden, die mit dem Maulwurfpflug gezogen werden) ‖ ~ **drainer** (Agric) / Maulwurfdränmaschine f, Maulwurfpflug m (mit dem die Hohlgänge für die Maulwurfdränung gezogen werden) ‖ ~**-electronics** n (Electronics) / molekulare Elektronik, Molekularelektronik f, Molektronik f, Moletronik f ‖ ~ **fraction*** (Chem, Nuc) / Stoffmengenanteil n (einer Stoffportion), Molenbruch m (eine Zusammensetzungsgröße), Stoffmengenbruch m

**mole-grey** adj (Textiles) / taupe adj, maulwurffarben adj, maulwurfsgrau adj

**mole head** (Hyd Eng) / Molenkopf m (äußerstes Ende einer Mole) ‖ ~ **number** (Chem) / Stoffmenge f (in mol gemessen - nach DIN 32625), Molzahl f ‖ ~ **percent** (Chem) / Molprozent n, Mol-% ‖ ~ **plough** (an excavating machine or plough consisting of a vertical knife blade with a horizontal bullet-shaped bottom member, from 75 to 150 mm in diameter, which is hauled through the soil for mole drainage) (Agric) / Maulwurfdränmaschine f, Maulwurfpflug m (mit dem die Hohlgänge für die Maulwurfdränung gezogen werden) ‖ ~ **plow** (US) (Agric) / Maulwurfdränmaschine f, Maulwurfpflug m (mit dem die Hohlgänge für die Maulwurfdränung gezogen werden)

**moler*** n (Geol, Min) / Molererde f (eine Abart der Kieselgur, die oft vulkanische Asche enthält), Moler n (eine Pozzolanerde aus Dänemark)

**mole ratio of a solute substance** (Chem) / Stoffmengenverhältnis n eines gelösten Stoffes

**moler brick** (Build) / Molerstein m

**moleskin** n / Maulwurfsfell n ‖ ~* (Textiles) / Deutschleder n, Englischleder n, Moleskin m n (schwerer Stoff für Berufskleidung aus Baumwolle) ‖ ~* (Textiles) s. also pilot-cloth

**molinate** n / Molinat n (selektives Herbizid gegen Ungräser im Reisbau)

**moling** n (mole drainage) (Agric) / Maulwurfdränung f (einfache Hohlgänge im Boden, die mit dem Maulwurfpflug gezogen werden)

**Molisch test** (Biochem) / Molisch-Reaktion f (zum Nachweis von Kohlehydraten oder Zucker in Lösungen - nach dem österreichischen Botaniker H. Molisch, 1856-1937)

**Møller scattering** (Nuc) / Møller-Streuung f, Elektron-Elektron-Streuung f

**molleton** n (Textiles) / Molton m

**Mollier chart** (Chem Eng) / Mollier-Diagramm n (Diagramm für Zustandsänderungen, bei denen die Enthalpie H als eine Koordinate dient - nach R. Mollier, 1863-1935) ‖ ~ **chart for humid air** / Mollier-Diagramm n für feuchte Luft ‖ ~ **diagram*** (Chem Eng) / Mollier-Diagramm n (Diagramm für Zustandsänderungen, bei denen die Enthalpie H als eine Koordinate dient - nach R. Mollier, 1863-1935)

**mollisol** n (a soil of an order comprising temperate grassland soils with a dark, humus-rich surface layer containing high concentrations of calcium and magnesium) (Agric) / Mollisol m (Boden der amerikanischen Bodensystematik mit mächtigem, organisch reichem Horizontprofil, z.B. Tschernosem) ‖ ~ (Geol) / Mollisol m, Auftauboden m, Fließschicht f (Taubodenhorizont im Permafrost)

**mollitan** n (Textiles) / Molton m

**molluscicide** n (Chem, Ocean) / Molluskizid n, Biozid n zur Bekämpfung der schädlichen Weichtiere, Schneckenvertilgungsmittel n

**Mollweide check formulas** (Maths) / Mollweide-Formeln f pl (in der ebenen Trigonometrie - nach K.B. Mollweide, 1774-1825), Mollweide'sche Formeln ‖ ~ **formulae** (Maths) / Mollweide-Formeln f pl (in der ebenen Trigonometrie - nach K.B. Mollweide, 1774-1825), Mollweide'sche Formeln ‖ ~ **projection** (Cartography) / Mollweide'sche Projektion, Mollweide'scher flächentreuer kartografischer Entwurf

**Mollweide's analogies** (Maths) / Mollweide-Formeln f pl (in der ebenen Trigonometrie - nach K.B. Mollweide, 1774-1825), Mollweide'sche Formeln

**molten** adj (of things that melt at a very high temperature) / Schmelz-, aufgeschmolzen adj, geschmolzen adj, schmelzflüssig adj ‖ ~ **alkali carbonate** (Chem) / Alkalikarbonatschmelze f, Alkalicarbonatschmelze f ‖ ~ **bath** (Met, Welding) / Schmelzbad n

**molten-bead sealing** (Plastics) / Extrusionsschweißen n (mit gespritztem Zusatzdraht), Schmelzdrahtschweißen n

**molten carbonate** (Chem) / Alkalischmelze f, Schmelzkarbonat n, Schmelzcarbonat n

**molten-carbonate fuel cell** (Chem, Elec Eng) / Schmelzcarbonat-Brennstoffzelle f, Schmelzkarbonat-Brennstoffzelle f

**molten cast refractory** (Met) / schmelzgegossenes Feuerfesterzeugnis, schmelzgeformtes Feuerfesterzeugnis, schmelzgeformtes feuerfestes Erzeugnis ‖ ~ **charge** (Met) / Konvertercharge f, Schmelze f (im Konverter), Konvertereinsatz m ‖ ~ **mass** / Schmelzgut n (geschmolzene Masse), Schmelze f (flüssiger Aggregatzustand) ‖ ~ **material** (Chem) / Schmelzgut n (geschmolzene Masse), Schmelze f (flüssiger Aggregatzustand) ‖ ~ **metal** (for casting) (Foundry) / Gießgut n (zur Herstellung des Gussteils in den schmelzflüssigen Zustand übergeführter Gusswerkstoff) ‖ ~ **metal** (Glass) / geschmolzenes Glas (im Glasofen), Glasschmelze f, flüssige Glasmasse ‖ ~ **metal** (Met) / Metallschmelze f

**molten-metal bath** (Textiles) / Flüssigmetallbad n ‖ ~ **dyeing** (Textiles) / Standfast-Metal-Prozess m, Färben n im Metallbad, Metallbadfärbung f, Metallbadfärben n, Standfast-Verfahren n

**molten pool** (Met) / Schmelzbad n ‖ ~ **salt** (Chem) / Salzschmelze f

**molten-salt bath** (Met) / Salzbad n (ein Heizbad), Salzschmelze f (ein Heizbad)

**molten·-salt reactor** (Nuc Eng) / Salzschmelzenreaktor m ‖ ~ **solder** (Plumb) / Lötbad n (Bad aus geschmolzenem Lot zur Anwendung beim Tauchlöten und Wellenlöten) ‖ ~ **tin** (Surf) / Zinnschmelze f (beim Feuerverzinnen)

**molting hormone** (US) (Biochem) / Ecdyson n, Ekdyson n, Verpuppungshormon n, Schlüpfhormon n, Häutungshormon n (ein Ecdysteroid)

**mol wt** (relative molecular mass) (Chem) / Molekularmasse f (Molekulargewicht), relative Molekülmasse

**moly** n (Eng) / Molybdänisulfid n als Schmiermittel

**molybdate(VI)*** n (Chem) / Molybdat n (VI), Orthomolybdat n

**molybdated orange** (Paint) / Molybdatorange n, Molybdänorange n (mit etwa 5% Bleimolybdat)
**molybdate orange** (Paint) / Molybdatorange n, Molybdänorange n (mit etwa 5% Bleimolybdat) ‖ **~ pigment** (Paint) / Molybdatpigment n (ein Mischkristallpigment - entweder ein Weißpigment oder Molybdatrot) ‖ **~ red** (mixed crystals of lead molybdate and lead chromate) (Paint) / Molybdatrot n (mit etwa 20% Bleimolybdat), Molybdänrot n
**molybdenite*** n (Min) / Molybdänit m, Molybdänglanz m
**molybdenosis*** n (pl. -oses) (Agric) / Molybdänose f (Vergiftung der Wiederkäuer durch abnorm hohen Gehalt der Weidepflanzen an Molybdän)
**molybdenum*** n (Chem) / Molybdän n, Mo (Molybdän) ‖ **~ alloy** (Met) / Molybdänlegierung f ‖ **~ aluminide** (Ceramics, Chem) / Molybdänaluminid n (Mo₃Al) ‖ **~ blue*** (Chem, Paint) / Molybdänblau n (zusammenfassende Bezeichnung für leuchtend blaue Molybdänmischoxide) ‖ **~ boride** (Chem) / Molybdänborid n ‖ **~ carbide** (Chem) / Molybdänkarbid n (MoC oder Mo₂C), Molybdäncarbid n
**molybdenum(IV) chloride** (Chem) / Molybdäntetrachlorid n (MoCl₄)
**molybdenum (V) chloride** (Chem) / Molybdänpentachlorid n (MoCl₅) ‖ **~ disilicide** (Chem, Met) / Molybdändisilizid n (MoSi₂), Molybdändisilicid n
**molybdenum(IV) disulphide** (Chem) / Molybdändisulfid n, Molybdän(IV)-sulfid n (MoS₂)
**molybdenum disulphide lubricant** (Eng) / Molybdändisulfid n als Schmiermittel ‖ **~ hexacarbonyl** (Chem) / Molybdänhexakarbonyl n, Molybdänhexacarbonyl n (Mo(CO)₆), Hexacarbonylmolybdän n, Hexakarbonylmolybdän n ‖ **~ orange** (Paint) / Molybdatorange n, Molybdänorange n (mit etwa 5% Bleimolybdat)
**molybdenum(VI) oxide hydrate** (Chem) / Molybdän(VI)-oxid-Hydrat n, Molybdänsäure f (MoO₃ x H₂O)
**molybdenum pentachloride** (Chem) / Molybdänpentachlorid n (MoCl₅) ‖ **~ sesquioxide** (Chem) / Molybdänsesquioxid n (Mo₂O₃) ‖ **~ sesquioxide** (Chem) s. also molybdenum(VI) oxide ‖ **~ silicide** (Chem, Met) / Molybdänsilizid n (Mo₃Si oder Mo₃Si₂), Molybdänsilicid n ‖ **~ steel** (Met) / Molybdänstahl m (Legierung des Eisens mit Molybdän) ‖ **~ trioxide** (Chem) / Molybdäntrioxid n (MoO₃), Molybdänsäureanhydrid n, Molybdän(VI)-oxid n
**molybdenum-tungsten electrode** (Chem) / Molybdän-Wolfram-Elektrode f
**molybdic acid*** (Chem) / Molybdän(VI)-oxid-Hydrat n, Molybdänsäure f (MoO₃ x H₂O) ‖ **~ anhydride** (Chem) / Molybdäntrioxid n (MoO₃), Molybdänsäureanhydrid n, Molybdän(VI)-oxid n ‖ **~ ochre** (Min) / Molybdit m, Molybdänocker m ‖ **~ sulphide** (Chem) / Molybdändisulfid n, Molybdän(IV)-sulfid n (MoS₂)
**molybdine** n (Min) / Molybdit m, Molybdänocker m
**molybdite*** n (Min) / Molybdit m, Molybdänocker m
**molybdoenzyme** n (which contains Mo as an essential component) (Biochem) / Molybdänenzym n
**moly-black** n (Paint) / molybdänhaltiger schwarzer Anstrichstoff (für Zink und Zinklegierungen)
**moment** n / Moment m (Augenblick) ‖ **~*** (Maths, Phys, Stats) / Moment n
**momental ellipse** (Mech) / Trägheitsellipse f (zweidimensionale Methode zur Darstellung der Trägheitsradien für ein gedrehtes Koordinatensystem) ‖ **~ ellipsoid** (Mech) / Poinsot'sches Trägheitsellipsoid, Poinsot-Ellipsoid n, Trägheitsellipsoid n (nach der Poinsot-Konstruktion)
**moment area** / Momentenfläche f (zwischen der Momentenlinie und der Trägerachse)
**momentary** adj / unverzüglich adj, augenblicklich adj, Augenblicks-, momentan adj, instantan adj ‖ **~ action switch** (Elec Eng) / federnder Schalter ‖ **~ centre** (Mech) / Momentanpol m, Momentanzentrum n, Augenblicksdrehpunkt m, Geschwindigkeitspol m ‖ **~ switch** (Elec Eng) / federnder Schalter
**moment at point of support** (Build, Mech) / Stützmoment n (das Biegemoment über der Unterstützung eines Durchlaufträgers oder Kragträgers) ‖ **~ at support** (Build, Mech) / Stützmoment n (das Biegemoment über der Unterstützung eines Durchlaufträgers oder Kragträgers) ‖ **~ diagram** (Mech) / Momentlinie f ‖ **~ distribution*** (Civ Eng) / Momentenausgleich m ‖ **~ distribution method** (Civ Eng) / Momentenausgleichsverfahren n (im Allgemeinen) ‖ **~ distribution method** (Hardy-Cross method) (Civ Eng) / Cross-Methode f (zur Ermittlung der Stabendmomente von Durchlaufbalken und Rahmentragwerken), Cross-Verfahren n, Momentenausgleichsverfahren n nach Cross (H.Cross, 1885-1959) ‖ **~ ellipse** (Mech) / Trägheitsellipse f (zweidimensionale Methode zur Darstellung der Trägheitsradien für ein gedrehtes Koordinatensystem)
**moment-generating function** (Maths, Stats) / Moment erzeugende Funktion

**moment magnitude scale** (Geol, Geophys) / Momenten-Magnituden-Skala f ‖ **~ of a couple** (Phys) / Moment n M eines Kräftepaars ‖ **~ of a magnet*** (Mag) / magnetisches Moment (DIN 1325) ‖ **~ of a mass** (Phys) / Massenmoment n ‖ **~ of an area** (Phys) / Flächenmoment n ‖ **~ of (a) force** (Phys) / Moment n der Kraft (DIN 13317), Kraftmoment n, Moment n (Betrag des Drehmoments in Newtonmetern) ‖ **~ of (a) force** (Phys) s. also torque ‖ **~ of inertia*** (Maths, Mech) / Trägheitsmoment n (axiales, polares - DIN 13317), Massenträgheitsmoment n ‖ **~ of inertia tensor** (Mech) / Trägheitstensor m (DIN 13317), Tensor m der Trägheitsmomente ‖ **~ of momentum** (Phys) / Drehimpuls m (DIN 13317), Drall m (DIN 13317), Massenträgheitsmoment n ‖ **~ of momentum** (Phys) / Drehimpuls m (DIN 13317), Drall m (DIN 13317), Impulsmoment n (DIN 13317)
**moment-of-momentum conservation law** (Phys) / Drallsatz m, Drehimpulssatz m
**moment of plane area** (Phys) / Flächenträgheitsmoment n ‖ **~ of resistance** (Mech) / Widerstandsmoment n ‖ **~ of stability** (Mech) / Standmoment n (bei der Berechnung der Standsicherheit) ‖ **~ of the impact** (Phys) / Stoßimpuls m ‖ **~ to change trim one inch*** (expressed in foot-tons) (Ships) / Trimmmoment n für einen Zoll Tauchungsänderung
**momentum*** n (pl. momenta or -s) (Maths, Mech, Phys) / Impuls m, Bewegungsgröße f (der Betrag des Impulses)
**momentum conservation** (Mech) / Impulserhaltung f, Erhaltung f des Impulses ‖ **~ cooling** (Nuc Eng) / Impulskühlung f ‖ **~ equation** (Mech) / Impulssatz m, Impulserhaltungssatz m, Satz m von der Erhaltung des Gesamtimpulses ‖ **~ equation** (Phys) / Momentengleichung f ‖ **~ exchange** (Phys) / Impulsaustausch m ‖ **~ law** (Mech) / Impulssatz m, Impulserhaltungssatz m, Satz m von der Erhaltung des Gesamtimpulses ‖ **~ space** (Phys) / Impulsraum m (der von den Impulskoordinaten aufgespannte - formal mathematische - Raum) ‖ **~ theorem** (Mech) / Momentensatz m, zweiter Impulssatz (ein starrer Körper kann drehungsfrei sein, wenn die Summe aller Drehmomente verschwindet) ‖ **~ vector** (Phys) / Impulsvektor m ‖ **~ wheel*** (Space) / Drallrad (zur Drallstabilisierung)
**momie weave** (Textiles) / Granitbindung f (abgewandelte Ripsbindung mit krepperartigem Aussehen)
**MON** (motor octane number) (Fuels) / Oktanzahl f nach der Motor-Methode (ein Maß für die Klopffestigkeit), Motor-Oktanzahl f, MOZ (Motoroktanzahl nach DIN EN 25 163 und 25 164)
**monacid*** n (Chem) / einwertige Säure, einbasige Säure, einbasische Säure
**monad** n (an element having a valence of one) (Maths) / Monade f
**monadic** adj (Comp) / unär adj, monadisch adj, einstellig adj (Operation)
**monadnock** n (Geol) / Härtling m (ein auf Grund seiner Widerstandsfähigkeit gegenüber Abtragung und Verwitterung über seine Umgebung herausragender Einzelberg), Monadnock m
**monamine** n (Chem) / Monoamin n (natürlich vorkommendes Alkyl- oder Aralkylamin mit einer Aminogruppe)
**monastic refectory** (pl. -ies) (Arch) / Refektorium n (pl. -ien) (Speisesaal in Klöstern), Remter m (bei Deutschordensbauten - ein Speisesaal)
**Monastral blue** (Chem) / Phthalocyaninblau n, Phthalozyaninblau n, Kupferphthalocyanin n, Kupferphthalozyanin n, Heliogenblau n (ein synthetischer, kräftig leuchtender Pigmentfarbstoff) ‖ **~ green** (trade mark of ICI) (Chem, Textiles) / Phthalocyaningrün n, Phthalozyaningrün n, Heliogengrün n (ein synthetischer, kräftig leuchtender Pigmentfarbstoff)
**monatomic** adj / einatomig adj, monoatomar adj ‖ **~ gas** (Chem) / einatomiges Gas
**monaural*** adj (Acous) / einohrig adj (monophonisch), mit einem Ohr, monaural adj (DIN 1320)
**monaxial** adj / einachsig adj, uniaxial adj (Zug, Druck, Dehnung), monoaxial adj, in einer Raumrichtung
**monazite*** n (Min) / Monazit m (ein Phosphat von Metallen der seltenen Erden) ‖ **~*** (Min) s. also cryptolite and turnerite ‖ **~ sand** (Geol, Min) / Monazitsand m
**monchiquite*** n (Geol) / Monchiquit m (ein Ganggestein)
**Monday fever** (Med) / Gießfieber n, Metalldampffieber n (kennzeichnende, aber harmlose Berufskrankheit), Gießfieber n
**Mond gas*** (Chem, Chem Eng) / Mond-Gas n (zur Ammoniakgewinnung eingesetztes, bei der Vergasung eines festen Brennstoffs entstehendes Gasgemisch) ‖ **~ process*** (Met) / Mond'scher Nickelprozess (zur Gewinnung von sehr reinem Nickel - nach L. Mond, 1839 - 1909), Mond-Niederdruckkarbonylverfahren n, Mond-Verfahren n, Mond-Prozess m ‖ **~ process*** (Met) s. also carbonyl process
**Monel** n (a nickel alloy) (Met) / Monel n, Monelmetall n (eine warmfeste, korrosionsbeständige Nickellegierung mit etwa 67% Ni,

2% Fe, 2 bis 4% Al, 1% Mn und Rest Cu) ‖ ~ *n* (Oils) / unmagnetische Schwerstange
**monellin** *n* (Chem, Nut) / Monellin *n* (das süß schmeckende Prinzip der westafrikanischen Frucht Dioscoreophyllum cumminsii /Stapf/ Diels)
**Monel metal*** (Met) / Monel *n*, Monelmetall *n* (eine warmfeste, korrosionsbeständige Nickellegierung mit etwa 67% Ni, 2% Fe, 2 bis 4% Al, 1% Mn und Rest Cu)
**monergol** *n* (Fuels, Space) / Monergol *n* (Einstoffsystem, z.B. Wasserstoffperoxid oder Hydrazin), Einfachtreibstoff *m* (ein Raketentreibstoff)
**money box** / Geldkassette *f*
**money-changing machine** (Comp) / Geldwechselautomat *m*
**Monge's theorem** (Maths) / Monge'scher Satz, Satz *m* von Monge (nach G. Monge, Graf von Péluse, 1746 - 1818)
**monial*** *n* (Join) / Fensterpfosten *n*, Setzholz *n* (im Fensterkreuz)
**monic polynomial** (Maths) / Polynom *n* mit höchstem Koeffizienten Eins
**Monier steel** (Met) / Monierstahl *m* (nach J. Monier, 1823-1906), Moniereisen *n* (alte Bezeichnung für warm gewalzten, glatten Betonstahl)
**moniker** *n* (singular name for an embedded object or a group of embedded objects) (Comp) / Moniker *n*
**monitor** *v* / überwachen *v*, kontrollieren *v* ‖ ~ (Telecomm) / abhören *v*, mithören *v* ‖ ~ *n* (in fire-fighting) / Schaumwerfer *m* (im Feuerlöschwesen) ‖ ~ (Aero, Radar) / Überwachungsgerät *n*, Monitor *m*, Fernsehsichtgerät *n* ‖ ~ (a continuous lantern light in a steel truss used for daylighting single-storey workshops, used in the large-span roofs of American factories) (Arch, Build) / Dachfensterflucht *f* (eine Art Glasdach), Lichtkuppel *f* (Glas- oder Kunstharzkuppel) ‖ ~ (Automation) / Monitor *m* (ein Gerät oder eine Einrichtung zur Kontrolle oder Beobachtung der Funktion einer komplexen Anlage) ‖ ~ (Comp) / Supervisor *m* (Ablaufteil des Organisationsprogramms) ‖ ~ (Comp) / Monitor *m* (zur laufenden Überwachung und Kontrolle von Datenverarbeitungssystemen) ‖ ~* (Comp) / Supervisor *m* (eine Steuerroutine mit bestimmten Aufgaben - z.B. Verwalter eines Mehrbenutzersystems oder eines Netzwerkes) ‖ ~ (Comp) / Supervisor *m* ‖ ~ (Comp) / Monitor *m* (ein Kontrollbildschirm) ‖ ~* (Comp) / Monitor *m* (Programm mit diagnostischen Funktionen), Monitorprogramm *n* ‖ ~ (Elec Eng) / Wächter *m* (ein Grenzsignalgeber) ‖ ~* (Mining) / Monitor *m* (ein schwenkbares Gewinnungsgerät), Wasserkanone *f*, Wasserwerfer *m*, Spülstrahlrohr *n* ‖ ~* (Radiol) / Monitor *m* (ein Überwachungsgerät für ionisierende Strahlung) ‖ ~* (Telecomm) / Abhorchgerät *n*, Abhörgerät *n*, Mithörgerät *n* ‖ ~ (TV) / Monitor *m* (für Regie-, Kontroll- und Messaufgaben) ‖ ~ **card** (Comp) / Monitorsteuerkarte *m*, Monitorkarte *f* ‖ ~ **diode** (Electronics) / Monitordiode *f* (Fotodiode zur Messung und Steuerung der optischen Leistung eines Halbleiterlasers)
**monitored approach** (Aero) / überwachter Anflug
**monitoring** *n* / Überwachung *f* (z.B. von Prozessabläufen), Kontrolle *f* ‖ ~* (Automation, Radiol) / Überwachung *f*, Betriebsüberwachung *f* ‖ ~ (Ecol) / Monitoring *n* (Dauerbeobachtung eines Systems, meistens jedoch eine Umweltbeobachtung) ‖ ~* (Telecomm) / Mithören *n*, Abhören *n*, Mithörkontrolle *f* ‖ ~ (Teleph) / Überwachung *f*, UEB ‖ ~ (Teleph) / Mithören *n* (ein Leistungsmerkmal) ‖ ~ **button** (Telecomm, Teleph) / Mithörschalter *m*, Abhörschalter *m* ‖ ~ **circuit** (Telecomm, Teleph) / Abhörschaltung *f* ‖ ~ **count register** (Comp) / Überwachungszählregister *n*, ÜZR ‖ ~ **desk** (Cinema, Radio, TV) / Abhörtisch *m* ‖ ~ **direction** / Überwachungsrichtung *f* (vom überwachten Objekt zur überwachenden Stelle) ‖ ~ **electronics** (Electronics) / Überwachungselektronik *f* (z.B. beim Verschleiß) ‖ ~ **jack** (Teleph) / Mithörklinke *f* ‖ ~ **key** (Telecomm, Teleph) / Mithörschalter *m*, Abhörschalter *m* ‖ ~ **line** (Telecomm) / Meldeleitung *f* ‖ ~ **loudspeaker** (Cinema) / Monitorlautsprecher *m* ‖ ~ **loudspeaker** (Telecomm) / Kontrolllautsprecher *m*, Abhörlautsprecher *m* ‖ ~ **network** (Ecol) / Messnetz *n*, Messstellennetz *n* ‖ ~ **platform** / Überwachungsplattform *f*, Beobachtungsplattform *f* ‖ ~ **point** (Teleph) / Prüfpunkt *m* ‖ ~ **program** (Comp) / Monitor *m* (Programm mit diagnostischen Funktionen), Monitorprogramm *n* ‖ ~ **receiver*** (Radio, TV) / Kontrollempfänger *m*, Monitor *m* ‖ ~ **relay** (Elec Eng) / Überwachungsrelais *n*, Kontrollrelais *n* ‖ ~ **station** (Eng) / Überwachungswarte *f*, Messwarte *f* ‖ ~ **test** (Ecol) / Monitoring-Test *m* (zur Überprüfung des Einhaltens der Auflagen)
**monitor line** (Spectr) / Monitorlinie *f* (bei INDOR-Experimenten) ‖ ~ **organism** (Ecol) / Monitororganismus *n* ‖ ~ **printer** (Comp) / Monitordrucker *m* (der ausschließlich Statusmeldungen zu Papier bringt), Kontrolldrucker *m* ‖ ~ **program** (Comp) / Monitor *m* (Programm mit diagnostischen Funktionen), Monitorprogramm *n* ‖ ~ **roof** (Arch, Build) / Dachfensterflucht *f* (eine Art Glasdach),

Lichtkuppel *f* (Glas- oder Kunstharzkuppel) ‖ ~ **stand** (Comp) / Bildschirmständer *m*
**monk*** *n* (Print) / Mönch *m* (zu fett gedruckter Bogen mit höherem Schwärzungsgrad) ‖ ~ **bond*** (Build) / märkischer Verband
**monkey** *n* (Civ Eng) / Bär *m* (-s, pl. -en oder -e), Rammbock *m*, Fallbär *m*, Rammbär *m*, Schlaggewicht *n*, Rammklotz *m* ‖ ~ (Met) / Kühlkasten *m* (eines Schachtofens) ‖ ~ (Mining) / Wagenrücklaufsperre *f*, Wagensperre *f* ‖ ~ **board** (Oils) / Fingerbühne *f* ‖ ~**-chatter** *n* (Telecomm) / Affengekreisch *n* (eine Seitenbandstörung) ‖ ~ **drift** (Mining) / Erkundungsstrecke *f* (kurze) ‖ ~ **nut** (GB) (Bot, Nut) / Erdnuss *f* (aus Arachis hypogaea L.) ‖ ~ **pot** (Glass) / Satzel *m*, Sätzel *m* ‖ ~ **puzzle** (For) / Chilenische Araukarie (Araucaria araucana (Mol.) K.Koch), Andentanne *f*, Chilefichte *f*, Schuppentanne *f* ‖ ~ **puzzle tree** (For) / Chilenische Araukarie (Araucaria araucana (Mol.) K.Koch), Andentanne *f*, Chiletanne *f*, Chilefichte *f*, Schuppentanne *f*
**monkey-wrench** *n* (Eng, Tools) / verstellbarer Schraubenschlüssel, Rollgabelschlüssel *m*, verstellbarer Einmaulschlüssel, Franzose *m*
**Monkman-Grant relation** (Materials) / Monkman-Grant-Beziehung *f* (Kennzeichen der Festigkeit warmfester Werkstoffe unter Bedingungen des Kriechversuchs)
**monk's seam** (Textiles) / Kappnaht *f*, sauber gemachte Naht
**mono** (Typog) / Monotype *f*, Monotype-Setz- und -Gießmaschine *f* (der Fa. Monotype Corp. Ltd., Salfords, Surrey) ‖ ~* *adj* (Acous) / monophonisch *adj* (als Gegensatz zu stereophonisch), mono *adj* (einkanalig)
**monoacetin** *n* (Chem) / Glycerinmonoacetat *n*, Glyzerinmonoazetat *n*, Monoacetin *n*, Monoazetin *n*
**monoacid** *n* (Chem) / einwertige Säure, einbasige Säure, einbasische Säure
**monoalcohol** *n* (Chem) / primärer Alkohol
**monoalphabetic substitution** (Comp) / monoalphabetische Substitution
**monoamidobutandioic acid*** (Chem) / Bernsteinsäuremonoamid *n*, Sukzinamidsäure *f*, Succinamidsäure *f*
**monoamine** *n* (Chem) / Monoamin *n* (natürlich vorkommendes Alkyl- oder Aralkylamin mit einer Aminogruppe) ‖ ~ **oxidase*** (Biochem) / Tyraminase *f*, Monoaminoxidase *f*, MAO (ein Enzym)
**monoamine-oxidase inhibitor*** (Pharm) / MAO-Inhibitor *m*, MAOI, MAO-Hemmer *m*
**monoaxial** *adj* / einachsig *adj*, uniaxial *adj* (Zug, Druck, Dehnung), monoaxial *adj*, in einer Raumrichtung
**monoazo dyes** (Textiles) / Monoazofarbstoffe *m pl* ‖ ~ **dyestuffs** (Textiles) / Monoazofarbstoffe *m pl*
**monobasic*** *adj* (Chem) / einbasig *adj*, einbasisch *adj* ‖ ~ **acid** (Chem) / einbasige Säure, einwertige Säure
**monobath*** *n* (Photog) / Monobad *n* (eine Lösung, die Entwicklung und Fixierung einer fotografischen Schicht in einem Arbeitsgang ermöglicht), Einbad *n* (für die Fixierentwicklung)
**monobeam system** / System *n* in Einträgerbauweise, Einträgersystem *n* (ein fortschrittliches Schwebebahnsystem)
**monobloc shaft** (Autos) / Monoblockwelle *f*
**monocable*** *n* (Civ Eng) / Einseilbahn *f*
**monocalcium phosphate** (Chem) / Calciumdihydrogenphosphat *n*, primäres Kalziumphosphat, primäres Calciumphosphat, Kalziumdihydrogenphosphat *n*, Monokalziumphosphat *n*
**monocarboxylic acid** (Chem) / Monokarbonsäure *f* (mit einer Karboxygruppe), Monocarbonsäure *f*
**monocardiogram** *n* (Electronics, Med) / Vektorelektrokardiogramm *n*, Vektorkardiogramm *n*, VKG (Vektorkardiogramm)
**monocase font** (only upper case) (Comp) / Zeichensatz, der nur Großbuchstaben enthält
**monocausal** *adj* / monokausal *adj* (auf nur eine Ursache zurückgehend)
**monocentric** *adj* (Optics) / monozentrisch *adj* (Okular)
**monochip technology** (Electronics) / Ein-Chip-Technik *f*, Monochip-Technik *f* (Verfahren der Mikroelektronik zur Großintegration von Schaltkreisen auf einem einzelnen Chip)
**monochloroethane** *n* (Chem) / Ethylchlorid *n*, Chlorethan *n*, Monochlorethan *n* (der Ethylester der Chlorwasserstoffsäure)
**monochord*** *n* (Acous) / Monochord *n*
**monochromatic*** *adj* (Light, Optics, Phys) / monochromatisch *adj* (DIN 5031-8), monochrom *adj*, einfarbig *adj* ‖ ~ (Light, Optics) s. also quasi-monochromatic ‖ ~ **aberration** (Optics) / monochromatischer Abbildungsfehler (Schärfefehler) ‖ ~ **filter*** (Light, Optics) / Monochromatfilter *n*
**monochromaticity** *n* (Light, Optics) / Monochromasie *f*
**monochromatic light*** (Light, Phys) / einfarbiges Licht, monochromatisches Licht (das nur aus Wellenzügen einer bestimmten Wellenlänge besteht) ‖ ~ **radiation*** (Phys) / monochromatische Strahlung (DIN 5031, T 8)

**monochromator**\* *n* (Phys) / Monochromator *m* (eine Vorrichtung zur Auswahl von Teilchen nach ihrer Energie oder von Wellen nach ihrer Frequenz)
**monochrome** *adj* (Light, Optics) / monochromatisch *adj* (DIN 5031-8), monochrom *adj*, einfarbig *adj* ‖ ~ **display adapter** (Comp) / Monochrome Display Adapter *m* (monochrome Bildschirmdarstellung), MDA (Monochrome Display Adapter) ‖ ~ **graphics** (Comp) / Schwarzweißgrafik *f* ‖ ~ **graphics adapter** (Comp) / monochromer Grafikadapter ‖ ~ **graphics terminal** (Comp) / Monochrom-Grafikterminal *n*, Schwarzweißgrafikterminal *n* ‖ ~ **monitor** (Comp) / Monochrommonitor *m*, Schwarzweißmonitor *m* ‖ ~ **photographic film** (Cinema, Photog) / Schwarzweißfilm *m*, SW-Film *m* ‖ ~ **signal**\* (TV) / Schwarzweißsignal *n* ‖ ~ **television** (TV) / Schwarzweißfernsehen *n* ‖ ~ **terminal** (Comp) / Schwarzweißterminal *n*
**monocle** *n* (Photog) / Monokel *n* (unkorrigierte Linse) ‖ ~ **magnifier** (Optics) / Monokellupe *f*
**monoclinal** *adj* (Geol) / monoklinal *adj*, in einer Richtung geneigt
**monocline**\* *n* (Geol) / Flexur *f* (s-förmige Schichtenverbiegung, die durch gegenläufige relative Verschiebung zweier Schollen ohne Bildung größerer Brechfugen erfolgt), Monoklinalfalte *f*, Kniefalte *f*
**monoclinic** *adj* (Crystal) / monoklin *adj* ‖ ~ (Geol) / monoklinal *adj*, in einer Richtung geneigt ‖ ~ **amphibole** (Min) / monokliner Amphibol ‖ ~ **system**\* (Crystal) / monoklines System
**monoclonal** *adj* (Biol) / monoklonal *adj*
**monocoque**\* *n* (Aero) / Schale *f*, Integralschale *f* (bei der Schalenbauweise) ‖ ~\* (Autos) / selbsttragender Aufbau ‖ ~\* (Autos) / Schalenbauweise *f* (der selbsttragenden Karosserie) ‖ ~ *attr* (Autos) / selbsttragend *adj* ‖ ~ **construction** (Autos) / Schalenbauweise *f* (der selbsttragenden Karosserie)
**monocrystal** *n* (Crystal, Electronics) / Einkristall *m* (kristalliner Festkörper mit durchgehend gleicher Gitterorientierung)
**monocrystalline** *adj* (Crystal, Electronics) / monokristallin *adj*, einkristallin *adj* ‖ ~ **diamond** (Crystal) / monokristalliner Diamant, MKD (monokristalliner Diamant) ‖ ~ **fibre** / monokristalline Faser
**monocular** *n* (Optics) / monokularer Prismenfeldstecher ‖ ~ (Optics) / Feldstecherlupe *f* ‖ ~ *adj* (Optics) / einäugig *adj*, monokular *adj* ‖ ~ **microscope** (Micros) / Mikroskop *n* mit Monokulartubus
**monoculture**\* *n* (Agric) / Monokultur *f* (wenn nur eine Nutzpflanze angebaut wird, wie z.B. in der Plantagenwirtschaft)
**monocyclic terpene** (Chem) / monocyklisches Terpen, monozyklisches Terpen
**monocylinder engine** (I C Engs) / Einzylindermotor *m*
**monocyte**\* *n* (Med) / Monozyt *m* (pl. -en) (großer mononukleärer Leukozyt mit einem leicht eingebuchteten Kern)
**monodentate** *adj* (Chem) / einzähnig *adj* (Ligand)
**Monod equation** (Biochem) / Monod-Gleichung *f* (zur Darstellung der Enzymaktivität)
**Monodex-type cutter** (Tools) / Knabberzange *f*, Nibbler *m*, Blechknabber *m*
**monodirectional** *adj* / in einer (einzigen) Richtung verlaufend
**monodisperse** *adj* (Chem) / monodispers *adj*, isodispers *adj*, homodispers *adj* (mit Kolloidteilchen einheitlicher Größe)
**monodromy theorem** (Maths) / Monodromiesatz *m*
**monoenergetic** *adj* (Phys) / monoenergetisch *adj*, von gleichem Energieniveau
**monoenergic** *adj* (Phys) / monoenergetisch *adj*, von gleichem Energieniveau ‖ ~ **radiation**\* (Phys) / monochromatische Strahlung (DIN 5031, T 8)
**monoethanolamine** *n* (Chem) / Monoethanolamin *n* (2-Aminoethanol), MEA (ein Aminoalkohol)
**monofibre cable** (Cables) / Einzelfaserkabel *n* (in der optischen Kommunikationstechnik), Kabel *n* mit einem Lichtwellenleiter, Einfaserkabel *n* (das nur einen LWL enthält)
**monofilament**\* *n* (Plastics, Textiles) / Monofilgarn *n* (Garn aus einem Filament), Monofilamentgarn *n*, Monofilament *n*, monofile Seide (aus nur einem Elementarfaden), Monofil *n* (Draht), Chemieendlosgarn *n* (aus einem einzigen Filament) ‖ ~ *attr* (Spinning, Textiles) / monofil *adj* (aus einem Elementarfaden bestehend) ‖ ~ **yarn** (Plastics, Textiles) / Monofilgarn *n* (Garn aus einem Filament), Monofilamentgarn *n*, Monofilament *n*, monofile Seide (aus nur einem Elementarfaden), Monofil *n* (Draht), Chemieendlosgarn *n* (aus einem einzigen Filament)
**monofil yarn** (Plastics, Textiles) / Monofilgarn *n* (Garn aus einem Filament), Monofilamentgarn *n*, Monofilament *n*, monofile Seide (aus nur einem Elementarfaden), Monofil *n* (Draht), Chemieendlosgarn *n* (aus einem einzigen Filament)
**monofluoride** *n* (Chem) / Monofluorid *n*
**monofrequently used algorithm** (Comp) / Monofrequently-used-Algorithmus *m*
**monofuel** *n* (Space) / Monotreibstoff *m* (ein Raketentreibstoff, der als Einstoffsystem angewendet durch feste oder flüssige Katalysatoren zur exothermen Reaktion angeregt wird), Einfach-Raketentreibstoff *m* (Brennstoff + flüssiger Oxidator werden bereits vor der Brennkammer gemischt), Raketenmonotreibstoff *m*
**monofunctional** *adj* / monofunktional *adj*, spezialisiert *adj* (nur für eine Funktion)
**monogas** *n* (Met) / Monogas *n* (ein Schutzgas für die Wärmebehandlung)
**monogenetic**\* *adj* (Gen) / monogenetisch *adj* ‖ ~ (e.g. volcano built up by a single eruption or gravel composed of a single type of rock) (Geol) / monogen *adj*
**monogenic** *adj* (involving or controlled by a single gene) (Gen) / monogen *adj* (durch nur ein Gen bestimmt) ‖ ~ (Maths) / monogen *adj* ‖ ~ **function**\* (Maths) / holomorphe Funktion, analytische Funktion ‖ ~ **function**\* (Maths) / monogene analytische Funktion, vollständige analytische Funktion
**monogerm**\* *adj* (Agric) / einkeimig *adj*
**monogermane** *n* (Chem) / Germaniumtetrahydrid *n*, Monogerman *n* ($GeH_4$)
**monoglyceride** *n* (Chem) / Monoglycerid *n*, Monoglyzerid *n*
**monogranular** *adj* / monogranular *adj*
**monohierarchic** *adj* / monohierarchisch *adj* (z.B. Baumstruktur)
**monohybride** *n* (Gen) / Monohybride *f*
**monohydrate** *n* (Chem) / Monohydrat *n*
**monohydric** *adj* (containing one hydroxyl group in the molecule) (Chem) / einwertig *adj* ‖ ~ **alcohol**\* (Chem) / einwertiger Alkohol
**monohydrogen** *n* (Chem) / aktiver Wasserstoff, atomarer Wasserstoff (ein Quantengas), Monowasserstoff *m*
**monohydroxysuccinic acid** (Chem, Nut) / Äpfelsäure *f* (E 296), Apfelsäure *f*, Hydroxybernsteinsäure *f*
**monoid**\* *n* (Maths) / Halbgruppe *f* (eine assoziative algebraische Struktur), Assoziativ *n*, Monoid *n*, assoziatives Gruppoid
**monoisotopic element** (Chem, Nuc) / Reinelement *n*, anisotopes Element, mononuklidisches Element
**monolayer**\* *n* (a single layer of molecules on a liquid or solid surface) (Chem) / Monomolekularfilm *m*, monomolekulare Schicht, Monoschicht *f* (von der Dicke einer Atom- bzw. Moleküllage), Monolage *f* ‖ ~ **polymerization** (Chem) / Monoschichtenpolymerisation *f*
**monolith**\* *n* (Build) / Monolith *m* (Säule aus einem Steinblock) ‖ ~ (Civ Eng) / Senkbrunnen *m* (für die heute veraltende Senkbrunnengründung), Schachtbrunnen *m*, Brunnenkörper *m* ‖ ~ (Civ Eng) / Gründungskörper *m* (Beton, Mauerwerk) ‖ ~ **catalyst** (Autos) / Monolithkatalysator *m* (als Gegensatz zum Schüttgutkatalysator)
**monolithic**\* *adj* / monolithisch *adj*, monolith *adj* ‖ ~ **catalyst** (Autos) / Monolithkatalysator *m* (als Gegensatz zum Schüttgutkatalysator) ‖ ~ **filter** (a device used to separate telephone communications sent simultaneously over the transmission line, consisting of a series of electrodes vacuum-deposited on a crystal plate so that the plated sections are resonant with ultrasonic sound waves, and the effect of the device is similar to that of an electric filter) (Teleph) / monolithisches Filter ‖ ~ **integrated circuit**\* (Electronics) / monolithische integrierte Schaltung, monolithische integrierte Mikroschaltung, Halbleiterblockschaltung *f* (in einem Chip integriert) ‖ ~ **microwave integrated circuit** (Electronics) / monolithische integrierte Mikrowellenschaltung ‖ ~ **refractory** (a refractory which may be installed into place by ramming casting, gunning, or sintering without the formation of a joint) (Met) / feuerfeste Stampfmasse ‖ ~ **screed** (Build) / Verbundestrich *m* (mit dem tragenden Untergrund verbundener Estrich - DIN 18 560-3)
**monomer**\* *n* (Chem) / Monomeres *n*, Monomer *n* (niedermolekularer Baustein, aus dem ein Polymer aufgebaut ist) ‖ ~ (Plastics) / Grundmolekül *n* ‖ ~ **casting** (Plastics) / Lactamgießen *n*, Laktamgießen *n*, Monomercasting *n*
**monomeric** *adj* (Chem) / monomer *adj*
**monometallic** *adj* / monometallisch *adj*
**monomethylaniline**\* *n* (Chem, Fuels, I C Engs) / N-Methylanilin *n* (außer in organischer Synthese auch als Klopfbremse benutzt)
**monomethylhydrazine** *n* (Space) / Monomethylhydrazin *n* (ein Raketentreibstoff)
**monomial** *n* (Maths) / Monom *n* ‖ ~ *adj* (Maths) / monomisch *adj* (aus einem Glied bestehend), eingliedrig *adj*, Monom- ‖ ~ **expression** (Maths) / Monom *n*
**monomictic** *adj* (lake or clastic sedimentary rock) (Geol) / monomikt *adj*
**monomineralic** *adj* (Geol) / monomineralisch *adj* ‖ ~ **rocks**\* (Geol) / monomineralische Gesteine (aus einer einzigen Mineralart)
**monomode fibre**\* (Telecomm) / Monomode-Lichtwellenleiter *m*, Monomode-Faser *f*, Einmodenfaser *f* (LWL mit kleinem Kernduchmesser, in dem nur ein einziger Modus, der Grundmodus ausbreitungsfähig ist) ‖ ~ **laser** (Phys) / Monomode-Laser *m* (bei

**monomolecular**

dem nur ein longitudinaler Mode anschwingt), Einmodenlaser *m*, Single-Mode-Laser *m*
**monomolecular** *adj* (Chem) / monomolekular *adj* ‖ ~ **film** (Chem) / Monomolekularfilm *m*, monomolekulare Schicht, Monoschicht *f* (von der Dicke einer Atom- bzw. Moleküllage), Monolage *f* ‖ ~ **layer*** (Chem) / Monomolekularfilm *m*, monomolekulare Schicht, Monoschicht *f* (von der Dicke einer Atom- bzw. Moleküllage), Monolage *f* ‖ ~ **reaction*** (Chem) / unimolekulare Reaktion, monomolekulare Reaktion (eine Elementarreaktion)
**monomorphic*** *adj* (Biol) / monomorph *adj* ‖ ~ (Maths) / monomorph *adj*, kategorisch *adj* (System von Axiomen)
**monomorphism** *n* (Maths) / Monomorphismus *m*, injektiver Homomorphismus
**monomorphous** *adj* (Biol) / monomorph *adj*
**mononuclear** *adj* (Biol) / mononuklear *adj*, einkernig *adj* ‖ ~* (Cyt) / mononukleär *adj* (mit einem einfachen/nicht gelappten oder geteilten/ Zellkern)
**monooxygenase** *n* (Biochem) / Monooxygenase *f*, mischfunktionelle Oxygenase, MFO (mischfunktionelle Oxygenase)
**monopack*** *n* (Photog) / Monopack *n* (ein Film mit drei farbempfindlichen Emulsionsschichten auf einer einzigen Unterlage - für das subtraktive Farbverfahren)
**monophagous** *adj* (Bot, For) / monophag *adj* (Schädling)
**monophase adj.** (Elec Eng, Phys) / Einphasen-, einphasig *adj* ‖ ~ **alternating current** (Elec) / Einphasenwechselstrom *m*, einphasiger Wechselstrom ‖ ~ **current** (Elec) / Einphasenstrom *m* ‖ ~ **network** (Elec Eng) / Einphasennetz *n*
**monophonic** *adj* (Acous) / monophon *adj* (einzeltönig) ‖ ~* (Acous) / monophonisch *adj* (als Gegensatz zu stereophonisch), mono *adj* (einkanalig)
**monophony** *n* (Acous) / Monophonie *f* (einkanalige Übertragung von Schallsignalen, auch wenn sie auf mehreren Wegen erfolgt - DIN 1320)
**Monophoto*** *n* (Print) / Monophoto *f* (eine veraltete Fotosetzmaschine der Monotype Corp.)
**monopitch appentice** (Build) / Pultanbau *m* (mit einem Pultdach) ‖ ~ **font** (Comp) / Konstantschrift *f* (bei der alle Buchstaben gleich breit sind) ‖ ~ **font** (Comp, Typog) / Monospacing-Schrift *f* (in der Textverarbeitung) ‖ ~ **roof** (monopitched appentice) (Arch) / Pultdach *n* (das an eine höhere Mauer anschließt)
**monoplane*** *n* (Aero) / Eindecker *m*
**monoploid*** *adj* (Gen) / haploid *adj* (mit einem einfachen Chromosomensatz), mit einfachem Chromosomensatz
**monopod** *n* (Cinema) / Einbeinstativ *n*
**monopolar cell** (Elec Eng) / Unipolarzelle *f*, unipolare Zelle
**monopole*** *n* (Elec Eng, Mag, Radio) / Monopol *m* (elektrisch oder magnetisch) ‖ ~* (Radio) s. also vertical antenna ‖ ~ **antenna** (Radio) / Monopolantenne *f* ‖ ~ **configuration** (Nuc) / Monopolkonfiguration *f* ‖ ~ **sound source** (Acous) / Schallquelle *f* nullter Ordnung ‖ ~ **source** (Acous) / Punktstrahler *m* ‖ ~ **transmission path** (Telecomm) / Monopolübertragungsweg *m*, MÜW (Monopolübertragungsweg)
**monopotassium oxalate** (Chem) / Kaliumhydrogenoxalat *n*, Monokaliumoxalat *n*
**monoprocessor mode** (Comp) / Monoprozessorbetrieb *m*
**monopropellant*** *n* (Space) / Monotreibstoff *m* (ein Raketentreibstoff, der als Einstoffsystem angewendet durch feste oder flüssige Katalysatoren zur exothermen Reaktion angeregt wird), Einfach-Raketentreibstoff *m* (Brennstoff + flüssiger Oxidator werden bereits vor der Brennkammer gemischt), Raketenmonotreibstoff *m*
**monoprotic acid** (Chem) / einprotonige Säure, einbasige Säure, einwertige Säure ‖ ~ **acid** (Chem) / einbasige Säure, einwertige Säure
**monopteron** *n* (pl. -ptera) (Arch) / Monopteros *m* (pl. -pteren) (von einem Säulenkranz umgebener offener Rundbau)
**monopteros** *n* (pl. -ptera) (circular colonnade supporting a roof, but without walls) (Arch) / Monopteros *m* (pl. -pteren) (von einem Säulenkranz umgebener offener Rundbau)
**monopulse*** *n* (Radar) / Monopuls *m* ‖ ~ **antenna** (Radar) / Monopulsantenne *f* (mit mindestens zwei Ausgängen) ‖ ~ **radar** (Radar) / Monopulsradar *m* ‖ ~ **secondary surveillance radar** (Radar) / Monopulssekundärradar *m n*
**monoradar processing** (Radar) / Monoradarverarbeitung *f*
**monorail*** *n* (Civ Eng) / Einschienenbahn *f*, Monorail *f* (pl. -s) ‖ ~ (Civ Eng) / Fahrschiene *f*, Tragschiene *f*, Laufschiene *f* (der Einschienenbahn) ‖ ~ **crane** (Eng) / Einschienen(dreh)kran *m*, Velozipedkran *m* ‖ ~ **with hanging cars** (Civ Eng) / Einschienenhängebahn *f* ‖ ~ **with straddling cars** / Sattelbahn *f* (z.B. Alwegbahn)
**mono record player** (Acous) / Mono-Plattenspieler *m*, Plattenspieler *m* für Monoplatten
**monorefringent** *adj* (Optics) / einfachbrechend *adj*

**monosaccharide*** *n* (Chem) / Monosaccharid *n* (Grundbaustein der Oligo- und Polysaccharide), Monosacharid *n*, einfacher Zucker, Einfachzucker *m* (monomerer Vertreter der Kohlenhydrate)
**monosaturated** *adj* (Chem) / einfach ungesättigt
**monoscope** *n* (TV) / Monoskop *n* (zur Erzeugung eines stehenden Bildes), Monoskopröhre *f* (Testbild, Stationszeichen, Störungsmeldung usw.)
**monose** *n* (Chem) / Monosaccharid *n* (Grundbaustein der Oligo- und Polysaccharide), Monosacharid *n*, einfacher Zucker, Einfachzucker *m* (monomerer Vertreter der Kohlenhydrate)
**monosilane** *n* (Chem) / Monosilan *n* (das einfachste Silan = $SiH_4$)
**monosilicic acid** (Chem) / Tetroxokieselsäure *f*, Monokieselsäure *f*, Orthokieselsäure *f*
**monosodium glutamate*** (Chem, Nut) / Natriumglutamat *n* (Mononatriumsalz der L-Glutaminsäure, das als Geschmacksverstärker eingesetzt wird), Mononatriumglutamat *n*
**monosomic** *adj* (Biochem) / monosom *adj*
**monospaced font** (Comp) / Konstantschrift *f* (bei der alle Buchstaben gleich breit sind) ‖ ~ **font** (Comp, Typog) / Monospacing-Schrift *f* (in der Textverarbeitung)
**monostable*** *adj* (Electronics, Telecomm) / monostabil *adj* ‖ ~ **circuit** (Electronics) / monostabile Schaltung ‖ ~ **flipflop** (Electronics) / Univibrator *m*, Multivibrator *m* mit einer (einzigen) Gleichgewichtslage, monostabiler Multivibrator, Monoflop *n* (Flipflop, das nur eine stabile Lage hat), monostabile Kippstufe ‖ ~ **multivibrator** (Electronics) / Univibrator *m*, Multivibrator *m* mit einer (einzigen) Gleichgewichtslage, monostabiler Multivibrator, Monoflop *n* (Flipflop, das nur eine stabile Lage hat), monostabile Kippstufe
**monostatic radar** (Radar) / monostatisches Radar (bei dem sich Sende- und Empfangsantenne am gleichen Ort befinden)
**monostator linear motor** (Elec Eng) / Einstatorlinearmotor *m*, Einständerlinearmotor *m*
**monosubstitution** *n* (Chem) / Einfachsubstitution *f*, Monosubstitution *f*
**monosulphane** *n* (Chem) / Schwefelwasserstoff *m*, Hydrogensulfid *n* ($H_2S$)
**monosulphite pulp** (Paper) / Monosulfitzellstoff *m*
**monosulphonic acid** (Chem) / Monosulfonsäure *f*
**monosymmetric system*** (Crystal) / monoklines System
**monotectic** *n* (Met) / Monotektikum *n* ‖ ~ *adj* (Met) / monotektisch *adj* ‖ ~ **reaction** (Met) / monotektische (Übergangs)Reaktion
**monoterminal** *adj* (Biochem) / monoterminal *adj* (Oxidation)
**monoterpene** *n* (Chem) / Monoterpen *n* (azyklisches, monozyklisches, bizyklisches - Dimerisierungsprodukt des Isoprens)
**monoterpenoid** *adj* (Chem) / monoterpenoid *adj*
**monotic** *adj* (Acous) / monotisch *adj* (diejenige Art der Schalldarbietung, bei der der Schall nur auf eines der beiden Ohren gelangt - DIN 1320)
**monotone mapping** (Maths) / isotone Abbildung, monotone Abbildung, Ordnungshomomorphismus *m*
**monotonic*** *adj* (Maths) / monoton *adj* (Folge, Funktion) ‖ ~ **decreasing function** (Maths) / monoton nicht wachsende Funktion, monoton fallende Funktion ‖ ~ **function** (Maths) / monotone Funktion
**monotonicity** (Maths) / Monotonie *f*
**monotonic non-decreasing function** (Maths) / monoton wachsende Funktion, wachsende Funktion, steigende Funktion
**monotony** *n* (Maths) / Monotonie *f* ‖ ~ **criterion** (Maths) / Monotoniekriterium *n* ‖ ~ **law** (Maths) / Monotoniegesetz *n* (der Addition, der Multiplikation)
**monotower crane** (Eng) / Turmkran *m*
**Monotron** (Met) / Monotron *n* (ein Härteprüfgerät), Monotron-Härteprüfgerät *n* ‖ ~ *n* (TV) / Monoskop *n* (zur Erzeugung eines stehenden Bildes), Monoskopröhre *f* (Testbild, Stationszeichen, Störungsmeldung usw.) ‖ ~* *n* (Typog) / Monotron *n* (ein Gerät der Güttinger-Satz-Automation) ‖ ~ **method** (Met) / Monotron-Härteprüfverfahren *n* (ein veraltetes amerikanisches dynamisches Härteprüfverfahren)
**monotropic*** *adj* (Chem, Min) / monotrop *adj* (nur in einer Richtung umwandelbar)
**monotropy** *n* (Chem, Min) / Monotropie *f* (einseitige Umwandelbarkeit einer Modifikation in eine andere)
**monotube boiler** (Eng) / Einrohrdampfkessel *m*, Einrohrkessel *m* (Sulzer)
**Monotype*** *n* (Typog) / Monotype *f*, Monotype-Setz- und -Gießmaschine *f* (der Fa. Monotype Corp. Ltd., Salfords, Surrey)
**monovalent*** *adj* (having a valency of one) (Chem) / univalent *adj*, monovalent *adj*, einwertig *adj*
**monovariable** *adj* / monovariabel *adj* (Zielfunktion)
**monovariant** *adj* (Phys) / univariant *adj*, einfachfrei *adj*, mit einem Freiheitsgrad ‖ ~ **equilibrium** (Phys) / univariantes Gleichgewicht (nach dem Gibbs'schen Phasengesetz)

**monovinyl acetylene** (Chem) / Vinylacetylen *n*, Vinylazetylen *n*, Monovinylacetylen *n*, Monovinylazetylen *n*, Mova *n* (1-Buten-3-in)
**mono wheel** (Aero) / Einradfahrwerk *n*
**monoxide** *n* (Chem) / Monoxid *n*
**Monroe crucible** (Chem) / Neubauer-Tiegel *m* (Platintiegel mit porösem Boden), Monroe-Tiegel *m*
**mons** *n* (pl. -tes) (Astron) / Mons *m* (pl. -tes) (Berg auf Mond oder Mars)
**Monsanto process** (Chem Eng) / Monsantoprozess *m* (Herstellung von Adipodinitril durch Hydrodimerisierung von Acrylnitril) || ~ **standard** (test of crease resistance = 5 grades) (Textiles) / Monsantobild *n*
**Monsel's salt** (Chem, Med, Textiles) / Monsels Salz (basisches Eisen(III)-sulfat)
**monsoon**\* *n* (Meteor) / Monsun *m* (Luftströmung großer Ausdehnung mit halbjährlichem Richtungswechsel in den Tropen) || ~ **forest** (Ecol, For) / Monsunwald *m* (überwiegend regengrüner tropischer Wald)
**montage**\* *n* (Cinema, Photog, Print) / Montage *f* || ~\* (Photog) / Fotomontage *f* (Klebemontage; Sandwichmontage; Phantomfotos) || ~ **masking foil** (Print) / Montageabdeckfolie *f*
**montane wax** (Chem) / Montanwachs *n* (ein fossiles Pflanzenwachs aus bitumenreicher Braunkohle)
**montane-wax size** (Paper) / Montanwachsleim *m*
**montanic acid** (Chem) / Montansäure *f* (als Schmiermittel), Oktakosansäure *f*, Octacosansäure *f*
**montasite**\* *n* (Min) / Montasit *m* (ein Anthophyllit aus Transvaal)
**Monte Carlo method**\* (Stats) / Monte-Carlo-Methode *f* (rechnerisch-experimentelles Nachspielen realer Vorgänge durch Zufallsprozesse) || ~ **Carlo simulation** (Stats) / Monte-Carlo-Methode *f* (rechnerisch-experimentelles Nachspielen realer Vorgänge durch Zufallsprozesse)
**montejus** *n* (Nut) / Montejus *n*, Druckgefäß *n*, Druckfass *n*
**Monterey cypress** (For) / Monterey-Zypresse *f* (Cupressus macrocarpa Hartw. ex Gordon)
**Montezuma pine** (For) / Montezumakiefer *f* (Pinus montezumae Lamb.)
**month**\* *n* (Astron) / Monat *m*
**monticellite**\* *n* (Min) / Monticellit *m* (ein Nesosilikat der Olivin-Norbergit-Familie, das auch in Magnesiterzeugnissen und in basischen Konverterschlacken auftreffen ist)
**monticule** *n* (Geog, Geol) / kleiner Hügel
**montmorillonite**\* *n* (Min) / Montmorillonit *m* (Aluminiumdihydrogentetrasilikat - ein Dreischicht-Tonmineral) || ~ **group** (Min) / Montmorillonit-(Saponit)-Gruppe *f*
**Montpellier maple** (For) / Französischer Ahorn (Acer monspessulanum L.) || ~ **yellow** (Paint) / Operment *n*, Gelbglas *n* (unreines Arsentrisulfid als Malerfarbe), Orpiment *n* (giftige Mischbildung aus $As_2O_3$ und $As_2S_3$)
**monument** *n* (Surv) / Vermarkungselement *n* (Stein, Bolzen, Rohr usw.)
**monuron** *n* (Chem) / Monuron *n* (ein Harnstoffherbizid, als Fotosynthesehemmer zur Unkrautvertilgung auf Wegen und Plätzen eingesetzt)
**monzonite**\* *n* (Geol) / Monzonit *m* (ein Tiefengestein)
**moon** *n* (Astron) / Mond *m* (jeder Himmelskörper, der einen Planeten umkreist) || ~\* *n* (Astron, Space) / Mond *m* (der die Erde umkreisende Himmelskörper, am 21.7.1969 zum ersten Mal von Neil Armstrong betreten)
**moon-bow** *n* (Meteor, Phys) / Mondregenbogen *m*
**moon-buggy** *n* (Space) / Mondmobil *n*, Mondauto *n*, Mondfahrzeug *n* (zum Befahren des Mondes)
**Mooney unit** (100° = 8,30 Nm) (Chem) / Mooney-Grad *m*, Mooney-Einheit *f*, Mooney *n* (Maßzahl für die Plastizität von Kautschuk oder Gummimischungen - nach M. Mooney, 1893-1966) || ~ **viscometer**\* / Mooney-Viskosimeter *n*, Scherscheiben-Viskosimeter *n*
**moon knife** (Leather) / Stollmond *m* (eine stumpfe Eisenscheibe, über die das Leder gezogen wird - heute nicht mehr gebraucht)
**Moon-landing** *n* (Space) / Mondlandung *f*, Landung *f* auf dem Mond
**moonlight** *v* / schwarzarbeiten *v* (Schwarzarbeit verrichten ), pfuschen *v* (A)
**moonlighting** *n* / nebenberufliche Arbeit (an Abenden und in der freien Zeit) || ~ (Work Study) / Schwarzarbeit *f*
**moon milk** (Min) / Bergmilch *f* (flockiger Kalk aus Quellabsätzen) || ~ **pool** (Oils) / Moon-Pool *m* (eine Öffnung in der Arbeitsbühne bei Offshore-Bohrungen)
**moonquake** *n* (Geol) / Mondbeben *n*
**moon ring** (For) / Mondring *m* (durch Frosteinwirkung, durch Pilze) || ~ **shot** (Space) / Abschuss *m* einer Mondrakete, Start *m* einer Mondrakete

**moonstone**\* *n* (Min) / Mondstein *m* (ein leicht milchig getrübter Kalifeldspat)
**moon-washed** *adj* (denim) (Textiles) / moon-washed *adj* (stellenweise gebleicht)
**moor** *v* (Ships) / vermuren *v* (mit zwei Ankern festmachen), vermooren *v*, vertäuen *v* || ~\* (US) (Geol) / Moor *n* (organischer Nassboden - Lagerstätte von Torf und ihre Vegetationsdecke), Fehn *n*, Fenn *n*, Filz *m*, Moos *n* (Moor), Bruch *m n* (pl. Brüche oder Brücher), Ried *n*, Venn *n*
**Moore lamp** (Elec Eng) / Moore-Lampe *f* || ~ **machine** (Comp) / Moore-Maschine *f* (ein sequentielles System)
**Moore-Smith convergence** (Maths) / Moore-Smith-Konvergenz *f* || ~ **family** (Maths) / Moore-Smith-Folge *f* (Verallgemeinerung des Folgebegriffs derart, dass auch andersartige Elemente - also nicht nur natürliche Zahlen - als Indizes dienen können) || ~ **sequence** (Maths) / Moore-Smith-Folge *f* (Verallgemeinerung des Folgebegriffs derart, dass auch andersartige Elemente - also nicht nur natürliche Zahlen - als Indizes dienen können)
**mooring** *n* (Ships) / Muring *f* (Vorrichtung zum Ankern), Mooring *f* || ~ **buoy** (Oils, Ships) / Muringboje *f*, Ankerboje *f*, Vertäuboje *f* || ~ **guy** (Aero) / Halteleine *f*, Halteseil *n* || ~ **hawser** (Ships) / Festmacherleine *f*, Festmacher *m* (*eine Leine*) || ~ **line** (Aero) / Halteleine *f*, Halteseil *n* || ~ **line** (Aero) / Ankertau *n*, Ankerkabel *n* (für Luftschiffe) || ~ **line** (Ships) / Ankertrosse *f*, Ankertau *n* || ~ **line** (Ships) / Festmacherleine *f*, Festmacher *m* (*eine Leine*) || ~ **mast** (Aero) / Landemast *m*, Ankermast *m* (für Luftschiffe) || ~ **pattern** (Oils) / Verankerungssystem *n*
**moorings** *pl* (Ships) / Liegeplatz *m* (im Hafen zwecks Be-/Entladung), Schiffsliegeplatz *m*
**mooring system** (Oils) / Verankerungssystem *n* || ~ **tower**\* (Aero) / Landemast *m*, Ankermast *m* (für Luftschiffe) || ~ **winch** (Ships) / Mooringwinde *f* (automatische Verhol- und Festmacherwinde), Vertäuwinde *f* || ~ **winch** (Ships) / Ankerwinde *f*
**moorish** *adj* (Geol) / moorig *adj* || ~ **arch** (Arch) / maurischer Bogen, Hufeisenbogen *m* (runder oder spitzer)
**moorland**\* *n* (Geol) / Moor *n* (organischer Nassboden - Lagerstätte von Torf und ihre Vegetationsdecke), Fehn *n*, Fenn *n*, Filz *m*, Moos *n* (Moor), Bruch *m n* (pl. Brüche oder Brücher), Ried *n*, Venn *n*
**moor soil** (Geol) / Moor *n* (Boden mit sehr hohen Gehalten an organischen Substanzen, der aus Mooren nach deren Entwässerung gebildet wurde)
**moory** *adj* (Geol) / moorig *adj*
**moose test** (US) (Autos) / Elchtest *m* (Sicherheitstest, bei dem das Fahrverhalten eines Autos bei ungebremsten Ausweichmanövern getestet wird), Elk-Ausweichtest *m*
**mop** *n* / Mopp *m*, Mop *m* || ~ (Eng) / Webstoffscheibe *f*, Schwabbelscheibe *f*, Polierläppscheibe *f*, Schleifmopp *m* || ~ **abrasive disk** (Eng) / Webstoffscheibe *f*, Schwabbelscheibe *f*, Polierläppscheibe *f*, Schleifmopp *m*
**mopboard**\* *n* (US) (Build) / Sockelleiste *f*, Scheuerleiste *f*, Fußleiste *f* (Randabschluss des Fußbodens zu allen angrenzenden Bauteilen), Wischleiste *f*, Sesselleiste *f*, Abschlussleiste *f*
**mop buffing** (Eng) / Schwabbeln *n* (mit einer Polierscheibe oder -bürste aus Nessel, Tuch, Filz, Leder u.a.), Polierläppen *n*
**moped** *n* (Autos) / Kleinkraftrad *n*, Moped *n* (Kleinkraftrad), Motorfahrrad *n*
**mop oil** / Moppöl *n* (staubbindendes leichtes Mineralöldestillat mit Zusätzen von Fetten, fetten Ölen, Farben und Parfüms für Fußboden- und Möbelpflege), Mopöl *n*
**MOPS** (million operations per second) (Comp) / Millionen Operationen pro Sekunde , MOPS (Millionen Operationen pro Sekunde)
**mop-stick hand-rail**\* (Build) / runder unten abgeflachter Handlauf
**mop up** *v* / aufwischen *v* (verschüttetes Wasser, den Boden)
**moquette**\* *n* (Textiles) / Mokett *m* (ein Möbelbezugsstoff), Moquette *m* || ~ **with rough pile** (Textiles) / Frieselmokett *m*
**MOR** (modulus of rupture) (Mech) / Bruchmodul *m* (Biegefestigkeit)
**mor**\* *n* (Ecol, For) / Mor *m*, Rohhumus *m* (unter sauren Bedingungen entstanden) || ~ (For, Geol) / Anmoor *n* (feuchter, humusreicher Boden), Mor *m*
**mora fat** (Nut) / Mowrahbutter *f* (das Samenfett der Mahuafrucht)
**morainal** *adj* (Geol) / Moränen- || ~ **deposit** (Geol) / Moränenablagerung *f*, abgelagerte Moräne
**moraine**\* *n* (Geol) / Moräne *f* (Gesteinsschutt, der vom Gletscher mitgeführt und zur Ablagerung gebracht wird)
**morainic** *adj* (Geol) / Moränen-
**morass** *n* (Ecol, Geol) / morastiger Grund, Sumpf *m* || ~ **ore** (Min) / Morasterz *n*, Raseneisenerz *n* (ein Limonit), Wiesenerz *n*, Sumpferz *n*, Sumpfeisenerz *n*
**morbidity**\* *n* (a sickness ratio) (Med, Stats) / Morbidität *f* (Verhältnis der in einer Population an einer bestimmten Krankheit Erkrankten zur Zahl der Gesunden)

**morbidity**

**morbidity rate** (Med) / Erkrankungsrate *f* (in der Epidemiologie) ‖ ~ **rate** (Med, Stats) / Krankheitsrate *f*, Krankheitsziffer *f* ‖ ~ **rate** (Med, Stats) / Krankenquote *f*
**MORD** (magnetooptical rotatory dispersion) (Optics, Spectr) / magnetooptische Rotationsdispersion, magnetische optische Rotationsdispersion, MORD (magnetooptische Rotationsdispersion)
**mordant**\* *n* (Chem, Photog, Textiles) / Beize *f*, Beizmittel *n*, Beizstoff *m* ‖ ~\* (Paint) / Mordent *m n* (ein Gemisch aus Wachs, Talg und Terpentin, das bei der Mordentvergoldung gebraucht wird) ‖ ~ **auxiliary** (Chem, Textiles) / Beizhilfsmittel *n* ‖ ~ **dyestuff** (Chem, Textiles) / adjektiver Farbstoff, Beizenfarbstoff *m*
**mordanted bottom** (Textiles) / Beizgrund *m* ‖ ~ **ground** (Textiles) / Beizgrund *m*
**mordanting**\* *n* (Chem, Photog, Textiles) / Beizen *n* ‖ ~ **agent** (Chem, Photog, Textiles) / Beize *f*, Beizmittel *n*, Beizstoff *m* ‖ ~ **with tannic acid** (Leather) / Tannieren *n*
**mordant rouge** (Textiles) / Rotbeize *f* (Aluminiumazetat in Essigsäure)
**Mordell's conjecture** (Maths) / Mordell'sche Vermutung (nach J.L. Mordell, 1888-1972, von G. Faltings 1983 bewiesen)
**mordenite**\* *n* (Min) / Mordenit *m* (ein Faserzeolith der D'Achiardit-Laumontit-Gruppe), Ptilolith *m* (ein Faserzeolith der D'Achiardit-Laumontit-Gruppe)
**more data mark** (Comp, Telecomm) / Folgepaket *n* (Anzeige)
**moreen** *n* (Textiles) / Moreen *m* (ein Baumwollstoff)
**morenosite** *n* (Min) / Nickel(II)-sulfatheptahydrat *n*, Nickelvitriol *n*, Morenosit *n*
**Morera's theorem** (Maths) / Satz *m* von Morera (bei komplexen Integralen)
**more sophisticated service** (Comp) / höherer Dienst (verglichen mit dem Standarddienst)
**Moresque** *n* (Arch) / Maureske *f* (eine Arabeske) ‖ ~ *adj* (Arch) / maurisch *adj*
**Morest chart** (Paint) / Kontrastkarton *m*
**Morfamquat** *n* (Agric, Chem) / Morfamquat *n* (eine giftige Bipyridiniumverbindung, die als Herbizid eingesetzt wird)
**Morgan connection** (Electronics) / Morgan-Schaltung *f* (eine Löschschaltung zur Einzellöschung von Thyristoren in selbstgeführten Stromrichtern) ‖ ~ **connexion** (GB) (Electronics) / Morgan-Schaltung *f* (eine Löschschaltung zur Einzellöschung von Thyristoren in selbstgeführten Stromrichtern) ‖ ~ **furnace** (Met) / Morgan-Ofen *m* (seitlich zu entleerender Stoßofen, dessen Breite für die Aufnahme von Halbzeug mit mindestens 9 Meter Länge geeignet ist)
**morganite**\* *n* (Min) / rosaroter Edelberyll, Morganit *m*, Rosaberyll *m*
**Morgan-Keenan classification** (Astron) / MK-Klassifikation *f*, Morgan-Keenan-Klassifikation *f*
**Morgan's, de ~ laws** (Maths) / De Morgan'sche Formeln *f pl* (nach A. De Morgan, 1806-1871), De Morgan'sche Regeln (für die Komplementbildung), Regeln *f pl* von De Morgan, De-Morgan-Gesetze *n pl*, Morgan'sche Gesetze ‖ **de ~ rules** (Maths) / De Morgan'sche Formeln *f pl* (nach A. De Morgan, 1806-1871), De Morgan'sche Regeln (für die Komplementbildung), Regeln *f pl* von De Morgan, De-Morgan-Gesetze *n pl*, Morgan'sche Gesetze
**morgoil bearing** (Met) / Morgoil-Lager *n* (Walzenzapfengleitlager mit besonderen Eigenschaften für Walzen mit kegeligen Zapfen)
**morin** *n* (Chem) / Morin *n* (ein Flavonfarbstoff - gewonnen aus den Morus-Arten oder aus der Chlorophora tinctoria (L.))
**morion**\* *n* (Min) / Morion *m* (besonders dunkler, fast schwarzer Rauchquarz)
**MORL** (manned orbiting research laboratory) (Space) / bemanntes Forschungslaboratorium in einer (Erd)umlaufbahn
**Morley's theorem** (Maths) / Morley'scher Satz (nach F. Morley, 1860 - 1937)
**morning civil twilight** (Astron) / bürgerliche Morgendämmerung *f*
**morning-glory seeds** (Chem) / Samen von Ipomoea tricolor Cav. (als Rauschmittel)
**morning twilight** (Astron) / Morgendämmerung *f*
**Morocco** *n* / eine Art Dunkelrot ‖ ~ *n* (Leather) / Maroquin *m n* (feines, genarbtes Ziegenleder, Marokkoleder *n* ‖ ~ **leather** (Leather) / Maroquin *m n* (feines, genarbtes Ziegenleder, Marokkoleder *n* ‖ ~ **red** / eine Art Dunkelrot
**moroxite** *n* (Min) / Moroxit *m* (blaugrüner Apatit)
**morph** *v* (Comp) / morphen *v* (bei der elektronischen Bilddatenverarbeitung)
**morphactins**\* *pl* (Agric, Bot, Chem) / Morphaktine *n pl* (Herbizide und Wachstumsregulatoren auf der Basis von 9-Hydroxyfluoren-9-carbonsäure)
**morphinane derivative** (Chem) / Morphinanderivat *n* (z.B. Levorphanol)
**morphine**\* *n* (Pharm) / Morphium *n* (ein Opiumalkaloid), Morphin *n*, Morphinum *n* ‖ ~ **alkaloids** (Pharm) / Morphinalkaloide *n pl* (bekannteste Klasse der Isochinolinalkaloide), Morphinanalkaloide *n pl*
**morphing** *n* (shape-changing via digital techniques, e.g. interpolating sequences between two images) (Comp) / Morphing *n*
**morphism** *n* (Maths) / Morphismus *m* (Abbildung zwischen strukturierten Mengen, die die Struktur erhält)
**morphogrammatic** *adj* / morphogrammatisch *adj*
**morpholine**\* *n* (a colourless hygroscopic liquid, used as a solvent for resins and waxes) (Ceramics, Chem) / Morpholin *n* (1,4-Oxazinan) ‖ ~ **fungicide** (Agric, Chem) / Morpholin-Fungizid *n* (z.B. Dodemorph, Fenpropimorph und Tridemorph)
**morphologic** *adj* (Bot, Geol, Zool) / morphologisch *adj*
**morphological** *adj* (Bot, Geol, Zool) / morphologisch *adj* ‖ ~ **map** (Surv) / Geländekarte *f*
**morphology**\* *n* (Bot, Geol, Zool) / Morphologie *f* ‖ ~ (Electronics) / Morphologie *f* (Aufbau kristalliner Materialien) ‖ ~ **of crystals** (Crystal) / Kristallmorphologie *f* (Lehre von der Gestalt und der Form der Kristalle)
**morphometry** *n* (Geol) / Morphometrie *f* (Methode zur Erfassung der äußeren Gestalt von Bestandteilen klastischer Gesteine)
**morphotropy** *n* (Crystal) / Morphotropie *f*
**Morse** *v* (Teleg) / morsen *v* ‖ ~ *n* (Teleg) / Morsealphabet *n* (ein altes Telegrafenalphabet nach S.F.B. Morse, 1791-1872) ‖ ~ **alphabet** (Teleg) / Morsealphabet *n* (ein altes Telegrafenalphabet nach S.F.B. Morse, 1791-1872) ‖ ~ **code**\* (Teleg) / Morsealphabet *n* (ein altes Telegrafenalphabet nach S.F.B. Morse, 1791-1872) ‖ ~ **curve** (Spectr) / Morse-Kurve *f* ‖ ~ **dash** (Teleg) / Strich *m*, Morsestrich *m* ‖ ~ **equation**\* (Phys) / Morse-Gleichung *f* (zur Darstellung der Morse-Kurve) ‖ ~ **key**\* (Radio, Teleg) / Morsetaste *f* ‖ ~ **paper** (Paper) / Telegrafenpapier *n* (für den Morse-Telegrafen - heute nicht mehr benutzt) ‖ ~ **potential** (a two-parameter analytical expression for the molecular potential energy curve that mirrors its principal feature ) (Chem) / Morse-Potential *n* ‖ ~ **signal** (Teleg) / Morsezeichen *n* ‖ ~ **taper**\* (Eng) / Morsekegel *m* (ein Werkzeugkegel zur Befestigung von Werkzeugen in Werkzeugmaschinen - nach DIN 228)
**mortality**\* *n* (Ecol, Med, Stats) / Sterblichkeit *f* (Bevölkerungsverluste durch Tod in der definierten Zeiteinheit) ‖ ~ (Med, Stats) / Todesfallrate *f*, Mortalität *f* (Sterblichkeitsziffer - Verhältnis der Zahl der Todesfälle zur Gesamtzahl der berücksichtigten Personen) ‖ ~ **rate** (Med, Stats) / Sterberate *f*, Sterbeziffer *f* (in der Bevölkerungsstatistik) ‖ ~ **rate** (Med, Stats) / Todesfallrate *f*, Mortalität *f* (Sterblichkeitsziffer - Verhältnis der Zahl der Todesfälle zur Gesamtzahl der berücksichtigten Personen) ‖ ~ **table** (Stats) / Sterbetafel *f* (ein bevölkerungsstatistisches Hilfsmittel)
**mortar** *v* (Build) / ausmörteln *v* (z.B. eine Fuge) ‖ ~\* *n* (Build, Civ Eng) / Speis *m*, Mörtel *m* (ein Bindebaustoff) ‖ ~\* (Chem) / Reibschale *f*, Mörser *m* (topfförmige Reibschale) ‖ ~ **admixture** (Build) / Mörtelzusatzmittel *n* ‖ ~ **beater** (Build) / Mörtelkrücke *f*, Mörtelhaue *f*, Mörtelrührer *m*, Mörtelmischspaten *m* ‖ ~ **bed** (Build) / Mörtelbett *n*, Mörtellage *f*
**mortar-board** *n* (Build) / Aufziehbrett *n*, Putzerbrett *n*, Mörtelbrett *n*, Auftragebrett *n*
**mortar bridge** (Build) / Mörtelbrücke *f* ‖ ~**-cube test** (Civ Eng) / Würfeldruckfestigkeitsprüfung *f* (des Mörtels), Würfelprüfung *f* ‖ ~ **fillet** (Build) / Zementmörteldichtungsrand *m* ‖ ~ **for plastering** (Build) / Putzmörtel *m* ‖ ~ **for pointing work** (Build) / Fugenmörtel *m*, Fugenfüller *m* (Mörtel) ‖ ~ **mill**\* (Build) / Mörtelmischmaschine *f*, Mörtelmischer *m* ‖ ~ **mixer** (Build) / Mörtelmischmaschine *f*, Mörtelmischer *m* ‖ ~ **pump** (Build) / Mörtelpumpe *f* ‖ ~ **sand** (aggregate) (Build) / Mauersand *m*, Mörtelsand *m* ‖ ~ **structure**\* (Geol) / Mörtelstruktur *f* (bei der einzelne mineralische Gemengteile in einer Trümmergrundmasse eingebettet sind), Mörtelgefüge *n* ‖ ~ **test** (Build) / Mörtelprüfung *f* (DIN 18555) ‖ ~ **trowel** (Build) / Mörterkelle *f*
**mortice**\* *n* (Carp, Join) / Zapfenloch *n*, Stemmloch *n* (für Zapfen, gestemmter Einschnitt für Zapfen ‖ ~ (For) / Schlitz *m* (in einer Rahmeneckverbindung)
**mortise** *v* (Carp) / verzapfen *v* (einen Winkelverband bilden) ‖ ~ (Carp, Join) / Zapfenloch schneiden ‖ ~ (Print) / ausklinken *v* ‖ ~\* *n* (Carp, Join) / Zapfenloch *n*, Stemmloch *n* (für Zapfen, gestemmter Einschnitt für Zapfen ‖ ~ (For) / Schlitz *m* (in einer Rahmeneckverbindung) ‖ ~**-and-tenon joint** (Carp) / Zapfung *f*, Verzapfung *f*, Zapfenverbindung *f*, Zapfen-Schlitz-Verbindung *f* (ein Winkelverband) ‖ ~ **chain cutter** (For) / Kettenfräsmaschine *f* (eine senkrechte Schlitzstemmaschine) ‖ ~ **chisel** (Carp, Join) / Lochbeitel *m* ‖ ~ **chisel** (Carp, Join) / Stemmeisen *n*, Beitel *m* (meißelartiges Werkzeug mit rechteckigem Querschnitt zur Holzbearbeitung, Stecheisen *n* (mit seitlich abgeschrägten Fasen, Stechbeitel *m* ‖ ~ **gauge**\* (Carp) / Zapfenstreichmaß *n* ‖ ~ **joint** (Carp) / Zapfung *f*, Verzapfung *f*, Zapfenverbindung *f*, Zapfen-Schlitz-Verbindung *f* (ein Winkelverband) ‖ ~ **lock**\* (Build, Join) / Einstemmschloss *n* (A),

Einsteck-Türschloss *n*, Einsteckschloss *n*, Blindschloss *n* (von der Kante her in die Tür eingelassen)
**mortising** *n* (Print) / Ausklinken *n* (Herausschneiden eines Stückes von rechteckiger oder auch anderer Form aus Druckplatten, Vignetten oder Drucktypen) ‖ **~ machine** (Carp, Join) / Zapfenschneid- und Schlitzmaschine *f* ‖ **~ machine** (For) / Stemmmaschine *f* ‖ **~ machine with oscillating tool action** (For) / Stemmmaschine *f* mit Schwingmeißelwerkzeug
**mortling wool** (Textiles) / Sterblingswolle *f*, abgestorbene Wolle
**MOS*** *n* (metal-oxide semiconductor) (Electronics) / Metalloxidhalbleiter *m*, MOS (Metalloxidhalbleiter)
**mosaic*** *n* (Build) / Mosaik *n* (Verzierung von Mauern und Fußböden) ‖ **~*** (floor) (Build) / Mosaikfußboden *m* ‖ **~*** (Chem, Crystal) / Mosaikstruktur *f* (mit Mosaikblöcken) ‖ **~** (Surv) / Luftbildmosaik *n*, Luftbildskizze *f*, Mosaik *n*, Fotomosaik *n* (Zusammenstellung der Aufnahmen einer Reihenmesskammer) ‖ **~*** (TV) / Mosaikschicht *f* (lichtempfindliche Schicht auf alten Bildaufnahmeröhren) ‖ **~ binding** (Bind) / Mosaikeinband *m*, Ledereinband *m* mit Einlegearbeit ‖ **~ bloc** (Crystal) / Mosaikblock *m* (im Einkristall) ‖ **~ character** / Mosaikzeichen *n* (ein aus den Elementen des Rasters zusammengesetztes Schriftzeichen) ‖ **~ crystal** (Crystal) / Mosaikkristall *m* (eine besondere Form der Kristallbaufehler) ‖ **~ disease** (Agric, Bot) / Mosaikkrankheit *f* (von verschiedenen Kulturpflanzen) ‖ **~ gold*** (Met) / Musivgold *n* (eine alte Messingsorte - Zinn(IV)-sulfid), Mosaikgold *n* ‖ **~ graphics** (Comp) / Mosaikgrafik *f* ‖ **~ heartwood** (For) / Mosaikfarbkern *m* ‖ **~ layer** (TV) / Mosaikschicht *f* (lichtempfindliche Schicht auf alten Bildaufnahmeröhren) ‖ **~ print** (Textiles) / Mosaikdruck *m* ‖ **~ printer** (Comp) / Matrixdrucker *m*, Rasterdrucker *m*, Mosaikdrucker *m* ‖ **~ tile** (Build) / Mosaikplatte *f* (Fliese)
**MOS compatibility** (Electronics) / MOS-Kompatibilität *f*
**moscovite** *n* (Min) / Muskovit *m* (eine Kaliglimmer-Art), Muscovit *m*
**Moseley line** (Chem) / Moseley-Gerade *f* ‖ **~'s law*** (Nuc) / Moseley'sches Gesetz (Verschiebung der Frequenzen der Röntgenlinien - nach H.G. Moseley, 1887-1915)
**MOSFET*** *n* (metal-oxide-semiconductor FET) (Electronics) / MOSFET-Transistor *m*, Metalloxidtransistor *m*, MOSFET *m* (ein Transistor), MOST (MOSFET-Transistor) (ein Hetero-Feldeffekttransistor mit einer isolierenden Metalloxidschicht)
**mosquito network** / Moskitonetz *n*
**moss*** *n* (Bot) / Moos *n* ‖ **~ agate*** (Min) / Moosjaspis *m*, Moosachat *m* (faseriges Quarzaggregat)
**Mössbauer effect*** (Nuc) / Mößbauer-Effekt *m* (nach R. Mößbauer, geb. 1929)
**Mössbauer-effect spectroscopy** (Spectr) / Mößbauer-Spektroskopie *f* (Messungen der Resonanzabsorption monochromatischer γ-Strahlung durch Kerne von in Festkörpern eingebauten Atomen in Abhängigkeit von der γ-Frequenz), Gammastrahlen-Resonanzspektroskopie *f*, Gammaresonanzspektroskopie *f*
**Mössbauer source** (Nuc) / Mößbauer-Quelle *f* ‖ **~ spectroscopy** (Nuc, Spectr) / Mößbauer-Spektroskopie *f* (Messungen der Resonanzabsorption monochromatischer γ-Strahlung durch Kerne von in Festkörpern eingebauten Atomen in Abhängigkeit von der γ-Frequenz), Gammastrahlen-Resonanzspektroskopie *f*, Gammaresonanzspektroskopie *f*
**moss crêpe** (Textiles) / Mooskrepp *m* (ein Seidenkreppgewebe) ‖ **~ elimination by harrowing** (Agric) / Herauseggen *n* von Moos ‖ **~-green** *n* / Moosgrün *n*
**mossy crêpe** (Textiles) / Mooskrepp *m* (ein Seidenkreppgewebe)
**mossy-cup oak** (For) / Großfrüchtige Eiche, Quercus macrocarpa Michx.
**mossy lead** (Met) / Bleischwamm *m*
**MOS technology** (Electronics) / MOS-Technik *f* (eine unipolare Halbleitertechnologie), MOS-Technologie *f*
**most economical range*** (Aero) / wirtschaftliche Reichweite ‖ **~ energy-efficient** (Space) / mit geringster Vortriebsenergie (Hohmann-Übergang)
**most-favoured-nation clause** / Meistbegünstigungsklausel *f* (beschränkte und unbeschränkte - im internationalen Handel)
**most general unifier** (AI) / allgemeinster Unifikator
**M-O storage** (Comp) / magnetooptischer Speicher
**most powerful test** (Stats) / trennschärfster Test ‖ **~ probable number** (Biol, Stats) / wahrscheinlichste Zahl (statistisch abgesicherter Wert für die Anzahl der Mikroorganismen in einem definierten Wasservolumen) ‖ **~ seriously affected countries** (Geog) / am schwersten betroffene Länder ‖ **~ significant bit*** (Comp) / werthöchstes Bit, höchstwertiges Bit ‖ **~ significant character** (Comp) / höchstwertiges Zeichen
**MOT** (MOT test) (Autos) / [in etwa] TÜV-Untersuchung *f*

**mote** *v* (Textiles) / Knötchen entfernen (im Garn oder Gewebe) ‖ **~** *n* (Textiles) / Verunreinigung *f* (pflanzliche - z.B. Samen in der Baumwolle), Fremdkörper *m* (in der Wolle) ‖ **~** (Textiles) / Knötchen *n* (im Garn oder Gewebe)
**motel** *n* / Motel *n* (pl. -s) (an großen Autostraßen)
**mote trash** (Textiles) / Verunreinigung *f* (pflanzliche - z.B. Samen in der Baumwolle), Fremdkörper *m* (in der Wolle)
**moth** *n* (Zool) / Motte *f* (Kleinschmetterling, der als Textil-, Pflanzen- oder Vorratsschädling von Bedeutung ist)
**mothball** *v* (Mil) / einmotten *v* (Waffen) ‖ **~** (Nuc Eng) / strahlensicher konservieren, sicher einschließen
**mothballed** *adj* (Mil) / eingemottet *adj*
**moth damage** (Textiles) / Mottenfraß *m* ‖ **~-eaten** *adj* (Textiles) / mottenzerfressen *adj*, mottengeschädigt *adj*, von Motten zerfressen
**mother*** *n* (Acous) / Mutterplatte *f*, Mutter *f* (pl. Muttern) (Originalmatrize mit Rillen bei der Schallplattenherstellung) ‖ **~** (Chem Eng) / Essigmutter *f* (bei dem alten Orleans-Verfahren)
**motherboard** *n* (Electronics) / Grundplatine *f* (Leiterplatte, in deren Sockel weitere Karten eingesteckt werden können), Mutterleiterplatte *f*, Trägerleiterplatte *f* (in deren Sockel weitere Karten eingesteckt werden können), Motherboard *n* (eine Leiterplatte) ‖ **~** (Electronics) s. also backplane
**mother cell*** (Cyt) / Mutterzelle *f* ‖ **~ crystal** (Crystal) / Mutterkristall *m* ‖ **~ disc** / Mutterdisk *f* (CD-ROM), Mutterdisc *f* ‖ **~ disk** / Mutterdisk *f* (CD-ROM), Mutterdisc *f* ‖ **~ element** (Nuc) / Mutterelement *m* ‖ **~ liquor*** (a solution from which substances are crystallized) (Chem) / Mutterlauge *f* (nach dem Auskristallisieren aus Lösungen) ‖ **~ of coal** (Geol, Mining) / Fusit *m*, Fusain *m* (zerreibbare, schwärzende Streifenart, petrografische Bezeichnung für Faserkohle) ‖ **~ of emerald*** (Min) / Prasem *m* (grobkristalline Quarzvarietät, die durch massenhaft eingeschlossenen Strahlstein lauchgrün gefärbt ist) ‖ **~-of-pearl*** (Zool) / Perlmutt *n*, Perlmutter *f* ‖ **~-of-pearl cloud** (Meteor) / Perlmutterwolke *f* (vorwiegend in höheren Breiten, 20 bis 30 km hoch)
**mother-of-pearl paper** (Paper) / Perlmuttpapier *n*, Perlmutterpapier *n*
**mother of vinegar** (Chem, Chem Eng) / Essigmutter *f* (bei dem alten Orleans-Verfahren) ‖ **~ oil** (Oils) / Grundöl *n*, Ausgangsöl *n*, Mutteröl *n* ‖ **~ rock** (Geol) / Urgestein *n*, Muttergestein *n* ‖ **~ rock** (Geol) / Muttergestein *n* (für primäres Gesteinsbitumen) ‖ **~ rock** (Geol, Oils) / Erdölmuttergestein *n*
**mother's milk** (Nut) / Muttermilch *f*, Humanmilch *f*, Frauenmilch *f*
**mother substance** / Muttersubstanz *f*, Grundsubstanz *f*, Stammkörper *m* ‖ **~ tree** (For) / Samenbaum *m*, Mutterbaum *m*
**moth grub** (Textiles, Zool) / Mottenraupe *f* ‖ **~ hole** (Textiles) / Mottenloch *n*
**mothproof** *adj* (Textiles) / mottensicher *adj*, mottenecht *adj* ‖ **~ finishing** (Textiles) / Mottenechtausrüstung *f*, Mottenschutzappretur *f*
**mothproofing** *n* (Textiles) / Mottenechtausrüstung *f*, Mottenschutzappretur *f* ‖ **~ agent** (Textiles) / Mottenschutzmittel *n*
**moth repellent** (Textiles) / Mottenschutzmittel *n*
**moth-resistant** *adj* (Textiles) / mottensicher *adj*, mottenecht *adj*
**motif** *n* (Paint, Textiles) / Motiv *n*, Muster *n*
**motion** *n* (Eng) / Mechanismus *m* (technisches Gebilde, Komplex von Teilen einer Maschine, eines Geräts, einer Einrichtung) ‖ **~** (Maths) / Bewegung *f* (Abbildung bei der die Originalfigur und die Bildfigur kongruent sind) ‖ **~** (Phys) / Bewegung *f*, Gang *m* (Bewegung) ‖ **~** (Textiles) / Getriebe *n*, Mechanismus *m*
**motional distortion** (Optics, Photog) / Bildbewegung *f*, Bildwanderung *f*, Bewegungsunschärfe *f* (durch Bewegung) ‖ **~ feedback** (Acous) / Bewegungskopplung *f*
**motional-feedback loudspeaker** (Acous) / MFB-Lautsprecher *m*, MFB-Box *f*, Motional-Feedback-Lautsprecher *m* ‖ **~ system** (Acous) / Motional-Feedback-System *n* (bei aktiven Lautsprechern)
**motional impedance*** (Acous, Telecomm) / Bewegungsimpedanz *f*, kinetische (mechanische) Impedanz (eines Lautsprechers)
**motion analysis** (Work Study) / Bewegungsanalyse *f*, Analyse des Bewegungsablaufs *f* ‖ **~ bar*** (Eng) / Führungsstange *f*, Leitstange *f* ‖ **~ bars*** (Eng) / Geradführung *f* (des Kreuzkopfes), Kreuzkopfführung *f* ‖ **~ compensation** (Nav, Radar) / Bewegungskompensation *f* ‖ **~ compensation** (machinery)* (Oils) / Bewegungsausgleichsgerät *n* (eine Einrichtung zum Aufheben der Vertikalbewegung der schwimmenden Anlage bei Wireline-Arbeiten) ‖ **~ cycle** (continuous, intermittent, reversing, oscillating) (Eng) / Bewegungsablauf *m* (in einem Tribosystem) ‖ **~ detector** / Bewegungsmelder *m* (einer Alarmanlage) ‖ **~ graph** (Phys) / Bewegungsdiagramm *n* ‖ **~ icon** (Comp) / animiertes Icon ‖ **~ in space** (Mech) / räumliche Bewegung ‖ **~ of the centroid** (Mech) / Schwerpunktsatz *m* ‖ **~ path** (Phys) / Bewegungsbahn *f* ‖ **~ pattern** (Work Study) / Bewegungsmuster *n* ‖ **~ picture** (Cinema) / Bewegtbild *n* (als Gegensatz zu Standbild) ‖ **~-picture camera*** (Cinema) / Filmkamera *f*, Kinokamera *f*, Laufbildkamera *f*

**motion-picture**

**motion-picture film** (Cinema) / Kinefilm *m* (DIN 15580) ‖ **~ industry** (US) (Cinema) / Filmindustrie *f*, Filmbranche *f* ‖ **~ projector** (Cinema) / Laufbildprojektor *m*, Kinofilmprojektor *m*, Kinomaschine *f*, Filmprojektor *m*, Laufbildwerfer *m*
**Motion Pictures Experts Group**\* (full-motion video extension to the still-image JPEG compression technique) (Cinema, Comp) / Motion Pictures Experts Group *f*, MPEG (Motion Pictures Experts Group) ‖ **~ picture version** (US) (Cinema) / Filmfassung *f*, Filmversion *f* ‖ **~ screw** (Eng) / Bewegungsschraube *f* ‖ **~ sequence** (Work Study) / Bewegungsablauf *m* ‖ **~ sickness** (nausea caused by motion, especially travelling in a vehicle) (Med) / Kinetose *f*, Bewegungskrankheit *f* ‖ **~ stability** (Nuc) / Bewegungsstabilität *f*, Stabilität *f* der Bewegung (eines geladenen Teilchens) ‖ **~ statement** (Eng) / Bewegungsanweisung *f* (bei CNC-Maschinen) ‖ **~ strategy** / Bewegungsstrategie *f* (bei Industrierobotern) ‖ **~ study** (Work Study) / Bewegungsstudie *f* (Teilgebiet der Arbeitsstudie) ‖ **~ under uniform acceleration** (Mech) / gleichmäßig beschleunigte Bewegung ‖ **~ with constant acceleration** (Mech) / gleichmäßig beschleunigte Bewegung ‖ **~ work** (Horol) / Zeigerwellentrieb *m*
**motivation research** / Motivationsforschung *f*
**motive power** (Autos, Eng, Phys) / Antriebskraft *f*, Treibkraft *f* ‖ **~ power** (of a spring) (Mech) / Federarbeit *f* ‖ **~ power engineering** (Eng) / Antriebstechnik *f*
**motley** *adj* / buntscheckig *adj*, bunt *adj* (z.B. ein Gewebe)
**motoelectric effect** (Phys) / motoelektrischer Effekt
**motor** *v* (Autos) / fahren *v* (mit oder in einem Kraftfahrzeug) ‖ **~** *vt* (Autos) / in einem Kraftfahrzeug befördern ‖ **~** *n* (GB) (Autos) / Kraftfahrzeug *n* (DIN 70002), Kfz (Kraftfahrzeug) ‖ **~\*** (Elec Eng, Eng) / Motor *m* ‖ **~\*** (Eng) / Triebwerk *n* (Verbrennungsmotor; Elektromotor) ‖ **~ if the ~ is defective** (I C Engs) / bei Motorschäden
**motorable** *adj* (Autos) / befahrbar *adj* (mit Kraftfahrzeugen)
**motorail** *n* (train) (Rail) / Autoreisezug *m*
**motor bicycle** (motor cycle or moped) (Autos) / Kraftrad *n* (DIN 70010), Krad *n* ‖ **~ boat** (Ships) / Motorboot *n* ‖ **~-boating**\* *n* (Radio) / Motor-Boating *n*, Blubbern *n* (unerwünschter Rückkopplungseffekt bei mehrstufigen Verstärkern) ‖ **~ bogie**\* (Rail) / Triebdrehgestell *n* ‖ **~ brake** (Rail) / Triebwerksbremse *f* (eine Eisenbahnbremse) ‖ **~ bus** (Autos) / Kraftomnibus *m* (DIN 70 010), Bus *m*, Omnibus *m*, Autobus *m* ‖ **~ car** (GB) (Autos) / Kraftfahrzeug *n* (DIN 70002), Kfz (Kraftfahrzeug)
**motor-car lighting** (Autos) / Kraftfahrzeugbeleuchtung *f* ‖ **~ manufacturer** (Autos, Eng) / Autohersteller *m* ‖ **~ passenger insurance** (Autos) / Kraftfahrt-Unfallversicherung *f*, Insassenversicherung *f* ‖ **~ repair** (work)**shop** (Autos) / Kraftwagenwerkstatt *f* ‖ **~ telephone** (Teleph) / Autotelefon *n*, Sprechfunkgerät *n* im öffentlichen beweglichen Landfunk, Kraftfahrzeug-Sprechfunkanlage *f*, Kraftfahrzeug-Funksprechanlage *f*
**motor chain-saw** (For) / Motorkettensäge *f*, MKS (Motorkettensäge) ‖ **~ circuit-breaker** (Elec Eng) / Motorschutzschalter *m* ‖ **~ coach** (Autos) / Reisebus *m*, Autocar *m* (S) (pl. Autocars) ‖ **~ coach** (Autos) / Kraftomnibus *m* (DIN 70 010), Bus *m*, Omnibus *m*, Autobus *m* ‖ **~ coach** (Rail) / Triebwagen *m* ‖ **~ coach train** (Rail) / Triebzug *m*, Triebwagenzug *m* ‖ **~ coaster** (Ships) / Küstenmotorschiff *n*, Kümo *n* ‖ **~ converter** (Elec Eng) / Kaskadenumformer *m* (DIN 42005) ‖ **~ court** / Motel *n* (pl. -s) (an großen Autostraßen)
**motorcycle** *n* (Autos) / Motorrad *n*
**motor defect** (I C Engs) / Motorschaden *m*, Motordefekt *m*, Motorpanne *f* ‖ **~ drive** (Elec Eng, Eng) / Motorantrieb *m* ‖ **~-driven** *adj* (Eng) / motorgetrieben *adj*, mit Motorantrieb, motorisch angetrieben, motorisch betrieben, durch Motor angetrieben ‖ **~-driven zoom** (Cinema) / Zoomautomatik *f*, Powerzoom *n* (mit Mikromotor zur automatischen Brennweiteneinstellung)
**motored** *adj* (Eng) / motorgetrieben *adj*, mit Motorantrieb, motorisch angetrieben, motorisch betrieben, durch Motor angetrieben
**motor fuel** (Fuels) / Kraftstoff *m* für Kraftfahrzeuge (meistens Vergaserkraftstoff + Dieselkraftstoff) ‖ **~ generator** (a converter)\* (Elec Eng) / rotierender Gleichspannungsumformer, Motorgenerator *m* (im Umformer) ‖ **~-generator locomotive** (Elec Eng) / Umformerlokomotive *f*
**motor-generator set** (Elec Eng, Eng) / Motorgenerator *m* (ein Maschinensatz)
**motor-generator-type welding machine** (Welding) / Schweißumformer *m* (Antriebsmotor + Generator)
**motor grab** (Eng) / Motorgreifer *m* (ein Baggergreifer für Schüttgut) ‖ **~ grader** (Civ Eng) / Motorgrader *m* (ein Straßenhobel)
**motorhome** *n* (US) (Autos) / Wohnmobil *n*, Motorhome *n*, Reisemobil *n* (groß), Campingbus *m*
**motor horn** (Autos) / Horn *n*, Hupe *f*, Signalhorn *n* ‖ **~ hotel** / Motel *n* (pl. -s) (großes, im Stadtgebiet) ‖ **~ industry** (Autos) / Kraftfahrzeugindustrie *f*, Automobilindustrie *f*, Autoindustrie *f*

**motoring** *n* (Autos) / Autofahren *n* ‖ **~** (Elec Eng) / Motorbetrieb *m* (der elektrischen Maschine) ‖ **~ atlas** (Autos, Cartography) / Autoatlas *m* ‖ **~ offence** (Autos) / Verkehrsdelikt *n* ‖ **~ offense** (US) (Autos) / Verkehrsdelikt *n*
**motor inn** / Motel *n* (pl. -s) (großes, im Stadtgebiet) ‖ **~ insurance** (Autos) / Kraftfahrtversicherung *f* (Sammelbezeichnung für verschiedene Versicherungsarten zur Deckung von Gefahren, die sich aus dem Gebrauch von Kraftfahrzeugen ergeben), Autoversicherung *f*, Kraftfahrzeugversicherung *f*, Kraftverkehrsversicherung *f*
**motorist** *n* (Autos) / Kraftfahrer *m*, Fahrer *m*, Kraftfahrzeugführer *m*, Lenker *m* (A)
**motorization** *n* (Eng) / Motorisierung *f*
**motorize** *v* (Eng) / motorisieren *v* (mit einem Motor ausstatten)
**motorized camera** (Cinema, Photog) / Motorkamera *f* ‖ **~ keyboard** (Telecomm) / motorbetätigtes Tastenwerk (in der Fernschreibtechnik), Tastatur *f* mit motorangetriebenen Wählschienen (in der Fernschreibtechnik) ‖ **~ valve** (Eng) / Motorventil *n*
**motorless flight** (Aero, Mil, Space) / antriebsloser Abschnitt, antriebsloser Flug (der Flugbahn eines ballistischen Flugkörpers)
**motor lodge** / Motel *n* (pl. -s) (an großen Autostraßen) ‖ **~ mechanic** (Autos) / Kraftfahrzeugmechaniker *m* (ein Handwerker), Kraftfahrzeugschlosser *m* (ein Industrieberuf) ‖ **~ mechanism** (Eng) / Getriebe *n* (das aus dem Mechanismus entsteht, wenn dieser an einem oder mehreren Gliedern angetrieben wird) ‖ **~ meter**\* (Elec Eng) / Motorzähler *m* (ein Elektrizitätszähler mit Motormesswerk) ‖ **~ mode** (Elec Eng) / Motorprinzip *n* (als Gegensatz zum Generatorprinzip bei elektrischen Maschinen) ‖ **~ octane number** (Fuels) / Oktanzahl *f* nach der Motor-Methode (ein Maß für die Klopffestigkeit), Motor-Oktanzahl *f*, MOZ (Motoroktanzahl nach DIN EN 25 163 und 25 164) ‖ **~ oil** (Eng, I C Engs) / Motoröl *n*, Motorenöl *n* (im Allgemeinen)
**motor-operated starter** / Motorstarter *m* mit Motorantrieb
**motor-operated switch**\* (Elec Eng) / Schalter *m* mit Motorantrieb, Fernschalter *m*
**motor-operated valve** (Eng) / Ventil *n* mit Antrieb
**motor operation** (Elec Eng) / Motorbetrieb *m* (der elektrischen Maschine) ‖ **~ operator** (Automation) / motorischer (Stell)Antrieb, Motorsteller *m* ‖ **~ output** (Eng, I C Engs) / Motorleistung *f* (Ausgangsleistung) ‖ **~ overcurrent protection** (Elec Eng) / Motorüberstromschutz *m* ‖ **~ overload protection** (Elec Eng) / Motorüberlastungsschutz *m* ‖ **~ overvoltage protection** (Elec Eng) / Motorüberspannungsschutz *m* ‖ **~ performance** (Eng, I C Engs) / Motorleistung *f* (unter den jeweiligen Betriebsbedingungen) ‖ **~ pool** (Mil) / Fahrzeugpark *m* (und oft auch die dazugehörigen Reparatureinrichtungen nebst Personal) ‖ **~ protection** (Elec Eng) / Motorschutz *m* ‖ **~ pump** / Motorspritze *f* (eine Feuerspritze), Kraftspritze *f*, Motorpumpe *f*
**motor-racing driver** (Autos) / Rennfahrer *m*
**motor rating** (Eng) / Motorleistung *f* (Nennleistung), Motornennleistung *f*, Antriebsleistung *f* des Motors ‖ **~ rumble** (Acous) / Rumpeln *n*, Rumpelgeräusch *n* (das auf Unzulänglichkeiten des Laufwerks des Plattenspielers zurückzuführen ist) ‖ **~ scooter** (Autos) / Motorroller *m*, Roller *m* ‖ **~ ship** (Ships) / Motorschiff *n* (mit Verbrennungsmotoren angetriebenes Schiff), MS (Motorschiff) ‖ **~ spirit** (GB)\* (Fuels) / Ottokraftstoff *m* (DIN EN 228), Benzin *n* (Fahrbenzin, Flugbenzin, Ottokraftstoff), Vergaserkraftstoff *m* (DIN 51600) ‖ **~ starter**\* (Elec Eng) / Motoranlasser *m*, Motorstarter *m* ‖ **~ switch** (Elec Eng) / Motorschalter *m* ‖ **~ synchronizing** (Elec Eng) / Motorsynchronisierung *f* ‖ **~ traffic** (Autos) / Kraftverkehr *m*, Autoverkehr *m* ‖ **~ traffic** (Autos) s. also road traffic ‖ **~ train set** (Rail) / Triebzug *m*, Triebwagenzug *m*
**motortruck** *n* (US) (Autos) / Lastkraftwagen *m*, LKW, Lkw, Camion *m* (S), Truck *m* (pl. -s) (meistens ein Haubenfahrzeug), Fernlaster *m*
**motor vehicle** (Autos) / Kraftfahrzeug *n* (DIN 70002), Kfz (Kraftfahrzeug)
**motor-vehicle fleet** (Autos) / Kraftfahrzeugpark *m* ‖ **~ insurance** (Autos) / Kraftfahrtversicherung *f* (Sammelbezeichnung für verschiedene Versicherungsarten zur Deckung von Gefahren, die sich aus dem Gebrauch von Kraftfahrzeugen ergeben), Autoversicherung *f*, Kraftfahrzeugversicherung *f*, Kraftverkehrsversicherung *f*
**Motor Vehicle Safety Standard** (Autos, Materials) / Motor Vehicle Safety Standard *m* (amerikanische Norm zur Bestimmung des Brennverhaltens von Werkstoffen, die bei der Innenausstattung von Kraftfahrzeugen verwendet werden), MVSS (Motor Vehicle Safety Standard) ‖ **~ vehicle third-party liability insurance** (Autos) / Kfz-Haftpflichtversicherung *f*, Kraftfahrzeug-Haftpflichtversicherung *f* ‖ **~ vehicle traffic** (Autos) / Kraftfahrzeugverkehr *m* ‖ **~ vessel** (Ships) / Motorschiff *n* (mit Verbrennungsmotoren angetriebenes Schiff), MS (Motorschiff)

**motorway** *n* (GB)* (Autos) / Autobahn *f* ‖ ~ **bridge** (GB) (Civ Eng) / Autobahnbrücke *f*
**motor with combined ventilation** (Elec Eng) / eigen- und fremdbelüfteter Motor
**motte*** *n* (Arch) / Motte *f* (für eine Hochmottenburg), Burghügel *m* (für eine Turmburg)
**MOT test** (GB) (a compulsory annual test for all road vehicles over a certain age - owner of such vehicles must have a valid MOT certificate) (Autos) / [in etwa] TÜV-Untersuchung *f*
**mottle** *v* / betupfen *v*, abtupfen *v* ‖ ~ (Paint) / maserieren *v*, masern *v* (Holz mit Lasurfarben) ‖ ~ (Print) / perlen *v* (Tiefdruckfarbe) ‖ ~ *n* (Print) / Farbschwankungen *f pl*
**mottled** *adj* / fleckig *adj* (gesprenkelt), gefleckt *adj*, gesprenkelt *adj*, marmoriert *adj* ‖ ~ **dyeing** (Textiles) / gesprenkelte Färbung, gefleckte Färbung ‖ ~ **image** (Print) / wolkiges Druckbild ‖ ~ **iron*** (Met) / meliertes Roheisen (mit grauen Flecken auf weißer Bruchfläche) ‖ ~ **sandstone*** (Geol) / Buntsandstein *m* (rotbrauner), Braunsandstein *m* (arkosischer rotbrauner Sandstein) ‖ ~ **yarn** (Spinning) / mehrfarbiges Kammgarn, gesprenkeltes Garn, Moulinégarn *n*, Mottled-Garn *n*
**mottler*** *n* (Paint) / Maserwerkzeug *n*, Holzimitationswerkzeug *n* (z.B. Stahl- und Gummikämme, Schläger usw.)
**mottle yarn*** *n* (Spinning) / mehrfarbiges Kammgarn, gesprenkeltes Garn, Moulinégarn *n*, Mottled-Garn *n*
**mottling** *n* / Betupfen *n*, Abtupfen *n* ‖ ~ / Fleckenbildung *f* (Sprenkelung) ‖ ~ (Materials, Met) / Faulbruch *m* (beim Temperguss) ‖ ~ (Med) / Hautmarmorierungen *f pl* (bei Tauchern und Caissonarbeitern) ‖ ~ (Paint) / Maserieren *n*, Masern *n* (des Holzes mit Lasurfarben) ‖ ~ (Paint) / Tupfeffekt *m* (ungewollter - ein Anstrichfehler) ‖ ~ (Paper) / Scheckigwerden *n*
**mottramite*** *n* (Min) / Mottramit *m* (örtlich wichtiges Vanadiumerz) ‖ ~* (Min) s. also descloizite
**Mott scattering** (Phys) / Mottsche Streuung, Mott-Streuung *f* (nach Sir N.F. Mott, 1905-1996)
**Mott's scattering formula** (Phys) / Mott'sche Streuformel
**mould** *v* / anformen *v* (Schuhsohlen) ‖ ~ / bossieren *v* (weiches Material modellieren) ‖ ~ (Chem Eng) / in Formen vulkanisieren (Kautschuk) ‖ ~ (Foundry) / formen *v*, abformen *v*, Formen herstellen, Formen bauen ‖ ~ (Join) / kehlen *v* ‖ ~ (Paper) / schöpfen *v* ‖ ~ (Plastics) / pressen *v* ‖ ~ (Print) / prägen *v* (die Druckform in die daraufliegende Mater mit einer Prägepresse abformen - in der Stereotypie) ‖ ~ *vi* / verschimmeln *v*, schimmelig werden, schimmeln *v* ‖ ~* *n* (Bot) / Moder *m* (Fäulnis, Verwesung) ‖ ~ (Acous) / Matrize *f* mit Rillen (für die Schallplattenherstellung) ‖ ~ (Agric) / Mulm *m* ‖ ~ (Agric, Bot, Geol) / Humus *m* (die in oder auf dem Boden befindliche, abgestorbene organische Substanz, welche sich im ständigen Aufbau, Abbau oder Umbau befindet - DIN 4047-10) ‖ ~* (Bot, Nut) / Schimmel *m* ‖ ~* (Build) / Formteil *n* (z.B. für die Stuckverzierung), Stuckplastik *f*, Stuckprofil *n* ‖ ~ (Build, Civ Eng) / Form *f* (für Betonwaren) ‖ ~ (Ceramics) / Modell *n* (in allen Stadien) ‖ ~ (Chem Eng) / Heizform *f* (der Vulkanisationspresse und des Vulkanisationskessels) ‖ ~* (Civ Eng) / Lehrgerüst *n* (meistens bei der Herstellung von Betonfertigteilen) ‖ ~ (For) / Lauberde *f*, Blumenerde *f* ‖ ~ (Foundry) / Gießform *f* (verloren oder Dauerform), Form *f* ‖ ~* (Geol) / Abdruck *m* (Negativabdruck tierischer oder pflanzlicher Körper oder Körperteile in Gesteinen) ‖ ~ (Glass) / Form *f* ‖ ~ (Paper) / Schöpfform *f*, Schöpfsieb *n* ‖ ~ (for shaping plastics) (Plastics) / Formwerkzeug *n*, Werkzeug *n* ‖ ~ (Plastics, Powder Met) / Pressform *f*, Matrize *f* ‖ ~* (Print) / Matrize *f* ‖ ~ (Ships) / Mall *n* (Schablone oder Modell für Schiffsteile) ‖ ~ (Ships) / Lehrspantmodell *n* ‖ ~ (Textiles) / Schimmel *m* ‖ ~ (Ceramics) s. also original model
**mouldability** *n* / Bildsamkeit *f*, Formbarkeit *f*
**mouldable** *adj* / bildsam *adj*, formbar *adj* ‖ ~ (Civ Eng, Plastics, Powder Met) / verpressbar *adj* ‖ ~ **needle-punch carpet** (Autos, Textiles) / Tiefziehteppich *m*
**mould blowing** (Glass) / Formblasen *n*, Formarbeit *f*
**mould-board*** *n* (Agric) / Streichblech *n* (des Scharpfluges) ‖ ~ (Civ Eng) / Schild *m* (eines Dozers), Planierschild *m* ‖ ~ **extension** (Agric) / Streichschiene *f* (des Pflugs) ‖ ~ **plough*** (Agric) / Scharfpflug *m* (mit Schar und Streichblech)
**mould casting** (Foundry) / Formguss *m* ‖ ~ **cavity** (Foundry) / Formhohlraum *m* (in der Gießform) ‖ ~ **cavity** (Plastics) / Gesenk *n*, Formnest *n* (DIN 24450), Formhohlung *f* ‖ ~ **clamping** (Plastics) / Formzuhalten *n*, Formschluss *n*, Formschließen *n*, Formzuschließen *n*
**mould-clamping force** (Plastics) / Formzuhaltekraft *f*, Formschließkraft *f*
**mould coating** (Foundry) / Formlackierung *f*, Formbeschichtung *f* ‖ ~ **conveyor** (Foundry) / Formenförderer *m* ‖ ~ **cooling** (Foundry) / Formkühlung *f* ‖ ~ **core** (Foundry) / Formkern *m* ‖ ~ **cure** (Chem Eng) / Formheizung *f* ‖ ~ **curing** (Chem Eng) / Formheizung *f* ‖ ~ **design**

**moulding**

(Plastics) / Werkzeugkonstruktion *f* ‖ ~ **dope** (Glass) / Schmiermittel *n*, Formenschmiermittel *n* ‖ ~ **drier** (Foundry) / Formentrockner *m*
**moulded attaché case** / Hartschalen-Aktenkoffer *m* ‖ ~ **beam** (Ships) / gemallte Breite, Breite *f* auf Spanten (größte Breite, auf Mallkante Spant gemessen) ‖ ~ **board** (Paper) / Ziehpappe *f*, Formpappe *f* ‖ ~ **breadth*** (Ships) / gemallte Breite, Breite *f* auf Spanten (größte Breite, auf Mallkante Spant gemessen) ‖ ~ **brick** (Build) / Formstein *m* (eine Sonderanfertigung), Formziegel *m* ‖ ~ **brick** (Ceramics) / in einem bildsamen Verfahren hergestellter Ziegel
**moulded circuit** (Electronics) / gegossene Schaltung ‖ ~ **coke** (Fuels) / Formkoks *m* ‖ ~ **commutator** (Elec Eng) / Gießharzkommutator *m*, Pressstoffkommutator *m*, eingegossener Stromwender ‖ ~ **depth*** (Ships) / Seitenhöhe *f* (über Basis bis Oberkante Hauptdeckbalken auf 0,5 Lpp an Seite Deck) ‖ ~ **dimensions*** (Ships) / Hauptabmessungen *f pl* ‖ ~-**in-place concrete pile*** (Build, Civ Eng) / Ortpfahl *m* (Ortrammpfahl, Ortbohrpfahl), Ortbetonpfahl *m* ‖ ~ **lead covering** (Cables) / gepresster Bleimantel ‖ ~ **material** (Plastics) / Formstoff *m* (der aus Formmassen durch spanlose Formung hergestellt worden ist - DIN 7708, T 1) ‖ ~ **meat** (Nut) / Formfleisch *n* (das aus mehr oder minder großen Fleischstücken besteht, welche durch besondere Maßnahmen zu größeren, geformten Stücken verpresst werden, zum Beispiel Schinken oder Formfleisch-Gulasch), rekonstituiertes Fleisch ‖ ~ **packing** (Eng) / Weichpackung *f*, Weichdichtung *f* ‖ ~ **packing** (Eng) / Manschettenpackung *f* ‖ ~ **part** (Plastics) / Formteil *n* ‖ ~ **plywood** (For) / Formsperrholz *n* ‖ ~ **plywood** (element) (For, Join) / Profilsperrholz *n* (Formteil aus Sperrholz), Sperrholzformteil *n* ‖ ~ **pulp** (Paper) / Formpresspappe *f*, Faserguss *m* (als Verpackung)
**moulder** *v* / vermodern *v*, modern *v* ‖ ~ *n* (For, Join) / Formfräsmaschine *f* (z.B. Rundstabfräsmaschine, Rundstabkehlmaschine), Profilfräsmaschine *f*, Kehlmaschine *f* für Hohlkehlen ‖ ~ (Foundry) / Former *m*, Formenbauer *m* ‖ ~ (Join) / Leistenhobelmaschine *f*
**moulder's brush** (Foundry) / Formerpinsel *m*
**mould expansion** (Foundry) / Formausdehnung *f* ‖ ~ **film** (Nut) / Schimmel *m* (von Schimmelpilzen gebildeter weißlicher Belag), Kahmhaut *f* (durch hefeähnliche Pilze gebildete grauweiße Haut auf gärenden oder faulenden Flüssigkeiten) ‖ ~ **frame jacket** (Foundry) / Überwurfrahmen *m*, Gießrahmen *m*, Rahmen *m*, Formrahmen *m* (bei kastenlosen Formen), Formenrahmen *m* ‖ ~ **fungi** (Bacteriol) / Schimmelpilze *m pl* (z.B. auch Holz verfärbende Pilze nach DIN EN 335-1)
**mouldicide** *n* (Chem, Nut) / Schimmelverhütungsmittel *n*
**mould in** *v* / einformen *v*
**mouldiness** *n* / Modrigkeit *f*, Moderigkeit *f* ‖ ~ / Schimmeligkeit *f*, Verschimmelung *f*
**moulding** *n* (Arch) / Stuckdekoration *f* ‖ ~* (Arch) / Stab *m* (Zierleiste) ‖ ~* (Arch, Build) / Gesims *n*, Sims *m n* ‖ ~* (Arch, Build) / Architekturglied *n*, Profil *n* (Kehle oder Stab), architektonisches Glied, Zierprofil *n* ‖ ~ (For) / Formfräsen *n* ‖ ~ (Foundry) / Abformen *n*, Formen *n*, Formherstellung *f*, Formarbeit *f* ‖ ~* (Foundry, Plastics) / Formverfahren *n* ‖ ~ (Join) / Kehlleiste *f*, Formleiste *f*, profilierte Leiste ‖ ~ (Paper) / Schöpfen *n* ‖ ~ (made by compression or transfer moulding) (Plastics) / Pressteil *n*, Pressling *m* ‖ ~* (Plastics) / Formteil *n* ‖ ~* (Plastics, Powder Met) / Verpressen *n*, Pressen *n* ‖ ~ (Print) / Prägen *n* (Abformen der Druckform in die daraufliegende Mater mit einer Prägepresse - in der Stereotypie) ‖ ~ **bay** (Foundry) / Formhalle *f* ‖ ~ **body** (Ceramics) / Drehmasse *f* ‖ ~ **box*** (Foundry) / Formkasten *m* (starrer metallischer Rahmen, der zur Aufnahme, zum Festhalten des in ihm verdichteten Formstoffes dient und den Transport von Formen ermöglicht), Kasten *m*
**moulding-box conveyor** (Foundry) / Formkastenförderer *m* ‖ ~ **table** (Foundry) / Formentisch *m*, Formtisch *m*
**moulding cinder pot** (Foundry) / Schlackenpfanne *f* ‖ ~ **compound** (Foundry) / Formmasse *f* (für Trockenformen) ‖ ~ **compound** (Plastics) / Formmasse *f* (DIN 7708, T 1) ‖ ~ **cutter*** (Arch, Build) / Drehschablone *f* (zum Ziehen eines kreisförmigen Profilzuges), Flügelschablone *f* (zum Ziehen eines kreisförmigen Profilzuges) ‖ ~ **die** (Plastics) / Spritzwerkzeug *n* ‖ ~ **loam** (Foundry) / Formlehm *m* (ein Formstoff) ‖ ~ **machine*** (Foundry) / Formmaschine *f* ‖ ~ **machine** (Join) / Leistenhobelmaschine *f* ‖ ~ **mass** / Knetmasse *f* (zum Abformen) ‖ ~ **material** (Foundry) / Formstoff *m* (z.B. mit organischen oder anorganischen Bindern) ‖ ~ **material** (Plastics) / Formmasse *f* (DIN 7708, T 1) ‖ ~ **material mixing machine** (Foundry) / Formstoffmischer *m* ‖ ~ **nail** (Foundry) / Formerstift *m*, Sandstift *m* ‖ ~ **pin** (Foundry) / Formerstift *m*, Sandstift *m* ‖ ~ **pit** (Foundry) / Formgrube *f* ‖ ~ **plane*** (For, Join) / Fassonhobel *m*, Formhobel *m*, Profilhobel *m*, Stabhobel *m* ‖ ~ **plant** (Foundry) / Formanlage *f* (Anlage zur mechanischen bzw. automatischen Herstellung von Gussstücken in verlorenen Formen, bei der die zur Gussstückherstellung notwendigen Arbeitsverrichtungen überwiegend von maschinellen Ausrüstungen übernommen

993

**moulding**
werden) ‖ **~ plate** (Foundry) / Formbrett *n*, Formplatte *f* (Sandform) ‖ **~ (parting) powder** (Foundry) / Formpuder *m* (der dem sauberen Trennen von Modell und Form bzw. von Ober- und Unterkasten dient) ‖ **~ powder*** (Plastics) / pulvrige Pressmasse ‖ **~ press** (Print) / Prägepresse *f* (heute meistens hydraulisch) ‖ **~ process** (Foundry, Plastics) / Formverfahren *n* ‖ **~ resin** (Plastics) / Pressharz *n* ‖ **~ sand*** (Foundry) / Formsand *m*
**moulding-sand preparation plant** (Foundry) / Formsandaufbereitungsanlage *f*
**moulding shell** (Foundry) / Formmaske *f* (ein erhärtetes Sand-Kunstharz-Gemisch, das in möglichst gleicher Dicke um die Modellkonturen eine Maske bildet) ‖ **~ shop** (Foundry) / Formerei *f*, Formbetrieb *m* ‖ **~ shrinkage** (Ceramics) / Schrumpfung *f* eines Formteils ‖ **~ spindle** (For) / Frässpindel *f* ‖ **~ wax** / Bossierwachs *n* (für die Bildhauerei)
**mould joint** (Foundry) / Modellteilung *f* ‖ **~ joint** (Glass) / Formnaht *f*, Körpernaht *f*
**mould-killed** *adj* (Met) / in der Form beruhigt
**mould loft** (Ships) / Schnürboden *m*, Mallboden *m*, Reißboden *m*, Werkbühne *f* (S) (hallenförmiger Raum auf Werften, auf dessen Fußboden der Linienriss im Maßstab 1 : 1 aufgetragen wird) ‖ **~ lubricant** (Chem Eng) / Formentrennmittel *n*, Formeneinstreichmittel *n*, Formeinstreichmittel *n*, Puderungsmittel *n*, Trennmittel *n* (das die Adhäsionskräfte zwischen zwei aneinander grenzenden Oberflächen verringert) ‖ **~ lubricant** (Foundry) / Kokillenschmiere *f* ‖ **~ machine*** (Paper) / Rundsiebmaschine *f*
**mould-made paper** (Paper) / Imitationsbüttenpapier *n* (imitiertes Büttenpapier nach DIN 6730, Maschinenbütten *n* (mit der Rundsiebmaschine hergestellt), Büttenpapierersatz *m*, Rundsiebpapier *n*
**mould-making** *n* (Foundry) / Formenbau *m* ‖ **~** (Plastics) / Werkzeugbau *m* (Herstellung von Formwerkzeugen)
**mould mark** (Glass) / Abdruck *m* der Formfläche ‖ **~ mark** (Glass) / Formnaht *f*, Körpernaht *f* ‖ **~ mismatch** (Foundry) / Formversatz *m* ‖ **~ oil*** (Build, Civ Eng) / Schalöl *n*, Entschalungsöl *n*, Schalungsöl *n*, Schalungsmittel *n* (Öl) (ein Trennmittel aus wässerigen Emulsionen von chemisch indifferenten Mineralölen)
**mould-parting plane** (Foundry) / Formtrennebene *f* (beim Sandguss), Formtrennebene *f* (beim Sandguss)
**mould-prone** *adj* / schimmelanfällig *adj*
**mould release agent** (Chem Eng) / Formentrennmittel *n*, Formeneinstreichmittel *n*, Formeinstreichmittel *n*, Puderungsmittel *n*, Trennmittel *n* (das die Adhäsionskräfte zwischen zwei aneinander grenzenden Oberflächen verringert) ‖ **~ shop** (Foundry) / Formerei *f*, Formbetrieb *m* ‖ **~ spore** / Schimmelspore *f* ‖ **~ stain** (For) / Schimmelfleck *m* (beim Pilzbefall) ‖ **~ stain** / Stockfleck *m* ‖ **~ starter** (Nut) / Kulturschimmel *m* (z.B. für die Käsezubereitung) ‖ **~ strength** (Foundry) / Formstabilität *f* ‖ **~ strength** (Foundry) / Formfestigkeit *f* (beim Sandguss) ‖ **~ surface** (Plastics) / Spritzfläche *f* ‖ **~ table** (Foundry) / Formtisch *m*, Formtisch *m* ‖ **~ wash** (Foundry) / Schlichte *f* (ein Form- bzw. Kernüberzugsstoff zur Verbesserung der Gussoberfläche, Formschlichte *f* ‖ **~ wash** (Foundry) s. also coating
**mouldy** *adj* / verschimmelt *adj*, schimmelig *adj*, schimmlig *adj* (mit Schimmel bedeckt, voll Schimmel) ‖ **~** / moderig *adj*, modrig *adj* ‖ **~** (Nut) / Schimmel-, grabelig *adj* (Geschmack) ‖ **~ wood** (For) / Moderholz *n*
**moulin** *n* (Geol) / Gletschermühle *f*, Gletschertrichter *m*
**mouliné twist** (Textiles) / Mulinee *m*, Moulinézwirn *m*, Moulinierseide *f*, Mouliné *m*, Spaltgarn *n*, Moulinégarn *n*, gezwirnte Seide ‖ **~ yarn** (Spinning) / mehrfarbiges Kammgarn, gesprenkeltes Garn, Moulinégarn *n*, Mottled-Garn *n*
**moulting hormone** (Biochem) / Ecdyson *n*, Ekdyson *n*, Verpuppungshormon *n*, Schlüpfhormon *n*, Häutungshormon *n* (ein Ecdysteroid)
**mound** *n* (Electronics) / Spitze *f* (ein Oberflächenfehler), Rauigkeitsspitze *f* ‖ **~** (Geol) / Hügel *m* (niedriger), Erdhügel *m* ‖ **~ breakwater** (Hyd Eng) / Steinschüttwellenbrecher *m*, Wellenbrecher *m* aus Steinschüttung
**mounded tank** / umwallter Tank
**mount** *v* (onto) / anbringen *v* (montieren), montieren *v* (auf), aufmontieren *v* ‖ **~** (Astron) / montieren *v* (das Fernrohr) ‖ **~** (Autos) / montieren *v* (Reifen) ‖ **~** (tape, disc) (Comp) / einhängen *v* ‖ **~** (Comp) / mounten *v* (z.B. eine CD) ‖ **~** (Electronics) / bestücken *v* (Leiterplatte) ‖ **~** (Eng) / festspannen *v*, spannen *v* (das Werkstück durch Druck- oder Saugeinrichtung zum Zwecke der Bearbeitung festhalten), einspannen *v*, aufspannen *v* ‖ **~** (Eng) / aufstecken *v* ‖ **~** (Optics, Photog) / fassen *v* (eine Linse) ‖ **~** (Photog) / rahmen *v*, einrahmen *v* (Dias) ‖ **~** (Photog) / aufziehen *v* (Bilder) ‖ **~** (Print) / aufklotzen *v* (Druckplatten für den Buchdruck) ‖ **~ *n*** (Geog) / Berg *m* (in geografischen Namen) ‖ **~** (Optics, Photog) / Fassung *f* (einer Linse, eines Objektivs) ‖ **~** (Photog) / Passepartout *n* ‖ **~*** (Print) / Unterlage *f* (des Druckstocks) ‖ **~*** (Telecomm) / Halterung *f*

**mountain ash** (For) / Eucalyptus regnans F. Muell. ‖ **~ ash** (For) / Eberesche *f*, Vogelbeerbaum *m*, Krammetsbeere *f* Sorbus aucuparia L. - sehr oft auch Amerikanische Eberesche, Sorbus americana Marshall ‖ **~ blue** / ein altes Blaupigment (gemahlener Azurit) ‖ **~ building** (Geol) / Orogenese *f* (Gebirgsbildung) ‖ **~ butter** (Min) / Halotrichit *m*, Eisenalaun *m*, Bergbutter *f* (Aluminiumeisen(II)-sulfat-22-Wasser) ‖ **~ chain** (Geol) / Gebirgskette *f* (Alpen, Anden, Himalaja, Kaukasus) ‖ **~ chain** (mountain ranges and mountain systems) (Geol) / Kettengebirge *n* (lang gestrecktes Gebirge von kettenförmiger Anordnung der Hauptkämme, wie die meisten jungen Faltengebirge der Erde - Alpen, Himalaja, Anden, Kaukasus) ‖ **~ chain** (Geol) s. also cordillera ‖ **~ cork*** (Min) / Bergkork *m* (wirrfaseriger Asbest) ‖ **~ crystal** (Min) / Bergkristall *m* (wasserklarer Schmuckstein der Quarzgruppe) ‖ **~ effect** (Radio) / Abschattungseffekt *m* (bei elektromagnetischen Wellen) ‖ **~ forest** (For) / Bergwald *m* (submontan, montan, bis zur Waldgrenze) ‖ **~ glacier** (Geol) / Hochgebirgsgletscher *m*, Gebirgsgletscher *m* ‖ **~ hemlock** (For) / Mertenstanne *f* (Tsuga mertensiana (Bong.) Carrière), Berghemlocktanne *f* ‖ **~ leather*** (Min) / Bergleder *n* (faserige Schichten von Asbest) ‖ **~ pine** (For) / Krummholzkiefer *f* (Pinus mugo Turra), Bergkiefer *f*, Bergföhre *f* ‖ **~ railway** (Rail) / Gebirgsbahn *f* ‖ **~ railway** (Rail) / Bergbahn *f* ‖ **~ range** (Geol) / Gebirgszug *m* (Teil eines Kettengebirges)
**mountains** *pl* (Geog) / Gebirge *n*
**mountain sickness** (Med) / Bergkrankheit *f*, Höhenkrankheit *f*, Ballonkrankheit *f*, Fliegerkrankheit *f*, Bergkoller *m*
**mountainside** *n* / Berghang *m*
**mountain soap** (Min) / Oropion *n* (eine montmorillonitreiche Erde), Bergseife *f* (ein Bolus) ‖ **~ tallow** (Min) / Bergtalg *m* (talgige erdwachsartige Substanz), Hatchettin *m* ‖ **~ torrent** (Geol) / Wildbach *m*, Gießbach *m*, Torrente *m* (pl. -n) (im Mittelmeerraum) ‖ **~ tract** (Geol) / Wildbach *m*, Gießbach *m*, Torrente *m* (pl. -n) (im Mittelmeerraum) ‖ **~ tunnel** (Civ Eng) / Gebirgstunnel *m*, Bergtunnel *m* ‖ **~ viscacha** (Leather, Zool) / Großchinchilla *f n* (pl. -s), Bergviscacha *f* (Gattung Lagidium) ‖ **~ wood*** (Min) / Bergholz *n* (weniger biegsamer Asbest)
**mountant*** *n* (Photog) / Aufziehkleber *m*
**mounted implements** (Agric) / Anbaugeräte *n pl*, Traktoranbaugeräte *n pl* ‖ **~ plough** (Agric) / Anbaupflug *m* ‖ **~ resonance** (Acous) / Resonanz *f* im eingebauten Zustand ‖ **~ unbalance** (Eng) / Einbauunwucht *f* (der Schleifscheibe beim Einsetzen in die Schleifmaschine)
**mounting** *n* (Astron) / Montierung *f* (des Fernrohrs - z.B. englische, deutsche), Montage *f* ‖ **~** (Eng) / Montage *f*, Anbringung *f*, Befestigung *f* ‖ **~** (Eng) / Einbau *m* ‖ **~** (Eng) / Aufstecken *n* ‖ **~** (Optics, Photog) / Fassung *f* (einer Linse, eines Objektivs) ‖ **~** (Photog) / Rahmen *n*, Einrahmen *n* (von Dias) ‖ **~** (Phys) / Aufstellung *f* (des Monochromators) ‖ **~ board** (Print) / Aufziehkarton *m*, Fotokarton *m* ‖ **~ bracket** (Eng) / Befestigungsbügel *m*, Befestigungskonsole *f* ‖ **~ corners** (Photog) / Fotoecken *f pl* ‖ **~ dimension** (Eng) / Einbaumaß *n*, Einbauabmessung *f* ‖ **~ distortion** (Autos) / Montageverspannung *f* (z.B. bei Kardanwellen) ‖ **~ frame** (Elec Eng, Radio) / Grundplatte *f*, Aufbauplatte *f*, Chassis *n* (Rahmen elektronischer Apparate), Einbaurahmen *m* ‖ **~ hole** (Electronics) / Bestückungsloch *n* ‖ **~ hole** (Eng) / Montageloch *n* (DIN 40804), Aufnahmeloch *n* (bei der Montage) ‖ **~ jack** (Elec Eng) / Einbaubuchse *f* ‖ **~ of inserted tooth cutter** (Eng) / Einbauwinkel *m* bei Messerköpfen (zwischen Frässpindelachse und Arbeitsebene, Sturzwinkel *m* ‖ **~ plate** (Electronics, Materials) / Aufspannplatte *v* (bei Versuchsaufbauten in der Bauteilprüfung eingesetztes Hilfsmittel zur Befestigung von Prüfkörpern und Prüfeinrichtungen und Übertragung von Kräften und Momenten) ‖ **~ position** (Electronics) / Einbauposition *f* ‖ **~ robot** (Eng) / Montageroboter *m*, Industrieroboter *m* für Montagearbeiten, Montageindustrieroboter *m*
**mountings** *pl* (Eng) / grobe Armatur (des Kessels)
**mounting table** (Print) / Leuchttisch *m* (ein Montagetisch), Leuchtpult *n*
**mount on sockets** (Comp) / sockeln *v*
**mourning paper** (Paper) / Trauerpapier *n*
**mouse*** *n* (pl. mice) (Comp) / Computermaus *f*, Maus *f* (ein Lokalisierer, der auf einer Oberfläche bewegt wird, um eine Position einzugeben), Mouse *f*
**mouse ball** (Comp) / Mausball *m* ‖ **~ button** (Comp) / Maustaste *f* ‖ **~ click** (Comp) / Mausklick *m*, Mausklick *m*
**mouse-coloured** *adj* / mausgrau *adj*, mausfarbig *adj*, mausfarben *adj*
**mouse control** (Comp) / Maussteuerung *f*
**mouse-controlled** *adj* (Comp) / mausgesteuert *adj* ‖ **~ cursor** (Comp) / mausgesteuerter Cursor
**mouse-driven** *adj* (Comp) / mausgesteuert *adj*
**mouse driver** (Comp) / Maus-Driver *m*, Maustreiber *m*
**mouse-dun** *adj* / mausgrau *adj*, mausfarbig *adj*, mausfarben *adj*
**mouse event** (Comp) / Mausevent *m n*, Mausereignis *n*

**mouse-grey** *adj* / mausgrau *adj*, mausfarbig *adj*, mausfarben *adj*
**mouse hole** (Oils) / Mauseloch *n* (ein senkrecht gesetztes Rohrstück an der Vorderseite des Drehtisches, in das die nächste Bohrstange, welche auf den Bohrstrang aufgesetzt werden soll, abgestellt wird) || ~ **mat** (Comp) / Mousepad *n* (pl. -s), Mauspad *n* (pl. -s), Mausmatte *f*, Maustablett *n*, Mausunterlage *f*, Pad *n* (Maustablett)
**mouse-oriented** *adj* (Comp) / mausorientiert *adj*
**mouse pad** (Comp) / Mousepad *n* (pl. -s), Mauspad *n* (pl. -s), Mausmatte *f*, Maustablett *n*, Mausunterlage *f*, Pad *n* (Maustablett) || ~ **pointer** (Comp) / Mauszeiger *m* || ~ **port** (Comp) / Mouse-Port *m*
**mouse-sensitive area** (Comp) / maussensitive Fläche (der Benutzerschnittstelle)
**mouse software** (Comp) / Mouse-Software *f*, Maussoftware *f* || ~ **support** (of programs, the ability to accept the mouse as an alternative input device) (Comp) / Mausunterstützung *f*
**mousiness** *n* (Nut) / Mäuselton *m* (des Weines), Mäuseln *n* (Mäusegeschmack des Weines)
**mousing** *n* (Ships) / Mausing *n*, Musing *n* (Sicherung eines offenen Hakens gegen Herausrutschen)
**mousse de chêne** (Bot) / Eichenmoos *n* (eigentliches, Mousse de chêne *f* (Harz der Pflaumenflechte - Evernia prunastri L. Ach. - zur Herstellung von Extrakten für die Parfümerie- und Seifenindustrie)
**mousseline** *n* (Textiles) / Musselin *m*, Mousseline *m* (ein buntbedrucktes Gewebe in Leinwandbindung) || ~**-de-laine** *n* (Textiles) / Wollmusselin *m* || ~**-de-laine** (Textiles) s. also delaine || ~**-de-soie** (Textiles) / reinseidener Musselin
**mousy odour** / Mäusegeruch *m* || ~ **off-flavour** (Nut) / Mäuselton *m* (des Weines), Mäuseln *n* (Mäusegeschmack des Weines) || ~ **smell** (Nut) / Mäuselton *m* (des Weines), Mäuseln *n* (Mäusegeschmack des Weines)
**mouth**\* *n* (Acous) / Trichteröffnung *f* || ~\* (Carp, Join) / Durchbruch *m* (des Hobels), Hobelmaul *n* || ~ (Eng) / Öffnung *f* (Mündung) || ~ (Eng) / Maul *n* (eines Backenbrechers) || ~ (Foundry, Met) / Stichloch *n*, Abstichloch *n*, Abstichöffnung *f* || ~ (of a river) (Geog) / Mündung *f* (eines Flusses), Einmündung *f* (eines Flusses) || ~ (Mining) / Mündung *f*, Mundloch *n* (der Eingang eines Stollens) || ~ **bar** (a bank of gravel or silt at the mouth of a river) (Geol) / Mündungsbarre *f*
**mouth-blowing** *n* (Glass) / Mundblasverfahren *n*, Mundblasen *n*
**mouthfeel** *n* (Nut) / Mundgefühl *n* (Gesamtheit des Tasteindruckes eines Lebensmittels im Mund) || ~ (Nut) / Geschmacksfülle *f* (Gesamtheit des Geschmackseindruckes eines Lebensmittels im Mund)
**mouth of a converter** (Met) / Konvertermündung *f* (Teil des Konverterhuts), Konverterschnauze *f*, Konverteröffnung *f* || ~ **of a slider** (Textiles) / Schiebermaul *n* (des Reißverschlusses) || ~ **of the port** (Geog, Ships) / Hafenausfahrt *f*
**mouthpiece** *n* / Mundstück *n* || ~ (Telecomm) / Trichter *m*, Becher *m* (des Mikrofons) || ~ (Teleph) / Sprechmuschel *f* (des Handapparates)
**mouth scull** (Met) / Mündungsbär *m* || ~ **simulator** (Acous) / Mundsimulator *m* (künstlicher Mund nach DIN 1320)
**m out of n code** (Comp) / m-aus-n-Kode *n*
**movable** *adj* / versetzbar *adj*, verfahrbar *adj*, mobil *adj*, bewegbar *adj*, fahrbar *adj* || ~ (Eng) / rückbar *adj* (z.B. eine Bandanlage) || ~ **bearing** (Civ Eng) / bewegliches Lager (bei Brücken)
**movable-blade Kaplan-type turbine** (Eng) / Kaplan-Turbine *f* mit verstellbaren Schaufeln
**movable bridge** (Civ Eng) / bewegliche Brücke (z.B. Klappbrücke, Drehbrücke, Hubbrücke) || ~ **cathode** (Electronics) / bewegliche Katode || ~ **contact** (Elec Eng) / beweglicher Kontakt || ~ **contact** (Elec Eng) / bewegliches Schaltstück || ~ **dam** (Hyd Eng) / bewegliches Wehr || ~ **grate** (Eng) / Wanderrost *m*, beweglicher Rost || ~ **hinge** (Arch, Eng) / bewegliches Gelenk || ~ **jaw** (Eng) / bewegliche Backe, bewegliche Spannbacke (des Schraubstocks) || ~ **retainer** (Textiles) / bewegliches Endstück (des Reißverschlusses) || ~ **shelf** (Textiles) / fahrbares Regal || ~ **sleeve** (Chem) / Regulierhülse *f* (des Bunsenbrenners) || ~ **span** (Civ Eng) / bewegliche Brückenöffnung || ~ **table** (Eng) / Bettschlitten *m* (der Bohrmaschine), Werkstückschlitten *m*, Support *m* (der Bohrmaschine) || ~ **table** (Eng) s. also carriage || ~ **type**\* (Typog) / Drucktype *f* (nach DIN 16507), Type *f*, Letter *f* (pl. -n) (Einzelbuchstabensatz), Laufgewichtsstück *n*, Laufgewicht *n* (DIN 1305), Reiter *m*, Reiterwägestück *n* || ~ **weir** (Hyd Eng) / bewegliches Wehr || ~ **weir** (Hyd Eng) / provisorisches Wehr (das man schnell entfernen kann)
**move** *v* / bewegen *v*, fortbewegen *v* || ~ (into a lane) (Autos) / einscheren *v* (in oder auf eine Fahrspur) || ~ (Comp) / verschieben *v* (Bild, Datei, Fenster, Text), bewegen *v* (Comp) || ~ (Comp) / übertragen *v* (Daten) || ~ *n* / Zug *m* (Entscheidung eines Spielers während einer Partie) || ~ (mode) (Comp) / Übertragen *n* (ein Befehl) || ~\* (Glass) / Leistung *f*, Ausstoß *m* (eines Glasmacherstuhls) || ~ **back** (Autos) / zurückfahren *v*, zurückstoßen *v* (beim Parken), zurücksetzen *v*

**movement** *n* (Cinema) / Schaltgetriebe *n* (des Filmprojektors) || ~ (Cinema) / Antriebsmotor *m* und (Schalt)Getriebe (der Filmkamera oder des Projektors) || ~ (Eng, Mech) / Bewegung *f* (DIN 13317) || ~ (For) / Arbeiten *n* (von Holz infolge Quellung und Schwindung) || ~\* (Horol) / Uhrwerk *n* (bewegliche Teile einer Uhr) || ~ (Maths) / Bewegung *f* (Abbildung bei der die Originalfigur und die Bildfigur kongruent sind) || ~ (Phys) / Bewegung *f*, Gang *m* (Bewegung) || ~ (Stats) / Bewegung *f* (z.B. unregelmäßige), Einfluss *m* (z.B. isolierter) || ~ **area**\* (Aero) / Bewegungsfläche *f* (auf dem Flugplatz) || ~ **axis** (Eng) / Bewegungsachse *f* (bei Industrierobotern) || ~ **detector** / Bewegungsmelder *m* (einer Alarmanlage) || ~ **file** (Comp) / Änderungsdatei *f*, Bewegungsdatei *f* || ~ **in space** (Mech) / räumliche Bewegung || ~ **joint** (contraction joint and expansion joint) (Civ Eng) / Bewegungsfuge *f* || ~ **joint** (Eng) / Bewegungsfuge *f* (die die relative Bewegung benachbarter Teile nach DIN 1045 ermöglicht) || ~ **of goods across the frontier** / grenzüberschreitender Warenverkehr *m* || ~ **of mandrel** (Plastics) / Blasdornbewegung *f* || ~ **of the sley** (Weaving) / Ladenbewegung *f* || ~ **of weather front** (Meteor) / Wetterfrontverlagerung *f* || ~ **step size** (mickeys per pixel) (Comp) / Bewegungsschrittmaß *n* (der Maus) || ~ **strategy** / Bewegungsstrategie *f* (bei Industrierobotern) || ~ **suspension** (Instr) / Messwerkaufhängung *f* (reibungsarme Lagerung des drehbaren Teils eines Messwerks)
**move mode** (Comp) / Übertragungsmodus *m* || ~ **off** *v* (Autos) / anfahren *v* || ~ **on** (Autos) / weiterfahren *v* || ~ **one line down** (Comp) / eine Zeile tiefer gehen || ~ **one line up** (Comp) / eine Zeile höher gehen || ~ **out** *v* (Autos) / ausscheren *v* (z.B. zum Überholen)
**move-out** *n* (the difference in arrival times of a reflection event on adjacent traces of a seismic record, esp. resulting from the dip of the reflecting interface) (Geol) / Move-out *n* (in der angewandten Seismik), Differenz *f* in der Ankunftszeit einer seismischen Reflexion zwischen zwei benachbarten Spuren || ~ **time** (Geol) / Move-out *n* (in der angewandten Seismik), Differenz *f* in der Ankunftszeit einer seismischen Reflexion zwischen zwei benachbarten Spuren
**mover** *n* (US) / Möbelträger *m*, Möbelpacker *m*
**movers** *pl* (US) / Möbelspedition *f*
**movie camera** (Cinema) / Filmkamera *f*, Kinokamera *f*, Laufbildkamera *f*
**moviedom** *n* (US) (Cinema) / Filmindustrie *f*, Filmbranche *f*
**movie editor** (Cinema) / Filmbetrachter *m* (von Hand oder motorisch betrieben), Filmbetrachtungsgerät *n*, Bildbetrachter *m* (ein Filmbetrachtungsgerät), Laufbildbetrachter *m* || ~ **footage** (Cinema) / Kinofilmmaterial *n* || ~ **maker** (US) (Cinema) / Filmemacher *m* || ~ **projector** (Cinema) / Laufbildprojektor *m*, Kinofilmprojektor *m*, Kinomaschine *f*, Filmprojektor *m*, Laufbildwerfer *m* || ~ **rating** (US) (Cinema) / Filmbewertung *f* (in Deutschland von der Filmbewertungsstelle Wiesbaden), Prädikat *n* (Filmbewertung)
**movies** *pl* (US) (Cinema) / Filmindustrie *f*, Filmbranche *f*
**moving** *adj* / versetzbar *adj*, verfahrbar *adj*, mobil *adj*, bewegbar *adj*, fahrbar *adj* || ~ **arm** / Fahrarm *m* (des Polarplanimeters) || ~ **armature** (Acous) / Nadelträger *m*, Nadeleinheit *f* (des Plattenspielers) || ~ **assembly** (not stationary) (Eng) / gleitende Montage, Gleitmontage *f* || ~ **average** (Stats) / gleitendes Mittel || ~ **average method** (Maths, Stats) / Gleitmittelverfahren *n*, Methode *f* der gleitenden Mittel, Methode *f* des gleitenden Durchschnitts || ~ **axode** (Phys) / Gangpolkegel *m* (der bei der Bewegung der Figurenachse auf dem Präzessionskegel auf dem Rastpolkegel abrollt), Polhodiekegel *m*, Laufkegel *m*, Polkegel *m* || ~ **bed** (Chem Eng) / Bewegtbett *n*, Wanderbett *n*
**moving-belt interface** (Spectr) / Moving-Belt-Interface *n* (bei der Moving-Belt-Methode - mit rotierendem Endlosband oder Draht)
**moving blade** (Eng) / Laufschaufel *f* (der Turbine, des Kompressors) || ~ **border** (Comp) / Laufrahmen *m* (GUI-Objekt, das Anzeigen in Laufschrift liefert)
**moving-boundary electrophoresis** (Chem) / Moving-Boundary-Elektrophorese *f* || ~ **electrophoresis** (Tiselius method) (Chem) / trägerfreie Elektrophorese, Tiselius-Elektrophorese *f* || ~ **method** (Chem) / Methode *f* der wandernden Grenzflächen, Tiselius-Methode *f* (nach A. Tiselius, 1902-1971)
**moving carpet** / Rollband *n* (zur Personenbeförderung), Laufband *n* || ~ **charge** (Elec) / Ladung *f* in Bewegung, bewegliche Ladung || ~ **coil** (Acous) / Schwingspule *f* (des Lautsprechers), Tauchspule *f* (des Lautsprechers, des Mikrofons)
**moving-coil ammeter** (Elec Eng) / Drehspulstrommesser *m*
**moving**•**-coil galvanometer**\* (Elec Eng) / Drehspulgalvanometer *n* || ~**-coil instrument**\* (Elec Eng) / Drehspulinstrument *n* (ein Messinstrument für Gleichstrom mit feststehendem Dauermagneten und einer oder mehreren Spulen, die bei Stromdurchgang elektromagnetisch abgelenkt werden) || ~**-coil loudspeaker**\* (Acous) / elektrodynamischer Lautsprecher,

**moving-coil**
Schwingspullautsprecher m, dynamischer Lautsprecher, Tauchspullautsprecher m || **~-coil microphone**\* (Acous) / elektrodynamisches Mikrofon (ein Mikrofon, das im Prinzip die Umkehrung eines dynamischen Lautsprechers ist), dynamisches Mikrofon, Tauchspulmikrofon n
**moving-coil oscillograph** (Elec) / Lichtstrahloszillograf m || **~ regulator** (Elec Eng) / Schubtransformator m (einphasiger Transformator zur stufenlosen Regelung der Sekundärspannung) || **~ regulator**\* (Elec Eng) / Schwingspulspannungsregler m, Schwenkspulregler m
**moving company** (US) / Möbelspedition f (Firma) || **~ conductor** (Elec Eng) / bewegter Leiter
**moving-conductor loudspeaker** (Acous) / elektrodynamischer Lautsprecher, Schwingspullautsprecher m, dynamischer Lautsprecher, Tauchspullautsprecher m
**moving•-conductor microphone**\* (Acous) / elektrodynamisches Mikrofon (ein Mikrofon, das im Prinzip die Umkehrung eines dynamischen Lautsprechers ist), dynamisches Mikrofon, Tauchspulmikrofon n || **~ contact** (Elec Eng) / beweglicher Kontakt || **~ coordinate system** (Optics) / mitbewegtes Koordinatensystem || **~ coordinate system** (Optics) / mitbewegtes Koordinatensystem || **~ element** (Elec Eng) / bewegliches Organ (des Messwerkes) || **~ field** (Elec) / bewegliches Feld
**moving-field therapy**\* (Radiol) / Bewegungsbestrahlung f (eine Therapietechnik), Therapie f mittels Bewegungsbestrahlung
**moving-film method** (of studying crystal structure by X-ray diffraction) (Crystal) / Bewegtfilmaufnahme f
**moving floor** / Rollband n (zur Personenbeförderung), Laufband n || **~ form**\* (Civ Eng) / bewegliche Schalung || **~ formwork** (Civ Eng) / bewegliche Schalung || **~ frame** (Radio) / drehbare Rahmenantenne || **~ goods** (Textiles) / bewegte Ware (beim Färben)
**moving-head disk** (Comp) / Plattenspeicher m mit beweglichen Schreib-/Leseköpfen
**moving image** (WB video) (Comp, Telecomm) / Bewegtbild n
**moving-iron ammeter** (Elec Eng) / Dreheisenstrommesser m || **~ frequency meter** (Elec Eng) / Weicheisenfrequenzmesser m, Dreheisenfrequenzmesser m
**moving•-iron instrument**\* (Elec Eng) / Dreheiseninstrument n (ein Messinstrument mit beweglichem Eisenteil, das vom Magnetfeld der feststehenden Spule abgelenkt wird), Weicheiseninstrument n || **~ jaw** (Eng) / bewegliche Backe, bewegliche Spannbacke (des Schraubstocks) || **~ load**\* (Build) / Verkehrslast f (nicht ruhend) || **~ magnet** (Elec Eng, Mag) / Drehmagnet m
**moving-magnet galvanometer**\* (Elec Eng) / Drehmagnetgalvanometer n
**moving magnetic memory** (Comp) / beweglicher magnetischer Speicher
**moving-magnet instrument** (Elec Eng) / Drehmagnetinstrument n (mit einem Messwerk, das auf der Kraftwirkung auf eine Magnetnadel im Feld einer feststehenden Spule beruht)
**moving mandrel** (Met) / loser Stopfen (Innenwerkzeug beim Rohrziehen mit spezieller Geometrie, das durch das Gleichgewicht von rückwärts gerichteten Druckkräften und vorwärts gerichteten Reibungskräften an der Innenwand des Rohres in seiner Lage im Ziehhol gehalten und zentriert wird - DIN 8584), loser Dorn, fliegender Dorn, fliegendem Dorn || **~ mass point** (Phys) / bewegter Massenpunkt || **~ part** (Eng) / bewegliches Teil (der Maschine) || **~ pavement** (GB) / Fahrsteig m, Rollgehweg m || **~ sidewalk** (US) / Fahrsteig m, Rollgehweg m || **~ stair** (Build, Eng) / Fahrtreppe f (DIN 15341), Rolltreppe f || **~ staircase** (Build, Eng) / Fahrtreppe f (DIN 15341), Rolltreppe f || **~ support** (for a boom) (Mining) / Bohrlafette f (Vorschubeinrichtung, auf der die Bohrmaschine befestigt ist) || **~ target** (Mil, Radar) / Bewegtziel n, bewegliches Ziel, sich bewegendes Ziel || **~-target indication** (Radar) / Festzeichenunterdrückung f, Festzeichenlöschung f
**moving-target indication mode** (for detection of slowly moving targets) (Radar) / Bewegtzielfiltermodus m
**moving•-target indicator**\* (Radar) / Festzeichenunterdrückungsradar m n, MTI-Gerät n (Radargerät, das nur bewegliche Ziele anzeigt und feste mittels einer geeigneten Speicherschaltung heraussiebt und unterdrückt) || **~ traffic** (Autos) / fließender Verkehr || **~ trihedral**\* (Maths, Phys) / begleitendes Dreibein
**movingui** n (For) / Afrikanisches Zitronenholz, Bonsamdua n, Movingui n (Distemonanthus benthamianus Baill.), Anyaran n, Ayan n
**moving van** (US) (Autos) / Möbelwagen m (ein Speditionsauto) || **~ walk** / Fahrsteig m, Rollgehweg m || **~ walkway** / Rollband n (zur Personenbeförderung), Laufband n
**Moviola** n (Cinema) / Moviola f (ein Schneidetisch), Filmschneidetisch m
**mow** v (Agric) / mähen v
**mowa fat** (Nut) / Mowrahbutter f (das Samenfett der Mahuafrucht)
**mower** n (Agric) / Mähwerk n, Schneidwerk n (mit Gegenschneide) || **~ (Agric)** / Mäher m, Mähmaschine f

**mowrah butter** (Nut) / Mowrahbutter f (das Samenfett der Mahuafrucht) || **~ oil** (Nut) / Mowrahbutter f (das Samenfett der Mahuafrucht)
**MOX** (mixed oxide) (Chem) / Mischoxid n, gemischtes Oxid, Doppeloxid n (das aus den Oxiden von zwei verschiedenen Elementen besteht) || **⁓\* (mixed-oxide fuel)** (Nuc Eng) / Mischoxidbrennstoff m
**moxed net** (Telecomm) / Verbundnetz n (Mischform von Maschen- und Sternnetz)
**Mozambique ebony** (For) / Afrikanische Grenadilla, Grenadill n, Grenadillholz n, Senegalebenholz n (aus Dalbergia melanoxylon Guill. et Perr.)
**MP** (multipoint control) (Automation) / Vielpunktsteuerung f, Multipunktsteuerung f, MP f (Punktsteuerung, bei dem besonders viele Punkte gespeichert werden können)
**mp** (mean pressure) (Eng) / Literarbeit f, mittlerer Nutzdruck, spezifische Nutzarbeit, Arbeitsdichte f, Arbeit f pro Einheit des Hubvolumens
$M_p$ (Mersenne prime) (Maths) / Mersenne'sche Primzahl, Mersenne-Primzahl f (nach M. Mersenne, 1588-1648), Mersenne-Zahl f
**m.p.** (melting point) (Phys) / Schmelzpunkt m, Fließpunkt m, Schmelztemperatur f, Fusionspunkt m, Fp (Fusionspunkt), Schmp. (Schmelzpunkt)
**mp**\* (melting point) (Phys) / Schmelzpunkt m, Fließpunkt m, Schmelztemperatur f, Fusionspunkt m, Fp (Fusionspunkt), Schmp. (Schmelzpunkt)
**Mpc** (megaparsec) (Astron) / Megaparsec n, Mpc (Megaparsec)
**MPC** (multipoint control) (Automation) / Vielpunktsteuerung f, Multipunktsteuerung f, MP f (Punktsteuerung, bei dem besonders viele Punkte gespeichert werden können)
**MPD**\* (magnetoplasmadynamics) (Phys) / Magnetoplasmadynamik f (Magnetohydrodynamik von Plasmen), MPD (Magnetoplasmadynamik) || **⁓\* (maximum permissible dose)** (Radiol) / maximal zulässige Äquivalentdosis || **⁓ generator**\* (Plasma Phys) / plasmadynamischer Generator, magnetohydrodynamischer Generator (zur direkten Umwandlung der dem Plasma innewohnenden thermischen Energie in elektrische Energie), hydromagnetischer Generator, MHD-Generator m, MHD-Wandler m
**MPEG**\* (Motion Pictures Experts Group) (Cinema, Comp) / Motion Pictures Experts Group f, MPEG (Motion Pictures Experts Group)
**MPEG-2 standard** (improved MPEG-1 compression allowing for transfer rates of 15 MBit/s, better image quality, and supporting different frame formats) (Cinema, Comp) / MPEG-2-Standard m
**MPEG-7 standard** (Cinema, Comp) / MPEG-7-Standard m (für Metadaten zu verschiedenen audiovisuellen Daten)
**MPF** (maturation-promoting factor) (Biochem) / reifungsfördernder Faktor, Maturation-promoting-Faktor m
**MPG** (miles per gallon) (Autos) / Meilen f pl pro Gallon (in den Vereinigten Staaten übliche Angabe des Kraftstoffverbrauchs)
**MPI** (multipoint injection) (Autos) / Mehrpunkteinspritzung f, Einzeleinspritzung f (jeder Zylinder hat ein Einspritzventil) || **⁓ (multiphoton ionization)** (Spectr) / Mehrfotonenionisation f, Multifotonenionisation f
**MPIC** (mobile-phase ion chromatography) (Chem) / Ionenselwirkungschromatografie f, Ionenpaarchromatografie f (zur Trennung von hydrophoben ionischen Spezies), IPC (Ionenpaarchromatografie)
**MPLC** (medium-pressure liquid chromatography) (Chem) / Mitteldruckchromatografie f, MPLC (Mitteldruckchromatografie)
**MPLS** (Multiprotocol Label Switching) (Comp) / Multiprotocol Label Switching n, MPLS (Multiprotocol Label Switching)
**MPN** (most probable number) (Biol, Stats) / wahrscheinlichste Zahl (statistisch abgesicherter Wert für die Anzahl der Mikroorganismen in einem definierten Wasservolumen)
**MPP** (massively parallel processor) (Comp) / massives paralleles System (mit Supercomputern) || **⁓ (massive-parallel processing)** (Comp) / massiv-parallele Verarbeitung || **⁓ (merchant power producer)** (Elec Eng) / handelsorientierter Stromlieferant, handelsorientierter Stromversorger
**MP tape**\* / Reineisenband n (mit nichtoxidischer Beschichtung), Metallband n, Metallpartikelband n
**MPU** (microprocessing unit) (Comp) / Mikroprozessor m, MIP (Mikroprozessor)
**MPV** (multi-purpose vehicle) / Mehrzweckfahrzeug n
**mpx filter** (Acous) / MPX-Filter n, Stereoseitenbandfilter n
**MQT** (multiple quantum transition) (Nuc) / Mehrquantenübergang m
**MQWAD** (multiquantum-well-avalanche diode) (Electronics) / rauscharme Lawinenfotodiode (bei der die Multiplikationsschicht aus einer Folge von Quantum-Well-Schichten besteht), Multi-Quantum-Well-Avalanche-Diode f

**MR** (motivation research) / Motivationsforschung $f$ ‖ ≙ (memory register) (Comp) / Speicherregister $n$ ‖ ≙ (melting rate) (Welding) / Abschmelzleistung $f$ (in kg/h)

**M radiation** (Radiol) / M-Strahlung $f$ (eine charakteristische Röntgenstrahlung)

**MRBM** (medium-range ballistic missile) (Mil) / Flugkörper $m$ (ballistischer) mittlerer Reichweite, Mittelstreckenrakete $f$ (bis etwa 6000 km)

**MRC** (midroll change) (Photog) / Wechsel $m$ eines teilbelichteten Filmes

**M.R.C.A.** (multi-role combat aircraft) (Aero) / Mehrzweck-Kampfflugzeug $n$, MRCA-Flugzeug $n$

**MR-CI** (Chem) / MR-CI $f$ (wichtiges Verfahren der Quantenchemie)

**MRI\*** (magnetic resonance imaging) (Med) / NMR-Bildgebung $f$, Kernspintomografie $f$ (Magnetfelddiagnostik), NMR-Tomografie $f$, KST (Kernspintomografie), MRT (NMR-Tomografie)

**MR imager** (Med) / Kernspintomograf $m$

**MRL** (maximum residue level) (Agric, Nut) / Höchstrückstandsmenge $f$, Rückstandsgrenzwert $m$, Höchstmenge $f$ an Rückständen (von Pflanzenschutzmitteln) ‖ ≙ (maximum permissible risk level) (Ecol) / MRL $f$ (Konzentration einer Substanz, bei der 95% der Spezies eines Ökosystems geschützt sind)

**MRM\*** (mechanically recovered meat) (Nut) / Separatorenfleisch $n$, mechanisch ausgebeintes Fleisch zur Herstellung von Formfleisch

**m-RNA\*** $n$ (Biochem) / Messenger-Ribonukleinsäure $f$, Messenger-RNS $f$, Boten-RNS $f$, m-RNS $f$

**MRP converter** (Met) / MRP-Konverter $m$ (zur sekundärmetallurgischen Behandlung des Rohstahls)

**MRS** (magnetic resonance spectroscopy) (Chem, Spectr) / Magnetresonanzspektroskopie $f$ ‖ ≙ (mobile radio service) (Radio, Teleph) / Mobilfunk $m$, mobiler Funkdienst, beweglicher Funkdienst

**MR system** (Light, Phys) / Munsell-Renotation-System $n$, MR-System $n$ (ein Ordnungssystem für Farben - eine moderne Anpassung des alten Munsell-Systems)

**MRTS** (mobile radio telephone service) (Radio, Teleph) / Mobilfunk $m$, mobiler Funkdienst, beweglicher Funkdienst

**M.R.V.** (multiple re-entry vehicle) (Mil) / Wiedereintrittskörper $m$ mit mehreren Gefechtsköpfen, Flugkörper $m$ mit mehreren Gefechtsköpfen, ballistischer Flugkörper mit MRV-Technik

**MRV** (multiple re-entry vehicle) (Mil) / Wiedereintrittskörper $m$ mit mehreren Gefechtsköpfen, Flugkörper $m$ mit mehreren Gefechtsköpfen, ballistischer Flugkörper mit MRV-Technik

**ms** / Millisekunde $f$

**MS** (molecular symmetry) (Chem) / Molekülsymmetrie $f$ ‖ ≙ (multiple space) (Comp, Print) / mehrfacher Zwischenraum ‖ ≙* (Military Specifications) (Mil) / Pflichten- oder Lastenheft bei Beschaffung von Geräten, Waffen usw. für die US-Streitkräfte

**M.S.** (motor ship) (Ships) / Motorschiff $n$ (mit Verbrennungmotoren angetriebenes Schiff), MS (Motorschiff)

**MS** (mobile station) (Teleph) / Mobilstation $f$, MS (Mobilstation) ‖ ≙ (maintenance schedule) (Work Study) / Wartungsplan $m$

**MSA** (minimum safe altitude) (Aero) / Mindestsicherheitshöhe $f$, Sicherheitsmindesthöhe $f$ über Grund ‖ ≙ (mass spectrometric analysis) (Spectr) / Massenspektralanalyse $f$

**MSAC** (most seriously affected countries) (Geog) / am schwersten betroffene Länder

**MSB\*** (most significant bit) (Comp) / werthöchstes Bit, höchstwertiges Bit

**MSC** (most significant character) (Comp) / höchstwertiges Zeichen ‖ ≙ (mobile switching centre) (Teleph) / Mobilvermittlungsstelle $f$ (Komponente eines Mobilfunknetzes), MSC $f$ (Mobilvermittlungsstelle) ‖ ≙ (mobile services switching centre) (Teleph) / Mobilvermittlungsstelle $f$, Mobilkommunikations-Vermittlungsstelle $f$

**MS-DOS\*** $n$ (Comp) / MS-DOS $n$ (von der Microsoft Corporation entwickeltes Betriebssystem)

**MSDS** (material safety data sheet) (Chem, Med) / Gefahrzettel $m$ (für Gefahrstoffe)

**MSE** (multistage flash evaporation) (Chem Eng) / mehrstufige $f$ Entspannungsverdampfung (des salzhaltigen Wassers), Mehrstufenverdampfung $f$, Mehrkörperverdampfung $f$, Entspannungsverdampfung $f$ (des salzhaltigen Wassers)

**MSG** (message) (Aero) / Meldung $f$ ‖ ≙ (monosodium glutamate) (Chem, Nut) / Natriumglutamat $n$ (Mononatriumsalz der L-Glutaminsäure, das als Geschmacksverstärker eingesetzt wird), Mononatriumglutamat $n$ ‖ ≙ (message) (Comp) / Message $f$ (Nachricht oder Information) ‖ ≙ (modular steam generator) (Eng) / Dampferzeuger $m$ in Modulbauweise, nach dem Baukastenprinzip gebauter Dampferzeuger

**MSH** (melanocyte-stimulating hormone) (Biochem) / Intermedin $n$, melanotropes Hormon, Melanotropin $n$ (Antagonist des Melatonins), Melanophorenhormon $n$, melanozytenstimulierendes Hormon, MSH (melanozytenstimulierendes Hormon)

**M-shell\*** $n$ (consisting of the electrons in the orbitals with n = 3) (Nuc) / M-Schale $f$

**MSI\*** (medium-scale integration) (Electronics) / Integrationsgrad $m$ MSI, mittlerer Integrationsgrad, mittlere Integrationsdichte, Integration $f$ mittleren Grades (mindestens 100 Grundfunktionen bzw. 500 Bauelemente pro Chip), MSI-Integrationsgrad $m$

**M signal** (TV) / Schwarzweißsignal $n$

**MSK** (minimal shift keying) (Telecomm) / Minimalumtastungsmodulation $f$, MSK (Minimalumtastungsmodulation) ‖ ≙ **scale** (Geol) / MSK-Intensitätsskale $f$, MSK 64 $f$ (Medwedew-Sponheuer-Kárník)

**MSMPR crystallizer** (Crystal) / MSMPR-Kristallisator $m$ (ein kontinuierlicher Kristallisator)

**MSN** (multiple subscriber number) (Teleph) / Mehrfachrufnummer $f$ (die zur gezielten Anwahl von Geräten am Mehrgeräteanschluss dient)

**M solution** (Chem) / volumenmolare Lösung, molare Lösung, m-Lösung $f$

**MSR** (molten-salt reactor) (Nuc Eng) / Salzschmelzenreaktor $m$ ‖ ≙ (multistatic radar) (Radar) / multistatisches Radar (mit mehreren örtlich getrennten Sende- und/oder Empfangsantennen)

**M.S.S.** (multispectral scanner) (Electronics, Spectr, Surv) / Multispektralscanner $m$ (Gerät zur primären Bildaufnahme oder zur Abtastung von Bildvorlagen gleichzeitig in verschiedenen elektromagnetischen Spektralbereichen), Multispektralabtaster $m$

**MSS** (mobile satellite system) (Radio) / mobiler Satellitenfunkdienst

**MSSR** (monopulse secondary surveillance radar) (Radar) / Monopulssekundärradar $m$ $n$

**MST** (mean solar time) (Astron) / mittlere Sonnenzeit, mSZ (mittlere Sonnenzeit)

**M star** (Astron) / M-Stern $m$

**M+S tyre** (Autos) / Winterreifen $m$, M+S-Reifen $m$ (der in Matsch und frischem oder schmelzendem Schnee bessere Fahreigenschaften gewährleisten kann als ein normaler Reifen)

**MSW** (municipal solid waste) (Ecol, San Eng) / Siedlungsabfälle $m$ $pl$ (feste, z.B. Haus- oder Sperrmüll) ‖ ≙* (magnetic surface wave) (Radar) / magnetische Oberflächenwelle

**MS Windows** $n$ (developed and marketed by Microsoft Corporation) (Comp) / MS Windows $n$, Windows $n$ (eine auf dem Betriebssystem DOS aufbauende grafische Benutzeroberfläche aus dem Hause Microsoft)

**M-synchronization\*** $n$ (Photog) / Blitzlicht-Synchronisation $f$ mit M-Kontakt (an Zentral- und Schlitzverschlüssen, die etwa 15 bis 18 ms vor dem X-Kontakt schaltet)

**Mt** (meitnerium) (Chem) / Meitnerium $n$ (Element 109 - nach Lise Meitner, 1878 - 1968), Mt (Meitnerium)

**MT** (machine translation) (Comp) / Maschinenübersetzung $f$, automatische Sprachübersetzung, maschinelle Sprachübersetzung (die Maschine übersetzt allein)

**Mt.** (mount) (Geog) / Berg $m$ (in geografischen Namen)

**M-T** (magnetotelluric) (Geophys) / magnetotellurisch $adj$

**MT** (megaton) (Nuc) / Megatonne $f$, MT (Megatonne) (= 1,000.000 tons TNT)

**M.T. 1** (moment to change trim one inch) (Ships) / Trimmmoment $n$ für einen Zoll Tauchungsänderung

**MT** (message transfer) (Telecomm) / Mitteilungstransfer $m$

**MTA** (message transfer agent) (Comp, Telecomm) / Message Transfer Agent $m$, MTA (Message Transfer Agent)

**MTBE** (methyl-tert-butyl-ether) (Autos, Chem, Fuels) / tert-Butylmethylether $m$, Methyltertiärbutylether $m$, MTBE (Methyltertiärbutylether)

**MTBF\*** (mean time between failures) / MTBF-Zeitwert $m$ (bei gewarteten Systemen), mittlerer Ausfallabstand (mittlere Zeit, in der ein Fehler mit einer Wahrscheinlichkeit von 37% auftritt), mittlere störungsfreie Zeit (Bauteilzuverlässigkeit als Funktion der Zeit), mittlere Zeitspanne zwischen zwei Ausfällen

**MT black** (Chem Eng) / Medium-Thermalruß $m$

**MTBM** (mean time between malfunctions) (Eng, Instr) / mittlerer Störungsabstand (Quotient aus der Summe der Betriebszeiten eines Gerätes zur Gesamtzahl seiner Störungen über einen bestimmten Zeitraum)

**MTC** (mobile transfer conveyor) (Mining) / fahrbares Band, Bandwagen $m$ (Aufgabe- bzw. Übergabewagen oder Verbindungsglied zwischen rückbaren und festen Bandanlagen), rückbares Band

**M-test of Weierstrass for uniform convergence\*** (Maths) / Weierstraß'sches Konvergenzkriterium, Weierstraß'sches Vergleichskriterium, Majorantenkriterium $n$ (bei Funktionenreihen), Weierstraß'sches Kriterium (nach K. Weierstraß, 1815-1897)

**MTF**\* (modulation transfer function) (Optics, Photog) / Modulationsübertragungsfunktion *f* (Realteil der optischen Übertragungsfunktion - der Imaginärteil ist die Phasenübertragungsfunktion), MÜF (Modulationsübertragungsfunktion), Modulationstransferfunktion *f*, MTF (Modulationstransferfunktion), Kontrastübertragungsfunktion *f*

**MTG process** (Fuels) / MTG-Verfahren *n* (bei dem Methanol bei etwa 200° bis 400° C an speziellen Molekularsiebkatalysatoren in Kohlenwasserstoffe umgewandelt wird), Mobil-Öl-Verfahren *n*, Mobil-MTG-Verfahren *n*

**MTI**\* (moving target indicator) (Radar) / Festzeichenunterdrückungsradar *m n*, MTI-Gerät *n* (Radargerät, das nur bewegliche Ziele anzeigt und feste mittels einer geeigneten Speicherschaltung heraussiebt und unterdrückt)

**MTL** (merged transistor logic) (Electronics) / integrierte Injektionslogik (bipolar ausgeführte Bausteine der Digitaltechnik, bei denen die Stromzuführung über Strom begrenzende pn-Übergänge erfolgt), IIL (bipolar ausgeführte Bausteine der Digitaltechnik, bei denen die Stromzuführung über Strom begrenzende pn-Übergänge erfolgt), I²L (bipolar ausgeführte Bausteine der Digitaltechnik, bei denen die Stromzuführung über Strom begrenzende pn-Übergänge erfolgt)

**MT layer** (Telecomm) / MHS-Teilschicht *f* (untere - in dem Nachrichtenübermittlungssystem)

**MTM** (mechatronic transmission module) (Autos) / mechatronisches Getriebemodul *n* (ein ins Getriebe integriertes mechatronisches Steuergerät)

**mtoe**\* (million tons oil equivalent) (Oils) / Erdöläquivalent *n*

**MTOW** (maximum take-off weight) (Aero) / Abflugmasse *f* (zulässige), Starthöchstgewicht *n* (zulässiges), Starthöchstmasse *f* (zulässige)

**MTR** (materials testing reactor) (Nuc Eng) / Materialprüfreaktor *m* (ein Forschungsreaktor mit hoher Neutronenflussdichte), Materialtestreaktor *m*, MTR *m* (Materialtestreaktor)

**MTTF** (mean time to failure) (Eng) / MTTF-Zeitwert *m* (bei nicht gewarteten Systemen), mittlere Lebensdauer (bei nicht gewarteten Systemen), mittlere Betriebsdauer

**MTTFF** (mean time to first failure) / mittlere Zeit(spanne) bis zum ersten Ausfall, MTTFF (mittlere Zeitspanne bis zum ersten Ausfall)

**MTTR** (mean time to repair) / mittlere Reparaturdauer, MTTR-Zeitwert *m* (mittlere Zeitspanne, die nach Ausfall einer Anlage benötigt wird, um die Funktionsfähigkeit wieder herzustellen)

**MTU** (magnetic tape unit) (Comp) / Magnetbandeinheit *f* (innerhalb von Speichersystemen), Bandeinheit *f* (Magnetbandeinheit)

**MTX** (maitotoxin) (Chem) / Maitotoxin *n* (das stärkste bisher bekannte nicht proteinogene Gift)

**M-type backward-wave oscillator** (Electronics) / Rückwärtswellen-Magnetfeldröhre *f*, Carcinotron *n* M ‖ ≃ **microwave tube** (Electronics) / Kreuzfeldröhre *f*, M-Typ-Röhre *f*

**mu**\* (Nuc) / Tausendstelmasseeinheit *f*, TME (Tausendstelmasseeinheit)

**MUA** (mail user agent) (Telecomm) / Mail User Agent *m*, MUA *m* (Mail User Agent)

**mucic acid**\* (Chem) / Mucinsäure *f*, Schleimsäure *f*, Muzinsäure *f*

**mucilage**\* *n* (Bot, Chem, Pharm) / Schleim *m* (natürliches Gel), Pflanzenschleim *m*, Mucilago *f*, Muzilago *f*

**mucilaginous**\* *adj* (Bot, Zool) / schleimhaltig *adj*, schleimig *adj*

**mucin**\* *n* (Chem) / Muzin *n* (ein Glykoprotein), Mucin *n*

**muck** *n* (Agric) / Mist *m*, Dung *m*, Stalldünger *m*, Stalldung *m*, Stallmist *m* ‖ ~ (Civ Eng) / Aushubmaterial *n*, Aushub *m*, ausgehobene Erdmasse, Baggergut *n* ‖ ~ (US)\* (Mining) / Abfallerz *n* ‖ ~\* (US) (Mining) / taubes Gestein, Berge *m pl* ‖ ~ (Mining) / hereingeschossenes Gestein, Haufwerk *n* (herausgelöstes Mineral oder Gestein)

**mucker** *n* (Mining) / Lademaschine *f* (für das Haufwerk)

**mucking**\* *n* (Mining) / Wegfüllen *n* (des Haufwerks), Wegfüllarbeit *f*, Bergeladen *n* ‖ ~ **out**\* (Mining) / Wegfüllen *n* (des Haufwerks), Wegfüllarbeit *f*, Bergeladen *n* ‖ ~ **train** (Mining) / Bunkerzug *m*

**muckluck leather** (Leather) / Muklukleder *n* (Hirsch, Elch oder Robbe - formaldehyd- oder alaungegerbt)

**muck-shifting plant** (Civ Eng) / Erdbaugerät *n*, Erdbaumaschine *f*, Erdbewegungsmaschine *f*

**mucochloric acid** (Chem) / Mukochlorsäure *f*, Mucochlorsäure *f*

**mucoid** *n* (Biochem) / Mukoprotein *n*, Mucoprotein *n* (ein Glykoprotein), Mukoid *n*, Mucoid *n*

**mucoitinsulphuric acid** (Chem) / Mukoitinschwefelsäure *f* (ein hochmolekulares Mukopolysaccharid), Mucoitinschwefelsäure *f*

**muconic acid**\* (Chem) / Mukonsäure *f*, Muconsäure *f* (2,4-Hexadiendisäure)

**mucopolysaccharide**\* *n* (Biochem) / Glykosaminoglykan *n*, Mucopolysaccharid *n* (hochmolekulares Polysaccharid von physiologischer Bedeutung), Mukopolysaccharid *n*

**mucoprotein**\* *n* (Biochem, Chem) / Mukoprotein *n*, Mucoprotein *n* (ein Glykoprotein), Mukoid *n*, Mucoid *n*

**mucous**\* *adj* (Med) / schleimig *adj*, mukös *adj*

**MUD** (multi-user dungeon) (Comp) / MUD (multiuser dungeon)

**mud** *n* (Chem, Min Proc) / Trübe *f*, Aufschlämmung *f*, feiner Schlamm ‖ ~ (for holding up the sides of deep trenches) (Civ Eng) / Stützflüssigkeit *f* ‖ ~ (Civ Eng) / Baggergut *n* (beim Nassbaggern) ‖ ~\* (Geol) / Schlamm *m*, Schlick *m*, Schluff *m* + Ton ‖ ~ (a sticky, fine-grained marine sediment, usually described by colour) (Geol, Ocean) / Schlick *m* (eine Tiefseeablagerung) ‖ ~\* (Mining, Oils) / Bohrspülmittel *n*, Spültrübe *f* (zum Herausspülen des Bohrkleins sowie zur Kühlung und Schmierung des Bohrwerkzeugs), Tonsuspension *f*, Spülung *f* (Spülflüssigkeit), Spülflüssigkeit *f*, Bohrspülung *f* (Flüssigkeit), Dickspülung *f* ‖ ~ (Ocean) / Mudd *m* (ein Ostsee-Sediment, marines Äquivalent der Gyttja) ‖ ~ (the mixed material of a mudflow) (Oils) / Spülungsmaterial *n* ‖ **acid**\* (Oils) / Mud Acid *f*

**mud-and-snow tyre** (Autos) / Winterreifen *m*, M+S-Reifen *m* (der in Matsch und frischem oder schmelzendem Schnee bessere Fahreigenschaften gewährleisten kann als ein normaler Reifen)

**mudar fibre** / Yercum-Faser *f* (aus der Rinde der Schwalbenwurzgewächsart Calotropis gigantea (L.) Dryand.)

**mud auger** (Mining, Oils) / Schappe *f* (geschlossener oder geschlitzter Stahlblechzylinder mit pflugscharähnlicher Rundschneide zur Erbohrung lockeren Gebirges) ‖ ~ **avalanche** (Geol) / quasiviskoses Fließen, Schlammstrom *m* (im Hochgebirge), Breistrom *m* ‖ ~ **balance** (Oils) / Spülungswaage *f* ‖ ~ **bed** (Eng) / Schlammschicht *f* ‖ ~ **box** (Ships) / Schlammkasten *m* (in der Hauptseewasser- und Lenzleitung) ‖ ~ **broke** (Mining) / Schlammeinbruch *m* ‖ ~ **cake** (Oils) / Spülungskuchen *m* ‖ ~ **cake** (Oils) / Spülungsfilterkuchen *m*

**mud-capping** (Mining) / Knäpperschießen *n*, Knäppern *n*

**mud cock** (Mining) / Schmutzhahn *m*, Schlammreinigungshahn *m* ‖ ~ **column** (Mining) / Spülsäule *f*, Spülungssäule *f* ‖ ~ **construction materials** (Build) / plastische Baustoffe (z.B. für den Piséebau) ‖ ~ **crack** (Geol) / Trockenriss *m* (Schrumpfungsriss im Boden bei natürlicher Austrocknung)

**mud-cracking** *n* (Surf) / netzförmige Haarrisse

**muddar fibre** / Yercum-Faser *f* (aus der Rinde der Schwalbenwurzgewächsart Calotropis gigantea (L.) Dryand.)

**mud drilling** (Oils) / Spülbohren *n* (Tiefbohren, bei dem die Abführung des Bohrkleins aus dem Bohrloch mit einem Spülmittel bewirkt wird), Spülungsbohren *n*

**muddy** *adj* / matschig *adj* ‖ ~ *adj*, schlammig *adj*, schlammhaltig *adj*, voller Schlamm ‖ ~ **soil** (Civ Eng) / Schlammboden *m*

**mud engineer** (who studies and supervises the preparation of various fluids and emulsions used in rotary drilling) (Mining) / Spülungsfachmann *m*, Spülungsingenieur *m* ‖ ~ **field** (Agric) / Schlammfeld *n* ‖ ~ **filling** (Hyd Eng) / Verschlickung *f*, Verlandung *f*, Verschlammung *f* (des Flussbettes), Aufschlickung *f*, Auflandung *f* (der Flusssohle) ‖ ~ **filtrate** (Oils) / Spülungsfiltrat *n* ‖ ~**-flap** *n* (Autos) / Schmutzfänger *m*, Spritzklappe *f*, Schmutzabweiser *m* ‖ ~ **flow** (Geol) / quasiviskoses Fließen, Schlammstrom *m* (im Hochgebirge), Breistrom *m* ‖ ~ **flow** (Oils) / Spülungsfluss *m*

**mudflow**\* *n* (Geol) / Schlammstrom *m*, Mure *f*, Murgang *m*, Murbruch *m*

**mud flush drilling** (Oils) / Spülbohren *n* (Tiefbohren, bei dem die Abführung des Bohrkleins aus dem Bohrloch mit einem Spülmittel bewirkt wird), Spülungsbohren *n* ‖ ~ **grouting** (Civ Eng) / Schlamminjektion *f*

**mudguard** *n* (Autos) / Kotflügel *m*

**mud gun** (Oils) / Spülungskanone *f* ‖ ~ **hog** (Mining, Oils) / Spülpumpe *f* (einer Rotary-Bohranlage) ‖ ~ **inflow** (Mining) / Schlammeinbruch *m* ‖ ~ **inrush** (Mining) / Schlammeinbruch *m*

**mudline**\* *f* (separating line between clear overflow water and settled slurry in dewatering or thickening plant) (Min Proc) / Trennlinie *f* zwischen dem sedimentierten (Dick)Schlamm und dem Klarlauf

**mudlump** *n* (Geol) / Schlammaufbruch *m*

**mud motor**\* (Oils) / mit Spültrübe betriebener Motor

**mud-'n'-snow tyre** (Autos) / Winterreifen *m*, M+S-Reifen *m* (der in Matsch und frischem oder schmelzendem Schnee bessere Fahreigenschaften gewährleisten kann als ein normaler Reifen)

**mud off** *v* / abdichten *v* (mit Schlamm) ‖ ~ **off** (Oils) / mit Bohrschlamm abdichten (ein Bohrloch) ‖ ~ **pit** (Oils) / Spültank *m* ‖ ~ **pump**\* (Mining, Oils) / Spülpumpe *f* (einer Rotary-Bohranlage) ‖ ~ **pump**\* (Oils, San Eng) / Schlammpumpe *f*

**mudrock** *n* (Geol) / übergeordneter Begriff für Silt- und Tonsteine

**mudsill** *n* (Build) / Unterlegschwelle *f*

**mud silting** (Hyd Eng) / Verschlickung *f*, Verlandung *f*, Verschlammung *f* (des Flussbettes), Aufschlickung *f*, Auflandung *f* (der Flusssohle) ‖ ~ **slide** (Geol) / Schlammlawine *f*

**mudstone** *n* (Geol) / verfestigter Ton ‖ ~ (Geol) / Kalkstein *m* (mit weniger als 10% Partikeln) ‖ ~ (Geol) / Mudstone *m* (Kalk mit bis

10% Partikeln) ‖ ~ (Geol) / schlammgestütztes Karbonatgestein (mit <10% Komponenten) ‖ ~* (Geol) / mergeliger Ton ‖ ~* (Geol) / übergeordneter Begriff für Silt- und Tonsteine
**mud stream** (Geol) / quasiviskoses Fließen, Schlammstrom $m$ (im Hochgebirge), Breistrom $m$ ‖ ~ **stream** (Oils) / Spülungsstrom $m$
**mud-supported carbonate sedimentary rock** (Geol) / schlammgestütztes Karbonatgestein
**mud up** $v$ / mit Schlamm beschmieren ‖ ~ **up** $vi$ / verschlammen $v$, sich mit Schlamm verstopfen $v$ ‖ ~ **volcano*** (Geol) / Schlammvulkan $m$, Salse $f$, Schlammsprudel $m$, Macaluba $f$ (bei Girgenti), Maccaluba $f$
**MUF** (material unaccounted for) (Nuc Eng) / nicht nachgewiesenes Material (die Differenz zwischen dem realen Bestand und dem Buchbestand an Kernmaterial) ‖ ~* (maximum usable frequency) (Radio) / höchste anwendbare (brauchbare) Übertragungsfrequenz, Grenzfrequenz $f$ (in der Kurzwellenübertragung)
**mu-factor** $n$ (Electronics) / Verstärkungsfaktor $m$ (Verhältnis der Ausgangsgröße zur Eingangsgröße), Verstärkung $f$ (Verstärkungsfaktor)
**muff coupling** (Eng) / Muffenkupplung $f$ (eine starre Kupplung), Hülsenkupplung $f$ (eine starre Kupplung) ‖ ~ **coupling** (Eng) s. also sleeve coupling
**muffin-tin potential** (Crystal) / Muffin-Tin-Potential $n$ (ein vereinfachtes Kristallpotential)
**muffle** $v$ (Acous) / dämpfen $v$ (Schallenergie in Wärme umwandeln) ‖ ~ $n$ (a refractory enclosure or chamber in a furnace designed to protect ware from the flame and products of combustion) (Ceramics, Met) / Muffel $f$ (abgeschlossenes, vor unmittelbarer Einwirkung der Feuergase geschütztes Gefäß in den Muffelöfen)
**muffled** $adj$ (Acous) / dumpf $adj$, hohl $adj$ (klingend)
**muffle furnace*** / Muffelofen $m$ (Tunnel- oder Kammerofen - ein Industrieofen mit indirekter Beheizung) ‖ ~ **kiln** / Muffelofen $m$ (Tunnel- oder Kammerofen - ein Industrieofen mit indirekter Beheizung)
**muffler** (US)* (Acous, Autos, I C Engs) / Abgasschalldämpfer $m$, Schalldämpfer $m$, Auspufftopf $m$, Geräuschdämpfer $m$, Dämpfer $m$ (Schalldämpfer) ‖ ~ $n$ (US) (Electronics) / Löschrohr $n$ ‖ ~ **cement** (Autos) / Auspuffkitt $m$
**mugearite*** $n$ (Geol) / Mugearit $m$ (Trachybasalt)
**muggy** $adj$ (Meteor) / feuchtwarm $adj$, schwül $adj$
**mugho pine** (For) / Zwergkiefer $f$, Latsche $f$, Legföhre $f$ (Pinus mugo subsp. pumilio Haenke) Franco)
**mugo pine** (For) / Zwergkiefer $f$, Latsche $f$, Legföhre $f$ (Pinus mugo subsp. pumilio (Haenke) Franco)
**mukluk leather** (Leather) / Muklukleder $n$ (Hirsch, Elch oder Robbe - formaldehyd- oder alaungegerbt)
**mulberry** $n$ (For) / Maulbeerbaum $m$ (Morus L.) ‖ ~ $attr$ / maulbeerfarbig $adj$ ‖ ~ **fig** (For) / Sykomore $f$, Maulbeerfeigenbaum $m$, Eselsfeige $f$ (Ficus sycomorus L.)
**mulch** $v$ (Agric) / mulchen $v$ ‖ ~* $n$ (material /such as decaying leaves, bark, or compost/ spread around or over a plant to enrich or insulate the soil ) (Agric, Bot) / Mulch $m$ (organische Isolierschicht auf dem Acker- oder Gartenboden) ‖ ~ **film** (Agric) / Mulchfolie $f$ ‖ ~ **in(to)** $v$ (Agric) / einmulchen $v$ (z.B. mit der Egge)
**mulching bar** (Agric) / Mulchbalken $m$
**muldem** $n$ (Comp, Telecomm) / Muldem $m$, Muldex $m$
**muldex** $n$ (Comp, Telecomm) / Muldem $m$, Muldex $m$
**mule** $n$ (a small tractor or locomotive, typically one that is electrically powered) (Elec Eng, Eng) / Zugmaschine $f$ (kleine) ‖ ~* (Spinning) / Selfaktor $m$, Wagenspinner $m$, Absetzspinner $m$, Selbstspinner $m$ (in der Streichgarnspinnerei) ‖ ~ **carriage** (Spinning) / Selfaktorwagen $m$ ‖ ~ **cop** (Spinning) / Selfaktorkops $m$ (DIN 61800), Selfaktorkötzer $m$ ‖ ~ **doubler** (Spinning) / Twiner $m$, Mule-Zwirnmaschine $f$, Zwirnselfaktor $m$, Selbstzwirner $m$ (nicht mehr benutzte Zwirnmaschine) ‖ ~ **yarn** (Spinning) / Selfaktorgarn $n$, Muletwist $m$ (in loser Drehung)
**mull** $v$ / eindämpfen $v$ (Spitzen bei den Schuhen), eindampfen $v$ (Spitzen bei den Schuhen) ‖ ~ $n$ (thin,soft, plain muslin, used in bookbinding for joining the spine of a book to its cover) (Bind) / Heftgaze $f$ ‖ ~* (For) / Mull $m$ (ein aus Resten üppiger Vegetation gebildeter Humustyp) ‖ ~* (Textiles) / Mull $m$ (dünnes, weitmaschiges Baumwollgewebe), Gaze $f$ (Verbandmull)
**Mullen burst test*** (Paper) / Berstfestigkeitsprüfung $f$ nach Mullen ‖ ~ **instrument** (Paper) / Mullen-Tester $m$ (DIN 53 141-1), Mullenprüfer $m$ (der den Berstwiderstand des Papiers testet), Berstfestigkeitsprüfer $m$ nach Mullen ‖ ~ **tester** (Paper) / Mullen-Tester $m$ (DIN 53 141-1), Mullenprüfer $m$ (der den Berstwiderstand des Papiers testet), Berstfestigkeitsprüfer $m$ nach Mullen
**muller** $n$ (Ceramics) / Mischkollergang $m$ ‖ ~ (Eng, Min Proc) / Kollergang $m$ ‖ ~ (Foundry) / Formstoffmischer $m$ ‖ ~* (for grinding, mixing, and tempering) (Min Proc) / Zerkleinerungsorgan $n$, Brechwerkzeug $n$ (z.B. Läufer im Kollergang) ‖ ~* (Min Proc) s. also runner ‖ ~ **crusher** (Min Proc) / Zerkleinerungsorgan $n$, Brechwerkzeug $n$ (z.B. Läufer im Kollergang)
**Müller-Lyer illusion** (Optics) / Müller-Lyer-Täuschung $f$
**muller mixer** (a heavy roller or wheel, usually of metal, mounted in a heavy pan for mixing, grinding, and tempering) (Ceramics) / Mischkollergang $m$
**Müller's fluid** (Micros) / Müllers Lösung (ein Fixiermittel) ‖ ~ **glass*** (Min) / Hyalit $m$ (weiße durchscheinende Abart des Opals - Silizium(IV)-oxid), Glasopal $m$
**Mulliken scale** (for measuring electronegativities) (Chem, Elec) / Mulliken'sche EN-Skale ‖ ~ **symbols** (Chem, Phys) / Mulliken-Terme $m$ $pl$ (nach R.S. Mulliken, 1896-1986)
**mullion** $n$ (Build, Join) / Sprosse $f$ (Gliederungselement von Fenster- und Türflächen) ‖ ~* (Join) / Fensterpfosten $m$, Setzholz $n$ (im Fensterkreuz) ‖ ~ (Join) / Türpfosten $m$ (bei doppelflügeliger Türanlage)
**mullions** $pl$ (in a Gothic window) (Arch) / Stabwerk $n$ (unter dem Maßwerk gotischer Fenster)
**mullion structure*** (Geol) / Mullion-Struktur $f$ (in Sandstein- oder Kalkbänken)
**mullite*** $n$ (Ceramics, Min) / Mullit $m$ (Aluminiumsilikat - Ausgangsstoff z.B. für Corhart-Steine) ‖ ~ **brick** (Ceramics) / Mullitstein $m$ (z.B. Corhart- oder Monofraxstein - für erhöhte thermische und chemische Beanspruchung) (Ceramics, Met) / ‖ ~ **needle** (Ceramics, Met) / Sekundärmullit $m$, Nadelmullit $m$ (idiomorpher) ‖ ~ **porcelain** (with mullite as the essential crystalline phase) (Ceramics) / Mullitporzellan $n$ ‖ ~ **refractories** (in which mullite is the predominant crystalline phase) (Ceramics) / feuerfeste Mullitzeugnisse ‖ ~ **whiteware** (Ceramics) / Mullitweißware $f$
**mull method** (Spectr) / Suspensionstechnik $f$ (in der IR-Spektroskopie)
**multangular** $adj$ (Maths) / vieleckig $adj$, Polygon-, polygonal $adj$
**multi-** / Multi-, Viel-, viel-, multi-, vielfach $adj$
**multi-access*** $n$ (Comp) / Vielfachzugriff $m$, Mehrfachzugriff $m$ ‖ ~ (Telecomm) / Mehrfachnutzung $f$ (Aufteilung der Übertragungskapazität einer Linie auf eine Anzahl von Endstellen, z.B. durch Multiplex) ‖ ~ **line** (Teleph) / Mehrfachanschluss $m$ ‖ ~ **network** (Comp) / Vielfachzugriffsnetz $n$, Mehrfachzugriffsnetz $n$ ‖ ~ **protocol** (Comp) / Vielfachzugriffsprotokoll $n$, Mehrfachzugriffsprotokoll $n$ ‖ ~ **system** (Comp) / Vielfachzugriffssystem $n$, Mehrfachzugriffssystem $n$ ‖ ~ **system** (Comp) / Teilnehmerrechensystem $n$ (DIN 44300), Mehrfachbenutzersystem $n$
**multiaddress** $attr$ (Comp) / Mehradress- ‖ ~ **branching** (Comp) / gefächerter Sprung ‖ ~ **calling** (Telecomm) / Rundsenden $n$ ‖ ~ **instruction** (Comp) / Mehradressbefehl $m$ ‖ ~ **machine** (Comp) / Mehradressmaschine $f$
**multi-aperture die** (Met) / Mehrlochmatrize $f$ (beim Strangpressen)
**multi-arm robot** (Eng) / Mehrarmroboter $m$ (ein Industrieroboter)
**multiaxial** $adj$ / mehrachsig $adj$ ‖ ~ **stress** (Mech) / mehrachsige Beanspruchung (des Bauteils)
**multiaxis control** (Eng) / Mehrachsensteuerung $f$ (eine numerische Steuerung)
**multiaxle trailer** (Agric) / Mehrachsanhänger $m$
**multiband antenna** (Radio) / Mehrbereichsantenne $f$ ‖ ~ **antenna** (Radio) s. also wide-band antenna ‖ ~ **camera** (Photog, Space, Surv) / Multispektralkamera $f$, Multispektralkammer $f$, Mehrkanalkamera $f$ ‖ ~ **coding** (Telecomm) / Mehrbandcodierung $f$ (Aufteilung des Sprachbandes in mehrere Teilbänder), Mehrbandkodierung $f$
**multiband-gap solar cell** (Nuc Eng) / Mehrschichtzelle $f$ (eine Solarzelle, in der mehrere Halbleiter hintereinander angeordnet sind)
**multiband photography** (Photog) / Multispektralfotografie $f$
**multibarrier containment** (Nuc Eng) / Mehrfach-Containment $n$, Mehrfach-Sicherheitseinschluss $m$ ‖ ~ **system** (Nuc Eng) / Mehrfachbarrierensystem $n$ (beim Betrieb der Entsorgungseinrichtungen)
**multi-barstick casting** (Met) / Multiknüppel-Strangguss $m$ (Elektronenstrahlschmelzen), Multistrangguss $m$
**multibaseline configuration** (Radar, Radio) / Multibasislinienanordnung $f$
**multibay** $attr$ (Arch, Build) / mehrfelderig $adj$, mehrfeldrig $adj$, Mehrfeld-
**multibeam forming** (Radar, Radio) / Mehrkeulenbildung $f$ (Bildung mehrerer Antennencharakteristiken mit unterschiedlichen Hauptkeulenrichtungen, z.B. durch eine elektronisch gesteuerte Gruppenantenne)
**multibench blasting** (Mining) / Mehrstrossensprengung $f$ (auf einmal oder in sehr kurzen Abständen)
**multiblade circular sawing machine** (For) / Mehrblattkreissägemaschine $f$, Leistenkreissägemaschine $f$ ‖ ~ **saw** (For) / Vielblattsäge $f$
**multiblock polymer** (Chem) / Multiblockpolymer $n$ (ein Blockkopolymer)

**multibody**

**multibody system** (Autos) / Wechselladersystem n
**multibreak switch*** (Elec Eng) / Schalter m mit Mehrfachunterbrechung
**multibucket system vehicle** (Ecol, Mining) / Absetzkipper m
**multiburn** attr (Space) / wiederzündbar adj (Rakete)
**multiburst signal** (TV) / Multiburst m (ein Prüfsignal für die TV-Übertragung)
**multibus** n (Comp, Telecomm) / Multibus m (ein Bus, an dem nicht nur Stationen hängen, sondern anstelle einer Station ein weiterer Bus, so dass sich eine verzweigte Busstruktur ergibt), Baum m (eine Netztopologie)
**multibutton mouse** (Comp) / Maus f mit mehreren Knöpfen
**multicamera recording** (Cinema) / Aufzeichnung f mit mehreren Kameras
**multicarrier system** (Ships) / Multicarriersystem n (z.B. Schüttgut/Öl oder Erz/Schüttgut usw.)
**multicast** n (Comp, Telecomm) / Multicasting n (gleichzeitige Benachrichtigung einer Gruppe oder Klasse von Teilnehmern eines Netzwerkes mit einer Nachricht), Verbreiten n (Multicasting) || ~ **backbone** (Comp) / M-Bone n (spezielle reservierte Ladungskapazität im Internet, auf der Multicasting möglich ist)
**multicasting** n (a transmission system in which messages are directed to a particular group of nodes on a network) (Comp, Telecomm) / Multicasting n (gleichzeitige Benachrichtigung einer Gruppe oder Klasse von Teilnehmern eines Netzwerkes mit einer Nachricht), Verbreiten n (Multicasting)
**multicavity klystron** (Electronics) / Mehrkammerklystron n, Mehrkreisklystron n, Kaskadenklystron n || ~ **magnetron*** (Electronics) / Vielkammermagnetron n, Vielkreismagnetron n || ~ **mould** (Plastics) / Mehrfachwerkzeug n
**multicell cooling tower** / Zellenkühlturm m
**multicellular*** adj (tissue or organism) (Biol) / multizellulär adj, vielzellig adj || ~ **loudspeaker** (Acous) / Vielzellenlautsprecher m || ~ **voltmeter*** (Elec Eng) / Multizellularvoltmeter n, Multizellularelektrometer n
**multicentred bonding*** (Chem) / Mehrzentrenbindung f, Vielzentrenbindung f || ~ **reaction** (Chem) / Mehrzentrenreaktion f (eine konzertierte Reaktion)
**multicentre reaction** (Chem) / Mehrzentrenreaktion f (eine konzertierte Reaktion)
**multicentric bonding** (Chem) / Mehrzentrenbindung f, Vielzentrenbindung f
**multichamber mill** / Mehrkammermühle f, Multikammermühle f (eine Modularmühle)
**multichannel*** attr (Telecomm) / Mehrkanal-, mehrkanalig adj || ~ **analyser** (Nuc Eng) / Vielkanalanalysator m (Impulshöhenanalysator, der die Impulse energieproportionaler Detektoren entsprechend der Amplitude und damit der Strahlenenergie sortiert und im entsprechenden Kanal registriert) || ~ **analyser** (instrument) (Nuc, Telecomm) / Vielkanalanalysator m (ein Diskriminator) || ~ **circuit** (Telecomm) / TF-Grundleitung f || ~ **oscillograph** (Electronics) / Mehrkanaloszillograf m || ~ **spectrometer** (Chem, Spectr) / Vielkanalspektrometer n, Vielstrahlspektrometer n, Polychromator m || ~ **system** (Telecomm) / Mehrkanalsystem n || ~ **theory** (Phys) / Vielkanaltheorie f (ein Näherungsverfahren zur Lösung der allgemeinen Strahlungstransportgleichung - eine Verallgemeinerung der Kubelka-Munk-Theorie)
**multicharged** adj / mehrfach geladen (Ion)
**multichip integrated circuit*** (Electronics) / Schaltung f in Multichip-Bauweise (monolithische Halbleiterchips auf einem Keramiksubstrat) || ~ **module** (Comp) / Multichipmodul n, MCM (Multichipmodul) || ~ **technology** (Electronics) / Multichip-Technik f (in der Mikroelektronik)
**multicircuit switch** (Elec Eng) / Serienschalter m
**multiclonal** adj (Gen) / multiklonal adj
**multicoating** n (Optics, Photog) / Mehrschichtvergütung f, Multicoating n (auf optisch wirksame Flächen aufgedampfte reflexionsmindernde Schichten mit verschiedenen Brechzahlen), Mehrfachvergütung f, Mehrfachbeschichtung f || ~ **varnish** (Paint) / Mehrschichtlack m (CN-Lack, der in mehreren Schichten als Grund- und Decklack aufgetragen wird)
**multicollector transistor** (Electronics) / Multikollektortransistor m, Mehrfachkollektortransistor m
**multicolor plotter** (US) (Comp) / Mehrfarbenplotter m, Farbenplotter m
**multicolour** attr / mehrfarbig adj, vielfarbig adj, polychrom adj
**multicoloured** adj / mehrfarbig adj, vielfarbig adj, polychrom adj || ~ **article** (Textiles) / Buntartikel m (Ätzdruck mit einer Paste, die auch ätzbeständige Farbstoffe enthält) || ~ **paint** (Paint) / Mehrfarbeneffektanstrichstoff m (unterschiedlich gefärbte Pigmentanreibungen in unverträglicher Form, so dass sich beim Spritzen die Partikeln nicht vermischen), Multicolor-Lack m

**multicolour filter** (Optics, Photog) / Mehrfarbenfilter n || ~ **pattern** (Textiles) / Mehrfarbenmuster n, Buntmuster n || ~ **plotter** (Comp) / Mehrfarbenplotter m, Farbenplotter m || ~ **printing** (Print) / Mehrfarbendruck m, mehrfarbiger Druck
**multicolumn printing** (Print) / mehrspaltiger Druck, Mehrspaltendruck m
**multicommunications service** (Telecomm) / Mehrzweckfunkdienst m
**multicompartment mill** (Eng) / Verbundmühle f || ~ **septic tank** (San Eng) / Mehrkammergrube f
**multicompletion well** (Oils) / Mehrhorizontbohrung f
**multicomponent adhesive** (Chem) / Mehrkomponentenklebstoff m (aus mehreren getrennt aufzubewahrenden Komponenten, die vor der Verarbeitung zu mischen sind oder im Vorstreichverfahren verarbeitet werden), Mehrkomponentenkleber m || ~ **distillation** (Chem, Chem Eng) / Destillation f eines Mehrstoffgemisches, Destillation f eines Mehrkomponentensystems || ~ **fibres** (Spinning) / Mehrschichtenfasern f pl, Mehrkomponentenfasern f pl || ~ **injection moulding** (Plastics) / Mehrkomponenten-Spritzgießverfahren n, Koinjektion f || ~ **lens** (Optics, Photog) / vielinsiges Objektiv || ~ **pack** / Mehrkomponentenpackung f (DIN 55 405) || ~ **package** / Mehrkomponentenpackung f (DIN 55 405) || ~ **reaction** (Chem) / Mehrkomponentenreaktion f || ~ **system** / Mehrstoffsystem n, Mehrkomponentensystem n, Vielkomponentensystem n || ~ **varnish** (Paint) / Mehrkomponentenlack m (z.B. PUR-Lack oder EP-Lack)
**multicomputer system** (Comp) / Mehrrechnersystem n (ein digitales Rechensystem, bei dem eine gemeinsame Funktionseinheit zwei oder mehr Zentraleinheiten steuert, von denen jede über mindestens einen Prozessor allein verfügt - DIN 44300), Multicomputersystem n
**multiconfiguration-consistent field process** (Chem) / MCSCF-Verfahren n (in der Quantenchemie)
**multicontact** attr (Elec Eng) / mehrpolig adj (Stecker), vielpolig adj (Stecker)
**multicoordinate manipulator** (Eng) / Mehrkoordinatenmanipulator m || ~ **measuring instrument** (Instr) / Mehrkoordinatenmessgerät n
**multicore cable** (Cables) / mehradriges Kabel, Mehrleiterkabel n
**multi-cycle control** (Automation) / Schwingungspaketsteuerung f (bei Thyristoren und Triacs)
**multicyclone** n / Multiklon m, Multizyklon m, Multizyklonabscheider m (viele parallel geschaltete Kleinzyklone, die sich in einer geschlossenen Einheit befinden)
**multicylinder engine** (Eng) / Mehrzylindermaschine f || ~ **machine** (Eng) / Mehrzylindermaschine f || ~ **turbine** (Eng) / Mehrgehäuseturbine f
**multi•-daylight mould** (Plastics) / Etagenwerkzeug n || ~-**daylight press** (Eng) / Mehretagenpresse f, Etagenpresse f
**multi-degree-of-freedom oscillations** (Phys) / Schwingung f mit zwei und mehr Freiheitsgraden || ~ **system** (Mech) / System n mit mehreren Freiheitsgraden || ~ **vibrator** (Phys) / Schwingungssystem n mit endlich vielen Freiheitsgraden, mehrfacher Schwinger
**multidentate ligand** (Chem) / polydentaler Ligand, Chelatligand m, mehrzähniger Ligand
**multidestination circuit** (Elec Eng) / Sammelschaltung f
**multi-device configuration** (Comp) / Mehrgerätekonfiguration f
**multidiameter drill** (Eng) / Stufenbohrer m (mit mehreren Schneidteilen von verschiedenen Durchmessern)
**multidigit** attr (Maths) / mehrstellig adj
**multidimensional** adj (of or involving several dimensions) / multidimensional adj, mehrdimensional adj || ~ **control system** (Automation) / Mehrgrößenregelung f, Mehrfachregelung f || ~ **distribution** (Telecomm) / Verbundverteilung f (Zusammenhang zwischen den Amplitudenverteilungen mehrerer Signale) || ~ **Turing machine** (Comp) / mehrdimensionale Turingmaschine
**multidirectional** adj / multidirektional adj || ~ (Tools) / mehrachsig adj
**multidisciplinary** adj (combining or involving several academic disciplines or professional specializations in an approach to a topic or problem) / multidisziplinär adj || ~ s. also interdisciplinary
**multidisk brake** (Aero, Autos) / Mehrscheibenbremse f, Lamellenbremse f || ~ **clutch** (Eng) / Mehrscheibenkupplung f, Lamellenkupplung f
**multidoor swing check valve** (Eng) / Gruppenrückschlagklappe f, Jalousieklappe f (Gruppenanordnung mehrerer kleiner Klappenteller zur Sicherung der Rückschlagfunktion)
**multidrop circuit** (Comp, Telecomm) / Multipoint-Schaltung f, Mehrpunktschaltung f || ~ **line** (a single communication line that connects multiple stations - terminals or computers) (Telecomm) / Übertragungsleitung f mit mehreren Stationen (Gruppenverbindung) || ~ **network** (Elec Eng, Telecomm) / Liniennetz n, Strahlennetz n

**multiedge wheel** (Eng) / mehrprofilige Schleifscheibe, Mehrprofilschleifscheibe f
**multielectrode tube** (US) (Electronics) / Mehrgitterröhre f (die außer dem Steuergitter noch weitere Gitter enthält), Mehrelektrodenröhre f ‖ ~ **valve** (GB)* (Electronics) / Mehrgitterröhre f (die außer dem Steuergitter noch weitere Gitter enthält), Mehrelektrodenröhre f
**multielectron atom** (Nuc) / Mehrelektronenatom n ‖ ~ **system** (Nuc) / Mehrelektronensystem n
**multielement analysis** (Chem, Ecol) / Multielementanalyse f ‖ ~ **lens** (Optics, Photog) / viellinsiges Objektiv
**multiemitter transistor** (Electronics) / Multiemittertransistor m (Eingangsstufe der TTL-Logik), Mehrfachemittertransistor m (mit mehreren Emitterzonen, besonders zur Parallelschaltung von mehreren gleichartigen Transistoren), Vielfachemittertransistor m (ein Bipolartransistor mit mehreren Emitterzonen, aber mit gemeinsamen Basis- und Kollektorgebieten)
**multi-energy corporation** / Multienergieunternehmen n (das in der Beschaffung, Aufbereitung und Umwandlung sowie im Handel mit verschiedenen Energieträgern tätig ist)
**multi-engine** attr (Eng) / mehrmotorig adj
**multi-engined** adj (Eng) / mehrmotorig adj
**multi-engine drive** (Eng) / Mehrmotorenantrieb m
**multientry** attr (Eng) / mehrströmig adj, mehrflutig adj (Pumpe)
**multienzyme complex** (Biochem) / Multienzymkomplex m (ein heteropolymeres Protein, das aus einer geordneten Assoziation verschiedener Enzyme besteht)
**multiergol** n (Space) / Multiergol n (z.B. Di- oder Triergol)
**multi-exchange system*** (Telecomm) / System n mit mehreren Vermittlungsstellen
**multifamily dwelling** (Build) / Mehrfamilienhaus n
**multifan round induced-draught cooling tower** / Ventilatorrundkühlturm m mit mehreren saugenden Ventilatoren
**multifarm use** (Agric) / überbetrieblicher Einsatz (von Landmaschinen)
**multifee metering*** (Teleph) / Gesprächszählung f mit gestaffelten Gebühren
**multifibre cable** / Mehrfaserkabel n (LWL-Kabel, das mehr als zwei LWL enthält)
**multifilament** (yarn) (Spinning) / Multifil n, Multifilgarn n (aus mehreren Filamenten), Polyfilgarn n, Polyfil n ‖ ~ attr (Spinning) / polyfil adj, multifil adj ‖ ~ **cable** / Mehrfaserkabel n (LWL-Kabel, das mehr als zwei LWL enthält) ‖ ~ **lamp*** (Elec Eng) / Mehrfadenlampe f
**multi-file option** (Comp) / Mehrdateiangabe f
**multifinger gripper** (Eng) / Mehrfingergreifer m (bei den IR)
**multiflap shutter** (Cinema) / Klappblende f, Jalousieblende f
**multifleck paint** (Paint) / Mehrfarbeneffektanstrichstoff m (unterschiedlich gefärbte Pigmentanreibungen in unverträglicher Form, so dass sich beim Spritzen die Partikeln nicht vermischen), Multicolor-Lack m
**multifocal** adj (Optics) / multifokal adj, MF, Mehrstärken- ‖ ~ **headlight** (Autos) / Multifokusscheinwerfer m, MF-Scheinwerfer m ‖ ~ **lens** (Med, Optics) / Mehrstärkenglas n (in der Augenoptik) ‖ ~ **lens** (Photog) / Teilbildlinse f (ein Teil der Linse ist als Nahlinse ausgebildet und ermöglicht es, kleine Dinge, welche sich im unscharfen Nahbereich befinden, in die Schärfe des Gesamtbildes miteinzubeziehen), Multifokallinse f ‖ ~ **segment** (Optics) / Mehrstärkenteil n (einer Brille)
**multifoil arch** (Arch) / Zackenbogen m, Vielpassbogen m, Fächerbogen m
**multifold door** (Build) / Harmonikatür f, Falttür f, Scherengittertür f
**multifont reader** (Comp) / Multifontleser m (für mehrere Schriftarten), Mehrschriftenleser m, Schriftenleser m ‖ ~ **reading** (Comp) / Multifontlesen n (von mehreren Schriftarten)
**multiforce cycle** (Welding) / Kraftprogramm n (beim Widerstandsschweißen)
**multiform** adj / multiform adj, vielgestaltig adj
**multifrequency code** (Telecomm) / Multifrequenzcode m, MFC (Multifrequenzcode), Multifrequenzkode m ‖ ~ **generator** / frequenzumschaltbarer Generator ‖ ~ **ringing generator** (Teleph) / Mehrfrequenzrufgenerator m ‖ ~ **signalling*** (Telecomm) / Mehrfrequenzsignalgabe f
**multifuel burner** / Allesbrenner m, Kombibrenner m ‖ ~ **engine** (Autos) / Vielstoffmotor m, Mehrstoffmotor m (meistens als Dieselmotor mit erhöhtem Verdichtungsverhältnis)
**multifuel-reformer system** (Fuels) / Multifuel-Reformer m (der der Aufbereitung üblicher Treibstoffe dient)
**multifunctional** adj / multifunktionell adj, polyfunktionell adj, mit Mehrfachfunktion ‖ ~ **additive** / Mehrfachfunktionsadditiv n (Zusatz, der gleichzeitig verschiedene Eigenschaften eines Schmierstoffes verbessert) ‖ ~ **display** (Electronics) /
Multifunktionsanzeige f, Multifunktionsdisplay n, multifunktionales Display
**multifunctionality** n / Multifunktionalität f (des Bodens)
**multifunctional terminal** (Comp) / multifunktionales Endgerät n, Multifunktionsterminal n
**multifunction card** (Comp) / Multifunktionskarte f ‖ ~ **display** (Electronics) / Multifunktionsanzeige f, Multifunktionsdisplay n, multifunktionales Display ‖ ~ **operation** (Radar) / Multifunktionsbetrieb m (beim Multifunktionsradar) ‖ ~ **printer** (laser printer with scanning, faxing, and convenience copying functionality) (Comp) / Multifunktionsdrucker m ‖ ~ **radar** (Radar) / Multifunktionsradar m ‖ ~ **terminal** (Comp) / multifunktionales Endgerät n, Multifunktionsterminal n
**multigap arrester** (Elec Eng) / Vielfachfunkenstrecke f (Blitzschutz)
**multi-geared cycle** / Fahrrad n mit Gangschaltung
**multigelation** n (Geol) / mehrfacher Tau-Gefrier-Prozess
**multiglazing** n (Build) / Mehrfachverglasung f (keine Isolierverglasung) ‖ ~ (with a pre-assembled, sealed insulating-glass unit) (Build) / Mehrscheiben-Wärmedämmverglasung f, Mehrscheiben-Isolierverglasung f, Isolierverglasung f (mit einem abgeschlossenen Scheibenzwischenraum), Isolierverglasung f (gelötet, geklebt oder als Ganzglasdoppelscheibe)
**multigrade oil** (Autos) / Mehrbereichsöl n (DIN 51511), MB-Öl n (ein Motorenöl)
**multigraph** n / Multigraf m (mit Mehrfachkanten)
**multigrid tube** (US) (Electronics) / Mehrgitterröhre f (die außer dem Steuergitter noch weitere Gitter enthält), Mehrelektrodenröhre f ‖ ~ **valve** (GB) (Electronics) / Mehrgitterröhre f (die außer dem Steuergitter noch weitere Gitter enthält), Mehrelektrodenröhre f
**multigrooved dowel** (Join) / Längsrillendübel m
**multigroove V-belt** (Eng) / Rippenkeilriemen m, Keilrippenriemen m, Poly-V-Belt m, Poly-V-Riemen m ‖ ~ **V-belt sheave** (Eng) / Verbundkeilriemenscheibe f, Mehrfachkeilriemenscheibe f, Keilrippenriemenscheibe f, Poly-V-Beltscheibe f (mit mehreren Rillen)
**multiground** attr (Elec Eng) / flächengeerdet adj
**multigrounded** adj (Elec Eng) / flächengeerdet adj
**multigroup diffusion theory** (Nuc) / Multigruppendiffusionstheorie f ‖ ~ **theory*** (Nuc Eng) / Gruppendiffusionstheorie f (zur mathematischen Beschreibung der Neutronendiffusion in einem Reaktor), Mehrgruppentheorie f, Vielgruppentheorie f
**multigun cathode-ray tube** (Electronics) / Mehrstrahlröhre f, Mehrstrahlelektronenröhre f
**multihole nozzle** (I C Engs) / Mehrlochdüse f
**multihop** (Radio, Telecomm) / mehrfacher Sprung, Mehrfachreflexion f, mehrfache Reflexion (bei der Funkverbindung), Multihop-Verfahren n ‖ ~ **link** (Radio, Telecomm) / Multihop-Link m (bei mehreren hintereinander geschalteten, einzelnen Richtfunkstrecken) ‖ ~ **transmission** (Radio, Telecomm) / Multihopübertragung f (mit mehreren Richtfunkstrecken)
**multi-impulse** attr (Space) / wiederzündbar adj (Rakete)
**multi-inlet** attr (Eng) / mehrströmig adj, mehrflutig adj (Pumpe)
**multi-instruction card** (Comp) / Mehrbefehlskarte f, Mehrinstruktionskarte f
**multijet nozzle** (I C Engs) / Mehrlochdüse f
**multijob processing** (Comp) / Vielfachjobverarbeitung f
**multilane** attr (Autos, Civ Eng) / mehrspurig adj (Straße)
**multilateral** adj / multilateral adj, mehrseitig adj
**multilateration** n (Electronics, Surv) / mehrseitiges streckenmessendes Verfahren (elektronisches, z.B. Trilateration)
**multilayer** n / Mehrfachschicht f, Vielfachschicht f ‖ ~ (Chem) / multimolekulare Schicht, Multimolekularfilm m ‖ ~ (Electronics) / Schichtpaket n (in der Schichttechnik) ‖ ~ (Electronics) / Mehrlagenverdrahtung f, Mehrebenenverdrahtung f ‖ ~ attr / mehrschichtig adj, Mehrschicht(en)-, Mehrlagen-, mehrlagig adj, vielschichtig adj ‖ ~ **adsorption** (Phys) / Mehrschichtenadsorption f ‖ ~ **bearing liner** (Eng) / Mehrschichtlagerschale f ‖ ~ **board** (Electronics) / Mehrlagenleiterplatte f, Mehrlagen-Printplatte f, Mehrlagen-Verdrahtungsplatte f, Multilayer-Leiterplatte f, Multilayer-Platte f ‖ ~ **board** (Paper) / Multiplexkarton m, Multiplexpappe f ‖ ~ **ceramic capacitor** (Elec Eng) / keramischer Vielschichtkondensator n ‖ ~ **circuit** (Electronics) / Mehrschichtschaltung f, Schaltung f in mehrschichtiger Anordnung, Mehrschichtschaltkreis m ‖ ~ **coating** (Optics, Photog) / Mehrschichtverglasung n (auf optisch wirksame Flächen aufgedampfte reflexionsmindernde Schichten mit verschiedenen Brechzahlen), Mehrfachvergütung f, Mehrfachbeschichtung f ‖ ~ **coating** (Surf) / Mehrschichtenbelag m ‖ ~ **dot** (Chem, Materials, Med) / Multilagen-Dot m (in der Nanotechnologie)
**multilayered** adj / mehrschichtig adj, Mehrschicht(en)-, Mehrlagen-, mehrlagig adj, vielschichtig adj

**multilayer extrusion**

**multilayer extrusion** (Plastics) / Koextrusion f, Mehrschichtenextrusion f ‖ ~ **film**\* (Photog) / Mehrschichtenfilm m (in der Farbfotografie) ‖ ~ **film** (Plastics) / Mehrschichtfolie f, Verbundfolie f ‖ ~ **glass** (Glass) / Überfangglas n (Flach- oder Hohlglaserzeugnis, das aus einem Grundglas und einem dünnen Überzug aus einem anderen farbigen, farblosen oder getrübten Glas besteht), Kameoglas n ‖ ~ **particle board** (For, Join) / vielschichtige Spanplatte, mehrschichtige Spanplatte, Vielschichtspanplatte f ‖ ~ **perceptron** (AI) / Mehrschichtenperzeptron n ‖ ~ **printed circuit board** (Electronics) / Mehrlagenleiterplatte f, Mehrlagen-Printplatte f, Mehrlagen-Verdrahtungsplatte f, Multilayer-Leiterplatte f, Multilayer-Platte f ‖ ~ **printed circuit laminating press** (Electronics) / Laminierpresse f (zur Herstellung von Mehrleiterplatten) ‖ ~ **solar cell** / Mehrschichtzelle f (eine Solarzelle, in der mehrere Halbleiter hintereinander angeordnet sind) ‖ ~ **varnish** (Paint) / Mehrschichtlack m (CN-Lack, der in mehreren Schichten als Grund- und Decklack aufgetragen wird) ‖ ~ **vessel** / Mehrlagenbehälter m (aus mehreren Blechlagen) ‖ ~ **weld** (Welding) / Mehrlagennaht f, Viellagennaht f, mehrlagige Schweißnaht ‖ ~ **welding** (Welding) / Viellagenschweißen n, Mehrlagenschweißen n ‖ ~ **winding**\* (Elec Eng) / Mehrlagenwicklung f, Mehrschichtenwicklung f

**multileaf spring** (Autos) / Mehrblattfeder f, Paketfeder f

**multileaving** n (Comp) / Multileaving n (in der Kommunikation die Übertragung /normalerweise über Bisync-Einrichtungen und Protokolle/ von einer variablen Anzahl von Datenströmen zwischen Benutzergeräten und einem Rechner) ‖ ~ **facility** (Comp) / Multileaving-Einrichtung f (eine Programmierunterstützung, die die Übertragung von Jobs, Daten, Nachrichten und Bedienerbefehlen von einer Zentraleinheit zu einer anderen über BSC-Leitungen ermöglicht)

**multilevel address** (Comp) / indirekte Adresse ‖ ~ **addressing** (Comp) / indirekte Adressierung ‖ ~ **caching** (Comp) / Mehrschichten-Cache-Speicherung f ‖ ~ **language** (Comp) / Mehrebenensprache f ‖ ~ **laser** / Mehrniveaulaser m ‖ ~ **modulation** (Radio) / Mehrstufenmodulation f, Mehramplitudenmodulation f ‖ ~ **parking lot** (US) (Autos, Civ Eng) / Parkhaus n (mehrgeschossiges), Stockwerkgarage f ‖ ~ **shag** (Textiles) / Shag-Teppich m mit unterschiedlicher Florhöhe ‖ ~ **system** (Electronics) / Vielniveausystem n ‖ ~ **undo** (Comp) / mehrstufiges Undo (Funktion in Anwenderprogrammen, die es erlaubt, Eingaben oder Kommandos /auch globale Änderungen / in mehrfachen Stufen rückgängig zu machen)

**multilift gasholder** / Teleskopgasbehälter m

**multiline** adj (Print) / mehrzeilig adj

**multilinear algebra** (Maths) / multilineare Algebra

**multiline laser** (Phys) / Vielmodengaslaser m ‖ ~ **lubrication system** (Eng) / Mehrleitungsschmieranlage f

**multilingual** adj / mehrsprachig adj, multilingual adj ‖ ~ **printing** (Print) / Mehrsprachendruck m

**multilink** n (Telecomm) / Mehrfach-Übermittlungsabschnitt m ‖ ~ **attr** (Eng) / mehrgliederig adj, mehrgliedrig adj (Getriebe) ‖ ~ **function** (Teleph) / Multilinkfunktion f (Fähigkeit von Systemen der Schnurlostelefonie, mehrere Mobilteile gleichzeitig über eine Basisstation zu betreiben) ‖ ~ **suspension** (Autos) / Mehrlenkerachse f

**multilist** n (Comp) / Multilistkette f

**multilobal** adj (Textiles) / multilobal adj, lappig adj, gelappt adj (rosettenförmiger Querschnitt mit mindestens fünf wulstigen Ausbuchtungen - bei synthetischen Fasern und Fäden)

**multilobe cam** (Eng) / Mehrfachnocken m

**multilook processing** (Radar) / Multisichtverarbeitung f

**multiloop** attr (Elec Eng) / vermascht adj ‖ ~ **control** (Automation) / Mehrschleifenregelung f

**multimachine feeding** (Eng) / Mehrmaschinenbeschickung f ‖ ~ **loading** (Eng) / Mehrmaschinenbeschickung f ‖ ~ **system** (Eng) / Mehrmaschinensystem n

**multimaster system** (network control can be shared by several master stations) (Comp) / Multi-Master-System n

**multimedia** n (Comp) / Multimedia n (rechnergestützte Medienanwendungen, in die digitalisierte Bilder, Daten und Töne integriert werden, so dass sie gleichzeitig verfügbar sind) ‖ ~ **attr** (Comp) / multimedial adj

**multimedia-capable** adj (Comp) / multimediatauglich adj

**multimedia communication(s)** (Teleph) / Multimediakommunikation f (in Sprache, Text und/oder Bild), multimediale Kommunikation ‖ ~ **environment** (Comp) / Multimediaumgebung f ‖ ~ **extensions** (Comp) / Multimedia-Extensions pl (Weiterentwicklung des Pentium-Prozessors), MMX (Multimedia-Extensions) ‖ ~ **filter** (Civ Eng) / Filter n aus verschiedenen Filtermitteln (z.B. Anthrazit, Sand, Kies) ‖ ~ **home workstation** (Comp) / Multimedia-Heimarbeitsplatz m ‖ ~ **information system** (Comp) / multimediales Informationssystem ‖ ~ **PC** (Comp) / Multimedia-PC m (auf dem Multimedia-Anwendungen möglich sind) ‖ ~ **service** / Multimediadienst m (der mehrere Media-Komponenten, wie z.B. Video, Daten, Sprache oder Musik enthalten und mehrere Parteien und verschiedene Verbindungen einbinden kann), multimedialer Dienst ‖ ~ **station** (Comp) / Multimedia-Workstation f, Multimediastation f ‖ ~ **system** (Comp) / multimediales System, Multimediasystem n ‖ ~ **upgrade kit** (Comp) / Multimediaaufrüstsatz m ‖ ~ **workstation** (Comp) / Multimedia-Workstation f, Multimediastation f

**multimerization** n (Chem) / Multimerisation f

**multimetal plate** (Print) / Mehrmetallplatte f (Lithografie)

**multimeter** n (Elec Eng, Electronics, Instr) / Multimeter n, Vielfachmessinstrument n (bei dem mehrere Messbereiche einer Messgröße eingestellt und/oder wahlweise verschiedene Messgrößen gemessen werden können), Vielfachmessgerät n, Universalmesser m, Vielbereichsinstrument n, Mehrbereichsinstrument n, Mehrzweckmessgerät n

**multimetering** n (Teleph) / Mehrfachzählung f

**multimicroprocessor system** (Comp) / Multimikroprozessorsystem n (eine Recheneinheit, welche aus einer Anzahl von Mikroprozessoren besteht, die gleichzeitig an der Durchführung der auszuführenden Rechenoperationen arbeiten können)

**multimirror telescope** (Astron, Optics) / Mehrspiegelteleskop n (mit mehreren Spiegeln auf einer gemeinsamen Montierung)

**multimodal** (Maths) / multimodal adj (Verteilung)

**multimode dispersion** (Telecomm) / Modendispersion f (die durch Überlagerung von Moden mit verschiedener Laufzeit hervorgerufene Signalverzerrung in einem Lichtwellenleiter DIN 5788, T 1), Laufzeitdispersion f ‖ ~ **fibre** (Telecomm) / Multimode-Lichtwellenleiter m, Mehrmodenfaser f (Faser, deren Kernabmessungen wesentlich größer als die Lichtwellenlänge sind und in der somit eine Vielzahl unterschiedlicher Wellentypen ausbreitungsfähig ist), Multimodefaser f, Multimodenfaser f (für die Faseroptik), Multimoden-LWL m, Mehrmoden-LWL m ‖ ~ **gas laser** (Phys) / Vielmodengaslaser m ‖ ~ **gradient-index fibre** (Telecomm) / Multimode-Gradientenindexfaser f ‖ ~ **group delay** (Telecomm) / Gruppenlaufzeitdifferenz f durch Modendispersion (optische Kommunikationstechnik) ‖ ~ **laser** (Phys) / Vielmodenlaser m, Multimodenlaser m ‖ ~ **modem** (Telecomm) / Multimodenmodem m n ‖ ~ **operation** (Comp) / Betrieb m mit mehreren Betriebsarten ‖ ~ **operation** (Phys) / Vielmodenbetrieb m, Multimodenbetrieb m (bei Lasern) ‖ ~ **step-index fibre** (Telecomm) / Multimode-Stufenindexfaser f ‖ ~ **terminal** (Comp, Telecomm) / Multimode-Endgerät n (das die Funkzugangstechnologien mehrerer Systeme unterstützt) ‖ ~ **waveguide** (Telecomm) / Multimode-Wellenleiter m, Vieltypwellenleiter m

**multimolecular** adj (Chem) / multimolekular adj ‖ ~ **film** (Chem) / multimolekulare Schicht, Multimolekularfilm m ‖ ~ **layer** (Chem) / multimolekulare Schicht, Multimolekularfilm m

**multimotor drive** (Eng) / Mehrmotorenantrieb m

**multinational** n / multinationaler Konzern, "Multi" m ‖ ~ **corporation** / multinationaler Konzern, "Multi" m

**multinode network** (Elec Eng) / Netz n mit mehreren Knoten

**multinomial distribution** (Maths) / Multinomialverteilung f (eine Verallgemeinerung der Binomialverteilung - DIN 55 350, T 22), Polynomialverteilung f ‖ ~ **theorem** (Maths) / polynomischer Lehrsatz

**multinuclear** adj (Biol) / mehrkernig adj, Mehrkern-, vielkernig adj, Vielkern-, polynuklear adj

**multinucleate**\* adj (Biol) / mehrkernig adj, Mehrkern-, vielkernig adj, Vielkern-, polynuklear adj

**multinutrient fertilizer** (Agric) / Mehrnährstoffdünger m

**multioffice exchange** (Telecomm) / Mehramtsverbindung f

**multipack** n / Mehrstückpackung f, Multipack n m (Verpackung, die mehrere Waren gleicher Art enthält und als Einheit verkauft wird), Mehrfachpackung f

**multipacting** n (Elec Eng, Nuc) / Elektronenresonanzdurchschlag m

**multipactoring** n (Elec Eng, Nuc) / Elektronenresonanzdurchschlag m

**multipad bearing** (Eng) / Mehrflächenlager m

**multipair** adj / hochpaarig adj

**multi-pallet bay system** / Palettenregal n, Mehrplatzsystem n (Palettenregal), Mehrplatzregal n (mit Paletten)

**multiparameter control** (Automation) / Mehrgrößenregelung f, Mehrfachregelung f ‖ ~ **stability** / Mehrparameterstabilität f, Mehrgrößenstabilität f

**multipart die** (Foundry) / mehrteilige Druckgießform ‖ ~ **form** (Comp) / Durchschreibformular n

**multipart-form set** (Comp) / Durchschreibsatz m (von Formularen)

**multiparticle accelerator** (Nuc Eng) / Beschleuniger m für mehrere Teilchenarten

**multipartite** *adj* / vielteilig *adj*, mehrteilig *adj*, aus Einzelheiten bestehend, geteilt *adj*, Teil- ‖ **~ virus** (a virus which infects both files and the boot sector of a computer) (Comp) / mehrteiliger Virus
**multipart printer** (Comp) / Formulardrucker *m*
**multiparty call** (Teleph) / Gruppenanruf *m*
**multipassage kiln** (consisting of more than one tunnel or passage for the concurrent firing of ware) (Ceramics) / Mehrbahnofen *m*, Mehrkanaldurchschubofen *m*
**multipass boiler** (Eng) / Mehrzugkessel *m* ‖ **~ weld** (Welding) / Mehrlagennaht *f*, Viellagennaht *f*, mehrlagige Schweißnaht ‖ **~ welding** (Welding) / Viellagenschweißen *n*, Mehrlagenschweißen *n*
**multipath** *attr* (Telecomm) / mehrwegig *adj*, Mehrweg-, Mehrwege- ‖ **~ diversity** (Radio, Teleph) / Mehrwegediversität *f* (die Ausnutzung der Mehrwegeausbreitung, um ein verbessertes Nutzsignal zu erhalten) ‖ **~ echo** (Radar) / Mehrwegecho *n* (durch Welleninterferenz mehrerer über verschiedene Ausbreitungswege empfangener Echosignale von einem Ziel) ‖ **~ fading** (Radio, Teleph) / Mehrwegeschwund *m* (bei Kurzwellen- und Mobilfunkwellenausbreitung durch Auslöschung bei der Überlagerung der verschiedenen Wellen), Multipath-Fading *n* (ein Sonderfall der Mehrwegeausbreitung) ‖ **~ propagation** (Radio, Telecomm, Teleph) / Mehrwegeausbreitung *f* (bei Sendern), Mehrwegausbreitung *f* ‖ **~ reception*** (Telecomm) / Mehrwegeempfang *m* ‖ **~ transmission** (Telecomm) / Mehrwegübertragung *f*, Mehrwegübertragung *f*
**multi-PBX** *n* (Teleph) / Mehrfachnebenstellenanlage *f*
**multiperiodic regime** (Phys) / Betriebszustand *m* mit mehreren Schwingungsperioden
**multiperson game** (AI, Comp) / Mehrpersonenspiel *n*
**multiphase** *attr* (Elec Eng) / Mehrphasen-, mehrphasig *adj* (meistens dreiphasig) ‖ **~ alloy** (Met) / heterogene Legierung, mehrphasige Legierung
**multiphased mixture** (Chem) / mehrphasige Mischung
**multiphase fluid flow** (Chem Eng, Phys) / Mehrphasenströmung *f* ‖ **~ loom** (Weaving) / Wellenfachwebmaschine *f* (z.B. Contis, TWR oder ONA) ‖ **~ mixture** (Chem) / mehrphasige Mischung ‖ **~ nuclear weapon** (Mil) / Mehrphasenkernwaffe *f* ‖ **~ system** (Chem) / Mehrphasensystem *n*, mehrphasiges System
**multiphonon recombination** (Electronics) / Multiphonon-Rekombination *f*
**multiphoton ionization** (Spectr) / Mehrfotonenionisation *f*, Multifotonenionisation *f* ‖ **~ laser spectroscopy** (Spectr) / Mehrfotonenlaserspektroskopie *f*, Multifotonenlaserspektroskopie *f* ‖ **~ spectroscopy** (Spectr) / Mehrfotonenspektroskopie *f*, Multifotonenspektroskopie *f*
**multipiece automatic loom** (Weaving) / mehrschütziger Webautomat ‖ **~ ring** (I C Engs) / mehrteiliger Kolbenring, geteilter Ring
**multipin** *attr* (Elec Eng) / mehrpolig *adj* (Stecker), vielpolig *adj* (Stecker) ‖ **~ connector** (based on German standards) (Elec Eng) / DIN-Steckvorrichtung *f*
**multipiston pump** (Eng) / Mehrkolbenpumpe *f* (DIN 24271)
**multiplate limited-slip differential** (Autos) / selbsthemmendes Differential, Lamellensperrdifferential *n*, automatisches (selbstsperrendes) Differential, Reibscheiben-Sperrdifferential *n*
**multi-platen press** (US) (Eng) / Mehretagenpresse *f*, Etagenpresse *f*
**multiplatform** *attr* (of development tools, being able to generate executables running on heterogeneous systems) (Comp) / plattformunabhängig *adj*
**multiple** *v* (Elec Eng) / vielfachschalten *v* (nur Infinitiv oder Partizip) ‖ **~ *n*** (Astron) / Mehrfachstern *m* (gravitativ mit anderen Sternen gebunden), Vielfachstern *m* (z.B. Castor) ‖ **~*** (Maths) / Vielfaches *n* ‖ **~** *adj* / Mehrfach-, multipel *adj*, mehrfach *adj*, vielfach *adj*, Vielfach- ‖ **~ absorption** (Phys) / mehrfache Absorption, Mehrfachabsorption *f* ‖ **~ access*** (Comp) / Vielfachzugriff *m*, Mehrfachzugriff *m* ‖ **~ access** (Telecomm) / Mehrfachnutzung *f* (Aufteilung der Übertragungskapazität einer Linie auf eine Anzahl von Endstellen, z.B. durch Multiplex)
**multiple-access system** (Comp) / Vielfachzugriffssystem *n*, Mehrfachzugriffssystem *n*
**multiple-activity chart** (Work Study) / Arbeitsplanungsbogen *m* (auf dem die Tätigkeiten von mehr als einem Arbeiter oder mehr als einem Betriebsmittel auf einer gemeinsamen Zeitskale aufgezeichnet sind)
**multiple acylation** (Chem) / Mehrfachazylierung *f*, Mehrfachacylierung *f*
**multiple-address** *attr* (Comp) / Mehradress- ‖ **~ instruction** (Comp) / Mehradressbefehl *m* ‖ **~ machine** (Comp) / Mehradressmaschine *f*
**multiple answer** (Comp) / Mehrfachantwort *f* (bei Befragung einer Datenbank)
**multiple-arch dam** (Hyd Eng) / Vielfachbogenmauer *f*, Gewölbepfeilersperre *f*, Pfeilergewölbestaumauer *f*, Pfeilerkuppelstaumauer *f* (eine aufgelöste Staumauer)

**multiple•-arch-type dam** (Hyd Eng) / Vielfachbogenmauer *f*, Gewölbepfeilersperre *f*, Pfeilergewölbestaumauer *f*, Pfeilerkuppelstaumauer *f* (eine aufgelöste Staumauer) ‖ **~** (spinning) **assembly** (Spinning) / Spinnbrause *f* (für Zellwolle)
**multiple-band sawing machine** (For) / Mehrfachbandsägemaschine *f*
**multiple-barrel carburettor** (Autos) / Stufenvergaser *m*, Registervergaser *m*
**multiple-beam interferometer** (Phys) / Vielstrahlinterferometer *n* ‖ **~ interferometry** / Mehrstrahlinterferometrie *f*, Vielstrahlinterferometrie *f*
**multiple bond** (Chem) / mehrfache Bindung, Mehrfachbindung *f* ‖ **~ bonding** (a situation in which at least two atoms are joined together by more than one pair of electrons) (Chem) / mehrfache Bindung, Mehrfachbindung *f* ‖ **~ boring machine** (Eng) / mehrspindlige Bohrmaschine, Vielspindelbohrmaschine *f*, Mehrspindelbohrmaschine *f* (zum Bohren von Werkstücken mit mehreren Werkzeugen gleichzeitig)
**multiple-box lathe** (Weaving) / Wechsellade *f* (für den abwechselnden Lauf mehrerer Schützen)
**multiple broaching** (Eng) / Mehrfachräumen *n* (gleichzeitiges Räumen von mehreren Werkstücken mit mehreren Werkzeugen auf einer Räummaschine) ‖ **~ cable-stayed bridge** (Civ Eng) / Mehrfach-Schrägseilbrücke *f* (die aus mehreren aneinander gereihten Schrägseilfeldern besteht) ‖ **~ call** (Radio) / Mehrfachruf *m*, Mehrfachanruf *m* ‖ **~ camera** (Surv) / Mehrfachkamera *f* (eine Kombination von Messkammern für das Luftbildwesen) ‖ **~ capture** (Nuc) / Mehrfacheinfang *m* ‖ **~ carburettors** (Autos) / Mehrvergaseranlage *f* ‖ **~ chemical sensitivity** (Chem, Ecol, Med) / Multiple Chemical Sensitivity *f* (bei Innenraumchemikalien)
**multiple-choice process** / Multiple-Choice-Verfahren *n* (Fragen mit einer vorgegebenen Auswahl von Antworten) ‖ **~ question** (Stats) / Auswahlfrage *f*, Selektivfrage *f* (in der Umfrageforschung)
**multiple-circuit winding*** (Elec Eng) / Schleifenwicklung *f*
**multiple cloning site** (Gen) / multiple Klonierungsstelle, Polylinker *m*, MCS ‖ **~ coating** (Paint) / Mehrfachbeschichtung *f*, Überschichtung *f* ‖ **~ coincidence** (Nuc) / Mehrfachkoinzidenz *f*, Vielfachkoinzidenz *f* ‖ **~ comparisons of means** (Stats) / multiple Mittelwertvergleiche
**multiple-completion well** (Oils) / Mehrhorizontbohrung *f*
**multiple-component adhesive** (Chem) / Mehrkomponentenklebstoff *m* (aus mehreren getrennt aufzubewahrenden Komponenten, die vor der Verarbeitung zu mischen sind oder im Vorstreichverfahren verarbeitet werden), Mehrkomponentenkleber *m* ‖ **~ bearing** (Eng) / Mehrstofflager *n*
**multiple connection** (Elec Eng) / Vielfachschaltung *f* ‖ **~ connector** (Comp, Elec Eng) / Mehrfachsteckverbinder *m* (ein Steckmodul) ‖ **~ (cavity) connector** (Elec Eng) / Mehrfachstecker *m*, Mehrfachsteckverbinder *m*, Vielfachstecker *m*
**multiple-contact strip** (Electronics) / Federleiste *f*
**multiple•-contact switch** (Telecomm) / Wahlschalter *m*, Anwahlschalter *m* ‖ **~ correlation** (Stats) / multiple Korrelation, Mehrfachkorrelation *f* ‖ **~ cropping** (Agric) / Mehrfachbau *m* (je Jahr und Fläche)
**multiple-crushed chippings** / Edelsplitt *m* (ein mehrfach gebrochenes und gesiebtes Naturgestein der Korngruppen 2 bis 22 mm)
**multiple decay*** (Nuc) / verzweigter Zerfall, Mehrfachzerfall *m* ‖ **~ declarations** (Comp) / Mehrfachdeklaration *f* ‖ **~ developments** (Chem) / Mehrfachentwicklung *f* (in der Dünnschichtchromatografie)
**multiple-device configuration** (Comp) / Mehrgerätekonfiguration *f* ‖ **~ port** (Teleph) / Mehrgeräteanschluss *m* (Variante des Basisanschlusses im ISDN für den parallelen Anschluss mehrerer Geräte)
**multiple-diameter reamer** (US) (Eng) / Stufenreibahle *f*
**multiple-die press** (Eng) / Stufenpresse *f* (eine mechanische Presse), Mehrstempelpresse *f*
**multiple diode** (Electronics) / Mehrfachdiode *f* (mehrere Halbleiterdioden in einem gemeinsamen Gehäuse), Vielfachdiode *f* ‖ **~ disintegration*** (Nuc) / verzweigter Zerfall, Mehrfachzerfall *m*
**multiple-disk brake** (Aero, Autos) / Mehrscheibenbremse *f*, Lamellenbremse *f*
**multiple-disk clutch*** (Eng) / Mehrscheibenkupplung *f*, Lamellenkupplung *f*
**multiple-dome dam** (Hyd Eng) / Vielfachbogenmauer *f*, Gewölbepfeilersperre *f*, Pfeilergewölbestaumauer *f*, Pfeilerkuppelstaumauer *f* (eine aufgelöste Staumauer)
**multiple-door reflux valve** (Eng) / Gruppenrückschlagklappe *f*, Jalousieklappe *f* (Gruppenanordnung mehrerer kleiner Klappenteller zur Sicherung der Rückschlagfunktion)
**multiple** (step) **drawing** (Met) / Mehrfachzug *m* (ein Ziehvorgang) ‖ **~ duct*** (Cables) / mehrzügiger Kanal, Mehrlochkanal *m* ‖ **~ echo*** (Acous) / Mehrfachecho *n*, Mehrfachreflexion *f* (einfach wiederholte Echos eines Schalls) ‖ **~ echo*** (Acous, Radar) / Flatterecho *n* (eine

1003

**multiple**

Echofolge mit schnell schwankender Amplitude - DIN 1320) || ~ **edge** / Mehrfachkante *f* (in der Grafentheorie)
**multiple-effect evaporation*** (Chem Eng) / Mehrstufenverdampfung *f*, Mehrfachverdampfung *f* || ~ **evaporator** (Chem Eng) / Vielstufenverdampfer *m*, Mehrstufenverdampfer *m* (zur Senkung des Heizdampfbedarfs bei der Eindampfung wässriger Lösungen), Mehrstufenverdampferanlage *f*, Mehrfachverdampfer *m*
**multiple electrode** / Mischelektrode *f* (DIN 50900), Mehrfachelektrode *f* (an der mehrere Elektrodenreaktionen ablaufen)
**multiple-electrode spot welding** (Welding) / Mehrfachpunktschweißen *n*
**multiple electrometer** (Elec Eng) / Multizellularvoltmeter *n*, Multizellularelektrometer *n* || ~ **emulsion** (Chem) / multiple Emulsion (ein vielfach verwendetes Emulsionssystem) || ~ **excitation** (Elec Eng) / Mehrfacherregung *f* || ~ **excitation** (Nuc) / Mehrfachanregung *f*, Mehrfachelektronenanregung *f* || ~-**expansion engine*** (Eng) / mehrfach wirkende Expansionsmaschine, Mehrfach-Expansionsdampfmaschine *f* || ~ **exposure** (Photog) / Mehrfachbelichtung *f*, Repetierbelichtung *f* || ~ **feeder*** (Elec Eng) / Mehrfachzuleitung *f* || ~ **field** (Telecomm) / Mehrfachfeld *n*
**multiple-file** *attr* (Surf) / mehrstraßig *adj* (Langautomat), mehrpfadig *adj* || ~ **option** (Comp) / Mehrdateiangabe *f*
**multiple flat belt** / Schichtriemen *m* (ein Flachriemen), Mehrschichtflachriemen *m*
**multiple-flight** *attr* (Build) / mehrläufig *adj* (Treppe)
**multiple forks** (Eng) / Mehrzinkengabel *f* (des Gabelstaplers) || ~ **fracture** (Eng, Materials) / mehrfacher Bruch
**multiple-function** *attr* / Vielzweck-, Mehrzweck-, polyfunktionell *adj*
**multiple-grid valve** (Electronics) / Mehrgitterröhre *f* (die außer dem Steuergitter noch weitere Gitter enthält), Mehrelektrodenröhre *f*
**multiple gripper** (Eng) / Mehrfachgreifer *m* (Greifer mit mehreren parallel angeordneten und nur gleichzeitig bewegbaren Greiferbacken)
**multiple-hearth furnace*** (Met) / Etagenröstofen *m*, Mehretagenröstofen *m* || ~ **furnace*** (Met) / Etagenofen *m*
**multiple hop** (Radio, Telecomm) / mehrfacher Sprung, Mehrfachreflexion *f*, mehrfache Reflexion (bei der Funkverbindung), Multihop-Verfahren *n* || ~ **hop transmission*** (Radio) / Übertragung *f* mit mehrfachem Sprung (in der Ionosphäre) || ~ **image** (Cinema) / Geisterbild *n* || ~ **image** (TV) / Störbild *n* (beim Fernsehempfang rechts neben dem Originalbild), Geisterbild *n*, Reflexbild *n*, überlagertes Fernsehbild
**multiple-image production master** (Electronics) / Mehrfachnutzen-Druckwerkzeug *n* (bei gedruckten Schaltungen)
**multiple-impulse welding** (Welding) / Mehrimpulsschweißen *n*, Pulsationsschweißen *n*, Stromstoßschweißen *n*
**multiple independently targeted** (or **targetable**) **re•-entry vehicle** (type of missile) (Mil) / ballistischer Flugkörper mit MIRV-Technik, Rakete *f* mit mehreren, unabhängig voneinander in verschiedene Ziele gesteuerten Sprengköpfen, MIRV (ballistischer Flugkörper mit MIRV-Technik), mehrere gegen getrennte Ziele einsetzbare Wiedereintrittskörper (Mehrfachgefechtskopf mit MIRV-Technik) || ~ **infection** (Med) / Mehrfachinfektion *f* || ~ **instruction stream, multiple data stream*** (a category of concurrency) (Comp) / MIMD (möglichst viele Befehle arbeiten simultan an möglichst vielen Datenelementen)
**multiple-instruction-stream-single-data-stream organization** (Comp) / MISD-Organisation *f*
**multiple integral** (an integral such as a double or triple integral that involves more than one variable) (Maths) / mehrfaches Integral, Mehrfachintegral *n* || ~ **integration** (Maths) / mehrfache Integration || ~ **internal reflection** (Optics) / mehrfache Totalreflexion
**multiple-jet assembly** (Spinning) / Spinnbrause *f*, Mehrfachdüse *f*
**multiple-lane** *attr* (Surf) / mehrstraßig *adj* (Langautomat), mehrpfadig *adj*
**multiple length** (Eng) / teilbare Länge (ohne Rest)
**multiple-length arithmetic** (Comp) / Rechnen *n* mit mehrfacher Wortlänge || ~ **working** (Comp) / Arbeiten *n* mit mehrfacher Wortlänge, Arbeiten *n* mit mehrfacher Genauigkeit
**multiple line** (Elec Eng) / Mehrfachleitung *f*, Mehrdrahtleitung *f* || ~ **linear regression** (Stats) / multiple lineare Regression || ~ **machine work** (Eng) / Mehrmaschinenbedienung *f*, Mehrarbeitsstellenbedienung *f*, Mehrstellenarbeit *f*, MMB || ~ **modulation*** (Telecomm) / Mehrfachmodulation *f* (in der Trägerfrequenztechnik), Gruppenmodulation *f* || ~ **mould** (Plastics) / Mehrfachform *f*
**multiple-operator welding-unit** (Welding) / Mehrstellenschweißanlage *f*
**multiple optics** (Photog) / Mehrfachoptik *f*, Multiple-Optik *f* (Kombination mehrerer gleicher Objektive, die in der Objektivebene montiert und funktionell aufeinander abgestimmt sind) || ~ **orbital bombardment system** (Mil) / Mehrfachumlaufbahn-Bombardierungssystem *n* ("Weltraumbombe")
**multiple-package unit** / Mehrstückpackung *f*, Multipack *n m* (Verpackung, die mehrere Waren gleicher Art enthält und als Einheit verkauft wird), Mehrfachpackung *f*
**multiple-paddle mixer with baffles** / Mehrbalkenrührer *m*, Rührwerk *n* mit Strombrechern
**multiple-page** *attr* (Print) / mehrseitig *adj*
**multiple-pair** *attr* / hochpaarig *adj*
**multiple-particle reaction** (Nuc) / Mehrteilchenreaktion *f*, Vielteilchenreaktion *f*
**multiple-pass weld** / mehrlagige Naht, mehrlagig geschweißte Naht || ~ **weld** (Welding) / Mehrlagennaht *f*, Viellagennaht *f*, mehrlagige Schweißnaht
**multiple-photon ionization** (Spectr) / Mehrfotonenionisation *f*, Multifotonenionisation *f*
**multiple plug** (Elec Eng) / Messerleiste *f* (ein Mehrfachstecker) || ~ **plug** (Elec Eng) / Mehrfachstecker *m*, Mehrfachsteckverbinder *m*, Vielfachstecker *m* || ~ **point** (Maths) / Mehrfachpunkt *m* (z.B. Doppelpunkt), mehrfacher Punkt, Vielfachpunkt *m* || ~ **point*** (Maths) / vielfacher Punkt, mehrfacher (singulärer) Flächenpunkt
**multiple-point grounding** (Elec Eng) / Flächenerdung *f* || ~ **sampling system** (Comp, Spectr) / Mehrpunkt-Probenahmesystem *n*
**multiple pond** (San Eng) / mehrstufiger Abwasserteich || ~ **precision** (Comp) / Mehrfachgenauigkeit *f* (bei der Darstellung und Berechnung einer Zahl)
**multiple-precision arithmetic** (Comp) / Rechnen *n* mit mehrfacher Wortlänge || ~ **working** (Comp) / Arbeiten *n* mit mehrfacher Wortlänge, Arbeiten *n* mit mehrfacher Genauigkeit
**multiple production** (Nuc) / Mehrfacherzeugung *f*, Mehrfachbildung *f*, Mehrfachproduktion *f*
**multiple-propeller vessel** (Ships) / Mehrschraubenschiff *n*
**multiple protective earthing** (Elec Eng) / Nullung *f* (nach VDE 0100)
**multiple-quantum filter** (Spectr) / Mehrquantenfilter *n*
**multiple quantum transition** (Nuc) / Mehrquantenübergang *m* || ~ **re-entry vehicle** (type of missile) (Mil) / Wiedereintrittskörper *m* mit mehreren Gefechtsköpfen, Flugkörper *m* mit mehreren Gefechtsköpfen, ballistischer Flugkörper mit MRV-Technik || ~ **reflection** (Optics) / Mehrfachreflexion *f* (wiederholte Reflexion und Brechung eines Lichtstrahls an alternierenden Schichten semitransparenter Medien mit unterschiedlichen Brechzahlen), Vielfachreflexion *f*, wiederholte Reflexion || ~ **regression** (Maths, Stats) / mehrfache Regression, multiple Regression || ~ **replies** / Mehrfachbenennungen *f pl* (bei Auswahlfragen) || ~ **root** (Maths) / mehrfache Wurzel, mehrfache Nullstelle (einer Gleichung) || ~ **routing** (Telecomm) / Mehrwegeführung *f* || ~ **scattering** (Nuc, Optics) / Mehrfachstreuung *f*, Vielfachstreuung *f* (DIN 1349, T 2) || ~ **sheath** (Cables) / Schichtenmantel *m* || ~ **signal** (Telecomm) / mehrdimensionales Signal, mehrstelliges Signal || ~ **space** (Comp, Print) / mehrfacher Zwischenraum || ~-**spindle drilling machine*** (Eng) / mehrspindige Bohrmaschine, Vielspindelbohrmaschine *f*, Mehrspindelbohrmaschine *f* (zum Bohren von Werkstücken mit mehreren Werkzeugen gleichzeitig) || ~ **star*** (Astron) / Mehrfachstern *m* (gravitativ mit anderen Sternen gebunden), Vielfachstern *m* (z.B. Castor)
**multiple-stem barking machine** (For) / Vielstammentrindungsmaschine *f*
**multiple-step drawing machine** (Met) / Mehrfachziehmaschine *f*, Mehrfachzug *m* (eine Ziehmaschine) || ~ **milling** (Eng) / Mehrstufenfräser *m*
**multiple structure** (Maths) / multiple Struktur (mit algebraischen, topologischen und Ordnungseigenschaften, z.B. der Körper der reellen Zahlen)
**multiple-strut bracing** (Build) / Mehrfachverstrebung *f*
**multiple subscriber number** (Teleph) / Mehrfachrufnummer *f* (die zur gezielten Anwahl von Geräten am Mehrgeräteanschluss dient)
**multiple-switch controller*** (Elec Eng) / Anlassschalter *m* mit mehreren Schaltstellungen || ~ **starter*** (Elec Eng) / Anlassschalter *m* mit mehreren Schaltstellungen
**multiplet*** *n* (Phys) / Multiplett *n* (Gruppe von Spektrallinien + Gruppe von Energieniveaus oder Termen)
**multiple thread** (Eng) / mehrgängiges Gewinde
**multiple-thread** *attr* (Spinning) / polyfil *adj*, multifil *adj*
**multiple•-threaded screw*** (Eng) / mehrgängige Schraube || ~ **threads** (US) (Eng) / Gangzahl *f* (bei mehrgängigen Gewinden nach DIN 13) || ~-**tool lathe*** (Eng) / Mehrmeißeldrehmaschine *f*, Vielmeißeldrehmaschine *f*, Vielschnittdrehmaschine *f*
**multiple-track operation** (Comp) / Mehrspuroperation
**multiple tube** (US) (Electronics) / Mehrfachröhre *f* (mit mehreren Röhrensystemen und passiven Bauelementen zur Beschaltung) || ~-**tuned antenna*** (Radio) / mehrfach abgestimmte Antenne,

Alexanderson-Antenne f ‖ ~-twin cable* (Telecomm) / viererverseiltes Kabel, Vielfach-Doppeladerkabel n
**multiple-twin quad** (cable) (Cables) / Dieselhorst-Martin-Vierer-verseiltes Kabel, DM-Vierer-verseiltes Kabel
**multiple-twisting machine** (Spinning) / Etagenzwirnmaschine f (zum Hochdrehen von Einzelfäden, oder, seltener, bei Vorfachung zur Herstellung von Mehrfachzwirnen, vorwiegend aus endlosen Chemiefasern), Ballonzwirnmaschine f
**multiple-unit control*** (Elec Eng, Rail) / Mehrfachsteuerung f, Vielfachsteuerung f (bei Triebfahrzeugen) ‖ ~ **pack** / Mehrstückpackung f, Multipack n m (Verpackung, die mehrere Waren gleicher Art enthält und als Einheit verkauft wird), Mehrfachpackung f ‖ ~ **package** / Mehrstückpackung f, Multipack n m (Verpackung, die mehrere Waren gleicher Art enthält und als Einheit verkauft wird), Mehrfachpackung f
**multiple-unit steerable antenna** (Radio) / Musa-Antenne f (eine Anordnung von Rhombusantennen mit schwenkbarer Hauptkeule)
**multiple-unit train*** (Rail) / mehrteilige Zugeinheit ‖ ~ **tube** (US) (examples: double diode, double triode, triode-heptode) (Electronics) / Mehrfachröhre f (mit mehreren Röhrensystemen und passiven Bauelementen zur Beschaltung) ‖ ~ **valve** (Electronics) / Verbundröhre f (mit mehreren Röhrensystemen), Mehrsystemröhre f
**multiple-usage part** (Eng) / Mehrfachverwendungsteil n
**multiple use** / Mehrfach(aus)nutzung, mehrfache Nutzung, Vielfachausnutzung f
**multiple-valued** adj / mehrwertig adj (Logik - die mit mehr als zwei Wahrheitswerten arbeitet)
**multiple valve** (Electronics) / Mehrfachröhre f (mit mehreren Röhrensystemen und passiven Bauelementen zur Beschaltung) ‖ ~ **voltmeter** (Elec Eng) / Multizellularvoltmeter n, Multizellularelektrometer n ‖ ~ **winding** (Elec Eng) / Schleifenwicklung f ‖ ~ **windowing** (Comp) / Mehrfensterntechnik f (bei der gleichzeitig mehrere Fenster aus verschiedenen Dateien auf dem Bildschirm sichtbar gemacht und bearbeitet werden können)
**multiple-wire antenna** (Radio) / Mehrleiterantenne f, Mehrdrahtantenne f ‖ ~ **drawing** (Met) / Mehrdrahtziehen n (bei dem mehrere Drähte gleichzeitig auf einer Mehrdrahtziehmaschine durch eine entsprechende Zahl von Ziehwerkzeugen gezogen werden) ‖ ~ **drawing machine** (Met) / Mehrdrahtziehmaschine f
**multiple-wound glass filament yarn** (Glass, Spinning) / gefachtes Glasfilamentgarn
**multiplex*** n (Comp, Telecomm) / Multiplexsystem n, Multiplexverfahren n, Vielfachübertragung f, Multiplexbetrieb m (DIN 44302), Multiplexen n, Multiplexverkehr m, Mehrfachverkehr m, Multiplexing n (gleichzeitige Übertragung mehrerer Nachrichten in demselben Kanal) ‖ ~ adj (Comp, Telecomm) / multiplex adj ‖ ~ **channel** (Comp, Telecomm) / Multiplexkanal m
**multiplexed analogue components*** (TV) / mehrfach analoge Bauelemente, gemultiplexte Analogkomponenten (CCIT, Rep. 1 73), MAC (mehrfach analoge Bauelemente)
**multiplexer** n (Telecomm) / Messstellenumschalter m, Multiplexer m (DIN 40146, T 1), MUX ‖ ~ **channel** (Comp, Telecomm) / Multiplexkanal m
**multiplexer*** n (Comp, Telecomm) / Multiplexer m, MPX (Multiplexer) (DIN 44300)
**multiplexer-demultiplexer** n (Comp, Telecomm) / Multiplexer-Demultiplexer m ‖ ~ (Comp, Telecomm) / Muldem m, Muldex m
**multiplex hierarchy** (Comp, Telecomm) / Multiplexhierarchie f
**multiplexing** n (Comp, Telecomm) / Multiplexen n (Unterteilen eines Übertragungskanals in mehrere Kanäle) ‖ ~ **control** (Telecomm) / multiplexierende Steuerung
**multiplex link** (Teleph) / Mehrfachanschluss m ‖ ~ **mode** (Comp, Telecomm) / Multiplexsystem n, Multiplexverfahren n, Vielfachübertragung f, Multiplexbetrieb m (DIN 44302), Multiplexen n, Multiplexverkehr m, Mehrfachverkehr m, Multiplexing n (gleichzeitige Übertragung mehrerer Nachrichten in demselben Kanal) ‖ ~ **rate** (Electronics) / Multiplexrate f (bei Multiplexansteuerung einer Anzeige)
**multiplex-roll plant** (Met) / Etagenwalzwerk n (System mit mehreren hintereinandergeschalteten Walzenpaaren)
**multiplex transmission*** (Comp, Telecomm) / Multiplexsystem n, Multiplexverfahren n, Vielfachübertragung f, Multiplexbetrieb m (DIN 44302), Multiplexen n, Multiplexverkehr m, Mehrfachverkehr m, Multiplexing n (gleichzeitige Übertragung mehrerer Nachrichten in demselben Kanal)
**multiplicand*** n (Maths) / Multiplikand m (die zu multiplizierende Zahl)
**multiplication** n / Vervielfachung f ‖ ~* (Maths) / Multiplikation f ‖ ~* (Nuc) / Vermehrung f, Multiplikation f ‖ ~ **constant*** (Nuc) / Vermehrungsfaktor m (der Neutronen bei einer Kernspaltung), Multiplikationsfaktor m [effektiver](Neutronenvermehrung) ‖ ~ **factor*** (Nuc) / Vermehrungsfaktor m (der Neutronen bei einer Kernspaltung), Multiplikationsfaktor m [effektiver](Neutronenvermehrung) ‖ ~ **law** (Maths) / Verknüpfungsvorschrift f, Verknüpfungsgesetz n ‖ ~ **neutron** (Nuc) / die Neutronenvermehrung auslösendes Neutron ‖ ~ **of floating-point numbers** (Comp) / Multiplikation f von Gleitkommazahlen ‖ ~ **of matrices** (Maths) / Matrixmultiplikation f ‖ ~ **point** (Telecomm) / Multiplikationspunkt m, Multiplikationsstelle f ‖ ~ **principle** (in probability) (Stats) / Multiplikationssatz m ‖ ~ **sign** (used to indicate that one quantity is to be multiplied by another) (Maths) / Malzeichen n, Multiplikationszeichen n ‖ ~ **table** (Maths) / Multiplikationstafel f, Cayley'sche Tafel (nach A. Cayley, 1821-1895) ‖ ~ **unit** (Comp) / Multiplizierwerk n, Multiplizierglied n, Multiplizierer m, Multipliziereinrichtung f, Multiplikator m
**multiplicative** adj (Maths) / multiplikativ adj, vervielfachend adj
**multiplicativity** n (Maths) / Multiplikativität f
**multiplicator** n (Maths) / Multiplikator m (Zahl, mit der eine andere multipliziert wird)
**multiplicity** n (Crystal) / Zähligkeit f (der Drehachse) ‖ ~ (Maths) / Vielfachheit f (einer Nullstelle), Multiplizität f ‖ ~ (Nuc, Spectr) / Multiplizität f (Anzahl der zu einem Multiplett gehörenden Spektrallinien) ‖ ~ (Phys) / Multiplizität f, Vielfachheit f (Anzahl der zu einem Multiplett von Termen gehörenden Terme)
**multiplier** n (Comp) / Multiplizierwerk n, Multiplizierglied n, Multiplizierer m, Multipliziereinrichtung f, Multiplikator m ‖ ~ (Elec Eng) / Vervielfacher m ‖ ~* (Electronics) / Sekundärelektronenvervielfacher m, SEV (Sekundärelektronenvervielfacher), Multiplier m ‖ ~* (Maths) / Multiplikator m (Zahl, mit der eine andere multipliziert wird) ‖ ~ **analysis** (Comp) / Multiplikatoranalyse f ‖ ~ **circuit** (Comp, Electronics) / Multiplizierschaltung f
**multiply** v / vervielfachen v ‖ ~ (Maths) / malnehmen v, multiplizieren v
**multi-ply** n (For, Join) / Vielschichtsperrholz n (aus mindestens fünf Furnierlagen)
**multi-ply** attr (plywood) / mehrschichtig adj, Mehrschicht(en)-, Mehrlagen-, mehrlagig adj, vielschichtig adj
**multiply connected domain*** (Maths) / mehrfach zusammenhängendes Gebiet, mehrfach zusammenhängender Bereich ‖ ~ **connected region** (Maths) / mehrfach zusammenhängendes Gebiet, mehrfach zusammenhängender Bereich ‖ ~ **curved shell** (Arch) / mehrfachgekrümmte Schale
**multiplying** adj (Maths) / multiplikativ adj, vervielfachend adj ‖ ~ **circuit** (Comp, Electronics) / Multiplizierschaltung f ‖ ~ **constant*** (Surv) / Multiplikationskonstante f ‖ ~ **prism** (Photog) / Mehrfachprisma n (partiell geschliffene Vorsatzlinse, die mehrfache Wiedergabe eines Motivs in einer einzigen Aufnahme ermöglicht)
**multiply instruction** (Comp) / Multiplikationsbefehl m ‖ ~ **out** v (Maths) / ausmultiplizieren v
**multi-ply paper** (Paper) / Mehrlagenpapier n
**multiply primitive** (Maths) / mehrfach primitiv
**multi-plywood** n (For, Join) / Vielschichtsperrholz n (aus mindestens fünf Furnierlagen)
**multipoint** n (Automation) / Vielpunktsteuerung f, Multipunktsteuerung f, MP f (Punktsteuerung, bei dem besonders viele Punkte gespeichert werden können) ‖ ~ attr (Eng) / mehrschneidig adj (Werkzeug) ‖ ~ **channel selector** (Telecomm) / Messstellenumschalter m, Messstellenschalter m (Multiplexer, Muxer) ‖ ~ **circuit** (Comp, Elec Eng, Telecomm) / Multipoint-Schaltung f, Mehrpunktschaltung f ‖ ~ **connection** (Teleph) / Multipunktanschluss m ‖ ~ **connection** (Telecomm) / Multipoint-Verbindung f (z.B. bei Videokonferenzen), Mehrpunktverbindung f (mit mehr als zwei Endpunkten) ‖ ~ **control** (Automation) / Vielpunktsteuerung f, Multipunktsteuerung f, MP f (Punktsteuerung, bei dem besonders viele Punkte gespeichert werden können) ‖ ~ **injection** (Autos) / Mehrpunkteinspritzung f, Einzeleinspritzung f (jeder Zylinder hat ein Einspritzventil) ‖ ~ **line** (Telecomm) / Übertragungsleitung f mit mehreren Stationen (Gruppenverbindung) ‖ ~ **machining** (Eng) / Mehrschnittbearbeitung f (z. B. bei Drehautomaten) ‖ ~ **recorder** / Mehrfachpunktschreiber m ‖ ~ **tool** (Eng) / Mehrkornabrichter m
**multipolar** adj / mehrpolig adj, multipolar adj, vielpolig adj
**multipole** n (Elec) / Multipol m (räumlich symmetrische Anordnung von ungleichnamigen Punktladungen gleicher Größe mit verschwindendem Abstand zwischen den Ladungen) ‖ ~ (Elec Eng) / Mehrpol m (System mit mehreren Klemmen nach DIN 4899), Klemmenschaltung f (System mit mehreren Klemmen nach DIN 4899) ‖ ~ **connector** (Comp, Elec Eng) / Mehrfachsteckverbinder m (ein Steckmodul) ‖ ~ **expansion** (Phys) / Multipolentwicklung f ‖ ~ **moment*** (Maths, Phys) / Multipolmoment n ‖ ~ **radiation** (Elec, Mag, Nuc) / Multipolstrahlung f ‖ ~ **series** (Maths) / Multipolentwicklung f

**multiport**
(die Entwicklung eines Potenzfeldes in eine Reihe, deren Koeffizienten die Multipolmomente der Verteilung der entsprechenden Feldquellen sind)
**multiport** *n* (Electronics) / Mehrtor *n* (System mit mehreren Toren nach DIN 4899), n-Tor *n* ‖ ~ **coupling device** (Electronics) / mehrtoriges Koppelelement
**multiported labyrinth** (Eng) / Mehrkammer-Labyrinthdichtung *f*
**multiport memory** (Comp) / Multiportspeicher *m* ‖ ~ **modem** (Comp) / Mehrkanalmodem *m n* (ein Datenübertragungsgerät) ‖ ~ **RAM** (Comp) / Multiportspeicher *m* ‖ ~ **register** (Comp) / Mehrkanalregister *n* ‖ ~ **repeater** (Comp) / Multiport Repeater *m* (mit mehr als zwei Anschlüssen) ‖ ~ **valve** (Eng) / Mehrwegearmatur *f*
**multiposition control** (Automation) / Mehrstellenregelung *f*, Mehrpunktregelung *f* ‖ ~ **stop** (Eng) / Revolveranschlag *m* ‖ ~ **system** (Comp) / Mehrplatzsystem *n* ‖ ~ **testing equipment** / Mehrstellenprüfanlage *f*
**multi-pot furnace** (Glass) / Mehrhafenofen *m*
**multiprismatic operation system** (Eng) / Multiprismaverfahren *n* (bei der digitalen Positionswerterfassung)
**multiprocessing** *n* (Comp) / Mehrprozessorsystem *n* (Verarbeitung einer oder mehrerer Aufgaben durch mindestens zwei Prozessoren, die auf einen gemeinsamen Hauptspeicher zugreifen - nach DIN 44300), Multiprocessing, Mehrprozessorbetrieb *m*, Multiprozessorsystem *n* (bei dem mehrere Mikroprozessoren zusammenarbeiten), Vielprozessorsystem *n* ‖ ~ **system** (Comp) / Mehrprozessorsystem *n* (Verarbeitung einer oder mehrerer Aufgaben durch mindestens zwei Prozessoren, die auf einen gemeinsamen Hauptspeicher zugreifen - nach DIN 44300), Multiprocessing, Mehrprozessorbetrieb *m*, Multiprozessorsystem *n* (bei dem mehrere Mikroprozessoren zusammenarbeiten), Vielprozessorsystem *n*
**multiprocessor**\* *n* (Comp) / Mehrprozessor *m* (ein digitales Rechensystem - DIN 44300), Multiprozessor *m* ‖ ~ **system** (Comp) / Mehrprozessorsystem *n* (Verarbeitung einer oder mehrerer Aufgaben durch mindestens zwei Prozessoren, die auf einen gemeinsamen Hauptspeicher zugreifen - nach DIN 44300), Multiprocessing, Mehrprozessorbetrieb *m*, Multiprozessorsystem *n* (bei dem mehrere Mikroprozessoren zusammenarbeiten), Vielprozessorsystem *n*
**multiprogramming**\* *n* (Comp) / Multiprogramming *n*, Mehrprogrammbetrieb *m* (ein Betriebssystem), Multiprogrammbetrieb *m*, Multiprogrammverarbeitung *f*, Mehrfachprogrammierung *f* (verzahnte Ausführung von zwei oder mehreren Programmen durch eine Zentraleinheit) ‖ ~ **gain factor** (Comp) / Multiprogramming-Gewinnfaktor *m*
**multiproject chip** (Comp) / Multiprojektchip *m*
**multiprong attachment** (Eng) / Mehrzinkengabel *f* (des Gabelstaplers)
**multipropellant**\* *n* (Space) / Mehrkomponententreibstoff *m*
**multipropeller ship** (Ships) / Mehrschraubenschiff *n*
**Multiprotocol Label Switching** (a standard on prioritizing data streams in IP networks) (Comp) / Multiprotocol Label Switching *n*, MPLS (Multiprotocol Label Switching) ‖ ~ **router** (Comp) / Multiprotokoll-Router *m*
**multi-purpose** *attr* / Vielzweck-, Mehrzweck-, polyfunktionell *adj*
**multipurpose farm vehicle** (Agric) / landwirtschaftliches Allzweckfahrzeug *n* ‖ ~ **Internet Mail Extension** (Comp) / Multipurpose Internet Mail Extension (RFC-Standard 1521 zur Übermittlung von Sounddaten, Video und Bildern über SMTP, MIME (Multipurpose Internet Mail Extension) ‖ ~ **meter** (Elec Eng, Electronics, Instr) / Multimeter *n*, Vielfachmessinstrument *n* (bei dem mehrere Messbereiche einer Messgröße eingestellt und/oder wahlweise verschiedene Messgrößen gemessen werden können), Vielfachmessgerät *n*, Universalmesser *m*, Vielbereichsinstrument *n*, Mehrbereichsinstrument *n*, Mehrzweckmessgerät *n*
**multi-purpose tanker** / Mehrzwecktanker *m*, Multipurpose-Tanker *m* (mit variablem Druck und variabler Temperatur) ‖ ~ **terminal** (Ships) / Allroundterminal *m n* ‖ ~ **vehicle** / Mehrzweckfahrzeug *n*
**multiquantum-well-avalanche diode** (Electronics) / Multi-Quantum-Well-Avalanche-Fotodiode *f* ‖ ~ **diode** (Electronics) / rauscharme Lawinenfotodiode (bei der die Multiplikationsschicht aus einer Folge von Quantum-Well-Schichten besteht), Multi-Quantum-Well-Avalanche-Diode *f* ‖ ~ **photodiode** (Electronics) / rauscharme Lawinenfotodiode (bei der die Multiplikationsschicht aus einer Folge von Quantum-Well-Schichten besteht), Multi-Quantum-Well-Avalanche-Diode *f*
**multiradar processing** (Radar) / Mutiradarverarbeitung *f*
**multirange** (measuring) **instrument** (Elec Eng, Electronics, Instr) / Multimeter *n*, Vielfachmessinstrument *n* (bei dem mehrere Messbereiche einer Messgröße eingestellt und/oder wahlweise verschiedene Messgrößen gemessen werden können), Vielfachmessgerät *n*, Universalmesser *m*, Vielbereichsinstrument *n*, Mehrbereichsinstrument *n*, Mehrzweckmessgerät *n* ‖ ~ **receiver** (Radio) / Allwellenempfänger *m* ‖ ~ **spark plug** (I C Engs) / Mehrbereichszündkerze *f*, Mehrbereichskerze *f*
**multireading feature** (Comp) / Mehrfachleseeinrichtung *f*
**multireel** *attr* (Comp, Elec Eng) / mehrspulig *adj* ‖ ~ **file** (Comp) / Mehrspulendatei *f*
**multireference configuration interaction** (Chem) / MR-CI *f* (wichtiges Verfahren der Quantenchemie)
**multirelay transmission system** (Radio) / Mehrabschnittsrichtfunksystem *n*
**multiresistant** *adj* / multiresistent *adj* (Bakterie)
**multirib plunge-cut thread grinding** (Eng) / Gewindeeinstechschleifen *n* mit mehrprofiligem Schleifkörper ‖ ~ **wheel** (Eng) / mehrprofilige Schleifscheibe, Mehrprofilschleifscheibe *f*
**multi-role combat aircraft** (Aero) / Mehrzweck-Kampfflugzeug *n*, MRCA-Flugzeug *n*
**multi-roll cold rolling stand** (Met) / Mehrwalzen-Kaltwalzgerüst *n*, MKW (Mehrwalzen-Kaltwalzgerüst) ‖ ~ **stand** (Met) / Vielwalzenwalzwerk *n* (mit größeren und kleineren Walzen), Mehrwalzenwalzwerk *n*, Vielwalzengerüst *n*
**multirope hoisting** (Mining) / Mehrseilförderung *f* (Fördereinrichtung in seigeren Schächten, bei der die von der Fördermaschine erzeugte Bewegung durch mehrere Förderseile auf den Förderkorb übertragen wird) ‖ ~ **winding** (Mining) / Mehrseilförderung *f* (Fördereinrichtung in seigeren Schächten, bei der die von der Fördermaschine erzeugte Bewegung durch mehrere Förderseile auf den Förderkorb übertragen wird)
**multirotation** *n* (Chem) / Mutarotation *f*, Multirotation *f*
**multirow** *attr* / mehrreihig *adj*, Mehrreihen- ‖ ~ **non-staggered seam** (of spot welds) (Welding) / Kettennaht *f* ‖ ~ **radial engine**\* (Aero) / Mehrfachsternmotor *m*, [manchmal auch] Doppelsternmotor *m* ‖ ~ **turbine** (Eng) / mehrkränzige Turbine
**multirunning** *n* (Comp) / Multiprogramming *n*, Mehrprogrammbetrieb *m* (ein Betriebssystem), Multiprogrammbetrieb *m*, Multiprogrammverarbeitung *f*, Mehrfachprogrammierung *f* (verzahnte Ausführung von zwei oder mehreren Programmen durch eine Zentraleinheit)
**multirun weld** (Welding) / Mehrlagennaht *f*, Viellagennaht *f*, mehrlagige Schweißnaht ‖ ~ **welding** (Welding) / Viellagenschweißen *n*, Mehrlagenschweißen *n*
**multisatellite link** (Telecomm) / Mehrsatellitenverbindung *f*
**multi-screw extruder** (Plastics) / Mehrschneckenextruder *m*, Vielschneckenextruder *m*
**multisearch engine** (Comp) / Meta-Suchmaschine *f* (die mit einem Suchstring parallel mehrere Suchen in verschiedenen Suchdiensten startet)
**multisection** *attr* / mehrgliedrig *adj* (aus mehreren Sektionen bestehend) ‖ ~ **valve** (Electronics) / Verbundröhre *f* (mit mehreren Röhrensystemen), Mehrsystemröhre *f*
**multisegment magnetron** (Electronics) / Vielkammermagnetron *n*, Vielkreismagnetron *n*
**multisensor** *n* / Multisensor *m* (Mehrfachsensor bzw. Anordnung mehrerer gleichartiger Sensoren, die gleichzeitig mehr als eine nichtelektrische Größe aus der Umwelt aufnehmen und in äquivalente elektrische Signale wandeln können)
**multisequential system** (Comp) / Mehrsequenzsystem *n*, Mehrsequenzrechner *m*
**multiseriate** *adj* (For) / mehrreihig *adj* (Tüpfelung)
**multiservice terminal** (Comp) / Mehrdienste-Endgerät *n*
**multishade dyeing** / Mehrtonfärbung *f*
**multishaft** *attr* (Eng) / mehrwellig *adj*, mit mehreren Wellen
**multishaped bearing** (Eng) / unkreiszylindrisches Gleitlager, Gleitlager *n* mit unkreiszylindrischer Arbeitsfläche
**multished loom** (Weaving) / Reihenfachwebmaschine *f*
**multishuttle operation** (Weaving) / mehrschützige Arbeitsweise
**multisiped tyre** (Autos) / Lamellenreifen *m*, Feinprofilreifen *m*
**multisite processing** (Radar) / Mutiradarverarbeitung *f*
**multislide lathe** (Eng) / Mehrschlittendrehmaschine *f*
**multi-soft robot** / Multisoft-Roboter *m*
**multispan** *attr* (Arch, Build) / mehrfelderig *adj*, mehrfeldrig *adj*, Mehrfeld- ‖ ~ **bridge** (Civ Eng) / mehrfeldrige Brück
**multispectral camera** (Photog, Space, Surv) / Multispektralkamera *f*, Multispektralkammer *f*, Mehrkanalkamera *f* ‖ ~ **scanner** (Electronics, Spectr, Surv) / Multispektralscanner *m* (Gerät zur primären Bildaufnahme oder zur Abtastung von Bildvorlagen gleichzeitig in verschiedenen elektromagnetischen Spektralbereichen), Multispektralabtaster *m*
**multispeed control** (Automation) / Mehrlaufregelung *f* ‖ ~ **controller** (Automation) / Mehrlaufregler *m* ‖ ~ **drill** (Tools) / Mehrgangbohrer *m* ‖ ~ **motor** (Elec Eng) / drehzahlumschaltbarer Motor, Motor *m* mit

mehreren Drehzahlstufen, Motor mit (kontinuierlicher) Drehzahlregelung || **~ supercharger*** (Aero) / umschaltbarer Lader
**multispindle automatic machine*** (Eng) / Mehrspindeldrehautomat *m*, Mehrspindel-Automatendrehmaschine *f*
**multistable** *adj* (Phys) / multistabil *adj* (dynamisches System)
**multistage*** *attr* / Mehrstufen-, mehrstufig *adj* || **~ amplification** (Electronics) / Mehrstufenverstärkung *f* || **~ amplifier** (Electronics) / Kaskadenverstärker *m* (mit galvanischer Kopplung des Ausgangs einer Verstärkerstufe mit dem Eingang der nächsten Stufe) || **~ centrifugal pump** (Eng) / Kreiselpumpe *f* mehrstufiger Bauart || **~ compressor*** (Aero, Eng) / mehrstufiger Verdichter, mehrstufiger Kompressor, Verbundverdichter *m*, Mehrstufenverdichter *m* || **~ die block** (Eng, Met) / Mehrstufengesenk *n* || **~ extruder** (Plastics) / Mehrstufenschnecke *f* || **~ extrusion screw, devolatilizing type** (Plastics) / Mehrstufenschnecke *f* für Extruder mit Entgasung || **~ flash evaporation** (Chem Eng, Phys) / Vielstufen-Entspannungsverdampfung *f*, MSF-Verdampfung *f* || **~ flash evaporation** (Chem Eng) / mehrstufige *f* Entspannungsverdampfung (des salzhaltigen Wassers), Mehrstufenverdampfung *f*, Mehrkörperverdampfung *f*, Entspannungsverdampfung *f* (des salzhaltigen Wassers) || **~ network** (Telecomm) / mehrstufiges Netzwerk || **~ press** (Eng) / Mehrstufenpresse *f* || **~ pump** (Eng) / mehrstufige Pumpe || **~ rocket** (having at least two sections which contain their own motor and are jettisoned as their fuel runs out) (Space) / Mehrstufenrakete *f*, mehrstufige Rakete, Stufenrakete *f* || **~ sampling** (Stats) / mehrstufiges Stichprobenverfahren, Mehrstufen-Stichprobenverfahren *n* || **~ stirred tank** (Chem Eng) / Mehrstufen-Rührreaktor *m*, Kaskadenreaktor *m* (ein Rührkesselreaktor) || **~ turbine*** (Eng) / Mehrstufenturbine *f*, Mehrfachturbine *f*, mehrstufige Turbine || **~ vehicle** (Space) / Mehrstufenrakete *f*, mehrstufige Rakete, Stufenrakete *f*
**multistandard CD-ROM drive** (Comp) / Multiread-CD-ROM-Laufwerk *n*, Mehrnormen-CD-ROM-Laufwerk *n* || **~ reception** (TV) / Mehrnormenempfang *m* || **~ television set** (TV) / Mehrnormenfernsehapparat *m*
**multistart thread*** (Eng) / mehrgängiges Gewinde || **~ worm*** (Eng) / mehrgängige Schnecke
**multistatic radar** (Radar) / multistatisches Radar (mit mehreren örtlich getrennten Sende- und/oder Empfangsantennen)
**multistation system** (Comp) / Mehrplatzsystem *n*
**multistep algorithm** (Comp) / Mehrschrittalgorithmus *m* || **~ rocket** (Space) / Mehrstufenrakete *f*, mehrstufige Rakete, Stufenrakete *f*
**multi-storey** *n* (Autos, Civ Eng) / Parkhaus *n* (mehrgeschossiges), Stockwerkgarage *f* || **~** *attr* (Build) / mehrstöckig *adj* (Haus) || **~ building** (Build) / Geschossbau *m*, mehrgeschossiger Bau (mit mehreren Nutzebenen)
**multi-storey car park** (GB) (Autos, Civ Eng) / Parkhaus *n* (mehrgeschossiges), Stockwerkgarage *f*
**multi-storey frame** (a space frame) (Build) / Stockwerkrahmen *m* (mehrstieliges stockwerkhohes Rahmentragwerk, bestehend aus Stützen und Riegeln)
**multistrand extrusion** (Met) / mehrsträngiges Strangpressen || **~ winding** (Elec Eng) / mehrsträngige Wicklung
**multistream monitor** (Chem Eng) / Überwachungsgerät *n* für mehrere Stoffströme
**multistrike** *n* / Mehrfachausschlag *m* (z.B. bei einem Typenhebeldrucker)
**multisubstrate reaction** (Biochem) / Mehrsubstratreaktion *f* (eine enzymkatalysierte Reaktion)
**multisuction** *attr* (Eng) / mehrströmig *adj*, mehrflutig *adj* (Pumpe)
**multisweep polarography** (Chem, Elec Eng) / oszillografische Polarografie mit Wechselstrom, Multisweep-Polarografie *f*, MSP
**multiswitch** *n* (Elec Eng, TV) / Multischalter *m* (der den Anschluss mehrerer Receiver an eine Antenne erlaubt), Multiswitch *m*
**multisystem mode** (Comp) / Multisystembetrieb *m*
**multitape Turing machine** (Comp) / Mehrband-Turingmaschine *f*
**multitasking** *n* (under a single program identity) (Comp) / Mehrprozessbetrieb *m*, Multitasking *n* (gleichzeitiges Abarbeiten mehrerer Tasks in einer DVA) || **~ capability** (Comp) / Multitasking-Fähigkeit *f* || **~ operating system** (Comp) / Multitasking-Betriebssystem *n*
**multitask operation** (Comp) / Mehrprozessbetrieb *m*, Multitasking *n* (gleichzeitiges Abarbeiten mehrerer Tasks in einer DVA)
**multiteeth lock washer** (Eng) / Zahnscheibe *f* (eine Schraubensicherung nach DIN 6797)
**multiterm expression** (Comp) / zusammengesetzter Ausdruck, mehrgliedriger Ausdruck
**multithread** *n* (used on a program which can have more than one logical path executed simultaneously) (Comp) / Multithread *n*

**multithreading** *n* (Comp) / Multithreading *n* (Fähigkeit einer Software, bestimmte Funktionen einer Anwendung simultan ausführen zu können, d.h. nicht mehrere Programme laufen parallel auf einem Rechner, sondern innerhalb eines Programms werden verschiedene Funktionen aus Sicht des Anwenders gleichzeitig ausgeführt) || **~** (Comp) s. also multitasking
**multitime sampling** (Stats) / Stichprobennahme *f* zu verschiedenen Zeiten
**multitone*** *n* (Acous) / Multiton *m* (ein Tongenerator) || **~ horn** (Autos) / Fanfare *f* (ein Horn)
**multitool lathe** (Eng) / Mehrmeißeldrehmaschine *f*, Vielmeißeldrehmaschine *f*, Vielschnittdrehmaschine *f*
**multitoothed** *adj* (Eng) / mehrschneidig *adj* || **~** (Eng) / mehrzahnig *adj*
**multitrace oscilloscope** (Electronics) / Mehrstrahlkatodenoszillograf *m*
**multitrack** *attr* (Acous) / vielspurig *adj* || **~** (Electronics) / mehrspurig *adj* || **~ recorder** / Mehrfachschreiber *m* || **~ recording** (Acous) / Mehrspuraufzeichnung *f*
**multitrip bottle** / Mehrwegflasche *f* (Gegensatz zu: Einwegflasche)
**multiturn coil** (Elec Eng) / Spule *f* mit mehreren Windungen || **~ helical-wound potentiometer** (Elec Eng) / Helipot *n*, Wendelpotentiometer *n*, Mehrgangspotentiometer *n*, Mehrfachwendelpotentiometer *n*, mehrgängiges Potentiometer || **~ potential divider** (Elec Eng) / Helipot *n*, Wendelpotentiometer *n*, Mehrgangspotentiometer *n*, Mehrfachwendelpotentiometer *n*, mehrgängiges Potentiometer
**multi-unit file** (Comp) / Datei *f* auf mehreren Einheiten
**multi-user computer** (Comp) / Gemeinschaftsrechner *m* || **~ detection** (Teleph) / Mehrbenutzerdetektion *f* (Empfangsverfahren, bei dem die Signale aller Benutzer gleichzeitig empfangen und anschließend alle anderen Signale vom Nutzsignal abgezogen werden) || **~ dungeon** (a special type of chat room where participants engage in a role-playing game) (Comp) / MUD (multiuser dungeon) || **~ environment** (Comp) / Mehrbenutzer-Systembedingungen *f pl* || **~ system** (Comp) / Mehrbenutzersystem *n*, Multi-User-System *n*
**multi-utility corporation** / Multi-Utility-Unternehmen *n* (das verschiedene Versorgungsleistungen aus einer Hand anbietet)
**multivalency** *n* (Chem) / Mehrwertigkeit *f*
**multivalent** *adj* (Chem) / mehrwertig *adj*, polyvalent *adj*
**multivalued** *adj* / mehrwertig *adj* (Logik - die mit mehr als zwei Wahrheitswerten arbeitet) || **~** (AI, Maths) / mehrdeutig *adj*, vieldeutig *adj*
**multivaluedness** *n* (Maths) / Mehrdeutigkeit *f*, Vieldeutigkeit *f*
**multivalve technology** (I C Engs) / Mehrventiltechnik *f*
**multivane compressor** (Eng) / Drehschieberverdichter *m* (Drehkolbenverdichter mit einem Kolben, in dem Schieberplatten beweglich angeordnet sind, wobei der Kolben um seine meist exzentrisch im Zylinder liegende Achse rotiert)
**multivariable** *adj* (Maths) / multivariabel *adj* (Zielfunktion) || **~ control system** (Automation) / Mehrgrößenregelung *f*, Mehrfachregelung *f* || **~ system** (Automation) / Mehrgrößensystem *n* (wenn mehrere Eingangsgrößen auf ein System mit mehreren Ausgangsgrößen wirken)
**multivariant** *adj* (Phys) / mit mehreren Freiheitsgraden
**multivariate** *adj* (Stats) / multivariat *adj* (Schätzverfahren) || **~ analysis*** (the study of multiple measurements on a sample) (Stats) / mehrdimensionale Analyse || **~ control system** (Automation) / Mehrgrößenregelung *f*, Mehrfachregelung *f* || **~ quality control** / Qualitätskontrolle *f* bei mehreren Variablen || **~ statistics** (Stats) / multivariate Statistik (Methoden zur statistischen Analyse mehrdimensionaler Grundgesamtheiten anhand vektorwertiger Stichproben aus diesen Grundgesamtheiten)
**multivector** *n* (Phys) / Multivektor *m*, p-Vektor *m*, vollständig alternierender Tensor
**multivendor architecture** (Comp) / Multivendor-Architektur *f* (Systemkonfiguration aus Komponenten von mehreren bzw. vielen Lieferanten) || **~ configuration** (Comp) / Multivendor-Konfiguration *f* (Vernetzung von Systemen unterschiedlicher Hersteller) || **~ environment** (Comp) / Multivendor-Umgebung *f* (Kopplung von Rechnern, Druckern und anderen Datenübertragungseinrichtungen von verschiedenen Herstellern) || **~ networking** (Telecomm) / Multivendor-Networking *n* (Networking zwischen Anlagen verschiedener Hersteller)
**multivibrator*** *n* (Telecomm) / Multivibrator *m* (ein Oszillator mit nichtsinusförmigem Ausgangssignal) || **~ circuit** (Telecomm) / Multivibratorkippschaltung *f*
**multivision** *n* / Multivision *f* (Technik der gleichzeitigen Projektion von Dias auf eine Leinwand, wobei jedes Dia entweder ein eigenes Motiv oder einen Bildausschnitt darstellen kann)
**multivitamin tablet** (Med, Pharm) / Multivitamintablette *f*
**multi-voice** *attr* (Acous) / mehrstimmig *adj*, vielstimmig *adj*

multivoltage

**multivoltage control** (Automation) / Vielfachspannungssteuerung f (z.B. bei Aufzügen), Mehrfachspannungssteuerung f ‖ ~ **motor** (Elec Eng) / spannungsumschaltbarer Motor
**multivolume file** (Comp) / Mehrspulendatei f ‖ ~ **file** (Comp) / sich über mehrere Datenträger erstreckende Datei
**multivore** adj (Bot, For) / polyphag adj (Schädling)
**multi-wall bag** (Paper) / gefütterter Beutel
**multiwall sack** (Paper) / Mehrlagensack m
**multiway circuit** (Elec Eng) / Schaltung f mit mehreren Strompfaden ‖ ~ **loudspeaker system** (Acous) / Mehrwegelautsprechersystem n ‖ ~ **package** / Mehrwegverpackung f, Mehrwegeverpackung f (für den mehrmaligen Gebrauch), Leihverpackung f ‖ ~ **plug** (Elec Eng) / Mehrfachstecker m, Mehrfachsteckverbinder m, Vielfachstecker m ‖ ~ **tap holder** (Eng) / Kugelwindeisen n (verstellbarer Werkzeughalter mit vier Vierkantlöchern /oder unverstellbarer Halter mit sechs Vierkantlöchern/ zur Aufnahme von Handgewindebohrern) ‖ ~ **valve** (Eng) / Mehrwegearmatur f
**multi-wheel roller** (Civ Eng) / Gummiradverdichter m (eine Straßenbaumaschine), Gummiradwalze f
**multiwheel trailer** (according to Culemeyer) (Autos, Rail) / Straßenroller m, Culemeyer-Fahrzeug n (nach J. Culemeyer, 1883-1951), Tiefladewagen m, Culemeyer m
**multiwidth weaving** (Weaving) / mehrbahniges Weben
**multiwinding transformer** (Elec Eng) / Mehrwicklungstransformator m
**multiwindowing** n (Comp) / Mehrfenstertechnik f (bei der gleichzeitig mehrere Fenster aus verschiedenen Dateien auf dem Bildschirm sichtbar gemacht und bearbeitet werden können)
**multiwindow screen** (Comp) / gefensterter Bildschirm (der in mehrere Fenster unterteilt ist), Mehrfensterbildschirm m ‖ ~ **technique** (Comp) / Mehrfenstertechnik f (bei der gleichzeitig mehrere Fenster aus verschiedenen Dateien auf dem Bildschirm sichtbar gemacht und bearbeitet werden können)
**multiwire** attr (Cables) / mehradrig adj (DIN 57272) ‖ ~ **adhesive** (Electronics) / Multiwire-Kleber m ‖ ~ **antenna**\* (Radio) / Mehrleiterantenne f, Mehrdrahtantenne f ‖ ~ **line** (Elec Eng) / Mehrfachleitung f, Mehrdrahtleitung f ‖ ~ **technique** (Electronics) / Multiwire-Technik f (numerisch gesteuerte Verdrahtung gedruckter Leiterplatten), Mehrverdrahtungsverfahren n (bei der Leiterplattenherstellung) ‖ ~ **technology** (Elec Eng) / vieladrige Bauweise, Mehrleiterbauweise f
**multiword instruction** (Comp) / Mehrwortbefehl m
**multiyear ice** (Geol) / mehrjähriges Eis
**multizone reactor** (Nuc Eng) / Mehrzonenreaktor m
**Mumbai hemp** (Bot, Textiles) / Ostindischer Hanf, Bombayhanf m, Bengalischer Hanf, Sunnhanf m, Sunn m (DIN 60 001-1), SN (Sunn), Bengalhanf m (Crotalaria juncea L.)
**mumbling** n (Acous) / Gemurmel n, Murmeln n, Brabbeln n
**mu-meson**\* n (Nuc) / Myon n, Müon n, My-Teilchen n, μ-Teilchen n (schweres Elektron)
**Mumetall**\* n (Met) / Mümetall n (74-77% Ni, 5% Cu, 3-4% Mo oder 1,5-2% Cr, Rest Fe), Mumetall n (ein weichmagnetischer Werkstoff)
**mundic**\* n (Min) / Pyrit m, Eisenkies m, Schwefelkies m, Kies m
**mungo** n (Textiles) / Mungo m (aus gewalkten Wollstoffen gerissene Reißwolle)
**municipal solid waste** (Ecol, San Eng) / Siedlungsabfälle m pl (feste, z.B. Haus- oder Sperrmüll) ‖ ~ **waste** (Ecol, San Eng) / Siedlungsabfälle m pl ‖ ~ **waste water** (Ecol, San Eng) / Kommunalabwasser n, städtisches Abwasser, kommunales Abwasser
**muninga** n (For) / Ostafrikanischer Padouk, Muninga n (Holz des Pterocarpus angolensis DC.), Kiaat n
**munnion**\* n (Join) / Fensterpfosten m, Setzholz n (im Fensterkreuz)
**Munroe crucible** (Chem) / Munroe-Tiegel m (mit Schwammfilter aus Platin)
**Munsell chroma** (an attribute of colour used in the Munsell colour system to indicate the degree of departure of a colour from a grey of the same Munsell value, in steps that are visually approximately equal in magnitude) (Light) / Buntheit f, Chroma n (Abstand einer bunten Farbe vom gleich hellen Grau), Sättigung f (Grad der Buntheit) ‖ ~ **color system**\* (Light) / Munsell-Farbsystem n, Munsell-System n (vom amerikanischen Kunstmaler A.H. Munsell, 1858-1918, aufgestellt) ‖ ~ **colour system** (of classifying colours according to their hue, value /or lightness/, and chroma for intensity of colour) (Light) / Munsell-Farbsystem n, Munsell-System n (vom amerikanischen Kunstmaler A.H. Munsell, 1858-1918, aufgestellt) ‖ ~ **hue** (an attribute of colour used in the Munsell colour system to indicate the hue of a specimen viewed in daylight) (Light) / Farbton m (Farbmaßzahl im Munsell-System), Buntton m, Hue m (Farbton im Munsell-System in der Farbmetrik) ‖ ~ **renotation system** (Light, Phys) / Munsell-Renotation-System n, MR-System n (ein Ordnungssystem für Farben - eine moderne Anpassung des alten Munsell-Systems) ‖ ~ **scale**\* (Light, Optics) / Munsell-Skala f (im Munsell-Farbsystem) ‖ ~ **value** (Light) / Helligkeit f (eine Farbmaßzahl im Munsell-System), Verschattung f (im Munsell-System)
**muntin** n (US) (Build, Glass) / Glashalteleiste f ‖ ~\* (Join) / senkrechtes Türholz (in der Mitte der Rahmentür) ‖ ~\* (Join) / Höhenfries m innen (Rahmen-Zwischenlängsstück) ‖ ~ (Join) / Fensterstrebe f
**munting**\* n (Join) / Höhenfries m innen (Rahmen-Zwischenlängsstück)
**Muntz metal**\* (Met) / Muntz-Metall n (eine schmiedbare Kupfer-Zink-Legierung mit 40% Zn - nach G.F. Muntz, 1794-1857)
**muon**\* n (Nuc) / Myon n, Müon n, My-Teilchen n, μ-Teilchen n (schweres Elektron)
**muonic** adj (Nuc) / myonisch adj ‖ ~ **atom** (Nuc) / myonisches Atom (exotisches Atom mit dem in die Atomhülle eingefangenen Myon), Myonatom n, Myonenatom n (in dem ein Elektron der innersten Schale gegen ein negatives Myon ausgetauscht ist)
**muonium** n (Nuc) / Myonium n (ein exotisches Atom), Müonium n
**muon mass** (Nuc) / Myonenmasse f ‖ ~ **minus** (Nuc) / My-minus-Meson n (Elektron), negatives Myon ‖ ~ **neutrino** (a lepton) (Nuc) / Myonneutrino n ‖ ~ **plus** (Nuc) / Antimyon n (Positron), Antimüon n, positives Myon, My-plus-Meson n ‖ ~ **spin rotation** (Spectr) / Myon-Spin-Rotation f
**muqarna** n (Islamic ornament, usually on the soffit of arches and vaults) (Arch) / Stalaktitwerk n, Muqarnas f (zellenartige architektonische Glieder der islamischen Baukunst), Mukarnas f
**mural** adj / Wand-, Mauer-
**muramic acid**\* (Biochem) / Muraminsäure f, Mur (Muraminsäure)
**muramidase** n (Biochem) / Lysozym n (Bakterien tötendes Enzym in zahlreichen tierischen und menschlichen Geweben), Muramidase f (ein zu den Hydrolasen gehörendes Enzym)
**muramyl dipeptide**\* (Biochem) / Muramyldipeptid n, MDP (Muramyldipeptid)
**Murano glass** (decorative glassware of a type associated with the island of Murano near Venice) (Glass) / venezianisches Glas (z.B. Faden- oder Flügelgläser), Murano-Glas n
**murbruk texture** (Geol) / Mörtelstruktur f (bei der einzelne mineralische Gemengteile in einer Trümmergrundmasse eingebettet sind), Mörtelgefüge n
**Murdoch's projection** (Cartography) / Murdochs kartografische Abbildung
**murein**\* n (Biochem) / Murein n (ein Glykoprotein, die Stützsubstanz der Bakterienzellwand), Peptidoglykan n
**murexide**\* n (Chem) / Murexid n (das Ammoniumsalz der Purpursäure), Ammoniumpurpurat n (saures) ‖ ~ **reaction** (Chem) / Murexidreaktion f ‖ ~ **test** (Chem) / Murexidprobe f (Harnsäurenachweis, z.B. Urica-quant)
**muriated water** (Med) / Kochsalzwasser n, muriatisches Wasser (ein Mineralwasser)
**muriatic acid**\* (Chem) / Salzsäure f, Chlorwasserstoffsäure f
**murillo bark** / Seifenrinde f, Panamarinde f, Quillajarinde f (von Quillaja saponaria Molina)
**Murphree efficiency**\* (Chem Eng) / Bodenwirkungsgrad m nach Murphree (Destillation)
**Murray loop** (Cables) / Murrayschleife f (Kabelfehlerortsmessung) ‖ ~ **loop test** (Elec Eng) / Murrayschleifenmessung f ‖ ~ **pine** (For) / Murraykiefer f (Pinus contorta var. murrayana (Balf.) Engelm.)
**murumuru fat** / Murumurufett n (das Kernfett der Sternnusspalme - Astrocaryum murumuru Mart.) ‖ ~ **oil** / Murumurufett n (das Kernfett der Sternnusspalme - Astrocaryum murumuru Mart.)
**MUSA**\* (Radio) / Musa-Antenne f (eine Anordnung von Rhombusantennen mit schwenkbarer Hauptkeule)
**muscaflavine** n (Chem) / Muscaflavin n (der gelbe Dihydroazepin-Farbstoff aus dem Fliegenpilz und Saftlingen)
**muscarine** n (a biogenic amine and one of the amanita toxins) (Chem) / Muscarin n (der wichtigste Inhaltsstoff des Fliegenpilzes), Muskarin n, Fliegenpilzgift n
**Muschelkalk** n (Geol) / Muschelkalk m (eine Triasabteilung)
**muscimol** n (Chem) / Panterin n, Muscimol n (giftiger Inhaltsstoff aus dem Fliegenpilz), Muskimol n, Agarin n
**muscone** n (Chem) / Muskon n (ein farbloser, angenehm riechender Sekretinhaltsstoff aus dem Moschusbeutel der männlichen Moschustiere), Muscon n (3-Methylcyclopentadecanon)
**muscovite**\* n (Min) / Muskovit m (eine Kaliglimmer-Art), Muscovit m
**Muscovy glass**\* (Min) / Muskovit m (eine Kaliglimmer-Art), Muscovit m
**museum beetle** / Museumkäfer m (Anthrenus musaerum - eine Art der Speckkäfer)
**mush** v (reduce a substance to a soft, wet, pulpy mass) (Nut) / zu Mus zubereiten ‖ ~ n / breiige Masse, Brei m ‖ ~ (Nut) / Mus n ‖ ~\* (Radio, Telecomm) / Störgeräusch n, Störung f, Interferenz f ‖ ~ **killer** (Radio) / Antenne f für störungsfreien Empfang

**Mushroom Apparel Flammability Test** (Textiles) / Mushroom-Test *m* ‖ **~ cloud** (mushroom-shaped cloud of dust and debris formed after a nuclear explosion) (Nuc Eng) / Atompilz *m* (pilzförmige Rauchwolke bei der Explosion einer Atombombe), Wolkenpilz *m* ‖ **~ construction*** (Build) / Pilzdecke *f* (DIN 1045) ‖ **~ dolly** (Autos) / Amboss *m* (Handfaust mit länglichem Griff), Planiereisen *n* (mit balligem Kopf) ‖ **~ floor** (Build) / Pilzdecke *f* (DIN 1045) ‖ **~ follower*** (I C Engs) / Pilzstößel *m* ‖ **~ head** / Pilzkopf *m* (der Pilzsäule bei Pilzdecken) ‖ **~ head** (Eng) / Flachrundkopf *m* (einer Schraube nach DIN ISO 1891) ‖ **~ head bolt** (square-necked) (Eng) / Schlossschraube *f* (DIN 603)
**mushrooming** *n* (Eng) / Krauskopf *m* (Bart), Bart *m*, Bürste *f* (Beschädigung des Meißelkopfes) ‖ **~** (Welding) / Breitquetschen *n*
**mushroom rock** (Geol) / Pilzfelsen *m* (mit schmalem Fuß und breitem, hutartig ausladenden Oberteil), Pilzfels *m*, Tischfels *m*
**mushroom-shaped dolly** (Autos) / Amboss *m* (Handfaust mit länglichem Griff), Planiereisen *n* (mit balligem Kopf)
**mushroom tappet** (I C Engs) / Pilzstößel *m* (mit leicht bombierter Auflage für die nach oben führenden Stoßstangen) ‖ **~ valve*** (I C Engs) / Tellerventil *n*
**mush winding*** (Elec Eng) / Träufelwicklung *f*, Runddrahtwicklung *f*
**mushy** *adj* (soft and pulpy) / matschig *adj*, breiig *adj*, breiartig *adj* ‖ **~** (Civ Eng) / weich angemacht (Beton) ‖ **~** (Teleg) / verschmiert *adj* (Zeichen) ‖ **~** (Textiles) / haltlos *adj* (Wolle)
**musical acoustics** (Acous) / Musikakustik *f* ‖ **~** (trumpet) **horn** (Autos) / Melodiefanfare *f* ‖ **~ instrument** (Acous) / Musikinstrument *n*
**musical-instrument digital interface** (Comp) / MIDI-Protokoll *n* (Schnittstellen- und Dateistandard zur Übertragung und Speicherung von Tondaten), Musical Instrument Digital Interface *n*
**musicassette** *n* (Acous) / Musikkassette *f*
**music cassette** (Acous) / Musikkassette *f* ‖ **~ centre** (Acous) / Dreiwegekombination *f*, Stereokompaktanlage *f*, Heimstudio *n* (Steuergerät mit Kassettenrecorder und Plattenspieler) ‖ **~ chip** (Acous, Electronics) / Musikchip *m* ‖ **~ editor** (Acous, Cinema) / Schnittmeister *m* für die Musik ‖ **~ engraving** (Print) / Notenstich *m* (Methode zur Herstellung von Druckformen für den Druck von Musikalien) ‖ **~ fidelity** (Acous) / Musikwiedergabetreue *f*
**music-loaded** *adj* (Acous) / musikbespielt *adj* (Tonträger)
**music manuscript paper** (Paper) / Notenschreibpapier *n*
**music-on-hold** *n* (Teleph) / Musik *f* in Wartestellung, Musikeinspielung *f*, Beruhigungston *m*
**music paper** (Paper) / Notenpapier *n* ‖ **~** (signal) **power** (Acous) / Musikleistung *f* (die Ausgangsleistung eines Verstärkers) ‖ **~ power** (Acous) / Musikbelastbarkeit *f* (des Lautsprechers) ‖ **~ printing** (Print) / Notendruck *m*, Musiknotendruck *m* ‖ **~ synthesizer** (Elec Eng, Electronics) / Synthesizer *m* (zur Erzeugung sehr reiner, sinusförmiger Wechselspannungen), Frequenzsynthesizer *m*, Normalfrequenzgenerator *m* (mit Frequenzsynthese) (Schaltung zur Erzeugung von Schwingungen sehr hoher Frequenzkonstanz und sehr geringen Oberwellen- und Nebenwellengehaltes), Synthetisator *m* ‖ **~ track** (Cinema) / Musikband *n* ‖ **~ wire** / Saitendraht *m*, Klaviersaiten(feder)draht *m*, Stahlsaite *f*
**musk** *n* (Chem) / Moschus *m* (natürlicher, künstlicher) ‖ **~ Baur** (Chem) / Baur-Moschus *m*, Moschus Baur *m* (künstlicher Moschus)
**muskeg*** *n* (Bot, Geol) / mit Moos und Gras überwachsene sumpfige Landschaft (Kanada, Alaska)
**musk ketone** (Chem) / Moschusketon *n*, Ketomoschus *m* (ein künstlicher Moschus)
**muskone** *n* (Chem) / Muskon *n* (ein farbloser, angenehm riechender Sekretinhaltsstoff aus dem Moschusbeutel der männlichen Moschustiere), Muscon *n* (3-Methylcyclopentadecanon)
**musk seed** / Ambrettekörner *n pl*, Moschuskörner *n pl* (aus Abelmoschus moschatus Medik.), Bisamkörner *n pl* ‖ **~ xylene** (Chem) / Xylenmoschus *m* (ein künstlicher Moschus) ‖ **~ xylol** (Chem) / Xylenmoschus *m* (ein künstlicher Moschus)
**muslin*** *n* (Textiles) / Musselin *m*, Mousseline *m* (ein buntbedrucktes Gewebe in Leinwandbindung) ‖ **~ glass** (Glass) / Musselinglas *n* (ein durchscheinendes Mattglas)
**mu space** (Phys) / Myraum *m*, $\mu$-Raum *m* (sechsdimensionaler Raum zur Beschreibung von Vielteilchensystemen)
**mussing resistance** (Textiles) / Knitterresistenz *f*, Knitterfestigkeit *f*
**must** *n* (Nut) / Most *m* (aus frischen Weintrauben), Traubenmost *m*
**mustard** *n* (Nut) / Senf *m*, Speisesenf *m*, Mostrich *m* ‖ **~ attr** / senffarben *adj*, senffarbig *adj*, senfgelb *adj* ‖ **~ gas*** (Mil) / Senfgas *n*, Mustardgas *n* (Bis(2-chlorethyl)sulfid - ein Gelbkreuzkampfmittel) ‖ **~ oil** (Bot, Chem, Pharm) / Senföl *n* (etherisches, fettes - ein organisches Isothiocyanat), Senfkörneröl *n* (aus den Samen des Weißen und Schwarzen Senfs) ‖ **~ oil glucoside** (Chem) / Glucosinolat *n* (Inhaltsstoff von Kreuzblütlern, wie z.B. Senf), Senfölglykosid *n*, Glukosinolat *n* ‖ **~ oil thioglucoside** (Chem) / Glucosinolat *n* (Inhaltsstoff von Kreuzblütlern, wie z.B. Senf), Senfölglykosid *n*, Glukosinolat *n*

**mustard-seed oil** (Bot, Chem, Pharm) / Senföl *n* (etherisches, fettes - ein organisches Isothiocyanat), Senfkörneröl *n* (aus den Samen des Weißen und Schwarzen Senfs)
**must gauge** (Nut) / Öchslewaage *f*, Mostwaage *f*, Gleukometer *n* (nach F. Öchsle, 1774-1852)
**mustine*** *n* (Chem) / Mustin *n*
**mustmeter** *n* (Nut) / Öchslewaage *f*, Mostwaage *f*, Gleukometer *n* (nach F. Öchsle, 1774-1852)
**must-operate value** (Elec Eng) / Ansprechwert *m* (bei Relais, Messwandlern usw.)
**musty** *adj* (Nut) / Schimmel-, grabelig *adj* (Geschmack)
**MUT** (module under test) (Electronics) / geprüfter Baustein (der gerade geprüft wird)
**mutagen*** *n* (Chem, Gen) / Mutagen *n*
**mutagenesis** *n* (pl. -geneses) (Gen) / Mutagenese *f*
**mutagenic** *adj* (Chem, Gen) / mutagen *adj* (Mutationen bewirkend), erbgutverändernd *adj*
**mutagenicity** *n* (Gen) / Mutagenität *f*
**mutant*** *n* (Gen) / Mutante *f*, Mutant *m* (pl. -en)
**mutarotation*** *n* (Chem) / Mutarotation *f*, Multirotation *f*
**mutase** *n* (Biochem) / Mutase *f*
**mutation** *n* (Comp) / Mutation *f* (eines Virus) ‖ **~*** (Gen) / Mutation *f* (Veränderung der Nucleinsäure eines Organismus, die dessen genetische Informationen trägt) ‖ **~ rate** (Gen) / Mutationsrate *f*, Mutationshäufigkeit *f*, Mutationsfrequenz *f*
**mute*** *adj* / stumm *adj* ‖ **~ camera** (Cinema) / Stummfilmkamera *f*, Stummkamera *f*, stumme Kamera
**muted colour** / getrübte Farbe, gedämpfte Farbe ‖ **~ shade** (Textiles) / gedeckte Nuance
**mute head** (Cinema) / Bildbetrachter *m* (ohne Tonwiedergabeeinrichtung) ‖ **~ print** (Cinema) / stumme Kopie ‖ **~ shot** (Cinema) / stumme Aufnahme ‖ **~ shot** (Cinema) / Filmaufnahme *f* ohne Ton
**mutilate** *v* (Telecomm) / verstümmeln *v*, entstellen *v*
**mutilated gear** (Eng) / Zahnrad *n* mit unvollständiger Verzahnung ‖ **~ signal** (Telecomm) / verstümmeltes Signal
**muting** *n* (Acous) / Abschalten *n* der akustischen Anzeige ‖ **~** (Electronics, Radar) / Empfängersperre *f* ‖ **~*** (Radio) / Stummschaltung *f*, Muting *n* (Unterdrückung der Störgeräusche und der schwachen Sender im UKW-Bereich), automatische Störaustastung ‖ **~ switch*** (Electronics) / Schalter *m* für Geräuschsperre, Dämpfungsschalter *m*
**mutter** *n* (Acous) / Gemurmel *n*, Murmeln *n*, Brabbeln *n*
**mutton*** *n* (Typog) / Geviert *n* (Ausschlussstück) ‖ **~ fat** (Nut) / Hammeltalg *m* ‖ **~ suet** (Nut) / Hammeltalg *m* ‖ **~ tallow** (Nut) / Hammeltalg *m*
**mutual** *adj* / Wechsel-, gegenseitig *adj*, wechselseitig *adj* ‖ **~ capacitance** (Elec Eng) / gegenseitige Kapazität (zwischen zwei Leitern) ‖ **~ conductance*** (Electronics) / Steilheit *f* (Steigung einer Kennlinie)
**mutual-exclusion rule** (Spectr) / Alternativverbot *n* (Raman- und IR-Spektroskopie)
**mutual flocculation** (Chem) / Koflockung *f*, Koflokkulation *f* ‖ **~ impedance*** (Elec Eng) / Hauptimpedanz *f* ‖ **~ inductance*** (Elec Eng) / Wechselinduktivität *f*, Gegeninduktivität *f*, Gegeninduktivitätskoeffizient *m*, Hauptinduktivität *f*, Gegeninduktionskoeffizient *m* ‖ **~ induction** (Elec) / Wechselinduktion *f*, gegenseitige Induktion, Gegeninduktion *f*, wechselseitige Induktion ‖ **~ inductor** (Elec Eng) / Gegeninduktivität *f* (Spule) ‖ **~ interlocking** (Plastics) / gegenseitige Verhakung, Wechselverhakung *f* (von Polymerketten) ‖ **~ introduction** (Telecomm) / gegenseitiges Vorstellen
**mutually disjoint** (Maths) / paarweise disjunkt ‖ **~ exclusive** (the events A and B are mutually exclusive if the probability that both A and B occur is zero) / mit wechselseitigem Ausschluss, sich gegenseitig ausschließend ‖ **~ exclusive events** (Stats) / konträre Ereignisse, unvereinbare Ereignisse ‖ **~ prime** (Maths) / teilerfremd *adj* (Zahlen, die als größten gemeinsamen Teiler die Zahl 1 haben), relativ prim, teilerfrei *adj* ‖ **~ synchronized network** (Elec Eng, Telecomm) / gegenseitig synchronisiertes Netz
**mutual solubility** (Chem) / gegenseitige Löslichkeit
**mutule** *n* (flat inclined block on the soffit of the Doric cornice, with several guttae on the underside) (Arch) / Mutulus *m* (pl. Mutuli), Dielenkopf *m* (in der dorischen Säulenordnung)
**MUX** (multiplexer) (Comp, Telecomm) / Multiplexer *m*, MPX (Multiplexer) (DIN 44300)
**muzzle** *n* (Mil) / Mündung *f* ‖ **~ velocity** (Mil) / Mündungsgeschwindigkeit *f*, Anfangsgeschwindigkeit *f*
**MV** (muzzle velocity) (Mil) / Mündungsgeschwindigkeit *f*, Anfangsgeschwindigkeit *f* ‖ **~** (motor vessel) (Ships) / Motorschiff *n* (mit Verbrennungsmotoren angetriebenes Schiff), MS (Motorschiff)

**MVA** (mevalonic acid) (Chem) / Mevalonsäure *f* (Ausgangsprodukt der Biosynthese der Terpene), MVA (Mevalonsäure) ‖ ≏ (mean-value analysis) (Maths) / Mittelwertanalyse *f* ‖ ≏ (multivariate analysis) (Stats) / mehrdimensionale Analyse
**M-value** *n* / m-Wert *m* (alte Bezeichnung für die im Wasser vorhandenen Mengen an Laugen, Karbonaten und Hydrogenkarbonaten, sowie bei Entkarbonisierungsanlagen ein Maß für den Kalkzusatz)
**MVC** (microvoid coalescence) (Materials) / Mikroporenkoaleszenz *f*, Zusammenwachsen *n* von Poren
**MVE** (minimum variance estimation) (Radar) / Varianzminimumschätzung *f* (bei der Identifizierung des Ziels)
**MVI** (melt-volume index) (Plastics) / Volumenfließindex *m* (DIN 53 735), MVI (Volumenfließindex)
**MVP silicone rubber** (Plastics) / MVP-Siliconelastomer *n*, MVP-Silikonelastomer *n*
**MVSS** (Motor Vehicle Safety Standard) (Autos, Materials) / Motor Vehicle Safety Standard *m* (amerikanische Norm zur Bestimmung des Brennverhaltens von Werkstoffen, die bei der Innenausstattung von Kraftfahrzeugen verwendet werden), MVSS (Motor Vehicle Safety Standard)
**MVT** (moisture-vapour transmission) (Textiles) / Wasserdampfdurchlässigkeit *f* (DIN 53 122)
**MWd tonne** (Nuc Eng) / Megawatt-Tag *m* (Maßeinheit für die Energiemenge, die je Tonne Kernbrennstoff im Reaktor nutzbar freigesetzt wird), MWd/t
**M-wire** *n* (Teleph) / Zählader *f*
**MWL** (milled-wood lignin) (Chem, For) / Milled-Wood-Lignin *n*, MW-Lignin *n*, Björkman-Lignin *n*
**MX** (mail exchanger) (Comp) / Mail-Exchanger *m* (Vermittlungsrechner, der E-Mails empfangen und versenden kann), MX (Mail-Exchanger) ‖ ≏ (multiplex) (Comp, Telecomm) / Multiplexsystem *n*, Multiplexverfahren *n*, Vielfachübertragung *f*, Multiplexbetrieb *m* (DIN 44302), Multiplexen *n*, Multiplexverkehr *m*, Mehrfachverkehr *m*, Multiplexing *n* (gleichzeitige Übertragung mehrerer Nachrichten in demselben Kanal)
**MXM** (matrix memory) (Comp) / Matrixspeicher *m* (DIN 66 001), Koordinatenspeicher *m*
**MY** (model year) (Autos) / Modelljahr *n* (z.B. 2009)
**mycelium** *n* (pl. mycelia) (the collective term for the vegetative body of a fungus composed of hyphae) (Bot) / Myzel *n* (pl. Myzelien) (unter der Erde wachsendes Fadengeflecht der Pilze), Myzelium *n* (pl. Myzelien)
**mycobacterium** *n* (pl. -bacteria) (Bacteriol) / Mykobakterie *f*, Mycobakterie *f*
**mycophenolic acid** (Pharm) / Mykophenolsäure *f*, Mycophenolsäure *f* (NSC 129185)
**mycorrhiza** *n* (pl. -ae) (Bot, For) / Mykorrhiza *f* (pl. -zen) (Symbiose zwischen den Wurzeln von höheren Pflanzen und Pilzen)
**mycostatic** *adj* (Chem) / pilzwachstumhemmend *adj*, fungistatisch *adj* (das Pilzwachstum hemmend)
**mycosterol** *n* (Chem) / Mykosterin *n*, Mycosterin *n*, Pilzsterin *n*
**mycotoxin*** *n* (Biochem, Bot) / Mykotoxin *n*, Mycotoxin *n* (toxisches Stoffwechselprodukt niederer Pilze)
**myiasis*** *n* (pl. myiases) (Agric, Zool) / Fliegenmadenkrankheit *f*, Fliegenlarvenkrankheit *f* (z.B. der Schafe), Myiasis *f* (pl. -ases), Myiase *f*
**Mylar** *n* (US)* (Plastics) / Mylar *n* (ein Polyesterfaserstoff auf der Basis des Polyethylenglykolterephthalats - Du Pont de Nemours) ‖ ≏ **splicer** (US) (Cinema) / Filmklebegerät, das mit Mylar-Tapes arbeitet
**my listen address** (Telecomm) / eigene Höreradresse (Nachricht)
**mylonite*** *n* (a microscopic breccia with flow structure formed in fault zones) (Geol) / Mylonit *m* (feinkörniges Gesteinszerreibsel), Knetgestein *n*
**mylonitic** *adj* (Geol) / mylonitisch *adj*
**mylonitization*** *n* (Geol) / Mylonitisierung *f* (Entstehung von Mylonit)
**mylonization** *n* (Geol) / Mylonitisierung *f* (Entstehung von Mylonit)
**myoglobin*** *n* (Biochem) / Myoglobin *n*, Myohämoglobin *n*, Mb (der rote Farbstoff der Muskeln)
**myopia*** *n* (Med, Optics) / Kurzsichtigkeit *f*, Myopie *f*
**myopic** *adj* (Med, Optics) / kurzsichtig *adj*
**myosin*** *n* (Biochem) / Myosin *n* (ein Proteinbaustein der kontraktilen Muskelfaser)
**myrcene** *n* (Chem) / Myrzen *n*, Myrcen *n* (ein acyclisches Terpen)
**myriametric waves*** (Radio) / Längstwellen *f pl*, Myriameterwellen *f pl* (3-30 kHz)
**myrica tallow** / Grünes Wachs, Myricawachs *n*, Myrtenwachs *n*, Myricatalg *m*, Bayberrywachs *n*, Lorbeerkernfett *n*, Bayberrytalg *m*, Lorbeerwachs *n*
**myricyl alcohol** (Chem) / Melissylalkohol *m*, Myrizylalkohol *m* (farbloser Wachsalkohol), Myricylalkohol *m*, 1-Hentriacontanol *n*, 1- Triacontanol *n*

**myriotic** *adj* (Phys) / myriotisch *adj*
**myristate** *n* (a salt or ester of myristic acid) (Chem) / Myristat *n* (Myristinsäureester und Salz der Myristinsäure)
**myristic acid*** (Chem) / Tetradecansäure *f*, Tetradekansäure *f*, Myristinsäure *f* (als Glyzerinester in Muskatbutter, Milchfett und Kokosfett, als Zetylester in Walrat und Wollfett)
**myristica oil** (Nut) / Muskatnussöl *n* (aus Myristica fragrans Houtt.), Oleum *n* Myristicae expressum, Butyrum *n* Nucistae
**myrmekite*** *n* (Min) / Myrmekit *m* (ein Reaktionsgefüge)
**myrobalan** *n* (Bot, Leather) / Myrobalane *f* (Gerbfrucht mehrerer Terminalia-Arten mit 20-50% Pyrogallol-Gerbstoff) ‖ ~ **nut** (used especially for tanning leather) (Bot, Leather) / Myrobalane *f* (Gerbfrucht mehrerer Terminalia-Arten mit 20-50% Pyrogallol-Gerbstoff)
**myrosinase** *n* (Biochem) / Myrosinase *f* (eine Hydrolase), Thioglucosidase *f* (eine Hydrolase), Thioglukosidase *f*
**myrrh** *n* (a gum resin) (Bot, Chem) / Myrrhe *f* (ein aromatisches Gummiharz), Myrra *f*, Myrrhenharz *n* (Baumharz aus verschiedenen Commiphora-Arten)
**myrtle oil** / Myrtenöl *n* (etherisches Öl aus der Myrtus communis L. = Brautmyrte) ‖ ~ **wax** / Grünes Wachs, Myricawachs *n*, Myrtenwachs *n*, Myricatalg *m*, Bayberrywachs *n*, Lorbeerkernfett *n*, Bayberrytalg *m*, Lorbeerwachs *n*
**my talk address** (Telecomm) / eigene Sprecheradresse (Nachricht)

# N

**N** (neutral) / neutral *adj* (Stellung des Wählhebels im automatischen Getriebe)
**N** (nitrogen) (Chem) / Stickstoff *m*, N (Stickstoff)
**N** (Chem Eng) / N (nach DIN-ISO 1629 ein Gruppenbuchstabe für Kautschuke mit Stickstoff in der Polymerkette)
**N** (network layer) (Comp, Telecomm) / Vermittlungsschicht *f* (DIN ISO 7498), Netzwerkschicht *f* (Schicht 3 im OSI-Referenzmodell)
**N** (newton) (Phys) / Newton *n* (gesetzliche abgeleitete SI-Einheit der Kraft), N (Newton - DIN 1301, T 1)
**Na** (sodium) (Chem) / Natrium *n*, Na (Natrium)
**NA** (noradrenaline) (Chem, Pharm) / Noradrenalin *n*, Norepinephrin *n* (Levarterenol) ‖ ≏* (neutral axis) (Elec Eng) / neutrale Zone ‖ ≏* (numerical aperture) (Optics) / numerische Apertur (das Produkt aus dem Brechungsindex und der Apertur - DIN 57 888, T 1), NA (numerische Apertur)
**NAA** (naphthaleneacetic acid) (Chem) / 1-Naphthalinessigsäure *f*, 1-Naphthylessigsäure *f*
**nab*** *n* (Carp, Join) / Schließblech *n* (ein Türbeschlag nach DIN 18 251)
**nabal glass** (Glass) / Natriumboroalumoglas *n*, Nabalglas *n* (ein Dreikomponentenglas)
**nabam** *n* (Chem) / Nabam *n* (Dinatrium-[N,N'-ethylen-bis(dithiocarbamat)])
**Nabarro-Herring creep** (Materials) / Nabarro-Herring-Kriechen *n* (Konformenänderung durch Volumendiffusion)
**nabla*** *n* (Maths) / Nablaoperator *m* (ein Differentialoperator), Nablavektor *m* (in der Vektoranalysis), Nabla *n*
**NAC** (network adapter card) (Comp) / Netzwerk-Erweiterungskarte *f* (die den Anschluss eines Computers an die Netzverkabelung ermöglicht)
**nacarat** *n* / Nakaratfarbe *f* (helles Orangenrot)
**nacelle** *n* / Rotorgondel *f* (einer Winkraftanlage), Gondel *f* (Rotorgondel) ‖ ~* (Aero) / Gondel *f* (des Luftschiffs)
**NACK** (negative acknowledge) (Telecomm) / negative Rückmeldung (ein CCITT-Steuerzeichen für Datenübertragung), negative Quittung (eine von einem Empfänger an einen Sender geschickte Antwort, die anzeigt, dass die empfangene Information Fehler enthielt) ‖ ≏ **attack** (Comp) / NACK-Angriff *m* (eine asynchrone Systemunterbrechung, die das System einem Angriff gegenüber schutzlos machen kann)
**Nacken-Kyropoulos process** (Crystal) / Kyropoulos-Verfahren *n* (zur Herstellung von Einkristallen)
**nacre*** *n* (Zool) / Perlmutt *n*, Perlmutter *f*
**nacreous*** *adj* / Perlmutt-, Perlmutter-, perlmutterglänzend *adj*, perlmuttähnlich *adj*, perlmutterartig *adj*, mit Perlmutterglanz ‖ ~ **cloud*** (Meteor) / Perlmutterwolke *f* (vorwiegend in höheren Breiten, 20 bis 30 km hoch) ‖ ~ **lustre** (Min) / Perlmutterglanz *m* ‖ ~ **pigment** (Paint) / Perlglanzpigment *n* (das aus farblosen, transparenten und hochlichtbrechenden Blättchen besteht), Perlpigment *n* (ein Glanzpigment), Perlmuttpigment *n* (DIN 55 943)
**nacré velvet** (Textiles) / Changeantsamt *m*
**nacrite*** *n* (Min) / Nakrit *m* (ein Mineral der Kaolingruppe), Steinmark *n*
**NAD*** (nicotinamide adenine dinucleotide) (Biochem) / Nicotinamid-Adenin-Dinucleotid *n*, NAD (Nicotinamid-Adenin-Dinucleotid), Nicotinamid-Adenin-Dinukleotid *n*, Nikotinamid-Adenin-Dinukleotid *n* ‖ ≏ (non-aqueous dispersion) (Chem) / Non-Aqueous-Dispersion *f* (Polymerdispersion auf nichtwässriger Basis), NAD (Non-aqueous-Dispersion)
**nadir*** *n* (Astron) / Nadir *m*, Fußpunkt *m* ‖ ~ (Radar) / Nadir *n* (der Fußpunkt unter dem Sensor eines SAR)
**NADP*** (nicotinamide adenine dinucleotide phosphate) (Biochem) / Nicotinamid-Adenin-Dinucleotidphosphat *n*, NADP (Nicotinamid-Adenin-Dinucleotidphosphat), Nikotinamid-Adenin-Dinukleotidphosphat *n*
**Na felspar** (Min) / Natronfeldspat *m* (z.B. Albit)
**Nagelfluh** *n* (Geol) / Nagelfluh *f* (verfestigte Schotter)
**nag screen** (Comp) / Erinnerungsfenster *n* (erscheint so lange, bis eine Software registriert und bezahlt wird)
**nahcolite** *n* (Min) / Nahcolit *n* (NaHCO₃)
**NaI crystal** (Radiol) / Natriumiodidkristall *m* (mit Thallium aktivierter anorganischer Szintillator), NaI-Kristall *m*
**naif** *adj* (Min) / natürlich glänzend (ungeschliffener Edelstein)

**nail** *v* / benageln *v* (mit Nägeln beschlagen) ‖ ~ (Carp, Eng) / nageln *v*, annageln *v* ‖ ~ *n* (Carp, Eng) / Nagel *m* (punktförmiges Verbindungsmittel)
**nailability** *n* (Carp) / Nagelbarkeit *f*
**nailable** *adj* (Carp) / nagelbar *adj*
**nail claw** (Tools) / Nagelklaue *f* (des Hammers) ‖ ~ **down** *v* / vernageln *v*, zunageln *v*
**nailed beam** (Carp) / genagelter Balken (ein zusammengesetzter Balken) ‖ ~ **joint** (Carp) / genagelte Verbindung (eine punktförmige Verbindung), Nagelverbindung *f* ‖ ~ **through** (Comp, Electronics) / fest durchgeschaltet ‖ ~ **timber truss** (Carp) / Nagelbinder *m*
**nailed-up connection** (Electronics, Telecomm) / Langzeitverbindung *f*, LZV (Langzeitverbindung)
**nail fastening** (Carp) / genagelte Verbindung (eine punktförmige Verbindung), Nagelverbindung *f* ‖ ~ **hammer** (Tools) / Schreinerhammer *m* (mit einem Nagelzieher)
**nailhead bonding** (Electronics) / Nagelkopfbonden *n*, Nailheadbonden *n* (ein Drahtbondverfahren), Nagelkopfkontaktierung *f* (eine Art Thermokompressionsschweißen)
**nail-holding** *adj* / nagelfest *adj* ‖ ~ **property** (Carp) / Nagelbarkeit *f*
**nailing block** (Build) / Dübelstein *m* (aus Holz), eingemauerter Holzklotz für Befestigungszwecke, Nagelblock *m* ‖ ~ **concrete** (lightweight saw-dust concrete) (Civ Eng) / nagelbarer Beton ‖ ~ **diagram** (Carp) / Nagelbild *n* (ein Schema zur Ausführung von genagelten Verbindungen) ‖ ~ **pattern** (Carp) / Nagelbild *n* (ein Schema zur Ausführung von genagelten Verbindungen)
**nail joint** (Carp) / genagelte Verbindung (eine punktförmige Verbindung), Nagelverbindung *f* ‖ ~ **knot** (For) / Nagelast *m* (kleiner Ast, lang gestreckt nagelförmig angeschnitten) ‖ ~ **on** *v* / aufnageln *v* ‖ ~ **puller** (Carp) / Nageleisen *n*, Nagelzieher *m*, Nagelauszieher *m* ‖ ~ **spacing** (Carp) / Nagelabstand *m* ‖ ~ **up** *v* / vernageln *v*, zunageln *v* ‖ ~ **wire** (Met) / Nageldraht *m* ‖ ~ **with a large head** (e.g. clout nail, roofing nail) (Eng) / Breitkopfnagel *m*
**nainsook** *n* (Textiles) / Nainsook *m* (ein feinfädiger ostindischer Baumwollmusselin)
**naive dimension** (Nuc) / kanonische Dimension, naive Dimension
**NAK** (negative acknowledge) (Telecomm) / negative Rückmeldung (ein CCITT-Steuerzeichen für Datenübertragung), negative Quittung (eine von einem Empfänger an einen Sender geschickte Antwort, die anzeigt, dass die empfangene Information Fehler enthielt)
**NaK*** *n* (Met) / Natrium-Kalium-Legierung *f*, NaK-Legierung *f*, NaK
**NaK-alloy** *n* (Met) / Natrium-Kalium-Legierung *f*, NaK-Legierung *f*, NaK
**NaK-cooled reactor** (Nuc Eng) / NaK-gekühlter Reaktor
**naked** *adj* / unbewaffnet *adj*, bloß *adj* (Auge), nackt *adj* ‖ ~ / blank *adj* (Draht) ‖ ~ / offen *adj* (Feuer, Licht) ‖ ~ / kahl *adj* (Raum, Wand) ‖ ~ (Aero) / mit eingefahrenem Fahrwerk, mit eingefahrenen Klappen ‖ ~ (Chem, Phys) / nackt *adj* (schwach, unvollständig oder gar nicht solvatisiert oder komplexiert) ‖ ~ **boy** (Bot, Pharm) / Herbstzeitlose *f* (Colchicum autumnale L.) ‖ ~ **DNA** (Gen) / nackte DNA (nicht in Chromosomen eingepackte)
**naked-eye star** (Astron) / mit bloßem Auge erkennbarer Stern
**naked flame** / offene Flamme ‖ ~ **karst** (Geol) / nackter Karst ‖ ~ **lady** (Bot, Pharm) / Herbstzeitlose *f* (Colchicum autumnale L.) ‖ ~ **light** (Mining) / offenes Geleucht ‖ ~-**light mine*** (Mining) / schlagwetterfreie Grube ‖ ~ **reactor** (Nuc Eng) / reflektorloser Reaktor, Reaktor *m* ohne Reflektor, nackter Reaktor ‖ ~ **wall** (Build) / ungeputzte Wand (mit fertigem Putzträger) ‖ ~ **wools** (Textiles) / federleichte Stoffe aus reiner Schurwolle
**nalidixic acid** (Pharm) / Nalidixinsäure *f*
**name** *v* / benennen *v* ‖ ~ *n* / Name *m* ‖ ~ (Comp) / Name *m* (Fortran, Cobol) ‖ ~ **advertising** / Erinnerungswerbung *f* (die ein einmal angeschnittenes Thema einer Werbekampagne noch einmal aufgreift mit dem Ziel, einen bereits bestehenden Eindruck zu verstärken oder zu vertiefen), Nachfasswerbung *f*, Reminderwerbung *f* ‖ ~ **clash** (Comp) / Namenskonflikt *m*
**named effect** (Chem, Elec Eng, Maths, Phys) / Effekt *m* (nach einer Person /einem Wissenschaftler bzw. Erfinder / benannt, z.B. Lenard-Effekt)
**name-definition entry** (Comp) / Namendefinitionseintrag *m*
**name entry** (Comp) / Namenseintrag *m* ‖ ~ **field** (Comp, Telecomm) / Namensfeld *n* ‖ ~ **field address** (Comp) / Namensfeldadresse *f* ‖ ~ **key** (Comp) / Namentaste *f* ‖ ~ **key** (Teleph) / Zielwahltaste *f* ‖ ~ **of train** (Rail) / Zugname *m*
**nameplate** *n* / Namensschild *n* ‖ ~ (US) (Autos) / Automarke *f* ‖ ~ (Eng) / Typenschild *n*, Firmenschild *n*
**name reaction** (Chem) / Namensreaktion *f* (z.B. Beilstein-Probe) ‖ ~ **resolution** (Telecomm) / Namensauflösung *f* (ein Übermittlungsereignis - der Vorgang, bei dem ein Name mit einer bestimmten Stelle eines Netzwerkes in Verbindung gebracht wird) ‖ ~ **server** (Comp, Telecomm) / Name-Server *m* (ein an ein Netzwerk

1011

**namespace**

angeschlossener Server, welcher Netzwerknamen zu Netzwerkadressen auflöst)
**namespace** n (Comp) / Namensraum m
**name system** (Comp, Telecomm) / Namensystem n
**naming authority** (Telecomm) / Namensbehörde f, Namensverantwortlicher m, Namensautorität f || ~ **domain** (Comp) / Naming-Domain f (eine organisatorische Instanz, die berechtigt ist, innerhalb ihres Verantwortungsbereichs Namen zu vergeben) || ~ **system** (Comp, Telecomm) / Namensystem n
**nancy receiver** / Infrarotempfänger m
**NAND circuit** (Comp) / NAND-Glied n (binäres Elementarglied, das in der Schaltalgebra den Sheffer-Strich realisiert) || ~ **element** (Comp) / NAND-Glied n (binäres Elementarglied, das in der Schaltalgebra den Sheffer-Strich realisiert) || ~ **gate*** (Comp) / NAND-Gate n (Torschaltung, bei der das Ausgangssignal mit umgekehrter Polarität erscheint, wenn alle Eingänge mit positiven Impulsen beaufschlagt werden)
**nandina** n (For) / Himmelsbambus m (Nandina domestica Thunb. ex Murray)
**NAND operation** (Comp) / Sheffer-Funktion f (DIN 44300, T 5 - eine Aussagenverbindung, die dann und nur dann falsch ist, wenn die beiden miteinander verknüpften Aussagen wahr sind - nach H.M. Sheffer, 1901-1964), NAND-Funktion f, NAND-Verknüpfung f
**nanism*** n (Biol, Bot) / Nanismus m, Zwergwuchs m, Verzwergung f
**nankeen** n (Textiles) / Nanking m (dichtgeschlagenes Baumwollgewebe für Inlette bzw. Einschüttestoffe)
**nannoplankton** n (Ecol) / Nannoplankton n (das aus besonders kleinen Organismen besteht)
**nano***- / Nano- (Vorsatz vor Einheiten für $10^{-9}$, Zeichen n)
**nanoarchitecture** n (Comp) / Nanoarchitektur f (die den Mikroprogrammiersprachinterpreter definiert)
**nanocapsule** n (Med) / Nanokapsel f
**nanocomposite** n (Materials) / Nanocomposite m (Verbundwerkstoff), Nanoverbundstoff m
**nanocrystal** n (Crystal, Electronics, Optics) / Nanokristall m
**nanocrystalline material** (Materials) / nanokristallines Material, nanokristalliner Werkstoff
**nanoelectronic device** (Electronics) / Baustein m der Nanoelektronik, nanoelektronisches Bauteil
**nanoelectronics** n (based on the nanometer scale of building blocks such as organic molecules, nanoparticles, nanocrystals, nanotubes, and nanowires) (Electronics, Med) / Nanoelektronik f (die mit den begrifflich kleinsten Bauteilen arbeitet)
**nanoencapsulation** n (Chem, Nut, Pharm) / Nanoverkapselung f || ~ (Paper) / Nanoverkapselung f (bei karbonfreien, selbstdurchschreibenden Papieren)
**nanofiber** n (US) / Nanofaser f
**nanofibre** n / Nanofaser f
**nano-imaging** n (Micros, Photog) / Nanobildgebung f
**nanometer** n (US) / Nanometer n ($10^{-9}$) (DIN 8589, T 3)
**nanometer-scale** attr / nanoskalig adj
**nanometre** n / Nanometer n ($10^{-9}$) (DIN 8589, T 3)
**nanon** n / Nanometer n ($10^{-9}$) (DIN 8589, T 3)
**nanoparticle** n / Nanopartikel n (der Nanotechnologie)
**nanophase** n (Chem) / Nanophase f || ~ **materials** / Nanophasenmaterialien n pl (bei denen die Korndurchmesser unter 100 nm liegen)
**nanoplankton*** n (Ecol) / Nannoplankton n (das aus besonders kleinen Organismen besteht)
**nanoprogram** n (Comp) / Nanoprogramm n
**nanoprogramming** n (Comp) / Nanoprogrammierung f || ~ **language** (Comp) / Nanoprogrammiersprache f
**nanorobot** n / Nanoroboter m
**nanoscale** attr / nanoskalig adj || ~ / Nano- (Vorsatz vor Einheiten für $10^{-9}$, Zeichen n) || ~ **analysis** / Nanoanalytik f
**nanosecond** n / Nanosekunde f, ns || ~ **chemistry** (Chem) / Nanosekundenchemie f
**nanosensor** n (Electronics) / Nanosensor m
**nanotechnological** adj (Chem, Materials, Med) / nanotechnologisch adj, Nanotechnologie-
**nanotechnology** n (Chem, Materials, Med) / Nanotechnologie f (die mit Molekülstrukturen von Nanometerausmaß arbeitet)
**nanotrace** n (Chem) / Nanospur f (im Bereich bis $10^{-10}$ ppm)
**nanotube** n (Chem) / Nanoröhrchen n, Nanoröhre f (ein- und mehrlagige Kohlenstoffröhre mit kugeligen Anschlüssen), Nanotube f
**Nansen bottle** (Ocean) / Nansen-Schöpfer m (nach F. Nansen, 1861-1930)
**Nansen-Petterson water-bottle** (Ocean) / Nansen-Schöpfer m (nach F. Nansen, 1861-1930)
**naos** n (pl. naoi) (the inner chamber or sanctuary of a Greek or other ancient temple, equivalent to the Roman cella) (Arch) / Naos m (pl.

Naoi), Cella f (pl. -llae), Zella f (pl. -llae) (der innere Kultraum des altgriechischen Tempels)
**NAP** (non-agricultural pesticide) (Agric, Ecol) / NAP (Schädlingsbekämpfungsmittel, das nicht nur zum Pflanzenschutz verwendet wird, sondern auch oder nur zur Verhinderung der Biodeterioration) || ~ (network access point) (Comp) / Netzzugangspunkt m
**nap** v (Textiles) / aufrauen v, rauen v (Tuch) || ~ (Textiles) / velourieren v, velourisieren v (Maschenware für Wäschestoffe) || ~* n (Textiles) / Strich m (des Gewebes), Flor m (Oberfläche von Florgeweben), Haar n || ~ (of a hat) (Textiles) / Felbel m, Velpel m (ein Samtgewebe
**napa** n (Leather) / Nappaleder n (feines und weiches chromiertes Bekleidungs-, Täschner- und Galanterieleder), Nappa n (pflanzlich übersetztes Glacéleder)
**napalm*** n (Chem, Mil) / Napalm n (Verdickungsmittel für Brandbomben)
**nap-cloth** n (Textiles) / Floconné m (superschwerer Mantelflausch), Flockenstoff m, Durchrauer m
**napery** n (Textiles) / Tischwäsche f
**nap fabric** (Textiles) / Floconné m (superschwerer Mantelflausch), Flockenstoff m, Durchrauer m || ~ **finish** (Textiles) / Strichausrüstung f, Strichappretur f
**naphtha*** n (Chem Eng, Oils) / Benzin n (besonders für technische Zwecke oder als Reformingstock) || ~ (Oils) / Naphtha n f (eine schwere Benzinfraktion)
**naphthacene** n (Chem) / Naphthacen n
**naphthalene*** n (Chem) / Naphthalin n
**naphthaleneacetic acid*** (Chem) / 1-Naphthalinessigsäure f, 1-Naphthylessigsäure f
**naphthalene-carboxylic acid** (Chem) / Naphthalincarbonsäure f, Naphthalinkarbonsäure f
**naphthalenedihydroxydisulphonic acid** (Chem) / Chromotropsäure f (ein Fluoreszenzindikator), 1,8-Dihydroxynaphthalin-3,6-disulfonsäure f
**naphthalenesulphonic acid** (Chem) / Naphthalinsulfonsäure f
**naphthalic acid** (Chem) / Naphthalsäure f (eine Naphthalinkarbonsäure)
**naphthalin** n (Chem) / Naphthalin n
**naphthaquinones** pl (Chem) / Naphthochinone n pl (zur Gruppe der Chinone gehörende Derivate des Naphthalins)
**naphtha sweetening** (Oils) / Naphthasüßung f, Benzinsüßung f
**naphthenates*** pl (Chem, Paint) / Naphthenate n pl (Salze der Naphthensäuren - auch als Trockenstoffe in der Anstrichtechnik)
**naphthene-base crude** (Oils) / naphthenbasisches Rohöl, Naphthenerdöl n || ~ **petroleum** (Oils) / naphthenbasisches Rohöl, Naphthenerdöl n
**naphthenic acids** (Chem) / Naphthensäuren f pl (die aus Baku-Erdöl gewonnen werden) || ~ **oil** (Oils) / Naphthenöl n
**naphthine** n (Min) / Bergtalg m (talgige erdwachsartige Substanz), Hatchettin m
**naphthionate** n (Chem) / Naphthionat n
**naphthionic acid*** (Chem) / Naphthionsäure f (4-Amino-naphthalin-1-sulfonsäure), Piria-Säure f
**naphthoic acids*** (Chem) / Naphthoesäuren f pl (eine Art Naphthalinkarbonsäure)
**naphthol AS** (Chem) / Naphthol AS (Kupplungskomponente bei Naphthol-AS-Farbstoffen) || ~ **dyes** (Chem, Textiles) / Naphtholfarbstoffe m pl (Entwicklungsfarbstoffe, die als Azofarbstoffe auf der Textilfaser durch Kupplungsreaktionen zwischen den Naphtholkupplungskomponenten und den diazotierten Echtbasen bzw. Echtsalzen entstehen) || ~ **green** (Chem) / Naphtholgrün n (ein Nitrosofarbstoff)
**naphthology** n (Oils) / Erdölwissenschaft f
**naphthols*** pl (Chem) / Naphthole n pl, Hydroxynaphthaline n pl
**naphtholsulphonic acid** (Chem) / Naphtholsulfonsäure f (Hydroxynaphthalin(di,tri)sulfonsäure)
**naphthoquinones** pl (Chem) / Naphthochinone n pl (zur Gruppe der Chinone gehörende Derivate des Naphthalins)
**naphthyl** n (Chem) / Naphthylgruppe f, Naphthylrest m
**naphthylacetic, 1-~ acid** (Chem) / 1-Naphthalinessigsäure f, 1-Naphthylessigsäure f
**naphthylamines*** pl (Chem) / Naphthylamine n pl, Aminonaphthaline n pl
**2-naphthylamine-6-sulfonic acid** (Chem) / Brönner-Säure f (eine Naphthylaminsulfonsäure)
**naphthylaminesulphonic acid** (Chem) / Naphthylaminsulfonsäure f (z.B. Brönner- oder Cleve-Säure)
**naphthyl group** (Chem) / Naphthylgruppe f, Naphthylrest m
**Napier angle** (I C Engs) / Nasenwinkel m (bei Nasenringen) || ~ **grass** (Bot) / Elefantengras n, Mariankagras n (Pennisetum purpureum Schum.)

**Napierian base** (Maths) / Euler'sche Zahl e (Basis des natürlichen Logarithmus), e (Basis des natürlichen Logarithmus) ‖ ≙ **logarithm**\* (Maths) / natürlicher Logarithmus (DIN 5493-1), Logarithmus m naturalis, ln, Neper-Logarithmus m (mit der Euler'schen Zahl e als Basis)
**Napier's analogies**\* (Maths) / Napier'sche Analogien (nach J. Napier, Lord of Merchiston, 1550-1617), Neper'sche Analogien ‖ ≙ **rule** (Maths) / Napier'sche Regel, Neper'sche Regel
**napkin** n (Paper) / Serviette f ‖ ~ **paper** (a tissue paper) (Paper) / Serviettenpapier n
**napless** adj / kahl adj, glatt adj (ungeraut) ‖ ~ (Textiles) / kahlgeschnitten adj, kahl geschoren adj ‖ ~ **finish** (Textiles) / Kahlappretur f, Kahlausrüstung f
**Naples yellow** (Ceramics, Glass, Paint) / Neapelgelb n (Bleiantimonat(III)), Antimongelb n (alte, toxische Künstlermal- und Zementfarbe)
**nappa** n (Leather) / Nappaleder n (feines und weiches chromiertes Bekleidungs-, Täschner- und Galanterieleder), Nappa n (pflanzlich übersetztes Glacéleder)
**nappe**\* n (Geol) / Überschiebungsdecke f, Decke f (tektonische) ‖ ~ (Hyd Eng) / überfallender Strahl, Überfallwasser n (bei Wehren) ‖ ~\* (Maths) / Mantel m (z.B. Kegelmantel), Mantelfläche f, Flächenschale f ‖ ~\* (Maths) s. also lateral surface
**napped** adj (Textiles) / geraut adj (Stoff) ‖ ~ **leather** (Leather) / Wildleder n (ein Rauleder aus Wildfellen, dessen Narben abgestoßen wurde) ‖ ~ **leather** (Leather) / Suèdeleder n, Dänischleder n
**nappe inlier** (Geol) / geologisches Fenster, Deckenfenster n ‖ ~ **outlier** (Geol) / Deckscholle f, tektonische Klippe ‖ ~ **system** (Geol) / Deckensystem n ‖ ~ **theory** (Geol) / Deckentheorie f (eine Theorie des Gebirgsaufbaus), Deckenlehre f, Nappismus m (Deckentheorie des Gebirgsaufbaus)
**nappiness** n (Textiles) / Haarigkeit f (raue Oberfläche)
**napping** n (Textiles) / Velourieren n (von Maschenwaren für Wäschestoffe), Velourisieren n ‖ ~ (Textiles) / Strichausrüstung f, Strichappretur f ‖ ~ (Textiles) / Samtausrüstung f (von gewirktem Plüsch) ‖ ~ **and friezing machine** (Textiles) / Rau- und Kräuselmaschine f ‖ ~ **machine** (Spinning) / Kratzenraumaschine f (mit Strich- und Gegenstrichwalzen - DIN 64 990)
**nap velour** (Textiles) / Strichvelours m ‖ ~ **velours** (Textiles) / Strichvelours m ‖ ~ **warp** (Weaving) / Florkette f, Polkette f
**narceine** n (used as a muscle relaxant) (Chem, Med) / Narcein (ein Alkaloid des Opiums), Narzein n
**narcissus oil** / Jonquillenöl n, Narzissenöl n (meistens aus Narcissus jonquilla L.)
**narcotic** n (Chem, Pharm) / Betäubungsmittel n (das dem Betäubungsmittelgesetz und der Betäubungsmittel-Verschreibungsverordnung unterliegt), Narkotikum n (pl. -tika), Narkosemittel n ‖ ~ (Pharm) / Rauschgift n, Droge f ‖ ~\* adj (Pharm) / betäubend adj, narkotisch adj ‖ ~ **drug** (Pharm) / Rauschgift n, Droge f
**narcotine**\* n (Pharm) / Narcotinum n, Narkotin n, Noscapin n (Alkaloid des Opiums)
**nardenized essential oil** (Chem) / nardenisiertes etherisches Öl
**naringin** n (Chem, Pharm) / Naringin n (Bitterstoff aus unreifen Früchten, Blüten und Rinden des Grapefruit-Baumes), Aurantiin n
**narrow** v (Textiles) / eindecken v (Maschenzahl in einer Reihe verringern), mindern v, abschlagen v, abmaschen v, abnehmen v ‖ ~ vi / schmaler werden, sich verjüngen v, enger werden, sich verengen v ‖ ~ vt / verengen vt, einengen vt ‖ ~ (Comp) / schmal legen v (eine Schrift) ‖ ~ adj / eng adj (Säule), englumig adj ‖ ~ / eng adj, schmal adj ‖ ~ **aisle** / Schmalgang m (z.B.im Lager)
**narrow-angled** adj / schmalwinklig adj, kleinwinklig adj
**narrow-angle lighting fitting** (Light) / Tiefstrahler m ‖ ~ **luminaire** (Light) / Tiefstrahler m
**narrowband** n (Telecomm) / Schmalband n, schmales Frequenzband (bis 300 Hz) ‖ ~ attr (Radio, Telecomm) / schmalbandig adj ‖ ~ **amplifier** (Telecomm) / Schmalbandverstärker m ‖ ~ **filter** (Telecomm) / Schmalbandfilter n (ein Bandpassfilter mit besonders schmalem Durchlassbereich), Filter n geringer Durchlassbreite ‖ ~ **frequency modulation** (Comp, Telecomm) / Schmalbandfrequenzmodulation f (für die Datenübertragung) ‖ ~ **ISDN**\* (Telecomm) / Schmalband-ISDN n, N-ISDN n (Schmalband-ISDN) ‖ ~ **noise** (Acous, Telecomm) / Schmalbandrauschen n, schmalbandiges Rauschen (DIN 5483, T 1) ‖ ~ **pyrometer** (Heat) / Bandstrahlungspyrometer n, schmalbandiges Strahlungspyrometer, Teilstrahlungspyrometer n ‖ ~ **signal** / Schmalbandsignal n
**narrow•-base tower**\* (Elec Eng) / Hochspannungsmast m auf einem gemeinsamen Fundament ‖ ~ **beam** (Nuc) / Fadenstrahl m (ein Elektronenstrahl mit etwa 0,25 mm² Querschnitt), Schmalstrahl m
**narrow-beam reflector** (Light) / Tiefstrahler m
**narrow board** (For) / Brett n von 5 bis 8" Breite und 2 bis 4" Dicke
**narrow-bore** attr / eng adj (Säule), englumig adj

**narrowcasting** n (Radio, TV) / Minoritätenprogramm n (nicht rassisch oder ethnisch beschränkt)
**narrow (tidal) channel** (Ocean) / Priel m (schmaler Wasserlauf im Watt) ‖ ~ **cut** (Agric) / Schmalschnitt m (beim Pflug)
**narrow-cut filter**\* (Photog) / Monochromatfilter n (zur Aussonderung eines kleinen Spektralbereichs)
**narrow-cutting filter** (Telecomm) / Schmalbandfilter n (ein Bandpassfilter mit besonders schmalem Durchlassbereich), Filter n geringer Durchlassbreite
**narrow fabric** (Textiles) / Schmalgewebe n (bis zu 30 cm Breite), Bandware f, Bandgewebe n
**narrow-fabric loom** (Weaving) / Schmalwebmaschine f ‖ ~ **loom** (Weaving) / Bandwebstuhl m, Bandwebmaschine f, Getau n (zur Herstellung von Schmalgeweben bis zu einer Höchstbreite von etwa 400 mm)
**narrow face** (Carp, Join) / Schmalfläche f (eines Bretts), Kante f (Schmalfläche) ‖ ~ **fraction** (Chem Eng) / schmale Fraktion ‖ ~ **gauge**\* (Rail) / Schmalspur f
**narrow-gauge film**\* (Cinema) / Schmalfilm m
**narrow goods** (Textiles) / Schmalgewebe n (bis zu 30 cm Breite), Bandware f, Bandgewebe n
**narrowing** n / Verengung f ‖ ~ (AI) / Narrowing (bei der Arbeit mit Termersetzungssystemen)
**narrow measure** (Typog) / Schmalsatz m
**narrow-meshed** adj (Textiles) / engmaschig adj, feinmaschig adj
**narrow neck** (Chem, Glass) / Enghals m ‖ ~ **range** (Chem) / Narrow-Range n (Produkt, das sich durch eine eingeengte Homologenverteilung auszeichnet), N.R.
**narrow-range ethoxylate** (Chem) / Ethylenoxid-Anlagerungsprodukt n (mit eingeengter Homologenverteilung), Narrow-Range-Ethoxylat n, NRE (Narrow-Range-Ethoxylat - mit enger Molmasseverteilung)
**narrow-ringed** adj (For) / engringig adj
**narrows** pl (For) / Schmalware f (Bretter von 7-17 cm)
**narrow spot** (Light) / Tiefstrahler m (ein Spotstrahler mit 5 - 10°) ‖ ~ **strip** (Foundry) / Schmalband n ‖ ~ **stuff** (For) / Schmalware f (Bretter von 7-17 cm) ‖ ~ **track** (Electronics) / schmaler Leiterzug
**narrow-track tractor** (Agric) / Schmalspurschlepper m, Plantagenschlepper m
**narrow weaving** (Weaving) / Schmalweberei f
**narthex** (Arch) / Narthex m (pl. Narthizes), Galilaea f (pl. -laeä) (einer Basilika), Vorhalle f (Narthex) ‖ ~ (Arch) s. also parvis
**n-ary** adj (Maths) / n-stellig adj
**NAS** (network access server) (Comp, Telecomm) / Einwahlrouter m
**NASA**\* (Space) / NASA f (zivile US-Luft- und Raumfahrtbehörde mit dem Hauptbüro in Washington, D.C.)
**nasal nuisance** / Geruchsbelästigung f
**Na-S battery** (Elec Eng) / Natrium-Schwefel-Akkumulator m, Natrium-Schwefel-Batterie f, NaS-Hochenergiebatterie f, Na-S-Batterie f
**nascent** adj (Chem) / naszierend adj, in statu nascendi ‖ ~ **hydrogen** (Chem) / naszierender Wasserstoff (besonders reaktionsfähig)
**Nassi-Shneiderman chart** (Comp) / Nassi-Shneiderman-Diagramm n (zur grafischen Beschreibung von Algorithmen oder Programmen), Struktogramm n
**nastic movement**\* (Bot) / nastische Bewegung (Turgor- und Wachstumsbewegung), Nastie f (durch einen Reiz ausgelöste Bewegung festgewachsener Pflanzen, wobei die Richtung des Reizes für die Richtung der Bewegung unerheblich ist)
**nasturan** n (Min) / Pechblende f (kollomorphes Uranpecherz - meistens Uran(IV)-oxid)
**nasty**\* n (Bot) / nastische Bewegung (Turgor- und Wachstumsbewegung), Nastie f (durch einen Reiz ausgelöste Bewegung festgewachsener Pflanzen, wobei die Richtung des Reizes für die Richtung der Bewegung unerheblich ist)
**natality** n (Ecol) / Geburtenzahl f, Geburtenziffer f, Natalität f (mittlere Geburtenrate pro Weibchen), Geborenenzahl f ‖ ~ **rate** (Ecol) / Geburtenzahl f, Geburtenziffer f, Natalität f (mittlere Geburtenrate pro Weibchen), Geborenenzahl f
**natamycin** n (Nut, Pharm) / Natamycin n (ein Makrolidantibiotikum und Konservierungsstoff gegen Schimmelpilze - E 235), Pimaricin n
**natch** n (Ceramics) / Schloss n (das Passstück bei geteilten Gipsformen), Gipsschloss n (Kerbe und Zapfen bei mehrteiligen Gipsformen)
**national accounting** / volkswirtschaftliche Gesamtrechnung, nationale Buchführung (quantitative Erfassung und Darstellung der ökonomischen Transaktionen in einer Volkswirtschaft) ‖ ≙ **Aeronautics and Space Administration**\* (Space) / NASA f (zivile US-Luft- und Raumfahrtbehörde mit dem Hauptbüro in Washington, D.C.) ‖ ≙ **Association of Radio and Television Broadcasters** (US) (Radio) / nationale Gesellschaft der Rundfunkanstalten in den USA ‖ ≙ **Bureau of Standards** (US)\* / nordamerikanische Normungsbehörde (gegr. 1901) ‖ ~ **call** (Teleph) / Inlandsgespräch n ‖ ≙ **Coarse** (thread) (Eng) / amerikanisches

**national**

Grobgewinde ‖ ~ **destination code** (Telecomm) / nationale Ortskennzahl ‖ ~ **domain** (Comp, Telecomm) / Länderdomain f, Länderdomäne f ‖ ≙ **Engineering Laboratory** (Eng) / Nationales maschinenbautechnisches Laboratorium (in East Kilbride) ‖ ≙ **Extra Fine** (thread) (Eng) / amerikanisches Sonderfeingewinde ‖ ≙ **Fine** (thread) (Eng) / amerikanisches Feingewinde ‖ ~ **gas outlet** (US) (Eng) / Anschlussgewinde n für Gasflaschenventile ‖ ~ **gas straight thread** (US) (Eng) / zylindrisches Rohrgewinde ‖ ~ **gas taper thread** (US) (Eng) / kegeliges Rohrgewinde

**nationality mark** / Nationalitätszeichen n (z.B. D für die Bundesrepublik Deutschland), Nationalitätskennzeichen n ‖ ~ **plate** (Autos) / Nationalitätsschild n

**nationalization** n / Verstaatlichung f

**national park** (Ecol) / Naturpark m, Naturschutzpark m, NP (ein großräumiges Landschafts- bzw. Naturschutzgebiet, das sich besonders für die Erholung und den Fremdenverkehr eignet) ‖ ~ **park** (Ecol) / Nationalpark m (z.B. Bayerischer Wald od. Nordfriesisches Wattenmeer) ‖ ≙ **Physical Laboratory*** (Phys) / Nationales physikalisches Laboratorium (in Teddington und East Kilbride) ‖ ≙ **Television System Committee*** (Radio, TV) / Normenausschuss der Rundfunkwirtschaft in den USA

**native** adj / nativ adj (im ursprünglichen Zustand) ‖ ~ (For) / einheimisch adj (Holzart), heimisch adj, indigen adj, inländisch adj ‖ ~* (Min) / gediegen adj (mit Elementen im freien, ungebundenen Zustand) ‖ ~ **arsenic** (Min) / Scherbenkobalt n, Fliegenstein m ‖ ~ **asphalt** (Geol, Min) / Naturasphalt m (z.B. Asphaltit, Asphaltgestein, Seeasphalt, Asphaltschiefer usw.) ‖ ~ **bedrock** (Civ Eng) / gewachsener Fels (ein anstehendes Gestein)

**native-donor doping** (Electronics) / Dotierung f mit Eigendonatoren

**native element** (Chem, Geol) / frei vorkommendes Element ‖ ~ **flax** (Bot) / Neuseeländer Flachs (Phormium tenax J.R. Forst. et G. Forst), Flachslilie f, Phormium n, NF (DIN 60001, T 4) ‖ ~ **gold*** (Mining) / gediegenes Gold, Berggold n (auf primärer Lagerstätte) ‖ ~ **hide** (Leather) / Wildhaut f ohne Brandzeichen ‖ ~ **hydrocarbon*** (Mining, Oils) / Kohlenwasserstoff m (natürlicher) ‖ ~ **lignin** (Chem, For) / Naturlignin n (ein dem Protolignin in der verholzten pflanzlichen Zellwand weitgehend ähnliches Lignin, das unter sehr schonenden Bedingungen gewonnen wird), Brauns-Lignin n ‖ ~ **metal** (a metallic native element) (Min) / gediegenes Metall

**native-oxide skin** (Chem) / natürliche Oxidhaut (auf Aluminiumteilen), natürlicher Oxidfilm

**native paraffin** (Min) / Ozokerit m, Erdwachs n, Riechwachs n ‖ ~ **rock** (Civ Eng) / gewachsener Fels (ein anstehendes Gestein) ‖ ~ **rubber** (Chem Eng) / Bevölkerungskautschuk m (von Kleinbetrieben der Eingeborenen) ‖ ~ **starch** (Nut) / native Stärke, unbehandelte Stärke ‖ ~ **water** (Geol) / konnates Wasser, fossiles Grundwasser (das schon vor langem in niederschlagsgünstigen Zeiten an seinen jetzigen Lagerungsort gelangt ist)

**natriuretic** adj (Physiol) / natriuretisch adj (Peptid)

**natrojarosite*** n (Min) / Natrojarosit m

**natrolite*** n (an orthorhombic mineral of the zeolite group) (Min) / Natrolith m (ein Faserzeolith - Natriumdialumotrisilicat)

**natron** n (Chem) / Kristallsoda f (Natriumkarbonat-Dekahydrat), Waschsoda f, wasserhaltige Soda ‖ ~* (Min) / Natron n, Natrit m, Soda f (als Ausblühung des Bodens, aus den Natronseen)

**Natta-Ziegler process** (Chem Eng) / Ziegler-Prozess m

**natte** n (Weaving) / Natté m (nattébindiges Gewebe) ‖ ~ (Weaving) / Nattébindung f, Natté m (eine Ableitung des der Panamabindung)

**natural** adj / natürlich adj, naturgemäß adj, Natur- ‖ ~ / im Naturzustand (in seinem natürlichen Zustand belassen, z.B. Wald) ‖ ~ / natürlich adj (Farbe) ‖ ~ (Elec Eng, Phys) / Eigen- ‖ ~* (Nut) / unbehandelt adj, naturbelassen adj (ohne Zusätze) ‖ ~ **abrasive** / natürliches Schleifmittel (z.B. Diamant, Schmirgel oder Granat) ‖ ~ **abundance*** (Chem, Nuc) / Häufigkeit f (z.B. Isotopen-) ‖ ~ **age hardening** (Met) / Kaltauslagerung f, Kaltauslagern n (von Eisenwerkstoffen, nach DIN 17014, T 1), natürliches Altern ‖ ~ **ageing*** (at room temperature) (Met) / Kaltauslagerung f, Kaltauslagerung n (von Eisenwerkstoffen, nach DIN 17014, T 1), natürliches Altern ‖ ~ **aging** (Met) / Kaltauslagerung f, Kaltauslagern n (von Eisenwerkstoffen, nach DIN 17014, T 1), natürliches Altern ‖ ~ **antibody*** (Med) s. also isoagglutinin ‖ ~ **antibody*** (Med) / natürlicher Antikörper n ‖ ~ **arch** (Geol) / Felsentor n (durch Brandungserosion gebildet) ‖ ~ **arch** (Geol) / Felsentor n (schmaler Durchgang zwischen hohen Felsen) ‖ ~ **asphalt** (Geol, Min) / Naturasphalt m (z.B. Asphaltit, Asphaltgestein, Seeasphalt, Asphaltschiefer usw.) ‖ ~ **background*** (Nuc, Phys, Radiol) / natürliche Strahlung (die Gesamtheit der ionisierenden Strahlung, die ohne Zufuhr radioaktiver Stoffe oder sonstige Veränderungen durch den Menschen an der Erdoberfläche anzutreffen ist), natürliche Strahlenexposition ‖ ~ **background level** (Radiol) / natürlicher Grundpegel (der ionisierenden Strahlung) ‖ ~ **bending frequency** (Eng) / Biegeeigenfrequenz f

(Schwingungsanregungsfrequenz, bei der die Schwingung der Welle selbst verstärkt wird) ‖ ~ **binary code** (Comp) / reiner Binärkode, reiner Binärcode, 8-4-2-1- Kode m, Acht-vier-zwei-eins-Kode m ‖ ~ **blend** (Textiles) / Mischung, bei der der Naturfaseranteil überwiegt (z.B. 70/30 Bw/PE) ‖ ~ **boundary condition** (Maths) / natürliche Randbedingung ‖ ~ **bridge** (Geol) / Felsentor n (durch Brandungserosion gebildet) ‖ ~ **bridge** (Geol) / Naturbrücke f, Felsbrücke f (über ein Erosionstal) ‖ ~ **calcium tungstate** (Min) / Scheelit m, Scheelspat m, Schwerstein m, Tungstein m (Kalziumwolframat) ‖ ~ **capacitance** (Elec, Elec Eng) / Eigenkapazität f ‖ ~ **casing** (Nut) / Naturdarm m ‖ ~ **catastrophe** (Ecol) / Naturkatastrophe f ‖ ~ **circulation** (Chem Eng) / Naturumlauf m, Selbstumlauf m (in Verdampfern, die nach dem Thermosiphonprinzip arbeiten) ‖ ~ **circulation boiler** (Eng) / Naturumlaufkessel m, Naturumlaufdampferzeuger m ‖ ~ **classification*** (Bot) / natürliche Klassifikation (auf der abgestuften Ähnlichkeit der Organismen aufbauende)

**natural-cleft** adj (Build) / bruchrau adj (die Eigenschaft von Natursteinen unmittelbar nach dem Abbau, sofern dieser nicht im Sägeverfahren erfolgte), mit natürlich roher Oberfläche (Bruchstein)

**natural coke*** (Geol) / Naturkoks m (durch Kontaktmetamorphose in Kohlelagerstätten gebildete koksähnliche poröse Masse) ‖ ~ **color** (US) / Eigenfarbe f (z.B. des Holzes) ‖ ≙ **Color System** (US) / Natural Color System n (ein empirisches Farbordnungssystem mit einem NCS-Farbatlas) ‖ ~ **colour** / Eigenfarbe f (z.B. des Holzes)

**natural-coloured** adj / naturfarben adj

**natural constant** (Phys) / Naturkonstante f ‖ ~ **consumption** (Automation) / Eigenverbrauch m ‖ ~ **convection** (Phys) / natürliche Konvektion (wenn die Ursache der Bewegung Dichteunterschiede sind, die aus Temperaturunterschieden resultieren) ‖ ~ **cooling** (Elec Eng, Eng) / Selbstkühlung f (ohne spezielle Einrichtung zur Erhöhung der Kühlmittelgeschwindigkeit), natürliche Kühlung (natürliche Konvektion und Wärmeleitung) ‖ ~ **coordinates** (Phys) / Bahnkoordinaten f pl (in der Kinematik), natürliche Koordinaten ‖ ~ **cork** / Naturkork m ‖ ~ **corundum** (Min) / Naturkorund m ‖ ~ **cotton** (Textiles) / unbehandelte Baumwolle ‖ ~ **decay** (Nuc) / natürlicher Zerfall ‖ ~ **disaster** (Ecol) / Naturkatastrophe f ‖ ~ **disintegration** (Nuc) / natürlicher Zerfall ‖ ~ **draught*** (Eng) / natürlicher Zug, natürlicher Luftzug

**natural-draught compartment kiln** (For) / Kammertrockner m mit natürlichem Zug ‖ ~ **cooling tower** / Naturzugkühlturm m

**natural durability** (For) / natürliche Dauerhaftigkeit (von Holz) ‖ ~ **dye** (Chem) / Naturfarbstoff m, natürlicher Farbstoff, Naturfarbe f ‖ ~ **dyestuff** (Chem) / Naturfarbstoff m, natürlicher Farbstoff, Naturfarbe f ‖ ~ **environment** (Ecol) / natürliche Umwelt ‖ ~ **equation** (Maths) / natürliche Gleichung (in der Kurventheorie) ‖ ~ **evaporation*** (Bot, Meteor) / Evaporation f (Verdunstung vom Boden od. von freien Wasserflächen) ‖ ~ **fibre** (Textiles) / Naturfaser f (als Gegensatz zu Chemiefasern - DIN 60001, T 1), natürliche Faser, native Faser

**natural-fibre-based composite** / Naturfaserverbundwerkstoff m

**natural flavouring** (Nut) / natürlicher Aromastoff ‖ ~ **flowing well** (Oils) / selbstausfließende Sonde, Eruptivsonde f, Eruptionssonde f, selbstlaufende Sonde ‖ ~ **food** (Nut) / Rohkost f ‖ ~ **frequency*** (Mech) / Eigenschwingung f (DIN 1311-3) ‖ ~ **frequency*** (Phys, Telecomm) / Eigenfrequenz f (eines Schwingers), natürliche Frequenz ‖ ~ **frequency*** (Telecomm) s. also normal frequency and resonant frequency ‖ ~ **frequency of antenna*** (Radio) / Antenneneigenschwingung f ‖ ~ **fuel** (Fuels) / Naturenergieträger m ‖ ~ **function generator** (Comp) / Funktionsgeber m für analytische Funktionen, Geber m für analytische Funktionen ‖ ~ **gamma-ray logging** (Oils) / Gammamessung f (radiometrische Bohrlochmessung) ‖ ~ **gas*** (Geol) / Erdgas n (Sammelbezeichnung für brennbare, in der Erdkruste vorkommende Naturgase, die überwiegend Methan enthalten, daneben aber Bestandteile), Naturgas n

**natural-gas compressor station** / Erdgaskompressorstation f, Erdgasverdichterstation f ‖ ~ **engine** / Erdgasmotor m

**natural-gas-fired power station** / Erdgaskraftwerk n

**natural-gas fuel cell energy system** (Elec Eng) / mit Erdgas betriebene Brennstoffzellenanlage, erdgasbetriebene Brennstoffzellenanlage ‖ ~ **liquefaction** / Erdgasverflüssigung f ‖ ~ **motor** / Erdgasmotor m

**natural gasoline** (Oils) / Rohrkopfbenzin n, Gasbenzin n, Casinghead-Benzin n

**natural-gas pipeline** / Erdgasleitung f, Erdgasrohrleitung f, Erdgaspipeline f

**natural-gas-powered** adj / erdgasbetrieben adj

**natural-gas production** / Erdgasförderung f, Erdgasproduktion f ‖ ~ **reserves** / Erdgasreserven f pl ‖ ~ **storage** / Erdgasspeicher m (im porösen Speichergestein oder in Kavernen) ‖ ~ **sweetening** / Erdgassüßung f ‖ ~ **sweetening** / Erdgasentschwefelung f,

Naturgasentschwefelung f || ~ **well** (Geol) / Erdgasquelle f (durch eine Bohrung erschlossene)
**natural glass*** (Geol) / Gesteinsglas n, Naturglas n, mineralisches Glas, natürliches Glas || ~ **glass*** (Geol) s. also tectite und volcanic glass || ~ **ground** (Civ Eng) / gewachsener Boden (natürlich gelagerter Boden) || ~ **gum** (Bot, Chem) / pflanzlicher Gummistoff, Pflanzengummi n (pl. -gummen), Gummi n || ~ **handle** (Leather) / lebendiger Griff || ~ **harbour** (Ships) / Naturhafen m (ohne künstliche Ausbauten benutzbarer Anker- und Anlegeplatz) || ~ **impedance** (Elec Eng) / Wellenwiderstand m (z.B. von Übertragungsleitungen), Leitungswellenwiderstand m || ~ **information unit** / natürliche Informationseinheit (DIN 5493, T 1), nat || ~ **isotope** (Nuc) / natürliches Isotop, in der Natur vorkommendes Isotop
**naturalization** n (Bot) / Einbürgerung f (einer Pflanzensippe)
**natural landscape** (Ecol) / Naturlandschaft f (von Menschen nicht oder nur unwesentlich beeinflusste Landschaft) || ~ **language*** / natürliche Sprache (historisch gewachsene Sprache, z.B. Deutsch oder Englisch)
**natural-language generation** (Comp) / natürlichsprachige Generierung (Erzeugung von Sätzen in natürlicher Sprache aus der semantischen Repräsentation in einem sprachverstehenden System) || ~ **interface** / natürlichsprachliche Schnittstelle, natürlichsprachliches Interface, natürlichsprachliches Zugangssystem
**natural law** / Naturgesetz n (Erfahrungssatz der Naturwissenschaft, der als absolut gesichert angesehen wird - lex naturae) || ~ **light** (Light) / natürliches Licht || ~ **lighting** (Light) / Tageslichtbeleuchtung f, Tagesbeleuchtung f, Beleuchtung f mit Tageslicht, natürliche Beleuchtung || ~ **line width** (Spectr) / natürliche Linienbreite (einer Absorptions- oder Emissionslinie) || ~ **logarithm** (Maths) / natürlicher Logarithmus (DIN 5493-1), Logarithmus m naturalis, ln, Neper-Logarithmus m (mit der Euler'schen Zahl e als Basis)
**naturally aspirated engine** (I C Engs) / Saugmotor m (als Gegensatz zum aufgeladenen Motor) || ~ **circulated coolant** (Elec Eng) / natürlich bewegtes Kühlmittel || ~ **white** / naturweiß adj
**natural magnet*** (Min) / Magneteisenerz n (natürlicher Magnet), magnetisches Erz || ~ **manure** (Agric) / organisches (wirtschaftseigenes) Düngemittel, Wirtschaftsdünger m (Stallmist, Jauche, Kompost, Gülle usw.) || ~ **mica** (Elec Eng, Mining) / Naturglimmer m, Rohglimmer m (bergmännisch gewonnenes Naturerzeugnis) || ~ **moisture factor** / natürlicher Feuchtigkeitsfaktor (bei kosmetischen Pflegemitteln) || ~ **moulding sand** (Foundry, Geol) / Natursand m (ein Gesteinsgemisch der Korngrößen 0,09 bis 2 mm), Naturformsand m || ~ **noise** (Radio) / naturgegebene (Funk)Störung || ~ **number*** (Maths) / natürliche Zahl (DIN 5473) || ~ **oscillation** (Phys) / Eigenschwingung f (DIN 1311,T 3 und T 4)
**natural-oxide film** (Chem) / natürliche Oxidhaut (auf Aluminiumteilen), natürliche Oxidfilm
**natural paint** (Paint) / Naturlack m || ~ **parity** (Nuc) / natürliche Parität || ~ **pattern** (Foundry) / Naturmodell n || ~ **period*** (Telecomm) / Eigenperiodenlänge f, Eigenperiodendauer f || ~ **petroleum gas tanker** (Oils, Ships) / NPG-Tanker m || ~ **pigment** (Paint) / natürliches Pigment (z.B. Eisenrot, Auripigment), natürlich vorkommendes Pigment || ~ **polymer** (Chem) / natürliches Polymer || ~ **product** (Chem, Nut) / Naturstoff m, Naturprodukt n
**natural-product extract** (Chem) / Naturstoffextrakt m n
**natural products chemistry** (the chemistry of compounds synthesized by living organisms) (Chem) / Naturstoffchemie f, bioorganische Chemie, Chemie f der Naturstoffe (meistens Biochemikalien) || ~ **protein fibre** (Textiles) / tierische Eiweißfaser || ~ **radiation level** (Radiol) / natürlicher Grundpegel (der ionisierenden Strahlung) || ~ **radioactivity*** (Nuc) / natürliche Radioaktivität (die Radioaktivität der in der Natur vorkommenden Nuklide) || ~ **regeneration by self-sown seed** (For) / Anflug m (natürliche Bestandsverjüngung) || ~ **remanent magnetization** (Geophys) / natürliche Magnetisierung (DIN 1358) || ~ **resin** / Naturharz n (pflanzlicher oder tierischer Herkunft - DIN 55 958), natürliches Harz || ~ **resin** (For) / Naturharz n (Sekret von Bäumen)
**natural-resin paint** (Paint) / Naturharzlack m (DIN 55 945)
**natural resonance*** (Telecomm) / Eigenresonanz f || ~ **resources** (Ecol) / Naturgüter n pl (z.B. Wasser, Luft, Tiere, Pflanzen, Bodenschätze), Naturreichtümer m pl, natürliche Ressourcen, natürliche Hilfsquellen, Naturreserven f pl || ~ **retting** (Textiles) / biologische Röste, natürliche Röste (Oberbegriff für Fluss-, Teich- und Rasenröste) || ~ **rubber*** (Chem Eng) / Naturkautschuk m (DIN ISO 1629), NK (Naturkautschuk), NR (DIN ISO 1629) || ~ **sag** (Mech) / Durchbiegung f durch eigene Last || ~ **sag** (Mech) / Durchhang m durch eigene Schwerkraft || ~ **sand** (Foundry, Geol) / Natursand m (ein natürliches Gesteinsgemisch der Korngrößen 0,09 bis 2 mm), Naturformsand m || ~ **satellite** (Astron) / [natürlicher] Satellit m, Trabant m, Mond m || ~ **scale*** (Acous) / reine Stimmung (Stammtonleiter) || ~ **scale** (Cartography) / numerischer Maßstab ~ **scale** (Maths) / Achse f der natürlichen Zahlen || ~ **scale*** (Surv) / gleicher Maßstab für Längen und Höhen || ~ **science** / Naturwissenschaft f, nomothetische Wissenschaft (im Sinne von Windelband-Rickert) || ~ **scientist** / Naturwissenschaftler m || ~ (air) **seasoning** (For) / natürliche Trocknung (Lufttrocknung) || ~ **seasoning** (For) / Lufttrocknung f, natürliche Holztrocknung || ~ **seeding** (Bot) / natürliche Aussaat || ~ **selection*** (Biol) / natürliche Auslese || ~ **silk** (Textiles) / Naturseide f, Raupenseide f, Reineseide f || ~ **size** / Ist-Größe f, natürliche Größe (Ist-Größe), Originalgröße f, volle Größe || ~ **slope** (Civ Eng) / natürlicher Böschungswinkel, Ruhewinkel m || ~ **soil** (Civ Eng) / gewachsener Boden (natürlich gelagerter Boden) || ~ **stone** (Build, Civ Eng) / Naturstein m (DIN EN 1926), natürlicher Stein || ~ **strain** (Materials, Phys) / Dehnung f (im Spannungs-Dehnungs-Diagramm) || ~ **substance** (Chem, Nut) / Naturstoff m, Naturprodukt n || ~ **sunshine** (Meteor) / Sonnenschein m || ~ **unit** (in which the fundamental constants have the numerical value 1) / natürliche Einheit (der Wirkung, der Energie, der Masse) || ~ **unit** (Phys) / universelle Naturkonstante (Vakuumlichtgeschwindigkeit und Planck'sche Konstante) || ~ **uranium** (Chem) / natürliche Isotope des Urans (238, 235 und 234), Natururan n
**natural-uranium reactor*** (Nuc Eng) / Natururanreaktor m (ein thermischer Reaktor, der mit natürlichem Uran als Kernbrennstoff betrieben wird) || ~ **slug** (Nuc Eng) / Natururanblock m (als Brennstoff)
**natural vegetation** (Ecol) / natürliche Vegetationsdecke || ~ **ventilation** / natürliche Lüftung, freie Lüftung || ~ **ventilation** (Elec Eng) / Selbstkühlung f (ohne spezielle Einrichtung zur Erhöhung der Kühlmittelgeschwindigkeit), natürliche Kühlung (natürliche Konvektion und Wärmeleitung) || ~ **vibration** (of molecules) (Chem) / Eigenschwingung f || ~ **water** (Hyd Eng) / Niederschlagswasser n || ~ **water** (Hyd Eng) s. also storm water || ~ **waterway** (Hyd Eng) / natürliche Wasserstraße || ~ **wavelength of antenna*** (Radio) / Eigenwellenlänge f der Antenne || ~ **weathering station** (Materials, Paint) / Außenbewitterungsstand m, Freibewitterungsstand m (DIN 50917)
**nature** n / Beschaffenheit f, Natur f || ~ (Biol) / Natur f || ~ **Conservancy Council** (GB) / oberste britische Naturschutzbehörde || ~ **conservation** (Ecol) / Naturschutz m
**nature-identical*** adj (Nut) / natürlich adj (A,S), naturidentisch adj (Aromastoff - dem natürlichen Aromastoff chemisch gleich)
**nature park** (Ecol) / Naturpark m, Naturschutzpark m, NP (ein großräumiges Landschafts- bzw. Naturschutzgebiet, das sich besonders für die Erholung und den Fremdenverkehr eignet) || ~ **preservation** (Ecol) / Naturschutz m || ~ **reserve** (Ecol) / Naturschutzgebiet n, NSG, Naturreservat n
**naumannite** n (Min) / Naumannit m (ein Ag-Sulfid)
**nauseous** adj / widerlich riechend, Übelkeit erregend (Geruch), widerwärtig adj (Geruch), übelriechend adj, ekelerregend adj (Geruch)
**nautical** adj (Ships) / See-, nautisch adj, Seefahrts- || ~ s. also navigational || ~ **chart** (Cartography, Ocean) / Seekarte f, nautische Karte || ~ **log*** (Ships) / Logge f, Log n (Messgerät zur Bestimmung der Geschwindigkeit) || ~ **mile*** (Ships) / Seemeile f (GB, veraltet = 1853,2 m; US = 1852 m), nautische Meile || ~ **tables** (Ships) / nautische Tafeln (für die Lösung von Aufgaben der Navigation und der Nautik) || ~ **twilight*** (Astron) / nautische Dämmerung
**nav** (Nav) / Navigation f (z.B. terrestrische oder astronomische)
**navaid*** n (Aero) / Navigationshilfe f (innerhalb des Flugzeugs)
**naval architecture** (Ships) / Schiffbau m (technische Disziplin), Schiffsbau m || ~ **brass** (Met) / Kupfer-Zink-Legierung f (mit etwa 60% Cu, 39,25% Zn und 0,75% Sn) || ~ **brass*** (Met) / seewasserbeständiges Messing, Marinemessing n, Kupfer-Zink-Legierung f (mit etwa 60% Cu, 39% Zn und 1% Sn) || ~ **bronze** (Met) / seewasserbeständiges Messing, Marinemessing n, Kupfer-Zink-Legierung f (mit etwa 60% Cu, 39% Zn und 1% Sn) || ~ **stores** (Chem, Paint) / Harz- und Ölprodukte n pl aus Nadelhölzern, Kiefernharz- und Kiefernölprodukte n pl, Naval Stores pl
**nave** n / Nabe f, Radnabe f || ~* (Arch) / Hauptschiff n, Langschiff n, Mittelschiff n, Langhaus n, Schiff n || ~ (Arch) / großer (zentraler) Raum (z.B. Bahnhofshalle) || ~ **lateral arch** (with respect to flanking aisles) (Arch) / Scheidbogen m (der quer zum Gurtbogen verläuft und die nebeneinander liegenden Gewölbefelder zwischen den einzelnen Schiffen abtrennt)
**Navier-Stokes equations** (Phys) / Navier-Stokes-Gleichungen f pl (Bewegungsgleichungen einer isotropen zähen Flüssigkeit - nach C.L.M.H. Navier, 1785-1836, und Sir G.G. Stokes, 1819-1903)
**navigable** adj (Aero) / lenkbar adj || ~ (Comp, Telecomm) / navigabel adj (Website) || ~ (Comp, Telecomm) / befahrbar adj || ~ (Hyd Eng, Ships) / schiffbar adj, mit Schiffen befahrbar || ~ **semicircle*** (Meteor, Ships) / schiffbarer Halbkreis (links der Sturmbahn auf der nördlichen

**navigable**

Halbkugel) ‖ ~ **waterway** (Hyd Eng, Ships) / Wasserstraße *f* (DIN 4054)
**navigate** *v* (Comp, Nav) / navigieren *v*
**navigation*** *n* (Aero, Ships) / Führung *f* (von Schiffen oder Flugzeugen) ‖ ~ (Comp) / Navigation *f* (beim Online-Publishing), Navigieren *n* ‖ ~ (Comp) / Navigieren *n* (in Datenbanksystemen), Navigation *f* ‖ ~ (Comp, Telecomm) / Navigation *f* (die Möglichkeit des Benutzers, die einzelnen Seiten der Site einfach und bequem durch Hyperlinks zu erreichen und ihm dadurch die Orientierung innerhalb der Site zu erleichtern) ‖ ~* (Hyd Eng) / kanalisierter Fluss ‖ ~* (Nav) / Navigation *f* (z.B. terrestrische oder astronomische) ‖ ~ (Ships) / Schifffahrt *f* ‖ ~* (Ships) / Steuermannskunst *f*, Nautik *f* (Schifffahrtskunde), Schifffahrtskunst *f* ‖ ~* (marine) (Ships) / Navigation *f*
**navigational** *adj* (Nav) / Navigations- ‖ ~ **aid** (Aero) / Navigationshilfe *f* (innerhalb des Flugzeugs) ‖ ~ **error** (Nav) / Navigationsfehler *m* ‖ ~ **map** (Cartography) / Navigationskarte *f* ‖ ~ **plotting equipment** (Nav) / Navigationsbesteck *n* ‖ ~ **radar** (Nav, Radar) / Navigationsradar *m n* ‖ ~ **satellite** (Nav) / Navigationssatellit *m* (unbemannter künstlicher Erdsatellit, der während seines Umlaufs als Ortungsmarke für die See- und Luftnavigation dient) ‖ ~ **system*** (Radio) / Navigationssystem *n* ‖ ~ **triangle** (Astron, Nav) / astronomisches Dreieck (das aus den Eckpunkten Himmelspol, Zenit, Stern bestehende sphärische Dreieck ), sphärisch-astronomisches Grunddreieck, nautisches Dreieck
**navigation bridge** (Ships) / Peildeck *n* (oberer Abschluss des Brückenaufbaus) ‖ ~ **buoy** (Ships) / Navigationsboje *f* ‖ ~ **canal** (Ships) / Schifffahrtskanal *m* (DIN 4054) ‖ ~ **channel** (Ships) / Fahrwasser *n* (im Allgemeinen, meistens mit einer Fahrrinne), Fahrrinne *f* (der tiefste Teil des Fahrwassers) ‖ ~ **chart** (Cartography) / Navigationskarte *f* ‖ ~ **coal** / Schiffskesselkohle *f*, Kesselkohle *f* (für Schiffskessel), Marinekohle *f* ‖ ~ **computer** (Nav) / Navigationsrechner *m* ‖ ~ **coordinates** (Nav) / Navigationskoordinaten *f pl* ‖ ~ **dam** (Hyd Eng) / Damm *m* zur Flussregulierung, Damm *m* zur Stauregulierung (zur Verbesserung der Fahrrinne für die Schifffahrt) ‖ ~ **display** (Nav) / Navigationsanzeige *f*, NAV-Display *n*, Navigationsdisplay *n* ‖ ~ **dome** (Aero) / Astrodom *m*, Astrokuppel *f* ‖ ~ **dues** (Ships) / Schifffahrtsabgaben *f pl* ‖ ~ **in ice** (Ships) / Eisfahrt *f* ‖ ~ **lights*** (Aero) / Positionslichter *n pl*, Navigationslichter *n pl*, Navigationsleuchten *f pl*, Navigationslampen *f pl* ‖ ~ **lock** (Hyd Eng) / Schiffsschleuse *f*, Schleuse *f* (Anlage an Wasserstraßen zur Hebung und Senkung von Schiffen von einem tiefer zu einem höher gelegenen Wasserspiegel und umgekehrt), Schifffahrtsschleuse *f* ‖ ~ **plotting equipment** (Nav) / Navigationsbesteck *n* ‖ ~ **sign** (Ships) / Schifffahrtszeichen *n* (auf Binnenwasserstraßen und Seewasserstraßen) ‖ ~ **smoke float*** (Aero, Nav) / Schwimmrauchzeichen *n*
**navigator** *n* (Autos) / Beifahrer *m* (bei Rallyes) ‖ ~ (Mil, Nav) / Navigator *m*, Navigationsoffizier *m*
**NAVSAT** *n* (Nav) / Navigationssatellit *m* (unbemannter künstlicher Erdsatellit, der während seines Umlaufs als Ortungsmarke für die See- und Luftnavigation dient)
**navvy** *n* (GB) (Build, Civ Eng) / Erdarbeiter *m*
**navy** *n* (Mil, Ships) / Kriegsmarine *f*, Kriegsflotte *f* ‖ ~ *adj* / marineblau *adj* ‖ ~-**blue** *adj* / marineblau *adj* ‖ ~ **heavy** / Bunkeröl *n* (herkömmliche, jedoch nicht verbindliche Bezeichnung des schweren Rückstandheizöls für Schiffe, Industrieanlagen und Großkraftwerke) ‖ ~ **welder** (Welding) / Marineschweißer *m* ‖ ~ **weldor** (Welding) / Marineschweißer *m*
**Nazarov reaction** (Chem) / Nasarow-Reaktion *f* (eine kationische elektrozyklische Reaktion), Nazarov-Ringschluss-Reaktion *f*
**Nb** (niobium) (Chem) / Niob *n*, Nb (Niob), Niobium *n*
**NB** (narrowband) (Telecomm) / Schmalband *n*, schmales Frequenzband (bis 300 Hz)
**NBC** (natural binary code) (Comp) / reiner Binärkode, reiner Binärcode, 8-4-2-1- Kode *m*, Acht-vier-zwei-eins-Kode *m*
**NBD chloride** (Chem) / NBD-Chlorid *n* (14-Chloro-7-nitro-2,1,3-benzoxadiazol - auch zur Dopingkontrolle verwendet)
**NBFM** (narrowband frequency modulation) (Comp, Telecomm) / Schmalbandfrequenzmodulation *f* (für die Datenübertragung)
**N-BKP** (For, Paper) / Nadelholzsulfatzellstoff *m*
**n-body problem** (Phys) / Vielkörperproblem *n*, Mehrkörperproblem *n*, n-Körperproblem *n*
**N-bomb** *n* (Mil) / Neutronenbombe *f* (eine Sonderwaffe nur mit Strahlungswirkung)
**NBR*** (nitrile rubber) (Plastics) / Butadien-Acrylnitril-Kautschuk *m*, Butadien-Acrylnitril-Kautschuk *m*, Nitrilkautschuk *m* (ein Synthesekautschuk), NBR (Butadien-Acrylnitril-Kautschuk)
**N-bromosuccinimide** *n* (Chem) / Bromsukzinimid *n*, N-Bromsuccinimid *n*, NBS (ein Bromierungsreagens)

**NBS*** / nordamerikanische Normungsbehörde (gegr. 1901)
**N-BSP** (needle-leaf-tree bleached sulphite pulp) (For, Paper) / Nadelholzsulfitzellstoff *m*
**NBT*** (nitroblue tetrazolium) (Biol) / Tetrazoliumblau *n*
**NC** (Network Computer) (Comp) / Internet-Computer *m* (ein PC), Internet-PC *m* (laufwerkloses System, bei dem Anwendungsprogramme über Internet zur Verfügung gestellt werden und die Anwenderdaten an Web-Seiten abgelegt werden), Web-Computer *m* (ein PC) ‖ ~ (network control) (Comp) / Netzsteuerung *f*, Netzwerksteuerung *f*, Netzwerkkontrolle *f* ‖ ~ (network congestion) (Comp, Telecomm) / Netzüberlastung *f*, Datenstau *m* im Netzwerk
**N/C** (numerical control) (Eng) / numerische Steuerung, Numerik *f*, numerische Maschinensteuerung
**NC** (Eng) / numerische Steuerung, Numerik *f*, numerische Maschinensteuerung
**NCC** (Nature Conservancy Council) / oberste britische Naturschutzbehörde ‖ ~ (normally closed contact) (Elec Eng) / Ruhekontakt *m* (ein Relaiskontakt, der dann geöffnet ist, wenn die Relaisspule erregt ist), Öffnungskontakt *m*, Öffner *m* ‖ ~ (network control centre) (Telecomm) / Netzkontrollzentrum *n*, NKZ
**NC cylindrical grinding machine** (Eng) / NC-Rundschleifmaschine *f*
**N-centre** *n* (Crystal, Electronics) / N-Zentrum *n* (ein Aggregatzentrum)
**n-channel metal-oxide semiconductor** (Electronics) / N-Kanal-Metalloxid-Halbleiter *m*, N-Kanal-MOS *m* (Unipolartransistor mit N-leitendem Kanal) ‖ ~ **metal-oxide semiconductor technology** (Electronics) / N-Kanal-MOS-Technik *f*, N-Kanal-Technik *f*, NMOS-Technik *f* (MOS-Technik mit N-Kanal)
**NC machine** (Eng) / NC-Maschine *f*, Numerikmaschine *f*, NCM (Numerikmaschine), numerisch gesteuerte Maschine
**N-component** *n* (Nuc) / kernaktive Komponente (Gruppe), N-Komponente *f* (der kosmischen Strahlung)
**NCP** (non-carbon paper) (Paper) / kohlefreies Durchschreibepapier, NCR-Papier *n*, karbonfreies Durchschreibepapier (bei dem der Druck meistens eine chemische Farbreaktion auslöst), selbstdurchschreibendes Papier, druckempfindliches (karbonfreies) Durchschreibepapier, Reaktionsdurchschreibepapier *n*, Kapselpapier *n*
**NC pattern-making** (Foundry) / numerisch gesteuerte Modellherstellung ‖ ~ **processor** (Comp) / NC-Prozessor *m* (DIN 66271) ‖ ~ **program** (Eng) / NC-Programm *n*
**NCR** (= no carbon required)* (Paper) / kohlefreies Durchschreibepapier, NCR-Papier *n*, karbonfreies Durchschreibepapier (bei dem der Druck meistens eine chemische Farbreaktion auslöst), selbstdurchschreibendes Papier, druckempfindliches (karbonfreies) Durchschreibepapier, Reaktionsdurchschreibepapier *n*, Kapselpapier *n*
**NCS** (Natural Color System) / Natural Color System *n* (ein empirisches Farbordnungssystem mit einem NCS-Farbatlas)
**NC technology** (Eng) / NC-Technik *f*
**Nd** (neodymium) (Chem) / Neodym *n*, Nd (Neodym)
**ND** (navigation display) (Nav) / Navigationsanzeige *f*, NAV-Display *n*, Navigationsdisplay *n*
**NDA** (non-disclosure agreement) (Comp, Telecomm) / Geheimhaltungsvereinbarung *f*, Geheimhaltungsvertrag *m*, NDA (Geheimhaltungsvereinbarung)
**NDB*** (non-directional beacon) (Aero) / ungerichtetes Funkfeuer, Rundstrahlbake *f*, Kreisfunkfeuer *n*
**NDC** (national destination code) (Telecomm) / nationale Ortskennzahl
**NDDO approximation** (Chem) / NDDO-Näherung *f* (bei der Berechnung von Zweizentren-Elektronenwechselwirkungsintegralen)
**NDE** (non-destructive examination) (Materials) / zerstörungsfreie Prüfung (DIN EN 1330), zerstörungsfreies Prüfverfahren, NDT-Technik *f* (zerstörungsfreies Prüfverfahren)
**ND filter** (Optics, Photog) / Graufilter *n* (das der Lichtschwächung dient), Neutralfilter *n* (ein Lichtfilter), ND-Filter *n*
**NDGA** (nordihydroguaiaretic acid) (Nut) / Nordihydroguajaretsäure *f*, NDGA (Nordihydroguajaretsäure)
**NDI** (non-destructive inspection) (Materials) / zerstörungsfreie Prüfung (DIN EN 1330), zerstörungsfreies Prüfverfahren, NDT-Technik *f* (zerstörungsfreies Prüfverfahren)
**n-dimensional** *adj* (Maths) / n-dimensional *adj*
**NDIR analyser** (Spectr) / Infrarotfotometer *n* (ein Abgasmessgerät), nichtdispersiver Infrarotanalysator *m* ‖ ~ **process** (Spectr) / NDIR-Verfahren *n* (ein fotometrisches Gasmessverfahren), nichtdispersives Infrarotverfahren ‖ ~ **spectroscopy** (Spectr) / nichtdispersive IR-Spektroskopie, NDIR (NDIR-Spektroskopie)
**N-display*** *n* (Radar) / N-Darstellung *f*
**NDM** (normal disconnected mode) (Comp) / abhängiger Wartebetrieb (DIN 44 302)

**NDP** (numeric data processor) (Comp) / numerischer Koprozessor, numerischer Coprozessor

**NDRO** (non-destructive readout) (Comp) / nichtlöschendes Lesen, zerstörungsfreies Lesen

**NDS** (NetWare Directory Services) (Comp) / NetWare Directory Services pl ‖ ~ (neutron-doped silicon) (Electronics) / neutronendotiertes Silizium (ein Halbleitermaterial) ‖ ~ (Comp) s. also Edirectory

**NDT*** (non-destructive testing) (Materials) / zerstörungsfreie Prüfung (DIN EN 1330), zerstörungsfreies Prüfverfahren, NDT-Technik f (zerstörungsfreies Prüfverfahren) ‖ ~ **temperature** (Materials, Met) / Sprödbruchübergangstemperatur f, Nil-Ductility-Transition-Temperatur f, Übergangstemperatur f (bei der Sprödbruchprüfung)

**Nd-YAG-laser** n / Nd-YAG-Laser m (ein Halbleiterlaser)

**Ne** (neon) (Chem) / Neon n, Ne (Neon)

**NE** (network element) (Telecomm) / Netzelement n

**NEA** (Nuclear Energy Agency) (Nuc Eng) / Kernenergie-Agentur f (ab 17.2.1972 so genannt, früher European Nuclear Energy Agency, gegr. 1957, Organ der OECD)

**neap tide*** (Astron, Ocean, Ships) / Nipptide f, Nippflut f

**near-circular orbit** (Space) / kreisnahe Bahn

**near collision** (Aero) / Beinahezusammenstoß m (von Flugzeugen), Beinahekollision f, gefährliche Begegnung zwischen Luftfahrzeugen

**near-complete** adj / nahezu vollständig

**near-Earth environment** (Geophys) / erdnaher Bereich, engere Umgebung der Erde ‖ ~ **environment** (Geophys) s. also near space ‖ ~ **orbit** (a circumterrestrial orbit) (Space) / erdnaher Orbit (eines Satelliten), erdnahe Bahn ‖ ~ **satellite** (Space) / erdnaher Satellit

**near-equilibrium** attr (Mech) / gleichgewichtsnah adj

**nearest approach** (Radar) / Mindestsicherheitsabstand m

**nearest-neighbour decision rule** (Electronics) / Nächstnachbar-Regel f

**near fading** (Radio) / Nahschwund m (der in der Überlappungszone von Boden- und Raumwelle entsteht)

**near-far effect** (Radio, Teleph) / Nah-Fern-Effekt m (das Problem, dass das Signal einer Mobilstation, welche sich nahe einer Bodenstation befindet, viel stärker von dieser Basisstation empfangen wird, als das Signal einer Mobilstation, die sich weiter entfernt von der Mobilstation befindet, wenn beide mit der gleichen Leistung senden), Nah-Fern-Problem n ‖ ~ **problem** (Radio, Teleph) / Nah-Fern-Effekt m (das Problem, dass das Signal einer Mobilstation, welche sich nahe einer Bodenstation befindet, viel stärker von dieser Basisstation empfangen wird, als das Signal einer Mobilstation, die sich weiter entfernt von der Mobilstation befindet, wenn beide mit der gleichen Leistung senden), Nah-Fern-Problem n

**near field*** (Acous, Elec, Phys) / Nahfeld n (räumlicher Bereich zwischen Strahlungsquelle und ihrem Fernfeld)

**near-field diffraction** (Optics) / Fresnel-Beugung f, Fresnel'sche Beugung (nach A.J. Fresnel, 1788-1827) ‖ ~ **mode matching** (Electronics) / Nahfeldmodenanpassung f ‖ ~ **sensor** / Nahfeldsensor m (berührungsloser optischer Sensor, bei dem die Wechselwirkung des elektromagnetischen Feldes in geringer Entfernung zum Objekt erfolgt)

**near gale** (Meteor) / steifer Wind (Beaufortgrad 7) ‖ ~ **infrared** (Light, Phys) / nahes Infrarot (IR - A + IR - B), naher Infrarotbereich (DIN 5031, T 7), nahes IR, NIR (nahes Infrarot) ‖ ~ **limit** (of depth of field) (Photog) / Vordertiefe f (vordere Begrenzung der Schärfentiefe)

**near-line** attr (Comp) / near-line adj (gesicherte Daten, auf die nach einer kurzen Anlaufzeit wie auf Online-Daten zugegriffen werden kann)

**near-lunar** adj (Astron, Space) / mondnah adj ‖ ~ **space** (Astron, Space) / mondnaher Raum

**nearly always** (a fuzzy quantor) (Maths) / fast immer ‖ ~ **free electron approximation** (Phys) / Einelektronennäherung f (bei der Erklärung des Bändermodells) ‖ ~ **never** (a fuzzy quantor) (Maths) / fast nie

**near miss** (Aero) / Beinahezusammenstoß m (von Flugzeugen), Beinahekollision f, gefährliche Begegnung zwischen Luftfahrzeugen

**near-monochromatic** adj (Phys) / fast monochromatisch adj

**near-net-shape** attr / endformnah adj (Fertigung), endkontur(en)nah adj, endabmessungsnah adj ‖ ~ **strip casting** (Foundry, Met) / Vorband-Gießen n (Gießen eines ca. 50 mm dicken Bandes in einer stationären Kokille und direkt anschließendes Warmwalzen in einer Fertigstraße mit nur vier Vierwalzengerüsten)

**near-net strip** (Foundry, Met) / Vorband n (das direkt in einer Fertigstraße warm gewalzt wird) ‖ ~ **strip** (Foundry, Met) s. also thin slab

**near pointer** (Comp) / Near-Zeiger m ‖ ~ **portion** (Optics) / Nahteil m (des Mehrstärkenbrillenglases) ‖ ~ **radiation field** (Acous, Elec, Phys) / Nahfeld n (räumlicher Bereich zwischen Strahlungsquelle und ihrem Fernfeld)

**near-shore** adj (Geol, Ocean) / küstennah adj, strandnah adj

**near side** (Astron) / der Erde zugewandte Seite des Mondes

**nearside** adj (left-hand driving) (Autos) / Links- (linke Fahrzeugseite), linke Seite ‖ ~ (right-hand driving)* (Autos) / Rechts- (rechte Fahrzeugseite), rechte Seite ‖ ~ **door** (left-hand driving - GB) (Autos) / linke Tür

**near-sighted** adj (Med, Optics) / kurzsichtig adj

**near-sightedness** n (Med, Optics) / Kurzsichtigkeit f, Myopie f

**near space** (Geophys) / erdnaher Raum

**near-surface** attr / oberflächennah adj, in Oberflächennähe

**near the surface** / oberflächennah adj, in Oberflächennähe ‖ ~ **ultraviolet** (Phys) / langwelliges Ultraviolett, nahes Ultraviolett (315-380 nm - DIN 5031, T 7), nahes UV, naher UV-Bereich, UV-A n ‖ ~ **video on demand** (Cinema, Comp, TV) / Near-Video-on-Demand n (ein System, bei dem ein Videofilm auf verschiedenen Kanälen eines Kabelfernsehens in periodischen Abständen gestartet wird, so dass ein Konsument, der diesen Film sehen möchte, jeweils nur diese wenigen Minuten bis zum nächsten Filmstart warten muss), Video-Abrufdienst m, Video-Verteildienst m ‖ ~ **zone** (Radio) / Nahfeld n, Fresnel'sches Gebiet, Fresnel-Region f, Fresnel-Bereich m

**neat** adj (Nut) / unverdünnt adj, rein adj (alkoholische Getränke) ‖ ~ **cement** (without aggregate) (Build, Civ Eng) / reiner Zementmörtel (ohne Zuschläge) ‖ ~ **cement*** (Build, Civ Eng, Mining) / Zementleim m (Gemisch aus Zement und Wasser), Zementpaste f, Zementmilch f ‖ ~ **cement paste** (Build, Civ Eng, Mining) / Zementleim m (Gemisch aus Zement und Wasser), Zementpaste f, Zementmilch f

**neaten** v (Textiles) / versäubern v (Nahtränder)

**neat grout** (Build, Civ Eng) / reiner Zementmörtel (ohne Zuschläge) ‖ ~ **line** (Cartography) / Kartenfeldrandlinie f, Kartenfeldbegrenzung f, Blattrandlinie f, Kartenbildbegrenzungslinie f ‖ ~ **lines** (Civ Eng) / Nennausbruchsquerschnitt m (im Tunnelbau) ‖ ~ **liquid** (Spectr) / reine Flüssigkeit (z.B. für die IR-Spektroskopie)

**neatness** n (Textiles) / Glätte f (des Rohseidenfadens)

**neat petroleum** (Oils) / reines Erdöl (ein optischer Eindruck) ‖ ~ **phase** (Phys) / "Neat"-Phase f (bei lyotropen flüssigen Kristallen) ‖ ~ **resin** (to which nothing has been added) (Chem) / reines Harz ‖ ~ **'s foot oil** (Pharm) / Klauenöl n, Rinderklauenöl n, Oleum n Tauripedum ‖ ~ **size*** (Build) / Fertigmaß n (Nettoabmessung)

**Neber rearrangement** (Chem) / Neber-Umlagerung f

**nebula*** n (pl. nebulae or nebulas) (Astron) / Nebel m (historisch bedingte Sammelbezeichnung für Objekte außerhalb des Planetensystems, die als kleine, schwach leuchtende und nicht scharf begrenzte flächenhafte Gebilde an der Himmelskugel erscheinen )

**nebular** adj (Meteor) / Nebel-, Nebular- ‖ ~ **hypothesis*** (Astron) / Nebularhypothese f (von Laplace - Kosmogonie des Sonnensystems)

**nebularin** n (Pharm) / Nebularin n (ein Nukleosidantibiotikum)

**nebulise** v (GB) / aerosolieren v, vernebeln vt

**nebulitic** adj (Geol) / nebulitisch adj (Textur)

**nebulize** v / verstäuben v (Flüssigkeit), sprühen v, zerstäuben v, verspritzen v, versprühen v, sprayen v ‖ ~ / aerosolieren v, vernebeln vt

**nebulizer** n (Eng) / Zerstäuber m (des Brenners) ‖ ~ (Instr, Med) / Vernebler m (bei der Inhalation), Sprüher m, Atomiseur m, Zerstäuber m ‖ ~ **burner** (Eng) / Zerstäubungsbrenner m

**NEC** (no-effect concentration) (Ecol) / No-Effect-Konzentration f (die gerade noch wirkungslos ist), Konzentration f eines Stoffes, bei der kein toxischer Effekt beim Versuchstier beobachtet werden kann

**necessary and sufficient condition** / notwendige und hinreichende Bedingung ‖ ~ **field strength** (Teleph) / Nutzfeldstärke f (bei Mobiltelefonen), Schutzfeldstärke f

**neck** n / Mittelteil n (eingeschnürter), Mittelstück n ‖ ~ / Fassmuffe f (bei zylindrischen Fässern) ‖ ~ / Taille f (engster Schalenquerschnitt eines hyperbolischen Kuhlturms) ‖ ~ / Füllansatz m (des Freiballons) ‖ ~ * (Arch) / Säulenhals m, Hals m (der Säule) ‖ ~ (Electronics) / Hals m (z.B. einer Katodenstrahlröhre) ‖ ~ (Eng) / Hals m, Kehle f ‖ ~ (US) (Eng) / Einstich m (Übergang vom Schaft zum Nutenteil eines Spiralbohrers nach DIN 1412), Beschriftungsstelle f ‖ ~ (Eng, Met) / Zapfen m (der Walze), Laufzapfen m (ein Halszapfen) ‖ ~* (Geol) / Schlotfüllung f, Schlotgang m, Neck m (stielartige Durchschlagsröhrenfüllung eines Vulkans), Vulkanstotzen m ‖ ~ (Geol, Hyd Eng) / Schlingenhals m (bei Talmäandern), Mäanderhals m ‖ ~ (Glass) / Hals m (der Flasche) ‖ ~* (Textiles) / Verstreckungshals m (Querschnittsverminderung) ‖ ~ (Typog) / Konus m (der Drucktype) ‖ ~-**bearing** n (Eng) / Halslager n (spezielles einwertiges Lager, das zusammen mit einem Spurlager verwendet wird) ‖ ~ **cord** (Weaving) / Platinenschnur f (Fachbildevorrichtung), Aufheber m

**necked-down bolt** (Eng) / Dehnschraube f, Dehnschaftschraube f

**neck flap** (Eng) / Nackenschutz m, Nackenleder n ‖ **~ groove** (Elec Eng) / Halsrille f (am Isolator) ‖ **~ guard** (Eng) / Nackenschutz m, Nackenleder n
**necking** n (Arch) / Säulenhals m, Hals m (der Säule) ‖ **~** (Eng, Met) / Einschnüren n (Schmieden einer Hohlkehle) ‖ **~** (in a tensile test) (Materials) / Einschnürung f (beim Zugversuch), Bruchabschnürung f (DIN 50145) (Bruchquerschnittsverminderung eines zugbeanspruchten Probestabs nach dem Bruch) ‖ **~*** (Textiles) / Verstreckungshals m (Querschnittsverminderung) ‖ **~*** (Textiles) / Bildung f des Verstreckungshalses (bei Fasern)
**necking-in** n / Einziehen n (Verkleinern der Querschnitte von Hohlkörpern am offenen Ende)
**necklace microphone** (Acous) / Kehlkopfmikrofon n
**neck-mould** n (Arch) / Säulenhals m, Hals m (der Säule) ‖ **~** (Glass) / Mündungsform f, Kopfform f, Halsring m, Randform f
**neck ring** (Glass) / Mündungsform f, Kopfform f, Halsring m, Randform f ‖ **~ strap** (Photog) / Umhängeriemen m
**necktie fabric** (Textiles) / Krawattenstoff m
**neck twine** (Weaving) / Platinenschnur f (Fachbildevorrichtung), Aufheber m
**necrosis*** n (pl. necroses) (Biol) / Nekrose f (Absterben)
**necrotic*** adj (Biol) / nekrotisch adj (abgestorben, brandig)
**necton*** n (Ecol, Ocean) / Nekton n (Organismen mit starker Eigenbewegung, die das Pelagial bewohnen)
**needle** v (Build) / Notsteifen aufstellen ‖ **~** (Eng) / benadeln v, mit Nadeln besetzen ‖ **~** (Textiles) / vernadeln v (Faservlies verfestigen) ‖ **~*** n (Acous) / Schneidstichel m (Schallplattenherstellung) ‖ **~*** (Acous) / Nadel f (für einen alten Plattenspieler), Abtastnadel f (für einen alten Plattenspieler) ‖ **~*** (Build) / Notsteife f ‖ **~** (Build, Civ Eng) / Querbalken m (kurzer, zur Absteifung) ‖ **~** (Eng, Instr) / Zeiger m (bewegliches Organ eines anzeigenden Messgeräts) ‖ **~** (a pointed, elevated, and detached mass of rock formed by erosion) (Geol, Ocean) / Felsnadel f ‖ **~** (Glass) / Plunger m des Tropfenspeisers ‖ **~*** (Hyd Eng, Textiles) / Nadel f ‖ **~** (Mining) / Schießnadel f (meistens aus Messing) ‖ **~ bar** (Textiles) / Nadelbarre f, Nadelleiste f, Nadelschiene f ‖ **~ bar** (Textiles) / Nadelstange f (der Nähmaschine)
**needle-bar rise** (Textiles) / Schlingenhub m (bei Nähmaschinen) ‖ **~ stroke** (Textiles) / Nadelstangenhub m (bei Nähmaschinen)
**needle beam*** (Build, Civ Eng) / Querbalken m (kurzer, zur Absteifung) ‖ **~ beam** (Textiles) / Nadelbaum m (bei Wirk- und Strickmaschinen) ‖ **~ beam** (Weaving) / Nadelwalze f (benadelter Baum), Stachelwalze f (zum Abzug grober Waren und Frottierwaren) ‖ **~ bearing** (Eng) / Radialnadellager n (ein Wälzlager), Nadellager n (ein Rollenlager nach DIN 617 und 618) ‖ **~ bed** (Textiles) / Fontur f, Nadelbett n (Halterung der Nadeln) ‖ **~ blowing** (Plastics) / Nadelblasen n, Nadeleinschießen n ‖ **~ board** (Weaving) / Nadelbrett n (zur Führung von Nadeln in den Schaft- und Jacquardmaschinen)
**needle-bonded fabric** (Textiles) / Nadelfilz m (DIN 61205)
**needle cast** (a fungous disease of spruces and other conifers) (For) / Schütte f (eine Blattkrankheit der Nadelbäume), Schüttekrankheit f ‖ **~ chatter*** (Acous) / Nadelgeräusch n (bei alten Plattenspielern) ‖ **~ coke** / Nadelkoks m (ein Petroleumkoks) ‖ **~ cooling** (Textiles) / Nadelkühlung f (bei Nähmaschinen)
**needled buff** (Eng) / gesteppte Scheibe ‖ **~ dry felt** (Textiles) / genadelter Trockenfilz
**needle deflection** (Instr) / Zeigerausschlag m
**needled fabric** (Textiles) / Nadelware f ‖ **~ felt** (Textiles) / Nadelfilz m (DIN 61205) ‖ **~ mat** (Glass, Textiles) / Steppmatte f
**needle electrode** / Nadelelektrode f ‖ **~ eye** (Textiles) / Nadelöhr n
**needlefelt** n (Textiles) / Nadelfilz m (DIN 61205) ‖ **~ tile** (Textiles) / Nadelfilzfliese f
**needle file** (Eng) / Nadelfeile f ‖ **~ function** (Automation) / Nadelfunktion f (eine Stoßfunktion) ‖ **~ gauge** (Textiles) / Nadelstärke f ‖ **~ head** (Textiles) / Nadelkopf m ‖ **~ heating** (Textiles) / Nadelerwärmung f ‖ **~ holder** / Nadelhalter m (des Zirkels) ‖ **~ ice** (Geol, Meteor) / Kammeis n, Nadeleis n (nadelförmige Eiskristalle der obersten Bodenschicht) ‖ **~ jet** (I C Engs) / Nadeldüse f (Kraftstoffdüse für Vergaser, deren wirksamer Querschnitt durch eine konische Nadel regulierbar ist)
**needle-lace** n (Textiles) / genähte Spitze, Nadelspitze f (eine Stickerei, die nur mit Nadel und Faden hergestellt wird)
**needle latch** (Textiles) / Nadelzunge f
**needle-like** adj / nadelförmig adj, nadelartig adj, azikulär adj
**needle lines** (Textiles) / Nadelstreifen m (Fehler) ‖ **~ loom** (Weaving) / Nadelstuhl m, schiffchenlose Bandwebmaschine ‖ **~ lubricator*** (Eng) / Nadelschmierapparat m, Nadelöler m, Tropföler m (Nadelschmierapparat)
**needle-nose pliers** (for bending wires) (Tools) / Rundzange f
**needle nozzle** (Eng, Hyd Eng) / Nadeldüse f (einer Pelton-Wasserturbine) ‖ **~ penetration** (Civ Eng) / Nadelpenetration (die den Nadeleindringungswiderstand bei der Prüfung der Kontinuität bituminöser Beläge misst - DIN 52 010) ‖ **~ pick-up***

(Acous) / Nadeltonabnehmer m ‖ **~ plate** (Textiles) / Stichplatte f (bei Nähmaschinen) ‖ **~ plug** (Eng) / Nadelkegel m (ein Drosselkegel) ‖ **~ point** / Nadelspitze f
**needle-point** n (Textiles) / genähte Spitze, Nadelspitze f (eine Stickerei, die nur mit Nadel und Faden hergestellt wird) ‖ **~ lace** (Textiles) / genähte Spitze, Nadelspitze f (eine Stickerei, die nur mit Nadel und Faden hergestellt wird)
**needle pulse** (Electronics) / Nadelimpuls m
**needle-punched non-woven** (Textiles) / genadelter Vliesstoff
**needle-punching** n (Textiles) / Verfestigung f durch Nadeln, Vernadelung f, Einnadelung f (des Untergrundgewebes)
**needle rise** (Textiles) / Schlingenhub m (bei Nähmaschinen) ‖ **~ roller** (Eng) / Nadel f (ein Wälzelement nach DIN ISO 5593) ‖ **~ roller bearing*** (Eng) / Radialnadellager n (ein Wälzlager), Nadellager n (ein Rollenlager nach DIN 617 und 618) ‖ **~ scaffold*** (Build) / Konsolgerüst n (mit längenorientierten Gerüstlagen, dessen Belagflächen auf am Bauwerk befestigten Konsolen liegen - DIN 4420-3), Kragstützengerüst n, Kraggerüst n ‖ **~ scratch*** (Acous) / Nadelgeräusch n (bei alten Plattenspielern) ‖ **~ setting** (Textiles) / Benadelung f, Besetzen n mit Nadeln, Besetzung f mit Nadeln
**needle-shaped** adj / nadelförmig adj, nadelartig adj, azikulär adj
**needle-sized holes** / nadelgroße Löcher, Nadellöcher n pl
**needle stone*** (Min) / Nadelquarz m, Nadelstein m (Quarz mit feinen metallisch glänzenden braunen Einschlüssen von Rutil) ‖ **~ stone*** (Min) s. also flèches d'amour ‖ **~ tear resistance** / Nadelausreißwiderstand m ‖ **~ thickness** (Textiles) / Nadelstärke f ‖ **~ thread** (Textiles) / Obergarn n (der Nähmaschine) ‖ **~ transport** (Textiles) / Nadeltransport m (Vorschubart bei Nähmaschinen)
**needle-up position** (Textiles) / Nadelhochstellung f
**needle valve*** (Autos) / Nadelventil n (z.B. bei Dieselmotoren) ‖ **~ valve*** (Autos) / Schwimmernadelventil n ‖ **~ valve** (in a closed nozzle) (Eng) / Düsennadel f ‖ **~ valve ticker** (Autos) / Tupfer m (in einem Vergaser) ‖ **~ weir** (Hyd Eng) / Nadelwehr n
**needlework** n (Textiles) / Handarbeit f (Näharbeit), Näharbeit f ‖ **~ fabric** (Textiles) / Handarbeitsstoff m ‖ **~ thread** (Spinning) / Handarbeitsgarn n (im Allgemeinen)
**needling*** n (Build) / Aufstellung f von Notsteifen ‖ **~** (Build, Civ Eng) / temporärer Abfangträger ‖ **~** (Textiles) / Benadelung f, Besetzen f mit Nadeln, Besetzung f mit Nadeln
**needs pressure** (Eng) / mit Presse fügbar (Kennzeichen bei Montage)
**need-to-know principle** (Comp) / Prinzip n der erforderlichen Kenntnisnahme, Prinzip n des "Kennenmüssens" (das System erlaubt dem Benutzer die Kenntnis über diejenige Daten bzw. den Zugriff zu denjenigen Informationen, die der Benutzer zur Durchführung seiner Aufgaben benötigt)
**Néel point** (Mag) / Néel-Punkt m (nach L.E.F. Néel, 1904 - 2000), Néel-Temperatur f (bei der die antiferromagnetische Ordnung der atomaren magnetischen Momente zerstört wird), $T_N$ (Néel-Temperatur) ‖ **~ temperature*** (Mag) / Néel-Punkt m (nach L.E.F. Néel, 1904 - 2000), Néel-Temperatur f (bei der die antiferromagnetische Ordnung der atomaren magnetischen Momente zerstört wird), $T_N$ (Néel-Temperatur) ‖ **~ wall** (Mag) / Néelwand f (zwischen Weiss-Bezirken in dünnen magnetischen Schichten)
**neem oil** / Margosaöl n, Nimöl n, Neemöl n (das fette Öl der Samen von Melia azadirachta A. Juss.)
**Neese process** (Welding) / Neese-Verfahren n
**NEF** (noise-exposure forecast) (Acous, Ecol, Med) / Lärmbelastungsprognose f, Lärmimmissionsprognose f
**Nef reactions** (Chem) / Nef-Reaktionen f pl
**negate** v / verneinen v, negieren v
**negater*** n (Comp) / Umkehrer m, Negationsglied n, NICHT-Glied n, Negator m, Inverter m (Schaltungsanordnung zur Realisierung der Negation)
**negation** n / Negation f (eine Aussageverbindung nach DIN 5474), Verneinung f (Nichtverknüpfung) ‖ **~** (Comp) / NICHT-Operation f ‖ **~ element** (Comp) / Umkehrer m, Negationsglied n, NICHT-Glied n, Negator m, Inverter m (Schaltungsanordnung zur Realisierung der Negation)
**negative*** n (Photog) / Negativ n ‖ **~*** adj (Crystal) / optisch einachsig negativ ‖ **~** (Geol) / in Absenkung begriffen, in Senkung begriffen ‖ **~*** (Maths, Phys) / negativ adj ‖ **~ acceleration** (Phys) / Verzögerung f, negative Beschleunigung ‖ **~ acknowledge(ment)** (Telecomm) / negative Rückmeldung (ein CCITT-Steuerzeichen für Datenübertragung, negative Quittung (eine von einem Empfänger an einen Sender geschickte Antwort, die anzeigt, dass die empfangene Information Fehler enthielt) ‖ **~ adsorption** (Chem) / negative Adsorption ‖ **~ after-image*** (Optics) / negativer Nachbild (Sukzessivkontrast) ‖ **~ allowance** (Eng) / Übermaß n (Differenz zwischen den Maßen der Bohrung und der Welle vor der Paarung, wenn diese Differenz negativ ist - DIN 7182, T 1) ‖ **~ altitude** (Ships) / Kimmtiefe f (Winkel am Auge des Beobachters, der vom

Lichtstrahl Kimm - Auge mit der Ebene des scheinbaren Horizonts gebildet wird) || ~ **angle** (Maths) / orientierter Winkel mit negativem Drehsinn || ~ **bias**\* (Electronics) / negative Vorspannung || ~ **blueprint** (Print) / negative Blaupause || ~ **booster**\* (Elec Eng) / Zusatzmaschine f in Gegenschaltung || ~ (battery) **cable** (Autos) / Massekabel n (der Batterie) || ~ **carbon**\* (Elec Eng) / Katodenkohle f, negative Kohle || ~ **carrier** (Photog) / Filmbühne f (des Vergrößerungsgeräts) || ~ **caster** (Autos) / Vorlaufstrecke f (DIN 70020) || ~ **caster** (Autos) / Vorlauf m (Neigung des Achse des Achsschenkelbolzens) || ~ **castor** (Autos) / Vorlaufstrecke f (DIN 70020) || ~ **castor** (Autos) / Vorlauf m (Neigung des Achse des Achsschenkelbolzens) || ~ **catalysis**\* (Chem) / negative Katalyse, Antikatalyse f (mit negativem Katalysator) || ~ **catalyst** (Chem) / Antikatalysator m, negativer Katalysator || ~ **charge** (Elec) / negative Ladung || ~ **colour film**\* (Photog) / Negativfarbfilm m, Negativfilm m, Farbnegativfilm m (für Papierkopien) || ~ **conductance** (Radio) / negativer Wirkleitwert || ~ **conductor** (Elec Eng) / Minusleiter m, Minusdraht m || ~ **copy** (Photog) / Negativkopie f || ~ **correlation** (Maths, Stats) / negative Korrelation || ~ **crystal**\* (Electronics) / negativer Kristall || ~ **crystal**\* (Optics) / optisch negativer Kristall || ~ **current feedback** (Elec Eng) / Stromgegenkopplung f (eine Gegenkopplung des Vierpols) || ~ **cutting** (Cinema) / Negativschnitt m || ~ **definite** (Maths) / negativ definit || ~ **definite matrix** (Maths) / negativ definite Matrix || ~ **developer** (Photog) / Negativentwickler m
**negative-differential-resistance field-effect transistor** (Electronics) / NERFET-Transistor m (ein Feldeffekttransistor) || ~ **region** (Electronics) / negativer differentieller Widerstandsbereich (beim Thyristor)
**negative distortion** (Optics) / tonnenförmige Verzeichnung, negative Verzeichnung || ~ **divergence** (Meteor) / Konvergenz f (im Strömungsfeld der Atmosphäre), Strömungskonvergenz f || ~ **dobby** (Weaving) / Schaftmaschine f mit kraftschlüssiger Bewegung der Platinen || ~ **edge** (Telecomm) / fallende Flanke (des Impulses), Hinterflanke f (des Impulses), Rückflanke f (des Impulses) || ~ **effective mass amplifier** (Electronics) / Negativverstärker m (der auf der negativen effektiven Masse von Festkörpern beruht) || ~ **electricity**\* (Elec) / negative Elektrizität || ~ **electrode**\* (Elec Eng, Electronics) / negative Elektrode || ~ **entropy** (Comp) / Negentropie f, negative Entropie || ~ **eyepiece** (Optics) / Huygens-Okular n (die Bildebene liegt zwischen Feld- und Augenlinse), Huygens'sches Okular || ~ **feedback**\* (Automation) / negative Rückführung, Gegenkopplung f || ~ **feedback**\* (Radio, Telecomm) / negative Rückkopplung, Gegenkopplung f || ~ **feeder**\* (Elec Eng) / Rückstromleitung f, Rückleitung f || ~ **feeder**\* (Elec Eng, Rail) / Schienenspeisekabel n || ~ **film stock** (Cinema) / Negativ-Rohfilmmaterial n || ~ **g**\* (Aero, Space) / negative Beschleunigungskraft (in Richtung Fuß-Kopf) || ~ **glow**\* (a pale violet discharge abruptly terminating at the Crookes dark space) (Electronics) / negatives Glimmlicht (ein Erscheinungsbild der Glimmentladung)
**negative-going** adj (Telecomm) / abfallend adj (z.B. Impulsflanke) || ~ **logic** (Comp, Electronics) / negative Logik (dem positiveren der beiden Spannungspegel wird boolesch "0" zugeordnet) || ~ **slope** (Electronics, Telecomm) / Abfallflanke f (eines Signals nach DIN 40 146-3), negative Flanke (eines Impulses), abfallende Flanke
**negative impedance** (Electronics) / negative Impedanz
**negative-impedance amplifier** (Teleph) / Negativleitungsverstärker m, NLT-Verstärker m || ~ **converter**\* (Teleph) / Wandler m zur Erzeugung negativer Widerstandskennlinien || ~ **repeater** (Teleph) / Negativleitungsverstärker m, NLT-Verstärker m || ~ **transistor** (Electronics) / Transistor m mit negativem Kennlinienbereich, NEGIT (Transistor mit negativem Kennlinienbereich)
**negative input, positive output** (Comp) / Schaltung f mit negativem Eingangspegel und positivem Ausgangspegel (negative Eingabe, positive Ausgabe) || ~ **integer** (Maths) / negative ganze Zahl || ~ **ion**\* (Chem, Phys) / Anion n (negativ geladenes Ion)
**negative-ion vacancy**\* (Electronics) / Loch n (DIN 41852), Defektelektron n, Elektronenlücke f, Elektronendefektstelle f
**negative logic** (Comp) / negative Logik (dem positiveren der beiden Spannungspegel wird boolesch "0" zugeordnet) || ~ **meniscus** (Optics) / streuender Meniskus, zerstreuender Meniskus || ~ **modulation**\* (that form of modulation in which an increase in brightness corresponds to a decrease in transmitted power) (TV) / Negativmodulation f || ~ **moment** (Mech) / negatives Biegemoment || ~ **mould** (Plastics) / negative Form, negatives Werkzeug, Negativform f, Matrize f (beim Warmformen) || ~ **muon** (Nuc) / My-minus-Meson n (Elektron), negatives Myon || ~ **nodal point** (Optics) / negativer Knotenpunkt || ~ **number** (Maths) / negative Zahl (eine reelle Zahl, die kleiner als 0 ist) || ~ **of buckling** (Mag, Nuc) / negatives Buckling || ~ **offset steering** (Autos) / Lenkgeometrie f mit negativem Lenkrollradius || ~ **off-state current** (Electronics) /

negativer Sperrstrom (bei Zweirichtungsthyristoren) || ~ **OR-gate** (Comp) / NOR-Glied n, NICHT/ODER-Glied n, NOR-Schaltglied n
**negative-phase-sequence component**\* (Elec Eng) / Gegenkomponente f || ~ **impedance** (Elec Eng) / inverse Impedanz
**negative phase-sequence relay**\* (Elec Eng) / Relais n für Gegensystem, Schieflastrelais n || ~ **photoresist** (Electronics, Print) / Negativlack m, Negativresist m || ~ **plate**\* (Elec Eng) / negative Elektrode (der Batterie), negative Platte, Minusplatte f (der Batterie) || ~ **proton**\* (Nuc) / Antiproton n (ein Antiteilchen) || ~ **rake** (Eng) / negativer Spanwinkel || ~ **rake** (US) (Eng) / positiver Spanwinkel || ~ **raw stock** (Cinema) / Negativ-Rohfilmmaterial n || ~ **resist** (Electronics, Print) / Negativlack m, Negativresist n || ~ **resistance**\* (Electronics) / negativer Widerstand
**negative-resistance diode** (Electronics) / Negativwiderstandsdiode f || ~ **oscillator**\* (Electronics) / Widerstandsoszillator m
**negative resist image** (Electronics) / Negativresistbild n || ~ **retouching** (Photog) / Negativretusche f (auf Filmnegativen und Negativkopien) || ~ **semi-definite** (Maths) / negativ semidefinit adj || ~ **sequence** (Elec Eng) / Gegensystem n (bei der Darstellung von Drehfeldern mittels symmetrischer Komponenten)
**negative-sequence component** (Elec Eng) / Gegenkomponente f || ~ **reactance** (the ratio of the fundamental reactive component of negative-sequence armature voltage, resulting from the presence of fundamental negative-sequence armature current of rated frequency, to this current, the machine being operated at rated speed) (Elec Eng) / Gegenreaktanz f, Inversreaktanz f || ~ **resistance** (Elec Eng) s. also positive-sequence resistance || ~ **resistance** (Elec Eng) / Inverswiderstand m (das Verhältnis der Wirkkomponente der an der Drehstromwicklung liegenden Inversspannung zum Inversstrom), Gegenfeldwiderstand m
**negative shoreline** (Geol) / Senkungsküste f || ~ **sign** (Maths) / Minuszeichen n (Rechenzeichen für die Subtraktion, negatives Vorzeichen für Zahlen), negatives Zeichen || ~ **skew** (Stats) / negative Schiefe || ~ **skewness** (Stats) / negative Schiefe || ~ **slope** (Electronics, Telecomm) / Abfallflanke f (eines Signals nach DIN 40 146-3), negative Flanke (eines Impulses), abfallende Flanke || ~ **stability** / Unbeständigkeit f || ~ **stagger**\* (Aero) / negative Staffelung (bei der oder obere Flügel hinter dem unteren liegt) || ~ **staining**\* (Micros) / Negativfärbung f || ~ **stripping** (Print) / Abziehen n von Negativhäutchen (beim Iodkollodium-Silber-Verfahren) || ~ **stuffing** (Comp, Telecomm) / Negativ-Stuffing n, negatives Stopfen || ~ **surge** (Hyd Eng) / Sunk m (fortschreitende Senkung des Wasserspiegels in einem offenen Gerinne) || ~ **surge because of decreased inflow** (Hyd Eng) / Absperrsunk m || ~ **surge because of increased outflow** (Hyd Eng) / Entnahmesunk m || ~ **take-up motion** (Weaving) / negativer Regulator (ein Warenabzugsgetriebe) || ~ **temperature** (Phys) / negative absolute Temperatur (die in thermodynamischen Systemen mit begrenztem Energiespektrum auftreten kann) || ~ **temperature** (Phys) / negative Temperatur || ~ **terminal** (Autos, Elec Eng) / negativer Pol, Minuspol m, negative Klemme, Minusklemme f (der Batterie) || ~ **thixotropy** (Phys) / Rheopexie f (DIN 1342, T 1), Fließverfestigung f, negative Thixotropie, Antithixotropie f (DIN 1342, T 1) (Zunahme der Scherviskosität bei zunehmender Beanspruchung) || ~ **video signal**\* (TV) / negativ moduliertes Videosignal || ~ **wire** (Elec Eng) / Minusleiter m, Minusdraht m
**negaton** n (Nuc) / Elektron n, Negaton n, Negatron n
**negator** n (Comp) / Umkehrer m, Negationsglied n, NICHT-Glied n, Negator m, Inverter m (Schaltungsanordnung zur Realisierung der Negation)
**negatoscope** n (Radiol) / Schaukasten m (ein beleuchtetes Gehäuse, das mit einer Streuscheibe als Abdeckung versehen und innen durch eine Glühlampe beleuchtet ist)
**negatron** n (Electronics) / Negatron n (eine Röhre mit fallender Kennlinie) || ~ (Nuc) / Elektron n, Negaton n, Negatron n
**negentropy** n (Comp) / Negentropie f, negative Entropie
**NEGIT** n (negative-impedance transistor) (Electronics) / Transistor m mit negativem Kennlinienbereich, NEGIT (Transistor mit negativem Kennlinienbereich)
**neglect** v / vernachlässigen v, unbeachtet lassen
**negligible** adj / vernachlässigbar adj || ~ **residue** (Ecol) / vernachlässigbarer Rückstand (von Pestiziden)
**negotiable** adj / verkäuflich adj (begehbar), verkehrsfähig adj (Sache im rechtlichen Sinne) || ~ / passierbar adj (Straße, Fluss) || ~ (for plant personnel) (Civ Eng) / begehbar adj (z.B. Kanal) || ~ **by pigs** (Eng) / molchbar adj (Rohr) || ~ **warehouse receipt** (US) / Orderlagerschein m (in Form des durch Indossament übertragbaren Orderpapiers)
**negotiate** v / verhandeln v, unterhandeln v || ~ / überwinden v (Steigung, Hindernis), bewältigen v || ~ (Autos) / nehmen v (Kurve) || ~ vi (modem) (Comp, Telecomm) / sich automatisch einstellen

**negotiated**

**negotiated tender** / freihändige Vergabe (von Aufträgen der öffentlichen Hand - ohne Ausschreibung)
**negotiation support** (AI, Comp) / Verhandlungsunterstützung f, Gruppenentscheidungsunterstützung f, verteilte Entscheidungsunterstützung
**negro-head** n (Chem Eng) / Negro-Head n (eine minderwertige Sorte Parakautschuk), Sernambi n (eine minderwertige Sorte Parakautschuk)
**nehrung** n (Geog, Geol) / Nehrung f (bei einem Haff oder einer Lagune - z.B. die Kurische Nehrung, zwischen Samland und Memel)
**neighbourhood*** n (Maths) / Nachbarschaft f, Umgebung f || ~ **base** (Maths) / Umgebungsbasis f (Basis des Umgebungsfilters), Fundamentalsystem n von Umgebungen || ~ **basis** (Maths) / Umgebungsbasis f (Basis des Umgebungsfilters), Fundamentalsystem n von Umgebungen || ~ **filter** (Maths) / Umgebungsfilter n (in einem topologischen Raum)
**neighbouring** adj / angrenzend adj, anstoßend adj, eine gemeinsame Grenze habend, benachbart adj, anliegend adj, aneinander grenzend) adj || ~ (Maths) / adjazent adj, benachbart adj (von Knotenpunkten eines Grafen) || ~ **atom** (Nuc) / Nachbaratom n, benachbartes Atom || ~ **building** (Build) / Nachbargebäude n
**neighbouring-group effect** (Chem) / synartetischer Effekt (ein Proximitätseffekt), Nachbargruppeneffekt m (ein Proximitätseffekt) || ~ **interaction** (reaction) (Chem) / Nachbargruppen-Wechselwirkungsreaktion f || ~ **participation** (Chem) / Nachbargruppenmechanismus m, anchimere Beschleunigung, anchimere Hilfe (wenn bestimmte nukleophile Substitutionen schneller als erwartet und unter Erhalt der Konfiguration ablaufen)
**neighbouring opening** (Civ Eng) / Nachbarfeld n (bei Brücken) || ~ **site** (Crystal) / Nachbarplatz m || ~ **word** (Comp) / Nachbarwort n
**Neil's parabola** (Maths) / semikubische Parabel, Neil'sche Parabel (nach W. Neil, 1637-1670)
**nekton*** n (Bot, Ecol, Ocean, Zool) / Nekton n (Organismen mit starker Eigenbewegung, die das Pelagial bewohnen)
**N.E.L.** (Eng) / Nationales maschinenbautechnisches Laboratorium (in East Kilbride)
**N-electron** n (Nuc) / N-Elektron n, Elektron n der N-Schale
**Nell's projection** (Cartography) / Nells kartografische Abbildung
**Nelson process** (Welding) / Nelson-Verfahren n (eine Art Lichtbogenpressschweißen)
**NEMA = National Electric Manufacturers' Association** (U.S.A.)
**nematic*** adj (Phys) / nematisch adj (Ordnungszustand in flüssigen Kristallen) || ~ **display** (Comp, Electronics) / nematische Sichtanzeige
**nematicide** n (Agric, Chem) / Nematozid n (Mittel gegen Nematoden), Nematizid n, Alchemittel n, Mittel n gegen Fadenwürmer, Mittel gegen Fadenwurmbefall
**nematoblastic** adj (Geol) / nematoblastisch adj
**nematocide** n (Agric, Chem) / Nematozid n (Mittel gegen Nematoden), Nematizid n, Alchemittel n, Mittel n gegen Fadenwürmer, Mittel gegen Fadenwurmbefall
**nemesu** n (For) / Dunkelrotes Meranti (im Allgemeinen - Shorea spp.) || ~ (a dark red meranti) (For) / Nemesu n (Holz der Shorea pauciflora King)
**nemo** n (not emanating from main office) (Radio) / Außenübertragung f, Außenreportage f, AÜ (Außenübertragung)
**NEMP** (nuclear electromagnetic pulse) (Mil, Nuc) / elektromagnetischer Impuls, nuklearer elektromagnetischer Puls (bei exosphärischen Kernwaffenexplosionen), elektromagnetischer Puls, EMP (elektromagnetischer Puls), NEMP (nuklearer elektromagnetischer Puls)
**Nenitzescu reactions** (Chem) / Nenitzescu-Reaktionen f pl (nach C.D. Nenitzescu, 1902 - 1970)
**neoabietic acid** (Chem) / Neoabietinsäure f
**neoclassicism*** n (Arch) / Neoklassizismus m
**neo-Darwinism*** n (Biol) / Neodarwinismus m (Mutations-Selektionstheorie)
**neodymium*** n (Chem) / Neodym n, Nd (Neodym) || ~ **chloride** (Chem) / Neodymchlorid n (NdCl$_3$) || ~ **glass** (Glass) / Neodymglas n (z.B. Neophanglas) || ~ **glass laser** (Phys) / Neodymglaslaser m || ~ **laser** / Neodymlaser m || ~ **oxide** (Chem) / Neodymoxid n (Nd$_2$O$_3$)
**neohesperidin dihydrochalcone** (Nut) / Neohesperidin-Dihydrochalkon n (ein hoch intensiver Süßstoff nach E 959), NHDC (Neohesperidin-Dihydrochalkon)
**neohexane** n (Chem, Fuels) / Neohexan n (2,2-Dimethylbutan)
**neomineralization** n (Min) / Mineralneubildung f
**neomycin*** n (Pharm) / Neomycin n (Antibiotikum aus Streptomyces fradiae), Neomyzin n
**neon*** n (Chem) / Neon n, Ne (Neon) || ~ (Elec Eng) / Neonlampe f (eine Gasentladungslichtquelle mit Neonfüllung) || ~ (Elec Eng) / Neonröhre f || ~ **attr** / Neon- || ~ **discharge tube** (Elec Eng) / Neonröhre f || ~ **glow lamp** (Elec Eng) / Neonlampe f (eine Gasentladungslichtquelle mit Neonfüllung) || ~ **indicator tube** (Electronics) / Neongasanzeigeröhre f || ~ **induction lamp*** (Light) / elektrodenlose Glimmlampe (mit Neonfüllung) || ~ **lamp** (Elec Eng) / Neonlampe f (eine Gasentladungslichtquelle mit Neonfüllung) || ~ **tester** (Elec Eng) / Spannungsprüfer m mit Neonglimmlichtanzeige || ~ **tube** (Elec Eng) / Neonröhre f
**neopentane** n (Chem) / Neopentan n (2,2-Dimethylpropan)
**neopentyl** n (Chem) / Neopentyl n (2,2-Dimethypropyl-)
**neophane glass** (used in automobile windshields, sunglasses, etc.) (Glass) / Neophanglas n (Blendschutzglas mit Neodymoxid)
**Neoprene*** n (Plastics) / Neopren n (durch Polymerisation von Chloropren hergestelltes Elastomer)
**neostigmine** n (Pharm) / Neostigmin n (z.B. "Neoeserin")
**neotectonics** n (Geol) / Neotektonik f (Tektonik der jüngsten Erdgeschichte)
**NEP** (noise-equivalent power) (Electronics) / rauschäquivalente Strahlungsleistung, äquivalente Rauschleistung (diejenige 100% modulierte Strahlungsleistung, die am Ausgang eines Strahlungsdetektors einen Signalstrom hervorruft, dessen Effektivwert dem gesamten effektiven Rauschstrom des Detektors gleich ist), Eigenrauschleistungsdichte f
**nep** v (Weaving) / noppen v (Noppen entfernen) || ~* (defect) (Spinning) / Nisse f (Faserknötchen bei Baumwollgespinsten) || ~ (defect) (Weaving) / Noppe f (Faseranhäufung, Knötchen, Knoten)
**neper*** n (Acous, Telecomm) / Neper n, Np (Neper) (ein veraltetes Dämpfungs- bzw. Verstärkungsmaß, 1 Np = 8,686 dB - DIN 5493)
**nepeta oil** / Katzenminzöl n (aus der Gewöhnlichen Katzenminze)
**nephanalysis** n (Meteor) / Wolkenanalyse f, NEPH-Analyse f
**nephelauxetic effect** (Chem) / nephelauxetischer Effekt (in der Koordinationslehre)
**nepheline*** n (Min) / Nephelin m (ein Feldspatsilikat)
**nepheline-syenite*** n (Geol) / Eläolithsyenit m, Nephelinsyenit m
**nephelinite*** n (Geol) / Nephelinit m (ein Ergussgestein mit Nephelinvormacht)
**nephelite*** n (Min) / Nephelin m (ein Feldspatsilikat)
**nephelometer*** n (Instr, Optics) / Nephelometer n, Tyndallmeter n
**nephelometric analysis*** (Chem, Optics) / Nephelometrie f (wenn die Intensität des austretenden Lichts unter einem bestimmten Winkel zur optischen Achse gemessen wird) || ~ **analysis*** (Chem, Optics) s. also turbidimetric analysis and tyndallimetry
**nephelometry** n (Chem, Optics) / Nephelometrie f (wenn die Intensität des austretenden Lichts unter einem bestimmten Winkel zur optischen Achse gemessen wird)
**nephograph*** n (Meteor) / Nephograf m
**nephoscope*** n (Meteor) / Nephoskop n (Gerät zur Bestimmung der Zugrichtung bzw. Zuggeschwindigkeit von Wolken), Wolkenspiegel m, Wolkenzugmesser m
**nephrite*** n (Min) / Nephrit m (Beilstein, Nierenstein)
**nephroid** n (an epicycloid with R/r = 2) (Maths) / Nephroide f, Nierenkurve f
**nephrotoxic** adj (Chem, Med) / nierenschädigend adj (giftige Substanz), nephrotoxisch adj
**nepping** n (Weaving) / Noppen n (Entfernung von Noppen)
**nepp yarn** (Spinning) / buntes Noppengarn, Noppengarn n mit leuchtenden Farbflecken
**neppy yarn** (Textiles) / Knoten-Effektgarn n, Noppen-Effektgarn n, Noppengarn n
**Neptune*** n (Astron) / Neptun m (achter Planet des Sonnensystems) || ~ **powder** (Mining) / ein dynamitähnlicher Sprengstoff
**neptunium*** n (Chem) / Neptunium n, Np (Neptunium) || ~ **decay series** (Nuc) / Neptunium-Zerfallsreihe f, Neptuniumreihe f || ~ **series*** (Nuc) / Neptunium-Zerfallsreihe f, Neptuniumreihe f
**NEQ** (noise-equivalent number of quanta) (Nuc) / rauschäquivalente Quantenzahl (die am Eingang eines als rauschfrei gedachten Bildwandlers oder Detektors absorbiert werden muss, um im Ausgangssignal das tatsächliche Rauschen des realen Bildwandlers oder Detektors einschließlich Quantenrauschen zu erhalten) || ~ **gate*** (Automation, Comp) / Antivalenzglied n (das ausschließendes ODER realisiert)
**neral** n (Chem) / Neral n, cis-Zitral n, cis-Citral
**nerd** n (Comp) / Nerd m (aktiver, begeisterter und mit reichlich Wissen ausgestatteter junger Nutzer)
**nerf** n (Autos) / Leiste f (an Stoßfängern)
**NERFET** (negative-differential-resistance field-effect transistor) (Electronics) / NERFET-Transistor m (ein Feldeffekttransistor)
**nerf strip** (Autos) / Leiste f (an Stoßfängern)
**neritic zone*** (Geol, Ocean) / sublitoraler Meeresbereich, Flachseezone f, neritische Zone (etwa 0 - 180 m Wassertiefe)
**Nernst approximation formula** (Heat) / Nernst'sche Näherung (für Gasreaktionen) || ~ **behaviour** (Chem, Phys) / Verhalten n gemäß der Nernst'schen Gleichung || ~ **body** (a ceramic body consisting essentially of zirconia, thoria, and yttria, plus small additions of the

rare-earth oxides; employed as a resistor in laboratory-sized, high-temperature furnaces) (Ceramics) / Nernst-Masse f ‖ ~ **diffusion layer** (a model of the concentration profile at the interface of an electrode and an electrolyte solution in which the concentration falls linearly from a plane at distance δ from the outer Helmholtz plane) (Chem) / Nernst'sche Diffusionsschicht, Diffusionssperrschicht f ‖ ~ **effect**\* (Phys) / Nernst-Effekt m (Bezeichnung für verschiedene galvano- und thermomagnetische Effekte)

**Nernst-Einstein reaction** (Phys) / Nernst-Einstein-Beziehung f (die den Zusammenhang zwischen der Beweglichkeit von Teilchen und ihrem Selbstdiffusionskoeffizienten ausdrückt)

**Nernst equation** (the relationship showing that the electromotive force developed by a dry cell is determined by the activities of the reacting species, the temperature of the reaction, and the standard free-energy change of the overall reaction) (Chem, Elec) / Nernst'sche Gleichung (nach W. Nernst, 1864-1941), Nernst-Gleichung f

**Nernst-Ettingshausen effect** (Phys) / Nernst-Effekt m (Bezeichnung für verschiedene galvano- und thermomagnetische Effekte)

**Nernst factor** (Chem, Elec) / Nernst-Faktor m (in der Nernst'schen Gleichung), Nernst-Spannung f ‖ ~ **glower** (Light) / Nernstlampe f (ZrO₂ + Y₂O₃), Nernst-Stab m, Nernst-Stift m (Zirconiumdioxid mit Zusätzen an Seltenen Erden), Nernst-Brenner m, Nernst-Strahler m ‖ ~ **heat theorem**\* (Phys) / Nernst'scher Wärmesatz (3. Hauptsatz der Thermodynamik), Nernst'sches Wärmetheorem, dritter Hauptsatz der Thermodynamik

**Nernstian response** (Chem, Phys) / Verhalten n gemäß der Nernst'schen Gleichung

**Nernst lamp**\* (Light) / Nernstlampe f (ZrO₂ + Y₂O₃), Nernst-Stab m, Nernst-Stift m (Zirconiumdioxid mit Zusätzen an Seltenen Erden), Nernst-Brenner m, Nernst-Strahler m

**Nernst-Lindemann calorimeter** (Phys) / Nernst'sches Vakuumkalorimeter

**Nernst's distribution law**\* (Chem) / Nernst'scher Verteilungssatz

**Nernst-Simon statement** (Phys) / Nernst'scher Wärmesatz (3. Hauptsatz der Thermodynamik), Nernst'sches Wärmetheorem, dritter Hauptsatz der Thermodynamik

**Nernst-Thomson rule** (Phys) / Nernst-Regel f, Nernst-Thomson-Regel f (nach der die Lösungsmittel die elektrolytische Dissoziation von Elektrolyten umso mehr fördern, je größer ihre Permittivität ist)

**nerol** n (Chem) / Nerol n (ein Basisstoff für die Parfümerie - ein acyclisches Terpen)

**neroli** n (Chem) / Pomeranzenblütenöl n, Neroliöl n (von Citrus aurantium L. ssp. aurantium)

**nerolidol** n (Chem, Pharm) / Nerolidol n (der mit Farnesol isomere Sesquiterpenalkohol - Grundriechstoff in der Parfümerie mit mild-blumigem Aroma)

**neroli oil** n (Chem) / Pomeranzenblütenöl n, Neroliöl n (von Citrus aurantium L. ssp. aurantium) ‖ ~ **oil** s. also orange-flower oil

**nervation**\* n (Bot) / Nervatur f, Geäder n, Äderung f, Aderung f, Adersystem n, Blattnervatur f

**nervature**\* n (Bot) / Nervatur f, Geäder n, Äderung f, Aderung f, Adersystem n, Blattnervatur f

**nerve**\* n (Arch) / Gewölberippe f, Rippe f (eines Gewölbes) ‖ ~ (Chem Eng) / Nerv m (des Kautschuks) ‖ ~\* (Med) / Nerv m ‖ ~ **agent** (Chem, Med, Mil) / Nervenkampfstoff m (nervenschädigendes chemisches Kampfmittel) ‖ ~ **fibre**\* (Med) / Nervenfaser f ‖ ~ **gas**\* (Med, Mil) / Nervengas n (ein chemisches Kampfmittel) ‖ ~ **growth factor** (Physiol) / Nervenwachstumsfaktor m ‖ ~ **impulse** (Physiol) / Nervenimpuls m ‖ ~ **poison** (Med, Mil) / Nervengift n (Substanz, die nach Resorption in das Zentralnervensystem eindringt und schädigend wirkt - z.B. Schwefelwasserstoff oder Schwefelkohlenstoff)

**nervone** n (Chem, Physiol) / Nervon n (ein Zerebrosid)

**nervonic acid** (Chem) / Nervonsäure f (15-Tetracosensäure)

**nervure**\* n (Arch) / Gewölberippe f, Rippe f (eines Gewölbes)

**nesistor** n (Electronics) / Zweipolfeldistor m, Nesistor m

**Nesmejanow reaction** (Chem) / Nesmejanow-Reaktion f (zur Metallisierung von aromatischen Verbindungen - nach A.N. Nesmejanow, 1899-1980)

**Nesmeyanov reaction** (Chem) / Nesmejanow-Reaktion f (zur Metallisierung von aromatischen Verbindungen - nach A.N. Nesmejanow, 1899-1980)

**nesosilicate**\* n (Min) / Nesosilikat n, Nesosilicat n, Inselsilikat n, Inselsilicat n (z.B. Gemeiner Olivin)

**nesquehonite** n (Min) / Nesquehonit m (ein monoklines wasserhaltiges Magnesiumkarbonat der Nesquehonit-Anthrazitgrube bei Lansford, Pa.) ‖ ~ (Min) s. also lansfordite

**nesslerize** v (Chem) / mit Neßlers Reagens versetzen

**Nessler method** (Chem, Ecol) / Neßler-Verfahren n (manuelle Methode der Immissionsmessung von Ammoniak)

**Nessler's reagent** (Chem) / Neßlers Reagens (zum Nachweis von Ammoniakspuren in Flüssigkeiten - nach J. Neßler, 1827-1905)

**Nessler•'s solution**\* (Chem) / Neßlers Reagens (zum Nachweis von Ammoniakspuren in Flüssigkeiten - nach J. Neßler, 1827-1905) ‖ ~ **tube** / Neßler-Zylinder m (in der visuellen Kolorimetrie)

**NEST** (Novell Embedded System Technology) (Comp) / Novell Embedded System Technology f, NEST f (Novell Embedded System Technology)

**nest** v (AI) / verschachteln v (ein Konstrukt in ein anderes Konstrukt einbetten) ‖ ~ (a subroutine) (Comp) / verschachteln v, schachteln v ‖ ~ (Eng) / einfahren vi (Mast bei den Staplern) ‖ ~ n (Eng) / Satz m (gleicher Geräte von verschiedener Größe) ‖ ~ (Geol) / Putze f, Nest n, Putzen m (kleinere unregelmäßig geformte Gesteins- oder Mineralmasse in fremder Umgebung) ‖ ~\* (Glass) / Unterlage f zum Glasschneiden ‖ ~ (Plumb) / Bündel n (Rohrbündel)

**nestable** adj / ineinander schachtelbar, nestbar adj (z.B. Packmittel nach DIN 55 405)

**nested** (Comp) / verschachtelt adj ‖ ~ **classification** (Stats) / hierarchische Klassifizierung ‖ ~ **loop**\* (Comp) / geschachtelte Schleife, verschachtelte Schleife ‖ ~ **menu** (Comp) / geschachteltes Menü

**nesting** n (Comp) / Kombinieren n (von Suchmustern) ‖ ~ (a feature of language design in which constructs can be embedded within instances of themselves) (Comp) / Schachtelung f, Verschachtelung f ‖ ~ (Maths) / Schachtelung f ‖ ~ (Textiles) / Schnittlagebild n (Zusammenstellung der Einzelschnittmuster für ein Bekleidungsstück unter Berücksichtigung bestmöglicher Materialausnutzung) ‖ ~ **place** (For) / Brutplatz m ‖ ~ **site** (e.g. of wood pests) (For) / Brutplatz m ‖ ~ **slot(s)** (Eng) / Aussparung f im Lagerstuhl (für Haltenasen) ‖ ~ **store** (Comp, Maths) / Stapelspeicher m (kaskadierbarer), Kellerspeicher m (DIN 44300), Stack m (lineares Speichermedium)

**nest of intervals** (Maths) / Intervallschachtelung f (eine Folge von Intervallen) ‖ ~ **of saws** / Nestsäge f (eine Tischlersteifsäge mit austauschbaren Blättern) ‖ ~ **of tubes** (Eng) / Rohrbündel n (im allgemeinen)

**net** v / in ein Netz verpacken ‖ ~ / mit einem Netz abdecken oder überziehen ‖ ~ vt / mit einem Netz fangen ‖ ~\* n / Netz n (maschiges Gebilde, Schutzvorrichtung, Straßen- und Eisenbahn-, Strom- und Funk-) ‖ ~ (Maths) / Netz n (von Kurven oder Flächen) ‖ ~ (Textiles) / Netz n ‖ ~ (Textiles) / Filet n (der Netzgrund bei Bobinet-, Häkelgalon- und Raschelmaschinen) ‖ ~ adj / eindeutig adj (Grenze), scharf adj (Grenze), ausgeprägt adj (Grenze) ‖ ~ / Rein-, Netto-, netto adj ‖ ~ (Eng, Materials) / glatt adj (Schnitt, Bruch) ‖ ~ **advertising** (Comp, Telecomm) / Net-Advertising n (alle Werbemaßnahmen eines Unternehmens, die auf die Dienste im Internet zurückgreifen), Web-Werbung f ‖ ~ **amount** / Nettobetrag m ‖ ~ **barrage** (Mil) / Netzsperre f ‖ ~ **barrier** (Aero) / Fangnetz n (zum Konturenfang) ‖ ~ **barrier** (Mil) / Netzsperre f ‖ ~ **book** / preisgebundenes Buch

**netbot** n (Comp, Telecomm) / Netzrobot m (ein personalisierter Assistent, der den Nutzern des WWW bei der Suche nach Informationen hilft)

**net call** (Comp, Telecomm) / Netcall m (Nachrichtenaustausch zwischen einer Mailbox und einer benachbarten Mailbox des gleichen Netzes) ‖ ~ **calorific value** (Chem, Phys) / spezifischer Heizwert (auf die Masse m bezogener - nach DIN 5499), $H_u$ (spezifischer Heizwert) ‖ ~ **configuration** (Comp) / Netzkonfiguration f, Netzform f (z.B. TN-S) ‖ ~ **current** (Elec Eng) / Nettostrom m ‖ ~ **current** (Surf) / Korrosionsstrom m ‖ ~ **diagram** (Comp) / Netzdiagramm n (eine grafische Darstellung eines Petri-Netzes)

**net-drum winch** (Ships) / Netzwinde f

**net earnings available for distribution** / Bilanzgewinn m ‖ ~ **efficiency** (Aero) / Nutzleistungswirkungsgrad m ‖ ~ **efficiency** (Eng) / Nettowirkungsgrad m, Gesamtwirkungsgrad m ‖ ~ **energy gain** / effektiver Energiegewinn ‖ ~ **for land reclamation** (Agric) / Rekultivierungsnetz n ‖ ~ **ground floor** / Nettogrundfläche f (Nutzfläche + Funktionsfläche + Verkehrsfläche; DIN 277, T 1) ‖ ~ **head** (Hyd Eng) / Nettofallhöhe f ‖ ~ **height** (Aero) / Nettohöhe f, sichere Höhe ‖ ~ **income** / Gewinn m (positives Unternehmungsergebnis) ‖ ~ **information content** (Comp) / Nettoinformationsgehalt m

**netiquette** n (the series of informal rules which users of the Internet are often urged to follow in order not to provoke others into acts such as sending flames) (Comp) / Netikette f (Oberbegriff für alle Verhaltensmaßregeln und ungeschriebenen Gesetze bei der Benutzung des Internets und seiner Dienste)

**netizen** n (Comp) / Netizen m (Kunstwort, zusammengesetzt aus "Network" und "Citizen" - Bezeichnung für die Internet-Teilnehmer aus bürgerrechtlicher Sicht, nach der keine Zensur stattfinden und jede Meinung im Internet frei geäußert und jede Information frei verbreitet werden kann) ‖ ~ (a habitual or keen user of the Internet) (Comp, Telecomm) / Internetuser m, Internetnutzer m, Internaut m (pl. -en)

**net lease** / Netto-Leasing n
**netlike** adj / netzartig adj, netzförmig adj
**net lines** (Civ Eng) / Nennausbruchsquerschnitt m (im Tunnelbau) ‖ **~ logon** (Telecomm) / Netzanmeldung f ‖ **~ loss** (US) (Teleph) / Restdämpfung f, Betriebsdämpfung f ‖ **~ management** (Telecomm) / Netzwerkmanagement n (die Fähigkeit des Netzwerks, die Ressourcen des Netzes für den Benutzer zu organisieren und zu koordinieren), Netzverwaltung f, Netzmanagement n, Netzführung f ‖ **~ mass** (Print) / Nettomasse f ‖ **~ meeting** (Teleph) / Netmeeting n (in der Internettelefonie) ‖ **~ of curves** (Maths) / Kurvennetz n ‖ **~ of points** / Punktnetz n ‖ **~ overwrap** (Nut) / Netzstützhülle f (bei Verpackungen) ‖ **~ paid circulation** (Print) / verkaufte Auflage (von Zeitungen) ‖ **~ pay** (Work Study) / Nettolohn m ‖ **~ plane** (Crystal) / rationale Ebene, Netzebene f (die durch drei Gitterpunkte, die nicht in einer Geraden liegen, festgelegt ist), Gitterebene f (in Richtungen, die vom Kristall abhängig sind) ‖ **~ positive suction head** (Eng) / NPSH-Wert m (Kenngröße zur Quantifizierung der Kavitationsempfindlichkeit einer Kreiselpumpe) ‖ **~ positive suction head** (Eng) / erforderliche Zulaufhöhe
**NET process** (Textiles) / NET-Verfahren n (Normaldruck, erhöhte Temperatur)
**net profit** / Reingewinn m ‖ **~ protein utilization** (Biochem, Nut) / NPU-Wert m (zur Charakterisierung der ernährungsphysiologischen Wertigkeit eines Proteins), Nettoproteinausnutzung f ‖ **~ register tonnage*** (Ships) / Nettoraumzahl f, Nettoregistertonnengehalt m (in Nettoregistertonnen gemessen), Nettorauminhalt m, NRZ
**Netscape Communicator** (Comp) / Netscape Navigator m (weit verbreiteter Browser von Netscape), Netscape Communicator m ‖ **≃ Navigator** (one of the most popular browsers) (Comp) / Netscape Navigator m (weit verbreiteter Browser von Netscape), Netscape Communicator m
**net server** (Comp) / Netzserver m, NS (Netzserver) ‖ **~ silk** (Textiles) / Mulinee m, Moulinézwirn m, Moulinierseide f, Mouliné m, Spaltgarn n, Moulinégarn n, gezwirnte Seide ‖ **~ sleeve** (Nut) / Netzstützhülle f (bei Verpackungen) ‖ **~ slip** (Geol) / wahre Schublänge m (wenn Richtung und relativer Betrag der Verschiebung angegeben werden) ‖ **~ structure** (Met) / Netzgefüge n ‖ **~ theory** (Comp) / Netztheorie f
**netting** n (Textiles) / Netz n ‖ **~ machine** (Textiles) / Netzknüpfmaschine f
**nettle cloth** (Textiles) / Molino m (A), Nessel m (pl. Nessel) (Sammelbegriff für glatte, leinwandbindige Rohgewebe aus einfachen Baumwollgarnen in verschiedener Fadendichte und Feinheit - z.B. Cretonne, Renforcé, Kattun oder Batist) ‖ **~ fibre** (Textiles) / Nesselfaser f ‖ **~ poison** (Chem) / Nesselgift n
**nettlerash** n (Med) / Nesselfieber n, Urtikaria f, Nesselsucht f
**nettle tree** (For) / Südlicher Zürgelbaum (Celtis australis L.) ‖ **~ yarn** (Textiles) / Nesselgarn n
**net-to-gross furnace load** (Met) / Netto-Brutto-Beschickungsverhältnis n, Netto-Brutto-Ofenbelastung f (bei der Beschickung)
**net tonnage*** (Ships) / Nettoraumzahl f, Nettoregistertonnengehalt m (in Nettoregistertonnen gemessen), Nettorauminhalt m, NRZ ‖ **~ (internal) transmittance** (Optics, Photog) / spektraler Reintransmissionsgrad ‖ **~ transport*** (Nuc Eng) / Nettotransport m
**nett silk** (Textiles) / Mulinee m, Moulinézwirn m, Moulinierseide f, Mouliné m, Spaltgarn n, Moulinégarn n, gezwirnte Seide
**net tying machine** (Textiles) / Netzknüpfmaschine f ‖ **~ vault** (Arch) / Netzgewölbe n, Rautengewölbe n (eine Gewölbeform der späten Gotik) ‖ **~ vaulting** (Arch) / Netzgewölbe n, Rautengewölbe n (eine Gewölbeform der späten Gotik) ‖ **~ vaulting** (Arch) s. also stellar vault
**netvertising** n (Comp, Telecomm) / Net-Advertising n (alle Werbemaßnahmen eines Unternehmens, die auf die Dienste im Internet zurückgreifen), Web-Werbung f
**NetWare** n (Novell) (Comp) / Netware f (ein Netzwerkbetriebssystem für lokale Netzwerke) ‖ **≃ Directory Services** (Comp) / NetWare Directory Services pl
**net weight** / Nettomasse f ‖ **~ wing area*** (Aero) / Flügelfläche f (der Teil, der in der Flügelverlängerung von Rumpf und Gondeln eingenommen wird, wird nicht mitgerechnet)
**network** v (Comp) / vernetzen v ‖ **~*** n (Elec Eng, Telecomm) / Netzwerk n (mehrere, elektrisch miteinander verbundene Stromkreise), Netz n ‖ **~** (Telecomm) / Network n (ein Rundfunkverbundsystem - z.B. Columbia Broadcasting System Inc. oder National Broadcasting Company)
**networkability** n (Comp, Telecomm) / Netzwerkfähigkeit f
**networkable** adj (Comp, Telecomm) / netzwerkfähig adj
**network access** (Comp) / Netzzugang m, Zugang m zum Netz ‖ **~ access point** (Comp) / Netzzugangspunkt m ‖ **~ access server** (Comp, Telecomm) / Zugangsserver m (ein Kommunikationsprozessor, der asynchrone Geräte mit einem LAN oder WAN über Netzwerk- oder Terminalemulationssoftware verbindet) ‖ **~ access server** (Comp, Telecomm) / Einwahlrouter m ‖ **~ adapter card** (Comp) /

Netzwerk-Erweiterungskarte f (die den Anschluss eines Computers an die Netzverkabelung ermöglicht) ‖ **~ administrator** (person responsible for the smooth functioning of a large network) (Comp) / Verwalter m, Netzadministrator m, Administrator m, Netzwerkmanager m ‖ **~ analogue** (Elec Eng) / Netzwerknachbildung f ‖ **~ analyser*** (Comp) / Netzwerkanalysator m (eine Hardware- oder Software-Einrichtung, die einige Hilfen zur Behebung von Netzwerkproblemen anbietet), Netzwerk-Rechengerät n ‖ **~ analysis*** (Elec Eng) / Netzwerkanalyse f ‖ **~ analyzer** (US) (Comp) / Netzwerkanalysator m (eine Hardware- oder Software-Einrichtung, die einige Hilfen zur Behebung von Netzwerkproblemen anbietet), Netzwerk-Rechengerät n ‖ **~ architecture** (the design and implementation of a communication network with respect to its communication disciplines and its interconnection topology) (Comp, Elec Eng) / Netzarchitektur f, Netzwerkarchitektur f ‖ **~ automation** (Elec Eng, Telecomm) / Netzwerkautomatisierung f ‖ **~ calculation** (Elec Eng) / Netzberechnung f (im Rahmen der Netzplanung) ‖ **~ calculator*** (Comp) / Netzwerkanalysator m (eine Hardware- oder Software-Einrichtung, die einige Hilfen zur Behebung von Netzwerkproblemen anbietet), Netzwerk-Rechengerät n
**network-clocked** adj (Comp, Telecomm) / netztaktgesteuert adj
**network clock pulse** (Comp) / Netztakt m, NT ‖ **~ code number** (Telecomm) / Netzkennzahl f ‖ **~ collapse** (Elec Eng) / Netzzusammenbruch m ‖ **≃ Computer** (Comp) / Internet-Computer m (ein PC), Internet-PC m (laufwerkloses System, bei dem Anwendungsprogramme über Internet zur Verfügung gestellt werden und die Anwenderdaten an Web-Seiten abgelegt werden), Web-Computer m (ein PC) ‖ **~ configuration** (Comp) / Netzkonfiguration f, Netzform f (z.B. TN-S) ‖ **~ congestion** (Comp, Telecomm) / Netzüberlastung f, Datenstau m im Netzwerk ‖ **~ constant** (Elec Eng) / Netzkonstante f ‖ **~ construction** (Elec Eng) / Netzbau m (Starkstrom) ‖ **~ control** (Comp) / Netzsteuerung f, Netzwerksteuerung f, Netzwerkkontrolle f ‖ **~ control centre** (Telecomm) / Netzkontrollzentrum n, NKZ ‖ **~ control language** (Comp) / Netzkontrollsprache f, Netzsteuersprache f ‖ **~ convergence** (Elec Eng) / Netzkonvergenz f, Netzzusammenführung f ‖ **~ convergence** (Telecomm) / Netzkonvergenz f ‖ **~ conversion** (Elec) / Netzwerkumwandlung f (bei der Spannungen und Ströme nicht beeinflusst werden) ‖ **~ coverage** (Teleph) / Netzabdeckung f (z.B. bei Handys) ‖ **~ cupola** (Arch) / Netzwerkkuppel f
**network-dependent** adj (Elec Eng, Telecomm) / netzabhängig adj
**network diagram** (Work Study) / Netzplan m (DIN 40719) ‖ **~ dome** (Arch) / Netzwerkkuppel f ‖ **~ drive** (Comp) / Netzlaufwerk n ‖ **~ element** (Telecomm) / Netzelement n ‖ **~ extension** (Telecomm) / Netzerweiterung f ‖ **~ fault** (Elec Eng) / Netzfehler m ‖ **~ feeder** (Elec Eng) / Netzspeiser m (Energiequelle) ‖ **~ file server** (Comp) / Dateiserver m ‖ **~ for fixed connexions** (GB) (Telecomm) / Direktrufnetz n ‖ **~ former** (Glass) / Netzwerkbildner m ‖ **~ identification code** (Telecomm) / Netzkennung f ‖ **~ identification utility** (Telecomm) / Netzmerkmal n ‖ **~ impedance** (Elec) / Netzimpedanz f
**network-independent** adj (Elec Eng, Telecomm) / netzunabhängig adj
**network indicator** (Comp, Telecomm) / Netzkennung f ‖ **~ indicator** (Telecomm) / Netzwerkindikator m (ein Teil der SSF)
**networking** n (Comp, Telecomm) / Vernetzung f ‖ **~** (Telecomm) / Networking n ‖ **~ capability** (Comp, Telecomm) / Netzwerkfähigkeit f
**network interconnexion** (GB) (Comp, Telecomm) / Internet-Working n, interne Netzwerkverbindungen, Internetzwerkkommunikation f ‖ **~ interface** (Telecomm) / Netzschnittstelle f, Netzanschluss m (Schnittstelle) ‖ **~ interface unit** (Telecomm) / Netzschnittstelleneinheit f ‖ **~ interworking** (Telecomm) / Netzübergang m
**network-introduced** adj (Telecomm) / netzgeneriert adj (Fehler)
**network junction point** (Telecomm) / Netzknoten m (im öffentlichen Telekommunikationsnetz), Netzwerkknoten m, Netzknotenpunkt m ‖ **~ layer** (Comp) / Netzwerkebene f (die den Informationsfluss zwischen den verschiedenen Komponenten eines Netzwerks regelt) ‖ **~ layer** (Comp, Telecomm) / Vermittlungsschicht f (DIN ISO 7498), Netzwerkschicht f (Schicht 3 im OSI-Referenzmodell) ‖ **~ level** (Teleph) / Netzebene f (Einrichtungen mit gleicher Rangordnung, die sich durch eine bestimmte Reihenfolge im Verbindungsaufbau ergibt) ‖ **~ maintenance** (Elec Eng, Telecomm) / Netzwartung f ‖ **~ management** (Telecomm) / Netzwerkmanagement n (die Fähigkeit des Netzwerks, die Ressourcen des Netzes für den Benutzer zu organisieren und zu koordinieren), Netzverwaltung f, Netzmanagement n, Netzführung f ‖ **~ management software** (Telecomm) / Netzverwaltungssoftware f, Netzmanagementsoftware f ‖ **~ management system** / Netzwerkmanager m, Netzwerkmanagementsystem n, NMS (Netzwerkmanagementsystem) ‖ **~ manager** (Comp) / Verwalter m, Netzadministrator m, Administrator m, Netzwerkmanager m ‖ **~ message** (Telecomm) / Netzmeldung f ‖ **~ modifier** (Glass) /

Netzwerkwandler *m* (Element, das als Oxid das Netzwerk der glasbildenden Oxide sprengt) ‖ ~ **neighbourhood** (Comp) / Netzwerkumgebung *f* ‖ ~ **news transfer protocol** (Comp) / NNTP-Protokoll *n* ‖ ~ **news transport protocol** (Comp) / NNTP-Protokoll *n* ‖ ~ **node** (Telecomm) / Netzknoten *m* (im öffentlichen Telekommunikationsnetz), Netzwerkknoten *m*, Netzknotenpunkt *m* ‖ ~ **Operating Centre** (any centre tasked with the operational aspects of a production network) (Comp, Telecomm) / Netzbetriebszentrum *n* (zentraler Punkt in einem Netz zum Netzmanagement) ‖ ~ **operating system** (Comp, Telecomm) / Netzbetriebssystem *n* (zur Verwaltung von LANs), Netzwerkbetriebssystem *n*, NOS (Netzwerkbetriebssystem) ‖ ~ **operation** (Comp, Elec Eng) / Netzbetrieb *m* ‖ ~ **Operation Centre** (Comp, Telecomm) / Netzbetriebszentrum *n* (zentraler Punkt in einem Netz zum Netzmanagement) ‖ ~ **operator** (Comp, Telecomm) / Netzwerk-Operator *m* (eine Person, die ein Netzwerk routinemäßig überwacht und kontrolliert und für das Überprüfen und Reagieren auf Traps, das Überwachen des Durchsatzes, die Konfiguration neuer Leitungen und das Beheben von Problemen zuständig ist) ‖ ~ **operator** (Teleph) / Netzbetreiber *m* (in der Mobiltelefonie) ‖ ~ **optimization** (Comp, Telecomm) / Netzoptimierung *f* ‖ ~ **parallel operation** (Elec Eng) / Netzparallelbetrieb *m* ‖ ~ **parameter** (Elec) / Netzwerkkenngröße *f*, Netzwerkparameter *m* ‖ ~ **parameter** (Telecomm) / Netzparameter *m* ‖ ~ **partition** (Comp) / Netzwerkpartition *f* ‖ ~ **planning** (Elec Eng) / Netzplanung *f* ‖ ~ **polymer**\* (Chem) / vernetztes Polymer, Netzpolymer *n* ‖ ~ **printer** (Comp) / Netzdrucker *m* ‖ ~ **protection** (Elec Eng, Telecomm) / Netzschutz *m* ‖ ~ **provider** (ISDN) (Radio, Telecomm) / Netzbetreiber *m* (ISDN), NB (Netzbetreiber) ‖ ~ **reaction** (Elec Eng) / Netzrückwirkung *f* (z.B. eines Stromrichters auf das speisende Netz) ‖ ~ **redirection** (Comp, Telecomm) / Netzwerkumleitung *f* ‖ ~ **relay** (Elec Eng) / Netzausschaltrelais *n* ‖ ~ **requirements** (Telecomm, Teleph) / Netzanforderungen *f pl* ‖ ~ **robot** (Comp, Telecomm) / Netzrobot *m* (ein personalisierter Assistent, der den Nutzern des WWW bei der Suche nach Informationen hilft) ‖ ~ **security** (Elec Eng) / Netzsicherheit *f* ‖ ~ **server** (Comp) / Netzwerkzubringer *m* (bei Zusammenfassung mehrerer Mikrocomputer zu einem lokalen Netz als Zugang dienender Server) ‖ ~ **service** (Telecomm) / Vermittlungsdienst *m* (DIN ISO 7498) ‖ ~ **service** (Telecomm) / Netzwerkdienst *m* (z.B. Teilnehmerdienst der Telekom), Netzdienst *m*

**network-service access point** (Telecomm) / Zugangspunkt *m* des Vermittlungsdienstes

**Network Service Protocol** (Comp, Telecomm) / Network Service Protocol *n* (DEC-Protokoll mit Funktionen zum Auf- und Abbau von Verbindungen, zum Routing, zur Fluss- und Fehlerkontrolle), NSP (Network Service Protocol) ‖ ~ **services** (Telecomm) / Netzbereitstellung *f* ‖ ~ **stability** (Elec Eng, Telecomm) / Netzstabilität *f* ‖ ~ **status** (Telecomm) / Netzwerkzustand *m* ‖ ~ **structure** (Comp, Telecomm) / Netzwerktopologie *f* (Struktur eines Netzes), Netztopologie *f* (z.B. Ring-, Stern-, Baum- usw.), Netzstruktur *f* ‖ ~ **structure**\* (Eng, Met) / netzförmige Gefügeausbildung ‖ ~ **synchronization** (Telecomm) / Synchronisation *f* durch das Netz, Netzsynchronisation *f* ‖ ~ **synthesis** (Elec Eng) / Netzberechnung *f* (im Rahmen der Netzplanung) ‖ ~ **synthesis**\* (Elec Eng) / Netzwerksynthese *f* ‖ ~ **terminating unit** (Telecomm) / Nachrichtenfernschaltgerät, NFG (Nachrichtenfernschaltgerät) ‖ ~ **termination** (Telecomm) / Netzabschluss *m* (Funktionsgruppe, die dem Benutzer die Funktionen der Benutzer/Netzschnittstelle bereitstellt), Netzende *n*, Netzabschlusseinrichtung *f* ‖ ~ **termination point** (Telecomm) / Netzabschluss *m* (als Punkt) ‖ ~ **termination unit** (Telecomm) / Nachrichtenfernschaltgerät, NFG (Nachrichtenfernschaltgerät) ‖ ~ **theory** (Comp) / Netztheorie *f* ‖ ~ **time protocol** (Telecomm) / Network-Time-Protokoll *n* (ein umfangreiches Protokoll zur Synchronisation von Uhrzeiten mehrerer Rechner über das Internet mit einer Genauigkeit in Millisekunden) ‖ ~ **timing** (Telecomm) / Synchronisation *f* durch das Netz, Netzsynchronisation *f* ‖ ~ **timing pulse** (Comp) / Netztakt *m*, NT ‖ ~ **topology** (Comp, Telecomm) / Netzwerktopologie *f* (Struktur eines Netzes), Netztopologie *f* (z.B. Ring-, Stern-, Baum- usw.), Netzstruktur *f* ‖ ~ **transit delay** (Telecomm) / netzbezogener Transitverzug ‖ ~ **user** (Comp) / Netzteilnehmer *m* ‖ ~ **user identification** (Comp, Telecomm) / Teilnehmerkennung *f* ‖ ~ **utility** (Telecomm) / Netzmerkmal *n* ‖ ~ **utility field** (Telecomm) / Netzmerkmalsfeld *n* (das die Netzmerkmale für die Übermittlung aufnimmt) ‖ ~ **version** (Comp) / Netzwerkversion *f* (eines Buches) ‖ ~ **virus** (Comp) / Netzwerkvirus *m* ‖ ~ **yarn** (Textiles) / Spleißfasergarn *n*

**Neubauer crucible** (Chem) / Neubauer-Tiegel *m* (Platintiegel mit porösem Boden), Monroe-Tiegel *m*

**Neuburg chalk** / Neuburger Kreide, Neuburger Kieselerde (feinmehliges, weißes Mineralgemenge aus 85 - 90% Quarz und Kaolinit), Kieselkreide *f*, Neuburger Weiß

**Neudl** *n* (a language for describing and implementing neural networks) (Comp) / Neudl *n*

**Neumann architecture** (Comp) / Neumann'sche Architektur (der ersten vier Rechnergenerationen - nach Johann Baron v. Neumann, 1903-1957) ‖ ~ **bands** (Crystal, Met) / Neumann'sche Linien (eine Art Zwillingslamellierung bei mechanischer Beanspruchung von $\alpha$-Eisen - nach J.G. Neumann, 1813-1882), Braunauer Linien ‖ ~ **function** (Maths) / Neumann-Funktion *f* (nach C.G. Neumann, 1832 - 1925), Bessel-Funktion *f* zweiter Art ‖ ~ **function** (Maths) / Neumann'sche Potentialfunktion (elliptische Differentialgleichung - nach C.G. Neumann, 1832-1925, benannt)

**Neumann-Kopp rule** (Phys) / Neumann-Kopp'sche Regel, Kopp-Neumann'sche Regel (Molwärme fester Verbindungen ist gleich der Summe der Atomwärmen der sie bildenden Elemente - nach F.E. Neumann, 1798-1895, und H. Kopp, 1817-1892)

**Neumann lamellae**\* (Crystal, Met) / Neumann'sche Linien (eine Art Zwillingslamellierung bei mechanischer Beanspruchung von $\alpha$-Eisen - nach J.G. Neumann, 1813-1882), Braunauer Linien ‖ ~ **lines** (Crystal, Met) / Neumann'sche Linien (eine Art Zwillingslamellierung bei mechanischer Beanspruchung von $\alpha$-Eisen - nach J.G. Neumann, 1813-1882), Braunauer Linien ‖ ~ (boundary) **problem** (Maths) / Neumann'sches Problem (Randwertaufgabe zweiter Art für die Poissonsche Differentialgleichung) ‖ ~ **series** (Maths) / Liouville-Neumann-Reihe *f*

**neural chip** (AI, Comp) / Neurochip *m* ‖ ~ **net** (AI, Comp) / neuronales Netzwerk , neuronales Netz, NN (neuronales Netz) ‖ ~ **network** (AI, Comp) / neuronales Netzwerk , neuronales Netz, NN (neuronales Netz)

**neuraminic acid** (Biochem) / Neuraminsäure *f* (ein Kondensationsprodukt aus Brenztraubensäure und Mannosamin)

**neuraxon** *n* (Physiol) / Axon *n*, Achsenzylinder *m*

**neurine**\* *n* (Chem) / Neurin *n* (Vinyltrimethylammoniumhydroxid - ein Leichengift)

**neuristor** *n* (Electronics) / Neuristor *m* (Element zur Nachbildung von Neuroneneigenschaften)

**neurobionics** *n* / Neurobionik *f*

**neurochemistry** *n* (Biochem) / Neurochemie *f* (Chemismus der Nervenfunktionen)

**neurocomputer** *n* (Comp) / Rechner *m* der sechsten Generation, Neurocomputer *m* (der nach dem Vorbild neuronaler Netze im Gehirn aufgebaut werden soll), Neuronenrechner *m*

**neurocybernetics** *n* / Neurokybernetik *f*

**neurogenic**\* *adj* (Med) / neurogen *adj*

**neurohormone** *n* (Biochem, Physiol) / neurosekretorisches Hormon, Neurohormon *n*

**neuroinformatics** *n* (AI) / Neuroinformatik *f*

**neuroleptic** *n* (a major tranquillizer) (Pharm) / Neuroleptikum *n* (ein Psychotherapeutikum), Neuroplegikum *n*

**neuron**\* *n* (Med, Physiol) / Neuron *n* (pl. -e oder -en)

**neuronal** *adj* (Comp, Med) / neuronal *adj*

**neurone**\* *n* (Med, Physiol) / Neuron *n* (pl. -e oder -en)

**neuronic** *adj* (Comp, Med) / neuronal *adj*

**neuropeptide** *n* (Biochem, Med) / Neuropeptid *n* (Sammelbegriff für neuronal wirksame Transmitter)

**neurotensin** *n* (Physiol) / Neurotensin *n*, NT (ein Oligopeptid)

**neurotoxic** *adj* (Biochem) / neurotoxisch *adj*, nervenschädigend *adj*

**neurotoxin** *n* (Biochem) / Neurotoxin *n* (nervenschädigende Substanz)

**neurotransmitter** *n* (Biochem, Med, Physiol) / Transmitter *m* (Neurotransmitter), Übertragersubstanz *f*, Neurotransmitter *m* (Nervenüberträgerstoff)

**neuston** *n* (Ecol) / Neuston *n* (Lebensgemeinschaft von sich nicht aktiv bewegenden Organismen auf der Ober- oder der Unterseite des Oberflächenhäutchens von Gewässern)

**neustonic** *adj* (Ecol) / neustonisch *adj*

**neutral** *n* (Autos) / Leerlaufstellung *f* (des Getriebes) ‖ ~ (Autos) / N-Stellung *f* (des Wählhebels im automatischen Getriebe) ‖ ~\* (Elec Eng) / Neutralleiter *m* (DIN 40 108), Sternpunktleiter *m* (eines Drehstrom-Vierleitersystems nach DIN 40180), Mittelpunktleiter *m*, Mp-Leiter *m* ‖ ~\* (Elec Eng) / Sternpunkt *m* (DIN 40 108), Erdpunkt *m*, Nullpunkt *m* ‖ ~\* (Elec Eng) / Nullleiter *m* (in Netzen mit Nullung als Schutzmaßnahme) ‖ ~ (Nuc) / Neutrales *n*, neutrales (ungeladenes) Teilchen ‖ ~ *adj* / Neutral-, neutral *adj* ‖ ~ (Geol) / entspannt *adj* ‖ ~ (Elec Eng) s. also uncharged ‖ ~ **angle** (Materials, Met) / Fließscheidenwinkel *m*, Grenzwinkel *m* (bei Walzen) ‖ ~ **atmosphere** (an atmospheric condition that is neither oxidizing nor reducing, usually, the term is applied to the firing zone of a furnace or kiln) / neutraleAtmosphäre

**neutralator**

**neutralator*** *n* (Elec Eng) / Erdschlussreaktanz *f*, Erdungsdrossel *f*, Erdschlussdrossel *f*, EDr (Erddrossel)
**neutral autotransformer*** (Elec Eng) / Erdschlussreaktanz *f*, Erdungsdrossel *f*, Erdschlussdrossel *f*, EDr (Erddrossel) || **~ axis*** (Elec Eng) / neutrale Zone || **~ axis*** (Eng, Mech) / neutrale Achse, spannungsfreie neutrale Faser (die nach dem Biegen keine Längenänderung aufweist), Spannungsnulllinie *f* (die durch den Schwerpunkt des gesamten beanspruchten Querschnitts geht) || **~ base** (Chem) / Neutralbase *f* || **~ beam** (Nuc Eng) / Neutralstrahl *m* || **~ carbonate** (Chem) / normales Karbonat, neutrales Karbonat, normales Carbonat, neutrales Carbonat || **~ cleaning agent** / Neutralreiniger *m* || **~ cleanser** / Neutralreiniger *m* || **~ compensator*** (Elec Eng) / Erdschlussreaktanz *f*, Erdungsdrossel *f*, Erdschlussdrossel *f*, EDr (Erddrossel) || **~ conductor*** (Elec Eng) / Nullleiter *m* (in Netzen mit Nullung als Schutzmaßnahme) || **~ conductor*** (Elec Eng) / Neutralleiter *m* (DIN 40 108), Sternpunktleiter *m* (eines Drehstrom-Vierleitersystems nach DIN 40108), Mittelpunktleiter *m*, Mp-Leiter *m* || **~ cornering** (Autos) / neutrales Kurvenfahrverhalten || **~ currents*** (Nuc) / neutrale Ströme (bei der schwachen Wechselwirkung)
**neutral-density filter*** (Optics, Photog) / Graufilter *n* (das der Lichtschwächung dient), Neutralfilter *n* (ein Lichtfilter), ND-Filter *n* || **~ step wedge** (Optics) / Graustufenkeil *m*
**neutral earthing** (Elec Eng) / Sternpunkterdung *f* || **~ element*** (Maths) / Einselement *n* (wenn die Verknüpfung eine Multiplikation ist), Nullelement *n* (wenn die Verknüpfung eine Addition ist), neutrales Element, Einheitselement *n*, Eins *f* || **~ equilibrium*** (Mech) / indifferentes Gleichgewicht || **~ fat** / Neutralfett *n* (ausschließlich aus Triglyzeriden bestehend, das weder saure noch basische Aktivität zeigt) || **~ fibre** (Eng, Mech) / neutrale Achse, spannungsfreie neutrale Faser (die nach dem Biegen keine Längenänderung aufweist), Spannungsnulllinie *f* (die durch den Schwerpunkt des gesamten beanspruchten Querschnitts geht) || **~ filter** (Optics, Photog) / Graufilter *n* (das der Lichtschwächung dient), Neutralfilter *n* (ein Lichtfilter), ND-Filter *n* || **~ flame*** (Welding) / neutrale Flamme || **~ flow plane** (Materials, Met) / Fließscheide *f* (Stelle, von der aus der Werkstoff in zwei Richtungen fließt) || **~ flux*** (Eng, Met) / neutrales Flussmittel || **~ gear** (Autos) / Leerlaufstellung *f* (des Getriebes) || **~ glass** (Eng, Glass, Pharm) / Neutralglas *n*, Grauglas *n* || **~ injection*** (Plasma Phys) / Neutralteilcheneinschuss *m* || **~ in taste** (Nut) / geschmacksneutral *adj* || **~ inversion*** (Elec Eng) / unsymmetrische Sternspannungen
**neutrality** *n* (Chem) / Neutralität *f*
**neutralization*** *n* (Chem, Elec Eng) / Neutralisierung *f*, Neutralisation *f*, Neutralisieren *n* || **~** (Elec Eng) / Nullung *f* (in der Schaltanlagentechnik), Nullen *n* || **~** (Electronics) / Neutralisation *f* (Kompensation des Einflusses der Rückwirkung des Ausganges eines verstärkenden Bauelementes auf dessen Eingang) || **~*** (Electronics, Telecomm) / Neutralisierung *f* || **~ analysis*** (Chem) / Säure-Base-Titration *f*, Neutralisationsanalyse *f*, Neutralisationstitration *f* || **~ capacity** / Neutralisationsvermögen *n* (von Schmierölen) || **~ heat** (Chem) / Neutralisationswärme *f* || **~ index** (Chem, Oils) / Neutralisationszahl *f* (in der Schmierstoffanalyse) || **~** , Nz (Neutralisationszahl - in der Schmierstoffanalyse) || **~ number** (Chem, Oils) / Neutralisationszahl *f* (in der Schmierstoffanalyse) , Nz (Neutralisationszahl - in der Schmierstoffanalyse) || **~ reaction** (Chem) / Neutralisationsreaktion *f*, Neutralisationsvorgang *m* || **~ sludge** (San Eng, Surf) / Neutralisationsschlamm *m* || **~ value** (Chem, Oils) / Neutralisationszahl *f* (in der Schmierstoffanalyse) , Nz (Neutralisationszahl - in der Schmierstoffanalyse)
**neutralize** *v* (Chem, Elec Eng) / neutralisieren *v* || **~** (Elec Eng) / nullen *v* (in Netzen mit Nullung als Schutzmaßnahme)
**neutralized series motor*** (Elec Eng) / kompensierter Reihenschlussmotor
**neutralizer** *n* (Chem) / Neutralisationsmittel *n*
**neutralizing agent** (Chem) / Neutralisationsmittel *n* || **~ capacitance*** (Elec Eng) / Ausgleichkapazität *f*, Entkopplungskapazität *f* || **~ capacitor** (Elec Eng) / Neutrodynkondensator *m*, Neutralisationskondensator *m*, Entkopplungskondensator *m*, Ausgleichkondensator *m* || **~ voltage*** (Telecomm) / Neutralisierungsspannung *f*
**neutral layer** (Mech) / neutrale Schicht (in der Biegetheorie) || **~ lead** (Elec Eng) / Nullanschluss *m* || **~ line** (Eng, Mech) / neutrale Achse, spannungsfreie neutrale Faser (die nach dem Biegen keine Längenänderung aufweist), Spannungsnulllinie *f* (die durch den Schwerpunkt des gesamten beanspruchten Querschnitts geht) || **~ magnetic state** (Mag) / magnetisch neutraler Zustand (eines magnetischen Stoffes) || **~ oil** (Oils) / Neutralöl *n* (säurefreies Mineralöl mit Viskosität von 70 bis 2000 Saybolt-Sekunden bei 100 °F), neutrales Öl || **~ particle** (Nuc) / Neutrales *n*, neutrales (ungeladenes) Teilchen || **~ plane** (Mech) / neutrale Ebene, Spannungsnullebene *f* || **~ point** (Aero) / Neutralpunkt *m* (Längs- und Staudruckstabilität) || **~ point** (Chem) / Neutralpunkt *m* (bei der Neutralisation) || **~ point*** (Elec Eng) / Sternpunkt *m* (DIN 40 108), Erdpunkt *m*, Nullpunkt *m* || **~ point*** (Eng, Mech) / neutraler Punkt, Neutralpunkt *m* (beim Biegen) || **~ point** (Geophys) / neutraler Punkt (in dem die Himmelslichtpolarisation ein Minimum aufweist) || **~ point*** (Mag) / Neutralpunkt *m* (Punkt, an dem der Betrag des magnetischen Feldes verschwindet) || **~ point** (Maths) / Verschwindungspunkt *m* (ein Punkt der Verschwindungsgeraden) || **~ point** (Met) / Fließscheide *f* (Zone /Linie) ohne Relativgeschwindigkeit in der Kontaktfläche zwischen Werkzeug und Werkstück- beim Walzen trennt die Fließscheide die Voreilzone von der Nacheilzone) || **~ point*** (Space) / Gravipause *f*
**neutral-point tapping** (Elec Eng) / Anzapfung *f* am Sternpunkt
**neutral position** (Autos) / Leerlaufstellung *f* (des Getriebes) || **~ position** (Eng) / Ruhestellung *f*, Nullstellung *f* (Lage) || **~ potassium phosphate** (Chem) / Trikaliumphosphat *n*, tertiäres Kaliumphosphat
**neutral-reacting** *adj* (Chem) / neutral reagierend
**neutral reaction** (Chem) / Neutralreaktion *f* || **~ red** (Chem) / Toluylenrot *n*, Neutralrot *n* (ein Phenazinfarbstoff) || **~ refractory** (that is neither acidic nor basic) (Ceramics, Met) / neutraler feuerfester Stoff (auf $Cr_2O_3$-Basis) || **~ relay** (US)* (Telecomm) / ungepoltes Relais, unpolarisiertes Relais, neutrales Relais, nicht polarisiertes Relais
**neutrals** *pl* (Oils) / Neutralöle *n pl*
**neutral salt** (Chem) / normales Salz, neutrales Salz, Normalsalz *n*, Neutralsalz *n* || **~ slag** (Met) / neutrale Schlacke || **~ soap** (Chem) / neutrale Seife || **~ solution*** (Chem) / neutrale Lösung (mit pH 7) || **~ spirit(s)** (Nut) / hochgradiges Alkoholdestillat zur Rückverdünnung auf Trinkstärke || **~ stability** (Mech) / indifferentes Gleichgewicht || **~ staining** (Biochem, Micros) / neutrales Färbeverfahren (mit neutralen Farbstoffen) || **~ state** (Elec) / neutraler Zustand (in dem die pauschale Polarisation, die pauschale Flussdichte und die Feldstärke gleich null sind - DIN 1324-2) || **~ state*** (Mag) / Neuzustand *m* || **~ stress** (Civ Eng) / Porenwasserdruck *m* (im Boden) || **~ sulphite semichemical process** (pulping) (Paper) / Neutralsulfit-Verfahren *n* (Halbzellstoff-Herstellung), NSSC-Verfahren *n* (ein halbchemisches Aufschlussverfahren) || **~ surface*** (Eng, Mech) / neutrale Ebene, Spannungsnullebene *f* || **~ surface** (Mech) / neutrale Fläche, Spannungsnullfläche *f* || **~ terminal** (Elec Eng) / Sternpunktanschluss *m* || **~ timelike current** (Phys) / neutraler zeitartiger Strom || **~ wedge filter*** (Optics, Photog, Phys) / Graukeil *m* (keilartiges Lichtfilter zur stetig einstellbaren Lichtabschwächung), Neutralkeil *m* (wenn beide Keile aus Neutralglas sind) || **~ wire*** (Elec Eng) / Nullleiter *m* (in Netzen mit Nullung als Schutzmaßnahme) || **~ wire*** (Elec Eng) / Neutralleiter *m* (DIN 40 108), Sternpunktleiter *m* (eines Drehstrom-Vierleitersystems nach DIN40108), Mittelpunktleiter *m*, Mp-Leiter *m* || **~ zone*** (Elec Eng) / neutrale Zone
**neutretto** *n* (Nuc) / neutrales Meson, Neutretto *n*
**neutrino** *n* (Nuc) / Neutrino *n* (stabiles Elementarteilchen aus der Familie der Leptonen) || **~ astronomy*** (Astron) / Neutrinoastronomie *f* || **~ horn** (Nuc Eng) / Neutrinohorn *n* (zur Fokussierung von Neutrinostrahlen) || **~ oscillation** (Nuc) / Neutrinooszillation *f* || **~ radiation** (Nuc Eng) / Neutrinostrahlung *f* || **~ telescope** (Astron) / Neutrinoteleskop *n* (für die Neutrinoastronomie) || **~ thermometer** (Nuc Eng) / Neutrinothermometer *n*
**neutron*** *n* (Nuc) / Neutron *n* || **~ absorber** (Nuc) / Neutronenabsorber *m* (z.B. Bor, Hafnium und Kadmium) || **~ absorption** (Nuc) / Neutronenabsorption *f* (Oberbegriff für alle Prozesse, die zum Verschwinden von freien Neutronen führen) || **~ absorption** (Nuc) s. also neutron capture || **~ absorption cross-section*** (Nuc) / Neutronenabsorptionsquerschnitt *m* (der Wirkungsquerschnitt für Neutronenabsorption nach DIN 25401) || **~ accident dosimetry** (Nuc Eng, Radiol) / Neutronenhavariedosimetrie *f*
**neutron-activation analysis** (Chem) / Neutronenaktivierungsanalyse *f*, NAA (Neutronenaktivierungsanalyse)
**neutron age*** (Nuc) / Neutronenalter *n*, Fermi-Alter *n* ($E_O$, E) || **~ balance*** (Nuc Eng) / Neutronenbilanz *f* || **~ beam** (Nuc) / Neutronenstrahlenbündel *n*
**neutron-binding energy** (Nuc) / Neutronenbindungsenergie *f*
**neutron bomb** (Mil) / Neutronenbombe *f* (eine Sonderwaffe nur mit Strahlungswirkung) || **~ bombardment** (Nuc Eng) / Neutronenbeschuss *m*, Beschießung *f* mit Neutronen || **~ burst** (Nuc Eng) / Neutronenimpuls *m* || **~ capture** (Nuc) / Neutroneneinfang *m* (der Strahlungseinfang von Neutronen)
**neutron-capture cross section** (Nuc) / Neutroneneinfangsquerschnitt *m*
**neutron chopper** (Nuc Eng) / Neutronenchopper *m*, Neutronenzerhacker *m*, Neutronenstrahlunterbrecher *m* || **~ collimator** (Nuc) / Neutronenkollimator *m* || **~ counter** (Nuc) /

Neutronenzählrohr n, Neutronenzähler m ‖ **~ cross section** (Nuc) / Neutronenquerschnitt m, Wirkungsquerschnitt m für Neutronen ‖ **~ current**\* (Nuc) / Neutronenstrom m ‖ **~ cycle** (Nuc Eng) / Generationenfolge f der Neutronen, Neutronenzyklus m ‖ **~ density** (Nuc) / Neutronendichte f ‖ **~ detection**\* (Nuc Eng) / Neutronennachweis m ‖ **~ detector** (Nuc) / Neutronendetektor m (zum Nachweis von Neutronen) ‖ **~ diffraction**\* (Nuc) / Neutronendiffraktion f, Neutronenbeugung f (Interferenz von Neutronenstrahlen) ‖ **~ diffraction pattern** (Nuc) / Neutronogramm n, Neutronenbeugungsbild n ‖ **~ diffractometer** (Nuc Eng) / Neutronendiffraktometer n ‖ **~ diffusion**\* (Nuc) / Neutronendiffusion f ‖ **~-doped silicon** (Electronics) / neutronendotiertes Silizium (ein Halbleitermaterial) ‖ **~ dose** (Nuc) / Neutronendosis f ‖ **~ dosimetry** (Nuc Eng, Radiol) / Neutronendosimetrie f (DIN 6802, T 1), Neutronendosismessung f ‖ **~ economy** (Nuc Eng) / Neutronenökonomie f ‖ **~ elastic scattering**\* (Nuc) / elastische Streuung von thermischen Neutronen (in Festkörpern) ‖ **~ emergency dosimetry** (Nuc Eng, Radiol) / Neutronenhavariedosimetrie f ‖ **~ emission rate** (Nuc) / Neutronenemissionsrate f ‖ **~ energy** (Nuc) / Neutronenenergie f ‖ **~ evaporation** (Nuc) / Neutronenverdampfung f (Prozess, bei dem die überschüssige Energie eines stark angeregten Atomkerns durch die Emission eines oder mehrerer Neutronen abgegeben wird) ‖ **~ excess**\* (Nuc) / Neutronenüberschuss m (die Differenz zwischen den Anzahlen der Neutronen und Protonen im Atomkern) ‖ **~ fluence rate** (Nuc) / Neutronenflussdichte f, Neutronenfluss m (Neutronendichte mal Neutronengeschwindigkeit) ‖ **~ flux**\* (Nuc) / Neutronenflussdichte f, Neutronenfluss m (Neutronendichte mal Neutronengeschwindigkeit) ‖ **~ flux density** (Nuc) / Neutronenflussdichte f, Neutronenfluss m (Neutronendichte mal Neutronengeschwindigkeit) ‖ **~ flux tilting** (Nuc Eng) / Neutronenflusskippen n, Flusskippen n ‖ **~ gamma log** (Mining, Oils) / Neutronen-Gamma-Log n ‖ **~ gas** (Nuc) / Neutronengas n (Neutronengesamtheit bei der Neutronendiffusion) ‖ **~ generation**\* (Nuc Eng) / Neutronenbildung f, Neutronenerzeugung f (als Vorgang) ‖ **~ generation**\* (Nuc Eng) / Neutronenerzeugung f (im Neutronenzyklus) ‖ **~ generation time** (in nuclear fission reaction) (Nuc) / Generationsdauer f (der Neutronen), Generationszeit f, mittlere Lebenszeit der Neutronengeneration ‖ **~ generator** (Nuc Eng) / Neutronenerzeuger m, Neutronengenerator m ‖ **~ g-factor** (Nuc) / Neutronen-g-Faktor m, g-Faktor m des Neutrons ‖ **~ gun**\* (Nuc Eng) / Neutronenkanone f ‖ **~ hardening**\* (Nuc) / Härtung f des Neutronenspektrums, Neutronenhärtung f

**neutronics** n (Phys) / Neutronik f, Neutronenphysik f
**neutron inelastic scattering**\* (Nuc) / unelastische Streuung von thermischen Neutronen (in Festkörpern) ‖ **~ irradiation** (Nuc) / Neutronenbestrahlung f ‖ **~ kinetics** (Nuc) / Neutronenkinetik f ‖ **~ leakage**\* (the escape of neutrons from a reactor) (Nuc) / Neutronenaustrittsverlust m, Neutronenverlust m (durch Leckage) ‖ **~ log** (Mining) / Neutronenlog n (bei der Erkundung von Lagerstätten) ‖ **~ logging** (Mining) / Neutronen-Bohrlochmessung f ‖ **~ mass** (Nuc) / Neutronenmasse f ‖ **~ multiplication** (Nuc) / Neutronenmultiplikation f, Neutronenvermehrung f

**neutron-neutron logging** (Mining, Nuc, Oils) / Neutronen-Neutronen-Bohrlochmessung f
**neutron number**\* (Nuc) / Neutronenzahl f, N (DIN 1304)
**neutronogram** n (Nuc) / Neutronogramm n, Neutronenbeugungsbild n
**neutron optics** (Optics) / Neutronenoptik f ‖ **~ physics** (Phys) / Neutronik f, Neutronenphysik f ‖ **~ pile** (Nuc Eng) / Neutronenzählrohrteleskop n, Simpson'sche Säule ‖ **~ poison**\* (Nuc Eng) / Reaktorgift n, Neutronengift n (ein Stoff, der infolge seines hohen Absorptionsquerschnitts für Neutronen die Reaktivität eines Reaktors herabsetzt, wie z.B. $^{135}$Xe) ‖ **~ poisoning** (Nuc Eng) / Neutronenvergiftung f (unerwünschte Neutronenabsorption des Reaktors) ‖ **~ polarization** (Nuc) / Neutronenpolarisation f ‖ **~ population** (Nuc Eng) / Neutronenbesetzung f (in einem Reaktor), Neutronenbesetzungszahl f, Neutronendichte f (in einem Reaktor) ‖ **~ probe** (Mining) / Neutronensonde f (bei Erkundung von Lagerstätten) ‖ **~ producer** (Nuc Eng) / Neutronenerzeuger m, Neutronengenerator m ‖ **~ producer** (Nuc Eng) s. also neutron source ‖ **~ production** (Nuc Eng) / Neutronenbildung f, Neutronenerzeugung f (als Vorgang)
**neutron-proton scattering** (Nuc) / Neutron-Proton-Streuung f
**neutron radiation** (Nuc) / Neutronenstrahlung f (eine indirekt ionisierende Strahlung) ‖ **~ radiation weapon** (Mil) / Neutronenbombe f (eine Sonderwaffe nur mit Strahlungswirkung) ‖ **~ radiography**\* (Radiol) / Neutronenradiografie f ‖ **~ ray** (Nuc) / Neutronenstrahl m ‖ **~ reaction** (Nuc) / Neutronenreaktion f ‖ **~ reflector** (Nuc Eng) / Reflektor m (Ummantelung eines Kernreaktors), Neutronenreflektor m ‖ **~ reproduction factor**\* (Nuc) / Vermehrungsfaktor m (der Neutronen bei einer Kernspaltung), Multiplikationsfaktor m ‖ [effektiver](Neutronenvermehrung) ‖ **~ resonance** (Nuc) / Neutronenresonanz f ‖ **~ rest mass** (Nuc) / Ruhemasse f des Neutrons ‖ **~ scattering** (Nuc) / Streuung f langsamer Neutronen, Neutronenstreuung f ‖ **~ shield**\* (Nuc Eng) / Neutronenschirm m ‖ **~ shielding** (Nuc Eng) / Neutronenabschirmung f (Maßnahme und Vorrichtung zur Abschwächung und Absorption von Neutronenstrahlung) ‖ **~ shower** (Nuc) / Neutronenschauer m ‖ **~ slowing-down** (Nuc) / Neutronenbremsung f (bei Stoßprozessen) ‖ **~ source** (Nuc Eng) / Neutronenquelle f (ein Gerät oder Material, das Neutronen emittiert oder emittieren kann) ‖ **~ spectrometer**\* (Spectr) / Neutronenspektrometer n ‖ **~ spectrometry** (Nuc, Spectr) / Neutronenspektrometrie f (Bestimmung der Intensitätsverteilung der Neutronen in einer Neutronenstrahlung bezüglich der Energie der Neutronen) ‖ **~ spectroscopy**\* (Spectr) / Neutronenspektroskopie f ‖ **~ spectrum** (Nuc, Spectr) / Neutronenspektrum n ‖ **~ speed** (Nuc Eng) / Neutronengeschwindigkeit f ‖ **~ star**\* (Astron) / Neutronenstern m (ein als sehr wahrscheinlich existierend angesehener Stern, der im Wesentlichen aus Neutronen besteht) ‖ **~ temperature** (Nuc) / Neutronentemperatur f ‖ **~ therapy**\* (Radiol) / Neutronentherapie f (Anwendung schneller Neutronen zu Heilzwecken) ‖ **~ transmutation doping** (Electronics) / Neutronentransmutationsdotierung f, Neutronenumwandlungsdotierung f ‖ **~ transport cross-section** (Nuc) / Neutronentransportquerschnitt m ‖ **~ transport theory** (Nuc) / Neutronentransporttheorie f (Beschreibung des räumlichen und zeitlichen Verhaltens eines Neutronenfeldes bei Berücksichtigung der Änderungen der Neutronendichte) ‖ **~ velocity selector**\* (Nuc Eng) / Neutronengeschwindigkeitsselektor m, Neutronenselektor m ‖ **~ weapon** (Mil) / Neutronenwaffe f, Waffe f mit erhöhter Strahlung ‖ **~ yield** / Neutronenausbeute f (je Spaltung, v - je Absorption, η)

**neutrophil**\* adj (Chem, Med, Micros, Physiol) / neutrophil adj (Farbstoff)
**neutrophile** adj (Chem, Med, Micros, Physiol) / neutrophil adj (Farbstoff)
**neutrophilic** adj (Chem, Med, Micros, Physiol) / neutrophil adj (Farbstoff)
**Neuwied blue** (Chem) / Braunschweiger Blau, Bremerblau n, Kalkblau n, Neuwieder Blau (durch Fällung von Kupfersulfatlösung mit Natronlauge erhaltenes Kupferhydroxid)
**Neuwieder green** (Agric, Chem) / Pariser Grün n, Schweinfurter Grün n (wegen hoher Giftigkeit nicht mehr verwendet), Neuwieder Grün n (Kupfer(II)-acetatarsenat(III)), Uraniagrün n, Mitisgrün n, Deckpapiergrün n
**névé**\* n (Geol) / Firnschnee m, Firn m ‖ **~**\* (Geol) / Firnfeld n (mit Firnschnee bedeckte, weite Fläche)
**never-exceed speed** (Aero) / höcht zulässige Geschwindigkeit (bei Kolbentriebwerken)
**never-expected speed** ($V_{NE}$) (Aero) / kritische Geschwindigkeit
**never frozen soil** (Geol) / Niefrostboden m (unter dem Dauerfrostboden)
**Nevile and Winther's acid** (Chem) / Nevile-Winther-Säure f (4-Hydroxy-naphthalin-1-sulfonsäure), NW-Säure f
**new** adj / neu adj (Nut) / frisch adj (Brot) ‖ **~ accessions** / Neuanschaffungen f pl
**Newall system**\* (Eng) / ein altes britisches Passungssystem (nach der Einheitsbohrung) ‖ **≃ system of limits** (GB) (Eng) / ein altes britisches Passungssystem (nach der Einheitsbohrung) ‖ **≃ tolerance system** (Eng) / ein altes britisches Passungssystem (nach der Einheitsbohrung)
**new blue** (Paint) / Ultramarinblau n (ein rötliches Blau) ‖ **~ blue** (Textiles) / Wäscheblau n, Waschblau n (Berliner Blau, Ultramarin oder Indigokarmin - zur Verhinderung der Gelbfärbung der Wäsche)
**new-call rate** (Telecomm) / dynamische Vermittlungsleistung, Rufleistung f
**new car** (Autos) / Neuwagen m ‖ **~ edition** (Print) / Neuauflage f
**newel**\* n (Build) / Treppenpfosten m, Podestpfosten m, Geländerpfosten m, Antrittspfosten m ‖ **~**\* (Build) / Spindel f, Treppenspindel f (Kern in der Mitte einer Wendeltreppe - DIN 18064, T 1) ‖ **~ post** (at the head or foot of a flight of stairs, supporting a handrail) (Build) / Treppenpfosten m, Podestpfosten m, Geländerpfosten m, Antrittspfosten m ‖ **~ staircase** (Build) / Wendeltreppe f (mit Treppenspindel), Spindeltreppe f
**new fuel** (Nuc Eng) / frischer Kernbrennstoff m ‖ **~ fuel storage pit** (Nuc Eng) / Brennelementebecken n (für frischen Kernbrennstoff) ‖ **~ fuel storage pond** (Nuc Eng) / Brennelementebecken n (für frischen Kernbrennstoff) ‖ **~ green** (a fuchsonimine pigment) / Malachitgrün n, Neugrün n, Viktoriagrün n B, Basic Green 4 (wasserlöslicher grüner Triarylmethanfarbstoff) ‖ **~ green** (Agric, Chem) / Pariser Grün n, Schweinfurter Grün n (wegen hoher Giftigkeit nicht mehr verwendet), Neuwieder Grün n (Kupfer(II)-acetatarsenat(III)), Uraniagrün n, Mitisgrün n, Deckpapiergrün n ‖ **≃ Jersey retort process** (Met) / New-Jersey-Verfahren n (Zinkgewinnung in stehenden Muffeln) ‖

**new**

**~ line** (Comp, Print) / neue Zeile (Zeilenumschaltung bei der Schreibmaschine)
**new-line character** (Comp) / Zeilenvorschubzeichen *n*
**newly industrialized country** / Schwellenland *n* (z.B. Argentinien, Brasilien, Indonesien, Israel, Mexiko, Saudi-Arabien, Singapur, Südafrika, Taiwan), junges Industrieland
**Newman-Keuls test** (a test for assessing the significance of differences between all possible pairs of different sets of observations, with a fixed error rate for the whole set of comparisons) (Stats) / Newman-Keuls-Test *m*
**Newman projection** (Chem) / Newman-Projektion *f* (eine spezielle Projektionsformel zur zeichnerischen Darstellung dreidimensionaler Strukturen - nach M.S. Newman, 1908 -)
**new math** (US) (Maths) / Neue Mathematik (erstmalig in der BRD in den "Nürnberger Lehrplänen" 1965 festgelegt) || **~ mathematics** (Maths) / Neue Mathematik (erstmalig in der BRD in den "Nürnberger Lehrplänen" 1965 festgelegt) || **~ maths** (GB) (Maths) / Neue Mathematik (erstmalig in der BRD in den "Nürnberger Lehrplänen" 1965 festgelegt) || **~ media** (Acous, Comp, Electronics) / neue Medien (neu entstandene Kommunikationsmittel zur Individual- und Massenkommunikation) || **~ oil** (Eng) / Frischöl *n*
**new-old-stock part** (Autos) / Originalteil *n* aus Altbeständen
**News** *n* (Comp, Telecomm) / News *n* (Konferenzsystem des UUCP-Netzes)
**new sand** (Foundry) / Neusand *m*, Frischsand *m*
**newsboard** *n* (Paper) / Graupappe *f*, Graukarton *m*
**newscaster** *n* / Laufschrift *f* (an Gebäudefassaden), Wanderschrift *f* || **~** (Radio, TV) / Nachrichtensprecher *m*
**new scrap** (Foundry, Met) / Umlaufschrott *m*, Kreislaufmetall *n* (internes Rücklaufmetall, z.B. Angüsse, Speiser, Ausschussstücke usw.), Rücklaufmetall *n*, Rücklaufschrott *m*, Kreislaufmaterial *n* || **~ seizure** (Teleph) / Neubelegung *f*
**news feed** (Comp, Telecomm) / News-Quelle *f*
**newsgroup*** *n* (similar to forums on online services or Bulletin Boards) (Comp) / Newsgruppe *f*, Newsgroup *f* || **~*** (a group of Internet users who exchange e-mail messages on a topic of mutual interest) (Comp, Telecomm) / Newsgroup *f* (moderierte, unmoderierte), Newsgruppe *f*
**newsletter** *n* / Firmenrundschreiben *n* || **~** (Comp) / Newsletter *m* (Nachricht per E-Mail)
**newspaper** *n* (Paper) / Zeitungspapier *n*, Zeitungsdruckpapier *n* || **~ offset rotary** (Print) / Offsetzeitungsrotation *f* || **~ on demand** (Comp, Print) / Zeitung-on-Demand *f* || **~ page transmission** (Comp, Telecomm) / Zeitungsseitenübertragung *f* || **~ printing** (Print) / Zeitungsdruck *m* || **~ size** (Print) / Zeitungsformat *n* || **~ web-offset printing** (Print) / Zeitungsoffsetdruck *m*
**newsprint*** *n* (Paper) / Zeitungspapier *n*, Zeitungsdruckpapier *n*
**newsreader** *n* (software that establishes a connection to a Usenet news server using the NNTP protocol and retrieves news articles) (Comp, Telecomm) / Newsreader *m* || **~** (Radio, TV) / Nachrichtensprecher *m*
**newsreel cameraman** (Cinema) / Wochenschaukameramann *m*
**news release** / Pressemeldung *f* (z.B. der Abteilung für Öffentlichkeitsarbeit) || **~ server** (Comp, Telecomm) / Usenet-Server *m* (Server, der eine Reihe von Usenet-Newsgroups bereithält und der zum Zweck der Beteiligung an Diskussionen aufgesucht werden kann), News-Server *m* || **~ source** (Comp, Telecomm) / News-Quelle *f*
**new star** (Astron) / Neuer Stern, Nova *f* (pl. Novä) || **~ Style*** (Astron) / Neuer Stil, n. St. *n* (die Zeitrechnung nach dem Gregorianischen Kalender) || **~ Technology File System** (Comp) / New Technology File System *n*, NTFS (New Technology File System) || **~ Technology Telescope** (Astron, Optics) / New-Technology-Teleskop *n* (das 1989 an der Europäischen Südsternwarte in Betrieb genommenes 3,58 m-Teleskop)
**newton*** *n* (Phys) / Newton *n* (gesetzliche abgeleitete SI-Einheit der Kraft), N (Newton - DIN 1301, T 1)
**Newton-Cotes rules** (in numerical integration) (Maths) / Cotes'sche Formeln, Newton-Cotes'sche Formeln (wenn die Lage der Stützstellen äquidistant ist)
**Newtonian constant** (Phys) / Gravitationskonstante *f* (Kurzzeichen f oder G = 6,6742 · $10^{-11}$ $m^3 \cdot s^{-2} \cdot kg^{-1}$), Newton'sche Gravitationskonstante || **~ flow*** (a fluid is in a state of Newtonian flow if it can be regarded as streaming in a series of layers, or laminas) (Phys) / Newton'sche Strömung || **~ fluid** (that obeys Newton's law of viscosity) (Phys) / Newton'sche Flüssigkeit (deren Viskosität vom Spannungs- bzw. Deformationszustand unabhängig ist - DIN 1342-1) || **~ liquid** (Phys) / Newton'sche Flüssigkeit (deren Viskosität vom Spannungs- bzw. Deformationszustand unabhängig ist - DIN 1342-1) || **~ mechanics*** (a system of mechanics developed from Newton's laws of motion) (Mech) / Nichtquantenmechanik *f*, klassische Mechanik, Newton'sche Mechanik || **~ mirror** (Astron, Optics) / Newton'sches Spiegelteleskop, Spiegelteleskop *n* nach Newton, Newton-Spiegel *m* (ein Teleskop), Newton-Teleskop *n* (ein Spiegelteleskop) || **~ reflector** (Astron, Optics) / Newton'sches Spiegelteleskop, Spiegelteleskop *n* nach Newton, Newton-Spiegel *m* (ein Teleskop), Newton-Teleskop *n* (ein Spiegelteleskop) || **~ telescope*** (Astron, Optics) / Newton'sches Spiegelteleskop, Spiegelteleskop *n* nach Newton, Newton-Spiegel *m* (ein Teleskop), Newton-Teleskop *n* (ein Spiegelteleskop)
**Newtonian-type mirror** (Astron, Optics) / Newton'sches Spiegelteleskop, Spiegelteleskop *n* nach Newton, Newton-Spiegel *m* (ein Teleskop), Newton-Teleskop *n* (ein Spiegelteleskop)
**newton metre** (of energy) (Phys) / Newtonmeter *n* (Joule) || **~ metre** (Phys) / Newtonmeter *n* (SI-Einheit des Drehmoments - DIN 1301-2) || **~ metre of torque** (Phys) / Newtonmeter *n* (SI-Einheit des Drehmoments - DIN 1301-2)
**Newton-Raphson algorithm** (Maths) / Newton-Raphson-Algorithmus *m* || **~ method** (Maths) / Newton-Verfahren *n*, Newton-Näherungsverfahren *n*, Tangentenverfahren *n* (eine Nullstellenberechnung)
**Newton's alloy** (Met) / Newton-Metall *n* (ein Schnelllot mit Schmelzpunkt um 103 °C = 50% Bi, 31% Pb und 19% Sn), Newton-Legierung *f* || **~ equation of motion** (Phys) / Newton'sche Bewegungsgleichung, dynamisches Grundgesetz (Aktionsprinzip) (das zweite Newton'sche Axiom - Lex secunda) || **~ first law of motion** (Phys) / Galilei'sches Trägheitsgesetz (Lex prima), Trägheitsgesetz *n* (das erste Newton'sche Axiom), Trägheitsprinzip *n*, Beharrungsgesetz *n* (das erste Newton'sche Axiom) || **~ interpolation formula** (Maths) / Interpolationsformel *f* nach Newton || **~ law of cooling*** (Heat, Phys) / Newton'sches Abkühlungsgesetz (in der Wärmelehre), Newton-Abkühlungsgesetz *n* || **~ law of gravitation** (Phys) / Newton'sches Gravitationsgesetz
**Newton's laws of motion*** (Phys) / Newton'sche Axiome (von Sir I. Newton, 1643-1727, aufgestellte drei Grundgesetze der Mechanik), Newton'sche Gesetze
**Newton's metal** (Met) / Newton-Metall *n* (ein Schnelllot mit Schmelzpunkt um 103 °C = 50% Bi, 31% Pb und 19% Sn), Newton-Legierung *f* || **~ method** (Maths) / Newton-Verfahren *n*, Newton-Näherungsverfahren *n*, Tangentenverfahren *n* (eine Nullstellenberechnung)
**Newton's rings** (Light, Optics) / Newton'sche Ringe (eine Interferenzerscheinung)
**Newton's second law of motion** (Phys) / Newton'sche Bewegungsgleichung, dynamisches Grundgesetz (Aktionsprinzip) (das zweite Newton'sche Axiom - Lex secunda) || **~ third law of motion** (action and reaction) (Phys) / Wechselwirkungsprinzip *n* (das dritte Newton'sche Axiom), Reaktionsprinzip *n*, Gegenwirkungsprinzip *n* (das dritte Newton'sche Axiom), Gesetz *n* von Wirkung und Gegenwirkung (Lex tertia)
**New Victoria green** / Neuviktoriagrün *n* (oxalsaures Salz von Malachitgrün) || **~ wool** (Textiles) / Schurwolle *f* (von lebenden Tieren geschorene, erstmals verarbeitete Wolle - DIN 60004) || **~ Zealand flax** (Bot) / Neuseeländer Flachs (Phormium tenax J.R. Forst. et G. Forst), Flachslilie *f*, Phormium *n*, NF (DIN 60001, T 4) || **~ Zealand greenstone*** (Min) / Nephrit *m* aus Neuseeland (ein Schmuckstein)
**nexus** *n* (Telecomm) / Verbindung *f*
**Neyman allocation** (optimal allocation of a sample when costs are assumed to be equal in each stratum) (Stats) / Neyman'sche Stichprobenaufteilung (nach J. Neyman, 1894 - 1981)
**NF metal powder** (Powder Met) / Nichteisenmetallpulver *n*, NE-Metallpulver *n*
**NG** (nitroglycerine) (Chem) / Glyceroltrinitrat *n*, Glyzerintrinitrat *n*, Nitroglycerin *n*, Nitroglyzerin *n*, Nitroglycerol *n*, Nitroglyzerol *n*
**ngai camphor** (Chem) / Blumeakampfer *m* (aus Blumea balsamifera (L.) DC.), Ngai-Kampfer *m* (l-Borneol)
**$N_2$ gas room** / $N_2$-Kammer *f* (bei der Durchlauffeuerverzinkung)
**n-gate thyristor** (Electronics) / anodenseitig steuerbarer Thyristor
**NGF** (nerve growth factor) (Physiol) / Nervenwachstumsfaktor *m*
**NHDC** (neohesperidin dihydrochalcone) (Nut) / Neohesperidin-Dihydrochalkon *n* (ein hoch intensiver Süßstoff nach E 959), NHDC (Neohesperidin-Dihydrochalkon)
**NHE** (mormal hydrogen electrode) (Chem) / Standardwasserstoffelektrode *f*, Normalwasserstoffelektrode *f*, Wasserstoffnormalelektrode *f*, SHE
**NHI protein** (Biochem) / Nichthäm-Eisenprotein *n*
**Ni** (nickel) (Chem) / Nickel *n*, Ni (Nickel)
**niacin*** *n* (pellagra preventative) (Chem, Pharm) / Niacin *n*, Niazin *n*
**niacinamide** *n* (Pharm) / Niacinamid *n*, Niazinamid *n*, Nicotinamid *n*, Nikotinamid *n*, Nicotinsäureamid *n*, Nikotinsäureamid *n* (Antipellagra-Vitamin)
**niangon*** *n* (For) / Niangon *n* (Holz der Tarrietia utilis Sprague oder Tarrietia densiflora Aubrév. & Normand), Ogoue *n*, Wishmore *n*
**niaouli oil** / Niauliöl *n* (aus Melaleuca viridiflora Sol. ex Gaertn.) || **~ oil** s. also cajeput oil
**nib** *n* / Spitze *f* (einer Füllfeder) || **~** (the protrusion formed on the end of roofing tile to anchor the tile in place in roofing construction)

1026

(Build) / Nase f (Vorsprung an einem Dachziegel, der sich gegen die Dachlatte legt und den Ziegel am Abgleiten hindert) ‖ ~ (Comp) / Schreibelektrode f, Stift (Drahtspitze des Elektrodenrasters beim elektrostatischen Drucker) ‖ ~ (Textiles) / Knötchen n, Dickstelle f (in Rohseide) ‖ ~* (Tools) / Spitze f (des Brecheisens)

**nibbed saggar** (Ceramics) / Brennkapsel f mit innen liegenden Vorsprüngen zum Setzen der Ware

**nibble*** n (Comp) / Halbbyte n, Nibble n (die Hälfte eines Bytes)

**nibbler** n (Eng) / Knabber m (ein Elektrowerkzeug) ‖ ~ (Tools) / Knabberzange f, Nibbler m, Blechknabber m

**nibbling*** n (Eng) / Knabbern n, Knabberschneiden n (Scherschneiden durch stückweises Abtrennen des Werkstoffs längs einer beliebig verlaufenden Schnittlinie), Nibbeln n (Blech) ‖ ~ **shears** (Eng) / Knabberschere f, Aushauschere f

**nibby** adj (Paint) / staubig adj (Lackfilm), mit Fremdkörpern (Lackfilm)

**nibs*** pl (Paint) / Staub m im Film, Fremdkörper m pl im Lackfilm

**NIC** (newly industrialized country) / Schwellenland n (z.B. Argentinien, Brasilien, Indonesien, Israel, Mexiko, Saudi-Arabien, Singapur, Südafrika, Taiwan), junges Industrieland

**NiCad battery** (Elec Eng) / Nickel-Kadmium-Akkumulator m (ein alkalischer Akkumulator), Nickel-Cadmium-Batterie f

**Nicad battery** (Elec Eng) / Nickel-Kadmium-Akkumulator m (ein alkalischer Akkumulator), Nickel-Cadmium-Batterie f

**nicarbing** n (Met) / Karbonitrieren n (Kombination von Einsatzhärten und Nitrierhärten zur Erzielung großer Oberflächenhärte bei Stählen - in einer Gasatmosphäre oder im Salzbad, Carbonitrieren n

**niccolate** n (Chem) / Nickelat n, Niccolat n

**niccolite*** n (Min) / Kupfernickel n (Nickelarsenid), Rotnickelkies m, Arsennickel n, Nickelin m, Niccolit m

**niche** n (Arch) / Nische f ‖ ~ (recess in the tunnel wall) (Civ Eng) / Nische f (Aussparung in der Tunnelwand, die zur Aufnahme von Einbauten dient) ‖ ~* (Ecol) / ökologische Nische (Bereich innerhalb eines Biotops, der einer Pflanzen- oder Tierart mit spezifischen Lebensansprüchen die Einnischung ermöglicht) ‖ ~ **market** / Nischenmarkt m (z.B. für Windenergie)

**Nichols chart** (Automation) / Nichols-Diagramm n ‖ ~ **diagram** (Automation) / Nichols-Diagramm n

**Nichrome*** n / Nichrom n (eine Ni-Cr-Legierung der Driver-Harris Org.)

**nick** v (Eng, Materials) / einkerben v, kerben v (mit Kerben versehen) ‖ ~ n / Einriss m (Einkerbung) ‖ ~ (Electronics) / ausgebrochene Kante, abgesplitterte Oberfläche (des Chips) ‖ ~ (Eng) / Kerbe f, Schlitz m, Kerb m ‖ ~ (Eng, Tools) / Scharte f (unregelmäßige Vertiefung an der Schneidkante eines Werkzeugs) ‖ ~* (Gen) / Strangbruch m ‖ ~* (Typog) / Signatur f (eine am Schaft der Drucktype vorhandene Einkerbung - DIN 16507)

**nicked** adj (Eng) / zackig adj, zackenförmig adj, gezackt adj ‖ ~ (Tools) / schartig adj (Messer, Beil) ‖ ~ **selvedge** (Weaving) / eingeschnittene Webkante

**nickel** v / vernickeln v ‖ ~* n (Chem) / Nickel n, Ni (Nickel) ‖ ~ **acetate** (Chem) / Nickelazetat n (für galvanische Lösungen und als Beize in der Baumwollfärberei), Nickelacetat n

**nickel(II) acetate** (Chem, Surf) / Nickel(II)-acetat n, Nickel(II)-azetat n

**nickel alloy*** (Met) / Nickellegierung f (z.B. NiCr, NiFe, NiMn) ‖ ~ **ammonium sulfate** (Chem, Surf) / Ammoniumnickel(II)-sulfat-6-Wasser n, Nickel(II)-ammoniumsulfat n ‖ ~ **(II) ammonium sulphate** (Chem, Surf) / Nickel(II)-ammoniumsulfat n (Doppel-Nickelsalz) ‖ ~ **anode** (Surf) / Nickelanode f ‖ ~ **antimony glance*** (Min) / Ullmannit m (Nickelantimonsulfid), Antimonnickelglanz m, Antimonnickelkies m ‖ ~ **arsenic glance*** (Min) / Gersdorffit m (Nickelarsensulfid) ‖ ~ **arsenide** (Chem, Crystal, Min) / Nickelarsenid n ‖ ~ **arsenide structure** (Crystal, Min) / Rotnickelkies-Typ m ‖ ~ **arsenide type** (Crystal, Min) / Rotnickelkies-Typ m

**nickelate** n (Chem) / Nickelat n, Niccolat n

**nickel** (plating) **bath** (solution) (Surf) / Vernickelungselektrolyt m, Nickelelektrolyt m, Nickelbad n ‖ ~ **bloom*** (Min) / Annabergit m (Verwitterungsprodukt arsenhaltiger Nickelerze), Nickelblüte f ‖ ~ **boride** (Chem, Surf) / Nickelborid n ‖ ~ **brass** (Met) / Neusilber n (silberähnliche Kupfer-Nickel-Zink-Legierung - früher als Alpaka, Argentan, Packfong, Chinasilber, Nickelmessing und Kunstsilber bekannt) ‖ ~**(II) bromide** (Chem) / Nickel(II)-bromid n ‖ ~ **bronze** (Met) / Nickelbronze f (eine Cu-Ni-Sn-Legierung nach DIN 17664) ‖ ~**-cadmium accumulator*** (Elec Eng) / Nickel-Kadmium-Akkumulator m (ein alkalischer Akkumulator), Nickel-Cadmium-Batterie f ‖ ~ **carbonate** (Chem) / Nickel(II)-karbonat n (NiCO₃), Nickel(II)-carbonat n ‖ ~ **carbonyl*** (Chem) / Nickeltetrakarbonyl n, Nickeltetracarbonyl n ‖ ~ **catalyst** (Chem, Nut) / Nickelkatalysator m ‖ ~**(II) chloride** (Chem) / Nickel(II)-chlorid n ‖ ~**-chromium steel*** (Met) / Chromnickelstahl m

**nickel-clad** adj (Surf) / nickelplattiert adj

**nickel-depleted** adj / an Nickel verarmt

**nickel dimethylglyoxime** (Chem) / Nickeldimethylglyoxim n ‖ ~ **dip** / Nickeldip m, Nickelbad n (vor dem Emaillieren) ‖ ~ **dip** (Surf) / Nickeltauchbad n

**nickel-dip** v (Surf) / mit einer dünnen Nickelschicht versehen

**nickel dipping** (Surf) / Tauchvernickeln n ‖ ~ **electro*** (Print) / Nickelgalvano n ‖ ~ **ethanoate** (Chem, Surf) / Nickel(II)-acetat n, Nickel(II)-azetat n ‖ ~**-faced electro*** (Print) / im Nickelelektrolyt gehärtetes Kupfergalvano, vernickeltes Galvano ‖ ~ **flash** / Nickeldip m, Nickelbad n (vor dem Emaillieren) ‖ ~ **flash** (Surf) / dünne Nickelschicht (unter dem Email)

**nickel-flash** v (Surf) / mit einer dünnen Nickelschicht versehen

**nickel flashing** (Surf) / Tauchvernickeln n ‖ ~ **foil** / Nickelfolie f (z.B. für Solarkollektoren)

**nickel(II) formate** (Chem) / Nickel(II)-formiat n

**nickel glance** (Min) / Nickelglanz m (teils Gersdorffit, teils Ullmannit) ‖ ~**(III) hydroxide** (Chem) / Nickel(III)-hydroxid n

**nickelic hydroxide** (Chem) / Nickel(III)-hydroxid n ‖ ~ **oxide** (Chem) / Nickel(IV)-oxid n, Nickelsesquioxid n ‖ ~ **oxide** (Chem) / Nickel(III)-oxid n, Dinickeltrioxid n

**nickeliferous** adj (Chem, Min) / nickelhaltig adj ‖ ~ **pyrite** (Min) / Nickelmagnetkies m

**nickeline** n (Min) / Kupfernickel n (Nickelarsenid), Rotnickelkies m, Arsennickel n, Nickelin m, Niccolit m

**nickel iodide** (Chem) / Nickeliodid n (NiI#02) ‖ ~**-iron-alkaline accumulator*** (Elec Eng) / Nickel-Eisen-Akkumulator m (ein alkalischer Akkumulator), Eisen-Nickel-Akkumulator m, Edison-Akkumulator m, NiFe-Akkumulator m, Nickel-Eisen-Batterie f, Stahlakkumulator m

**nickel-iron battery** (Elec Eng) / Nickel-Eisen-Akkumulator m (ein alkalischer Akkumulator), Eisen-Nickel-Akkumulator m, Edison-Akkumulator m, NiFe-Akkumulator m, Nickel-Eisen-Batterie f, Stahlakkumulator m

**nickelize** v / vernickeln v

**nickel matte** (Met) / Nickelstein m

**nickel-metal-hydride battery** (Elec Eng) / Nickel-Metallhydrid-Akkumulator m (der heute am weitesten verbreitete alkalische Akkutyp - frei vom Memory-Effekt und mit hoher Lebensdauer), NiMH-Akkumulator m

**nickel monoxide** (Chem) / Nickel(II)-oxid n, Nickelmonoxid n

**nickel(II) nitrate** (Chem) / Nickel(II)-nitrat n (Hexahydrat, Tetrahydrat)

**nickelocene** n (Chem) / Nickelocen n (ein Metallocen)

**nickel ochre** (Min) / Annabergit m (Verwitterungsprodukt arsenhaltiger Nickelerze), Nickelblüte f

**nickelous oxide** (Chem) / Nickel(II)-oxid n, Nickelmonoxid n

**nickel overplate** (Surf) / Enddeckschicht f ‖ ~**(II) oxide** (NiO) (Chem) / Nickel(II)-oxid n, Nickelmonoxid n ‖ ~**(III) oxide** (Ni₂O₃) (Chem) / Nickel(III)-oxid n, Dinickeltrioxid n ‖ ~ **peroxide** (Chem) / Nickelperoxid n ‖ ~ **pickling** (Surf) / Tauchvernickeln n ‖ ~ **pigment** (Paint) / Nickelpigment n (z.B. Nickeltitangelb)

**nickel-plate** v (Elec Eng, Surf) / vernickeln v (galvanisch)

**nickel-plating** n (Elec Eng, Surf) / Vernicklung f (galvanische), galvanisches Vernickeln, elektrochemische Vernickelung

**nickel pyrites** (Min) / Millerit m, Haarkies m (Nickel(II)-sulfid) ‖ ~ **rutile yellow** / Nickeltitangelb n (ein hellgelbes Mischphasenpigment mit hervorragenden Echtheitseigenschaften), Nickelrutilgelb n (Lichtgelb 8 G) ‖ ~ **salt** (Chem, Surf) / Nickelsalz n

**Nickel-Seal process** (Surf) / Nickel-Seal-Verfahren n (zur Abscheidung von Nickelschichten)

**nickel sesquioxide** (Chem) / Nickel(IV)-oxid n, Nickelsesquioxid n ‖ ~ **silver*** (Met) / Neusilber n (silberähnliche Kupfer-Nickel-Zink-Legierung - früher als Alpaka, Argentan, Packfong, Chinasilber, Nickelmessing und Kunstsilber bekannt) ‖ ~ **steel*** (Met) / Nickelstahl m (mit 1 - 9% Ni)

**nickel-steel electrode** (Welding) / Nickelstahlelektrode f

**nickel strike** (Surf) / Anschlagnickel n ‖ ~ **strike** (Surf) / Vorvernickelungsschicht f (elektrochemisch hergestellte) ‖ ~ **striking** (Surf) / Vorvernickeln n (elektrochemisches), Anschlagvernickelung f

**nickel(II) sulphamate** (Chem, Surf) / Nickel(II)-sulfamat n (Nickelsalz der Sulfaminsäure - Bestandteil der Nickelsulfamatbäder in der Galvanoformung), Nickel(II)-Amidosulfat n

**nickel•(II) sulphate** (Chem, Surf) / Nickel(II)-sulfat n (Einfachnickelsalz) ‖ ~ **sulphide** (Chem) / Nickelsulfid n ‖ ~ **tetracarbonyl** (Chem) / Nickeltetrakarbonyl n, Nickeltetracarbonyl n

**nickel-titanium yellow** / Nickeltitangelb n (ein hellgelbes Mischphasenpigment mit hervorragenden Echtheitseigenschaften), Nickelrutilgelb n (Lichtgelb 8 G)

**nickel undercoating** (Surf) / Nickelzwischenschicht f (z.B. beim System Cu-Ni-Cr) ‖ ~ **underlayer** (Surf) / Nickelzwischenschicht f (z.B. beim

**nickel**

System Cu-Ni-Cr) ‖ ~ **vitriol** (Min) / Nickel(II)-sulfatheptahydrat *n*, Nickelvitriol *n*, Morenosit *m* ‖ ~-**zinc storage battery** (Elec Eng) / Nickel-Zink-Akkumulator *m*
**nicker*** *n* (Carp, Join) / Vorschneidezahn *m* (des Zentrumbohrers), Vorschneider *m* (des Zentrumbohrers)
**nicking** *n* (Eng, Tools) / Scharte *f* (unregelmäßige Vertiefung an der Schneidkante eines Werkzeugs)
**nickname** *n* (Comp) / Nickname *m* (für Chatrooms), Screenname *m*, Alias *n* (Pseudonym, das sich Teilnehmer beim Chatten in Online-Services oder im Internet zur Verkürzung der Ansprache geben müssen)
**nickpoint** *n* (Civ Eng, Geol) / Gefällebruch *m*, Knickpunkt *m*
**nick translation*** (Gen) / Nicktranslation *f* (eine Technik zur In-vitro-Markierung von doppelsträngigen DNA-Fragmenten) (a method used to obtain a labelled DNA probe)
**Niclad*** *n* (Met) / Niclad *n* (nickelplattiertes Stahlblech)
**nicol** *n* (Optics) / Nicol'sches Prisma, Nicol *n*, Nikol *n* (nach W. Nicol, 1768-1851) ‖ ~ **prism*** (Optics) / Nicol'sches Prisma, Nicol *n*, Nikol *n* (nach W. Nicol, 1768-1851)
**nicopyrite** *n* (Min) / Bravoit *m*, Nickelpyrit *m* (ein intermediäres Verwitterungsprodukt von Pentlandit)
**nicotiana alkaloid** (Chem) / Tabakalkaloid *n*
**nicotinamide adenine dinucleotide*** (Biochem) / Nicotinamid-Adenin-Dinucleotid *n*, NAD (Nicotinamid-Adenin-Dinucleotid), Nicotinamid-Adenin-Dinukleotid *n*, Nicotinamid-Adenin-Dinukleotid *n* ‖ ~ **adenine dinucleotide phosphate*** (Biochem) / Nicotinamid-Adenin-Dinucleotidphosphat *n*, NADP (Nicotinamid-Adenin-Dinucleotidphosphat), Nikotinamid-Adenin-Dinukleotidphosphat *n*
**nicotinate** *n* (Chem) / Nikotinat *n*, Nicotinat *n* (Ester und Salz der Nicotinsäure)
**nicotine*** *n* (Chem) / Nikotin *n*, Nicotin *n* (das Hauptalkaloid des Tabaks und anderer Nicotiniana-Arten)
**nicotine-free** *adj* / nicotinfrei *adj*, nikotinfrei *adj*
**nicotineless** *adj* / nicotinfrei *adj*, nikotinfrei *adj*
**nicotine poisoning** (Pharm) / Nikotinismus *m*, Nikotinvergiftung *f*, Nikotinintoxikation *f* ‖ ~ **stain** (Textiles) / Nicotinfleck *m*, Nikotinfleck *m*
**nicotinic acid*** (Chem) / Nicotinsäure *f* (Pyridin-3-carbonsäure), Nikotinsäure *f*
**nicotinic-acid amide** (Pharm) / Niacinamid *n*, Niazinamid *n*, Nicotinamid *n*, Nikotinamid *n*, Nicotinsäureamid *n*, Nikotinsäureamid *n* (Antipellagra-Vitamin)
**nicotinism** *n* (Pharm) / Nikotinismus *m*, Nikotinvergiftung *f*, Nikotinintoxikation *f*
**nidged ashlar*** (Build) / gespitzter Stein
**nidging chisel** (Build, Tools) / Scharriereisen *n* (meistens Vierteleisen - 4-7 cm breit)
**nido-** (Chem) / nido- (ein Präfix bei Boranen)
**nido-borane*** *n* (Chem) / nido-Boran *n*
**niello** *v* / niellieren *v*, tulieren *v* ‖ ~* (pl. nielli or niellos) (Met) / Nielloarbeit *f* (Gold- und Silberschmiedekunst), Niello *n* (pl. -s, -lli oder -llen)
**nielsbohrium*** *n* (Chem) / Nielsbohrium *n*, Ns (Nielsbohrium), Hahnium *n* (radioaktives, nur künstlich darstellbares chemisches Element der Ordnungszahl 105), Ha (Hahnium), Unnilpentium *n*, Unp (Unnilpentium)
**Nielsen panel** / Nielsen-Panel *n* (mit dem Warenbewegungen vom Handel zum Endverbraucher gemessen werden - nach A.Ch. Nielsen, 1897-1980) ‖ ~ **rating** (Radio, TV) / Einschaltquote *f* (mit dem Audimeter der A.C. Nielsen Corporation im Minutentakt gemessen)
**Nielsen-Schreier theorem** (Maths) / Nielsen-Schreier-Satz *m* (Untergruppen freier Gruppen sind wieder frei )
**nieve penitente** (Geol) / Büßerschnee *m* (Schmelzform von Schnee, Firn und Gletschereis in den tropischen und subtropischen Hochgebirgen), Zackenfirn *m*, Zackenschnee *m*, Penitentes *pl*
**Ni-Fe accumulator*** (Elec Eng) / Nickel-Eisen-Akkumulator *m* (ein alkalisches Akkumulator), Eisen-Nickel-Akkumulator *m*, Edison-Akkumulator *m*, NiFe-Akkumulator *m*, Nickel-Eisen-Batterie *f*, Stahlakkumulator *m*
**nigericin*** *n* (Chem, Pharm) / Nigericin *n*
**nigerose** *n* (Chem) / Nigerose *f* (im Honig, Reversionsprodukt der Glukose bei Säureeinwirkung), Sakebiose *f*
**niger-seed oil** (Nigeröl *n*, Ramtillöl *n* (aus dem Ramtillkraut = Guizotia abyssinica (L.f.) Cass.)
**nigged ashlar*** (Build) / gespitzter Stein
**nigger** *n* (Cinema) "Neger" *m*, Abdeckblende *f*, schwarze Wand ("Neger") ‖ ~ **Textiles)** / Noppe *f* aus Faserflocken, Nigger *m* (Faserflocke als Noppe)
**niggliite** *n* (Min) / Niggliit *m* (PtSn)

**Niggli value** (Min) / Niggli-Wert *m* (zur Deutung von Analysen der magmatischen Gesteine - nach P. Niggli, 1888-1953)
**night-answer station** (Comp) / Nachtabfragestation *f*
**night blindness*** (Med, Optics) / Nachtblindheit *f*, Nyktalopie *f* ‖ ~ **bolt*** (Join) / Nachtriegel *m* (des Türschlosses)
**night-current storage heating** (Elec Eng) / Nachtstromspeicherheizung *f*
**night effect** (Cinema) / Nachteffekt *m*, amerikanische Nacht (Eindruck einer Nachtaufnahme bei einer am Tag gedrehten Szene) ‖ ~ **effect** (Radio) / Nachteffekt *m*, Dämmerungseffekt *m* (Beeinflussung des Funkverkehrs durch Absinken der die Radiowellen reflektierenden Ionosphärenschichten bei Einbruch der Dämmerung) ‖ ~ **flight** (Aero) / Nachtflug *m* ‖ ~ **frost** (Agric, Meteor) / Nachtfrost *m* (infolge nächtlicher Ausstrahlung)
**night-glass** *n* (Optics) / Nachtglas *n* (Fernrohr mit großer Dämmerungsleistung)
**nightglow** *n* (Geophys) / nächtliche Himmelsstrahlung, Nachthimmelslicht *n*, Luftleuchten *n* des Nachthimmels
**nighthood** *n* (Ships) / Nachthaus *n*, Nachthaube *f* (mit kleinen Fenstern versehene Haube frei stehender Kompasse)
**night latch*** (Join) / Nachtriegel *m* (des Türschlosses) ‖ ~ **load** / Nachtabgabe *f* (des Gases) ‖ ~ **lock** (Build, Join) / Zylinderschloss *n* (ein Sicherheitsschloss)
**nightmare software** (Comp) / Alptraum-Software *f* (mit Computerviren)
**night photography** (Photog) / Nachtfotografie *f* ‖ ~ **range** (Aero) / Nachtreichweite *f* ‖ ~ **ringer** (Teleph) / Ringabfrage *f* bei Nacht ‖ ~ **sendout** (US) / Nachtabgabe *f* (des Gases) ‖ ~ **shift** (Mining) / Nachtschicht *f* ‖ ~ **shift** (Work Study) / Nachtschicht *f* ‖ ~ **soil** (San Eng) / Fäkalschlamm *m* ‖ ~ **storage heating** (Elec Eng) / Nachtstromspeicherheizung *f*
**night-time rate** (Telecomm) / Nachttarif *m*
**night vent** (Build) / Lüftungsflügel *m* (in Fenstern oder Fenstertüren) ‖ ~ **vision** (Optics) / Nachtsehen *n* (Sehen bei Nacht nach DIN 5031, T 3), Nachtsehfähigkeit *f*
**night-vision device** (Mil) / Nachtsichtgerät *n*, Nachtsehgerät *n*
**night work** / Nachtarbeit *f*
**nigre** *n* (Chem) / Unterlauge *f* (wässrige, mit Glycerin - Seifenherstellung), Leimniederschlag *m* (Seifenherstellung)
**nigrescent*** *adj* (Biol, Bot) / schwarz werdend, schwärzlich *adj*
**nigrine** *n* (Min) / Nigrin *m* (schwarze Varietät des Rutils)
**nigrosine*** *n* (Chem) / Nigrosin *n* (ein schwarzer oder grauer Azinfarbstoff)
**NIH shift** (Chem) / NIH-Verschiebung *f* (eine Umlagerung)
**nikkel oil** / Zimtblätteröl *n* (aus Cinnamomum zeylanicum Blume)
**nil cloud** (Aero, Meteor) / wolkenlos *adj*
**nil-ductility transition temperature** (Materials, Met) / Sprödbruchübergangstemperatur *f*, Nil-Ductility-Transition-Temperatur *f*, Übergangstemperatur *f* (bei der Sprödbruchprüfung)
**nile*** *n* (Nuc Eng) / Nile *n*, Prozent *n* ‖ ~ **green** (a pale bluish green) / Nilgrün *n*
**nilpotent** *adj* (Maths) / nilpotent *adj*
**nimbostratus*** *n* (pl. nimbostrati) (Meteor) / Nimbostratus *m* (pl. -strati) (Nimbostratus), Regenschichtwolke *f*, dichte, große Regenwolke
**nimbostratus cloud** (Meteor) / Nimbostratus *m* (pl. -strati), Ns (Nimbostratus), Regenschichtwolke *f*, dichte, große Regenwolke
**nimbus** *n* (pl. nimbuses or nimbi) (Meteor) / Nimbostratus *m* (pl. -strati), Ns (Nimbostratus), Regenschichtwolke *f*, dichte, große Regenwolke ‖ ~ (Meteor, Optics) / Heiligenschein *m* (atmosphärisch-optische Beugungserscheinung)
**Nimby** *n* (not in my backyard - a person who objects to the siting of something perceived as unpleasant or hazardous in their own neighbourhood, especially while raising no such objections to similar developments elsewhere) (Ecol) / Gegner *m* der umweltbeeinträchtigenden Eingriffe in der Nachbarschaft
**nim oil** / Margosaöl *n*, Nimöl *n*, Neemöl *n* (das fette Öl der Samen von Melia azadirachta A. Juss.)
**nimonic*** *n* (Met) / Nimonic *n* (eine hochwarmfeste, kriech- und zunderbeständige Legierung - Marke der Inco Alloys Int.)
**nine-footway problem** (Maths) / Problem *n* der neun Fußwege, Problem *n* der drei Häuser und drei Brunnen, Problem *n* der zänkischen Nachbarn (in der Grafentheorie)
**nine-point circle** (of a triangle)* (Maths) / Neunpunktekreis *m*, Feuerbach'scher Kreis (durch die Seitenmitten, die Höhenfußpunkte und die Mitten der oberen Höhenabschnitte - nach K.W. Feuerbach, 1800-1834)
**nine's complement** (Comp) s. also radix-minus-one complement
**ninhydrin*** *n* (Chem) / Ninhydrin *n* (1,2,3-Indantrion-Hydrat) ‖ ~ **reaction** (Chem) / Ninhydrin-Reaktion *f* ‖ ~ **reagent** (Chem) / Ninhydrin-Reagens *n* (zum Nachweis von Aminosäuren)

**niobate** *n* (Chem) / Niobat *n* (Salz von Säuren mit fünfwertigem Niob im Molekül)
**niobe oil** (Chem) / Niobeöl *n* (Benzoesäuremethylester)
**niobite*** *n* (Min) / Niobit *m* (Nb-reichstes Glied der Columbit-Reihe)
**niobium*** *n* (Chem) / Niob *n*, Nb (Niob), Niobium *n* ‖ ~ **boride** (Chem) / Niobborid *n* (NbB$_2$) ‖ ~ **carbide** (Chem) / Niobcarbid *n* (nbC), Niobkarbid *n* ‖ ~ **nitrite** (Chem) / Niobnitrit *n* ‖ ~ **pentafluoride** (Chem) / Niobpentafluorid *n*, Niob(V)-fluorid *n* ‖ ~ **pentoxide** (Chem) / Niob(V)-pentoxid *n*
**niobium-stabilized** *adj* / niobstabilisiert *adj*
**niobium tin** (Chem) / Niobzinn *n* (Nb$_3$Sn)
**niobize** *v* (Met) / niobieren *v* (die Randschicht eines Werkstücks aus Stahl mit Niob durch thermochemische Behandlung anreichern)
**niové** *n* (For) / M'bonda *n*, Menga-Menga *n*, Niové *n* (Muskatholz der Staudtia stipitata Warb. oder Staudtia kamerunensis Warb. - Ausstattungsholz für Parkett), Bokapi *n*
**nip** *v* / beschädigen (Pflanzen durch Frost) ‖ ~ / abkneifen *v*, abzwicken *v* ‖ ~ (Agric) / schädigen *v* (durch Frost) ‖ ~ (Bind) / niederhalten *v* (einen Buchblock), abpressen *v* ‖ ~* *n* (Chem Eng) / Einzugswinkel *m* (am Walzenbrecher) ‖ ~ (Eng) / Klemmstelle *f* ‖ ~ (Eng) / Berührungsstelle *f*, Berührungslinie *f* (z.B. von zwei Walzen) ‖ ~ (Geol) / lokale Schichtlücke ‖ ~* (Glass, Met) / Walzenspalt *m*, [regulierbarer] Zwischenraum *m* (zwischen den beiden formgebenden Walzen bei dem Kontinue-Walzverfahren) ‖ ~ (a pinch or thinning of a coal seam, esp. as a result of tectonic movement) (Mining) / Auskeilen *n* (allmähliches Dünnerwerden von Flözen), Dünnerwerden *n* ‖ ~ (Print) / Druckspalt *m* ‖ ~ **and tuck folder** (Print) / Klappenfalzapparat *m* ‖ ~ **angle** (Chem Eng) / Einzugswinkel *m* (am Walzenbrecher) ‖ ~ **angle** (Eng, Met) / Greifwinkel *m*, Einzugswinkel *m*, Fassungswinkel *m* (bei Walzen)
**Nipher shield** (Meteor) / Nipher-Ring *m* (an Niederschlagssammlern)
**nipi-device** *n* (Electronics) / nipi-Bauelement *n*
**NIPO** (negative input, positive output) (Comp) / Schaltung *f* mit negativem Eingangspegel und positivem Ausgangspegel (negative Eingabe, positive Ausgabe)
**nip off** *v* / abkneifen *v*, abzwicken *v*
**nip-out** *n* (Mining) / Verdrückung *f* (sich verschmälernde Gänge)
**nip padding** (Textiles) / Pflatschen *n* (Aufbringen flüssiger Ausrüstungsmittel mittels Walzen auf dem Foulard)
**nipper jaw** (Spinning) / Zange *f* (der Kämmmaschine) ‖ ~ **knife** (Spinning) / Oberzange *f* (der Kämmmaschine) ‖ ~ **plate** (Spinning) / Unterzange *f* (der Kämmmaschine)
**nippers*** *pl* / Steinschere *f*, Teufelsklaue *f* (zum Versetzen der Werksteine) ‖ ~ (a pair of grappling irons, working like a pair of scissors, used for gripping loads that have to be hoisted) / Lastengreiferzange *f*, Hebezange *f*
**nipping** *n* (Bind) / Abpressen *n*, Niederhalten *n* (des Buchblocks) ‖ ~ (Mining) / Verdrückung *f* (sich verschmälernde Gänge) ‖ ~ *adj* (Meteor, Physiol) / schneidend *adj* (Kälte), durchdringend *adj* (Kälte)
**nipple** *n* (Build, Eng) / Entlüftungsventil *n*, Entlüfter *n* (bei Heizkörpern) ‖ ~* (Eng, Plumb) / Nippel *m* (Gewinderohrstück zum Verschrauben von Rohrenden, zur Speichenspannung bei Fahrrädern, zur Radiatorverbindung und als Öffnungsverschluss von Schmierstellen) ‖ ~ **plate** (Met) / Warzenblech *n* (ein geripptes Blech)
**nippy** *adj* (Autos) / spritzig *adj* (Motor)
**nip rolls*** (Paper) / Feuchtpresse *f* (in der Pressenpartie der Papiermaschine)
**NIPTS** (noise-induced permanent threshold shift) (Acous, Physiol) / lärmbedingte bleibende Hörschwellenverschiebung, NIPTS (lärmbedingte bleibende Hörschwellenverschiebung)
**NIR** (near infrared) (Phys) / nahes Infrarot (IR - A + IR - B), naher Infrarotbereich (DIN 5031, T 7), nahes IR, NIR (nahes Infrarot)
**Ni-resist*** *n* (Met) / Ni-Resist-Gusseisen *n*, Ni-Resist *n* (eine Nickelgusslegierung)
**nisin** *n* (Nut, Pharm) / Nisin *n* (ein Konservierungsstoff aus Milchsäurebakterien)
**NIST connector** (ISO 4135) (Med) / NIST-Konnektor *m*
**Ni-strike** *n* / Ni-Strike *m* (Verfahren zum Vorvernickeln), Anschlagvernicklung *f*
**nit** *n* (the egg or young form of a louse) (Bot, Med) / Nisse *f* (Läuseei) ‖ ~ (Comp) / Nit *n* (= 1,44 Bit) ‖ ~* (Light) / Nit *n* (alte Einheit der Leuchtdichte = cd/m$^2$, nach DIN 1301, T 3)
**niter** *n* (US)* (Chem, Min) / Kalisalpeter *m* ("Kehrsalpeter"), Nitrokalit *m*
**niting** *n* / Drehbereichsbegrenzung *f* (beim Hahnkegel)
**Nitinol** (Met) / Nitinol *n* (eine Nickel-Titan-Legierung des amerikanischen Naval Ordnance Laboratory)
**Nitralloy*** *n* (Met) / Nitralloystahl *m* (ein Nitrierstahl)
**nitramide** *n* (Chem) / Nitramid *n*, Nitrylamid *n*
**nitramine*** *n* (Chem) / Nitramin *n* (ein Indikator), Nitroamin *n*

**nitraniline** *n* (Chem) / Nitranilin *n*, Nitroanilin *n* ‖ ~ **red** (Chem, Paint) / Paranitranilinrot *n*, Pararot *n*, Nitroanilinrot *n*
**nitrate•(III)*** (Chem) / Nitrit *n* ‖ ~ *n* (Agric) / Salpeterdünger *m*, Nitratdünger *m* (z.B. Natriumnitrat) ‖ ~* (Chem) / Nitrat *n* ‖ ~ **bacteria** (Bacteriol, Bot) / Nitratbakterien *f pl*, Nitratbildner *m pl* (autotrophe Bakterien der Gattung Nitrobacter) ‖ ~ **content** (Chem) / Nitratgehalt *m*
**nitrated PAH** (Chem, Med) / Nitro-PAH *m* (eine mutagene und karzinogene Verbindung), Nitro-PAK *m* ‖ ~ **paper** (Paper) / Nitrierkrepp *m*, Nitrierkrepppapier *n*
**nitrate leaching** (Agric, San Eng) / Nitratauswaschung *f* (Verlagerung von Nitrat aus dem durchwurzelten Boden mit dem Sickerwasser) ‖ ~ **leaching** (Agric, San Eng) / Stickstoffauswaschung *f*, Nitratauswaschung *f* ‖ ~ **level** (Chem) / Nitratgehalt *m* ‖ ~ **mineral** (Min) / Nitrat *n* (Nitratmineral), Nitratimineral *n* ‖ ~ **nitrogen** (Chem) / Nitratstickstoff *m* ‖ ~ **of lime** (Agric) / Kalksalpeter *m* (als Dünger) ‖ ~ **pulping** (Paper) / Salpetersäureaufschluss *m* ‖ ~ **radical** (Chem) / Nitratradikal *n* ‖ ~**-reducing bacteria*** (Bacteriol) / Denitrifikationsbakterien *f pl*, denitrifizierende Bakterien ‖ ~ **removal** (Chem, San Eng) / Nitratelimination *f*, Nitratentfernung *f*, Nitrateliminierung *f*
**nitratine*** *n* (Chem, Min) / Nitronatrit *m* (NaNO$_3$), Natronsalpeter *m* ‖ ~* (Chem, Min) s. also Chile saltpetre
**nitrating acid** (Chem) / Mischsäure *f*, [meist] Salpeterschwefelsäure *f*, Nitriersäure *f*
**nitration*** *n* (Chem) / Nitrierung *f*, Nitrieren *n* (Einführung einer Nitrogruppe)
**nitrator** *n* (Chem Eng) / Nitrierer *m*, Nitriergefäß *n*, Nitrierapparat *m*
**nitrazepam*** *n* (Pharm) / Nitrazepam *n* (ein Hypnotikum)
**nitrazine yellow** / Nitrazingelb *n* (ein Indikator)
**nitre*** *n* (Chem, Min) / Kalisalpeter *m* ("Kehrsalpeter"), Nitrokalit *m* ‖ ~ **bush** (Bot) / Nitrierstrauch *m* (Nitraria sp.) ‖ ~ **cake** (Chem) / Natriumkuchen *m* (Gemisch aus Na$_2$SO$_4$ und NaHSO$_4$ als Nebenprodukt der Salpetersäureherstellung)
**nitrene** *n* (Chem) / Nitren *n*, Aminylen *n*, Azanyliden *n*
**nitric•(III) acid*** (Chem) / salpetrige Säure (HNO$_2$) ‖ ~**(V) acid*** (a nitrogen oxoacid) (Chem) / Salpetersäure *f* (HNO$_3$) ‖ ~ **acid pulping** (Paper) / Salpetersäureaufschluss *m* ‖ ~ **anhydride*** (Chem) / Salpetersäureanhydrid *n*, Stickstoff(V)-oxid *n*, Distickstoffpentoxid *n* ‖ ~ **oxide*** (Chem) / Stickstoff(II)-oxid *n*, Stickstoffmonoxid *n* (NO) ‖ ~ **phosphate** (Agric) / Nitrophosphat *n* (unspezifische Sammelbezeichnung für NP- und NPK-Düngemittel)
**nitride*** *n* (Chem) / Nitrid *n* (Verbindung aus Stickstoff und einem Metall oder Halbmetall)
**nitrided case** (Met) / nitridhaltige Schicht (eine Randschicht aus metallischen, insbesondere Eisenwerkstoffen), Nitrierschicht *f* (nitrierte Randschicht), Nitridschicht *f*, nitrierte Randschicht ‖ ~ **layer** (Met) / nitridhaltige Schicht (eine Randschicht aus metallischen, insbesondere Eisenwerkstoffen), Nitrierschicht *f* (nitrierte Randschicht), Nitridschicht *f*, nitrierte Randschicht ‖ ~ **steel** (Met) / nitriergehärteter Stahl, nitrierter Stahl
**nitride former** (Chem) / Nitridbildner *m*
**nitride-forming element** (Chem) / Nitridbildner *m*
**nitride magnet** (Elec Eng) / Nitridmagnet *m* (pulverförmiges Samarium und Eisen, unter einer Stickstoffatmosphäre gesintert) ‖ ~ **nuclear fuel** (Nuc Eng) / nitridischer Kernbrennstoff ‖ ~ **of high-melting metals** (Chem) / Nitrid *n* der hochschmelzenden Metalle
**nitriding*** *n* (Met) / Nitrieren *n* (DIN EN 10 052), Nitrierhärtung *f*, Aufsticken *n* (Glühen in Stickstoff abgebenden Mitteln zum Erzielen einer mit Stickstoff angereicherten Oberfläche) ‖ ~ **steel** (Met) / Nitridierstahl *m* (zum Nitrieren geeignet), Nitrierstahl *m* (ein Vergütungsstahl nach DIN 17211)
**nitrification*** *n* (Bacteriol, Bot) / Nitrifikation *f* (Oxidation von Ammoniak durch autotrophe Bakterien), Nitrifizierung *f* (eine Art mikrobielle Oxidation) ‖ ~ **inhibitor** (Agric, Chem, San Eng) / Nitrifizid *n*, Nitrifikationsinhibitor *m*, Nitrifikationshemmer *m*, Nitrifikationshemmstoff *m*
**nitrificide** *n* (Agric, Chem, San Eng) / Nitrifizid *n*, Nitrifikationsinhibitor *m*, Nitrifikationshemmer *m*, Nitrifikationshemmstoff *m*
**nitrify** *v* (Agric, Chem) / nitrifizieren *v* (in Nitrat umwandeln)
**nitrifying bacteria*** (Bacteriol) / nitrifizierende Bakterien, Nitrifikationsbakterien *f pl*, Salpeterbakterien *f pl*, Nitrifikanten *m pl* (nitrifizierende Bakterien), Nitrobakterien *f pl* (Sammelname für Nitrit- und Nitratbakterien)
**nitrile*** *n* (Chem) / Nitril *n*
**nitrile-based rubber** (Plastics) / Butadien-Acrylnitril-Kautschuk *m*, Butadien-Akrylnitril-Kautschuk *m*, Nitrilkautschuk *m* (ein Synthesekautschuk), NBR (Butadien-Acrylnitril-Kautschuk)
**nitrile-butadiene rubber** (Plastics) / Butadien-Acrylnitril-Kautschuk *m*, Butadien-Akrylnitril-Kautschuk *m*, Nitrilkautschuk *m* (ein Synthesekautschuk), NBR (Butadien-Acrylnitril-Kautschuk)

**nitrile fibre**

**nitrile fibre** / Nitrilfaser f ‖ ~ **oxide** (Chem) / Nitriloxid n ‖ ~ **rubber** (Plastics) / Butadien-Acrylnitril-Kautschuk m, Butadien-Akrylnitril-Kautschuk m, Nitrilkautschuk m (ein Synthesekautschuk), NBR (Butadien-Acrylnitril-Kautschuk) ‖ ~ **ylide** (Chem) / Nitril-Ylid n
**nitrilimine** n (Chem) / Nitrilimin n
**nitriloacetate** n (Chem) / Nitriloazetat n (ein wichtiger Phosphataustauschstoff in den Waschmitteln), Nitriloacetat n, NTA (Nitriloacetat )
**nitrilo-triacetic acid** (Chem) / Nitrilotriessigsäure f, NTE (Nitrilotriessigsäure) (eine zu den Komplexonen gehörende Verbindung)
**nitrite*** n (Chem) / Nitrit n ‖ ~ **bacteria*** (Bacteriol, Bot) / Nitritbakterien f pl, Nitritbildner m pl (autotrophe Bakterien der Gattung Nitrosomonas) ‖ ~ **curing salt** (Nut) / Nitritpökelsalz n (Mischung aus Natriumchlorid und Natriumnitrit - E 250), NPS (Nitritpökelsalz)
**nitrite-forming bacteria** (Bacteriol) / Nitritbakterien f pl, Nitritbildner m pl (autotrophe Bakterien der Gattung Nitrosomonas)
**nitrite nitrogen** (Chem) / Nitritstickstoff m ‖ ~ **pickling salt** (Nut) / Nitritpökelsalz n (Mischung aus Natriumchlorid und Natriumnitrit - E 250), NPS (Nitritpökelsalz) ‖ ~ **reductase** (Biochem) / Nitritreduktase f
**nitro** n (Autos, Chem) / Nitromethan n (der einfachste Vertreter der Nitroalkane)
**nitroalkane** n (Chem) / Nitroalkan n (nitrierter aliphatischer Kohlenwasserstoff), Nitroparaffin n
**nitroaniline*** n (Chem) / Nitranilin n, Nitroanilin n
**nitroaromates** pl (Chem) / Nitroarene n pl
**Nitrobacteriaceae*** pl (Bacteriol, Bot) / nitrifizierende Bakterien, Nitrifikationsbakterien f pl, Salpeterbakterien f pl, Nitrifikanten m pl (nitrifizierende Bakterien), Nitrobakterien f pl (Sammelname für Nitrit- und Nitratbakterien)
**nitrobarite** n (Chem) / Bariumnitrat n
**nitrobenzaldehyde** n (Chem) / Nitrobenzaldehyd m
**nitrobenzene*** n (Chem) / Nitrobenzol n (die einfachste aromatische Nitroverbindung)
**nitrobenzoic acid** (Chem) / Nitrobenzoesäure f
**nitrobiphenyl** n (Chem) / Nitrobiphenyl n
**nitroblue tetrazolium*** (Biol) / Tetrazoliumblau n
**nitrobromoform** n (Chem) / Brompikrin n, Brompicrin n, Nitrobromoform n
**nitrocalcite** n (Chem, Min) / Kalksalpeter m, Nitrokalzit m, Nitrocalcit m
**nitrocarburizing** n (Met) / Nitrokarburieren n (Nitrieren mit zusätzlicher Kohlenstoffdiffusion in die Randschicht), Nitrocarburieren n
**nitrocellulose*** n (Chem) / Cellulosenitrat n (Salpetersäureester der Cellulose, CN (Cellulosenitrat nach DIN 7728-1), Zellulosenitrat n, Nitratzellulose f, Nitratcellulose f, Nitrozellulose f, Nitrocellulose f, NC (Nitrocellulose) ‖ ~ **combination paint** (lacquer) (Autos, Paint) / Nitrokombilack m, Nitrokombinationslack m ‖ ~ **diluent** (Paint) / Nitroverdünnung f (zum Verdünnen bzw. Lösen von Nitrozellulose- bzw. Nitrokombinationslacken) ‖ ~ **material** (Paint) / Nitrozelluloseselack m, Nitrolack m, Zellulosenitratlack m, NC-Lack m, CN-Lack m
**nitrochalk** n (a mixture of calcium carbonate and ammonium nitrate, used as a fertilizer) (Agric, Chem) / Kalkammonsalpeter m, KAS (Kalkammonsalpeter)
**Nitro-chalk** n (Chem) / Grünkorn n (Calnitro)
**nitrochlorobenzenes** pl (Chem) / Nitrochlorbenzole n pl, Chlornitrobenzole n pl
**nitrochloroform** n (Agric, Chem, Pharm) / Trichlornitromethan n, Nitrochloroform n, Chlorpikrin n
**nitro compounds** / (Chem) / Nitroverbindungen f pl (organische Verbindungen, die die einwertige Nitrogruppe an ein C- oder N-Atom gebunden enthalten) ‖ ~**-cotton** n (Chem) / Schießbaumwolle f, Schießwolle f (um 13% N)
**nitrode** n (Electronics) / Nitrode f (Siliziumdiode mit Siliziumnitrid als Passivierungsschicht)
**nitro derivatives*** (Chem) / Nitroverbindungen f pl (organische Verbindungen, die die einwertige Nitrogruppe an ein C- oder N-Atom gebunden enthalten)
**nitro-dye** n (Textiles) / Nitrofarbstoff m (gelber bis orangefarbener synthetischer Farbstoff mit Nitrogruppen als Chromophor)
**nitro-dyestuff** n (Textiles) / Nitrofarbstoff m (gelber bis orangefarbener synthetischer Farbstoff mit Nitrogruppen als Chromophor)
**nitroethane** n (Chem) / Nitroethan n (ein einfacher Vertreter der Nitroalkane)
**nitro explosive** (Chem) / Nitroglyzerinsprengstoff m, Nitrosprengstoff m
**nitroferroin** n (Chem) / Nitroferroin n

**nitrofuran** n (Chem, Med, Nut) / Nitrofuran n
**nitrogen*** n (Chem) / Stickstoff m, N (Stickstoff) ‖ ~ **acid anhydride** (Chem) / Salpetersäureanhydrid n, Stickstoff(V)-oxid n, Distickstoffpentoxid n
**nitrogenase*** n (the enzyme system responsible for biological nitrogen fixation) (Biochem) / Nitrogenase f (das Stickstoff fixierende Multienzymsystem bei Lebewesen), Dinitrogenase f
**nitrogen balance*** (Biochem, Physiol) / Stickstoffbilanz f (Differenz zwischen dem vom Organismus aufgenommenen Protein-N und dem in Harn und Stuhl abgegebenen Harnstoff-N), Stickstoffgleichgewicht n ‖ ~ **case-hardening*** (Met) / Nitrieren n (DIN EN 10 052), Nitrierhärtung f, Aufsticken n (Glühen in Stickstoff abgebenden Mitteln zum Erzielen einer mit Stickstoff angereicherten Oberfläche) ‖ ~ **chloride*** (Chem) / Stickstoffchlorid n
**nitrogen-cooled reactor** (Nuc Eng) / stickstoffgekühlter Reaktor, $N_2$-gekühlter Reaktor
**nitrogen cycle*** (Bacteriol, Ecol) / Stickstoffkreislauf m ‖ ~ **dioxide*** (Chem) / Stickstoffdioxid n ($NO_2$) ‖ ~ **enrichment** (San Eng) / Stickstofftrophierung f ‖ ~ **fertilizer** (with nitrogen as main nutrient) (Agric) / Stickstoffdüngemittel n, Stickstoffdünger m, N-Dünger m ‖ ~ **fixation*** (a process in which atmospheric hydrogen is converted into ammonia) (Bacteriol) / Stickstoffbindung f, Luftstickstoffbindung f, N-Fixierung f, Stickstofffixierung f (biologische Ammoniaksynthese aus atmosphärischem Stickstoff), Distickstofffixierung f
**nitrogen-fixing** adj (Bacteriol) / stickstofffixierend adj, stickstoffbindend adj
**nitrogen-free** adj / N-frei adj, stickstofffrei adj
**nitrogen group** (Chem) / Stickstoffgruppe f (5. Hauptgruppe des Periodensystems) ‖ ~ **halide** (Chem) / Stickstoffhalogenid n ‖ ~ **heterocycles** (Chem) / Stickstoffheterocyclen m pl, Stickstoffheterozyklen m pl ‖ ~ **humidifier** (Photog) / Stickstoffbefeuchter m (der die Verstopfung der Düsenrohre durch Kristallisation verhindert - Badbewegung in den Entwicklungsmaschinen) ‖ ~ **laser** (Phys) / Stickstofflaser m ‖ ~ **monoxide*** (Chem) / Stickstoff(II)-oxid n, Stickstoffmonoxid n (NO) ‖ ~ **mustard** (Chem, Mil) / Stickstoffyperit n, N-Lost m (chemischer Kampfstoff), Stickstoffsenfgas n, Stickstofflost m (Tris(2-chlorethyl)-amin; Trichlormethin) ‖ ~ **narcosis*** (Med) / Tiefenrausch m
**nitrogenous** adj (Chem) / stickstoffhaltig adj, Stickstoff enthaltend ‖ ~ **base** (Chem, Gen) / stickstoffhaltige Base, Stickstoffbase f ‖ ~ **fertilizer** (Agric) / Stickstoffdüngemittel n, Stickstoffdünger m, N-Dünger m ‖ ~ **lime** (an artificial fertilizer) (Agric) / Stickstoffkalk m
**nitrogen • (II) oxide*** (Chem) / Stickstoff(II)-oxid n, Stickstoffmonoxid n (NO) ‖ ~ **(IV) oxide*** (Chem) / Stickstoffdioxid n ($NO_2$) ‖ ~ **(V) oxide** (Chem) / Salpetersäureanhydrid n, Stickstoff(V)-oxid n, Distickstoffpentoxid n ‖ ~ **oxide** (Chem) / Stickoxid n, nitroses Gas (Oxidverbindung des Stickstoffs), Stickstoffoxid n (im Allgemeinen = $NO_x$) ‖ ~ **pentoxide*** (Chem) / Salpetersäureanhydrid n, Stickstoff(V)-oxid n, Distickstoffpentoxid n ‖ ~ **peroxide** (Chem) / Stickstoffdioxid n ($NO_2$)
**nitrogen-phosphorus detector** (Chem) / Thermoionisationsdetektor m, thermoionischer Detektor (für die gaschromatografische Spurenanalyse, vorwiegend für P und N), TID ‖ ~ **group** (Chem) / Stickstoffgruppe f (5. Hauptgruppe des Periodensystems)
**nitrogen removal** (Chem Eng, Ecol) / Denitrieren n (von Rauchgasen), Entsticken n (von Rauchgasen) ‖ ~ **rule** (Spectr) / Stickstoffregel f ‖ ~ **separation** (Oils) / Stickstoffabtrennung f, Stickstoffentzug m (aus Erdgas mit hohen Stickstoffanteilen) ‖ ~ **source** (Chem) / Stickstoffquelle f, N-Quelle f ‖ ~ **tetroxide** (Chem) / Stickstoffdioxid n ($NO_2$) ‖ ~ **tetroxide** (Chem, Space) / Distickstofftetroxid n, Dinitrogentetraoxid n ($N_2O_4$) ‖ ~ **trichloride** (Chem) / Stickstofftrichlorid n ($NCl_3$) ‖ ~ **trifluoride** (Chem) / Fluorstickstoff m, Stickstofftrifluorid n, Stickstoff(III)-fluorid n ($NF_3$) ‖ ~ **turbine** / Stickstoffturbine f (einer Luftzerlegungsanlage)
**nitroglycerin** n (Chem) / Glyceroltrinitrat n, Glyzerintrinitrat n, Nitroglycerin n, Nitroglyzerin n, Nitroglycerol n, Nitroglyzerol n
**nitroglycerine*** n (Chem) / Glyceroltrinitrat n, Glyzerintrinitrat n, Nitroglycerin n, Nitroglyzerin n, Nitroglycerol n, Nitroglyzerol n
**nitro group** (Chem) / Nitrogruppe f ($-NO_2$)
**nitroguanidine** n (Chem) / Nitroguanidin n
**nitrohydrochloric acid** (Chem, Med) / Königswasser n, Aqua f regia (Salzsäure-Salpetersäure-Gemisch)
**nitroimidazole** n (Chem) / Nitroimidazol n
**nitrojection** n (Agric) / Nitrojektion f (von flüssigem Ammoniak als Düngemittel)
**nitrolic acid** (Chem) / Nitrolsäure f
**nitrolignin** n (For) / Nitrolignin n (durch Nitrierung mit 5-8%iger Salpetersäure bei 40-45 °C aus Hydrolysenlignin erzeugtes Produkt)

**Nitrolime**\* *n* (Agric) / Stickstoffkalk *m* ‖ ~ *n* (Chem) / Kalkstickstoff *m* (Kalziumzyanamid als technisches Produkt) ‖ ~\* *pl* (Agric) s. also calcium cyanamide
**nitrometer** *n* (Chem) / Nitrometer *n*, Azotometer *n* (Messanordnung zur volumetrischen Bestimmung von organisch gebundenem Stickstoff)
**nitromethane**\* *n* (Autos, Chem) / Nitromethan *n* (der einfachste Vertreter der Nitroalkane)
**nitromuriatic acid** (Chem, Met) / Königswasser *n*, Aqua *f* regia (Salzsäure-Salpetersäure-Gemisch)
**nitro musk** (Chem) / Nitromoschus *m*
**nitro-musk compound** (Chem) / Nitromoschus-Verbindung *f*
**nitron** *n* (Chem) / Nitron *n* (N-Oxid von Schiff'schen Basen)
**nitronaphthalene** *n* (Chem) / Nitronaphthalin *n* (Nitrierungsprodukt des Naphthalins)
**nitronium ion** (Chem) / Nitroniumion *n*, Nitrylion *n*
**nitroparaffin** *n* (Chem) / Nitroalkan *n* (nitrierter aliphatischer Kohlenwasserstoff), Nitroparaffin *n*
**nitrophenol** *n* (Chem) / Nitrophenol *n* (Derivat des Benzols)
**nitrophilous plant**\* (Bot) / nitrophile Pflanze (eine bodenanzeigende Pflanze), Nitratpflanze *f*, Salpeterpflanze *f*
**nitrophytes** *pl* (Bot) / Nitrophyten *m pl*, Stickstoffzeiger *m pl*
**nitro powder** / rauchschwaches Pulver (mit Cellulosenitrat als Hauptbestandteil)
**nitropropane** *n* (Chem) / Nitropropan *n*
**nitropropionic, 3-~ acid** (Biochem) / Nitropropionsäure *f* (ein toxischer Metabolit von Leguminosen, der auch von Pilzen der Gattungen Penicillium und Aspergillus produziert wird), Hiptagensäure *f*
**nitroprussiate** *n* (Chem) / Nitroprussid *n*, Nitroprussiat *n*
**nitroprusside**\* *n* (Chem) / Nitroprussid *n*, Nitroprussiat *n*
**nitrosamine** *n* (Chem, Nut) / Nitrosamin *n*
**nitrosate** *v* (Chem) / nitrosieren *v*, eine Nitrosogruppe einführen (in eine organische Verbindung)
**nitrosation** *n* (Chem) / Nitrosierung *f*
**nitro-shooting process** (Oils) / Nitro-Schießmethode *f* (zur Bohrlochstimulation)
**nitrosobacteria** *pl* (Bacteriol) / Nitritbakterien *f pl*, Nitritbildner *m pl* (autotrophe Bakterien der Gattung Nitrosomonas)
**nitrosobenzene** *n* (Chem) / Nitrosobenzol *n*
**nitroso compounds**\* (Chem) / Nitrosoverbindungen *f pl*
**nitroso-dye**\* *n* (Chem, Textiles) / Nitrosofarbstoff *m* (mit Nitrosogruppe als Chromophor)
**nitroso dyestuff** (Chem, Textiles) / Nitrosofarbstoff *m* (mit Nitrosogruppe als Chromophor)
**nitrosoferricyanide**\* *n* (Chem) / Nitroprussid *n*, Nitroprussiat *n*
**nitrosomethylurea** *n* (Chem) / N-Nitroso-N-methylharnstoff *m*
**nitrosonium hydrogen sulphate** (Chem) / Nitrosylschwefelsäure *f*, Nitrosylhydrogensulfat *n* (Bleikammerkristalle)
**nitrosophenol** *n* (Chem) / Nitrosophenol *n*
**nitrososulphuric acid**\* (Chem) / Nitrosylschwefelsäure *f*, Nitrosylhydrogensulfat *n* (Bleikammerkristalle)
**nitrostarch** *n* (Chem) / Stärkenitrat *n*, Nitrostärke *f* (ein Sprengstoff)
**nitrosugar** *n* (Chem) / Nitrozucker *n*, Saccharosenitrat *n* (das in Mischung mit Glycerintrinitrat als Sprengöl eingesetzt werden kann)
**nitrosulphonic acid** (Chem) / Nitrosylschwefelsäure *f*, Nitrosylhydrogensulfat *n* (Bleikammerkristalle)
**nitrosulphuric acid** (Chem) / Nitrosylschwefelsäure *f*, Nitrosylhydrogensulfat *n* (Bleikammerkristalle)
**nitrosyl** *n* (Chem) / Nitrosyl *n* (die Atomgruppierung NO) ‖ ~ **chloride** (Chem) / Nitrosylchlorid *n* (NOCl), Stickstoffoxidchlorid *n* ‖ ~ **hydride** (Chem) / Nitrosylwasserstoff *m*, Nitrosylhydrid *n* ‖ ~ **ion** (Chem) / Nitrosylion *n*
**nitrotoluene**\* *n* (Chem) / Nitrotoluol *n* (ein strukturisomeres Mononitroderivat des Toluols)
**nitrotrichloromethane** *n* (Agric, Chem, Pharm) / Trichlornitromethan *n*, Nitrochloroform *n*, Chlorpikrin *n*
**nitrourea** *n* (Chem) / Nitroharnstoff *m*
**nitrous acid**\* (Chem) / salpetrige Säure ($HNO_2$) ‖ ~ **bacteria** (Bacteriol) / Nitritbakterien *f pl*, Nitritbildner *m pl* (autotrophe Bakterien der Gattung Nitrosomonas) ‖ ~ **ether** (Chem) / Ethylnitrit *n*, Salpetrigsäureethylester *m* ‖ ~ **fumes** (Autos) / nitrose Gase (Gemisch aus Luft und Stickstoffoxiden) ‖ ~ **gases** (Autos) / nitrose Gase (Gemisch aus Luft und Stickstoffoxiden) ‖ ~ **oxide** (Chem) / Distickstoffoxid *n* ($N_2O$ - Lachgas), Distickstoffmonoxid *n*
**nitroxide** *n* (Chem) / Nitroxid *n* (ein Nitrosylradikal)
**nitroxylene** *n* (Chem) / Nitroxylol *n*, Dimethylnitrobenzol *n*
**nitroxyl radical** (Chem) / Nitroxylradikal *n*
**nitrozate** *v* (Chem) / nitrosieren *v*, eine Nitrosogruppe einführen (in eine organische Verbindung)
**nitrozation** *n* (Chem) / Nitrosierung *f*

**nitryl chloride** (Chem) / Nitrylchlorid *n* ‖ ~ **halide** ($NO_2X$) (Chem) / Nitrylhalogenid *n* ‖ ~ **ion** (Chem) / Nitroniumion *n*, Nitrylion *n*
**nits** *pl* (in dry-process porcelain-enamels) (Ceramics) / Nadelstichigkeit *f* der trockenemaillierten Erzeugnisse
**nitty enamel** (Ceramics) / Nadelstichigkeit *f* der trockenemaillierten Erzeugnisse
**NIU** (network interface unit) (Telecomm) / Netzschnittstelleneinheit *f*
**nival** *adj* (Geol, Meteor) / Schnee-, nival *adj* ‖ ~ **soil** (Civ Eng, Geol) / Frostboden *m*
**nivation** *n* (Geol, Geophys) / Firnerosion *f*, Nivation *f*, Schnee-Erosion *f* (die auf der Wirkung des abgleitenden Firns oder Schnees beruhende Abtragung des Untergrunds)
**nix** *v* / rückgängig machen, stornieren *v*
**Nixie tube** (Electronics) / Nixie-Röhre *f* (eine ziffernanzeigende Röhre)
**NL** (new line) (Comp, Print) / neue Zeile (Zeilenumschaltung bei der Schreibmaschine)
**NLC** (noctilucent cloud) (Meteor) / leuchtende Nachtwolken (in rund 65 bis 95 km Höhe)
**NL character** (Comp) / Zeilenvorschubzeichen *n*
**NLGI** = National Lubricating Grease Institute (US) ‖ ~ **number** (US) / NLGI-Nummer *f* (für Schmierstoffe, nach der Skala des National Lubricating Grease Institute)
**NLI** (natural-language interface) / natürlichsprachliche Schnittstelle, natürlichsprachliches Interface, natürlichsprachliches Zugangssystem
**NL interface** / natürlichsprachliche Schnittstelle, natürlichsprachliches Interface, natürlichsprachliches Zugangssystem
**NLO effect** (non-linear optical effect) (Optics) / nichtlinearer optischer Effekt, NLO-Effekt *m*
**NM** (non-standard maintenance) (Comp, Eng) / Sonderwartung *f* ‖ ~ (nuclear magneton) (Nuc) / Kernmagneton *n* (Einheit des magnetischen Dipolmoments von Atomkernen), KM (Kernmagneton)
**n-manifold** *n* (Maths) / n-dimensionale Mannigfaltigkeit, Mannigfaltigkeit *f* der Dimension n
**NMDR** (nuclear magnetic double resonance) (Nuc) / kernmagnetische Doppelresonanz
**N-methyl-2-pyrrolidone** *n* (Chem) / Methylpyrrolidon *n*, NMP
**NMF** (natural moisture factor) / natürlicher Feuchtigkeitsfaktor (bei kosmetischen Pflegemitteln)
**NMHC** (non-methane hydrocarbon) (Chem) / Nichtmethankohlenwasserstoff *m*
**NMI** (non-maskable interrupt) (Comp) / nichtmaskierbare Unterbrechung (Unterbrechung mit höchster Priorität)
**NMOS** (n-channel metal-oxide semiconductor) (Electronics) / N-Kanal-Metalloxid-Halbleiter *m*, N-Kanal-MOS *m* (Unipolartransistor mit N-leitendem Kanal) ‖ ~ **technology** (Electronics) / N-Kanal-MOS-Technik *f*, N-Kanal-Technik *f*, NMOS-Technik *f* (MOS-Technik mit N-Kanal)
**NMR** (nuclear magnetic resonance) (Spectr) / Kernspinresonanz *f* (eine Methode der Hochfrequenzspektroskopie), kernmagnetische Resonanz, Kernresonanz *f*, magnetische Kernresonanz, paramagnetische Kernresonanz ‖ **two-dimensional** ~ **spectroscopy** (Chem, Spectr) / zweidimensionale NMR-Spektroskopie, 2D NMR-Spektroskopie *f* ‖ ~ **absorption** (Spectr) / Kernresonanzabsorption *f*, NMR-Absorption *f* ‖ ~ **absorption band** (Spectr) / Absorptionsbande *f* der magnetischen Kernresonanz ‖ ~ **band** (Spectr) / Absorptionsbande *f* der magnetischen Kernresonanz ‖ ~ **imaging** / bildgebende magnetische Kernresonanz ‖ ~ **imaging** (Med) / NMR-Bildgebung *f*, Kernspintomografie *f* (Magnetfelddiagnostik), NMR-Tomografie *f*, KST (Kernspintomografie), MRT (NMR-Tomografie) ‖ ~ **shift reagent** (Chem, Spectr) / Verschiebungsreagens *n* (für die Kernresonanzspektroskopie), Shiftreagens *n* (z.B. Chelate von Europium und Praseodym) ‖ ~ **spectrometer** (Spectr) / Kernresonanzspektrometer *n* ‖ ~ **spectroscopy** (Spectr) / Kernresonanzspektroskopie *f*, kernmagnetische Resonanzspektroskopie, NMR-Spektroskopie *f*, magnetische Kernresonanzspektroskopie, KMR (kernmagnetische Resonanzspektroskopie) ‖ ~ **spectrum** (Spectr) / Kernresonanzspektrum *n* ‖ ~ **spectrum** (Spectr) / Radiowellenspektrum *n*, NMR-Spektrum *n*
**NMS** (network management system) / Netzwerkmanager *m*, Netzwerkmanagementsystem *n*, NMS (Netzwerkmanagementsystem)
**NN** (neutralization number) (Chem, Oils) / Neutralisationszahl *f* (in der Schmierstoffanalyse), Nz (Neutralisationszahl - in der Schmierstoffanalyse) ‖ ~ (network node) (Telecomm) / Netzknoten *m* (im öffentlichen Telekommunikationsnetz), Netzwerkknoten *m*, Netzknotenpunkt *m*
**n-n boundary** (Electronics) / nn-Übergang *m*
**n-n junction**\* (Electronics) / nn-Übergang *m*

**NNTP** (network news transport protocol) (Comp) / NNTP-Protokoll *n*
**No** (nobelium) (Chem) / Nobelium *n*, No (Nobelium)
**No. 3** (best bright finishing) (Met) / Hochglanzpolieren *n*
**no-accident bonus category** (Autos) / Schadenfreiheitsklasse *f*
**no-address** *attr* (Comp) / adresslos *adj*, adressenlos *adj* ‖ **~ operand** (Comp) / nichtadressierter Operand, Direktoperand *m*, Operand *m* im Adressteil
**no-adverse-effect level** (Chem, Med) / No-observed-adverse-Effect-Level *m* (höchste Dosis oder Konzentration eines Stoffes, die ohne schädliche Wirkung bleibt), Dosis *f* ohne schädliche Wirkung (Toleranzwert bei Pestiziden)
**NOAEL** (no-observed-adverse-effect level) (Chem, Med) / No-observed-adverse-Effect-Level *m* (höchste Dosis oder Konzentration eines Stoffes, die ohne schädliche Wirkung bleibt), Dosis *f* ohne schädliche Wirkung (Toleranzwert bei Pestiziden)
**Noah's ark** (Meteor) / Polarbanden *f pl*
**no-air** *n* (Paint) / Entgasungsmittel *n*, Entschäumungsmittel *n*
**no-bake binder** (Foundry) / kalthärtender Formstoffbinder ‖ **~ binder** (Foundry) / kaltaushärtender Kunstharzbinder ‖ **~ process** (Foundry) / No-bake-Verfahren *n* (der Form- und Kernherstellung unter Verwendung kalthärtender Formstoffbinder, bei dem die Verfestigung des Formstoffs ohne Wärmezufuhr erfolgt)
**nobbing** *n* (Met) / Verdichtung *f* (des Schweißeisens durch Hämmern oder Walzen)
**nobelium*** *n* (Chem) / Nobelium *n*, No (Nobelium)
**noble** *adj* (Chem) / Edel-, edel *adj*, chemisch inert ‖ **~ carbide theory** / Lokalelementtheorie *f* (des Kornzerfalls) ‖ **~ coating** (Surf) / katodisch wirksame Schutzschicht ‖ **~ fir** (For) / Edle Tanne, Pazifische Edeltanne (Abies procera Rehder) ‖ **~ gas*** (Chem) / Edelgas *n* (He, Ne, Ar, Kr, Xe und Rn)
**noble-gas compound** (Chem) / Edelgasverbindung *f* ‖ **~ electron configuration** (Chem, Nuc) / Edelgaskonfiguration *f* (eine Elektronenkonfiguration, bei der die äußeren Schalen mit acht Elektronen besetzt sind)
**noble metal*** (Chem, Elec Eng) / edles Metall (in der Spannungsreihe) ‖ **~ metal*** (Eng, Met) / Edelmetall *n* (Gold, Silber, Platinmetalle)
**noble-metal catalyst** (Autos) / Edelmetallkatalysator *m* (Platin) ‖ **~ uniselector motor switch** (Teleph) / Edelmetall-Motor-Drehwähler *m*, EMD
**noble potential** (a potential equalling or approaching that of noble elements) (Chem) / positives (edles) Potential ‖ **~ rot** / Edelfäule *f* (bei reifen Weintrauben)
**no-bond tensioning** (Civ Eng) / verbundlose Vorspannung
**no bottom, no top** (Acous) / gedämpft in den Tiefen und Höhen
**no-break** *attr* (Comp, Elec Eng) / unterbrechungsfrei *adj* ‖ **~ block** (Comp) / untrennbarer Textblock
**no-break supply** / reibungslose Belieferung, kontinuierliche Versorgung, Versorgung *f* ohne Unterbrechung, reibungslose Versorgung
**NOC** (Network Operating Centre) (Comp, Telecomm) / Netzbetriebszentrum *n* (zentraler Punkt in einem Netz zum Netzmanagement) ‖ **≐** (normally open contact) (Elec Eng) / Schließer *m* (ein Relaiskontakt, der dann geschlossen ist, wenn die Relaisspule erregt ist - DIN 40713), Schließkontakt *m*, Arbeitskontakt *m*
**nociceptive*** *adj* (Med) / Schmerz-, schmerzempfindend *adj*
**nocicceptor** *n* (Med, Physiol) / Nocizeptor *m*, Schmerzempfindungsrezeptor *m*, Nocirezeptor *m*, Nozisensor *m* (eine Sinneszelle)
**no-claims bonus** (Autos) / Schadenfreiheitsbetrag *m* (in einer bestimmten Schadensfreiheitsklasse), Schadenfreiheitsrabatt *m* ‖ **~ discount** (Autos) / Schadenfreiheitsbetrag *m* (in einer bestimmten Schadensfreiheitsklasse), Schadenfreiheitsrabatt *m*
**no-class theory** (Maths) / klassenfreie Theorie
**no clearance** (Teleph) / keine Auslösung (Andauern einer Verbindung trotz Auslösungsanforderung)
**no-contact protective equipment** (Eng) / berührungslos wirkende Schutzeinrichtung
**noctilucent clouds*** (Meteor) / leuchtende Nachtwolken (in rund 65 bis 95 km Höhe)
**Noctovision*** *n* (TV) / Noctovision *n* (ein infrarotempfindliches Fernsehsystem)
**no-current bit** (Telecomm) / stromloser Schritt
**no cycling** (Autos) / Fahrverbot *n* für Radfahrer (ein Verkehrszeichen)
**nodal** *adj* / Knoten-, nodal *adj* ‖ **~ gearing*** (Eng) / Getriebeanordnung *f* im Knotenpunkt der Drehschwingungen ‖ **~ line** (Maths) / Knotenachse *f* (Euler'scher Winkel) ‖ **~ plane** (a planar surface that separates the wavefunctions into regions of negative and positive sign ) (Phys) / Knotenebene *f* ‖ **~ point*** (Acous, Optics, Radio) / Knotenpunkt *m*, Knoten *m* ‖ **~ point** (Phys) / Knotenpunkt *m* (bei stehenden Wellen) ‖ **~ point*** (Phys) / Schwingungsknoten *m* ‖ **~ point*** (Phys) / Knoten *m* (bei stehenden Wellen) ‖ **~ point of a lens***

(Optics) / Knotenpunkt *m* einer Linse (ein Kardinalpunkt) ‖ **~ section** (Eng) / Knotenschnitt *m* ‖ **~ surface** (Maths) / Knotenfläche *f* ‖ **~ surface** (Phys) / Knotenfläche *f* (bei stehenden Wellen) ‖ **~ swelling occlusion** (For) / Aststüberwallungsnarbe *f*
**node** *n* / Knoten *m* (eines Netzplanmodells), Fertigungsstufe *f* (Knotenpunkt) ‖ **~*** (Acous, Optics, Radio) / Knotenpunkt *m*, Knoten *m* ‖ **~*** (Astron) / Knoten *m* (aufsteigender, absteigender) ‖ **~*** (Bot) / Knoten *m* (Blattansatzstelle), Nodus *m* (pl. Nodi) ‖ **~** (Comp) / Node *m* (in Mailboxsystemen die Mailbox der niedrigsten Hierarchieebene, an der die Teilnehmer hängen) ‖ **~** (Elec) / Knoten *m* (Endpunkt eines Zweiges oder Verbindungspunkt mehrerer Zweige) ‖ **~** (Eng) / Eckknoten *m* (bei der Finite-Element-Methode) ‖ **~** (Maths) / Knoten *m* (eine geschlossene doppelpunktfreie Kurve im dreidimensionalen Raum) ‖ **~*** (Maths) / Knotenpunkt *m* (in einem Grafen ein Punkt, der mit wenigstens einem anderen Punkt verbunden ist) ‖ **~*** (Maths) / Knotenpunkt *m* (einer Kurve) ‖ **~*** (Phys) / Knoten *m* (bei stehenden Wellen) ‖ **~*** (Space) / Bahnknoten *m*, Knoten *m* (Schnittpunkt der Bahn eines Himmels- oder Raumflugkörpers mit der Grundebene eines Koordinatensystems) ‖ **~** (Telecomm) / Netzknoten *m* (im öffentlichen Telekommunikationsnetz), Netzwerkknoten *m*, Netzknotenpunkt *m* ‖ **~ address** (Comp) / Knotenadresse *f* ‖ **~ *n* B** (Radio, Teleph) / Node *m* B (die Einrichtung im UMTS-Funkzugangsnetz, die zuständig ist für die Funkübertragung zwischen ihr und den Endgeräten, die sich in einer der von ihr versorgten Zellen befinden) ‖ **~ clock supply** (Telecomm) / Netzknotentaktversorgung *f*, Knotentaktversorgung *f*
**node-evaluated graph** / knotenbewerteter Graf
**node fusion** / Knotenverschmelzung *f* (in der Grafentheorie)
**node-intersection procedure** (Mech) / Knotenschnittverfahren *n* (zur Ermittlung der Stabkräfte)
**node line** (Maths) / Knotenachse *f* (Euler'scher Winkel) ‖ **~ line** (Phys) / Knotenlinie *f* (z.B. Chladnische Klangfigur)
**node-locked licence** (Comp) / Knotenrechnerlizenz *f*
**node number** (a number that identifies a network board) / Knotennummer *f*
**node-oriented** *adj* (Comp) / knotenorientiert *adj* (Grammatik, Graf) ‖ **~ tree** (Comp) / knotenorientierter Baum
**no deposite bottle** / pfandfreie Flasche
**node voltage*** (Telecomm) / Knotenpunktspannung *f*
**nodical month** (Astron) / drakonitischer Monat (die Zeit bis zur Rückkehr zum gleichen Bahnknoten)
**nodon rectifier*** (Elec Eng) / elektrolytischer Gleichrichter mit Alu-Katode, Bleianode und Ammoniumphosphat als Elektrolyt
**nodose** *adj* / knotenartig *adj*, knotenförmig *adj*, knötchenförmig *adj*, nodös *adj*
**no-drift reception** (Radio) / schwundfreier Empfang
**nodular** *adj* / knotenartig *adj*, knotenförmig *adj*, knötchenförmig *adj*, nodös *adj* ‖ **~** (Min) / knollig *adj* ‖ **~ cast iron** (Met) / Gusseisen *n* mit Kugelgraphit (DIN 1693), Sphäroguss *m*, GGG (Gusseisen mit Kugelgraphit) ‖ **~ graphite** (Met) / Globulargraphit *m*, Kugelgraphit *m*, Sphärographit *m*
**nodularity** *n* (Powder Met) / Kugelbildungsgrad *m*
**nodularizing alloy** (Met) / Behandlungslegierung *f* (für Gusseisen mit Kugelgraphit)
**nodular powder** (Powder Met) / abgerundetes Pulver ‖ **~ rhyolite*** (Geol) / Rhyolithknolle *f*
**nodule*** *n* (Bot) / [Wurzel-, Bakterien-]Knöllchen *n* ‖ **~** (Elec Eng) / Knospe *f* (beim Galvanisieren) ‖ **~** (Geol) / Knollen *m*, Knolle *f* (knollige Konkretion) ‖ **~** (Med) / Knötchen *n*, Nodulus *m* (pl. -duli)
**nodulize** *v* (Met) / agglomerieren *v* ‖ **~** (Powder Met) / kugelsintern *v* (bei Hitzeeinwirkung - nur Infinitiv und Partizip)
**nodulizing*** *n* (Met) / Agglomeration *f*, Agglomerieren *n*, Agglomerierung *f*
**nodus** *n* (pl. nodi) (Med) / Knoten *m*, Nodus *m* (pl. Nodi)
**NOE** (nuclear Overhauser effect) (Nuc) / Kern-Overhauser-Effekt *m*, NO-Effekt *m*, NOE (Kern-Overhauser-Effekt)
**no-effect concentration** (Ecol) / No-Effect-Konzentration *f* (die gerade noch wirkungslos ist), Konzentration *f* eines Stoffes, bei der kein toxischer Effekt beim Versuchstier beobachtet werden kann ‖ **~ dose** (Pharm) / unwirksame Dosis (eines Wirkstoffs) ‖ **~ level** (Agric) / unwirksame Menge (von Herbizidrückständen)
**no-effect level** (Ecol) / höchste Dosis (des Insektizids), die noch keine erkennbare Wirkung ausübt, No Effect Level *m*
**no-effect level** (Pharm) / unwirksame Dosis (eines Wirkstoffs)
**NOEL** (no-observed-adverse-effect level) (Chem, Med) / No-observed-adverse-Effect-Level *m* (höchste Dosis oder Konzentration eines Stoffes, die ohne schädliche Wirkung bleibt), Dosis *f* ohne schädliche Wirkung (Toleranzwert bei Pestiziden) ‖ **≐** (no-observerd-effect level) (Ecol) / No-Effect-Konzentration *f* (die gerade noch wirkungslos ist), Konzentration *f* eines Stoffes, bei der kein toxischer Effekt beim Versuchstier beobachtet werden kann

**no entry** (Autos) / Einfahrt verboten, Verbot der Einfahrt (ein Verkehrszeichen)
**NOESY** (nuclear Overhauser enhanced spectroscopy) (Spectr) / 2D-NOE-NMR-Spektroskopie f, NOESY-Spektroskopie f
**Noether fundamental theorem** (Maths, Phys) / Noether's Theorem (A.M. Noether und D. Hilbert)
**Noetherian ring** (Maths) / Noether-Ring m (ein kommutativer Ring - nach Amalie E. Noether, 1882-1935)
**no-fail principle** / No-Fail-Prinzip n (Konstruktionsprinzip, bei dem bestimmte Elemente mit einem so hohen Sicherheitsfaktor ausgelegt sind, dass ein Ausfall praktisch unmöglich ist)
**no-fines concrete*** (Build, Civ Eng) / Einkornbeton m (aus annähernd gleichkörnigem Zuschlagstoff ohne wesentliche Eigenporigkeit)
**no-fly zone** (Aero, Mil) / flugfreie Zone
**no-frills** attr (Aero) / ohne besonderen Service (Flug) || ~ (Build) / ohne besondere Ausstattung
**nog*** n (Build) / Holzklotz m (für Befestigungszwecke), Holzdübel m
**no-go area** / Sperrgebiet n (im Allgemeinen)
**NO-GO end** (Eng) / Ausschussseite f (einer Paarungslehre oder eines Lehrdorns), Ausschussseiten-Messfläche f (einer Lehre)
**no-go end** (Eng) / Ausschussseite f (einer Paarungslehre oder eines Lehrdorns), Ausschussseiten-Messfläche f (einer Lehre) || ~ **gauge** (Eng) / Ausschusslehre f
**NO-GO gauging member** (Eng) / Ausschussseite f (einer Paarungslehre oder eines Lehrdorns), Ausschussseiten-Messfläche f (einer Lehre)
**NOGO message** (Comp) / Schlechtanzeige f
**no-heat glue** / Kaltleim m (bei Normaltemperatur abbindender Leim)
**no-home record** (Comp) / Überlaufsatz m, indirekter Satz, Folgesatz m
**noil*** n (Spinning, Textiles) / Kämmlingswolle f (ausgekämmte Kurzfasern) || ~* (Spinning, Textiles) / Kämmling m (in der Wollkämmerei)
**noily wool** (Textiles) / Kurzfasern enthaltende Wolle
**no-iron** attr (Textiles) / bügelfrei adj (bügeln unnötig)
**noir réduit** (Textiles) / Noir-Réduit n (Blauholzextrakt)
**noise*** n (Acous) / Geräusch n (Schallsignal, das meistens ein nicht zweckbestimmtes Schallereignis charakterisiert - DIN 1320) || ~* (Acous, Ecol, Med) / Lärmschall m, Lärm m (störend empfundener Schall - DIN 1320) || ~* (Acous, Elec) / Rauschen n, Rauschstörung f (Schallsignal statistischer Natur, bei dem nur ein kontinuierliches Intensitätsspektrum angegeben werden kann - DIN 1320) || ~ (Comp) / Ballast m (Menge der bei einem Suchlauf anfallenden Fehlselektionen) || ~ (Radio, Telecomm) / Störsignal n (Störgröße oder unerwünschter Anteil eines Messsignals) || ~ **abatement** (Acous, Ecol, Med) / Lärmbekämpfung f || ~ **abatement** (Acous, Electronics) / Rauschunterdrückung f, Geräuschunterdrückung f
**noise-abating steel** (Met) / lärmdämpfender Stahl
**noise-adaptive** adj (Acous, Cinema) / rauschadaptiv adj
**noise-adding radiometer** (Phys) / Radiometer mit additiver Rauschquelle n (ein Strahlungsmessgerät)
**noise amplifier** (Acous, Electronics) / Rauschverstärker m
**noise-and-destroy immune logic** (Comp) / stör- und zerstörungssichere Logik, SZL
**noise area** (Acous, Work Study) / Lärmbereich m || ~ **assessment** (Acous, Ecol) / Lärmmessung f, Geräuschmessung f || ~ **attenuation** (Acous, Elec Eng, Electronics) / Rauschunterdrückung f, Geräuschunterdrückung f || ~ **audiogram*** (Acous) / Mithörschwellenaudiogramm n (Verdeckung durch Rauschen) || ~ **background*** (Acous) / Grundrauschen n, Rauschhintergrund m || ~ **bandwidth** (Telecomm) / Rauschbandbreite f || ~ **bar*** (Acous) / Störstreifen m, Störzeile f || ~ **barometer** (Acous) / Lärmbarometer n || ~ **barrier** (Autos, Civ Eng) / Lärmschutzwall m (eine Erdaufschüttung - oft mit Bepflanzung) || ~ **blanker** (Acous, Electronics) / Rauschunterdrücker m || ~ **budget** (Radio) / Geräuschbilanz f
**noise-cancelling microphone** (Acous) / störschallunterdrückendes Mikrofon
**noise carpet** (Aero) / Lärmteppich m (die Fläche, die von der kegelförmigen Druckwelle bei Überschallflügen am Erdboden überstrichen wird), Lärmschleppe f || ~ **carrier modulation** (Radio) / Rauschmodulation f, Rauschträgermodulation f || ~ **certificate** (Aero) / Lärmzulassung f || ~ **component** (Acous, Telecomm) / Rauschkomponente f (z.B. eines Messsignals), Rauschanteil m || ~ **contour** (Aero) / Lärmkontur f, Kurve f gleichen Lärmpegels || ~ **control*** (Acous, Ecol, Med) / Lärmbekämpfung f || ~ **current*** (Telecomm) / Rauschstrom m
**noised** adj (Acous, Automation, Radio) / verrauscht adj, rauschbehaftet adj, rauschend adj (stark)
**noise-dampening hood** (Comp) / Schallschluckhaube f, Schalldämmhaube f (für den Drucker)
**noise deafness** (Med) / Lärmschwerhörigkeit f (eine entschädigungspflichtige Berufskrankheit), Lärmtraumataubheit f (berufsbedingte) || ~ **diagnostics** / Rauschdiagnostik f (eine Methode zur Informationsgewinnung aus höherfrequenten Anteilen von Messsignalen) || ~ **diode*** (Elec Eng) / Rauschdiode f (Messgerät zur Bestimmung des Rauschens einer unbekannten Rauschquelle) || ~ **emission** (Acous, Ecol) / Lärmemission f, Geräuschemission f
**noise-emission test** (Acous, Ecol, Med) / Prüfung f der Lärmemission, Prüfung f der Geräuschentwicklung
**noise-equivalent** adj / rauschäquivalent adj (Quantenzahl, Absorption) || ~ **number of quanta** (Nuc) / rauschäquivalente Quantenzahl (die am Eingang eines als rauschfrei gedachten Bildwandlers oder Detektors absorbiert werden muss, um im Ausgangssignal das tatsächliche Rauschen des realen Bildwandlers oder Detektors einschließlich Quantenrauschen zu erhalten) || ~ **power** (Electronics, Telecomm) / rauschäquivalente Strahlungsleistung, äquivalente Rauschleistung (diejenige 100% modulierte Strahlungsleistung, die am Ausgang eines Strahlungsdetektors einen Signalstrom hervorruft, dessen Effektivwert dem gesamten effektiven Rauschstrom des Detektors gleich ist), Eigenrauschleistungsdichte f
**noise exposure** (Acous, Ecol) / Lärmexposition f, Lärmdosis f || ~ **exposure** (Acous, Ecol, Med) / Lärmbelastung f
**noise-exposure forecast** (Acous, Ecol, Med) / Lärmbelastungsprognose f, Lärmimmissionsprognose f
**noise factor*** (Acous) / Rauschfaktor m, Rauschwert m || ~ **factor** (Comp) / Ballastquote f (Zahl der nichtrelevanten nachgewiesenen Dokumentationseinheiten im Verhältnis zu allen nachgewiesenen Dokumentationseinheiten) || ~ **figure*** (Acous) / Rauschzahl f (Maß zur Charakterisierung der Güte der Rauschanpassung zwischen einem Generator und einem Empfänger oder Verstärker), Rauschfaktor m, kT-Zahl f || ~ **figure in dB** (Acous) / Rauschmaß n (Rauschzahl in dB) || ~ **footprint*** (Aero) / Lärmfläche f
**noise-free** adj (Acous, Radio) / rauscharm adj, unverrauscht adj, rauschfrei adj || ~ (Elec) / störungsfrei adj
**noise frequency** (Telecomm) / Störfrequenz f || ~ **gate** (Acous) / Geräuschtöter m, Krachtöter m || ~ **generator*** (Elec Eng) / Rauschgenerator m (ein Messgenerator zur Erzeugung einer definierten Rauschleistung), Geräuschgenerator m || ~ **immunity** (Comp, Electronics) / Störfestigkeit f (passives Störverhalten), Störsicherheit f, Störungsunempfindlichkeit f, Rauschunempfindlichkeit f || ~ **indication** (Acous) / Rauschanzeige f
**noise-induced** adj (Acous, Med) / lärmbedingt adj || ~ **permanent threshold shift** (Acous, Physiol) / lärmbedingte bleibende Hörschwellenverschiebung, NIPTS (lärmbedingte bleibende Hörschwellenverschiebung)
**noise input** (Electronics) / Eingangsrauschen n
**noise-insulating wall** (Aero, Autos) / Schallschutzmauer f, Lärmschutzwand f (eine vertikale Plattenkonstruktion an Verkehrswegen)
**noise insulation** (Acous, Build, Ecol) / Lärmschutz m (aktiver, passiver), Schutz m vor Lärm
**noise-insulation qwindow** (Build) / Schallschutzfenster n (DIN 4109)
**noise killer** (Acous) / Geräuschtöter m, Krachtöter m || ~ **killer** (Comp, Radio, Telecomm) / Störschutzfilter m, Entstörfilter n || ~ **killer** (Elec Eng) / Entstörvorrichtung f, Entstörgerät n, Entstörer m, Entstörstecker m
**noiseless** adj (Acous) / geräuschlos adj, lautlos adj || ~ (Acous, Radio) / rauscharm adj, unverrauscht adj, rauschfrei adj || ~ **recording*** (Acous) / Reintonverfahren n
**noise level*** (Acous, Med) / Geräuschpegel m, Lärmpegel m (Lautstärke des Lärms) || ~ **level*** (Radio) / Rauschpegel m, Störpegel m (Stärke des meist auf Rauschen beruhenden Störeffekts bei Empfang oder Übertragung von Signalen) || ~ **limit** (Acous, Med) / Lärmgrenzwert m, Rauschgrenze f || ~ **limiter*** (Acous, Elec) / Störbegrenzer m, Geräuschbegrenzer m || ~ **limiter** (Acous, Med) / Lärmbegrenzer m || ~ **(reduction) map** (Acous) / Lärmminderungsplan m || ~ **map** (Acous) / Lärmkarte f || ~ **margin** (Comp, Electronics, Telecomm) / Störspannungsabstand m (Verhältnis von Signal zum Leitungsrauschen) || ~ **margin** (Electronics) / Störabstand m (Störsicherheit) || ~ **margin** (Electronics) / Störschwelle f (Maß für das zuverlässige Funktionieren digitaler Schaltungen) || ~ **measurement** (Acous, Electronics) / Lärmmessung f, Geräuschmessung f
**noise-measuring station** (Acous, Ecol) / Lärmmessstelle f
**noise-meter*** n (Acous) / Geräuschmesser m
**noise monitor** (Acous, Ecol, Med) / Lärmwächter m, Geräuschwächter m || ~ **monitoring** (Acous, Ecol, Med) / Lärmkontrolle f, Lärmüberwachung f, Geräuschpegelüberwachung f
**noise-monitoring station** (Acous, Ecol) / Lärmmessstelle f
**noise nuisance** (Ecol) / Lästigkeit f (von Lärm), Lärmlästigkeit f, Lärmbelästigung f || ~ **of a moving vehicle** (Autos) / Fahrgeräusch n (von verschiedenen Teilschallquellen eines Kraftfahrzeugs) || ~ **of**

**stationary vehicle** (Autos) / Standgeräusch *n* ‖ **~ of the chain** (Eng) / Kettengeräusch *n* ‖ **~ peak** (Acous) / Rauschspitze *f*, Geräuschspitze *f* ‖ **~ performance** (Electronics) / Rauschleistung *f* ‖ **~ performance** (Electronics) / Rauschverhalten *n* ‖ **~ pollution** (Acous) / Verlärmung *f*, Lärmeinwirkung *f* (unerwünschte) ‖ **~ pollution** (Ecol) / Lärmimmission *f* (Einwirkung von Lärm auf Aufenthaltsorte von Menschen) ‖ **~ power\*** (Electronics, Telecomm) / Rauschleistung *f* (Leistung am Ausgang einer Rauschquelle), Störleistung *f* ‖ **~ power ratio** (Electronics) / Störleistungsverhältnis *n* (Verhältnis der gesamten Störleistung zur Signalleistung)
**noise-proofing window** (Build) / Schallschutzfenster *n* (DIN 4109)
**noise protection area** (Ecol) / Lärmschutzbereich *m*, Lärmschutzzone *f* ‖ **~ protection dam** (Autos, Civ Eng) / Lärmschutzwall *m* (eine Erdaufschüttung - oft mit Bepflanzung) ‖ **~ protection embankment** (Autos, Civ Eng) / Lärmschutzwall *m* (eine Erdaufschüttung - oft mit Bepflanzung) ‖ **~ protection wall** (Aero, Autos) / Schallschutzmauer *f*, Lärmschutzwand *f* (eine vertikale Plattenkonstruktion an Verkehrswegen) ‖ **~ protection zone** (Ecol) / Lärmschutzbereich *m*, Lärmschutzzone *f* ‖ **~ radiation** (Acous) / Lärmabstrahlung *f* ‖ **~ radiation** (Acous) / Geräuschabstrahlung *f* ‖ **~ rating** (Acous) / Lärmbewertung *f* (durch einen Zahlenwert) ‖ **~ rating** (Acous) / Geräuschbewertung *f* (durch einen Zahlenwert) ‖ **~ rating curve** / N-Kurve *f* (Lärmbewertungskurve nach ISO)
**noise-rating curve** (Acous) / Lärmbewertungskurve *f*, NR-Kurve *f*
**noise ratio\*** (Acous, Radio) / Störabstand *m* (Pegelunterschied zwischen dem Nutzpegel und einem Störpegel in dB), Rauschabstand *m* (Störabstand in dB zwischen dem Nutzpegel und dem Rauschpegel eines Empfängers oder einer Anlage), Signal-Geräuschabstand *m*, Signal-Rausch-Verhältnis *n*, SNR (Maß zur Charakterisierung des durch Rauschen erzeugten Störpegels), Nutz-zu-Störleistung-Verhältnis *n* (das Verhältnis der Leistung eines Signals zur Störleistung im Funkkanal)
**noise-reduced** *adj* (Acous) / lärmgemindert *adj* ‖ **~** (Acous, Elec Eng, Eng) / geräuschgedämpft *adj*, entlärmt *adj*
**noise reducer** (Acous, Electronics) / Rauschunterdrücker *m*
**noise-reducing casing** (Acous) / schallisolierende Verkleidung
**noise reduction** (Acous, Build, Ecol) / Lärmminderung *f*, Entlärmung *f* ‖ **~ reduction\*** (Acous, Electronics) / Rauschverminderung *f*, Rauschreduktion *f*, Geräuschdämpfung *f*
**noise-reduction coefficient** (Acous, Build, Ecol) / Schallschluckzahl *f*, Schallabsorptionskoeffizient *m* ‖ **~ material** (Acous) / Entdröhnungsmittel *n*
**noise-sensitive** *adj* (Acous, Elec) / rauschempfindlich *adj*, störempfindlich *adj*
**noise shadow** (Acous) / Lärmschatten *m* (Gebiet, das von einer nahe liegenden Lärmquelle nicht betroffen ist) ‖ **~ signal** (Acous) / Rauschsignal *n* (stochastischer Prozess nach DIN 5488) ‖ **~ signal** (Electronics) / Rauschsignal *n* (das von einem Rauschgenerator gelieferte Rauschen in Analogie zum Signal eines Messgenerators) ‖ **~ source\*** (Acous) / Lärmquelle *f* ‖ **~ source\*** (Elec Eng) / Geräuschquelle *f*, Störquelle *f* ‖ **~ spectrum** (Electronics) / Rauschspektrum *n* (das Leistungsspektrum eines zeitlichen Schwankungsprozesses, der ein Rauschen verursacht) ‖ **~ suicide circuit** (Comp, Radio, Telecomm) / Störschutzfilter *n* ‖ **~ suppression** (Acous, Ecol, Med) / Lärmbekämpfung *f* ‖ **~ suppression** (Acous, Electronics) / Rauschunterdrückung *f*, Geräuschunterdrückung *f* ‖ **~ suppression capacitor** (Acous, Elec Eng, Electronics) / Störschutzkondensator *m* ‖ **~ suppressor** (Acous, Electronics) / Rauschunterdrücker *m* ‖ **~ suppressor\*** (Aero) / Schalldämpfer *m* ‖ **~ suppressor\*** (Elec Eng) / Entstörvorrichtung *f*, Entstörgerät *n*, Entstörer *m*, Entstörstecker *m* ‖ **~ suppressor kit** (Radio) / Entstörsatz *m*, Funkentstörausrüstung *f* ‖ **~ temperature\*** (Electronics) / Rauschtemperatur *f* (DIN 44475)
**noise-temperature ratio** (Electronics) / Rauschtemperaturverhältnis *n* (DIN IEC 235, T 1)
**noise test** (Acous, Ecol, Med) / Prüfung *f* der Lärmemission, Prüfung *f* der Geräuschentwicklung ‖ **~ thermometer** / Rauschthermometer *n* (zur Messung des Verhältnisses absoluter Temperaturen) ‖ **~ threshold** (Telecomm) / Geräuschschwelle *f* (kritischer Wert des Signal-Geräusch-Verhältnisses am Eingang eines Demodulators) ‖ **~ transmission impairment\*** (Acous, Telecomm) / Verminderung *f* der Übertragungsgüte durch Leitungsgeräusche, Güteminderung *f* durch Leitungsgeräusche (bei der Übertragung) ‖ **~ trauma** (Med) / Lärmschädigung *f*, Lärmtrauma *n* ‖ **~ trauma deafness** (Med) / Lärmschwerhörigkeit *f* (eine entschädigungspflichtige Berufskrankheit), Lärmtraumataubheit *f* (berufsbedingte) ‖ **~ tube** (Electronics) / Rauschröhre *f* (Rauschdiode oder Gasentladungsrauschröhre) ‖ **~ voltage\*** (Acous) / Geräuschspannung *f* (Störspannung, die sich akustisch als Rauschen bemerkbar macht) ‖ **~ voltage** (Electronics) / Rauschspannung *f* (DIN 44049) ‖ **~ zone** (Ecol) / Lärmzone *f* (Gebiet, das von einer Lärmquelle voll betroffen ist)

**noisiness** *n* (Acous, Aero, Ecol) / Lärmstärke *f* (Bewertungsskala für die Beurteilung von Flugzeuglärm nach Kryter) ‖ **~** (Ecol) / Lästigkeit *f* (von Lärm), Lärmlästigkeit *f*, Lärmbelästigung *f*
**noisy** *adj* (Acous, Automation, Radio) / verrauscht *adj*, rauschbehaftet *adj*, rauschend *adj* (stark) ‖ **~** (Acous, Elec Eng, Eng) / geräuschvoll *adj*, laut *adj*, lärmstark *adj*, geräuschintensiv *adj* ‖ **~** (Acous, Telecomm) / gestört *adj* (Kanal) ‖ **~ blacks** (TV) / verrauschtes Schwarz, Störpegel *m* im Schwarz ‖ **~ flame** / rauschende Flamme ‖ **~ mode** (Comp) / Gleitpunktbetriebsart *f* ‖ **~ work area** (Work Study) / Lärmarbeitsplatz *m*
**no-load** *n* (Elec Eng) / Leerlast *f* ‖ **at ~** (Elec Eng) / im Leerlauf, unbelastet *adj* ‖ **~ characteristic\*** (Elec Eng) / Leerlaufkennlinie *f* ‖ **~ condition** (Mech) / Leerlauf-Zustand *m*
**no-load current\*** (Elec Eng) / Leerlaufstrom *m*
**no-load field** (Elec Eng) / Leerlauffeld *n* ‖ **~ heat consumption** (Glass) / Leerwert *m* (Wärmeverbrauch eines Schmelzofens bei Haltefeuer) ‖ **~ indication** (Elec Eng) / Leerlastanzeige *f*
**no-load loss\*** (Elec Eng) / Leerlaufverlust *m*
**no-load operation** (Elec Eng, Eng) / Leerlauf *m* (im Allgemeinen) ‖ **~ running** (Eng) / Trockenlauf *m* (einer Maschine ohne Produkt) ‖ **~ saturation curve** (Elec Eng) / Leerlaufkennlinie *f* (die Sättigungsverhalten zeigt), Leerlaufsättigungskurve *f* ‖ **~ speed** (Eng) / Leerlaufdrehzahl *f* ‖ **~ test** (of the starter) (Autos) / Leerlauftest *m* ‖ **~ trip** / Leerfahrt *f* (eines Fördermittels)
**Nomag\*** *n* (Met) / Nomag *n* (nichtmagnetisches Gusseisen mit 10-12% Ni und 5% Mn)
**Nomarski differential interference contrast** (Micros) / differentieller Interferenzkontrast nach Nomarski ‖ **~ microscope** (a type of differential interference contrast microscope) (Micros) / Interferenzmikroskop *n* nach Nomarski
**nomenclature** *n* / Nomenklatur *f* (der Chemie, der Botanik, der Zoologie usw.)
**nomex** *n* (aramid fibre or paper) / Nomex *m*
**nominal** *adj* / Soll- (nominell), Nominal-, Nenn-, nominell *adj*, nominal *adj* ‖ **~ capacity** (Autos) / Nennlast *f* (eines Fahrzeugs) ‖ **~ current** (Elec Eng) / Nennstrom *m* (eines Motors) ‖ **~ design power** (Eng) / projektierte Leistung (einer Anlage) ‖ **~ diameter** (Eng) / Nenndurchmesser *m* ‖ **~ diameter** (Eng) / Nennweite *f*, NW (Nennweite), DN (Nennweite) ‖ **~ dimension** / Sollabmessung *f* ‖ **~ dimension** / Nennmaß *n* (DIN 7182, T 1) ‖ **~ force** (Mech) / Nennkraft *f* ‖ **~ frequency** (Elec Eng) / Nennfrequenz *f* ‖ **~ length** / Nennlänge *f* ‖ **~ load** (Autos) / Nennlast *f* (eines Fahrzeugs) ‖ **~ load** (Elec Eng, Eng, Mech) / Nennlast *f* ‖ **~ pressure** (Eng) / Nenndruck *m*, ND (Nenndruck), PN (Pressure Norm) ‖ **~ size** / Nennmaß *n* (DIN 7182, T 1) ‖ **~ steepness** (Elec Eng) / Nennanstieg *m* (bei Stoßspannungswellen) ‖ **~ stress** (Mech) / Nennspannung *f* ‖ **~ surface** (Eng) / ideal-geometrische Oberfläche, geometrisch-ideale Oberfläche (DIN 4760) ‖ **~ thickness** (Glass) / Nenndicke *f*, ND (Nenndicke) ‖ **~ value** / Nennwert *m* (ein geeigneter Wert einer Größe zur Bezeichnung oder Identifizierung eines Elements, einer Gruppe oder einer Einrichtung nach DIN 40200)
**nomogram\*** *n* (Maths) / Nomogramm *n* (Netztafel, Fluchtlinientafel, Funktionsleiter)
**nomograph\*** *n* (Maths) / Nomogramm *n* (Netztafel, Fluchtlinientafel, Funktionsleiter)
**nomographic chart** (Maths) / Fluchtlinientafel *f*, Fluchtliniennomogramm *n*, Fluchtentafel *f*, Leitertafel *f*
**nomography** *n* (Maths) / Nomografie *f* (Darstellung funktionaler Beziehungen zwischen mehreren Variablen mit zeichnerischen Mitteln), grafisches Rechnen
**nomothetic science** / Naturwissenschaft *f*, nomothetische Wissenschaft (im Sinne von Windelband-Rickert)
**non-abbreviated call number** (Teleph) / Langrufnummer *f*
**non-Abelian gauge theory** (Phys) / nicht-Abel'sche Eichfeldtheorie
**non-abelian gauge theory** (Phys) / nicht-Abel'sche Eichfeldtheorie
**non-abrasive** *adj* / abriebfest *adj*
**non-absorbent** *adj* / nichtabsorbierend *adj*, nichtsaugend *adj*
**non-absorbing** *adj* / nichtabsorbierend *adj*, nichtsaugend *adj*
**non-acceptance signal** (Comp) / Abweissignal *n*
**nonacosane** *n* (Chem, Nut) / Nonacosan *n*
**non-actinic** *adj* (Photog) / inaktinisch *adj* (Beleuchtung in der Dunkelkammer)
**non-adaptive filter** (Radar) / nicht adaptives Filter
**non-addressable memory** (Comp) / Ergänzungsspeicher *m* (DIN 44300), Schattenspeicher *m* (Teil des Arbeitsspeichers, dessen Speicherplätze nicht vom Programm her aufgerufen werden können)
**nonadecane** *n* (Chem) / Nonadekan *n*, Nonadecan *n*
**non-adiabatic** *adj* (Phys) / nicht adiabatisch ‖ **~ interaction** (Nuc) / nicht adiabatische Wechselwirkung
**non-adjustable** *adj* (Eng) / unverstellbar *adj*
**non-advancing key** (Comp) / schreibende Taste ohne Vorschub

**non-affirmation** *n* (Telecomm) / Bestätigung *f* über Nichterhalt
**non-age-hardenable** *adj* (Met) / nichtaushärtbar *adj* (Legierung)
**non•-ageing** *adj* / alterungsbeständig *adj* ‖ **~-agglomerating** *adj* / nichtbackend *adj* (Kohle)
**nonagon*** *n* (Maths) / Nonagon *n*, Neuneck *n*
**non-agricultural pesticide** (Agric, Ecol) / NAP (Schädlingsbekämpfungsmittel, das nicht nur zum Pflanzenschutz verwendet wird, sondern auch oder nur zur Verhinderung der Biodeterioration)
**non-alcoholic** *adj* (Nut) / alkoholfrei *adj*
**non-algebraic function** (Maths) / nicht algebraische Funktion
**non-algorithmic** *adj* (Comp) / nicht algorithmisch, nicht berechenbar
**non-aliquot part** (of a number) (Maths) / nichtaufgehender Teil
**non-allergenic** *adj* (Med, Nut, Pharm, Textiles) / anallergisch *adj*
**non-allergic** *adj* (Med, Nut, Pharm, Textiles) / anallergisch *adj*
**no-name products** / weiße Produkte, weiße Marken, No-Name-Produkte *n pl* (in billiger und einfacher Verpackung ohne Markennamen)
**no-names** *pl* / weiße Produkte, weiße Marken, No-Name-Produkte *n pl* (in billiger und einfacher Verpackung ohne Markennamen)
**nonanal** *n* (a colourless liquid with an orange rose odour, used in perfumes and for flavouring) (Chem) / Nonanal *n*, Pelargonaldehyd *m*, Nonylaldehyd *m*
**nonane*** *n* (Chem) / Nonan *n* (Kohlenwasserstoff der Alkanreihe)
**nonanedioic acid** (Chem) / Azelainsäure *f*, Nonandisäure *f*
**nonan-1-oic acid*** (Chem) / Pelargonsäure *f*, Nonansäure *f*
**non-aqueous** *adj* (Chem) / wasserfrei *adj*, nichtwässrig *adj*, nicht wässrig, kristallwasserfrei *adj* ‖ **~ dispersion** (Chem) / Non-aqueous-Dispersion *f* (Polymerdispersion auf nichtwässriger Basis), NAD (Non-aqueous-Dispersion) ‖ **~ solution** (Chem) / nichtwässrige Lösung ‖ **~ solvent*** (Chem) / nichtwässriges Lösungsmittel, nichtwässriges Lösemittel ‖ **~ titration*** (Chem) / Titration *f* in nichtwässriger Lösung
**non-Archimedean** *adj* (Maths) / nicht archimedisch *adj* ‖ **~ valuation** (Maths) / nicht archimedische Bewertung (eines Körpers)
**non-arcing** *adj* (Autos, Elec, Elec Eng, Eng) / nicht funkenbildend, funkenfrei *adj*
**non-aromatic** *adj* (Chem) / nichtaromatisch *adj*
**non-artesian** *adj* (Geol) / ungespannt *adj* (Grundwasser), frei *adj* (Grundwasser)
**non-asbestos talc** (Pharm) / asbestfreier Talk (für Arzneimittel und Kosmetika)
**non-associated gas** (Geol) / Erdgas *n* (freies, das nicht zusammen mit Erdöl vorkommt)
**non-associated natural gas** (Geol) / Erdgas *n* (freies, das nicht zusammen mit Erdöl vorkommt)
**non-association cable*** (Cables) / Kabel *n* (das nicht nach den Vorschriften der Cable Makers' Association hergestellt wurde)
**non-associative** *adj* (Maths) / nichtassoziativ *adj*
**non-automatic** *adj* / nicht automatisch, nichtautomatisch *adj*
**non-available** *adj* (Telecomm, Teleph) / nicht erreichbar
**non-baking** *adj* / nichtbackend *adj* (Kohle)
**non-banded coal** (Geol, Mining) / ungebänderte Kohle
**non-bearing wall*** (Build) / nichttragende Wand
**non-benzenoid aromatics** (Chem) / nichtbenzoide aromatische Verbindungen (z.B. Azulen)
**non-billable** *adj* / gebührenfrei *adj* (z.B. Dienstleistung)
**non-binary** *adj* (logic) / nicht mehrwertig *adj* (Logik - die mit mehr als zwei Wahrheitswerten arbeitet) ‖ **~** (Comp, Maths) / nichtbinär *adj*
**non-binding** *adj* / nichtbackend *adj* (Kohle)
**non•-black** *adj* (Chem Eng) / rußfrei *adj*, ohne Ruß (Gummiherstellung) ‖ **~-black body** (Phys) / nichtschwarzer Körper, Selektivstrahler *m* (DIN 5031, T 8), selektiver Strahler
**non-bleeder spray gun*** (for use with compressor units having a pressure-controlling device) (Paint) / Spritzpistole *f* ohne Entlüftung
**non-blocking** *adj* (Teleph) / blockierungsfrei *adj* (Durchschaltung)
**non-bonding** *adj* (Chem) / nichtbindend *adj* ‖ **~ orbital** (Chem, Phys) / nichtbindendes Orbital (n-Orbital) ‖ **~ pair** (Chem, Nuc) / einsames Elektronenpaar, freies Elektronenpaar (das einem Atom allein angehört)
**non-breaking hyphen** (Comp) / echter Trennstrich (ein Trenn- oder Bindestrich, der im Satz auf jeden Fall sichtbar wird), harter Trennstrich, geschützter Trennstrich
**non-browning glass** (Glass) / nicht nachdunkelndes Glas, strahlenresistentes Glas (das keine oder nur sehr geringe Verfärbung zeigt)
**non-buckling** *adj* (Mech) / knickfest *adj*
**non-caking** *adj* / nichtbackend *adj* (Kohle)
**non-caloric** *adj* (Nut) / kalorienfrei *adj*
**non-capacitive** *adj* (Elec) / kapazitätsfrei *adj*
**non-carbonate hardness** (of water) (Chem) / Nichtkarbonathärte *f*, permanente Härte, bleibende Härte, NKH (Nichtkarbonathärte),
Nichtcarbonathärte *f*, Nichtkarbonationen *n pl* der Erdalkalien (durch Kalzium- und Magnesiumsulfate verursacht)
**non-carbon paper** (Paper) / kohlefreies Durchschreibepapier, NCR-Papier *n*, karbonfreies Durchschreibepapier (bei dem der Druck meistens eine chemische Farbreaktion auslöst), selbstdurchschreibendes Papier, druckempfindliches (karbonfreies) Durchschreibepapier, Reaktionsdurchschreibepapier *n*, Kapselpapier *n*
**nonce** *n* (Comp) / Time-Stamp *m* (pl. -s) (der als Attribut an Nachrichten, Daten, Aufträge usw. angefügt wird, um in Netzwerken, Betriebssystemen und Datenbanksystemen eine Synchronisierung paralleler Aktivitäten zu ermöglichen), Zeitstempel *m*, Zeitmarke *f*
**non-central** *adj* (Stats) / nichtzentral *adj* ‖ **~ distribution** (Stats) / nichtzentrale Verteilung
**non-chargeable** *adj* / gebührenfrei *adj* (z.B. Dienstleistung)
**non-chokeable** *adj* / verstopfungsfrei *adj*
**non-chromatic** *adj* (TV) / unbunt *adj* (Farbe)
**non-circular** *adj* / unrund *adj* ‖ **~ cross-section** (Maths) / nicht vollkreisförmiger Querschnitt
**non-circularity of cladding** / Unrundheit *f* des Mantels (bei den LWL-Systemen)
**non-clay** *attr* (Ceramics, Geol) / tonfrei *adj*
**non-clogging centrifugal pump** (for sewer cleaning) (San Eng) / Kanalradpumpe *f* (mit Laufradkanälen, die auch festen Körpern den Durchtritt gestatten) ‖ **~ nozzle** (Eng) / selbstreinigende Düse
**non-coated paper** (Paper) / ungestrichenes Papier, Naturpapier *n*
**non-coding DNA*** (Gen) / nicht codogener DNS-Strang
**non-coherent** *adj* (Phys) / inkohärent *adj* (Beleuchtung, Drehung, Einheit, Streuung)
**non-cohesive** *adj* (Agric, Civ Eng) / kohäsionslos *adj*, nicht bindig *adj*, nichtbindig *adj* (Boden nach DIN 1054), leicht *adj*, krümelig *adj* (Boden)
**non-coking** *adj* / nichtbackend *adj* (Kohle)
**non-combustible** *adj* / unverbrennbar *adj*, unbrennbar *adj*, nicht brennbar
**non-commutative** *adj* (Maths) / nicht kommutativ ‖ **~ field** (Maths) / Schiefkörper *m*, schiefer Körper, Divisionsring *m*
**non-compensated plasma** (Plasma Phys) / nichtkompensiertes Plasma, unkompensiertes Plasma
**non-competitive enzyme inhibition** (Biochem) / nichtkompetitive Hemmung, unkompetitive Hemmung ‖ **~ inhibition** (Biochem) / nicht kompetitive Hemmung
**non-complanar** *adj* (Maths) / nicht koplanar *adj*, nicht komplanar *adj*
**non-compliance** *n* (with) / Nichteinhaltung *f*, Zuwiderhandlung *f* (gegen), Nichtbefolgung *f*
**non-composite picture signal** (TV) / BA-Signal *n*, Bildsignal *n* mit Austastung
**non-condensable** *adj* / nicht kondensierbar (Gas)
**non-condensing** (steam) **engine** (Eng) / Auspuffdampfmaschine *f* (bei der Abdampf ins Freie austritt)
**non-conducting** *adj* (Elec Eng, Electronics) / sperrend *adj* (Halbleiter) ‖ **~ material** (Elec Eng) / Nichtleiterwerkstoff *m* ‖ **~ zone** (Electronics) / Sperrbereich *m* (bei Thyristoren)
**non-conductor*** *n* (Elec) / Nichtleiter *m*, Dielektrikum *n* (ein Isolierstoff zwischen zwei Elektroden, insbesondere bei Kondensatoren)
**nonconformance** *n* (in system, components) / Fehler *m* ‖ **~ report** / Abweichungsbericht *m* (bei der Qualitätssicherung)
**nonconforming fraction** (Stats) / Anteil *m* fehlerhafter Einheiten (DIN 55 350, T 31)
**nonconformity** *n* / Nichtübereinstimmung *f* (z.B. mit den Qualitätsvorschriften), Nichterfüllung *f* von Qualitätsvorschriften ‖ **~** (Geol) / ungleichförmige Lagerung, Winkeldiskordanz *f* ‖ **~** (Geol) / diskordante Lagerung (oben Schichtgestein, unten Massengestein)
**non-conjugated dienes** (Chem) / nichtkonjugierte Diene
**non-conjunction** *n* (Comp) / Sheffer-Funktion *f* (DIN 44300, T 5 - eine Aussagenverbindung, die dann und nur dann falsch ist, wenn die beiden miteinander verknüpften Aussagen wahr sind - nach H.M. Sheffer, 1901-1964), NAND-Funktion *f*, NAND-Verknüpfung *f*
**non-consequence** *n* (Geol) / Insequenz *f* (langzeitige Sedimentationsunterbrechung)
**non-conservation** *n* / Nichteinhaltung *f* (z.B. der Parität), Nichterhaltung *f*, Verletzung *f*
**non-conservative unit** / nicht konservative Einheit (DIN 1345)
**non-constructive existence proof** (Maths) / nicht konstruktiver Existenzbeweis
**non-consumable anode** (Surf) / Fremdstromanode *f*, Fremdstromschutzanode *f* ‖ **~ electrode** (Welding) / nicht abschmelzende Elektrode, nicht schmelzende Elektrode, nicht verbrauchende Elektrode ‖ **~ vacuum arc** (Met) / Lichtbogen *m* mit wassergekühlter Festelektrode

**non-contact**

**non-contact** *attr* / berührungsfrei *adj*, berührungslos *adj*
**non-contacting photoconductive displacement transducer** / berührungsfreier optischer Wegmesswandler
**non-contacting printing method** (Print) / kontaktloses Druckverfahren ‖ ~ **seal** (Eng) / berührungslose Dichtung, berührungsfreie Dichtung
**non-contact plunger** (Elec Eng) / kapazitiver Kurzschlusskolben, Drosselkolben *m* ‖ ~ **seal** (Eng) / berührungslose Dichtung, berührungsfreie Dichtung
**non-contiguous** *adj* (Comp) / strukturunabhängig *adj* (Datenfeld)
**non-continuum flow** (Chem Eng, Vac Tech) / Gemischtströmung *f* (Knudsen-Effekt), Knudsen-Strömung *f* (Nichtkontinuumströmung - nach M.H.Ch. Knudsen, 1871-1949)
**non-contributing area** (Hyd Eng) / abflussloses Gebiet
**non-convertible** *adj* (Paint) / physikalisch trocknend
**non-cooperative target** (Radar) / nicht kooperatives Ziel
**non-coplanar** *adj* (Maths) / nicht koplanar *adj*, nicht komplanar *adj* ‖ ~ **system of forces** (Mech) / räumliches Kräftesystem
**non-core bit** (Mining) / Vollbohrkrone *f* (die das Gestein im gesamten Bohrlochquerschnitt zerstört) ‖ ~ **drilling** (Mining) / kernloses Bohren, Vollbohren *n* (bei dem das Gestein auf der gesamten Bohrlochsohle zerstört wird)
**non-coring bit** (Mining) / Vollbohrkrone *f* (die das Gestein im gesamten Bohrlochquerschnitt zerstört)
**non-correlation** *n* (Maths, Stats) / Nichtkorreliertheit *f* (Alienation), Unkorreliertheit *f*
**non-corrodible** *adj* (Surf) / korrosionsbeständig *adj*, korrosionsfest *adj*, korrosionsresistent *adj*, nicht korrodierbar
**non-corroding** *adj* (Surf) / korrosionsbeständig *adj*, korrosionsfest *adj*, korrosionsresistent *adj*, nicht korrodierbar ‖ ~ **nail** (Carp) / nicht rostender Nagel
**non-coverage** *n* (Stats) / nicht erfasster Bereich (Grad)
**non-creasing*** *adj* (Textiles) / knitterfrei *adj*, knitterresistent *adj*, knitterfest *adj*, knitterecht *adj*, knitterarm *adj*
**non-crimped yarn** (Spinning) / Glattgarn *n*, Flachgarn *n*
**non-critical** *adj* / nicht kritisch (Fehler)
**non-crunchy** *adj* (Textiles) / knirschfrei *adj*
**non-crystalline*** *adj* (Crystal) / nichtkristallisch *adj*, nichtkristallin *adj*, amorph *adj* (als Gegensatz zu kristallin), formlos *adj*, ohne Kristallform ‖ ~ **silicon** (Chem) / amorphes Silizium, amorphes Silicium, a-Si (amorphes Silicium) ‖ ~ **solid** (Phys) / nicht kristalliner Festkörper, amorpher Festkörper, amorpher Feststoff
**non-cumulative double bond** (Chem) / nicht kumulative Doppelbindung
**non-cutting** *adj* (Eng) / spanlos *adj* (Bearbeitung)
**non-dairy*** *attr* (Nut) / frei von Milch und Milcherzeugnissen
**non-data operation** (Comp) / nicht datenbezogene Operation
**non-debarked** *adj* (For) / vollrindig *adj*, ungeschält *adj*
**non-deformed** *adj* (Materials, Mech) / verformungslos *adj* (Bruch, Zustand)
**non-degeneracy** *n* (Phys) / Nichtentartung *f*
**non-degenerate conic** (Maths) / eigentlicher Kegelschnitt, nichtentarteter Kegelschnitt, regulärer Kegelschnitt ‖ ~ **gas*** (Phys) / nichtentartetes Gas
**non-deliverable message** (Telecomm) / nichtzustellbare Nachricht
**non-delivery** *n* / Nichtlieferung *f* ‖ ~ (Telecomm) / Nichtübergabe *f*, Nichtempfangsübergabe *f*
**non-denominational number system*** (Maths) / ein Zahlensystem, das kein Stellenwertsystem ist (z.B. Additionssystem der alten Römer)
**non-denumerability** *n* (Maths) / Überabzählbarkeit *f*
**non-denumerable set** (Maths) / überabzählbare Menge, nichtabzählbare unendliche Menge
**non-destructive examination** (Materials) / zerstörungsfreie Prüfung (DIN EN 1330), zerstörungsfreies Prüfverfahren, NDT-Technik *f* (zerstörungsfreies Prüfverfahren) ‖ ~ **inspection** (Materials) / zerstörungsfreie Prüfung (DIN EN 1330), zerstörungsfreies Prüfverfahren, NDT-Technik *f* (zerstörungsfreies Prüfverfahren) ‖ ~ **read operation** (Comp) / nichtlöschendes Lesen, zerstörungsfreies Lesen ‖ ~ **readout*** (Comp) / nichtlöschendes Lesen, zerstörungsfreies Lesen ‖ ~ **testing*** (Materials) / zerstörungsfreie Prüfung (DIN EN 1330), zerstörungsfreies Prüfverfahren, NDT-Technik *f* (zerstörungsfreies Prüfverfahren)
**non-deterministic*** *adj* / nicht deterministisch ‖ ~ **FSA** (Comp, Maths) / nicht deterministischer Automat ‖ ~ **PDA** (Comp, Maths) / nicht deterministischer Kellerautomat
**non-diagonal element** (Maths) / Nichtdiagonalelement *n*
**non-dialled call** (e.g. by depressing a button on the terminal console) (Comp) / Ruf *m* ohne Wahl
**non-dimensional** *adj* / dimensionslos *adj* (z.B. Naturkonstante), unbenannt *adj*
**non-directional antenna** (Radio) / Rundstrahlantenne *f*, Rundstrahler *m* ‖ ~ **antenna** (Radio) / Rundempfangsantenne *f* ‖ ~ **beacon** (Aero) / ungerichtetes Funkfeuer, Rundstrahlbake *f*, Kreisfunkfeuer *n* ‖ ~

**current protection** (Elec Eng) / nicht gerichteter Stromschutz ‖ ~ **microphone*** (Acous) / Mikrofon *n* mit Kugelcharakteristik, Kugelmikrofon *n*, ungerichtetes Mikrofon, Allrichtungsmikrofon *n*
**non-disclosure agreement** (Comp, Telecomm) / Geheimhaltungsvereinbarung *f*, Geheimhaltungsvertrag *m*, NDA (Geheimhaltungsvereinbarung)
**non-discretionary access control** (Comp) / fremdbestimmte Berechtigungszuweisung (Zugriffsberechtigungskonzept, in dem es nicht in das Belieben des Eigentümers gestellt ist, wer auf seine Objekte zugreifen darf)
**nondisjunction** *n* (Comp) / Peirce-Funktion *f* (weder-noch - nach Ch.S. Peirce, 1839-1914), NOR-Verknüpfung *f* (DIN 44 300-5), Nicod-Wahrheitsfunktion *f*, Antialternative *f*, NOR-Funktion *f*
**non-dispersive** *adj* / nicht dispersiv ‖ ~ **infrared absorption** (Autos, Ecol) / nichtdispersive Infrarotabsorption (ein Analyseverfahren zur Bestimmung von gasförmigen Bestandteilen in Kraftfahrzeugabgasen), nichtdispersive IR-Absorption ‖ ~ **infrared analyzer** (US) (Spectr) / Infrarotfotometer *n* (ein Abgasmessgerät), nichtdispersiver Infrarotanalysator ‖ ~ **infrared spectroscopy** (Spectr) / nichtdispersive IR-Spektroskopie, NDIR (NDIR-Spektroskopie) ‖ ~ **IR spectroscopy** (Spectr) / nichtdispersive IR-Spektroskopie, NDIR (NDIR-Spektroskopie) ‖ ~ **signals** (Electronics) / gegenseitig phasenstarre Signale (die ihre Phasenlage zueinander beim Durchlaufen einer Verzögerungsleitung nicht verändern)
**non-dissipative network*** (Telecomm) / verlustloses Netzwerk
**non-disturbed** *adj* / ungestört *adj* (z.B. eine Strömung) ‖ ~ **orbit** (Astron) / ungestörte Bahn
**non-drip paint** (Paint) / tropffreier Anstrichstoff
**non•-drying** *adj* / nichttrocknend *adj* ‖ ~-**drying oil** (Paint) / nichttrocknendes Öl (ein fettes Öl wie Kokosöl, Palmkernöl usw. - IZ < 100)
**non-eatable** *adj* (Nut) / nicht essbar (aus geschmacklichen Gründen)
**non-edible** *adj* (Nut) / genussuntauglich *adj*
**non-electric** *adj* (Elec) / unelektrisch *adj*, nichtelektrisch *adj*
**non-electrochemical corrosion** (Surf) / chemische Korrosion
**non-electrolyte** *n* (Chem, Elec Eng, Surf) / Nichtelektrolyt *m*, Anelektrolyt *m*
**non-empty set** (Maths) / nicht leere Menge
**non-energetic coal refining** (Chem Eng) / nichtenergetische Kohleveredlung
**non-enumerability** *n* (Maths) / Überabzählbarkeit *f*
**non-enzymatic browning** (Nut) / nichtenzymatische Bräunung (Maillard-Reaktion)
**non-equilibrium** *n* (Mech) / Ungleichgewicht *n*, Nichtgleichgewicht *n* ‖ ~ **mode distribution** (Telecomm) / Nichtgleichgewichtsmodenverteilung *f* (bei LWL) ‖ ~ **plasma** (Plasma Phys) / Nichtgleichgewichtsplasma *n*, nicht im thermodynamischen Gleichgewicht befindliches Plasma ‖ ~ **process** (Phys) / Nichtgleichgewichtsprozess *m*
**non-equivalence** *n* (Automation, Comp) / Antivalenz *f* (wenn von zwei Eingängen nur der eine oder nur der andere ein Signal führt - DIN 44300, T 5), exklusives ODER, ausschließendes ODER, XOR (exklusives ODER), Kontravalenz *f*, EXOR (Exklusiv-Oder), Exklusiv-Oder *n* ‖ ~ (Maths) / Nichtäquivalenz *f* ‖ ~ **element** (Automation, Comp) / Antivalenzglied *n* (das ausschließendes ODER realisiert) ‖ ~ **gate*** (Automation, Comp) / Antivalenzglied *n* (das ausschließendes ODER realisiert)
**non-erasable memory** (paper tapes, punched cards) (Comp) / energieunabhängiger Speicher, Permanentspeicher *m*, Dauerspeicher *m*, Strukturspeicher *m* ‖ ~ **storage** (Comp) / energieunabhängiger Speicher, Permanentspeicher *m*, Dauerspeicher *m*, Strukturspeicher *m* ‖ ~ **storage** (Comp) / Dauerspeicherung *f*, unlöschbare Speicherung (z.B. auf Lochkarten)
**non-erodible** *adj* (Agric, Geol) / erosionsbeständig *adj*, erosionsfest *adj*, nicht erosionsfähig
**non-escaping key** (Comp) / schreibende Taste ohne Vorschub
**non-Euclidean** *adj* (Maths) / nicht euklidisch, nichteuklidisch *adj* (Geometrie)
**noneuclidean** *adj* (US) (Maths) / nicht euklidisch, nichteuklidisch *adj* (Geometrie)
**non-Euclidean geometry** (Maths) / nichteuklidische Geometrie
**noneuclidean geometry** (Maths) / nichteuklidische Geometrie ‖ ~ **geometry** (Maths) s. also Riemannian geometry
**non-evaporative cooling tower** / Trockenkühlturm *m* (der die 3,5fache Luftmenge eines Nasskühlturms benötigt und daher im Bauvolumen und Grundflächenbedarf wesentlich aufwendiger ist)
**non-excited** *adj* (Nuc) / nichtangeregt *adj*
**non-exclusive licence** / einfache Lizenz (die dem Lizenznehmer das Recht zur Nutzung neben anderen gibt)

**non-extractable residue** (Ecol) / nichtextrahierbarer Rückstand (von Pestiziden), gebundener Rückstand
**non-factorable polynomial** (Maths) / unzerlegbares (nicht faktorierbares) Polynom, irreduzibles Polynom
**non-fade** *attr* (Autos) / fadingsicher *adj* (Bremsen)
**non-fade stain** (Join) / lichtechte Holzbeize
**non-fading** (Paint, Textiles) / echt *adj* (Farbstoff unter Lichteinwirkung)
**non-faradaic** *adj* (Chem, Phys) / nicht-Faraday'sch *adj* (z.B. Strom)
**non-fat** *attr* (Nut) / fettfrei *adj* || ~ **milk** (US) (Nut) / entrahmte Milch (mit maximal 0,3% Fett), Magermilch *f* || ~ **solids** (Nut) / fettfreie Trockenmasse
**non-feasible** *adj* / unzulässig *adj* (Lösung, Strategie)
**non-fed element** (Radar, Radio) / Sekundärelement *n* (ein Antennenelement)
**non-feed accent print** (Comp) / Akzentabdruck *m* ohne Vorschub
**non-felting** *adj* (Textiles) / nicht filzend
**non-ferrous alloy*** (Met) / NE-Legierung *f* || ~ **foundry** (Foundry) / Nichteisenmetallgießerei *f*, Metallgießerei *f* || ~ **heavy metal** (Met) / Buntmetall *n* (z.B. Bi, Cu, Ni, Zn) || ~ **metal** (Met) / Nichteisenmetall *n*, NE-Metall *n* (DIN 1700) || ~ **metallurgy** (Met) / Nichteisenmetallurgie, NE-Metallurgie *f* || ~ **metal powder** (Powder Met) / Nichteisenmetallpulver *n*, NE-Metallpulver *n*
**non-fibering cloth** (Textiles) / faserfreies (Putz)Tuch
**non-fiery mine** (Mining) / schlagwetterfreie Grube
**non-flam** *n* (Cinema) / Safety-Film *m*, Sicherheitsfilm *m* (z.B. mit Schichtträgern aus Zellulosetriazetat)
**non ·-flam film*** (Cinema) / Safety-Film *m*, Sicherheitsfilm *m* (z.B. mit Schichtträgern aus Zellulosetriazetat) || ~**-flammable** *adj* / nichtentflammbar *adj*, nichtbrennbar *adj* (DIN 1402)
**non-flammable finish** (Textiles) / flammfeste Ausrüstung, Flammfestausrüstung *f*, Flammfestappretur *f*
**non-flammable roof covering** (Build) / harte Dachdeckung (aus nichtbrennbaren Stoffen)
**non-flexible** *adj* (Ships) / steif *adj* (Tauwerk)
**non-flickering** *adj* (Optics) / flimmerfrei *adj*
**non-fogging** *adj* / beschlagfrei *adj*
**non-food agriculturals** (Agric) / technische Kulturen
**non-food items** (Comp) / Non-Food-Artikel *m pl* (die in einem Supermarkt außerhalb des Lebensmittelbereiches geführten Artikel, wie Kleintextilien, Haushaltsgeräte, Reinigungsmittel, Kosmetika usw.)
**non-formatted** *adj* (Comp) / formatfrei *adj*, nichtformatiert *adj*
**non-fraying** (Textiles) / schnittfest *adj* (Teppich) || ~ (Textiles) / nicht ausfransend *adj*
**non-freezing mixture** (Chem Eng) / Frostschutzmittel *n*, Gefrierschutzmittel *n* (z.B. Glykol)
**non-gassy mine** (Mining) / schlagwetterfreie Grube
**non-glare** *attr* (Optics) / blendfrei *adj*, nichtblendend *adj*, blendungsfrei *adj* || ~ **screen filter** (Comp) / Blendschutzfilter *n* für Bildschirme
**non-haem iron protein** (Biochem) / Nichthäm-Eisenprotein *n*
**non-hardening** *adj* (Met) / nicht härtend
**non-hazardous area** / sicherer Ort
**non-heat-treatable** *adj* (Met) / nicht vergütbar
**nonheme iron protein** (US) (Biochem) / Nichthäm-Eisenprotein *n*
**non-hierarchical network** (Comp) / nichthierarchisches Netz
**non-hinged** *adj* / gelenklos *adj*
**non-holonomic system** (Mech) / nichtholonomes System, anholonomes System (ein mechanisches System)
**non-homogeneous linear differential equation** (Maths) / inhomogene lineare Differentialgleichung
**non-Hookean** *adj* / nicht-Hooke'sch *adj*
**non-humic compounds** (Agric, Chem) / Nichthuminstoffe *m pl* (in der Bodenkunde) || ~ **substances** (Agric, Chem) / Nichthuminstoffe *m pl* (in der Bodenkunde)
**non-hydraulic lime** (Build) / Luftkalk *m* (der an freier Luft allmählich erstarrt - Kalziumoxid) || ~ **mortar** (Build) / Luftmörtel *m*
**non-ideal** *adj* / nicht ideal *adj* || ~ **solution** (Chem) / reale Lösung
**non-image area** (Print) / nichtdruckende Bildstelle, Nichtbildstelle *f* || ~ **area** (Print) / zeichnungsfreie Stelle (z.B. in der Lithografie) || ~ **data** (Comp) / Nichtbilddaten *pl*
**non-impact printer** (Comp) / Non-Impact-Printer *m*, nichtmechanischer Drucker, berührungsloser Drucker, anschlagfreier Drucker (bei dem das Druckbild durch elektronische Techniken erzeugt wird - z.B. Laserdrucker) || ~ **printing** (Comp) / nichtmechanisches Druckverfahren, berührungsloses Druckverfahren, anschlagfreies Druckverfahren || ~ **printing process** (Comp, Print) / Sofortdruckverfahren *n* (Sammelbezeichnung für berührungslose Druckverfahren, bei denen die Farbübertragung auf den Bedruckstoff ohne materielle Druckform auf fotomechanischem oder elektronischem Wege unter Einbeziehung elektrostatischer Prinzipien erfolgt)

**non-inductive** *adj* (Elec Eng) / induktionsfrei *adj* || ~ **load*** (Elec Eng) / induktionsfreie Belastung, Belastung *f* durch Wirkwiderstand, Ohm'sche Belastung || ~ **resistor*** (Elec Eng) / induktionsfreier Widerstand (ein Bauteil) || ~ **winding** (Elec Eng) / induktionsfreie Wicklung
**non-inertial frame of reference** (Mech) / nicht inertiales Bezugssystem
**non-inflammable** *adj* / nichtentflammbar *adj*, nichtbrennbar *adj* (DIN 1402)
**non-inherent** *adj* / nicht inhärent
**non-instrument runway** (Aero) / Sichtanflugpiste *f*
**non-integer** *adj* (Maths) / nichtganzzahlig *adj*
**non-integrable system** (Mech) / nicht integrables System
**non-integral** *adj* (Maths) / nichtganzzahlig *adj*
**non-interacting** *adj* / wechselwirkungsfrei *adj*, ohne gegenseitige Beeinflussung
**non-interceptable** *adj* (Comp) / abfangsicher *adj* (Mittel) || ~ (Telecomm) / abhörsicher *adj*, abfangsicher *adj*
**non-interchangeable accessories** (Elec Eng) / nicht austauschbares Zubehör
**non-intermittent** *adj* / fortlaufend *adj*, kontinuierlich *adj*, anhaltend *adj*, unterbrechungsfrei *adj*
**non-invasive** *adj* (Materials, Med) / nicht invasiv
**non-inverting amplifier** (Electronics) / nicht invertierender Verstärker
**non-ionic** *adj* / nichtionogen *adj*, nichtionisch *adj*, ioneninaktiv *adj*
**non-ionic detergents*** (Chem, Textiles) / nichtionische Tenside, Niotenside *n pl*, Nonionics *pl*, NT
**non-ionizing radiation*** (Phys) / nichtionisierende Strahlung, nicht ionisierende Strahlung
**non-iron** *attr* (Textiles) / bügelfrei *adj* (bügeln unnötig)
**non-isothermal plasma** (Plasma Phys) / nichtisothermisches Plasma
**non-isotopic tracer** (Nuc) / nicht isotoper Tracer
**non-isotropy** *n* (Bot, Mag, Phys) / Anisotropie *f* (DIN 13316)
**non-laddering** *adj* (Textiles) / maschenfest *adj*, laufmaschenfest *adj*
**non-leaded** *adj* (Autos, Fuels) / unverbleit *adj*, bleifrei *adj*, ohne Bleitetraethyl (Benzin)
**non-leafing pigment** (Paint) / Non-Leafing-Pigment *n* (ein Aluminiumpigment, das vom Bindemittel vollständig benetzt wird)
**non-leakage probability*** (Nuc) / Verbleibwahrscheinlichkeit *f* (dass ein Neutron nicht aus einem Reaktor austritt)
**non-leptonic decay** (Nuc) / nichtleptonischer Zerfall
**non-liable to a charge** / gebührenfrei *adj* (z.B. Dienstleistung) || ~ **to a fee** / gebührenfrei *adj* (z.B. Dienstleistung)
**non-linear*** *adj* / nicht linear *adj*, nichtlinear *adj*
**non-linear amplifier** (Radio) / nichtlinearer Verstärker || ~ **cam** (Textiles) / nichtlineares Schloss (bei Strickmaschinen) || ~ **distortion*** (Telecomm) / nichtlineare Verzerrung, Klirrverzerrung *f* || ~ **distortion factor*** (Radio, Telecomm) / Klirrfaktor *m* (Oberwellenanteil einer Verstärker- oder Übertragungsanlage), Oberschwingungsgehalt *m* || ~ **equation** (Maths) / nichtlineare Gleichung || ~ **inequality** (Maths) / nichtlineare Ungleichung || ~ **integral equation** (Maths) / nichtlineare Integralgleichung
**non-linearity*** *n* / Nichtlinearität *f*
**non-linear modulation** (Radio) / nichtlineare Modulation || ~ **network*** (Elec Eng) / nichtlineares Netzwerk || ~ **optical effect** (Optics) / nichtlinearer optischer Effekt, NLO-Effekt *m* || ~ **optics** (Comp, Electronics, Optics) / nichtlineare Optik || ~ **optics** (Optics) / nichtlineare Optik (Erscheinungen und Effekte bei Einstrahlung hoher Intensitäten) || ~ **optimization** (Maths) / nicht lineare Programmierung, nicht lineare Optimierung || ~ **programming** (Maths) / nicht lineare Programmierung, nicht lineare Optimierung || ~ **Raman spectroscopy** (Spectr) / nicht lineare Raman-Spektroskopie || ~ **resistor*** (Elec Eng) / nichtlinearer Widerstand || ~ **scale** / nichtlineare Skale || ~ **system** (Automation) / nicht lineares System || ~ **vibration(s)** (Phys) / nichtlineare Schwingungen (nach Bogoljubow)
**non-lining figures** (Typog) / Mediävalziffern *f pl* (die meistens für den Satz von astronomischen und nautischen Werken sowie für Logarithmentafeln eingesetzt werden)
**non-lint content** (Spinning) / verspinnbarer Faseranteil || ~ **content** (Textiles) / Nichtfasergehalt *m* (einer Baumwollpartie)
**non-linting** *adj* (Textiles) / nichtfasernd *adj* (Tuch)
**non-littoral state** (Geog) / Nichtanrainerstaat *m*, Nichtanliegerstaat *m*
**non-load-bearing partition** (Build) / leichte Trennwand (DIN 4103) || ~ **wall** (Build) / nichttragende Wand
**non-loaded** (Cables) / unbespult *adj* || ~ **Q** (Elec Eng) / Leerlaufgütefaktor *m*
**non-local** *adj* (Comp) / global *adj*
**non-localized bond** (Chem) / nichtlokalisierte Bindung (Bindung in einem Molekül, dessen Struktur nicht durch eine einzige Valenzstrichformel dargestellt werden kann, sondern durch Überlagerung von zwei oder mehreren Grenzstrukturen beschrieben werden muss), delokalisierte Bindung

**non-local state**

**non-local state** (Comp) / globaler Zustand (eines Automaten)
**non•-locking key*** (Telecomm) / nichtrastender Schalter ‖ **~-locking relay** (Elec Eng) / nichtselbsthaltendes Relais
**non-lock-type counterweight barge lift** (Ships) / Gegengewichtshebewerk *n* (ein Schiffshebewerk), Gegengewichtsschiffshebewerk *n*
**non-looping fastness** (Textiles) / Schlingenfestigkeit *f* (gegen Schlingenbildung) ‖ **~ property** (Textiles) / Schlingenfestigkeit *f* (gegen Schlingenbildung)
**non-lossy compression** (compression method where the decompressed version is exactly the same as the original) (Comp) / verlustlose Kompression
**non-lubricated** *adj* (Eng) / schmierlos *adj* ‖ **~ compressor** (Eng) / ölfreier Kompressor, ölfreier Verdichter (ein Hubkolbenverdichter), Trockenlaufverdichter *m*, Trockenlaufkompressor *m*
**non-luminous flame** / nicht leuchtende Flamme
**non-magnetic** *adj* (Mag) / nichtmagnetisch *adj*, unmagnetisch *adj*
**non-magnetic steel*** (Met) / amagnetischer Stahl, antimagnetischer Stahl, unmagnetischer Stahl
**non-magnetizable steel** (Met) / nichtmagnetisierbarer Stahl (ein Sonderstahl)
**non-man-size** *attr* (Civ Eng) / nichtbegehbar *adj*
**non-Markov process** (Stats) / Nicht-Markow-Prozess *m*
**non-marring** *adj* / kratzfest *adj* (beständig gegen oberflächliche Beschädigungen), ritzfest *adj*, nagelfest (kratzfest), riefenfest *adj*
**non-maskable interrupt** (Comp) / nichtmaskierbare Unterbrechung (Unterbrechung mit höchster Priorität)
**non-melting** *adj* / nicht schmelzend
**non-metal*** *n* (Chem, Met) / Nichtmetall *n*
**non-metallic** *adj* (Chem, Met, Paint, Surf) / nichtmetallisch *adj* (Effekt- oder Goldpigment, Überzug) ‖ **~ coating** / nichtmetallischer Überzug (eine Schutzschicht, wie z.B. Email, Anstrich usw.), nichtmetallische Schutzschicht ‖ **~ deposits** (Mining) / Nichterzlagerstätten *f pl* ‖ **~ halide** (Chem) / Halogenid *n* der Nichtmetalle ‖ **~ inclusion*** (Met) / nichtmetallischer Einschluss ‖ **~ mineral** (Min, Mining) / Nichterzmineral *n*, Nichterz *n* ‖ **~ mineral** (Mining) s. also gangue ‖ **~ mineral industry** / Steine-und-Erden-Industrie *f*, Bergbau und Industrie "Steine und Erden" ‖ **~ nitride** (Chem) / Nitrid *n* nichtmetallischer Art
**non-metallics** *pl* (Mining) / Nichterzlagerstätten *f pl*
**non-metalliferous mineral** (Min, Mining) / Nichterzmineral *n*, Nichterz *n*
**non-metal mining and quarrying industry** / Steine-und-Erden-Industrie *f*, Bergbau und Industrie "Steine und Erden"
**non-metering relay** (Elec Eng) / nichtmessendes Relais (ein Schaltrelais)
**non-methane hydrocarbon** (Chem) / Nichtmethankohlenwasserstoff *m*
**non-microbial** *adj* / nicht mikrobiell
**non-migrating** *adj* (Paint) / wanderungsbeständig *adj*
**non-miscible** *adj* / nicht mischbar
**non-monochromatic** *adj* (Light, Optics) / nicht monochromatisch
**non-monotonic logic** / nicht monotone Logik (zweiwertige Logik mit nichtmonoton wachsender gültiger Aussagenmenge) ‖ **~ reasoning** (AI) / nicht monotones Schließen
**non-mussing** *adj* (Textiles) / knitterfrei *adj*, knitterresistent *adj*, knitterfest *adj*, knitterecht *adj*, knitterarm *adj*
**non-needled woven felt** (Textiles) / ungenadeltes Filztuch (DIN 61 205)
**non-negative number** (Stats) / nicht negative Zahl
**non•-Newtonian fluid** (Phys) / nicht-Newton'sche Flüssigkeit (deren Viskosität vom Spannungs- bzw. Deformationszustand abhängig ist - DIN 1342-1) ‖ **~-Newtonian liquid*** (Phys) / nicht-Newton'sche Flüssigkeit (deren Viskosität vom Spannungs- bzw. Deformationszustand abhängig ist - DIN 1342-1)
**non-nuclear** *adj* / kernwaffenfrei *adj* (Staat) ‖ **~ warhead** (Mil) / nichtatomarer Gefechtskopf, konventioneller Gefechtskopf
**non-numeric** *adj* (Comp) / nichtnumerisch *adj*
**non-numerical** *adj* (Comp) / nichtnumerisch *adj*
**non-numeric character** (Comp, Maths) / nichtnumerisches Zeichen
**non-nutritive sweetener** (Nut) / Süßstoff *m* (mit einem vernachlässigbar kleinen energetischen Wert)
**non-observance** *n* / Nichteinhaltung *f*, Zuwiderhandlung *f* (gegen), Nichtbefolgung *f*
**non•-odorous** *adj* / geruchfrei *adj*, nichtriechend *adj*, geruchlos *adj* ‖ **~-ohmic*** *adj* (Elec) / nichtohmsch *adj*, nicht-Ohm'sch *adj*
**no-noise switch** (Elec Eng) / geräuschloser Schalter
**non-operational** *adj* / nicht betriebsfähig, betriebsunfähig *adj*, nicht funktionsfähig
**non-ore** *attr* (Mining) / erzfrei *adj*, nicht erzführend, nicht metallführend

**non-oriented** *adj* (Elec Eng) / nichtkornorientiert *adj* (Elektroblech nach DIN 46400) ‖ **~ web** (Textiles) / Wirrflor *m*
**non-oscillating** *adj* (Phys) / nicht schwingend
**nonose** *n* (Chem) / Nonose *f* (ein Monosaccharid)
**non-oxidizing** *adj* (Chem) / nichtoxidierend *adj*
**non-packet-mode DTE** (Comp) / nichtpaketorientierte DEE
**non-parallel** *adj* / unparallel *adj*, nicht parallel
**non-parametric** *adj* (Stats) / verteilungsfrei *adj* ‖ **~ method** (Stats) / nichtparametrischer Test, verteilungsfreier Test, parameterfreier Test (z.B. Kolmogorow-Smirnow-Test)
**nonpareil*** *n* (Print) / Nonpareille *f* (veraltete Bezeichnung für einen Schriftgrad von sechs typographischen Punkten)
**non-periodic** *adj* / nichtperiodisch *adj*, aperiodisch *adj*
**non-persistent** *adj* (Comp) / nonpersistent *adj* (Protokoll)
**non-personal** *adj* / sachbezogen *adj* (Information)
**non-perturbative** *adj* / nichtperturbativ *adj* (Vakuum)
**non•-petroleum lubricant** / Feststoffschmierstoff *m* (z.B. Graphit) ‖ **~-pilling** *adj* (Weaving) / pillingfrei *adj* (keine Faserkügelchen bildend) ‖ **~-piped water supply** (Hyd Eng) / unabhängige Wasserversorgung, unabhängige Löschwasserversorgung
**non-planar** *adj* (Maths) / nicht planar, nicht eben
**non-plastic** *adj* / unplastisch *adj*, nichtplastisch *adj*
**non-plunging fold** (Geol) / Falte *f* mit horizontaler Achse
**non-poisonous** *adj* / ungiftig *adj*, atoxisch *adj* ‖ **~** / giftfrei *adj*
**non-polar** *adj* (Chem, Paint) / unpolar *adj* (Verbindung, Lösungsmittel) ‖ **~** (Maths, Phys) / nicht polar *adj*, apolar *adj* ‖ **~ crystal** (Crystal) / nicht polarer Kristall, unpolarer Kristall
**non-polarizable electrode** / unpolarisierbare Elektrode
**non-polarized relay*** (Telecomm) / ungepoltes Relais, unpolarisiertes Relais, neutrales Relais, nicht polarisiertes Relais
**non-polar molecule** (Chem) / nicht polares Molekül, unpolares Molekül
**non-polluting** *adj* (Ecol) / umweltfreundlich *adj*, umweltverträglich *adj*, umweltkonform *adj*, umweltschonend *adj*
**non-porous** *adj* / porenfrei *adj*, porenlos *adj* ‖ **~ wood** (For) / Weichholz *n* (z.B. Nadelhölzer, Erle, Pappel, Weide usw.)
**non-positive stress conditions** (Materials) / kraftschlüssige Schwingbeanspruchung
**non-powered aircraft** (Aero) / motorloses Gleitflugzeug
**non-prescription** *attr* (Pharm) / rezeptfrei *adj*, nicht verschreibungspflichtig
**non-pressure method** (For) / Verfahren *n* ohne Druckanwendung (ein Holzschutzverfahren) ‖ **~ process** (For) / Verfahren *n* ohne Druckanwendung (ein Holzschutzverfahren)
**non-print** *attr* (Comp) / nichtdruckend *adj*
**non-printing** *adj* (Comp) / nichtdruckend *adj* ‖ **~ key** (Comp) / nichtschreibende Taste (die keine Veränderung der aktuellen Schreibposition bewirkt)
**non-print media** (Electronics) / elektronische Medien, Non-Print-Medien *pl*
**non-procedural language** (Comp) / nichtprozedurale Sprache, deskriptive Sprache ‖ **~ language** (Comp) s. also declarative language
**non-processor grant** (Comp) / Direktanforderungsbetätigung *f* ‖ **~ request** (Comp) / Direktanforderung *f* (bei Minicomputern)
**non-profit** *attr* / gemeinnützig *adj*
**non-proliferation** *n* (Mil) / Nichtweiterverbreitung *f* (von Kernwaffen), Nonproliferation *f*
**non-proliferation treaty** (Mil) / Kernwaffensperrvertrag *m*, Vertrag *m* über die Nichtverbreitung von Kernwaffen, Atomwaffensperrvertrag *m*
**non-proprietary name** (Pharm) / nichtgeschützte (freie) Bezeichnung, Freiname *m*, freier Warenname, Common Name *m* (pl. - Names)
**non-protein** *n* (Biochem) / Nichteiweißstoff *m*
**non-quantized*** *adj* / nichtquantisch *adj*, klassisch *adj* (z.B. Mechanik) ‖ **~ mechanics** (Mech) / Nichtquantenmechanik *f*, klassische Mechanik, Newton'sche Mechanik
**non-quantum** *attr* / nichtquantisch *adj*, klassisch *adj* (z.B. Mechanik)
**non-quantum mechanics** (Mech) / Nichtquantenmechanik *f*, klassische Mechanik, Newton'sche Mechanik
**non-radial-field cable** (Cables) / Kabel *n* mit nicht radialem Feld (das nur eine Schirmung von den verseilten Adern hat), Kabel *n* mit gemeinsamem Schirm
**non-randomized test** (Stats) / nichtrandomisierter Test
**non-rational function** (Maths) / irrationale Funktion
**non-reactive** (Instr) / rückwirkungsfrei *adj*
**non-reactive load*** (Elec Eng) / induktionsfreie Belastung, Belastung *f* durch Wirkwiderstand, Ohm'sche Belastung
**non-receipt** *n* (Telecomm) / Nichtempfang *m*
**non-reciprocal** *adj* (Maths) / nichtreziprok *adj*
**non-recoverable** *adj* (Mech) / plastisch *adj*, bleibend *adj* (Verformung)
**non-rectifying contact** (Elec Eng) / sperrfreier Kontakt (DIN 41852)
**non-recurring** *adj* (Teleph) / einmalig *adj* (Gebühr)

**non-reducing** adj (Chem) / nichtreduzierend adj ‖ **~ sugar** (Chem) / nichtreduzierender Zucker
**non-reflecting** adj / reflexionsfrei adj ‖ **~** (Glass) / reflexionsfrei adj ‖ **~** (Optics) / blendfrei adj, nichtblendend adj, blendungsfrei adj
**non-reflective** adj / reflexionsfrei adj
**non-registrable trade mark** / Freizeichen n (im Gegensatz zum Warenzeichen nicht schutzfähiges Zeichen)
**non-reheat turbine** (Eng) / Turbine f ohne ZWÜ, Turbine f ohne Zwischenüberhitzung
**non-reinforced** adj / unverstärkt adj
**non-relativistic\*** adj (Phys) / nichtrelativistisch adj
**non-relativistic mechanics** (Phys) / nichtrelativistische Mechanik
**non-relevance** n (Comp) / Nichtrelevanz f (der Daten)
**non-relevant** adj / nicht relevant ‖ **~ failure** / unabhängiger Ausfall (eines Systems)
**non-relocatable program** (Comp) / unverschiebliches Programm, unverschiebbares Programm
**non-renewable\*** adj / nichtregenerierbar adj (Energiequelle), nichterneuerbar adj
**non-repeat pattern areas** (Weaving) / rapportloser Dekor
**non-repetitive peak reverse voltage** (Electronics) / Stoßspannung f (bei einem Halbleiterbauelement) ‖ **~ production** (Work Study) / Einmalfertigung f (als Gegensatz zu Wiederholfertigung)
**non-repudiation** n (Comp, Telecomm) / Nichtleugnung f (z.B. der Empfangs- oder Sendeübergabe), Non-Repudiation f (Authentisierung von Datenströmen)
**non-resident traffic** (Autos) / Durchgangsverkehr m, Transitverkehr m
**non-residue** attr (Ecol) / rückstandsfrei adj, rückstandslos adj
**non-resinous** adj / harzfrei adj
**non-resistant** adj (For) / nichtresistent adj (nach DIN 68364)
**non-resonant antenna\*** n (Radio) / unabgestimmte Antenne, Breitbandantenne f, aperiodische Antenne
**non-response** n (Stats) / Antwortausfall m, Antwortverweigerung f
**non-restricted** adj (Teleph) / vollamtsberechtigt adj ‖ **~ extension** (Teleph) / vollamtsberechtigte Nebenstelle ‖ **~ trunk dialling** (Teleph) / Fernwahlberechtigung f
**non-returnable bottle** / Einwegflasche f ‖ **~ container** / Einwegcontainer m, Einwegbehälter m ‖ **~ package** / Einwegverpackung f, Wegwerfverpackung f ‖ **~ spool** (Weaving) / Einwegspule f ‖ **~ syringe** (Med) / Wegwerfspritze f
**non-return ball valve** (Eng) / Rückschlagkugelventil n
**non•-return-flow wind tunnel\*** (Aero) / Windkanal m ohne Luftrückführung (Eiffel'scher Bauart), offener Windkanal (ohne Luftrückführung) ‖ **~-return-to-zero change recording** (Electronics) / NRZ/C-Schreibverfahren n, Richtungsschrift f (DIN 66010)
**non-return-to-zero code** (Telecomm) / NRZ-Kode m (ein Leitungskode)
**non•-return-to-zero mark recording** (Comp) / NRZ/M-Schreibverfahren n, Wechselschriftverfahren n ‖ **~-return-to-zero method** (Comp, Electronics) / NRZ-Verfahren n, NRZ-Schreibverfahren n (ein binäres Schreibverfahren - ohne Rückkehr zu Null) ‖ **~-return-to-zero recording** (Comp) / NRZ-Verfahren n, NRZ-Schreibverfahren n (ein binäres Schreibverfahren - ohne Rückkehr zu Null)
**non-return-to-zero signal** (Electronics) / NRZ-Signal n (ein Kodesignal aus rechteckigen Elementarimpulsen, deren Impulsdauer gleich der Dauer der Rasterperiode ist)
**non-return valve** (Eng) / Sperrventil n (DIN 24 300)
**non-revenue flight** (Aero) / Flug m ohne Entgelt, Leerflug m
**non-reversible** adj / nichtumkehrbar adj, irreversibel adj (Effekt, Umweltschaden), nicht umkehrbar ‖ **~ coating** (compound)\* (Paint) / irreversibler Anstrichstoff (der nach der Trocknung in seinem Lösemittel nicht mehr wieder löslich ist)
**non-rigid airship** (Aero) / unstarres Luftschiff, Prallluftschiff n, Parsevalluftschiff n (z.B. nach A.v. Parseval, 1861-1942)
**non-rigid molecule** (Chem) / nichtstarres Molekül ‖ **~ rotator** (Spectr) / nicht starrer Rotator
**non-rising stem** (Eng) / nichtsteigende Spindel ‖ **~ stem valve** (Eng) / Armatur f mit nichtsteigender Spindel
**non-Roman alphabet** (Comp, Typog) / nichtlateinisches Alphabet
**non-rotating** adj / drallfrei adj (Seil - im Allgemeinen)
**non-rotational** adj (Phys) / wirbelfrei adj ‖ **~ field** (Elec Eng, Phys) / wirbelfreies Feld
**non-sacrificial anode** (for cathodic protection) (Surf) / Fremdstromanode f, Fremdstromschutzanode f
**non-salient pole** (Elec Eng) / Vollpol m (DIN 42005)
**non-salient-pole rotor** (Elec Eng) / Vollpolläufer m
**non-saponifiable** adj (Chem) / unverseifbar adj, nichtverseifbar adj, nicht verseifbar
**non-saturated base** (Electronics) / ungesättigte Basis (deren Ladung im Falle eines auf Durchlass geschalteten Transistors nicht ganz oder nur gerade ausreicht, um die Kollektor-Emitter-Schaltung auf die zu dem Kollektorstrom gehörende Restspannung herunterzudrücken) ‖ **~ solution** (Chem) / ungesättigte Lösung
**non-scaling** adj (Met) / verzunderungsbeständig adj, zunderbeständig adj
**non-scaling water** (Chem) / weiches Wasser, Weichwasser n
**non-scheduled** adj / außerplanmäßig adj ‖ **~** (Aero) / nichtplanmäßig adj, Bedarfs- ‖ **~ air carrier** (Aero) / Bedarfsluftfahrtunternehmen n, Bedarfsluftverkehrsunternehmen n
**non-scheduled flight** (Aero) / nichtplanmäßiger Flug, Bedarfsflug m
**non-screen-type film** (Radiol) / Ohne-Folie-Film m (ein Röntgenfilm)
**non-script take** (Cinema) / Zusatzeinstellung f
**non-seismic** adj (Geophys) / erdbebenfrei adj, aseismisch adj (Gebiet)
**non-selective** adj / nichtselektiv adj, aselektiv adj
**non-selective diffuser** (Phys) / grau streuender Körper ‖ **~ filter** (Optics, Photog) / Graufilter n (das der Lichtschwächung dient), Neutralfilter n (ein Lichtfilter), ND-Filter n
**non-selective herbicide** (Agric, Chem) / Totalherbizid n (das jeglichen Pflanzenwuchs vernichtet - z.B. Natriumchlorat), Totalunkrautvertilgungsmittel n
**non-selective radiator** (Phys) / Grauer Körper (der die gleiche spektrale Energieverteilung hat wie ein Schwarzer Körper, jedoch eine niedrigere Intensität), Grauer Strahler (DIN 5496 und 5031, T 8), Graustrahler m
**non-self-generating transducer** (Elec Eng) / Messwandler m mit Hilfsenergie
**non-self-restoring insulation** (Elec Eng) / nicht selbstheilende Isolation (die nach einem Durchschlag ihre isolierenden Eigenschaften verliert oder nicht vollständig wiedergewinnt)
**nonsense codon** (Gen) / Nonsense-Codon n ‖ **~ codon** (Gen) s. also stop codon ‖ **~ mutation\*** (Gen) / Nonsense-Mutation f (ein Nucleotidtriplett wird so verändert, dass es gar keine Aminosäure mehr repräsentiert) ‖ **~ triplet** (Gen) / Nonsense-Codon n
**non-sensitive** adj (Mil) / nicht sicherheitsempfindlich adj (Bereich), sicherheitsunempfindlich adj
**non-separable zipper** (Textiles) / nichtteilbarer Reißverschluss
**non-sequence\*** n (Geol) / Insequenz f (langzeitige Sedimentationsunterbrechung)
**non-servo brake** (Autos) / Duplexbremse f
**non-shattering** adj (Glass) / splitterfest adj, splitterfrei adj, splittersicher adj
**non-shattering glass** (Glass) / splitterfreies Glas, splittersicheres Glas
**non-shift finish** (warp-weft) (Textiles) / schiebefeste Ausrüstung, Schiebefestausrüstung f, Schiebefestappretur f, Schiebefestausrüstung f (z.B. bei Chemieseidengeweben, Baumwollstramin usw.)
**non-shrinkable** adj (Textiles) / nichtschrumpfend adj, schrumpffrei adj, krumpffrei adj, krumpfecht adj
**non-shrink finish** (Textiles) / krumpffreie Ausrüstung, Krumpffreiausrüstung f, Krumpfechtausrüstung f
**non-shrinking** adj (Ceramics) / nicht schwindend ‖ **~** (Textiles) / nichtschrumpfend adj, schrumpffrei adj, krumpffrei adj, krumpfecht adj
**non-silver** attr (Photog) / silberfrei adj
**non-singular** adj (Maths) / singularitätsfrei adj (Divisor, Kurve) ‖ **~** (Maths) / nicht singulär ‖ **~ matrix\*** (Maths) / nichtsinguläre Matrix, invertierbare Matrix
**non-sinusoidal** adj / nicht sinusförmig
**non-size-exclusion effect** (Chem) / Nichtausschlusseffekt m
**nonsked** adj (US) (Aero) / nichtplanmäßig adj, Bedarfs- ‖ **~ flight** (US) (Aero) / nichtplanmäßiger Flug, Bedarfsflug m
**non-skid** adj / gleitsicher adj, rutschsicher adj, rutschfest adj, Gleitschutz-, rutschhemmend adj, mit Gleitschutz, Antirutsch-
**non-skid chain** (Autos) / Gleitschutzkette f (z.B. eine Schneekette) ‖ **~ properties** (Autos, Civ Eng) / Griffigkeit f (der Fahrbahn), Fahrbahngriffigkeit f ‖ **~ property** (Build) / rutschhemmende Eigenschaft (eine Bodenbelags nach DIN 51 130)
**non-slip** adj / gleitsicher adj, rutschsicher adj, rutschfest adj, Gleitschutz-, rutschhemmend adj, mit Gleitschutz, Antirutsch- ‖ **~** attr (Elec Eng, Eng) / schlupffrei adj ‖ **~ differential** (Autos) / selbstsperrendes Ausgleichsgetriebe ‖ **~ differential** (US) (Autos) / sperrbares Differential, Sperrausgleichsgetriebe n, Sperrdifferential n
**non-slip finish** (Textiles) / schiebefeste Ausrüstung, Schiebefestausrüstung f, Schiebefestappretur f, Schiebefestausrüstung f (z.B. bei Chemieseidengeweben, Baumwollstramin usw.)
**non-slip finishing agent** (Textiles) / Schiebefestmittel n ‖ **~ property** (Build) / rutschhemmende Eigenschaft (eine Bodenbelags nach DIN 51 130)
**non-slip tread** / rutschfeste Stufe (der Stufenstehleiter)
**non-smoking compartment** (Rail) / Nichtraucherabteil n
**non-smudge** attr (Print) / wischfest adj, wischbeständig adj

**non-soap** (lubricating) **grease** (Eng) / Nichtseifenschmierfett n, nichtseifenverdicktes Schmierfett, seifenfreies Fett, Schmierfett n ohne Seife
**non-solvent** n (Chem, Paint) / Nichtlöser m (der im Unterschied zum echten Lösungsmittel einen Rohstoff nicht allein zu lösen vermag), inaktiver Löser, inaktives Lösungsmittel
**non-specific** adj (Med, Pharm) / unspezifisch adj
**non•-spectral colour*** (Light) / nichtspektrale Farbe ‖ **~-specular reflection*** (Light, Optics) / Remission f (an nicht spiegelnden Objekten), Lichtremission f, diffuse Reflexion (aufrauen Grenzflächen) ‖ **~-spherical** adj (Maths, Optics) / nichtsphärisch adj, asphärisch adj
**non-spinning** adj / drallfrei adj (Seil - im Allgemeinen) ‖ **~** (Aero) / trudelsicher adj ‖ **~ rope** (Cables) / drallarmes Seil, drallfreies Seil
**non-standard** attr / nicht genormt (z.B. Container) ‖ **~** / nicht normgerecht ‖ **~** / nicht standardisiert ‖ **~ analysis** (Maths) / Non-Standard-Analysis f (nach A. Robinson) ‖ **~ conditions** (Chem, Phys) / Nichtstandardbedingungen f pl ‖ **~ maintenance** (Comp, Eng) / Sonderwartung f ‖ **~ planed timber** (For) / Rohhobler m (z.B. Rift)
**non-starch polysaccharide** (Chem, Nut) / Nicht-Stärke-Polysaccharid n
**non-stationary** adj / nicht stationär (Wärmeleitung), instationär adj (Wärmeleitung)
**non-stationary satellite** (Space) / nichtsynchroner Satellit, nichtstationärer Satellit
**non-stick** attr / abweisend adj (gegen klebrige Stoffe), Antihaft-, Antikleb-, adhäsionshemmend adj, antihaftbeschichtet adj, mit antiadhäsiver Beschichtung ‖ **~ agent** / Antikleber m (adhäsionshemmender Stoff) ‖ **~ pan** (Nut) / innenbeschichtete Bratpfanne (meistens mit Teflon), Bratpfanne f (innenbeschichtete)
**non-stoichiometric** adj (Chem) / nicht stöchiometrisch ‖ **~ compound*** (Chem) / nichtstöchiometrische Verbindung (deren Zusammensetzung der Stöchiometrie nicht gehorcht), nichtdaltonide Verbindung, berthollide Verbindung (nach C.L. Graf von Berthollet, 1748-1822), Berthollid m
**non-stop flight** (Aero) / Nonstopflug m, Direktflug m (Ohnehaltflug)
**nonstop lock** / Nonstopschleuse f (ohne Zeitverlust)
**non-stop transit flight** (Aero) / Überflug m, landungsloser Durchflug
**non-strain-ageing** adj (Materials, Met) / reckalterungsbeständig adj
**non-strange** adj (Nuc) / nichtseltsam adj
**non-sugar** n (Chem) / Nichtzuckerstoff m, Nichtzucker m
**non-suppressed ion chromatography** (Chem) / Einsäulentechnik f (der Ionenchromatographie), Einsäulen-Ionenchromatografie f
**non-suppressible insulin-like activity** (Biochem) / Insulin-like-Growth-Factor m, IGF (Insulin-like-Growth-Factor), insulinartiger Wachstumsfaktor
**non-swelling** adj / quellbeständig adj, quellfest adj
**non-swinging** adj / nicht schwenkbar
**non-switched** adj (Telecomm) / nicht vermittelt adj, festgeschaltet adj ‖ **~ line** (Comp, Telecomm) / Standleitung f (feste Verbindung zwischen zwei Endstellen nach DIN 44302), festgeschaltete Verbindung, festgeschaltete Leitung, dedizierte Leitung, Festverbindung f (Standleitung), Standverbindung f (festgeschaltete Verbindung)
**non-switching use** (Elec Eng) / Nichtschaltverwendung f
**non-swivelling** adj / nicht schwenkbar
**non-symmetrical*** adj / nichtsymmetrisch adj, asymmetrisch adj, unsymmetrisch adj
**non-synchronous** adj / asynchron adj ‖ **~ computer*** (Comp) / Asynchronrechner m, Asynchronrechenanlage f ‖ **~ garbling** (Radar) / Fruit f (systeminterne Störung des SSR-Systems), asynchrone Antwortstörung (systeminterne Störung des SSR-Systems), asynchrone Antworten (Störung des Empfangs in den Bodenstationen), Störung f durch nichtsynchrone Antworten (in den Bodenstationen) ‖ **~ motor*** (Elec Eng) / Asynchronmotor m, Induktionsmotor m ‖ **~ transfer** (Work Study) / nichtgetaktete Werkstückweitergabe
**non-system** attr / systemfremd adj (im Allgemeinen)
**non-systematic** adj / nichtsystematisch adj (z.B. Name)
**non-systemic** adj (Chem) / nichtsystemisch adj (Pflanzenschutzmittel)
**non-tannin** n (Leather) / Nichtgerbstoff m (die bei der Gerbstoffanalyse vom Kollagen nicht gebundenen Substanzen)
**non-tapering** adj (Carp, For, Join) / vollholzig adj
**non-tarnishing** adj / anlaufbeständig adj (z.B. Silberwaren)
**non-tarnish paper** (Paper) / metallschonendes Papier (DIN 6730), Papier n zum Schutz gegen Trübung (glänzender Metalloberflächen)
**non-technical flight personnel** (Aero) / nichttechnisches fliegendes Personal, Kabinenpersonal n, Kabinenbesatzung f
**non-tectonic** adj (Geol) / atektonisch adj
**non-tendering** adj (Textiles) / faserschonend adj
**non-tension** attr (Build, Eng) / zugentlastet adj

**non-terminal** n (Comp) / nichtterminales Zeichen ‖ **~** adj (Comp) / nichtterminal adj (z.B. Zeichen) ‖ **~ node** (AI) / Nicht-Endknoten m, nicht terminaler Knoten
**non-text material** (Comp, Print) / Nichttextmaterial n
**non-threshold logic** (Electronics) / schwellenwertfreie Logik
**non-tilting mixer** (Build, Civ Eng) / Gleichlaufmischer m (ein Betontrommelmischer mit Entleeren bei gleich bleibender Drehrichtung durch Einschwenken einer Auslaufschurre oder bei einer zweiteiligen Trommel durch Trennung der beiden Schalenhälften)
**non-torque** attr (Spinning) / ungedreht adj, ungezwirnt adj, drehungslos adj, ohne Drehung, entzwirnt adj ‖ **~ yarn** (a stretch yarn that has no tendency to rotate when permitted to hang freely) (Spinning) / ungedrehtes Garn, Stretchgarn n (nicht torsionsgebauscht)
**non-toxic** adj / ungiftig adj, atoxisch adj ‖ **~** / giftfrei adj
**non-tracking** adj (insulation, material) (Elec Eng) / kriechstromfest adj
**non-traffic stop** (Aero) / nichtgewerbliche Landung
**non-transferred arc plasma torch** (Eng, Plasma Phys) / Plasmabrenner m mit nicht übertragenem Bogen, indirekter Plasmabrenner (bei einem nicht elektrisch leitenden Werkstück)
**nontransient error** (Comp) / permanenter Fehler, nichtbehebbarer Fehler, bleibender Fehler, irreparabler Fehler
**non-trivial** adj (Maths) / nichttrivial adj
**nontronite*** n (an iron-rich mineral of the smectite group) (Min) / Nontronit m (wasserhaltiges Eisensilikat)
**non-twisting** adj / drallfrei adj (Seil - im Allgemeinen)
**non-uniform circular motion** (Phys) / ungleichförmige Kreisbewegung ‖ **~ corrosion** (Surf) / ungleichmäßige Korrosion ‖ **~ distribution of stress** (Mech) / ungleichmäßige Spannungsverteilung ‖ **~ flow*** (Hyd) / ungleichmäßige Strömung
**non-uniformly accelerated motion** (Phys) / ungleichförmig beschleunigte Bewegung
**non-uniform motion** (Phys) / ungleichförmige Bewegung (bei dem ein Körper beschleunigt oder verzögert wird) ‖ **~ transmission** (Eng) / ungleichmäßige Übersetzung (der Zahnräder)
**non-valent*** adj (Chem) / nullwertig adj
**non-validated track** (Radar) / Spurkeim m
**non-value** n (Mining) / taubes Gestein, Berge m pl
**non-vanishing** adj (Maths) / nichtverschwindend adj, ungleich Null
**non-variant** adj (Phys) / invariant adj, ohne Freiheitsgrad
**non-varying** adj (Comp) / von fester Länge
**non-ventilated machine** (Elec Eng) / unbelüftete Maschine, selbstgekühlte Maschine, selbstbelüftete Maschine ‖ **~ (flat) roof** (Build) / Warmdach n (ein luftdichtes, einschaliges Dach)
**non-viscous fluid** (Phys) / ideale Flüssigkeit (eine inkompressible Flüssigkeit ohne innere Reibung - nach DIN 1342, T 1)
**non-visual aid** (Aero) / nichtoptische Hilfe
**non-vitreous** adj / nicht glasartig (z.B. die Oberfläche), nicht glasig
**non-vitrified** adj / nicht glasartig (z.B. die Oberfläche), nicht glasig
**non-voice communication** (Comp) / nichtsprachliche Kommunikation
**non-voiced** adj (Acous) / stimmlos adj
**non-voice service** (Comp, Telecomm) / Non-Voice-Dienst m, Nichtsprachdienst m, Nichtfernsprechdienst m
**non-void set** (Maths) / nicht leere Menge
**non•-volatile*** adj (Chem, Comp) / nichtflüchtig adj ‖ **~-volatile matter** (Chem) / Nichtflüchtiges n, nichtflüchtiger Stoff
**non-volatile matter** (Paint) / Festkörpergehalt m (der nicht flüchtige Anteil), nicht flüchtiger Anteil, nfA (nicht flüchtiger Anteil) ‖ **~ memory*** (Comp) / nicht flüchtiger Speicher, leistungsunabhängiger Speicher, beständiger Speicher (z.B. Magnetplatte oder -band) ‖ **~ memory*** (Comp) s. also non-erasable memory ‖ **~ random-access memory** (Comp) / nicht flüchtiges RAM ‖ **~ storage** (Comp) / nicht flüchtiger Speicher, leistungsunabhängiger Speicher, beständiger Speicher (z.B. Magnetplatte oder -band)
**non-von-Neumann architecture** (Comp) / nicht-Neumann'sche Architektur (von Rechnern - nach Johann v. Neumann, 1903 - 1957)
**non-vortical field** (Elec Eng, Phys) / wirbelfreies Feld
**non-waste** attr (Ecol) / abfallfrei, ohne Abfälle (Produktion)
**non-wearing** adj (Eng) / verschleißfrei adj
**non-wearout** adj (Eng) / verschleißfrei adj
**non-weathering** adj (Eng, Meteor) / verwitterungsfest adj, wetterfest adj, wettersicher adj, witterungsbeständig adj, weatherproof adj
**non-wettable** adj (Chem, Phys) / nicht benetzbar
**non-wetted joint** (Electronics, Eng) / Lotlücke f (beim Löten)
**non-wetting** adj (Chem) / nichtbenetzend adj ‖ **~ fluid** (Chem, Phys) / nicht netzende Flüssigkeit, nicht benetzende Flüssigkeit ‖ **~ liquid** (Chem, Phys) / nicht netzende Flüssigkeit, nicht benetzende Flüssigkeit
**non-woven** adj (Weaving) / ungewebt adj

**non-woven fabrics**\* (Textiles) / Nonwovens *n pl* (Vliesstoffe nach DIN 61 210, Nähwirk- bzw. Vlieswirkstoffe nach DIN 61 211, Nadelfilze, Tufted Fabrics), Textilverbundstoffe *m pl* (nicht gewebte)
**non-woven filter** / Filtervlies *n*, Non-woven-Filter *n* || ~ **leather** (Textiles) / Faserkunstleder *n* (aus Lederfasern und Bindemittel), Lederfaserstoff *m*, Vlieskunstleder *n* || ~ **unidirectional fibreglass mat** (Glass, Textiles) / Nuf-Matte *f*, Endlosmatte *f* (mit parallelliegenden Spinnfäden)
**non-wrap mode** (Comp) / Modus *m* ohne automatischen Zeilenwechsel
**non-yellowing** *adj* / vergilbungsbeständig *adj*, nicht vergilbend *adj*
**non-yielding support** (Mining) / starrer Ausbau
**nonyl alcohol** (Chem) / Nonan-1-ol *n* (ein einwertiger Alkohol), Nonanol *n*, Nonylalkohol *m* || ~ **hydride** (Chem) / Nonan *n* (Kohlenwasserstoff der Alkanreihe)
**nonylphenol** *n* (Chem, Pharm) / Nonylphenol *n*
**non-zero** *attr* / ungleich Null, von Null verschieden || ~ **vector** (Maths, Phys) / vom Nullvektor verschiedener Vektor
**no-observed-adverse-effect level** (Chem, Med) / No-observed-adverse-Effect-Level *m* (höchste Dosis oder Konzentration eines Stoffes, die ohne schädliche Wirkung bleibt, Dosis *f* ohne schädliche Wirkung (Toleranzwert bei Pestiziden)
**no-observed-effect level** (Ecol) / No-Effect-Konzentration *f* (die gerade noch wirkungslos ist), Konzentration *f* eines Stoffes, bei der kein toxischer Effekt beim Versuchstier beobachtet werden kann
**noogenetics** *n* (Gen) / Noogenetik *f* (Wissenschaft von der Lenkung der Beziehungen zwischen der menschlichen Gesellschaft und der Natur)
**nook** *n* (corner of a room) (Build) / Zimmerecke *f*
**noon**\* *n* (Astron) / Mittag *m* (Tageszeit)
**NO OP** (no operation) (Comp) / Nulloperation *f* (DIN 19 239), NOP (Nulloperation)
**no operation** (Comp) / Nulloperation *f* (DIN 19 239), NOP (Nulloperation)
**no-op instruction** (an instruction that causes no action to take place in the computer except for consumption of time and instruction storage space) (Comp) / Überspringbefehl *m*, Nulloperationsbefehl *m*, NOP-Befehl *m*, Übersprungbefehl *m*
**noose** *n* / Schlinge *f* (gleitende)
**noosphere** *n* (Ecol) / Noosphäre *f* (Bereich der Erde, der mit der Entwicklung der menschlichen Gesellschaft aus der Biosphäre hervorgeht und von der bewussten menschlichen Tätigkeit erfasst und gestaltet wird)
**nootkatone** *n* (Chem, For, Nut) / Nootkaton *n* (ein Sesquiterpen, eine Impact-Verbindung - zur Aromatisierung von Getränken)
**nootropics** *pl* (Pharm) / Neurotropika *n pl* (Medikamente, die durch Steigerung der zerebralen Durchblutung und des Gehirnstoffwechsels zentrale Funktionen aktivieren), Nootropika *n pl*
**NOP** (no operation) (Comp) / Nulloperation *f* (DIN 19 239), NOP (Nulloperation)
**no parking** (Autos) / Parkverbot *n* (ein Verkehrszeichen)
**nor** / Normal-, normal *adj*
**noradrenaline**\* *n* (Chem, Pharm) / Noradrenalin *n*, Norepinephrin *n* (Levarterenol)
**norator** *n* (Electronics) / Norator *m* (ein theoretisches Zweipolelement in der Netzwerkanalyse)
**norbergite**\* *n* (Min) / Norbergit *m* (ein Mineral der Norbergitgruppe - ein Silikat)
**norbixin** *n* (Nut) / Norbixin *n* (E 160b)
**norbornadiene** *n* (Chem) / Norbornadien *n*
**norbornane** *n* (Chem) / Norbornan *n* (8,9,10-Trinorbornan)
**norbornene** *n* (Chem) / Norbornen *n* (8,9,10-Trinor-2-bornen)
**NOR circuit** (Comp) / NOR-Schaltung *f*, NOR-Glied *n* (DIN 44 300), Weder-Noch-Schaltung *f*
**Nordberg key** (a circular pin or bar which fits into a hole drilled half in the boss and half in the shaft parallel to the shaft axis, usually for light work) (Eng) / Rundkeil *m* (für vorgespannte formschlüssige Verbindungen) || ~ **key** (Eng) / Rundpassfeder *f*
**Nordhausen acid** (Chem) / Nordhäuser Vitriolöl (rauchende Schwefelsäure) || ~ **sulphuric acid**\* (Chem) / rauchende Schwefelsäure, Oleum *n*
**nordic projection** (Cartography) / Bartholomew's kartografische Abbildung
**nordihydroguaiaretic acid** (Nut) s. also sonora gum || ~ **acid** (Nut) / Nordihydroguajaretsäure *f*, NDGA (Nordihydroguajaretsäure)
**Nordmann fir** (For) / Nordmannstanne *f* (Abies nordmanniana (Steven) Spach)
**nordmarkite**\* *n* (Geol) / Alkalisyenit *m* aus Nordmark (Norwegen)
**nordstrandite** *n* (Min) / Nordstrandit *m* (eine Modifikation des Al(OH)$_3$)
**no-rebound** *adj* (Comp) / prellfrei *adj* (Taste)

**NOR element**\* (Comp) / NOR-Glied *n*, NICHT/ODER-Glied *n*, NOR-Schaltglied *n*
**no-renormalization theorem** (Phys) / Nichtrenormierungstheorem *n*
**norephedrine** *n* (Pharm) / Norephedrin *n*
**norepinephrine**\* *n* (Chem, Pharm) / Noradrenalin *n*, Norepinephrin *n* (Levarterenol)
**Norfolk latch**\* (Join) / Daumendrücker *m*, Drückerfalle *f* (an den Türen)
**NOR gate**\* (Comp) / NOR-Glied *n*, NICHT/ODER-Glied *n*, NOR-Schaltglied *n*
**Norge nitre** (Chem Eng) / Norgesalpeter *m* (technisch hergestelltes Calciumnitrat)
**nori** *n* (Nut) / Nori *n* (Sammelname für Lebensmittel, die in Ost- und Südostasien aus kultivierten Rotalgen [Porphyra] bereitet werden)
**no ring each way** (Teleph) / beiderseits kein Ruf
**no-ripple** *attr* (Radio) / brummfrei *adj*
**no-risk** *attr* / ungefährlich *adj*, ohne Gefährdung, ohne Risiko
**Norit** *n* (Chem) / Norit *f* (Aktivkohle mit hoher Adsorptionskraft)
**norite**\* *n* (a coarse-grained plutonic rock) (Geol) / Norit *m* (Varietät von Gabbro)
**norleucine** *n* (Biochem) / Norleuzin *n* (2-Aminohexansäure), Norleucin *n*
**norm** *v* (Maths) / normieren *v* (einen Raum oder eine Algebra) || ~\* *n* / Norm *f* || ~\* (the theoretical mineral composition of a rock expressed in terms of normative mineral molecules) (Geol, Min) / Norm *f*
**normal**\* *n* (Maths) / Normale *f* (Flächennormale, Kurvennormale) || ~\* *adj* / Normal-, normal *adj* || ~ **acceleration** (Phys) / Normalbeschleunigung *f* (senkrecht zur Bahntangente) || ~ **axis**\* (Aero) / Hochachse *f*, z-Achse *f* (des Flugzeugs) || ~ **backlash** (Eng) / Normalflankenspiel *n* (als Verzahnungsgröße) || ~ **bend**\* (Telecomm) / Bogen *m* || ~ **boiling point** (Phys) / normaler Siedepunkt || ~ **calomel electrode**\* (Chem, Elec Eng) / Normalkalomel(l)elektrode *f* || ~ **card listing** (Comp) / Einzelgang *m* (Lochkartentechnik) || ~ **conditions** (Phys) / Normalbedingungen *f pl*, Normzustand *m* (vereinbarter Bezugszustand nach DIN 1343), Standardbedingungen *f pl* || ~ **conduction** (Elec Eng) / Normalleitung *f* || ~ **coordinates** (Phys) / Normalkoordinaten *f pl* (bei harmonischen Eigenschwingungen) || ~ **curve** (Stats) / Normalverteilungskurve *f*, Gauß'sche Verteilungskurve, Gauß'sche Fehlerkurve, Glockenkurve (ein Wahrscheinlichkeitsraum) || ~ **disconnected mode** (Comp) / abhängiger Wartebetrieb (DIN 44 302) || ~ **distribution**\* (Stats) / Normalverteilung *f* (DIN 1319-1), Gauß-Verteilung *f*, Gauß'sche Verteilung *f* || ~ **distribution curve** (Stats) / Normalverteilungskurve *f*, Gauß'sche Verteilungskurve, Gauß'sche Glockenkurve, Gauß'sche Fehlerkurve, Glockenkurve (ein Wahrscheinlichkeitsraum) || ~ **electrode potential**\* (Chem) / Standardbezugs-EMK *f*, elektrochemisches Standardpotential, Standardelektrodenpotential *n* (wenn sich die Elektrode im Normzustand befindet), Normalpotential *n* || ~ **erosion** (Geol) / Erosion *f* (die ohne menschliches Zutun zustande kommt) || ~ **fault**\* (Geol) / Abschiebung *f*
**normal-focal-length lens** (Optics, Photog) / normalbrennweitiges Objektiv
**normal force** (Phys) / Normalkraft *f* (Normalkomponente der eingeprägten Kraft) || ~ **form** / Normalform *f* (in der Logik) || ~ **form** (Maths) / kanonische Form (bei Systemen partieller Differentialgleichungen) || ~ **form** (of the equation of a line or plane) (Maths) / Hesse'sche Normalform (nach L.O. Hesse, 1811-1874), Hesse-Form *f* || ~ **form** (Maths) / Normalform *f* (einer algebraischen Gleichung) || ~ **frequency**\* (Telecomm) / Normalfrequenz *f* || ~ **function** (Maths) / Normalfunktion *f* || ~ **horizontal separation** (Geol) / Horizontalsprungweite *f* (bei Verwerfungen) || ~ **hydrogen electrode** (Chem) / Standardwasserstoffelektrode *f*, Normalwasserstoffelektrode *f*, Wasserstoffnormalelektrode *f*, SHE || ~ **induction curve** (Mag) / jungfräuliche Kurve (von Null bis zu einer Sättigung), Neukurve *f* (DIN 1325)
**normality**\* *n* (Chem) / Normalität *f* (eine Zusammensetzungsgröße)
**normalize** *v* (Comp) / normalisieren *v* || ~ (Maths) / normieren *v* (Vektoren oder Funktionen) || ~ (Met) / normalglühen *v*, normalisieren *v*
**normalized cross section** (Radar) / Flächenrückstreufaktor *m* (vom Einfallswinkel abhängig) || ~ **frequency** / normierte Frequenz (ein dimensionloser Parameter bei Stufenfasern) || ~ **function** (Maths) / normierte Funktion || ~ **plateau slope** (the slope of the substantially straight portion of the counting rate versus voltage characteristic divided by the quotient of the counting rate by the voltage at the Geiger-Mueller threshold) (Nuc) / normierte Plateauneigung || ~ **sound source** (Acous) / Normschallquelle *f*
**normalizer** *n* (Maths) / Normalisator *m*

**normalizing**

**normalizing*** n (Met) / Normalglühen n (ein Warmbehandlungsverfahren nach DIN EN 10 052), Normalisieren n ‖ ~ **heat treatment** (Met) / Normalglühen n (ein Warmbehandlungsverfahren nach DIN EN 10 052), Normalisieren n
**normal lens** (Photog) / Normalobjektiv n, Standardobjektiv n (mit einem maximal genutzten Bildwinkel zwischen 40° und 55°) ‖ ~ **line to the curve** (Maths) / Kurvennormale f
**normally closed contact** (Elec Eng) / Ruhekontakt m (ein Relaiskontakt, der dann geöffnet ist, wenn die Relaisspule erregt ist), Öffnungskontakt m, Öffner m ‖ ~ **open contact** (Elec Eng) / Schließer m (ein Relaiskontakt, der dann geschlossen ist, wenn die Relaisspule erregt ist - DIN 40713), Schließkontakt m, Arbeitskontakt m
**normal mode*** (of vibration) (Phys) / Normalschwingung f, Grundschwingung f, Eigenschwingung f ‖ ~ **move-out** (Geol) / normales Move-out (in der angewandten Seismik) ‖ ~ **oil** / Normalöl n ‖ ~ **operating conditions** / normale Betriebsbedingungen ‖ ~ **operation** / Normalbetrieb m ‖ ~ **paper** (Paper) / Normalpapier n (z.B. für Kopierer) ‖ ~ **plane** (Maths) / Normalebene f ‖ ~ **position** / normale Lage, normale Lagerung (Lage) ‖ ~ **position** (Instr) / Gebrauchslage f (eines Messgeräts mit beweglichen Organen) ‖ ~ **pressure*** (Chem) / Normaldruck m (eine der Normalbedingungen) ‖ ~ **pressure angle** (Eng) / Eingriffswinkel m (am Normalschnitt - bei Zahnrädern) ‖ ~ **probability paper** (Paper, Stats) / Wahrscheinlichkeitspapier n (ein mathematisches Papier), Wahrscheinlichkeitsnetz n (ein orthogonales Koordinatennetz) ‖ ~ **probe** (Materials) / Normalprüfkopf m (Materialprüfung mit Ultraschall) ‖ ~ **product** (Phys) / Normalprodukt n, N-Produkt n ‖ ~ **reading distance** (Optics) / Bezugssehweite f ‖ ~ **response mode** (Comp) / Aufforderungsbetrieb m (DIN 44 302) ‖ ~ **saline** (U.S. Pharmacopoeia) (Pharm) / physiologische Kochsalzlösung ‖ ~ **salt*** (Chem) / normales Salz, neutrales Salz, Normalsalz n, Neutralsalz n ‖ ~ **salt solution** (Pharm) / physiologische Kochsalzlösung ‖ ~ **section** (Eng) / Normalschnitt m (bei Zahnrädern) ‖ ~ **section*** (Maths) / Normalschnitt m ‖ ~ **series** (Maths) / Normalreihe f ‖ ~ **shank** (Eng) / Vollschaft m (der Schraube; Schaftdurchmesser = Gewindedurchmesser) ‖ ~ **shock** (Phys) / senkrechter Verdichtungsstoß m ‖ ~ **snow load** (Build) / Regelschneelast f ‖ ~ **solution*** (Chem) / einnormale Lösung, Normallösung f (Maßlösung), n-Lösung f, 1-n-Lösung f ‖ ~ **state*** (Nuc) / Grundzustand m (z.B. eines quantenmechanischen Systems - eines Atoms, eines Kerns) ‖ ~ **stress** (Mech) / Normalspannung f (senkrecht zu einer Fläche wirkende) (auf die Größe eines Flächenelements bezogen) ‖ ~ **subgroup*** (Maths) / Normalteiler m, invariante Untergruppe ‖ ~ **surface** (Crystal) / Normalenfläche f ‖ ~ **temperature and pressure*** (Chem, Phys) s. also standard conditions ‖ ~ **temperature and pressure*** (Chem, Phys) / physikalische Normalbedingungen (0 °C und 101325 Pa) ‖ ~ **to the curve** (Maths) / Kurvennormale f ‖ ~ **to the surface** (Maths) / Flächennormale f ‖ ~ **to the surface at the point of incidence** (Optics) / Einfallslot n ‖ ~ **type** / Regelausführung f (z.B. des Sicherungsringes nach DIN 472, T 1) ‖ ~ **vector** (Phys) / Normalvektor m ‖ ~ **voltage** (Elec Eng) / Normalspannung f ‖ ~ **volume** (Phys) / Normvolumen n (DIN 1343) ‖ ~ **water level** (Hyd Eng) / Stauziel n (zulässiger Wasserstand im Oberwasser) ‖ ~ **Zeeman effect** (Phys, Spectr) / normaler Zeeman-Effekt
**normative** adj / Norm-, normativ adj ‖ ~ **composition*** (Min) / Normmineral n, normativer Mineralbestand, normativer Mineralbestand ‖ ~ **mineral** (Min) / Normmineral n, normativer Mineralbestand, Standardmineral n
**normed algebra** (Maths) / normierte Algebra ‖ ~ **linear space** (Maths) / normierter linearer Raum (ein Vektorraum, auf dem eine Norm existiert), normierter Vektorraum ‖ ~ **space*** (Maths) / normierter Raum (ein metrischer Raum) ‖ ~ **vector space** (Maths) / normierter linearer Raum (ein Vektorraum, auf dem eine Norm existiert), normierter Vektorraum
**nornicotine** n (Chem) / Nornikotin n, Nornicotin n
**NOR operation** (Comp) / Peirce-Funktion f (weder-noch - nach Ch.S. Peirce, 1839-1914), NOR-Verknüpfung f (DIN 44 300-5), Nicod-Wahrheitsfunktion f, Antialternative f, NOR-Funktion f
**Norrish reaction** (Chem) / Norrish-Reaktion f (nach Sir R.G.W. Norrish, 1897-1978)
**north alignment** (Radar) / Nordausrichtung f
**northeast trade** (Meteor) / Nordostpassat m (auf der Nordhalbkugel)
**Northern blot** (Gen) / Northern-Blot f (eine Analogiebildung zu Southern-Blotting), Northern-Transfer m ‖ ~ **blot test** (Gen) / Northern-Blotting n (eine Analogiebildung zu Southern-Blotting) ‖ ~ **blotting** (Gen) / Northern-Blotting n (eine Analogiebildung zu Southern-Blotting), Northern-Transfer m ‖ ~ **boreal forest** (For, Geog) / borealer Nadelwald ‖ ≈ **Lights*** (Geophys) / Nordlicht n (ein Polarlicht) ‖ ≈ **pitch pine** (For) / Pitchpine f,

Parkettkiefer f, Pechkiefer f (Pinus rigida Mill.), Parkett-Gelbkiefer f, PI (Pitchpine nach DIN 4076) ‖ ≈ **red oak** (For) / Amerikanische Roteiche (Quercus rubra L. ) ‖ ≈ **scrub pine** (For) / Bankskiefer f (Pinus banksiana Lamb.) ‖ ~ **timber** (For) / nordisches Holz (Schnitt- und Rundholz aus Russland, Schweden, Norwegen und Finnland, insbesondere Fichte, Kiefer und Birke, z.T. auch als Furnier und Sperrholz gehandelt) ‖ ≈ **white cedar** (For) / Abendländischer Lebensbaum, Amerikanische Thuje (Thuja occidentalis L.) ‖ ≈ **white pine** (For) / Weymouthskiefer f (Pinus strobus L.) (Pinus strobus L. - nach Th. Thynne, I. Viscount of Lord Weymouth, +1714), Strobe f, Weimutskiefer f
**northing** n (Nav) / Nordverlagerung f ‖ ~* (a north latitude) (Surv) / Hochwert m (bei der Gauß-Krüger-Abbildung)
**north key** (Comp) / Cursorpfeil m nach oben (Taste)
**north-light roof*** (Build, Civ Eng) / Sheddach n mit Nordlichtbeleuchtung
**North point** (Astron) / nördlicher Himmelspol ‖ ~ **pole*** (Mag) / Nordpol m (eines Magneten)
**Northrup furnace*** / kernloser Induktionsofen, Induktionsschmelzofen m ohne magnetischen Kern, Induktionsofen m nach Northrup
**North Sea gas*** (Geol) / Nordseegas n
**north-seeking pole** (Mag) / Nordpol m (eines Magneten)
**north-south axis** (Surv) / Nord-Süd-Achse f
**North Star** (Astron, Surv) / Polarstern m, Nordstern m, Nordpolarstern m, Stella Polaris
**northwest corner rule** (AI) / Nordwestreckenregel f (zur Bestimmung einer zulässigen Ausgangsbasislösung des Transportproblems)
**Norton amplifier** (Comp) / Norton-Verstärker m (ein einfacher Operationsverstärker, der die Differenz von Strömen verstärkt) ‖ ~ **factor** (Comp) / Norton-Faktor m (gibt an, wie schnell ein Personalcomputer im Vergleich zu einem Original-IBM-XT-Computer ist) ‖ ≈ **process** (Eng) / Norton-Verfahren n (für kurze und mittellange Werkstücke - bei Rundschleifmaschinen) ‖ ~ **scale** / Norton-Skale f, Norton-Härteskale f (für Schleifmittel oder Schleifscheiben)
**Norton's theorem*** (Elec Eng) / Zweipoltheorie f, Norton'scher Satz (von der Ersatzstromquelle)
**Norton transformation** (Elec Eng) / Norton-Transformation f (eine Vierpoläquivalenz) ‖ ≈ **tube well** / abessinischer Brunnen, Abessinierbrunnen m (der einfachste Bohrbrunnen)
**Norton-type mechanism** (Eng) / Norton-Getriebe n (Teil des Vorschub- und Gewindegetriebes an Leit- und Zugspindeldrehmaschinen)
**Norway maple** (For) / Spitzahorn m (Acer platanoides L.), Deutscher Zuckerahorn m, Leinbaum m ‖ ≈ **spruce** (For) / Gewöhnliche Fichte, Rottanne f (Picea abies (L.) Karst.)
**Norway-spruce oil** / Fichtennadelöl n (aus frischen Fichtennadeln), Rottannennadelöl n
**Norwegian roller** (Agric) / Sternwalze f ‖ ≈ **seam** / Zwienaht f (in der Schuhherstellung)
**Norwich process** (San Eng) / Norwich-Verfahren n (zur Abwasserreinigung durch Flockung mittels eines Aluminiumsilikatsols) ‖ ≈ **tie** (Weaving) / gerade Schnürung
**NOS** (network operating system) (Comp, Telecomm) / Netzbetriebssystem n (zur Verwaltung von LANs), Netzwerkbetriebssystem n, NOS (Netzwerkbetriebssystem)
**noscapine** n (Pharm) / Narcotinum n, Narkotin n, Noscapin n (Alkaloid des Opiums)
**nose** n (a tree trunk) (For) / abkappen v (Rundholz, Bretter, Bohlen), kappen v (Rundholz, Bretter, Bohlen) ‖ ~ n (Aero) / Bug m ‖ ~ (Aero) / Nase f (des Rumpfs, des Tragflügels) ‖ ~ (Eng) / Nase f, Ansatz m, Vorsprung m ‖ ~ (Eng, Tools) / Schneidenecke f (Stelle, an der die Hauptschneide und eine Nebenschneide zusammentreffen) ‖ ~ (For) / Spranz m (an den Schnittflächen von Stammhölzern) ‖ ~ (Geol) / Umbiegungspunkt m einer gefalteten Schicht (auf der Karte) ‖ ~ (Geol) / halbentwickelte Antiklinale, offene Antiklinale ‖ ~ (of a blowpipe) (Glass) / Aufnahmeende n (der Glasmacherpfeife) ‖ ~ (Glass) / Arbeitswanne f (ein Teil des kontinuierlichen Glaswannenofens, in dem das Abstehen stattfindet) ‖ ~ (the aroma of wine) (Nut) / Bukett n (Duft des Weines), Blume f (des Weins), Bouquet n ‖ ~ (Radio) / Frontplatte f (des Autoempfängers) ‖ ~* (Rail) / Herzstück n (Kreuzung, Weiche, Kreuzungsweiche)
**no-seam** attr (Textiles) / nahtlos adj
**nosean*** n (Min) / Nosean m (ein Tektosilikat der Sodalith-Reihe)
**nose-and-axle-suspended motor** (Elec Eng) / Motor m mit Achsaufhängung
**nose bar** (For) / Druckleiste f (an Furnierschälmaschinen) ‖ ~ **bearing** (Eng) / Tatzlager n, Tatzenlager n ‖ ~ **bluntness** (Phys) / Abstumpfung f der Spitze (in der Strömungslehre) ‖ ~ **bra** (Autos) / Steinschlagschutz m (vorne), Frontschutz m, Front-End-Verkleidung f (die den gesamten Fahrzeugbug bedeckt) ‖

1042

**~ bridge** (Optics) / Nasensteg *m* (der Brille) || **~-cone** *n* (Aero, Space) / Spitze *f* (der Bombe, der Rakete) || **~ dive*** (Aero) / Sturzflug *m*, Stechflug *m* || **~-down** *attr* (Aero) / gedrückt *adj* (Fluglage)
**nose-down attitude** (Autos) / Kopflastigkeit *f* (eines Caravans) || **~ pitching** (Aero) / Sturzflug *m*, Stechflug *m*
**nose gear** (Aero) / Bugradfahrwerk *n*, Bugfahrwerk *n* || **~ heaviness*** (Aero) / Vorlastigkeit *f*, Kopflastigkeit *f*, Buglastigkeit *f*
**nose-heavy** *adj* (Aero) / kopflastig *adj*
**nose-in** *n* (Aero) / Flugzeug *n* in Nose-in-Position || **~ system** (Aero) / Nose-in-System *n* (Aufstellungsart von Verkehrsflugzeugen an den Fluggast-Abfertigungsanlagen), Vorkopfaufstellung *f* (der Großflugzeuge zwischen zwei Fingerflugsteigen)
**nose key** (Eng) / Hakenkeil *m*, Nasenkeil *m*, Gegenkeil *m* || **~ landing gear** (Aero) / Bugradfahrwerk *n*, Bugfahrwerk *n*
**noselite*** *n* (Min) / Nosean *n* (ein Tektosilikat der Sodalith-Reihe)
**nose-out system** (Aero) / Nose-out-System *n* (Aufstellungsart von Verkehrsflugzeugen an den Fluggast-Abfertigungsanlagen)
**nose-over** *n* (Aero) / Kopfstand *m*
**nosepiece** *n* (Aero) / Mundstück *n* (eines Schlauchs) || **~** (Optics) / Nasensteg *m* (der Brille)
**nose protector** (Autos) / Steinschlagschutz *m* (vorne), Frontschutz *m*, Front-End-Verkleidung *f* (die den gesamten Fahrzeugbug bedeckt)
**noser*** *n* (Aero) / Sturzflug *m*, Stechflug *m* || **~** (Aero, Autos) / Gegenwind *m*
**nose slot** (Aero) / Nasenspalt *m* (eine Auftriebshilfe)
**nose-suspended motor** (Elec Eng) / Tatzenlagermotor *m*
**nose suspension*** (Elec Eng) / Abstützung *f* des Tatzenlagers (beim Gummiringfederantrieb der Elektrolokomotive) || **~-up** *attr* (Aero) / gezogen *adj* (Fluglage)
**nose-up attitude** (Autos) / Schwanzlastigkeit *f* (Anhänger, Caravan) || **~ pitching** (Aero) / Hochreißen *n* (des Flugzeuges)
**nose•-wheel** *n* (Aero) / Bugrad *n* || **~-wheel landing gear*** (Aero) / Bugradfahrwerk *n*, Bugfahrwerk *n*
**nose-wheel shimmy** (Aero) / Bugradflattern *n* || **~ well** (Aero) / Bugradschacht *m*
**no-show** *n* (Aero) / zur Abfahrtzeit nicht erschienener Passagier (der Fluggast bezahlt bei einer nicht rechtzeitigen Platzannullierung eine No-Show-Gebühr)
**nosing*** (Build) / Kantenschutzschiene *f* (abgerundete) || **~** (Build) / Unterschneidung *f* (ein Stufenmaß) || **~*** (Build, Carp) / [abgerundete] Treppenkante *f*, Stufenkante *f* || **~*** (Build, Eng) / gerundete Außenkante, abgerundete Außenkante || **~** (Rail) / Stampfen *n* (Rail) / Drehschwingen *n*, Schwingen *n* um die vertikale Achse || **~ strip** (Build) / Kantenprofil *n* (der Treppe)
**NOS part** (Autos) / Originalteil *n* aus Altbeständen
**no step** (Aero) / Nicht belasten!, Nicht betreten! (Aufschrift auf der Tragfläche)
**no-stopping sign** (Autos) / Halteverbotsschild *n*
**no-swell finish** (Textiles) / Quellfestausrüstung *f*, Quellfestappretur *f*
**NOTAM** (Aero) / Nachricht *f* für Luftfahrer, NfL (Nachricht für Luftfahrer)
**notation** *n* (Comp) / Schreibweise *f*, Notation *f*, Notierung *f*, Bezeichnungsweise *f* || **~** (Maths) / Schreibweise *f*
**notational format** (Comp) / Notationsformat *n* (Konvention, welche die Reihenfolge von Bestandteilen innerhalb von Notationen festlegt) || **~ system** (Comp) / Notationssystem *n* (Elemente und Prinzipiengesamt der Notationen - DIN 2331)
**notation system** (Comp) / Notationssystem *n* (Elemente und Prinzipiengesamt der Notationen - DIN 2331)
**notch** *v* (Carp) / ausstemmen *v* (Eng) / ausklinken *v* (Flächenteile herausschneiden) || **~** (Eng, Materials) / einkerben *v*, kerben *v* (mit Kerben versehen) || **~** *n* / Gargel *m* (Falz in den Fassdauben, in den der Boden des Fasses eingelassen wird) || **~** (Acous) / Senke *f* (im Audiogramm) || **~** (Cinema) / Randkerbe *f* (an der Filmkante ausgestanzt) || **~*** (Elec Eng) / Stellung *f* (am Kontroller) || **~** (Eng) / Kerbe *f*, Schlitz *m*, Kerb *m* || **~*** (Eng) / Rast *f* (z.B. der Rastenscheibe) || **~** (US) (Geol) / Schlucht *f* (tief eingeschnittenes Erosionstal), Klamm *f* (enges, tief eingeschnittenes Tal, das nahezu senkrechte, oft überhängende Wände hat), Einschnitt *m* (Scharte im Hochgebirge), Tobel *m* || **~** (Hyd Eng) / Schlitz *m* (die Öffnung in einem Messwehr - can be of rectangular, triangular, or trapezoidal shape) (Hyd Eng) / Messblende *f* (des Messwehrs) || **~** (Join) / Ausnehmung *f* (für das Einsteckschloss in der Tür) || **~** (Materials) / Kerb *m*, Kerbe *f* || **~** (Maths) / Einbuchtung *f* (im Kurvenverlauf) || **~ acuity** (Materials) / Kerbschärfe *f* || **~ aerial*** (Aero) / Schlitzantenne *f* (die meistens durch Kunststoffüberzüge abgedeckt wird)
**notchback** *n* (US) (Autos) / Stufenheck *n*
**notch base** (Materials) / Kerbgrund *m* (z.B. einer DVM-Probe) || **~ binding*** (Bind) / Perfo-Klebebindung *f* || **~ board** (Build) / stufenförmig ausgeschnittene Treppenwange (einer eingestemmten oder eingeschobenen Treppe) || **~ brittleness*** (Materials, Met) / Kerbsprödigkeit *f*

**notched bar** (Materials) / Kerbstab *m* || **~ bar** (Materials) / Kerbschlagprobe *f* (nach DIN 50115), [gekerbte] Probe, Kerbprobe *f* || **~ bar** (Weaving) / Platine *f* (hakenförmiges Huborgan bei Schaft- und Jacquardmaschinen)
**notched-bar impact work** (Materials) / Kerbschlagarbeit *f* || **~ tensile strength** (Materials) / Kerbzugfestigkeit *f* || **~ tensile test** (Materials) / Kerbzugversuch *m*
**notched•-bar test*** (Materials, Met) / Kerbschlagbiegeversuch *m* (DIN 50115) || **~ disk** (Eng) / Rastenscheibe *f* || **~ saw set** (For) / Schränkeisen *n* (zum Handschränken von Sägeblättern) || **~ specimen** (a test specimen that has been deliberately cut or notched, usually in a V-shape, to induce and locate point of failure) (Materials, Met) / Kerbschlagprobe *f* (nach DIN 50115), [gekerbte] Probe, Kerbprobe *f* || **~ weir** (Hyd Eng) / Messwehr *n* (zur Messung des Wasserabflusses), Messüberfall *m*
**notch effect** (Mech) / Kerbwirkung *f* (Festigkeitslehre) || **~ extension** (Materials) / Kerbaufweitung *f*, Kerböffnung *f* || **~ filter** (Radio) / Notchfilter *n*, Kerbfilter *n*, Lochfilter *n*, schmalbandiges Sperrfilter, schmalbandige Bandsperre (ein hochselektives Sperrfilter für einen schmalen Nf-Bereich)
**notch-free transition** / kerbfreier Übergang
**notch impact test specimen** (Materials) / Kerbschlagprobe *f* (nach DIN 50115), [gekerbte] Probe, Kerbprobe *f*
**notching** *n* (Carp, For, Join) / Holzverbindung *f* durch Formung der Berührungsflächen (z.B. Überblattung, Verkämmung, Anblattung usw.) || **~*** (Civ Eng) / Terrassenstufenbau *m* (für Einschnitte) || **~** (Elec Eng) / Schaltvorgang *m* (zu dessen Auslösung eine vorbestimmte Zahl von einzelnen Impulsen nötig ist) || **~*** (Eng) / Ausklinken *n* (Herausschneiden von Flächenteilen aus der äußeren Umgrenzung von Erst- oder Zwischenformen im offenen Schnitt) || **~** (Eng, Materials) / Einkerben *n*, Einkerbung *f*, Kerben *n* (von Proben)
**notch plate** (Hyd Eng) / Messblende *f* (des Messwehrs) || **~ root** (Materials) / Kerbgrund *m* (z.B. einer DVM-Probe) || **~ sensitivity*** (Materials, Met) / Kerbempfindlichkeit *f* (Kerbwirkung) || **~ sensitivity ratio** (Eng, Materials, Mech, Met) / Kerbempfindlichkeitszahl *f* || **~ stress** (Materials) / Kerbspannung *f*
**notch-stress theory** (Materials) / Kerbspannungslehre *f*
**notch tensile strength** (Materials, Met) / Kerbzugfestigkeit *f* || **~ tension test** (Materials) / Kerbzugversuch *m* || **~ tip** (Build, Eng) / Kerbspitze *f* || **~ toughness*** (Materials, Met) / Kerbschlagzähigkeit *f* (in J/cm$^2$)
**notch-unnotch ratio** (Materials) / Kerbfestigkeitsverhältnis *n*
**notchy** *adj* (Autos) / hakelig *adj* (Schaltung, Getriebe)
**NOT circuit** (Comp) / Negationsschaltung *f*, NICHT-Schaltung *f*
**note** *n* / Notiz *f* || **~** (for labelling, for equipping) / Hinweisziffer *f* || **~*** (Acous, Print) / Note *f* || **~** (Nut) / Note *f* (Geruchs-, Geschmacks-)
**notebook*** *n* (Comp) / Notebook *m*, Notebook-PC *m* || **~ PC** (Comp) / Notebook *m*, Notebook-PC *m* || **~ personal computer** (Comp) / Notebook *m*, Notebook-PC *m*
**NOT element** (Comp) / Umkehrer *m*, Negationsglied *n*, NICHT-Glied *n*, Negator *m*, Inverter *m* (Schaltungsanordnung zur Realisierung der Negation)
**note pad** (Comp) / Notizblockspeicher *m*, Scratchpad-Speicher *m*, Notizblock *m* (besonders schneller zusätzlicher Kern- oder Halbleiterspeicher, der speziell zur Aufnahme von Registerinhalten dient und damit die Zugriffszeiten verkürzt)
**notepad memory** (Comp) / Notizblockspeicher *m*, Scratchpad-Speicher *m*, Notizblock *m* (besonders schneller zusätzlicher Kern- oder Halbleiterspeicher, der speziell zur Aufnahme von Registerinhalten dient und damit die Zugriffszeiten verkürzt)
**note paper** (Paper) / Briefpapier *n*
**NOT-equivalence gate** (Automation, Comp) / Antivalenzglied *n* (das ausschließendes ODER realisiert)
**note tuning*** (Radio) / Tonhöhenabstimmung *f*
**not fast*** / unecht *adj* (Farbstoff)
**not-for-profit** *attr* / gemeinnützig *adj*
**not for sale** / unverkäuflich *adj* (nicht für den Verkauf bestimmt)
**NOT function** (Comp) / Nicht-Funktion *f*, NOT-Funktion *f*, Inversion *f* || **~ gate*** (Comp) / Umkehrer *m*, Negationsglied *n*, NICHT-Glied *n*, Negator *m*, Inverter *m* (Schaltungsanordnung zur Realisierung der Negation)
**No thoroughfare!** (Autos) / Keine Durchfahrt!, Durchfahrt verboten!, Kein Durchgang ! || **~ through road** (Autos) / Sackgasse *f* (ein Verkehrszeichen) || **~ through traffic** (Autos) / Keine Durchfahrt verboten!, Kein Durchgang !
**no-throw*** *n* (Textiles) / Seide *f* aus ungezwirnten Einzelfäden
**noticeable** *adj* / spürbar *adj* (z.B. Unterschied) || **~** (Psychol) / perzeptibel *adj*, wahrnehmbar *adj* || **~ clearance** (Eng) / merkliches Spiel (Kennzeichen bei Montage)
**notice of defect in quality** / Mängelrüge *f* || **~ to airmen** (Aero) / Nachricht *f* für Luftfahrer, NfL (Nachricht für Luftfahrer)
**notifiable** *adj* (Med) / meldepflichtig *adj*, anzeigepflichtig *adj*

notification

notification *n* (Telecomm) / Hinweisgabe *f* (z.B. für den Empfänger)
NOT-IF-THEN operation (Comp) / Inhibition *f* (eine zweistellige Boole'sche Funktion)
notions *pl* (US) (Textiles) / Galanteriewaren *f pl*, Kurzwaren *f pl*, Mercerie *f* (S) (kleinere Bedarfsartikel für die Schneiderei)
not obtainable (Teleph) / nicht erreichbar || ~ printed upon / unbedruckt *adj* || ~ roadworthy (Autos) / nicht fahrtüchtig, nicht verkehrssicher || ~ sanded / unbesandet *adj* (Oberfläche) || ~ switched *adj* (Telecomm) / nicht vermittelt *adj*, festgeschaltet *adj* || ~ to scale / nicht maßstäblich, unmaßstäblich *adj*, nicht maßstabgerecht || ~ under command (Ships) / manövrierunfähig *adj*, fahrtgestört *adj* || ~ under control (Ships) / manövrierunfähig *adj*, fahrtgestört *adj* || ~ viable (Biol) / nicht lebensfähig
no-twist mill (with alternate horizontal and vertical stands) (Met) / HV-Straße *f*
nougat *n* (Nut) / Nugat *m n*, Nougat *m n*
nought *n* (Maths) / Null *f*
noughts complement (Comp, Maths) / Basiskomplement *n*, B-Komplement *n*
nought state (Comp) / Nulllage *f*, Nullzustand *m*
noumeite *n* (Min) / Garnierit *m* (ein wasserhaltiges Nickel-Magnesium-Silikat), Noumeait *m*
nourishing *adj* (Nut) / Nähr-, nährend *adj*, nahrhaft *adj*, nutritiv *adj*
no U turns (Autos) / Wendeverbot *n* (ein Verkehrszeichen)
nova* *n* (pl. novas or novae) (Astron) / Neuer Stern, Nova *f* (pl. Novä)
novačekite *n* (Min) / Novačekit *m* (nach R. Novaček, 1905-1942)
novaculite* *n* (Geol) / Novaculit *m* || ~* (Geol) s. also Arkansas stone and whetstone
novel food (Nut) / neuartiges Lebensmittel (nach der Verordnung 258/97 des Europäischen Parlaments und des Rates) || ~ food (Nut) / genetisch verändertes Lebensmittel, Novel Food *n* (das aus gentechnisch veränderten Organismen besteht, mit deren Hilfe hergestellt wird oder gentechnisch hergestellte Zusätze enthält), Designer Food *n*
Novell Embedded System Technology (Comp) / Novell Embedded System Technology *f*, NEST *f* (Novell Embedded System Technology)
novelties *pl* (Textiles) / Galanteriewaren *f pl*, Kurzwaren *f pl*, Mercerie *f* (S) (kleinere Bedarfsartikel für die Schneiderei) || ~ *n pl* (Textiles) / Modeartikel *m pl* (viel gekaufte Artikel)
novelty *n* / Neuheit *f* (der Erfindung) || ~ report / Neuheitsbescheid *m* (bei Patenten) || ~ twister (Spinning) / Effektzwirnmaschine *f* (zur Herstellung der Effektzwirne) || ~ yarn (Spinning) / Effektgarn *n*, Effektzwirn *m*, Phantasiegarn *n*, Phantasiezwirn *m*
novenary *adj* (Comp) / novenär *adj*
novobiocin *n* (Pharm) / Novobiocin *n* (ein aus Kulturen von Streptomyces-Arten isoliertes Antibiotikum)
novocaine• *n* (Chem) / Novocain *n* (Procainhydrochlorid) || ≃ *n* (hydrochloride of procaine)* (Chem) / Novocain *n* (Procainhydrochlorid)
novolak *n* (Chem) / Novolak *m*, Novolackharz *n* (Phenolkörper : Formaldehyd = 5 : 4 und Mineralsäure als Katalysator)
no-voltage *n* (Elec Eng) / Nullspannung *f* || ~ relay (Elec Eng) / Nullspannungsrelais *n* || ~ release* (Elec Eng) / Nullspannungsauslöser *m*, Nullausschalter *m*, Nullauslöser *m* || ~ trip (Elec Eng) / Nullspannungsauslöser *m*, Nullausschalter *m*, Nullauslöser *m*
NOVRAM (non-volatile random-access memory) (Comp) / nicht flüchtiges RAM
nowcasting* *n* (Meteor) / Nowcasting *n* (kurzfristige Wettervorhersage)
nowel *n* (Foundry) / Unterkasten-Formteil *n*, Formunterteil *n*, Unterkasten *m*
nowhere dense (Maths) / nirgends dicht, nirgendsdicht *adj* (Menge) || ~ dense set (Maths) / nirgendsdichte Menge, nirgends dichte Menge
no-wind position (Aero, Meteor) / Windstillepunkt *m*
noxious *adj* (to....) / schädlich *adj* (für....) || ~ industry (Ecol) / umweltschädigende Industrie || ~ substance (Med) / Schadstoff *m*, gesundheitsschädlicher (giftiger) Stoff || ~ substance (Pharm) / Noxe *f* || ~ substances of algal origin (Bot, Ecol) / algenbürtige Schadstoffe
noy* *n* (Acous) / Noy *n* (eine alte Einheit der subjektiven Lärmempfindung)
noyer d'Afrique (For) / Afrikanischer Nussbaum (ein Ausstattungs- und Konstruktionsholz), Dibétou *n* (Lovoa sp.), Eyan *n* (Afrikanischer Nussbaum)
Noyer's paste (Micros) / Noyer-Paste *f*
nozzle* *n* / Strahlrohr *n* (eine Feuerlöscharmatur zur Brandbekämpfung nach DIN 14011- 1 und 14365) || ~* (Aero) / Schubdüse *f* (strömungstechnisches Bauteil zur möglichst verlustarmen Umwandlung von Druckenergie in Geschwindigkeitsenergie) || ~ (Autos) / Zapfhahn *m*, Zapfventil *n*, Zapfpistole *f* (am Ende des Zapfschlauchs) || ~* (Electronics, Telecomm) / Wellenleiteröffnung *f* || ~* (Eng) / Düse *f* (z.B. bei einer Gleichdruckturbine) || ~ (Eng) / Stutzen *m* (am Kühlmantel, eines Verdichters) || ~* (Eng, Welding) / Mundstück *n* || ~ (Foundry) / Ausguss *m* || ~ body (Autos) / Düsenkörper *m* (der die Düsennadel enthält) || ~ bore (Eng) / Düsenbohrung *f*
nozzle-expansion area ratio (Aero, Space) / Erweiterungsverhältnis *n*, Entspannungsverhältnis *n* (von Düsenmündungsfläche zu Düsenhalsfläche)
nozzle/flapper system (pneumatic-signal processing and pneumatic-control operation) / Düse-Prallplatte-System *n*
nozzle guide vanes* (Aero) / Düsenleitschaufeln *f pl* || ~ mouth / Düsenmündung *f* || ~ needle (Autos, I C Engs) / Einspritzdüsennadel *f* || ~ opening (Eng) / Düsenöffnung *f* || ~ orifice / Düsenmündung *f* || ~ performance (Aero) / Schubdüsenleistung *f* (bei Triebwerken) || ~ plate (Chem) / Düsenboden *m* || ~ plugging / Düsenverstopfung *f* || ~ process (Nuc Eng) / Trenndüsenverfahren *n* (Isotopentrennung), Isotopentrennung *f* nach dem Düsenverfahren || ~ pulverizer (Chem Eng) / Strahlprallmühle *f* (mit einem Treibmittelstrom) || ~ throat (Eng) / Düsenhals *m* || ~-throat area (Eng) / Einschnürung *f* (der Düse)
NP (non-plastic) / unplastisch *adj*, nichtplastisch *adj*
Np (neptunium) (Chem) / Neptunium *n*, Np (Neptunium)
NP (number portability) (Teleph) / Nummernportabilität *f* (Bezeichnung für die Möglichkeit, beim Wechsel des Telekommunikationsdienstleisters die Adresse, unter der ein Teilnehmer erreichbar war, beizubehalten), Rufnummernmitnahme *f*, Rufnummernportabilität *f*
np-device *n* (Electronics) / nipi-Bauelement *n*
n-pentanoic acid* (Chem) / Pentansäure *f*, Baldriansäure *f*, n-Valeriansäure *f*
NPG (non-processor grant) (Comp) / Direktanforderungsbetätigung *f* || ≃ tanker (Oils, Ships) / NPG-Tanker *m*
n-p-i-n transistor* (Electronics) / npin-Transistor *m*
NPL* (National Physical Laboratory) (Phys) / Nationales physikalisches Laboratorium (in Teddington und East Kilbride)
N-plant *n* (Nuc Eng) / kerntechnische Anlage, Kernenergieanlage *f*, Kernanlage *f*
n-p-n transistor* (Electronics) / npn-Transistor *m* (ein Bipolartransistor)
NPN transistor (Electronics) / npn-Transistor *m* (ein Bipolartransistor)
NPR (non-processor request) (Comp) / Direktanforderung *f* (bei Minicomputern) || ≃ (noise power ratio) (Electronics) / Störleistungsverhältnis *n* (Verhältnis der gesamten Störleistung zur Signalleistung)
NPSH (net positive suction head) (Eng) / NPSH-Wert *m* (Kenngröße zur Quantifizierung der Kavitationsempfindlichkeit einer Kreiselpumpe) || ≃ (net positive suction head) (Eng) / erforderliche Zulaufhöhe
NPU (net protein utilization) (Biochem, Nut) / NPU-Wert *m* (zur Charakterisierung der ernährungsphysiologischen Wertigkeit eines Proteins), Nettoproteinausnutzung *f*
NQR (nuclear quadrupole resonance) (Spectr) / Kernquadrupolresonanz *f* || ≃ spectroscopy (Spectr) / Kernquadrupolresonanzspektroskopie *f*, NQR-Spektroskopie *f*
NR (noise rating) (Acous) / Lärmbewertung *f* (durch einen Zahlenwert) || ≃ (noise rating) (Acous) / Geräuschbewertung *f* (durch einen Zahlenwert) || ≃ (noise reduction) (Acous, Build, Ecol) / Lärmminderung *f*, Entlärmung *f* || ≃ (noise reduction) (Acous, Electronics) / Rauschverminderung *f*, Rauschreduktion *f*, Geräuschdämpfung *f* || ≃* (natural rubber) (Chem Eng) / Naturkautschuk *m* (DIN ISO 1629), NK (Naturkautschuk), NR (DIN ISO 1629) || ≃ (nuclear reactor) (Nuc Eng) / Kernreaktor *m*, Reaktor *m*, Pile *n* (pl. Piles), Atomreaktor *m* || ≃ (nitrile rubber) (Plastics) / Butadien-Acrylnitril-Kautschuk *m*, Butadien-Akrylnitril-Kautschuk *m*, Nitrilkautschuk *m* (ein Synthesekautschuk), NBR (Butadien-Akrylnitril-Kautschuk)
NRA (nuclear-reaction analysis) (Chem) / Kernreaktionsanalyse *f*, NRA (Kernreaktionsanalyse)
NRC (noise-reduction coefficient) (Acous, Build, Ecol) / Schallschluckzahl *f*, Schallabsorptionskoeffizient *m* || ≃ (Nuclear Regulatory Commission) / US-amerikanische kerntechnische Genehmigungsbehörde
NRE (narrow-range ethoxylate) (Chem) / Ethylenoxid-Anlagerungsprodukt *n* (mit eingeengter Homologenverteilung), Narrow-Range-Ethoxylat *n*, NRE (Narrow-Range-Ethoxylat - mit enger Molmasseverteilung)
NRM (normal response mode) (Comp) / Aufforderungsbetrieb *m* (DIN 44 302) || ≃ (natural remanent magnetization) (Geophys) / natürliche Magnetisierung (DIN 1358)
nroff *n* (Comp) / UNIX-Formatierer *m* (Textsoftware), nroff (UNIX-Formatierer)
NRZ 1 (Comp) / NRZ/M-Schreibverfahren *n*, Wechselschriftverfahren *n*

**NRZ/C** (non-return-to-zero change recording) (Electronics) / NRZ/C-Schreibverfahren n, Richtungsschrift f (DIN 66010)
**NRZ code** (Telecomm) / NRZ-Kode m (ein Leitungskode)
**NRZ/M** (Comp) / NRZ/M-Schreibverfahren n, Wechselschriftverfahren n
**NS*** (New Style) (Astron) / Neuer Stil, n. St. n (die Zeitrechnung nach dem Gregorianischen Kalender) ‖ ≙ (nimbostratus) (Meteor) / Nimbostratus m (pl. -strati), Ns (Nimbostratus), Regenschichtwolke f, dichte, große Regenwolke
**Ns*** (nimbostratus) (Meteor) / Nimbostratus m (pl. -strati), Ns (Nimbostratus), Regenschichtwolke f, dichte, große Regenwolke
**NS** (neutron scattering) (Nuc) / Streuung f langsamer Neutronen, Neutronenstreuung f ‖ ≙ (nuclear ship) (Ships) / Kernenergieschiff n, Atomschiff n ‖ ≙ **chart** (for representing the sequence of execution in a program) (Comp) / Nassi-Shneiderman-Diagramm n (zur grafischen Beschreibung von Algorithmen oder Programmen), Struktogramm n
**N scope** (Radar) / N-Schirm m
**N-shell*** n (Nuc) / N-Schale f
**NSILA** (non-suppressible insulin-like activity) (Biochem) / Insulin-like-Growth-Factor m, IGF (Insulin-like-Growth-Factor), insulinartiger Wachstumsfaktor
**N solution** (containing one gram equivalent per litre) (Chem) / einnormale Lösung, Normallösung f (Maßlösung), n-Lösung f, 1-n-Lösung f
**NSP** (Network Service Protocol) (Comp, Telecomm) / Network Service Protocol n (DEC-Protokoll mit Funktionen zum Auf- und Abbau von Verbindungen, zum Routing, zur Fluss- und Fehlerkontrolle), NSP (Network Service Protocol) ‖ ≙ (narrow spot) (Light) / Tiefstrahler m (ein Spotstrahler mit 5 - 10°)
**NSR** (notch sensitivity ratio) (Eng, Materials, Mech, Met) / Kerbempfindlichkeitszahl f ‖ ≙ (nuclear superheat reactor) (Nuc Eng) / Kernüberhitzerreaktor m, Reaktor m mit nuklearer Dampfüberhitzung
**NSSS** (nuclear steam supply system) (Nuc Eng) / nukleares Dampferzeugungssystem, NDES (nukleares Dampferzeugungssystem), nukleare Dampferzeugungsanlage
**N-strut** n (Aero) / Stiel m in N-Form
**NT** (nanotube) (Chem) / Nanoröhrchen n, Nanoröhre f (ein- und mehrlagige Kohlenstoffröhre mit kugeligen Anschlüssen), Nanotube f ‖ ≙ (net tonnage) (Ships) / Nettoraumzahl f, Nettoregistertonnengehalt m (in Nettoregistertonnen gemessen), Nettoraumeinheit m, NRZ ‖ ≙ (network termination) (Telecomm) / Netzabschluss m (Funktionsgruppe, die dem Benutzer die Funktionen der Benutzer/Netzschnittstelle bereitstellt), Netzende n, Netzabschlusseinrichtung f
**NTA** (nitrilo-triacetic acid) (Chem) / Nitrilotriessigsäure f, NTE (Nitrilotriessigsäure) (eine zu den Komplexonen gehörende Verbindung) ‖ ≙ (nitriloacetate) (Chem) / Nitriloazetat n (ein wichtiger Phosphataustauschstoff in den Waschmitteln), Nitriloacetat n, NTA (Nitriloacetat )
**NTC resistor** (Electronics) / Heißleiter m (ein Thermistor), NTC-Widerstand m (herstellergebundene Bezeichnung für einen Heißleiter)
**NTCS system** (TV) / NTCS-System n (amerikanisches Farbfernsehsystem)
**N-terminal amino acid** (Biochem) / N-terminale Aminosäure, Aminoende n
**NTFS** (Windows NT file system) (Comp) / New Technology File System n, NTFS (New Technology File System)
**nth** adj (Maths) / n-te(r,s) adj
**NTI*** (noise transmission impairment) (Acous, Telecomm) / Verminderung f der Übertragungsgüte durch Leitungsgeräusche, Güteminderung f durch Leitungsgeräusche (bei der Übertragung)
**ntp** (Chem, Phys) / physikalische Normalbedingungen (0 °C und 101325 Pa)
**NTP*** (normal temperature and pressure) (Chem, Phys) / physikalische Normalbedingungen (0 °C und 101325 Pa) ‖ ≙ (network time protocol) (Telecomm) / Network-Time-Protokoll n (ein umfangreiches Protokoll zur Synchronisation von Uhrzeiten mehrerer Rechner über das Internet mit einer Genauigkeit in Millisekunden) ‖ ≙ (network termination point) (Telecomm) / Netzabschluss m (als Punkt)
**N-truss*** n (Civ Eng, Eng) / Fachwerkträger m mit senkrechten Druck- und diagonalen Zugstäben im N-Verband, Pratt-Fachwerk n (nach Sir Roger Pratt, 1620 - 1685)
**NTS*** (not to scale) / nicht maßstäblich, unmaßstäblich adj, nicht maßstabgerecht
**NTSC*** (National Television System Committee) (Radio, TV) / Normenausschuss der Rundfunkwirtschaft in den USA

**NTT** (New Technology Telescope) (Astron, Optics) / New-Technology-Teleskop n (das 1989 an der Europäischen Südsternwarte in Betrieb genommenes 3,58 m-Teleskop)
**NTU** (network terminating unit) (Telecomm) / Nachrichtenfernschaltgerät, NFG (Nachrichtenfernschaltgerät)
**n-tuple** n (Maths) / n-Tupel n (geordnete Menge von Elementen) ‖ ~ **set** (Maths) / Menge f von n Elementen
**n-tuplet** n (Maths) / n-Tupel n (geordnete Menge von Elementen)
**n-type conduction** (Electronics) / Überschussleitung f, n-Leitung f
**n-type semiconductor*** (Electronics) / n-Halbleiter m, Überschusshalbleiter m
**NU** (number unobtainable) (Teleph) / Nummer unbeschaltet, NU (Nummer unbeschaltet)
**nub** v / noppen v (z.B. eine Gummiunterlage) ‖ ~ n (Spinning) / Noppe f (erwünschter Effekt bei Noppengarnen und Noppenzwirnen)
**nubuck** n (leather) (Leather) / Nubukleder n, Nubuk n (chromgegerbtes Kalb- oder Rindleder mit samtartiger Oberfläche)
**NUC** (nailed-up connection) (Electronics, Telecomm) / Langzeitverbindung f, LZV (Langzeitverbindung)
**N.U.C.** (not under command) (Ships) / manövrierunfähig adj, fahrtgestört adj
**nuclear** n (Nuc Eng) / Kernenergie f (die bei der Kernumwandlung freisetzbare oder freigesetzte Energie - DIN 25401, T 1), Atomkernenergie f, Atomenergie f ‖ ~ adj / Kern-, nuklear adj ‖ ~ (Nuc Eng) / kerntechnisch adj ‖ **abandon ~ power** (Nuc Eng) / den Ausstieg aus der Kernenergie vollziehen ‖ ~ **absorption** (Nuc) / Kernabsorption f (paramagnetische Kernresonanzabsorption) ‖ ~ **activation** (Nuc Eng) / Aktivierung f mit Reaktorneutronen
**nuclear-active component** (Nuc) / kernaktive Komponente (Gruppe), N-Komponente f (der kosmischen Strahlung)
**nuclear activity** (Radiol) / Aktivität f (Größe zur Kennzeichnung der Umwandlungsrate eines radioaktiven Nuklids in Bq) ‖ ~ **alignment** (Nuc) / Kernausrichtung f (die Parallelausrichtung der Spins bzw. der magnetischen Momente von Atomkernen in einem äußeren oder inneren Magnetfeld) ‖ ~ **arsenal** (Mil) / Kernwaffenbestände m pl, Kernwaffenbestand m, Kernwaffenarsenal n ‖ ~ **astrophysics** (Phys) / Astrokernphysik f ‖ ~ **attack role** / atomare Angriffsrolle (MFK-Option) ‖ ~ **attack submarine** (Mil) / U-Jagd-Atom-U-Boot n ‖ ~ **battery*** (Nuc, Nuc Eng) / Radionuklidbatterie f (direkte, indirekte), Isotopenbatterie f, strahlengalvanisches Element, Kernbatterie f, RNB (Radionuklidbatterie), Atombatterie f ‖ ~ **binding energy*** (Nuc) / Bindungsenergie f des Atomkerns, Kernbindungsenergie f (die bei der Bildung eines Atomkerns frei werdende Energie) ‖ ~ **Bohr magneton*** (Nuc) / Kernmagneton n (Einheit des magnetischen Dipolmoments von Atomkernen), KM (Kernmagneton) ‖ ~ **boiler** (Nuc Eng) / nuklearer Dampferzeuger ‖ ~ **bomb** (Mil) / Atombombe f, A-Bombe f ‖ ~ **breeder*** (Nuc Eng) / Brutreaktor m, Brüter m, Breeder m ‖ ~ **capability** (Mil) / Kernwaffenpotential n, nukleares Potential
**nuclear-capable cruise missile** (Mil) / mit atomarem Gefechtskopf ausrüstbarer Marschflugkörper
**nuclear cask** (Nuc Eng) / Transportbehälter m (für abgebrannte BE), BE-Transportbehälter m (z.B. Castor) ‖ ~ **chain reaction** (Nuc) / Kernkettenreaktion f, nukleare Kettenreaktion ‖ ~ **charge*** (Nuc) / Kernladung f
**nuclear-charge distribution** (Nuc) / Kernladungsverteilung f ‖ ~ **number** (Chem, Nuc) / Protonenzahl f, Atomnummer f (die Anzahl der Protonen im Atomkern), Ordnungszahl f, Kernladungszahl f (deren Wert mit dem der Ordnungszahl identisch ist), OZ (im Periodensystem der Elemente)
**nuclear chemistry*** (Nuc) / Kernchemie f (derjenige Teil der Chemie, der sich mit dem Studium von Atomkernen und Kernreaktionen unter Verwendung chemischer Methoden befasst - DIN 25401, T 1), Nuklearchemie f ‖ ~ **cloud** (Nuc Eng) / Atompilz m (pilzförmige Rauchwolke bei der Explosion einer Atombombe), Wolkenpilz m ‖ ~ **conversion ratio*** (Nuc Eng) / Brutfaktor m, Konversionsverhältnis n, Konversionsrate f ‖ ~ **converter** (Nuc Eng) / Konverter m (wenn die Brutrate kleiner als 1 ist), Konverterreaktor m ‖ ~ **cross section*** (Nuc, Phys) / Wirkungsquerschnitt m (the scattering cross section for the scattering of particles by an atomic nucleus) ‖ ~ **decay** (Nuc) / Kernzerfall m ‖ ~ **decay mode** (Nuc) / Kernzerfallsart f ‖ ~ **defence** (Mil) / Schutz m vor Kernwaffen ‖ ~ **democracy** (Nuc) / nukleare Demokratie (physikalische Teilchen sind die einzige Lösung des Selbstkonsistenzproblems und bedingen sich daher wechselseitig in ihren Eigenschaften) ‖ ~ **density** (Nuc) / Kerndichte f (der Kernmaterie), Dichte f der Kernmaterie ‖ ~ **disintegration*** (Nuc) / Kernzerfall m ‖ ~ **distance** (Nuc) / Kernabstand m (zwischen zwei Atomkernen) ‖ ~ **DNA** (Biochem) / Kern-DNS f, Desoxyribonucleinsäure f im Zellkern, Desoxyribonukleinsäure f im Zellkern ‖ ~ **electricity generation** (Elec Eng, Nuc Eng) / Stromerzeugung f im Kernkraftwerk, Atomstromerzeugung f, nukleare Stromerzeugung ‖ ~ **electromagnetic pulse** (Mil, Nuc) /

**nuclear**

elektromagnetischer Impuls, nuklearer elektromagnetischer Puls (bei exosphärischen Kernwaffenexplosionen), elektromagnetischer Puls, EMP (elektromagnetischer Puls), NEMP (nuklearer elektromagnetischer Puls) || **~ electronics** (Electronics) / Kernelektronik f, Nuklearelektronik f || **~ emission\*** (Nuc) / Kernemission f || **~ emulsion\*** (Nuc) / Kernspuremulsion f, Kernemulsion f (Fotoemulsion zum Nachweis von Spuren hochenergetischer Teilchen, z.B. auf einer Kernspurplatte)
**nuclear-emulsion plate** (Nuc) / Kernspurplatte f || **~ technique** (Nuc) / Kernspuremulsionstechnik f (zum Nachweis von Spuren hochenergetischer Teilchen)
**nuclear energy\*** (Nuc Eng) / Kernenergie f (die bei der Kernumwandlung freisetzbare oder freigesetzte Energie - DIN 25401, T 1), Atomkernenergie f, Atomenergie f || **~ Energy Agency** (Nuc Eng) / Kernenergie-Agentur f (ab 17.2.1972 so genannt, früher European Nuclear Energy Agency, gegr. 1957, Organ der OECD) || **~ engineer** (Nuc Eng) / Kerningenieur m, Ingenieur m der Fachrichtung Kerntechnik, Kerntechniker m || **~ engineering** (Nuc Eng) / Kernenergietechnik f, Kerntechnik f (dasjenige Gebiet der Technik, das sich direkt oder mittelbar mit dem Atomkern als Strahlungs- und Energiequelle befasst) || **~ evaporation** (Nuc) / Kernverdampfung f || **~ event** (Nuc Eng) / bedeutsames Ereignis (in kerntechnischen Anlagen, mit der INES-Skala gemessen) || **~ excavation** (Civ Eng, Nuc Eng) / Aushub m mit Hilfe von nuklearen Sprengungen || **~ excitation** (Nuc) / Kernanregung f || **~ explosion** (Civ Eng, Mil) / Kernexplosion f, Kernsprengung f || **~ explosive device** (Mil) / Kernsprengkörper m (im Allgemeinen) || **~ facility** (Nuc Eng) / kerntechnische Anlage, Kernenergieanlage f, Kernanlage f || **~ field\*** (Nuc) / Kernfeld n, Kraftfeld n im Atomkern || **~ film** (Nuc) / Kernspurfilm m, Film m für Kernspuraufnahmen || **~ fireball model** (Nuc) / Firestreak-Modell n, nukleares Feuerballmodell || **~ fission\*** (Nuc, Nuc Eng) / Kernspaltung f (spontane, induzierte - binäre, tertiäre), Spaltung f, Fission f || **~ fluorescence radiation** (Nuc) / Kernfluoreszenzstrahlung f || **~ foe** (Nuc Eng) / Kernenergiegegner m, Kernkraftgegner m, Bekämpfer m der Kernenergie, Atomkraftgegner m || **~ force\*** (Nuc) / Kernkraft f, Kernfeldkraft f || **~ fragment** (Nuc) / Kernbruchstück n, Kernfragment n || **~ fragment** (Nuc) s. also fission fragment || **~ framework of a molecule** (Nuc) / Kerngerüst n des Moleküls || **~ fuel\*** (Nuc Eng) / Kernbrennstoff m, KBS (Kernbrennstoff), nuklearer Brennstoff, Brennstoff m, BS (Brennstoff) || **~ fuel cycle** (Nuc Eng) / Kernbrennstoffzyklus m, Kernbrennstoffkreislauf m, Brennstoffkreislauf m, Brennstoffzyklus m, KBZ (Kernbrennstoffzyklus) || **~ fuel reprocessing** (Nuc Eng) / Kernbrennstoff-Wiederaufarbeitung f, Brennstoffaufbereitung f, chemische Aufbereitung des abgebrannten Kernbrennstoffs || **~ fusion\*** (Nuc, Nuc Eng) / Kernfusion f, Kernverschmelzung f, Fusion f (thermonukleare Reaktion)
**nuclear-generated electricity** (Elec Eng, Nuc Eng) / elektronukleare Energie, Atomstrom m
**nuclear (power) generating station** (Elec Eng, Nuc Eng) / Kernkraftwerk n, Atomkraftwerk n, KKW (Kernkraftwerk), AKW (Atomkraftwerk) || **~ geology** (Geol) / Kerngeologie f, Nukleargeologie f, Radiogeologie f || **~ g-factor** (Nuc) / Kern-g-Faktor m (g-Faktor für Atomkerne) || **~ grade** (Nuc Eng) / Nuklearqualität f, nukleare Qualität (für die Anwendung in der Kerntechnik) || **~ grade** (Nuc Eng) s. also nuclear purity || **~ hazard** (Nuc Eng) / nukleare Gefährdung, nukleares Risiko, Kernenergierisiko n || **~ heating plant** / Kernheizwerk n || **~ induction** (Nuc) / Kerninduktion f (Messverfahren der Hochfrequenzspektroskopie zum Nachweis der Kernspinresonanz, bei dem das durch die Präzession der Kerndipolmomente in einer von der Sendespule getrennte Empfangsspule induzierte Signal nachgewiesen wird) || **~ industry** (Nuc Eng) / kerntechnische Industrie, Kernindustrie f, Atomindustrie f, Nuklearindustrie f || **~ installation** (Nuc Eng) / kerntechnische Anlage, Kernenergieanlage f, Kernanlage f || **~ instrumentation** (Instr, Nuc Eng) / kerntechnische Instrumentierung, Messgeräte n pl der Kerntechnik, nukleare Messgeräte || **~ Instruments Module Standard** / Norm f für die Nuklearelektronik (von der ehemaligen United States Atomic Energy Commission herausgegeben) || **~ isomer\*** (Chem, Nuc) / Kernisomeres n, Kernisomer n || **~ isomerism** (Chem, Nuc) / Kernisomerie f || **~ kinematics** (Nuc) / Kernkinematik f || **~ laser** (Phys) / Ionenlaser m, Ionengaslaser m || **~ law** / Atomrecht n (Summe der Rechtsvorschriften, die den Umgang mit der Kernenergie regeln), Kernenergierecht n, Atomenergierecht n, Nuklearrecht n || **~ (energy) level** (Spectr) / Kernniveau n, Kernzustand m || **~ log** (Geol) / Radioaktivitätslog n || **~ magnetic double resonance** (Nuc) / kernmagnetische Doppelresonanz f || **~ magnetic imaging resonance** / bildgebende magnetische Kernresonanz f || **~ magnetic induction** (Nuc) / Kerninduktion f (Messverfahren der Hochfrequenzspektroskopie zum Nachweis der Kernspinresonanz, bei dem das durch die Präzession der Kerndipolmomente in einer von der Sendespule getrennte Empfangsspule induzierte Signal nachgewiesen wird) || **~ magnetic moment** (Nuc) / kernmagnetisches Moment, magnetisches Kernmoment || **~ magnetic resonance** (Spectr) / Kernspinresonanz f (eine Methode der Hochfrequenzspektroskopie), kernmagnetische Resonanz, Kernresonanz f, magnetische Kernresonanz, paramagnetische Kernresonanz || **~ magnetic resonance spectroscopy** (Chem, Phys, Spectr) / Kernresonanzspektroskopie f, kernmagnetische Resonanzspektroskopie, NMR-Spektroskopie f, magnetische Kernresonanzspektroskopie, KMR (kernmagnetische Resonanzspektroskopie) || **~ magnetism** (Nuc) / Kernmagnetismus m || **~ magnetometer** (Geophys) / Kernmagnetometer n, nukleares Magnetometer || **~ magneton\*** (Nuc) / Kernmagneton n (Einheit des magnetischen Dipolmoments von Atomkernen), KM (Kernmagneton) || **~ mass** (Nuc) / Kernmasse f (die Ruhmasse eines Atomkerns) || **~ material** (Nuc Eng) / Kernmaterial n || **~ matrix** (Nuc Eng) / Brennstoffmatrix f || **~ matter** (Nuc) / Kernmaterie f (die Nukleonen im Innern eines schweren Atomkerns) || **~ medicine\*** (Radiol) / Nuklearmedizin f (eine Fachrichtung der Radiologie) (eine Fachrichtung der Radiologie, bei der zur gezielten Anwendung radioaktiverSubstanzen für Diagnose und Therapie kommt) || **~ model\*** (Nuc) / Kernmodell n (z.B. das Schalenmodell), Modell n des Atomkerns || **~ modulation effect** (Nuc) / Kernmodulationseffekt m || **~ molecule** (Nuc) / Kernmolekül n || **~ moment** (Nuc) / Kernmoment n (magnetisches, elektrisches) || **~ number\*** (Nuc) / Massezahl f (Zahl der in einem Atomkern enthaltenen Nukleonen), Massenzahl f (DIN 1304), Nukleonenzahl f || **~ orientation** (Nuc) / Kernorientierung f || **~ Overhauser effect** (Nuc) / Kern-Overhauser-Effekt m, NO-Effekt m, NOE (Kern-Overhauser-Effekt) || **~ Overhauser enhanced spectroscopy** (Spectr) / 2D-NOE-NMR-Spektroskopie f, NOESY-Spektroskopie f || **~ panoply** (Mil) / Kernwaffenbestände m pl, Kernwaffenbestand m, Kernwaffenarsenal n || **~ paramagnetism** (Nuc) / Paramagnetismus m des Atomkerns, Kernparamagnetismus m || **~ photoeffect\*** (Nuc) / Kernfotoeffekt m, Fotoumwandlung f, Fotokernprozess m || **~ physicist** (Nuc) / Kernphysiker m || **~ physics** (Nuc) / Kernphysik f || **~ plant** (Nuc Eng) / kerntechnische Anlage, Kernenergieanlage f, Kernanlage f || **~ plate** (Nuc) / Kernspurplatte f || **~ poison** (Nuc Eng) / Reaktorgift n, Neutronengift n (ein Stoff, der infolge seines hohen Absorptionsquerschnitts für Neutronen die Reaktivität eines Reaktors herabsetzt, wie z.B. $^{135}$Xe) || **~ polarization** (Nuc) / Kernpolarisation f (eine Kernausrichtung) || **~ potential\*** (Nuc Eng) / Kernkraftpotential n, Kernpotential n || **~ power\*** (Nuc Eng) / nutzbare Kernenergie || **~ power\*** (Nuc Eng) / Kernkraft f (als Energiequelle), Atomkraft f || **~ power advocate** (Nuc Eng) / Befürworter m der Kernenergie, Atomkraftbefürworter m || **~-powered** adj (Nuc Eng) / kernenergiegetrieben adj, mit Kernenergie angetrieben, mit Kernenergie betrieben, atombetrieben adj, atomgetrieben adj, mit Kernenergieantrieb
**nuclear-powered submarine** (Mil) / atombetriebenes U-Boot, Atomunterseeboot n, Atom-U-Boot n, U-Boot n mit Nuklearantrieb
**nuclear power plant** (US) (Elec Eng, Nuc Eng) / Kernkraftwerk n, Atomkraftwerk n, KKW (Kernkraftwerk), AKW (Atomkraftwerk) || **~ power plant** (Mil, Space) / nukleares Triebwerk || **~ power plant site** (Nuc Eng) / Standort m eines Kernkraftwerks || **~ power proponent** (Nuc Eng) / Befürworter m der Kernenergie, Atomkraftbefürworter m || **~ power-station** (Elec Eng, Nuc Eng) / Kernkraftwerk n, Atomkraftwerk n, KKW (Kernkraftwerk), AKW (Atomkraftwerk) || **~ precession** (Nuc) / Kernpräzession f (bei der kernmagnetischen Resonanz) || **~ process heat** (Nuc Eng) / nukleare Prozesswärme, NP (nukleare Prozesswärme) || **~ propulsion\*** (Space) / Nuklearantrieb m, Kernenergieantrieb m, nuklearer Antrieb, Atomantrieb m || **~ purity** (Chem, Nuc Eng) / Kernreinheit f, Nuklearreinheit f (von Kernbrenn- und Kernwerkstoffen) || **~ quadrupole moment** (Phys, Spectr) / Kernquadrupolmoment n || **~ quadrupole resonance** (Phys, Spectr) / Kernquadrupolresonanz f || **~ quadrupole resonance spectroscopy** (Spectr) / Kernquadrupolresonanzspektroskopie f, NQR-Spektroskopie f || **~ radiation** (Nuc) / Kernstrahlung f || **~ radius\*** (Nuc) / Kernradius m || **~ reaction\*** (Nuc) / Kernreaktion f, Kernprozess m
**nuclear-reaction analysis** (Chem) / Kernreaktionsanalyse f, NRA (Kernreaktionsanalyse)
**nuclear reactor** (Nuc Eng) / Kernreaktor m, Reaktor m, Pile n (pl. Piles), Atomreaktor m
**nuclear-reactor boiler** (Nuc Eng) / Dampferzeuger m für Kernreaktoren || **~ ceramics** (Ceramics, Nuc Eng) / Reaktorkeramik f (Zweig der Keramik, der sich mit der Erforschung und Erzeugung von Werkstoffen beschäftigt, die zum Betrieb von Kernreaktoren benötigt werden)
**nuclear reactor fuel** (Nuc Eng) / Kernbrennstoff m, KBS (Kernbrennstoff), nuklearer Brennstoff, Brennstoff m, BS

(Brennstoff) ‖ ~ **receptor** (Biochem) / Kernrezeptor *m* ‖ ~ **recoil** (Nuc) / Kernrückstoß *m* ‖ ~ **Regulatory Commission** (US) / US-amerikanische kerntechnische Genehmigungsbehörde ‖ ~ **relaxation** (Nuc) / Kernrelaxation *f* ‖ ~ **release** (Nuc Eng, Radiol) / Radioaktivitätsfreisetzung *f* (wie z.B. in Tschernobyl/Ukraine), Freisetzung *f* von Radioaktivität, Austritt *m* von Radioaktivität ‖ ~ **research** (Nuc) / Kernforschung *f* ‖ ~ **research centre** (Nuc) / Kernforschungszentrum *n*, Kernforschungsanlage *f*, KFA (Kernforschungsanlage) ‖ ~ **resonance fluorescence** (Nuc) / Kernresonanzfluoreszenz *f* (ein Spezialfall der Fluoreszenz bei Atomkernen) ‖ ~ **resonance radiation** (Nuc) / Resonanzstrahlung *f* ‖ ~ **retaliation** (Mil) / atomarer Gegenschlag, nukleare Vergeltung ‖ ~ **risk** (Nuc Eng) / nukleare Gefährdung, nukleares Risiko, Kernenergierisiko *n* ‖ ~ **risk** s. also nuclear hazard ‖ ~ **rocket** (Mil, Space) / Atomrakete *f*, Kernrakete *f*, Rakete *f* mit Kernenergieantrieb ‖ ~ **safety** (Nuc Eng) / nukleare Sicherheit, Atomsicherheit *f*, Sicherheit *f* in der Kerntechnik ‖ ~ **safety system** (Nuc Eng) / kerntechnisches Sicherheitssystem, Kernsicherheitssystem *n* ‖ ~ **sap*** (Biol) / Nukleoplasma *n*, Karyoplasma *n*, Kernplasma *n* (Protoplasma des Zellkerns) ‖ ~ **scattering** (Nuc) / Kernstreuung *f* (Ablenkung eines Teilchens aus seiner ursprünglichen Bewegungsrichtung durch Wechselwirkung mit einem Atomkern) ‖ ~ **selection rules*** (Nuc) / Auswahlregeln *f pl* (auf Erhaltungssätzen von physikalischen Größen basierende Regeln, die angeben, zwischen welchen Zuständen Übergänge stattfinden können) ‖ ~ **semiconductor detector** (Nuc Eng) / Halbleiterdetektor *m*, Halbleiterzähler *m*, Festkörperdetektor *m*, Oberflächensperrschichtzähler *m* (zum Nachweis oder zur Messung der Strahlung) ‖ ~ **ship** (Ships) / Kernenergieschiff *n*, Atomschiff *n* ‖ ~ **spallation** (Nuc) / Spallation *f*, Kernzertrümmerung *f*, Kernzersplitterung *f*, Vielfachzerlegung *f* (eine Kernreaktion) ‖ ~ **spectrometer** (Spectr) / Kernspektrometer *n* (mit dem man die Kernstrahlung bzw. ionisierende Strahlung spektral untersuchen kann) ‖ ~ **spectrum** (Nuc) / Kernspektrum *n* (das beim Übergang angeregter Atomkerne in den energetischen Grundzustand entsteht) ‖ ~ **spin** (Nuc) / Kernspin *m* (der aus den Eigen- und Bahndrehimpulsen der Nukleonen zusammengesetzte Gesamtdrehimpuls eines Atomkernes)
**nuclear-spin coherence** (Nuc) / Kernspinkohärenz *f* ‖ ~ **orientation** (Nuc) / Kernspinorientierung *f*
**nuclear stain** (Cyt, Micros) / Kernfärbung *f*, Kernfarbstoff *m* (zur selektiven Anfärbung von Zellkernen) ‖ ~ **star** (Nuc) / Emulsionsstern *m* (Kernspuremulsion), Zertrümmerungsstern *m* in der Kernspuremulsion, Stern *m* (in der Kernspuremulsion) ‖ ~ **statistics** (selective occupation of molecular rotational states that stems from the requirements of the Pauli principle and the presence of identical nuclei) (Nuc Eng, Stats) / Kernstatistik *f* ‖ ~ **steam supply system** (Nuc Eng) / nukleares Dampferzeugungssystem, NDES (nukleares Dampferzeugungssystem), nukleare Dampferzeugungsanlage *f* ‖ ~ **structure** (Nuc) / Kernstruktur *f* (die durch Angabe aller messbaren oder gemessenen Eigenschaften eines Atomkerns oder Nuklids charakterisierte Struktur, insbesondere auch die innere, durch Quantenzahlen beschriebene Struktur) ‖ ~ **superheat reactor** (Nuc Eng) / Kernüberhitzerreaktor *m*, Reaktor *m* mit nuklearer Dampfüberhitzung ‖ ~ **superheat reactor** (Nuc Eng) s. also superheated steam reactor ‖ ~ **track** (Nuc) / Kernspur *f*, Bahnspur *f* (entlang der Flugbahn), Spur *f* (Teilchenspur) ‖ ~ **transformation** (Nuc) / Kernumwandlung *f* ‖ ~ **transformation** (Nuc) / Atomumwandlung *f* ‖ ~ **transition** (Nuc) / Kernübergang *m* ‖ ~ **transmutation** (Nuc) / nukleare Transmutation ‖ ~ **umbrella** (Mil) / Atomschirm *m* ‖ ~ **warfare** (Mil) / atomare Kriegführung (Einsatz von taktischen und strategischen Kernwaffen im Kriegsfall) ‖ ~ **warhead** (Mil) / atomarer Gefechtskopf, Atomsprengkopf *m*, A-Sprengkopf *m*, Kernsprengkopf *m* ‖ ~ **waste** (Nuc Eng) / Atomabfall *m*, radioaktive Abfälle (DIN 25401, T 5), Atommüll *m*, radioaktiver Abfall (im Allgemeinen), RA (radioaktiver Abfall) ‖ ~ **waste disposal** (Nuc Eng) / Entsorgung *f* (nukleare) ‖ ~ **waste repository** (Nuc Eng) / Atommülllager *n*, Atommülldeponie *f* ‖ ~ **weapon** (Mil) / Kernwaffe *f*, Atomwaffe *f*, Kernsprengkörper *m*, Nuklearwaffe *f* (bei der die für die Explosion notwendige Energie durch Kernreaktionen freigesetzt wird)
**nuclear-weapons-grade** *attr* (Mil) / kernwaffenträchtig *adj* (Material), kernwaffenfähig *adj*, waffenfähig *adj* (z.B. Plutonium)
**nuclear weapons test** (Mil) / Kernwaffentest *m*, Kernwaffenversuch *m* ‖ ~ **winter theory** (Ecol, Mil) / Theorie *f* des nuklearen Winters ‖ ~ **Zeeman effect** (Nuc) / Kern-Zeeman-Effekt *m*
**nuclease*** *n* (Biochem, Chem) / nukleolytisches Enzym, Nuklease *f* (zu den Phosphoesterasen gehörendes Enzym), Nuclease *f*
**nucleate boiling** (Chem Eng) / Blasensieden *n*, Bläschensieden *n*, Keimsieden *n*, Sieden *n* mittels Keimbildung
**nucleating agent*** (Crystal) / Nukleierungsmittel *n*, Keimbildner *m*

**nucleation** *n* (Crystal) / Kristallisationskeimbildung *f*, Keimbildung *f*, Nukleierung *f* ‖ ~ (Plastics) / Nukleierung *f*, Zellbildung *f* (im Schaumstoff) ‖ ~ **agent** (Crystal) / Nuklierungsmittel *n*, Keimbildner *m* ‖ ~ **of cracks** (Materials, Met) / Risskeimbildung *f*, Rissauslösung *f*
**nucleic acid*** (Biochem) / Nukleinsäure *f* (hochpolymeres Polynukleotid), Nucleinsäure *f* ‖ ~ **acid sequence analysis** (Biochem) / Nukleinsäure-Sequenzanalyse *f* ‖ ~ **material** / Nukleostoff *m*, Nucleostoff *m*
**nuclein** *n* (Biochem) / Nucleoprotein *n*, Nukleoprotein *n*
**nucleofuge** *n* (Chem) / Abgangsgruppe *f* (bei chemischen Reaktionen), abgehende Gruppe (bei chemischen Reaktionen), nucleofuge Gruppe, nukleofuge Gruppe
**nucleogenesis** *n* (pl. -geneses) (Astron) / Nukleosynthese *f*, Nukleogenese *f*
**nucleolar organizer** (Gen) / Nukleolus-Organisator-Region *f*, Nukleolenbildungsort *m*
**nucleolus*** *n* (pl. nucleoli) (Cyt) / Nukleole *f*, Nukleolus *m* (pl. -li oder -olen), Kernkörperchen *n*, Nucleolus *m* (pl. -li oder -olen)
**nucleon*** *n* (Nuc) / Nukleon *n* (ein Proton oder ein Neutron als Baustein eines Kerns), Nucleon *n* (ein Kernspezies)
**nucleonics*** *n* (Nuc Eng) / Nukleonik *f*, Kerntechnik *f* (angewandte Kernwissenschaft)
**nucleon number*** (Nuc) / Massezahl *f* (Zahl der in einem Atomkern enthaltenen Nukleonen), Massenzahl *f* (DIN 1304), Nukleonenzahl *f*
**nucleophile** *n* (Chem) / nucleophiles Agens, nukleophiles Reagens
**nucleophilic** *adj* (Chem) / nukleophil *adj*, nucleophil *adj* ‖ ~ **displacement** (Chem) / nukleophile Substitution, $S_N$-Reaktion *f*
**nucleophilicity** *n* (Chem) / Basizität *f* nach Lewis
**nucleophilic reagent*** (Chem) / nucleophiles Agens, nukleophiles Reagens ‖ ~ **substitution** (a reaction in which a nucleophile bonds to a carbon atom in a molecule, displacing the leaving group) (Chem) / nukleophile Substitution, $S_N$-Reaktion *f*
**nucleoplasm*** *n* (Biol) / Nukleoplasma *n*, Karyoplasma *n*, Kernplasma *n* (Protoplasma des Zellkerns)
**nucleoprotein** *n* (Biochem) / Nucleoprotein *n*, Nukleoprotein *n*
**nucleosidase** *n* (Biochem) / Nukleosidase *f*, Nucleosidase *f*
**nucleoside*** *n* (Biochem) / Nukleosid *n* (Ribosid bzw. Desoxyribosid der in den Nukleinsäuren enthaltenen Basen), Nucleosid *n* ‖ ~ **antibiotic** (Pharm) / Nukleosidantibiotikum *n* (z.B. Nebularin oder Formycin), Nucleosidantibiotikum *n*
**nucleosome** *n* (Gen) / Nukleosom *n*, Nucleosom *n*
**nucleosynthesis*** *n* (pl. -theses) (Astron) / Nukleosynthese *f*, Nukleogenese *f*
**nucleotide*** *n* (Biochem) / Nukleotid *n* (Phosphorsäuremonoester der Nukleoside), Nucleotid *n* ‖ ~ **sequence** (Biochem) / Nukleotidsequenz *f*, Nucleotidsequenz *f*
**nucleus*** *n* (pl. nuclei) (of a comet) (Astron) / Kern *m* (des Kometen), Kometenkern *m* ‖ ~ (pl. nuclei) (Chem) / Ring *m* ‖ ~* (pl. nuclei) (Chem, Crystal) / Kristallkeim *m*, Kristallisationszentrum *n*, KZ (Kristallisationszentrum), Keim *m* (Kristallkeim) ‖ ~ (pl. nuclei) (Comp) / Rumpfteil *m* (eines Programms) ‖ ~* (pl. nuclei) (Cyt) / Nukleus *m* (pl. -lei), Nucleus *m* (pl. -lei), Kern *m*, Zellkern *m* ‖ ~ (pl. nuclei) (Nuc) / Atomkern *m*, Kern *m* ‖ ~ (pl. nuclei) (Phys) / Blasenkeim *m* (durch statistische Fluktuation entstehender Mikrobereich geringer Dichte an überhitzten Flüssigkeiten)
**nuclide*** *n* (Nuc) / Nuklid *n* (eine Atomart, die durch die Anzahl der Protonen und Neutronen im Kern charakterisiert ist), Nuclid *n* (eine Atiomspezies) ‖ ~ **mass** (Nuc) / Nuklidmasse *f*
**nuclidic mass** (Nuc) / Nuklidmasse *f*
**nudation** *n* (Ecol) / Entblößung *f* von Vegetation
**nudic acid** (Bot, Chem) / Nudinsäure *f* (in verschiedenen Höheren Pilzen)
**nuée ardente*** (pl. -s -s) (Geol) / Glutwolke *f* (heiße vulkanische Gase mit großen Mengen von Feststoffen und Schmelztröpfchen)
**NUF mat** (non-woven unidirectional fibreglass mat) (Glass, Textiles) / Nuf-Matte *f*, Endlosmatte *f* (mit parallelliegenden Spinnfäden)
**nugget** *n* (Geol, Mining) / Nugget *n* (in der Natur vorkommendes Klümpchen gediegenes Metall) ‖ ~* (Welding) / Linse *f* ‖ ~ **diameter** (Welding) / Linsendurchmesser *m*
**Nu-iron process** (Met) / Nu-Iron-Verfahren *n* (eine Varietät des H-Iron-Verfahrens)
**nuisance** *n* / Belästigung *f* (z.B. durch Lärm) ‖ ~ **parameter** (Stats) / störender Parameter
**Nujol*** *n* (Chem) / Nujol *n* (ein hochreines flüssiges Paraffin)
**nuke** *n* (Mil) / Kernwaffe *f*, Atomwaffe *f*, Kernsprengkörper *m*, Nuklearwaffe *f* (bei der der für die Explosion notwendige Energie durch Kernreaktionen freigesetzt wird)
**null** *n* (Maths) / Null *f* ‖ ~ (Maths) / Nullstelle *f* (einer Funktion, eines Polynoms) ‖ ~ **address** (Comp) / Nulladresse *f*
**nullator** *n* (Elec Eng) / Nullator *n* (ein idealisiertes Zweipol-Element)

**null balance**

**null balance** (Elec Eng) / Nullabgleich *m* (Vorgang, bei dem eine Messbrücke so abgeglichen wird, dass der Strom im Nullzweig bzw. die Spannung in der Messdiagonalen zu Null wird) || **~ balancing** (Elec Eng) / Nullabgleich *m* (Vorgang, bei dem eine Messbrücke so abgeglichen wird, dass der Strom im Nullzweig bzw. die Spannung in der Messdiagonalen zu Null wird) || **~ byte** (Comp) / Nullbyte *n* (Taktinformationen bei Disketten) || **~ character** (Comp) / Nullzeichen *n* || **~ detector** (Elec Eng) / Nullanzeigegerät *n*, Nullindikator *m* || **~ electrode\*** (Chem) / Nullelektrode *f* || **~ element** (Maths) / Nullelement *n* (in einem Körper oder Ring das neutrale Element bezüglich der Addition), Null *f* || **~ hypothesis** (Stats) / Nullhypothese *f* (ein Signifikanztest)
**nullify** *v* (Mech) / aufheben *v* (Bewegung)
**null indicator\*** (Elec Eng) / Nullanzeigegerät *n*, Nullindikator *m*
**nullity** *n* / Nichtigkeit *f* (des Patents) || **~** (Maths) / Nullität *f*
**null list** (Comp) / Nullliste *f* (n = 0), leere Liste || **~ matrix** (Maths) / Nullmatrix *f* (deren Elemente sämtlich null sind) || **~ method\*** (Elec Eng) / Nullmethode *f* (eine Messmethode, bei der eine Kompensation der Wirkung einer Messgröße durch die Wirkung einer anderen bekannten Größe das Ziel ist), Ausgleichsverfahren *n*, Kompensationsverfahren *n* || **~ modem** (Comp) / Nullmodem *m n* (ein intelligentes Kabel zwischen Modem und Rechner)
**null-modem cable** (Cables, Comp) / Nullmodemkabel *n* (ein spezielles Flachkabel mit mehreren Leitern, bei dem zwei Leiter verdreht werden)
**nullor** *n* (Elec Eng) / Nullor *m* (eine idealisierte Vierpolkonfiguration)
**null parameter** (Comp) / fehlender Parameter
**null-recurrent state** (Stats) / nullrekurrenter Zustand
**null ring** (Maths) / Nullring *m* (der nur aus einem einzigen Element besteht) || **~ sequence** (Maths) / Nullfolge *f* (eine Zahlenfolge, die gegen die Zahl 0 konvergiert) || **~ set** (Maths) / leere Menge (DIN 5473), Nullmenge *f* (Menge vom Maß Null) || **~ space** (Maths) / Nullraum *m* || **~ string** (Comp) / Leerstring *m* (der keine Zeichen enthält und deren Länge somit null ist) || **~ vector** (Maths, Phys) / isotroper Vektor, lichtartiger Vektor, Nullvektor *m* (isotroper Vektor) (Vierervektor mit dem Betrag Null) || **~ vector** (Maths, Phys) / Nullvektor *m* (das neutrale Element eines Vektorraumes bezüglich der Vektoraddition), Nullelement *n* (eines Vektorraumes)
**number** *v* / nummerieren *v*, benummern *v*, nummern *v* || **~\*** *n* (Maths) / Zahl *f* || **~\*** (Maths) / Nummer *f* || **~** (Spinning) / Nummer *f*, Feinheit *f*, Titer *m* (Feinheitsbezeichnung) || **~ board** (US) (Cinema) / Szenentafel *f*, Szenenklappe *f*, Synchronklappe *f* (an der Kamera)
**number-busy signal** (Telecomm) / Antwortzeichen *n* für Nummer besetzt, Nummer-besetzt-Kennzeichen *n*
**number cruncher** (Comp) / Supercomputer *m* (mit mehr als 10 Milliarden Gflops), Großrechner *m* (mit höchstem Leistungsvermögen), Höchstleistungsrechner *m* (z.B. Blue Gene aus dem Hause IBM) || **~ domain** (Maths) / Zahlenbereich *m*, Zahlbereich *m* || **~ e** (Maths) / Zahl *f* e, Basis *f* der natürlichen Logarithmen || **~ field** (Maths) / Zahlkörper *m*
**numbering** *n* / Durchnummerierung *f*, fortlaufende Nummerierung || **~** (Maths) / Beziefferung *f* || **~** (Maths) / Nummerierung *f* (im Allgemeinen) || **~** (Teleph) / Nummerierung *f* (Kennzeichnung mit Nummernfolgen) || **~ area** (Teleph) / Nummerierungsbereich *m* || **~ hammer** (For) / Nummerierschlägel *m*, Waldhammer *m*, Signierhammer *m* || **~ plan** (Teleph) / Rufnummernplan *m* || **~ plan** (Teleph) / Nummerierungsplan *m*, Kennzahlenplan *m* || **~ stamp** (Print) / Nummerndrucker *m*, Nummerierapparat *m*, Nummerierstempel *m*
**number interval** (Maths) / Zahlenintervall *n* || **~ key** (Comp) / Ziffertaste *f* || **~ line** (Maths) / Zahlengerade *f*, arithmetisches Kontinuum, Zahlenkontinuum *n* || **~ 1 master** (Acous) / Vaterplatte *f*, Vater *m* (erstes Negativ bei Schallplatten, auf galvanischen Wege verkupfert und metallisch verstärkt) || **~ 1 mould** (Acous) / Mutterplatte *f*, Mutter *f* (pl. Muttern) (Originalmatrize mit Rillen bei der Schallplattenherstellung) || **~ notation** (Maths) / Zahlendarstellung *f* || **~ of bends** (Materials) / Biegezahl *f* (beim Biegeversuch) || **~ of blows** (Civ Eng) / Schlagzahl *f* || **~ of calls** (Teleph) / Zahl *f* der Anrufe || **~ of columns** (Print, Typog) / Spaltenzahl *f* || **~ of copies** / Kopienzahl *f* || **~ of cycles** (Materials) / Zyklenzahl *f* || **~ of cycles** (Materials) / Lastspielzahl *f* (konkrete Anzahl der Lastspiele) || **~ of cylinders** (I C Eng) / Zylinderzahl *f* (nach DIN 1940) || **~ of degrees of freedom** (Chem, Phys) / Anzahl *f* der Freiheitsgrade (DIN 1311, T 3) || **~ of delivered source lines** (Comp) / Anzahl *f* der abgelieferten Quellprogrammzeilen || **~ of gears** (Autos) / Gangzahl *f* || **~ of lines** (Comp, Typog) / Zeilenanzahl *f* (einer Druckseite, einer Spalte), Zeilenzahl *f* || **~ of parts** (pressings) **per die** (Eng) / Standmenge *f* (während der Standzeit eines Gesenks) || **~ of passes** (Met) / Stichzahl *f* (Anzahl der Durchgänge des Walzgutes durch ein Walzenpaar bzw. durch die Kaliber des Walzenpaares) || **~ of plates** (Chem Eng) / Bodenzahl *f* || **~ of poles** (Elec Eng) / Polzahl *f* || **~ of ratios** (Autos) / Gangzahl *f* || **~ of rules** (AI) / Regelanzahl *f* || **~ of**

**sick persons** (Med, Stats) / Krankenstand *m* (prozentuales Verhältnis der durch Krankheit ausgefallenen Arbeitstage zu den Sollarbeitstagen der Gesamtbeschäftigten eines Betriebes in einem bestimmten Zeitraum) || **~ of staff away sick** (Med, Stats) / Krankenstand *m* (prozentuales Verhältnis der durch Krankheit ausgefallenen Arbeitstage eines Betriebes in einem bestimmten Zeitraum) || **~ of starts** (Eng) / Gangzahl *f* (bei mehrgängigen Gewinden nach DIN 13) || **~ of stitches** (Textiles) / Stichzahl *f* (bei Nähmaschinen - die Anzahl der in einer Zeiteinheit ausgeführten Stiche) || **~ of teeth** / Zähnezahl *f* || **~ of thread breakages** (Textiles) / Fadenbruchzahl *f*, Fadenbruchhäufigkeit *f* (Vergleichsmaßstab bei der Beurteilung und Bewertung der Nähsicherheit von Nähmaschinen) || **~ of tracks** (Acous, Comp) / Anzahl *f* der Spuren, Spurenzahl *f* || **~ pair** (Maths) / Zahlenpaar *n* || **~ plan** / Nummernplan *m* || **~-plate** *n* (GB) (Autos) / Kennzeichenschild *n*, Nummernschild *n*
**number-plate light** (Autos) / Kennzeichenbeleuchtung *f*, Nummernschildbeleuchtung *f*
**number portability** (Teleph) / Nummernportabilität *f* (Bezeichnung für die Möglichkeit, beim Wechsel des Telekommunikationsdienstleisters die Adresse, unter der ein Teilnehmer erreichbar war, beizubehalten), Rufnummernmitnahme *f*, Rufnummernportabilität *f* || **~ ray** (Maths) / Zahlenstrahl *m* || **~ representation** (Maths) / Zahlendarstellung *f* || **~ scale** (Maths) / Zahlenfolge *f* || **~ sequence** (Maths) / Zahlenfolge *f* || **~ set** (Maths) / Zahlenmenge *f* (z.B. der natürlichen Zahlen) || **~ sign** (Comp, Maths) / Raute *f* (ein Sonderzeichen), Lattenzaun *m*, Doppelkreuz *n* (Sonderzeichen #) || **~ sizes\*** (Eng) / nummerngekennzeichnete Bohrerabmessungen || **~ system** (Maths) / Zahlensystem *n* (System von Zahlzeichen oder Ziffern, durch die sich nach gewissen Regeln alle natürlichen Zahlen eindeutig darstellen lassen)
**number-theoretic** *adj* (Maths) / zahlentheoretisch *adj*
**number theory** (Maths) / Zahlentheorie *f* (die die Eigenschaften natürlicher Zahlen untersucht) || **~ unobtainable** (Teleph) / Nummer unbeschaltet, NU (Nummer unbeschaltet) || **~ unobtainable tone\*** (Teleph) / Hinweiston *m* (kein Anschluss unter dieser Nummer), NU-Ton *m*
**numbness** *n* (Physiol) / Gefühl *n* von Taubheit
**numerable** *adj* / nummerierbar *adj* || **~ set\*** (Maths) / abzählbare Menge (die sich umkehrbar eindeutig auf die Menge der natürlichen Zahlen abbilden lässt)
**numeracy** *n* (Maths) / Rechenkenntnisse *f pl*
**numeral** *n* (Chem) / Ziffer *f* (Stellungssymbol, z.B. in einer Strukturformel) || **~** (Maths) / Zahlzeichen *n*, numerisches Zeichen, Zahlsymbol *n*, Ziffer *f* (ein Zahlzeichen)
**numeration** *n* (Maths) / Nummerierung *f* (im Allgemeinen)
**numerator\*** *n* (Maths) / Zähler *m* (eines Bruches)
**numeric** *adj* (Comp, Maths) / numerisch *adj* (DIN 44300), nummerisch *adj*
**numerical** *adj* (Comp, Maths) / numerisch *adj* (DIN 44300), nummerisch *adj* || **~ analysis** (Maths) / numerische Analysis || **~** (Meteor) / numerische Analyse (die Berechnung der Feldverteilung eines meteorologischen Elements aus den unregelmäßig verteilten, zum Teil auch lückenhaften synoptischen Beobachtungen eines Termins mit Hilfe eines speziellen Rechenprogramms, objektive Analyse || **~ aperture\*** (Optics) / numerische Apertur (das Produkt aus dem Brechungsindex und der Apertur - DIN 57 888, T 1), NA (numerische Apertur) || **~ axis** (Maths) / Zahlengerade *f*, arithmetisches Kontinuum, Zahlenkontinuum *n* || **~ code** / Zahlencode *m*, numerischer Kode, Zahlenkode *m*, numerischer Code || **~ computation** (Maths) / numerisches Rechnen, Numerik *f*, Zahlenrechnen *n* || **~ control\*** (Eng) / numerische Steuerung, Numerik *f*, numerische Maschinensteuerung || **~ control computer** (Eng) / Numerikrechner *m* || **~ data** / Zahlenangaben *f pl* || **~ data** (Comp) / numerische Daten || **~ differentiation** (Maths) / numerische Differentiation || **~ drawing** / numerische Zeichnung || **~ eccentricity** (Maths) / numerische Exzentrizität (bei Kegelschnitten) || **~ equation** (Maths) / numerische Gleichung, Zahlengleichung *f* || **~ forecasting\*** (Meteor) / numerische Wettervorhersage || **~ function** (Maths) / Zahlenfunktion *f*, numerische Funktion || **~ integration** (Maths) / numerische Integration (ein Verfahren, bei dem der Wert eines bestimmten Integrals näherungsweise ermittelt wird) || **~ interval** / Ziffernschrittwert *m* (DIN 2257, T 1)
**numerically controlled machine** (Eng) / NC-Maschine *f*, Numerikmaschine *f*, NCM (Numerikmaschine), numerisch gesteuerte Maschine || **~ controlled pattern-making** (Foundry) / numerisch gesteuerte Modellherstellung
**numerical mathematics** (Maths) / numerische Mathematik (die alle ihre Aussagen mit Hilfe rationaler Zahlen gewinnt), Numerik *f* || **~ method** (Maths) / numerische Methode, numerisches Verfahren || **~ model** / numerisches Modell || **~ modelling** / numerische

Modellierung ‖ ~ **problem** (Maths) / numerische Aufgabe, Zahlenaufgabe *f* ‖ ~ **quadrature** (Maths) / numerische Integration (ein Verfahren, bei dem der Wert eines bestimmten Integrals näherungsweise ermittelt wird) ‖ ~ **quantity** (Maths) / Zahlengröße *f* ‖ ~ **reading** (Instr) / Ziffernanzeige *f* (in der Messtechnik nach DIN 2257, T 1) ‖ ~ **scale** (Cartography) / numerischer Maßstab ‖ ~ **simulation** (Maths) / numerische Simulation ‖ ~ **stability** / numerische Stabilität ‖ ~ **tape** (Eng) / Lochstreifen *m* für die numerische Steuerung, Lochstreifen *m* für die NC-Steuerung ‖ ~ **taxonomy**\* (Biol) / numerische Taxonomie ‖ ~ **value** (Maths) / Absolutbetrag *m*, Absolutwert *m* (einer reellen oder komplexen Zahl), absoluter Wert, Betrag *m* (einer Zahl) ‖ ~ **value** (Maths) / numerischer Wert, Zahlenwert *m* (DIN 1313)

**numerical-value equation** (Maths) / Zahlenwertgleichung *f* (welche die Beziehung zwischen Zahlenwerten von Größen wiedergibt - DIN 1313)

**numerical weather prediction**\* (Meteor) / numerische Wettervorhersage ‖ ~ **word** (Comp) / numerisches Wort

**numeric character** (Comp, Maths) / numerisches Zeichen ‖ ~ **character** (Comp, Maths) / einstellige Zahl, Ziffer *f*, Digit *n* ‖ ~ **character** (Maths) / Zahlzeichen *n*, numerisches Zeichen, Zahlsymbol *n*, Ziffer *f* (ein Zahlzeichen) ‖ ~ **code** / Zahlencode *m*, numerischer Kode, Zahlenkode *m*, numerischer Code ‖ ~ **control** (Eng) / numerische Steuerung, Numerik *f*, numerische Maschinensteuerung ‖ ~ **coprocessor** (Comp) / numerischer Koprozessor, numerischer Coprozessor ‖ ~ **data** (Comp) / numerische Daten ‖ ~ **data processor** (Comp) / numerischer Koprozessor, numerischer Coprozessor ‖ ~ **display** (Comp) / Numerikanzeige *f*, digitale Anzeige, numerische Anzeige, Digitalanzeige *f* ‖ ~ **keyboard** (Comp) / Zehnerblock *m*, Zehnertastatur *f* (Tastaturfeld) ‖ ~ **keyboard** (Comp) / numerische Tastatur (DIN 9757) ‖ ~ **keypad** (Comp) / numerische Tastatur (DIN 9757) ‖ ~ **keypad**\* (Comp) / Zehnerblock *m*, Zehnertastatur *f* (Tastaturfeld) ‖ ~ **pad** (Comp) / numerischer Tastenblock ‖ ~ **pad** (Comp) / Zehnerblock *m*, Zehnertastatur *f* (Tastaturfeld) ‖ ~ **punching** (Comp) / Ziffernlochung *f*, numerische Lochung ‖ ~ **scale** / Ziffernskale *f* (in der Messtechnik nach DIN 1319, T 2) ‖ ~ **word** (Comp) / numerisches Wort

**Num lock key** (Comp) / NUM-Feststelltaste *f*

**nummulitic limestone** (Geol) / Nummulitenkalk *m*

**nunatak**\* *n* (Geol) / Nunatak *m* (pl. Nunatakr oder Nunataks) (hohe Bergspitze im Inlandeis)

**nun buoy** (Ships) / Spitztonne *f*, Spitzboje *f*, Kegelstumpftonne *f*, spitze Tonne ‖ ~ **moth** (For) / Nonne *f* (Lymantria monacha L. - ein bedeutender Nadelwaldschädling)

**nun's veiling** \* (Textiles) / Nonnenschleiertuch *n*

**nuphar alkaloids** (Pharm) / Nupharalkaloide *n pl* (Alkaloide, die in Arten der Gattung Nuphar vorkommen)

**nuplex** *n* (a complex of nuclear power plants) (Nuc Eng) / Nuplex *m*, Nuklearpark *m* (Anlagen für friedliche Nutzung der Kernenergie)

**Nuremberg violet** (Paint) / Manganviolett *n*, Nürnberger Violett, Mineralviolett *n*

**nursery** *n* (For) / Pflanzkamp *m*, Baumschule *f* (forstwirtschaftliche oder gärtnerische Anlage, in der Bäume und Sträucher aus Sämlingen gezogen werden), Forstgarten *m*, Forstbaumschule *f*, Baumschule *f*, Kamp *m* (pl. Kämpe) (zur Waldpflanzenerziehung bestimmte Fläche), Forstgehölzbaumschule *f*

**Nusselt number**\* (Heat) / Nusselt-Zahl *f*, Nu (Nusselt-Zahl nach DIN 1341) (dimensionslose Kennzahl zur Beschreibung des Wärmeübergangs zwischen festen Körpern und Flüssigkeiten bzw. Gasen - nach E.K.W. Nusselt /1882-1957/) ‖ ~ **number for mass transfer** (Phys) / Nusselt-Zahl *f* (zweiter Art), Nusselt-Zahl *f* der Stoffübertragung (DIN 5491), Nu'

**NUT** (number unobtainable tone) (Teleph) / Hinweiston *m* (kein Anschluss unter dieser Nummer), NU-Ton *m*

**nut**\* *n* (Bot, Nut) / Nuss *f* (eine Schließfrucht) ‖ ~\* (Eng) / Mutter *f* (pl. Muttern) (mechanisches Verbindungselement), Schraubenmutter *f* ‖ ~\* (Typog) / Halbquadrat *n* ‖ ~ **and counter-nut** (Eng) / Doppelmutter *f* (Untermutter + Sicherungsmutter)

**nutating antenna** (Radar) / nutierende Antenne

**nutating-disk meter** (Radar) / Taumelscheibenzähler *m*

**nutating feed**\* (Radar) / Taumelscheibenantrieb *m*

**nutation**\* *n* (Astron, Radar) / Nutation *f* ‖ ~ **field**\* (Radar) / Nutationsfeld *n*

**nut·brown** adj / nussbraun adj ‖ ~ **cracker** (Eng) / Mutternsprenger *m* (zum Aufbrechen von festsitzenden oder überdrehten Muttern)

**nutcracker** *n* (Aero) / Federbeinschere *f*, Spurgabel *f*

**nut driver** (Eng) / Steckgriff *m*

**nut-gall** *n* (Bot, For, Leather) / Pflanzengalle *f*, Gallapfel *m*, Galle *f*

**nutmeg oil** (Nut) / Muskatnussöl *n* (aus Myristica fragrans Houtt.), Oleum *n* Myristicae expressum, Butyrum *n* Nucistae

**nut of bahera** (Bot, Leather) / Myrobalane *f* /aus Terminalia bellirica (Gaertn.) Roxb./ ‖ ~**-oil** *n* (Nut, Paint) / Nussöl *n* (Haselnuss- und Walnussöl)

**NU tone**\* (number unobtainable tone) (Teleph) / Hinweiston *m* (kein Anschluss unter dieser Nummer), NU-Ton *m*

**nutraceuticals** *pl* (Nut) / Functional Food *n* (Lebensmittel mit gesundheitsfördernden Zusatzstoffen), Lebensmittel, denen man zusätzlich zu ihrer ernährungsphysiologischen Bedeutung Gesundheit fördernde Funktionen zuschreibt

**nutria** *n* (the skin or fur of the coypu) (Leather) / Nutria *m* (Fell der Nutria)

**nutrient**\* *n* (a food substance used as a source of energy or of building material during metabolism) (Nut) / Nährstoff *m* ‖ ~\* *adj* (Nut) / Nähr-, nährend *adj*, nahrhaft *adj*, nutritiv *adj* ‖ ~ **broth** (Chem) / Nährbouillon *f* ‖ ~ **film** (Agric) / Nährlösungsfilm *m* ‖ ~ **intake** (Agric) / Nähstoffaufnahme *f* ‖ ~ **load** (San Eng) / Gehalt *m* an Nährstoffen (Trophiestufe) ‖ ~ **medium** (Bacteriol, Biochem) / Kulturmedium *n* (z.B. Nährbouillon, Nähragar, Bierwürze usw.), Nährmedium *n* (zur Kultivierung von Mikroorganismen und Kulturen), Wachstumsmedium *n*, Substrat *n* (Kulturmedium), Kultursubstrat *n* ‖ ~ **requirement** (Chem) / Nährstoffbedarf *m* ‖ ~ **solution**\* (Bot) / Nährlösung *f* (für Hydrokulturen) ‖ ~ **stripping** (Ecol) / Entfernung *f* von Nährstoffen aus dem Abwasser (Phosphatentfernung)

**nutrification** *n* (US) (Nut) / Verbesserung *f* (durch Nährstoffe), Anreicherung *f* (mit Nährstoffen)

**nutrition**\* *n* (Med) / Nutrition *f*, Ernährung *f*

**nutritional disorder** (Nut) / Ernährungsstörung *f* ‖ ~ **disturbance** (Nut) / Ernährungsstörung *f* ‖ ~ **information** (Nut) / Nährwertinformation *f* ‖ ~ **labelling** (Nut) / Nährwertkennzeichnung *f* ‖ ~ **requirement** (Nut) / Nährstoffbedarf *m* ‖ ~ **value** (Nut) / Nährwert *m* (der Gehalt an verwertbaren Nährstoffen), Nahrungswert *m*

**nutritionist** *n* (Nut) / Lebensmittelwissenschaftler *m*, Ernährungswissenschaftler *m* ‖ ~ (Nut) / Ernährungsfachmann *m*

**nutrition science** (Nut) / Ernährungswissenschaft *f*, Ernährungslehre *f*

**nutritious**\* *adj* (Nut) / Nähr-, nährend *adj*, nahrhaft *adj*, nutritiv *adj*

**nutritive** *n* (Nut) / Nährstoff *m* ‖ ~\* *adj* (Nut) / Nähr-, nährend *adj*, nahrhaft *adj*, nutritiv *adj* ‖ ~ **sweetener** (Nut) / Zuckeraustauschstoff *m* (der anstelle von Saccharose zur Süßung von Lebensmitteln verwendet wird - z.B. Isomalt, Mannit, Sorbit) ‖ ~ **sweetener** (Nut) / Süßungsmittel *n* (Zuckeraustauschstoff + Süßstoff) ‖ ~ **value** (Nut) / Nährwert *m* (der Gehalt an verwertbaren Nährstoffen), Nahrungswert *m*

**nut runner** (Eng) / Mutternanziehmaschine *f*

**Nutsch filter** (Chem Eng) / Filternutsche *f*, Nutsche *f*, Nutschenfilter *n* (entweder Vakuum- oder Drucknutsche)

**nut splitter** (Eng) / Mutternsprenger *m* (zum Aufbrechen von festsitzenden oder überdrehten Muttern) ‖ ~ **starter** (Tools) / Festhaltemutterndreher *m* (Werkzeug zum Greifen und Ansetzen von Muttern an schwer zugänglichen Stellen), Mutternstarter *m* ‖ ~ **tap** (Eng) / Muttergewindebohrer *m* (DIN 356) ‖ ~ **tap** (US) (Eng) / Übergewindebohrer *m* (DIN 374 und 2183)

**nut-threading machine** (Eng) / Muttergewindeschneidmaschine *f* (zur Herstellung von Außengewinde)

**nut-tree** *n* (For) / Nussbaum *m* (im Allgemeinen - Juglans L.)

**nutty flavour** (Nut) / nussiger Geschmack, Nussgeschmack *m*, nussartiger Geschmack

**nu-value** *n* (Optics) / Abbe'sche Zahl (für die Kennzeichnung eines optischen Mediums)

**Nuvistor**\* *n* (Electronics) / Nuvistor *m* (eine Elektronenröhre sehr kleiner Abmessungen, mit hochevakuiertem Metallkolben)

**nux vomica** (Pharm) / Brechnuss *f*, Semen *n* Strychni, Nux *f* vomica (reifer Same des Strychninbaums) ‖ ~ **vomica alkaloids** (Chem, Pharm) / Strychnosalkaloide *n pl* (z.B. Strychnin, Curare oder Bruzin)

**n-valeric acid**\* (Chem) / Pentansäure *f*, Baldriansäure *f*, n-Valeriansäure *f*

**n-valued** *adj* (Maths) / n-wertig *adj*

**NVM**\* (non-volatile matter) (Chem) / Nichtflüchtiges *n*, nichtflüchtiger Stoff

**NVRAM** (non-volatile random-access memory) (Comp) / nicht flüchtiges RAM

**N-wave** *n* (Phys) / N-förmige Druckwelle

**n-well** *n* (Electronics) / n-Wanne *f* (bei CMOS-Elementen)

**NWP**\* (numerical weather prediction) (Meteor) / numerische Wettervorhersage

**NX tower** (US) (Rail) / Gleisbildstellwerk *n*

**nyankom**\* *n* (For) / Niangon *n* (Holz der Tarrietia utilis Sprague oder Tarrietia densiflora Aubrév. & Normand), Ogoue *n*, Wishmore *n*

**nyctalopia** *n* (Med) / Nachtblindheit *f*, Nyktalopie *f*

**Nylander reagent** (Chem) / Nylanders Reagens (eine Lösung von Kaliumnatriumtartrat und Bismutoxidnitrat in 80%iger

**Nylander**
Natronlauge zum Nachweis von Traubenzucker - nach C.W.G. Nylander, 1835-1907) || ~ **solution**\* (Chem) / Nylanders Reagens (eine Lösung von Kaliumnatriumtartrat und Bismutoxidnitrat in 80%iger Natronlauge zum Nachweis von Traubenzucker - nach C.W.G. Nylander, 1835-1907)
**nylon**\* n (Plastics) / Nylon n (Gattungsbezeichnung für synthetisches, faserbildendes Polyamid aus Hexamethylendiamin und Adipinsäure) || ~ **6** (Plastics) / Nylon 6 (bei Nylonfasern auf Laktambasis gibt die Zahl die Anzahl der C-Atome des Grundmoleküls an; 6 = Kaprolaktam) || ~**-block-copolymer-reaction injection moulding** (Chem Eng) / NBC-RIM-Verfahren n (bei dem Polyamid-Polypropylenglycol-Blockcopolymere entstehen) || ~ **hammer** (Tools) / Nylonhammer m (ein Schonhammer) || ~ **printing plate** (Print) / Auswaschreliefdruckstock m (aus Nylon) || ~ **ribbon** / Nylonfarbband n
**Nyquist criterion**\* (Automation, Telecomm) / Nyquist-Kriterium n (Stabilitätskriterium für einen Regelkreis) || ~ **diagram**\* (Telecomm) / Nyquist-Diagramm n (Stabilitätsanalyse), Ortskurve f des Frequenzgangs || ~ **filtering** (Radio) / Nyquist-Filterung f || ~ **interval** (Comp, Telecomm) / Küpfmüller-Nyquist-Intervall n, Nyquist-Intervall n (nach H. Nyquist, 1889 - 1976) || ~ **limit**\* (Comp, Telecomm) / Nyquist-Frequenz f (Kehrwert des Küpfmüller-Nyquist-Intervalls), Nyquist-Rate f (halbe Abtastfrequenz) || ~ **noise** (Comp, Electronics, Telecomm) / Nyquist-Rauschen n || ~ **rate**\* (the reciprocal of the Nyquist interval) (Comp, Telecomm) / Nyquist-Frequenz f (Kehrwert des Küpfmüller-Nyquist-Intervalls), Nyquist-Rate f (halbe Abtastfrequenz) || ~ **slope** (TV) / Nyquist-Flanke f (Begrenzung des Frequenzbandes im Bereich der Trägerfrequenz bei der Restseitenbandübertragung) || ~ **stability criterion** (Automation, Telecomm) / Nyquist-Kriterium n (Stabilitätskriterium für einen Regelkreis) || ~ **stability theorem** (Automation, Telecomm) / Nyquist-Kriterium n (Stabilitätskriterium für einen Regelkreis)
**nystatin**\* n (Pharm) / Nystatin n, Fungicidin n (ein Makrolidantibiotikum)
**nytril** n (Textiles) / Nytril n, Nytrilfaser f (Synthesefaser aus alternierend aufgebauten Kopolymeren von Vinylidendinitril und Vinylazetat)
**n-zone** n (Electronics) / n-Zone f (in der die Donatoren und damit die Elektronen als frei bewegliche Ladungsträger vorherrschen)

# O

**O** / O (nach DIN-ISO 1629 ein Gruppenbuchstabe für Kautschuke mit Sauerstoff in der Polymerkette)
**O** (oxygen) (Chem) / Oxygen n, Sauerstoff m, O (Sauerstoff)
**OA** (Comp, Work Study) / Bürotik f, Automatisierung f der Büroarbeiten (Rationalisierung der Tätigkeiten im Büro durch rechnergestützte Büroinformationssysteme), Büroautomatisierung f, Büroautomation f
**oak**\* n (For) / Eiche f (Quercus L.) || ~ **apple** (Bot, For) / Eichengalle f || ~ **bark** (For, Leather, Pharm) / Eichenrinde f
**oak-bark beetle** (For) / Eichensplintkäfer m (Scolytus intricatus Rtz.) || ~ **tanned** adj (Leather) / eichenlohgegerbt adj, eichenrindegegerbt adj
**oak barrel** / Eichenholzfass n || ~ **cerambyx** (For) / Eichenbock m (Cerambyx cerdo L.), Heldbock m (ein Bockkäfer) || ~ **chips** (Nut) / Eichenholzspäne m pl (zum Aromatisieren von Wein)
**Oakes frother** (Chem Eng) / Oakes-Maschine f (zum kontinuierlichen Aufschäumen von Latex)
**oak forest** (For) / Eichenwald m || ~ **gall** (Bot, For) / Eichengalle f
**oak-leaf roller** (For) / Eichenwickler m (Tortrix viridiana L.)
**oakmoss** n (Bot) / Eichenmoos n (Flechten der Familie Usneaceae) || ~ **absolute** / Eichenmoosabsolue n (aus der auf Eichen wachsenden Flechte durch Extraktion gewonnene dunkelgrüne bis dunkelbraune viskose Masse, die zur Parfümherstellung dient) || ~ **resin** (Bot) / Eichenmoos n (eigentliches), Mousse de chêne f (Harz der Pflaumenflechte - Evernia prunastri L. Ach. - zur Herstellung von Extrakten für die Parfümerie- und Seifenindustrie)
**oak processionary moth** (For) / Eichenprozessionsspinner m (Thaumatopoea processionea L.) || ~ **tan-bark** (For, Leather) / Eichengerbrinde f, Eichenlohrinde f, Eichenschälrinde f || ~ **-tanned** adj (Leather) / eichenlohgegerbt adj, eichenrindegegerbt adj
**oakum**\* n (Ships) / Kalfaterwerg n, Dichtwerg n, geteerter Hanf
**oak wilt** (For) / Eichenwelke f (durch Ceratocystis fagacearum verursacht)
**OAMT** (operation, administration and maintenance terminal) (Comp, Telecomm) / OAMT n
**O antigen**\* (Med) / O-Antigen n (thermostabiles Antigen der Bakterienzellwand)
**oar** n (Ships) / Bootsriemen m, Riemen m
**oasis goat** (Bind) / feines Ziegenleder (aus der Gegend um das Kap der Guten Hoffnung) || ~ **goat** (Bind) / minderwertiger sumachgegerbter Maroquin (aus Nigeria)
**oast** n (Brew) / Darre f, Darrofen m || ~ (Brew) / Hopfendarre f || ~ **house** (Brew) / Hopfendarre f (als Gebäude)
**oat** n (Bot, Nut) / Hafer m (Avena sativa L.), Saathafer m || ~ **bran** (Nut) / Haferkleie f || ~ **clipper** (Agric) / Haferabspitzmaschine f || ~ **crusher** (Agric) / Haferquetsche f || ~ **flakes** (Nut) / Haferflocken f pl || ~ **grain** (Leather) / Haferkornnarben m, Ovalnarben m
**oatmeal cloth**\* (of a towel fabric) (Textiles) / granitbindiger Stoff || ~ **paper** (Paper) / Holzmehlpapier n (mit Holzmehlzusatz als Füllstoff)
**oats** pl (Dr. Johnson: "a grain, which in England is generally given to horses, but in Scotland supports the people") (Bot, Nut) / Hafer m (Frucht der Haferpflanze), Haferkörner n pl
**oat straw** (Agric) / Haferstroh n
**OB**\* (GB) (outside broadcast) (Radio) / Außenübertragung f, Außenreportage f, AÜ (Außenübertragung)
**OBC carrier** (Ships) / OBC-Schiff n (Frachtschiff zur wahlweisen Beförderung von Erz, Schüttgut und Containerladungen), Ore-Bulk-Container-Schiff n, Erz-Schüttgut-Container-Frachtschiff n
**obduction**\* n (Geol) / Obduktion f (wenn die kontinentale Kruste unter die ozeanische abtaucht)
**OBE** (one-boson exchange) (Nuc) / Einbosonaustausch m
**obeche**\* n (For) / Abachi n (hellgelbes, leichtes Holz des Sterkuliengewächses Triplochiton scleroxylon K. Schum. aus dem Äquatorialwald W-Afrikas), Samba n, Wava n, Obeche n
**obelisk**\* n (Arch) / Obelisk m (quadratischer, nach oben verjüngter und von einer kleinen Pyramide abgeschlossener Steinpfeiler) || ~ (Maths) / Obelisk m (ein Prismatoid) || ~ (Typog) / Kreuz n (z.B. als Fußnotenzeichen) || ~ (Typog) / Sterbekreuz n, Kreuzzeichen n (um das Ableben einer Person zu kennzeichnen)
**obelus** n (pl. -li) (Typog) / Kreuz n (z.B. als Fußnotenzeichen) || ~ (pl. -li) (Typog) / Sterbekreuz n, Kreuzzeichen n (um das Ableben einer Person zu kennzeichnen)

**Obermayer's reagent** (Chem, Med) / Obermayer'sches Reagens (zum Indicannachweis im Harn durch Spaltung und Oxidation des entstehenden Indoxyls zu Indigo)
**obey** v / gehorchen v (z.B. der Fermi-Dirac-Statistik), sich halten v (an Regeln)
**OBI** (omnibearing indicator) (Aero, Radar) / Azimutanzeiger m
**obidoxime chloride** (Chem, Med) / Obidoximchlorid n (ein Antidot bei Organophosphatvergiftungen)
**object** n / Handhabeobjekt n (das dem Handhaben unterliegt), HHO (Handhabeobjekt) || ~ (AI) / Objekt n (zur Repräsentation von Wissen) || ~ (Automation) / Anlage f (geregelte, gesteuerte) || ~ (Micros) / Objekt n, Präparat n || ~ (Optics) / Gegenstand m, Ding n, Objekt n || ~ (Photog) / Aufnahmegegenstand m || ~ **analysis** (AI, Comp) / Objektanalyse f || ~ **class** (AI, Comp) / Entitätsmenge f, Objektklasse f (die gleichartige Objekte umfasst) || ~ **code**\* (Comp) / Maschinenprogrammkode m, Objektkode m || ~ **colour** (Light, Optics) / Körperfarbe f, Aufsichtfarbe f, Oberflächenfarbe f || ~ **computer** (Comp) / Programmablaufanlage f, Programmablaufrechner m, Objektrechner m || ~ **contrast** (Optics, Photog) / Objektkontrast m, Dingkontrast m || ~ **distance** (Optics) / Dingweite f, Gegenstandsweite f, Objektweite f || ~**-glass** n (Optics) / Fernrohrobjektiv n
**object-glass** n (Optics) / Objektiv n (DIN 19 060)
**object identification** (AI, Comp) / Objektidentifikation f (z.B. bei Industrierobotern)
**objectionable** adj / widerlich riechend, Übelkeit erregend (Geruch), widerwärtig adj (Geruch), übelriechend adj, ekelerregend adj (Geruch) || ~ / störend adj (Geräusch, Echo)
**objective** n (AI) / Ziel n (einer bewussten Handlung) || ~\* (lens) (Optics) / Objektiv n (DIN 19 060) || ~ adj / objektiv adj || ~ **analysis**\* (Comp, Meteor) / numerische Analyse (Berechnung der Feldverteilung eines meteorologischen Elements aus den unregelmäßig verteilten, zum Teil auch lückenhaften synoptischen Beobachtungen eines Termins mit Hilfe eines speziellen Rechenprogramms), objektive Analyse || ~ **aperture** (Optics) / Objektivöffnung f, freie Öffnung f || ~ **cap** (Photog) / Objektivdeckel m || ~ **function** (Comp) / Zielfunktion f || ~ **glass**\* (Optics) / Objektiv n (DIN 19 060) || ~ **mount** (Optics) / Objektivfassung f || ~ **noise meter**\* (Acous) / objektiver Geräuschmesser (Lautstärkemessgerät mit gehörrichtiger Anzeige spitzenhaltiger Geräusche) || ~ **prism**\* (Astron) / Objektivprisma n (vor das Objektiv des Teleskops gesetztes Glasprisma, das punktförmige fokale Bild der Sterne zu Spektren auszieht) || ~ **reference system test station** (Telecomm) / objektiver Bezugsdämpfungsmessplatz, OBDM
**objectivization** n (Phys) / Objektivierung f (eines Vorgangs oder eines Zustands)
**object language** / Objektsprache f (als Gegenstand der Metasprache) || ~ **language** (Comp) / Zielsprache f (DIN 44300) || ~ **lens** (Optics) / Gegenstandslinse f (Objektiv bei dioptrischen Fernrohren) || ~ **lens** (Photog) / Aufnahmeobjektiv n (der zweiäugigen Spiegelreflexkamera) || ~ **library** (Comp) / Objektbibliothek f || ~ **linking & embedding**\* (a set of techniques for transferring an object from one application to another) (Comp) / Object Linking & Embedding n, OLE (Object Linking & Embedding) || ~ **machine** (Comp) / Programmablaufanlage f, Programmablaufrechner m, Objektrechner m || ≙ **Management Group** (Comp) / Object Management Group f (internationale, herstellerübergreifende Organisation, die sich um Standardisierung der objektorientierten Verarbeitung in Netzwerken kümmert), OMG (Object Management Group) || ~ **module** (a program unit that is the output of an assembler or a compiler and that is suitable for input to a linkage editor) (Comp) / Bindemodul n || ~ **of measurement** / Messobjekt n (physisches System oder Teil eines solchen /Maschine, Apparat, Bauteil etc./, von welchem bestimmte Eigenschaften durch Messung ermittelt werden sollen - DIN 1319, T 1), Messling m || ~ **of the invention** (Patent) / Gegenstand m der Erfindung
**object-oriented** adj (Comp) / objektorientiert adj || ~ **analysis** (Comp) / objektorientierte (System)Analyse, OOA (objektorientierte Analyse) || ~ **language** (Comp) / objektorientierte Sprache || ~ **programming**\* (Comp) / objektorientierte Programmierung, OOP (objektorientierte Programmierung)
**object plane** (Optics) / Dingebene f, Objektebene f, Objektfläche f, Gegenstandsebene f (eine Kardinalfläche) || ~ **point** (Optics) / Dingpunkt m, Objektpunkt m, Gegenstandspunkt m || ~ **point at infinity** (Optics) / Dingpunkt m im Unendlichen || ~ **printing** (Textiles) / Figurendruck m || ~ **program** (Comp) / Objektprogramm n || ~ **program** (Comp) / Maschinenprogramm n (ein Programm in einer Maschinensprache nach DIN 44300, T 1), Objektprogramm n (das vom Compiler übersetzte Quellenprogramm), Zielprogramm n (wenn die entsprechende Zielsprache die Maschinensprache ist) || ~ **ray** (Optics) / Dingstrahl m, Objektstrahl m || ~ **recognition** (AI, Comp) / Objekterkennung f || ≙ **Request Broker** (Comp) / Object

**object**

Request Broker *m* (Kommunikationsmodell im OMG-Interaktionsmodell, das transparenten Zugriff im Netz auf Objektmethoden bietet), ORB (Object Request Broker) ‖ ~ **to be) seen** (Light, Optics) / Sehobjekt *n* ‖ ~ **side** (Optics) / Dingseite *f*, Objektseite *f*
**object-side** *attr* (Optics) / gegenstandsseitig *adj*, dingseitig *adj* ‖ ~ **principal focal plane** (Optics) / vordere Brennebene, dingseitige Brennebene ‖ ~ **principal focus** (Optics) / gegenstandsseitiger Brennpunkt, dingseitiger Brennpunkt
**object sluice** (Micros) / Objektschleuse *f* (im Elektronenmikroskop) ‖ ~ **space** (Optics) / Dingraum *m*, Objektraum *m*
**objects to be handled** / Handhabegut *n*
**object to be handled** / Handhabeobjekt *n* (das dem Handhaben unterliegt), HHO (Handhabeobjekt) ‖ ~ **variable** (AI, Comp, Maths) / Gegenstandsvariable *f* (in der Prädikatenlogik), Objektvariable *f*, Individuenvariable *f*, Dingvariable *f* ‖ ~ **wave** / Objektwelle *f* (in der Holografie), Gegenstandswelle *f* (die von einem Objekt reflektiert oder durchgelassen wurde)
**oblate*** *adj* (Geophys, Maths) / abgeplattet *adj*, abgeflacht *adj* (an den Polen) ‖ ~ **ellipsoid*** (Geophys, Maths) / abgeplattetes Ellipsoid
**oblateness** *n* (Surv) / Erdabplattung *f*, Abplattung *f* der Erde
**oblate spheroid** (like the shape of the Earth) (Geophys, Maths) / abgeplattetes Ellipsoid
**obligation to carry** (to accept and convey passengers and goods) / Beförderungspflicht *f* ‖ ~ **to wear seat belts** (Autos) / Gurtanlegepflicht *f*
**obligatory copy** (Print) / Pflichtexemplar *n* (für die Bibliotheken) ‖ ~ **drilling** (Oils) / obligatorische Bohrung, Pflichtbohrung *f*
**oblique** *v* (Comp) / elektronisch schrägstellen ‖ ~ *n* (Typog) / Schrägstrich *m*, Slash *m* (pl. -s) ‖ ~ *adj* / schräg *adj* ‖ ~ / schief *adj* ‖ ~ (Maths) / schiefwinklig *adj* (nicht rechtwinklig) ‖ ~ **aerial photograph*** (Surv) / Schrägluftbild *n*, Schrägbild *n* (ein Luftbild) ‖ ~ **angle** (Maths) / Winkel *m* (mit einem Maß zwischen 0 und 89,99 bzw. 90,1 und 179,99°) ‖ ~ **arch*** (Arch) / schiefes Gewölbe ‖ ~ **arch*** (Arch) / geneigter Bogen ‖ ~ **arch brick** (Ceramics, Met) / Schrägwölber *m* ‖ ~ **circular cone** (Maths) / schiefer Kreiskegel, Schrägkegel *m* ‖ ~ **circular cylinder*** (Maths) / schiefer Kreiszylinder ‖ ~ **cutter feed** (Eng) / Fräservorschub *m* in Zahnrichtung des Werkzeuges (beim Schrägfräsen) ‖ ~ **electrode system** / schräge Elektrodenanordnung ‖ ~ **evaporation** (Micros) / Schrägbedampfungsverfahren *n* (in der elektronenmikroskopischen Präparationstechnik) ‖ ~ **fault** (Geol) / Diagonalverwerfung *f* spießeckige Verwerfung) ‖ ~ **grain** (For) / diagonal verlaufende Holzfaser, Schrägfaser *f* (ein Holzfehler) ‖ ~ **head** (of an extruder) (Plastics) / Schrägspritzkopf *m* ‖ ~ **illumination** (Light) / Schrägbeleuchtung *f*, schräge Beleuchtung, schiefe Beleuchtung ‖ ~ **impact** (Phys) / schiefer Stoß ‖ ~ **incidence** (Optics) / schräger Einfall (z.B. von Wellen) ‖ ~ **intromission** (Acous, Eng) / Schrägeinschallung *f* (des Prüfstücks unter einem Winkel > 0° und < 90° zur Prüfflächennormalen) ‖ ~ **joint** (Geol) / Q-Kluft *f*, Querkluft *f*
**obliquely truncated cone** (Maths) / schräg abgeschnittener Kegel ‖ ~ **truncated right circular cylinder** (Maths) / schräg abgeschnittener Zylinder (senkrechter Kreiszylinder)
**obliqueness** *n* / Schiefe *f* ‖ ~ / Schrägheit *f*, Obliquität *f*
**oblique pattern valve** (Eng) / Schrägsitzventil *n* (Armatur) ‖ ~ **planing** (Eng) / Schräghobeln *n* ‖ ~ **plating barrel** (Surf) / Galvanisierglocke *f* (zum elektrochemischen Abscheiden von Metallen auf Klein- bzw. Massenteile) ‖ ~ **prism** (Maths) / schiefes Prisma ‖ ~ **projection** (Cartography, Surv) / schiefachsige Abbildung, schiefachsige Projektion, schiefe Projektion ‖ ~ **projection** (Maths) / Schrägbild *n*, Schrägriss *m* (spezielle dimetrische Axonometrie, z.B. ein Kavalierriss) ‖ ~ **projection** (Maths) / schiefe Parallelprojektion, Schrägprojektion *f*, schräge Parallelprojektion ‖ ~ **pyramid** (Maths) / schiefe Pyramide ‖ ~ **section** (Eng) / Schrägschnitt *m* ‖ ~ **shadowing** (Micros, Powder Met) / Schrägbedampfung *f*, Bedampfung *f* (zur Steigerung des Bildkontrastes) ‖ ~ **shearing** (Eng) / ziehender Schnitt (ein Scherschnitt - DIN 8588) ‖ ~ **shock** (Phys) / schiefer Verdichtungsstoß ‖ ~ **shock wave** (Phys) / schiefer Verdichtungsstoß
**oblique-slip fault** (Geol) / Verwerfung *f* mit diagonaler Verschiebung
**oblique stroke** (Typog) / Schrägstrich *m*, Slash *m* (pl. -s) ‖ ~ **system*** (Crystal) / monoklines System ‖ ~ **tenon joint** (Join) / Stirnversatz *m* ‖ ~ **throw** (Phys) / schräger Wurf ‖ ~ **transmission** (Acous, Eng) / Schrägdurchschallung *f* (des Prüfstücks unter einem Winkel > 0° und < 90° zur Prüfflächennormalen) ‖ ~ **triangle** (Maths) / schiefwinkliges Dreieck (entweder stumpf- oder spitzwinklig)
**oblique-type barrel plating machine** (Surf) / Glockenapparat *m* (zum Galvanisieren von schüttfähigen Massenartikeln)
**oblique visibility** (Aero) / Schrägsicht *f*
**oblique-visibility range** (Aero) / Schrägsichtweite *f*
**oblique visual range** (Aero) / Schrägsichtweite *f*
**obliquing** *n* (Comp) / elektronische Schrägstellung (der Schrift)

**obliquity** *n* / Schiefe *f* ‖ ~ / Schrägheit *f*, Obliquität *f* ‖ ~ **of the ecliptic*** (Astron) / Schiefe *f* der Ekliptik (variabler Winkel, den die Erde mit dem Äquator bildet), Ekliptikschiefe *f*
**obliterating power*** (Paint) / Deckvermögen *n* (DIN 55 987), Deckfähigkeit *f* (eines pigmentierten Stoffes)
**obliteration** *n* (For) / Verborkung *f*
**oblong** *adj* / länglich *adj*, oblong *adj* ‖ ~ **folding** (Bind) / Querformatfalz *m*, Albumfalz *m* ‖ ~ **piston** (I C Engs) / ovaler Kolben, Ovalkolben *m*, Langlochkolben *m* ‖ ~ **size** (Photog) / Promenadenformat *n*, Oblongformat *n* (ein altes Fotoformat) ‖ ~ **tablet** (Pharm) / Oblongtablette *f*
**OBO carrier** (Ships) / OBO-Schiff *n* (ein Massengutschiff), Ore-Bulk-Oil-Schiff *n*, Erz-Schüttgut-Öl-Frachtschiff *n*
**obovate** *adj* (Maths) / oboval *adj*
**OB report** (outside broadcast) (Radio) / Außenübertragung *f*, Außenreportage *f*, AÜ (Außenübertragung)
**obs** (Aero) / Hindernisfeuer *n pl*, Hindernisbefeuerung *f*
**obscuration*** *n* (Phys) / Verdunkelung *f*, Abdunkelung *f*
**obscured glass*** (Glass) / durchscheinendes Glas, Glas *n* mit diffuser Reflexion (sandgestrahlt, eisblumiert oder einseitig mattiert)
**obsequent river*** (Geol) / obsequenter Fluss (der in einer Schichtstufenlandschaft entgegen der Schichtneigung fließt) ‖ ~ **stream** (Geol) / obsequenter Fluss (der in einer Schichtstufenlandschaft entgegen der Schichtneigung fließt)
**observability** *n* (Phys) / Beobachtbarkeit *f* (dualer Begriff zur Steuerbarkeit nach DIN 19 226)
**observable** *n* (Phys) / Observable *f* (beobachtbare physikalische Größe, wie Energie, Impuls, Parität usw.) ‖ ~ *adj* / wahrnehmbar *adj* (beobachtbar)
**observance** *n* / Einhaltung *f* (von Fristen)
**observation** *n* / Beobachtungswert *m* (DIN 55350, T 12) ‖ ~ (Psychol) / Wahrnehmung *f* (Beobachtung), Beobachtung *f*, Observation *f* ‖ ~ (Stats) / Beobachtungsprozess *m*
**observational error** (Stats) / Beobachtungsfehler *m*
**observation frequency** / Beobachtungsfrequenz *f* ‖ ~ **point** (Optics) / Beobachtungspunkt *m* ‖ ~ **probability** (Radar) / Beobachtungswahrscheinlichkeit *f* ‖ ~ **time** (time interval during which the antenna of the radar system is directed towards the target) (Radar) / Zielbeobachtungszeit *f* ‖ ~ **well** (Hyd Eng) / Beobachtungsbrunnen *m* (zur Beobachtung des Grundwassers)
**observatory** *n* / Observatorium *n* (pl. -rien) (z.B. Stern- oder Wetterwarte)
**observe** *v* / einhalten *v* (z.B. bestimmte Grenzwerte bzw. Fristen) ‖ ~ (Psychol) / beobachten *v*, observieren *v*
**observed fuel economy** (Autos) / Testverbrauch *m* ‖ ~ **time** (Work Study) / beobachtete Zeit ‖ ~ **value** / Beobachtungswert *m* (DIN 55350, T 12)
**obsidian*** *n* (volcanic glass) (Geol) / Obsidian *m* (junges Glas)
**obsolescence** *n* / psychischer Verschleiß, "moralischer" Verschleiß (durch technische oder wirtschaftliche Überholung), psychologische Obsoleszenz, Obsoleszenz *f* (der Produkte in der Absatzwirtschaft)
**obsolescent** *adj* / veraltend *adj*
**obsolete** *adj* / veraltet *adj* ‖ ~ **information** (Comp) / veraltete Information, überholte Information
**obsoleting indication** (Telecomm) / Anzeige *f* des Ungültigwerdens
**obstacle** *n* (Aero) / Hindernis *n* (in Bezug auf Flugmanöver bei Instrumentenbedingungen) ‖ ~ **clearance area** (Aero) / Sicherheitszone *f*
**obstn** (Aero) / Hindernis *n* (auf dem Flugplatz)
**obstruct** *v* / behindern *v*, hindern *v*
**obstruction** *n* (Aero) / Hindernis *n* (auf dem Flugplatz) ‖ ~ **beacon** (Aero) / Gefahrenfeuer *n* ‖ ~ **glow discharge** (Electronics) / behinderte Glimmladung, unvollständige Glimmentladung ‖ ~ **lighting** (Aero) / Hindernisfeuer *n pl*, Hindernisbefeuerung *f* ‖ ~ **lights*** (Aero) / Hindernisfeuer *n pl*, Hindernisbefeuerung *f* ‖ ~ **terrain** (Aero) / hindernisträchtiges Gelände ‖ ~ **to traffic** (Autos) / Verkehrsbehinderung *f*
**obtain** *v* / gewinnen *v* (bei einer Reaktion) ‖ ~ / beschaffen *v*
**obtainable** *adj* / erhältlich *adj* ‖ ~ **not** ~ (Teleph) / nicht erreichbar ‖ ~ **accuracy** / erreichbare Genauigkeit
**obtrusive** *adj* / aufdringlich *adj* (Geräusch)
**obturator** *n* (Eng) / Absperrkörper *m* (im Allgemeinen)
**obtuse** *adj* (Tools) / stumpf *adj* (Messer, Schneidwerkzeug), unscharf *adj* ‖ ~ **angle*** (Maths) / stumpfer Winkel
**obtuse-angled triangle** (Maths) / stumpfwinkliges Dreieck
**obtuse bisectrix** (Crystal, Maths, Optics) / stumpfe Bisektrix, zweite Bisektrix *f* ‖ ~ **crossing** (Rail) / Doppelherzstück, Doppelherzstück *n* ‖ ~ **triangle** (Maths) / stumpfwinkliges Dreieck
**OB van** (Radio, Telecomm, TV) / Übertragungswagen *m*, Ü-Wagen *m*
**obviate** *v* / begegnen *v* (Risiko, Gefahr)
**obvious** *adj* / offensichtlich *adj*, offenbar *adj* (Mangel), offen *adj* ‖ ~ **traces** / sichtbare Spuren

**OC** (operational control) (Aero) / Flugbetriebsleitung f ‖ ≙ (oxygenation capacity) (Ecol) / Sauerstoffeintragsvermögen n (Sauerstoffmasse, die pro Stunde von 1 m³ sauerstofffreiem Abwasser bei 10 °C und 1,013 bar aufgenommen wird) ‖ ≙ (open circuit) (Elec Eng) / offener Stromkreis ‖ ≙ (optical communications) (Telecomm) / optische Nachrichtentechnik (als Anlage)
**OCB** (outgoing call barring) (Teleph) / Sperren n von abgehenden Verbindungen ‖ ≙ (outgoing calls barred) (Teleph) / abgehender Zugang verhindert (ein Leistungsmerkmal)
**Occam's razor** / Ockham'sches Rasiermesser (philosophisches Prinzip: Wesenheiten soll man nicht über Gebühr vermehren - entia non sunt multiplicanda praeter necessitatem - nach W. von Ockham, 1285 - 1349)
**occasional traffic** (Autos) / Gelegenheitsverkehr m
**occidental topaz** (Min) / Madeira-Topas m, Gebrannter Kristall, Spanischer Topas (ein durch Erhitzen gelbbraun bis braunrot gewordener Amethyst)
**occlude** v (Optics) / abdecken v, abschatten v (abdecken)
**occluded front** (Meteor) / Okklusion f (die Vereinigung einer Kaltfront mit einer Warmfront), okkludierte Front (im Reifestadium eines Tiefdruckgebietes)
**occluder** n (Optics) / Abdeckplatte f
**occlusion*** n (Chem, Phys) / Einschluss m (durch völlige Umschließung), Okklusion f (Absorption bzw. Lösung von Gasen durch feste Körper) ‖ ~ (For) / Überwallung f (Wundverschluss bei Holzgewächsen durch Gewebewucherung aus dem Wundrand), Überwallungswulst m (z.B. nach tierischen Beschädigungen) ‖ ~* (Meteor) / Okklusion f (die Vereinigung einer Kaltfront mit einer Warmfront), okkludierte Front (im Reifestadium eines Tiefdruckgebietes)
**occultation** n (the temporary blocking of light /or other radiation/ from one astronomical body by another) (Astron) / Bedeckung f (z.B. bei der Sonnenfinsternis) ‖ ~* (Astron) / Okkultation f (bei Bedeckungsveränderlichen - wenn der größere Stern vor dem kleineren steht)
**occulting light** (Aero) / unterbrochenes Feuer ‖ ~ **light*** (the period of light is longer than the period of darkness) (Ships) / unterbrochenes Feuer
**occupancy** n (Build) / Nutzung f (Nutzungsart) ‖ ~ (Build) / Bewohnung f ‖ ~ (Comp) / Füllstand m (einer Datei, eines Kellerspeichers) ‖ ~ (Elec Eng) / Belegung f (von Leitungen), Belegungszustand m ‖ ~ (Phys) / Besetzungsgrad m ‖ ~ **level** (Comp) / Füllgrad m ‖ ~ **probability** (Phys) / Besetzungswahrscheinlichkeit f ‖ ~ **problem** (Stats) / Belegungsproblem n
**occupant** n (male) (Autos) / Insasse m, Fahrzeuginsasse m ‖ ~ **cell** (Autos) / Fahrgastzelle f (als sicherheitstechnische Einheit) ‖ ~ **sensing** (Autos) / Belegungserkennung f (von Fahrzeugsitzen)
**occupation** n (Phys) / Besetzung f ‖ ~ (Telecomm, Teleph) / Belegung f, Besetzung f
**occupational accident** (Med) / Arbeitsunfall m, Betriebsunfall m ‖ ~ **asthma** (Med) / Berufsasthma n (durch berufsbedingten Kontakt mit Allergenen in Dampf- und/oder Staubform), berufsbedingtes Asthma ‖ ~ **choice** / Berufswahl f ‖ ~ **disease** (Med) / Berufskrankheit f (z.B. Lärmschwerhörigkeit, Staublunge, Farmerlunge u.a. - Entschädigung durch die gesetzliche Unfallversicherung) ‖ ~ (**radiation**) **dose** (Radiol) / berufsbedingte Strahlendosis ‖ ~ **exposure** (Radiol) / berufliche Exposition ‖ ~ **hazard** / Berufsrisiko n ‖ ~ (noise-induced) **hearing loss** (damage) (Med) / Lärmschwerhörigkeit f (eine entschädigungspflichtige Berufskrankheit), Lärmtraumataubheit f (berufsbedingte) ‖ ~ **hygiene** (Med) / Arbeitshygiene f (ein Teilgebiet der Arbeitsmedizin), Gewerbehygiene f
**occupationally radiation-exposed person** (Radiol) / beruflich strahlenexponierte Person, Person f der Kategorie A
**occupational medicine** (Med) / Arbeitsmedizin f ‖ ~ **neurosis** (Med) / Berufsneurose f ‖ ~ **psychology** (Psychol) / Arbeitspsychologie f (Zweig der angewandten Psychologie) ‖ ~ **psychology** / Berufspsychologie f ‖ ~ **resettlement** / berufliche Wiedereingliederung f ‖ ~ **risk** / Berufsrisiko n ‖ ~ **safety** (Work Study) / Arbeitssicherheit f ‖ ~ **safety inspectorate** / Gewerbeaufsicht f (Behörde) ‖ ~ **therapeutist** (Med) / Beschäftigungs- und Arbeitstherapeut m, Ergotherapeut m ‖ ~ **therapist** (Med) / Beschäftigungs- und Arbeitstherapeut m, Ergotherapeut m ‖ ~ **therapy** (Med) / Beschäftigungstherapie f, Arbeitstherapie f ‖ ~ **therapy** (Med) / Beschäftigungstherapie f (z.B. als Vorstufe der Arbeitstherapie) ‖ ~ **toxicant** (Chem, Med) / gesundheitsschädlicher Arbeitsstoff, Berufskrankheiten hervorrufendes Gift, Betriebsgift n
**occupation number** (the number of particles that occupy a particular quantum state) (Phys) / Besetzungszahl f (die Zahl der Mikroteilchen, die sich in einem Quantenzustand befinden) ‖ ~ **of a niche** (Ecol) / Einnischung f, Annidation f ‖ ~ **probability** (Phys) / Besetzungswahrscheinlichkeit f

**occupied band** (Nuc) / besetztes Band
**occupy** v (Comp) / belegen v (Speicherbereich) ‖ ~ (Phys) / besetzen v ‖ ~ (Telecomm, Teleph) / belegen v, besetzen v
**occur** v / vorkommen v, auftreten v, sich ereignen v, vorfallen v ‖ ~ **check** (AI, Comp) / Occur-Check m (Überprüfung, ob nicht ein Teil einer Datenstruktur auf die gesamte Datenstruktur verweist)
**occurrence** n / Vorkommen n, Auftreten n, Erscheinung f (Vorkommen) ‖ ~ **net** (Comp) / Kausalnetz n (in der Theorie der nebenläufigen Prozesse) ‖ ~ **of dust** / Staubanfall m
**OC curve** (Stats) / OC-Kurve f (die über die Eignung des dem Stichprobenplan zugrunde gelegten Testes und die Prüfschärfe des Stichprobenplanes entscheidet), Annahmekennlinie f (in der Testtheorie), Operationscharakteristik f, OC (Operationscharakteristik)
**ocean** n (Geog) / Ozean m, Weltmeer n
**oceanarium** n (pl. -ums or -naria) (a large seawater aquarium in which marine animals are kept for study and public entertainment) / Ozeanarium n (pl. -rien) (Anlage mit großen Meerwasseraquarien)
**ocean climate** (Meteor) / Seeklima n, maritimes Klima, ozeanisches Klima, marines Klima ‖ ~ **current** (Ocean) / Meeresströmung f (Oberflächen- und Tiefwasser-)
**ocean-current energy** (Ocean) / Meeresströmungsenergie f
**ocean deep** (Geol, Ocean) / Ozeantief n, Tiefseegraben m (z.B. Marianengraben) ‖ ~ **disposal** (Ecol) / Hohe-See-Einbringung f, Ocean-Dumping n, Verklappung f (Ausbringung von Abfallstoffen mit Spezialschiffen auf dem Meer), Meeresversenkung f, Meereseinleitung f ‖ ~ **dumping** (Ecol) / Hohe-See-Einbringung f, Ocean-Dumping n, Verklappung f (Ausbringung von Abfallstoffen mit Spezialschiffen auf dem Meer), Meeresversenkung f, Meereseinleitung f ‖ ~ **energy** (Ocean) / Meeresenergie f (der im Meer vorhandene Energieinhalt - Wärme, Wellen, Strömungen) ‖ ~ **engineering** / Meerestechnik f ‖ ~ **floor** (Geol) / Meeresboden m, Meeresgrund m
**ocean-floor spreading** (Geol, Ocean) / Sea-Floor-Spreading n, Meeresbodenausbreitung f (am Mittelatlantischen Rücken), Spreizbewegung f des Meeresbodens, Meeresbodenspreizung f, Ocean-Floor-Spreading n
**ocean-going** adj (designed to cross oceans) (Ships) / hochseegehend adj, seegängig adj (als Klassifikationsmerkmal), seetüchtig adj, seefähig adj, seegehend adj
**ocean-going ship** (Ships) / Schiff n für den Überseeverkehr, Seeschiff n, Hochseeschiff n
**ocean-going tug** (Ships) / Hochseeschlepper m
**oceanic** adj (Ocean) / ozeanisch adj ‖ ~ **climate** (Meteor) / Seeklima n, maritimes Klima, ozeanisches Klima, marines Klima ‖ ~ **crust*** (Geol, Ocean) / ozeanische Kruste ‖ ~ **farm** / Salzwasserfarm f, Seefarm f, Marikulturanlage f ‖ ~ **island** (Geog, Geol) / ozeanische Insel, Tiefseeinsel f (ozeanische Insel)
**oceanicity** n (Ecol, Meteor) / Ozeanität f, Maritimität f
**oceanic plate*** (Geol, Ocean) / ozeanische Platte ‖ ~ **ridge** (Geol, Ocean) / mittelozeanische Schwelle, Ozeanrücken m, Rücken m, Tiefseerücken m, mittelozeanischer Rücken, Schwelle f (submarine, mittelozeanische) ‖ ~ **trench** (Geol, Ocean) / Tiefseegraben m (rinnenförmige Einsenkung des Meeresbodens), Tiefseebecken n, Tiefseerinne f
**oceanite** n (Geol) / Ozeanit m (ein basisches Ergussstein mit hohem Olivingehalt)
**oceanity** n (Ecol, Meteor) / Ozeanität f, Maritimität f
**ocean liner** (Ships) / Liner m (Überseedampfer) ‖ ~ **mining** (Mining) / Meeresbergbau m, mariner Bergbau, Tiefseebergbau m
**oceanographic** adj (Geol, Ocean) / ozeanografisch adj, meereskundlich adj ‖ ~ **platform** (Ocean) / Messplattform f ‖ ~ **ship** (Ocean, Ships) / Forschungsschiff n (z.B. "Polarstern" oder "Gauß" in der BRD)
**oceanography** n (Geol, Ocean) / Ozeanologie f, Ozeanografie f, Meereskunde f, Meeresforschung f
**oceanology** n (Geol, Ocean) / Ozeanologie f, Ozeanografie f, Meereskunde f, Meeresforschung f
**ocean station** (Ocean) / Ozeanstation f (quadratisches Seegebiet mit einer Seitenlänge von 210 sm, dessen Mitte der festgelegte Mittelpunkt ist und dessen Achsen nach rechtweisend Nord/Süd und Ost/West zeigen) ‖ ~ **station vessel** (Ships) / Ozeanstationsschiff n ‖ ~ **thermal energy** (Ocean) / Meereswärmeenergie f ‖ ~ **thermal energy conversion** (Ocean) / Umwandlung f von Meereswärmeenergie (bei der der Wassertemperaturunterschied ausgenutzt wird) ‖ ~ **thermal energy conversion station** / OTEC-Kraftwerk n (welches die Tatsache nutzt, dass die Sonne die Oberfläche des Meeres z.T. bis auf 30 °C aufheizt, während in tieferen Schichten die Temperatur des Wassers nur wenige Grad oberhalb des Nullpunktes liegt) ‖ ~ **tramp** (Ships) / Trampschiff n, Trampdampfer m, Tramp m (pl. -s) ‖ ~ **trench** (Geol, Ocean) / Tiefseegraben m (rinnenförmige Einsenkung des Meeresbodens),

**ocean**

Tiefseebecken *n*, Tiefseerinne *f* || ~ **water** (Ocean) / Seewasser *n*, Meerwasser *n*
**ocellar texture** (Geol) / kelyphitische Textur, Ozellartextur *f*
**ocher** *n* (US) (Min) / Ocker *m* (ein Verwitterungsprodukt von Eisenerzen, auch natürliches Eisenoxidpigment)
**ochratoxin** *n* (Chem) / Ochratoxin *n* (Mycotoxin von Schimmelpilzen)
**ochre** *n* (Min) / Ocker *m* (ein Verwitterungsprodukt von Eisenerzen, auch natürliches Eisenoxidpigment) || ~ **codon** (the triplet UAA of messenger RNA) (Gen) / Ochrecodon *n*
**ochreous** *adj* / ockerhaltig *adj*
**ocimene** *n* (Chem) / Ocimen *n* (ungesättigtes acyclisches Monoterpen)
**Ockham's razor** / Ockham'sches Rasiermesser (philosophisches Prinzip: Wesenheiten soll man nicht über Gebühr vermehren - entia non sunt multiplicanda praeter necessitatem - nach W. von Ockham, 1285 - 1349)
**OCL** (oxygen core lance) (Eng) / Sauerstoffkernlanze *f* (zum Brennbohren), SKL (Sauerstoffkernlanze)
**OC load** (Ecol) / OC/load *n* (auf die $BSB_5$-Belastung des Abwassers bezogenes Sauerstoffeintragsvermögen - DIN 4045), Sauerstofflast *f* || ≙ **maintenance** (that is based on the functional, structural, or other condition of the unit or part, as differentiated from time-schedule maintenance) (Eng, Work Study) / zustandsabhängige Wartung || ≙ **maintenance** (Eng, Work Study) s. also time-schedule maintenance
**ocotea cymbarum oil** / Brasilianisches Sassafrasöl (aus Ocotea cymbarum), Ocotea-Öl *n* || ~ **oil** / Brasilianisches Sassafrasöl (aus Ocotea cymbarum), Ocotea-Öl *n*
**OCP** (octacalcium phosphate) (Chem, Med) / Octacalciumphosphat *n*, Oktakalziumphosphat *n*
**O.C.R.** (optical characterrecognition) (Comp) / optische Zeichenerkennung
**OCR*** (Comp) / optische Zeichenerkennung
**ocratation** *n* (Build, Civ Eng) / Ocrat-Verfahren *n* (bei dem Betonfertigteile im Vakuum oder unter Druck mit gasförmigem $SiF_4$ behandelt werden), Okrat-Verfahren *n*
**OCR carbon ribbon** (Comp) / OCR-Karbonfarbband *n* || ≙ **document** (Comp) / OCR-Beleg *m* || ≙ **font** (Comp) / OCR-Schrift *f* || ≙ **postcoder** (Comp) / OCR-Nachkodierer *m* || ≙ **precoder** (Comp) / OCR-Vorkodierer *m*
**OCS** (outer continental shelf) (Geol, Oils) / perikontinentaler Schelf
**octa-** / Okta-, okta- (Bestimmungswort von Zusammensetzungen mit der Bedeutung "acht")
**octacalcium phosphate** (a crystalline substance of importance in the chemistry of bones, teeth, and precipitated calcium phosphates) (Chem, Med) / Octacalciumphosphat *n*, Oktakalziumphosphat *n*
**octacosanoic acid** (Chem) / Montansäure *f* (als Schmiermittel), Oktakosansäure *f*, Octacosansäure *f*
**octad** *n* / Oktade *f* (Zeitabschnitt von 8 Tagen, Folge von acht Binärziffern)
**octadecagon** *n* (Maths) / Achtzehneck *f*
**octadecagonal** *adj* (Maths) / achtzehneckig *adj*, oktadekagonal *adj*
**octadecane** *n* (Chem) / Octadecan *n* ($C_{18}H_{38}$), Oktadekan *n*
**octadecanoate** *n* (Chem, Nut) / Stearat *n* (Salz oder Ester der Stearinsäure)
**octadecanoic acid** (Chem) / Stearinsäure *f*, Octadecansäure *f*, Oktadekansäure *f*
**octadecanol, 1-~** (Chem) / Stearylalkohol *m*, Octadecylalkohol *m*, Oktadezylalkohol *m*, Octadecanol *n*, Oktadekanol *n*
**octadec-9-enoic acid** (Chem) / Ölsäure *f* (einfach ungesättigte, unverzweigte Fettsäure), Oleinsäure *f*
**octadecyl alcohol** (Chem) / Stearylalkohol *m*, Octadecylalkohol *m*, Oktadezylalkohol *m*, Octadecanol *n*, Oktadekanol *n* || ~ **isocyanate** (Chem) / Octadecylisocyanat *n*, Oktadezylisozyanat *n*
**octadecylsilane** *n* (Chem) / Octadecylsilan *n*, Oktadezylsilan *n*
**octadecynoic, 9-~ acid** (Chem) / Stearolsäure *f*
**octaedrite** *n* (Meteor, Min) / Oktaedrit *m*
**Octafining process** (Oils) / Octafining-Verfahren *n*
**octafluorocyclobutane** *n* (Chem) / Octafluorcyclobutan *n* (ein Fluorkohlenwasserstoff), Oktafluorozyklobutan *n*
**octagon** *n* (Eng) / Achtkant *n m* || ~* (Maths) / Oktagon *n*, Achteck *n*, Oktogon *n*
**octagonal** *adj* (Maths) / oktogonal *adj*, achteckig *adj*, oktagonal *adj* || ~ **head** (Eng) / Achtkantkopf *m* (einer Schraube)
**octahedral** *adj* (Crystal, Maths, Min) / oktaedrisch *adj* || ~ **borax** (Chem) / Juwelierborax *m* (Pentahydrat) || ~ **column** (Arch) / achteckige Säule || ~ **copper ore** (Min) / Cuprit *m*, Rotkupfererz *n*, Kuprit *m* || ~ **site** (Crystal) / Oktaederlücke *f* (in kubischen Gittern)
**octahedrite*** *n* (Meteor, Min) / Oktaedrit *m* || ~* (Min) s. also anatase and aerosiderite
**octahedron*** *n* (pl. -s or -hedra) (Crystal, Maths, Min) / Oktaeder *n* (acht gleichseitige Dreiecke), [regulärer] Achtflächner *m*, Achtflach *n*
**octahydrate** *n* (Chem) / Oktahydrat *n*, 8-Hydrat *n*

**octal** *adj* (Comp, Maths) / oktal *adj*, OCT (oktal) || ~ **base** (Electronics) / Loktalsockel *m*, Oktalsockel *m* (ein 5- bis 8poliger Röhrensockel) || ~ **decoder** (Comp) / Oktaldekodierer *m*, Octaldecodierer *m* || ~ **digit** (Comp, Maths) / Oktalziffer *f* (mit der Basis 8) || ~ **encoder** (Comp) / Oktalkodierer *m*, Octalcodierer *m* || ~ **notation*** (Comp, Maths) / Oktalschreibweise *f* || ~ **number** (Comp, Maths) / Oktalzahl *f* || ~ **number system** (Comp, Maths) / Oktalsystem *n* (ein Zahlensystem), oktales Zahlensystem, Achtersystem *n* || ~ **numeration system** (Comp, Maths) / Oktalsystem *n* (ein Zahlensystem), oktales Zahlensystem, Achtersystem *n*
**octalobal** *adj* (Textiles) / oktolobal *adj* (Querschnitt bei Profilfasern)
**octal system** (Comp, Maths) / Oktalsystem *n* (ein Zahlensystem), oktales Zahlensystem, Achtersystem *n*
**octanal** *n* (Chem) / Oktanal *n*, Octanal *n*
**octane*** (**oct**) *n* (Chem) / Oktan *n*, [meistens] n-Oktan *n*, Octan *n* (Kohlenwasserstoff der Alkanreihe)
**octane adapter** (Fuels) / Oktananpassung *f* (durch Klopfsensoren)
**octanedioic acid** (Chem) / Korksäure *f*, Suberinsäure *f*, Octandisäure *f*, Oktandisäure *f*
**octane number*** (Fuels) / Oktanzahl *f* (eine Kennzahl für die Klopffestigkeit von Ottokraftstoffen - DIN 51 600), OZ (Oktanzahl), Octanzahl *f* || ~ **number rating** (Fuels) / Zündfreudigkeit *f* von Kraftstoffen, durch einen Oktanzahlwert ausgedrückt || ~ **rating** (Fuels) / Zündfreudigkeit *f* von Kraftstoffen, durch einen Oktanzahlwert ausgedrückt || ~ **requirement** (Fuels) / Oktanzahlbedarf *m*
**octangular** *adj* (Maths) / oktogonal *adj*, achteckig *adj*, oktagonal *adj*
**octanoate** *n* (Chem) / Octanoat *n* (Ester und Salz der Octansäure), Oktanoat *n*, Octanat *n*, Oktanat *n*
**octanoic, n-~ acid*** (Chem) / Oktansäure *f*, Octansäure *f*, n-Kaprylsäure *f*, n-Caprylsäure *f*
**octant** *n* (Chem, Maths) / Oktant *m* (pl. -en) (Achtelkreis) || ~ (Ships, Surv) / Oktant *m* (pl. -en) (ein Winkelmeßgerät) || ~ **rule** (Chem) / Oktantenregel *f* (Zusammenhang zwischen der Molekülgeometrie und dem Vorzeichen des Cottoneffekts)
**octastyle*** *n* (Arch) / Oktastylos *m*
**octavalent*** *adj* (having a valency of eight) (Chem) / oktavalent *adj*, achtwertig *adj*
**octave*** *n* (Acous) / Oktave *f* || ~* (Telecomm) / Oktave *f*, oct (ein Frequenzmeßintervall, dessen Frequenzverhältnis 2 ist - DIN 13 320) || ~ **band** (Telecomm) / Oktavband *n*
**octave-band analyzer** (Acous) / Oktavbandanalysator *m* || ~ **filter** (Telecomm) / Oktavfilter *n* (Bandfilter, dessen Grenzfrequenzen im Verhältnis 1:2 stehen), Oktavbandfilter *n*
**octave filter*** (Electronics, Telecomm) / Oktavfilter *n* (Bandfilter, dessen Grenzfrequenzen im Verhältnis 1:2 stehen), Oktavbandfilter *n*
**octene** *n* (Chem) / Okten *n*, Octen *n*
**octet*** *n* (Chem, Nuc) / Oktett *n* || ~ (a group of eight adjacent digits operated upon as a unit) (Comp) / Acht-Bit-Byte *n*, 8-Bit-Byte *n* || ~ **formula** (Chem) / Oktettformel *f* (eine mesomere Grenzformel, bei der alle beteiligten Atome ein Elektronenoktett in der Valenzschale besitzen und die diesen großen Beitrag zur Beschreibung des Moleküls liefert) || ~ **model** (Nuc) / Oktettmodell *n*, Achtfachweg-Modell *n* || ~ **rule** (Chem) / Oktettregel *f* (das Bestreben, eine Edelgaskonfiguration einzunehmen) || ~ **rule** (Chem, Nuc) / Oktetttheorie *f*, Oktettprinzip *n* || ~ **shell** (Nuc) / Achterschale *f* (bei der Edelgaskonfiguration)
**octette** *n* (Chem, Nuc) / Oktett *n*
**octillion** *n* (US) / $10^{27}$ || ~ (GB) / $10^{-48}$
**octode*** *n* (Electronics) / Oktode *f*, Sechsgitterröhre *f*, Achtpolröhre *f*
**octoidal tooth profile** (Eng) / Oktoidenverzahnung *f* (DIN 3971)
**octoid bevel gear** (Eng) / Kegelrad *n* mit Oktoidenverzahnung || ~ **teeth** (Eng) / Oktoidenverzahnung *f* (DIN 3971)
**octomethylene** *n* (Chem) / Zyklooktan *n*, Cyclooctan *n*
**octonary** *adj* (Comp, Maths) / oktal *adj*, OCT (oktal) || ~ (Comp, Maths) / oktonär *adj*
**octonions** *pl* (Maths) / Cayley-Zahlen *f pl* (in der Cayley-Algebra)
**octopartite** *adj* (Arch) / achtteilig (Gewölbe), Achtfelder- (Gewölbe)
**octree** *n* (Comp) / Achterbaum *m*, Oktagonbaum *m*
**octupole** *n* (Elec, Mag, Phys) / Oktupol *n* (ein Multipol) || ~ **moment** (Phys) / Oktupolmoment *n*
**octyl alcohol*** (Chem) / Octylalkohol *m*, Oktanol *n*, Oktylalkohol *m*, Octanol *n* (aliphatischer, gesättigter, einwertiger Alkohol der Oktane mit der allgemeinen Formel $C_8H_{17}OH$) || ~ **aldehyde** (Chem) / Oktanal *n*, Octanal *n*
**octyldecyl phthalate** (Chem) / Oktyldezylphthalat *n*, Octyldecylphthalat *n*, ODP (DIN 7732)
**octyl dimethyl PABA** (Chem) / Dimethylaminobenzoesäureethylhexylester *m* (ein Lichtfilterstoff), Padimate *n* O
**octylene** *n* (Chem) / Okten *n*, Octen *n*

**octyl formate** (Chem, Nut) / Oktylformiat *n*, Octylformiat *n* (ein Aromastoff) ‖ ~ **gallate** (Chem, Nut) / Oktylgallat *n*, Octylgallat *n* (auch ein Antioxidationsmittel - E 311)
**ocular** *n* (Optics) / Okular *n* (das augenseitige Linsensystem) ‖ ~ **micrometer**\* (Micros) / Okularmessplatte *f*, Okularmikrometer *n* (zur Längenmessung mit Hilfe des Mikroskops)
**oculogyral illusion** (Space) / okulogyrale Täuschung
**oculus**\* *n* (pl. oculi) (Arch) / Rundfenster *n* (romanisch, gotisch, frühe Renaissance)
**o.d.** (outer diameter) / Außendurchmesser *m*
**OD** (outer diameter) / Außendurchmesser *m* ‖ ≐* (Ordnance datum) (Cartography) / Normalnull *n* (mittlerer Wasserstand in Newlyn, Cornwall) ‖ ≐ (optical disk) (Comp, Optics) / Videolangspielplatte *f*, VLP, VLP-Bildplatte *f* (optischer Speicher, der sich zum Lesen der Informationen eines Lasers bedient), optische Speicherplatte (z.Z. mit etwa 30 Terabits), optische Bildplatte, Laserplattenspeicher *m*, optische Platte ‖ ≐ (optical density) (Crystal, Meteor) / Extinktion *f* ≐ (outside diameter) (Eng) / Kopfkreisdurchmesser *m* ‖ ≐ (outside dimensions) (Eng) / Außenabmessungen *f pl* ‖ ≐ (osmotic dehydration) (Nut) / osmotische Trocknung *n* ‖ ≐ (optical density) (Optics, Photog) / optische Dichte (für Schwarzweißschichten), Schwärzung *f*
**ODA** (Office Document Architecture) (Comp) / Office Document Architecture *f* (erweitert die Regulierung von X.400 vor allem um Grafik und um die Steuercodes für Formatierungen), ODA (Office Document Architecture)
**ODBC** (open database connectivity) (Comp) / Open Database Connectivity *f* (standardisierte Anwendungsschnittstelle der Datenbankabfragesprache SQL), ODBC (Open Database Connectivity)
**odd** *adj* / nicht genormt (z.B. Container) ‖ ~ (Maths) / ungeradzahlig *adj*, ungerade *adj* ‖ **~-even check**\* (Comp) / Paritykontrolle *f*, Paritätsprüfung *f* (eindimensionale, zweidimensionale - nach DIN 44 302), Paritätskontrolle *f*, Prüfbitkontrolle *f* ‖ **~-even nuclei**\* (Nuc) / Ungerade-gerade-Kerne *m pl*, ug-Kerne *m pl* (Kerne mit ungerader Protonenzahl und gerader Neutronenzahl)
**odd-even staggering** (Nuc) / Feldisotopieeffekt *m* (bei dem die Verschiebung für ein Isotop nicht in der Mitte der Verschiebungen beider Nachbarisotope mit gerader Massezahl liegt, sondern näher zu der des leichteren Isotops)
**odd function**\* (Maths) / zentralsymmetrische Funktion, ungerade Funktion ‖ **~-job man** (Work Study) / Gelegenheitsarbeiter *m*
**odd-leg calliper** (having the points of its length bent in the same direction for measurements on stepped surfaces or similar surfaces) (Eng) / Tastzirkel *m* (einseitiger)
**odd legs**\* *pl* (Eng) / Tastzirkel *m* (einseitiger)
**oddments** *pl* / Reste *m pl* (einzelne Reststücke) ‖ ~ (GB) (Print, Typog) / Titelbogen *m* (mit Schmutztitel, Haupttitel, Impressum, Vorwort usw.)
**odd number** (Maths) / ungerade Zahl (eine ganze Zahl, welche nicht durch 2 teilbar ist) ‖ **~-numbered page** (Print, Typog) / rechte Buchseite (mit ungerader Seitenzahl) ‖ **~-odd nuclei**\* (Nuc) / ungerade-ungerade Kerne, uu-Kerne *m pl* (Kerne mit ungerader Protonenzahl und ungerader Neutronenzahl)
**Oddo-Harkins rule** (Geol) / Oddo-Harkins'sche Regel
**odd parity**\* (Nuc) / ungerade Parität, negative Parität
**odd-parity check** (Comp) / ungeradzahlige Paritätskontrolle, Prüfung *f* auf ungerade Parität
**odd permutation** (Maths) / ungerade Permutation (wenn die Anzahl der Inversionen einer Permutation eine ungerade Zahl ist)
**odds**\* *pl* (Stats) / Odds *pl* (in der Kontingenztabellenanalyse)
**odds-and-ends box** / Kleinteilemagazin *n*, Kleinteilekasten *m*
**odd sorts**\* (Typog) / Sonderzeichen *n pl* (Klasse grafischer Zeichen, die weder als Buchstaben, Dezimalziffern oder Blanks angesprochen werden können)
**odds ratio**\* (Stats) / Kreuzproduktverhältnis *n*
**odd term** (Spectr) / ungerader Term
**ODL** (optical data link) (Comp) / optische Datenübertragungsanlage
**ODMR spectroscopy** (Spectr) / ODMR-Spektroskopie *f* (ein spektroskopisches Verfahren, das die Wechselwirkung zwischen den ungepaarten Elektronen eines Moleküls im Triplettzustand und einem magnetischen Feld untersucht)
**odograph**\* *n* (Surv) / Pedometer *n* (uhrähnlicher Schrittzähler)
**odometer** *n* (Autos) / Wegmesser *m*, Wegstreckenzähler *m* (bei Landfahrzeugen), Tageskilometerzähler *m* ‖ ~ (Civ Eng) / Kompressionsdurchlässigkeitsgerät *n*, Kompressionsgerät *n*, Ödometer *n* ‖ ~\* (Surv) / Messrad *n*
**odontolite**\* *n* (Min) / Zahntürkis *m*, Odontolith *m* (die von Urwelttieren ausgefällten Knochen und Zähne), okzidentalischer Türkis (künstlich blau gefärbtes fossiles Elfenbein)
**odor** *n* (US) (Physiol) / Geruch *m*

**odorant** *n* (Chem) / Odorans *n* (pl. -anzien oder -antia), Odorisierungsmittel *n*, Odoriermittel *n*
**odoriferous** *adj* / duftend *adj*, wohlriechend *adj*, aromatisch *adj* (wohlriechend) ‖ ~ **principle** / Geruchsstoff *m* (Oberbegriff für Duft- und Riechstoffe) ‖ ~ **substance** / Geruchsstoff *m* (Oberbegriff für Duft- und Riechstoffe)
**odorimetry**\* *n* (Chem, Ecol, Med) / Olfaktometrie *f* (quantitative Prüfung des Geruchssinns), Odorimetrie *f*, Geruchsmessung *f*
**odoriphore substance** / Geruchsstoff *m* (Oberbegriff für Duft- und Riechstoffe)
**odorization** *n* (Chem, Chem Eng) / Odorierung *f*, Odorisierung *f*, Odorieren *n* (von giftigen Gasen)
**odorize** *v* (Chem, Chem Eng) / odorisieren *v*, odorieren *v*
**odorizer** *n* (Chem Eng) / Odorieranlage *f* (für Gase), Odorisator *m*
**odorous** *adj* / duftend *adj*, wohlriechend *adj*, aromatisch *adj* (wohlriechend) ‖ ~ **substance** / Geruchsstoff *m* (Oberbegriff für Duft- und Riechstoffe)
**odour** *n* (Physiol) / Geruch *m* ‖ **free of undesirable ~** / geruchsneutral *adj*, ohne Geruch (als positive Eigenschaft), geruchlos *adj* ‖ ~ **control** / Geruchsbekämpfung *f* ‖ ~ **emission** (Ecol) / Geruchsemission *f*
**odourless** *adj* / geruchfrei *adj*, nichtriechend *adj*, geruchlos *adj*
**odour level** / Geruchspegel *m* ‖ ~ **masking** / Geruchsmaskierung *f* ‖ ~ **material** / Geruchsstoff *m* (Oberbegriff für Duft- und Riechstoffe) ‖ ~ **nuisance** / Geruchsbelästigung *f* ‖ ~ **of gas** / Gasgeruch *m* ‖ ~ **profile** (Chem, Nut) / Geruchsprofil *n*
**odour-proof** *adj* (Nut) / geruchsdicht *adj*, aromadicht *adj*
**odour retention** / Geruchsbindung *f* ‖ ~ **threshold** (Physiol) / Geruchsschwelle *f* ‖ ~ **threshold concentration** (Chem, Physiol) / Geruchsschwellenkonzentration *f* (Konzentration mit der Verdünnungszahl 1) ‖ ~ **unit** / Geruchseinheit *f* (Geruchsstoff in einem m$^3$ Luft, die in 50% der Fälle wahrgenommen wird), GE (Geruchseinheit)
**ODP** (ozone-depletion potential) (Ecol, Geophys) / Ozon-Abbaupotential *n*, ODP (Ozon-Abbaupotential), Ozon-Schädigungszahl *f*
**ODS** (octadecylsilane) / Octadecylsilan *n*, Oktadezylsilan *n* ‖ ≐ **alloy** (Met) / oxiddispersionsverstärkte Legierung, ODS-Legierung *f*
**OE** (oxygen effect) (Biol) / Sauerstoffeffekt *m* (Zellen sind in Anwesenheit von Sauerstoff strahlenempfindlicher) ‖ ≐ (optoelectronic) (Electronics, Optics) / optoelektronisch *adj*, optronisch *adj*
**OECD** (Organization for Economic Cooperation and Development) / Organisation für wirtschaftliche Zusammenarbeit und Entwicklung (1960 als Rechtsnachfolgerin der OEEC gegründet, Sitz: Paris) ‖ ≐ **guidelines for testing chemicals** (Chem) / Richtlinien *f pl* der OECD für Chemikalienprüfung
**oedometer** *n* (Civ Eng) / Kompressionsdurchlässigkeitsgerät *n*, Kompressionsgerät *n*, Ödometer *n*
**OEIC** (optoelectronic integrated circuit) (Electronics) / optoelektronische integrierte Schaltung
**œil-de-bœuf** *n* (pl. oeils-de-bœuf) (only of elliptical form) (Arch) / Rundfenster *n* (romanisch, gotisch, frühe Renaissance) ‖ ~ (pl. oeils-de bœuf) (elliptical ox-eye window, often with four keystones among the dressings, and frequently associated with mansard roofs) (Build) / Ochsenauge *n* (kreisförmiges oder ovales Fenster), Œil-de-Bœuf *n* (rundes oder ovales Dachfenster)
**oeillet process** (Met) / Einscherverfahren *n*, Oeillet-Verfahren *n* (Tiefziehen direkt vom Band für kleine Hülsen und Näpfe)
**o-electron**\* *n* (Nuc) / o-Elektron *n*
**OEM** (original equipment manufacturer) (Comp, Eng) / Hersteller *m* einer Ware, die unter einer bestimmten Typenbezeichnung oder Marke als Einheit geliefert wird, OEM (Original Equipment Manufacturer) ‖ ≐* (original equipment manufacturer) (Comp, Eng) / OEM-Hersteller *m* (von Geräten, die in andere Systeme eingebaut werden), Erstausrüster *m*, Erstausstatter *m* ‖ ≐ **customer** (Comp, Eng) / OEM-Kunde *m*
**oenanthal** *n* (Chem) / Önanthaldehyd *m*, n-Heptanal *n*, n-Heptylaldehyd *m*
**oenanthic acid** (Chem) / Heptansäure *f*, Önanthsäure *f* ‖ ~ **ether** (Chem, Nut) / Önanthether *m*, Weinhefeöl *n* (zur Herstellung von Weinbrandessenzen und als Aromatisierungsmittel billiger Trinkbranntweine), Cognacöl *n*, Weinbeeröl *n*, Oleum *n* Vini
**oenin** *n* (Chem) / Oenin *n*, Önin *n* (das Pigment der Schale blauer Trauben und Heidelbeeren)
**oenological** *adj* (Nut) / önologisch *adj*, weinkundlich *adj*
**oenology** *n* (Nut) / Önologie *f* (Lehre vom Weinbau und der kellertechnischen Behandlung des Weines), Weinkunde *f*
**oenometer** *n* (Nut) / Önometer *n* (Messinstrument zur Bestimmung des Alkoholgehalts des Weins)
**oersted**\* *n* (Elec) / Oersted *n* (nicht mehr zugelassene Einheit der magnetischen Feldstärke nach H.Ch. Oersted, 1777-1851), Oe

## OES

**OES** (open-ended system) (Comp) / erweiterungsfähiges System, offenes (= ausbaufähiges) System
**OE spinning** (Spinning) / Openendspinnerei *f*, Openendspinnen *n*, Offenendspinnen *n*, OE-Spinnen *n*, OE-Spinnverfahren *n* (Turbinenspinnverfahren)
**oestradiol*** *n* (Physiol) / Östradiol *n* (ein Follikelhormon), Estradiol *n*
**oestriol*** *n* (Physiol) / Östriol *n* (ein Follikelhormon), Estriol *n*
**oestrogen*** *n* (Physiol) / Östrogen *n*, Estrogen *n* (weibliches Sexualhormon)
**oestrogenic** *adj* (Physiol) / östrogen *adj*
**oestrone** *n* (Physiol) / Östron *n* (ein Follikelhormon), Estron *n*
**O.E. wheel** (original-equipment wheel) (Autos) / serienmäßiges Rad, Standardrad *n*, Serienrad *n*
**OE yarn** (Spinning) / OE-Garn *n*, Offenendgarn *n*, Openendgarn *n*
**OF** (oscillator frequency) (Electronics) / Oszillatorfrequenz *f* ‖ ≃ (optical fibre) (Optics) / optische Faser
**OFA** (optical-fibre amplifier) (Telecomm) / optischer Faserverstärker (optischer Verstärker im Glasfasersystem)
**O-fading** *n* (Textiles) / Verfärbung *f* durch Ozoneinwirkung, Ausbleichen *n* durch Ozon, O-Fading *n*
**OFDM** (Orthogonal Frequency Division Multiplexing) (Comp, Telecomm) / OFDM-Technik *f* ‖ ≃ (optical-frequency division multiplexing) (Telecomm) / Wellenlängenmultiplex *n*, Wellenlängenmultiplexing *n*, WDM (Wellenlängenmultiplex)
**off** *adv* / geschlossen *adv*, zu *adv* (Wasserhahn) ‖ ~ (Elec Eng) / aus *adv*, abgeschaltet *adj*, ausgeschaltet *adj* ‖ ~ (no longer fresh) (Nut) / verdorben *adj* (Lebensmittel)
**off-air call setup** (Teleph) / sprechkanalfreier Verbindungsaufbau (bei Mobiltelefonen)
**off-airport processing facilities** (Aero) / Abfertigungseinrichtungen *f pl* außerhalb des Flughafens
**offal** *n* (Ecol) / Müll *m* (Abfall, meistens fester) ‖ ~ (Leather) / minderwertige Hautteile (Flämen, Klauen, Kopf), Garnitur *f* (vom Kernstück abgetrennte Flanken-, Hals- oder Kopfteile) ‖ ~ (Nut) / Abfall *m* (besonders Fleischabfall) ‖ ~ (Nut) / Flecke *m pl*, Kaldaunen *pl*, Kutteln *pl*, Kuttelflecke *m pl* ‖ ~ (Nut) / Innereien *f pl*
**offals** *pl* (Nut) / Mühlennachprodukte *n pl*
**off-axis** *attr* / außeraxial *adj*, seitlich der Achse (liegend), achsenentfernt *adj*
**off-axis guiding** (Astron) / außeraxiale Nachführung, Off-axis-Nachführung *f* (Teil der Ausrüstung von Amateurastrofotografen, der die Verwendung eines teuren Leitrohrs entbehrlich macht) ‖ ~ **reflector** (Astron, Optics) / Herschel'sches Spiegelteleskop (nach Sir F.W. Herschel, 1738-1822) ‖ ~ **telescope** (Astron, Optics) / Herschel'sches Spiegelteleskop (nach Sir F.W. Herschel, 1738-1822) ‖ ~ **tracking** (Astron) / außeraxiale Nachführung *f*, Off-axis-Nachführung *f* (Teil der Ausrüstung von Amateurastrofotografen, der die Verwendung eines teuren Leitrohrs entbehrlich macht)
**off-beam** *attr* (Aero, Nav) / außerhalb des Leit- bzw. Peilstrahls
**off-blast period** (Met) / Windabstellzeit *f*
**off-board** *attr* (Electronics) / außerhalb der Leiterplatte, außerhalb der Platine
**off-boresight angle** (the space between the direction of arrival and the main-beam direction) (Radar, Radio, Telecomm) / Winkelablage *f* (Zwischenraum zwischen Einfallsrichtung und Hauptkeulenrichtung)
**off-brand** *attr* / nicht markengebunden, ohne Markennamen
**off-brands** *pl* / Offbrands *pl* (Produkte ohne oder mit unbekannten Markennamen) ‖ ~ s. also no-name products
**off-camera flash control** (Photog) / kabellose Blitzsteuerung
**off-cast** *n* (Foundry) / Fehlgussstück *n*
**off-centre** *attr* / exzentrisch *adj*, außermittig *adj* ‖ ~ **dipole** (Electronics) / Exzenterdipol *m* ‖ ~ **hole** (Eng) / verlaufene Bohrung ‖ ~ **hole** (Mining) / abgewichene Bohrung ‖ ~ **impact** (Phys) / nichtzentraler Stoß, exzentrischer Stoß (wenn die Impulse der beiden Körper kurz vor dem Stoß unterschiedliche Richtung haben) ‖ ~ **position** (Mech) / Außermittigkeit *f*, Exzentrizität *f*, exzentrische Lage ‖ ~ **progressive coil spring** (Autos) / exzentrisch angeordnete progressive Schraubenfeder
**off-centring** *n* (Radar) / Bilddezentrierung *f*
**off-colour** *n* / Verfärbung *f* (unerwünschter Zustand), Farbänderung *f*, Farbveränderung *f* (unerwünschte) ‖ ~ (Paint) / Farbunterschied *m* (der durch Misch- oder Verarbeitungsfehler entstanden ist) ‖ ~ *attr* / missfarben *adj*, fehlfarben *adj* ‖ ~ (Min) / leicht getönt (Edelstein)
**off-contact print** (Electronics) / kontaktloser Druck (Siebdruck), Druck *m* mit Absprung
**off-course indicator** (Aero) / Kursabweichanzeiger *m*, Kursablageanzeiger *m*
**offcut** *n* (a piece of waste material that is left behind after cutting a larger piece) / Rest *m* ‖ ~ / Abschnitt *m* (Rest)
**offcut** *n* (Print) / Schnittabfall *m*, Randabfall *m*

**offcuts** *pl* (Carp, For) / Abschnitte *m pl*, Ablängreste *m pl* ‖ ~ (For) / Zuschnittreste *m pl* ‖ ~ (Join) / Verschnitt *m* (Holzabfall), Schnittverlust *m*
**off-diagonal** *adj* (Maths) / unterhalb der Hauptdiagonale (Element einer quadratischen Matrix), oberhalb der Hauptdiagonale (Element einer quadratischen Matrix), außerhalb der Hauptdiagonale ‖ ~ **element** (Maths) / Nichtdiagonalelement *n*
**offend** *v* (against) / verstoßen *v* (gegen das Gesetz)
**offender** *n* (against rule) / Zuwiderhandelnde *m*
**offensive** *adj* / widerlich riechend, Übelkeit erregend (Geruch), widerwärtig *adj* (Geruch), übelriechend *adj*, ekelerregend *adj* (Geruch) ‖ ~ **industry** (Ecol) / umweltschädigende Industrie ‖ ~ **lock-out** (Work Study) / Angriffsaussperrung *f* (eine Kampfmaßnahme der Arbeitgeber) ‖ ~ **smell** / Gestank *m* ‖ ~ **trade** (Ecol) / umweltschädigende Industrie
**offer** *v* / anbieten *v*, offerieren *v* ‖ ~ *n* / Angebot *n*, Offerte *f* ‖ **or nearest** ~ (Autos) / Verhandlungsbasis *f* (z.B. bei Gebrauchtwagen), VB (Verhandlungsbasis)
**offered load** (US) (Telecomm) / Verkehrsangebot *n*, Angebot *n* (Verkehrsangebot) ‖ ~ **traffic** (Telecomm) / Verkehrsangebot *n*, Angebot *n* (Verkehrsangebot)
**offering** *n* (Teleph) / Aufschalten *n* (Herstellen einer - meist kurzzeitigen - Verbindung zu einer besetzten Endstelle; ein Leistungsmerkmal) ‖ ~ **channel** (Telecomm) / Zubringerkanal *m* ‖ ~ **port** (Comp) / Zubringer *m*
**offering-port line address** (Comp) / Leitungsadresse des Zubringers, LAZ (Leitungsadresse des Zubringers)
**offering signal** (Teleph) / Anbietezeichen *n* ‖ ~ **tone** (Teleph) / AT (Aufschaltton), Aufschalteton *m* ‖ ~ **trunk group** (Teleph) / Zubringerbündel *n*
**off-flavour** *n* (Nut) / Fremdaroma *n*, Off-Flavour *m* (negative Geruchs- und/oder Geschmacksabweichungen), Fehlgeruch *m*, Fremdgeruch *m*, Fremdton *m*, Aromafehler *m*, Beigeschmack *m* ‖ ~ (Nut) s. also off-taste
**off-gas** *n* (Oils) / Abgas *n*
**off-gas scrubber** (Chem Eng) / Abgaswaschkolonne *f* ‖ ~ **treater** (Chem Eng) / Abgaswaschkolonne *f*
**off-grade** *attr* / minderwertig *adj*
**off-grid** *attr* (Elec Eng) / netzfern *adj* (Kunde, Verbraucher)
**off-hand glass** (Glass) / freigeblasenes (freigeformtes) Glas, mundgeblasenes Glas, freihandgeblasenes Glas ‖ ~ **grinding*** (Eng) / Freihandschleifen *n*, Handschleifen *n* ‖ ~ **process** (Glass) / Freiblasen *n*
**off-highway capability** (Autos) / Geländegängigkeit *f*, Geländetauglichkeit *f* ‖ ~ **crane** (Eng) / Geländekran *m*
**off•-highway truck** (US) (Autos) / [schwerer] geländegängiger Lastkraftwagen *m*, Offroad-LKW *m* ‖ ~ **-hook** (Teleph) / Hörer abgenommen
**off-hook signal** (Teleph) / Beginnzeichen *n* (von gerufener Station)
**office** *n* (Build, Comp, Work Study) / Büro *n* ‖ ~ (Teleph) / Vermittlungsamt *n*, Amt *n* ‖ ~ **automation** (ISO/IEC 2382, part 27) (Comp, Work Study) / Bürotik *f*, Automatisierung *f* der Büroarbeiten (Rationalisierung der Tätigkeiten im Büro durch rechnergestützte Büroinformationssysteme), Büroautomatisierung *f*, Büroautomation *f* ‖ ~ **banking** / Officebanking *f* (Abwicklung von Bankgeschäften durch Fimenkunden vom Unternehmen aus - eine Art Telebanking) ‖ ~ **block** (Build) / Bürogebäude *n*, Bürohaus *n* ‖ ~ **building** (Build) / Bürogebäude *n*, Bürohaus *n* ‖ ~ **communication** (Comp, Telecomm) / Bürokommunikation *f* ‖ ~ **computer** (Comp) / Bürorechner *m* (meistens für die mittlere Datentechnik), Bürocomputer *m*, Bürorechenanlage *f* ‖ ~ **computers** (as opposed to general-purpose computers) (Comp) / mittlere Datentechnik (MDT), MDT ‖ ~ **copier** / Bürokopierer *m* ‖ ~ **copying machine** / Bürokopierer *m* ‖ ~ ≃ **Document Architecture** (Comp) / Office Document Architecture *f* (erweitert die Regulierungen von X.400 vor allem um Grafik und um die Steuercodes für Formatierungen), ODA (Office Document Architecture) ‖ ~ **document architecture* (ODA)** (Comp) / Dokumentarchitektur *f* (heute standardisiert) ‖ ~ **duplicating machine** / Bürovervielfältigungsmaschine *f* (DIN 9775) ‖ ~ **efficiency** / Effektivität *f* der Büroarbeit ‖ ~ **furniture** (Join) / Büromöbel *n* (DIN 4553) ‖ ~ **glue** / Bürokleber *m*, Büroklebstoff *m* ‖ ~ **hours** (Work Study) / **hours** (Work Study) / Öffnungszeit *f* ‖ ~ **hours** (Work Study) / Bürozeit *f*, Geschäftszeit *f* (Bürozeit) ‖ ~ **information system** (Comp) / Büroinformationssystem *n* ‖ ~ **interface unit** (Telecomm) / zentrale Schnittstelle in der Vermittlungsstelle des LOC-Glasfasersystems von Raynet) ‖ ~ **landscape screen** (Build) / frei stehender Raumteiler (für Großraumbüros) ‖ ~ **lighting** (Light) / Bürobeleuchtung *f* ‖ ~ **machine** / Büromaschine *f* ‖ ~ **organization** (Work Study) / Büroorganisation *f* ‖ ~ **package** (Comp) / Officepaket *n* (Kombipackung der wichtigsten Programme für Büroarbeiten) ‖ ~ **printer** (Comp) / Bürodrucker *m* ‖ ~ **publishing** (Comp, Print) / Officepublishing *n* ‖ ~ **scales** / Bürowaage *f* ‖ ~ **staff** / Büropersonal

*n* ‖ ~ **supplies** / Bürobedarf *m* ‖ ~ **system** (Comp) / Bürosystem *n* ‖ ~ **systems technology** / Bürotechnik *f* ‖ ~ **technology** / Bürotechnik *f* ‖ ~ **telephone system** (Teleph) / Bürotelefonanlage *f* ‖ ~ **terminal** (Comp) / Büroterminal *n*, Arbeitsplatzterminal *n* (online) ‖ ~ **tower** (Build) / Bürohochhaus *n* ‖ ~ **work** / Büroarbeit *f* ‖ ~ **worker** / Bürokraft *f*, Büroangestellte *m* ‖ ~ **workstation** (off-line) (Comp) / Arbeitsplatzrechner *m*, Arbeitsplatzcomputer *m* (DIN 32748, T 1), APC ‖ ~ **workstation** (on-line) (Comp) / Büroterminal *n*, Arbeitsplatzterminal *n* (online)
**official*** *adj* (Pharm) / offizinell *adj* (Arzneimittel), offizinal *adj* ‖ ~ **language** / Amtssprache *f* (z.B. des Patentamtes)
**officinal*** *adj* (Pharm) / offizinell *adj* (Arzneimittel), offizinal *adj* ‖ ~ **herb** (Pharm) / Arzneipflanze *f*, Heilkraut *n*, Heilpflanze *f*, Drogenpflanze *f* ‖ ~ **spurge** (Bot, Pharm) / Euphorbiastrauch *m* (Euphorbia officinarum L.)
**off-idle speed** (Autos) / Grundleerlauf *m*, abgesenkte Leerlaufzahl, langsamer Leerlauf
**off its feet** (Typog) / gelegt *adj*, gestürzt *adj* (Letter)
**off-label deal** / Off-label-Deal *n* (Reduzierung des Verkaufspreises gegenüber dem auf Packung oder Etikett angegebenen) ‖ ~ **drug** (Pharm) / Off-Label-Medikament *n*
**off lap** (Geol) / regressive Schichtlagerung, zurückbleibende Lagerung ‖ **~-line*** *attr* (Comp) / rechnerunabhängig *adj*, Offline-...
**off-line blending** (Oils) / absatzweises Mischen (in Behältern) ‖ ~ **corrosion** (Surf) / Stillstandskorrosion *f* (die nur während des betrieblichen Stillstands abläuft), Stillstandkorrosion *f* ‖ ~ **coupling** (Chem) / Offlinekopplung *f* (indirekte Verknüpfung durch manuelle Trennung - in der Analytik) ‖ ~ **editing*** (Comp, Print) / Offline-Editieren *n* ‖ ~ **peripheral equipment** (Comp) / Offline-Peripherie *f*
**off-line processing** (Comp) / rechnerunabhängige Verarbeitung, Offlinebetrieb *m*
**off-line reader** (Comp) / Offline-Reader *m* (Software, die sich automatisch in einen Informationsservice wie z.B. CompuServe einloggt, die vom Anwender spezifizierten Foren nach Neuigkeiten durchsucht und eine Zusammenfassung neuer Themen auf den Rechner des Anwenders überträgt) ‖ ~ **storage** (Comp) / Archivspeicher *m*
**off-load** *v* (Ships) / löschen *v*
**off-load period** (Elec Eng) / spannungslose Periode
**off-nadir angle** (Radar) / Nadirwinkel *m* (bezogen auf den verlängerten Erdradius)
**off-net** *attr* (Telecomm) / netzfremd *adj*, außerhalb des (eigenen) Netzes ‖ ~ **station** (Telecomm) / netzfremde Fernmeldestelle
**off-odour** *n* (Nut) / Fremdaroma *n*, Off-Flavour *m* (negative Geruchs- und/oder Geschmacksabweichungen), Fehlgeruch *m*, Fremdgeruch *m*, Fremdton *m*, Aromafehler *m*, Beigeschmack *m*
**off-peak** *attr* / außerhalb der Spitzenzeit, außerhalb der Spitzenlastzeit ‖ ~ **electric thermal storage** (Elec Eng) / Nachtstromwärmespeicherung *f* (heute kaum mehr gebraucht) ‖ ~ **hours** (Autos) / verkehrsschwache Zeit ‖ ~ **hours** (Elec Eng) / Schwachlastzeit *f* ‖ ~ **load*** (Elec Eng) / Belastung *f* außerhalb der Spitzenlastzeit (z.B. Nachtbelastung) ‖ ~ **power** (Elec Eng) / Leistung *f* außerhalb der Spitzenbelastung, Leistung *f* in der Schwachlastzeit ‖ ~ **tariff** (Elec Eng) / Nachttarif *m* (in den Zeiten geringer Netzbelastung)
**off-period** *n* (Elec Eng) / Sperrzeit *f* (bei Gleichrichtern)
**off plumb** (Build, Surv) / außer Lot, aus dem Lot, nicht senkrecht
**off-position** *n* (Elec Eng) / Ausschaltstellung *f*, "Aus"-Stellung *f* ‖ ~ s. also off-state
**off-press** *v* / abbügeln *v* ‖ ~ **control** (Print) / Druckmaschinenfernsteuerung *f* ‖ ~ **proof** (Comp, Print) / Proof *n* (meistens Farbproof), Probedruck *m*
**offprint*** *n* (Print) / Sonderdruck *m*, Sonderabdruck *m*, Separatabdruck *m*
**off-region** *n* (Electronics) / Sperrbereich *m* (bei Thyristoren)
**off-register** *attr* (Textiles, Weaving) / nicht rapporthaltig
**off-resonance** *n* (Telecomm) / Verstimmung *f* (relative Abweichung von der Resonanzfrequenz) ‖ ~ **decoupling** (Spectr) / Off-Resonanz-Entkopplung *f* (eine Entkopplungstechnik bei der Aufnahme von $^{13}$C-NMR-Spektren)
**off-road** *attr* (Autos) / geländegängig *adj* ‖ ~ **ability** (Autos) / Geländegängigkeit *f*, Geländetauglichkeit *f* ‖ ~ **capability** (Autos) / Geländegängigkeit *f*, Geländetauglichkeit *f*
**off-roader** *n* (Autos) / Geländefahrzeug *n* (eine Sonderbauart), Geländewagen *m*, geländegängiger Wagen, Offroadfahrzeug *n*, Offroader *m*
**off-road mobility** (Autos) / Geländegängigkeit *f*, Geländetauglichkeit *f* ‖ ~ **tyre** (Autos) / Geländereifen *m* ‖ ~ **vehicle** (Autos) / Geländefahrzeug *n* (eine Sonderbauart), Geländewagen *m*, geländegängiger Wagen, Offroader *n*, Offroader *m* ‖ ~ **4x4** (Autos) / Allradler *m* fürs Gelände

**off-screen commentator** (Cinema, TV) / Offsprecher *m* ‖ ~ **narrator** (Cinema, TV) / Offsprecher *m* ‖ ~ **voice** (Cinema, TV) / Offstimme *f*, Stimme *f* (der handelnden Person) im Off
**off-season** *n* / tote Saison (bei saisonbedingten Arbeiten), Nebensaison *f*
**offset** *v* / versetzen *v* (verschieben) ‖ ~ / sich *v* (gegenseitig) aufheben ‖ ~ (Eng) / verkröpfen *v*, kröpfen *v*, abkröpfen *v* ‖ ~ (Eng) / desaxieren *v*, desachsieren *v* ‖ ~ (Eng, Met) / absetzen *v* (eine sprunghafte Querschnittsabnahme beim Recken eines Freischmiedestücks erzielen) ‖ ~ (Print) / abliegen *v*, abfärben *vi* (auf die Rückseite des nachfolgenden Bogens) ‖ ~ *n* (Automation) / bleibende Regelabweichung ‖ ~ (Autos) / Grünzeitversatz *m* (bei den Verkehrsampeln) ‖ ~ (Autos) / Lenkrollhalbmesser *m*, Lenkrollradius *m* ‖ ~ (Autos) / Einpresstiefe *f* (Abstand von der Felgenbettmitte bis zur nabenseitigen Anlagefläche der Radscheibe), Radeinpresstiefe *f* ‖ ~* (Build) / Mauerabsatz *m* (ein Dickenverhältnis) ‖ ~ (Comp) / Relativzeiger *m* ‖ ~ (Electronics) / Offset *m* (unerwünschte Änderung einer elektrischen Größe gegenüber ihrem Bezugswert am Ausgang eines Verstärkers oder eines steuerbaren Bauelements bei Eingangssignal Null) ‖ ~ (Eng) / Versatz *m* (von Bauteilen gegeneinander), Versetzung *f* (Verschiebung des Oberwerkzeuges zum Unterwerkzeug beim Gesenkschmieden mit Grat) ‖ ~ (Eng) / Kröpfung *f* (Abbiegung aus der ursprünglichen Achse in eine andere, parallel dazu liegende), Verkröpfung *f* ‖ ~ (Eng) / Staffelung *f* (der Zähne eines Räumwerkzeugs) ‖ ~ (US) (Eng) / Spanflächenabstand *m* (von der Fräserachse im Fräserstirnschnitt nach DIN 8000) ‖ ~ (Eng, Materials) / bleibende Dehnung (beim Zugversuch) ‖ ~ (Foundry) / Versatz *m* (an Gussstücken) ‖ ~ (Geol) / Horizontalsprungweite *f* (bei Verwerfungen) ‖ ~ (in seismic prospecting) (Geophys) / Schusspunktentfernung *f* (in der angewandten Seismik) ‖ ~ (Glass) / Versatz *m* (bei Formen) ‖ ~ (Mining) / Streckensumment *m* (von einer größeren Strecke abzweigend) ‖ ~ (Plumb) / Schwanenhals *m* (ein Segmentbogen im Fallrohranschluss), S-Stück *n* ‖ ~ (Plumb) / Doppelbogen *m* (ein S-förmiges Rohr), Etagenbogen *m* (S-förmige Verlegung einer senkrechten Rohrleitung unter Verwendung geeigneter Formstücke zur Herstellung eines erforderlichen Versatzes in der Lotrechten, in der Regel infolge baulicher Zwänge), Sprungstück *n* ‖ ~ (Plumb) / Etage *f* (bei ausgebogenem Rohr) ‖ ~ (Print) / Offsetdruck *m* (ein Flachdruck), Offset *m* ‖ ~ (Print) / Abliegen *n*, Abfärben *n*, Abziehen *n* (der noch nicht ganz trockenen Druckfarbe auf die Rückseite des nachfolgenden Bogens) ‖ ~* (Surv) / Horizontalabstand *m* senkrecht zur Vermessungsachse ‖ ~ *adj* / versetzt *adj* (verschoben) ‖ ~ **angle** (I C Engs) / Versatzwinkel *m* (der Kurbelzapfen von Reihen-V-Motoren) ‖ ~ **between input and output** (Electronics) / Versetzen *n* zwischen Eingang und Ausgang ‖ ~ **blanket*** (Print) / Gummituch *n* (für den Offsetdruck), Gummidrucktuch *n* ‖ ~ **book paper** (Paper) / Offsetpapier *n* ‖ ~ **box end wrench** (US) (Tools) / gekröpfter Ringschlüssel ‖ ~ **box wrench** (US) (Tools) / gekröpfter Ringschlüssel ‖ ~ **central impact** (Phys) / schiefer zentraler Stoß ‖ ~ **centre** (Eng) / versetzter Mittelpunkt ‖ ~ **control** (Autos) / Offsetsteuerung *f* (des Kugelkäfigs des Kugellagers) ‖ ~ **course** (Aero) / seitlich versetzter Kurs ‖ ~ **crash** (Autos) / Offset-Crash *m* (heute meistens mit 40° Überdeckung) ‖ ~ **diode** (Electronics) / Offsetdiode *f* (die zur Verschiebung des Gleichspannungspotentials dient) ‖ ~ **disk harrow** (Agric) / Aufsattelscheibenegge *f*, Offset-Doppel-Scheibenegge *f* ‖ ~ **effect** (Spectr) / Offset-Effekt *m*
**offset-fed** *adj* (Radio) / offset gespeist *adj*
**offset frequency** (Telecomm) / abgesetzte Frequenz ‖ ~ **gate** (Electronics) / abgesetztes Gate ‖ ~ **gravure** (Print) / indirekter Tiefdruck ‖ ~ **gravure coater** (Plastics) / Offsetwalzenauftragmaschine *f* (bei dem Offset-Gravurverfahren) ‖ ~ **gravure coating** (Plastics) / Offset-Gravurverfahren *n* (ein Streichverfahren der Kunststofftechnik), Offsetwalzenauftragen *n* ‖ ~ **handle** (Tools) / Winkelgriff *m* (für Steckschlüsseleinsätze) ‖ ~ **hinge** / gekröpftes Scharnier *n* ‖ ~ **impact** (Phys) / schiefer Stoß ‖ ~ **in depth** (Eng) / Tiefenstaffelung *f* (der Zähne eines Räumwerkzeugs) ‖ ~ **in phase** (Elec Eng, Telecomm) / phasenverschoben *adj*, außer Phase ‖ ~ **in time** / zeitlich gegeneinander versetzt ‖ ~ **line** (Materials) / Offset-Line *f* (bei Bestimmung der Risseinleitungswerte) ‖ ~ **litho** (Print) / Offsetlitografie *f* ‖ ~ **lithography** (Print) / Offsetlithografie *f* ‖ ~ **operation** (TV) / Offsetbetrieb *m* ‖ ~ **paper** (Paper) / Offsetpapier *n* ‖ ~ **parabolic reflector** (TV) / Offsetparabolspiegel *m* ‖ ~ **pivot** (Build) / verschränkte Türangel ‖ ~ **planing** (Eng) / Räumhobeln *n* (bei dem ein aus mehreren Werkzeugen bestehender Werkzeugsatz im Eingriff ist) ‖ ~ **policy** (Ecol) / Offset-Policy *f* (eine Kompensationsregelung der US-amerikanischen Luftreinhaltepolitik) ‖ ~ **press** (Print) / Offsetmaschine *f*, Offsetdruckmaschine *f* ‖ ~ **presse** *f* ‖ ~ **printer** (Print) / Offsetdrucker *m* ‖ ~ **printing*** (Print) / Offsetdruck *m* (ein Flachdruck), Offset *m* ‖ ~ **printing machine** (Print) / Offsetmaschine

**offset**

*f*, Offsetdruckmaschine *f*, Offsetpresse *f* || **~ process** (Print) / Offsetdruck *m* (ein Flachdruck), Offset *m* || **~ ring wrench** (Tools) / gekröpfter Ringschlüssel || **~ rotary press** (Print) / Rollenoffsetmaschine *f*
**offsets** *pl* (Ships) / Schnürbodenaufmaße *n pl*, Aufmaße *n pl*
**offset screwdriver** (Eng, Tools) / Winkelschraubendreher *m* (beidseitig abgewinkelt), Winkelschraubenzieher *m* || **~ stacking** (Comp) / schuppenförmiges Ablegen (von Mikrofiches) || **~ twill** (weave) (Textiles) / versetzter Köper || **~ twin** (Autos) / Gegenläufer *m* (im Motorradbau) || **~ voltage** (Electronics) / Offsetspannung *f* (bei Operationsverstärkern), Kompensationsspannung *f* || **~ voltage** (Electronics) / Gegenspannung *f*, Kompensationsspannung *f* || **~ well**\* (Oils) / Nachbarbohrung *f* || **~ well** (Oils) / Schutzsonde *f* (in der Nachbarschaft) || **~ yield strength** (Mech) / Ersatzstreckgrenze *f* (z.B. eine 0,2%-Dehngrenze)
**off-shade** *n* (Paint) / gebrochener Farbton
**off-shade** *n* (Paint) / Farbunterschied *m* (der durch Misch- oder Verarbeitungsfehler entstanden ist) || **~ attr** (Textiles) / missfarbig *adj*
**offshore** *adj* (Meteor, Ocean) / ablandig *adj* (Strömung, Wind) || **~** (Ocean) / küstennah *adj* || **~ adv** (towards the sea from the land) / von der Küste ab oder her, seewärts *adv* || **~ blowout** (Oils) / Offshore-Blowout *m* || **~ buoy** (Ships) / Löschboje *f* (weit vom Ufer entfernt in großer Wassertiefe verankerte Spezialboje, die Schlauchanschlüsse zur Ladungsübergabe hat) || **~ dock**\* (Ships) / L-Dock *m* || **~ drilling** (Oils) / Offshorebohrung *f*, Offshorebohren *n* (im Schelfgebiet), Meeresbohrung *f* in Küstennähe (zur Erkundung und Nutzung von Erdgas- und Erdöllagerstätten)
**offshore-drilling platform** (Oils) / Bohrplattform *f* (Offshore), Produktionsplattform *f*, Plattform *f* (ein Offshore-Bauwerk)
**offshore drill rig tower** (Oils) / Küstenbohrturm *m* || **~ exploration** (Oils) / Offshore-Exploration *f* || **~ gas** / Erdgas *n* von der Offshorebohrung *f* || **~-loading** *n* (Ships) / Offshore Loading *n* (Be- und Entladen großer Tankschiffe an Bojen oder Dalbengruppen im tiefen Wasser vor der Küste) || **~ oil** (Oils) / Erdöl *n* von der Offshorebohrung *f* || **~ pipeline** (Oils) / Offshore-Pipeline *f* || **~ platform** (Oils) / Offshore-Plattform *f* || **~ shuttle** (Oils) / Offshore-Shuttle *m* || **~ steel** (Met, Oils) / Offshore-Stahl *m* (für Offshore-Konstruktionen) || **~ structure** (Oils) / Offshore-Bauwerk *n* (in offener See ortsfest errichtet), Offshore-Konstruktion *f* || **~ structures corrosion protection** (Oils) / Korrosionsschutz *m* von Offshore-Bauwerken || **~ wind park** / Offshore-Park *m* (ein Windpark), maritime Windfarm, Offshore-Windfarm *f*
**offside**\* *n* (Autos) / Lenkradseite *f* (links bei Rechtsverkehr und umgekehrt) || **~** (Eng) / Antriebsseite *f* || **~ adj** (left-hand driving)\* (Autos) / Rechts- (rechte Fahrzeugseite), rechte Seite || **~** (right-hand driving) (Autos) / Links- (linke Fahrzeugseite), linke Seite || **~ door** (left-hand driving - GB) (Autos) / rechte Tür
**off-site facility** (Oils) / außerhalb des Baufelds befindliche Hilfs- und Nebenanlage
**off-site paging** (Radio) / öffentliches Paging, öffentlicher Funkruf || **~ paging** (Radio) s. also on-site paging || **~ treatment** (Civ Eng) / Offsite-Behandlung *f* (des kontaminierten Standorts)
**offspring** *n* / Nachkomme *m* (in einem binären Baum)
**off-square sett** (Weaving) / ungleiche Einstelldichte, ungleiche Anzahl von Kett- und Schussfäden
**off-state** *n* (Elec Eng) / ausgeschalteter Zustand || **~** (Elec Eng) / nichteingeschalteter Zustand, Ausschaltzustand *m*, "Aus"-Zustand *m* || **~** (Electronics) / Blockierzustand *m* (z.B. eines Thyristors, Sperrzustand *m* || **~ characteristic** (Electronics) / Sperrkennlinie *f* (Abschnitt der Hauptkennlinie, die dem Sperrzustand entspricht)
**off-stream** *attr* (Chem Eng) / ausgeschaltet *adj*, abgeschaltet *adj* (bei kontinuierlichen Prozessen) || **~ chemical** (Chem Eng) / chemisches Nebenprodukt
**off-street parking** (Autos) / Parken *n* auf Stellplätzen (nicht auf der Straße)
**off-take pipe** (Plumb) / Austragrohr *n*, Abzugsrohr *n*, Austrittsrohr *n*, Ableitungsrohr *n* || **~ well** (Oils) / Fördersonde *f*, Erdölproduktionsbohrung *f*, Produktionsbohrung *f*, Produktionssonde *f*, Förderbohrung *f* (Gewinnungbohrung)
**off-taste** *n* (Nut) / Fehlgeschmack *m*, Fremdgeschmack *m*, Abgeschmack *m*, Beigeschmack *m* (zusätzlicher, den eigentlichen Geschmack von Esswaren meist beeinträchtigender Geschmack)
**off-the-car balancing** (Autos) / Auswuchten *n* des demontierten Rades
**off-the-film light measurement** (Photog) / Filmschicht-Reflexmessung *f*
**off-the-peg** *attr* (Textiles) / von der Stange (Kleidung - sofort verfügbar)
**off-the-road** (Autos) / geländegängig *adj*
**off-the-shelf** *attr* (Textiles) / Standard-, serienmäßig *adj* (gebaut), ab Lager (vorrätig), sofort lieferbar, aus dem Regal
**off-the-shelf automation** (Automation) / serienmäßige Automatisierungshilfe (z.B. die Industrieroboter) || **~ availability** / Sofortverfügbarkeit *f* (des Materials) || **~ element** (device) (Comp, Electronics) / Standardbaustein *m*, Katalogbaustein *m*, Serienbaustein *m*, Standardelement *n* || **~ software** (Comp) / serienmäßig gefertigte Software
**off-track detector** (for belt conveyors) (Eng) / Geradelaufwächter *m* (für Gurte eines Bandförderers) || **~ running** (Eng) / Schieflauf *m* (Abweichen von Gurtbändern aus der geraden Laufrichtung)
**off** * **-tune** *attr* (Acous) / verstimmt *adj*, falsch *adj*, falsch gestimmt || **~-white** *n* (Paint) / leichtgetöntes Weiß, gebrochenes Weiß, unreines Weiß, Mischweiß *n*, schmutziges Weiß, Grauweiß *n*
**off-white** *adj* / grauweiß *adj* (schmuddelig), schmutzig weiß *adj*, off-white *adj* (weiß mit grauem oder gelbem Schimmer) || **~** (Comp, Paper) / presseweiß *adj* (Tabellierpapier) || **~ gauge face** (Autos) / hellgraue Instrumentenskala, Instrumentenskala *f* mit schwarzer Schrift auf hellgrauem Grund
**OFHC**\* (oxygen-free high-conductivity copper) (Elec Eng, Met) / sauerstofffreies Kupfer hoher Leitfähigkeit, OFHC-Kupfer *n*
**O-frame** *n* (Eng) / O-Gestell *n* (eine Baugruppe der Presse)
**of-the-cuff shooting** (Cinema) / Freihandfilmen *n*
**OG**\* (ogee arch) (Arch) / Eselsrücken *m* (ein spätgotischer Bogen), Wellenbogen *m*, Dodane *m* ≃ \* (objective glass) (Optics) / Objektiv *n* (DIN 19 060) || ≃ \* (objective glass) (Optics) / Objektiv *n* (DIN 19 060)
**ogdohedron** *n* (pl. -hedrons or -hedra) (Crystal) / Ogdoeder *n*, Achtelflächner *m*
**ogee** *n* (Aero) / Ogee-Flügel *m* (Überschall), gotischer Deltaflügel (mit geschwungenen Vorderkanten), Ogivalflügel *m*, ogivaler Flügel, Spitzbogenflügel *m* || **~** \* (Arch) / Eselsrücken *m* (ein spätgotischer Bogen), Wellenbogen *m*, Dodane *m* || **~ arch** (pointed keel arch of four arcs with two centres outside it and two inside , thus producing two S-shaped curves) (Arch) / Eselsrücken *m* (ein spätgotischer Bogen), Wellenbogen *m*, Dodane *m* || **~ moulding** (Arch) / bekrönendes steigendes Karnies, Cyma recta *f*, Karnies *n* (bekrönendes steigendes), Glockenleiste *f* || **~ plane** (Join) / Karnieshobel *m* (ein Profilhobel), Hobel *m* für Karniese
**ogee-shaped** *adj* / spitzbogig *adj*, ogival *adj*
**ogee wing** *n* (Aero) / Ogee-Flügel *m* (Überschall), gotischer Deltaflügel (mit geschwungenen Vorderkanten), Ogivalflügel *m*, ogivaler Flügel, Spitzbogenflügel *m*
**ogival** *adj* / spitzbogig *adj*, ogival *adj* || **~ arch**\* (Arch) / Eselsrücken *m* (ein spätgotischer Bogen), Wellenbogen *m*, Dodane *m* || **~ wing** (Aero) / Ogee-Flügel *m* (Überschall), gotischer Deltaflügel (mit geschwungenen Vorderkanten), Ogivalflügel *m*, ogivaler Flügel, Spitzbogenflügel *m*
**ogive** *n* (Aero) / Ogee-Flügel *m* (Überschall), gotischer Deltaflügel (mit geschwungenen Vorderkanten), Ogivalflügel *m*, ogivaler Flügel, Spitzbogenflügel *m* || **~** (Geol) / Ogive *f* (bogenartige Texturform im Bereich der Gletscherzunge) || **~**\* (a graph of cumulative frequency) (Stats) / Summenkurve *f*
**OH** (off-hook) (Teleph) / Hörer abgenommen
**OHC** (overhead camshaft) (I C Engs) / obenliegende Nockenwelle || ≃ **engine** (I C Engs) / Motor *m* mit obenliegender Nockenwelle, OHC-Motor *m*, ohc-Motor *m*
**OH group** (hydroxy group) (Chem) / Hydroxygruppe *f*, Hydroxylrest *m*, Hydroxylgruppe *f*, OH-Gruppe *f*
**ohm**\* *n* (Elec) / Ohm *n* (gesetzliche abgeleitete SI-Einheit des elektrischen Widerstands - nach G.S. Ohm, 1789-1854)
**ohmage** *n* (Elec Eng) / Ohmwert *m*
**ohmic**\* *adj* (Elec Eng) / ohmisch *adj*, Ohm'sch *adj* || **~ contact**\* (Elec Eng) / Ohm'scher (sperrschichtfreier) Kontakt || **~ contact** (resistive contact between two conductors) (Elec Eng) / leitende Verbindung (Stromübergang) || **~ dissipation** (Elec Eng) / Ohm'scher Verlust || **~ heating** / Ohm'sche Heizung || **~ load** (Elec) / Ohm'sche Belastung, Widerstandsbelastung *f* || **~ loss**\* (Elec Eng) / Ohm'scher Verlust || **~ overvoltage** (Elec Eng) / Ohm'scher Potentialabfall (in der Phasengrenzschicht einer Elektrode), Widerstandsüberspannung *f* || **~ polarization** (Elec) / Widerstandspolarisation *f* || **~ resistance**\* (Elec) / Gleichstromwiderstand *m* (DIN 40110), Ohm'scher Widerstand *m* || **~ resistor**\* (Elec Eng) / linearer Widerstand || **~ shunt** (Elec Eng) / Ohm'scher Nebenschluss || **~ terminating resistance** (Elec Eng) / Ohm'scher Abschlusswiderstand || **~ value** (Elec Eng) / Ohmwert *m*
**ohmmeter** *n* (Elec Eng) / Ohmmeter *n*, Widerstandsmesser *m* (in Ohm geeichter Widerstandsmesser)
**ohm metre**\* (Elec) / Ohmmeter *n* (Einheit des spezifischen elektrischen Widerstandes), Ωm *m* (DIN 1301-2) || **~'s law**\* (Elec) / Ohm'sches Gesetz
**Ohm's law of hearing**\* (Acous) / Ohm-Helmholtz'sches Gesetz, Ohm'sches Gesetz (das Ohr zerlegt jedes Tongemisch in einfache Töne)
**OHP** (overhead projector) / Schreibprojektor *m*, Overheadprojektor *m*, Arbeitsprojektor *m* (DIN 19040)
**OHV** (overhead valve) (I C Engs) / obengesteuertes Ventil, hängendes Ventil || ≃ **engine** (I C Engs) / kopfgesteuerter Motor,

obengesteuerter Motor (DIN 1940), Verbrennungsmotor *m* mit hängenden Ventilen, OHV-Motor *m*, ohv-Motor *m*

**OIC** (optical integrated circuit) (Electronics) / integrierte optoelektronische Schaltung, integrierte optische Schaltung

**oidiomycosis** *n* (pl. -mycoses) (Bot) / Echter Rebenmehltau (eine Krankheit, deren Verursacher der Pilz Uncinula necator Burr. ist)

**oidium*** *n* (pl. oidia) (Bot) / Eischimmel *m*, Oidium *n* (Nebenfruchtform der Echten Mehltaupilze)

**OIH** (oil in hole) (Oils) / Öl *n* in situ (Gesamtvolumen in der Lagerstätte)

**oil** *v* / ölen *v*, einölen *v*, schmieren *v* (mit Öl) ‖ ~ (Leather) / abölen *v* (Narben) ‖ ~ (Spinning, Textiles) / präparieren *v* (mit Textilhilfsmitteln für Avivage, Schmälzen, Schlichten usw. behandeln) ‖ ~ (Spinning, Textiles) / schmälzen *v* ‖ ~* *n* / Öl *n* (Erdöl, Schmieröl, Heizöl, Speiseöl, pflanzliches, tierisches, etherisches usw.) ‖ ~ (fish, whale, train) (Nut) / Tran *m*, Tranöl *n* ‖ ~ *attr* (Elec Eng) / Öl..., unter Öl ‖ ~ **absorption** (Chem) / Ölabsorption *f*, Ölaufnahme *f*, Absorption *f* in Öl ‖ ~ **absorption*** (Paint) / Ölbedarf *m* (zur Paste), Ölzahl *f* (DIN 53199) ‖ ~ **acceptance test** (Chem) / Ölfreigabeprüfung *f* ‖ ~ **accumulation** (Geol, Oils) / Erdölansammlung *f*, Auftreten *n* (natürliche Ansammlung) von Erdöl ‖ ~ **additive** (to improve special luboil properties) (Oils) / Öladditiv *n*, Ölzusatz *m* ‖ ~ **ageing** / Ölalterung *f* ‖ ~ **analysis** / Ölanalyse *f*

**oil-and-sulphur tannage** (Leather) / Fett- und Schwefelgerbung *f*

**oil areometer** (Phys) / Ölspindel *f*, Ölsenkwaage *f*, Öläraometer *n*, Oleometer *n*

**oil-ash corrosion** / Ölaschenkorrosion *f* (eine Sonderform der Belagkorrosion), Vanadiumkorrosion *f*, Vanadiumpentoxidkorrosion *f* (eine Sonderform der Belagkorrosion)

**oil-based** *adj* / auf Ölbasis ‖ ~ **mud*** (Mining, Oils) / Ölspülung *f* (Spülflüssigkeit)

**oil-base drilling fluid** (Mining, Oils) / Ölspülung *f* (Spülflüssigkeit)

**oil bath** (Chem) / Ölbad *n* (ein Flüssigkeitsbad) ‖ ~-**bearing** *adj* (Geol, Oils) / erdölhaltig *adj*, erdölführend *adj*

**oil-bearing plant** (Agric, Bot) / Ölpflanze *f* (Kulturpflanze, deren Samen oder Früchte fette Öle liefern) ‖ ~ **stratum** (Oils) / erdölführende Schicht, Förderhorizont *m*

**oil•-blast circuit-breaker*** (Elec Eng) / Ölströmungsschalter *m* ‖ ~ **blend** / Ölmischung *f*, Ölverschnitt *m* ‖ ~ **blue** (Paint) / Kupferblau *n* (ein Kupfersulfidpigment für Antifouling-Anstrichstoffe) ‖ ~ **boiling test** / Ölkochprobe *f* ‖ ~ **boom** (inflated) (Ecol) / flexible Ölsperre (z.B. eine Schlauchsperre), Ölschlängel *m*

**oil-bound paste grain filler** (For) / Ölporenfüller *m*

**oil-break*** *attr* (Elec Eng) / Öl..., unter Öl

**oil-break switch** (Elec Eng) / Öltrennschalter *m*

**oil-bulk-ore carrier** (Ships) / OBO-Schiff *n* (ein Massengutschiff), Ore-Bulk-Oil-Schiff *n*, Erz-Schüttgut-Öl-Frachtschiff *n*

**oil-burner** *n* / Dieselfahrzeug *n* ‖ ~ (Fuels) / Ölbrenner *m* (bei Ölfeuerungen) ‖ ~ **of the pressure-atomizing type** (Fuels) / Druckzerstäuberbrenner *m*

**oilcake** *n* (Agric) / Ölkuchen *m*, Presskuchen *m* (die Rückstände der pflanzlichen fetten Öle) ‖ ~ **breaker** (Agric) / Ölkuchenbrecher *m* ‖ ~ **crusher** (Agric) / Ölkuchenbrecher *m*

**oilcan** *n* / Ölkanne *f*, Schmierkanne *f* ‖ ~ (Autos) / Frosch *m*, Springbeule *f* (in flachen Blechteilen - die herausgeklopft werden muss)

**oil capacitor** (Elec Eng) / Ölkondensator *m* ‖ ~ **catastrophe** (Ecol, Ocean) / Ölkatastrophe *f* ‖ ~ **catcher** (Elec Eng) / Ölfänger *m* ‖ ~ **cavern** (Oils) / Ölkaverne *f* (zur Aufnahme des Erdöls und dessen Verarbeitungsprodukten) ‖ ~ **cell** (For) / Ölzelle *f* (des Holzstrahl- oder Längsparenchyms mit abgerundeten Ecken - ölhaltig) ‖ ~ **chamber** / Ölkammer *f* ‖ ~ **change** (Autos) / Ölwechsel *m*

**oil-change interval** (Autos) / Ölwechselintervall *n*

**oil circuit-breaker*** (Elec Eng) / Ölschalter *m*

**oil-circuit lubrication** (Eng) / Ölumlaufschmierung *f*

**oil circulation** (Eng) / Ölkreislauf *m* ‖ ~ **clearance** (of the bearing) (Eng) / Ölspalt *m* (im Lager)

**oilcloth*** *n* (Textiles) / Wichsleinwand *f* (A), Öltuch *n*, Wachstuch *n* (wasserdichte Packleinwand, Tischtuch), Wachsleinen *n*

**oil cock** / Ölhahn *m*, Schmierhahn *m* ‖ ~ **colour** (Paint) / Ölfarbe *f* (Anstrichstoff, dessen Bindemittel vornehmlich aus trocknenden pflanzlichen Ölen besteht) ‖ ~ **column** (Oils) / Ölsäule *f* (in der Lagerstätte), Erdölsäule *f* ‖ ~ **conservator** (Elec Eng) / Ölausdehnungsgefäß *n*, Ölausgleichsgefäß *n* (Ölkabel) ‖ ~ **consumption** (Autos) / Ölverbrauch *m*

**oil-containment boom** (Ecol) / flexible Ölsperre (z.B. eine Schlauchsperre), Ölschlängel *m*

**oil content** / Ölgehalt *m*

**oil-control ring*** (I C Engs) / Ölabstreifring *m* (unterster Kolbenring, der das Eindringen des Öls in den Verdichtungsraum verhindert - federgespannt, federgestützt oder selbstspannend), Abstreifring *m*

**oil•-cooled*** *adj* / ölgekühlt *adj* ‖ ~ **cooler*** (I C Engs) / Ölkühler *m* (ein Bauteil der Motorschmierung) ‖ ~ **cooling** / Ölkühlung *f* ‖ ~ **crayon** / Ölkreide *f* (ein Farbstift) ‖ ~ **cup** / Ölnapf *m*, Ölschale *f* ‖ ~ **cup** / Schmierbüchse *f*

**oildag** *n* / Oildag *n* (Schmiermittel auf der Basis von Graphitsuspensionen in Öl)

**oil deflector** / Ölablenkblech *n* ‖ ~ **deposit** (Oils) / Erdöllagerstätte *f* ‖ ~ **derrick** (Oils) / Förderturm *m* (in der Erdöl- und Erdgasförderung), Bohrturm *m* (in der Erdöl- und Erdgasförderung), Bohrgerüst *n* ‖ ~ **diffusion pump** (Vac Tech) / Öldiffusionspumpe *f* (nach Gaede) ‖ ~ **dilution** (Autos) / Ölverdünnung *f* (z.B. durch Kondensate und Siedeschwänze des Kraftstoffs) ‖ ~ **dipstick** (Autos) / Peilstab *m* (für Motor- oder Getriebeölstand), Ölpeilstab *m*, Ölmessstab *m*, Pegelstab *m* ‖ ~ **disaster** (Ecol, Ocean) / Ölkatastrophe *f* ‖ ~ **drain** (Autos, I C Engs) / Ölablass *m*

**oil-drain pan** (Autos, I C Engs) / Ölfangwanne *f*, Ölablasswanne *f* ‖ ~ **plug** (Autos) / Ölablassschraube *f*

**oil drier** (Paint) / Ölsikkativ *n* (DIN 55945) ‖ ~ **drilling** (Oils) / Erdölbohrung *f*, Bohrung *f* auf Erdöl, Erdölbohren *n*, Bohren *n* auf Erdöl ‖ ~ **droppings** (Autos) / abtropfendes Öl (z.B. auf Parkplätzen) ‖ ~ **duct** (Autos) / Ölkanal *m* (z.B. am Zylinderkopf)

**oiled paper*** (Elec Eng, Paper) / Ölpapier *n* (DIN 6730)

**oiled-paper capacitor** (Elec Eng) / Ölpapierkondensator *m*

**oiled silk** (Textiles) / Ölseide *f* ‖ ~-**silk tape** (Cables) / Ölseidenband *n*

**oil-electric drive** / dieselelektrischer Antrieb

**oil emulsion** / Ölemulsion *f* ‖ ~ **engine** (I C Engs) / Verbrennungsmotor *m* mit Selbstzündung ‖ ~ **equivalent** / Öläquivalent *n* (für die Berechnung des Energiebedarfs)

**oiler** *n* / Ölkanne *f*, Schmierkanne *f* ‖ ~ (Eng) / Schmierwart *m*, Schmierer *m* (Person) ‖ ~ (Eng) / Öler *m* (Gerät nach DIN 3410) ‖ ~ (US) / Ölfördersonde *f*, Erdölproduktionsbohrung *f*, Produktionsbohrung *f*, Produktionssonde *f*, Förderbohrung *f* (Gewinnungsbohrung) ‖ ~ (Ships) / Öltanker *m*

**oil exploitation** (Oils) / Erdölförderung *f*, Erdölgewinnung *f*, Erdölbergbau *m*

**oil-extended polymer** (Chem Eng) / OP-Kautschuk *m*

**oil•-extended rubber** (Chem Eng) / ölgestreckter Kautschuk, ölplastizierter Kautschuk ‖ ~ **extension** (Chem, Eng) / Ölstreckung *f* ‖ ~ **extraction** (Chem Eng) / Ölextraktion *f*

**oilfield** *n* (Oils) / Ölfeld *n*, Erdölfeld *n*

**oil-filled bushing** (Elec Eng) / Öldurchführung *f*

**oil•-filled cable*** (a self-contained pressure cable in which the pressure medium is low-viscosity oil having access to the insulation) (Cables) / Ölkabel *n* ‖ ~ **filler** (Paint) / Ölspachtel *m* (Spachtelmasse auf Ölbasis) ‖ ~ **filler neck** (Autos) / Öleinfüllstutzen *m* ‖ ~ **filler nozzle** (Autos) / Öleinfüllstutzen *m* ‖ ~ **film** / Ölfilm *m* ‖ ~ **filter** (Autos, Eng) / Schmierölfilter *n*, Ölfilter *n*

**oil-filter body** (Autos) / Ölfiltergehäuse *n* (Blechhülle einer Ölfilterpatrone) ‖ ~ **can** (Autos) / Ölfiltergehäuse *n* (Blechhülle einer Ölfilterpatrone) ‖ ~ **cartridge** (Autos) / Ölfilterpatrone *f* (außen am Motor befestigt und komplett mit Filtergehäuse) ‖ ~ **cartridge** (Autos) / Ölfiltereinsatz *m* (Papier oder Gewebe) ‖ ~ **cover** (Autos) / Ölfilterabdeckung *f*, Ölfilterdeckel *m* ‖ ~ **housing** (Autos) / Ölfiltergehäuse *n* (zur Aufnahme eines Ölfiltereinsatzes) ‖ ~ **mounting pedestal** (Autos) / Ölfilteranschlussflansch *m*, Ölfilterflansch *m* ‖ ~ **strap wrench** (Autos) / Ölfilterbandschlüssel *m* ‖ ~ **wrench** (Autos) / Ölfilterschlüssel *m*, Filterschlüssel *m*

**oil-fired** *adj* / ölbeheizt *adj*, mit Ölfeuerung

**oil-fired boiler** (Eng) / Ölkessel *m* ‖ ~ **heating** (Build) / Ölfeuerung *f* (DIN 4755-1), Ölheizung *f* ‖ ~ **power station** / Ölkraftwerk *n* (Dampfkraftwerk zur Nutzung der Primärenergieart Öl)

**oil firing** (Build) / Ölfeuerung *f* (DIN 4755-1), Ölheizung *f* ‖ ~ **flame** / Ölflamme *f*

**oil-fog lubrication** (Eng) / Ölnebelschmierung *f* (DIN ISO 4378-3)

**oil for processing metals** (Eng) / Metallbearbeitungsöl *n* ‖ ~ **fouling** (of plugs) (I C Engs) / Verölen *n* der Zündkerzen ‖ ~ **fouling** (I C Engs) / Verölung *f* (von Zündkerzen)

**oil-free compressor** (Eng) / ölfreier Kompressor, ölfreier Verdichter (ein Hubkolbenverdichter), Trockenluftverdichter *m*, Trockenlaufkompressor *m*

**oil from tobacco seed** / Tabaksamenöl *n* ‖ ~ **furnace black** (Chem Eng) / Öl-Furnaceruß *m* ‖ ~ **gallery** (Autos) / Ölleitung *f* ‖ ~ **gas** (Chem) / Ölgas *n*

**oilgas*** *n* (Chem) / Ölgas *n*

**oil gasification** (Oils) / Ölvergasung *f*, Erdölvergasung *f*

**oil-gas separation plant** (Oils) / Öl-Gas-Trennanlage *f* ‖ ~ **separator** (Oils) / Öl-Gas-Trennanlage *f*

**oil-gilding** *n* (Paint) / Ölvergoldung *f*

**oil gold size** (Paint) / Anlegeöl *n* (bei Mordant-Vergoldung), Mixtion *f*, Goldanlegeöl *n* ‖ ~ **groove** (Elec Eng, Eng) / Ölnut *f*

**oil-groove cutting machine** (Eng) / Schmiernuten-Ziehmaschine *f*

**oil hardening**\* (Met) / Ölhärten n ‖ ~-**hardening steel**\* (Met) / ölhärtender Stahl, Ölhärter m ‖ ~-**hole** n (Eng) / Ölbohrung f, Ölloch n, Schmierloch n (DIN 1591), Schmierbohrung f ‖ ~ **horizon** (Oils) / erdölführender Horizont, Ölhorizont m
**oil-hydraulic** adj / ölhydraulisch adj
**oil identification** (Ecol) / Ölidentifizierung f (zur Bekämpfung unerlaubter Öleinleitungen in die hohe See) ‖ ~-**immersed**\* adj (Elec Eng) / ölumspült adj, in Ölbad getaucht
**oil-immersed** adj (Elec Eng) / Öl..., unter Öl ‖ ~ **clutch** (Autos) / Ölbadkupplung f, Nasskupplung f (im Ölbad) ‖ ~ **transformer** (in which the core and coils are immersed in an insulating oil) (Elec Eng) / Öltransformator m (dessen Kern und Wicklungen sich in Öl befinden)
**oil • -immersion objective**\* (Micros) / Ölimmersionsobjektiv n, Objektiv n mit Ölimmersion ‖ ~-**impregnated paper** (Cables, Paper) / ölgetränktes Papier
**oil-impregnated wood** (For) / Ölholz n (durch Imprägnierung mit Mineralölen vergütetes Holz, z.B. für selbstschmierende Lager)
**oil in bulk** (Ships) / Ladeöl n (in Tankern), Öl n (als Ladung in Tankern) ‖ ~ **industry** (Oils) / petrolchemische Industrie, Mineralölwirtschaft f, Erdölindustrie f
**oiliness** n / Öligkeit f ‖ ~ (Nut) / altöliger Geschmack (verdorbener Fette), Peroxidranzigkeit f
**oiling**\* n / Ölen n, Einölen n, Schmieren n (mit Öl) ‖ ~ (I C Engs) / Verölung f (von Zündkerzen) ‖ ~\* (Spinning) / Schmälzen n (Vorbehandeln der Fasern für das Spinnen, meistens mit einer Fettemulsion), Spicken n, Ölen n (Vorbehandeln der Fasern)
**oiling-off** n (Leather) / Abölen n, Fetten n
**oiling ring**\* (Eng) / Ölring m, Schmierring m ‖ ~ **willow** (Spinning) / Ölwolf m, Schmälzwolf m
**oil in place** (Oils) / Öl n in situ (Gesamtvolumen in der Lagerstätte) ‖ ~ **in place** (Oils) / Öl n in situ (Gesamtvolumen in der Lagerstätte) ‖ ~-**insulated**\* adj (Elec Eng) / ölisoliert adj
**oil-in-water emulsion** (Chem, Pharm) / Öl-in-Wasser-Emulsion f, Ö/W (Öl-in-Wasser-Emulsion)
**oil leak** (Eng) / Ölaustritt m (unerwünschter) ‖ ~ **leakage** (Eng) / Ölaustritt m (unerwünschter) ‖ ~ **leather** (Leather) / Sämischleder n (mit entferntem Narben, meistens aus Schaffellen) ‖ ~ **length**\* (Paint) / Verhältnis n Öl/Harz, Pfündigkeit f (in der klassischen Ölkopallacktechnik)
**oilless circuit • -breaker**\* (Elec Eng) / ölloser Leistungsschalter ‖ ~ **compressor** (Eng) / ölfreier Kompressor, ölfreier Verdichter (ein Hubkolbenverdichter), Trockenlaufverdichter m, Trockenlaufkompressor m
**oil-level check** (Autos, Eng) / Ölstandskontrolle f
**oil-level indicator** (Autos) / Ölstandsanzeiger m
**oil-life monitor** / Öllebensdauermonitor m
**oil lubrication** (Eng) / Ölschmierung f ‖ ~ **mark** / Ölfleck m ‖ ~ **meal** (Agric) / Ölkuchenmehl n ‖ ~ **mill** (Nut) / Ölmühle f ‖ ~ **mining** (Oils) / Erdölförderung f, Erdölgewinnung f, Erdölbergbau m ‖ ~ **mist** / Ölnebel m, Öldunst m ‖ ~-**mist lubrication** (Eng) / Ölnebelschmierung f (DIN ISO 4378-3) ‖ ~-**modified resin** (Paint) / ölmodifiziertes Harz ‖ ~ **mordant** (Textiles) / Ölbeize f (z.B. Türkischrotöl) ‖ ~ **mud** (Autos, Eng, I C Engs) / Schwarzschlamm m, Ölschlamm m (Gemenge von Öl mit artfremden Verunreinigungen) ‖ ~ **obtained from whole fish** (Nut) / Fischöl n (Körperöl von Fischen), Fischkörperöl n ‖ ~ **of amber** / Bernsteinöl n ‖ ~ **of anise** (Chem) / Anisöl n (entweder Anis oder Sternanis) ‖ ~ **of bay** / echtes Bayöl (aus Pimenta racemosa (Mill.) J.W. Moore) ‖ ~ **of bergamot** / Bergamottöl n (aus Citrus bergamia Risso et Poit.) ‖ ~ **of bitter almonds**\* (Chem) / Bittermandelöl n (meistens von Prunus dulcis var. amara (DC.) Buchheim) ‖ ~ **of calamus** / Kalmusöl n, Oleum n Calami aethereum (das etherische Öl des Rhizoms des Acorus calamus L.), Calmusöl n ‖ ~ **of camphor** (Chem, Pharm) / Kampferöl n (aus der Destillation des Kampferholzes) ‖ ~ **of cananga** / Canangaöl n (das etherische Öl aus den Blüten einer hauptsächlich auf Java wachsenden Unterart der Ylang-Ylangpflanze - Cananga odorata ssp. macrophylla), Kanangaöl n ‖ ~ **of caraway** / Kümmelöl n (aus Carum carvi L.) ‖ ~ **of cardamom** (Nut) / Kardamomenöl n, Cardamomenöl n ‖ ~ **of celery seed** / Sellerieöl n (aus den Samen des wild wachsenden Selleries) ‖ ~ **of chenopodium** (Pharm) / Wurmsamenöl n, Chenopodiumöl n (aus Chenopodium ambrosioides var. anthelminticum (L.) A. Gray) ‖ ~ **of cinnamon** (Chem, Nut, Pharm) / Zimtöl n (Zimtblätter- oder Zimtrindenöl) ‖ ~ **of cinnamon leaves** / Zimtblätteröl n (aus Cinnamomum zeylanicum Blume) ‖ ~ **of citronella** / Zitronellöl n (ein etherisches, in der Parfümerie verwendetes Grasöl, das durch Wasserdampfdestillation getrockneter Cymbopogongräserarten gewonnen wird), Citronellöl n, Bartgrasöl n ‖ ~ **of cloves**\* / Gewürznelkenöl n (aus den getrockneten Blütenknospen des Syzygium aromaticum (L.) Merr. et L.M. Perry), Nelkenöl n ‖ ~ **of coriander** (Nut, Pharm) / Korianderöl n (etherisches Öl aus Coriandrum sativum L.), Oleum n Coriandri, Corianderöl n ‖ ~ **of cubeb** (Pharm) / Kubebenöl n, Oleum n Cubebae, Kubebenpfefferöl n, Cubebenpfefferöl n (aus Piper cubeba L.) ‖ ~ **of East Indian geranium** / Ostindisches Geraniumöl (ein Grasöl aus Cymbopogon martinii (Roxb.) J.F. Watson), Indisches Geraniumöl, Palmarosaöl n, Rusaöl n ‖ ~ **of elemi** / Manilaöl n (aus den Samen von Canarium luzonicum Mig.) Elemiöl n ‖ ~ **off** v (Leather) / abölen v (Narben) ‖ ~ **off** (Nut) / ausölen v (Butter oder Margarine) ‖ ~ **of fennel** / Fenchelöl n (bitteres oder süßes - von Foeniculum vulgare Mill.) ‖ ~ **of German chamomile** (Pharm) / Deutsches Kamillenöl (aus Matricaria recutita L.), Blaues Kamillenöl ‖ ~ **of guaiac wood** (For) / Guajakholzöl n (aus Bulnesia sarmienti) ‖ ~ **of ilang-ilang** / Ylang-Ylang-Öl n, Ilang-Ilang-Öl n (das etherische Öl der Cananga odorata (Lam.) Hook. f. et Thomson) ‖ ~ **of Judea**\* (Geol, Min, Photog) / Judäa-Asphalt m ("Gräberpech" - ein lichtempfindlicher Stoff, mit dem N. Niepce seine ersten Fotografieversuche machte) ‖ ~ **of juniper berries** (Nut, Pharm) / Wacholderbeeröl n (das durch Wasserdampfdestillation aus reifen getrockneten Wacholderbeeren gewonnen wird), Oleum n Juniperi baccarum ‖ ~ **of lavender** (Ceramics, Chem Eng, Pharm) / Lavendelöl n ‖ ~ **of lemon grass** (Chem) / Lemongrasöl n ( ein Grasöl von Cymbopogon-Arten - westindisches oder ostindisches), Serehöl n ‖ ~ **of mirbane** (Chem) / Mirbanöl n (Nitrobenzol), Mirbanessenz f ‖ ~ **of mustard** (Bot, Chem, Pharm) / Senföl n (etherisches, fettes - ein organisches Isothiocyanat), Senfkörneröl n (aus den Samen des Weißen und Schwarzen Senfs) ‖ ~ **of neroli** (Chem) / Pomeranzenblütenöl n, Neroliöl n (von Citrus aurantium L. ssp. aurantium) ‖ ~ **of orange blossoms** / Orangenblütenöl n (von Citrus sinensis (L.) Osbeck oder Citrus aurantium L.) ‖ ~ **of orris** / Veilchenwurzelöl n (das etherische Öl des Rhizoms der Iris sp.), Iriswurzelöl n, Irisöl n ‖ ~ **of palmarosa** / Ostindisches Geraniumöl (ein Grasöl aus Cymbopogon martinii (Roxb.) J.F. Watson), Indisches Geraniumöl, Palmarosaöl n, Rusaöl n ‖ ~ **of patchouli** / Patschuliöl n (aus Pogostemon cablin (Blanco) Benth.) ‖ ~ **of pepper** / Pfefferöl n (etherisches Öl aus Piper nigrum L.) ‖ ~ **of peppermint** (Chem, Pharm) / Echtes Pfefferminzöl, Pfefferminzöl n (ein etherisches Öl von Mentha piperita L.), Oleum n Menthae piperitae ‖ ~ **of petitgrain** / Petitgrainöl n (das etherische Öl der Blätter, Zweige und unreifen Früchte von verschiedenen Zitrusarten - Paraguay Bigarade) ‖ ~ **of rose** / Rosenöl n (bulgarisches, französisches, marokkanisches) ‖ ~ **of rose geranium** / Geraniumöl n (etherisches Öl aus den Blättern verschiedener Pelargoniumarten - ein wichtiger Duftbaustein in der Parfümherstellung), Pelargoniumöl n (meistens aus der Rosenpelargonie - Pelargonium graveolens L'Hérit. ex Ait.), Oleum n Geranii ‖ ~ **of sage** (Pharm) / Salbeiöl n (meistens dalmatinisches), Oleum n Salviae (aus Salvia officinalis L.) ‖ ~ **of sassafras** / Sassafrasöl n, Fenchelholzöl n ‖ ~ **of shaddock** / Pampelmusenöl n, Shaddocköl n, Pummelöol n (aus Citrus maxima (Burm.) Merr.) ‖ ~ **of turpentine**\* (Chem, Med) / Terpentinöl n (DIN 53 248 - klares, leicht bewegliches Öl mit einem eigentümlichen, durchdringenden, frischen, warm balsamischen Geruch und einem bitter--scharfem Geschmack), Oleum n Terebinthinae ‖ ~ **of turpentine**\* s. also turpentine ‖ ~ **of vetiver** / Vetiveröl n (ein Grasöl aus Vetiveria zizanioides (L.) Nash), Ivarancusaöl n ‖ ~ **of vitriol**\* (Chem) / Vitriolöl n, Vitriolsäure f ‖ ~ **of West Indian sandalwood** / Westindisches Sandelholzöl (ein etherisches Öl aus dem Balsamifera L.) ‖ ~ **of wintergreen** / Gaultheriaöl n, Wintergrünöl n (etherisches Öl aus den Blättern der Gaultheria procumbens L.) ‖ ~ **of wormwood** (Med, Nut) / Wermutöl n, Absinthöl n
**Oilostatic cable** (Cables) / Oilostatic-Kabel n (Hochdrucköl kabel im Stahlrohr)
**oil outlet port** (Eng) / Ölaustrittsbohrung f ‖ ~ **outlet temperature** / Ölaustrittstemperatur f ‖ ~ **overflow** / Ölüberlauf m ‖ ~ **oxidation** (Chem) / Öloxidation f ‖ ~ **oxidation** (Chem) s. also oil ageing ‖ ~ **pad** (Eng) / Ölpolster n (bei der Schmierkissenschmierung), Schmierpolster n, Ölschmierkissen n
**oil-pad lubrication** (Eng) / Kissenschmierung f, Schmierkissenschmierung f, Polsterschmierung f
**oil paint**\* (Paint) / Ölfarbe f (Anstrichstoff, dessen Bindemittel vornehmlich aus trocknenden pflanzlichen Ölen besteht)
**oil-painting paper** (Paper) / Ölmalpapier n
**oil palm** (For) / Ölpalme f (besonders Elaeis guineensis) ‖ ~ **palm** (For) s. also African oil palm ‖ ~ **pan** (US) (Autos, I C Engs) / Kurbelgehäuseunterteil m, Ölsumpf m (tiefste Stelle im Kurbelgehäuse bzw. Ölwanne von Viertaktmotoren), Ölwanne f (DIN 6260) ‖ ~ **pan** (Ecol, Eng) / Ölauffangschale f, Ölfangschale f, Ölauffangwanne f
**oil-pan coating** (Paint) / Ölauffangwannenbeschichtung f
**oil paper** (Elec Eng, Paper) / Ölpapier n (DIN 6730)
**oil-paper, lined with** ~ / mit Ölpapier ausgeschlagen

**oil passage** (Autos) / Ölkanal m (z.B. am Zylinderkopf) || ~ **paste** (Paint) / Ölpaste f
**oil-plant** n (Agric, Bot) / Ölpflanze f (Kulturpflanze, deren Samen oder Früchte fette Öle liefern)
**oil platform** (Oils) / Bohrplattform f (Offshore), Produktionsplattform f, Plattform f (ein Offshore-Bauwerk) || ~ **pocket** (Eng) / Öltasche f (eine Schmiermitteltasche) || ~ **pollution** (Ecol, Ocean) / Ölverseuchung f, Ölverschmutzung f, Ölschaden m, Ölpest f (z.B. bei Tankerunfällen) || ~**-pollution fighter** (Ecol, Ships) / Ölunfallbekämpfungsschiff n || ~ **pool** (Geol, Oils) / Erdölansammlung f, Auftreten n (natürliche Ansammlung) von Erdöl || ~ **pool** (Oils) / Erdöllagerstätte f || ~**-poor circuit-breaker**\* (Elec Eng) / ölarmer Leistungsschalter || ~ **port** (Ships) / Ölhafen m || ~ **press** (Nut) / Ölpresse f || ~ **pressure** / Öldruck m
**oil-pressure cable** (Cables) / Kabel n mit Ölfüllung || ~ **gauge** (Instr) / Öldruckmesser m, Öldruckanzeiger m || ~ **gauge** (Phys) / Ölmanometer n || ~ **governor** (Eng) / Druckölregler m || ~ **switch** (Instr) / Öldruckschalter m || ~ **warning light** (Autos) / Öldruckkontrollleuchte f, Öldruckwarnleuchte f
**oil production** (Oils) / Erdölförderung f, Erdölgewinnung f, Erdölbergbau m
**oil-proof** adj / ölbeständig adj || ~ / öldicht adj
**oil pump**\* (I C Engs) / Ölpumpe f (die normalerweise in der Ölwanne sitzt und unten am Kurbelgehäuse befestigt ist)
**oil-pump body** (I C Engs) / Ölpumpengehäuse n
**oil putty** / Ölkitt mit trocknenden Ölen m (verknetete Schlämmkreide) || ~ **quench**\* (Met) / Ölabschreckung f, Ölabschrecken n || ~**-quenched fuse**\* (Elec Eng) / Ölsicherung f || ~ **quenching** (Met) / Ölabschreckung f, Ölabschrecken n || ~ **rail** (I C Engs) / Abstreifschneide f (eines Ölabstreifrings) || ~**-reactive resin** (Paint) / ölreaktives Harz (künstliches Harz, das sich mit fetten Ölen unter Wärmeeinwirkung chemisch umsetzt) || ~ **reclaiming** / Ölrückgewinnung f, Altölaufbereitung f || ~ **recovery** (Oils) / Erdölförderung f, Erdölgewinnung f, Erdölbergbau m || ~ **red** / Ölrot n (Bisazofarbstoff für Elektrophorese, Mikroskopie und Fettfärbung) || ~ **refinery** (Oils) / Ölraffinerie f, Mineralölraffinerie f, Erdölraffinerie f, Erdölanlage f || ~ **removal from exhaust steam** (Eng) / Abdampfentölung f
**oil-repellency** n / Oleophobie f
**oil-repellent** adj / ölabweisend adj, ölabstoßend adj, oleophob adj
**oil re-refining** / Ölrückgewinnung f, Altölaufbereitung f || ~ **reservoir** / Ölbehälter m, Öltank m || ~ **reservoir** (Oils) / Erdöllagerstätte f
**oil-resistant** adj / ölbeständig adj
**oil retention device** (Ecol) / Ölsperre f (pneumatische oder mechanische Absperreinrichtung zur Verhinderung der Verbreitung von schwimmenden Ölen)
**oil-return line** (Eng) / Ölrücklaufleitung f
**oil rig** (Mining, Oils) / Bohranlage f (sowohl zu Lande als auch offshore), Rig m (unabhängige Bohrinsel) || ~ **rig** (Oils) / Ölbohrinsel f, Bohrinsel f (ortsfester, im Meeresboden verankerter Geräteträger zum Abteufen von Bohrungen nach Erdöl und Erdgas im Meer) || ~ **ring**\* (I C Engs) / Ölabstreifring m (unterster Kolbenring, der das Eindringen des Öls in den Verdichtungsraum verhindert - federgespannt, federgestützt oder selbstspannend), Abstreifring m
**oil-ring lubrication** (Eng) / Ringschmierung f, Losringschmierung f
**oil rock** (Geol, Oils) / Erdölmuttergestein n || ~ **sampling** / Ölprobenahme f, Ölprobeentnahme f || ~ **sand(s)** (containing petroleum or impregnated with hydrocarbons) (Geol) / Ölsand m (im Allgemeinen), Teersand m (erdölführender Sand) || ~ **sand** s. also bitumen sand and tar sand || ~**-sand core** (Foundry) / Ölsandkern m || ~ **scout** (Oils) / Spezialist m für Erdölerkundung || ~ **scraper ring** (I C Engs) / Ölabstreifring m (unterster Kolbenring, der das Eindringen des Öls in den Verdichtungsraum verhindert - federgespannt, federgestützt oder selbstspannend), Abstreifring m || ~ **screen** / Ölsieb n (am Saugrüssel der Ölpumpe) || ~ **seal** / Ölabdichtung f, Öldichtung f (DIN 42005), öldichter Verschluss
**oil-sealing ring** (a ring outside a roller bearing to prevent the escape of oil from the bearing) (Eng) / Dichtungsring m
**oilseed** n (Bot) / Ölsaat f, Samen m einer Ölfrucht || ~ **cake** (Agric) / Ölkuchen m, Presskuchen m (die Rückstände der pflanzlichen fetten Öle) || ~ **residue** (Agric) / Ölkuchen m, Presskuchen m (die Rückstände der pflanzlichen fetten Öle)
**oil seepage** (Geol) / Ölaustritt m || ~ **separator** / Ölseparator m, Entöler m || ~ **separator** (Ecol, Eng, San Eng) / Ölabscheider m || ~ **separator** (Eng) / Entöler m, Dampfentöler m || ~ **shale** (Geol) / Ölschiefer m (aus Faulschlamm entstandenes, relativ bitumenreiches Sedimentgestein), bituminöser Schiefer
**oil-shale processing** (Oils) / Ölschieferaufarbeitung f (zu synthetischem Öl), Aufarbeitung f von Ölschiefer
**oil shock absorber** (Autos) / Ölstoßdämpfer m || ~ **show(s)** (e.g. in the cuttings returning to surface) (Geol, Oils) / Ölspuren f pl, Ölanzeichen n pl, Erdölanzeichen n pl, Erdölspuren f pl

**oil-sight glasss** / Ölstandschauglas n, Ölauge n (Ölschauglas)
**oilsilk** n (Textiles) / Ölseide f
**oil size** (Textiles) / Ölschlichte f
**oilskin** n (Textiles) / Ölzeug n (Arbeitsbekleidung der Seeleute bei schlechtem Wetter) || ~ (Textiles) / Ölhaut f (leichte, dünne Regenmantelseide mit Öl- oder Kunststoffimprägnierung)
**oilskins** pl (Textiles) / Ölzeug n (Arbeitsbekleidung der Seeleute bei schlechtem Wetter)
**oil slick** (Ecol, Ships) / Öllache f (auf dem Wasser), Ölteppich m (auf dem Meer), Ölfilm m auf dem Wasser || ~ **slinger** (Autos) / Ölabweisblech n || ~ **sludge** (Autos, Eng, I C Engs) / Schwarzschlamm m, Ölschlamm m (Gemenge von Öl mit artfremden Verunreinigungen) || ~ **sludging** (Autos, Eng, I C Engs) / Ölverschlammung f
**oil-soluble** adj / öllöslich adj
**oil-soluble resin** (Paint) / öllösliches Harz
**oil-soluble wood preservative** (For) / öllösliches Holzschutzmittel
**oil-source rock** (Geol, Oils) / Erdölmuttergestein n
**oil spill** (Ecol, Ocean) / Ölkatastrophe f || ~ **spill** (Ecol, Ships) / Öllache f (auf dem Wasser), Ölteppich m (auf dem Meer), Ölfilm m auf dem Wasser
**oil-spill control** (Ecol) / Ölunfallbekämpfung f || ~ **disaster** (Ecol, Ocean) / Ölkatastrophe f || ~ **dispersant** (Ecol) / Dispergator m (zur Ölunfallbekämpfung)
**oil-splash lubrication** / Ölschleuderschmierung f, Ölspritzschmierung f
**oil spot** / Ölfleck m || ~ **spray** / Ölstrahl m
**oil-spray lubrication** / Ölstrahlschmierung f || ~ **nozzle** / Ölspritzdüse f
**oil stain** / Ölfleck m || ~ **stain** (Join, Paint) / Ölbeize f (eine Holzbeize zur Färbung von Bautischlerarbeiten)
**oilstone**\* n (Eng) / Ölwetzstein m, Ölstein m || ~ **slip** (Carp) / Abziehstein m (geformter für Stechbeitel)
**oil strainer** / Ölsieb n (am Saugrüssel der Ölpumpe) || ~ **string casing** (Oils) / Produktionsrohrfahrt f || ~ **sump**\* (Autos) / Kurbelgehäuseunterteil m, Ölsumpf m (tiefste Stelle im Kurbelgehäuse bzw. Ölwanne von Viertaktmotoren), Ölwanne f (DIN 6260)
**oil-sump lubrication** (Autos) / Tauchschmierung f (DIN 6267)
**oil supply** / Ölzufuhr f || ~ **suspension** / Ölaufschlämmung f, Ölsuspension f || ~ **switch**\* (Elec Eng) / Ölschalter m || ~ **tank** / Ölbehälter m, Öltank m || ~ **tanker**\* (Ships) / Öltanker m || ~ **tannage** (Leather) / Sämischgerbung f, Sämischgerberei f (mit oxidierbaren Ölen, vor allem Tranen) || ~ **tanning** (Leather) / Sämischgerbung f, Sämischgerberei f (mit oxidierbaren Ölen, vor allem Tranen) || ~ **tar** (Chem Eng) / Ölteer m (der bei der thermischen Zersetzung von Mineralölen zu Ölgas und bei der Herstellung von Wassergas entsteht) || ~ **temperature** / Öltemperatur f
**oil-tempered** adj (Met) / ölgehärtet adj
**oil-tight** adj / öldicht adj
**oil trap** / Ölseparator m, Entöler m || ~ **trap** (Geol) / Erdölfalle f, Erdölfangstruktur f || ~ **treatment** / Ölaufbereitung f || ~ **treatment** (oiling) / Ölen n, Einölen n, Schmieren n (mit Öl)
**oil-type preservative** (For) / öliges Holzschutzmittel
**oil varnish**\* (Paint) / Öllack m || ~ **viscosity** / Ölviskosität f
**oil-water contact** (Geol, Oils) / Erdöl-Wasser-Grenzfläche f, Erdöl-Wasser-Kontakt m, Grenzfläche f Öl gegen Wasser, Öl-Wasser-Grenzfläche f, Öl-Wasser-Kontakt m || ~ **emulsion** (Chem, Pharm) / Öl-in-Wasser-Emulsion f, O/W (Öl-in-Wasser-Emulsion) || ~ **interface** (Geol, Oils) / Erdöl-Wasser-Grenzfläche f, Erdöl-Wasser-Kontakt m, Grenzfläche f Öl gegen Wasser, Öl-Wasser-Grenzfläche f, Öl-Wasser-Kontakt m
**oilway** n (Autos) / Ölleitung f
**oil wedge** (Mech) / Ölkeil m (bei der Flüssigkeitsschmierung), Schmierkeil m || ~ **well** (Geol, Oils) / Erdölquelle f, Erdölbohrung f || ~ **wick** / Öldocht m || ~ **with conjugated double bonds** / Konjuenöl n (trocknendes Öl mit konjugierten Doppelbindungen) || ~ **wood stain** (Join) / Ölbeize f (eine Holzbeize zur Färbung von Bautischlerarbeiten)
**oily** adj / ölig adj (Oberfläche) || ~ **coating** (I C Engs) / Ölkohle f (fester, kohleartiger, verschleißfördernder Schmierölrückstand im Verbrennungsraum) || ~ **mordant** (Textiles) / Ölbeize f (z.B. Türkischrotöl) || ~ (wood) **preservative** (For) / öliges Holzschutzmittel || ~ **waste** / fettiger Abfall
**O-ing press** (Welding) / Rundformpresse f, O-Presse f (für Längsnahtrohre)
**ointment** n (Pharm) / Salbe f, Unguentum n (pl. -enta), Ungt. || ~ **base** (Chem, Pharm) / Salbengrundlage f (Salbengrundstoffe)
**O.I.P.** (oil in place) (Oils) / Öl n in situ (Gesamtvolumen in der Lagerstätte)
**OIS** (office information system) (Comp) / Büroinformationssystem n
**oiticica oil** (a drying oil) (Paint) / Oiticikaöl n (von Licania rigida Benth.), Oiticica-Öl n

**OIU** (office interface unit) (Telecomm) / zentrale Schnittstelle (in der Vermittlungsstelle des LOC-Glasfasersystems von Raynet)
**OK** v (for press) (Print) / Imprimatur erteilen
**okadaic acid** (Chem) / Okadainsäure f (Phytoxin II)
**okara** n (Chem) / Okara n (Rückstand aus der Sojaextraktion, der als Fermentationszusatz verwendet wird)
**okay** v (the proofs) (Print) / Imprimatur erteilen
**Okazaki fragment** (Biol, Gen) / Okazaki-Fragment n (nach R. Okazaki, 1930 - 1975)
**OK button** (Comp) / Schaltfläche f "OK" || ~ **electrode** (Welding) / OK-Elektrode f (umhüllte Elektrode nach O. Kjellberg) || ~ **key** (TV) / OK-Taste f (z.B. bei der Fernbedienung)
**Oklo natural fission reactor*** (Nuc Eng) / Oklo-Reaktor m (hypothetischer natürlicher Reaktor) || ~ **phenomenon** (Nuc Eng) / Oklo-Phänomen n (bei Uranerzen aus Oklo/Gabun)
**okoko** n (For) / Eyong n (westafrikanisches Holz der Eribroma oblonga Bod.), Okoko n
**okola** n (For) / Douka n (Holz aus Thieghemella africana A. Chev.), Okola n
**o.k. proof** (Print) / Imprimaturabzug m, abgezeichneter Bogen, Druckfreigabebogen m, genehmigter Andruck (vor dem Auflagendruck) || ~ **sheet** (Print) / Imprimaturabzug m, abgezeichneter Bogen, Druckfreigabebogen m, genehmigter Andruck (vor dem Auflagendruck)
**OLAP** (on-line analytical processing) (Comp) / Online Analytical Processing n (Realisierung des Management-Informationssystems), OLAP (Online Analytical Processing) || ~ (Comp) s. also data warehouse
**olate** v (Chem) / verolen v
**olation** n (Chem) / Verolung f (Bildung von Nebenvalenzbrücken zwischen Metallatomen und OH-Gruppen)
**Olbers' paradox*** (Astron) / Olbers'sches Paradoxon (nach W. Olbers, 1758-1840)
**OLD** (optical line distributor) (Optics, Telecomm) / optischer Leitungsverteiler (aktives Bauelement in einem optischen Zugangsnetz)
**old age*** (Geol) / Greisenalter n (geomorphologisch) || ~ **brick** (Build) / Altziegel m || ~ **coating** (Paint) / alter Anstrich, Altanstrich m || ~ **cocoyam** (Nut) / Taro m, Wasserbrotwurzel f (essbare Wurzelknolle der Colocasia esculenta (L.) Schott oder Colocasia esculenta 'Antiquorum') || ~ **crop** (For) / Altbestand m || ~ **face*** (Typog) / Renaissance-Antiqua f (eine Schriftgattung innerhalb der runden Schriften), Mediäval f (z.B. Garamond oder Palatino) || ~ **field** (Agric) / Brache f (brachliegendes Feld, Land), Brachacker m, Brachland n, Brachflur f, Brachfeld n, Driesch m (Brache, unbebautes Land) || ~ **fustic** (For) / Fustikholz n (echtes - aus Chlorophora tinctoria (L.) Gaudich. ex Benth. et Hook.)), Gelbholz n, Tatajubaholz n || ~ **gold** (Paint) / Altgold n (Bronzepulver im tiefgoldenen Farbton des Dukatengoldes) || ~ **growth** (For) / Altbestand m
**old-growth timber** (For) / Baumholz n (mit Brusthöhendurchmessern über 14 cm) || ~ **timber** (For) / Altholz n (Bäume und forstliche Bestände, die aufgrund ihres hohen Alters die maximalen jährlichen Zuwachsleistungen nicht mehr erreichen)
**Oldham coupling*** (Eng) / Oldham-Kupplung f, Kreuzscheibenkupplung f (die einen großen Parallelversatz ausgleichen kann)
**oldhamite*** n (Min) / Oldhamit m
**old landmass** (Geol) / Altland n || ~ **lime** (Leather) / alter Kalkäscher || ~ **paint** (Paint) / alter Anstrich, Altanstrich m || ~ **paint** (Paint) / Altlack m || ~ (waste) **paper** (Paper) / Altpapier n, Abfallpapier n || ~ **pit tannage** (Leather) / Altgrubengerbung f
**old-red oiling** (Textiles) / Altrotölung f
**old rock** (Geol) / Edukt n (Ausgangsgestein bei der Metamorphose)
**old-rose** attr (a shade of deep pink) / altrosa adj
**old sand** (Foundry) / Altsand m || ~ **scrap** (Met) / Schrott m (metallische Abfälle) || ~ **snow** (Meteor) / Altschnee m || ~ **state** (Comp) / Ausgangszustand m (bei Konfiguration) || ~ **style** (Typog) / Renaissance-Antiqua f (eine Schriftgattung innerhalb der runden Schriften), Mediäval f (z.B. Garamond oder Palatino) || ~ **style figures** (Typog) / Mediävalziffern f pl (die meistens für den Satz von astronomischen und nautischen Werken sowie für Logarithmentafeln eingesetzt werden) || ~ **workings** (Mining) / alter Mann (verlassener, abgesperrter, versetzter oder zu Bruch gewordener Grubenbau oder -raum), toter Mann
**OLE*** (object linking & embedding) (Comp) / Object Linking & Embedding n, OLE (Object Linking & Embedding)
**oleaginous seed** (Bot) / Ölsaat f, Samen m einer Ölfrucht
**oleamide** f (Biochem, Chem) / Ölsäureamid n, Oleamid n
**olean** n (Biochem) / Olean n
**oleanane** n (Chem, Oils) / Oleanan n

**oleandomycin** n (Pharm) / Oleandomycin n (ein Makrolidantibiotikum aus Kulturen von Streptomyces antibioticus oder Streptomyces olivochromogenes), Oleandomyzin n
**oleandrin** n (Chem) / Oleandrin n (giftiges Glykosid aus den Blättern des Nerium oleander L.), Neriolin n, Corrigen n
**oleanoic acid** (Chem) / Oleanolsäure f (eine einfach ungesättigte Karbonsäure aus der Gruppe der pentazyklischen Triterpene)
**oleanolic acid** (a monounsaturated, pentacyclic triterpene, with a carboxylic acid group) (Chem) / Oleanolsäure f
**oleaster** n (For) / Schmalblättrige Ölweide f (Elaeagnus angustifolia L.)
**oleate** n (Chem, Nut) / Oleat n (ölsaures Metallsalz - E 470)
**OLED** (organic light-emitting diode) (Electronics) / organische Leuchtdiode
**olefines** pl (Chem) / Olefine n pl, Ethene n pl, Alkene n pl, Ethenkohlenwasserstoffe m pl
**olefin fibre** (Textiles) / Olefinfaser f
**olefins*** pl (Chem) / Olefine n pl, Ethene n pl, Alkene n pl, Ethenkohlenwasserstoffe m pl
**olefin sulphide** (Chem) / Episulfid n (eine alte Bezeichnung für komplizierte Thiirane - heute Epithio-)
**oleic acid*** (Chem) / Ölsäure f (einfach ungesättigte, unverzweigte Fettsäure), Oleinsäure f || ~ **amide** (Biochem) / Ölsäureamid n, Oleamid n
**oleiferous** adj / Öl- (Same), ölliefernd adj
**olein*** n (Chem) / Olein n (technische Ölsäure)
**oleo*** n (Aero) / Öl-Luft-Federbein n, Ölfederbein n
**oleochemical** n (Oils) / Mineralölerzeugnis n, Petrochemikalie f, Petrolchemikalie f (Produkt der Petrolchemie), Erdölabkömmling m
**oleochemistry** n (Chem) / Ölchemie f, Fettchemie f, Oleochemie f
**oleogel** n (Chem) / Oleogel n, Lipogel n
**oleo leg*** (Aero) / Öl-Luft-Federbein n, Ölfederbein n
**oleomargarine** n (a fatty substance extracted from beef fat and used in the manufacture of margarine) (Nut) / Oleomargarin n (flüssige Fraktion des Rindertalgs), Presstalg m || ~ (US) (Nut) / Margarine f (nach dem Milch- und Margarinegesetz vom 25.7. 1990)
**oleometer** n (for measuring the specific gravity of oil) (Phys) / Ölspindel f, Ölsenkwaage f, Olaräometer n, Oleometer n
**oleo oil** (Nut) / Oleomargarin n (flüssige Fraktion des Rindertalgs), Presstalg m
**oleophilic** adj / ölanziehend adj, oleophil adj (fette Stoffe, z.B. Druckfarben, gut annehmend) || ~ **colloid** (Chem) / oleophiles Kolloid || ~ **material** (Ecol) / Ölbindemittel n, Ölbinder m (der bei Ölschäden eingesetzt wird - nichtbrennbar)
**oleophobic** adj / ölabweisend adj, ölabstoßend adj, oleophob adj || ~ **colloid** (Chem) / oleophobes Kolloid
**oleophobizing** n (Textiles) / Oleophobierung f
**oleo-pneumatic shock strut** (Aero) / Öl-Luft-Federbein n, Ölfederbein n || ~ **strut** (Aero) / Öl-Luft-Federbein n, Ölfederbein n
**oleoresin*** n (Chem, Nut, Paint) / Oleoresin n (Resinoid und Extraktionskonzentrat von Gewürzen)
**oleoresinous** adj / ölharzhaltig adj || ~* (Paint) / Öl-Naturharz-, Ölharz- || ~ **varnish** (Paint) / Öllack m
**oleostatic** adj (Oils) / mit natürlichem Lagerstättendruck (Erdöl)
**oleo strut** (Aero) / Öl-Luft-Federbein n, Ölfederbein n
**oleum*** n (pl. oleums) (Chem) / rauchende Schwefelsäure, Oleum n
**oleum gossypii seminis** / Cottonöl n, Kottonöl n, Baumwollsamenöl n, Baumwollsaatöl n (Oleum gossypii)
**oleyl alcohol** (Chem) / Oleylalkohol m || ~ **oleate** (Chem) / Ölsäureoleylester m, Oleyloleat n
**OLF** (optical lighting film) (Light) / Lichtleitfolie f
**olfaction** n (Physiol) / olfaktorischer Sinn, Geruchssinn m, Riechsinn m, Olfaktus m
**olfactometer** n (Physiol) / Olfaktometer n
**olfactometry*** n (Chem, Ecol, Med) / Olfaktometrie f (quantitative Prüfung des Geruchssinns), Odorimetrie f, Geruchsmessung f
**olfactory nuisance** / Geruchsbelästigung f || ~ **sense** (Physiol) / olfaktorischer Sinn, Geruchssinn m, Riechsinn m, Olfaktus m
**olibanum** n / Olibanum n, Weihrauch m, Gummi Olibanum (Gummiharz von Boswellia-Arten)
**oliensis spot test** / Oliensis-Spot-Test m (ein Maß für die Verträglichkeit eines Destillationsbitumens mit einem Oxidationsbitumen)
**oligarchic network** (Telecomm) / oligarchisches Netz
**oligiste iron** (Min) / Hämatit m (Eisen(III)-oxid)
**oligist iron** (Min) / Hämatit m (Eisen(III)-oxid)
**oligo** n (pl. -s) (Biochem) / Oligonukleotid n, Oligonucleotid n
**oligoclase*** n (Min) / Oligoklas m (ein zur Gruppe der Plagioklase gehöriger Kalk-Natron-Feldspat)
**oligodynamic action** (Chem, Med) / Oligodynamie f, oligodynamische Wirkung (keimtötende Wirkung eines Schwermetalls oder einer Schwermetallverbindung)

**oligohaline** *adj* / oligohalin *adj* (Brackwasser)
**oligomer** *n* (Chem) / Oligomer *n*, Oligomere *n*
**oligomeric** *adj* (Chem) / oligomer *adj*
**oligomerization** *n* (Chem) / Oligomerisation *f*
**oligomerize** *v* (Chem) / oligomerisieren *v*
**oligonucleotide** *n* (Biochem) / Oligonukleotid *n*, Oligonucleotid *n*
**oligopeptides*** *pl* (Biochem) / Oligopeptide *n pl* (mit weniger als 10 Aminosäureresten)
**oligophenyl** *n* (Chem) / Oligophenyl *n* (oligomeres Polyphenylen)
**oligopolymer** *n* (Chem) / Oligomer *n*, Oligomere *n*
**oligosaccharides*** *pl* (Chem) / Oligosaccharide *n pl* (unter Wasseraustritt zu Oligomeren zusammengelagerte Monosaccharide), Oligosacharide *n pl*
**oligosaccharines** *pl* (Bot, Chem) / Oligosaccharine *n pl* (Oligosaccharide, die das Wachstum, die Entwicklung und auch Abwehrreaktionen bei Pflanzen regeln)
**oligotrophic*** *adj* (Ecol) / nährstoffarm *adj*, oligotroph *adj* (arm an Nährstoffen)
**olistolith** *n* (Geol) / Olistholith *m* (exotischer Block in Olisthostromen)
**olistostrome*** *n* (Geol) / Olisthostrom *n* (Sedimentkörper mit chaotischem Gefüge, der aus einem der Schwerkraft folgenden Schlammfluss entstanden ist), Gravitationsgleitmasse *f*
**olive*** *n* (Bot, Nut) / Olive *f* (eine Steinfrucht) ‖ ~ (Build) / Griffolive *m* (z.B. ein Fenstergriff), Olive *f* (Fenstergriff) ‖ ~ (Chem) / Olive *f* (Ansatzstück zur Befestigung bzw. Verbindung von Schläuchen) ‖ ~* (For) / Ölbaum *m*, Olivenbaum *m* (meistens Olea europaea L.) ‖ ~ *adj* (dull yellowish green) / olivenfarben *adj*, olivenfarbig *adj*, oliv *adj* ‖ ~ **ash** (For) / Olivesche *f* (Handelsname für Eschenholz, das infolge Falschkernbildung eine unregelmäßig wellige und streifige Textur aufweist) ‖ ~ **bark tree** (For, Leather) / Indischer Mandelbaum, Katappenbaum *m*, Badam *m* (Terminalia catappa L.), Katappenterminalie *f*
**olive-button** *n* (Build) / Griffolive *m* (z.B. ein Fenstergriff), Olive *f* (Fenstergriff)
**olive-drab** *adj* / braunoliv *adj* ‖ ~ (Textiles) / olivenfarben *adj* (Stoff für amerikanische Uniformen)
**olive•-green** *adj* / olivgrün *adj* ‖ ~ **kernel oil** (Pharm) / Olivenkernöl *n*, Oleum *n* Olivarum e semine, Panellööl *n* ‖ ~ **leaf** (Pharm) / Olivenblatt *n* (Folium Oleae)
**olivenite*** *n* (Min) / Olivenit *m* (Kupfer(II)-hydroxidarsenat(V))
**olive oil*** (Chem, Nut) / Olivenöl *n*
**olive-oil Castile soap** / kastilianische Seife, spanische Seife
**oliver** *n* (a small lift hammer used by smiths) (Eng) / kleiner Maschinenhammer (für die Schmieden - meistens veralteter Konstruktion)
**olive-residue oil** / Baumöl *n* (aus Warmpressrückständen), Olventresteröl *n*, Olivenrestöl *n*, Sansaöl *n* (aus Olivenpressrückständen), Nachmühlenöl *n* (ein minderwertiges Olivenöl)
**oliver filter*** (Min Proc) / Oliver-Filter *n*
**olive-shaped handle** (Build) / Griffolive *m* (z.B. ein Fenstergriff), Olive *f* (Fenstergriff)
**olive tinge** (Leather) / Olivstich *m* (des Vegetabilleders)
**olive-tree** *n* (For) / Ölbaum *m*, Olivenbaum *m* (meistens Olea europaea L.)
**olivine*** *n* (Min) / Olivin *m* ‖ ~* (Min) s. also chrysolite and peridot ‖ ~ **sand** (Foundry) / Olivinsand *m*
**Ollard adhesion test** (Surf) / Ollard-Test *m* (zur Prüfung der Haftfestigkeit metallischer Überzüge)
**OLM** (oil-life monitor) / Öllebensdauermonitor *m*
**olonvogo** *n* (For) / Bongo *n*, Olonvogo *n* (Holz der Fagara macrophylla Engl. oder Fagara tessmannii Engl.), Bahé *n*, African satinwood *n*
**Olsen ductility test*** (for determining relative formability of metal sheet) (Materials, Met) / Tiefungsversuch *m* nach Olsen, Olsen-Tiefungsversuch *m*
**OLT** (optical line termination) (Optics, Telecomm) / OLT *f* (die Einheit in einer Ortsvermittlungsstelle, die von der Vermittlungsstelle oder anderen Netzelementen ankommende Signale, zugeführt üblicherweise auf der Basis von 2-Mbit/s-Leitungen, elektrooptisch wandelt und in das Hauptkabel eines Glasfaseranschlussnetzes einspeist)
**OLTP** (on-line transaction processing) (Comp) / Online-Transaktionsverarbeitung *f*, OLTP (Online-Transaktionsverarbeitung)
**Olympian green** / Malachitgrün *n*, Neugrün *n*, Viktoriagrün *n* B, Basic Green 4 (wasserlöslicher grüner Triarylmethanfarbstoff)
**OM** (outer marker) (Aero) / Voreinflugzeichen *n* (beim Instrumentenlandesystem)
**OMA** (optical multichannel analyzer) (Optics) / optischer Vielkanalanalysator (ein Fotodetektor)

**ombré** *n* (Textiles) / Ombré *m*, Schattenatlas *m*, Ombrégewebe *n* (Gewebe mit schattierender Farbstellung) ‖ ~ **printing** (Textiles) / Ombrédruck *m*, Flammdruck *m*, Flammendruck *m*
**ombrogenous*** *adj* (Ecol, Geol) / ombrogen *adj* (Moor, dessen Pflanzen ihren Wasserbedarf aus dem Niederschlag decken können)
**ombrometer** *n* (Meteor) / Niederschlagsmesser *m*, Regenmesser *m*, Pluviometer *n*, Hyetometer *n*, Ombrometer *n*, Udometer *n*
**Omega*** *n* (global hyperbolic navigation system at VLF) (Nav) / Omega-Navigationssystem *n* (globales Hyperbel-Navigationsverfahren bei 10 kHz), Omegaverfahren *n* ‖ ~ **equation** (Meteor) / Omegagleichung *f* (die eine Beziehung zwischen den Vertikalbewegungen und anderen Größen des Strom- und Temperaturfeldes angibt und die Berechnung der Vertikalbewegung ermöglicht)
**omega-3 fatty acid** (Chem, Nut) / Omega-3-Fettsäure *f*
**omega hyperon** (Nuc) / Omega-Hyperon *n* (ein Baryon) ‖ ~ **method** (Mech) / Omegaverfahren *n* (zur Bemessung der Knickstäbe nach DIN 4114)
**omega-minus particle*** *n* (Nuc) / Omega-Hyperon *n* (ein Baryon)
**omega rail** (Eng) / Omegaschiene *f* (nach DIN 46277)
**omegatron** *n* (Instr, Spectr) / Omegatron *n* (ein Laufzeitmassenspektrometer)
**omethioate** *n* / Omethoat *n* (systemisches Insektizid und Akarizid mit Kontakt- und Fraßgiftwirkung mit breitem Wirkungsspektrum, das zur Substanzklasse der Phosphorsäureester zählt)
**omethoate** *n* / Omethoat *n* (systemisches Insektizid und Akarizid mit Kontakt- und Fraßgiftwirkung mit breitem Wirkungsspektrum, das zur Substanzklasse der Phosphorsäureester zählt)
**OMG** (Comp) / Object Management Group *f* (internationale, herstellerübergreifende Organisation, die sich um Standardisierung der objektorientierten Verarbeitung in Netzwerken kümmert), OMG (Object Management Group)
**omit** *v* (Comp) / auslassen *v*, weglassen *v*
**ommochromes** *pl* (a class of natural pigments, which contain the phenoxazone ring system) (Chem) / Ommochrome *n pl* (Phenoxazonfarbstoffe)
**omni-aerial** *n* (Nav) / drehbare Richtantenne (die bei jeder Umdrehung alle Richtungen (= 360°) mit ihrem Richtstrahl abtastet), ungerichtete Rundstrahlantenne
**omni-antenna** *n* (Nav) / drehbare Richtantenne (die bei jeder Umdrehung alle Richtungen (= 360°) mit ihrem Richtstrahl abtastet), ungerichtete Rundstrahlantenne ‖ ~ (Radio) / Rundstrahlantenne *f*, Rundstrahler *m* ‖ ~ (Radio) / Rundempfangsantenne *f*
**omnibearing** *n* (Aero) / Drehfunkfeuerpeilung *f* ‖ ~ **antenna** (Nav) / drehbare Richtantenne (die bei jeder Umdrehung alle Richtungen (= 360°) mit ihrem Richtstrahl abtastet, ungerichtete Rundstrahlantenne ‖ ~ **indicator** (Aero, Radar) / Azimutanzeiger *m* ‖ ~ **range** (Aero) / Drehfunkfeuer *n*
**omnibus•-bar*** (Elec Eng) / Sammelschiene *f*, Stromschiene *f* (einer Schaltanlage), SS (Stromschiene) ‖ ~ **term** / allgemeine Benennung
**omnidirectional antenna*** (Radio) / Rundstrahlantenne *f*, Rundstrahler *m* ‖ ~ **antenna*** (Radio) / Rundempfangsantenne *f* ‖ ~ **antenna*** (Nav) / drehbare Richtantenne (die bei jeder Umdrehung alle Richtungen (= 360°) mit ihrem Richtstrahl abtastet), ungerichtete Rundstrahlantenne ‖ ~ **attack mooring system** (Oils) / in allen Richtungen gleich wirksames Verankerungssystem ‖ ~ **microphone*** (Acous) / Mikrofon *n* mit Kugelcharakteristik, Kugelmikrofon *n*, ungerichtetes Mikrofon, Allrichtungsmikrofon *n* ‖ ~ **radiator** (Radio) / Isotropstrahler *m* (eine Bezugsantenne bei der Angabe des Antennengewinns), Kugelstrahler *m* (der nach allen Richtungen mit gleicher Leistung abstrahlt) ‖ ~ **radio beacon*** (Aero) / ungerichtetes Funkfeuer, Rundstrahlbake *f*, Kreisfunkfeuer *n*
**omnidirectivity** *n* (Radio) / Kugelcharakteristik *f* (die Richtcharakteristik eines Kugelstrahlers oder -mikrofons)
**omnifont character recognition** (Comp) / Schrifterkennung *f* ‖ ~ **OCR** (Comp) / optische Omnifont-Zeichenerkennung ‖ ~ **reader** (Comp) / Multifontleser *m* (für mehrere Schriftarten), Mehrschriftenleser *m*, Schriftenleser *m*
**omnirange** *n* (Aero) / Drehfunkfeuer *n* ‖ ~ **flight** (Aero) / Flug *m* nach Leitstrahl
**omnitron** *n* (Nuc Eng) / Omnitron *n* (ein Synchrotron)
**omphacite*** *n* (Geol) / Omphacit *m* (lichtgrüner Pyroxen)
**OMR** (optical mark reading) (Comp) / optisches Markierungslesen, Lesen *n* von optischen Markierungen (automatisches)
**o.m.s.** (Mining) / Schichtleistung *f* (ein Maß für die Arbeitsproduktivität des Steinkohlenbergbaues)
**OMS** (orbital manoeuvring system) (Space) / Orbitalmanöversystem *n* (z.B. des Raumtransporters)

1063

## ON

**ON** (octane number) (Fuels) / Oktanzahl *f* (eine Kennzahl für die Klopffestigkeit von Ottokraftstoffen - DIN 51 600), OZ (Oktanzahl), Octanzahl *f*
**on** *adv* (Elec Eng) / geöffnet *adj* (Hahn), auf *adv* ‖ ~ (Elec Eng) / eingeschaltet *adj*, ein *adv*
**on-air time** (Radio) / Sendezeit *f*
**on-axis** *attr* / axial angeordnet
**on-board** *attr* / bordeigen *adj*, bordseitig *adj* ‖ ~ (Electronics) / auf der Platine ‖ ~ (Electronics) / auf der Leiterplatte ‖ ~ **battery** (Aero, Space) / Bordbatterie *f* ‖ ~ **battery** (Autos) / Bordbatterie *f* (Zusatzbatterie bei Wohnanhängern) ‖ ~ **computer** (Aero, Ships, Space) / Bordrechner *m* ‖ ~ **computer** (Autos) / Fahrcomputer *m*, Fahrzeugcomputer *m*, Bordrechner *m* ‖ ~ **diagnosis** (Autos) / Onboard-Diagnose *f* (zusätzliche Erweiterung des Motormanagements) ‖ ~ **diagnostic system** (Autos) / Onboard-Diagnosesystem *n*, Diagnosesystem *n* (eingebautes) ‖ ~ **processing** (Telecomm) / Onboard-Processing *n* (von Signalen bei Nachrichtensatelliten) ‖ ~ **programming** / Bordprogrammierung *f* ‖ ~ **radar** (Aero) / Bordradar(gerät) *n*, Luftfahrzeugradar *m*, Flugzeugradar *m*
**on-call service** / Bereitschaftsdienst *m* (im Allgemeinen)
**once-fired ware** (Ceramics) / im Einbrandverfahren hergestellte Keramik, einmal gebrannte Ware
**on-centre** *attr* / mittig *adj*, zentrisch *adj*
**once-reflected beam** (Phys) / einfachreflektierter Strahl
**once-through boiler\*** (Eng) / Zwangdurchlaufkessel *m* (z.B. Benson-Kessel) ‖ ~ **cooling** (Eng) / Durchlaufkühlung *f* ‖ ~ **lubrication** (Eng) / Durchlaufschmierung *f* (bei der der Schmierstoff nur einmal der Schmierstelle zugeführt und dann ohne erneute Aufbereitung nicht weiterverwendet wird), Verbrauchsschmierung *f*, Verlustschmierung *f* (Verfahren, bei dem der Schmierstoff periodisch oder kontinuierlich zugeführt wird, ohne in das Schmiersystem zurückzukehren - DIN ISO 4378-3), Frischölschmierung *f* ‖ ~ **mode** (Eng) / Durchlaufbetrieb *m* (bei der Durchlaufkühlung)
**on-chip** *attr* (Comp) / integriert *adj* (im Chip) ‖ ~ **cache** (Comp) / Primär-Cache *m* (im CPU-Chip integrierter Zwischenspeicher)
**oncogenetic** *adj* (Med) / onkogen *adj*, geschwulstbildend *adj* ‖ ~ **agent** (Med) / krebsverursachende Substanz, krebserzeugender Stoff, karzinogene Substanz, kanzerogener Stoff, Karzinogen *n*, Kanzerogen *n*, krebserregender Stoff
**oncogenic** *adj* (Med) / kanzerogen *adj*, karzinogen *adj*, carcinogen *adj*, onkogen *adj* (Krebs erregend), Krebs erregend *adj* ‖ ~* (Med) / onkogen *adj*, geschwulstbildend *adj*
**oncogenous** *adj* (Med) / onkogen *adj*, geschwulstbildend *adj* ‖ ~ (Med) s. also carcinogen
**oncolite** *n* (Geol) / Onkolith *m* (Sedimentgestein aus Onkoiden - mit Durchmesser von 0,05 mm bis etwa 100 mm) ‖ ~ (Geol) / Onkoid *n* (unregelmäßige, meist rundliche Karbonatkomponente des Onkoliths - 0,05 mm bis über 100 mm)
**on-column injection** (Chem) / On-Column-Injektion *f*, Direkteinspritzung *f* in die Säule (in der Gaschromatografie)
**oncoming traffic** (Autos) / Gegenverkehr *m* ‖ ~ **wave** (Phys) / ankommende Welle
**on-condition maintenance** (Eng, Work Study) / zustandsabhängige Wartung
**on-costs\*** *pl* (Build) / Overheads *pl* (Gemeinkosten), Gemeinkosten *pl*, allgemeine Kosten
**oncotic pressure** (Chem) / kolloidosmotischer Druck (KOD), onkotischer Druck, onkodynamischer Druck, KOD
**on-course heading error** (Aero) / Kursrichtungsfehler *m*
**on demand** / bei Bedarf
**on-demand printing** (Comp) / On-Demand-Druck *m*, On-Demand-Printing *n* ‖ ~ **publishing** (Comp) / On-Demand-Publishing *n* (z.B. von Dokumenten aus einer Datenbank), Publishing *n* on Demand
**on-dip** *attr* (Geol) / fallend *adj*
**ondograph** *n* (Elec Eng) / Wellenschreiber *m*
**ondoscope\*** *n* (Electronics) / Ondoskop *n*, Glimmlichtoszilloskop *n*
**one-address instruction** (with one address part for one operand) (Comp) / Einadressbefehl *m*
**one-ahead addressing** (Comp) / implizite Adressierung, Fortschaltungsadressierung *f*
**one-and-one rib construction** (Textiles) / Rechts-Rechts-Bindung *f* (bei Strickwaren)
**one-armed bandit** (Comp) / einarmiger Bandit (Spielautomat, der mit einem Hebel an der Seite betätigt wird)
**one-bath chrome tannage** (Leather) / Einbadchromgerbung *f*
**one-bead compound** (Chem Eng) / Einzelbeadtechnik *f* (je Harzkorn nur eine Molekülart)
**one-blade sawmill** (For) / Einblattgattersägemaschine *f*, Seitengattersägemaschine *f*
**one-body problem** (Mech) / Einkörperproblem *n*

**one-boson exchange** (Nuc) / Einbosonaustausch *m*
**one-celled** *adj* (Biol) / einzellig *adj*, unizellulär *adj*
**one-chip microprocessor** (Comp) / One-Chip-Mikroprozessor *m*, Ein-Chip-Mikroprozessor *m*
**one-coat finish** (Paint) / Einschichtlackierung *f*
**one-coloured** *adj* / einfarbig *adj*, einfarben *adj* (A)
**one-colour indicator** (Chem) / Einfarbenindikator *m*, einfarbiger Indikator
**one-column** *attr* (Print) / einspaltig *adj*
**one-component** *attr* (Chem, Phys) / Einstoff- ‖ ~ **adhesive** (Paint) / Einkomponentenkleber *m* (wenn alle Bestandteile zur Aushärtung vorhanden sind), Einkomponentenklebstoff *m* ‖ ~ **body** (Ceramics) / Einstoffmasse *f*
**one-component paint** (Paint) / Einkomponentenanstrichstoff *m*
**one-component system** (Chem, Phys) / Einstoffsystem *n*, Einkomponentensystem *n*
**one-degree-of-freedom system** (Mech) / System *n* mit einem Freiheitsgrad
**one-digit adder** (Comp) / Halbaddierer *m*, Halbaddierglied *n*, Halbadder *m* ‖ ~ **number** (Comp, Maths) / einstellige Zahl, Ziffer *f*, Digit *n* ‖ ~ **subtracter** (Comp) / Halbsubtrahierer *m*, Halbsubtrahierglied *n*
**one-dimension** *attr* (Maths, Phys) / eindimensional *adj* (DIN 1311, T 4)
**one-dimensional** *adj* (Maths, Phys) / eindimensional *adj* (DIN 1311, T 4) ‖ ~ **continuum** (Phys) / eindimensionales Kontinuum (z.B. Saite, Stabantenne - DIN 1311, T 4) ‖ ~ **defect** (of a crystal lattice) (Crystal Electronics) / Liniendefekt *m* (ein Gitterbaufehler), Linienfehler *m*, eindimensionale Fehlordnung (z.B. Versetzung), linienhafter Defekt, eindimensionaler Fehler (Linienfehler) ‖ ~ **flow** (Phys) / eindimensionale Strömung, Fadenströmung *f* ‖ ~ **flow of ideal fluids** (Phys) / eindimensionale Strömung idealer Flüssigkeiten ‖ ~ **flow of viscous Newtonian fluid** (Phys) / eindimensionale Strömung zäher Newton'scher Flüssigkeit ‖ ~ **lattice** (Crystal) / lineares Gitter, eindimensionales Gitter, Kette *f* (eindimensionales Gitter) ‖ ~ **motion** (Phys) / eindimensionale Bewegung
**one-direction-thrust** *attr* (Eng) / einseitig wirkend (z.B. Axial-Rillenkugellager nach DIN 711)
**one-electron bond\*** (Chem, Nuc) / Einelektronenbindung *f* ‖ ~ **tunnel effect** (Electronics) / Einelektronen-Tunneleffekt *m* (bei dem einzelne Elektronen tunneln) ‖ ~ **tunnel effect** (Electronics) s. also Josephson effect
**one-element set** (Maths) / einelementige Menge, Einermenge *f*
**one-engined** *adj* (Aero) / einmotorig *adj*
**one-face twill** (Weaving) / einseitiger Köper
**one-fire ware** (Ceramics) / im Einbrandverfahren hergestellte Keramik, einmal gebrannte Ware
**one-floor(ed) kiln** (Brew) / Einhordendarre *f*
**one-flue air-conditioning plant** / Einkanalklimaanlage *f*
**one-fluid cell** / Flüssigkeitselement *n* (ein galvanisches Element)
**one-group theory\*** (Nuc Eng) / Eingruppen-Diffusionstheorie *f*
**one-hand control** (Eng) / Einhandbetätigung *f*
**one-hinged arch** (Build, Civ Eng) / Eingelenkbogen *m*
**one-hinge frame** (Build, Civ Eng, Mech) / Eingelenkrahmen *m*
**one-hole mixer** (Plumb) / Einhandbatterie *f*, Einhandmischbatterie *f*, Einhandmischer *m*
**one-hour rating\*** (Elec Eng) / Stundenleistung *f*
**one-line display** (Comp) / Einzeilendisplay *n*, einzeilige Anzeige
**one-line-to-earth short circuit** (Elec Eng) / einpoliger Kurzschluss, Erdkurzschluss *m*
**Onemack loom** (Weaving) / Onemack-Loom *n*, Mackie-Webmaschine *f* (schützenlose Webmaschine für grobe Gewebe, besonders Jute, Sisal, Glasbändchen usw.)
**one-man bus** (Autos) / Bus *m* in schaffnerlosem Betrieb, Einmannbus *m*, Bus *m* ohne Billeteur (S)
**one-man control** / Einmannbedienung *f* ‖ ~ **saw** (For) / Einmannsäge *f*
**on-end cordwood package** (Electronics) / Hochkantbündelholzbaugruppe *f* (in der Mikroschaltungstechnik)
**one-off part** (Eng) / einzeln angefertigtes Teil ‖ ~ **production** (Work Study) / Einzelproduktion *f*, Einzelfertigung *f* (eine Fertigungsart), Stückproduktion *f* (mit der Auftragsmenge "1")
**one-one correspondence** (Maths) / Eineindeutigkeit *f* (Abbildung), umkehrbare Eindeutigkeit
**one-out-of-ten code** (Comp) / Eins-aus-Zehn-Kode *m* (ein Binärkode für Dezimalziffern, der jede Ziffer durch eine Gruppe von 10 Binärzeichen darstellt)
**one-pack adhesive** (Paint) / Einkomponentenkleber *m* (wenn alle Bestandteile zur Aushärtung vorhanden sind), Einkomponentenklebstoff *m*
**one-package urethane coating** (Paint) / Einkomponenten-Polyurethan-Anstrichstoff *m*, Einkomponentenurethanlack *m*, 1K-PUR *m*

**ne-pack paint** (Paint) / Einkomponentenanstrichstoff m ‖ ~ **system lacquer** (varnish) (Paint) / Einkomponentenlack m, 1K-Lack m
**ne-page document** (Comp) / einseitiges Dokument, einseitiger Beleg (der nur aus einer einzigen Seite besteht)
**ne-parametric family** (Maths) / Büschel n (einparametrische Figurenschar)
**ne-part adhesive** (Paint) / Einkomponentenkleber m (wenn alle Bestandteile zur Aushärtung vorhanden sind), Einkomponentenklebstoff m
**ne-particle equation** (Nuc) / Einteilchengleichung f ‖ ~ **exchange** (Nuc) / Einteilchenaustausch m ‖ ~ **model of a nucleus\*** (Nuc) / Einteilchenmodell n, Modell n unabhängiger Teilchen (zusammenfassende Bezeichnung für eine Gruppe von Näherungsverfahren zur Berechnung der Wellenfunktionen und Energieeigenwerte der Grundzustände der Atomhülle und des Atomkerns), Modell n mit unabhängigen Teilchen ‖ ~ **model of a nucleus\*** (Nuc) s. also shell model
**ne-part** (form) **paper** (Comp) / einlagiges Papier
**ne-pass compiler** (Comp) / Compiler m mit einem (einzigen) Durchlauf ‖ ~ **welding** (Welding) / Einlagenschweißen n (Schmelzschweißen, bei dem der gesamte Fugenquerschnitt mit einer Schweißung erfasst wird)
**ne-person game** (AI, Comp) / Einpersonenspiel n
**ne-phase\*** attr (Elec Eng, Phys) / Einphasen-, einphasig adj
**ne-piece** attr / einteilig adj (z.B. Kleid)
**ne-piece pattern** (Foundry) / ungeteiltes Modell, einteiliges Modell ‖ ~ **rim** (Autos) / einteilige Felge
**ne-pion exchange** (Nuc) / Einpionenaustausch m
**ne-pipe heating system** (Build) / Einrohrsystem n ‖ ~ **system\*** (Build) / Einrohrsystem n
**ne-place number** (Comp, Maths) / einstellige Zahl, Ziffer f, Digit n
**ne-plane projection** (Maths) / Eintafelverfahren n, Eintafelprojektion f (senkrechte Parallelprojektion auf nur eine Projektionsebene)
**ne-plus-one address instruction** (Comp) / Eins-plus-Eins-Adressbefehl m, Zweiadressbefehl m (der zwei Adressfelder hat)
**ne-ply board** (Paper) / durchgearbeiteter Karton, einlagiger Karton
**ne-point perspective** (Eng) / Parallelperspektive f (wenn das Projektionszentrum ein uneigentlicher Punkt ist - DIN 6), Perspektive f mit einem Fluchtpunkt
**ne-pole** attr (Elec Eng) / einpolig adj, unipolar adj
**ne-port network** (Elec Eng) / Zweipol m (Stromkreis, Bauelement oder Baugruppe mit zwei Anschlussklemmen - DIN 4899 und DIN 5489), Eintor n (elektrischer Zweipol)
**ne-pot furnace** (Glass) / Einhafenofen m ‖ ~ **reaction** (Chem) / Eintopfreaktion f (deren Zwischenprodukte nicht isoliert werden)
**ne-quarter brick** (Build, Ceramics) / Viertelstein m, Quartierstück n
**ne's complement\*** (Comp, Maths) / Einserkomplement n (Ergänzung der Zahl zur nächst höheren Zweierpotenz minus 1), Einerkomplement n
**ne-second theodolite** (Instr, Optics) / Sekundentheodolit m
**ne-ship trawl** (Ships) / Einschiffsschleppnetz n
**ne-shot** attr (Electronics, Telecomm) / monostabil adj
**ne-shot multivibrator** (Electronics) / Univibrator m, Multivibrator m mit einer (einzigen) Gleichgewichtslage, monostabiler Multivibrator, Monoflop n (Flipflop, das nur eine stabile Lage hat), monostabile Kippstufe
**ne-shot process** (Plastics) / Einstufenverfahren n (z.B. Verschäumung)
**ne-sided limit** (Maths) / einseitiger Grenzwert ‖ ~ **test** (Stats) / einseitiger Test (ein Signifikanztest)
**ne-side welding** (Welding) / Einseitenschweißen n (ein offenes Lichtbogenschweißen)
**ne-span bridge** (Civ Eng) / einfeldrige Brücke ‖ ~ **frame** (Civ Eng, Mech) / Einfachrahmen m, einfeldriger Rahmen, Einfeldrahmen m, einfacher Rahmen
**ne-state** n (Electronics) / Eins-Zustand m (z.B. am Eingang eines Flipflops)
**ne-step** attr / Einstufen-, einstufig adj ‖ ~ **fatigue load** (Materials, Mech) / Einstufenschwingbelastung f
**ne-storied** adj (Build) / eingeschossig adj
**ne-tailed test** (Stats) / einseitiger Test (ein Signifikanztest)
**ne-tail test** (Stats) / einseitiger Test (ein Signifikanztest)
**ne-term expression** (Maths) / Monom n
**ne-time** attr (Teleph) / einmalig adj (Gebühr) ‖ ~ **carbon** / Einmalkohlepapier n ‖ ~ **license fee** / Einmallizenzgebühr f ‖ ~ **tape** (Telecomm) / Nur-einmal-Band n (zur Erzeugung des kryptografischen Schlüssels, das nur einmal innerhalb einer Verschlüsselung benutzt wird)
**ne-to-many correspondence** (Maths) / ein-mehrdeutige Relation
**ne-to-one assembler** (Comp) / Eins-zu-Eins-Assembler m ‖ ~ **correspondence** (Maths) / Eineindeutigkeit f (Abbildung), umkehrbare Eindeutigkeit ‖ ~ **function** (Maths) / Eineindeutigkeit f (Abbildung), umkehrbare Eindeutigkeit ‖ ~ **mapping** (Maths) / Eineindeutigkeit f (Abbildung), umkehrbare Eindeutigkeit ‖ ~ **onto function** (Maths) / Bijektion f (wenn eine Funktion injektiv und zugleich surjektiv ist) ‖ ~ **transformation** (Maths) / Eineindeutigkeit f (Abbildung), umkehrbare Eindeutigkeit ‖ ~ **transformer** (Elec Eng) / Trenntransformator m (dessen Ein- und Ausgangswicklung elektrisch nicht verbunden sind), Isoliertransformator m (der nur eine galvanische Trennung vom speisenden Netz bewirkt)
**one-touch operation** (TV) / Bedienung f mittels einer einzigen Taste
**one-trip container** / Einwegcontainer m, Einwegbehälter m ‖ ~ **package** (US) / Einwegverpackung f, Wegwerfverpackung f
**O-network\*** n (Telecomm) / Doppel-Pi-Schaltung f
**one-variable system** (Automation) / Eingrößensystem n (wenn jeweils eine Eingangsgröße auf eine Ausgangsgröße wirkt)
**one-volume** attr (Bind) / einbändig adj
**one-way** attr / einseitig gerichtet ‖ ~ (Autos) / Einbahn- ‖ ~ **bottle** / Einwegflasche f ‖ ~ **clutch** (Autos) / Freilaufkupplung f ‖ ~ **clutch** (Eng) / richtungsgeschaltete Kupplung ‖ ~ **communication** (Comp) / einseitiger Informationsfluss, einseitige Datenübermittlung (DIN 44302)
**one-way communication** (Radio) / Einwegverkehr m
**one-way connexion** (US) (Telecomm) / einseitig gerichtete Verbindung ‖ ~ **control valve** (Eng) / Einwegstellventil n (zur aufgabenmäßigen Beeinflussung eines Massenstroms bzw. Druckes eines in einer Rohrleitung fließenden Mediums) ‖ ~ **function** (Comp) / Einwegfunktion f (bei Kryptosystemen mit offenem Schlüssel) ‖ ~ **limiting lane sideline** (Autos) / einseitige Fahrstreifenbegrenzung ‖ ~ **logical channel** (Comp) / gerichteter logischer Kanal ‖ ~ **operation** (Comp, Telecomm) / Simplexbetrieb m (Übertragung digitaler Signale über eine Leitung in nur einer Richtung), Simplexverkehr m, wechselseitiger Richtungsverkehr, Richtungsbetrieb m (bei der Datenübertragung nach DIN 44302) ‖ ~ **package** (Comp) / Einwegverpackung f, Wegwerfverpackung f ‖ ~ **pallet** / verlorene Palette, Einwegpalette f ‖ ~ **passive bus** (Telecomm) / passiver Bus ‖ ~ **shape-memory effect** (Met) / Einwegeeffekt m (eine Art Formgedächtniseffekt)
**one•-way street** (Autos) / Einbahnstraße f ‖ ~**-way switch\*** (Elec Eng) / einfacher Schalter
**one-way switch** (Elec Eng) / Ausschalter m (Einwegschalter)
**one•-way ticket** (Rail) / einfache Fahrkarte ‖ ~**-way traffic** (Autos, Civ Eng) / Richtungsverkehr m, RV (Richtungsverkehr), Einbahnverkehr m
**one-way videotex** (Comp, Telecomm, TV) / Videotext m (Telekommunikation, bei der Textnachrichten innerhalb des Fernsehbildsignals von den Fernsehsendern ausgestrahlt, am Empfangsort in Zusatzbausteinen der Fernsehempfänger dekodiert und auf dem Bildschirm sichtbar - Bildschirmtext + Bildschirmzeitung), VTX ‖ ~ **videotex system** (TV) / Bildschirmzeitung f (nicht dialogfähiges Bildschirmtextsystem deutscher Zeitungsverleger)
**one-wheel landing** (Aero) / Einradlandung f ‖ ~ **landing gear** (Aero) / Einradfahrwerk n ‖ ~ **tractor** (Autos) / Einradschlepper m
**one-word instruction** (Comp) / Ein-Wort-Befehl m
**one-year ice** (Ocean) / einjähriges Eis
**onflow** n / Zufluss m (ein Flüssigkeitsvolumen), Zulauf m (ein Flüssigkeitsvolumen) ‖ ~ / Einströmen n
**onglaze** n (Ceramics) / Aufglasur f ‖ ~ **colour** (Ceramics) / Muffelfarbe f, Aufglasurfarbe f, Schmelzfarbe f, Überglasurfarbe f, Emailfarbe f ‖ ~ **decoration** (Ceramics) / Aufglasurdekor m n, Aufglasurdekoration f (durch Aufragen der Aufglasurfarben)
**ongoing** adj / laufend adj (Forschung) ‖ ~ **administration** (Comp) / laufende Verwaltung ‖ ~ **call** (Teleph) / Verbindung f im Gesprächszustand, bestehende Verbindung
**on-hand** attr / vorrätig adj, verfügbar adj, vorhanden adj
**on-hook** n (Teleph) / Einhängezustand m ‖ ~ attr (Teleph) / Hörer aufgesetzt, eingehängt adj ‖ ~ **dialling** (Teleph) / Wahl f bei aufliegendem Hörer, Wählen n mit aufgelegtem Handapparat, Wahl f mit aufgelegtem Handapparat
**on-indicator pilot light** (Electronics) / Betriebsanzeige f, Betriebsanzeigelampe f
**onion** n (Glass) / Zwiebel f (der sich verjüngende Teil eines durch Ziehen oder durch Auslaufen aus einer Düse entstehenden Stranges), Blattwurzel f, Fuß m des Blattes ‖ ~ **diagram** (Comp) / Schalenmodell n (in der grafischen Datenverarbeitung) ‖ ~ **dome** (Arch) / Zwiebelhaube f (eine Turmbedachung) ‖ ~ **fly** (Agric) / Zwiebelfliege f (Hylemyia antiqua) ‖ ~ **skin** (Paper) / Zwiebelhautpapier n, Zwiebelschalenpapier n, Onionskin n
**onion-skin paper\*** (Paper) / Zwiebelhautpapier n, Zwiebelschalenpapier n, Onionskin n ‖ ~ **weathering** (Geol) / zwiebelschalige Verwitterung, schalige Verwitterung ‖ ~ **weathering** (Geol) s. also spheroidal weathering
**Onion's metal** / Lichtenberg-Legierung f (50% Bi, 30% Pb, 20% Sn)

onion weathering (Geol) / zwiebelschalige Verwitterung, schalige Verwitterung
onium compound (Chem) / Oniumverbindung f (z.B. Ammoniumnitrat) || ~ ion (Chem) / Oniumion n (ein Kation) || ~ reaction (Chem, Spectr) / Onium-Reaktion f (ein Reaktionstyp, der mehrheitlich an kationischen Fragment-Ionen beobachtbar ist)
on-job laboratory (Build, Civ Eng) / Baustellenlabor n
on-land pipeline / Rohrleitung f, Pipeline f, Überlandrohrleitung f
onlap* n (Geol) / übergreifende Lagerung, transgressive Lagerung, Submergenzdecke f, transgredierende Schichtlagerung
on•-line* attr / schritthaltend adj (mitlaufend), mitlaufend adj || ~-line* (Comp) / rechnerabhängig adj, Online-...
on-line account handling (Comp) / Online-Kontoführung f || ~ analysis (Chem) / direktgekoppelte Analyse, Online-Analyse f || ~ analytical processing (Comp) / Online Analytical Processing n (Realisierung des Management-Informationssystems, OLAP (Online Analytical Processing) || ~ chat (Comp) / Online-Chat m || ~ closed loop (interfacing) (Comp) / geschlossene Prozesskopplung (DIN 66 201), Online-closed-Loop-Kopplung f || ~ coating (Autos, Paint) / Online-Lackierung f (bei der die Kunststoffteile zusammen mit der metallischen Karosserie lackiert werden) || ~ correction (Comp) / Online-Korrektur f || ~ coupling (Chem) / Online-Kopplung f (direkte Kopplung ohne manuelles Eingreifen - in der Analytik) || ~ database (Comp) / Online-Datenbank f, externe Datenbank || ~ documentation (Comp) / Online-Dokumentation f || ~ editing* (Comp) / Online-Editieren n || ~ explanation (AI) / Erklärung f während des Ablaufs, Routine-Erklärung f, Online-Erklärung f || ~ help (Comp) / Online-Hilfe f || ~ measurement / Online-Messung f (Messung der Prozessgrößen während des Prozesses) || ~ newspaper (Comp) / Online-Zeitung f || ~ open loop (interfacing) (Comp) / offene Prozesskopplung (DIN 66 201), Online-open-Loop-Kopplung f || ~ parsing (Comp) / Online-Parsing n || ~ peripheral equipment (Comp) / Online-Peripherie f || ~ pigging / Betriebsmolchung f (bei Überlandrohrleitungen)
on-line processing* (Comp) / rechnerabhängige Verarbeitung, Online-Bearbeitung f
on-line publishing (Comp, Print) / Online-Publishing n || ~ search (Comp) / Online-Recherche f || ~ service (Comp) / Online-Dienst m || ~ storage (Comp) / rechnerabhängiger Speicher || ~ transaction processing (Comp) / Online-Transaktionsverarbeitung f, OLTP (Online-Transaktionsverarbeitung)
on-load attr / belastet adj, unter Last || ~ refuelling (Nuc Eng) / Brennstoffumladung f, Brennelementwechsel m während des Reaktorbetriebs || ~ speed (Elec Eng) / Lastdrehzahl f || ~ switch (Elec Eng) / Lastschalter m (VDE 0600, T 107) || ~ tap changer (Elec Eng) / Transformatorstufenschalter m, Stufenschalter m
on-net attr (Telecomm) / netzeigen adj || ~ station (Telecomm) / netzeigene Fernmeldestelle
o.n.o. (or nearest offer) (Autos) / Verhandlungsbasis f (z.B. bei Gebrauchtwagen), VB (Verhandlungsbasis)
on-off control* (Automation, Telecomm) / Auf-Zu-Regelung f (bei der das Stellglied nur zweier Zustände fähig ist), Zweipunktregelung f, Bang-Bang-Regelung f
ON-OFF control (Automation) / Auf-Zu-Regelung f (bei der das Stellglied nur zweier Zustände fähig ist), Zweipunktregelung f, Bang-Bang-Regelung f
on/off-control n (Automation) / Auf-Zu-Regelung f (bei der das Stellglied nur zweier Zustände fähig ist), Zweipunktregelung f, Bang-Bang-Regelung f
on-off element (Automation) / Zweipunktglied n || ~ keying (Teleg) / Ein-Aus-Tasten n
ON/OFF switch (Elec Eng) / Ein-Aus-Schalter m, Zweistellungsschalter m
on-off switch (Elec Eng) / Ein-Aus-Schalter m, Zweistellungsschalter m
on-off system (Automation) / Auf-Zu-Regelung f (bei der das Stellglied nur zweier Zustände fähig ist), Zweipunktregelung f, Bang-Bang-Regelung f
on-off (control) system (Automation) / Auf-zu-Regelungssystem n, Ein-aus-Regelsystem n, Zweipunkt-Regelungssystem n (bei dem das Stellglied nur zweier Zustände, z.B. "Ein" oder "Aus", fähig ist)
on-period n (Welding) / Stromzeit f (beim Stromschweißen diejenige Zeit, während der der Schweißstrom tatsächlich fließt)
on-position n (Elec Eng) / "Ein"-Stellung f, Einschaltstellung f || ~ s. also on-state
on-pulse modulation (Telecomm) / pulsüberlagerte Modulation
ONR (Fuels) / Zündfreudigkeit f von Kraftstoffen, durch einen Oktanzahlwert ausgedrückt
onramp n (US) (Eng) / Auffahrt f, Aufstieg m, Steigung f (Rampe), Auffahrrampe f, Rampe f (eine schiefe Ebene zur stufenlosen Überbrückung von Höhenunterschieden)
on-receipt inspection (Eng) / Eingangsprüfung f

Onsager reciprocal relations (Heat) / Onsager'sche Reziprozitätsbeziehungen (in der Thermodynamik irreversibler Prozesse) || ~ relation (Nuc Eng) / Onsager-Relation f (nach L. Onsager, 1903-1976)
on-screen editing (Comp, Print) / Editieren n am Bildschirm || ~ page make-up (Comp, Print) / Seitenumbruch m am Bildschirm, Bildschirmumbruch m || ~ viewing (Comp) / Betrachten n am Bildschirm
onset v / beginnen v (einsetzen), einsetzen v (beginnen) || ~ n / Beginn m, Einsetzen n, Einsatz m (als zeitlicher Begriff) || ~ (Meteor) / Einbruch m (Winter-)
onsetter n (Mining) / Anschläger m (die Person, die am Anschlag den Förderverkehr regelt und dazu die nötigen Signale zum Betrieb des Förderkorbes gibt), Abnehmer m
onshore adj (Meteor, Ocean) / auflandig adj (Wind, Strömung) || ~ adv (form the sea towards the land) / landwärts adv, küstenwärts adv, küsteneinwärts adv || ~ exploration (Oils) / Onshore-Exploration f || ~ operations (Oils) / Onshore-Bohrarbeiten f pl
on-site cogeneration / Erzeugung f von Strom und Wärme am Verbrauchsort
on-site facility (Oils) / Hilfs- und Nebenanlage, die sich direkt auf dem Baufeld befinden
on-site inspection / Vor-Ort-Begehung f || ~ laboratory (Build, Civ Eng) / Baustellenlabor n || ~ paging (Radio) / On-Site-Paging n (innerhalb von geschlossenen Benutzergruppen auf privaten Grundstücken mit privaten Paging-Anlagen) || ~ processing (Comp) / Onsite-Verarbeitung f (ohne Benutzung von Datenübertragungseinrichtungen) || ~ treatment (Civ Eng) / Onsite-Behandlung f (des kontaminierten Standorts)
on-state n (Elec Eng) / eingeschalteter Zustand, Einschaltzustand m, "Ein"-Zustand m || ~ (Electronics) / Durchlasszustand m (z.B. eines Thyristors) || ~ current (Elec Eng) / Durchlassstrom m (bei Thyristoren)
on-the-car balancing (Autos) / Auswuchten n am Fahrzeug
on-the-fly attr (Eng) / ohne Abstellen, ohne Stillsetzen (z.B. die Reparatur der Maschine) || ~ printer (Comp) / Drucker m mit fliegendem Abdruck || ~ printing (Comp) / fliegender Druck
on-the-job training (Work Study) / firmeninterne Schulung, betriebliche Schulung, Betriebsschulung f, innerbetriebliche Schulung || ~ training (Work Study) / betriebsinterne Ausbildung, Betriebsausbildung f (praktische), Ausbildung f am Arbeitsplatz
on-the-road price / Verkaufspreis m, Abgabepreis m
on-the-run imprinting (Print) / Nonstopeindruck m, fliegender Eindruck
on-the-spot repair / Reparatur f an Ort und Stelle
ON-time n (Elec Eng, Eng) / Einschaltdauer f (Betriebszeit), ED (Einschaltdauer)
onto (a preposition) (Maths) / surjektiv adj (bei einer Projektion in eine mathematische Menge alle Elemente dieser Menge als abbildende Elemente aufweisend) || ~ function (Maths) / Surjektion f (eindeutige Abbildung einer Menge A auf einer Menge B)
ontogenesis* n (pl. -geneses) (Biol) / Lebenszyklus m, Ontogenese f, Ontogenie f
ontogeny* n (Biol) / Lebenszyklus m, Ontogenese f, Ontogenie f
on-tone exhaustion (Textiles) / tongleiches Aufziehen (beim Färben)
on-top flight (with CAVU environment) (Aero) / Flug m über den Wolken
ONU (optical network unit) (Optics, Telecomm) / ONU f (der Punkt in einem glasfaserbasierten Netz, der den Abschluss des optischen Übertragungsstrecke darstellt)
onyx* n (Min) / Onyx m (Silizium(IV)-oxid, gestreifter Achat) || ~ marble* (Min) / Orientalischer Alabaster, Onyxmarmor m (gestreifter zartfarbiger alabasterartiger Kalksinter)
OO (object-oriented) (Comp) / objektorientiert adj
OOA (object-oriented analysis) (Comp) / objektorientierte (System)Analyse, OOA (objektorientierte Analyse)
OOL (object-oriented language) (Comp) / objektorientierte Sprache
oolite n (Geol) / Oolith m (aus zahlreichen Ooiden zusammengesetztes Gestein), Eierstein m
oölite* n (Geol) / Oolith m (aus zahlreichen Ooiden zusammengesetztes Gestein), Eierstein m
oölith* n (Geol) / Ooid n (ein kugelförmiger Körper aus Kalk, FeOOH oder anderen Stoffen)
oölithic adj (Geol) / oolithisch adj
oolitic limestone (Geol) / Rogenstein m (sandiger Kalk-Oolith)
o.o.o. tone (Telecomm) / Gestörtzeichen n
OOP* (object-oriented programming) (Comp) / objektorientierte Programmierung, OOP (objektorientierte Programmierung)
Oort's cloud (Astron) / Oort'sche Wolke (nach J.H. Oort, 1900-1992)
OOV (out of vision) (TV) / im Off, i.O. (im Off)

**ooze**\* n (Geol, Ocean) / Schlick m (eine Tiefseeablagerung) ‖ ~ **finish** (Leather) / Schleifen n (Zurichtung von pflanzlich gegerbten Veloursledern)

**oozy** adj (Geol) / schlickerig adj

**o.p.** (out of print) (Print) / vergriffen adj

**opacifier** n (a material used in porcelain enamels, glazes, and glass to impart or increase the diffuse reflection, refraction, and diffraction, and to produce an opaque appearance by reducing the transparency of the product) (Ceramics, Chem, Glass) / Trübungsmittel n, Trübungsstoff m

**opacifying power** (Ceramics, Chem, Glass) / Trübkraft f

**opacimeter** n (Paint) / Opazimeter n (zur Absorptionsmessung), Opacimeter n

**opacity** n (Ceramics, Chem, Glass) / Trübung f ‖ ~\* (Light, Photog) / Undurchsichtigkeit f, Opazität f, Lichtundurchlässigkeit f (Kehrwert des Durchlassgrades) ‖ ~ (Meteor) / opaleszente Trübung (opalartiges Schillern der Luft) ‖ ~ (Paper) / Opazität f (des Papiers) ‖ ~ (Textiles) / Opazität f (Undurchsichtigkeit von flächenförmigen Textilien) ‖ ~ **of smoke** (Ecol) / Rauchdichte f (DIN 50055) ‖ ~ **rating** (Ecol) / Rauchdichtemessung f (z.B. nach Ringelmann oder Bacharach)

**opal**\* n (Min) / Opal m (Silizium(IV)-oxid als Gel) ‖ ~ (Textiles) / Opalbatist m (milchig trüber Batist) ‖ ~ **agate**\* (Min) / Achatopal m ‖ ~ **codon** (Gen) / Opalcodon n, Opalkodon n

**opalesce** v / opaleszieren v, opalisieren v

**opalescence**\* n (Chem, Min) / Opaleszenz f (opalartiges Schillern von trüben Medien), Opalisieren n ‖ ~\* (Min) / Opalisieren n (Farbenspiel des Opals)

**opalescent** adj / opaliszierend adj, opaleszent adj ‖ ~ **glass** (Glass) / mitteltrübes Glas, Opaleszenzglas n (DIN 1259, T 1) ‖ ~ **glass** s. also milk glass and opal glass

**opal glass**\* (having a white, milky appearance, usually with a fiery translucence) (Glass) / Opalglas n (weißes oder in der Masse schwach getrübtes durchscheinendes Glas) ‖ ~ **glass** (Glass) / getrübtes Glas, Trübglas n (als Oberbegriff für Alabasterglas, Opal/esszenz/glas, Milchglas und Opakglas)

**opaline** n (Glass) / Opalinglas n ‖ ~ (Min) / mit Ton verunreinigter Gips ‖ ~ adj / Opal-, opalartig adj ‖ ~ **iridescence** (Min) / Opalisieren n (Farbenspiel des Opals)

**opalize** v / opaleszieren v, opalisieren v

**opalized wood** (For) / verkieseltes Holz, Kieselholz n

**opalizer** n (Ceramics, Glass) / fluoridhaltiges Trübungsmittel (z.B. Flussspat, Kryolith, Natriumhexafluorosilicat)

**opalizing** n (Min) / Opalisieren n (Farbenspiel des Opals)

**opal jasper** (Min) / Jaspopal m (roter Opal) ‖ ~ **lamp** (Glass, Light) / Opallampe f

**opaloid** adj / Opal-, opalartig adj

**op amp** (Electronics) / Rechenverstärker m, Operationsverstärker m, OP-Verstärker m (ein linearer Gleichspannungsverstärker mit einem hohen negativen Verstärkungsfaktor und einem großen Übertragungsbereich)

**opaque** v (Optics) / lichtundurchlässig machen ‖ ~\* adj (Light, Optics, Photog) / undurchsichtig adj, opak adj, lichtundurchlässig adj ‖ ~ (Paint) / deckend adj ‖ ~ (Paint, Textiles) / gedeckt adj ‖ ~ **colour** (Paint) / Deckfarbe f ‖ ~ **glass** (Glass) / Opakglas n (in der Masse stark eingetrübtes, nicht durchscheinendes Glas nach DIN 1259, T 1), opakes Glas ‖ ~ (ceramic) **glaze** (Ceramics) / getrübte Glasur, Opakglasur f, Trübglasur f ‖ ~ **printing ink** (Print) / deckende Druckfarbe f ‖ ~ **projector** (Optics) / Episkop n, Epiprojektor m (ein Bildwerfer) ‖ ~ **screen** (Optics) / undurchsichtiger Schirm ‖ ~ **slurry** (Ceramics) / Trübe f (Flüssigkeit mit aufgeschwemmten Feststoffteilchen in feinverteilter, meist kolloidaler Form) ‖ ~ **stain** (For) / Farbbeize f ‖ ~ **stain** (Join, Paint) / deckende Beize

**OPC** (ordinary Portland cement) (Build, Civ Eng) / Portlandzement m (nach DIN 1164, kein Eisenportlandzement), PZ (Portlandzement) ‖ ~ (originating point code) (Comp) / Zeichengabenachricht-Ursprung m

**OP code** (Comp) / Operationskode m, Operationscode m, OP-Code m, OP-Kode m (ein Kode zur Darstellung des Operationsteils von Befehlswörtern)

**opcode** n (Comp) / Operationskode m, Operationscode m, OP-Code m, OP-Kode m (ein Kode zur Darstellung des Operationsteils von Befehlswörtern)

**open** v / anbrechen v (zum Verbrauch öffnen) ‖ ~ / öffnen v, aufmachen v ‖ ~ (Comp) / öffnen v (ein Fenster) ‖ ~ (Leather) / aufschlagen v (Häute im Fass) ‖ ~ (Mining) / aufschließen v, ausrichten v (Lagerstätten), vorrichten v ‖ ~ (Mining) / räumen v (Bohrloch) ‖ ~ (Mining) / auffahren v (Kammer oder Abbau) ‖ ~ vi / sich öffnen v (Tür, Fenster), aufgehen v ‖ ~ (Aero) / sich öffnen v, aufgehen v (Fallschirm) ‖ ~ **n** (Agric) / Freiland n ‖ ~ adj / offen adj ‖ ~ (Comp) / ausbaubar adj, offen adj (System) ‖ ~ (For) / räumig adj,

licht adj (Bestand) ‖ ~ (Textiles) / offen adj (Garn), locker adj (Garn) ‖ ~ **aerial** (Radio, TV) / Freiantenne f, Außenantenne f

**open-air** attr / Außen- (unter freiem Himmel), im Freien, außerhalb des Hauses ‖ ~ **climate** (Build) / Freiluftklima n ‖ ~ **drying** / Freilufttrocknung f, Trocknen n an der Luft ‖ ~ **drying** / atmosphärische Trocknung ‖ ~ **drying** s. also air drying

**open-air-installed cable** (Cables) / Freiluftkabel n

**open-air textiles** (Textiles) / Outdoortextilien pl, Freilufttextilien pl ‖ ~ **welding** (Welding) / Freiluftschweißen n

**open antenna**\* (Radio, TV) / Freiantenne f, Außenantenne f ‖ ~ **arc** (Elec Eng, Light) / nackter Lichtbogen, offener Lichtbogen

**open-architecture policy** (Arch) / Politik f der offenen Architektur

**open-arc welding** (Welding) / offenes Lichtbogenschweißen

**open area** (Min Proc) / offene Siebfläche f ‖ ~ **back**\* (Bind) / hohler Rücken, Hohlrücken m, [manchmal m auch] Sprungrücken (als Gegensatz zum festen Buchrücken) ‖ ~ **ball** (Maths) / offene Kugel

**open-band twine** (Spinning, Textiles) / Z-Draht-Garn n, rechtsgedrehtes Garn

**open bay** (Geog) / Bucht f (große - z.B. Australische oder von Benin) ‖ ~-**belt drive** (Eng) / offener Riemenantrieb (bei dem sich die beiden Riemenstränge nicht kreuzen), offenes Riemengetriebe

**open-butt strap joint** (Welding) / Laschenstoß m

**open caisson** (Civ Eng) / Senkbrunnen m (für die heute veraltende Senkbrunnengründung), Schachtbrunnen m, Brunnenkörper m ‖ ~ **caisson** (Civ Eng) / offener Senkkasten, Mantelkasten m

**open-caisson foundation** (Civ Eng) / Senkbrunnengründung f (eine veraltende Flächengründungsart)

**opencast**\* n (Mining) / Tagebauanlage f, Tagebau m (Anlage) ‖ ~ **mining**\* (Mining) / Tagebau m (Tätigkeit), Abraumbau m, Bergbau m im Tagebau, Abbau m im Tagebau

**open-cell foamed plastic** (Plastics) / offenzelliger Schaumstoff (z.B. Schwammgummi)

**open chain** (Chem) / offene Kette

**open-chain** attr (Chem) / offenkettig adj ‖ ~ **hydrocarbon** (Chem) / kettenförmiger Kohlenwasserstoff

**open channel** (Heat, Hyd) / offener Wasserlauf, offenes Gerinne, offener Kanal ‖ ~ **channel** (Hyd Eng) / Freispiegelwasserlauf m, Freispiegelleitung f (entweder offener Wasserlauf oder eine Rohr- bzw. Tunnelleitung)

**open-channel flow** (Hyd Eng) / Freispiegelströmung f, Freispiegelabfluss m

**open circuit** (Elec Eng) / Leerlaufzustand m, Leerlauf m ‖ ~ **circuit**\* (Elec Eng) / offener Stromkreis

**open-circuit** attr (Elec Eng) / offen adj (Leitung, Kontakt), unterbrochen adj (Leitung, Kontakt) ‖ ~ **characteristic**\* (Elec Eng) / Leerlaufkennlinie f ‖ ~ **cooling** (Elec Eng) / Innenkühlung f (bei der die Wärme an das die Maschine durchströmende Kühlmittel abgegeben wird, das sich ständig erneuert) ‖ ~ **cooling** (by pressurizing medium) (Elec, Elec Eng) / Kühlung f im offenen Kreislauf, Durchzugskühlung f (bei der das Kühlmittel durch das Innere der Maschine strömt), Durchzugsbelüftung f

**open-circuited** adj (Elec Eng) / offen adj (Leitung, Kontakt), unterbrochen adj (Leitung, Kontakt) ‖ ~ (Elec Eng) / lastlos adj, im Leerlauf betrieben

**open-circuit grinding**\* (Min Proc) / einmalige Mahlung (nicht im Kreislaufverfahren) ‖ ~ **grouting** (Civ Eng) / Verpressung f ohne Mörtelrücklauf ‖ ~ **impedance**\* (Elec Eng) / Leerlaufimpedanz f

**open-circuit loss**\* (Elec Eng) / Leerlaufverlust m

**open-circuit potential** (Elec Eng) / Ruhepotential n (freies Korrosionspotential einer homogenen Mischelektrode, bei dem der Summenstrom Null ist) ‖ ~ **potential difference** (Surf) / Ruhegalvanispannung f ‖ ~ **resistor** (Elec Eng) / unterbrochener Widerstand ‖ ~ **saturation curve** (Elec Eng) / Leerlaufkennlinie f (die Sättigungsverhalten zeigt), Leerlaufsättigungskurve f ‖ ~ **stable** (Elec Eng) / leerlaufstabil adj ‖ ~ **voltage**\* (Elec Eng) / Leerlaufspannung f

**open class** (Aero) / offene Klasse (bei Segelflugmeisterschaften) ‖ ~ **cluster** (Astron) / offener Sternhaufen (z.B. Plejaden) ‖ ~ **coat(ing)** / offene Streuung (beim Schleifpapier) ‖ ~ **coat** / offener Belag (des Schleifpapiers mit Bestreuungsmittel), offene Schicht des Bestreuungsmittels (auf dem Schleifpapier) ‖ ~ **coil** (Elec Eng) / offene Spule

**open-coil annealing** (Met) / offene Bundglühung, Coilglühung f ‖ ~ **armature** (Elec Eng) / Anker m mit nicht geschlossener Wicklung, offener Anker

**open collector** (Electronics) / Open-Collector m (integrierte Digitalschaltung mit offenem Kollektor), offener Kollektor

**open-collector device** (Comp) / Treiber m mit offenem Kollektor ‖ ~ **driver** (Comp) / Treiber m mit offenem Kollektor ‖ ~ **gate** (Comp) / Open-Collector-Gatter n ‖ ~ **output** (Electronics) / Open-Collector-Ausgang m, Ausgang m mit offenem Kollektor (unbeschaltet herausgeführter Kollektorausgang des letzten Transistors bei integrierten Schaltungen)

**open combustion**

**open combustion-chamber injection** (Aero, Autos) / Direkteinspritzung *f* (wenn der Kraftstoff direkt in den Brennraum gelangt), direkte Einspritzung, Hochdruckeinspritzung *f* ‖ ~ **conduit** (Hyd Eng) / Freispiegelwasserlauf *m*, Freispiegelleitung *f* (entweder offener Wasserlauf oder eine Rohr- bzw. Tunnelleitung) ‖ ~ **core** (Elec Eng) / offener Kern (ohne äußeren Eisenschluss) ‖ ~ **cup** / offener Tiegel (eines Flammpunktgeräts) ‖ ~ **cure** (Chem Eng) / Freivulkanisation *f* ‖ ~ **cut** (Build, Civ Eng) / offene Baugrube, Graben *m* ‖ ~ **cut** (Civ Eng) / offene Bauweise (eine Tunnelbauweise) ‖ ~ **cut** (Hyd Eng) / Freispiegelwasserlauf *m*, Freispiegelleitung *f* (entweder offener Wasserlauf oder eine Rohr- bzw. Tunnelleitung) ‖ ~ **cut** (Mining) / Tagebauanlage *f*, Tagebau *m* (Anlage)
**open-cut coal** (Mining) / Tagebaukohle *f* ‖ ~ **mine** (Mining) / Tagebauanlage *f*, Tagebau *m* (Anlage) ‖ ~ **mining** (Mining) / Tagebau *m* (Tätigkeit), Abraumbau *m*, Bergbau *m* im Tagebau, Abbau *m* im Tagebau
**open-cycle gas turbine** (Eng) / Gasturbine *f* mit offenem Kreislauf
**open database connectivity*** (SQL standard specified by Microsoft) (Comp) / Open Database Connectivity *f* (standardisierte Anwendungsschnittstelle der Datenbankabfragesprache SQL), ODBC (Open Database Connectivity) ‖ ~ **day** / Tag *m* der offenen Tür ‖ ~ **deck design** (Autos) / Open Deck Design *n* (des Kurbelgehäuses) ‖ ~ **delta connection*** (Elec Eng) / V-Schaltung *f*, offene Dreieckschaltung, Dreieckschaltung *f* (offene)
**open-diaphragm loudspeaker*** (Acous) / Lautsprecher *m* ohne Schallstrahler (Trichter)
**open die** (Eng) / Sattel *m* (Werkzeug, das beim Freiformschmieden das Arbeitsvermögen des Freiformschmiedehammers bzw. die Presskraft der Schmiedepresse auf das Freiformschmiedestück überträgt und mit dessen Hilfe der Hauptteil der Umformung vorgenommen wird) ‖ ~ **die** (Eng) / offenes Gesenk ‖ ~**-die forging** (Eng) / Freiformschmieden *n* (in einem nicht umschließenden Werkzeug, Freiformschmiedeverfahren *n* (z.B. Anstauchen, Recken, Stempeln, Strecken oder Dengeln) ‖ ~ **digester** (San Eng) / offener Faulbehälter (Faulbehälter unter Verzicht auf Faulgasgewinnung und Beheizung - DIN 4045) ‖ ~ **diggings** (Mining) / Tagebauanlage *f*, Tagebau *m* (Anlage)
**open-ended** *adj* (Geol) / nach oben hin nicht begrenzt (Richter-Skala) ‖ ~ **coil** (Elec Eng) / offene Spule
**open-endedness** *n* / Offenheit *f* (eines Systems)
**open-ended Richter scale** (Geol, Geophys) / nach oben offene Richter-Skala
**open-ended spanner** (Tools) / Maulschlüssel *m*, Gabelschlüssel *m* (ein Schraubenschlüssel)
**open-ended system** (Comp) / erweiterungsfähiges System, offenes (= ausbaufähiges) System
**open-end manometer** (Phys) / U-Rohr-Manometer *n* (ein Flüssigkeitsmanometer) ‖ ~ **rotor** (Spinning) / OE-Rotor *m*
**open-end spinning*** (Spinning) / Openendspinnerei *f*, Openendspinnen *n*, Offenendspinnen *n*, OE-Spinnen *n*, OE-Spinnverfahren *n* (Turbinenspinnverfahren)
**open-end well** (Hyd Eng) / Brunnen *m* ohne Filterboden ‖ ~ **wrench** (US) (Tools) / Maulschlüssel *m*, Gabelschlüssel *m* (ein Schraubenschlüssel) ‖ ~ **yarn** (Spinning) / OE-Garn *n*, Offenendgarn *n*, Openendgarn *n*
**opener** *n* (Ceramics) / Ausbrennstoff *m* (wie Sägemehl, Torfkoks usw.) ‖ ~ (Textiles) / Öffner *m*, Baumwollöffner *m* ‖ ~ **card for hard-twisted thread waste** (Spinning) / Droussierkrempel *f* (DIN 64 100), Fadenöffner *m*, Garnette *f*, Drousette *f* ‖ ~ **waste** (Textiles) / Öffnerabfall *m*
**open fabric** (Textiles) / loses Gewebe, offenes Gewebe ‖ ~ **fabric** (Textiles) / lockeres Gewebe (im Allgemeinen) ‖ ~ **fabric** (Textiles) / Durchbruchgewebe *n*, Ajourgewebe *n* ‖ ~ **feeder** (Foundry) / offener Speiser ‖ ~ **feeder** (Foundry) / Steiger *m* (ein Metallreservoir, das den bei der Erstarrung des Gießmetalls entstehenden Lunker aufnimmt), Steigtrichter *m* (z.B. Williams-Trichter), Steigtrichter *m* ‖ ~ **fire** (Build) / offene Feuerstätte, Cheminée *n*, Kamin *m* (offene Feuerstätte) ‖ ~ **fire** (Mining) / offener Grubenbrand (Ursache: Fremdzündung) ‖ ~ **flame** / offene Flamme ‖ ~ **floor*** (Build) / Decke *f* mit sichtbaren Unterzügen
**open-flow test** (Oils) / Ausflussprobe *f* bei offenem Bohrlochschieber
**open-flue system** (Build) / Abgasschornstein *m* (der Rauchgase von gasförmigen Brennstoffen abführt)
**open fold** (in which the limbs diverge at a large angle) (Geol) / flache Falte, offene Falte ‖ ~ **forest** (For) / Räumde *f*, Geräumde *n*, Geräumte *n* ‖ ~ **frame** (Eng) / C-Gestell *n* (eine Baugruppe der Presse nach DIN 55170 bis 55174) ‖ ~**-frame girder*** (Eng) / strebenloser Fachwerkträger, diagonalenloser Träger, Vierendeelträger *m*, Rahmenträger *m*
**open-frame press** (Eng) / C-Gestell-Presse *f* (z.B. eine Exzenterpresse)
**open-front press** (Eng) / C-Gestell-Presse *f* (z.B. eine Exzenterpresse)

**open fuel cycle** (Nuc Eng) / offener Brennstoffkreislauf, Einweg-Brennstoffzyklus *m* ‖ ~ **full loop** (Eng) / offene volle Öse (z.B. bei Zugfedern) ‖ ~ **fuse** (Elec Eng) / offene Sicherung, Sicherung *f* mit freiliegendem Schmelzdraht
**open-gap press** (Eng) / C-Gestell-Presse *f* (z.B. eine Exzenterpresse)
**open gas-turbine system** (Eng) / offene Gasturbinenanlage ‖ ~ **goods car** (Rail) / offener Güterwagen, O-Wagen *m* ‖ ~ **goods waggon** (Rail) / offener Güterwagen, O-Wagen *m*
**open-graded aggregate** (Civ Eng) / loser Grobzuschlagstoff
**open grain** / offene Streuung (beim Schleifpapier) ‖ ~ **grain** (Met) / Grobkorn *n*
**open-grained** *adj* (For) / weitringig *adj* (Holz)
**open-grid flooring** (Build) / Lichtgitterrost *m* (als Bodenbelag)
**open half-plane** (Maths) / offene Halbebene ‖ ~**-hearth furnace*** (Met) / Herdofen *m* (als Schmelzofen), Herdschmelzofen *m* ‖ ~**-hearth furnace*** (Met) / SM-Ofen *m*, Siemens-Martin-Ofen *m*
**open-hearth furnace plant** (Met) / Siemens-Martin-Stahlwerk *n*, SM-Stahlwerk *n*
**open•-hearth pig iron** (Met) / Stahlroheisen *n* (zur Herstellung von Stahl nach dem Siemens-Martin-Verfahren), Martinroheisen *n*, Stahleisen *n* ‖ ~**-hearth process*** (Met) / Siemens-Martin-Verfahren *n*, SM-Verfahren *n*, Herdfrischverfahren *n* (ein altes Stahlherstellungsverfahren)
**open-hearth shop** (Met) / Siemens-Martin-Stahlwerk *n*, SM-Stahlwerk *n* ‖ ~ **steel** (Met) / Siemens-Martin-Stahl *m*, Martinstahl *m*, SM-Stahl *m* ‖ ~ **steel furnace** (Met) / Siemensofen *m* (ein Regenerativofen mit Gasfeuerung)
**open here** / hier öffnen ! (Aufschrift auf der Kiste) ‖ ~ **hole** (Oils) / unverrohrter Teil eines Bohrlochs, offenes Bohrloch ‖ ~ **hole** (Oils) / Bohrloch *n* ohne Liner im Erdölträger ‖ ~ **house** (US) / Tag *m* der offenen Tür ‖ ~ **house** (US) (Build) / Musterhaus *n*
**opening** *n* / Loch *n* (Öffnung) ‖ ~ (Elec Eng) / Spannweite *f*, Spannfeld *n*, Stützweite *f*, Mastfeld *n*, Mastabstand *m* (einer Freileitung) ‖ ~* (Eng, Textiles) / Öffnen *n* ‖ ~ (US) (For) / Lichtung *f* (von Bäumen freie Stelle im Wald), Waldlichtung *f* ‖ ~ (Foundry) / Auseinandernehmen *n* (einer großen Form) ‖ ~ (Mining) / Grubenbau *m* (pl. -baue) (planmäßig hergestellter bergmännischer Hohlraum wie Schacht, Strecke, Querschlag und Abbauraum) ‖ ~* (Print) / visuelle Kontrolle einer Doppelseite ‖ ~ **bracket** (Maths, Typog) / öffnende Klammer, Klammer auf ‖ ~ **bridge** (Autos) / bewegliche Brücke (ein Verkehrszeichen nach StVO) ‖ ~ **capacity** (Tools) / Spannweite *f* (des Schraubstocks) ‖ ~ **cut** (For) / Vorschnitt *m* (beim Doppelschnitt erster Maschinendurchgang) ‖ ~ **cut** (For) / Einschnitt *m* (Langsägen von Rundholz im Doppelschnitt oder im Rundschnitt), Holzeinschnitt *m* ‖ ~ **cylinder** (Spinning) / Auflösewalze *f* (vor dem OE-Rotor) ‖ ~ **cylinder** (Spinning) / Nasentrommel *f* ‖ ~ **die** (a die which clears the screw thread when it comes to end) (Eng) / selbstauslösender Gewindeschneidkopf, selbstöffnender Schneidkopf, Strehlerbackenkopf *m*, selbstöffnender Gewindeschneidkopf *m* ‖ ~ **flag** (Comp) / Startflag *f*, Beginnflagge *m* (am Rahmenbeginn) ‖ ~ **force** (Elec Eng) / Öffnungskraft *f* (bei Kontakten) ‖ ~ **force** (I C Engs) / Öffnungskraft *f* (bei Ventilen) ‖ ~ **hours** (Work Study) / Öffnungszeit *f* ‖ ~ **in** (window) (Build) / nach innen öffnend (Fensterflügel) ‖ ~ **material** (added to plastic clay to decrease shrinkage) (Ceramics) / Magerungsmittel *n* (unbildsamer Rohstoff, der bildsamen Rohstoffen zugesetzt wird, um deren Schwindung herabzusetzen) ‖ ~ **material** (Ceramics) / Ausbrennstoff *m* (wie Sägemehl, Torfkoks usw.) ‖ ~ **menu** (Comp) / Eröffnungsmenü *n* ‖ ~ **of an account** / Kontoeröffnung *f* ‖ ~ **of the root of the weld** (Welding) / Wurzelöffnung *f*, Stegabstand *m* (Abstand der Werkstücke an der Stelle, an der sie nicht bearbeitet wurden) ‖ ~ **out** (window) (Build) / nach außen öffnend (Fensterflügel) ‖ ~ **out** (a hole) (Eng) / Dornen *n* (Herstellung und Bearbeitung von Löchern in Freiformschmiedestücken) ‖ ~ **out with a hollow mandrel** (Eng) / Hohldornen *n* ‖ ~ **pressure** (Eng) / Öffnungsdruck *m* ‖ ~ **roller** (Spinning) / Auflösewalze *f* (vor dem OE-Rotor) ‖ ~ **shock** (Aero, Mil) / Entfaltungsstoß *m* (bei Fallschirmen) ‖ ~ **span** (Civ Eng) / bewegliche Brückenöffnung ‖ ~ **speed** (Eng) / Rückhubgeschwindigkeit *f* (Geschwindigkeit des Stößels während des Rücklaufs - bei Pressen) ‖ ~ **time** (Elec Eng) / Öffnungszeit *f* ‖ ~**-up** *n* (Build) / Erschließung *f* (eines Gebietes)
**opening-up** *n* (Leather) / Aufgehen *n* (der Zurichtung)
**opening window** (Build) / bewegliches Fenster (als Gegensatz zu deadlight)
**open interval*** (Maths) / offenes Intervall
**open-jaw flight** (Aero) / Flug, bei dem der Startflughafen nicht mit dem Ankunftsflughafen bei der Rückreise bzw. der Zielflughafen nicht mit dem Abflughafen für den Rückflug identisch ist, Gabelflug *m*
**open jet** (Eng) / Freistrahl *m* ‖ ~**-jet wind tunnel*** (Aero) / Windkanal *m* ohne Luftrückführung (Eiffel'scher Bauart), offener Windkanal (ohne Luftrückführung) ‖ ~ **joint** (For) / offene Fuge ‖ ~ **joint**

(Welding) / Fuge $f$ mit Stegabstand || **~ kinematic chain** (Eng) / offene kinematische Kette || **~ lake** (Geol) / See $m$ mit Ausfluss

**open-lamp mine** (Mining) / schlagwetterfreie Grube

**open LAN** (Comp) / offenes LAN || **~ letters** (Comp, Typog) / Outline-Schrift $f$, Konturschrift $f$, lichte Schrift (deren Bild nur aus den Konturen besteht) || **~ light** (Build) / bewegliches Fenster (als Gegensatz zu deadlight) || **light** (Mining) / offenes Geleucht || **~ line** (Rail) / freie Strecke

**open-line balancing network** (Elec Eng) / Freileitungsnachbildung $f$

**open-link chain** (Eng) / Schakenkette $f$

**open listening** (amplified voice) (Teleph) / Lauthören $n$ (Leistungsmerkmal bei Fernsprechern) || **~ loop** (Automation) / offener Wirkungskreis, offene Wirkungskette

**open-loop*** attr (Automation) / ohne Rückführung (Steuerung) || **~ adaption** (Automation) / signaladaptive Regelung, gesteuerte adaptive Regelung || **~ and closed-loop control module** (Automation) / Steuerungs- und Regelungs-Baugruppe $f$ || **~ catalyst** (Autos) / ungeregelter Katalysator (als chemische Funktionseinheit) || **~ gain** (Radio) / Open-Loop-Gain $n$, Kreisverstärkung $f$, Verstärkung $f$ ohne Gegenkopplung (eines Operationsverstärkers), Leerlaufverstärkung $f$ ohne Netzwerk || **~ program control** (Automation) / Programmsteuerung $f$, Ablaufsteuerung $f$ || **~ system** (Automation) / Steuerkreis $f$ (offener Wirkungsweg ohne Rückführung von Ist-Werten und ohne Vergleich derselben mit vorgegebenen Sollwerten), [rückführungslose] Steuerung $f$, Steuerungssystem $n$ ohne Rückführung || **~ system** (Comp) / offenes System (Online-Prozesskopplung, bei der die Datenübertragung allein in einer Richtung automatisch erfolgt), Open Loop $m$ (offenes System) || **~ transfer function** (Automation) / Übertragungsfunktion $f$ des offenen Regelkreises

**open machine** (Elec Eng) / offene Maschine || **~ map** (Maths) / offene Abbildung (eine Abbildung eines topologischen Raumes in einen topologischen Raum, wobei das Bild jeder offenen Menge eine offene Menge ist) || **~ matter** (Typog) / Satz $m$ mit viel Ausschluss, splendider Satz (weit durchschossener, auf ein relativ großes Papierformat mit breiten Papierrändern gedruckter Satz im Werkdruck)

**open-mesh** attr (Textiles) / offenmaschig adj || **~ belt drier** (San Eng) / Wabenbandtrockner $m$ (Bandtrockner, bei dem das zu trocknende Gut durch Walzen unter leichtem Druck in die Zellen eines endlosen Bandes gefüllt wird) || **~ flooring** (Build) / Lichtgitterrost $m$ (als Bodenbelag)

**open mortise*** (Join) / Schlitz $m$ der Schlitzzapfung || **~ mould** (Foundry) / offene Form, Herdform $f$ || **~ moulding** (Foundry) / Herdformen $n$, Herdformerei $f$ (im offenen Herd) || **~ network** (Elec Eng) / offenes Netz || **~ network provision** (Teleph) / freier Netzzugang || **~ newel** (Build) / hohle Spindel, Lichtspindel $f$ (offene Spindel einer Wendeltreppe), Schneckenauge $n$ (einer Wendeltreppe), Treppenauge $n$ (einer Wendeltreppe), offenes Auge

**open-newel stair*** (Build) / Wendeltreppe $f$ (mit Treppenauge), Hohltreppe $f$ || **~ stair*** (Build) / zweiläufige U-Treppe (mit Halbpodest)

**open node** (Telecomm) / offener Funkknoten || **~ office area** / Großraumbüro $n$

**open-pan mixer** (Build) / Trogmischer $m$ (für Beton und Mörtel)

**open pass** (Met) / offenes Kaliber || **~ pediment** (Arch) / gesprengter Giebel

**open-phase protection** (Elec Eng) / Phasenausfallschutz $m$ || **~ protection relay** (Elec Eng) / Leiterbruchschutzrelais $n$

**open pit** (Mining) / Tagebauanlage $f$, Tagebau $m$ (Anlage) || **~-pit mining** (Mining) / Tagebau $m$ (Tätigkeit), Abraumbau $m$, Bergbau $m$ im Tagebau, Abbau $m$ im Tagebau || **~ place** (Weaving) / Streifen $m$ (ein Fehler bei textilen Flächengebilden)

**open-plan office** / Großraumbüro $n$

**open pore*** (For, Met, Powder Met) / offene Pore || **~ position** (Elec Eng) / Offenstellung $f$ (in der die vorgesehene Luftstrecke zwischen geöffneten Schaltstücken im Hauptstromkreis des Leistungsschalters sichergestellt ist), offene Stellung || **~ pot** (Glass) / offener Hafen

**open-poured steel** (Met) / offen vergossener Stahl

**open prepress interface** (Comp) / OPI-Schnittstelle $f$ (in der elektronischen Druckvorstufe) || **~ reading frame** (Biol) / offenes Leseraster || **~ riser** (Foundry) / offener Speiser || **~ riser** (Foundry) / Steiger $m$ (ein Metallreservoir, das den bei der Erstarrung des Gießmetalls entstehenden Lunker aufnimmt), Steigtrichter $m$ (z.B. Williams-Trichter), Steigetrichter $m$

**open-riser** attr (Build, Carp) / ohne Setzstufe (Treppe), ohne Futterstufe (Holztreppe)

**open roadstead** (Ships) / offene Reede || **~ rolling mill** (Met) / offene Walzstraße || **~ roof*** (a roof in which the principals can be seen from below, since it has no ceiling) (Build) / Dach mit innen sichtbarer Dachkonstruktion, nackte Dachunterseite || **~ routine**

(Comp) / Eröffnungsroutine $f$, Open-Routine $f$ || **~ sand*** (Foundry) / gut gasdurchlässiger Sand, Formsand $m$ hoher Gasdurchlässigkeit, Sand $m$ mit guter Gasdurchlässigkeit

**open-sand casting** (Foundry) / offener Herdguss (in nicht abgedeckten Herdformen) || **~ moulding** (Foundry) / Herdformen $n$, Herdformerei $f$ (im offenen Herd)

**open screening area** (Min Proc) / offene Siebfläche || **~ sea** (Ocean, Ships) / hohe See, offenes Meer, offene See, Räumte $f$ (offenes Meer)

**open-seam tube** (Met) / Schlitzrohr $n$

**open set*** (Maths) / offene Menge (wenn es zu jedem ihrer Punkte eine Umgebung gibt, die auch zu ihr gehört) || **~ shed** (Weaving) / Ganzoffenfach $n$, Offenfach $n$

**open-shed cam dobby** (Weaving) / Offenfachschaftmaschine $f$ || **~ Jacquard machine** (Weaving) / Offenfachjacquardmaschine $f$ || **~ machine** (Weaving) / Offenfachmaschine $f$

**open sheet** (Typog) / ungefalzter Druckbogen, Rohbogen $m$ (in ~)

**open-sheet delivery** (Print) / Planoauslage $f$ (in Rollendruckmaschinen)

**open sheeting** (Civ Eng) / teilweiser (waagerechter, lotrechter) Verbau || **~ shelf** (Autos) / Ablagefach $n$, Ablage $f$ || **~ ship** (Ships) / offenes Schiff (ein Stückgut- oder Schüttgutfrachtschiff) || **~ shop** / Betrieb $m$ ohne Gewerkschaftszwang, Open Shop $m$ || **~ shop** (Comp) / Open-Shop-Betrieb $m$ (bei dem im Gegensatz zum Closed-Shop der einzelne Benutzer selbst an der Anlage arbeiten kann), Open Shop $m$

**open-shop testing** (Comp) / Eigentest $m$ (als Vorgang)

**Open Shortest Path First** (Comp, Telecomm) / OSPF-Protokoll $n$ (ein Link-State-Routingprotokoll im Internet)

**open-side planer** (Eng) / Einständer-Hobelmaschine $f$ (eine Langhobelmaschine) || **~ planing machine** (Eng) / Einständer-Hobelmaschine $f$ (eine Langhobelmaschine)

**open single-V butt joint** (without root face) (Welding) / Steilflankennaht $f$ || **~ slating** (Build) / Schieferdeckung $f$ mit Zwischenräumen || **~ slot*** (Elec Eng) / offene Nut, offene Wicklungsnut || **~ soap** / Seifenkern $m$ (die obere halbflüssige Schicht bei der Seifenfabrikation) || **~ space** / freie Fläche

**open-spandrel arch bridge** (Civ Eng) / Bogenbrücke $f$ mit aufgelöstem Aufbau (die keine massive, sondern eine durchbrochene Zwickelfläche aufweist)

**open spanner** (Tools) / Maulschlüssel $m$, Gabelschlüssel $m$ (ein Schraubenschlüssel) || **~ split** (For) / klaffender Riss (bei Rundholz und bei Furnieren) || **~ split** (For) / offener Riss

**open-spring unit** / Federkern $m$ (der Federkernmatratze)

**open steam vulcanizer** (Chem Eng) / Vulkanisationskessel $m$, Kessel $m$ (zur Vulkanisation), Vulkanisierkessel $m$ || **~ storage** / Lagerung $f$ im Freien || **~ string*** (Carp) / Sattelwange $f$ (einer aufgesattelten Holztreppe), aufgesattelter Treppenbaum, stufenförmig ausgeschnittene Treppenwange (einer aufgesattelten Holztreppe) || **~ string** (Comp) / offene Zeichenfolge

**open-structure fabric** (Textiles) / Durchbruchgewebe $n$, Ajourgewebe $n$

**open subroutine*** (Comp) / offenes Unterprogramm (das zwar nur einmal programmiert, aber in anderen Programmfolgen so oft eingesetzt werden kann, wie es nötig ist) || **~ system** (Automation, Phys) / offenes System || **~ system** (Build) / maßordnungsgerechtes System, modulare Bauweise, Baukastensystem $n$ || **~ system** (Phys) / rheonomes System, offenes System (das seinen Zustand in ständigem Energie- und Materieaustausch mit der Umgebung stationär beibehält)

**open-system architecture** (Telecomm) / offenes Kommunikationssystem (gemäß ISO-Referenzmodell) || **~ equlibrium** (Chem) / Fließgleichgewicht $n$ (ein stationärer Zustand eines chemischen/biochemischen Systems, bei dem dauernd in genau aufeinander abgestimmten Mengen Edukte zugeführt und Produkte abgeführt werden)

**open systems interconnection** (Comp) / offenes Netzwerksystem, Kommunikation $f$ offener Systeme, offene Kommunikation (Kommunikationsmöglichkeit eines jeden an ein Fernmeldenetz angeschlossenen Gerätes mit jedem anderen - DIN ISO 7498), OSI (Kommunikation offener Systeme)

**open-tank treatment** (For) / Einlagerungsverfahren $n$ (Holzschutz), Trogtränkung $f$ (ein Tauchverfahren, das mehrere Stunden bis Tage dauert) || **~ treatment** (of the ends) (For) / Einstelltränkung $f$ (von besonders gefährdeten Enden von Pfählen oder Stangen)

**open tender** / öffentliche Ausschreibung (bei der Vergabe von Aufträgen der öffentlichen Hand - die Interessenten werden aufgefordert, fristgerechte Angebote einzureichen)

**open-texture weave** (Textiles) / Durchbruchgewebe $n$, Ajourgewebe $n$ || **~ weave** (Textiles) s. also openwork

**open this end** / hier öffnen! (Aufschrift auf der Kiste) || **~ tie-up** (Weaving) / englische Gallierung (bei der die Jacquardmaschine so über der Webmaschine steht, dass das Prisma in Richtung des Brustbaumes oder Streichbaumes ausschlägt), offene Gallierung || **~ timbering** (Mining) / offener Ausbau

**open-top**

**open-top block** (Build) / Schalungsstein *m* (mit offenen Kammern, die senkrecht zur Lagerfläche stehen) || ~ **car** (Rail) / offener Güterwagen, O-Wagen *m* || ~ **container** / Open-Top-Container *m* (der oben offen ist)
**open-top container** (Ships) / offener Container (mit fehlender Dachkonstruktion - für den Transport von nässeunempfindlichen Gütern)
**open-top pediment** (Arch) / gesprengter Giebel
**open-topped pediment** (Arch) / gesprengter Giebel
**open to sabotage** (Mil) / sabotageempfindlich *adj* || ~ **transaction manager architecture** (Comp) / Open-Transaction-Manager-Architektur, OTMA (Open-Transaction-Manager-Architektur) || ~ **traverse*** (Surv) / offener Polygonzug
**open-tread** *attr* (Build, Carp) / ohne Setzstufe (Treppe), ohne Futterstufe (Holztreppe)
**open-tube process** (Electronics) / Durchströmverfahren *n* (ein Diffusionsverfahren, bei dem ein mit Dotierungsatomen angereichertes Trägergas über die Kristallscheiben strömt und durch das offene Rohrende den Reaktionsraum verlässt)
**open-type machine** (Elec Eng) / offene Maschine
**open-unit mattress** / Federkernmatratze *f*
**open up** *v* / erschließen *v* (neue Märkte) || ~ **up** (Build) / erschließen *v* (ein Gebiet) || ~ **up** (Leather) / aufschließen *v* (Häute im Äscher) || ~ **up** (Leather) / aufgehen *v* (Zurichtung) || ~ **valley** (Build) / offene Dachkehle (mit Dachrinne) || ~ **waggon** (Rail) / offener Güterwagen, O-Wagen *m* || ~ **walk** / offene Kantenfolge (in einem Grafen) || ~ **weave** (Textiles) / loses Gewebe, offenes Gewebe || ~ **weave** (Textiles) / lockeres Gewebe (im Allgemeinen)
**open-web girder** (Build) / Träger *m* mit durchbrochenem Steg
**open well*** (Build) / [offener] Treppenschacht *m* (großes Treppenauge) || ~ **well** (Civ Eng) / Senkbrunnen *m* (für die heute veraltete Senkbrunnengründung), Schachtbrunnen *m*, Brunnenkörper *m* || ~ **width** (Elec Eng) / Spannweite *f*, Spannfeld *n*, Stützweite *f*, Mastfeld *n*, Mastabstand *m* (einer Freileitung) || ~**-width** *adj* / Breit-
**open-width souring plant** (Textiles) / Breitsäureanlage *f* (einer Tuchkarbonisieranlage) || ~ **washer*** (Textiles) / Breitwaschmaschine *f* (zur Reinigung von Tuchen)
**open winch crab** (Eng) / Windwerkskatze *f* || ~ **window unit*** (Acous) / Sabin *n* (eine alte Einheit der Schallabsorption)
**open-wire fuse** (Elec Eng) / offene Sicherung, Sicherung *f* mit freiliegendem Schmelzdraht || ~ **line** (Elec Eng) / Freileitung *f* (oberirdisch geführte), Oberleitung *f*
**openwork** *n* (Arch) / Durchbruch *m* (Ornamentmauerwerk) || ~* (Textiles) / Ajourstoff *m*, Ajourwirkware *f*, Ajourgewirk *n*, Petinetware *f* (Rechts/Links/durchbrochen) || ~ **pattern** (Textiles) / Durchbruchmuster *n* (bei Ajourstoffen)
**open-world assumption** (AI) / Annahme *f* einer offenen Welt
**operable** *adj* / betriebsbereit *adj*, betriebsklar *adj*, betriebsfertig *adj* || ~ (Build) / beweglich *adj* (Flügel bei Fenstern) || ~ (Comp) / ladefähig *adj*, ablaufbereit *adj* (Programm), ablauffähig *adj* (Programm) || ~ **time** / nutzbare Zeit (des Systems), verfügbare Betriebszeit, Benutzerzeit *f* (einer Maschine)
**opera glasses** (Optics) / Theaterglas *n*, Opernglas *n*
**operand*** *n* (Comp) / Operand *m* (pl. -en) (die zur Definition von Daten mit einem Befehlsnamen eingegebene Information mit der der Befehlsprozessor arbeitet, und zur Steuerung der Funktion des Befehlsprozessors) || ~* (Maths) / Rechengröße *f* (das Element, mit dem Rechenoperationen durchgeführt werden), Operand *m* (pl. -en) || ~ **address** (Comp) / Operandenadresse *f* || ~ **part** (Comp) / Operandenteil *m* (in der Befehlsstruktur - DIN 44300) || ~ **section** (Comp) / Operandenteil *m* (in der Befehlsstruktur - DIN 44300) || ~ **separator** (Comp) / Operandentrennungszeichen *n* || ~ **stack** (Comp) / Zwischenergebniskeller *m* || ~ **sublist** (Comp) / unterteilter Operand
**operate** *v* / betätigen *v*, in Betrieb setzen *v* ~ (Elec Eng) / erregen *v* || ~ (Eng) / funktionieren *v*, gehen *v*, in Betrieb sein, in Gang sein, laufen *v* || ~ *vt* / bedienen *v* (eine Maschine) || ~ / betreiben *v* || ~ (Eng) / fahren *v* (Maschinen), betreiben *v* (Anlagen) || ~ **a typewriter** / Maschine schreiben *v*, maschinschreiben *v* (A) || ~ **current** (Elec Eng) / Ansprechstrom *m* (bei Relais) || ~ **delay** (Elec Eng) / Ansprechverzögerung *f*
**operated from** (Eng) / von ... betrieben, von ... gespeist
**operating accuracy** / Betriebsgenauigkeit *f* || ~ **area** (Build) / Funktionsfläche *f* (Fläche von Räumen, die bei wechselnder Benutzung des Bauwerkes in der Regel durch ihre technische Einrichtung ihren Verwendungszweck beibehalten - z.B. Heizungsanlagen) || ~ **authorization** (Aero) / Betriebsbewilligung *f* || ~ **body** (Telecomm) / Betreiber *m* || ~ **capacity** (Chem Eng) / nutzbare Kapazität (eines Ionenaustauschers), NK (nutzbare Kapazität) || ~ **characteristic** (Stats) / OC-Kurve *f* (die über die Eignung des dem Stichprobenplan zugrunde gelegten Testes und die Prüfschärfe des Stichprobenplanes entscheidet), Annahmekennlinie *f* (in der

Testtheorie), Operationscharakteristik *f*, OC (Operationscharakteristik) || ~ **characteristic*** (Elec Eng, Eng) / Belastungscharakteristik *f* (einer Arbeitsmaschine), Belastungskennlinie *f*, Lastcharakteristik *f* (einer Arbeitsmaschine) || ~ **characteristic curve** (Stats) / OC-Kurve *f* (die über die Eignung des dem Stichprobenplan zugrunde gelegten Testes und die Prüfschärfe des Stichprobenplanes entscheidet), Annahmekennlinie *f* (in der Testtheorie), Operationscharakteristik *f*, OC (Operationscharakteristik) || ~ **characteristics** (Eng) / Betriebsverhalten *n* || ~ **company** (Oils) / Betreiber *m* (z.B. der Erdöllagerstätte) || ~ **company** (Telecomm) / Betreiber *m* (z.B. Netzwerkbetreiber) || ~ **conditions** / Arbeitsbedingungen *f pl*, Betriebsbedingungen *f pl* || ~ **console** (Comp) / Konsole *f* (ein mit diversen Möglichkeiten zu Steuerungs- und Kontrollzwecken ausgestatteter Platz zur Kontrolle rechnergesteuerter Anlagen), Console *f*, Bedienungskonsole *f* (z.B. Spiel- oder Videokonsole), Bedienungsplatz *m* || ~ **control** (element) (Eng) / Bedienteil *n* || ~ **current release** (Elec Eng) / Arbeitsstromauslöser *m* || ~ **cycle** (Elec Eng) / Schaltspiel *n* (Betätigung von einer Schaltstellung in die andere und zurück) || ~ **duty*** (Elec Eng) / Betriebsbeanspruchung *f* (eines Schalters) || ~ **element** (Eng) / Bedienteil *n* || ~ **error** / Gebrauchsfehler *m* || ~ **error** (Eng, Instr) / Bedienungsfehler *m*, Handhabungsfehler *m* || ~ **experience** / Betriebserfahrung *f* || ~ **facility** (Eng) / Anlage *f*, Betriebsanlage *f* || ~ **factor*** (Elec Eng) / Einschaltdauer *f* (relative - Verhältnis der Betriebszeit unter Belastung, einschließlich Anlauf- und Bremszeit, zu Spieldauer, in % ausgedrückt), ED, Schaltungsfaktor *m* || ~ **floor** (Build, Civ Eng) / Arbeitsbühne *f*, Arbeitsplattform *f*, Arbeitsfläche *f*, Bedienungsbühne *f* || ~ **frequency** (Elec Eng) / Betriebsfrequenz *f* (US + Kanada 60 Hz, GB + Europa 50 Hz, Japan 50 und 60 Hz), technische Frequenz || ~ **fuel cycle** (Nuc Eng) / Kernbrennstoffzyklus *m*, Kernbrennstoffkreislauf *m*, Brennstoffkreislauf *m*, Brennstoffzyklus *m*, KBZ (Kernbrennstoffzyklus) || ~ **gallery** (Eng) / Bedienungsgang *m*, Bedienungslaufgang *m*, Laufgang *m* (ein Bedienungsgang) || ~ **hours** / Betriebsstunden *f pl*, Dienstzeit *f* (in Stunden) || ~ **instructions** / Betriebsanleitung *f*, Betriebsanweisung *f*, Bedienungsvorschrift *f*, Bedienungsanleitung *f*, Anleitung *f* (Betriebsanleitung nach DIN EN 62 079), BAW || ~ **language** (Comp) / Betriebssprache *f* (DIN 44 300), Jobbetriebssprache *f*, Auftragssprache *f* || ~ **lease** / Operating-Leasing *n*, betriebstechnisches Leasing (kurz- und mittelfristiges Leasing, wobei dem Leasingnehmer normalerweise unter Einhaltung einer bestimmten Frist ein Kündigungsrecht eingeräumt wird) || ~ **level** (Civ Eng, Mining) / Fahrplanum *n*, Arbeitsebene *f* (auf der Großgeräte arbeiten) || ~ **licence** (GB) / Betriebserlaubnis *f* (behördliche Zulassung für die Bauart und den Betrieb eines technischen Gerätes), Betriebsgenehmigung *f* || ~ **license** (US) / Betriebserlaubnis *f* (behördliche Zulassung für die Bauart und den Betrieb eines technischen Gerätes), Betriebsgenehmigung *f* || ~ **life** (Elec Eng) / Nutzlebensdauer *f* (einer Glühlampe), Nutzbrenndauer *f* || ~ **life** (Eng, Work Study) / Betriebsdauer *f* (z.B. einer Maschine) || ~ **line** (Chem) / Arbeitslinie *f* (Destillation) || ~ **mechanism** (Eng) / Stellantrieb *m* (des Ventils) || ~ **menu** (Comp) / Bedienmenü *n* || ~ **mode** (Comp, Elec Eng) / Modus *m* (pl. Modi), Betriebsart *f*, Mode *m f* || ~ **platform** (Build, Civ Eng) / Arbeitsbühne *f*, Arbeitsplattform *f*, Arbeitsfläche *f*, Bedienungsbühne *f* || ~ **point** (the point on a plot of d.c. current against d.c. voltage about which an electronic device such as a transistor operates) (Electronics) / Arbeitspunkt *m* (im Ausgangskennlinienfeld) || ~ **pressure** (Eng) / Arbeitsdruck *m* (in der Maschine - im Unterschied zu dem Betriebsdruck in der Versorgungsleitung) || ~ **principle** (Eng) / Wirkungsweise *f* || ~ **profit** / Ergebnis *n* aus Betriebstätigkeit, Ergebnis *n* der betrieblichen Tätigkeit (als Bilanzposten) || ~ **range** / Betriebsbereich *m*, Arbeitsbereich *m* (im Allgemeinen) || ~ **range** (Autos) / Aktionsradius *m* || ~ **ratio** (Comp) / Verfügbarkeitsgrad *m* (Maß für die Zeit, während der ein bestimmtes System betriebsreit ist, ausgedrückt in Prozent der verfügbaren Zeit im Verhältnis zur Gesamtzeit, während der das System eingeschaltet ist), Zeitverfügbarkeit *f* || ~ **ratio** (Eng, Work Study) / Kapazitätsauslastung *f* (prozentuale Inanspruchnahme des Kapazitätsbestandes), Kapazitätsausnutzung *f* || ~ **result** / Ergebnis *n* aus Betriebstätigkeit, Ergebnis *n* der betrieblichen Tätigkeit (als Bilanzposten) || ~ **rod** (Elec Eng) / Betätigungsstange *f* || ~ **sequence** (Elec Eng) / Schaltfolge *f* (bei einem Schaltwerk) || ~ **sequence** (Work Study) / Arbeitsablauf *m* (als Sequenz von Arbeitsgängen) || ~ **sequence** (Work Study) / Arbeitsgangfolge *f*, Folge *f* von Arbeitsgängen, Abarbeitungsfolge *f* || ~ **speed** (Electronics) / Arbeitsgeschwindigkeit *f* (Kennwert zur Charakterisierung der Leistungsfähigkeit von elektronischen Systemen) || ~ **speed** (Eng) / Betriebsdrehzahl *f* || ~ **steam** / Betriebsdampf *m*, Prozessdampf *m*, Fabrikationsdampf *m* || ~ **system*** (Comp) / Betriebssystem *n* (eine Sammlung von Programmen, welche die notwendigen betriebstechnischen

Voraussetzungen für ein Computersystem schaffen - DIN 44 300), BS (Betriebssystem) ‖ ⁓ **System 2** (Comp) / OS/2 *n* (von IBM und Microsoft entwickeltes PC-Betriebssystem mit Multitasking-Fähigkeit) ‖ ⁓ **temperature** (Instr) / Betriebstemperatur *f* (eines Gerätes) ‖ ⁓ **time** (Comp) / Betriebszeit *f* (in der das System läuft) ‖ ⁓ **time** (Autos) / Wirkzeit *f* (bei Bremsen) ‖ ⁓ **time** (Elec Eng) / Ausschaltdauer *f* (bei Sicherungen) ‖ ⁓ **time** (Elec Eng, Eng) / Einschaltdauer *f* (Betriebszeit), ED (Einschaltdauer) ‖ ⁓ **time** (Eng) / Nutzungszeit *f* der Maschine ‖ ⁓ **unbalance** (Eng) / Betriebsunwucht *f* (der Schleifscheibe unter den jeweiligen Arbeitsbedingungen) ‖ ⁓ **variables** (Eng) / Beanspruchungskollektiv *n* (in einem Tribosystem) ‖ ⁓ **voltage** (Elec Eng) / Betriebsspannung *f* ‖ ⁓ **voltage** (Elec Eng) / Arbeitsspannung *f* ‖ ⁓ **volume capacity** (Chem Eng) / nutzbare Volumenkapazität (eines Ionenaustauschers) (NVK), NVK ‖ ⁓ **wavelength** (Radio) / Betriebswellenlänge *f* ‖ ⁓ **weight** (Autos) / Betriebsgewicht *n*, Arbeitsgewicht *n* ‖ ⁓ **with algebraic symbols** (Maths) / Buchstabenrechnen *n* (mit unbestimmten Zahlen)

**operation** *n* / Vorgang *m* ‖ ⁓ (Aero) / Betrieb *m* (auf militärischen Flugplätzen) ‖ ⁓* (Comp, Eng) / Bedienung *f*, Betätigung *f* (Bedienung), Operating *n* ‖ ⁓* (Comp, Maths) / Operation *f* ‖ ⁓ (Elec Eng, Eng) / Betriebsweise *f*, Betrieb *m* ‖ ⁓ (Eng) / Lauf *m* (der Maschine - Tätigkeit, Gang *m* (der Maschine) ‖ ⁓* (Work Study) / Arbeitsgang *m* (selbständiger Teil des technologischen Prozesses), Arbeitsvorgang *m* (Abschnitt eines Arbeitsablaufes, bezogen auf einen Arbeitsplatz oder eine Arbeitsstation), Operation *f*, AVG ‖ ⁓, **administration and maintenance terminal** (Comp, Telecomm) / OAMT *n* ‖ **in** ⁓ (Eng) / in Betrieb, arbeitend *adj* ‖ **only when out of** ⁓ (Eng) / nur im Stillstand ‖ **out of** ⁓ (Eng) / außer Betrieb, aus *adv* ‖ ⁓ **operational** *adj* / betriebsbereit *adj*, betriebsklar *adj*, betriebsfertig *adj* ‖ ⁓ (staff) / operativ *adj* ‖ ⁓ (AI, Comp) / operational *adj*, operativ *adj* ‖ ⁓ (Eng) / in Betrieb, arbeitend *adj* ‖ ⁓ **aircraft** (Aero) / einsatzfähiges Flugzeug, Einsatzflugzeug *n* ‖ ⁓ **amplifier*** (Electronics) / Rechenverstärker *m*, Operationsverstärker *m*, OP-Verstärker *m* (ein linearer Gleichspannungsverstärker mit einem hohen negativen Verstärkungsfaktor und einem großen Übertragungsbereich) ‖ ⁓ **analysis** (Comp) / operationelle Analyse, operationale Analyse ‖ ⁓ **analysis** (Maths) / Operatorenkalkül *m n*, Operatorenrechnung *f* ‖ ⁓ **calculus** (Maths) / Operatorenkalkül *m n*, Operatorenrechnung *f* ‖ ⁓ **chart** (Work Study) / Schaubild *n* für Funktionsabläufe ‖ ⁓ **check** / Funktionskontrolle *f* ‖ ⁓ **comfort** / Bedienungskomfort *m* ‖ ⁓ **control** (Aero) / Flugbetriebsleitung *f* ‖ ⁓ **costing** / betriebliche Kostenrechnung ‖ ⁓ **flight plan** (Aero) / Flugdurchführungsplan *m*, Betriebsflugplan *m* (S) ‖ ⁓ **gaming** / Unternehmensplanspiele *n pl*, Planspiele *n pl* ‖ ⁓ **hazard** / Betriebsrisiko *n*, Betriebsgefahr *f* ‖ ⁓ **hole** (Oils) / Hilfsbohrung *f* ‖ ⁓ **lifetime** (Eng, Work Study) / Betriebsdauer *f* (z.B. einer Maschine) ‖ ⁓ **mission** (Aero, Mil) / Kampfeinsatz *m*, Einsatzauftrag *m* ‖ ⁓ **model** / operationales Modell ‖ ⁓ **performance category** (Aero) / Betriebsleistungskategorie *f*, Betriebskategorie *f* (festgelegte Grenzwerte für Start und Landung sowie zu Planungszwecken) ‖ ⁓ **range** (Aero, Telecomm) / Betriebsreichweite *f* ‖ ⁓ **range** (Mil) / Einsatzreichweite *f* (z.B. eines Jagdflugzeuges) ‖ ⁓ **reliability** (Eng) / Betriebszuverlässigkeit *f* ‖ ⁓ **research*** (GB) / Unternehmensforschung *f*, Operationsforschung *f*, Operations-Research *n f*, OR (zweckmäßiges Vorbereiten, Durchführen, Kontrollieren und Einschätzen von Entscheidungen mit Hilfe von mathematischen Methoden) ‖ ⁓ **sampling** (Oils) / Probenahme *f* während des Niederbringens (einer Bohrung) ‖ ⁓ **semantics** (Comp) / interpretative Semantik, operationale Semantik ‖ ⁓ **semantics** (Comp) s. also Vienna definition method ‖ ⁓ **sequence** (Work Study) / Arbeitsablauf *m* (als Sequenz von Arbeitsgängen) ‖ ⁓ **sequence** (Work Study) / Arbeitsgangfolge *f*, Folge *f* von Arbeitsgängen, Abarbeitungsfolge *f* ‖ ⁓ **shutter cycle** (Photog) / Bewegungsablauf *m* eines Verschlusses ‖ ⁓ **stack** (Comp) / Arbeitsspeicher *m* (bei Taschenrechnern mit UPN-Logik) ‖ ⁓ **stop** (Aero) / technische Zwischenlandung *f* ‖ ⁓ **symbol** (Maths) / Operator *m*, Operationssymbol *n*, Operationszeichen *n* ‖ ⁓ **system** (Comp, Maths) / Verknüpfungsgebilde *n* ‖ ⁓ **test** (Elec Eng) / Eignungsprüfung *f* ‖ ⁓ **transductance amplifier** (Electronics) / Operationsverstärker, bei dem durch Veränderung der Eingangsdifferenzstufe oder einen zusätzlichen Eingang die Vorwärtssteilheit eingestellt werden kann

**operation analysis** (Work Study) / Arbeitsanalyse *f* (methodische Stufe des Arbeitsstudiums bei der Untersuchung eines Ist-Zustandes, speziell die Auswertung der Untersuchung - DIN 33407) ‖ ⁓ **characteristic** (Stats) / OC-Kurve *f* (die über die Eignung des dem Stichprobenplan zugrunde gelegten Testes und die Prüfschärfe des Stichprobenplanes entscheidet, Annahmekennlinie *f* (in der Testtheorie), Operationscharakteristik *f*, OC (Operationscharakteristik) ‖ ⁓ **code** (Comp) / Operationskode *m*, Operationscode *m*, OP-Code *m*, OP-Kode *m* (ein Kode zur Darstellung des Operationsteils von Befehlswörtern) ‖ ⁓ **code trap** (Comp) / nichtdekodierbarer Operationsteil ‖ ⁓ **cycle** (Comp) / Arbeitszyklus *m* ‖ ⁓ **drawing** / Bedienungszeichnung *f* ‖ ⁓ **in parallel with bus** (Elec Eng) / Sammelschienenparallellauf *m* ‖ ⁓ **number** (Eng) / Vorgangsnummer *f* (in der NC-Steuerung) ‖ ⁓ **part** (Comp) / Operationsteil *m* (in der Befehlsstruktur - DIN 44300), Funktionsteil *m* (derjenige Teil des Befehls, der angibt, welche Operation auszuführen ist) ‖ ⁓ **register** (Comp) / Operationsregister *n* ‖ ⁓ **register** (Comp) s. also instruction register ‖ ⁓ **set** (Comp) / Operationsvorrat *m* (DIN 44 300)

**operations manual** (Aero) / Flughandbuch *n* ‖ ⁓ **manual** (Eng) / Betriebshandbuch *n* ‖ ⁓ **on sets** (Maths) / Operationen *f pl* auf Mengen, Operationen *f pl* über Mengen ‖ ⁓ **research** (US) / Unternehmensforschung *f*, Operationsforschung *f*, Operations-Research *n f*, OR (zweckmäßiges Vorbereiten, Durchführen, Kontrollieren und Einschätzen von Entscheidungen mit Hilfe von mathematischen Methoden) ‖ ⁓ **scheduling** (Work Study) / Arbeitsvorbereitung *f*, AV (Arbeitsvorbereitung) ‖ ⁓ **sequence** (Work Study) / Arbeitsablauf *m* (als Sequenz von Arbeitsgängen) ‖ ⁓ **sequence** (Work Study) / Arbeitsgangfolge *f*, Folge *f* von Arbeitsgängen, Abarbeitungsfolge *f*

**operation table** (Maths) / Multiplikationstafel *f*, Cayley'sche Tafel (nach A. Cayley, 1821-1895) ‖ ⁓ **time** (Comp) / Operationszeit *f* ‖ ⁓ **time** (Electronics) / Ansprechzeit *f* (eine Komponente der Schaltzeit), Ansprechdauer *f* ‖ ⁓ **under emergency conditions** (Elec Eng) / Notbetrieb *m*, Notlauf *m* ‖ ⁓ **with unleaded fuel** (Autos) / Bleifreibetrieb *m* (heute der übliche Kraftfahrzeugbetrieb)

**operative** *n* / Arbeiter *m*, Arbeitskraft *f* ‖ ⁓ (Eng) / Bedienungsperson *f* (an der Maschine) ‖ ⁓ *adj* / funktionsfähig *adj* ‖ ⁓ / betriebsbereit *adj*, betriebsklar *adj*, betriebsfertig *adj* ‖ ⁓ **cameraman** (Cinema) / Kameramann *m* (erster)

**operator** *n* (Aero) / Luftfahrzeughalter *m* ‖ ⁓ (Aero) / Flugbetriebsunternehmer *m* ‖ ⁓ (Automation) / Stellelement *n* ‖ ⁓* (Biochem, Gen) / Operator *m* (der für das An- und Abschalten der Funktion der Strukturgene verantwortlich ist), Operatorgen *n* ‖ ⁓ (Comp) / Operator *m* (allgemeine Bezeichnung der Funktionszeichen einer Programmiersprache, insbesondere derer für arithmetische und logische Operationen) ‖ ⁓* (Comp) / Operator *m* (Person, die im Rahmen von Auskunfts- oder Auftragsdiensten die Wünsche von Teilnehmern entgegennimmt), Operateur *m* (Mitglied des Bedienungspersonals eines Rechenzentrums), Bedienungsperson *f* ‖ ⁓ (US) (Elec Eng) / Bremslüfter *m* (Teil der Sicherheitsbremse in Fördertechnik und Fahrzeugbau), Bremslüftgerät *n* ‖ ⁓* (Eng) / Bedienungsperson *f* (an der Maschine) ‖ ⁓ (Eng) / Operateur *m* (Person, die die Master-Slave-Manipulatoren bedient oder IR durch "Vorführen" programmiert) ‖ ⁓ (Maths) / Operator *n* (eine bestimmte Rechen-, Abbildungs- oder Transformationsvorschrift) ‖ ⁓* (Maths) / Operator *m*, Operationszeichen *n* ‖ ⁓ (Oils) / Betreiber *m* (z.B. der Erdöllagerstätte) ‖ ⁓ (Phys) / Operator *m* ‖ ⁓ (Telecomm) / Betreiber *m* ‖ ⁓ (Teleph) / Vermittlungskraft *f*, "Vermittlung" *f*, Bedienungsperson *f* in der Telefonzentrale, Telefonist *m*, Telefonistin *f*

**operator-assisted** *adj* (Teleph) / platzvermittelt *adj* (Verbindung)

**operator command** (Comp) / Operatorbefehl *m* (eine über die Konsole eingegebene Anweisung an das Steuerprogramm), Bedienerbefehl *m* ‖ ⁓ **console** (Telecomm) / Vermittlungstisch *m* ‖ ⁓ **control panel** (Comp) / Bedienungsfeld *n* (DIN 44300), Bedienfeld *n* (der Zentraleinheit) ‖ ⁓ **convenience** / Bedienungskomfort *m* ‖ ⁓ **desk** (Telecomm) / Vermittlungstisch *m* ‖ ⁓ **equation** (Maths) / Operatorengleichung *f* ‖ ⁓ **gene** (Gen) / Operator *m* (der für das An- und Abschalten der Funktion der Strukturgene verantwortlich ist), Operatorgen *n* ‖ ⁓ **guidance** (Comp) / Bedienerführung *f*

**operator-initiated** *adj* (Teleph) / handvermittelt *adj* (Gespräch), platzvermittelt *adj*

**operator inquiry** (Comp) / Tastaturabfrage *f*, Abfrage *f* (durch den Operator usw.) ‖ ⁓ **interface** (Comp) / Operatorperipherie *f* (Geräte für die Bedienung eines Digitalrechners) ‖ ⁓ **interface** (Comp) / Bedienschnittstelle *f* ‖ ⁓ **intervention** (Comp, Eng) / Bedienereingriff *m*, Eingriff *m* vonseiten des Operators ‖ ⁓ **message** (Comp) / Operatormeldung *f*, Bedienernachricht *f* (eine Nachricht vom Betriebssystem oder vom Problemprogramm, die den Operator anweist, eine bestimmte Aktion auszuführen) ‖ ⁓ **of a data bank** (Comp) / Datenbankbetreiber *m* ‖ ⁓ **precedence** (Comp) / Operatorenrangfolge *f* ‖ ⁓ **prompting** (Comp) / Bedienerführung *f* ‖ ⁓ **recall** (Comp) / Platzherbeiruf *m*, Bedienerherbeiruf *m*, Bedieneranruf *m*, Eintreteaufforderung *f* ‖ ⁓ **response request** (Comp) / Sprechaufforderung *f* an den Operator

**operator's console** (Comp) / Konsole *f* (ein mit diversen Möglichkeiten zu Steuerungs- und Kontrollzwecken ausgestatteter Platz zur Kontrolle rechnergesteuerter Anlagen), Console *f*, Bedienungskonsole *f* (z.B. Spiel- oder Videokonsole),

**operator's**

Bedienungsplatz m ‖ ~ **desk** (Automation) / Steuerpult n, Steuerungspult n, Bedienungspult n
**operator set** (Teleph) / Abfrageapparat m
**operator's side** (Eng) / Bedienseite f (z.B. bei der Pressenbeschickung)
**operator viewing fatigue** (Optics) / Ermüdung f des Beobachters
**operon**\* n (Gen) / Operon n (eine als genetische Steuerungseinheit funktionierende Gruppe engbenachbarter Gene)
**OPGW** (optical ground wire) (Cables, Telecomm) / Unterseekabel n auf Glasfaserbasis, das unmittelbar auf dem Meeresgrund verlegt wird ‖ ≙ (optical ground wire) (Telecomm) / Erdungskabel n an der Spitze von Hochspannungsmasten, das Glasfasern integriert
**ophicalcite**\* n (a marble containing serpentine) (Geol) / Serpentinmarmor m, Ophikalzit n (ein mit Serpentinstreifen durchzogener Marmor), Ophicalcit m
**ophiolite**\* n (Geol) / Ophiolith m (submarines basisches bis ultrabasisches Eruptivgestein)
**ophite** n (Min) / Ophit m (ein Serpentin)
**ophitic texture**\* (Geol) / ophitische Struktur (basischer Ergussteine)
**ophthalmic crown glass** (Glass, Optics) / Brillenkronglas n ‖ ~ **glass** (Glass, Optics) / Brillenglas n (als Material) ‖ ~ **instruments** (Med, Optics) / augenoptische Geräte ‖ ~ **lens** (Glass, Optics) / Brillenglas n (Linse) ‖ ~ **optician** (Med, Optics) / Augenoptiker m ‖ ~ **optics** (Optics) / Augenoptik f (ein Teilgebiet der biologischen Optik)
**ophthalmological** adj (Med, Optics) / ophthalmologisch adj ‖ ~ **optics** (Optics) / ophthalmologische Optik (die sich von der medizinischen Seite her mit den Vorgängen im menschlichen Sehorgan befasst)
**ophthalmoscope**\* n (Med) / Ophthalmoskop n, Augenspiegel m (Instrument zur Untersuchung des Augeninneren, insbesondere des Augenhintergrundes)
**OPI** (open prepress interface) (Comp) / OPI-Schnittstelle f (in der elektronischen Druckvorstufe)
**opiate** n (one of a number of pharmaceutically active compounds derived typically from the latex of the opium poppy) (Pharm) / Opiat n (Opium oder dessen Derivate enthaltendes Arzneimittel)
**opines**\* pl (Agric, Chem) / Opine n pl (Pflanzenkrebs erregende Stoffe)
**opioid peptide** (Physiol) / opioides Peptid, Opioidpeptid n, Opiopeptid n
**opisometer** n (an instrument incorporating a tracting wheel, used for measuring the length of curved lines, such as those on a map) (Cartography) / Messrad n, Messrädchen n
**opisthodomos** n (Arch) / Opisthodomos m (pl. -moi) (im griechischen Tempel)
**opium**\* n (Pharm) / Opium n (der eingetrocknete Milchsaft der Früchte von Papaver somniferum L. - DAB 10) ‖ ~ **alkaloid** (Chem, Pharm) / Opiumalkaloid n (wie z.B. Morphin, Kodein usw.) ‖ ~ **poppy** (Bot, Pharm) / Schlafmohn m (Papaver somniferum L.)
**OPO** (optical parametric oscillator) (Electronics, Optics) / optischer parametrischer Oszillator
**opobalsam** n (Chem) / Mekkabalsam m (eingetrockneter Milchsaft des Balsamstrauches)
**opopanax** n (Pharm) / Opopanax m (Gummiharz von Commiphora-Arten und vom Opopanax chironium (L.) W.D.J. Koch), Opoponax m
**opoponax** n (Pharm) / Opoponax m (Gummiharz von Commiphora-Arten und vom Opopanax chironium (L.) W.D.J. Koch), Opoponax m
**OPP** (oriented polypropylene) (Chem) / orientiertes Polypropylen, OPP (orientiertes Polypropylen) ‖ ≙ (out of print at present) (Print) / zurzeit vergriffen (Buch)
**Oppenauer oxidation** (Chem) / Oppenauer-Oxidation f, Oppenauer-Reaktion f (zur Dehydrierung von sekundären Alkoholen zu Ketonen mit Hilfe von Karbonylverbindungen) ‖ ≙ **oxidation** (Chem) s. also Meerwein-Ponndorf reaction ‖ ≙ **reaction** (Chem) / Oppenauer-Oxidation f, Oppenauer-Reaktion f (zur Dehydrierung von sekundären Alkoholen zu Ketonen mit Hilfe von Karbonylverbindungen)
**Oppenheimer•-Phillips process**\* (Nuc) / Oppenheimer-Phillips-Prozess m (eine Strippingreaktion) ‖ ≙ **-Phillips reaction** (Nuc) / Oppenheimer-Phillips-Prozess m (eine Strippingreaktion)
**OPP film**\* (Plastics) / Folie f aus orientiertem Polypropylen
**opponent** n / Einsprechender m (im Patentrecht)
**opportunistic infection** (a disease caused by an organism that is not usually associated with the particular host) (Med) / opportunistische Infektion ‖ ~ **routing** (electronic mail) (Comp) / Opportunistic Routing n
**opportunity cost** / Opportunitätskosten pl (entgangene Erträge der jeweils nächstbesten Verwendung eines Produktionsfaktors), Alternativkosten pl ‖ ~ **study** / Möglichkeitsstudie f
**oppose** v (sth.) / entgegenwirken v (einer Sache)
**opposed•-cylinder engine**\* (an internal-combustion engine with cylinders on opposite sites of the crankcase and in the same plane with their connecting-rods working on a common crankshaft placed between them) (I C Engs) / Boxermotor m (Motor mit Anordnung der Zylinder in einer Ebene mit zwei einander gegenüberliegenden Zylinderreihen - DIN 1940) ‖ ~ **engine** (I C Engs) / Boxermotor m (Motor mit Anordnung der Zylinder in einer Ebene mit zwei einander gegenüberliegenden Zylinderreihen - DIN 1940) ‖ ~**-piston engine** (an internal-combustion engine with a pair of pistons in a common cylinder, the explosive mixture being ignited between the two pistons) (I C Engs) / Gegenkolbenmotor m (ein Doppelkolbenmotor nach DIN 1940)
**opposing field** (Elec) / Gegenfeld n, entgegengesetztes Feld ‖ ~ **reaction** (Chem) / gegenläufige Reaktion, Rückreaktion f (bei einer umkehrbaren Reaktion), Gegenreaktion f
**opposite** adj / Gegen- (was die Richtung betrifft), entgegengesetzt (gerichtet) ‖ ~ / gegenüberliegend adj ‖ ~ **angle** (Maths) / entgegengesetzt liegender Winkel, gegenüberliegender Winkel, Gegenwinkel m (im Allgemeinen) ‖ ~ **charge** (Elec) / entgegengesetzte Ladung ‖ ~ **cranks** (Eng) / gegenläufige Kurbeln ‖ ~ **direction** (Phys) / Gegenrichtung f, entgegengesetzte Richtung
**oppositely charged** (Elec) / entgegengesetzt geladen ‖ ~ **wound** (Elec Eng) / gegenläufig gewickelt
**opposite number** (Maths) / Gegenzahl f (wenn die Summe zweier Zahlen den Wert 0 hat) ‖ ~ **phase** (Elec, Phys) / Gegenphase f, Phasenopposition f ‖ ~ **pitting** (For) / gegenständige Tüpfelung, opponierende Tüpfelung ‖ ~ **polarity** / ungleiche Polarität ‖ ~ **poles** (Elec) / ungleichnamige Pole ‖ ~ **side** (Geometry) / gegenüberliegende Seite ‖ ~ **side** (Electronics) / Lötseite f (der Leiterplatte), Unterseite f (der Leiterplatte) ‖ ~ (small) **side** (Maths) / Gegenkathete f (des rechtwinkligen Dreiecks) ‖ ~ **sign** (Maths) / entgegengesetztes Vorzeichen ‖ ~ **station** (Radio, Telecomm) / Gegenfunkstelle f ‖ ~ **surface** / Gegenfläche f ‖ ~ **vector** (Phys) / Gegenvektor m
**opposition** n / Einspruch m (im Patentrecht), Widerspruch m (im Patentrecht) ‖ ~\* (Astron) / Opposition f (eine Konstellation), Gegenschein m ‖ ~ (Elec, Phys) / Gegenphase f, Phasenopposition f ‖ ~ **proceedings** / Einspruchsverfahren n (im Patentrecht)
**O.P. process**\* (Nuc) / Oppenheimer-Phillips-Prozess m (eine Strippingreaktion)
**OPR** (operation register) (Comp) / Operationsregister n
**OPS** (oriented polystyrene) (Chem) / orientiertes Polystyrol, OPS (orientierter Polystyrol)
**opsin** n (a protein which forms part of the visual pigment rhodopsin and is released by the action of light) (Biochem) / Opsin n
**opsonin**\* n (Biochem) / Opsonin n (ein Alexin im Blutserum)
**opsonise** v (GB) (Med) / opsonisieren v
**opsonization** n (Med) / Opsonisierung f (von Bakterien)
**opsonize** v (Med) / opsonisieren v
**optic** n (Optics) / optisches Element (z.B. Linse, Prisma) ‖ ~\* adj (Optics, Physiol) / Sicht-, Gesichts-, Seh-, visuell adj, optisch adj, augenoptisch adj
**optical** adj (Optics) / optisch adj ‖ ~ **aberration** (Optics) / Aberration f, Abbildungsfehler m, Bildfehler m (von Linsen) ‖ ~ **absorption** (Optics) / optische Absorption, optische Dämpfung ‖ ~ **activity**\* (Chem, Phys) / optische Aktivität (Fähigkeit einer Substanz, die Schwingungsebene des durch sie hindurchtretenden linear polarisierten Lichtes um einen bestimmten Winkel zu drehen ), optisches Drehvermögen, Rotationspolarisation f ‖ ~ **activity**\* (Chem) s. also optical rotation ‖ ~ **air mass** (Meteor) / optische Luftmasse (die von der Sonnenstrahlung durchlaufene Luftmasse) ‖ ~ **anomaly** (the phenomenon in which an organic compound has a molar refraction which does not agree with the value calculated from the equivalents of atoms and other structural units composing it) (Chem, Optics) / optische Anomalie ‖ ~ **antipode** (Chem) / Enantiomer n (Stereoisomer, das zu einem anderen Enantiomer spiegelbildlich steht und nicht zur Deckung gebracht werden kann), Antimer n, Spiegelbildisomer n, optisches Isomer, optischer Antipode ‖ ~ **aperture** (Optics, Photog) / Apertur f (DIN 19040), Blendendurchmesser m, Öffnung f ‖ ~ **astronomy** (Astron) / optische Astronomie ‖ ~ **attenuator** (Optics) / Kompensationsblende f ‖ ~ **axis** (the symmetry axis of a linear optical system, running through and perpendicular to the centres of mirrors and lenses) (Optics) / optische Achse (die Symmetrieachse abbildender optischer Systeme) ‖ ~ **axis** (Optics) s. also visual axis ‖ ~ **bar reader** (Comp) / Strichkodeleser m (der aus einem Scanner und Dekoder besteht), Balkenkodeleser m ‖ ~ **bench**\* (Optics) / optische Bank ‖ ~ **bistability** (Phys) / optische Bistabilität (bei Halbleiterkristallen) ‖ ~ **blacking** (Optics) / Entspiegelung f durch Absorption ‖ ~ **blank** (Optics) / Pressling m ‖ ~ **bleach**\* (Textiles) / optischer Aufheller (Fluoreszenzfarbstoff, der UV-Licht absorbiert und längerwelliges blaues Licht emittiert), Weißtöner m, Blankophor m (auf der Basis von Stilben- oder Pyrazolderivaten - Warenzeichen der Firma Bayer) ‖ ~ **brightener**\* (Textiles) / optischer Aufheller

**optical**

(Fluoreszenzfarbstoff, der UV-Licht absorbiert und längerwelliges blaues Licht emittiert), Weißtöner *m*, Blankophor *m* (auf der Basis von Stilben- oder Pyrazolderivaten - Warenzeichen der Firma Bayer) ‖ ~ **broadband line group** (Telecomm) / optische Teilnehmeranschlussleitung ‖ ~ **bus** (Comp) / optischer Bus ‖ ~ **calcite** (usually Iceland spar) (Min, Optics) / optischer Kalkspat ‖ ~ **calcite** (Min, Optics) s. also Iceland spar ‖ ~ **cavity** / optischer Resonator ‖ ~ **cement** (Optics) / Optikkitt *m*, Feinkitt *m*, Kitt *m* ‖ ~ **centre** (the point on a thin lens through which a light ray may pass without deviating) (Optics) / optischer Mittelpunkt ‖ ~ **centre of a lens**\* (Light, Optics) / optischer Mittelpunkt einer Linse ‖ ~ **character recognition**\* (Comp) / optische Zeichenerkennung ‖ ~ **circular table** (Eng) / optischer Kreisteiltisch (meistens als Zusatzgerät für Koordinatenbohrmaschinen) ‖ ~ **clear medium** (Optics) / optisch klarer Stoff (DIN 1349, T 1) ‖ ~ **coherence** (Optics) / optische Kohärenz ‖ ~ **communication** (Optics) / Sichtzeichenverbindung *f*, optische Zeichengebung (Licht- und Flaggensignale, Rauchzeichen) ‖ ~ **communication** (Telecomm) / optische Nachrichtentechnik (mit LWL als Übertragungsmedium), optische Nachrichtenübertragung, Lichtleiterübertragungstechnik *f* (mit Hilfe von Lichtleitern) ‖ ~ **communications** (Telecomm) / optische Nachrichtentechnik (als Anlage) ‖ ~ **communications** (Telecomm) s. also light communication ‖ ~ **compensator** / optischer Kompensator ‖ ~ **computer** (Comp) / optischer Rechner, optischer Computer ‖ ~ **computing** (Optics) / optische Berechnung ‖ ~ **conductor** (Optics) / Lichtleiter *m* (optisches Element, das aus einer Lichtleitfaser oder einem Faserbündel besteht und an den Enden optisch bearbeitet ist - DIN 58140, T 1), optischer Leiter ‖ ~ **constant**\* (Optics) / optische Konstante (z.B. Brechungsindex) ‖ ~ **contacting** (Eng, Optics) / Ansprengen *n* (Aneinanderhaften optischer Flächen durch Adhäsion) ‖ ~ **coupler** (Electronics, Telecomm) / Optokoppler *m* (Kombination aus einer Licht emittierenden Halbleiterdiode und einer Halbleiterfotodiode im Abstand von einigen Millimetern - DIN 41 855, T 2), optoelektronisches Koppelelement, Lichtkoppler *m* (zur galvanischen Trennung von Kreisen) ‖ ~ **coupling device** (Electronics, Telecomm) / Optokoppler *m* (Kombination aus einer Licht emittierenden Halbleiterdiode und einer Halbleiterfotodiode im Abstand von einigen Millimetern - DIN 41 855, T 2), optoelektronisches Koppelelement, Lichtkoppler *m* (zur galvanischen Trennung von Kreisen) ‖ ~ **crown** (Glass) / Kronglas *n* (ein altes optisches Glas mit schwacher Brechung und geringer Dispersion, meistens Bariumkronglas), Crownglas *n*, Kron *n* ‖ ~ **crown glass** (Glass) / Kronglas *n* (ein altes optisches Glas mit schwacher Brechung und geringer Dispersion, meistens Bariumkronglas), Crownglas *n*, Kron *n* ‖ ~ **crystal** (any natural or synthetic crystal that is used in infrared and ultraviolet optics and for its piezoelectric effects) (Optics) / optischer Kristall ‖ ~ **data-entry system** (Comp) / optisches Datenerfassungssystem ‖ ~ **data link** (Comp) / optische Datenübertragungsanlage ‖ ~ **data processing** (Comp) / optische Datenverarbeitung, optische Informationsverarbeitung ‖ ~ **data storage** (Comp, Optics) / optische Datenspeicherung ‖ ~ **density** (Crystal, Meteor) / Extinktion *f* ‖ ~ **density** (Optics, Photog) / optische Dichte (für Schwarzweißschichten), Schwärzung *f* ‖ ~ **depth** (Optics) / optische Tiefe (im Medium nach DIN 55496) ‖ ~ **diode** (Optics) / optische Diode ‖ ~ **disc** (Comp, Optics) / Videolangspielplatte *f*, VLP, VLP-Bildplatte *f* (optischer Speicher, der sich zum Lesen der Informationen eines Lasers bedient), optische Speicherplatte (z.Z. mit etwa 30 Terabits, optische Bildplatte, Laserplattenspeicher *m*, optische Platte ‖ ~ **disk** (Comp) / optische Speicherplatte (mit Laserstrahlenaufzeichnung), Optical Disk *f*, Optical Disc *f* ‖ ~ **disk** (Comp, Optics) / Videolangspielplatte *f*, VLP, VLP-Bildplatte *f* (optischer Speicher, der sich zum Lesen der Informationen eines Lasers bedient), optische Speicherplatte (z.Z. mit etwa 30 Terabits), optische Bildplatte, Laserplattenspeicher *m*, optische Platte ‖ ~ **distance**\* (Light, Optics) / optische Weglänge (das Produkt aus der Brechzahl und der vom Licht in dem betreffenden Medium durchlaufenen Strecke) ‖ ~ **document reader** (Comp) / optischer Belegleser ‖ ~ **Doppler effect** (Phys) / optischer Dopplereffekt ‖ ~ **double**\* (Astron) / optischer Doppelstern ‖ ~ **double star** (Astron) / optischer Doppelstern ‖ ~ **drive** (Comp) / Laufwerk *n* der optischen Platte ‖ ~ **effects** (Cinema) / optische Effekte ‖ ~ **effects** (Optics) / optische Eigenschaften ‖ ~ **electron** (Chem, Nuc) / Leuchtelektron *n* (ein einsames Valenz/Elektron, besonders bei Alkalimetallen), optisch aktives Elektron

**optical-electronic devices**\* (Phys) / optisch-elektronische Bauelemente
**optical element** (Optics) / optisches Glied, Optikteil *n* ‖ ~ **emitter** (Electronics) / elektrooptischer Wandler (ein Halbleiterbauelement, in dem ein elektrischer Strom eine Strahlung im sichtbaren oder unsichtbaren Bereich des Lichts erzeugt) ‖ ~ **engineering** (Optics) / optische Technik, technische Konstruktion optischer Systeme ‖ ~ **excitation** (Optics) / optische Anregung ‖ ~ **fiber** (US) (Optics) /

optische Faser ‖ ~ **fibre** (a long, thin thread of fused silica, or other transparent substance, used to transmit light) (Optics) / optische Faser ‖ ~ **fibre** (waveguide) (Telecomm) / Lichtwellenleiter *m*
**optical-fibre absorber** (Optics) / LWL-Absorber *m* (DIN VDE 0888, T 1) ‖ ~ **amplifier** (Telecomm) / optischer Faserverstärker (optischer Verstärker im Glasfasersystem) ‖ ~ **bundle** (Telecomm) / optisches Faserbündel ‖ ~ **cable** (Optics, Telecomm) / Glasfaserkabel *n*, Lichtwellenleiterkabel *n* ‖ ~ **communication** (Telecomm) / optische Nachrichtentechnik (mit LWL als Übertragungsmedium), optische Nachrichtenübertragung, Lichtleiterübertragungstechnik *f* (mit Hilfe von Lichtleitern) ‖ ~ **core** (Telecomm) / Glasfaserkern *m* (bei Drahtwiderständen) ‖ ~ **path** (Optics) / Lichtweg *m* durch die Faseroptik ‖ ~ **preform** (Glass) / Vorform *f*, Preform *f*, Faservorform *f*, Faserhalbzeug *n* (Glaskörper, der zur Faser ausgezogen wird) ‖ ~ **transmission** (Telecomm) / optische Nachrichtentechnik (mit LWL als Übertragungsmedium), optische Nachrichtenübertragung, Lichtleiterübertragungstechnik *f* (mit Hilfe von Lichtleitern)
**optical filter** (Optics, Photog) / Lichtfilter *n*, [optisches] Filter *n* ‖ ~ **fingerprint** (Astron) / optischer Fingerabdruck ‖ ~ **flat**\* (Eng) / Glasendmaß *n* ‖ ~ **flat** (Eng) / planparallele Glasplatte, Planglas *n* (zur Ebenheitsprüfung), Planglasplatte *f* (zur Ebenheitsprüfung), Planparallelplatte *f* (zur Ebenheitsprüfung, meistens aus hochwertigem Quarzglas), Glasprüfmaß *n* ‖ ~ **flint**\* (Glass) / optisches Flintglas ‖ ~ **flint glass** (Glass) / optisches Flintglas
**optical-frequency division multiplexing** (Telecomm) / Wellenlängenmultiplex *n*, Wellenlängenmultiplexing *n*, WDM (Wellenlängenmultiplex)
**optical glass**\* (that is free of imperfections, such as bubbles, chemical inhomogeneity, of unmelted particles, that would degrade its ability to transmit light) (Glass) / optisches Glas (zur Herstellung von Linsen und Spiegeln - mit bestimmten Lichtbrechungs- und Lichtzerstreuungseigenschaften - DIN 58 925) ‖ ~ **goniometer** (Crystal) / Reflexionsgoniometer *n* (bei dem die Lichtreflexe spiegelnder Kristallflächen zur Winkelmessung verwendet werden), optisches Goniometer ‖ ~ **grating**\* (Phys) / Beugungsgitter *n*, optisches Gitter, Gitter *n* ‖ ~ **grating** (Phys) s. also Ronchi grating ‖ ~ **ground wire** (Cables, Telecomm) / Unterseekabel *n* auf Glasfaserbasis, das unmittelbar auf dem Meeresgrund verlegt wird ‖ ~ **ground wire** (Telecomm) / Erdungskabel *n* an der Spitze von Hochspannungsmasten, das Glasfasern integriert ‖ ~ **haze** (Optics) / terrestrische Szintillation ‖ ~ **head** (Comp) / optischer Lesekopf ‖ ~ **illusion** (Optics) / optische Täuschung (den objektiven Gegebenheiten widersprechende Gesichtswahrnehmung), geometrisch-optische Wahrnehmungsverzerrung (bei geometrischen Konfigurationen), visuelle Täuschung ‖ ~ **image** (Optics) / optisches Bild, optische Abbildung (reelle, virtuelle) ‖ ~ **indicator**\* (Autos) / optischer Indikator (zur Feststellung des Druckverlaufs in den Zylindern) ‖ ~ **indicatrix** (Crystal) / Normalenellipsoid *n* (in der Kristalloptik), Fletcher'sche Indikatrix (nach Sir L. Fletcher, 1854 - 1921), Cauchy'sches Polarisationsellipsoid (eine einschalige Hilfsfläche), Indexellipsoid *n*, Indikatrix *f*, optische Indexfläche ‖ ~ **instrument** (Instr) / optisches Gerät, optisches Instrument ‖ ~ **instrument** (to mark out fixed angles) (Optics) / Winkelinstrument *n* (ein einfaches optisches Instrument zum Abstecken fester Winkel) ‖ ~ **integrated circuit** (Electronics) / integrierte optoelektronische Schaltung, integrierte optische Schaltung ‖ ~ **interference** (Light) / Interferenz *f* des Lichts (bei Lichtwellen) ‖ ~ **isolator** / Isolationswiderstand *m* des Optokopplers ‖ ~ **isomer** (Chem) / Enantiomer *n* (Stereoisomer, das zu einem anderen Enantiomer spiegelbildlich steht und nicht zur Deckung gebracht werden kann), Antimer *n*, Spiegelbildisomer *n*, optisches Isomer, optischer Antipode ‖ ~ **isomerism** (Chem) / Enantiomerie *f* (eine Form der Stereoisomerie, insbesondere der Chiralität von Molekülen) ‖ ~ **isomerism**\* (Chem) / Spiegelbildisomerie *f* (eine Art Stereoisomerie) ‖ ~ **lever**\* (Optics) / optischer Fühlhebel, Feinzeiger *m* mit optischer Übertragung ‖ ~ **lighting film** (Light) / Lichtfolie *f* ‖ ~ **limits** (Astron) / optische Schranken ‖ ~ **line distributor** (Optics, Telecomm) / optischer Leitungsverteiler (aktives Bauelement in einem optischen Zugangsnetz) ‖ ~ **line terminating equipment** (Optics, Telecomm) / optisches Leitungsendgerät ‖ ~ **line termination** (Optics, Telecomm) / OLT *f* (die Einheit in einer Ortsvermittlungsstelle, die von der Vermittlungsstelle oder anderen Netzelementen ankommende Signale, zugeführt üblicherweise auf der Basis von 2-Mbit/s-Leitungen, elektrooptisch wandelt und in das Hauptkabel eines Glasfaseranschlussnetzes einspeist) ‖ ~ **line with service capacity** (Telecomm) / flexible LWL-Übertragung mit Kapazitätsreserve, OLTS-System *n* (für optische Signalübertragung) ‖ ~ **link** (Electronics, Telecomm) / Optokoppler *m* (Kombination aus einer Licht emittierenden Halbleiterdiode und einer Halbleiterfotodiode im Abstand von einigen Millimetern - DIN 41 855, T 2), optoelektronisches Koppelelement, Lichtkoppler

**optical**

*m* (zur galvanischen Trennung von Kreisen) || ~ **link** (Telecomm) / optische Übertragungsstrecke, optische Strecke || ~ **log** (Ships) / optisches Log

**optically active polymer** (Chem) / optisch aktives Polymer || ~ **flat** (a surface with imperfections significantly smaller than the wavelength of light to be transmitted or reflected by the surface) (Optics) / optisch eben, optisch plan || ~ **pumped solid laser** (Phys) / optisch gepumpter Festkörperlaser

**optical marking** (Ships) / optisches Anzeichnen (Ersatz für Schnurbodenarbeit) || ~ **mark reading** (Comp) / optisches Markierungslesen, Lesen *n* von optischen Markierungen (automatisches) || ~ **maser** (Phys) / Laser *m* (Lichtverstärkung durch induzierte Emission von Strahlung) || ~ **maser*** (Phys) / optischer Maser (= Laser) || ~ **material** (Optics) / optisch wirksamer Stoff

**optical-mechanical** *adj* / optomechanisch *adj*, optisch-mechanisch *adj*

**optical medium** (Optics) / optisches Medium, optisches Mittel (Stoff, der vom Licht durchlaufen wird und mit ihm in Wechselwirkung tritt) || ~ **memory** (Comp) / optischer Speicher || ~ **metrology** / optische Messtechnik || ~ **microscope** (Micros) / Lichtmikroskop *n* || ~ **mixing** (Physiol) / optische Mischung, optisches Mischen || ~ **model of a nucleus*** (Nuc) / optisches Kernmodell, optisches Modell (des Atomkerns) || ~ **mouse** (Comp) / optoelektronische Maus, optische Maus || ~ **multichannel analyser** (GB) (Optics) / optischer Vielkanalanalysator (ein Fotodetektor) || ~ **multichannel analysis** (Optics) / optische Vielkanalanalyse (bilderfassender Nachweis) || ~ **multichannel analyzer** (Optics) / optischer Vielkanalanalysator (ein Fotodetektor) || ~ **multimode dispersion** (Telecomm) / Modendispersion *f* (die durch Überlagerung von Moden mit verschiedener Laufzeit hervorgerufene Signalverzerrung in einem Lichtwellenleiter DIN 5788, T 1), Laufzeitdispersion *f* || ~ **network unit** (Optics, Telecomm) / ONU *f* (der Punkt in einem glasfaserbasierten Netz, der den Abschluss der optischen Übertragungsstrecke darstellt) || ~ **non-erasable read-only memory** (Comp, Electronics) / CD-ROM-Speicher *m* (optischer Festspeicher) || ~ **pair** (Astron) / optischer Doppelstern || ~ **parametric amplifier** (Optics) / optischer parametrischer Verstärker, optischer parametrischer Oszillator || ~ **parametric oscillation** (Electronics, Optics) / optisch parametrische Schwingung || ~ **parametric oscillator** (Electronics, Optics) / optischer parametrischer Oszillator || ~ **path*** (Light, Optics) / optische Weglänge (das Produkt aus der Brechzahl und der vom Licht in dem betreffenden Medium durchlaufenen Strecke) || ~ **path** (through optical systems) (Optics) / Strahlengang *m*, Lichtweg *m* (in einem optischen System) || ~ **pattern** (Cinema, Light) / Lichtband *n* (für das Lichtbandbreitenverfahren) || ~ **performance** (Optics) / optische Leistung || ~ **phenomenon** (Optics) / Lichterscheinung *f*, optisches Phänomen || ~ **plastic** (Chem, Optics) / optisch anwendbarer Kunststoff || ~ **printing*** (Cinema) / optisches Kopierverfahren, optisches Kopieren || ~ **processing and computing** (Comp) / optische Datenverarbeitung, optische Informationsverarbeitung || ~ **projector** (Cinema, Optics, Photog) / Projektor *m*, Bildwerfer *m*, Projektionsapparat *m*, Projektionsgerät *n* || ~ **PROM** (Electronics) / optisch programmierbarer Festwertspeicher, optisches PROM || ~ **properties** (Optics) / optische Eigenschaften || ~ **pulse** / Lichtimpuls *m* || ~ **pumping*** (Electronics, Phys) / optisches Pumpen (Änderung der Besetzungsverteilung des Energieniveaus von Atomen und Ionen eines Systems durch Einstrahlung von Licht) || ~ **purity** (Chem) / optische Reinheit (ein Maß für die Enantiomerenreinheit einer Verbindung - im Idealfall ist die optische Reinheit identisch mit dem Enantiomerenüberschuss) || ~ **pyrometer*** (visual or photoelectric) (Heat, Phys) / optisches Pyrometer (das auf dem Vergleich der Helligkeit und/oder der Farbe des anvisierten Körpers mit der Helligkeit und/oder der Farbe eines Vergleichskörpers beruht) || ~ **radiation** (Optics) / optische Strahlung (DIN 5031, T 7) || ~ **radiation physics** (Phys) / Strahlungsphysik *f* im optischen Bereich (DIN 5031) || ~ **range** (Optics) / Sichtbereich *m* || ~ **range*** (Radio) / optische Reichweite

**optical-range sensor** / Sichtweitensensor

**optical reader** (Comp) / optischer Leser || ~ **receiver** (Electronics) / optoelektrischer Wandler, Auskoppler *m*, Empfänger *m* (ein Halbleiterbauelement, das optische Signale am Ende einer LWL-Übertragungsstrecke empfängt und in elektrische Signale umwandelt) || ~ **receiver** (Optics) / optischer Empfänger (Baugruppe zum Umwandeln optischer Signale in elektrische Signale) || ~ **record** / optische Aufzeichnung (Ergebnis) || ~ **recording** (Acous, Cinema) / Lichttonverfahren *n*, Lichttonaufzeichnung *f* || ~ **recording** (Optics) / optische Aufzeichnung || ~ **refraction** (Optics) / Lichtbrechung *f* || ~ **relay system** (Optics) / Lichtübertragungssystem *n* || ~ **resonator** / optischer Resonator || ~ **ROM** (Comp, Electronics) / CD-ROM-Speicher *m* (optischer Festspeicher) || ~ **rota(to)ry dispersion*** (Chem, Optics, Spectr) / optische Rotationsdispersion, ORD (optische Rotationsdispersion) || ~ **rotary table** (Eng) /

optischer Kreisteiltisch (meistens als Zusatzgerät für Koordinatenbohrmaschinen) || ~ **rotation*** (Chem, Optics) / optische Drehung

**opticals*** *pl* (Cinema) / optische Effekte

**optical scanner** (Optics) / optische Abtasteinrichtung || ~ **scanning system** (Optics) / optisches Abtastsystem || ~ **scratch** (Cinema) / optische Verkratzung || ~ **sensor** (Eng) / optischer Sensor (z.B. bei den Industrierobotern) || ~ **signal** (Optics) / optisches Signal, Schausignal *n*, sichtbares Zeichen, optisches Zeichen, Sichtzeichen *n*, Sichtsignal *n* || ~ **sound*** (Acous, Cinema) / Lichtton *m* || ~ **sound recorder** (Acous, Cinema) / Einrichtung *f* für die Lichttonaufzeichnung || ~ **sound recording** (Acous, Cinema) / Lichttonverfahren *n*, Lichttonaufzeichnung *f* || ~ **sound track** (Acous, Cinema) / Lichttonspur *f*, Lichtspur *f* || ~ **spatial frequency analysis** / optische Ortsfrequenzanalyse, strukturzonale Analyse || ~ **spectral region** (Spectr) / optischer Spektralbereich || ~ **spectrum*** (Light, Optics, Spectr) / Lichtspektrum *n*, sichtbares (optisches) Spektrum || ~ **spectrum analyser** (Spectr) / Spektralanalysator *m*, Spektrumanalysator *m* (optischer -, bei dem anstelle des Austrittsspaltes des Monochromators eine Diodenreihe, eine CCD-Reihe oder eine CCD-Kamera eingesetzt werden), optischer Spektrumanalysator || ~ **spectrum analyzer** (US) (Spectr) / Spektralanalysator *m*, Spektrumanalysator *m* (optischer -, bei dem anstelle des Austrittsspaltes des Monochromators eine Diodenreihe, eine CCD-Reihe oder eine CCD-Kamera eingesetzt werden), optischer Spektrumanalysator || ~ **square*** (a surveyor's hand instrument, in which two mirrors turn a beam of light exactly through a right angle) (Optics, Surv) / Spiegelinstrument *n*, Winkelprisma *n* (ein Winkelinstrument), Doppelprisma *n* (ein Spiegelinstrument), Doppelwinkelprisma *n*, Prismeninstrument *n* || ~ **storage** (Comp) / optischer Speicher || ~ **surface** (Optics) / optisch wirksame Fläche, optische Fläche (brechende oder reflektierende Fläche von optischen Bauelementen) || ~ **system** (Optics) / optisches System, Optik *f* (Gesamtheit der bei einer optischen Abbildung wirksamen Elemente || ~ **taper** (Optics, Telecomm) / Lichtleitkegel *m* (konischer Lichtleitstab nach DIN 58140, T 1), konische Faser (LWL) || ~ **tap-off** (Telecomm) / Anzapfung *f* einer optischen Leitung || ~ **telescope** (that operates in the visible spectrum) (Optics) / Fernrohr *n*, Teleskop *n* (Fernrohr) || ~ **temperature** (Phys) / Strahlungstemperatur *f* (im sichtbaren Spektralbereich) || ~ **temperature scale** (Optics) / optische Temperaturskale (mit Schmelztemperatur von Gold als Bezugspunkt) || ~ **thickness** (Optics) / optische Dicke (des Mediums nach DIN 5496) || ~ **thickness** (Optics) s. also optical depth || ~ **time-domain reflectometer** (Phys) / Rückstreumessgerät *n* (zur Untersuchung des Dämpfungsverlaufs einer Glasfaser) || ~ **track*** (Acous, Cinema) / Lichttonspur *f*, Lichtspur *f* || ~ **tracking** (Space) / optische Bahnverfolgung || ~ **train** (Optics) / optisches System, Optik *f* (Gesamtheit der bei einer optischen Abbildung wirksamen Elemente) || ~ **transfer function*** (Optics, Phys) / optische Übertragungsfunktion (eine Gütefunktion für die bilderzeugenden Eigenschaften eines optischen Systems) || ~ **transistor** (Electronics) / Optotransistor *m* (ein optoelektronisches Halbleiterbauelement, bei dem das signaltragende Medium das Licht ist), Lichttransistor *m*, optischer Transistor || ~ **transmitter** (Optics) / optischer Sender (Baugruppe zum Umwandeln elektrischer Signale in optische Signale) || ~ **tweezers** / optische Pinzette (mit Laserstrahlen) || ~ **twinning** (Min) / optische Zwillingsbildung || ~ **videodisk** (Comp, Optics) / Videolangspielplatte *f*, VLP, VLP-Bildplatte *f* (optischer Speicher, der sich zum Lesen der Informationen eines Lasers bedient), optische Speicherplatte (z.Z. mit etwa 30 Terabits), optische Bildplatte, Laserplattenspeicher *m*, optische Platte || ~ **waveguide** (Telecomm) / Lichtwellenleiter *m*

**optical-waveguide sensor** (Optics) / LWL-Sensor *m* || ~ **splice** (Optics) / LWL-Spleißverbindung, Spleiß *m* (feste Verbindung zweier LWL), Spleißverbindung *f* (in der optischen Übertragungstechnik)

**optical wedge** (Phys) / Graukeil *m* (keilartiges Lichtfilter zur stetig einstellbaren Lichtabschwächung), Neutralkeil *m* (wenn beide Keile aus Neutralglas sind) || ~ **wedge** (Surv) / streifenförmiger Glaskeil (zur Keildistanzmessung) || ~ **white*** (Textiles) / optischer Aufheller (Fluoreszenzfarbstoff, der UV-Licht absorbiert und längerwelliges blaues Licht emittiert), Weißtöner *m*, Blankophor *m* (auf der Basis von Stilben- oder Pyrazolderivaten - Warenzeichen der Firma Bayer) || ~ **window** (Astron, Optics, Phys, Spectr) / optisches Fenster (derjenige Wellenlängen- bzw. Frequenzbereich des Spektrums der elektromagnetischen Wellenstrahlung, in dem das Absorptionsminimum des bestrahlten Materials liegt) || ~ **yield** (Chem) / optische Ausbeute (in einer Reaktion mit chiralen Reaktanden und chiralen Produkten) || ~ **zoom** (Cinema, Photog) / optisches Zoom

**optic angle** (Crystal) / Winkel *m* zwischen den optischen Achsen (eines zweiachsigen Kristalls) ‖ ~ **angle** (Optics, Physiol) / Sehwinkel *m* (der von den Sehstrahlen gebildet wird - DIN 66233, T 1)
**optic-axial angle*** (Crystal) / optischer Achsenwinkel
**optic axis*** (Crystal) / optische Achse (in der Kristalloptik) ‖ ~ **axis*** (Light, Optics) / optische Achse (die Symmetrieachse abbildender optischer Systeme) ‖ ~ **axis** (Physiol) / optische Achse (des Auges), Sehachse *f*, Augenachse *f*, Axis opticus ‖ ~ **branch*** (Crystal) / optischer Zweig ‖ ~ **excitation** (Optics) / optische Anregung
**optician** *n* (Optics) / Optiker *m*
**optic nerve** (Physiol) / Sehnerv *m*, Optikus *m* (pl. -tizi)
**optics*** *n* (Optics) / Optik *f* (physikalische, biologische) ‖ ~ (Optics) / optisches System, Optik *f* (Gesamtheit der bei einer optischen Abbildung wirksamen Elemente) ‖ ~ **design** (Optics) / Optikberechnung *f*, Optikrechnung *f*
**optic sign*** (Min, Optics) / optisches Vorzeichen (+ = rechtsdrehend)
**optic-sign convention** (Optics) / Vorzeichenregel *f* beim Optikrechnen, Vorzeichensystem *n*
**optimal** *adj* / optimal *adj*, Optimal-, Best-, bestmöglich *adj* ‖ ~ **control** (Automation) / optimierende Regelung, optimale Regelung, Optimalwerteregelung *f* ‖ ~ **filter** / Optimalfilter *n*
**optimalization** *n* / Optimierung *f*
**optimalize** *v* / optimieren *v*
**optimalizer** *n* (Electronics) / Optimalwertkreis *m*
**optimal lot size** (Work Study) / optimale Losgröße
**optimally coded program** (Comp) / optimales Programm, Bestzeitprogramm *n*, Optimalprogramm *n*
**optimeter** *n* (Optics) / Optimeter *n* (ein mechanisch-optisches Feinmesswerkzeug)
**optimise** *v* (GB) / optimieren *v*
**optimistic time** / optimistische Dauer (einer Aktivität in dem Netzwerkverfahren)
**optimization** *n* / Optimierung *f* ‖ ~ (Comp) / Kodeoptimierung *f* (lokale oder globale) ‖ ~ **criterion** / Optimierungskriterium *n*
**optimize** *v* / optimieren *v*
**optimized bidirectional printing** (Comp) / bidirektionaler Druck mit Wegoptimierung ‖ ~ **design** / optimiertes Design ‖ ~ **program** (Comp) / optimales Programm, Bestzeitprogramm *n*, Optimalprogramm *n*
**optimizer** *n* (Electronics) / Optimalwertkreis *m*
**optimizing compiler** (Comp) / optimierender Kompilierer ‖ ~ **controller** (Automation) / Optimierregler *m*, Optimalwertregler *m*, optimierender Regler
**optimum** *n* (pl. optima or -s) / Optimum *n* (pl. Optima) ‖ ~ (pl. optima) / Bestwert *m*, Bestzeit *f* ‖ ~ *attr* / optimal *adj*, Optimal-, Best-, bestmöglich *adj* ‖ ~ **arable-land condition** (Agric) / Ackergare *f* (Zustand eines Bodens in stabiler Krümelstruktur), Gare *f*, Bodengare *f* ‖ ~ **code** (Comp) / Optimalkode *m*, Optimalcode *m* (zur redundanzoptimalen Codierung von Zeichen bzw. Wörtern, die in einem Quellcode mit verschiedenen Wahrscheinlichkeiten auftreten) ‖ ~ **control** (Automation) / optimierende Regelung, optimale Regelung, Optimalwerteregelung *f* ‖ ~ **moisture content** (Civ Eng) / optimaler Wassergehalt (beim Proctor-Versuch) ‖ ~ **programming** (Comp) / zeitoptimale Programmierung, optimale Programmierung, Bestzeitprogrammierung *f* ‖ ~ **soil condition** (Agric) / Ackergare *f* (Zustand eines Bodens in stabiler Krümelstruktur), Gare *f*, Bodengare *f* ‖ ~ **thermal insulation** (Build) / Vollwärmeschutz *m* ‖ ~ **working frequency** (Radio) / günstigste Betriebsfrequenz (für die ionosphärische Ausbreitung)
**option** *n* / Option *f* (Wahlmöglichkeit) ‖ ~ (Comp) / Zusatzeinrichtung *f* (optionale)
**optional** *adj* / wählbar *adj* (Variante) ‖ ~ / wahlweise *adj*, optional *adj*, optionell *adj* ‖ ~ **accessory** (Eng) / Sonderzubehör *n* (auf Wunsch, gegen Preisaufschlag) ‖ ~ **block skip** (Comp, Eng) / Ausblendsatz *m* (fertigungstechnisch bedingtes Weglassen eines CNC-Satzes) ‖ ~ **entry** (Comp) / wahlfreie Eintragung ‖ ~ **equipment** (Autos) / Extras *n pl*, Sonderausstattung *f* (auf Wunsch und gegen Aufpreis), aufpreispflichtige Sonderausstattung ‖ ~ **equipment** (Eng) / Sonderzubehör *n* (auf Wunsch, gegen Preisaufschlag) ‖ ~ **facility** / Zusatzeinrichtung *f* (optionale) ‖ ~ **facility** (Telecomm) / wahlfreies Leistungsmerkmal ‖ ~ **feature** / Zusatzeinrichtung *f* (optionale) ‖ ~ **field** (Comp) / optionales Feld (bei einer Datenbank) ‖ ~ **host** (Agric, Biol) / Gelegenheitswirt *m*, Zufallswirt *m* ‖ ~ **hyphen** (used to control where a word or phrase breaks if it falls at the end of a line) (Comp) / weicher Trennstrich, Bedarfstrennstrich *m*, Pseudotrennstrich *m*, bedingter Trennstrich, Trennfuge *f* (die nur dann vom Satzprogramm aktiviert wird, wenn am Zeilenende eine Trennung nötig ist) ‖ ~ **landing** (Aero) / Landung *f* bei Bedarf
**optionally available** / auf Wunsch lieferbar
**optional package** (Autos) / Wunschausstattungspaket *n* (gegen Aufpreis) ‖ ~ **stop** (Eng) / wahlweiser Halt (bei numerisch gesteuerten Maschinen)

**option box** (Comp) / Optionsschaltfläche *f* (die eine Option repräsentiert), Auswahlbox *f* ‖ ~ **button** (Comp) / Radioschalter *m* (erlaubt im Gegensatz zum Optionsfeld nur die Auswahl einer einzigen Option)
**options** *pl* (Autos) / Extras *n pl*, Sonderausstattung *f* (auf Wunsch und gegen Aufpreis), aufpreispflichtige Sonderausstattung
**option time** (Radio, TV) / Optionszeit *f*
**OPTLC** (overpressure thin-layer chromatography) (Chem) / Überdruck-Dünnschichtchromatografie *f*, OPTLC (Überdruck-Dünnschichtchromatografie), OPTLC-Technik *f*
**optoacoustics** *n* (Acous, Optics) / Akustooptik *f* (Wechselwirkungen zwischen hochfrequenten Ultra- und Hyperschallwellen mit elektromagnetischen Wellen)
**optoacoustic spectroscopy** (Spectr) / fotoakustische Spektroskopie, PA-Spektroskopie *f*, PAS (fotoakustische Spektroskopie), optoakustische Spektroskopie, OAS
**optochemical sensor** (Chem, Optics) / optochemischer Sensor (chemischer Sensor, dessen Nachweisverfahren auf optischer Wechselwirkung beruht)
**optocoupler** *n* (Electronics, Telecomm) / Optokoppler *m* (Kombination aus einer Licht emittierenden Halbleiterdiode und einer Halbleiterfotodiode im Abstand von einigen Millimetern - DIN 41 855, T 2), optoelektronisches Koppelelement, Lichtkoppler *m* (zur galvanischen Trennung von Kreisen)
**optode** *n* (Optics) / Optode *f* (optischer Sensor)
**optoelectronic** *adj* (Electronics, Optics) / optoelektronisch *adj*, optronisch *adj* ‖ ~ **emitter** (Electronics) / optoelektronischer Sender (z.B. Lumineszenzdiode oder Laserdiode) ‖ ~ **integrated circuit** (Electronics) / optoelektronische integrierte Schaltung
**optoelectronics** *n* (the study of the interaction of light with electric fields) (Electronics, Optics) / Optoelektronik *f*
**optoelectronic sensor** (Electronics) / optoelektronischer Sensor (Strahlungssensor, der Strahlung im ultravioletten Bereich, im sichtbaren Bereich bzw. im infraroten Bereich des elektromagnetischen Spektrums erfasst und in elektrische Signale wandelt), Optosensor *m*, Fotosensor *m*
**optogalvanic** *adj* / optogalvanisch *adj* ‖ ~ **effect** (Phys) / optogalvanischer Effekt (ein fotoelektrischer Effekt in einer Gasentladung), optovoltaischer Effekt ‖ ~ **spectroscopy** (a method whereby the absorption spectra of atomic and molecular species in flames and electrical discharges are obtained by measuring voltage and current changes upon laser irradiation) (Spectr) / optogalvanische Spektroskopie
**opto-head** *n* (Eng) / Optokopf *m*, optischer Kopf (z.B. bei Industrierobotern)
**optoisolator** *n* (a component for transmitting an electrical signal between two parts of a device not physically connected) / Isolationswiderstand *m* des Optokopplers
**optomechanical mouse** (Comp) / optomechanische Maus (mit einer aus dem Gehäuse hervorstehenden Rollkugel)
**optometer** *n* (Med, Optics) / Optometer *n* (Gerät zur Messung der Sehweite)
**optometrist** *n* (Med, Optics) / Augenoptiker *m* ‖ ~ (Optics) / Optometrist *m*
**optometry** *n* (Med, Optics) / Optometrie *f* (Messung der Sehschärfe, i.e.S. dann Bestimmung des Nah- und des Fernpunktes)
**optophone*** *n* (Electronics) / Optophon *n* (Gerät, das Licht in Lautänderungen umwandelt)
**optotransistor** *n* (Electronics) / Optotransistor *m* (ein optoelektronisches Halbleiterbauelement, bei dem das signaltragende Medium das Licht ist), Lichttransistor *m*, optischer Transistor
**optotype** *n* (Med, Optics) / Optotyp *m*, Sehzeichen *n*
**optronics** *n* (Electronics, Mil) / Optronik *f* (militärische Anwendung der Optoelektronik)
**opus** *n* (pl. opera) (Arch) / Opus *n* (pl. Opera) (Sammelbezeichnung für altrömische Arbeitstechniken) ‖ ~ **antiquum** (Arch) / Bruchsteinbau *m* (antiker) ‖ ~ **caementicium** (Arch) / Gussmauerwerk *n* ‖ ~ **incertum** (Arch) / Bruchsteinbau *m* (antiker) ‖ ~ **rusticum** (Build) / Bossenwerk *n* (ein Quadermauerwerk, bei dem die Vorderseite der Quader unter Belassen einer unregelmäßigen Oberfläche nur roh bearbeitet wird), Rustika *f*, Bossenmauerwerk *n* ‖ ~ **sectile** (pavement of wall-covering of differently coloured pieces /larger than tesserae in mosaics/ of marble, stone, and, sometimes, glass, cut into regular pieces of a few uniform sizes, laid in geometrical patterns) (Arch) / Opus sectile *n*
**OPW method** (orthogonal plane-wave method) (Phys) / OPW-Methode *f* (bei der Berechnung der Bandstruktur)
**OR** (operations research) / Unternehmensforschung *f*, Operationsforschung *f*, Operations-Research *n f*, OR (zweckmäßiges Vorbereiten, Durchführen, Kontrollieren und Einschätzen von Entscheidungen mit Hilfe von mathematischen Methoden) ‖ ~ *v* (Comp) / ODERieren *v*, ODERn *v*

**Oracle**

**Oracle*** *n* (GB) (Optional Reception of Announcements by Coded Line Electronic) / Oracle *n* (technischer Standard für Videotext in Großbritannien)
**O/R address** (Comp) / Sender/Empfänger-Adresse *f*, O/R-Adresse *f*
**oral** *adj* / mündlich *adj* ‖ ~* (Pharm) / oral *adj* (verabreichbar, wirksam), per os ‖ ~ **control** (Automation) / Bedienung *f* durch Spracheingabe ‖ ~ **rehydration salt** (Chem) / ORS *n* (ein Gemisch, das lebensbedrohliche Austrocknungszustände bei Kleinkindern vor allem in Entwicklungsländern beheben soll)
**orange** *n* / Orange *n* (Farbe) ‖ ~ *attr* / orange *adj*, orangenfarben *adj*, orangenfarbig *adj*, orangefarben *adj*, orangefarbig *adj*
**orange-blossom oil** / Orangenblütenöl *n* (von Citrus sinensis (L.) Osbeck oder Citrus aurantium L.)
**Orange Book** (a publication by the National Computer Security Center concerned with security evaluation) (Comp) / Orange Book *n* ‖ ≙ **Book** (the proprietary standard defining the CD-R format, or the publication setting it out) (Comp) / Orange Book *n* ‖ ≙ **Book** (the coloured book that defines a network service running over a Cambridge Ring) (Comp) / Orange Book *n* ‖ ~ **chrome** / Chromorange *n* (PbO . PbCrO₄)
**orange-coloured** *adj* / orange *adj*, orangenfarben *adj*, orangenfarbig *adj*, orangefarben *adj*, orangefarbig *adj*
**orange filter** (Photog) / Orangefilter *n*
**orange-flower oil** / Orangenblütenöl *n* (von Citrus sinensis (L.) Osbeck oder Citrus aurantium L.) ‖ ~ **oil** s. also neroli oil ‖ ~ **water** (Pharm) / Orangenblütenwasser *n* ‖ ~ **water absolute** (Chem, Nut) / Orangenwasserabsolue *n* (zum Aromatisieren von Lebensmitteln)
**orange ketone** (Chem) / 2-Acetylnaphthalin *n*, 2-Acetylnaphthalin *n*, 2-Azetonaphthon *n*, 2-Acetonaphthon *n*, Methyl-2-naphthylketon *n* ‖ ~ **lead*** (Chem) / Saturnzinnober *m*, Saturnrot *n* (aus Bleiweiß gewonnene leuchtend rote Mennige), Orangemennige *f* (Blei(II,IV)-oxid) ‖ ~ **mineral** (Chem) / Saturnzinnober *m*, Saturnrot *n* (aus Bleiweiß gewonnene leuchtend rote Mennige), Orangemennige *f* (Blei(II,IV)-oxid) ‖ ~ **oil** / Orangenschalenöl *n*, Orangenöl *n* ‖ ~ **oxide** (Chem) / Uran(VI)-oxid *n*, Urantrioxid *n* ‖ ~ **panel** / Warntafel *f* (für den Transport gefährlicher Güter) ‖ ~ **peel** (Glass) / Froschhaut *f* (glänzende, aber mikrowellige Oberfläche) ‖ ~ **peel*** (Paint) / Apfelsinenhauteffekt *m* (eine Oberflächenstörung des Anstrichfilms, die unter ungünstigen Bedingungen bei Spritzlackierungen auftritt), Orangenschaleneffekt *m* ‖ ~**-peel bucket** (Civ Eng) / Polypgreifer *m*, Mehrschalengreifer *m* (als Lastaufnahmemittel bei Greiferkranen und Greifbaggern)
**orange-peel effect** (Met) / Apfelsinenschalenmuster *n* (narbige Oberfläche kaltumgeformter Bleche), Apfelsinenhaut *f*
**orange-peeling** *n* (Paint) / Apfelsinenhauteffekt *m* (eine Oberflächenstörung des Anstrichfilms, die unter ungünstigen Bedingungen bei Spritzlackierungen auftritt), Orangenschaleneffekt *m*
**orange-peel oil** / Orangenschalenöl *n*, Orangenöl *n*
**orange shellac** (Paint) / Orangeschellack *m* (ein wertvoller indischer Eingeborenen-Schellack) ‖ ~ **skin** (Glass) / Froschhaut *f* (glänzende, aber mikrowellige Oberfläche)
**orange-type spectrometer** (Nuc Eng) / Orangenspektrometer *n*, Betaspektrometer *n* vom Typ "Orange"
**orangewood** *n* (For) / Holz *n* des Orangenbaums, Orangenholz *n*
**orangey** *adj* / orange *adj*, orangenfarben *adj*, orangenfarbig *adj*, orangefarben *adj*, orangefarbig *adj*
**orangite** *n* (Min) / Orangit *m* (ein orange bis gelb durchscheinender Thorit)
**orangy** *adj* / orange *adj*, orangenfarben *adj*, orangenfarbig *adj*, orangefarben *adj*, orangefarbig *adj*
**orans** *n* (pl. orantes) (Arch) / Orant *m* (pl.Oranten), Orans *m* (pl. Oranten)
**orant** *n* (Arch) / Orant *m* (pl.Oranten), Orans *m* (pl. Oranten)
**orante** *n* (Arch) / Orant *m* (pl.Oranten), Orans *m* (pl. Oranten)
**O ray** (Light, Optics) / ordentlicher Strahl (der in optisch anisotropen Medien auftretende Strahl, der das Brechungsgesetz befolgt)
**ORB** (omnidirectional radio beacon) (Aero) / ungerichtetes Funkfeuer, Rundstrahlbake *f*, Kreisfunkfeuer *n* ‖ ≙ (Object Request Broker) (Comp) / Object Request Broker *m* (Kommunikationsmodell im OMG-Interaktionsmodell, das transparenten Zugriff im Netz auf Objektmethoden bietet), ORB (Object Request Broker)
**orb** *n* (Arch) / Turmknopf *m* (kugelförmiger Abschluss eines Turmhelmes oder Turmdaches)
**orbicular structure*** (with spherical orbs up to several centimetres in diameter) (Geol) / sphäroidische Textur, Augentextur *f*, Kugeltextur *f*
**orbicule** *n* (Geol) / Kugel *f*
**orbiform** *n* (Maths) / Kurve *f* gleicher Breite, Orbiforme *f*, Kurve *f* konstanter Breite, Gleichdick *n* (z.B. ein Reuleaux-Dreieck) ‖ ~ **curve** (Maths) / Kurve *f* gleicher Breite, Orbiforme *f*, Kurve *f* konstanter Breite, Gleichdick *n* (z.B. ein Reuleaux-Dreieck)
**orbis print** (US) (Textiles) / Mosaikdruck *m*

**orbit** *vi* (Space) / umkreisen *v*, sich auf einer Umlaufbahn bewegen, umlaufen *v* ‖ ~ (Space) / auf eine Umlaufbahn gelangen ‖ ~ *vt* (Space) / in eine Umlaufbahn einschießen, in eine Umlaufbahn bringen ‖ ~* *n* (Aero, Astron, Nuc, Space) / Bahn *f*, Orbit *m* (pl. -s) ‖ ~ (Maths) / Orbit *m* (pl. -s), Transitivitätsklasse *f* ‖ ~* (Space) / Umlaufbahn *f* (elliptisch oder kreisförmig) ‖ **put into ~** (Space) / in eine Umlaufbahn einschießen, in eine Umlaufbahn bringen
**orbital*** *n* (Phys) / Orbital *n* (pl. -e) (ein Elektronenzustand bei der quantenmechanischen Analyse des Atom- und Molekülbaus) ‖ ~ *adj* (Chem, Phys, Space) / Umlaufbahn-, Bahn-, orbital *adj* ‖ ~ **angular momentum** (the angular momentum arising from the spatial wavefunction of the electron) (Nuc) / Bahndrehimpuls *m* (als Gegensatz zu Spindrehimpuls) ‖ ~ **angular momentum quantum number** (Phys) / Drehimpulsquantenzahl *f*, azimutale Quantenzahl, Nebenquantenzahl *f*, Bahndrehimpulsquantenzahl *f* (DIN 1304) ‖ ~ **base** (Space) / Außenstation *f*, Raumstation *f*, Orbitalstation *f*, Weltraumstation *f* (ständiger Stützpunkt für die Raumfahrt außerhalb der Hochatmosphäre) ‖ ~ **catch-up** (Space) / Zurückführung *f* auf die Bahn ‖ ~ **complex** (Space) / Orbitalkomplex *m* (eine aus einer Raumstation und angekoppelten /un/bemannten Zubringer- bzw. Frachtraumkörpern bestehende, die Erde umkreisende, zeitweilig oder ständig benannte Kombination) ‖ ~ **decay** (Space) / Bahnverfall *m*, Bahnschrumpfung *f* ‖ ~ **electron** (Nuc) / Bahnelektron *n*, Hüllenelektron *n*, Orbitalelektron *n* (Gegensatz: Leitungselektron) ‖ ~ **elements** (Astron) / Bahnelemente *n pl* (wie z.B. die große Halbachse, die numerische Exzentrizität, Länge des aufsteigenden Knotens usw.) ‖ ~ **energy** (Chem, Nuc) / Orbitalenergie *f* ‖ ~ **glider** (Space) / Raumgleiter *m* ‖ ~ **height** (Space) / Umlaufbahnhöhe *f* ‖ ~ **inclination** (Space) / Umlaufbahnneigung *f*, Bahnneigung *f* ‖ ~ **magnetism** (Nuc) / Bahnmagnetismus *m* ‖ ~ **manoeuvring system** (Space) / Orbitalmanöversystem *n* (z.B. Raumtransporters) ‖ ~ **mechanics** (Astron) / Himmelsmechanik *f* (ein Spezialgebiet der Astronomie, das die Bewegungen der Himmelskörper unter dem Einfluss der Gravitation untersucht) ‖ ~ **missile** (Mil) / Orbitalrakete *f* (eine Interkontinentalrakete) ‖ ~ (magnetic) **moment** (Nuc) / Orbitalmoment *n*, orbitalmagnetisches Moment, magnetisches Bahnmoment ‖ ~ **moment** (Nuc) / Bahnmoment *n* ‖ ~ **motion** (Mech) / Orbitalbewegung *f* ‖ ~ **paramagnetism** (Nuc) / Bahnparamagnetismus *m* ‖ ~ **parity** (Nuc) / Orbitalparität *f* ‖ ~ **period** (Space) / Umlaufzeit *f*, Umlaufperiode *f* ‖ ~ **pipe welding** (Welding) / Rohrumlaufschweißen *n* ‖ ~ **plane** (Astron) / Bahnebene *f* ‖ ~ **quantum number*** (Phys) / Drehimpulsquantenzahl *f*, azimutale Quantenzahl, Nebenquantenzahl *f*, Bahndrehimpulsquantenzahl *f* (DIN 1304) ‖ ~ **radius** (Nuc) / Orbitalradius *m* (Maximum der Radialverteilung des betreffenden Orbitals), Bahnradius *m* ‖ ~ **rendezvous** (the problem of a chaser vehicle joining up with the target) (Space) / Rendezvous *n* (im Weltraum) ‖ ~ **rocket** (Mil) / Orbitalrakete *f* (eine Interkontinentalrakete) ‖ ~ **sander** (Tools) / Schwingschleifer *m* (z.B. als Handzusatzgerät für Heimwerker), Sander *m* (ein Handschleifer), Vibrationsschleifer *m* (auf dessen hin- und herschwingendem Werkzeugträger der auswechselbare Schleifkörper gespannt ist), Rutscher *m* (ein Handschleifer) ‖ ~ **speed** (Space) / Bahngeschwindigkeit *f*, Umlaufgeschwindigkeit *f* (meistens eine Kreisbahngeschwindigkeit) ‖ ~ **station** (Space) / Außenstation *f*, Raumstation *f*, Orbitalstation *f*, Weltraumstation *f* (ständiger Stützpunkt für die Raumfahrt außerhalb der Hochatmosphäre) ‖ ~ **symmetry** (Nuc) / Orbitalsymmetrie *f* ‖ ~ **tube welding** (Welding) / Rohrumlaufschweißen *n* ‖ ~ **vehicle** (Space) / Umlaufbahnflugkörper *m*, Flugkörper *m* auf der Umlaufbahn ‖ ~ **velocity** (Space) / Bahngeschwindigkeit *f*, Umlaufgeschwindigkeit *f* (meistens eine Kreisbahngeschwindigkeit) ‖ ~ **welding** (Welding) / Orbitalschweißen *n* (von Rohren)
**orbit decay*** (Space) / Bahnverfall *m*, Bahnschrumpfung *f*
**orbiter** *n* (Astron, Space) / Orbiter *m* (der in einem Orbit einen Planeten umkreist und Sonden zum Planeten aussendet), Mutterschiff *n* ‖ ~ (Space) / Orbiter *m* (derjenige Teil eines Raumflugsystems /z.B. eines Raumtransporters/, der in einen Orbit gebracht wird)
**orbit expander** (Nuc, Nuc Eng) / Teilchenbahnexpander *m*, Teilchenbahndehner *m*, Bahndehner *m* ‖ ~ **flight** (Aero) / Kreisflug *m*
**orbiting** *n* (Aero, Astron, Nuc, Space) / Bahnumlauf *m* ‖ ~ **complex** (Space) / Orbitalkomplex *m* (eine aus einer Raumstation und angekoppelten /un/bemannten Zubringer- bzw. Frachtraumkörpern bestehende, die Erde umkreisende, zeitweilig oder ständig bemannte Kombination) ‖ ~ **satellite carrying amateur radio** (Radio) / OSCAR *m* (Amateurfunk-Satellit) ‖ ~ **vehicle** (Space) / Raumfahrzeug *n* (auf einer Planetenumlaufbahn)
**orbit mechanics** (Mech, Space) / Bahnmechanik *f* ‖ ~ **of a planet** (Astron) / Planetenbahn *f* ‖ ~ **shift coils*** (Nuc Eng) / Ablenkspulen *f pl* ‖ ~ **theory** (Nuc) / Orbittheorie *f*, Bahntheorie *f* (der

wechselwirkungsfreien Bewegung geladener Teilchen in elektromagnetischen Feldern)
**Orb mark** (Textiles) / Schutzmarke für Harris-Tweed (Reichsapfel + Malteserkreuz)
**orcein** *n* (Chem) / Orzein *n* (farbgebendes Prinzip verschiedener Flechtenfarbstoffe, Orcein *n* || ~ **stain**\* (Micros) / Orzeinfärbung *f* (eine Elastikafärbung), Orceinfärbung *f*
**orchard** *n* (Agric) / Obstplantage *f*, Obstanlage *f*, Obstgarten *m*, Obstbaumgarten *m* || ~ **heater** (Agric) / Heizvorrichtung *f* für Obstanlagen || ~ **heating** (Agric) / Heizen *n* von Obstanlagen (eine Frostschutzmaßnahme) || ~ **tractor** (Agric) / Obstbauschlepper *m*
**orchil** *n* (Bot, Chem) / französischer Purpur, Orchilla *f*, Orseille *n* (ein bläulich roter bis violetter Naturfarbstoff, aus verschiedenen Arten der Färberflechte gewonnen)
**orcin** *n* (Chem) / Orcin *n*, Orzin *n*, Orcinol *n*, Orzinol *n*, 5-Methylresorzin *n* (die Muttersubstanz des Orseille- und Lackmusfarbstoffes)
**orcinol** *n* (used in the analytical detection of carbohydrates) (Chem) / Orcin *n*, Orzin *n*, Orcinol *n*, Orzinol *n*, 5-Methylresorzin *n* (die Muttersubstanz des Orseille- und Lackmusfarbstoffes)
**OR circuit** (Comp) / ODER-Schaltung *f*
**Ord** (orotidine) (Chem) / Orotidin *n* (Nukleosid der Orotsäure), Ord (Orotidin)
**ORD** (optical rotary dispersion) (Chem, Optics, Spectr) / optische Rotationsdispersion, ORD (optische Rotationsdispersion)
**ordeal beans** (Pharm) / Kalabarbohnen *f pl*, Calabarbohnen *f pl* ("Gottesurteilbohnen") (giftige Samen von Physostigma venenosum Balf.)
**order** *v* / bestellen *v* || ~ / ordnen *v*, anordnen *v* || ~ (Maths) / anordnen *v* (Elemente) || ~ *n* / Bestellung *f* (Auftrag) || ~ / Ordnung *f*, Anordnung *f* || ~ (Arch) / Säulenordnung *f* (z.B. dorische) || ~\* (a group of similar families) (Biol, Bot) / Ordnung *f* (ordo) || ~ (Build) / Stufe *f* (z.B. des Portals) || ~ (Crystal) / Ordnung *f* (der Reflexion - nach der Braggschen Gleichung) || ~ (Maths) / Ordnung *f* (natürliche Zahl zur Kennzeichnung der Stufe innerhalb einer Klassifikation) || ~ (Maths) / Anordnung *f* (der Elemente, der Verknüpfungsgebilde) || ~\* (Maths) / Ordnung *f* (einer Funktion, einer Matrix, einer Gruppe, eines Gruppenelements) || ~ (Phys) / Ordnung *f* (bei Phasenumwandlungen) || ~ (Phys) / Ordnung *f* (einer Flüssigkeit, einer Resonanz, von Interferenzstreifen usw.) || ~ (Work Study) / Auftrag *m*, Fertigungsauftrag *m* || **in reverse** ~ / in umgekehrter Reihenfolge || **out of** ~ / außer Betrieb, aus *adv* || ~ **book** (Work Study) / Auftragsbuch *n* || ~ **costs** / Auftragskosten *pl* || ~ **costs** / Beschaffungskosten *pl* (in der Lagerhaltungstheorie), Bestellkosten *pl* || ~**-disorder transformation** (Crystal, Met) / Ordnung-Unordnung-Übergang *m*, Ordnung-Unordnung-Umwandlung *f* || ~**-disorder transition** (Crystal, Met) / Ordnung-Unordnung-Übergang *m*, Ordnung-Unordnung-Umwandlung *f*
**ordered field** (Maths) / geordneter Körper || ~ **mechanism** (Biochem) / geordneter Mechanismus (bei Mehrsubstratreaktionen), sequentieller Mechanismus || ~ **pair** (Maths) / geordnetes Paar (ein Tupel aus zwei Komponenten) || ~ **resolution** (AI) / geordnete Resolution || ~ **sample** (Stats) / geordnete Stichprobe, Positionsstichprobe *f* || ~ **set** (Maths) / geordnete Menge, Kette *f* (geordnete Menge) || ~ **state**\* (Phys) / geordneter Zustand || ~ **structure** (Maths) / Ordnungsstruktur *f* (die von Ordnungsrelationen definiert wird) || ~ **tree** (Comp) / geordneter Baum || ~ **weight** (Work Study) / Bestellgewicht *n*, Bestellmasse *f*
**order for heat treatment** (Met) / Wärmebehandlungsunterweisung *f*, Wärmebehandlungsanweisung *f* (DIN 17 023, T 1-3), WBA (Wärmebehandlungsanweisung)
**order-form** *n* (Work Study) / Bestellschein *m*, Bestellzettel *m*
**order homomorphism** (Maths) / isotone Abbildung, monotone Abbildung, Ordnungshomomorphismus *m*
**ordering** *n* (Maths) / Anordnung *f* (der Elemente, der Verknüpfungsgebilde) || ~ (Maths) / Ordnen *n* || ~ **costs** / Beschaffungskosten *pl* (in der Lagerhaltungstheorie), Bestellkosten *pl* || ~ **domain** (Met) / Ordnungsbereich *m* (Ordnungsdomäne der Legierung) || ~ **quantity** / Auftragsmenge *f*, Bestellmenge *f* || ~ **relation** (Maths) / Ordnungsrelation *f*, Anordnungsrelation *f*, Ordnung *f* (Ordnungsrelation) || ~ **transition** / Ordnungsumwandlung *f* (bei Mischkristallen)
**order number**\* (Eng) / Zahl *f* der Drehschwingungen je Umdrehung || ~ **of crystallization** (Crystal) / Kristallisationsreihe *f*, Kristallisationsfolge *f* || ~ **of diffraction** (the number of nulls in a diffraction pattern between a particular maximum of intensity and the central maximum) (Optics) / Beugungsordnung *f* || ~ **of harmonics** (Phys) / Ordnungszahl *f* der Harmonischen || ~ **of magnitude** (Eng, Phys) / Größenordnung *f*, Größe *f* || ~ **of motion** (Mech) / Bewegungsordnung *f* (zeitliche, räumliche) || ~ **of priority** (Telecomm) / Rangfolge *f* (beim Nachrichtenverkehr) || ~ **of reaction**\*

(Chem) / Reaktionsordnung *f* || ~ **paper** / Orderpapier *n* (im Sinne des Paragr. 363 des Handelsgesetzbuches) || ~ **paper** s. also bearer paper || ~ **parameter** (Phys) / Ordnungsparameter *m* (z.B. bei Phasenumwandlungen) || ~ **picker** (Eng) / Kommissioniergerät *n*
**order-picking** *n* (Eng, Work Study) / Kommissionierung *f* (Komplettierung der Bestellung, gemäß vorgegebener Ausgangspapiere, z.B. in einem Ersatzteil- oder Großhandelslager)
**order point** (Work Study) / Bestellpunkt *m*, Meldebestand *m* (bei dessen Erreichen eine Beschaffung zu veranlassen ist) || ~ **processing system** (Comp, Work Study) / Auftragsabwicklungssystem *n* || ~ **relation** (Maths) / Ordnungsrelation *f*, Anordnungsrelation *f*, Ordnung *f* (Ordnungsrelation)
**order-reserving** *adj* (Maths) / ordnungstreu *adj* (Relation)
**orders on hand** (Work Study) / Auftragsbestand *m*, Auftragsvolumen *n*
**order statistics** (Stats) / Ordnungsstatistik *f* || ~ **structure** (Maths) / Ordnungsstruktur *f* (die von Ordnungsrelationen definiert wird) || ~ **topology** (Maths) / Ordnungstopologie *f* || ~ **type** (Maths) / Ordnungstyp *m*, Ordnungstypus *m* (pl. -typen)
**order-wire** *n* (Telecomm) / Dienstleitung *f*
**ordinal** (Maths) / Ordinalzahl *f*, Ordnungszahl *f* || ~ **number** (Chem, Nuc) / Protonenzahl *f*, Atomnummer *f* (die Anzahl der Protonen im Atomkern), Ordnungszahl *f*, Kernladungszahl *f* (deren Wert mit dem der Ordnungszahl identisch ist), OZ (im Periodensystem der Elemente) || ~ **number**\* (Maths) / Ordinalzahl *f*, Ordnungszahl *f* || ~ **type** (Maths) / Ordnungstyp *m*, Ordnungstypus *m* (pl. -typen)
**ordinance on hazardous substances** / Gefahrstoffverordnung *f*
**ordinary** *adj* (Maths) / gewöhnlich *adj*
**ordinary-bath finish(ing)** (Textiles) / Vollbadappretur *f*
**ordinary brown** (Textiles) / Ordinärbraun *n* || ~ **cement** (Build, Civ Eng) / Portlandzement *m* (nach DIN 1164, kein Eisenportlandzement), PZ (Portlandzement) || ~ **differential equation**\* (Maths) / gewöhnliche Differentialgleichung || ~ **grades** (Paper) / untere Sorten (von Altpapier) || ~ **lay** (Eng) / Kreuzschlag *m* (eine Drahtseilmachart) || ~ **lead** (Geol) / Urblei *n* (bei der Isotopenmethode der Altersbestimmung) || ~ **lead** (Geol) / nicht radiogenes Blei || ~ **light** (Light) / gewöhnliches Licht, unpolarisiertes Licht || ~ **paper** (Paper) / Normalpapier *n* (z.B. für Kopierer) || ~ **pipette** (Chem) / Vollpipette *f* || ~ **Portland cement** (BS 12) (Build, Civ Eng) / Portlandzement *m* (nach DIN 1164, kein Eisenportlandzement), PZ (Portlandzement) || ~ **qualities** (Paper) / untere Sorten (von Altpapier) || ~ **ray**\* (Light, Optics) / ordentlicher Strahl (der in optisch anisotropen Medien auftretende Strahl, der das Brechungsgesetz befolgt) || ~ **steel** (unalloyed steel not suited for heat treatment) (Met) / Grundstahl *m* (Euronorm 20/74), Massenstahl *m* (unlegierter Stahl, der nicht für die Wärmebehandlung bestimmt ist), allgemeiner Baustahl || ~ **taper key** (Eng) / Längskeil *m*
**ordinate**\* *n* (Maths) / Ordinate *f* (parallel zur Ordinatenachse abgemessener Linienabschnitt in kartesischen Koordinaten)
**Ordnance datum**\* (GB) (Cartography, Surv) / Normalnull *n* (mittlerer Wasserspiegel in Newlyn, Cornwall) || ~ **Survey map** (1 : 100 000; 1 centimetre = 1 kilometre) (Cartography) / Generalstabskarte *f* (1 : 100 000), Einzentimeterkarte *f*
**ORD spectrum** (Spectr) / ORD-Spektrum *n*
**ore**\* *n* (the naturally occurring material from which a mineral or minerals of economic value can be extracted - this term is generally but not always used to refer to metalliferous material) (Geol, Min, Min Proc, Mining) / Erz *n* || ~ **agglomeration** (Min Proc) / Erzsinterung *f* || ~ **analysis** (Met) / Erzanalyse *f*, Metallanalyse *f*, Erzbestimmung *f*, Erzbemusterung *f*, Analyse *f* von Erzproben || ~ **assay** (Met) / Erzprobe *f* (für Analyse) || ~ **assaying** (Met) / Erzanalyse *f*, Metallanalyse *f*, Erzbestimmung *f*, Erzbemusterung *f*, Analyse *f* von Erzproben
**ore-bearing** *adj* (Mining) / erzführend *adj*, metallführend *adj*, erzhaltig *adj*
**ore bed** (Geol, Mining) / sedimentäre Erzlagerstätte, Erzlagerstätte *f* der sedimentären Abfolge || ~ **bin**\* (Met) / Erztasche *f* (bei der Möllerung), Erzbunker *m* || ~ **blending** (Min Proc) / Vergleichmäßigung *f* des Erzes || ~ **block** (Mining) / Erzblock *m*, Abbaublock *m* (im Erzbergbau) || ~ **body** (Geol, Mining) / Roherz *n* (in der Lagerstätte) || ~ **body**\* (Mining) / Erzkörper *m*, Erzstock *m*
**orebody** *n* (Geol, Mining) / Roherz *n* (in der Lagerstätte) || ~ (Mining) / Erzkörper *m*, Erzstock *m*
**ore breaker** (Min Proc) / Erzbrecher *m* || ~ **bridge** (Met) / Erzbrücke *f* (im Hochofen) || ~ **bridge** (Ships) / Erzverladebrücke *f* || ~**-bulk-container ship** (Ships) / OBC-Schiff *n* (Frachtschiff zur wahlweisen Beförderung von Erz, Schüttgut und Containerladungen), Ore-Bulk-Container-Schiff *n*, Erz-Schüttgut-Container-Frachtschiff *n* || ~ **bunch** (Geol) / Erznest *n*, Erztasche *f* || ~ **bunker** (Met) / Erztasche *f* (bei der Möllerung), Erzbunker *m* || ~ **burden** (Met) / Erzgicht *f*, Erzmöller *m* || ~ **carrier** (Ships) / Erzschiff *n* (ein spezieller Massengutfrachter für den Transport von Erzen) || ~ **charge** (Met) / Erzgicht *f*, Erzmöller *m* || ~

1077

**chimney** (Mining) / Erzfall *m* (steil einfallende reiche Erzschicht in einer Lagerstätte) ‖ ~ **crusher** (Min Proc) / Erzbrecher *m*
**orectic** *adj* (Pharm) / orektisch *adj*
**ore deposit** (Geol, Mining) / Erzlagerstätte *f*, Erzlager *n* ‖ ~ **district** (Mining) / Erzlagerstättengebiet *n*, Erzrevier *n* ‖ ~ **dressing**\* (Min Proc) / Erzaufbereitung *f*
**ore-dressing plant** (Min Proc) / Erzaufbereitungsanlage *f*
**ore geology** (Geol, Mining) / Erzlagerstättenkunde *f*, Erzlagerstättengeologie *f*
**Oregon alder** (For) / Roterle *f* (Alnus oregona Nutt.), Oregonerle *f*
**oregonite** *n* (Min) / Oregonit *m* (isotyp mit Heazlewoodit)
**Oregon pine**\* (For) / Douglasie *f* (Pseudotsuga menziesii (Mirb.) Franco), Douglastanne *f* (ein raschwüchsiges Kieferngewächs), Douglasfichte *f* (nach D. Douglas, 1798-1834), Oregonkiefer *f*, DGA (Douglastanne nach DIN 4076)
**ore grade** (Mining) / Erzqualität *f* ‖ ~ **guide** (Geol, Min) / erzanzeigendes Merkmal
**oreide** *n* (Met) / Messing mit 68-87% Cu und 10-32% Zn (meistens 16,5% Zn) ‖ ~ **bronze** (Met) / Messing mit 68-87% Cu und 10-32% Zn (meistens 16,5% Zn)
**ore in pieces** (Met, Mining) / Stückerz *n*, Stufenerz *n* ‖ ~ **in place** / anstehendes Erz ‖ ~ **in sight** (Mining) / gewinnbare (erschlossene, nachgewiesene) Erzvorräte ‖ ~ **in sight** (Mining) / freigelegtes Erz, sichtbares Erz ‖ ~ **in site** / anstehendes Erz ‖ ~ **in situ** / anstehendes Erz
**OR element** (Comp) / Alternator *m*, ODER-Glied *n*
**oreless** *adj* (Mining) / erzfrei *adj*, nicht erzführend, nicht metallführend
**ore loading bridge** (Ships) / Erzverladebrücke *f* ‖ ~ **magma** (Geol) / Erzmagma *n* ‖ ~ **mass** (Geol, Mining) / Roherz *n* (in der Lagerstätte) ‖ ~ **microscopy** (Min) / Erzmikroskopie *f*, mineralogische Mikroskopie (im reflektierten Licht) ‖ ~ **mine** (Mining) / Erzbergwerk *n*, Erzgrube *f*, Erzzeche *f* ‖ ~ **mineral** (Min) / metallhaltiges Mineral, Erzmineral *n* ‖ ~ **mining** (Mining) / Erzabbau *m*, Erzbergbau *m*, Erzbau *m* ‖ ~ **occurrence** (Mining) / Erzvorkommen *n*
**ore-oil carrier** (Ships) / Erz-Öl-Frachtschiff *n*, OO-Schiff *n*
**ore pass** (Mining) / Erzrolle *f* (für die Abwärtsförderung und Bunkerung von Erz), Erzrollloch *n* ‖ ~ **pocket** (Geol) / Erznest *n*, Erztasche *f* ‖ ~ **pulp** (Min Proc) / Erztrübe *f* ‖ ~ **reserves**\* (Mining) / Erzvorräte *m pl*
**ore-roasting furnace** (Met) / Erzröstofen *m*
**ore sample** (Met) / Erzprobe *f* (für Analyse) ‖ ~ **shoot** (Mining) / Erzschuss *m* (steiler Erzfall in einem Gang) ‖ ~ **shortage** / Erzmangel *m* ‖ ~ **slick** (Geol) / Erzschlämme *m pl*, Erzschlamm *m* ‖ ~ **slime** (Min Proc) / Erztrübe *f* ‖ ~ **sludge** (Geol) / Erzschlämme *m pl*, Erzschlamm *m* ‖ ~ **smelting** (Met) / Erzverhüttung *f* ‖ ~ **smelting** (Met) / Erzschmelzen *n* ‖ ~ **vein** / erzführender Gang, Erzmineralgang *m*, Erzader *f*, Erzgang *m* (DIN 21918), Mineralader *f*
**ore-washing plant** (Min Proc) / Erzwäscherei *f*
**orexigen** *n* (Pharm) / Orexigen *n* (Esslust fördernde Substanz)
**ore yard** (Met) / Erzplatz *m* ‖ ~ **zone** (Geol, Mining) / Erzzone *f*
**ORF** (open reading frame) (Biol) / offenes Leseraster
**org** (Biol, Chem, Med) / organisch *adj*
**ORG** (originate mode) (Comp, Telecomm) / Originate-Modus *m*, ORG (Originate-Modus)
**organ**\* *n* (Biol) / Organ *n* ‖ ~ **bank** (Med) / Organbank *f* (pl. -en) ‖ ~ **burden** (in Bq) (Radiol) / Organbelastung *f*
**organdie**\* *n* (Textiles) / Organtin *m* (A) (ein Glasbatist), Organdy *m* (ein Baumwollbatist), Organdin *m* (A)
**organ dose** (Radiol) / Organdosis *f* (die Energiedosis, die in den einzelnen Organen des menschlichen Körpers auftritt)
**organdy** *n* (US) (Textiles) / Organtin *m* (A) (ein Glasbatist), Organdy *m* (ein Baumwollbatist), Organdin *m* (A) ‖ ~ **finish** (Textiles) / Transparentausrüstung *f*, Transparentierung *f* (ein Ausrüstungsverfahren für Baumwollbatiste)
**organelle**\* *n* (Cyt) / Organelle *f*, Organell *n* (Zellbestandteil mit relativ selbständiger Funktion und bestimmter Struktur)
**organic** *adj* (Biol, Chem, Med) / organisch *adj* ‖ ~ **acid** (Chem) / organische Säure
**organically coated sheet and strip** (Surf) / Blech *n* und Band mit organischer Beschichtung (ein- oder beidseitig) ‖ ~ **combined sulphur** (Chem Eng) / organisch gebundener Schwefel (in Vulkanisationsbeschleunigern und organischen Füllstoffen)
**organic analysis** (Chem) / organische Analyse ‖ ~ **architecture** (Arch) / organische Architektur ‖ ~ **base** (Chem) / organische Base ‖ ~ **binder** (Ceramics, Foundry) / organischer Binder
**organic-bonded wheel** (Eng) / Schleifscheibe *f* mit organischer Bindung
**organic-bound tritium** (Biol, Chem) / organisch gebundenes Tritium
**organic carbon** (Chem) / organischer Kohlenstoff ‖ ~ **chemist** (Chem) / Organiker *m*, Organochemiker *m*, organischer Chemiker ‖ ~ **chemistry**\* (Chem) / organische Chemie ‖ ~ **coating** (Paint) / organische Beschichtung (aus organischen hochpolymeren Stoffen - DIN 50 902) ‖ ~ **coating** (Paint) / organischer Anstrichstoff (der vornehmlich aus Kohlenstoff, Wasserstoff und Sauerstoff besteht und Bindemittelcharakter hat) ‖ ~ **compound** (Chem) / organische Verbindung ‖ ~ **conductor** (Elec) / organischer Leiter (z.B. Bleiphthalozyanin) ‖ ~**-cooled reactor** (Nuc Eng) / organisch gekühlter Reaktor (mit einer organischen Flüssigkeit als Kühlmittel betriebener Reaktor) ‖ ~ **derivatives of mercury** (Chem) / quecksilberorganische Verbindungen, Organoquecksilberverbindungen *f pl* ‖ ~ **diesel** (Fuels) / Biodiesel *m* ‖ ~ **electrical conductor**\* (Elec) / organischer Leiter (z.B. Bleiphthalozyanin) ‖ ~ **electrical metal** (Elec Eng) / organisches Metall (als Leiter - z.B. TTF) ‖ ~ **farming** (method) (Agric) / ökologischer Landbau ‖ ~ **farming** (Agric) / alternative Landwirtschaft ‖ ~ **felt** (Textiles) / Filz *m* (DIN 61200 und 61205) ‖ ~ **fertilizer** (Agric) / organischer Dünger (ein Handelsdünger) ‖ ~ **glass** (Plastics) / organisches Kunstglas, organisches Glas (durchsichtiges Kunstharz aus Polymethakrylsäure und Polystyrol) ‖ ~ **ion** (Chem) / organisches Ion ‖ ~ **light-emitting device** (Electronics) / organische Leuchtdiode ‖ ~ **load** (San Eng) / Belastung *f* durch organische Verbindungen ‖ ~ **luminescence technology** (Electronics) / organische Elektrolumineszenztechnik ‖ ~ **metal** (Chem) / organisches Metall (Salz von Polymeren aus aromatischen, heteroaromatischen oder ungesättigten Bausteinen) ‖ ~**-moderated reactor** (Nuc Eng) / organisch moderierter Reaktor ‖ ~ **natural product** (Chem) / organischer Naturstoff ‖ ~ **nitrate** (Chem) / organisches Nitrat ‖ ~ **peroxide** (Chem) / organisches Peroxid (Verbindung, welche die Peroxogruppe -O-O- enthält und somit auch als alkyliertes bzw. acyliertes Derivat des Wasserstoffperoxids aufgefasst werden kann) ‖ ~ **phosphor**\* (Radiol) / Organophosphor *m* ‖ ~ **photochemistry** (Chem) / organische Fotochemie ‖ ~ **pigment** (Paint) / organisches Pigment ‖ ~ **polarography** (Chem, Elec Eng) / Polarografie *f* organischer Stoffe ‖ ~ **Rankine cycle** / ORC-Prozess *m* (Dampfkraftprozess zur Erzeugung von mechanischer oder elektrischer Energie), organischer Clausius-Rankine-Prozess ‖ ~ **reactor** (Nuc Eng) / organischer Reaktor ‖ ~ **semiconductor** (Electronics) / organischer Halbleiter (ein amorpher Halbleiter) ‖ ~ **sensor** / organischer Sensor (Sensor, der zur Aufnahme der Messgröße im Elementarsensor anstelle anorganischer Werkstoffe vorwiegend organische Materialien verwendet) ‖ ~ **silt** (Civ Eng) / organischer Schluff ‖ ~ **soil** (Agric, Build) / organischer Boden (gewachsener Boden nach DIN 1054) ‖ ~ **solvent** (Chem) / organisches Lösemittel, organisches Lösungsmittel ‖ ~ **spectroscopy** (Chem, Spectr) / Spektroskopie *f* in der organischen Chemie ‖ ~ **superconductor** (Elec) / organischer Supraleiter (bestimmte Ladungsübertragungskomplexe des Tetramethyltetraselenafulvalins mit AsP$_5$ und ClO$_4$) ‖ ~ **synthesis** (Chem) / organische Synthese ‖ ~ **vapour** (Chem) / organischer Dampf ‖ ~ **weathering** (Geol) / organische Verwitterung
**organigram** *n* (Work Study) / Organigramm *n*, Organogramm *n*, Organisationsplan *m*
**organisation** *n* (GB) / Organisation *f* ‖ ≙ **Internationale des Poids et Mesures** / OIPM
**organise** *v* (GB) / organisieren *v*
**organism**\* *n* (Biol) / Organismus *m*
**organization** *n* / Organisation *f*
**organizational chart** (Work Study) / Organigramm *n*, Organogramm *n*, Organisationsplan *m* ‖ ~ **instruction** (Comp) / Organisationsanweisung *f*, Organisationsbefehl *m*, organisatorischer Befehl
**organization chart** (Work Study) / Organigramm *n*, Organogramm *n*, Organisationsplan *m* ‖ ~ **design** / Organisationsgestaltung *f* ‖ ≙ **for Economic Cooperation and Development** / Organisation für wirtschaftliche Zusammenarbeit und Entwicklung (1960 als Rechtsnachfolgerin der OEEC gegründet, Sitz: Paris) ‖ ~ **of data** (Comp) / Datenorganisation *f* ‖ ~ **pattern** / Organisationsstruktur *f* ‖ ~ **structure** / Organisationsstruktur *f*
**organization-tailored** *adj* / organisationsgerecht *adj*
**organize** *v* / organisieren *v*
**organized fibres** (Textiles) / organisierte Fasern (die aus verschiedenen Schichten bestehen)
**organizer** *n* (Comp) / Organizer *m* (mobiles Gerät ohne volle Desktop-Funktionalität mit feststehendem Funktionsumfang)
**organ meat** (US) (Nut) / Innereien *f pl*
**organoarsenic compound** (Chem) / arsenorganische Verbindung (mit As als Heteroatom)
**organoboranes** *pl* (Chem) / bororganische Verbindungen (mit Bor-Kohlenstoff-Bindungen)
**organoboron compounds** (Chem) / bororganische Verbindungen (mit Bor-Kohlenstoff-Bindungen)
**organochlorine** *n* (insecticide) / Chlorkohlenwasserstoff-Insektizid *n* (DDT, Methoxychlor, DFDT, TDE, Perthan, Dilan usw.),

organisches Chlorinsektizid ‖ **~ insecticide** / Chlorkohlenwasserstoff-Insektizid *n* (DDT, Methoxychlor, DFDT, TDE, Perthan, Dilan usw.), organisches Chlorinsektizid
**organochlorosilane** *n* (Chem) / Organochlorsilan *n* (eine siliciumorganische Verbindung)
**organoclay** *n* (Ceramics, Geol) / organische Substanz führender Ton ‖ **~ complex** (Agric) / Ton-Humus-Komplex *m* (unstöchiometrisch zusammengesetzte Verbindung aus Tonmineralteilchen und Huminstoffen), organomineralischer Komplex
**organocopper compound** (Chem) / kupferorganische Verbindung
**organoelement compound** (Chem) / elementorganische Verbindung (in der ein Kohlenstoffatom bzw. mehrere Kohlenstoffatome mit einem Fremdatom verknüpft sind), Organoelementverbindung *f*
**organofunctional** *adj* (Chem) / organofunktionell *adj*
**organogel** *n* (Chem) / Organogel *n*
**organogenic** *adj* / organogen *adj*
**organogram** *n* (Work Study) / Organigramm *n*, Organogramm *n*, Organisationsplan *m*
**organohalide** *n* (Chem) / organische Halogenverbindung, Organohalogenverbindung *f*
**organoiron compounds** (Chem) / eisenorganische Verbindungen, Organoeisenverbindungen *f pl*
**organoleptic*** *adj* (Nut) / sensorisch *adj*, organoleptisch *adj* (sinnlich wahrnehmbar) ‖ **~ estimation** (Nut) / Sensorik *f*, sensorische Analyse, Sinnenprüfung *f*, organoleptische Prüfung, sensorische Untersuchung, sensorische Prüfung, Sinnenprobe *f*, Sensorik *f* (zur Beurteilung sensorischer Merkmale von Lebensmitteln - Aussehen, Klarheit, Geruch, Geschmack, DIN 10956) ‖ **~ test** (Nut) / Sensorik *f*, sensorische Analyse, Sinnenprüfung *f*, organoleptische Prüfung, sensorische Untersuchung, sensorische Prüfung, Sinnenprobe *f*, Sensorik *f* (zur Beurteilung sensorischer Merkmale von Lebensmitteln - Aussehen, Klarheit, Geruch, Geschmack, DIN 10956)
**organomercurial compounds** (Chem) / quecksilberorganische Verbindungen, Organoquecksilberverbindungen *f pl*
**organomercury compounds** (Chem) / quecksilberorganische Verbindungen, Organoquecksilberverbindungen *f pl* ‖ **~ derivatives** (Chem) / quecksilberorganische Verbindungen, Organoquecksilberverbindungen *f pl*
**organometallic chemistry** (Chem) / metallorganische Chemie
**organo-metallic compounds*** (Chem) / metallorganische Verbindungen, Metallorganyle *n pl*, Organometallverbindungen *f pl*, organometallische Verbindungen (bei denen ein Metallatom direkt an ein Kohlenstoffatom gebunden ist)
**organometallic compounds** (Chem) / metallorganische Verbindungen, Metallorganyle *n pl*, Organometallverbindungen *f pl*, organometallische Verbindungen (bei denen ein Metallatom direkt an ein Kohlenstoffatom gebunden ist) ‖ **~ polymer** (Chem) / metallorganisches Polymer
**organonickel compound** (Chem) / nickelorganische Verbindung
**organophosphate** *n* (Agric, Chem) / insektizider Phosphorsäureester, organisches Phosphorinsektizid (z.B. Fenthion oder Parathion), Organophosphorinsektizid *n*
**organophosphorus compound** (Chem) / phosphororganische Verbindung, Organophosphorverbindung *f* ‖ **~ insecticide** (Agric, Chem) / insektizider Phosphorsäureester, organisches Phosphorinsektizid (z.B. Fenthion oder Parathion), Organophosphorinsektizid *n*
**organosilane** *n* (Chem) / Organosilan *n* (eine siliciumorganische Verbindung), organisches Silan
**organosilanol** *n* (Chem) / Organosilanol *n* (eine siliciumorganische Verbindung)
**organosilicon chemistry** (Chem) / siliziumorganische Chemie, siliciumorganische Chemie, Organosiliciumchemie *f*, Organosiliziumchemie *f*, Chemie *f* der siliziumhaltigen organischen Verbindungen ‖ **~ compound** (Chem) / siliziumhaltige organische Verbindung, siliciumhaltige organische Verbindung, siliziumorganische Verbindung, siliciumorganische Verbindung (mit direkter Si-C-Bindung)
**organosilicone*** *n* (Chem) / Organosilikon *n*, Organosilicon *n*
**organosol*** *n* (Chem, Plastics) / Organosol *n* (ein Plastisol)
**organosoluble** *adj* (Chem) / in organischen Lösungsmitteln löslich
**organosolve lignin** (Bot) / Organosolv-Lignin *n* ‖ **~ pulping** (For) / Organosolv-Verfahren *n*, Organosolv-Aufschluss *m* (Zellstofferzeugung)
**organotherapy** *n* (Pharm) / Organotherapie *f*
**organotin compounds** (Chem) / zinnorganische Verbindungen, Organozinnverbindungen *f pl*, OZV
**organovanadium compound** (Chem) / vanadiumorganische Verbindung
**organza** *n* (Textiles) / Organza *m* (hauchzartes, transparentes Gewebe aus Natur- oder Chemieseide)

**organzine** *n* (Textiles) / Organzin *n* (Kettgarn bei Seidengeweben), Organsin *m n* (stark gedrehter Zwirn aus Grègefäden)
**OR gate*** (Comp) / Alternator *m*, ODER-Glied *n*
**ORG call** (Comp) / ORG-Aufruf *m*
**Orgel diagram** (Chem) / Orgel-Diagramm *n* (Energieniveaudiagramm für Koordinationsverbindungen)
**orgware** *n* (Comp) / Orgware *f* (Arbeitssysteme für die Analyse und Organisation)
**oriel*** *n* (Arch) / Erker *m* ‖ **~ window** (Arch) / Erkerfenster *n* (auf Konsolen)
**orient** *v* / orientieren *v*, ausrichten *v* ‖ **~ adj** (Min) / wertvoll *adj* (in Verbindung mit Edelsteinnamen)
**orientable** *adj* (Maths) / orientierbar *adj* (Fläche)
**Oriental** *adj* (Min) / wertvoll *adj* (in Verbindung mit Edelsteinnamen) ‖ **~ adj** (Min) / wertvoll *adj* (in Verbindung mit Edelsteinnamen) ‖ **≈ alabaster** (Min) / Orientalischer Alabaster, Onyxmarmor *m* (gestreifter zartfarbiger alabasterartiger Kalksinter) ‖ **≈ amethyst*** (Min) / Orientalischer Amethyst (ein Schmuckstein aus der Gruppe der Korunde) ‖ **≈ blue** / Orientblau *n* ‖ **≈ carpet** (Textiles) / Orientteppich *m* ‖ **≈ cat's eye*** (Min) / Echtes Katzenauge, Cymophan *m*, Kymophan *m* (Chrysoberyll-Katzenauge) ‖ **≈ cockroach** (Med, Nut) / Orientalische Schabe *f*, Bäckerschabe *f*, Kakerlak *m* (pl. -en), Küchenschabe *f*, Brotschabe *f* (Blatta orientalis L.) ‖ **≈ emerald** (Min) / Orientalischer Smaragd (violetter Schmuckstein aus der Gruppe der Korunde) ‖ **≈ jasper** (Min) / Heliotrop *m*, Blutjaspis *m* (ein lauchgrüner Chalzedon mit blutroten Punkten) ‖ **≈ linaloe** (Pharm) / Aloeholzöl *n* (aus Aquilaria agallocha (Lour.) Roxb.) ‖ **≈ plane** (For) / Morgenländische Platane (Platanus orientalis L.) ‖ **≈ roach** (Med, Nut) / Orientalische Schabe *f*, Bäckerschabe *f*, Kakerlak *m* (pl. -en), Küchenschabe *f*, Brotschabe *f* (Blatta orientalis L.) ‖ **≈ rug** (Textiles) / Orientteppich *m* (Läufer) ‖ **≈ topaz*** (Min) / Orientalischer Topas (ein gelber Korund)
**orientate** *v* / orientieren *v*, ausrichten *v* ‖ **~** / gleichrichten *v* (Fasern)
**orientated** *adj* (Crystal) / gerichtet *adj*, orientiert *adj*
**orientation** *n* (Arch) / Orientierung *f* (Ausrichtung einer Bauachse) ‖ **~*** (Chem) / Ortsbestimmung *f* (von Substituenten) ‖ **~*** (Chem, Crystal, Maths, Met, Surv) / Orientierung *f*, Ausrichtung *f* ‖ **~** (Comp, Print) / Format *n* (quer oder hoch), Formatlage *f* ‖ **~** (Crystal) / Orientierung *f* ‖ **~** (Geol) / Einregelung *f* (Gefüge) ‖ **~** (Maths) / Sinn *m* (eines Bogens) ‖ **~ class** (Maths) / Durchlaufungssinn *m* bei Geraden, einzügige Linien oder Figuren), Durchlaufsinn *m*, Umlaufsinn *m* (bei geschlossenen Linienzügen) ‖ **~ factor** (Materials) / Orientierungsfaktor *m* (bei Einlagerungsgefügen) ‖ **~ forces** (Nuc) / Orientierungskräfte *f pl*, Keesom-Kräfte *f pl* (nach W.H. Keesom, 1876-1956) ‖ **~ lighting** (Light) / Orientierungsbeleuchtung *f*, Pantoffellicht *n* (in Krankenhäusern) ‖ **~ polarization** (Elec, Electronics, Phys) / paraelektrische Polarisation, Orientierungspolarisation *f*
**orientation-preserving motion** (Maths) / gleichsinnige Bewegung (in der euklidischen Geometrie)
**orientation-reversing** *adj* (Maths) / orientierungsumkehrend *adj* ‖ **~ motion** (Maths) / gegensinnige Bewegung (in der euklidischen Geometrie)
**orientation-system nozzle** (Space) / Orientierungsdüse *f*
**orientation triangle** (Crystal) / Orientierungsdreieck *n*
**oriented** *adj* (Crystal) / gerichtet *adj*, orientiert *adj* ‖ **~ edge** (Maths) / gerichtete Kante, Pfeil *m* (in gerichteten Grafen) ‖ **~ graph** / gerichteter Graf, Digraf *m* ‖ **~ graph** / orientierter Graf *f* ‖ **~ growth** (Crystal) / orientiertes Wachstum ‖ **~ mutagenesis** (Biochem, Gen) / gerichtete Mutagenese ‖ **~ polymer** (Chem) / orientiertes Polymer ‖ **~ polypropylene** (Chem) / orientiertes Polypropylen, OPP (orientiertes Polypropylen) ‖ **~ polystyrene** (Chem) / orientiertes Polystyrol, OPS (orientierter Polystyrol) ‖ **~ space** (Maths) / orientierter (gerichteter) Raum
**oriented-strand board** (For, Join) / OSB-Platte *f* (aus lanegn schlanken ausgerichteten Spänen)
**oriented structural board** (For, Join) / Strandboard *m*, Spanplatte *f* mit orientierten Spänen, orientiert gestreute Platte (anisotrope), OSB (Spanplatte mit orientierten Spänen) ‖ **~ walk** / gerichtete Pfeilfolge (in gerichteten Grafen)
**orienteering compass** / Orientierungslaufkompass *m*
**orient yellow** (Chem) / "Postgelb" *n*, Kadmiumgelb *n* (Kadmiumsulfid, CdS), Ginstergelb *n*
**orifice** *n* / enge Öffnung, kleine Öffnung ‖ **~** (Eng) / Ausflussöffnung *f*, Einmündung *f* (Auflassöffnung), Mündung *f* (bei dem Ausfluss aus Behältern), Auslauföffnung *f*, Mundloch *n* ‖ **~ gauge*** (Eng, Hyd) / Messblende *f* (zur Mengenmessung nach dem Wirkdruckprinzip), Drosselblende *f*, Blende *f*, Drosselscheibe *f* (in eine Rohrleitung fest eingebaute Scheibe mit kreisrunder Durchflussöffnung von unveränderlichem Durchmesser - zur Messung des Durchsatzes nach dem Wirkdruckverfahren) ‖ **~ meter** (Eng, Hyd) / Messblende *f* (zur Mengenmessung nach dem Wirkdruckprinzip), Drosselblende

**orifice**
*f*, Blende *f*, Drosselscheibe *f* (in eine Rohrleitung fest eingebaute Scheibe mit kreisrunder Durchflussöffnung von unverändlichem Durchmesser - zur Messung des Durchsatzes nach dem Wirkdruckverfahren) || ~ **meter** (Instr) / Blendenmessgerät *n* (mit einer Messblende, zur Messung des Durchsatzes) || ~ **nozzle** (Autos) / Lochdüse *f* (bei Dieselmotoren) || ~ **plate** (Eng, Hyd) / Messblende *f* (zur Mengenmessung nach dem Wirkdruckprinzip), Drosselblende *f*, Blende *f*, Drosselscheibe *f* (in eine Rohrleitung fest eingebaute Scheibe mit kreisrunder Durchflussöffnung von unverändlichem Durchmesser - zur Messung des Durchsatzes nach dem Wirkdruckverfahren) || ~ **plate flowmeter** (Instr) / Blendenmessgerät *n* (mit einer Messblende, zur Messung des Durchsatzes)
**origan oil** / Origanumöl *n*, Dostenöl *n* (etherisches Öl aus verschiedenen Origanum-Arten)
**origanum oil** / Origanumöl *n*, Dostenöl *n* (etherisches Öl aus verschiedenen Origanum-Arten)
**origin** *n* / Herkunft *f* || ~ (Gen) / Replikationsstartpunkt *m*, Replikations-Origin *m*, Replikationsursprung *m*, Origin *m*, ori || ~ (Geol) / Entstehen *n* || ~* (Maths) / Nullpunkt *m*, Ursprung *m* (des Koordinatensystems), Origo *f* (pl. Origines) || ~ (the point of intersection of two or more axes) (Maths) / Anfang *m*, Anfangspunkt *m* || ~ (Telecomm) / Aufgabeteil *m*, Aufgabezeile *f* (einer Nachricht)
**original** *n* / Original *n* (DIN 19060), Vorlage *f* (DIN 19060) (das zu reproduzierende Objekt) || ~ (Maths) / Objektfunktion *f* (Urbild der Funktion bei der Integraltransformation) || ~ (Maths) / Originalfunktion *f* || ~ **cost** / Selbstkosten *pl* (DIN 32900), Gestehungskosten *pl* || ~ **cost** / Anschaffungskosten *pl* || ~ **diameter of the wire** (Met) / Drahtausgangsdurchmesser *m* (beim Drahtziehen) || ~ **dip** (Geol) / synsedimentäres Schichtfallen || ~ **document** (Comp) / Urbeleg *m*, Originalbeleg *m*, Erstbeleg *m*, Ursprungsbeleg *m*, Originaldokument *n* || ~ **drawing** / Stammzeichnung *f* (Ausgangszeichnung für Vervielfältigungen) || ~ **edition** (Print) / Originalausgabe *f* || ~ **equipment** (Comp, Eng) / Erstausstattung *f*, Erstausrüstung *f* || ~ **equipment manufacturer*** (Comp, Eng) / OEM-Hersteller *m* (von Geräten, die in andere Systeme eingebaut werden), Erstausrüster *m*, Erstausstatter *m* || ~ **equipment manufacturer*** (US) (Comp, Eng) / Hersteller *m* einer Ware, die unter einer bestimmten Typenbezeichnung oder Marke als Einheit geliefert wird, OEM (Original Equipment Manufacturer)
**original-equipment wheel** (Autos) / serienmäßiges Rad, Standardrad *n*, Serienrad *n*
**original extract** (Brew) / Stammwürze *f* (der Extraktgehalt des Bieres vor der Gärung, bei Schankbier etwa 7-8%, bei Vollbier 11-14%) || ~ **function** (Maths) / Originalfunktion *f* || ~ **gravity** (Brew) / Stammwürze *f* (der Extraktgehalt des Bieres vor der Gärung, bei Schankbier etwa 7-8%, bei Vollbier 11-14%) || ~ **master** (Acous) / Vaterplatte *f*, Vater *m* (erstes Negativ bei Schallplatten, auf galvanischem Wege verkupfert und metallisch verstärkt) || ~ **model** (Ceramics) / Urmodell *n*, Modell *n* || ~ **pack** / Originalpackung *f*, Originalverpackung *f* || ~ **packing** / Originalpackung *f*, Originalverpackung *f* || ~ **position** / Ursprungsstellung *f*, Ausgangsstellung *f*, Startstellung *f* || ~ **production master** (1:1 scale pattern which is used to produce one ore more printed boards within the accuracy specified on the master drawing) (Electronics) / Druckoriginal *n*, Originaldruckvorlage *f*, Druckvorlage *f* || ~ **section** (Met) / Mutterprofil *n* (der Mutterreihe - beim Walzen) || ~ **solution** (Chem) / Urlösung *f*, Ansatzlösung *f*, Anfangslösung *f* || ~ **sound** (Cinema) / Originalton *m*, O-Ton *m* || ~ **space** (Cinema) / Originalraum *m*, Oberbereich *m* || ~ **version** (Cinema, TV) / Originalfassung *f* || ~ **virus** (Comp) / Urvirus *m*, Stammvirus *m* || ~ **wort** (Brew) / Anstellwürze *f*
**originate** *v* / erstellen *v* (eine Datei, einen Beleg), anlegen *v* (eine Datei) || ~ (Telecomm) / beginnen *v* (einen Ruf), einleiten *v* (einen Ruf) || ~ (Telecomm) / absenden *v*, aufgeben *v* (eine Nachricht) || ~ **mode** (modem status where autoanswer is disabled) (Comp, Telecomm) / Originate-Modus *m*, ORG (Originate-Modus)
**originating exchange** (Telecomm) / Ursprungsvermittlung *f* || ~ **point code** (Comp) / Zeichengabenachricht-Ursprung *m* || ~ **traffic** (Teleph) / Ursprungsverkehr *m*
**originator** *n* (Telecomm) / Verursacher *m* (Nachrichtenübermittlung) || ~ (the user who creates adresses and usually sends a message) (Telecomm) / Absender *m*, Aufgeber *m* (einer Nachricht) || ~ (Teleph) / Absender *m* (eines Rufes)
**originator-recipient address** (Comp) / Sender/Empfänger-Adresse *f*, O/R-Adresse *f*
**origin code** (Comp) / Ursprungskennung *f* || ~ **of products** / Warenursprung *m* || ~ **of replication** (Gen) / Replikationsstartpunkt *m*, Replikations-Origin *m*, Replikationsursprung *m*, Origin *m*, ori || ~ **station** (Rail) / Quellknoten *m* (Anfangspunkt eines Abschnitts im Güterstrom)

**o-ring** *n* (Eng) / Rundschnurring *m*, O-Ring *m* (DIN 3770), Runddichtring *m* || ~* *n* (Eng) / Rundschnurring *m*, O-Ring *m* (DIN 3770), Runddichtring *m* || ~ **gasket** (Eng) / O-Ring-Dichtung *f*, Rundringdichtung *f* || ~ **stem sealing** (Eng) / O-Ring-Dichtung *f*, Rundringdichtung *f*
**Orinoco scrap** / Sapium-Kautschuk *m*
**oriole** *n* (Arch) / Erker *m*
**orleans** *n* (Textiles) / Orleans *m* (ein leinwandbindiges Halbwollgewebe) || ~ (Textiles) / eine nordamerikanische Baumwollsorte
**Orlon*** (Plastics) / Orlon *n* (ein Polyacrylnitrilfaserstoff der Fa. Du Pont de Nemours Co. Inc.)
**orlop deck*** (Ships) / Orlopdeck *n* (ein aus einer Raumbalkenlage mit seitlichen Laufplanken entstandenes Zwischendeck in größeren Räumen)
**ormolu*** *n* (an alloy of copper, zinc, and tin, generally containing at least 50% copper) (Met) / Musivgold *n* (eine alte Messingsorte - Zinn(IV)-sulfid), Mosaikgold *n*
**ormosil** *n* (Chem) / Ormosil *n* (organisch modifiziertes Silikat)
**orn** (Biochem) / Ornithin *n* (2,5-Diaminopentansäure), Orn (nichtessentielle Aminosäure)
**ornament** *v* / verzieren *v*, schmücken *v* || ~ *n* (Arch) / Ornament *n* (Verzierung und schmückendes Beiwerk an Bauwerken, Flächen und Gegenständen)
**ornamental** *adj* / ornamental *adj*, Ornamental-, schmückend *adj*, zierend *adj*, Zier- || ~ **border** (Print, Typog) / Zierleiste *f* || ~ **china** (Ceramics) / Zierporzellan *n* (Figuren, Vasen, Zierteller, Zierdosen usw.) || ~ **hinge** (Build) / Zierband *n* (ein Beschlag) || ~ **letter** (Typog) / Zierbuchstabe *m* (im Allgemeinen) || ~ **line** (Typog) / Zierlinie *f* || ~ **rule** (Typog) / Zierlinie *f* || ~ **stitch** (Textiles) / Zierstich *m* || ~ **stone** / Edelstein *m* (geschliffener und geschnittener), Schmuckstein *m* (undurchsichtiger Edelstein)
**ornamentation** *n* / Zierteile *n pl* (als Sammelbegriff)
**ornamented hinge** (Build) / Zierband *n* (ein Beschlag) || ~ **letter** (Typog) / Zierbuchstabe *m* (im Allgemeinen)
**ornithine*** *n* (Biochem) / Ornithin *n* (2,5-Diaminopentansäure), Orn (nichtessentielle Aminosäure) || ~ **cycle** (Biochem, Physiol) / Krebs-Henseleit-Zyklus *m*, Harnstoffzyklus *m*, Ornithinzyklus *m*, Arginin-Harnstoff-Zyklus *m*
**ornithopter*** *n* (Aero) / Schwingenflügler *m*, Ornithopter *m*, Schwingenflugzeug *n*, Schlagflügelflugzeug *n*
**orogen** *n* (Geol) / Orogen *n* (geschlossene, deutlich umgrenzbare Faltengebirgseinheit)
**orogenesis*** *n* (pl. -neses) (Geol) / Orogenese *f* (Gebirgsbildung)
**orogenetic** *adj* (Geol) / orogenetisch *adj*, orogen *adj*
**orogenic** *adj* (Geol) / orogenetisch *adj*, orogen *adj* || ~ **belt*** (Geol) / Orogengürtel *m*, orogenetischer Gürtel
**orogenics** (Geol) / Orogenese *f* (Gebirgsbildung)
**orogeny*** *n* (pl. -nies) (Geol) / Orogenese *f* (Gebirgsbildung)
**orographic** *adj* (Geol) / orografisch *adj*
**orographical** *adj* (Geol) / orografisch *adj*
**orographic cloud** (Meteor) / orografische Wolke (z.B. Föhn oder "rauchender Berg") || ~ **precipitation** (Meteor) / orografischer Niederschlag, orografischer Regen, Geländeregen *m* || ~ **rain*** (Meteor) / orografischer Niederschlag, orografischer Regen, Geländeregen *m*
**orography** *n* (Geol) / Orografie *f* (rein beschreibende Gebirgskunde)
**oroide** *n* (Met) / Kupfer-Zink-Gusslegierung *f* (eine Kupferlegierung mit 16,5% Zn, 0,5% Sn und 0,3% Fe) || ~* (Met) / Messing mit 68-87% Cu und 10-32% Zn (meistens 16,5% Zn)
**OR-operation** *n* (Comp) / ODER-Funktion *f* (mit einschließendem ODER), ODER-Verknüpfung *f* (DIN 44300)
**orotate** *n* (Chem) / Orotat *n* (Salz und Ester der Orotsäure)
**orotic acid** (Biochem) / Molkensäure *f*, Orotsäure *f*, Oro *f* (Uracil-6-carbonsäure - die Muttersubstanz der Pyrimidine)
**orotidine** *n* (Chem) / Orotidin *n* (Nukleosid der Orotsäure), Ord (Orotidin)
**Orowan critical stress** (Crystal, Eng) / Orowan-Spannung *f* (erforderliche Schubspannung zur Versetzungsbewegung um nicht schneidbare Teilchen) || ~ **mechanism** (Crystal) / Orowan-Mechanismus *m* (Verfestigungswirkung durch nicht schneidbare Teilchen infolge Umgehung der Versetzungen)
**orphan** *n* (Typog) / Schusterjunge *m* (eine am Ende einer Kolumne oder einer Spalte stehende erste Zeile eines neuen Absatzes) || ~ **drug** (Pharm) / Arzneimittel *n* (das nicht auf den Markt gelangt)
**orpiment*** *n* (Min) / Auripigment *n*, Rauschgelb *n* (Arsen(III)-sulfid) || ~ (Paint) / künstlich dargestelltes Auripigment (Königsgelb) || ~ **yellow** (Paint) s. also orpiment yellow || ~ **yellow** (Paint) / Operment *n*, Gelbglas *n* (unreines Arsentrisulfid als Malerfarbe), Orpiment *n* (giftige Mischbildung aus $As_2O_3$ und $As_2S_3$)
**orris oil** / Veilchenwurzelöl *n* (das etherische Öl des Rhizoms der Iris sp.), Iriswurzelöl *n*, Irisöl *n*

**orrisroot oil** / Veilchenwurzelöl *n* (das etherische Öl des Rhizoms der Iris sp.), Iriswurzelöl *n*, Irisöl *n*
**Orr's white** (Paint) / Lithopone *f* (ein Gemisch von Bariumsulfat und Zinksulfid - ein ungiftiges, lichtechtes Weißpigment), Lithopon *n*, Deckweiß *n*
**Orsat** *n* (Chem) / Orsat-Apparat *m*, Orsat-Gerät *n* (zur volumetrischen Gasanalyse) || ≙ **analyzer** (Chem) / Orsat-Apparat *m*, Orsat-Gerät *n* (zur volumetrischen Gasanalyse) || ≙ **apparatus** (Chem) / Orsat-Apparat *m*, Orsat-Gerät *n* (zur volumetrischen Gasanalyse) || ≙ **gas analysis apparatus** (Chem) / Orsat-Apparat *m*, Orsat-Gerät *n* (zur volumetrischen Gasanalyse)
**orseille** *n* (Bot, Chem) / französischer Purpur, Orchilla *f*, Orseille *n* (ein bläulich roter bis violetter Naturfarbstoff, aus verschiedenen Arten der Färberflechte gewonnen) || ~ s. also orcein
**orselle** *n* (Bot, Chem) / französischer Purpur, Orchilla *f*, Orseille *n* (ein bläulich roter bis violetter Naturfarbstoff, aus verschiedenen Arten der Färberflechte gewonnen)
**orsellinic acid** (Chem) / Orsellinsäure *f* (2,4-Dihydroxy-6-methylbenzoesäure)
**ortet** *n* (Bot, Gen) / Mutterpflanze *f*
**orthicon*** *n* (TV) / Orthikon *n* (eine veraltete Bildaufnahmeröhre)
**orthite*** *n* (Min) / Allanit *m*, Orthit *m*, Cerepidot *m*, Zerepidot *m*
**ortho-** *adj* (prefix denoting adjacency in position in a hexagonal ring of atoms, particularly the benzene ring) (Chem) / orthoständig *adj*, o-ständig *adj*, in ortho-Stellung
**ortho*** *adj* (Photog) / orthochromatisch *adj* (Emulsion, Sensibilisierung)
**orthoacetate** *n* (Chem) / Orthoazetat *n*, Orthoacetat *n*, Orthoessigsäureester *m*
**ortho acid** (Chem) / Orthosäure *f*
**orthobaric density** (Phys) / orthobare Dichte (das arithmetische Mittel der Dichten einer Flüssigkeit und ihres gesättigten Dampfes)
**orthoboric acid** (Chem) / Orthoborsäure *f* ($H_3BO_3$)
**orthocarbonate** *n* (Chem) / Orthokarbonat *n*, Orthocarbonat *n*
**orthocenter** *n* (US) (Maths) / Schnittpunkt *m* der Höhen eines Dreiecks, Orthozentrum *n*, Höhenschnittpunkt *m* (im Dreieck)
**orthocentre*** *n* (Maths) / Schnittpunkt *m* der Höhen eines Dreiecks, Orthozentrum *n*, Höhenschnittpunkt *m* (im Dreieck)
**orthochem** *n* (Geol) / Orthochem *n*
**orthochromatic** *adj* (Photog) / orthochromatisch *adj* (Emulsion, Sensibilisierung) || ~ **filter** (Photog) / orthochromatisches Filter (ein Farbfilter)
**orthoclase*** *n* (Min) / Orthoklas *m* (wichtigster Kalifeldspat)
**orthodiagraph*** *n* (Radiol) / röntgendiagnostisches Gerät für die Orthodiagrafie (zur Aufzeichnung der wahren Größe eines Organs)
**orthodiagraphy** *n* (Radiol) / Orthodiagrafie *f*, Orthodiaskopie *f*
**orthodolomite** *n* (Geol) / Orthodolomit *m*
**orthodome** *n* (Crystal) / Orthodoma *n* (pl. Orthodomen)
**orthodox** *adj* / klassisch *adj* (Konstruktion) || ~ (Eng) / konventionell *adj* (Verfahren, Bauweise)
**orthodrome** *n* (Maths) / Großkreisbogen *m*, Orthodrome *f*
**orthodromic** *adj* (Ships) / orthodrom *adj* || ~ **projection** (Cartography) / orthodromische Abbildung, Geradwegprojektion *f*
**orthodromics** *n* (Ships) / Großkreisfahrt *f* (Bahnfestlegung auf dem geometrisch kürzesten Weg zwischen Abfahrts- und Zielort), Großkreissegeln *n*
**orthodromy** *n* (Ships) / Großkreisfahrt *f* (Bahnfestlegung auf dem geometrisch kürzesten Weg zwischen Abfahrts- und Zielort), Großkreissegeln *n*
**orthodynamic** *adj* / orthodynamisch *adj*
**ortho-effect** *n* (Chem) / Orthoeffekt *m* (ein bei aromatischen elektrophilen Substitutionen an disubstituierten Benzolderivaten beobachtbarer Effekt) || ~ (Chem) s. also inductive effect
**ortho-ester** *n* (Chem) / Orthoester *m* (Sammelname für Alkyl- und Arylester der frei nicht bekannten Orthokarbonsäuren)
**orthoferrosilite*** *n* (Min) / Orthoferrosilit *m* (ein orthorhombischer Pyroxen)
**Orthoflow plant** (Oils) / Orthoflow-Anlage *f* || ≙ **unit** (Oils) / Orthoflow-Anlage *f*
**ortho form** (Chem) / Orthoform *f*
**orthoformic ester** (Chem) / Triethylorthoformiat *n*, Orthoameisensäuretriethylester *m*, Triethoxymethan *n*
**orthoforming** *n* (Oils) / Orthoforming *n*
**orthofusion** *n* (Chem) / Ortho-Anellierung *f*
**orthogenesis** *n* (pl. -geneses) (Biol, Geol) / Orthogenese *f*
**orthogeosyncline** *n* (Geol) / Orthogeosynklinale *f*
**orthogeotropism** *n* (Bot) / positiver Geotropismus, Orthogeotropismus *m* (Einstellung der Pflanzenorgane in Richtung auf den Erdmittelpunkt)
**orthogermanate** *n* (Chem) / Orthogermanat *n*
**orthogneiss*** *n* (Geol) / Orthogneis *m* (ein Orthogestein)

**orthogonal** *adj* (Maths) / orthogonal *adj* (rechtwinklig zueinander, senkrecht aufeinander) || ~ **affinity** (Maths) / senkrecht-affine Abbildung, Orthogonalaffinität *f*, Normalaffinität *f*, senkrechte Affinität || ~ **chemistry** (Chem) / orthogonale Chemie || ~ **cutting*** (Eng) / Orthogonalschnitt *m*, Rechtwinkelschnitt *m* (Zerspanungsvorgang mit einem Werkzeug ohne wirksame Nebenschneide, bei dem die Hauptschneide senkrecht zur Schnitt- und zur Vorschubrichtung steht) || ~ **decomposition** (Maths) / orthogonale Zerlegung, Orthogonalzerlegung *f* || ~ **expansion** (Maths) / Orthogonalentwicklung *f*, Entwicklung *f* einer Orthogonalreihe || ≙ **Frequency Division Multiplex(ing)** (Comp, Telecomm) / OFDM-Technik *f* || ~ **function*** (Maths) / orthogonale Funktion || ~ **group** (Maths) / orthogonale Gruppe
**orthogonality** *n* (Maths) / Orthogonalität *f* || ~ (UMTS) (Radio, Teleph) / Orthogonalität *f* (Eigenschaft eines Signals, die besagt, dass es nicht mit einem anderen Signal korreliert ist, d.h. eindeutig von diesem unterschieden werden kann)
**orthogonalization** *n* (Maths) / Orthogonalisierung *f*
**orthogonalized plane-wave method** (Chem) / OPW-Methode *f*
**orthogonal Latin square** (Maths) / orthogonales lateinisches Quadrat || ~ **mapping** (Maths) / orthogonale Transformation (die durch eine orthogonale Matrix vermittelte Transformation) || ~ **matrix*** (Maths) / orthogonale Matrix (DIN 5486), Orthogonalmatrix *f* || ~ **plane-wave method** (Phys) / OPW-Methode *f* (bei der Berechnung der Bandstruktur) || ~ **polynomials** (Maths) / Orthogonalpolynome *n pl*, Orthogonalsystem *n* von Polynomen || ~ **projection** (Eng) / Normalprojektion (DIN ISO 10209-2), orthogonale Parallelprojektion (wenn die Projektionsstrahlen die Bildebene senkrecht schneiden), Orthogonalprojektion *f*, senkrechte Projektion || ~ **regression** (Stats) / orthogonale Regression || ~ **square** (Maths) / orthogonales lateinisches Quadrat || ~ **system** (Maths) / orthogonales Koordinatensystem (DIN 4895), Orthogonalsystem *n* || ~ **transformation** (Maths) / orthogonale Transformation (die durch eine orthogonale Matrix vermittelte Transformation) || ~ **vectors*** (Maths) / orthogonale Vektoren (wenn sie senkrecht aufeinander stehen)
**orthographic projection*** (Eng) / Normalprojektion (DIN ISO 10209-2), orthogonale Parallelprojektion (wenn die Projektionsstrahlen die Bildebene senkrecht schneiden), Orthogonalprojektion *f*, senkrechte Projektion || ~ **projection*** (Cartography) / orthografische Abbildung, orthografische Projektion || ~ **projection*** (Geog) / Parallelprojektion *f*
**orthohelium** *n* (Chem) / Orthohelium *n* (mit parallelen Spins der beiden Hüllenelektronen)
**orthohydrogen*** *n* (Chem) / Orthowasserstoff *m*, ortho-Wasserstoff *m*
**orthohydrous coal** (Mining) / bituminöse Kohle (mit 5 bis 6% Wasserstoffgehalt)
**orthojector circuit-breaker** (Elec Eng) / Ölstrahlschalter *m*, Querstrahlschalter *m*
**orthokinetic** *adj* (Chem) / orthokinetisch *adj* || ~ **aggregation** (Chem) / orthokinetische Flockung
**orthomagmatic** *adj* (Geol) / orthotektisch *adj*, orthomagmatisch *adj* || ~ **deposit** (Geol) / orthotektische Lagerstätte, orthomagmatische Lagerstätte
**orthomarble** *n* (Build, Geol) / Marmor *m* (technische Handelsbezeichnung für polier- und schleiffähige Kalksteine mit kristallinem Charakter)
**orthomorphic projection** (Cartography, Surv) / konforme Abbildung (kartografische Abbildung, die in ihren kleinsten Teilen dem Urbild ähnlich ist)
**orthonormal** *adj* (Maths) / orthonormal *adj* || ~ **basis** (Maths) / Orthonormalbasis *f* (vollständiges Orthonormalsystem) || ~ **system** (Maths) / orthonormiertes System, normiertes Orthogonalsystem, Orthonormalsystem *n*
**orthopaedic leather** (Leather) / Leder *n* für orthopädische Zwecke (meistens für Beinprothesen und Maßschuhe)
**ortho-para isomerism** (Chem) / Ortho-Para-Isomerie *f*
**orthopedic leather** (US) (Leather) / Leder *n* für orthopädische Zwecke (meistens für Beinprothesen und Maßschuhe)
**ortho-phenylene diamine** (Photog) / ortho-Phenylendiamin *n* (zu Farbstoffsynthesen und als Feinkornentwickler)
**orthophonic** *adj* (Acous) / klangtreu *adj*
**orthophosphate** *n* (Chem) / Orthophosphat *n*, Monophosphat *n*
**orthophosphoric acid*** (Chem, Nut) / Orthophosphorsäure *f* (E 338)
**orthophosphorous acid** (Chem) / Phosphonsäure *f* (die mit der phosphorigen Säure tautomer ist)
**orthophotograph** *n* (Surv) / Orthoaufnahme *f*, Orthofoto *n* (bezüglich perspektivischer und Neigungsverzerrungen korrigierte Satelliten- oder Luftbildaufnahme mit kartengemäßer orthografischer Geometrie)
**ortho-phthaldialdehyde** *n* (Chem) / ortho-Phthaldialdehyd *m* (ein Fluoreszenfarbstoff)

**orthophyre**

**orthophyre*** n (Geol) / Orthophyr m, Orthoklasporphyr m (ein Ergussgestein) ‖ ~* (Geol) s. also trachyte
**orthophyric*** adj (Geol) / orthophyrisch adj
**orthopinacoid** n (Crystal) / Orthopinakoid n
**orthopole** n (Maths) / Orthopol m, Lotpunkt m (in einem Dreieck)
**ortho position** (Chem) / Orthostellung f, ortho-Stellung f, o-Stellung f ‖ ~ **positronium** (Nuc) / Orthopositronium n
**orthoptic circle*** (Maths) / Leitkreis m (um einen der beiden Brennpunkte einer Ellipse oder Hyperbel), Hauptkreis m (um den Mittelpunkt einer Ellipse oder Hyperbel), Direktorkreis m (bei der Parabel)
**orthopyroxene*** n (Min) / orthorhombischer Pyroxen, Orthopyroxen m
**orthoquartzite** n (Geol) / Zementquarzit m ‖ ~ (Geol) / Quarzarenit m, Quarzsandstein m
**orthorhombic system*** (Crystal) / rhombisches System
**orthorock** n (derived from an igneous rock) (Geol) / Orthogestein n
**orthoscopic** adj (Micros, Optics) / orthoskopisch adj, verzeichnungsfrei adj, verzerrungsfrei adj, unverzerrt adj
**orthoscopy** n (Micros) / Orthoskopie f
**orthosilicate** n (Chem) / Orthosilikat n, Orthosilicat n
**orthosilicic acid*** (Chem) / Tetroxokieselsäure f, Monokieselsäure f, Orthokieselsäure f
**orthotectic** adj (Geol) / orthotektisch adj, orthomagmatisch adj ‖ ~ **deposit** (Geol) / orthotektische Lagerstätte, orthomagmatische Lagerstätte
**orthotelluric acid** (Chem) / Orthotellursäure f, Tellursäure f ($H_6TeO_6$)
**orthotropic** adj (Maths, Phys) / orthotrop adj ‖ ~ **plate** (Build) / orthogonal-anisotrope Platte, orthotrope Platte (ein Flächentragwerk)
**orthotropy*** n (Phys) / Orthotropie f (orthogonale Anisotropie = die Stoffeigenschaften werden vollständig durch die Angabe der entsprechenden Materialkonstanten für zwei zueinander senkrechte Richtungen gekennzeichnet)
**orthovanadate** n (Chem) / Orthovanadat n (V) ((3:1)-Vanadat (V))
**ortho-xylene** n (Chem) / ortho-Xylol n
**Orton cone** (Ceramics) / Orton-Kegel m (der im keramischen Brand bei bestimmter Temperatur fällt - nach E. Orton, 1863-1932; Normal = 1263°, Labor = 1300°) ‖ ~ **cone** (Ceramics) s. also Seger cones ‖ ~ **rearrangement** (Chem) / Orton-Umlagerung f
**Os** (osmium) (Chem) / Osmium n, Os (Osmium)
**OS** (operating system) (Comp) / Betriebssystem n (eine Sammlung von Programmen, welche die notwendigen betriebstechnischen Voraussetzungen für ein Computersystem schaffen - DIN 44 300), BS (Betriebssystem)
**OS/2** (Operating System 2) (Comp) / OS/2 n (von IBM und Microsoft entwickeltes PC-Betriebssystem mit Multitasking-Fähigkeit)
**os** n (pl. osar) (Geol) / Wallberg m, Esker m, Os m n (pl. Oser) (in Gebieten ehemaliger Vereisung als eisenbahndammartig lang gestreckte, wallartige, schmale Rücken ausgebildete Formen, die schwach gewunden verlaufen und auch seitliche Äste ausbilden können)
**OSA** (optical spectrum analyzer) (Spectr) / Spektralanalysator m, Spektrumanalysator m (optischer -, bei dem anstelle des Austrittspaltes des Monochromators eine Diodenreihe, eine CCD-Reihe oder eine CCD-Kamera eingesetzt werden), optischer Spektrumanalysator
**Osage orange** (For) / Osagedorn m (Maclura pomifera (Raf.) C.K. Schneid.)
**osazone*** n (Chem) / Osazon n (Reaktionsprodukt, das bei der Einwirkung von Phenylhydrazin auf reduzierende Kohlehydrate entsteht)
**OSB** (oriented structural board) (For, Join) / Strandboard m, Spanplatte f mit orientierten Spänen, orientiert gestreute Platte (anisotrope), OSB (Spanplatte mit orientierten Spänen)
**Osbourning** n (announcing the next product before you are ready to ship it in order to sell the obsolete current product) / Osbourning n
**OSCAR** n (orbiting satellite carrying amateur radio) (Radio) / OSCAR m (Amateurfunk-Satellit)
**oscillate** v / schwingen v, oszillieren v
**oscillating** n / Schwingen n, Oszillieren n ‖ ~-**armature flowmeter** / Schwingkörperdurchflussmesser m (Durchflussmessgerät für Flüssigkeiten und Gase, das darauf beruht, dass ein geeignet geformter, federnd aufgehängter Schwingkörper durch das ihn umströmende Medium in Schwingung versetzt wird, deren Frequenz unter sonst gleichbleibenden Bedingungen dem Durchfluss proportional ist) ‖ ~ **beacon** (Aero) / Schwebungsfeuer n ‖ ~ **capacitor*** (Elec Eng) / Schwingkondensator m (in den Schwingkondensatorelektrometern und Zerhackern)
**oscillating-chord sensor** / Schwingsaitenaufnehmer m (bei dem Änderungen der Messgröße primär in eine Änderung der Eigenfrequenz einer schwingenden Saite umgewandelt werden)

**oscillating circuit** (Electronics) / Schwingkreis m, Schwingungskreis m ‖ ~ **compressor** (Eng) / Schwingverdichter m (ein Hubkolbenverdichter) ‖ ~ **crystal** (Radio) / Schwingquarz m, Schwinger m (Schwingquarz), Steuerquarz m (als frequenzbestimmendes Element in Oszillatoren) ‖ ~ **crystal method** (Phys) / Schwenkkristallmethode f, Schwenkverfahren n (ein Drehkristallverfahren) ‖ ~ **fan** / oszillierender Ventilator m ‖ ~ **inverted slider crank** (Mech) / schwingende Kurbelschleife (Stößelgetriebe in Waagerechtstoßmaschinen) ‖ ~ **lapping machine** (Eng) / Schwingläppmaschine f ‖ ~ **mass** (Mech) / oszillierende Masse ‖ ~ **meter** (Elec Eng) / Schwingspulenzähler m, Pendelzähler m, oszillierender Zähler ‖ ~ **motion** (Welding) / Pendelbewegung f (der Schweißelektrode) ‖ ~ **reaction** (Chem) / oszillierende Reaktion (eine mehrfach wiederholte Hin- und Rückreaktion) ‖ ~ **roller** (Print) / traversierende Walze, changierende Walze, oszillierende Walze, Wechselreiber m ‖ ~ **sequence** (Maths) / oszillierende Folge (deren Glieder abwechselnd größer und kleiner als eine Konstante sind) ‖ ~ **series*** (Maths) / oszillierende Reihe ‖ ~ **system** (Phys) / Schwingungssystem n (DIN 1311), schwingendes System ‖ ~ **table** (Min Proc) / Schüttelherd m ‖ ~ **tool** (Eng) / oszillierendes Werkzeug (z.B. eine Karosseriesäge) ‖ ~ **torque** (Elec Eng) / Pendelmoment n (bei umrichtergespeisten Drehstrom-Kurzschlussläufer-Motoren)
**oscillation** n (undesirable) (Automation, Elec Eng, Eng) / Pendeln n (um die Nenndrehzahl), Oszillieren n (um die Nenndrehzahl), Pendelung f (des Messwertes), Nachpendeln n ‖ ~* (Phys) / Oszillation f, Schwingung f ‖ ~ **amplitude** (Phys) / Schwingungsamplitude f ‖ ~ **equation** (Maths, Phys) / Schwingungsgleichung f ‖ ~ **frequency*** (Radio) / Schwingungszahl f, Frequenz f ‖ ~ **period** (Phys) / Schwingungsdauer f (die Zeitspanne zwischen zwei aufeinander folgenden gleichsinnigen Durchgängen des schwingenden Körpers durch die stabile Gleichgewichtslage - DIN 1301, T 2), Periodendauer f (Schwingungsdauer), Periode f der Schwingung ‖ ~ **range** (Phys) / Schwingbereich m, Schwingungsbereich m ‖ ~ **test** (Paint) / Dämpfungshärteprüfung f (von Anstrichfilmen) ‖ ~ **theory** (Geol) / Oszillationstheorie f (eine geotektonische Theorie) ‖ ~ **theory** (Geol) s. also undation theory
**oscillator*** n (Electronics, Phys, Radio) / Oszillator m ‖ ~ (Phys) / Schwinger m (DIN 1311, T 2) ‖ ~ **alignment** (Electronics, Phys, Radio) / Oszillatorabgleich m ‖ ~ **crystal*** (Radio) / Schwingquarz m, Schwinger m (Schwingquarz), Steuerquarz m (als frequenzbestimmendes Element in Oszillatoren) ‖ ~ **drift** (Electronics) / Oszillatordrift f ‖ ~ **frequency** (Electronics) / Oszillatorfrequenz f ‖ ~ **potential** (Phys) / Oszillatorpotential n (potentielle Energie eines harmonischen Oszillators) ‖ ~ **strength** (Electronics, Nuc) / Oszillatorstärke f (in der quantenmechanischen Dispersionstheorie)
**oscillatory** adj (Elec Eng, Phys) / oszillatorisch adj, oszillierend adj, schwingend adj ‖ ~ **circuit** (Elec Eng, Electronics) / Schwingkreis m, Schwingungskreis m ‖ ~ **discharge*** (Elec Eng) / oszillatorische (periodische) Entladung (eines Kondensators) ‖ ~ **system** (Phys) / Schwingungssystem n (DIN 1311), schwingendes System ‖ ~ **twinning** (Crystal) / polysynthetische Verzwillingung, Wiederholungszwillingsbildung f
**oscillogram*** n (Electronics) / Oszillogramm n (das aufgezeichnete Bild des Oszillografen)
**oscillograph*** n (Electronics) / Oszillograf m (ein Gerät zum Beobachten und Aufzeichnen des zeitlichen Verlaufs von elektrischen Schwingungen)
**oscillographic** adj (Electronics) / oszillografisch adj ‖ ~ **polarography** (Chem) / Oszillopolarografie f (ein Spezialfall der Chronopotentiometrie)
**oscillometry** n (Chem) / Oszillometrie f (ein Verfahren der Elektroanalyse), oszillometrisches Indikationsverfahren, Hochfrequenzkonduktometrie f
**oscillopolarography** n (Chem) / Oszillopolarografie f (ein Spezialfall der Chronopotentiometrie)
**oscilloscope*** n (Electronics) / Oszilloskop n (ein Gerät zum Beobachten des zeitlichen Verlaufs von elektrischen Schwingungen) ‖ ~ **storage tube** (Electronics) / Sichtspeicherröhre f (z.B. in einem Vidikon) ‖ ~ **tube** (Electronics) / Oszilloskopröhre f
**oscine** n (Pharm) / Scopolin n, Oscin n
**osculating circle*** (Maths) / Oskulationskreis m, Krümmungskreis m (in der Differentialgeometrie), Schmiegkreis m ‖ ~ **plane*** (Maths) / Schmiegebene f (in der Differentialgeometrie), Oskulationsebene f ‖ ~ **sphere*** (Maths) / Schmiegkugel f
**osculation*** n (Maths) / Oskulation f (bei Kurven zweiter Ordnung)
**Oseen's flow** (Phys) / Oseen-Strömung f (eine Art Kugelumströmung)
**OSHA permissible exposure limit** (Radiol) / Grenzwert m für die Exposition von Arbeitnehmern durch gefährliche Gefahrstoffe in der Luft am Arbeitsplatz (nach den Regelungen der US-amerikanischen Behörde Occupational Safety and Health Administration)

1082

**O-shell\*** *n* (Nuc) / O-Schale *f*
**OSI** (open systems interconnection) (Comp) / offenes Netzwerksystem, Kommunikation *f* offener Systeme, offene Kommunikation (Kommunikationsmöglichkeit eines jeden an ein Fernmeldenetz angeschlossenen Gerätes mit jedem anderen - DIN ISO 7498), OSI (Kommunikation offener Systeme)
**osier** *n* / Weidenrute *f* (für die Korbflechterei) || ~ (For) / Korbweide *f*, Hanfweide *f* (Salix viminalis L.)
**OSI reference model** (Comp, Telecomm) / ISO-Referenzmodell *n*, OSI-Schichtenmodell *n* (Rechnerverbundmodell mit sieben Funktionsschichten), Schichtenmodell *n* (ISO/OSI), Layermodell *n* (ISO/OSI)
**osmate(VI)** *n* (Chem) / Osmat(VI) *n* (Salz der hypothetischen Osmiumsäure), Tetroxoosmat(VI) *n*
**osmic** *adj* (Chem) / höherwertigem Osmium entsprechend || ~ **acid\*** (Chem) / "Osmiumsäure" *f*, Osmium(VIII)-oxid *n* (OsO₄), Osmiumtetroxid *n* || ~ **acid anhydride** (Chem) / "Osmiumsäure" *f*, Osmium(VIII)-oxid *n* (OsO₄), Osmiumtetroxid *n*
**osmious** *adj* (Chem) / niederwertigem Osmium entsprechend
**osmiridium\*** *n* (Min) / Osmiridium *n* (bis 24% Os), Newjanskit *m*
**osmium\*** *n* (Chem) / Osmium *n*, Os (Osmium) || ~ **boride** (Ceramics, Chem) / Osmiumborid *n* (OsB₂ oder OsB₅) || ~**(VIII) oxide\*** (Chem) / "Osmiumsäure" *f*, Osmium(VIII)-oxid *n* (OsO₄), Osmiumtetroxid *n* || ~ **silicide** (Ceramics, Chem) / Osmiumsilizid *n*, Osmiumsilicid *n* || ~ **tetroxide** (Chem) / "Osmiumsäure" *f*, Osmium(VIII)-oxid *n* (OsO₄), Osmiumtetroxid *n*
**osmolality** *n* (Chem) / Osmolalität *f*
**osmolarity** *n* (Chem) / Osmolarität *f* (osmotische Konzentration), osmotische Konzentration
**osmolysis** *n* (pl. -lyses) (Chem) / Osmolyse *f* (Einengen von Lösungen durch Dialyse gegen eine Lösung mit hohem osmotischen Druck)
**osmometer\*** *n* (Chem) / Osmometer *n* (Gerät zur Messung des osmotischen Druckes sowie zur Darstellung der Osmose von Lösungen)
**osmometry** *n* (Chem) / Osmometrie *f* (Verfahren zur Bestimmung der relativen Molekülmasse einer Substanz durch Messung des osmotischen Drucks ihrer Lösung)
**osmondite** *n* (Met) / Osmondit *m*
**osmophilic** *adj* / osmotolerant *adj* (Hefe), osmophil *adj*
**osmophore** *n* (Chem) / Osmophor *m* (Molekül, das vom Riechorgan wahrgenommen wird)
**osmoregulation** *n* (Biol) / Osmoregulation *f* (das Einhalten eines bestimmten osmotischen Drucks in den Zell- oder Körperflüssigkeiten von Organismen)
**osmosis\*** *n* (pl. osmoses) (Biol, Chem, Phys) / Osmose *f*
**osmosis-purified kaolin** (Ceramics) / Osmosekaolin *n m* (der nach einem elektrophoretischen Verfahren gereinigt wurde)
**osmotic** *adj* / osmotisch *adj* || ~ **cell** (Chem, Phys) / osmotische Zelle || ~ **coefficient** (Chem, Phys) / osmotischer Koeffizient (ein Korrekturfaktor, der das Verhältnis des real gemessenen osmotischen Druckes zum idealen osmotischen Druck angibt) || ~ **dehydration** (Nut) / osmotische Trocknung || ~ **potential\*** (Bot) / potentieller osmotischer Druck, osmotischer Wert || ~ **pressure\*** (Chem) / osmotischer Druck
**osmotolerant** *adj* / osmotolerant *adj* (Hefe), osmophil *adj*
**osmous** *adj* (Chem) / niederwertigem Osmium entsprechend
**osone** *n* (Chem) / Oson *n*
**OSPF** (Open Shortest Path First) (Comp, Telecomm) / OSPF-Protokoll *n* (ein Link-State-Routingprotokoll im Internet)
**Ossana's circle diagram** (Elec Eng) / Ossana-Kreis *m* (eine genaue Form des Kreisdiagramms der Dreiphasen-Asynchronmaschine)
**Ossberger turbine** (Eng) / Ossberger-Turbine *f* (Weiterentwicklung der Bankiturbine)
**ossein** *n* (Biochem) / Ossein *n* (Bindegewebsleim der Wirbeltierknochen, bestehend aus Kollagen - zur Herstellung von Leimen und Gelatine)
**ossification\*** *n* (Geol, Med, Zool) / Ossifikation *f*, Verknöcherung *f*
**osteolite** *n* (Geol, Min) / erdiger Apatit
**osteophone** *n* (Acous) / Knochenmikrofon *n*
**Ostrogradski's theorem** (Maths) / Integralsatz *m* von Gauß, Gauß-Ostrogradski'scher Integralsatz (nach M. W. Ostrogradski, 1801 - 1862), Gauß'scher Integralsatz || ~ **theorem\*** (Maths) / Gauß'scher Satz der Vektoranalysis, Gauß-Ostrogradski'sche Formel
**Ostwald curve** / Ostwald-Kurve *f* (DIN 1342, T 1) || ~ **process** (Chem Eng) / Ostwald-Verfahren *n* (großtechnische Gewinnung von Salpetersäure), Ammoniakverbrennung *f* (katalytische) || ~ **ripening\*** (Chem, Photog) / Ostwald-Reifung *f* (nach C.W.W. Ostwald, 1883-1943), Rekristallisation *f* (Ostwald-Reifung) || ~ **rule** (Phys) / Ostwald'sche Stufenregel (eine thermodynamische Regel) || ~**'s dilution law\*** (Chem) / Ostwald'sches Verdünnungsgesetz (nach W.Ostwald, 1853 - 1932)

**Ostwald's rule** (Phys) / Ostwald'sche Stufenregel (eine thermodynamische Regel)
**Ostwald step rule** (Phys) / Ostwald'sche Stufenregel (eine thermodynamische Regel) || ~ **viscometer** (Phys) / Ostwald-Viskosimeter *n* (nach W. Ostwald, 1853-1932)
**Ostwald-Volmer rule** (Phys) / Ostwald-Volmer-Regel *f* (nach M. Volmer, 1885-1965)
**OSV** (ocean station vessel) (Ships) / Ozeanstationsschiff *n*
**OTA** (operational transductance amplifier) (Electronics) / Operationsverstärker, bei dem durch Veränderung der Eingangsdifferenzstufe über einen zusätzlichen Eingang die Vorwärtssteilheit eingestellt werden kann
**otag** *n* (overlay tag) (Comp) / Overlay-Tag *n*, Otag *n*
**otaheite arrowroot** (Nut) / Taccastärke *f*, Piastärke *f*, Tahiti-Arrowroot *n*, Fidschi-Arrowroot *n*, Tavoulistärke *f*, Südsee-Arrowroot *n* (aus Tacca leontopetaloides (L.) Kuntze)
**otavite** *n* (Min) / Otavit *m*, Kadmiumspat *m*
**OTC** (one-time carbon) / Einmalkohlepapier *n* || ~ **drug** (over-the-counter drug) (Pharm) / Over-the-Counter-Arzneimittel *n* (apotheken-, aber nicht rezeptpflichtiges Medikament), OTC-Produkt *n* (ein Arzneimittel), OTC-Präparat *n* || ~ **pharmaceutical** (Pharm) / Over-the-Counter-Arzneimittel *n* (apotheken-, aber nicht rezeptpflichtiges Medikament), OTC-Produkt *n* (ein Arzneimittel), OTC-Präparat *n*
**OTDR** (optical time-domain reflectometer) (Phys) / Rückstreumessgerät *n* (zur Untersuchung des Dämpfungsverlaufs einer Glasfaser)
**OTEC** (ocean thermal energy conversion) (Ocean) / Umwandlung *f* von Meereswärmeenergie (bei der der Wassertemperaturunterschied ausgenutzt wird)
**OTF** (optical transfer function) (Optics) / optische Übertragungsfunktion (eine Gütefunktion für die bilderzeugenden Eigenschaften eines optischen Systems)
**other danger(s)** (Autos) / Gefahrenstelle *f* (ein Verkehrszeichen)
**OTH hitting accuracy** (over-the-horizon hitting accuracy) (Mil) / Überhorizonttreffgenauigkeit *f* || ~ **propagation** (Radio) / Transhorizontausbreitung *f* (eine Funkwellenausbreitung), Überhorizontausbreitung *f* (auf der Scatterstrecke)
**OTHR** (over-the-horizon radar) (Radar) / Überhorizontradar *m n*
**OTMA** (open transaction manager architecture) (Comp) / Open-Transaction-Manager-Architektur, OTMA (Open-Transaction-Manager-Architektur)
**otter\*** *n* (Ships) / Scherbrett *n* (des Einschiffsschleppnetzes) || ~ **board\*** (Ships) / Scherbrett *n* (des Einschiffsschleppnetzes) || ~ **plush** (Textiles) / Otterplüsch *n*
**otto** *n* / Rosenöl *n* (meistens aus der Rosa damascena Mill.), Oleum *n* Rosae (aethereum)
**Otto cycle\*** (I C Engs) / Ottoprozess *m* (ein Kreisprozess), Ottoverfahren (Gleichraumverfahren bei Verbrennungsmotoren - nach N.A. Otto, 1832-1891), Gleichraumprozess *m* (der theoretisch den Prozessverlauf in den Ottomotoren widerspiegelt) || ~**-cycle engine** (I C Engs) / Ottomotor *m* (DIN 1940) || ~ **de rose** / Rosenöl *n* (meistens aus der Rosa damascena Mill.), Oleum *n* Rosae (aethereum) || ~ **engine** (I C Engs) / Ottomotor *m* (DIN 1940)
**Otto-engine combustion** (I C Engs) / ottomotorische Verbrennung || ~ **fuel** (Fuels) / Ottokraftstoff *m* (DIN EN 228)
**ottoman** *n* (Textiles) / Ottoman *m* (Ripsgewebe mit breiten, stark ausgeprägten Rippen) || ~ **rib** (Textiles) / Ottoman *m* (Ripsgewebe mit breiten, stark ausgeprägten Rippen)
**ottrelite\*** *n* (Min) / Ottrelith *m* (ein Sprödglimmer mit viel Mn)
**O-type frame** (Eng) / O-Gestell *n* (eine Baugruppe der Presse)
**ouabain** *n* (Pharm) / g-Strophanthin *n*, Ouabain *n* (ein Strophanthusglykosid)
**ouate** *n* (Textiles) / Watte *f*
**ouch-ouch disease** (Ecol, Med) / Itai-Itai-Krankheit *f* (die durch Aufnahme von Kadmiumverbindungen hervorgerufen wird und durch Kalziumausscheidung zu Schrumpfungen des menschlichen Knochengerüsts führt)
**ounce** *n* (US) / Unze *f* (28,3495 g) || ~ (Leather) / eine veraltete nordamerikanische Einheit der Dicke ( = 1/64 Zoll) || ~ (Pharm) / Unze *f* (Apothekerunze = 31,103481 g)
**ounce-weight** *n* (in ounces per square foot) (US) (Met) / Unzengewicht *n* (der Kupferbleche - heute veraltet)
**OUR** (oxygen-uptake rate) (Biochem) / Sauerstoffaufnahmerate *f*, OUR (Sauerstoffaufnahmerate)
**ouricury wax** / Urikuriwachs *n* (von der Scheelea martiana Burret)
**out** *n* (Aero, Radio) / Ende *n* (im Funkverkehr) || ~ (Print) / "Leiche" *f* (ausgelassene Wörter, Satzteile oder Sätze) || ~ *adv* / außer Betrieb, aus *adv* || ~ (Elec Eng) / aus *adv*, abgeschaltet *adj*, ausgeschaltet *adj*
**outage** *n* / Ausfall *m* (Wasser, Dampf, Gas) || ~ / Betriebsausfall *m*, Betriebsstörung *f*, Havarie *f* || ~ (a period when a power supply or other service is not available or when equipment is closed down) /

**outage**

Ausfallzeit *f* (Zeitspanne, bei der Maschinen und/oder Anlagen nicht im Einsatz sind - z.B. organisatorische und technische Wartungszeit), Ausfalldauer *f*, Brackzeit *f* || ~ / Schwund *m* (verloren gegangene oder fehlende Menge) || ~ (Eng) / Anlagenausfall *m*, Ausfall *m* (der Anlage) || ~ **duration** / Ausfallzeit *f* (Zeitspanne, bei der Maschinen und/oder Anlagen nicht im Einsatz sind - z.B. organisatorische und technische Wartungszeit), Ausfalldauer *f*, Brackzeit *f* || ~ **rate** (Eng) / Ausfallquote *f* || ~ **rate** (Eng) / Ausfallrate *f* (Wahrscheinlichkeit dafür, dass ein Erzeugnis, Prozess oder System im Zeitintervall (t, t + dt) ausfällt unter der Bedingung, dass bis zum Zeitpunkt t das Erzeugnis, der Prozess oder das System nicht ausgefallen sind), Ausfallrate *f*, Ausfallhäufigkeit *f* || ~ **time** / Ausfallzeit *f* (Zeitspanne, bei der Maschinen und/oder Anlagen nicht im Einsatz sind - z.B. organisatorische und technische Wartungszeit), Ausfalldauer *f*, Brackzeit *f*

**outband signalling** (Telecomm) / Signalisierung *f* außerhalb des Sprachbandes, Outband-Zeichengabe *f* (außerhalb des Sprachbandes), Außerband-Kennzeichengabe *f*

**out-basket** *n* (Comp) / ausgehende Post, abgehende Post

**outboard** *attr* (Autos) / radseitig *adj* (Wellengelenk) || ~ **ailerons** (Aero) / Außenquerruder *n* || ~ **engine** (Ships) / Außenbordmotor *m* (ein Bootsmotor, der am Bootsende angebracht wird, meist ein Zweitakt-Ottomotor), Outboard *m*

**outboarder** *n* (Ships) / Außenbord-Motorboot *n*

**outboard fin** (Aero) / Endscheibe *f* (am Leitwerk) || ~ **flap** (Aero) / äußere Landeklappe || ~ **motor** (Ships) / Außenbordmotor *m* (ein Bootsmotor, der am Bootsende angebracht wird, meist ein Zweitakt-Ottomotor), Outboard *m*

**outboard-mounted** *adj* (Autos) / radseitig *adj* (Wellengelenk)

**outboard spoiler** (Aero) / äußerer Interzeptor || ~ **support** (Eng) / Gegenhalter *m* (Abstützung der Werkradaufnahme vom Gegenständer aus beim Verzahnen) || ~ **universal joint** (outer joint of a drive shaft of a FWD vehicle) (Autos) / Gleichlauffestgelenk *n*

**outbound** *adj* / ausstrahlend *adj*, auslaufend *adj*, ausgehend *adj* (Verkehr) || ~ (Aero) / abgehend *adj* (im Abflug) || ~ **track** (Aero) / abgehender Kurs über Grund, Abflugkurs *m* über Grund || ~ **traffic** (US) / ausstrahlender Verkehr, ausfahrender Verkehr, abgehender Verkehr, ausgehender Verkehr, auslaufender Verkehr

**outbreathing** *n* / Entweichen *n* von Dämpfen

**outbreed** *v* (Agric, Biol) / Fremdzucht betreiben, nicht verwandte Individuen kreuzen

**outbuilding** *n* (a smaller separate building such as a shed or barn that belongs to a main building, such as a house or farm) (Agric, Build) / Außengebäude *n*, Nebengebäude *n*

**outburst** *n* (Geol, Mining) / Ausbruch *m*, Eruption *f*

**outcoming inspection** / Warenausgangskontrolle *f*, Ausgangskontrolle *f* (des Materials, der Ware), Warenausgangsprüfung *f*

**out-commuter** *n* / Auspendler *m* (Bezeichnung für Pendler vom Standpunkt seiner Wohngemeinde)

**outcompete** *v* (Agric, Bot) / durch Konkurrenzwirkung verdrängen (z.B. Unkräuter)

**outcrop** *v* (Geol) / ausstreichen *vi*, ausbeißen *vi*, anstehen *v*, ausgehen *v*, zutage streichen, zutage liegen, zutage treten || ~* *n* (Geol) / Ausstrich *m* (Schnitt einer Gesteinsschicht mit der Erdoberfläche), Ausbiss *m*, Ausstreichen *n*, Ausgehendes *n*, Schichtkopf *m* || ~* (Geol) / Anstehen *n* (Hervortreten), Ausgehen *n* || ~* (Geol, Mining) / Anstehendes *n* (Gestein, das in seinem natürlichen Verband leicht zugänglich ist) || ~* (Geol, Mining) / Aufschluss *m* (Stelle im Gelände, die Einblick in die Lagerung der Gesteine und des verwitterten Materials zulässt) || ~ **bending** (Geol) / Hakenschlagen *n* (Biegung der ausstreichenden Schichten beim Gekriech)

**outcropping** *n* (Geol) / Ausstrich *m* (Schnitt einer Gesteinsschicht mit der Erdoberfläche), Ausbiss *m*, Ausstreichen *n*, Ausgehendes *n*, Schichtkopf *m* || ~ (Geol) / Anstehen *n* (Hervortreten), Ausgehen *n* || ~ (Geol, Mining) / Aufschluss *m* (Stelle im Gelände, die Einblick in die Lagerung der Gesteine und des verwitterten Materials zulässt)

**outcrop water** (Geol) / Tageswasser *n*

**outdated** *adj* / veraltet *adj* || ~ **rückständig** *adj* (Technik)

**outdoor** *adj* (Cinema) / Außen-, Freilicht- || ~ (Civ Eng) / frei stehend *adj* (draußen) || ~ *attr* (Außen- (unter freiem Himmel), im Freien, außerhalb des Hauses || ~ **advertising** / Außenwerbung *f* || ~ **aerial** (Radio, TV) / Freiantenne *f*, Außenantenne *f* || ~ **air** / Außenluft *f* || ~ **air temperature** / Außenlufttemperatur *f* || ~ **antenna** (Radio, TV) / Freiantenne *f*, Außenantenne *f* || ~ (fitted) **carpeting** (Textiles) / Outdoor-Auslegeware *f*, Outdoor-Teppichware *f* (eine Art, die für den Einsatz außerhalb des Raumes geeignet ist, z.B. auf Balkonen und Terrassen) || ~ **clothes** (Textiles) / Outdoor-Kleidung *f* (eine Art Überbekleidung), Outdoor-Bekleidung *f* || ~ **conductor** (Elec Eng) / Außenleiter *m* || ~ **disconnector** (Elec Eng) / Freilufttrennschalter *m*, Trennschalter *m* für Freiluftaufstellung || ~ **durability** (Materials, Paint) / Außenbeständigkeit *f*, Witterungsbeständigkeit *f*

(Außenbeständigkeit) || ~ **exposure** (Materials, Paint, Surf) / Freiluftbewitterung *f* (Außenbewitterung), Freiluftbewetterung *f*, Freibewitterung *f* (DIN 53 166), FB (Freibewitterung), Außenbewitterung *f*, Außenbewetterung *f*, Freiluftauslagerung *f*, natürliche Bewitterung (Freiluftauslagerung) || ~ **exposure station** (Materials, Paint) / Außenbewitterungsstand *m*, Freibewitterungsstand *m* (DIN 50917) || ~ **exposure test** (Paint, Surf) / Bewitterungsversuch *m* (ein Korrosionsversuch), Naturkorrosionsversuch *m* (mit Freiluftauslagerung) || ~ **facilities** (Build) / Außenanlagen *f pl* (Oberbegriff für Einfriedungen, Gartenanlagen, Hof- und Wegbefestigung etc.) || ~ **installation** / Anlage *f* im Freien, Außenanlage *f* (unter freiem Himmel), Freiluftanlage *f* || ~ **installation** (Elec Eng) / Freiluftaufstellung *f*, Außenraumaufstellung *f* || ~ **insulation** (Elec Eng) / Freiluftisolation *f* || ~ **light fixture** (Light) / Außenleuchte *f* || ~ **microphone** (Acous) / Mikrofon *n* für Einsatz im Freien || ~ **mounting** (Eng) / Außenmontage *f*, Freiluftmontage *f* || ~ **paint** (Paint) / Außenanstrichmittel *n* || ~ **pick-up** (Radio) / Außenübertragung *f*, Außenreportage *f*, AÜ (Außenübertragung) || ~ **plant** / Anlage *f* im Freien, Außenanlage *f* (unter freiem Himmel), Freiluftanlage *f* || ~ **plant** / Außenwerbeunternehmen *n*, Außenwerbefirma *f* || ~ **rotary clothes drier** (Textiles) / Wäschespinne *f* (ein Trockengestell zum Trocknen von Wäsche), Wäscheschirm *m* || ~ **smog chamber** (Ecol) / Outdoor-Smogkammer *f* || ~ **space** / Außenbefläche *f*

**outdoors shooting** (Cinema) / Außenaufnahmen *f pl*

**outdoor storage** / Freilagerung *m*, Lagerung *f* im Freien || ~ **substation** (Elec Eng) / Freiluftschaltanlage *f*, Freiluftunterstation *f* || ~ **temperature** (Phys) / Außentemperatur *f* || ~ **temperature control** (element) (Build) / Außentemperaturfühler *m* (der Heizanlage) || ~ **textiles** (Textiles) / Outdoortextilien *pl*, Freilufttextilien *pl* || ~ **thermometer** / Hauswandthermometer *n* || ~ **thermometer** / Außenthermometer *m* (im Allgemeinen) || ~ **use** / Benutzung *f* im Freien || ~ **weathering** (Materials, Paint, Surf) / Freiluftbewitterung *f* (Außenbewitterung), Freiluftbewetterung *f*, Freibewitterung *f* (DIN 53 166), FB (Freibewitterung), Außenbewitterung *f*, Außenbewetterung *f*, Freiluftauslagerung *f*, natürliche Bewitterung (Freiluftauslagerung) || ~ **weathering station** (Materials, Paint) / Außenbewitterungsstand *m*, Freibewitterungsstand *m* (DIN 50917)

**outer*** *n* (Elec Eng) / [geerdeter] Außenleiter *m*, äußerer Leiter || ~ **aileron** (Aero) / Langsamflug-Querruder *n*, äußeres Querruder || ~ **anode** (Radio) / Außenanode *f* || ~ **atmosphere** (Geophys) / äußere Atmosphäre || ~ **bank** (Geol, Hyd Eng) / Unterschneidungszone *m*, Prallhang *m* (an der Außenseite einer Talkrümmung), Prallufer *n*, Abbruchufer *n* || ~ **bark** (For) / Außenrinde *f*, Borke *f* || ~ **bearing** (Eng) / Endlager *n* || ~ **berm** (Hyd Eng) / Außenberme *f* (am Fuße eines Deichs) || ~ **closed-loop control system** (Space) / Regelkreis *m* mit dem Raumfahrzeug als Regelstrecke und der Bodenstation als Regler || ~ **conductor*** (Elec Eng) / [geerdeter] Außenleiter *m*, äußerer Leiter || ~ **content** (Maths) / äußerer Inhalt || ~ **continental shelf** (Geog, Geol, Oils) / perikontinentaler Schelf || ~ **core** (the outer or upper zone of the earth's core) (Geol) / Erdkern *m* (äußerer), äußerer Kern (der Erde) || ~ **corner** / Außenecke *m*, äußere Ecke || ~ **court** (Arch, Build) / Vorhof *m* || ~ **cover** (Autos) / Reifendecke *f*, Decke *f*, Laufdecke *f* (des Reifens) || ~ **dead centre*** (I C Engs) / innerer Totpunkt, unterer Totpunkt, UT (der Kurbelwelle zuliegender Umkehrpunkt) || ~ **diameter** / Außendurchmesser *m* || ~ **door** (Arch) / Außentür *f* (in einer Öffnung der Außenwand) || ~ **electron** (Nuc) / kernfernes Elektron, äußeres Elektron || ~ **electron** (Nuc) / Außenelektron *n* || ~ **fabric** (Textiles) / Oberstoff *m* (im Allgemeinen) || ~ **fixed joint** (Autos) / radseitiges Festgelenk || ~ **forme** (Print) / äußere Form, äußere Druckform (Schöndruckform - in Schön- und Widerdruck) || ~ **garments** (Textiles) / Oberbekleidung *f* || ~ **layer** (Electronics) / Außenlage *f* (Bestandteil eines Multilayers) || ~ **limit of the continental shelf** (Geol) / Außengrenze *f* des Festlandsockels

**outer-loop power control** (between the mobile station, base station and the RNC) (Radio, Teleph) / langfristige Leistungsregelung, äußere Leistungsregelung, Outer-Loop Power Control *f*

**outer margin** (Bind, Print) / Außensteg *m* (Außenrand) || ~ **marker** (a marker beacon at or near the glide slope intercept altitude of an instrument landing system approach) (Aero) / Voreinflugzeichen *n* (beim Instrumentenlandesystem) || ~ **marker beacon*** (Aero) / Voreinflug-Markierungsfunkfeuer *n* (beim Instrumentenlandesystem) || ~ **measure** (Maths) / Carathéodory'sches Maß, äußeres Maß (nach Carathéodory), Maßfunktion *f* im Sinne von Carathéodory || ~ **member** (Eng) / Außenteil *n* (bei Passungen)

**outermost electron** (Nuc) / Außenelektron *n* || ~ **pass** (Welding) / Decklage *f* (DIN 1912-1) || ~ **track** (of a CD-ROM) (Comp) / äußerste Spur

**outer orbit** (Nuc) / Außenbahn *f* (im Atommodell) || ~ **package** / Umverpackung *f*, Außenverpackung *f* (zusätzliche Verpackung von

Verkaufsverpackungen), Umpackung f ‖ ~ **paintwork** (Paint) / äußere (oberste) Anstrichschicht (des Anstrichsystems) ‖ ~ **planets** (Astron) / äußere Planeten (Jupiter bis Pluto) ‖ ~ **port** (Ships) / Vorhafen m ‖ ~ **potential** (Elec) / Volta-Potential n, Volta-Spannung f, äußeres Potential ‖ ~ **race** (Eng) / Außenring m (eines Kugellagers) ‖ ~ **ring** (Eng) / Außenring m (des Wälzlagers) ‖ ~ **roads** (Ships) / Außenreede f (äußerer Ankerplatz vor einem Seehafen) ‖ ~ **sheet** / Deckschicht f (bei der Sandwichkonstruktion), Decklage f ‖ ~ **shell** (Chem, Nuc) / Valenzschale f, Außenschale f, äußerste Elektronenschale ‖ ~ **shell** (Textiles) / Oberstoff m (z.B. bei Windjacken)
**outer-shell electron** (Nuc) / kernfernes Elektron, äußeres Elektron
**outer space** (Astron, Space) / Kosmos m außerhalb des Sonnensystems
**outer-space exploration** (Space) / Outer-Space-Forschung f ‖ ~ **research** (Space) / Outer-Space-Forschung f
**outer steering column** (Autos) / Mantelrohr n (der Steuersäule, feststehend) ‖ ~ **string*** (Build, Carp) / Freiwange f (die der Wand abgewandte Treppenwange) ‖ ~ **surface** / Außenfläche f ‖ ~ **term** (Maths) / Außenglied n (einer Proportion), äußeres Glied (einer Proportion) ‖ ~ **track** (of a CD-ROM) (Comp) / äußere Spur ‖ ~ **wall** (Build) / Außenmauer f, Umfassungsmauer f, Außenwand f
**outer-wall insulation** (Build) / Außenwanddämmung f
**outerwear** n (Textiles) / Oberbekleidung f
**outer wheel** (Autos) / Außenrad n (bei der Kurvenfahrt), kurvenäußeres Rad (bei der Kurvenfahrt) ‖ ~ **winding** (Elec Eng) / äußere Wicklung ‖ ~ **zone** (of a core) (Nuc Eng) / Außencore n
**outfall** n (Agric) / Dränmündung f ‖ ~* (Ecol, Hyd Eng) / Vorfluter m (DIN 4049-1) ‖ ~ (Geog) / Mündung f (eines Flusses), Einmündung f (eines Flusses) ‖ ~ (Hyd Eng) / Ableitungskanal m ‖ ~ (Hyd Eng) / Abfluss m (eines Staudammes) ‖ ~ (Hyd Eng) / Einleitungsstelle f (bei Abwässern) ‖ ~* (San Eng) / Mündung f (des Abwasserkanals) ‖ ~ **channel** (Hyd Eng) / Ableitungskanal m ‖ ~ **sewer*** (San Eng) / Sammelkanal m, Hauptentwässerungsrohr n
**outfit** v (Eng, Tools) / mit Werkzeug versehen, ausrüsten v, mit Werkzeug bestücken ‖ ~ n / Ausrüstung f (Ausrüsten und Gesamtheit der Geräte), Gerät(e) n (pl), Geräteausrüstung f, Ausstattung f, Apparatur f (Gesamtheit der Geräte), Einrichtung f ‖ ~ (car + caravan) (Autos) / Caravangespann n (Pkw und Wohnanhänger), Wohnanhängergespann n ‖ ~ (Textiles) / Outfit n (Kleidung) ‖ ~ (Tools) / Werkzeuge n pl (als Sammelbegriff), Ausstattung f (mit Werkzeugen und Maschinen), Werkzeugausrüstung f, Werkzeugbestückung f, Ausrüstung f (mit Werkzeugen und Maschinen)
**outflow** v / ausströmen v, herausfließen v, abströmen v ‖ ~ n (Hyd, Phys) / Ausströmen n, Ausfließen n, Auslaufen n, Herausfließen n, Ablauf m (Tätigkeit), Abfluss m (das Abfließen) ‖ ~ **hydrograph** (Hyd Eng) / Ausflussganglinie f
**outflowing stream** (Geol, Hyd Eng) / effluenter Fluss
**outflow time** (Chem) / Auslaufzeit f (bei Viskosimetern) ‖ ~ **velocity** (Hyd, Phys) / Ausströmungsgeschwindigkeit f, Ausflussgeschwindigkeit f (mit der ein Fluid aus einem Behälter ausströmt)
**outgas** v (Chem, Electronics) / entgasen v, ausgasen v
**outgassing*** n (Chem, Electronics) / Entgasen n, Entgasung f, Ausgasen n, Ausgasung f ‖ ~ (Vac Tech) / Gasentwicklung f, Gasabgabe f
**out-gate*** n (Foundry) / Luftabfuhrkanal m, Luftabführungskanal m
**outgoing** adj (Teleph) / abgehend adj (Auslandsverkehr, Leitung, Verbindung) ‖ ~ **air** / Abluft f (die gesamte abströmende Luft), Fortluft f (die ins Freie geht) ‖ ~ **call** (Teleph) / abgehendes Gespräch, abgehender Anruf ‖ ~ **call barring** (Teleph) / Sperren n von abgehenden Verbindungen ‖ ~ **calls barred** (Teleph) / abgehender Zugang verhindert (ein Leistungsmerkmal) ‖ ~ **connection** (Telecomm) / abgehende Verbindung ‖ ~ **feeder*** (Elec Eng) / abgehende Speiseleitung ‖ ~ **mail** (Comp) / ausgehende Post, abgehende Post
**outgoings** pl / Ausgaben f pl
**outgoing signal** (Telecomm) / Sendesignal n ‖ ~ **signal** (Telecomm) / abgehendes Signal, ausgehendes Signal ‖ ~ **table** (Met) / Auslaufrollgang m, Abfuhrrollgang m (hinter dem Arbeitsrollgang in einem Walzwerk), Ausförderungsrollgang m ‖ ~ **wave** (Radio) / austretende Welle (bei Antennen), abgehende Welle
**outgrowth** n / Auswuchs m ‖ ~ (Electronics) / Überwuchs m (bei gedruckten Schaltungen), Leiterzugwachstum n
**outhouse** n (Agric, Build) / Außengebäude n, Nebengebäude n
**outlay** n (an amount of money spent on something) / Aufwand m (Kosten), Kostenaufwand m
**outlet** n / Absatzmöglichkeit f, Absatzmarkt m ‖ ~ (Agric) / Auswurfkrümmer m, Auswurfbogen m (bei Gebläsen), Blaskopf m (bei Gebläsen) ‖ ~ (US) (Build, Elec Eng) / Brennstelle f (Decken-, Wand-), Stromanschlusspunkt m ‖ ~ (Elec Eng) / Gerätesteckdose f (an Haushaltsgeräten) ‖ ~ (Elec Eng) / Steckdose f (ein Teil der Steckvorrichtung), Dose f ‖ ~ (Eng) / Ablassöffnung f,
Auslassöffnung f, Austrittsöffnung f, Ablauf m (Öffnung), Auslauf m (wodurch etwas ausfließt oder abgeleitet wird), Austrittsstelle f, Austritt m (Öffnung) ‖ ~ (Hyd Eng) / Ableitungsgraben m (z.B. für eine Bewässerungsanlage) ‖ ~ **loss** (Eng) / Austrittsverlust m, Auslassverlust m (bei Turbinen) ‖ ~ **plate** (US) (Elec Eng) / Steckdosenschutz m ‖ ~ **tunnel** (Hyd Eng) / Grundablass m (der Talsperre) ‖ ~ **valves** (Eng) / Auslaufarmatur f
**outlier** n (Foundry) / Ausreißer m (Ausschuss) ‖ ~* (Geol) / Zeugenberg m, Ausliegerberg m, Auslieger m, Vorberg m, Restberg m, Einzelberg m, Inselberg m ‖ ~ (Geol) / Deckscholle f, tektonische Klippe (Erosionsrest einer Decke) ‖ ~ (Stats) / Ausreißer m (ein Messwert, der im Vergleich zu der Mehrzahl der anderen gemessenen Werte stark abweicht) ‖ ~ **test** (Stats) / Ausreißertest m
**outline** n / Umriss m, Umrisslinie f, Kontur f ‖ ~ (Eng) / Kante f (technisches Zeichnen) ‖ ~ **attr** (Print) / frei stehend adj (Reproduktion - ohne Hinter- oder Vordergrund) ‖ ~ **chart** / Umrisskarte f
**outlined characters** (Comp, Typog) / Outline-Schrift f, Konturschrift f, lichte Schrift (deren Bild nur aus den Konturen besteht)
**outline font** (Comp, Typog) / Outline-Schrift f, Konturschrift f, lichte Schrift (deren Bild nur aus den Konturen besteht) ‖ ~ **letters*** (Comp, Typog) / Outline-Schrift f, Konturschrift f, lichte Schrift (deren Bild nur aus den Konturen besteht) ‖ ~ **printing** (Textiles) / Konturendruck m ‖ ~ **provision** / Rahmenbestimmung f ‖ ~ **type** (Comp, Typog) / Outline-Schrift f, Konturschrift f, lichte Schrift (deren Bild nur aus den Konturen besteht)
**outlook** n (for the future) / Zukunftschancen f pl, Zukunftsperspektiven f pl, Aussichten f pl (z.B. für einen Industriezweig) ‖ ~ **for tomorrow** (Meteor) / Vorhersage f für morgen
**out of action** / außer Betrieb, aus adv
**out-of-alignment** attr (Build, Civ Eng) / nicht fluchtend, außer Flucht
**out of balance*** (Eng, Mech) / außer Gleichgewicht, unausgeglichen adj
**out-of-balance** n (Eng, Mech) / Unwucht f (statische, dynamische)
**out of balance*** attr (Autos, Eng) / unausgewuchtet adj (Rad), unwuchtig adj, nicht ausgewuchtet (Rad)
**out-of-balance** attr (Elec Eng) / unabgeglichen adj (Brücke), nicht abgeglichen (Brücke) ‖ ~ **vibration(s)** (Eng) / unwuchterregte Schwingungen
**out of contact with air** / unter Luftabschluss ‖ ~ **of date** / veraltet adj
**out-of-flatness** n / Unebenheit f (Abweichung von der Ebenheit)
**out of focus** (Optics, Photog) / unscharf adj, nicht scharf (Abbildung, Einstellung)
**out-of-gauge load** (Rail) / lademaßüberschreitende Beladung (bei Güterwagen)
**out of gear** (Eng) / außer Eingriff, ausgerückt adj ‖ ~ **of heart** (Agric) / in schlechtem Zustand (Boden) ‖ ~ **of job** (US) / arbeitslos adj
**out-of-jog section** (Print) / nicht kantengleicher Falzbogen
**out-of-kilter algorithm** (Comp) / Out-of-kilter-Algorithmus m (auf der Theorie der Dualität in der linearen Programmierung basierender Algorithmus zur Lösung des Kreisflussproblems minimaler Kosten)
**out-of-line running** (Eng) / Schieflauf m (Abweichen von Gurtbändern aus der geraden Laufrichtung)
**out of operation** / außer Betrieb, aus adv ‖ ~ **of order** / außer Betrieb, aus adv
**out-of-order tone** (Telecomm) / Gestörtzeichen n
**out-of-parallel** attr / unparallel adj, nicht parallel
**out-of-parity** attr (Nuc) / mit fehlerhafter Parität
**out of phase*** (Elec Eng, Telecomm) / phasenverschoben adj, außer Phase
**out-of-phase** attr (Elec Eng) / falschphasig adj, phasenfalsch adj ‖ ~ **modulus** (Chem Eng, Mech) / phasenverschobener Modul (die Komponente der Scherkraft), Verlustmodul m, Viskositätsmodul m, Hysteresismodul m, imaginärer Modul
**out-of-plane deformational vibrations** (Phys) / Deformationsschwingungen f pl aus der Ebene
**out-of-plumb** attr (Build, Surv) / außer Lot, aus dem Lot, nicht senkrecht
**out of print** (Print) / vergriffen adj ‖ ~ **of print at present** (Print) / zurzeit vergriffen (Buch) ‖ ~ **of register** (Print) / nicht passgenau, mit Passerdifferenz ‖ ~ **of register** (Print) / nicht registerhaltig, nicht registergenau
**out-of-round** attr / unrund adj
**out-of-roundness** n (Eng) / Unrundheit f (Abweichung von Rundheit - z.B. durch Verschleiß verursacht)
**out of scale** / nicht maßstäblich, unmaßstäblich adj, nicht maßstabgerecht ‖ ~ **of service** / außer Betrieb, aus adv
**out-of-shape** attr / verformt adj (deformiert)
**out-of-square** attr / nicht winkelrecht
**out-of-step relay** (Elec Eng) / Außertrittfallrelais n
**out of stock** (Print) / nicht am Lager (zurzeit nicht lieferbar)
**out-of-trim** attr (Aero, Ships) / vertrimmt adj
**out-of-true** attr / verzogen adj, von (geometrisch) richtiger Form abweichend

**out-of-tune**

**out-of-tune** *attr* / verstellt *adj* (z.B. Zündung) ‖ ~ (Acous) / verstimmt *adj*, falsch *adj*, falsch gestimmt
**out ofvision** (TV) / im Off , i.O. (im Off)
**Outokumpu process** / Outokumpu-Autogenschmelzverfahren *n* (im Schwebeschmelzofen)
**outperform** *v* / leistungsfähiger sein (als), höhere Leistung bringen (als)
**outplacement** *n* (Work Study) / Outplacement *n* (ein von einem Unternehmen initiiertes und finanziell getragenes Programm mit dem Ziel, einen gekündigten Arbeitnehmer bei der Bewältigung der Trennung vom Unternehmen, bei beruflicher Neuorientierung und einer zügigen Wiedereingliederung ins Berufsleben zu unterstützen)
**out-plant system** (Comp) / außerbetriebliches System
**outpost well** (Oils) / Erweiterungsbohrung *f* (auf bekanntem Speicher)
**outpouring lava** (Geol) / ausfließende Lava
**output*** *v* (data or information) (Comp) / ausgeben *v* ‖ ~ (Comp, Print) / belichten *v* (beim Desktop-Publishing) ‖ ~ *n* / Ausbringung *f* (z.B. bei der Aufbereitung) ‖ ~ (Cinema) / Output *m n* (Ausgangsbuchse bei Film-, Ton- und Videogeräten) ‖ ~* (Comp) / Output *m n*, Ausgabe *f* ‖ ~ (Comp) / Ausgabeeinheit *f*, Ausgabegerät *n* (DIN 44300) ‖ ~ (Comp) / Ausgabedaten *pl* ‖ ~ (Comp, Phys) / Output *m n*, Ausgabe *f*, Response *f* (Ausgangsgröße eines Systems) ‖ ~ (Elec Eng, Electronics) / Ausgang *m* ‖ ~ (Elec Eng, Eng) / Abtrieb *m* (Leistung an der Abtriebswelle eines Motors, eines Getriebes oder einer Kraft- oder Arbeitsmaschine), Abtriebsleistung *f* ‖ ~* (Elec Eng, Eng) / Ausgangsleistung *f*, abgegebene Leistung, Nutzleistung *f* (abgegebene Leistung, Wirkleistung *f* ‖ ~ (of a pump) (Eng) / Fördermenge *f* (einer Pumpe je Zeiteinheit), Förderleistung *f* (einer Pumpe) ‖ ~* (Eng) / Output *m n*, Ausstoß *m* (Leistung eines Produktionsbetriebes oder einer Maschine an Fertigwaren in einem bestimmten Zeitraum), Arbeitsergebnis *n* ‖ ~ (Eng) / Output *m n* (in der Produktionstheorie) ‖ ~ (Mining) / Fördermenge *f*, Förderleistung *f*, Förderung *f* (mengenmäßig betrachtet), Förderquantum *n* (mengenmäßig betrachtet) ‖ ~ **amplifier** (Acous) / Ausgangsverstärker *m*, Endverstärker *m* ‖ ~ **aperture** / Ausgangsöffnung *f* (bei Lasern) ‖ ~ **area** (Comp) / Ausgabebereich *m* ‖ ~ **at the wheel rim** (Rail) / Leistung *f* am Radumfang ‖ ~ **block** (Comp) / Ausgabebereich *m* ‖ ~ **block** (Comp) / Ausgabeblock *m* ‖ ~ **bus driver** (Comp) / Ausgabe-Bus-Treiber *m* ‖ ~ **capacitance*** (Electronics) / Ausgangskapazität *f* ‖ ~ **channel** (Comp) / Ausgabekanal *m* ‖ ~ **characteristic*** (Electronics) / Ausgangskennlinie *f* ‖ ~ **circuit** (Elec Eng) / Ausgangskreis *m* ‖ ~ **clutch** (Eng) / Abtriebskupplung *f* ‖ ~ **coefficient*** (Elec Eng) / Ausnutzungsziffer *f*, Esson-Ziffer *f* ‖ ~ **configuration** (Comp) / Ausgangskonfiguration *f* ‖ ~ **control** (Comp) / Ausgabesteuerung *f* ‖ ~ **converter** (Elec Eng) / netzseitiger Stromrichter, lastseitiger Stromrichter ‖ ~ **data** (Comp) / Ausgabedaten *pl* ‖ ~ **destination** (Comp) / Ausgabeziel *n*, AZI (Ausgabeziel) ‖ ~ **device*** (Comp) / Ausgabeeinheit *f*, Ausgabegerät *n* (DIN 44300) ‖ ~ **disable** (Comp) / Ausgabesperre *f* ‖ ~ **disable pulse** (Comp) / Ausgabesperrimpuls *m* ‖ ~ **diskette** (Comp) / Ausgabediskette *f* ‖ ~ **drive clutch** (Eng) / Abtriebskupplung *f* ‖ ~ **enable input** (Comp) / Ausgangsfreigabe-Eingang *m* ‖ ~ **enable time** (Comp) / Ausgangsfreigabezeit *f* (eines Ausgangs mit Drittzustand), Outputenablezeit *f* ‖ ~ **end** (Eng) / Abtriebsseite *f* ‖ ~ **end** (Tools) / ausführender (funktioneller) Teil (des Werkzeuges) ‖ ~ **equipment** (Comp) / Ausgabeeinheit *f*, Ausgabegerät *n* (DIN 44300) ‖ ~ **format** (Comp) / Ausgabeformat *n* ‖ ~ **function** (Automation) / Funktion *f* des Ausgangssignals ‖ ~ **function** (Maths) / Ergebnisfunktion *f* ‖ ~ **gap*** (Electronics) / Auskoppelspalt *m* ‖ ~ **immittance of a two-port network** (Elec) / Ausgangsimmittanz *f* eines Zweitors ‖ ~ **impedance*** (Electronics) / Ausgangsimpedanz *f* ‖ ~ **instruction** (Comp) / Ausgabebefehl *m* ‖ ~ **link** (Eng) / Abtriebsglied *n* (im Getriebe) ‖ ~ **list** (Comp) / Ausgabeliste *f* ‖ ~ **lockout** (Comp) / Ausgabesperre *f* ‖ ~ **logic** (Comp) / Ausgangslogik *f* ‖ ~ **matrix** (Telecomm) / Ausgabematrix *f* (in der Fernschreibtechnik), AMX ‖ ~ **meter*** (Electronics) / Outputmeter *n*, Ausgangsleistungsmesser *m*, Endleistungsmesser *m* ‖ ~ **node** / Ausgangsknoten *m* (des neuralen Netzes) ‖ ~ **noise*** (Comp, Electronics, Telecomm) / Widerstandsrauschen *n*, Nyquist-Rauschen *n*, Stromrauschen *n*, thermisches Rauschen (durch die Wärmebewegung des Ladungsträgers), thermisches Zufallsrauschen *n* ‖ ~ **noise** (Electronics) / Ausgangsrauschen *n*
**output-oriented** *adj* (Comp) / ausgabegerecht *adj*
**output per hour** (Eng) / Stundenleistung *f* (im Allgemeinen) ‖ ~ **per man-shift** (Mining) / Schichtleistung *f* (ein Maß für die Arbeitsproduktivität des Steinkohlenbergbaues) ‖ ~ **per second** / Sekundenleistung *f* ‖ ~ **per spindle** (Spinning) / Spindelleistung *f* ‖ ~ **power** (Elec Eng, Eng) / Abtrieb *m* (Leistung an der Abtriebswelle eines Motors, eines Getriebes oder einer Kraft- oder Arbeitsmaschine), Abtriebsleistung *f* ‖ ~ **primitive** (Comp) /

Darstellungselement *n*, grafisches Grundelement, Ausgabegrundelement *n* (mit dessen Hilfe eine grafische Darstellung aufgebaut wird) ‖ ~ **program** (Comp) / Ausgabeprogramm *n* ‖ ~ **pulse** (Telecomm) / Ausgangsimpuls *m* ‖ ~ **quantity** (Phys) / Ausgangsgröße *f* (bei einem Messgerät - nach DIN 1319, T 1) ‖ ~ **regulation*** (Elec Eng) / Leistungsregelung *f* ‖ ~ **resonator** (Electronics) / Ausgangsresonator *m* (z.B. eines Zweikammerklystrons), Auskoppelraum *m* ‖ ~ **rpm** (Eng) / Abtriebsdrehzahl *f* (auf der letzten Welle eines Getriebes) ‖ ~ **shaft** (Autos) / Getriebeabtriebswelle *f*, Getriebeausgangswelle *f* ‖ ~ **shaft** (Eng) / Getriebeabtriebswelle *f*, Abtriebswelle *f*, Endwelle *f*, Ausgangswelle *f*, Abgangswelle *f* (z.B. des Getriebes) ‖ ~ **signal** (Automation) / Ausgangsgröße *f* ‖ ~ **signal** (Elec Eng, Telecomm) / Ausgangssignal *n* (DIN 40146, T 3) ‖ ~ **signal noise** (Electronics) / Ausgangsrauschen *n* ‖ ~ **slit** (Phys) / Austrittsspalt *m* (des Massenspektrometers) ‖ ~ **socket** (Elec Eng) / Gerätesteckdose *f* (an Haushaltsgeräten) ‖ ~ **stage** (Elec Eng) / Endstufe *f* ‖ ~ **terminal** (Comp) / Ausgabeanschluss *m* ‖ ~ **torque** (Eng, Mech) / Abtriebsmoment *n* ‖ ~ **torque** (Mech) / Ausgangsdrehmoment *n* ‖ ~ **transformer*** (Acous, Electronics) / Ausgangsübertrager *m* (der den Außenwiderstand der Transistoren an die Impedanz des Lautsprechers anpasst oder der die Gleichspannungen der Verstärker vom Lautsprecher fern hält) ‖ ~ **transistor*** (Electronics) / Ausgangstransistor *m*, Endtransistor *m* ‖ ~ **unit** (Comp) / Ausgabeeinheit *f*, Ausgabegerät *n* (DIN 44300) ‖ ~ **valve*** (Electronics) / Leistungsröhre *f* ‖ ~ **variable** (Automation) / Ausgangsgröße *f* ‖ ~ **voltage** (Elec Eng) / Sekundärspannung *f*, Unterspannung *f* (bei Transformatoren) ‖ ~ **voltage** (Elec Eng, Electronics) / Ausgangsspannung *f* ‖ ~ **well** (Oils) / Fördersonde *f*, Erdölproduktionsbohrung *f*, Produktionsbohrung *f*, Produktionssonde *f*, Förderbohrung *f* (Gewinnungbohrung) ‖ ~ **winding*** (Elec Eng) / Ausgangswicklung *f* ‖ ~ **word** (Comp) / Ausgabewort *n*
**outreach** *n* (Eng) / Ausladung *f* (horizontale Reichweite des Krans)
**outrigger*** *n* (Build) / Träger *m* für das Hängegerüst ‖ ~ (Eng) / Abstützträger *m* (ausziehbarer), Pratze *f* (Abstützträger), Abstützvorrichtung *f* (z.B. eines Autokranes) ‖ ~ **drilling platform** (Oils) / Auslegerbohrinsel *f* ‖ ~ **drilling rig** (Oils) / Auslegerbohrinsel *f* ‖ ~ **hole** (Electronics, Eng) / Aufnahmeloch *n*
**outriggers** *pl* (Eng) / Abstützbasis *f* eines Krans
**outroute** *n* (Telecomm) / Outroute *f* (VSAT-Dienst)
**outs** *pl* (Cinema) / Verschnitt *m* (gedrehte Szenen, die nicht in die Endfassung eines Films eingehen), Schnittreste *m pl*, Schnittabfall *m*
**outset** *n* (Mining) / Schachtkranz *m*
**outside** *n* / Außenseite *f* ‖ ~ **aerial** (Radio, TV) / Freiantenne *f*, Außenantenne *f* ‖ ~ **air** / Außenluft *f* ‖ ~ **air temperature** / Außenlufttemperatur *f* ‖ ~ **broadcast** (Radio) / Außenübertragung *f*, Außenreportage *f*, AÜ (Außenübertragung) ‖ ~ **broadcast transmission** (Radio) / Zubringerübertragung *f* (eine Außenübertragung) ‖ ~ **callipers** (Instr) / Außentaster *m* ‖ ~ **circle** (Eng) / Kopfkreis *m* (DIN 3960) ‖ ~ **coating** / Außenbeschichtung *f* ‖ ~ **crank*** (a single-web crank attached to a crankshaft outside the main bearings) (Eng) / einseitig gelagerte Kurbel, Außenkurbel *f*, Stirnkurbel *f* ‖ ~ **cutter** (Oils) / Außenrohrschneider *m* (ein Fanggerät) ‖ ~ **diameter** / Außendurchmesser *m* ‖ ~ **diameter** (Eng) / Kopfkreisdurchmesser *m* ‖ ~ **dimensions** (Eng) / Außenabmessungen *pl* ‖ ~ **dump** (Ecol, Mining) / Außenkippe *f* ‖ ~ **edge** (I C Engs) / Laufkante *f* (eines Kolbenrings) ‖ ~ **jaws** (Eng) / Außenmessfühler *m pl* (der Schieblehre) ‖ ~ **lap*** (Eng) / äußere Schieberdeckung, Einlassdeckung *f* ‖ ~ **loop*** (Aero) / Looping *m n* aus dem Rückenflug ‖ ~ **margin** (Bind, Print) / Außensteg *m* (Außenrand)
**outside-mix burner** (Eng) / Brenner *m* mit Nachmischung
**outside of focus** (Optics) / extrafokal *adj* ‖ ~ **plant technique** (Telecomm) / Linientechnik *f* ‖ ~ **ply** (For) / Decklage *f* (bei Lagenholz) ‖ ~ **pocket** (Textiles) / Vortasche *f* (bei Koffern) ‖ ~ **production** (Work Study) / Fremdfertigung *f*
**outsider** *n* (Ships) / Outsider *m*, Außenseiter *m* (der seinen Liniendienst außerhalb der Schifffahrtskonferenz betreibt)
**outside rotor motor** (Elec Eng) / Außenläufermotor *m* ‖ ~ **screw** (of the stem) (Eng) / außen liegendes Gewinde (der Spindel) ‖ ~ **sealing** (Build) / Außenabdichtung *f* ‖ ~ **shutter** (Build) / Außenladen *m* (ein Fensterladen) ‖ ~ **sorts*** (Typog) / Sonderzeichen *n pl* (Klasse grafischer Zeichen, die weder als Buchstaben, Dezimalziffern oder Blanks angesprochen werden können) ‖ ~ **spring calliper** (Eng) / Federaußentaster *m*, Federgreifzirkel *m* ‖ ~ **supplier** (Work Study) / **supply** (Work Study) / Fremdbezug *m* (von Teilen) ‖ ~ **temperature** (Phys) / Außentemperatur *f* ‖ ~ **turning radius** (Autos) / äußerer Wenderadius ‖ ~ **vapour deposition** (Glass) / OVD-Verfahren *n* (zur Herstellung von Faseroptikglas) ‖ ~ **vapour-phase oxidation** (Glass) / OVPO-Verfahren *n* (zur

Herstellung von Vorformen durch Glasabscheidung auf der Außenseite eines rotierenden Stabes) ‖ **~ veneer** (For) / Außenfurnier *n* ‖ **~ veneer face** (an outside veneer) (Join) / Deckfurnier *n* (meistens gemessertes Edelfurnier nach DIN 68 330) ‖ **~ waste** (Mining) / Fremdberge *m pl* (Versatzmaterial), Fremdversatz *m* (Material) ‖ **~ water** (San Eng) / Fremdwasser *n* (in die Kanalisation eindringendes Grundwasser, unerlaubt durch Fehlanschlüsse eingeleitetes Wasser sowie einem Schmutzwasserkanal zufließendes Oberflächenwasser - DIN 4045) ‖ **~ window** (Build) / Außenfenster *n* (im Allgemeinen) ‖ **~ work** / Heimarbeit *f* ‖ **~ zippered pocket** (Textiles) / Reißverschluss-Vortasche (bei Reisetaschen)

**outsize cargo** (Aero) / Sperrgut *n* (Luftfrachtgut, das besonders schwer ist oder das einen besonders großen Raum beansprucht)

**outskirts** *pl* / Außenbezirk *m*, Randgebiet *n* (einer Gemeinde) ‖ **~** (of the town/city) (Arch) / Stadtrand *m*

**outslot signalling** (Telecomm) / Outslot-Zeichengabe *f* (außerhalb des Zeitschlitzes des Sprachkanals), Outslot-Signalisierung *f*

**outsole** *n* (Leather) / Laufsohle *f* (des Schuhs) ‖ **~ stitching** / Doppeln *v* (von Schuhsohlen)

**outsort** *v* (card, etc. not read successfully) (Comp) / aussteuern *v*, rückweisen *v*

**outsource** *vt* / outsourcen *v*

**outsourcing** *n* / Produktionsverlagerung *f* (ins Ausland) ‖ **~** / Outsourcing *n*, Fremdvergabe *f* (Ausgliederung bestimmter Funktionen eines Unternehmens und deren Übernahme durch externe Serviceanbieter)

**outstanding accounts** / Außenstände *m pl* (Forderungen aus Warenlieferungen und Leistungen) ‖ **~ debts** / Außenstände *m pl* (Forderungen aus Warenlieferungen und Leistungen)

**out-station** *n* (Comp) / Außenstation *f* ‖ **~** (Electronics) / Fernwirkunterstation *f* ‖ **~** (Space) / Unterstation *f* ‖ **~** (Teleph) / Teilnehmeraußenstelle *f*

**outstep well** (Oils) / Feldesentwicklungsbohrung *f*, Erweiterungsbohrung *f*

**out-takes*** *pl* (Cinema) / Verschnitt *m* (gedrehte Szenen, die nicht in die Endfassung eines Films eingehen), Schnittreste *m pl*, Schnittabfall *m*

**outthrows** *pl* (Paper) / Papier, das bestimmten (konkreten) Qualitätsanforderungen nicht entspricht (andere Bestimmung vielleicht möglich)

**out-to-out*** *n* (Build) / Außenmaß *n*

**OUT tray** (Comp) / Ausgabefach *n* (des Druckers)

**outturn** *n* / Ausbeute *f*, Ertrag *m*, Rendement *n* ‖ **~** (Eng) / Output *m n*, Ausstoß *m* (Leistung eines Produktionsbetriebes oder einer Maschine an Fertigwaren in einem bestimmten Zeitraum), Arbeitsergebnis *n* ‖ **~** (Paper) / Vorlagemuster *n* (ein für die Qualität repräsentatives Muster), Ausfallmuster *n* ‖ **~ sample** (Paper) / Vorlagemuster *n* (ein für die Qualität repräsentatives Muster), Ausfallmuster *n* ‖ **~ sheet*** (Paper) / Ausfallbogen *m* (bei Sonderanfertigung von Papier)

**outward** *adj* / ausstrahlend *adj*, auslaufend *adj*, ausgehend *adj* (Verkehr) ‖ **~ bound** / ausstrahlend *adj*, auslaufend *adj*, ausgehend *adj* (Verkehr) ‖ **~ bulging** / Ausbauchung *f*, Ausbuchtung *f*

**outward-curving** *adj* / sich nach außen krümmend

**outward diffusion** / Ausdiffusion *f*, Ausdiffundieren *n*, Auswärtsdiffusion *f* ‖ **~ dipping** (Geol) / nach außen einfallend

**outward-flow water turbine** (Eng) / Fourneyron-Turbine *f* (nach B. Fourneyron, 1802-1867)

**outward opening** (Build) / Öffnen *n* nach außen (z.B. des Fensters)

**outward-opening** *adj* (Build) / nach außen öffnend (Fensterflügel)

**outward traffic** (GB) / ausstrahlender Verkehr, ausfahrender Verkehr, abgehender Verkehr, ausgehender Verkehr, auslaufender Verkehr ‖ **~ transfer** (Nuc Eng) / Ausschleusen *n* (von abgebrannten BE)

**outward-travelling wave** (Radio) / austretende Welle (bei Antennen), abgehende Welle

**outwash apron** (Geol) / Sandr *m* (vor den Endmoränen der Gletscher), Sander *m* ‖ **~ fan** (Geol) / Schwemmkegel *m*, Schwemmfächer *m* ‖ **~ fan*** (Geol) / Sandr *m* (vor den Endmoränen der Gletscher), Sander *m* ‖ **~ plain** (Geol) / Sandr *m* (vor den Endmoränen der Gletscher), Sander *m*

**outwear** *n* (Textiles) / Oberbekleidung *f*

**outwindow** *n* (Build) / Loggiafenster *n*

**outwork** *n* / Heimarbeit *f* ‖ **~** (Work Study) / Lohnfabrikation *f*, Lohnarbeit *f* (z.B. Zulieferer oder Heimarbeit)

**outworker** *n* / Heimarbeiter *m*

**ouvarovite** *n* (Min) / Uwarowit *m* (ein sehr seltener Granat von dunkler smaragdgrüner Farbe - Calciumchrom(III)-orthosilicat)

**ouvrée** *n* (Textiles) / Ouvrée *f* (gezwirnte Rohseide)

**oval** *n* (Maths) / Eilinie *f*, Eikurve *f*, Oval *n* (eine geschlossene konvexe Kurve) ‖ **~** *adj* / oval *adj*, länglich rund *adj*

**oval-body valve** (Eng) / Ovalschieber *m*

**ovalbumin*** *n* (Biochem, Chem) / Ovalbumin *n* (Hauptprotein des Eiklars), Eialbumin *n*, Eieralbumin *n*

**oval cathode** (Electronics) / Ovalkatode *f* ‖ **~ compasses** / Ovalzirkel *m* (zum Zeichnen von Ellipsen) ‖ **~ countersunk-head rivet** (Eng) / Linsenniet *m* (DIN 662)

**oval-disk meter** (Hyd Eng) / Ovalradzähler *m* (ein Volumenmesser)

**oval-head screw** (Eng) / Linsenschraube *f* (DIN 85)

**ovality** *n* (Maths) / Ovalität *f*

**oval knot** (For) / ovaler Ast

**ovaloid** *n* (Maths) / Ovaloid *n*, Eifläche *f*

**oval pass** (Met) / Ovalkaliber *n* ‖ **~ pass** (Met) / Ovalstich *m* ‖ **~ piston*** (I C Engs) / ovaler Kolben, Ovalkolben *m*, Langlochkolben *m* ‖ **~ point** (Eng) / Linsenkuppe *f* (der Stellschraube, des Gewindestifts) ‖ **~ portion** (Eng) / Linse *f* (des Linsenkopfs) ‖ **~ roughing pass** (Met) / Streckovalkaliber *n*

**oval-section anode** / Knüppelanode *f*

**ovals of Cassini*** (Maths) / Cassini'sche Kurven (nach G.D. Cassini, 1625-1712)

**oval turning** (Eng) / Eirunddrehen *n*, Ovaldrehen *n*

**oval-turning lathe** (Eng) / Ovaldrehmaschine *f*

**oval-wheel meter** (Hyd Eng) / Ovalradzähler *m* (ein Volumenmesser)

**ovate*** *adj* (Bot) / eiförmig *adj*

**OVD** (optical videodisk) (Comp, Optics) / Videolangspielplatte *f*, VLP, VLP-Bildplatte *f* (optischer Speicher, der sich zum Lesen der Informationen eines Lasers bedient), optische Speicherplatte (z.Z. mit etwa 30 Terabits), optische Bildplatte, Laserplattenspeicher *m*, optische Platte ‖ **~ process** (Glass) / OVD-Verfahren *n* (zur Herstellung von Faseroptikglas)

**oven** *n* (Ceramics) / Brennofen *m*

**ovenable** *adj* / ofenfest *adj* (Folie) ‖ **~ in the microwave** / mikrowellenfest *adj* (Packung)

**oven ageing** (Chem Eng) / Ofenalterung *f* (z.B. in einem Zellenofen) ‖ **~ aging** (Chem Eng) / Ofenalterung *f* (z.B. in einem Zellenofen) ‖ **~ chamber** (Phys) / Ofen *m* (als Quelle der Molekülstrahlen)

**oven-curable** *adj* (Paint) / ofenhärtend *adj*

**oven-dried** *adj* (For) / darrtrocken *adj* (keine Feuchtigkeit enthaltend nach DIN EN 844)

**oven-dry** *v* (For) / darren *v* (unter Luftzufuhr trocknen) ‖ **~** *adj* / ofentrocken *adj*, otro, ofengetrocknet *adj*, im Trockenschrank getrocknet ‖ **~** (For) / darrtrocken *adj* (keine Feuchtigkeit enthaltend nach DIN EN 844) ‖ **~ density** (For) / Darrdichte *f*

**oven drying** / Ofentrocknung *f* (im Allgemeinen) ‖ **~ drying** (For) / technische thermische Holztrocknung, Verdampfungstrocknung *f*, Hochtemperaturtrocknung *f* (des Holzes), Verdunstungstrocknung *f*, Kammertrocknung *f*

**oven-dry method** (For) / Darrverfahren *n* (zur Bestimmung der Feuchte durch Darren der Feuchteproben)

**oven-dry paper*** (Paper) / absolut trockenes Papier

**oven-dry weight** (For) / Darrmasse *f* (von gedarrten Holzproben)

**oven glass** (for preparation and cooking of food) (Glass) / Hauswirtschaftsglas *n* (ein temperaturwechselbeständiges Glas), Wirtschaftsglas *n*, (hitzeresistentes) Haushaltsglas (ein temperaturwechselbständiges Qualitätsglas) *n* ‖ **~ handle** (Build) / Ofengriff *m* ‖ **~ seasoning** (For) / technische thermische Holztrocknung, Verdampfungstrocknung *f*, Hochtemperaturtrocknung *f* (des Holzes), Verdunstungstrocknung *f*, Kammertrocknung *f*

**oven-top ware** (Ceramics, Glass) / kochfestes Geschirr, Kochgeschirr *n*

**oven-type furnace*** (Eng, Met) / Industrieofen *m* (DIN 24201), Ofen *m*

**ovenware** *n* (ceramic whiteware or glass) (Ceramics, Glass) / kochfestes Geschirr, Kochgeschirr *n*

**over** *n* (Aero, Radio) / Ende *n* (im Funkverkehr) ‖ **~** *adv* (Aero, Radio) / kommen (im Funkverkehr), bitte kommen (im Funkverkehr)

**overachievement** *n* (Work Study) / Overachievement *n* (sehr gutes Abschneiden in einem bestimmten Leistungsbereich)

**over-aged** *adj* (Nut) / abgebaut *adj* (Wein, der infolge zu langer Lagerung seine Frische und Saftigkeit verloren hat und bei dem sich auch die Inhaltsstoffe nachteilig verändert haben)

**overageing** *n* (Met) / Überalterung *f* (bei warmausgelagerten Legierungen) ‖ **~ treatment** (Surf) / Überalterungsbehandlung *f*

**overall(s)** *n(pl)* (Textiles) / Arbeitskombination *f*, Overall *m*, Kombination *f* (einteiliger Schutzanzug)

**overall** *adj* / gesamt *adj*, total *adj*, Gesamt-, Total- ‖ **~ accounting** / volkswirtschaftliche Gesamtrechnung, nationale Buchführung (quantitative Erfassung und Darstellung der ökonomischen Transaktionen in einer Volkswirtschaft) ‖ **~ analytical reaction** (Chem) / analytische Gesamtreaktion ‖ **~ attack** / Allgemeinabtragung *f*, flächenabtragender Angriff, Allgemeinangriff *m* (bei der Korrosion) ‖ **~ attenuation** (Teleph) / Restdämpfung *f*, Betriebsdämpfung *f* ‖ **~ characteristic** (Elec Eng) / Summencharakteristik *f* ‖ **~ context** / Gesamtkontext *m* ‖ **~ corrosion** (Surf) / Flächenkorrosion *f* (mit nahezu gleichförmigem

1087

**overall**

Korrosionsabtrag auf der gesamten Oberfläche - DIN 50 900-1) || **~ corrosion** (Surf) / flächenhafte Korrosion || **~ diameter** (Autos) / Außendurchmesser *m* (eines aufgepumpten Reifens) || **~ dimension** / Gesamtabmessung || **~ dimension** (Eng) / Außenmaß *n* || **~ drilling time** (Mining) / Gesamtbohrzeit *f* || **~ efficiency\*** (Elec Eng) / Gesamtwirkungsgrad *m* || **~ flocking** (Plastics, Textiles) / Ganzflächenbeflockung *f*, Vollbeflockung *f* || **~ height** / Höhe *f* über alles || **~ height** / Gesamthöhe *f* || **~ height** (Autos) / größte äußere Höhe || **~ length** (Autos) / größte äußere Länge || **~ length** (Eng) / Gesamtlänge *f* (des Bohrers nach DIN 1412) || **~ length** (Ships) / Länge *f* über alles (vom vordersten bis zum hintersten festen Punkt des Schiffs), L$_{OA}$ (Länge über alles), L.ü.a. (Länge über alles) || **~ logic diagram** (Comp) / Logikgesamtdarstellung *f* || **~ loss** (Teleph) / Restdämpfung *f*, Betriebsdämpfung *f* || **~ magnification** (Optics) / Gesamtvergrößerung *f* || **~ order of reaction** (Chem) / Gesamtreaktionsordnung *f*
**overalloying** *n* (Surf) / Durchwachsung *f* (der Eisen-Zink-Legierungsschicht bei Feuerverzinkung - Fehler)
**overall power consumption** *n* / Gesamtenergieverbrauch *m* || **~ reaction** (Chem) / Gesamtreaktion *f* || **~ retouching** (Print) / Vollretusche *f* || **~ schematic diagram** (Elec Eng) / Gesamtstromlaufplan *m* || **~ sectional view** / Gesamtschnitt *m* (in einer Schnittebene) || **~ stopping distance** (Autos) / Anhalteweg *m* (Bremsweg plus Reaktionsweg) || **~ stroke** (Eng) / Gesamthub *m* (der Presse) || **~ treatment** (i.e. non-selective) (Agric) / Ganzflächenbehandlung *f* || **~ view** / Gesamtansicht *f* || **~ width** (Autos) / Gesamtbreite *f* || **~ width** (Autos) / Betriebsbreite *f* (zwischen den Außenseiten der Seitenwände eines aufgepumpten Reifens) || **~ width** (Autos) / größte äußere Breite
**over and out** (Radio) / Ende der Durchsage
**overarm** *n* (Eng) / Gegenhalter *m* (der Waagerechtfräsmaschine)
**overaxle pipe** (Autos) / Overaxle-Pipe *n* (im Abgassystem), Achsrohr *n* (im Abgassystem)
**overbake** *v* (Paint) / überbrennen *v*
**overbalance effect** (Oils) / Übergewichtseffekt *m* (des Spülungssäulengewichts)
**overbark** *attr* (For) / mit Rinde, mR (Holzmessung)
**overblast** *n* (Met) / Überwind *m*
**overbleach** *v* (Textiles) / überbleichen *v*
**overblow** (Met) / überblasen *v* (Charge im Konverter), überfrischen *v* (Stahlschmelze)
**overblowing\*** *n* (Met) / Überfrischen *n* (von Stahlschmelzen), Überblasen *n* (einer Charge im Konverter)
**overblown steel** (Met) / überblasener Stahl
**overboard, wash ~** (Ships) / über Bord spülen (Gegenstände)
**overboil** *v* (Nut) / zu stark kochen lassen
**overbook** *v* / überbuchen *v*
**overbreak\*** *n* (Civ Eng) / Mehrausbruch *m* (der über den für den Streckenausbau erforderlichen Ausbruch hinausgeht)
**overbreakage** *n* (Civ Eng) / Mehrausbruch *m* (der über den für den Streckenausbau erforderlichen Ausbruch hinausgeht)
**overbreathing** *n* (Aero, Med) / Hyperventilation *f* (gesteigerte Beatmung der Lunge)
**overbridge** *n* (Rail) / Bahnunterführung *f*
**overbunching** *n* (Electronics) / überkritische Ballung (Paketierung)
**overburden\*** *n* (Civ Eng, Mining) / Abraumgut *n*, Abraum *m* || **~** (Geol) / Regolith *m* (unverfestigtes Material über dem Anstehenden) || **~** (Met) / Übermöllerung *f* || **~\*** (Mining) / Hangendes *n* (über einer Bezugsschicht) || **~\*** (Mining) / Deckgestein *n*, Deckgebirge *n* (im Tagebau) || **~ conveyor bridge opencast** (Mining) / Förderbrückentagebau *m* || **~ dump** (Mining) / Abraumhalde *f*, Abraumkippe *f* (über Tage angelegte Aufschüttung von Abraum), Halde *f* (künstliche Aufschüttung von Schlacke oder tauben Gesteinsmassen) || **~ excavator** (Mining) / Abraumbagger *m* || **~ pressure** (Mining) / Überlagerungsdruck *m* (Gebirgsdruck im unverritzten Gebirge) || **~ removal** (Mining) / Abtragen *n* (des Deckgebirges im Tagebau), Abräumen *n* || **~ spreader** (Mining) / Absetzer *m* (spezielle Bauart des Gurtförderers mit großer Wurfweite - verwendet zum Aufschütten von Kippen oder Halden), Platzbelader *m*
**overburn** *v* (Ceramics) / überbrennen *v*
**overburning** *n* (Ceramics) / Überbrennen *n*
**overcapacity** *n* / Überkapazität *f*, Überschusskapazität *f*
**overcar antenna** (Autos) / Dachantenne *f*
**overcast** *v* (Textiles) / umstechen *v*, überwendlich nähen *v* || **~** *n* (Ceramics) / Steiggießen *n*, Steigguss *m* || **~** (Meteor) / Trübung *f* || **~** *adj* (Meteor) / bedeckt *adj* || **~** (Textiles) / überwendlich *adj*
**overcasting\*** *n* (Bind) / Überheften *n* (seitliche Fadenheftung) || **~** (of spoil) (Mining) / Direktverstürzung *f* (von Abraum)
**overcast seam** (Textiles) / Überwendlingsnaht *f*, überwendliche Naht, Überwendlichnaht *f*
**overcharge** *v* (Elec Eng) / überladen *v* || **~** *n* (Elec Eng) / Überlast *f* (bei Akkumulatoren)

**overcharging** *n* (Elec Eng) / Überladen *n*
**overcheck** *n* (Textiles) / Deckkaro *n*, Überkaro *n* (z.B. bei Esterhazy)
**overcloak** *n* (Build) / Deckstreifen *m* (über der Holzleiste bei Leistendächern)
**overclock** (Comp) / übertakten *v*
**overclocking** *n* (Comp) / Übertakten *n*, Overclocking *n*
**overclothes** *pl* (Textiles) / Oberbekleidung *f*
**overcoat** *v* (Paint) / überstreichen *v*, überlackieren *v*
**overcoating** *n* (Paint) / Überlackierung *f* || **~** (Paint) / Mehrfachbeschichtung *f*, Überschichtung *f*
**overcoil** *n* (the last coil of a balance spring raised above its plane and bent to form a terminal curve - single, double) (Horol) / Endwindung der Bréguetspirale *f*
**overcompensate** *v* / überkompensieren *v*, überregulieren *v*
**overcompensation** *n* / Überkompensation *f*, Überregulierung *f*
**overcompounded generator\*** (Elec Eng) / Generator *m* mit Überverbunderregung
**overcompound excitation** (Elec Eng) / Überverbunderregung *f*, Verbunderregung *f* mit lastabhängig steigender Spannung, Übercompoundierung *f*
**overcontrol** *v* (Aero) / die Steuerung überziehen
**overcook** *v* (Nut) / zerkochen *v*
**overcool** *v* / unterkühlen *v*
**overcooled** *adj* / unterkühlt *adj*
**overcorrect** *v* / überkorrigieren *v*
**overcoupling** *n* (Elec Eng) / überkritische Kopplung
**overcrank** *v* (Cinema) / überdrehen *v* (mit mehr als 24 Aufnahmen pro s)
**overcritical** *adj* (binding, electric field) (Elec Eng, Nuc) / überkritisch *adj* || **~ coupling** (Elec Eng) / überkritische Kopplung
**overcropping** *n* (Agric) / Raubbau *m*
**overcup oak** (For) / Leierblättrige Eiche, Quercus lyrata Walter
**overcure** *v* (Chem Eng) / übervulkanisieren *v* (Kautschuk) || **~** (Paint, Plastics) / überhärten *v*
**overcurrent** *n* (Elec, Elec Eng) / Überstrom *m* (der den Wert des Nennstroms überschreitet) || **~ protection** (Elec Eng) / Überstromschutz *m* (Gesamtheit der Maßnahmen zum Schutz elektrischer Anlagen und Geräte gegen die Folgen von Überströmen) || **~ protective device** (Elec Eng) / Überstromschutz *m* (Einrichtung), Überstromschutzorgan *n* || **~ relay\*** (Elec Eng) / Überstromrelais *n*, Maximalstromrelais *n*, Höchststromrelais *n* || **~ release\*** (Elec Eng) / Überstromauslöser *m* (ein Messauslöser, der bei Überschreiten eines bestimmten Stromwertes anspricht) || **~ trip** (Elec Eng) / Überstromauslöser *m* (ein Messauslöser, der bei Überschreiten eines bestimmten Stromwertes anspricht)
**overcut** *n* (Mining) / hangender Schram, Hangendschram *m*
**overdamp** *v* (Print) / überfeuchten *v*
**overdamping** *n* (Phys, Telecomm) / überkritische Dämpfung, Überdämpfung *f*
**overdampring** *n* (Print) / Überfeuchtung *f*
**overdetermined** *adj* (Mech) / überbestimmt *adj*
**overdevelopment** *n* (Hyd Eng) / übermäßige Entnahme des Brunnenwassers || **~** (Photog) / Überentwicklung *f*
**overdimension** *n* (Eng) / überbemessen *v*, überdimensionieren *v* || **~** *n* (Eng) / Übermaß *n* (bei der Überdimensionierung), Übergröße *f*
**overdimensioning** *n* (Eng) / Überbemessung *f*, Überdimensionierung *f* (Methode zur Erhöhung der Sicherheit von Geräten, Maschinen, Bauwerken u. Ä.)
**overdone** *adj* (Nut) / übergar *adj*
**overdoor\*** *n* (Build) / Supraporte *f*, Sopraporte *f* (das gerahmte Feld über einer Tür im vornehmen Wohnraum des Barock und Rokoko) || **~\*** (Build) / Verdachung *f* (bei einer Tür)
**overdose** *v* (Med, Pharm) / überdosieren *v* || **~** *n* (Med, Pharm) / Überdosis *f*
**overdraft credit** / Dispositionskredit *m* (in der Bank)
**overdrawing** *n* / Überziehen *n* || **~** (Met) / Anlassen *n* auf zu hohe Temperatur
**overdrive\*** *n* (Autos) / Schongang *m*, Overdrive *m* (Schnellgang-Zusatzgetriebe), Schnellgang *m*, Schnellgang-Zusatzgetriebe *n*, Ferngang *m* (heute obsolet) || **~** (Eng) / Oberantrieb *m* (der Presse)
**overdriven** *adj* (Eng) / von oben angetrieben, mit Antrieb von oben
**overdriving** *n* (Electronics) / Übersteuerung *f* (Veränderung der Eigenschaften eines Verstärkers oder Regelkreisgliedes, hervorgerufen durch einen Wert der Steuergröße, der oberhalb des zulässigen Wertes liegt)
**overdry** *v* / übertrocknen *v*, zu lange trocknen
**overdue** *adj* / überfällig *adj* (Verkehrsmittel, Wechsel)
**overdye** *v* (Textiles) / nachfärben *v*, überfärben *v* || **~ fastness** (Textiles) / Überfärbeechtheit *f* (Widerstandsfähigkeit von Flocke- und Garnfärbungen gegen die Einwirkung der für Wolle in der Stückfärbung üblichen Färbeverfahren)

**overdyeing** n (Textiles) / Überfärben n, Überfärbung f, Nachdecken n (Überfärben), Nachfärben n, Nachfärbung f (einer Komponente in Faserstoffmischungen) || ~ (Textiles) / Überfärben n (im Allgemeinen)
**overedge** v (Textiles) / umstechen v, überwendlich nähen
**overedger** n (Textiles) / Überwendlingsnähmaschine f, Überwendlichnähmaschine f
**overedging machine** (Textiles) / Überwendlingsnähmaschine f, Überwendlichnähmaschine f
**overemployment** n (Work Study) / Überbeschäftigung f
**overenrichment** n (Ecol) / Eutrophierung f (des Wassers - natürliche oder künstliche)
**overestimate** v / überschätzen v
**overetch safety factor** (Electronics) / Überätzungssicherheitsfaktor m
**overexcite** v (Elec Eng) / übererregen v
**overexploitation** n / Überbenutzung f (missbräuchliche)
**overexposure*** n (Photog) / Überbelichtung f, Überexposition f
**overextend** v (Spinning) / überstrecken v
**overfall** n (Hyd Eng) / Überfallen n, Überfall m (als Vorgang) || ~ (overpouring water) (Hyd Eng) / überfallender Strahl, Überfallwasser n (bei Wehren) || ~ **dam** (Civ Eng, Hyd Eng) / Überfall m (überströmtes Bauwerk), Überlaufdamm m, Überlaufdeich m
**overfeed firing** (Eng) / Überschubfeuerung f, Rostfeuerung f mit Beschickung von oben || ~ **pinning equipment** (Textiles) / Voreilaufnadelgerät n (DIN 64990) || ~ **stoker*** (Eng) / Überschubrost m
**overfelt** n (Paper) / Oberfilz m
**overfertilization** n (Ecol) / übermäßige Düngung, Überdüngung f (des Wasserökosystems)
**overfield** n (Maths) / Oberkörper m, Erweiterungskörper m
**overfill protection** (Autos, Fuels) / Überfüllschutz m, Überfüllsicherung f (bei Zapfpistolen)
**overfire** v (Ceramics) / überbrennen v
**overfiring** n (Ceramics) / Überbrennen n || ~ (Heat) / Oberflammenfeuerung f, Oberflammenführung f
**overfishing** n (Ecol, Nut) / Überfischung f
**overflight clearance** (Aero) / Überfluggenehmigung f || ~ **interdiction** (Aero) / Überflugverbot n
**overflow** v / überströmen v, überfließen v, überlaufen v || ~* n (Comp) / Overflow m, Bereichsüberschreitung f, Kapazitätsüberschreitung f (DIN 9757) || ~ (arithmetic) (that portion of a numeric word expressing the result of an arithmetic operation by which its word length exceeds the word length provided for the number representation) (Comp) / Overflow m, Überlauf m || ~ (Eng) / Siebüberlauf m, Überkorn n (DIN 66100), Grobgut n, Siebrückstand m, Siebgrobes n, Rückstandsfraktion f (bei der Siebanalyse) || ~* (Hyd Eng) / Überströmung f, Überlauf m, Überfließen n || ~ (Ocean) / Overflow m Überströmen von kaltem arktischem Bodenwasser in die Tiefen des Nordatlantischen Ozeans) || ~ **bit** (Comp) / Überlaufbit n || ~ **capacity** (Hyd Eng) / Abfuhrvermögen v (von Überfällen) || ~ **crest** (Hyd Eng) / Überfallkrone f || ~ **dam** (Civ Eng, Hyd Eng) / Überfall m (überströmtes Bauwerk), Überlaufdamm m, Überlaufdeich m || ~ **flag*** (Comp) / Überlaufanzeige f || ~ **indicator** (Comp) / Überlaufanzeige f || ~ **monitor** (Civ Eng) / Überschüttungswächter m (ein Sensor) || ~ **pipe** (Eng) / Überlaufrohr n (im Allgemeinen) || ~ **record** (Comp) / Überlaufsatz m, indirekter Satz, Folgesatz m || ~ **register** (Comp) / Überlaufregister n || ~ **spring** (Geol) / Überlaufquelle f, Überfallquelle f || ~ **structure for settled combined water** (Civ Eng, San Eng) / Klärüberlauf m (Überlauf eines Regenüberlaufbeckens, den man mechanisch geklärtes Mischwasser an den Vorfluter abgegeben wird - DIN 4045) || ~ **tag** (Comp) / Überlaufbit n || ~ **tank** (Build) / Druckausdehnungsgefäß n (DIN 4751, T 2), Ausdehnungsgefäß n, Ausdehnungskessel m, Expansionsgefäß n (in der Warmwasser-Sammelheizung) || ~ **track** (Comp) / Überlaufspur n || ~ **valve** (Eng) / Überströmventil n || ~ **weir** (Hyd Eng) / Überfallwehr n (Wehrkrone liegt über Unterwasserspiegel), Überfall m (als Bauwerk) || ~ **weir** (Hyd Eng) / Überlaufwehr n (bei Erddämmen)
**overfly** v (Aero) / überfliegen v
**overfold*** n (Geol) / Überfaltung f (extrem überentwickelte Faltung der Decke) || ~* (Paper, Print) / Vorfalz m, Überfalz m
**overframing** n (Radiol) / Overframing n, Ausschnittsvergrößerung f (bei der Röntgenkinematografie)
**overgassing*** n (Eng, Heat) / Arbeiten m mit zu viel Gas
**overglaze** n (Ceramics) / Aufglasur f || ~ **colour** (Ceramics) / Muffelfarbe f, Aufglasurfarbe f, Schmelzfarbe f, Überglasurfarbe f, Emailfarbe f || ~ **decoration** (Ceramics) / Aufglasurdekor m n, Aufglasurdekoration f (durch Auftragen der Aufglasurfarben)
**overgrain** v (Paint) / lasieren v (zur Holzimitation)
**overgrainer*** n (Paint) / Schläger m (ein Pinsel zur Holzimitation)

**overgraining*** n (Paint) / Lasieren n, Lasur f (zur Holzimitation) || ~ **colour** (Paint) / Lasurfarbe f (zum Maserieren)
**overgrazing** n (Agric) / übermäßiges Abweiden, Überweidung f (bei hohem Tierbesatz)
**overgrind** v / totmahlen v
**overground building** (Build) / Hochbau m (über der Erde errichtetes Bauwerk) || ~ **workings** (Build) / Hochbau m (als Zweig der Bautechnik)
**overgrowth*** n (Crystal) / Überwachsung f
**overhand** attr (Mining) / schwebend adj || ~ **stope** (Mining) / Firstenkammer f || ~ **stope*** (Mining) / Firstenstoß m || ~ **stoping** (Mining) / Firstenbau m
**overhang** v / überkragen v || ~ n (Acous) / Überhang m (z.B. des Tonarms) || ~* (Aero) / Überhang m (bei einem Mehrdecker) || ~ (Autos) / Überhang m (die über ein bestimmtes Maß hinausragenden Fahrzeugteile) || ~ (Bind) / übergreifende Kante (des Einbands) || ~ (Build) / Überhang m (Vorsprung der oberen Geschosse) || ~ (Elec Eng) / Wicklungskopf m, Wickelkopf m || ~ (Electronics) / Überhang m (gedruckte Schaltung) || ~ (Eng) / Überhang m, Ausladung f, Auskragung f, Vorkragung f
**overhanging** adj / fliegend angeordnet || ~ / überhängend adj || ~ **arm** (Eng) / Gegenhalter m (der Waagerechtfräsmaschine) || ~ **beam** (projects beyond one or both ends of its supports) (Build) / Stützträger m (als zweiseitiger Kragträger)
**overhaul** v (Eng) / überholen v, wieder instandsetzen (in den Sollzustand) || ~* n (Civ Eng) / Bodentransport m über die vertragliche Menge hinaus (kostenloser) || ~ (Eng) / Instandsetzung f, Überholung f (Maßnahme zur Wiederherstellung des Sollzustandes)
**overhauling** n (Eng) / Instandsetzung f, Überholung f (Maßnahme zur Wiederherstellung des Sollzustandes)
**overhaul period*** (Eng) / Abstand m zwischen Überholungen, Zeit f zwischen Überholungen, Laufzeit f
**Overhauser, general ~ effect** (Nuc) / genereller Overhauser-Effekt, GOE (genereller Overhauser-Effekt) || ~ **effect** (Nuc) / Overhauser-Effekt m (bei einer speziellen Doppelresonanzmethode der Hochfrequenzspektroskopie)
**overhead** n (Chem Eng) / Kopfprodukt n (das bei der Destillation über Kopf abgeht und durch Kondensation gewonnen wird), Kopfdestillat n || ~ (reserve bits) (Comp) / Overhead m || ~ (Telecomm) / Overhead m (alle Informationen und Vorgänge, die zusätzlich zu den Nutzdaten übertragen werden) || ~ **area serving** / flurfreie Flächenbedienung (z.B. bei Hängekranen) || ~ **cable** (Cables) / Luftkabel n, Freileitungskabel n || ~ **cable** (Rail) / Überleitung f, Kettenwerksfahrleitung f (mit selbsttätiger Nachspannung) || ~ **camshaft*** (running across the top of the cylinder heads of an engine and usually driven by a bevel shaft or timing chain from the crankshaft) (I C Engs) / obenliegende Nockenwelle f || ~ **camshaft engine** (I C Engs) / Motor m mit obenliegender Nockenwelle, OHC-Motor m, ohc-Motor m || ~ **clearance** (Build) / Bauhöhe f (senkrechtes Raumbedarfsmaß) || ~-**contact system*** (Elec Eng, Rail) / Fahrleitung f (bei elektrischen Bahnen und Obussen), Oberleitung f (Fahrleitung bei Eisen- und Straßenbahnen, bei Obussen) || ~ **contact wire** (Elec Eng, Rail) / Fahrdraht m || ~ **conveyor** (Eng) / Gehängeförderer m, Hängebahn f || ~ **costs** / Overheads pl (Gemeinkosten), Gemeinkosten pl, allgemeine Kosten || ~ **crane** (Eng) / Laufkatzenkran m (in Reparaturhalle) || ~ **crossing** (Civ Eng) / Überführung f (ein Verkehrsweg, der als Brücke über eine Eisenbahn-, Straßenbahnlinie oder eine Straße hinweggeführt) || ~ **crossing*** (Elec Eng) / Oberleitungskreuzung f (bei Eisen- und Straßenbahnen, bei Obussen), Luftkreuzung f || ~ **door-closing mechanism** (Build) / Obentürschließer m || ~ **expenses** / Overheads pl (Gemeinkosten), Gemeinkosten pl, allgemeine Kosten pl || ~ **frog** (Rail) / Fahrdrahtweiche f, Fahrleitungsweiche f || ~ **gantry sign(s)** (Autos) / Schilderbrücke f (auf der Autobahn) || ~ **hopper** / Überflurbunker m, Hochbunker m, Oberflurbunker m || ~ **irrigation** (Agric) / Überkopfberegnung f, Überpflanzenberegnung f || ~ **irrigation tower** (Agric) / Regnerturm m, Beregnungsturm m
**overhead-line insulator** (Elec Eng) / Freileitungsisolator m, Freiluftisolator m
**overhead-line-route earth electrode** (Elec Eng) / Freileitungserder m
**overhead-line support** (Elec Eng) / Freileitungsmast m
**overhead loader** (Civ Eng) / Überkopflader m (ein Schaufellader, eine Abart des Frontladers) || ~ **materials handling** / flurfreier Materialtransport || ~ **monorail** (Rail) / H-Bahn f (eine hochgeständerte Einschienen-Hängebahn) || ~ **operation** (Comp) / organisatorische Operation (die den Ablauf eines Programms erleichtert, ohne direkt beteiligt zu sein), Routinelauf m || ~ **product** (Chem Eng) / Kopfprodukt n (das bei der Destillation über Kopf abgeht und durch Kondensation gewonnen wird), Kopfdestillat n || ~ **projector*** / Schreibprojektor m, Overheadprojektor m,

**overhead**

Arbeitsprojektor *m* (DIN 19040) ‖ ~ **railway** (Rail) / Hochbahn *f* (in Großstädten angelegte Schnellbahn, die oberhalb des Straßennetzes auf einem eigenen Bahnkörper verkehrt)
**overheadreflux** (Chem) / Rücklauf *m* am Kolonnenkopf
**overhead ropeway** / Luftseilbahn *f* (zur Beförderung von Einzellasten, Schüttgütern und auch Personen), Seilschwebebahn *f*
**overheads** *pl* / Overheads *pl* (Gemeinkosten), Gemeinkosten *pl*, allgemeine Kosten
**overhead shot** (Cinema) / Einstellung *f* von oben, Überkopfaufnahme *f* ‖ ~ **shovel loader** (Mining) / Wurfschaufellader *m*, Überkopflader *m* ‖ ~ **skidding** (For) / Schweberücken *n* ‖ ~ **sprinkling** (Agric) / Überkopfberegnung *f*, Überpflanzenberegnung *f* ‖ ~ **stope*** (Mining) / Firstenstoß *m* ‖ ~ **tank** / Hochbehälter *m* ‖ ~ **transmission line*** (Elec Eng) / Freileitung *f* (oberirdisch geführte), Oberleitung *f* ‖ ~ **transparency** / Overheadfolie *f* (mit ablösbarem Sensorstreifen), Folie *f* für Overheadprojektion ‖ ~ **traveller** (Eng) / Laufkatzenkran *m* (in Reparaturhalle) ‖ ~ **traveller** (Eng) / Brückenkran *m* (z.B. in der Montagehalle), Laufkran (ein Werkstattkran) ‖ ~ **travelling crane** (a workshop crane consisting of a girder mounted on wheels running on rails fixed along the length of the shop near the roof, and a traversing trolley or wheeled cab on the girder) (Eng) / Laufkatzenkran *m* (in Reparaturhalle) ‖ ~ **travelling crane*** (Eng) / Brückenkran *m* (z.B. in der Montagehalle), Laufkran (ein Werkstattkran) ‖ ~ **travelling crane*** (Eng) s. also shop traveller ‖ ~ **trolley conveyor** (Eng) / Kreisförderer *m* (eine Hängebahn mit Laufbahnen und -rollen, z.B. als Zubringer und Verbindungsmittel in Werkstätten) ‖ ~ **trolley wire** (Autos, Elec Eng) / Obusfahrleitungsdraht *m* ‖ ~ **turning** (Eng) / Überkopfdrehen *n* (bei dem die Spanfläche des Meißels nach unten gerichtet ist) ‖ ~ **valve*** (I C Engs) / obengesteuertes Ventil, hängendes Ventil ‖ ~-**valve engine** (I C Engs) / kopfgesteuerter Motor, obengesteuerter Motor (DIN 1940), Verbrennungsmotor *m* mit hängenden Ventilen, OHV-Motor *m*, ohv-Motor *m* ‖ ~ **watering** (Agric) / Überkopfberegnung *f*, Überpflanzenberegnung *f* ‖ ~ **welding** (Welding) / Überkopfschweißung *f*, Überkopfschweißen *n*
**overheat** *v* / überwärmen *v*, überheizen *v*, überhitzen *v* ‖ ~ (Met) / verbrennen *v*
**overheated** *adj* (Eng) / Warm-, Heiß- (Lager) ‖ ~* (Eng, Met) / überhitzt *adj*
**overheating** *n* / Überhitzung *f*, Überheizung *f* ‖ ~ (Autos) / thermische Überlastung (eines Katalysators)
**overheating-free** *adj* (Met) / überhitzungsfrei *adj*
**overheating protection** / Überhitzungsschutz *m*
**overheight detection** (Autos, Civ Eng) / Fahrzeughöhenkontrolle *f*, Fahrzeughöhenüberwachung *f* ‖ ~ **detector** (Autos, Civ Eng) / Fahrzeughöhenkontrolldetektor *m*, Fahrzeughöhenkontrollgerät *n*, Höhenkontrolle *f* (ein Detektor)
**overhouse antenna** (Radio) / Dachantenne *f* (von Haus zu Haus gespannt) ‖ ~ **antenna** (Radio) s. also roof antenna
**overhung** *adj* (Build) / überstehend *adj* (Dach) ‖ ~ (Mech) / fliegend angeordnet
**overinflation** *n* (Autos) / zu hoher Luftdruck, Überdruck *m* (der Reifen), Reifenüberdruck *m*
**overirrigation** *n* (Agric) / Überbewässerung *f*, zu reichliche Bewässerung
**overlaid** *adj* / überlagert *adj* ‖ ~ **frequency** (Telecomm) / Überlagerungsfrequenz *f*
**overlain** *adj* / überlagert *adj*
**overland flow** (Geol) / flächenhafte Abspülung durch diffusen Regenwassertransport, flächige Abtragung des Bodens durch abfließendes Regenwasser ‖ ~ **run-off** (Hyd Eng) / Oberflächenabfluss *m* (Abschwemmung), oberirdischer Abfluss (auf Bodenoberfläche - die Gesamtmenge) ‖ ~ **transport** / Landtransport *m*
**overlap** *v* (Eng) / überschieben *v*, übergreifen *v*, überdecken *v* (teilweise), überlagern *v*, überlappen *v*, übereinander greifen *v* ‖ ~ (Work Study) / sich überschneiden (z.B. zwei Operationen) ‖ ~ *n* (Automation) / Hysterese *f* (beim Zweipunktregler) ‖ ~ (Autos) / Überdeckung *f* (beim Offset-Crashtest) ‖ ~ (Bind) / übergreifende Kante (des Einbands) ‖ ~* (Elec Eng) / Überlappung *f* (bei der Kommutierung) ‖ ~ (the amount by which one riveted plate, etc., extends over another) (Eng) / Überschiebung *f*, Überlappen *n*, Überdeckung *f* (teilweise), Überlagerung *f*, Überlappung *f*, Überdecken *n*, Übereinandergreifen *n* ‖ ~ (For) / Überleimer *m* (in Sperrholz) ‖ ~* (Geol) / Überlappung *f* ‖ ~ (Maths) / Überlappung *f* ‖ ~ (Rail) / Durchrutschweg *m* (Gleisabschnitt hinter dem die Einfahrtstraße begrenzenden Signal) ‖ ~ (Textiles) / Überfall *m* (beim Textildruck), Überlappung *f* (beim Zeugdruck) ‖ ~ (of striped tubular fabric) (Textiles) / Fadenwechselstelle *f* ‖ ~ (Welding) / übergelaufenes Schweißgut ‖ ~ **angle** (Eng) / Sprungüberdeckungswinkel *m* (bei Zahnrädern) ‖ ~ **button** (Rail) / Durchrutschtaste *f* ‖ ~ **concentration** (Chem) / Überlappungskonzentration *f* ‖ ~ **fold** (Paper, Print) / Vorfalz *m*, Überfalz *m* ‖ ~ **integral** (Nuc) / Überlappungsintegral *n* (z.B. bei der Überlappung zwischen den Atomorbitalen) ‖ ~ **measure** (Comp) / Überlappungsmaß *n* (ein Ähnlichkeitsmaß bei experimentellen Dokumenten-Retrieval-Systemen)
**overlapped printing** (Comp) / überlappender Druck (bei Nadeldruckern) ‖ ~ **processing** (Comp) / überlappte Verarbeitung
**overlapping** *n* (Comp) / Overlapping *n* (während ein Operand aus dem Arbeitsspeicher geholt wird, wird bereits der nächste Befehl gelesen) ‖ ~ (Eng) / Überschiebung *f*, Überlappen *n*, Überdeckung *f* (teilweise), Überlagerung *f*, Überlappung *f*, Überdecken *n*, Übereinandergreifen *n* ‖ ~ (Met) / Überwalzung *f* (Vorgang) ‖ ~ (Textiles) / Überfall *m* (beim Textildruck), Überlappung *f* (beim Zeugdruck) ‖ ~ **integral** (Nuc) / Überlappungsintegral *n* (z.B. bei der Überlappung zwischen den Atomorbitalen) ‖ ~ (Maths) / überlappende Mengen ‖ ~ **weld** (Welding) / Überlappnaht *f* ‖ ~ **windows** (Comp) / überlappende Fenster
**overlap protective system** (Elec Eng) / gestaffeltes Schutzsystem ‖ ~ **ratio** (Eng) / Sprungüberdeckung *f* (bei Zahnrädern) ‖ ~ **span*** (Elec Eng, Rail) / Streckentrennung *f* ‖ ~ **welding** (Welding) / Überlapptschweißen *n*, Überlappschweißen *n*
**overlay** *v* (Comp, Radar) / einblenden *v* ‖ ~ (Eng) / überschieben *v*, übergreifen *v*, überdecken *v* (teilweise), überlagern *v*, überlappen *v*, übereinander greifen *v* ‖ ~ (Geol) / überlagern *v* ‖ ~ (Telecomm) / überlagern *v* ‖ ~ **n** (an obere Lage (beim Kaschieren) ‖ ~ (Build) / Nutzschicht *f* (des Fußbodens) ‖ ~ (Cartography) / Oleatenkarte *f*, Deckblattkarte *f*, Auflegblatt *n* ‖ ~ (Cinema) / Overlay-Trickmischung *f* (beim elektronischen Schnitt) ‖ ~ (Comp) / Overlay *n* (Verfahren, durch das lange Programme in Segmente aufgeteilt werden, um Speicherraum im Arbeitsspeicher zu sparen) ‖ ~ (Comp) / Überlagerung *f* (z.B. von zwei Programmsegmenten) ‖ ~* (Comp, Radar) / Einblendung *f* ‖ ~ (Eng) / Gleitschicht *f* (des Gleitlagers aus Mehrschicht-Verbundstoff) ‖ ~* (Eng) / Transparentauflage *f* (beim Zeichnen) ‖ ~ (Eng) / Überschiebung *f*, Überlappen *n*, Überdeckung *f* (teilweise), Überlagerung *f*, Überlappung *f*, Überdecken *n*, Übereinandergreifen *n* ‖ ~ (Eng) / Lagergleitschicht *f*, Gleitschicht *f* (der Gleitlagerschale), Laufschicht *f* (des Lagers) ‖ ~ (Glass, Textiles) / Oberflächenmatte *f* ‖ ~ (Plastics) / Overlay *n* (transparenter aushärtender Kunstharzfilm - z.B. zur Erhöhung der Abriebfestigkeit) ‖ ~ (Plastics) / oberste Lage, Decklage *f* (eines Schichtstoffs) ‖ ~ (Print) / Zurichtung *f* von oben, Zylinderausgleich *m* ‖ ~ (Print) / Zurichtebogen *m* (der um den Zylinder gelegt wird) ‖ ~* (TV) / Überlagerung *f* (von zwei Bildern)
**overlayable** *adj* / überlagerbar *adj*
**overlay accuracy** / Überdeckungsgenauigkeit *f* ‖ ~ **board** (Electronics) / Overlay-Karte *f* (für das Mischen von Videobild und Computerbild), Overlay-Board *m* ‖ ~ **card** (Electronics) / Overlay-Karte *f* (für das Mischen von Videobild und Computerbild), Overlay-Board *m* ‖ ~ **coating** (Paint) / Overlay-Lackierung *f* (eine Effektlackierung)
**overlayer** *n* (Surf) / Abschlussschicht *f*
**overlay file** (Comp) / Overlay-Datei *f*, Overlay-File *n* ‖ ~ **flooring** (Build, Carp) / Brettelboden *m* (A), Riemenfußboden *m*, Schiffsboden *m*
**overlaying** *adj* (Geol) / überlagernd *adj*
**overlay mask** (Electronics) / Auflagemaske *f* ‖ ~ **module** (Comp) / Overlay-Segment *n*, Überlagerungssegment *n* ‖ ~ **net** (Telecomm) / Overlay-Netz *n* ‖ ~ **painting** (Paint) / Overlay-Lackierung *f* (eine Effektlackierung) ‖ ~ **paper** (Paper) / Dekorfolie *f* ‖ ~ **paper** (Paper) / Overlay-Papier *n* (auf dekorativen Schichtpressstoffen) ‖ ~ **segment** (Comp) / Overlay-Segment *n*, Überlagerungssegment *n* ‖ ~ **structure** (Comp) / Überlagerungsstruktur *f* (Möglichkeit, Programmsegmente zu überlagern) ‖ ~ **tag** (which performs on-the-fly changes to HTML files before, during or after the HTML file is sent to the user) (Comp) / Overlay-Tag *n*, Otag *n* ‖ ~ **transistor** (Electronics) / Overlay-Transistor *m* (mit mehreren Emitterzonen, die parallel geschaltet sind - DIN 41855) ‖ ~ **welding** (Welding) / Auftragsschweißen *n* (Aufschweißen von Zusatzstoff nach DIN 1910-1)
**overleaf** *n* (Bind, Print) / nächste Seite ‖ ~ *adv* (Print) / umstehend *adv*, umseitig *adv*
**overlie** *v* / darüberliegen *v*, überlagern *v*
**overlime** *v* (Agric) / überkalken *v*
**overline bridge** (Rail) / Bahnunterführung *f*
**overload** *v* (Elec Eng, Mech) / überladen *v*, überbelasten *v*, überlasten *v* ‖ ~ *n* (Elec Eng) / Überlast *f* (Zustand eines elektrischen Stromkreises) ‖ ~* (Elec Eng) / Überlast *f*, Überladung *f* ‖ ~ (Elec Eng, Mech) / Überbelastung *f* ‖ ~ (Mech) / Überlast *f*, Überlastung *f* ‖ ~ **capability** (Elec Eng, Mech) / Überlastbarkeit *f*, Überlastungsfähigkeit *f* ‖ ~ **capacity** (Elec Eng, Mech) / Überlastbarkeit *f*, Überlastungsfähigkeit *f* ‖ ~ **circuit breaker** (Elec Eng) / Überlastausschalter *m*, Überlastschalter *m* ‖ ~ **coupling** (specially designed so that when a

preset torque is exceeded the transmission of power is terminated) (Eng) / Überlastkupplung f, Überlastsicherungskupplung f ‖ ~ **current** (Elec Eng) / Überlaststrom m
**overloaded stream** (Ecol) / überlasteter Fluss (mit transportierten Stoffen)
**overloader** n (Civ Eng) / Überkopflader m (ein Schaufellader, eine Abart des Frontladers) ‖ ~ (Eng) / Zusatzfeder f
**overload factor** (Elec Eng, Radio) / Überlastfaktor m ‖ ~ **fracture** (Tools) / Gewaltbruch m (bei einsinniger Belastung)
**overloading** n (Elec Eng, Mech) / Überbelastung f
**overload prevention** / Überlastabwehr f
**overload-proof** adj (Elec Eng, Mech) / überlastfest adj, überlastbar adj, überlastungsfähig adj
**overload protection** (Elec Eng) / Überlastschutz m (im weiteren Sinne) ‖ ~ **protection** (Eng) / Überlastungssicherung f (bei Pressen) ‖ ~ **protection** (Teleph) / Schutz m gegen hohes Verkehrsaufkommen ‖ ~ **protection spring** (Eng) / Überlastungsfeder f ‖ ~ **protective system**\* (Elec Eng) / Überstromschutz m (Gesamtheit der Maßnahmen zum Schutz elektrischer Anlagen und Geräte gegen die Folgen von Überströmen) ‖ ~ **protective system**\* (Elec Eng) / Überlastschutz m (im weiteren Sinne) ‖ ~ **relay** (Elec Eng) / Überlastrelais n ‖ ~ **relay**\* (Elec Eng) / Überstromrelais n, Maximalstromrelais n, Höchststromrelais n ‖ ~ **release** (Elec Eng) / Überlastauslöser m ‖ ~ **release**\* (Elec Eng) / Überstromauslöser m (ein Messauslöser, der bei Überschreiten eines bestimmten Stromwertes anspricht) ‖ ~ **spring** (Eng) / Zusatzfeder f ‖ ~ **valve** (Eng) / Überbelastungsventil n
**overlock** v (Textiles) / umstechen v, überwendlich nähen ‖ ~ (Textiles) / beketteln v ‖ ~ attr (Textiles) / überwendlich adj ‖ ~ **machine** (Textiles) / Überwendlingmaschine f, Overlock-Nähmaschine f, Überwendlichmaschine f ‖ ~ **seam** (Textiles) / Überwendlingsnaht f, überwendliche Naht, Überwendlichnaht f ‖ ~ **stitch** (Textiles) / Überwendlingstich m, Überwendlichstich m
**overlubricate** v / überschmieren v
**overlying** adj / Deck-, überlagernd adj, darüberliegend adj (im Allgemeinen)
**overman** n (pl. overmen) / Fahrsteiger m (der zum Baggerpersonal gehört) ‖ ~ (pl. overmen) (Mining) / Steiger m
**overman**\* n (pl. overmen) (Mining) / Fahrsteiger m (der eine Fahrabteilung führt)
**overmatching** n (Telecomm) / Überanpassung f
**overmatter** n (Typog) / Streichsatz m, Übersatz m
**overmine** v (Mining) / Raubbau treiben
**overmining** n (Mining) / Raubbau m, unsystematischer Abbau
**overmoded waveguide** (Telecomm) / übermodierter Wellenleiter
**overmodified** adj (Brew) / überlöst adj (Malz)
**overmodulation**\* n (Radio) / Übermodulation f
**overnight rate** (Telecomm) / Nachttarif m
**overoxidation** n (Chem) / Überoxidation f, Überoxidierung f ‖ ~ (Chem Eng, Met) / Überfrischen n, Überfrischung f, Überoxidation f, Überoxidierung f
**overpass** n (Autos, Civ Eng) / höhenfreie Kreuzung, überschneidungsfreie Kreuzung, Kreuzungsbauwerk n ‖ ~ (Civ Eng) / Überführung f (ein Verkehrsweg, der als Brücke über eine Eisenbahn-, Straßenbahnlinie oder eine Straße hinwegführt) ‖ ~ (US) (Civ Eng) / Fly-over m (Hochstraße), Straßenüberführung f, Überführung f ‖ ~ (US) (Civ Eng, Rail) / Gleisüberführung f
**overpick** n (Weaving) / Oberschlag m (heute restlos veraltet), oberer Schützenschlag
**overpickle** v (Chem) / überbeizen v (im Allgemeinen)
**overpickling** n (Chem) / Überbeizung f
**overpick loom** (Weaving) / Oberschläger m, Oberschlagwebstuhl m (mit oberem Schützenschlag)
**overpigment** v (Paint) / überpigmentieren v
**overplot** n (Eng) / Zeichnungsüberlagerung f (bei der numerischen Steuerung)
**overplugging** n / [manuelles] Aufschalten n
**overpoled copper**\* (Met) / überpoltes Kupfer (zu viel Sauerstoff entfernt)
**overpopulation** n (Ecol) / Übervölkerung f, Überbevölkerung f ‖ ~ (Phys) / Überbesetzung f (eines Energieniveaus)
**overpotential** n (Elec Eng) / Überspannung f (Scheitelwert der Spannung gegen Erde, der größer ist als der normale Scheitelwert der entsprechenden höchsten Netzspannung) ‖ ~ (Elec Eng) / irreversible Polarisation, Überspannung f (ein Elektrodenvorgang)
**overpower protection** (Elec Eng) / Leistungsbegrenzungsschutz m für Überlast ‖ ~ **transient accident** (Nuc Eng) / Überlaststörfall m
**overpress** v (Glass) / überpressen v
**overpressure** n (Phys) / Überdruck m (atmosphärische Druckdifferenz nach DIN 1314), Manometerdruck m (statischer Druck in einem geschlossenen Raum gegenüber der Umgebung) ‖ ~ **thin-layer chromatography** (Chem) / Überdruck-Dünnschichtchromatografie f,
OPTLC (Überdruck-Dünnschichtchromatografie), OPTLC-Technik f
**overpressurized** adj / unter Überdruck stehend
**overprint** v (Print) / aufdrucken v ‖ ~ n (Print) / Aufdruck m ‖ ~ (Print, Textiles) / Überdruck m (Deckdruck)
**overprinter** n (Print) / Eindruckmaschine f
**overprinting** n (Print) / Übereinanderdrucken n (von mehreren Zeichen)
**overprint reserve** (Textiles) / Überdruckreserve f
**overproduce** v / überproduzieren v ‖ ~ (Oils) / überfördern v
**overproof**\* n (Chem, Nut) / Branntwein m von 57,10 + x Vol.-% Alkoholgehalt ‖ ~\* (Chem, Nut) / Alkoholgehalt über 57,10 Vol.-% ‖ ~\* adj (Nut) / hochprozentig adj (Alkohol)
**overpump** v / zu viel pumpen
**overpumping** n (Hyd Eng) / übermäßige Entnahme des Brunnenwassers
**overpunch** v (Comp) / überstanzen v, überlochen v ‖ ~ n (Comp) / Überloch n (der Lochkarte), Zonenlöschung f
**overrange** n (Radio) / Überreichweite f ‖ ~ attr / bereichsüberschreitend adj (z.B. Messergebnisse)
**overreach** n (Radio) / Überreichweite f ‖ ~ **interference** (Radio) / Überreichweitenstörung f
**overrefined** adj (Met) / übergar adj (Stahl)
**overrev** v (Autos) / überdrehen v (Motor)
**overrich mixture** (Autos, I C Engs) / zu fettes Gemisch
**override** v / sich schieben v (über), aufgleiten v ‖ ~ n (Automation) / Eingriff m (in einen automatischen Vorgang) ‖ ~ (Automation, Eng) / Übersteuerung f ‖ ~ (Eng) / Override m (in NC-Steuerungen) ‖ ~ (Eng) / Übersteuerung f (der Totlage) ‖ ~ **control** (Automation) / Steuerung f durch äußeren Eingriff, Korrektursteuerung f
**overrider** n (GB) (Autos) / Stoßstangenhorn n
**override switch** (Eng) / Override-Schalter m (bei einer IR-Steuerung) ‖ ~ **switch** (Eng) / Override-Schalter m (zur Korrektur von programmierten Vorschubwerten und Drehzahlen durch den Bediener - bei NC-Steuerungen), Korrekturschalter m
**overriding process control** (Automation) / Überhol-Prozesssteuerung f, Korrektur-Prozesssteuerung f
**overrigid**\* adj (Mech) / statisch überbestimmt
**overripe** adj (Nut) / überreif adj, zu reif
**overrun** v (Aero) / überrollen v ‖ ~ (Eng) / überlaufen v (eine Endstellung überfahren) ‖ ~ n (Aero) / Überrollen n ‖ ~ (Autos) / Schiebebetrieb m (durch Lastwechsel ausgelöste Fahrzeugverzögerung) ‖ ~ (Autos) / Auflaufen n (des Anhängers) ‖ ~ (Eng) / Überlauf m (z.B. des Hobelmeißels) ‖ ~ (e.g. of sawn wood) (For) / Überschuss m (z.B. Schnittholz), Mehrausbeute f ‖ ~ (For) / höhere Schnittholzausbeute (als rechnerisch ermittelt) ‖ ~\* (Typog) / Umlaufen n ‖ ~ **cut-off** (Autos) / Schubabschaltung f (elektronische Unterbrechung der Kraftstoffzufuhr im Schiebebetrieb) ‖ ~ **fitting for windows** (Build) / Fensterstütze f, Auflaufbock m (ein Beschlag)
**overrunning clutch** (Autos) / Schaltfreilauf m (im Automatikgetriebe), Freilauf m ‖ ~ **clutch** (Eng) / Überholkupplung f, Überholungskupplung f (die entkuppelt, wenn die Abtriebsdrehzahl vorübergehend größer ist als die Antriebsdrehzahl) ‖ ~ **clutch drive** (Autos) / Freilaufgetriebe n (Baugruppe, einschließlich Freilauf des Starters)
**overs** pl (Eng) / Siebüberlauf m, Überkorn n (DIN 66100), Grobgut n, Siebrückstand m, Siebgrobes n, Rückstandsfraktion f (bei der Siebanalyse) ‖ ~ (Min Proc) / Überlaufprodukt n, Überlauf m (beim Klassieren) ‖ ~\* (Print) / Druckzuschuss m, Zuschuss m (Bogen, die über die Anzahl der Auflagebogen hinaus in allen Druckverfahren für das Einrichten der Druckmaschine und als Ersatz für technisch bedingten Ausschuss benötigt werden)
**oversailing courses** (Arch, Build) / auskragende Ziegelschichten, Überkragungsschichten f pl, Kragschichten f pl (von Ziegelsteinen im Mauerwerk)
**oversampling** n (Acous, Electronics) / Oversampling n (Mehrfachabtastung des pulskodemodulierten Signals bei der Wiedergabe einer Tondarbietung durch einen CD-Player durch Anwendung eines um den Faktor 2 oder 4 erhöhten Abstastrate) ‖ ~ (Electronics) / Abtasten n des digitalen CD-Signals mit einem Mehrfachen der ursprünglichen Frequenz ‖ ~ (Radar) / Überabtastung f (zur Superauflösung bei hohem Signal-Rausch-Verhältnis)
**oversaturate** v (Chem, Phys) / übersättigen v ‖ ~ (Nut) / übersaturieren v (bei der Zuckerherstellung)
**oversaturated rock**\* (Geol) / übersättigtes Gestein
**oversaturation** n (Chem, Phys) / Übersättigen n, Übersättigung f (ein metastabiler Zustand) ‖ ~ (Nut) / Übersaturation f (bei der Zuckerherstellung)
**overscanning** (Radar) / Überabtastung f (zur Superauflösung bei hohem Signal-Rausch-Verhältnis) ‖ ~\* n (TV) / Nutzflächenüberschreitung f

**oversea** *adj* (Ocean) / überseeisch *adj*, Übersee-, transmarin *adj*
**overseas** *adj* (Ocean) / überseeisch *adj*, Übersee-, transmarin *adj* || ~ **market** / überseeischer Markt, Überseemarkt *m* || ~ **timber** (exotic timber) (For) / Überseeholz *n* (tropische und subtropische Holzarten)
**overseer** *n* (Bind, Typog) / Faktor *m* || ~ (Eng) / Vorarbeiter *m*, Partieführer *m* (A)
**overset matter** (Typog) / Streichsatz *m*, Übersatz *m*
**oversewing** *n* (Textiles) / Endeln *n*, Zickzackarbeit *f*, Kurbelarbeit *f* || ~ **machine** (Bind) / Heftmaschine *f* (die mit schräggestellten Nadeln die Blattpapierpacken durchsticht)
**oversheath** *n* (Cables) / äußere Schutzhülle, Außenschutz *m*, Schutzhülle *f* (nichtmetallische extrudierte äußere Hülle zum Schutz eines Metallmantels)
**oversheets** *pl* (Print) / Druckzuschuss *m*, Zuschuss *m* (Bogen, die über die Anzahl der Auflagebogen hinaus in allen Druckverfahren für das Einrichten der Druckmaschine und als Ersatz für technisch bedingten Ausschuss benötigt werden)
**overshoe** *n* / [Schutz-]Überschuh *m*, Sicherheitsschuh *m* || ~ (Aero) / Gummihaut *f* (der Vorderkanten, die zur mechanischen Enteisung dient)
**overshoot** *v* (runway end by aircraft, traffic sign by car) / überfahren *v* (eine rote Ampel, ein Haltesignal, ein Stoppschild) || ~ (Aero) / zu weit kommen (bei der Landung) || ~ (Automation) / überregeln *v*, überschwingen *v* || ~ (Phys) / überschwingen *v* (positiv), hinausschießen *v* (über) || ~ (Space) / die obere Grenze des Wiedereintrittskorridors überschreiten || ~ *n* / Überschwingweite *f* (größte vorübergehende Regelabweichung beim Einschwingvorgang) || ~ (Automation) / Regelbereichsüberschreitung *f* || ~* (Automation) / Überschwingung *f*, Überschwingen *n*, Überregeln *n*, Überregelung *f* || ~ (Elec Eng) / Überschwingen *n*, temporäre Überspannung || ~ (Eng) / Überlauf *m* (Überfahren einer Zielposition bei der numerischen Steuerung) || ~ (Instr) / Ausschlag *m*, Ausschlagen *n* (bei Zeigern) || ~* (Phys) / Überschwingen *n* (positives), Hinausschießen *n* (über) || ~ (Radio) / Überreichweite *f* || ~ (Radio) / Überschwingen *n* (Impuls) || ~ **factor** (Electronics) / Übersteuerungsfaktor *m* (im Schaltbetrieb bei Bipolartransistoren)
**overshot** *n* (Oils) / Overshot *m n* (ein Fanggerät), Fangwerkzeug *n* (zur Entfernung von abgebrochenen oder festsitzenden Bohrköpfen und Bohrgestängeteilen insbesondere bei Großbohrlöchern) || ~ **duct*** (Print) / oberschlächtiger Farbkasten, Filmfarbkasten *m* || ~ **ink fountain*** (Print) / oberschlächtiger Farbkasten, Filmfarbkasten *m* || ~ **tool*** (Oils) / Overshot *m n* (ein Fanggerät), Fangwerkzeug *n* (zur Entfernung von abgebrochenen oder festsitzenden Bohrköpfen und Bohrgestängeteilen insbesondere bei Großbohrlöchern) || ~ **wheel*** (a waterwheel) (Hyd Eng) / oberschlächtiges Wasserrad
**overside delivery** (Ships) / Außenbordanlieferung *f*
**oversite concrete*** (Build) / Betonfundamentplatte *f* (bei einer Plattengründung) || ~ **concrete*** (Build, Civ Eng) / Unterbettungsbeton *m*
**oversize** *v* (Eng) / überbemessen *v*, überdimensionieren *v* || ~ *n* (Eng) / Siebüberlauf *m*, Überkorn *n* (DIN 66100), Grobgut *n*, Siebrückstand *m*, Siebgrobes *n*, Rückstandsfraktion *f* (bei der Siebanalyse) || ~ (Eng) / Übermaß *n* (bei der Überdimensionierung), Übergröße *f* || ~ (Paint) / Überkorn, das bei der Windsichtung von Füllstoffen oder anderen Teilchenmaterialien auftritt) || ~ (Print) / Überformat *n*
**oversized** *adj* (Textiles) / überweit geschnitten, oversized *adj* (größer als tatsächlich nötig, mit bequemer Weite || ~ **piston** (Eng) / Übermaßkolben *m*
**oversize page** (Comp) / Großformatseite *f* || ~ **piston** (Eng) / Übermaßkolben *m*
**oversizing** *n* (Eng) / Überbemessung *f*, Überdimensionierung *f* (Methode zur Erhöhung der Sicherheit von Geräten, Maschinen, Bauwerken u. Ä.)
**overslung leaf spring** (Autos) / über der Achse liegende Blattfeder
**overspeed** *v* (Autos) / überdrehen *v* (Motor) || ~ *n* (Elec Eng, Eng) / Überdrehzahl *f*, Schleuderdrehzahl *f* || ~ (any speed in excess of rated speed) (Eng) / Übergeschwindigkeit *f*
**overspeeding** *n* (Eng) / Durchgehen *n* (des Motors)
**overspeed limiter** (Eng, I C Engs) / Drehzahlbegrenzer *m* || ~ **monitor** (Eng) / Drehzahlwächter *m* (für zu hohe Drehzahl) || ~ **protection*** (Elec Eng) / Schleuderschutz *m*, Durchgehschutz *m*, Überdrehzahlschutz *m* || ~ **protection** (Rail) / Geschwindigkeitsüberwachung *f* (bei der Zugbeeinflussung) || ~ **test** (Eng) / Schleuderprüfung *f* (von Rotationskörpern durch Fliehkraftbeanspruchung)
**overspill** *n* (Ecol) / Einwohnerüberschuss *m* (z.B. in den Sanierungsgebieten der Städte) || ~ (Radio, TV) / Overspill *m* (Einstrahlen von Programmen über politische Grenzen)
**overspray** *n* (Paint) / Lacknebelverlust *m* (beim Spritzlackieren), Spritzverlust *m*, Overspray *m n*, Lackverlust *m* durch Spritznebel

(und durch die das Objekt verfehlenden Spritzstrahlen), Übersprühverlust *m* || ~ **loss** (Paint) / Lacknebelverlust *m* (beim Spritzlackieren), Spritzverlust *m*, Overspray *m n*, Lackverlust *m* durch Spritznebel (und durch die das Objekt verfehlenden Spritzstrahlen), Übersprühverlust *m*
**overspun** *adj* (Spinning) / überdreht *adj* (Garn - ein Fehler) || ~ **wire*** (Acous) / umsponnene Stahlsaite (mit Kupferdraht)
**oversquare** *adj* (I C Engs) / kurzhubig *adj*, unterquadratisch *adj* (Motor, wenn das Verhältnis Hub und Bohrung kleiner als 1 ist) || ~ **engine** (I C Engs) / Kurzhuber *m*, Kurzhubmotor *m*
**overstability** *n* (Mech) / Überstabilität *f*
**overstaffing** *n* (Work Study) / Überbesetzung *f* (personelle)
**oversteep** *v* (Brew) / überweichen *v* (Malz)
**oversteepened** *adj* (Geol) / übersteilt *adj* (Wand)
**oversteeping** *n* (of malt) (Brew) / Überweiche *f*
**oversteer*** *n* (Autos) / Übersteuerung *f* (bei kurvenwilligen Fahrzeugen)
**overstove** *v* (Paint) / überbrennen *v*
**overstrain** *v* (Eng) / überlasten *v* (mit Formänderung) || ~* *n* (the result of stressing an elastic material beyond its yield point) (Eng) / Überlastung *f* (mit Formänderung)
**overstress** *v* (Eng) / überbeanspruchen *v* || ~ *n* (Eng) / Überbeanspruchung *f*
**overstressed area** (Civ Eng) / Bereich *m* erhöhter Spannung (Bodenmechanik)
**overstretch** *v* (Eng) / überdehnen *v* (z.B. Seilzug)
**overstrike mode** (Comp) / Überschreibmodus *m* (beim Editieren von Texten)
**overstriking** *n* / Doppelanschlag *m* (auf der Schreibmaschine) || ~ (Glass) / Lebrigwerden *n* (Stadium des Anlaufprozesses bei Anlaufgläsern) || ~ (Print) / Übereinanderdrucken *n* (von mehreren Zeichen) || ~ (Print) / Kombinationsdruck *m* (mehrere Zeichen übereinander)
**overswing diode** (Electronics) / Energieabsorptionsdiode *f*
**overtake** *v* (Autos) / überholen *v* (ein anderes Fahrzeug) || ~ **on the left** (Autos) / links überholen || ~ **on the right** (Autos) / rechts überholen
**overtaking, no** (Autos) / Überholverbot (ein Verkehrszeichen) || ~ **lane** (Autos) / Überholspur *f*
**overtannage** *n* (Leather) / Übergerbung *f*
**over-the-counter** *attr* (Pharm) / rezeptfrei *adj*, nicht verschreibungspflichtig || ~ **drug** (Pharm) / Over-the-Counter-Arzneimittel *n* (apotheken-, aber nicht rezeptpflichtiges Medikament), OTC-Produkt *n* (ein Arzneimittel), OTC-Präparat *n*
**over-the-horizon hitting accuracy** (Mil) / Überhorizonttreffgenauigkeit *f*
**over-the-horizon propagation** (Radio) / Transhorizontausbreitung *f* (eine Funkwellenausbreitung), Überhorizontausbreitung *f* (auf der Scatterstrecke)
**over-the-horizon radar** (Radar) / Überhorizontradar *m n*
**over-the-shoulder bombing** (Mil) / Bombenschulterwurf *m* || ~ **shot** (Cinema) / Aufnahme *f* über die Schulter (des Schauspielers)
**over-the-top flight** (Aero) / Flug *m* über den Wolken || ~ **flight** (Aero) / Flug *m* über den Wolken
**overthrow** *n* (Mining) / Wetterbrücke *f* (meist bei flözgeführter Ausrichtung), Wetterkreuz *n*
**overthrust*** *n* (Geol) / Überschiebung *f* (Falten-, Schollen-), Übersprung *m* (kleiner als 45° ) || ~ **fault** (Geol) / Überschiebung *f* (Falten-, Schollen-), Übersprung *m* (kleiner als 45° )
**overtighten** *v* (Eng) / überdrehen *v* (Mutter), überziehen *v* (Mutter)
**overtile** *n* (Build) / Mönchziegel *m*, Mönch *m* (für die Mönch- und Nonnendeckung)
**overtime** *n* (Work Study) / Überstunden *f pl* || ~ **bonus** (Work Study) / Überstundenzuschlag *m* || ~ **pay** (Work Study) / Überstundenvergütung *f* || ~ **premium** (Work Study) / Überstundenzuschlag *m*
**overtitrate** *v* (Chem) / übertitrieren *v*
**overtone*** *n* (Acous) / Oberton *m* (ein Teilton, der Schwingungszahlen hat, die n-mal so groß sind wie die Frequenz des Grundtones; wichtig für die Klangfarbe), Nebenton *m* || ~ (Paint) / Vollton *m*, Purton *m* (bei einer deckenden Schicht) || ~ (Textiles) / deckender Farbton || ~* (Acous) s. also harmonic || ~ **band** (Acous) / Oberschwingungsbande *f*
**overtopping** *n* (Hyd Eng) / Überflutung *f* (einer Dammkrone)
**overtravel** *v* (Eng) / überfahren *v* (bei numerischer Steuerung) || ~ *n* (Elec Eng) / Nachlauf *m* (des bewegbaren Schaltstücks) || ~ (Mil) / Überfahren *n* (der Abzugstellung, indem es zum Abfeuern der Patrone kommt) || ~ (Mining) / Zuhochtreiben *n*, Übertreiben *n* (des Förderkorbes)
**overtraverse** *v* (Eng) / überfahren *v* (bei numerischer Steuerung)
**overturn** *v* (Mech) / umkippen *v*, kippen *v* || ~ *vi* (Autos) / sich überschlagen || ~ *vt* / umwerfen *v*, umstürzen *vt*, umstoßen *v*
**overturned fold** (Geol) / überkippte Falte

**overturning moment** (Mech) / Kippmoment *n* (bei der Berechnung der Standsicherheit)
**overtwist** *v* (Spinning) / überdrehen *v*
**overtwisted** *adj* (Spinning) / überdreht *adj* (Garn - ein Fehler)
**overtwisting** *n* (Spinning) / Überdrehen *n*
**overtype** *v* / übertippen *v* (auf der Schreibmaschine), neu schreiben (auf der Schreibmaschine) ‖ ~ **coupler** (Eng) / Seilbahnkuppler *m* mit obenliegendem Zugseil, Oberseilapparat *m*
**overuse** *v* / überbenutzen *v* (missbräuchlich) ‖ ~ *n* / Überbenutzung *f* (missbräuchliche)
**overveneer** *v* (For, Join) / überfurnieren *v* (mit einem Edelfurnier)
**overvoice** *n* (Telecomm) / Overvoice *f* (Einspeisung von Signalisierungsdaten in Frequenzbereiche oberhalb des Sprachbandes bei 3850 Hz)
**overvoltage*** *n* (Elec Eng) / Überspannung *f* (Scheitelwert der Spannung gegen Erde, der größer ist als der normale Scheitelwert der entsprechenden höchsten Netzspannung) ‖ ~* (Elec Eng) / irreversible Polarisation, Überspannung *f* (ein Elektrodenvorgang) ‖ ~ **category** (Elec Eng) / Überspannungskategorie *f* ‖ ~ **crowbar** (Elec Eng) / Überspannungs-Crowbar-Schutz *m* (eine Schaltung, die den Ausgang eines Netzgerätes steuert) ‖ ~ **protection** (Elec Eng) / Überspannungsschutz *m* (Gesamtheit der Maßnahmen zum Schutz von Leitungen, Anlagen und Betriebsmitteln gegen Überspannung) ‖ ~ **protective device*** (Elec Eng) / Überspannungsschutzeinrichtung *f*, Überspannungsschutz *m* (Einrichtung, die Schutz vor Spannungen bietet, die über die zulässige Normalspannung hinausgehen) ‖ ~ **protective system** (Elec Eng) / Überspannungsschutz *m* (Gesamtheit der Maßnahmen zum Schutz von Leitungen, Anlagen und Betriebsmitteln gegen Überspannung) ‖ ~ **relay** (Elec Eng) / Überspannungsrelais *n* ‖ ~ **release*** (Elec Eng) / Überspannungsauslösung *f* ‖ ~ **test** (Elec Eng) / Hochspannungsprüfung *f* ‖ ~ **threshold** (Elec Eng) / Überspannungsansprechgrenze *f* ‖ ~ **tripping** (Elec Eng) / Überspannungsauslösung *f*
**overvulcanize** *v* (Chem Eng) / übervulkanisieren *v* (Kautschuk)
**overwet** *v* / überfeuchten *v*
**overwind** *v* (Mining) / überfahren *v*
**overwinding** *n* (Mining) / Zuhochtreiben *n*, Übertreiben *n* (des Förderkorbes)
**overwing exit** (Aero) / Notausstieg *m* über den Tragflächen
**overwinter** *v* (Agric, Bot, Zool) / überwintern *v*
**overwrap** *n* (Nut) / Stützhülle *f* (Zweitverpackung), Zweitverpackung *f*
**overwrite** *v* (Comp) / überschreiben *v* (gespeicherte Informationen durch neue ersetzen)
**overwrite-type virus** (Comp) / überschreibender Virus
**overwriting*** *n* (Comp) / Überschreiben *n* ‖ ~ **error** (Comp) / Fehler *m* durch Überschreiben ‖ ~ **virus** (Comp) / überschreibender Virus
**ovicide** *n* (Chem) / Ovizid *n* (eiabtötendes Schädlingsbekämpfungsmittel)
**oviform** *adj* / eiförmig *adj*, ovoidisch *adj*, ovoid *adj*, ovaloid *adj*
**oviposition** *n* (For, Zool) / Eiablage *f*
**ovoid** *adj* / eiförmig *adj*, ovoidisch *adj*, ovoid *adj*, ovaloid *adj*
**ovoidal** *adj* / eiförmig *adj*, ovoidisch *adj*, ovoid *adj*, ovaloid *adj*
**ovolo*** *n* (pl. ovoli or ovolos) (Arch) / Eierstab *m* (ein ionisches Kymation)
**ovolo moulding** (Arch) / Eierstab *m* (ein ionisches Kymation)
**ovonic device** (Comp, Electronics) / Ovonic-Bauteil *n* (meistens Glashalbleiterbauelement) ‖ ~ **memory** (Comp) / Ovonic-Speicher *m*, Ovonik-Speicher *m*
**Ovonics** *n* (Electronics) / Ovonik *f* (Schaltelemente aus amorphem Halbleitermaterial, meist passend dotiertem Glas)
**ovonic store** (Comp) / Ovonic-Speicher *m*, Ovonik-Speicher *m*
**OVPO process** (outside vapour-phase oxidation) (Glass) / OVPO-Verfahren *n* (zur Herstellung von Vorformen durch Glasabscheidung auf der Außenseite eines rotierenden Stabes)
**Ovrn** (overrun) (Aero) / Überrollen *n*
**Ovshinsky device** (Comp, Electronics) / Ovonic-Bauteil *n* (meistens Glashalbleiterbauelement)
**ovulation inhibitor** (Pharm) / Kontrazeptivum *n* (pl. -tiva), Antifertilitätspräparat *n*, Ovulationshemmer *m*, Empfängnisverhütungsmittel *n* (meistens hormonales)
**OW** (one-way communication) (Radio) / Einwegverkehr *m*
**O/W emulsion** (Chem, Pharm) / Öl-in-Wasser-Emulsion *f*, Ö/W (Öl-in-Wasser-Emulsion)
**Owen bridge*** (a 4-arm alternating-current bridge in which one arm, adjacent to the unknown inductor, comprises a capacitor and resistor in series) (Elec Eng) / Owen-Brücke *f* (eine Induktivitätsmessbrücke), Owen-Messbrücke *f*
**Owens process** (Glass) / Owens-Verfahren *n* (ein Saug-Blas-Verfahren zur maschinellen Herstellung von Hohlglas nach M.J. Owens, 1859-1923)
**OWG** (optical waveguide) (Telecomm) / Lichtwellenleiter *m*

**own brand** (a product manufactured specially for a retailer and bearing the retailer's name) / Hausmarke *f* (einer Einzelhandelsfirma) ‖ ~ **consumption** / Eigenverbrauch *m* ‖ ~ **ends*** (Bind, Print) / Vorsatz *n m* (wenn das erste Blatt des vorderen bzw. das letzte Blatt des hinteren Bogens als Vorsätze benutzt werden)
**owner** *n* / Eigentümer *m* ‖ ~ (Comp) / "Herr der Daten", Halter *m* (der Datenbank) ‖ **provided by the** ~ (Build) / bauseitig *adj* (Leistungen) ‖ ~ **draw version** (Comp) / Owner-Draw-Version *f* (von einem Standard-Steuerelement abgeleitetes, nicht modifiziertes Steuerelement)
**own exchange** (Telecomm, Teleph) / eigene Vermittlungsstelle, amtsinterne Vermittlungsstelle
**own-exchange call** (Teleph) / amtsinterne Verbindung
**own filling** (Mining) / Eigenversatz *m*, Eigenberge *m pl* (für Eigenversatz) ‖ ~ **navigation** (Nav) / Eigennavigation *f* ‖ ~ **weight** / Eigenmasse *f*
**OW unit** (Acous) / Sabin *n* (eine alte Einheit der Schallabsorption)
**OX** (longitudinal axis) (Aero) / x-Achse *f* (des Flugzeugs), Längsachse *f*
**oxacillin** *n* (an antibiotic drug made by chemical modification of penicillin and used to treat bacterial infections) (Pharm) / Oxacillin *n* (internationaler Freiname für das synthetische Antibiotikum 5-Methyl-3-phenyl-4-isoxazolyl-penicillin)
**oxadiazole** *n* (Chem) / Oxadiazol *n*
**oxalacetic acid** (Chem) / Oxobernsteinsäure *f*, Oxalessigsäure *f*, Oxobutandisäure *f*
**oxalate*** *n* (Chem) / Oxalat *n* (Salz der Oxalsäure bzw. Oxalsäureester) ‖ ~ **coating** (of metals) / Oxalatieren *n* (Herstellen einer Schicht, die im wesentlichen aus Oxalaten besteht, durch Behandeln von Metallen mit sauren, oxalathaltigen Lösungen - DIN 50902), Oxalieren *n* ‖ ~ **lubricant** / Oxalatschmiermittel *n*
**oxalic acid*** (Chem) / Oxalsäure *f*, Kleesäure *f*, Ethandisäure *f*
**oxalic-acid ester** (Chem) / Oxalsäureester *m*
**oxalite** *n* (Min) / Oxalit *m*, Humboldtin *m* (ein Eisenoxalat)
**oxaloacetic acid** (Chem) / Oxobernsteinsäure *f*, Oxalessigsäure *f*, Oxobutandisäure *f*
**oxaluric acid** (Chem) / Oxalursäure *f* (Ethandisäuremonoureid)
**oxalyl chloride** (Chem) / Oxalsäuredichlorid *n*, Oxalylchlorid *n*
**oxalylurea** *n* (Chem) / Parabansäure *f*, Oxalylharnstoff *m*, Imidazolidintrion *n*
**oxamide*** *n* (Agric, Chem) / Oxalsäurediamid *n*, Oxamid *n* (ein Depotdünger), Oxalamid *n*
**oxazine** *n* (Chem) / Oxazin *n* (heterozyklische Verbindung, die außer Stickstoff noch Sauerstoff im Ring enthält) ‖ ~ **dyestuffs** (Chem) / Oxazinfarbstoffe *m pl* (Derivate des Phenoxazins), Phenoxazinfarbstoffe *m pl* ‖ ~ **pigments** (Chem) / Oxazinfarbstoffe *m pl* (Derivate des Phenoxazins), Phenoxazinfarbstoffe *m pl*
**oxazoles** *pl* (Chem) / Oxazole *n pl* (zweifach ungesättigte fünfgliedrige heterozyklische Verbindungen, die je ein O- und ein N-Atom in 1,3-Stellung zueinander enthalten)
**oxazolidine** *n* (Chem, Pharm) / Oxazolidin *n*
**oxbow** *n* (Geog, Hyd Eng) / Altwasserarm *m* (z.B. nach dem Mäanderdurchbruch), Altwasser *n* ~ (a bend in a river) (Hyd Eng) / Flussschlinge *f* (bei Mäandern), Flussschleife *f* (bei Mäandern) ‖ ~ **lake*** (Geog, Hyd Eng) / Altwassersee *m* (charakteristischer Seentyp in den Niederungen von Deltaregionen und großen Strömen - wenn die Flussschlinge vollständig vom Fließgewässer abgetrennt ist)
**oxepines** *pl* (Chem) / Oxepine *n pl* (dreifach ungesättigte siebengliedrige Ringverbindungen mit einem O-Atom)
**oxetanes** *n* (Chem) / Oxetane *n pl* (gesättigte viergliedrige, ein O-Atom enthaltende Ringverbindungen)
**ox-eye*** *n* (Build) / Ochsenauge *n* (kreisförmiges oder ovales Fenster), Œil-de-Bœuf *n* (rundes oder ovales Dachfenster)
**oxford** *n* (a type of lace-up shoe with a low heel) / Blattschnittschnürschuh *m*, Oxford-Schuh *m* ‖ ~ (a thick plain-weave, warp-striped cotton fabric chiefly used to make shirts) (Textiles) / Oxford *n* (bunt gewebter Baumwollstoff in Leinwandbindung für Herrenhemden) ‖ ~ **blue** / echtes Blau (Dunkelblau) ‖ ~ **chrome** (Paint) / gelber Ocker ‖ ~ **cloth** (Textiles) / Oxford *n* (bunt gewebter Baumwollstoff in Leinwandbindung für Herrenhemden) ‖ ~ **shirting*** (Textiles) / Oxford *n* (bunt gewebter Baumwollstoff in Leinwandbindung für Herrenhemden) ‖ ~ **shoe** / Blattschnittschnürschuh *m*, Oxford-Schuh *m*
**ox-gall** *n* / Ochsengalle *f* (Fel tauri)
**ox-gall soap** (Chem) / Gallenseife *f*, Ochsengallenseife *f*
**ox-hair** *n* (Paint) / Rindshaar *n*
**oxhide** *n* (Leather) / Ochsenhaut *f*
**oxic** *adj* (Chem) / Sauerstoff- ‖ ~ (Chem) / oxidisch *adj* (Oxid enthaltend), oxidhaltig *adj*
**oxidant*** *n* (Aero, Space) / Sauerstoffträger *m*, Oxidator *m* (bei Raketentreibstoffen) ‖ ~ (Chem) / Oxidationsmittel *n*, Oxidans *n* (pl.

**oxidant**
-anzien oder -antien), oxidierendes Mittel ‖ ~ **stress** (Biochem) / oxidativer Stress (der lebenden Zelle)
**oxidase*** *n* (Bot, Zool) / Oxidase *f* (oxidierendes Ferment)
**oxidate** *n* (Min) / Oxid *n* (als Klasse der systematischen Mineralogie, meistens ein Fe- oder Mn-Oxid) ‖ ~ (Min) s. also oxide mineral
**oxidation*** *n* (Chem) / Oxidierung *f*, Oxidation *f*, Oxydation *f*, Oxydierung *f* ‖ ~ (Met) / Frischen *n*
**oxidational** *adj* (Chem) / oxidativ *adj*
**oxidation black** (Textiles) / Oxidationsschwarz *n*, Hängeschwarz *n* ‖ ~ **bleaching** (Paper) / Oxidationsbleiche *f* ‖ ~ **by air** (Chem) / Oxidation *f* durch Luftsauerstoff, Luftoxidation *f*, Oxidation *f* in Luft ‖ ~ **catalyst** (Autos, Chem) / Oxidationskatalysator *m* (chemische Funktionseinheit) ‖ ~ **ditch** (San Eng) / Oxidationsgraben *m* (Belebungsgraben mit Langzeitbelebung, jedoch ohne getrennte Nachklärung - DIN 4045) ‖ ~ **dyestuff** (Textiles) / Oxidationsfarbstoff *m* ‖ ~ **enzyme** (Bot, Zool) / Oxidase *f* (oxidierendes Ferment) ‖ ~ **flavour** (Nut) / Oxidationsgeschmack *m* ‖ ~ **fog** (caused by exposure to air during developing) (Photog) / Luftschleier *m* ‖ ~ **inhibitor** (Chem, Nut) / Antioxidationsmittel *n*, Antioxidans *n* (pl. Antioxidanzien), Oxidationsverhinderer *m*, Antioxygen *n*, Oxidationsinhibitor *m* ‖ ~ **loss(es)** / Oxidationsverlust *m* ‖ ~ **number*** (Chem) / elektrochemische Wertigkeit, Oxidationszahl *f*, Oxidationsstufe *f*, Oxidationszustand *m*, Oxidationswert *m* (elektrische Ladung, die ein Atom in einem Molekül besäße, wenn dieses aus lauter Ionen aufgebaut wäre - eine vorzeichenbehaftete Kenngröße) ‖ ~ **pond** (Ecol, San Eng) / Oxidationsteich *m* (zur Reinigung biologisch abbaubarer Abwässer durch fotosynthetische Sauerstoffproduktion und Filtertätigkeit bestimmter Wassertiere) ‖ ~ **potential** (Chem, Phys) / Oxidationspotential *n* ‖ ~ **product** (Chem) / Oxidationsprodukt *n* ‖ ~ **-reduction potential*** (Chem) / Redoxpotential *n* (Reduktions-Oxidations-Potential) ‖ ~ **-reduction system** (Chem) / Redoxsystem *n*, Reduktions-Oxidations-System *n* ‖ ~ **resistance** (Chem) / Oxidationsbeständigkeit *f*, Beständigkeit *f* gegen oxidative Einflüsse ‖ ~ **state** (the number of electrons that must be added to a positive ion or removed from a negative ion to produce a neutral atom) (Chem) / elektrochemische Wertigkeit, Oxidationszahl *f*, Oxidationsstufe *f*, Oxidationszustand *m*, Oxidationswert *m* (elektrische Ladung, die ein Atom in einem Molekül besäße, wenn dieses aus lauter Ionen aufgebaut wäre - eine vorzeichenbehaftete Kenngröße)
**oxidative** *adj* (Chem) / oxidativ *adj* ‖ ~ **ammonolysis** (Chem) / oxidative Ammonolyse (von Lignin) ‖ ~ **cross-linking** (Chem, Paint) / oxidative Vernetzung ‖ ~ **decarboxylation*** (Biochem) / oxidative Dekarboxylierung ‖ ~ **dehydrogenation** (Chem) / oxidative Dehydrierung, Oxydehydrierung *f* ‖ ~ **liming liquor** (Leather) / Oxidativäscher *m* (mit Natriumchlorit) ‖ ~ **phosphorylation*** (Biochem) / oxidative Phosphorylierung, Atmungskettenphosphorylierung *f* ‖ ~ **rancidity** (Nut) / altöliger Geschmack (verdorbener Fette), Peroxidranzigkeit *f* ‖ ~ **stain** (For) / Oxidationsverfärbung *f* (ein Trocknungsfehler) ‖ ~ **stress** (Biochem) / oxidativer Stress (der lebenden Zelle) ‖ ~ **wear** (Eng) / Oxidationsverschleiß *m*, Tribooxidation *f*
**oxide*** *n* (Chem) / Oxid *n*, Oxyd *n* ‖ ~ (Chem Eng) / Reinigungsmasse *f*, Reinigermasse *f*, Gasreinigungsmasse *f* ‖ ~ **cathode** (Electronics) / Oxidkatode *f* (im Allgemeinen)
**oxide-ceramic** *adj* (Ceramics) / oxidkeramisch *adj*
**oxide ceramics** (Ceramics) / Oxidkeramik *f* (Zweig der Keramik, der sich insbesondere mit der Herstellung von Werkstoffen auf der Basis von schwer schmelzenden Oxiden, von Schwermetalloxiden, der Mehrstoffsysteme, der Systeme mit Schwermetalloxiden usw. beschäftigt) ‖ ~ **coat(ing)** (Chem) / Oxidschicht *f*, oxidische Deckschicht (spontan entstanden) ‖ ~ **coat(ing)** / oxidische Schutzschicht, Oxidschutzschicht *f* (künstlich erzeugt oder verstärkt)
**oxide-coated cathode*** (Electronics) / Oxidkatode *f* (im Allgemeinen) ‖ ~ **cathode*** s. also Wehnelt cathode ‖ ~ **filament** (Elec Eng) / Heizfaden *m* mit Oxidschicht
**oxide-dispersion strengthening alloy** (Met) / oxiddispersionsverstärkte Legierung, ODS-Legierung *f*
**oxide fibre** (Textiles) / Oxidfaser *f* ‖ ~ **film** (Met) / Oxidfilm *m*, Oxidhaut *f*, Oxidschicht *f* (hauchdünne), Oxidbelag *m* (dünner - z.B. an der Oberfläche von Metallen) ‖ ~ **formation** (Chem) / Oxidbildung *f* ‖ ~ **fuel** (Nuc Eng) / oxidischer Kernbrennstoff, oxidischer Brennstoff
**oxide-fuel reactor** (Nuc Eng) / Reaktor *m* mit oxidischem Brennstoff (z.B. $UO_2$ oder $PuO_2$)
**oxide halide** (Chem) / Oxidhalogenid *n* (z.B. Phosphorchloridoxid) ‖ ~ **inclusion** (Foundry) / Oxideinschluss *m* ‖ ~ **isolation*** (Electronics) / Oxidisolation *f* ‖ ~ **masking** (Electronics) / Oxide-Masking-Verfahren *n*, Oxide-Masking *n*, Oxidmaskierung *f* (Überziehen einer Halbleiterfläche mit Oxidmaterial, um das Eindringen von Dotierungsatomen in den Halbleiter zu verhindern) ‖ ~ **mineral** (Min) / Oxidationserz *n* ‖ ~ **mineral** (Min) / Oxid *n* (Mineral) ‖ ~ **nucleus** / Oxidkeim *m* ‖ ~ **particle** (Mag) / Oxidpartikel *n f* (für die Beschichtung von Magnetbändern) ‖ ~ **passivation layer** (Electronics) / Oxidpassivierungsschicht *f* ‖ ~ **regrowth** (Electronics) / Oxidwiederherstellung *f* ‖ ~ **salt** (Chem) / Oxidsalz *n* ‖ ~ **semiconductor** (Electronics) / Oxidhalbleiter *m* ‖ ~ **shedding** (Acous, Mag) / Schichtablösung *f*, Schichtfehler *m*, Schichtabrieb *m* (bei Magnetschichten) ‖ ~ **side** (Mag) / Schichtseite *f* (bei Magnetbändern) ‖ ~ **skin** (Met) / Oxidfilm *m*, Oxidhaut *f*, Oxidschicht *f* (hauchdünne), Oxidbelag *m* (dünner - z.B. an der Oberfläche von Metallen)
**oxide-type inclusion** (Foundry) / Oxideinschluss *m*
**oxide window** (Electronics) / Oxidfenster *n*
**oxidic** *adj* (Chem) / oxidisch *adj* (Oxid enthaltend), oxidhaltig *adj* ‖ ~ **nuclear fuel** (Nuc Eng) / oxidischer Kernbrennstoff, oxidischer Brennstoff ‖ ~ **slag** (Met) / Oxidschlacke *f*
**oxidimetry** *n* (Chem) / Redoxtitration *f*, Oxidimetrie *f*, Reduktions-Oxidations-Titration *f*
**oxidise** *v* (GB) (Chem) / oxidieren *v* ‖ ~ (GB) (Chem, Met) / verzundern *vi*, oxidieren *vi* ‖ ~ (GB) (Met) / frischen *v* (Roheisen- oder Schrottschmelzen in Stahl umwandeln)
**oxidizable** *adj* (Chem) / oxidabel *adj*, oxidierbar *adj*, zur Oxidation fähig, oxidationsfähig *adj*
**oxidize** *v* (Chem) / oxidieren *v* ‖ ~ (Met) / frischen *v* (Roheisen- oder Schrottschmelzen in Stahl umwandeln) ‖ ~ *vi* (Chem, Met) / verzundern *vi*, oxidieren *vi* ‖ ~ **back** *v* (Chem) / zurückoxidieren *v*, rückoxidieren *v*, reoxidieren *v*
**oxidized bitumen** / Oxidationsbitumen *n* (mit Luftsauerstoff zur Verbesserung der plastischen und elastischen Eigenschaften behandelt - DIN 55946), Petrolasphalt *m* ‖ ~ **cellulose** (Chem) / Oxyzellulose *f* (oxidierte Zellulose), Oxycellulose *f* ‖ ~ **chlorite** (Min) / Leptochlorit *m* (mit > + 4 % $Fe_2O_3$) ‖ ~ **flavour** (Nut) / Oxidationsgeschmack *m* ‖ ~ **oil staining** (Textiles) / Vergilben *n* (durch Hilfsmittelrückstände auf der Faser), Gelbwerden *n* ‖ ~ **rubber** (Chem Eng) / Oxidized Rubber *m*, Rubbon *n* (oxidierter depolymerisierter Naturkautschuk, hergestellt durch katalytische Oxidation bei ca. 80° C mittels Sauerstoff oder Luft) ‖ ~ **zone** (Geol) / Oxidationszone *f* (die oxidativen Verwitterungsprozessen ausgesetzt ist - bei Erzlagerstätten)
**oxidizer*** *n* (Aero, Space) / Sauerstoffträger *m*, Oxidator *m* (bei Raketentreibstoffen) ‖ ~* (Chem) / Oxidationsmittel *n*, Oxidans *n* (pl. -anzien oder -antien), oxidierendes Mittel ‖ ~ **jet** (Aero, Space) / Sauerstoffträgerstrahl *m*, Oxidatorstrahl *m*
**oxidizing** *adj* / brandfördernd *adj* (durch Sauerstoffabgabe) ‖ ~ **acid** (Chem) / oxidierende Säure ‖ ~ **agent*** (a substance that oxidizes another substance while it is reduced) (Chem) / Oxidationsmittel *n*, Oxidans *n* (pl. -anzien oder -antien), oxidierendes Mittel ‖ ~ **atmosphere** (Ceramics, Met) / oxidierende Atmosphäre ‖ ~ **atmosphere** (in which an oxidation reaction takes place) (Ceramics) / oxidierende Brennatmosphäre ‖ ~ **bath** (Chem) / Oxidationsbad *n* ‖ ~ **bleach** (Textiles) / oxidierendes Bleichmittel ‖ ~ **bleaching** (Paper) / Oxidationsbleiche *f* ‖ ~ **bleaching agent** (Textiles) / oxidierendes Bleichmittel ‖ ~ **catalyst** (Autos, Chem) / Oxidationskatalysator *m* (chemische Funktionseinheit) ‖ ~ **converter** (Autos) / Zweiwegekatalysator *m* (als Bauteil der Auspuffanlage), Oxidationskatalysator *m* ‖ ~ **flame*** (in blowpiping) (Chem) / Oxidationsflamme *f*, oxidierende Flamme ‖ ~ **flame** (Welding) / Flamme *f* mit Sauerstoffüberschuss ‖ ~ **roast*** (Met) / oxidierendes Rösten (wenn die flüchtigen Sauerstoffverbindungen des Schwefels, Arsens und Antimons in das Röstgas übergehen), oxidierende Röstung ‖ ~ **roasting** (Met) / oxidierendes Rösten (wenn die flüchtigen Sauerstoffverbindungen des Schwefels, Arsens und Antimons in das Röstgas übergehen), oxidierende Röstung
**oxidoreductase** *n* (Biochem) / Redoxase *f*, Oxidoreduktase *f* (eine Hauptklasse der Enzyme)
**oxime*** *n* (Chem, Paint) / Oxim *n* (eine Isonitrosoverbindung, die u.a. als Hautverhinderungs- und Stabilisierungsmittel für oxidativ trocknende Anstrichstoffe dient) ‖ ~ **linker** (Chem) / Oxim-Linker *m*
**oxine*** *n* (Chem) / Oxin *n* (8-Hydroxychinolin - Muttersubstanz von Antiseptika und Antimykotika)
**oxisol** (a soil of an order comprising stable, highly weathered, tropical mineral soils with highly oxidized subsurface horizons) (Agric, Geol) / Latosol *m* (nährstoff- und kieselsäureärmer Boden, in dem Eisen- und Aluminiumoxide dominieren), Oxisol *m*, Ferralsol *m*
**oxo-*** (Chem) / Oxo- (Bezeichnung für das doppelt gebundene Sauerstoffatom in systematischen Namen von Ketonen, seltener von Aldehyden)
**oxoacid** *n* (an acid in which the hydrogen is bonded to oxygen) (Chem) / Oxosäure *f*, Sauerstoffsäure *f* (mit koordinativ gebundenem Sauerstoff) ‖ ~ **of sulphur** (Chem) / Schwefelsauerstoffsäure *f*, Schwefeloxosäure *f* (deren Moleküle Schwefel als Zentralatom enthalten)

**oxo alcohol** (Chem) / Oxoalkohol *m* (der bei der Oxosynthese gewonnen wird)
**oxoanion** *n* (a negative ion in which the charge is carried predominantly by oxygen) (Chem) / Oxoanion *n*
**oxoarsenic acid** (Chem) / Oxoarsensäure *f*, Arsensauerstoffsäure *f*
**oxobutanoic, 3-~ acid** (Chem) / Azetessigsäure *f*, Acetessigsäure *f*, 3-Oxobutansäure *f*
**oxobutyric acid** (Chem) / Oxobuttersäure *f*
**oxocarbon** *n* (Chem) / Oxokohlenstoff *m*
**oxocarboxylic acid** (Chem) / Oxokarbonsäure *f*, Oxocarbonsäure *f*
**oxo compounds** (Chem) / Oxoverbindungen *f pl*
**oxo-cyclo-tautomerism** *n* (Chem) / Oxo-Zyklo-Tautomerie *f*, Oxo-Cyclo-Tautomerie *f*
**oxo ester** (Chem) / Oxoester *m* (der außer der Estergruppe eine Karbonylgruppe enthält), Ketoester *m*
**oxoethanoic acid** (Chem) / Glyoxalsäure *f*, Glyoxylsäure *f*, Oxoethansäure *f*, Oxalaldehydsäure *f*, Oxoessigsäure *f* (die einfachste Oxokarbonsäure)
**oxo fatty acid** (Chem, Nut) / Oxofettsäure *f*
**oxoferrate** *n* (Chem) / Oxoferrat *n*
**oxoglutarate** *n* (Chem) / Oxoglutarat *n*, Ketoglutarat *n* (Ester oder Salz der Oxoglutarsäure)
**oxoglutaric acid** (Chem) / Oxoglutarsäure *f*, Oxopentandisäure *f*, Ketoglutarsäure *f*
**oxomalonic acid** (Chem) / Mesoxalsäure *f*, Ketomalonsäure *f*, Oxomalonsäure *f*
**oxonium** *n* (Chem) / Oxonium *n* (das Ion $H_3O^+$) ‖ **~ ion** (Chem) / Hydroxonium-Ion *n*, Oxonium-Ion *n* (Wasser-Cluster-Ion), Hydronium-Ion *n* (ein einfach hydratisiertes Proton) ‖ **~ salt**\* (Chem) / Oxoniumsalz *n* (mit Oxonium als Kation), Flavyliumsalz *n*
**oxopentanoic, 4-~ acid** (Chem) / Lävulinsäure *f* (4-Oxo-pentansäure)
**oxo process** (Chem) / Oxosynthese *f*, Hydroformylierung *f*, Roelen-Prozess *m*
**oxopropanoic, 2-~ acid** (Chem) / Brenztraubensäure *f*, Pyruvinsäure *f* (2-Oxopropansäure)
**oxo reaction** (Chem) / Oxosynthese *f*, Hydroformylierung *f*, Roelen-Prozess *m*
**oxosilane** *n* (Chem) / Siloxan *n*
**oxosuccinic acid** (Chem) / Oxobernsteinsäure *f*, Oxalessigsäure *f*, Oxobutandisäure *f*
**oxo synthesis** (Chem) / Oxosynthese *f*, Hydroformylierung *f*, Roelen-Prozess *m*
**oxovaleric, 4-~ acid** (Chem) / Lävulinsäure *f* (4-Oxo-pentansäure)
**oxy-** (Chem) s. also hydroxy-
**oxy** *n* (a breathing apparatus) (Aero) / Sauerstoffgerät *n*, Höhenatmer *m*
**oxyacanthine** *n* (Chem) / Oxyacanthin *n*
**oxyacetylene blowpipe** (Eng) / Schneidbrenner *m* (das Arbeitsgerät zum autogenen Brennschneiden) ‖ **~ burner** (Eng) / Schneidbrenner *m* (das Arbeitsgerät zum autogenen Brennschneiden) ‖ **~ cutting**\* (Eng, Welding) / Brennschneiden *n* mit Azetylen-Sauerstoff ‖ **~ pressure welding** (Welding) / Gaspressschweißen *n* ‖ **~ torch** (Eng) / Schneidbrenner *m* (das Arbeitsgerät zum autogenen Brennschneiden) ‖ **~ welding**\* (Welding) / Azetylen-Sauerstoff-Schweißen *n*, Autogenschweißen *n*, A-Schweißen *n*
**oxyacid** *n* (Chem) / Oxosäure *f*, Sauerstoffsäure *f* (mit koordinativ gebundenem Sauerstoff)
**oxyanion** *n* (Chem) / Oxoanion *n*
**oxy-arc cutting** (Eng) / Sauerstoff-Lichtbogen-Schneiden *n*, Sauerstoff-Lichtbogen-Trennen *n*, Oxyarc-Brennschneiden *n*
**oxy-azo dyes** (Chem) / Oxyazofarbstoffe *m pl*
**oxybenzone** *n* (Chem) / Oxybenzon *n* (ein Sonnenschutzmittel)
**oxycation** *n* (Chem) / Oxokation *n*
**oxycellulose**\* *n* (Chem) / Oxyzellulose *f* (oxidierte Zellulose), Oxycellulose *f*
**oxychloride** *n* (Chem) / Oxidchlorid *n* ‖ **~ cement**\* (Build) / Magnesitbinder *m* für Steinholz
**oxychlorination** *n* (Chem) / Oxychlorierung *f* (Chlorierung von organischen Verbindungen in Gegenwart $O_2$)
**oxy-city gas torch** (Welding) / Sauerstoff-Stadtgas-Brenner *m*
**oxy-cutting** (Welding) / Sauerstoffbrennschneiden *n*, autogenes Schneiden, Brennschneiden (thermisches Schneiden mit einer Brenngas-Sauerstoff-Flamme), Brennschnitt *m* (Vorgang), Gasbrennschneiden *n*
**oxydemeton methyl** (Chem) / Oxydemeton-methyl *n* (Kurzbezeichnung für Demeton-S-methylsulfoxid)
**oxydiacetic acid** (Chem, Plastics) / Diglykolsäure *f* (2,2-Oxydiessigsäure), Oxydiethansäure *f*, Oxydiessigsäure *f*
**oxydiethanoic acid** (2,2-diacetic acid) (Chem, Plastics) / Diglykolsäure *f* (2,2-Oxydiessigsäure), Oxydiethansäure *f*, Oxydiessigsäure *f*
**oxy-gas brazing** / Flammlöten *n* (hart)

**oxygen** *n* (a breathing apparatus) (Aero) / Sauerstoffgerät *n*, Höhenatmer *m* ‖ **~**\* (Chem) / Oxygen *n*, Sauerstoff *m*, O (Sauerstoff) ‖ **~** (a breathing apparatus) (Mining) / Sauerstoffgerät *n* (ein Gasschutzgerät) ‖ **with affinity for ~** (Chem) / sauerstoffaffin *adj* (z.B. Reduktionsmittel) ‖ **~ access** (Chem) / Sauerstoffzutritt *m* ‖ **~ acid** / Oxosäure *f*, Sauerstoffsäure *f* (mit koordinativ gebundenem Sauerstoff) ‖ **~ ageing** (Chem Eng) / Sauerstoffalterung *f* ‖ **~ analyser** (GB) (Chem) / Sauerstoffanalysator *m* ‖ **~ analyzer** (Chem) / Sauerstoffanalysator *m*
**oxygenase** *n* (Biochem) / Oxygenase *f* (ein Enzym, entweder Mono- oder Dioxygenase)
**oxygenate** *v* (Chem) / oxygenieren *v*, mit Sauerstoff anreichern, mit Sauerstoff verbinden, Sauerstoff eintragen, mit Sauerstoff sättigen
**oxygenated** *adj* (Chem, Met) / oxygeniert *adj*, sauerstoffangereichert *adj*
**oxygenation** *n* (Chem, Met) / Oxygenierung *f*, Anreicherung *f* mit Sauerstoff, Sauerstoffanreicherung *f*, Sauerstoffeintragung *f* ‖ **~ capacity** (Ecol) / Sauerstoffeintragsvermögen *n* (Sauerstoffmasse, die pro Stunde von 1 m³ sauerstofffreiem Abwasser bei 10 °C und 1,013 bar aufgenommen wird)
**oxygen attack** / Sauerstoffangriff *m* ‖ **~ balance** (Chem) / Sauerstoffbilanz *f* (von Explosivstoffen)
**oxygen-based bleaching pigment** (Textiles) / Bleichmittel *n* auf Sauerstoffbasis
**oxygen bleaching** (Textiles) / Sauerstoffbleiche *f*
**oxygen-blowing lance** (Civ Eng, Eng, Welding) / Sauerstofflanze *f* (ein ummanteltes Sauerstoffgebläse mit Stahlseele zum schnellen Durchbrennen von Metallplatten und Beton- und Stahlbeton- und Mauerwerkswänden) ‖ **~ lance** (Met) / Sauerstofflanze *f*, Blaslanze *f* (ein mehrwandiges, gekühltes Rohr mit einer oder mehreren Öffnungen zum Auf- oder Einblasen von Sauerstoff auf Roheisenschmelzen zur Erzeugung von Stahl)
**oxygen bomb ageing** (according to Bierer-Davis) (Chem Eng) / Sauerstoff-Druckalterung *f* (von Gummi nach Bierer-Davis) ‖ **~ bottle** (Chem Eng) / Sauerstoffflasche *f* ‖ **~ bottom blowing** (Met) / Sauerstoffdurchblasen *n*, Sauerstoffbodenblasen *n* (z.B. bei dem OBM-Verfahren) ‖ **~ bottom-blowing process** (Met) / bodenblasendes Sauerstoffkonverterverfahren, Sauerstoffdurchblaseverfahren *n*
**oxygen-bottom Maximilianshütte process** (Met) / Oxygen-Boden-Maximilianshütte-Verfahren *n*, OBM-Verfahren *n* (ein Sauerstoffdurchblaseverfahren)
**oxygen breathing apparatus** (Aero) / Sauerstoffgerät *n*, Höhenatmer *m* ‖ **~ breathing apparatus** (Mining) / Sauerstoffgerät *n* (ein Gasschutzgerät) ‖ **~ breathing equipment** (Aero) / Sauerstoffgerät *n*, Höhenatmer *m* ‖ **~ breathing equipment** (Mining) / Sauerstoffgerät *n* (ein Gasschutzgerät) ‖ **~ breathing set** (Aero) / Sauerstoffgerät *n*, Höhenatmer *m* ‖ **~ breathing set** (Mining) / Sauerstoffgerät *n* (ein Gasschutzgerät) ‖ **~ bridge** (Chem) / Sauerstoffbrücke *f*
**oxygen-bridged** *adj* (Chem) / sauerstoffverbrückt *adj*
**oxygen carrier** (Physiol) / Sauerstoffüberträger *m* (z.B. Hämoglobin) ‖ **~ cell** (Surf) / Sauerstoffkonzentrationszelle *f*, Belüftungszelle *f*, Belüftungselement *n* (ein durch unterschiedliche Belüftung entstehendes Korrosionselement, in dem die stärker belüfteten Stellen die Katode und die schwächer belüfteten die Anode bilden) ‖ **~ centrifugal compressor** (Eng) / Sauerstoff-Turboverdichter *m* ‖ **~ charge** / Sauerstoffbeladung *f* ‖ **~ compound** (Chem) / Sauerstoffverbindung *f*
**oxygen-concentration cell** (a galvanic cell resulting primarily from differences in oxygen concentration) (Surf) / Sauerstoffkonzentrationszelle *f*, Belüftungszelle *f*, Belüftungselement *n* (ein durch unterschiedliche Belüftung entstehendes Korrosionselement, in dem die stärker belüfteten Stellen die Katode und die schwächer belüfteten die Anode bilden)
**oxygen-consuming** *adj* (Biol, Chem) / sauerstoffzehrend *adj*
**oxygen consumption** (Biol, Chem) / Sauerstoffverbrauch *m* (in Gewässern), Sauerstoffzehrung *f*
**oxygen-containing** *adj* (Chem) / sauerstoffhaltig *adj*
**oxygen content** (Chem) / Sauerstoffgehalt *m* ‖ **~ core lance** (Eng) / Sauerstoffkernlanze *f* (zum Brennbohren), SKL (Sauerstoffkernlanze) ‖ **~ corrosion** (Surf) / Sauerstoffkorrosion *f* (eine elektrochemische Korrosion, die das Vorhandensein einer wässrigen Lösung, in der Sauerstoff gelöst ist, zur Voraussetzung hat) ‖ **~ cutter** (Welding) / Brennschneider *m* ‖ **~ cutting** (Eng, Welding) / Sauerstoffbrennschneiden *n* ‖ **~ cutting** (using a oxyfuel-gas flame and an auxiliary oxygen jet to sever thick metal sections or blanks) (Welding) / Sauerstoffbrennschneiden *n*, autogenes Schneiden, Brennschneiden *n* (thermisches Schneiden mit einer Brenngas-Sauerstoff-Flamme), Brennschnitt *m* (Vorgang), Gasbrennschneiden *n* ‖ **~ cylinder** (Chem Eng) / Sauerstoffflasche *f* ‖ **~ debt** (Physiol) / Sauerstoffschuld *f* ‖ **~ deficiency** / Sauerstoffdefizit *n*, Sauerstoffmangel *m* (im Allgemeinen) ‖ **~ deficiency** (I C Engs) / Luftmangel *m* (in dem Kraftstoff/Sauerstoff-Gemisch),

**oxygen**

Sauerstoffmangel $m$ ‖ **~ deficit** (Physiol) / Sauerstoffmangel $m$ (Fehlbetrag in dem Gewebe), Sauerstoffehlbetrag $m$, Hypoxie $f$ ‖ **~ demand** (Biol, Ecol, Hyd Eng) / Sauerstoffbedarf $m$ (DIN 38414, T 6) ‖ **~ depletion** (Biol, Chem) / Sauerstoffverbrauch $m$ (in Gewässern), Sauerstoffzehrung $f$ ‖ **~ depletion** (Chem, San Eng) / Sauerstoffverarmung $f$ ‖ **~ difluoride** (Chem) / Sauerstoffdifluorid $n$ ($OF_2$) ‖ **~ effect** (Biol) / Sauerstoffeffekt $m$ (Zellen sind in Anwesenheit von Sauerstoff strahlenempfindlicher) ‖ **~ effect** (Chem) / Ausbildung schützender Oxidschichten in rasch bewegtem, sauerstoffreichem Wasser ‖ **~ electrode** (Chem) / Sauerstoffelektrode $f$ (eine Gaselektrode, die aus einem platinierten Platinblech besteht, das von gasförmigem Sauerstoff umspült wird und in eine Hydroxidionen enthaltende Lösung eintaucht)
**oxygen-enriched** adj (Chem, Met) / oxygeniert adj, sauerstoffangereichert adj
**oxygen enrichment** (Chem, Met) / Oxygenierung $f$, Anreicherung $f$ mit Sauerstoff, Sauerstoffanreicherung $f$, Sauerstoffeintragung $f$
**oxygenerator** $n$ (Chem Eng) / Sauerstoffgenerator $m$, Sauerstoffentwickler $m$
**oxygen factice** (Chem) / Sauerstofffaktis $m$ ‖ **~ fluoride** (Chem) / Sauerstofffluorid $n$ (entweder $OF_2$ oder $O_2F_2$) ‖ **~ for cutting** (Welding) / Schneidsauerstoff $m$
**oxygen-free** adj (Chem) / sauerstofffrei adj
**oxygen•-free high-conductivity copper*** (Elec Eng, Met) / sauerstofffreies Kupfer hoher Leitfähigkeit, OFHC-Kupfer $n$ ‖ **~ generator** (Chem Eng) / Sauerstoffgenerator $m$, Sauerstoffentwickler $m$
**oxygen-hydrogen coulometer** (Elec Eng) / Knallgasvoltameter $n$, Knallgascoulometer $n$, Knallgascoulombmeter $n$
**oxygenic** adj (Chem) / sauerstoffhaltig adj ‖ **~** (Chem) / Sauerstoff-, aus Sauerstoff bestehend
**oxygen indicator** (Mining) / Oxygenindikator $m$ (ein Sauerstoffhandmessgerät) ‖ **~ input** (Ecol, San Eng) / Sauerstoffeintrag $m$ (bei Gewässern mit der Wiederbelüftung), Sauerstoffzufuhr $f$ ‖ **~ intake** (Biochem) / Sauerstoffaufnahme $f$
**oxygenise** $v$ (GB) (Chem) / oxygenieren $v$, mit Sauerstoff anreichern, mit Sauerstoff verbinden, Sauerstoff eintragen, mit Sauerstoff sättigen
**oxygenize** $v$ (Chem) / oxygenieren $v$, mit Sauerstoff anreichern, mit Sauerstoff verbinden, Sauerstoff eintragen, mit Sauerstoff sättigen
**oxygen jet** (Chem) / Sauerstoffstrahl $m$ ‖ **~ lance** (Civ Eng, Eng, Met, Welding) / Sauerstofflanze $f$ (ein ummanteltes Sauerstoffgebläse mit Stahlseele zum schnellen Durchbrennen von Metallplatten und Beton- und Stahlbeton- und Mauerwerkswänden) ‖ **~ lance** (Met) / Sauerstofflanze $f$, Blaslanze $f$ (ein mehrwandiges, gekühltes Rohr mit einer oder mehreren Öffnungen zum Auf- oder Einblasen von Sauerstoff auf Roheisenschmelzen zur Erzeugung von Stahl) ‖ **~ lancing*** (Eng) / Sauerstoffbohren $n$, Brennbohren $n$, Bohren $n$ mit der Sauerstofflanze ‖ **~ mask** / Sauerstoffmaske $f$ ‖ **~ measurement** (Chem, Eng) / Sauerstoffmessung $f$ ‖ **~ metallurgy** (Met) / Oxygenmetallurgie $f$, Sauerstoffmetallurgie $f$
**oxygenous** adj (Chem) / sauerstoffhaltig adj
**oxygen overvoltage** (Surf) / Sauerstoffüberspannung $f$ (in der elektrolytischen Zelle) ‖ **~ partial pressure** (Chem) / Sauerstoffpartialdruck $m$ ‖ **~ penetration** (Met) / Sauerstoff-Eindiffusion $f$ ‖ **~ permeability** / Sauerstoffdurchlässigkeit $f$ ‖ **~ point** (Aero) / Sauerstoffanschluss $m$ ‖ **~ point** (Phys) / Sauerstoffpunkt $m$ (Siedepunkt von Sauerstoff = 90,188 K) ‖ **~ pressure ageing** (according to Bierer-Davis) (Chem Eng) / Sauerstoff-Druckalterung $f$ (von Gummi nach Bierer-Davis) ‖ **~ saturation** (Ecol) / Sauerstoffsättigung $f$ (des Wassers) ‖ **~ scavenger*** (Eng) / Sauerstoffaufnehmer $m$
**oxygen-sensitive sensor** (Chem, Phys) / Sauerstoffsensor $m$ (zur Messung des Sauerstoffpartialdrucks)
**oxygen sensor** (Autos) / Lambda-Sonde $f$ (ein Sensor im Auspuffkrümmer der Kat-Autos - linearer, binärer), Sauerstoffmesssonde $f$ ‖ **~ steel** (Met) / Oxygenstahl $m$, Sauerstoff-Blasstahl $m$ ‖ **~ steel-making** (Met) / Sauerstoffaufblasverfahren $n$, Sauerstoffkonverterverfahren $n$
**oxygen-sulphur group** (Chem) / Sauerstoff-Schwefel-Gruppe $m$ (Chalkogene)
**oxygen supply** (Biol) / Sauerstoffversorgung $f$, Sauerstoffzufuhr $f$ ‖ **~ top-blowing converter** (Met) / Sauerstoffaufblaskonverter $m$ ‖ **~ transfer** (Ecol, San Eng) / Sauerstoffeintrag $m$ (bei Gewässern mit der Wiederbelüftung), Sauerstoffzufuhr $f$ ‖ **~ transferase** (Biochem) / Dioxygenase $f$, Sauerstofftransferase $f$
**oxygen-transfer coefficient** (Chem Eng) / Sauerstoffübergangskoeffizient $m$ (Maßzahl für den Sauerstoffdurchtritt durch die Phasengrenzfläche zwischen den Luftblasen und der Flüssigkeit), Sauerstofftransportkoeffizient $m$ ‖ **~ efficiency** (San Eng) / Sauerstoffertrag $m$ (Quotient aus Sauerstoffzufuhrvermögen und Aufwand an Energie - DIN 4045)

**oxygen transfer rate** (Ecol, San Eng) / Sauerstoffeintragrate $f$ (effektive Geschwindigkeit des Sauerstoffübergangs von der Gasphase in Flüssigkeiten) ‖ **~ transport** (Physiol) / Sauerstofftransport $m$
**oxygen-transport coefficient** (Chem Eng) / Sauerstoffübergangskoeffizient $m$ (Maßzahl für den Sauerstoffdurchtritt durch die Phasengrenzfläche zwischen den Luftblasen und der Flüssigkeit), Sauerstofftransportkoeffizient $m$
**oxygen-type of corrosion** (Surf) / Sauerstoffkorrosion $f$ (eine elektrochemische Korrosion, die das Vorhandensein einer wässrigen Lösung, in der Sauerstoff gelöst ist, zur Voraussetzung hat)
**oxygen uptake** (Biochem) / Sauerstoffaufnahme $f$
**oxygen-uptake rate** (Biochem) / Sauerstoffaufnahmerate $f$, OUR (Sauerstoffaufnahmerate)
**oxygen uranium ratio** (Nuc Eng) / Sauerstoff/Uran-Verhältnis $n$, O/U-Verhältnis $n$ ‖ **~ valve** (Welding) / Sauerstoffventil $n$ ‖ **~ walk** (Chem) / Oxygen-Walk $m$ (eine Umlagerungsreaktion)
**oxyhaemoglobin*** $n$ (Chem, Zool) / Oxyhämoglobin $n$ ($HbO_2$)
**oxyhalide** $n$ (Chem) / Oxidhalogenid $n$ (z.B. Phosphorchloridoxid)
**oxyhemoglobin** $n$ (US) (Chem, Zool) / Oxyhämoglobin $n$ ($HbO_2$)
**oxyhydrogen blowpipe** (Welding) / Knallgasgebläse $n$ (ein Gebläsebrenner) ‖ **~ cutting** (Eng) / Wasserstoff-Sauerstoff-Schneiden $n$ ‖ **~ gas** (Chem) / Knallgas $n$ (2 Wasserstoff + 1 Sauerstoff) ‖ **~ welding*** (Welding) / Wasserstoff-Sauerstoff-Schweißen $n$
**oxymercurization** $n$ (Chem) / Oxymercurierung $f$ (gleichzeitige Einführung eines Sauerstoff- und Quecksilberrestes in eine organische Verbindung), Hofmann-Sand-Reaktion $f$
**oxyphile*** adj (Geol) / lithophil adj (Element - z.B. K, Na, Ca, Mg)
**oxyproline*** $n$ (Biochem) / Oxyprolin $n$ (eine wichtige Eiweißaminosäure)
**oxysalt** $n$ (Chem) / Oxidsalz $n$
**oxytetracycline*** $n$ (Pharm) / Oxytetrazyklin $n$ (Hydroxyderivat des Tetracyclins), Oxytetracyclin $n$, Terramycin $n$, Terramyzin $n$, Terramycyn $n$
**oxytocin*** $n$ (Biochem) / Oxytocin $n$, Oxytozin $n$, OT
**OY** (lateral axis) (Aero) / Querachse $f$, y-Achse $f$ (des Flugzeugs)
**oz** (ounce) / Unze $f$ (28,3495 g)
**OZ** (vertical axis) (Aero) / Hochachse $f$, z-Achse $f$ (des Flugzeugs)
**Ozalid process** / Ozalidverfahren $n$ (Handelsname für ein altes Trockenlichtpausverfahren mit $NH_3$)
**ozocerite*** $n$ (Min) / Ozokerit $m$, Erdwachs $n$, Riechwachs $n$
**ozokerite*** $n$ (Min) / Ozokerit $m$, Erdwachs $n$, Riechwachs $n$
**ozonator** $n$ (Chem) / Ozoneur $m$, Ozonator $m$, Ozongenerator $m$, Ozonanlage $f$
**ozone*** $n$ (Chem) / $O_3$, Ozon ($O_3$) $n$ (Trisauerstoff) ‖ **Antarctic ~ hole** (Ecol, Geophys) / antarktisches Ozonloch $n$ ‖ **high-altitude ~ distribution** (Ecol, Geophys) / Ozonverteilung $f$ in großer Höhe ‖ **no ~ pollution** (Ecol) / ozonfreundlich adj (Aufschrift auf der Spraydose) ‖ **~ concentration** (Ecol, Geophys) / Ozonkonzentration $f$ ‖ **~ crack** (fissure originating in the surface of a rubber vulcanizate under strain) (Chem, Eng) / Ozonriss $m$ ‖ **~ cracking** (Materials) / Ozonrissbildung $f$ ‖ **~ degradation** (Ecol, Geophys) / Ozonabbau $m$, Ozon(schicht)zerstörung $f$ ‖ **~ depletion** (Ecol, Geophys) / Ozonausdünnung $f$ ‖ **~ depletion** (Ecol, Geophys) / Ozonabbau $m$, Ozon(schicht)zerstörung $f$
**ozone-depletion potential** (Ecol, Geophys) / Ozon-Abbaupotential $n$, ODP (Ozon-Abbaupotential), Ozon-Schädigungszahl $f$
**ozone determination** (Ecol, Geophys) / Ozonbestimmung $f$ ‖ **~ fading** (Textiles) / Verfärbung $f$ durch Ozoneinwirkung, Ausbleichen $n$ durch Ozon, O-Fading $n$
**ozone-friendly** adj (Chem) / die Ozonschicht nicht gefährdend (Chemikalie)
**ozone generator** (Chem) / Ozoneur $m$, Ozonator $m$, Ozongenerator $m$, Ozonanlage $f$ ‖ **~ hole** (Ecol, Geophys) / Ozonloch $n$ (ausgedehnte Zerstörung der Ozonosphäre) ‖ **~ layer** (Geophys) / Ozonsphäre $f$ (durch höheren Ozongehalt gekennzeichnete Schicht der Erdatmosphäre), Ozonschicht $f$ ‖ **~ paper** (Chem, Paper) / Ozonpapier $n$ (ein Reagenzpapier)
**ozone-resistant** adj / ozonbeständig adj, ozonfest adj
**ozone shield** (Geophys) / Ozonosphäre $f$ (durch höheren Ozongehalt gekennzeichnete Schicht der Erdatmosphäre), Ozonschicht $f$
**ozonide*** $n$ (Chem) / Ozonid $n$
**ozonity** $n$ (Ecol, Geophys) / Ozongehalt $m$
**ozonization** $n$ (Chem) / Ozonung $f$ (Entkeimung der Luft oder des Wassers), Ozonisierung $f$, Ozonierung $f$
**ozonize** $vt$ (Chem) / ozonen $v$, ozonisieren $v$, ozonieren $v$, mit Ozon behandeln
**ozonizer*** $n$ (Chem) / Ozoneur $m$, Ozonator $m$, Ozongenerator $m$, Ozonanlage $f$
**ozonizing** $n$ (Chem) / Ozonung $f$ (Entkeimung der Luft oder des Wassers), Ozonisierung $f$, Ozonierung $f$

**ozonolysis** *n* (pl. ozonolyses) (Chem) / Ozonolyse *f*, Ozonspaltung *f* (Spaltung von Alkenen durch Ozonisierung)
**ozonosphere** *n* (Geophys) / Ozonosphäre *f* (durch höheren Ozongehalt gekennzeichnete Schicht der Erdatmosphäre), Ozonschicht *f*

# P

**P** (Autos) / P-Stellung f (des Wählhebels in automatischem Getriebe)
**P** (phosphorus) (Chem) / Phosphor m, P (Phosphor)
**P 1394** n (high-performance serial bus) (Comp) / FireWire m (serieller Hochleistungs-Schnittstellenstandard für Computer-Peripheriegeräte - er wird für die Datenübertragung zwischen Digitalkamera und Computer angeboten)
**p,V diagram** (Eng, I C Engs) / pV-Diagramm n (bei Mehrzylindermaschinen), Druck-Volumen-Kurve f
**PA** (primary air) / Primärluft f, Erstluft f ‖ ≃ (Acous) / Fotoakustik f ‖ ≃ (Aero) / unbemanntes Flugzeug ‖ ≃* (polyamide) (Chem) / Polyamid n (DIN 7728, T 1), PA (Polyamid) ‖ ≃ (power amplifier) (Elec Eng, Radio) / Leistungsverstärker m
**Pa** (pascal) (Phys) / Pascal n, Pa (Pascal - DIN 1301, T 1 und DIN 1314) (gesetzliche abgeleitete SI-Einheit des Druckes = 1 Nm$^{-2}$)
**PAA*** (Chem) / Polyakrylsäure f, Polyacrylsäure f
**Paasche index** (a form of index number that applies current period weights to the items that make up the index) (Stats) / Paasche-Index m (nach H. Paasche, 1851-1922)
**PABA** (para-aminobenzoic acid) (Chem) / para-Aminobenzoesäure f, Para-Aminobenzoesäure f, 4-Aminobenzoesäure f, PAB f, PABA
**PABX*** (Teleph) / Wählnebenstellenanlage f
**pace** v / abschreiten v (mit Schritten messen) ‖ ~ n / Schritt m (als Einheit) ‖ ~ **car** (Autos) / Pacecar m (pl.: -s) (Leitfahrzeug mit Gelblicht bei Formel-1-Rennen), Safetycar n (pl.: -s)
**paced delivery** (Print) / Taktauslage f
**pacemaker*** m (Med) / Herzschrittmacher m, Pacemaker m ‖ ~ **battery** (Med) / Herzschrittmacherbatterie f
**pace voltage** (Elec Eng) / Schrittspannung f (Teil der Erderspannung, der vom Menschen bei einer unterstellten Schrittweite von 1 m überbrückt wird)
**Pachuca tank*** (Min Proc) / Pachuca-Tank m (Laugenbehälter mit Luftrührung)
**Pacific converter** (Textiles) / Pacific Converter m (Spinnbandverfahren) ‖ ≃ **silver fir** (For) / Purpurtanne f (Abies amabilis (Douglas ex Loudon) Douglas ex Forbes) ‖ ≃ **suite** (Geol) / pazifische Sippe (Kalkalkaligesteine - eine Gesteinsprovinz)
**Pacific-type coastline** (a coastline that is broadly parallel to the main trend of the land structure, such as mountain ranges) (Geol) / Pazifischer Küstentyp
**Pacific yew** (For) / Pazifische Eibe (Taxus brevifolia Nutt.)
**pacing** n (Comp) / Pacing n (ein Verfahren, bei dem die Datenfernverarbeitungs-Zugriffsmethode die Rate des Datenempfangs steuert) ‖ ~ (Telecomm) / Nachrichtenmengendosierung f
**Pacinotti ring** (Elec Eng) / Ringanker m
**pack** v / verpacken v, einpacken v, packen v ‖ ~ (down) (Build, Civ Eng) / stampfen v, feststampfen v ‖ ~ (Comp) / packen v, verdichten v ‖ ~ (Mining) / versetzen v, Versatz einbringen ‖ ~ (Oils) / tamponieren v (ein Bohrloch gegen Gas oder Wasser abdichten) ‖ ~ (Rail) / stopfen v (Schwellen, Gleise) ‖ ~ n / Bund n, Packen m, Gebund n, Ballen m, Bündel n, Pack m ‖ ~ **f** / Packung f (abgepackte Menge) ‖ ~ / Packung f (Ergebnis der Vereinigung von Packgut und Verpackung) ‖ ~ / Verpackungsmaterial n, Packstoff m ‖ ~ (Comp) / Stapel m (Kartenstapel) ‖ ~ (Met) / Sturz m (beim Feinblechwalzen) ‖ ~* (Mining) / Versatz m, Bergeversatz m, Versatzgut n (Material) ‖ ~ (Ocean) / Packeis(feld) n (zusammen- und übereinandergeschobene Treibeisschollen) ‖ ~ (Photog) / Packfilm m (heute vom Planfilm verdrängt) ‖ ~ (Textiles) / Pack m (Einheit bei der Apparatfärbung)
**package** n / Pauschalreise f (mit einem Reiseunternehmen) ‖ ~ / Bund n, Packen m, Gebund n, Ballen m, Bündel m, Pack m ‖ ~ / Packung f (abgepackte Menge) ‖ ~ / Packung f (Ergebnis der Vereinigung von Packgut und Verpackung) ‖ ~ / Packstück n, Kollo n (pl. -s oder Kolli) ‖ ~ / Paket n (z.B. Schlechtwetterpaket bei den Kraftfahrzeugen) ‖ ~ (Comp) / Package n (mehrere, aufeinander abgestimmte Hard- und Softwarekomponenten, welche von einem Hersteller zusammen als Paket für einen bestimmten Zweck ausgeliefert werden) ‖ ~ (Comp) / Paket n (von Programmen) ‖ ~ (Electronics) / Gehäuse n ‖ ~ (Electronics, Eng) / Baugruppe f (DIN 19226), Bauteilgruppe f, Montagegruppe f (aus mindestens zwei Bauelementen), Montagesatz m, Baueinheit f, Einheit f ‖ ~ (Eng) / betriebsbereite Anlage (in Bausteintechnik hergestellt), Packaged Unit f (komplette, in Bausteintechnik hergestellte Funktionseinheit), Kompaktbaustein m (größerer) ‖ ~ (Paint) /

Gebinde n (verschließbarer Flüssigkeitsbehälter für Transport und Verkauf) ‖ ~ (Radio, TV) / Programmpaket n (für Werbesendungen) ‖ ~* (Spinning) / Spule f (ein Einzelfadenspeicher), voller Garnträger ‖ ~* (Spinning) / Wickelkörper m (eine Aufmachungseinheit), Garnkörper m, Pack m, Garnträger m, Aufmachungseinheit f ‖ ~ **band** / Streifband n, Packungsbanderole f, Banderole f ‖ ~ **boiler** (Eng) / Paketkessel m ‖ ~ **build** (Spinning) / Spulenaufbau m, Aufbau m der Spule ‖ ~ **build-up** (Spinning) / Spulenaufbau m, Aufbau m der Spule ‖ ~ **burner** (Eng) / Gebläsebrenneraggregat n ‖ ~ **cover** (Electronics) / Gehäuseabdeckung f ‖ ~ **crystal oscillator** (Electronics) / einfacher Quarzoszillator ‖ ~ **cup** (Electronics) / Gehäuseabdeckung f
**packaged*** adj (Elec Eng) / verpackt adj (Kraftwerk) ‖ ~* (Electronics) / kompakt adj (Baugruppe), Kompaktbau- ‖ ~* (Nuc Eng) / ortsbeweglich adj ‖ ~ **boiler** (Eng) / Standardkessel m (ein Dampfkessel als geschlossene lieferfertige Einheit) ‖ ~ **building** (Build) / Fertigbauweise f, Fertigteilbau m, Fertigbau m, Montagebauweise f ‖ ~ **goods** (Build) / Packgut n (verpacktes Gut) ‖ ~ **goods** / Fertigpackung f ‖ ~ **integrated circuit** (Electronics) / integrierter Schaltkreis in Kompaktbauform, integrierter Schaltkreis im Gehäuse, kompakter integrierter Schaltkreis ‖ ~ **LED** (Electronics) / LED f im Gehäuse ‖ ~ **magnetron** (Electronics) / betriebsfertiges Magnetron ‖ ~ **software** (Comp) / serienmäßig gefertigte Software ‖ ~ **substation** (Elec Eng, Mining) / Kioskstation f, Kompaktstation f (eine Ortsnetzkabelstation) ‖ ~ **unit** / [transportables] kasten- oder schrankförmiges Kompaktgerät n ‖ ~ **unit** (Eng) / betriebsbereite Anlage (in Bausteintechnik hergestellt), Packaged Unit f (komplette, in Bausteintechnik hergestellte Funktionseinheit), Kompaktbaustein m (größerer) ‖ ~ **water chiller** / Wasserkühlsatz m (ein Flüssigkeitskühlsatz zur Abkühlung eines Wasserstromes)
**package dyeing*** (Textiles) / Packsystem n, Packfärben n (Apparatfärbung, bei der im Pack gefärbt wird) ‖ ~ **for a packaged-goods unit** (Autos) / Einzelverpackung f (Packmittel für die kleinste zu verpackende Einheit des Gutes) ‖ ~ **format** (Comp, Telecomm) / Package-Format n ‖ ~ **geared centrifugal compressor** (Eng) / Packaged-Getriebeturboverdichter m ‖ ~ **header** (Electronics) / Chiphalterung f ‖ ~ **holiday** / Pauschalreise f (mit einem Reiseunternehmen) ‖ ~ **insert** (Pharm) / Packungsbeilage f ‖ ~ **outline** (Electronics) / Gehäusegestaltung f ‖ ~ **products** / Packgut n (verpacktes Gut) ‖ ~ **project** / schlüsselfertiges Projekt ‖ ~ **reactor** (Nuc Eng) / fahrbarer Reaktor, mobiler Reaktor ‖ ~ **sealing** (Electronics) / Gehäuseabdichtung f ‖ ~ **stability** (Paint) / Lagerfähigkeit f (der verpackten Anstrichstoffe) ‖ ~ **tour** / Pauschalreise f (mit einem Reiseunternehmen) ‖ ~ **viscosity** (Paint) / Lieferviskosität f (eines lösungsmittelhaltigen Beschichtungsstoffs)
**packaging** n / Verpackung f (DIN 55405) ‖ ~ / Verpackungswesen n (DIN 55405) ‖ ~ (can) **coating** (Paint) / Emballagenlack m ‖ ~ **date** (Nut) / Abpackdatum n (an dem ein Lebensmittel abgepackt worden ist), Verpackungsdatum n ‖ ~ **film** (Plastics) / Verpackungsfolie f ‖ ~ **gas** (Nut) / Verpackungsgas n ‖ ~ **glass** (Glass) / Verpackungsglas n ‖ ~ **line** / Verpackungsstraße f ‖ ~ **machine** / Verpackungsmaschine f ‖ ~ **material** / Verpackungsmaterial n, Packstoff m ‖ ~ **paper** (Paper) / Packpapier n (z.B. Kraftpapier), Verpackungspapier n ‖ ~ **table** / Packtisch m, Packbock m ‖ ~ **waste** (Ecol) / Verpackungsabfall m
**pack carburizing** (Met) / Pulveraufkohlung f (wenn die Bauteile in Kohlepulvereingepackt sind), Aufkohlung f in festen Kohlungsmitteln, Pulveraufkohlen n ‖ ~ **carburizing** (Met) / Kastenaufkohlen n (mit festen Kohlungsmitteln) ‖ ~ **carburizing** (Met) s. also powder carburizing
**packcloth** n (Textiles) / Packleinwand f
**packed cock** (Eng) / Packhahn m ‖ ~ **column** (Chem) / gepackte Säule, Fertigsäule f (in der Gaschromatografie) ‖ ~ **column*** (a distillation column filled with packing such that the descending liquid will mix with the ascending vapours) (Chem Eng) / Füllkörperkolonne f, Füllkörpersäule f ‖ ~ **decimal** (a method of representing a decimal number by storing a pair of decimal digits in one eight-bit byte, taking advantage of the fact that the numbers zero through nine can be represented by four digits) (Comp) / gepackte Dezimalzahl f, **decimal arithmetic** (Comp) / BCD-Arithmetik f ‖ ~ **format** (Comp) / gepacktes Format ‖ ~ **for rail** / bahnmäßig verpackt ‖ ~ **gland** (Eng) / Stopfbuchse f (eine Bewegungsdichtung für zylindrische Körper bei Rotations- und Axialbewegungen)
**packed-hole assembly*** (Oils) / Packed-hole-Garnitur f, Bohrgarnitur f ‖ ~ **drill strings** (Oils) / Packed-hole-Garnitur f, Bohrgarnitur f
**packed microbore column** (Chem) / Mikrosäule f, Micropack-Säule f (eine Trennkapillare von 0,5 bis 1 mm Innendurchmesser, die mit sehr feinkörniger Trennsäulenfüllung versehen ist), gepackte Kapillarsäule, Microbore-Säule f, MB-Säule f ‖ ~ **mode** (Comp) / gepackte Form (zwei BCD-Ziffern in einem Byte) ‖ ~ **tower** (Chem Eng) / Füllkörperkolonne f, Füllkörpersäule f

**packer** n (Agric) / Packer m (des Mähbinders) ‖ ~ (Civ Eng) / Packer m (für die Injektionstechnik) ‖ ~ (Ecol) / Müllwagen m mit einer Verdichtungsanlage ‖ ~ (hide from meatpacking houses) (Leather) / Packer m ‖ ~* (Oils) / Packer m (zur Abdichtung von Bohrungen - meist hydraulisch setzbar) ‖ ~ (Rail) / Stopfhacke f ‖ ~* (Oils) s. also production packer

**packet** v (Comp) / paketieren v ‖ ~ n / Bund n, Packen m, Gebund n, Ballen m, Bündel n, Pack m ‖ ~* (Comp, Telecomm) / Datenpaket n (DIN 44302), Paket n (für die Paketvermittlung) ‖ **~ assembler** (Comp, Telecomm) / Paketierer m, Paketiereinrichtung f ‖ **~ assembler/disassembler** (Comp, Telecomm) / PAD-Einrichtung f, Paketierer/Depaketierer m ‖ **~ assembling** (Comp, Telecomm) / Paketierung f (Umwandlung von Zeichenfolgen in Datenpakete), Paketisierung f ‖ **~ assembly** (Comp, Telecomm) / Paketierung f (Umwandlung von Zeichenfolgen in Datenpakete), Paketisierung f ‖ **~ assembly/disassembly** (Comp, Telecomm) / Paketieren und Depaketieren n, Zusammenfügen und Auftrennen von Paketen, PAD (Paketieren und Depaketieren) ‖ **~ data network** (Comp, Telecomm) / Paketdatennetz n (in dem Daten in Paketen vermittelt werden) ‖ **~ disassembler** (Comp, Telecomm) / Depaketierer m, Depaketiereinrichtung f ‖ **~ disassembling** (Comp, Telecomm) / Depaketierung f (Umwandlung von Datenpaketen in Zeichenfolgen) ‖ **~ disassembly** (Comp, Telecomm) / Depaketierung f (Umwandlung von Datenpaketen in Zeichenfolgen)

**packet-exchange protocol** (Comp, Telecomm) / Datenpaketvermittlungsprotokoll n, Paketvermittlungsprotokoll n

**packet filter** (Comp) / Firewall m (ein Schutzsystem für das Netzwerk einer Organisation gegen externe Bedrohungen)

**packet-interleaved** adj (Comp, Telecomm) / paketweise verschachtelt

**packet length** (Comp, Telecomm) / Paketlänge f ‖ **~ length in bits** (Comp, Telecomm) / Paketlänge f in Bits

**packet-mode terminal** (Comp, Telecomm) / paketorientierte Datenendeinrichtung

**packet net** (Comp, Telecomm) / Paketnetz n ‖ **~ retransmission** (Comp, Telecomm) / Paketwiederholung f (im Fehlerfall) ‖ **~ sequencing** (Comp, Telecomm) / Paketreihung f ‖ **~ sniffer** (Comp, Telecomm) / Packet Sniffer m (das im Internet tätige Programm, welches in einem Router läuft)

**packet-switched** adj (Comp, Telecomm, Teleph) / paketvermittelt adj ‖ **~ domain** (Comp, Telecomm, Teleph) / paketvermittelte Domäne (in UMTS-Kernnetz)

**packet switching*** (Comp, Telecomm) / Packet-Switching-System n (Variante der Nachrichtenvermittlung, bei der die zu übertragende Nachricht in einzelne Nachrichtensegmente zerlegt und unter jeweiliger Zwischenspeicherung von Teilstrecke zu Teilstrecke bis hin zur Zielstation durchgereicht wird), Paketvermittlungstechnik f, Paketverkehr m, Paketvermittlungssystem n (zwischen zwei Netzstationen), Paketvermittlung f ‖ **~-switching system*** (Comp, Telecomm) / Packet-Switching-System n (Variante der Nachrichtenvermittlung, bei der die zu übertragende Nachricht in einzelne Nachrichtensegmente zerlegt und unter jeweiliger Zwischenspeicherung von Teilstrecke zu Teilstrecke bis hin zur Zielstation durchgereicht wird), Paketvermittlungstechnik f, Paketverkehr m, Paketvermittlungssystem n (zwischen zwei Netzstationen), Paketvermittlung f

**packet-switching technology** (Comp, Telecomm) / Packet-Switching-System n (Variante der Nachrichtenvermittlung, bei der die zu übertragende Nachricht in einzelne Nachrichtensegmente zerlegt und unter jeweiliger Zwischenspeicherung von Teilstrecke zu Teilstrecke bis hin zur Zielstation durchgereicht wird), Paketvermittlungstechnik f, Paketverkehr m, Paketvermittlungssystem n (zwischen zwei Netzstationen), Paketvermittlung f

**packet trailer** (Comp, Telecomm) / Paketabschluss m ‖ **~ transfer** (Comp, Telecomm) / Paketübertragung f, Pakettransfer m

**packet-transfer controller** (Teleph) / Paketübertragungssteuerung f

**packet-type identifier** (Comp, Telecomm) / Kennzeichen n für den Pakettyp, Pakettypkennzeichen n

**packfong** (Met) / Packfong n (dem Neusilber ähnliche Legierung) ‖ ~ (Met) s. also German silver

**pack-hardening*** n (Met) / Kastenaufkohlen n (mit festen Kohlungsmitteln)

**pack ice** (any area of sea ice formed by the jamming or crushing together of pieces of floating ice) (Ocean) / Packeis(feld) n (zusammen- und übereinandergeschobene Treibeisschollen)

**packing** n / Verpacken n, Einpacken n, Packen n, Abpacken n ‖ ~ / Konfektionierung f (Aufmachung) ‖ ~ / Kühleinbau m (eines Nasskühlturms), Rieselwerk n (eines Nasskühlturms), Rieseleinbau m ‖ ~* (Build, Civ Eng) / Füllung f, Zwischenfüllung f, Ausfüllung f ‖ ~ / Füllung f, Füllkörper m pl (z.B. Raschig- oder Pall-Ringe), Füllmaterial n (der Destillationskolonne, der Trennsäule) ‖ ~ (Chem Eng) / Packung f (Kolonneneinbauteil) ‖ ~ (Comp) / Packung f ‖ ~ (Comp) / Packen n, Verdichten n ‖ ~ (Crystal) / Packung f ‖ ~* (Eng) / Dichtung f (zwischen beweglichen Teilen), Abdichtung f ‖ ~* (Eng) / Abstandselement n ‖ ~* (Eng) / Manschette f, Manschettendichtung f ‖ ~* (stuffing box)* (Eng) / Packung f (bei Stopfbuchsen) ‖ ~ (Mining) / Versatz m (Verfüllen der beim Abbau von Lagerstätten entstandenen Hohlräume), Bergeversatz m, Trockenversatz m (Vorgang) ‖ ~ (Oils) / Tamponage f ‖ ~ (Print) / Aufzug m (auf dem Drucktiegel oder auf dem Druckzylinder) ‖ ~ (Rail) / Stopfen n (von Schwellen und Gleisen) ‖ ~ (Rail) / Gleisstopfen n, Stopfen n ‖ ~ (Textiles) / Packleinwand f ‖ ~ **date** (Nut) / Abpackdatum n (an dem ein Lebensmittel abgepackt worden ist), Verpackungsdatum n ‖ ~ **density** (Civ Eng) / Packungsdichte f (Verhältnis von Schüttdichte zur Rohdichte eines Haufwerks) ‖ ~ **density** (Comp) / Packungsdichte f (Anzahl der Schaltelemente pro Volumeneinheit) ‖ ~ **density*** (data stored per unit of length, area, or volume of a storage medium) (Comp) / Datendichte f, Zeichendichte f (DIN ISO 5652), Speicherdichte f ‖ ~ **density** (Crystal) / Packungsdichte f (Anteil des von Atommodellen in der Elementarzelle eingenommenen Raums) ‖ ~ **density** (Electronics) / Packungsdichte f, Bauelementendichte f ‖ ~ **density** (Mag) / Packungsdichte f (das Verhältnis des Volumens einer ferromagnetischen Komponente zum Gesamtvolumen in mehrphasigen Stoffen) ‖ ~ **depth** (Chem Eng) / Schüttguthöhe f (in Kolonnen) ‖ ~ **effect** (Nuc) / Packungseffekt m, Massendefekt m (bei der Bindung von Nukleonen zu einem Atomkern) ‖ ~ **felt** (Textiles) / Dichtungsfilz m ‖ ~ **fraction*** (Nuc) / Packungsanteil m (Massenüberschuss je Nukleon) ‖ ~ **gland** (Eng) / Packungsstopfbuchse f ‖ ~ **house pitch** (Chem) / Fettpech n ‖ ~ **leather** (Leather) / Dichtungs- und Manschettenleder n ‖ ~ **list** / Packliste f ‖ ~ **machine** / Verpackungsmaschine f ‖ ~ **machine** (Mining) / Versatzmaschine f ‖ ~ **machine** (Rail) / Gleisstopfmaschine f, Stopfmaschine f ‖ ~ **material** (Build, Eng) / Dichtungsstoff m, Dichtmittel n, Dichtungsmaterial n, Dichtstoff m (DIN 52460) ‖ ~ **material** (Powder Met, Pulv) / Einbettungsmaterial n ‖ ~ **paper** (Paper) / Packpapier n (z.B. Kraftpapier), Verpackungspapier n ‖ ~ **ring** (Eng) / Dichtungsring m ‖ ~ **robot** / Verpackungsroboter m ‖ ~ **sand** (Foundry) / Füllsand m (zum Auffüllen des Formkastens) ‖ ~ **strip** (a cold strip) (Met) / Verpackungsbandstahl m ‖ ~ **table** / Packtisch m, Packbock m ‖ ~ **waste** (Ecol) / Verpackungsabfall m

**packless** adj (Eng) / dichtungslos adj

**pack rolling** (Met) / Paketwalzen n (von Blechen) ‖ ~ **rolling mill** (Met) / Sturzenwalzwerk n

**pack-shot** (Cinema) / Aufnahme, in der man einen Markenartikel identifizieren kann (Product-Placement)

**packstone** (Geol) / Packstone m (Karbonatgestein mit selbstabstützendem Korngerüst und geringem Matrixanteil) ‖ ~ (Geol) / Kalkstein m (mit Matrix, die Partikel stützen sich ab)

**pack thread** (Spinning, Textiles) / Packzwirn n

**pack/unpack facility** (Comp) / Datenkonzentrator m

**pac leather** (Leather) / dickes, wasserabweisendes (Bekleidungs)Leder

**PACN** (polyacrylonitrile) (Chem) / Polyacrylnitril n, Polyacrylonitril n, Polyakrylnitril n, Polyakrylonitril n, PAN (Polyacrylnitril)

**P-action** n (Automation) / P-Verhalten n (bei dem die Ausgangsgröße stets im gleichen Verhältnis zur Eingangsgröße ist), proportionales Verhalten, Proportionalverhalten n

**PAD** (pulsed amperometric detector) (Chem) / gepulster amperometrischer Detektor ‖ ~ (packet assembly/disassembly) (Comp, Telecomm) / Paketieren und Depaketieren n, Zusammenfügen und Auftrennen von Paketen, PAD (Paketieren und Depaketieren) ‖ ~ (packet assembler/disassembler) (Comp, Telecomm) / PAD-Einrichtung f, Paketierer/Depaketierer m ‖ ~ (partially air-dry) (For) / halbtrocken adj (Holz), verladetrocken adj (Holz)

**pad** v (Autos) / aufschwemmen v (Zinn bei Karosseriereparaturen) ‖ ~ (Comp) / auffüllen v, füllen v, stopfen v ‖ ~ (Textiles) / foulardieren v, klotzen v (DIN 61 704) ‖ ~ (Textiles) / pikieren v (Wattierung einarbeiten) ‖ ~ (Textiles) / füttern v, ausfüttern v, polstern v, auspolstern v, ausstopfen v ‖ ~ n / Pad n (Staubsaugerzubehör) ‖ ~ / Stempelkissen n ‖ ~ (helipad) (Aero) / Hubschrauber(lande)plattform f ‖ ~* (Build) / eingelassene Nagelleiste, Dübelleiste (etwa 23 x 11,5 cm) ‖ ~ (Build, Civ Eng) / Auflagerbank f, Auflagerplatte f, Auflagerstein m, Polsterstein m ‖ ~ (Build, Glass) / Klotz m (Distanz-, Trage-; bei der Verglasung) ‖ ~ (Comp) / Auffüllzeichen n, Füllzeichen n (DIN 44302), Pad n (bei Datenfernübertragung - Zeichen, die vor und nach der eigentlichen Information gesendet werden) ‖ ~ (Comp) / Tastaturblock m, Tastenblock m ‖ ~ (Elec Eng) / [Serien-]Trimmer m, [Serien-]Trimmerkondensator m, Paddingkondensator m, Gleichlaufabstimmkondensator m ‖ ~* (Elec Eng) / festeingestellter Abschwächer, festes Dämpfungsglied (nur aus Widerständen aufgebautes) ‖ ~ (Electronics) / Lötauge n (ringförmiger Teil eines Leiterzuges auf einer Leiterplatte, Kontaktfleck m ‖ ~ (Electronics) / Anschlussfläche f (des Leiterbildes), Lötpad n (Anschlussfläche, speziell beim Verlöten oberflächenmontierter Bauteile, die häufig mit Bleizinn oder anderen Schutzschichten zum Erhalt der Lötfähigkeit versehen ist), Anschlussauge n (bei Leiterplatten) ǁ ~ (Eng) / Schmierkissen n (für die Schmierkissenschmierung) ǁ ~ (used in the application of French polish) (Paint) / Ballen m (zum Schellackpoliturauftrag) ǁ ~ (Plumb) / Wischer m, Lötlappen m ǁ ~ (Print) / Farbkissen n ǁ ~* (Textiles) / Klotzmaschine f, Foulard m (eine Apparatur zum Bleichen, Färben, Klotzen, Imprägnieren, Mattieren u.ä. von Geweben und Gewirken im faltenlosen Breitzustand) ǁ ~ (Textiles) / Schulterkissen n, Kissen n, Schulterpolster n ǁ ~ (Textiles) / Polster n m, Kissen n ǁ ~ **application** (Paint) / Ballenauftrag m (manueller Auftrag mittels Stoffballen)

**padauk\*** n (For) / Padouk n, Padauk n, Padu n (braun- oder korallenrote, dunkel gestreifte, harte und schwere Konstruktionshölzer der Flügelfruchtbaum-Gattung Pterocarpus)

**pad character** (Comp) / Auffüllzeichen n, Füllzeichen n (DIN 44302), Pad n (bei Datenfernübertragung - Zeichen, die vor und nach der eigentlichen Information gesendet werden)

**pad-cure process** (Textiles) / Klotz-Thermofixierverfahren n, Klotz-Kondensationsverfahren n

**padded** adj / gepolstert adj (zum Schutz) ǁ ~ **door** (Build) / Polstertür f ǁ ~ **headband** (Radio) / gepolsterter Kopfhörerbügel ǁ ~ **headpiece** (Radio) / gepolsterter Kopfhörerbügel ǁ ~ **multiwire assembly** (Electronics) / eingepresste Multiwire-Montage ǁ ~ **plate** (a ribbed plate) (Met) / Raupenblech n (ein geripptes Blech)

**padder** n (Elec Eng) / [Serien-]Trimmer m, [Serien-]Trimmerkondensator m, Paddingkondensator m, Gleichlaufabstimmkondensator m ǁ ~ (Textiles) / Klotzmaschine f, Foulard m (eine Apparatur zum Bleichen, Färben, Klotzen, Imprägnieren, Mattieren u.ä. von Geweben und Gewirken im faltenlosen Breitzustand)

**padding** n (Autos) / Polsterung f (z.B. der Sonnenblenden, zur passiven Sicherheit) ǁ ~ (Build, Glass) / Klotzung f (bei der Verglasung) ǁ ~ (Comp) / Auffüllen n, Füllen n, Stopfen n ǁ ~ (Textiles) / Polsterwatte f, Wattierung f ǁ ~ (Textiles) / Klotzen n (Tränken von Geweben mit Farbstofflösungen oder Dispersionen in breitem Zustand nach DIN 61704) ǁ ~ (Welding) / Auftragsschweißen n (Aufschweißen von Zusatzstoff nach DIN 1910-1) ǁ ~ **agent** (Textiles) / Klotzhilfsmittel n ǁ ~ **auxiliary** (Textiles) / Klotzhilfsmittel n ǁ ~ **capacitor** (Elec Eng) / [Serien-]Trimmer m, [Serien-]Trimmerkondensator m, Paddingkondensator m, Gleichlaufabstimmkondensator m ǁ ~ **character** (Comp) / Auffüllzeichen n, Füllzeichen n (DIN 44302), Pad n (bei Datenfernübertragung - Zeichen, die vor und nach der eigentlichen Information gesendet werden) ǁ ~ **machine** (Textiles) / Klotzmaschine f, Foulard m (eine Apparatur zum Bleichen, Färben, Klotzen, Imprägnieren, Mattieren u.ä. von Geweben und Gewirken im faltenlosen Breitzustand) ǁ ~ **mangle** (Textiles) / Klotzmaschine f, Foulard m (eine Apparatur zum Bleichen, Färben, Klotzen, Imprägnieren, Mattieren u.ä. von Geweben und Gewirken im faltenlosen Breitzustand)

**paddle** v (Leather) / haspeln v ǁ ~* n (Comp) / Steuerknüppel m (für Computerspiele), Paddle n (Handsteuergerät) ǁ ~ (Eng, Ships) / Schaufel f, Rührschaufel f, Rührarm m ǁ ~ (Eng, Ships) / Schaufel f, Schaufelblatt n (des Schaufelrades) ǁ ~ (Glass) / Paddel n, Ruder n (beim Floatverfahren) ǁ ~ (a wooden panel used in a lock or sluice or other hydraulic channel to close a water passage) (Hyd Eng) / Schütz n (senkrecht bewegbare Platte zur Regelung des durchströmenden Wassers oder zum Schließen eines Wehres), Schütze f ǁ ~ (a wooden panel used in a lock or sluice or other hydraulic chanel to close a water passage) (Hyd Eng) / Verschlusselement n ǁ ~ (Leather) / Paddelbrett n (im Haspel) ǁ ~ (Leather) / Haspel f ǁ ~* (Print) / Schaufel f (der Schaufelradbogenauslage) ǁ ~ (Telecomm) / Paddle n, Doppelhebelgeber m für Morsetasten ǁ ~ **agitator** (Chem Eng) / Paddelrührer m, Balkenrührer m ǁ ~ **bating** (Leather) / Haspelbeize f ǁ ~ **dyeing machine** (Textiles) / Paddelmaschine f, Paddlefärbemaschine f (DIN 64990) ǁ ~ **hole\*** (Hyd Eng) / Gerinne n einer Schleuse ǁ ~ **liming** (Leather) / Haspeläscher m ǁ ~ **mixer\*** (Chem Eng) / Paddelrührer m, Balkenrührer m ǁ ~ **mixer with multiple beams and baffles** / Mehrbalkenrührer m, Rührwerk n mit Strombrechern ǁ ~ **mixer with single beam** (Chem Eng) / einfacher Balkenrührer ǁ ~ **plane\*** (Aero) / Schaufelradflügel m ǁ ~ **screw** (Chem Eng) / Rührschnecke f, Rührpaddelschnecke f

**paddle-steamer** n (Ships) / Raddampfer m

**paddle wheel** (Eng, Ships) / Schaufelrad n (auch als Antriebsorgan des Raddampfers)

**paddle-wheeler** n (Ships) / Raddampfer m

**paddle-wheel fan\*** (Eng) / Kreiselgebläse n, Turbogebläse n

**paddling** n (Leather) / Haspeln n ǁ ~ **pool** (Build) / Plantschbecken n, Planschbecken n

**pad dry fixation method** (Textiles) / Klotz-Schocktrocknungsverfahren n, KSV ǁ ~ **dry process** (Textiles) / Klotz-Trocknungs-Verfahren n

**paddy** n (pl. -ies) (Agric, Bot) / Reisfeld n ǁ ~ (pl. -ies) (Bot, Nut) / Rohreis m, ungeschälter Reis ǁ ~ (Nut) / Rohreis m, Paddy-Reis m (noch bespelzt)

**pad dyeing** (Textiles) / Klotzfärbung f

**paddy field** (Agric, Bot) / Reisfeld n ǁ ~ **rice** (rice before threshing or in the husk) (Nut) / Rohreis m, Paddy-Reis m (noch bespelzt)

**Padé approximant** (Maths) / Padé'scher Näherungsbruch ǁ ~ **approximation** (Maths) / Padé-Approximation f, Padé-Näherung f ǁ ~ **table** (Maths) / Padé-Tafel f (für die Approximation mit rationalen Funktionen) ǁ ~ **transform** (Maths) / Padé-Transformation f

**pad footing** (Civ Eng) / Polstergründung f ǁ ~ **foundation** (Build, Civ Eng) / Einzelgründung f ǁ ~ **foundation** (Civ Eng) / Polstergründung f

**p-adic number** (Maths) / p-adische Zahl (von K. Hensel) ǁ ~ **valuation** (Maths) / p-adische Bewertung

**Padimate O** (Chem) / Dimethylaminobenzoesäureethylhexylester m (ein Lichtfilterstoff), Padimate n O

**pad ink** / Stempelfarbe f, Stempelkissenfarbe f

**pad-jig method** (Textiles) / Pad-Jig-Verfahren n, Klotz-Jig-Verfahren n

**pad journal bearing** (Eng) / Radialsegmentlager n

**padlock** v / mit Vorhängeschloss sichern ǁ ~ n / Vorhängeschloss n, Hängeschloss n, Anhängeschloss n, Vorlegeschloss n ǁ ~ **hasp** (Build) / Überfalle f (Beschlag für Türen, Tore und Lattenverschläge)

**pad lubrication** (Eng) / Kissenschmierung f, Schmierkissenschmierung f, Polsterschmierung f

**Padoa's principle** (Maths) / Padoa'sches Prinzip (in der mathematischen Logik)

**padouk** n (For) / Padouk n, Padauk n, Padu n (braun- oder korallenrote, dunkel gestreifte, harte und schwere Konstruktionshölzer der Flügelfruchtbaum-Gattung Pterocarpus)

**pad polishing** (Glass) / Pad-Polieren n ǁ ~ **roller\*** (a plain roller /without sprockets/ which presses the edges of cinematograph film on to sprockets to ensure that a sufficient number of teeth of the latter are engaged by the sprocket holes) (Cinema) / Andrückrolle f, Andruckrolle f (eine verriegelbare Rolle, die den Film gegen die intermittierende oder ziehende Zahnrolle drückt), Druckrolle f ǁ ~**-roll process** (Textiles) / Pad-Roll-Verfahren n (halbkontinuierliches Verfahren zum Entschlichten, Bleichen und Färben)

**padsaw\*** n (Join, Tools) / Schlüssellochsäge f, Stichsäge f (eine Tischlersteifsäge mit einem vorn spitz zulaufenden Sägeblatt), Lochsäge f, Spitzsäge f

**pad shock drying process** (Textiles) / Klotz-Schocktrocknungsverfahren n, KSV ǁ ~ **steam machine** (Textiles) / Pad-Steam-Anlage f (für kontinuierliche Färbeprozesse)

**pad-stone\*** n (Build, Civ Eng) / Auflagerbank f, Auflagerplatte f, Auflagerstein m, Polsterstein m

**paduasoy** n (a heavy, rich corded or embossed silk fabric, popular in the 18th century) (Textiles) / paduanischer Stoff

**pad thrust bearing** (Eng) / Axialsegmentlager n

**pad with zeros** (Comp) / mit Nullen auffüllen

**PAF\*** (platelet-activating factor) (Biochem) / plättchenaktivierender Faktor, PAF (ein Lipid, das Blutplättchen aktiviert)

**PAFC** (phosphoric-acid fuel cell) (Fuels) / Phosphorsäurebrennstoffzelle f, phosphorsaure Brennstoffzelle f, PAFC f (Phosphorsäurebrennstoffzelle)

**PAGE\*** (polyacrylamide gel electrophoresis) (Biochem) / Polyacrylamidgel-Elektrophorese f, Polyakrylamidgel-Elektrophorese f, PAGE f (Polyacrylamidgel-Elektrophorese)

**page** n (Civ Eng) / Holzkeil m (zum Verbau) ǁ ~ (Comp) / Seite f, Page f ǁ ~ (Comp, Print) / Seite f

**pageable** adj (Comp) / seitenwechselbar adj

**page addressing** (Comp) / Seitenadressierung f ǁ ~ **assembly** (Comp, Print) / Seitennumbruch m ǁ ~ **assembly** (Print) / Seitenmontage f

**page-at-a-time printer** (Comp) / Seitendrucker m (der im Gegensatz zu Zeilen- und Zeichendrucker eine ganze Seite "auf einmal" druckt), Ganzseitendrucker m

**page beginning** (Comp) / Seitenanfang m ǁ ~ **break** (Comp) / Befehl m "neue Seite" ǁ ~ **buffer** (Comp) / Seitenspeicher m, Seitentextspeicher m ǁ ~ **chaining** (Comp) / Seitenkettung f ǁ ~ **construction language** (Comp) / Seitenkonstruktionssprache f ǁ ~ **copy teleprinter** (Telecomm) / Blattschreiber m (in der Fernschreibtechnik), Blattfernschreiber m ǁ ~ **cord\*** (Typog) / Kolumnenschnur f (zum Ausbinden einer Satzkolumne) ǁ ~ **counter** (Comp) / Seitenzähler m ǁ ~ **data set** (Comp) / Seitendatei f ǁ ~ **depth** (Comp, Print) / Seitenlänge f, Länge f der Seite ǁ ~ **description language\*** / PDL-Sprache f, Seitenbeschreibungssprache f ǁ ~ **design** (Typog) / Seitengestaltung f ǁ ~ **down** v (Comp) / blättern v (zurück), rückwärts blättern (Text auf Bildschirm)

**page-down key** (Comp) / Bild-Ab-Taste f

**page dummy** (Comp, Print) / Musterseite f, Modellseite f ǁ ~ **ending** (Comp, Print) / Seitenende n

**age-ending decision** (Comp) / Entscheidung f am Seitenende (bei automatischen Umbruchprogrammen)
**age fault** (Comp) / Seitenfehler m ‖ ~ **fixing** / Seitenfixieren n (beim Videotext) ‖ ~ **format** (Comp, Print) / Seitenformat n ‖ ~ **formatting** (Comp) / Seitenformatierung f ‖ ~ **forward** v (Comp) / blättern v (vorwärts), vorwärts blättern (Text auf Bildschirm) ‖ ~ **frame** (Comp) / Realseitenrahmen m, realer Rahmen, Seitenrahmen m (ein Block des Hauptspeichers, der eine Seite aufnehmen kann), Kachel f (für eine Seite im Hauptspeicher nach DIN 44300) ‖ ~ **frame** (Print) / Rahmen m (Seitenrahmen), Seitenrahmen m ‖ ~ **geometry** (Print) / Seitengeometrie f ‖ ~ **heading** (Print) / Seitenüberschrift f ‖ ~ **impression** (Comp) / Page Impression f (eine statistische Messgröße, die bei einem Online-Dienst oder auch dem WWW im Internet angibt, wie häufig eine bestimmte Seite von beliebigen Nutzern insgesamt aufgerufen und damit angesehen wurde), Page View ‖ ~ **in** v (Comp) / seitenweise einlagern, Seite einlagern (eine Seite aus der Seitendatei in den Hauptspeicher übertragen) ‖ ~ **layout** (Typog) / Seitenaufbau m ‖ ~ **length** (Comp, Print) / Seitenlänge f, Länge f der Seite ‖ ~ **make-up** (Comp, Print) / Seitenumbruch m ‖ ~ **make-up** (Print) / Seitenmontage f ‖ ~ **make-up program** (Comp) / Umbruchprogramm n ‖ ~ **mode** (Comp) / Page-Modus m, Seitenausgabe f ‖ ~ **numbering** (Typog) / Paginieren n (das fortlaufende Nummerieren von Seiten, Spalten oder Blättern) ‖ ~ **offset** (Comp) / Seitenabstand m (in der Textverarbeitung) ‖ ~ **order** (Print) / Seitenfolge f ‖ ~ **orientation** (Comp, Print) / Seitenformat n (quer oder hoch) ‖ ~ **out** v (Comp) / seitenweise auslagern, Seite auslagern (eine Seite aus dem Hauptspeicher in die Seitendatei übertragen) ‖ ~ **overflow** (Comp) / Seitenüberlauf m ‖ ~ **pool** (Comp) / Seitenvorrat m (alle Seitenrahmen, die für Programme im virtuellen Modus zur Verfügung stehen) ‖ ~ **preview** (Comp) / Seitenansicht f (Funktion zum Überprüfen des Seitenlayouts auf dem Bildschirm in Form einer verkleinerten Ganzseitendarstellung), Seitenvorschau f (zur Kontrolle) ‖ ~ **preview display** (Comp) / Preview-Ausgabe f (letzte Kontrolle auf dem Bildschirm vor dem Drucken) ‖ ~ **printer** (using xerographic or laser printing techniques, or the result of electron beam recording) (Comp) / Seitendrucker m (der im Gegensatz zu Zeilen- und Zeichendrucker eine ganze Seite "auf einmal" druckt), Ganzseitendrucker m ‖ ~ **printer** (Telecomm) / Blattschreiber m (in der Fernschreibtechnik), Blattfernschreiber m ‖ ~ **proof*** (Typog) / Umbruchkorrektur f, Bogenkorrektur f, Seitenabzug m
**ager** n (Radio) / Pager m (beim Funkrufdienst), "Piepser" m, Nur-Ton-Empfänger m, Funkrufempfänger m
**age reader** (Comp) / Seitenleser m (DIN 66223, T 4)
**age-relative addressing** (Comp) / Seitenadressierung f
**age replacement algorithm** (Comp) / Seitenersetzungsstrategie f ‖ ~ **replacement strategy** (Comp) / Seitenersetzungsstrategie f ‖ ~ **scrolling** (Comp) / Rollieren n von Bildschirmseiten ‖ ~ **size** (Print) / Seitenformat n (Größe der Druckseite)
**ages per hour** (Comp, Print) / Seiten pro Stunde (Druckerleistung)
**age table** (Comp) / Seitentafel f ‖ ~ **teleprinter** (Telecomm) / Blattschreiber m (in der Fernschreibtechnik), Blattfernschreiber m ‖ ~ **template** (Comp) / Schablone f für die Erstellung formatierter Seiten ‖ ~ **turning** (Comp) / Bildschirmblättern n ‖ ~ **turning** (Comp) / Blättern n (am Bildschirm) ‖ ~ **up** v (Comp) / blättern v (vorwärts), vorwärts blättern (Text auf Bildschirm)
**page-up key** (Comp) / Bild-Auf-Taste f
**age view** (Comp) / Page Impression f (eine statistische Messgröße, die bei einem Online-Dienst oder auch dem WWW im Internet angibt, wie häufig eine bestimmte Seite von beliebigen Nutzern insgesamt aufgerufen und damit angesehen wurde), Page View ‖ ~ **without any misprints** (Typog) / Jungfer f (eine fehlerfrei gesetzte Seite)
**pagination** n (Comp, Print) / Seitenumbruch m ‖ ~* (Typog) / Paginieren n (das fortlaufende Nummerieren von Seiten, Spalten oder Blättern) ‖ ~ **program** (Comp) / Umbruchprogramm n
**paging*** n (Acous, Electronics, Radio) / [selektives] Ausrufen n (einer Person), Rufen n (einer Person), Funkruf m (öffentlicher Personenruf), Personenruf m, Funkrufdienst m (Nichtsprach-Funksystem zur Übermittlung von Signalen und Rufdaten) ‖ ~* (Comp) / seitenweises Hereinholen und Auslagern von Informationen, Paging-Technik f (ein Realspeicherzuweisungsverfahren), Seitenwechselverfahren n, Seitenwechsel m ‖ ~ (Teleph) / Teilnehmersuchruf m ‖ ~* (Typog) / Paginieren n (das fortlaufende Nummerieren von Seiten, Spalten oder Blättern) ‖ ~* (Acous, Radio) s. also European radio paging service ‖ ~ **algorithm** (Comp) / Seitenaustauschverfahren n ‖ ~ **channel** (Teleph) / Paging Channel m (gemeinsamer Transportkanal der Abwärtsstrecke zum Transport von Steuerinformationen an eine Mobilstation, deren aktuelle Zelle dem UTRAN in der Regel nicht bekannt ist, mit dem Ziel, eine Verbindung zu ihr aufzubauen), PCH (Paging Channel) m ‖ ~ **device** (Comp) / Seitenwechselspeicher m, Seitenspeicher m ‖ ~ **drum** (Comp) / Seitenwechseltrommel f ‖ ~ **machine** (Print) / Paginiermaschine f ‖ ~ **system** (Teleph) / Personenrufanlage f ‖ ~ **technique** (memory management technique that simulates more memory than available RAM by storing inactive program parts to disk) (Comp) / seitenweises Hereinholen und Auslagern von Informationen, Paging-Technik f (ein Realspeicherzuweisungsverfahren), Seitenwechselverfahren n, Seitenwechsel m

**pagoda roof** (Autos) / Pagodendach n (mit eingezogenem Mittelteil und höheren Seitenpartien)
**pagodite*** n (Min) / Bildstein m, Agalmatolith m, Pagodit m, Pagodenstein m (eine Abart des Pyrophyllits)
**PAH** (polycyclic aromatic hydrocarbon) (Chem) / polyzyklischer Aromat, polycyclischer Aromat, polyzyklischer aromatischer Kohlenwasserstoff (z.B. Benzpyren), polycyclischer aromatischer Kohlenwasserstoff, PAH m (polycyclischer Aromat), PAK m (polycyclischer aromatischer Kohlenwasserstoff)
**paH** n (Chem) / Kennwert m der Wasserstoffionenaktivität (negativer dekadischer Logarithmus der Konzentration aktiver Wasserstoffionen)
**PAH emissions** (Autos, Ecol) / PAH-Emissionen f pl (eine Sammelbezeichnung)
**pahoehoe** n (Geol) / Fladenlava f, Gekröselava f, Seillava f, Stricklava f, Pahoehoe-Lava f
**PAHR phase** (post-accident heat removal phase) (Nuc Eng) / PAHR-Phase f, Phase f der langfristigen Kühlung und Rückhaltung des Brennstoffs
**paid leave** (Work Study) / bezahlter Urlaub
**pail** n (Tools) / Eimer m (ein Gefäß), Kübel m, Bottich m
**paillette** n (Textiles) / Flitter m, Paillette f (kleines glänzendes, gelochtes Metallblättchen für Applikationen)
**painkiller** n (Med, Pharm) / schmerzlinderndes Mittel, Analgetikum n (pl. -tika), Schmerzkiller m
**painkilling** adj (Med, Pharm) / schmerzlindernd adj, schmerzstillend adj, betäubend adj, analgetisch adj
**pain-producing substance** (Biochem) / Neurokinin f P, Substanz f P, NKP (Neurokinin P)
**pain-relieving** adj (Med, Pharm) / schmerzlindernd adj, schmerzstillend adj, betäubend adj, analgetisch adj
**paint** v (Build, Paint) / streichen v, anstreichen v, malen v ‖ ~ (Leather) / schwöden v (Felle mit wertvollen Haaren und Wollen, mit Schwödebrei) ‖ ~ (Paint) / lackieren v ‖ ~ (Paint) / aufbringen v, auftragen v (Anstrichstoffe), applizieren v ‖ ~ (Ships) / pönen v, pöntern v, malen v ‖ ~ (Autos) / Lack m ‖ ~* (Paint) / Anstrichstoff m (ein flüssiger bis pastenförmiger Beschichtungsstoff, der vorwiegend durch Streichen, Rollen oder Spritzen aufgetragen wird - DIN 55945), Anstrichmittel n ‖ ~ (Paint) / Anstrichfarbe f (ein pigmentierter Anstrichstoff), Lackfarbe f (pigmentierter Lack) ‖ ~ (Radar) / Bildspur f, Bildzeichen n ‖ ~* (Paint) s. also coating
**paintable** adj (Paint) / lackierbar adj, bemalbar adj, bestreichbar adj ‖ ~ (Paint) / anstreichbar adj, anstreichfähig adj
**paint adhesion** (Paint) / Anstrichhaftung f, Lackhaftung f
**paint-adhesion-on-scribed-surfaces test** (Paint) / PASS-Test m (ein Korrosionsprüfverfahren für Lacküberzüge)
**paint application** (Autos, Paint) / Lackauftrag m, Lackapplikation f ‖ ~ **base** (Paint) / Farbenbindemittel n, Vehikel n ‖ ~ **bath** (in a tank) (Paint) / Lackbad n (beim Tauchlackieren oder in Elektrotauchanlagen) ‖ ~ **booth** (Autos, Paint) / Lackierkabine f
**Paintbox** n (an electronic system used to create video graphics by storing filmed material on disk and manipulating it using a graphics tablet) (Cinema, Comp) / Paintbox f
**paint brush** (Paint) / Bürste f (großes, langborstiges Streichwerkzeug)
**paintbrush** n (Comp) / Farbpinsel m (ein Gestaltungselement bei Grafikprogrammen) ‖ ~ (Paint) / Pinsel m
**paint can** (Paint) / Lackdose f ‖ ~ **chemistry** (Chem, Paint) / Anstrichstoffchemie f, Lack- und Farbenchemie f ‖ ~ **coat** (Autos, Paint) / Lackschicht f ‖ ~ **container** (Paint) / Farbbehälter m (der Spritzpistole) ‖ ~ **crack** (Paint) / Riss m der Spritzpistole) ‖ ~ Lackriss m (der durch geringe Elastizität und unterschiedliche Spannungen im Lackfilm und Lackträger entsteht), Riss m in der Lackfläche ‖ ~ **cup** (Paint) / Farbbehälter m (der Spritzpistole), Farbbecher m (der Spritzpistole) ‖ ~ **damage** (Paint) / Lackschaden m ‖ ~ **defect** (Paint) / Anstrichschaden m, Lackschaden m ‖ ~ **defect** s. also damage to the paintwork and defective paint
**painted wool** (Textiles) / zeichenhaltige Wolle
**painter** n (Paint) / Maler m, Lackierer m, Anstreicher m
**painter's brush** / Malerpinsel m ‖ ~ **canvas** (Textiles) / Malerleinwand f ‖ ~ **colic** (Med) / Bleikolik f (eine Bleivergiftung), Colica saturnina f
**painters' colic** (Med) / Bleikolik f (eine Bleivergiftung), Colica saturnina f ‖ ~ **palsy** (Med) / Bleilähmung f (der Streckermuskulatur infolge von Bleivergiftung)
**painter's putty** (Paint) / Spachtelkitt m (eine Spachtelmasse) ‖ ~ **size** (Build) / Malerleim m

**paint film** (Paint) / Anstrichfilm *m* (zusammenhängende Schicht des Anstrichstoffes)
**paint-film algicide** (Paint) / Anstrichalgizid *n* (Algizid bzw. Algistatikum, die in Anstrichmitteln homogen verteilt werden, damit daraus hergestellte Anstriche dauerhaft gegen Bewuchs durch Algen geschützt sind) || **~ defect** (Paint) / Filmfehler *m* (DIN 55945), Filmstörung *f*, Filmschaden *m* || **~ defect** (Paint) / Anstrichschaden *m*, Lackschaden *m* || **~ fungicide** (Paint) / Anstrichfungizid *n*, fungizide Anstrichfarbe, gegen Pilzbefall beständige Anstrichfarbe
**paint filter circulation** (Paint) / Lackfilterkreislauf *m* (in dem die eingeschleppten Verschmutzungen aus einem Lack mit Hilfe von Filtern, durch die der zu reinigende Lack geleitet wird, entfernt werden) || **~ for buildings** (Paint) / Malerlack *m*, Bautenfarbe *f*, Bautenlack *m*, Bautenschutzanstrichmittel *n* || **~ formulation** (Paint) / Farbrezept *n*
**pain threshold** (Acous) / Schmerzgrenze *f* (Schalldruckpegel oberhalb 120 dB bzw. Lautstärken oberhalb 120 phon), Schmerzschwelle *f* (DIN 1320)
**paint in** *v* (Electronics) / hineinmalen *v* (bei Leiterplattenreparatur), hineinstreichen *v* (bei Leiterplattenreparatur)
**painting** *n* (Build, Paint) / Streichen *n*, Anstreichen *n*, Malen *n* || **~** (Comp) / Maltechnik *f* || **~** (Comp) / Kolorierung *f*, Colorierung *f* || **~** (Leather) / Schwöden *n* (Äschern mit Schwödebrei), Schwöde *f* (ein Haarlockerungsverfahren) || **~** (Paint) / Aufbringen *n* (des Anstrichstoffes), Farbauftrag *m*, Auftrag *m*, Auftragen *n*, Auftragsverfahren *n*, Anstrich *m* (Tätigkeit), Applikation *f*, Applikationsverfahren *n* || **~ booth** (Autos, Paint) / Lackierkabine *f*
**painting-galvanizing** *n* (Paint) / Zinkstaubbeschichtung *f*, Anstrichbezinkung *f* (mit zinkstaubhaltigen Beschichtungsstoffen), Anstrichverzinkung *f* (Herstellung von Anstrichschichten mit einem überwiegenden Anteil an Zinkpigmenten)
**painting line** (Autos, Paint) / Lackierstraße *f* || **~ on glass** (Glass) / Glasmalerei *f* || **~ over rust** (Paint) / Streichen *n* über Rost || **~ paper** (Paper) / Malpapier *n* || **~ plant** (Paint) / Lackieranlage *f* || **~ program** (Comp) / Paint-Programm *n*, Grafikprogramm *n* zum Ausmalen von Flächen, Pixeleditor *m* (ein Grafikprogramm) || **~ robot** (Paint) / Anstrichroboter *m*, Lackierroboter *m* || **~ technology** (Paint) / Anstrichstoffverarbeitungstechnologie *f*, Anstrichtechnik *f*, Anstrichtechnologie *f* || **~ tools** (Comp) / Malutensilien *f pl* (Funktionen des Grafikprogramms)
**paint inspection gauge** (Paint) / Schichtdickenmessgerät *n* (das mittels Eindringen einer Schneide in den Überzug arbeitet), PIG || **~ job** (Autos) / Lackierung *f* || **~ message** (Comp) / Paint-Nachricht *f* (anwendungsgenerierte Nachricht zur Aktualisierung eines bestimmten Fensters) || **~ mist** (Paint, Surf) / Spritznebel *m*, Farbnebel *m*, Spritzstaub *m*, Farbstaub *m*
**paint-mist eliminator** (Paint) / Farbnebelabscheider *m* (in Lackspritzanlagen)
**paint mode** (Comp) / Paintmodus *m* (ein Modus, der pixeladressierbare Grafikmöglichkeiten bietet), Malmodus *m*
**paint-on process** (Electronics) / Filmverfahren *n* (ein Diffusionsverfahren, bei dem das Dotierungsmaterial vor der Diffusion unmittelbar auf die Kristalloberfläche durch elektrolytische Abscheidung usw. aufgebracht wird)
**paint permeable to water vapour** (migration) (Paint) / Ventilationsfarbe *f* (für Holzaußenflächen - die die Feuchtigkeit in höherem Maße diffundieren lässt) || **~ pot** (Paint) / Farbbehälter *m* (der Spritzpistole), Farbbecher *m* (der Spritzpistole) || **~ program** (Comp) / Malprogramm *n* (als Gegensatz zum Zeichnenprogramm) || **~ program** (Comp) / Paint-Programm *n*, Grafikprogramm *n* zum Ausmalen von Flächen, Pixeleditor *m* (ein Grafikprogramm) || **~ removal** (Paint) / Entfernen *n* von Anstrichen, Entlackung *f*, Abbeizen *n*, Farbenentfernen *n*
**paint-removal plant** (Paint) / Entlackungsanlage *f*
**paint remover** (Paint) / Lackabbeizer *m*, Lackentferner *m* || **~ remover*** (Paint) / Farbentferner *m*, Entlackungsmittel *n*, Abbeizmittel *n*, Abbeizfluid *n* (Gemisch stark lösender organischer Flüssigkeiten), Ablösemittel *n*, Abbeizstoff *m* || **~ roller** (Paint) / Farbwalze *f*, Farbrolle *f*, Farbroller *m* || **~ roller** s. also roller || **~ shaker** (Paint) / Schüttelgerät *n* (Dispergiergerät für das Labor mit mehreren Dispergiergefäßen, das einer definierten Schüttelbewegung ausgesetzt wird)
**paintshop** *n* (Paint) / Lackiererei *f*, Lackierwerkstatt *m*, Lackierwerkstätte *f* || **~ waste** (Ecol, Paint) / Lackiererei abfälle *m pl* (DIN 55 503, 55 510, 55 511, 55 512 und 55 513), Lackabfälle *m pl*
**paint sludge** (Paint) / Lackschlamm *m* (Substanz, die aus dem Overspray durch Lackkoagulierung und anschließenden Austrag aus dem Spritzkabinenwasser entsteht)
**paint-spray respirator** / Atemschutzmaske *f* für Spritzlackierer || **~ robot** (Paint) / Farbspritzroboter *m*, Spritzroboter *m*

**paint stripper*** (Paint) / Farbentferner *m*, Entlackungsmittel *n*, Abbeizmittel *n*, Abbeizfluid *n* (Gemisch stark lösender organischer Flüssigkeiten), Ablösemittel *n*, Abbeizstoff *m* || **~ stripping** (Paint) / Entfernen *n* von Anstrichen, Entlackung *f*, Abbeizen *n*, Farbenentfernen *n* || **~ sump** (Paint) / Lackauffangwanne *f* (in der Flutanlage) || **~ system** (Paint) / Beschichtungssystem *n* (DIN 55 945), Anstrichsystem *n* (fertig aufgebauter Anstrich) || **~ tank** (Paint) / Farbbehälter *m* (der Spritzpistole), Farbbecher *m* (der Spritzpistole) || **~ thinner** (Paint) / Lackverdünner *m* || **~ tray** (Paint) / Anstrichstoffbehälter *m* (wannenförmiger), Farbbehälter *m* (wannenförmiger) || **~ unhairing** (Leather) / Schwöden *n* (Äschern mit Schwödebrei), Schwöde *f* (ein Haarlockerungsverfahren) || **~ vehicle** (Paint) / Farbenbindemittel *n*, Vehikel *n* || **~ waste** (Ecol, Paint) / Altlack *m* (Lackabfälle), Altfarbe *f*
**paintwork** *n* (Autos) / Lackierung *f* || **~** (Paint) / Beschichtungssystem *n* (DIN 55 945), Anstrichsystem *n* (fertig aufgebauter Anstrich)
**pair** *v* / doppelt einsetzen || **~** / paarig anordnen, paarweise anordnen in Paaren anordnen || **~** / paaren *v*, Paare bilden || **~ *n* / Paar *n* || **~** (Cables) / paarverseilte Leitung, Adernpaar *n*, Doppelader *f*, DA || **~** (kinematic pair) (Mech) / Elementenpaar *n* || **~ annihilation** (Nuc) / Annihilation *f*, Paarvernichtung *f*, Zerstrahlung *f*, Paarzerstrahlung *f* (Umkehrprozess der Paarbildung) || **~ binding** (Electronics) / Paarbindung *f* || **~ comparison** / paarweise Vergleich, Paarvergleich *m* || **~ conversion** (Nuc) / Paarkonversion *f* || **~ creation** (Nuc) / Paarbildung *f* (DIN 41852), Paarerzeugung *f*, Paarbildungseffekt *m*
**paired brushes** (Elec Eng) / Tandembürste *f* || **~ cable*** (non-quadded cable) (Cables, Telecomm) / paarverseiltes Kabel, paarig verseiltes Kabel || **~ terraces** (Geol) / niveaugleiche Terrassen (beiderseits des Flusses)
**pair generation** (Nuc) / Paarbildung *f* (DIN 41852), Paarerzeugung *f*, Paarbildungseffekt *m*
**pairing*** *n* / Paarbildung *f*, Paarung *f*, paarweise Anordnung || **~*** (TV) / Paarigkeit *f*, Paarigstehen *n* (der Zeilen) || **~ approximation** (Nuc) / Paarbildungsnäherung *f* || **~ energy*** (Nuc) / Paarungsenergie *f*, Paarbildungsenergie *f*
**pair kerning** (Comp) / Kerning *n*, Unterschneiden *n* (Vermindern des normal vorgesehenen Abstands zwischen bestimmten Buchstabenkombinationen, um das Schriftbild zu verbessern), Unterschneidung *f* || **~ lights** (Ocean) / Torfeuer *n* (Leuchtfeuer, das aus jeweils zwei sich gegenüberstehenden Leuchtfeuern besteht, zwischen denen das Fahrwasser hindurchgeht) || **~ of angles** (Maths) / Winkelpaar *n* (z.B. ein Scheitel- oder Nebenwinkelpaar) || **~ of bellows** / Blasebalg *m* || **~ of brushes** (Elec Eng) / Tandembürste *f* || **~ of compasses** (Instr) / Zirkel *m* || **~ of numbers** (Maths) / Zahlenpaar *n* || **~ of pincers** (Eng) / Kneifzange *f*, Kantenzange *f*, Beißzange *f* || **~ of pliers** (Eng) / Beißzange *f* (kleine), Kneifzange *f* (kleine) || **~ of points** (Maths) / Punktepaar *n* || **~ of scissors** / Schere *f* (Haushaltsschere) || **~ *n* of secateurs** (Agric) / Baumschere *f*, Gartenschere *f* (eine Einhandschere) || **~ of shears** (Eng, Met) / Schere *f* (große ~ eine Werkzeugmaschine) || **~ of steps** / Stufenstehleiter *f*, Stehleiter *f*, Malerleiter *f*, Haushaltsleiter *f*, Treppenleiter *f*, Doppelleiter *f*, Bockleiter *f*, Stufenleiter *f* || **~ of windings** (Elec Eng) / Wicklungspaar *n* || **~ production*** (Electronics, Nuc) / Paarbildung *f* (DIN 41852), Paarerzeugung *f*, Paarbildungseffekt *m* || **~ sea** (Nuc) / Quark-Antiquark-See *m*, Paarsee *m* || **~-stranding machine** (Cables) / Paarverseilmaschine *f* || **~-twisting machine** (Cables) / Paarverseilmaschine *f*
**pairwise disjoint** (Maths) / paarweise disjunkt
**paisanite*** *n* (Geol) / Paisanit *n*
**Paisley pattern** (Textiles) / Paisley-Muster *n* (zarte, verstreute Blumenmuster nach Art von Porzellandekors im Biedermeierstil - nach dem Ort Paisley in Schottland), Paisley *n* (ein Muster) || **~ pattern** (Textiles) / Paisley-Musterung *f* (eine Flächenmusterung, die durch indische bzw. Kaschmirmuster, bei denen vielfach das meist farben- und formenreich gemusterte tropfenförmige Palmenwedelmotiv die Grundlage bildet, gekennzeichnet ist)
**PAL** (programmable array logic) (Comp) / Programmfeldlogik *f*, programmierbare logische Anordnung, PLA (programmierbare logische Anordnung), programmierbares logisches Feld, PLA || **~*** (TV) / PAL-Farbfernsehsystem *n* (von Prof. W. Bruch erfunden
**palaeo-** (older or ancient) / paläo- (alt, altertümlich), Paläo-
**palaeobiology** *n* (Geol) / Paläobiologie *f*
**palaeobotany*** *n* (Geol) / Paläobotanik *f* (Wissenschaft von den fossilen Pflanzen)
**palaeoclimatic** *adj* (Geol) / paläoklimatisch *adj*
**palaeoclimatology*** *n* (Geol) / Paläoklimatologie *f*
**palaeocurrent*** *n* (Geol) / fossile Strömung (z.B. in den Sedimenten erkennbar)
**palaeogeography*** *n* (Geol) / Paläogeografie *f*
**palaeomagnetism*** *n* (Geol) / Paläomagnetismus *m*
**palaeontology*** *n* (Geol) / Paläontologie *f* (Untersuchung der vorzeitlichen Tier- und Pflanzenwelt)

**palaeozoology*** n (Geol, Zool) / Paläozoologie f (Wissenschaft von den fossilen Tieren)
**palagonite*** n (a yellow or orange isotropic mineraloid formed by hydration and devitrification of basaltic glass) (Geol) / Palagonit m
**palatable** adj (pleasant to taste) (Nut) / wohlschmeckend adj, schmackhaft adj, lecker adj
**palateful** adj (Nut) / vollmundig adj (voll im Geschmack - alkoholisches Getränk)
**palau** n (Met) / Palladium-Gold-Legierung f
**PAL Colour System** (phase alternation by line) (TV) / PAL-Farbfernsehsystem n (von Prof. W. Bruch erfunden)
**paldao** n (For) / Dao n, Paldao n (Holz des Dracontomelon dao)
**pale** v (enclose with pales) / einpfählen v, mit Pfählen umgeben v ǁ ~ n (Build) / Zaunlatte f ǁ ~ adj / blass adj, bleich adj, fahl adj ǁ ~ (Nut) / hellfarbig adj (Wein) ǁ ~ **blue** / Blassblau n, Bleu n
**pale-blue** adj / blassblau adj, mattblau adj
**pale catechu** (Leather) / Gelbes Katechu, Gambirkatechu n, Gambir m (ein wertvoller Gerbstoff aus Uncaria gambir (Hunter) Roxb.) ǁ ~ **crepe** / Pale Crêpe m (roher Naturkautschuk) ǁ ~ **fencing** (Build, Carp) / Lattenzaun m, Staketenzaun m, Staket n
**pale-gold** attr / mattgolden adj
**pale malt** (Brew) / helles Malz, Kurzmalz m
**paleo-** (US) / paläo- (alt, altertümlich), Paläo- ǁ ~ s. palaeo-
**pale oil** (Oils) / mäßig raffiniertes Schmieröl oder Verfahrensöl, helles Öl
**palette** n (of colours) (Comp) / Farbpalette f, Palette f (Auswahl von Farben) ǁ ~ **knife** (Paint) / Palettenmesser n, Farbenmesser n (wird benutzt, um Tubenölfarbe zu verteilen oder zu vermischen)
**pale-yellow** adj / fahlgelb adj, falb adj
**palimpsest** n (Geol) / Palimpseststruktur f (der Erdkruste), Palimpsestgefüge n ǁ ~ **structure** (Geol) / Palimpseststruktur f (der Erdkruste), Palimpsestgefüge n
**palindrome** n (Gen) / Palindrom n (ein DNS-Abschnitt)
**paling** n (a post used in a pale fence) (Build) / Zaunlatte f ǁ ~ (Build, Carp) / Lattenzaun m, Staketenzaun m, Staket n ǁ ~ **board** (For) / Rundschwarte f (Schwarte, die an ihrer "linken Seite" nicht von einer Säge gestreift worden ist)
**palingenesis*** n (pl. -geneses) (Geol) / Palingenese f (Neubildung von meist granitischen Magmen aus festen Gesteinen durch Aufschmelzung)
**palingenetic** adj (Geol) / palingen adj
**palingenic** adj (Geol) / palingen adj
**palisade** n (Build) / Palisadenzaun m ǁ ~ (US) (Geol) / Basaltsäule f ǁ ~ **layer** (Bot) / Palisadengewebe n, Palisadenparenchym n (in bifazialen Blättern der meisten Landpflanzen) ǁ ~ **parenchyma*** (Bot) / Palisadengewebe n, Palisadenparenchym n (in bifazialen Blättern der meisten Landpflanzen)
**Palissy ware** (Ceramics) / feine Fayence nach Palissy (B. Palissy, 1509/10 - 1589/90)
**P-alkalinity** n (Ecol) / p-Wert m (ein Maß für die im Wasser vorhandenen Mengen an Laugen, Karbonaten und Hydrogenkarbonaten, sowie bei Entkarbonisierungsanlagen ein Maß für den Kalkzusatz)
**palladate** n (Chem) / Palladat n (Komplexsalz mit Pd als Zentralatom)
**palladianism** n (Arch) / Palladianismus m (nach A. Palladio, 1508-1580)
**Palladian motif** (Arch) / Palladio-Motiv n (im Prinzip von S. Serlio entwickelt) ǁ ~ **window*** (Arch) / venezianisches Fenster (nach Palladio und Serlio)
**palladic** adj (Chem) / Palladium(IV)-
**palladinize** v (Surf) / palladinieren v
**palladinized asbestos*** (Chem) / Palladiumasbest m
**palladious** adj (Chem) / Palladium(II)- ǁ ~ **iodide** (Chem) / Palladium(II)-iodid n, Palladiumdiiodid n
**palladium*** n (Chem) / Palladium n, Pd (Palladium) ǁ ~ **(II) acetate** (Chem) / Palladium(II)-acetat n, Palladium(II)-azetat n ǁ ~ **bichloride** (Chem) / Palladium(II)-chlorid n ǁ ~ **black** (Chem) / Palladiumschwarz n, Palladiummohr n (bei höchstem Verteilungsgrad von Palladium), Pd-Mohr n ǁ ~ **(II) chloride** (PdCl$_2$) (Chem) / Palladium(II)-chlorid n
**palladium(II) chloride** (Chem) s. also Wacker process
**palladium dichloride** (Chem) / Palladium(II)-chlorid n ǁ ~ **(II) iodide** (Chem) / Palladium(II)-iodid n, Palladiumdiiodid n ǁ ~ **(II) oxide** (Chem) / Palladium(II)-oxid n ǁ ~ **sponge** / Palladiumschwamm m (feinst verteiltes Palladium), Palladiummohr n (feinst verteiltes Palladium) ǁ ~ **tube** (Chem) / Palladiumrohr n (Glasrohr mit Pd-Asbest oder Pd-Schwamm)
**palladous** adj (Chem) / Palladium(II)-
**pallas iron** (Min) / Pallasit m (ein Stein-Eisen-Meteorit mit Olivineinschlüssen)

**pallasite*** n (Min) / Pallasit m (ein Stein-Eisen-Meteorit mit Olivineinschlüssen)
**pallet** n / Stapelplatte f ǁ ~ (Bind) / Filete f (zum Aufdrucken von Verzierungen) ǁ ~ (Bind) / Handprägestempel m ǁ ~* (Build) / eingelassene Nagelleiste, Dübelleiste f (etwa 23 x 11,5 cm) ǁ ~ (Ceramics) / Absetzbrett n (für keramische Erzeugnisse), Trockenbrett n (für keramische Erzeugnisse) ǁ ~ (Eng) / Werkstückträger m (der Fertigungsstraße) ǁ ~* (For, Print) / Palette f (Untersatz für Stückgut und gestapeltes Gut, der einen leichten Transport mit Gabelstaplern ermöglicht - mit oder ohne Aufbau) ǁ ~* (Horol) / Palette f (am Anker) ǁ ~ (Space) / Montagefläche f, Palette f (z.B. des Spacelabs) ǁ ~ **board** / Palettenbrett n ǁ ~ **collar** / Palettenaufsetzrahmen m ǁ ~ **dolly** (Aero) / Palettenwagen m ǁ ~ **fork entry** / Einfahröffnung f (bei Paletten)
**palletizable** adj / palettisierbar adj
**palletize** v / palettieren v (Ladungen), bepalettieren v
**palletizer** n / Palettiermaschine f, Palettieranlage f
**palletless** adj / palettenlos adj (Stapeln)
**pallet lift truck** (Eng) / Hubwagen m (für Palettenförderung), Palettenhubwagen m
**pallet-loading station** / Palettiermaschine f, Palettieranlage f
**pallet pool** / Palettenpool m (Abkommen zum gegenseitigen Austausch von Paletten) ǁ ~ **slip** (Build) / eingelassene Nagelleiste, Dübelleiste f (etwa 23 x 11,5 cm) ǁ ~ **storage system** / Palettenspeichersystem n (in Bearbeitungszentren - zur Pausenüberbrückung) ǁ ~ **stowage** (Ships) / Palettenstauung f (die maximale Umschlagsleistungen und eine gute Verbandsfestigkeit gewährleistet) ǁ ~ **truck*** (Eng) / Hubwagen m (für Palettenförderung), Palettenhubwagen m ǁ ~ **truck with lifting unit** (Eng) / Gabelschlepper m mit Hubeinrichtung ǁ ~ **waggon** (Rail) / Waggon m für palettiertes Ladegut
**palliative*** n (Med, Pharm) / Palliativmittel n, Palliativ n, Palliativum n (pl. Palliativa) (Linderungsmittel)
**pallid** adj / blass adj, bleich adj, fahl adj
**pall of haze** (Meteor) / Dunstglocke f (die durch Emissionen aus Industrie, Verkehr und Hausbrand verursachte und optisch erkennbare Anreicherung von Aerosolen in der Grenzschicht - im Extremfall kann sich die Dunstglocke zum Smog verdichten), Dunsthaube f, Dunstfahne f, Dunstkalotte f
**Palloid teeth** (Eng) / Palloidverzahnung f, Bogenverzahnung f (von Kegelrädern)
**Pall rings** (Chem Eng) / Pall-Ringe m pl (Füllkörper einer Rektifiziersäule)
**$\pi$-allyl transition metal compounds** (Chem) / $\pi$-Allyl-Übergangsmetallverbindungen f pl
**palm** n (Ships) / Flunke f (des Ankers)
**palmarosa oil** / Ostindisches Geraniumöl (ein Grasöl aus Cymbopogon martinii (Roxb.) J.F. Watson), Indisches Geraniumöl, Palmarosaöl n, Rusaöl n
**palm butter** (Chem) / Palmöl n, Palmfett n (von der Elaeis guineensis Jacq.)
**palmer** n (Textiles) / Palmerausbreiter m (DIN 64990), Palmer m (eine Breitstreckvorrichtung des Filzkalanders)
**palmette** n (Arch) / Palmette f (ein Ornament)
**palmetto fibre** (Arch) / Palmettofaser f (aus Chamaerops humilis L.), Zwergpalmenfaser f
**palm grease** (Chem) / Palmöl n, Palmfett n (von der Elaeis guineensis Jacq.) ǁ ~ **grip** (Eng) / Handkreuz n, Griffkreuz n, Drehkreuz n, Kreuzgriff m (DIN 6335), Griffstern m
**palmitate** n (Chem) / Palmitat n (Salz oder Ester der Palmitinsäure)
**palmitic acid*** (Chem) / Palmitinsäure f (n-Hexadecansäure), Cetylsäure f, Zetylsäure f
**palmitin*** n (Chem) / Palmitin (Glyzerinester der Palmitinsäure) ǁ ~* (Chem) s. also tripalmitin
**palmitoleic acid** (Chem) / Palmitoleinsäure f (einfach ungesättigte, unverzweigte Fettsäure), Physetölsäure f, 9-Hexadecensäure f
**palmitolic acid** (Chem) / Palmitolsäure f
**palmitoyl** n (Chem) / Palmitoyl n
**palm•-kernel oil*** (Chem) / Palmkernöl n, Palmkernfett n (aus den Samen der Elaeis guineensis Jacq.) ǁ ~ **oil*** (Chem) / Palmöl n, Palmfett n (von der Elaeis guineensis Jacq.)
**palm-sized** adj / handtellergroß adj, handflächengroß adj, groß wie die Handfläche
**palm sugar** (Nut) / Palmzucker m
**palmtop** n (Comp) / Palmtop m (den man aufgrund seiner geringen Größe in einer Hand halten kann), Handheld-Computer m (mit integrierten Minidisketten, Minidrucker und mit grafikfähiger Anzeige), Handheld m (Palmtop) ǁ ~ (Comp) s. also Personal Digital Assistant
**palm wood** (For) / Porcupine-Holz n, Palmyraholz n, Palmholz n, Palmenholz n ǁ ~ **wool** / Kokosfaser f, Coir n f, Ko (DIN 60001, T 1)

1103

**palmyra** *n* (For) / Palmyrapalme *f*, Lontaropalme *f* (Borassus flabellifer L.) ‖ ~ **fibre** / Palmyrafaser *f* (aus Borassus flabellifer L.), Palmyrapalmenfaser *f*, Lontaropalmenfaser *f*
**palpable** *adj* / tastbar *adj*, fühlbar *adj*, greifbar *adj* (Korngröße)
**palsa** *n* (pl. palsen) (Geol) / Pals *m* (pl. -en) (hohe Frostaufwölbung mit einem Torfmantel), Palsa *f* (pl. -en)
**paludal** *adj* (Ecol) / sumpfig *adj* ‖ ~ (Geog, Geol) / sumpfig *adj*, moorig *adj*
**paludicolous** *adj* (Bot, Ecol, Zool) / Sümpfe oder Marschen bewohnend, Sumpf-, auf Sumpfböden wachsend
**paludification** *n* (Geol) / Versumpfung *f*, Sumpfbildung *f*
**palustric acid** (Chem) / Palustrinsäure *f*
**palustrine** *adj* (Bot, Zool) / Sümpfe oder Marschen bewohnend, Sumpf-, auf Sumpfböden wachsend
**palygorskite*** *n* (Ceramics, Min) / Attapulgit *m* (von Attapulgus in Georgia), Palygorskit *m* (feinkörnige Masse, die durch die Wasseraustauschmöglichkeit Walkerdeeigenschaften hat - ein vorzügliches Adsorptionsmittel)
**palynologic** *adj* (Biol, Geol) / palynologisch *adj*
**palynological** *adj* (Biol, Geol) / palynologisch *adj*
**palynology*** *n* (Biol, Geol) / Palynologie *f*, Pollenforschung *f*
**palytoxin** *n* (Biochem) / Palytoxin *n* (einer der giftigsten Naturstoffe), PTX
**PAM** (pneumatically applied mortar) (Build) / maschinenangespritzter Mörtel ‖ ≗ (pralidoxime) (Chem) / Pralidoxim *n*, PAM (Pralidoxim) ‖ ≗ (pole-amplitude modulation) (Elec Eng) / Polamplitudenmodulation *f* ‖ ≗ (pulse-amplitude modulation) (Telecomm) / Pulsamplitudenmodulation *f* (Trägersignal: Puls, modulierter Parameter: Amplitude), Impulsamplitudenmodulation *f*, PAM (Pulsamplitudenmodulation)
**p-aminophenylarsonic acid** (Chem) / Arsanilsäure *f*, 4-Aminophenylarsonsäure *f*
**pamoate** *n* (Chem) / Embonat *n* (Salz der Embonsäure), Pamoat *n*
**pamoic acid** (Chem) / Embonsäure *f*, Pamoasäure *f*
**pampre** *n* (Arch) / Weinrebenmotiv *n*
**PAMR** (public-access mobile radio) (Radio) / öffentlicher beweglicher (mobiler) Landfunk
**PAN** (peroxyacyl nitrate) (Chem) / Peroxyacylnitrat *n* (Sammelbezeichnung für die Gruppe der gemischten Anhydride aus Peroxycarbonsäure und Salpetersäure - der wichtigste Vertreter dieser Gruppe ist das Peroxyacetylnitrat), Peroxyazylnitrat *n*, PAN *n* (Peroxyacylnitrat), Acylperoxonitrat *n* ‖ ≗* (polyacrylonitrile) (Chem) / Polyacrylnitril *n*, Polyacrylonitril *n*, Polyakrylnitril *n*, Polyakrylonitril *n*, PAN (Polyacrylnitril) ‖ ≗* (peroxyacetyl nitrate) (Chem, Ecol) / Peroxyacetylnitrat *n*, Peroxyazetylnitrat *n* (eine tränenreizende Luftverunreinigung, die durch fotochemische Reaktionen beim Vorliegen von Nicht-Methan-Kohlenwasserstoffen und Stickstoffoxiden entsteht), Acetylnitroperoxid *n*, Essigsäure-peroxosalpetersäure-anhydrid *n*, Peroxyessigsäure-salpetersäure-anhydrid *n* (ein Peroxyacetylnitrat), PAN (Peroxyacetylnitrat)
**pan** *v* (Cinema) / panoramieren *v* ‖ ~ (Comp) / schwenken *v* (die Bilder in der grafischen Datenverarbeitung) ‖ ~ (Nut) / durch Sieden gewinnen (Salz) ‖ ~ *n* / Pfanne *f*, Schüssel *f* (offenes Gefäß) ‖ ~* (Carp) / Rähm *m*, Rahmholz *n*, Oberschwelle *f* (einer Fachwerkwand), Bundbalken *m*, Wandpfette *f* ‖ ~* (of a motion-picture or television camera) (Cinema, TV) / Pano *m*, Panoramaschwenk *m* (pl. -s) (ein Horizontalschwenk der Kamera, der einen sehr großen Bereich abschweift), Panoramadrehung *f*, Panoramieren *n*, Kameraschwenk *m*, Schwenk *m* (pl. -s) ‖ ~ (Eng) / Platte *f* (des Plattenbandförderers) ‖ ~ (Geol) / Pfanne *f* (meist rundliche, geschlossene flache Hohlform der Erdoberfläche, besonders in Trockengebieten, mit zeitweiliger oder dauerhafter Wasserführung) ‖ ~ (Geol) / harte, verkittete Akkumulate (von Sanden und Kiesen) ‖ ~ (Glass) / Kühlwagen *m* (im Entspannungsofen) ‖ ~ (Instr) / Waagschale *f*, Schale *f* (Waagschale) ‖ ~ (Nut) / Siedepfanne *f* (zum Eindampfen von gesättigten Solen), Pfanne *f* (zur Siedesalzgewinnung) ‖ ~ (Nut) / Backtrog *m*, Backmulde *f* ‖ ~* *adj* (Photog) / panchromatisch *adj*
**panache*** *n* (Arch) / Pendentif *n* (der Übergang von polygonalen Grundrissen zur Rundung des Kuppelgrundrisses), Hängezwickel *m* (ein sphärisches Dreieck), Eckzwickel *m*
**penalty point** (Autos) / Punkt *m* (nach dem Bußgeldkatalog bei Verkehrsverstößen)
**Panama hat palm tree** (For) / Panamapalme *f* (eine Kolbenpalme - Carludovica palmata Ruiz et Pav.) ‖ ~ **rubber** / Panama Rubber *m*, Castilla Rubber *m* (aus Castilla elastica Cerv.)
**pan-and-tilt head*** (Cinema, TV) / Schwenk- und Neigekopf *m*, Panorama- und Neigekopf *m*, Panoramakopf *m* mit Neiger
**panar** *n* (Radar) / Weitwinkelradar *m n*
**panary** *adj* (Nut) / Brot-

**pancake** *v* (Aero) / durchsacken *v* (bei der Landung)l, durchfallen *v* (schnell sinken) ‖ ~ **coil*** (Elec Eng) / Scheibenspule *f*, Flachspule *f* ‖ ~ **design** (Electronics) / Flachbauweise *f* ‖ ~ **engine** (I C Engs) / Boxermotor *m* (Motor mit Anordnung der Zylinder in einer Ebene mit zwei einander gegenüberliegenden Zylinderreihen - DIN 1940) ‖ ~ **landing** (an emergency landing in which an aircraft levels out close to the ground and drops vertically with its undercarriage still retracted) (Aero) / sehr harte Landung, Bumslandung *f* ‖ ~ **light** (Aero) / Unterflurfeuer *n* (linsenförmiges, fladenförmiges) ‖ ~ **winding** (Elec Eng) / Scheibenwicklung *f*
**pancaking*** *n* (Aero) / sehr harte Landung, Bumslandung *f*
**panchromatic*** *adj* (Photog) / panchromatisch *adj*
**pan coefficient** (Hyd Eng, Meteor) / Verdunstungskoeffizient *m*
**pancratic** *adj* (Optics) / pankratisch *adj* (System, dessen Brennweite sich durch Verschieben einzelner Linsen oder Linsengruppen kontinuierlich verändern läßt) ‖ ~ **lens** (Cinema, Photog) / Varioobjektiv *n*, pankratisches Objektiv, Gummilinse *f*, Zoomobjektiv *n*, Zoom *n* (Zoomobjektiv)
**pancreastatin** *n* (Biochem) / Pankreastatin *n*, Pancreastatin *n*
**pancreatic** *adj* (Biochem) / pancreatisch *adj*, pankreatisch *adj* (die Bauchspeicheldrüse betreffend) ‖ ~ **polypeptide** (Biochem) / pankreatisches Polypeptid, pancreatisches Polypeptid, PP (pankreatisches Polypeptid)
**pancreatin*** *n* (Biochem) / Pancreatin *n*, Pankreatin *n* (ein Enzymgemisch aus dem Säugetier-Pankreas)
**pan crusher** (Eng, Min Proc) / Kollergang *m*
**panda car** (GB) / Funkstreifenwagen *m*, Streifenwagen *m*, Einsatzwagen *m* (der Polizei)
**pandan** *n* (For) / Schraubenbaum *m* (Pandanus Parkinson)
**pandanus** *n* (For) / Schraubenbaum *m* (Pandanus Parkinson)
**pandiagonal magic square** (Maths) / pandiagonales magisches Quadrat, diabolisches Quadrat (ein magisches Quadrat, das bei zyklischer Vertauschung der Zeilen oder Spalten magisch bleibt)
**pan-down** *n* (Cinema) / Herunterschwenk *m*, Runterschwenk *m*
**pane** *n* (Build) / Fensterscheibe *f*, Fensterglasscheibe *f* ‖ ~ (Build, Glass) / Tafel *f* (dünne Platte) ‖ ~* (Tools) / Schmalbahn *f*, Finne *f* (des Hammers), Pinne *f*
**panel** *v* (Electronics) / zuschneiden *v* (auf Paneele, auf entsprechende Leiterplattenabmessung) ‖ ~ *n* / Panel *n* (Einzelbild eines Comics) ‖ ~ / Panel *n* (repräsentative Personengruppe, z.B. für die Meinungsforschung oder für die Expertenbefragung) ‖ ~ (Aero) / ein Teil der Behäutung ‖ ~ (Autos) / Karosserieblechteil *n*, Blechteil *n* (der Karosserie) ‖ ~ (Autos) / Blech (Blechteil) ‖ ~* (Bind) / Titelschild *n* (für den Rückentitel) ‖ ~* (Bind) / Rückenfeld *n* ‖ ~* (Build) / Feld *n* (Dach-, Decken-, des Bauwerks) ‖ ~ (Build) / Fach *n* (zwischen den Stäben eines Fachwerks oder zwischen tragenden Zwischenwänden), Gefach *n* ‖ ~ (Build) / Füllung *f* (Tür-) ‖ ~ (Build) / Füllwand *f* ‖ ~* (Electronics) / Panel *n*, Platte *f*, Tafel *f* ‖ ~ (Eng) / Frontplatte *f* (z.B. eines Bediengeräts) ‖ ~ (For, Join) / Paneel *n* (meistens furnierte Spanplatte zur Decken- und Wandvertäfelung) ‖ ~ (Stats) / Panel *n* (eine Erhebungsart bei einem repräsentativen und gleich bleibenden Kreis von Auskunftspersonen, der periodisch oder fortlaufend zum gleichen Thema befragt wird) ‖ ~ (Textiles) / Stoffbahn *f* (Nähmaschine + Fallschirm) ‖ ~ **absorber*** (Acous) / Schalldämmplatte *f* ‖ ~ **array** (Radio) / Feldantenne *f* ‖ ~ **beating*** (Autos) / Blechschlosserei *f*, Blecharbeiten *f pl* ‖ ~ **beating*** (Autos) / Autospenglerei *f*
**panel-beating hammer** (Tools) / Karosseriehammer *m* (für Reparaturarbeiten)
**panel board** (Autos, Paper) / Karosseriepappe *f* (aus besseren Altpapiersorten) ‖ ~ **board** (Elec Eng) / Schalttafel *f* (der Teil einer Schaltanlage, der auf einer senkrechten Tafel die erforderlichen Betätigungs-, Überwachungs- und Messgeräte enthält) ‖ ~ **divider** (Join) / Fugenprofilleiste *f* (bei Verkleidungen)
**panel-dividing circular saw** (For) / Aufteilkreissäge *f* (für Großformatplatten)
**panel fence** (made from interwoven strips) (Build) / Flechtzaun *m* ‖ ~ **flutter** (Autos) / Blechfeldflattern *n*, Feldflattern *n* ‖ ~ **hammer** (Tools) / Karosseriehammer *m* (für Reparaturarbeiten) ‖ ~ **heating*** (Build) / Flächenheizung *f* (durch Wärmeabgabe beheizter Raumumgrenzungsflächen)
**panelled ceiling** (Build, Carp) / getäfelte Decke ‖ ~ **framing*** (Join) / Füllungsrahmen *m* (für die Tür) ‖ ~ **pocket** (Textiles) / Pattentasche *f*
**panelling** *n* (Build) / Paneelierung *f* (Wandbekleidung aus einzelnen Feldern) ‖ ~ (Join) / Vertäfelung *f* (als Tätigkeit), Täfelung *f* (als Tätigkeit), Täfeln *n*
**panel material** (For) / Plattenwerkstoff *m* (auf Holzbasis) ‖ ~ **meter** (often limited to integrating meters) (Elec Eng) / Schalttafelmessgerät *n*, Schalttafelmessinstrument *n* ‖ ~ **mounting*** (Electronics) / Panelmontage *f*, Tafeleinbau *m*
**panel-operated signal box** (Rail) / Gleisbildstellwerk *n*

**panel partition** (Build) / leichte Trennwand (DIN 4103) ‖ ~ **picking** (Autos) / punktförmiges Ausbeulen (mit Hilfe des Spitzhammers) ‖ ~ **plating** (Electronics) / Vollplattierung f (gedruckte Schaltungen), Flächengalvanisieren n (von gedruckten Schaltungen) ‖ ~ **radiator** (Build) / Plattenheizkörper m (Raumheizkörper flacher Bauart, der parallel zur Aufstellwand eingebaut wird) ‖ ~ **saw** (For) / Handsäge f für Span- und Faserplatten ‖ ~ **scrap** (Bot, For) / Latex m auf dem Zapfschnitt (trockener) ‖ ~ **survey** (Stats) / Paneluntersuchung f, Panelbefragung f, Panelumfrage f ‖ ~ **switch*** (Elec Eng) / Unterputzschalter m, Einlassschalter m ‖ ~ **switch*** (Elec Eng) / Schalter m an der Frontplatte ‖ ~ **truck** (US) (a small enclosed delivery truck) (Autos) / Kastenwagen m (ein kleiner Lieferwagen)
**panel-type switch** (Elec Eng) / Einbauschalter m (der zum Einbau bestimmt ist)
**panel wall** (Build) / Plattenwand f ‖ ~ **work** (Autos) / Blechschlosserei f, Blecharbeiten f pl ‖ ~ **work** (Mining) / Kammerbau m (ein Abbauverfahren mit kammerartiger Bauweise)
**PAN fibres*** (Plastics) / Polyacrylnitrilfasern f pl, Polyakrylnitrilfasern f pl, PAN (Polyacrynitrilfasern)
**pangeometry** n (Maths) / Pangeometrie f, absolute Geometrie, innere Geometrie
**Panhard rod** (Autos) / Panhardstab m (bei der De-Dion-Achse, bei der starren Hinterachse - nach R. Panhard, 1841-1908)
**pan head** (Cinema, TV) / Panoramakopf m
**panhead** n (Eng) / Flachkopf m (der Schraube nach DIN ISO 1891) ‖ ~ **rivet*** (Eng) / Flachkegelkopfniet m, Kegelstumpfniet m ‖ ~ **screw** (Eng) / Flachkopfschraube f
**PanHonLib group** (Ships) / Gruppe f von Ländern (Panama, Honduras, Liberia), die billige Flaggen führt
**panic angle** (Ships) / Panikwinkel m (Neigungswinkel eines Schiffes durch einseitige Belastung, bei dem unter Passagieren eine Beunruhigung auftritt, etwa 12°) ‖ ~ **bolt*** (Build) / Paniksicherung f (der Brandschutztür) ‖ ~ **braking** (Autos) / Vollbremsung f (schreckbedingte Notbremsung) ‖ ~ **button** (Elec Eng) / Notausschalter m, Panik-Drucktaster m ‖ ~ **exit device** (Build) / Panikschloss n, Panikverschluss m (ein Türverschluss, bei dem sich die Flügel einer zweiflügeligen Tür mittels Schwenkriegel gleichzeitig öffnen lassen)
**panicle*** n (Bot) / Rispe f
**panic lock** (Build) / Panikschloss n, Panikverschluss m (ein Türverschluss, bei dem sich die Flügel einer zweiflügeligen Tür mittels Schwenkriegel gleichzeitig öffnen lassen) ‖ ~ **stop** (Autos) / Notbremsung f
**pan lehr** (Glass) / Zugkühlofen m, Wagenwechselkühlofen m ‖ ~ **master from colour** (Cinema) / panchromatisches Zwischenpositiv vom Farbnegativ ‖ ~ **mill** (Eng, Min Proc) / Kollergang m ‖ ~**-mill mixer*** (Build) / Mörtelkollergang m ‖ ~ **mixer** (Build, Civ Eng) / Tellermischer m (für Beton und Mörtel)
**panne** n (Textiles) / Panné m, Pannésamt m ‖ ~ **velvet** (Textiles) / Panné m, Pannésamt m
**pannier** n (Autos) / Satteltasche f (bei Motorrädern) ‖ ~ (Civ Eng, Hyd Eng) / Drahtschotterkasten m, Steingabion m (kastenförmiger Körper aus versteiftem Drahtgeflecht, der mit Steinen oder Schotter gefüllt ist - DIN 18 918), Gabion m, Netz m mit Steinschüttung, Sinkkorb m (Maschendrahtkäfig mit Steinfüllung)
**panning** n (Cinema) / Mitziehen n (der Kamera) ‖ ~ (Cinema, TV) / Pano m, Panoramaschwenk m (pl. -s) (ein Horizontalschwenk der Kamera, der einen sehr großen Bereich abschwenkt), Panoramadrehung f, Panoramieren n, Kameraschwenk m, Schwenk m (pl. -s) ‖ ~ (Comp) / Schwenken n (der Bilder in der grafischen Datenverarbeitung) ‖ ~ (Cyt, Med) / Panning n (eine Zellisolierungsmethode in der Immunologie) ‖ ~* (Min Proc) / Goldwaschen n (mit einem Sickertrog) ‖ ~ **handle** (Cinema) / Schwenkgriff m, Schwenkarm m
**pano** n (Cinema, TV) / Pano m, Panoramaschwenk m (pl. -s) (ein Horizontalschwenk der Kamera, der einen sehr großen Bereich abschwenkt), Panoramadrehung f, Panoramieren n, Kameraschwenk m, Schwenk m (pl. -s)
**panoply** n (Mil) / Bestand m (z.B. an Kernwaffen), Spektrum n (Gesamtheit und Vielfalt - von Kernwaffen)
**panorama** n / Panorama n (pl. -men), Rundblick m ‖ ~ **scope** (Mil) / Panoramasichtgerät n
**panoramic** adj / Panorama-, panoramisch adj, Rundblick- ‖ ~ **attenuator*** (Acous) / Stereoumsetzer m für Breitwand ‖ ~ **camera*** (Cinema, TV) / Panoramakamera f (meistens mit während der Belichtung horizontal schwenkendem Weitwinkelobjektiv für Panoramaaufnahmen) ‖ ~ **display** (Cinema) / Panoramadarstellung f ‖ ~ **drawing** / Panoramazeichnung f, Rundbildzeichnung f ‖ ~ **head** (Cinema, TV) / Panoramakopf m ‖ ~ **motion** (Cinema, TV) / Pano m, Panoramaschwenk m (pl. -s) (ein Horizontalschwenk der Kamera, der einen sehr großen Bereich abschwenkt), Panoramadrehung f, Panoramieren n, Kameraschwenk m, Schwenk m (pl. -s) ‖ ~ **observation** (Mil) / Rundumbeobachtung f ‖ ~ **radar** (Radar) / Weitwinkelradar m n ‖ ~ **receiver*** (Radio) / Panoramaempfänger m (Sichtgerät für die Belegung von Frequenzbändern) ‖ ~ **speaker** (Acous) / Panoramalautsprecher m ‖ ~ **telescope** (Optics) / Panoramafernrohr n, Rundblickfernrohr n (mit beweglichen Prismen und feststehendem Okular zum Überschauen des ganzen Horizonts) ‖ ~ **windscreen** (Autos) / Panoramascheibe f
**panose** n (Chem) / Panose f
**panplain** n (Geol) / tafelförmige Erosionsebene
**panplane** n (Geol) / tafelförmige Erosionsebene
**pan-ready** adj (Nut) / bratfertig adj
**pan•-round** n (Cinema) / Rundschwenk m (um 180° C) ‖ ~ **shot** (Cinema, TV) / Rundsichtaufnahme f, Rundbildaufnahme f, Panoramaaufnahme f (eine Übersichtsaufnahme) ‖ ~ **tank** (Chem Eng) / Sammelbehälter m (großer), Sammelgefäß n (großes), Auffangbehälter m (großer)
**pantechnicon** n (GB) (Autos) / Möbelwagen m (ein Speditionsauto)
**pantile** n (Build, Ceramics) / holländische Pfanne, Hohlpfanne f (mit Falz), S-Pfanne f (eine Dachziegelform) ‖ ~ (S-shaped roofing tile which interlocks with the sides of adjacent tile) (Build, Ceramics) / Pfanne f, Pfanne f S (in Form eines liegenden S), Dachpfanne f (eine Dachziegelform)
**panting*** n (Ships) / Panting n (Zittern eines Schiffs beim Stampfen in grober See) ‖ ~* (Ships) / Keuchen n (die Ein- und Auswärtsbewegung der Vorschiffsbeplattung)
**pantograph*** n (Elec Eng, Rail) / Scherenstromabnehmer m ‖ ~* (Elec Eng, Rail) / Bahnstromabnehmer m ‖ ~* (Eng) / Storchschnabel m, Pantograf m (nach den Parallelogrammgesetzen arbeitendes Gerät zum mechanischen Übertragen, Vergrößern oder Verkleinern von Zeichnungen) ‖ ~ **milling machine** (Eng) / Gravierfräsmaschine f (die auf der Grundlage einer in der Ebene oder im Raum beweglichen Pantografen arbeitet), Pantograf-Nachformfräsmaschine f
**Pantone colours** (in the Pantone matching system) (Comp) / Pantonefarben f pl (in der elektronischen Druckvorstufe)
**pantothenic acid*** (chick antidermatitis factor, anti-grey-hair factor) (Chem, Pharm) / Pantothensäure f (gehört zur Vitamin-$B_2$-Gruppe)
**pantry** n (Build) / Anrichte f, Anrichteraum m, Office f (S)
**pants** pl (US) (Aero) / Radverkleidung f (röhrenförmig)
**pan-up** n (Cinema) / Aufschwenk m, Hochschwenk m
**papain*** n (Biochem, Chem) / Papain n (aus dem Milchsaft des Melonenbaumes gewonnene Proteinase), Papayotin n, Papayapeptidase f
**papainase** n (Biochem) / Papainase f (ein eiweißspaltendes Enzym)
**papal cross** (Arch) / päpstliches Kreuz
**Papanicolaou's stain** (Med, Micros) / Papanicolaous Farblösung (nach G.N. Papanicolaou, 1883-1962)
**Papanicolaou test** (Med) / Papanicolaou-Test m (Karzinomdiagnostik nach G.N. Papanicolaou, 1883-1962), Papanicolaou-Abstrich m
**papaveraceae alkaloids** (Chem, Pharm) / Papaveralkaloide n pl
**papaver alkaloids** (Chem, Pharm) / Papaveralkaloide n pl
**papaverine*** n (Chem, Pharm) / Papaverin n (ein Alkaloid vom Benzylisochinolintyp)
**papayotin** n (Biochem) / Papain n (aus dem Milchsaft des Melonenbaumes gewonnene Proteinase), Papayotin n, Papayapeptidase f
**paper** v / mit Papier auslegen ‖ ~ / mit Papier bekleben, mit Papier kaschieren ‖ ~ (Build) / tapezieren v ‖ ~ (Eng) / mit Schleifpapier abschleifen ‖ ~ (Paper) / in Papier einwickeln, in Papier einschlagen ‖ ~ n / Paper n (pl. -s) (schriftliche Unterlage bei wissenschaftlichen Tagungen) ‖ ~ (Cinema, TV) / Klammer f (beim Kopieren) ‖ ~* (Paper) / Papier n (bis zu 225 g/m²) ‖ ~ **advance** (Comp) / Papiertransport m, Papiervorschub m (DIN 32742, T 4), Vorschub m des Papiers
**paper-advance mechanism** (Comp) / Papiervorschubeinrichtung f
**paperback** n (Bind) / Paperback n (eine leichtkartonierte Broschur) ‖ ~ **birch** (For) / Papierbirke f (Betula papyrifera Marshall)
**paper backing** / Papieruntergrund m (z.B. bei Holztapeten) ‖ ~ **bag** (Paper) / Papiersack m (DIN ISO 6590, T 1) ‖ ~ **bag glue** / Papiersackleim m ‖ ~ **bail** (Comp) / Papierhalter m (des Druckers)
**paperbark maple** (For) / Zimtahorn m (Acer griseum (Franch.) Pax)
**paper bin** (Comp) / Papierschacht m ‖ ~ **birch** (For) / Papierbirke f (Betula papyrifera Marshall)
**paperboard** n (Paper) / Karton m (bis zu 600 g/m² - DIN 6730), Pappe f (über 225 g/m² - Oberbegriff für Vollpappe und Wellpappe) ‖ ~ **machine** (Paper) / Karton- und Pappenmaschine f
**paperbound edge** (Build) / kartonummantelte Kante (einer Gipsplatte)
**paper brake** (Comp) / Papierbremse f ‖ ~ **calliper** (Paper) / Papierdicke f ‖ ~ **capacitor*** (Elec Eng) / Papierkondensator m (ein Wickelkondensator), Pko m (Papierkondensator) ‖ ~ **chemistry** (Chem) / Papierchemie f ‖ ~ **chromatogram** (Chem) / Papierchromatogramm n

**paper-chromatographic** adj (Chem) / papierchromatografisch adj
**paper chromatography**\* (Chem) / Papierchromatografie f, PC (Papierchromatografie) ‖ ~ **clay** (Paper) / mineralische Masse (als Streichmasse oder Füllstoff) ‖ ~ **clip** / Büroklammer f, Briefklammer f, Klammer f (Büro) ‖ ~ **cloth** (Textiles) / Papiergewebe n (aus Papiergarnen gewebt) ‖ ~ **coating** (Paper) / Papierbeschichtung f ‖ ~ **colour** (Comp, Print) / Papierfarbe f
**paper-conditioning plant** (Paper) / Papierkonditionieranlage f
**paper converting** (Paper) / Papierverarbeitung f ‖ ~ **copy** / Kopie f auf Papier ‖ ~ **core** (Paper) / Papierhülse f
**paper-covered book** (Bind) / Pappband m, Pp., Ppb.
**paper cup** (Paper) / Papierbecher m ‖ ~ **cutter** (Bind, Print) / Papierschneidemaschine f, Papierschneider m
**paper-cutting machine** (Bind, Print) / Papierschneidemaschine f, Papierschneider m
**paper-deflecting plate** (Comp) / Papierleitblech n
**paper deflector** (Comp) / Papierleitblech n
**paper-derived fuel** (Fuels) / Brennstoff m aus Papier, BRAP m (Brennstoff aus Papier)
**paper developer** (Photog) / Papierentwickler m, Fotopapierentwickler m ‖ ~ **drive** (Comp) / Papiertransport m, Papiervorschub m (DIN 32742, T 4), Vorschub m des Papiers ‖ ~ **dust** (Paper, Print) / Fusseln f pl, Papierstaub m, Flusen f pl ‖ ~ **edge** (Paper) / Papierkante f ‖ ~ **ejection** (Comp) / Papierausstoß m, Papierauslauf m ‖ ~ **electrophoresis** (Chem, Phys) / Papierelektrophorese f
**paper-empty indicator** (Comp) / Papierendeanzeige f
**paper-end sensor** (Comp) / Papierendesensor m
**paper factor** (Biochem) / Juvabion n (Todomatsusäuremethylester), Papierfaktor m (ein Juvenilhormon aus Abies balsamea) ‖ ~ **factory** (Paper) / Papierfabrik f, Papiermühle f ‖ ~ **feed** (Comp) / Papiereinlauf m ‖ ~ **feed** (Comp) / Papiertransport m, Papiervorschub m (DIN 32742, T 4), Vorschub m des Papiers ‖ ~ **feed** (Comp) / Papierzuführung f, Papierzufuhr f
**paper-feed facility** (Comp) / Papiervorschubeinrichtung f ‖ ~ **speed** (Comp) / Papiervorschubgeschwindigkeit f
**paper fibre sheet** (Paper) / Papiervlies n (ein Spezialpapier) ‖ ~ **filter** (Chem, Paper) / Papierfilter n ‖ ~ **for conductor insulation** (Cables, Paper) / Kabelpapier n (aus Sulfatzellstoff, das frei von Holzschliff und Metallteilchen ist und zur Isolierung spannungsführender Teile benutzt wird) ‖ ~ **for formers for yarn packages** (Paper) / Textilhülsenpapier (Papier, meist einseitig glatt, naturfarben oder farbig, auch dampfecht eingefärbt, aus Zellstoff und Altpapier oder aus 100% Altpapier - DIN 6730)
**paper-free filing system** (Comp) / papierlose Ablage ‖ ~ **office** (Comp) / papierloses Büro, elektronisches Büro
**paper gauge** (Paper) / Papierdickenmesser m, Papierlehre f ‖ ~ **guide** (of a printer) / Papierführung f ‖ ~ **guide** / Papieranlage f (der Schreibmaschine)
**paperhanger** n (Build) / Tapezierer m, Tapezier m ‖ ~ (Build, Tools) / Tapezierbürste f ‖ ~'s **paste** (Build) / Tapetenkleister m
**paperhanger's scissors** (Build) / Tapezierschere f
**paperhanging brush** (Build, Tools) / Tapezierbürste f
**paper hangings** (Build, Paper) / Papiertapete f ‖ ~ **holder** / Papierhalter m (der Schreibmaschine) ‖ ~ **holder** (Typog) / Manuskripthalter m, Blatthalter m, Vorlagenhalter m, Tenakel n, Originalhalter m ‖ ~ **honeycombs** (Paper) / Papierwaben f pl (ein Stützstoff) ‖ ~ **imagesetter** (Photog, Print) / Belichter m mit Papierausgabe ‖ ~ **in** (Comp) / Papiereinzug m (Aufschrift) ‖ ~ **incorporating protection against falsification** (Paper) / verfälschungshemmendes Papier (DIN 6730), verfälschungssicheres Papier, fälschungssicheres Papier
**papering brush** (Build, Tools) / Tapezierbürste f
**paper in reels** (Paper, Print) / Rollenpapier n
**paper-insulated** adj (Elec Eng) / papierisoliert adj ‖ ~ **lead-covered cable** (Cables) / Papier-Blei-Kabel n, papierisoliertes Kabel mit Bleimantel, Bleimantelkabel n
**paper insulation** (Elec Eng) / Papierisolierung f (mit zäh- oder dünnflüssigem Öl getränkt) ‖ ~ **jam** (Comp) / Papierstau m (DIN 32742, T 4), Papiertransportfehler m (Papierstau)
**paperknife** n / Brieföffner m (Papiermesser), Papiermesser n
**paper laminate** / Papierlaminat n
**paperless office** (Comp) / papierloses Büro, elektronisches Büro ‖ ~ **publishing** (Comp, Print) / Electronic Publishing n (Herausgabe von Verlagserzeugnissen auf elektronischen Medien), elektronisches Publizieren ‖ ~ **repair** (Electronics) / Fehlerreparatur f mit Rechnerunterstützung (Qualitätsdatenmanagement)
**paper-like handle** (Textiles) / Papiergriff m, papierharter Griff
**paper loading** (Comp) / Einlegen n von Papier ‖ ~ **machine** (Paper) / Papiermaschine f
**papermaker** n (Paper) / Papiermacher m (Beruf)
**papermaker's felt** (Paper) / Papiermaschinenfilz m
**papermaking** (Paper) / Papierherstellung f ‖ ~ **aid** (Paper) / Hilfsstoff m in der Papierherstellung ‖ ~ **stock** (Paper) / Ganzzeug n, Ganzstoff m, Papierstoff m (fertiger), Papiermasse f, Papierbrei m (meistens aus Hadern)
**paper mill** (Paper) / Papierfabrik f, Papiermühle f ‖ ~ **motion** (Comp) / Papiertransport m, Papiervorschub m (DIN 32742, T 4), Vorschub m des Papiers ‖ ~ **movement** (Comp) / Papiertransport m, Papiervorschub m (DIN 32742, T 4), Vorschub m des Papiers ‖ ~ **mulberry** (For) / Papiermaulbeerbaum m (Broussonetia papyrifera (L.)Vent.) ‖ ~ **out** (Comp) / Papierauswurf m (Aufschrift)
**paper-out alarm** (Comp) / Papieralarm m
**paper pattern** (Textiles) / Schnittbogen m
**paper-plate filter** (Chem, Paper) / Papierscheibenfilter n
**paper polisher** (Glass) / Polierwerkzeug n mit Schleifpapier ‖ ~ **pulley** (Eng) / Papierriemenscheibe f ‖ ~ **pulp** (Build) / Papierschlempe f ‖ ~ **pulp** (Paper) / Papierzellstoff m ‖ ~ **release** / Papierlösen n (auf der Schreibmaschine) ‖ ~ **rest** (Paper) / Papierauflage f (der Schreibmaschine)
**paper-ribbon filter** / Papierbandfilter n
**paper shale** (Geol) / Dysodil m, Blätterkohle f, Papierkohle f ‖ ~ **sheet** (Paper) / Papierblatt n ‖ ~ **sheet** (Print) / Papierbogen m ‖ ~ **shredder** (Paper) / Aktenvernichtungsmaschine f (DIN 32 757), Reißwolf m, Aktenvernichter m, Papierwolf m ‖ ~ **size**\* (Paper) / Papierformat n ‖ ~ **sizing** (Paper) / Papierleimung f ‖ ~ **skip** (Comp) / schneller Papiertransport, schneller Papiervorschub ‖ ~ **slew** (US) (Comp) / schneller Papiertransport, schneller Papiervorschub ‖ ~ **slip box** / Zettelkasten m ‖ ~ **stack** (Paper, Print) / Papierstapel m ‖ ~ **stock** (Paper) / Ganzzeug n, Ganzstoff m, Papierstoff m (fertiger), Papiermasse f, Papierbrei m (meistens aus Hadern) ‖ ~ **stock** (Paper) / Rohstoff m für die Papiererzeugung, Stoff m (für die Papiererzeugung), Papierrohstoff m, Papierfaserstoff m, Faserrohstoff m ‖ ~ **strip** / Papierstreifen m (im Allgemeinen)
**paper-supply-low alarm** (Comp) / Papiervoralarm m
**paper support** / Papierstütze f (der Schreibmaschine) ‖ ~ **taffeta** (Textiles) / papierharter Taft ‖ ~ **tape**\* (Comp) / Lochstreifen m (DIN 66001) ‖ ~ **tape drive** (Comp) / Laufwerk n (bei Lochstreifenabtaster bzw. Lochstreifenlocher), Lochstreifen-Vorschubeinrichtung f, Vorschubeinrichtung f (bei Lochstreifengeräten) ‖ ~ **tape I/O controller** (Comp) / Lochstreifen-Ein-Ausgabe-Steuerung f
**paper-tape Jacquard machine** (Weaving) / Verdol-Jacquard-Maschine f (eine Fachbildevorrichtung an Webmaschinen), Jacquardmaschine f mit endloser Papierkarte, Verdol-Maschine f
**paper tape loop** (Comp) / Lochband n (zur Steuerung von Druckern), Vorschublochband n, Steuerlochband n ‖ ~ **tape reader** (Comp) / Streifenabtaster m, Lochstreifenleser m, Streifenleser m ‖ ~ **tension** (Paper) / Papierzugspannung f (in der Papiermaschine) ‖ ~ **textiles** (Paper, Textiles) / Papiertextilien pl (meistens Wirkwaren aus Papiergarnen - z.B. Pextil-Jersey) ‖ ~ **thickness** (Paper) / Papierdicke f
**paper-thin** adj / hauchdünn adj (Schicht)
**paper throw** (Comp) / schneller Papiertransport, schneller Papiervorschub
**paper-to-paper printing** (Cinema) / Kopieren n von Klammer zu Klammer
**paper transport** (Comp) / Papiertransport m, Papiervorschub m (DIN 32742, T 4), Vorschub m des Papiers ‖ ~ **transport** (Eng) / Papierlauf m, Papierdurchlauf m (durch die Maschine)
**paperware** n (Comp) / Paperware f (lediglich auf dem Papier existierende Konzepte, Projektvorhaben usw.)
**paper-washer filter** (Chem, Paper) / Papierscheibenfilter n
**paper waste** (Print) / Papierrest m, Abriss m (beim Drucken), Papierabfall m ‖ ~ **web** (Paper) / Papierbahn f, Stoffbahn f, Papiervlies n (der Papiermaschine), Bahn f ‖ ~ **with cambric finish** (Bind, Paper) / Kambrikpapier n (geprägt mit leder- oder stoffähnlicher Oberfläche) ‖ ~ **wood** (For, Paper) / Papierholz n (ein Industrieholz für mechanische und chemische Aufschlussverfahren), Faserholz n (für Papier- und Zelluloseindustrie) ‖ ~ **wool** (Paper) / Papierwolle f
**papery** adj (Nut) / Papier- (Geschmack des Weins, der durch die Berührung von Wein mit nicht ausreichend gewässerten Filterschichten verursacht wird) ‖ ~ (excessively smooth - cotton fabric) (Textiles) / papierartig adj, papierhart adj
**paper yarn** (Textiles) / Papiergarn n, Papierfäden m pl
**papery flavour** (Nut) / Papiergeschmack m ‖ ~ **handle** (Textiles) / Papiergriff m, papierharter Griff
**papeterie paper** (Paper) / Schreibpapier n (hochwertiges)
**papier mâché** (Paper) / Papiermaché n, Pappmaché n (Papiermasse mit Leim- oder Kleisterzusatz)
**papillary** adj (Med) / papillar adj, papillär adj ‖ ~ **layer** (Leather) / Papillarschicht f (der Lederhaut - die Narbenschicht am fertigen Leder)
**papillate** adj / papilliform adj, papillenförmig adj, warzenförmig adj
**papilliform** adj / papilliform adj, papillenförmig adj, warzenförmig adj

**Papin's digester** / Papintopf *m* (fest schließendes Gefäß zum Erwärmen von Flüssigkeiten über deren Siedepunkt hinaus - nach D. Papin, 1647-1712)
**Pappus' theorem**\* (Maths) / Pappus-Satz *m* (nach Pappus von Alexandria, etwa 300 - 350), Pappus'scher Satz, Satz *m* von Pappos, Satz *m* des Pappus
**Pappus' theorem**\* (Maths) / Pappus-Pascal-Satz *m* (ein Sonderfall des Pascal-Satzes), spezieller Pascal-Satz
**Pappus' theorems**\* (Maths) / baryzentrische Regeln, Pappus'sche Regeln, Pappos'sche Regeln, Guldin'sche Regeln (nach P. Guldin, 1577-1643)
**pappy soil** (Civ Eng) / breiiger Boden
**Pap test** (smear test) (Med) / Papanicolaou-Test *m* (Karzinomdiagnostik nach G.N. Papanicolaou, 1883-1962), Papanicolaou-Abstrich *m*
**papyrus column** (Arch) / Papyrussäule *f* (altägyptische Säule, die nach dem Vorbild der Papyruspflanze ausgebildet wurde)
**PAR**\* (precision approach radar) (Aero) / Präzisionsanflugradar *m n*, PAR (Präzisionsanflugradar) ‖ ~ (paragraph) (Comp, Print, Typog) / Paragraph *m*, Absatz *m*, Textabsatz *m* ‖ ~ (planed all around) (For, Join) / zweiseitig gehobelt, beidseitig gehobelt ‖ ~ (perimeter acquisition radar) (Radar) / Zielerfassungsradar *m n* großer Reichweite, PAR-Radar *m n*
**para** *adj* (prefix, denoting positions at opposite apexes in a hexagonal ring of atoms, particularly the benzene ring) (Chem) / paraständig *adj*, p-ständig *adj*, in para-Stellung ‖ ~**-aminobenzoic acid** (Chem) / para-Aminobenzoesäure *f*, Para-Aminobenzoesäure *f*, 4-Aminobenzoesäure *f*, PAB *f*, PABA
**para(4)•-aminophenol** *n* (Photog) / 4-Aminophenol *n*, para-Aminophenol *n*, Paraaminophenol *n* (eine Entwicklungssubstanz, z.B. unter dem Namen Rodinal) ‖ ~**-aminosalicylic acid**\* (Pharm) / para-Aminosalicylsäure *f*, para-Aminosalizylsäure *f*, para-Aminosalicylsäure), PAS *f* (para-Aminosalicylsäure), p-Aminosalicylsäure *f*, p-Aminosalicylsäure *f*
**parabanic acid** (Chem) / Parabansäure *f*, Oxalylharnstoff *m*, Imidazolidintrion *n*
**Parabens** *pl* (Chem, Nut) / Alkylparabene *n pl* (die in Deutschland als Konservierungsmittel gesetzlich zugelassen sind), PHB-Ester *m pl* (Ester der 4-Hydroxybenzoesäure - E 215 bis 219), 4-Hydroxybenzoesäureester *m pl*
**parabiosis** *n* (pl. -bioses) (Biol, Ecol) / Parabiose *f*, Karpose *f*, Probiose *f*
**parabola**\* *n* (-s or -e) (a conic with eccentricity equal to 1) (Maths) / Parabel *f* (einer der Kegelschnitte)
**parabolic** *adj* (Maths) / Parabel-, parabolisch *adj* ‖ ~ **antenna** (Radio) / Parabolantenne *f* (die einfachste Form eines Aperturstrahlers), Parabolspiegelantenne *f* (mit einem Paraboloid als Reflektor) ‖ ~ **antenna** (Radio) s. also parabolic reflector ‖ ~ **arch** (Arch) / Parabelbogen *m* (dessen Form wie eine umgekehrte Kettenlinie aussieht) ‖ ~ **cylinder** (Maths) / parabolischer Zylinder ‖ ~ **differential equation** (Maths) / parabolische Differentialgleichung, parabolischer Typus der partiellen Differentialgleichung ‖ ~ **dish** / Rotationsparaboloid *n* (als Kollektor/Reflektor der konzentrierbaren direkten solaren Strahlungsenergie und deren Fokussierung im zugehörigen Punktabsorber) ‖ ~ **dish** (Radio) / Parabolreflektor *m*, Parabolspiegel *m* (einer Parabolantenne) ‖ ~ **disk** (Eng) / parabolischer Kegel (ein Drosselkegel) ‖ ~ **flight**\* (Space) / Parabelflug *m* (Flugmanöver, bei dem kurzzeitig der Zustand der Schwerelosigkeit mit großer Annäherung oder absolut erreicht werden kann)
**parabolic-index fibre** / Parabelfaser *f* (eine Lichtleitfaser)
**parabolic microphone**\* (Acous) / Mikrofon *n* mit Parabolreflektor ‖ ~ **mirror**\* (Optics) / Parabolspiegel *m*, parabolischer Spiegel (ein Hohlspiegel) ‖ ~ **nozzle**\* (Eng) / Drosseldüse *f* in Parabelform, Messdüse *f* in Parabelform ‖ ~ **partial differential equation** (Maths) / parabolische Differentialgleichung, parabolischer Typus der partiellen Differentialgleichung ‖ ~ **plug** (Eng) / Parabolkegel *m* ‖ ~ **point on a surface**\* (Maths) / parabolischer Punkt auf einer Fläche, parabolischer Flächenpunkt ‖ ~ **reflector** (Autos) / Parabolreflektor *m* (des Kfz-Scheinwerfers) ‖ ~ **reflector**\* (Optics) / Parabolspiegel *m*, parabolischer Spiegel (ein Hohlspiegel) ‖ ~ **reflector**\* (Radio) / Parabolreflektor *m*, Parabolspiegel *m* (einer Parabolantenne) ‖ ~ **segment** (Maths) / Parabelsegment *n* ‖ ~ **spiral**\* (Maths) / parabolische Spirale, Fermat'sche Spirale ‖ ~ **spring** (Autos) / Parabelfeder *f* (eine Blattfeder) ‖ ~ **thickening rate** / parabolische Wachstumsrate (die den parabolischen Verlauf bei großen Oxiddicken bestimmt) ‖ ~ **trough** / Parabolrinne *f* (welche die Sonnenstrahlen auf eine Linie fokussiert) ‖ ~ **velocity**\* (Astron, Space) / Entweichgeschwindigkeit *f*, [planetare] Fluchtgeschwindigkeit *f*, 2. kosmische Geschwindigkeit, parabolische Geschwindigkeit ‖ ~ **weir** (Hyd Eng) / parabolisches Wehr (zur Messung des Wasserstandes)

**paraboloid**\* *n* (Maths) / Paraboloid *n* (elliptisches, hyperbolisches)
**paraboloidal collector** / Paraboloidkollektor *m* (ein Sonnenkollektor) ‖ ~ **reflector** (Optics) / Parabolspiegel *m*, parabolischer Spiegel (ein Hohlspiegel) ‖ ~ **reflector** (Radio) / Parabolreflektor *m*, Parabolspiegel *m* (einer Parabolantenne)
**paraboloid of revolution**\* (Maths) / Rotationsparaboloid *n*
**parabrake** *v* (Aero) / durch Bremsschirm abbremsen (bei Landung) ‖ ~\* *n* (Aero) / Bremsfallschirm *m*, Bremsschirm *m*
**para-brown earth** (Geol) / Parabraunerde *f* (Bodentyp mit schwacher Verlagerung des Tons in den Unterboden), Lessivé *m*
**parabutlerite** *n* (Min) / Parabutlerit *m* (Grubenbrandsulfat aus Jerome, Arizona)
**paracasein** *n* (US) (Chem, Nut) / Parakasein *n*, Kasein *n* (gefälltes), Casein *n* (gefälltes), CS (Casein)
**paracentric** *adj* / parazentrisch *adj*
**paracetaldehyde** *n* (Chem, Pharm) / Paraldehyd *m* (trimere Form des Azetaldehyds), Paraacetaldehyd *m*, Paraazetaldehyd *m*
**paracetamol**\* *n* (acetylaminophenol) (Pharm) / Paracetamol *n* (antipyretisch und schwach analgetisch wirkendes 4-Hydroxyacetanilid)
**parachor**\* *n* (Chem) / Parachor *m n* (Performanzgrenzwert), P (Parachor)
**parachronology** *n* (Geol) / Parachronologie *f*
**parachute** *v* (Aero) / mit dem Fallschirm abspringen ‖ ~\* *n* (Aero) / Fallschirm *m* ‖ ~ (Chem Eng) / Ablauftrichter *m* (z.B. zum Hefedeckenabschöpfen) ‖ ~ (Mining) / Fangvorrichtung *f* (Förderkorb) ‖ ~ **dome** (Arch) / Faltkuppel *f* ‖ ~ **flare**\* (Aero) / Fallschirmleuchtsatz *m* ‖ ~ **gore** (Aero, Textiles) / Bahn *f* (des Fallschirms) ‖ ~ **silk** (Textiles) / Fallschirmseide *f* ‖ ~ **tower** (Aero) / Fallschirmsprungturm *m*
**paracompact space** (Maths) / parakompakter Raum
**paraconvex set** (Maths) / parakonvexe Menge
**paracrystal** *n* (a piece of a substance that is not a true crystal but has some degree of order in its structure) (Crystal) / Parakristall *m* (Übergang zwischen dem idealen Kristall und dem amorphen Festkörper)
**paracyclophane** *n* (Chem) / Parazyklophan *n*, Paracyclophan *n*
**paradiazine** *n* (Chem) / Pyrazin *n* (1,4-Diazin)
**paradichlorobenzene** *n* (Chem) / Paradichlorbenzol *n*, para-Dichlorbenzol *n*, 1,4-Dichlorbenzol *n*
**paradigm** *n* / Paradigma *n* (pl. -gmen oder -ta) (einer wissenschaftlichen Disziplin; lexikalisches; syntaktisches; Muster einer Deklinations- oder Konjugationsklasse)
**paradox** *n* (Phys) / Paradoxon *n* (z.B. hydrostatisches) ‖ ~ **of Russell** (Maths) / Russell-Antinomie *f* (nach B. Russell, 1872-1970)
**paraelectric** *adj* / paraelektrisch *adj* (Material), paraelektrisch *adj* ‖ ~ **polarization** (Elec, Electronics, Phys) / paraelektrische Polarisation, Orientierungspolarisation *f*
**parafeed** *n* (Elec Eng) / Parallelspeisung *f*
**paraffin** *v* / paraffinieren *v* (mit Paraffin behandeln, beschichten, tränken usw.) ‖ ~\* *n* (Chem) / Paraffin *n* ‖ ~\* (Chem) s. also alkane, kerosine, paraffin wax and white mineral oil ‖ ~**-base crude** (Oils) / paraffinbasisches Rohöl, Paraffinbasisöl *n*
**paraffin-base petroleum** (Oils) / paraffinbasisches Rohöl, Paraffinbasisöl *n*
**paraffin coal** (Chem Eng) / Schwelkohle *f* (aus der TTH-Paraffin gewonnen wird) ‖ ~ **distillate** (Chem Eng) / Paraffindestillat *n* ‖ ~ **embedding** (Micros) / Paraffineinbettung *f*
**paraffinic** *adj* / Paraffin-, paraffinisch *adj*
**paraffinicity** *n* (Oils) / Paraffingehalt *m*
**paraffin impregnation** (Textiles) / Paraffinimprägnierung *f*, Paraffintränkung *f* ‖ ~ **oil** (Nut) / Paraffinöl *n* (als Überzugsmittel für Zitrusfrüchte) ‖ ~ **oil** (Nut, Pharm) / pharmazeutisches Weißöl, dickflüssiges Paraffin, Paraffinöl *n*, Paraffinum *n* liquidum
**paraffin-oil mist** / Paraffinölnebel *m*
**paraffin paper** (Paper) / Paraffinpapier *n*, paraffiniertes Papier ‖ ~ **scales** / Paraffinschuppen *f pl*, Schuppenparaffin *n*
**Paraffins Olefins Naphthenes Aromatics test method** (Chem) / PONA-Analyse *f* (Bestimmung von Paraffinen, Olefinen, Naphthenen und Aromaten in Kohlenwasserstoffgemischen)
**paraffinum liquidum** (Nut, Pharm) / pharmazeutisches Weißöl, dickflüssiges Paraffin, Paraffinöl *n*, Paraffinum *n* liquidum
**paraffin wax**\* (Chem) / Paraffinwachs *n*, Festparaffin *n* (ein Erdölwachs)
**paraffin-wax sizing** (Paper) / Paraffinleimung *f*
**Paraflow** *n* / Paraflow *m n* (Handelsname für einen Stockpunktsniedriger für paraffinbasische Schmieröle)
**parafoil** *n* (Aero) / Parafoil *m*, Fallschirm *m* mit veränderlicher Geometrie
**para form** (Chem) / para-Form *f*
**paraform** *n* (Chem) / Paraformaldehyd *m* (ein Polymerengemisch des Formaldehyds)

**paraformaldehyde**

**paraformaldehyde*** *n* (Chem) / Paraformaldehyd *m* (ein Polymerengemisch des Formaldehyds)
**parafuchsine** *n* (Chem, Micros, Pharm, Photog) / Parafuchsin *n*, Paramagenta *n*
**paragenesis** *n* (pl. -geneses) (Geol) / Paragenese *f* (die auf dem Bildungsvorgang beruhende gesetzmäßige Vergesellschaftung von Mineralen in Lagerstätten und Gesteinen), Paragenesis *n* (pl. -geneses)
**paragenetic** *adj* (Min) / paragenetisch *adj*
**paraglider** *n* (Aero) / Paragleiter *m*, Paraglider *m*
**paragliding** *n* (Aero) / Paragliding *n*, Gleitsegeln *n*, Gleitschirmfliegen *n*
**paragneiss*** *n* (Geol) / Paragneis *m* (ein Paragestein)
**paragonite*** *n* (Min) / Paragonit *m* (ein Natronglimmer)
**paragraph** *n* (Comp, Print, Typog) / Paragraph *m*, Absatz *m*, Textabsatz *m* ‖ ~ (Print) / Paragraf *m*, Paragrafenzeichen *n* ‖ ~ **counter** (Comp) / Absatzzähler *m* ‖ ~ **indentation** (Print, Typog) / Einzug *m* eines Absatzes, Absatzeinzug *m*
**paragraphing** *n* (Comp, Print, Typog) / Absatzbildung *f*
**paragraph marking** (Comp) / Kennzeichnung *f* von Absätzen, Absatzkennzeichnung *f* (Tätigkeit), Absatzmarkierung *f* (Tätigkeit) ‖ ~ **reforming** (Comp, Print) / Neugestaltung *f* eines Absatzes ‖ ~ **tagging** (Comp) / Kennzeichnung *f* von Absätzen, Absatzkennzeichnung *f* (Tätigkeit), Absatzmarkierung *f* (Tätigkeit)
**paragutta** *n* (Cables) / Paragutta *f* (ein altes Isolationsmaterial)
**parahelium** *n* (Chem) / Parhelium *n* (mit antiparallelen Spins der beiden Hüllenelektronen), Parahelium *n*
**parahydrogen*** *n* (Chem) / Parawasserstoff *m* (eine Konfiguration eines Wasserstoffmoleküls), para-Wasserstoff *m*
**paraldehyde*** *n* (ethanal trimer) (Chem, Pharm) / Paraldehyd *m* (trimere Form des Azetaldehyds), Paraacetaldehyd *m*, Paraazetaldehyd *m*
**paralic** *adj* (Geol, Mining) / paralisch *adj*
**parallactic** *adj* (Astron, Optics) / parallaktisch *adj* ‖ ~ **angle** / parallaktischer Winkel (im nautischen Dreieck) ‖ ~ **angle*** (Astron) / parallaktischer Winkel, Konvergenzwinkel *m*, Parallaxenwinkel *m*
**parallax*** *n* (Astron, Optics) / Parallaxe *f* ‖ ~ **compensation** (Cinema, Photog) / Parallaxenausgleich *m* ‖ ~ **correction** (Cinema, Photog) / Parallaxenausgleich *m* ‖ ~ **error** (Optics, Photog) / Parallaxenfehler *m* (die unterschiedliche Perspektive und der unterschiedliche Bildausschnitt von Sucherbild und fotografischem Bild), Sucherparallaxe *f*
**parallax-free** *adj* (Astron, Optics) / parallaxenfrei *adj*
**parallax second** (Astron) / Parsec *n* (eine alte Einheit der Länge für Entfernungsangaben bei Fixsternen), pc (Parsec), Parallaxensekunde *f*
**parallel** *v* / parallel anordnen ‖ ~ (Elec Eng) / parallel schalten *v* ‖ ~ ~* *n* (Astron, Geog, Surv) / Breitenkreis *m*, Parallelkreis *m* ‖ ~* (Maths) / Parallele *f* ‖ ~* *adj* (Elec Eng, Maths) / parallel *adj* ‖ **which preserves ~ lines** (Maths) / parallelentreu *adj* (z.B. affine Abbildung) ‖ ~ **access** (Comp) / Parallelzugriff *m*, Simultanzugriff *m*, paralleler Zugriff ‖ ~ **adder** (a binary adder that is capable of forming sum and carry outputs for addend or augend words of greater than one bit in length by operating on corresponding pairs of addend and augend bits in parallel) (Comp) / Paralleladdierwerk *n*, Paralleladdierer *m*, paralleler Addierer ‖ ~ **arithmetic unit*** (Comp) / Parallelrechenwerk *n* ‖ ~ **axiom** (Maths) / Parallelenaxiom *n* (in der euklidischen Geometrie), Parallelenpostulat *n*
**parallel-axis theorem*** (Mech) / Satz *m* von Steiner (nach J. Steiner, 1796 - 1863), Steiners'cher Satz (Zusammenhang zwischen den im Trägheitstensor zusammenfassbaren Trägheits- bzw. Zentrifugalmomenten für einen beliebigen Bezugspunkt mit den entsprechenden Momenten für den Schwerpunkt), Steiner'scher Verschiebesatz
**parallel band** (Spectr) / Parallelbande *f* (IR-Spektroskopie) ‖ ~ **beam** (Civ Eng) / paralleler Balken, parallelgurtiger Balken ‖ ~ **body*** (Ships) / paralleler Teil des Schiffskörpers ‖ ~ **capacitor** (Elec Eng) / Parallelkondensator *m* (der im Nebenschluss zu einem Betriebsmittel liegt), parallel geschalteter Kondensator ‖ ~ **cheese** (Spinning) / zylindrische Kreuzspule (DIN 61 800)
**parallel-chord** *attr* (Carp) / parallelgurtig *adj* (Binder) ‖ ~ **truss** (Build) / Parallelfachwerkträger *m*
**parallel circuit*** (Elec Eng) / Nebenschlussstromkreis *m*, Parallelstromkreis *m*, Parallelkreis *m*, parallel geschalteter Stromkreis ‖ ~ **computer** (Comp) / Parallelrechner *m* (bei dem die Verarbeitung aller Stellen gleichzeitig erfolgt), Simultanrechner *m* ‖ ~ **connection** (Elec Eng) / Parallelschaltung *f*, Parallelschalten *n* (DIN 42005), Nebeneinanderschalten *n* ‖ ~ **curves** (Maths) / Parallelkurven *f pl* (zwei Kurven, deren Tangenten im ganzen Kurvenverlauf in einander entsprechenden Berührungspunkten parallel sind und denselben Abstand voneinander haben) ‖ ~ **cut** (Mining) / Kanoneneinbruch *m*, Großlochbohreinbruch *m* ‖ ~ **cut** (Mining) / Paralleleinbruch *m* (bei Sprengarbeiten) ‖ ~ **displacement** (Maths) / Parallelverschiebung *f*, Translation *f* ‖ ~ **display** (Comp) / Parallelanzeige *f* ‖ ~ **distributed processing** (Comp) / parallel verteilte Verarbeitung
**parallelepiped*** *n* (a polyhedron that has six faces, opposite pairs of which are identical parallelograms) (Maths) / Parallelepiped *n*, Parallelepipedon *n* (pl. Parallelepipeda od. Parallelepipeden), Parallelflächner *m*, Spat *m*, Parallelflach *n* (schiefes Prisma, dessen Grundfläche ein Parallelogramm ist)
**parallelepipedal product** (Maths) / Spatprodukt *n* (dreier Vektoren), Dreierprodukt *n*, gemischtes Produkt
**parallel feed** (Elec Eng, Electronics) / Parallelspeisung *f* ‖ ~ **feeder** (Elec Eng) / Parallelzuführung *f* (Einrichtung) ‖ ~ **feeder** (Elec Eng) / Mehrfachspeiseleitung *f*
**parallel-filter method** (Electronics) / Parallelfiltermethode *f* (eine Methode zur Sprachanalyse, bei der das zu untersuchende Frequenzspektrum gleichzeitig einer Vielzahl parallel geschalteter Bandpassfilter angeboten wird)
**parallel flow** (Aero, Phys) / Parallelströmung *f* ‖ ~ **fold** (Geol) / Parallelfalte *f*, konzentrische Falte ‖ ~ **folding*** (Bind) / Parallelbruchfalzung *f* ‖ ~ **force system** (Mech) / paralleles Kräftesystem ‖ ~ **four-bar linkage** / Parallelogrammgestänge *n* (der Zeichenmaschine) ‖ ~ **gears** (Eng) / Radpaar *n* mit parallelen Achsen ‖ ~ **grain** (For) / Parallelfaser *f* ‖ ~ **gripper** (Eng) / Parallelgreifer *m* ‖ ~ **guide** (Eng) / Parallelführung *f* ‖ ~ **gutter*** (Build) / Kastenrinne *f*, Standrinne *f* (in Kastenform) ‖ ~ **hybrid drive** (Autos) / parallelhybrider Antrieb ‖ ~ **hybrid propulsion** (Autos) / parallelhybrider Antrieb
**parallel input/output** (Comp) / parallele Ein-/Ausgabe ‖ ~ **interface** (Comp) / bitparallele Schnittstelle, parallele Schnittstelle (bei der die Daten bitweise übertragen werden), Parallelschnittstelle *f*
**parallelism** *n* / Parallelität *f* (auch nach DIN 7184, T 1), Parallelismus *m*
**parallelization** *n* (Stats) / Parallelisierung *f* (Verfahren zur Kontrolle bekannter Störvariablen)
**parallelize** *v* / parallel anordnen ‖ ~ (Comp, Stats) / parallelisieren *v* ‖ ~ (Spinning) / parallelisieren *v* (Einzelfaden vor dem Spinnen)
**parallel-jaw vice** (Eng) / Parallelschraubstock *m*
**parallel joint** (Welding) / Parallelstoß *m* (die Teile liegen breitflächig aufeinander - DIN EN 12 345) ‖ ~ **key** (Comp) / Parallelschlüssel *m* ‖ ~ **key** (Eng) / Passfeder *f* (Mitnehmerverbindung ohne Anzug) ‖ ~ **key** (Eng) / Feder *f* (in Welle und Nabe eingelassen, ergibt eine formschlüssige Verbindung in Drehrichtung und gestattet eine Axialbewegung der Nabe - im Gegensatz zu Keilen)
**parallel-laid non-woven fabric** (Textiles) / Vlies *n* mit paralleler Faserlage, Parallelvlies *n*
**parallelling** *n* (Elec Eng) / Parallelschaltung *f*, Parallelschalten *n* (DIN 42005), Nebeneinanderschalten *n*
**parallel mat** (Glass, Textiles) / Parallelmatte *f*, Trommelmatte *f* ‖ ~ **memory** (Comp) / Parallelspeicher *m* ‖ ~ **modem** (Comp) / Parallelmodem *m n*, Paralleltonmodem *m n* ‖ ~ **motion*** / Geradführung *f*, Parallelogrammführung *f* (der Zeichenmaschine) ‖ ~ **motion*** (Eng) / Parallelführung *f* ‖ ~ **motion** (Mech) / Parallelbewegung *f* ‖ ~-**motion device** / Geradführung *f*, Parallelogrammführung *f* (der Zeichenmaschine)
**parallel-motion protractor** / Zeichenmaschine *f* mit Geradführung
**parallel movement** (Mech) / Parallelbewegung *f* ‖ ~ **non-woven** (Textiles) / Vlies *n* mit paralleler Faserlage, Parallelvlies *n* ‖ ~ **of altitude** (Surv) / Almukantarat *m*, Höhenkreis *m*, Azimutalkreis *m*, Azimutkreis *m* ‖ ~ **of latitude*** (Astron, Geog, Surv) / Breitenkreis *m*, Parallelkreis *m*
**parallelogram** *n* (Maths) / Parallelogramm *n* (ein Viereck, in dem jeweils gegenüberliegende Seiten auf zueinander parallelen Geraden liegen) ‖ ~ **distortion** (Electronics) / Parallelogrammverzerrung *f* ‖ ~ **identity** (in a unitary space) (Maths) / Parallelogrammgleichung *f*, Parallelogrammsatz *m* ‖ ~ **law** (Maths, Phys) / Parallelogrammregel *f*, Parallelogrammsatz *m* (Vektoren) ‖ ~ **linkage** (Eng) / Parallelogrammführung *f* (der Zeichenmaschine) ‖ ~ **of forces*** (Maths, Mech) / Kräfteparallelogramm *n*, Parallelogramm *n* der Kräfte ‖ ~ **of velocities** (Phys) / Geschwindigkeitsparallelogramm *n*, Parallelogramm *n* der Geschwindigkeiten (Bewegung) ‖ ~ **rule for addition of vectors*** (Maths, Phys) / Parallelogrammregel *f*, Parallelogrammsatz *m* (Vektoren) ‖ ~ **suspension** (Autos) / Doppelquerlenkerachse *f*, DQ-Achse *f*
**parallel operation** (Comp, Elec Eng, Eng) / Parallelbetrieb *m* (DIN 40729), paralleler Betrieb
**parallelopiped** *n* (Maths) / Parallelepiped *n*, Parallelepipedon *n* (pl. Parallelepipeda od. Parallelepipeden), Parallelflächner *m*, Spat *m*, Parallelflach *n* (schiefes Prisma, dessen Grundfläche ein Parallelogramm ist)

**parallelotope** *n* (Maths) / Parallelotop *n m* (Verallgemeinerung der Begriffe Parallelogramm und Parallelepiped im n-dimensionalen Raum)
**parallel perspective** (Eng) / Parallelperspektive *f* (wenn das Projektionszentrum ein uneigentlicher Punkt ist - DIN 6), Perspektive *f* mit einem Fluchtpunkt ‖ ~ **pin** (Eng) / Zylinderstift *m* (DIN 7)
**parallel-plate capacitor*** (Elec Eng) / Plattenkondensator *m* (die einfachste Kondensatorform), Parallelplattenkondensator *m* ‖ ~ **chamber*** (Nuc) / Parallelplatten-Ionisationskammer *f*, Plattenzähler *m*, Parallelplattenzähler *m* (ein gasgefülltes Zählrohr) ‖ ~ **counter** (Nuc) / Parallelplatten-Ionisationskammer *f*, Plattenzähler *m*, Parallelplattenzähler *m* (ein gasgefülltes Zählrohr)
**parallel port** (Comp) / paralleler Port, paralleler Anschluss ‖ ~ **postulate** (of Euclid) (Maths) / Parallelenaxiom *n*, Parallelenpostulat *n* (von Euklid) ‖ ~ **processing*** (Comp) / Parallelverarbeitung *f*, Simultanverarbeitung *f*, Parallelarbeit *f*, parallele Verarbeitung ‖ ~ **programming** (Comp) / Parallelprogrammierung *f* ‖ ~ **projection** (Maths) / Parallelprojektion *f* ‖ ~ **pump station** (Oils) / Parallelpumpstation *f* (in Mineralölfernleitungen) ‖ ~ **reaction** (Chem) / Parallelreaktion *f* ‖ ~ **reflection** (Maths) / Schrägspiegelung *f*, Affinspiegelung *f* ‖ ~ **resistance** (Elec) / Nebenschlusswiderstand *m* (als Größe), Nebenwiderstand *m* (als Größe), Shunt *m*, Parallelwiderstand *m* ‖ ~ **resonance*** (Elec Eng) / Sperr-Resonanz *f*, Stromresonanz *f*, Parallelresonanz *f*, Antiresonanz *f* ‖ ~ **resonance circuit** (Elec Eng) / Parallelschwingkreis *m*, Parallelresonanzkreis *m* ‖ ~ **resonant circuit** (Elec Eng) / Parallelschwingkreis *m*, Parallelresonanzkreis *m* ‖ ~ **rewriting system** (Comp) / Lindenmayer-System *n* (mit der Vorschrift, dass stets über die ganze Breite des Wortes mögliche Ersetzungen parallel vorzunehmen sind) ‖ ~ **rule** (Instr) / Parallellineal *n* ‖ ~ **ruler*** (Instr) / Parallellineal *n* ‖ ~ **run** (Comp) / Parallellauf *m* (des alten und des neuen Systems) ‖ ~ **running** (Comp) / Parallellauf *m* (des alten und des neuen Systems) ‖ ~ **running** (Comp) / Parallelverarbeitung *f*, Simultanverarbeitung *f*, Parallelarbeit *f*, parallele Verarbeitung
**parallels** *pl* (US) (Cinema) / Praktikabel *n* (fest gebauter Teil einer Bühnendekoration) ‖ ~ (two parallel lines as a reference mark) (Typog) / senkrechter Doppelstrich
**parallel screw thread** (Eng) / zylindrisches Gewinde
**parallel-search memory** (Comp) / Parallelabfragespeicher *m* ‖ ~ **storage** (Comp) / Parallelabfragespeicher *m*
**parallel-serial converter** (Comp) / Parallelserienumsetzer (PSU) *m*, Parallelserienwandler *m*, PSU (DIN 44300)
**parallel-series connection** (Elec Eng) / Parallelreihenschaltung *f*
**parallel shank** (Eng) / Zylinderschaft *m* (z.B. eines Bohrers oder Stirnfräsers) ‖ ~ **slide gate valve** (Eng) / Plattenschieber *m* (in einer Rohrleitung) ‖ ~ **slide valve** (Eng) / Parallelschieber *m*, Parallelplattenschieber *m* ‖ ~ **slot*** (Elec Eng) / Parallelnut *f* ‖ ~ **spin** (Spectr) / paralleler Spin ‖ ~ **storage** (Comp) / Parallelspeicher *m* ‖ ~ **store** (Comp) / Parallelspeicher *m* ‖ ~ **stream** (Aero, Phys) / Parallelströmung *f* ‖ ~ **strip** (Join) / Richtleiste *f* (ein Hilfsmittel bei der handwerklichen Hobelarbeit) ‖ ~ **sweep search** (Aero) / Parallelsuchverfahren *n* (mit mehreren Sucheinheiten) ‖ ~ **switch** (Elec Eng) / Parallelschalter *m* ‖ ~ **system** (Work Study) / Parallelsystem *n* (das aus einer Grundeinheit und Reserveeinheiten besteht) ‖ ~ **system test** (Comp) / Parallellauf *m* (des alten und des neuen Systems)
**parallel-T network*** (Elec Eng) / parallele T-Schaltungen, Doppel-T-Schaltung *f*
**parallel-to-serial converter** (Comp) / Parallelserienumsetzer (PSU) *m*, Parallelserienwandler *m*, PSU (DIN 44300)
**parallel to strike** (Mining) / streichend *adj* ‖ ~ **to the grain** (For) / faserparallel *adj* ‖ ~ **track search** (Aero) / Parallelsuchverfahren *n* (mit einer Sucheinheit) ‖ ~ **transfer** (Comp) / Paralleltransfer *m* ‖ ~ **transfer** (transmission of multiple units of information concurrently) (Telecomm) / Parallelübertragung *f*, parallele Übertragung ‖ ~ **transfer disks with parity** (Comp) / RAID-Level *m* 3 (Schreib- und Lesevorgänge finden gleichzeitig auf identischen Spuren in identischen Sektoren statt) ‖ ~ **transmission** (Comp) / Parallelübergabe *f* (DIN 44302) ‖ ~ **transmission** (Telecomm) / Parallelübertragung *f*, parallele Übertragung ‖ ~ **transport** (a method of extending the concept of 'parallel' into curved spaces and spacetimes) (Phys) / Paralleltransport *n* ‖ ~ **trimming** (Aero) / Paralleltrimmung *f* (eine Methode der Trimmklappenbetätigung) ‖ ~ **twin** (I C Engs) / Gleichläufer *m* (ein Zweizylinder-Viertaktmotor), Parallel-Twin *n* ‖ ~ **unconformity** (Geol) / Konkordanz *f* ‖ ~ **valves** (Autos) / parallele Ventile ‖ ~ **vibration** (Spectr) / Schwingung *f* parallel zur Figurenachse ‖ ~ **welding** (Welding) / Paralleldrahtschweißung *f* (teilautomatisches Lichtbogenschmelzschweißen mit zwei abschmelzenden Schweißelektroden, denen über eine gemeinsame Kontaktdüse, die sie in paralleler Anordnung zueinander durchlaufen, der Schweißstrom zugeführt wird) ‖ ~ **wire line** (Elec Eng) / Paralleldrahtleitung *f* ‖ ~ **wire resonator*** (Elec Eng) / Lecher-System *n* (ein Wellenleiter nach E. Lecher,1856-1926), Lecher-Leitung *f* (eine zweiadrige Hochfrequenzleitung)
**parallel-wound yarn** (Spinning) / parallel gespultes Garn, Parallelgarn *n*
**paralyser*** *n* (Chem) / Katalysatorgift *n*, Kontaktgift *n* (bei der Katalyse)
**paralysis circuit** (Instr) / Blockierschaltung *f*, Sperrschaltung *f*, Verriegelungsschaltung *f* (bei einem Zähler) ‖ ~ **time** (Nuc) / Totzeit *f* (die Zeit, die nach einem Registrierakt vergehen muss, bis der Detektor /das Zählrohr/ für weitere Messungen bereit ist)
**paralyzer** *n* (US) (Chem) / Katalysatorgift *n*, Kontaktgift *n* (bei der Katalyse)
**paramagnet** *n* (Elec Eng) / paramagnetischer Werkstoff, Paramagnetikum *n* (pl. -tika), paramagnetisches Material (dessen magnetische Permeabilität größer als 1 ist)
**paramagnetic** *adj* (Elec Eng, Phys) / paramagnetisch *adj* ‖ ~ **atom** (Nuc) / paramagnetisches Atom (dessen Hülle ein permanentes magnetisches Dipolmoment aufweist, das sich aus dem magnetischen Momenten der Elektronenspins und den von ihrer Bewegung herrührenden zusammensetzt) ‖ ~ **material** (Elec Eng) / paramagnetischer Werkstoff, Paramagnetikum *n* (pl. -tika), paramagnetisches Material (dessen magnetische Permeabilität größer als 1 ist) ‖ ~ **relaxation** (Phys) / paramagnetische Relaxation (Gesamtheit der Wechselwirkungsprozesse, die die Kinetik der Magnetisierung der Probe bei Untersuchungen der paramagnetischen Elektronenresonanz und der magnetischen Kernresonanz entscheidend mitbestimmen) ‖ ~ **resonance** (Spectr) / paramagnetische Resonanz, PMR (paramagnetische Resonanz) ‖ ~ **resonance** (Spectr) / Kernspinresonanz *f* (eine Methode der Hochfrequenzspektroskopie, kernmagnetische Resonanz, Kernresonanz *f*, magnetische Kernresonanz, paramagnetische Kernresonanz) ‖ ~ **susceptibility** (Mag) / paramagnetische Suszeptibilität
**paramagnetism*** *n* (Phys) / Paramagnetismus *m*
**paramatta** *n* (Textiles) / Halbmerino *m* (dreibindig mit Baumwollkette und Kammgarnschuss)
**parameter** *n* / Parameter *m* (veränderliche Größe, durch die ein wirtschaftlicher Prozess beeinflusst wird) ‖ ~ / Kenngröße *f* (die konstant gehalten bzw. als konstant gesetzt wird) ‖ ~* (Crystal) / Parameter *m* (ein Achsenabschnitt) ‖ ~* (Eng) / Kennwert *m* (kennzeichnende Größe) ‖ ~ (Maths) / Parameter *m* (Länge 2p einer Kegelschnittsehne, die parallel zur Leitlinie durch einen Brennpunkt des Kegelschnitts verläuft) ‖ ~* (Maths, Stats) / Parameter *m* (eine bei Funktionen neben den eigentlichen Variablen auftretende Hilfsvariable) ‖ ~ (Phys) / Parameter *m* (eine Variable, die einen konstanten Wert für eine spezifizierte Anwendung erhält und die diese Anwendung bezeichnet - DIN 5485), parm (Parameter) ‖ ~* (Stats) / Parameter *m* ‖ ~* (Telecomm) / Parameter *m* ‖ ~ **area** (Comp) / Parameterbereich *m* ‖ ~ **association** (Comp) / Parameterzuordnung *f* ‖ ~ **card** (Comp) / Steuerkarte *f*, Parameterkarte *f* ‖ ~ **data export** (Comp) / Parameterdatenübertragung *f* ‖ ~ **definition module** (Comp) / Parameterdefinitionsmodul *n* ‖ ~ **description** / Parameterbeschreibung *f*, Beschreibung *f* eines Parameters ‖ ~ **error** (Comp) / Parameterfehler *m* ‖ ~ **estimation** (Maths, Stats) / Parameterschätzung *f* ‖ ~ **file** (Comp) / Parameterdatei *f* ‖ ~ **input** / Parametereingabe *f*
**parameterize** *v* (Comp) / parametrieren *v*
**parameter listing** (Comp) / Parameterprotokollierung *f* ‖ ~ **logging** (Comp) / Parameterprotokollierung *f* ‖ ~ **measurement unit** / PMU-Einheit *f* (ein Teil der analogen Messeinrichtungen eines Prüfautomaten) ‖ ~ **of position** (Stats) / Lokationsparameter *m*, Lageparameter *m* (Parameter einer /Wahrscheinlichkeits/Verteilung/, Stellungsparameter *m* (einer statistischen Häufigkeitsverteilung, z.B. arithmetisches Mittel oder Median) ‖ ~ **passing** (Comp) / Parameterbehandlung *f* ‖ ~ **separator** (Comp) / Trennzeichen *n* (trennt Parameterteilfolgen voneinander - DIN 66354)
**parameters of spraying** *n pl* (Paint) / Spritzparameter *m pl* (die an Manometern des Spritzpistole einstellbaren Druckwerte für die Zerstäuberluft, Hornluft beim Druckluft-, sowie des Spritzdrucks beim Airless-Spritzen)
**parameter test** (Stats) / Parametertest *m* (zur Prüfung einer Hypothese über unbekannte Parameter einer vorliegenden, dem Typ nach bekannten Wahrscheinlichkeitsverteilung, der diese Kenntnis über den Verteilungstyp wesentlich benutzt) ‖ ~ **value** (Comp) / Parameterwert *m* ‖ ~ **vector** (Maths) / Parametervektor *m* (mehrere Parameter) ‖ ~ **word** (Comp) / Parameterwort *n*
**paramethanal** *n* (Chem) / Paraformaldehyd *m* (ein Polymerengemisch des Formaldehyds)
**parametric** *adj* / parametrisch *adj*

1109

**parametrically excited vibrations** (Phys) / rheolineare Schwingungen, Schwingungen *f pl* mit periodischen Koeffizienten
**parametric amplifier*** (an inverting parametric device used to amplify a signal without frequency translation from input to output) (Electronics, Telecomm) / parametrischer Verstärker, Reaktanzverstärker *m* (Hf-Verstärker mit kleiner Rauschzahl), MAVAR *m*, Parameterverstärker *m* || ~ **converter** (Elec Eng) / Kennwertkonverter *m*, Parameterkonverter *m* || ~ **design** (Comp) / Variantentechnik *f* (Beschreibung von dimensions- oder gestaltvariablen Geometrieobjekten durch die Eingabe von Parametern) || ~ **diode*** (Electronics) / Varicap *n*, Varaktordiode *f*, Varaktor *m* als pn-Diode, Kapazitätsdiode *f* (eine mit einer Gleichspannung in Sperrichtung vorgespannte Diode, deren Sperrschicht als eine vom Gleichspannungswert abhängige variable Kapazität verwendet wird), C-Diode *f* (Kapazitätsdiode), Kapazitätsvariationsdiode *f*, Sperrschichtvaraktor *m* || ~ **equation*** (Maths) / Parametergleichung *f* (Ebenengleichung, Geradengleichung, Kurvengleichung) || ~ **excitation** (Phys) / parametrische Erregung (Anregung eines dynamischen Systems durch periodische Änderung einer oder mehrerer physikalischer Größen zu erzwungenen Schwingungen) || ~ **form** (Maths) / Parameterdarstellung *f* || ~ **programming** (Comp) / parametrisches Programmieren, parametrische Programmierung *f* || ~ **representation** (Maths) / Parameterdarstellung *f* || ~ **representation** / parametrische Repräsentation (bei der Synthese gesprochener Sprache) || ~ **resonance** (Telecomm) / parametrische Resonanz *f* || ~ **test** (Stats) / Parametertest *m* (zur Prüfung einer Hypothese über unbekannte Parameter einer vorliegenden, dem Typ nach bekannten Wahrscheinlichkeitsverteilung, der diese Kenntnis über den Verteilungstyp wesentlich benutzt)
**parametrization** *n* / Parametrierung *f*, Parametrisierung *f* (eines Systems)
**parametrize** *v* / parametrisieren *v* (ein System), parametrieren *v*
**parametron*** *n* (Electronics) / Parametron *n* (digitales Schaltelement mit parametrischer Anregung)
**paramo** *n* (Ecol) / Páramo *m* (subnivale Stufe feuchter Tropengebirge /z.B. Anden/ mit Tussockgräsern, Rosetten- und Polsterpflanzen sowie Wollkerzengewächsen)
**paramodulation** *n* (AI) / Paramodulation *f* (ein Interferenzverfahren, das auch Termgleichungen berücksichtigt)
**para molecule** (Chem) / para-Molekül *n*, Paramolekül *n*
**paramolybdate** *n* (Chem) / Paramolybdat *n*
**paramorphic** *adj* (Crystal, Min) / paramorph *adj*
**paramorphine** *n* (Pharm) / Thebain *n*, Paramorphin *n* (ein Opiumalkaloid)
**paramorphism** *n* (Crystal, Min) / Paramorphose *f* (Erscheinung, dass ein Mineral bei gleicher chemischer Zusammensetzung unter verschiedenen Druck- und Temperaturbedingungen unterschiedliche Kristallformen zeigt)
**paramp*** *n* (Electronics, Telecomm) / parametrischer Verstärker, Reaktanzverstärker *m* (Hf-Verstärker mit kleiner Rauschzahl), MAVAR *m*, Parameterverstärker *m*
**paramyosin** *n* (Biochem) / Paramyosin *n*
**Parana pine** (For) / Pinheiro *n*, Brasilkiefer *f* (Araucaria angustifolia - Verwendung als Bau-, Möbel-, Furnier- und Zellstoffholz), Brasilianische Araukarie, Brasilianische Schmucktanne || ~ **pine*** (For) / Pinheiro *n*, Brasilkiefer *f* (Araucaria angustifolia - Verwendung als Bau-, Möbel-, Furnier- und Zellstoffholz), Brasilianische Araukarie, Brasilianische Schmucktanne
**paranitraniline red** (Chem, Paint) / Paranitranilinrot *n*, Pararot *n*, Nitroanilinrot *n*
**para nut oil** / Paranussöl *n*, Brasilnussöl *n* (aus den Samen der Bertholletia excelsa Humb. et Bonpl. gewonnenes Feinöl)
**parapente** *n* (Aero) / Hängegleiter *m* (ein Gleitflugzeug ohne Sitz, bei dem der Pilot mit den Armen in einem Gestell hängt), Hanggleiter *m* (einfaches, superleichtes Gleitflugzeug mit starrem Tragflügel) (zum ersten Mal von O. Lilienthal gebaut)
**parapenting** *n* (Aero) / Drachenfliegen *n*
**parapet** *n* (Arch) / Brüstungsmauer *f* || ~ (Build) / Brüstung *f* (Schutzgeländer, Schutzeinfassung oder Schutzumwehrung eines Balkons, einer Terrasse usw.) || ~ **gutter** (Build) / Kastenrinne *f*, Standrinne *f* (in Kastenform) || ~ **gutter** (Build, Plumb) / Dachrinne *f* hinter der Brüstungsmauer || ~ **wall** (Arch) / Brüstungsmauer *f* || ~ **wall** (Civ Eng, Hyd Eng) / Brüstungsmauer *f* (die eine Fahrbahn auf der Dammkrone wasserseitig schützt)
**paraphase amplifier*** (Telecomm) / Phasenumkehrverstärker *m*, Paraphasenverstärker *m* || ~ **coupling*** (Telecomm) / Gegentaktschaltung *f* mit Phasenumkehr
**para(4)-phenylene diamine*** (Photog) / para-Phenylendiamin *n* (ein Zwischenprodukt der Farbstoffindustrie, seine Dialkylderivate dienen als Entwickler in der Farbfotografie), 1,4-Diaminobenzol *n*
**paraphrase generation** (AI) / Paraphrasengenerierung *f*

**paraphrasing** *n* (AI) / Paraphrasierung *f* (bei Sätzen mit verschiedener Oberflächenstruktur, aber gleicher Tiefenstruktur)
**para position** (Chem) / Parastellung *f*, para-Stellung *f*, p-Stellung *f*
**parapositronium** *n* (Nuc) / Parapositronium *n*
**paraprotein*** *n* (Biochem) / Paraprotein *n* (entarteter Eiweißkörper im Blut, z.B. Bence-Jones-Protein)
**paraquat*** *n* (a toxic fast-acting herbicide, which becomes deactivated in the soil) (Agric, Chem) / Paraquat *n* (eine giftige Bipyridiniumverbindung, die als Herbizid eingesetzt wird)
**para red** (Chem, Paint) / Paranitranilinrot *n*, Pararot *n*, Nitroanilinrot *n*
**pararendzina** *n* (Agric) / Pararendzina *f* (flachgründiger Bodentyp mit A-C-Profil auf karbonatisch-silikatischen Gesteinen)
**pararescue team** (Aero) / Fallschirmretter *m pl*
**para rock** (derived from a sedimentary rock) (Geol) / Paragestein *n*
**pararosaniline*** *n* (Chem) / Pararosanilin *n* || ~ * (Chem) s. also parafuchsine
**Pará rubber** / Parakautschuk *m*, Paragummi *m*, Heveakautschuk *m* (aus Hevea brasiliensis /Willd. ex A. Juss./ Müll. Arg.) || ~ **rubber tree** (For) / Kautschukbaum *m*, Parakautschukbaum *m* (Hevea brasiliensis (Willd. ex A. Juss.) Müll. Arg.), Federharzbaum *m*
**paraselene** *n* (pl. paraselenae) (Astron) / Nebenmondhalo *m*
**parasheet*** *n* (Aero) / Parasheet-Fallschirm *m*
**parasite** *n* (Aero) / Sohn *m* (beim Huckepackflugzeug) || ~ * (Biol, Ecol) / Parasit *m*, Schmarotzer *m* || ~ **cone** (Geol) / parasitärer Kegel
**parasitic** *adj* / schmarotzerhaft *adj*, parasitisch *adj*, parasitär *adj*, Parasiten-
**parasitical** *adj* / schmarotzerhaft *adj*, parasitisch *adj*, parasitär *adj*, Parasiten-
**parasitic antenna*** (Radio) / strahlungsgekoppelte Antenne, passiver Strahler, passive Antenne || ~ **capture*** (Nuc) / parasitärer Einfang (eine unerwünschte Absorption von Neutronen) || ~ **cone** (Geol) / parasitärer Kegel || ~ **disease** (Med) / Parasitose *f* (durch Parasiten hervorgerufene Erkrankung) || ~ **drag** (Aero) / schädlicher Widerstand (aller Teile, die keinen Auftrieb erzeugen)
**parasiticidal agent** (Pharm) / schmarotzerbekämpfende Substanz, Parasitizid *n*, parasitentötendes Arzneimittel, parasitotropes Arzneimittel
**parasiticide** *n* (Pharm) / schmarotzerbekämpfende Substanz, Parasitizid *n*, parasitentötendes Arzneimittel, parasitotropes Arzneimittel
**parasitic infestation** (Biol) / Schmarotzerinfestation *f*, Parasitenbefall *m*, Schmarotzerbefall *m* || ~ **oscillation*** (Elec, Phys) / wilde Schwingung, Störschwingung *f*, parasitäre Schwingung || ~ **reflector** (Radio) / ungespeister Reflektor, strahlungsgekoppelter Reflektor
**parasitics** *pl* (Phys) / wilde Schwingungen
**parasitic stopper*** (Electronics) / Störschwingungsunterdrücker *m*, Sperrkreis *m* (zur Unterdrückung wilder Schwingungen)
**parasitism** *n* (Biol, Ecol) / Parasitismus *m*, Schmarotzertum *n*
**parasitization** *n* (Biol) / Schmarotzerinfestation *f*, Parasitenbefall *m*, Schmarotzerbefall *m*
**parasitology*** *n* (Biol, Med) / Parasitologie *f* (Wissenschaft von Schmarotzern bei Mensch, Tier oder Pflanze)
**parasitosis** *n* (pl. -oses) (Med) / Parasitose *f* (durch Parasiten hervorgerufene Erkrankung)
**parastatistics** *n* (Stats) / intermediäre Quantenstatistik, Gentile-Statistik *f*, Parastatistik *f*
**parasympathomimetic** *adj* (Pharm) / cholinerg *adj* (auf Cholin ansprechend, durch Cholin bewirkt), cholinergisch *adj*, parasympathomimetisch *adj*
**paratacamite** *n* (Min) / Paratacamit *m*, Atelit *m* (ein Oxygenhalogenid)
**parathion*** *n* (Agric, Chem) / Parathion *n* (ein Insektizid)
**parathormone** *n* (Biochem) / Parathormon *n*, Parathyroidhormon *n*, Parathyrin *n*, PTH (ein Polypeptidhormon der Nebenschilddrüse)
**parathyroid hormone** (Biochem) / Parathormon *n*, Parathyroidhormon *n*, Parathyrin *n*, PTH (ein Polypeptidhormon der Nebenschilddrüse)
**paratracheal** *adj* (For) / paratracheal *adj* (Parenchym)
**paratungstate** *n* (Chem) / Parawolframat *n*
**parawing** *n* (Aero) / Paragleiter *m*, Paraglider *m* || ~ **glider** (Aero) / Paragleiter *m*, Paraglider *m*
**parawollastonite** *n* (Min) / Parawollastonit *m* (ein monokliner Wollastonit), Wollastonit *m* (-2M)
**paraxial*** (Optics, Photog) / paraxial *adj* (Strahl, Gebiet) || ~ **focus*** (Optics) / paraxialer Brennpunkt || ~ **optics** (Optics) / Gauß'sche Dioptrik (Lehre von der optischen Abbildung mit Hilfe des fadenförmigen Raumes) || ~ **region** (Optics) / Gauß'sches Gebiet, paraxiales Gebiet (Bereich des fadenförmigen Raumes)
**para-xylene** *n* (Chem) / para-Xylol *n*
**parboil** *v* (to boil until partly cooked) (Nut) / ankochen *v*
**parboiled** *adj* (Nut) / parboiled *adj* || ~ **rice** (soaked, steamed and dried before milling) (Nut) / Parboiled-Reis *m*, in der Schale eingeweichter oder auch dampfbehandelter, wieder getrockneter und dann erst geschälter oder polierter Reis

**parboiling process** (Nut) / Parboiling-Prozess *m* (der das im Nährwert verbesserte Getreide liefert)
**parbuckle** *n* (a loop of rope arranged like a sling, used for raising and lowering casks and other cylindrical objects) / Doppelschlinge *f*
**Par C**\* (Parian cement) (Build) / Parianzement *m*, Gipszement *m* mit Borax, Pariangips *f*
**parcel** *n* / Paket *n* ‖ ~ / Posten *m* (bestimmte Menge Ware gleicher Art, z.B. in der statistischen Qualitätskontrolle), Partie *f* ‖ ~ (of land) (Build, Surv) / [Kataster]Parzelle *f*, Baugrundstück *n*, Flurstück *n*, Areal *n* (Grundstück) ‖ ~\* (For) / Los *n*
**parcel-gilt** *adj* / teilweise vergoldet
**parcel method** (Meteor) / Paketmethode *f* (zum Studium der Vertikalbewegungen in der Atmosphäre) ‖ ~ **plating**\* (Elec Eng) / Teilelektroplattierung *f* (nur einer bestimmten Fläche der Katode) ‖ ~ **plating**\* (Elec Eng, Surf) / partieller (galvanischer) Überzug, teilweiser (galvanischer) Überzug
**parch** *vi* (Agric, Geol) / ausdorren *v* (durch anhaltende Hitze oder Wärmezufuhr völlig trocken werden), ausdörren *v*, austrocknen *v*, verdorren *v* ‖ ~ *vt* (Nut) / anrösten *v*
**parched** *adj* (Agric, Geol) / ausgedörrt *adj* (Land, Boden) ‖ **become ~** (Agric) / verdorren *v*
**parchment** *n* / Schreibpergament *n* (aus Kalbsfell), Velin *n* (weiches Schreibpergament), Pergament *n* ‖ ~ (Paper) / [echtes] Pergamentpapier *n*, Pergamentersatz *n* ‖ ~ **board** (Paper) / Pergamentkarton *m*
**parchmentizing**\* *n* (Paper) / Pergamentierung *f*
**parchment paper** (Paper) / [echtes] Pergamentpapier *n*, Pergamentersatz *m*
**parcook** *v* (Nut) / ankochen *v*
**pare** *v* / schälen *v* (Äpfel, Kartoffeln)
**paren** (Maths, Typog) / runde Klammer, Rundklammer *f*, Klammer *f* (runde)
**parenchyma**\* *n* (Biol, Bot, Zool) / Parenchym *n* ‖ ~ **cell** (Bot, For) / Speicherzelle *f*, Parenchymzelle *f*
**parenchymal** *adj* (Biol) / parenchymatös *adj*
**parenchymatous** *adj* (Biol) / parenchymatös *adj*
**parent** *n* (carrier of parasite) (Aero) / Mutterflugzeug *n*, Vaterflugzeug *n* (ein Huckepackflugzeug) ‖ ~ (Comp) / Vorgänger *m* (in einem binären Baum) ‖ ~\* (Nuc) / Muttersubstanz *f* (in der radioaktiven Familie, z.B. 238$_U$ oder 235$_U$)
**parental generation** (Gen) / Parentalgeneration *f* ‖ ~ **magma** (Geol) / Stammagma *n*, Muttermagma *n*
**parent atom** (Nuc) / Mutteratom *n* ‖ ~ **company** / Stammbetrieb *m*, Stammhaus *n* ‖ ~ **compound** (Chem) / Stammverbindung *f* ‖ ~ **directory** (Comp) / übergeordnetes Verzeichnis ‖ ~ **exchange**\* (Telecomm) / halbautomatische oder Handvermittlung im Selbstwählamt ‖ ~ **grain** (Met) / Mutterkorn *n*
**parenthesis**\* *n* (pl. parentheses) (Maths, Typog) / runde Klammer, Rundklammer *f*, Klammer *f* (runde)
**parenthesis, left ~** (Maths, Typog) / öffnende Klammer, Klammer auf ‖ **right ~** (Maths) / Klammer zu, schließende Klammer
**parenthesise** *v* (GB) (Maths) / einklammern *v*, in (runde) Klammern setzen
**parenthesis-free notation** (Comp) / klammerfreie Notation (z.B. polnische Notation nach Lukasiewicz), klammerfreie Schreibweise
**parenthesize** *v* (Maths) / einklammern *v*, in (runde) Klammern setzen
**parent hydride** (Chem) / Molekülgerüst-Stammverbindung *f*, Stammhydrid *n* ‖ ~ **ion** (Spectr) / Molekülion *n* (das Fragmentionen liefert) ‖ ~ **ion scan** (Spectr) / Mutterion *n*
**parent-ion scan** (Spectr) / Eltern-Scan *m*
**parent magma** (Geol) / Stammagma *n*, Muttermagma *n* ‖ ~ **metal**\* (Eng, Welding) / Grundwerkstoff *m*, Grundmetall *n* ‖ ~ **metal** (Surf) / Substratmetall *n* ‖ ~ **name** (Chem) / Stammname *m* (z.B. Methan für Methanol) ‖ ~ **node** (ISO/IEC 2382-17 : 1991) (AI) / übergeordneter Knoten, Vaterknoten *m* ‖ ~ (AI) / Vorgängerknoten *m*, Elternknoten *m* (in der Grafentheorie) ‖ ~ **nucleus** (Nuc) / Mutterkern *m* (ein radioaktiver Kern, der einem bestimmten Kern in einer Zerfallskette vorangeht) ‖ ~ **nuclide** (Nuc) / Mutternuklid *n*, Ausgangsnuklid *n* ‖ ~ **peak**\* (Chem, Spectr) / Massenpeak *m* (im Massenspektrum) ‖ ~ **peer group** (Comp, Telecomm) / Parent-Peergruppe *f* (eine Gruppe in der PG-Hierarchie) ‖ ~ **plant** (Bot, Gen) / Mutterpflanze *f* ‖ ~ **process** (Comp) / Vaterprozess *m* ‖ ~ **rock** (Geol, Oils) / Ausgangsgestein *n*, Muttergestein *n* ‖ ~ **substance** / Muttersubstanz *f*, Grundsubstanz *f*, Stammkörper *m* ‖ ~ **tree** (For) / Samenbaum *m*, Mutterbaum *m*
**Pareto distribution** (Stats) / Pareto-Verteilung *f* (der Einkommen, nach V. Pareto, 1848-1923) ‖ ~ **optimality** / Pareto-Optimalität *f* (in der Wohlfahrtsökonomik)
**Pareto's law** (Stats) / Pareto-Verteilung *f* (der Einkommen, nach V. Pareto, 1848-1923)
**parfocal** *adj* (Micros) / untereinander abgeglichen (Mikroobjektive), mit Schärfenabgleich

**parfocalize** *v* (Micros) / untereinander abgleichen (Mikroskopobjektive)
**par-fry** *v* (Nut) / vorbacken *v*, teilweise backen
**pargasite**\* *n* (Min) / Pargasit *m* (gemeine dunkelgrüne Hornblende)
**parge** *n* (Build) / gemusterter /dekorativer/ Außenputz (Material)
**parget** *n* (Build) / Dichtungsputz *m* (mit Dichtungsmittelzusatz)
**pargeting** *n* (decorative plastering) (Build) / gemusterter /dekorativer/ Außenputz (meistens Stuckarbeit) ‖ ~\* (Build) / Schornsteininnenputz *m*, Verputz *m* des Schornsteinschachts
**pargework** *n* (Build) / gemusterter /dekorativer/ Außenputz (meistens Stuckarbeit)
**parging** *n* (Build) / gemusterter /dekorativer/ Außenputz (meistens Stuckarbeit)
**parhelic circle** (Astron) / Horizontalkreis *m* (eine Haloerscheinung)
**parhelion**\* *n* (pl. -helia) (Astron) / Nebensonnenhalo *m*, Nebensonne *f* (eine Art des Halos)
**Parian** *n* (Ceramics) / Statuenporzellan *n*, Parian *n* (unglasiertes Porzellan von marmorartigem Aussehen) ‖ ~ **cement**\* (to which borax is added) (Build) / Parianzement *m*, Gipszement *m* mit Borax, Pariangips *m* ‖ ~ **marble** (Geol) / parischer Marmor (von der Kykladen-Insel Paros) ‖ ~ **ware** (fine white unglazed hard-paste porcelain) (Ceramics) / Statuenporzellan *n*, Parian *n* (unglasiertes Porzellan von marmorartigem Aussehen)
**paring** *n* (Leather) / Schnitzel *n* (Abfall) ‖ ~ **chisel**\* (For) / Balleisen *n*
**Paris black** / Pariser Schwarz (aus Knochenkohle), Lackschwarz *n* ‖ ~ **equation** (Materials) / Paris-Gleichung *f* (zur Ermittlung des Rissfortschritts pro Lastspiel bei Schwingbeanspruchung) ‖ ~ **green**\* (a vivid green toxic crystalline salt of copper and arsenic, used as a preservative, pigment, and insecticide) (Agric, Chem) / Pariser Grün *n*, Schweinfurter Grün *n* (wegen hoher Giftigkeit nicht mehr verwendet), Neuwieder Grün *n* (Kupfer(II)-acetatarsenat(III)), Urangrün *n*, Mitisgrün *n*, Deckpapiergrün *n*
**parison**\* *n* (Glass) / Külbel *n*, Kölbel *n* (Mundblasverfahren, bei der maschinellen Hohlglasfertigung) ‖ ~ (Plastics) / Vorpressling *m*, Vorformling *m* ‖ ~ **die** (Glass) / Schlauchwerkzeug *n* (Blasformen) ‖ ~ **gatherer** (Glass) / Anfänger *m* (ein Facharbeiter) ‖ ~ **mould** (Glass) / Vorform *f*
**Paris white** (Paint) / Pariser Weiß (feingemahlene Kreide)
**parity** *n* (Comp) / Parität *f* ‖ ~\* (Maths) / Parität *f* (der geraden oder der ungeraden Zahlen) ‖ ~\* (Nuc, Phys) / Parität *f* (positive, negative) ‖ ~ **bit**\* (Comp) / Paritätsbit *n* (ein einzelnes Bit zur Fehlererkennung, welches einem bestimmten zu überprüfenden und aus mehreren Bits bestehenden Block hinzugefügt wird - DIN 44 302), Paritybit *n* (Prüfbit, das einem Kodewort beigefügt wird, um Übertragungsfehler zu erkennen) ‖ ~ **bit comparator** (Comp) / Paritätsvergleicher *m* ‖ ~ **bit generator** (Comp) / Paritätserzeuger *m*, Paritätsgenerator *m* ‖ ~ **check**\* (Comp) / Paritykontrolle *f*, Paritätsprüfung *f* (eindimensionale, zweidimensionale - nach DIN 44 302), Paritätskontrolle *f*, Prüfbitkontrolle *f* ‖ ~ **checker** (Comp) / Paritätsprüfer *m* ‖ ~ **check protection** (Comp) / Paritätssicherung *f* ‖ ~ **conservation** (Nuc) / Paritätserhaltung *f* ‖ ~ **control** (Comp) / Paritätsüberwachung *f* ‖ ~ **digit** (Comp) / Paritätsziffer *f* ‖ ~ **drive** (Comp) / Parity-Laufwerk *n* (z.B. bei RAID), Prüfsummenlaufwerk *n* ‖ ~ **error** (Comp) / Paritätsfehler *m*
**parity-error monitoring** (Comp) / Parityfehler-Überwachung *f*
**parity non-conservation** (Nuc) / Verletzung *f* der Parität, Paritätsverletzung *f*, Nichterhaltung *f* der Parität ‖ ~ **operation** (Nuc) / Paritätsoperation *f* ‖ ~ **simulator** (Elec Eng) / Paritysimulator *m* (ein Netzmodell) ‖ ~ **test track** (Comp) / Paritätsprüfspur *f* ‖ ~ **transformation** (Comp) / Paritätstransformation *f* ‖ ~ **violation** (Nuc) / Verletzung *f* der Parität, Paritätsverletzung *f*, Nichterhaltung *f* der Parität
**park** *v* (Acous, Comp) / parken *v* (den Magnetkopf) ‖ ~ (Autos, Civ Eng) / parken *v*, abstellen *v* ‖ ~ (Comp) / parken *v* (ein Einzelblatt aus dem Endlospapier im Drucker gesondert bearbeiten; Schreib/Lese-Köpfe beim Transport von Festplatten) ‖ ~ *n* (Autos) / Park *m* (Gesamtheit der Fahrzeuge) ‖ ~ (Autos, Civ Eng) / Parkplatz *m*, Sammelstellplatz *m* (für mehrere Wagen), Parkfläche *f* (für mehrere Fahrzeuge), Parkgelände *n* (eine Verkehrsanlage zur Aufnahme des ruhenden Verkehrs) ‖ ~ (Ecol) / Park *m* (Parkanlage, auch Natur-)
**parkade** *n* (a Canadian term) (Autos, Civ Eng) / Parkhaus *n* (mehrgeschossiges), Stockwerkgarage *f*
**park-and-ride system** / Park-and-ride-System *n* (Individualverkehr + öffentlicher Nahverkehr)
**park clamp** (Autos) / Parkkralle *f*, Radblockierer *m*, Parkriegel *m*
**parked call** (Teleph) / geparkte Verbindung
**parker** *n* (Radiol) / Rep-Einheit *f*, Rep *n* (veraltete Einheit der Energiedosis)
**parkerising** *n* (Surf) / Parkern *n* (Überziehen des Stahls mit einer Phosphatschutzschicht - nach dem Erfinder benannt, Parker

**parkerizing**

Rust-Proof Company of America), Parkerisieren *n* (Phosphatieren), Phosphatieren *n* nach dem Parkerverfahren
**parkerizing** *n* (Met, Surf) / Parkern *n* (Überziehen des Stahls mit einer Phosphatschutzschicht - nach dem Erfinder benannt, Parker Rust-Proof Company of America), Parkerisieren *n* (Phosphatieren), Phosphatieren *n* nach dem Parkerverfahren || ~ *n* (Surf) / Parkern *n* (Überziehen des Stahls mit einer Phosphatschutzschicht - nach dem Erfinder benannt, Parker Rust-Proof Company of America), Parkerisieren *n* (Phosphatieren), Phosphatieren *n* nach dem Parkerverfahren
**Parker's cement** (Build, Civ Eng) / Romankalk *m* (hydraulischer oder hoch hydraulischer Kalk, nach DIN 1164 kein Zement)
**Parkes process** (Chem Eng) / Parkes-Prozess *m*, Kaltvulkanisation *f* (mit Chlorschwefel nach dem Parkes-Prozess) || ~ **process** (Met, Surf) / Parkes-Verfahren *n*, Parkes-Prozess *m*, Parkesieren *n* (Silbergewinnung aus silberhaltigen Bleimetallen - nach A. Parkes, 1813-1890)
**parking** *n* (Aero) / Abstellen *n* || ~ (Autos) / P-Stellung *f* (des Wählhebels in automatischem Getriebe) || ~ (Autos, Civ Eng) / Parkplatz *m*, Sammelstellplatz *m* (für mehrere Wagen), Parkfläche *f* (für mehrere Fahrzeuge), Parkgelände *n* (eine Verkehrsanlage zur Aufnahme des ruhenden Verkehrs) || ~ (Autos, Civ Eng) / Parken *n* (Paragr. 12 der StVO), Abstellen *n* || ~ **apron** (Aero) / Parkfläche *f* (Aero) || ~ **area** (Aero) / Abstellfläche *f* || ~ **area** (Autos) / Parkplatzangebot *n* (Parkfläche) || ~ **area** (with benches and WCs) (Autos) / Rastplatz *m* || ~ **area** (Autos, Civ Eng) / Parkplatz *m*, Sammelstellplatz *m* (für mehrere Wagen), Parkfläche *f* (für mehrere Fahrzeuge), Parkgelände *n* (eine Verkehrsanlage zur Aufnahme des ruhenden Verkehrs) || ~ **area** (Autos, Civ Eng) s. also parking lot || ~ **barrier** (Autos) / Parkschranke *f* || ~ **bay** (Autos) / Parkbucht *f* (z.B. für Omnibusse) || ~ **brake** (Autos) / Feststellbremse *f*
**parking-brake lever** (Autos) / Spannhebel *m* (in Trommelbremse, für Feststellbremse)
**parking deck** (Autos, Civ Eng) / Parkdeck *n* || ~ **disk** (Autos) / Parkscheibe *f* (für Parkzonen mit begrenzter Parkdauer)
**parking-distance control** (Autos) / Einparkhilfe *f* (zum Parken nach Gehör), elektronische Parkhilfe
**parking fee** (Autos) / Parkgebühr *f* || ~ **heating system** (Autos) / Standheizung *f*, motorunabhängige Luftheizung || ~ **lamp** (Autos) / Parkleuchte *f* (die Baueinheit) || ~ **lane** (Autos) / Parkstreifen *m* || ~ **light** *n* (das Licht) || ~ **light** (Autos) / Parkleuchte *f* (die Baueinheit) || ~ **lock** (Autos) / Parksperre *f* (bei Automatikgetriebe) || ~ **lot** *n* (Autos, Civ Eng) / Parkplatz *m*, Sammelstellplatz *m* (für mehrere Wagen), Parkfläche *f* (für mehrere Fahrzeuge), Parkgelände *n* (eine Verkehrsanlage zur Aufnahme des ruhenden Verkehrs) || ~ **meter** (Autos) / Parkuhr *f*, Parkometer *n*, Parkzeituhr *f*, Parkingmeter *n* (S) (ein Münzautomat mit optischer Anzeige) || ~ **on busy** (Teleph) / Warten *n* auf Freiwerden || ~ **orbit*** (Space) / Parkorbitalbahn *f*, Parkbahn *f* (von der aus z.B. eine Raumsonde gestartet werden kann), Parkumlaufbahn *f*, Parkorbit *m* || ~**-place** *n* (Autos, Civ Eng) / Parkplatz *m*, Sammelstellplatz *m* (für mehrere Wagen), Parkfläche *f* (für mehrere Fahrzeuge), Parkgelände *n* (eine Verkehrsanlage zur Aufnahme des ruhenden Verkehrs) || ~ **prohibited** (Autos) / Parkverbot *n* (ein Verkehrszeichen) || ~ **space** (Autos) / Parkplatzangebot *n* (Parkfläche) || ~ **space** (Autos) / Parkplatz *m* (für einen PKW), Parkstand *m*, Einstellplatz *m* (außerhalb der öffentlichen Verkehrsflächen), Abstellplatz *m* (für einen PKW), Stellplatz *m*, Abstellfläche *f* (für PKWs nach DIN 67 528) || ~ **space** (between two cars) (Autos) / Parklücke *f* || ~ **stall** (a parking space in a parking garage or parking lot) (Autos) / Parkplatz *m* (für einen PKW), Parkstand *m*, Einstellplatz *m* (außerhalb der öffentlichen Verkehrsflächen), Abstellplatz *m* (für einen PKW), Stellplatz *m*, Abstellfläche *f* (für PKWs nach DIN 67 528) || ~ **stand** (Aero) / Standplatz *m* || ~ **ticket** (Autos) / Strafzettel *m* (für falsches Parken)
**park time disk** (Autos) / Parkscheibe *f* (für Parkzonen mit begrenzter Parkdauer)
**parkway** *n* (US) (an open landscaped highway) (Autos) / seitlich begrünte Schnellstraße, Parkway *m*
**parlor car** (US) (Rail) / Salonwagen *m*, [Bundesbahn] *m* Sonderwagen Typ Sümz
**parlour** *n* (Agric) / Melkstand *m* || ~ **car** (US) (a luxuriously fitted railway carriage, typically with individually reserved seats) (Rail) / Salonwagen *m*, [Bundesbahn] *m* Sonderwagen Typ Sümz
**paromomycin** *n* (Pharm) / Paromomycin *n* (ein Aminoglycosidantibiotikum)
**paroxysmal eruption** (Geol) / Paroxysmus *m* (pl. -men) (heftige Steigerung des geologischen, insbesondere des vulkanischen Geschehens)
**paroxysme** *n* (Geol) / Paroxysmus *m* (pl. -men) (heftige Steigerung des geologischen, insbesondere des vulkanischen Geschehens)

**parpend** *n* (Build) / Durchbinder *m* (bei schwächeren Mauern durch die ganze Mauerstärke), Ankerstein *m* (Durchbinder), Kopfbinder *m*
**parquet** *v* (Build) / parkettieren *v*, Parkett legen, Parkett verlegen, Parkettfußboden legen || ~* *n* (Build) / Parkett *n* (Holzfußboden aus Stäben, Riemen und Tafeln nach DIN 280) || ~ (parquet flooring) (Build) / Parkettfußboden *m*, Parkettboden *m* || ~ **floor** (Build) / Parkettfußboden *m*, Parkettboden *m* || ~ **flooring** (Build) / Parkettfußboden *m*, Parkettboden *m*
**parquet-floor layer** (Build) / Parkettleger *m*
**parquet machine** (For) / Parkettmaschine *f* (zur Herstellung von Parkettstäben und -federn) || ~ **panel** (For) / Parketttafel *f* (Verlegeeinheit mit Mustern oder Zeichnungen aus verschiedenen Hölzern) || ~ **polymer** (Chem) / Parkettpolymer *n*, Schichtebenenpolymer *n* (planare Struktur aus identischen zyklischen und heterozyklischen Einheiten)
**parquetry sealing** (Paint) / Parkettversiegelung *f*
**parquet sealing lacquer** (Paint) / Parkettversiegelungslack *m* || ~ **square** (Build) / Parkettplatte *f* (quadratische) || ~ **stave** (Build) / Parkettstab *m* (DIN 280, T 1), Parkette *f* (A), Parkettriemen (DIN 280, T 3) || ~ **strip** (Build) / Parkettstab *m* (DIN 280, T 1), Parkette *f* (A), Parkettriemen (DIN 280, T 3) || ~ **tile** (Build) / Parkettelement *n* (längliches) || ~**-type polymer** (Chem) / Parkettpolymer *n*, Schichtebenenpolymer *n* (planare Struktur aus identischen zyklischen und heterozyklischen Einheiten)
**parramatta** *n* (a fine-quality twill fabric) (Textiles) / Halbmerino *m* (dreibindig mit Baumwollkette und Kammgarnschuss)
**Parr bomb** (for combustion with sodium peroxide) (Chem) / Parr-Bombe *f* (zum Bombenaufschluss)
**parrot coal*** (Mining) / Boghead-Kohle *f*, Boghead *m*
**parrot's green** / Papageiengrün *n* (im Allgemeinen) || ~ **green** s. also zinc green
**Parry arc** (Astron) / Parry-Bogen *m* (leicht zur Sonne konkav gekrümmter Bogen dicht oberhalb des Berührungsbogens zum 22°-Ring - nach Sir W.E. Parry, 1790 - 1855)
**Parry-type cup and cone** (Met) / Parry'scher Trichter (ein Gichtverschluss), Parry-Glocke *f* (des Hochofens), Parry-Gichtverschluss *m*, Parry-Trichter *m*
**parse** *v* (Comp) / parsen *v*, syntaktisch analysieren
**parsec*** *n* (Astron) / Parsec *n* (eine alte Einheit der Länge für Entfernungsangaben bei Fixsternen), pc (Parsec), Parallaxensekunde *f*
**parser** *n* (program for parsing) (Comp) / Parser *m* (ein Programm, das eine syntaktische Analyse durchführt), syntaktischer Analysierer
**parse tree** (a tree defining the syntactic structure of a sentence in a context-free language) (Comp) / syntaktischer Baum (zum Parsing), Syntaxbaum *m* || ~ **tree** (Comp) / Parsingbaum *m*, Satzanalysebaum *m* (Ergebnis der Satzanalyse)
**Parseval's equation** / Vollständigkeitsrelation *f*, Parseval'sche Gleichung (nach M.A. Parseval-Deschenes, 1755-1836)
**Parshall measuring flume** (a venturi-type device for measuring flow in an open channel) (Hyd Eng) / Messrinne *f* nach Parshall (zur Durchflussmessung), Venturi-Kanal *m* (verbesserter Bauweise)
**parsing*** *n* (Comp) / Parsing *n* (automatische Syntaxanalyse) || ~ (Comp) / syntaktische Analyse || ~ **derivation tree** (Comp) / Parsingableitungsbaum *m*, Ableitungsbaum *m* für die Satzanalyse || ~ **with extended grammar** (Comp) / Parsing *n* mit erweiterter Grammatik
**parsley camphor** (Pharm) / Apiol *n*, Petersilienkampfer *m* || ~ **oil** / Petersilienöl *n* (das etherische Öl der Frucht von Petroselinum crispum (Mill.) Nyman ex A.W. Hill)
**Parsons steam turbine*** (Eng) / Parsons-Turbine *f* (eine Überdruckturbine nach Sir Ch.A. Parsons, 1854-1931)
**part** *v* / zerteilen *v*, trennen *v*, abtrennen *v*, teilen *v* (abtrennen) || ~ (Eng) / abstechen *v* || ~ (Met) / scheiden *v* (edle von unedlen Metallen mit Hilfe von Säuren) || ~ *n* (Electronics) / Part *n* (genormte Einheit zur Aufnahme von Prints und Geräten) || ~ (Eng) / Einzelteil *n* (DIN 199), Teil *n*, Werkstück *n* (Einzelteil) || ~ (Print) / Fortsetzung *f* (einzelner Teil eines Lieferungswerkes), Lieferung *f*
**part-bound** adj (Bind) / teilgebunden adj
**part-contour programming** (Eng) / Werkstückkonturprogrammierung *f*
**part coordinate** (Eng) / Werkstückkoordinate *f* (bei numerischer Steuerung) || ~ **coordinates** (Eng) / Werkzeugkoordinaten *f pl*
**part-exchange** *v* / in Zahlung geben
**part-face heading machine** (Civ Eng, Mining) / Teilschnittvortriebsmaschine *f*
**part from supplier** (Eng) / Kaufteil *n* (auswärts bestellt), Zulieferteil *n* || ~ **geometry** (Eng) / Werkstückgeometrie *f*
**partial*** *n* (Acous) / Teilton *m* (DIN 1311, T 1), Partialton *m* (ein Oberton) || ~ adj / Teil-, Partial-, partiell adj || ~ **admission** (Eng) / Teilbeaufschlagung *f* (ein Beaufschlagungsgrad der Dampfturbine)
**partial-admission turbine** (Eng) / Partialturbine *f*

**partial association** (Stats) / partielle Assoziation
**partial-automatic** adj / teilautomatisch adj
**partial availability** / Teilverfügbarkeit f ‖ **~ body counter** (Nuc, Radiol) / Teilkörperzähler m ‖ **~ body dose** (Radiol) / Teilkörperdosis f ‖ **~ breakdown** / Teilausfall m (eines Systems), Teilversagen n ‖ **~ capacitance*** (between all pairs of conductors in a circuit) (Elec Eng) / Teilkapazität f, Partialkapazität f ‖ **~ carry** (Comp) / Teilübertrag m ‖ **~ charge** (Chem, Elec Eng) / Teilladung f, Partialladung f ‖ **~ charter** (Ships) / Teilcharter f ‖ **~ combustion** (Chem, Heat) / unvollkommene Verbrennung, Teilverbrennung f (mit größeren Rückständen) ‖ **~ common** (trunk)* (Telecomm) / teilweise gemeinsame Abnehmerleitung ‖ **~ compatibility** (Comp, TV) / Teilkompatibilität f ‖ **~ condensation** (Chem) / fraktionierte Kondensation, Dephlegmation f, Teilkondensation f, partielle Kondensation ‖ **~ condensation** (Chem Eng) / Teilkondensation f
**partial-condensation head** (Chem Eng) / Dephlegmator m (ein Teilkondensator, an dessen Kühlflächen aus einem Gemischdampf mehr Schwerersiedendes kondensiert, als der Dampf prozentual enthält)
**partial condenser** (Chem Eng) / Teilkondensator m ‖ **~ correlation** (Stats) / Partialkorrelation f, partielle Korrelation ‖ **~ current** (Elec Eng) / Teilstrom m ‖ **~ decarburization** (Met) / Abkohlung f (teilweiser Entzug des Kohlenstoffs nach DIN 17014, T 1) ‖ **~ decoupling** (Spectr) / Off-Resonanz-Entkopplung f (eine Entkopplungstechnik bei der Aufnahme von $^{13}$C-NMR-Spektren) ‖ **~ demineralization** / teilweise Entsalzung (des Wassers) ‖ **~ denominator** (Maths) / Teilnenner m (bei Kettenbrüchen) ‖ **~ derivative** (the derivative of a function with respect to only one of its variable, all other variables in the functionbeing taken as constant ) (Maths) / partielle Ableitung, partieller Differentialquotient ‖ **~ differential** (Maths) / partielles Differential ‖ **~ differential coefficient*** (Maths) / partielle Ableitung, partieller Differentialquotient ‖ **~ differential equation** (differential equation that involves two or more independent variables, which in practice are often space and time variables) (Maths) / partielle Differentialgleichung ‖ **~ differentiation** (Maths) / partielle Differentiation ‖ **~ discharge** (Elec) / Teilentladung f
**partial-discharge measurement** (Elec Eng) / Teilentladungsmessung f (DIN 57434)
**partial dislocation** (Crystal) / Partialversetzung (z.B. Shockley'sche), unvollständige Versetzung, Teilversetzung f, Halbversetzung f (ein Normalfall einer Partialversetzung) ‖ **~ dispersion** (Chem) / partielle Dispersion ‖ **~ display** (Comp) / selektive Anzeige ‖ **~ earth** (fault)* (Elec Eng) / unvollkommener Erdschluss ‖ **~ earth capacity** (Elec Eng) / Teilerdkapazität f ‖ **~ eclipse** (of a celestian body in which only part of the luminary is obscured or darkened) (Astron) / partielle Finsternis ‖ **~ electrode reaction** (Elec Eng) / Elektrodenteilreaktion f
**partial-face advance** (Civ Eng) / Teilausbruch m (Ausbruch eines Teilquerschnitts des Hohlraumes) ‖ **~ driving** (Civ Eng) / Teilausbruch m (Ausbruch eines Teilquerschnitts des Hohlraumes)
**partial failure** / Teilausfall m (eines Systems), Teilversagen n
**partial-flow filter** / Teilstromfilter n
**partial fraction** (each of two or more fractions into which a more complex fraction can be decomposed as sum) (Maths) / Partialbruch m (bei Partialbruchzerlegung), Teilbruch m
**partial-fraction arrangement** (Electronics) / Partialbruchschaltung f ‖ **~ decomposition** (Maths) / Partialbruchzerlegung f
**partial function** (Maths) / Teilfunktion f (die auf einer Teilmenge definiert ist) ‖ **~ gasification** / Teilvergasung f ‖ **~ hydrogenation** (Nut) / partielle Hydrierung (bei Fetthärtung) ‖ **~ hydrolysis** (Chem) / partielle Hydrolyse, Partialhydrolyse f ‖ **~ integration** (Maths) / partielle Integration ‖ **~ ionization** (Phys) / teilweise Ionisation
**partial-least-squares method** (Stats) / PLS-Verfahren n (für die multivariate Kalibration), Partial-least-Squares-Verfahren n, Methode f der partiellen kleinsten Abweichungsquadrate ‖ **~ process** (Stats) / PLS-Verfahren n (für die multivariate Kalibration), Partial-least-Squares-Verfahren n, Methode f der partiellen kleinsten Abweichungsquadrate ‖ **~ technique** (Chem) / Partial-least-Squares-Verfahren n (ein spezielles Kalibrationsverfahren bei der analytischen Messung), PLS-Verfahren n (bei der analytischen Messung)
**partial load** (Elec Eng, Mech) / Teillast f
**partially air-dry** (For) / halbtrocken adj (Holz), verladetrocken adj (Holz) ‖ **~ alloyed** (Powder Met) / anlegiert adj, teillegiert adj ‖ **~ alloyed powder** (Powder Met) / anlegiertes Pulver, teillegiertes Pulver ‖ **~ balanced rudder** (Ships) / Halbbalanceruder n, Oertz-Ruder n ‖ **~ barked** (For) / waldgeschält adj (unvollständig entrindet - Rohholz) ‖ **~ conserved axial current** (Nuc) / partiell erhaltener Axialvektorstrom ‖ **~ crystalline** (Crystal) / teilkristallin adj ‖ **~ decidable set** (Maths) / rekursiv aufzählbare Menge, partiell entscheidbare Menge ‖ **~ evacuated** (Vac Tech) / teilevakuiert adj ‖ **~ fired fireclay** (Ceramics) / Schwachbrandschamotte f, Glühschamotte f ‖ **~ halogenated** (Chem) / teilhalogeniert adj ‖ **~ hydrogenated** (Nut) / teilgehärtet adj ‖ **~ inverted file** (Comp) / partiell invertierte Datei ‖ **~ mechanized** (Automation, Eng) / teilmechanisiert adj ‖ **~ occupied band** (Phys) / teilbesetztes Energieband ‖ **~ ordered** (Maths) / halbgeordnet adj ‖ **~ ordered set** (Maths) / halbgeordnete Menge, Verein m, teilweise geordnete Menge ‖ **~ oriented yarn*** (Spinning) / vorverstrecktes Garn (beim Schnellspinnverfahren), vororientiertes Garn ‖ **~ recursive** (Maths) / partiell rekursiv ‖ **~ reflecting end-plate** (Phys) / teildurchlässiger Spiegel (in der Holografie), halbdurchlässiger Spiegel (des Lasers), Resonatorspiegel m, Spiegel m des Laserresonators ‖ **~ reflecting mirror*** (Phys) / teildurchlässiger Spiegel (in der Holografie), halbdurchlässiger Spiegel (des Lasers), Resonatorspiegel m, Spiegel m des Laserresonators ‖ **~ restricted extension** (Teleph) / halbamtsberechtigte Nebenstelle ‖ **~ shielded** (Elec Eng) / partiell abgeschirmt ‖ **~ skimmed** (Nut) / fettarm adj (Milch), teilentrahmt adj (Milch) ‖ **~ solid wood** (For) / Teilmassivholz n ‖ **~ stabilized zirconia** (Chem) / teilweise stabilisiertes Zirkonium(IV)-oxid ‖ **~ synthetic** / teilsynthetisch adj
**partial masking** (Acous) / Drosselung f (Herabsetzung der einem Schall zugeordneten Lautheit durch weitere Schalle - DIN 1320) ‖ **~ match** / Teilübereinstimmung f ‖ **~ miscibility** (Chem) / beschränkte Mischbarkeit, begrenzte Mischbarkeit f ‖ **~ mission capable** (Mil) / bedingt einsatzfähig ‖ **~ molar quantity** (Chem, Phys) / partielle molare Größe (Rechengröße zur Beschreibung der thermodynamischen Eigenschaften realer Mischungen) ‖ **~ noise exposition** (Acous) / Teillärmexposition f ‖ **~ numerator** (Maths) / Teilzähler m (bei Kettenbrüchen) ‖ **~ order** (a transitive antisymmetric relation among the elements of a set, which does not necessarily apply to each pair of elements) (Maths) / Halbordnung f, Halbordnungsrelation f, Partialordnung f ‖ **~ ordering** (Maths) / Halbordnung f, Halbordnungsrelation f, Partialordnung f ‖ **~ oscillation** (Phys) / Teilschwingung f (DIN 1311, T 1) ‖ **~ oscillation** (Phys) / Partialschwingung f ‖ **~ oxidation** (Chem) / partielle Oxidation (vergasende Oxidation von Kohlenwasserstoffen mit einer Sauerstoffmenge, die zur vollständigen Verbrennung zu Kohlendioxid und Wasser nicht ausreicht), Partialoxidation f, Teiloxidation f ‖ **~ pressure*** (Chem, Phys) / partieller Druck, Partialdruck m (in einem Gemisch von Gasen oder Dämpfen der von einer Komponente ausgeübte Druck), Teildruck m ‖ **~ pressure suit*** (Aero) / Teildruckanzug m ‖ **~ prestressing** (Civ Eng) / teilweise Vorspannung (in Deutschland nicht zugelassenes Verfahren, bei dem der eingelegte Spannstahl nur mit geringen Kräften vorgespannt wird) ‖ **~ problem** / Teilproblem n ‖ **~ product** (the product of one term of a multiplicand and one term of its multiplier) (Maths) / Partialprodukt n, Teilprodukt n ‖ **~ program** (Comp) / Teilprogramm n ‖ **~ pyritic smelting*** (Met) / teilweises Pyritschmelzen ‖ **~ quantity** / Teilmenge f (z.B. einer Lieferung)
**partial-quantity degassing** (Met) / Teilmengenentgasung f (in der Vakuummetallurgie)
**partial reaction** (Chem) / Halbreaktion f ‖ **~ reaction** (Chem) / Teilreaktion f ‖ **~ repeat** (Textiles) / Teilrapport m ‖ **~ respray** (Autos) / Teilelackierung f, Teillackierung f ‖ **~ result** (Maths) / Teilergebnis n ‖ **~ roasting*** (Met) / Teilröstung f, Teilrösten n ‖ **~ sequence** (Maths) / Teilfolge f ‖ **~ shadow** / Halbschatten m (der Bereich eines Schattens, in dem eine Lichtquelle aus optisch-geometrischen Gründen nur teilweise abgeschattet erscheint) ‖ **~ structure** (Chem) / Partialstruktur f, Teilstruktur f ‖ **~ sum** (Maths) / Teilsumme f, Partialsumme f ‖ **~ synthesis** (Chem) / Partialsynthese f ‖ **~ tone** (Acous) / Teilton m (DIN 1311, T 1), Partialton m (ein Oberton) ‖ **~ torque** (Mech) / Teildrehmoment n ‖ **~ valence** (Chem) / Partialvalenz f ‖ **~ valency** (Chem) / Partialvalenz f
**partial-valency theory** (Chem) / Theorie f der Partialvalenzen (nach J. Thiele, 1865 - 1918)
**partial vibration** (Phys) / Teilschwingung f (DIN 1311, T 1) ‖ **~ view** / Teilansicht f (als Gegenteil zu Gesamtansicht) ‖ **~ voltage** (Elec Eng) / elektrische Teilentladung f ‖ **~ width** (Nuc) / Partialbreite f (Anteil der Gesamtbreite einer Resonanz des Wirkungsquerschnittes, der zu einem speziellen Kanal einer Kernreaktion gehört)
**participant** n (Telecomm) / Konferenzteilnehmer m
**participation** n / Beteiligung f (als Bilanzposten) ‖ **~ crude** (Oils) / Rohölanteil m aus Beteiligung
**participative** adj / partizipativ adj
**particle*** n / Teilchen n (DIN 53206, T 1 und 66160), Partikel n f, Korpuskel f n ‖ **~** / Korn n ‖ **~** (Chem, Phys) / Korn n (eine Element einer festen dispersen Phase), Partikel n (DIN 66 160) ‖ **~** (Phys) / Massepunkt m, Punktmasse f, Materialpunkt m, materieller Punkt ‖ **~ absorption** (Nuc) / Teilchenabsorption f ‖ **~ accelerator** (Nuc Eng) / Teilchenbeschleuniger m, Beschleuniger m ‖ **~ alignment** (For) / Partikelorientierung f (bei Spänen) ‖ **~ aspect** (Nuc) / Teilchenbild n (der Materie) ‖ **~ beam** (Nuc) / Teilchenstrahl m

**particle-beam weapon** (Mil) / Teilchenstrahlwaffe f (zur Bekämpfung angreifender Flugkörper mittels Partikelstrahlen), Partikelstrahlwaffe f
**particle board*** (For, Join) / Spanplatte f (aus Holz - DIN EN 312), Holzspanplatte f (DIN 68760) ‖ **~ capture** (Nuc) / Teilcheneinfang m, Einfang m der Teilchen ‖ **~ charge** (Nuc) / Teilchenladung f
**particle-collecting bin** (For) / Spänebunker m
**particle composite** (Materials) / Teilchenverbundwerkstoff m ‖ **~ composite material** (Ceramics, Eng, Met) / Teilchenverbundwerkstoff m (z.B. Dispersionslegierung), Partikelverbundstoff m ‖ **~ counter** (Nuc) / Teilchenzähler m ‖ **~ detector** (Nuc, Radiol) / Detektor m (Gerät oder Einrichtung der Strahlungsmesstechnik), Nachweisgerät n, Strahlennachweisgerät n, Strahlungsdetektor m, Strahlungsmessgerät n, Strahlendetektor m ‖ **~ dynamics** (Nuc) / Teilchendynamik f ‖ **~ ejection** (Nuc) / Teilchenausschleusung f, Ausschleusung f von Teilchen ‖ **~ energy** (Nuc) / Teilchenenergie f ‖ **~ exchange*** (Nuc) / Teilchenaustausch m ‖ **~ extraction** (Nuc) / Teilchenausschleusung f, Ausschleusung f von Teilchen ‖ **~ fall** (Ecol) / Partikelniederschlag m (eine messbare Größe der Luftverschmutzung) ‖ **~ fluence** (Radiol) / Teilchenfluenz f
**particle-flux density** (Nuc) / Teilchenflussdichte f, Teilchenflussleistung f
**particle foam** (Plastics) / Partikelschaumstoff m (z.B. expandierbares Polystyrol) ‖ **~ geometry** (For) / Partikelgeometrie f (charakteristische geometrische Merkmale von Partikeln der Spanplatten)
**particle-induced** adj (Nuc) / teilcheninduziert adj
**particle jet** (Space) / Stützmasse f (der Rakete) ‖ **~ magnet** (Elec Eng, Powder Met) / Pulvermagnet m, Pressmagnet m, Feinstteilchenmagnet m ‖ **~ mean size*** (Powder Met) / mittlere Korngröße ‖ **~ morphology** (For) / Partikelmorphologie f (Form und äußere Gestalt von Partikeln) ‖ **~ multiplet** (Nuc, Phys) / Elementarteilchenmultiplett n (Gruppe von Elementarteilchen, die als verschiedene Zustände desselben Teilchens betrachtet werden und nur geringe relative Masseunterschiede zeigen) ‖ **~ number** / Teilchenzahl f, Teilchenanzahl f, Partikelzahl f, Partikelanzahl f ‖ **~ of dust** / Staubteilchen n, Staubpartikel n, Staubkörnchen n, Staubkorn n ‖ **~ orbit** (Nuc) / Umlaufbahn f des Teilchens, Teilchenbahn f, Teilchenumlaufbahn f
**particle-orbit contractor** (Nuc) / Teilchenbahnkontraktor m ‖ **~ expander** (Nuc) / Teilchenbahnexpander m, Teilchenbahndehner m, Bahndehner m
**particle•-oriented paper** (Comp) / ein Registrierpapier mit löschbarer, magnetisch sichtbar gemachter Informationsspur ‖ **~ physics** (Nuc) / Teilchenphysik f ‖ **~ physics*** (Nuc) / Hochenergiephysik f (Physik der Elementarteilchen) ‖ **~ production** (Nuc) / Teilchenerzeugung f, Erzeugung f von Teilchen ‖ **~ scattering** (Nuc) / Teilchenstreuung f ‖ **~ shape** / Kornform f, Partikelform f (kugelig, nadelig, plättchenförmig - DIN 66160) ‖ **~ size** / Korngröße f (DIN 66100) ‖ **~ size*** / Partikelgröße f, Teilchengröße f
**particle-size analysis** (Agric, Civ Eng) / Korngrößenanalyse f (ein Bodenkennwert nach DIN 18123) ‖ **~ analysis*** (Min Proc) / Korngrößenbestimmung f ‖ **~ analysis*** (Powder Met) / Pulverteilchengrößenanalyse f, Korngrößenanalyse f ‖ **~ determination** (Min Proc) / Korngrößenbestimmung f ‖ **~ distribution** (Min Proc) / Korngrößenverteilung f ‖ **~ distribution** (Powder Met) / Pulverteilchengrößenverteilung f, Teilchengrößenverteilung f ‖ **~ distribution** / Partikelgrößenverteilung f, Kornverteilung f ‖ **~ distribution curve** (Build) / Sieblinie f (grafische Darstellung der Kornzusammensetzung, z.B. nach DIN 4226-1), Körnungskurve f, Siebkurve f
**particle size measurement** / Granulometrie f (Sammelbezeichnung für Methoden zur Untersuchung des Aufbaus körniger Materialien mit Hilfe von Sichtung, Siebung oder Sedimentation) ‖ **~ spectrum** (Nuc) / Teilchenspektrum n ‖ **~ track** (Nuc) / Kernspur f, Bahnspur f (entlang der Flugbahn), Spur f (Teilchenspur) ‖ **~ trajectory** (Nuc) / Teilchenbahn f, Teilchenflugbahn f, Partikelbahn f ‖ **~ velocity*** (Acous) / Schallschnelle f (Wechselgeschwindigkeit eines schwingenden Teilchens - DIN 1320) ‖ **~ with hidden charm** (Nuc) / Teilchen n mit verdecktem Charm
**particolored** adj (US) / mehrfarbig adj, bunt adj, verschiedenfarbig adj
**particoloured** adj / mehrfarbig adj, bunt adj, verschiedenfarbig adj
**particular** adj (Maths) / partikulär adj ‖ **~ average*** (Ships) / besondere Havarie (nach § 701 des Handelsgesetzbuches) ‖ **~ hazard** / besondere Gefahr f ‖ **~ integral*** (Maths) / partikuläres Integral (einer Differentialgleichung), spezielle Lösung (einer Differentialgleichung)
**particularization** n (Maths) / Partikularisierung f (Umwandlung einer allgemeinen in eine partikuläre Aussage), Existenzquantifizierung f
**particular quantifier** (Maths) / Existenzquantor m (DIN 5474), Existenzoperator m, Seinszeichen n, Partikularisator m ‖ **~ reaction** (Chem) / Einzelreaktion f ‖ **~ risk** / besondere Gefahr ‖ **~ solution** (Maths) / partikulare Lösung, partikuläre Lösung (bei den Differentialgleichungen), spezielle Lösung ‖ **~ solution** (Maths) s. also particular integral
**particulate(s)** n(pl) (Autos) / Dieselruß m, Rußpartikel n pl (in Dieselmotorabgasen)
**particulate** n / (Dispersions)Teilchen n, Schwebstoffteilchen n (meistens ein Schmutzteilchen), Feststoffteilchen n (im Rauchgas) ‖ **~** adj / aus einzelnen Teilchen bestehend ‖ **~ air filter** (San Eng) / Schwebstofffilter n (ein Luftfilter) ‖ **~ catalyst** (Autos) / Schüttgutkatalysator m (auf einem Schüttgutträger) ‖ **~ emissions** (Autos) / Partikelemissionen f pl ‖ **~ emissions** (Autos) / Dieselruß m, Rußpartikel n pl (in Dieselmotorabgasen) ‖ **~ filter** / Partikelfilter n (ein Atemfilter mit verschiedenen Partikelfilterklassen nach DIN 3181)
**particulate-laden** adj (Autos) / partikelbeladen adj (Abgas), feinstaubbeladen adj (Abgas)
**particulate matter** / (Dispersions)Teilchen n, Schwebstoffteilchen n (meistens ein Schmutzteilchen), Feststoffteilchen n (im Rauchgas) ‖ **~ matter** (Phys) / Stoffteilchen n pl, partikulare Materie ‖ **~ matter concentration** (Ecol) / Feststoffgehalt m, Feststoffanteil m (im Rauchgas) ‖ **~ organic matter** (San Eng) / POM n (organischer Anteil der absetzbaren Stoffe) ‖ **~ radiation** (Nuc) / Korpuskularstrahlung f (z.B. Alpha- oder Betastrahlung), Partikelstrahlung f, Teilchenstrahlung f
**particulates not otherwise classified** (Ecol) / PNOC f (inerter, belästigender Staub)
**part image** / Teilbild n, geteiltes Bild (in technischer oder künstlerischer Absicht)
**parting** n / Teilen n, Trennen n, Abtrennen n ‖ **~** (Eng, Met) / selektive Korrosion (bevorzugte Korrosion eines Gefügebestandteiles) ‖ **~** (Geol) / Ebene f der bevorzugten Trennung (zweier Schichten), Trennfläche f, Trennebene f ‖ **~** (Geol) / Lösen n, Absonderung f, Ablösen n (von Schichten) ‖ **~** (Met) / Scheiden n (Trennen edler Metalle von unedlen mit Hilfe von Säuren) ‖ **~** (Met) / selektive Korrosion einer Legierungskomponente, Ablegieren n ‖ **~** (Mining) / kleine Kluft (in Kohle oder Gestein) ‖ **~** (Mining) / Zwischenmittel n, Gesteinslage f, Zwischenlage f (Gesteinsmittel) ‖ **~ agent** (Chem Eng) / Formentrennmittel n, Formeneinstreichmittel n, Formeinstreichmittel n, Puderungsmittel n, Trennmittel n (das die Adhäsionskräfte zwischen zwei aneinander grenzenden Oberflächen verringert) ‖ **~ agent** (Plastics) / Trennmittel n (gegen das Aneinanderhaften von Verpackungsfolien) ‖ **~ bead*** (Join) / Führungsleiste f (bei Schiebefenstern) ‖ **~ line** (Foundry) / Formteilung f (die Trennlinie oder Trennfläche bzw. -ebene) ‖ **~ line** (Glass) / Formnaht f, Körpernaht f ‖ **~ of bullion** (Met) / Quartation f (Gold-Silber-Scheidung), Quartierung f, Scheidung f von Gold und Silber durch die Quart ‖ **~-off** n (Eng) / Abstechen n (Stangen oder Rohre mit Hilfe eines Stechdrehmeißels), Abstechdrehen n ‖ **~-off** (Eng) / Abschroten n (eines Freiform-Schmiedestücks), Schroten n
**parting-off tool** (Eng) / Stechmeißel m, Abstechwerkzeug n, Abstechmeißel m ‖ **~ wheel** (Eng) / Trennschleifscheibe f, Trennscheibe f
**parting paper** (Nut) / Trennpapier n ‖ **~ plane** (Foundry) / Trennebene f ‖ **~ plane** (Foundry) / Formteilung f (die Trennlinie oder Trennfläche bzw. -ebene) ‖ **~ plane** (Geol) / Ebene f der bevorzugten Trennung (zweier Schichten), Trennfläche f, Trennebene f ‖ **~ plane of a die** (Eng) / Gesenkteilungsebene f ‖ **~ sand*** (Foundry) / Streusand m, Trennsand m ‖ **~ slip*** (Build) / Trennleiste f (Zink oder Holz - bei Hubfenstern) ‖ **~ tool** (Eng) / Stechmeißel m, Abstechwerkzeug n, Abstechmeißel m ‖ **~ turning tool** (Tools) / Stechdrehmeißel m (DIN 4981), Einstechmeißel m, Abstechdrehmeißel m ‖ **~ wall** (Build) / Trennwand f (zum Nachbarhaus), Nachbarwand f (auf der gemeinsamen Grenze zweier Grundstücke), Kommunmauer f, Kommunwand f ‖ **~ wheel** (Eng) / Trennschleifscheibe f, Trennscheibe f ‖ **~ zone** (the first part of the open road directly after the exit portal of the tunnel) (Civ Eng) / Tunnelanschlussstrecke f
**part-integrated data processing** (Comp) / teilintegrierte Datenverarbeitung
**partition** v (divide into parts) / untergliedern v, unterteilen v, aufteilen v ‖ **~** (Comp) / partitionieren v ‖ **~** n / Partition f (Zerlegung des Begriffsinhaltes in seine Teile oder Merkmale - in der Logik) ‖ **~** (Chem) / Verteilung f (nach dem Nernst'schen Verteilungsgesetz) ‖ **~** (Comp) / Programmbereich m, Partition f (ein Teil des Adressbereiches des virtuellen Speichers, der für die Ausführung von Problemprogrammen zur Verfügung steht) ‖ **~** (of a set) (Maths) / Zerlegung f (disjunkte - einer Menge) ‖ **~** (Maths) / Unterteilung f (eines Intervalls) ‖ **~** (of a positive integer) (Maths) / Partition f (einer natürlichen Zahl) ‖ **~** (Rail) / Schottwand f, Zwischenwand f ‖ **~ chromatography*** (Chem) / Verteilungschromatografie f ‖ **~ coefficient** (Chem) / Segregationskonstante f ‖ **~ coefficient*** (Chem) / Verteilungskoeffizient m (nach dem Nernst'schen Verteilungssatz) ‖

**~ column chromatography** (Chem) / Verteilungschromatografie f ||
**~ curve** (Min Proc) / Teilungskurve f
**partitioned data set** (Comp) / untergliederte Daten || **~ fermenter** (Chem Eng) / unterteilter Fermenter (Bioreaktor mit mehreren Teilräumen, die strömungsmäßig voneinander getrennt sind)
**partition function** (Mech) / Phasenraumdichte f, Verteilungsfunktion f (statistische Mechanik) || **~ function** (Phys, Stats) / Planck'sche Zustandssumme, Zustandssumme f (in der Quantenstatistik)
**partitioning** n (Comp) / Partitionierung f (Aufteilung einer Festplatte), Partition n, Aufteilung f (Unterteilung eines großen Blockes in mehrere kleinere Subblöcke)
**partition list** (Comp) / Partitionsliste f || **~ noise*** (Electronics) / Stromverteilungsrauschen n || **~ of a set** (Maths) / Zerlegung f einer Menge (in Untermengen), Partition f einer Menge (in Teilmengen) || **~ ordering** (Maths) / Halbordnung f, Halbordnungsrelation f, Partialordnung f || **~ table** (Comp) / Partitionstabelle f (am Anfang einer Festplatte) || **~ wall** (dividing a space, not usually load-bearing) (Build) / Trennwand f (eine Innenwand), Scheidewand f, Zwischenwand f (eine Trennwand in einem Zimmer)
**part load** / Stückgut n (als Teilmenge) || **~ load** (Autos) / Teillastbereich m || **~ load** (Elec Eng, Mech) / Teillast f
**part-load** n (Rail) / Stückgut n
**partner** n / Gesellschafter m (in einer Handelsgesellschaft, in einer Gesellschaft des bürgerlichen Rechts) || **~** (Comp) / Station f (im Betriebssystem) || **~ processor** (Comp) / Partnerrechner m || **~ set** (Textiles) / Partner-Set n m (im Stil und Mustercharakter zusammenpassende Kleidungsstücke für die Dame und den Herrn)
**part not represented** (Eng) / Teil n ohne Zeichnung, OZ-Teil n
**part(s) number master record** (Work Study) / Teilestammsatz m
**part off** v / zerteilen v, trennen v, abtrennen v, teilen v (abtrennen) || **~ off** (Eng) / abstechen v || **~ off** (Eng) / abschroten v (ein Freiform-Schmiedestück), schroten v
**part-of-speech label** (Comp) / Wortartangabe f
**parton** n (the generic name given to the hypothetical constituents of subatomic particles) (Nuc) / Parton n (hypothetisches Elementarteilchen in dem Partonmodell) || **~ model** (Nuc) / Partonmodell n (nach R.P. Feynman)
**part program** (Eng) / Teileprogramm n (CNC-Steuerungsprogramm für die Fertigung)
**partridge wood** (For) / Brownheart n, Wacapou n (Holz aus Vouacapoua americana Aubl., Vouacapoua macropetala Sandw. oder Vouacapoua pallidior Ducke), Acapu n
**parts family** (Eng) / Teilefamilie f || **~ kit** (Eng) / Teilesatz m || **~ kit** (Eng) / Reparaturgarnitur f (Ersatzteile) || **~ list** (Eng) / Ersatzteilliste f || **~ list** (Eng) / Stückliste f (eine Fertigungsunterlage, die die Art und die Menge der eindeutig bezeichneten Teile ausweist - DIN 199, T 2 und 3, DIN 6771) || **~ master file** (Work Study) / Teilestammdatei f
**part-spent oxide** (Chem Eng) / beladene Gasreinigungsmasse
**parts per billion** (US) (Chem) / Teile auf eine Milliarde (1 mg/t), ppb (z.B. 1 mg. kg$^{-3}$) || **~ per milliard** (Chem) / Teile auf eine Milliarde (1 mg/t), ppb (z.B. 1 mg. kg$^{-3}$) || **~ per million** (Chem) / Teile auf eine Million (1 g/t), ppm (z.B. 1 mg. kg$^{-1}$) || **~ per trillion** (Chem) / Teile auf eine Billion (1 $\mu$g/t), ppt (z.B. Mikrogramm/Tonne) || **~ production** (Eng) / Teilefertigung f
**part subject to wear** (Eng) / Verschleißteil n || **~ throttle** (Autos) / Teillastbereich m
**part-through crack** / durchlaufend, teilweise ~er Riss, teilweise durchlaufender Riss, Teildurchriss m, teilweise durchgehender Riss
**part-time** attr / Teilzeit- || **~ employment** (Work Study) / Teilzeitbeschäftigung f, Teilzeitarbeit f, Part-Time-Job m || **~ farmer** (Agric) / Nebenerwerbslandwirt m || **~ job** (Work Study) / Teilzeitbeschäftigung f, Teilzeitarbeit f, Part-Time-Job m || **~ leased circuit** (line) (Teleph) / zeitweise vermietete Leitung
**part-timer** n (Work Study) / Teilzeitkraft f
**part-time work** (Work Study) / Teilzeitbeschäftigung f, Teilzeitarbeit f, Part-Time-Job m
**part to be cemented** / Kittling m (Gegenstand, der verkittet werden soll), Kittglied n || **~ to be turned** (Eng) / Drehteil n (das gedreht werden soll)
**part-turn actuator** (Eng) / Schwenkantrieb m (ein Stellantrieb)
**part-winding starting** (Elec Eng) / Teilwicklungsanlauf m
**part without drawing** (Eng) / Teil n ohne Zeichnung, OZ-Teil n
**part-word** n (Comp) / Teilwort n
**part-work** n (a publication appearing in several parts over a period of time) (Print) / Fortsetzungswerk n, Lieferungswerk n (in mehreren Teillieferungen), Partwork n
**party** n (Telecomm) / Partner m (in einer Kommunikationsbeziehung) || **~** (Telecomm) / Konferenzteilnehmer m || **~** (US) (Teleph) / Fernsprechteilnehmer m, Teilnehmer m || **~ line** (Comp) / Partyline-Bus m, Partyline f (eine vieladrige Daten-Sammelschiene) || **~ line** (Teleph) / Gemeinschaftsleitung f, Gemeinschaftsanschluss m, GAs (Anschluss verschiedener Teilnehmer an eine gemeinsame Leitung), Gesellschaftsanschluss m || **~-line bus** (Comp) / Partyline-Bus m, Partyline f (eine vieladrige Daten-Sammelschiene) || **~ wall** (Build) / Wohnungstrennwand f, Wohnungsscheidewand f, Wohnungszwischenwand f || **~ wall** (between adjoining properties, usually load-bearing and fire-resistant) (Build) / Trennwand f (zum Nachbarhaus), Nachbarwand f (auf der gemeinsamen Grenze zweier Grundstücke), Kommunmauer f, Kommunwand f || **~ wire** (Comp) / Partyline-Bus m, Partyline f (eine vieladrige Daten-Sammelschiene)
**parvalbumin** n (Biochem) / Parvalbumin n
**parvis** n (Arch) / Paradies n (Vorhof vor dem Narthex einer Basilika) || **~** (in front of a cathedral or church) (Arch, Build) / Vorhof m (einer Kirche), Kirchenvorplatz m, Parvis m
**parvise** n (Arch) / Paradies n (Vorhof vor dem Narthex einer Basilika)
**parylene polymers** (Chem, Elec Eng) / Parylene n pl (thermoplastische Polymere)
**parylenes** pl (Chem, Elec Eng) / Parylene n pl (thermoplastische Polymere)
**PAS** (periodic-acid Schiff reaction) (Biochem) / Periodsäure-Schiff-Reaktion f || **~*** (para(4)-aminosalicylic acid) (Pharm) / para-Aminosalicylsäure f, para-Aminosalizylsäure f, PAS f (para-Aminosalicylsäure), p-Aminosalizylsäure f, p-Aminosalicylsäure f || **~** (photoacoustic spectroscopy) (Spectr) / fotoakustische Spektroskopie, PA-Spektroskopie f, PAS (fotoakustische Spektroskopie), optoakustische Spektroskopie, OAS
**PASCAL*** (Comp) / PASCAL n (problemorientierte höhere Programmiersprache nach ISO 7185)
**Pascal** n (high-level structured computer programming language used for teaching and general programming) (Comp) / PASCAL n (problemorientierte höhere Programmiersprache nach ISO 7185)
**pascal*** n (Phys) / Pascal n, Pa (Pascal - DIN 1301, T 1 und DIN 1314) (gesetzliche abgeleitete SI-Einheit des Druckes = 1 Nm$^{-2}$)
**pascal second** (Phys) / Pascalsekunde f (Einheit der dynamischen Viskosität - Pa . s)
**Pascal's law** (of fluid pressure) (Phys) / Gesetz n von Pascal (der Druck in einer ruhenden Flüssigkeit bei Vernachlässigung des Schwerkrafteinflusses ist überall und in jeder Richtung gleich groß - nach B. Pascal, 1623-1662), Pascal'sches Gesetz
**Pascal's limaçon** (Maths) / Pascal'sche Schnecke (ebene algebraische Kurve 4. Ordnung)
**Pascal's theorem** (Maths) / Pascal-Satz m, Satz m von Pascal
**Pascal's triangle*** (Maths) / Pascal'sches Dreieck (das aus den Binomialkoeffizienten gebildet wird)
**Paschen-Back effect*** (the limit of the Zeeman effect in very strong magnetic fields) (Phys, Spectr) / Back-Goudsmit-Effekt m, Paschen-Back-Effekt m (der magnetischen Aufspaltung von Spektrallinien starker Magnetfelder - nach den deutschen Physikern F. Paschen, 1865-1947, und E. Back, 1881-1959)
**Paschen circle*** (Optics) / Runge-Paschen'sche Gitteraufstellung (bei Konkavgittern)
**Paschen-Runge mounting** (Optics) / Runge-Paschen'sche Gitteraufstellung (bei Konkavgittern)
**Paschen series*** (Phys, Spectr) / Paschen-Serie f, Ritz-Paschen-Serie f (im Termschema des Wasserstoffatoms)
**Paschen's law*** (Elec Eng) / Paschen'sches Gesetz (nach dem die Zündspannung allein vom Produkt aus Gasdruck und Elektrodenabstand abhängt), Paschen-Gesetz n || **~ rule** (Elec Eng) / Paschen'sches Gesetz (nach dem die Zündspannung allein vom Produkt aus Gasdruck und Elektrodenabstand abhängt), Paschen-Gesetz n
**Pasch's axiom** (Maths) / Pasch-Axiom n (nach M. Pasch, 1843 - 1930), Axiom n von Pasch
**pashmina** n (Textiles) / Paschmina m (dem Kaschmir sehr ähnliches, besonders leichtes und weiches Gewebe aus Wollkammgarn /mit etwa 30% Naturseidenanteil/), Pashmina m
**pass** v / verstreichen v (Zeit), vergehen v || **~** / durchgehen v, durchlaufen v, durchtreten v || **~** (Autos) / überholen v (ein anderes Fahrzeug) || **~** vt (Nut) / passieren vt (durch ein Sieb streichen) || **~** n (Aero, Mil) / Zielanflug m || **~** (Chem Eng, Paint) / Passage f (durch ein Dispergiergerät) || **~** (Comp, Eng) / Durchlauf m (ein abgeschlossener Arbeitszyklus) || **~** (Eng) / Zug m (des Kessels) || **~** (Geog) / Einsattelung f (für eine Überquerung günstiger Teil eines Gebirgskammes), Gebirgspass m, Pass m (ein Bergübergang), Joch n (z.B. Stilfser Joch), Sattel m || **~** (Hyd Eng) / Fischaufstiegsanlage f, [künstlich angelegter] Fischweg m (z.B. eine Fischtreppe), Fischpass m (für Wanderfische) || **~** (Met) / Walzstich, Stich m (einmaliger Durchgang des Walzgutes durch die Walzen) || **~** (Met) / Walzkaliber n, Kaliber n (profilierte Spalte zwischen den Walzenpaaren, die dem Walzgut das gewünschte Profil eines bestimmten Stichs gibt) || **~** (the shaped open space between rolls in a metal-rolling stand) (Met) / Walzspalt m, Walzenspalt m || **~** (Met) / Zug m (beim

**pass**

Drahtziehen) ‖ ~ (Mining) / Rollloch *n* (zur Abwärtsförderung von Haufwerk oder Bergen), Rolle *f* (Rollloch) ‖ ~ (Print) / Druckgang *m* (der einmalige Durchlauf) ‖ ~ (Ships) / Überfahrt *f*, Passage *f*, Schiffspassage *f* ‖ ~ (a single circuit of the Earth by a spacecraft or satellite) (Space) / Umlauf *m*, Erdumlauf *m* (eines Satelliten) ‖ ~ (Weaving) / Einzug *m* ‖ ~ (Welding) / Schweißlage *f* (Raupe), Lage *f*
**passable** *adj* / befahrbar *adj* (im Allgemeinen) ‖ ~ / ohne Beanstandung (Prüfberichtsvermerk) ‖ ~ / passierbar *adj* (Straße, Fluss) ‖ ~ (Civ Eng) / befahrbar *adj* (Straße, Gelände) ‖ ~ s. also motorable
**passage** *n* / Durchfluss *m* (im Allgemeinen nach DIN 5476) ‖ ~ / Durchfahrtsöffnung *f* (z.B. der Brücke) ‖ ~ (passageway) / Verbindungsgang *m*, Verbindungsweg *m* ‖ ~ (Arch) / Passage *f* (Durchgang zwischen Höfen oder zwischen bzw. unter Bauwerken, der mit Läden ausgestattet sein kann) ‖ ~ (Autos) / Durchfahrt *f* ‖ ~ (Brew) / Mahlgang *m* (bei der Malzschrotung) ‖ ~ (Chem Eng, Paint) / Passage *f* (durch ein Dispergiergerät) ‖ ~ (Electronics) / Durchtritt *m* (von Elektronen) ‖ ~ (Eng) / Kanal *m* (Ventil, Turbine) ‖ ~ (Eng) / Durchgang *m*, Durchtritt *m* ‖ ~ (of a valve) (Eng) / Bohrung *f* ‖ ~ (Eng) / Arbeitsgang *m* (einer Maschine) ‖ ~ (Hyd Eng) / Durchgang *m* (z.B. einer Hochwasserwelle) ‖ ~ (Ships) / Überfahrt *f*, Passage *f*, Schiffspassage *f* ‖ ~ (Ships) / Passage *f* (enge Durchfahrt) ‖ ~ (Textiles) / Passage *f* (beim Färben) ‖ ~ **beds**\* (Geol) / Übergangsschichten *f pl* ‖ ~ **gallery** (Eng) / Bedienungsgang *m*, Bedienungslaufgang *m*, Laufgang *m* (ein Bedienungsgang) ‖ ~ **in full width** (Textiles) / Breitpassage *f* ‖ ~ **of current** (Elec Eng) / Stromdurchgang *m*
**passageway** *n* (that allows access between buildings or to different rooms within a building) / Verbindungsgang *m*, Verbindungsweg *m* ‖ ~ (Agric) / Gartenweg *m*, Zwischenraum *m* (zwischen zwei Beeten) ‖ ~ (Mining) / Verbindungsstrecke *f*
**passaments** *n pl* (Textiles) / Posamenten *n pl* (textile Besatzartikel)
**passband** *n* (Optics) / Durchlässigkeitsgebiet *n*, Durchlassbereich *m* (des optischen Filters) ‖ ~\* (Telecomm) / Durchlassbandbreite *f* ‖ ~\* (Telecomm) / Durchlassbereich *m* (des Frequenzfilters), Durchlassband *n* (nutzbare Bandbreite)
**pass-by** *n* (Mining) / Ausweichgleis *n*, Ausweichstelle *f*, Überholgleis *n* ‖ ~ (Mining) / Umbruch *m* (um einen Schacht oder um einen anderen steil einfallenden Grubenbau)
**passée** *n* (Textiles) / Schuss *m* (Fehler im Gewebe)
**passementerie** *n* (decorative textile trimming consisting of gold or silver lace, gimp, or braid) (Textiles) / Posamenterie *f* (als Ware)
**passements** *n pl* (Textiles) / Posamenten *n pl* (textile Besatzartikel)
**passenger** *n* / Fahrgast *m*, Passagier *m* ‖ ~ (Aero) / Fluggast *m*, Passagier *m*, Flugreisender *m* ‖ ~ (Autos) / Beifahrer *m* (Begleiter des Fahrers) ‖ ~ (loading) **bridge** (Aero) / Fluggastbrücke *f* ‖ ~ **cabin** (Aero) / Passagierkabine *f*, Kabine *f* (Fluggastraum), Fluggastraum *m* ‖ ~ **car** (Autos) / Personenkraftwagen *m* (DIN 70 020-1), PKW *m* (Personenkraftwagen), Pkw *m*, Wagen *m* ‖ ~ **car** (Rail) / Reisezugwagen *m*, Personenwagen *m*
**passenger-cargo ship** (Ships) / Kombischiff *n* (ein Handelsschiff, das neben hohem Frachtanteil Einrichtungen für mehr als 12 Passagiere besitzt)
**passenger carriage** (Rail) / Reisezugwagen *m*, Personenwagen *m* ‖ ~ **cell** (Autos) / Fahrgastzelle *f* (als sicherheitstechnische Einheit) ‖ ~ **clearance** (Autos) / Fluggastabfertigung *f* (behördliche) ‖ ~ **compartment** (Aero) / Passagierkabine *f*, Kabine *f* (Fluggastraum), Fluggastraum *m* ‖ ~ **compartment** (Autos) / Innenraum *m* (als räumliche Einheit), Fahrgastraum *m*, Fahrzeuginnenraum *m* ‖ ~ **conveyor** / Personenbandförderer *m*, Personenförderband *n* (z.B. auf den Flughäfen) ‖ ~ **door mirror** (Autos) / Außenspiegel *m* an der Beifahrerseite
**passenger-friendly** *adj* / fahrgastfreundlich *adj* (z.B. Abfertigung)
**passenger hoist** / Aufstiegshilfe *f* (für Personen) ‖ ~ (accident) **insurance** (Autos) / Kraftfahrt-Unfallversicherung *f*, Insassenversicherung *f* ‖ ~**-kilometre** *n* (Aero) / Fluggastkilometer *m* ‖ ~**-kilometre** (Rail) / Personenkilometer *m*, Passagierkilometer *m* ‖ ~ **lift** (Build) / Personenaufzug *m* (DIN 15 306 und 15 309) ‖ ~ **loading bridge** (Aero) / Jetway *m* (Markennamen der ABEX Corporation, USA, für eine teleskopartig ausfahrbare, schwenkbare und überdachte Fluggastbrücke auf Flughäfen, ausfahrbare Gangway für strahlgetriebene Flugzeuge ‖ ~ **load steps** (Aero) / Fluggasttreppe *f* ‖ ~ **mile** (one mile travelled by one passenger, as a unit of traffic) / Fahrgastmeile *f* ‖ ~ **processing** (Aero) / Fluggastabfertigung *f* ‖ ~ **ramp** (Aero) / Fingerflugsteig *m*, Flugsteig *m* ‖ ~ **service** (Aero) / Fluggastbetreuung *f*, Passagierbetreuung *f*, Passagierservice *m* n ‖ ~ **service/information unit** (Aero) / Passagierbedientafel *f* (oberhalb der Passagiersitze - mit Leselampe, Rufknopf usw.) ‖ ~ **service unit** (Aero) / Passagierbedientafel *f* (oberhalb der Passagiersitze - mit Leselampe, Rufknopf usw.) ‖ ~ **ship** (Ships) / Fahrgastschiff *n*
**passenger-side door mirror** (Autos) / Außenspiegel *m* an der Beifahrerseite

**passenger station** (Rail) / Personenbahnhof *m* ‖ ~ **terminal** (Aero) / Terminal *m n*, Fluggastgebäude *n*, Fluggastabfertigungsgebäude *n* ‖ ~ **traffic** (Autos, Rail) / Personenverkehr *m*, Personenbeförderung *f* ‖ ~ **train** (Rail) / Personenzug *m* ‖ ~ **transport** (Autos, Rail) / Personenverkehr *m*, Personenbeförderung *f* ‖ ~ **visor** (Autos) / Beifahrersonnenblende *f*
**Passerini reaction** (Chem) / Passerini-Reaktion *f*
**pass** *v* **for press** (Print) / Imprimatur erteilen ‖ ~ **gauge** (Eng) / Gutlehre *f*
**passiflorin** *n* (Pharm) / Harmanalkaloid *n* (z.B. aus der Passionsblume), Harman *n*
**passimeter** *n* / Passimeter *n* (ein Feinmessgerät)
**pass in(to)** *v* / einführen *v*, einleiten *v*
**passing beam** (US) (Autos) / Abblendlicht *n*, Fahrlicht *n* ‖ ~ **knot** (For) / durchgehender Ast ‖ ~ **light** (lever) (US) (Autos) / Lichthupe *f* (straßenverkehrsrechtlich zugelassenes Warnzeichen) ‖ ~ **light** (US) (Autos) / Abblendlicht *n*, Fahrlicht *n* ‖ ~ **machine** (Nut) / Passiermaschine *f* ‖ ~ **noise** (Autos) / Vorbeifahrgeräusch *n* ‖ ~ **place** (Civ Eng) / Ausweichstelle *f*, Ausweiche *f* ‖ ~ **place** (Rail) / Ausweichgleis *n*, Abstellgleis *n* ‖ ~ **place** (Rail) / Ausweichanschlussstelle *f* (eine Bahnanlage der freien Strecke) ‖ ~ **position** (Eng) / geöffnete Stellung (bei Ventilen), Offenstellung *f* ‖ ~ **power** (Autos) / Überholreserve *f*
**passings** *pl* (Build) / überlappende Einfassungsbleche ‖ ~\* (Plumb) / Überlappung *f* der Einfassungsbleche, Überlappung *f* der Anschlussstreifen
**passing sight distance** (Autos) / Überholsichtweite *f* ‖ ~ **track** (Rail) / Ausweichanschlussstelle *f* (eine Bahnanlage der freien Strecke) ‖ ~ **traffic** (Autos) / fließender Verkehr ‖ ~ **without stopping prohibited** (Autos) / Halt - Weiterfahrt nach Aufforderung (ein Verkehrszeichen)
**pass instruction** (Comp) / Überspringbefehl *m*, Nulloperationsbefehl *m*, NOP-Befehl *m*, Übersprungbefehl *m* ‖ ~ **into** *vt* (San Eng) / einleiten *v* (Abwässer)
**passivate**\* *v* (Surf) / passivieren *v* (Metalloberflächen)
**passivating** *n* (Surf) / Passivation *f*, Passivierung *f* (Ausbildung eines elektrochemischen Zustandes, in dem bestimmte Metalle nahezu beständig gegenüber chemischen Angriffen sind), Oberflächenpassivierung *f* ‖ ~ **treatment** (Surf) / Passivation *f*, Passivierung *f* (Ausbildung eines elektrochemischen Zustandes, in dem bestimmte Metalle nahezu beständig gegenüber chemischen Angriffen sind), Oberflächenpassivierung *f*
**passivation** *n* (Surf) / Passivation *f*, Passivierung *f* (Ausbildung eines elektrochemischen Zustandes, in dem bestimmte Metalle nahezu beständig gegenüber chemischen Angriffen sind), Oberflächenpassivierung *f* ‖ ~ **current** / Passivierungsstrom *m* (Summenstrom, der für den Übergang vom aktiven in den passiven Zustand des Werkstoffes notwendig ist - DIN 50900) ‖ ~ **glass** (Electronics, Glass) / Passivierungsglas *n*, Glas *n* für Passivierung ‖ ~ **potential** (Surf) / Passivierungspotential *n* (kritisches Potential, bei dessen Überschreiten die Passivität eintritt)
**passivator** *n* (Met, Surf) / Passivator *m* (für Metalle - z.B. Chromate oder Phosphate), Passivierungsmittel *n*
**passive** *n* (a device that operates on the signal power alone) (Electronics) / passives Bauelement (ohne Verstärker- und/oder Gleichrichtereigenschaften), passive Komponente (z.B.Ohm'scher Widerstand, Kapazität, Induktivität), passives Schaltelement ‖ ~ *adj* / passiv *adj*
**passive-active cell** (Elec Eng) / Aktiv-Passiv-Zelle *f*, Aktiv-Passiv-Kurzschlussstelle *f*, Aktiv-Passiv-Lokalelement *n*
**passive aerial** (Radio) / strahlungsgekoppelte Antenne, passiver Strahler, passive Antenne
**passive-angle tracking** (Radar) / Richtungsverfolgung *f* (einer Strahlungsquelle oder eines Ziels beim Ausfall der Information über die Entfernung, zum Beispiel bei einem unmodulierten Dauerstrichradar)
**passive antenna** (Radio) / strahlungsgekoppelte Antenne, passiver Strahler, passive Antenne ‖ ~ **circuit** (Elec Eng) / passive Schaltung ‖ ~ **communications satellite** (Telecomm) / passiver Kommunikationssatellit ‖ ~ **component** (Electronics) / passives Bauelement (ohne Verstärker- und/oder Gleichrichtereigenschaften), passive Komponente (z.B.Ohm'scher Widerstand, Kapazität, Induktivität), passives Schaltelement ‖ ~ **countermeasure** (Mil, Radar) / passive Gegenmaßnahme (z.B. durch ein getarntes Ziel mit Rückstreureduktion oder Tarnung oder durch ein nicht strahlendes Ziel ohne Bordradar, Transponder oder Störer) ‖ ~ **device** (Electronics) / passives Bauelement (ohne Verstärker- und/oder Gleichrichtereigenschaften), passive Komponente (z.B.Ohm'scher Widerstand, Kapazität, Induktivität), passives Schaltelement ‖ ~ **earth pressure** (Civ Eng) / passiver Erddruck (DIN 4085), Erdwiderstand *m* ‖ ~ **electrode**\* (Elec Eng) / Niederschlagselektrode *f* (des Elektrofilters) ‖ ~ **electrode**\*

(Electronics) / Sammelelektrode *f*, Auffangelektrode *f* ‖ ~ **electronic countermeasures** (Mil) / passive elektronische Gegenmaßnahmen ‖ ~ **element** (Electronics) / passives Bauelement (ohne Verstärker- und/oder Gleichrichtereigenschaften), passive Komponente (z.B.Ohm'scher Widerstand, Kapazität, Induktivität), passives Schaltelement ‖ ~ **explosion vent closure** / Explosionsentlastungseinrichtung *f* mit passiv betätigtem Verschluss (direkt nach Explosionsantritt) ‖ ~ **fibre** (Optics) / passive Faser (die das auf sie von einer äußeren Quelle einfallende Licht leitet) ‖ ~ **film** / Passivschicht *f* ‖ ~ **filter** (Electronics) / passives Filter (das nur aus passiven Elementen aufgebaut ist) ‖ ~ **graphics** (Comp) / passive grafische Datenverarbeitung (d.h. Ausgabe grafischer Darstellungen) ‖ ~ **homing guidance*** (Aero) / Fremdlenkung *f* ‖ ~ **jamming** (Mil, Radar) / passive Störung (EloKa) ‖ ~ **layer** / Passivschicht *f*

**passive-matrix colour display** (Cinema) / Passivmatrixdisplay *n*, Passivmatrix-Farbbildschirm *m*

**passive metal** (a metal that has a natural or artificially produced surface film that makes it resistant to electrochemical corrosion) / passives Metall ‖ ~ **network*** (Telecomm) / passives Netzwerk ‖ ~ **optical network** (a network of optical fibres that contains no active /switching/ elements) (Telecomm) / passives optisches Netz (wenn das optische Netz außer den optoelektrischen Wandlern an den Enden keine weiteren Elemente hat), PON (die Verbindung der zentralen Schnittstelle mit der Teilnehmerschnittstelle) ‖ ~ **radar*** (Radar) / passives Radar, Passivradar *m n* ‖ ~ **resistance** (Civ Eng) / passiver Erddruck (DIN 4085), Erdwiderstand *m* ‖ ~ **restraint system** (Autos) / passives Rückhaltesystem ‖ ~ **safety** (Autos) / passive Sicherheit ‖ ~ **sampler** (Ecol) / passiver Sammler (ohne Energiezufuhr) ‖ ~ **satellite*** (Telecomm) / passiver Kommunikationssatellit ‖ ~ **sonar** (Acous) / Passivsonar *n* (DIN 1320) ‖ ~ **station** (Comp) / Wartestation jede Trabantenstation, die auf einen Empfangs- oder Sendeaufruf wartet *f* (DIN 44302) ‖ ~ **transducer** (Automation, Telecomm) / passiver Wandler ‖ ~ **transport** (Cyt) / passiver Transport (durch eine biologische Membran) ‖ ~ **wire-tapping** (form of wire-tapping in which the intruder listens only and does not originate any data on the line) (Telecomm) / Anzapfen *n* von Übertragungsleitungen

**passivity*** *n* (Met, Min Proc, Surf) / Passivität *f* (z.B. einiger unedler Metalle - DIN 50 900-2), passive Korrosion, passiver Zustand (einer Metalloberfläche)

**pass on** *v* (Telecomm) / weiterreichen *v* (eine Nachricht), weitermelden *v*

**pass-over** *n* / Überleitung *f* ‖ ~ **device** (Met) / Überhebevorrichtung *f*

**pass•-over offset*** (Plumb) / Rohrbogen *m* (der die Kreuzung von zwei Rohrleitungen in einer Ebene ermöglicht - DIN 2413) ‖ ~ **reduction** (Met) / Stichabnahme *f* (beim Walzen) ‖ ~ **schedule** (establishment of the shaping stages required during rolling in order to proceed from the initial to the finished product) (Met) / Stichplan *m* (beim Walzen) ‖ ~ **sequence** (Welding) / Kaliberfolge *f* ‖ ~ **sequence** (Welding) / Lagenfolge *f* ‖ ~ **sheet*** (Print) / Imprimaturabzug *m*, abgezeichneter Bogen, Druckfreigabebogen *m*, genehmigter Andruck (vor dem Auflagendruck)

**PASS test** (Paint) / PASS-Test *m* (ein Korrosionsprüfverfahren für Lacküberzüge)

**pass-through agent** (Comp) / Durchgangsagent *m*

**pass through a strainer** (Nut) / durchschlagen *vt* ‖ ~ **window** (Build) / Durchreiche *f*

**password*** *n* (Comp) / Passwort *n* (für die Authentifikation von Subjekten eines sicheren Rechnersystems), Password *n* (eine Buchstaben-, Zeichen- und/oder Zahlenkombination, die der Nutzer eines Rechnersystems als Teil seines Login eingeben muss), Kennwort *n* (z.B. beim Datenschutz) ‖ ~ **generator** (Comp) / Passwortgenerator *m*, Kennwortgenerator *m* ‖ ~ **protection** (the process of limiting access to a program or file by means of a password) (Comp) / Passwortschutz *m* ‖ ~ **security** (Comp) / Schlüsselwortkontrolle *f*

**pasta** (e.g. cannelloni, farfalle, lasagne or penne) (Nut) / Teigware *f*, Pastaware *f* ‖ ~ **industry** / Teigwarenindustrie *f*

**paste** *v* / kleistern *v*, pappen *v*, kleben *v*, einkleistern *v* ‖ ~ / verteigen *v*, anteigen *v* ‖ ~ (Bind) / anstreichen *v* ‖ ~ *vt* / zu einer pastösen Masse verarbeiten ‖ ~ / teigartige Masse, Teig *m*, formbare Masse, knetbare Masse ‖ ~ / Paste *f*, Brei *m* ‖ ~ / Kleister *m* (zum Verkleben von Wandbelägen nach DIN 16 920) ‖ ~ (Chem, Glass) / Strass *m* (Nachahmung von Diamanten durch hochbleihaltiges Glas - nach G.F. Stras, 1700-1773), Mainzer Fluss ‖ ~ (Elec Eng) / verdickter Elektrolyt ‖ ~ (Geol) / einbettende Mineralsubstanz ‖ ~ (Nut) / Teigware *f*, Pastaware *f* ‖ ~ (Pharm) / Paste *f* (hochkonzentrierte Suspension in einem salbenartigen Vehikel) ‖ ~* (Plastics) / Paste *f*

**pasteboard*** *n* (Paper) / geklebter Karton, Klebekarton *m* ‖ ~* (Paper) / Schichtpappe *f*

**paste carburizing** (Met) / Pastenaufkohlen *n*

**pasted board** (Paper) / Klebekarton *m* (Mehrschichtkarton) ‖ ~ **filament*** (Elec Eng) / Pastefaden *m*

**pastedown(s)** *n(pl)* (Bind) / Spiegel *m* (der auf den Innendeckel geklebte Vorsatz)

**pasted plate*** (Elec Eng) / pastierte Platte, Masseplatte *f* (in Bleiakkumulatoren)

**paste drier** (Chem, Paint, Print) / Trockenpaste *f*, Trockenstoff *m* in fester Form (DIN 55901), Trockenstoffpaste *f* ‖ ~ **dyestuff** (Textiles) / Teigfarbstoff *m*, Farbstoff *m* in Teigform ‖ ~ **extrusion** (Plastics) / Pastenextrusion *f* ‖ ~ **in** *v* (Bind, Print) / einkleben *v* (Beilagen) ‖ ~ **ink** / Farbpaste *f* (z.B. im Kugelschreiber)

**pastel colour** (of low spectral purity) / Pastellfarbe *f* (Farbton, der durch Ausmischung von Buntpigmenten mit Weißpigmenten erreicht wird)

**paste-like** *adj* / teigig *adj*, pastenförmig *adj*, pastös *adj*, pastos *adj*, pastenartig *adj*

**paste mill** / Pastenmischer *m* ‖ ~ **mixer** / Pastenmischer *m* ‖ ~ **mould*** (Glass) / gepastete Blasform (mit pastenförmigem Formenschmiermittel, beim maschinellen Blasen von Hohlglas)

**paste-mould press-and-blow process** (Glass) / Press-Blas-Verfahren *n* mit gepasteter Form

**paste on** *v* / ankleben *vt* (mit Kleister) ‖ ~ **over** / überkleben *v* ‖ ~ **paint** (Paint) / Teigfarbe, Feinteig *m* (wässrige Dispersion von mit Substraten gestreckten oder unverschnittenen Buntpigmenten) ‖ ~ **paint** (Paint) / Pastafarbe *f* (die ohne Zusatz von Verdünnungs- oder Streichmitteln direkt aus der Tube verarbeitet werden kann) ‖ ~ **paint** (Paint) / Farbkonzentrat *n* (zu dem das Anstrichbindemittel vor Gebrauch zugesetzt wird)

**paster tab*** (Print) / Klebstreifen *m* (mit dem beim Rollenwechsel die beiden Rollen verbunden werden)

**paste together** / verkleben *v* ‖ ~ **up** *v* / verteigen *v*, anteigen *v* ‖ ~ **up** (Print) / kleben *v*, aufkleben *v* (die Kopiervorlagen bei der Montage)

**paste-up** *n* (Print) / Klebeumbruch *m* ‖ ~ (Print) / Reproduktionsvorlage *f* (zusammengeklebte Barytabzüge), Reprovorlage *f*

**Pasteur effect** (Biochem) / Pasteur-Effekt *m* (Hemmung der Glykolyse)

**pasteurization*** *n* (Med, Nut) / Pasteurisation *f* (nach L. Pasteur, 1822-1895), Pasteurisierung *f*

**pasteurize** *v* (Med, Nut) / pasteurisieren *v*

**pasteurizer** *n* (Nut) / Pasteurisierapparat *m*, Pasteur *m*

**pasting** *n* (Leather) / Klebetrocknung *f*, Pastingtrocknung *f*, Pastingverfahren *n* (zur Erzielung einer glatten Oberfläche)

**pasting-in** *n* (Bind, Print) / Einkleben *n* (von Bogenteilen, Bildern, Karten u.a. innerhalb eines Buchbindebogens)

**pasting process** (Leather) / Klebetrocknung *f*, Pastingtrocknung *f*, Pastingverfahren *n* (zur Erzielung einer glatten Oberfläche) ‖ ~ **table** (Build) / Tapeziertisch *m*

**past interior of light cone** (Phys) / Vorkegel *m* (der die Vergangenheit eines Ereignisses darstellende Teil des Lichtkegels im Minkowski-Raum)

**pastoral farmer** (Agric) / Weidetierhalter *m* ‖ ~ **farming** (Agric) / Weidewirtschaft *f*

**pastoralist** *n* (in Australia) (Agric) / Schafzüchter *m*, Schafhalter *m* ‖ ~ (Agric) / Weidetierhalter *m* ‖ ~ (especially in Australia) (Agric) / Rinderhalter *m*, Viehzüchter *m*

**pasture** *n* (Agric) / Weideland *n*, Weide *f* ‖ ~ **farming** (Agric) / Weidewirtschaft *f* ‖ ~ **harrow** (Agric) / Wiesenegge *f* ‖ ~ **land** (Agric) / Weideland *n*, Weide *f* ‖ ~ **rejuvenator** (Agric) / Wiesenritzer *m* ‖ ~ **renovation** (Agric) / Weideerneuerung *f* ‖ ~ **ripper** (Agric) / Wiesenritzer *m*

**pasturing** *n* (Agric) / Weidegang *m* ‖ ~ (Agric) / Grasen *n*, Weiden *n*

**pasty** *adj* / teigig *adj*, pastenförmig *adj*, pastös *adj*, pastos *adj*, pastenartig *adj* ‖ ~ / kleistrig *adj*, kleisterig *adj* ‖ ~ **sediment of oil** (Autos, Eng, I C Engs) / Schwarzschlamm *m*, Ölschlamm *m* (Gemenge von Öl mit artfremden Verunreinigungen) ‖ ~ **slag** (Met) / lange Schlacke

**PA system** (public-address system) (Acous) / Lautsprecheranlage *f*, Beschallungsanlage *f*

**PAT** (passive-angle tracking) (Radar) / Richtungsverfolgung *f* (einer Strahlungsquelle oder eines Ziels beim Ausfall der Information über die Entfernung, zum Beispiel bei einem unmodulierten Dauerstrichradar)

**pat** *n* (Build, Civ Eng) / Zementkuchen *m* (DIN 1164, T 6), Kuchen *m* (Zementkuchen)

**patatin** *n* (Chem) / Patatin *n* (Glykoprotein aus Kartoffelknollen)

**patch** *v* (Comp) / ändern *v* (ein Programm punktuell verbessern), punktuell verbessern (ein Programm) ‖ ~ (Comp) / direkt korrigieren (Software) ‖ ~ (Elec Eng) / zusammenschalten *v* (vorübergehend - mit Steckerkabel), steckschnüren *v*, durch Steckschnüre verbinden ‖ ~ (Met) / ausflicken *v*, flicken *v*, ausbessern *v* (Ofenfutter) ‖ ~ (Textiles) / aufsetzen *v* (einen Flicken) ‖ ~ *n* / Flicken *m* (ein Stück Stoff, Gummi, Leder zum Ausbessern) ‖ ~ / ausgebesserte Stelle, Flickstelle *f* ‖ ~ (Comp) / Patch *n*

**patch**

(Anweisung in Programmen, die ursprünglich nicht vorgesehen war) || ~ (Comp) / Patch *n*, Flächenstück *n*, Pflaster *n* (in der geometrischen Modellierung) || ~ (Comp) / Korrekturroutine *f* || ~ (Comp) / Korrekturroutine *f*, Direktkorrektur *f* (Direkteingabe von Software-Änderungen), Patch *n* || ~ (Comp) / Flächenstück *n* (in der grafischen Datenbearbeitung) || ~ (Comp) / "Pflaster" *n* (das ein "Loch" im Programm stopfen kann - Schutz gegen die Hacker) || ~ (Comp) / [behelfsmäßige] Korrektur (eines Softwarefehlers) *f* || ~* (Elec Eng, Telecomm) / vorübergehende Zusammenschaltung (mit Hilfe von Steckerkabeln oder Steckschnüren) || ~ (For) / Flickstück *n* (bei reparierten Ast- oder Furnier-Fehlstellen), Flicken *m* || ~ (For, Join) / Furnierflicken *m* || ~ (Met) / Flickmasse *f* || ~ (Comp) s. also workaround

**patch-bark** *v* (For) / berappen *v* (Rinde), flecken *v*, fleckenweise entrinden

**patch bay*** (Telecomm) / Verbindungsfeld *n*, Rangierfeld *n* || ~ **board*** (Elec Eng) / Schalttafel *f*, Steckfeld *n*, Stecktafel *f*

**patchboard** *n* (Comp) / Steckbrett *n*, Schaltbrett *n*

**patch cable** (Cables, Elec Eng) / Patchkabel *n* (sehr kurzes Kabel, z.B. in der Gebäudeverkabelung) || ~ **card** (Comp) / Patch-Karte *f*, Korrekturkarte *f* || ~ **clamp technique** (Biol) / Patch-Clamp-Technik *f* (zur Untersuchung der Leitfähigkeit von biologischen Membranen) || ~ **cord** (Telecomm) / steckbare Verbindungsleitung, Steckerkabel *n*, Steckschnur *f*, Rangierschnur *f*, Verbindungskabel *n* (Rangierschnur)

**patcher** *n* / gebrauchsfertiger Kitt für kleinere Reparaturen, Ausbesserungskitt *m*

**patch in*** (Elec Eng) / zusammenschalten *v* (vorübergehend - mit Steckerkabel), steckschnüren *v*, durch Steckschnüre verbinden

**patching** *n* (Comp) / Änderung *f* (punktuelle Verbesserung des Programms, Verbesserung *f* des Programms (punktuelle) || ~ (Met) / Ausflicken *n*, Flicken *n*, Ausbessern *n* (Ofenfutter) || ~ (Met) s. also fettling || ~ **compound** (Met) / Flickmasse *f* || ~ **dolomite** (Met) / Flickdolomit *m* || ~ **material** (Met) / Flickmasse *f* || ~ **tape** (Build) / Armierungsgewebe *n*, Rissbrücke *f* (im Armierungskleber eingebettet - zur Überbrückung arbeitender Risse)

**patch mix** (Civ Eng) / Flickmasse *f*, Ausbesserungsmaterial *n* (für den Straßenoberbau) || ~ **of oil** / Ölfleck *m*

**patchouli oil** / Patschuliöl *n* (aus Pogostemon cablin (Blanco) Benth.)

**patch panel** (Cables) / Patchfeld *n* (Rangierverteiler bei der Gebäudeverkabelung) || ~ **panel** (Comp) / Patchfeld *n*, Rangierfeld *n* || ~ **panel*** (Comp) / Schalttafel *f* (Stecktafel), Stecktafel *f* || ~ **pocket** (Textiles) / aufgesetzte Tasche

**patchwork carpet** (Textiles) / Fleckerlteppich *m*, Patchworkteppich *m*

**patchy dyeing** (Textiles) / Placken *n*

**pâte de verre** (Ceramics, Glass) / Glasfluss *m* (durchsichtiger Schmelz), Fluss *m*, Glaspaste *f* || ~ **dure** (ceramic whitewares fired at relatively high temperatures) (Ceramics) / Hartmasse *f*

**patent** *v* / patentieren *v* (eine Erfindung) || ~ (Met) / patentieren *v* (Draht oder Band) (Draht oder Band, meistens in Bleibädern) || ~ *n* / Patent *n* (durch einen Verwaltungsakt verliehene absolute Rechte an einer patentierten Erfindung) || **request for a grant of a European** ~ / Antrag *m* auf Erteilung eines Europäischen Patents

**patentable** *adj* / patentfähig *adj*, patentierbar *adj*, patentwürdig *adj* (Erfindung)

**patent agent** (GB) / Patentanwalt *m* || ~ **agent** (US) / Patentvertreter *m* (der nicht die vollen Rechte eines patent attorney hat) || ~ **anchor** (Ships) / Patentanker *m* (z.B. Hall- oder Grusonanker) || ~ **attorney** (US) / Patentanwalt *m* || ~ **axe** / Kröneleisen *n* (zum Nacharbeiten von Steinflächen), Krönel *m* || ~ **blue** (Nut) / Patentblau *n* (blauer wasserlöslicher Triarylmethanfarbstoff - E 131) || ≙ **Cooperation Treaty** / Patentzusammenarbeitsvertrag *m* || ~ **database** (Comp) / Patentdatenbank *f* || ~ **documentation** / Patentdokumentation *f* || ~ **drawing** / Patentzeichnung *f* (DIN 199, T 1) || ~ **drier** (Chem, Paint, Print) / Trockenpaste *f*, Trockenstoff *m* in fester Form (DIN 55901), Trockenstoffpaste *f*

**patented drawn wire** (Met) / patentiert-gezogener Draht

**patentee** *n* / Patentinhaber *m*

**patent fastener** (Textiles) / Druckknopf *m* || ~ **flattening** (Eng) / Streckrichten *n* (Umformen durch Zugkraft zum Herstellen ebener Halbzeugs) || ~ **flour** (Nut) / Endospermmehl *n*, Auszugsmehl *n* (Ausmahlungsgrad 40%, Mehltype 405), Weißmehl *n*, Patentmehl *n* || ~ **glazing*** (Build) / kittlose Verglasung (ohne Dichtungsmassen, mit Dichtungsbändern), Trockenverglasung *f* || ~ **information** / Patentinformation *f* || ~ **infringement** / Patentverletzung *f*

**patenting*** *n* (Met) / Patentieren *n* (Wärmebehandlung von Draht oder Band aus C-Stählen nach DIN EN 10 052)

**patent knotting** (Build, Paint) / Ästelack *m* (Lösung von Schellack in Spiritus) || ~ **laminated leather** (Leather) / Folienleder *n*, beschichtetes Lackleder *n* || ~ **law** / Patentrecht *n* || ~ **leather** (any leather treated to obtain a high gloss with great depth and clarity) (Leather) / Lackleder *n* || ~ **licence** / Patentlizenz *f* || ~ **litigations** /

Patentstreitsachen *f pl* || ~ **log*** (Ships) / Patentlog *n* || ~ **of addition** / Zusatzpatent *n* (zu einem Hauptpatent) || ~ **office** / Patentamt *n* || ~ **owner** / Patentinhaber *m* || ~ **pending** / Patent angemeldet || ~ **pick** / Kröneleisen *n* (zum Nacharbeiten von Steinflächen), Krönel *m* || ~ **plaster** (Build) / Zementmörtel *m* (Gemisch aus Zement, Sand und Wasser sowie gegebenenfalls Zusätzen, das als Mauermörtel oder Putzmörtel verwendet wird) || ~ **specification** / Patentbeschreibung *f* || ~ **stone** (Build) / Betonwerkstein *m* (Beton mit Natursteinzusätzen nach DIN 18500), Betonblock *m*, Betonstein *m* || ~ **suit** / Patentprozess *m*

**patera*** *n* (pl. -ae) (Arch) / Patera *f* (pl. -ae) (architektonisches Glied in Form einer altrömischen Opferschale, meistens mit Akanthus- oder Rosenblättern geschmückt)

**Paternò-Büchi reaction** (Chem) / Paternò-Büchi-Reaktion *f* (nach E. Paternò, 1847-1935, und J. Büchi, 1903-1986)

**paternoite** *n* (Min) / Kaliborit *f* (ein Kettenborat)

**paternoster*** *n* (Eng) / Paternoster *m*, Paternosteraufzug *m* (ein alter Personenumlaufaufzug - in Deutschland nicht mehr zugelassen) || ~ **lakes** (Geol) / Seen auf den Stufen einer Kartreppe *m pl*

**pâte-sur-pâte** *n* (a technique for the decoration of ceramic ware) (Ceramics) / Pâte-sur-Pâte *n*, Masse-auf-Masse *f* (eine Pinselrelieftechnik)

**pâte tendre** (Ceramics) / Weichporzellanmasse *f*, Weichmasse *f* (mit niedrigem Feldspatanteil)

**path** *n* (Comp) / Pfad *m* (bei hierarchischen Datensystemen) || ~ (Comp) / Pfad *m* (Zugriffsweg auf eine Datei innerhalb eines Inhaltsverzeichnisses) || ~* (Comp, Telecomm) / Weg *m*, Verbindungsweg *m* || ~ (Maths) / Weg *m* (bei Grafen - eine offene Kantenfolge, in der alle Knoten verschieden sind) || ~ (Maths) / Pfad *m*, Schlange *f* (in gerichteter Graf, der durch einen offenen gleichgerichteten Kantenzug darstellbar ist) || ~ (Mech) / Weg *m*, Bahn *f* || ~ (Phys) / Bahn *f* || ~ **accuracy** (Eng) / Bahngenauigkeit *f* (numerische Steuerung) || ~ **analysis** (Comp) / Analyse *f* der möglichen Wege (die ein Programm durchläuft) || ~ **analysis** (Stats) / Pfadanalyse *f* || ~ **attenuation*** (Telecomm) / Streckendämpfung *f* || ~ **cleardown** (Comp, Telecomm) / Wegeabbau *m*, Wegelöschung *f* || ~ **coefficient method** (Stats) / Pfadanalyse *f*

**path-connected space** (Maths) / wegzusammenhängender Raum (ein topologischer Raum)

**path-controlled production** / bahngesteuerte Fertigung (in der Robotertechnik)

**path diagram** (the diagrammatic representation of path models) (Stats) / Pfaddiagramm *n* || ~ **element** (Eng) / Bahnelement *n* (bei Getrieben)

**pathfinder** *n* (Aero, Mil) / Pfadfinder *m*

**path finding** (Teleph) / Wegesuchen *n*, Wegesuche *f*, Wegsuche *f* || ~ **hunting** (Teleph) / Wegesuchen *n*, Wegesuche *f*, Wegsuche *f* || ~ **inclination** (Space) / Bahnneigung *f*

**path-integral quantization** (Phys) / Path-Integral-Quantisierung *f*

**path-length-compensated** *adj* (Phys) / weglängenkompensiert *adj*

**path multiple** (Teleph) / Wegevielfach *n*

**path-multiple grouping** (Teleph) / Gruppierung *f* des Wegevielfachs

**path name** (Comp) / Pfadname *m*, Pfadangabe *f*

**pathobiochemistry*** *f* (Biochem) / Pathobiochemie *f*

**path of contact** (Eng) / Berührungslinie *f* (Verbindung von sämtlichen möglichen Berührungspunkten der Flanken einer Radpaarung) || ~ **of integration** (Maths) / Integrationsweg *m* || ~ **of light rays** (Light, Optics) / Lichtstrahlengang *m* || ~ **of lines of force** (Mech) / Kraftlinienverlauf *m* || ~ **of percolation** (Hyd Eng) / Sickerlinie *f* (die die freie Oberfläche des durch einen Damm strömenden Wassers beschreibt) || ~ **of rays** (Optics) / Strahlengang *m*, Lichtweg *m* (in einem optischen System)

**pathogen** *n* (a bacterium, virus, or other micro-organism that can cause disease) (Med) / Infektionserreger *m*, Krankheitserreger *m*, pathogener Keim

**pathogenetic** *adj* (Med) / pathogen *adj*

**pathogenic** *adj* (capable of causing disease) (Med) / pathogen *adj*

**pathogenous** *adj* (Med) / pathogen *adj*

**pathologic** *adj* (Maths, Med) / pathologisch *adj*

**pathological*** *adj* (Maths, Med) / pathologisch *adj*

**pathotoxin** *n* (Bot) / Pathotoxin *n*

**path profile** (Telecomm) / Geländeschnitt *m* || ~ **reference** (Eng) / Wegspeicherung *f* (bei Kurvensteuerung) || ~ **search** (Teleph) / Wegesuchen *n*, Wegesuche *f*, Wegsuche *f* || ~ **searching** (Teleph) / Wegesuchen *n*, Wegesuche *f*, Wegsuche *f* || ~ **selection** (Comp, Telecomm) / Leitwegzuordnung *f*, Wegewahl *f*, Wegeauswahl *f*, Routing *n* (in Punkt-zu-Punkt-Netzen) || ~ **selection** (Teleph) / Wegvoreinstellung *f*

**path-selection store** (Teleph) / Wegeauswahlspeicher *m*

**path takedown** (Comp, Telecomm) / Wegeabbau *m*, Wegelöschung *f*

**path-time diagram** (Automation) / Weg-Zeit-Schaubild *n*, Weg-Zeit-Diagramm *n* (grafische Darstellungsform für

Steuerungen, bei denen die Stellung der Aktoren in Abhängigkeit von der Zeit dargestellt wird)
**path tracing** (Comp) / Pfadverfolgung f (ein Fehlersuchverfahren) ‖ ~ **velocity** (Eng) / Bahngeschwindigkeit f (Vektorsumme der Bewegungsgeschwindigkeit sich gleichzeitig bewegender Achsen der Werkzeugmaschine)
**pathwise connected space** (Maths) / wegzusammenhängender Raum (ein topologischer Raum)
**patience time** (Comp) / Geduldzeit f (in der Bedienungstheorie)
**patient monitoring** (Automation, Med) / Patientenüberwachung f
**patina\*** n (Chem) / Edelrost m, Patina f (natürliche - im Wesentlichen basisches Kupfer(II)-karbonat) ‖ ~ **formation** / Patinierung f (von selbst ablaufend)
**patinate** v (Join) / patinieren v (Möbel)
**patinated** adj / mit Patina
**patio** n (Arch) / Patio m (pl. -ios) (Wohnhof eines spanischen Hauses), Innenhof m ‖ ~ (Build) / Freisitz m, Terrasse f (überdachte)
**patrol inspection** (i.e., routine visits made to production stages to carry out inspection) / Wanderprüfung f ‖ ~ **man** (Rail) / Streckenwärter m, Streckenläufer m
**patron** n / Stammkunde m
**patronite** n (Min) / Patronit m (ein Vanadiummineral)
**patter** v (Acous) / prasseln v (klatschen)
**pattern** v / mit einem Muster versehen ‖ ~ n / Bauart f (Design), Ausführung f (Bauart), Baumuster n, Konstruktion f, Modell n, Bauform f ‖ ~\* / Modell n, Vorlage f (Modell), Muster n (Modell) ‖ ~ (AI) / Muster n (Eingabedaten für Mustererkennung) ‖ ~ (Electronics) / Bild n (gedruckte Schaltung), Leiterbild n ‖ ~ (Eng) / Schablone f ‖ ~ (Eng) / Punktbild n (numerische Steuerung) ‖ ~\* (Foundry) / Modell n (DIN 1511) ‖ ~ (Mil) / Suchbereich m (des FK-Zielsuchkopfes) ‖ ~ (Paint) / Schablone f ‖ ~ (Photog, Print) / störendes regelmäßiges Muster in Bildern, die mittels Rasterpunkten wiedergegeben sind (Moiré) ‖ ~ (Textiles) / Schnittmuster n (nach dem Stoffe für die Herstellung von Kleidungsstücken zugeschnitten werden) ‖ ~ (Textiles) / Patrone f (auf Patronen- oder Punktpapier) ‖ ~ (Textiles) / Muster n ‖ ~ (Textiles) / Warenprobe f (von Stoffen) ‖ ~ (Textiles) / Dessin n, Musterzeichnung f ‖ ~ (test) (US) (TV) / Fernsehtestbild n, Testbild n ‖ ~ **analysis** / Musteranalyse f ‖ ~ **approval** / Bauartzulassung f ‖ ~ **book** (containing samples of patterns and designs of cloth or wallpaper) / Musterbuch n (wie ein Buch gebundene größere Anzahl von Stoff- und Tapetenmustern) ‖ ~ **card** (Textiles) / Musterkarte f (die die musterbildenden Elemente steuert) ‖ ~ **chart** (Textiles) / Schnittmusterbogen m
**pattern-controlled** adj (AI) / mustergesteuert adj
**pattern cracking** (Civ Eng) / Risse m pl unregelmäßiger Struktur (im Beton), unregelmäßige Risse ‖ ~ **cylinder** (Weaving) / Prisma n (pl. -men) (Aufbauteil für die Führung von Steuerkarten an Webmaschinen)
**pattern-directed** adj (AI) / mustergesteuert adj ‖ ~ **matching** (AI) / mustergesteuerte Aktivierung (Aufruf eines Theorems)
**patterned glass** (Glass) / Ornamentglas n (ein Gussglas nach DIN EN 572-1) ‖ ~ **ground** (Geol) / Strukturboden m, Frostmusterboden m, Frostgefügeboden m (der durch Scheidung der steinigen und erdigen Bodenbestandteile bestimmte Strukturformen angenommen hat) ‖ ~ **line** (Comp) / Zierlinie f
**pattern-grading machine** / Gradiermaschine f (für die Herstellung von Schuhzuschneidemodellen)
**pattern identification colour** (Foundry) / Modellkennfarbe f (DIN 1511)
**patterning** n / Strukturierung f (in Muster), Musterbildung f ‖ ~ (TV) / Moiré n (ein störendes Muster von Streifen oder Wellenlinien im Fernsehbild)
**pattern lifting screw** (Foundry) / Aushebeschraube f (des Modells) ‖ ~-**maker** n (Foundry) / Modellbauer m ‖ ~-**maker's rule\*** (Foundry) / Schwindmaßstab m (ein Zollstock)
**pattern-maker's shrinkage** (Foundry) / Schwindmaß n (prozentuales Übermaß bei Modellen zur Herstellung von Formen - DIN EN 12 890), Schrumpfmaß n, Schwindungszuschlag m, Schwindzugabe f
**pattern-making** n (Foundry) / Modellbau m, Modellherstellung f
**pattern matcher** (AI, Comp) / Patternmatcher m (der die linke Seite einer Produktionsregel bearbeitet), Mustervergleichsprogramm n ‖ ~ **matching** (AI, Comp) / Patternmatching n, Mustervergleich m
**pattern-matching algorithm** (AI) / Mustervergleichsalgorithmus m
**pattern milling and recessing machine** (Foundry, Join) / Modellfräsmaschine f (für den Modell-, Formen- und Kernkastenbau)
**patternness** n / Musterung f (von Beugungsdiagrammen)
**pattern paper** (Paper, Textiles) / Dessinpapier n, Musterpapier n, Patronenpapier n ‖ ~ **plate** (Foundry) / Modellplatte f (entweder doppelseitig oder getrennt für Ober- und Unterkasten) ‖ ~ **rate** (Electronics) / Patternrate f (mit der die Prüfpatterns an den Prüfling angelegt werden) ‖ ~ **recognition** (AI) / Mustererkennung f ‖ ~

**recognition\*** (Comp) / Patternrecognition f, Flachmustererkennung f, Flächenstrukturerkennung f ‖ ~ **recognition** (Eng) / Mustererkennung f (bei IR), Bildverstehen n (bei Robotern) ‖ ~ **repeat** (Textiles) / Rapport m (Wiederholungseinheit beim Textildruck) ‖ ~ **repeat** (Weaving) / Bindungsrapport m (die Einheit der Bindungspatrone) ‖ ~ **roller** (Paint) / Musterroller m, Ornamentwalze f, Musterwalze f ‖ ~-**room** (Foundry) / Modellwerkstatt f
**pattern-sensitive fault** (Comp) / datenabhängiger Fehler, datenbedingter Fehler
**pattern•-shop** n (Foundry) / Modellwerkstatt f ‖ ~ **staining\*** (Build) / Bildung von Durchschlagmustern oder von Schmutzfahnen (an hellen Wänden oder Decken infolge ungleicher Wärmeleitfähigkeit und Feuchtigkeit), Schmutzablagerung f auf saugenden Steinen ‖ ~ **table** (Eng) / Modellaufspanntisch m (z.B. einer Kopierfräsmaschine) ‖ ~ **tie bar** (Foundry) / Dämmleiste f (ein Formerwerkzeug), Dämmstück n
**Patterson function** (Phys) / Patterson-Funktion f (Faltung der Dichtefunktion des Streuvermögens mit sich selbst)
**Patterson-Harker method** (Crystal) / Schweratommethode f (Bestimmung der Phase bei der Kristallstrukturanalyse), Patterson-Methode f
**Patterson method** (Crystal) / Schweratommethode f (Bestimmung der Phase bei der Kristallstrukturanalyse), Patterson-Methode f ‖ ~ **projection** (Phys) / Patterson-Projektion f ‖ ~ **series** (Crystal) / Patterson-Reihe f (bei der Bestimmung der Atomverteilung) ‖ ~ **synthesis** (Crystal) / Patterson-Synthese f (bei der direkten Atomparameterbestimmung)
**Pattinson process** (Chem Eng) / Pattinson-Verfahren n (Herstellung von reinem Magnesiumoxid) ‖ ~ **process** (Met) / Pattinson-Verfahren n, Pattinson-Prozess m, Pattinsonieren n (ein heute nicht mehr praktiziertes Verfahren zur Gewinnung von Silber aus silberhaltigem Werkblei - nach H.L. Pattinson, 1796-1858) ‖ ~**'s white lead\*** (Chem) / Pattinson-Bleiweiß n (Bleihydroxidchlorid - im alten Pattinson-Verfahren gewonnen) ‖ ~ **white** (Chem) / Pattinson-Bleiweiß n (Bleihydroxidchlorid - im alten Pattinson-Verfahren gewonnen)
**patulin** n (Chem, Nut, Pharm) / Patulin n (Stoffwechselprodukt verschiedener Schimmelpilze, z.B. in braunfaulem Obst)
**Pauli exclusion principle\*** (Nuc) / Ausschließungsprinzip n, Pauli-Prinzip n, Pauli-Verbot n (nach W. Pauli, 1900-1958)
**Pauling rules** (Phys) / Pauling'sche Regeln (für Strukturen, in denen Anionen komplex auftreten - nach L.C. Pauling, 1901-1994) ‖ ~ **scale** (for measuring electronegativities) (Chem, Elec) / Pauling'sche EN-Skale
**Pauli paramagnetism** (Phys) / Pauli-Paramagnetismus m (Paramagnetismus der Metalle, soweit er vom Spin der Leitungselektronen herrührt) ‖ ~ **spin matrices** (Nuc) / Pauli'sche Spinmatrizen, Pauli-Matrizen f pl, Spinmatrizen f pl
**Pauli's principle** (Nuc) / Ausschließungsprinzip n, Pauli-Prinzip n, Pauli-Verbot n (nach W. Pauli, 1900-1958)
**Pauli truss** (Civ Eng) / Linsenträger m (Fachwerk mit fischbaucharartig gekrümmtem Ober- und Untergurt), Pauli-Träger m
**paulopost** adj (Geol) / spätmagmatisch adj, deuterisch adj, epimagmatisch adj
**Paul trap** (Phys) / Paul-Falle f (nach W. Paul, 1913-1993), Paul'sche Ionenfalle (eine Quadrupolanordnung von Elektronen)
**Pauly reaction** (Biochem) / Pauly-Reaktion f (eine Eiweiß-Nachweisreaktion)
**paumelle** n (Join) / Nussband n (für Möbel)
**pause** v (Comp) / anhalten v ‖ ~ n (Acous, Comp) / Pause f ‖ ~ **in printing** (Comp) / Druckunterbrechung f, Druckpause f ‖ ~ **instruction** (Comp) / Haltinstruktion f, Stoppbefehl m, Programmstoppbefehl m, Haltbefehl m
**pause/still button** (Cinema) / Pause/Standbild-Taste f
**pave** v (Aero) / befestigen v (Flugbetriebflächen) ‖ ~ (Civ Eng) / pflastern v
**paved area** (Arch) / befestigte Fläche (meistens auf dem Grundstück, außerhalb des Hauses)
**pavement** n (Aero) / Befestigung f (von Flugbetriebflächen - Pflaster, Decke, Belag) ‖ ~ (Civ Eng) / Pflaster n (Befestigungsart von Verkehrsflächen), Straßenpflaster n, Pflasterung f (Belag) ‖ ~\* (US) (Civ Eng) / Fahrbahn f, Fahrdamm m ‖ ~ (GB) (Civ Eng) / Gehweg m, Gehsteig m, Fußweg m, Bürgersteig m, Trottoir n ‖ ~ (BS 892) (Civ Eng) / Fahrbahnbelag m, Fahrbahndecke f (die obere Schicht des Oberbaus), Straßendecke f, Straßenbelag m, Decke f (Fahrbahndecke) ‖ ~ (Geol) / Pflaster n, Pflasterboden m ‖ ~ **bedding** (course) (Civ Eng) / Pflasterbettung f (vorwiegend Sand) ‖ ~ **concrete** (Civ Eng) / Straßenbeton m (zur Herstellung von Verkehrsflächen) ‖ ~ **construction** (Civ Eng) / Deckenaufbau m (bei Straßen) ‖ ~ **light\*** (Build) / [vorgelagerter] Lichtschacht m (mit einem Abdeckrost oder Pflaster-Glasbausteinen

**pavement**
(Oberlichtsteinen)) ‖ ~ **light**\* (Civ Eng, Glass) / Oberlichtstein *m* (für Pflastereinbau) ‖ ~ **marking** (Autos, Civ Eng) / Fahrbahnmarkierung *f* (mit schnelltrocknenden lösungsmittelhaltigen Lacksystemen) ‖ ~ **prism** (Civ Eng, Glass) / Glasbaustein *m* für Pflastereinbau
**paver** *n* (Build) / Pflasterstein *m*, schwache Steinplatte für Bodenbelag ‖ ~ (Civ Eng) / Pflasterer *m*, Plattenleger *m*
**pavilion**\* *n* (Arch) / Pavillon *m* ‖ ~ **roof** (Arch) / Pavillondach *n*
**pavine alkaloids** (Chem) / Pavinalkaloide *n pl* (Untergruppe der Isochinolinalkaloide aus Papaver-Arten)
**paving** *n* (Aero) / Befestigung *f* (von Flugbetriebsflächen - Pflaster, Decke, Belag) ‖ ~ (Build, Civ Eng) / Gehwegplatte *f*, Steinplatte *f* für Bodenbelag, Bodenbelagplatte *f* ‖ ~ (Civ Eng) / Pflästerung *f*, Pflastern *n*, Pflasterung *f* (Tätigkeit) ‖ ~ **block** (Civ Eng) / Pflasterstein *m* ‖ ~ **flag** (Build, Civ Eng) / Gehwegplatte *f*, Steinplatte *f* für Bodenbelag, Bodenbelagplatte *f* ‖ ~ **sett** (Build) / Pflasterstein *m*, schwache Steinplatte für Bodenbelag ‖ ~ **slab** (Build, Civ Eng) / Gehwegplatte *f*, Steinplatte *f* für Bodenbelag, Bodenbelagplatte *f* ‖ ~ **stone** (Build, Civ Eng) / Gehwegplatte *f*, Steinplatte *f* für Bodenbelag, Bodenbelagplatte *f* ‖ ~ **width** (Civ Eng) / Einbaubreite *f* (eines Deckenfertigers)
**pavior**\* *n* (Build) / Pflasterstein *m*, schwache Steinplatte für Bodenbelag ‖ ~ (Civ Eng) / Pflasterer *m*, Plattenleger *m*
**paviour** *n* (Build) / Pflasterstein *m*, schwache Steinplatte für Bodenbelag ‖ ~ (Civ Eng) / Pflasterer *m*, Plattenleger *m*
**pawl** *n* / Pall *n m* (Sperrklinke an einer Winde bzw. am Spill, um den Rückwärtslauf zu verhindern) ‖ ~\* (Eng) / Klinke *f* (Sperrklinke) ‖ ~ **feed** (Eng) / Klinkenradvorschub *m*, Sperrradvorschub *m*
**pawling** *n* (Ships) / Pallung *f* (Ladungssicherung für Stückgut)
**pax**\* (Aero) / Fluggast *m*, Passagier *m*, Flugreisender *m*
**PAX**\* (private automatic exchange) (Teleph) / Haus-Nebenstellenanlage *f* mit Wählbetrieb, Hausvermittlung *f* (mit Selbstwählbetrieb ohne Amtsanschluss)
**paxillus** *n* (pl. paxilli) (For) / Fächerschwamm *m*
**pay** *v* / Zahlungen leisten, zahlen *v* ‖ ~ (Oils) / produzieren *v* (Sonde) ‖ ~ *n* (Geol, Oils) / Speichergestein *n* (poröse Gesteinsschicht, in der sich das Erdgas oder Erdöl anreichern kann) ‖ ~\* (Mining) / bauwürdiger Boden, abbauwürdiges Gelände ‖ ~ (Work Study) / Arbeitslohn *m*, Lohn *m*
**payable** *adj* / zahlbar *adj* (im Voraus, gegen Dokumente) ‖ ~ (Mining) / bauwürdig *adj*, abbauwürdig *adj*
**pay area** (Oils) / Lagerstätte *f* (produktive) ‖ ~ **as you earn** / Lohnabrechnung *f* (mit direkten Steuerabzügen)
**pay-as-you-earn tax** / Quellensteuer *f* (die an der Quelle einbehalten wird)
**pay-as-you-go tax** (US) / Quellensteuer *f* (die an der Quelle einbehalten wird)
**pay-as-you-pollute principle** (Ecol) / Verursacherprinzip *n* (nach dem der Verursacher von Umweltschäden für die entstandenen Schäden und deren Beseitigung haftbar gemacht wird), VUP (Verursacherprinzip)
**pay-as-you-view**\* *n* (TV) / Abonnementfernsehen *n*, Pay-TV *n* (Fernsehprogramm eines Privatsenders, das gegen eine Gebühr und mithilfe eines Decoders empfangen werden kann), Bezahlfernsehen *n*, Gebührenfernsehen *n*
**payback** *n* / Rückfluss *m* (des investierten Kapitals), Payout *n* (Rückgewinnung investierten Kapitals), Payback *n* ‖ ~ **period** / Amortisationszeit *f* ‖ ~ **time** / Amortisationszeit *f*
**pay by results** (Work Study) / Leistungslohn *m* (der vom Arbeitsergebnis abhängig ist)
**pay-claim** *n* (Work Study) / Lohnforderung *f*
**pay dirt** (Mining) / bauwürdiger Kies (in Seifenlagerstätten), bauwürdiger Sand ‖ ~ **dirt** (Mining) / abbauwürdiges Gestein, bauwürdiges Gestein
**PAYE** (pay as you earn) / Lohnabrechnung *f* (mit direkten Steuerabzügen)
**pay envelope** (US) (Work Study) / Lohntüte *f* ‖ ~ **gravel** (Mining) / Wascherz *n* (Seifenerz), Seifenerz *n* ‖ ~ **horizon** (Geol, Oils) / Förderhorizont *m* (Formation mit förderwürdiger Öl- oder Gaslagerstätte), produzierender Horizont
**payload**\* *n* (Aero, Space) / Nutzlast *f* (Teil der Zuladung, welcher der Beförderung dient und sich aus Passagieren, Gepäck, Post und Fracht zusammensetzt), zahlende Last, Nutzmasse *f* ‖ ~ (an explosive warhead carried by an aircraft or missile) (Mil) / Gefechtskopf *m* (Vorderteil bei schweren Geschossen, Raketen, Torpedos, das Sprengladung und Zünder enthält) ‖ ~ (Mining) / Nettoförderung *f* ‖ ~ (Telecomm) / Payload *n* (dem Nutzer zur Verfügung stehendes und von ihm zu bezahlendes Nutzdatenvolumen in Datenpaketen, die gebührenpflichtig übertragen werden), Nettodatenrate *f* ‖ ~ (Telecomm) / Nutzlast *f* (Nutzsignalteil des PCM-Rahmens) ‖ ~ **bay** (Space) / Laderaum *m* ‖ ~ **capability** (Space) / Nutzlastkapazität *f* (einer Rakete) ‖ ~ **integration**\* (Space) / Nutzlastintegration *f* für Weltraumeinsatz (nach allen Kontrollprüfungen) ‖ ~ **specialist**\* (Space) / Nutzmassenspezialist *m* (in den Raumtransportern), Nutzlastspezialist *m*
**payload-to-tare ratio** / Nutz-/Leermasse-Verhältnis *n*
**payload traffic** (Comp, Telecomm) / Nutzkanalverkehr *m*
**payment as net within thirty days** / Zahlung *f* ohne Abzug innerhalb von 30 Tagen
**Payne's gray** (US) / Paynesgrau *n* (grauschwarzes Pigment für die Kunstmalerei) ‖ ~ **grey** (a composite pigment of blue, red, black, and white permanent pigmernts, used especially for watercolours) / Paynesgrau *n* (grauschwarzes Pigment für die Kunstmalerei)
**paynize** *v* (For) / paynesieren *v* (imprägnieren nach Payne) ‖ ~ (For) / Holz imprägnieren (nach dem Payne-Verfahren)
**pay off** *v* / abwickeln *v*, abrollen *v*, abhaspeln *v*, abspulen *v*, loswickeln *v* ‖ ~ **off** / abmustern *v* (Seeleute) ‖ ~ **off** (Ships) / abfallen *v* (um den Einfallswinkel des Windes zu vergrößern)
**pay-off function** (Stats) / Gewinnfunktion *f* (eines Spiels), Auszahlungsfunktion *f* (in der Spieltheorie) ‖ ~ **matrix** (Maths) / Gewinnmatrix *f* (in der Spieltheorie), Auszahlungsmatrix *f*
**pay•-off reel** (Cinema) / Abwickelspule *f* (eines Laufbildwerfers oder eines Tonbandgeräts) ‖ ~ **out** *v* (Cables) / auslegen *v* (z.B. Seekabel), verlegen *v* ‖ ~ **packet** (Work Study) / Lohntüte *f*
**pay-per-view TV** (TV) / Pay-per-View *n* (Übertragung gewünschter Informationen durch digitales Fernsehen mit einem Gebührensystem, bei dem nur die abgerufenen Einheiten bezahlt werden müssen) ‖ ~ **TV** (TV) / Abonnementfernsehen *n*, Pay-TV *n* (Fernsehprogramm eines Privatsenders, das gegen eine Gebühr und mithilfe eines Decoders empfangen werden kann), Bezahlfernsehen *n*, Gebührenfernsehen *n*
**payphone** *n* (a public telephone that is operated by coins or by a credit or prepaid card) (Teleph) / Münzsprecher *m* (öffentlicher), öffentliche Fernsprechstelle
**payroll** *n* (Work Study) / Lohnliste *f* ‖ ~ **clerk** (US) / Lohnbuchhalter *m*
**payslip** *n* (Work Study) / Lohnstreifen *m* (auf dem die Lohnabrechnung vermerkt ist), Lohnzettel *m*
**pay station** (US)\* (Teleph) / Münzsprecher *m* (öffentlicher), öffentliche Fernsprechstelle ‖ ~ **streak** (Mining) / Erzfall *m* (steil einfallende reiche Erzschicht in einer Lagerstätte) ‖ ~ **telephone** (Teleph) / Münzsprecher *m* (öffentlicher), öffentliche Fernsprechstelle ‖ ~ **television** (TV) / Abonnementfernsehen *n*, Pay-TV *n* (Fernsehprogramm eines Privatsenders, das gegen eine Gebühr und mithilfe eines Decoders empfangen werden kann), Bezahlfernsehen *n*, Gebührenfernsehen *n* ‖ ~ **TV**\* (TV) / Abonnementfernsehen *n*, Pay-TV *n* (Fernsehprogramm eines Privatsenders, das gegen eine Gebühr und mithilfe eines Decoders empfangen werden kann), Bezahlfernsehen *n*, Gebührenfernsehen *n* ‖ ~ **zone** (Geol, Oils) / Trägerbereich *m* ‖ ~ **zone** (Geol, Oils) s. also pay horizon
**pb** (paperback) (Bind) / Paperback *n* (eine leichtkartonierte Broschur) ‖ ~\* (lead) (Chem) / Blei *n*, Pb (Blei)
**PB** (page buffer) (Comp) / Seitenspeicher *m*, Seitentextspeicher *m*
**PBA** (printed board assembly) (Electronics) / bestückte Leiterplatte (auf der alle elektrischen und mechanischen Bauteile und gegebenenfalls weitere Leiterplatten montiert und bei der alle Fabrikationsgänge, wie Löten, Schutzlackierungen usw. abgeschlossen sind)
**PBAA** (polybutadiene acrylic acid) (Chem) / Polybutadienacrylsäure *f*, Polybutadienakrylsäure *f*
**PBAN** (polybutadiene acrylonitrile) (Chem, Space) / Polybutadienacrylnitril *n*, Polybutadienakrylnitril *n*
**P-band** *n* (Radar, Telecomm) / P-Band *n* (zwischen 0,03 bis 1 GHz)
**PBB** (polybrominated biphenyl) (Chem) / polybromiertes Biphenyl , PBB (polybromiertes Biphenyl)
**PBC** (periodic bond chain) (Crystal) / Richtung *f* stärkster Bindungsketten
**PbDTC** (lead dithiocarbamate) (Chem, Eng) / Bleidithiocarbamat *n* (auch als Schmierstoffadditiv), Bleidithiokarbamat *n*
**PBI** (polybenzimidazole) (Chem, Plastics) / Polybenzimidazol *n*, Polybenzimidazen *n*, PBI (Polybenzimidazol) ‖ ~ **fibre** / PBI-Faser *f* (Polybenzimidazol)
**PBL** (pro-beam lighting) (Autos, Light) / Mitstrahlbeleuchtung *f* (eine Tunnelbeleuchtung) ‖ ~ (planetary boundary layer) (Meteor) / planetarische Grenzschicht, atmosphärische Grenzschicht (die unterste Schicht im Aufbau der Atmosphäre, in der aufgrund der Rauigkeit der Erdoberfläche und der daraus resultierenden Reibung eine ungeordnete turbulente Strömung vorherrscht)
**p-block elements** (of the periodic table) (Chem) / p-Elemente *n pl*
**PBR** (peak bit rate) (Comp) / Spitzenbitrate *f*
**P branch** (Spectr) / P-Zweig *m* (in dem Rotations-Schwingungs-Termschema - mit dem Minuszeichen), negativer Zweig

**PBS** (phosphate-buffered saline) (Pharm) / phosphatgepufferte physiologische Kochsalzlösung, PBS (phosphatgepufferte physiologische Kochsalzlösung)
**PbSnTe-laser** $n$ (Phys) / PbSnTe-Laser $m$ (ein Halbleiterlaser)
**PBT** (polybenzothiazole) (Chem) / Polybenzothiazol $n$ || $\sim$* (polybutylene terephthalate) (Plastics) / Polybutylenterephthalat $n$, PBTP (Polybutylenterephthalat) || $\sim$ (push-button telephone) (Teleph) / Drucktastenfernsprecher $m$
**PB toxin** (Chem, Ecol) / PB-Toxin $n$ (aus dem Dinoflagellaten Ptychodiscus brevis)
**PBX*** (private branch exchange) (Teleph) / Nebenstellenanlage $f$, Teilnehmerzentrale $f$, private Vermittlungsanlage, Teilnehmervermittlungsanlage $f$ (S), Hauszentrale $f$, Nebenstellenzentrale $f$, Haustelefonanlage $f$, Telefonvermittlungsanlage $f$ (in der Schweiz), TVA (Telefonvermittlungsanlage in der Schweiz)
**PC** (physical contact) / körperliche Berührung
**pc** (piece) / Stück $n$ (oder andere handelsübliche Mengeneinheit, z.B. eine Tapetenrolle)
**PC** (process control) (Automation, Comp, Eng) / Fertigungssteuerung $f$ (Veranlassen, Überwachen und Sichern der Durchführung von Fertigungsaufgaben hinsichtlich Bedarf, Qualität, Kosten und Arbeitsbedingungen) || $\sim$ (Autos) / Expansionskammer $f$ (der Auspuffanlage) || $\sim$ (polymer concrete) (Build, Civ Eng) / Polymer Concrete $m$ (Mörtel/Beton aus Zuschlagsstoffen und Reaktionsharzen als Bindemittel, Kunstharzbeton $m$, Polymerbeton $m$ (Gemisch von reaktionsfähigen Kunststoffen und trockenen Zuschlägen - mit Duromeren als Bindemittel) || $\sim$ (paper chromatography) (Chem) / Papierchromatografie $f$, PC (Papierchromatografie) || $\sim$ (pyrocarbon) (Chem, Elec Eng, Med) / Pyrokohlenstoff $m$, Pyrographit $m$
**P.C.** (point of curvature) (Civ Eng) / Bogenanfang $m$ (einer Kurve im Grundriss)
**PC** (prestressed concrete) (Civ Eng) / Spannbeton $m$ (mit sofortigem Verbund) || $\sim$ (program counter) (Comp) / Instruktionszähler $m$, Befehlszähler $m$ (DIN 44300) || $\sim$ (plug-compatible) (Comp) / steckerkompatibel $adj$ (Ausrüstung) || $\sim$* (personal computer) (Comp) / Personalcomputer $m$, PC $m$ (Personal Computer) || $\sim$ (process control) (Comp) / Prozesssteuerung $f$ (mit Hilfe von Rechnern), rechnergestützte Prozessleitung (DIN 66 201-1) || $\sim$ (personal publishing) (Comp, Print) / Computersatz $m$ am PC || $\sim$ (pulsating current) (Elec Eng) / pulsierender Strom
**pc** (printed circuit) (Electronics) / gedruckte Schaltung (DIN 40801 und DIN IEC 194)
**PC*** $n$ (Chem, Elec Eng, Plastics) / Polycarbonat $n$, Polykarbonat $n$, PC (Polycarbonat) amorpher glasklarer Thermoplast mit hoher Festigkeit und guter Zähigkeit
**PCAC** (partially conserved axial current) (Nuc) / partiell erhaltener Axialvektorstrom
**PCA effect** (Radio) / Polarkappenabsorption $f$, extrem starke Dämpfung von Funkwellen in der Ionosphäre über den Polargebieten der Erde, PCA-Effekt $m$
**PCB*** (polychlorinated biphenyl) (Chem) / polychloriertes Biphenyl, Chlorbiphenyl $n$, Polychlorbiphenyl $n$, PCB (in Deutschland nur in geschlossenen Systemen benutzt) || $\sim$* (printed-circuit board) (Electronics) / Leiterplatte $f$ (DIN 40804), Platine $f$ (Kunststoffplatte mit Leiterbahnen für die Aufnahme der Bauteile), Printplatte $f$, Leiterkarte $f$
**pc board** (single- or double-sided) (Electronics) / Leiterplatte $f$ (DIN 40804), Platine $f$ (Kunststoffplatte mit Leiterbahnen für die Aufnahme der Bauteile), Printplatte $f$, Leiterkarte $f$
**PCB relay** (Elec Eng, Electronics) / PCB-Relais $n$
**PCC** (polymer cement concrete) (Build, Civ Eng) / Polymer-Cement-Concrete $m$ (Zementmörtel/Beton mit Kunststoffzusatz), kunstharzmodifizierter Zementbeton
**pc card** (Comp) / Steckkarte $f$, Erweiterungskarte $f$
**PC connector** (Comp) / PC-Verbinder $m$
**PCDD** (Chem, Ecol) / PCCD (polychloriertes Dibenzodioxin)
**PCDF** (Chem, Ecol) / PCDF (polychloriertes Dibenzofuran)
**PCE*** (Ceramics) / Fallpunktstemperatur $f$, Kegelfalltemperatur $f$, Kegelfallpunkt $m$, Segerkegelfallpunkt $m$
**PC glass** (Glass) / PC-Glas $n$ (das beim Erstarren plastischer Kristalle entsteht)
**PCH** (card punch) (Comp) / Lochkartenstanzer $m$, Kartenstanzer $m$ || $\sim$ (paging channel) (Teleph) / Paging Channel $m$ (gemeinsamer Transportkanal der Abwärtsstrecke zum Transport von Steuerinformationen an eine Mobilstation, deren aktuelle Zelle dem UTRAN in der Regel nicht bekannt ist, mit dem Ziel, eine Verbindung zu ihr aufzubauen), PCH (Paging Channel)
**p-channel-isolated-gate FET** (Electronics) / P-Kanal-FET $m$ mit isoliertem Gate, PIGFET $m$

**p-channel metal-oxide semiconductor technology** (Electronics) / P-Kanal-Technik $f$, P-Kanal-MOS-Technik $f$, PMOS-Technik $f$ (MOS-Technik mit P-Kanal) || $\sim$ **MOS transistor** (Electronics) / P-Kanal-MOS-Transistor (PMOS) $m$, PMOS
**PCI** (program-controlled interrupt) (Comp) / programmbedingte Unterbrechung || $\sim$ (protocol control information) (Comp) / Protokoll-Control-Information $f$, PCI (Protokoll-Control-Information) || $\sim$* (peripheral component interconnect) (Comp) / Peripheral Component Interconnect $n$ (ein Standard aus dem Hause Intel für einen Datenbus in einem PC, der mit verschiedenen Mikroprozessoren zusammenarbeiten kann), PCI (Peripheral Component Interconnect) || $\sim$ (peripheral channel interface) (Comp, Teleph) / Peripheriekanalschnittstelle $f$, PCI (Peripheriekanalschnittstelle) || $\sim$ **bus** (Comp) / PCI-Bus $m$ || $\sim$ **card** (Comp) / PCI-Karte $f$ (die in einen PCI-Bus passt) || $\sim$ **local bus** (Comp) / PCI-Bus $m$
**PCM** (photochemical machining) / fotochemisches Abtragen || $\sim$ (physical connection management) / Physical Connection Management $n$ (verwaltet die physikalische Verbindung zwischen einer FDDI-Station und ihrem Nachbarn auf dem Ring), PCM (Physical Connection Management)
**pcm** (pulse-code modulation) (Telecomm) / Pulskodemodulation $f$, Impulskodemodulation $f$, Puls-Code-Modulation $f$, PCM
**PCM*** (pulse-code modulation) (Telecomm) / Pulskodemodulation $f$, Impulskodemodulation $f$, Puls-Code-Modulation $f$, PCM
**PCMCIA card** (Personal Computer Memory Card International Association) (Comp) / PCMCIA-Karte $f$ (Einsteckkarte nach PCMCIA-Standard)
**PCN** (personal communications network) (Teleph) / Netz $n$ für personenbezogene Kommunikation
**PCNB** (pentachloronitrobenzene) (Chem) / Pentachlornitrobenzol $n$
**p-code** $n$ (Comp) / Pseudokode $m$, Pseudocode $m$
**π-complex** $n$ (Chem) / Pi-Komplex $m$, π-Komplex $m$, Pi-Addukt $m$
**P-controller** (Automation) / proportionalwirkender Regler, Proportionalregler $m$, P-Regler $m$
**PCP** (polychloroprene) (Chem) / Polychloropren $n$, PCP (Polychloropren), CR (Polychloroprenkautschuk nach ISO 1043) || $\sim$ (pentachlorophenol) (Chem, For) / Pentachlorphenol $n$ (als Holzkonservierungsmittel heute nicht mehr zugelassen), PCP (Pentachlorphenol, als Holzkonservierungsmittel heute nicht mehr zugelassen) || $\sim$ (phencyclidine) (Chem, Pharm) / Phencyclidin $n$ (ein altes Psychotomimetikum und Rauschmittel), PCP (Phencyclidin), Phenzyklidin $n$ || $\sim$ (Post's correspondence problem) (Comp) / Posts'ches Korrespondenzproblem (nach E.L. Post, 1897-1954)
**PC packing** (Chem) / vorgealterte Säulenfüllung (in der Gaschromatografie)
**PCP adhesive** / Polychloroprenklebstoff $m$
**PCR** (polymerase chain reaction) (Biochem, Gen) / Polymerasekettenreaktion $f$, PCR (Polymerasekettenreaktion), PCR-Technik $f$ || $\sim$ **cycle*** (photosynthetic carbon reduction cycle) (Biochem) / Calvin-Zyklus $m$ (der reduktive Pentosephosphatzyklus - nach dem amerikanischen Chemiker M. Calvin, 1911-1997), Fotosynthesezyklus $m$
**PCS** (process control system) (Comp) / Prozessleitsystem $n$, PLS (Prozessleitsystem) || $\sim$ (personal composition system) (Comp) / persönliches Satzsystem || $\sim$ (print contrast signal) (Print) / Druckkontrastsignal $n$, Kontrastsignal $n$ || $\sim$ (photon correlation spectroscopy) (Spectr) / Fotonenkorrelationsspektroskopie $f$ || $\sim$ (Personal Communications Services) (Teleph) / Personal Communications Services, PCS (Personal Communications Services) || $\sim$ **fibre** (Electronics, Optics) / kunststoffummantelte Faser, PCS-Faser $f$, plastikummantelte Faser
**PCT** (Patent Cooperation Treaty) / Patentzusammenarbeitsvertrag $m$
**PCTA** (polychlorinated thianthrene) (Chem) / polychloriertes Thianthren, PCTA (polychloriertes Thianthren)
**PCTFE** (Plastics) / Polychlortrifluorethylen $n$, PCTFE (Polychlortrifluorethylen nach DIN 7728), Polytrifluorchlorethylen $n$ (ein Fluorpolymer)
**PCU** (peripheral control unit) (Comp) / Steuersystem $n$ für periphere Geräte, periphere Steuersystem, peripheres Leitwerk || $\sim$ (program control unit) (Comp) / Programmsteuerungseinheit $f$, Programmsteuerung $f$ (Teil der Zentraleinheit)
**PCV** (positive crankcase ventilation) (Autos, I C Engs) / Kurbelgehäusezwangsentlüftung $f$ (geschlossene), geschlossene Kurbelgehäuseentlüftung (bei der die Blowby-Gase in das Ansaugsystem des Motors zurückgeführt werden), Rückführung $f$ der Kurbelgehäusedämpfe in das Ansaugsystem, PCV-System $n$ (der Kurbelgehäuseentlüftung) || $\sim$ **valve** (Autos) / PCV-Ventil $n$ (ein Rückschlagventil in Systemen zur Kurbelgehäusezwangsent- und -belüftung)

**Pd**

**Pd** (palladium) (Chem) / Palladium *n*, Pd (Palladium) ‖ ~* (potential difference) (Elec) / Potentialdifferenz *f*, Potentialunterschied *m* (elektrische Spannung zwischen zwei Punkten)
**PD** (photodetector) (Electronics) / Fotoempfänger *m*, fotoelektrischer Detektor, fotoelektrisches Bauelement (z.B. Fotozelle), Fotodetektor *m* (meist eine Fotodiode mit nachgeschaltetem Verstärker), Lichtdetektor *m*
**pd** (pitch diameter) (Eng) / Flankendurchmesser *m* (achssenkrechter Abstand der Gewindeflankenmitten nach DIN 13)
**PD** (pulsed Doppler ) (Radar) / Impuls-Doppler-Radar *m n* (mit impulsgetasteter Abstrahlung, das zusätzlich zur Entfernung auch die Radialgeschwindigkeit von Zielen zu messen gestattet - DIN 45 025), Puls-Doppler-Radar *m n* ‖ ~ (plasma desorption) (Spectr) / Plasmadesorption *f*, PD (Plasmadesorption) ‖ ~ (pulse duration) (Telecomm) / Pulsbreite *f*, Pulsdauer *f*, Pulslänge *f*, Impulsbreite *f*, Impulsdauer *f*, Impulslänge *f*
**PDA** (Personal Digital Assistant) (Comp) / Personal Digital Assistent *m* (Palmtop-Rechner, entwickelt von Apple, mit Farbbildschirm und Mobilfunkfunktionalität), PDA (Personal Digital Assistent) ‖ ~ (push-down automaton) (Comp, Maths) / Kellerautomat *m*, Push-down-Automat *m* ‖ ~ (postdeflection acceleration) (Electronics) / Nachbeschleunigung *f* (der Elektronen in einer Elektronenstrahlröhre)
**PD action** (Automation) / Proportional-Differential-Verhalten *n*, PD-Verhalten *n*
**PDB photodetector** (Electronics) / Planarfotodetektor *m* mit dotierter Grenzschicht
**PD controller** (Automation) / Proportional-Differential-Regler *m*, PD-Regler *m*
**PDC system** (Radio, TV) / Programmzustellungssteuersystem *n* (TV-Rundfunkdienst)
**PDD** (postdialling delay) (Comp, Telecomm, Teleph) / Rufverzug *m*, Rufverzugszeit *f*, Post Dial Delay *n*
**PDF** (portable-document format) (Comp) / Portable Document Format *n*, PD-Format *n*
**p.d. f.** (probability density function) (Maths, Stats) / Wahrscheinlichkeitsdichte *f*, Verteilungsdichte *f*, Dichtefunktion *f*
**PDH** (plesiochronous digital hierarchy) (Comp, Telecomm) / Plesiochrondigitalhierarchie *f*, plesiochrone digitale Hierarchie *f*, PDH (plesiochrone digitale Hierarchie)
**PDI** (pictorial deviation indicator) (Aero) / Kurslageanzeigegerät *n* (integriertes), Kursabweichungsanzeigegerät *n*, Pictorial Deviation Indicator *m* (ein Mehrzweck-Navigationsanzeiger)
**P display*** (Radar) / P-Darstellung *f* (Anzeige der Messwerte für Richtung und Entfernung in Polarkoordinaten)
**PDL** (page description language) (Comp) / PDL-Sprache *f*, Seitenbeschreibungssprache *f*
**PDM** (pulse-duration modulation) (Telecomm) / Pulsdauermodulation *f* (Trägersignal: Puls, modulierter Parameter: Pulsdauer), Pulsbreitenmodulation *f*, Pulslängenmodulation *f*, Impulsbreitenmodulation *f*, PDM (Pulsbreitenmodulation)
**PD modulation** (Telecomm) / Pulsdauermodulation *f* (Trägersignal: Puls, modulierter Parameter: Pulsdauer), Pulsbreitenmodulation *f*, Pulslängenmodulation *f*, Impulsbreitenmodulation *f*, PDM (Pulsbreitenmodulation)
**PDMS** (plasma-desorption mass spectrometry) (Spectr) / Plasmadesorptionsmassenspektrometrie *f*, PDMS (Plasmadesorptionsmassenspektrometrie)
**PDN** (public data network) (Comp) / öffentliches Datennetz, öffentliches Datenübermittlungsnetz ‖ ~ (packet data network) (Comp, Telecomm) / Paketdatennetz *n* (in dem Daten in Paketen vermittelt werden)
**PDP** (parallel distributed processing) (Comp) / parallel verteilte Verarbeitung ‖ ~ (process data proecssing) (Comp) / Prozessdatenverarbeitung *f*, PDV (Prozessdatenverarbeitung) ‖ ~ (plasma display panel) (Comp) / Plasmabildschirm *m* (DIN EN 61988-1), Gasplasmabildschirm *m* ‖ ~ (plasma display panel) (Comp, Electronics) / Plasmadisplay *n*, Plasmaanzeige *f*
**PDR** (pulsed Doppler radar) (Radar) / Impuls-Doppler-Radar *m n* (mit impulsgetasteter Abstrahlung, das zusätzlich zur Entfernung auch die Radialgeschwindigkeit von Zielen zu messen gestattet - DIN 45 025), Puls-Doppler-Radar *m n*
**PDS** (partitioned data set) (Comp) / untergliederte Daten
**PD software** (public-domain software) (Comp) / PD-Software *f* (die in der Regel nicht gegen Kopieren geschützt ist und frei getauscht werden kann - in Deutschland genau genommen rechtlich nicht möglich, da nach dem Urheberrechtsgesetz zwangsläufig jedes Werk geistiger Aktivität geschützt ist), Public-Domain-Software *f* (z.B. Dongleware)
**PDU** (protocol data unit) (Comp) / Protokolldateneinheit *f* (DIN ISO 7498)
**PDX** (private digital exchange) (Teleph) / digitale Nebenstellenanlage

**PE** (porcelain enamel) / Emaille *f*, Email *n* (RAL 529 A2) (ein Glasfluss, der dekorative Aufgaben und Schutzfunktionen auf einer metallischen Unterlage erfüllt) ‖ ~ (polyethylene) (Chem, Plastics) / Polyethylen *n* (teilkristalliner Thermoplast nach DIN 7728 und DIN EN ISO 1872-1), PE (Polyethylen) ‖ ~ (phase encoding) (Comp, Electronics) / Richtungstaktschrift *f* (DIN 66010), PE-Schrift *f* (für Magnetschichtspeicher) ‖ ~ (population equivalent) (Ecol, San Eng) / Einwohnergleichwert *m*, EGW (Einwohnergleichwert) (Maßzahl des Verschmutzungsgrades eines industriellen Abwassers je Tag im Vergleich mit den Normalwerten eines häuslichen Abwassers) ‖ ~ (plasma etching) (Electronics) / Plasmaätzen *n* (nichtchemisches Vorbehandlungsverfahren zur Aktivierung der Oberfläche) ‖ ~ (piston engine) (Eng) / Kolbenmaschine *f* (eine Maschine, die durch periodische Hin- und Herbewegung eines Kolbens in einem Zylinder gekennzeichnet ist) ‖ ~ (Eng, I C Engs) / Hubkolbenmotor *m*, Kolbenmotor *m*
**P.E.** (printer's error) (Print) / Druckfehler *m*, Erratum *n* (pl. Errata)
**PE** (permanent echo) (Radar) / Festzeichen *n*, Festzeichenecho *n*
**pea coal** (Mining) / Erbsenkohle *f*
**peacock-blue** *adj* / pfauenblau *adj*, pfaublau *adj*
**peacock coal** (Mining) / Glanzkohle *f* (dichte, splittrig brechende, auf den Bruchflächen schillernde Kohle) ‖ ~ **copper** (Min) / Bornit *m*, Buntkupferkies *m*, Buntkupfererz *n* ‖ ~ **ore*** (Min) / Bornit *m*, Buntkupferkies *m*, Buntkupfererz *n*
**pea gravel** (Build, Civ Eng) / Perlkies *m*, Feinkies *m* (Feinkorn), Erbskies *m*
**pea-green** *adj* / erbsengrün *adj* (kräftig hellgrün)
**pea harvester** (Agric) / Erbsenerntemaschine *f* ‖ ~ **huller** (Nut) / Erbsenschälmaschine *f*
**peak** *n* (Chem) / Peak *m* (pl. -s), Pik *m* (pl. -e oder -s) ‖ ~ (Chem) / Peak *m* (in einem Chromatogramm) ‖ ~ (Elec Eng) / Zacke *f* (im Elektrokardiogramm) ‖ ~ (Eng) / Erhebung *f* im Mikroprofil (einer Oberfläche), Peak *m*, Rauheitsspitze *f* (Oberflächenrauheit), Rauigkeitsspitze *f*, Rauigkeitspeak *m* ‖ ~ (Geol) / Bergspitze *f*, Peak *m*, Pik *m* ‖ ~* (Maths) / Spitzenwert *m* (der größte der Maximalwerte), Scheitelwert *m* (Spitzenwert), Gipfelwert *m* ‖ ~ (Maths, Stats) / Peak *m* (in Diagrammen oder grafischen Aufzeichnungen - meistens bei Verteilungskurven) ‖ ~ (Radiol) / Peak *m* ‖ ~ (Ships) / Piek *f* (pl. -en) (Raum vor dem Kollisionsschott und hinter dem Stopfbuchsenschott) ‖ ~* s. also peak value ‖ ~ **area** (Chem) / Peakfläche *f* (bei der quantitativen Analyse in der Gaschromatografie) ‖ ~ **bit rate** (Comp) / Spitzenbitrate *f* ‖ ~ **broadening** (Chem) / Peakverbreiterung *f* (z.B. durch Streudiffusion), Peakaufweitung *f* ‖ ~ **clipper** (Telecomm) / Schwellenwertbegrenzer *m*, Spitzenbegrenzer *m* ‖ ~ **consumption** / Spitzenverbrauch *m* ‖ ~ **current** (Elec Eng, Electronics) / Spitzenstrom *m*, Scheitelstrom *m* ‖ ~ **delay** (the time taken to reach peak brightness after the firing of a flash bulb) (Photog) / Scheitelzeit *f* ‖ ~ **demand** / Bedarfsspitze *f*, Spitzenbedarf *m* ‖ ~ **demand period** / Spitzenverbrauchszeit *f*, Spitzenverbrauchsperiode *f* ‖ ~ **detector** (Radio) / Spitzenwertgleichrichterkreis *m* (Bewertungsmesser, dessen Ausgangsspannung im Wesentlichen vom Spitzenwert des angelegten Signals abhängt) ‖ ~ **distortion** (Chem) / Peakverzerrung *f* (z.B. durch Überlastung) ‖ ~ **distortion factor** (Elec) / Schwankungswelligkeit *f* (einer Mischspannung oder eines Mischstroms)
**peaked** *adj* (Build) / spitz *adj* (Giebel) ‖ ~ **arch** / Spitzbogen *m* (im Allgemeinen) ‖ ~ **distribution** (Stats) / leptokurtische Verteilung, hochgipflige Verteilung
**peak envelope power*** (Telecomm) / Spitzenleistung *f* ‖ ~ **factor*** (Elec Eng) / Scheitelfaktor *m* (einer Wechselgröße: das Verhältnis des Scheitelwertes zum Effektivwert - DIN 40110, T 1), Crestfaktor *m* (Verhältnis von Spitzen- bzw. Scheitelwert zum Effektivwert) ‖ ~ **finder** (Spectr) / Peakdetektor *m* ‖ ~ **flow** (Hyd Eng) / Hochwasserspitze *f* (Wasserstand) ‖ ~ **forward voltage** (Electronics) / Spitzendurchgangsspannung *f* (bei Transistoren) ‖ ~ **gate current** (Electronics) / höchstzulässiger Vorwärtsspitzensteuerstrom (bei Thyristoren) ‖ ~ **height** (Chem) / Peakhöhe *f* (als chromatografischer Parameter)
**peaking** *n* / Spitzenwertbildung *f*, Bildung *f* des Spitzenwertes ‖ ~ (Cinema) / Peaking *n* (Kantenverstärkung) ‖ ~ (Elec Eng) / Spitzenlastbetrieb *m* ‖ ~ (converting a pulse into a peaked form) (Electronics) / Impulsversteilerung *f* ‖ ~ (Radio) / Verstärkungsüberhöhung *f* ‖ ~* (Telecomm) / Resonanzanhebung *f*, Durchlassen *n* einer Spannung ohne Amplitudenbegrenzung ‖ ~ **capacity** (Elec Eng) / Spitzenlastkapazität *f* (eines Kraftwerks) ‖ ~ **circuit** (Telecomm) / Spitzenkreis *m* ‖ ~ **network*** (Telecomm) / Entzerrungsschaltung *f* ‖ ~ **plant** (Elec Eng) / Spitzenlastwerk *n*, Spitzenkraftwerk *n*, Spitzenleistungskraftwerk *n* ‖ ~ **transformer*** (Elec Eng) / Zündimpulstransformator *m*
**peak inrush current** (Elec Eng) / Anlassspitzenstrom *m* ‖ ~ **inverse voltage*** (Electronics) / Spitzensperrspannung *f* (bei Transistoren),

Spitzenrückwärtsspannung f ‖ ~ **joint*** (Build, Carp) / Gelenk n (im Gespärre) ‖ ~ **load*** (Elec Eng) / Spitzenlast f, Lastspitze f
**peak-load period** (Elec Eng) / Spitzenlastzeit f ‖ ~ **power plant** (Elec Eng) / Spitzenlastwerk n, Spitzenkraftwerk n, Spitzenleistungskraftwerk n ‖ ~ **shaving facility** (Oils) / Peak-Shaving-Anlage f (eine Erdgasverflüssigungsanlage) ‖ ~ **station** (hydroelectric power supply) (Elec Eng) / Spitzenlastwerk n, Spitzenkraftwerk n, Spitzenleistungskraftwerk n
**peak matching** (Spectr) / Peakmatching n, Peakvergleich m ‖ ~ **overlap** (Spectr) / Überlappung f der Peaks
**peak-peak*** *attr* (Elec Eng, Electronics) / Spitze zu Spitze
**peak period** / Hauptbetriebszeit f
**peak-point current** (Electronics) / Höckerstrom m (der in der Tunneldiode innerhalb des Bereiches des Tunneleffekts maximal fließende Strom) ‖ ~ **voltage** (Electronics) / Höckerspannung f, Gipfelspannung f (bei Tunneldioden)
**peak power** / Spitzenleistung f, Höchstleistung f ‖ ~ (output) **power** (Radio) / Spitzenleistung f (eines Verstärkers, eines Funksenders) ‖ ~ **power*** (Telecomm) / Spitzenleistung f
**peak-power** *attr* / Höchstleistungs-
**peak program meter*** (Telecomm) / Aussteuerungsmesser m, Spitzenzeiger m ‖ ~ **response** (Instr) / maximale Empfindlichkeit (des Messgerätes) ‖ ~ **reverse voltage** (Electronics) / Spitzensperrspannung f (bei Transistoren), Spitzenrückwärtsspannung f
**peak-ripple factor** (Elec) / Schwankungswelligkeit f (einer Mischspannung oder eines Mischstroms)
**peak sensitivity wavelength** (Electronics) / Wellenlänge f für maximale Empfindlichkeit (DIN 41 855, T 2) ‖ ~ **separation** (Spectr) / Peakabstand m ‖ ~ **separator** (Spectr) / Peakdetektor m ‖ ~ **shaving** / Spitzenausgleich f (bei der Energieproduktion), Spitzendeckung f
**peak-shaving facility** (Oils) / Peak-Shaving-Anlage f (eine Erdgasverflüssigungsanlage)
**peak shift** (Comp) / Spitzenversatz m (DIN 66 010) ‖ ~ **stress** (Mech) / Spitzenspannung f
**peak-to-mean-line height** (Eng) / Glättungstiefe f, RP, mittlere Rautiefe (DIN 4762)
**peak-to-peak*** *attr* (Elec Eng, Electronics) / Spitze zu Spitze
**peak-to-peak amplitude*** (Elec) / Doppelamplitude f
**peak-to-peak value** / Spitze/Spitze-Wert m
**peak-to-zero voltage** (Telecomm) / Spitze-Null-Wert s (des Sendesignals)
**peak transient torque** (Elec Eng) / Kurzschlussdrehmoment n, Stoßmoment n (Höchstwert) ‖ ~ **value** (Maths) / Spitzenwert m (der größte der Maximalwerte, Scheitelwert m (Spitzenwert), Gipfelwert m ‖ ~ **value*** (Phys) / Spitzenwert m, Schwellenwert m, Höchstwert m, Größtwert m (der größte Betrag des Augenblickswertes einer Wechselgröße innerhalb einer Halbschwingung) (bei impulsartigen Funktionen) ‖ ~ **viewing time** (TV) / Hauptsendezeit f, Zeit f der höchsten Einschaltquoten ‖ ~ **voltmeter*** (Elec Eng) / Scheitelspannungsmesser m, Spitzenspannungsmesser m ‖ ~ **white*** (TV) / Weißspitze f (kurzzeitig zulässige Überschreitung des Weißwertes im Videosignal) ‖ ~ **width** (Chem) / Peakbreite f ‖ ~ **width at half height** (Chem) / Breite f des Peaks auf halber Höhe
**peak-withstand current** (Elec Eng) / Halte-Stoßstrom m (Scheitelwert der ersten großen Teilschwingung des Stromes während des Ausgleichsvorganges nach Stromflussbeginn)
**peak working voltage** (Elec Eng) / Spitzenbetriebsspannung f ‖ ~ **zone** (Ecol, Geol) / biostratigrafische Einheit, gekennzeichnet durch die maximale Häufigkeit einer Art, Gattung bzw. eines anderen Taxons
**pea moth** (Agric, Zool) / Erbsenwickler (Cydia nigricana)
**pean*** n (Tools) / Schmalbahn f, Finne f (des Hammers), Pinne f
**Peano curve** (Maths) / Peano-Kurve f (flächenfüllende stetige Kurve)
**Peano's axiom system** (Maths) / Peano'sches Axiomensystem (fünf Axiome, aus denen sich die Eigenschaften der natürlichen Zahlen ableiten lassen - nach dem italienischen Mathematiker G. Peano, 1858-1932) ‖ ~ **curve** (Maths) / Peano-Kurve f (flächenfüllende stetige Kurve)
**Peano's postulates** (Maths) / Peano'sches Axiomensystem (fünf Axiome, aus denen sich die Eigenschaften der natürlichen Zahlen ableiten lassen - nach dem italienischen Mathematiker G. Peano, 1858-1932)
**peanut** n (US) (Bot, Nut) / Erdnuss f (aus Arachis hypogaea L.) ‖ ~ **butter** (Nut) / Erdnussmark f, Erdnussbutter f ‖ ~ **fibre** (Textiles) / Erdnussfaser f ‖ ~ **meal** (Nut) / Erdnussmehl n ‖ ~ **oil** / Erdnussöl n, Arachisöl n ‖ ~ **tube** (Electronics) / Kleinströhre f
**pea ore** (Mining) / Bohnerz n ‖ ~ **podder** (Nut) / Erbsenschälmaschine f
**pear-drop essence** (3-methylbutyl ethanoate) / Birnenaroma n (aus den Schalen der Birnen), Birnenessenz f
**pear essence** (Chem) / Birnenether m (ein Essigsäurepentylester)
**pearl*** n / Perle f

**PEARL** n (Comp) / PEARL n (eine Programmiersprache zur Lösung von Aufgaben im Realzeitbetrieb nach DIN 66 253)
**pearl** *attr* (Photog) / seidenmatt *adj* (Fotopapier) ‖ ~ **ash** (Chem) / Perlasche f (Kaliumkarbonat) ‖ ~ **barley** (Nut) / Perlgraupen f pl (besonders kleine, runde, feinste Graupen), Rollgerste f, Gerstengraupen f pl ‖ ~ **cotton** (Spinning) / Perlgarn (Zwirn, zum Sticken oder Häkeln), Perlzwirn m
**pearled** *adj* / perlgrau *adj*
**pearl embroidery** (Textiles) / Perlstickerei f
**pearlescent paint** (Paint) / Perlmuttereffektlack m, Perleffektlack m ‖ ~ **pigment** (Paint) / Perlglanzpigment n (das aus farblosen, transparenten und hochlichtbrechenden Blättchen besteht), Perlpigment n (ein Glanzpigment), Perlmuttpigment n (DIN 55 943)
**pearl essence** (Paint) / Perlenessenz f, Perlessenz f, Fischsilber n, Fischschuppenessenz f, Essence f d'Orient (eine zellulosclackgebundene Paste) ‖ ~ **fabrics** (Textiles) / Links-links-Gewebe n, Links-links-Ware f, L/L-Ware f (eine Maschenware) ‖ ~ **glue** / Perlleim m (eine Handelsform des Glutinleims) ‖ ~ **grey** / perlgrau *adj*
**pearlite** n (Geol) / Perlit n (obsidianartiges Gestein mit Perlitstruktur - ein extrem leichtes Zuschlagmaterial), Perlstein m ‖ ~* (Met) / Perlit m (lamellares Aggregat aus Ferrit und Zementit mit perlmutterartigem Glanz, das bei Abkühlung kohlenstoffhaltiger Stähle entsteht) ‖ ~ **colony** (Met) / Perlitkolonie f ‖ ~ **nodule** (Met) / eingeformter Perlit ‖ ~ **nose** (Met) / Perlitnase f
**pearlitic forging steel** (Met) / schmiedeperlitischer Stahl (meistens für den Fahrzeugbau) ‖ ~ **iron*** (Met) / Perliteisen n ‖ ~ **malleable cast iron** (Met) / hochfeste Sorten der Gruppe GTS mit den Kennzahlen -45 bis -70
**pearlitizing** n (Met) / Perlitisieren n (Glühung zur Perlitbildung), Perlitglühen n
**pearl lamp** (Light) / innenmattierter Kolben ‖ ~ **polymerization** (Chem) / Suspensionspolymerisation f, Perlpolymerisation f, Kornpolymerisation f ‖ ~ **screen** (Cinema) / Perlwand f ‖ ~ **starch** (Nut) / Perlstärke f, ungesichtete Stärke ‖ ~ **white*** / Spanischweiß n, Perlweiß n (Bismutoxidnitrat - als weiße Schminke benutzt)
**pearly** *adj* (having the lustre of mother-of-pearl) / Perlmutt-, Perlmutter-, perlmutterglänzend *adj*, perlmutterähnlich *adj*, perlmutterartig *adj*, mit Perlmutterglanz ‖ ~ **lustre** (Min) / Perlmutterglanz m
**pear oil*** (amyl acetate) (Chem) / Birnenöl n ‖ ~-**push** n (Elec Eng) / Hängeschalter m, [hängender] Schnurschalter m
**pear-shaped** *adj* / birnenförmig *adj*, piriform *adj* ‖ ~ **bulb** (Elec Eng, Light) / Kolben m (der Glühlampe), Lampenkolben m, Birne f, Glühbirne f
**Pearson distribution** (Stats) / Pearson'sche Verteilung (nach K. Pearson, 1857-1936)
**Pearsonian coefficient** (Stats) / Korrelationskoeffizient m (das Maß der Korrelation nach DIN 1319, T 4)
**Pearson's coefficient** (Stats) / Korrelationskoeffizient m (das Maß der Korrelation nach DIN 1319, T 4) ‖ ~ **distribution** (Stats) / Pearson'sche Verteilung (nach K. Pearson, 1857-1936)
**Pearson symbol** (Crystal) / Pearson-Symbol n (zur Klassifizierung von Kristallstrukturen) ‖ ~ **type I distribution** (Stats) / Betaverteilung f (1. und 2. Art) ‖ ~ **type III distribution** (Stats) / Gammaverteilung f
**peas** pl (1/2 to 1/4 in.)* (Mining) / [etwa] Nuss V (6-10 mm - Steinkohle)
**peasant blue** / nordischblau *adj*
**pea sheller** (Nut) / Erbsenschälmaschine f ‖ ~ **shingle** (Build, Civ Eng) / Perlkies m, Feinkies m (Feinstkorn), Erbskies m
**peat** n (pl. -s) / Torfstück n ‖ ~* (Geol) / Torf m (Ablagerung der Reste von Moosen und höheren Pflanzen, die sich in allmählicher Inkohlung befinden und dabei ihre Gewebsstruktur lange erhalten kann - DIN 4047, T 4) ‖ ~ **bank** / Torfbank f ‖ ~ **bank** (Mining) / Torfgewinnungsstätte f, Torfstich m (Stelle, an der Torf gestochen wird), Torfwerk n, Torfgrube f ‖ ~ **bed** (Geol) / Torflager n, Torfschicht f ‖ ~ **bog** (Geog, Geol) / Torfmoor n ‖ ~ **briquette** / Torfbrikett n ‖ ~ **charring** (Geol) / Torfverkohlung f ‖ ~ **coke** (Met) / Torfkoks m ‖ ~ **cutting** / Torfstechen n, Torfstich m (Stechen von Torf) ‖ ~ **dust** (Agric) / Torfmull m
**peatery** n / Torfbank f ‖ ~ (Mining) / Torfgewinnungsstätte f, Torfstich m (Stelle, an der Torf gestochen wird), Torfwerk n, Torfgrube f
**peat formation** (Bot, Geol) / Vertorfung f (Umbildung pflanzlicher Stoffe zu Torf) ‖ ~ **gas** (Fuels) / Torfgas n ‖ ~ **gasification** / Torfvergasung f ‖ ~ **humification** (Geol) / Vererdung f (nachhaltige Veränderung der Gefügeeigenschaften von Torfen im Verlauf des oxidativen Abbaus)
**peatification** n (Bot, Geol) / Vertorfung f (Umbildung pflanzlicher Stoffe zu Torf)
**peatland** n (Geog, Geol) / Torfmoor n ‖ ~ **reclamation** (Ecol) / Moorrekultivierung f, Moorregeneration f
**peatlands** pl (Geog, Geol) / Torfmoor n

1123

**peat moor**

**peat moor** (Geog, Geol) / Torfmoor *n* || ~ **moss** (Geog, Geol) / Torfmoos *n*, Sphagnum *n*, Sumpfmoos *n* || ~ **mulch** (Agric) / Torfmulch *m* || ~ **pit** (Mining) / Torfgewinnungsstätte *f*, Torfstich *m* (Stelle, an der Torf gestochen wird), Torfwerk *n*, Torfgrube *f* || ~ **powder** (Agric) / Torfmull *m* || ~ **scours** (Agric) / Molybdänose *f* (Vergiftung der Wiederkäuer durch abnorm hohen Gehalt der Weidepflanzen an Molybdän) || ~ **tar** / Torfteer *m*
**peaty** *adj* (Geol) / torfig *adj*, torfartig *adj*, torfhaltig *adj*
**Peaucellier's linkage** (Maths) / Inversor *m* (mechanisches Hilfsmittel für die Konstruktion der Spiegelung am Kreis), Gelenkmechanismus *m* nach Peaucellier (ein Inversor nach A. Peaucellier)
**peau d'ange** (Textiles) / Peau d'Ange *f* (weicher Crêpe Satin) || ~-**de-soie** *n* (Textiles) / Seidenhaut *f* (schwere reinseidene Atlasware), Peau-de-Soie *f*
**peavey** *n* (For) / Fällheber *m* mit Wendehaken
**peavie** *n* (For) / Fällheber *m* mit Wendehaken
**pebble** *n* (Geol) / Kieselstein *m*, Kiesel *m* || ~ (Heat) / Pebble *n*, Wärmestein *m* (für Wärmesteinerhitzer) || ~ (Textiles) / Kreppeffekt *m* || ~ **and boulder trap** (Civ Eng) / Geröllfang *m* (in den Straßenablauf eingehängter Eimer, der die Grobstoffe des Regenwasserabflusses zurückhält) || ~-**bed reactor**\* (Nuc Eng) / Kugelhaufenreaktor *m* (in dem die Kernmaterialien teilweise oder vollständig in Form eines stationären Bettes kleiner Kugeln vorliegen, die in Kontakt miteinander stehen)
**pebble-dash** *n* (Build) / Kieselputz *m* (in den aufgezogenen Oberputz werden Kiesel aufgedrückt)
**pebble-dashing**\* *n* (Build) / Kieselputz *m* (in den aufgezogenen Oberputz werden Kiesel aufgedrückt)
**pebble graining** (Leather) / Narben *n* (bei der Herstellung von Kunstleder oder auf einem beschichteten Gewebe), Narbenpressen *n*, Chagrinieren *n* || ~ **grey** / kieselgrau *adj* || ~ **heater** (Chem) / Pebble-Heater *m*, Wärmesteinerhitzer *m*, Steinerhitzer *m* || ~ **mill**\* (Eng, Min Proc) / Pebble-Mühle *f*, Flintsteinmühle *f*, Flintsteinkugelmühle *f* || ~ **phosphate** (occurring as pellets, pebbles, and nodules in gravelly beds) (Geol) / knolliger oder pelletoider Phosphorit
**pebbling** *n* (Leather) / Walknarbenbildung *f* (Fehler) || ~ (Leather) / Narben *n* (bei der Herstellung von Kunstleder oder auf einem beschichteten Gewebe), Narbenpressen *n*, Chagrinieren *n* || ~ (Paint) / Apfelsinenhauteffekt *m* (eine Oberflächenstörung des Anstrichfilms, die unter ungünstigen Bedingungen bei Spritzlackierungen auftritt), Orangenschaleneffekt *m*
**pebbly** *adj* / körnig *adj* (Sand)
**PEC** (predicted environmental concentration) (Chem, Ecol) / geschätzte Umweltkonzentration, EEC (geschätzte Umweltkonzentration) || ~ (photoelectric cell) (Electronics) / Fotozelle *f* (ein Bauelement, das auf dem äußeren lichtelektrischen Effekt beruht), lichtelektrische Zelle
**pecan** *n* (For) / Pekannussbaum *m* (Carya illinoiensis (Wangenh.) K. Koch)
**peccary** *n* (Leather) / Pekarileder *n*, Peccaryleder *n*, Nabelschweinleder *n* || ~ **leather** (Leather) / Pekarileder *n*, Peccaryleder *n*, Nabelschweinleder *n*
**Pechan prism** (Optics) / Pechan-Prisma *n* (ein Umkehrprisma)
**Pechmann reaction** (Chem) / Pechmann-Reaktion *f* (nach H. von Pechmann, 1850 - 1902)
**peck drilling** (Eng) / Tieflochbohren *n* mit Ausspänen
**pecked line** (Cartography) / Strichreihe *f* (als kartografisches Ausdrucksmittel)
**pecker** *n* (Comp) / Abfühlnadel *f*, Abfühlstift *m*
**peckiness** *n* (For) / Weißlochfäule *f* (bei der das Holz nicht gleichmäßig, sondern von "Nestern" aus zerstört wird), Wabenfäule *f*, Honigwabenfäule *f*, Lochfäule *f*
**pecky dry rot** (For) / Weißlochfäule *f* (bei der das Holz nicht gleichmäßig, sondern von "Nestern" aus zerstört wird), Wabenfäule *f*, Honigwabenfäule *f*, Lochfäule *f* || ~ **wood** (For) / Rebhuhnholz *n* (als Ergebnis der Wabenfäule)
**Péclet number** (Phys) / Péclet-Zahl *f* (Verhältnis von konvektiver Wärme zu geleiteter Wärme in Strömungen - nach J.C.E. Péclet, 1793-1857), Pe (Péclet-Zahl) (DIN 1341)
**Péclet's number** (equal to Prandtl number x Reynolds number) (Phys) / Péclet-Zahl *f* (Verhältnis von konvektiver Wärme zu geleiteter Wärme in Strömungen - nach J.C.E. Péclet, 1793-1857), Pe (Péclet-Zahl) (DIN 1341)
**pectase** *n* (Biochem, Chem) / Pektinesterase *f* (ein zu den Karbonsäureesterasen gehörendes Ferment, das hochspezifisch das Pektin in Pektinsäure und Methanol spaltet), Pektolipase *f*, Pektase *f*
**pectate** *n* (Chem) / Pektat *n* (Salz oder Ester der Pektinsäure)
**pectic** *adj* (Biochem) / pektisch *adj*, Pektin- || ~ **acid** (Biochem, Chem) / Pektinsäure *f* (Poly-D-galacturonsäure) || ~ **enzyme** (Biochem, Chem) / pektisches Enzym (zu den Polyasen gehörendes Enzym) || ~ **substance** (Biochem, Chem) / Pektinsubstanz *f*, Pektinstoff *m* (pflanzliches Heteropolysaccharid)
**pectin**\* *n* (Biochem, Chem, Nut) / Pektin *n* (E 440 - Verdickungsmittel, Geliermittel und Trägerstoff)
**pectinase** *n* (Biochem, Chem) / Pektinase *f*
**pectinate** *n* (Biochem, Chem) / Pektinat *n* (Salz der Pektine)
**pectine chemistry** (Biochem) / Pektinchemie *f*
**pectinolytic** *adj* (Biochem, Chem) / pektinolytisch *adj*, pektolytisch *adj*, pektinabbauend *adj*, pektinspaltend *adj*
**pectization** *n* (Chem) / Pektisation *f*
**pectocellulose** *n* (Biochem, Chem) / Pektozellulose *f*
**pectolite**\* *n* (Min) / Pektolith *m* (Kalziumnatriumhydrogentrisilikat)
**pectolytic** *adj* (Biochem) / pektinolytisch *adj*, pektolytisch *adj*, pektinabbauend *adj*, pektinspaltend *adj*
**pectose**\* *n* (Biochem, Bot) / Pektose *f*
**peculiar**\* *n* (Print, Typog) / Akzentbuchstabe *m*, Akzent *m* || ~ **motion** (Astron) / pekuliare Bewegung, Pekuliarbewegung *f* || ~ **star** (Astron) / Peculiar-Stern *m* (dessen Spektrum Besonderheiten aufweist), Pekuliarstern *m*
**PECVD** (Electronics) / PECVD-Verfahren *n* (bei integrierten Schaltungen das Abscheiden von Isolierschichten aus einem Plasma unter Wärmeeinwirkung), PECVD-Prozess *m*
**ped** *n* (Agric, Geol) / Ped *n* (das kleinste natürliche Aggregat von Bodenteilchen)
**pedal** *n* (a foot-operated lever or control) (Autos) / Fußhebel *m*, Pedal *n* || ~ *attr* (Eng) / fußbetätigt *adj*, mit Fußantrieb, fußgesteuert *adj* || **with the ~ to the metal** (Autos) / Bleifuß- (Fahrstil) || ~ **bin** / Treteimer *m* || ~ **clearance** (Autos) / Pedalrestweg *m* (der Abstand zwischen Pedal und Bodenblech, wenn das Pedal voll durchgetreten ist) || ~ **control** (Eng) / Fußsteuerung *f*, Fußschaltung *f*, Fußbetätigung *f* || ~ **curve**\* (Maths) / Fußpunktkurve *f* || ~ **feed motion** (Textiles) / fußbetätigte Speiseregulierung || ~ **feel(ing)** (Autos) / Pedalgefühl *n*
**pedalfer** *n* (Agric) / Al- und Fe-reiche Bodenart (meistens in feuchten Regionen)
**pedal force** (Autos) / Pedalkraft *f* || ~ **free play** (Autos) / Pedalleerweg *m* (Weg eines Pedals von der Ruhestellung bis zu dem Punkt, an dem die Bremse/Kupplung anspricht) || ~ **point** (Maths) / Pol *m* der Fußpunktfläche || ~ **pulsation** (Autos) / Pedalpulsieren *n* (bei aktivem ABS) || ~ **reserve** (Autos) / Restpedalweg *m*, Reserveweg *m* des Pedals || ~ **surface** (Maths) / Fußpunktfläche *f* (der geometrische Ort für die Fußpunkte) || ~ **travel** (Autos) / Fahrfußhebelweg *m*, Pedalweg *m* || ~ **triangle** (Maths) / Fußpunktdreieck *n*
**Pedersen conductivity** (Plasma Phys) / Pedersen-Leitfähigkeit *f* (elektrische Leitfähigkeit von Plasmen senkrecht zum Magnetfeld in Richtung des angelegten elektrischen Feldes)
**pedestal** *n* (Arch) / Piedestal *n* || ~ (Build) / Sockel *m*, Postament *n*, Piedestal *n* || ~ (Cinema) / Studiopumpe *f* (ein besonders stabiles Fahrstativ), Pumpstativ *n* || ~ (US) (Rail) / Achsgabel *f* (Lokomotive) || ~ (US) (TV) / Austastwert *m* (DIN 45060) || ~ (GB)\* (TV) / Schwarzabhebung *f* (DIN 45060) || ~ **bearing** (Eng) / Stehlager *n* || ~ **boulder** (Geol) / Pilzfelsen *m* (mit schmalem Fuß und breitem, hutartig ausladenden Oberteil, Pilzfels *m*, Tischfels *m* || ~ **copier** / Standkopierer *m* || ~ **grinder** (Eng) / Schleifbock *m* (einfache Werkzeugschleifmaschine) || ~ **pile** (Civ Eng) / Pfahl *m* mit Fußerweiterung (z.B. Franki-Pfahl) || ~ **plain bearing** (Eng) / Gehäusegleitlager *n* || ~ **rock** (Geol) / Pilzfelsen *m* (mit schmalem Fuß und breitem, hutartig ausladenden Oberteil, Pilzfels *m*, Tischfels *m*
**pedestrian** *n* / Fußgänger *m*, Fußgeher *m* (A) || ~ *adj* / mitgehend *adj*, gehend *adj* (Fahrerplatz bei den Flurförderfahrzeugen) || ~ **bridge** (Autos, Civ Eng) / Fußgängerbrücke *f*, Fußsteg *m*, Fußgängersteg *m*, Steg *m* (Brücke für Fußgänger), Gehwegbrücke *f*, Gangsteg *m* (Fußgängerbrücke)
**pedestrian-controlled** *adj* / Mitgänger- *m* (Maschine, die vom Benutzer geführt oder bewegt wird), durch Gehenden gelenkt (Transportmittel)
**pedestrian crossing** (a specified part of a road where pedestrians have right of way to cross) (Autos, Civ Eng) / Fußgängerüberweg *m*, Fußgängerschutzweg *m*, Fußgängerwegmarkierung *f*
**pedestrian-crossing light** (Autos, Civ Eng) / Lichtsignal *n* (fußgängerbetätigtes) an Fußgängerüberwegen, Blinklicht *n* (für Fußgänger an den Fußgängerüberwegen), orangefarbenes Blinklicht am Zebrastreifen
**pedestrian crossing light** (Autos) / Bedarfsampel *f*
**pedestrian-dominant zone** (Autos) / Begegnungszone *f* (eine Maßnahme der Verkehrsberuhigung), Flanierzone *f*
**pedestrianization** *n* (Arch, Autos) / Umwandlung *f* von Fahrbahnen in Fußgängerzonen (Fußgängerbereiche)
**pedestrianize** *v* (Arch, Autos) / in eine Fußgängerzone verwandeln
**pedestrianized mall** (Arch) / Fußgängerstraße *f* (mit konzentrierten Einkaufsmöglichkeiten), Einkaufsstraße(n) *f* (*pl*), Ladenstraße *f*

1124

(überdachte oder überdeckte Fläche, an der Verkaufsräume liegen und die dem Kundenverkehr dient) ‖ ~ **shopping parade** (Arch) / Fußgängerstraße f (mit konzentrierten Einkaufsmöglichkeiten), Einkaufsstraße(n) f (pl), Ladenstraße f (überdachte oder überdeckte Fläche, an der Verkaufsräume liegen und die dem Kundenverkehr dient)

**pedestrian pallet truck** (Eng) / Geh-Gabelhubwagen m ‖ ~ **precinct** (Arch) / Fußgängerzone f ‖ ~ **push-button** (Autos) / Druckknopfschalter m (der fußgängerbetätigten Lichtsignalanlage) ‖ ~ **subway** (Civ Eng) / Fußgängertunnel m ‖ ~ **traffic** / Fußgängerverkehr m ‖ ~ **viewing point** (Civ Eng) / Aussichtskanzel f (Vergrößerung der Brückenbreite, die als Aussichtsplattform benutzt wird) ‖ ~ **way** (Civ Eng) / Fußgängerweg m

**pedial class** (Crystal) / pediale Klasse (ohne jedes Symmetrieelement), symmetrielose Kristallklasse

**pedigree** n (Agric, Biol) / Pedigree n (pl. -s) (Stammbaum in der Pflanzen- und Tierzucht) ‖ ~ **breeding** (Agric) / Herdbuchzucht f

**pediment**\* n (low-pitched triangular gable following the roof slopes over a portico or facade in classical architecture) (Arch) / Ziergiebel m (über einem Portikus) ‖ ~\* (Geol) / Pediment n (am Rande arider oder semiarider Gebirge), Gebirgsfußfläche f, Felspediment n, Glacis n (Verebnungsfläche am Gebirgsfuß)

**pedion**\* n (Crystal) / Einflächner m, Pedion n (pl. Pedien) (einflächige Kristallform)

**pedipulator** n / Pedipulator m (Schreitvorrichtung), Bein n (des Schreitroboters) ‖ ~ **system** / Pedipulatorsystem n (bei Schreitrobotern)

**pedobiology** n (Agric, Biol) / Bodenbiologie f, Pedobiologie f

**pedogenesis** n (pl. -geneses) (Geol) / Pedogenese f, Entstehung f der Böden, Entstehung f des Bodens, Bodenbildung f, Bodengenese f

**pedogenetic** adj (Geol) / pedogenetisch adj, bodenbildend adj

**pedogenic** adj (Geol) / pedogenetisch adj, bodenbildend adj

**pedological** adj (Agric, Civ Eng) / bodenkundlich adj, pedologisch adj

**pedology**\* n (Agric, Civ Eng) / Pedologie f, Bodenkunde f

**pedometer**\* n (Surv) / Pedometer n (uhrähnlicher Schrittzähler)

**pedon** n (Agric, Geol) / Pedon n (kleinster einheitlicher Bodenkörper)

**pedosphere** n (Agric, Geol) / Pedosphäre f (der oberste Bereich der festen Erdrinde)

**pedotope** n / Pedotop m (eine Fläche, die überwiegend von einer Bodenform eingenommen wird)

**pedunculate oak** (For) / Stieleiche f, Sommereiche f (Quercus robur L.)

**pedway** n (Civ Eng) / Fußgängerweg m

**PEEK** (polyether ether ketone) (Plastics) / Polyetheretherketon n (ein Thermoplast), PEEK (Polyetheretherketon)

**peel**\* v / abblättern v (sich vom Grundwerkstoff ablösen), abbröckeln v, blättern v, abplatzen v ‖ ~ (For) / schälen v (Furniere auf der Furnierschälmaschine) ‖ ~ (Nut) / schälen v, abschälen v, pellen v ‖ ~ (Paint) / ablösen v (eine Lackschicht) ‖ ~ vt (For) / entrinden v, schälen v ‖ ~ n (Foundry) / Schülpe f, Narbe f (ein Gussfehler beim Gießen von Grünsandformen) ‖ ~ (Nut) / Fruchtschale f ‖ ~ (Nut) / Zitrusschale f, Citrusschale f

**peelable lacquer** (a lacquer coating on a flexible support - the lacquer can be peeled off the support after an area has been outlined with a cut extending through to the support) (Paint) / Abziehlack m (auf elastischem Untergrund)

**peel back** v / abziehen v (Folie)

**peeler** n (Nut) / Schälmaschine f (zum Schälen von Obst, Gemüse) ‖ ~ **core** / Restrolle f (Einspannrest, der bei der Herstellung von Restfurnieren anfällt)

**peeling** n (Ceramics) / Abblättern n (bei Ziegelmassen, bei Begussmassen, bei Glasuren), Abplatzen n, Abbröckelung f ‖ ~\* (Chem) / Ablösen n (bei Niederschlags) ‖ ~ (For) / Schälen n (von Furnieren auf der Furnierschälmaschine) ‖ ~ (For, Paper) / Entrindung f ‖ ~ **agent** (Nut) / Schälmittel n (für Obst, Kartoffel und Gemüse - z.B. KOH oder NaOH) ‖ ~ **chips** (For) / Schälspäne m pl (Holzrestspäne, die beim Schälen anfallen) ‖ ~ **loss** (Nut) / Verlust m beim Schälen ‖ ~ **machine** (Nut) / Schälmaschine f (zum Schälen von Obst, Gemüse)

**peeling-off** n (Ceramics) / Abblättern n (bei Ziegelmassen, bei Begussmassen, bei Glasuren), Abplatzen n, Abbröckelung f

**peel** v **in strips** (For) / reppeln v (entrinden von Hand mit dem Stoßschäler), schippen v, schnitzen v (entrinden), rändeln v (entrinden) ‖ ~ **off** / abziehen v (eine Oberflächenschicht entfernen) ‖ ~ **off** / abblättern v (sich vom Grundwerkstoff ablösen), abbröckeln v, blättern v, abplatzen v ‖ ~ **off** (Aero) / abdrehen v (aus einem Flugverband) ‖ ~ **off** (Paint) / ablösen v (eine Lackschicht) ‖ ~ **strength** (For) / Entrindungswiderstand m (den die Rinde ihrer Ablösung vom Holz entgegensetzt), Schälwiderstand m ‖ ~ **test** (Elec Eng, Paint) / Peeltest m (Versuch zur Messung der Haftfestigkeit nach DIN 53 494)

**peen**\* n (Tools) / Schmalbahn f, Finne f (des Hammers), Pinne f

**peened, as-**~ (Eng) / im kugelgestrahlten Zustand

**peening** n (Eng) / Abklopfen n (mit der Hammerfinne) ‖ ~\* (Eng, Foundry) / Verfestigungsstrahlen n (mit runden oder gerundeten Strahlmittelkörnern), Kugelstrahlen n ‖ ~\* (Met) / Kalthärten n durch Hämmern ‖ ~ **wear** (Eng) / Prallverschleiß m

**peen plating** (Surf) / Kaltauftrag m (von Pulver), tribogalvanischer Korrosionsschutz ‖ ~ **plating** (Surf) / Peenplating n, Anreiben n (tribogalvanischer Korrosionsschutz) ‖ ~ **plating** (Surf) / Mitral-Verfahren n (Kaltverschweißungsverfahren zur Verzinkung von kleinen Massenteilen) ‖ ~ **plating** s. also mechanical plating

**peepdoor** n (Eng) / Schauloch n (im Allgemeinen)

**peephole** n (Build) / Spion m (eien Bohrung in senkrechter Türachse von Wohnungseingangstüren zur Erlangung von Durchsicht nach außen - DIN 68 706-1), Guckloch n ‖ ~ (Eng) / Schauloch n (im Allgemeinen) ‖ ~ **optimization** (Comp) / lokale Kodeoptimierung

**peep-sight** n (Mil) / Visier n, Diopter n, Visiereinrichtung f, Zielvorrichtung f (Diopter) ‖ ~ (Optics, Photog) / Lochdiopter n

**peer** n (the name given to the layers which communicate with each other in a network) (Telecomm) / Peer ‖ ~ **entity** (a networking term referring to an entity that resides on the same layer as another entity in a network, but on different computers) (Comp, Telecomm) / Partnerinstanz n, Peer-Entity n (in dem ISO-Referenzmodell)

**peer-entity authentication** (Comp, Telecomm) / Authentifizierung f der Partnerinstanz

**peer group** (Comp, Telecomm) / Peergruppe f (von ATM-Knoten)

**peering** n (Comp, Telecomm) / Peering n (das Zusammenschalten zweier oder mehrerer Teilnetze verschiedener Betreiber im Internet) ‖ ~ **point** (Comp, Telecomm) / Peering Point m (von Teilnetzen verschiedener Betreiber im Internet)

**peer-to-peer** (Comp, Telecomm) / Peer-to-Peer (gleichberechtigtes Verhältnis von an einer Kommunikation beteiligten Einheiten - im Gegensatz zu den Begriffspaaren Client und Server oder Host zum Terminal), Partner-zu-Partner (Verhältnis von an einer Kommunikation beteiligten Einheiten), P2P (Peer-to-Peer) ‖ ~ **attr** (Comp) / paritätisch adj (Konfiguration) ‖ ~ **network** (Comp, Telecomm) / Peer-to-Peer-Netz n (das ohne Server auskommt, in dem jeder Rechner Server- und Clientaufgaben übernehmen kann) ‖ ~ **transfer** (Comp) / gleichwertiger Dateitransfer

**PEG** (polyethylene glycol) (Chem) / Polyethylenglycol n, Polyethylenglykol n, PEG (Polyethylenglykol)

**peg** v (Build, Carp) / dübeln v, verdübeln v ‖ ~ (Eng) / mit Stiften befestigen, mit Zapfen verbinden ‖ ~ (Eng) / Täcks m (ein Schuhmachernagel), Tacks m ‖ ~ (Eng) / Pflock m, Holzpflock m ‖ ~ (Build) / Dübel m, Wanddübel m (im Stemmloch) ‖ ~ (Build, Carp) / Dübel m (Holz) ‖ ~ (Eng) / Stift m, Zapfen m ‖ ~ (of a die) (Eng) / Haltestein m (Passstück zwischen Gesenkhälften und Bär bzw. Schabotte) ‖ ~ (Telecomm) / Rasterzählung f (von Gesprächen)

**peg-board** n (For) / Steckbrett n

**peg count** (Telecomm) / Rasterzählung f (von Gesprächen)

**pegging-out** n (Surv) / Abstecken n (einer Trasse), Trassieren n

**pegging plan** (Weaving) / Webzettel m ‖ ~ **rammer** (Foundry) / Spitzstampfer m (für die Formerei)

**peg-leg** n (Mining, Oils) / Knick m (im Bohrlochverlauf)

**peg mark** (Leather) / Zapfenmarke f (durch Fasszapfen verursachte Narbenbeschädigung)

**pegmatite**\* n (Geol) / Pegmatit m (grobkörniges Ganggestein, das aus wässrigen Magmarestschmelzen auskristallisiert ist) ‖ ~ **sand** (Geol) / Pegmatitsand m

**pegmatitization** n (Geol) / Pegmatitisierung f, Umwandlung f in Pegmatit

**peg out** v (Surv) / abstecken v (eine Trasse), trassieren v

**peg-tooth harrow** (Agric) / Gelenkegge f (eine alte Zinkenegge)

**PE headlight** (Autos) / PE-Scheinwerfer m (mit Gasentladungslampe und Polyellipsoidreflektor)

**PEI** (polyetherimide) (Chem) / Polyetherimid n (ein Polyimid), PEI (Polyetherimid)

**Peierls-Nabarro model** (Crystal) / Peierls'sches Modell (ein Versetzungsmodell)

**Peierls stress** (Crystal) / Peierls-Spannung f (die zur Bewegung einer Versetzung in einem sonst störungsfreien Kristall notwendige mechanische Schubspannung - nach R.E. Peierls, 1907-1995)

**pein**\* n (Tools) / Schmalbahn f, Finne f (des Hammers), Pinne f

**PE insulation** (Elec Eng) / Polyethylenisolierung f, PE-Isolierung f

**Peirce arrow** (Comp) / Peirce-Pfeil m (Funktionssymbol für die NOR-Verknüpfung) ‖ ~ **function** (Comp) / Peirce-Funktion f (weder-noch - nach Ch.S. Peirce, 1839-1914), NOR-Verknüpfung f (DIN 44 300-5), Nicod-Wahrheitsfunktion f, Antialternative f, NOR-Funktion f ‖ ~ **function** (Comp) s. also NOR circuit

**Peirce-Smith converter** (Met) / Peirce-Smith-Konverter m (für die Kupfergewinnung)

**PEL** (picture element) (Comp) / Bildelement n (kleinstes Element einer Darstellungsfläche, dem Farbe oder Lichtintensität unabhängig zugeordnet werden kann)

**pel**

**pel** (picture element) (Comp) / Bildelement *n* (kleinstes Element einer Darstellungsfläche, dem Farbe oder Lichtintensität unabhängig zugeordnet werden kann)
**pel** (TV) / Bildpunkt *m*, Rasterpunkt *m*
**PEL** (proportional elastic limit) (Mech) / Proportionalitätsgrenze *f* (in der Elastizitätslehre) ‖ ≏ (permissible exposure level) (Radiol) / zulässige Bestrahlungsdose (Grenzwert)
**pela** *n* / Chinesisches Wachs, Insektenwachs *n*, Cera *f* chinensis (von den Larven der Wachsschildlaus abgeschieden), Pelawachs *n*
**pelagic** *adj* (Geol) / pelagisch *adj* (Sediment) ‖ ~* (Zool) / pelagisch *adj*, pelagial *adj* (im freien Meer- und Seewasser lebend) ‖ ~ **deposits** (Geol) / Tiefseeablagerungen *f pl*, pelagische Sedimente, abyssische Gesteine, pelagische Ablagerungen, Tiefseesedimente *n pl* ‖ ~ **region** (Ocean) / pelagische Region (Tiefsee) ‖ ~ **region** (Ocean) / Pelagial *n* (Region des freien Wassers in Gewässern /einschließlich des Meeres/, die in horizontale Schichten gegliedert wird)
**pelagosite** *n* (Geol) / Pelagosit *m* (eine Karbonatablagerung)
**pelargonate** *n* (Chem) / Pelargonat *n* (Salz und Ester der Pelargonsäure)
**pelargonic acid*** (Chem) / Pelargonsäure *f*, Nonansäure *f*
**pelargonidin** *n* (Chem, Nut) / Pelargonidinchlorid *n*, Pelargonidin *n* (ein Aglykon der Anthozyane - E 163)
**pelargonin** *n* (Chem) / Pelargonin *n*, Punicin *n*, Salvinin *n*
**pelargonium oil** (Geraniumöl *n* (etherisches Öl aus den Blättern verschiedener Pelargoniumarten - ein wichtiger Duftbaustein in der Parfümherstellung), Pelargoniumöl *n* (meistens aus der Rosenpelargonie - Pelargonium graveolens L'Hérit. ex Ait.), Oleum *n* Geranii
**Pelean eruption*** (Geol) / Peléetätigkeit *f* (Ausbruch von Glutwolken)
**p electron** (Nuc) / p-Elektron *n* (in der p-Schale)
**p-electron** (Nuc) / p-Elektron *n* (in der p-Schale)
**π-electron** *n* (Nuc) / Pi-Elektron *n*
**Peléean eruption** (Geol) / Peléetätigkeit *f* (Ausbruch von Glutwolken)
**P element** (Automation) / Proportionalglied *n*
**pelerine work** (Textiles) / Ananasmusterung *f*
**Pele's hair** (Geol) / Peles Haar (hawaiische Bezeichnung für feine vulkanische Glasfäden)
**Pelé's hair*** (Geol) / Peles Haar (hawaiische Bezeichnung für feine vulkanische Glasfäden)
**pelican crossing** (GB) (a pedestrian crossing with traffic lights operated by pedestrians) (Autos, Civ Eng) / Fußgängerüberweg *m* (mit Warnlicht od. fußgängerbetätigtem Lichtsignal), Wunschampel *f*
**Peligot's blue** (Chem) / Braunschweiger Blau, Bremerblau *n*, Kalkblau *n*, Neuwieder Blau (durch Fällung von Kupfersulfatlösung mit Natronlauge erhaltenes Kupferhydroxid)
**pelite** *n* (a mudstone orlutite) / Pelit *m*
**pelitic** *adj* (Geol) / pelitisch *adj* (klastisch <0,02 mm)
**pellagra-preventing factor** (Pharm) / Niacinamid *n*, Niazinamid *n*, Nicotinamid *n*, Nikotinamid *n*, Nikotinsäureamid *n*, Nikotinsäureamid *n* (Antipellagra-Vitamin)
**pellet** *v* (Agric) / pillieren *v* (Saatgut), kandieren *v* (Samen) ‖ ~ (Chem Eng, Met, Min Proc) / zusammenballen *v*, pelletieren *v*, pelletisieren *v* ‖ ~ (Chem, Spectr) / Pressling *m* (meistens KBr - in der IR-Spektroskopie) ‖ ~ (Electronics) / Pastille *f*, Pille *f* ‖ ~* (Fuels, Plastics) / Tablette *f* ‖ ~ (Geol) / Pellet *n* (unregelmäßiger Rundkörper ohne internes Richtungsgefüge), Kügelchen *n* (durch Agglomerieren, Kompaktieren oder Stückigmachen hergestelltes) (unregelmäßiger Rundkörper ohne internes Richtungsgefüge) ‖ ~ (Met, Nuc Eng) / Pellet *n* (ein Pressling oder ein Granulat) ‖ ~ (Nuc Eng) / Kernbrennstofftablette *f*, Brennstoffpellet *n*, Brennstofftablette *f*, Tablette *f* (Form des Kernbrennstoffs) ‖ ~ **catalyst** (Autos) / Schüttgutkatalysator *m* (auf einem Schüttgutträger)
**pelleted catalyst** (Autos) / Schüttgutkatalysator *m* (auf einem Schüttgutträger) ‖ ~ **feed** (Agric) / Pressfutter *n* (pelletiertes), pelletiertes Futter ‖ ~ **seed*** (Agric) / Pillensaat *f*, pilliertes Saatgut, PS (pilliertes Saatgut)
**pelleter** *n* / Pelletpresse *f*
**pelletierine** *n* (Chem, Pharm) / Pelletierin *n* (giftiges Alkaloid in Wurzel und Rinde des Granatapfelbaumes - ein Punica-Alkaloid)
**pelletization*** *n* (Chem Eng, Met, Min Proc) / Pelletieren *n*, Pelletisieren *n* ‖ ~* (of extruded strands) (Plastics) / Zerkleinern *n*, Zerkleinerung *f*
**pelletize** *v* (Chem Eng, Met, Min Proc) / zusammenballen *v*, pelletieren *v*, pelletisieren *v*
**pelletizer** *n* (Chem Eng, Met) / Pelletizer *m* ‖ ~ (Plastics) / Stranggranulator *m* (Maschine zum Granulieren thermoplastischer Stränge)
**pelletizing disk** (Met) / Pelletierteller *m* ‖ ~ **drum** (Met) / Pelletiertrommel *f*
**pellet-like** *adj* / pelletoid *adj*, in Pelletform
**pellet mill** / Pelletpresse *f*

**pelletron electrostatic accelerator** (Nuc Eng) / Pelletron *n* (ein Beschleuniger), Beschleuniger *m* vom Typ "Pelletron"
**pellets*** *pl* (Plastics) / Granulat *n*
**pellet-type catalyst** (Autos) / Schüttgutkatalysator *m* (auf einem Schüttgutträger) ‖ ~ **catalytic converter** (Autos) / Schüttgutkatalysator *m* (als ganze Anlage)
**Pellian equation** (Maths) / Pell-Gleichung *f* (eine diophantische Gleichung - nach J. Pell, 1610-1685)
**pellicle** *n* (Electronics) / Pellicle *n* (ein Zellulosenitrathäutchen zum Schutz von Reticles) ‖ ~ (Nuc, Photog) / Abziehemulsionsschicht *f*, Strippingemulsion *f* ‖ ~ **mirror** (Micros) / sehr dünner (membranartiger) halbdurchlässiger Spiegel
**pellicular ion-exchange resin** (Chem) / Pellicularionenaustauscher *m*, Pellikularionenaustauscher *m* ‖ ~ **moisture** / Filmfeuchtigkeit *f* ‖ ~ **water** (Civ Eng, Geol) / Häutchenwasser *n* (eine Art Haftwasser) ‖ ~ **zone** (Civ Eng, Geol) / Pellikularwasserzone *f*
**Pellin-Broca prism*** (Optics) / Pellin-Broca-Prisma *n* (ein Prismensystem mit konstanter Ablenkung: aus zwei 30°-Prismen und einem totalreflektierenden 45°-Prisma
**pellistor** *n* / Pellistor *m* (ein Gassensor aus einem Sintermaterial mit integrierter Heizung und Temperaturmessung)
**pellotine** *n* (Pharm) / Pellotin *n* (ein Anhaloniumalkaloid aus Lophophora williamsii (Lem. ex Salm-Dyck) J.M. Coult.)
**Pell's equation** (Maths) / Pell-Gleichung *f* (eine diophantische Gleichung - nach J. Pell, 1610-1685)
**pellucidity** *n* (Min) / Lichtdurchlässigkeit *f* (von Mineralien), Pelluzidität *f*
**pelmet** *n* (GB) (a narrow border of cloth or wood fitted across the top of a door or window to conceal the curtain fittings) (Build) / Blende *f* (für die Gardinenleiste), Schabracke *f* (quer über den Fenstern)
**peloid** *n* (Geol, Med) / Peloid *n*
**pelorus** *n* (Ships) / Peilscheibe *f* (zur Winkelmessung)
**pelo silk** (Spinning) / Pelseide *f*, Pelogarn *n*, Peloseidengarn *n* (Kernfäden für Gold- und Silbergespinste)
**pelosol** *n* (Agric, Geol) / Pelosol *m*, Lettenboden *m*
**peloton glass** (Glass) / spezielles Ornamentglas
**pel silk** (Spinning) / Pelseide *f*, Pelogarn *n*, Peloseidengarn *n* (Kernfäden für Gold- und Silbergespinste)
**pelt** *n* (Leather) / Blöße *f* (die von Haaren, Oberhaut und Unterhautgewebe befreite, aber noch nicht gegerbte Tierhaut) ‖ ~ (Leather) / Pelz *m* (Kaninchen, Fuchs, Biber, Nerz usw.) ‖ ~ **conditioning** (Leather) / Blößenkonditionierung *f* (Entkälken, Sauerstellen) ‖ ~ **cross section** (Leather) / Blößenquerschnitt *m*, Blößenschnitt *m*
**Peltier coefficient*** (Elec Eng) / Peltier-Koeffizient *m* (nach J.Ch.A. Peltier, 1785-1845) ‖ ≏ **cooling** (Phys) / thermoelektrische Kühlung (unter Ausnutzung des Peltier-Effekts), Peltier-Kühlung *f* ‖ ≏ **couple** (Electronics, Phys) / Frigistor *m* (ein Halbleiterkühlelement, bei dem der Peltier-Effekt ausgenutzt wird) ‖ ≏ **effect*** (Elec Eng) / Peltier-Effekt *m* (in einem Leiterkreis aus zwei verschiedenen Metallen wird beim Fließen eines elektrischen Stromes an den Lötstellen Wärme erzeugt oder vernichtet - ein thermoelektrischer Effekt) ‖ ≏ **element** (Electronics) / Peltier-Element *n* (ein thermoelektrisches Bauelement), Halbleiter-Peltier-Element *n* (als Kühl- oder Heizelement benutzt) ‖ ≏ **e.m.f.** (Elec Eng) / Peltier-Koeffizient *m* (nach J.Ch.A. Peltier, 1785-1845) ‖ ≏ **heat** (Elec Eng, Phys) / Peltier-Wärme *f* (beim Peltier-Effekt)
**pelting rain** (Meteor) / Platzregen *m* (heftiger, großtropfiger Niederschlag hoher Intensität)
**Pelton runner** (Eng) / Pelton-Rad *n* (Laufrad der Pelton-Turbine) ‖ ≏ **turbine** (Eng) / Pelton-Wasserturbine *f*, Pelton-Turbine *f* (eine Wasserturbine nach L.A. Pelton, 1829-1908), Becherturbine *f*, Tangentialturbine *f* (eine Freistrahl- oder Gleichdruckturbine mit becherartigen Schaufeln), Freistrahlturbine *f* (Pelton-Wasserturbine) ‖ ≏ **-type hydraulic turbine** (Eng) / Pelton-Wasserturbine *f*, Pelton-Turbine *f* (eine Wasserturbine nach L.A. Pelton, 1829-1908), Becherturbine *f*, Tangentialturbine *f* (eine Freistrahl- oder Gleichdruckturbine mit becherartigen Schaufeln), Freistrahlturbine *f* (Pelton-Wasserturbine) ‖ ≏ **water wheel** (Eng) / Pelton-Rad *n* (Laufrad der Pelton-Turbine) ‖ ≏ **wheel*** (Eng) / Pelton-Rad *n* (Laufrad der Pelton-Turbine)
**pelt wool** (Textiles) / abgebeizte Wolle, Pelzwolle *f*
**PEM** (Privacy Enhanced Mail) (Comp, Telecomm) / Privacy Enhanced Mail *f* (ein Datensicherungsverfahren für E-Mail im Internet), PEM (Privacy Enhanced Mail) ‖ ≏ **cell** / PEM-Zelle *f*, PEM-Brennstoffzelle *f*, Protonenaustauschmembran-Brennstoffzelle *f*, Polymerelektrolytmembran-Brennstoffzelle *f*
**PEM-cell-powered automobile** (Autos) / Auto *n* mit PEM-Brennstoffzellenantrieb
**PEMFC** (polymer-electrolyte membrane fuel cell) / PEM-Zelle *f*, PEM-Brennstoffzelle *f*,

Protonenaustauschmembran-Brennstoffzelle *f*, Polymerelektrolytmembran-Brennstoffzelle *f*
**PEM fuel cell** / PEM-Zelle *f*, PEM-Brennstoffzelle *f*, Protonenaustauschmembran-Brennstoffzelle *f*, Polymerelektrolytmembran-Brennstoffzelle *f* ‖ ~ **stack** / PEM-Stack *m* (PEM-Säule aus Brennstoffzellen)
**pen.** (Geog) / Halbinsel *f*, Peninsula *f* (pl. -suln)
**pen** *n* / Schreibstift *m*, Aufzeichnungsstift *m*, Registrierstift *m* (eines Registriergeräts) ‖ ~ / Feder *f*, Schreibfeder *f* ‖ ~ (Agric) / Hürde *f* (tragbare /geflochtene/ Einzäunung für Vieh, besonders für Schafe) ‖ ~ (Agric) / Hürde *f* (von Hürden eingeschlossener Platz auf einem Feld) ‖ ~ (Agric) / Verschlag *m*, Box *f*, Bucht *f* ‖ ~ (Comp) / Pen *m* (des Pencomputers), Stift *m* (des Pencomputers) ‖ ~ (Comp, Instr) / Zeichenstift *m*, Stift *m*
**penaid** *n* (Mil) / Eindringhilfe *f*
**penalty estimation** (Stats) / Strafabschätzung *f*, Penalty-Abschätzung *f* ‖ ~ **function** (Electronics) / Penalty-Funktion *f* ‖ ~ **run** (Aero) / Nachprüflauf *m* (bei punktueller Verbesserung der Konstruktion, die sich jedoch anderswo nachteilig auswirken kann)
**pen-and-ink recorder** (Instr) / Tintenschreiber *m* (bei dem der Messgrößenverlauf durch eine Tintenfeder oder einen Filzstift auf Registrierpapier aufgezeichnet wird)
**pen-based computer** (Comp) / Pencomputer *m* (tragbarer tastaturloser Rechner, der sich nur per Stift bedienen lässt) ‖ ~ **computing** (making use of the features of pen computers) (Comp) / Rechnerarbeit *f* mit Eingabe per Stift (Pen), Pen-based Computing *n* ‖ ~ **PC** (Comp) / Penbook *n*, Penbook-PC *m*, Penpad *n*, Penpad-PC *m*
**penbook** *n* (Comp) / Penbook *n*, Penbook-PC *m*, Penpad *n*, Penpad-PC *m*
**pencil** *n* / Zeichenstift *m* (Graphitstift), Graphitstift *m*, Bleistift *m*, Stift *m* ‖ ~* (Electronics) / Bündel *n* (z.B. Strahlenbündel) ‖ ~ (Geol) / Asbestfaserbündel *n* ‖ ~* (Light) / Bündel *n*, Büschel *n* (Lichtbüschel) ‖ ~* (Maths) / Büschel *n* (einparametrische Figurenschar) ‖ ~ (Paint) / Künstlermalpinsel *m* ‖ ~ (pointed sign-writing brush) (Paint) / Schreibpinsel *m* ‖ ~ **beam** (Radar, Radio) / Bleistiftstrahl *m*, Bleistiftkeule *f*
**pencil-beam antenna** (Radar, Radio) / Bleistiftstrahlantenne *f* (eine Richtantenne, deren Hauptkeulen etwa kreisförmige Querschnitte aufweisen), Antenne *f* mit schlanker Strahlungskeule
**pencil brush** (Paint) / Künstlermalpinsel *m* ‖ ~ **cleavage** (Geol) / Griffelung *f*, Stängelbruch *m* ‖ ~ **coil** (I C Engs) / Kerzenschachtzündspule *f* ‖ ~ **core** (Foundry) / Luftkern *m* (atmosphärischer Speiser) ‖ ~ **drawing** / Bleistiftzeichnung *f* ‖ ~ **edging** (Glass) / Kantenbearbeitung *f*, Bekanten *n* ‖ ~ **gliding** (Crystal) / Stäbchengleiten *n*, Pencil Slide (in Silberchlorid- und Silberbromidkristallen) ‖ ~ **hardness** (Paint) / Bleistifthärte *f* ‖ ~ **lead** / Bleistiftmine *f*, Mine *f* ‖ ~ **line** / Bleistiftlinie *f* ‖ ~ **line** (For) / Grenzlinie, Begrenzungslinie *f* (zwischen Flächen aus gesundem und durch Pilze oder andere Zersetzungsprodukte abgebautem Holz)
**pencilling** *n* (Build, Paint) / Fugenanstrich *m* (farbiger), Fugenausstrich *m*, Fugenausmalen *n*, Fugenüberstreichung *f*, Ausfugen *n* mit farbigen Fugenfüller ‖ ~ (For) / Grenzlinie *f*, Begrenzungslinie *f* (zwischen Flächen aus gesundem und durch Pilze oder andere Zersetzungsprodukte abgebautem Holz)
**pencil marking** / Bleistiftmarkierung *f* ‖ ~ **of lines** (Maths) / Geradenbüschel *n* (ein Geradenbündel, dessen Geraden in einer Ebene liegen) ‖ ~ **of planes** (Maths) / Ebenenbüschel *n* (eine Schar von Ebenen, die alle durch eine gemeinsame Schnittgerade verlaufen) ‖ ~ **ore** (Min) / faseriger Hämatit *m* ‖ ~ **rod** (Mech) / bleistiftstarker Stab *n* ‖ ~ **slat** / Bleistiftbrettchen *n* ‖ ~ **slide** (Crystal) / Stäbchengleiten *n*, Pencil Slide (in Silberchlorid- und Silberbromidkristallen) ‖ ~ **solvent carbon paper** (Paper) / Durchschreibepapier *n* (für sofort wichtige Handdurchschriften) ‖ ~ **stone*** (Min) / Pyrophyllit *m* (derbes dichtes Aggregat) ‖ ~ **test** (Electronics) / Bleistiftprüfung *f* (Lötmaskenabriebtest) ‖ ~ **tube** (Electronics) / Bleistiftröhre *f*
**pen computer** (Comp) / Pencomputer *m* (tragbarer tastaturloser Rechner, der sich nur per Stift bedienen lässt) ‖ ~ **computing** (Comp) / Rechnerarbeit *f* mit Eingabe per Stift (Pen), Pen-based Computing *n*
**PEN conductor** (Elec Eng) / PEN-Leiter *m* (ein geerdeter Leiter, der zugleich die Funktionen des Schutz- und des Neutralleiters erfüllt)
**pendant** *n* (Arch) / hängender Schlussstein, Abhängling *m*, Knauf *m* (an Überkreuzungen von Balkendecken und Hängesäulen bei offenen Dachstühlen) ‖ ~* (Build) / Ornamentgehänge *n* (z.B. Girlande) ‖ ~* (Light) / Pendelleuchte *f*, Hängeleuchte *f*, Hängelampe *f* ‖ ~ (Ships) / Wimpel *m* (Flagge, deren Höhe kleiner ist, als ihre Länge und deren Seiten in der Regel nicht parallel verlaufen) ‖ ~ *adj* / herabhängend *adj* ‖ ~ / überhängend *adj* ‖ ~ **fitting** (Light) / Pendelleuchte *f*, Hängeleuchte *f*, Hängelampe *f* ‖ ~ **hand control** (Eng) / Hängedruckknopftafel *f*, Hängetafel *f* ‖ ~ **push** (Elec Eng) / Hängeschalter *m*, [hängender] Schnurschalter *m* ‖ ~ **switch** (Elec Eng) / Hängeschalter *m*, [hängender] Schnurschalter *m*
**pendent** *adj* / herabhängend *adj* ‖ ~ / überhängend *adj*
**pendentive*** *n* (Arch) / Pendentif *n* (der Übergang von polygonalen Grundrissen zur Rundung des Kuppelgrundrisses), Hängezwickel *m* (ein sphärisches Dreieck), Eckzwickel *m*
**pending interrupt** (Comp) / schwebende Unterbrechung, anstehende Unterbrechung, wartende Unterbrechung
**pen dosemeter** (Radiol) / Füllhalterdosimeter *n* (ein luftgefülltes Personendosimeter), Stabdosimeter *n*
**pendular robot** / Pendelroboter *m*
**pendulum*** *n* (Horol, Phys) / Pendel *n* (ein um eine Gleichgewichtslage schwingender mechanischer Körper) ‖ ~ **bob*** (Horol) / Pendelgewicht *n*, Pendelkugel *f* ‖ ~ **cross-cutting saw** (For) / Quer-Kreissägemaschine *f* (Kapp-Kreissägemaschine, Parallel-Pendelsägemaschine) ‖ ~ **damping test** (Paint) / Pendeldämpfungsprüfung *f* (das meistgenutzte Verfahren zur Bestimmung von Härte einer Lackschicht) ‖ ~ **drive** (Eng) / Pendelantrieb *m* ‖ ~ **equation** (Phys) / Pendelgleichung *f* (die Bewegungsgleichung des Massepunktes für ein ebenes mathematisches Pendel) ‖ ~ **governor*** (Automation) / fliehkraftgesteuerter Drehzahlregler, Fliehkraftregler *m* (mechanische Regeleinrichtung), mechanischer Drehzahlregler, Zentrifugalregulator *m*, Zentrifugalregler *m* ‖ ~ **grinding** (Eng) / Pendelschleifen *n* ‖ ~ **hardness tester** (Materials) / Pendelhärteprüfer *m* (z.B. nach König - DIN 53157) ‖ ~ **impact tester*** (Materials) / Pendelschlagwerk *n* (zur Durchführung des Kerbschlagbiegeversuchs nach DIN 51222) ‖ ~ **impact testing machine** (Materials, Met) / Pendelschlagwerk *n* (zur Durchführung des Kerbschlagbiegeversuchs nach DIN 51222) ‖ ~ **joint** (Civ Eng) / Pendelgelenk *n* ‖ ~ **manometer** (Phys) / Pendelmanometer *n* (Einrichtung zur Kraftmessung durch Neigungspendel bei Werkstoffprüfmaschinen mit hydraulischem Antrieb) ‖ ~ **mill** (Met) / Pendelwalzwerk *n* ‖ ~ **milling** (Eng) / Pendelfräsen *n* (ein Walzfräsen) ‖ ~ **rod*** (Horol) / Pendelstange *f* ‖ ~ **roller mill** / Pendelmühle *f* (eine Fliehkraftmühle) ‖ ~ **saw** (For) / Pendelkreissäge *f* ‖ ~ **saw** (Met) / Pendelsäge *f* (eine veraltete Warmsäge) ‖ ~ **shears** (Eng) / Pendelschere *f* ‖ ~ **shears** (Met) / Pendelschere *f* (Warmschere, bei der Ober- und Untermesser pendelnd geführt sind und während des Schnittvorganges vom sich bewegenden Walzgut mitgenommen werden - eine Art fliegende Schere) ‖ ~ **support** / Pendelstütze *f* (der Verladebrücke) ‖ ~ **suspension** (Phys) / Pendelaufhängung *f* ‖ ~ **therapy** (Radiol) / Pendelbestrahlung *f* ‖ ~ **tower** / Pendelstütze *f* (der Verladebrücke)
**penecontemporaneous** *adj* (Min) / synsedimentär *adj*, autometamorph *adj*
**peneplain*** *n* (Geol) / Rumpfebene *f*, Peneplain *f* (ebene oder flachwellige Abtragungsfläche, die schräggestellte oder gefaltete Gesteinsschichten kappt), Fastebene *f*, Rumpffläche *f*
**peneplanation** *n* (Geol) / Einebnung *f*, Verebnung *f* (von Gebirgen durch Denudation)
**peneplane** *n* (Geol) / Rumpfebene *f*, Peneplain *f* (ebene oder flachwellige Abtragungsfläche, die schräggestellte oder gefaltete Gesteinsschichten kappt), Fastebene *f*, Rumpffläche *f*
**peneseismic** *adj* (Geol) / peneseismisch *adj*
**penetrameter** *n* (Materials) / Abbildungsgütemesser *m*, Bildgütemesser *m* (der mit der "Drahterkennbarkeit" arbeitet - in der Defektoskopie) ‖ ~ (Radiol) / Penetrameter *n*, Strahlungshärtemessgerät *n*, Strahlenhärtemessgerät *n*
**penetrancy** *n* (AI) / Penetranz *f* (Güte der Bewertungsfunktion)
**penetrant*** *n* (Chem) / Eindringmedium *n*, Penetriermittel *n*, Penetrationsverbesserer *m* ‖ ~ (Materials) / Eindringmittel *n*, Flüssigkeit *m* (spezielle Farblösung oder heißes Öl), die bei dem Eindringverfahren eingesetzt wird ‖ ~ **flaw detection** (Materials) / Eindringverfahren *n* (z.B. Kalkmilch- oder Talkumprobe bei der Werkstoffprüfung), Diffusionsverfahren *n* ‖ ~ **inspection*** (Materials) / Eindringverfahren *n* (z.B. Kalkmilch- oder Talkumprobe bei der Werkstoffprüfung), Diffusionsverfahren *n* ‖ ~ **testing** (Materials) / Eindringverfahren *n* (z.B. Kalkmilch- oder Talkumprobe bei der Werkstoffprüfung), Diffusionsverfahren *n*
**penetrate** *v* / durchdringen *v* (mit Flüssigkeit), tränken *v*, durchtränken *v*, imbieren *v* ‖ ~ / eindringen *v* ‖ ~ (Chem, Eng, Foundry, Leather, Paint) / penetrieren *v* ‖ ~ (Eng) / durchdringen *v*, durchsetzen *v* ‖ ~ (Leather) / durchschlagen *v* (von einem Farbstoff) ‖ ~ (Leather) / durchbeißen *v* (von einem Gerbstoff) ‖ ~ (Mining) / durchschlägig machen (Grubenbaue) ‖ ~ (Textiles) / durchdringen *v*, durchfärben *v* ‖ ~ (Welding) / einbrennen
**penetrating agent** (a material that increases the penetration of a liquid medium into a porous material) (Textiles) / Durchfärbemittel *n*, Durchfärbehilfsmittel *n*, Durchdringungsmittel *n*, Durchdringungshilfsmittel *n* ‖ ~ **aid** (Leather) / Penetrator *m* (ein

**penetrating**

Netzmittel, das die Benetzung der Leder und die Eindringtiefe der Anilinfarbstoffe steuert) || ~ **intelligence** (Mil, Radar) / Nahaufklärung f || ~ / **oil** / Penetrationsöl n (Sprühöl, rostlösend und mit hohem Kriechvermögen), Penetrieröl n, Kriechöl n || ~ **power** / Durchdringungsfähigkeit f, Durchdringungsvermögen n || ~ **power** (Radiol) / Härte f (der Strahlung), Strahlenhärte f || ~ **radiation** (Phys) / durchdringende Strahlung || ~ **shower*** (Geophys) / durchdringender Schauer, harter Schauer (Mesonenschauer)
**penetration*** n / Einströmen n (Eindringen), Eindringen n (eines Fluids in einen Raum) || ~ / Tränken n, Tränkung f, Durchtränkung f || ~ (Build, Elec Eng) / Durchführung f (von Leitungen durch eine Wand) || ~* (Chem, Materials) / Penetration f (das Maß für die Widerstandsfähigkeit eines Stoffes oder Konsistenz) || ~ (Comp) / Eindringen n, Eindringung f (der erfolgreiche unerlaubte Zugang bzw. Zugriff zu einem DV-System), Intrusion f || ~ (Comp) / Anschlagstärke f (bei mechanischen Druckern) || ~* (Elec Eng) / Eindringtiefe f (bei Skineffekt) || ~ (Eng) / Durchdringung f, Durchdringen n, Durchsetzung f || ~ (Eng) / Penetration f, Konsistenz f (Weichheitsgrad eines Fettes) || ~ (Eng) / Linearabtragung f (als Maß der Korrosion), Linearabtrag m (als Maß der Korrosion) || ~ (Eng) / Durchbruch m (eines Rohrs) || ~ (Foundry) / Vererzen n, Penetration f, Vereisen n, Verzerrung f (von Form- oder Kernsanden - ein Gussfehler) || ~ (Leather) / Durchschlagen n (von einem Farbstoff) || ~ (Nuc Eng) / Durchbruch m (des Reaktorbehälters) || ~ (Paint) / Penetrieren n, Penetration f (Eindringen des Anstrichstoffes in die Poren des Untergrunds) || ~ (Paint) / Durchtritt m (einer Oberflächenschicht) || ~ (Pharm) / Penetration f (Eindringen in die erste Hautschicht) || ~ (Print) / Wegschlagen n (der Druckfarben) || ~ (Textiles) / Durchdringen n, Durchfärben n || ~* (Welding) / Einbrand m (maximaler Abstand der Aufschmelzzone der Werkstückoberkante - DIN EN 25 817) || ~ **aid** (Mil) / Eindringhilfe f || ~ **at the root** (Welding) / Wurzeleinbrand m (DIN 1912-1) || ~ **ballistics** (Mil) / Endballistik f (Wirkungsmechanismen der verschiedenen Geschossarten beim Auftreffen auf Zielobjekten) || ~ **complex** (Chem) / Durchdringungskomplex m || ~ **depth** (Civ Eng, Eng, Materials, Surf) / Eindringtiefe f (des Eindringkörpers, des Korrosionsmediums) || ~ **depth** (Welding) / Einbrandtiefe f, Einbrand m (Einbrandtiefe) || ~ **factor** (Electronics) / Durchgriff m (einer Triode - das Verhältnis der im kalten Zustand der Röhre vorhandenen Katode-Gitter- und Gitter-Anode-Kapazitäten) || ~ **frequency** (Radio) / Grenzfrequenz f (in der Ionosphäre) || ~ **hardness** (Materials) / Eindruckhärte f (Widerstand, den ein Körper dem Eindringen eines anderen entgegensetzt - z.B. nach Brinell, Shore, Rockwell, Knoop oder Vickers), Eindringhärte f (Eindruckhärte), Härte, die f in einem statischen Verfahren ermittelt wird || ~ **index** / Penetrationsindex m (von Bitumen), PI || ~ **macadam** (Civ Eng) / Tränkmakadam m n || ~ **method** (of testing) (Materials) / Eindringverfahren n (z.B. Kalkmilch- oder Talkumprobe bei der Werkstoffprüfung), Diffusionsverfahren n || ~ **needle** (Civ Eng) / Proctornadel f (zur Ermittlung der Proctordichte) || ~ **of dampness** (Build) / Durchfeuchtung f (z.B. des Daches) || ~ **of moisture** (Build) / Durchfeuchtung f (z.B. des Daches) || ~ **oil** / Penetrationsöl n (Sprühöl, rostlösend und mit hohem Kriechvermögen), Penetrieröl n, Kriechöl n || ~ **pass** (Welding) / Wurzellage f (V-Naht) || ~ **pricing** / Penetrationspreispolitik f (bei der Einführung neuer Produkte) || ~ **resistance** (Civ Eng) / Proctorwert m || ~ **run** (Welding) / Wurzellage f (V-Naht) || ~ **test** (Comp) / Eindringungsversuch m, Eindringungstest m || ~ **test** (Paper) / Lochversuch m || ~ **time** (Leather, Textiles) / Durchfärbezeit f || ~ **time** (Leather) / Durchgerbezeit f || ~ **twins*** (Crystal) / Durchwachsungszwillinge m pl, Penetrationszwillinge m pl, Durchdringungszwillinge m pl, Verwachsungszwillinge m pl || ~ **zone** (Welding) / Einbrandzone f (derjenige Querschnittsanteil eines Werkstückes, der beim Schweißen aufgeschmolzen wird)
**penetrator** n (Materials) / Eindringkörper m (bei der Härteprüfung)
**penetrometer*** n (Radiol) / Härtemesser m (für Röntgenstrahlen), Penetrometer n
**penetron colour display** (Electronics, Radar) / Penetronschirm m
**Penex process** (Chem Eng) / Penex-Verfahren n (ein Isomerisierungsverfahren für C₅/C₆-Paraffine)
**penicillin*** n (Pharm) / Penizillin n (Sammelname für von verschiedenen Schimmelpilzen erzeugte Antibiotika), Penicillin n
**penicillinase** n (Pharm) / Penicillinase f (ß-Lactamase), Penizillinase f
**penicillin G** (Pharm) / Benzylpenizillin n, Penizillin n G, Penicillin n G, Benzylpenicillin n || ~ **II** (US) (Pharm) / Benzylpenizillin n, Penizillin n G, Penicillin n G, Benzylpenicillin n
**penicillin-sensitive** adj (Pharm) / penizillinempfindlich adj, penicillinempfindlich adj
**peninsula** n (Geog) / Halbinsel f, Peninsula f (pl. -suln)
**PENIS** n (proton-enhanced nuclear-induction spectroscopy) (Spectr) / PENIS (eine Spezialmethode der NMR-Spektroskopie)

**penitent ice** (Geol) / Büßerschnee m (Schmelzform von Schnee, Firn und Gletschereis in den tropischen und subtropischen Hochgebirgen), Zackenfirn m, Zackenschnee m, Penitentes pl || ~ **snow** (Geol) / Büßerschnee m (Schmelzform von Schnee, Firn und Gletschereis in den tropischen und subtropischen Hochgebirgen), Zackenfirn m, Zackenschnee m, Penitentes pl
**pen-light** n (Elec Eng) / Stablampe f || ~ **battery** (Elec Eng) / Stabbatterie f
**penlite** n (US) (Elec Eng) / Stablampe f || ~ **battery** (US) (Elec Eng) / Stabbatterie f
**pen meter** (Radiol) / Füllhalterdosimeter n (ein luftgefülltes Personendosimeter), Stabdosimeter n
**pennant** n (Ships) / Wimpel m (Flagge, deren Höhe kleiner ist, als ihre Länge und deren Seiten in der Regel nicht parallel verlaufen)
**pennine*** n (Min) / Pennin m (ein Chlorit)
**penning*** n (Civ Eng) / Tragschicht f (als Grobschotter) || ~ (Civ Eng) / Packlage f (Setzpacklage), Steinpackung f, Steinbett n || ~ **effect** (the ionization of one species of gas molecule by collision with another species in a mixture of gases, when the former species is in a metastable excitation level which is above the ionization potential of the other) (Electronics, Nuc) / Penning-Effekt m (bei Gasentladungen - nach F.M. Penning, 1894-1953) || ~ **ionization** (Electronics, Nuc) / Penning-Ionisation f (eine Stoßionisation beim Penning-Effekt) || ~ **ionization gauge** (Electronics, Vac Tech) / Penning-Vakuummeter n (ein Kaltkatoden-Ionisationsvakuummeter), Philips-Vakuummeter n || ~ **trap** (Phys) / Penning-Falle f
**Penninic** adj (Geol) / penninisch adj
**penninite*** n (Min) / Pennin m (ein Chlorit)
**pennyroyal oil** (US) / Amerikanisches Poleiöl, Pennyroyalöl n (aus der Hedeoma pulegioides (L.) Pers.) || ~ **oil** (Chem, Pharm) / Poleiöl n (aus der Poleiminze - Mentha pulegium L.)
**penny size** (Eng) / amerikanische Kennzeichnung der Nagellängen || ~ **weight** (Eng) / amerikanische Kennzeichnung der Nagellängen
**pennyweight*** n / Pennyweight n (eine veraltete Einheit der Masse = 1,555174 · 10⁻³ kg), ....dwt
**pen-on-paper plotter** (Comp) / mechanisches Zeichengerät (mit Tuschestift oder Kugelschreibermine), Stiftplotter m, Zeichenstiftplotter m
**pen-oriented computer** (Comp) / penorientierter Rechner
**penpad** n (Comp) / Penbook n, Penbook-PC m, Penpad n, Penpad-PC m
**pen plotter** (Comp) / mechanisches Zeichengerät (mit Tuschestift oder Kugelschreibermine), Stiftplotter m, Zeichenstiftplotter m || ~ **recorder** (Instr) / schreibendes Registriergerät (mit Faserstiften oder Tinte), Messdatenschreiber m, Messschreiber m || ~ **roof** (Arch) / Pultdach n, Halbdach n || ~ **ruling** (Print) / Linieren n mit der Liniermaschine (die mit Federn arbeitet)
**Pensky•-Martens closed tester** (Chem) / geschlossener Flammpunktprüfer nach Pensky-Martens, Flammpunktgerät n (geschlossener Tiegel) nach Pensky-Martens (DIN EN 22719) || ~**-Martens test*** (Chem) / Pensky-Martens-Flammpunktprüfung f (im geschlossenen Apparat - DIN 22719)
**penstock*** n (Eng) / Turbinenleitung f (meistens eine Druckrohrleitung) || ~ (Eng) / Schleusenspindelschieber m (für kleine Wehre, Durchläufe, Kläranlagen und in der Kanalisation)
**penta-** / penta-, Penta- (Bestimmungswort von Zusammensetzungen mit der Bedeutung "fünf")
**pentabasic** adj (Chem) / fünfbasig adj, fünfbasisch adj (Säure)
**pentaborane** n (Chem) / Pentaboran n ($B_5H_9$ oder $B_5H_{11}$)
**pentachloride** n (Chem) / Pentachlorid n
**pentachloroethane** n (Chem) / Pentachlorethan n
**pentachloronitrobenzene** n (Chem) s. also quintozene || ~ (Chem) / Pentachlornitrobenzol n
**pentachlorophenol*** n (Chem, For) / Pentachlorphenol n (als Holzkonservierungsmittel heute nicht mehr zugelassen), PCP (Pentachlorphenol, als Holzkonservierungsmittel heute nicht mehr zugelassen)
**pentacid** adj (Chem) / fünfsäurig adj (Base)
**pentacoordinate(d)** adj (Chem) / fünffach koordinativ gebunden, mit fünf koordinativen Bindungen
**pentacosane** n (a water-insoluble hydrocarbon derived from beeswax) (Chem) / Pentacosan n, Pantakosan n
**pentacyanoferrate** n (Chem) / Prussiat n, Prussid n, Pentazyanoferrat n, Pentacyanoferrat n
**pentad*** n / Pentade f (Zeitabschnitt von 5 Tagen, Folge von fünf Binärziffern)
**pentadecane** n (Chem) / Pentadekan n, Pentadecan n
**pentadecanolide** n (Chem) / Pentadecanolid n (ein Duftstoff wertvoller Fixateur in der Feinparfümerie), Pentadekanolid n
**pentadiene** n (Chem)
**pentaerythritol*** n (Chem, Plastics) / Pentaerythrit m, Pentaerythrol n, Penta, PE (Pentaerythrol) (vierwertiger Alkohol, der zur Herstellung von Kunstharzen und Sprengstoffen benutzt wird)

**tetranitrate*** (Chem, Pharm) / Pentaerythrit-Tetranitrat n (Sprengstoff), Pentrit n (Sprengstoff), Nitropenta n, PETN (Pentrit) ‖ ~ **tetrastearate** (Chem) / Pentaerythrit-Tetrastearat n
**pentafluoride** n (Chem) / Pentafluorid n
**pentagon** n (Eng, Maths) / Fünfkant n m (DIN 918) ‖ ~* (Maths) / Pentagon n, Fünfeck n
**pentagonal** adj / fünfkantig adj ‖ ~ (Maths) / pentagonal adj, fünfeckig adj ‖ ~ **dodecahedron*** (Crystal, Maths, Min) / Pentagondodekaeder n (ein von zwölf kongruenten Fünfecken begrenztes Dodekaeder - einer der fünf platonischen Körper) ‖ ~ **file** (For, Tools) / Fünfkantfeile f (eine Sägefeile) ‖ ~ **icositetrahedron** (Crystal, Maths, Min) / Pentagonikositetraeder n (ein von vierundzwanzig kongruenten Fünfecken begrenztes Ikositetraeder) ‖ ~ **prism** (Photog) / Pentagonprisma n, Pentaprisma n, Prandtl-Prisma n, Goulier-Prisma n (ein Umlenkprisma mit konstanter Ablenkung, dessen Hauptschnitt ein Fünfeck ist)
**pentagon nut** (Eng) / Fünfkantmutter f
**pentagram** n (Maths) / Sternfünfeck n (Drudenfuß), Pentagramm n (regelmäßiger fünfzackiger Stern)
**pentagrid** n (Electronics) / Fünfgitter-Mischröhre f, Mischheptode f, Heptode f (eine Elektronenröhre mit Katode, Anode, zwei Steuergittern, zwei Schirmgittern und einem Bremsgitter)
**pentahedral** n / pentaedrisch adj, fünfflächig adj
**pentahydrate** n (Chem) / Pentahydrat n
**pentahydric*** adj (containing five hydroxyl groups in the molecule) (Chem) / fünfwertig adj (Alkohol)
**pentahydrite** n (Min) / Pentahydrit m
**pentalene** n (Chem) / Pentalen n
**pentalin** n (Chem) / Pentachlorethan n
**pentamethylene*** n (Chem) / Zyklopentan n, Cyclopentan n, Pentamethylen n
**pentamethylene-diamine*** n (Chem) / 1,5-Pentandiamin n, Pentamethylendiamin n, Cadaverin n, 1,5-Diaminopentan n, Kadaverin n
**pentamethylene glycol*** (Chem) / 1,5-Pentandiol n, Pentamethylenglykol n
**pentan-1,5-diol*** n (Chem) / 1,5-Pentandiol n, Pentamethylenglykol n
**pentanal** n (Chem) / Pentanal n, Valeraldehyd m
**pentane*** n (Chem) / Pentan n (Kohlenwasserstoff der Alkanreihe)
**pentanedioic acid** (Chem) / Glutarsäure f, Pentandisäure f
**pentanediol** n (Chem) / Pentandiol n
**pentanoic, n-~ acid*** (Chem) / Pentansäure f, Baldriansäure f, n-Valeriansäure f ‖ ~ **acid** (Chem) / Valeriansäure f (eine der vier isomeren gesättigten Monocarbonsäuren der allgemeinen Formel $C_4H_9$ - COOH)
**pentanol*** n (Chem) / Pentylalkohol m, Pentanol n, Amylalkohol m
**pentanone** n (Chem) / Pentanon n
**pentaprism*** n (Photog) / Pentagonprisma n, Pentaprisma n, Prandtl-Prisma n, Goulier-Prisma n (ein Umlenkprisma mit konstanter Ablenkung, dessen Hauptschnitt ein Fünfeck ist)
**penta resin** (ester gum made from rosin and pentaerythritol) (Chem, Plastics) / Pentaharz n (Esterharz mit Pentaerythrit)
**pentasodium triphosphate** (a major contributor to eutrophication of bodies of water) (Chem) / Natriumtripolyphosphat n ($Na_5P_3O_{10}$), Pentanatriumtriphosphat n (ein alter, heute nicht mehr benutzter Waschmittelinhaltsstoff)
**pentathionic acid** (Chem) / Pentathionsäure f (eine Polythionsäure)
**pentatomic** adj (Chem) / fünfatomig adj
**pentavalent*** adj (having a valency of five) (Chem) / fünfwertig adj, pentavalent adj
**pent-crown piston** (I C Engs) / Dachkolben m
**Pentelic marble** (Geol) / pentelischer Marmor (vom dem Berg Pentelikon nordöstlich von Athen)
**pentene** n (Chem) / Penten n, Amylen n (isomerer Kohlenwasserstoff der Alkenreihe)
**penthouse*** n (Arch) / Penthouse n (pl. Penthouses) (Luxuswohnung mit Dachgarten auf dem Flachdach eines Hochhauses), Penthaus n ‖ ~* (Cinema) / Magnetonlaufwerk n (am Tonfilmprojektor) ‖ ~* (Mining) / Schutzbühne f, Sicherheitsbühne f ‖ ~ **roof** (Arch) / Pultdach n, Halbdach n
**pentice*** n (Mining) / Schutzbühne f, Sicherheitsbühne f
**pentitol** n (Chem) / Pentitol n (ein fünfwertiges Polyol)
**Pentium** n (Intel CPU chip) (Comp) / Pentium m (ein Mikroprozessor)
**pentlandite*** n (Min) / Pentlandit m, Eisennickelkies m ((Ni, Fe)$_9$S$_8$)
**pentode** n (Electronics) / Pentode f, Fünfpolröhre f (Dreigitterröhre: Steuergitter, Schirmgitter, Bremsgitter) ‖ ~ **valve*** (Electronics) / Pentode f, Fünfpolröhre f (Dreigitterröhre: Steuergitter, Schirmgitter, Bremsgitter)
**pentoglycerine** n (Chem) / Trimethylolethan n (2-Hydroxymethyl-2-methyl-1,3-propandiol), TME (Trimethylolethan)
**pentop** n (a pen-based laptop) (Comp) / Pentop m

**pentosan*** n (Chem) / Pentosan n (aus Pentosen aufgebautes Polysaccharid)
**pentose*** n (Chem) / Pentose f (Monosaccharid mit fünf Sauerstoffatomen) ‖ ~ **phosphate pathway** (Biochem) / Hexosemonophosphatweg m, Pentosephosphatzyklus m, PP-Weg m, Warburg-Dickens-Horecker-Schema n, Phosphoglukonatweg m, Phosphogluconatweg m ‖ ~ **shunt*** (Biochem) / Hexosemonophosphatweg m, Pentosephosphatzyklus m, PP-Weg m, Warburg-Dickens-Horecker-Schema n, Phosphoglukonatweg m, Phosphogluconatweg m
**pentoxide** n (Chem) / Pentoxid n
**pen tracking** (Comp) / Lichtverfolgung f (für ein kontinuierliches Zeichnen von Konturen auf dem Bildschirm)
**pent roof** (Arch) / Pultdach n, Halbdach n ‖ ~ **roof** (Build) / Schleppdach n (das in Form eines Pultdaches über einem Anbau fortgesetzte Hauptdach)
**pentyl acetate** (Chem) / Essigsäureamylester m, Pentylacetat n, Pentylazetat n, Essigsäurepentylester m ‖ ~ **alcohol** (Chem) / Pentylalkohol m, Pentanol n, Amylalkohol m ‖ ~ **chloride** (Chem) / Pentylchlorid n, n-Amylchlorid n ‖ ~ **group** (Chem) / Pentyl n (eine Atomgruppierung) ‖ ~ **radical** (Chem) / Pentyl n (eine Atomgruppierung)
**pen-type dosemeter** (Radiol) / Füllhalterdosimeter n (ein luftgefülltes Personendosimeter), Stabdosimeter n
**penumbra** n (pl. penumbras or penumbrae) / Halbschatten m (der Bereich eines Schattens, in dem eine Lichtquelle aus optisch-geometrischen Gründen nur teilweise abgeschattet erscheint)
**penumbra*** n (pl. penumbras or penumbrae) (Astron) / Penumbra f (halbdunkler Saum des dunklen Kerns eines Sonnenflecks)
**peonin chloride** (Chem, Nut) / Päoninchlorid n, Peonin n
**people mover** n / Kabinentaxi n
**peopleware** n (Comp) / Liveware f, DV-Personal n, Personal n eines Rechenzentrums (einer Datenverarbeitungszentrale), Computerpersonal n
**PEOX** (polyethylene oxide) (Chem) / Polyethylenoxid n (Polyethylenglykol mit hoher Molmasse), PEOX (Polyethylenoxid - DIN 7728-1)
**PEP** (phosphoenolpyruvate) (Bot, Chem) / Phosphoenolpyruvat n, PEP (bei $C_4$-Pflanzen)
**PEPC** (PEP carboxylase) (Biochem, Bot) / Phosphoenolpyruvat-Carboxylase f, Phosphoenolpyruvat-Karboxylase f, PEPC (Phosphoenolpyruvat-Carboxylase)
**PEP carboxylase** (Biochem, Bot) / Phosphoenolpyruvat-Carboxylase f, Phosphoenolpyruvat-Karboxylase f, PEPC (Phosphoenolpyruvat-Carboxylase)
**peplopause** n (Geophys, Meteor) / Peplopause f (die Obergrenze der Grundschicht der Atmosphäre, die oft durch eine Inversion gebildet wird)
**pepper-and-salt** n (Textiles) / Pfeffer-und-Salz-Muster n (bei Köpergeweben), Fil-à-Fil-Muster n (ein klassisches Dessin), Fil-à-Fil n (ein Mustereffekt)
**peppered sandblast** (Glass) / punktuell unterschiedlicher Sandstrahlabtrag
**pepperidge** n (For) / Waldtupelobaum m (Nyssa sylvatica Marshall)
**pepperiness** n (a defect in painting whereby bits of grit, fluff and other foreign bodies contained in the paint mar the appearance of the finished film) (Paint) / Stippenbildung f (Lackfilmstörung)
**peppermint camphor** (Chem) / Menthol n (aus dem etherischen Öl der Pfefferminze) ‖ ~ **oil** (Chem, Pharm) / Echtes Pfefferminzöl, Pfefferminzöl n (ein etherisches Öl von Mentha piperita L.), Oleum n Menthae piperitae
**pepper oil** / Pfefferöl n (etherisches Öl aus Piper nigrum L.)
**PeP reaction** (Nuc) / Proton-Elektron-Proton-Reaktion f
**pepsin*** n (Biochem, Nut, Zool) / Pepsin n (proteolytisches Verdauungsenzym des Magensaftes)
**pepsinogen** n (Biochem) / Pepsinogen n (ein Zymogen)
**PEP technique** (Electronics) / PEP-Technik f, Planar-Epitaxial-Technik f
**peptic** adj / peptisch adj
**peptidase*** n (Biochem) / Peptidase f ‖ ~* (Biochem) s. also protease
**peptide*** n (Biochem, Chem) / Peptid n ‖ ~ **bond*** (Biochem, Chem) / Peptidbindung f (die Bindung -CO-NH- zwischen den Aminosäurekomponenten in Peptiden und Proteinen) ‖ ~ **chain** (Biochem) / Polypeptidkette f, Peptidkette f ‖ ~ **fingerprint** (Gen) / Peptidfingerprint n, Peptidmuster n ‖ ~ **hormone** (Biochem) / Peptidhormon n ‖ ~ **hormone** (Biochem) s. also proteohormone ‖ ~ **library** (Biochem) / Peptidbibliothek f ‖ ~ **linkage** (Biochem) / Peptidbindung f (die Bindung -CO-NH- zwischen den Aminosäurekomponenten in Peptiden und Proteinen) ‖ ~ **map** (Gen) / Peptidfingerprint n, Peptidmuster n ‖ ~ **mapping** (Biochem) / Peptidkartierung f ‖ ~ **sequencer** (Biochem) / Peptidsequenzer m (ein

**peptide**

Gerät zur automatischen Sequenzanalyse von Proteinen und Peptiden) || ~ **synthesis** (Biochem) / Peptidsynthese f (chemische, mikrobielle) || ~ **synthesizer** (Biochem) / Peptidsynthesizer m
**peptidoglycan** n (Biochem) / Murein n (ein Glykoprotein, die Stützsubstanz der Bakterienzellwand), Peptidoglykan n
**peptidomimetic** n (Biochem) / Peptidomimetikum n (pl. -ika) (peptidähnliche Substanz)
**peptization*** n (Chem) / Peptisierung f, Peptisation f (Gel-Sol-Umwandlung)
**peptizer** n (Ceramics) / Peptisator m (z.B. Soda, Wasserglas, Natriumhydroxid, Natriumphosphate usw.), Stellmittel n || ~ (Chem Eng) / Peptisator m, Peptisiermittel n, Peptisierungsmittel n || ~ (Chem Eng) / chemisches Plastiziermittel (ein Peptisiermittel)
**peptizing agent** (Ceramics) / Peptisator m (z.B. Soda, Wasserglas, Natriumhydroxid, Natriumphosphate usw.), Stellmittel n || ~ **agent** (Chem Eng) / Peptisator m, Peptisiermittel n, Peptisierungsmittel n || ~ **agent** (Chem Eng) / chemisches Plastiziermittel (ein Peptisiermittel)
**peptone** n (Chem) / Pepton n (ein hochmolekulares Spaltprodukt aus Eiweißstoffen)
**peptonizing rest** (Brew) / Eiweißrast f
**PER** (program event recording) (Comp) / Programmereignisregistrierung f
**peracetic acid** (Chem) / Peroxyessigsäure f, Peroxyethansäure f, Ethanperoxosäure f, Peressigsäure f
**peracid*** n (Chem) / Peroxosäure f, Persäure f (anorganische), Übersäure f || ~ **ester** (Chem) / Persäureester m
**peralcohol** n (containing the peroxy group) (Chem) / Peralkohol m, Peroxyalkohol m
**peralkaline** adj (Geol) / mit Alkaliüberschuss
**perambulator*** n (Surv) / Messrad n
**perbenzoic acid** (Chem) / Peroxybenzoesäure f, Perbenzoesäure f, Benzolcarboperoxosäure f, Benzolkarboperoxosäure f
**perborate** n (Chem) / Peroxoborat n, Perborat n
**perboric acid** (Chem) / Peroxoborsäure f
**perbromate** n (Chem) / Bromat(VII) n, Perbromat n
**percale** n (Textiles) / Perkal m (ein Baumwollgewebe)
**percaline** n (Bind, Textiles) / Perkalin n (stark appretiertes Baumwollgewebe für Bucheinbände)
**per-call service** (Comp) / Wartung f ohne Wartungsvertrag, bei der die Störungsbeseitigung nach entsprechender Meldung aufgrund des entstandenen Aufwands (Anfahrtzeichen, Ersatzteile, Arbeitszeit, Grundgebühr) verrechnet wird
**per capita consumption** / Pro-Kopf-Verbrauch m || ~ **caput consumption** / Pro-Kopf-Verbrauch m
**percarbamide** n (Chem) / Percarbamid n (Harnstoff-Wasserstoff-Additionsverbindung), Perkarbamid n
**percarbonate** n (Chem) / Peroxocarbonat n, Peroxokarbonat n
**percarbonic acid** (Chem) / Peroxokohlensäure f
**perceivable** adj (Psychol) / perzeptibel adj, wahrnehmbar adj
**perceived colour** / wahrgenommene Farbe || ~ **noise level** (Acous) / PNL (Lärmigkei als Maß für die Störwirkung von Lärm), Lärmigkeit f, Lästigkeitspegel m, empfundener Lärmpegel
**per cent** (Maths) / Prozent n (DIN 5477), vH
**percent** n (Maths) / Prozent n (DIN 5477), vH
**percentage** n (a proportion or ratio expressed as a fraction with the denominator 100) / prozentualer Anteil, Prozentsatz m, Prozentwert m || ~ / Prozentgehalt m, %-Gehalt m || ~ / Franchise f (höchstzulässiger prozentualer Masseverlust während des Transports) || ~ *attr* / prozentual adj || ~ **area of reduction** (Met) / Querschnittsverminderung f (in % des ursprünglichen Querschnitts) || ~ **articulation*** (Telecomm, Teleph) / prozentuale Verständlichkeit von Logatomen || ~ **by volume** / Volumenprozent n, Vol.-% n, Volumprozent n || ~ **by weight** / Masseprozent n, Gewichtsprozent n (Prozentanteil bezogen auf das Gewicht des Stoffes), Gew.-%, Gewichtsprozentsatz m || ~ **calculation** (Maths) / Prozentrechnung f || ~ **composition** / Zusammensetzung f in % || ~ **differential relay*** (Elec Eng) / Prozentdifferentialrelais n || ~ **dot map** (Cartography) / Hundertpunktkarte f || ~ **elongation** (Materials) / Prozentdehnung f || ~ **function** (ISO 2382 22:1986) (Comp, Maths) / Prozentfunktion f || ~ **modulation*** (Telecomm) / Modulationsgrad m, Aussteuerungsgrad m || ~ **of contamination** (Ecol) / Schadstoffanteil m || ~ **of moisture** / Feuchtegehalt m, Feuchtigkeitsgehalt m, MC (Feuchtegehalt) || ~ **of pollutants** (Ecol) / Schadstoffanteil m || ~ **purity** / Reinheitsgrad m || ~ **registration*** (Elec Eng) / Relativregistrierung f
**percent elongation** (Materials) / Prozentdehnung f
**percentile*** n (Stats) / Zentil n, Perzentil n (das dem Fall q = 100 entspricht) || ~* (Stats) s. also median and quartile
**percent key** (Comp) / Prozenttaste f (DIN 9757) || ~ **mark** / Prozentzeichen n || ~ **of grade** (Autos) / Gefälle n || ~ **ripple** (Elec Eng) / Oberwellenanteil m || ~ **saturation** (Hyd Eng) / Sättigungsgrad m

(z.B. des Bodens) || ~ **sign** / Prozentzeichen n || ~ **syllable articulation** (Teleph) / Silbenverständlichkeit f || ~ **symbol** / Prozentzeichen n
**perceptible** adj / spürbar adj (z.B. Unterschied) || ~ (Psychol) / perzeptibel adj, wahrnehmbar adj || ~ **hue** (Optics, Physiol) / wahrnehmbare Färbung
**perception*** n (Psychol) / Perzeption f, Wahrnehmung f (meist eines Reizes)
**perceptional** adj (Psychol) / perzeptiv adj
**perception of colour** (Optics, Physiol) / Farbempfindung f (von einer Farbe ausgelöste subjektive Empfindung des Gesichtssinns), Farbwahrnehmung f || ~ **of form** (Optics) / Formenwahrnehmung f (Bewertung der Beleuchtungsgüte)
**perceptron** n (Electronics) / Perzeptron n (technisches Modell zur Nachbildung von Wahrnehmungs- und Lernprozessen)
**perceptual** adj (Psychol) / perzeptiv adj
**perched groundwater** (Hyd Eng) / hängender Grundwasserhorizont || ~ **stream** (Hyd Eng) / durch eine ungesättigte Zone vom Grundwasser getrennter Fluss || ~ **water** (Civ Eng) / Wasserstau m (im Boden) || ~ **water** (Geol) / Wasser n der Aerationszone
**perching** n (Leather) / Schlichten (von Sämischleder- oder Rauchwaren) || ~* (Textiles) / Gewebeschauen n, Warenvorkontrolle f, Absuchen n auf Fehler || ~ **layer** (Textiles) / Hängendwasserdecke f || ~ **machine** (Textiles) / Warenschaumaschine f (zur Kontrolle der Gewebe in der Ausrüstung - DIN 64990)
**perchlorate*** n (Chem) / Chlorat(VII) n, Perchlorat n (Salz der Perchlorsäure)
**perchloric acid*** (Chem) / Perchlorsäure f, Überchlorsäure f, Chlor(VII)-säure f ($HClO_4$)
**perchlorobenzene** n (Chem) / Perchlorbenzol n, Hexachlorbenzol n ($C_6Cl_6$), HCB (Hexachlorbenzol)
**perchloroethane** n (Chem) / Hexachlorethan n, Carboneum sesquichloratum, Perchlorethan n, Mottenhexe f
**perchloroethene** n (Chem) / Tetrachlorethylen n (DIN 53 978), Tetrachlorethen n (ein LHKW), Perchlorethen n, Per (Perchlorethen), Perchlorethylen n
**perchloroethylene*** n (Chem) / Tetrachlorethylen n (DIN 53 978), Tetrachlorethen n (ein LHKW), Perchlorethen n, Per (Perchlorethen), Perchlorethylen n
**perchloromethyl mercaptan** (Chem, Mil) / Trichlormethansulfenylchlorid n, Perchlormethylmercaptan n, PCM (Perchlormethylmercaptan), Clairsit n
**perchloryl fluoride** (Chem, Space) / Perchlorylfluorid n
**perchromate*** n (Chem) / Peroxochromat n (Peroxochromat(V) = rotes, paramagnetisches Peroxochromat, Peroxochromat(VI) = blaues, diamagnetisches Peroxochromat)
**Perco copper sweetening** (Chem, Chem Eng) / Perco-Kupfersüßung f (mit Kupfersulfat und Natriumchlorid) || ~ **HF alkylation** (Chem, Chem Eng) / Perco-HF-Alkylierung f (mit Flusssäure bei niedrigen Temperaturen)
**percolate** v (Agric, Chem Eng) / perkolieren v || ~ (Chem, Pharm) / perkolieren v, kolieren v || ~ (Hyd Eng) / versickern v, einsickern v, durchsickern v, sickern v, aussickern v || ~ (Nut) / filtern v (Kaffee) || ~ n (Chem Eng) / Perkolat n (Produkt einer Perkolation)
**percolating filter*** (San Eng) / Tropfkörperanlage f (ein Festbettreaktor zur biologischen Reinigung von Abwässern - DIN 19 557) || ~ **gallery** (Mining) / Sickergalerie f || ~ **water** (Agric, Hyd Eng) / Sickerwasser n (das im Untergrund zum Grundwasser absinkende Niederschlags- und Oberflächenwasser)
**percolation** n (Agric, Hyd Eng) / Perkolation f (Versickerung des Niederschlagswassers bis zum Grund- oder Stauwasser) || ~ (Chem, Chem Eng) / Perkolieren n (ein kontinuierliches Extraktionsverfahren), Perkolation f || ~ (Chem Eng) / Perkolation f (kontinuierliches Herauslösen eines Inhaltsstoffes aus mehr oder weniger zerkleinertem Material mit Hilfe von langsam durchfließenden Lösungsmitteln) || ~ (Hyd Eng) / Versickern n, Einsickern n, Versickerung f (Einsickerung von atmosphärischen Niederschlägen in den Poren- und Spaltenraum der Gesteine), Durchsickern n, Sickern n, Aussickern n || ~ **path** (Hyd Eng) / Sickerlinie f (die die freie Oberfläche des durch einen Damm strömenden Wassers beschreibt) || ~ **water** (Agric, Hyd Eng) / Sickerwasser n (das im Untergrund zum Grundwasser absinkende Niederschlags- und Oberflächenwasser)
**percolator** n (Chem Eng) / Perkolator m
**per-compound** n (Chem) / Per-Verbindung f (in der ein Element in der höchstmöglichen Oxidationsstufe enthalten ist, z.B. Perchlorat und Permanganat) || ~ (Chem) / Per-Verbindung f (die aus der Grundverbindung Wasserstoffperoxid entsteht, wenn ein oder beide Wasserstoffatome durch andere Reste ersetzt werden) || ~ (Chem) / Per-Verbindung f (organische Verbindung, in der der Wasserstoff vollständig durch andere Atome ersetzt ist, z.B. perfluorierte und perchlorierte Kohlenwasserstoffe)

**percrystallization** n (Chem) / Kristallisation f bei der Dialyse (mit halbdurchlässiger Membran)

**percussion** n (the striking of one solid object with or against another with some degree of force) (Mech) / Schlag m, Erschütterung f ‖ ~ **bit** (Oils) / Schlagbohrkopf m, Schlagbohrmeißel m ‖ ~ **cap** / Amorce f (pl. -s) (Zündblättchen), Zündblättchen n ‖ ~ **cap** (Chem) / Zündhütchen n, Perkussionszündhütchen n ‖ ~ **drill** (Mining) / Schlagbohrmaschine f (mit Meißelschneiden) ‖ ~ **drilling**\* (Mining) / Schlagbohren n, Stoßbohren n, schlagendes Bohren ‖ ~ **figure**\* (Crystal) / Schlagfigur f (die durch einen scharfen Schlag mit einer Nadelspitze auf die Kristallfläche entsteht) ‖ ~ **jig** (Min Proc) / Hancock-Setzmaschine f ‖ ~ **table** (Min Proc) / Stoßherd m

**percussive boring**\* (Mining) / Schlagbohren n, Stoßbohren n, schlagendes Bohren ‖ ~ **welding**\* (Welding) / Schlagschweißen n, PK-Schweißen n (Stumpfschweißen mittels Kondensatorentladung), Perkussionsschweißen n (eine Weiterentwicklung des Kaltpressschweißens)

**percutaneous absorption** (Pharm, Radiol) / Aufnahme durch die Haut f

**perdeuterate** v (Chem, Spectr) / perdeuterieren v

**perdistillation** n (Chem, Chem Eng) / Destillation f durch eine Dialysemembran

**perdisulphuric acid** (Chem) / Peroxodischwefelsäure f ($H_2S_2O_8$)

**perennial**\* n (Bot) / Perenne f, perennierende Pflanze

**perennially frozen ground** (Geol) / perenne Tjäle, Permafrost m (dauernde Gefrornis), Dauerfrostboden m, Gefrornis f (dauernde, ewige), Pergelisol m

**perennial river** (Geol, Hyd) / Dauerfluss m, perennierender Fluss ‖ ~ **spring** (Hyd Eng) / perennierende (ständig laufende) Quelle, permanente Quelle, Dauerquelle f (mit jahreszeitlich unabhängiger Schüttungsperiode) ‖ ~ **stream** (Geol, Hyd) / Dauerfluss m, perennierender Fluss ‖ ~ **stream** (Hyd Eng) / ganzjähriger Wasserlauf (mit jahreszeitlich unabhängigem, aber zeitweise unterbrochenem Abfluss)

**perfect** adj / perfekt adj (Menge) ‖ ~ / fehlerfrei adj, fehlerlos adj, einwandfrei adj (fehler-, tadellos) ‖ ~ (Build, Mech) / statisch bestimmt ‖ ~ **binding** (Bind) / Klebebindung f ‖ ~ **binding machine** (Bind) / Klebebindemaschine f ‖ ~ **combustion**\* (Heat) / vollkommene Verbrennung ‖ ~ **competition** / vollständige Konkurrenz (eine Marktform), atomistische Konkurrenz ‖ ~ **conductor** (Elec) / idealer Leiter, Idealleiter m ‖ ~ **crystal**\* (Crystal) / Idealkristall m, idealer Kristall, Idealstruktur f ‖ ~ **dielectric**\* (Elec) / verlustloser Isolator ‖ ~ **diffuser** (Light, Phys) / völlig diffus strahlender Körper ‖ ~ **fluid** (Phys) / ideales Fluid, reibungsfreies Fluid (bei dem während der Bewegung keine tangentialen Schubspannungen auftreten) ‖ ~ **frame**\* (Eng, Mech) / statisch bestimmter Rahmen, statisch bestimmtes Rahmentragwerk ‖ ~ **gas**\* (Phys) / ideales Gas, Idealgas n

**perfect-gas equation** (Phys) / Zustandsgleichung f idealer Gase, allgemeine Gasgleichung, Gaszustandsgleichung f ‖ ~ **mixture** (Phys) / Gemisch n idealer Gase

**perfect group** (Maths) / perfekte Gruppe, vollkommene Gruppe (die gleich ihrer Kommutatorgruppe ist)

**perfecting** n (Print) / Widerdruck m (der Druck auf die Rückseite eines im Schöndruck bedruckten Druckträgers) ‖ ~ **forme** (Print) / innere Form, Widerdruckform f (in Schön- und Widerdruck)

**perfection** n / Vervollkommnung f, Perfektionierung f

**perfect lattice** (Crystal) / ideales Gitter

**perfectly homogeneous** / vollständig homogen, vollkommen homogen ‖ ~ **inelastic collision** (Phys) / vollkommen unelastischer Stoß ‖ ~ **periodic** (Crystal) / idealperiodisch adj ‖ ~ **plastic behaviour** (Mech) / vollplastisches Verhalten ‖ ~ **plastic-elastic material** (Materials) / vollkommen elastisch-plastischer Werkstoff ‖ ~ **smooth surface** / vollkommen glatte Oberfläche

**perfect mix** / vollkommene Mischung ‖ ~ **monatomic gas** (Phys) / aus einatomigen Molekülen bestehendes ideales Gas ‖ ~ **number**\* (Maths) / vollkommene Zahl (eine natürliche Zahl n, die gleich der Summe ihrer natürlichen Teiler einschließlich 1, aber außer n ist), perfekte Zahl

**perfector**\* n (Print) / Perfektor m, Schön- und Widerdruckmaschine f

**perfect pitch** (Acous, Physiol) / absolutes Gehör (die Fähigkeit, Töne und Tonarten ohne vorgegebenen Vergleichston zu bestimmen oder durch Singen anzugeben) ‖ ~ **plasticity** (Mech) / Vollplastizität f ‖ ~ **square** (a figurate number) (Maths) / vollkommenes Quadrat ‖ ~ **up** v (Print) / Widerdruck drucken, in Widerdruck drucken ‖ ~ **vacuum** (Vac Tech) / absolutes Vakuum

**perfluorinated compound** (Chem) / perfluorierte Verbindung

**perfluorkerosene** n (Chem) / Perfluorkerosin n, PFK (Perfluorkerosin)

**perfluoroalkoxy polymers** (Chem) / Perfluor-Alkoxy-Polymere n pl, PFA (DIN 7728, T 1)

**perforate** v / durchlochen v, perforieren v, lochen v, durchlöchern v

**perforated** adj / perforiert adj (Film) ‖ ~ **base** (Chem) / Siebboden m (des Gooch-Tiegels), poröse Filterplatte (des Gooch-Tiegels) ‖ ~ **bottom** (Chem) / Siebboden m (des Gooch-Tiegels), poröse Filterplatte (des Gooch-Tiegels) ‖ ~ **bottom** (Chem) / Siebplatte f (der Bodenkolonne)

**perforated-bottom column** (Chem) / Siebplattenkolonne f (eine Bodenkolonne)

**perforated bowl** / Siebtrommel f (einer Schleuder)

**perforated-bowl centrifuge** / Siebschleuder f, Siebzentrifuge f, Filterzentrifuge f

**perforated brick** (Build) / Lochstein m ‖ ~ **brick** (Build) / Feinhohlziegel m ‖ ~ **brick**\* (Build) / Lochziegel m (Hochlochziegel)

**perforated-casing well** (Hyd Eng) / Brunnen m mit geschlitztem Mantelrohr

**perforated flat bar under tensile stress** (Mech) / gelochter Flachstab unter Zug ‖ ~ **gypsum lath** (Build) / gelochte Gipskarton-Putzträgerplatte ‖ ~ **gypsum plasterboard** (Build) / Gipskarton-Lochplatte f ‖ ~ **panel** (Acous) / Lochplatte f (eine Akustikplatte) ‖ ~ (lawn) **paving block** (Build, Ceramics) / Betonrasenstein m (mit Löchern versehenes Betonbauteil zur Befestigung von begrünbaren Verkehrsflächen), Betongrasstein m (mit Aussparungen für eine Begrünung), bg-Stein m, Rasenstein m (ein Betonstein mit Aussparungen für eine Begrünung)

**perforated-pipe distributor** (Agric) / Sprengrohr n, Sprührohr n

**perforated plate** / Lochblech n (gewalztes Stahlblech nach DIN 24 041, 24 042 und 24 043), Siebblech n (mit Rund- oder Quadratlochung nach DIN 4187) ‖ ~ **plate** / Lochplatte f ‖ ~ **plate** (Chem) / Siebplatte f (der Bodenkolonne) ‖ ~ **plate** (Chem) / Schlitzsiebplatte f (der Nutsche) ‖ ~ **plate** (Chem Eng) / Siebboden m (einer Rektifizierkolonne)

**perforated-plate column** (Chem Eng) / Siebbodenkolonne f ‖ ~ **tower** (Chem Eng) / Siebbodenkolonne f

**perforated side shield** / Seitenkorb m (der Schutzbrille) ‖ ~ **tape** (Teleg) / Lochstreifen m ‖ ~ **tray** (Chem Eng) / Siebboden m (einer Rektifizierkolonne)

**perforating**\* n (Oils) / Perforieren n (eine Komplettierungsarbeit) ‖ ~ **press**\* (Eng) / Lochpresse f, Perforierpresse f

**perforation** n / Perforierung f, Durchlochung f, Lochung f, Perforation f ‖ ~ / Loch n (Öffnung) ‖ ~ (Chem Eng) / Durchbohrung f (z.B. in der Nutsche oder in dem Gooch-Tiegel) ‖ ~ (Cinema, Photog) / Perforationsloch n, Perforation f, Transportloch n ‖ ~ (Nuc Eng) / Durchbruch m (des Reaktorbehälters) ‖ ~ **damage** (a corrosion damage) (Surf) / Durchrostungsschaden m ‖ ~ **line** (Print) / Perforationslinie f, perforierte Linie ‖ ~ **pitch** (Cinema, Photog) / Lochabstand m (der Perforation), Perforationslochabstand m, Perforationsschritt m, Perforationsteilung f ‖ ~ **plate** (Bot, For) / Siebplatte f (des Phloems) ‖ ~ **plate** (For) / Lochplatte f (bei der Gefäßenddurchbrechung)

**perforator** n (Chem Eng) / Perforator m (zur Flüssig-Flüssig-Extraktion) ‖ ~ **method** (For) / Perforatormethode f (Prüfmethode zur Freisetzung des Formaldehyds aus festen Werkstoffen) ‖ ~ **typist** (Comp) / Perforatorschreibkraft f

**perforin** n (Biochem) / Perforin n, porenformendes Protein, PFP (porenformendes Protein)

**perform** v / ausführen v (einen Versuch), durchführen v (einen Versuch) ‖ ~ / durchführen v (eine Operation)

**performability** n (Comp) / Performability f

**performance** n (Autos) / Fahrleistungen f pl (des Motors), Fahrverhalten n (leistungsmäßiges) ‖ ~ (Comp) / Performance f (in MOp/s gemessen) ‖ ~ (Eng) / Leistung f (eines Motors) ‖ ~ (Eng, Work Study) / Leistung f (Arbeitsergebnis einer Anlage) ‖ ~ (Work Study) / Leistungsergebnisgrad m ‖ ~ (Work Study) / Leistung f (Leistungsverhalten - Grad der Aufgabenerfüllung) ‖ ~ **accessories** (Autos) / Tuningteile n pl ‖ ~ **board** (Electronics) / Performanceboard m, Loadboard m (eine Leiterplatte, die beim Test von integrierten Schaltungen als Verbindungsglied zwischen dem Testhead des Testautomaten und dem Testobjekt dient) ‖ ~ **bond** (Eng) / Vollzugsgarantie f, Erfüllungsgarantie f (bei Verträgen), Leistungsgarantie f (bei Verträgen) ‖ ~ **boost** (Eng) / Leistungsschub m ‖ ~ **characteristic** (Eng) / Leistungsmerkmal n ‖ ~ **characteristics** (of a fabric) (Textiles) / Gebrauchseigenschaften f pl ‖ ~ **characteristics of material** (Materials) / Eigenschaftskenngrößen f pl des Werkstoffs, Werkstoffkennwerte m pl, Materialkennwerte m pl ‖ ~ **comparison** (Eng) / Leistungsvergleich m ‖ ~ **curve** (Eng) / Leistungskurve f (bei Maschinen) ‖ ~ **degradation** (Eng, Phys) / Leistungseinbuße m, Herabsetzung f der Leistungsfähigkeit ‖ ~ **enhancement** / Leistungssteigerung f ‖ ~ **feature** (Telecomm) / Leistungsmerkmal n, LM (Leistungsmerkmal), Dienstleistungsmerkmal n, Feature n (Leistungsmerkmal), SF (Service Feature) ‖ ~ **function** (Comp) / Zielfunktion f ‖ ~ **gap** / Leistungslücke f (Leistungsgefälle) ‖ ~ **guarantee** / Leistungsgarantie f (bei Maschinen) ‖ ~ **header** (Autos) / Fächerkrümmer m (Auspuffkrümmer aus Stahlrohr) ‖ ~ **index** (Automation) / Gütekriterium n (z.B. für ein Regelsystem) ‖ ~

**performance**

**management** (Telecomm) / Performance Management *n* (eine von der ISO definierte Kategorie für die Netzwerkverwaltung), PM (Performance Management), Dienstgüteüberwachung *f* (bei Netzwerken) || **~ number** (Aero, Fuels) / Leistungszahl *f* (Maß zur Beurteilung des Klopfverhaltens von Brennstoffen für KTW) || **~ range** (Eng) / Leistungsbereich *m*, Arbeitsbereich *m* (Leistungsbereich einer Maschine) || **~ range** (Eng) / Leistungsbandbreite *f* || **~ rating** (Work Study) / Leistungsgradschätzung *f* || **~ requirements** (Work Study) / Leistungsanforderungen *f pl* || **~ specifications** s. also specification || **~ specifications** (Eng) / Leistungsdaten *pl* || **~ springs** (Autos) / Sportfedersatz *m* || **~ standard** / Gütenorm *f* || **~ standard** (Work Study) / Führungsgröße *f* (im Management) || **~ test** (Elec Eng) / Eignungsprüfung *f* || **~ test** (Eng) / Leistungsprüfung *f*, Funktionsprüfung *f*

**performant** *adj* (Comp) / performant *adj* (leistungsfähig), leistungsfähig *adj* (System)

**performic acid** (Chem) / Peroxyameisensäure *f*

**perfume** *v* / parfümieren *v* || **~** *n* / Duft *m*, Wohlgeruch *m*, Duftnote *f* || **~ technology** / Parfümherstellung *f*

**perfuming** *n* / Parfümieren *n* (z.B. der Mineralölprodukte, die zum Einsatz im Haushalt bestimmt sind)

**pergelisol** *n* (Geol) / perenne Tjäle, Permafrost *m* (dauernde Gefrornis), Dauerfrostboden *m*, Gefrornis *f* (dauernde, ewige), Pergelisol *m*

**pergeting** *n* (Build) / Schornsteininnenputz *m*, Verputz *m* des Schornsteinschachts

**pergola** *n* (Arch, Build) / Laubengang *m*, Pergola *f* (pl. Pergolen) (eine Laube aus Pfeilern oder Säulen, die eine offene Holzdecke mit Rankengewächsen tragen)

**perhapsatron** *n* (Nuc) / Perhapsatron *n* (Anlage zur Durchführung von Versuchen zur Kernverschmelzung)

**per hundred** (Maths) / Prozent *n* (DIN 5477), vH

**perhydrogenate** *v* (Chem) / perhydrieren *v*

**Perhydrol*** *n* (Chem) / Perhydrol *n* (30%ige säurefreie Wasserstoffperoxidlösung)

**perhydrous coal** (Fuels, Mining) / wasserstoffreiche Kohle, Kohle *f* mit erhöhtem Wasserstoffgehalt

**periapsis point** (Astron) / Periapside *f* (der Punkt der elliptischen Bahn eines Himmelskörpers, in dem dieser dem in einem der Brennpunkte stehenden Hauptkörper am nächsten ist)

**periastron*** *n* (Astron) / Periastron *n* (pl. -stren) (bei Doppelsterbahnen der dem Hauptstern nächstgelegene Bahnpunkt des masseärmeren Begleitsterns), Sternnähe *f*, Periastrum *n* (pl. -stren)

**pericarp*** *n* (Bot) / Perikarp *n* (Frucht)

**periclase*** *n* (Min) / Periklas *m* (Magnesiumoxid) || **~ grain** / Periklaskorn *n* (meist rundlich)

**periclinal** *adj* (Geol) / periklinal *adj* (z.B. Flanken eines Kegelberges oder die Schichten eines Stratovulkans)

**pericline*** *n* (Min) / Periklin *n* (ein Plagioklas)

**pericondensed** *adj* (Chem) / perikondensiert *adj*, perianelliert *adj* || **~ system** (Chem) / perikondensiertes System

**pericyclic** *adj* (Chem) / perizyklisch *adj*, pericyclisch *adj* || **~ reaction** (Chem) / pericyclische Reaktion, perizyklische Reaktion (konzentrierte Reaktion der organischen Chemie)

**pericynthion** *n* (Astron, Space) / Mondnähe *f*, Periselen *n*, Periselenum *n*, Perilun *n*

**periderm*** *n* (Bot) / Periderm *n* (Korkkambium + Kork + Phelloderm)

**peridot*** *n* (the gem variety of olivine) (Min) / Edler Olivin, Peridot *m* (Handelsbezeichnung für Schmucksteinvarietäten des Olivins)

**peridotite*** *n* (Geol) / Peridotit *m* (ultrabasisches Tiefengestein)

**perifused** *adj* (Chem) / perikondensiert *adj*, perianelliert *adj*

**perigee*** *n* (Astron, Space) / Perigäum *n* (pl. Perigäen), Erdnähe *f*

**periglacial** *adj* (Geol) / periglazial *adj* (Raum, der die ständig von Schnee oder Eis bedeckten Gebiete umrandet)

**perigon*** *n* (Maths) / Vollwinkel *m* (360° - DIN 1315)

**perihelion*** *n* (pl. -helia) (Astron) / Perihel *n*, Sonnennähe *f*

**perihelion shift** (Astron) / Periheldrehung *f*

**perikinetic** *adj* / perikinetisch *adj* (Flockung) || **~ aggregation** (Chem) / perikinetische Flockung

**perillaaldehyde** *n* (Chem) / Perillaaldehyd *m* (p-Mentha-1,8-dien-7-al) || **~ oxime** (Chem) / Perillaaldehydoxim *n*, Perillartin *n* (ein aus verschiedenen tropischen Pflanzen gewonnenes Süßungsmittel)

**perilla ketone** (Agric, Chem) / Perillaketon *n* || **~ oil*** (Nut, Paint) / Perillaöl *n* (von Perilla frutescens (L.) Britton - nicht für Weißlacke geeignet)

**perilune** *n* (Astron, Space) / Mondnähe *f*, Periselen *n*, Periselenum *n*, Perilun *n*

**perimeter** *n* / äußere Begrenzung || **~** (Maths) / Umfang *m* (die Länge der Begrenzungslinie einer Fläche, einer geometrischen Figur) || **~*** (Optics) / Perimeter *n* (Gerät zur Untersuchung und Ausmessung des Gesichtsfeldes nach ISO 12 866) || **~** (Maths) s. also circumference || **~ acquisition radar** (Radar) / Zielerfassungsradar *m n* großer Reichweite, PAR-Radar *m n* || **~ of the circle** (the length of the circumference) (Maths) / Kreisumfang *m*, Kreisperipherie *f*, Kreislinie *f* (als Umfang des Kreises), Kreis *m* (Kreislinie) || **~ track** (a taxi track)* (Aero) / Rollfeldringbahn *f*

**perimetral pattern** (Build) / Perimetralbebauung *f*

**perimidine** *n* (Chem) / Perimidin *n* (ein kondensierter Heterozyklus)

**perimorphism** *n* (Crystal) / Umhüllungspseudomorphose *f*, Perimorphose *f*

**period*** *n* / Periode *f*, Zeitspanne *f*, Zeitabschnitt *m* (ohne Unterbrechung - DIN 69900), Zeitdauer *f* || **~** (Astron) / Umlaufdauer *f*, Umlaufzeit *f*, Periode *f* || **~*** (horizontal row) (Chem) / Periode *f* (im Periodensystem) || **~*** (a geological-time unit) (Geol) / Periode *f* (als chronologischer Abschnitt) || **~*** (Maths) / Periode *f* (Ziffern, die nach dem Komma eines unendlichen Dezimalbruchs erscheinen; der Funktion) || **~** (Meteor) / Periode *f* || **~** (Phys) / Periode *f* (kleinstes Intervall der unabhängigen Veränderlichen, nach dem sich ein periodischer Vorgang wiederholt - DIN 5031, T 8), Zyklus *m* (bei einem periodischen Vorgang) || **~** (US) (Typog) / Interpunktionspunkt *m*, Punkt *m* (Satzzeichen) || **within a twenty-day ~** / innerhalb (einer Frist) von zwanzig Tagen

**periodate*** *n* (Chem) / Periodat *n* (Ortho-, Meta-) || **~ lignin** (For) / Purves-Lignin *n*, Periodatlignin *n*

**periodic** *adj* (pe•-ri-od-ic) / regelmäßig wiederkehrend, periodisch *adj* || **~** (pe-ri-od-ic) / periodisch arbeitend (Industrieofen, z.B. Kammerofen, Tiefofen) || **~** (syllabification: per-i-o-dic) (Chem) / Überiod-, Period- || **~ acid*** (Chem) / Periodsäure *f*, Überiodsäure *f* (Meta-, Ortho-)

**periodic-acid Schiff** (Biochem) / Periodsäure-Schiff-Reaktion *f* || **~ Schiff reaction** (Biochem) / Periodsäure-Schiff-Reaktion *f*

**periodical** *adj* / regelmäßig wiederkehrend, periodisch *adj* || **~ decimal** (Maths) / periodischer Dezimalbruch || **~ light** (Ships) / Taktfeuer *n* || **~ line displacement** (TV) / Zeilenversatz *m* (eine Bildstörung) || **~ lubrication** (Eng) / Intervallschmierung *f*, periodische Schmierung

**periodic antenna*** (Radio) / abgestimmte Antenne || **~ bond chain** (Crystal) / Richtung *f* stärkster Bindungsketten || **~ bond chain vector** (Crystal) / periodischer Bindungskettenvektor, PBC-Vektor *m* (innerhalb eines Kristallgitters) || **~ chart** (Chem) / Tafel *f* des Periodensystems, Tabelle *f* des Periodensystems, Periodentafel *f* (der Elemente) || **~ current*** (Telecomm) / periodischer Strom || **~ damping*** (Phys, Telecomm) / unterkritische Dämpfung, unteraperiodische Dämpfung, Unterdämpfung *f*, periodische Dämpfung || **~ duty** (Elec Eng) / Aussetzbetrieb *m*, aussetzender Betrieb, AB (aussetzender Betrieb - eine Betriebsart), Aussetzerbetrieb *m*, intermittierender Betrieb || **~ fluctuation** (Stats) / periodische Schwankung || **~ function*** (Maths) / periodische Funktion || **~ furnace** / periodisch arbeitender (Industrie)Ofen (z.B. Kammerofen, Ofen *m* mit satzweiser Beschickung, Chargenofen *m* || **~ group** (Maths) / ordnungsfinite Gruppe, periodische Gruppe, Torsionsgruppe *f* (wenn jedes der Elemente eine endliche Ordnung hat) || **~ inventory** / Stichtagsinventur *f*

**periodicity*** *n* / Periodizität *f*, periodischer Charakter, periodisches Auftreten, Periodik *f* || **~*** (Chem) / Stellung *f* im Periodensystem || **~*** (Elec) / Periodenzahl *f* || **~*** (Elec, Elec Eng, Phys) / Frequenz *f* (die sekundliche Periodenzahl eines periodischen Vorganges), Periodenfrequenz *f* (Kehrwert der Periodendauer nach DIN 1311, T 1)

**periodic law*** (Chem) / periodisches Gesetz, Periodengesetz *n* (der Elemente) || **~ loading** (Elec Eng) / Aussetzbelastung *f*, aussetzende Belastung || **~ motion** (Mech) / periodische Bewegung (wenn der Körper nach einem bestimmten Zeitabschnitt immer wieder in seine Ausgangslage zurückkehrt und der gleiche Bewegungsvorgang sich anschließend wiederholt, z.B. bei der Schwingung eines Pendels oder bei der Bewegung der Planeten) || **~ oscillation** (Phys) / periodische Schwingung (DIN 1311-1 und 5483-1) || **~ perturbations** (Astron) / periodische Störungen || **~ profile** (Met) / periodisches Profil (das über seine Länge einen unterschiedlichen Querschnitt hat und längs-, quer- oder auf Schmiedewalzwerken absatzweise gewalzt wird) || **~ quantity** (Phys) / periodische Größe *f* || **~ rating** (Elec Eng) / Nennleistung *f* bei periodischem Aussetzbetrieb || **~ reverse-current plating** (Surf) / Abscheidung *f* mit periodischem Polwechsel, elektrochemisches Abscheiden mit periodischer Stromumpolung (z.B. bei der zyanidischen Verkupferung und Versilberung) || **~ reverse plating** (Surf) / Abscheidung *f* mit periodischem Polwechsel, elektrochemisches Abscheiden mit periodischer Stromumpolung (z.B. bei der zyanidischen Verkupferung und Versilberung) || **~ ring condition** (Teleph) / Weiterruf *m* || **~ ringing condition** (Teleph) / Weiterruf *m* || **~ signal** (Telecomm) / periodisches Signal (DIN 40 146, T 3) || **~ spring** (Hyd Eng) / periodische (periodisch schüttende) Quelle || **~ system*** (of chemical elements) (Chem) / periodisches System, Periodensystem *n* (der chemischen Elemente nach D.I. Mendelejew und J. L. Meyer), PSE (periodisches System der Elemente) ‖ ~ **table** (Chem) / periodisches System, Periodensystem *n* (der chemischen Elemente nach D.I. Mendelejew und J. L. Meyer), PSE (periodisches System der Elemente) ‖ ~ **table**\* (Chem) / Tafel *f* des Periodensystems, Tabelle *f* des periodischen Systems, Periodentafel *f* (der Elemente) ‖ ~ **time** (Phys) / Periode *f* (kleinstes Intervall der unabhängigen Veränderlichen, nach dem sich ein periodischer Vorgang wiederholt - DIN 5031, T 8), Zyklus *m* (bei einem periodischen Vorgang) ‖ ~ **variation** (Stats) / periodische Schwankung ‖ ~ **vibration** (Phys) / periodische Schwingung (DIN 1311-1 und 5483-1) ‖ ~ **wave** (Phys) / periodische Welle

**period-luminosity law**\* (Astron) / Perioden-Helligkeits-Beziehung *f*, Perioden-Leuchtkraft-Beziehung (des Veränderlichen-Typs der Cepheiden) ‖ ~ **relation** (Astron) / Perioden-Helligkeits-Beziehung *f*, Perioden-Leuchtkraft-Beziehung (des Veränderlichen-Typs der Cepheiden)

**period meter**\* (Nuc Eng) / Reaktorperiodenmesser *m*, Periodenmesser *m*, Periodenmessgerät *n* ‖ ~ **of decay**\* (Nuc) / $T_{1/2}$, Halbwertszeit *f* (physikalische - $T_p$, biologische - $T_b$, effektive - $T_{eff}$), Halbwertzeit *f* (DIN 25404), HWZ (Halbwertszeit) ‖ ~ **of guarantee** / Gewährleistungsdauer *f*, Garantiefrist *f*, Garantiezeit *f*, Garantiedauer *f* ‖ ~ **of revolution**\* (Astron) / Umlaufdauer *f*, Umlaufzeit *f*, Periode *f* ‖ ~ **of warranty** / Gewährleistungsdauer *f*, Garantiefrist *f*, Garantiezeit *f*, Garantiedauer *f*

**periodogram** *n* (Stats) / Periodogramm *n* (einer Zeitreihe)

**period range**\* (Nuc Eng) / Periodenbereich *m* (in dem die Reaktor-Zeitkonstante von größerer Wichtigkeit für Reaktorsteuerung und -regelung als die Reaktorleistung ist), Zeitkonstantenbereich *m*, Periodenmessbereich *m* ‖ ~ **under record** / Berichtszeitraum *m*, Berichtsperiode *f* ‖ ~ **under review** / Berichtszeitraum *m*, Berichtsperiode *f*

**peripheral**\* *n* (Comp) / peripheres Gerät (das unter der Kontrolle der Zentraleinheit eines Digitalrechners betrieben werden kann), Peripheriegerät *n*, periphere Einheit ‖ ~\* *adj* / Peripherie-, Umfangs-, am Umfang ‖ ~\* (Comp) / peripher *adj* ‖ ~ **adapter** (Comp) / Peripherieanschluss *m*, Peripherie-Anschlusseinheit *f* ‖ ~ **adapter for diskette drives** (Comp) / Peripherie-Anschlusseinheit *f* für Diskettenlaufwerke ‖ ~ **adaptor** (Comp) / Peripherieanschluss *m*, Peripherie-Anschlusseinheit *f* ‖ ~ **broaching** (Eng) / Umfangsräumen *n* (auf Senkrechträummaschinen), Tubusräumen *n*, Topfräumen *n* ‖ ~ **bus** (Telecomm) / Peripheriebus *m*, PB ‖ ~ **channel interface** (Comp, Teleph) / Peripheriekanalschnittstelle *f*, PCI (Peripheriekanalschnittstelle) ‖ ~ **chip** (Electronics) / ausgebrochene Kante, abgesplitterte Oberfläche (des Chips) ‖ ~ **component interconnect**\* (Intel local bus architecture) (Comp) / Peripheral Component Interconnect *n* (ein Standard aus dem Hause Intel für einen Datenbus in einem PC, der mit verschiedenen Mikroprozessoren zusammenarbeiten kann), PCI (Peripheral Component Interconnect) ‖ ~ **connection simulator** (Telecomm) / Peripherieanschlusssimulator *m*, PAS ‖ ~ **control unit** (Comp) / Steuersystem für periphere Geräte, peripheres Steuersystem, peripheres Leitwerk ‖ ~ **device**\* (Comp) / peripheres Gerät (das unter der Kontrolle der Zentraleinheit eines Digitalrechners betrieben werden kann), Peripheriegerät *n*, periphere Einheit ‖ ~ **driver** (Comp) / peripherer Treiber ‖ ~ **edge** (I C Engs) / Laufkante *f* (eines Kolbenrings) ‖ ~ **electron** (Nuc) / kernfernes Elektron, äußeres Elektron ‖ ~ **equipment** (Comp) / Peripherie *f* (Gesamtheit der nicht zum eigentlichen Rechner gehörenden Geräte einer Rechenanlage) ‖ ~ **equipment** (Comp) / periphere Ausstattung (Anlagen, die eine einfache Verbindung zur zentralen Recheneinheit haben) ‖ ~ **equipment** (Comp) s. also peripheral device ‖ ~ **event** (Comp) / Anreiz *m* aus der Peripherie ‖ ~ **expansion system** (Comp) / Peripherie-Erweiterungssystem *n* ‖ ~ **force** (Eng, Phys) / Umfangskraft *f* (z.B. beim Riemengetriebe) ‖ ~ **grinding** (Eng) / Umfangsschleifen *n* (mit der Mantelfläche einer Schleifscheibe - DIN 8589, T 11), Umfangsschleifen *n* (mit dem Umfang eines zylindrischen, rotationssymmetrischen Schleifkörpers) ‖ ~ **group** (Teleph) / Peripheriegruppe *f*, PG (Peripheriegruppe) ‖ ~ **indent** (Electronics) / ausgebrochene Kante, abgesplitterte Oberfläche (des Chips) ‖ ~ **interface** (Comp) / Peripherieschnittstelle *f* ‖ ~ **interface adapter** (Comp) / peripherer Schnittstellenadapter (parallele Busschnittstelle zur Ansteuerung von Peripheriegeräten), PIA (peripherer Schnittstellenadapter) ‖ ~ **milling** (US) (Eng) / Walzenfräsen *n*, Walzfräsen *n*, Umfangfräsen *n* (bei dem die Fräserachse parallel zur Arbeitsfläche liegt) ‖ ~ **milling cutter** (US) (Eng) / Nuten-Scheibenfräser *m* (DIN 1890) ‖ ~ **module channel** (Comp, Teleph) / Periphermodulkanal *m*, PMC (Periphermodulkanal) ‖ ~ **nervous system** (Med) / peripheres Nervensystem, PNS (peripheres Nervensystem) ‖ ~ **preprocessor** (Teleph) / Periphervorprozessor *m* (bei dem Mobilfunk), PPP (Periphervorprozessor) ‖ ~ **pressure** (Eng) / Druck *m* am Umfang (bei Turbinen) ‖ ~ **processor** (Comp) / Ein-Ausgabe-Prozessor *m*, E/A-Prozessor *m* (zusätzlicher Prozessor, der einem Mikroprozessor zugeordnet ist, um Ein-Ausgabe-Operationen durchzuführen), I/O-Prozessor *m*, IOP (I/O-Prozessor), peripherer Prozessor (der die Peripherie steuert)

**peripherals** *pl* (Comp) / Peripherie *f* (Gesamtheit der nicht zum eigentlichen Rechner gehörenden Geräte einer Rechenanlage)

**peripheral shell** (Chem, Nuc) / Valenzschale *f*, Außenschale *f*, äußerste Elektronenschale ‖ ~ **signal** (Comp) / Signal *n* aus der Peripherie ‖ ~ **tie beam** (Build) / Ringanker *m* (Bauteil aus Stahlbeton zur Aufnahme horizontaler Schub- und Zugkräfte in den Deckenebenen) ‖ ~ **unit** (Comp) / peripheres Gerät (das unter der Kontrolle der Zentraleinheit eines Digitalrechners betrieben werden kann), Peripheriegerät *n*, periphere Einheit ‖ ~ **velocity** (Mech) / Umfangsgeschwindigkeit *f* (eines Punktes am Rande eines rotierenden Körpers)

**peripherin** *n* (Biochem) / Peripherin *n*

**periphery** *n* (Comp) / Peripherie *f* (Gesamtheit der nicht zum eigentlichen Rechner gehörenden Geräte einer Rechenanlage) ‖ ~ (I C Engs) / Mantellinie *f* (eines Kolbens) ‖ ~ (Maths) / Peripherie *f* (die geschlossene Begrenzungslinie einer ebenen Fläche) ‖ ~ **angle** (Maths) / Umfangswinkel *m*, Peripheriewinkel *m* (dessen Scheitelpunkt ein Punkt eines Kreises ist und dessen Schenkel Sekanten des Kreises sind) ‖ ~ **of gripper** / Greiferperipherie *f* (bei Robotern) ‖ ~ **of tool** (Tools) / Werkzeugperipherie *f* (bei Robotern)

**periplasmic** *adj* (Biochem) / periplasmatisch *adj*

**peripteral temple** (Arch) / Peripteraltempel *m*, Peripteros *m* (pl. - oder -pteren) (Tempel mit einem umlaufenden Säulengang), Ringhallentempel *m*

**periscope** *n* (Glass) / Ofenperiskop *n* (optische Sonde) ‖ ~ (Mil, Optics) / Periskop *n*, Sehrohr *n* (bei Ubooten) ‖ ~ (Optics) / Periskop *n* (ein Objektiv von H.A. Steinheil) ‖ ~\* (Optics) / Periskop *n* (ein ausfahrbares, drehbares Fernrohr, mit dem man das Gesichtsfeld oberhalb des eigenen Standortes beobachten kann)

**periselective** *adj* (Chem) / periselektiv *adj* (Cycloaddition)

**perish** *v* (Chem Eng) / zerrieseln *v* (z.B. Calciummetasilicat) ‖ ~ *vi* (Nut) / verderben *vi*

**perishable** *adj* (Nut) / [leicht]verderblich *adj* ‖ ~ **cargo** (Ships) / verderbliche Ladung

**perished** *adj* (Nut) / verdorben *adj* (Lebensmittel)

**perishing** *n* (Paint) / Alterung *f* (einer Lackierung) ‖ ~ (Paint) s. also film degradation

**peristaltic pump**\* (Eng) / Schlauchpumpe *f*, peristaltische Pumpe (bei der sich drehender Kolben einen in einem speziell geformten Bett liegenden Schlauch fortlaufend zusammendrückt und dadurch die im Schlauch stehende Flüssigkeit weiter fördert)

**perisierite**\* *n* (Min) / Peristerit *m* (Natriumalumotrisilikat)

**peristyle**\* *n* (Arch) / Peristyl *n* (pl. -e), Peristylium *n* (pl. -ien) (Säulenhof, Säulenumgang)

**peritectic** *n* (Met) / Peritektikum *n* (charakteristische Konzentration in Zwei- und Mehrstoffsystemen) ‖ ~ *adj* (Met) / peritektisch *adj* ‖ ~ **equilibrium** (Met) / peritektisches Gleichgewicht (einer Schmelze) ‖ ~ **line** (Met) / Peritektikale *f* ‖ ~ **solidification** (Foundry) / peritektische Erstarrung

**peritectoid** *adj* (Met) / peritektoid *adj*

**peritelevision** *n* (Comp, Electronics) / Einsatz *m* des Bildschirms in der Konsumelektronik (z.B. bei Videospielen)

**Perkin reaction** (Chem) / Perkin-Reaktion *f* (Synthese α,β-ungesättigter Carbonsäuren nach Sir W.H. Perkin, 1838-1907) ‖ ~**'s mauve**\* (Chem) / Perkinviolett *n*, Perkin'sches Mauvein, Perkins Mauve

**Perkin's purple** (Chem) / Perkinviolett *n*, Perkin'sches Mauvein, Perkins Mauve ‖ ~ **synthesis**\* (Chem) / Perkin-Reaktion *f* (Synthese α,β-ungesättigter Carbonsäuren nach Sir W.H. Perkin, 1838-1907) ‖ ~ **violet** (Chem) / Perkinviolett *n*, Perkin'sches Mauvein, Perkins Mauve

**Perkow reaction** (Chem) / Perkow-Reaktion *f*

**PERL** *n* (a scripting language) (Comp) / Perl *n* (eine Skriptsprache)

**perlite**\* *n* (Geol) / Perlit *m* (obsidianartiges Gestein mit Perlitstruktur - ein extrem leichtes Zuschlagmaterial), Perlstein *m* ‖ ~ **plaster** (Build) / Gips-Perlit-Mörtel *m*

**perlitic** *adj* (Geol) / perlitisch *adj* ‖ ~ **structure**\* (Geol) / perlitische Textur, Perlitgefüge *n*

**permafrost**\* *n* (Geol) / perenne Tjäle, Permafrost *m* (dauernde Gefrornis), Dauerfrostboden *m*, Gefrornis *f* (dauernde, ewige), Pergelisol *m*

**permalloy**\* *n* (Mag, Met) / Permalloy *n* (Nickellegierung mit besonders weichem magnetischem Verhalten - etwa 78,5% Ni)

**permanence** *n* (Eng) / Festigkeit *f* (der Klebeverbindung) ‖ ~ (Mag, Maths, Phys) / Permanenz *f*

**permanent** *adj* / permanent *adj*, dauernd *adj*, anhaltend *adj*, bleibend *adj*, fortdauernd *adj* ‖ ~ (Eng) / nichtlösbar *adj* (mechanisch),

**permanent**

unlösbar *adj* (mechanisch) ‖ **~ address** (Comp) / Festadresse *f* ‖ **~ assembly** (Eng) / fester Zusammenbau ‖ **~ bridge** (Civ Eng, Hyd Eng) / permanente Brücke (als Gegensatz zur zerlegbaren Brücke) ‖ **~ care label** (Textiles) / Pflegeetikett *n*, Pflegekennzeichen *n* (als unverlierbar angebrachtes Etikett) ‖ **~ circuit** (Elec Eng) / Punkt-zu-Punkt-Verbindung *m*
**permanent-circuit service** (Telecomm) / Festverbindungsdienst *m*, Dienst *m* mit festen Verbindungen ‖ **~ telecommunication service** (Telecomm) / Festverbindungsdienst *m*, Dienst *m* mit festen Verbindungen
**permanent convergence** (Maths) / unbedingte Konvergenz ‖ **~ convergence** (Maths) / beständige Konvergenz, Konvergenz überall ‖ **~ copy** (Comp) / Papierkopie *f*, Hardcopy *f* (Papierausdruck), Hartkopie *f*, Papierausgabe *f* ‖ **~ coupling** (Eng) / nichtschaltbare Kupplung, starre (feste) Kupplung, ständige Kupplung ‖ **~ crease** (Textiles) / Dauerfalte *f*, dauerhafte Falte, bleibende Falte ‖ **~ echo** (Radar) / Festzeichen *n*, Festzeichenecho *n* ‖ **~ echo** (Radar) s. also moving-target indicator ‖ **~ error** (Comp) / permanenter Fehler, nichtbehebbarer Fehler, bleibender Fehler, irreparabler Fehler ‖ **~-field excitation** (Elec Eng) / Dauermagneterregung *f*, Permanentmagneterregung *f* ‖ **~ file** (Comp) / Ablagedatei *f*, permanente Datei ‖ **~ finish** (Textiles) / Permanentappretur *f*, Permanentausrüstung *f* ‖ **~ flame-retardant** (Textiles) / permanent flammhemmend ‖ **~ four-wheel drive** (Autos) / permanenter Allradantrieb, ständiger Allradantrieb ‖ **~ gas** (Phys) / permanentes Gas (dessen kritische Temperatur sehr nahe oberhalb des absoluten Temperaturnullpunkts liegt), Permanentgas *n* ‖ **~ goffering** (Textiles) / Echtprägung *f* ‖ **~ green** (a mixture of viridian, which is a hydrated oxide of chromium, with cadmium yellow or zinc chrome) (Chem) / Permanentgrün *n* (Mischpigment aus Kadmiumsulfid bzw. Zinkchromat und Chromoxidhydratgrün) ‖ **~ hardness*** (cannot be removed by boiling) (Chem) / Nichtkarbonathärte *f*, permanente Härte, bleibende Härte, NKH (Nichtkarbonathärte), Nichtcarbonathärte *f*, Nichtkarbonationen *n pl* der Erdalkalien (durch Kalzium- und Magnesiumsulfate verursacht) ‖ **~ ink** / unverlöschliche Tinte (wisch- und wasserfest) ‖ **~ inventory** / permanente Inventur ‖ **~ joint** (Eng) / unlösbare Verbindung (Schweiß-, Niet-, Klebe- oder Lötverbindung) ‖ **~ load*** (Eng, Materials, Mech) / konstante Belastung, bleibende Belastung, Dauerbelastung *f* ‖ **~ loading** (Civ Eng, Eng, Materials) / Dauerbelastung *f* (Tätigkeit)
**permanently connected** (Elec Eng) / festgeschaltet *adj* ‖ **~ excited** (Elec Eng) / permanent erregt *adj*, dauererregt *adj* ‖ **~ frozen ground** (Geol) / perenne Tjäle, Permafrost *m* (dauernde Gefrornis), Dauerfrostboden *m*, Gefrornis *f* (dauernde, ewige), Pergelisol *m* ‖ **~ tacky** / dauerklebrig *adj* (Klebstoff) ‖ **~ wired** (Electronics) / festverdrahtet *adj*
**permanent magnet*** (Elec Eng) / Dauermagnet *m*, Permanentmagnet *m*, permanenter Magnet
**permanent-magnet brushless d.c. motor** (Elec Eng) / permanent erregter bürstenloser Gleichstrommotor ‖ **~ chuck** (Eng) / Permanentmagnetspanner (Magnetspanner, bei dem die Spannkraft durch Permanentmagnete erzeugt wird), Dauermagnetspanner *m* ‖ **~ excitation** (Elec Eng) / Dauermagneterregung *f*, Permanentmagneterregung *f*
**permanent-magnetic motor** (Elec Eng) / Magnetmotor *m* (Sonderform des permanent erregten Synchronmotors mit Außenpolläufer)
**permanent magnetism** (Phys) / permanenter Magnetismus
**permanent-magnet motor** (Elec Eng) / Magnetmotor *m* (Sonderform des permanent erregten Synchronmotors mit Außenpolläufer) ‖ **~ motor** (Elec Eng) / Dauermagnetmotor *m* ‖ **~ movable-coil ammeter** (Elec Eng) / Drehspulamperemeter *n*, Drehspulstrommesser *m*
**permanent-magnet moving-coil instrument** (Elec Eng) / Drehspulinstrument *n* (ein Messinstrument für Gleichstrom mit feststehendem Dauermagneten und einer oder mehreren Spulen, die bei Stromdurchgang elektromagnetisch abgelenkt werden)
**permanent-magnet moving-iron instrument** (Elec Eng) / Eisennadelinstrument *n*, Dreheiseninstrument *n* mit Magnet ‖ **~ stepper motor** (Elec Eng) / Permanentmagnet-Schrittmotor *m* ‖ **~ synchronous motor** (Elec Eng) / bürstenloser GSM, bürstenloser Gleichstrommotor
**permanent meadow** (Agric) / Dauerwiese *f* ‖ **~ memory** (of which the contents cannot be erased during processing) (Comp) / energieunabhängiger Speicher, Permanentspeicher *m*, Dauerspeicher *m*, Strukturspeicher *m* ‖ **~ mould*** (Foundry, Met) / Dauergießform *f* (meistens metallisch), Dauerform *f*, Kokille *f* (für Kokillenguss)
**permanent-mould casting** (Foundry) / Gießen *n* in Dauerformen, Dauerformguss *m* ‖ **~ casting** (Met) / Kokillengießen *n*, Kokillenguss *m*, Kokillengießverfahren *n*
**permanent oil** (Paint) / nichttrocknendes Öl (ein fettes Öl wie Kokosöl, Palmkernöl usw. - IZ < 100) ‖ **~ pattern** (Foundry) / Dauermodell *n*

(für die Herstellung mehrerer verlorener Formen) ‖ **~ pigment** (Paint) / Permanentpigment *n* (z.B. Permanentweiß oder Chromoxidgrün) ‖ **~ press** (Textiles) / Permanent-Press-Ausrüstung *f*, Ausrüstung *f* mit PP-Effekt (Hochveredlung von Textilien) ‖ **~ press** (Textiles) / Konfektion *f* oder Gewebe mit PP-Effekt
**permanent-press** *attr* (Textiles) / formstabil *adj*, formbeständig *adj*, permanent press *adj* ‖ **~** (Textiles) s. also no-iron ‖ **~ finish** (Textiles) / Permanent-Press-Ausrüstung *f*, PP-Ausrüstung *f*
**permanent recording** / Daueraufzeichnung *f* (Tätigkeit) ‖ **~ set*** (Eng Mech) / Verformungsrest *m*, Formänderungsrest *m* ‖ **~ set*** (Eng, Mech) / bleibende Dehnung (die nach Entlastung messbare Dehnung), Dehnungsrest *m* ‖ **~ settlement** (Build, Civ Eng) / bleibende Setzung
**permanent-sheen finish** (Textiles) / Dauerglanzappretur *f*
**permanent shrinkage** (Phys) / irreversible Schrumpfung ‖ **~ shuttering** (Build) / verlorene Schalung (im Betonbau)
**permanent-split capacitor motor** (Elec Eng) / Kondensatormotor *m* (mit dem Motorbetriebskondensator), Betriebskondensatormotor *m*
**permanent starch** (Textiles) / Steifungsmittel *n* (ein Präparat zum Stärken der Wäsche, das im Gegensatz zu den altbekannten Reis- und anderen Stärken geringere Steifheits- und Glanzeffekte gibt, dafür aber mehrere Waschgänge übersteht), Permanentsteife *f* ‖ **~ storage** (Comp) / Festwertspeicher *m* (DIN 44476), Festspeicher *m*, Nur-Lese-Speicher *m*, Permanentspeicher *m*, ROM *n* ‖ **~ storage** (Comp) / nicht flüchtiger Speicher, leistungsunabhängiger Speicher, beständiger Speicher (z.B. Magnetplatte oder -band) ‖ **~ strain** (Eng, Mech) / bleibende Dehnung (die nach Entlastung messbare Dehnung), Dehnungsrest *m* ‖ **~ stream** (Geol, Hyd) / Dauerfluss *m*, perennierender Fluss ‖ **~ stream** (Hyd Eng) / Fluss *m* mit ganzjährigem Abfluss ‖ **~ swap file** (Comp) / Permanent Swap File *m*, ständige Auslagerungsdatei, PSF (Permanent Swap File) ‖ **~ table storage** (Comp) / fester Tabellenspeicher, FTAS (fester Tabellenspeicher) ‖ **~ target** (Mil, Radar) / Festziel *n* (ohne Bewegung) ‖ **~ threshold shift*** (Acous, Med) / nichtrückbildbare Verschiebung der Hörschwelle (durch hohe Lärmpegel verursacht), bleibende Hörschwellenverschiebung ‖ **~ violet** (Paint) / Manganviolett *n*, Nürnberger Violett, Mineralviolett *n* ‖ **~ virtual path** (Telecomm) / dauerhafter virtueller Pfad ‖ **~ way*** (Civ Eng, Ships) / Eisenbahnoberbau *m*, Oberbau *m*
**permanent-way dynamometer car** (Rail) / Oberbaumesswagen *m*
**permanent white** (Chem) / Barytweiß *n* (beständige Malerfarbe), Permanentweiß *n*, Blankfix *n*, Blanc fixe *n* ‖ **~-wilting point*** (Agric, Bot) / Welkepunkt *m*
**permanganate*** *n* (Chem) / Permanganat *n*, Manganat(VII) *n*, Tetraoxomanganat(VII) *n* ‖ **~ consumption** (San Eng) / Kaliumpermanganatverbrauch *m* (für den Gehalt des Wassers an Stoffen, die durch $KMnO_4$ angreifbar sind) ‖ **~ number** (Chem, Ecol) / Permanganatzahl *f* ‖ **~ of potash** (used by French polisher to make a water stain for wood) (Chem, For) / Kaliummanganat(VII) *n*, Kaliumpermanganat *n* ($KMnO_4$)
**permanganic acid*** (Chem) / Permangansäure *f*, Mangan(VII)-säure *f*
**permatron*** *n* (Electronics) / Permatron *n* (eine Elektronenröhre)
**permeability*** *n* (Civ Eng, Hyd) / Permeabilität *f*, hydraulische Leitfähigkeit (DIN 4049), Durchlässigkeit *f* (Fähigkeit eines Gesteins oder eines Bodens, den Poreninhalt unter normalen Druckverhältnissen hindurchfließen zu lassen) ‖ **~** (Foundry) / Gasdurchlässigkeit *f* (von Formsand) ‖ **~*** (Phys) / Permeabilität *f* (bei magnetischen Werkstoffen nach DIN 1324, T 2) ‖ **~*** (Phys) / Permeabilität *f*, Durchlässigkeit *f* (spezifische Eigenschaft eines porösen Mediums, für Fluide durchlässig zu sein, unabhängig von den Eigenschaften des Fluids) ‖ **~** (Ships) / Flutbarkeit *f*, Permeabilität *f* ‖ **~ bridge*** (Elec Eng) / Permeabilitätsmessbrücke *f* ‖ **~ coefficient** (Agric, Hyd Eng) / Durchlässigkeitsbeiwert *m*, Durchlässigkeitsziffer *f* (z.B. im Darcy'schen Gesetz) ‖ **~ of free space** (Mag) / magnetische Feldkonstante (im materiefreien Raum nach DIN 1324, T 1), Induktionskonstante *f*, absolute Permeabilität(skonstante) (des Vakuums) ‖ **~ of vacuum** (Mag) / magnetische Feldkonstante (im materiefreien Raum nach DIN 1324, T 1), Induktionskonstante *f*, absolute Permeabilität(skonstante) (des Vakuums) ‖ **~ tuning*** (Radio) / Spulenkernabstimmung *f*, Permeabilitätsabstimmung *f*, induktive Abstimmung
**permeable** *adj* / durchlässig *adj*, undicht *adj*, permeabel *adj* ‖ **~** (Foundry) / gasdurchlässig *adj* ‖ **~ membrane** (Chem Eng) / Permeationsmembran *f*, permeable Membrane ‖ **~ to gas** (Foundry) / gasdurchlässig *adj*
**permeameter** *n* (Civ Eng) / Durchlässigkeitsmesser *m* ‖ **~*** (Mag) / Permeameter *n* (Permeabilitätsmessgerät)
**permeance** *n* / Durchlässigkeit *f* (für Dämpfe) ‖ **~*** (Elec) / magnetischer Leitwert, Permeanz *f* (DIN 1304 und 5489)
**permeate** *n* (Chem, Phys) / Permeat *n*

**permeation*** *n* (Chem, Phys) / Permeation *f* (Hindurchdiffundieren - durch eine Membran) ‖ ~ (Pharm) / Permeation *f* (Penetration eines Wirkstoffes durch mehrere Hautschichten) ‖ ~ **rate** (Electronics) / Durchtrittsrate *f*
**permethrin** *n* (Agric, Chem) / Permethrin *n* (ein Insektizid mit Kontakt- und Fraßgiftwirkung)
**per mil** / Promille *n* (DIN 5477)
**Perminvar** *n* (Mag, Met) / Perminvar *n* (Legierung mit besonders weichem magnetischem Verhalten - 45% Ni, 25% Co) ‖ ~ **loop** (Elec Eng, Mag) / Perminvarschleife *f*
**permissible** *adj* / zulässig *adj* ‖ ~ **allowance up** (Eng) / oberes Abmaß (algebraische Differenz zwischen Größtmaß und Nennmaß) ‖ ~ **dose*** (Radiol) / maximal zulässige Äquivalentdosis ‖ ~ **excursion** (Ecol) / zugelassene Überschreitung (der Emissionswerte - kurzfristige) ‖ ~ **explosives** (Mining) / Sicherheitssprengstoffe *m pl*, Wettersprengstoffe *m pl* ‖ ~ **exposure level** (Radiol) / zulässige Bestrahlungsdose (Grenzwert) ‖ ~ **lamp** (US) (Mining) / Wetterlampe *f*, Sicherheitslampe *f*, Grubenlampe *f*, Davy-Lampe *f* ‖ ~ (residue) **level** (Agric, Chem) / duldbare Rückstandsmenge, Permissible Level *m* (toxikologisch duldbare Höchstmenge), PL *m* (Permissible Level) ‖ ~ **stress failure** (Materials) / Ausfall *m* bei zulässiger Beanspruchung ‖ ~ **velocity** (the highest velocity at which water may be carried through a structure canal, or conduit without excessive damage) (Hyd Eng, Phys) / zulässige Geschwindigkeit ‖ ~ **voltage** (Elec Eng) / zulässige Spannung
**permissive block system** (Rail) / bedingter Block (lässt mehrere Züge auf den Blockabschnitt zu) ‖ ~ **waste*** (Build) / Verwahrlosung *f* der Bausubstanz, Verwohnen *n* (übermäßiges)
**permit** *v* / dulden *v* (gestatten), erlauben *v*, gestatten *v*
**permitted explosives*** (Mining) / Sicherheitssprengstoffe *m pl*, Wettersprengstoffe *m pl* ‖ ~ **transition** (Phys, Spectr) / erlaubter Übergang (zwischen Energieniveaus), zulässiger Übergang
**permittivity*** *n* (Elec, Elec Eng) / Permittivität *f* (DIN 1324, T 2), Kapazitivität *f* (bei linearen Dielektriken), Dielektrizitätskonstante *f*, DK ‖ ~ **of free space** (Elec) / elektrische Feldkonstante (im materiefreien Raum nach DIN 1324-1), Permittivität *f* im leeren Raum ‖ ~ **of vacuum** (Elec) / elektrische Feldkonstante (im materiefreien Raum nach DIN 1324-1), Permittivität *f* im leeren Raum
**permonosulphuric(VI) acid*** (Chem) / Peroxomonoschwefelsäure *f* ($H_2SO_5$), Caro'sche Säure (nach H.Caro, 1834-1910), Sulfomonopersäure *f*
**permselective** *adj* (Biol, Chem) / permselektiv *adj* (Membrane)
**permselectivity** *n* / Permselektivität *f* (einer Membran)
**permutable** *adj* (Maths) / vertauschbar *adj* (Elemente), permutierbar *adj*, permutabel *adj*
**permutate** *v* (Maths) / permutieren *v*
**permutation** *n* / Vertauschung *f* ‖ ~* (Maths) / Permutation *f* (eine eindeutige Abbildung einer endlichen Menge auf sich selbst) ‖ ~ **group** (Maths) / Permutationsgruppe *f* ‖ ~ **matrix** (Maths) / Permutationsmatrix *f* (eine quadratische Matrix, die in jeder Zeile und in jeder Spalte genau ein Element 1 enthält, während alle übrigen Elemente null sind) ‖ ~ **network** (Comp) / Permutationsnetz *n* (Verbindungsstruktur in Rechnersystemen mit parallelen Teilwerken) ‖ ~ **operator** (Nuc) / Austauschoperator *m*, Permutationsoperator *m*
**Permutit*** *n* (a trade name) (Chem) / Permutit *n* (Handelsbezeichnung für einen Ionenaustauscher)
**Pernambuco wood** (For) / Pernambukholz *n*, Martinsholz *n*, Fernambukholz *n* (aus Caesalpinia echinata Lam.)
**pernetti** *pl* (Ceramics) / Sattel *m* (Brennhilfsmittel)
**pernicious** *adj* (Med) / perniziös *adj*, bösartig *adj* (unheilbar)
**pernitride** *n* (Chem) / Pernitrid *n*
**pernitrite** *n* (Chem) / Peroxonitrit *n*
**per os** (Pharm) / oral *adj* (verabreichbar, wirksam), per os
**perovskite*** *n* (Min) / Perowskit *m* (Kalziummetatitanat - $CaTiO_3$) ‖ ~ **structure** (Crystal, Electronics, Min) / Perowskitstruktur *f*, Perowskit-Typ *m* ‖ ~ **type** ($CaTiO_3$) (Crystal, Electronics, Min) / Perowskitstruktur *f*, Perowskit-Typ *m*
**perovskite-type ferroelectrics** s. also Rochelle-electrics ‖ ~ **ferroelectrics** (Elec) / Ferroelektrizität *f* (der Ferroelektrika, die im nichtpolaren Zustand nicht piezoelektrisch sind)
**peroxidase*** *n* (Chem) / Peroxidase *f* (eine Oxidoreduktase)
**peroxidate** *v* (Chem) / peroxidieren *v*
**peroxidation** *n* (Chem) / Peroxidierung *f*, Peroxidation *f*, Peroxidieren *n*
**peroxide*** *n* (Chem) / Peroxid *n* (anorganisch, organisch) ‖ ~ **bleaching** (Textiles) / Peroxidbleiche *f* ‖ ~ **number** (Chem, Nut, Pharm) / Peroxidzahl *f* (gibt an, wieviel Milliäquivalente Sauerstoff in 1000 g Fett enthalten sind), POZ (Peroxidzahl) ‖ ~ **value*** (Chem, Nut, Pharm) / Peroxidzahl *f* (gibt an, wieviel Milliäquivalente Sauerstoff in 1000 g Fett enthalten sind), POZ (Peroxidzahl)
**peroxidize** *v* (Chem) / peroxidieren *v*

**peroxisome*** *n* (Cyt) / Peroxisom *n* (pl. -somen)
**peroxoborate** *n* (Chem) / Peroxoborat *n*, Perborat *n*
**peroxoboric acid** (Chem) / Peroxoborsäure *f*
**peroxocarbonate** *n* (Chem) / Peroxocarbonat *n*, Peroxokarbonat *n*
**peroxocarbonic acid** (Chem) / Peroxokohlensäure *f*
**peroxochromate** *n* (Chem) / Peroxochromat *n* (Peroxochromat(V) = rotes, paramagnetisches Peroxochromat, Peroxochromat(VI) = blaues, diamagnetisches Peroxochromat)
**peroxodisulphate** *n* (Chem) / Peroxodisulfat *n*, Peroxosulfat *n*
**peroxodisulphuric(VI) acid** (Chem) / Peroxodischwefelsäure *f* ($H_2S_2O_8$)
**peroxomonosulphate** *n* (Chem) / Peroxomonosulfat *n*
**peroxomonosulphuric acid** (Chem) / Peroxomonoschwefelsäure *f* ($H_2SO_5$), Caro'sche Säure (nach H.Caro, 1834-1910), Sulfomonopersäure *f*
**peroxonitric acid** (Chem) / Peroxosalpetersäure *f*
**peroxonitrite** *n* (Chem) / Peroxonitrit *n*
**peroxonitrous acid** (Chem) / peroxosalpetrige Säure
**peroxosulphuric acid** (Chem) / Peroxomonoschwefelsäure *f* ($H_2SO_5$), Caro'sche Säure (nach H.Caro, 1834-1910), Sulfomonopersäure *f*
**peroxyacetic acid** (Chem) / Peroxyessigsäure *f*, Peroxyethansäure *f*, Peressigsäure *f*
**peroxyacetyl nitrate*** *n* (Chem, Ecol) / Peroxyacetylnitrat *n*, Peroxyacetylnitrat *n* (eine tränenreizende Luftverunreinigung, die durch fotochemische Reaktionen beim Vorliegen von Nicht-Methan-Kohlenwasserstoffen und Stickstoffoxiden entsteht), Acetylnitroperoxid *n*, Essigsäure-peroxosalpetersäure-anhydrid *n*, Peroxyessigsäure-salpetersäure-anhydrid *n* (ein Peroxyacetylnitrat), PAN (Peroxyacetylnitrat)
**peroxyacyl nitrate** (Chem) / Peroxyacylnitrat *n* (Sammelbezeichnung für die Gruppe der gemischten Anhydride aus Peroxycarbonsäure und Salpetersäure - der wichtigste Vertreter dieser Gruppe ist das Peroxyacetylnitrat), Peroxyazylnitrat *n*, PAN *n* (Peroxyacylnitrat), Acylperoxonitrat *n*
**peroxybenzoic acid** (Chem) / Peroxybenzoesäure *f*, Perbenzoesäure *f*, Benzolcarboperoxosäure *f*, Benzolkarboperoxosäure *f*
**peroxyboric acid** (Chem) / Peroxoborsäure *f*
**peroxycarboxylic acid** (Chem) / Peroxycarbonsäure *f*, Peroxykarbonsäure *f*
**peroxychromate*** *n* (Chem) / Peroxochromat *n* (Peroxochromat(V) = rotes, paramagnetisches Peroxochromat, Peroxochromat(VI) = blaues, diamagnetisches Peroxochromat)
**peroxydisulphuric acid** (Chem) / Peroxodischwefelsäure *f* ($H_2S_2O_8$)
**peroxydol** *n* (Pharm) / Natriumperborat *n* (entweder $NaBO_2 \cdot H_2O_2 \cdot 3H_2O$ oder $Na_2B_4O_7 \cdot H_2O_2 \cdot 9H_2O$)
**peroxyformic acid** (Chem) / Peroxyameisensäure *f*
**peroxyketal** *n* (Chem) / Peroxyketal *n* (Trivialbezeichnung für ein geminales Peroxid)
**peroxylactone** *n* (Chem, Light) / Peroxylacton *n*, Peroxylakton *n*
**peroxymonosulphuric acid** (Chem) / Peroxomonoschwefelsäure *f* ($H_2SO_5$), Caro'sche Säure (nach H.Caro, 1834-1910), Sulfomonopersäure *f*
**perpend*** *n* (Build) / Durchbinder *m* (bei schwächeren Mauern durch die ganze Mauerstärke), Ankerstein *m* (Durchbinder), Kopfbinder *m* ‖ ~* (Build) / ausgefugte Stoßfuge ‖ ~* (Build) s. also cross-joint
**perpendicular** *n* (Maths) / Lotgerade *f*, Lot *n*, Senkrechte *f* (zu einer Geraden oder zu einer Ebene) ‖ ~ (Ships) / Perpendikel *n* (Senkrechte durch Vorder- und Hintersteven) ‖ ~ *adj* / perpendikular *adj*, perpendikulär *adj* ‖ ~ (Maths) / orthogonal *adj* (rechtwinklig zueinander, senkrecht aufeinander) ‖ ~ **band** (Spectr) / Senkrechtbande *f*
**perpendicularity** *n* (Maths) / Orthogonalität *f*
**perpendicular line** (Maths) / senkrechte Gerade ‖ ~ **magnetic recording** (Acous, Mag) / magnetische Queraufzeichnung ‖ ~ **magnetic recording** (Electronics, Mag) / vertikale Aufzeichnung ‖ ~ **plane** (Maths) / Lotebene *f* ‖ ~ **style** (Arch) / englische Spätgotik (mit Vorherrschen der Senkrechten im Stab- und Maßwerk und mit Anwendung von Fächergewölben), Perpendikularstil *m* der englischen Gotik (etwa 1350 - 1520) ‖ ~ **vibration** (Spectr) / Schwingung *f* senkrecht zur Figurenachse
**perpend-stone** *n* (Build) / Durchbinder *m* (bei schwächeren Mauern durch die ganze Mauerstärke), Ankerstein *m* (Durchbinder), Kopfbinder *m*
**perpetual motion** (machine)* (Phys) / Perpetuum mobile *n* (erster, zweiter Art) ‖ ~ **screw** (Eng) / Schnecke *f* ‖ ~ **snow** (Geol) / ewiger Schnee
**perpetuum mobile** (of the first kind, of the second kind) (Phys) / Perpetuum mobile *n* (erster, zweiter Art)
**perphenazine** *n* (Chem, Pharm) / Perphenazin *n* (Neuroleptikum und Antiemetikum)
**perplexity** *n* (AI, Comp) / Perplexität *f* (die die Variationsvielfalt der aufeinander folgenden Wortkombination kennzeichnet - in Systemen zum Erkennen von kontinuierlicher Sprache, z.B. Sphinx)

**perrhenate*** n (Chem) / Perrhenat n (Salz der Perrheniumsäure)
**perrhenic acid*** (Chem) / Perrheniumsäure f, Rhenium(VII)-säure f (eine Oxosäure)
**perron*** n (Arch) / Freitreppe f, Außentreppe f (Vortreppe zum ersten Stock, Terrassentreppe) ‖ ~ (Arch) / Terrasse f (der Freitreppe)
**persalt*** n (Chem) / Persalz n (Salz der Peroxosäure)
**Perseids*** pl (Astron) / Perseiden pl (regelmäßig im Juli und August zu beobachtender Schwarm von Meteoren, dessen Radiant in dem Sternbild Perseus liegt), Laurentiusschwarm m
**per-server licensing** (Comp) / Per-Server-Lizensierung f
**Persian** n (telamon sculpted with clothes suggested of a Persian origin) (Arch) / Atlant m (pl. Atlanten), Atlas m (pl. Atlasse od. Atlanten), Gigant m (pl. -en), Telamon m n (pl. -en) (kraftvolle männliche Stützfigur für vorspringende Bauteile) ‖ ≙ (Leather) / vorgegerbtes Schafleder (aus Indien), Bastardfell n ‖ ≙ **drill** (Eng) / Drillbohrer m ‖ ≙ **insect powder** (Chem) / Dalmatinisches Insektenpulver, Pyrethrum n (pl. -thra) (ein Pulver, das durch mechanische Zerkleinerung aus den getrockneten Blüten verschiedener Chrysanthemum-Arten gewonnen wird), Persisches Insektenpulver ‖ ≙ **knot** (Textiles) / Perserknoten m (ein Teppichknoten), persischer Knoten ‖ ≙ **lamb** (Textiles) / Persianer m, Persianerfell n ‖ ≙ **lambskin** (Textiles) / Persianer m, Persianerfell n ‖ ≙ **red** / Persischrot n (ein Eisenoxidrotpigment), Spanischrot n (ein Eisenoxidrot) ‖ ≙ **red** (Paint) / Persischrot n (farbstarkes, leuchtend rot/rotbraues Chromatpigment), Chromrot n (grobkristallines basisches Blei(II)-chromat), Derbyrot n, Wienerrot n (farbstarkes, leuchtend rot/rotbraunes Chromatpigment)
**persic oil** (Nut) / Pfirsichkernöl n
**persion** n / Persio m (Orseille in feinen Sorten)
**persis** n (pl persises) / Persio m (Orseille in feinen Sorten)
**persistence** n (the stability of organic chemicals in the environment) (Chem, Ecol) / Persistenz f (Beständigkeit der Abprodukte und der Biozide gegenüber chemischen und biologischen Vorgängen) ‖ ~ (Electronics, TV) / Nachleuchtdauer f (DIN 66 233), Persistenz n (als Zeitintervall) ‖ ~* (Electronics, TV) / Nachleuchten n, Nachglühen n ‖ ~ (Phys) / Persistenz f (der klassischen Gesetze in der Quantentheorie) ‖ ~ (Phys) / Trägheit f, Beharrungszustand m ‖ ~ **check** (Telecomm) / Wiederholungsprüfung f (eine bitweise Prüfung von PCM-Empfangsdaten) ‖ ~ **magnet** (Nuc Eng) / Persistenzmagnet m (in dem ein Magnetfeld ohne weitere Stromzufuhr nach anfänglicher Induktion eines elektrischen Stromes infolge Supraleitung aufrechterhalten wird) ‖ ~ **of vision*** (Optics, Physiol) / Trägheit f der Sehempfindung, Augenträgheit f, Visionspersistenz f ‖ ~ **screen** (Electronics) / Speicherschirm m, nachleuchtender Bildschirm
**persistency** n (Chem, Ecol) / Persistenz f (Beständigkeit der Abprodukte und der Biozide gegenüber chemischen und biologischen Vorgängen) ‖ ~ (Phys) / Persistenz f (der klassischen Gesetze in der Quantentheorie)
**persistent** adj (Chem, Ecol) / persistent adj ‖ ~ (Comp) / persistent adj (Protokoll) ‖ ~ **cookie** (a cookie that stays on a computer, once downloaded) (Comp) / residenter Cookie ‖ ~ **error** / ständiger Fehler ‖ ~ **line** (Phys, Spectr) / Restlinie f (in der Spektralanalyse), Nachweislinie f, letzte Linie (zum Nachweis eines Elementes in einem Gemisch) ‖ ~ **organic pollutant** (Chem, Ecol) / organische Chemikalie, die persistent ist (in Wasser, Böden und Luft), POP (organische Chemikalie, die persistent ist) ‖ ~ **screen** (Electronics) / Speicherschirm m, nachleuchtender Bildschirm ‖ ~ **to tropical conditions** (Elec Eng) / tropenbeständig adj, tropenfest adj (funktionstüchtig unter tropischen Klimabedingungen), in Tropenausführung, tropengeeignet adj, tropentauglich adj
**persistor** n (Comp) / Persistor m (ein supraleitendes Speicherelement)
**persistron** n (Elec Eng, Light) / Lumineszenzplatte f, Leuchtplatte f, Elektrolumineszenzplatte f (plattenförmige Lichtquelle), Elektrolumineszenzlampe f
**personal** adj / Personal-, Personen-, persönlich adj ‖ ~ (Comp) / personenbezogen adj (Berechtigung, Daten) ‖ ~ **call** (Teleph) / Voranmeldegespräch n, Ferngespräch n mit Voranmeldung, XP-Gespräch n, Gespräch n mit Voranmeldung ‖ ~ **code** (Comp) / persönlicher Kode (zur Sicherung gegen unberechtigte Nutzung, z.B. eines Rechnernetzes), persönlicher Code ‖ ~ **communications network** (Teleph) / Netz n für personenbezogene Kommunikation ‖ ≙ **Communications Services** (a digital mobile telephony system) (Teleph) / Personal Communications Services, PCS (Personal Communications Services) ‖ ~ **communicator** (Comp, Telecomm, Teleph) / Personal Communicator m (der als eine Art Adapter an die weltweit verbreiteten Standards und Schnittstellen in einem Terminal angepaßt ist und sich den jeweils angeforderten Diensten anpasst) ‖ ~ **composition system** (Comp) / persönliches Satzsystem ‖ ~ **computer*** (Comp) / Personalcomputer m, PC m (Personal Computer) ‖ ~ **computer*** s. also home computer ‖ ~ **computing** (Comp) / individuelle Datenverarbeitung, IDV ‖ ~ **data** (Comp) / personenbezogene Angaben, personenbezogene Daten, Personendaten pl, Angaben f pl zur Person ‖ ≙ **Digital Assistant** (Comp) s. also laptop ‖ ≙ **Digital Assistant** (Comp) / Personal Digital Assistent m (Palmtop-Rechner, entwickelt von Apple, mit Farbbildschirm und Mobilfunkfunktionalität), PDA (Personal Digital Assistent) ‖ ~ **dosimeter** (Nuc, Radiol) / Personendosimeter n, Individualdosimeter n ‖ ~ **dosis** (Nuc, Radiol) / Personendosis f (Straahlungsdosis, welche eine einzelne Person erhalten hat), Individualdosis f ‖ ~ **earth station** (TV) / persönliche Erdfunkstelle ‖ ~ **equation** / persönliche Gleichung ‖ ~ **error** (Psychol) / Beobachterfehler m, persönlicher (subjektiver) Fehler ‖ ~ **file** (Work Study) / Personalakte f ‖ ~ **flying** (Aero) / Sportfliegerei f ‖ ~ **history form** (Work Study) / Personalbogen m ‖ ~ **home page** (Comp) / Personal Home Page f (ein Tool) ‖ ~ **identification** (Comp) / Personenkennzeichnung f (mit einem Kennzeichen, mit einer Kennnummer) ‖ ~ **identification mark** (Comp) / Personenkennzeichen n, PK (Personenkennzeichen) ‖ ~ **identification number*** (Comp, Teleph) / PIN (persönliche Identifikationsnummer), persönliche Identifikationsnummer (Zahlenfolge, die jeder Inhaber einer Chipkarte oder einer Magnetstreifenkarte als Geheimnummer erhält) ‖ ~ **identifier** (Comp) / Personenkennzeichen n, PK (Personenkennzeichen) ‖ ~ **information manager*** (Comp) / Personal Information Manager m (ein Zeitplanungssystem)
**personalization** n (Comp, Telecomm) / Personalisierung f (Möglichkeit für Nutzer, durch sie genutzte Dienste und Dienstmerkmale zu beeinflussen) ‖ ~ (Comp, Telecomm) / Personalisierung f (im WWW des Internets die Bezeichnung für die Präsentation von Inhalten in Abhängigkeit von einem von einem Nutzer erstellten individuellen Profil)
**personalized speed calling** (Teleph) / individuelle Kurzwahl
**personal leasing** (Work Study) / Arbeitnehmerüberlassung f ‖ ~ **mail** (Comp) / persönliche Mail, persönliche Mitteilung ‖ ~ **mobile communicator** (Telecomm) / persönliches mobiles Kommunikationsgerät (Mobilfunknetz PCN im Bereich 1,7 - 1,9 GHz) ‖ ~ **name** (Comp, Telecomm) / Personenname m ‖ ~ **need allowance** (Work Study) / persönliche Verteilzeit f ‖ ~ **organizer** (Comp) / Organizer m (mobiles Gerät ohne volle Desktop-Funktionalität mit feststehendem Funktionsumfang) ‖ ~ **portal** (Comp, Telecomm) / Privat-Portal n ‖ ~ **printer** (Comp) / Einzelplatzdrucker m ‖ ~ **protective equipment** / persönliche Schutzausrüstung ‖ ~ **publishing** (Comp, Print) / Computersatz m am PC ‖ ~ **stationery** (Paper) / Papierwaren f pl für den persönlichen Schriftverkehr
**personnel** n (Work Study) / Belegschaft f, Personal n ‖ ~ **access hatch** (Nuc Eng) / Personenschleuse f ‖ ~ **cost** / Personalkosten pl ‖ ~ **hatch** (Nuc Eng) / Personenschleuse f ‖ ~ **information system** (Comp) / Personalinformationssystem n, PIS (Personalinformationssystem) ‖ ~ **monitoring*** (Nuc Eng, Radiol) / Strahlenüberwachung f des Betriebspersonals, individuelle Überwachung (personendosimetrische), Personenüberwachung f ‖ ~ **parachute** (Aero) / Personenfallschirm m ‖ ~ **planning** (Work Study) / Personalplanung f ‖ ~ **protective equipment** (Med) / Körperschutzmittel n pl (z.B. Säureschutzkleidung, Gehörschutz usw.) ‖ ~ **records** (Comp) / Personaldaten pl ‖ ~ **reduction** (Work Study) / Stellenabbau m, Personalabbau m
**person ordering the work and services** / Besteller m (Werkbesteller), Werkbesteller m (bei dem Werkvertrag) ‖ ~ **overexposed to penetrating radiation** (Nuc Eng, Radiol) / überstrahlte Person ‖ ~ **skilled in the art** / Fachmann m (im Patentrecht)
**person-to-person call** (US) (Teleph) / Voranmeldegespräch n, Ferngespräch n mit Voranmeldung, XP-Gespräch n, Gespräch n mit Voranmeldung
**person with low vision** (Med, Optics) / sehschwache Person
**persorption** n (Chem) / Persorption f (Adsorption in Poren)
**Persoz's reagent** (Chem, Textiles) / Persoz-Reagens f (nach J.F. Persoz, 1805-1869)
**perspective** n (Maths) / Perspektive f ‖ ~ adj / Perspektiv-, perspektiv adj, perspektivisch adj ‖ ~ **drawing** / perspektivische Zeichnung ‖ ~ **formula** (Chem, Maths) / perspektivische Formel (eine spezielle Projektionsformel zur zeichnerischen Darstellung dreidimensionaler Strukturen) ‖ ~ **projection** (Cartography, Maths) / Zentralprojektion f
**perspectivity** n (Maths) / Perspektivität f, zentrale Kollineation (projektive Geometrie)
**Perspex*** n (Plastics) / Perspex n (ein Polymethylmethakrylat der Firma ICI)
**perspiration** n (Med, Physiol) / Perspiration f, Hautatmung f ‖ ~ **fastness** (Textiles) / Schweißechtheit f (DIN 54020) ‖ ~ **resistance** (Textiles) / Schweißechtheit f (DIN 54020)
**persulphate** n (Chem) / Peroxodisulfat n, Peroxosulfat n
**persulphuric acid** (Chem) / Peroxomonoschwefelsäure f ($H_2SO_5$), Caro'sche Säure (nach H.Caro, 1834-1910), Sulfomonopersäure f

**P.E.R.T.** (Work Study) / PERT-Methode $f$ (zur Planung des zeitlichen Ablaufs von aus Einzelvorgängen bestehenden Gesamtvorhaben, wenn die Dauer der Einzelvorgänge nicht genau bekannt ist - eine Netzplantechnik)
**pertechnate** $n$ (Chem) / Pertechnat $n$, Pertechnetat $n$
**pertechnetate** $n$ (Chem) / Pertechnat $n$, Pertechnetat $n$
**pertechnetic acid** (Chem) / Pertechnetiumsäure $f$, Technetium(VII)-säure $f$
**perthite*** $n$ (Min) / Perthit $m$ (ein Orthoklas mit Albitschnüren oder -lamellen)
**perthitic** adj (Geol) / perthitisch adj
**per thousand** / Promille $n$ (DIN 5477)
**pertinence check** (Comp) / Pertinenzkontrolle $f$
**perturbation** $n$ (Maths, Phys) / Perturbation $f$, Störung $f$
**perturbations*** $pl$ (Astron, Space) / Perturbationen $f pl$ (Abweichungen der Planetenbahnen von der Kepler-Bewegung als Folge der störenden Gravitationswirkung anderer Planeten oder Himmelskörper), Störungen $f pl$
**perturbation theory*** (Maths, Phys) / Störungstheorie $f$
**perturbed lattice** (Crystal) / verzerrtes Gitter, deformiertes Gitter ‖ ~ **region** (Nuc) / Störzone $f$, Spike $m$
**perturbing action** / Störeinfluss $m$ (durch eine Störgröße hervorgerufene Wirkung) ‖ ~ **force** (Mech) / störende Kraft
**Peru balsam** (Chem) / Indianischer Wundbalsam, Perubalsam $m$ (aus dem Perubalsambaum - Myroxylon balsamum var. pereirae (Royle) Harms)
**per unit quantities** (Elec Eng) / bezogene Größen (dimensionslose, auf definierte Bezugsgrößen bezogene Variablen und Parameter elektrischer Betriebsmittel) ‖ ~ **unit susceptance** (Elec Eng) / bezogener Blindleitwert, Blindleitwertbelag $m$
**per-unit system** / Per-Unit-System $n$ (bei dem alle Größen auf Bezugswerte bezogen sind)
**Peru saltpetre** (Chem, Min) / Nitronatrit $m$ ($NaNO_3$), Natronsalpeter $m$
**Peruvian balsam** (Chem) / Indianischer Wundbalsam, Perubalsam $m$ (aus dem Perubalsambaum - Myroxylon balsamum var. pereirae (Royle) Harms) ‖ ~ **bark** (Pharm) / Perurinde $f$, Calisaya-Chinarinde $f$, Königschinarinde $f$ (aus Cinchona officinalis L.)
**pervaporation** $n$ (Chem) / Pervaporation $f$ (ein Trennverfahren, bei dem ein Dampfgemisch, das sich über einem Gemisch von Flüssigkeiten einstellt, infolge unterschiedlicher Permeabilität einer Membran aufgetrennt wird)
**perveance*** $n$ (Electronics) / Perveanz $f$ (Raumladungsparameter)
**perversion** $n$ (Optics, Photog, TV) / Seitenumkehrung $f$ (Tätigkeit), Seitenvertauschung $f$
**pervious** adj (Build) / durchlässig adj, undicht adj, permeabel adj
**perylene** $n$ (Chem) / Perylen $n$ (ein perikondensierter aromatischer Kohlenwasserstoff) ‖ ~ **pigment** (Paint) / Perylenpigment $n$
**PES** (polyether sulphone) (Chem) / Polyethersulfon $n$, PES (Polyethersulfon nach DIN 7728) ‖ ~ (polyester) (Chem, Plastics) / Polyester $m$, PES (Polyester) ‖ ~ (photoelectron spectroscopy) (Spectr) / Fotoelektronenspektroskopie $f$, PES (Fotoelektronenspektroskopie) ‖ ~ (personal earth station) (TV) / persönliche Erdfunkstelle
**pessimistic time** (Work Study) / pessimistische Dauer (einer Aktivität in dem Netzwerkverfahren)
**pest** $n$ (Biol) / Schaderreger $m$, Schädling $m$, Schadorganismus $m$ ‖ ~ **control** (Agric, Ecol) / Schädlingsbekämpfung $f$ ‖ ~ **control by genetic engineering** (Agric) / gentechnische Schädlingsbekämpfung
**pesticidal** adj (Agric, Ecol) / biozid adj, pestizid adj, schädlingsbekämpfend adj
**pesticide** $n$ (Agric, Ecol) / Biozid $n$ (Chemikalie, die zur Bekämpfung schädlicher Pflanzen und Lebewesen eingesetzt wird), Pestizid $n$ ‖ ~ (Agric, Ecol) s. also agricultural biocide ‖ ~ **residue** (Agric, Ecol) / Pestizidrückstand $m$, Biozidrückstand $m$ ‖ ~ **residues on food** (Nut) / Pestizidrückstände in Lebensmitteln $m pl$, Reste von Pflanzenschutzmitteln in den Lebensmitetln $m pl$ ‖ ~ **root zone model** (Agric, Chem) / PRZM $n$ (Computermodell zur Berechnung der Pestizidverteilung im Boden - in Deutschland PELMO)
**pest infestation** (Agric, For) / Schädlingsbefall $m$
**pestle** $n$ (Chem) / Reibkeule $f$ (in der Reibschale), Mörserkeule $f$, Stößel $m$ (im Mörser oder in der Reibschale), Pistill $n$, Stampfer $m$ (in der Reibschale)
**pest management** (Agric) / Pestmanagement $n$ (Gesamtheit der Pflanzenschutzmaßnahmen zur Regulierung von Schaderregerpopulationen) ‖ ~ **of stored products** (Agric, Nut, Textiles) / Vorratsschädling $m$ (vorwiegend tierische Schädlinge, aber auch einige Pilze) ‖ ~ **of trees** (Agric, For) / Baumschädling $m$ ‖ ~ **resistance** (Agric, For) / Schädlingsresistenz $f$
**pest-resistant** adj (Agric, For) / schädlingsresistent adj
**pests of cereals** (Agric) / Getreideschädlinge $m pl$
**PET** (positron emission tomography) (Med) / Positronenemissionstomografie $f$, PET

(Positronenemissionstomografie) ‖ ~* (polyethylene terephthalate) (Plastics) / Polyethylenterephthalat $n$ (DIN 7728), PET (Polyethylenterephthalat)
**peta-** / peta- (Vorsatz = $10^{15}$), P
**petal** $n$ (Comp) / Speiche $f$ (eines Typenrads)
**petalite*** $n$ (Min) / Petalit $m$ (ein Lithiummineral), Kastor $m$
**pet cock*** (Eng) / Entleerungshahn $m$ (kleiner), Ablasshahn $m$ (kleiner)
**Petersburg standard** (For) / [St. Petersburger] Standard $m$ (für Schnittholz = 4,642 $m^3$)
**Petersen coil*** (Elec Eng) / Erdschlussspule $f$, Erdschlusslöschspule $f$, Petersen-Spule $f$, Löschdrossel $f$, Kompensationsdrossel $f$ ‖ ~ **earth coil** (Elec Eng) / Erdschlussspule $f$, Erdschlusslöschspule $f$, Petersen-Spule $f$, Löschdrossel $f$, Kompensationsdrossel $f$
**Peterson reaction** (Chem, Oils) / Peterson-Reaktion $f$, Peterson-Olefinierung $f$
**pet food** (Nut) / Heimtierfutter $n$
**petinet pattern** (Textiles) / Petinetmuster $n$ (Rechts/Links/durchbrochen)
**petitgrain** $n$ (an essential oil with a floral scent distilled from the leaves and bark of the orange tree and from the other citrus plants, used in perfumery) / Petitgrainöl $n$ (das etherische Öl der Blätter, Zweige und unreifen Früchte von verschiedenen Zitrusarten - Paraguay Bigarade) ‖ ~ **oil** / Petitgrainöl $n$ (das etherische Öl der Blätter, Zweige und unreifen Früchte von verschiedenen Zitrusarten - Paraguay Bigarade)
**PETN** (pentaerythritol tetranitrate) (Chem, Pharm) / Pentaerythrit-Tetranitrat $n$ (Sprengstoff), Pentrit $n$ (Sprengstoff), Nitropenta $n$, PETN (Pentrit)
**PETP** (polyethylene glycol terephthalate) (Chem) / Polyethylenglycolterephthalat $n$, Polyethylenglykolterephthalat $n$, PETP (Polyethylenglykolterephthalat)
**Petri dish** (Bacteriol) / Petrischale $f$ (nach dem deutschen Arzt J.R. Petri, 1852-1921)
**petrifaction*** $n$ (Geol) / Versteinerung $f$ (Tätigkeit), Fossilienbildung $f$, Petrifikation $f$, Fossilisation $f$, Fossilisierung $f$
**petrified wood** (For) / versteinertes Holz, Dendrolith $m$
**Petri net** (Comp) / Petri-Netz $n$ (ein gerichteter Graf als formales Modell für nichtsequentielle Systeme)
**petrochemical*** $n$ (Geol) / Mineralölerzeugnis $n$, Petrochemikalie $f$, Petrolchemikalie $f$ (Produkt der Petrolchemie), Erdölabkömmling $m$ ‖ ~ adj (Oils) / petrochemisch adj, petrolchemisch adj
**petrochemistry** $n$ (the chemistry of rocks) (Chem, Geol) / Petrochemie $f$ (die Wissenschaft von der chemischen Zusammensetzung der Gesteine), Gesteinschemie $f$ ‖ ~ (the chemistry of petroleum) (Chem, Oils) / Petrolchemie $f$ (Herstellung und Weiterverarbeitung der aus Erdöl und Erdgas gewonnenen organisch-chemischen Grundstoffe), Petrochemie $f$, Erdölchemie $f$ (Teil der Geochemie)
**petrocoke** $n$ (Chem Eng, Oils) / Petrolkoks $m$ (der beim Kracken entsteht), Erdölkoks $m$
**petrofabric** $n$ (Geol) / Gefüge $n$ ‖ ~ **analysis** (Geol) / Gefügeanalyse $f$
**petrofacies** $n$ (Geol) / Petrofazies $f$
**petrogenesis** $n$ (pl. -neses) (Geol) / Petrogenese $f$ (Entstehungsgeschichte der Gesteine)
**petrogenetic** adj (Geol) / petrogenetisch adj
**petrogeny** $n$ (Geol) / Petrogenese $f$ (Entstehungsgeschichte der Gesteine)
**Petrograd standard** (For) / [St. Petersburger] Standard $m$ (für Schnittholz = 4,642 $m^3$)
**petrographic** adj (Geol) / petrografisch adj (gesteinskundlich)
**petrographical** adj (Geol) / petrografisch adj (gesteinskundlich)
**petrographic facies** (Geol) / Petrofazies $f$ ‖ ~ **province*** (Geol) / petrografische Provinz, Gesteinsprovinz $f$, komagmatische Region
**petrography*** $n$ (Geol) / Petrografie $f$ (Gesteinskunde - beschreibende Seite der Petrologie) ‖ ~* (Geol) s. also lithology
**petroil lubrication** (Autos, I C Engs) / Gemischschmierung $f$, Mischungsschmierung $f$ (bei Zweitaktmotoren) ‖ ~ **mixture** (Autos) / Zweitaktgemisch $n$, Kraftstoff-Öl-Gemisch $n$
**petrol** $n$ (GB)* (Autos, Fuels) / Ottokraftstoff $m$ (DIN EN 228), Benzin $n$ (Fahrbenzin, Flugbenzin, Ottokraftstoff), Vergaserkraftstoff $m$ (DIN 51600) ‖ **4-star** ~ (GB) (Autos) / Super-Ottokraftstoff $m$, Superkraftstoff $m$ (EN 228), Superbenzin $n$, Super $n$ (Benzin) ‖ **2-star** ~ (Autos, Fuels) / Normalottokraftstoff $m$, Normalbenzin $n$, Normal $n$ (Benzin)
**petrolatum** $n$ (US) (Oils) / Petrolatum $n$ (Destillationsrückstand bei der Destillation asphaltfreier oder entasphaltierter Erdöle)
**petrol-efficient** adj (Autos) / kraftstoffsparend adj
**petrol-electric generating set*** (Elec Eng) / benzinelektrischer Generator
**petrol engine*** (I C Engs) / Benzinmotor $m$, Benziner $m$
**petroleum*** $n$ (Geol, Oils) / Rohöl $n$ (unverändertes Erdöl, wie es aus den geologischen Lagerstätte entnommen wird), Rohcrdöl $n$, rohes Öl (Erdöl) ‖ ~ (complex mixture of hydrocarbons that occur in the

**petroleum-based**

Earth in liquid, gaseous, or solid forms - the term is often restricted to the liquid form, commonly called crude oil, but as a technical term it also includes natural gas and the viscous or solid form known as bitumen) (Oils) / Erdöl + Erdölgas + Bitumen
**petroleum-based fluid** / mineralölbasische Flüssigkeit (für die Fluidik)
**petroleum-bearing** adj (Geol, Oils) / erdölhaltig adj, erdölführend adj
**petroleum benzine** (Chem) / Petrolether m (niedrigsiedende Benzinfraktion nach DIN 51630) ∥ ~ **chemical** (Oils) / Mineralölerzeugnis n, Petrochemikalie f, Petrolchemikalie f (Produkt der Petrolchemie), Erdölabkömmling m ∥ ~ **chemistry** (Chem, Oils) / Petrolchemie f (Herstellung und Weiterverarbeitung der aus Erdöl und Erdgas gewonnenen organisch-chemischen Grundstoffe), Petrochemie f, Erdölchemie f (Teil der Geochemie) ∥ ~ **coke** (Chem Eng, Oils) / Petrolkoks m (der beim Kracken entsteht), Erdölkoks m ∥ ~ **drilling** (Oils) / Erdölbohrung f, Bohrung f auf Erdöl, Erdölbohren n, Bohren n auf Erdöl ∥ ~ **engineering** (Oils) / Erdöltechnik f ∥ ~ **ether** (Chem) / Petrolether m (niedrigsiedende Benzinfraktion nach DIN 51630) ∥ ~ **fracturing** (Oils) / Frac-Verfahren n bei der Ausbeute von Erdgas- und Erdöl-Lagerstätten ∥ ~ **gas** (Oils) / Ölbegleitgas n, Erdölgas n, Begleitgas n, assoziiertes Gas, Erdölbegleitgas n ∥ ~ **geology** (Geol) / Erdölgeologie f ∥ ~ **industry** (Oils) / petrolchemische Industrie, Mineralölwirtschaft f, Erdölindustrie f ∥ ~ **jelly*** (Chem, Oils) / Petrolatum n (Destillationsrückstand bei der Destillation asphaltfreier oder entasphaltierter Erdöle) ∥ ~ **lubricant** (Oils) / Schmierstoff m auf Erdölbasis, Mineralöl n (als Schmierstoff) ∥ ~ **oil** (refined from crude petroleum) (Oils) / mineralisches Öl (durch Raffination aus Rohöl gewonnen), Mineralöl n (aus Erdöl) ∥ ~ **oil** s. also mineral oil ∥ ~ **pitch** (Civ Eng) / Bitumen n (pl. Bitumen oder Bitumina) (bei der Aufarbeitung geeigneter Erdöle gewonnenes schwerflüchtiges Gemisch nach DIN 55 946-1) ∥ ~ **pitch** (Oils) / Erdölpech n, Petrolpech n ∥ ~ **plant** (Oils) / Ölraffinerie f, Mineralölraffinerie f, Erdölraffinerie f, Erdölanlage f ∥ ~ **product** (Oils) / Mineralölerzeugnis n, Petrochemikalie f, Petrolchemikalie f (Produkt der Petrolchemie), Erdölabkömmling m ∥ ~ **refinery** (Oils) / Ölraffinerie f, Mineralölraffinerie f, Erdölraffinerie f, Erdölanlage f ∥ ~ **refining** (Oils) / Mineralölverarbeitung f, Erdölverarbeitung f ∥ ~ **reservoir** (Oils) / Erdöllagerstätte f ∥ ~ **resin** (Oils) / petrochemisches Harz, Erdölharz n (thermoplastisches Kohlenwasserstoffharz, das bei der Raffination von Erdöl anfällt), Petrolharz n, Petroleumharz n ∥ ~ **rock** (Geol, Oils) / Erdölmuttergestein n ∥ ~ **shale** (Geol) / Ölschiefer m (aus Faulschlamm entstandenes, relativ bitumenreiches Sedimentgestein), bituminöser Schiefer ∥ ~ **spirit** (Paint) / Testbenzin n, Lackbenzin n (DIN 51632) ∥ ~ **spirit** (GB) (Paint) / Lösungsbenzin n, Spezialbenzin n (ein Verschnittlöser nach DIN 51630) ∥ ~ **sulphonate** (Chem, Eng) / Petrolsulfonat n, Petroleumsulfonat n ∥ ~ **wax** (Oils) / Erdölwachs n ∥ ~ **wharf** (Oils, Ships) / Ölpier f
**petroliferous** adj (Geol, Oils) / erdölhaltig adj, erdölführend adj
**petrol injection** (I C Engs) / Benzineinspritzung f ∥ ~ **intercepting chamber** (San Eng) / Benzinabscheider m (DIN 1999), Leichtflüssigkeitsabscheider m (ganze Anlage)
**petrol-motored** adj (GB) / benzinmotorgetrieben adj, mit Benzinmotorantrieb
**petrologic** adj (Geol) / petrologisch adj
**petrological** adj (Geol) / petrologisch adj
**petrology*** n (Geol) / Petrologie f (Erfassung der jeweils herrschenden physikalisch-chemischen Bedingungen bei der Bildung eines Gesteins)
**petrol•-oil mixture** (Autos) / Zweitaktgemisch n, Kraftstoff-Öl-Gemisch n ∥ ~ **pump** (GB) (Autos) / Zapfsäule f, Tanksäule f ∥ ~ **pump** (GB)* (Fuels) / Kraftstoffförderpumpe f, Kraftstoffpumpe f ∥ ~-**pump*** n (Autos) / Benzinpumpe f (auch in der Tanksäule) ∥ ~ **pump attendant** (Autos) / Tankwart m
**petrol-resistant** adj / benzinbeständig adj, benzinfest adj
**petrol separator** (San Eng) / Benzinabscheider m (DIN 1999), Leichtflüssigkeitsabscheider m (ganze Anlage)
**petrol-soluble** adj / benzinlöslich adj
**petrol (filling) station** (GB) (Autos) / Tankstelle f ∥ ~ **trap** (San Eng) / Benzinabscheider m (DIN 1999), Leichtflüssigkeitsabscheider m (ganze Anlage)
**petrophysical** adj (Geol, Phys) / petrophysikalisch adj
**petrophysics** n (the branch of petrology concerned with the physical properties and behaviour of rocks) (Geol, Phys) / Petrophysik f
**petroprotein** n (Biochem, Oils) / Petroprotein n, Protein n aus Erdöl
**petroselinic acid** (Chem) / Petroselinsäure f
**petroshale** n (Geol) / Ölschiefer m (aus Faulschlamm entstandenes, relativ bitumenreiches Sedimentgestein), bituminöser Schiefer
**petrotectonics** n (Geol) / Petrotektonik m, Gefügekunde f der Gesteine
**Petterson-Nansen water bottle** (Ocean) / Nansen-Schöpfer m (nach F. Nansen, 1861-1930)

**petticoat** n (US)* (Elec Eng) / Isolatorglocke f, Isolierglocke f ∥ ~ **insulator** (US) (Elec Eng) / Glockenisolator m (Telegrafenglocke)
**Pettis number** (Astron) / Pettiszahl f (ein Relativzahl, die ein Maß für die Sonnenaktivität darstellt)
**petty patent** / Gebrauchsmuster n
**petzite*** n (Min) / Petzit m ($Ag_3AuTe_2$)
**Petzval condition** (Optics) / Petzval-Bedingung f (für die Behebung der Bildfeldwölbung), Petzval-Coddington'sches Gesetz ∥ ~ **curvature*** (Optics) / Petzval-Krümmung f ∥ ~ **lens*** (Photog) / Petzval-Objektiv n (ein altes Porträtobjektiv nach J. Petzval, 1807-1891 - stark unsymmetrischer Aplanat) ∥ ~ **sum** (Optics) / Petzval-Summe f
**PE-VLDP** (verly-low-density polyethylene) (Chem, Plastics) / Polyethylen n sehr niedriger Dichte, VLDPE (Polyethylen sehr niedriger Dichte)
**pewter*** n (Met) / Pewter m (Kunstgusslegierungen mit Zinn als Hauptbestandteil), Kaiserzinn n (mit etwa 93% Sn)
**pewterer** n / Zinngießer m
**peyote** n (Bot) / Peyote m (Lophophora williamsii /Lem. ex Salm-Dyck/ J.M. Coult.)
**PF** (proximity fuse) / Annäherungszünder m, Abstandszünder m ∥ ~ (pulverized fuel) / Kohlenstaub m, Staubkohle f, Brennstaub m (pulverisierte Kohle als Produkt) ∥ ~*; (picofarad) (Elec Eng) / Pikofarad n, pF (Pikofarad) ($10^{-12}$ Farad) ∥ ~ (power factor) (Elec Eng) / Leistungsfaktor m (cos $\varphi$ - DIN 40 110), Wirkfaktor m (Verhältnis des Betrages der Wirkleistung zur Scheinleistung), Verschiebungsfaktor m
**pf*** (power factor) (Elec Eng) / Leistungsfaktor m (cos $\varphi$ - DIN 40 110), Wirkfaktor m (Verhältnis des Betrages der Wirkleistung zur Scheinleistung), Verschiebungsfaktor m
**P/F** (powder forging) (Met) / Pulverschmieden n (Variante des Präzisionsschmiedens von Werkstücken aus pulvermetallurgisch hergestellten Anfangsformen)
**PFA** (pulverized-fuel ash) / Flugasche f (die beim Verbrennen von Kohlenstaub entsteht und in Filtern abgeschieden wird) ∥ ~ **cement** (Build, Civ Eng) / Flugaschehüttenzement m (mit etwa 15 - 20% Hüttensand), FAHZ (Flugaschehüttenzement)
**P factor** (Automation) / Proportionalfaktor m
**Pfaffian differential form** (Maths) / Pfaff'sche Differentialform, Pfaff-Differentialform f (nach J.F. Pfaff, 1765-1825) ∥ ~ **form** (Maths) / Pfaff'sche Differentialform, Pfaff-Differentialform f (nach J.F. Pfaff, 1765-1825)
**PFA format** (Comp) / PFA-Format n (PFA-Dateien enthalten Umrissbeschreibungen von PostScript-Fonts in hexadezimaler ASCII-Darstellung)
**Pfannkuch protection*** (Cables) / Pfannkuch-Schutz m
**Pfau-Plattner synthesis** (Chem) / Pfau-Plattner-Synthese f (ein Azulensyntheseweg)
**PFBC** (pressurized fluidized bed combustion) / Druckwirbelschichtfeuerung f
**PFB format** (Comp) / PFB-Format n (Format für PostScript-Fonts - PFB-Dateien enthalten die Fontdaten in Binärdarstellung)
**PF bin** / Kohlenstaubsilo m n, Staubsilo m n (mit Kohlenstaub) ∥ ~ **boiler** / Staubkessel m
**PFE** (photoferroelectric effect) (Phys) / fotoferroelektrischer Effekt
**Pfeffer cell** (Phys) / Pfeffer'sche Zelle (zur quantitativen Erfassung der Osmose)
**Pfeiffer effect** (Chem, Optics) / Pfeiffer-Effekt m (Änderung des Drehwerts)
**PF firing** / Kohlenstaubfeuerung f, Staubfeuerung f (mit Kohlenstaub)
**PFK** (perfluorokerosene) (Chem) / Perfluorkerosin n, PFK (Perfluorkerosin)
**PF key** (programmable function key) (Comp) / programmierbare Funktionstaste, Softtaste f, Softkey m (eine in ihrer Funktion programmierbare Taste)
**pfleidering** n (Textiles) / Pfleidern n
**PF-line** / Kohlenstaubleitung f, Staubleitung f (für Kohlenstaub)
**PFLOPS** pl ($10^{15}$ floating-point operations per second) (Comp) / PFLOPS pl, Petaflops pl
**PF modulation** (Telecomm) / Pulsfrequenzmodulation f (Trägersignal: Puls, modulierter Parameter: Pulsfrequenz), Impulsfrequenzmodulation f, PFM (Pulsfrequenzmodulation)
**P.F.R.** (permanent flame-retardant) (Textiles) / permanent flammhemmend
**PF resin*** (Plastics) / PF-Harz n (nach DIN 7708, T 2), Phenolformaldehydharz n, Phenolformaldehydkondensat n ∥ ~ **scale** (Civ Eng) / pF-Skale f (von R.K. Scofield eingeführte Skale für die Ermittlung der Saugspannung von Böden auf den Bodenwasser)
**Pfund hardness** (Materials) / Pfund-Härte f, Härte f nach Pfund ∥ ~ **indenter** (hemispherical quartz or sapphire indenter) (Materials) / Pfund-Eindringkörper m (zur Härteprüfung nach Pfund) ∥ ~ **series*** (Phys, Spectr) / Pfund-Serie f (im Termschema des Wasserstoffatoms - nach A.H. Pfund, 1879-1949)

**PG** (peer group) (Comp, Telecomm) / Peergruppe f (von ATM-Knoten) ‖ ≙ (processing gain) (Teleph) / Prozessgewinn m (das Verhältnis der Bandbreite des übertragenen gespreizten Signals zur ursprünglichen Bandbreite des Signals - in Dezibel angegeben), Spreizgewinn m, Processing Gain m ‖ ≙ (peripheral group) (Teleph) / Peripheriegruppe f, PG (Peripheriegruppe)
**PGA** (phosphoglyceric acid) (Biochem) / Phosphoglyzerinsäure f, Phosphoglycerinsäure f (Glycerinsäurephosphat) ‖ ≙ (pteroylglutamic acid) (Biochem, Pharm) / Folsäure f, Pteroylglutaminsäure f ‖ ≙ (Professional Graphics Adapter) (Comp) / Professional Graphics Adapter m (von IBM für CAD/CAM-Anwendungen entwickelte hochauflösende Grafikkarte), PGA (Professional Graphics Adapter) ‖ ≙ (pin-grid array) (Electronics) / Stiftfeld n ‖ ≙ (pin-grid array) (Electronics) / Anschlussstiftmatrix f
**p-gate thyristor** (Electronics) / katodenseitig steuerbarer Thyristor
**PG DN** (page-down key) (Comp) / Bild-Ab-Taste f
**2π-geometry counter** (Nuc Eng) / 2π-Zähler m
**PGM** (platinum-group metals) (Chem) / Platinmetalle n pl (die in der VIII. Nebengruppe des Periodensystems stehenden Elemente Ruthenium, Rhodium, Palladium, Osmium, Iridium und Platin), Platingruppenmetalle n pl
**P grit numbers** (Paper) / P-Körnungsreihe f (bei Schleifpapieren)
**p-group** n (Maths) / p-Gruppe f
**PG UP** (page-up key) (Comp) / Bild-Auf-Taste f
**PGW** (pressure groundwood) (Paper) / Druckschliff m ‖ ≙ **process** (Paper) / Druckschleifverfahren n, Druckschliffverfahren n
**pH(S)** (Chem) / pH-Standard m
**PH** (Pfund hardness) (Materials) / Pfund-Härte f, Härte f nach Pfund ‖ ≙ (page heading) (Print) / Seitenüberschrift f
**phacoid** n (Geol) / Quetschling m, Quetschlinse f, Phakoid n
**phacoidal structure*** (Geol) / Phakoidgefüge n, Linsengefüge n
**phacolite** n (Min) / Phakolith m (ein durch Flächenkrümmung linsenartig erscheinender Chabasit)
**phacolith*** n (Geol) / Harpolith m, Sichelstock m, Phakolith m (eine Intrusionsform)
**pH adjuster** (Chem) / pH-Regler m
**pH-adjusting agent** (Nut) / Säureregulator m
**Phaeophyceae*** pl (Bot) / Braunalgen f pl (Klasse festsitzender Algen), Phaeophyceae pl
**Phaeophyta** pl (Bot) / Braunalgen f pl (Klasse festsitzender Algen), Phaeophyceae pl
**phaeton** n (US) (Autos) / Tourenwagen m
**phage** (the genetic material of a bacteriophage, incorporated into the genome of a bacterium and able to produce phages if specifically activated) (Bacteriol) / Phage m (pl. -n) ‖ ≙ n (Bacteriol) / Bakteriophage m (pl. -n) (Virus, dessen Wirtszellen Bakterien sind), Phage m
**phagocyte*** n (Cyt) / Phagozyt m (pl. -en), Phagozyte f (eine Fresszelle)
**phagodeterrent** n (Ecol) / Phagodeterrens n (pl. -enzien oder -entia)
**phagostimulant** n (Ecol) / Phagostimulans n (pl. -lanzien oder -lantia)
**phalloid** (Bot) / Phalloid n, unechter Kork
**phalloidin** (Chem) / Phalloidin n (Giftstoff des Grünen Knollenblätterpilzes - ein Phallotoxin)
**phalloidine** (Chem) / Phalloidin n (Giftstoff des Grünen Knollenblätterpilzes - ein Phallotoxin)
**phallotoxin** n (Chem) / Phallotoxin n (Giftstoff des Grünen und des Weißen Knollenblätterpilzes)
**phanerite** n (Geol) / phanerokristallines Gestein
**phaneritic** adj (Min) / phanerokristallin adj, grobkristallin adj
**phanerocrystalline*** adj (Min) / phanerokristallin adj, grobkristallin adj
**phanotron** n (Electronics) / Phanotron n (ungesteuerte Gleichrichterröhre)
**phantastron** n (Electronics, Radar) / Phantastron n (Kippschaltung mit einmaliger Ablenkung)
**phantom** n (Biol, Radiol) / Phantom n (festes oder flüssiges gewebeäquivalentes Medium zur Simulation der Wechselwirkung ionisierender Strahlung in biologischen Objekten), Phantomsubstanz f ‖ ~ **attr** (Radiol) / gewebeäquivalent adj ‖ ~ **antenna*** (Radio) / künstliche Antenne (die strahlungsfreie elektrische Nachbildung einer Antenne durch einen Ersatzwiderstand, dessen Wert dem Wellenwiderstand der Antenne an ihrem Eingang entspricht) ‖ ~ **chamber** (Radiol) / Phantomkammer f (eine Ionisationskammer) ‖ ~ **circuit** (Telecomm) / Viererkreis m, Viererleitung f, Phantomschaltung f, Phantomleitung f, Phantomkreis m, Phantomstromkreis m ‖ ~ **coil** (Telecomm) / Fernleitungsübertrager m (ein Transformator), Ringübertrager m ‖ ~ **drawing** (Arch, Eng) / Durchsichtsbild n ‖ ~ **drawing** s. also phantom view ‖ ~ **echo** (Radar) / Geisterecho n (Zeichen an einer Stelle des Radarschirms, das von keinem Ziel an dem ihm entsprechenden Ort des Raumes stammt), Artefakt n (Echo, das keinem Echtziel zugeordnet werden kann), Geist m ‖ ~ **line** / Strichlinie f (für verdeckte Kanten nach DIN 15, T 1) ‖ ~ **loading** (Telecomm) / Viererpupinisierung f ‖ ~ **material*** (Biol, Radiol) / Phantom n (festes oder flüssiges gewebeäquivalentes Medium zur Simulation der Wechselwirkung ionisierender Strahlung in biologischen Objekten), Phantomsubstanz f ‖ ~ **polymerization** (Chem) / Exotenpolymerisation f, Phantompolymerisation f ‖ ~ **power supply** (Telecomm) / Phantomspeisung f ‖ ~ **ring*** (Light) / Glorie f (die sich um den Schatten des Beobachters auf einer Nebel- oder Wolkenwand bildet - z.B. Brockengespenst) ‖ ~ **robot** / Phantomroboter m (ein Programmiergestell für die direkte Teach-in-Programmierung von Drehgelenkrobotern) ‖ ~ **target** (Mil, Radar) / Radartrugziel n
**phantom-to-size unbalance** (Teleph) / Mitsprechkopplung f
**phantom utilization** (Telecomm) / Viererausnutzung f ‖ ~ **view** / Konstruktionsdurchsicht f (bei technischen Zeichnungen), Durchsicht f, Phantombild n
**pharmaceutical** adj (Pharm) / pharmazeutisch adj ‖ ~ **biology** (Pharm) / pharmazeutische Biologie, Pharmakognosie f (Drogenkunde) ‖ ~ **chemistry** (Chem, Pharm) / pharmazeutische Chemie, Pharmakochemie f ‖ ~ **flavour** (Nut) / Medizinalgeschmack m, Chemikaliengeschmack m, Apothekenton m ‖ ~ **preparation** (Pharm) / pharmazeutisches Erzeugnis, Pharmapräparat n ‖ ~ **taste** (Nut) / Medizinalgeschmack m, Chemikaliengeschmack m, Apothekenton m
**pharmacist** n (Pharm) / Apotheker m
**pharmacodynamic** adj (Pharm) / pharmakodynamisch adj
**pharmacodynamics*** n (Pharm) / Pharmakodynamik f (Lehre von den Wirkungen der Arzneimittel und der Gifte)
**pharmacogenetic** adj (Pharm) / pharmakogenetisch adj
**pharmacogenetics** n (Pharm) / Pharmakogenetik f
**pharmacognostic** adj (Pharm) / pharmakognostisch adj
**pharmacognosy** n (Pharm) / pharmazeutische Biologie, Pharmakognosie f (Drogenkunde)
**pharmacokinetic** adj (Pharm) / pharmakokinetisch adj
**pharmacokinetics** n (Pharm) / Pharmakokinetik f (Lehre von der Veränderung der arzneilich wirksamen Stoffe im menschlichen oder tierischen Organismus und vom zeitlichen Ablauf dieser Veränderung)
**pharmacolite*** n (Min) / Pharmakolith m (Kalziumhydrogenorthoarsenat)
**pharmacologic** adj (Pharm) / pharmakologisch adj
**pharmacological** adj (Pharm) / pharmakologisch adj
**pharmacologically active compound** (substance) (Pharm) / pharmakologisch wirksamer Stoff
**pharmacology*** n (Pharm) / Pharmakologie f (Arzneimittellehre)
**pharmacophore** n (Pharm) / Pharmakophor m (pharmazeutisch wirksame Substanz)
**pharmacopoeia** n (Pharm) / Pharmakopöe f (in der Bundesrepublik Deutschland gelten heute: DAB 1997 und das Europäische Arzneibuch), Arzneibuch n
**pharmacoradiography** n (Radiol) / Pharmaradiografie f
**pharmacosiderite*** n (Min) / Pharmakosiderit m, Würfelerz n (Eisen(III)-hexahydroxidtriorthoarsenat)
**pharmacotherapy** n (Med) / Pharmakotherapie f, Arzneibehandlung f
**pharmacy** n (Pharm) / Apotheke f ‖ ~ (Pharm) / Arzneimittelzubereitung f ‖ ~ (Pharm) / Pharmazie f ‖ **available at** (or in) a ~ **only** (Pharm) / apothekenpflichtig adj
**pharmafood** (Nut) / Functional Food n (Lebensmittel mit gesundheitsfördernden Zusatzstoffen), Lebensmittel, denen man zusätzlich zu ihrer ernährungsphysiologischen Bedeutung Gesundheit fördernde Funktionen zuschreibt
**pharming** n (Agric, Gen, Pharm) / Pharming n (Züchtung von transgenen Tieren - für pharmazeutische Zwecke)
**phase*** n (Astron, Chem, Elec Eng, Phys) / Phase f ‖ ~ (Comp) / Phase f (ablauffähiges Programm) ‖ ~ (Comp) / Phase f (die kleinste vollständige Einheit, auf die in der Bibliothek für Lademodule Bezug genommen werden kann) ‖ ~ (Elec Eng) / Phase f (der Verlauf einer Strom- oder Spannungskurve in einem Strom-Zeit- oder Spannungs-Zeit-Diagramm zwischen zwei Nullgängen der Kurven) ‖ ~ (Elec, Phys) / Phase f (der augenblickliche Schwingungszustand eines periodischen Schwingungsvorgangs nach DIN 1311- 1 und 40 108) ‖ ~* (Phys) / Phase f (Aggregatzustand) ‖ ~* (a physically homogeneous, distinguishable portion of a material system) (Phys) / Phase f (ein in sich homogener Körper in einem Stoffgemenge, der sich durch eine Grenzfläche von anderen Phasen unterscheidet - DIN 1345) ‖ **6-~ circuit** (Elec Eng) / Sechsphasenstromkreis m
**phase*, in** ~ (Elec Eng) / in Phase, phasengleich adj, gleichphasig adj
**phase, 4-~ system** (Elec Eng) / Vierphasensystem n ‖ ~ **advance** (Elec Eng, Telecomm) / Phasenvoreilung f ‖ ~ **advancer** (Elec Eng) / Kommutator-Drehstromerregermaschine f ‖ ~ **advancer*** (Elec Eng) / Blindleistungsmaschine f, Phasenschieber m (zur Abgabe oder Aufnahme von Blindleistung) ‖ ~ **analysis** (Chem) / Phasenanalyse f ‖ ~ **angle** (Astron) / Phasenwinkel m (im Mittelpunkt eines Planeten

1139

**phase**

zwischen dem Beobachter auf der Erde und der Sonne - gibt den dem Beobachter zugewandten beleuchteten Teil der Planetenscheibe an) || ~ **angle**\* (Elec Eng, Telecomm) / Phasenwinkel m (DIN 1311 und 40 108)
**phase-angle control** (Electronics) / Phasenanschnittsteuerung f (bei Thyristoren und Triacs), Zündeinsatzsteuerung f, Stromflusswinkelsteuerung f, Anschnittsteuerung f || ~ **modulated pulse train** (Telecomm) / phasenmodulierter Puls (DIN 5483, T 1)
**phase balance** (Phys) / Phasengleichheit f || ~ **boundary** (Materials, Phys) / Phasengrenze f (Grenze zu Nachbakristallen eines anderen Gittertyps)
**phase-boundary reaction** (Chem, Surf) / Phasengrenzreaktion f
**phase cell** (Phys) / Phasenraumzelle f || ~ **centre** (Radar) / Phasenzentrum n || ~ **centre** (Radio) / Phasenmittelpunkt m (bei Antennen) || ~ **change** / Phasenänderung f || ~ **change** (Phys) / Aggregatzustandsänderung f, Zustandsänderung f
**phase-change coefficient** (Elec) / Phasenkoeffizient m (Phasen- oder Winkelkonstante der Fortpflanzungskonstante), Phasenbelag m || ~ **heat** (Phys) / Umwandlungswärme f (die bei jedem Phasenübergang 1. Art freigesetzt oder verbraucht wird), Umwandlungsenthalpie f (Erstarrungs-, Verdampfungs-, Kondensations- und Sublimationsenthalpie), latente Wärme
**phase-coded CW signal** (Radar) / phasenkodiertes Dauerstrichsignal || ~ **radar** (Radar) / phasengetastetes Radar
**phase coding** (Radar) / Phasentastung f (bei Kodefolgefrequenz) || ~ **coefficient** (Elec) / Phasenkoeffizient m (Phasen- oder Winkelkonstante der Fortpflanzungskonstante), Phasenbelag m || ~ **coherence** (Spectr) / Phasenkohärenz f
**phase-coherent** adj (Spectr) / phasenkohärent adj
**phase coincidence** (Phys) / Phasengleichheit f || ~ **comparison** (Elec Eng) / Phasenvergleich m
**phase-comparison monopulse** (Radar, Radio) / Phasenmonopuls m || ~ **protection** (Elec Eng) / Phasenvergleichsschutz m (beim Schutzrelais) || ~ **system** (Oils) / Phasenvergleichssystem n (ein akustisches Positionierungssystem)
**phase condition** (Phys) / Phasenbedingung f (bei Oszillatoren) || ~ **conductor** (in a polyphase circuit) (Elec Eng) / Phasenleiter m (der Stromquellen mit Verbrauchsmitteln verbindet, aber nicht vom Mittel- oder Sternpunkt ausgeht), Außenleiter m (eines verketteten Netzes) || ~ **conjugation** (Optics) / Phasenkonjugation f (ein Prozess der nichtlinearen Optik) || ~ **constant** (Elec) / Phasenkoeffizient m (Phasen- oder Winkelkonstante der Fortpflanzungskonstante), Phasenbelag m || ~ **constant** (Elec Eng) / Phasenkonstante f (die Phase zur Zeit) || ~ **constant**\* (Elec Eng) / Phasenmaß n (der Imaginärteil des Übertragungs- oder Fortpflanzungsmaßes) || ~ **continuity** (Elec Eng) / Phasenstetigkeit f
**phase-continuous** adj / phasenkontinuierlich adj
**phase•-contrast microscope** (Micros) / Phasenkontrastmikroskop n (von F. Zernike, 1891-1966, entwickelt) || ~-**contrast microscopy**\* (Micros) / Phasenkontrastverfahren n (ein Verfahren der Mikroskopie zur Sichtbarmachung kontrastloser, aber als Phasenobjekte wirksamer mikroskopischer Objekte), Phasenkontrastmikroskopie f
**phase-contrast plate** (Micros) / Phasenplättchen n, Phasenplatte f
**phase control** (Automation) / Phasenregelung f || ~ **control** (Electronics) / Phasenanschnittsteuerung f (bei Thyristoren und Triacs), Zündeinsatzsteuerung f, Stromflusswinkelsteuerung f, Anschnittsteuerung f
**phase-control circuit** (Automation) / Schaltung f für Phasenregelung
**phase converter**\* (Elec Eng) / Phasenumformer m (Kurzschlussläufermaschine mit einer Einphasen- und einer Dreiphasen-Ständerwicklung zum Umformen von Einphasen- in Dreiphasenstrom) || ~ **convertor** (Electronics) / Phasenzahlumrichter m || ~ **corrector**\* (Telecomm) / Phasenkorrektor m, Phasenentzerrer m || ~ **current** (Elec Eng) / Phasenstrom m, Strangstrom m || ~ **curve** (Phys) / Phasenkurve f (die die Schwingung im Phasenraum beschreibt - DIN 1311, T 1)
**phased** adj (Radar) / phasengesteuert adj (Antennenanordnung) || ~ **array**\* (Radar) / phasengesteuerte Antenne, Phased-Array-Antenne f
**phased-array antenna** (Radar) / phasengesteuerte Antenne, Phased-Array-Antenne f
**phased-array radar** (Radar) / Zielverfolgungsradar m n mit phasengesteuerten Antennen, Zielverfolgungsradar m n mit größerer Anzahl gleichartiger Einzelstrahler, die über gesteuerte Phasenschieber und Verstärker angeschlossen sind (mit elektrisch schwenkbarer Charakteristik)
**phase defect angle** (Elec) / Verlustwinkel m (bei Spulen oder Kondensatoren nach DIN 1344) || ~ **delay**\* (Elec Eng, Telecomm) / Phasenacheilung f, Phasenverzögerung f || ~ **delay**\* (Telecomm) / Phasenlaufzeit f (DIN 40148, T 1)
**phase-delay distortion** (Telecomm) / Phasenverzögerung f

**phase detector** (Radio) / Phasendetektor m || ~ **detector** (Radio) s. also phase discriminator || ~ **deviation** (Telecomm) / Phasenhub m || ~ **diagram**\* (Met, Phys) / Zustandsdiagramm n (das thermodynamische Eigenschaften mehrkomponentiger Stoffe in verschiedenen Phasen darstellt), Phasendiagramm n, Gleichgewichtsschaubild n, Zustandsschaubild n || ~ **difference**\* (Elec Eng, Telecomm) / Phasenverschiebungswinkel m (DIN 1311-1, 5483-1 und 40 108) || ~ **difference**\* (Elec Eng, Telecomm) / Phasendifferenz f, Phasenunterschied m || ~ **difference**\* (Elec Eng, Telecomm) / Gangunterschied m (des Signals), Gangdifferenz f || ~ **difference**\* s. also phase shift || ~ **direction-finding** (Radar) / Phasenpeilung f || ~ **discriminator**\* (Electronics, Radio) / Phasendiskriminator m (ein Frequenzmodulator, dessen Wirkung auf dem frequenzabhängigen Phasengang einer Schaltung beruht) || ~ **displacement** (as an angular measure) (Elec Eng, Telecomm) / Phasenverschiebungswinkel m (DIN 1311-1, 5483-1 und 40 108) || ~ **displacement** (Phys) / Phasenverschiebung f (Differenz der Phasen zweier Wellen oder Schwingungen gleicher Frequenz) || ~ **distortion**\* (Telecomm) / Laufzeitverzerrung f (durch die Frequenzabhängigkeit der Gruppenlaufzeit), Phasenverzerrung f
**phased satellite** (Space) / synchronisierter Satellit (dessen Umlaufzeit so abgestimmt ist, dass er einen gewissen charakteristischen Punkt der Umlaufbahn zum bestimmten Zeitpunkt durchläuft)
**phase encoding** (Comp, Electronics) / Richtungstaktschrift f (DIN 66010), PE-Schrift f (für Magnetschichtspeicher) || ~ **equalizer**\* (Elec Eng) / Saugdrossel f || ~ **equilibrium** (Phys) / Phasengleichgewicht n (Nebeneinanderstehen mehrerer Phasen) || ~ **factor** (Elec Eng, Nuc) / Phasenfaktor m || ~ **fading** (Telecomm) / Phasenschwund m || ~ **failure** (Elec Eng) / Phasenausfall m
**phase-failure protection** (Elec Eng) / Fehlphasenschutz m (bei Drehstromantrieben)
**phase focusing**\* (Electronics) / Phasenfokussierung f (in Hochfrequenzteilchenbeschleunigern und Laufzeitröhren) || ~ **function** (Light) / Phasenfunktion f (die angibt, in welcher Weise auf ein Teilchen eingestrahltes Licht gestreut und auf alle Raumrichtungen verteilt wird) || ~ **grating** (Optics) / Phasengitter n (ein Beugungsgitter) || ~ **integral** (Mech) / Phasenintegral n || ~ **inversion** (Chem) / Phasenumkehr f || ~ **inversion**\* (Telecomm) / Phasenumkehr f (Änderung der Phase einer Schwingung oder Welle um π bzw. 180°)
**phase-inversion temperature** (Phys) / Phaseninversionstemperatur f, PIT (Phaseninversionstemperatur)
**phase inverter** (Telecomm) / Phasenumkehrschalter m, Phasenumkehrstufe f, Phaseninverter m || ~ **inverter circuit** (Elec Eng) / Phasenumkehrschaltung f || ~ **jitter** (Elec Eng) / Phasenrauschen n (durch gerätebedingte Frequenzinstabilitäten) || ~ **jitter** (Telecomm) / Phasenzittern n, Phasenjitter m || ~ **jump** (Phys) / Phasensprung m (plötzliche Änderung der Phase von fortschreitenden Wellen, z.B. bei Reflexion oder Streuung) || ~ **lag**\* (Elec Eng, Telecomm) / Phasenacheilung f, Phasenverzögerung f || ~ **lead**\* (Elec Eng, Telecomm) / Phasenvoreilung f
**phase-locked** adj (Electronics) / phasenstarr adj, phasenverriegelt adj, eingerastet adj
**phase-locked loop** (Automation) / Phasenregelkreis m (bei dem das Ausgangssignal phasenstarr einem Referenzsignal folgt), eingerastete Phasenregelschleife, Phase-Locked-Loop f
**phase-locked loop**\* (a circuit for synchronizing a variable local oscillator with the phase of a transmitted signal) (Automation) / PLL (nachsteuerbarer Oszillator + Vergleichsschaltung + Regelspannungsverstärker) || ~ **loop** (in space communications) (Electronics, Space, Telecomm) / PLL-Schaltkreis m
**phase-lock loop** (a circuit for synchronizing a variable local oscillator with the phase of a transmitted signal) (Automation) / PLL (nachsteuerbarer Oszillator + Vergleichsschaltung + Regelspannungsverstärker) || ~ **technique** (Electronics) / Phase-Lock-Technik f
**phase margin**\* (Automation) / Phasenrand m, Phasenreserve f (eines Regelkreises) || ~ **margin** (Electronics) / Phasensicherheit f (gegen Selbsterregung) || ~ **meter** (Elec Eng, Telecomm) / Phasenmesser m, Phasenwinkelmesser m || ~ **microscope** (Micros) / Phasenkontrastmikroskop n (von F. Zernike, 1891-1966, entwickelt) || ~ **modulation**\* (Telecomm) / Phasenmodulation f, PM (Phasenmodulation) || ~ **modulation recording** (Comp, Electronics) / Richtungstaktschrift f (DIN 66010), PE-Schrift f (für Magnetschichtspeicher) || ~ **modulator** (Telecomm) / Phasenmodulator m || ~ **noise** (Elec Eng) / Phasenrauschen n (durch gerätebedingte Frequenzinstabilitäten) || ~ **n of a polyphase circuit** (Elec Eng) / Strang m eines Mehrphasenstromkreises (nach DIN 40 108)
**phaseolin** n (Chem) / Phaseolin f (Globulin aus den Bohnen), Phaseollin n
**phase opposition** (Elec, Phys) / Gegenphase f, Phasenopposition f

**phase-out part** (Eng) / Auslaufteil *n*
**phase path** (Radio) / Phasenbahn *f* ‖ ~ **plane** (Phys) / Phasenebene *f* (DIN 1311, T 1) ‖ ~ **plate**\* (Micros) / Phasenplättchen *n*, Phasenplatte *f* ‖ ~ **problem** (Crystal) / Phasenproblem *n* (bei der Kristallstrukturanalyse) ‖ ~ **quadrature** (Elec Eng, Telecomm) / Verschiebung *f* der Phase um 90°, Phasenquadratur *f* (90°-Phasenverschiebung), Phasenverschiebung *f* um 90°
**phaser** *n* (Acous, Electronics) / Phaser *m* (elektronisches Effektgerät, z.B. in der Rockmusik), Phasenvibratogenerator *m*, Phasenmodulator *m* (für Klangeffekte)
**phase ratio** (Chem, Phys) / Phasenverhältnis *n* (mobile Phase/stationäre Phase) ‖ ~ **resonance**\* (Telecomm) / Phasenresonanz *f* (Resonanz bei Phasenwinkel Null im Gegensatz zur Resonanz bei größter Amplitude) ‖ ~ **response** (Automation) / Phasengang *m* (Abhängigkeit des Phasenwinkels des Frequenzganges von der Frequenz) ‖ ~ **retardation** (Elec Eng, Telecomm) / Phasennacheilung *f*, Phasenverzögerung *f* ‖ ~ **retardation**\* (Telecomm) / Phasenlaufzeit *f* (DIN 40148, T 1) ‖ ~ **reversal**\* (Chem) / Phasenumkehr *f* ‖ ~ **RP-18** (Chem) / RP-18-Phase *f* (in der Chromatografie), RP-18 *f* (Phase in der Chromatografie) ‖ ~ **rule**\* (Phys) / Gibbs'sche Phasenregel, Gibbs'sches Phasengesetz (nach J.W. Gibbs, 1839-1903), Phasenregel *f*, Phasengesetz *n*
**phase-sensitive** *adj* (Elec Eng, Electronics, Spectr) / phasenempfindlich *adj*, phasenabhängig *adj*, phasensensitiv *adj* (Detektor in der Elektronenspinresonanz)
**phase separation** / Phasentrennung *f* ‖ ~ **separator** (Elec Eng) / Phasentrenner *m* ‖ ~ **sequence**\* (Elec Eng, Phys) / Phasenfolge *f* (DIN 40 108)
**phase-sequence commutation** (Elec Eng, Phys) / Phasenfolgelöschung *f*
**phase shift** (as an angular measure) (Elec Eng, Telecomm) / Phasenverschiebungswinkel *m* (DIN 1311-1, 5483-1 und 40 108) ‖ ~ **shift** (Phys) / Phasenverschiebung *f* (Differenz der Phasen zweier Wellen oder Schwingungen gleicher Frequenz) ‖ ~ **shifter**\* (Comp, Radar, Radio, Telecomm) / Phasenschieber *m* (DIN 40146, T 1), Phasenshifter *m*, Phasendreher *m*
**phase-shifting circuit**\* (Telecomm) / Phasenschiebeschaltung *f* (aus reellen Widerständen und Blindwiderständen) ‖ ~ **transformer**\* (Elec Eng) / Phasenschiebetransformator *m*, Phasentransformator *m*
**phase-shift keying**\* (a modulation system) (Radar, Telecomm) / Phasenumtastung *f* (jedem Kennzustand eines diskreten Signals entspricht eine bestimmte Phasenlage einer Schwingung konstanter Frequenz; Trägersignal: Sinus, modulierter Parameter: Phase), digitale Phasenmodulation ‖ ~ **oscillator**\* (Electronics) / Phasenschiebergenerator *m* (Oszillatorschaltung zur Erzeugung sinusförmiger Wechselspannungen) ‖ ~ **oscillator**\* (Electronics) / Phasenkettenoszillator *m*
**phases of the Moon** (Astron) / Mondphasen *f pl*
**phase-solubility analysis** (Chem) / Phasenlöslichkeitsanalyse *f*
**phase space**\* (Mech) / Phasenraum *m* (DIN 1311-1)
**phase-space cell** (Phys) / Phasenraumzelle *f* ‖ ~ **point** (Mech) / Phasenraumpunkt *m* ‖ ~ **triangle** (Mech) / Phasenraumdreieck *n* ‖ ~ **volume** (Phys) / Phasenvolumen *n* (der von der Energiehyperfläche umschlossene Teil des Phasenraumes)
**phase spacing** (Elec Eng) / Phasenabstand *m* ‖ ~ **spectrum** (Phys) / Phasenspektrum *n* (DIN 1311-1 und DIN 13 320), Phasenwinkelspektrum *n* ‖ ~ **splitter** (Elec Eng) / Phasenteiler *m*, Phasenspalter *m* ‖ ~ **splitting** (Elec Eng) / Phasenteilung *f*
**phase-splitting circuit** (Elec Eng) / Phasenteiler *m*, Phasenspalter *m*
**phase stability** (Met, Nuc Eng) / Phasenstabilität *f*, Phasenkonstanz *f* ‖ ~ **swing** (Telecomm) / Phasenhub *m* ‖ ~ **swinging**\* (Elec Eng) / Polradpendelung *f*, Pendelschwingung *f*, Phasenschwingen *n* ‖ ~ **swinging** (TV) / Außertrittfallen *n* des Bildgleichlaufs ‖ ~ **switching** (Chem) / Phasenwechsel *m* (bei Lösungen)
**phase-switching ceramics** (Ceramics) / Phase-Switching-Keramik *m* (Funktionswerkstoff mit aktorischen Eigenschaften)
**phase symmetry** (Elec Eng) / Phasensymmetrie *f* (im Drehstromsystem)
**phase-synchronized** *adj* (Elec Eng) / phasensynchronisiert *adj*
**phase tapering** (Radar, Radio) / Phasenbelegung *f*
**phase-to-phase clearance** (Elec Eng) / Leiter-Leiter-Abstand *m*
**phase trajectory** (Nuc) / Phasenbahn *f*, Phasentrajektorie *f* ‖ ~ **trajectory** (Phys) / Phasenkurve *f* (die die Schwingung im Phasenraum beschreibt - DIN 1311, T 1) ‖ ~ **transfer catalysis** (Chem) / Phasentransferkatalyse *f*, PTC (Phasentransferkatalyse)
**phase-transfer function** (Optics) / Phasenübertragungsfunktion *f* (Argument der optischen Übertragungsfunktion), PTF (Phasenübertragungsfunktion)
**phase transformation** (Phys) / Phasenübergang *m*, Phasenumwandlung *f* (Übergang eines Stoffes von einer thermodynamischen Phase in eine andere) ‖ ~ **transformation** (Phys) / Phasentransformation *f* (in der Feldtheorie) ‖ ~ **transition** (Phys) / Phasenübergang *m*, Phasenumwandlung *f* (Übergang eines Stoffes von einer thermodynamischen Phase in eine andere) ‖ ~ **unbalance**

**protection** (Elec Eng) / Schieflastschutz *m* ‖ ~ **unwrapping** (Radar) / Phasenfortsetzung *f* ‖ ~ **vector** (of a wave) (Elec Eng, Telecomm) / Phasenvektor *m* ‖ ~ **velocity**\* (Phys) / Phasengeschwindigkeit *f* (mit der sich der Schwingungszustand einer Welle ausbreitet) ‖ ~ **voltage** (Elec Eng) / Strangspannung *f* (Spannung an einem Strang), Phasenspannung *f* ‖ ~ **voltage**\* (Elec Eng) / Sternspannung *f* (zwischen einem Außenleiter und dem Sternpunkt - nach DIN 40108) ‖ ~ **volume** (Phys) / Phasenvolumen *n* (der von der Energiehyperfläche umschlossene Teil des Phasenraumes) ‖ ~ **winding** (Elec Eng) / Wicklungsstrang *m* (die Gesamtheit der Windungen, die zu einer Phase einer mehrphasigen Wicklung gehören), Strang *m* (bei Elektromaschinen) ‖ ~ **winding** (Elec Eng) / Phasenwicklung *f* ‖ ~ **winding** (Elec Eng) / Strangwicklung *f*
**phase-wound rotor** (Elec Eng) / Rotor *m* mit Phasenwicklung
**phasin** *n* (Chem) / Phasin *n* (giftiger Eiweißbestandteil der Bohnen)
**phasing** *n* (Elec Eng) / Phasenabgleich *m* ‖ ~ (Elec Eng) / Phaseneinstellung *f*, Einphasen *n* ‖ ~ **signal** (Telecomm) / Phasensignal *n* (beim Fernkopieren) ‖ ~ **transformer**\* (Elec Eng) / Phasenschiebetransformator *m*, Phasentransformator *m*
**phasitron**\* *n* (Electronics) / Phasitron *n* (eine zur Phasen- bzw. Frequenzmodulation verwendete quergesteuerte Elektronenstrahlröhre)
**phasor** *n* (Elec Eng) / Zeiger *m* (Darstellung einer Sinusgröße im Zeigerdiagramm) ‖ ~ (Elec Eng) / Komplexor *m* (Quotient zweier Zeiger sinusförmiger Größen gleicher Frequenz) ‖ ~ **diagram** (Elec Eng) / Zeigerdiagramm *m*, Zeigerbild *n*, Zeigerdreieck *n* (mit grafisch dargestellten Sinusgrößen in der Gauß'schen Zahlenebene) ‖ ~ **difference** (Elec Eng) / Zeigerdifferenz *f* ‖ ~ **sum** (Elec Eng) / Zeigersumme *f*
**phasotron** *n* (Nuc Eng) / frequenzmoduliertes Zyklotron, Synchrozyklotron *n* (ein Teilchenbeschleuniger), Phasotron *n*
**phasotropy** *n* (Chem) / Phasotropie *f* (dynamische Isomerie des H)
**PHB** (poly-$\beta$-hydroxybutyrate) (Chem) / Polyhydroxybuttersäure *f*, PHB (Polyhydroxybuttersäure)
**pH-control agent** (US) (Nut) / Säureregulator *m*
**pH controller** (Chem) / pH-Regler *m* ‖ ~ **curve** (Chem) / pH-Kurve *f*
**Phe**\* *n* (phenylalanine) (Biochem, Nut) / Phenylalanin *n* (essentielle, vom Körper nicht aufbaubare Aminosäure - 2-Amino-3-phenylpropansäure), Phe *n* (Phenylalanin)
**pH electrode** (membrane-type glass electrode used as the hydrogen-ion sensor of most pH meters) (Chem) / pH-Elektrode *f*
**phellandrene** *n* (Chem) / Phellandren *n* (ein monocyclisches Terpen)
**phellem** *n* (Bot) / Kork *m*, Phellem *n*, Korkrinde *f* (von Quercus suber L.) ‖ ~\* (Bot) / Korkgewebe *n*
**phelloderm**\* *n* (Bot) / Phelloderm *n* (die vom Korkkambium nach innen gebildeten Zellen)
**phellodonic acid** (Chem) / Phellodonsäure *f*
**phellogen**\* *n* (Bot) / Korkkambium *n*, Phellogen *n*
**phellogenic acid** (Chem) / Phellogensäure *f* (im Japanwachs), Docosandisäure *f*
**phenacetin**\* *n* (Pharm) / Phenazetin *n* (4-Ethoxyacetanilid), Phenacetin *n* (ein altes Arzneimittel, das wegen seiner beträchtlichen Nebenwirkungen in Deutschland verboten ist)
**phenacite** *n* (Min) / Phenakit *m* (Berylliumorthosilikat)
**phenakite**\* *n* (Min) / Phenakit *m* (Berylliumorthosilikat)
**phenalenone** *n* (Bot, Chem) / Phenalenon *n* (ein pflanzlicher Farbstoff)
**phenanthrene**\* *n* (Chem, Nuc Eng) / Phenanthren *n* (ein kristalliner aromatischer kondensierter Kohlenwasserstoff, z.B. im Steinkohlenteer)
**phenanthridine** *n* (Chem, Pharm) / Phenanthridin *n* (9-Azaphenanthren)
**phenarsazine chloride** (Chem, Mil) / Adamsit *n* (ein alter Kampfstoff)
**phenate**\* *n* (Chem) / Phenoxid *n*, Phenat *n*, Phenolat *n*
**phenazine** *n* (Chem) / Phenazin *n* (Dibenzopyrazin), Dibenzopyrazin *n*
**phencyclidine** *n* (angel dust) (Chem, Pharm) / Phencyclidin *n* (ein altes Psychotomimetikum und Rauschmittel), PCP (Phencyclidin), Phenzyklidin *n*
**phenethyl alcohol** (a liquid with a floral odour found in many natural essential oils, soluble in 50% alcohol) (Chem, Pharm) / Phenylethylalkohol *m* (2-Phenylethanol), Benzylcarbinol *n* (2-Phenylethanol), Benzylkarbinol *n*, Phenethylalkohol *m* (2-Phenylethanol)
**phenethyltetrahydroisoquinoline alkaloids** (Pharm) / Phenethyltetrahydroisochinolin-Alkaloide *n pl*
**phenetidine**\* *n* (Pharm, Textiles) / Phenetidin *n*, Aminophenolethylether *m*, Aminophenetol *n* (Ethylether der Aminophenole), Ethoxyanilin *n*
**phenetole** *n* (Chem) / Phenetol *n*, Ethoxybenzol *n* (Phenetol), Ethylphenylether *m*
**phengite**\* *n* (Min) / Phengit *m* (ein Muscovit)
**phenobarbitone** *n* (GB)\* (Pharm) / Phenobarbital *n* (internationale Bezeichnung für Phenylethylbarbitursäure)

**phenoclast**

**phenoclast** *n* (Geol) / Phänoklast *m*
**phenocryst*** *n* (Geol) / Einsprengling *m* (größerer Einzelkristall in magmatischen Gesteinen)
**phenol*** *n* (Chem) / Phenol *n*, Hydroxybenzol *n* ‖ ~ **aldehyde** (Chem) / Phenolaldehyd *m*
**phenolase** *n* (Biochem) / Tyrosinase *f*, Phenolase *f* ‖ ~ (Biochem) s. also phenol oxidase
**phenolate** *v* (Chem) / phenolisieren *v* ‖ ~ *n* (Chem) / Phenoxid *n*, Phenat *n*, Phenolat *n* ‖ ~ **lye** (Chem Eng, San Eng) / Phenolatlauge *f* ‖ ~ **process** (Chem Eng) / Phenolatverfahren *n* (zur Entfernung von Schwefelwasserstoff aus Brenngasen)
**phenol coefficient** (number scale for comparison of antiseptics, using the efficacy of phenol as unity) (Chem, Med) / Phenolkoeffizient *m* (eine Vergleichszahl für die Wirkung von Desinfektionsmitteln, Rideal-Walker-Koeffizient *m* ‖ ~ **ether** (Chem) / Phenolether *m* (z.B. Anisol oder Phenetol), Phenylether *m*
**phenolformaldehyde resin** (Plastics) / PF-Harz *n* (nach DIN 7708, T 2), Phenolformaldehydharz *n*, Phenolformaldehydkondensat *n*
**phenolformaldehyde-resin adhesive** / Phenolformaldehydharz-Klebstoff *m*
**phenolic** *adj* (Chem) / phenolisch *adj* ‖ ~ **acid*** (Chem) / Phenolsäure *f* ‖ ~ **ether** (Chem) / Phenolether *m* (z.B. Anisol oder Phenetol), Phenylether *m* ‖ ~ **foam** (Plastics) / Phenolharzschaum *m*, Phenolharzschaumstoff *m* ‖ ~ **laminate** (Elec Eng) / Schichtpressstoff *m* (Phenolharz als Tränkharz + Füllstoff) ‖ ~ **lignin** (For) / Phenollignin *n* (ein Ligninderivat) ‖ ~ **plastic** (Chem, Plastics) / Phenoplast *m*, Phenolharz *n* (DIN 7730 und 16916), PF ‖ ~ **resin*** (a synthetic resin made from phenols and aldehydes) (Chem, Plastics) / Phenoplast *m*, Phenolharz *n* (DIN 7730 und 16916), PF
**phenolize** *v* (Chem) / phenolisieren *v*
**phenol lignin** (For) / Phenollignin *n* (ein Ligninderivat)
**phenological** *adj* (Biol, Ecol) / phänologisch *adj*
**phenology*** *n* (Biol, Ecol) / Phänologie *f* (Wissenschaft von den Beziehungen zwischen dem Verlauf der Witterung und der Entwicklung oder dem Verhalten von Organismen im Jahresablauf)
**phenol oxidase** (Biochem) / Polyphenoloxidase *f*, Phenoloxidase *f* (kupferhaltige Oxidase)
**phenolphthalein*** *n* (Chem, Med) / Phenolphthalein *n* (Indikator in der Alkalimetrie und Polreagenzpapier)
**phenolphthalol** *n* (Chem) / Phenolphthalol *n*
**phenol red*** (Chem) / Phenolrot *n* (Phenolsulfonphthalein) ‖ ~ **sulphate** (Chem) / Phenolsulfat *n* ($H_5C_6$-O-$SO_3H$)
**phenolsulphonic acid** (Chem) / Phenolsulfonsäure *f*, Hydroxybenzolsulfonsäure *f*
**phenolsulphonphthalein** *n* (phenol red) (Chem, Pharm) / Phenolsulfonphthalein *n*, PSP (Phenolsulfonphthalein)
**phenol water** (San Eng) / Phenolwasser *n*
**phenomenological** *adj* / phänomenologisch *adj* ‖ ~ **description** (Nuc) / phänomenologische Beschreibung
**phenomenon** *n* (pl. -mena) / Phänomen *n*, Erscheinung *f* ‖ ~ (pl. -mena) (Phys) / [physikalische] Erscheinung *f*
**phenothiazine** *n* (Chem, Pharm) / Phenothiazin *n* (z.B. Promazin, Promethazin, Chlorpromazin, Chlorphenethazin)
**phenotype*** *n* (Gen) / Phänotypus *m* (das genetisch determinierte Erscheinungsbild eines Organismus), Phänotyp *m*
**phenotypic** *adj* (Gen) / phänotypisch *adj*
**phenotypical** *adj* (Gen) / phänotypisch *adj*
**phenoxazine** *n* (Chem) / Phenoxazin *n* (ein Oxazin)
**phenoxide** *n* (Chem) / Phenoxid *n*, Phenat *n*, Phenolat *n*
**phenoxyacetic acid** (Chem, Pharm) / Phenoxyessigsäure *f*
**phenoxycarbolic acid** (Chem) / Phenoxykarbonsäure *f*, Phenoxycarbonsäure *f*
**phenoxy herbicides** (Agric, Chem) / Wuchsstoffherbizide *n pl* (selektive Herbizide auf der Basis von Phenoxykarbonsäuren, deren Salzen und Estern - z.B. MCPA, MCPB und MCPP)
**phenoxypropanediol** *n* (Chem, Pharm) / 1-Phenoxypropan-2,3-diol *n*
**phenoxy resin*** (Plastics) / Phenoxyharz *n* (Polyether aus Bisphenol und Epichlorhydrin)
**phenylacetaldehyde** *n* (Chem) / Phenylacetaldehyd *m*, Phenylazetaldehyd *m*
**phenyl acetate** (Chem) / Phenylacetat *n*, Phenylazetat *n*, Phenylessigsäureester *m*
**phenylacetic acid*** (Chem) / Phenylessigsäure *f*, Benzolessigsäure *f*
**phenylalanine*** *n* (Biochem, Nut) / Phenylalanin *n* (essentielle, vom Körper nicht aufbaubare Aminosäure - 2-Amino-3-phenylpropansäure), Phe *n* (Phenylalanin)
**phenylamine*** *n* (Chem) / Anilin *n* (das wichtigste aromatische Amin), Aminobenzol *n*, Phenylamin *n*
**phenylaniline** *n* (Chem) / Diphenylamin *n*
**phenylation** *n* (Chem) / Phenylierung *f*
**phenylazide** *n* (Chem) / Phenylazid *n*
**phenyl cyanide** (Chem) / Benzonitril *n*, Phenylzyanid *n*, Phenylcyanid *n*

**phenylene** *n* (Chem) / Phenylen *n*
**phenylenediamines*** *pl* (Chem) / Phenylendiamine *n pl*, Diaminobenzole *n pl*
**phenylethanal** *n* (Chem) / Phenylacetaldehyd *m*, Phenylazetaldehyd *m*
**phenylethanamide** *n* (Pharm, Plastics, Textiles) / Acetanilid *n*, Azetanilid *n*, Essigsäureanilid *n*, Antifebrin *n* (ein altes Pharmakon)
**phenylethanoic acid*** (Chem) / Phenylessigsäure *f*, Benzolessigsäure *f*
**phenylethanol*** *n* (Chem) / Phenylethanol *n* (im Allgemeinen), Phenylethylalkohol *m* ‖ ~* (Chem, Pharm) / Phenylethylalkohol *m* (2-Phenylethanol), Benzylcarbinol *n* (2-Phenylethanol), Benzylkarbinol *n*, Phenethylalkohol *m* (2-Phenylethanol)
**phenylethanone*** *n* (Chem, Paint, Pharm) / Azetophenon *n*, Acetylbenzol *n*, Azetylbenzol *n*, Acetophenon *n*, Methylphenylketon *n*
**phenylethene*** *n* (Chem) / Vinylbenzol *n*, Phenylethylen *n*, Styrol *n* (Phenylethylen), Styren *n*
**phenyl ether** (Chem) / Diphenylether *m*, Phenylether *m*, Diphenyloxid *n* (veraltet!)
**phenylethylamine*** *n* (Chem) / 2-Phenylethylamin (biogenes Amin als Stammsubstanz der Catecholamine und vieler Halluzinogene), Benzolethanamin *n* ‖ ~ **alkaloids** (Pharm) / Phenylethylamin-Alkaloide *n pl* (z.B. Ephedrin, Adrenalin oder Mescalin)
**phenylethyl-barbituric acid** (Chem) / Phenylethylbarbitursäure *f*
**phenylethylene** *n* (Chem) / Vinylbenzol *n*, Phenylethylen *n*, Styrol *n* (Phenylethylen), Styren *n*
**phenylethylisoquinoline alkaloids** (Pharm) / Phenethyltetrahydroisochinolin-Alkaloide *n pl*
**phenylglycine*** *n* (Chem) / N-Phenyl-glycin *n*, N-Phenylglyzin *n*
**phenylhydrazine*** *n* (Chem) / Phenylhydrazin *n*
**phenylhydrazones*** *pl* (Chem) / Phenylhydrazone *n pl*
**phenyl isocyanate** (Chem) / Phenylisocyanat *n* (der Phenylester der Isocyansäure), Phenylisozyanat *n* ‖ ~ **isothiocyanate** (Chem, Med) / Isothiocyansäurephenylester *m*, Isothiocyansäurephenylester *m*, Phenylsenföl *n*, Phenylisothiozyanat *n*, Phenylisothiocyanat *n*
**phenylmagnesium halide** (Chem) / Phenylmagnesiumhalogenid *n* (Bromid oder Chlorid als Grignard-Reagens)
**phenyl mercaptan** (Chem) / Thiophenol *n* (eine farblose, widerlich riechende Flüssigkeit - ein Thiol), Phenylmercaptan *n*, Phenylmerkaptan *n*, Benzolthiol *n*
**phenylmercuric acetate** (Agric, Chem) / Phenylquecksilberazetat *n*, Phenylquecksilberacetat *n*, PMAS (Phenylquecksilberacetat) ‖ ~ **ethanoate** (Agric, Chem) / Phenylquecksilberazetat *n*, Phenylquecksilberacetat *n*, PMAS (Phenylquecksilberacetat) ‖ ~ **oleate** (Agric, Chem, Paint) / Phenylquecksilberoleat *n* (ein Schimmelverhütungsmittel)
**phenylmercury urea** (Chem) / Phenylquecksilberharnstoff *m*
**phenylmethane sulphonyl fluoride** (Chem) / Phenylmethansulfonylfluorid *n*, PMSF (Phenylmethansulfonylfluorid)
**phenylmethanol** *n* (Chem) / Benzylalkohol *m*, Phenylmethanol *n*
**phenyl methyl acetate** (Chem) / Essigsäurebenzylester *m*, Benzylazetat *n*, Benzylacetat *n* ‖ ~ **methyl ether*** (Chem) / Anisol *n*, Methylphenylether *m*, Methoxybenzol *n* ‖ ~ **mustard oil** (Chem, Med) / Isothiocyansäurephenylester *m*, Isothiocyansäurephenylester *m*, Phenylsenföl *n*, Phenylisothiozyanat *n*, Phenylisothiocyanat *n*
**phenylpolysiloxane** *n* (Chem) / Phenylsilikon *n*, Phenylsilicon *n*
**phenylpropanol** *n* (Chem) / Phenylpropanol *n*
**phenylpropenoic, 3-~ acid** (Chem) / Zimtsäure *f* (3-Phenylacrylsäure)
**phenylpropyl alcohol** (Chem) / Hydrozimtalkohol *m* (3-Phenyl-1-propanol)
**phenylpyruvic acid** (Chem) / Phenylbrenztraubensäure *f* (2-Oxo-3-phenylpropionsäure)
**phenyl rearrangement** (Chem) / Phenylumlagerung *f* ‖ ~ **salicylate** (Pharm) / Salizylsäurephenylester *m*, Salicylsäurephenylester *m*, Phenylsalicylat *n*, Phenylum salicylicum *n*, Phenylsalizylat *n*, Salol *n* (ein Markenname) ‖ ~ **silicone** (Chem) / Phenylsilikon *n*, Phenylsilicon *n*
**phenyltetrahydroisoquinoline, 1-~ alkaloids** (Chem) / 1-Phenyltetrahydroisochinolin-Alkaloide *n pl* (aus den Orchideen, z.B. Cryptostylin 1)
**1-phenyltetrahydroisoquinoline alkaloids** (Chem) / 1-Phenyltetrahydroisochinolin-Alkaloide *n pl* (aus den Orchideen, z.B. Cryptostylin 1)
**phenylthiocarbamide** *n* (Chem, Physiol) / Phenylthioharnstoff *m*, Phenylthiokarbamid *n*, Phenylthiocarbamid *n*, PTC (Phenylthiocarbamid)
**phenylthiocarbonimide** *n* (Chem, Med) / Isothiocyansäurephenylester *m*, Isothiocyansäurephenylester *m*, Phenylsenföl *n*, Phenylisothiozyanat *n*, Phenylisothiocyanat *n*
**phenylthiol** (Chem) / Thiophenol *n* (eine farblose, widerlich riechende Flüssigkeit - ein Thiol), Phenylmercaptan *n*, Phenylmerkaptan *n*, Benzolthiol *n*

**phenylthiourea** *n* (Chem, Physiol) / Phenylthioharnstoff *m*, Phenylthiokarbamid *n*, Phenylthiocarbamid *n*, PTC (Phenylthiocarbamid)
**phenytoin** *n* (Pharm) / Phenytoin *n*
**pherogram** *n* (Chem) / Elektropherogramm *n* (Resultat einer Trägerelektrophorese) ‖ ~ (Chem) / Pherogramm *n*
**pheromone*** *n* (Chem, Physiol) / Pheromon *n* (Stoff, welcher der chemischen Verständigung von Lebewesen untereinander dient - intraspezifisch wirkende Semiochemikalie), Soziohormon *n*
**pheromone-baited trap** (Chem, For) / Pheromon-Falle *f* (zur biologischen Schädlingsbekämpfung)
**pheromone trap** (Chem, For) / Pheromon-Falle *f* (zur biologischen Schädlingsbekämpfung)
**pheron** (Biochem) / kolloidaler Träger (bei wirksamen Enzymen), Pheron *n*
**pH-FET** *n* (pH-sensitive field-effect transistor) (Electronics) / pH-sensitiver Feldeffekttransistor
**pH glass-membrane electrode** (Chem) / pH-Glasmembranelektrode *f*
**phi** *n* (Nuc) / Phi-Meson *n*
**Philippine mahogany** (For) / Lauán *n* (leichtes bis mittelschweres rotbraunes Holz von Shorea-, Parashorea- und Pentacme-Arten)
**philips beaker** (Chem) / Philipsbecher *m* (ein konisch geformtes Becherglas, das vor allem bei viskosen Substanzen benutzt wird und ein Verspritzen von Substanz beim Kochen verhindern soll)
**Philip's** (ionization) **gauge** (Electronics, Vac Tech) / Penning-Vakuummeter *n* (ein Kaltkatoden-Ionisationsvakuummeter), Philips-Vakuummeter *n*
**Phillips bit** (Tools) / Kreuzschlitzklinge *f*, Bit *n* für Kreuzschlitzschrauben ‖ ~ **catalyst** (Chem Eng) / Phillips-Katalysator *m* ‖ ~ **drive** (Eng) / Kreuzschlitz *m* H (mit abgerundeten Ecken), Kreuzschlitz *m* (Phillips), Phillips-Kreuzschlitz *m* ‖ ~ **head screwdriver** (Tools) / Schraubendreher *m* für Kreuzschlitz, Schraubendreher *m* mit Kreuzschlitz, Schraubenzieher *m* mit Kreuzschlitz
**phillipsite*** *n* (Min) / Phillipsit *m* (ein Tektosilikat)
**Phillips process** (Chem Eng) / Phillips-Verfahren *n* (Mitteldruckpolymerisationsverfahren für Polyethylen) ‖ ~ **screw*** (Eng, Join) / Kreuzschlitzschraube *f* (DIN 918) ‖ ~ **screwdriver*** (for Philips screws) (Eng, Join, Tools) / Schraubendreher *m* für Kreuzschlitz, Schraubendreher *m* mit Kreuzschlitz, Schraubenzieher *m* mit Kreuzschlitz
**philosophy of science** / Wissenschaftstheorie *f* (philosophische Grundlagendisziplin, die sich mit der theoretischen Klärung der Voraussetzungen, Strukturen und Zielen wissenschaftlicher Aussagen, Methoden und Systembildung befasst)
**phi meson** (Nuc) / Phi-Meson *n*
**pH indicator** (Chem) / Säure-Base-Indikator *m* (der bei seiner Protolyse oder Deprotolyse einen Farbumschlag zeigt), pH-Indikator *m*, Neutralisationsindikator *m*
**phishing** *n* (Comp) / Phishing *n* (mit cleveren Ködern nach geheimen Daten und Informationen fischen)
**phlegma** *n* (Chem) / Phlegma *n* (bei der Destillation)
**phlobaphene** *n* (Leather) / Gerbstoffrot *n*, Phlobaphen *n*, Gerberrot *n* (Oxidationsprodukt von Gerbstoffen) ‖ ~ **cork** (Bot) / Phlobaphenkork *m*
**phloem*** *n* (Bot) / Phloem *n* (äußerer Teil des Leitbündels, der der Stoffleitung dient), Siebteil *m* (des Leitbündels) ‖ ~ **parenchyma** (For) / Phloemparenchym *n*
**phlogopite*** *n* (magnesium mica) (Min) / Phlogopit *m* (Magnesiaglimmer)
**phloroglucinol*** *n* (Bot, Chem) / Phloroglucin *n* (Benzol-1,3,5-triol)
**phloxine** *n* (Chem, Print) / Phloxin *n* (ein Farbstoff)
**pH measurement** (determination of the hydrogen-ion concentration in an ionized solution by means of an indicator solution or a pH meter) (Chem) / pH-Messung *f*
**pH-measuring amplifier** (Chem) / pH-Messverstärker *m* (den speziellen Anforderungen bei der pH-Messung angepasster Messverstärker) ‖ ~ **cascade** (Chem) / pH-Messkette *f*
**pH meter*** (Chem) / pH-Meter *n*, pH-Messgerät *n*, pH-Messer *m*, Pehameter *n*
**pH-modification agent** (US) (Nut) / Säureregulator *m*
**pholedrine** *n* (Pharm) / Pholedrin *n* (internationaler Freiname für eine kreislaufstimulierende und sympathikotrop wirkende Substanz)
**phomopsis disease** (For) / Einschnürkrankheit *f*, Phomopsis-Krankheit *f* (die vorwiegend die Douglasie und die Japanische Lärche befällt)
**phon*** *n* (Acous) / Phon *n* (bei Angaben des Lautstärkepegels nach DIN 1320 und DIN 45 630, T 1)
**phonation*** *n* (Acous, Physiol) / Phonation *f*, Artikulation *f*, Lautbildung *f*
**phone** *v* (Teleph) / fernsprechen *v*, telefonieren *v* ‖ ~ *n* (Acous) / Phon *n* (kleinstes Segment des linearen hörbaren Kontinuums mündlicher Äußerungen) ‖ ~ **book** (Teleph) / Telefonbuch *n*, Teilnehmerverzeichnis *n*, Fernsprechbuch *n* ‖ ~ **booth** (US) (Teleph) / Fernsprechzelle *f* (öffentliche), Fernsprechkabine *f*, Fernsprechautomat *m*, Telefonzelle *f* ‖ ~ **box** (GB) (Teleph) / Fernsprechzelle *f* (öffentliche), Fernsprechkabine *f*, Fernsprechautomat *m*, Telefonzelle *f*
**phonecard** *n* (Teleph) / Calling-Card *f* (ein Mehrwertdienst von Anbietern von Telekommunikationsleistungen), CC (eine Kreditkarte zum internationalen bargeldlosen Telefonieren), Callingcard *f*, Telekarte *f* ‖ ~ **telephone** (Teleph) / Kartentelefon *n*
**phoneme*** *n* (a small element of a real speech that is linguistically significant) / Phonem *n* (Grundbegriff der Phonologie)
**phone meeting** (Telecomm) / Teletreff-Konferenz *f*
**phonetic** *adj* (Acous) / phonetisch *adj* ‖ ~ **alphabet** / Buchstabieralphabet *n* ‖ ~ **input** (Comp) / Spracheingabe *f*, akustische Dateneingabe, Eingabe *f* gesprochener Sprache ‖ ~ **output** (Comp) / Sprachausgabe *f*
**phonetics*** *n* (Acous) / Phonetik *f* (naturwissenschaftliche Lehre von Lautbildung und Analyse der sprachlichen Laute)
**phonetic search** (Comp) / phonetische Suche (es werden Zeichenfolgen gesucht, deren korrekte Schreibweise unbekannt ist) ‖ ~ **transcription** (Acous) / phonetische Transkription, Lautschrift *f*
**Phong shading** (a shading model that assumes light sources are points) (Comp) / Phong-Shading *n* (von Phong Bui Tuong entwickeltes Verfahren zur Darstellung von 3D-Szenen)
**phonic drum** (Telecomm) / phonisches Rad ‖ ~ **wheel** (Telecomm) / phonisches Rad
**phonmeter*** *n* (Acous) / Phonometer *n* (Gerät zur subjektiven Schall- und Lautstärkemessung)
**phonochemistry*** *n* (any chemical change, such as in reaction type or rate, that occurs in response to sound or ultrasound) (Chem) / Sonochemie *f*, Ultraschallchemie *f* (Sonochemie, die sich ausschließlich mit den chemischen Wirkungen des Ultraschalls befasst), Akustochemie *f* (ein Teilgebiet der physikalischen Chemie, das sich mit der Erzeugung von Schall durch chemische Reaktionen und mit der Beeinflussung chemischer Reaktionen durch Schall- und Ultraschallschwingungen befasst)
**phono connector*** (Cinema, Electronics) / Cinch *m* (zweipolige Steckverbindung für zweiadrige Kabel), RCA-Stecker *m*
**phonograph** *n* (US)* (Acous) / Schallplattenabspielgerät *n*, Plattenspieler *m* ‖ ~ **cutter** (Acous) / Schneiddose *f*, Schreibdose *f* ‖ ~ **needle** (Acous) / Nadel *f* (für einen alten Plattenspieler), Abstastnadel *f* (für einen alten Plattenspieler) ‖ ~ **pickup** (Acous) / Tonabnehmer *m* (zum Abtasten von Schallplatten), Pick-up *m* ‖ ~ **record** (US) (Acous) / Schallplatte *f* (als Trägermedium)
**phono jack** (Acous, Electronics) / Phonobuchse *f*
**phonolite*** *n* (Geol) / Klingstein *m*, Phonolith *m* ‖ ~ **cement** (Build) / Phonolithzement *m* (ein Puzzolanzement mit etwa 20-35% getemperten Phonolith)
**phonology** *n* / Phonologie *f* (eine Teildisziplin der Linguistik)
**phonometer*** *n* (Acous) / Phonometer *n* (Gerät zur subjektiven Schall- und Lautstärkemessung)
**phonometry** *n* (Acous) / Phonometrie *f*
**phonon*** *n* (Phys) / Phonon *n* (quantisierte Gitterschwingung in einem Festkörper mit Teilchencharakter), Schallquant *n* ‖ ~ **gas** (Phys) / Phononengas *n* (ein ideales Gas)
**phonon-phonon interaction** (Phys) / Phonon-Phonon-Wechselwirkung *f*
**phonon wave** (Phys) / Phononenwelle *f*
**phono plug** (Acous, Telecomm) / Klinkenstecker *m*, Telefonstecker *m* ‖ ~ **plug*** (Cinema, Electronics) / Cinch *m* (zweipolige Steckverbindung für zweiadrige Kabel), RCA-Stecker *m* ‖ ~ **plug** (Telecomm) / Stecker *m* mit Schirmerde
**phonosynthesis** *n* (pl. -syntheses) (Acous) / Phonosynthese *f*
**phonotelemetry** *n* (Acous) / akustische Entfernungsmessung
**phorate** *n* (Agric, Chem) / Phorat *n* (Common Name für O,O-Diethyl-S-ethylthiomethyldithiophosphat - ein altes systemisches und Kontaktinsektizid, Akarizid und Nematizid) ‖ ~ (Chem) / Phorat *n* (ein nicht mehr gebrauchter insektizider Wirkstoff)
**phorbol** *n* (Chem) / Phorbol *n* (ein Diterpenalkohol, der verestert im Milchsaft zahlreicher Wolfsmilchgewächse enthalten ist) ‖ ~ **ester** (Biochem, Chem) / Phorbolester *m* (z.B. im Krotonöl oder in der Zypressenwolfsmilch)
**phormium** *n* (Bot) / Neuseeländer Flachs (Phormium tenax J.R. Forst. et G. Forst), Flachslilie *f*, Phormium *n*, NF (DIN 60001, T 4)
**phoron** *n* (Chem, Paint) / Phoron *n*
**phoronomy** *n* (Mech) / Bewegungslehre *f*, Phoronomie *f*, Kinematik *f* (Lehre von der Bewegung materieller Körper und Systeme, die die bewegenden Kräfte außer Betracht lässt - DIN 13317)
**phosgene*** *n* (Chem) / Kohlensäuredichlorid *n*, Kohlenoxidchlorid *n*, Phosgen *n*, Carbonyldichlorid *n*, Karbonylchlorid *n*
**phosgenite*** *n* (Min) / Phosgenit *m*, Bleihornerz *n*

**phosphagen** *n* (Physiol) / Phosphagen *n* (energiereiches Guanidinium- bzw. Aminidiumphosphat) ‖ ~ (Physiol) s. also phosphocreatine
**phosphamic acid** (Chem) / Amidophosphorsäure *f*
**phosphamidon** *n* (Chem) / Phosphamidon *n*
**phosphane** *n* (Chem) / Phosphan *n*, Phosphorwasserstoff *m*, Phosphin *n*
**phosphatase\*** *n* (Biochem) / Phosphatase *f* (eine Esterase), Phosphomonoesterase *f* ‖ ~ **test** (Nut) / Phosphatasetest *m* (zum Nachweis der Kurzzeiterhitzung von Milch)
**phosphate** *v* (Met, Paint, Surf) / phosphatieren *v* (Metalloberflächen mit Phosphatierungsmitteln behandeln - DIN 50942) ‖ ~**(III)**\* *n* (Chem) / Phosphit *n* ‖ ~\* (Chem) / Phosphat *n* (Salz oder Ester einer Phosphorsäure) ‖ ~**(V)**\* (Chem) / Orthophosphat *n*, Monophosphat *n* ‖ ~ (Min) / Phosphat *n* (Mitglied einer Klasse von Mineralien), Phosphatmineral *n* ‖ ~ **buffer** (Chem) / Phosphatpuffer *m*
**phosphate-buffered** *adj* (Chem) / phosphatgepuffert *adj* ‖ ~ **saline** (Pharm) / phosphatgepufferte physiologische Kochsalzlösung, PBS (phosphatgepufferte physiologische Kochsalzlösung)
**phosphate coating\*** (Met, Paint, Surf) / Phosphatfilm *m*, Phosphatschutzschicht *f*, Phosphatschicht *f* (beim Phosphatieren) ‖ ~ **coating** (process) (Surf) / Phosphatierung *f*, Phosphatieren *n* (Behandlung von Metalloberflächen mit Phosphatierungsmitteln - ein Rostschutzverfahren nach DIN 50942), Phosphatrostschutz *m* (ein Beschichtungsverfahren) ‖ ~ **crown glass** (Glass) / Phosphatkron *n*, PK (Phosphatkron) ‖ ~ **crystallization** / Phosphatkristallisation *f* ‖ ~ **dip** (Surf) / Tauchphosphatieren *n* ‖ ~ **elimination** (Ecol, San Eng) / Phosphateliminierung *f*, Phosphatentfernung *f*, Phosphatbeseitigung *f*, Phosphatelimination *f* ‖ ~ **ester** (Chem) / Ester *m* einer Phosphorsäure (mit Alkoholen oder Phenolen), Phosphorsäureester *m*, Phosphatester *m*
**phosphate-ester base fluid** / phosphatesterbasische Flüssigkeit (für die Fluidik)
**phosphate fertilizer** (with phosphorus as main nutrient) (Agric) / Phosphorsäuredüngemittel *n*, Phosphatdünger *m*, P-Dünger *m*, Düngephosphat *n*, Phosphordünger *m* ‖ ~ **film** (Surf) / Phosphatfilm *m*, Phosphatschutzschicht *f*, Phosphatschicht *f* (beim Phosphatieren)
**phosphate-free** *adj* (Ecol) / phosphatfrei *adj* (z.B. Waschmittel)
**phosphate glass** (Optics) / Phosphatglas *n* (mit $P_2O_5$ als Glasbildner)
**phosphate-glass dosemeter** (Glass, Radiol) / Phosphatglasdosimeter *n* (die Dosis wird mit Hilfe des Radiofotolumineszenzeffektes bestimmt)
**phosphate layer** (Surf) / Phosphatfilm *m*, Phosphatschutzschicht *f*, Phosphatschicht *f* (beim Phosphatieren) ‖ ~ **mineral** (Min) / Phosphat *n* (Mitglied einer Klasse von Mineralien), Phosphatmineral *n* ‖ ~ **removal** (Ecol, San Eng) / Phosphateliminierung *f*, Phosphatentfernung *f*, Phosphatbeseitigung *f*, Phosphatelimination *f* ‖ ~ **rock** (Geol) / Phosphorit *m* (eine Apatit-Varietät) ‖ ~ **section** (of a painting line) (Paint, Surf) / Phosphatierzone *f* ‖ ~ **slag** (Glass, Met) / Phosphatschlacke *f* ‖ ~ **tannage** (Leather) / Phosphatgerbung *f*
**phosphatic deposit\*** (Geol) / Phosphatlagerstätte *f* ‖ ~ **nodule\*** (Geol) / Phosphatknollen *m*, Phosphatknolle *f*
**phosphatide\*** *n* (Biochem) / Phospholipid *n* (ein komplexes Lipid), Phosphoglycerid *n*, Phosphoglyzerid *n*, Phosphatid *n* (ein komplexes Lipid)
**phosphatidic acid** (Chem) / Phosphatidsäure *f*
**phosphatidyl choline\*** (Biol, Nut) / Phosphatidylcholin *n*, PtdCho (Phosphatidylcholin) ‖ ~ **choline\*** (Biochem, Nut) s. also lecithin ‖ ~ **ethanolamine** (Biol) / Phosphatidylethanolamin *n* (ein Glycerophospholipid) ‖ ~ **inositol\*** (Biol) / Phosphatidylinosit *n* (ein Glycerophospholipid), PI ‖ ~ **serine** (Biol) / Phosphatidylserin *n* (ein saures Glycerophospholipid)
**phosphating\*** *n* (Met, Paint, Surf) / Phosphatierung *f*, Phosphatieren *n* (Behandlung von Metalloberflächen mit Phosphatierungsmitteln - ein Rostschutzverfahren nach DIN 50942), Phosphatrostschutz *m* (ein Beschichtungsverfahren) ‖ ~ **agent** (Surf) / Phosphatiermittel *n*, Phosphatierungsmittel *n* ‖ ~ **bath** (Surf) / Phosphatierbad *n* ‖ ~ **installation** (Surf) / Phosphatieranlage *f*, Phosphatierungsanlage *f* ‖ ~ **plant** (Surf) / Phosphatieranlage *f*, Phosphatierungsanlage *f* ‖ ~ **zone** (Surf) / Phosphatierzone *f*
**phosphatization** *n* (Agric) / Phosphordüngung *f*, Einbringung *f* von Phosphordüngemitteln
**phosphatize** *v* (Agric) / Phosphordüngemittel einbringen ‖ ~ (Surf) / phosphatieren *v* (Metalloberflächen mit Phosphatierungsmitteln behandeln - DIN 50942)
**phosphatizing** *n* (Surf) / Phosphatierung *f*, Phosphatieren *n* (Behandlung von Metalloberflächen mit Phosphatierungsmitteln - ein Rostschutzverfahren nach DIN 50942), Phosphatrostschutz *m* (ein Beschichtungsverfahren)
**phosphazene** *n* (Chem) / Phosphazen *n* (eine ungesättigte Phosphor-Stickstoff-Verbindung mit alternierenden P-N-Atomen)

**phosphide\*** *n* (Chem) / Phosphid *n* (Verbindung des Phosphors mit Metallen) ‖ ~ **eutectic** (Met) / Phosphideutektikum *n* (ternäres Eutektikum, bestehend aus $Fe_3C$, $Fe_3P$ und Fe, mit einem Erstarrungspunkt von 950° C) ‖ ~ **network** (Met) / Phosphidnetzwerk *n*
**phosphinate** *n* (Chem) / Phosphinat *n* (Salz und Ester der Phosphinsäure - früher Hypophosphit)
**phosphine\*** *n* (Chem) / Phosphan *n*, Phosphorwasserstoff *m*, Phosphin *n*
**phosphinic acid** (Chem) / Phosphinsäure *f*, unterphosphorige Säure ($H_3PO_2$)
**phosphinite** *n* (Chem) / Phosphinit *n* (Salz und Ester der phosphinigen Säure)
**phosphinous acid** (Chem) / phosphinige Säure (eine Säure des dreiwertigen Phosphors)
**phosphite\*** *n* (Chem) / Phosphit *n*
**phosphocreatine** *n* (Biochem) / Kreatinphosphat *n*, Phosphokreatin *n*
**phosphodiester** *n* (Biochem) / Phosphodiester *m*, Phosphorsäurediester *m*
**phosphodiesterase** *n* (Biochem) / Phosphodiesterase *f* (Esterase, die Phosphodiester spaltet), PDE (Phosphodiesterase)
**phosphoenolpyruvate\*** *n* (Bot, Chem) / Phosphoenolpyruvat *n*, PEP (bei $C_4$-Pflanzen)
**phosphoglyceric acid** (Biochem) / Phosphoglyzerinsäure *f*, Phosphoglycerinsäure *f* (Glycerinsäurephosphat)
**phospholes** *pl* (Chem) / Phosphole *n pl* (Sammelbezeichnung für heterocyclische Verbindungen, die einen ungesättigten Fünfring mit einem P-Heteroatom enthalten)
**phospholipase\*** *n* (Biochem) / Phosphatidase *f*, Phospholipase *f*
**phospholipid\*** *n* (Biochem) / Phospholipid *n* (ein komplexes Lipid), Phosphoglycerid *n*, Phosphoglyzerid *n*, Phosphatid *n* (ein komplexes Lipid)
**phosphomolybdic acid** (Chem) / Phosphormolybdänsäure *f*, Molybdatophosphorsäure *f* ‖ ~ **acid** (Chem) s. also Sonnenschein's reagent
**phosphonate** *n* (Chem) / Phosphonat *n*
**phosphonic acid** (Chem) / Phosphonsäure *f* (die mit der phosphorigen Säure tautomer ist)
**phosphonitrile dichloride** (Chem) / Phosphornitriddichlorid *n*, Dichlorphosphazen *n*
**phosphonium salt\*** (Chem) / Phosphoniumsalz *n*
**phosphoorganic compound** (Chem) / phosphororganische Verbindung, Organophosphorverbindung *f*
**phosphophyllite** *n* (Min, Surf) / Phosphophyllit *m*
**phosphoprotein\*** *n* (Biochem) / Phosphoprotein *n* (ein zusammengesetztes Protein, das als prosthetische Gruppe anorganisches Phosphat esterartig an Serin- /seltener an Threonin-/reste gebunden enthält)
**phosphor\*** *n* (Electronics) / Leuchtschicht *f* (der Bildröhre) ‖ ~\* (Light) / Phosphor *m* (ein Stoff, der phosphoresziert)
**phosphorane** *n* (Chem) / Phosphoran *n* (eine phosphororganische Verbindung)
**phosphorate** *vt* (Chem) / mit Phosphor verbinden
**phosphor bronze\*** (Met) / Phosphorbronze *f* ‖ ~ **dot** (TV) / Leuchtstoffpunkt *m* (Farbbildröhre) ‖ ~ **dot triad** (TV) / Leuchtstoffpunkt-Dreier *m* (Farbbildröhre)
**phosphoresce** *v* (Light) / phosphoreszieren *v*
**phosphorescence\*** *n* (Light) / Phosphoreszenz *f* (Postlumineszenz)
**phosphorescent paint** (Paint) / nachleuchtende Farbe, phosphoreszierende Farbe (eine Leuchtfarbe)
**phosphoric • (V) acid** (Chem) / Diphosphor(V)-säure *f*, Pyrophosphorsäure *f* ‖ ~ **acid** (Chem) / Phosphorsäure *f* (die wichtigste Oxosäure des Phosphors) ‖ ~**(V) acid\*** (Chem, Nut) / Orthophosphorsäure *f* (E 338)
**phosphoric-acid fuel cell** (Fuels) / Phosphorsäurebrennstoffzelle *f*, phosphorsaure Brennstoffzelle, PAFC *f* (Phosphorsäurebrennstoffzelle)
**phosphoric acid wash** (surface wash for the preparation of structural steelwork and domestic fittings prior to painting) (Paint) / Washprimer-Haftgrundanstrichstoff *m* (mit Phosphorsäure als Härtekomponente) ‖ ~ **amide** (Chem) / Phosphoramid *n*, Phosphorsäureamid *n* ‖ ~ **anhydride** (Chem) / Phosphorpentoxid *n*, Phosphor(V)-oxid *n* ‖ ~ **ester** (Chem) / Ester *m* einer Phosphorsäure (mit Alkoholen oder Phenolen), Phosphorsäureester *m*, Phosphatester *m* ‖ ~ **ester insecticide** (Agric, Chem) / insektizider Phosphorsäureester, Phosphorsäureester *m* (als Insektizid)
**phosphorimetry** *n* (Chem, Spectr) / Phosphorimetrie *f*, Phosphoreszenzspektroskopie *f*
**phosphorism** *n* (Med) / Phosphorismus *m*, Phosphorvergiftung *f*, Phosphorintoxikation *f*
**phosphorite\*** *n* (Geol) / Phosphorit *m* (eine Apatit-Varietät) ‖ ~ **nodule** (Geol) / Phosphoritknolle *f*, Phosphoritknollen *m*

**phosphorized copper**\* (Met) / Raffinatkupfer *n* mit Spuren von P
**phosphorofluoric acid**\* (Chem) / Hexafluorophosphorsäure *f*
**phosphorolysis** *n* (pl. -lyses) (Biochem) / Phosphorolyse *f* (Lösung einer Bindung unter Aufnahme von Phosphorsäure)
**phosphorolytic** *adj* (Biochem) / phosphorolytisch *adj*
**phosphoroscope** *n* (Spectr) / Phosphoroskop *n* (in der Phosphorenzspektroskopie)
**phosphorous acid** (Chem) / phosphorige Säure (eine hypothetische Säure, von der lediglich Triester bekannt sind) ‖ ~ (phosphorus(III)) **acid** s. also phosphonic acid
**phosphor tin** (Met) / Phosphorzinn *n* (Vorlegierung) ‖ ~ **triple** (TV) / Phosphortripel *n*
**phosphoruranylite** *n* (Min) / Phosphuranylit *m*
**phosphorus**\* *n* (Chem) / Phosphor *m*, P (Phosphor) ‖ ~ **bending** (Met) / gestreckte Phosphorseigerungen ‖ ~**(III) bromide** (Chem) / Phosphortribromid *n*, Phosphor(III)-bromid *n* ‖ ~**(V) bromide** (Chem) / Phosphorpentabromid *n*, Phosphor(V)-bromid *n* ‖ ~ **bronze** (Met) / Phosphorbronze *f* ‖ ~**(III) chloride** (Chem) / Phosphortrichlorid *n*, Phosphor(III)-chlorid *n* ‖ ~**(V) chloride** (Chem) / Phosphorpentachlorid *n*, Phosphor(V)-chlorid *n* ‖ ~**(III) chloride oxide** (Chem) / Phosphorylchlorid *n*, Phosphoroxidtrichlorid *n*, Phosphortrichloridoxid *n* ‖ ~ **chloronitride** (Chem) / Phosphornitriddichlorid *n*, Dichlorphosphazen *n* ‖ ~ **content** (Chem) / Phosphorgehalt *m* ‖ ~ **dichloride nitride** (Chem) / Phosphornitriddichlorid *n*, Dichlorphosphazen *n*
**phosphorus-doped** *adj* (Electronics) / phosphordotiert *adj*
**phosphorus fertilizer** (Agric) / Phosphorsäuredüngemittel *n*, Phosphatdünger *m*, P-Dünger *m*, Düngephosphat *n*, Phosphordünger *m* ‖ ~**(III) hydride** (Chem) / Phosphan *n*, Phosphorwasserstoff *m*, Phosphin *n* ‖ ~ *n* IV (Chem) / schwarzer Phosphor (monotrope Modifikation) ‖ ~ **nitride** ($P_3N_5$) (Chem, Electronics) / Phosphornitrid *n* ‖ ~**(III) oxide** (Chem) / Phosphortrioxid *n*, Phosphor(III)-oxid *n* ‖ ~**(IV) oxide** (Chem) / Phosphortetroxid *n*, Phosphor(IV)-oxid *n* ‖ ~**(V) oxide** (Chem) / Phosphorpentoxid *n*, Phosphor(V)-oxid *n* ‖ ~ **oxide** (Chem) / Phosphoroxid *n* (im Allgemeinen) ‖ ~ **oxyacid** (Chem) / Oxosäure *f* des Phosphors ‖ ~ **oxychloride**\* (Chem) / Phosphorylchlorid *n*, Phosphoroxidtrichlorid *n*, Phosphortrichloridoxid *n* ‖ ~ **pentabromide** (Chem) / Phosphorpentabromid *n*, Phosphor(V)-bromid *n* ‖ ~ **pentachloride** (Chem) / Phosphorpentachlorid *n*, Phosphor(V)-chlorid *n* ‖ ~ **pentaselenide** (Chem) / Diphosphorpentaselenid *n*, Phosphorpentaselenid *n* ‖ ~ **pentasulphide** (Chem) / Tetraphosphordekasulfid *n* ($P_4S_{10}$), Tetraphosphordecasulfid *n*, Phosphor(V)-sulfid *n*, Phosphorpentasulfid *n* ‖ ~ **pentoxide**\* (Chem) / Phosphorpentoxid *n*, Phosphor(V)-oxid *n* ‖ ~ **sesquisulphide** (Chem) / Tetraphosphortrisulfid *n* ($P_4S_3$), Phosphorsesquisulfid *n* ‖ ~**(V) sulfide** (Chem) / Tetraphosphordekasulfid *n* ($P_4S_{10}$), Tetraphosphordecasulfid *n*, Phosphor(V)-sulfid *n*, Phosphorpentasulfid *n* ‖ ~ **tetraoxide** (Chem) / Phosphortetroxid *n*, Phosphor(IV)-oxid *n* ‖ ~ **thiochloride** (Chem) / Thiophosphoryl(V)-chlorid *n* ($PSCl_3$) ‖ ~ **tin** (Met) / Phosphorzinn *n* (Vorlegierung) ‖ ~ **tribromide** (Chem) / Phosphortribromid *n*, Phosphor(III)-bromid *n* ‖ ~ **trichloride** (Chem) / Phosphortrichlorid *n*, Phosphor(III)-chlorid *n* ‖ ~ **triiodide** (Chem) / Phosphor(III)-iodid *n*, Phosphortriiodid *n* ‖ ~ **trioxide** (Chem) / Phosphortrioxid *n*, Phosphor(III)-oxid *n*
**phosphorylase**\* *n* (Biochem) / Phosphorylase *f* (eine Glykosyltransferase), Glykogenphosphorylase *f*, Glycogenphosphorylase *n*
**phosphorylation** *n* (Biol, Chem) / Phosphorylierung *f* (Einführung eines Phosphatrests in ein Substrat)
**phosphoryl chloride**\* (Chem) / Phosphorylchlorid *n*, Phosphoroxidtrichlorid *n*, Phosphortrichloridoxid *n*
**phosphotungstic acid** (Chem) / 12-Wolframatophosphorsäure *f*, Trihydrogenphosphododecawolframat *n*, Trihydrogenphosphododekawolframat *n*, Phosphorwolframsäure *f*, Dodecawolframophosphorsäure *f*, Dodekawolframophosphorsäure *f*
**phosphovitellin** *n* (Biochem) / Phosvitin *n* (im Eigelb vorkommendes Glykophosphoprotein)
**phosphowolframic acid** (Chem) / 12-Wolframatophosphorsäure *f*, Trihydrogenphosphododecawolframat *n*, Trihydrogenphosphododekawolframat *n*, Phosphorwolframsäure *f*, Dodecawolframophosphorsäure *f*, Dodekawolframophosphorsäure *f*
**phosphuranylite** *n* (Min) / Phosphuranylit *m*
**Phostrip process** (San Eng) / Phostrip-Verfahren *n* (zur biologischen Phosphorelimination)
**phosvitin** *n* (Biochem) / Phosvitin *n* (im Eigelb vorkommendes Glykophosphoprotein)
**phoswich detector** (Nuc Eng) / Phoswich-Strahlendetektor *m*

**phot**\* *n* (Light) / Phot *n* (alte fotometrische Einheit der spezifischen Lichtausstrahlung bzw. der Beleuchtungsstärke), ph
**photic** *adj* (Biol, Ocean) / Licht- ‖ ~ **zone**\* (Ecol) / polyphotischer Bereich, euphotischer Bereich, photischer Bereich (gut durchlichteter Bereich in Gewässern)
**photino** *n* (Nuc) / Photino *n* (in der Supergravitation)
**photo** *n* (Photog) / Fotografie *f* (Lichtbild), Foto *n*, Aufnahme *f*
**photoablative** *adj* / fotoablativ *adj* (Wirkung)
**photoacoustic** *adj* (Acous) / fotoakustisch *adj* ‖ ~ **effect** (Acous) / fotoakustischer Effekt
**photoacoustics** *n* (Acous) / Fotoakustik *f*
**photoacoustic sensor** / fotoakustischer Sensor (ein optothermischer Sensor) ‖ ~ **spectroscopy** (Spectr) / fotoakustische Spektroskopie, PA-Spektroskopie *f*, PAS (fotoakustische Spektroskopie), optoakustische Spektroskopie, OAS
**photoactivation** *n* (Biol, Chem, Nuc) / Fotoaktivierung *f*, Aktivierung *f* durch Licht(einwirkung)
**photoactive** *adj* (capable of chemical or physical change in response to illumination) (Biol, Chem, Nuc) / fotoaktiv *adj*
**photoaddition** *n* (Chem) / Fotoaddition *f* (eines Reagens an ein Substrat bei Lichtabsorption)
**photoalidade** *n* (Surv) / Fotoalhidade *f*
**photoallergy** *n* (Med) / Lichtallergie *f*, Fotoallergie *f*
**photoautotrophic** *adj* (Bot, Ecol) / fotoautotroph *adj*
**photobiochemistry** *n* (Biochem) / Fotobiochemie *f*
**photobiological** *adj* (Biol) / fotobiologisch *adj*
**photobiology**\* *n* (Biol) / Fotobiologie *f*
**photobleaching** *n* (loss of colour by a pigment when illuminated) (Biol) / Bleichung *f* durch Lichteinwirkung
**photocall** *n* (Photog) / Fototermin *m*
**photocatalysis**\* *n* (pl. -lyses) (Chem Eng) / Fotokatalyse *f* (wenn der Katalysator fotochemisch erzeugt wird)
**photocatalyst** *n* (Chem Eng) / Fotokatalysator *m*
**photocatalytic** *adj* / fotokatalytisch *adj*
**photocathode**\* *n* (Electronics) / Fotokatode *f*
**photo CD**\* / Foto-CD *f* (spezielle CD zur Speicherung von Kleindias und -negativen)
**photocell**\* *n* (Electronics) / Fotozelle *f* (ein Bauelement, das auf dem äußeren lichtelektrischen Effekt beruht), lichtelektrische Zelle ‖ ~ **amplifier** (Cinema) / Fotozellenverstärker *m* (ein Lichttonfilm-Wiedergabeverstärker)
**photoceramics** *n* (Ceramics) / Fotokeramik *f* (Aufbringung von Fotos auf glattgebranntes Porzellan, Steingut u.a.)
**photochemical** *adj* (Chem) / fotochemisch *adj* ‖ ~ **cell**\* (Electronics) / fotochemische Zelle, elektrolytische Fotozelle ‖ ~ **chlorination** (Chem) / fotochemische Chlorierung, Fotochlorierung *f*, Lichtchlorierung *f* (eine Art Fotohalogenierung) ‖ ~ **conversion** (Chem) / fotochemische Umwandlung *f* ‖ ~ **equivalent**\* (Chem) / fotochemisches Äquivalent ‖ ~ **induction**\* (Chem) / fotochemische Induktion ‖ ~ **machining** (used, e.g., for colour-television shadow masks, integrated-circuit lead frames, surface-mount paste screens, and similar) / fotochemisches Abtragen ‖ ~ **oxidant** (Chem) / Fotooxidans *n* (pl. -anzien oder -antien), fotochemisches Oxidationsmittel ‖ ~ **reaction** (Chem) / fotochemische Reaktion, Fotoreaktion *f*, Lichtreaktion *f* ‖ ~ **reduction** (Bot) / fotochemische Reduktion, Fotoreduktion *f* ‖ ~ **smog**\* (Ecol) / fotochemischer Smog, Sommersmog *m*, Fotosmog *m* (bei intensiver Sonneneinstrahlung und überhöhter Oxidantienkonzentration), Los-Angeles-Smog *m*
**photochemist** *n* (Chem) / Fotochemiker *m*
**photochemistry**\* *n* (Chem) / Fotochemie *f* (Teilgebiet der Chemie, das sich mit den Einwirkungen des sichtbaren und ultravioletten Lichtes auf chemische Vorgänge befasst)
**photochemotherapy** *n* (Med) / Fotochemotherapie *f*
**photochlorination** *n* (Chem) / fotochemische Chlorierung, Fotochlorierung *f*, Lichtchlorierung *f* (eine Art Fotohalogenierung)
**photochromic**\* *adj* (Glass) / fototrop *adj*, fotochromatisch *adj*, fotochrom *adj*, lichtempfindlich *adj* ‖ ~\* s. also polychromatic glass ‖ ~ **fatigue** (Glass) / fotochrome Ermüdung
**photochromics**\* *pl* / fotochrome Substanzen (z.B. Alkalihalogenide)
**photochromism** *n* (Chem) / Fototropie *f*, Fotochromie *f* (reversible Farbänderung kristallischer Verbindungen durch absorbiertes Licht)
**photocoagulation** *n* (Med) / Fotokoagulation *f*, Lichtkoagulation *f*
**photocomposition**\* *n* (Typog) / Fotosatz *m*, Lichtsatz *m*, Filmsatz *m*
**photoconduction** *n* (Electronics) / Fotoleitung *f* (die Erhöhung der elektrischen Leitfähigkeit von Halbleitern und Isolatoren bei Belichtung)
**photoconductive** *adj* (Electronics) / fotoleitend *adj*, fotoleitfähig *adj*, lichtelektrisch *adj*, fotoelektrisch *adj* ‖ ~ **cell**\* (Electronics) / Fotowiderstand *m* (ein Halbleiterwiderstand nach DIN 41 855 - ein optoelektronisches Bauelement), Fotowiderstandszelle *f*,

**photoconductive**

Fotoresistor m (optoelektronischer Sensor), LDR-Widerstand m ‖ ~ **effect** (Electronics) / innerer Fotoeffekt, Halbleiterfotoeffekt m, Fotoleitungseffekt m
**photoconductivity**\* n (Electronics) / lichtelektrische Leitfähigkeit, Fotoleitfähigkeit f
**photoconductor** n (Electronics) / Fotoleiter m
**photoconverter** n / optisch-elektrischer Wandler
**photocopier** n (Photog) / Fotokopiergerät n
**photocopy** v (Photog) / fotokopieren v, ablichten v ‖ ~ n (Photog) / Fotokopie f
**photocopying**\* n (Photog) / Fotokopieren n, Ablichten n ‖ ~ **paper** (Photog) / Ablichtungspapier n, Fotokopierpapier n
**photo corner** (Photog) / Fotoecke f ‖ ~ **credits** (Print) / Bildnachweis m (Quellenangabe für Illustrationen), Bildquellen f pl (im Nachspann eines Buches)
**photocurrent**\* n (Electronics) / lichtelektrischer Strom, Fotostrom m, fotoelektrischer Strom
**photodarlington** n (Electronics) / Optokoppler m mit Fototransistoren in Darlington-Schaltung (als verstärkenden Empfängerbauelementen)
**photodegradable** adj (Chem) / fotochemisch abbaubar, fotoabbaubar adj
**photodegradation**\* n (Chem, Textiles) / fotochemischer Abbau, Fotoabbau m
**photodelineation** n (Electronics) / Strukturierung f durch Belichten (eines Wafers)
**photodetachment** n (Nuc) / Fotodetachment n, Fotoablösung f, Elektronenablösung f durch Fotonen
**photodetector** n (Electronics) / Fotoempfänger m, fotoelektrischer Detektor, fotoelektrisches Bauelement (z.B. Fotozelle), Fotodetektor m (meist eine Fotodiode mit nachgeschaltetem Verstärker), Lichtdetektor m
**photodevice** n (Electronics) / Fotoempfänger m, fotoelektrischer Detektor, fotoelektrisches Bauelement (z.B. Fotozelle), Fotodetektor m (meist eine Fotodiode mit nachgeschaltetem Verstärker), Lichtdetektor m
**photodielectric** n (Elec) / Fotodielektrikum n ‖ ~ **effect** (Elec) / fotodielektrischer Effekt (Änderung der Dielektrizitätskonstante eines Stoffes bei Beleuchtung)
**photodimerization** n (Chem) / Fotodimerisierung f
**photodiode**\* n (Electronics) / Fotodiode f (meist Siliciumdiode, bei der durch Lichteinfall Ladungsträger erzeugt werden, wodurch sich der Sperrstrom erhöht - DIN 41 855 - ein optoelektronisches Bauelement)
**photodisintegration**\* n (Nuc) / Kernfotoeffekt m, Fotoumwandlung f, Fotokernprozess m
**photodissociation**\* n (Chem) / Fotodissoziation f, optische Dissoziation ‖ ~\* (Chem) s. also photolysis
**photoduplicate** v (Photog) / fotokopieren v, ablichten v ‖ ~ n (Photog) / Fotokopie f
**photoduplication** n (Photog) / Fotokopieren n, Ablichten n
**photodynamic** adj / fotodynamisch adj ‖ ~ **effect** (Biol) / fotodynamischer Effekt
**photo editing** (Photog) / Fotobearbeitung f
**photoelastic analysis**\* n (Mech, Optics) / Spannungsoptik f (als Phänomen), Elastooptik f ‖ ~ **effect** (Mech, Optics) / Spannungsoptik f (als Phänomen), Elastooptik f
**photoelasticity**\* n (optical method of stress analysis) (Light, Optics) / Fotoelastizität f
**photoelasticity**\* n (Mech, Optics) / Spannungsoptik f (als Phänomen), Elastooptik f
**photoelectric** adj (Electronics) / fotoleitend adj, fotoleitfähig adj, lichtelektrisch adj, fotoelektrisch adj ‖ ~ **absorption**\* (Phys) / Fotoabsorption f, fotoelektrische Absorption ‖ ~ **beam** (Electronics) / Lichtschranke f (wenn die Fotozelle fallende Lichtstrahl) ‖ ~ **cell**\* (Electronics) / Fotozelle f (ein Bauelement, das auf dem äußeren lichtelektrischen Effekt beruht), lichtelektrische Zelle ‖ ~ **constant**\* (Phys) / h/e (physikalische Grundgröße, die mit dem Josephson-Effekt gemessen wird) ‖ ~ **current** (Electronics) / lichtelektrischer Strom, Fotostrom m, fotoelektrischer Strom ‖ ~ **detector** (Electronics) / Fotoempfänger m, fotoelektrischer Detektor, fotoelektrisches Bauelement (z.B. Fotozelle), Fotodetektor m (meist eine Fotodiode mit nachgeschaltetem Verstärker), Lichtdetektor m ‖ ~ **effect**\* (Electronics, Phys) / Fotoeffekt m (eine Wechselwirkung von Fotonen mit Materie - DIN 41852), fotoelektrischer Effekt, lichtelektrischer Effekt ‖ ~ **emission** (Electronics) / Fotoemission f ‖ ~ **exposure meter** (Photog) / fotoelektrischer Belichtungsmesser
**photoelectricity**\* n (Electronics) / Fotoelektrizität f
**photoelectric multiplier**\* (Electronics) / Fotoelektronenvervielfacher m, Fotovervielfacher m (eine Elektronenröhre mit einer Fotokatode und einem Elektrodensystem, in dem die Fotoelektronen durch Sekundäremission vervielfacht werden), Fotomultiplier m ‖ ~ **photometer**\* (Light, Phys) / fotoelektrisches Fotometer, lichtelektrisches Fotometer ‖ ~ **photometry**\* (Astron, Light, Phys) / fotoelektrische Fotometrie, lichtelektrische Fotometrie ‖ ~ **pyrometer** / fotoelektrisches Pyrometer, Fotoelementpyrometer n, Fotozellenpyrometer n ‖ ~ **relay** (Electronics) / Fotorelais n, fotoelektrisches Relais, Lichtrelais n ‖ ~ **sensor** / Fotosensor m (ein optoelektronischer Sensor), fotoelektrischer Sensor ‖ ~ **threshold**\* (Electronics) / fotoelektrische Schwelle, Fotoschwelle f, lichtelektrische Schwelle ‖ ~ **transducer** / optisch-elektrischer Wandler ‖ ~ **tube**\* (Electronics) / Fotozelle f (ein Bauelement, das auf dem äußeren lichtelektrischen Effekt beruht), lichtelektrische Zelle ‖ ~ **work function**\* (Electronics) / fotoelektrische Austrittsarbeit, lichtelektrische Austrittsarbeit (bei der Fotoemission) ‖ ~ **yield**\* (Electronics) / fotoelektrische Quantenausbeute, lichtelektrische Quantenausbeute
**photoelectroluminescence**\* n (Electronics) / Fotoelektrolumineszenz f
**photoelectrolytic cell**\* (Electronics) / fotochemische Zelle, elektrolytische Fotozelle
**photoelectromagnetic effect**\* (Electronics) / fotoelektromagnetischer Effekt, fotogalvanomagnetischer Effekt, fotomagnetoelektrischer Effekt, PME-Effekt m, PEM-Effekt m
**photoelectromotive force** (Electronics) / Foto-EMK f
**photoelectron**\* n (Electronics) / Fotoelektron n
**photoelectronic** adj (Electronics) / fotoelektronisch adj
**photoelectronics** n (Electronics) / Fotoelektronik f (Wechselwirkung zwischen Licht und elektrischen Ladungsträgern in optischen und elektronischen Einrichtungen)
**photoelectron spectroscopy**\* (Chem, Spectr) / Fotoelektronenspektroskopie f, PES (Fotoelektronenspektroskopie)
**photoemission**\* n (Electronics) / Fotoemission f ‖ ~ **current** (Electronics) / Fotoemissionsstrom m ‖ ~ **effect** (Electronics) / äußerer Fotoeffekt, Fotoemissionseffekt m, äußerer lichtelektrischer Effekt (wenn das Fotoelektron das Atom oder den Fremdkörper verlässt)
**photoemissive cathode** (Electronics) / Fotoemissionskatode f ‖ ~ **cell**\* (Electronics) / Emissionsfotozelle f ‖ ~ **detector** (Electronics) / Fotoemissionsdetektor m ‖ ~ **effect** (Electronics) s. also photoemission
**photoemitter** n (Electronics) / Fotoemitter m
**photoengraving**\* n (Print) / Chemigrafie f
**photoenlarger** n (Optics) / Vergrößerungsgerät n, Vergrößerungsapparat m (optisches Projektionsgerät zur Herstellung von Vergrößerungen)
**photoetching** n (Electronics, Print) / Fotoätzung f
**photoexcitation** n (Phys) / Fotoanregung f, lichtelektrische Anregung (eines Atoms oder Moleküls durch Absorption von Lichtquanten)
**photoextinction method** (Chem, Optics) / Trübungsmessung f, Turbidimetrie f (wenn die Intensität des austretenden Lichts in der optischen Achse gemessen wird)
**photoferroelectric effect** (Phys) / fotoferroelektrischer Effekt
**photo-file index print** (Photog) / Fotoindex m (der alle Aufnahmen des Films entsprechend verkleinert auf einem einzigen Print darstellt - zur Erinnerung, Archivierung und Nachbestellung), Index-Print m
**photo-finish camera** (Cinema, Photog) / Zielkamera f (die den Moment des Passierens der Ziellinie festhält und eine genaue Identifizierung der Reihenfolge der eintreffenden Sportler ermöglicht)
**photo-finishing** n (Photog) / Fotofinishing n (Großlaborverarbeitung)
**photo-finish photography** (Photog) / Zielfotografie f, Zielfoto n
**photofission**\* n (Nuc) / Fotospaltung f (von Atomkernen mittels δ-Quanten
**photoflash lamp** (Photog) / Blitzlichtlampe f, Kolbenblitz m, Blitzbirnchen n, Blitzlampe f (DIN 19040) ‖ ~ **unit** (Photog) / Blitzausrüstung f, Blitzgerät n (z.B. Blitzlampengerät, Blitzröhrengerät)
**photoflight** n (Surv) / Fotoflug m
**Photoflood lamp**\* (Photog) / Flutlichtlampe f (eine Fotolampe), Fotolampe f
**photofluorography** n (Radiol) / Röntgenschirmbildverfahren n, Leuchtschirmfotografie f, Schirmbildfotografie f, Radiofotografie f (eine Röntgenaufnahmetechnik), Fluorografie f
**photo-Fries rearrangement** (Chem) / fotochemische Fries-Umlagerung (eine Variante der Fries-Umlagerung)
**photogelatin** n (Print) / Lichtdruckgelatine f, Fotogelatine f (für den Lichtdruck) ‖ ~ **process** (Print) / Lichtdruck m (ein veraltetes Flachdruckverfahren, das auf der Lichtempfindlichkeit von Chromiumsalzen in Verbindung mit organischen Kolloiden beruht) ‖ ~ **process** (Print) s. also collotype
**photogeneration** n (Electronics) / Fotogeneration f
**photogenic**\* adj (Bot, Zool) / lichterzeugend adj, lichtausstrahlend adj, lichtaussendend adj, lichtemittierend adj, fotogen adj ‖ ~ (Photog, TV) / fotogen adj (bildwirksam)
**photogeologic** adj (Geol) / aerogeologisch adj, fotogeologisch adj

**photogeological** *adj* (Geol) / aerogeologisch *adj*, fotogeologisch *adj*
**photogeology** *n* (the field of study concerned with the geological interpretation of aerial photographs) (Geol) / Fotogeologie *f* (Auswertung fotografischer Luftaufnahmen im Hinblick auf geologische Strukturen und Schichtgrenzen), Luftbildgeologie *f*, Aerogeologie *f*
**photoglow tube*** (Electronics) / Fotoglimmröhre *f*
**photoglycin** *n* (Bacteriol, Chem, Photog) / Glycin *n* (Entwicklersubstanz = N-Hydroxyphenylglycin), Glyzin *n*
**photogrammetric** *adj* (Surv) / fotogrammetrisch *adj* || ~ **camera** (Photog, Surv) / Messkammer *f*, Bildmesskammer *f*, Messbildkamera *f* || ~ **plot** (Surv) / fotogrammetrische Originalauswertung (das aus der stereofotogrammetrischen Ausmessung von Messbildpaaren unmittelbar gewonnene grafische Ergebnis)
**photogrammetrist** *n* (Photog, Surv) / Fotogrammeter *m*
**photogrammetry*** *n* (Photog, Surv) / Fotogrammetrie *f* (DIN 1876), Bildmessung *f*
**photograph** *v* (Photog) / fotografieren *v* || ~ *n* (Photog) / Fotografie *f* (Lichtbild), Foto *n*, Aufnahme *f* || ~ (Surv) / Messbild *n*, Fotogramm *n* || ~ **centre** (Photog) / Bildmittelpunkt *m*
**photographer** *n* (Photog) / Fotograf *m* (pl. -en)
**photographic** *adj* (Photog) / fotografisch *adj* || ~ **camera** (Photog) / Fotoapparat *m*, fotografischer Apparat, Foto *m* || ~ **camera attachment** (Photog) / Fotoaufsatz *m* || ~ **chemical** (Chem, Photog) / Fotochemikalie *f*, fotografische Chemikalie || ~ **chemistry** (Chem, Photog) / fotografische Chemie, Chemie *f* der fotografischen Prozesse || ~ **chemistry** s. also photochemistry || ~ **density** (Photog) / Densität *f* (Menge des durch Belichtung und Entwicklung in einer fotografischen Schicht hervorgerufenen kristallinen Silbers /Schwärzung/ oder der Farbstoffpartikel /Farbdichte/), fotografische Dichte || ~ **dosemeter** (film badge) (Radiol) / Filmdosimeter *n*, Filmplakettendosimeter *n* (das nach dem Prinzip der Schwärzung eines fotografischen Films durch ionisierende Strahlung arbeitet), Strahlenschutzplakette *f*, Filmplakette *f* (ein Monitor) || ~ **effect** (Photog) / fotografischer Effekt (Belichtungs- oder Entwicklungseffekt) || ~ **emulsion** (Photog) / lichtempfindliche Schicht, fotografische Emulsion (Suspension der lichtempfindlichen Silberhalogenidkristalle) || ~**-emulsion technique*** (Nuc) / Kernspuremulsionstechnik *f* (zum Nachweis von Spuren hochenergetischer Teilchen) || ~ **equipment** (Photog) / Fotoausrüstung *f* || ~ **field** (Photog) / Blickfeld *n*, Gesichtsfeld *n* (des Fotoobjektivs) || ~ **film** (still) (Photog) / fotografischer Film || ~ **fixing** (Photog) / Fixierung *f*, Fixieren *n*, Fixage *f* || ~ **flash bulb** (Photog) / Blitzlichtlampe *f*, Kolbenblitz *m*, Blitzbirnchen *n*, Blitzlampe *f* (DIN 19040) || ~ **flight** (Surv) / Fotoflug *m* || ~ **gelatin** (Print) / Lichtdruckgelatine *f*, Fotogelatine *f* (für den Lichtdruck) || ~ **Hall effect** (Electronics) / Foto-Hall-Effekt *m* (ein elektromagnetischer Effekt) || ~ **intelligence** (Mil) / Bildauswertungsergebnisse *n pl*, Erkenntnisse *f pl* aus der Bildaufklärung || ~ **interpretation** / Fotointerpretation *f* || ~ **layout drawing** (Aero, Ships) / fotomechanisches Anreißen || ~ **lens** (Photog) / Fotoobjektiv *n*, fotografisches Objektiv || ~ **mask** (Electronics) / Fotomaske *f* (Vorlage zur Herstellung einer integrierten Schaltung) || ~ **mask** (Photog) / Fotoschablone *f* || ~ **material** (Photog) / fotografisches Material (Platten, Filme und Papiere), Fotomaterial *n* || ~ **materials** (Photog) / fotografisches Material (Platten, Filme und Papiere), Fotomaterial *n* || ~ **mode** (Comp) / Fotografik-Betriebsweise *f* || ~ **objective** (Photog) / Fotoobjektiv *n*, fotografisches Objektiv || ~ **paper** (Photog) / Fotopapier *n*, fotografisches Papier (DIN 4506) || ~ **plate** (Photog) / Fotoplatte *f*, fotografische Platte (DIN 4505) || ~ **sound*** (Acous, Cinema) / Lichtton *m* || ~ **sound recorder** (Acous, Cinema) / Einrichtung *f* für die Lichttonaufzeichnung || ~ **speed** (Photog) / Schichtempfindlichkeit *f*, Empfindlichkeit *f* der Emulsion (z.B. nach DIN oder ASA) || ~ **stencil** (Photog) / Fotoschablone *f* || ~ **storage** (Comp) / fotografischer Speicher, Filmspeicher *m* || ~ **surveying*** (Surv) / Erdbildmessung *f*, terrestrische Fotogrammetrie, Fototopografie *f* || ~ **transmission density** (Photog) / Densität *f* (Menge des durch Belichtung und Entwicklung in einer fotografischen Schicht hervorgerufenen kristallinen Silbers /Schwärzung/ oder der Farbstoffpartikel /Farbdichte/), fotografische Dichte || ~ **zenith tube*** (Astron) / Zenitteleskop *n* (zur Zeitbestimmung)
**photographing** *n* (Materials) / Oberflächenunruhe *f* (die ihren Ursprung in den innersten Schichten eines Schichtstoffs hat)
**photography** *n* (Photog) / Fotografie *f* (Verfahren)
**photogravure*** *n* (Print) / Heliogravüre *f*, Fotogravüre *f*
**photohalide*** *n* (Chem) / Fotohalogenid *n* (z.B. Bromsilber)
**photohalogenation** *n* (Chem) / Fotohalogenierung *f*
**photoheliograph** *n* (Astron, Optics) / Heliograf *m* (ein Fernrohrfilmkamerasystem zur Herstellung von Fotografien und Filmen der Sonne)

**photohole** *n* (Electronics) / Fotoloch *n*
**photoimageable mask** (Electronics) / fotoabbildbare Maske
**photoinactivation** *n* (Biol, Chem, Nuc) / Fotoinaktivierung *f*
**photoinduction** *n* / Fotoinduktion *f* (Auslösung eines Prozesses durch Lichteinwirkung)
**photoinitiation** *n* (Chem, Paint) / fotochemische Initiierung, Fotoinitiierung *f*
**photoinitiator** *n* (Chem, Paint) / Fotoinitiator *m* (Verbindung, die bei Belichtung mit UV-Licht in Radikale zerfällt oder unter Wasserstoffentzug Radikale bildet)
**photointerpretation** *n* / Fotointerpretation *f*
**photoionisation** *n* (GB) (Phys) / Fotoionisation *f*, atomarer Fotoeffekt
**photoionization** *n* (Phys) / Fotoionisation *f*, atomarer Fotoeffekt || ~ **detector** (Chem) / Fotoionisationsdetektor *m* (für die gaschromatografische Spurenanalyse), PID (Fotoionisationsdetektor) || ~ **spectroscopy*** (Chem) s. also photoelectron spectroscopy || ~ **spectroscopy*** (Chem, Spectr) / Fotoionenspektroskopie *f*
**photolens** *n* (Photog) / Fotoobjektiv *n*, fotografisches Objektiv
**photo library** (Photog) / Bildarchiv *n*, Fothek *f*
**photolitho** *n* (Electronics, Print) / Fotolithografie *f*, Fotoätztechnik *f*
**photolithographic** *adj* (Electronics, Print) / fotolithografisch *adj*
**photolithography*** *n* (Electronics, Print) / Fotolithografie *f*, Fotoätztechnik *f* || ~ (Print) / Offsetretusche *f*
**photolitho paper** (Paper) / fotolithografisches Papier, Fotolithografiepapier *n*
**photolofting** *n* (Aero, Ships) / fotomechanisches Anreißen
**photoluminescence*** *n* (Light) / Fotolumineszenz *f* (Anregungsenergie = niederenergetische Protonen)
**photolyse** *v* / durch Lichteinwirkung zersetzen
**photolysis*** *n* (pl. photolyses) (Bot, Chem) / Fotolyse *f* (Zersetzung durch Lichteinwirkung)
**photolytic** *adj* (Bot, Chem) / fotolytisch *adj*
**photolyze** *v* (US) / durch Lichteinwirkung zersetzen
**photomagnetism** *n* (Mag) / Fotomagnetismus *m*
**photomagnetoelectric** *adj* / fotomagnetoelektrisch *adj* || ~ **effect*** (Electronics) / fotoelektromagnetischer Effekt, fotogalvanomagnetischer Effekt, fotomagnetoelektrischer Effekt, PME-Effekt *m*, PEM-Effekt *m*
**photomap** *n* (Cartography) / Bildkarte *f*, Fotokarte *f* || ~ (Cartography, Surv) / Luftbildkarte *f* || ~ (Surv) / Luftbildplan *m*, Bildplan *m*
**photo marker** (Print) / Beschriftungsstift *m*
**photomask** *n* (a photographic pattern used in making microcircuits, ultraviolet light being shone through the mask on to a photoresist in order to transfer the pattern) (Electronics) / Fotomaske *f* (Vorlage zur Herstellung einer integrierten Schaltung) || ~ (Photog) / Fotoschablone *f* || ~ **glass** (Glass) / Fotomaskenglas *n*
**photomaster** *n* (Electronics) / Fotovorlage *f*
**photomechanical*** *adj* (Print) / fotomechanisch *adj* (Reproduktionsverfahren)
**photomeson*** *n* (Nuc) / Fotomeson *n*
**photometer** *v* (Astron, Light, Phys) / fotometrieren *v* || ~* *n* (Astron, Light, Phys) / Fotometer *n* (Gerät zur Lichtstärkemessung) || ~ **bench*** (Light) / Fotometerbank *f* || ~ **cube** (Light) / Fotometerwürfel *m* || ~ **head*** (Light) / Fotometerkopf *m* (eine Vergleichsvorrichtung eines Fotometers)
**photometric** *adj* (Astron, Light, Phys) / fotometrisch *adj* || ~ **bench** (Light) / Fotometerbank *f* || ~ **detector** (Light) / fotometrischer Detektor || ~ **filter** (Photog) / Konversionsfilter *n*, Farbtemperatur-Korrekturfilter *n* || ~ **integrator*** (Light) / Ulbricht'sche Kugel (ein Teil des Integralfotometers nach F.R. Ulbricht, 1849-1923) || ~ **power** (Light) / fotometrische Leistung || ~ **titration** (Chem) / fotometrische Titration
**photometry*** *n* (Astron, Light, Phys) / Fotometrie *f* (Verfahren zur Ermittlung der fotometrischen Größe mittels Fotometern) || ~* (Astron, Light) s. also spectrophotometry
**photomicrograph** *n* (Micros, Photog) / Mikroaufnahme *f* (die nur mit optischen Hilfsmitteln gelesen werden kann), mikroskopische Aufnahme, Mikrofotografie *f* (einzelne Aufnahme), Mikrobild *n*, Mikroform *f*
**photomicrography** *n* (Photog) / Mikrofotografie *f*, Fotomikrografie *f* (als Anwendungsgebiet)
**photomicrograpic** *adj* (Photog) / mikrofotografisch *adj*, fotomikrografisch *adj*
**photomicroscope** *n* (Micros) / Fotomikroskop *n*
**photomontage** *n* (Photog) / Fotomontage *f* (Klebemontage; Sandwichmontage; Phantomfotos)
**photomorphogenesis*** *n* (pl. -ses) (Bot) / Fotomorphogenese *f* (über Licht gesteuerter Entwicklungsprozess)
**photomosaic*** *n* (TV) / Mosaikschicht *f* (lichtempfindliche Schicht auf alten Bildaufnahmeröhren)
**photomount board** (Paper) / Passepartoutkarton *m*

**photomultiplier**

**photomultiplier*** n (Electronics) / Fotoelektronenvervielfacher m, Fotovervielfacher m (eine Elektronenröhre mit einer Fotokatode und einem Elektrodensystem, in dem die Fotoelektronen durch Sekundäremission vervielfacht werden), Fotomultiplier m ‖ ~ **tube** (Electronics) / Fotoelektronenvervielfacher m, Fotovervielfacher m (eine Elektronenröhre mit einer Fotokatode und einem Elektrodensystem, in dem die Fotoelektronen durch Sekundäremission vervielfacht werden), Fotomultiplier m
**photomural** n (Build) / Fototapete f ‖ ~ (Photog) / Wandbild n, Großvergrößerung f (auf der Wand)
**photon*** n (a gauge boson) (Nuc) / Photon n (DIN 5031-8), Lichtquant n
**photonasty*** n (Bot) / Fotonastie f
**photon beam machining** (Eng) / fotonisches Abtragen (mit Laser) ‖ ~ **correlation spectroscopy** (Spectr) / Fotonenkorrelationsspektroskopie f ‖ ~ **counting** (Telecomm) / Fotonenzählung f (ein Messverfahren zum Nachweis geringer optischer Signalleistungen bei vorgegebener Lichtwellenlänge) ‖ ~ **echo** (Electronics) / Fotonenecho n
**photonegative*** adj (Elec) / fotonegativ adj
**photoneutron*** n (Nuc) / Fotoneutron n (ein Neutron, das infolge der Wechselwirkung eines Fotons mit einem Kern frei wird)
**photon field** (Phys) / Fotonenfeld n ‖ ~ **flux** (Phys) / Fotonenfluss m
**photonics** pl (Electronics, Phys) / Fotonik f (moderne Grundlagentechnologie, die sich mit der Übertragung und Speicherung von Information durch Licht befasst und dabei die besonderen physikalischen Eigenschaften von Lichtquanten ausnutzt)
**photon noise*** (Electronics) / Fotonenrauschen n ‖ ~ **rocket** (Space) / Rakete f mit Photonenantrieb (nach dem Vorschlag von E. Sänger) ‖ ~ **sail** (Space) / Sonnensegel n (zur Ausnutzung des Strahlungsdrucks der Sonne) ‖ ~ **statistics** (Phys) / Fotonenstatistik f
**photonuclear reaction** (Nuc) / Kernfotoeffekt m, Fotoumwandlung f, Fotokernprozess m
**photo-offset** n (Print) / Offsetdruck m mit Lichtsatz
**photo op** (Photog) / Fototermin m ‖ ~ **opportunity** (Photog) / Fototermin m
**photooptical** adj (Optics) / lichtoptisch adj, fotooptisch adj
**photooxidant** n (Chem) / Fotooxidans n (pl. -anzien oder -antien), fotochemisches Oxidationsmittel
**photooxidation** n (Chem) / Fotooxidation f (Oxidation, die unter Beteiligung von Licht abläuft), Fotooxygenierung f
**photo paper** (Photog) / Fotopapier n, fotografisches Papier (DIN 4506)
**photopeak*** n (Chem, Radiol) / Fotopeak m
**photoperiod** n (Bot) / Fotoperiode f
**photoperiodism*** n (Bot, Zool) / Fotoperiodismus m (Abhängigkeit der Entwicklung von der Tageslänge) ‖ ~* (Bot) s. also day-neutral plant, long-day plant and short-day plant
**photophilic** adj (Biol, Ecol) / lichtliebend adj, heliophil adj, fotophil adj, sonneliebend adj
**photophilous*** adj (Biol, Ecol) / lichtliebend adj, heliophil adj, fotophil adj, sonneliebend adj
**photophobic** adj (Biol, Ecol) / lichtmeidend adj, lichtscheu adj, heliophob adj (den Sonnenschein meidend ), fotophob adj, sonnefliehend adj, schattenliebend adj
**photophoresis*** n (Chem) / Fotophorese f (Bewegung von kleinsten Teilchen unter dem Einfluss einer intensiven Lichtbestrahlung)
**photophosphorylation** n (Biochem) / Fotophosphorylierung f (die Bildung von Adenosintriphosphat bei der Fotosynthese)
**photopic luminosity curve** (Light, Optics) / spektrale Hellempfindlichkeitsekurve, $V_\#$gl-Kurve f ‖ ~ **luminous efficiency** (Optics) / Hellempfindlichkeit f ‖ ~ **spectral luminous efficiency** (Light, Optics) / spektraler Hellempfindlichkeitsgrad (des Auges nach DIN 5031, T 3) ‖ ~ **spectral luminous efficiency curve** (Light, Optics) / spektrale Hellempfindlichkeitsekurve, $V_\#$gl-Kurve f ‖ ~ **spectral response** (Light, Optics) / spektrale Hellempfindlichkeit ‖ ~ **vision*** (Optics) / fotopisches Sehen, Tagessehen n (DIN 5031, T 3), Zapfensehen n
**photoplate** n (Photog) / Fotoplatte f, fotografische Platte (DIN 4505)
**photoplotter** n (Comp, Print) / Belichter m, Fotoplotter m (ein grafisches Ausgabegerät)
**photopolarimeter** n (Chem) / Fotopolarimeter n
**photopolymer** n (Chem) / fotoreaktives Polymer, Fotopolymer n, Fotopolymeres n
**photopolymerization** n (Chem) / fotochemische Polymerisation, Fotopolymerisation f (eine lichtstrahleninduzierte Polymerisation)
**photopolymer plates*** (Print) / fotopolymere Druckplatten, Fotopolymerdruckplatten f pl (Hochdruckplatten und -formen, die gänzlich oder zumindest in ihren druckenden Teilen aus Fotopolymeren bestehen), Fotopolymerplatten f pl, Kunststoffklischees n pl
**photopositive*** adj (Elec) / fotopositiv adj

**photopotential** n (Elec) / Fotopotential n
**photoprint** n (Cinema, Photog) / Kopie f, Abzug m
**photoproduction** n (Nuc) / Fotoproduktion f, Fotoerzeugung f
**photo-protecting paper** (Paper, Photog) / Fotoschutzpapier n
**photoproton*** n (Nuc) / Fotoproton n
**photoreaction** n (Chem) / fotochemische Reaktion, Fotoreaktion f, Lichtreaktion f
**photorealistic** adj / fotorealistisch adj
**photoreceptor*** n (Optics, Physiol) / Sehzelle f ‖ ~* (Physiol) / Fotorezeptor m, Lichtrezeptor m (Sinneszelle für Licht)
**photoreduction** n (Bot) / fotochemische Reduktion, Fotoreduktion f
**photorefractive crystal** (Phys) / fotorefraktiver Kristall ‖ ~ **effect** (Phys) / fotorefraktiver Effekt
**photorelay** n (Electronics) / Fotorelais n, fotoelektrisches Relais, Lichtrelais n
**photoresist** n (Electronics, Print) / Abdecklack m, Fotolack m (lichtempfindlicher Lack), Fotoresist m, Fotoabdeckung f (beim Fotolackverfahren), Fotokopierlack m, Resist m
**photoresistive cell** (Electronics) / Fotowiderstand m (ein Halbleiterwiderstand nach DIN 41 855 - ein optoelektronisches Bauelement), Fotowiderstandszelle f, Fotoresistor m (optoelektronischer Sensor), LDR-Widerstand m
**photoresistor** n (Electronics) / Fotowiderstand m (ein Halbleiterwiderstand nach DIN 41 855 - ein optoelektronisches Bauelement), Fotowiderstandszelle f, Fotoresistor m (optoelektronischer Sensor), LDR-Widerstand m
**photorespiration*** n (Biochem, Bot) / Fotorespiration f (die $O_2$-Aufnahme und die $CO_2$-Abgabe im Licht in fotosynthetisierenden Zellen), Lichtatmung f
**photoresponsive polymer** (Chem) / fotoresponsives Polymer
**photoretouching software** (Comp) / Software f für Fotoretuschen
**photoscanner** n / Fotoscanner m (der neben der mechanischen Registrierung über ein optisches Registriersystem verfügt)
**photosedimentation** n / Fotosedimentation f (eine Methode der Korngrößenverteilung)
**photo-semiconductor** n (Electronics) / Fotohalbleiter m (der elektromagnetische Strahlung empfangen oder emittieren kann)
**photosensitive*** adj (Glass) / fototrop adj, fotochromatisch adj, fotochrom adj, fotochromatisch adj ‖ ~* (Light, Photog) / lichtempfindlich adj, fotosensitiv adj ‖ ~ **glass*** (Glass) / fotosensitives Glas (aus edelmetallhaltigen $Li_2O$-Silikatgläsern nach UV-Bestrahlung) ‖ ~ **polymer** (Chem) / fotosensitives Polymer ‖ ~ **surface** (Light, Photog) / lichtempfindliche Oberfläche ‖ ~ **tube** (Electronics) / Fotozelle f (ein Bauelement, das auf dem äußeren lichtelektrischen Effekt beruht), lichtempfindliche Zelle
**photosensitivity** n (Elec, Light) / Lichtempfindlichkeit f (in A/lm) ‖ ~ (Electronics, Phys) / Fotoempfindlichkeit f (von Fotodetektoren)
**photosensitization** n (Chem, Physiol) / fotochemische Sensibilisierung, Fotosensibilisierung f (durch die in Pflanzen vorkommenden Fotosensibilisatoren)
**photosensitize** v (Chem, Light, Photog) / sensibilisieren v, lichtempfindlich machen, die Lichtempfindlichkeit steigern (fotochemisch)
**photosensor** n (Electronics) / Fotoempfänger m, fotoelektrischer Detektor, fotoelektrisches Bauelement (z.B. Fotozelle), Fotodetektor m (meist eine Fotodiode mit nachgeschaltetem Verstärker), Lichtdetektor m ‖ ~ **array** / Fotosensoren m pl auf einem gemeinsamen Substrat (optische Zeilen- oder Flächensensoren)
**photosetting** n (Typog) / Fotosatz m, Lichtsatz m, Filmsatz m
**photoshock** n (Med) / Lichtschock m
**Photoshop** n (Comp, Photog) / Photoshop (führendes Bildbearbeitungsprogramm - von Adobe) ‖ ≙ (Photog) / Photoshop m (Produktname eines weit verbreiteten Bildbearbeitungsprogramms des Herstellers Adobe für Macintosh und PC)
**photospallation** n (Nuc) / Fotospallation f
**photosphere*** n (Astron) / Fotosphäre f (an der Oberfläche der Sonne) ‖ ~ (Photog) / Diffusorkalotte f (für die Mittelwertbildung bei den Belichtungsmessern)
**photostabilizer** n (Photog) / Fotostabilisator m (der Schleierbildung)
**photostat** n (Photog) / Fotokopie f ‖ ≙* n (Photog) / Photostat m (ein Fotokopiergerät)
**photostationary** adj (Chem) / fotostationär adj
**photostress disk** (Materials, Optics) / Scheibe f aus spannungsoptisch reflektierendem Material
**photosurface** n (Light, Photog) / lichtempfindliche Oberfläche
**photosynthate** n (Bot, Chem) / Assimilat n
**photosynthesis*** n (Bot) / Fotosynthese f (die grundlegende Stoffwechselreaktion chlorophyllhaltiger Organismen)
**photosynthesize** v (Bot) / fotosynthetisieren v

**photosynthetic** *adj* (Bot) / fotosynthetisch *adj* || ~ **carbon reduction cycle*** (Biochem) / Calvin-Zyklus *m* (der reduktive Pentosephosphatzyklus - nach dem amerikanischen Chemiker M. Calvin, 1911-1997), Fotosynthesezyklus *m* || ~ **phosphorylation** (Biochem) / Fotophosphorylierung *f* (die Bildung von Adenosintriphosphat bei der Fotosynthese) || ~ **pigment*** (Bot) / Fotosynthesefarbstoff *m*
**photosystem I*** (Bot) / Fotosystem I *n* (Chlorophyll P 700 bei der Fotosynthese) || ~ **II*** (Bot) / Fotosystem II *n* (Chlorophyll P 682 bei der Fotosynthese)
**phototaxis*** *n* (pl. -taxes) (Biol) / Fototaxis *f* (durch Lichtreize hervorgerufene Ortsbewegung von Lebewesen - negative, positive)
**phototelegraphy** *n* (Telecomm) / Festbildkommunikation *f*, Bildtelegrafie *f* (Festbildübrtragung von Halbtonbildern mit beliebigen Grauwerten)
**phototemplate** *n* (Aero, Eng, Ships) / Anreißkopie *f*
**phototheodolite*** *n* (Surv) / Fototheodolit *m* (ein mit einem Theodoliten kombiniertes fotogrammetrisches Gerät)
**phototherapy** *n* (Med) / Blacklight-Therapie *f*, Fototherapie *f* (Heilverfahren mit Licht)
**photothermal** *adj* (Photog) / fotothermisch *adj*
**photothyristor** *n* (Electronics) / Optothyristor *m*, optisch gezündeter Thyristor, Fotothyristor *m* (ein optoelektronisches Halbleiterbauelement, bei dem das signaltragende Medium das Licht ist)
**photo-timer*** *n* (Photog) / fotoelektrischer Zeitschalter (spezieller Typ eines Belichtungsautomaten)
**phototool** *n* (Electronics) / Arbeitskopie *f*, Fotovorlage *f*
**phototopography*** *n* (Surv) / Erdbildmessung *f*, terrestrische Fotogrammetrie, Fototopografie *f*
**phototransduction** *n* (Physiol) / Fototransduktion *f* (Übertragung des Signals eines erregten Fotosensors ins Innere der Zelle)
**phototransistor*** *n* (Electronics) / Fototransistor *m* (Lichtempfänger mit zwei PN-Übergängen, der den inneren Fotoeffekt nutzt)
**phototriangulation** *n* (Surv) / Fototriangulation *f*
**phototrophic** *adj* (Biol) / fototroph *adj* (fotolithotroph, fotoorganotroph - Organismus)
**phototropic glass** (Glass) / fototropes Glas (anorganisches Glas, das seine Lichtdurchlässigkeit den jeweiligen Lichtverhältnissen anpasst), fotochromes Glas (ein Sonnenschutzglas), fotochromatisches Glas
**phototropism*** *n* (Bot) / Fototropismus *m* (durch einseitigen Lichteinfall), Heliotropismus *m*
**phototropy*** *n* (Chem) / Fototropie *f*, Fotochromie *f* (reversible Farbänderung kristallischer Verbindungen durch absorbiertes Licht)
**phototube*** *n* (Electronics) / Fotozelle *f* (ein Bauelement, das auf dem äußeren lichtelektrischen Effekt beruht), lichtelektrische Zelle
**phototypesetting*** *n* (Typog) / Fotosatz *m*, Lichtsatz *m*, Filmsatz *m*
**photovaristor*** *n* (Electronics) / Fotovaristor *m*
**photo videotex** (Telecomm) / ISDN-Bildschirmtext *m*
**photovisual** *adj* / fotovisuell *adj*
**photovoltaic** *adj* (Elec Eng, Electronics) / fotovoltaisch *adj* || ~ **array** (Elec Eng, Electronics) / Fotovoltaikanlage *f*, Solarzellenfeld *n* || ~ **cell** (Electronics) / Solarzelle *f* (Oberbegriff für alle Arten von Halbleiterelementen, die Licht direkt in elektrische Energie umwandeln), Sonnenzelle *f* (ein optoelektronisches Bauelement), Fotovoltaikzelle *f*, PV-Zelle *f* (Fotovoltaikzelle) || ~ **cell*** (Electronics) / Fotovoltaikzelle *f*, PV-Zelle *f*, Sperrschichtfotoelement *n*, Fotoelement *n*, Sperrschichtfotozelle *f* (ein Halbleiterfotoelement) || ~ **effect*** (Electronics) / fotovoltaischer Effekt, Sperrschichtfotoeffekt *m* || ~ **efficiency** / Umwandlungswirkungsgrad *m* (der Solarzelle) || ~ **element** (Electronics) / Fotovoltaikzelle *f*, PV-Zelle *f*, Sperrschichtfotoelement *n*, Fotoelement *n*, Sperrschichtfotozelle *f* (ein Halbleiterfotoelement) || ~ **panel** (Elec Eng, Electronics) / Solarbatterie *f* (eine Kombination mehrerer Solarzellen), Sonnenbatterie *f*, PV-Panel *n* || ~ **panel** s. also solar battery || ~ **power system** (Elec Eng) / Fotovoltaikkraftwerk *n*
**photovoltaics** *pl* (Elec Eng, Electronics) / Fotovoltaik *f* (Gebiet der Physik, das sich mit der direkten Umsetzung von Lichtenergie in elektrische Energie befasst)
**photozone counter** (Nuc) / Einzelpartikelanalysator *m* nach dem Durchflussprinzip (mit Messung der Lichtschwächung im Messvolumen)
**phoxim** *n* (phenylglyoxylonitriloxime O,O-diethyl phosphorothioate) (Agric, Chem) / Phoxim *n*
**PHP** (personal home page) (Comp) / Personal Home Page *f* (ein Tool)
**pH paper** (Chem) / pH-Papier *n*
**phrase intelligibility** (Teleph) / Satzverständlichkeit *f*
**phrase-structure grammar** (a grammar that contains rules which are capable of both generating strings of linguistic elements and providing a constituent analysis of the strings) (Comp) / Phrasenstrukturgrammatik *f*, PSG (Phrasenstrukturgrammatik), Regelgrammatik *f*, Konstituentenstrukturgrammatik *f*, Satzstrukturgrammatik *f* (ein spezielles Semi-Thue-System), PS-Grammatik *f*
**phreatic** *adj* (Geol) / phreatisch *adj* (Grundwasser führend, unter Wasser liegend, durch den Hinzutritt von Wasser gekennzeichnet) || ~ (Geol) / ungespannt *adj* (Grundwasser), frei *adj* (Grundwasser) || ~ **cycle** (Geol) / Grundwasserspiegelschwankung *f* || ~ **decline** (Geol) / Absinken *n* des Grundwasserspiegels, Grundwasserspiegelabfall *m* || ~ **divide** (the line of maximum elevation along a groundwater ridge where the water table slopes downwards in opposite directions) (Geol) / Grundwasserscheide *f* || ~ **eruption** (Geol) / phreatischer Ausbruch || ~ **explosion** (Geol) / phreatischer Ausbruch || ~ **fluctuation** (Geol) / Grundwasserspiegelschwankung *f* || ~ **gases*** (Geol) / phreatische Gase || ~ **high** (Geol) / höchster Grundwasserspiegel || ~ **rise** (Geol) / Grundwasserspiegelanstieg *m* || ~ **surface** (Geol) / Grundwasserhorizont *m*, phreatische Grundwasserschicht (oberhalb der Sättigungszone)
**phreatomagmatic** *adj* (Geol) / phreatomagmatisch *adj*
**phrenosin** *n* (Physiol) / Phrenosin *n* (ein Cerebrosid)
**pH scale** (Chem) / pH-Skale *f*
**pH-sensitive field-effect transistor** (Electronics) / pH-sensitiver Feldeffekttransistor
**pH standard** (five standard laboratory solutions available from the U.S. National Bureau of Standards, each solution having a known pH value; the standards cover pH ranges from 3.557 to 8.833) (Chem) / pH-Standard *m*
**phtanite** *n* (Geol) / kryptokristallines Kieselgestein (z.B. Jaspilit)
**phthalamide** *n* (Chem) / Phthalsäurediamid *n*, Phthalamid *n*
**phthalate** *n* (Chem) / Phthalat *n* (Phthalsäureester + Salz der Phthalsäure) || ~ **plasticizer** (Plastics) / Phthalatweichmacher *m* || ~ **resin** (Chem, Plastics) / Phthalatharz *n* (ein Alkydharz mit Phthalsäure als Säurekomponente)
**phthalazine** *n* (Chem) / Phthalazin *n*
**phthalein*** *n* (Chem) / Phthalein *n* (ein Xanthenfarbstoff)
**phthalic acid*** (Chem) / Phthalsäure *f*, 1,2-Benzoldicarbonsäure *f*, 1,2-Benzoldikarbonsäure *f* || ~ **acid ester** (Chem) / Phthalat *n* (Phthalsäureester + Salz der Phthalsäure) || ~ **anhydride*** (Chem) / Phthalsäureanhydrid (PSA) *n*, PSA || ~ **ester** (Chem) / Phthalat *n* (Phthalsäureester + Salz der Phthalsäure)
**phthalide** *n* (Chem) / Phthalid *n* (ein substituiertes Lacton der 2-(Hydroxymethyl)-benzoesäure)
**phthalimide*** *n* (Chem) / Phthalimid *n*
**phthalocyanine*** *n* (Chem) / Phthalozyanin *n*, Phthalocyanin *n* || ~ **blue** (Chem) / Phthalocyaninblau *n*, Phthalozyaninblau *n*, Kupferphthalocyanin *n*, Kupferphthalozyanin *n*, Heliogenblau *n* (ein synthetischer, kräftig leuchtender Pigmentfarbstoff) || ~ **dyestuff** (Chem, Textiles) / Phthalozyaninfarbstoff *m*, Heliogenfarbstoff *m*, Phthalocyaninfarbstoff *m*, Monastralfarbstoff *m* (ein synthetischer Farbstoff) || ~ **green*** (Chem, Textiles) / Phthalocyaningrün *n*, Phthalozyaningrün *n*, Heliogengrün *n* (ein synthetischer, kräftig leuchtender Pigmentfarbstoff)
**phthalonitrile*** *n* (Chem) / Phthalsäuredinitril *n*, Phthalodinitril *n* (1,2-Dicyanbenzol)
**phthaloyl chloride** (Chem) / Phthalsäurechlorid *n*, Phthaloylchlorid *n*
**phthanite** *n* (Geol) / kryptokristallines Kieselgestein (z.B. Jaspilit)
**phugoid oscillation*** (Aero) / Phygoidbewegung *f*, Phugoidschwingung *f* (langsame Schwingung von Hochleistungsflugzeugen um ihre Querachse)
**pH value*** (Chem) / pH-Wert *m* (das Maß für den sauren oder den basischen Charakter einer Lösung - DIN 19260)
**PHWR** (pressurized heavy-water reactor) (Nuc Eng) / Schwerwasser-Druckreaktor *m*, Druck-Schwerwasserreaktor *m*, PHWR-Reaktor *m*
**PHY** (physical layer) (Comp, Telecomm) / Bitübertragungsschicht *f* (die unterste Schicht des Übertragungsmodells nach DIN 7498), physikalische Schicht (Schicht 1 im OSI-Referenzmodell)
**phycocolloid** *n* (Biochem) / Phycokolloid *n* (aus Algeninhaltsstoffen, z.B. Agar-Agar), Algenschleim *m*
**phycology*** *n* (Bot, Ecol) / Algologie *f* (Lehre von den Algen), Algenkunde *f*
**phyletic** *adj* (Bot) / phyletisch *adj*
**phyllite*** *n* (Min) / Phyllit *m* (metamorphes Gestein der Epizone mit schiefrigem Gefüge)
**phyllonite** *n* (Geog) / Phyllonit *m* (phyllitähnliches, durch Diaphthorese entstandenes metamorphes Gestein)
**phylloquinone** *n* (an antihemorrhagic fat-soluble vitamin) (Biochem, Pharm) / Phyllochinon *n*, Vitamin *n* K$_1$
**phyllosilicate*** *n* (Min) / Phyllosilikat *n*, Blattsilikat *n*, Schichtsilikat *n* (z.B. Kaolinit)

**phylloxera**

**phylloxera** *n* (a plant louse that is a pest of vines) (Agric, Zool) / Phylloxera *f* (pl. -ren) (Viteus vitifolii Eitch.), Reblaus *f* (ein Weinbaugroßschädling - Anzeige- und Bekämpfungspflicht)
**phylogenesis*** *n* (pl. -geneses) (Bot) / Stammesentwicklung *f*, Stammesgeschichte *f*, Phylogenie *f*, Phylogenesis *f*, Phylogenese *f*
**phylogeny*** *n* (Bot) / Stammesentwicklung *f*, Stammesgeschichte *f*, Phylogenie *f*, Phylogenesis *f*, Phylogenese *f*
**physiatrics** *n* (US) (Med) / physikalische Therapie, Physiotherapie *f*, physikalische Medizin, Physiatrik *f*, Physiatrie *f*
**physical** *adj* stofflich *adj* (physisch), physisch *adj*, körperlich *adj* || ~ / naturwissenschaftlich *adj* || ~ (Phys) / physikalisch *adj* || ~ **acoustics** (Acous) / physikalische Akustik || ~ **address** (every device in a network is identified by a unique pattern of bits) (Comp) / physikalische Adresse || ~ **adsorption** (Phys) / physikalische Adsorption, Physisorption *f* (bei der nur Van-der-Waals'sche Bindungskräfte wirken) || ~ **analysis** (Chem) / physikalische Analyse || ~ **anisotropy** (Phys) / physikalische Anisotropie || ~ **assets** / Anlagevermögen *n* || ~ **change** (Phys) / physikalische Veränderung, physikalische Umwandlung || ~ **channel** (Comp, Telecomm) / physikalischer Kanal || ~ **characteristics** (Aero) / äußere Merkmale (eines Flughafens) || ~ **chemist** (Chem) / Physikochemiker *m* || ~ **chemistry*** (Chem) / physikalische Chemie, Physikochemie *f* || ~ **circuit** (Telecomm) / Stamm *m*, Stammleitung *f* (im Gegensatz zu Phantomleitung) || ~ **connection*** (Comp) / ungesicherte Systemverbindung (DIN ISO 7498) || ~ **connection management** / Physical Connection Management *n* (verwaltet die physikalische Verbindung zwischen einer FDDI-Station und ihrem Nachbarn auf dem Ring), PCM (Physical Connection Management) || ~ **constant** (Phys) / Naturkonstante *f* || ~ **contact** / körperliche Berührung || ~ **containment*** (Biol) / physikalisches Containment (Schutz durch mechanische Schranken) || ~ **crystallography** (Crystal, Phys) / Kristallphysik *f* || ~ **data** (of textile fibres) (Textiles) / textilphysikalische Werte (von Fasern) || ~ **dating** (Geol, Min, Nuc) / physikalische Altersbestimmung (z.B. von Mineralien, Gesteinen, Gläsern usw.) || ~ **delivery** (Telecomm) / körperliche Auslieferung || ~ **delivery system** (Telecomm) / Briefübermittlungssystem *n*, Postsystem *n* || ~ **device** (Comp) / reales Gerät || ~ **drying** (Paint) / physikalische Trocknung (einfaches Zusammenfließen der Bindemittelteilchen nach Verdunsten der Lösungsmittel) || ~ **electronics*** (Electronics) / Elektronik *f* (als Lehrgebäude) || ~ **engineer** (Phys) / Physikingenieur *m* || ~ **environment** (Ecol) / gegenständliche Umwelt (natürliche und von Menschen geschaffene) || ~ **exit control** (Comp) / Abgangskontrolle *f* (Kontrolle zur Verhinderung, dass Personen, die bei der Verarbeitung personenbezogenen Daten tätig sind, Datenträger unbefugt entfernen) || ~ **formatting** (Comp) / physikalische Formatierung || ~ **forwarding** (Telecomm) / briefliche Weitersendung, briefliche Weiterleitung || ~ **forwarding allowed** (Teleph) / physikalische Weiterleitung erlaubt || ~ **forwarding prohibited** (Teleph) / physikalische Weiterleitung verboten || ~ **geography** (Geog) / physische Geografie, Physiogeografie *f* || ~ **geology*** (Geol) / physikalische Geologie, allgemeine Geologie || ~ **input/output** (Comp) / physikalische Ein-/Ausgabe, PIO (physikalische Ein-/Ausgabe) || ~ **instrument** (Instr) / physikalisches Instrument, physikalisches Gerät || ~ **interface** (Comp) / physikalische Schnittstelle (physikalische Einrichtung oder Anpassungsschaltung zur Verbindung von Bausteinen, Peripheriegeräten untereinander oder mit Rechnern oder mit Rechnern untereinander) || ~ **layer** (Comp, Telecomm) / Bitübertragungsschicht *f* (die unterste Schicht des Übertragungsmodells nach DIN 7498), physikalische Schicht (Schicht 1 im OSI-Referenzmodell) || ~ **level** (Comp) / physikalische Stufe (Betriebssystem) || ~ **level** (Telecomm) / physikalische Ebene (definiert die elektronischen, mechanischen und funktionellen Eigenschaften von Übertragungsleitungen) || ~ **libration** (Astron) / physische Libration || ~ **line** (Elec Eng) / physische Leitung, körperliche Leitung || ~ **line** (Telecomm) / Stamm *m*, Stammleitung *f* (im Gegensatz zu Phantomleitung) || ~ **map** (Cartography) / physische Karte, physikalische Karte (meistens eine Schulkarte) || ~ **message** (Comp, Telecomm) / physikalische Mitteilung, physikalische Nachricht || ~ **message transfer** (Comp) / physikalischer Datentransfer || ~ **metallurgy** (Met) / Weiterverarbeitung und Veredlung von Metallen *f* (ein Teil der Metallurgie) || ~ **metallurgy*** (Met) / Metallkunde *f* (physikalisch und hüttenmännisch orientiert) || ~ **metallurgy*** (the study of materials used in research, construction, and manufacturing in the field of metallurgy) (Met) / Werkstoffwissenschaft *f* || ~ **optics*** (Optics) / physikalische Optik (klassische Optik + Quantenoptik) || ~ **pendulum** (Phys) / physikalisches Pendel, physisches Pendel || ~ **photometer** (Light) / physikalisches Fotometer, objektives Fotometer || ~ **process model** / gegenständliches Prozessmodell (DIN 66 201, T 1) || ~ **property** (Phys) / physikalische Eigenschaft || ~ **protection** / Objektschutz *m* (im Allgemeinen) || ~ **quantity** (Phys) / physikalische Größe (DIN 1313) || ~ **record** (Comp) / Block *m* (im Gegensatz zum Datensatz), Datenblock *m* || ~ **record** (Comp) / physischer Satz (Cobol) || ~ **requirements** / körperliche Anforderungen || ~ **science** / Naturwissenschaft *f*, nomothetische Wissenschaft (im Sinne von Windelband-Rickert) || ~ **scientist** / Naturwissenschaftler *m* || ~ **size** / räumliche Abmessungen *f*, körperlicher (Lager)Bestand, physischer Bestand || ~ **stock** (Phys) / körperlicher (Lager)Bestand, physischer Bestand || ~ **strength** (Phys) / Körperkraft *f* (DIN 33411) || ~ **system time** (Comp) / Systemzeit *f* || ~ **testing** (Materials) / physikalische Prüfung || ~ **therapy** (US) (Med) / physikalische Therapie, Physiotherapie *f*, physikalische Medizin, Physiatrik *f*, Physiatrie *f* || ~ **tracer** (Chem, Phys) / physikalischer Tracer || ~ **vapour deposition*** (Surf) / physikalisches Aufdampfen, PVD-Verfahren *n*, PVD-Beschichtungsverfahren *n*, physikalische Abscheidung aus der Gas- bzw. Dampfphase (Beschichtung von Teilen im Hochvakuum durch Kondensation von Dampf) || ~ **weathering** (Geol) / mechanische Verwitterung, physikalische Verwitterung
**physicist** *n* (Phys) / Physiker *m*
**physic nut** (Bot, Pharm) / Schwarze Brechnuss (Jatropha curcas L.), Purgiernuss *f*, Curcasnuss *f*
**physic-nut oil** / Purgiernussöl *n*, Curcasöl *n*
**physico-chemical** *adj* (Chem) / physikalisch-chemisch *adj*, physikochemisch *adj*
**physico-chemical screening** (Chem) / physikochemisches Screening (bei der Wirkstoffsuche)
**physics*** *n* (Phys) / Physik *f* || ~ **of metals** (Phys) / Metallphysik *f* (Spezialdisziplin der Festkörperphysik) || ~ **of radiation** (Phys) / Strahlungsphysik *f* (DIN 5031), Strahlenphysik *f* || ~ **of solids** (Phys) / Festkörperphysik *f* (Teilgebiet der Physik, das sich mit den physikalischen Eigenschaften fester Körper und der theoretischen Deutung dieser Eigenschaften befasst) || ~ **relating to construction** (Build, Phys) / Bauphysik *f*
**physiography*** *n* (Geog) / physische Geografie, Physiogeografie *f*
**physiologic** *adj* (Physiol) / physiologisch *adj*
**physiological*** *adj* (Physiol) / physiologisch *adj* || ~ **acoustics** (Acous) / physiologische Akustik || ~ **atmosphere** (Biol) / Ökosphäre *f*, Biosphäre *f* (der von den Lebewesen bewohnbare Teil der Erde) || ~ **block** (Physiol) / Stoffwechselblock *m* || ~ **chemistry** (Chem) / physiologische Chemie, chemische Physiologie || ~ **energy value** (Nut, Physiol) / physiologischer Brennwert || ~ **optics** (Optics) / physiologische Optik (die die physiologischen und physikalischen Gesetzmäßigkeiten des Sehens behandelt - DIN 5340) || ~ **saline** (Pharm) / physiologische Kochsalzlösung || ~ **salt solution** (a sterile solution of sodium chloride in purified water, containing 0,9 gram of sodium chloride in 100 millilitres - isotonic with body fluids) (Pharm) / physiologische Kochsalzlösung || ~ **sodium chloride solution** (Pharm) / physiologische Kochsalzlösung
**physiology*** *n* (Physiol) / Physiologie *f* || ~ **of clothing** (Textiles) / Bekleidungsphysiologie *f*
**physiotherapy*** *n* (Med) / physikalische Therapie, Physiotherapie *f*, physikalische Medizin, Physiatrik *f*, Physiatrie *f*
**physisorption** *n* (Phys) / physikalische Adsorption, Physisorption *f* (bei der nur Van-der-Waals'sche Bindungskräfte wirken)
**physostigmine** *n* (Chem) / Physostigmin *n* (Alkaloid aus den Samen von Physostigma venenosum), Eserin *n*
**phytanic acid** (Chem) / Phytansäure *f*
**phytate** *n* (Chem) / Inosinhexaphosphat *n* (InsP$_6$)
**phyteral** *n* (Chem, Mining) / Phyteral *n* (pflanzliches Aufbauelement der Kohle)
**phytic acid*** (Chem) / Phytinsäure *f* (Hexaphosphorsäureester des Alkohols Inosit), Fytinsäure *f*, myo-Inositolhexaphosphat *n*
**phytoalexin*** *n* (Biochem, Bot, Chem) / Phytoalexin *n* (ein Abwehrstoff der Pflanzen)
**phytochemical** *adj* (Bot, Chem) / phytochemisch *adj*, pflanzenchemisch *adj*
**phytochemistry*** *n* (Bot, Chem) / Phytochemie *f* (Biochemie der Pflanzen und Pflanzenphysiologie), Pflanzenchemie *f*
**phytochrome*** *n* (Bot) / Phytochrom *n* (Steuerpigment der Fotomorphosen), Hellrot-Dunkelrot-System *n*
**phytocidal** *adj* (Agric, Bot, Ecol) / pflanzenvernichtend *adj*, pflanzentötend *adj*, phytozid *adj*, pflanzenabtötend *adj*
**phytoecology** *n* (Bot) / pflanzliche Ökologie, Phytoökologie *f*, Pflanzenökologie *f* (Beziehung zwischen Pflanzen und Umwelt)
**phytogen** *adj* (Geol) / phytogen *adj* (Gestein)
**phytogenetic** *adj* (Geol) / phytogen *adj* (Gestein)
**phytogeografic** *adj* (Bot) / phytogeografisch *adj*, pflanzengeografisch *adj*
**phytogeographical** *adj* (Bot) / phytogeografisch *adj*, pflanzengeografisch *adj*
**phytogeography** *n* (Bot) / Phytogeografie *f*, Pflanzengeografie *f*
**phytohormone*** *n* (Bot) / Phytohormon *n*, Pflanzenhormon *n* (förderndes, hemmendes)
**phytol** *n* (Chem) / Phytol *n* (ein Diterpenalkohol; Bestandteil der Vitamine E und K$_1$)

**phytometer** n (Civ Eng) / Phytometer n, Ausdünstungsmessgerät n
**phytoncide** n (Bot, Chem) / Phytonzid n (antibiotisch wirkender Abwehrstoff), Phytoantibiotikum n
**phytopathology*** n (Bot) / Phytopathologie f, Pflanzenpathologie f (Lehre von den Pflanzenkrankheiten und ihrer Behandlung)
**phytopharmacology** n (Pharm) / Phytopharmakologie f
**phytoplankton*** n (Ecol) / Phytoplankton n (Pflanzen)
**phytosterol** n (Chem) / Phytosterol n, pflanzliches Sterol (z.B. Sitosterol), Phytosterin n
**phytotoxic** adj (Bot, Chem) / phytotoxisch adj
**phytotoxicity** n (Bot, Chem, Ecol) / Phytotoxizität f (weitgehend konzentrationsabhängige Schädlichkeit bestimmter Stoffe für Pflanzen)
**phytotoxin** n (Bot, Chem) / Phytotoxin n (phytopathogenes Toxin) ǁ ~* (Bot, Chem) / Phytotoxin n (pflanzliches Gift), Pflanzengift n, Toxin n aus Pflanzen
**PI** (plasticity index) (Agric, Civ Eng) / Plastizitätsindex m (bei feinkörnigen Böden), Plastizitätszahl f ǁ ~ (polyimide) (Chem, Elec Eng, Plastics) / Polyimid n (Sammelbezeichnung für Polymere, deren Wiederholungseinheiten durch Imidgruppen zusammengehalten werden), PI (Polyimid) ǁ ~ (programmed instruction) (Comp) / programmierte Unterweisung, programmierter Unterricht, PU (programmierter Unterricht) ǁ ~ (pressure indicator) (Eng) / Druckanzeigegerät n, Druckanzeiger m
**pi*** (Maths) / Ludolf'sche Zahl, π (Ludolf'sche Zahl), Kreiszahl f (eine transzendente irrationale Konstante - nach Ludolph van Ceulen, 1540-1610) ǁ ~ v (US) (Typog) / quirlen v (eine Satzkolumne oder Teile davon durch unvorsichtiges Arbeiten in Unordnung bringen und ineinander verschieben) ǁ ~ (US) (Typog) / zusammenfallen v (Bleisatz) ǁ ~ (US) (Typog) / verfischen v (den Setzkasten) ǁ ~ (US) (Typog) / Eierkuchen m (auseinander gefallener Satz) ǁ ~ (US) (Typog) / Zwiebelfische m pl
**PIA** (peripheral interface adapter) (Comp) / peripherer Schnittstellenadapter (parallele Busschnittstelle zur Ansteuerung von Peripheriegeräten), PIA (peripherer Schnittstellenadapter)
**PI action** (Automation) / Proportional-Integral-Verhalten n, PI-Verhalten n
**pi-adduct** n (Chem) / Pi-Komplex m, π-Komplex m, Pi-Addukt n
**piano hinge** / Klavierband n, Stangenscharnierband n, Endlosscharnier n ǁ ~ **hinge** / Pianoscharnier n, Stangenscharnier n ǁ ~ **lines** (Glass) / Kämmung f, gekämmtes Glas (feine Fäden, die bündelweise parallel zur Ziehrichtung auftreten) ǁ ~ **nobile*** (Arch) / Piano nobile n, Beletage f (Hauptgeschoss eines größeren Gebäudes) ǁ ~ **string wire** / Saitendraht m, Klaviersaiten(feder)draht m, Stahlsaite f
**piano-style hinge** / Pianoscharnier n, Stangenscharnier n
**piano wire** / Saitendraht m, Klaviersaiten(feder)draht m, Stahlsaite f ǁ ~ **wire** s. also spring steel wire
**piassava** n / Piassava f (pl. Piassaven) (Faser der Parapiassava-, der Wein-, der Bahia-Piassava- und der Brennpalme), Piassave f
**PIB*** (polybutene) (Chem) / Polybuten n (ein Polyolefin), PB (Polybuten) ǁ ~ (polyisobutylene) (Chem) / Polyisobuten n, Polyisobutylen n, PIB (Polyisobutylen)
**pibal** n (Meteor) / Pilotballon m (meistens mit Radiosonden - zur Höhenwindmessung)
**pi bond** (a type of bond in which orbitals overlap sideways such that the resultant molecular orbital, when observed along the internuclear axis, has similar symmetry properties to an atomic p orbital) (Chem) / Pi-Bindung f, π-Bindung f (als Gegensatz zur Sigma-Bindung) ǁ ~ **bonding** (Chem) / Pi-Bindung f, π-Bindung f (als Gegensatz zur Sigma-Bindung)
**PIC** (product of incomplete combustion) / Produkt n einer unvollständigen Verbrennung, PIC (Produkt einer unvollständigen Verbrennung) ǁ ~ (pilot-in-command) (Aero) / erster Flugzeugführer, verantwortlicher Pilot, verantwortlicher Luftfahrzeugführer, Luftfahrzeugkommandant m, Flugzeugkommandant m ǁ ~ (polymer-impregnated concrete) (Build, Civ Eng) / polymerimprägnierter Beton, PIC (polymerimprägnierter Beton) ǁ ~ (programmable interrupt controller) (Comp) / Unterbrechungssteuerung f ǁ ~ (picture-image compression) (Comp) / PIC-Kompression f
**pica*** n (12.8 British points) (Typog) / Cicero f (12 Punkte nach DIN 16507), Pica n
**picante** adj (Nut, Pharm) / pikant adj, gewürzt adj (gut), würzig adj
**Picard method** (Maths) / Picard-Iteration f (zur Lösung von Differential- und Integralgleichungen; nach E. Picard, 1856-1941)
**piccolo burner** (Glass) / Ziehkammerbrenner m
**picein** n (Chem) / Pizein n (für luftdichte Abschlüsse, z.B. zwischen Glas und Metall), Picein n
**picene** n (Chem) / Pizen n, Picen n
**PIC foam** (Plastics) / Polyisocyanuratschaumstoff m, Polyisozyanuratschaumstoff m, PIC-Schaumstoff m

**pi characters*** (Typog) / Sonderzeichen n pl (Klasse grafischer Zeichen, die weder als Buchstaben, Dezimalziffern oder Blanks angesprochen werden können)
**pick** v / absammeln v ǁ ~ / rupfen v, zupfen v (rupfen) ǁ ~ (Agric) / abbeeren v (Früchte, Weinstock) ǁ ~ (Agric) / pflücken v (Obst), ernten v (Obst) ǁ ~ (Build) / griffig machen, aufrauen v (den Putzgrund) ǁ ~ (Civ Eng) / aufhacken v, aufhauen v (mit der Spitzhacke) ǁ ~ (Eng) / aufnehmen v (ein Handhabeobjekt), erfassen v (ein HHO mittels Greifer) ǁ ~ (Min Proc) / verlesen v, lesen v, klauben v, auslesen v, sortieren v (von Hand) ǁ ~ (Nut) / entrappen v (Beeren von den Traubenstielen vor der Kelterung) ǁ ~ (Weaving) / noppen v (Noppen entfernen) ǁ ~ n (Comp) / Picker m (Eingabegerät zum Identifizieren eines Darstellungselementes oder Segments, z.B. Lichtgriffel) ǁ ~ (Mining) / Schrämpicke f, Schrämmeißel m, Schrämhaue f ǁ ~ (Print) / Farbrest m (auf den Platten) ǁ ~ (Print, Typog) / verschmutzter Buchstabe ǁ ~ (Tools) / Kreuzpickel m, zweiseitige Spitzhacke ǁ ~* (Tools) / Spitzhacke f, Pickel m, Krampen m (A), Picke f ǁ ~* (one traverse of the shuttle through the warp shed) (Weaving) / Durchschuss m, Schuss m, Schusseintrag m, Einschuss m, Fachdurchflug m, Fachdurchlauf m, Schlag m, Einschlag m (der Faden, der in das offene, durch die Kette gebildete Webfach eingetragen wird) ǁ ~* (Weaving) / Schussfaden m, Schussgarn n, Einschlagfaden m, Weftgarn n, Weft n (Schussgarn)
**pickaback** n / Huckepackverkehr m ǁ ~ **satellite** (Space) / Huckepacksatellit m (ein kleiner Messsatellit, der mit einem größeren Satelliten verbunden gestartet und erst in der Umlaufbahn von diesem getrennt wird)
**pickage** n (Weaving) / Schussfadendichte f (eines Gewebes), Schussdichte f
**pick and finishing hammer** (Autos, Tools) / Spitz- und Schlichthammer m (ein Karosseriehammer) ǁ ~-**and-pick*** n (Weaving) / Pic-à-pic-Eintrag m (abwechselnder Eintrag von zwei Schussfäden unterschiedlicher Farbe oder Art)
**pick-and-pick loom** (Weaving) / Pic-à-pic-Stuhl m, Schützenwechselstuhl m
**pick-and-place robot*** (Weaving) / Einlegeroboter m, Industrieroboter m für Einlegeoperationen, Einlegegerät n, Pick-and-Place-Gerät n (Einlegeroboter), Bestückungsroboter m
**pick-at-will** n (Weaving) / Mechanismus m zur Steuerung des Weberschiffchens
**pickax** n (US) (Tools) / Kreuzpickel m, zweiseitige Spitzhacke ǁ ~ (US) (Tools) / Beilpicke f
**pickaxe** v (Civ Eng) / mit dem Kreuzpickel aufbrechen (z.B. die Fahrbahndecke) ǁ ~ n (Tools) / Beilpicke f ǁ ~* (Tools) / Kreuzpickel m, zweiseitige Spitzhacke
**pick count** (Weaving) / Schussfadendichte f (eines Gewebes), Schussdichte f ǁ ~ **counter** (Weaving) / Schussfadenzähler m, Schusszähler m ǁ ~ **device** (Comp) / Picker m (Eingabegerät zum Identifizieren eines Darstellungselementes oder Segments, z.B. Lichtgriffel)
**picked perforation** (Cinema) / ausgezackte Perforation
**picker** n (Agric) / Pflückmaschine f ǁ ~ (Agric) / Pflücker m (Arbeiter) ǁ ~ (Paper) / Knotenfänger m, Splitterfang m (eine Reinigungseinrichtung), Knotenfang m, Astfänger m ǁ ~ (Textiles) / Minderfinger m (in der Strickerei und Wirkerei) ǁ ~* (Weaving) / Picker m (der in der Webmaschine dem Webschützen die für den Fachdurchflug oder zum Fachwechsel nötige Beschleunigung weitergibt), Treiber m, Schneller m (DIN 64650) ǁ ~ **band** (Weaving) / Schlagriemen m
**picker-band leather** (Leather, Weaving) / Schlagriemenleder n (ein kombiniert oder chromgegerbtes Leder aus dem Rücken- oder Halsteil der Großviehhaut)
**picker electrode** (Welding) / Pickerelektrode f ǁ ~ **function** / Pickerfunktion f (steuerbare Funktion bei einem Industrieroboter)
**picker-husker** n (Agric) / Maiskolbenköpfmaschine f
**pickering emulsifier** (Chem) / Pickering-Emulgator m
**pickeringite*** n (Min) / Pickeringit m (ein Alaun)
**Pickering series** (Spectr) / Pickering-Serie f (von Spektrallinien des Heliums im sichtbaren Bereich; nach E.Ch. Pickering, 1846-1919) ǁ ~ **surfactant** (Chem) / Pickering-Emulgator m
**picker leather*** (Leather, Weaving) / Schlagriemenleder n (ein kombiniert oder chromgegerbtes Leder aus dem Rücken- oder Halsteil der Großviehhaut) ǁ ~ **stick** (Weaving) / Schläger m, Schlagarm m, Schlagstock m (zum Beschleunigen des Schützens oder des Greiferschützens)
**picket** v / Streikposten aufstellen, mit Streikposten besetzen ǁ ~ (Aero) / verankern v (Luftfahrzeuge auf dem Abstellplatz sicher befestigen) ǁ ~ n / Streikposten m ǁ ~ (Aero) / Picket-Luftfahrzeug n (z.B. AWACS) ǁ ~* (Build) / Zaunpfahl m, Stakete f, Zaunbrett n ǁ ~* (Surv) / Trassierstab m, Absteckstab m, Fluchtstab m, Jalon m (S), Aussteckstab m, Bake f

1151

**picket-fence**

**picket-fence stirrer** (San Eng) / Krählwerk *n* (eines Eindickers nach DIN 4045), Krählwerkzeug *n*
**picket fencing** (Build, Carp) / Lattenzaun *m*, Staketenzaun *m*, Staket *n*
**picketing** *n* (Aero) / Verankerung *f* (sichere Befestigung eines Luftfahrzeugs auf dem Abstellplatz)
**picket line** (a boundary established by workers on strike, especially at the entrance to the place of work, which others are asked not to cross) / Streikpostenkette *f*
**pick feed** (Eng) / schrittweiser Vorschub ‖ ~ **finish** (Build) / abgespitzte Oberflächenstruktur (von natürlichen und künstlichen Steinen) ‖ ~ **glass*** (Weaving) / Schussfadenzähler *m*, Schusszähler *m* ‖ ~ **hammer** (Autos, Tools) / Spitzhammer *m* (ein Ausbeulhammer) ‖ ~ **hammer** (Build) / Bossierhammer *m* (zur ersten Bearbeitung der Steinblöcke aus dem Rohen), Pinnhammer *m* ‖ ~ **hammer** (a slater's tool) (Build, Tools) / Lattenbeil *n*, Lattbeil *n*
**picking** *n* (Autos) / punktförmiges Ausbeulen (mit Hilfe des Spitzhammers) ‖ ~* (Build) / Aufrauen *n* des Putzgrundes (für die nächste Putzlage) ‖ ~ (Build) / Abspitzen *n*, Spitzen *n* (des Steins), Abschlagen *n* (grobes Behauen des Steins) ‖ ~ (Min Proc) / Verlesen *n*, Lesen *n*, Klauben *n*, Auslesen *n*, Sortieren *n* (von Hand) ‖ ~ (Paint) / Hochziehen *n* (Anquellen und Loslösung eines Anstriches durch die Lösungsmittel der darüber aufgebrachten nächsten Anstrichlage), Aufziehen *n* ‖ ~* (Paper, Print) / Rupfen *n* (Herausreißen von Teilchen aus der Oberfläche /des Papiers, des Kartons/ bei der Verarbeitung), Abheben *n* (Rupfen) ‖ ~ (Print) / Plattenausputzen *n* ‖ ~* (Weaving) / Noppen *n* (Entfernung von Noppen) ‖ ~* (Weaving) / Abschnellen *n*, Eintragen *n*, Schlag *m*, Schützenschlag *m* ‖ ~ **arm** (Weaving) / Schläger *m*, Schlagarm *m*, Schlagstock *m* (zum Beschleunigen des Schützens oder des Greiferschützens) ‖ ~ **band** (Weaving) / Schlagriemen *m*
**picking-band leather** (Leather, Weaving) / Schlagriemenleder *n* (ein kombiniert oder chromgegerbtes Leder aus dem Rücken- oder Halsteil der Großviehhaut)
**picking belt** (Agric) / Verleseband *n* (z.B. eines Roders) ‖ ~ **belt*** (Min Proc, Mining) / Verleseband *n*, Klaubeband *n*, Leseband *n* ‖ ~ **conveyor** (Min Proc, Mining) / Verleseband *n*, Klaubeband *n*, Leseband *n* ‖ ~ **machine** (Agric) / Rupfmaschine *f* ‖ ~ **mechanism** (Weaving) / Schlagzeug *n* ‖ ~ **motion** (Weaving) / Schlagzeug *n* ‖ ~ **shaft** (Weaving) / Schlagwelle *f* (DIN 63000), Unterwelle *f* (zum Aufnehmen der Schlagkurvenscheiben), Triebwelle *f* (zum Aufnehmen der Schlagexzenter) ‖ ~ **stick** (Weaving) / Schläger *m*, Schlagarm *m*, Schlagstock *m* (zum Beschleunigen des Schützens oder des Greiferschützens) ‖ ~ **table** (Min Proc, Mining) / Klaubetisch *m*, Lesetisch *m* ‖ ~ **tappet** (Weaving) / Schlagexzenter *m*, Schlagkurvenscheibe *f* (leitet die Schlagenergie ein, die den Schützen durch das geöffnete Fach treibt)
**picking-up** *n* (For) / Ausreißen *n* (von Holzfasern)
**picking-up** *n* (Paint) / Hochziehen *n* (Anquellen und Loslösung eines Anstriches durch die Lösungsmittel der darüber aufgebrachten nächsten Anstrichschicht), Aufziehen *n*
**pickle** *v* (Agric) / beizen *v* (Saat- und Pflanzgut schützen) ‖ ~ (Join, Paint) / ablaugen *v* (alte Möbel) ‖ ~ (Met) / pökeln *v* (durch Beizen) ‖ ~ (Met, Paint) / beizen *v* ‖ ~ (Nut) / sauer einlegen *v* ‖ ~ (Nut) / einsäuern *v*, säuern *v* (Lebensmittel durch biologische Säuerung sauer und dadurch haltbar machen) ‖ ~ (Nut) / pökeln *v* (Fleisch), in Salzlake einlegen ‖ ~ (Nut) s. also marinade ‖ ~ (Chem Eng) / Sole *f* (wässrige Kochsalzlösung oder technische Lösung sonstiger Salze), Lake *f*, Salzsole *f* ‖ ~ (Leather) / Pickel *m* (Kochsalz-Schwefelsäure-Lösung), Pickelbrühe *f* ‖ ~ (Met, Paint) / Beize *f*, Beizlösung *f*, Beizflüssigkeit *f* ‖ ~ (Nut) / Essiglake *f* ‖ ~ (Nut) / Pökellake *f* (zur Nasspökelung), Lake *f* ‖ ~ (Nut) / Aufguss *m* (in Konserven) ‖ ~ (Nut) s. also marinade ‖ ~ (Nut) s. also brine
**pickleable** *adj* (Met, Paint) / beizbar *adj*, abbeizbar *adj*
**pickle basket** (Surf) / Beizkorb *m* ‖ ~ **crease** (Leather) / Pickelfalte *f*
**pickled pelt** (Leather) / Pickelblöße *f* ‖ ~ **weight** (Leather) / Pickelgewicht *n*, Pickelmasse *f*
**pickle float** (Leather) / Pickelflotte *f*, Pickelbad *n* ‖ ~ **injector** (Nut) / Lakespritzgerät *n* ‖ ~ **lag** (Met, Paint) / Beizverzögerung *f* ‖ ~ **liquor** (spent, waste) (Met, Paint) / Abbeize *f* (verbrauchte Beize), verbrauchte Beize ‖ ~ **penetration** (Leather) / Durchpickelung *f* ‖ ~ **preservation** (Leather) / Pickelkonservierung *f* ‖ ~ **pump** (Nut) / Lakepumpe *f*
**pickler** *n* (Agric, Chem, Met, Mining) / Beizanlage *f*
**pickling** *n* (Agric) / Beizen *n* (von Saatgut) ‖ ~ (Join, Paint) / Ablaugen *n* (alter Möbel) ‖ ~ (Leather) / Pickeln *n* (Blöße mit einer Lösung von Säure und Kochsalz) ‖ ~* (Met) / Dekapieren *n* (DIN 50902), Säuredekapieren *n* (zum Entfernen sehr dünner Oxid- und Flugrostschichten) ‖ ~* (Met) / Pökeln *n* (Entfernung von Walzrückständen durch Beizen - meistens mit 10%iger Schwefelsäure) ‖ ~* (Met, Paint) / Beizen *n*, Säurebeizen *n* (zum Entfernen von Rost, Zunder und eingebrannten Rückständen) ‖ ~ (Mining) / Beizen *n* ‖ ~ (Nut) / Einsäuern *n*, Säuerung *f* ‖ ~ (Paint) /

Abbeizen *n* (von alten Anstrichen) ‖ ~ **acid** (Chem, Met, Paint) / Beizsäure *f* ‖ ~ **acid** (Leather) / Pickelsäure *f*
**pickling-acid waste** (Met) / Beizablauge *f*
**pickling activation** (Plastics) / Beizaktivierung *f* ‖ ~ **basket** (Surf) / Beizkorb *m* ‖ ~ **bath** (Agric, Chem, Met) / Beizbad *n* ‖ ~ **blister** (Met) / Beizblase *f* (die nach dem Beizen in Säurelösungen entstanden ist) ‖ ~ **brittleness** (Met) / Beizsprödigkeit *f* (Zähigkeitsabfall von Metallen und Legierungen durch eindiffundierten Wasserstoff, der beim Beizen entsteht - nach DIN 50900) ‖ ~ **cleaner** (Met, Surf) / Beizentfetter *m* (eine Reinigungslösung) ‖ ~ **crack** (Materials) / Beizriss *m* ‖ ~ **defect** (Met) / Beizfehler *m* (Beeinträchtigung der Werkstoffeigenschaften, die infolge des Beizens eintreten kann, z.B. Beizsprödigkeit) ‖ ~ **fluid** (Met, Paint) / Abbeizfluid *n* ‖ ~ **inhibitor** (Paint) / Beizinhibitor *m* (meistens Dibenzoylsulfoxid und Hexamethylentetramin) ‖ ~ **injection machine** (Nut) / Pökelspritzmaschine *f* ‖ ~ **line** (Chem, Met) / Beizstraße *f* (als kontinuierliche Anlage) ‖ ~ **line** (Surf) / Beizlinie *f* ‖ ~ **plant** (Agric, Chem, Met, Mining) / Beizanlage *f* ‖ ~ **smut** (Met) / Beizbast *m* (nach dem Beizen auf den Werkstücken anhaftende, meist dunkle Deckschicht - heute nicht mehr aktuell) ‖ ~ **solution** (Leather) / Pickel *m* (Kochsalz-Schwefelsäure-Lösung), Pickelbrühe *f* ‖ ~ **solution** (Met, Paint) / Beize *f*, Beizlösung *f*, Beizflüssigkeit *f* ‖ ~ **wastes** (Met, Paint) / Beiz(ab)wasser *n*, Beizereiabwasser *n*
**picklock** *n* (Textiles) / beste Wolle eines Vlieses
**pick-off** *n* (Automation) / Abgriff *m*
**pickoff** *n* (Automation, Elec Eng) / Messfühler *m*, Messwertgeber *m*, Aufnehmer *m*, Messgrößenaufnehmer *m* (Teil eines Messsystems der dazu dient, die Messgröße aufzunehmen), Fühler *m* (ein Primärelement)
**pick-out mark** (Weaving) / Trennstelle *f* (ein Webfehler)
**pick(ing) resistance** (Paper, Print) / Rupffestigkeit *f* (beim Druckpapier)
**pick stitch** (Textiles) / Pikierstich *m* (im Allgemeinen) ‖ ~ **strength** (Paper, Print) / Rupffestigkeit *f* (beim Druckpapier) ‖ ~ **time** (Comp) / Ansprechzeit *f* (Zeitspanne, die vergeht, bis die Wiederholfunktion einer Tastatur einsetzt) ‖ ~ **up** *v* (Civ Eng) / aufhacken *v*, aufhauen *v* (mit der Spitzhacke) ‖ ~ **up** (Elec Eng) / ansprechen *v*, anziehen *v* (Relais) ‖ ~ **up** (For) / ausreißen *v* (Holzfasern) ‖ ~ **up** (Teleph) / heranholen *v* (Anrufe) ‖ ~ **up** (the receiver) (Teleph) / abnehmen *v* (den Hörer) ‖ ~ **up** (Textiles) / aufziehen *v* (Farbstoff), aufnehmen *v* (Farbstoff, Schlichte)
**pickup** *n* (Acous) / Tonabnehmer *m* (zum Abtasten von Schallplatten), Pick-up *m* ‖ ~ (Agric) / Pick-up *m*, Pick-up-Trommel *f* (eine Sammelvorrichtung) ‖ ~ (Automation, Elec Eng) / Messfühler *m*, Messwertgeber *m*, Aufnehmer *m*, Messgrößenaufnehmer *m* (Teil eines Messsystems der dazu dient, die Messgröße aufzunehmen), Fühler *m* (ein Primärelement) ‖ ~ (Autos) / Lieferwagen *m* mit offener Ladefläche, offener Schnelllieferwagen, Leichtlastkraftwagen *m*, Pritschenlieferwagen *m*, Pick-up *m* ‖ ~ (Autos) / Pritschenwagen *m* (klein) ‖ ~ (the amount of porcelain enamel retained on dipped ware per unit of area, usually expressed as ounces per square foot) (Ceramics) / Auftragsgewicht *n* ‖ ~ (the amount of porcelain enamel retained on dipped warepper unit of area, usually expressed as grams per square centimetre) (Ceramics) / relative Menge der auf die Ware haftenden Glasursuspension nach dem Tauchen ‖ ~ (Elec Eng) / Ansprechen *n* (Relais), Anziehen *n* (Relais) ‖ ~ (Met) / Aufnahme *f* (eines Elements in eine Legierung) ‖ ~ (Teleph) / Anrufübernahme *f* (Leistungsmerkmal bei Nebenstellenanlagen), Pickup *m* (des Anrufs) ‖ ~ (Welding) / Anlegieren *n*, Elektrodenverunreinigung *f* (durch Legierungsbestandteile) ‖ ~ **arm** (Acous) / Tonarm *m* (schwenkbarer Arm des Plattenspielers) ‖ ~ **baler** (Agric) / Aufsammelpresse *f*, Sammelpresse *f* (mit Pick-up- oder Aufnahmetrommel), Pick-up-Presse *f*, Aufnehmerpresse *f* ‖ ~ **cartridge** (Acous) / Tonabnehmereinsatz *m* ‖ ~ **coil** (Acous) / Induktionswicklung *f* (eines Induktionsgebers) ‖ ~ **current** (Elec Eng) / Ansprechstrom *m* (bei Relais) ‖ ~ **device** (TV) / Fernsehbildaufnahmeeinrichtung *f* (ein optisch-elektrischer Bildwandler) ‖ ~ **felt** (Paper) / Abnahmefilz *m*, Pick-up-Einrichtung *f* ‖ ~ **head*** (Acous) / Tonabnehmerkopf *m* ‖ ~ **hitch** (Agric) / Hitchkupplung *f* (für Anhängergeräte) ‖ ~ **module** (Autos) / Impulsgeber *m* (in der elektronischen Zündung) ‖ ~ **reaction*** (Nuc) / Pick-up-Reaktion *f* (eine Kernreaktion) ‖ ~ **reel** (Agric) / Pick-up-Haspel *f* (einer Halmfruchterntemaschine), Federzinkenhaspel *f* ‖ ~ **roll** / Auftragswalze *f* (bei Klebeaggregaten), Auftragwalze *f* (bei Klebeaggregaten) ‖ ~ **roll** (Paint) / Tauchwalze *f*, Schöpfwalze *f* ‖ ~ **screen** / Ölsieb *n* (am Saugrüssel der Ölpumpe) ‖ ~ **service** / Abholservice *m* ‖ ~ **station** (Eng) / Aufgabestelle *f* (in der Fördertechnik) ‖ ~ **system** (Ecol) / Holsystem *n* (der Gewinnung von Wertstoffen aus Hausmüll) ‖ ~ **traffic** (Aero) / gebuchter Zusteigeverkehr ‖ ~ **truck** (Autos) / Lieferwagen *m* mit offener Ladefläche, offener Schnelllieferwagen, Leichtlastkraftwagen *m*, Pritschenlieferwagen *m*, Pick-up *m* ‖ ~ **tube*** (US) (TV) / Bildaufnahmeröhre *f*, Fernsehaufnahmeröhre *f*,

Aufnahmeröhre f ‖ ~ **value** (Elec Eng) / Ansprechwert m (bei Relais, Messwandlern usw.) ‖ ~ **voltage** (Elec Eng) / Ansprechspannung f
**pick-your-own** adj (Agric) / Selbstpflück- (wenn der Käufer selbst erntet), zum Selbstpflücken ‖ ~ **sale** (Agric) / Verkauf an Selbstpflücker
**picnic table** (Autos) / Klapptisch m (an der Vordersitzlehne)
**pico-*** / Vorsatz vor Einheiten für $10^{-12}$ (Kurzzeichen p)
**picoarchitecture** n (Comp) / Pikoarchitektur f (eine Rechnerarchitektur), Picoarchitektur f
**picocell** n (in UMTS) (Teleph) / Pikozelle f (mit einem Radius bis etwa 50 m)
**picofarad*** n (Elec Eng) / Pikofarad n, pF (Pikofarad) ($10^{-12}$ Farad)
**picoline*** n (Chem) / Picolin n (Methylderivat des Pyridins), Pikolin n, Methylpyridin n
**picolinic acid** (Chem) / Picolinsäure f, Pikolinsäure f, Pyridin-2-carbonsäure f, Pyridin-2-karbonsäure f
**pi complex** (Chem) / Pi-Komplex m, π-Komplex m, Pi-Addukt n
**picon** n (Comp) / Picon n (Auswahlbildchen in einem Multimediaprogramm)
**PI controller** (Automation) / Proportional-Integral-Regler m, PI-Regler m
**picopayment** n (Comp) / Picopayment n (im Zusammenhang mit Electronic Money die Bezeichnung für Zahlungen mit sehr kleinen Beträgen unter 1 Euro bis in den Bereich von Bruchteilen von Cents)
**picoprocessor** n (Comp) / Pikoprozessor m, Picoprocessor m
**picoprogram** n (Comp) / Pikoprogramm n, Picoprogramm n
**picoprogramming** n (Comp) / Pikoprogrammierung f, Picoprogrammierung f
**picosecond*** n / Pikosekunde f, ps ($10^{-12}$ s) (Pikosekunde) ‖ ~ **spectroscopy** (Spectr) / Pikosekundenspektroskopie f, Picosekundenspektroskopie f
**picot** n (Textiles) / Picot m, Mäusezähnchen n, Pikot m
**picotite*** n (Min) / Picotit m (Mineral der Spinellgruppe), Pikotit m, Chromspinell m
**picotrace** n (Chem) / Pikospur f (in der Analytik - Bereich $10^{-12}$ bis $10^{-9}$ g)
**picotransistor** n (Electronics) / Pikotransistor m
**PIC procedure** (prior-informed consent procedure for certain hazardous chemicals and pesticides) / PIC-Prozedur f (zur Aus- und Einfuhr bestimmter gefährlicher Chemikalien)
**picramic acid*** (Chem) / Pikraminsäure f (2-Amino-4,6-dinitrophenol)
**picramide** n (Chem) / Pikramid n (2,4,6-Trinitroanilin)
**picrate** n (Chem) / Pikrat n
**picric acid*** (Chem) / 2,4,6-Trinitrophenol n, Pikrinsäure f, Pikringelb n
**picrite*** n (Geol) / Pikrit n (grünlich schwarzes, körniges Ergussgestein)
**picrolite** n (Min) / Antigorit m, Blätterserpentin m
**picrolonic acid** (Chem) / Pikrolonsäure f
**picrotoxin** n (Chem, Pharm) / Pikrotoxin n, Picrotoxin n
**Pictet process** (Chem Eng) / Pictet-Verfahren n (zur Gasverflüssigung - nach R.P. Pictet, 1846-1929)
**Pictet-Spengler reaction** (Chem) / Pictet-Spengler-Synthese f (für das Isochinolinringsystem)
**pictogram** n (a method of pictorial representation of quantities or magnitudes in a graph) / bildhaftes Diagramm, Piktogramm n, Figurendiagramm n, Bildsymbol n
**pictograph** n / bildhaftes Diagramm, Piktogramm n, Figurendiagramm n, Bildsymbol n
**pictography** n (Print) / Bilderschrift f, Piktografie f
**pictorial** adj / bildlich adj (Darstellung), Bild- ‖ ~ **archive** (Photog) / Bildarchiv n, Fotothek f ‖ ~ **database** (Comp) / Bilddatenbank f ‖ ~ **deviation indicator** (Aero) / Kurslageanzeigegerät n (integriertes), Kursabweichungsanzeigegerät n, Pictorial Deviation Indicator m (ein Mehrzweck-Navigationsanzeiger)
**picture** v / mit Hilfe von Bildern darstellen ‖ ~ n / Bild n, Abbildung f ‖ ~ (Comp) / Bild n (in der Tabellenkalkulation) ‖ ~ (Comp) / Maske f (Cobol) ‖ ~ (Comp) / Formatbeschreibung f, Formatbild n ‖ ~ (Print) / Bild n (Abbildung im Text), Abbildung f ‖ ~* (TV) / Bild n, Vollbild n ‖ ~ **black** (Comp, Telecomm) / Bildschwarz n (in der Faksimileübertragung) ‖ ~ **carrier** (TV) / Bildträger m (eine hochfrequente Welle)
**pictured** adj / bildlich adj (Darstellung), Bild-
**picture databank** (Comp) / Bilddatenbank f ‖ ~ **description language** (Comp) / Bildbeschreibungssprache f ‖ ~ **edit** (Comp, Photog) / Bildschnittstelle f ‖ ~ **element** (Comp) / Bildelement n (kleinstes Element einer Darstellungsfläche, dem Farbe oder Lichtintensität unabhängig zugeordnet werden kann) ‖ ~ **element*** (Comp, Photog) / Pixel n (ein einzeln adressierbares Bildelement) ‖ ~ **element** (TV) / Bildpunkt m, Rasterpunkt m ‖ ~ **file** (Comp) / Bilddatei f ‖ ~ **format** / Bildformat n ‖ ~ **frequency*** (TV) / Bildfrequenz f, Vollbildfrequenz f, Bildwechselfrequenz f, Bildfolgefrequenz f,

Bildwiederholfrequenz f ‖ ~ **glass** (Glass) / Bilderglas n (Flachglas, das zum Schutz von Bildern angewendet wird, meistens entspiegeltes Glas) ‖ ~ **graph** / bildhaftes Diagramm, Piktogramm n, Figurendiagramm n, Bildsymbol n
**picture-image compression** (Comp) / PIC-Kompression f
**picture in picture** (Comp) / Bildschirmfenstereinblendung f
**picture-in-picture** n (TV) / Bild-im-Bild n, Bildsplitting n
**picture-mat board** (Paper) / Passepartoutkarton m
**picture menu** (Comp) / Bildmenü n ‖ ~ **messaging** (Telecomm) / Bildübermittlung f ‖ ~ **monitor*** (TV) / Kontrollempfänger m (für die visuelle Beurteilung der Bildqualität), Bildkontrollgerät n ‖ ~ **noise*** (Radar) / Gras n (Radarstörung)
**picturephone** n (Teleph) / Bildschirmtelefon n, Bildtelefon n, Bildfernsprecher m, Fernsehtelefon n
**picture point** (TV) / Bildpunkt m, Rasterpunkt m ‖ ~ **processing** (Comp) / Bildverarbeitung f, Bilddatenverarbeitung f (z.B. durch optoelektronische Sensorsysteme) ‖ ~ **quality** (Comp, Electronics, Photog) / Bildqualität f ‖ ~ **quality improvement** (Photog) / Picture Quality Improvement n (in der analogen Fotografie - Speicherung unterschiedlicher Aufnahmedaten auf den Magnetstreifen eines Films des Advanced Photo System), PQI (Picture Quality Improvement) ‖ ~ **ratio*** (TV) / Bildformat n, Bildseitenverhältnis n (meistens 16 : 9), Seitenverhältnis n ‖ ~ **recording** / Bildaufzeichnung f ‖ ~ **signal** (TV) / Bildsignal n, B-Signal n ‖ ~ **slip*** (TV) / Bildgleichlauffehler m, Bildschlupf m ‖ ~ **telegraphy** (Telecomm) / Festbildkommunikation f, Bildtelegrafie f (Festbildübertragung von Halbtonbildern mit beliebigen Grauwerten) ‖ ~ **track** (Cinema) / Bildbahn f ‖ ~ **tube*** (TV) / Bildröhre f ‖ ~ **tumbling** (Optics, Photog) / Stürzen n des Bildes ‖ ~ **white** (TV) / Weißspitze f (kurzzeitig zulässige Überschreitung des Weißwertes im Videosignal) ‖ ~ **window** (Arch, Build) / großes Aussichtsfenster (eines Wohnzimmers), großflächiges Fenster
**picturization** n (adaptation for a film) (Cinema) / Verfilmung f (filmische Umsetzung)
**PICU** (priority interrupt control unit) (Comp) / Prioritätssteuereinheit f für Unterbrechungen (zur Vereinfachung von unterbrechungsgesteuerten Mikrocomputersystemen), PSU (Prioritätssteuereinheit für Unterbrechungen)
**PID** (photoionization detector) (Chem) / Fotoionisationsdetektor m (für die gaschromatografische Spurenanalyse), PID (Fotoionisationsdetektor) ‖ ~ **controller** (Automation) / proportional-integral wirkender Regler mit Vorhalt, PID-Regler m, Proportional-Integral-Differential-Regler m
**piddock** n (Pholas and other genera of the family Pholadidae) (Ocean, Ships) / Bohrmuschel f (Meeresmuschel, die sich mechanisch oder durch die Wirkung abgeschiedener Säure in das Substrat ihres Standortes einbohrt)
**Pidgeon process** (Met) / silikothermisches Verfahren, Silicothermie f, Silikothermie f (ein metallothermischer Prozess mit Si, FeSi oder CaSi als Reduktionsmittel) ‖ ~ **process*** (Met) / Pidgeon-Verfahren n (in Retortenverfahren zur Magnesiumgewinnung)
**PIE** (postirradiation effect) (Nuc Eng, Radiol) / Nachbestrahlungswirkung f
**pie** vi (Typog) / zusammenfallen v (Bleisatz) ‖ ~* vt (Typog) / quirlen v (eine Satzkolumne oder Teile davon durch unvorsichtiges Arbeiten in Unordnung bringen und ineinander verschieben) ‖ ~ (Typog) / verfischen v (den Setzkasten) ‖ ~ n (Typog) / Eierkuchen m (auseinander gefallener Satz) ‖ ~ (Typog) / Zwiebelfische m pl
**PIEC** (predicted initial environmental concentration) (Ecol) / vorausgesetzte (höchste) Anfangskonzentration (eines Stoffes in der Umwelt)
**piece** v (Spinning) / anspinnen v (den Spinnvorgang vorbereiten und einleiten) ‖ ~ n / Stück n (oder andere handelsübliche Mengeneinheit, z.B. eine Tapetenrolle) ‖ ~ (Eng) / Testeinheit f (die aus einem oder mehreren Testobjekten besteht) ‖ ~* (Textiles) / Stofflänge f (einer gewebten Stoffbahn), Warenlänge f ‖ ~ (Eng) s. also test-piece ‖ ~* (Textiles) s. also fent
**piece-cost** n / Stückkosten pl
**piece doubler** (Textiles) / Warendoppler m
**piece-dyed** adj (Textiles) / stückgefärbt adj, stückfarbig adj
**piece dyeing*** (Textiles) / Stückfärben n, Stückfärbung f, Stückfärberei f ‖ ~ **-goods*** pl (Textiles) / Stückware f ‖ ~ **-goods*** (Textiles) / Schnittware f ‖ ~ **mark** (Work Study) / Sachnummer f (Teilnummer, Teilfamiliennummer, Erzeugnisnummer) ‖ ~ **of construction machinery** (Build, Civ Eng) / Baumaschine f ‖ ~ **of documentary evidence** (Comp) / Beleg m ‖ ~ **of equipment** (Build) / Einrichtungsgegenstand m ‖ ~ **of furniture** / Möbelstück n ‖ ~ **of information** (AI, Comp) / Information f (einzelne) ‖ ~ **of knitting** (Textiles) / Wirkware f (auf Wirkmaschinen hergestellte textile Maschenware), Gewirke n (Wirkware) ‖ ~ **of peat** / Torfstück n ‖ ~ **of turf** / Torfstück n ‖ ~ **of turf** (Agric) / Rasensode f, Rasenplatte f, Rasenplagge f

**piecer**

**piecer** n (Spinning) / Anspinner m, Anzwirner m
**piece-rate** n (Work Study) / Stückpreis m (Leistungslohnsatz), Leistungslohnsatz m, Stücklohnsatz m
**pieces, in** ~ / stückweise adv
**piece up** v (Spinning) / anspinnen v (den Spinnvorgang vorbereiten und einleiten)
**piecewise** adv / stückweise adv || ~ **smooth** (Maths) / stückweise glatt
**piece-work** n (Mining, Work Study) / Gedingearbeit f, Gedinge n (vertragliche Form des Akkordlohns)
**piece-work** n (Work Study) / Leistungslohnarbeit f, Stücklohnarbeit f
**pie chart** (a diagram in which sectors of a circle are used to represent the categories of a set of data with the angle of each sector proportional to the number of items in that category) / Kuchendiagramm n, Kreisdiagramm n (in Sektoren unterteilter Kreis), Tortengrafik f, Tortendiagramm n, Kreisgrafik f
**piecing** n (Glass, Textiles) / verdickte Stelle (bei Glasfasern), Glasfaserverdickung f || ~ (Spinning) / Garnverdickung f, Fadenverdickung f, Dickstelle f (eines Fadens) || ~ (Spinning) / Anspinnen n (Vorbereiten und Einleiten des Spinnvorganges nach Partie- oder Vorgarnwechsel auf einer Spinnmaschinenseite), Andrehen n des Fadens, Anlegen n des Fadens, Fadenandrehen n, Fadenanlegen n
**piecing-up** n (Spinning) / Anspinnen n (Vorbereiten und Einleiten des Spinnvorganges nach Partie- oder Vorgarnwechsel auf einer Spinnmaschinenseite), Andrehen n des Fadens, Anlegen n des Fadens, Fadenandrehen n, Fadenanlegen n
**piedmont** n (Geol) / Vorland n, Piedmontfläche f (vor einem Gebirge) || ~ **benchland** (Geol) / Piedmonttreppe f || ~ **glacier*** (Geol) / Vorlandgletscher m (der aus dem Gebirge ins Vorland reicht), Piedmontgletscher m
**piedmontite*** n (Min) / Piemontit m (manganhaltiger Epidot)
**piedmont stairway** (Geol) / Piedmonttreppe f || ~ **treppe** (Geol) / Piedmonttreppe f
**piedroit*** n (Arch) / Lisene f (schwach vortretende, vertikale Mauerverstärkung ohne Basis und Kapitell zur Gliederung von Fassaden)
**pi-electron** n (Nuc) / Pi-Elektron n
**pie menu** (Comp) / Tortenmenü n
**piemontite*** n (Min) / Piemontit m (manganhaltiger Epidot)
**pien** n (Arch) / ausspringende Gebäudeecke, Gratanfall m || ~ (Build, Carp) / Gratsparren m (beim Walmdach)
**piend** n (Arch) / ausspringende Gebäudeecke, Gratanfall m || ~ **rafter*** (Build, Carp) / Gratsparren m (beim Walmdach)
**Pieper system*** (Elec Eng) / Pufferbatterie-Betrieb m für Brennkraft-Elektrofahrzeuge
**pier** n (GB) (Aero) / Fingerflugsteig m, Flugsteig m || ~* (Build) / Zwischenmauerwerk n || ~ (Build, Civ Eng) / Gründungspfahl m, Pfahl m (im Grundbau verwendetes Konstruktionselement) || ~ (Civ Eng) / Brückenpfeiler m, Pfeiler m (einer Brücke) || ~ (a mole or breakwater used as a promenade and landing stage) (Hyd Eng) / Pier m f (zum Anlegen von Schiffen und zum Laden und Löschen), Kaizunge f, Fingerpier m f || ~ **base** (Civ Eng) / Pfeilerfuß m (der untere Teil eines Pfeilers, der auf dem Fundament ruht) || ~ **bridge** (Civ Eng) / Pfeilerbrücke f (mit Pfeilern, die sehr hoch und schlank sind) || ~ **cap** (Civ Eng) / Pfeileraufsatz m || ~ **cap** (upstream nosing of a pier) (Civ Eng, Hyd Eng) / Pfeilervorkopf m, Vorkopf m (die meist spitz zulaufende und gegen den Flusslauf gerichtete Schmalseite eines Brückenpfeilers), Wellenbrecher m (bei Brücken), Pfeilerkopf m, Pfeilerhaupt n, Sporn m, Strompfeilerkopf m
**pierce** v / durchlochen v, perforieren v, lochen v, durchlöchern v || ~ (Geol) / sondieren v || ~ (Maths, Optics) / durchstoßen v (die Bildebene) || ~ (Met) / lochen v
**pierced haunch** (Arch, Build) / durchbrochener Bogenschenkel || ~ **wall** (Build) / durchbrochene Wand
**Pierce function** (Comp) / Pierce-Funktion f (eine mehrstellige Boole'sche Verknüpfung) || ~ **gun** (a gun that delivers an initially convergent electron beam - in microwave tubes) (Electronics) / Pierce-Kanone f, Pierce-Strahlerzeuger m
**piercement dome** (Geol) / Diapir m || ~ **salt dome*** (Geol) / Durchspießungssalzdome m
**Pierce oscillator** (Electronics, Radio) / Quarzoszillator m in Pierce-Schaltung (zur Frequenzstabilisierung eines Senders), Pierce-Schaltung f (eine Quarzoszillatorschaltung - nach G.W. Pierce, 1872-1956) || ~ **oscillator*** (Electronics) / Pierce-Oszillator m (ein Quarzgenerator mit einem Schwingquarz als Resonanzglied)
**piercer** n / Lochdorn m (beim Rohrziehen) || ~ (Eng) / Austreiber m (Treibnadel), Durchschlag m, Dorn m (pl. Dorne) (Austreiber), Durchschläger m, Durchtreiber m || ~ (Foundry) / Luftnadel f, Luftspieß m, Luftstecher m || ~ (Met) / Lochdorn m (der zum Lochen nicht vorgelochter Blöcke verwendet werden kann) || ~ (Met) / Lochwalzwerk n

**piercing** n (Eng) / Innengrat m (eine dünne Werkstoffschicht, die beim Schmieden von Durchgangslöchern entsteht und durch Lochen entfernt werden muss) || ~ (Met) / Schrägwalzen n (DIN 8583, T 2) || ~ (Met) / Lochen n (das herausgeschnittene Teil = Abfall) || ~* (Met) / Lochen n, Lochbildung f (bei der Herstellung nahtloser Rohre) || ~ adj (Acous) / durchdringend adj, schrill adj, grell adj || ~ adj (Acous) / durchdringend adj, schrill adj, grell adj || ~ adj (Ton), gellend adj || ~ (Meteor, Physiol) / schneidend adj (Kälte), durchdringend adj (Kälte) || ~ **force** (Met) / Lochkraft f (Kraft, die zum Lochen eines Blockes vom Dorn auf den Block übertragen wird) || ~ **mandrel** (Met) / Lochdorn m (der zum Lochen nicht vorgelochter Blöcke verwendet werden kann) || ~ **mill** (Met) / Lochwalzwerk n || ~ **press** (Eng) / Lochpresse f, Perforierpresse f || ~ (**skew**) **mill** (Met) / Schrägwalzwerk n (ein Rohrwalzwerk) || ~ **test** (Paper) / Lochversuch m
**pier head** (Aero) / Fingerkopf m (des Flugsteigs) || ~ **head** (Civ Eng) / Pfeilerkopf m || ~ **head** (Civ Eng, Hyd Eng) / Pfeilervorkopf m, Vorkopf m (die meist spitz zulaufende und gegen den Flusslauf gerichtete Schmalseite eines Brückenpfeilers, Wellenbrecher m (bei Brücken), Pfeilerkopf m, Pfeilerhaupt n, Sporn m, Strompfeilerkopf m || ~ **head** (Hyd Eng) / Molenkopf m (äußerstes Ende einer Mole) || ~ **head** (Civ Eng) s. also pier cap
**pierre perdue** (Civ Eng) / Steinschüttung f (z.B. bei den Molenbauwerken)
**pier template** (Civ Eng) / Pfeileraufsatz m
**pie slice** / Ausschnitt m des Kuchendiagramms
**piestic interval** (Civ Eng, Hyd Eng) / Abstand m zweier Äquipotentiallinien, Äquipotentiallinienabstand m
**piezoceramic** adj (Ceramics) / piezokeramisch adj || ~ **loudspeaker** (Acous) / piezokeramischer Lautsprecher || ~ **microphone** (Electronics) / piezokeramisches Mikrofon || ~ **resonator** (Electronics) / piezokeramischer Resonator, PR (piezokeramischer Resonator)
**piezoceramics** n (Ceramics) / Piezokeramik f, piezoelektrische Keramik (z.B. PZT-Keramik)
**piezochemistry*** n (Chem) / Piezochemie f
**piezochromism** n / Piezochromie f (Verfärbung durch Druck)
**piezocontact metamoprhism** (Geol) / Piezokontaktmetamorphose f
**piezo diode** (Electronics) / Piezodiode f (eine Halbleiterdiode)
**piezoelectric** adj (Crystal, Elec) / piezoelektrisch adj || ~ **ceramics** (Ceramics) / Piezokeramik f, piezoelektrische Keramik (z.B. PZT-Keramik) || ~ **crystal*** (Telecomm) / piezoelektrischer Kristall, Piezokristall m
**piezoelectric-crystal element** (Electronics) / Piezobauelement n, Piezokristallbauelement n
**piezoelectric effect*** (Crystal, Elec) / piezoelektrischer Effekt, Piezoeffekt m || ~ **filter** (Phys) / Quarzfilter m
**piezoelectricity*** n (Crystal, Elec) / Piezoelektrizität f
**piezoelectric loudspeaker*** (Acous) / piezoelektrischer Lautsprecher, Kristalllautsprecher m || ~ **manometer** (Phys) / piezoelektrisches Manometer, Kristallmanometer m || ~ **material** (Elec) / Piezowerkstoff m (der den piezoelektrischen Effekt zeigt) || ~ **microphone*** (Acous) / piezoelektrisches Mikrofon, Kristallmikrofon n || ~ **oscillator** (Electronics, Phys) / Q-Oszillator m, Kristalloszillator m, Quarzschwinger m, Quarzoszillator m (DIN 45174) || ~ **pick-up*** (Acous) / piezoelektrischer Tonabnehmer (bei Plattenspielern), Kristalltonabnehmer m || ~ **pick-up*** (Acous) / piezoelektrischer Aufnehmer, Piezoaufnehmer m || ~ **polymer** (Chem) / piezoelektrisches Polymer (das unter Einwirkung mechanischer Kräfte das Phänomen der Piezoelektrizität zeigt) || ~ **pressure sensor** / Quarzdruckgeber m (Aufnehmer für die Druckmessung, bei welchem die Druckkraft auf einen Quarzkristall als Federelement wirkt) || ~ **printing method** (Comp) / Piezoverfahren n (bei Tintenstrahldruckern), Drucktechnik f mit den Piezoelementen (bei Tintenstrahldruckern) || ~ **quartz** (Electronics) / Piezoquarz m || ~ **resonator** (Electronics, Telecomm) / piezoelektrischer Resonator, Piezoresonator m || ~ **transducer** (Electronics) / piezoelektrischer Messgrößenwandler
**piezoid*** n (Electronics) / [fertig bearbeiteter] Kristall m
**piezojunction effect** (Electronics) / Piezojunktionseffekt m
**piezomagnetic** adj (Phys) / piezomagnetisch adj
**piezomagnetism*** n (Phys) / Piezomagnetismus m
**piezometer** n (Hyd Eng) / Piezometer n (zur Messung des hydraulischen Gradienten)
**piezometric line** (Civ Eng, Geol, Hyd Eng) / Äquipotentiallinie f (Linie konstanter hydraulischer Druckhöhe) || ~ **surface** (Civ Eng, Hyd Eng) / Äquipotentialfläche f (Fläche konstanter hydraulischer Druckhöhe) || ~ **tube** (Hyd Eng) / Piezometerrohr n
**piezopolymer** n (Chem) / piezoelektrisches Polymer (das unter Einwirkung mechanischer Kräfte das Phänomen der Piezoelektrizität zeigt)
**piezoresistance** n (Electronics) / Piezowiderstand m (longitudinal, transversal)

**piezoresistive** *adj* / piezoresistiv *adj* ‖ ~ **effect** (Elec Eng) / piezoresistiver Effekt (Änderung des elektrischen Widerstandes durch Druck /Materialspannung/)
**piezo resonator** (Electronics, Telecomm) / piezoelektrischer Resonator, Piezoresonator *m*
**piezospectroscopy** *n* (Phys, Spectr) / Piezospektroskopie *f* (Untersuchung des Einflusses eines äußeren mechanischen Druckes oder Zuges auf das Absorptions- und Emissionsspektrum eines Festkörpers)
**piezo technique** (Comp) / Piezoverfahren *n* (bei Tintenstrahldruckern), Drucktechnik *f* mit den Piezoelementen (bei Tintenstrahldruckern)
**piezotransistor** *n* (Electronics) / Piezotransistor *m* (bipolarer Transistor aus einem Halbleitermaterial, dessen Bandstruktur und elektrische Eigenschaften stark druckabhängig sind)
**piezotropic modulus of elasticity** (Mech) / Piezotropiemodul *m*
**pi-filter** *n* (Telecomm) / Pi-Glied *n* (ein Frequenzfilter), Pi-Filter *n*, π-Filter *n*
**PIG** (Penning ionization gauge) (Electronics, Vac Tech) / Penning-Vakuummeter *n* (ein Kaltkatoden-Ionisationsvakuummeter), Philips-Vakuummeter *n* ‖ ~ (Paint) / Schichtdickenmessgerät *n* (das mittels Eindringen einer Schneide in den Überzug arbeitet), PIG
**pig** *n* (Chem) / Spinne *f* (ein Bestandteil der Labor-Destillationsapparatur) ‖ ~ (Penning ionization gauge) (Electronics, Vac Tech) / Penning-Vakuummeter *n* (ein Kaltkatoden-Ionisationsvakuummeter), Philips-Vakuummeter *n* ‖ ~ (Eng) / Molch *m* (Reinigungs-, Reparatur-, Trenn- und Prüfmolch) ‖ ~* (Eng) / Rohrreiniger *m* (mechanischer, wie Schlagkopf, Bohrer, Molch, Schaber - meistens mit Pressluftturbinenantrieb) ‖ ~* (Glass) / Tripus *m*, Stütze *f* für Glasmacherpfeife ‖ ~* (Met) / Massel *f* (Produkt des Masselgusses in Kokillen)
**pig-and-scrap process** (Met) / Roheisen-Schrott-Verfahren *n*
**pig bed**\* (Met) / Gießbett *n* (Sandfläche vor einem Hochofen, in der das flüssige Metall nach dem Abstich in dafür vorgesehenen Hohlräumen zu Blöcken erstarrt), Masselbett *n*
**pig-bed crane** (Met) / Masselkran *m*
**pig breaker** (Met) / Masselbrecher *m* ‖ ~ **casting conveyor** (Met) / Masselgießband *n* ‖ ~ **casting machine** (Met) / Masselgießmaschine *f*
**pigeon-blue** *adj* / taubenblau *adj*
**pigeonhole** *n* / Abteil *n* (eines Regals), Fach *n* (eines Regals) ‖ ~ (Glass) / Seitenmaschinenfenster *n*, Maschinenfenster *n* (der Ziehmaschine) ‖ ~ **principle** (Maths) / Dirichlet'scher Schubkastensatz
**pigeonite**\* *n* (Min) / Pigeonit *m* (ein dem Diopsid nahe stehender Hochtemperaturpyroxen mit wenig Ca)
**pigeon's blood** *attr* / taubenblutrot *adj* (z.B. ein Rubin), weinrot *adj*
**PIGFET** *n* (Electronics) / P-Kanal-FET *m* mit isoliertem Gate, PIGFET *m*
**piggable** *adj* (Eng) / molchbar *adj* (Rohr)
**pigging** *n* (Eng) / Molchen *n*
**pigging-up** *n* (Met) / Roheisenzugabe *f*
**piggyback** *n* (US) / Huckepackverkehr *m* ‖ ~ **acknowledgement** (Comp) / Huckepackverfahren *n* (ein Quittierungsverfahren), Piggy-Backing *n* ‖ ~ **board** (Electronics) / Huckepackplatine *f*, Huckepackkarte *f* (Leiterplatte, die auf eine andere Leiterplatte aufgesteckt wird), Steckkarte *f*, Tochterplatte *f* ‖ ~ **car** *n* (a flatcar designed to accommodate containers or highway truck trailers) (Rail) / Niederflurwagen *m* (für den Huckepackverkehr) ‖ ~ **mode** (Comp) / Huckepackverfahren *n* (ein Quittierungsverfahren), Piggy-Backing *n* ‖ ~ **satellite** (US) (Space) / Huckepacksatellit *m* (ein kleiner Messsatellit, der mit einem größeren Satelliten verbunden gestartet und erst in der Umlaufbahn von diesem getrennt wird)
**pig iron**\* (Met) / Roheisen *n* (in Masseln), RE, Masseleisen *n*
**pig-iron making** (Met) / Roheisenerzeugung *f* (meistens im Hochofen), Roheisenherstellung *f*, Roheisengewinnung *f* ‖ ~ **mixer** (Met) / Roheisenmischer *m*, Mischer *m* (im Hochofenwerk)
**pig-launching trap** (Eng) / Molchaufgabestation *f*, Aufgabeschleuse *f* (für Molche)
**pig lead** (Met) / Blockblei *n*
**piglet** *n* (Met) / Massel *f* (kleine)
**pigment** *v* (Biol, Paint) / pigmentieren *v* ‖ ~* *n* (Biol) / Pigment *n* ‖ ~ (Build) / Farbmittel *n* (Betonzusatzstoff nach DIN 1045) ‖ ~* (Chem, Paint) / Pigment *n* (ein in Lösungsmitteln und/oder Bindemitteln unlösliches, organisches oder anorganisches, buntes oder unbuntes Farbmittel - DIN 55943 und 55945)
**pigmentation** *n* (Biol, Paint) / Pigmentation *f*, Pigmentierung *f* ‖ ~ (Chem Eng) / Füllung *f* (des Kautschuks mit Pigmentfüllstoffen)
**pigment binding** (Paint) / Pigmentverankerung *f* ‖ ~ **black** (Paint) / Pigmentruß *m* (feinteiliger Industrieruß, der als Schwarzpigment, als Leitfähigkeitsruß und zur UV-Stabilisierung eingesetzt wird), Farbruß *m*, Kohlenstoffpigment *n* ‖ ~ **compatibility** (Paint) / Pigmentverträglichkeit *f* ‖ ~ **content** (Paint) / Pigmentgehalt *m* (Verhältnis von Pigment zum Bindemittel)
**pigmented concrete** (Build, Civ Eng) / farbiger Beton (farbige Zuschläge, Farbpigmente oder besondere Oberflächenbehandlung)
**pigment-finished leather** (Leather) / Leder *n* mit Pigmentzurichtung
**pigment grinding** (Paint) / Pigmentanreibung *f* ‖ ~ **lake** (Paint) / verlacktes Pigment ‖ ~ **orientation** (Paint) / Pigmentorientierung *f* (bei Effektpigmenten) ‖ ~ **paper** (Print) / Pigmentpapier *n* (ein Rohpapier, das mit einer angefärbten $K_2Cr_2O_7$ enthaltenden Gelatine beschichtet ist), Gelatinepigmentpapier *n* (für die Heliogravüre) ‖ ~ **particle** (Paint) / Pigmentteilchen *n* ‖ ~ **paste** (Paint) / Pigmentpaste *f*, Farbpaste *f* ‖ ~ **preparation** / vordispergiertes Pigment, Pigmentpräparation *f*, formiertes Pigment, Dispergierpigment *n*, Pigmentzubereitung *f*, Pigment-Masterbatch *m* ‖ ~ **printing** (Textiles) / Pigmentdruck *m* (Drucken mit Pigmenten) ‖ ~ **printing rich in white spirits** (Textiles) / benzinreicher Pigmentdruck ‖ ~ **printing without white spirits** (Textiles) / benzinfreier Pigmentdruck ‖ ~ **process** (Photog) / Pigmentverfahren *n* (ein historisches Edeldruckverfahren) ‖ ~ **shock** (seeding) (Paint) / Pigmentschock *m* (Flockung von Pigmenten und Füllstoffen beim Auflacken von Mahlpasten) ‖ ~ **volume concentration** (Paint) / Pigmentvolumenkonzentration *f*, PVK (Pigmentvolumenkonzentration) (das prozentuale Verhältnis des Volumenanteils der Pigmente und Füllstoffe eines Anstrichmittels zum Gesamtvolumen von dessen sämtlichen nichtflüchtigen Bestandteilen)
**pig mould** (Met) / Masselform *f*
**pignut hickory** (For) / Ferkelnuss *f* (Carya glabra (Mill.) Sweet)
**pig-receiving trap** (Eng) / Molchempfangsstation *f*, Empfangsschleuse *f* (für Molche)
**pigskin** *n* (a porcelain-enamel or glaze imperfection) (Ceramics) / lederartige Glasuroberfläche (Fehler) ‖ ~ (Ceramics) / Schweinshaut *f* (ein Glasurfehler) ‖ ~ (Leather) / Schweinsleder *n* ‖ ~ (Leather) / Schweinshaut *f* ‖ ~ (Leather) s. also carpincho leather and peccary leather
**pigsty timbering** (Mining) / Holzkastenausbau *m*
**pigtail**\* *n* (Elec Eng) / Anschlusslitze *f* (kurze), bewegliche Anschlussleitung ‖ ~ (a short length of optical fibre, permanently fixed to a component, used to couple power between it and the transmission fibre) (Electronics) / Glasfaseranschluss *m* (bei den pin-FET-Empfängern) ‖ ~ (a short length of optical fibre, permanently fixed to a component, used to couple power between it and transmission fibre) (Telecomm) / Anschlussfaser *f* (zwischen einem Bauelement und einer Übertragungsfaser - DIN 57 888, T 1), Vorlauffaser *f*, Vorschaltfaser *f* ‖ ~ **thread guide** (Textiles) / Sauschwänzchen *n* (ein Fadenführer), Sauschwanzfadenführer *m*
**pig trap** (launching or receiving) (Eng) / Molchstation *f*, Molchschleuse *f* ‖ ~ **trapping** (Eng) / Molchdurchschleusung *f*
**pike** *n* (Autos) / Straßenbenutzungsgebühr *f* (z.B. auf italienischen, tschechischen und französischen Autobahnen), Straßengebühr *f*, Straßenmaut *f*, Maut *f* (auf deutschen und österreichischen Autobahnen) ‖ ~ (Autos) / Mautstraße *f* (A), Mautstrecke *f* (A), gebührenpflichtige Autobahn ‖ ~ (Autos) / Turnpike *f* (pl. -s) (Bezeichnung bestimmter US-amerikanischer Autobahnen)
**pike-grey** *adj* / hechtgrau *adj*, hechtblau *adj*
**pilaster**\* *n* (attached) (Arch) / Pilaster *m* (ein Wandpfeiler)
**pilaster strip**\* (Arch) / Lisene *f* (schwach vortretende, vertikale Mauerverstärkung ohne Basis und Kapitell zur Gliederung von Fassaden)
**pilchard** *n* / Pilchard *m* (größere, bis 30 cm große Sardine) ‖ ~ **oil** (Nut) / Pilchardöl *n* (aus Sardina pilchardus Walb.)
**pile** *v* / einstapeln *v*, stapeln *v*, auf Stapel absetzen, aufstapeln *v*, aufschichten *v* ‖ ~ (Civ Eng) / rammen *v*, pilotieren *v*, einrammen *v*, eintreiben *v* (Pfähle), treiben *v* (Pfähle) ‖ ~ (Leather) / einschichten *v* (Blößen mit Vegetabilgerbstoffen in der Grube) ‖ ~ (Leather) / ablagern *v* (Häute zwischen zwei Arbeitsgängen) ‖ ~ (Met) / paketieren *v* (Schrott), zu Paketen pressen ‖ ~ *n* (a large imposing building or group of buildings) (Build) / großes Gebäude, Gebäudekomplex *m* ‖ ~ (Build, Civ Eng) / Gründungspfahl *m*, Pfahl *m* (im Grundbau verwendetes Konstruktionselement) ‖ ~ (Civ Eng, Mining) / Getriebepfahl *m* ‖ ~* (Elec Eng) / Thermosäule *f* (mehrere elektrisch in Reihe und thermisch parallel geschaltete Thermoelemente), Thermokette *f* ‖ ~ (Leather) / Pile *n* (Stapel von gesalzenen Rohhäuten) ‖ ~* (of plates) (Light, Optics) / Plattensatz *m* (in der Polarisationstechnik), Satz *m* von Platten ‖ ~ (Met) / Paket *n* (z.B. Schrott oder Brennholz) ‖ ~ (Mining) / Abtreibepfahl *m*, Getriebepfahl *m* ‖ ~ (Nuc Eng) / Kernreaktor *m*, Reaktor *m*, Pile *n* (pl. Piles), Atomreaktor *m* ‖ ~ (Textiles) / Pol *m* (durch Noppen oder Schlingen charakterisierte Schauseite) ‖ ~* (Textiles) / Haardecke *f*, Faserflor *m* (bei Poltextilien), Flordecke *f*, Polschicht *f* (bei Poltextilien) ‖ ~* (Textiles) / Strich *m* (des Gewebes), Flor *m* (Oberfläche von Florgeweben), Haar *n* ‖ ~* (Textiles) / Polschicht *f*, Florschicht *f* (des Teppichs) ‖ ~ **anchorage** (Textiles) / Polhaftung *f* ‖

**pile**

**~ base** (Civ Eng) / Pfahlfuß m || **~ batter** (Civ Eng) / Pfahlneigung f || **~ bent** (Civ Eng) / Pfahljoch n (Gruppe zusammengehöriger Rammpfähle mit Längs- und Querverstrebungen zur Unterstützung eines Brückenbauwerkes oder eines Montagegerüsts) || **~ berth** (Ships) / Dalbenliegeplatz m || **~ bridge** (Civ Eng) / Pfahljochbrücke f (Holzbrücke, welche aus einfachen Pfahljochen besteht, die mit Holzplanken bedeckt sind) || **~ cap** (Civ Eng) / Pfahlkopfplatte f || **~ cap** (Civ Eng) / Rammpfahlkopfschutz m, Pfahlkopfschutz m (gegen Aufsplitterung beim Rammen, z.B. Pfahlring), Schlaghaube f (des Rammpfahls), Rammhaube f || **~ carpet** (Textiles) / Florteppich m, Polteppich m || **~ circular knitting machine** (Textiles) / Florrundstrickmaschine f || **~ delivery*** (Print) / Stapelausleger m || **~ delivery*** (Print) / Stapelauslage f (Tätigkeit) || **~ density** (Textiles) / Flordichte f, Poldichte f

**piled foundation** (Civ Eng) / Pfahlgründung f (die Bauwerkslasten werden durch Pfähle auf tiefer liegende tragfähige Bodenschichten übertragen) || **~ platform** (Oils) / Stahlplattform f

**pile drawer** (Civ Eng) / Pfahlausziehmaschine f (zum Ausziehen von Rammgütern), Pfahlzieher m, Pfahlziehgerät n || **~ driver*** (Civ Eng) / Pfahlramme f, Ramme f || **~ driving** (Civ Eng) / Pfahltreiben n, Rammen n, Einrammen n, Rammarbeit f

**pile-driving formula** (Civ Eng) / Rammformel f || **~ hoist** (Civ Eng) / Rammwinde f

**pile extractor** (Civ Eng) / Pfahlausziehmaschine f (zum Ausziehen von Rammgütern), Pfahlzieher m, Pfahlziehgerät n || **~ fabric** (Textiles, Weaving) / Florgewebe n, Polgewebe n, Velours m (Florgewebe), Poltextilie f || **~ feeder** (Print) / Stapelanleger m || **~ floor covering** (Textiles) / Florteppich m, Polteppich m || **~ frame** (Civ Eng) / Rammgerüst n || **~ frame*** (Civ Eng) / Pfahlramme f, Ramme f || **~ friction** (Civ Eng) / Mantelreibung f (des Pfahls) || **~ goods** (Textiles) / Florware f, Poltextilien pl || **~ hammer** (generally either a drop hammer or a double-acting hammer) (Civ Eng) / Pfahlramme f, Ramme f || **~ helmet** (a cast-steel cap) (Civ Eng) / Rammpfahlkopfschutz m, Pfahlkopfschutz m (gegen Aufsplitterung beim Rammen, z.B. Pfahlring), Schlaghaube f (des Rammpfahls), Rammhaube f || **~ hoop*** (a driving band) (Civ Eng) / Pfahlring m, Stahlring m am Pfahlkopf (gegen Aufsplitterung beim Rammen) || **~ jetting** (Civ Eng) / Pfahltreiben n mit Wasserspülung, Spülbohrverfahren n (bei der Pfahlgründung, bei Ortbohrpfählen) || **~ layboy** (Paper) / Stapelableger m

**pileless** adj || **~** kahl adj, glatt adj (ungerauht) || **~** (Textiles) / kahlgeschnitten adj, kahl geschoren adj || **~ finish** (Textiles) / Kahlappretur f, Kahlausrüstung f || **~ platform** (Oils) / Schwergewichtskonstruktion f (die ihre Standfestigkeit ausschließlich ihrem Eigengewicht verdankt)

**pile lining** (Textiles) / Teddy-Futter n || **~ load** (Civ Eng) / Pfahltraglast f, Pfahlbelastung f || **~ loop** (Textiles) / Florschleife f, Polschleife f, Polschlinge f, Polhenkel m, Plüschhenkel m, Plüschschleife f || **~ misalignment** (Textiles) / Polverlegung f (bei Teppichen) || **~ resilience** (Textiles) / Polstand m (bei Teppichen) || **~ reversing** (Textiles) / Strichbildung f (bei Velourstepppichen) || **~ ring** (Civ Eng) / Pfahlring m, Stahlring m am Pfahlkopf (gegen Aufsplitterung beim Rammen) || **~ roller** (Spinning) / Strichwalze f (z.B. bei Kratzenraumaschinen)

**piles, in ~** / stoßweise adv (in Stapeln)

**pile settlement** (Civ Eng) / Pfahlsetzung f || **~-shoe*** n (Civ Eng) / Pfahlschuh m || **~ sinker** (Weaving) / Polplatine f || **~ thread** (Textiles) / Schlingenfaden m, Polfaden m || **~ toe** (Civ Eng) / Pfahlspitze f || **~ transshipment** (Ships) / Dalbenumschlag m (Bord-Bord-Umschlag zwischen Seeschiff und Binnenschiff oder Schute, wobei das Seeschiff am Dalbenliegeplatz festgemacht hat) || **~ tuft** (Textiles, Weaving) / Polschlinge f (bei Teppichen) || **~ up** v (in einem v, stapeln v, auf Stapel absetzen, aufstapeln v, aufschichten v || **~-up** n (Autos) / Massenkarambolage f (meistens nach einem Auffahrunfall)

**pile-up** n (Cinema) / Filmsalat m (in der Kamera) || **~** (Crystal) / Aufstau m (Versetzungen)

**pile•-up** n (Elec Eng) / Federsatz m (bei Relais) || **~-up error** (Electronics, Nuc) / Pile-up-Fehler m (Amplitudenverfälschungen durch Mehrfach-Überlagerungen der Detektorsignale) || **~-up suppressor** (Electronics, Nuc) / Pile-up-Schaltung f, Pile-up-Unterdrückungsschaltung f (zur Trennung der Detektorsignale)

**pileus*** n (pl. pilei) (Meteor) / Kappe f (bei Wolkengattungen Kumulus und Kumulonimbus, Pileus m (pl. Pilei)

**pile wall** (Civ Eng) / Pfahlwand f (zur Befestigung der Baugrubenwände) || **~ warp** (Weaving) / Florkette f, Polkette f || **~ warp beam** (Weaving) / Florkettbaum m || **~ worm** (Zool) / Schiffsbohrmuschel f, Schiffsbohrwurm m (eine Bohrmuschel), Pfahlwurm m (Teredo navalis) || **~ yarn** (Spinning) / Florgarn n, Polgarn n

**pilfer-proof** adj / diebstahlsicher adj (Verschluss) || **~** / mit Garantieverschluss

**pilger** n (Met) / Pilgerdorn m || **~ mandrel** (Met) / Pilgerdorn m || **≃ mill** (Met) / Pilgerschrittwalzwerk n, Pilgerwalzanlage f || **~ motion** (Met) / Pilgerschrittbewegung f || **~ roll** (Met) / Pilgerwalze f || **≃ tube-reducing process** (Met) / Pilgerschrittverfahren n (bei dem die Rohrluppen zu dünnwandigen Rohren ausgewalzt werden), Pilgerschrittwalzen n

**piling** n / Einstapeln n, Stapeln n (standsicheres Übereinanderstellen von Stückgütern als spezielle Lagerungsart), Stapelung f, Aufstapeln n || **~** (Civ Eng) / Verpfählen n zur Bodenfestigung || **~** (Civ Eng) / Pfahlrost m, Pfahlrostbau m (Fundament zur Errichtung von Molen und Kaibauwerken) || **~** (Civ Eng) / Pfahltreiben n, Rammen n, Einrammen n, Rammarbeit f || **~** (Civ Eng) / Haldenschüttung f || **~** (Met) / Paketieren n (von Blechen) || **~** (Mining) / Getriebearbeit f (vertikal), Abtreibeverfahren n || **~** (Paint) / zu rasches Anziehen (Bildung des Ansatzes) || **~*** (Print) / Aufbauen n (Anhäufen von Druckfarbe auf den farbübertragenden Teilen der Offset-Druckmaschine) || **~ and bundling machine** (Met) / Paketiermaschine f, Paketieranlage f || **~ and forging** (Met) / Paketieren n (von Schrott)

**piling-up** n (Autos, I C Engs) / Gemischüberfettung f durch Kraftstoffniederschlag im Ansaugkrümmer || **~ of water** (Hyd Eng) / Wasserstau m

**Pilkington process** (a glass-making process in which molten glass is poured continuously from the tank and passed between rolls to form a continuous sheet of prescribed thickness) (Glass) / Float-Verfahren n (Spiegelglasherstellung nach Pilkington Brothers Ltd.), Schwimmverfahren n, Floatglasverfahren n || **≃ twin process*** (Glass) / Spiegelglasherstellung f nach dem Pilkington-Verfahren (beidseitig geschliffenes und poliertes Glas besonderer Homogenität)

**pill** n (Pharm) / Pille f || **~** (Telecomm) / Hohlleiter m mit parallelen Platten || **~** (Weaving) / Pillen n, Pillneigung f (eine unerwünschte Bildung von Faserkügelchen, Knötchen oder Noppen an der Oberfläche von Textilien), Pillbildung f, Pillingeffekt m, Pilling n, Pillingbildung f

**pillar** n (Arch, Civ Eng) / Pfeiler m || **~** (Autos) / Säule f || **~** (Build, Carp, Civ Eng) / Stütze f (aufrechtes, meist stabförmiges Bauglied, das je nach seinem Querschnitt als Säule oder als Pfeiler bezeichnet wird), Abstützung f, Auflage f, Auflager n (Stelle, an der ein Tragwerk an der Unterkonstruktion aufliegt und die von ihm belastet wird) || **~*** (Elec Eng) / Schaltsäule f || **~** (Electronics) / Bondhügel m, Kontakthöcker m || **~** (Eng) / Führungssäule f (der Führung der Kopfplatte dienendes Teil eines Säulenführungsgestells) || **~*** (Mining) / Pfeiler m (Lagerstättenteil, der das Dach für bestimmte Zeit stützen soll und nach Erfüllung dieser Aufgabe selbst abgebaut wird) || **~*** (Mining) / Bergfeste f, Feste f (ein Lagerstättenteil, z.B. beim Kammerbau)

**pillar-and-chamber system** (Mining) / Kammerpfeilerbau m

**pillar-and-room system** (Mining) / Kammerpfeilerbau m

**pillar-and-stall system*** (Mining) / Pfeilerbau m (mit pfeilerartiger Bauweise in Verbindung mit Versatzbau oder Bruchbau)

**pillar arch** (Mining) / Bogen m (des Hafenofens) || **~ burst** (Mining) / Pfeilerbruch m || **~ die set** (Eng) / Säulengestell n (Unterplatte, Oberplatte, Führungssäulen, Einspannzapfen), Säulenführungsgestell n || **~ drill*** (Eng) / Säulenbohrmaschine f (mit schwenkbarem Tisch - für kleinere Durchmesser) || **~ extraction** (Mining) / Pfeilerabbau m || **~ file** (Tools) / Stiftfeile f || **~ hydrant** / Überflurhydrant m (DIN 3222) || **~ hydrant key** (GB) / Überflurhydrantenschlüssel m

**pillaring** n (Mining) / Pfeilerbau m (mit pfeilerartiger Bauweise in Verbindung mit Versatzbau oder Bruchbau) || **~** (Mining) / Pfeilerabbau m

**pillar jack** (Autos) / Stempelwagenheber m || **~ mining** (Mining) / Pfeilerabbau m

**pillar-mounted slewing crane** (Eng) / Säulendrehkran m

**pillar press** (Eng) / Säulenpresse f (meistens eine 2-Säulen-Presse; eine Freiform-Schmiedepresse) || **~ remnant** (Mining) / Restpfeiler m (beim Abbau stehen gebliebener Lagerstättenteil) || **~ tap** (Build) / Standhahn m || **~ tap** (Civ Eng) / Standventil n || **~ tap** (Eng) / Standrohr n (des Unterflurhydranten)

**pillar-type construction** (Eng) / Säulenbauart f (der Presse)

**pillar working** (Mining) / Festenbau m (Schutz durch Stehenlassen von Bergfesten)

**pillbox** n (Telecomm) / Hohlleiter m mit parallelen Platten || **~ antenna** (Radio) / Parabolzylinder-Antenne f (eine Mikrowellenantenne), Käseschachtelantenne f (wenn der Abstand der metallischen Platten größer ist als eine Wellenlänge), Tortenschachtelantenne f || **~ antenna** (Radio) / Kastenschachtelantenne f, Segmentantenne f || **~ antenna** (Radio) s. also cheese antenna

**pill bug** (Agric, For) / Kellerassel f (Porcellio scaber Latr. - eine Landassel)

**pilling** *n* (Weaving) / Pillen *n*, Pillneigung *f* (eine unerwünschte Bildung von Faserkügelchen, Knötchen oder Noppen an der Oberfläche von Textilien), Pillbildung *f*, Pillingeffekt *m*, Pilling *n*, Pillingbildung *f*
**pilling-free** *adj* (Textiles) / pillingfrei *adj*
**pilling level** (Textiles) / Pillgrad *m* ‖ **~ resistance** (Textiles) / Pillresistenz *f* (Widerstandsfähigkeit der textilen Warenoberfläche gegenüber einem durch mechanische Beanspruchungen entstehenden Pilling) ‖ **~ test** (Textiles) / Pillingprüfung *f*, Pilltest *m*
**pillion** *n* (Autos) / Beifahrersitz *m* (für den Beifahrer auf dem Kraftrad), Sozius *m* (pl. Soziusse - ein Sitz) ‖ **~ passenger** (Autos) / Sozius *m* (pl. Soziusse) ‖ **~ rider** (Autos) / Sozius *m* (pl. Soziusse)
**pillow** *n* / Kissen *n* ‖ **~ bearing** (Eng) / Stehlager *n* ‖ **~ block** (Eng) / Stehlager *n* ‖ **~ distortion*** (Optics, TV) / kissenförmige Verzeichnung, Kissenverzeichnung *f* (ein monochromatischer Abbildungsfehler) ‖ **~ lava*** (usually basaltic or andesitic) (Geol) / Pillowlava *f*, Kissenlava *f* (wulst- bis kissenartige Struktur mit Durchmessern bis etwa 1 m) ‖ **~ structure*** (Geol) / kissenartige Struktur
**pills** *pl* (Textiles) / Pills *pl* (herausstehende Oberflächenknötchen, die durch knäuelförmige Verschlingung oder Verdrehen von Fasern, Faserenden, Elementarfäden oder Elementarfadenenden infolge mechanischer Beanspruchung entstehen)
**pill test** (Textiles) / amerikanischer Tablettentest (der Flammenschutzausrüstung)
**pilocarpidine** *n* (Chem) / Pilokarpidin *n*, Pilocarpidin *n*
**pilocarpine** *n* (Chem) / Pilokarpin *n* (Hauptalkaloid der Jaborandiblätter), Pilocarpin *n* (ein Imidazolalkaloid)
**pilose*** *adj* (Bot) / weichhaarig *adj*
**pilot** *v* / führen *v*, steuern *v*, lenken *v* ‖ **~** (Aero) / steuern *v* ‖ **~** (Eng) / vorsteuern *v* (Ventile) ‖ **~** (Ships) / lotsen *v* ‖ **~** *n* (Aero) / Pilot *m*, Luftfahrzeugführer *m*, Flugzeugführer *m* ‖ **~** (a navigational handbook for use at sea) (Cartography, Nav, Ships) / Seehandbuch *n*, Küstenhandbuch *n* ‖ **≃** *n* (Comp) / Pilot *n* (einfache Programmiersprache - z.B. für den Informatikunterricht mit Kindern) ‖ **~*** *n* (Elec Eng) / Hilfsleiter *m* ‖ **~** (Eng) / Führungszapfen *m* (DIN 373), Führungsstift *m* ‖ **~** (US) (Eng) / Einpass *m* (vorspringender Teil eines Bauelements, der in eine entsprechende Einpassöffnung in einem anderen Bauelement passt und zur Fixierung dient) ‖ **~** (Eng) / Sucherstift *m*, Suchstift *m* (in der Stempelaufnahmeplatte von Folgeschnitten) ‖ **~** (Radio) / Probesendung *f*, Probesignal *n* ‖ **~** (US) (Rail) / Bahnräumer *m* (der Lokomotive), Gleisräumer *m*, Schienenräumer *m*, Kuhfänger *m* ‖ (Ships) / Lotse *m* ‖ **~*** (Telecomm) / Prüfader *f*, Hilfsader *f*
**pilot-actuate** *v* (Eng) / vorsteuern *v* (Ventile)
**pilotage** *n* (Nav) / terrestrische Navigation (mit Hilfe von Ortungsverfahren, die auf visueller Beobachtung von terrestrischen Objekten beruht), Sichtnavigation *f* ‖ **~** (Ships) / Lotsenkunde *f*, Lotsenwesen *n* ‖ **~** (Ships) / Lotsengebühr *f*
**pilot air screw** (Autos, I C Engs) / Leerlaufeinstellschraube *f* ‖ **~ application** / Pilotanwendung *f* ‖ **~ arc** (Welding) / Hilfslichtbogen *m*, Startlichtbogen *m*, Zündlichtbogen *m*
**pilotaxitic texture*** (Geol) / pilotaxitische Struktur
**pilot balloon*** (Meteor) / Pilotballon *m* (meistens mit Radiosonden - zur Höhenwindmessung) ‖ **~ bearing** (Autos) / Pilotlager *n* (der Kupplung) ‖ **~ bearing** (Eng) / Führungslager *n* ‖ **~ bit** (Mining) / Vorbohrer *m*, Pilotbohrer *m* (vorderster Teil eines Drehbohrkopfes) ‖ **~ boat** (Ships) / Lotsenboot *n* ‖ **~ borehole** (Mining) / Vorbohrloch *n* (meistens ein Großbohrloch) ‖ **~ briefing** (Aero) / Briefing *n* (Flugberatung), Einsatzbesprechung *f* ‖ **~ broadcast** (Radio, TV) / Pilotsendung *f* ‖ **~ bushing** (Eng) / Führungsbuchse *f* ‖ **~ canopy** (Aero) / Ausziehschirm *m*, Hilfsschirm *m* (der die Fallschirmhülle beim Entfalten aus der Verpackung reißt) ‖ **~ carrier*** (Telecomm) / Pilotträger *m* ‖ **~ casting** (Foundry) / Probeabguss *m*, Probeguss *m* ‖ **~ cell*** (Elec Eng) / Prüfzelle *f* (der Batterie) ‖ **~ certificate** (Aero) / Luftfahrerschein *m* ‖ **~ chart** (Cartography, Ships) / Pilotchart *n* ‖ **~ chute** (Aero) / Ausziehschirm *m*, Hilfsschirm *m* (der die Fallschirmhülle beim Entfalten aus der Verpackung reißt) ‖ **~ circuit** (Automation) / Steuerstromkreis *m* (zur Übertragung von Steuersignalen), Pilotstromkreis *m*, Kontrollstromkreis *m* ‖ **~-cloth** *n* (Textiles) / dunkelblauer Wollfries, Lotsentuch *n* ‖ **~-cloth** (Textiles) / Pilot *m* (für Uniformen, Arbeits- und Sportkleidung - dem Moleskin ähnlich) ‖ **~ code** (Comp) / Vorkode *m*, Vorcode *m* ‖ **~ contractor*** / federführendes Unternehmen (beim Konsortialgeschäft) ‖ **~-controlled** *adj* (Automation) / vorgesteuert *adj* (Hydraulik- und Pneumatikventile) ‖ **~-controlled** (Automation) / hilfsgesteuert *adj*, mit Hilfssteuerung ‖ **~ controller*** (Elec Eng) / Hauptsignalsteuereinheit *f* (in der Verkehrsregelung) ‖ **~ drift** (Civ Eng) / Vorstollen *m*, Pilotstollen *m* ‖ **~ drift** (Civ Eng) / Richtstollen *m* (ein Erschließungsstollen zur Erkundung der Gebirgsverhältnisse oder ein Hilfsstollen zur Festlegung der Tunnelachse) ‖ **~ drift** (Civ Eng) / Vorschnitt *m* ‖ **~ drift** (Mining) / Erkundungsstrecke *f*, Suchstrecke *f* ‖ **~ drilling** (Mining) / Vorbohren *n*, Pilotbohren *n*

**piloted** *adj* (Aero, Ships, Space) / bemannt *adj* ‖ **~ burner** (Eng) / Doppelkranzbrenner *m* ‖ **~ counterbore** (Eng) / Zapfensenker *m* ‖ **~ counterbore** (Eng) / Flachsenker *m* (DIN 373 und 375), Kopfsenker *m*, Plansenker *m* ‖ **~ counterbore** (US) (Eng) / Halssenker *m* (DIN 373) ‖ **~ countersink** (Eng) / Zapfenspitzsenker *m*
**pilot electrode*** (Electronics) / Zündelektrode *f* ‖ **~ engine*** (Rail) / Leerlokomotive *f* (die vor einem Zug vorausfährt) ‖ **~ exciting machine** (Elec Eng) / Hilfserregermaschine *f* ‖ **~ farm** (Agric) / Mustergut *n*, landwirtschaftlicher Musterbetrieb ‖ **~ fit** (Elec Eng, Eng) / Zentriervorrichtung *f*, Durchgangsloch *n* mit Zapfen ‖ **~ flag** (Ships) / Lotsenflagge *f* ‖ **~ flame** / Wachflamme *f* (die einen Flammenfühler, z.B. Thermoelement, beeinflusst) ‖ **~ frequency** (Elec Eng) / Leitfrequenz *f* ‖ **~ frequency** (Teleg) / Pilotfrequenz *f* (in der Wechselstromtelegrafie) ‖ **~ frequency generator** (Elec Eng) / Leitfrequenzgeber *m*, LFG
**pilot-frequency recording** (Radio) / Pilotfrequenzverfahren *n*, Pilottonverfahren *n* (hochfrequente Rundfunkübertragung)
**pilotherm*** *n* (Heat) / Thermostat *m* mit Bimetall-Temperaturregler
**pilot hole** (Eng) / Aufnahmebohrung *f* (zur Aufnahme der Räumnadel) ‖ **~ hole** (For) / Vorbohrloch *n*, Führungsloch *n* ‖ **~ house** (Ships) / Ruderhaus *n*, Steuerhaus *n*
**pilot-in-command** *n* (Aero) / erster Flugzeugführer, verantwortlicher Pilot, verantwortlicher Luftfahrzeugführer, Luftfahrzeugkommandant *m*, Flugzeugkommandant *m*
**pilot injection** (I C Engs) / Piloteinspritzung *f* (kurz vor der Haupteinspritzung)
**pilotis*** *n* (Arch) / Pilotis *f* (Pfeiler oder Stützen, die ein Bauwerk tragen, das dadurch erst in Höhe des ersten Stockes beginnt, wobei das Erdgeschoss offen bleibt)
**pilot issue** / Nullnummer *f* (vor der ersten Nummer erscheinendes kostenloses Testexemplar einer Zeitschrift oder einer Zeitung) ‖ **~ lamp*** (Elec Eng) / Kontrolllämpchen *n*, Warnleuchte *f*, Warnlampe *f*, Kontrollleuchte *f*, Kontrolllampe *f* ‖ **~ lamp** (Elec Eng) / Anzeigeleuchte *f*, Kennleuchte *f*, Meldeleuchte *f* ‖ **~ lamp** (Elec Eng) / Kennlampe *f*, Meldelampe *f* ‖ **~ lamp*** (Teleph) / Platzlampe *f*, Überwachungslampe *f* ‖ **~ launch** (Ships) / Lotsenboot *n*
**pilotless** *adj* (Aero, Ships, Space) / unbemannt *adj* ‖ **~ aircraft** (Aero) / unbemanntes Flugzeug
**pilot licence** (Aero) / Luftfahrerschein *m* ‖ **~ light** / Zündflamme *f* (z.B. des Gaswasserheizers), Dauerflamme *f* ‖ **~ light** (Cinema) / Einstelllicht *n*, Pilotlicht *n* ‖ **~ light** (Elec Eng) / Anzeigeleuchte *f*, Kennleuchte *f*, Meldeleuchte *f* ‖ **~ line** (Elec Eng) / Vor-Vorseil *n* (bei der Montage von Freileitungsseilen) ‖ **~ lot** (Work Study) / Nullserie *f* (vor Beginn der Anlaufserie), Vorserie *f* ‖ **~ nail*** (Build) / Heftnagel *m*
**pilot-operate** *v* (Eng) / vorsteuern *v* (Ventile)
**pilot-operated valve** (Eng) / hilfsgesteuertes Ventil
**pilot parachute** (Aero) / Ausziehschirm *m*, Hilfsschirm *m* (der die Fallschirmhülle beim Entfalten aus der Verpackung reißt) ‖ **~ pin*** (Eng) / Führungszapfen *m* (DIN 373), Führungsstift *m* ‖ **~ pin*** (Eng) / Sucher *m* (des Folgeschnitts) ‖ **~ plant*** (Chem Eng, Eng) / Versuchsbetrieb *m*, Pilotanlage *f*, Pilotanlage *f* (halbtechnische Versuchsanlage), Technikum *n* (Pilotplant) ‖ **~ project** / Pilotprojekt *n* ‖ **~ radio service** (Ships) / Lotsenfunk *m* ‖ **~ report** (Aero) / Pilotreport *m*, Wettermeldung *f* des Piloten ‖ **~ shaft** (a shaft or tunnel driven to a small part of the dimensions of a large shaft or tunnel) (Civ Eng) / Firststollen *m*, Firste *f* (ein Richtstollen im Tunnelbau)
**pilot's ladder** (Ships) / Lotsentreppe *f*, Sturmleiter *f* (Zugang zum Schiff als Strickleiter mit viereckigen Sprossen zum Ersteigen des Schiffs von einem Boot aus)
**pilot study** / Pilotstudie *f* (Voruntersuchung zu einem Projekt) ‖ **~ survey** / kleine Replica of the main survey in which all or most of the survey procedures are pretested) (Stats) / Vorerhebung *f*, Probeerhebung *f* ‖ **~ switch** (Elec Eng) / Wächter *m* (ein Grenzsignalgeber) ‖ **~ tone** (Radio) / Pilotsignal *n*, Pilotton *m* (UKW-Stereophonie)
**pilot-tone frequency** (Radio) / Pilottonfrequenz *f*
**pilot tunnel** (Civ Eng) / Firststollen *m*, Firste *f* (ein Richtstollen im Tunnelbau) ‖ **~ valve** (Automation, Eng) / Vorsteuerventil *n* (DIN 24300) ‖ **~ valve*** (Eng) / Hilfssteuerventil *n* ‖ **~ valve*** (Eng) / Servoventil *n* (mechanisch oder elektrisch betätigtes Ventil in Hydraulik- und Pneumatikanlagen) ‖ **~ voltmeter*** (Elec Eng) / Fernvoltmeter *n* ‖ **~ warning indicator** (Aero) / Warnanzeiger *m* (für den Piloten kleinerer Flugzeuge) ‖ **~ wire** (Cables) / Messdraht *m*, Messader *f* ‖ **~ wire*** (Elec Eng) / Hilfsleiter *m* ‖ **~ wire*** (Telecomm) / Prüfader *f*, Hilfsader *f*
**pilous** *adj* (Bot) / weichhaarig *adj*
**PIM*** (personal information manager) (Comp) / Personal Information Manager *m* (ein Zeitplanungssystem) ‖ **≃** (protocol-independent multicasting) (Comp, Telecomm) /

**pima**

Protokoll-Independent-Multicasting n, protokollunabhängiges Multicasting
**pima cotton** (Textiles) / Pima-Baumwolle f (aus Arizona, Texas und Kalifornien)
**pimaric acid** (Chem) / Pimarsäure f (wichtige, in verschiedenen Koniferenharzen enthaltene Harzsäure)
**pimaricin** n (Nut, Pharm) / Natamycin n (ein Makrolidantibiotikum und Konservierungsstoff gegen Schimmelpilze - E 235), Pimaricin n
**pimelate** n (Chem) / Pimelat n (Salz oder Ester der Pimelinsäure)
**pimelic acid*** (Chem) / Pimelinsäure f (eine höhere, gesättigte Dikarbonsäure), Heptandisäure f (1,5-Pentadicarbonsäure)
**pimenta oil** (Nut) / Pimentöl n, Neugewürzöl n (A) (das etherische Öl aus den Samen der Pimenta dioica (L.) Merr.), Oleum n Amomi seu Pimentae
**pimento oil** (Nut) / Pimentöl n, Neugewürzöl n (A) (das etherische Öl aus den Samen der Pimenta dioica (L.) Merr.), Oleum n Amomi seu Pimentae
**pi•-meson*** n (Nuc) / Pion n, Pi-Meson n, π-Meson n ‖ **~-mode*** n (Electronics) / Pi-Modus m, Pi-Schwingungsart f, Pi-Mode m
**pimple** n (Plastics) / Pickel m (Oberflächenfehler)
**pimples** pl (small rounded or conical defects occurring on the surface of porcelain enamels, glazes, and other coatings during firing) (Ceramics) / Gußblasen f pl, Pocken f pl (stecknadelkopfgroße Aufwölbungen der Glasoberfläche), Glühpocken f pl, Grießpocken f pl, Grieß m, Spritzpocken f pl, Pusteln f pl
**pimpling** n (Ceramics) / Pustelbildung f (ein Glasurfehler) ‖ ~* (Nuc Eng) / Blisterung n (bei Kernbrennstoffen), Bildung f blasenförmiger Abscheidungen, Blasenbildung f (bei Kernbrennstoffen), Porenbildung f ‖ ~ (Plastics) / Pickelbildung f
**PIN** (personal identification number) (Comp, Teleph) / PIN (persönliche Identifikationsnummer), persönliche Identifikationsnummer (Zahlenfolge, die jeder Inhaber einer Chipkarte oder einer Magnetstreifenkarte als Geheimnummer erhält)
**pin** (personal identification number) (Comp, Teleph) / PIN (persönliche Identifikationsnummer), persönliche Identifikationsnummer (Zahlenfolge, die jeder Inhaber einer Chipkarte oder einer Magnetstreifenkarte als Geheimnummer erhält) ‖ ~ v / feststecken v (mit Nadeln), stecken v (mit Nadeln), anstecken v ‖ ~ (Crystal) / verankern v (Versetzungen) ‖ ~ (Eng) / verstiften v, mit Passstift verbinden ‖ ~ (Eng) / benadeln v, mit Nadeln besetzen ‖ ~ (Textiles) / aufnadeln v, benadeln v ‖ ~ n / Pflock m, Holzpflock m ‖ ~ (Brew) / kleines Fass (von 4,5 Gallonen) ‖ ~ (Carp, Join) / Schwalbenschwanzzinke f (in der Schwalbenschwanzverbindung), Schwalbenschwanz m, Schwalbe f, Zapfen m ‖ ~ (dovetail, swallowtail, right) (Carp, Join) / Zinke f, Zinken m ‖ ~ (an item of kiln furniture consisting of a triangular refractory bar or peg employed as a support for ware during firing) (Ceramics) / Dreikantleiste f (eine Brennstütze), Brennstütze f (dreikantige), Pinne f (ein Brennhilfsmittel), Pin m ‖ ~ (Cinema) / Greifer m, Klaue f (des Transportmechanismus) ‖ ~ (Comp) / Stift m (der Stiftraupe) ‖ ~ (Comp, Electronics, Telecomm) / Anschlusspin m, Pin m ‖ ~* (Elec Eng) / Stift m (Bauelementanschluss), Steckerstift, Kontaktstift m, Anschlussstift m ‖ ~ (Eng) / Spurzapfen m (als Lagerung ausgebildete Wellenende, das Axialkräfte aufnehmen soll) ‖ ~* (Eng) / Stift m, Zapfen m ‖ ~* (Eng) / Dorn m (zum Aufsetzen eines drehbaren Gegenstandes), Pinne f, Drehzapfen m, Drehbolzen m, Pivot m ‖ ~ (Drehzapfen, Schwenkzapfen) ‖ ~* (Eng) / Stift m (des Schlosses) ‖ ~ (Eng) / Austreibedorn m, Austreiber m ‖ ~ (Eng) / Stift m (der Stiftmühle) ‖ ~ (in bend testing) (Eng, Materials) / Stützdorn m (beim Biegen), Biegedorn m ‖ ~ (Med) / Pin m (für die Knochennagelung) ‖ ~* (Nuc Eng) / stabförmiges Brennelement (mit sehr kleinem Durchmesser), Brennstab m, Brennstoffstab m (mit sehr kleinem Durchmesser) ‖ ~ (Paint) / Dorn m (für den Dornbiegerversuch nach DIN 53152)
**Piña** n (Textiles) / Ananasfaser f ‖ ~ **cloth** (Textiles) / Ananasfasergewebe n, Ananasbatist m, Piñastoff m
**pinacoid*** n (Crystal) / Pinakoid n (zweiflächige, aus Fläche und Gegenfläche bestehende offene Kristallform)
**pinacol*** n (Chem) / Pinakol n (Tetramethylethylenglykol)
**pinacolone*** n (Chem) / Pinakolon n (3,3-Dimethyl-2-butanon)
**pinacol-pinacolone rearrangement** (Chem) / Pinakol-Pinakolon-Umlagerung f
**pinacol rearrangement** (Chem) / Pinakol-Pinakolon-Umlagerung f
**pin and socket** (Elec Eng) / Steckverbindung f (als Bauteil), Steckverbinder m (Steckdose + Stecker)
**pin-and-socket connector** (Elec Eng) / Steckverbindung f (als Bauteil), Steckverbinder m (Steckdose + Stecker)
**pinane** n (Chem) / Pinan n (ein Grundkörper der bizyklischen Monoterpene) ‖ ~ **hydroperoxide** (Chem) / Pinanhydroperoxid n
**pin assignment** (Comp) / Anschlussbelegung f (z.B. bei Mikroprozessoren), Pinbelegung f
**pin-assignment list** (Electronics) / Belegungsliste f (Gehäuseanschlüsse)

**pinaster** n (For) / Pinaster f, Strandkiefer f (Pinus pinaster Aiton), See-Strandkiefer f
**pinaverdol** n (Chem, Photog) / Pinaverdol n (der bekannteste Vertreter der Isocyane - dient vornehmlich als Sensibilisator)
**pin barrel*** (Horol) / Stiftwalze f ‖ ~ **base** (Elec Eng) / Stiftsockel m, Stecksockel m ‖ ~ **bearing** (Eng) / Zapfenlager n
**pinboard** n (a board covered with cork or plastic and fixed to a wall so that messages and pictures can be pinned on to it for display) / Pinboard n (pl. -s), Pinnwand f
**pincer gripper** (Eng) / Zangengreifer m, Pinzettengreifer m (eines IR)
**pincers** pl (Eng) / Kneifzange f, Kantenzange f, Beißzange f ‖ ~ (Glass) / Schnauzenschere f, Ausgussschere f
**pincer saw-set** (For) / Schränkzange f (zum Handschränken)
**pincer-side staple lasting machine** / Seitenklammerzwickmaschine f (für das Littleway-Verfahren der Schuhfabrikation)
**pincette** n (a pair of tweezers) / Pinzette f
**pinch** v / hebeln v (mit dem Brecheisen) ‖ ~ (Weaving) / noppen v (Noppen entfernen) ‖ ~ n (Acous) / breitenmäßig ungenaue Rillenführung (der Schallplatte) ‖ ~ (Elec Eng) / Quetschung f (ein Teil des Lampenfußes) ‖ ~* (Electronics) / Quetschfuß m (einer Röhre) ‖ ~ (Eng) / Einschnürung f ‖ ~ (Nut) / Prise f (z.B. Salz) ‖ ~ (Phys) / Pinch m (ein Plasmaschlauch oder -faden) ‖ ~ **bar** (Eng) / Brecheisen n (kleines), Brechstange f (kurze) ‖ ~ **bar** (Tools) / Hebeleisen n (mit Meißelzunge)
**pinch-base bulb** (Elec Eng) / Quetschsockellampe f
**pinchbeck** n (Met) / Pinchbeck m (ein Tombak mit 88-94% Cu und 6-12% Zn) ‖ ~ **alloy*** (Met) / Pinchbeck m (ein Tombak mit 88-94% Cu und 6-12% Zn)
**pinch cock** (Chem) / Quetschhahn m (Schraubklemme, federnde Metallschlinge) ‖ ~ **discharge** (Phys) / Pinchentladung f (elektrische Gasentladung mit so großer Stromdichte, dass das durch den Entladungsstrom hervorgerufene Magnetfeld die positive Säule der Gasentladung schlauchartig zusammenschnürt), Höchststromentladung f, Fadenentladung f ‖ ~ **effect*** (Nuc Eng) / Einschnüreffekt m, Pincheffekt m, Quetscheffekt m
**pinchers** pl (Glass) / Schnauzenschere f, Ausgussschere f
**pinch-in effect** (Electronics) / Einschnüreffekt m (bei Bipolartransistoren)
**pinching** n (For) / Klemmen n (der Säge in der Schnittfuge) ‖ ~ (of a stratum) (Geol) / Auskeilen n (einer Schicht) ‖ ~ (Weaving) / Noppen n (Entfernung von Noppen) ‖ ~ **dislocation** (Crystal) / eingeschnürte Versetzung f
**pinch nut** (Eng) / Gegenmutter f, Sicherungsmutter f, Kontermutter f ‖ ~ **off** v (Electronics) / abschnüren v ‖ ~ **off** (Eng) / abklemmen v (Schläuche mit der Abklemmzange)
**pinch-off** n (Electronics) / Abschnürung f, Abklemmung f ‖ ~ (blade) (Plastics) / Quetschkante f (Teil eines Hohlkörperblaswerkzeugs), Abquetschkante f (beim Blasformen), Schweißkante f, Schneidkante (Teil eines Hohlkörperblaswerkzeugs) ‖ ~ **voltage*** (Electronics) / Pinch-off-Spannung f, Abschnürspannung f
**pinch-out** n (the termination or end of a stratum or vein that narrows or thins progressively in a given direction until it disappears and the rocks it once separated are in contact) (Geol) / Verdrückung f, Dünnerwerden n (einer Schicht), Verdünnung f (einer Schicht)
**pinch pleat** (Textiles) / Büschelfalte f (bei Gardinen), Dreierfalte f (bei Gardinen) ‖ ~ **point** (Autos) / Einschnürung f (eine Maßnahme der Verkehrberuhigung) ‖ ~ **point** (Chem Eng) / Abflachungspunkt m (der Siede-Tau-Kurve), Knickpunkt m (der Siede-Tau-Kurve) ‖ ~ **point method** / Wärmeintegrationsanalyse f, Pinch-Point-Methode f ‖ ~ **resistance** (Electronics) / Pinchwiderstand m (Ohm'scher Widerstand bei integrierten Schaltungen) ‖ ~ **sensor** (Autos, Eng) / Einklemmsensor m ‖ ~ **valve** (Eng) / Quetschventil n
**pin•-compatible** adj (Electronics) / anschlusskompatibel adj, pinkompatibel adj (ein Bauelement, das Stift für Stift mit einem anderen anschlussmäßig übereinstimmt) ‖ ~ **configuration** (Comp) / Anschlussbelegung f (z.B. bei Mikroprozessoren), Pinbelegung f
**pin-connected** adj (Eng) / gelenkig angeschlossen, gelenkig verbunden (oder befestigt), angelenkt adj
**pin cop** (Spinning) / Pincop m, Schusskötzer m ‖ ~ **corner joint** (Carp, Join) / Dübelverbindung f (eine Flächeneckverbindung) ‖ ~ **corner joint** (Carp) s. also dovetail joint and combed joint
**pincushion distortion*** (Optics, TV) / kissenförmige Verzeichnung, Kissenverzeichnung f (ein monochromatischer Abbildungsfehler)
**pin definition** (Comp) / Anschlussbelegung f (z.B. bei Mikroprozessoren), Pinbelegung f
**p-i-n diode*** (Electronics) / PIN-Diode f (eine Halbleiterdiode mit einer eigenleitenden Schicht zwischen dem pn-Übergang), p-i-n-Diode f, pin-Diode f
**PIN diode** (Electronics) / PIN-Diode f (eine Halbleiterdiode mit einer eigenleitenden Schicht zwischen dem pn-Übergang), p-i-n-Diode f, pin-Diode f

**pin drafter** (US) (Spinning) / Nadelstabstrecke *f* (für die Kammgarnspinnerei), Gillbox *f*, Nadelstrecke *f*, Einfachnadler *m* (ein Streckwerk)
**pine*** *n* (For) / Kiefer *f* (Pinus), Föhre *f*, Forche *f*, KI (Kiefer nach DIN 4076) ‖ ~ **(For)** / Kiefernholz *n*
**pineapple cloth** (Textiles) / Ananasfasergewebe *n*, Ananasbatist *m*, Piñastoff *m* ‖ ~ **cone** (Textiles) / X-Spule *f*, Pineapple-Cone *f*, Bikone *f*, Doppelkegelspule *f* (mit konischer Mantelfläche und konischen Stirnflächen), Bikonus *m*, Pineapple-Spule *f* (Kreuzspule mit schrägen Flanken) ‖ ~ **fibre** (Textiles) / Ananasfaser *f*
**pine family** (Bot, For) / Kieferngewächse *n pl* (Pinaceae)
**pin electronics** (Electronics) / Pinelektronik *f* (Teil der Prüfperipherie eines Prüfautomaten zum Senden und Empfangen digitaler Prüfbitmuster)
**pine moth** (For) / Kiefernspinner *m* (Dendrolimus pini L.)
**pinene*** *n* (Chem) / Pinen *n* (bizyklisches Monoterpen)
**pine needle oil** / Kiefernnadelöl *n* (meistens aus Pinus sylvestris)
**pinene hydrochloride** (Chem) / Bornylchlorid *n* (Zwischenprodukt bei der technischen Herstellung von Kampfer)
**pinenol** *n* (Chem) / Pinenol *n* (ungesättigter bicyclischer Monoterpen-Alkohol mit Pinan-Struktur)
**pinenone** *n* (Chem) / Pinenon *n* (ungesättigtes bicyclisches Monoterpen-Keton mit Pinan-Struktur)
**pine nut** (Nut) / Pinienuss *f*, Pinienkern *m*, Pignole *f*, Pignolie *f* (A) ‖ ~ **oil** / Wurzelharz *n*, Holzterpentinöl *n*, Holzkolophonium *n*, Wurzelterpentinöl *n*, Pine Oil *n* (aus harzhaltigen Stubben und Wurzelholz), Pineöl *n* (für preiswerte Parfümierungen) ‖ ~ **oil*** / Kienöl *n* (von Pinus-Arten) ‖ ~ **pitch** (Chem, For) / Pech *n* (von verschiedenen Pinus-Arten) ‖ ~ **resin** (For, Pharm) / Fichtenharz *n*, Resina Pini *f* ‖ ~ **saw-fly** *f* / Gemeine Kiefernbuschhornblattwespe (Diprion sertifer Geoffr. und Diprion pini Schrk.) ‖ ~ **sawyer beetle** (For) / Schusterbock *m*, Kiefernbock *m* (Monochamus galloprovincialis Ol.) ‖ ~ **seed** (Nut) / Pinienuss *f*, Pinienkern *m*, Pignole *f*, Pignolie *f* (A) ‖ ~ **soot** (Chem Eng) / Kienruß *m* (Rußschwarz) ‖ ~ **stump wood** (For) / Kiefernstöcke *m pl* (für Extraktionszwecke geeignetes Kiefernstockholz) ‖ ~ **tar** (Chem Eng) / Kieferntheer *m* (der bei der Nadelholzverkohlung anfällt), Kiefernholzteer *m*, Kienteer *m* ‖ ~ **tar pitch** (Chem Eng) / Kiefernteerpech *n* (ein Weichpech)
**pinetree** *n* (For) / Kiefer *f* (Pinus), Föhre *f*, Forche *f*, KI (Kiefer nach DIN 4076) ‖ ~ **antenna** (Radio) / Tannenbaumantenne *f* (ein Längsstrahler mit gespeisten Einzelstrahlern) ‖ ~ **array** (Radio) / Tannenbaumantennen-Wand *f*, Tannenbaumantennen-System *n*, Tannenbaumantennen-Anordnung *f*
**pinetum** *n* (pl. -neta) (For) / Pinetum *n* (pl. -neta), Kiefernpflanzung *f* ‖ ~ (pl. -neta) (For) / Koniferenpflanzung *f*
**pi-network*** *n* (Telecomm) / Pi-Schaltung *f*, π-Glied *n*
**pine weevil** (Carp, For) / Großer Brauner Rüsselkäfer, Fichtenrüsselkäfer *m* (Hylobius abietis L.)
**pine-wood** *n* (For) / Kiefernholz *n*
**piney** *adj* (For) / mit Kiefernwald bedeckt ‖ ~ **dammar** / Indischer Kopal, Piney Resin *n*, Weißer Dammar (aus Vateria indica L. oder Vateria copallifera (Retz.) Alston) ‖ ~ **resin** / Indischer Kopal, Piney Resin *n*, Weißer Dammar (aus Vateria indica L. oder Vateria copallifera (Retz.) Alston) ‖ ~ **tallow** / Pineytalg *m* (aus den Butterbohnen), Pineafett *n*, Malabartalg *m* (aus Vateria indica L.), Butterbohnenfett *n*, Vateriafett *n*, Vellapineytalg *m*
**pin-feed** (Comp) / Stachelwalzenvorschub *m*, Stachelradvorschub *m* ‖ ~ **drum** (Comp) / Stachelwalze *f*, Stachelrad *n* ‖ ~ **form** (Comp) / randgelochtes Formular, Formular *n* mit Randlochung ‖ ~ **platen** (Comp) / Stachelwalze *f*, Stachelrad *n* ‖ ~ **printer** (Comp) / Drucker *m* mit Stachelwalzenantrieb, Drucker *m* mit Traktor ‖ ~ **tractor** (Comp) / Stiftraupe *f*
**pin-FET receiver** (Electronics) / pin-FET-Empfänger *m*
**pin force** (Mech) / Gelenkkraft *f*
**ping** *v* (Comp) / pingen *v* (einen Host) ‖ ~* *n* (Acous) / Unterwasserschallimpuls *m* (sowie das entsprechende Zeichen auf dem Bildschirm des Gerätes), Sonarimpuls *m* ‖ ~ (a short message) (Comp, Telecomm) / Ping *m* ‖ ~ (US) (Fuels) / Klingeln *n* (heller metallischer Ton bei der Verbrennung ungenügend klopffester Kraftstoffe - meistens eine Vorstufe des Klopfens)
**pingo** *n* (Geol) / Pingo *m*, Hydrolakkolith *m*, Eisvulkan *m*, Kryolakkolith *m*
**ping-pong mechanism** (Biochem) / Pingpongmechanismus *m* (bei Mehrsubstratreaktionen) ‖ ~ **method** (Telecomm) / Pingpongverfahren *n* (ein Vollduplex-Zeitgetrenntlageverfahren) ‖ ~ **shot** (Cinema) / Schuss-Gegenschuss *m*
**pin-grid array** (Electronics) / Stiftfeld *n* ‖ ~ **array** (Electronics) / Anschlussstiftmatrix *f*
**pinhead** *n* (used to describe the size) / Stecknadelkopf *m*
**pinhole** (Ceramics, Foundry) / Pinhole *n*, Nadelstichpore *f* ‖ ~ (For) / Bohrgang *m* (des Ambrosiakäfers), Fraßgang *m* (des Ambrosiakäfers) ‖ ~ (Paint) / Krater *m* (trichterförmige Vertiefung im Anstrichfilm - ein Anstrichschaden) ‖ ~ (Print) / Pinhole *n* (nadelkopfgroße Fehlstelle im Druck) ‖ ~ **borer** (For) / Ambrosiakäferlarve *f* ‖ ~ **camera** (Phys) / Camera obscura *f*, Lochkamera *f* ‖ ~ **corrosion** (Surf) / nadelstichartiger Lochfraß, Nadelstichkorrosion *f* ‖ ~ **diaphragm** (Photog) / Lochblende *f*
**pinholes** *pl* / nadelgroße Löcher, Nadellöcher *n pl* ‖ ~ (Ceramics) / Nadelstichigkeit *f* (meistens bei strengflüssigen Glasuren) ‖ ~* (Paper) / nadelfeine Löcher, kleine Löcher, Nadelstiche *m pl* ‖ ~ (Textiles) / Poren *f pl*, Löcher *n pl*, Nadelstiche *m pl*, Krater *m pl* (Fehler) ‖ ~ (Textiles) / Stippen *f pl* (bei der Beschichtung)
**pinholing** *n* (Ceramics) / Nadelstichigkeit *f* (meistens bei strengflüssigen Glasuren) ‖ ~ (Eng) / Bildung *f* nadelstichartiger Lochfraßstellen ‖ ~ (Eng, Surf) / Stiftlöcherbildung *f*, Porenbildung *f* (in einer Schutzschicht) ‖ ~* (Paint) / Nadelstiche *m pl* (mangelhafte Pigment-Bindemittel-Benetzung und Untergrundbenetzung sowie Wirbelströme bei der Lösemittelverdunstung) ‖ ~* (Paint) / Kraterbildung *f*
**pinidine** *n* (Biochem) / Pinidin *n* (ein Pinus-Alkaloid)
**pin insulator*** (Elec Eng) / Stützenisolator *m* (mit einem Schirm oder mehreren Schirmen), Stützisolator *m*
**pinion*** *n* (Eng) / Ritzel *n*, Trieb *m* (Ritzel) ‖ ~ (Met) / Kammwalze *f* (des Walzwerks) ‖ ~ **gear** (Autos) / Ausgleichskegelrad *n*, Ausgleichsritzel *n* (Teil des Kegeldifferentials) ‖ ~ **gear shaft** (Autos) / Ausgleichsradachse *f*, Ausgleichskreuz *n* ‖ ~ **leaf*** (Horol) / Triebzahn *m* ‖ ~ **shaft** (Autos) / Ausgleichsradachse *f*, Ausgleichskreuz *n* ‖ ~ **shaft** (Eng) / Ritzelwelle *f* ‖ ~ **stand** (gearing without variation in the rpm for achieving the opposed direction of the work rolls) (Met) / Kammwalzengerüst *n*
**pinite*** *n* (Min) / Pinit *m* (Zwischenstadium von Cordierit)
**pin joint** (Build, Mech) / Bolzengelenk *n*
**pin-jointed** *adj* (Eng) / gelenkig angeschlossen, gelenkig verbunden (oder befestigt), angelenkt *adj*
**pink** *v* (Textiles) / auszacken *v*, ausschneiden *v* ‖ ~ *n* / Pink *n* (kräftiges, grelles Rosa) ‖ ~ (Fuels) / Klingeln *n* (heller metallischer Ton bei der Verbrennung ungenügend klopffester Kraftstoffe - meistens eine Vorstufe des Klopfens) ‖ ~ *adj* / pink *adj*, pinkfarben *adj*, rosa *adj* (kräftiges) ‖ ~ **ceramic stain** (Ceramics) / Pinkfarbkörper *m*, Rosafarbkörper *m* ‖ ~ **colour** (Ceramics) / Pinkfarbe *f* ‖ ~ **discharge** (Textiles) / Rosaätze *f* ‖ ~ **discolouration** (Agric, Nut) / Rosaverfärbung *f* (des Blumenkohles)
**pinking scissors** (Textiles) / Auszackschere *f*, Zackenschere *f* ‖ ~ **shears** (Textiles) / Auszackschere *f*, Zackenschere *f*
**pink mahogany** (For) / Bossé *n* (tropisches Holz aus Guarea cedrata (A. Chev.) Pellegr.) ‖ ~ **noise** (Elec Eng) / rosa Rauschen (ein Stromrauschen nach DIN 1320)
**pin knot** (For) / Punktast *m* ‖ ~ **knot** (For) / Astknorren unter 1/2" Durchmesser *m*
**pink out** *v* (Textiles) / auszacken *v*, ausschneiden *v* ‖ ~ **salt** (Chem) / Pinksalz *n* (Ammoniumhexachlorostannat(IV)) ‖ ~ **salt treatment** (Chem, Textiles) / Pinken *n* ‖ ~ **worm** (San Eng, Zool) / Bachröhrenwurm *m* (Substratfresser verschmutzter Gewässer in Schlammröhren - Tubifex tubifex), Schlammröhrenwurm *m*, Tubifex *m* (pl. -fizes)
**pin lamp cap** (Elec Eng) / Steckfassung *f* ‖ **~-lift moulding machine** (Foundry) / Stifthebeformmaschine *f* ‖ ~ **list** (Electronics) / Stiftliste *f*
**pin-lock stand** (Autos) / Unterstellbock *m* (mit einem Stift verstellbar - für Wagenreparaturen)
**pin map** (Comp) / Pinmap *f* (Teil des Prüfprogramms) ‖ ~ **mark** (Ceramics) / Pinnstelle *f* (ein Fehler in Form einer sichtbaren Berührungsstelle zwischen dem glasierten Erzeugnis /Steingut/ und dem Brennhilfsmittel; dieser Fehler entsteht während des Glattbrandes) ‖ ~ **mark*** (Typog) / Gießmarke *f* ‖ ~ **memory** (Electronics) / Pinspeicher *m* (Schreib-/Lesespeicher, der bei Testern mit dynamischen Testmöglichkeiten die logischen Zustände für die einzelnen Testerpins beinhaltet) ‖ ~ **mill** (Eng) / Stiftmühle *f* ‖ ~ **movement** (Cinema) / Greiferbewegung *f*, Greiferantrieb *m* (beim Filmtransport)
**pinnacle** *n* (ornamental pyramid or cone, the terminating feature of a buttress, parapet-angle, spire, turret etc., often ornamented with crockets) (Arch) / Pinakel *n* (Ziersäule, Fiale)
**pinnate*** *adj* (Bot, Nut) / gefiedert *adj*
**pinned** *adj* (Eng) / gelenkig angeschlossen, gelenkig verbunden (oder befestigt), angelenkt *adj* ‖ ~ (Leather) / ausgereckt *adj* (Flanke, Hals) ‖ ~ **arch** (Civ Eng) / Gelenkbogen *m* (der an den Kämpfern und/oder im Scheitel gelenkig gelagert ist)
**pinned-disk mill** (Eng) / Schlagscheibenmühle *f* (das Mahlwerkzeug ist eine vielgezahnte Schlagscheibe)
**pinned shoulder** (Leather) / ausgereckter Hals
**pinning** *n* (Ceramics) / Brennstützenaufstellung *f* ‖ ~ (Phys) / Flussschlauchverankerung *f*, Flussfadenverankerung *f* (bei nicht idealen Supraleitern 2. Art), Pinning *n* ‖ ~ (Textiles) / Aufnadeln *n*,

**pinning**

Benadelung f ‖ ~ **centre** (Phys) / Pinning-Zentrum n, Haftzentrum n, Haftstelle f (ein Bezirk in einem nicht idealen Supraleiter 2. Art)
**PINO** (positive input, negative output) (Comp) / Schaltung f mit positivem Eingangspegel und negativem Ausgangspegel (positive Eingabe, negative Ausgabe)
**pin oak** (For) / Sumpfeiche f (Quercus palustris Muenchh.), Spießeiche f
**pinocembrin** n (Chem, For) / Pinocembrin n, Pinozembrin n (im Kernholz fast aller Pinus-Arten vorkommender Flavanoid)
**pinoid pit** (For) / pinoider Tüpfel
**pin oiler** (Eng) / Stiftöler m ‖ ~ **on** v / aufnadeln v, pinnen v (aufnadeln)
**pinon** n (For) / Pinus cembroides Zucc.
**piñon** n (Nut) / Piniennuss f, Pinienkern m, Pignole f, Pignolie f (A)
**pin-on-disk wear machine** / Stift-Scheibe-Prüfmaschine f (in der Schmiertechnik)
**pinosylvine** n (Chem) / Pinosylvin n (3,5-Stilbendiol)
**pin-out** n (Comp) / Anschlussbelegung f (z.B. bei Mikroprozessoren), Pinbelegung f ‖ ~ (Comp) / Pinanordnungsschema n
**pin perforation** (Print) / Stechperforation f
**p-i-n photodiode** (Electronics) / PIN-Fotodiode f (eine Fotodiode mit vorwiegender Absorption in einer Raumladungszone innerhalb ihres pn-Übergangs), pin-Fotodiode f
**PIN photodiode** (Electronics) / PIN-Fotodiode f (eine Fotodiode mit vorwiegender Absorption in einer Raumladungszone innerhalb ihres pn-Übergangs), pin-Fotodiode f
**pin plug** (Elec Eng) / Stiftstecker m
**pinpoint*** n (Aero) / Franz-Standort m (direkte Bodenbeobachtung) ‖ ~ **corrosion** (Surf) / nadelstichartiger Lochfraß, Nadelstichkorrosion f ‖ ~ **gating** (Plastics) / Punktanguss m (beim Spritzgießen) ‖ ~ **laser** (Phys) / gebündelter Laserstrahl ‖ ~ **target** (Radar) / Punktziel n (ein Radarobjekt, das auf dem Bildschirm ein kleines und scharf abgegrenztes Echo liefert)
**pin punch*** (Eng) / Austreibedorn m, Austreiber m ‖ ~ **punch** (Tools) / Splinttreiber m (mit zylindrischem Dorn) ‖ ~ **spanner** (Tools) / Hakenschlüssel m mit Zapfen (DIN 898 und 1810), Hakenschlüssel m mit Stift, Zapfenschlüssel m, Stiftschlüssel m ‖ ~ **spanner wrench** (for nuts with pinholes in side) (Tools) / Hakenschlüssel m mit Zapfen (DIN 898 und 1810), Hakenschlüssel m mit Stift, Zapfenschlüssel m, Stiftschlüssel m
**pin-spindle texturing** (Spinning) / Spindeltexturierverfahren n
**pin stop** (Eng, Tools) / Einhängestift m (bei alten Schnittwerkzeugen)
**pinstripe** n (a very narrow stripe in cloth) (Textiles) / Nadelstreifen m (Gewebe mit klassischem Dessin und klassischer Musterungsart)
**pinstriping** n (Autos) / Pinstriping n (schmale Zierlinien) ‖ ~ **tool** (Autos) / Liniergerät n (zum Auftrag dünner Zierlinien auf der Karosserie)
**pin swapping** (Electronics) / Vertauschen n von Anschlüssen (z.B. CAD)
**pint*** n / Pint n (ein altes Hohlmaß - US = 0,473 l, GB = 0,568 l) ‖ ~* s. also dry pint
**pintle*** n (Autos) / Spritzzapfen m ‖ ~* (Build) / Angel f, Türangel f, Angelkloben m, Angelzapfen m ‖ ~* (Eng) / Dorn m (zum Aufsetzen eines drehbaren Gegenstandes), Pinne f, Drehzapfen m, Drehbolzen m, Pivot m n (Drehzapfen, Schwenkzapfen) ‖ ~ **chain** (Eng) / Stahlbolzenkette f (DIN 654) ‖ ~ **nozzle** (Autos, I C Engs) / Zapfendüse f (bei Vorkammer- und Wirbelkammermotoren)
**pintle-ported radial-piston pump** (Eng) / wegegesteuerte Radialkolbenpumpe, ventillose Radialkolbenpumpe, Radialkolbenpumpe f mit Steuerzapfen
**pin-transfer method** (Electronics) / Stiftübertragungsmethode f (Übertragung des Klebstoffs mit Hilfe eines Stiftes zur Aufnahme eines Chipbauelements)
**Pintsch gas** / Pintsch-Gas n (ein Ölgas)
**pin-type cap** (Elec Eng) / Stiftsockel m, Stecksockel m ‖ ~ **mill** (Eng) / Stiftmühle f ‖ ~ **socket** (Elec Eng) / Stiftsockel m, Stecksockel m
**pinus alkaloids** (Biochem, Pharm) / Pinus-Alkaloide n pl (z.B. Pinidin)
**pin vice** (Eng, Tools) / Feilkloben m (zum Einspannen und Festhalten kleiner Arbeitsstücke - wird in der Hand gehalten), Handkloben m ‖ ~ **wrench** (Tools) / Hakenschlüssel m mit Zapfen (DIN 898 und 1810), Hakenschlüssel m mit Stift, Zapfenschlüssel m, Stiftschlüssel m
**piny** adj (For) / mit Kiefernwald bedeckt
**pinyon nut** (Nut) / Piniennuss f, Pinienkern m, Pignole f, Pignolie f (A) ‖ ~ **pine** (For) / Pinus cembroides Zucc.
**PIO** (physical input/output) (Comp) / physikalische Ein-/Ausgabe, PIO (physikalische Ein-/Ausgabe) ‖ ≐ (parallel input/output) (Comp) / parallele Ein-/Ausgabe
**Piobert lines** (Met) / Fließfiguren f pl (bei Stählen mit ausgeprägter Streckgrenze zu Beginn der plastischen Verformung auf den blanken Teilen auftretende schmale, verformte Zonen), Lüders'sche Linien f pl, Fließlinien f pl
**pion*** n (Nuc) / Pion n, Pi-Meson n, π-Meson n

**pioneering** adj / richtungsweisend adj ‖ ~ **invention** / bahnbrechende Erfindung, Durchbruch m (im übertragenen Sinne)
**pioneer species*** (Bot) / Pionierpflanze f ‖ ~ **species*** (For) / Pionierholzart f ‖ ~ **tunnel** (Civ Eng) / Vorschnitt m ‖ ~ **tunnel** (Civ Eng) s. also heading
**pionic atom** (Nuc) / Pionenatom n (ein exotisches Atom), Pionatom n
**pionium** n (Nuc) / Pionium n
**PIP** (picture in picture) (Comp) / Bildschirmfenstereinblendung f
**pip** n (a type of kiln furniture which consists of a rounded refractory with a protruding point upon which ware is rested during firing) (Ceramics) / Brennhilfsmittel n (kleines, spitzes - zum Aufständern glasierter Ware) ‖ ~ (Electronics) / Piepsignal n, Piepton m ‖ ~ (Electronics) / Spitze f (ein Oberflächenfehler), Rauigkeitsspitze f ‖ ~ (Nut) / Obstkern m (Apfel, Birne, Orange) ‖ ~* (Radar) / Zielanzeige f (Leuchtfleck auf dem Bildschirm von einem Echoimpuls), Blip m (Zielanzeige) ‖ ~ (Textiles) / Kopf m (eines Reißverschlusszahns)
**pipage** n / Rohrleitungsförderung f, Rohrleitungstransport m
**pipe** v / in Rohrleitung leiten, durch eine Rohrleitung leiten ‖ ~ / verrohren v, mit Rohren ausstatten ‖ ~ (Civ Eng, Oils, Ships) / Rohre legen, Rohre verlegen ‖ ~ (Eng) / verbinden v (durch Rohre) ‖ ~ (Textiles) / paspelieren v, paspeln v, besetzen v (mit einer Paspel) ‖ ~ n (Comp) / Pipe f (Kommunikationskanal zwischen Prozessen) ‖ ~ (Comp) / Pipe-Zeichen n, Verkettungszeichen n (Pipezeichen) ‖ ~* (Eng) / Rohr n (DIN EN 10 079), Leitungsrohr n ‖ ~ (Foundry) / offener Lunker (Makrolunker) ‖ ~ (Geol) / Pipe f (eine vulkanische Durchschlagsröhre), Pfeife f ‖ ~ (Geol) s. also diatreme ‖ ~ **air-release valve** / Rohrbelüfter m ‖ ~ **anchor** (Eng) / Rohrverankerung f ‖ ~ **bend** (Eng, Plumb) / Bogen m (gekrümmtes Rohr) ‖ ~ **bend** (Eng, Telecomm) / Krümmer m, Bogenrohr n ‖ ~ **bend** (Plumb) / Rohrbogen m ‖ ~ **bender** (Eng) / Rohrbiegevorrichtung f, Rohrbiegegerät n ‖ ~-**bending machine** (Eng) / Rohrbiegemaschine f (mit und ohne Stützdorn)
**pipe-bend loss** (Phys) / Rohrkrümmungsverlust m (bei der Rohrströmung)
**pipe-boring apparatus** (Eng) / Ventilanbohrapparat m (für Anbohrschellen) ‖ ~ **box** (Eng) / Ventilanbohrapparat m (für Anbohrschellen) ‖ ~ **saddle** (Eng) / Ventilanbohrschelle f (die mit dem Schellenbügel auf der anzubohrenden Rohrleitung festgeschraubt wird) ‖ ~ **saddle with stop valve** (Eng) / Ventilanbohrschelle f (DIN 3750)
**pipe bracket** (Build) / Rohrhaken m (zum Anschrauben) ‖ ~ **branching** (Eng) / Rohrverzweigung f ‖ ~ **bridge** (Civ Eng) / Rohrleitungsbrücke f (für die Überführung von Rohrleitungen über ein Hindernis) ‖ ~ **bridge** (Civ Eng) / Rohrbrücke f (Bauwerk in Stahl- oder Stahlbetonausführung, das Rohrleitungen über ein natürliches oder künstliches Hindernis führt) ‖ ~ **burst** (Plumb) / Rohrbruch m (Bersten) ‖ ~ **character** (Comp) / Pipe-Zeichen n, Verkettungszeichen n (Pipezeichen) ‖ ~ **chase** (Civ Eng) / Rohrkanal m ‖ ~ **clamp** (Eng) / Rohrschelle f, Schelle f (Rohrschelle) ‖ ~ **clamp** (Welding) / Rohrschweiß-Gripzange f (Gripzange mit U-förmigen Backen zum Umgreifen und zentrischen Spannen von Rohren und Rundmaterial beim Verschweißen)
**pipeclay*** n (Geol) / Pfeifenton m (fette, plastische Tonsorte) ‖ ~* (Geol) s. also ball clay and potter's clay ‖ ~ **triangle** (Chem) / Tondreieck n
**pipe-cleaner test** (of fire resistance) / Pfeifenreinigerprüfung f (der Schwerentflammbarkeit)
**pipe clip** (Agric, Build, Eng) / Rohrschelle f, Fallrohrschnelle f
**pipecolic acid** (Chem) / Pipecolinsäure f (2-Piperidincarbonsäure)
**pipe connection** (Plumb) / Rohrverbindung f (DIN 28 182), Rohranschluss m ‖ ~ **coupling*** (Eng, Plumb) / Gewindemuffe f (ein Rohrverbindungselement) ‖ ~ **coupling*** (Eng, Plumb) / Verbindungs(form)stück n für Röhren ‖ ~ **cracking** (Civ Eng) / Berstrelining n (bei der Erneuerung oder Sanierung nicht begehbarer Kanäle (beim Relining)), Berstverfahren n ‖ ~ **cross** (Eng, Plumb) / Kreuz n (Fitting nach DIN 2950), Kreuzstück n (ein Formstück) ‖ ~ **culvert** (Civ Eng) / Rohrdurchlass m ‖ ~ **cutter** (Eng, Tools) / Rohrschneider m, Rohrabschneider m
**piped gas** / Ferngas n (das über große Entfernung transportiert wird)
**pipe diameter** (Eng) / Rohrdurchmesser m ‖ ~ **die** (Eng) / Rohrgewindeschneidbacke f ‖ ~ **diffusion** (Crystal) / "Pipe"-Diffusion f (entlang der Versetzungen)
**piped music** (Acous) / Musikberieselung f, Hintergrundmusik f (aus den Lautsprechern)
**pipe drain** (Agric) / Rohrdrän m ‖ ~ **duct** (Civ Eng) / Rohrkanal m
**piped water** / Leitungswasser n
**piped-water supply** (Hyd Eng) / abhängige Wasserversorgung, abhängige Löschwasserversorgung
**pipe-eating process** (Civ Eng) / Pipe-Eating-Verfahren n (bei dem die zu sanierende Leitung mit einer ferngesteuerten Vortriebsmaschine überfahren, zerstört und abgefördert wird)
**pipe elbow** (Plumb) / 90° -Bogen m (selten auch 45° ), 90° -Krümmer m
**pipe-end milling machine** (Eng) / Rohrendenfräsmaschine f

1160

**pipe extruder** (Met) / Rohrstrangpresse f ‖ ~ **extrusion** (Met) / Rohrstrangpressen n ‖ ~ **fitter** (Eng, Plumb) / Rohrschlosser m
**pipefitter** n (Build, Civ Eng) / Rohrleger m, Rohrleitungsbauer m (ein Bauwirtschaftsberuf)
**pipe fitting**\* (Eng, Plumb) / Rohrformstück n ‖ ~ **fittings** (Eng, Plumb) / Rohrarmaturen f pl ‖ ~ **flow** (Phys) / Rohrströmung f (meistens in einem kreiszylindrischen Rohr) ‖ ~ **friction** (Eng, Phys) / Rohrreibung f (das Auftreten von Reibungskräften zwischen Rohrwand und strömendem Medium bei Rohrströmung) ‖ ~ **friction loss** (Eng, Phys) / Rohrreibungsverlust m ‖ ~ **grips** (to loosen or tighten pipes) (Plumb, Tools) / Rohrschlüssel m (mit Rändelradverstellung), Rohrzange f ‖ ~ **half-clamp** (Eng) / Rohrschellenhälfte f ‖ ~ **hanger** (fixtures) (Eng) / Rohraufhängung f (Bauteile) ‖ ~ **hanger** (Eng) / Rohraufhänger m, Rohrhalter m ‖ ~ **haunch** (Eng) / unteres Umfangsdrittel des Rohres ‖ ~ **hook** (Build) / Rohrhaken m (zum Anschrauben) ‖ ~ **inlet** (Eng) / Rohreinlauf m ‖ ~ **insulation machine** (US) (Glass) / Schalenmaschine f ‖ ~ **jacking** (Civ Eng) / Rohrvortrieb m (bei dem der Baugrund bei kleineren Querschnitten durchpresst und bei größeren Querschnitten durchbohrt bzw. durchörtert wird)
**pipelayer** n (Build, Civ Eng) / Rohrleger m, Rohrleitungsbauer m (ein Bauwirtschaftsberuf)
**pipe-laying** n (Civ Eng, Oils, San Eng) / Rohrverlegung f, Rohrlegung f, Verlegung f von Rohren
**pipe-laying reel barge** (Oils, Ships) / Rohrverlegebarge f mit Kabeltrommel ‖ ~ **ship** (Ships) / Rohrleitungsverlegeschiff n, Rohrleger m, Schiff n zum Verlegen von Rohrleitungen
**pipe length** (Met) / Rohrlänge f
**pipeline** n (Comp) / Pipeline f (eine Anordnung von Prozesselementen, die nach dem Prinzip der Fließbandbearbeitung arbeitet) ‖ ~ (Eng, Oils) / Fernrohrleitung f, Rohrleitung f, Pipeline f ‖ **in the** ~ (Work Study) / kurz vor der Freigabe, vermarktungsbereit adj ‖ ~ **bridge** (Civ Eng) / Rohrleitungsbrücke f ‖ ~ **computer** (Comp) / Pipelinecomputer m (eine Variante des Vektorrechners), Pipelinerechner m ‖ ~ **damage** (Oils) / Pipelineschaden m ‖ ~ **failure** / Rohrbruch m (bei Überlandrohrleitungen) ‖ ~ **laying** (Civ Eng) / Pipelineverlegung f ‖ ~ **leak** (Oils) / Pipelineleck n ‖ ~ **processing** (Comp) / Pipelineverarbeitung f (Methode zur Erhöhung der Arbeitsgeschwindigkeit von Mehrprozessorsystemen durch Aufspaltung und Simultanverarbeitung der Operationen bzw. Befehle), Pipelining n, Parallelbearbeitung f der verschiedenen Befehlsphasen (bei Großrechnern), überlappende Verarbeitung (Pipelining), Fließbandverarbeitung f (Einsparung eines Schrittes im Befehlszyklus bei linearem Programmablauf, indem zwei Vorgänge gleichzeitig erfolgen) ‖ ~ **pump station** (Oils) / Pumpstation f (in Mineralölfernleitungen), Leitungspumpstation f ‖ ~ **safety** (Oils) / Pipelinesicherheit f ‖ ~ **stock** (Work Study) / Unterwegsbestand m (Werk - Kunde) ‖ ~ **transport** / Rohrleitungsförderung f, Rohrleitungstransport m ‖ ~ **walker** / Streckenwärter m (bei Überlandrohrleitungen), Streckenläufer m (Streckenwärter bei Überlandrohrleitungen)
**pipelining** n (Civ Eng) / Pipelineverlegung f ‖ ~ (Civ Eng, Oils, San Eng) / Rohrverlegung f, Rohrlegung f, Verlegung f von Rohren ‖ ~\* (Comp) / Pipelineverarbeitung f (Methode zur Erhöhung der Arbeitsgeschwindigkeit von Mehrprozessorsystemen durch Aufspaltung und Simultanverarbeitung der Operationen bzw. Befehle), Pipelining n, Parallelbearbeitung f der verschiedenen Befehlsphasen (bei Großrechnern), überlappende Verarbeitung (Pipelining), Fließbandverarbeitung f (Einsparung eines Schrittes im Befehlszyklus bei linearem Programmablauf, indem zwei Vorgänge gleichzeitig erfolgen)
**pipe locator** (Civ Eng) / Rohrsuchgerät n ‖ ~ **manifold** (Eng) / Rohrverteiler m, Verteilungsrohr n, Verteilerstück n (ein Rohrstück), Verteiler m (ein Rohrstück)
**pipe-mill engineering** (Met) / Rohrwerksengineering n
**pipe milling machine** (Eng) / Rohrfräsmaschine f ‖ ~ **moulding**\* (Foundry) / Rohrformen n, Rohrformerei f ‖ ~ **needle** (Textiles) / Röhrennadel f (mit hohlem Schaft und verschieblichem Schließdraht nach DIN 62110) ‖ ~ **nipple** (Eng) / Verbindungsstutzen m, Anschlussstutzen n (ein Rohrstutzen mit Außengewinde), Rohranschlussstück n (mit Außengewinde) ‖ ~ **pile** (Civ Eng) / Rohrpfahl m (ein Stahlrohr mit Betonfüllung) ‖ ~ **ram** (Oils) / Gerätebacke f (bei Backenpreventern)
**piperazine**\* n (Chem) / Piperazin n
**pipe resonance**\* (Acous) / Rohrresonanz f
**piperic acid** (Chem) / Piperinsäure f
**piperidine**\* n (Chem) / Piperidin n, Hexahydropyridin n ‖ ~ **alkaloid** (Chem) / Piperidinalkaloid n (z.B. Piperin oder Coniin) ‖ ~ **carboxylic acid** (Chem) / Piperidincarbonsäure f, Piperidinkarbonsäure f
**piperine**\* n (Chem) / Piperin n (Hauptalkaloid des Pfeffers)

**pipe roller** (Paint) / Rohrroller m ‖ ~ **roller**\* (Print) / freilaufende Walze, Mitläuferwalze f ‖ ~ **rolling** (Met) / Rohrwalzen n ‖ ~ **rolling mill** (Met) / Rohrwalzwerk n
**piperonal**\* n (Chem) / Piperonal n, Heliotropin n
**pipe rot** (For) / Hohlfäule f ‖ ~ **roughness** (Hyd Eng) / Rohrrauigkeit f ‖ ~ **run** (Build) / Rohrleitungsstrang m, Rohrleitung f (DIN 2400), Rohrstrang m ‖ ~ **rupture** (Plumb) / Rohrbruch m (Bersten) ‖ ~ **rupture** (Plumb) / Rohrbruch m
**pipes** pl (a pipe run) (Build) / Rohrleitungsstrang m, Rohrleitung f (DIN 2400), Rohrstrang m
**pipe sample**\* (Mining) / Probe f aus dem Entnahmestutzen ‖ ~ **saw** (Eng) / Rohrsäge f ‖ ~ **section machine** (US) (Glass) / Schalenmaschine f
**pipe-soil potential** (Elec Eng) / Rohr/Boden-Potential n (bei erdverlegten Rohrleitungen)
**pipe still** (Oils) / Röhrenofen m
**pipe-still distillation** (Chem) / Röhrendestillation f, Röhrenofendestillation f, Pipestill-Destillation f ‖ ~ **plant** (Oils) / Röhrenofendestillationsanlage f, Pipestill-Anlage f
**pipestone** n (Geol) / Catlinit m (indianischer Pfeifenstein)
**pipe support** / Rohrträger m ‖ ~ **support** (Eng) / Rohrhalterung f
**pipe-suspension system** (Eng) / Rohraufhängung f (System)
**pipet** v (US) (Chem) / pipettieren v ‖ ~ n (US) (Chem) / Pipette f
**pipe tap** (US) (Eng) / Rohrgewindebohrer m ‖ ~ **thread** (Eng) / Rohrgewinde n (DIN 11) ‖ ~-**threader** n (Eng) / Rohrgewindeschneidmaschine f
**pipe-thread tap** (GB) (Eng) / Rohrgewindebohrer m
**pipe thread where pressure-tight joints are made on the threads** (Eng) / Rohrgewinde n für im Gewinde dichtende Verbindungen ‖ ~ **thread where pressure-tight joints are not made on the threads** (Eng) / Rohrgewinde n für nicht im Gewinde dichtende Verbindungen ‖ ~ **tongs** (Mining) / Gestängezange f ‖ ~ **tongs** (Tools) / Blitzrohrzange f ‖ ~ **trolley** (Eng) / Rohrwagen m (als Rohrunterstützung)
**pipette** v (Chem) / pipettieren v ‖ ~\* n (Chem) / Pipette f ‖ ~ **bulb** (Chem) / Saugball m (eine Pipettierhilfe, z.B. Peleus-Ball oder Howorka-Ball) ‖ ~ **method**\* (Powder Met) / Pipettenmethode f, Pipette-Verfahren n (Sedimentationsanalyse zur Pulvercharakteristik - DIN 66115) ‖ ~ **rack** (Chem) / Pipettenständer m ‖ ~ **stand** (Chem) / Pipettenständer m
**pipetting aid** (Chem) / Pipettierhilfe f
**pipe-type cable** (a pressure cable) (Cables) / Stahlrohrkabel n, Kabel n im Stahlrohr, Rohrdruckkabel n, Rohrkabel n ‖ ~ **gas-compression cable** (Cables) / Gasaußendruckkabel n im Stahlrohr
**pipe under pressure** (Eng) / druckführendes Rohr, drucktragendes Rohr ‖ ~ **union** (Eng) / Rohrvereinigung f ‖ ~-**ventilated** adj (Elec Eng) / für Rohranschluss (Maschine) ‖ ~ **vice** (Eng) / Rohrschraubstock m ‖ ~ **wall** / Rohrwand f ‖ ~ **wall fracture** (Plumb) / Rohrbruch m ‖ ~ **welding** (Welding) / Rohrschweißen n (Schmelz- oder Pressschweißen von Rohren)
**pipework** n / Rohrleitungssystem n, Rohrnetz n
**pipe wrench**\* (Plumb, Tools) / Rohrschlüssel m (mit Rändelradverstellung), Rohrzange f
**pipey** adj (Leather) / lose adj (Narben), losnarbig adj, doppelhäutig adj
**pip fruit** (Bot, Nut) / Steinfrucht f (Obstsorten aus der Gattung Prunus), Steinobst f
**piping** n / Leitung f in Rohren ‖ ~ / Rohrleitungssystem n, Rohrnetz n ‖ ~ (Autos) / Keder m (Dichtungsleiste aus Kunststoff oder Gummi), Kederleiste f ‖ ~ (Civ Eng) / Gas- und Wasserleitungsinstallation f ‖ ~ (Civ Eng) / Grundbruch m durch Untergrundwasserbewegung, Grundbruch m (durch hydrodynamischen Druck) ‖ ~ (Civ Eng, Oils, San Eng) / Rohrverlegung f, Rohrlegung f, Verlegung f von Rohren ‖ ~ (Comp) / Piping n (Umleitung der Aus- oder Eingabe eines Programms/Befehls zu einem anderen Programm/Befehl, ohne über Peripheriegeräte zu gehen) ‖ ~ (Foundry) / Lunkerbildung f (Mittellinienlunker), Lunkern n (Mittellinienlunker), Lunkerung f ‖ ~ (Oils) / Rohrsystem n, Piping n ‖ ~ (Textiles) / Vorstoß m (aus einem ein wenig vorstehenden Besatz bestehende Verzierung an der Kante eines Kleidungsstücks), Paspel f m, Schnurbesatz m, Litzenbesatz m, Passepoil m (pl. -s) ‖ ~ (Foundry) s. also piping defect ‖ ~ **defect** (an extrusion defect) (Met) / Trichterbildung f (Pressfehler in Form eines trichterförmigen Hohlraumes an der Blockkopffläche) ‖ ~ **diagram** (Civ Eng) / Rohrleitungsplan m, Rohrverlegungsplan m, Rohrnetzplan m ‖ ~ **drawing** (Civ Eng) / Rohrleitungsplan m, Rohrverlegungsplan m, Rohrnetzplan m ‖ ~ **leg** (Eng, Plumb) / Rohrschenkel m ‖ ~ **machine** (Textiles) / Paspelmaschine f ‖ ~ **strip** (Textiles) / Paspelstreifen m ‖ ~ **system** / Rohrleitungssystem n, Rohrnetz n ‖ ~ **system** (Oils) / Rohrsystem n, Piping n ‖ ~ **technology** (Eng) / Rohrleitungstechnik f
**pipless lamp**\* (Elec Eng) / glatte Glühlampe
**pipperidge** n (For) / Waldtupelobaum m (Nyssa sylvatica Marshall)

**pip**•**-pip tone**\* (Telecomm) / [doppelter] Piepton *m* ‖ ~ **pulse** (Electronics) / Nadelimpuls *m*
**pipy** *adj* (Leather) / lose *adj* (Narben), losnarbig *adj*, doppelhäutig *adj*
**piquant** *adj* (Nut, Pharm) / pikant *adj*, gewürzt *adj* (gut), würzig *adj*
**piqué**\* *n* (Textiles) / Pikee *m*, Piqué *m n*
**piracetam** *n* (Pharm) / Piracetam *n* (ein den Gehirnstoffwechsel stimulierendes Nootropikum)
**piracy of streams** (Geol) / Flussanzapfung *f* (durch rückschreitende Erosion bewirktes Eingreifen eines Flusses in das Tal eines anderen Flusses), Anzapfung *f*
**Pirani gauge**\* (Vac Tech) / Pirani-Vakuummeter *n* (ein Wärmeleitungsvakuummeter nach M. Pirani, 1880-1968), Hitzdrahtvakuummeter *n*
**pirate** *v* (Print) / nachdrucken *v* (unerlaubt) ‖ ~ *n* (Comp) / Raubkopierer *m* (ein Straftäter, der Raubkopien anfertigt) ‖ ~ **copy** / Raubkopie *f* (widerrechtliche Reproduktion eines Films, einer Publikation, eines Videos oder eines anderen urheberrechtlich geschützten Daten- oder Tonträgers )
**pirated edition** (Print) / Raubausgabe *f*, Piratenausgabe *f*
**pirate radio station** (Radio) / Piratensender *m*, illegaler Sender, Schwarzsender *m*
**piratic edition** (Print) / Raubausgabe *f*, Piratenausgabe *f*
**pirep** *n* (Aero) / Pilotreport *m*, Wettermeldung *f* des Piloten
**piriform** *adj* / birnenförmig *adj*, piriform *adj*
**Pirimicarb** *n* (Chem) / Pirimicarb *n* (gegen Blattläuse unter Glas) ‖ ~ *n* (Chem) / Pirimicarb *n* (gegen Blattläuse unter Glas)
**pirn**\* *n* (Weaving) / Schussspule *f* (DIN 61800), Kanette *f*, Schussgarnspule *f*, Schusshülse *f* ‖ ~ **hammer** (Weaving) / Spulenausstoßvorrichtung *f* (an Webautomaten) ‖ ~ **shuttle** (Weaving) / Spulenschützen *m* ‖ ~ **tip reserve** (Weaving) / Spitzenreserve *f* der Schussspule, Endwickel *m* (der am Kopf der Schussspule gebildete Fadenring) ‖ ~ **winder** (Spinning) / Schussspulmaschine *f* (DIN ISO 476)
**pirssonite** *n* (Min) / Pirssonit *m* (ein wasserhaltiges Karbonat)
**PIS** (personnel information system) (Comp) / Personalinformationssystem *n*, PIS (Personalinformationssystem)
**pisang wax** / Pisangwachs *n* (aus verschiedenen Musa-Arten)
**piscicide** *n* (Chem) / fischtötendes Mittel, Piszizid *n* (zur Abtötung von Fischen verwendete biologisch aktive Substanz)
**pisciculture** *n* (the controlled breeding and rearing of fish) / Fischzucht *f*
**piscina** (pl. -s or -ae) (Arch) / Piscina *f* (pl. -nen) (für liturgische Waschungen; Schwimmbassin in alten römischen Thermen)
**piscivorous**\* *adj* (Zool) / fischfressend *adj*, von Fischen lebend
**pisé** *n* (Build) / Stampflehm *m* (für den Pisébau) ‖ ~ (de terre)\* (walling made of cob) (Build) / Pisébau *m*, Pisémauerwerk *m* (gestampfte Wände aus plastischen Massen)
**pi-section** *n* (Telecomm) / Pi-Glied *n* (ein Frequenzfilter), Pi-Filter *n*, π-Filter *n* ‖ ~ **filter**\* (Telecomm) / Pi-Glied *n* (ein Frequenzfilter), Pi-Filter *n*, π-Filter *n*
**pisiform**\* *adj* / erbsenförmig *adj*
**pisolite**\* *n* (Geol) / Pisolith *m* (aus kleinen kugelförmigen Körpern zusammengesetztes aragonithaltiges Gestein), Erbsenstein *m* (ein Aragonit)
**pisolitic tuff** (a pyroclastic deposit) (Geol) / Pisolithtuff *m* (der durch Regentropfen entstandene, verfestigte Staubkügelchen enthält - ein Oolith)
**pistachio** *n* (Nut) / Pistaziennuss *f* (der Pistacia vera L.), Pistazie *f* (eine Nuss) ‖ ~ **green** / Pistaziengrün *n* ‖ ~ **nut** (Nut) / Pistaziennuss *f* (der Pistacia vera L.), Pistazie *f* (eine Nuss)
**pistacite**\* *n* (Min) / Pistazit *n* (ein Mischungsglied der Epidot-Reihe)
**piste roller** / Pistengerät *n* (zur Bearbeitung der Skipisten)
**pistol-grip** *n* (Cinema) / Pistolengriff *m*
**pistol-grip scanner** (Comp) / Datapen *n*, Lesepistole *f*, Lesestift *m*, Handlesekopf *m*, Handleser *m* (z.B. für den EAN-Kode)
**piston**\* *n* (Elec Eng) / Kolben *m*, Stempel *m*, Kurzschlusskolben *m* ‖ ~\* (I C Engs) / Kolben *m* ‖ ~ **acceleration** (I C Engs) / Kolbenbeschleunigung *f* (Kenngröße des Kurbeltriebwerks von Kolbenmaschinen) ‖ ~ **actuator** (Automation) / Kolbenstellantrieb *m* ‖ ~ **alloy** (Autos) / Kolbenlegierung *f* (Aluminiumlegierung mit hohem Siliziumgehalt) ‖ ~ **area** (I C Engs) / Kolbenfläche *f* ‖ ~ **attenuator** (Elec Eng) / Kolbenabschwächer *m* ‖ ~ **blower** (Eng) / Kolbengebläse *n* ‖ ~ **body** (Eng) / Kolbenschaft *m* ‖ ~ **bore** (I C Engs) / Kolbenbohrung *f* ‖ ~ **burette** (Chem) / Kolbenbürette *f* ‖ ~ **charging pump** (I C Engs) / Kolbenladepumpe *f* (bei Zweitaktmotoren) ‖ ~ **check valve** (Eng) / Kolbenrückschlagventil *n* ‖ ~ **compressor** (Eng) / Kolbenverdichter *m*, Kolbenkompressor *m*
**piston-controlled** *adj* (I C Engs) / kolbengesteuert *adj* (Schlitz, bei schlitzgesteuerten Motoren) ‖ ~ **engine** (I C Engs) / schlitzgesteuerter Motor
**piston cooling** (I C Engs) / Kolbenkühlung *f* ‖ ~ **crown** (I C Engs) / Kolbenboden *m* (Druckaufnahmefläche des Kolbens) ‖ ~ **diameter** (Eng) / Kolbendurchmesser *m* ‖ ~ **displacement** (Autos, Eng, I C Engs) / Hubraum *m* (eines Zylinders), Hubvolumen *n* ‖ ~ **drive** (Eng) / Kolbenantrieb *m* ‖ ~ **effect** (longitudinal airflow in a tunnel caused by vehicle travel) (Autos, Civ Eng) / Kolbeneffekt *m*, Kolbenwirkung *f* ‖ ~ **engine** (Eng) / Kolbenmaschine *f* (eine Maschine, die durch periodische Hin- und Herbewegung eines Kolbens in einem Zylinder gekennzeichnet ist) ‖ ~ **engine** (Eng, I C Engs) / Hubkolbenmotor *m*, Kolbenmotor *m* ‖ ~ **flow** / schwallförmige Strömung (in Rohren) ‖ ~ **force** (Eng, I C Engs) / Kolbenkraft *f* ‖ ~ **forces** (Eng) / Gestängekräfte *f pl* (bei Kolbenmaschinen)
**piston-in-cylinder clearance** (I C Engs) / Kolbenspiel *n*
**piston jig** (Min Proc) / Kolbensetzmaschine *f*, Harzer Setzmaschine ‖ ~ **machine** (Foundry) / Kolbengießmaschine *f* (eine Warmkammermaschine) ‖ ~ **material** (I C Engs, Materials) / Kolbenwerkstoff *m* ‖ ~ **motor** (Eng, I C Engs) / Hubkolbenmotor *m*, Kolbenmotor *m*
**pistonphone**\* *n* (Acous) / Pistonphon *n* (Eichgerät für akustische Geräte - DIN 1320)
**piston-pin bushing** (I C Engs) / Kolbenbolzenbuchse *f*, Pleuelbuchse *f* ‖ ~ **circlip** (I C Engs) / Kolbenbolzensicherung *f*
**piston play** (I C Engs) / Kolbenspiel *n* ‖ ~ **plug valve** (Eng) / Kolbenhahn *m* (mit einem zylindrischen Küken)
**piston-ported two-stroke engine** (I C Engs) / kolbengesteuerter Zweitaktmotor
**piston-port engine** (I C Engs) / schlitzgesteuerter Motor
**piston pressure gauge** / Kolbenmanometer *n* ‖ ~ **pump** (Eng) / Kolbenpumpe *f* (eine Verdrängerpumpe) ‖ ~ **pump** (Vac Tech) / Hubkolbenvakuumpumpe *f*
**piston-retraction tool** (Girling) (Autos, Tools) / Kolbenrücksetzzange *f*
**piston-ring**\* *n* (I C Engs) / Kolbenring *m* (Bauteil zur Abdichtung des Zylinderraums gegen den Kurbelgehäuseraum und zur Weiterleitung der vom Kolben aufgenommenen Wärme an die Zylinderwand)
**piston-ring belt** (I C Engs) / Kolbenringtragkörper *m*, Kolbenringfeld *n*, Kolbenringzone *f* ‖ ~ **blow-by** (I C Engs) / Durchblasen *n* bei Kolbenringen ‖ ~ **expander** (I C Engs) / Kolbenringzange *f*
**piston-ring-expander tool** (I C Engs) / Kolbenringzange *f*
**piston-ring groove** (I C Engs) / Kolbenringnut *f*, Kolbennut *f* ‖ ~ **land** (I C Engs) / Kolbenringsteg *m*, Ringsteg *m* (Kolbenpartie zwischen zwei Ringnuten in der Ringzone)
**piston**•**-rod**\* *n* (Eng) / Kolbenstange *f* ‖ ~ **seizure** (I C Engs) / Kolbenfresser *m*, Kolbenklemmer *m* ‖ ~ **skirt** (I C Engs) / Kolbenhemd *n*, Kolbenmantel *m* (Kolbenschaft unterhalb der Kolbenbolzenbohrung) ‖ ~ **slap** (I C Engs) / Kolbenklappern *n* ‖ ~ **speed** (Eng) / Kolbengeschwindigkeit *f* (Kenngröße des Kurbeltriebwerkes von Kolbenmaschinen) ‖ ~ **spring** (I C Engs) / Kolbenfeder *f* ‖ ~ **stroke** (I C Engs) / Kolbenhub *m* (Abstand zwischen den beiden Totpunkten des Kolbens, Hub *m* (die Wegstrecke des Kolbens zwischen seinen zwei Tot- oder Umkehrpunkten) ‖ ~ **swept volume** (Autos, Eng, I C Engs) / Hubraum *m* (eines Zylinders), Hubvolumen *n* ‖ ~ **temperature** (I C Engs) / Kolbentemperatur *f* ‖ ~ **top** (I C Engs) / Kolbenbodenoberseite *f* ‖ ~ **travel** (I C Engs) / Kolbenhub *m* (Abstand zwischen den beiden Totpunkten des Kolbens), Hub *m* (die Wegstrecke des Kolbens zwischen seinen zwei Tot- oder Umkehrpunkten)
**piston-type flowmeter** (Eng) / Kolbendurchflussmesser *m* (mit konstantem Druckabfall) ‖ ~ **gasholder** / Scheibengasbehälter *m* ‖ ~ **lift check valve** (Eng) / Kolbenrückschlagventil *n*
**piston valve**\* (Eng) / Kolbenschieber *m* ‖ ~ **valve** (Eng) / Kolbenventil *n* (ein Absperrventil, bei dem sich der Kolben in einem Zylinder mit waagerechter Durchgangsbohrung nach oben oder nach unten bewegt und Bohrung freigibt oder verdeckt und somit absperrt)
**piston-valve engine** (I C Engs) / schlitzgesteuerter Motor
**pit** *v* / punktförmig anfressen (Oberfläche), Grübchen bilden (Lochfraß), punktförmig angreifen ‖ (Agric) / einmieten *v* (in einer Miete einlagern) ‖ ~ (Eng) / auskolken *v* (Schneide) ‖ ~ (US) (Nut) / entsteinen *v* (Steinfrüchte), entkernen *v*, aussteinen *v* ‖ ~ *n* / Grübchen *n* (bei der Korrosion), Loch *n* (bei der Korrosion), Anfressung *f* (ein kleines Korrosionsgrübchen) ‖ ~ (Agric) / Miete *f* (eine abgedeckte Grube, in der Feldfrüchte zum Schutz gegen Frost aufbewahrt werden) ‖ ~ (Autos) / Reparaturgrube *f* (in der Autowerkstatt) ‖ ~ (Autos) / Box *f* (an der Rennstrecke) ‖ ~\* (Bot, For) / Tüpfel *m n* (unverdickte Stelle der Sekundärwand) ‖ ~ (Build) / Grube *f*, Baugrube *f* ‖ ~ (Comp) / Lochmuster *n* (Informationsstruktur auf der Bildplatte) ‖ ~ (Comp) / Pit *n* (Informationseinheit in der Spur einer Digitalplatte mit logisch "0" als Bedeutung) ‖ ~ (Foundry) / Grube *f* (Gieß-, Form-) ‖ ~ (Leather) / Grube *f* (für pflanzliche Gerbung) ‖ ~ (Mining) / Grube *f* (der untertägige Bereich eines Bergwerks) ‖ ~\* (Mining) / Schacht *m* (lotrechter Grubenbau, mit dem eine Lagerstätte von der Tagesoberfläche aus erschlossen wird) ‖ ~ (US) (Nut) / [Obst]Kern *m*, Stein *m* (von Steinobst)

**pita** n (Textiles) / Pitafaser f (zur Herstellung von Säcken und Stricken), Pitahanf m, Pita f (aus verschiedenen Arten der Agave gewonnene Blattfaser) ‖ ~ (Textiles) s. also Mauritius hemp
**pit and pop** (Build) / Aussprengen n, Aussprengung f (aus dem Putz) ‖ ~ **and pop** (Build) s. also blowing
**pit-and-quarry industry** / Steine-und-Erden-Industrie f, Bergbau und Industrie "Steine und Erden"
**pit annealing** (Met) / Grubenglühen n ‖ ~ **anode** (Surf) / Lochanode f (bei Lochfraßkorrosion) ‖ ~ **aperture** (For) / Porus m (pl. Pori) (Tüpfelmündung) ‖ ~ **border** (For) / Hof m (des Hoftüpfels) ‖ ~ **bottom** (Surf) / Grübchengrund m (beim Lochfraß), Lochgrund m (beim Lochfraß)
**pit-cast** v (Foundry) / steigend gießen
**pit casting** (Foundry) / steigende Gießweise, steigender Guss, Bodenguss m (bei dem das flüssige Gießmetall von unten in den Formhohlraum einströmt und in diesem aufsteigt) ‖ ~ **cavity** (For) / Tüpfelhohlraum m
**pitch** v / bepechen v (mit Pech bestreichen), pichen v, auspechen v, verpichen v (mit Pech) ‖ ~ / errichten v, aufstellen v ‖ ~ / anlegen v (die Leiter) ‖ ~ (Acous) / stimmen v (Musikinstrumente) ‖ ~ (Acous) / Grundton (Tonhöhe) angeben ‖ ~ (Aero, Autos, Rail) / um die Querachse neigen, nicken v ‖ ~ (Brew) / anstellen v (Hefe) ‖ ~ (Hyd Eng) / verblenden v (Staumauer) ‖ ~ n (mesh size) / Maschenweite f (bei Sieben), Maschenteilung f ‖ ~* / Pech n (DIN 55946, T 1) ‖ ~ / Abwärtsneigung f, Abschüssigkeit f ‖ ~ / Pitch m, Schreibschritt m (der Schreibmaschine nach DIN 2107) ‖ ~* / [regelmäßiger] Abstand m ‖ ~* (a subjective measure based on perception by the human ear) (Acous) / Tonwert m, [subjektive] Tonhöhe f (Stimmung - DIN 1320) ‖ ~ (Aero) / Blattverstellhebel m ‖ ~ (Aero) / Blattverstellhebel m (bei Hubschraubern) ‖ ~* (Aero) / Steigung f (der Flügelblätter der Luftschraube), Flügelsteigung f (der Luftschraube), Luftschraubenschritt m ‖ ~ (Aero, Autos, Rail) / Nickbewegung, Nicken n, Längsneigung f (um die Querachse) ‖ ~ (Autos) / Stellplatz m (z.B. für einen Caravan), Standplatz m ‖ ~* (Build) / Dachneigung f (das Verhältnis der vertikalen zur horizontalen Projektion der Dachebene in %), Dachneigung f ‖ ~ (Cables, Eng, Telecomm) / Schlaglänge f (eines Seils) ‖ ~ (Cinema) / Kameradrehung f um die Längsachse des Aufnahmefahrzeugs ‖ ~* (Cinema, Photog) / Lochabstand m (der Perforation), Perforationslochabstand m, Perforationsschritt m, Perforationsteilung f ‖ ~ (Comp) / Zeichenabstand m, Zeichenschritt m (in der Textverarbeitung, bei den Druckern) ‖ ~ (Elec Eng) / Schritt m (der Wicklung) ‖ ~ (Electronics) / Pitch m (der Abstand der Maskenlöcher bei einer Schattenmaskenröhre) ‖ ~* (Eng) / Teilung f (Zahnteilung, Niettteilung) ‖ ~ (Eng) / Gewindeteilung f, Teilung f (DIN 13; bei eingängigem Gewinde = Steigung, bei n-gängigem Gewinde = Steigung/n) ‖ ~ (Eng) / Ganghöhe f (eines Gewindes) ‖ ~ (For) / Naturharz n (Sekret von Bäumen) ‖ ~ (Geol) / Abtauchen n (einer Falte) ‖ ~ (Instr) / Rasterkonstante f (bei Skaleneilungen) ‖ ~* (Join) / Winkel m zwischen dem Hobeleisen und der Hobelsohle ‖ ~ (Leather) / Sprengung f (Absatz, Ferse) ‖ ~ (Maths) / Steigung f (der Schraubenlinie) ‖ ~ (of rolls) (Met) / Achsabstand m (der Walzen) ‖ ~* (Paper), Teilung f der BE-Kanäle m, Teilung f der BE-Kanäle ‖ ~* (Paper) / Zellstoffharz n, Harz n (schädliches) ‖ ~ (Photog) / Mittenabstand m (von Pixeln) ‖ ~* (Ships) / Stampfen n ‖ ~ (Weaving) / Teilung f ‖ ~ **angle** (Aero) / Steigungswinkel m (der Luftschraube) ‖ ~ **angle** (Aero) / Anstellwinkel m (der Rotorblätter), Einstellwinkel m ‖ ~ **angle** (Eng) / Teilkegelwinkel m (eines Kegelrades), halber Öffnungswinkel (eines Kegelrades - DIN 3971) ‖ ~ **angle** (Phys) / Pitchwinkel m (Diffusion geladener Teilchen) ‖ ~ **axis** (Aero, Autos, Rail) / Nickachse f ‖ ~ **binding of reed** (Weaving) / Pechbund m des Webblattes ‖ ~ **bitumen asphalt** (Civ Eng) / Pechasphaltbeton m
**pitch-black** adj / pechschwarz adj
**pitchblende**\* n (Min) / Pechblende f (kollomorphes Uranpecherz - meistens Uran(IV)-oxid) ‖ ~\* (Min) s. also uraninite
**pitch block** (Eng) / Rollbogen m (Zylindersegment, auf dem zur Erzeugung der Wälzbewegung Wälzbänder ablaufen)
**pitchboard** n (Carp) / Teilbrett n (zum Anreißen von Treppenwangen), Winkelbrett n, Lehrbrettchen n, Treppenprofilschablone f
**pitch-bonded** adj / pechgebunden adj
**pitch-bound** adj / pechgebunden adj (Brikett)
**pitch-carbon fibre** (Textiles) / Pech-Kohlenstoff-Faser f
**pitch chain** (Eng) / Laschenkette f, Gelenkkette f (meistens eine Zahnkette) ‖ ~ **circle** (of bolt holes) (Autos) / Lochkreis m (der Radscheibe oder des Radsterns) ‖ ~ **circle**\* (BS 2519) (Eng) / Teilkreis m (Definitionsgröße des Zahnrads nach DIN 3960)
**pitch-circle diameter** (Eng) / Teilkreisdurchmesser m ‖ ~ **dividing error** (Eng) / Teilkreis-Teilungsfehler m
**pitch coal** (Geol) / Pechkohle f (glänzend schwarze, tertiäre Hartbraunkohle) ‖ ~ **coke** / Pechkoks m (der durch Erhitzen von Steinkohlenteerpech unter Luftabschluss gewonnen wird) ‖ ~ **cone** (Eng) / Wälzkegel m (bei Zahnrädern) ‖ ~ **cone** (Eng) / Teilkegel m (eines Kegelrades nach DIN 3971) ‖ ~ **cone angle** (Eng) / Teilkegelwinkel m (halber Öffnungswinkel des Teilkegels - DIN 3971) ‖ ~ **control** (Acous) / Drehzahlregelung f (bei der Schallaufzeichnung), Geschwindigkeitsregelung f ‖ ~ **control** (Aero) / Höhensteuerung f (Steuerung der Drehbewegung des Flugzeugs um die Querachse mithilfe des Höhenruders) ‖ ~ **control**\* (the collective and cyclic pitch controls of a helicopter's main rotor(s)) (Aero) / Blattverstellung f (Anstellwinkeländerung), Pitchregelung f (die Rotorblätter werden so verstellt, dass die Leistung bei unterschiedlicher Windgeschwindigkeit optimal ist) ‖ ~ **control** (TV) / Regelung f der Zeilendichte ‖ ~ **cylinder**\* (Eng) / Teilzylinder m (DIN 3960 und DIN 8000) ‖ ~ **damper** (Aero) / Nickdämpfer m, Nickregler m
**pitch-dark** adj / pechschwarz adj
**pitch diameter**\* (US) (Eng) / Flankendurchmesser m (achssenkrechter Abstand der Gewindeflankenmitten nach DIN 13) ‖ ~ **disk** (US) (Eng) / Rollbogen m (Zylindersegment, auf dem zur Erzeugung der Wälzbewegung Wälzbänder ablaufen) ‖ ~ **displacement** (Eng) / Profilverschiebung f (bei Zahnrädern nach DIN 3960) ‖ ~ **displacement** (Eng) / Profilverschiebung f (Abrücken der Mittellinie des Zahnstangenprofils vom Wälzkreis) ‖ ~ **distillation** (Chem Eng, For) / Holzpechdestillation f, Pechdestillation f ‖ ~ **distillery** (For) / Pechbrennerei f
**pitch-down** n (Aero) / Kippeffekt m nach unten, Kippen n nach unten
**pitch edge** (Print) / Einlaufkante f
**pitched paper** (Paper) / Pechpapier n ‖ ~ **roof**\* (Build) / Gefälledach n (als Gegensatz zu Flachdach), geneigtes Dach (über 20°), Schrägdach n, Steildach n (bei dem die Dachneigung mehr als 22° beträgt) ‖ ~ **roof**\* (Build) s. also gable roof ‖ ~ **thread** / Schusterdraht m, Pechdraht m (zum Nähen von Schuhen), Pechfaden m (ein mit Schusterpech eingeriebener Handnähfaden), Draht m (zum Nähen von Schuhen) ‖ ~ **truss** (Eng) / Dreieck-Fachwerkträger m ‖ ~ **work**\* (Civ Eng, Hyd Eng) / Steinpflaster n (als Böschungsschutz), Steinvorlage f (als Böschungsschutz)
**pitch element** (Eng) / Wälzachse f (bei Wälzzylindern)
**pitcher** n (Brew) / Pichapparat m ‖ ~ (Build, Tools) / Hundezahn m (für Steinmetze, Stockeisen n ‖ ~ (a granite sett) (Civ Eng) / Granitplatte f, Granitpflasterstein m
**pitchers** pl (fragments of broken pottery, sometimes ground to a powder, for use as an ingredient in bodies, glazes, and colouring compounds) (Ceramics) / Hafenscherben f pl ‖ ~ (Ceramics) / Scherbenmehl n, Scherbenschamotte f (der gleichen Masse, der sie zugesetzt wird), gemahlene Scherben, keramischer Bruch (meistens gemahlen), keramische Scherben
**pitch-faced** adj (Build) / mit Stockhammer bearbeitet (Naturstein, erhärteter Beton)
**pitch factor** (Elec Eng) / Sehnungsfaktor m
**pitch-fibre pipe** (Build) / Bitumenzellulosefaserrohr n ‖ ~ **pipe** (Build, Civ Eng) / Asbestzementrohr n (für Haustechnik und Tiefbau - DIN 19800 und 19850)
**pitch fluctuation** (Acous) / Tonhöhenschwankung f ‖ ~ **forward** v (Autos) / ruckartig anfahren ‖ ~ **foundation** (Civ Eng) / Setzpacklage f (im Wegebau)
**pitching**\* n (Aero, Autos, Rail) / Nickbewegung f, Nicken n, Längsneigung f (um die Querachse) ‖ ~ (Brew) / Anstellen n ‖ ~ (Brew) / Pichen n (von Fässern) ‖ ~ (Civ Eng) / grobes Steinpflaster ‖ ~* (Civ Eng) / Tragschicht f (aus Grobschotter) ‖ ~ (Civ Eng) / Setzpacklage f (im Wegebau) ‖ ~ (Civ Eng) / Packlage f (Setzpacklage), Steinpackung f, Steinbett n ‖ ~ (Civ Eng, Hyd Eng) / Steinpflaster n (als Böschungsschutz), Steinvorlage f (als Böschungsschutz) ‖ ~ (Ships) / Vorschwingen n (eine Längsschiffsschwingung) ‖ ~* (Ships) / Stampfen n ‖ ~ adj / geneigt adj, schräg adj, schief adj, schräg abfallend ‖ ~ **chisel** (Build, Tools) / Hundezahn m (für Steinmetze), Stockeisen n ‖ ~ **fault** (Geol) / Tauchfalte f ‖ ~ **machine** (Brew) / Pichapparat m ‖ ~ **moment**\* (Aero, Autos, Rail) / Längsmoment n, Nickmoment n ‖ ~ **period**\* (Ships) / Stampfperiode f ‖ ~ **period** (pitching + scending) (Ships) / Vor- und Zurückschwingen n (eines Schiffes im Seegang), Längsschiffsschwingungsperiode f ‖ ~ **piece**\* (Build, Carp) / Holzträger m (für hölzerne Treppenhäuser) ‖ ~ **seam** (Mining) / steiles Flöz, stark einfallendes Flöz ‖ ~ **tool**\* (Build, Tools) / Hundezahn m (für Steinmetze), Stockeisen n ‖ ~ **tool** (Tools) / Schlageisen n (zur Erzeugung der Schläge, d.h. schmaler ebener Streifen, welche dem Steinmetzen als Richtschnur, "Lehre", bei der Bearbeitung der Lagerflächen dienen) ‖ ~ **vessel** (Brew) / Anstellbottich m, Angärgefäß n ‖ ~ **yeast** (Brew, Chem) / Anstellhefe f (Zellvermehrungsstufe bei der Backhefeherstellung), Stellhefe f
**pitch line**\* (Eng) / Profilbezugslinie f (einer Zahnstange) ‖ ~ **mark** (Textiles) / Pechspitze f (Verunreinigung auf textilem Material, die auf Pech zur Kennzeichnung von Schafen zurückzuführen ist) ‖ ~ **of stairs** (Build) / Steigungsverhältnis n (Verhältnis der Stufenhöhe zur Auftrittsbreite - bei Treppen) ‖ ~ **perception** (Acous) /

**pitch**

Tonhöhenempfindung f ‖ **~ pine**\* (For) / Pitchpine f, Parkettkiefer f, Pechkiefer f (Pinus rigida Mill.), Parkett-Gelbkiefer m, PI (Pitchpine nach DIN 4076) ‖ **~ pocket** (For) / Harztasche f, Harzgalle f, Galle f (mit Harz gefüllter taschenförmiger Hohlraum im Holz) ‖ **~ polish(ing)** (For) / Pechpolitur f ‖ **~ polishing** (Optics) / Polieren n mit Pechpolitur ‖ **~ setting**\* (Aero) / Steigungseinstellung f ‖ **~ shift** (Acous) / Veränderung f der Tonhöhe ‖ **~ shifting** (Acous) / Veränderung f der Tonhöhe ‖ **~ stain** / Pechfleck m
**pitchstone**\* n (Geol) / Pechstein m (altes Glas mit über 4% Wasser)
**pitch streak** (For) / Harztasche f, Harzgalle f, Galle f (mit Harz gefüllter taschenförmiger Hohlraum im Holz) ‖ **~ tip** (Textiles) / Pechspitze f (Verunreinigung auf textilem Material, die auf Pech zur Kennzeichnung von Schafen zurückzuführen ist) ‖ **~ travel** / Neigungsdrehweg m (bei den IR) ‖ **~ tree** (For) / Kaori f (Agathis philippinensis Warb.), Damar Minyak n, Dammarabaum m ‖ **~ trim compensator** (Aero) / Nicktrimmregler m
**pitch-up** n (Aero) / Kippeffekt m nach oben, Kippen n nach oben, Aufkippen n
**pitchy** adj / pechschwarz adj ‖ / pechartig adj ‖ / pechig adj, voller Pech ‖ **~** (Paper) / harzhaltig adj (Zellstoff) ‖ **~ taste** (Nut) / Pechgeschmack m
**pit clay** (Ceramics) / Grubenton m ‖ **~ coal** (Mining) / bituminöse Steinkohle (ohne Anthrazit) ‖ **~ coal** (Mining) / Steinkohle f (mit über 80 Gew.-% Kohlenstoffgehalt), Schwarzkohle f ‖ **~ crane** (Foundry) / Gießkran m (der Gießpfannen transportiert und kippt) ‖ **~ density** (Materials) / Lochzahldichte f (bei Korrosionsprüfungen) ‖ **~ explosion** (Mining) / Grubenexplosion f ‖ **~-eye**\* n (Mining) / Schachtöffnung f ‖ **~ furnace** (Met) / Ausgleichsgrube f, Tiefofen m
**pith** v (Nut) / das Mark (des Zuckerrohrs) entfernen ‖ **~** (Bot, Nut) / Albedo f (ungefärbte innere Schicht der Zitrusfruchtschale) ‖ **~**\* (For) / Mark n (im Zentrum des Holzstammes), Markröhre f, Kernröhre f ‖ **~ check** (For) / Herzriss m, Kernriss m, Strahlenriss m, Markriss m, Spiegelkluft f
**pit head** (Mining) / Hängebank f (übertägige Plattform in der Schachthalle) ‖ **~ head** (Mining) / Schachtkranz m
**pit-head power station** (Mining) / Zechenkraftwerk n
**pi theorem** (Phys) / Pi-Theorem n von Buckingham (der wichtigste Satz der Ähnlichkeitstheorie)
**pith fleck** (For) / Markfleck m (ein Holzfehler, meistens durch Larvengänge verursacht), Braunfleck m (hell- bis dunkelbraun gefärbtes Wundnarbengewebe der Fraßgänge von Kambium-Minierfliegen) ‖ **~ ray**\* (For) / Markstrahl m
**pith-ray fleck** (For) / Markfleck m (ein Holzfehler, meistens durch Larvengänge verursacht), Braunfleck m (hell- bis dunkelbraun gefärbtes Wundnarbengewebe der Fraßgänge von Kambium-Minierfliegen)
**pith wood** (For) / Juvenilholz n, Jugendholz n, Holz n in der Juvenilphase
**pit hydrant** (Eng) / Unterflurhydrant m (DIN 3221) ‖ **~ lamp** (Mining) / Wetterlampe f, Sicherheitslampe f, Grubenlampe f, Davy-Lampe f ‖ **~ lamp(s)** (Mining) / Geleucht n (Beleuchtungseinrichtungen im Untertagebetrieb) ‖ **~ lamp** (Mining) s. also safety lamp ‖ **~ lime** (Build) / eingesumpfter Kalk, Kalkteig m, Grubenkalk m, Sumpfkalk m ‖ **~ liming** (Leather) / Grubenäschern n
**pitman** n (pl. pitmans) (Agric) / Mähkurbelstange f, Koppel f ‖ **~** (US) (Autos, Eng) / Pleuelstange f (Bauteil des Kurbeltriebwerks von Kolbenmaschinen), Pleuel m, Treibstange f ‖ **~** (pl. pitmans) (Eng) / Zugstange f (z.B. eines Backenbrechers) ‖ **~** (pl. pitmen) (Mining) / Kohlenarbeiter m ‖ **~** (pl. pitmen) (Mining) / Bergmann m (pl. -leute), Bergarbeiter m, Grubenarbeiter m, Schachtarbeiter m
**pitman**\* n (pl. pitmen) (Mining) / Arbeiter m für die Schachtinspektion
**pitman** n (pl. pitmen) (Mining) / Abteufhauer m ‖ **~** (pl. pitmans) (Oils) / Schwengelzugstange f, Zugstange f ‖ **~ arm** (Autos) / Lenkstockhebel m (DIN 70023)
**pitman-arm steering** (Autos) / Lenkstocklenkung f (mit dreiteiliger Spurstange)
**pit membrane** (For) / Tüpfelmembran f
**pit-moist** adj (Mining) / grubenfeucht adj, bergfeucht adj
**pit moulding**\* (Foundry) / Formenherstellung f in der Grube, Formen n in der Grube, Grubenformverfahren n, Grubenformerei f, Bodenformerei f (in der Grube) ‖ **~ mouth** (Mining) / Schachtmundloch n, Schachtmündung f, Tagkranz m ‖ **~ opening** (For) / Tüpfelmündung f ‖ **~ opening** (For) / Porus m (pl. Pori) (Tüpfelmündung)
**pitot comb** (Aero) / Staurohrreihe f (als Druckgeber in den Fahrtmessern) ‖ **~ head** (Aero) / Staudruckgeber m, Druckgeber m des Staudruck-Fahrtmessers ‖ **~ opening** (Aero) / vordere Staurohröffnung (für den Gesamtdruck) ‖ **~ pressure** (Aero) / Pitotdruck m (den ein ideales Pitot-Rohr anzeigt - bei Unterschallströmung und nicht zu kleiner Reynolds-Zahl gleich dem Gesamtdruck; bei Überschallströmung gleich dem Gesamtdruck hinter einer normalen Stoßwelle - nach H. Pitot, 1695-1771) ‖ **~ pressure** (Aero) s. also impact pressure ‖ **~ rake** (Aero) / Staurohrreihe f (als Druckgeber in den Fahrtmessern)
**pitot-static head** (Aero, Phys) / Prandtl-Rohr n, Prandtl'sches Staurohr (DIN 1946-1), Staurohr n (das außer dem Staudruck auch den statischen Druck des Mediums misst) ‖ **~ system** (Aero) / Fahrtmesser m mit Staurohr ‖ **~ tube** (a combination of a pitot tube and a static port arranged coaxially or otherwise parallel to one another and mounted externally on an aircraft in a position to sense the air flow and pressure undisturbed by the flow over or around other structures of the aircraft) (Aero, Phys) / Prandtl-Rohr n, Prandtl'sches Staurohr (DIN 1946-1), Staurohr n (das außer dem Staudruck auch den statischen Druck des Mediums misst) ‖ **~ tube**\* (Aero, Phys) / Prandtl-Rohr n, Prandtl'sches Staurohr (DIN 1946-1), Staurohr n (das außer dem Staudruck auch den statischen Druck des Mediums misst)
**Pitot tube**\* (Aero, Civ Eng, Mining, Phys) / Pitot-Rohr n (Strömungssonde zur Messung des Gesamtdruckes in einem strömenden Medium) ‖ **~ tube** (Phys) / Pitot-Rohr n (Strömungssonde zur Messung des Gesamtdruckes in einem strömenden Medium)
**pit pair** (For) / Tüpfelpaar n (zwei sich ergänzende Tüpfel aneinander grenzender Zellen) ‖ **~ prop** (Mining) / Stempel m, Grubenstempel m (Stützelement aus Holz /wenig nachgiebig/, Stahl und Leichtmetall /nachgiebig/) ‖ **~ rails** (Mining) / Gestänge n (Schienen von Grubenbahnen) ‖ **~ retting** (Textiles) / Kaltwasserröste f in stehendem Wasser, Grubenröste f ‖ **~ room** (Mining) / Grubengebäude n (alle bergmännisch aufgefahrenen Grubenbaue eines Bergwerks)
**pit-run gravel** (Mining) / unklassierter Grubenkies, ungesiebter Grubenkies
**pit sand** / Grubensand m (ungewaschener Sand der Körnung 0 bis 3 mm oder 0 bis 7mm, dessen Gewinnung in der Regel oberhalb des Grundwasserspiegels erfolgt) ‖ **~ saw** (For) / Schrotsäge f (große) ‖ **~-saw**\* n (For) / Zweimannblattsäge f (mit gekrümmtem Blatt), Blattspaltsäge f (mit geradem Blatt) ‖ **~ silo** (Agric) / Grubensilo m n ‖ **~ site** (Met, Surf) / Lochfraßstelle f ‖ **~ slab** (For, Mining) / Grubenschwarte f ‖ **~ sleeper** (For, Mining) / Grubenschwelle f ‖ **~ stop** (Autos) / Boxenstopp m (das Anhalten während eines Autorennens an der Box)
**pit-tanned** adj (Leather) / grubengar adj
**pit tanning** (Leather) / Grubengerbung f, Grubengerberei f
**PITT diode** (Electronics) / PITT-Diode f
**pitted contact** (Elec Eng) / angefressener Kontakt
**pitter** n (Eng, Met, Surf) / Lochfraß auslösendes Medium ‖ **~** (Nut) / Entkerner m, Auskernmaschine f, Entsteiner m
**pitticite** n (Min) / Pittizit n (ein Mineral der Diadochitgruppe)
**pit timber** (Bergb, For, Mining) / Grubenholz n (Ausbauholz + Mattenholz nach DIN 21315 und 21324)
**pitting** n (Bot, For) / Tüpfelung f (Bildung, Form und Anordnung der Tüpfel oder Tüpfelpaare), Tüpfelbildung f ‖ **~** (Build) / Quellausplatzung f (des Putzes) ‖ **~**\* (Build) / Abplatzen n (ein Putzschaden durch Expansionsdruck von innen) ‖ **~** (Civ Eng, Mining) / Bemusterung f mit einem Schürfschacht ‖ **~** (Eng) / Auskolkung f (der Schneide), Kolkung f, Kolkverschleiß m (der Schneide) ‖ **~**\* (destructive) (Eng) / grübchenartige Ausbröckelung, Grübchenbildung f in der Wälzkontaktzone (am Zahnrad) ‖ **~**\* (Eng, Met, Surf) / Lochfraß m (Oberflächenzerrüttung nach DIN 50900), Pitting n ‖ **~** (Mining) / Schachtabteufen n ‖ **~** (Nut) / Stippigwerden n (bei Orangen) ‖ **~** (Nut) / Entsteinung f (von Steinfrüchten), Entkernung f (von Steinfrüchten) ‖ **~ and popping** (Build) / Aussprengen n, Ausspringung f (aus dem Putz) ‖ **~ attack** (in an initial state) / punktförmiger Angriff (Korrosion) ‖ **~ attack** (Met, Surf) / Lochfraßangriff m ‖ **~ corrosion** (Met) / Lochkorrosion f (Lokalkorrosion, bei welcher der elektrolytische Metallabtrag nur an kleinen Oberflächenbereichen abläuft und Lochfraß erzeugt)
**pitting-corrosion site** (Met, Surf) / Lochfraßstelle f
**pitting damage** (Surf) / Lochfraßschaden m ‖ **~ factor**\* (Met) / Pitting-Faktor m, Lochfraßfaktor m (Verhältnis von größter Eindringtiefe zu mittlerem Abtrag) ‖ **~ machine** (US) (Nut) / Entsteinmaschine f ‖ **~ medium** (Met, Surf) / Lochfraß auslösendes Medium ‖ **~ of contacts** (Elec Eng) / Kontaktabbrand m ‖ **~ potential** (Met) / Lochfraßpotential n, Lochbildungspotential n
**pitting-resistant** adj (Met, Surf) / lochfraßbeständig adj
**Pittsburgh process** (Glass) / Pittsburgh-Verfahren n (ein Flachglasziehverfahren mit Schamotteziehbalken an der Aushebestelle) ‖ **~ sheet process** (Glass) / Pittsburgh-Verfahren n (ein Flachglasziehverfahren mit Schamotteziehbalken an der Aushebestelle)
**pit water** (Mining) / Grubenwasser n (das bei der Wasserhaltung zutage geförderte Wasser, das häufig salzhaltig ist), Schachtwasser n ‖ **~ wood** (Mining) / Grubenholz n (Ausbauholz + Mattenholz nach DIN 21315 und 21324)

**pi-type filter** (Telecomm) / Pi-Glied n (ein Frequenzfilter), Pi-Filter n, π-Filter n

**Pitzer equation** (for the approximation of data for heats of vaporization for organic and simple inorganic compounds, derived from temperature and reduced temperature relationships) (Phys) / Pitzer-Gleichung f (nach K.S. Pitzer, geb. 1914) || ≏ **tension** (Chem) / Pitzer-Spannung f (der Energieunterschied, der durch die stärkere Wechselwirkung der Wasserstoffatome in der ekliptischen gegenüber der gestaffelten Konformation bedingt ist)

**piuri** n / echtes Indischgelb (heute nicht mehr benutzt), Piuri n (Naturfarbstoff aus dem Harn der mit Mangoblättern gefütterten Kühe)

**PIV** (peak inverse voltage) (Electronics) / Spitzensperrspannung f (bei Transistoren), Spitzenrückwärtsspannung f

**pivalic acid** (Chem) / Trimethylessigsäure f (eine Valeriansäure), Pivalinsäure f, 2,2-Dimethylpropionsäure f

**pivot** n (Build) / Angel f, Türangel f, Angelkloben m, Angelzapfen m || ~ (Build, Eng) / Drehgelenk n, Scharnier n (häufigste Form von Bewegungsbeschlägen für Türen) || ~ (Civ Eng) / Drehzapfen m (einer Drehbrücke), Drehstuhl m (einer Drehbrücke) || ~ (the essential element in the inversion process necessary for the solution of a linear program) (Comp) / Pivot m n || ~ (Eng) / Tragzapfen m (konstruktiv als Lagerung ausgebildetes Wellenende, die Radialkräfte aufnehmen soll) || ~ (Eng) / Dorn m (zum Aufsetzen eines drehbaren Gegenstandes), Pinne f, Drehzapfen m, Drehbolzen m, Pivot m n (Drehzapfen, Schwenkzapfen) || ~* (Instr) / Zapfen m, Stützzapfen m, Spitze f (bei Lagern in Messinstrumenten) || ~ (Maths) / Pivot m n, Pivotelement n

**pivotal** adj / als Drehpunkt dienend || ~ **fault** (Geol) / Scharnierverwerfung f

**pivot bridge*** (Eng) / gleicharmige Drehbrücke (eine bewegliche Brücke)

**pivoted** adj / drehbar adj (an einem Zapfen), gelenkig angeordnet, drehbar angelenkt || ~ **frame** (Leather) / Hängerahmen m (zum Farbengang) || ~ **heel** (Rail) / Gelenkzunge f (einer Weiche) || ~ **sash** (Build) / Schwingflügel m (des Fensters) || ~ **segmental thrust bearing** (Eng) s. also Kingsbury thrust bearing and Mitchell bearing || ~ **segmental thrust bearing** (Eng) / Axial-Kippsegementlager n

**pivot factor*** (Elec Eng) / Lagerreibungswert m || ~ **fault** (Geol) / Scharnierverwerfung f || ~ **friction** (Elec Eng) / Lagerreibung f (bei Spitzenlagerung) || ~ **friction** (that friction that opposes the turning of the end of a vertical, or inclined, shaft in its bearing) (Eng, Instr, Mech) / Zapfenreibung f || ~ **hinge** (Build) / Zapfenband n (einfacher Drehbeschlag)

**pivoting** n (Maths) / Pivotierung f (teilweise, vollständige) || ~ adj / drehbar adj (an einem Zapfen), gelenkig angeordnet, drehbar angelenkt || ~ (Met) / schwenkbar adj (Konverter) || ~ **pin** (Build) / Achsstift m (ein Beschlag)

**pivot operation** (in Gaussian elimination or Gauss-Jordan elimination) (Maths) / Pivotierung f (teilweise, vollständige) || ~ **pier** (Civ Eng) / Drehpfeiler m (einer Drehbrücke) || ~ **pin** (Eng) / Bolzen m (DIN 1433) || ~ **step** (Comp) / Pivotschritt m (Verfahren zur Durchführung einer elementaren Basistransformation)

**PIX** (picture element) (Comp) / Bildelement n (kleinstes Element einer Darstellungsfläche, dem Farbe oder Lichtintensität unabhängig zugeordnet werden kann)

**PIXE** (proton-induced X-ray emission) (Spectr) / protoneninduzierte Röntgenemission (ein Spezialfall der durch Ionenbeschuss verursachten Ionenemission)

**pixel** v (Comp) / pixelieren v, pixelisieren v || ~* n (Comp, Photog) / Pixel n (ein einzeln adressierbares Bildelement) || ~ **aspect ratio** (Comp) / Pixelverhältnis n, Höhen-/Breitenverhältnis n eines Pixels

**pixel-based** adj (Comp, Photog) / pixelbasiert adj

**pixel density** (Comp, Photog) / Pixeldichte f, Auflösung f in Pixel, Pixeltiefe f, Pixelauflösung f || ~ **depth** (Comp, Photog) / Pixeldichte f, Auflösung f in Pixel, Pixeltiefe f, Pixelauflösung f || ~ **editing** (Comp) / Einzelpixelbearbeitung f, Editieren n von Pixeln || ~ **editor** (Comp) / Bildpunkteditor m || ~ **image** (Comp) / Pixelbild n

**pixelisation** n (GB) (Comp, Photog) / Pixelisierung f, Pixelierung f (Auflösung in Bildpunkte)

**pixelise** v (GB) (Comp) / pixelieren v, pixelisieren v

**pixelization** n (Comp, Photog) / Zerlegung f in Bildelemente || ~ (Comp, Photog) / Pixelisierung f, Pixelierung f (Auflösung in Bildpunkte) || ~ (Comp) s. also space quantization

**pixelize** v (Comp) / pixelieren v, pixelisieren v

**pixel noise** (Photog) / Pixelrauschen n (farbige Störstrukturen speziell in sehr dunklen Bereichen digitaler Bilder) || ~ **resolution** (Comp, Photog) / Pixeldichte f, Auflösung f in Pixel, Pixeltiefe f, Pixelauflösung f

**pixels per inch** (Comp, Photog) / Bildpunkte je Zoll m pl

**pixillation*** n (Comp, Photog) / Zerlegung f in Bildelemente

**pixmap** n (an array of elements, with many bits per element, that map one to one to the colour of grey-scale image on a raster display) (Comp) / Pixmap n

**pizza box** (Comp) / Pizza-Box f (ultraflaches Rechnergehäuse)

**pK*** (pK value) (Chem) / pK-Wert m, Gleichgewichtsexponent m

**PKC** (private-key cryptography) (Comp) / Private-Key-Kryptografie f || ≏ (public-key cryptography) (Comp) / Public-Key-Kryptografie f

**PK fertilizer** (Agric) / PK-Dünger m || ~ **value*** (a number bearing the same relationship to an equilibrium constant that pH does to the hydrogen ion concentration) (Chem) / pK-Wert m, Gleichgewichtsexponent m

**pkwy** (parkway) (Autos) / seitlich begrünte Schnellstraße, Parkway m

**PL** (payload) (Aero, Space) / Nutzlast f (Teil der Zuladung, welcher der Beförderung dient und sich aus Passagieren, Gepäck, Post und Fracht zusammensetzt), zahlende Last, Nutzmasse f || ≏ (plastic limit) (Agric, Civ Eng) / Ausrollgrenze f (bei bindigen Böden), Plastizitätsgrenze f (nach Atterberg) || ≏ (parking lock) (Autos) / Parksperre f (bei Automatikgetriebe)

**PL/1*** (Comp) / PL/I, PL/1 (eine höhere algorithmische Vielzweckprogrammiersprache nach ISO 6160)

**P.L.** (proportionality limit) (Mech) / Proportionalitätsgrenze f (in der Elastizitätslehre)

**PLA*** (programmable logic array) (Comp) / Programmfeldlogik f, programmierbare logische Anordnung , PLA (programmierbare logische Anordnung), programmierbares logisches Feld, PLA

**place** v / ablegen v (ein Handhabeobjekt) || ~ / stellen v, setzen v (platzieren) || ~ / vergeben v, erteilen v (Auftrag) || ~ (Agric) / ausbringen v (Düngemittel) || ~ (concrete) (Build, Civ Eng) / betonieren v, Beton einbringen || ~ (Ceramics) / setzen v (Brenngut in den Brennraum) || ~ (Ceramics) / beladen v (Herdwagen) || ~ (Ceramics) / eintragen v (Ware in den Ofen) || ~ (Chem) / einbringen v (z.B. Chemikalien in Gefäße), eintragen v || ~ (Civ Eng) / einbringen v (Frischbeton), einbauen v || ~ (Electronics) / bestücken v (Leiterplatte) || ~ (Mining) / laden v (Sprengladungen einbringen) || ~ (Print) / platzieren v (z.B. eine Anzeige) || ~ n / Platz m (Stelle), Stelle f || ~ (Comp) / Stelle f (Bedingung bei Petri-Netzen) || ~ (Maths) / Stelle f (im Stellenwertsystem - als abstrakte Zuweisung) || **2-~** (Autos) / Zweisitzer m || **in ~** (Geol) / in situ || **in ~** (Geol) s. also autochthonous

**placeability** n (Civ Eng) / Verarbeitbarkeit f (der Betonmasse) || ~ (Work Study) / Vermittelbarkeit f (von Arbeitskräften)

**placebo*** n (Med, Pharm) / Placebo n (Scheinarznei ohne pharmakologischen Wirkstoff), Plazebo n || ~ **test** (Pharm) / Leerversuch m, Blindversuch m (Verabreichung von Placebos)

**place bricks*** (Build) / Ziegel m pl 3. Wahl (zu schwach gebrannte) || ~ **identification sign** (Autos) / Ortstafel f

**placement** n (Electronics) / Bestückung f (der Leiterplatte mit Bauelementen) || ~ **accuracy** (Electronics) / Lagegenauigkeit f (z.B. bei Leiterplatten), Positionsgenauigkeit f (bei Leiterplatten) || ~ **water content** (Civ Eng) / Einbauwassergehalt m (bei Tragschichten mit hydraulischen Bindemitteln - der immer kleiner als der optimale Proctor-Wassergehalt sein soll)

**place-mix** n (Civ Eng) / Mixed-in-Place-Verfahren n (ein Bodenmischverfahren), Baumischverfahren n (ein Bodenmischverfahren - mixed-in-place)

**placental hormone** (Biochem) / Plazentahormon n

**place of destination** / Bestimmungsort m || ~ **on** v / aufsetzen v

**placer*** n (Geol) / Seife f (Diamant-, Gold-), Placer-Mine f, Seifenlagerstätte f || ~ **claim** (US) (Mining) / verliehene Goldseife || ~ **deposit*** (Geol) / Seife f (Diamant-, Gold-), Placer-Mine f, Seifenlagerstätte f || ~ **gold** (Mining) / Seifengold n (auf sekundärer Lagerstätte) || ~ **mine** (Mining) / Tagebau m mit Auswaschtechnik (Goldmine) || ~ **mining** (Mining) / Seifenbau m, Gewinnung f auf Seifenlagerstätten, Seifenabbau m || ~ **ore** (Mining) / Wascherz n (Seifenerz), Seifenerz n || ~ **tin** (Mining) / Seifenzinn n (aus fluviatilen Seifen)

**place upon supports** / aufständern v || ~ **value** (Maths) / Stellenwert m || ~ **value system** (Maths) / Stellenwertsystem n, Positionssystem n

**placing** n (Agric) / Ausbringung f (von Wirtschafts- und Handelsdüngern), Aufbringung f || ~ (Ceramics) / Setzen n (Einbauen des Brennguts in den Brennraum bzw. Beladen der Herdwagen) || ~ (Chem) / Einbringen n, Eintragen n (z.B. von Chemikalien in Gefäße) || ~ (Civ Eng) / Einbringen n, Einbauen n, Einbau m (z.B. von Beton) || ~ (Mining) / Laden n (Einbringen der Sprengladung) || ~ **boom** (Civ Eng) / Verteiler- und Fertigergerät n || ~ **boom** (Civ Eng) / Verteilermast m (der Autobetonpumpe) || ~ **crane** (Eng) / Montagekran m || ~ **drawing** (Civ Eng) / Bewehrungszeichnung f (DIN 1045), Verlegezeichnung f || ~ **of a call** (US) (Teleph) / Gesprächsanmeldung f (als Vorgang), Voranmeldung f (des Gesprächs) || ~ **sand** (used in the placement of ware in kilns) (Ceramics) / Streusand m

**plafond**

**plafond** *n* (Arch) / Plafond *m* (mit Stuckwerk und Malerei geschmückte Flachdecke)
**plage\*** *n* (Astron) / chromosphärische Fackel, Plage *f*
**plagioclase** *n* (Min) / Plagioklas *m* (ein Vertreter der Feldspatgruppe) ‖ **~ feldspars\*** (Min) / Plagioklas-Reihe *f* (Albit, Oligoklas, Andesin, Labrador, Bytownit und Anorthit) ‖ **~ feldspars\*** (Min) / Plagioklase *m pl* (als Feldspatgruppe), Kalknatronfeldspate *m pl* ‖ **~ felspar series** (Min) / Plagioklas-Reihe *f* (Albit, Oligoklas, Andesin, Labrador, Bytownit und Anorthit) ‖ **~ series** (Min) / Plagioklas-Reihe *f* (Albit, Oligoklas, Andesin, Labrador, Bytownit und Anorthit)
**plagionite\*** *n* (Min) / Plagionit *m* (ein Mineral der Boulangerit-Gruppe)
**plagiotropism\*** *n* (Bot) / Plagiotropismus *m* (Einstellung der Pflanzenorgane schräg zur Reizrichtung hin)
**plaid** *n* (Textiles) / Plaid *n* (Überwurf oder Reisedecke), Reisedecke *f* im Schottenmuster ‖ **~** (Textiles) / Schottenstoff *m*, Schotten *m* (bunter, groß karierter Kleiderstoff) ‖ **~** (Textiles) / Blockkaro *n* (Karomusterung, etwa ab 20mm) ‖ **~ flannel** (Textiles) / buntkarierter Flanell
**plain** *v* (Glass) / läutern *v* ‖ **~** *n* (Geog) / Ebene *f*, Flachland *n* ‖ **~** *adj* / eben *adj* (Belastung, Spannung) ‖ **~** / steglos *adj* (Kette) ‖ **~** / normal *adj* (gewöhnlich), gewöhnlich *adj* ‖ **~** / einfach *adj*, schlicht *adj* ‖ **~** / glatt *adj* (Walze, Oberfläche) ‖ **~** (Ceramics, Glass) / ohne Dekor, glatt *adj* ‖ **~** (Eng) / ohne Gewinde ‖ **~** (Met) / unlegiert *adj* ‖ **~** (Paper) / unlini(i)ert *adj* ‖ **~** (Textiles) / einbettig *adj*, einfonturig *adj* (in der Strickerei) ‖ **~** (Textiles) / ungemustert *adj* ‖ **~** (Textiles) / einfarbig *adj*, unifarbig *adj*, uni *adj* (gemustert, nicht gemustert) ‖ **~** (Typog) / einfach *adj* (nicht verziert - Buchstabe) ‖ **~ bath** (Surf) / einfaches Bad (ohne Zusätze), zusatzfreies Bad ‖ **~ bearing** (Eng) / Gleitlager *n* ‖ **~ bearing assembly** (Eng) / Gleitlagerung *f* (tribologisches System, welches ein Gleitlager enthält) ‖ **~ bearing housing** (Eng) / Gleitlagergehäuse *n* ‖ **~ bearing with oil circulation and ring lubrication** (Eng) / Gleitlager *n* mit Ölumlauf und Ringschmierung ‖ **~ butt weld** (Welding) / I-Naht *f* (eine Stumpfnaht DIN 1912, T 5), I-Stumpfnaht *f* ‖ **~ caramel** (Nut) / kaustische Kulör (einfache Alkohol-Zucker-Kulör), CP ‖ **~ carbon steel** (Met) / allgemeiner Baustahl (DIN EN 10 025) ‖ **~ carbon steel** (Met) / unlegierter Stahl (DIN EN 10 020) ‖ **~ carbon tool steel** (Met) / unlegierter Werkzeugstahl (0,5-1,5% C) ‖ **~ chute** / Schrägrutsche *f* (eine einfache Rutsche) ‖ **~ chute** / Schüttrinne *f* (eine einfache Rutsche) ‖ **~ concrete** (Civ Eng) / unbewehrter Beton (ohne Stahleinlage), Beton *m* ohne Bewehrung ‖ **~ conductor** (Elec Eng) / blanker Leiter, unisolierter Leiter ‖ **~ conduit\*** (Elec Eng) / Leitungsschutzrohr *n*, I-Rohr *n*, Installationsrohr *n* (zum Schutz elektrischer Leitungen in Hausinstallationen) ‖ **~ connector** (Electronics) / Flachflansch *m* ‖ **~ coupler\*** (Elec Eng, Eng) / Muffe *f* (ein Maschinenelement in Hohlzylinderform), Verbindungsmuffe *f* ‖ **~ dipole** (Radio) / Flächendipol *m* (breitbandige Dipolantenne), flacher Dipol
**plain-disk wheel** (Autos) / Vollscheibenrad *n* (wenn keine Löcher oder Schlitze in der Radscheibe sind)
**plain dyeing** (Textiles) / Unifärbung *f* ‖ **~ fabric** (Textiles) / Unigewebe *n* ‖ **~ fabric\*** (Textiles) / glattes Gewebe, glatte Ware ‖ **~ fabric\*** (Textiles) / Rechts-Links-Gestrick *n*, RL-Gestrick *n*
**plainface finish** (Build) / Glattputz *m*, geglätteter Putz
**plain fitting** (Eng) / Formstück *n* ‖ **~ flange** (Electronics) / Flachflansch *m* ‖ **~ flap\*** (Aero) / Landeklappe *f* (eine einfache Flügelklappe), Wölbungsklappe *f* ‖ **~ flat-knitting machine** (Textiles) / einfonturige Flachstrickmaschine ‖ **~ gypsum lath** (Build) / ungelochte Gipskarton-Putzträgerplatte *f* ‖ **~ half-round eaves gutter** (Build, Plumb) / halbrunde Rinne, halbrunde Dachrinne ‖ **~ helical spring washer** (Eng) / Federring *m* (DIN ISO 1891), Federring *m* Form A (DIN 127) ‖ **~ hole** (Electronics) / unplattiertes Loch (bei Leiterplatten)
**plaining\*** *n* (Glass) / Feinschmelze *f*, Blankschmelze *f*, Blankschmelzen *n*, Läuterung *f* (nach der Rauschmelze - thermische oder Dünnschichtläuterung)
**plain jersey** (Textiles) / Single-Jersey *m* (Wirk- oder Strickwaren, die aus lauter gleichen Maschen bestehen und deshalb besonders glatt, aber auch sehr laufmaschenanfällig sind), glatte Kulierware, Wiener Jersey ‖ **~ jersey construction** (Textiles) / Rechts-Links-Bindung *f* (bei Strickwaren) ‖ **~ journal bearing** (Eng) / Radiallager *n* (DIN ISO 4378-1), Querlager *n* (mit Belastung vorwiegend senkrecht zur Lagerachse) ‖ **~ journal bearing under steady radial load** (Eng) / stationäres Radialgleitlager ‖ **~ knits** (Textiles) / Single-Jersey *m* (Wirk- oder Strickwaren, die aus lauter gleichen Maschen bestehen und deshalb besonders glatt, aber auch sehr laufmaschenanfällig sind), glatte Kulierware, Wiener Jersey ‖ **~ knitting** (Textiles) / Flachstricken *n*, Glattstricken *n*, Glattstrickerei *f* ‖ **~ knitting machine** (Textiles) / einfonturige Flachstrickmaschine
**plain-laid rope** (Textiles) / Kreuzschlagseil *n*

**plain language** / Klartext *m* (nichtverschlüsselte Information), Text *m* in Klarschrift, Text *m* in offener Sprache ‖ **~ licence** / einfache Lizenz (die dem Lizenznehmer das Recht zur Nutzung neben anderen gibt) ‖ **~ loom** (Weaving) / Webmaschine *f* mit glatter Lade, einfacher Webautomat ‖ **~ loop** (Textiles) / Rechtsmasche *f* ‖ **~ milling** (Eng) / Walzenfräsen, Walzfräsen *n*, Umfangfräsen *n* (bei dem die Fräserachse parallel zur Arbeitsfläche liegt) ‖ **~ milling cutter** (Eng) / Walzenfräser *m* ‖ **~ net fabric** (Textiles) / ungemusterter Tüll ‖ **~ of denudation** (Geol) / Abrasionsfläche *f* ‖ **~ pair** (Maths) / ungeordnetes Paar ‖ **~ pair** (Mech) / Elementenpaar *n* für ebene Bewegung, Ebenenpaar *n* ‖ **~ paper** (Paper) / Normalpapier (ohne jegliche Nachbehandlung) ‖ **~ paper** (Paper) / Normalpapier *n* (z.B. für Kopierer) ‖ **~ paper** (Paper) / unliniertes Papier
**plain-paper copier** / Normalpapierkopierer *m*
**plain pattern lock washer** (Eng) / glatter Federring ‖ **~ roll-neck bearing** (Eng) / Walzenzapfengleitlager *n* ‖ **~ sawing** (For) / Fladerschnitt *m* (tangential geführter Schnitt - mit liegenden Jahrringen), tangentialer Holzschnitt ‖ **~ selvedge** (Weaving) / glatter Geweberand, einfacher Geweberand ‖ **~ set** (Maths) / ungeordnete Menge ‖ **~ shank** (Eng) / Schaft *m* (bei Schrauben mit Teilgewinde) ‖ **~ shank** (Eng) / Zylinderschaft *m* (z.B. eines Bohrers oder Stirnfräsers) ‖ **~ sley** (Weaving) / glatte Lade ‖ **~ slide valve** (Eng) / Muschelschieber *m*, D-Schieber *m*
**plain-slot bit** (Tools) / Bit *n* für Schlitzschrauben, Schlitzklinge *f*
**plain stitch** (Textiles) / Rechtsmasche *f* ‖ **~ straight face** (Eng) / glatte Anschlussfläche (eines Flansches)
**plain-surface fabric** (Textiles) / Glattgewebe *n*
**plains viscacha** (Leather, Zool) / Viscacha *f* (Gattung Lagostomus oder Lagidium)
**plain swelled rule** (Typog) / englische Linie ‖ **~ text** / Klartext *m* (nichtverschlüsselte Information), Text *m* in Klarschrift, Text *m* in offener Sprache
**plain-text document** (Comp) / Klarschriftbeleg *m*
**plain thrust bearing** (Eng) / Axialgleitlager *n* ‖ **~ tile\*** (Build) / Biberschwanzziegel *m* (Dachziegel einfachster Form - DIN 456), Plattenziegel *m*, Flachziegel *m* (ein Strangziegel) ‖ **~ tile** (Build) / einfacher Traufstein
**plain-tile roof** (with alternate double courses) (Arch, Build) / Kronendach *n* (Dachdeckung, bei der jede Dachlatte zwei Reihen versetzter Biberschwänze trägt), Ritterdach *n*
**plain tract** (Geol) / Flussniederung *f* (im Unterlauf) ‖ **~ tube** (Met) / glattes Rohr, Glattrohr *n*
**plain-tube economiser** (GB) (Eng) / Schlangenrohrvorwärmer *m* (ein Eco)
**plain turning** (Eng) / Zylindrischdrehen *n*, Längsdrehen *n*, Langdrehen *n* (wenn sich der Drehmeißel parallel zur Werkstückachse bzw. Drehachse bewegt) ‖ **~ tyre** (Rail) / spurkranzloser Radreifen, Radreifen *m* ohne Spurkranz ‖ **~ vanilla software** (Comp) / Standardsoftware *f* (Nullachtfünfzehnversion) ‖ **~ washer** (Eng) / Unterlegscheibe *f* (nach DIN 918), Beilagscheibe *f* (A), Scheibe *f* (große, kleine, normale Reihe), Unterlagsscheibe *f* ‖ **~ weave** (Weaving) / Leinwandbindung *f*, Tuchbindung *f* ‖ **~ wire** (Met) / aus einem einzigen Metall bestehender Draht ‖ **~ writing** (Comp) / Klarschrift *f* (Druckschrift oder Handschrift im Gegensatz zur Lochschrift)
**plaisance** *n* (secluded part of a landscaped garden laid out with lawns, shady walks, trees, and shrubs, as well as architectural elements such as statues on pedestals, urns, arches, fountains, pools, gazebos and seats) (Arch) / Lustgarten *m* (z.B. in der Barockzeit), Gartenanlage *f* (z.B. bei der Villa Hadrians in Tivoli)
**plait** *v* / verflechten *v*, flechten *v* ‖ **~** (Textiles) / abtafeln *v*, ablegen *v* ‖ **~** *n* (Textiles) / Plisseefalte *f*, Plissee *n* (Falte in thermoplastischen, weichen fließenden textilen Flächengebilden), Plissé *n*
**plaite** *v* (Textiles) / plattieren *v*
**plaited packing** (Eng) / Zopfgeflecht *n* (Weichpackung) ‖ **~ pattern** (Textiles) / Zopfmuster *n*
**plaiter** *n* (Textiles) / Gewebeablegevorrichtung *f*, Abtafler *m*
**plaiting** *n* (Geol) / Deltaachse *f* (Schnittgerade zwischen Schichtung und Schieferung) ‖ **~** (San Eng) / Zopfbildung *f* (das Festsetzen sich miteinander verspinnender Textilien und anderer fadenförmiger Stoffe im Abwasser an Hindernissen und Einbauten im Strömungsquerschnitt) ‖ **~** (Textiles) / Plattieren *n* (Überdecken eines minderwertigen Fadenmaterials) ‖ **~\*** (Textiles) / Abtafeln *n*, Breitfalten *n*, Ablegen *n*
**plait pattern** (Textiles) / Zopfmuster *n* ‖ **~ point** (in a three-component system) (Chem) / kritischer Punkt (Mischungspunkt) bei gleich bleibender Temperatur ‖ **~ point** (Chem) / Faltpunkt *m* (an dem zwei konjugierte Lösungen teilweise mischbarer Flüssigkeiten die gleiche Zusammensetzung haben, so dass die beiden Schichten identisch werden)
**plan** *v* / planen *v*, einen Plan entwerfen (zusammenstellen) ‖ **~** / projektieren *v* (ein Projekt entwerfen) ‖ **~** *n* / Plan *m*

(wirtschaftlicher) ‖ ~ / Draufsicht *f* (DIN 6, T 1), Grundriss *m*, erste Projektion, Ansicht *f* von oben ‖ ~ / Projekt *n* ‖ ~ (Build, Surv) / Plan *m* (zeichnerische Darstellung)
**planachromatic** *adj* (Optics) / planachromatisch *adj*
**planar** *adj* / eben *adj*, ebenflächig *adj*, plan *adj*, flächig *adj* (ebenflächig) ‖ ~ (Maths) / planar *adj* (Punkte bzw. Geraden, die in einer Ebene liegen) ‖ ~ **array** (of dipoles) (Radio) / Dipolwand *f* (aus Dipolantennen) ‖ ~ **chirality** (Chem) / planare Chiralität (bei Verbindungen, deren stereogene Einheit eine Chiralitätsebene ist) ‖ ~ **chromatography** (Chem) / Planarchromatografie *f* (Oberbegriff, der alle Spielarten der Dünnschicht- und Papierchromatografie umfasst), planare Chromatografie, Flachbettchromatografie *f* ‖ ~ **complex** (Chem) / planarer Komplex, Planarkomplex *m* (in der Koordinationschemie) ‖ ~ **diode*** (Electronics) / Planardiode *f* (in Planartechnik ausgeführte Diode)
**planar-doped barrier photodetector** (Electronics) / Planarfotodetektor *m* mit dotierter Grenzschicht
**planar epitaxial technique** (technology) (Electronics) / PEP-Technik *f*, Planar-Epitaxial-Technik *f* ‖ ~ **flow structure** (Geol) / Fließebene *f* (Magmatitgefüge) ‖ ~ **graph*** / planar graf, Graf *m* vom Geschlecht Null, ebener Graf
**planarity** *n* / Planheit *f*, Ebenheit *f* (auch nach DIN 7184, T 1)
**planar joint** (Eng) / Plattengelenk *n* (als Getriebeteil) ‖ ~ **junction** (Electronics) / planarer Übergang ‖ ~ **mechanism** (Eng) / ebenes Getriebe ‖ ~ **network** (Elec Eng) / Planarnetz *n* ‖ ~ **network** (Elec Eng) / ebene Schaltung (zweidimensionale) ‖ ~ **pair** (Mech) / Elementenpaar *n* für ebene Bewegung, Ebenenpaar *n* ‖ ~ **process*** (Electronics) / Planartechnik *f* (für Dioden und Transistoren, insbesondere mit Silizium als Ausgangsmaterial), Planartechnologie *f*, Oberflächenpassivierungstechnik *f* ‖ ~ **SOFC system** / planares SOFC-System (mit Festoxid-Brennstoffzellen) ‖ ~ **structure** (Electronics) / planare Struktur, Planarstruktur *f* ‖ ~ **technology** (Comp) / Ebenentechnik *f* (für die Bearbeitung dreidimensionaler Grafiken) ‖ ~ **transistor*** (Electronics) / Planartransistor *m*
**planation** *n* (Geol) / Einebnung *f*, Verebnung *f* (von Gebirgen durch Denudation)
**planceer** *n* (Build) / Dachkastenunterseite *f*, Gesimsunterseite *f* ‖ ~ (Build) / Sturzunterfläche *f* ‖ ~ **piece** (Build) / Dachkastenunterseite *f*, Gesimsunterseite *f* ‖ ~ **piece*** (Build) / Verschalungsbrett *n* (an einer Dachkastenunterseite)
**Plancherel formula** (Maths) / Plancherels Formel (nach M. Plancherel, 1885 - 1967)
**planchet** *n* / Münzplatte *f*, Plättchen *n* (für die Münzprägung) ‖ ~ (Nuc) / Planchette *f*, Zählschälchen *n*, Probenschälchen *n*
**plancier piece** (Build) / Verschalungsbrett *n* (an einer Dachkastenunterseite)
**Planck era** (Astron) / Planck-Zeit *f* (die ersten $10^{-43}$ Sekunden nach dem Urknall)
**Planckian locus** (Optics, TV) / Unbuntbereich *m*, Unbuntgebiet *n* ‖ ≃ **radiator** (Phys) / Schwarzer Strahler (DIN 5031-8), Planck'scher Strahler
**Planck length** (Astron, Phys) / Planck'sche Elementarlänge, Planck-Länge *f* (das Produkt aus Planck-Zeit und Lichtgeschwindigkeit im Vakuum) ‖ ≃ **mass** (Nuc) / Planck-Masse *f* ‖ ≃ **'s constant** (Phys) / Planck'sches Wirkungsquantum (h = 6,6260693 · $10^{-34}$ Js - nach DIN 5031- 8), Planck-Konstante *f*, Wirkungsquantum *n*
**Planck's constant over 2** π (Phys) / Planck'sche Konstante (Planck'sches Wirkungsquantum dividiert durch 2 π)
**Planck•'s law*** (Phys) / Planck'sche Hypothese (1900 von M. Planck eingeführte Hypothese, wonach Emission und Absorption von Energie nur in Form von Vielfachen einer minimalen Energie erfolgen können), Quantenhypothese *f* ‖ ≃ **'s radiation formula** (Phys) / Plancksche Strahlungsformel (nach M. Planck, 1858-1947)
**Planck's radiation law*** (Heat) / Plancks Strahlungsgesetz (der Temperaturstrahlung nach DIN 5031, T 8)
**Planck•'s radiator** (Phys) / Schwarzer Strahler (DIN 5031-8), Planck'scher Strahler ‖ ≃ **time** (Phys) / Planck-Zeit *f*
**plan cost(s)** (Build) / Plankosten *pl*
**plane** *v* (Aero) / gleiten *v*, im Gleitflug fliegen ‖ ~ (Carp, For, Join) / abrichten *v*, hobeln *v* (abrichten) ‖ ~ (Civ Eng) / einebnen *v*, eben machen, hobeln *v*, planieren *v*, nivellieren *v*, applanieren *v* ‖ ~ (Eng) / hobeln *v* (spanen nach DIN 8589, T 4) ‖ ~ (Mining) / hobeln *v*, schälen *v* ‖ ~ *n* (Aero) / aerodynamische Fläche (Tragfläche), Tragfläche *f* (als aerodynamische Fläche) ‖ ~* (Carp, Join) / Hobel *m* ‖ ~ (For) / Platane *f* (Platanus L.) ‖ ~* (Maths) / Ebene *f* (eine zweidimensionale Punktmenge im Raum) ‖ ~ *adj* / eben *adj*, ebenflächig *adj*, plan *adj*, flächig *adj* (ebenflächig) ‖ ~ **algebraic curve** (Maths) / ebene algebraische Kurve ‖ ~ **analytic geometry** (Maths) / analytische Geometrie der Ebene, ebene analytische Geometrie ‖ ~ **angle** (Maths) / ebener Winkel (in rad gemessen - DIN 1301 und 1315)

**plane-area moment** (Phys) / Flächenträgheitsmoment *n*
**plane baffle*** (Acous) / Schallwand *f* (für Lautsprecher nach DIN 1320), Schallschirm *m* (für Lautsprecher) ‖ ~ **cathode** (Electronics) / Flachkatode *f* ‖ ~ **close cubical packing** (Crystal) / ebene dichteste Kugelpackung ‖ ~ **coil** (Elec Eng) / Scheibenspule *f*, Flachspule *f* ‖ ~ **Couette flow** (Mech, Phys) / einfache Scherströmung (DIN 1342, T 1), ebene Couette-Strömung ‖ ~ **crash** (Aero) / Flugzeugabsturz *m* ‖ ~ **curve** (Maths) / ebene Kurve
**planed, tongued and grooved** (Carp) / gehobelt und gespundet ‖ ~ **all around** (For, Join) / zweiseitig gehobelt, beidseitig gehobelt
**plane dihedral angle** (Maths) / Schnittwinkel *m* zweier Ebenen
**planed lumber** (For) / Hobelware *f*, gehobeltes Holz, abgerichtetes Holz, besäumtes Schnittholz ‖ ~ **timber** (For) / Hobelware *f*, gehobeltes Holz, abgerichtetes Holz, besäumtes Schnittholz
**plane face** (Optics) / Planfläche *f* ‖ ~ **flange** (Electronics) / Flachflansch *m* ‖ ~ **four-bar linkage** (Eng) / ebenes viergliedriges Gelenkgetriebe, ebenes viergliedriges Hebelgetriebe ‖ ~ **frame** (Build) / ebener Rahmen ‖ ~ **geometry** (Maths) / Planimetrie *f*, ebene Geometrie, Geometrie *f* der Ebene ‖ ~ **grating** (Optics) / Plangitter *n*, ebenes Gitter (ein Beugungsgitter) ‖ ~ **ground joint** (Chem) / Planschliffverbindung *f* ‖ ~ **group** (Crystal) / ebene Gruppe ‖ ~-**iron*** *n* (Carp, Join) / Hobeleisen *n*, Hobelmesser *n*, Hobelstahl *m* ‖ ~ **joint** (Chem) / Planschliffverbindung *f* ‖ ~ **lattice** (Crystal) / ebenes Gitter
**planelike structure** / Flächengebilde *n*, Flächenkonstruktion *f*
**plane load-bearing structure** (Build, Civ Eng) / Flächentragwerk *n* (ein zweidimensionales Tragwerk)
**plane-making** *n* (Aero) / Flugzeugherstellung *f*, Flugzeugbau *m* (Herstellung)
**plane management** (Telecomm) / Ebenenmanagement *n* ‖ ~ **mirror** (Optics) / Planspiegel *m*, ebener Spiegel ‖ ~ **motion** (Mech) / ebene Bewegung
**planeness** *n* / Planheit *f*, Ebenheit *f* (auch nach DIN 7184, T 1)
**plane of cleavage** (Crystal, Min) / Spaltfläche *f* ‖ ~ **of collimation*** (Surv) / Kollimationsebene *f* ‖ ~ **of mirror symmetry** (Crystal) / Spiegelebene *f*, Symmetrieebene *f*, Spiegelungsebene *f* (Symmetrieelement einer räumlichen Spiegelung) ‖ ~ **of polarization*** (Optics) / Polarisationsebene *f* ‖ ~ **of projection** (Cartography) / Abbildungsebene *f* ‖ ~ **of projection** (Maths) / Rissebene *f*, Projektionsebene *f*, Bildebene *f*, Zeichenebene *f*, Darstellungsebene *f* ‖ ~ **of propagation** (Radio) / Ausbreitungsebene *f* ‖ ~ **of reflection** (Optics) / Reflexionsebene *f* ‖ ~ **of rupture** (Civ Eng) / Gleitfläche *f* (hinter einer Stützmauer) ‖ ~ **of saturation*** (Geol) / Grundwasserspiegel *m* (normaler) ‖ ~ **of symmetry*** (Crystal) / Spiegelebene *f*, Symmetrieebene *f*, Spiegelungsebene *f* (Symmetrieelement einer räumlichen Spiegelung) ‖ ~ **of the orbit** (Astron) / Bahnebene *f*
**plane-oxide technology** (Electronics) / PLANOX-Verfahren *n* (Isolationsverfahren für integrierte Bipolarschaltungen)
**plane polarization** (Chem) / lineare Polarisation
**plane-polarized** *adj* (Optics) / linear polarisiert (DIN 5483, T 3), planpolarisiert *adj*
**planer** *n* (Civ Eng) / Flachbagger *m* (Gerät, das großflächig anstehende Bodenmassen mit einem Schneidmesser oder einer Pflugschar in dünnen Schichten parallel zur Oberfläche abträgt) ‖ ~ (Eng) / Hobelmaschine *f*, Langhobelmaschine *f* ‖ ~ (For, Join) / Abrichthobelmaschine *f* (mit unten liegender Messerwelle, die mit ihrem Scheitel zwischen zwei Tischlippen hobelt) ‖ ~ (For, Join) / Abrichthobel *m* (ein Handhobel) ‖ ~ (Mining) / Kohlenhobel *m* (am Kettenkratzerförderer geführtes Gewinnungsgerät), Hobel *m*
**plane rectilinear figure** (Maths) / ebene Rechteckfigur
**planer knife** (For) / Hobelmesser *n* ‖ ~ **milling** (Eng) / Planfräsen *n* (durch Umfangs- oder Stirnfräsen) ‖ ~ **platen** (Eng) / Hobelmaschinentisch *m* ‖ ~ **stand** (Eng) / Hobelständer *m* ‖ ~ **tool*** (Eng) / Hobelmeißel *m* (einschneidiges Werkzeug zum Hobeln)
**planer-type milling machine** (US) (Eng) / Langfräsmaschine *f*, Planfräsmaschine *f*
**plane sextic** (Maths) / algebraische ebene Kurve sechster Ordnung ‖ ~ **shear** (Mech) / ebener Schub
**plane-strain condition** (Mech) / ebener Dehnungszustand, EDZ (ebener Dehnungszustand) ‖ ~ **state** (Mech) / ebener Dehnungszustand, EDZ (ebener Dehnungszustand)
**plane stress** (Mech) / Flächenspannung *f* ‖ ~ **stress** (Mech) / ebene Spannung, ES
**plane-stressed state** (Mech) / ebener Spannungszustand, ESZ (ebener Spannungszustand)
**plane-stress state** (Mech) / ebener Spannungszustand, ESZ (ebener Spannungszustand)
**plane-surface structure** (Electronics) / planare Struktur, Planarstruktur *f*
**plane surveying*** (Surv) / Vermessungskunde *f* (in der die Krümmungsverhältnisse der Erde nicht berücksichtigt werden müssen), Feldmesskunde *f*

**plane-sweep**

**plane-sweep process** (Comp) / Plane-Sweep-Verfahren *n* (zur geometrischen Modellierung von Körpern)
**plane symmetry** (Maths) / Ebenensymmetrie *f*
**planet*** *n* (Astron) / Planet *m*, Wandelstern *m*
**plane table*** (Surv) / Messtisch *m* (ein altes Gerät für topografische Aufnahmen nach DIN 18718), Plantisch *m*, Mensel *f* (pl. -n), Mensul *f*, Feldtisch *m*
**plane-table survey** (Surv) / Messtischaufnahme *f*
**plane-tabling** *n* (Surv) / Messtischaufnahme *f*
**planetarium*** *n* (pl. planetariums or planetaria) (Astron) / Planetarium *n* (Vorrichtung zur anschaulichen Darstellung von Lage, Größe und Bewegung der Gestirne; Gebäude für diese Vorrichtung)
**planetary** *adj* (Astron) / Planeten-, planetarisch *adj* || ~ **aberration** (Astron) / Planetenaberration *f* (Veränderung des Planetenortes während der Zeit, das das Licht braucht, um vom Planeten zur Erde zu gelangen) || ~ **atmosphere** (Astron) / Atmosphäre *f* eines Planeten || ~ **boundary layer*** (Meteor) / planetarische Grenzschicht, atmosphärische Grenzschicht (die unterste Schicht im Aufbau der Atmosphäre, in der aufgrund der Rauigkeit der Erdoberfläche und der daraus resultierenden Reibung eine ungeordnete turbulente Strömung vorherrscht) || ~ **camera** (Photog) / Schrittkamera *f* (ein Mikrofilm-Aufnahmegerät) || ~ **carrier** (Autos, Eng) / Planetenträger *m*, Steg *m* (des Planetengetriebes), Planetenradträger *m* || ~ **circulation** (Meteor) / allgemeine Zirkulation der Atmosphäre, Zirkulation *f* der Atmosphäre (allgemeine), planetarische Zirkulation || ~ **configuration** (Astron) / Konfiguration *f* (gegenseitige Stellung der Planeten zueinander) || ~ **cross-rolling mill** (Met) / Planetenschrägwalzwerk *n* || ~ **electron** (Nuc) / Bahnelektron *n*, Hüllenelektron *n*, Orbitalelektron *n* (Gegensatz: Leitungselektron) || ~ **erosion** (Eng) / Planetärerosion *f* (jede Abart des funkenerosiven Senkens) || ~ **gear centre differential** (Autos) / Planetenrad-Zentraldifferential *n*, Planetenrad-Zentralausgleichsgetriebe *n* || ~ **gear-set** (Eng) / Planetengetriebe *n* (rotationssymmetrisches Zahnradgetriebe nach DIN 3998), Umlaufgetriebe *n*, Umlaufrädergetriebe *n* (DIN 3998) || ~ **gear train** (Eng) / Planetengetriebezug *m* || ~ **gear train** (Eng) / Planetengetriebe *n* (rotationssymmetrisches Zahnradgetriebe nach DIN 3998), Umlaufgetriebe *n*, Umlaufrädergetriebe *n* (DIN 3998) || ~ **geology** (Geol) / Planetologie *f* (Erforschung und Deutung der Oberflächenformationen der Planeten im Sonnensystem und ihrer Satelliten) || ~ **geoscience** (Geol) / Planetologie *f* (Erforschung und Deutung der Oberflächenformationen der Planeten im Sonnensystem und ihrer Satelliten) || ~ **mill** (Eng) / Planetenkugelmühle *f* (Schwerkraftmühle im Fliehkraftfeld) || ~ **mill** (Met) / Planetenwalzwerk *n* || ~ **mixer** (Eng) / Planetenrührwerk *n* (bei dem sich nicht nur die Hauptwelle dreht, sondern auch durch Zahnradübertragung um sich selbst drehende Rechen gleichzeitig die Hauptwelle umkreisen, Planetenmischer *m* || ~ **nebula*** (Astron) / planetarischer Nebel (leuchtender Gasnebel von meist relativ regelmäßiger Form) || ~ **orbit** (Astron) / Planetenbahn *f* || ~ **precession** (Astron) / Planetenpräzession *f* (der Wert von 0,12", um den sich der Frühlingspunkt verschiebt) || ~ **probe*** (Space) / Planetensonde *f* || ~ **rover** (Space) / Planetenfahrzeug *n* (für die Befahrung eines Planeten || ~ **shears** (Met) / Planetenschere *f* || ~ **stirrer** (Eng) / Planetenrührwerk *n* (bei dem sich nicht nur die Hauptwelle dreht, sondern auch durch Zahnradübertragung um sich selbst drehende Rechen gleichzeitig die Hauptwelle umkreisen), Planetenmischer *m* || ~ **train** (Eng) / Planetengetriebezug *m* || ~ **wheel pin** (Eng) / Planetenradbolzen *m*
**planet carrier** (Autos, Eng) / Planetenträger *m*, Steg *m* (des Planetengetriebes), Planetenradträger *m* || ~ **fall** (Space) / Landung *f* auf einem Planeten || ~ **gear** (Autos, Eng) / Planetenrad *n* (DIN 3998), Umlaufrad *n* (DIN 3998)
**plane-tile*** *n* (Build) / Biberschwanzziegel *m* (Dachziegel einfachster Form - DIN 456), Plattenziegel *m*, Flachziegel *m* (ein Strangziegel)
**planetoid*** *n* (Astron) / Planetoid *m* (pl. -en), Asteroid *m* (pl. -en), kleiner Planet, Kleinplanet *m*
**planetology*** *n* (Geol) / Planetologie *f* (Erforschung und Deutung der Oberflächenformationen der Planeten im Sonnensystem und ihrer Satelliten)
**plane tree** (For) / Platane *f* (Platanus L.) || ~ **triangle** (Maths) / ebenes Dreieck || ~ **trigonometry** (Maths) / ebene Trigonometrie
**planet wheel** (Autos, Eng) / Planetenrad *n* (DIN 3998), Umlaufrad *n* (DIN 3998)
**plane wave*** (Phys) / ebene Welle (DIN 1311, T 4 und DIN 1324, T 3), Planwelle *f* || ~ **with lowest indexes** (Crystal) / niedrigindizierte Kristallfläche (bei der Spaltung)
**planigraphy*** (Med, Radiol) / Emissionscomputertomografie *f* (nuklearmedizinische Untersuchungsmethode zur Ermittlung der Aktivitätsverteilung eines Radiopharmakons), ECT (Emissionscomputertomografie)
**planimeter*** *n* (Eng, Maths, Surv) / Planimeter *n* (ein Flächenmessgerät)

**planimetric elements** (Cartography) / Situation *f* || ~ **map** (Cartography, Surv) / Grundrisskarte *f* || ~ **method** (Min Proc) / Korngrößenbestimmung *f* (durch Auszählung einer Stichprobe auf einer bestimmten Fläche) || ~ **representation** / Grundrissdarstellung *f*, Situationsdarstellung *f*, Gerippedarstellung *f* (A)
**planimetry** *n* (Maths) / Flächenmessung *f* (als Lehre)
**planing** *n* (Eng) / Hobeln (DIN 8589, T 4) || ~ (Mining) / schälende Gewinnung (mit einem Kohlenhobel), Hobeln *n* || ~ **bottom*** (Aero) / Bootsrumpf *m* (des Flugboots) || ~ **chip** (Eng) / Hobelspan *m* || ~ **knife** (For) / Hobelmesser *n* || ~ **machine*** (Eng) / Hobelmaschine *f*, Langhobelmaschine *f* || ~ **machine*** (For, Join) / Abrichthobelmaschine *f* (mit unten liegender Messerwelle, die mit ihrem Scheitel zwischen zwei Tischlippen hobelt)
**planing-mill products** (For) / Hobelware *f*, gehobeltes Holz, abgerichtetes Holz, besäumtes Schnittholz
**planing skip** (For) / nicht abgerichtete Stelle (beim Einsatz von Abrichtfräsmaschinen) || ~ **tool** (Join) / Hobelwerkzeug *n* || ~ **width** (Join) / Hobelbreite *f* || ~ **with form tool** (Eng) / Formhobeln *n*, Profilhobeln *n*
**planish** *v* (Civ Eng) / einebnen *v*, eben machen, ebnen *v*, planieren *v*, nivellieren *v*, applanieren *v* || ~ (Eng) / flachstanzen *v*, prägerichten *v* (nur Infinitiv und Partizip) || ~ (Met) / polieren *v*, glätten *v*
**planisher*** *n* (for metal surfaces) (Eng, Plumb) / Spannhammer *m*, Planierhammer *m*, Schlichthammer *m* (für Klempner und Installateure) || ~* (Eng, Tools) / Polierhammer *m* (ein Schlosserhammer) || ~ (Met) / Polierwalze *f* || ~* (Met) / Vorschlichtwalzwerk *n*, Polierwalzwerk *n*, Glättwalzwerk *n*
**planishing** *n* (Eng) / Flachstanzen *n*, Prägerichten *n* || ~ **hammer** (Eng, Plumb) / Spannhammer *m*, Planierhammer *m*, Schlichthammer *m* (für Klempner und Installateure) || ~ **hammer** (Tools) / Polierhammer *m* (ein Schlosserhammer) || ~ **mill** (Met) / Vorschlichtwalzwerk *n*, Polierwalzwerk *n*, Glättwalzwerk *n* || ~ **pass** (Met) / Polierstich *m* (beim Walzen), Glättstich *m* || ~ **roll** (Met) / Polierwalze *f*
**planisphere** *n* (Cartography) / Planisphäre *f* (Karte, in der die Gesamtoberfläche der Erde oder eines Weltkörpers zusammenhängend in ovaler Form, meist flächentreu dargestellt ist)
**plank** *v* / beplanken *v* || ~ (Build) / verplanken *v* || ~ (Carp) / dielen *v* (mit Dielen belegen), mit Bohlen belegen, bedielen *v* || ~ *n* (48-102 mm thick, > 279 mm wide - in softwoods) (Carp, For) / Bohle *f* (40 - 120 mm dick, Mindestbreite 140 bzw. 200 mm), Planke *f*, Doppeldiele *f* || ~ **nail** (Carp) / Brettnagel *m*, Dielennagel *m* || ~ **roadway** (Build, Civ Eng) / Bohlenweg *m*
**plankton*** *n* (Ecol, Ocean) / Plankton *n* (Gesamtheit der im Wasser treibenden und schwebenden Organismen)
**planktonic** *adj* (Ecol, Ocean) / planktonisch *adj*, Plankton-
**plankton microscope** (Micros) / Planktonmikroskop *n* || ~ **net** (Biol, Ocean) / Planktonnetz *n* (ein Gerät der Meeresbiologie)
**planned impounding scheme** (Hyd Eng) / Stauziel *n* (zulässiger Wasserstand im Oberwasser) || ~ **output** / Planausbringungsmenge *f*, Planausstoß *m*
**planner** *n* / Projektant *m* (der Projekte entwirft)
**planning** *n* (Print) / Zusammenstellung der Kopiervorlagen für den Tiefdruck (auf einer Glasplatte) || ~ (Work Study) / Planung *f* || ~ **building permission** (Build) / Baugenehmigung *f* || ~ **error** / Planungsfehler *m* || ~ **gaming** / Unternehmensplanspiele *n pl*, Planspiele *n pl* || ~ **grid*** (Arch) / Raster *m* (ein Liniennetz), Entwurfsraster *m*, Zeichnungsraster *m* || ~ **permission** / building regulations clearance (Build) / Baugenehmigung *f* || ~ **sheet** (Print) / Standbogen *m* (auf dem die Stellung der Satzteile und der Bilder innerhalb der Druckform markiert wird) || ~ **strategy** / Planungsstrategie *f*
**planocaine base** (Pharm) / Prokain *n* (4-Aminobenzoesäureester des 2-Diethylaminoethanols), Procain *n*
**planoconcave** *adj* (Optics) / plankonkav *adj*
**planoconvex*** *adj* (Optics) / plankonvex *adj*
**planographic printing** (Print) / Flachdruck *m* (Steindruck + Zinkdruck + Offsetdruck + Lichtdruck) || ~ **process** (Print) / Flachdruck *m* (Steindruck + Zinkdruck + Offsetdruck + Lichtdruck)
**plano milling machine** (Eng) / Langfräsmaschine *f*, Planfräsmaschine *f*
**PLANOX technology** (Electronics) / PLANOX-Verfahren *n* (Isolationsverfahren für integrierte Bipolarschaltungen)
**plan•-position indication** (Radar) / Rundsichtanzeige *f*, PPI-Anzeige *f* || ~-**position indicator*** (Radar) / Rundsichtanzeigegerät *n*, Rundsichtgerät *n*, Panoramagerät *n*, PPI-Gerät *n*, Rundsuchgerät *n*
**plan-position indicator** (Radar) / PPI-Abbildung *f* || ~ **indicator display** (Radar) / Rundsichtdarstellung *f*, Polarkoordinatendarstellung *f*
**plant** *v* (Agric) / setzen *v* (Salat, Tomaten, Kartoffeln, Bohnen, Erbsen), legen *v* (Kartoffeln) || ~ (Agric) / einpflanzen *v*, pflanzen *v*, anbauen *v*, bepflanzen *v*, anpflanzen *v* || ~ (Eng) / anlegen *v*, errichten *v* || ~ (Nut, Zool) / einsetzen *v* (Satzfische), aussetzen *v* (Satzfische) || ~ *n* (Automation) / Regelstrecke *f* (als Teil einer Anlage) || ~* (Bot) /

Pflanze f ǁ ~* (Eng) / Anlage f, Betriebsanlage f ǁ ~* (Eng) / Betrieb m ǁ ~* (Rail) / rollendes Material, Betriebsmittel n pl, Fahrzeugpark m ǁ ~ attr / Pflanzen-, pflanzlich adj, vegetabilisch adj

**plantain** n (Nut) / Mehlbanane f, Kochbanane f ǁ ~ **starch** (Nut) / Plantainstärke f, Bananenstärke f, Guayana-Arrowroot n

**plant air** / Werkluft f, Druckluft f (in einem Werksluftsystem) ǁ ~ **anatomy** (Bot) / Pflanzenanatomie f ǁ ~ **ash** (Agric) / Pflanzenasche f

**plantation** n / Plantage f (landwirtschaftlicher Großbetrieb in tropischen Gegenden) ǁ ~ (Agric) / Pflanzung f (Bestand), Pflanzbestand m ǁ ~ (For) / Schonung m (eingezäuntes Waldgebiet mit jungem Baumbestand) ǁ ~ (For) / Holzplantage f, Forstplantage f

**plant auxiliary demand** (Elec Eng) / Kraftwerkseigenbedarf m

**plant-available residues** (Agric, Ecol) / pflanzenverfügbare Rückstände (Anteil des für Pflanzen im Boden verfügbaren Rückstandes eines PSM oder Metaboliten)

**plant bed** (Agric) / Anzuchtbeet n, Pflanzbeet n ǁ ~ **biochemistry** (Biochem) / Pflanzenbiochemie f ǁ ~ **breeding** (Agric, Bot) / Pflanzenzüchtung f

**plant-capacity factor** (Elec Eng) / Ausnutzungsfaktor m (ein Kraftwerkkennwert), Ausnutzungsgrad m (ein Kraftwerkkennwert)

**plant-cap paper** (Agric) / Pflanzenschutzpapier n (gegen die Einwirkung von Sonnenstrahlen oder Frost)

**plant cell** (Bot) / Pflanzenzelle f, pflanzliche Zelle ǁ ~ **completion** (Eng) / Anlagenausbau m ǁ ~ **cover** (Bot, Ecol) / Vegetation f, Pflanzendecke f (die Gesamtheit der Pflanzen, die die Erdoberfläche bzw. ein bestimmtes Gebiet mehr oder weniger geschlossen bedecken), Bewachsung f, Vegetationsdecke f, Bewuchs m (Pflanzendecke) ǁ ~ **disease** (Agric, Bot) / Pflanzenkrankheit f ǁ ~ **ecology** (Bot) / pflanzliche Ökologie, Phytoökologie f, Pflanzenökologie f (Beziehung zwischen Pflanzen und Umwelt)

**planted area** (Arch) / Grünfläche f (mit einem Pflanzenbestand) ǁ ~ **moulding**\* (Build) / angesetzte Stuckplastik (mit Schrauben, Stahlnägeln, durch Anrödeln)

**plant engineering** (Eng) / Anlagenbau m, Anlagentechnik f

**Planté plate** (G. Planté, 1834-1889) (Elec Eng) / Großoberflächenplatte f (des Bleiakkumulators), formierte Platte (des Bleiakkumulators)

**planter** n (Agric) / Pflanzholz n, Setzholz n ǁ ~ (Agric) / Pflanzer m (Besitzer einer Pflanzung in tropischen Ländern), Plantagenbesitzer m ǁ ~ (Agric) / Pflanzenbauer m ǁ ~ (Agric) / Pflanzmaschine f ǁ ~ (Agric) / Legemaschine f, Legegerät n (bei Kartoffeln) ǁ ~ (US) (Agric) / Einzelkorndrillgerät n, Präzisionsdrillmaschine f

**plant factor** (Elec Eng) / Ausnutzungsfaktor m (ein Kraftwerkkennwert), Ausnutzungsgrad m (ein Kraftwerkkennwert) ǁ ~ **fertilization** (Agric) / Pflanzendüngung f ǁ ~ **fibre** (Textiles) / Pflanzenfaser f, pflanzliche Faser, vegetabilische Faser ǁ ~ **for technical** (industrial) **use** (Bot) / Rohstoffpflanze f, Industriepflanze f ǁ ~ **geography** (Bot) / Phytogeografie f, Pflanzengeografie f ǁ ~ **germination inhibitor** (Biochem, Bot) / Keimungshemmstoff m (z.B. Zuglon) ǁ ~ **growth** (Bot) / Pflanzenwachstum n, Pflanzenwuchs m ǁ ~ **growth regulator** (Agric, Bot, Chem) / Pflanzenwuchsregulator m, Pflanzenwuchsstoff m, Mittel n zur Steuerung biologischer Prozesse, MBP, Wachstumsregulator m ǁ ~ **growth substance** (Agric, Bot, Chem) / Pflanzenwuchsregulator m, Pflanzenwuchsstoff m, Mittel n zur Steuerung biologischer Prozesse, MBP, Wachstumsregulator m ǁ ~ **hormone** (Bot) / Phytohormon n, Pflanzenhormon n (förderndes, hemmendes)

**planting** n (Agric) / Pflanzung f (Tätigkeit), Pflanzen n (Anbau), Anpflanzen n, Bepflanzen n ǁ ~ **box** / Pflanzkübel m, Pflanzenbehälter m ǁ ~ **machine** (Agric) / Pflanzmaschine f ǁ ~ **machine** (Agric) / Legemaschine f, Legegerät n (bei Kartoffeln) ǁ ~ **of dunes** (Ecol) / Dünenbepflanzung f ǁ ~ **of greenery** (Civ Eng, Ecol) / Begrünung f (vegetationsloser Flächen)

**plant kingdom** (Bot) / Pflanzenreich n (die Gesamtheit der pflanzlichen Organismen), Pflanzenwelt f ǁ ~ **load factor**\* (Elec Eng) / Ausnutzungsfaktor m (ein Kraftwerkkennwert), Ausnutzungsgrad m (ein Kraftwerkkennwert) ǁ ~ **location** (Eng) / Betriebsstandort m ǁ ~**-mix** n (mixed-in-plant) (Civ Eng) / Zentralmischverfahren n (ein Bodenmischverfahren), Mixed-in-Plant-Verfahren n

**plant-mix pavement** (Civ Eng) / Mischdecke f, Mischbelag m, Mischanlagenbelag m

**plant nutrient** (Bot) / Pflanzennährstoff m ǁ ~ **nutrition** (Agric, Bot) / Pflanzenernährung f ǁ ~ **out** v (Agric) / auspflanzen v ǁ ~ **patent** / Pflanzenpatent n ǁ ~ **pathology**\* (Bot) / Phytopathologie f, Pflanzenpathologie f (Lehre von den Pflanzenkrankheiten und ihrer Behandlung) ǁ ~ **pest** (Ecol) / Pflanzenschädling m ǁ ~ **physiology** (Bot) / Pflanzenphysiologie f ǁ ~ **protectant** (Agric) / Pflanzenschutzmittel n (nach dem Pflanzenschutzgesetz vom 15.IX.1986 bzw. vom 27.VII.1971), PSM (Pflanzenschutzmittel) ǁ ~ **protection** (Ecol) / Pflanzenschutz m (biologischer, integrierter)

**plant-protection product** (Agric) / Pflanzenschutzmittel n (nach dem Pflanzenschutzgesetz vom 15.IX.1986 bzw. vom 27.VII.1971), PSM (Pflanzenschutzmittel)

**plant-protector paper** (Agric) / Pflanzenschutzpapier n (gegen die Einwirkung von Sonnenstrahlen oder Frost)

**plant reproduction** (Bot) / Pflanzenvermehrung f

**plant-returned scrap** (Foundry, Met) / Umlaufschrott m, Kreislaufmetall n (internes Rücklaufmetall, z.B. Angüsse, Speiser, Ausschussstücke usw.), Rücklaufmetall n, Rücklaufschrott m, Kreislaufmaterial n

**plant security** / Objektschutz m (z.B. vor Anschlägen) ǁ ~ **separation distance** (from population centres) / Standortentfernung f von Wohngebieten

**plant-spraying flight** (Aero) / Sprühflug m, Spritzflug m (ein Agrarflug)

**plant starch** / Pflanzenstärke f ǁ ~ **technology** (Eng) / Anlagenbau m, Anlagentechnik f ǁ ~ **tissue** (Bot) / Pflanzengewebe n, pflanzliches Gewebe ǁ ~ **toxin** (produced by plants) (Bot, Chem) / Phytotoxin n (pflanzliches Gift), Pflanzengift n, Toxin n aus Pflanzen ǁ ~ **waste-water treatment works** (San Eng) / Pflanzenkläranlage f (Kläranlage, bestehend aus einem mit ausgewählten Sumpfpflanzen besetzten Bodenkörper definierter Abmessungen), Pflanzenbeet n

**plan-understanding program** (Comp) / planverstehendes Programm

**plan view** / Draufsicht f (DIN 6, T 1), Grundriss m, erste Projektion, Ansicht f von oben

**plaque** n (Ceramics) / Lochplatte f zur Aufnahme der Segerkegel

**plashing** n (Build, Civ Eng, Hyd Eng) / Drahtschotterbehälterherstellung f

**plasm** n (Min) / Plasma n m (eine Abart des Jaspis von lauchgrüner bis weißer Farbe, meist geflammt oder fleckig)

**plasma**\* n (Min) / Plasma n m (eine Abart des Jaspis von lauchgrüner bis weißer Farbe, meist geflammt oder fleckig) ǁ ~\* (Physiol) / Blutplasma n, Plasma n, Blutflüssigkeit f ǁ ~\* (Phys, Plasma Phys) / Plasma n (Plasmazustand nach DIN 1326, T 1) ǁ ~ **acceleration** (Plasma Phys) / Plasmabeschleunigung f ǁ ~ **accelerator** (Plasma Phys) / Plasmabeschleuniger m ǁ ~ **arc** (Elec Eng, Eng, Welding) / Plasmalichtbogen m ǁ ~**-arc cutting**\* (Eng) / Plasmalichtbogenschneiden n, Plasmaschmelzschneiden n, Plasmastrahlschneiden n, Plasmaschneiden n (Schmelzschneiden mit dem Plasmalichtbogen)

**plasma-arc spraying** (Surf) / Plasmaspritzverfahren n (ein thermisches Spritzen), Plasmaspritzen n (Verspritzen schwerschmelzender Stoffe mittels Plasmapistolen unter Ausnutzung der hohen Temperaturen des Plasmas), Spritzen n nach dem Plasmaverfahren (mit Wolframkatode und Kupferanode), Plasmastrahlspritzen n

**plasma arc torch** (Welding) / Lichtbogenplasmabrenner m

**plasma-arc welding** (Welding) / Plasmalichtbogenschweißen n (zwischen einer nicht abschmelzenden Wolframelektrode und dem Werkstück)

**plasma balance** (Plasma Phys) / Plasmagleichgewicht n

**plasma-beam welding** (Welding) / Plasmastrahlschweißen n (der Plasmalichtbogen brennt zwischen einer Wolframelektrode und Innenwand der Düse)

**plasma beta**\* (Nuc Eng) / Einschlussparameter m b, Betawert m, Verhältnis n gaskinetischer Plasmadruck/Magnetfelddruck ǁ ~ **boundary layer** (Plasma Phys) / Plasmarandschicht f ǁ ~ **carburizing** (Met) / Plasmaaufkohlung f, Plasmaaufkohlen n ǁ ~ **cell**\* (Biol, Cyt) / Plasmazyt m (pl. -en), Plasmazelle f ǁ ~ **chemistry** (Chem) / Plasmachemie f ǁ ~ **chromatography** (Chem) / Plasmachromatografie f ǁ ~ **contamination** (Plasma Phys) / Plasmakontamination f, Plasmavergiftung f

**plasmacyte** (Biol, Cyt) / Plasmazyt m (pl. -en), Plasmazelle f

**plasma-deposited** adj / plasmabeschichtet adj ǁ ~ (Surf) / plasmagespritzt adj

**plasma deposition** / Plasmabeschichtung f ǁ ~ **desorption** (Spectr) / Plasmadesorption f, PD (Plasmadesorption)

**plasma-desorption mass spectrometry** (Spectr) / Plasmadesorptionsmassenspektrometrie f, PDMS (Plasmadesorptionsmassenspektrometrie)

**plasma diagnostics** (Phys, Plasma Phys) / Plasmadiagnostik f (Gesamtheit der Methoden, die inneren Parameter eines Plasmas zu messen) ǁ ~ **diode** (Comp) / Plasmadiode f (ein thermionischer Wandler) ǁ ~ **display** (panel)\* (Comp, Electronics) / Plasmadisplay n, Plasmaanzeige f ǁ ~ **display panel** (Comp) / Plasmabildschirm m (DIN EN 61988-1), Gasplasmabildschirm m ǁ ~ **display screen** (Comp) / Plasmabildschirm m (DIN EN 61988-1), Gasplasmabildschirm m ǁ ~ **dynamics** (Plasma Phys) / Plasmadynamik f (ein Teilgebiet der Plasmaphysik) ǁ ~ **energy** (Plasma Phys) / Plasmaenergie f ǁ ~ **engine** (Space) / Plasmatriebwerk n (elektrothermisches oder MHD-Triebwerk), elektromagnetisches Triebwerk (in dem ein Plasma durch elektromagnetische Felder beschleunigt wird)

**plasma-enhanced chemical vapour deposition** (Electronics) / PECVD-Verfahren n (bei integrierten Schaltungen das Abscheiden von Isolierschichten aus einem Plasma unter Wärmeeinwirkung), PECVD-Prozess m ǁ ~ **CVD** (Electronics) / PECVD-Verfahren n (bei

**plasma etching**

integrierten Schaltungen das Abscheiden von Isolierschichten aus einem Plasma unter Wärmeeinwirkung), PECVD-Prozess *m*
**plasma etching** (Electronics) / Plasmaätzen *n* (nichtchemisches Vorbehandlungsverfahren zur Aktivierung der Oberfläche) || ~ **expander** (Med, Pharm) / Plasmaexpander *m*, Plasmaersatzmittel *n*, Plasmaersatzflüssigkeit *f* (die bei Blutverlust verabfolgt wird) || ~ **filament** (Nuc Eng) / Plasmafaden *m*, Plasmafilament *n* || ~ **flame** (Plasma Phys) / Plasmaflamme *f* || ~ **flow** (Cyt) / Plasmaströmung *f* (in der Zelle)
**plasma-free arc** (Elec Eng) / plasmaloser Lichtbogen
**plasma frequency** (Plasma Phys) / Plasmafrequenz *f* (der longitudinalen Plasmaschwingungen) || ~ **furnace** (Met) / Plasmaofen *m* || ~ **gas** / Plasmagas *n* (z.B. Argon) || ~ **generator** (Eng, Plasma Phys) / Plasmagenerator *m*, Plasmaerzeuger *m*
**plasmagram** *n* (Chem) / Plasmagramm *n*
**plasma gross instability** (Plasma Phys) / Plasmamakroinstabilität *f* || ~ **gun** (Paint) / Plasmapistole *f* (indirekter Plasmabrenner) || ~ **gun** (Plasma Phys) / Plasmakanone *f* (Plasmabeschleuniger) || ~ **heating*** (Nuc Eng) / Plasmaaufheizung *f*, Plasmaheizung *f*, Plasmastrahlerwärmung *f* || ~ **heat treatment** (Met) / Plasmawärmebehandlung *f* (Oberbegriff für alle Verfahren der Wärmebehandlung, die mittels Plasma oder Ionenstrahlen durchgeführt werden)
**plasma-induced** *adj* (Plasma Phys) / plasmainduziert *adj*
**plasma injector** / Plasmainjektor *m* || ~ **instability** (Plasma Phys) / Plasmainstabilität *f*, Instabilität *f* des Plasmas || ~ **jet** (Eng, Plasma Phys) / Plasmastrahl *m* || ~ **jet spraying** (Surf) / Plasmaspritzverfahren *n* (ein thermisches Spritzen), Plasmaspritzen *n* (Verspritzen schwerschmelzender Stoffe mittels Plasmapistolen unter Ausnutzung der hohen Temperaturen des Plasmas), Spritzen *n* nach dem Plasmaverfahren (mit Wolframkatode und Kupferanode), Plasmastrahlspritzen *n* || ~ **kinin** (Physiol) / Plasmakinin *n*
**plasmalemma*** *n* (Biol) / Zellmembran *f*, Plasmamembran *f*, Plasmalemma *n* (bei Pflanzen)
**plasma limiter** (Plasma Phys) / Plasmabegrenzer *m*, Limiter *m*
**plasmalogenes** *pl* (Biochem) / Plasmalogene *n pl*
**plasma loudspeaker** / Plasmalautsprecher *m* (dessen Schallabstrahlung durch ein mit dem Tonsignal moduliertes, ionisiertes Plasma hervorgerufen wird) || ~ **mantle** (Geophys) / Plasmaschicht *f* (der Magnetosphäre) || ~ **melting furnace** / Plasmaschmelzofen *m* || ~ **membrane*** (Biol) / Zellmembran *f*, Plasmamembran *f*, Plasmalemma *n* (bei Pflanzen) || ~ **metallurgy** (Met) / Plasmahüttenkunde *f*, Plasmametallurgie *f* || ~ **microinstability** (Plasma Phys) / Plasmamikroinstabilität *f* || ~ **nitriding** (Met) / Plasmanitrieren *n* (DIN EN 10 052), Plasmanitrierung *f*, Glühnitrieren *n*, Glimmnitrierung *f*, Glimmnitridierung *f*, Ionitrierung *f* (Nitrierverfahren für Eisen, bei dem mit einer stromstarken Glimmentladung gearbeitet wird; Ionitrieren *n* || ~ **noise** (Plasma Phys) / Plasmarauschen *n* (Mikrowellenrauschen des Plasmas) || ~ **oscillations** (Plasma Phys) / Plasmaschwingungen *f pl* || ~ **oxidation** (Electronics) / Plasmaoxidation *f* (Herstellung von Oxiden bei niedrigen Temperaturen) || ~ **panel** (Comp) / Plasmabildschirm *m* (DIN EN 61988-1), Gasplasmabildschirm *m* || ~ **particle** (Plasma Phys) / Plasmateilchen *n*
**plasmapause** *n* (Geophys) / Plasmapause *f*
**plasma physics** (Plasma Phys) / Plasmaphysik *f* (Teilgebiet der Physik, das sich mit dem Plasmazustand der Materie beschäftigt) || ~ **polymerization** (Chem) / Plasmapolymerisation *f* || ~ **potential** (Plasma Phys) / Plasmapotential *n* || ~ **pressure** (Plasma Phys) / Plasmadruck *m* || ~ **pretreatment** (Paint) / Plasmavorbehandlung *f* (die die Haftung der Anstrichstoffe verbessert) || ~ **propulsion** (Space) / Plasmaantrieb *m*, elektromagnetischer Antrieb || ~ **protein** (Biochem) / Plasmaprotein *n* (im Blutplasma) || ~ **pyrolysis** / Plasmapyrolyse *f* || ~ **reactor** (Nuc Eng) / Plasmareaktor *m* || ~ **remelting** (Met) / Plasmaumschmelzen *n* || ~ **resonance** (Plasma Phys) / Plasmaresonanz *f* || ~ **rocket** (Space) / Rakete *f* mit einem Plasmatriebwerk, Rakete *f* mit Plasmaantrieb || ~ **sheath** (Space) / Plasmamantel *m* || ~ **speaker** / Plasmalautsprecher *m* (dessen Schallabstrahlung durch ein mit dem Tonsignal moduliertes, ionisiertes Plasma hervorgerufen wird)
**plasmasphere** *n* (Geophys) / Plasmasphäre *f* (in der Magnetosphäre)
**plasma-sprayed** *adj* (Surf) / plasmagespritzt *adj*
**plasma spraying** (Surf) / Plasmaspritzverfahren *n* (ein thermisches Spritzen), Plasmaspritzen *n* (Verspritzen schwerschmelzender Stoffe mittels Plasmapistolen unter Ausnutzung der hohen Temperaturen des Plasmas), Spritzen *n* nach dem Plasmaverfahren (mit Wolframkatode und Kupferanode), Plasmastrahlspritzen *n* || ~ **stability** (Plasma Phys) / Plasmastabilität *f*, Stabilität *f* des Plasmas || ~ **state** (Phys, Plasma Phys) / Plasmazustand *m* (4. Aggregatzustand) || ~ **statistics** / Plasmastatistik *f* || ~ **substitute** (Med, Pharm) / Plasmaexpander *m*, Plasmaersatzmittel *n*, Plasmaersatzflüssigkeit *f* (die bei Blutverlust verabfolgt wird) || ~ **tail** (Astron) / Gasschweif *m* (des Kometen), Plasmaschweif *m*, Ionenschweif *m* (des Kometen) || ~ **temperature*** (Nuc Eng) / Plasmatemperatur *f* || ~ **torch*** (Phys) / Plasmabrenner *m* (Einrichtung zum Schweißen, Schneiden und Schmelzen mit Hilfe eines extrem heißen Plasmastrahls) || ~ **treatment** (Eng) / Plasmabehandlung *f* (der Oberfläche)
**plasmatron** *n* (Electronics) / Plasmatron *n* (eine Ionenquelle), Duoplasmatron *n*
**plasma video terminal** (Comp) / Plasmabildschirm-Terminal *n* || ~ **wave** (Plasma Phys) / Plasmawelle *f*
**plasmid*** *n* (Bacteriol, Gen) / Plasmid *n* (in Bakterienplasma vorkommender Teil der DNS)
**plasmin*** *n* (Biochem) / Fibrinolysin *n* (mit Hilfe aktivierender Enzyme gebildete Fibrin auflösende Substanz im Körper), Plasmin *n*, Fibrinase *f*
**plasminogen*** *n* (Biochem) / Profibrinolysin *n*, Plasminogen *n*
**plasmodesma*** *n* (pl. -ta) (Bot, For) / Plasmodesmus *m* (pl. -desmen) (plasmatische Brücke zwischen Pflanzenzellen)
**plasmoid*** *n* (Phys, Plasma Phys) / Plasmoid *n* (ein Aggregat von Plasmateilchen)
**plasmolysis*** *n* (pl. -lyses) (Biol) / Plasmolyse *f* (Ablösung des Plasmas von der Zellwand)
**plasmolytic** *adj* (Biol) / plasmolytisch *adj*
**plasmon** *n* (Plasma Phys) / Plasmon *n* (Quant der Plasmaschwingung von Elektronen in Festkörpern)
**plastainer** *n* (Plastics) / Kunststoffbehälter *m*
**plastein reaction** (Biochem) / Plasteinreaktion *f*
**plaster** *v* (Build) / gipsen *v*, mit Gips überziehen || ~ (Build) / verputzen *v*, putzen *v* || ~ (Nut) / gipsen *v* (Wein) || ~ *n* / Plaster *m* (zusammenfassende Bezeichnung für alle Arten pyrogen entwässerten Rohgipses) || ~ (Build) / Innenputz *m* || ~* (Build) / Putzmörtel *m* || ~* (Build) / Putz *m* (DIN 18550), Verputz *m* (A) || ~ (Build) / Gipsmörtel *m* (Mörtel mit Gips als alleinigem Bindemittel, enthält keine Zuschlagstoffe) || **granulated** ~ (Build) / gestockter Putz || ~ **base** (Build) / Putzuntergrund *m*
**plasterboard*** *n* (Build) / Gipskartonplatte *f* (Platte aus Brandgips, deren Oberflächen und Längsschmalflächen mit einem Spezialkarton beschichtet sind), Rigips *m* (Handelsname für Gipskartonplatten)
**plaster casting** / Gipsabguss *m* || ~ **coat** (Build) / Putzhaut *f* (der Putzüberzug einer Mauer oder Wand) || ~ **coat** (Build) / Putzlage *f*, Putzschicht *f*
**plaster-depth switch** (Elec Eng) / Unterputzschalter *m*, Einlassschalter *m*
**plasterer** *n* (Arch, Build) / Stuckator *m*, Stuckateur *m* || ~ (Build) / Putzer *m*, Putzmaurer *m* || ~ (Build) / Gipser *m* (der Gipsarbeiten durchführt) || ~ (TV) / Kaschierer *m*
**plasterer's float** (Build) / Reibbrett *n* (ein Werkzeug zur Putzverarbeitung von Hand, bestehend aus einem Brett mit Griff, das zum Verreiben des Putzes dient), Talosche *f* (S), Handbrett *n* (Putzbrett mit Handgriff), Reibscheibe *f*
**plasterer's putty** (Build) / Kalkteig *m* (breiiges eingesumpftes Kalziumhydroxid mit ungebundenem Wasser - DIN 1060, T 1)
**plasterer's spatula** (Build) / Gipsspachtel *m* || ~ **trowel** (Build) / Glättkelle *f*, Kelle *f* (eines Putzers), Traufel *f* (eines Putzers)
**plaster floor** (Build) / Gipsestrich *m*
**plastering** *n* (Build) / Putzarbeit *f*, Putzen *n* || ~ (Build) / Gipsarbeit *f* || ~ (Nut) / Gipsen *n* (des Weines - in Deutschland verboten) || ~ **machine** (Build) / Verputzmaschine *f*, Putzmaschine *f* || ~ **reed** (Build) / Putzrohr *n* || ~ **trowel** (Build) / Glättkelle *f*, Kelle *f* (eines Putzers), Traufel *f* (eines Putzers)
**plaster lath** (Build) / Plafondlatte *f*, Spalierlatte *f*, Gipslatte *f* || ~ **mould** (Ceramics, Foundry) / Gipsform *f* || ~ **mould casting*** (Ceramics, Foundry) / Gipsformverfahren *n*, Gipsverfahren *n* || ~ **moulding process** (Ceramics, Foundry) / Gipsformverfahren *n*, Gipsverfahren *n* || ~ **of Paris** (as a mould material) (Build) / Stuckgips *m* (Gemisch aus viel Halbhydrat und wenig Anhydrit) || ~ **of paris** (Chem) / Halbhydratgips *m*, Halbhydratplaster *m* (Stuckgips, Putzgips, Modellgips), Gipshalbhydrat *n* || ~ **of Paris*** (BS 1191, Part 1) (Chem) / Halbhydratgips *m*, Halbhydratplaster *m* (Stuckgips, Putzgips, Modellgips), Gipshalbhydrat *n* || ~ **of Paris paste** (Build) / Gipsbrei *m* || ~ **pattern** (Foundry) / Gipsmodell *n* || ~ **slab** (Build) / Gipsdiele *f* (Gipstafel für Bekleidungen und leichte Trennwände, im Allgemeinen zu verputzen) || ~ **sprayer** (Build) / Putzwerfer *m* || ~ **testing** (Materials) / Gipsprüfung (DIN 1168) || ~ **with the aggregate in a clear medium** (Build) / Waschputz *m*
**plastic** *n* (Plastics) / Plastik *n*, Plast *m* (Oberbegriff für organische Kunststoffe, die aus Polymeren bestehen) || ~ (Plastics) / Kunststoff *m* || ~ *adj* / verformbar *adj*, plastisch *adj*, bildsam *adj*, formbar *adj* || ~ (Mech) / plastisch *adj*, bleibend *adj* (Verformung) || ~ (Plastics) / Plastik-, Plast-, Kunststoff-, aus Kunststoff || ~ **adhesive** / plastischer Klebstoff || ~ **arts** (Arch) / Plastik *f* (bildende Kunst)

**plasticate** v (Chem, Plastics) / plastifizieren v, aufweichen vt, weich machen v, erweichen vt, knetbar machen, plastizieren v
**plasticator** n (Chem, Plastics) / Plastiziermaschine f, Plastikator m (Plastiziermaschine)
**plastic battery** (Elec Eng) / Kunststoffakkumulator m, Kunststoffbatterie f || **~ binding** (Bind) / Kunststoffbindung f || **binding** (Bind) / Plastikheftung f || **~ body** (Ceramics) / plastische Masse || **~ bronze\*** (Met) / Bleilagerbronze f (72-84% Cu, 5-10% Sn, 8-20% Pb + Spuren von Zn, Ni und P) || **~ card reader** (Comp) / Plastikkartenleser m || **~ cement** (Build) / Plastzement n
**plastic-clad silica fibre** (Electronics, Optics) / kunststoffummantelte Faser, PCS-Faser f, plastikummantelte Faser
**plastic clay\*** (Build, Ceramics) / plastischer Ton || **~ clay** (Ceramics, Geol) / Ton m mit großer Plastizität, stark plastischer Ton, fetter Ton (stark plastischer) || **~ coal** (Fuels) / Formkohle f
**plastic-coated** adj (Plastics) / kunststoffbeschichtet adj, mit Kunststoffüberzug, plastbeschichtet adj
**plastic coating** (Plastics) / Kunststoffbeschichtung f
**plastic(s) coating plant** (Plastics) / Kunststoffbeschichtungsanlage f
**plastic conduit** (Cables, Elec Eng) / Kunststoff-Leitungsrohr n || **~ container** (Plastics) / Kunststoffbehälter m || **~ container** (Plastics) / forminstabiler Kunststoffbehälter || **~ crystal** (Crystal) / plastischer Kristall || **~ deformation\*** (Mech, Met) / plastische Verformung, bleibende Verformung || **~ design** (Build, Civ Eng, Mech) / Traglastverfahren n (das die im plastischen Bereich auftretenden Fließ- und Deformationsvorgänge bei Bauelementen und Tragwerken im Stahlbau einer analytischen Beschreibung zugänglich macht) || **~ dowel** (Build) / Kunststoffdübel m || **~ emulsion** (Paint) / Latexfarbe f, Latexanstrichfarbe f (eine Dispersionsfarbe) || **~ emulsion** (Plastics) / Kunststoffdispersion f (in Wasser fein verteilter thermoplastischer Kunststoff) || **~ engine** (I C Engs) / Kunststoffmotor m, Plastikmotor m (bei dem die meisten Teile aus Kunststoff bestehen) || **~ explosive** / Plastiksprengstoff m
**plastic-faced hammer** (Tools) / Kunststoffhammer m (ein Schonhammer), Plastikhammer m
**plastic fat** (Nut) / texturierte Proteine (nach dem Extrusionsprozess) || **~ fibre** (Plastics, Textiles) / Kunststofffaser f, Plastikfaser f
**plastic-film capacitor** (Elec Eng) / Kunststoff-Folien-Kondensator m
**plastic finishing** (Plastics) / Kunststoffbeschichtung f || **~ fish-plate** (Rail) / Kunststoffflasche f || **~ flow** (Materials) / [plastisches] Fließen n (der Vorgang der plastischen Deformation eines Materials, in dem sich nach Überschreiten der Fließgrenze kein statischer Spannungsverzerrungszustand mehr herausbilden kann), plastischer Fluss (DIN 50119) || **~ foam** (Plastics) / Kunststoffschaum m || **~ fracture** (Materials, Mech) / zäher Bruch, Verformungsbruch m, duktiler Bruch, Dehnungsbruch m || **~ hammer** (Tools) / Kunststoffhammer m (ein Schonhammer), Plastikhammer m || **~ hinge** (Build) / Fließgelenk n
**plasticine** n / Plastilina f, Plastilin n (kittartige Masse zum Modellieren) || **~\*** n / Plastilina f, Plastilin n (kittartige Masse zum Modellieren)
**plasticiser** n (GB) (Ceramics) / Plastifizierungsmittel n (zur Verbesserung der Bildsamkeit keramischer Massen - z.B. Bentonit) || **~ (GB)** (Chem Eng, Plastics) / Weichmacher m (DIN 55945), Plastikator m, Plastifikator m
**plasticity\*** n / Verformbarkeit f, Plastizität f (bei Festkörpern - DIN 1342, T 1), Bildsamkeit f, Formbarkeit f || **~** (Civ Eng) / Verarbeitbarkeit f (der Betonmasse) || **~** (Mining) / Plastizität f (bei Lockergesteinen) || **~ chart** (Civ Eng) / Plastizitätsdiagramm n (z.B. nach Casagrande) || **~ index** (Agric, Civ Eng) / Plastizitätsindex m (bei feinkörnigen Böden), Plastizitätszahl f
**plasticize** v (Chem, Plastics) / plastifizieren v, aufweichen vt, weich machen v, erweichen vt, knetbar machen, plastizieren v
**plasticized (fluid) concrete** (Build, Civ Eng) / Fließbeton m || **~ PVC** (Plastics) / Weichpolyvinylchlorid n, plastifiziertes PVC, Weich-PVC n (mit > 12% Weichmacher), PVC-weich n, weichmacherhaltiges PVC, PVC-P n || **~ rubber** / Weichgummi m (Kautschuk mit 1-4% Schwefel)
**plasticizer** n (Ceramics) / Plastifizierungsmittel n (zur Verbesserung der Bildsamkeit keramischer Massen - z.B. Bentonit) || **~\*** (Chem Eng, Plastics) / Weichmacher m (DIN 55945), Plastikator m, Plastifikator m || **~ alcohol** (Chem Eng, Plastics) / Weichmacheralkohol m || **~ migration** (Chem Eng, Plastics) / Weichmacherwanderung f
**plasticizing** n (Chem Eng, Plastics) / Weichmachung f || **~ admixture** (Civ Eng) / Fließmittel n (Betonverflüssiger nach DIN EN 932-4), FM (Fließmittel), Betonverflüssiger m (ein Betonzusatzmittel), BV (Betonverflüssiger)
**plastic labware** (Chem) / Laborgeräte n pl aus Kunststoff
**plastic-laminated** adj (Plastics) / mit Kunststofffolie beschichtet
**plastic leaded chip carrier package** (Electronics) / PLCC-Gehäuse n, Kunststoffchipträger m mit Anschlüssen || **~ lens** (Optics) / Kunststofflinse f || **~ limit** (Agric, Civ Eng) / Ausrollgrenze f (bei bindigen Böden), Plastizitätsgrenze f (nach Atterberg) || **~ limit load** (Build) / plastische Grenzlast || **~-lined** adj (Plastics) / mit Kunststoff ausgekleidet || **~ material** (Materials, Plastics) / Kunststoff m (als Werkstoff), Kunststoffwerkstoff m || **~ material** (Plastics) / Plastik n, Plast m (Oberbegriff für organische Kunststoffe, die aus Polymeren bestehen)
**plastic-media biofilter** (San Eng) / Kunststofftropfkörper m
**plastic metal** / Plastikmetall n, Kunststoffmetall m
**plastic-metal adhesive bonding** / Kunststoff-Metall-Klebverbindung f
**plastic modelling material** / Knetmasse f (zum Abformen) || **~-moderated reactor** (Nuc Eng) / kunststoffmoderierter Reaktor || **~ mortar** (Build) / Plastmörtel m, Kunstharzmörtel m (der als Bindemittel Kunstharze aufweist und eine hohe Festigkeit besitzt) || **~ moulding** (Plastics) / Pressteil n, Pressling m
**plasticorder** n (Plastics) / Plastograf m, Plastigraf m (Gerät zur Plastizitätsbestimmung)
**plastic outer sheath** (Cables) / Kunststoffaußenmantel m || **~ package** (Electronics) / plastisches Gehäuse || **~ packing** / Knetpackung f (DIN 3750) || **~ paint** (Paint) / Effektlack m (z.B. Hammerschlaglack, Narbenlack, Fadenlack, Kleckerlack usw.) || **~ paint\*** (Paint) / Plastikfarbe f (Dispersionsfarbe in pastöser Form) || **~ paint\*** (Paint) / plastischer Anstrichstoff, Plastikanstrichstoff m || **~ part** (Plastics) / Kunststoffteil n || **~ pipe** (Plastics) / Kunststoffrohr n, Plastrohr n || **~ plate** (Print) / Kunststoff-Originaldruckplatte f, Kunststoffklischee n || **~ pocket** / Klarsichthülle f, Prospekthülle f || **~ polish** (Glass) / Kunststoffpolitur f || **~ range** (Phys) / plastischer Bereich, Plastizitätsbereich m || **~ recording** (Acous) / Plastic Recording n (Aufzeichnung und Speicherung elektrischer Signale; Fixierung von Deformationsbildern, die elektronisch auf dünnsten Schichten erzeugt werden) || **~ refractory** (a water-tempered refractory) (Ceramics) / plastische feuerfeste Masse, feuerfeste Knetmasse, plastische Feuerfestmasse
**plastic-rigid material** (Materials) / starr-plastischer Werkstoff
**plastics\*** pl / Kunststoffe m pl || **~** (Ceramics) / Plastics pl (zu Schnellreparaturen von Öfen und zur Zustellung fugenarmer Wärmeanlagen) || **~ engineering** (Plastics) / Kunststofftechnik f || **~ granules** (Plastics) / Kunststoffgranulat n
**plastic shading** (Cartography) / Schattierung f, Schummerung f (Darstellung der Hänge in verschiedenen Grautönen, um der Geländedarstellung eine plastische Wirkung zu geben) || **~ shear** (Crystal, Materials) / Abgleitung f || **~-sheathed** adj (Plastics) / kunststoffummantelt adj, mit Kunststoffhülle, plastummantelt adj
**plastics industry** (Plastics) / Kunststoffindustrie f
**plastic soil** (Civ Eng) / plastischer Boden
**plastics pellets** (Plastics) / Kunststoffgranulat n
**plastic state** (Phys) / plastischer Zustand, bildsamer Zustand || **~ strain** (Eng, Mech) / bleibende Dehnung (die nach Entlastung messbare Dehnung), Dehnungsrest m || **~ strain** (Mech) / plastische Spannung || **~ sulphur\*** (Chem) / plastischer Schwefel, Gammaschwefel m, γ-Schwefel m
**plastic-surfaced artificial leather** (Plastics) / Folienkunstleder n (ohne Schichtträger) || **~ laminated leather** (Leather) / Folienleder n, beschichtetes Lackleder
**plastics welding** (Plastics) / Kunststoffschweißen n (DIN 7732, T 1)
**plastic tape** (Comp) / Lochband n (aus Kunststoff - zur Steuerung von Schreibautomaten) || **~ tube** (Plastics) / Kunststoffrohr n, Plastrohr n || **~ wash bottle** (Plastics) / Spritzflasche f (aus weichem Kunststoff), Quetschflasche f (als Packung) || **~ waste** (Plastics) / Kunststoffabfälle m pl || **~ wood** (For) / plastisches Holz (aus Holzmehl und meist Zelluloseestern, pastenartig aufgetragen), flüssiges Holz || **~ wrap** (US) (Plastics) / Folie für Nahrungsmittelverpackung (extrem dünne - in GB meistens aus Saran)
**plastid\*** n (Cyt) / Plastide f
**plastify** v (Chem, Plastics) / plastifizieren v, aufweichen vt, weich machen v, erweichen vt, knetbar machen, plastizieren v
**Plastigage** n (Eng) / Plastigage n (Kunststofffaden, mit dem das Spiel zwischen Lager und der sich in diesem Lager drehenden Welle bestimmt wird)
**plastigel** n (Plastics) / Plastigel n (kittartige PVC-Paste mit Zusatz saugfähiger oder im Weichmacher quellbarer Füllstoffe)
**plastigraph** n (Plastics) / Plastograf m, Plastigraf m (Gerät zur Plastizitätsbestimmung)
**plastisol** n (Chem, Plastics) / Plastisol n (Dispersion von Kunststoff in Weichmachern oder flüssige Kunststoffzubereitung ohne weitere Zusätze)
**plastometer** n (Instr) / Plastometer n (Apparat zur Bestimmung der viskoelastischen Eigenschaften von Stoffen sehr hoher Zähigkeit)
**plastoponics** n (Agric) / Plastoponik f (Bodenverbesserung durch Zugabe von 4 bis 12 mm großen Kunststoffflocken, die Nährsalze und Spurenelemente tragen)

**plastoquinone**

**plastoquinone*** *n* (Biochem, Bot, Chem) / Plastochinon *n*, PQ (Plastochinon)

**plastsand** *n* (Foundry) / Formmaskensand *m* (Sand + Kunstharz)

**plat** *n* / Schwingbühne *f* (Fördereinrichtung am Anschlag von Schächten und Blindschächten zum Seillängenausgleich bei Gestellförderung), Schwenkbühne *f* ‖ ~ (US) (Agric, Build, Cartography) / Parzellenkarte *f* (mit Grundstückskarte), Katasterkarte *f*, Grundstückskarte *f*, Gemarkungskarte *f*, Flurkarte *f* ‖ ~ (Build) / Bauzeichnung *f* (DIN 1356), Zeichnung *f* für das Bauwesen ‖ ~ (US) (Build, Surv) / [Kataster]Parzelle *f*, Baugrundstück *n*, Flurstück *n*, Areal *n* (Grundstück)

**platanic acid** (Chem, Pharm) / Platansäure *f*

**platband** *n* (Arch, Build) / Kämpfer *m* (Widerlager von Mauerbögen und Gewölben), Bogenanfang *m*

**plate** (of the filter press) (Chem Eng) / Filterplatte *f* (ein Element der Rahmenfilterpresse), Filtratplatte *f*, Filtratsammelplatte *f* ‖ ~ *v* / beschichten *v* (Gegenstände mit dünner Metallschicht), überziehen *v* (mit einer Schutzschicht) ‖ ~ (Bind, Print) / spannen *v* (einkleben), einkleben *v*, kaschieren *v* (Bucheinbandpappe mit buntem oder bedrucktem Papier überkleben) ‖ ~ (Chem, Elec Eng, Surf) / galvanisieren *v*, elektrochemisch beschichten, galvanisch formen, elektroformen *v*, elektroplattieren *v* ‖ ~ (Eng) / breiten *v* (schmieden) ‖ ~ (Eng, Surf) / plattieren *v* (DIN 50 902) ‖ ~ (Ships) / beplatten *v* (die Außenhaut) ‖ ~ (Textiles) / plattieren *v* ‖ ~* *n* / Platte *f* (Tafel), Tafel *f* (Platte) ‖ ~ / dünne elektrochemisch hergestellte Schicht (Zier-, Schutz-) ‖ ~ (Autos) / Lamelle *f* (der Kupplung) ‖ ~ (a shallow glass dish on which a culture of cells or micro-organisms may be grown) (Bacteriol) / Kulturschale *f*, Kulturplatte *f* ‖ ~* (Build, Carp) / Fußpfette *f*, Traufpfette *f* ‖ ~ (Build, Mech) / Platte *f* (als Gegenstand von statischen Berechnungen - DIN 1045) ‖ ~ (GB) (Chem Eng) / Austauschboden *m*, Boden *m* (der Bodenkolonne) ‖ ~* (Elec Eng) / Platte *f* (flächiger elektrischer Leiter des Kondensators) ‖ ~* (Elec Eng) / Akkumulatorenplatte *f*, Batterieplatte *f* ‖ ~ (Electronics) / Anode *f* (die positive Elektrode nach DIN EN ISO 8044) ‖ ~ (Eng) / Lasche *f* (der Laschenkette) ‖ ~ (Eng) / Platte *f* (des Plattenbandförderers) ‖ ~ (Foundry) / Modellplatte *f* (entweder doppelseitig oder getrennt für Ober- und Unterkasten) ‖ ~* (Geol) / Platte *f* (in der Plattentektonik) ‖ ~ (in rectangular form) (Met) / Blechtafel *f* ‖ ~* (Photog) / Platte *f* ‖ ~* (Print) / Platte *f* (meistens Druckstockabformung), Druckplatte *f* ‖ ~* (Print) / Tafel *f* (z.B. in einem Tafelwerk) ‖ ~* (Print) / Stereotypieplatte *f*, Stereo *n*, Stereotypplatte *f* ‖ ~ (Surf) / [galvanischer] Überzug *m* (als Oberflächenschutzschicht), galvanischer Niederschlag ‖ ~ (**steel**) ~ (Eng, Met) / Grobblech *n* (mit einer Dicke über 4,75 mm)

**plateability** *n* (Surf) / Galvanisierbarkeit *f* (von Gegenständen) ‖ ~ (Surf) / Abscheidbarkeit *f* (von Metallen auf Gegenständen)

**plate-and-frame filter press** (Chem Eng) / Rahmenfilterpresse *f* (mit einem Hohlrahmen zur Aufnahme der Filterkuchens zwischen den Filtratsammelplatten)

**plate-and-ring press** (Chem Eng) / Rahmenfilterpresse *f* (mit einem Hohlrahmen zur Aufnahme des Filterkuchens zwischen den Filtratsammelplatten)

**plate anemometer** (Meteor) / Druckplattenanemometer *n* ‖ ~ **anode** (Electronics) / Plattenanode *f*

**plateau** *n* (pl. plateaus or plateaux) (Geol) / Hochebene *f* (z.B. die spanische Meseta), Plateau *n* ‖ ~* (pl. plateaus or plateaux) (the portion of the counting-rate-versus-voltage characteristic in which the counting rate is substantially independent of the applied voltage) (Nuc, Nuc Eng) / Plateau *n* (der Kurvenabschnitt einer Zählrohrcharakteristik mit nahezu horizontalem Verlauf), Plateaubereich *m*

**plateau basalt*** (Geol) / Plateaubasalt *m* (mächtiger basaltischer Flächenerguss), Flutbasalt *m*, Trappbasalt *m* ‖ ~ **basalt*** (Geol) s. also trappean rock ‖ ~ **characteristic** (Nuc, Nuc Eng) / Plateaucharakteristik *f* ‖ ~ **effect** (Chem Eng) / Plateaueffekt *m* (bei der Vulkanisation) ‖ ~ **glacier** (Geol) / Plateaugletscher *m*, Hochlandgletscher *m* ‖ ~ **length*** (Nuc) / Plateaulänge *f* ‖ ~ **level** (Oils) / Spitzenproduktion *f*, Höchstförderung *f* ‖ ~ **slope*** (Nuc) / Plateauneigung *f*

**Plateau's problem** (Maths) / Plateau-Problem *n* (nach J.A.F. Plateau, 1801-1883)

**plate bar** (Met) / Platine *f* (nicht mehr übliche Bezeichnung für rechteckiges Halbzeug, welches nur auf zwei Flächen gewalzt wird und abgerundete Kanten hat)

**plate-bar rolling mill** (Met) / Platinenwalzwerk *n*

**plate battery*** (US) (Electronics) / Anodenbatterie *f* ‖ ~ **bearing test** (Civ Eng) / Plattendruckversuch *m* (Verfahren zur Ermittlung von Drucksetzungslinien, um anhand dieser die Verformbarkeit und Tragfähigkeit des Bodens bzw. des Planums zu beurteilen - DIN 18134)

**plate-belt feeder** (Min Proc) / Plattenbandspeiser *m*

**plate bending** / Durchbiegung *f* der Platte ‖ ~ **block** (Glass) / Nasenstein *m*

**plateboard** *n* (Paper) / Karton *m* für Pappteller

**plate boundary** (Geol) / Plattengrenze *f* (Grenzzone zwischen zwei Platten) ‖ ~ **boundary** (Geol) s. also plate margin ‖ ~ **bridge** (Autos, Elec Eng) / Plattenverbinder *m*, Polbrücke *f* (zur Verbindung der Platten eines Plattensatzes nach DIN 40729) ‖ ~ **cam** (Eng) / Scheibenkurve *f* (für die Kurvensteuerung) ‖ ~ **cam*** (Eng) / Kurvenplatte *f* (Platte mit Nockenform an Außenkante) ‖ ~ **cam*** (Eng) / Kurvenscheibe *f* (ein Nocken), Scheibennocken *m*, Nockenscheibe *f* ‖ ~ **camera** (Photog) / Plattenkamera *f* ‖ ~ **capacitor** (Elec Eng) / Plattenkondensator *m* (die einfachste Kondensatorform), Parallelplattenkondensator *m* ‖ ~ **chamber** (Micros) / Plattenkammer *f* (im Elektronenmikroskop) ‖ ~ **clamp** (Ships) / Plattenklammer *f* (ein Anschlagmittel) ‖ ~ **clutch*** (Autos, Eng) / Scheibenkupplung *f* (DIN 116) ‖ ~ **column*** (Chem Eng) / Bodenkolonne *f* (mit Glocken, Siebplatten, Gitterrosten, Ventilen usw.), Bodensäule *f* ‖ ~ (and sheet) **construction** / Blechbau *m* ‖ ~ **counter** (Nuc) / Parallelplatten-Ionisationskammer *f*, Plattenzähler *m*, Parallelplattenzähler *m* (ein gasgefülltes Zählrohr) ‖ ~ **current** (US) (Electronics) / Anodenstrom *m* ‖ ~ **cutting** (Eng, Met) / Blechschneiden *n* ‖ ~ **cylinder** (Print) / zylindrische Druckform, zylindrischer Druckformträger (der Rotationsmaschine) ‖ ~ **cylinder*** (Print) / Plattenzylinder *m* (mit der Druckform - im Offsetdruck)

**plated circuit** (Electronics) / plattierte gedruckte Schaltung ‖ ~ **fabric** (Textiles) / plattiertes Gewebe, plattierte Ware, Plattiergestrick *n* (Maschenware)

**plate dissipation*** (US) (Electronics) / Anodenverlustleistung *f*, Anodenverluste *m pl* ‖ ~ **doubler** (Met) / Blechdoppler *m* (für Grobbleche)

**plated printed circuit** (Electronics) / plattierte gedruckte Schaltung

**plated-through hole** (Electronics) / durchplattiertes Loch, durchmetallisiertes Loch, durchgalvanisiertes Loch (bei gedruckten Schaltungen), durchkontaktiertes Loch (durch welches Leiter auf beiden Seiten einer Leiterplatte oder Leiter innerhalb der Leiterschichten einer Mehrlagenschaltung elektrisch miteinander verbunden sind), metallisiertes Loch ‖ ~ **hole circuit** (Electronics) / durchmetallisierte Schaltung, durchkontaktierte Schaltung

**plated-up interconnection** (Electronics, Surf) / aufgalvanisierte Verbindung

**plated-wire memory** (Comp) / Magnetdrahtspeicher *m*, Drahtspeicher *m*, DSP

**plate edge** (Met) / Blechkante *f*

**plate-edge crimping machine** (Met) / Blechkantenanbiegemaschine *f* ‖ ~ **planer** (Met) / Blechkantenhobelmaschine *f* (Sonderhobelmaschine zum Bearbeiten von Blechkanten und schmalen Flächen an sperrigen Werkstücken) ‖ ~ **planing machine** (Eng, Met) / Blechkantenhobelmaschine *f* (Sonderhobelmaschine zum Bearbeiten von Blechkanten und schmalen Flächen an sperrigen Werkstücken) ‖ ~ **preparation** (Welding) / Blechkantenvorbereitung *f*

**plate efficiency** (Chem Eng) / Austauschgrad *m*, Verstärkungsverhältnis *n*, Bodenwirkungsgrad *m* (von Rektifizierböden) ‖ ~ **electrode** (Welding) / Plattenelektrode *f* ‖ ~ **electrometer** (Elec Eng) / Plattenelektrometer *n* ‖ ~ **exchanger** (Eng, Heat, Nut) / Plattenwärmetauscher *m*, Plattenwärmeaustauscher *m*, Plattenwärmeübertrager *m* ‖ ~ **exposure** (Print) / Plattenbelichtung *f*, Druckplattenbelichtung *f* ‖ ~ **feeder** (Min Proc) / Plattenbandspeiser *m* ‖ ~ **felting machine** (Textiles) / Plattenfilzmaschine *f* ‖ ~ **filter** (Eng, Nut) / Plattenfilter *n* ‖ ~ **fitter** (Autos, Plumb) / Blechschlosser *m* ‖ ~ **floor** (Build) / Massivdecke *f* (monolithische) ‖ ~ **floor** (Build, Civ Eng) / trägerlose Betondeckenkonstruktion, freitragende Betondecke ‖ ~ **frame*** (Elec Eng) / Plattenrahmen *m* (von Batterieplatten) ‖ ~ **freezer** (Elec Eng) / Plattenfroster *m* (Froster, in dem das Kühlgut in unmittelbarer Berührung mit gekühlten ebenen Metallplatten eingefroren wird), Plattengefrierapparat *m* ‖ ~ **gauge*** (Eng, Met) / Blechlehre *f* (für Grobbleche) ‖ ~ **girder*** (Civ Eng, Eng) / vollwandiger Träger *m*, Vollwandträger *m* (mit voller Wandung zwischen den Gurten), Blechträger *m*

**plate-girder suspension bridge** (Civ Eng) / Hängebrücke *f* mit aerodynamischem Deck (welche gegen winderregte Schwingungen mit einem Vollwandversteifungsträger in Form einer Flugzeugtragfläche ausgesteift wird)

**plate glass*** (Glass) / Spiegelglas *n* (hochwertiges Flachglas nach DIN 1249, T 2) ‖ ~ **glass*** (Glass) / Tafelglas *n* (von hoher Qualität nach DIN 1259, T 1)

**plate-glazed paper** (Paper) / flach gewalztes Papier

**plate grid** (Elec Eng) / Plattengitter *n* (einer Batterie nach DIN 40729), Gitter *n* (einer Batterie) ‖ ~ **group*** (Elec Eng) / Plattensatz *m* (DIN 40729) ‖ ~ **heater** (Build) / Heizplatte *f* ‖ ~ **heat exchanger** (Eng, Heat, Nut) / Plattenwärmetauscher *m*, Plattenwärmeaustauscher *m*, Plattenwärmeübertrager *m* ‖ ~ **height** (Chem Eng) / Bodenhöhe *f* ‖

**hinged on all sides under longitudinal stresses** (Mech) / allseits gelenkig gelagerte Platte unter Längsspannungen ‖ ~ **impedance** (US) (Electronics) / Anodenwiderstand *m*
**platelayer** *n* (Rail) / Bahnunterhaltungsarbeiter *m*, Rottenarbeiter *m*, Streckenarbeiter *m* ‖ ~ (Rail) / Gleisverleger *m* (Arbeiter)
**platelet** *n* (Cyt, Med) / Thrombozyt *m* (pl. -en), Blutplättchen *n*, Thrombocyt *m* (pl. -en) ‖ ~ (Min) / flache Schicht (z.B. innerhalb eines Diamanten)
**platelet-activating factor*** (Biochem) / plättchenaktivierender Faktor, PAF (ein Lipid, das Blutplättchen aktiviert)
**plate link chain*** (Eng) / Gall-Kette *f* (DIN 8150), Bolzenkette *f*
**plate-load impedance** (US) (Electronics) / Anodenwiderstand *m*
**plate load test** (Civ Eng) / Plattendruckversuch *m* (Verfahren zur Ermittlung des Drucksetzungslinien, um anhand dieser die Verformbarkeit und Tragfähigkeit des Bodens bzw. des Planums zu beurteilen - DIN 18134)
**plate-lug*** *n* (Elec Eng) / Plattenfahne *f*
**plate makeready** (Print) / Plattenzurichtung *f*
**platemaking** *n* (Print) / Plattenherstellung *f*, Druckformherstellung *f*, Druckplattenherstellung *f*
**plate margin** (Geol) / Plattengrenze *f* (Grenze einer Platte) ‖ ~ **mill** (Met) / Blechwalzwerk *n* ‖ ~ **mill** (Met) / Grobblechstraße *f* (Walzstraße zum Warmwalzen von Brammen zu Grobblech) ‖ ~ **mill train** (Met) / Grobblechstraße *f* (Walzstraße zum Warmwalzen von Brammen zu Grobblech) ‖ ~ **modulation*** (US) (Electronics) / Anodenmodulation *f* (eine Art Amplitudenmodulation) ‖ ~ **mould** (Glass) / Vollform *f* ‖ ~ **moulding*** (Foundry) / Formen *n* mit (der) Modellplatte
**platen** *n* / Walze *f*, Schreibwalze *f* (einer Schreibmaschine, eines Fernschreibers) ‖ ~ (Comp) / Einlegefläche *f* (beim Kopierer oder Scanner) ‖ ~ (Eng) / Werkstückträger *m* (der Fertigungsstraße) ‖ ~* (Eng) / Tisch *m* (der Hobelmaschine) ‖ ~ (Eng) / Platte *f* (der Presse) ‖ ~ (Eng) / Aufspannfläche *f* (des Pressentisches oder Stößels) ‖ ~ (Eng) / Werkstückvorlage *f* (zwischen Werkstück und Aufspannplatte, zur Anpassung an verschiedene Werkstückformen - beim Räumen, nach DIN 1415) ‖ ~ (Eng) / obere und untere Platte, Pressentisch *m* (einer Etagenpresse) ‖ ~ (For) / Pressplatte *f* (z.B. der Furnierpresse) ‖ ~ (Foundry) / Aufspannplatte *f* ‖ ~ (Print) / Tiegel *m*, Drucktiegel *m* ‖ ~ **knob** / Walzendrehknopf *m* (der Schreibmaschine) ‖ ~ **machine** (Print) / Tiegeldruckpresse *f* (Fläche gegen Fläche), Tiegeldruckmaschine *f*
**Platen-Munters system** / Platen-Munters-System *n* (eine Absorptionsanlage ohne bewegliche Teile)
**platen press** (US) (Eng) / Mehretagenpresse *f*, Etagenpresse *f* ‖ ~ **press** (Print) / Tiegeldruckpresse *f* (Fläche gegen Fläche), Tiegeldruckmaschine *f*
**plate number** (practical, theoretical, equivalent) (Chem Eng) / Bodenzahl *f*
**plate-out*** *n* (Nuc Eng) / Plate-out *n* (Spaltproduktablagerung im Primärkreislauf) ‖ ~ **effect** (Plastics) / Plate-out-Effekt *m* (Auswanderung der Pigmente und der Weichmacher)
**plate paint** (Paint) / Blechlack *m* ‖ ~ **precipitator** (Chem Eng) / Plattenabscheider *m*
**plater** *n* (Autos, Plumb) / Blechschlosser *m* ‖ ~ (Paper) / Bogenkalander *m* ‖ ~ (Surf) / Galvanotechniker *m*, Galvaniseur *m*
**plateresque style** (richly ornamented, suggesting silverware) (Arch) / Platereskenstil *m* (estilo plateresco)
**plate rolling mill** (Met) / Blechwalzwerk *n*
**plates and shells** *pl* (Build, Civ Eng) / Flächentragwerke *n pl*
**plate screw*** (Surv) / Stellschraube *f* (des Dreifußes des Theodolits), Fußschraube *f* ‖ ~ **scrubber** (Chem Eng) / Tellerwäscher *m* (ein Gaswäscher) ‖ ~ **section*** (Elec Eng) / Plattensatz *m* (DIN 40729)
**platesetter** *n* (Print) / Platesetter *m*, Plattenbelichter *m*
**plate spring** (Eng) / Federplatte *f* ‖ ~ **strap** (Autos, Elec Eng) / Plattenverbinder *m*, Polbrücke *f* (zur Verbindung der Platten eines Plattensatzes nach DIN 40729) ‖ ~ **superheater** (Eng) / Schottenüberhitzer *m*, Schottüberhitzer *m* (des Dampferzeugers) ‖ ~ **support*** (Elec Eng) / Plattenträger *m*, Prisma *n* (pl. -men) (DIN 40729) ‖ ~ **tectonics*** (Geol) / Plattentektonik *f* ‖ ~ **test** (Chem) / Tellertest *m* (praxisnahes Prüfverfahren zur Bewertung der Reinigungswirkung von manuellen Geschirrspülmitteln) ‖ ~ **tilter** (Met) / Blechwender *m* ‖ ~ **tower** (Chem Eng) / Bodenkolonne *f* (mit Glocken, Siebplatten, Gitterrosten, Ventilen usw.), Bodensäule *f* ‖ ~ **tracery** (Arch) / negatives Maßwerk (Lochformen wie z.B. in Chartres oder Limburg/Lahn)
**plate-type evaporator** (Eng) / Plattenverdampfer *m* (mit Kältemittelkanälen) ‖ ~ **fuel element** (Nuc Eng) / Brennstoffplatte *f*, plattenförmiges Brennelement ‖ ~ **heat exchanger** (Eng, Heat, Nut) / Plattenwärmetauscher *m*, Plattenwärmeaustauscher *m*, Plattenwärmeübertrager *m*
**plate varnish** (Paint) / Blechlack *m* ‖ ~ **vibrator** (Civ Eng) / Plattenrüttler *m* (ein Verdichtungsgerät), Rüttelplatte *f*, Vibrationsplatte *f*

(selbstbewegend, gezogen oder angebaut) ‖ ~ **washer** (Eng) / Tellerscheibe *f* (eine Unterlegscheibe) ‖ ~ **weir** (Hyd Eng) / Plattenwehr *n* (zur Durchflussmessung in Kanälen) ‖ ~ **with gold** (Met) / dublieren *v*, doublieren *v* (mit Gold)
**plate-working machine** (Met) / Grobblechbearbeitungsmaschine *f*
**platform** *n* (GB) (the floor area at the entrance to a bus) / Plattform *f* (Fläche am vorderen oder hinteren Ende des Omnibusses) ‖ ~ / Zwischensohle *f* (des Californiaschuhs) ‖ ~ (Autos) / Plattform *f* (Modul für verschiedene Modelle eines Herstellers) ‖ ~ (Build, Eng) / Plattform *f*, Tribüne *f*, Bühne *f*, Podest *n m*, Laufbühne *f* ‖ ~* (hardware and OS, e.g. ready-to-run system) (Comp) / Plattform *f* ‖ ~ (Eng) / Plattform *f*, Ladefläche *f* (eines Flurfördermittels) ‖ ~ (production platform) (Oils) / Bohrplattform *f* (Offshore), Produktionsplattform *f*, Plattform *f* (ein Offshore-Bauwerk) ‖ ~ (Photog, Surv) / Flugzeug oder Raumstation als Träger von Messkammern oder Fernerkundungsgeräten ‖ ~ (Radar) / Plattform *f* (die das Radarsystem trägt), Träger *m* (des Radarsystems) ‖ ~* (Space) / Plattform *f* (für Raumflüge) ‖ ~ (**station**) ~ (GB) (Rail) / Bahnsteig *m* (zum Ein- und Aussteigen der Fahrgäste)
**platformate** *n* (Chem Eng, Oils) / Platformat *m* (Produkt des Platformings)
**platform balance** (Eng) / Waage *f* mit ebener Lastfläche (z.B. Brückenwaage, Neigungswaage) ‖ ~ **cover** (Geol) / Tafeldeckgebirge *n* ‖ ~ **deck** (Oils) / Plattformdeck *n*
**platformer** *n* (Chem Eng, Oils) / Platformer *m*, Platforminganlage *f*
**platform frame** (Autos) / Plattformrahmen *m*
**platform-independent** *adj* (Comp) / plattformunabhängig *adj*
**Platforming** *n* (Chem Eng, Oils) / Platformen *n*, Platformieren *n*, Platforming *n* (katalytische Nachbehandlung von Benzinen zur Reinigung und zur Erhöhung der Oktanzahl) ‖ ~* *n* (Chem Eng, Oils) / Platformen *n*, Platformieren *n*, Platforming *n* (katalytische Nachbehandlung von Benzinen zur Reinigung und zur Erhöhung der Oktanzahl) ‖ ~ **reactor** (Chem Eng, Oils) / Platformingreaktor *m*
**platform-lift truck** / Plattformhubwagen *m*
**platform lorry** (Autos) / Plattformwagen *m*, Pritschenwagen *m* (groß) ‖ ~ **plate** (Chem) / Einsatz *m* (im Exsikkator) ‖ ~ **scale** (Eng) / Waage *f* mit ebener Lastfläche (z.B. Brückenwaage, Neigungswaage) ‖ ~ **stacker** / Hochhubwagen *m* mit Plattform ‖ ~ **strategy** (Autos) / Plattformstrategie *f* (mit fertigen Baumodulen) ‖ ~ **trolley** / Plattformwagen *m* (lenkbarer Wagen ohne Hubeinrichtung mit Plattform als Ladefläche zum Transportieren von Gütern vorwiegend im innerbetrieblichen Transport) ‖ ~ **truck** / Plattformwagen *m* (lenkbarer Wagen ohne Hubeinrichtung mit Plattform als Ladefläche zum Transportieren von Gütern vorwiegend im innerbetrieblichen Transport) ‖ ~ **truck** (US) (Autos) / Plattformwagen *m*, Pritschenwagen *m* (groß) ‖ ~ **truck with double upright ends** / Doppelstirnbügelwagen *m* (ein Flurförderzeug) ‖ ~ **truck with single upright end** / Stirnbügelwagen *m* (ein Flurförderzeug)
**platina** *n* (Met) / Zink-Kupfer-Legierung *f* (etwa 75% Zn und Rest Cu)
**platinammine*** *n* (Chem) / Platinammin *n* (z.B. Magnussches Salz)
**platinate** *v* / platinieren *v*, mit Platin beschichten ‖ ~ *n* (Chem) / Platinat *n* (Komplexsalz mit Pt als Zentralatom)
**plating** *n* (Bind, Print) / Spannen *n*, Einkleben *n*, Kaschieren *n* (von Tafeln) ‖ ~ (Chem, Elec Eng) / Beschichten *n* (von Gegenständen mit dünner Metallschicht) ‖ ~ (Electronics) / metallisches Verstärken (chemisches oder elektrochemisches Auftragen von Metall auf das ganze Leiterbild oder auf Teile davon) ‖ ~ (Eng) / Breiten *n* (Freiformen) ‖ ~ (Eng, Surf) / Plattieren *n* (Herstellen einer gegenüber dem Grundwerkstoff korrosionsbeständigeren Schicht - nach DIN 50902) ‖ ~* (Print) / Galvanoplastik *f* (mit Galvano als Produkt), Elektrotypie *f* ‖ ~ (Ships) / Außenhaut *f* (aus Platten), Beplattung *f*, Außenhautbeplattung *f* ‖ ~ (Surf) / elektrochemisches Beschichten, Elektroplattieren *n* (Herstellung der elektrochemischen Überzüge), Galvanisieren *n*, Galvanoformung *f* ‖ ~ (Surf) / [galvanischer] Überzug *m* (als Oberflächenschutzschicht), galvanischer Niederschlag ‖ ~ (Textiles) / Plattieren *n* (Überdecken eines minderwertigen Fadenmaterials) ‖ ~ **barrel** (Elec Eng, Surf) / Galvanisiertrommel *f* (polygone Trommel, die im Elektrolyten um ihre horizontale Achse rotiert) ‖ ~ **current** (Surf) / Badstrom *m* ‖ ~ **defect** (Surf) / Galvanisierfehler *m* ‖ ~ **electrolyte** (Surf) / Galvanisierelektrolyt *m*, Elektrolyt *m* (bei der elektrolytischen Metallabscheidung, Galvanisierbad *n* ‖ ~ **installation** (Surf) / elektrochemische Beschichtungsanlage, Galvanisieranlage *f* ‖ ~ **line** (automatic) (Surf) / Galvanisierstraße *f* (automatische) ‖ ~ **plant** (Surf) / galvanischer Betrieb, Galvanisierbetrieb *m*, Galvanik *f* (Galvanisierbetrieb), Galvanisierwerkstatt *f*, galvanische Werkstatt, Galvanisieranstalt *f*, Galvanik *f* (Galvanisierraum) ‖ ~ **rack** (Surf) / Gestell *n* (Einrichtung zum Aufstecken, Anklemmen, Aufhängen oder Anschrauben der Warenteile bzw. der Anoden in galvanischen und anderen Bädern zur Metalloberflächenveredelung), Galvanisiergestell *n*, Einhängegestell *n* (Galvanisiergestell) ‖ ~

**plating**

**resist** (Electronics, Surf) / Galvanisierresist n (bei der Leiterplattenfertigung), Galvanisierabdeckung f ‖ ~ **resistance** (Leather) / Bügelfestigkeit f (beim Zurichten) ‖ ~ **shop** (if small) (Surf) / galvanischer Betrieb, Galvanisierbetrieb m, Galvanik f (Galvanisierbetrieb), Galvanisierwerkstatt f, galvanische Werkstatt, Galvanisieranstalt f, Galvanik f (Galvanisierraum)
**plating-shop waste** (Ecol, San Eng, Surf) / Galvanikabwasser n
**plating solution** (Surf) / Galvanisierelektrolyt m, Elektrolyt m (bei der elektrolytischen Metallabscheidung) ‖ ~ **up**\* (Print) / Plattenaufspannen n, Platteneinspannen n
**platinic** adj (Chem) / Platin- (meistens Platin(IV)-) ‖ ~ **oxide**\* (Chem) / Platindioxid n, Platin(IV)-oxid n ‖ ~ **sodium chloride** (Chem) / Natriumhexachloroplatinat n (IV) ‖ ~ **sulphate** (Chem) / Platin(IV)-sulfat n
**platiniferous** adj / platinhaltig adj
**platinite**\* n (Eng, Met) / Platinit n (Legierung aus technisch reinem Eisen mit 42 bis 46% Ni und Spuren von Kohlenstoff) ‖ ~ (Min) / Platynit m, Platinit n ($Pb_4Bi_7Se_7S_4$)
**platinize** v / platinieren v, mit Platin beschichten
**platinized asbestos**\* (Chem) / Platinasbest m (fein verteiltes Platin auf Asbest) ‖ ~ **electrode** / platinierte Elektrode ‖ ~ **platinum electrode** (Chem) / Doppelplatinelektrode f (zur Polarisationsspannungstitration)
**platinochloride** n (Chem) / Chloroplatinat n
**platinocyanide** n (Chem) / Zyanoplatinat(II) n, Cyanoplatinat(II) n, Tetrazyanoplatinat(II) n, Tetracyanoplatinat(II) n
**platinoid**\* n (Met) / Platinoid n (Legierung mit etwa 62% Cu, 22% Zn und 15% Ni)
**platinous** adj (Chem) / Platin- (meistens Platin(II)-) ‖ ~ **chloride** (Chem) / Platindichlorid n, Platin(II)-chlorid n ‖ ~ **oxide**\* (Chem) / Platinmonoxid n, Platin(II)-oxid n
**platinum**\* n (Chem) / Platin n, Pt (Platin) ‖ ~ **alloy** (Chem, Med, Met) / Platinlegierung f (mit anderen Edelmetallen) ‖ ~ **black**\* (Chem Eng) / Platinmohr n, Platinschwarz n (ein Platinkatalysator) ‖ ~ **boat** (Chem) / Platinschiffchen n ‖ ~ **catalyst** (Chem Eng) / Platinkatalysator m, Pt-Katalysator m ‖ ~ **cathode** / Platinkatode f ‖ ~**(IV) chloride**\* (Chem) / Platintetrachlorid n, Platin(IV)-chlorid n ‖ ~-**clad** adj / platinplattiert adj ‖ ~ **crucible** (Chem Eng) / Platintiegel m ‖ ~ **dichloride** (Chem) / Platindichlorid n, Platin(II)-chlorid n ‖ ~ **dioxide**\* (Chem) / Platindioxid n, Platin(IV)-oxid n ‖ ~ **electrode** / Platinelektrode f ‖ ~ **equipment** (Chem, Med) / Platingeräte n pl ‖ ~ **fluoride** (Chem) / Platinfluorid n ‖ ~ **grey** (Paint) / Zinkgrau n (Malerfarbe), Diamantgrau n, Platingrau n, Silbergrau n ‖ ~ **group** (Chem) / Gruppe f der Platinmetalle
**platinum-group metals** (Chem) / Platinmetalle n pl (die in der VIII. Nebengruppe des Periodensystems stehenden Elemente Ruthenium, Rhodium, Palladium, Osmium, Iridium und Platin), Platingruppenmetalle n pl
**platinum metals**\* (Chem) / Platinmetalle n pl (die in der VIII. Nebengruppe des Periodensystems stehenden Elemente Ruthenium, Rhodium, Palladium, Osmium, Iridium und Platin), Platingruppenmetalle n pl ‖ ~ **Mohr** (Chem Eng) / Platinmohr n, Platinschwarz n (ein Platinkatalysator) ‖ ~ **monoxide** (Chem) / Platinmonoxid n, Platin(II)-oxid n ‖ ~ **(IV) oxide**\* (Chem) / Platindioxid n, Platin(IV)-oxid n
**platinum-plate** v / platinieren v, mit Platin beschichten
**platinum point** (Phys) / Platinerstarrungstemperatur f (= 2042 K, DIN 5031, T 8), Platinpunkt m (Gleichgewichtstemperatur zwischen reinem flüssigem und festem Platin - ein sekundärer Fixpunkt der internationalen Temperaturskale), $T_{pt}$ ‖ ~ **powder** (Met) / Platinpulver n ‖ ~ **print** (Print) / Platindruck m, Platinabzug m ‖ ~ **resistance thermometer** / Platinwiderstandsthermometer n ‖ ~ **silicide** (Chem, Electronics) / Platinsilizid n (PtSi) ‖ ~ **sol** (Chem Eng) / Platinsol n (ein Platinkatalysator) ‖ ~ **spark plug** (I C Engs) / Platinzündkerze f ‖ ~ **sponge** (Chem Eng) / Platinschwamm m (ein Platinkatalysator) ‖ ~ **sulphate** (Chem) / Platin(IV)-sulfat n ‖ ~ **tetrachloride**\* (Chem) / Platintetrachlorid n, Platin(IV)-chlorid n
**platinumware** n (Chem, Med) / Platingeräte n pl
**platinum wire** / Platindraht m
**Platonic** adj (Chem) / platonisch adj (Kohlenwasserstoff, Molekül) ‖ ≃ **bodies** (Maths) / regelmäßige Körper m pl, regelmäßige Polyeder n pl (konvexe Polyeder), reguläre Polyeder n pl, platonische Körper m pl (Tetraeder, Würfel, Oktaeder, Dodekaeder, Ikosaeder) ‖ ≃ **solids** (Maths) / regelmäßige Körper m pl, regelmäßige Polyeder n pl (konvexe Polyeder), reguläre Polyeder n pl, platonische Körper m pl (Tetraeder, Würfel, Oktaeder, Dodekaeder, Ikosaeder) ‖ ≃ **solids** (Maths) s. also semi-regular solids
**platt**\* n (Build, Carp) / Fußpfette f, Traufpfette f
**platter** n (US) (Acous) / Schallplatte f (als Trägermedium) ‖ ~ (Acous) / Plattenteller m ‖ ~ (Comp) / metallisches Substrat der Magnetplatte ‖ ~ (Electronics) / Grundplatine f (Leiterplatte, in deren Sockel weitere Karten eingesteckt werden können), Mutterleiterplatte f, Trägerleiterplatte f (in deren Sockel weitere Karten eingesteckt werden können), Motherboard n (eine Leiterplatte) ‖ ~ (Electronics) / Rückverdrahtungs-Mehrlagenleiterplatte f
**P lattice**\* (Crystal) / einfaches Kristallgitter
**plattnerite** n (Min) / Plattnerit m (Blei(IV)-oxid)
**plattner mortar** (consisting of a block, cylinder, and pestle made of surface-hardened tooled steel having dimensions such that the cylinder fits snugly into a depression in the block and the pestle fits in the cylinder - the crushing is done with the pestle, generally with the aid of a hammer) / Diamantmörser m
**platy** adj (Geol) / plattenförmig adj, plattig adj, bankförmig adj
**platyflow structure** (Geol) / Fließebene f (Magmatitgefüge)
**platykurtic curve** (Maths, Stats) / Verteilungskurve f mit negativem Exzess ‖ ~ **distribution** (Stats) / flachgipflige Verteilung, platykurtische Verteilung
**platykurtosis** n (Maths, Stats) / Verteilungskurve f mit negativem Exzess
**platy limestone** (Geol) / Plattenkalk m
**platynite** n (Min) / Platynit m, Platinit n ($Pb_4Bi_7Se_7S_4$)
**platy structure** (Agric) / Laminargefüge n (des Bodens)
**plausibility** n (AI, Comp, Phys) / Plausibilität f ‖ ~ **check** (Comp) / Plausibilitätsprüfung f, Plausibilitätskontrolle f (ob die Prozessdaten innerhalb des Plausibilitätsbereichs liegen) ‖ ~ **pattern** (AI) / Plausibilitätsschema n ‖ ~ **range** (Comp) / Plausibilitätsbereich m (in dem eine Größe bei störungsfreiem Arbeiten aller Funktionseinheiten eines Prozessrechensystems und/oder eines technischen Prozesses liegt)
**plausible** adj (AI, Comp, Phys) / plausibel adj ‖ ~ **inference** (AI) / plausibles Schließen ‖ ~ **reasoning** (AI) / plausibles Schließen
**play** n / Zug m (Entscheidung eines Spielers während einer Partie) ‖ ~\* (Eng) / Lose f, Spiel n, toter Gang (Lose), Luft f, Spielraum n
**playa** n (a small sandy land area at the mouth of a stream or along a bay shore) (Geol) / Sandbank f, Playa f (pl. -s) ‖ ~ (Geol) / Playa f (pl. -s) (flaches Evaporationsbecken der Wüste meistens im südwestlichen Nordamerika), Playe f ‖ ~ **lake** (Geol) / Playa f mit gelegentlicher Wasserführung
**playback**\* n (reproduction of a recording) (Acous) / Abspielen n, Wiedergabe f ‖ ~ **button** (Acous) / Wiedergabetaste f ‖ ~ **characteristic** (Acous) / Wiedergabecharakteristik f ‖ ~ **console** (Acous) / Abspieltisch m ‖ ~ **control** / Playback-Steuerung f (spezielle Realisierung der numerischen Steuerung mit einem Speicher für einen Bearbeitungszyklus)
**playback desk** (Acous) / Abspieltisch m
**playback equalizer**\* (Acous) / Equalizer m für Frequenzgangkorrekturen beim Überspielen (Abspielen) ‖ ~ **head** (Acous, Elec Eng, Mag) / Hörkopf m (des Magnettongeräts), Wiedergabekopf m, Abspielkopf m (des Magnettongeräts) ‖ ~ **head** (Mag) / Lesekopf m ‖ ~ **level** (Acous) / Wiedergabepegel m ‖ ~ **machine** / Teach-in-Roboter m ‖ ~ **quality** (Acous) / Wiedergabequalität f
**play button** (Acous) / Wiedergabetaste f
**player** n (Acous) / Abspielgerät n (z.B. für Kassetten) ‖ ~ (Comp, Maths) / Spieler m (die Seite, deren Entscheidung Einfluss auf die Gestaltung des Konflikts hat)
**Playfair axiom** (Maths) / Playfair-Axiom n (nach J. Playfair, 1748-1819), euklidisches Parallelenaxiom (in der ptolemäischen Form)
**Playfair's axiom** (Maths) / Playfair-Axiom n (nach J. Playfair, 1748-1819), euklidisches Parallelenaxiom (in der ptolemäischen Form)
**playing-card board** (Paper) / Spielkartenkarton m ‖ ~ **stock** (Paper) / Spielkartenkarton m
**play of colour** (Optics) / Farbenspiel n, Schiller m
**playsuit** n (Textiles) / Spielanzug m (für Kinder)
**PLB** (packet length in bits) (Comp, Telecomm) / Paketlänge f in Bits
**plc** (public limited company) / Aktiengesellschaft f, AG f (Aktiengesellschaft)
**PLC** (programmable logic controller) (Automation) / speicherprogrammierbare Steuerung / speicherprogrammierbares Automatisierungsgerät mit anwenderorientierter Programmiersprache, das im Schwerpunkt zum Steuern eingesetzt wird - VDI-Richtlinie 2880), SPS (speicherprogrammierbare Steuerung) ‖ ≃ (power-line communication) (Comp, Telecomm) / Powerline-Kommunikation f (Oberbegriff für verschiedene Verfahren zur Nutzung des Niederspannungsversorgungsnetzes zur Datenübertragung), Lichtnetzkommunikation f ‖ ≃ (product life cycle) (Ecol, Work Study) / Produktlebenszyklus m (den man z.B. durch Relaunch verlängern kann), PLZ (eine Ökobilanzstudie)
**PLCC package** (plastic leded chip carrier package) (Electronics) / PLCC-Gehäuse n, Kunststoffchipträger m mit Anschlüssen
**PLC programming** (Comp) / SPS-Programmierung f
**PLD** (programmable logic device) (Comp, Electronics) / programmierbares Bauelement, PLD n (digitale Schaltungen, deren

logische Funktion durch den Anwender bestimmt wird) ‖ ~ (pulsed laser deposition) (Surf) / gepulste Laserabscheidung
**PLE** (pulsed laser evaporation) (Surf) / Verdampfung f mittels Impulslaser
**pleasance** n (Arch) / Lustgarten m (z.B. in der Barockzeit), Gartenanlage f (z.B. bei der Villa Hadrians in Tivoli)
**pleasant smell** / Duft m, Wohlgeruch m, Duftnote f ‖ ~-smelling adj / angenehm riechend, von angenehmem Geruch
**pleasant-smelling** adj / duftend adj, wohlriechend adj, aromatisch adj (wohlriechend)
**pleasant to the skin** (Textiles) / hautsympathisch adj
**pleasing design** / gefälliges Design, ansprechendes Design
**pleat** v / falten v, knicken v, legen v ‖ ~ (Textiles) / plissieren v (Falten einpressen) ‖ ~ n (For, Join) / Furnierfalte f ‖ ~ (Textiles) / Plisseefalte f, Plissee n (Falte in thermoplastischen, weichen fließenden textilen Flächengebilden), Plissé n
**pleated, β-~ sheet** (Biochem) / β-Faltblatt n (bei beta-Struktur der Polypeptidkette)
**pleated-cloth polishing wheel** (Tools) / Schwabbelscheibe f mit Faltentuch
**pleated-diaphragm loudspeaker*** (Acous) / Faltmembranlautsprecher m, Riffelmembranlautsprecher m
**pleated fabric** (Textiles) / Plissee n, Plisseestoff m, Plissé n ‖ ~ filter (Chem) / Faltenfilter n ‖ ~ sheet* (Chem) / Faltblatt n (bei Polypeptidketten)
**pleather** n (Leather) / Schaumkunstleder n (Polyurethan)
**pleating** n (Textiles) / Plissieren n (Einpressen von Falten in Web- und Maschenware) ‖ ~ machine (Textiles) / Plissiermaschine f (DIN 64990) ‖ ~ paper (Paper) / Plissierpapier n
**pleat retention** (Textiles) / Faltenbeständigkeit f (bei plissierten Stoffen)
**pleiadene** n (Chem) / Pleiaden (hochkonjugierter tricyclischer Kohlenwasserstoff aus Naphthalin mit einem ankondensierten 7-Ring)
**Pleiades*** n pl (Astron) / Plejaden f pl, Siebengestirn n, Kuckucksgestirn n (der bekannteste offene Sternhaufen im Sternbild Stier)
**plenary capacitance** (between two conductors) (Elec Eng) / Betriebskapazität f zwischen zwei Leitern bei freiem Potential aller übrigen
**plenum** n (pl. -s or plena) (Autos) / Luftverteilergehäuse n, Luftverteilerkasten m, "Wasserkasten" m (als Teil des Fahrzeuglüftungssystems) ‖ ~ (Build) / Deckenzwischenraum m (z.B. bei abgehängten Decken) ‖ ~ (pl. -s or plena) (Eng) / Luftberuhigungskammer f ‖ ~ (I C Engs) / Ansaugluftsammler m, Luftsammler m, Sammelsaugrohr n ‖ ~ (pl. -s or plena) (Nuc Eng) / Sammelraum m ‖ ~ (Phys) / völlig ausgefüllter Raum ‖ ~ blower assembly* (Autos) / Luftverteilergehäuse n mit Gebläse ‖ ~ chamber* (Aero) / Stoßdiffusor m ‖ ~ chamber (Autos) / Luftkasten m (der Raum zwischen Windlauf und Spritzwand, in dessen Bereich sich die Ansaugteile für die Luftzufuhr zum Fahrgastraum befinden) ‖ ~ chamber (I C Engs) / Ansaugluftsammler m, Luftsammler m, Sammelsaugrohr n ‖ ~ chamber (Plastics) / Trockenkammer f ‖ ~ chamber air cushion / Vollkammerpolster n (bei den alten Bodeneffektgeräten) ‖ ~ system* (Build) / Überdruck-Klimaanlage f
**pleochroic** adj (Crystal, Min) / pleochroitisch adj ‖ ~ halo* (Crystal, Min) / pleochroitischer Hof (farbiger Ring oder Hof, z.B. bei Glimmer oder Flussspat), radioaktiver Hof
**pleochroism*** n (Crystal, Min) / Pleochroismus m, Mehrfarbigkeit f, Polychroismus m (eine kristalloptische Erscheinung)
**pleonaste*** n (Min) / Pleonast m (ein eisenreicher dunkelgrüner bis schwarzer Spinell), Ceylonit m
**plepton** n (Nuc) / Plepton n, p-Lepton n
**plesiochronous** adj (Comp, Telecomm) / plesiochron adj (Digitalsignale mit nominell gleichen Bitraten) ‖ ~ digital hierarchy (an interim set of standards and products for data transmission, which allows the combination of a number of lower-speed channels into a composite signal transmitted on a synchronous higher-speed bearer) (Comp, Telecomm) / Plesiochrondigitalhierarchie f, plesiochrone digitale Hierarchie, PDH (plesiochrone digitale Hierarchie) ‖ ~ network (Comp) / plesiochrones Netz (Digitalnetz ohne Synchronisierung)
**plesiomorphic** adj (Geol) / plesiomorph adj
**Plessy's green** (Paint) / Plessys Grün (Chrom(III)-phosphat als Pigment in der Malerei), Arnaudons Grün
**pleuston** n (Biol, Ecol) / Pleuston n (auf und in der Wasseroberfläche lebende Tier- und Pflanzenwelt)
**Plexiglas** n (analogous to Lucite; Du Pont) (Plastics) / Plexiglas n (ein Akrylglas der Fa. Röhm GmbH, Darmstadt)
**PL/I** (Comp) / PL/I, PL/1 (eine höhere algorithmische Vielzweckprogrammiersprache nach ISO 6160)
**pliable** adj / geschmeidig adj, biegsam adj
**pliant** adj / geschmeidig adj, biegsam adj
**plicated** adj (Geol) / längsgefaltet adj, faltig adj, gefältelt adj

**plicatic acid** (Chem, For) / Plicatsäure f (Lignan des Kernholzes von Thuja-Arten)
**plied yarn** (Spinning) / mehrstufiger Zwirn (DIN 60900) ‖ ~ yarn (Spinning) / mehrfädiges Garn, doubliertes Garn, Mehrfachzwirn m, gefachtes Garn, Mehrfachgarn n
**pliers** pl (Eng) / Beißzange f (kleine), Kneifzange f (kleine) ‖ ~ saw-set (For) / Schränkzange f (zum Handschränken)
**plier welding head** (Welding) / Schweißzange f
**Plimsoll lines** (S. Plimsoll, 1842-1898) (Ships) / Ladelinien f pl ‖ ~ mark (Ships) / Freibordmarke f (an beiden Seiten des Schiffes), Plimsoll-Marke (nach S. Plimsoll, 1824-1898) ‖ ~ mark* (Ships) / Freibordmarke f (an beiden Seiten des Schiffes), Plimsoll-Marke (nach S. Plimsoll, 1824-1898)
**P line** (Spectr) / P-Zweig m (in dem Rotations-Schwingungs-Termschema - mit dem Minuszeichen), negativer Zweig
**P-line** n (Elec Eng) / Vor-Vorseil n (bei der Montage von Freileitungsseilen)
**plinth*** n (Arch, Build) / Sockel m (Unterbau einer Säule), Plinthe f (Fußplatte unter Säule, Statue, Pfeiler)
**plinthite** n (Geol) / Plinthit m
**plissé** n (Textiles) / Plissee n, Plisseestoff m, Plissé n
**P-list** n (AI) / Eigenschaftsliste f
**PLL** (phase-locked loop) (Automation) / Phasenregelkreis m (bei dem das Ausgangssignal phasenstarr einem Referenzsignal folgt), eingerastete Phasenregelschleife, Phase-locked-Loop f
**PL/M** (Comp) / PL/M (höhere Programmiersprache für Mikrocomputer, basierend auf PL/I)
**PLMN** (public land mobile network) (Telecomm) / Mobilkommunikationsnetz n
**plodder** n / Strangpresse f (für die Seifenherstellung)
**Ploessl eyepiece** (Optics) / Okular n nach Plößl, Plößl-Okular n
**P loop** (Biochem) / P-Schleife f (ein Strukturmotiv), P-Loop m
**plot** v / zeichnen v (Karte, Plan) ‖ ~ (Comp) / plotten v, zeichnen v (mit dem Plotter) ‖ ~ (Maths) / Ergebnisse grafisch auswerten ‖ ~ (Maths) / durch Koordinaten festlegen ‖ ~ (versus) (Maths) / aufzeichnen v (in Abhängigkeit von) ‖ ~ (Maths) / auftragen v (auf einer Achse) ‖ ~ (Ships) / absetzen v (den Kurs des Schiffs auf der Seekarte festlegen) ‖ ~ n (US) / [Lage-, Bau-]Plan m, Riss m (zeichnerische Darstellung) ‖ ~ (Build, Surv) / [Kataster]Parzelle f, Baugrundstück n, Flurstück n, Areal n (Grundstück) ‖ ~ (Comp) / Plot m (das von digitalen Rechenautomaten ausgedruckte Diagramm) ‖ ~ (Radar) / Plot m n (Auswertezeichnung) ‖ ~ (set of target parameters as result of target decision and radio position-finding, originally such a mark on a scope or a plotter) (Radar) / Meldung f (Datensatz von einem vorhandenem Ziel als Ergebnis einer Zielentscheidung und einer Ortung), Plot m n ‖ ~ (Surv) / Karteneintragung f
**PLOT column** (Chem) / Festschicht-Kapillarsäule f, Adsorptionskapillarsäule f, PLOT-Säule f (für die Kapillarchromatografie)
**plot extractor** (Aero, Radar) / Flugwegdatenextraktor m, Plot-Extraktor m ‖ ~ of the flow curve (Phys) / Fließkurvenaufnahme f ‖ ~ out v (Comp) / plotten v, zeichnen v (mit dem Plotter) ‖ ~ processor (Comp) / Plot-Prozessor m (Programmbaustein der CAD/CAM-Software, der die Ausgabe von Zeichnungen auf einem Plotter steuert) ‖ ~ routine (Comp) / Plot-Routine f (zur Verarbeitung von Standardaufgaben)
**plotter*** n (Comp) / Plotter m (koordinatengesteuertes Aggregat zur grafischen Ausgabe von Informationen bei den digitalen Rechenanlagen), Digitalplotter m, Zeichengerät n (zum Zeichnen von Kurven und Einzelpunkten), Zeichenautomat m (Plotter), Kurvenschreiber m (DIN 44300) ‖ ~ (Radar, Ships) / Plotter m (Gerät zur Darstellung der Eigenbewegung aus den Werten von Kurs und Geschwindigkeit und der Gegnerbewegung aus den Werten von Peilung und Abstand) ‖ ~ font* (Comp) / Vektorschriftart f (Zeichensatz, dessen einzelne Zeichen nicht durch Pixel sondern durch Vektoren gebildet werden) ‖ ~ map (Meteor) / Plotterkarte f ‖ ~ output (Comp) / Plotterausgabe f ‖ ~ printer (Comp) / Plotterdrucker m, Zeichengerätdrucker m ‖ ~ step size (Comp) / Plotter-Schrittweite f, Inkrementgröße f (die Entfernung zwischen zwei benachbarten adressierbaren Punkten auf der Darstellungsfläche des Plotters)
**plotting** n (Comp) / Plotten n (Tätigkeit der grafischen Ausgabeeinheit), Zeichnen n ‖ ~* (Radar, Ships) / Plotting n (zeichnerische Auswertung der Radarsituation zur Bestimmung von absolutem und relativem Kurs usw.) ‖ ~ board (Aero, Nav) / Navigationstafel f ‖ ~ board (Comp) / Zeichentisch m (flacharbeitendes Zeichengerät), Tischplotter m (flacharbeitend) ‖ ~ camera (Surv) / Auswertekamera f ‖ ~ chart (Nav) / Leerkarte f, Navigationsarbeitskarte f ‖ ~ head (Comp) / Schreibkopf m (eines Plotters) ‖ ~ program (Comp) / Plottprogramm n, Zeichenprogramm n ‖ ~ sheet (Nav) / Leerkarte f,

**plotting**

Navigationsarbeitskarte *f* ‖ ~ **size** (Comp) / Plottfläche *f* (als Formatangabe), Zeichenfläche *f* (des Plotters - als Formatangabe) ‖ ~ **surface** (Comp) / Plottfläche *f* (konkrete Fläche), Zeichenfläche *f* (des Plotters - als konkrete Oberfläche) ‖ ~ **table** (Aero, Nav) / Navigationstisch *m* ‖ ~ **table** (Comp) / Zeichentisch *m* (flacharbeitendes Zeichengerät), Tischplotter *m* (flacharbeitend)
**plot-to-track correlation** (Radar) / Spurzuordnung *f*
**plough** *v* (Agric) / pflügen *v* ‖ ~ (Cables) / einpflügen *v* (ein Kabel) ‖ ~ (Mining) / hobeln *v*, schälen *v* ‖ ~ *n* (Agric) / gepflügtes Land ‖ ~ (Agric) / Pflug *m* ‖ ~ (Autos, Civ Eng, Rail) / Schneepflug *m* (ein Schneeräumgerät) ‖ ~* (Bind) / Beschneidemesser *n*, Beschneidehobel *m* ‖ ~* (Carp, Join) / Grathobel *m* (zum Herstellen von Gratfedern) ‖ ~* (Elec Eng) / Unterflurstromabnehmer *m*, Unterpflasterstromabnehmer *m*, Stromabnehmer *m* für unterirdische Stromschiene ‖ ~ (Eng) / Abstreifer *m*, Abstreicher *m* (an Stetigförderern) ‖ ~ (Mining) / Kohlenhobel *m* (am Kettenkratzerförderer geführtes Gewinnungsgerät), Hobel *m* ‖ ~ **beam** (Agric) / Grindel *m* (des Pflugs), Grendel *m*, Pflugbaum *m* ‖ ~ **body** (Agric) / Pflugkörper *m* ‖ ~ **carrier*** (Elec Eng) / Schleifkontakthalter *m* ‖ ~ **centrifuge** / Schälzentrifuge *f* (eine Vollmantelzentrifuge für besonders schwere, langsam filtrierende Güter) ‖ ~ **deflector** (Eng) / Abstreifer *m*, Abstreicher *m* (an Stetigförderern)
**ploughed A-horizon** (Agric) / durch Pflügen gelockerter, gewendeter und durchmischter A-Horizont, $A_p$, $A_p$-Horizont *m* ‖ ~-**and-tongued joint*** (Join) / Nut- und Federverbindung *f* (eine Breitenverbindung mit gemeinsamer Feder) ‖ ~ **groove** (For) / Nut *f* ‖ ~ **horizon** (Agric) / durch Pflügen gelockerter, gewendeter und durchmischter A-Horizont, $A_p$, $A_p$-Horizont *m*
**plough frame** (Agric) / Pflugrahmen *m* ‖ ~ **handle** (Agric) / Riester *m*, Sterz *m* (Führungs- und Haltevorrichtung am Pflug), Pflugsterz *m*
**ploughing** *n* (Agric) / Pflügen *n* ‖ ~ (Cables) / Einpflügen *n* (des Kabels) ‖ ~ (Eng) / Gegenkörperfurchung *f* (eine Verschleißart), Pflugwirkung *f*, Pflügen *n* (der harten Oberflächenspitzen), Furchung *f* (Kratzer an der Oberfläche, vom Reibungspartner verursacht) ‖ ~ (Mining) / schälende Gewinnung (mit einem Kohlenhobel), Hobeln *n* ‖ ~ **wear** (Eng) / Gegenkörperfurchung *f* (eine Verschleißart), Pflugwirkung *f*, Pflügen *n* (der harten Oberflächenspitzen), Furchung *f* (Kratzer an der Oberfläche, vom Reibungspartner verursacht)
**ploughland** *n* (Agric) / gepflügtes Land
**ploughshare** *n* (Agric) / Pflugschar *n f*
**plough-shoe** *n* (Agric) / Pflugstelze *f*
**plough-sole** *n* (Agric) / Pflugsohle *f*
**plough steel** (Met) / Stahl *m* für Spanndrähte bzw. Stahlseilen
**plough-type elevating grader** (for excavating road or railway cuttings or wide trenches) (Civ Eng) / Pflugbagger *m* (der den Boden durch eine waagerechte Schneide löst)
**plough under** *v* (Agric) / unterpflügen *v* (z.B. Schmetterlingsblütler mit Knöllchenbakterien), einpflügen *v*
**plow** *v* (US) (Agric) / pflügen *v* ‖ ~ (US) (Cables) / einpflügen *v* (ein Kabel) ‖ ~ (US) (Mining) / hobeln *v*, schälen *v* ‖ ~ *n* (US) (Agric) / gepflügtes Land ‖ ~ (US) (Agric) / Pflug *m* ‖ ~* (US) (Bind) / Beschneidemesser *n*, Beschneidehobel *m* ‖ ~* (US) (Carp, Join) / Grathobel *m* (zum Herstellen von Gratfedern) ‖ ~* (US) (Elec Eng) / Unterflurstromabnehmer *m*, Unterpflasterstromabnehmer *m*, Stromabnehmer *m* für unterirdische Stromschiene
**plowing** *n* (US) (Agric) / Pflügen *n* ‖ ~ (US) (Cables) / Einpflügen *n* (des Kabels) ‖ ~ (US) (Eng) / Gegenkörperfurchung *f* (eine Verschleißart), Pflugwirkung *f*, Pflügen *n* (der harten Oberflächenspitzen), Furchung *f* (Kratzer an der Oberfläche, vom Reibungspartner verursacht)
**plowland** *n* (US) (Agric) / gepflügtes Land
**plowshare** *n* (US) (Agric) / Pflugschar *n f*
**plow under** *v* (US) (Agric) / unterpflügen *v* (z.B. Schmetterlingsblütler mit Knöllchenbakterien), einpflügen *v*
**PLS method** (Stats) / PLS-Verfahren *n* (für die multivariate Kalibration), Partial-least-Squares-Verfahren *n*, Methode *f* der partiellen kleinsten Abweichungsquadrate ‖ ≃ **technique** (Chem) / Partial-least-Squares-Verfahren *n* (ein spezielles Kalibrationsverfahren bei der analytischen Messung), PLS-Verfahren *n* (bei der analytischen Messung)
**PLT** (program library tape) (Comp) / Programmbibliotheksband *n* ‖ ≃ (power-line transmission) (Comp, Telecomm) / Powerline-Kommunikation *f* (Oberbegriff für verschiedene Verfahren zur Nutzung des Niederspannungsversorgungsnetzes zur Datenübertragung), Lichtnetzkommunikation *f* ‖ ≃ (programmable light table) (Electronics) / Belichtungsautomat *m* (in der Fotolithografie)
**pluck** *v* / rupfen *v*, zupfen *v* (rupfen) ‖ ~ / greifen *v* (schnell, ruckartig) ‖ ~ (Textiles) / raufen *v* (Wolle, meistens von den Fellen geschlachteter Tiere) ‖ ~ *n* (Glass) / Walzenabdruck *m* (ein Oberflächenfehler)
**plucked wool** (Textiles) / Schlachtwolle *f*, Hautwolle *f*, Mazametwolle *f* (aus der Haut geschlachteter Tiere gelöste Wolle)
**Plücker coordinates** (Maths) / Linienkoordinaten *f pl*, Plücker-Koordinaten (nach J. Plücker, 1801-1868)
**Plücker's conoid** (Maths) / Plückersches Konoid
**plucking** *n* (a blemish in glaze ware where the fused coating, adhering to the points of the firing supports, is broken during removal) (Ceramics) / Beschädigung *f* der Glasur an den Brennspitzenstellen ‖ ~ (a process of glacial erosion) (Geol) / splitternde Gletschererosion (Herausbrechen von Felspartien aus dem Anstehenden durch Gletschereis) ‖ ~ (Paper, Print) / Rupfen *n* (Herausreißen von Teilchen aus der Oberfläche /des Papiers, des Kartons/ bei der Verarbeitung), Abheben *n* (Rupfen) ‖ ~ **machine** (Textiles) / Zupfmaschine *f*, Zupfer *m*
**pluck off** *v* / greifen *v* (schnell, ruckartig)
**plug** *v* / verstopfen *v* (Rohr), zusetzen *v* (Rohr), versetzen *v* (Rohr) ‖ ~ / verspunden *v* (Fass) ‖ ~ (Build, Carp) / dübeln *v*, verdübeln *v* ‖ ~ (Oils) / verstopfen *v* ‖ ~ *n* / Lochdorn *m* (beim Rohrziehen) ‖ ~ / Auslass *m* (des Hydranten) ‖ ~ (Brew) / Zapfen *m*, Spund *m*, Spundzapfen *m* (hölzerner Zapfen zum Verschließen des Spundlochs bei Fässern) ‖ ~* (Build) / Dübel *m*, Wanddübel *m* (im Stemmloch) ‖ ~ (Build) / Bolzen *m* (für Bolzenschießgeräte) ‖ ~ (Build, Join) / Schlosseinlage *f* ‖ ~ (Civ Eng) / Pfropfen *m* (z.B. am Fuß von Franki-Pfählen) ‖ ~ (Elec Eng) / Gerätestecker *m* ‖ ~* (Elec Eng, Radio) / Stecker *m* (ein Teil der Steckvorrichtung) ‖ ~ (Eng) / Hahnküken *n*, Küken *n*, Absperrkörper *m* (des Hahns) ‖ ~ (Eng) / Kappe *f* (meistens mit Kette - als Absperrorgan) ‖ ~* (Eng) / Stopfen *m*, Stöpsel *m*, Pfropfen *m*, Verschlussstopfen *m* ‖ ~ (Foundry) / Stecker *m* (im Druckguss) ‖ ~ (Geol) / Schlotfüllung *f*, Schlotgang *m*, Neck *m* (stielartige Durchschlagsröhrenfüllung eines Vulkans), Vulkanstotzen *m* ‖ ~ (Glass) / Stempel *m*, Pressstempel *m* (Glass) / Düsendruckstein *m* (Fourcault-Ziehverfahren) ‖ ~ (I C Engs) / Zündkerze *f* (DIN 72 501, DIN 75 502), Kerze *f* (Zündkerze) ‖ ~ (internal tool used in the production of seamless tubes by rolling and drawing ) (Met) / Stopfen *m* (Innenwerkzeug bei der Herstellung nahtloser Rohre durch Walzen oder Ziehen und beim Nachziehen geschweißter Rohre), Dorn *m* ‖ ~ (Met) / Stichlochpfropfen *m*, Abstichstopfen *m*, Stichlochstopfen *m*, Verschlussstopfen *m*, Verschlusspfropfen *m* ‖ ~* (Met) / Dorn *m* (pl. Dorne), Dornstange *f* (mit dem verdickten Stopfen - auf dem Stopfenwalzwerk) ‖ ~* (Nuc Eng) / Schließstopfen *m*, Verschluss *m* ‖ ~ (Oils) / Plug *m* (Verstopfungsvorrichtung aus Hartgummi in Erdöltiefbohrungen) ‖ ~ (Plastics) / Kern *m* (Patrize), Patrize *f* (zum Tiefziehen) ‖ ~ (Plastics) / Vorstreckstempel *m*, Helfer *m* (für Blasfolien) ‖ ~* (Teleph) / Stöpsel *m* ‖ ~ **adapter** (Elec Eng) / Adapter *m* (Steckverbinder oder Zwischenstück, um nicht zueinander passende Stecker und Buchsen oder Geräte und Baugruppen miteinander zu verbinden), Zwischenstecker *m*, Anpassstecker *m*, Übergangsstecker *m*, Kopplungsstecker *m* ‖ ~ **adaptor*** (Elec Eng) / Schraubsteckdose *f* (für Lampenfassungen), Fassungssteckdose *f* ‖ ~ **adaptor lampholder** (Elec Eng) / Schraubsteckdose *f* (für Lampenfassungen), Fassungssteckdose *f*
**Plug-and-Play BIOS** (Comp) / Plug&Play-BIOS *n*, Plug-and-Play-BIOS *n*
**plug-and-play principle** (denoting a way in which new devices may be attached to a system) (Comp) / Plug-and-Play-Prinzip (einstecken und arbeiten), PnP-Prinzip *n*
**plug-and-receptacle connector** (Elec Eng) / Steckverbindung *f* (als Bauteil), Steckverbinder *m* (Steckdose + Stecker)
**plug-and-ring forming** (Plastics) / Streckformen *n* mit Ring, Tiefziehen *n* (mit Kern und Ziehring)
**plug-and-socket board** (Elec Eng) / Steckbrett *n*, Steckdosenleiste *f* ‖ ~ **connection** (Elec Eng) / Steckverbindung *f* ‖ ~ **connector** (Elec Eng) / Steckverbindung *f* (als Bauteil), Steckverbinder *m* (Steckdose + Stecker)
**plug-assist vacuum forming** (Plastics) / Vakuumformen *n* mit Vorstreckung, Vakuumziehverfahren *n* mit Vorstreckung
**plug bit** (Mining) / Vollbohrkrone *f* (die das Gestein im gesamten Bohrlochquerschnitt zerstört)
**plugboard** *n* (Comp) / Steckbrett *n*, Schaltbrett *n* ‖ ~ (Elec Eng) / Schalttafel *f*, Steckfeld *n*, Stecktafel *f* ‖ ~ **control** (Eng) / Steckprogrammsteuerung *f* (eine NC-Steuerung)
**plug box** (Elec Eng) / Steckdose *f* (ein Teil der Steckvorrichtung), Dose *f* ‖ ~ **braking** (Elec Eng) / Bremsen *n* durch Gegendrehfeld (DIN 42005), Gegenstrombremsung *f* ‖ ~ **cock*** (Eng, Plumb) / Auslaufventil *n* (z.B. Wasserhahn) ‖ ~ **cock*** (Plumb) / Hahn *m* (pl. Hähne od. Hahnen)
**plug-compatible** *adj* (Comp) / steckerkompatibel *adj* (Ausrüstung)
**plug contact** (Elec Eng) / Steckerkontakt *m*, Steckkontakt *m* ‖ ~-**driving gun** (Build) / Bolzenschießgerät *n*, Bolzenschießer *m*,

**plumbness**

Bolzensetzapparat *m*, Bolzenschussgerät *n* ‖ **~-ended cord** (Elec Eng) / Stöpselschnur *f* ‖ **~ flow** / schwallförmige Strömung (in Rohren) ‖ **~ flow** (Eng) / Massenfluss *m* (beim Entladen aus Behältern)
**plug-flow reactor** / Bioreaktor *m* (mit Pfropfenströmung), Pfropfenströmungsreaktor *m* ‖ **~ reactor** (Chem Eng) / Plug-Flow-Reaktor *m* ‖ **~ reactor** (San Eng) / längsdurchströmter Reaktor, ideal längsdurchströmtes Becken (ein Belebungsbecken), Längsbecken *n*
**plug fuse** (Elec Eng) / Steckpatronensicherung *f*
**pluggable** *adj* (Electronics) / steckbar *adj* ‖ **~ connector** (Electronics) / Steckverbinder *m* ‖ **~ module** (Comp, Electronics) / Steckmodul *n*, Modul-Steckbaugruppe *f*, Zusatzmodul *n* (zum Einstecken), Steckbaustein *m*, steckbare Baugruppe
**plug gauge**\* (Eng) / Messdorn *m* (zylindrischer Messkörper mit Griff), Lehrdorn *m*
**plugged** *adj* / verstopft *adj* (versetzt), versetzt *adj*
**plugging**\* *n* (Build) / Dübeln *n*, Verdübeln *n* ‖ **~**\* (Elec Eng) / Bremsen *n* durch Gegendrehfeld (DIN 42005), Gegenstrombremsung *f* ‖ **~** (Eng) / Verstopfen *n* (eines Siebes), Zusetzen *n* ‖ **~** (For, Join) / Ausbesserung *f* (der Furniere), Furnierausflicken *n* ‖ **~** (Met) / Schließen *n* des Stichlochs ‖ **~** (Mining) / kernloses Bohren, Vollbohren *n* (bei dem das Gestein auf der gesamten Bohrlochsohle zerstört wird) ‖ **~ agent** (Oils) / Verstopfungsmittel *n* (zur Verhütung und Bekämpfung von Verlusten an Spülflüssigkeit) ‖ **~ chisel** (Build, Tools) / Sternmeißel *m* ‖ **~ compound** (a mixture of inorganic materials, such as powdered frit, clay, and water, of putty-like consistency used to fill holes and to provide a smooth surface in cast iron prior to porcelain enamelling (Ceramics) / Reparaturkitt *m*, Ausbesserungskitt *m* ‖ **~ material for the tap hole** (Met) / Stichlochmasse *f*, Abstichlochstopfmasse *f*, Stichlochstopfmasse *f* ‖ **~ operation** (Oils) / Abdämmungsmaßnahme *f* (bei eruptierenden Bohrlöchern) ‖ **~ pulse** (Autos) / rücklaufende Druckwelle, Nachladedruckstoß *m*
**plughole** *n* (Plumb) / Ausguss *m* (Abflussloch), Abfluss *m* (Stelle, wo etwas abfließt - mit einem Stopfen, z. B. Badablauf), Abflussloch *n*
**plug housing** (Elec Eng) / Steckergehäuse *n* ‖ **~ in(to)** *v* (Comp, Electronics) / einstecken *v*, stecken *v*
**Plug-in** *n* (a DLL that allows host applications to completely integrate the functions of a Plug-in program, developed by Aldus) / Plug-in *m* *n* ‖ **~** *n* (Comp) / Einsteckelement *n* ‖ **~** (plug-in module) (Comp, Electronics) / Steckmodul *n*, Modul-Steckbaugruppe *f*, Zusatzmodul *n* (zum Einstecken), Steckbaustein *m*, steckbare Baugruppe ‖ **~**\* (Comp, Electronics) / Geräteeinschub *m* (steckbar), steckbare Flachbaugruppe, Steckeinheit *f*, Einschub *m* (steckbar) ‖ **~ attr** (Electronics) / steckbar *adj*
**plugin** *attr* (US) (Electronics) / steckbar *adj*
**plug-in board** (Comp) / Steckkarte *f*, Erweiterungskarte *f* ‖ **~ cable location** (Cables, Comp) / Steckkabelplatz *n* ‖ **~ card** (Comp) / Steckkarte *f*, Erweiterungskarte *f* ‖ **~ chip** (Comp) / Plug-in-Chip *m* ‖ **~ coil** (Elec Eng) / Steckspule *f*, Aufsteckspule *f* ‖ **~ connection** (Elec Eng) / Steckverbindung *f* ‖ **~ connector** (Electronics) / Steckverbinder *m* ‖ **~ construction** (Comp, Electronics) / Steckbauweise *f*, Einsteckausführung *f* ‖ **~ construction** (Eng) / steckerfertige Konstruktion ‖ **~ contact** (Elec Eng, Electronics) / Einsteckkontakt *m* ‖ **~ module** (Comp, Electronics) / Steckmodul *n*, Modul-Steckbaugruppe *f*, Zusatzmodul *n* (zum Einstecken), Steckbaustein *m*, steckbare Baugruppe ‖ **~ termination** (Cables) / steckbarer Endverschluss, Steckanschluss *m* (ein Kabelanschluss) ‖ **~ tool** (Eng, Tools) / Einsteckwerkzeug *n* ‖ **~ type** (Comp, Electronics) / Steckbauweise *f*, Einsteckausführung *f*
**plug-in unit**\* (Comp, Electronics) / Geräteeinschub *m* (steckbar), steckbare Flachbaugruppe, Steckeinheit *f*, Einschub *m* (steckbar)
**plug-in unit**\* (Comp, Electronics) / Steckmodul *n*, Modul-Steckbaugruppe *f*, Zusatzmodul *n* (zum Einstecken), Steckbaustein *m*, steckbare Baugruppe
**plug limit gauge**\* (Eng) / Grenzlehrdorn *m* (mit Gut- und Ausschussseite), Grenzbohrungslehre *f* ‖ **~ link** (Electronics) / Brückenstecker *m* ‖ **~ mill** (Met) / Stopfenwalzwerk *n* (Walzwerk zur Herstellung nahtloser Rohre, in dem dickwandige Hohlkörper in Rundkalibern über einen Stopfen als Innenwerkzeug umgeformt werden) ‖ **~ module** (Comp, Electronics) / Steckmodul *n*, Modul-Steckbaugruppe *f*, Zusatzmodul *n* (zum Einstecken), Steckbaustein *m*, steckbare Baugruppe ‖ **~ nozzle** / Ringdüse *f* ‖ **~ oiling** (I C Engs) / Verölen *n* der Zündkerzen
**plug-on voltage divider** (Elec Eng) / aufsteckbarer Spannungsteiler
**plug-program control** (Eng) / Steckprogrammsteuerung *f* (eine NC-Steuerung)
**plug rod** (Met) / Stopfenstange *f* (bei der Absticharbeit am Schmelzofen) ‖ **~ tap**\* (Eng) / Fertigschneider *m*, Gewindebohrer *m* Nr. 3 (beim dreiteiligen Satz) ‖ **~ tap**\* (Eng, Plumb) / Auslaufventil *n* (z.B. Wasserhahn) ‖ **~ tap**\* (Plumb) / Hahn *m* (pl. Hähne od. Hahnen)

**plug-to-plug compatible** (Comp) / steckerkompatibel *adj* (Ausrüstung)
**plug-type disk** (of a valve) (Eng) / Ventilkegel *m* ‖ **~ fuse** (Elec Eng) / Steckpatronensicherung *f* ‖ **~ fuse** (Elec Eng) / Schraubstöpselsicherung *f*, Stöpselsicherung *f*, Leitungsschutzsicherung *f*, LS-Sicherung *f*, Schraubsicherung *f*, Stöpselsicherung *f* ‖ **~ pycnometer** (Chem) / Pyknometer *n* mit Kapillarstopfen (birnenförmiges)
**plug-up** *n* (Plastics) / Pfropfenbildung *f* (Fehler beim Spritzgießen)
**plug valve** (Eng, Plumb) / Auslaufventil *n* (z.B. Wasserhahn) ‖ **~ valve with screwed ends** (Eng) / Muffenhahn *m* ‖ **~ weld** (Welding) / Lochnaht *f* ‖ **~ welding**\* (Welding) / Lochschweißen *n*, Nietlochschweißen *n*, Lochpunktschweißen *n* ‖ **~ whiskering** (Autos) / Brückenbildung *f* an den Zündkerzenelektroden (die zum Kurzschluss der Kerze führen kann) ‖ **~ wire** (Telecomm) / steckbare Verbindungsleitung, Steckerkabel *n*, Steckschnur *f*, Rangierschnur *f*, Verbindungskabel *n* (Rangierschnur) ‖ **~ with earthing contact** (Elec Eng) / Schutzkontaktstecker *m*, Schukostecker *m* (Warenzeichen der AEG-Telefunken) ‖ **~ with (tapped) holes** (Eng) / Lochkegel *m* ‖ **~ with protective contact** (Elec Eng) / Schutzkontaktstecker *m*, Schukostecker *m* (Warenzeichen der AEG-Telefunken) ‖ **~ with 3rd prong** (Elec Eng) / Schutzkontaktstecker *m* (nach Home-Office-Vorschriften)
**plum** *n* / Pflaumenblau *n* ‖ **~** (Civ Eng) / Verdränger *m* (z.B. Verdrängerrohr - um die Betonkonstruktion leichter zu machen), Bruchstein *m* (als Verdränger), Betonfüllstein *m* (großer)
**plumb** *v* / einloten *v* (mit dem Lot) ‖ **~** (Build) / abloten *v*, loten *v*, absenken *v* (mit dem Lotblei) ‖ **~**\* *n* (Build, Civ Eng) / Lotgerade *f* ‖ **~** (Build, Surv) / Gewichtstück *n* des Lotes, Senkel *m*, Lotblei *n*, Senkblei *n*, Senkgewicht *n*, Hängelot *n*, Senklot *n*, Richtblei *n* ‖ **~**\* *attr* (Build, Civ Eng) / lotrecht *adj* ‖ **off ~** (Build, Surv) / außer Lot, aus dem Lot, nicht senkrecht ‖ **out-of-~** *attr* (Build, Surv) / außer Lot, aus dem Lot, nicht senkrecht
**plumbago** *n* (Foundry) / Graphitstaub *m* (Schwärze) ‖ **~**\* (Min) / Graphit *m* (stabile Form des Kohlenstoffs), Grafit *m* ‖ **~ bag** (Foundry) / Beutel *m* mit dem Puder, Staubbeutel *m*
**plumb and level** (US) (Carp) / Lotwaage *f*
**plumbane** *n* (Chem) / Bleitetrahydrid *n*, Bleiwasserstoff *m* (unbeständiger Grundkörper der bleiorganischen Verbindungen), Plumban *n* (PbH$_4$)
**plumbate** *n* (Chem) / Plumbat *n* (Verbindung mit komplexen Anionen, in denen Blei das Zentralatom bildet) ‖ **~(II)** (Chem) / Plumbat(II) *n*
**plumb**•**-bob**\* *n* (Build, Surv) / Gewichtstück *n* des Lotes, Senkel *m*, Lotblei *n*, Senkblei *n*, Senkgewicht *n*, Hängelot *n*, Senklot *n*, Richtblei *n* ‖ **~ down** *v* (Build) / abloten *v*, loten *v*, absenken *v* (mit dem Lotblei)
**plumbeous** *adj* / Blei-, aus Blei, bleiern *adj* ‖ **~** / bleifarbig *adj*, bleifarben *adj*
**plumber** *n* (a person who fits and repairs the pipes, fittings, and other apparatus of water supply, sanitation, or heating systems) (Build, San Eng) / Installateur *m* ‖ **~** (sheet-metal worker) (Plumb) / Blechner *m*, Klempner *m*, Flaschner *m*, Spengler *m* ‖ **~** (Plumb) / Rohrrichtvorrichtung *f* ‖ **~'s friend** (Plumb) / Saugglocke *f*, Gummisauger *m* (zum Absaugen verstopfter Geruchverschlüsse) ‖ **~'s helper** (Plumb) / Saugglocke *f*, Gummisauger *m* (zum Absaugen verstopfter Geruchverschlüsse) ‖ **~'s solder**\* (Plumb) / Blei-Zinn-Weichlot *n* (DIN 1707)
**plumber's union** (Plumb) / Verbindungsstutzen *m* ‖ **~ work** (Plumb) / Klempnerarbeiten *f pl*, Spenglerarbeiten *f pl*
**plumbic** *adj* (Chem) / Blei(IV)-
**Plumbicon**\* *n* (TV) / Plumbicon *n* (eine Bildaufnahmekameraröhre), Plumbikon *n* (eine Weiterentwicklung des Vidikons)
**plumbing** *n* (Autos) / Leitungssystem *n* (Verbindungsschläuche, -rohre und Fittings) ‖ **~**\* (Build) / Klempner- und Rohrlegerarbeiten *f pl* ‖ **~**\* (Build) / Bauklempnerarbeiten *f pl* ‖ **~ (down)** (Build) / Loten *n*, Lotung *f*, Abloten *n*, Absenken *n* (mit dem Lotblei) ‖ **~**\* (Build, Plumb) / Wasserrohrinstallation *f* (im Hause), sanitäre Installation ‖ **~**\* (Build, Plumb, San Eng) / Installationsarbeiten *f pl*, Installation *f* ‖ **~** (Plumb) / Klempnerarbeiten *f pl*, Spenglerarbeiten *f pl* ‖ **~**\* (Telecomm) / Hohlleitung *f* ‖ **~ controls** (Eng) / Armaturen *f pl* (Absperr-, Mess- und Drosselvorrichtungen für Rohrleitungen) ‖ **~ services** (Build, San Eng) / Installationszelle *f*, Wohnungssanitärzelle *f*, Installationsblock *m*, Sanitärzelle *f*, Installationskern *m* (sanitärer) ‖ **~ unit**\* (Build, San Eng) / Installationszelle *f*, Wohnungssanitärzelle *f*, Installationsblock *m*, Sanitärzelle *f*, Installationskern *m* (sanitärer)
**plumbism**\* *n* (Med) / Bleivergiftung *f* (z.B. Bleianämie, Bleiarthralgie usw.), Saturnismus *m*, Erkrankung *f* durch Blei, Bleikrankheit *f*, Bleiintoxikation *f*
**plumbite**\* *n* (Chem) / Plumbat(II) *n*
**plumbline**\* *n* (Build) / Lotschnur *f*, Lotfaden *m*
**plum-blue** *n* / Pflaumenblau *n*
**plumbness** *n* (Build, Civ Eng) / lotrechte Richtung, lotrechte Lage

1177

**plumbogummite** *n* (Min) / Plumbogummit *m*, Bleigummi *m* (ein Gelgemenge von wasserhaltigen Al- und Pb-Phosphaten)
**plumbojarosite** *n* (Min) / Plumbojarosit *m* (ein Jarosit, dessen Alkali durch Blei ersetzt ist)
**plumbous** *adj* (Chem) / Blei(II)- ‖ ~ **sulphide** (Chem) / Blei(II)-sulfid *n*
**plumb rule** (Build) / Stablot *n* (ohne Libelle)
**plume** *n* (Astron) / Störung des Spiralarms *f* (der Seyfert-Galaxie NGC 262) ‖ ~ (Autos, Ecol) / Abgasfahne *f* (DIN ISO 4225) ‖ ~ (of smoke) (Ecol) / Rauchfahne *f* (sichtbare Emission, die nach einem Schornstein oder Abgasrohr in der Atmosphäre sichtbar ist) ‖ ~ (Eng) / Dampffahne *f*, Dampfschwaden *m* (z.B. oberhalb der Kühltürme), Schwaden *m* (eines Kühlturms), Nebelfahne *f* (eines Kühlturms) ‖ ~ (Geol) / Plume *m* (diapirartig nach oben aufdringende Schmelzmasse von Mantelmaterial), Manteldiapir *m*, Mantleplume *m* ‖ ~* (of snow) (Meteor) / Schneefahne *f* (infolge starken Windes von den Gipfeln der Berge ausgehender Schwaden von Schneestaub) ‖ ~ (Nuc Eng) / Stiel *m* (des Atompilzes) ‖ ~ (Radar) / künstliches Echo ‖ ~ **of cloud(s)** (Meteor) / Wolkenstreifen *m* ‖ ~ **shape** (Ecol) / Rauchfahnenform *f*
**pluming** *n* (Chem Eng) / Pluming *n* (unerwünschter Effekt bei der Herstellung von Pulverwaschmitteln, hervorgerufen durch geringe Mengen niedermolekularer, flüchtiger Bestandteile in technischen Gemischen von Fettalkoholpolyglykolethern, die im Verlauf der Sprühtrocknung in Form feiner Aerosole freigesetzt werden und zu einer Belastung der Abluft des Sprühturms mit organischer Fracht führen)
**plummer-block*** *n* (Eng) / Stehlager *n*
**plummer-block bearing** (Eng) / Stehlager *n*
**plummet** *n* (Build) / Lotschnur *f*, Lotfaden *m* ‖ ~* (Build, Surv) / Gewichtsstück *n* des Lotes, Senkel *m*, Lotblei *n*, Senkblei *n*, Senkgewicht *n*, Hängelot *n*, Senklot *n*, Richtblei *n* ‖ ~ (Instr) / Schwebekörper *m* (in einem Durchflussmesser, der Mohr'schen Waage) ‖ ~ (Ships, Surv) / Senkblei *n* (heute aus Messing), Lot *n*
**plummeting point** (Build, Surv) / Lotpunkt *m*
**plummet level** (Build) / Lot *n* (Schnur + Senkblei), Schnurlot *n*
**plump** *vi* (Leather) / schwellen *v*, aufgehen *v* (Blößen) ‖ ~ *adj* (Nut) / prall *adj* (Wurst) ‖ ~ (silk) (Textiles) / füllig *adj*
**plumper** *n* (Leather) / Schwellmittel *n*
**plumping*** *n* (Leather) / Schwellen *n* (der Blößen) ‖ ~ **agent** (Leather) / Schwellmittel *n* ‖ ~ **pit** (Leather) / Schwellfarbe *f* (Farbengang) ‖ ~ **tannage** (Leather) / Füllgerbung *f* (Nachbehandlung von Sohlledern)
**plunge** *v* / tauchen *v*, eintauchen *v* ‖ ~ *n* (Geol) / Abtauchen *n* (einer Falte) ‖ ~ **angle*** (Surv) / Depressionswinkel *m*, Tiefenwinkel *m*, negative Höhe ‖ ~-**cut grinding** (Eng) / Einstechschleifen *n* (Außen- oder Innenrundschleifen mit stetiger radialer Zustellung) ‖ ~-**cut milling*** (Eng) / Tauchfräsen *n* (zur Herstellung von unten für Scheibenfedern)
**plunge-cut thread grinding** (Eng) / Einstechgewindeschleifen *n* (mit Mehrprofil-Schleifscheibe)
**plunge cutting** (Eng) / Tauchfräsen *n* (zur Herstellung von unten für Scheibenfedern)
**plunged boss** (Met) / Kragen *m* (eines Loches im Blech), Innenbord *m* (eines Blechteils)
**plunge grinding*** (Eng) / Einstechschleifen *n* (Außen- oder Innenrundschleifen mit stetiger radialer Zustellung) ‖ ~ **milling** (Eng) / Tauchfräsen *n* (zur Herstellung von unten für Scheibenfedern)
**plunger** *n* (Ceramics) / Rührwerk *n*, Quirl *m* ‖ ~* (Elec Eng) / Kolben *m*, Stempel *m*, Kurzschlusskolben *m* ‖ ~* (Eng) / Tauchkolben *m* (in Arbeitsmaschinen), Plungerkolben *m* ‖ ~ (Eng) / Messbolzen *m* (der Messuhr) ‖ ~* (the solid piston or ram of a force pump) (Eng) / Plunger *m* (an Kolbenpumpen und hydraulischen Hebezeugen) ‖ ~ (in bed testing) (Eng, Materials) / Stützdorn *m* (beim Biegedorn) ‖ ~ (Foundry) / Druckkolben *m* (beim Druckguss) ‖ ~ (Glass) / Stempel *m*, Pressstempel *m* ‖ ~ (Plastics) / Kolben *m* ‖ ~ (US) (Plumb) / Saugglocke *f*, Gummisauger *m* (zum Absaugen verstopfter Geruchverschlüsse) ‖ ~ **collar** (Glass) / Formenring *m* (formteilendes Element des Stempels beim Glaspressen in eine Hohlform) ‖ ~ **principle** (Autos) / Plungerprinzip *n* (bei ABS) ‖ ~ **pump** (Eng) / Tauchkolbenpumpe *f*, Plungerpumpe *f* ‖ ~ **pump** (Eng) s. also force pump ‖ ~ **relay** (Elec Eng) / Tauchkernrelais *n* ‖ ~ **ring** (Glass) / Formenring *m* (formteilendes Element des Stempels beim Glaspressen in eine Hohlform) ‖ ~ **spring** (Eng) / Kolbenfeder *f*
**plunger-type injection moulder** (Plastics) / Kolbenspritzgießmaschine *f*
**plunger valve** (Eng) / Kolbenventil *n* (ein Absperrventil, bei dem sich ein Kolben in einem Zylinder mit waagerechter Durchgangsbohrung nach oben nach unten bewegt und Bohrung freigibt oder verdeckt und somit absperrt)
**plunge shaving** (Eng) / Tauchschaben *n* (mit radialer Zustellung von Schab- gegen Werkrad), Einstechschaben *n* ‖ ~ **up** *v* (Leather) / aufrühren *v* (Brühe)

**plunging** *n* (Met) / Kragenziehen *n* (Umformen des Lochrandes eines Blechteiles durch Ziehring und Ziehstempel derart, dass sich durch Druck auf den Lochrand ein Kragen bildet - DIN 8584), Stechen *n*, Durchziehen *n* ‖ ~ **and ironing** (Met) / Abstreckdurchziehen *n* ‖ ~ **breaker** (Ocean) / Brecher *m* (eine Sturzwelle), Sturzwelle *f* (hohe, sich überstürzende Welle), Sturzsee *f*, Sturzbrecher *m* ‖ ~ **fold*** (Geol) / Tauchfalte *f*
**plunging-jet aerator** (San Eng) / Tauchstrahlbelüfter *m* (in der Abwasserbehandlung)
**plunging joint** (Autos) / Verschiebegelenk *n*, Wellengelenk *n* mit Längenausgleich ‖ ~ **pillar** (Eng) / tauchende Säule (bei Flachschleifmaschinen) ‖ ~ **shot*** (Surv) / Abwärtsvisur *f* ‖ ~ **tool** (Eng) / Durchziehwerkzeug *n* (ein Kragenziehwerkzeug), Stechwerkzeug *n* (welches das Blech aufreißt und zu einem Kragen umformt)
**plural process** (Nuc) / Mehrfachprozess *m*, Mehrfachreaktion *f* ‖ ~ **production** (Nuc) / Mehrfacherzeugung *f*, Mehrfachbildung *f*, Mehrfachproduktion *f* ‖ ~ **reaction** (Nuc) / Mehrfachprozess *m*, Mehrfachreaktion *f* ‖ ~ **scattering** (Nuc, Optics) / Mehrfachstreuung *f*, Vielfachstreuung *f* (DIN 1349, T 2)
**pluriharmonic function** (Maths) / pluriharmonische Funktion
**plurisubharmonic function** (Maths) / plurisubharmonische Funktion
**plus-and-minus programming** (Comp) / Plus-und-Minus-Programmierung *f*
**plus g** (Space) / positive Beschleunigungskraft (in Richtung Kopf-Fuß)
**plush*** *n* (Textiles) / Plüsch *m* (mit mehr als 3 mm hoher Polschicht) ‖ ~ **copper** (ore) (Min) / Kupferblüte *f*, Chalkotrichit *m* (haarförmiger Cuprit) ‖ ~ **lining** (Textiles) / Plüschfutter *n* ‖ ~ **sinker** (Weaving) / Polplatine *f*
**plus hub** (Comp) / Additionskontrollbuchse *f*
**plush with whirl effect** (Textiles) / Wirbelplüsch *m*
**plus mesh** (Eng) / Siebüberlauf *m*, Überkorn *n* (DIN 66100), Grobgut *n*, Siebrückstand *m*, Siebgrobes *n*, Rückstandsfraktion *f* (bei der Siebanalyse) ‖ ~ **sieve** (Eng) / Siebüberlauf *m*, Überkorn *n* (DIN 66100), Grobgut *n*, Siebrückstand *m*, Siebgrobes *n*, Rückstandsfraktion *f* (bei der Siebanalyse) ‖ ~ **sight** (Surv) / Rückblick *m* (Nivellierlatte) ‖ ~ **sign** (Bot) / Zeichen *n* für einen Pfropfbastard ‖ ~ **sign** (Maths) / Pluszeichen *n* (Rechenzeichen für die Addition, positives Vorzeichen für Zahlen), positives Zeichen
**pluton** *n* (Geol) / Pluton *m* (magmatischer Körper, der sich innerhalb der Erdrinde befindet)
**plutonia** *n* (Chem) / Plutonium(IV)-oxid *n*, Plutoniumdioxid *n*
**plutonian** *adj* (Geol) / plutonisch *adj*
**plutonic** *adj* (Geol) / plutonisch *adj* ‖ ~ **intrusion*** (Geol) / plutonische Intrusion ‖ ~ **rock** (Geol) / Plutonit *m*, Tiefengestein *n*, abyssisches Gestein ‖ ~ **water** (Geol) / juveniles Wasser (entstammt Magmenherden und ist im magmatischen Zyklus neu gebildet)
**plutonite*** *n* (Geol) / Plutonit *m*, Tiefengestein *n*, abyssisches Gestein ‖ ~* (Geol) / grobkörniges Ganggestein (ein Tiefengestein)
**plutonium*** *n* (Chem) / Plutonium *n*, Pu (Plutonium) ‖ ~ **carbide** (Chem, Nuc) / Plutoniumkarbid *n*, Plutoniumcarbid *n* ‖ ~ **contamination** (Nuc Eng) / Plutoniumkontamination *f*, Pu-Kontamination *f* ‖ ~ **credit** (Nuc Eng) / Plutoniumkredit *m*, Plutoniumgutschrift *f* ‖ ~ **cycle** (Nuc Eng) / Plutoniumkreislauf *m*, Plutoniumzyklus *m* ‖ ~ **dioxide** (Chem) / Plutonium(IV)-oxid *n*, Plutoniumdioxid *n* ‖ ~ **(IV) fluoride** (Chem) / Plutonium(IV)-fluorid *n* ‖ ~ **isotope** (Chem, Nuc) / Plutoniumisotop *n*, Pu-Isotop *n* ‖ ~ **oxalate** (Chem) / Plutoniumoxalat *n* ‖ ~ **(IV) oxide** (Chem) / Plutonium(IV)-oxid *n*, Plutoniumdioxid *n* ‖ ~ **producer** (Nuc Eng) / plutoniumerzeugender Reaktor, Plutoniumerzeugungsreaktor *m*
**plutonium-producing reactor** (Nuc Eng) / plutoniumerzeugender Reaktor, Plutoniumerzeugungsreaktor *m*
**plutonium production reactor** (Nuc Eng) / plutoniumerzeugender Reaktor, Plutoniumerzeugungsreaktor *m* ‖ ~ **reactor*** (Nuc Eng) / Plutoniumreaktor *m* (dessen zuerst eingesetzter Brennstoff Plutonium ist) ‖ ~ **recovery** (Nuc Eng) / Plutoniumrückgewinnung *f* ‖ ~ **recycle reactor** (Nuc Eng) / Plutoniumrecyclierungsreaktor *m*, Plutoniumrückführungsreaktor *m*, Plutoniumrezyklierungsreaktor *m* ‖ ~ **recycling** (Nuc Eng) / Plutonium-Recycling *n*, Plutoniumrückführung *f*
**plutonium-rich** *adj* (Nuc Eng) / plutoniumreich *adj*
**plutonium tetrafluoride** (Chem) / Plutonium(IV)-fluorid *n*
**pluvial** *adj* / pluvial *adj* (durch Regen entstehend oder beeinflusst)
**pluviograph** *n* (Meteor) / Niederschlagsschreiber *m*, selbstschreibender Regenmesser, selbstschreibender Niederschlagsmesser, Ombrograf *m*, Pluviograf *m*, Hyetograf *m*, Regenschreiber *m*
**pluviometer** *n* (Meteor) / Niederschlagsmesser *m*, Regenmesser *m*, Pluviometer *n*, Hyetometer *n*, Ombrometer *n*, Udometer *n*
**pluviometric coefficient** (Meteor) / pluviometrischer Koeffizient
**ply** *v* (vessel or vehicle) (Ships) / regelmäßige Fahrten machen (pendeln), pendeln *v*, verkehren *v* (regelmäßig) ‖ ~ (Spinning) / verzwirnen *v*, zwirnen *v*, Draht erteilen ‖ ~ *n* / Schicht *f*, Lage *f* ‖ ~*

Einlage f (in Schläuchen) ‖ ~ (Autos) / Gewebebelage f, Cordlage f, Kordlage f (der Karkasse) ‖ ~ (For, Join) / Furnierlage f (im Sperrholz) ‖ ~ (For, Join) / Lage f (des Lagenholzes nach DIN EN 313-2) ‖ ~ (Spinning) / Fadenzahl f (im Garn), Fadenanzahl f (im Garn) ‖ ~ (Textiles) / Lage f (Gewebe-) ‖ ~ **bond resistance** (Paper) / Spaltwiderstand m

**Plyglass**\* n (Glass) / Faserschichtglas n (/mehr/farbiges)

**plying cement** (Build) / Bitumenhaftmittel n, bituminöser Klebstoff

**plymetal** n (For, Join) / Panzerholz n (ein Markenzeichen), Verbundplatte f (Füllplatte Holz, Außenplatten Metall), Metallholz n (mit Blechen bewehrtes Lagenholz)

**ply rating** (Autos) / Plyrating n, PR-Zahl f (bei Reifen), PR (Plyrating) (eine Zahl, die Aufschluss über die Karkassenfestigkeit des Reifens gibt) ‖ ~ **separation** / Lagenlösung f (z. B. bei einem Schichtstoff), Lösen n von Schichten, Lagentrennung f

**plywood** n (with the grains of adjacent sheets oriented at 15-45° to each other) (Carp, Join) / Sternholz n (mit der Faserrichtung symmetrisch von Schicht zu Schicht wechselnd angeordnete Furniere) ‖ ~\* (Carp, Join) / Sperrholz n (Lagenholz nach DIN EN 313 - 315), Furnierplatte f ‖ ~ **adhesive** (For) / Sperrholzkleber m ‖ ~ **board** (Join) / Sperrplatte f (Sperrholz in Plattenform), Sperrholzplatte f ‖ ~ **container** / Sperrholzcontainer m, Behälter m aus einem beschichteten Spezialsperrholz

**plywood**\* + **laminated wood** (Carp, Join) / Lagenholz n (das aus mindestens drei flächig miteinander verleimten Holzlagen besteht)

**plywood-manufactured mould** (For, Join) / Profilsperrholz n (Formteil aus Sperrholz), Sperrholzformteil n

**plywood panel** (Join) / Sperrplatte f (Sperrholz in Plattenform), Sperrholzplatte f ‖ ~ **parquet** (Build) / Fertigparkett n

**ply yarn** (Spinning) / mehrfädiges Garn, doubliertes Garn, Mehrfachzwirn m, gefachtes Garn, Mehrfachgarn n

**Pm** (promethium) (Chem) / Promethium n, Pm (Promethium)

**PM** (permanent magnet) (Elec Eng) / Dauermagnet m, Permanentmagnet m, permanenter Magnet ‖ ~ (preventive maintenance) (Eng) / Pflege f, vorbeugende Wartung, vorbeugende Instandhaltung, Diagnosewartung f ‖ ~ (precious metal) (Eng, Met) / Edelmetall n (Gold, Silber, Platinmetalle)

**P/M** (powder metallurgy) (Powder Met) / Pulvermetallurgie f, Metallkeramik f (Herstellung von Werkstoffen, Halbzeugen und Fertigwaren auf der Basis von Metallpulvern nach keramischer Technologie - DIN EN ISO 3252)

**PM**\* (powder metallurgy) (Powder Met) / Pulvermetallurgie f, Metallkeramik f (Herstellung von Werkstoffen, Halbzeugen und Fertigwaren auf der Basis von Metallpulvern nach keramischer Technologie - DIN EN ISO 3252) ‖ ~ (performance management) (Telecomm) / Performance Management n (eine von der ISO definierte Kategorie für die Netzwerkverwaltung), PM (Performance Management), Dienstgüteüberwachung f (bei Netzwerken) ‖ ~ (phase modulation) (Telecomm) / Phasenmodulation f, PM (Phasenmodulation)

**pm** (phase modulation) (Telecomm) / Phasenmodulation f, PM (Phasenmodulation)

**PM** (pulse modulation) (Telecomm) / Pulsmodulation f (Sammelbegriff für alle Modulationsverfahren, bei denen Pulse als Träger verwendet werden), Impulsmodulation f, PM (Pulsmodulation)

**PMA** (pyromellitic acid) (Chem) / Pyromellithsäure f (1,2,4,5-Benzoltetracarbonsäure) ‖ ~ (phosphomolybdic acid) (Chem) / Phosphormolybdänsäure f, Molybdatophosphorsäure f

**pmail** (conventional paper-based mail service) (Comp) / Postsendung f (als Gegensatz zu E-Mail), Snail Mail f (herkömmliche Briefpost - verglichen mit E-Mail), Schneckenpost f, Sackpost f (Snail Mail)

**PMAS** (phenylmercuric acetate) (Agric, Chem) / Phenylquecksilberazetat n, Phenylquecksilberacetat n, PMAS (Phenylquecksilberacetat)

**PMB column** (packed microbore column) (Chem) / Mikrosäule f, Micropack-Säule f (eine Trennkapillare von 0,5 bis 1 mm Innendurchmesser, die mit sehr feinkörniger Trennsäulenfüllung versehen ist), gepackte Kapillarsäule, Microbore-Säule f, MB-Säule f

**PMBX**\* (private manual branch exchange) (Teleph) / Nebenstellenanlage f für Handbetrieb

**PMC** (peripheral module channel) (Comp, Teleph) / Periphermodulkanal m, PMC (Periphermodulkanal) ‖ ~ (partial mission capable) (Mil) / bedingt einsatzfähig ‖ ~ (personal mobile communicator) (Telecomm) / persönliches mobiles Kommunikationsgerät (Mobilfunknetz PCN im Bereich 1,7 - 1,9 GHz)

**PME** (protective multiple earthing) (Elec, Elec Eng) / TN-Netz n (mit einem direkt geerdeten Punkt; die Körper der elektrischen Anlage sind über Schutzleiter bzw. PEN-Leiter mit diesem Punkt verbunden), Mehrfachschutzerdung f

**PMF** (proton motive force) (Biochem) / protonenverschiebende Kraft, protonenmotorische Kraft, PMK (protonenmotorische Kraft)

**P/M forging** (Met) / Pulverschmieden n (Variante des Präzisionsschmiedens von Werkstücken aus pulvermetallurgisch hergestellten Anfangsformen) ‖ ~ **hot forming** (Met) / Pulverschmieden n (Variante des Präzisionsschmiedens von Werkstücken aus pulvermetallurgisch hergestellten Anfangsformen)

**PMI** (polymethacrylimide) (Chem) / Polymethacrylimid n, Polymethakrylimid n, PMI (Polymethacrylimid)

**PMM** (permanent-magnetic motor) (Elec Eng) / Magnetmotor m (Sonderform des permanent erregten Synchronmotors mit Außenpolläufer)

**PMOS technology** (Electronics) / P-Kanal-Technik f, P-Kanal-MOS-Technik f, PMOS-Technik f (MOS-Technik mit P-Kanal)

**P/M part** (powder metallurgy part) (Powder Met) / metallkeramisches Teil, Metallkeramikteil n

**PMR** (phase modulation recording) (Comp, Electronics) / Richtungstaktschrift f (DIN 66010), PE-Schrift f (für Magnetschichtspeicher) ‖ ~ (proton magnetic resonance) (Nuc) / protonenmagnetische Resonanz, magnetische Protonenresonanz, PMR (protonenmagnetische Resonanz) ‖ ~ (private mobile radio) (Radio) / nichtöffentlicher beweglicher (mobiler) Landfunk, privater Mobilfunk (für bewegliche Landfunkdienste) ‖ ~ (paramagnetic resonance) (Spectr) / paramagnetische Resonanz, PMR (paramagnetische Resonanz)

**PM stepper motor** (Elec Eng) / Permanentmagnet-Schrittmotor m

**PMT** (photomultiplier tube) (Electronics) / Fotoelektronenvervielfacher m, Fotovervielfacher m (eine Elektronenröhre mit einer Fotokatode und einem Elektrodensystem, in dem die Fotoelektronen durch Sekundäremission vervielfacht werden), Fotomultiplier m

**PMU** (parameter measurement unit) / PMU-Einheit f (ein Teil der analogen Messeinrichtungen eines Prüfautomaten)

**PMX**\* (private manual exchange) (Teleph) / teilnehmereigene Fernsprechhandvermittlung

**PN** (performance number) (Aero, Fuels) / Leistungszahl f (Maß zur Beurteilung des Klopfverhaltens von Brennstoffen für KTW) ‖ ~ (pressure norm) (Eng) / Nenndruck m, ND (Nenndruck), PN (Pressure Norm)

**p-n boundary**\* (Electronics) / pn-Übergang m (z.B. bei Dioden und Transistoren)

**PNC** (pseudonoise code) (Radar) / Pseudorauschcode m, Pseudorauschkode m

**PND** (proton-noise decoupling) (Spectr) / Rauschentkopplung f ($^1$H-Rauschentkopplung), Breitbandentkopplung f ($^1$H-Breitbandentkopplung), BB-Entkopplung f

**pn-diode** n (Electronics) / pn-Diode f

**PNEC** (predicted no-effect concentration) (Chem, Ecol) / PNEC f (vorausgesagte maximale Konzentration eines Stoffes ohne Wirkung)

**pneudraulic** adj / pneumatisch und hydraulisch adj

**pneumatic**\* adj (Eng) / Druckluft-, druckluftbetätigt adj, pneumatisch adj, luftbetrieben adj

**pneumatically applied mortar** (Build) / maschinenangespritzter Mörtel

**pneumatic amplifier** (Automation) / Pneumistor m (ein Fluidikelement) ‖ ~ **architecture** (Arch) / Bau m von Tragluftballen und Schlauchstützkonstruktionen ‖ ~ **barrier** / Druckluftsperre f (eine Ölsperre) ‖ ~ **brake**\* (Eng) / Druckluftbremse f, pneumatische Bremse ‖ ~ **broken-end collector system** (Spinning) / Fadenabsauganlage f ‖ ~ **caisson** (Build, Civ Eng) / Senkkasten m (ohne Boden - bei Druckluftgründung), Druckluftsenkkasten m

**pneumatic-caisson foundation** (Civ Eng) / Druckluftgründung f, Pressluftgründung f

**pneumatic circuit** (Eng) / Druckluftkreis m ‖ ~ **classification** (Min Proc) / Windsichten, Sichten n, Luftstromsichtung f ‖ ~ **classifier** (Min Proc) / Windsichter m (maschinelle Anlage zur Klassierung eines Körnergemisches im Luftstrom), Sichter m ‖ ~ **cleaning** (Mining) / Luftaufbereitung f ‖ ~ **concentration** (Mining) / Luftaufbereitung f ‖ ~ **control** (Automation, Eng) / pneumatische Steuerung ‖ ~ **conveyer**\* (Eng) / pneumatischer Förderer (ein Stetigförderer), Druckluftförderer m ‖ ~ **conveying** / pneumatische Förderung, Druckluftförderung f ‖ ~ **conveying drier** (Plastics) / Rohrtrockner m mit pneumatischer Förderung, Stromtrockner m ‖ ~ **conveyor** (Agric) / Fördergebläse n (zum pneumatischen Stetigtransport von Hächsel- oder Schüttgut) ‖ ~ **conveyor with intake hopper** (Agric) / Schleusengebläse n (für schlagempfindliches Fördergut) ‖ ~ **cylinder** / Pneumatikzylinder m ‖ ~ **dispatch** (Eng) / Rohrpost f (die Versandart einer Übermittlung) ‖ ~ **drill**\* (Civ Eng, Mining) / Druckluftbohrhammer m ‖ ~ **drill**\* (Mining) / Abbauhammer m,

**pneumatic**

Abbruchhammer m (druckluftbetätigter) ‖ ~ **drying** / Stromtrocknung f
**pneumatic-electric signal** / PE-Wandler m (der ein pneumatisches Signal in ein elektrisches Signal umwandelt)
**pneumatic flotation cell**\* (Min Proc) / Callow-Apparat (nach J.M. Callow, 1867-1940), Druckluftzelle f (für die Flotation) ‖ ~ **gauge** (Instr) / pneumatisches Messgerät ‖ ~ **hammer** (Eng) / Lufthammer m (Oberdruckhammer, bei dem der Bär durch Druckluft bewegt wird, die im Hammer selbst erzeugt wird) ‖ ~ **hammer** (Eng, Instr) / Drucklufthammer m, Presslufthammer m ‖ ~ **hoist** (Eng) / Drucklufthebezeug n, Druckluftheber m ‖ ~ **house** (Build) / pneumatisches Haus (nach F.W. Lanchester, 1868-1946) ‖ ~ **jig** (Min Proc) / Luftsetzmaschine f ‖ ~ **lighting**\* (Mining) / Beleuchtung f mit Druckluftleuchten ‖ ~ **logic** (Automation) / Fluidik f (Steuer- und Verknüpfungstechnik), strömungsmechanische Schaltkreistechnik ‖ ~ **loudspeaker**\* (Acous) / Druckkammerlautsprecher m ‖ ~ **machine vice** (Eng) / Pressluftspannstock m (Werkstückspanner an Werkzeugmaschinen) ‖ ~ **mortar** (Build) / Spritzmörtel m (DIN 18551) ‖ ~ **packing** (Mining) / Blasversatz m (mit Hilfe von Druckluft) ‖ ~ **pick**\* (Eng) / Druckluftaufbruchhammer m, Druckluftaufreißhammer m, pneumatischer Aufbruchhammer ‖ ~ **pick** (Mining) / Abbauhammer m, Abbruchhammer m (druckluftbetätigter) ‖ ~ **pick**\* (Eng) s. also concrete breaker ‖ ~ **placement** (of the plaster) (Build) / pneumatisches Putzaufspritzen ‖ ~ **press** (Eng) / pneumatische Presse (eine kraftgebundene Pressmaschine), Druckluftpresse f ‖ ~ **process** (Met) / Konverterfrischverfahren n, Blasstahlverfahren n, Blasverfahren n, Konverterverfahren n (z.B. OBM-Verfahren), Konverterprozess m ‖ ~ **riveter**\* (Eng) / Druckluftniethammer m
**pneumatics** n / Pneumatik f (Anwendung von Druck- und Saugluft)
**pneumatic separation** (Min Proc) / Windsichten n, Sichten n, Luftstromsichtung f ‖ ~ **separator** (Min Proc) / Windsichter m (maschinelle Anlage zur Klassierung eines Körnergemisches im Luftstrom), Sichter m ‖ ~ **skiver** (Leather) / ein Schafnarbenspalt ‖ ~ **spring** (Eng) / Gasfeder f ‖ ~ **stowing** (Mining) / Blasversatz m (mit Hilfe von Druckluft) ‖ ~ **stowing machine** (Mining) / Blasversatzmaschine f ‖ ~ **structure** (Build, Civ Eng) / pneumatische Konstruktion, Tragluftkonstruktion f (Baukonstruktion aus geschweißten, regendichten und sturmfesten Kunststofffolien oder aus beschichteten synthetischen Geweben, deren Form durch Gasüberdruck stabilisiert wird) ‖ ~ **test** (Eng) / Druckluftprobe f (eines Druckgefäßes) ‖ ~ **tools**\* (Eng, Tools) / Druckluftwerkzeuge n pl (handgeführte), Pressluftwerkzeuge n pl, Pressluftmaschinen f pl ‖ ~ **trough**\* (Chem Eng) / pneumatische Wanne ‖ ~ **tube conveyor**\* (Eng) / Rohrpostanlage f ‖ ~ **tube system** (a postal system) / Rohrpost f ‖ ~ **tyre** (Autos) / Reifen m, Luftreifen m, Pneumatik m f, Pneu m ‖ ~**-tyred roller** (Civ Eng) / Gummiradverdichter m (eine Straßenbaumaschine), Gummiradwalze f ‖ ~ **tyres** (Autos) / Luftbereifung f, Luftreifen m pl
**pneumatogenic** adj (Geol) / pneumatogen adj
**pneumatolysis**\* n (pl. -lyses) (Geol) / Pneumatolyse f
**pneumatolytic** adj (Geol) / pneumatolytisch adj
**pneumoconiosis**\* n (Med) / Pneumokoniose f (eine anerkannte Berufskrankheit), Staublunge f, Staublungenerkrankung f, Staubinhalationskrankheit f
**pneumomonoconiosis** n (pl. pneumomonoconioses) (Med) / Pneumokoniose f (eine anerkannte Berufskrankheit), Staublunge f, Staublungenerkrankung f, Staubinhalationskrankheit f
**pneumo-oil switch**\* (Elec Eng) / Leistungsschalter m mit kombinierter Druckluft- und Ölstrahlwirkung
**PN-FET** (Feldeffekttransistor mit PN-Übergang) (Electronics) / Sperrschicht-FET m, Feldeffekttransistor m mit PN-Übergang, Sperrschichtfeldeffekttransistor m (Steuerung des Stroms erfolgt durch Änderung des Querschnitts eines Stromkanals), SFET (Sperrschichtfeldeffekttransistor), Junktions-FET m (ein Sperrschichtfeldeffekttransistor), PN-FET m (Feldeffekttransistor mit PN-Übergang), JFET m (ein Sperrschichtfeldeffekttransistor)
**p-n hook transistor** (Electronics) / Hakentransistor m (ein Vierschichttransistor mit der Zonenfolge Pnpn), Hookkollektortransistor m
**pnicogens** pl (Chem) / Pnicogene n pl (Elemente der Stickstoff-Phosphor-Gruppe)
**p-n-i-p transistor**\* (Electronics) / pnip-Transistor m
**p-n junction**\* (Electronics) / pn-Übergang m (z.B. bei Dioden und Transistoren)
**PNL** (perceived noise level) (Acous) / PNL (Lärmgikei als Maß für die Störwirkung von Lärm), Lärmigkeit f, Lästigkeitspegel m, empfundener Lärmpegel
**PNOC** (particulates not otherwise classified) (Ecol) / PNOC f (inerter, belästigender Staub)
**p-n-p transistor**\* (Electronics) / pnp-Transistor m (ein Bipolartransistor)

**PNS** (peripheral nervous system) (Med) / peripheres Nervensystem, PNS (peripheres Nervensystem)
**Po** (polonium) (Chem) / Polonium n, Po (Polonium)
**PO** (polyolefin) (Chem, Plastics, Textiles) / Polyolefin n, PO (Polyolefin) (Polymerisationsprodukt von Olefinen, z.B. Polyethylen)
**poach** v (Speisen, besonders aufgeschlagene Eier, in kochendem Wasser oder einer Brühe gar werden lassen) (Nut) / pochieren v, gar ziehen
**P.O. box**\* (Elec Eng) / Wheatstonebrücke f im Kasten, Post-Office-Brücke f (eine Messbrücke) ‖ ~ **bridge**\* (Elec Eng) / Wheatstonebrücke f im Kasten, Post-Office-Brücke f (eine Messbrücke)
**POB-technique** n (Electronics) / POB-Technik f, POB-Verfahren n (ein zur Herstellung von Hf-Transistoren angewandtes (kombiniertes) Diffusions- und Legierungsverfahren)
**POC** (polycarboxylic acid) (Chem) / Polycarbonsäure f, Polykarbonsäure f ‖ ~ (particulate organic carbon) (Ecol, San Eng) / POC (submikroskopische Partikel aus Kohlenstoff oder Kohlenstoffverbindungen)
**pock** n (a partially closed surface cavity) (Met) / Feinlunker m (ein Oberflächenlunker)
**Pockels' cell** (Elec Eng) / Pockels-Zelle f ‖ ~ **effect**\* (Elec Eng) / Pockels-Effekt m (nach F.C.A. Pockels, 1865-1913), linearer elektrooptischer Effekt ‖ ~ **read-out optical modulator** (Electronics) / optoelektronisches Bauelement, das logische Verknüpfungen und optisch lesbare Speicherung erlaubt (auf der Basis des Pockels-Effektes)
**pocket** n / Loch n (Öffnung) ‖ ~ (GB) / Sack m (Hopfen, Wolle) ‖ ~\* (Build) / Wandschlitz m (für die Schiebetür) ‖ ~ (Civ Eng) / Schlagloch n (im Straßenbelag) ‖ ~ (Comp) / Ablagefach n (der Sortiermaschine), Sortierfach n ‖ ~ (Ecol, Geol) / Grundwasserspeicher m ‖ ~ (Geol) / Putze f, Nest n, Putzen m (kleinere unregelmäßig geformte Gesteins- oder Mineralmasse in fremder Umgebung) ‖ ~ (Paper) / Presse f (des Pressenschleifers) ‖ ~ (Textiles) / Tasche f ‖ ~ (the cavity of an element designed to receive the head) (Textiles) / Kupplungsvertiefung f (eines Reißverschlusszahns) ‖ ~ attr / Taschen-, in Taschenformat ‖ ~ **barker** (For) / Trogentrinder m ‖ ~ **barking** (For) / Trogentrindung f, Siloentrindung f ‖ ~ **binocular** (Optics) / Taschenfernglas n ‖ ~ **book** / Pocketbook n (pl.: -s) (billiges Taschenbuch) ‖ ~ **calculator** (Comp) / Taschenrechner m (DIN 9757) ‖ ~ **camera** (a subminiature camera) (Photog) / Pocketkamera f (Kleinstkamera) ‖ ~ **chamber**\* (Radiol) / Taschendosimeter n, Taschendosismessgerät n ‖ ~ **dosemeter** (Radiol) / Taschendosimeter n, Taschendosismessgerät n ‖ ~ **dosimeter** (Radiol) / Taschendosimeter n, Taschendosismessgerät n ‖ ~ **electrode** (Chem) / Fangtaschenelektrode f ‖ ~ **film** (Photog) / Pocketfilm m ‖ ~ **grinder** (Paper) / Pressenschleifer m (ein Holzschleifer) ‖ ~ **head** (Space) / Kopfteil m der Rakete
**pocketing** n (Textiles) / Pocketing m (leinwandbindiges Taschenfutter aus Baumwolle oder Zellwolle für Hosen)
**pocket magnifier** (Optics) / Taschenlupe f ‖ ~ **meter** (Instr) / Taschenmessinstrument n ‖ ~ **moleskin** (Textiles) / Taschenatlas m (Moleskin) ‖ ~ **of magma** (Geol) / Magmaherd m, Magmakammer f ‖ ~ **of ore** (Geol) / Erznest n, Erztasche f ‖ ~ **of turbulence** (Phys) / Turbulenzballen m (einheitlich bewegte Fluidmasse auf dem Prandtl-Mischungsweg) ‖ ~ **PC** (Comp) / Taschen-PC m, Brieftaschen-PC m ‖ ~ **receiver** (Teleph) / Personenrufempfänger m ‖ ~ (dry) **rot** (For) / Weißlochfäule f (bei der das Holz nicht gleichmäßig, sondern von "Nestern" aus zerstört wird), Wabenfäule f, Honigwabenfäule f, Lochfäule f
**pocket-sized** adj / Taschen-, in Taschenformat
**pocket sorting** (Comp) / Radix-Sortierung f (ein Sortierverfahren), Sortieren n durch Fachverteilen ‖ ~ **spectroscope** (Spectr) / Taschenspektroskop n ‖ ~ **spring** (Geol) / Überlaufquelle f, Überfallquelle f
**pocket-type plate** (of a storage cell) (Elec Eng) / Taschenplatte f
**pocket watch** (Horol) / Taschenuhr f
**pocking** n (Glass) / Pockennarben f pl (ein Oberflächenfehler)
**pock marking** (Paint) / Regenflecken m pl
**pockmarks** pl (Glass) / Rauigkeit f (der Oberfläche)
**POD** (printing on demand) (Print) / Drucken n nach Bedarf, Printing n on Demand (nach Ausführung der Korrekturen können beliebig viele Exemplare auf Werkdruckpapier mit dem Laserdrucker gedruckt werden), Druck m auf Nachfrage
**pod** v (Nut) / schälen v (Erbsen, Bohnen) ‖ ~ (Nut) / enthülsen v (Erbsen) ‖ ~\* n (Aero) / Gondel f (durch Streben oder Pylone verbunden), Triebwerkgondel f ‖ ~ (bathtroom pod) (Build) / Nasszelle f ‖ ~ (Geol) / Erzlineal n, Erzschmitze f ‖ ~\* (of a leguminous plant) (Nut) / Hülse f, Schote f ‖ ~ (Space) / Kapsel f ‖ ~ (Textiles) / Kokon m, Seidenkokon m
**PODA** (Comp) / PODA n (ein Netzzugangsverfahren)

**POD analysis** (a precision laboratory distillation procedure used to separate low-boiling hydrocarbon fractions quantitatively for analytical purposes) (Chem) / Podbielniak-Siedeanalyse *f* (Labordestillation unter scharfer Fraktionierung für niedrigsiedende Kohlenwasserstofffraktionen - für analytische Zwecke)
**pod auger** (Carp) / Holzbohrer *m* mit gerader Schneidkante
**podauger*** *n* (Tools) / Schlangenbohrer *m* (ein Spiralbohrer)
**Podbielniak analysis** (Chem) / Podbielniak-Siedeanalyse *f* (Labordestillation unter scharfer Fraktionierung für niedrigsiedende Kohlenwasserstofffraktionen - für analytische Zwecke) ‖ ≃ **extractor** (Chem Eng) / Podbielniak-Zentrifugalextraktor *m*, Gegenstromextraktionsapparat *m* nach Podbielniak
**podded engine** (Aero) / Motor *m* in Gondel, Triebwerk *n* in Gondel
**podiform orebody** (Geol) / Erzlineal *n*, Erzschmitze *f* ‖ ~ **orebody** (Geol) s. also lens
**podium*** *n* (Arch) / Podium *n* (pl. -ien), Sockelwand *f* für eine Säulenreihe ‖ ~ (Build) / Podium *n*, Estrade *f*
**podle monoglyceride** / Diglyzerid *n*, Diglycerid *n*
**pod-mounted gauge** (Autos, Instr) / Aufbauinstrument *n*
**podsol*** *n* (Agric) / Bleicherde *f*, Aschenboden *m*, Podsolboden *m*, Podsol *m* (aus silikatarmem Sand)
**podsolization** *n* (Agric) / Podsolierung *f*
**podzol*** *n* (Agric) / Bleicherde *f*, Aschenboden *m*, Podsolboden *m*, Podsol *m* (aus silikatarmem Sand)
**podzolization** *n* (Agric) / Podsolierung *f*
**POE** (polyethylene oxide) (Chem) / Polyethylenoxid *n* (Polyethylenglykol mit hoher Molmasse), PEOX (Polyethylenoxid - DIN 7728-1)
**poecilitic** *adj* (Geol) / poikilitisch *adj* ‖ ~ **structure*** (Geol) / poikilitisches Strukturbild, poikilitische Struktur
**poeciloblastic** *adj* (Geol) / poikiloblastisch *adj* (ein Gefüge, bei dem das Einschließen vorhandener Gesteinsbestandteile durch die wachsenden Neubildungen zu beobachten ist)
**PO fibre** (Chem, Textiles) / Polyolefinfaser *f*, PO (Polyolefinfaser)
**Poggendorff compensation method*** (Chem) / Poggendorff'sche Kompensationsmethode (eine Methode zur genauen Messung der EMK galvanischer Elemente in stromlosem Zustand - nach J.Ch. Poggendorff, 1796-1877) ‖ ≃ **illusion** (Optics) / Poggendorff'sche Täuschung
**pogo effect*** (Aero, Space) / Pogo-Effekt *m*
**Pogson scale** (Astron) / Pogson'sche Helligkeitsskale (nach N.R. Pogson, 1829-1891)
**pogy oil** (Chem, Paint) / Menhadenöl *n* (ein Fischkörperöl von der Brevoortia tyrannus Latrobe), Menhadentran *m*
**Pohlke's theorem** (Maths) / Pohlke-Satz *m* (ein in der Ebene gezeichnetes Dreibein, bei dem nicht mehr als zwei Beine zusammenfallen, kann stets als parallelprojektives Bild von drei im Raum zueinander senkrechten Einheitsstrecken aufgefasst werden - nach K.W. Pohlke, 1810-1876)
**POI** (point of interconnection) (Telecomm, Teleph) / Ort *m* der Zusammenschaltung, ODZ (Ort der Zusammenschaltung bei der Interconnection)
**poikilitic** *adj* (Geol) / poikilitisch *adj* ‖ ~ **texture*** (Geol) / poikilitisches Strukturbild, poikilitische Struktur
**poikiloblastic*** *adj* (Geol) / poikiloblastisch *adj* (ein Gefüge, bei dem das Einschließen vorhandener Gesteinsbestandteile durch die wachsenden Neubildungen zu beobachten ist)
**poikilothermal*** *adj* (Ecol, Physiol, Zool) / poikilotherm *adj*, wechselwarm *adj*, kaltblütig *adj* (die Körpertemperatur entsprechend der Temperatur der Umgebung wechselnd)
**poikilothermic** *adj* (Ecol, Physiol, Zool) / poikilotherm *adj*, wechselwarm *adj*, kaltblütig *adj* (die Körpertemperatur entsprechend der Temperatur der Umgebung wechselnd)
**poikilothermous** *adj* (Ecol, Physiol, Zool) / poikilotherm *adj*, wechselwarm *adj*, kaltblütig *adj* (die Körpertemperatur entsprechend der Temperatur der Umgebung wechselnd)
**poil silk** (Spinning) / Pelseide *f*, Pelogarn *n*, Peloseidengarn *n* (Kernfäden für Gold- und Silbergespinste)
**Poincaré conjecture** (Maths) / Poincaré'sche Vermutung ‖ ≃ **group** (Maths) / Poincaré-Gruppe *f*, inhomogene Lorentz-Gruppe, volle Lorentz-Gruppe ‖ ≃ **map** (Maths) / Poincaré-Abbildung *f* ‖ ≃ **model** (Maths) / Poincaré-Modell *n* (in der hyperbolischen Geometrie) ‖ ≃ **recurrence theorem** (Maths) / Poincaré'scher Rekurrenzsatz, Poincaré'sches Wiederkehrtheorem (nach H. Poincaré, 1854-1912) ‖ ≃ **sphere** (Elec Eng) / Poincaré-Kugel *f*
**Poinsot ellipsoid** (Mech) / Poinsot'sches Trägheitsellipsoid, Poinsot-Ellipsoid *n*, Trägheitsellipsoid *n* (nach der Poinsot-Konstruktion) ‖ ≃ **motion** (Mech) / Poinsot-Bewegung *f* (eines starren Körpers um einen festen Punkt; nach L. Poinsot, 1777-1859)
**Poinsot's method** (Mech) / Poinsot-Konstruktion *f* (Charakterisierung eines Körpers bei einer allgemeinen Drehbewegung)
**point** *v* (at) / richten *v* (auf - Kamera, Waffe), zielen *v* (auf) ‖ ~ (to fill up and carefully finish, as in the mortar joints in brickwork or masonry) (Build, Civ Eng) / verfugen *v*, ausfugen *v* (mit Auskratzen) ‖ ~ (place the pointer over an item) (Comp) / zeigen *v* (auf) ‖ ~ (Eng) / spitzen *v*, anspitzen *v*, zuspitzen *v*, schärfen *v* ‖ ~ (Eng) / ausspitzen *v* (Bohrer) ‖ ~ (Met) / anspitzen *v* (Ziehgut) ‖ ~ *n* / Spitze *f* (des Bleistifts, des Messers, der Schraube, des Nagels) ‖ ~* / Punkt *m* (im Allgemeinen) ‖ ~ / 1/100 Kt im Schmucksteinhandel ‖ ~* (Build, Elec Eng) / Brennstelle *f* (Decken-, Wand-), Stromanschlusspunkt *m* ‖ ~* (decimal) (Comp, Maths) / Komma *n* ‖ ~ (Eng) / Kuppe *f* (bei Stellschrauben) ‖ ~ (Geog) / Landspitze *f* ‖ ~ (Instr) / spitzes Instrument ‖ ~ (Maths) / Dezimalpunkt *m*, Komma *n* (pl. -s oder -ta), Dezimalkomma *n* (Trennungszeichen zwischen den ganzen und den Bruchzahlen bei den Dezimalbrüchen) ‖ ~* (Maths) / Punkt *m* ‖ ~ (Nut) / herbe Frische (beim Tee) ‖ ~ (Paper) / 1/1000 Zoll (ein veraltetes Maß der Pappendicke) ‖ ~ (Phys) / Punkt *m* (einer Skale) ‖ ~ (Ships) / Strich *m* (am Kompass = 1/8 Quadrant = 11° 15') ‖ ~* (Typog) / typografischer Punkt (veraltete kleinste Einheit des typografischen Maßsystems, Europa = 0,376065 mm, GB + US = 0,351 mm - DIN 16507), Punkt (p) *m*, p ‖ ~ *attr* / punktförmig *adj* ‖ **12-~ flange head** (Eng) / Zwölfzahnkopf *m* ‖ **12-~ flange screw** (Eng) / Zwölfzahnschraube *f* ‖ **12-~ socket** (Eng) / Innenzwölfzahn *m*, Innenzwölfkant *m* ‖ ~ **absorber** (Phys) / Punktabsorber *m* (zur Fokussierung der Sonnenstrahlung)
**pointage** *n* / Punktzahl *f* (Maß für die Konzentration eines Phosphat- oder Oxalatbades)
**point analysis** (Chem) / Lokalanalyse *f*, Punktanalyse *f* (von kleinen definierten Bereichen der Oberfläche fester Proben) ‖ ~ **angle** (Eng) / Spitzenwinkel *m* (Öffnungswinkel des Hüllkegels um die Hauptschneiden bei Bohrern) ‖ ~ **angle** (Eng) / Keilwinkel *m* (DIN 6581) ‖ ~ **application** (Mech) / Punktangriff *m* ‖ ~ **at infinity** (Maths) / uneigentlicher Punkt (in der projektiven Geometrie), unendlich ferner Punkt ‖ ~ **attack** (Mech) / Punktangriff *m*
**point-bearing pile** (Civ Eng) / stehender Pfahl, Spitzendruckpfahl *m* (der die Last mit seiner Spitze auf die tragfähige Schicht überträgt)
**point block*** (Build) / Punkthaus *n* (ein Hochhaus)
**point-block house** (Build) / Punkthaus *n* (ein Hochhaus) ‖ ~ **housing** (Build) / Punkthaus *n* (ein Hochhaus)
**point bonding** (For) / punktweises Verkleben, Punktleimung *f*, Punktverklebung *f*
**point-by-point method** (Elec Eng, Light) / Berechnung *f* der horizontalen Beleuchtungsstärke nach der Beleuchtungsformel
**point charge** (Elec, Nuc) / Punktladung *f* (punktförmig idealisierte elektrische Ladung) ‖ ~ **chisel** (Tools) / Spitzmeißel *m* ‖ ~ **contact** (Electronics) / Spitzenkontakt *m*, Punktkontakt *m* ‖ ~ **contact** (Maths) / Punktberührung *f*
**point-contact diode*** (Electronics) / Spitzendiode *f*, Punktkontaktdiode *f*
**point•-contact transistor** (Electronics) / Spitzentransistor *m*, Punkttransistor *m*, Punktkontakttransistor *m* ‖ ~ **coordinates** (Maths) / Punktkoordinaten *f pl* ‖ ~ **counter tube*** (Nuc Eng) / Spitzenzähler *m* (ein von Geiger entwickeltes, heute nicht mehr benutztes Zählrohr) ‖ ~ **curve** (Maths) / Ortslinie *f* (eine Linie, auf der alle Punkte mit einer gewissen Eigenschaft liegen, z.B. die Winkelhalbierende und die Mittelsenkrechte) ‖ ~ **defect*** (Crystal, Electronics) / nulldimensionaler Gitterbaufehler, Punktfehlstelle *f* (z.B. Leerstelle oder Zwischengitteratome), Punktfehler *m*, Punktdefekt *m*, atomare Fehlstelle (eine Punktfehlstelle), atomare Fehlordnung, nulldimensionale Fehlordnung (eine Punktfehlstelle), punktförmiger Gitterfehler ‖ ~ **diagram** (a fabric diagram in which poles representing lineations, normals to fabric planes, or crystallographic directions have been plotted) (Geol) / Punktdiagramm *n*, ein ausgezähltes Gefügediagramm ‖ ~ **dipole** (Phys) / Punktdipol *m* ‖ ~ **discharge** (Elec) / Spitzenentladung *f* ‖ ~ **drive** (Rail) / Weichenantrieb *m* (zum Bewegen der Weichenzungen)
**pointed** *adj* / spitz *adj*, Spitz- ‖ ~ / zugespitzt *adj* ‖ ~ **arch*** / Spitzbogen *m* (im Allgemeinen) ‖ ~ **ashlar*** (Build) / abgespitzter Stein ‖ ~ **brackets** (Maths, Typog) / spitze Klammern ‖ ~ **cone** (Maths) / spitzer Kegel ‖ ~ **finish** (Build) / abgespitzte Oberflächenstruktur (von natürlichen und künstlichen Steinen) ‖ ~ **horseshoe arch** (Arch) / spitzer Hufeisenbogen
**pointed-nose turning tool** (Eng) / spitzer Drehmeißel
**pointed trowel** (Build) / Spitzkelle *f* (DIN 6441) ‖ ~ **tunnel vault** (Arch) / Spitztonnengewölbe *n* ‖ ~ **twill** (Weaving) / Spitzköper *m* (von der Köperbindung abgeleitete Bindungsart, bei der die Köperdiagonalen im Zickzack gebrochen sind), Zickzackköper *m*
**point emitter** (Acous) / Punktstrahler *m*
**pointer** *n* / Messmarke *f* (zur Anzeige des Messwertes auf einer Skale) ‖ ~* (Build) / Fugenkratzer *m* ‖ ~ (Comp) / Zeiger *m* (Datenobjekt, das Adressen auf eine Stelle enthält, an der sich ein beliebig komplexes Datum befindet) ‖ ~ (Comp) / Absolutzeiger *m*,

**pointer**
Hinweisadresse f ‖ ~ (Comp) / Cursor m, Schreibmarke f, Lichtzeiger m (auf einem Datendisplay), Positionsanzeigesymbol n, Positionsanzeiger m ‖ ~ (Comp) / Pointer m (eine Speicherzelle oder ein Zellenpaar, das eine Adresse enthält) ‖ ~ (Comp) / Zeiger m (der eine Marke repräsentiert) ‖ ~ (Eng) / Ausspitzmaschine f (für Bohrer) ‖ ~ (Eng, Instr) / Zeiger m (bewegliches Organ eines anzeigenden Messgeräts) ‖ ~ **arithmetics** (Comp) / Pointerarithmetik f ‖ ~ **deflection** (Eng, Instr) / Zeigerausschlag m ‖ ~ **increment time** (Comp) / Zeigerfortschaltezeit f ‖ ~ **instrument** (Instr) / Zeigerinstrument n ‖ ~ **literal** (Comp) / Zeigerliteral n ‖ ~ **position** (Instr) / Zeigerstellung f ‖ ~ **register** (Comp) / Pointerregister n (Register, welches auf den Arbeitsspeicher oder auch auf einen Spezialspeicher adressierenden Zugriff hat) ‖ ~ **tapping** (Instr) / Zeigerabgriff m (Erfassung der Zeigerbewegung eines Messinstruments zur Erzeugung eines entsprechenden Signals) ‖ ~ **torch** / Positionierungsmarke f, Lichtzeiger m (bei Diavorführungen), Cursor m (bei Diavorführungen)
**pointer-type frequency meter** (Elec Eng) / Zeigerfrequenzmesser m (bei dem die Frequenz des Messsignals in eine analoge Gleichspannung umgewandelt wird)
**pointer variable** (Comp) / Zeigervariable f ‖ ~ **zero position** (Instr) / Zeigernullstellung f
**point estimation** (Stats) / Punktschätzung f, Schätzfunktion f ‖ ~ **estimation** (Stats) s. also estimator ‖ ~ **fire detector** / Punktmelder (automatischer Brandmelder mit punktförmigem Temperaturfühler, der Temperaturschwankungen nur in der unmittelbaren Umgebung seines Messbereichs wahrnehmen kann)
**point-focal** adj (Optics) / Punktal-, punktuell abbildend
**point-focus** attr (Optics) / Punktal-, punktuell abbildend
**point force** (Mech) / Punktkraft f ‖ ~ **gamma*** (TV) / Punktgamma n ‖ ~ **gap** (Autos) / Kontaktabstand m (des Unterbrechers), Unterbrecherkontaktabstand m ‖ ~ **gap** (Elec Eng) / Kontaktabstand m (zwischen den Kontaktstücken eines offenen Relaiskontaktes) ‖ ~ **gauge** (Hyd Eng) / Spitzenpegel m, Stechpegel m ‖ ~ **grid** (Crystal) / Punktraster m ‖ ~ **group** (Crystal) / Punktgruppe f (Symmetrieklasse), Punktsymmetriegruppe f
**pointillé** n (Textiles) / Pointillé n (eine Streumusterung)
**point image** (Optics) / punktuelle Abbildung, punktförmige Abbildung, Punktbild n, punktförmiges Bild
**pointing*** n (Build) / Verstrich m (der Fugen), Fugenverstrich m ‖ ~ (Build) / Fugenmörtel m, Fugenfüller m (Mörtel) ‖ ~* (raking out mortar joints 2 cm deep and pressing into them a surface mortar) (Build, Civ Eng) / Verfugen n (mit Auskratzen), Fugenbearbeitung f (mit Auskratzen), Ausfugen n (mit Auskratzen) ‖ ~ (Eng) / Spitzen n, Anspitzen n, Zuspitzen n, Schärfen n ‖ ~ (Eng) / Ausspitzen n (des Bohrers) ‖ ~ (of the camera) (Photog) / Kamerarichtung f ‖ ~ **device** (Comp) / Zeigegerät n (Oberbegriff für Eingabegeräte wie Maus oder Trackball) ‖ ~ **mortar** (for raking and refilling) (Build) / Fugenmörtel m, Fugenfüller m (Mörtel)
**point interaction** (Nuc) / lokale Wechselwirkung, Punktwechselwirkung f ‖ ~ **jamming** (Mil, Radar, Radio) / Schmalbandstören n (ELOKA), schmalbandiges Stören ‖ ~ **lace** (Textiles) / Litzenspitze f (Dentelle Renaissance), Bändchenspitze f ‖ ~ **lace** (Textiles) / genähte Spitze, Nadelspitze f (eine Stickerei, die nur mit Nadel und Faden hergestellt wird)
**2-point landing** (Aero) / Zweipunktlandung f
**point lattice** (Crystal) / Punktgitter n ‖ ~ **light** (Aero) / Punktfeuer n ‖ ~ **light** (Light) / Punktlicht n
**pointlike particle** (Nuc) / punktförmiges Teilchen ‖ ~ **set** (Maths) / punkthafte Menge, total unzusammenhängende Menge
**point load** (Civ Eng, Mech) / Punktlast f ‖ ~ **loading** (Mech) / Punktbelastung f ‖ ~ **mechanics** (Mech) / Mechanik f der Massepunkte, Punktmechanik f ‖ ~ **method** (Elec Eng, Light) / Berechnung f der horizontalen Beleuchtungsstärke nach der Beleuchtungsformel ‖ ~ **mutation** (Gen) / Punktmutation f, Codonmutation f, Kodonmutation f ‖ ~ **of accumulation** (Maths) / Häufungspunkt m ‖ ~ **of application** (Maths, Phys) / Angriffspunkt m ‖ ~ **of application of a force** (Phys) / Kraftangriffspunkt m, Angriffspunkt m einer Kraft ‖ ~ **of closure** (Maths) / Berührpunkt m, Berührungspunkt m (einer Menge) ‖ ~ **of contact** (Maths) / Berührpunkt m, Berührungspunkt m (einer Menge) ‖ ~ **of contraflexure** (Maths) / Inflexionspunkt m, Wendepunkt m ‖ ~ **of coupling** (Electronics) / Anschlusspunkt m (als Bezugspunkt auf einer Leiterplatte) ‖ ~ **of crossing** (Rail) / Herzstückspitze f (bei Weichen) ‖ ~ **of curvature** (Civ Eng) / Bogenanfang m (einer Kurve im Grundriss) ‖ ~ **of departure** / Ausgangspunkt m, Startpunkt m ‖ ~ **of departure** (Aero) / Abflugort m, Abflugpunkt m ‖ ~ **of discontinuity** (Maths) / Unstetigkeitspunkt m ‖ ~ **of discontinuity** (Z.B. Pol) / Unstetigkeitsstelle f, Sprungstelle f (eine Unstetigkeitsstelle) ‖ ~ **of entry** (Aero) / Einflugpunkt m (z.B. in den kontrollierten Luftraum) ‖ ~ **of entry** (Comp) / Ankerpunkt m (im Datennetz) ‖ ~ **of equal time** / Punkt m gleicher Zeit ‖ ~ **of exit** (Aero, Nav) / Ausflugpunkt m (z.B. aus dem kontrollierten Luftraum) ‖ ~ **of first intended landing** (Aero) / erster Landeort ‖ ~ **of impact** (Astron, Mil) / Aufschlagpunkt m ‖ ~ **of impact** (Eng, Phys) / Auftreffpunkt m, Auftreffstelle f, Einschlagstelle f ‖ ~ **of inflexion** (Maths) / Inflexionspunkt m, Wendepunkt m ‖ ~ **of inflexion on a curve*** (at which the concavity changes) (Maths) / Wendepunkt m einer Kurve (der zwei Teile verschiedener Krümmung trennt) ‖ ~ **of information** (Comp) / Point m of Information (bildschirmbestückte Säule zur visuellen Information), Informationspunkt m ‖ ~ **of interconnection** (Telecomm, Teleph) / Ort m der Zusammenschaltung, ODZ (Ort der Zusammenschaltung bei der Interconnection) ‖ ~ **of launch** (Mil) / Startpunkt m (von Raketen) ‖ ~ **of limited headroom** (Autos, Rail) / Stelle f mit Höhenbeschränkung ‖ ~ **of lubrication** (Eng) / Schmierstelle f (meistens in der Einzelschmierung) ‖ ~ **of neutrality** (Chem) / Neutralpunkt m (bei der Neutralisation) ‖ ~ **of no return** (Aero) / Umkehrgrenzpunkt m ‖ ~ **of origin** (Comp) / Entstehungsort m (von Daten) ‖ ~ **of origin** (Ecol) / Anfallstelle f (z.B. von Abwässern) ‖ ~ **of osculation*** (Maths) / Berührungspunkt m, Selbstberührungspunkt m (Knotenpunkt zweiter Art) ‖ ~ **of percolation** (Phys) / Perkolationspunkt m (kritischer Volumenanteil für den Übergang von z.B. Dispersionsgefüge zu Netzgefüge) ‖ ~ **of Presence** (Comp) / Point m of Presence (Zugang zu den Netzressourcen eines Anbieters von Telekommunikationsdienstleistungen), PoP (Zugang zu den Netzressourcen)
**point-of-purchase advertising** / POP-Werbung f, Werbung f am Einkaufsort, Werbung f im Einzelhandelsgeschäft
**point of safe return** (Aero) / Umkehrgrenzpunkt m (letztmöglicher Umkehrpunkt) ‖ ~ **of sale** (Comp) / Point of Sale m, POS (Point of Sale)
**point-of-sale terminal*** (Comp) / Kassenterminal n, POS-Terminal n, Datenkasse f, Kassenbedienplatz m
**point of scattering** (Phys, Radar) / Streuzentrum n ‖ ~ **of spectrum** (Maths) / Spektralpunkt m, Punkt m des Spektrums ‖ ~ **of support** (Elec Eng) / Stützpunkt m (Teil der oberirdischen Leitung) ‖ ~ **of support** (Mech) / Stützpunkt m, Auflagepunkt m, Unterstützungspunkt m (eines Trägers) ‖ ~ **of tangency** (Civ Eng) / Bogenende n (einer Kurve im Grundriss) ‖ ~ **of tangency** (Maths) / Berührpunkt m, Berührungspunkt m (einer Menge) ‖ ~ **of the surface** (Maths) / Flächenpunkt m (Element einer Fläche) ‖ ~ **of time** (Horol, Phys) / Zeitpunkt m (der durch Uhren angegeben wird) ‖ ~ **of zero dispersion** (Telecomm) / Dispersionsnullstelle f (bei Lichtwellenleitern) ‖ ~ **particle** (Nuc) / punktförmiges Teilchen ‖ ~ **pole** (Elec) / Punktpol m ‖ ~ **position** (Comp, Maths) / Kommastellung f ‖ ~ **process** (Stats) / Punktprozess m (ein stochastischer Prozess) ‖ ~ **rainfall** (Meteor) / örtlicher Regen ‖ ~ **recorder** / Punktschreiber m (ein Messschreiber, der in gleich bleibenden Intervallen eine Punktfolge registriert) ‖ ~ **reflection** (Maths) / Umwendung f, Punktspiegelung f ‖ ~ **reflection** (Maths) s. also point symmetry ‖ ~ **resistance** (Civ Eng) / Spitzenwiderstand m
**points*** pl (Print, Typog) / Interpunktionszeichen n pl ‖ ~ **(GB)*** (Rail) / Weiche f ‖ ~ (Textiles) / genähte Spitze, Nadelspitze f (eine Stickerei, die nur mit Nadel und Faden hergestellt wird)
**point set** (Maths) / Punktmenge f ‖ ~ **set topology** (Maths) / Topologie f der Punktmengen
**points gap** (Autos) / Kontaktabstand m (des Unterbrechers), Unterbrecherkontaktabstand m ‖ ~ **heating** (Rail) / Weichenheizung f
**point shifting** (Comp, Maths) / Kommaverschiebung f (DIN 1333, T 2)
**points lever** (GB) (Rail) / Weichenhebel m, Weichenstellhebel m ‖ ~ **machine** (Rail) / Weichenstellvorrichtung f
**pointsman** n / Weichensteller m, Weichenwärter m ‖ ~ (Rail) / Stellwerkswärter m
**points motor** (Rail) / Weichenmotor m
**point sound source** (Acous) / Punktschallquelle f, punktförmige Schallquelle ‖ ~ **source** (Acous) / Punktstrahler m ‖ ~ **source** (Phys) / Punktquelle f (jede als punktförmig angenommene Quelle eines Feldes), punktförmige Quelle ‖ ~ **source of light** (Light, Optics) / punktförmige Lichtquelle
**points per inch** (Comp, Print) / Punkte m pl per Zoll (Auflösungsvermögen als Leistungskenngröße eines Druckers)
**point spread function** (Astron) / Punktverwaschungsfunktion f
**points rating method** / Punktbewertungssystem n
**point support** (Eng) / Punktlagerung f
**point-supported** (Civ Eng, Mech) / punktgelagert adj
**point switch** (Rail) / Zungenweiche f ‖ ~ **symbol** (Cartography) / Ortslagekartenzeichen n, Positionssignatur f ‖ ~ **symmetry** (Maths) / Punktsymmetrie f (eine Figur heißt punktsymmetrisch, wenn es eine Punktspiegelung gibt, die die Figur auf sich abbildet) ‖ ~ **target** (Radar) / Punktziel n (mit Dimensionen kleiner als die Auflösungszelle oder mit einem vorherrschenden Glanzpunkt) ‖ ~ **throw** (Rail) / Weichenantrieb m (zum Bewegen der Weichenzungen)

**point-to-multipoint connection** (Comp) / Punkt-zu-Mehrpunkt-Verbindung *f* (Mehrpunkt-Verbindung, bei der eine der Benutzerschnittstellen eine Funktion hat, die gegenüber der Funktion anderer Benutzerschnittstellen ausgezeichnet ist) ‖ ~ **ISDN connection** (Comp, Telecomm) / Punkt-zu-Mehrpunkt-ISDN-Verbindung *f* ‖ ~ **network** (Comp) / Punkt-zu-Mehrpunkt-Netz *n*
**point-to-point circuit** (Telecomm) / Punkt-zu-Punkt-Verbindung *f* (DIN 44302), Punktverbindung *f* (festgeschaltete Verbindung von zwei Endgeräten), Festverbindung *f*, Standverbindung *f*, feste Verbindung, festgeschaltete Verbindung (von zwei Endgeräten) ‖ ~ **communication** (Radio) / Streckenverbindung *f* (im Funkverkehr), Punkt-zu-Punkt-Kommunikation *f* ‖ ~ **connection** (GB) (Telecomm) / Punkt-zu-Punkt-Verbindung *f* (DIN 44302), Punktverbindung *f* (festgeschaltete Verbindung von zwei Endgeräten), Festverbindung *f*, Standverbindung *f*, feste Verbindung, festgeschaltete Verbindung (von zwei Endgeräten)
**point-to-point control** (system) (Automation) / Punktsteuerung *f* (ein System der numerischen Steuerung), PTP-Steuerung *f*, Einzelpunktsteuerung *f*
**point-to-point dimensioning** (Eng) / Zuwachsbemaßung *f* (DIN 406, T 3), Kettenbemaßung *f* (DIN 66257), inkrementale Bemaßung, Inkrementalbemaßung *f* (der Endpunkt des vorhergehenden Maßes ergibt den Bezugspunkt des folgenden Maßes) ‖ ~ **lubrication** / Einzelschmierung *f* (ein Schmierungssystem)
**Point-to-Point Protocol** (Comp) / Point-to-Point-Protokoll *n* (ein Protokoll der TCP- und IP-Familie für seriellen Datentransfer über Wählverbindungen), PPP (Point-to-Point-Protokoll)
**point-to-point traffic** / End-End-Verkehr *m* (Verkehrsart, bei der nur eine Fernwirkzentralstation mit einer Fernwirkunterstation Fernwirktelegramme austauscht) ‖ ~ **tunnelling protocol** (Comp) / PPTP-Protokoll *n*
**point-to-sequential system** (TV) / punktfrequentes System
**point vertex** (Maths) / Ecke *f*, Eckpunkt *m* (eines Vielecks, eines Polyeders) ‖ ~ **visibility** (Optics) / Punkterkennbarkeit *f* (Auflösungsmaß) ‖ ~ **weight** / Masse von 480 ft$^2$ trockenen Filzes in Pfund
**pointwise convergence** (Maths) / punktweise Konvergenz, einfache Konvergenz
**point X-ray source** (Astron) / Röntgenpunktquelle *f* (z.B. Scorpius X-1)
**poise*** *n* / Poise *n*, P (nicht mehr zugelassene Einheit der dynamischen Viskosität)
**poised stream** (Geol) / ausgeglichener Zustand des Flusses (ohne Erosion und Ablagerungen) ‖ ~ **stream** (Hyd Eng) / Fluss *m* mit natürlichem Gleichgewicht (auf langen Strecken)
**Poiseuille flow** (the particular case of a laminar viscous flow through a long pipe of circular cross section) (Phys) / Poiseuille-Strömung *f* (nach J.-L.Poiseuille, 1799 - 1869) ‖ ~**'s formula*** (gives the rate of flow of a fluid through a tube) (Phys) / Hagen-Poiseuille-Gesetz *n* (laminare Rohrströmung - nach G.H. Hagen, 1797-1884), Hagen-Poiseuille'sches Gesetz (bei laminaren Strömungen durch kreisförmige Rohrquerschnitte )
**poison** *v* (Med, Pharm) / vergiften *v* ‖ ~* *n* (Nuc Eng) / Reaktorgift *n*, Neutronengift *n* (ein Stoff, der infolge seines hohen Absorptionsquerschnitts für Neutronen die Reaktivität eines Reaktors herabsetzt, wie z.B. $^{135}$Xe) ‖ ~* (Pharm) / Toxikum *n* (pl. Toxika), toxischer Stoff, Giftstoff *m*, Gift *n* ‖ ~ **ash** (For) / Giftsumach *m* (Rhus vernix L.) ‖ ~ **bait** (Agric, Chem, Ecol) / Giftköder *m* ‖ ~ **computer** (Comp, Nuc Eng) / Rechenanlage *f* für die Reaktorvergiftungssteuerung ‖ ~ **computer** (Nuc Eng) / Giftrechner *m* ‖ ~ **dogwood** (For) / Giftsumach *m* (Rhus vernix L.)
**poisoned grain** (Agric) / Giftgetreide *n* (mit Rodentiziden imprägniert und als Köder ausgelegt), Giftweizen *m* (zur Bekämpfung von Ratten und Mäusen)
**poisoning** *n* (Med, Pharm) / Vergiftung *f*, Intoxikation *f* ‖ ~ **by fluorine or a compound of fluorine** (Med) / Erkrankung *f* (Vergiftung) durch Fluor oder seine Verbindungen ‖ ~ **by lead** (Med) / Bleivergiftung *f* (z.B. Bleianämie, Bleiarthralgie usw.), Saturnismus *m*, Erkrankung *f* durch Blei, Bleikrankheit *f*, Bleiintoxikation *f* ‖ ~ **by smoke inhalation** (Med) / Rauchvergiftung *f* ‖ ~ **by solvents** (Chem, Med) / Lösungsmittelvergiftung *f*, Lösemittelvergiftung *f*
**poison ivy** (For) / Kletternder Giftsumach (Rhus radicans (L.))
**poisonous** *adj* (Bot) / giftig *adj* ‖ ~ (Chem) / giftig *adj*, toxisch *adj* ‖ ~ **mushroom** / Giftpilz *m* ‖ ~ **plant** (Bot) / Giftpflanze *f* ‖ ~ **waste** (Ecol) / Giftmüll *m*
**poison sumac(h)** (For) / Giftsumach *m* (Rhus vernix L.)
**Poisson bracket** (Mech) / Poisson-Klammer *f* (in der analytischen Mechanik) ‖ ~ **distribution*** (Nuc Eng, Stats) / Poisson-Verteilung *f* (Verteilungsgesetz einer diskreten Zufallsgröße - nach S.D. Poisson, 1781-1840 - DIN 1319, T 3 und T 4) ‖ ~ **integral** (Maths) / Poisson-Integral *n*, Poisson'sches Integral ‖ ~ **number** (reciprocal of Poisson ratio) (Mech, Phys) / Querzahl *f*, Poisson-Zahl *f* (μ) (Kehrwert aus der Querdehnzahl - DIN 1342-1 und 13 316), Poisson'sche Konstante ‖ ~ **process** (Stats) / Poisson-Prozess *m* (punktueller stochastischer Prozess mit unabhängigen Zuwächsen) ‖ ~ **ratio** (Mech) / Querdehnzahl *f* (Verhältnis zwischen Querkontraktion und Längsdehnung bei einachsiger Längsspannung) ‖ ~ **relation** (Phys) / Adiabatengleichung *f* (für ideale Gase), Poisson-Gleichung *f* (für ideale Gase) ‖ ~**'s equation*** (Maths) / Poisson-Gleichung *f* (z.B. in der Potentialtheorie)
**Poisson's process** (Stats) / Poisson-Prozess *m* (punktueller stochastischer Prozess mit unabhängigen Zuwächsen)
**Poisson's ratio*** (Mech, Phys) / Querdehnzahl *f* (Verhältnis zwischen Querkontraktion und Längsdehnung bei einachsiger Längsspannung)
**poke** *v* (Eng) / stochern *v*, schüren *v*
**poke-hole** *n* (Eng) / Stocheröffnung *f*, Stocherloch *n*
**poker** *n* (Eng) / Stochervorrichtung *f*, Schürer *m*, Schürvorrichtung *f*, Schüreisen *n*, Feuerhaken *m*, Schürhaken *m*, Schürstange *f* ‖ ~ **vibrator** (Build) / Stabrüttler *m* (ein Innenrüttler) ‖ ~ **vibrator** (Build, Civ Eng) / Flaschenrüttler *m* (ein Innenrüttler) ‖ ~ **welding** (Welding) / Schweißen *n* mit Handstoßelektrode, Punktschweißen *n* mit handbetätigter Stoßelektrode
**poke through** *v* / durchstecken *v* ‖ ~ **welding** (Welding) / Schweißen *n* mit Handstoßelektrode, Punktschweißen *n* mit handbetätigter Stoßelektrode ‖ ~ **welding machine** (Welding) / Stoßpunkter *m*
**poking** *n* (Eng) / Stochern *n*, Schüren *n* ‖ ~ **hole** (Eng) / Stocheröffnung *f*, Stocherloch *n*
**POL** (problem-oriented language) (Comp) / problemorientierte Programmiersprache (eine höhere Programmiersprache) ‖ ~ (polling) (Comp) / Polling *n* (der Aufruf von einer Leit- oder Kontrollstation an eine Unterstation), Abfrage *f* (zyklische - ob ein Paket zur Übermittlung bereitsteht), Sendeaufruf *m* (DIN 44 302), Abruf *m*
**Polanyi machine** / Polányi-Apparatur *f* (Verformung von Einkristallen)
**polar** *n* (Aero) / Polare *f* (in einem Polardiagramm nach O. Lilienthal) ‖ ~ **(of a point)** (Maths) / Polare *f* (eines Pols bei Kegelschnitten) ‖ ~ *adj* / Polar-..., polar *adj* ‖ ~ (Cartography) / normal *adj*, polständig *adj*, erdachsig *adj* (Kartennetzentwurf) ‖ ~ (Elec Eng) / gepolt *adj* (Kondensator) ‖ ~ **air** (Meteor) / Polarluft *f* (kalte, dem Nordpolargebiet entstammende Luftmasse) ‖ ~ **angle** (Eng) / Polarwinkel *m* (in der Polarkoordinatenbemaßung) ‖ ~ **arm** (Maths) / Polarm *m* (des Planimeters) ‖ ~ **axis*** (Astron) / Polarachse *f* (die Rotationsachse der Erde), Erdachse *f*, Polachse *f* ‖ ~ **axis*** (Astron) / Himmelsachse *f* (die ins Unendliche verlängerte Erdachse, welche die Himmelskugel in den Himmelspolen durchstößt), Weltachse *f* ‖ ~ **axis** (Astron, Instr) / Stundenachse *f*, Rektaszensionsachse *f*, Polachse *f* (bei äquatorialer Montierung) ‖ ~ **axis*** (Crystal) / polare Achse (eine Symmetrieachse) ‖ ~ **axis** (Maths) / Polarachse *f* (in den Polarkoordinaten) ‖ ~ **bands** (Meteor) / Polarbanden *f pl* ‖ ~ **bond** (Chem) / elektrovalente Bindung, Ionenbindung *f* (eine Art der chemischen Bindung), heteropolare Bindung, elektrostatische Bindung, polare Bindung ‖ ~ **cap** (Astron) / Polkappe *f*, Polarkappe *f*
**polar-cap absorption** (Radio) / Polarkappenabsorption *f*, extrem starke Dämpfung von Funkwellen in der Ionosphäre über den Polargebieten der Erde, PCA-Effekt *m*
**polar cell** (Meteor) / Polarzelle *f* ‖ ~ **cell** (Meteor) s. also Hadley cell ‖ ~ **climate** (Meteor) / arktisches Klima, Polarklima *n* ‖ ~ **compound** (Chem) / polare Verbindung, heteropolare Verbindung, Ionenverbindung *f* ‖ ~ **conic** (Maths) / Polarkegelschnitt *m*, konische Polare, (n$^{-2}$)te Polare (eines Punktes bezüglich einer Kurve n-ter Ordnung) ‖ ~ **conic** (of a triangle or trilateral) (Maths) / Polkegelschnitt *m* ‖ ~ **continental air** (Meteor) / kontinentale Polarluft ‖ ~ **coordinate dimension(ing)** (Eng) / Polarkoordinatenbemaßung *f* (in der CNC-Technik) ‖ ~ **coordinates*** (Maths) / Polarkoordinaten *f pl*
**polar-coordinates navigation system** (Aero, Nav) / Polarkoordinatenverfahren *n* (z.B. Rho-Theta)
**polar covalent bond** (a covalent bond that is shared unequally) (Chem) / polare kovalente Bindung ‖ ~ **crane** (Eng) / Rundlaufkran *m* ‖ ~ **crystal** (Crystal) / polarer Kristall ‖ ~ **curve** (a curve drawn on polar coordinates around a fixed point, as in a polar diagram) (Maths) / Polarkurve *f* ‖ ~ **curve*** (Maths, Phys, Telecomm) / Polardiagramm *n* (zur Darstellung nicht isotrop verteilter Größen in einem ebenen Polarkoordinatensystem oder zur Darstellung von Richtcharakteristiken) ‖ ~ **cyclone** (Meteor) / Polartief *n*, Polarwirbel *m*, Polarzyklone *f* ‖ ~ **diagram** (Aero, Stats) / Polardiagramm *n* (für ein Profil nach O. Lilienthal) ‖ ~ **diagram*** (Maths, Phys, Telecomm) / Polardiagramm *n* (zur Darstellung nicht isotrop verteilter Größen in einem ebenen Polarkoordinatensystem oder zur Darstellung von Richtcharakteristiken) ‖ ~ **distance** (Astron) / Polabstand *m* ‖ ~ **distance*** (Astron) / Poldistanz *f* (sphärischer Abstand eines Gestirns

1183

**polar**

vom nördlichen bzw. südlichen Himmelspol auf einem Stundenkreis), Polardistanz f ‖ ~ **form** (Maths) / Polarform f ‖ ~ **form of a complex number** (Maths) / trigonometrische Form (der komplexen Zahlen) ‖ ~ **front** (Meteor, Ocean) / Polarfront f
**polar-front theory** (Meteor) / Polarfronttheorie f (der Zyklonenentstehung)
**polar ice** (Geog) / Polareis n
**polarimeter*** n (Chem) / Polarimeter n ‖ ~ **tube** (Chem) / Polarimeterrohr n, Polarimeterröhrchen n
**polarimetric** adj (Chem) / polarimetrisch adj ‖ ~ **synthetic-aperture radar** (Radar) / polarimetrischer Radar mit synthetischer Apertur (mit Senden und Empfang von zwei orthogonalen Polarisationen zur Zielabbildung und Geländeabbildung durch Polarimetrie), POLSAR m (polarimetrischer Radar mit synthetischer Apertur)
**polarimetry*** n (Chem) / Polarimetrie f
**Polaris*** n (Astron, Surv) / Polarstern m, Nordstern m, Nordpolarstern m, Stella Polaris
**polariscope*** n (Light, Optics) / Polariskop n (Gerät, mit dem eine Unterscheidung zwischen teilweise oder linear polarisiertem Licht und natürlichem Licht möglich ist)
**polarise** v (GB) (Chem, Elec, Phys) / polarisieren v
**polariton** n (Phys) / Polariton n (ein Quasiteilchen in einem Festkörper)
**polarity*** n (Elec, Mag) / Polarität f, Polung f ‖ ~ **diversity*** (Radar, Radio) / Polarisationsdiversity f (Empfang mit mehreren in ihrer Polarisationsebene verdrehten Antennen), Polarisationswechselbetrieb m ‖ ~ **edge** (Phys) / Polaritätskante f ‖ ~ **indicator** (Elec Eng) / Polanzeiger m, Polaritätsanzeiger m
**polarity-inversion relay** (Elec Eng) / Polaritätsumschaltrelais n
**polarity paper** (US) (Chem) / Polreagenzpapier n ‖ ~ **reversal** (Elec Eng) / Polumkehr f, Polaritätsumkehr f, Polaritätswechsel m ‖ ~ **reversing switch** (Elec Eng) / Polwechsler m (ein Schaltgerät), Polaritätswender m, Polwechselschalter m ‖ ~ **sequence** (Elec Eng) / Polaritätsfolge f
**polarizability** n (Chem, Elec Eng, Mag) / Polarisierbarkeit f (elektrische, magnetische) ‖ ~ **volume** (Chem) / Polarisierbarkeitsvolumen n
**polarizable** adj (Chem, Elec Eng, Mag) / polarisierbar adj ‖ ~ **electrode** (Elec Eng, Electronics) / polarisierbare Elektrode
**polarization*** n (Chem, Elec) / Polarisierung f, Polarisation f ‖ ~ (Elec) / Polarisation f (Schwingungszustand vektorieller Wellen) ‖ ~* (Elec) / elektrische Polarisation (in C/m₂ - nach DIN 1324, T 1), Elektrifizierung f (elektrische Polarisation) ‖ ~ (Mag) / magnetische Polarisation (in T - nach DIN 1325) ‖ ~ (Nuc) / Polarisation f (eine Vorzugsorientierung für den Spin von Teilchen) ‖ ~ (Optics) / Polarisation f (Eigenschaft einer elektromagnetischen Strahlung, besonders des Lichts) ‖ ~ (Phys) / Polarisation f (die Abweichung des Elektrodenpotentials vom Ruhepotential bei einer stromdurchflossenen Elektrode) ‖ ~ **admittance** (Elec Eng) / Polarisationsleitwert m ‖ ~ **charge** (Elec) / Polarisationsladung f ‖ ~ **current*** (Elec) / Polarisationsstrom m (in der Elektrodynamik) ‖ ~ **curve** (Chem, Phys) / Polarisationskurve f ‖ ~ **degree** (Phys) / Polarisationsgrad m (quantitatives Maß für die Polarisation von elektromagnetischer Strahlung und Teilchenstrahlung) ‖ ~ **direction** (Elec) / Polarisationsrichtung f ‖ ~ **dispersion** (Telecomm) / Polarisationsdispersion f (bei den LWL) ‖ ~ **diversity** (Radar, Radio) / Polarisationsdiversity f (Empfang mit mehreren in ihrer Polarisationsebene verdrehten Antennen), Polarisationswechselbetrieb m ‖ ~ **effect** (Phys) / Polarisationseffekt m, Polarisationswirkung f ‖ ~ **ellipse** (Optics) / Polarisationsellipse f ‖ ~ **energy** / Polarisationsenergie f ‖ ~ **error*** (Radar, Telecomm) / Polarisationsfehler m (Peilfehler durch Raumwellen) ‖ ~ **factor** (Radiol) / Polarisationsfaktor m (Korrekturfaktor für die Intensität der unter verschiedenen Glanzwinkeln gebeugten Röntgenwellen) ‖ ~ **fading** (Telecomm) / Polarisationsschwund m ‖ ~ **filter** (Optics, Photog) / Polarisationsfilter n, Polfilter n ‖ ~ **filter** (Telecomm) / Polarisationsweiche f (eine Hohlleiterverzweigung) ‖ ~ **holography** (Optics) / Polarisationsholografie f ‖ ~ **identity** (Maths) / Polarisationsgleichung f ‖ ~ **index** (Elec Eng) / Polarisationszahl f
**polarization-maintaining fibre** (Optics) / polarisationserhaltende Faser (eine Einmodenfaser, bei der bei Einkopplung einer Polarisationsrichtung die Überkopplung in die andere Polarisationsrichtung einen bestimmten Wert nicht überschreitet)
**polarization mode coupling** / Polarisationsmodenkopplung f ‖ ~ **modulator** (Optics, Telecomm) / Polarisationsmodulator m (der für optische Signalübertragungen den Polarisationszustand einer als Träger dienenden Lichtwelle moduliert) ‖ ~ **optics** (Optics) / Polarisationsoptik f (Sammelbezeichnung für optische Bauelemente und Geräte zur Erzeugung und Untersuchung von polarisiertem Licht) ‖ ~ **plane** (Optics) / Polarisationsebene f ‖ ~ **potential** (Elec) / Polarisationsspannung f ‖ ~ **resistance** (Chem, Surf) / Polarisationswiderstand m ‖ ~ **resistance** (Elec Eng) / Polarisations(wirk)widerstand m ‖ ~ **rotation** (Optics) / Polarisationsdrehung f ‖ ~ **saturation** / Polarisationssättigung f

**polarization-selective** adj / polarisationsselektiv adj
**polarization state** (Light, Optics) / Polarisationszustand m ‖ ~ **voltage** (Elec) / Polarisationsspannung f
**polarize** v (Chem, Elec, Phys) / polarisieren v
**polarized** adj (Elec Eng) / gepolt adj (Kondensator) ‖ ~ **capacitor*** (Elec Eng) / gepolter Elektrolytkondensator ‖ ~ **covalent bond** (Chem) / polarisierte kovalente Bindung ‖ ~ **drainage** (Surf) / polarisierte Streustromableitung, gerichtete Streustromableitung (Korrosionsschutz) ‖ ~ **induction** (Elec Eng) / Vormagnetisierungsinduktion f ‖ ~ **light** (Light) / polarisiertes Licht
**polarized-light microscope** (Micros) / Polarisationsmikroskop n ‖ ~ **microscopy** (Micros) / Polarisationsmikroskopie f
**polarized plug** (Elec Eng) / gepolter Stecker ‖ ~ **radiation** (Phys) / polarisierte Strahlung ‖ ~ **relay*** (Elec Eng) / polarisiertes Relais (dessen Arbeitsweise von der Richtung des erregenden Stromes abhängt), gepoltes Relais ‖ ~ **return-to-zero recording** (Comp) / Aufzeichnung f mit Rückkehr nach Null (polarisiert), polarisiertes Schreibverfahren ‖ ~ **wave** (Optics) / polarisierte Welle
**polarizer*** n (Light, Optics) / Polarisator m (eines Polarimeters)
**polarizing angle*** (Optics, Radio) / Polarisationswinkel m, Brewster-Winkel m (nach Sir David Brewster, 1781-1868) ‖ ~ **direction** (Elec) / Polarisationsrichtung f ‖ ~ **filter*** (Light, Optics, Photog) / Polarisationsfilter n (ein Lichtfilter), Polfilter n, Filterpolarisator m ‖ ~ **microscope** (Micros) / Polarisationsmikroskop n ‖ ~ **monochromator*** (Astron) / polarisierender Monochromator ‖ ~ **prism** (Optics) / Polarisationsprisma n (zur Erzeugung von linear polarisiertem Licht aus natürlichem Licht - Nicol'sches Prisma, Glan-Thompson-Prisma, Rochon-Prisma, Wollaston-Prisma usw.) ‖ ~ **pyrometer** (Phys) / Polarisationspyrometer n ‖ ~ **slot** (Electronics) / Unverwechselbarkeitsnut f (bei gedruckten Schaltungen) ‖ ~ **spectrometer** (Spectr) / Polarisationsspektrometer n
**polar line** (Aero) / Polare f (in einem Polardiagramm nach O. Lilienthal) ‖ ~ **line*** (Maths) / Polare f (eines Pols bei Kegelschnitten) ‖ ~ **liquid** / polare Flüssigkeit ‖ ~ **low** (Meteor) / Polartief n, Polarwirbel m, Polarzyklone f ‖ ~ **maritime air** (Meteor) / polare Meeresluft, maritime Polarluft ‖ ~ **migration** (migration during geologic time of the Earth's poles of rotation and magnetic poles) (Geophys) / Polwanderung f (vermutete Verlagerung der Rotationspole relativ zur Erdoberfläche), Polverschiebung f (sekuläre Bewegung) ‖ ~ **molecule*** (in which the electrical charges are not symmetrically distributed; the centre of positive charge is separated from the centre of negative charge) (Chem) / polares Molekül ‖ ~ **motion** (Geophys) / Polbewegung f, Polschwankung f ‖ ~ **motion** (Phys) / Polbewegung f (des Kreisels) ‖ ~ **night** (Geophys, Meteor) / Polarnacht f
**polarogram** n (Chem, Elec Eng) / Polarogramm n
**polarograph** v (Chem, Elec Eng) / polarografieren v ‖ ~* n (Elec Eng) / Polarograf m
**polarographic** adj (Chem, Elec Eng) / polarografisch adj ‖ ~ **analysis** (Chem, Elec Eng) / Polarografie f (ein Spezialfall der Voltammetrie - nach J. Heyrovský, 1890-1967) ‖ ~ **cell** (device for polarographic (voltammetric) analysis of an electrolyte solution ; a known voltage is applied to the solution, and the ensuing current that passes through the cell (to an electrode) is measured) (Chem, Elec Eng) / polarografische Zelle ‖ ~ **maximum** (a deceptively high voltage buildup on an electrode during polarographic analysis of an electrolyte, caused by a reduction or oxidation process at the electrode) (Chem, Elec Eng) / polarografisches Maximum ‖ ~ **wave** (Chem, Elec Eng) / polarografische Stufe, polarografische Welle
**polarography** n (Chem, Elec Eng) / Polarografie f (ein Spezialfall der Voltammetrie - nach J. Heyrovský, 1890-1967)
**Polaroid** n (sheet)* (material in thin plastic sheets that produce a high degree of plane polarization in light passing through it) (Light, Optics, Photog) / Polarisationsfolie f, Polaroidfilter(folie) n ‖ ~ **camera*** (Photog) / Polaroidkamera f (eine Sofortbildkamera der Polaroid Corporation, Cambridge, Mass., von Dr. E. Land / 1909-1991 / erfunden), Polaroid-Land-Kamera f
**polaron*** n (an excitation in an ionic solid) (Electronics, Phys) / Polaron n (ein zusammengesetztes Quasiteilchen)
**polar orbit** (Space) / Polarbahn f (eine Satellitenbahn, deren Bahnebene um genau oder annähernd 90° gegen die Ebene des Erdäquators geneigt ist) ‖ ~ **plane** (Maths) / Polarebene f ‖ ~ **planimeter** (Eng, Surv) / Polarplanimeter n (bei dem die Leitkurve ein Kreis ist) ‖ ~ **platform** (Space) / Polplattform f, Polarplattform f ‖ ~ **platform*** (Space) / Weltraumpolarplattform f, Raumplattform f (in einer Polarbahn (mit normalem Innendruck)) ‖ ~ **plot** (Telecomm) / Polardarstellung f (eine Darstellungsform des Frequenzganges) ‖ ~ **projection** (Cartography) / Polarprojektion f ‖ ~ **radius** (Surv) / Polradius m (der Erde) ‖ ~ **reciprocals** (Maths) / polarreziproke Figuren, polar entsprechende Figuren (bezogen auf einen Kegelschnitt) ‖ ~ **reciprocation*** (Maths) / Polarsystem n, Polarität f,

Polarreziprozität f (Zuordnung zwischen Punkten und Geraden in der projektiven Ebene bzw. zwischen Punkten und Ebenen im projektiven Raum) ‖ ~ **relay** (Elec Eng) / polarisiertes Relais (dessen Arbeitsweise von der Richtung des erregenden Stromes abhängt), gepoltes Relais ‖ ~ **sequence*** (Astron) / Polsequenz f (internationale), Nordpolsequenz f, Nordpolarsequenz f (329 Sterne als Standards für vergleichende Helligkeitsmessungen) ‖ ~ **signal** (Telecomm) / Doppelstromsignal n ‖ ~ **solvent** (composed of polar molecules) (Chem) / polares Lösungsmittel ‖ ~ **start** (Space) / Polarstart m (eines Satelliten, dessen Erdumlaufbahn über beide Pole führt) ‖ ~ **subtangent** (Maths) / Polarsubtangente f ‖ ~ **symmetry** (Crystal) / polare Symmetrie ‖ ~ **triangle** (Maths) / Polardreieck n ‖ ~ **variation** (Geophys) / Polbewegung f, Polschwankung f ‖ ~ **vector** (Phys) / translatorischer Vektor, polarer Vektor (im Unterschied zum axialen Vektor) ‖ ~ **vortex** (Meteor) / Polartief n, Polarwirbel m, Polarzyklone f ‖ ~ **wandering** (Geophys) / Polwanderung f (vermutete Verlagerung der Rotationspole relativ zur Erdoberfläche), Polverschiebung f (säkuläre Bewegung)

**Polavision** n (Cinema) / Polavision f (ein Sofortschmalfilmsystem der Polaroid Corporation, Cambridge, Mass.)

**polder*** n (Civ Eng) / Polder m (eingedeichtes Land), Koog m (pl. Köge), Kog m (pl. Köge)

**Poldi hammer** (Met) / Poldihammer m (zur Schlaghärteprüfung - nach der ehemaligen Poldihütte in Kladno, Tschechische Republik), Kugelschlaghammer m der Poldihütte ≃ **hardness tester** (Met) / Poldihammer m (zur Schlaghärteprüfung - nach der ehemaligen Poldihütte in Kladno, Tschechische Republik), Kugelschlaghammer m der Poldihütte

**pole** v (Met) / polen v (verunreinigte schmelzflüssige Metalle raffinieren) ‖ ~* n (celestial pole) (Astron) / Himmelspol m (Schnittpunkt der verlängerten Erdachse mit der fiktiven Himmelskugel) ‖ ~* (Astron, Elec Eng, Geog, Geophys, Mag, Maths) / Pol m ‖ ~ (Build, Carp) / Holm m (der Leiter), Leiterholm m, Leiterbaum m ‖ ~ (Carp) / dünnes Langholz, Stange f ‖ ~* (Elec Eng) / Leitungsmast m ‖ ~ (magnetic pole) (Geophys) / magnetischer Pol (positiver, negativer) ‖ ~ (Maths) / Pol m (eine Unstetigkeitsstelle einer Funktion) ‖ ~ (Maths) / Polstelle f (in der Definitionsmenge rationaler Funktionen), Pol m ‖ ~ **acceleration** (Phys) / Polbeschleunigung f ‖ ~ **air gap** (Elec Eng) / Polluftspalt m

**pole-amplitude-modulated motor** (Elec Eng) / polumschaltbarer, polamplitudenmodulierter Asynchronkäfigläufermotor, PAM-Motor m

**pole • amplitude modulation** (Elec Eng) / Polamplitudenmodulation f ‖ ~ **anchor** / Mastanker m ‖ ~ **arc*** (Elec Eng) / Polbogen m (die Breite des Polschuhs längs des Umfangs) ‖ ~ **bevel*** (Elec Eng) / Polflächenabschrägung f, Polschuhschrägung f ‖ ~ **body** (Elec Eng) / Polkern m (Eisen) ‖ ~ **changer** (Elec Eng) / Polwechsler m (ein Schaltgerät), Polaritätswender m, Polwechselschalter m ‖ ~ **changing** (Elec Eng) / Polumschaltung f, Umpolung f, Polwechsel m (Polzahl)

**pole-changing** adj (Elec Eng) / polumschaltbar adj (Motor, Windung)

**pole-changing control*** (Elec Eng) / Steuerung f durch Polumaschaltung, Drehzahlveränderung f durch Polumschaltung

**pole-changing motor** (Elec Eng) / polumschaltbarer Motor (Drehstromsynchronmotor mit Kurzschlussläufer, der zwei getrennte Ständerwicklunghen mit unterschiedlicher Polpaarzahl hat)

**pole climber** / Klettereisen n (für Holzmaste) ‖ ~ **core*** (Elec Eng) / Polkern m (Eisen) ‖ ~ **derrick** (Eng) / verspannter Derrickkran, mit Seilen verspannter Derrick, Derrick m mit Seilverspannung ‖ ~ **earthing** (Elec Eng) / Masterdung f ‖ ~ **end-plate*** (Elec Eng) / Polendplatte f ‖ ~ **face*** (Elec Eng) / Polfläche f, Polschuhfläche f

**pole-face bevel** (Elec Eng) / Polflächenabschrägung f, Polschuhschrägung f

**pole figure** (Materials, Met) / Polfigur f (in der angewandten Röntgen-Feinstrukturanalyse - grafische Darstellung der Orientierungsverteilung in der Oberfläche polykristalliner Festkörper)

**pole-finding paper*** (Chem) / Polreagenzpapier n

**pole grounding** (US) (Elec Eng) / Masterdung f ‖ ~ **height** (Astron, Nav) / Polhöhe f (Höhe des oberen Pols über dem wahren Horizont) ‖ ~ **height** (Chem, Phys) / Polhöhe f (Maß für das Viskositätstemperaturverhalten eines Öls) ‖ ~ **horn*** (Elec Eng) / Polhorn n, Polspitze f ‖ ~ **ladder** (Build, Carp) / Leiter f (mit hölzernen Leiterbäumen) ‖ ~ **leakage** (Elec Eng) / Polstreuung f ‖ ~ **line** (Aero) / Polleine f (des Fallschirms)

**Polenske value** (Chem, Nut) / Polenske-Zahl f (eine alte Fettkennzahl)

**pole of a switching device** (Elec Eng) / Schaltgerätepol m ‖ ~ **of cold** (Geog) / Kältepol m (der Ort der Erdoberfläche mit den niedrigsten beobachteten Lufttemperaturen) ‖ ~ **of inaccessibility** (Geog) / Pol m der Unzugänglichkeit (im Nord- und Südpolargebiet) ‖ ~ **of rotation** (Geophys) / Rotationspol m ‖ ~ **piece** (Elec Eng) / Polschuh m (an den Polkern eines Elektromagneten angesetztes Eisenstück) ‖ ~ **piece*** (Elec Eng) / Polstück n ‖ ~ **pitch*** (Elec Eng) / Polteilung f, Polschritt m ‖ ~ **position** (the most favourable position at the start of a motor race) (Autos) / Poleposition f ‖ ~ **recovery** (Textiles) / Wiederaufrichten des Pols, Wiederaufrichtvermögen n des Pols ‖ ~ **resistance** (Textiles) / Wiederaufrichten des Pols, Wiederaufrichtvermögen n des Pols ‖ ~ **scaffold** (Build) / Stangengerüst n, Standgerüst n ‖ ~ **shank*** (Elec Eng) / Polkern m (Eisen) ‖ ~ **shank** (Elec Eng) / Polschenkel m (bei elektrischen Maschinen) ‖ ~ **shim** (Elec Eng) / Polausgleichsblech n ‖ ~ **shim*** (Mag, Nuc Eng) / Korrektionsstück n (aus magnetischem Material), Shim m n (kleines Blech oder besonders geformtes Stück aus magnetischem Material zur Beeinflussung des magnetischen Feldes am Rande der Polschuhe von Magneten), Shimstück n ‖ ~ **shoe*** (Elec Eng) / Polschuh m (an den Polkern eines Elektromagneten angesetztes Eisenstück) ‖ ~ **slipping** (Elec Eng) / Polschlüpfen n (bei einer Synchronmaschine) ‖ ≃ **Star*** (Astron, Surv) / Polarstern m, Nordstern m, Nordpolarstern m, Stella Polaris ‖ ~ **star*** (Astron, Surv) / Polarstern m, Nordstern m, Nordpolarstern m, Stella Polaris ‖ ~ **step** (Elec Eng) / Polschritt m ‖ ~ **strength*** (Phys) / Polstärke f

**2-pole switch** (Elec Eng) / zweipoliger Schalter

**pole tip** (Elec Eng) / Polkante f ‖ ~ **tip*** (Elec Eng) / Polhorn n, Polspitze f ‖ ~ **top switch*** (Elec Eng) / Mastschalter m

**poleward(s)** adv / polwärts adv, zum Pol

**pole winding** (Elec Eng) / Polwicklung f (einzelner Pol)

**pole-zero analysis** (Automation) / Pol-Nullstellen-Analyse f

**polhode** n (Mech) / Gangpolkurve f (bei einem Kreisel), Polhodie f (eine Raumkurve 4. Ordnung), Polkurve f (nach L. Poinsot) ‖ ~ **cone** (Phys) / Gangpolkegel m (der bei der Bewegung der Figurenachse auf dem Präzessionskegel auf dem Rastpolkegel abrollt), Polhodiekegel m, Laufkegel m, Polkegel m

**polianite** n (Min) / idiomorpher Pyrolusit (tetragonale Kristalle), Polianit m (Lichtes Graumanganerz, $MnO_2$)

**police car** (Autos) / Polizeifahrzeug n

**police-radar detector** (Radar) / Radarwarner m

**police radio** (Radio) / Polizeifunk m

**poling*** n (Met) / Polen n (Raffinationsverfahren für verunreinigte schmelzflüssige Metalle) ‖ ~* (Telecomm) / Umpolung f ‖ ~ **boards*** (Civ Eng) / lotrechte Schalbohlen (mit Keilen gesichert, mit waagerechten Gurthölzern und Steifen abgestützt)

**poling-down** n (of copper) (Met) / Dichtpolen n (Kupfer-$SO_2$-Entfernung)

**polish** v / blankfiltrieren v ‖ ~ (with a felt mop) / filzen v (mechanisch polieren) ‖ ~ (with a mop) / pliesten v ‖ ~ / blank reiben, wienern v ‖ ~ (Eng) / polieren v, glätten v (schlichten) ‖ ~ (Join) / politieren v (A), mit Politur polieren ‖ ~ (Min) / schleifen v (Mineralien) ‖ ~ n / Politur f (ein Filmbildner zur Herstellung von polierten, hochglänzenden, spiegelnden, glatten Flächen) ‖ ~ / Polish n (zum Abpolieren und zur Pflege), Polierwasser n (wachshaltige Emulsion mit geringsten Zusätzen feinster Schleifmittel)

**polishable** adj (Build) / polierbar adj, polierfähig adj (im Allgemeinen) ‖ ~ (Textiles) / glättfähig adj (Faser) ‖ ~ **gold** (Ceramics) / Poliergold n (mit etwa 20% Goldgehalt)

**polished face** / Politur f (polierte, hochglänzende, spiegelnde, glatte Fläche) ‖ ~ **face*** (Civ Eng) / Anschliff m (einseitig angeschliffene und polierte Fläche bei undurchsichtigen Stoffen) ‖ ~ **plate*** (Glass) / Spiegelglas n (hochwertiges Flachglas nach DIN 1249, T 2) ‖ ~ **press plate** (For) / Glanzblech n (zum Pressen von oberflächenpressvergüteten Platten) ‖ ~ **rice** (Nut) / polierter Reis ‖ ~ **rod*** (Oils) / Polierstange f (eines Pumpaggregats) ‖ ~ **section** (Min) / Schliff m ‖ ~ **specimen*** (Met, Min Proc) / Schliffstück n (einseitig angeschliffenes und poliertes Präparat) ‖ ~ **wired glass** (Glass) / Spiegeldrahtglas n ‖ ~ **yarn** (Spinning) / lüstriertes Garn, Glacégarn n, Eisengarn n, Glanzgarn n (stark appretiertes Baumwollgarn)

**polisher** n (Bind) / Glättzahn m (zum Abglätten des Goldschnitts) ‖ ~ (Tools) / Polierscheibe f, Polierteller m

**polishing** n (Electronics) / Politurätzen n (der Halbleiteroberflächen) ‖ ~ (with a mop) (Eng) / Pliesten n (Schleifen mit Leder-, Filz- oder enggesteppten Webstoffscheiben, auf denen das Schleifkorn aufgeleimt ist) ‖ ~ (Eng) / Polieren n, Glätten n ‖ ~ (Min) / Schleifen n (von Mineralien) ‖ ~ (a tertiary treatment process in which the effluent is filtered through or subjected to activated carbon in such a manner that it emerges 99% free of suspended solids) (San Eng) / Schönung f ‖ ~ (San Eng) / weitergehende Abwasserreinigung (Verfahren oder Verfahrenskombinationen, welche in ihrer Reinigungswirkung über die herkömmliche, in der Regel mechanisch-biologische Abwasserreinigung hinausgehen und insbesondere solche Stoffe eliminieren, die im Ablauf einer mechanisch-biologischen Kläranlage noch enthalten sind - DIN 4045), dritte Reinigungsstufe ‖ ~ **abrasive** / Polierschleifmittel n ‖ ~ **agent** / Poliermittel n (Paste oder Emulsion) ‖ ~ **band** / Polierband n

**polishing**

(aus Flor, Sisal oder Stahlwolle) ‖ ~ **barrel** / Poliertrommel f (in der Teile durch Reibung eine glatte Oberfläche erhalten) ‖ ~ **bath** / Polierbad n ‖ ~ **belt** / Polierband n (aus Flor, Sisal oder Stahlwolle) ‖ ~ **brush** / Polierbürste f ‖ ~ **disk** (Tools) / Polierscheibe f, Polierteller m ‖ ~ **filter** (Chem) / Polierfilter n ‖ ~ **lagoon** (San Eng) / Reifungsteich m, Schönungsteich m (in der Abwassertechnik eingesetzte Behandlungsstufe, die Belebungs- oder Tropfkörperanlagen nachgeschaltet ist, um die Qualität des gereinigten Abwassers vor Einleitung in ein Gewässer weiter zu verbessern) ‖ ~ **lathe*** (Eng) / Poliermaschine f, Polierbock m ‖ ~ **line** (Chem Eng) / Sicherheitsstraße f (bei der Wasserentsalzung) ‖ ~ **paper** (Glass) / Polierpapier n ‖ ~ **pitch** (Optics) / Polierpech n ‖ ~ **pond** (San Eng) / Reifungsteich m, Schönungsteich m (in der Abwassertechnik eingesetzte Behandlungsstufe, die Belebungs- oder Tropfkörperanlagen nachgeschaltet ist, um die Qualität des gereinigten Abwassers vor Einleitung in ein Gewässer weiter zu verbessern) ‖ ~ **roll** (Eng) / Polierwalze f (aus Ringen oder Scheiben) ‖ ~ **roll** (Met) / Polierwalze f ‖ ~ **rouge** / Potée f, Englischrot n ($Fe_2O_3$ mit Verunreinigungen von $SiO_2$), Polierrot n (geschlämmtes Eisenoxidrot) (Caput mortuum) ‖ ~ **spirit** (with 94,3-94,4 weight percent) (Paint) / Polierspiritus m, Poliersprit m ‖ ~ **stick*** (Eng) / Polierstab m ‖ ~ **varnish** (Join, Paint) / Polierlack m, Politurlack m, Lack m zum Lackpolieren ‖ ~ **wheel** (Tools) / Polierscheibe f, Polierteller m

**Polish notation** (Comp) / Polnische Notation f, Präfixschreibweise f, [klammerfreie] Polnische Schreibweise, PN (nach Lukasiewicz) ‖ ~ **notation** s. also parenthesis-free notation and prefix notation ‖ ~ **off** v (Leather) / abpolieren v ‖ ~ **till dry** / trockenpolieren v (nur Infinitiv und Partizip) ‖ ~ **up** v / aufpolieren v

**polje*** n (Geol) / Polje f (pl. Poljen - ein Becken im Karstgebiet)

**polka dot** (pattern) (Textiles) / Pünktchenmuster n, Punktmuster n, Polkatupfen m

**poll** v / stutzen v (Haare, Wolle, Hörner von Tieren, Baumkrone), kappen v, abkürzen v (stutzen) ‖ ~ (to interrogate status repeatedly) (Comp) / zyklisch abfragen, zyklisch abrufen, abrufen v (Endgeräte etc.) ‖ ~ n (Tools) / Hammerbahn f, Hammerbreitende n ‖ ~ (Tools) / Axtrücken m

**pollard** v (For) / köpfen v ‖ ~* n (For) / Kopfholz n, Kopfbaum m (bei ausschlagfähigen Laubholzarten) ‖ ~ (Nut) / Kleienmehl n, Bollmehl n ‖ ~ **oak** (For) / Kopfeiche f ‖ ~ **system** (For) / Kopfholzwirtschaft f, Kopfholzbetrieb m (ein Ausschlagholzbetrieb bei geeigneten, ausschlagfähigen Laubholzarten) ‖ ~ **willow** (For) / Kopfweide f (eine Wuchsform bestimmter kultivierter Weiden, deren Zweige zur Erzeugung von Korb- und Flechtwaren benutzt wurden)

**pollen*** n (the microspores of seed plants) (Bot) / Pollen m (Blütenstaub), Blütenpollen m ‖ ~ **analysis*** (Biol, Geol) / Palynologie f, Pollenforschung f ‖ ~ **analysis*** (Geol) / Pollenanalyse f (eine mikroskopische Untersuchung) ‖ ~ **count** (Bot, Ecol, Med) / Pollenmessung f (z.B. in Pollenfallen) ‖ ~ **filter** / Pollenfilter n (z.B. in der Klimaanlage) ‖ ~ **forecast** (Bot, Ecol, Med) / Pollenflugvorhersage f, Pollenwarndienst m

**pollination*** n (Agric, Bot) / Pollination f, Bestäubung f, Blütenbestäubung f

**polling*** n (Comp) / Polling n (der Aufruf von einer Leit- oder Kontrollstation an eine Unterstation), Abfrage f (zyklische - ob ein Paket zur Übermittlung bereitsteht), Sendeaufruf m (DIN 44 302), Abruf m ‖ ~ **call** (Teleph) / Serienverbindung f ‖ ~ **list** (Comp) / Pollingliste f, Aufrufliste f ‖ ~ **mode** (Comp) / Pollingbetrieb m (bei dem eine Zentraleinheit nach einer festgelegten Vorschrift von Benutzerstationen Daten abruft - DIN 44300)

**poll list** (Comp) / Pollingliste f, Aufrufliste f ‖ ~ **spoofing** (Comp) / Poll-Spoofing n (bei Encapsulation: Nachbildung des Verhaltens des Partnerknotens durch einen Router zum Zweck der Reduzierung des Kommunikationsaufwands im Netz) ‖ ~ **train** (Comp) / Pollingliste f, Aufrufliste f

**pollucite*** n (Min) / Polluzit m, Pollucit m, Pollux m (Haupzäsiumerz)

**pollutant** n (Ecol) / Verunreinigungsstoff m (giftiger), Verschmutzungsstoff m, Schadstoff m, Schmutzstoff m, Umweltschadstoff m ‖ ~ **charge** (Hyd Eng) / Schmutzfracht f ‖ ~ **concentration** (Ecol) / Schadstoffkonzentration f ‖ ~ **content in effluent wastes** (Ecol, Hyd Eng, San Eng) / Abwasserlast f, Abwasserbelastung f, Abwasserfracht f, Schmutzfracht f (mit sauerstoffzehrenden Abwasserinhaltsstoffen, mit Giftstoffen) ‖ ~ **discharge** (Ecol, Hyd Eng) / Schadstoffeinleitung f

**pollutant-impacted** adj (Ecol) / schadstoffbelastet adj

**pollutant loading** (Hyd Eng) / Schmutzfracht f ‖ ~ **potential** (Ecol) / Schadstoffpotential n (Wertigkeit der Schadwirkung oder einer möglichen Gefahr eines Schadstoffes)

**polluted area** (Ecol) / Untersuchungsgebiet n (verschmutztes), Belastungsgebiet n ‖ ~ **insulator** (Elec Eng) / fremdschichtbehafteter Isolator

**polluter** n (Ecol) / Verursacher m von Umweltschäden, Umweltverschmutzer m, Umweltsünder m, Emittent m (z.B. ein Abwassereinleiter) ‖ ~ (Ecol, Hyd Eng, San Eng) / Abwassereinleiter m (a person or an organization)

**polluter-pays principle** (Ecol) / Verursacherprinzip n (nach dem der Verursacher von Umweltschäden für die entstandenen Schäden und deren Beseitigung haftbar gemacht wird), VUP (Verursacherprinzip)

**polluting** adj (Ecol) / umweltverschmutzend adj, umweltfeindlich adj, umweltbelastend adj, umweltschädlich adj ‖ ~ **agent** (Ecol) / Verunreinigungsstoff m (giftiger), Verschmutzungsstoff m, Schadstoff m, Schmutzstoff m, Umweltschadstoff m ‖ ~ **metal** (Ecol) / metallischer Schadstoff

**pollution*** n (Ecol) / Umweltverschmutzung f, Verschmutzung f (Pollution), Pollution f (jegliche Art von Umweltverschmutzung) ‖ ~ **burden** (Ecol, San Eng) / Abwasserlast f, Abwasserbelastung f, Abwasserfracht f, Schmutzfracht f (mit sauerstoffzehrenden Abwasserinhaltsstoffen, mit Giftstoffen) ‖ ~ **charge** (Ecol, San Eng) / Abwasserlast f, Abwasserbelastung f, Abwasserfracht f, Schmutzfracht f (mit sauerstoffzehrenden Abwasserinhaltsstoffen, mit Giftstoffen) ‖ ~ **control technology** (Ecol) / Umweltschutztechnik f, Umweltschutztechnologie f ‖ ~ **due to human activitites** (Ecol) / Emission, die auf menschliche Tätigkeiten zurückzuführen ist ‖ ~ **index** (Ecol) / Schmutzbeiwert m (z.B. Einwohnergleichwert)

**pollution(al) indicator** (Ecol) / Verschmutzungsindikator m

**pollution layer** (Elec Eng) / Fremdschicht f (eine elektrolytisch leitende Schicht auf der Isolatoroberfläche) ‖ ~ **layer** (Electronics) / Fremdschicht f (mit Verunreinigungen) ‖ ~ **load** (Ecol, San Eng) / Abwasserlast f, Abwasserbelastung f, Abwasserfracht f, Schmutzfracht f (mit sauerstoffzehrenden Abwasserinhaltsstoffen, mit Giftstoffen) ‖ ~ **load capacity of water** (Hyd Eng) / Belastbarkeit f (eines Gewässers) mit Schmutzstoffen ‖ ~ **potential** (Ecol) / Schadstoffpotential n, Schädigungspotential n (die Ermittlung möglicher Schadwirkungen auf den Menschen und das Ökosystem) ‖ ~ **prevention** (Ecol) / vorbeugender Umweltschutz ‖ ~ **unit** (Ecol) / Schadeinheit f (in dem Wasserabgaberecht)

**pollutive** adj (Ecol) / umweltverschmutzend adj, umweltfeindlich adj, umweltbelastend adj, umweltschädlich adj

**pollux** n (Min) / Polluzit m, Pollucit m, Pollux m (Haupzäsiumerz)

**poloidal** adj (Nuc Eng) / poloidal adj ‖ ~ **field** (Nuc Eng) / Poloidfeld n, poloidales Magnetfeld

**polonide** n (Chem) / Polonid n

**polonium*** n (Chem) / Polonium n, Po (Polonium)

**Polonovski reaction** (Chem) / Polonowski-Reaktion f, Polonovski-Reaktion f, Portier-Polonovski-Umlagerung f

**POLSAR** n (polarimetric synthetic-aperture radar) (Radar) / polarimetrischer Radar mit synthetischer Apertur (mit Senden und Empfang von zwei orthogonalen Polarisationen zur Zielabbildung und Geländeabbildung durch Polarimetrie), POLSAR m (polarimetrischer Radar mit synthetischer Apertur)

**polyacetal*** n (Chem) / Polyacetal n, Polyazetal n

**polyacetylene*** n (Chem) / Polyacetylen n, Polyazetylen n (organische Verbindung mit zwei oder mehreren konjugierten Kohlenstoff-Dreifachbindungen im Molekül) ‖ ~ **battery** (Elec Eng) / Polyacetylenbatterie f, Polyazetylenbatterie f

**polyacid** (Chem) / mehrbasige Säure (die mehrere Protone abgeben kann), mehrwertige Säure

**polyacrylamide** (Chem) / Polyacrylamid n, Polyakrylamid n ‖ ~ **gel*** (Biol) / Polyacrylamidgel n, Polyakrylamidgel m ‖ ~ **gel electrophoresis*** (Biochem) / Polyacrylamidgel-Elektrophorese f, Polyakrylamidgel-Elektrophorese f, PAGE f (Polyacrylamidgel-Elektrophorese)

**polyacrylate*** n (Chem, Optics, Plastics) / Polyakrylsäureester m (Polymer auf Basis von Estern der Akrylsäure), Polyacrylsäureester m, Polyacrylat n (amorpher glasklarer Thermoplast mit sehr guten optischen Eigenschaften), Polyakrylat n, Polyakrylharz n

**polyacrylic acid*** (Chem) / Polyakrylsäure f, Polyacrylsäure f

**polyacrylimide*** n (Chem) / Polyacrylimid n, Polyakrylimid n

**polyacrylonitrile*** n (a polymer of propenenitril) (Chem) / Polyacrylnitril n, Polyacrylonitril n, Polyakrylnitril n, Polyakrylonitril n, PAN (Polyacrylnitril) ‖ ~ **fibres** (Plastics) / Polyacrylnitrilfasern f pl, Polyakrylnitrilfasern f pl, PAN (Polyacrylnitrilfasern)

**polyad** adj (Chem) / mehrwertig adj, polyvalent adj

**polyaddition** n (Chem) / Polyaddition f (eine der drei wichtigsten Bildungsreaktionen von Makromolekülen)

**polyadduct** n (Chem) / Additionspolymer n (durch Polyaddition hergestelltes Polymer), Polyaddukt n

**polyadenylic acid** (Chem) / Polyadenylsäure f

**polyadhesive paper** (Paper) / Polyadhäsivpapier n

**polyadic** *adj* (Chem) / mehrwertig *adj*, polyvalent *adj* ‖ ~ (Maths) / polyad *adj*
**Pólya distribution** (Stats) / Ansteckungsverteilung *f*, Pólya-Verteilung *f* (nach G. Pólya, 1887-1985)
**polyalcohol** *n* (Chem) / Polyol *n*, Polyalkohol *m* (Alkohol mit mehreren OH-Gruppen im Molekül)
**polyalkane**\* *n* (Chem, Plastics, Textiles) / Polyolefin *n*, PO (Polyolefin) (Polymerisationsprodukt von Olefinen, z.B. Polyethylen)
**polyalkenamer** *n* (Chem) / Polyalkenamer *n*, Polyalkenylen *n*
**polyalkenylene** *n* (Chem) / Polyalkenamer *n*, Polyalkenylen *n*
**polyalkylene glycol** (Chem) / Polyalkylenglykol *n*, Polyglykol *n*, Polyglykolether *m* ‖ ~ **oxide** (Chem) / Polyalkylenglykol *n*, Polyglykol *n*, Polyglykolether *m*
**polyalkyne** *n* (Chem) / Polyalkin *n*
**polyallomer** *n* (Chem) / Polyallomer *n*, Polyallomeres *n*
**polyalphabetic** *adj* (Comp) / polyalphabetisch *adj* ‖ ~ **substitution** (Comp) / polyalphabetische Substitution
**polyamide**\* *n* (a polymer that contains a substituted amide link) (Chem) / Polyamid *n* (DIN 7728, T 1), PA (Polyamid) ‖ ~ **adhesive** / Polyamidklebstoff *m* ‖ ~ **fibre** (Textiles) / Polyamidfaser *f* ‖ ~ **fibre(s)** (Textiles) / Polyamidfaserstoff *m*
**polyamideimide** *n* (Chem) / Polyamidimid *n* (ein Polyimid), PAI (Polyamidimid)
**polyamide paper** / Polyamidpapier *n* ‖ ~ **resist** (Textiles) / Polyamidreserve *f* ‖ ~ **rope** / Polyamidseil *n* (DIN 83330)
**polyamond** *n* (Maths) / Polyamond *n* (Mehrling aus gleichseitigen Dreiecken)
**polyampholyte** *n* (Chem) / Polyampholyt *m*
**polyanhydride** *n* (Chem) / Polyanhydrid *n* (ein Polymer)
**polyanion** *n* (Chem) / Polyanion *n* (der Polysäure)
**polyargyrite** *n* (antimony silver sulphide) (Min) / Polyargyrit *m*
**polyarylester** *n* (Chem) / Polyarylester *m*
**polyarylether** *n* (Chem, Elec Eng, Plastics) / Polyarylether *m*, PAE (Polyarylether), Polyphenylenether *m*, Polyoxyphenylen *n*, PPE (Polyphenylenether)
**polyaspartic acid** (Chem) / Polyasparaginsäure *f*
**polyatomic** *adj* / polyatomar *adj*, mehratomig *adj*, vielatomig *adj* ‖ ~ **molecule** (a molecule having many atoms) (Chem) / mehratomiges Molekül
**polybasic acid**\* (Chem) / mehrbasige Säure (die mehrere Protone abgeben kann), mehrwertige Säure
**polybasite**\* *n* (Min) / Polybasit *m* (ein Spießglanz)
**polybenzimidazole** *n* (Chem, Plastics) / Polybenzimidazol *n*, Polybenzimidazen *n*, PBI (Polybenzimidazol) ‖ ~ **adhesive** / Polybenzimidazolklebstoff *m*
**polybenzothiazole** *n* (Chem) / Polybenzothiazol *n*
**poly-β-hydroxybutyrate** *n* (Chem) / Polyhydroxybuttersäure *f*, PHB (Polyhydroxybuttersäure)
**polyblend** *n* (Chem) / Polymerblend *n m*, Polyblend *n m* (Gemisch aus Polyvinylchlorid mit kautschukelastischen Polymeren oder mit chlorierten Polyolefinen), Polyblend *m n* (Mischung hoch polymerer Stoffe, die im Gegensatz zu den Copolymeren erst nach der Polymerisation hergestellt werden), PB ‖ ~ (Chem) / Polymerblend *n m*, Kunststoffblend *n m*, Mischung *f* (physikalische) verschiedener Polymere, Polyblend *n m*, Compound *n*, PB
**polyborate** *n* (Chem) / Borat *n* (Salz oder Ester der Borsäure)
**polyboric acid** (Chem) / Polyborsäure *f* (z.B. Tetraborsäure)
**polybrominated biphenyl** (Chem) / polybromiertes Biphenyl, PBB (polybromiertes Biphenyl)
**polybutadiene**\* *n* (Chem) / Polybutadien *n* (Sammelbezeichnung für Polymere des 1,3-Butadiens), PB (Polybutadien), PBD (Polybutadien) ‖ ~ **acrylic acid** (Chem) / Polybutadienacrylsäure *f*, Polybutadienakrylsäure *f* ‖ ~ **acrylonitrile** (Chem, Space) / Polybutadienacrylnitril *n*, Polybutadienakrylnitril *n*
**polybutene**\* *n* (Chem) / Polybuten *n* (ein Polyolefin), PB (Polybuten)
**polybutylene** *n* (Chem) / Polybuten *n* (ein Polyolefin), PB (Polybuten) ‖ ~ **terephthalate**\* (Plastics) / Polybutylenterephthalat *n*, PBTP (Polybutylenterephthalat)
**polycarbonate**\* *n* (Chem, Elec Eng, Plastics) / Polycarbonat *n*, Polykarbonat *n*, PC (Polycarbonat) amorpher glasklarer Thermoplast mit hoher Festigkeit und guter Zähigkeit ‖ ~ **capacitor** (Elec Eng) / Polycarbonatkondensator *m*, MKC-Kondensator *m*, Polykarbonatkondensator *m*, KC-Kondensator *m* (ein Kunststofffolienkondensator) ‖ ~ **glass** (Chem) / Polycarbonatglas *n*, Polykarbonatglas *n*
**polycarboxylate** *n* (Chem) / Polykarboxylat *n*, Polycarboxylat *n* (Carboxylatgruppen enthaltendes Polymer, das als Cobuilder in phosphatfreien Wasch- und Geschirrspülmitteln für maschinelles Geschirrspülen eingesetzt wird)
**polycarboxylic acid** (Chem) / Polycarbonsäure *f*, Polykarbonsäure *f*
**polycased glass** (Glass) / Überfangglas *n* (Flach- oder Hohlglaserzeugnis, das aus einem Grundglas und einem dünnen Überzug aus einem anderen farbigen, farblosen oder getrübten Glas besteht), Kameoglas *n*
**polychlorinate** *v* (Chem) / polychlorieren *v*, mehrfach chlorieren
**polychlorinated biphenyl**\* (Chem) / polychloriertes Biphenyl, Chlorbiphenyl *n*, Polychlorbiphenyl *n*, PCB (in Deutschland nur in geschlossenen Systemen benutzt) ‖ ~ **terphenyl** (Chem) / polychloriertes Terphenyl, PCT (polychloriertes Terphenyl) ‖ ~ **thianthrene** (Chem) / polychloriertes Thianthren, PCTA (polychloriertes Thianthren)
**polychloroprene**\* (Chem) / Polychloropren *n*, PCP (Polychloropren), CR (Polychloroprenkautschuk nach ISO 1043) ‖ ~ **adhesive** / Polychloroprenklebstoff *m* ‖ ~ **rubber** / Polychloroprenkautschuk *m*
**polychlorotrifluoroethylene** *n* (Plastics) / Polychlortrifluorethylen *n*, PCTFE (Polychlortrifluorethylen nach DIN 7728), Polytrifluorchlorethylen *n* (ein Fluorpolymer)
**polychroism** *n* (Crystal, Min) / Pleochroismus *m*, Mehrfarbigkeit *f*, Polychroismus *m* (eine kristalloptische Erscheinung)
**polychromatic**\* *adj* / mehrfarbig *adj*, vielfarbig *adj*, polychrom *adj* ‖ ~ (Phys) / polychromatisch *adj* (Strahlung) ‖ ~ **glass** (Photog) / polychromatisches Glas, lichtempfindliches Glas (für Farbbilder)
**polychromator** *n* (Spectr) / Vielkanalspektrometer *n*, Vielstrahlspektrometer *n*, Polychromator *m*
**polychromy**\* *n* (Arch, Ceramics) / Polychromie *f*
**polycide** *n* (Electronics) / Polycid *n* (Doppelschicht aus Polysilicium und Silicid), Polyzid *n*
**polyclonal** *adj* (Med) / polyklonal *adj*
**polycomponent system** / Mehrstoffsystem *n*, Mehrkomponentensystem *n*, Vielkomponentensystem *n*
**polycondensation** *n* (a step-growth polymerization) (Chem) / Polykondensation *f* (a step-growth polymerization) (Chem) / Polykondensation *f* (ein chemischer Reaktionstyp - eine Stufenreaktion), Kondensationspolymerisation *f*, KP (Kondensationspolymerisation)
**polyconic** *adj* (Geog) / polykonisch *adj* ‖ ~ **map projection** (Geog) / polykonische Abbildung, polykonischer Entwurf ‖ ~ **projection**\* (Geog) / polykonische Abbildung, polykonischer Entwurf
**polycoordinated** *adj* (Chem) / polykoordiniert *adj*
**polycrase** *n* (Min) / Polykras *m* (titanreiche Varietät von Euxenit)
**polycrystal** *n* (Crystal) / Polykristall *m* (Kristall, der sich aus einer großen Zahl kleiner Kristalle zusammensetzt), Vielkristall *m*, Vielling *m*, Mehrling *m* (Kristall)
**polycrystalline** *adj* (Crystal) / polykristallin *adj* ‖ ~ **diamond** / polykristalliner Diamant, PKD (ein Schneidstoff) ‖ ~ **fibre** / polykristallline Faser ‖ ~ **silicon** (Chem) / Polysilicium *n*, polykristallines Silicium, polykristallines Silizium, Polysilizium *n* ‖ ~ **silicon insulator semiconductor** (Electronics) / polykristalliner Silizium-Isolator-Halbleiter, PIS
**polyculture** *n* (the simultaneous cultivation of several crops) (Agric) / Mischkultur *f* ‖ ~ **pond** (Agric) / Polykulturteich *m*
**polycyanoacrylate** *n* (Chem) / Polyzyanoakrylat *n*, Polycyanoacrylat *n*
**polycyclic**\* *adj* (Chem) / polyzyklisch *adj*, polycyclisch *adj*
**polycyclical** *adj* (Chem) / polyzyklisch *adj*, polycyclisch *adj*
**polycyclic aromatic hydrocarbon** (Chem) / polyzyklischer Aromat, polycyclischer Aromat, polyzyklischer aromatischer Kohlenwasserstoff (z.B. Benzpyren), polycyclischer aromatischer Kohlenwasserstoff, PAH *m* (polycyclischer Aromat), PAK *m* (polycyclischer aromatischer Kohlenwasserstoff) ‖ ~ **hydrocarbon** (Chem) / polyzyklischer Kohlenwasserstoff ‖ ~ **plant** (Bot) / polyzyklische Pflanze (mehr- bis vieljährige)
**polydentate ligand**\* (Chem) / polydentaler Ligand, Chelatligand *m*, mehrzähniger Ligand
**polydextrose** *n* (Chem, Nut) / Polydextrose *f*
**polydiallyl phthalate** (Chem) / Polydiallylphthalat *n*, PDAP (Polydiallylphthalat)
**polydichlorophosphazene** *n* (Chem) / Polydichlorophosphazen *n*
**polydioxoboric(III) acid** (Chem) / Metaborsäure *f* (HBO$_2$), Dioxoborsäure *f*
**polydirectional microphone** (Acous) / Mikrofon *n* mit Kugelcharakteristik, Kugelmikrofon *n*, ungerichtetes Mikrofon, Allrichtungsmikrofon *n*
**polydisperse** *adj* (Chem) / heterodispers *adj* (mit Kolloidteilchen unterschiedlicher Größe), polydispers *adj*
**polydispersion** *n* (Chem) / Polydispersion *f*
**polydispersity** *n* (in a polymer system) (Chem) / Polydispersität *f*
**polydymite** *n* (Min) / Polydymit *m* (ein Kobaltnickelkies)
**polye** *n* (Geol) / Polje *f* (pl. Poljen - ein Becken im Karstgebiet)
**polyelectrode** *n* / Mischelektrode *f* (DIN 50900), Mehrfachelektrode *f* (an der mehrere Elektrodenreaktionen ablaufen)
**polyelectrolyte**\* *n* (Chem, Phys) / Polyelektrolyt *m* (Makromoleküle mit "eingebauten" ionischen Gruppen, deren Ladung positiv oder negativ oder neutral sein kann) ‖ ~ **gel** (Chem) / polyelektrolytisches Gel ‖ ~ **titration** (Chem) / Polyelektrolyttitration *f*
**polyelectrolytic gel** (Chem) / polyelektrolytisches Gel

**polyellipsoid**

**polyellipsoid** n (Autos) / Polyellipsoid n (bei Scheinwerfern)
**polyene antibiotics** (Pharm) / Polyen-Antibiotika n pl (wie z.B. Flavomycin oder Nystatin)
**polyenergetic** adj (Phys) / mit unterschiedlichem Energieinhalt
**polyenes** pl (Chem) / Polyene n pl (ungesättigte aliphatische Kohlenwasserstoffe mit mindestens drei oder mehr konjugierten Doppelbindungen im Molekül)
**polyepoxide** n (Chem) / Polyepoxid n
**polyester*** n (Chem, Plastics) / Polyester m, PES (Polyester) ‖ ~ **adhesive** (Chem) / PES-Klebstoff m, Polyesterklebstoff m ‖ ~ **amide*** (Chem) / Polyesteramid n
**polyester-based plate** (Print) / Polyesterplatte f
**polyester capacitor** (Elec Eng) / Polyesterkondensator m, MKT-Kondensator m, KT-Kondensator m (ein Kunststofffolienkondensator) ‖ ~ **carbonate** (Chem) / Polyestercarbonat n, Polyesterkarbonat n ‖ ~ **coating** (Paint) / UP-Lack m, Polyesterlack m ‖ ~ **fibre** (Chem, Plastics, Textiles) / Polyesterfaser f, Polyesterfaserstoff m, PES (DIN 60001, T 1)
**polyesterification** n (Chem) / Polyesterbildung f
**polyesterimide** n (Chem) / Polyesterimid n (ein Polyimid)
**polyester impregnation** (For) / Polyesterharztränkung f ‖ ~ **rope** / Polyesterseil n (DIN 83331) ‖ ~ **rubber*** (Chem Eng) / Polyesterkautschuk m (z.B. Paraplex-Kautschuk) ‖ ~ **rubber*** s. also polyurethane rubber ‖ ~ **TGIC coating powder** (Paint) / Polyester/TGIC-Pulverlack m (Pulverlack, in dem carboxygruppentragende Polyester mit Triglycidylisocyanurat vernetzt wird)
**polyethene** n (Chem, Plastics) / Polyethylen n (teilkristalliner Thermoplast nach DIN 7728 und DIN EN ISO 1872-1), PE (Polyethylen)
**polyethenoid fatty acid** (Chem) / mehrfach ungesättigte Fettsäure
**polyether*** n (Chem) / Polyether m ‖ ~ **ether ketone*** (Plastics) / Polyetheretherketon n (ein Thermoplast), PEEK (Polyetheretherketon) ‖ ~ **imide*** (Chem) / Polyetherimid n (ein Polyimid), PEI (Polyetherimid) ‖ ~ **ketone** (Plastics) / Polyetherketon n, Polyaryletherketon n, PAEK
**polyether-modified polysiloxane** (Paint) / polyethermodifiziertes Polysiloxan (ein Lackadditiv), Siliconpolyether m, Silikonpolyether m
**polyether oil** (Chem) / Polyetheröl n ‖ ~ **sulphone** (Chem) / Polyethersulfon n, PES (Polyethersulfon nach DIN 7728)
**polyethylated** adj (Chem) / mehrfach ethyliert
**polyethylene** n (Chem, Plastics) / Polyethylen n (teilkristalliner Thermoplast nach DIN 7728 und DIN EN ISO 1872-1), PE (Polyethylen) ‖ ~ **cable sheath** (Cables) / Polyethylenkabelmantel m
**polyethylene-coated paper** (Nut, Photog) / PC-Papier n
**polyethylene film** (Chem, Plastics) / Polyethylenfolie f ‖ ~ **foam** (Chem, Plastics) / Polyethylenschaum m, Polyethylenschaumstoff m ‖ ~ **foil** (Chem, Plastics) / Polyethylenfolie f ‖ ~ **glycol*** (Ceramics, Chem) / Polyethylenglycol n, Polyethylenglykol n, PEG (Polyethylenglykol) ‖ ~ **glycol*** (Ceramics, Chem) s. also Carbowax ‖ ~ **glycol distearate** (Chem) / Polyglykoldistearat n, Polyethylenglycoldistearat n, Polyglykoldistearat n, Polyglycoldistearat n ‖ ~ **glycol terephthalate** (Chem) / Polyethylenglykolterephthalat n, Polyethylenglykolterephthalat n, PETP (Polyethylenglykolterephthalat)
**polyethyleneimine** n (Chem) / Polyethylenimin n
**polyethylene insulation** (Elec Eng) / Polyethylenisolierung f, PE-Isolierung f ‖ ~ **oxide*** (Chem) / Polyethylenoxid n (Polyethylenglykol mit hoher Molmasse), PEOX (Polyethylenoxid - DIN 7728-1) ‖ ~ **rope** / Polyethylenseil n (ein Kunstfaserseil) ‖ ~ **sulphone** (Chem) / Polyphenylensulfon n, Polyarylsulfon n, PPSU ‖ ~ **terephthalate*** (Plastics) / Polyethylenterephthalat n (DIN 7728), PET (Polyethylenterephthalat) ‖ ~ **wax** (For) / Polyethylenwachs n (ein Polyolefinwachs als Mattierungsmittel)
**polyethylidene** n (Chem) / Polyethyliden n (durch Polymerisation von Diazoethan erzeugtes Polymer)
**polyferrocene** n (Chem) / Polyferrocen n
**poly fibre*** (Plastics, Textiles) / Polyvinylchloridfaser f
**polyfluorosilicones** pl (Plastics) / Polyfluorsilicone n pl (Silicone mit seitenständigen Fluoralkyl-Gruppen ), Polyfluorsilikone n pl, FQ (Polyfluorsilicone)
**polyformaldehyde*** n (Chem) / Polyoxymethylen n (ein teilkristalliner Thermoplast), Polyformaldehyd m (ein Polyacetal), POM (Polyoxymethylen)
**polyforming** n (Oils) / Polyformen n, Polyforming n (thermisches Reformieren mit Gasrückführung)
**polyfunctional** adj / Vielzweck-, Mehrzweck-, polyfunktionell adj ‖ ~ **cross-linkage** (Chem) / Mehrfachvernetzung f
**polygasoline** n (Fuels) / Polymerbenzin n
**polygenetic** adj (denoting or originating from a volcano that has erupted several times) (Geol) / polygen adj

**polygenic** adj (Gen) / polygen adj
**polygenous** adj (Geol) / polygen adj (heterogen in der Zusammensetzung)
**polygeosyncline** n (Geol) / Polygeosynklinale f
**polygerm cluster** (Agric) / polygermes Knäuel (Rübensaatgut), polykarpes Knäuel
**polyglutamic acid** (Chem) / Polyglutaminsäure f
**polyglycerol** n (Chem) / Polyglyzerin n, Polyglycerin n ‖ ~ **ester of fatty acids** (Nut) / Polyglyzerinester m von Speisefettsäuren (E 475), Polyglycerinester m von Speisefettsäuren ‖ ~ **fatty acid ester** (Nut) / Polyglyzerinester m von Speisefettsäuren (E 475), Polyglyzerinester m von Speisefettsäuren
**polyglycol** n (Chem) / Polyglycol n, Polyglykol n (im Allgemeinen) ‖ ~ **distearate** (Chem) / Polyethylenglykoldistearat n, Polyethylenglycoldistearat n, Polyglykoldistearat n, Polyglycoldistearat n
**polyglycolide** n (Chem) / Polyglycolsäure f, Polyglykolsäure f, Polyglycolid n, Polyglykolid n
**polygon** n (Geol) / Polygon n (Strukturboden) ‖ ~* (closed broken line) (Maths) / Vieleck n, n-Eck n, Polygon n (pl. -e)
**polygonal** adj (Maths) / vieleckig adj, Polygon-, polygonal adj ‖ ~ **connection** (Elec Eng) / Polygonschaltung f ‖ ~ **grate** (Eng, Heat) / Polygonrost m ‖ ~ **grinding** (Eng) / Polygonschleifen n ‖ ~ **ground** (a form of patterned ground marked by polygonal arrangement of rock, soil, and vegetation, produced on a level or gently sloping surface by frost action) (Agric, Geol) / Polygonboden m (ein Frostmusterboden in Dauerfrostgebieten), Polygonalboden m ‖ ~ **number** (Maths) / Vieleckzahl f, Polygonalzahl f ‖ ~ **roof*** (Build) / Vieleckwalmdach n, Dach n mit vieleckigem Grundriss (z.B. ein Faltdach), Polygondach n ‖ ~ **rubble*** (Build) / Polygonalmauerwerk n (dessen Ansichtsfläche aus polygonalen Steinen besteht) ‖ ~ **soil** (Agric, Geol) / Polygonboden m (ein Frostmusterboden in Dauerfrostgebieten), Polygonalboden m ‖ ~ **support** (For, Mining) / Polygonzimmerung f ‖ ~ **support** (Mining) / Polygonausbau m (aus Stahlsegmenten oder als Polygonzimmerung in Holz), Kniebau m ‖ ~ **timbering** (For, Mining) / Polygonzimmerung f ‖ ~ **turning** (Eng) / Polygondrehen n
**polygon connection** (Elec Eng) / Polygonschaltung f ‖ ~ **fill** (Comp) / Polygonschraffierung f, Polygonfärbung f ‖ ~ **ground** (Agric, Geol) / Polygonboden m (ein Frostmusterboden in Dauerfrostgebieten), Polygonalboden m
**polygonization** n (Crystal) / Polygonisation f (Bildung von Versetzungswänden oder Korngrenzen aus gleichmäßig verteilten Versetzungen, besonders nach plastischer Biegung)
**polygon mapping** (Maths) / Polygonabbildung f, Schwarz-Christoffel'sche Abbildung (nach H.A. Schwarz, 1843 - 1921, und E.B. Christoffel, 1829 - 1900) ‖ ~ **mirror** (Comp) / Polygonspiegel m ‖ ~ **of forces** (Maths, Mech) / Kräftepolygon n, Krafteck n, Kräftevieleck n ‖ ~ **of vectors** (Phys) / Vektorpolygon n ‖ ~ **profile** / Mehrkantprofil n
**polygon-reflecting operation system** (Eng) / Polygonspiegelverfahren n (bei der digitalen Positionswerterfassung)
**polygranular** adj / polygranular adj (z.B. Kohlenstoff)
**polyhaline** adj / polyhalin adj (Brackwasser)
**polyhalite*** n (Min) / Polyhalit m (Kaliumkalziummagnesiumsulfat)
**polyhalogenate** v (Chem) / polyhalogenieren v, mehrfach halogenieren
**polyhalogenated hydrocarbon containing fluorine and chlorine** (Chem) / Fluorchloralkan n (z.B. Freon, Frigon, Kaltron)
**polyhedral** adj (Maths) / Polyeder-, vielflächig adj, polyedrisch adj ‖ ~ **angle** (a non-planar angle - the opening of three or more planes that meet in a common point) (Maths) / Polyederecke f, Körperecke f, körperliche Ecke ‖ ~ **group** (Maths) / Polyedergruppe f (z.B. die Dodekaedergruppe)
**polyhedric projection** (Geog) / Polyederabbildung f
**polyhedron*** n (pl. -hedrons or -hedra) (a solid figure bounded by a number of flat polygonal faces which meet in pairs along common edges, which in turn meet at corners or vertices) (Maths) / Polyeder n (geometrischer Körper, welcher nur durch ebene Flächen begrenzt wird), Vielflach n, Vielflächner m
**polyhierarchic** adj / polyhierarchisch adj (Struktur)
**polyhybride** n (Gen) / Polyhybride f
**polyhydantoin*** n (Chem, Paint, Plastics) / Polyhydantoin n
**polyhydrate** n (Chem) / Polyhydrat n
**polyhydric*** adj (Chem) / mehrere Hydroxylgruppen enthaltend ‖ ~ **alcohol*** (containing more than one hydroxyl group) (Chem) / Polyol n, Polyalkohol m (Alkohol mit mehreren OH-Gruppen im Molekül)
**polyhydrocarbon** n (Chem) / polymerer Kohlenwasserstoff
**polyhydroxy compound** (Chem) / Polyhydroxyverbindung f (die zwei und/oder mehr Hydroxygruppen im Molekül enthält)
**polyimidazopyrrolone** n (Chem) / Polyimidazopyrrolon n, Pyrron n (ein Polykondensat aus aromatischen Tetracarbonsäuren und aromatischen Tetraminen)

**polyimide*** *n* (Chem, Elec Eng, Plastics) / Polyimid *n* (Sammelbezeichnung für Polymere, deren Wiederholungseinheiten durch Imidgruppen zusammengehalten werden), PI (Polyimid) ‖ ~ **adhesive** / Polyimidklebstoff *m*, PI-Klebstoff *m* ‖ ~ **foil** (Elec Eng, Plastics) / Polyimidfolie *f* (z.B. Kapton von Du Pont)
**polyinsertion** *n* (Chem) / Insertionspolymerisation *f*, Koordinationspolymerisation *f*, Polyinsertion *f* (mit Ziegler-Natta-Katalysatoren) ‖ ~ (Chem) / Polyinsertion *f* (Dazwischentreten von Monomeren am Ketten-/Starter-Übergang)
**polyisobutene** *n* (Chem) / Polyisobuten *n*, Polyisobutylen *n*, PIB (Polyisobutylen)
**polyisobutylene** *n* (Chem) / Polyisobuten *n*, Polyisobutylen *n*, PIB (Polyisobutylen)
**polyisocyanurate foam** (Plastics) / Polyisocyanuratschaumstoff *m*, Polyisozyanuratschaumstoff *m*, PIC-Schaumstoff *m*
**polyisoprene*** *n* (Chem) / Polyisopren *n* (natürliche und synthetische Polymere des Isoprens)
**polyisotopic** *adj* (Chem) / polyisotop *adj*
**polyketides** *pl* (Chem) / Polyketide *n pl* (sekundäre Naturstoffe)
**polylactic acid** (Chem, Pharm) / Polymilchsäure *f*, Polylactid *n*
**polyline** *n* (Maths) / Vieleck *n*, n-Eck *n*, Polygon *n* (pl. -e)
**polylinker** *n* (Gen) / multiple Klonierungsstelle, Polylinker *m*, MCS
**polymer*** *n* (Chem) / Polymer *n* (eine Substanz, die aus Molekülen aufgebaut ist, die sich durch vielfache Wiederholung von konstruktiven Einheiten auszeichnen und die so groß sind, dass sich ihre Eigenschaften durch Zugabe oder Wegnahme einer oder weniger konstitutiver Einheiten nicht wesentlich ändern), Polymeres *n* ‖ ~ (Chem) / Polymerisat *n* (ein Produkt, das durch Polymerisation hergestellt wurde), Polymerisationsprodukt *n* ‖ ~ **alloy** (Chem) / Polymerlegierung *f* (ein Polyblend), Kunststofflegierung *f* (aus mindestens zwei chemisch und physikalisch unterschiedlichen Phasen)
**polymer-analogous** *adj* (Chem) / polymeranalog *adj*
**polymerase*** *n* (Biochem) / Polymerase *f* (eine Enzymgruppe) ‖ ~ **chain reaction*** (Biochem, Gen) / Polymerasekettenreaktion *f*, PCR (Polymerasekettenreaktion), PCR-Technik *f*
**polymer battery** (Elec Eng) / Polymerbatterie *f* (aus elektrisch leitenden Kunststoffen) ‖ ~ **blend** (Chem) / Polymerblend *n m*, Kunststoffblend *n m*, Mischung *f* (physikalische) verschiedener Polymere, Polyblend *n m*, Compound *n*, PB ‖ ~ **cement concrete** (Build, Civ Eng) / Polymer-Cement-Concrete *m* (Zementmörtel/Beton mit Kunststoffzusatz), kunstharzmodifizierter Zementbeton ‖ ~ **chain** (Chem) / Polymerkette *f* ‖ ~ **chemistry** (Chem) / makromolekulare Chemie, Chemie *f* der Hochpolymeren ‖ ~ **coagulant** (San Eng) / Polymerflockungsmittel *n*
**polymer-coated** *adj* (Plastics) / kunststoffbeschichtet *adj*, mit Kunststoffüberzug, plastbeschichtet *adj*
**polymer composite** (Chem) / Polymercomposite *m* (auf Polymeren basierender Verbundwerkstoff), polymerer Verbundstoff (in dem mindestens eine Komponente ein Polymer ist) ‖ ~ **compounds** (Chem) / Polymercompounds *pl* ‖ ~ **concrete** (Build, Civ Eng) / Polymer Concrete *m* (Mörtel/Beton aus Zuschlagstoffen und Reaktionsharzen als Bindemittel), Kunstharzbeton *m*, Polymerbeton *m* (Gemisch von reaktionsfähigen Kunststoffen und trockenen Zuschlägen - mit Duromeren als Bindemitteln) ‖ ~ **crystal** (Chem, Plastics) / Polymerkristall *m* ‖ ~ **crystallization*** (Chem) / Polymerkristallisierung *f* ‖ ~ **dispersion** (Chem) / Polymerdispersion *f*
**polymer-electrolyte fuel cell** / PEM-Zelle *f*, PEM-Brennstoffzelle *f*, Protonenaustauschmembran-Brennstoffzelle *f*, Polymerelektrolytmembran-Brennstoffzelle *f* ‖ ~ **membrane fuel cell** / PEM-Zelle *f*, PEM-Brennstoffzelle *f*, Protonenaustauschmembran-Brennstoffzelle *f*, Polymerelektrolytmembran-Brennstoffzelle *f*
**polymer engineering*** (Chem) / Polymer-Engineering *n* ‖ ~ **flooding** (Oils) / Polymerfluten *n* (zur Steigerung des Entölungsgrades von Erdöllagerstätten) ‖ ~ **fluid** (Chem) / Polymerflüssigkeit *f* ‖ ~ **fume fever** (Chem, Med) / Polymerenfieber *n* (eine arbeitsbezogene grippeähnliche Erkrankung, die bei der Arbeit mit Polytetrafluorethylen entstehen kann), Polymerdampffieber *n* ‖ ~ **gasoline** (Fuels) / Polymerbenzin *n*
**polymer-grade propylene** (Chem, Oils) / Propylen *n* von Polymerisationsqualität, polymerisationsreines Propylen
**polymer-homologous** *adj* (Chem) / polymerhomolog *adj*
**polymer homologue** (Chem) / Polymerhomolog *n*
**polymeric** *adj* (Chem) / Polymer-, polymer *adj* ‖ ~ **adhesive** (Plastics) / Klebstoff *m* auf Polymerbasis ‖ ~ **composite** (Chem) / Polymercomposite *m* (auf Polymeren basierender Verbundwerkstoff), polymerer Verbundstoff (in dem mindestens eine Komponente ein Polymer ist) ‖ ~ **drugs** (Pharm) / polymergebundene Wirkstoffe ‖ ~ **glass** (Chem, Glass) / Polymerglas *n*, Kunstglas *n*, polymeres Glas ‖ ~ **network** (Chem) / polymeres Netzwerk ‖ ~ **phosphazene** (Chem) / Polyphosphazen *n* ‖ ~ **surfactant** (Chem) / Polymertensid *n*
**polymer-impregnated concrete** (Build, Civ Eng) / polymerimprägnierter Beton, PIC (polymerimprägnierter Beton)
**polymerisable** *adj* (GB) (Chem) / polymerisierbar *adj*, polymerisationsfähig *adj*
**polymerise** *v* (GB) (Chem) / polymerisieren *v*
**polymerism** *n* (Chem) / Polymerie *f*
**polymerizable** *adj* (Chem) / polymerisierbar *adj*, polymerisationsfähig *adj*
**polymerizate** *n* (Chem) / Polymerisat *n* (ein Produkt, das durch Polymerisation hergestellt wurde), Polymerisationsprodukt *n* ‖ ~ (Chem) / Produkt *n* der Polymerisation, der Polykondensation und/oder der Polyaddition
**polymerization*** *n* (Chem) / Überführung *f* von Monomeren in Polymere ‖ ~ **adhesive** (Chem) / Polymerisationsklebstoff *m* (der durch Polymerisation hergestellt oder gehärtet wird)
**polymerization-grade propylene** (Chem, Oils) / Propylen *n* von Polymerisationsqualität, polymerisationsreines Propylen
**polymerization in** (non-aqueous) **dispersion** (Chem) / Dispersionspolymerisation *f* ‖ ~ **of ultrathin films** (Chem) / OPolymerisation *f* in ultradünnen Schichten ‖ ~ **recipe** (Chem Eng) / Polymerisationsansatz *m* ‖ ~ **resin** (Chem) / Polymerisationsharz *n*
**polymerize** *v* (Chem) / polymerisieren *v*
**polymer material** (Chem, Eng) / Polymermaterial *n*, Polymerwerkstoff *m* ‖ ~ **matrix** (Chem, Plastics) / Kunststoffmatrix *f*, Polymermatrix *f* ‖ ~ **reagent** (Chem) / polymeres Reagens ‖ ~ **science** (Chem) / Lehre *f* von der Polymerisation, Theorie *f* der Polymere ‖ ~ **semiconductor** (Chem, Electronics) / Polymerhalbleiter *m* (organischer Kunststoff, z.B. Polyacrylnitril, der nach Röntgenbestrahlung Halbleitereigenschaften aufweist) ‖ ~ **structure*** (Chem) / Polymerstruktur *f* ‖ ~ **wood** (For, Plastics) / Polymerenholz *n*, Holz-Kunststoff-Kombination *f*, Polymerholz *n*
**polymetallic** *adj* (Mining) / polymetallisch *adj*
**polymetamorphism** *n* (Geol) / Polymetamorphose *f*
**polymethacrylate** *n* (Chem) / Polymethacrylat *n*, Polymethakrylat *n*, Polymethacrylsäureester *m*, Polymethakrylsäureester *m*
**polymethacrylic acid methyl ester** (Chem, Plastics) / Polymethylmethacrylat *n*, Polymethylmethakrylat *n*, PMMA (Polymethylmethacrylat) (DIN 7728)
**polymethacrylimide** *n* (Chem) / Polymethacrylimid *n*, Polymethakrylimid *n*, PMI (Polymethacrylimid)
**polymethacrylmethylimide** *n* (Autos, Chem) / Polymethacrylmethylimid *n*, Polymethakrylmethylimid *n*, PMMI (polymethacrylmethylimid)
**polymethine dyes** (Chem) / Polymethinfarbstoffe *m pl* (organische Farbstoffe), Methinfarbstoffe *m pl* ‖ ~ **dyestuffs** (Chem) / Polymethinfarbstoffe *m pl* (organische Farbstoffe), Methinfarbstoffe *m pl*
**polymethylene** *n* (Chem) / Polymethylen *n* (ein lineares Alkan)
**polymethyl methacrylate*** (Chem, Plastics) / Polymethylmethacrylat *n*, Polymethylmethakrylat *n*, PMMA (Polymethylmethacrylat) (DIN 7728)
**polymethylpentene** *n* (Chem) / Polymethylpenten *n* (Poly(4-methyl-1-penten)), PMP
**polymict** *adj* (Geol) / polymikt *adj*
**polymictic** *adj* (Geol) / polymikt *adj*
**polymineralic** *adj* (Geol) / polymineralisch *adj*
**polymolecularity** *n* (Chem) / Polymolekularität *f*
**polymorphic** *adj* (Chem, Min) / vielgestaltig *adj*, polymorph *adj* ‖ ~ **routine** (Comp) / polymorphe Routine, generische Routine, Routine *f* unter Gattungsnamen (bei höheren Programmiersprachen) ‖ ~ **transformation*** (Met) / polymorphe Umwandlung ‖ ~ **virus** (Comp) / polymorpher Virus
**polymorphism** *n* (AI) / Polymorphismus *m* ‖ ~ (Biol) / Polymorphismus *m* (das regelmäßige Vorkommen unterschiedlich gestalteter Individuen), Polymorphie *f* ‖ ~* (Biol, Crystal, Min) / Polymorphie *f* (Auftreten von zwei oder mehr kristallinen Phasen bei gleicher chemischer Zusammensetzung)
**polymorphous** *adj* (Chem, Min) / vielgestaltig *adj*, polymorph *adj*
**polymyxin** *n* (Pharm) / Polymyxin *n* (ein Peptidantibiotikum)
**Polynesian chestnut** (For) / Tahitikastanie *f* (Inocarpus fagifer (Parkinson ex Du Roi) Fosberg))
**polynia** *n* / Eisblänke *f* (eisfreie Fläche in einer sonst geschlossenen Eisdecke)
**polynitro derivative** (Chem) / Polynitroderivat *n*
**polynomial** *n* (Maths) / ganze rationale Funktion ‖ ~* (an expression consisting of three or more terms) (Maths) / Polynom *n* ‖ ~ (Maths) / polynom *adj*, polynomisch *adj* ‖ ~ **algebra** (Comp, Maths) / Polynomalgebra *f*, Wörteralgebra *f* ‖ ~ **classification** (AI) / Polynomklassifikation *f* ‖ ~ **classifier** (AI) / Polynomklassifikator *m* ‖ ~ **distribution** (Maths) / Multinomialverteilung *f* (eine

1189

**polynomial**

Verallgemeinerung der Binomialverteilung - DIN 55 350, T 22), Polynomialverteilung *f* || ~ **divisor** (Maths) / Polynomteiler *m* || ~ **equation** (Maths) / polynomische Gleichung, mehrgliedrige Gleichung || ~ **function** (Maths) / ganzrationale Funktion (wenn das Nennerpolynom gleich 1 ist), Polynomfunktion *f* || ~ **function** (Maths) s. also polynomial || ~ **identity** (Maths) / Polynomidentität *f* || ~ **ring** (Maths) / Polynomring *m* || ~ **solution** (Maths) / Polynomlösung *f* || ~ **space** (a way of characterizing the complexity of an algorithm) (Maths) / Polynomraum *m* || ~ **valuation** (Maths) / Polynomialbewertung *f*

**Polynosic** *n* (trade name of a low-modulus rayon fibre) (Plastics) / polynosische Fasern, Polynosic-Fasern *f pl*, Polynose-Faserstoffe *m pl* (eine Untergruppe der Modalfasern) || ~ **fibres*** (Plastics) / polynosische Fasern, Polynosic-Fasern *f pl*, Polynose-Faserstoffe *m pl* (eine Untergruppe der Modalfasern)

**polynuclear** *adj* (Biol) / mehrkernig *adj*, Mehrkern-, vielkernig *adj*, Vielkern-, polynuklear *adj* || ~ **aromatic hydrocarbon** (Chem) / polyzyklischer Aromat, polycyclischer Aromat, polyzyklischer aromatischer Kohlenwasserstoff (z.B. Benzpyren), polycyclischer aromatischer Kohlenwasserstoff, PAH *m* (polycyclischer Aromat), PAK *m* (polycyclischer aromatischer Kohlenwasserstoff) || ~ **complex** (Chem, Nuc) / Mehrkernkomplex *m* || ~ **compound** (Chem) / mehrkernige Verbindung || ~ **hydrocarbon** (hydrocarbon molecule with two or more closed rings) (Chem) / polyzyklischer Kohlenwasserstoff

**polynucleate*** *adj* (Biol) / mehrkernig *adj*, Mehrkern-, vielkernig *adj*, Vielkern-, polynuklear *adj*

**polynucleotide** *n* (Biochem) / Polynukleotid *n*, Polynucleotid *n* || ~ **chain** (Biochem) / Polynucleotidkette *f*, Polynukleotidkette *f*

**polynya** *n* / Eisblänke *f* (eisfreie Fläche in einer sonst geschlossenen Eisdecke)

**polyol** *n* (Chem) / Polyol *n*, Polyalkohol *m* (Alkohol mit mehreren OH-Gruppen im Molekül)

**polyolefin*** *n* (Chem, Plastics, Textiles) / Polyolefin *n*, PO (Polyolefin) (Polymerisationsprodukt von Olefinen, z.B. Polyethylen) || ~ **fibre** (Chem, Textiles) / Polyolefinfaser *f*, PO (Polyolefinfaser) || ~ **wax** (Chem) / Polyolefinwachs *n* (Polyolefin mit wachsartigem Charakter)

**polyomino** *n* (Maths) / Polyomino *n* (Mehrling aus Quadraten)

**polyoptimization** *n* / Polyoptimierung *f* (Optimierung bei mehrfacher Zielsetzung)

**polyorganosiloxane** *n* (Chem) / Silicon *n*, Silikon *n* (DIN 7728), SI (DIN 7728), Organosiloxan *n*, Polyorganosiloxan *n*, Persiloxan *n* (eine makromolekulare, siliziumorganische Verbindung)

**polyoxamide** *n* (Chem) / Polyoxamid *n*, Polyoxalamid *n*

**polyoxyethylene (20) sorbitan monooleate** (Nut) / Polyoxyethylen(20)sorbitanmonooleat *n* (E 433), Polysorbat *n* 80

**polyoxymethylene*** *n* (Chem) / Polyoxymethylen *n* (ein teilkristalliner Thermoplast), Polyformaldehyd *m* (ein Polyacetal), POM (Polyoxymethylen)

**polyoxyphenylene** *n* (Chem, Elec Eng, Plastics) / Polyarylether *m*, PAE (Polyarylether), Polyphenylenether *m*, Polyoxyphenylen *n*, PPE (Polyphenylenether)

**polypentenamer** *n* (Chem) / Polypentenamer *n*

**polypeptide*** *n* (Biochem, Chem) / Polypeptid *n* (eiweißähnlicher Körper aus etwa 10 bis 100 Aminosäureresten) || ~ **antibiotic** (Pharm) / Polypeptidantibiotikum *n* || ~ **chain** (Biochem) / Polypeptidkette *f*, Peptidkette *f* || ~ **hormone** (Biochem) / Polypeptidhormon *n* || ~ **sequence** (Biochem) / Polypeptidsequenz *f*

**polyphagous*** *adj* (Bot, For) / polyphag *adj* (Schädling)

**polypharmacy** *n* (Pharm) / Polypragmasie *f* (Anwendung zahlreicher Medikamente und Maßnahmen beim Einzelfall)

**polyphase** *attr* (Elec Eng) / Mehrphasen-, mehrphasig *adj* (meistens dreiphasig) || ~ **circuit** (Elec Eng) / Mehrphasenstromkreis *m*, mehrphasiger Stromkreis (nach DIN 40 108 und 40 110), Mehrphasenschaltung *f* || ~ **current** (Elec Eng) / Mehrphasenstrom *m* || ~ **induction motor** (Elec Eng) / Mehrphaseninduktionsmotor *m*, Drehstrominduktionsmotor *m* || ~ **machine** (Elec Eng) / Mehrphasenmaschine *f* (die Mehrphasenstrom erzeugt oder verwendet), Drehfeldmaschine *f* || ~ **motor*** (Elec Eng) / Mehrphasenmotor *m* || ~ **sinusoidal phenomenon** (Phys) / mehrphasiger Sinusvorgang (DIN 5483, T 1) || ~ **system** (Elec Eng) / Mehrphasensystem *n* (DIN 40 108)

**polyphenol** *n* (Chem, Nut) / Polyphenol *n* || ~ **oxidase** (Biochem) / Polyphenoloxidase *f*, Phenoloxidase *f* (kupferhaltige Oxidase)

**polyphenyl** *n* (Chem, Textiles) / Polyphenyl *n*, Polybenzol *n* (höhermolekulares Polyphenylen)

**polyphenylene** *n* (Chem) / Polyphenylen *n* || ~ **ether** (Chem, Elec Eng, Plastics), Poly(phenylether), PAE (Polyarylether), Polyphenylenether *m*, Polyoxyphenylen *n*, PPE (Polyphenylenether) || ~ **oxide*** (a polyether resin of 2,6-dimethylphenol) (Chem) / Polyphenylenoxid *n*, PPO (Polyphenylenoxid) || ~ **sulphide*** (Chem) / Polyphenylensulfid *n*, PPS (Polyphenylsulfid), Polyarylensulfid *n*

**polyphenyl ether** (Chem) / Polyphenylether *m* (auch synthetisches Schmiermittel)

**polyphosphate** *n* (Chem, Nut) / Polyphosphat *n* (z.B. Grahamsalz oder Kurrolsches Salz)

**polyphosphazene** *n* (Chem) / Polyphosphazen *n*

**polyphosphoric acid** (Chem) / Polyphosphorsäure *f*

**polyplexer*** *n* (Radar) / Polyplexer *m*

**polyploid** *adj* (Gen) / polyploid *adj*

**polyploidy breeding** (Agric, Bot) / Polyploidiezüchtung *f*, polyploide Pflanzenzüchtung

**polypod** *adj* (Autos) / polypod *adj* (Gelenk)

**polypragmasy** *n* (Pharm) / Polypragmasie *f* (Anwendung zahlreicher Medikamente und Maßnahmen beim Einzelfall)

**polyprenol** *n* (Chem) / Polyprenol *n* (isoprenoider Alkohol)

**polyprenyl alcohol** (Chem) / Polyprenol *n* (isoprenoider Alkohol)

**polypropene** *n* (Chem, Plastics) / Polypropylen *n* (teilkristalliner Thermoplast nach DIN 7728 und DIN EN ISO 1873-1), PP (Polypropylen)

**polypropylene*** *n* (Chem, Plastics) / Polypropylen *n* (teilkristalliner Thermoplast nach DIN 7728 und DIN EN ISO 1873-1), PP (Polypropylen) || ~ **capacitor** (Elec Eng) / Polypropylenkondensator *m*, MKP-Kondensator *m*, KP-Kondensator *m* (ein Kunststofffolienkondensator) || ~ **glycol** (Chem) / Polypropylenglycol *n*, Polypropylenglykol *n*, PPG (Polypropylenglykol), Polypropylenoxid *n* || ~ **oxide** (Chem) / Polypropylenoxid *n*, Polyoxypropylen *n*, PPOX (Polypropylenoxid) || ~ **rope** / Polypropylenseil *n* (DIN 83329, 83332 und 83334) || ~ **wax** (Chem, For) / Polypropylenwachs *n* (ein Polyolefinwachs als Mattierungsmittel)

**polyprotein** *n* (Biochem, Gen) / polyfunktionelles Protein, Polyprotein *n*

**polyprotic acid** (Chem) / mehrbasige Säure (die mehrere Protone abgeben kann), mehrwertige Säure

**polypyrrole** *n* (Chem) / Polypyrrol *n* (durch oxidative Polymerisation oder elektrochemische Polymerisation von Pyrrol hergestelltes Polymer)

**polyradical** *n* (Chem) / Polyradikal *n*

**polyreaction** *n* (Chem) / Polyreaktion *f* (Reaktion, bei der makromolekulare Stoffe gebildet werden)

**polyrecombination** *n* (Chem) / Polyrekombination *f*

**polyribosomal** *adj* (Biochem) / polysomal *adj*, polyribosomal *adj*

**polyribosome** *n* (Biochem) / Polysom *n*, Polyribosom *n*

**polysaccharides*** *pl* (Chem) / Polysaccharide *n pl* (unter Wasseraustritt zu Polymeren zusammengelagerte Monosaccharide), Polysacharide *n pl*, Glycane *n pl*, Glykane *n pl*, Vielfachzucker *m pl*

**polysaprobes** *pl* (Ecol) / Polysaprobionten *m pl* (Organismen, die in den am stärksten verschmutzten Zone der Gewässer leben), Polysaprobier *m pl*

**polysaprobic** *adj* (Ecol) / polysaprob *adj* (Gewässer: stark mit organischen Abfällen verschmutzt)

**polysilicic acid** (Chem) / Polykieselsäure *f*

**polysilicon** *n* (Chem) / Polysilicium *n*, polykristallines Silicium, polykristallines Silizium, Polysilizium *n*

**polysiloxane*** *n* (Chem) / Silicon *n*, Silikon *n* (DIN 7728), SI (DIN 7728), Organosiloxan *n*, Polyorganosiloxan *n*, Persiloxan *n* (eine makromolekulare, siliziumorganische Verbindung)

**polysoap** *n* (Chem) / Polymertensid *n*

**polysolenoid** *n* (Elec Eng) / Polysolenoid *n* (eine Sonderform des Linearmotors)

**polysomal** *adj* (Biochem) / polysomal *adj*, polyribosomal *adj*

**polysome** *n* (Biochem) / Polysom *n*, Polyribosom *n*

**polysorbate** *n* (polycompound that is an ester of sorbitol) (Chem, Nut) / Polysorbat *n*, Polyoxyethylensorbitanester *m* (nicht ionisches Tensid vom Typ ethoxylierter Sorbitanester) || ~ **80** (Nut) / Polyoxyethylen(20)sorbitanmonooleat *n* (E 433), Polysorbat *n* 80

**polystyrene*** *n* (Chem) / Polystyren *n* (amorpher Thermoplast, meistens Hartschaum, wie z.B. Styropor, Styrofoam oder Roofmate), Styrolpolymerisat *n*, Polystyren *n*, PS (Polystyren nach DIN 7728-1) || ~ **bead aggregate concrete** (Build) / EPS-Beton *m* (gefügedichter Leichtbeton aus Polystyrolschaumstoffperlen) || ~ **capacitor** (Elec Eng) / Polystyrolkondensator *m*, KS-Kondensator *m* || ~ **cement** / Polystyrolkleber *m* || ~ **packing** (Chem) / Polystyrolsäulenfüllung *f*, Polystyrolsäulenpackung *f*

**polysubstitution** *n* (Chem) / Polysubstitution *f*, Mehrfachsubstitution *f*

**polysulfazene** *n* (Plastics) / Polysulfazen *n*

**polysulphide** *n* (Chem) / Polysulfid *n* || ~ **formwork** (Civ Eng) / Polysulfidschalung *f* (für strukturierten Sichtbeton) || ~ **rubber** (Plastics) / Polysulfidkautschuk *m*, Thioplast *m*, PR (Polysulfidkautschuk) || ~ **sealant** / Thiokoldichtung *f*, Polysulfiddichtung *f* || ~ **sealant** (Chem) / Polysulfidklebstoff *m* || ~ **sealant** s. also two-part sealant

**polysulphone resins** (Plastics) / Polysulfone *n pl* (Hochleistungskunststoffe), PSU (Polysulfone)

**polysymmetrical** *adj* (Biol, Bot) / radiär *adj*, multilateral *adj*, polysymmetrisch *adj*, aktinomorph *adj*, strahlig *adj*
**polysynthetic** *adj* (Crystal) / polysynthetisch *adj* ‖ ~ **twinning** (Crystal) / polysynthetische Verzwillingung, Wiederholungszwillingsbildung *f* ‖ ~ **twins** (Crystal) / polysynthetische Zwillinge, lamellare Zwillinge
**polytechnic** *adj* / polytechnisch *adj* (mehrere Zweige der Technik umfassend), technisch *adj*
**polytechnical** *adj* / polytechnisch *adj* (mehrere Zweige der Technik umfassend), technisch *adj*
**polyterephthalate** *n* (Chem) / Polyterephthalat *n*
**polyterephthalic acid** (Chem) / Polyterephthalsäure *f*
**polyterpene** *n* (Chem) / Polyterpen *n*
**polytetrafluoroethene*** *n* (Plastics) / Polytetrafluorethylen *n* (teilkristalliner Thermoplast wie z.B.Teflon, Hostaflon, Fluon und Algoflon), PTFE (Polytetrafluorethylen)
**polytetrafluoroethylene*** *n* (Plastics) / Polytetrafluorethylen *n* (teilkristalliner Thermoplast wie z.B.Teflon, Hostaflon, Fluon und Algoflon), PTFE (Polytetrafluorethylen)
**polytetrahydrofurane** *n* (Chem) / Polytetrahydrofuran *n*, PTHF (Polytetrahydrofuran)
**polythene** *n* (GB)* (Chem) / Gattungsbezeichnung für Polyethylen
**polythermal cargo ship** (Ships) / Polytherm-Frachter *m* (mit verschiedenen Lagertemperaturen)
**polythionate** *n* (Chem) / Polythionat *n*
**polythionic acid** (Chem) / Polythionsäure *f*
**polytomous** *adj* (Bind) / mehrbändig *adj*, mehrteilig *adj*
**polytopic** *adj* (Biol, Ecol) / polytop *adj* (unabhängig an mehreren Stellen lebend, entstanden)
**polytriazin** (Chem) / Triazinpolymer *n* (mit dem 1,3,5- oder 1,2,4-Triazinring - Verwendung als Triazinharz), Polytriazin *n* (Polykondensat aus Bisphenolen und Cyanurchlorid)
**polytrifluorochloroethylene*** *n* (Plastics) / Polychlortrifluorethylen *n*, PCTFE (Polychlortrifluorethylen nach DIN 7728), Polytrifluorchlorethylen *n* (ein Fluorpolymer)
**polytrope** *n* (Maths) / Polytrope *f*
**polytrophic** *adj* (Ecol) / polytroph *adj*, mit höchstem Nährstoffangebot
**polytropic change of state** (Phys) / polytrope Zustandsänderung ‖ ~ **curve** (Maths) / Polytrope *f* ‖ ~ **process** (Phys) / polytroper Prozess (ein reversibler thermodynamischer Prozess)
**polytropy** *n* (Chem, Crystal) / Polytropie *f*
**polytype** *n* (Print) / Polytype *f* (Drucktype mit mehreren Buchstaben)
**polytypic** *adj* (Chem, Crystal) / polytyp *adj* (Strukturvariante)
**polytypism** *n* (a special case of polytropism) (Crystal) / Polytypie *f* (bei Substanzen, die in Schichtstrukturen kristallisieren)
**polyunsaturated fatty acid** (Chem) / mehrfach ungesättigte Fettsäure
**polyurea** *n* (Chem) / Polyharnstoff *m*
**polyurethane*** *n* (Chem, Plastics) / Polyurethan *n*, PUR (Polyurethan) ‖ ~ **adhesive** (Plastics) / Polyurethanklebstoff *m*, PUR-Klebstoff *m* ‖ ~ **cement** / Polyurethankitt *m* ‖ ~ **coating** (Paint) / Polyurethanlack *m*, PU-Lack *m*, PUR *m* ‖ ~ **coating powder** (Paint) / Polyurethanpulverlack *m* ‖ ~ **dispersion** (Plastics) / Polyurethandispersion *f* ‖ ~ **flexible foam** (Plastics) / Polyurethanweichschaum *m* ‖ ~ **foam** (Plastics) / Polyurethanschaum *m*, PU-Schaum *m* ‖ ~ **lacquer** (two- or one-pack system) (Paint) / Polyurethanlack *m*, PU-Lack *m*, PUR *m* ‖ ~ **leather** (Leather) / Polyurethanleder *n* (ein Lackleder) ‖ ~ **prepolymer** (Chem) / Polyurethanprepolymer *n* (mit endständigen freien oder blockierten Isocyanatgruppen) ‖ ~ **resin system** (Plastics) / Polyurethanharzsystem *n* ‖ ~ **rigid foam** (Plastics) / Polyurethanhartschaum *m* ‖ ~ **rubber** (Plastics) / Polyurethanelastomer *n*, Polyurethankautschuk *m*, Urethankautschuk *m*, PU (Polyurethankautschuk), Polyester-Urethan-Kautschuk *m*
**polyvalency** *n* (Chem) / Mehrwertigkeit *f*
**polyvalent*** *adj* (Chem) / mehrwertig *adj*, polyvalent *adj* ‖ ~ **number** (Comp) / vieldeutige Zahl
**poly-V-belt** *n* (Eng) / Rippenkeilriemen *m*, Keilrippenriemen *m*, Poly-V-Belt *m*, Poly-V-Riemen *m*
**polyvinyl acetal*** (Chem) / Polyvinylacetal *n*, Polyvinylazetal *n*, pVAc (Polyvinylacetal), PVA (Polyvinylacetal) ‖ ~ **acetate*** (Chem) / Polyvinylacetat *n* (DIN 7728), PVAc (Polyvinylacetat), PVAC (Polyvinylacetat), Polyvinylazetat *n* ‖ ~ **acetate adhesive** / Polyvinylacetatklebstoff *m*, Polyvinylazetatklebstoff *m* ‖ ~ **alcohol*** (Chem) / Polyvinylalkohol *m*, PVA (Polyvinylalkohol), PVAL (Polyvinylalkohol) (ein Thermoplast, der in Wasser löslich, in allen gebräuchlichen organischen Lösungsmitteln jedoch unlöslich ist) ‖ ~ **butyral*** (Chem) / Polyvinylbutyral *n*, PVB (Polyvinylbutyral) ‖ ~ **carbazole** (Chem) / Polyvinylcarbazol *n*, Polyvinylkarbazol *n*, PVK (Polyvinylkarbazol) ‖ ~ **chloride*** (Plastics) / Polyvinylchlorid *n* (ein Thermoplast), PVC *n* (Vinylchlorid-Polymerisat) ‖ ~ **chloride acetate** (Chem) / Polyvinylchloridacetat *n*, PVCA (Polyvinylchloridacetat), Polyvinylchloridazetat *n* ‖ ~ **chloride fibre*** (Plastics, Textiles) / Polyvinylchloridfaser *f* ‖ ~ **chloride insulation** (Elec Eng) / Polyvinylchloridisolierung *f* (aus einer Mischung auf Basis des PVC oder eines Copolymers), PVC-Isolierung *f* ‖ ~ **chloride/ polyvinyl alcohol fibre** (Plastics, Textiles) / Polyvinylchlorid/Polyvinylalkohol-Faser *f* (z.B. Cordelan) ‖ ~ **ester** (Chem, Plastics) / Polyvinylester *m* (Sammelbezeichnung für Polyvinylchlorid, Polyvinylazetat, Polyvinylpropionat usw.) ‖ ~ **ether** (Chem) / Polyvinylether *m* ‖ ~ **ethyl ether** (Chem) / Polyvinylethylether *m* ‖ ~ **fluoride** (Chem) / Polyvinylfluorid *n*, PVF (Polyvinylfluorid) ‖ ~ **formal*** (Plastics) / Polyvinylformal *n*, Polyvinyl-Formaldehydacetal *n*, Polyvinyl-Formaldehydazetal *n*, PVFM (Polyvinyl-Formaldehydacetal)
**polyvinylidene chloride*** (polydichloroethene) (Plastics) / Polyvinylidenchlorid *n* (DIN 7728), PVDC (Polyvinylidenchlorid) ‖ ~ **cyanide** (Chem) / Polyvinylidencyanid *n*, Polyvinylidenzyanid *n* ‖ ~ **fluoride*** (Chem) / Polyvinylidenfluorid *n*, $PVF_2$ (Polyvinylidenfluorid), PVDF (Polyvinylidenfluorid)
**polyvinyl isocyanate** (Chem) / Polyvinylisozyanat *n*, Polyvinylisocyanat *n* ‖ ~ **methyl ether** (Chem) / Polyvinylmethylether *m* ‖ ~ **propionate** (Chem, Plastics) / Polyvinylpropionat *n* (Homo- und Copolymer des Vinylpropionats) ‖ ~ **pyrrolidone** (Chem, Plastics, Textiles) / Polyvinylpyrrolidon *n*, PVP (Polyvinylpyrrolidon) (aus N-Vinylpyrrolidon hergestellter Thermoplast) ‖ ~ **resin** (Plastics) / Vinylesterharz *n*, VE-Harz *n*, Vinylharz *n*, Phenacrylatharz *n*, PHA (Phenacrylatharz), Phenakrylatharz *n* ‖ ~ **resin** (Plastics) / Polyvinylharz *n*
**polyxene** *n* (Min) / Polyxen *m* (ein Platinmineral)
**polyyne** *n* (an alkyne containing two or more triple bonds) (Chem) / Polyin *n*
**POM** (particulate organic matter) (San Eng) / POM *n* (organischer Anteil der absetzbaren Stoffe)
**poma** *n* / Schlepplift *m* (ein Skilift - entweder Bügel- oder Tellerlift)
**pomace** *n* (Nut) / Trester *pl* (Rückstände bei der Bereitung von Obst-, Gemüsesäften) ‖ ~ (Nut) / Pülpe *f* (bei der Herstellung des Apfelweins), Apfeltrester *pl* ‖ ~ **fly** (Gen, Nut, Zool) / Drosophila *f* (pl. -lae) (meistens Drosophila melanogaster), Kleine Essigfliege
**pomaceous fruits** (Bot, Nut) / Kernobst *n*
**pome** *n* (Nut) / Kernobst *n*
**pomegranate pattern** (Ceramics) / Zwiebelmuster *n* (in blauen Farbtönen gehaltenes Porzellandekor mit stilisierten Granatäpfeln)
**pomel** *n* (Arch) / Knauf *m* (z.B. einer Turmspitze, einer Säule)
**pomelo** *n* (Bot, Nut) / Pampelmuse *f* (Frucht der Citrus maxima (Burm.) Merr.), Shaddock-Pampelmuse *f*, Riesenorange *f* ‖ ~ **oil** / Pampelmusenöl *n*, Shaddocköl *n*, Pummelöl *n* (aus Citrus maxima (Burm.) Merr.)
**Pomeranchuk particle** (Nuc) / Pomerančuk-Teilchen *n*, Pomeranchuk-Teilchen *n*, Pomeron *n* ‖ ~ **theorem** (the theorem that if the total cross section both for scattering of a particle by a given target particle and for scattering of its antiparticle by the same target particle, approach a limit at high energies, and do so sufficiently rapidly, then these limits must be the same) (Nuc) / Pomeranchuk'sches Theorem *n* ~ **trajectory** / Pomeranchuk-Trajektorie *f*, Pomerančuk-Trajektorie *f* (in der analytischen S-Matrix-Theorie - nach I.J. Pomerančuk, 1913-1966)
**pomeron** *n* (Nuc) / Pomerančuk-Teilchen *n*, Pomeranchuk-Teilchen *n*, Pomeron *n*
**pomes** *pl* (Bot, Nut) / Kernobst *n*
**pommel** *v* (Leather) / krispeln *v* (das Narbenbild), levantieren *v* ‖ ~* *n* (Arch) / Knauf *m* (z.B. einer Turmspitze, einer Säule)
**pommellé** *n* (For) / Pommelé-Textur *f*
**pommelle** *n* (For) / blumige Textur (z.B. bei Mahagoni-Pommelé)
**pommelling** *n* (Leather) / Krispeln *n*, Levantieren *n* (des Narbenbildes)
**pomology** *n* (Agric, Nut) / Pomologie *f*, Obstkunde *f*
**Pompeian red** / Pompejanischrot *n* (ein Eisenoxidpigment von dunkelroter Farbe)
**PON** (passive optical network) (Telecomm) / passives optisches Netz (wenn das optische Netz außer den optoelektrischen Wandlern an den Enden keine weiteren Elemente hat), PON (die Verbindung der zentralen Schnittstelle mit der Teilnehmerschnittstelle)
**PONA analysis** (Chem) / PONA-Analyse *f* (Bestimmung von Paraffinen, Olefinen, Naphthenen und Aromaten in Kohlenwasserstoffgemischen) ‖ ~ **test method** (Chem) / PONA-Analyse *f* (Bestimmung von Paraffinen, Olefinen, Naphthenen und Aromaten in Kohlenwasserstoffgemischen)
**ponceau** *n* / Ponceau *n* (E 124 und E 125), Hochrot *n* (ein leuchtendes Rot wie Klatschmohn)
**Ponceaux*** *pl* (Chem) / Ponceau-Farbstoffe *m pl* (scharlachrote, wasserlösliche Azo- und Disazo-Farbstoffe)
**Poncelet theorem** (for a conic) (Maths) / Poncelet-Schließungssatz *m* (für Kegelschnitte - nach J.V. Poncelet, 1788-1867)
**pond** *v* (Hyd Eng) / einstauen *v*, anstauen *v*, eindämmen *v*, eindeichen *v*, abdämmen *v*, dämmen *v*, absperren *v*, zudämmen *v*, stauen *v*, aufstauen *v* ‖ ~* *n* (Ecol) / Teich *m*, Weiher *m*, Lache *f* ‖ (Hyd Eng) /

**pond**
Stauhaltung f || ~* (Hyd Eng) / Wasserhaltung f, Haltung f || ~ (Hyd Eng) / Becken n || ~ (the water retained between two canal locks)* (Hyd Eng) / Kanalhaltung f || ~ (GB) (Nuc Eng) / BE-Lagerbecken n || ~ (Paper) / Behälter m vor der Siebpartie (einer Papiermaschine) || ~ (GB) (Nuc Eng) s. also cooling pond
**pondage** n (Civ Eng, Hyd Eng) / Fassungsvermögen n, Kapazität f (der Kanalhaltung, des Wasserspeichers), Stauraum m || ~ (Hyd Eng) / die angestaute Wassermenge || ~ (Civ Eng, Hyd Eng) s. also balance storage || ~ **power station** (Elec Eng) / Kraftwerk n mit Pumpspeicherreserve || ~ **station** (a hydroelectric generating station with storage sufficient only for daily or weekend regulation of flow) (Elec Eng) / Speicherkraftwerk n (mit Tages- oder Wochenspeicher)
**ponded lake** (Geol) / Stausee m, Abdämmsee m
**ponderable** n (US) (Nuc) / wägbare Menge von radioaktiven Isotopen || ~ adj / wägbar adj, ponderabel adj
**ponderomotive force*** (Phys) / ponderomotorische Kraft
**ponderosa** n (For) / Gelbkiefer f (Pinus ponderosa Douglas ex C. Lawson), Goldkiefer f || ~ **pine** (For) / Gelbkiefer f (Pinus ponderosa Douglas ex C. Lawson), Goldkiefer f
**pond fertilizer** (Agric) / Teichdünger m
**ponding** n (Civ Eng) / Überflutung f (von Verkehrsflächen), Überstauung f || ~ (For) / Einteichen n (Lagerung von Rundholz im Wasser) || ~ (Hyd Eng) / Stauen n, Aufstauen n (Wasser), Stau m (durch Wehre und Talsperren), Staupegel f, Einstau m
**pond liner** (Plastics) / Teichfolie f || ~ **pine** (For) / Pinus f serotina || ~ **pump** / Teichpumpe f || ~ **retting** (Textiles) / Teichröste f (eine biologische Röste) || ~ **storage** (For) / Teichlagerung f
**pong** n (GB) / Gestank m
**pongee** n (Textiles) / Pongé m (Gewebe oder chinesische wilde Seide)
**pons asinorum** (the fifth proposition in the first book of Euclid: that the base angles of an isosceles triangle are equal) (Maths) / Pons m asinorum
**pontianak** n / Jelutong m (Chicle-Jelutong), Djelutung m, Pontianak m (wilder Gummi der Dyera-Arten) || ~ **gum** / Jelutong m (Chicle-Jelutong), Djelutung m, Pontianak m (wilder Gummi der Dyera-Arten)
**pontie*** n (Glass) / Anfangeisen n, Hefteisen n, Bindeeisen n, Nabeleisen n, Heftnabel m
**pontil*** n (Glass) / Anfangeisen n, Hefteisen n, Bindeeisen n, Nabeleisen n, Heftnabel m
**pontoon*** n (Civ Eng, Ships) / Ponton m (ein kastenförmiger oder zylindrischer Schwimmkörper; Kahn ohne eigenen Antrieb) || ~ **bridge*** (Civ Eng) / Pontonbrücke f (eine Schwimmbrücke z.B. aus faltbaren Hohlkörpern) || ~ (floating) **crane** (Civ Eng) / Pontonkran m || ~ **dock** (Ships) / Pontondock n
**Pontryagin's maximum principle** (Maths) / Pontrjaginsches Maximumprinzip (nach L.S. Pontrjagin, 1908 -)
**Pony mixer** (Chem Eng) / Pony-Mischer m, Planeten-Zylinder-Mischer m || ~ **motor*** (Elec Eng) / Anwurfmotor m (Hilfsmotor) || ~ **rod*** (Eng, Oils) / Pumpstange f (kurze, etwa 60 bis 245 cm) || ~ **truck** (Rail) / Lenkgestell n, Bisselgestell n || ~ **version** (of a software package program) (Comp) / gekürzte Version, Kurzversion f
**Ponzo illusion** (Optics) / Ponzo-Täuschung f, Ponzo'sche Täuschung f
**pool** v / zusammenfassen v (Werte) || ~ n (Aero) / Pool m (vereinbarter gemeinsamer Betrieb einer oder mehrerer Strecken durch zwei oder mehr Luftverkehrsunternehmen) || ~ (Biochem) / Pool m (Gesamtheit der bei einem Stoffwechselprozess beteiligten Reaktionspartner) || ~ (Chem Eng, Met) / Sumpf m (im Ofen, in der Pfanne) || ~ (Comp) / Pool m (Speicherbereich) || ~ (Elec Eng) / Verbundsystem n, Energiesystem n || ~ (Gen) / Pool m (Gesamtheit der genetischen Informationen einer Population) || ~ (Geol, Oils) / Speichergestein n (poröse Gesteinsschicht, in der sich das Erdgas oder Erdöl anreichern kann) || ~ (Hyd Eng) / Becken n || ~ (Met) / Schmelze f (Flüssigkeit in einem Schmelzofen) || ~ (Nuc Eng) / BE-Lagerbecken n || ~ (Ships) / Pool m (Instrument zur Kontrolle und Lenkung der für die einzelnen Mitglieder einer Schifffahrtskonferenz vertraglich festgelegten Mengen- u./od. Wertanteile am Gesamtverkehr) || ~ (Work Study) / Dienst m (eine organisatorische Einheit im Betrieb, wie z.B. Schreibdienst) || ~ (Work Study) / Pool m (ein Kartell höherer Ordnung) || ~ (Met) s. also molten bath || ~ **cathode*** (Electronics) / flüssige Katode (z.B. Quecksilberkatode eines Ignitrons), Flüssigkeitskatode f
**pool-cathode mercury-arc rectifier** (Electronics) / Quecksilberdampfgleichrichter m (mit flüssiger Katode)
**pooled termination** (Comp) / konzentrierte Anschlussschaltung
**pool furnace** (Met) / Sumpfofen m || ~ **management** (Comp) / Poolverwaltung f || ~ **of slag** (Welding) / Schlackenbad n || ~ **of weld metal** (Welding) / Schweißbad n, Schweiße f, Bad n || ~ **reactor*** (Nuc Eng) / Swimmingpool-Reaktor m, Schwimmbadreaktor m, Wasserbeckenreaktor m, Pool-Reaktor m
**pools zone** (Ecol) / tiefe, unbewegte Stellen eines Baches oder Flusses
**pool tube** (Electronics) / Gasentladungsröhre f mit Napfkatode

**poon oil** / Dombaöl n, Poon-Öl n, Ndiloöl n (aus Calophyllum inophyllum L.)
**poop** n (Ships) / Poop f (ein Heckaufbau) || ~ **deck** (Ships) / Poop f (ein Heckaufbau) || ~ **deck** (Ships) / Poopdeck n || ~ **lantern** (Ships) / Hecklaterne f
**poor** adj / arm adj ~ / unergiebig adj (Boden) || / mager adj (Beton, Kalk) || ~ / schlecht adj (Boden, Fernsehbild, Haftung, Leiter, Lösemittel, Sicht, Verbrennung) || ~ **alignment of plate edges** (Welding) / Kantenversatz m (beim Schweißen von Stumpfnähten an Werkstücken gleicher Materialdicke vorhandene Abweichung von der Werkstückebene) || ~ **conductor** (Elec Eng) / schlechter Leiter || ~ **contact** (Elec Eng) / fehlerhafter Kontakt, Wackelkontakt m
**poor-exchange weather situation** (Meteor) / austauscharme Wetterlage (eine flach über dem Erdboden liegende Inversion, welche die stabile Grenzschicht nach oben hin begrenzt)
**poor gas** / Schwachgas n (ein Produkt der Kohlevergasung) || ~ **geometry** (Nuc Eng) / schlechte Geometrie || ~ **in carbon** (Chem) / kohlenstoffarm adj || ~ **induction winding** (Elec Eng) / induktionsarme Wicklung || ~ **in hydrogen** (Chem) / wasserstoffarm adj || ~ **in iron** / eisenarm adj, mit niedrigem Eisengehalt || ~ **in oxygen** (Chem) / niedrigsauerstoffhaltig adj, sauerstoffarm adj, mit niedrigem Sauerstoffgehalt || ~ **in sulphur** / schwefelarm adj || ~ **lighting conditions** (Light, Optics) / schlechte Lichtverhältnisse || ~ **lime** (Build) / Magerkalk m
**poorly adherend** / schlecht haftend || ~ **degradable** (Ecol) / abbauresistent adj (Substanz), rekalzitrant adj || ~ **stocked area** (For) / Räumde f, Geräumde n, Geräumte n
**poor mileage** (US) (Autos) / hoher Kraftstoffverbrauch || ~ **mixture** (I C Engs) / mageres Gemisch, abgemagertes Gemisch, Spargemisch n
**poor-quality** attr / minderwertig adj, von minderer Qualität, geringwertig adj
**poor resistance to acids** (Chem) / schlechte Säureresistenz, niedrige Säurefestigkeit || ~ **runnability** (I C Engs) / schlechtes Laufverhalten || ~ **trapping** (Print) / schlechte (ungenügende) Farbannahme || ~ **visibility** (Optics) / Sichtbehinderung f
**POP** (persistent organic pollutant) (Chem, Ecol) / organische Chemikalie, die persistent ist (in Wasser, Böden und Luft), POP (organische Chemikalie, die persistent ist)
**PoP** (Point of Presence) (Comp) / Point m of Presence (Zugang zu den Netzressourcen eines Anbieters von Telekommunikationsdienstleistungen), PoP (Zugang zu den Netzressourcen)
**POP** (Comp) / ein Registrierpapier mit löschbarer, magnetisch sichtbar gemachter Informationsspur || ~* (Photog) / Auskopierpapier n, Tageslichtpapier n (z.B. Aristopapier)
**pop** v (Comp) / herausholen v (den Inhalt eines Registers aus dem Stapelspeicher) || ~ (Comp) / Informationen aus dem Stapelspeicher entnehmen || ~ (Nut) / rösten v (Maiskörner zu Popcorn) || ~ n (Acous) / Knall m (bei der Detonation) || ~ (Cinema) / Piepser m (beim Filmschnitt) || ~ (Mining) / Knäpperbohrloch n (Kurzbohrloch in nicht ladegerechten Gesteinsbrocken)
**POP advertising** / POP-Werbung f, Werbung f am Einkaufsort, Werbung f im Einzelhandelsgeschäft
**popcorn** n (Chem Eng) / Popcorn n (zähe, unlösliche Polymerteilchen - eine unerwünschte Erscheinung) || ~ **concrete** (Build, Civ Eng) / Einkornbeton m (aus annähernd gleichkörnigem Zuschlagstoff ohne wesentliche Eigenporigkeit) || ~ **noise** (Electronics) / Schrotrauschen n (ein weißes Rauschen), Schottky-Rauschen n
**Pope reel winder** (Paper) / Pope-Roller m (zum Aufrollen der Papierbahn) || ~ **type reel** (Paper) / Pope-Roller m (zum Aufrollen der Papierbahn)
**pop-hole** n (Mining) / Knäpperbohrloch n (Kurzbohrloch in nicht ladegerechten Gesteinsbrocken)
**pop-in** n (Radio, TV) / Sendeunterbrechung f (kurze - für Werbung), Kurzwerbesendung f (die in eine Programmsendung eingeblendet wird)
**poplar*** n (For) / Pappel f (Populus L.)
**poplin*** n (Textiles) / Popeline f m (fein geripptes, festes Gewebe, besonders aus Baumwolle, das vorwiegend zu Oberbekleidung verarbeitet wird), Popelin m
**pop off** v (Ceramics, Met) / abplatzen v
**pop-out panel** (Mining) / Pendelberstwand f
**popover** n (Textiles) / weites Kleidungsstück (das über den Kopf gezogen wird)
**popper** n / abgeplatztes Email || ~ (GB) (Textiles) / Druckknopf m
**poppet** n (Eng) / Reitstock m (Baugruppe zum Zentrieren von Werkstücken, vorwiegend an Spitzendreh- und Außenrundschleifmaschinen)
**poppet-head** n (Eng) / Reitstock m (Baugruppe zum Zentrieren von Werkstücken, vorwiegend an Spitzendreh- und Außenrundschleifmaschinen) || ~ (Mining, Oils) / Turmrollenlager n

**poppet lashing** (Ships) / Schlittenzurrung *f* (Querketten oder Stahltaue zwischen den beiden Schlitten gegen seitliches Ausweichen)
**poppets*** *pl* (Ships) / Ablaufschlittenstützen *f pl* (besonders im Vor- und Hinterschiff)
**poppet valve*** (I C Engs) / Tellerventil *n*
**popping** *n* (Build) / Putzmotte *f*, Kalkmännchen *n*, Treiber *m* (kraterförmige Aussprengung) ‖ ~* (Build) / Abplatzen *n* (ein Putzschaden durch Expansionsdruck von innen) ‖ ~ (Build) / Kalktreiben *n*, Gipstreiben *n* ‖ ~* (Comp) / Entnahme *f* der Informationen aus dem Stapelspeicher ‖ ~ (Mining) / Knäpperschießen *n*, Knäppern *n* ‖ ~ (Paint) / Kochbläschen *n pl* (ein Anstrichfehler) ‖ ~-**back*** *n* (I C Engs) / Vergaserknaller *m*
**poppy** *n* (Bot, Pharm) / Mohn *m* (Papaver L.) ‖ ~ **alkaloids** (Chem, Pharm) / Papaveralkaloide *n pl* ‖ ~ **oil** (Nut, Paint) / Mohnöl *n* (fettes Öl der Mohnsamen) ‖ ~-**seed oil** (Nut, Paint) / Mohnöl *n* (fettes Öl der Mohnsamen)
**Pop rivet*** (Eng) / POP-Blindniet *m* ‖ ~ **rivet*** (Eng) s. also Chobert rivet ‖ ~ **shot** (Mining) / Knäpperbohrloch *n* (Kurzbohrloch in nicht ladegerechten Gesteinsbrocken) ‖ ~ **strength** (Paper) / Berstfestigkeit *f*, Berstwiderstand *m* ‖ ~ **tester** (Paper) / Berstprüfer *m* (der den Berstwiderstand des Papiers prüft)
**pop-top can** (US) (Nut) / Aufreißdose *f*, Ring-pull-Dose *f* ‖ ~ **caravan** (Autos) / Hubdach-Caravan *m*
**population** *n* (Astron) / Sternpopulation *f*, Population *f* ‖ ~* (Biol) / Fortpflanzungsgemeinschaft *f*, Population *f*, Mendel-Population *f* ‖ ~ (Ecol) / Population *f* (Gesamtheit aller Individuen derselben Art eines Raumes), Bevölkerung *f* ‖ ~ (Nuc, Phys) / Besetzung *f* (Verhältnis der von einer Oberfläche durch Fremdatome besetzten Plätze zu den auf der Oberfläche vorhandenen Plätzen) ‖ ~ (total number of objects under consideration) (Stats) / Grundgesamtheit *f*, Kollektiv *n*, [statistische] Gesamtheit *f*, Population *f* ‖ ~ **covariance** (Stats) / Populationskovarianz *f* ‖ ~ **dynamics** (Ecol, Stats) / Populationsdynamik *f* (Gesamtheit der Veränderungen in der Struktur einer Population in bestimmten Zeitabschnitten) ‖ ~ **dynamics** (Ecol, Stats) / Bevölkerungsentwicklung *f* (Veränderung der Größe und Zusammensetzung einer Bevölkerung) ‖ ~ **ecology** (Ecol) / Populationsökologie *f*, Demökologie *f* (Lehre von den Wechselbeziehungen artgleicher Individuen zueinander) ‖ ~ **equivalent** (Ecol, San Eng) / Einwohnergleichwert *m*, EGW (Einwohnergleichwert) (Maßzahl des Verschmutzungsgrades eines industriellen Abwassers je Tag im Vergleich mit den Normalwerten eines häuslichen Abwassers) ‖ ~ **genetics** (Gen) / Populationsgenetik *f* ‖ ~ **growth** (Stats) / Bevölkerungszuwachs *n*, Wachstum *n* der Bevölkerung, Bevölkerungswachstum *n* ‖ ~ **I*** (a type of population) (Astron) / Population *f* I (die aus relativ jungen Objekten besteht, die in der Ebene des Milchstraßensystems in den Spiralarmen liegen) ‖ ~ **II*** (a population type) (Astron) / Population *f* II (die aus relativ alten Objekten besteht, die über die gesamte Galaxis verteilt, doch am auffälligsten in ihrem Zentrum und im äußeren Halo anzutreffen sind) ‖ ~ **III** (a type of population) (Astron) / Population *f* III (die entstand, als sich das Milchstraßensystem gerade bildete, die aber heute verschwunden ist) ‖ ~ **increase** (Stats) / Bevölkerungszuwachs *n*, Wachstum *n* der Bevölkerung, Bevölkerungswachstum *n* ‖ ~ **inversion*** (Phys) / Besetzungsinversion *f*, Besetzungsumkehr *f*, Inversion *f* der Besetzungszahlen (in einem laseraktiven Material) ‖ ~ **mean** (Stats) / Mittelwert *m* der Grundgesamtheit ‖ ~ **moment** (Stats) / Populationsmomentum *n* (das demografische Verhältnis des errechneten hypothetischen zur gegenwärtigen Bevölkerungszahl), Trägheitsfaktor *m* (in der demografischen Entwicklung) ‖ ~ **parameter** (Stats) / Populationsparameter *m*, Parameter *m* der Grundgesamtheit ‖ ~ **transfer** (Phys) / Populationstransfer *m*, Kohärenztransfer *m*, Magnetisierungstransfer *m* ‖ ~ **types*** (Astron) / Populationstypen *m pl* ‖ ~ **variance** (Stats) / Populationsvarianz *f*
**populin** *n* (Chem) / Populin *n* (ein Glykosid in der Rinde von Pappeln)
**pop up** *v* (Comp) / erscheinen *v* (auf dem Bildschirm)
**pop-up** *attr* (Autos) / herausnehmbar *adj* (Sonnendach) ‖ ~ **headlight** (Autos) / Klappscheinwerfer *m* ‖ ~ **menu** (Comp) / Kontextmenü *n*, Pop-up-Menü *n* ‖ ~ **menu** (Comp) / Pop-up-Menü *n* (ein Bildschirmmenü, das beim Anwählen auf dem Bildschirm erscheint und weiterführende Auswahlmöglichkeiten enthält) ‖ ~ **program** (Comp) / Pop-up-Programm *n* (ein speicherresidentes Programm) ‖ ~ **target** (Mil) / Klappscheibe *f* ‖ ~ **target** (emerging from shadowing) (Radar) / auftauchendes Ziel (aus einer Abschattung heraus), plötzlich auftauchendes Ziel (mitten auf dem Radarschirm) ‖ ~ **window** (Comp) / Pop-up-Fenster *n* (das auf dem Bildschirm erscheint, und mit dessen Hilfe Menüoptionen angewählt werden können), Überlagerungsfenster *n* (bei grafischen Benutzerschnittstellen)
**pop valve*** (Eng) / Überdruckventil *n* (bei Kesseln), Überdruckschnellschlussventil *n*

**p-orbital** *n* (Phys) / p-Orbital *n* (Aufenthaltswahrscheinlichkeitsraum für P-Elektronen)
**porcelain** *n* (Ceramics) / Hartporzellan *n* (mit hohem Feldspatanteil) ‖ ~ **body** (Ceramics) / Porzellanscherben *m* ‖ ~ **capacitor** (Elec Eng) / Porzellankondensator *m* ‖ ~ **clay*** (Ceramics, Min) / China Clay *m n* (ein Kaolin, der sich in der Hauptsache aus dem Tonmineral Kaolinit aufbaut; seine typische Zusammensetzung; 47 % $SiO_2$, 38 % $Al_2O_3$, 0,8 % $Fe_2O_3$, 1,7 % Alkalien und 12 % Glühverlust) ‖ ~ **enamel** (US) / Emaille *f*, Email *n* (RAL 529 A2) (ein Glasfluss, der dekorative Aufgaben und Schutzfunktionen auf einer metallischen Unterlage erfüllt) ‖ ~ **enamel** (Ceramics) / Porzellanemail *n*
**porcelain-enamel sanitary ware** (fixtures) (Ceramics) / Sanitärporzellan *n*
**porcelain funnel** / Porzellantrichter *m* ‖ ~ **insulator*** (Elec Eng) / Porzellanisolator *m*
**porcelainite** *n* (Geol) / Porzellanit *m* (ein Kieselgestein)
**porcelain mortar** / Porzellanmörser *m* ‖ ~ **tile** (Ceramics) / Porzellanfliese *f* ‖ ~ **triangle** (Chem) / Porzellandreieck *n*, Dreieck *n* mit Porzellanröhren (ein Laborgerät)
**porcelaneous** *adj* (Ceramics) / porzellanähnlich *adj*, porzellanartig *adj*
**porcellaneous** *adj* (Ceramics) / porzellanähnlich *adj*, porzellanartig *adj* ‖ ~ (Ceramics) / aus Porzellan (hergestellt)
**porcellanite** *n* (Geol) / Porzellanit *m* (ein Kieselgestein)
**porch** *n* (US) (Arch) / Veranda *f* (pl. -den) ‖ ~ (a covered shelter projecting in front of the entrance of a building) (Arch, Build) / Vordach *n*, Schutzdach *n*, Wetterdach *n* (zum Schutz des Eingangs) ‖ ~ (Arch, Build) / Vorhalle *f*, Vorbau *m* (überdachter - z.B. Portikus) ‖ ~* (TV) / Austastschulter *f* (Stufe im Fernsehsignal, bei 75% Modulation, vor und hinter dem Synchronimpuls), Schwarzschulter *f* (des Fernsehsignals)
**porcupine drawing** (Spinning) / Strecken *n* auf der Nadelwalzenstrecke ‖ ~ **opener** (Spinning) / Porcupine-Öffner *m* ‖ ~ **roller** (Spinning, Textiles) / Igelwalze *f*, Nadelwalze *f*, Stachelwalze *f* ‖ ~ **wood** (For) / Porcupine-Holz *n*, Palmyraholz *n*, Palmholz *n*, Palmenholz *n* ‖ ~ **work** (Textiles) / Ananasmusterung *f*
**pore*** *n* (void, interstice) / Pore *f* ‖ ~ (For) / Pore *f* (Querschnitt eines Gefäßes oder einer Gefäßtracheide) ‖ ~ **aquifer** (Geol) / Porengrundwasserleiter *m* (kiesige und sandige Ablagerungen in Flusstälern) ‖ ~ **cluster** / Porengruppe *f*, Porennest *n* ‖ ~ **diameter** / Porendurchmesser *m* ‖ ~ **distribution** / Porenverteilung *f* ‖ ~ **filler** (Paint) / Porenfüller *m* (zum Füllen von Holzporen) ‖ ~ **fluid** (Civ Eng, Geol) / Porenzwickelwasser *n*, Porensaugwasser *n*, Porenwasser *n* (eine Art von Haftwasser) ‖ ~ **formation** / Porenbildung *f* (im Allgemeinen)
**pore-forming material** / porenbildender Stoff, Porenbildner *m*
**pore gradient electrophoresis** (Chem) / Porengradientenelektrophorese *f* ‖ ~ **head** (Hyd Eng) / Porensaughöhe *f*
**poreless** *adj* / porenfrei *adj*, porenlos *adj*
**pore pocket** / Porengruppe *f*, Porennest *n* ‖ ~ **pressure** (Civ Eng) / Porenwasserdruck *m* (im Boden)
**pores, without ~** / porenfrei *adj*, porenlos *adj*
**pore-sealing** *adj* / porenschließend *adj*
**pore size** / Porengröße *f* ‖ ~ **size distribution** / Porengrößenverteilung *f*
**pore-size engineering** (Chem) / gezielte Veränderung der Mikroporen (eines Katalysators)
**pore space** (For) / Porenvolumen *n*, Porenanteil *m*, Porenraum *m* ‖ ~ **space** (Geol) / Porenvolumen *n*, Porenraum *m* ‖ ~ **volume** / PV (Porenvolumen), Porenvolumen *n* (im Allgemeinen)
**pore-volume distribution** / Porenvolumenverteilung *f*
**pore wall** / Porenwand *f* ‖ ~ **water** (Civ Eng, Geol) / Porenzwickelwasser *n*, Porensaugwasser *n*, Porenwasser *n* (eine Art von Haftwasser)
**pore-water pressure** (Civ Eng) / Porenwasserdruck *m* (im Boden)
**porolated film** (Plastics) / durch Feinperforation hergestellte atmungsaktive Folie
**porolating machine** (Plastics) / Feinperforiermaschine *f* (zur Herstellung atmungsaktiver Folien)
**Poroloy** *n* (Met) / Poroloy *n* (poröses Sintermetall)
**poromeric materials** (Leather, Textiles) / Poromerics *pl*, Poromere *n pl*, poromerische Werkstoffe ("atmende" Lederaustauschstoffe mit synthetischer Trägerbasis)
**poromerics** *pl* (Leather, Textiles) / Poromerics *pl*, Poromere *n pl*, poromerische Werkstoffe ("atmende" Lederaustauschstoffe mit synthetischer Trägerbasis)
**porosimeter** *n* (Phys) / Porositätsmesser *m*, Porosimeter *n* (Gerät zur Messung der Porosität)
**porosimetry** *n* / Porosimetrie *f*, Porometrie *f*
**porosity*** *n* / Porigkeit *f* (als Eigenschaft) ‖ ~* (Build) / Porengehalt *m* (Anteil der Poren in 100 Volumeneinheiten) ‖ ~* (Build) / relatives Porenvolumen, relativer Porenraum ‖ ~ (Chem) / Maschenweite *f* (des Harzgrundgerüsts) ‖ ~* (Foundry, Met) / Porosität *f* (prozentualer Porenvolumenanteil am Gesamtvolumen des

**porosity**

Körpers) ‖ ~* (Geol) / Porenvolumen n, Porenraum m ‖ ~ **testing** (Paint, Surf) / Porenprüfung f (bei Beschichtungen nach DIN 55 670)
**Porotest paper** (Paper) / Porotest-Papier n (zum Nachweis von Poren in Metallüberzügen auf Eisen)
**porous** adj / porös adj, porig adj ‖ ~ (Surf) / undicht adj (eine Schutzschicht), nicht geschlossen (eine Schutzschicht) ‖ ~ **anode** (Elec Eng) / Sinteranode f (aus Tantalpulver) ‖ ~ **aquifer** (Geol) / Porengrundwasserleiter m (kiesige und sandige Ablagerungen in Flusstälern) ‖ ~ (self-lubricating) **bearing*** (Eng) / poröses (selbstschmierendes) Lager (ein Sinterlager) ‖ ~ **body** / Porenkörper m ‖ ~ **cell** (Elec Eng) / Tonzelle f, Tonzylinder m ‖ ~ **concrete** (Build) / Porenbeton m (ein Leichtbeton), Zellenbeton m ‖ ~ **crucible** (Chem) / poröser Tiegel (z.B. ein Filtertiegel) ‖ ~ **cup** (Elec Eng) / Tonzelle f, Tonzylinder m ‖ ~ **fibreboard** (Build, Join) / poröse Holzfaserplatte (DIN EN 316) ‖ ~ **glass** (Glass) / poröses Glas (offenporiges Glas mit großer Oberfläche) ‖ ~ **layer open tubular column** (Chem) / Festschicht-Kapillarsäule f, Adsorptionskapillarsäule f, PLOT-Säule f (für die Kapillarchromatografie) ‖ ~ **polymer** (Chem) / poröses Polymer ‖ ~ **porcelain crucible** (Chem) / Porzellanfiltertiegel m (z.B. nach Gooch oder Hirsch) ‖ ~ **pot*** (Elec Eng) / Tonzelle f, Tonzylinder m ‖ ~ **printing** (Print) / Durchdruck m (DIN 16 609), Durchdruckverfahren ‖ ~ **tungsten** (Chem) / Wolframschwammkörper m (Vorratskatode) ‖ ~ **wood** (For) / Laubholz n (das Holz bedecktsamiger Pflanzen), LH (Laubholz)
**porpezite** n (Min) / Porpezit m (Palladiumgold)
**porphin*** n (Bot, Chem) / Porphin n (ein stickstoffhaltiges Ringsystem) ‖ ~* (Chem) / Porphinfarbstoff m (ein Pyrrolfarbstoff)
**porphobilinogen** n (Biochem) / Porphobilinogen n
**porphyropsin*** n (Bot, Chem) / Porphyrin n (ein Porphinderivat) ‖ ~ **biosynthesis** (Biochem) / Porphyrin-Biosynthese f
**porphyrinogen** n (Chem) / Porphyrinogen n
**porphyrite*** n (Geol) / Porphyrit m
**porphyritic** adj (Geol) / porphyrisch adj ‖ ~ **texture*** (Geol) / porphyrische Textur
**porphyroblast** n (Geol) / Porphyroblast m
**porphyroblastic** adj (Geol) / porphyroblastisch adj (wenn große Kristallneubildungen in dichter oder feinkörniger Grundmasse liegen)
**porphyroid** n (Geol) / Porphyroid n
**porphyropsin** n (Optics, Physiol) / Porphyropsin n (ein Sehfarbstoff)
**porphyry*** n (Geol) / Porphyr m (zusammenfassende Bezeichnung für Ergusssteine, die in einer dichten, feinkörnigen Grundmasse größere Kristalle als Einsprenglinge aufweisen) ‖ ~ **copper ores** (Mining) / Kupfererz-Imprägnationen f pl in Silikatgesteinen (Kupferglanz, Kupferkies, Enargit u. a.)
**porpoise oil** / Meerschweinsöl n, Finnen-Schweinswalöl n
**porpoising*** n (Aero) / Stampfen n, Tauchstampfen n (eines Wasserluftfahrzeugs)
**Porro prism** (Optics) / Porro-Prisma n (ein Umkehrprisma nach I. Porro, 1801-1875) ‖ ~**-prism erecting system** (Optics) / Porro-Prismensystem n (mit Umkehrprismen)
**port** v (to move software from one type of computer system to another, making any necessary changes en route) (Comp) / portieren v (Software von einem System auf ein anderes übertragen, und zwar so, dass sie auf dem neuen System lauffähig ist) ‖ ~ n (Aero, Ships) / Backbord n, Bb, Backbordseite f (linke Seite in Bezug auf die Längsachse, von hinten nach vorn gesehen) ‖ ~ (a ported program) (Comp) / Port m (das Resultat einer Portierung) ‖ ~ (Comp) / Port m (Schnittstelle zwischen den internen und den externen Bussystemen), Anschluss m ‖ ~* (Comp, Elec Eng) / Anschlussbuchse f ‖ ~ (Elec) / Tor n (Klemmenpaar in einem Netzwerk) ‖ ~ (Elec Eng) / Tor n (der elektrische Zugang eines Systems oder Systemteiles nach DIN 4899) ‖ ~ (Elec Eng) / Lüftungsöffnung f ‖ ~ (Eng) / Öffnung f, Durchgangsöffnung f, Bohrung f ‖ ~ (Eng) / Austrittsöffnung f (z.B. in der Fluidik) ‖ ~ (Glass) / Brenner m (im Wannenofen) ‖ ~* (I C Engs) / Schlitz m (bei Zweitaktmotoren) ‖ ~ (Ships) / Hafen m ‖ ~ (Ships) / Pforte f (verschließbare Öffnung in der Außenhaut), Pfortluke f ‖ ~ (Telecomm) / Port m (Ein- oder Ausgang eines Datenkanals in einem Netzwerk; Oberbegriff für einen Anschluss von mehreren, die möglich wären, über den Daten und Steuerungsinformationen in ein Gerät ein- oder ausgegeben werden)
**portability** n (Comp) / Portabilität f, Portierbarkeit f
**portable** n (e.g. a portable TV) / tragbares Gerät (Radio, Fernsehgerät usw.), Portable m n (tragbares Gerät) ‖ ~ (Radio) / Kofferempfänger m, Kofferradio n, Koffergerät n ‖ ~ adj / portabel adj, tragbar adj, transportabel adj ‖ ~ / ortsbeweglich adj, ortsveränderlich adj, beweglich adj, tragbar adj ‖ ~ (Comp) / (machine-independent) / maschinenunabhängig adj ‖ ~* (Comp) / portabel adj (lauffähig auf dem neuen System), systemunabhängig adj (Software), übertragbar adj (von Software, die einen raschen Übergang von einem System auf ein anderes ermöglicht, und zwar so, dass sie auf dem neuen System lauffähig ist), portierbar adj ‖ ~ **band-saw** (For) / Handbandsägemaschine f ‖ ~ **computer** (Comp) / Laptop m (pl. -s) (ein tragbarer kompakter PC mit Flachbildschirm, der netzunabhängig betrieben werden kann), Aktentaschenrechner m, Aktentaschencomputer m
**portable-document format** (a format which retains the visual integrity of a document) (Comp) / Portable Document Format n, PD-Format n ‖ ~ **software** (Comp) / PDS-Software f
**portable (electric) circular saw** (Carp) / Handkreissägemaschine f, Elektrohandkreissägemaschine f ‖ ~ **electric planer** (Join) / Handfräsmaschine f, Handhobelmaschine f ‖ ~ **electronic device** (Electronics) / tragbares elektronisches Gerät (zumeist der Unterhaltungselektronik oder auch Handys, Laptops und PDAs) ‖ ~ **engine*** (Eng) / ortsbeweglicher Motor ‖ ~ **instrument*** (Elec Eng, Instr) / tragbares Instrument, tragbares Messgerät ‖ ~ **life-support subsystem** (attached to the back of the hard upper torso) (Space) / Versorgungstornister m ‖ ~ **log frame saw** (For) / fahrbare Vollgattersägemaschine f ‖ ~ **mixer** / Handrührer m (ein Küchengerät), Handrührgerät n (im Haushalt) ‖ ~ **router** (Join) / Handoberfräsmaschine f (elektrische) ‖ ~ **scaffold** (Build) / Fahrgerüst n, fahrbares Gerüst ‖ ~ **tape recorder** (Acous) / Tonbandkoffer m (tragbares Tonbandgerät) ‖ ~ **track** (Civ Eng) / Stahlplatte f (zur Errichtung von Behelfsbrücken im Straßenbau) ‖ ~ **welding machine** (Welding) / Schweißwagen m
**port address** (Comp) / Portadresse f
**portainer** n (Eng) / Containerportalkran m, Portainer m
**portal** n (portico) (Arch) / Portikus m f (pl. Portikus oder Portiken) ‖ ~* (Build, Civ Eng) / Portal n ‖ ~ (Comp, Telecomm) / Portal n (im WWW des Internets die Bezeichnung für allgemeine Einstiegspunkte für Nutzer des WWW), Webportal n ‖ ~ (Comp, Telecomm) / Portal n (Schnittstelle zwischen einem kabelgestützten LAN und einem Funk-LAN) ‖ ~ (Eng) / Portal n (Hobelmaschine, Fräsmaschine) ‖ ~ (Hyd Eng) / Einlauf m (des Dükers) ‖ ~ (Mining) / Stolleneingang m, Stollenausgang m, Stollenmundloch n (Ansatzpunkt eines Stollens an der Tagesoberfläche, der bei gebrächem Nebengestein durch Gewölbeausbau aus Stein gesichert ist) ‖ ~ (Comp, Telecomm) s. also WISP ‖ ~ **bucket-ladder excavator** (wagons and lorries can pass under the portal) (Eng) / Portalbagger m, Torbagger m (ein Eimerkettenbagger) ‖ ~ **crane** (Eng) / Portalkran m (auf ebenerdiger Fahrbahn fahrender Kran mit portalartigem Tragwerk), Bockkran m ‖ ~ **design** / Portalbauweise f ‖ ~ **frame** (Build) / Portalrahmen m, Rahmentragwerk n ‖ ~ **industrial robot** / Portalroboter m (IR, der sich an einem Träger über dem Arbeitsraum bewegt) ‖ ~ **irrigation system** (Agric) / Portalregner m ‖ ~ **jib crane*** (Eng) / Portalkran m mit festem Ausleger
**port allocation list** (Comp, Telecomm) / Beschaltungsliste f für Anschlussmodule
**portal page** (Comp, Telecomm) / Portal Page f (im WWW des Internets) ‖ ~ **robot** (Eng) / Portalroboter m (Bauform eines Industrieroboters)
**portal-type automatic welding machine** (Welding) / Portalschweißautomat m ‖ ~ **milling machine** (Eng) / Zweiständerlangfräsmaschine f, Portalfräsmaschine f
**portative force** (Eng, Mag) / Tragkraft f (eines Magneten)
**port authority** (Ships) / Hafenbehörde f ‖ ~ **control** (I C Engs) / Schlitzsteuerung f (bei Zweitakt- oder Wankelmotoren) ‖ ~ **data** (Comp) / Anschlussdaten pl
**porte cochère** (a covered entrance large enough for vehicles to pass through, typically opening into a courtyard) (Arch) / Toreinfahrt f (meistens mit einem Durchlass) ‖ ~ **cochère** (Arch) / überdachter Eingang(sbaldachin) (z.B. am Hoteleingang)
**ported vacuum advance** (Autos) / kalibriertes Unterdrucksignal für die Zündzeitpunktverstellung ‖ ~ **vacuum switch** (Autos) / Unterdrucksteuerventil n
**port engine** (Aero) / Backbordmotor m (auf der linken Seite) ‖ ~ **engine** (Eng) / Schiebermotor m ‖ ~ **engineering** (Civ Eng) / Hafenbau m
**porter** n (Brew) / Porter m n (starkes Bier) ‖ ~ (reed count) (Weaving) / Fädigkeit f (Fadenzahl/Rohr) ‖ ~ (Weaving) / Kettfadenzahl f
**Portevin-LeChatelier effect** (Met) / Portevin-LeChatelier-Effekt m (ein Blockierungseffekt bei der Verformung von unlegierten Stählen - nach A. Portevin, 1880-1962), PCE (Portevin-LeChatelier-Effekt)
**port extension** (Comp) / Porterweiterung f
**portfolio** n (pl. -s) / Präsentationsmappe f ‖ ~ (pl. -s) / Mappe f (zum Aufbewahren loser Blätter, wie z.B. Karten oder Zeichnungen) ‖ ~ (Bind) / Tasche f, Einstecktasche f
**port-hand buoy** (Ships) / Backbordtonne f
**porthole** n (Aero, Ships) / Bullauge n ‖ ~ (Ships) / Pfortenöffnung f
**portico*** n (pl. porticos oder porticoes) (Arch) / Portikus m f (pl. Portikus oder Portiken)

**porting** *n* (Comp) / Portieren *n* (von Software) ‖ ~ (I C Engs) / Schlitzanordnung *f* (bei Zweitaktmotoren), Schlitzauslegung *f*
**portion** *n* / abgemessene Menge ‖ ~ / Portion *f*, Teil *m* (Portion), Anteil *m* (Portion) ‖ ~ (Optics) / Teil *n* (bei Mehrstärkengläsern), Ausschliff *m*, Segment *n* (bei Mehrstärkengläsern)
**portioner** *n* / Portioniergerät *n*
**portion of substance** (Chem) / Stoffportion *f* (makroskopische, kolloidale und submikroskopische nach DIN 32629) ‖ ~ **pack** / Portionsverpackung *f* (die Menge des Packgutes ist für den einmaligen Verbrauch bemessen), Portionspackung *f*
**Portland, ordinary ≏ cement** (BS 12) (Build, Civ Eng) / Portlandzement *m* (nach DIN 1164, kein Eisenportlandzement), PZ (Portlandzement) ‖ **white ≏ cement** (Build, Civ Eng) / weißer Zement (meistensDIN 1164), Weißzement *m* (Handelsname eines Portlandzements, der aus weitgehend eisenfreien Rohstoffen hergestellt wurde), weißer Portlandzement ‖ ≏ **arrowroot** (Nut) / Arumstärke *f*, Tarostärke *f*, Portland-Arrowroot *n*, Aronwurzelstärke *f* (aus Arum maculatum L.) ‖ ≏ **blast-furnace cement*** (BS 146) (Build, Civ Eng) / Hochofenzement *m*, HOZ (mit mehr als 36-85 Gew.-% Hüttensand - DIN 1164) ‖ ≏ **blast-furnace slag cement** (Build, Civ Eng) / Hochofenzement *m*, HOZ (mit mehr als 36-85 Gew.-% Hüttensand - DIN 1164) ‖ ~ **cement** (Build, Civ Eng) / Portlandzement *m* (nach DIN 1164, kein Eisenportlandzement), PZ (Portlandzement) ‖ ≏ **cement*** (a hydraulic cement produced by pluverizing clinker consisting essentially of hydraulic calcium, silicates and usually containing one or more forms of calcium sulphate as an interground addition) (Build, Civ Eng) / Portlandzement *m* (nach DIN 1164, kein Eisenportlandzement), PZ (Portlandzement) ‖ ≏ **cement clinker** (Build) / Portlandzementklinker *m* (wesentlicher Bestandteil des Zements), PZ-Klinker *m*
**portlandite*** *n* (Min) / Portlandit *m*
**Portland pozzolana** (shale) **cement** (with about 20% of shale) (Build, Civ Eng) / Ölschieferzement *m* (mit 10 bis 35 Gew.-% Ölschieferabbrand), Portlandölschieferzement *m*, PÖZ ‖ ≏ **stone** (Build) / Portlandstein *m* (Kalkstein von der Halbinsel Portland/Dorsetshire)
**port layout** (I C Engs) / Schlitzanordnung *f* (bei Zweitaktmotoren), Schlitzauslegung *f* ‖ ~ **light** (Aero) / Backbordlicht *n* ‖ ~ **liner** (Ceramics, I C Engs) / Portliner *m* (im Auslasskanal) ‖ ~ **mouth** (Glass) / Brennermaul *n*, Brennermündung *f*, Brenneröffnung *f* (im Wannenofen) ‖ ~ **neck** (Glass) / Brennerhals *m* ‖ ~ **of discharge** (Ships) / Löschungshafen *m*, Löschhafen *m* ‖ ~ **of distress** (Ships) / Nothafen *m* (der durch das Schiff zum Schutz vor einer drohenden Gefahr infolge Havarie, Eis, Unwetter usw. angelaufen wird), Zufluchtshafen *m* ‖ ~ **of embarkation** (Ships) / Einschiffungshafen *m* ‖ ~ **of loading** (Ships) / Ladehafen *m* ‖ ~ **of shipment** (Ships) / Verschickungshafen *m*, Verschiffungshafen *m*, Verladehafen *m* ‖ ~ **of unloading** (Ships) / Löschungshafen *m*, Löschhafen *m*
**portolan** *n* (Cartography, Ships) / Portolan *m* (pl.-e), Portulan *m* (altes Handbuch mit Küstenbeschreibungen für Seeleute)
**portolano** *n* (Cartography, Ships) / Portolan *m* (pl.-e), Portulan *m* (altes Handbuch mit Küstenbeschreibungen für Seeleute)
**Port-Orford cedar** (For) / Lawson-Zypresse *f*, Lawsons Scheinzypresse (Chamaecyparis lawsoniana (A. Murray) Parl.) ‖ ≏ **white cedar** (For) / Lawson-Zypresse *f*, Lawsons Scheinzypresse (Chamaecyparis lawsoniana (A. Murray) Parl.)
**port-plate pump** (Eng) / Schrägscheibenpumpe *f*
**portrait** (Print) / Hochformat *n* ‖ ~ **format** (Print) / Hochformat *n*
**port replicator** (Comp) / Port-Replikator *m* (leichtgewichtiger Docking-Station-Ersatz) ‖ ~ **timing** (I C Engs) / Schlitzsteuerzeiten *f pl*
**Portugal laurel** (For) / Portugiesische Lorbeerkirsche (Prunus lusitanica L.)
**Portuguese red** (Textiles) / Spanischrot *n* (in Alkalien und Alkalien löslicher roter Farbstoff des Safflors)
**port width** (I C Engs) / Schlitzbreite *f*
**porus** *n* (pl. pori) (For) / Porus *m* (pl. Pori) (Tüpfelmündung)
**POS** (point of sale) (Comp) / Point of Sale *m*, POS (Point of Sale)
**pose** *n* (combination of position and orientation of a part of a robot) (Eng) / Lage *f* (bei den IR)
**poset** *n* (a set with partial ordering defined on it) (Maths) / halbgeordnete Menge, Verein *m*, teilweise geordnete Menge
**pose-to-pose control** / Lagensteuerung *f* (eines IR)
**posigrade** *adj* (Space) / antriebssteigernd *adj*, antriebsverstärkend *adj*, beschleunigend *adj* (Phase im Antriebsprogramm)
**posistor** *n* (Electronics) / Kaltleiter *m* (ein Thermistor nach DIN 44 070), PTC-Widerstand *m*
**position** *v* / Positionen anfahren, positionieren *v* ‖ ~ (Eng) / positionieren *v* (ein Teil einer Ausrüstung oder das zu bearbeitende Erzeugnis an einen bestimmten vorher festgelegten Raumpunkt bewegen und danach fixieren) ‖ ~ (Eng) / positionieren *v*, ausrichten

**position**

*v* (positionieren) ‖ ~ (Eng) / anfahren *v* (Positionen) ‖ ~ *n* / Lage *f* (geometrische Bestimmung einer Fläche oder eines Körpers zu einer Bezugsebene), Stellung *f*, Position *f* ‖ ~* (Aero, Nav) / Standort *m* ‖ ~ (Maths) / Stelle *f* (in der konkreten Ziffernfolge) ‖ **in the correct** ~ / lagerichtig *adj* ‖ ~ **adjustment** (Eng) / Lageeinstellung *f* (bei NC-Maschinen)
**positional accuracy** / Lagegenauigkeit *f* ‖ ~ **astronomy** (Astron) / Astrometrie *f*, Positionsastronomie *f* ‖ ~ **control** (Automation) / Positionssteuerung *f*, Positionierung *f* ‖ ~ **correction** / Lagekorrektur *f* ‖ ~ **isomerism** (Chem) / Stellungsisomerie *f*, Substitutionsisomerie *f* (eine Form der Strukturisomerie) ‖ ~ **notation** (Comp, Maths) / Stellenschreibweise *f* (ein Schema zur Darstellung reeller Zahlen nach dem Stellenwertsystem - DIN 44300) ‖ ~ **notation*** (Comp, Maths) / Stellenwertsystem *n*, Positionssystem *n* ‖ ~ **representation** (Comp, Maths) / Stellenschreibweise *f* (ein Schema zur Darstellung reeller Zahlen nach dem Stellenwertsystem - DIN 44300) ‖ ~ **selectivity** (Chem) / Positionsselektivität *f* ‖ ~ **system** (a number system) (Maths) / Stellenwertsystem *n*, Positionssystem *n* ‖ ~ **tolerance** (Eng) / Lagetoleranz *f* (die die Abweichungen der Lage zweier oder mehrerer Bauteile zueinander begrenzt - DIN 7184, T 1) ‖ ~ **value** (Maths) / Stellenwert *m*
**position •-and-homing indicator** (Aero, Comp) / Flugwegrechner *m*, Flugwegrechenanlage *f*, Navigationsrechner *m* ‖ ~ **and path measurement** (Eng) / Lage- und Wegmessung *f* (bei NC-Maschinen) ‖ ~ **angle*** (Astron) / Positionswinkel *m* ‖ ~ **by radio bearings** (Aero) / Funkpeilstandort *m* ‖ ~ **circle** / Positionskreis *m* ‖ ~ **control** (Automation) / Positionssteuerung *f*, Positionierung *f* ‖ ~ **control** (Automation) / Lageregelung *f* (im Allgemeinen) ‖ ~ **coordinates** (Eng) / Ortskoordinaten *f pl* ‖ ~ **data registration** (Eng) / Positionswerterfassung *f* (bei NC-Systemen), Lagewerterfassung *f*
**position-dependent** *adj* / lageabhängig *adj*
**position display** (Eng) / Positionsanzeige *f*
**positioner** *n* (Automation) / Positioner *m*, Stellungsregler *m* ‖ ~ (Eng) / Rückführgeber *m* (Zubehör bei pneumatischen Stellantrieben) ‖ ~ (Welding) / Schweißvorrichtung *f* (kippbare, drehbare, schwenkbare), Manipulator *m*, Schweißmanipulator *m* (Handhabungseinrichtung zur Mechanisierung bestimmter Grund- oder Hilfsoperationen im technologischen Prozess der Herstellung von Schweißteilen)
**position error*** (Aero) / Messfehler *m* des Staudruckmessers ‖ ~ **error** (Eng) / Lageabweichung *f* (DIN ISO 1101) ‖ ~ **error** (Eng) / Lagenfehler *m* ‖ ~-**finding*** *n* (Nav, Radio) / Ortung *f*, Standortbestimmung *f* ‖ ~-**fixing** *n* (Nav, Radio) / Ortung *f*, Standortbestimmung *f* ‖ ~ **fluctuation** (Radar) / Glint *n* ("Glitzern" komplexer Ziele durch das Vorhandensein mehrerer Streuzentren), Ortungsfluktuation *f* (Glint), Winkelszintillation *f* (Glint eines Ziels), Winkelfluktuation *f* ‖ ~ **group** (Teleph) / Platzgruppe *f* ‖ ~ **head** (Eng) / Druckhöhe *f* (Pumpe) ‖ ~ **head** (Phys) / Ortshöhe *f* (in der Bernoulli'schen Gleichung für stationäre inkompressible Strömung)
**position-independent code** (Comp) / relativierbares Programm, verschiebliches Programm, verschiebbares Programm, Relativprogramm *n*
**position indicator** (Aero) / Stellungsanzeiger *m* (z. B. für Fahrwerk oder Klappen), Positionsanzeiger *m* (Anzeigegerät für die Stellung bestimmter Flugzeugteile) ‖ ~ **indicator** (Eng) / Stellungsanzeiger *m*, Stellungsmelder *m*
**positioning** *n* / Lageeinpassung *f* ‖ ~ (Comp) / Positionierung *f* (Bewegung des Plattenkopfes zu irgendeiner Stelle des Bildes, ohne dass dabei etwas ausgegeben wird) ‖ ~ (Comp) / Positionierung *f* (eines Textfensters) ‖ ~ (Eng) / Positionierung *f* (Einfahren des Maschinenschlittens in die definierte Stellung) ‖ ~ (Mil) / Instellungbringen *n* ‖ ~ (Oils) / Positionierung *f* (dynamische) ‖ ~ **control** (Eng) / Lagesteuerung *f* ‖ ~ **element** (Automation) / Stellglied *n* (Teil einer Steuer- oder Regelstrecke nach DIN 1926), Steller *m* (Stellglied), Stellorgan *n* ‖ ~ **flight** (Aero) / Flug *m* zu einem bestimmten Einsatzort ‖ ~ **for approach** (Aero, Radar) / Radarführung *f* zum Anflug ‖ ~ **key** (Comp) / Positioniertaste *f* ‖ ~ **speed** (Eng) / Positionierungsgeschwindigkeit *f* (z.B. bei der Brennschneidmaschine) ‖ ~ **switch** (Automation) / Stellschalter *m* ‖ ~ **system** (Work Study) / Positioniersystem *n* (für die Fertigungsautomatisierung) ‖ ~ **table** (Electronics, Optics) / Positioniertisch *m* (des Waffelsteppers) ‖ ~ **time** (Comp, Eng) / Positionierzeit *f* ‖ ~ **tolerance** (Eng) / Einfahrtoleranz *f*
**position isomerism** (Chem) / Stellungsisomerie *f*, Substitutionsisomerie *f* (eine Form der Strukturisomerie) ‖ ~ **lights** (Aero) / Positionslichter *n pl*, Navigationslichter *n pl*, Navigationsleuchten *f pl*, Navigationslampen *f pl* ‖ ~ **lights** (Aero) / Positionslichter *n pl* (die die Position und Bewegungsrichtung eines Luftfahrzeugs erkennen lassen) ‖ ~ **measuring** (Eng) / Lagemessung *f* (z.B. Feststellung der Lage der Teile), Positionsmessung *f* ‖ ~ **measuring system** (Eng) / Wegmesssystem *n* (an CNC-Maschinen) ‖ ~ **of equilibrium** (Chem) / Gleichgewichtslage *f* ‖ ~ **of rest** (Elec Eng) / Raststellung *f* ‖ ~ **of**

**position**

**welded parts** (Welding) / Schweißposition *f* (räumliche Stellung der Schweißteile während des Schweißvorgangs - nach DIN 1912) || **~ parameter** (Stats) / Lokationsparameter *m*, Lageparameter *m* (Parameter einer /Wahrscheinlichkeits/Verteilung), Stellungsparameter *m* (einer statistischen Häufigkeitsverteilung, z.B. arithmetisches Mittel oder Median) || **~ pick-up** (Automation) / Lagemelder *m*, Positionsgeber *m*, Stellungsgeber *m* || **~ plotting** (Nav) / Standorteinzeichnung *f* || **~ report** (Nav) / Standortmeldung *f* || **~ representation** (Phys) / Schrödinger-Darstellung *f* (in der Quantenmechanik), Ortsdarstellung *f* || **~ selectivity** (Chem) / Positionsselektivität *f* || **~ selectivity** (Chem) s. also regioselectivity || **~ sensor** (Eng) / Positioniersensor *m* (z.B. bei den IR), Lagesensor *m*, Positionssensor *m* (zur Ermittlung der Ortskoordinaten eines Gegenstandes) || **~ setpoint generation** (Eng) / Lagesollwertbildung *f* (bei NC-Maschinen)
**positions of the navigation lights** (Aero, Ships) / Lichterführung *f* (Kennzeichnung durch Positionslichter)
**position space** (Phys) / Ortsraum *m* (ein Phasenraum), Konfigurationsraum *m* || **~ switch** (Elec Eng) / Positionsschalter *m*
**position(al) switch with positive opening operation** (Elec Eng) / zwangsöffnender Positionsschalter (für Sicherheitsfunktionen)
**position triangle** (Aero) / Fehlerdreieck *n* (bei Standortbestimmung) || **~ vector** (Maths, Mech) / Ortsvektor *m* (ein gebundener Vektor in einem euklidischen Vektorraum, dessen Anfangspunkt mit dem Koordinatenursprung zusammenfällt)
**positive\*** *n* (Photog) / Positiv *n* || **~ adj** (Crystal) / optisch einachsig positiv || **~** (Eng) / formschlüssig *adj* || **~** (Geol) / in Hebung begriffen || **~\*** (Maths, Phys) / positiv *adj* || **~ acknowledgement** (Comp, Telecomm) / positive Rückmeldung (Tätigkeit), positive Quittung || **~ after-image\*** (Optics) / positives Nachbild (Nachempfindung) || **~ allowance** (Eng) / Spiel *n* (Differenz zwischen den Maßen der Bohrung und der Welle, wenn diese Differenz positiv ist - DIN 7182, T 1) || **~ amplitude modulation\*** (TV) / Positivmodulation *f* || **~ angle** (Maths) / orientierter Winkel mit positivem Drehsinn || **~ belts and chains** (Eng) / formschlüssige Zugmittel *n pl* || **~ blueprint** (Print) / positive Blaupause (Lichtpause mit blauen Linien auf weißem Hintergrund) || **~ carbon** (Elec Eng) / positive Kohle, Anodenkohle *f* || **~ caster** (Autos) / Nachlauf *m* (positiv) || **~ castor** (Autos) / Nachlauf *m* (positiv) || **~ catalysis** (Chem) / positive Katalyse (mit positivem Katalysator) || **~ catalyst** (Chem) / positiver Katalysator || **~ charge** (Elec) / positive Ladung || **~ clutch** (Eng) / Klauenkupplung *f* (eine formschlüssige Schaltkupplung) || **~ clutch** (Eng) / formschlüssige ausrückbare Kupplung || **~ column\*** (Electronics, Phys) / positive Säule (bei der Gasentladung) || **~ conductor** (Elec Eng) / Plusleiter *m*, Plusdraht *m* || **~ connection** (Eng) / formschlüssige Verbindung, Formschlussverbindung *f* || **~ correlation** (Stats) / positive Korrelation || **~ crankcase ventilation** (Autos, I C Engs) / Kurbelgehäusezwangsentlüftung *f* (geschlossene), geschlossene Kurbelgehäuseentlüftung (bei der die Blowby-Gase in das Ansaugsystem des Motors zurückgeführt werden), Rückführung *f* der Kurbelgehäusedämpfe in das Ansaugsystem, PCV-System *n* (der Kurbelgehäuseentlüftung) || **~ crankcase ventilation valve** (Autos) / PCV-Ventil *n* (ein Rückschlagventil in Systemen zur Kurbelgehäusezwangsent- und -belüftung) || **~ crystal** (Electronics) / positiver Kristall || **~ crystal** (Optics) / optisch positiver Kristall || **~ definite** (Maths) / positiv definit || **~ definite matrix** (Maths) / positiv definite Matrix || **~ development** (Photog) / Positiventwicklung *f* || **~-displacement compressor** (Eng) / Verdrängungsverdichter *m*, Verdrängerverdichter *m*
**positive-displacement meter** (Eng) / Verdrängungszähler *m* (unmittelbarer Volumenzähler mit beweglichen Messkammerwänden) || **~ pump** (Vac Tech) / Verdrängervakuumpumpe *f*
**positive dobby** (Weaving) / Gegenzugschaftmaschine *f* (eine alte Fachbildevorrichtung an Webmaschinen, bei der das Rückführen der Schäfte durch ein Hebelgestänge erfolgt) || **~ dynamic stress conditions** (Materials) / formschlüssige Schwingbeanspruchung || **~ edge** (Telecomm) / Vorderflanke *f* (des Impulses), steigende Flanke || **~ electricity\*** (Elec, Elec Eng) / positive Elektrizität || **~ electrode** (Elec Eng) / Plusplatte *f* (der Batterie), positive Platte (der Batterie) || **~ electrode\*** (Elec Eng, Electronics) / positive Elektrode (im Allgemeinen) || **~ electrode\*** (Elec Eng) / positive Elektrode, Puppe *f* (z.B. der Leclanché-Rundzelle) || **~ electron\*** (Nuc) / Positron *n*, Positon *n* (ein Antiteilchen des Elektrons) || **~ emulsion\*** (Photog) / Kopieremulsion *f*, Positivemulsion *f* || **~ engagement** (Eng, Mech) / Kraftschluss *m* (z.B. zweier Getriebeglieder), Reibschluss *m* || **~ eyepiece** (Optics) / Ramsden-Okular *n* (die Bildebene liegt unmittelbar vor der Augenlinse - nach J. Ramsden, 1735-1800) || **~ feedback\*** (Radio, Telecomm) / Mitkopplung *f* (Rückkopplung, bei der das Ausgangssignal ohne Vorzeichenumkehr auf den Eingang zurückgeführt wird und auf sich selbst verstärkend wird), positive Rückkopplung || **~ feeder\*** (Elec Eng) / positive Zuleitung || **~ film** (Photog) / Positivfilm *m* || **~ film stock\*** (Cinema) / Positiv-Rohfilmmaterial *n* || **~ g\*** (Space) / positive Beschleunigungskraft (in Richtung Kopf-Fuß)
**positive-going logic** (Comp) / positive Logik (Schaltkreis, bei dem eine höhere positive Spannung /oder Strom/ dem 1-Zustand, eine weniger hohe positive Spannung dem 0-Zustand entspricht) || **~ slope** (Electronics, Telecomm) / Anstiegsflanke *f* (eines Signals nach DIN 40 146-3), positive Flanke (eines Impulses), ansteigende Flanke
**positive-grid oscillator** (Elec Eng) / Bremsfeldgenerator *m* || **~ oscillator tube** (Electronics) / Bremsfeldröhre *f* (DIN 44400), Barkhausen-Kurz-Röhre *f*
**positive heald motion** (Weaving) / Gegenzugschaftmaschine *f* (eine alte Fachbildevorrichtung an Webmaschinen, bei der das Rückführen der Schäfte durch ein Hebelgestänge erfolgt) || **~ input, negative output** (Comp) / Schaltung *f* mit positivem Eingangspegel und negativem Ausgangspegel (positive Eingabe, negative Ausgabe) || **~ integer** (Maths) / natürliche Zahl (DIN 5473) || **~ ion\*** (Chem, Phys) / Kation *n* (positiv geladenes Ion) || **~ logic** (Comp) / positive Logik (Schaltkreis, bei dem eine höhere positive Spannung /oder Strom/ dem 1-Zustand, eine weniger hohe positive Spannung dem 0-Zustand entspricht) || **~ meniscus** (Optics) / sammelnder Meniskus || **~ modulation** (that form of modulation in which an increase in brightness corresponds to an increase in transmitted power) (TV) / Positivmodulation *f* || **~ moment** (Mech) / positives Biegemoment || **~ motion disk cam** (Eng) / Nutkurvenscheibe *f* (im Kurvengetriebe) || **~ mould** (Plastics) / positive Form, Positivform *f*, positives Werkzeug, Füllraumwerkzeug *n* || **~ muon** (Nuc) / Antimyon *n* (Positron), Antimüon *n*, positives Myon, My-plus-Meson *n* || **~ number\*** (Maths) / positive Zahl (eine reelle Zahl, die größer als 0 ist) || **~ offset steering** (Autos) / Lenkgeometrie *f* mit positivem Lenkrollradius || **~ off-state current** (Electronics) / positiver Sperrstrom (bei Zweirichtungsthyristoren) || **~ ore\*** (Mining) / allseitig vorgerichtetes Erz, vollständig ausgeblocktes Erz || **~ parity** (Nuc) / gerade Parität, positive Parität || **~ photoresist** (Electronics, Print) / Positivresist *m*, Positivlack *m* || **~ plate** (Elec Eng) / Plusplatte *f* (der Batterie), positive Platte (der Batterie) || **~ rake** (Eng) / positiver Spanwinkel || **~ rake** (US) (Eng) / negativer Spanwinkel || **~ raw stock** (Cinema) / Positiv-Rohfilmmaterial *n* || **~ rays** (streams of ions bearing positive electric charges) (Phys) / positive Ionenstrahlen, Kanalstrahlen *m pl* (die am längsten bekannten und am einfachsten zu erzeugenden Strahlen positiver Ionen) || **~ resist** (Electronics, Print) / Positivlack *m*, Positivresist *n* || **~ resist image** (Electronics) / Positivresistbild *n* || **~ retouching** (Photog) / Positivretusche *f* (auf Filmpositiven und Positivkopien) || **~ semi-definite** (Maths) / positiv semidefinit *adj*
**positive-sequence reactance** (Elec Eng) / Mitreaktanz *f*, Reaktanz *f* des Mitsystems || **~ resistance** (the value of resistance that, when multiplied by the square of the fundamental positive-sequence rated-frequency component of armature current and by the number of phases, is equal to the sum of the copper loss in the armature and the load loss resulting from that current, when the machine is operated at rated speed) (Elec Eng) / Ohm'scher Widerstand des Mitsystems
**positive shoreline** (Geol) / Hebungsküste *f* || **~ sight** (Surv) / Rückblick *m* (Nivellierlatte) || **~ sign** (Maths) / Pluszeichen *n* (Rechenzeichen für die Addition, positives Vorzeichen für Zahlen), positives Zeichen || **~ skew** (Stats) / positive Schiefe || **~ skewness** (Stats) / positive Schiefe || **~ slope** (Electronics, Telecomm) / Anstiegsflanke *f* (eines Signals nach DIN 40 146-3), positive Flanke (eines Impulses), ansteigende Flanke || **~ stagger** (Aero) / positive Staffelung (bei der der obere Flügel vor dem unteren liegt) || **~ stencil** (Paint) / Schablone *f* || **~ stuffing** (Comp, Telecomm) / Positiv-Stuffing *n* (Einfügen gekennzeichneter Leerstellen in der Stuffing-Technik), positives Stopfen || **~ surge because of decreased outflow** (Hyd Eng) / Stauschwall *m* || **~ surge because of increased inflow** (Hyd Eng) / Füllschwall *m* || **~ take-up motion** (Weaving) / positiver Regulator (ein Warenabzugsgetriebe)
**positive-temperature-coefficient resistor** (Electronics) / Kaltleiter *m* (ein Thermistor nach DIN 44 070), PTC-Widerstand *m*
**positive terminal** (Autos, Elec Eng) / positiver Pol, Pluspol *m* (der Batterie), positive Klemme, Plusklemme *f* || **~ video signal\*** (TV) / positiv moduliertes Videosignal
**positive-voltage supervisory unit** (Teleph) / Plusspannungsüberwacher *m*
**positive wire** (Elec Eng) / Plusleiter *m*, Plusdraht *m*
**positon** *n* (Nuc) / Positron *n*, Positon *n* (ein Antiteilchen des Elektrons)
**positron\*** *n* (Nuc) / Positron *n*, Positon *n* (ein Antiteilchen des Elektrons) || **~ camera** (Radiol) / Positronenkamera *f* || **~ converter** (Nuc) / Positronenkonverter *m* (in Elektronenbeschleunigern) || **~ decay** (Nuc) / Positronenzerfall *m* || **~ disintegration** (Nuc) / Positronenzerfall *m* || **~ emission tomography** (Med) /

Positronenemissionstomografie *f*, PET (Positronenemissionstomografie)
**positronics** *n* (Nuc) / Positronik *f*
**positronium*** *n* (Nuc) / Positronium *n* (gebundenes System aus einem Elektron e⁻ und einem Positron e⁺)
**positron radiator** (Nuc) / Positronenstrahler *m*
**possibilistic** *adj* / possibilistisch *adj*
**possibility** *n* (AI) / Grad *m* der Zugehörigkeit (beim approximativen Schließen) ‖ ~ **for later adaptation** (TV) / Nachrüstmöglichkeit *f* ‖ ~ **of welding** (technical feasibility) (Welding) / Schweißmöglichkeit *f* ‖ ~ **to rework** (Paint) / Überarbeitbarkeit *f* (DIN 55 945)
**possible ore*** (Geol, Mining) / möglicher Vorrat an Erz, möglicher Erzvorrat (der in geologisch bekannten Strukturen vermutet wird) ‖ ~ **reserves** (oil that may be expected from a field from areas outside the proven and probable areas or from remote secondary recovery possibilities) (Mining, Oils) / mögliche Vorräte, mögliche Reserven
**post** *v* / anschlagen *v* (Plakat), Anschlag machen, anbringen *v* (Plakat) ‖ ~ (Comp) / posten *v* (Postings schreiben und absenden) ‖ ~ *n* / Anschlagsäule *f* ‖ ~ / Pfosten *m* (senkrechte Holzstütze), Ständer *m* ‖ ~ (Autos, Rail) / Runge *f* ‖ ~ (Build, Carp) / Stütze *f*, Baustütze *f*, Abstützung *f* (lotrechte), Steife (lotrecht stehender Druckstab) ‖ ~ (Build, Carp, Civ Eng) / Stütze *f* (aufrechtes, meist stabförmiges Bauglied, das je nach seinem Querschnitt als Säule oder als Pfeiler bezeichnet wird), Abstützung *f*, Auflage *f*, Auflager *n* (Stelle, an der ein Tragwerk an der Unterkonstruktion aufliegt und die von ihm belastet wird) ‖ ~ (Ceramics) / Stütze *f* (ein Brennhilfsmittel), Brennstütze *f*, Stapelstütze *f* (ein Brennhilfsmittel)
**POST** *n* (Power-On Self-Test) (Comp) / Power-On Self-Test *m* (Selbsttest, der nach Einschalten des PCs durchgeführt wird), POST *m* (Power-On Self-Test)
**post** *n* (Elec Eng) / Pol *m* (Anschlussstelle einer Gleichspannungs- oder Gleichstromquelle), Polkopf *m*, Polbolzen *m* (der Batterie) ‖ ~* (Glass) / Posten *m*, Glasposten *m* ‖ ~ (Mag) / Stütze *f* (in einem Laufwerk) ‖ ~ (Mining) / Stempel *m*, Grubenstempel *m* (Stützelement aus Holz /wenig nachgiebig/, Stahl und Leichtmetall /nachgiebig/) ‖ ~ (Ships) / Steven *m* (vordere oder hintere Begrenzung des Schiffskörpers)
**postaccelerating electrode** (Electronics) / Nachbeschleunigungselektrode *f*
**postacceleration** *n* (Electronics) / Nachbeschleunigung *f* (der Elektronen in einer Elektronenstrahlröhre) ‖ ~ (Phys) / Nachbeschleunigung *f*
**post-accident atmosphere** (Nuc Eng) / Nachstörfallatmosphäre *f* ‖ ~ **heat removal phase** (Nuc Eng) / PAHR-Phase *f*, Phase *f* der langfristigen Kühlung und Rückhaltung des Brennstoffs
**postactinide elements** (Chem) / Transactinoide *n pl* (chemische Elemente mit den Ordnungszahlen über 104), Transaktinidenelemente *n pl*
**postadjustment** *n* (Electronics, Instr) / Nachjustierung *f*
**postage** *n* / Postentgelt *n*, Postgebühr *f*, Porto *n* (pl. -s oder Porti), Posttaxe *f* (S)
**postage-meter** *n* / Frankiermaschine *f*, Freistempler *m*, Freistempelmaschine *f*
**postage stamp paper** (Paper) / Briefmarkenpapier *n* ‖ ~ **stamps printing** (Print) / Briefmarkendruck *m*
**postal address** / Postanschrift *f* ‖ ~ **administration** / Postverwaltung *f* ‖ ~ **code** / Postleitzahl *f*
**Post algebra** (Comp) / Post-Algebra *f* (mehrwertige Verallgemeinerungen der Algebra der Logik nach E.L. Post, 1897-1954)
**post-alloy-diffused transistor** (Electronics) / Post-Alloy-Diffusionstransistor *m*, PAD-Transistor *m*
**postal meter** / Frankiermaschine *f*, Freistempler *m*, Freistempelmaschine *f*
**postamble** *n* (Comp) / Postambel *f* (DIN 66 010)
**postbake** *v* (Plastics) / nachhärten *v*
**post binder** (Bind) / Steckbindung *f*
**post-boiler corrosion** (Eng) / Korrosion *f* im Rückkühlsystem (von Dampferzeugern)
**postcard bristol** (Paper) / Postkartenkarton *m*
**postchlorinate** *v* (Chem) / nachchlorieren *v* ‖ ~ (San Eng) / nachchloren *v* (Wasser)
**postcode** *n* / Postleitzahl *f*
**postcolumn** *n* (Chem) / Nachsäule *f* (in der Gaschromatografie) ‖ ~ **derivatization** (Chem) / postchromatografische Derivatisierung, Nachsäulenderivatisierung *f* (in der Ionenchromatografie), Postcolumn-Derivatisierung *f* (in der Ionenchromatografie)
**postcombustion** *n* / Nachverbrennung *f*
**postcondition** *n* (Comp) / Nachbedingung *f* (eine Bedingung, die nach Eintreten eines Ereignisses erfüllt werden muss)
**postconsumer waste paper** (Ecol, Paper) / Altpapier *n* (von den Verbrauchern bereits benutzt)

**postcoordination** *n* (Comp) / Postkoordination *f*
**postcritical** *adj* (Nuc Eng) / nachkritisch *adj*
**postcure** *v* (Plastics) / nachhärten *v* ‖ ~ **finish** (Textiles) / Postcuring-Verfahren *n* (Permanent-Press-Ausrüstung mit Endkondensation beim Konfektionär)
**postcuring** *n* (US) (Textiles) / Postcuring-Verfahren *n* (Permanent-Press-Ausrüstung mit Endkondensation beim Konfektionär)
**post-cutoff correction** (Space) / Bahnkorrektur *f* (lenkender Eingriff zum Einhalten der gewünschten Bahn eines Raumflugkörpers in der Freiflugbahn)
**postdeflection** *n* (Electronics, TV) / Nachablenkung *f* ‖ ~ **acceleration*** (Electronics) / Nachbeschleunigung *f* (der Elektronen in einer Elektronenstrahlröhre)
**postdialling** *n* (Teleph) / Nachwahl *f* ‖ ~ **delay** (Comp, Telecomm, Teleph) / Rufverzug *m*, Rufverzugszeit *f*, Post Dial Delay *n*
**post driver** (Civ Eng) / Pfostenramme *f*
**postdubbing** *n* (Cinema) / Nachvertonen *n* (musikalische Aufnahmen, die nach den Bildaufnahmen hergestellt werden)
**post-echo** *n* (Acous) / nacheilendes Echo
**postediting** *n* (Comp) / redaktionelle Nachbearbeitung (z.B. des rechnerübersetzten Textes), Nachredaktion *f*, Postediting *n*
**postemergence herbicide** (Ecol) / Nachauflaufherbizid *n*, Nachlaufherbizid *n* ‖ ~ **treatment** (Ecol) / Nachauflaufbehandlung *f* (Einbringen von Herbiziden in den Boden nach dem Keimen der Kulturpflanzensamen)
**postemphasis** *n* (Acous) / Entzerrung *f*, Nachentzerrung *f* (ein zur Preemphasis komplementärer Vorgang am Ausgang eines Übertragungssystems), Deemphasis *f*
**poster** *vt* / Plakate kleben, Plakate anbringen ‖ ~* *n* (Print) / Poster *m n*, Plakat *n* ‖ ~ **advertising** / Plakatwerbung *f* ‖ ~ **colour** (Paint) / Plakatfarbe *f* (ein wässriger Anstrichstoff für Plakat-, Entwurfs- und Kulissenmalerei)
**posterior distribution** (Stats) / Aposteriori-Verteilung *f* ‖ ~ **probabilities** (Stats) / Aposteriori-Wahrscheinlichkeiten *f pl*
**posterization*** *n* (Comp, Print) / Plakateffekt *m* (Verlust an Details durch zu grobe Graustufung) ‖ ~ (Photog) / Posterisierung *f* (Trennung der Töne)
**posterizing** *n* (loss of details by too coarse grey scaling) (Comp, Print) / Plakateffekt *m* (Verlust an Details durch zu grobe Graustufung)
**poster lettering** (Print) / Plakatschrift *f* ‖ ~ **map** (Cartography) / Plakatkarte *f* (Demonstrationskarte in Form der Wandkarte)
**POS terminal*** (Comp) / Kassenterminal *n*, POS-Terminal *n*, Datenkasse *f*, Kassenbedienplatz *m*
**postern*** *n* (Arch, Build) / Nebeneingang *m* (kleiner)
**poster paint** (Paint) / Plakatfarbe *f* (ein wässriger Anstrichstoff für Plakat-, Entwurfs- und Kulissenmalerei) ‖ ~ **paper** (Paper) / Posterpapier *n*, Plakatpapier *n*, Affichenpapier *n* ‖ ~ **type** (Print) / Plakatschrift *f*
**postexposure** *n* (Photog) / Nachbelichtung *f* (diffuse, partielle)
**postfading** *n* (Acous, Mag) / weiches Ausblenden (von Teilen eines bespielten Magnetbandes), Postfading *n* (unerwünschter Bandinformationen)
**postfinish** *n* (Textiles) / Nachappretur *f*
**postfix notation** (Comp) / Postfixnotation *f*, Postfixschreibweise *f*, umgekehrte polnische Notation, UPN (umgekehrte polnische Notation)
**postflight** *attr* (Aero) / nach dem Flug
**postform** *v* / nachformen *v* (bei anschließender Nachbearbeitung)
**post•forming** *n* (Plastics) / nachträgliche Formung (von Schichtstoffen) ‖ ~**forming sheet*** (Plastics) / formbare Folie, formbare Tafel ‖ ~ **gatherer** (Glass) / Anfänger *m* (ein Facharbeiter)
**postglacial** *adj* (Geol) / postglazial *adj* (nacheiszeitlich)
**post-harvest drying** (Agric) / Nacherntetrocknung *f* ‖ ~ **treatment** (Agric, Nut) / Nacherntebehandlung *f* (z.B. mit Azol-Fungiziden)
**post head*** (Elec Eng, Rail) / Schaltsäule *f* zwischen Speisekabel und Bahnanschluss
**postheating** *n* (I C Engs) / Nachglühen *n* (Zündkerzen) ‖ ~ (Met) / Wärmenachbehandlung *f* ‖ ~* (Welding) / Nachwärmen *n*, anschließende Wärmebehandlung
**postheat wraparound** (Welding) / Glühmuffe *f* (zum Glühen nach dem Schweißen)
**post-hole auger** (Civ Eng) / Tellerbohrer *m* (ein Handbohrer)
**postignition** *n* (I C Engs) / Nachentflammung *f*
**postindustrial society** / nachindustrielle Gesellschaft, postindustrielle Gesellschaft (eine Dienstleistungsgesellschaft nach D. Bell)
**posting** *n* (Comp) / Posting *n* (eine E-Mail, die nicht an einen einzelnen Empfänger gerichtet ist, sondern öffentlich zugänglich in Foren, in Newsgroup des Usenets etc., erscheint) ‖ ~ (a contribution to a newsgroup) (Comp) / Posting *n* (Antwort auf einen Artikel in der Newsgruppe) ‖ ~ (Comp, Telecomm) / Posting *n* (einzelne Nachricht, die einem Netzkommunikationssystem übermittelt wird) ‖ ~ (For) /

**posting**
Einhängen *n* (der Sägeblätter bei Vollgattersägemaschinen) ‖ ~ **plumb** (For) / Überhangmessgerät *n* ‖ ~ **square** (For) / Kreuzwinkel *m* (für Gattersägen)
**postinjection voltage** (Electronics) / Post-Injection-Spannung *f* (die unmittelbar nach Abschalten eines Diodenvorwärtsstromes an der Diode besteht)
**post insulator*** (Elec Eng) / Säulenisolator *m* ‖ ~ **insulator*** (Elec Eng) / Stützer *m* (eine Ausführungsform von Tragisolatoren, die außer der elektrischen Beanspruchung noch mehr oder minder großen mechanischen Beanspruchungen ausgesetzt sind) ‖ ~**irradiation** *n* (Nuc Eng) / Nachbestrahlung *f*
**postirradiation effect** (Nuc Eng, Radiol) / Nachbestrahlungswirkung *f*
**postiteration** *n* (Maths) / Nachiteration *f* (beim Rechnen mit Gleitkomma-Arithmetik)
**postliminal** *adj* (Maths) / nachbegrenzt *adj*
**postmaster** *n* (Comp) / Postmaster *m* (Verwalter einer Mailbox, der für technische Probleme beim Nachrichtenaustausch zuständig ist)
**postmodernist architecture** (pioneered by Robert Venturi) (Arch) / postmoderne Architektur
**postmortem** *n* (program)* (Comp) / Post-mortem-Programm *n* (ein Programm, das nach Auftreten einer Störung die vorhandenen Informationen sicherstellt, z.B. durch Ausdrucken von Register- und Speicherinhalten) ‖ ~ **debugger** (Comp) / Post-mortem-Debugger *m* (Debugger, der solange mitläuft, bis ein anderes Programm eine allgemeine Schutzverletzung verursacht) ‖ ~ **dump** (Comp) / Post-mortem-Dump *m* (ein nach Abschluss des Testlaufs erzeugtes Protokoll) ‖ ~ **examination** (Eng) / Untersuchung *f* nach Ausfall (einer Maschine) ‖ ~ **routine** (Comp) / Post-mortem-Programm *n* (ein Programm, das nach Auftreten einer Störung die vorhandenen Informationen sicherstellt, z.B. durch Ausdrucken von Register- und Speicherinhalten)
**postmultiplication** *n* (Maths) / Multiplikation *f* (von rechts nach links), Rechtsmultiplikation *f*
**post-nickel strike system** (Surf) / Duplex-Nickelschichtsystem *n* (mit sehr dünner, stromlos abgeschiedener Endnickelschicht) ‖ ~ **strike system** / PNS-Verfahren *n* (zur Herstellung von mikrorissigen Chromschichten)
**post oak** (For) / Pfahleiche *f*, Quercus stellata Wangenh. ‖ ≙ **Office box*** (Elec Eng) / Wheatstonebrücke *f* im Kasten, Post-Office-Brücke *f* (eine Messbrücke) ‖ ≙ **Office bridge*** (Elec Eng) / Wheatstonebrücke *f* im Kasten, Post-Office-Brücke *f* (eine Messbrücke)
**post-operative** *adj* (Med) / postoperativ *adj* (z.B. Bestrahlung)
**post pallet*** / Rungenpalette *f* (Flachpalette mit einsteckbaren Rungen)
**postpolymerization** *n* (Chem) / Nachpolymerisation *f*
**postprecipitate** *v* (Chem, Ecol) / nachfällen *v*
**postprecipitation** *n* (Chem, Ecol) / Nachfällung *f*
**postprocessing** *n* (Photog) / Filmnachbearbeitung *f*, Produktionsnachbearbeitung *f* (des Films) ‖ ~ (Print) / Weiterverarbeitung *f*
**postprocessor** *n* (Comp) / Postprocessor *m* (ein Programm, das ein vorhandenes Programm zur Steuerung von Werkzeugmaschinen den Erfordernissen einer speziellen Werkzeugmaschine anpasst), NC-Postprozessor *m* (DIN 66257), Postprozessor *m*
**postproduction** *n* (Photog) / Filmnachbearbeitung *f*, Produktionsnachbearbeitung *f* (des Films)
**Post production system** (Comp) / Post'sches System (das nur aus normalen Produktionen und ihren Inversen besteht) ‖ ~ **puller** (Civ Eng) / Pfostenzieher *m*
**postrecognition logic** / Nacherkennungslogik *f*
**postrecord** *v* (Acous) / nachträglich aufnehmen
**postscoring*** *n* (Cinema) / Nachvertonen *n* (musikalische Aufnahmen, die nach den Bildaufnahmen hergestellt werden)
**Post's correspondence problem** (Comp) / Posts'ches Korrespondenzproblem (nach E.L. Post, 1897-1954)
**PostScript** *n* (Comp) / PostScript-Sprache *f*, PostScript *n* (zum Industriestandard gewordene Seitenbeschreibungssprache der Fa. Adobe)
**PostScript-compatible** *adj* (Comp) / PostScript-fähig *adj*
**PostScript emulation** (Comp) / PostScript-Emulation *f* ‖ ≙ **image setter** (Comp, Print) / PostScript-Belichter *m* ‖ ≙ **Printer Definition file** (contains printer model information that a spooler uses to process PostScrip jobs) (Comp) / PostScript-Druckerdefinitionsdatei *f*, PPD-Datei *f*
**postsolidification cooling rate** (Met) / Abkühlungsgeschwindigkeit *f* nach der Erstarrung
**postsowing treatment** (Agric) / Nachsaatbehandlung *f*
**Post's problem** (Comp) / Posts'ches Korrespondenzproblem (nach E.L. Post, 1897-1954)
**post-stressed concrete** (Civ Eng) / Spannbeton *m* mit nachträglichem Verbund

**post-sync** *n* (Cinema) / Nachsynchronisation *f* (des Primärtons im Studio) ‖ ~ (Cinema) / nachträgliches Vertonen, Nachvertonen *n* (nachträgliche Aufzeichnung von Ton)
**postsynchronization** *n* (Cinema) / Nachsynchronisation *f* (des Primärtons im Studio) ‖ ~* (Cinema) / nachträgliches Vertonen, Nachvertonen *n* (nachträgliche Aufzeichnung von Ton)
**posttectonic** *adj* (Geol) / posttektonisch *adj*
**posttensioned concrete*** (Civ Eng) / Spannbeton *m* mit nachträglichem Verbund
**posttensioning** *n* (Civ Eng) / Vorspannung *f* mit nachträglichem Verbund (in Hüllrohren)
**postthermal treatment** (Met) / Wärmenachbehandlung *f*
**posttransformation** *n* (Comp) / Nachtransformation *f* (automatische Korrektur von Konturlinien, Bemaßung, Schraffur usw.)
**posttranslational** *adj* (Gen) / posttranslational *adj* (Modifikation)
**post-treatment** *n* / Nachbehandlung *f*, Nachbearbeitung *f*
**postulate*** *n* (Maths) / Postulat *n*
**postvolcanic** *adj* (Geol) / postvulkanisch *adj*
**postweld heat treatment** (Welding) / Wärmenachbehandlung *f* ‖ ~ **treatment** (Welding) / Schweißnahtnachbehandlung *f*, Behandlung *f* nach dem Schweißen
**pot** *v* (Electronics, Plastics) / vergießen *v* ‖ ~ (Plastics) / in einem Behälter einbetten ‖ ~ (Textiles) / potten *v* (stark dekatieren) ‖ ~ *n* / Topf *m* (Kochtopf), Kochtopf *m* ‖ ~ (Build, Ceramics) / Hourdiziegel *m*, Tonhohlplatte *f* (für Decken nach DIN 278), Hourdi *m* (pl. Hourdis) (DIN 278), Zwischenbauteil *n* (aus gebranntem Ton) ‖ ~* (Elec Eng) / Potentiometer *n* (stetig regelbarer elektrischer Widerstand), Stellwiderstand *m*, Poti *n* ‖ ~ (Geophys) / seismischer Detektor ‖ ~ (Glass) / Glashafen *m* (für die Hafenschmelze), Glasschmelzhafen *m*, Hafen *m* (eines Hafenofens)
**potable water*** (Med, Nut, San Eng) / Trinkwasser *n* (DIN 2000, 2001 und 4046)
**potable-water protection area** (Ecol, Med, San Eng) / Trinkwasserschutzgebiet *n*
**potamal** *n* (Ecol, Geol, Hyd Eng) / Potamal *n* (Bereich eines Fließgewässers mit überwiegender Sedimentierung)
**potamology** *n* (Hyd) / Potamologie *f*, Flusskunde *f* (Teilgebiet der Hydrologie, das sich mit den fließenden Gewässern beschäftigt)
**potamoplankton** *n* (Ecol) / Potamoplankton *n* (Plankton der fließenden Gewässer), Rheoplankton *n*
**pot annealing*** (Met) / Kastenglühen *n*, Topfglühen *n*, Kistenglühen *n* ‖ ~ **arch** (Glass) / Hafentemperofen *m* (Nebenofen zum Antempern von Häfen), Temperofen *m* (für Glashäfen) ‖ ~ **arching** (Glass) / Antempern *n* der Häfen, Hafentempern *n*, Hafenbrennen *n*
**potash** *n* / Kali *n* (natürlich vorkommendes Kalisalz) ‖ ~* (Chem) / Pottasche *f* (Kaliumkarbonat) ‖ ~ **alum** (Min) / Kalialaun, Kalinit *m*, Pottasche-Alaun *m* ‖ ~ **bulb** (Chem Eng) / Kaliapparat *m* (ein Absorptionsgefäß) ‖ ~ **deposit** (Mining) / Kalisalzlagerstätte *f* (z.B. bei Staßfurt) ‖ ~ **feldspar** (Min) / Kalifeldspat *m* (z.B. Orthoklas oder Mikroklin) ‖ ~ **fertilizer** (Agric) / Kalidünger *m*, Kalidüngemittel *n*, Kalidüngesalz *n*, K-Dünger *m* ‖ ~ **glass** (Glass) / Kaliglas *n* ‖ ~ **lye** (an aqueous solution of potassium hydroxide) (Chem) / Kalilauge *f* (wässrige Lösung von Kaliumhydroxid) ‖ ~ **magnesia** (Agric) / Kalimagnesia *f* (ein Kalidünger), Patentkali *n* ‖ ~ **ore** (Mining) / Kalirohsalz *n* ‖ ~ **salt** (Chem) / Kalisalz *n* ‖ ~ **soap** (Chem, Med) / Kaliseife *f*, Kaliumseife *f*, Sapo *m* kalinus ‖ ~ **soft soap** (Chem, Med) / Kaliseife *f*, Kaliumseife *f*, Sapo *m* kalinus
**potassamide** *n* (Chem) / Kaliumamid *n*
**potassic** *adj* (Chem) / kalihaltig *adj*, Kali-, kaliumhaltig *adj*
**potassiferous salt** (Chem) / Kalisalz *n*
**potassium*** *n* (Chem) / Kalium *n*, K (Kalium)
**potassium-40** *n* (Chem, Nuc) / Kalium-Isotop *n* 40
**potassium acetate** (Chem) / Kaliumacetat *n*, Kaliumazetat *n* ‖ ~ **acid carbonate** (Chem) / Kaliumhydrogencarbonat *n*, Kaliumhydrogenkarbonat *n* ‖ ~ **acid fluoride** (Chem) / Kaliumhydrogenfluorid *n* ‖ ~ **acid fluoride** (Chem) / Kaliumhydrogenfluorid *n* (manchmal jedoch auch $NO(SO_3K)_2$), Frémys Salz ‖ ~ **acid oxalate** (Chem) / Kaliumhydrogenoxalat *n*, Monokaliumoxalat *n* ‖ ~ **acid phosphate** (Chem) / primäres (einbasisches) Kaliumphosphat, Kaliumdihydrogenphosphat *n* ($K_2Cr_2O_7$) ‖ ~ **acid phthalate** (Chem) / Kaliumhydrogenphthalat *n* ($HOOCC_6H_4COOK$) ‖ ~ **acid sulphate** (Chem) / Kaliumhydrogensulfat *n* ($KHSO_4$) ‖ ~ **acid tartrate** (Chem) / Kaliumhydrogentartrat *n* ‖ ~ **adipate** (Chem, Nut) / Kaliumadipat *n* (E 357) ‖ ~ **alginate** (Chem, Nut) / Kaliumalginat *n* (wasserlösliches Kaliumsalz der Alginsäure - E 402) ‖ ~ **alum*** (Min) / Kalialaun *m*, Kalinit *m*, Pottasche-Alaun *m* ‖ ~ **aluminate** (Chem, Civ Eng, Paper) / Kaliumaluminat *n* ‖ ~ **aluminium sulphate** (Chem) / Kaliumaluminiumsulfat *n* (Alaun) ‖ ~ **amide** (Chem) / Kaliumamid *n* ‖ ~ **antimonate** / Kaliumantimonat *n* ($KSbO_3$) ‖ ~ **antimonyl tartrate*** (Chem) / Kaliumantimon(III)-oxidtartrat *n*, Kaliumantimonyltartrat *n* ‖ ~ **argentocyanide** (Chem) /

Kaliumdicyanoargentat, Kaliumdizyanoargentat n, Kaliumsilbercyanid n, Kaliumsilberzyanid n, Silberkaliumcyanid n, Silberkaliumzyanid n
**potassium-argon dating**\* (Phys) / Kalium-Argon-Methode f (K-40 zu Ar-40 - physikalische Altersbestimmung)
**potassium•-argon method** (Phys) / Kalium-Argon-Methode f (K-40 zu Ar-40 - physikalische Altersbestimmung) || ~ **arsenate** (Chem) / Kaliumarsenat n ($K_3AsO_4$) || ~ **arsenite** (Chem) / Kaliumarsenit n || ~ **ascorbate** (Chem) / Kaliumascorbat n, Kaliumaskorbat n || ~ **aurichloride** (Chem) / Kaliumtetrachloroaurat(III)-Dihydrat n ($KAuCl_4 . 2 H_2O$) || ~ **bentonite** (Geol) / Metabentonit m (Ton von Illittyp) || ~ **benzoate** (Chem, Nut) / Kaliumbenzoat n (E 212) || ~ **bicarbonate** (Chem) / Kaliumhydrogencarbonat n, Kaliumhydrogenkarbonat n || ~ **bichromate**\* (Chem) / Kaliumdichromat(VI) n ($K_2Cr_2O_7$) || ~ **bifluoride** (Chem) / Kaliumhydrogenfluorid n || ~ **binoxalate** (Chem) / Kaliumhydrogenoxalat n, Monokaliumoxalat n || ~ **binoxalate** (Chem) / Kleesalz n, Sauerkleesalz n, Bitterkleesalz n, Putzsalz n (ein Gemisch von Kaliumtetraoxalat und Kaliumhydrogenoxalat) || ~ **biphthalate** (Chem) / Kaliumhydrogenphthalat n ($HOOCC_6H_4COOK$) || ~ **bisulphate** (Chem) / Kaliumhydrogensulfat n ($KHSO_4$) || ~ **borohydride** (Chem) / Kaliumborhydrid n ($KBH_4$), Kaliumtetrahydridoborat n, Kaliumboranat n || ~ **bromate(V)** (Chem) / Kaliumbromat n ($KClO_3$) || ~ **bromide**\* (Chem) / Kaliumbromid n || ~ **bromide disk** (Chem, Spectr) / Kaliumbromidpressling m, KBr-Pressling m (in der IR-Spektroskopie) || ~ **bromide pellet** (Chem, Spectr) / Kaliumbromidpressling m, KBr-Pressling m (in der IR-Spektroskopie) || ~ **cadmium iodide** (Chem) / Kaliumtetraiodocadmat n ($K_2CdI_4$), Kaliumtetraiodokadmat n
**potassium-calcium dating** (Phys) / Kalium-Kalzium-Methode f (K-40 zu Ca-40 - physikalische Altersbestimmung) || ~ **method** (Phys) / Kalium-Kalzium-Methode f (K-40 zu Ca-40 - physikalische Altersbestimmung)
**potassium carbonate**\* (Chem) / Kaliumkarbonat n (Pottasche), Kaliumcarbonat n || ~ **carbonyl** (Chem) / Kohlenoxidkalium n, Kaliumkarbonyl n || ~ **channel**\* (Cyt) / Kaliumkanal m (ein Ionenkanal) || ~ **chlorate(V)**\* (Chem) / Kaliumchlorat n ($KClO_3$) || ~ **chlorate(VII)** (Chem) / Kaliumperchlorat n ($KClO_4$) || ~ **chloride**\* (Chem) / Kaliumchlorid n (KCl) || ~ **chloroaurate** (Chem) / Kaliumtetrachloroaurat(III)-Dihydrat n ($KAuCl_4 . 2 H_2O$) || ~ **chromate** (Chem) / Kaliumchromat n || ~ **chrome alum** (Chem) / Kaliumchrom(III)-sulfat-Dodekahydrat n, Kaliumchrom(III)-sulfat-Dodekahydrat n || ~ **chromium(III) sulphate** (Chem) / Kaliumchrom(III)-sulfat-Dodekahydrat n, Kaliumchrom(III)-sulfat-Dodekahydrat n || ~ **citrate** (Chem, Pharm) / Kaliumcitrat n, Kaliumzitrat n, Trikaliumcitrat n, Trikaliumzitrat n || ~ **cyanate** (Chem) / Kaliumcyanat n, Kaliumzyanat n || ~ **cyanide**\* (Chem) / Kaliumcyanid n, Kaliumzyanid n, Zyankali n, Cyankalium n || ~ **cyanoargentate** (Chem) / Kaliumdicyanoargentat, Kaliumdizyanoargentat n, Kaliumsilbercyanid n, Silberkaliumcyanid n, Kaliumsilberzyanid n, Silberkaliumzyanid n || ~ **dichromate(VI)**\* (Chem) / Kaliumdichromat(VI) n ($K_2Cr_2O_7$) || ~ **dihydrogen phosphate** (Chem) / primäres (einbasisches) Kaliumphosphat, Kaliumdihydrogenphosphat n ($K_2Cr_2O_7$) || ~ **disulphite** (Chem, Photog) / Kaliumdisulfit n, Kaliummetabisulfit n, Kaliumpyrosulfit n || ~ **ethandioate**\* (Chem) / Kaliumoxalat n, Kaliumdioxalat n || ~ **ethanoate** (Chem) / Kaliumacetat n, Kaliumazetat n || ~ **feldspar** (Min) / Kalifeldspat m (z.B. Orthoklas oder Mikroklin) || ~ **felspar** (Min) / Kalifeldspat m (z.B. Orthoklas oder Mikroklin) || ~ **ferricyanide**\* (Chem) / Kaliumhexacyanoferrat(III) n (rotes Blutlaugensalz), Kaliumhexazyanoferrat(III) n, Rotkali n || ~ **ferrocyanide**\* (Chem) / Kaliumhexacyanoferrat(II) n (gelbes Blutlaugensalz), Kaliumhexazyanoferrat(II) n, Gelbkali n || ~ **fluoride** (Chem) / Kaliumfluorid n || ~ **fluorosilicate** (Chem) / Kaliumhexafluorosilicat n ($K_2SiF_6$), Kaliumhexafluorosilikat n, Kaliumsilicofluorid n, Kaliumsilikofluorid n || ~ **fluosilicate** (Chem) / Kaliumhexafluorosilicat n ($K_2SiF_6$), Kaliumhexafluorosilikat n, Kaliumsilicofluorid n, Kaliumsilikofluorid n || ~ **gold chloride** (Chem) / Kaliumtetrachloroaurat(III)-Dihydrat n ($KAuCl_4 . 2 H_2O$) || ~ **hexachlorplatinate(IV)**\* (Chem, Photog) / Kaliumhexachloroplatinat(IV) n, Kaliumplatin(IV)-chlorid n || ~ **hexacyanoferrate** (Chem) / Blutlaugensalz n || ~ **hexacyanoferrate(II)** (Chem) / Kaliumhexazyanoferrat(II) n (gelbes Blutlaugensalz), Kaliumhexacyanoferrat(II) n, Gelbkali n || ~ **hexacyanoferrate(III)** (Chem) / Kaliumhexazyanoferrat(III) n (rotes Blutlaugensalz), Kaliumhexacyanoferrat n, Rotkali n || ~ **hexafluorosilicate** (Chem) / Kaliumhexafluorosilicat n ($K_2SiF_6$), Kaliumhexafluorosilikat n, Kaliumsilicofluorid n, Kaliumsilikofluorid n || ~ **hexafluorozirconate** (Chem) / Kaliumhexafluorozirkonat n || ~ **hydride**\* (Chem) / Kaliumhydrid n (KH) || ~ **hydrogencarbonate** (Chem) / Kaliumhydrogencarbonat n, Kaliumhydrogenkarbonat n || ~ **hydrogenfluoride**\* (Chem) / Kaliumhydrogenfluorid n || ~ **hydrogenoxalate** (Chem) s. also salt(s) of sorrel || ~ **hydrogenoxalate** (Chem) / Kaliumhydrogenoxalat n, Monokaliumoxalat n || ~ **hydrogenperoxomonosulphate** (Chem) / Kaliumhydrogenperoxomonosulfat n, Tripelsalz n (Monokaliumsalz der Peroxomonoschwefelsäure) || ~ **hydrogenphosphate** (Chem) / Dikaliumhydrogenphosphat n, sekundäres Kaliumphosphat || ~ **hydrogenphthalate** (Chem) / Kaliumhydrogenphthalat n ($HOOCC_6H_4COOK$) || ~ **hydrogensulphate** (Chem) / Kaliumhydrogensulfat n ($KHSO_4$) || ~ **hydrogentartrate** (Chem) s. also cream of tartar || ~ **hydrogentartrate** (Chem) / Kaliumhydrogentartrat n || ~ **hydroxide** (Chem, Nut) / Kaliumhydroxid n (Ätzkali) (E 525) || ~ **hyperchlorate** (Chem) / Kaliumperchlorat n ($KClO_4$) || ~ **hypochlorite** (Chem) / Kaliumhypochlorit n || ~ **iodate(V)**\* (Chem) / Kaliumiodat n || ~ **iodate(VII)** (Chem) / Kaliumperiodat n ($KIO_4$), Kaliummetaperiodat n
**potassium-iodate-starch paper** (Chem) / Kaliumiodatstärkepapier n (ein Reagenzpapier)
**potassium iodide**\* (Chem) / Kaliumiodid n
**potassium-iodide-starch paper** (Chem) / Jodstärkepapier n, Kaliumiodidstärkepapier n (ein Reagenzpapier)
**potassium line** (Spectr) / Kalilinie f, Kaliumlinie f || ~ **lye** (Chem) / Kalilauge f (wässrige Lösung von Kaliumhydroxid) || ~ **malate** (Chem, Nut) / Kaliummalat n (E 351) || ~ **manganate(VII)** (Chem, For) / Kaliummanganat(VII) n, Kaliumpermanganat n ($KMnO_4$) || ~ **metabisulphite** (Chem, Photog) / Kaliumdisulfit n, Kaliummetabisulfit n, Kaliumpyrosulfit n || ~ **metarsenite** (Chem) / Kaliumarsenit n || ~ **methoxide** (Chem) / Kaliummethoxid n, Kaliummethanolat n || ~ **monophosphate** (Chem) / Dikaliumhydrogenphosphat n, sekundäres Kaliumphosphat || ~ **monoxide** (Chem) / Kaliumoxid n ($K_2O$), Kaliummonoxid n (alte Benennung des Kaliumoxids) || ~ **niobate** (Chem, Elec Eng) / Kaliumniobat n || ~ **nitrate**\* (Chem) / Kaliumnitrat n (Kalisalpeter) || ~ **nitrite** (Chem, Nut) / Kaliumnitrit n (E 249) || ~ **orthophosphate** (Chem) / Kaliumorthophosphat n || ~ **oxalate**\* (Chem) / Kaliumoxalat n, Kaliumdioxalat n || ~ **oxide** (Chem) / Kaliumoxid n (im Allgemeinen) || ~ **ozonide** (Chem) / Kaliumozonid n ($KO_3$) || ~ **perchlorate** (Chem) / Kaliumperchlorat n ($KClO_4$) || ~ **periodate** (Chem) / Kaliumperiodat n ($KIO_4$), Kaliummetaperiodat n || ~ **permanganate**\* (Chem, For) / Kaliumpermanganat n, Kaliummanganat(VII) n, Kaliumpermanganat n ($KMnO_4$) || ~ **permanganate number** (Chem, Ecol) / Permanganatzahl f || ~ **peroxide** (Chem) / Kaliumdioxid n, Kaliumperoxid n ($K_2O_2$) || ~ **peroxydisulphate** (Chem, Textiles) / Kaliumperoxodisulfat n, Kaliumpersulfat n || ~ **perrhenate** (Chem) / Kaliumperrhenat n ($KReO_4$), Kaliumrhenat n (VII) || ~ **persulphate** (Chem, Textiles) / Kaliumperoxodisulfat n, Kaliumpersulfat n || ~ **phosphate** (dibasic form) (Chem) / Dikaliumhydrogenphosphat n, sekundäres Kaliumphosphat || ~ **phosphate** (monobasic form) (Chem) / primäres (einbasisches) Kaliumphosphat, Kaliumdihydrogenphosphat n ($K_2Cr_2O_7$) || ~ **phosphate** (tribasic form) (Chem) / Trikaliumphosphat n, tertiäres Kaliumphosphat || ~ **polymannuronate** (Chem, Nut) / Kaliumalginat n (wasserlösliches Kaliumsalz der Alginsäure - E 402) || ~ **polysulphide** (Chem) / Kaliumpolysulfid n || ~ **prussiate** (Chem) / Blutlaugensalz n || ~ **pyrosulphite** (Chem, Photog) / Kaliumdisulfit n, Kaliummetabisulfit n, Kaliumpyrosulfit n || ~ **pyrrole** (Chem) / Pyrrolkalium n || ~ **quadroxalate** (Chem) / Kaliumquadroxalat n, Kaliumtetraoxalat n, Kaliumtrihydrogendioxalat n || ~ **quadroxalate** (Chem) / Kleesalz n, Sauerkleesalz n, Bitterkleesalz n, Putzsalz n (ein Gemisch von Kaliumtetraoxalat und Kaliumhydrogenoxalat) || ~ **silicate** (Chem) / Kaliumsilikat n ($K_2O \cdot nSiO_2$) || ~ **silicate** (Chem Eng) / Kaliumwasserglas n, Kaliwasserglas n || ~ **silicofluoride** (Chem) / Kaliumhexafluorosilicat n ($K_2SiF_6$), Kaliumhexafluorosilikat n, Kaliumsilicofluorid n, Kaliumsilikofluorid n || ~ **soap** (Chem, Med) / Kaliseife f, Kaliumseife f, Sapo m kalinus
**potassium-sodium pump** (Biochem, Physiol) / Natriumpumpe f, Kalium-Natrium-Pumpe f (für den Transport von Kalium- und Natriumionen in oder aus Zellen des Organismus), Natrium-Kalium-Pumpe f || ~ **tartrate** (Chem) / Kaliumnatriumtartrat n, K-Na-Tartrat n, Natronweinstein m || ~ **tartrate** (Chem) s. also Rochelle salt
**potassium sorbate**\* (Agric, Nut) / Kaliumsorbat n (Konservierungsmittel für Lebensmittel und Futterstoffe - E 202) || ~ **stannate** (Chem) / Kaliumstannat n, Kaliumtrioxostannat(IV) n
**potassium-stannate bath** (Surf) / Kaliumstannatelektrolyt m
**potassium stearate** (Chem, Met, Textiles) / Kaliumstearat n (auch als Schmierstoff) || ~ **stibnate** (Chem) / Kaliumantimonat n ($KSbO_3$) || ~ **sulphate** (Chem, Nut) / Kaliumsulfat n (E 515) || ~ **sulphide** (Chem) / Kaliumsulfid n, Kaliummonosulfid n ($K_2S$) || ~ **sulphite** (Chem) / Kaliumsulfit n || ~ **sulphuret** (Chem) / Kaliumsulfid n, Kaliummonosulfid n ($K_2S$) || ~ **superoxide** (Chem) /

**potassium**

Kaliumhyperoxid *n* (KO₂) ‖ **~ tantalate niobate crystal** (Optics) / Kalium-Tantalat-Niobat-Kristall *m*, KTN-Kristall *m* ‖ **~ tartrate** (Chem) / Kaliumtartrat *n*, Dikaliumtartrat *n*, DKT (Dikaliumtartrat) ‖ **~ t-butoxide** (Chem) / Kalium-tert.-butoxid *n* ‖ **~ tetrachloropalladate(II)** (Chem) / Kaliumtetrachloropalladat(II) *n* ‖ **~ tetrafluoroborate** (Chem) / Kaliumtetrafluoroborat *n* ‖ **~ tetraiodocadmate** (Chem) / Kaliumtetraiodocadmat *n* (K₂CdI₄), Kaliumtetraiodokadmat *n* ‖ **~ tetrathionate** (Bacteriol, Chem) / Kaliumtetrathionat *n* (K₂S₄O₆) ‖ **~ thiocyanate** (Chem, Textiles) / Kaliumthiocyanat *n* (KSCN), Kaliumthiozyanat *n*, Kaliumrhodanid *n* ‖ **~ triiodide** (Chem) / Kaliumtriiodid *n* ‖ **~ trioxide** (Chem) / Kaliumtrioxid *n* (K₂O₃) ‖ **~ xanthate** (Chem, Min Proc) / Kaliumxanthogenat *n* (z.B. Kaliumethylxanthat), Kaliumxanthat *n* (als Sammler für die Flotation von sulfidischen Metallerzen) ‖ **~ xanthogenate** (Chem, Min Proc) / Kaliumxanthogenat *n* (z.B. Kaliumethylxanthat), Kaliumxanthat *n* (als Sammler für die Flotation von sulfidischen Metallerzen)

**potato alcohol** (Chem, Chem Eng) / Kartoffelspiritus *m*, Kartoffelsprit *m* ‖ **~ blight** (Agric) / Kraut- und Knollenbraunfäule der Kartoffel (durch Phytophthora infestans) ‖ **~ chitting tray** (Agric) / Vorkeimkiste *f* (für Kartoffeln) ‖ **~ clamp** (Agric) / Kartoffelmiete *f* (Grube mit zum Überwintern eingelagerten Kartoffeln) ‖ **~ combine** (US) (Agric) / Kartoffelvollerntemaschine *f*, Kartoffelerntemaschine *f* (DIN 11367, T 1) ‖ **~ crusher** (Agric) / Kartoffelquetsche *f*, Kartoffelstampfer *m*, Kartoffelpresse *f* ‖ **~ cyst nematode** (Agric) / Kartoffelnematode *f* (Globodera rostochiensis), Kartoffelzystenälchen *n* (Gelbes) ‖ **~ digger** (Agric) / Kartoffelvorratsroder *m*, Kartoffelroder *m* ‖ **~ fatigue** (Agric) / Kartoffelmüdigkeit *f* ‖ **~ field** (Agric) / Kartoffelacker *m*, Kartoffelfeld *n* ‖ **~ flour** (Nut) / Kartoffelmehl *n* (z.B. als Trennmittel) ‖ **~ flour size** (Textiles) / Kartoffelmehlschlichte *f* ‖ **~ harvester** (Agric) / Kartoffelvollerntemaschine *f*, Kartoffelerntemaschine *f* (DIN 11367, T 1) ‖ **~ haulm** (Agric) / Kartoffelkraut *n* (krautiger Teil der Kartoffelpflanze) ‖ **~ herbage** (Agric) / Kartoffelkraut *n* (krautiger Teil der Kartoffelpflanze) ‖ **~ late blight** (Agric) / Kraut- und Knollenbraunfäule der Kartoffel (durch Phytophthora infestans) ‖ **~ masher** (Agric) / Kartoffelquetsche *f*, Kartoffelstampfer *m*, Kartoffelpresse *f* ‖ **~ mildew** (Agric) / Kraut- und Knollenbraunfäule der Kartoffel (durch Phytophthora infestans) ‖ **~ peeling machine** (Agric, Nut) / Kartoffelschälmaschine *f* ‖ **~ pit** (Agric) / Kartoffelmiete *f* (Grube mit zum Überwintern eingelagerten Kartoffeln) ‖ **~ planter** (Agric) / Kartoffelsetzmaschine *f*, Kartoffellegemaschine *f* (DIN 11172) ‖ **~ pulp** (Chem Eng) / Kartoffelschrot *m* (Rückstand der Kartoffelstärkeherstellung) ‖ **~ puree** (Nut) / Kartoffelpüree *n*, Stampfkartoffeln *f pl* ‖ **~ scab** (Agric) / Kartoffelschorf *m* (gewöhnlicher Erreger: Actinomyces scabies) ‖ **~ scrapings** (Agric) / Kartoffelschalen *f pl* (als Abfall) ‖ **~ shaker** (Agric) / Schwingsiebroder *m* (ein Kartoffelvorratsroder), Siebrostroder *m* ‖ **~ slop** (Agric) / Kartoffelschlempe *f* ‖ **~ solids** (Nut) / Kartoffelpüree-Pulver *n* ‖ **~ spinner** (Agric) / Schleuderradroder *m*, Schleuderroder *m* (Kartoffelroder mit dem Schleuderstern) ‖ **~ starch** (Chem Eng, Nut, Textiles) / Kartoffelstärke *f*, Amylum *n* Solani ‖ **~ steamer** (Agric) / Kartoffeldämpfer *m* (Vorrichtung zum Dämpfen größerer Mengen von Futterkartoffeln) ‖ **~ stone** (Geol) / Geode *f* (Konkretion in Sedimentgesteinen) ‖ **~ storehouse** (Agric) / Kartoffellagerhaus *n*, Kartoffelbelüftungsanlage *f* (Einrichtung zur Langzeitlagerung von Kartoffeln mit kontrollierter Atmosphäre) ‖ **~ tops** (Agric) / Kartoffelkraut *n* (krautiger Teil der Kartoffelpflanze) ‖ **~ wafer** (Nut) / Kartoffelwaffel *f* ‖ **~ washer** (Agric) / Kartoffelwaschmaschine *f*

**pot ball** / Topfballen *m* (der Topfblume) ‖ **~ broaching** (Eng) / Umfangsräumen *n* (auf Senkrechträummaschinen), Tubusräumen *n*, Topfräumen *n* ‖ **~ carriage** (Glass) / Hafenzange *f* (fahrbare), Hafenwagen *m* ‖ **~ casting** (Glass) / Hafengießen *n*

**potcher** *n* (Paper) / Wasch- und Bleichholländer *m*

**pot clay** (Glass) / Hafenton *m*, Glashafenton *m* (Rohstoff zur Herstellung von Glasschmelzhäfen)

**pot-cooled glass** (Glass) / Hafenrohglas *n*

**pot curare** (Pharm) / Topfkurare *n* (trockener, schwarzbrauner Extrakt, nach dem Aufbewahrungsgefäß genannt)

**potential*** *n* (Phys) / Potential *n* (Spannung) ‖ **~ adj** / potentiell *adj*, Potential-

**potential***, 6-12 **~** (Chem) / Lennard-Jones-Potential *n* (das sowohl für Anziehungs- als auch für Abstoßungskräfte ein Potenzgesetz annimmt - nach Sir J.E. Lennard-Jones, 1894-1954)

**potential attenuator*** (Elec Eng) / Kompensator *m*, Kompensatormessgerät *n* ‖ **~ barrier*** (Phys) / Potentialwall *m*, Potentialbarriere *f*, Potentialberg *m*, Potentialschwelle *f* ‖ **~ change** (Elec, Phys) / Potentialänderung *f*, Potentialwechsel *m* ‖ **~ chip** / eingerissene Stelle ‖ **~ coil** (Elec Eng) / Spannungsspule *f* (des elektrischen Leistungsmessers) ‖ **~ control** (Automation, Elec) / Potentialregelung *f* ‖ **~ curve** (Elec) / Potentialkurve *f* (im Potentialdiagramm) ‖ **~ danger** / Gefahrenpotential *n*, Gefährdungspotential *n* ‖ **~ dependency** (Phys) / Potentialabhängigkeit *f* ‖ **~ diagram** (Elec, Elec Eng) / Potentialbild *n*, Potentialdiagramm *n* ‖ **~ difference*** (Elec) / Potentialdifferenz *f*, Potentialunterschied *m* (elektrische Spannung zwischen zwei Punkten) ‖ **~ distribution** (Elec) / Potentialverteilung *f* ‖ **~ divider*** (Elec Eng) / Spannungsteiler *m* (Schaltung oder Bauelement zum Einstellen einer Spannung) ‖ **~ drop*** (Elec) / Potentialabfall *m* ‖ **~ electrode** (Geophys) / Sonde *f* (in der Geoelektrik) ‖ **~ energy*** (Phys) / potentielle Energie (eines physikalischen Systems nach DIN 13 317), Lageenergie *f* (Arbeitsvermögen eines physikalischen Systems), Energie *f* der Lage

**potential-energy curve** (Chem) / Potentialkurve *f* (eines Moleküls) ‖ **~ curve** (Elec) / Potentialkurve *f* (im Potentialdiagramm) ‖ **~ surface** (Phys) / Potentialfläche *f*, Energiehyperfläche *f*

**potential equalization** (Elec, Elec Eng) / Potentialausgleich *m* ‖ **~ equation** (Maths) / Laplace'sche Gleichung, Laplace'sche Differentialgleichung, Potentialgleichung *f*, Laplace-Gleichung *f* (partielle Differentialgleichung 2. Ordnung) ‖ **~ field*** (Phys) / Potentialfeld *n* ‖ **~ flow** (Phys) / Potentialströmung *f* (bei der das Geschwindigkeitsfeld der Bedingung rot c = 0 genügt)

**potential-flow analyser** (Elec Eng) / elektrolytischer Trog (in dem Potential- und Kraftlinienverläufe durch den Verlauf von Strömen nachgebildet werden)

**potential-forming** *adj* / potentialbildend *adj*

**potential function** (Maths) / harmonische Funktion, Potentialfunktion *f* (Lösung der Laplace'schen Differentialgleichungen) ‖ **~ fuse*** (Elec Eng) / Instrumentensicherung *f* ‖ **~ gradient*** (Elec Eng) / Spannungsverteilung *f* (pro Längeneinheit), Spannungsgradient *m*, Spannungsgefälle *n*, Potentialgefälle *n*, Potentialgradient *m* (relatives) ‖ **~ gum** / Potential Gum *m*, potentieller Gum, mögliches Harz (bei der Prüfung der Zunahme des Abdampfrückstandes nach künstlicher Alterung in der Wärme unter Sauerstoffdruck) ‖ **~ head** (Phys) / Ortshöhe *f* (in der Bernoulli'schen Gleichung für stationäre inkompressible Strömung) ‖ **~ hill*** (Phys) / Potentialwall *m*, Potentialbarriere *f*, Potentialberg *m*, Potentialschwelle *f* ‖ **~ indicator** (Elec Eng) / Spannungssucher *m* (ein Anzeigegerät), Spannungsfühler *m* ‖ **~ infinity** (Maths) / Potentialunendlich *n*, potentielles Unendliches ‖ **~ instability** (Meteor) / Konvektionsinstabilität *f*, Bénard-Instabilität *f* (nach H.C. Bénard, 1874 - 1939) ‖ **~ jump** (Chem) / Potentialsprung *m* (bei der potentiometrischen Titration) ‖ **~ measurement** (Elec) / Potentialmessung *f* (das Elektrodenpotential wird als Spannung zwischen der Messelektrode und der Bezugselektrode mit Hilfe eines hochohmigen Voltmeters gemessen)

**potential-pH-diagram** *n* (Chem, Elec) / Pourbaix-Diagramm *n* (ein Zustandsdiagramm), Potential-pH-Diagramm *n* (nach Pourbaix)

**potential plateau** (Elec) / Potentialplateau *n* ‖ **~ probe** / Potentialsonde *f* (in der Bruchmechanik oder in der Elektrochemie)

**potential-probe technique** (Materials) / Potentialsondenverfahren *n*

**potential production** (Mining) / mögliche Förderung (Schätzung der abbauwürdigen Vorräte) ‖ **~ pulse** (Mech) / potentieller Impuls ‖ **~ raise** (Elec) / Potentialanstieg *m*, Potentialanhebung *f*, Potentialerhöhung *f* ‖ **~ reserve** (ore not yet discovered but whose presence is suspected - the term is sometimes used for ore not commercially viable at present time) (Geol, Mining) / potentielle Erzvorräte ‖ **~ rise** (Elec) / Potentialanstieg *m*, Potentialanhebung *f*, Potentialerhöhung *f* ‖ **~ sales** / Absatzchancen *f pl* ‖ **~ scattering** (Phys) / Potentialstreuung *f* (an einem Potentialwall) ‖ **~ shift** (Phys) / Potentialverschiebung *f*, Abwandern *n* des Potentials ‖ **~ step** (Phys) / Potentialstufe *f* (charakteristischer Potentialverlauf) ‖ **~ tester** (Elec Eng) / Spannungsprüfer *m* (ein Prüfgerät) ‖ **~ theory*** (Maths, Phys) / Potentialtheorie *f* (Theorie der Potentialfunktionen) ‖ **~ transformer*** (Elec Eng) / Spannungswandler *m* (DIN 40714), Spannungstransformator *m* ‖ **~ tumble** (Elec) / rascher Potentialabfall ‖ **~ variation** (Elec) / Potentialschwankung *f* ‖ **~ vortex** (Phys) / Potentialwirbel *m* (Singularität in ebener inkompressibler Strömung, bei der die Flüssigkeitsteilchen eine kreisende Bewegung um den Ursprung ausführen) ‖ **~ vorticity** (Meteor) / potentielle Vorticity ‖ **~ well*** (Nuc) / Potentialtopf *m* (eine rotationssymmetrische Potentialmulde mit steilen oder auch abgeflachten Wänden) ‖ **~ well*** (Nuc) / Potentialmulde *f* (ein charakteristischer Potentialverlauf

**potentiation** *n* (Ecol, Pharm) / starker Synergismus

**potentiodynamic** *adj* / potentiodynamisch *adj*, potentiokinetisch *adj*

**potentiokinetic** *adj* / potentiodynamisch *adj*, potentiokinetisch *adj*

**potentiometer*** *n* (Elec Eng) / Potentiometer *n* (stetig regelbarer elektrischer Widerstand), Stellwiderstand *m*, Poti *n* ‖ **~*** (Elec Eng) / Kompensator *m*, Kompensatormessgerät *n* ‖ **~ braking*** (Elec Eng) / Widerstandsbremsung *f* (ein elektrisches Bremsverfahren) ‖ **~ circuit configuration** (Elec Eng) / Potentiometerschaltung *f* (wenn ein

Potentiometer als Spannungsteiler eingesetzt wird) ‖ ~ **measuring circuit** (Elec Eng) / Potentiometermesskreis *m* ‖ ~ (comparison) **method** (Elec Eng) / Kompensationsmethode *f* (Prinzip der elektrischen Messtechnik) ‖ ~ **setting** (Elec Eng) / Potentiometereinstellung *f*
**potentiometric** *adj* (Chem) / potentiometrisch *adj* ‖ ~ **electrode** (Chem) / potentiometrische Elektrode ‖ ~ **extensometer** (Electronics) / Dehnmessstreifen *m*, Dehnungsmessstreifen *m* (ein passiver Messwandler), DMS *m* (Dehnungsmessstreifen), Widerstandsdehnungsmessstreifen *m* (ein Ohm'scher Messgrößenumformer), Widerstandsdehnungsmesser *m* (mit dem Dehnungsmessstreifen) ‖ ~ **recorder** / Kompensationsschreiber *m* (nach dem Kompensationsverfahren arbeitender Schreiber, bei welchem die Schreibvorrichtung durch den Motor der Kompensationseinrichtung betätigt wird), Kompensograf *m* ‖ ~ **surface** (Hyd Eng) / Äquipotentialfläche *f* (Fläche konstanter hydraulischer Druckhöhe) ‖ ~ **titration*** (Chem) / potentiometrische Titration (potentiometrische Endpunktbestimmung in der Maßanalyse)
**potentiometry** *n* (Chem) / Potentiometrie *f*
**potentiostat** *n* (an instrument designed to maintain a constant potential) (Chem, Electronics, Eng, Instr) / Potentiostat *m* (ein elektronisches Potential-Regelgerät)
**potentiostatic** *adj* (Electronics, Eng) / potentiostatisch *adj* (mit oder bei konstantem Potential) ‖ ~ **coulometry** (Chem) / potentiometrische Coulometrie, potentialkontrollierte Coulometrie, Coulometrie *f* bei konstantem Potential
**potette*** *n* (Glass) / Stiefel *m* (am Durchlass zwischen Läuterungs- und Arbeitswanne), Haube *f* (aus Schamotte) ‖ ~ **tank** (Glass) / Stiefelwanne *f*, Wannenofen *m* mit Stiefeln
**pot eye** (Weaving) / Porzellanöse *f* (DIN 64685), Porzellanauge *n*, Porzellanring *m*, Porzellanfadenleitöse *f*, Fadenleitöse *f* aus Porzellan ‖ ~ **floor** (Build) / Stahlrippenbetondecke *f* (mit Zwischenbauteilen aus gebranntem Ton), Füllkörperdecke *f*, Hohlkörperdecke *f* ‖ ~ **furnace*** (Glass) / Hafenofen *m* (zur Hafenschmelze von Glas) ‖ ~ **galvanizing** (Surf) / Schmelztauchverzinkung *f*, Feuerverzinkung *f* (DIN 50 976) ‖ ~ **glass** (melted in pots or crucibles) (Glass) / im Hafen geschmolzenes Glas, Hafenglas *n* ‖ ~ **glaze** (Ceramics) / Töpferglasur *f* (leichtflüssige, bleihaltige oder bleifreie Glasur)
**pothead** *n* (Cables) / Kabelendverschluss *m*, Endverschluss *m* (eine Abschlussgarnitur des Kabels)
**Pothenot's problem** (Maths) / Pothenot'sche Aufgabe, Pothenot'sches Problem
**pothole** *n* (Civ Eng) / Schlagloch *n* (im Straßenbelag) ‖ ~ (Hyd Eng) / Strudeltopf *m*, Laugungskolk *m*, Erosionskessel *m*, Erosionskolk *m*, Strudelloch *n*, Wirbelkolk *m*, Kolk *m*
**potholing** *n* (Civ Eng) / Schlaglochbildung *f*
**Potier construction*** (Elec Eng) / Kurzschlussdreieck *n*, Kapp'sches Dreieck, Potier-Dreieck *n* ‖ ~ **diagram** (Elec Eng) / Kurzschlussdreieck *n*, Kapp'sches Dreieck, Potier-Dreieck *n* ‖ ~ **reactance*** (Elec Eng) / Potier-Reaktanz *f* (eine Kenngröße der Synchronmaschinen) ‖ ~ **reactance triangle** (Elec Eng) / Kurzschlussdreieck *n*, Kapp'sches Dreieck, Potier-Dreieck *n*
**pot life** (Chem Eng, Paint) / Topfzeit *f* (Verarbeitungsdauer von kalthärtenden Reaktionsharzmassen, Reaktionslacken und Reaktionsklebern nach dem Vermischen der Komponenten oder nach Zugabe des Härters) ‖ ~ **life** (the length of time, or the number of cycles, a pot is in actual use before it is discarded) (Glass) / Hafenreise *f* (Lebensdauer eines Hafens) ‖ ~ **life** (Paint) / Pot-Life *n*, Gebrauchsdauer *f*, Topfzeit *f* (die Zeit, in welcher Zwei- und Mehrkomponentenlacke verarbeitungsfähig bleiben), Gebrauchszeit *f*
**pot-made glass** (Glass) / im Hafen geschmolzenes Glas, Hafenglas *n*
**pot magnet*** (Elec Eng) / Topfmagnet *m*
**pot-melted glass** (Glass) / im Hafen geschmolzenes Glas, Hafenglas *n*
**pot melting** (Glass) / Hafenschmelze *f* (ein diskontinuierliches Glasschmelzverfahren) ‖ ~ **mouth** (Glass) / Maul *n* (Arbeitsöffnung bei verdeckten Häfen)
**potometer** *n* (Bot) / Potetometer *n* (zur Ermittlung von Transpiration bei Pflanzen), Potometer *n*
**pot opening** (Glass) / Arbeitsnische *f* ‖ ~ **plant** (Bot) / Topfpflanze *f*, Topfblume *f* ‖ ~ **ring** (Glass) / Ring *m* (ein zur Abgrenzung der Entnahmeflasche in die Arbeitswanne oder in den Hafen eingelegter schwimmender Schamottering), Kranz *m* ‖ ~ **room** (Glass) / Hafenstube *f* (Nebenabteilung einer Glashütte zur Hafenherstellung und zur Herstellung anderer spezieller Feuerfesterzeugnisse) ‖ ~ **ruby** (Glass) / hafenfertiges Rubinglas ‖ ~ **setting** (Glass) / Hafensetzen *n* (mittels einer fahrbaren Hafenzange)
**pot-shaped** *adj* / topfförmig *adj*
**pot sherds** (Ceramics) / Hafenscherben *f pl* ‖ ~ **spinning** (Plastics, Spinning) / Zentrifugenspinnen *n*, Topfspinnen *n* ‖ ~ **spinning frame**

(Spinning) / Topfspinnmaschine *f*, Dosenspinnmaschine *f*, Kapselspinnmaschine *f*, Tellerspinnmaschine *f*, Trichterspinnmaschine *f* ‖ ~ **spout** (from a glass tank to a revolving pot) (Glass) / Zulaufrinne *f* (beim Owens-Verfahren) ‖ ~ **still*** (Chem) / Blasendestillierapparat *m*, Schalendestillierapparat *m*
**potstone*** *n* (Min) / Topfstein *m* (dichter Talk), Lavezstein *m*
**Pott-Broche process** (Chem Eng) / Pott-Broche-Verfahren *n* (Herstellung von Benzin durch Kohleextraktion)
**pot teeming** (Glass) / Hafengießen *n*
**Potter-Bucky grid*** (Radiol) / Bucky-Blende *f* (nach G. Bucky, 1880 - 1963), Streustrahlenraster *m*, Bucky-Raster *m*, Streustrahlenblende *f*, Antiscattering-Blende *f*
**potters' clay*** (any ball clay used in the production of pottery) (Ceramics) / Töpferton *m*
**potter's wheel** (Ceramics) / Töpferscheibe *f* (Drehscheibe zum Formen rotationssymmetrischer Gefäße), Drehscheibe *f*, Töpferdrehscheibe *f*
**pottery** *n* (Ceramics) / Feinkeramik *f* ( ‖ ~ (Ceramics) / Töpferhandwerk *n*, Töpferei *f* (Handwerk) ‖ ~ (Ceramics) / einfache Töpferware (mit porösem Scherben), Tonware *f*, Irdenware *f*, Hafnerware *f*, Irdengut *n* ‖ ~ (Ceramics) / Töpferei *f* (Werkstatt), Töpferwerkstatt *f* ‖ ~ **tissue** (Ceramics, Paper) / Porzellanseidenpapier *n* (Seideneinschlagpapier für Porzellan)
**pot throat** (Print) / Gießhals *m*
**potting** *n* (Ceramics) / Töpferhandwerk *n*, Töpferei *f* (Handwerk) ‖ ~ (Electronics, Plastics) / Vergießen *n* ‖ ~ (Plastics) / Einbettung *f* in einem Behälter ‖ ~ (Textiles) / Nassdekatur *f*, Nassdekatieren *n* (mit heißem Wasser) ‖ ~ (Textiles) / Potten *n*, Potting *n* (starkes Dekatieren) ‖ ~ **fastness** (Textiles) / Pottingechtheit *f* (Widerstandsfähigkeit von Färbungen gegen Einwirkungen von kochendem Wasser, speziell bei Wollgeweben) ‖ ~ **resin** (Plastics) / Gießharzmasse *f*, Vergussharz *n* (Rohstoff) ‖ ~ **soil** / Blumenerde *f* (für Blumentöpfe)
**pot waggon** (Glass) / Hafenzange *f* (fahrbare), Hafenwagen *m*
**pouch** *n* (Photog) / Beutel *m* (für eine Kamera)
**POU domain** (Biochem) / POU-Domäne *f*
**poughite*** *n* (Min) / Poughit *m*
**poultice corrosion*** / Korrosion *f* unter Ablagerungen (DIN 50900, T 1), Berührungskorrosion *f*, Belagskorrosion *f* (eines Metallgegenstandes unter Ablagerung bei Berührung mit anderen nichtmetallischen/ nicht leitenden/ Festkörpern)
**pounce** *v* (Textiles) / mit Lochverzierung versehen ‖ ~ **bag** (Eng, Paint) / Pausbeutel *m* (mit feingesiebter Holzkohle, Graphit, Ruß, Bimsmehl bzw. Kreide gefüllter Leinenbeutel, der zum Übertragen einer Zeichnung auf einen zu bemalenden oder zu beschriftenden Untergrund dient), Puderbeutel *m*, Poncette *f*
**pouncing paper** (Eng, Paint) / Transparentpapier *n*, Pauspapier *n* (zum Übertragen des Entwurfs oder der Vorlage auf den Maluntergrund) ‖ ~ **paper** (Textiles) / Schleifpapier *n* (Hutherstellung - mit Sand oder Siliziumkarbid als Streumittel)
**pound** *v* (Build, Civ Eng) / stampfen *v*, feststampfen *v* ‖ ~* *n* / Pfund *n* (= 0,45359237 kg) ‖ ~* (Hyd Eng) / Kanalhaltung *f*
**pounding** *n* (Build, Civ Eng) / Feststampfen *n*, Stampfen *n* ‖ ~* (Ships) / Durchsetzen *n* des Schiffs - Grundberührung bei Seegang
**pound mass** / Pfund *n* (= 0,45359237 kg)
**pour** *v* (into another container or bottle) / umgießen *v* (Partizip: umgegossen) ‖ ~ (round something) / umgießen *v* (einen Körper - Partizip umgossen) ‖ ~ / gießen *v*, schütten *v* ‖ ~ (Ceramics, Foundry, Glass) / vergießen *v*, gießen *v*, abgießen *v*
**pourability** *n* (Foundry) / Gießbarkeit *f*
**pourable** *adj* / vergießbar *adj*, gießbar *adj*
**pour-and-set foam** (Autos) / Ausschäummasse *f* (für Hohlraumversiegelung)
**Pourbaix diagram*** (Chem, Elec) / Pourbaix-Diagramm *n* (ein Zustandsdiagramm), Potential-pH-Diagramm *n* (nach Pourbaix)
**pour depressant** (Oils, Phys) / Stockpunktverbesserer *m*, Stockpunkterniedriger *m* (ein Schmierstoffadditiv), Pourpointerniedriger *m*
**poured asphalt** (Civ Eng) / Gussasphalt *m* (Mineralgemisch von abgestufter Körnung, dem im heißen Zustand ein durch Erhitzen dünnflüssig gemachtes Straßenbaubitumen zugemischt worden ist) ‖ ~ **concrete** (Civ Eng) / Gussbeton *m* (heute nicht mehr hergestellt) ‖ ~ **floor** (Build) / fugenloser Fußbodenbelag, fugenloser Belag, fugenloser Fußboden
**pouring** *n* (Ceramics, Foundry, Glass) / Guss *m*, Gießen *n* (Gießvorgang) ‖ ~ **basin** (Eng, Foundry) / Gießtümpel *m* (Teil des Eingusssystems), Tümpel *m*, Eingusstümpel *m* ‖ ~ **characteristic** / Fließverhalten *n* (z.B. eines Mineralöls) ‖ ~ **compound** / Vergussmasse *f* ‖ ~ **defect** (Foundry) / Gussfehler *m* (Fehlstelle am fertigen Gussstück) ‖ ~ **drum** (Foundry) / Trommelpfanne *f* ‖ ~ **fumes** (Foundry) / Formgase *n pl*
**pouring-in** *n* / Eingießen *n*, Einguss *m* (Tätigkeit)

**pouring liquid**

**pouring liquid** (Phys) / [tropfbare] Flüssigkeit f ‖ **~ stream** (Foundry) / Gießstrahl m, Gießader f ‖ **~ temperature** (Foundry) / Gießtemperatur f (bei der das flüssige Gießgut in die Form gegossen wird) ‖ **~ time** (Foundry) / Gießzeit f (in der das Gießgut aus der Gießvorrichtung bis zur vollständigen Füllung der Gießform abgegeben wird) ‖ **~ velocity** (Civ Eng) / Schüttgeschwindigkeit f (des Frischbetons beim Einbringen in die Schalung), Steiggeschwindigkeit f
**pour into another vessel** / umfüllen v ‖ **~ off** v (Chem) / dekantieren v (vorsichtig abgießen) ‖ **~ out** / ausströmen v, herausfließen v, abströmen v ‖ **~ point*** (Oils, Phys) / Pourpoint m (der etwa 2 bis 5K höher liegt als der Stockpunkt - DIN 51 597 und DIN ISO 3771) ‖ **~ point*** (Oils, Phys) s. also setting point
**pour-point depressant** (Oils, Phys) / Stockpunktverbesserer m, Stockpunkterniedriger m (ein Schmierstoffadditiv), Pourpointerniedriger m ‖ **~ inhibitor** (Oils, Phys) / Stockpunktverbesserer m, Stockpunkterniedriger m (ein Schmierstoffadditiv), Pourpointerniedriger m
**pour together** / zusammengießen v
**powder** v / zerpulvern v, pulverisieren v, pulvern v, zu Pulver zerstoßen, mahlen auf Staubfeinheit v / zerstäuben v (feste Stoffe) ‖ **~** / talkumieren v (mit Talkum bestreuen, einpudern) ‖ **~** / bestauben v, pudern v, bestäuben v, bepudern v, bestreuen v ‖ **~** vi / zu Pulver werden ‖ **~*** n / Pulver n, Mehl n, Puder m ‖ **~** (Pharm) / Pulver n (eine Arzneidarreichungsform), Pulvis m (pl. -veres) ‖ **~ application** / Pulverauftrag m (im Allgemeinen) ‖ **~ blend** (Plastics) / Trockenmischung f (aus mehreren Kunststoffen oder aus Kunststoffen mit Weichmachern sowie Mischung aus mehreren Einzeldüngern), Pulvermischung f ‖ **~ camera** (Crystal) / Röntgenpulverkamera f, Pulverkamera f ‖ **~ carburizing** (Met) / Pulveraufkohlung f (wenn die Bauteile in Kohlepulvereingepackt sind), Aufkohlung f in festen Kohlungsmitteln, Pulveraufkohlen n ‖ **~ clutch** (Eng) / Magnetpulverkupplung f (DIN 42 005) ‖ **~ coating** (a painting process in which finely ground, dry plastic is applied to a part using electrostatic and compressed-air transfer mechanisms) (Paint) / Pulverbeschichtung f, Pulverlackierung f (Tätigkeit) ‖ **~ coating** (Paint) / Pulverlack m, Beschichtungspulver n (das ausschließlich aus Festkörpern besteht und völlig frei von Lösemitteln ist)
**powder-coating gun** (Paint) / Spritzpistole f (für Pulverlack), Pulverspritzpistole f
**powder combustion spraying** / Pulverflammspritzen n (mit keramischen Spritzwerkstoffen) ‖ **~ conveying** (Welding) / Pulverförderung f ‖ **~ core*** (Elec Eng) / Massekern m (DIN 41281, Eisenpulverkern m ‖ **~ core*** (Elec Eng) s. also ferrite core ‖ **~ cutting** (Welding) / Pulverbrennschneiden n ‖ **~ density*** (Plastics) / Schüttdichte f (des Pulvers nach DIN ISO 697) ‖ **~ deposition** (Welding) / Pulverauftrag m ‖ **~ diffractometer** (Crystal) / Pulverdiffraktometer n ‖ **~ dressing** (Agric) / Trockenbeizung f (eine Saatgutbeizung)
**powdered** adj / pulverig adj, pulvrig adj, pulverförmig adj, pulverisiert adj, zerpulvert adj ‖ **~ bestäubt** adj, bepudert adj ‖ **~ coal** / Kohlenstaub m, Staubkohle f, Brennstaub m (pulverisierte Kohle als Produkt) ‖ **~ egg** (Nut) / Eipulver n ‖ **~ enamel** / Puderemail n, Emailpuder m ‖ **~ explosive** (black powder and similar mixtures) / gekörnter Explosivstoff m ‖ **~ foods** (Nut) / pulverisierte Lebensmittel ‖ **~ glass** (Glass) / Glaspulver n ( = kleiner 40μm), Glasmehl n (bis zu 70μm) ‖ **~ gypsum** / Gipsmehl n
**powdered-iron core** (Elec Eng) / Massekern m (DIN 41281), Eisenpulverkern m
**powdered metal** (Powder Met) / Metallpulver n, pulverisiertes Metall ‖ **~ milk** (Nut) / Trockenmilch f, Milchpulver n ‖ **~ mineral** (Min) / Mineralpulver n, Mineralmehl n ‖ **~ pumice** / Bimsstaub m, Bimssteinpulver n, Bimsmehl n ‖ **~ resin** / Pulverharz m (z.B. für Spanplatten) ‖ **~ sample** (Materials) / Pulverprobe f (pulversisierte Probe) ‖ **~ strychnos seed** / Brechnusspulver n ‖ **~ sugar** (Nut) / Farinzucker m, Staubzucker m, Puderzucker m, Staubzucker m, Farin m ‖ **~ whey** (Nut) / Molkenpulver n, Trockenmolke f ‖ **~ whiting** (Paint) / Schlämmkreide f ‖ **~ zinc** / Zinkpulver n
**powder fabrication** (Powder Met) / Pulverherstellung f (bei Sinterprozessen) ‖ **~ feeding** (Welding) / Pulverzufuhr f ‖ **~ feeding** (Welding) / Pulverförderung f ‖ **~ flame cutting** (Welding) / Pulverbrennschneiden n ‖ **~ forging** (Met) / Pulverschmieden n (Variante des Präzisionsschmiedens von Werkstücken aus pulvermetallurgisch hergestellten Anfangsformen) ‖ **~ funnel** / Pulvertrichter m ‖ **~ grain** / Pulverkorn n
**powdering** n (Paint) / Auskreiden n (dem Ausblühen ähnliche Erscheinung, vor allem bei Anatas-Pigment enthaltenden Gegenständen), Kreiden n (z.B. des Dispersionsanstrichs - DIN 55943), Abkreiden n
**powder jar** (Chem) / Pulverflasche f ‖ **~ jar** (Chem) s. also wide-mouth bottle

**powderless etching*** (Print) / Einstufenätzverfahren n, Schnellätzverfahren n (bei dem die drucktechnisch erforderliche Ätztiefe in einem Arbeitsgang erreicht wird - z.B. mit Drehpaddelmaschinen nach Dow)
**powder magnet** (Elec Eng, Powder Met) / Pulvermagnet m, Pressmagnet m, Feinstteilchenmagnet m ‖ **~ marking** (Welding) / Pulvermarkieren n ‖ **~ metal** (Powder Met) / gepulvertes Metall, Pulvermetall n ‖ **~ metallurgy*** (Powder Met) / Pulvermetallurgie f, Metallkeramik f (Herstellung von Werkstoffen, Halbzeugen und Fertigwaren auf der Basis von Metallpulvern nach keramischer Technologie - DIN EN ISO 3252) ‖ **~ metallurgy part** (Powder Met) / pulvermetallurgisches Teil ‖ **~ metallurgy part** (Powder Met) / metallkeramisches Teil, Metallkeramikteil n ‖ **~ method*** (Crystal, Min) / Pulvermethode f, Kristallpulvermethode f, Pulververfahren n, Polykristallmethode f (zur Untersuchung von feinkristallinem Material mit Hilfe der Beugung von Röntgenstrahlen) ‖ **~ mixing** / Pulvermischen n
**powder-mixing station** (Powder Met) / Pulvermischstation f
**powder particle** (Powder Met) / Pulverteilchen n (DIN EN ISO 3252), Pulverpartikel f ‖ **~ pattern** (an X-ray diffraction pattern consisting of a series of rings on a flat film or a series of lines on a circular strip film, and resulting when a monochromatic beam of X-rays is reflected from a randomly oriented polycrystalline metal or from powdered crystalline material) (Crystal) / Pulverdiagramm n (bei der Pulveraufnahme nach Debye und Scherrer) ‖ **~ photography*** (Crystal, Min) / röntgenografische Aufnahme nach der Pulvermethode, Pulveraufnahme f (z.B. nach Debye-Scherrer, nach Straumanis, nach Seemann-Bohlin)
**powder-post beetle** (For, Zool) / Holzmehlkäfer m (ein tierischer Holzschädling), Splintholzkäfer m (ein tierischer Holzschädling), Schattenkäfer m, Rindenbrüter m (Brutgang zwischen Rinde und Holz) ‖ **~ borers** (Zool) / Insektenfamilien Bostrychidae und Lyctidae
**powder•-post borings** (For) / [mit feinstem Bohrmehl gefüllte] Gänge des Großen Holzwurms ‖ **~ production** (Powder Met) / Pulverherstellung f (bei Sinterprozessen) ‖ **~ recovery** / Pulverrückgewinnung f ‖ **~ rolling** (Maths) / Pulverwalzen n ‖ **~ rolling** (Powder Met) / Walzverdichten n ‖ **~ sample** / Pulverprobe f ‖ **~ sintering** (Met) / Pulversintern n (Aufstreuen von Kunststoffpulver auf eine erhitzte Oberfläche)
**powder-slush process** (Plastics) / Powder-Slush-Verfahren n
**powder snow** (Meteor) / Lockerschnee m, Pulverschnee m ‖ **~ technology*** (Powder Met) / Pulverherstellung f (bei Sinterprozessen) ‖ **~ test** (Glass) / Grießprobe f ‖ **~ thermospraying** / Pulverflammspritzen n (mit keramischen Spritzwerkstoffen) ‖ **~ without solvent** / POL-Pulver (ein Treibladungspulver ohne Lösungsmittel), Pulver n ohne Lösungsmittel
**powdery** adj / pulverig adj, pulvrig adj, pulverförmig adj, pulverisiert adj, zerpulvert adj ‖ **~ mildew*** (Agric, Bot, Nut) / Echter Mehltau (durch Erysiphales-Pilze hervorgerufen) ‖ **~ scab** (Agric) / Pulverschorf m, Schwammschorf m (Erreger: Spongospora /solani/ subterranea (Wallr.) Johnson.)
**powellite** n (Min) / Powellit m (tetragonaler Scheelit)
**power** v / Energieleitungen legen ‖ **~** (Eng) / motorisieren v (mit einem Motor antreiben) ‖ **~** (Eng) / mit einer Antriebsmaschine ausrüsten ‖ **~** n / Vermögen n, Macht f, Fähigkeit f ‖ **~** (Eng) / Leistung f (eines Motors) ‖ **~** (I C Engs) / Stärke f ‖ **~** (Maths) / Potenz f (eines Punktes, einer Geraden, einer Matrix) ‖ **~*** (Maths) / Potenz f (Maths) / Mächtigkeit f (einer Menge), Kardinalzahl f (einer Menge), Zahleigenschaft f (einer Menge) ‖ **~*** (Mech) / Leistung f (Energie durch Zeit nach DIN 5476) ‖ **~*** (Mech) / Leistungsfähigkeit f, Leistungsvermögen n ‖ **~** (Mech) / [mechanische] Kraft f ‖ **~** (Stats) / Trennschärfe f (beim Testen) ‖ **~** (with elastane fibres) (Textiles) / Haltevermögen n, Spannkraft f (des Gewebes), Dehnungswiderstand m (der Faser) ‖ **~** (Stats) s. also power function ‖ **~ attr** (Eng) / kraftbewegt adj, kraftbetrieben adj, kraftbetätigt adj
**power-actuated** adj (Eng, Phys) / kraftbetätigt adj, kraftbetrieben adj
**power-adjustable mirror** (Autos) / elektrisch verstellbarer Außenspiegel
**power alcohol** (Fuels) / Ethanoltreibstoff m ‖ **~ amplifier** (Cinema, Electronics) / Hauptverstärker m ‖ **~ amplifier*** (Elec Eng, Radio) / Leistungsverstärker m
**power-and-free conveyor** (Eng) / Power-and-free-Förderer m
**power arm** (Mech) / Kraftarm m (des Hebels)
**power-assisted brake system** (Autos) / Hilfskraft-Bremsanlage f (DIN 70012) ‖ **~ braking system** (Autos) / Hilfskraft-Bremsanlage f (DIN 70012) ‖ **~ control** (Automation) / Servosteuerung f, Servoregelung f, Kraftsteuerung f
**power•-assisted controls*** (Aero) / Servosteueranlage f ‖ **~-assisted steering*** (Autos) / Servolenkung f (mit hydraulisch verstärkter Betätigungskraft), Hilfskraftlenkung f ‖ **~ bandwidth** (Comp, Telecomm) / Leistungsbandbreite f ‖ **~ barrow** (pedestrian-controlled dumper) (Civ Eng) / Motorkipperkarre f, Kleindumper m ‖ **~ boat**

1202

(Ships) / Motorboot n ‖ **~ booster** (Autos) / Bremskraftverstärker m (zur Unterstützung der vom Fahrzeugführer aufgebrachten Pedalkraft) ‖ **~ brake** (Autos) / Fremdkraftbremse f ‖ **~ brake** (US) (Eng, Met) / Abkantpresse f, Gesenkbiegepresse f (DIN 55222) ‖ **~ brake unit** (Autos) / Bremskraftverstärker m (zur Unterstützung der vom Fahrzeugführer aufgebrachten Pedalkraft) ‖ **~ breeder** (Nuc Eng) / Energiebrutreaktor m, Leistungsbrutreaktor m, Energiebrüter m, Leistungsbrüter m ‖ **~ brownout** (short-term) (Comp, Elec Eng) / Spannungseinbruch m (leichter) ‖ **~ cable** (Cables, Elec Eng) / Leistungskabel n, Energiekabel n, Starkstromkabel n (DIN VDE 0289), Kraftstromkabel n ‖ **~ capacitor** (Elec Eng) / Leistungskondensator m (Parallelkondensator zum Verbessern des Leistungsfaktors) ‖ **~ chain-saw** (For) / Motorkettensäge f, MKS (Motorkettensäge) ‖ **~ circuit** (Automation) / Leistungskreis m ‖ **~ circuit*** (Elec Eng) / Hauptstromkreis m, Betriebsstromkreis m ‖ **~ circuit*** (Elec Eng) / Starkstromkreis m, Kraftkreis m ‖ **~ circuit** (Electronics) / Potenzierer m (eine analoge, nichtlineare Rechenschaltung) ‖ **~ circuit-breaker** (Elec Eng) / Leistungsschalter m (VDE 0660, T 101), LS (Leistungsschalter) ‖ **~ common** (the reference point for power supplies and return currents from powering equipment) (Elec Eng) / Netzmasse f ‖ **~ company** / Energieversorgungsunternehmen n, EVU (Energieversorgungsunternehmen)

**power-compensation DSC** (Chem, Phys) / Leistungs-DDK f (in der Thermoanalyse)

**power component*** (Elec) / Wirkkomponente f, Wattkomponente f, Wirkanteil m ‖ **~ conditioning** (Elec Eng) / Stromaufbereitung f ‖ **~ configuration** (Comp) / Spannung und Typ, Spannung f und Stromart ‖ **~ connection** (Elec Eng) / Stromanschluss m ‖ **~ connection** (Elec Eng, Telecomm) / Netzanschluss m (im Allgemeinen) ‖ **~ connexion** (GB) (Elec Eng) / Stromanschluss m ‖ **~ consumer** (Elec Eng) / Stromverbraucher m, Stromabnehmer m (Konsument) ‖ **~ consumption** (Elec Eng) / Stromverbrauch m ‖ **~ consumption** (Eng) / Kraftbedarf m (einer Maschine), Kraftaufnahme f (einer Maschine) ‖ **~ control** (Automation) / Leistungsregelung f ‖ **~ controller** (Automation) / Isodynregler m, Leistungsregler m ‖ **~ control rod*** (Nuc Eng) / Leistungsregelstab m, Regelstab m (für Leistungsregelung) ‖ **~ controls** (Aero) / Servosteueranlage f

**power-conversion coefficient** (Acous) / Leistungsübertragungskoeffizient m (DIN 1320)

**power cord** (Elec Eng) / Stromanschlusskabel n, Anschlussschnur f, Netzkabel n ‖ **~ current** (Elec Eng) / Dreiphasenstrom m (DIN 40 110), Drehstrom m, Kraftstrom m (für elektrische Antriebe) ‖ **~ cut** (Elec Eng) / Stromsperre f, Stromabschaltung f, Abschaltung f (der Energiequelle) ‖ **~ cut-off** (Elec Eng) / Stromsperre f, Stromabschaltung f, Abschaltung f (der Energiequelle) ‖ **~ cylinder** (Eng) / Dampfzylinder m (z.B. einer Duplexpumpe) ‖ **~ demand** (Autos) / Energiebedarf m (im Allgemeinen) ‖ **~ demand** (Eng, Phys) / Leistungsbedarf m ‖ **~ demodulator*** (Elec Eng) / Leistungsdemodulator m ‖ **~ density*** (Eng, Nuc Eng, Phys) / Leistungsdichte f ‖ **~ density** (Phys) / Energiedichte f (nach dem Poynting'schen Satz)

**power-density spectrum** (Phys) / Leistungsdichtespektrum n (DIN 13 320)

**power detector*** (Elec Eng) / Leistungsdemodulator m ‖ **~ dissipation** (Elec Eng) / Verlustleistung f, Dissipationsleistung f, Leistungsverlust m

**power-dissipation curve** (Elec Eng) / Verlustleistungshyperbel f
**power distribution** (Eng) / Leistungsverteilung f
**power-distribution system** (Elec Eng) / Stromverteilsystem n (Leitungssystem mit den erforderlichen Schutzeinrichtungen für den Transport elektrischer Energie)
**power-dive** n (Aero) / Sturzflug m mit Triebwerkleistung
**power down** v (Elec Eng) / ausschalten v, abschalten v, auf null stellen ‖ **~ down** (Eng) / stromlos machen, abschalten v, von der Stromquelle trennen
**power-down mode** (Elec Eng) / Ruhezustand m (Netzabschluss)
**power drive** (Eng) / Fahrantrieb m (in der Fördertechnik)
**power-driven** adj (Eng) / kraftbewegt adj, kraftbetrieben adj, kraftbetätigt adj
**power-driven glider** (Aero) / Motorsegler m (Kombination aus Segel- und Motorflugzeug)
**power-driven roller conveyor** (Eng, Met) / angetriebene Rollenbahn
**power•-driven system** (Teleph) / Maschinenwählersystem n ‖ **~-driven vehicle** (Autos) / Kraftfahrzeug n (DIN 70002), Kfz (Kraftfahrzeug)
**powered** adj (Eng) / kraftbewegt adj, kraftbetrieben adj, kraftbetätigt adj ‖ **~ approach** (Aero) / Anflug m mit Triebwerksleistung ‖ **~ conveyor** (Eng) / angetriebener Förderer f ‖ **~ flight** (Aero, Mil) / Bahnabschnitt m mit Antrieb, aktiver Flugbahnabschnitt, Antriebsflug m, Motorflug m, Kraftflug m, Antriebsabschnitt m (ein Teil der Flugbahn eines ballistischen Körpers) ‖ **~ forms stacker** (Comp) / Papierzieh- und Ablagevorrichtung f ‖ **~ glider** (Aero) / Motorsegler m (Kombination aus Segel- und Motorflugzeug) ‖ **~ plane** (Join) / Handfräsmaschine f, Handhobelmaschine f ‖ **~ roller conveyor** (Eng, Met) / angetriebene Rollenbahn ‖ **~ sailplane** (Aero) / Motorsegler m (Kombination aus Segel- und Motorflugzeug) ‖ **~ supports*** (Mining) / mechanisierter Ausbau

**power electronics** (Electronics) / Leistungselektronik f ‖ **~ engineering** (Elec Eng) / Energietechnik f, Starkstromtechnik f, Leistungselektrik f ‖ **~ excursion** (Nuc Eng) / Exkursion f, Leistungsexkursion f, Reaktorexkursion f ‖ **~ fabrics** (Eng, Textiles) / Textilien f pl mit erhöhtem Haltevermögen ‖ **~ factor*** (Elec Eng) / Leistungsfaktor m (cos $\varphi$ - DIN 40 110), Wirkfaktor m (Verhältnis des Betrages der Wirkleistung zur Scheinleistung), Verschiebungsfaktor m
**power-factor angle** (Elec Eng) / Phasenverschiebungswinkel m (DIN 40 108) ‖ **~ compensation** (Elec Eng) / Leistungsfaktorausgleich m
**power•-factor indicator*** (Elec Eng) / Leistungsfaktormesser m ‖ **~-factor meter*** (Elec Eng) / Leistungsfaktormesser m
**power-factor rate** (Elec Eng) / Blindstromtarif m
**power fail** (Elec Eng) / Stromausfall m, Netzausfall m
**power-fail interrupt** (Elec Eng) / Unterbrechung f wegen Netzausfall ‖ **~ logic** (Comp) / Power-Fail-Logik f (die einen Ausfall der Energieversorgung schnell erkennt und daraufhin ein Signal weitergibt) ‖ **~ recovery** (Elec Eng) / Wiederherstellung f der normalen Verhältnisse nach dem Netzausfall ‖ **~ restart** (Elec Eng) / Netzausfallrestart m
**power-fail-safe** adj (Elec Eng) / mit Netzausfallschutz
**power failure** (Elec Eng) / Stromausfall m, Netzausfall m ‖ **~ feed*** (Eng) / selbsttätiger Vorschub, maschineller Vorschub ‖ **~ feed*** (Eng) / automatische Zuführung f ‖ **~ feeder** (Elec Eng) / Starkstromleitung f ‖ **~ filter** (Telecomm) / Netzdrossel f, NF-Drossel f (zur Glättung von gleichgerichteten Wechselströmen) ‖ **~ flow** (Eng) / Kraftfluss m ‖ **~ flow computer** (Elec Eng) / Lastflussrechner m ‖ **~ fluctuation** (Elec Eng) / Leistungsschwankung f

**Powerforming** n (Chem Eng, Oils) / Powerforming n (Festbettverfahren mit regenerierbaren Platinkontakten zum Reformieren von Schwerbenzin)

**power frequency*** (Elec Eng) / Netzfrequenz f (GB: 50 Hz, US: 60 Hz, Aero: 400 Hz) ‖ **~ frequency*** (Elec Eng) / Betriebsfrequenz f (US + Kanada 60 Hz, GB + Europa 50 Hz, Japan 50 und 60 Hz), technische Frequenz

**powerful** adj (Eng) / leistungsstark adj (Kraftmaschine), leistungsfähig adj ‖ **~** (Stats) / trennscharf adj
**power function** (Maths) / Potenzfunktion f (die unabhängige Variable steht in der Basis der Potenz, im Exponenten stehen nur Konstante) ‖ **~ function** (Stats) / Machtfunktion f, Gütefunktion f, Macht f des Tests (die Wahrscheinlichkeit, beim Testen einer Hypothese einen Fehler 2. Art zu vermeiden) ‖ **~ fuse** (Elec Eng) / Vorsicherung f, Leistungssicherung f ‖ **~ gain*** (Electronics, Telecomm) / Leistungsverstärkung f ‖ **~ gain** (Radio) / Antennengewinn m (im Sendefall, im Empfangsfall), Leistungsgewinn m (das Verhältnis der einer Vergleichsantenne zugeführten Leistung zu der der untersuchten Antenne zugeführten Leistung) ‖ **~ gas** / Kraftgas n ‖ **~ gas** (Autos) / Treibgas n (Motorkraftstoff) ‖ **~ generation** (Elec Eng, Phys) / Energieproduktion f, Energieerzeugung f, Energiegewinnung f
**power-generation facility** (Elec Eng) / Kraftanlage f, Kraftzentrale f
**power glider** (Aero) / Motorsegler m (Kombination aus Segel- und Motorflugzeug) ‖ **~ hammer*** (Eng) / Maschinenhammer m, Hammer m (Werkzeugmaschine zum spanlosen Umformen von Werkstücken) ‖ **~ handling** (capacity) (Radio) / Antennenleistungsaufnahme f, Leistungsaufnahme f
**power-handling capacity** (Acous) / Belastbarkeit f (maximale Leistung, die ein Lautsprecher verarbeiten kann, ohne größere Verzerrungen zu erzeugen oder Schaden zu nehmen)
**power hoist** (Eng) / mechanische Winde
**powerhouse** n (Elec Eng) / Wasserkraftzentrale f, Maschinenhaus n (des Kraftwerks), Krafthaus n (bei Wasserkraftwerken) ‖ **~** (US) (Elec Eng) / Kraftwerk n
**power hum** (Telecomm) / Netzbrumm m, Brumm m ‖ **~ increase** (Eng, Phys) / Leistungsanstieg m ‖ **~ index** (Maths, Typog) / Exponent m (Bezeichnung für die hochgesetzte Zahl bei Potenzen und Wurzeln)
**powering isolated homes** / Stromversorgung f abgelegener Wohnhäuser
**power input** (Elec Eng, Eng) / Eingangsleistung f (die am Eingang eingespeiste Leistung) ‖ **~ input** (Elec Eng, Mech) / zugeführte Leistung, aufgenommene Leistung, Leistungsaufnahme f ‖ **~ installation** (Elec Eng) / Starkstromanlage f, Starkstromleitung f (als Anlage), Kraftleitung f ‖ **~ interrupt** (Elec Eng) / Schnellunterbrechung f, Momentunterbrechung f, Netzwischer m ‖ **~ interrupter** (Electronics) / Leistungsschalter m ‖ **~ into orbit** (Space) / in eine Umlaufbahn einschießen, in eine Umlaufbahn bringen
**power-invariant** adj (Eng, Phys) / leistungsinvariant adj

**power kerosine**

**power kerosine** (Fuels) / Traktorenpetrol n, Traktorenkerosin n, Traktorenpetroleum n ‖ ~ **level** (Acous) / Schallleistungspegel m (L$_p$; Einheit: Dezibel - DIN 1320) ‖ ~ **level** (Elec Eng, Eng) / Leistungspegel m ‖ ~ **level**\* (Telecom) / Übertragungspegel m (relativer Leistungspegel) ‖ ~ **line** / Energieleitung f ‖ ~ **line** (Elec Eng) / Starkstromleitung f (übers Land), Kraftstromleitung f
**powerline** n (US) (Elec Eng) / Stromversorgungsnetz n, Versorgungsnetz n, Stromnetz n
**power-line carrier channel** (Telecomm) / Trägerfrequenzkanal m auf Hochspannungsleitungen, TFH-Kanal m ‖ ~ **carrier telephony** (the use of radiofrequency energy, generally below 600 kilohertz, to transmit information over transmission lines whose primary purpose is the transmission of power) (Teleph) / Trägerfrequenztechnik f auf Hochspannungsleitungen, TFH-Technik f, EW-Telefonie f ‖ ~ **communication** (Comp, Telecomm) / Powerline-Kommunikation f (Oberbegriff für verschiedene Verfahren zur Nutzung des Niederspannungsversorgungsnetzes zur Datenübertragung), Lichtnetzkommunikation f ‖ ~ **interference** (Comp) / Starkstrombeeinflussung f ‖ ~ **problems** (Elec Eng) / Schwierigkeiten f pl mit dem Stromversorgungsnetz ‖ ~ **transmission** (Comp, Telecomm) / Powerline-Kommunikation f (Oberbegriff für verschiedene Verfahren zur Nutzung des Niederspannungsversorgungsnetzes zur Datenübertragung), Lichtnetzkommunikation f
**power loading**\* (Aero) / Leistungsbelastung f ‖ ~ **loss** (Comp, Elec Eng) / Verlustleistung f (DIN 45030) ‖ ~ **loss**\* (Elec Eng) / Leistungsverlust m, Wattverlust m ‖ ~ **loss** (Eng) / Leistungsverlust m
**power-loss factor** (Chem) / Verlustleistungsfaktor m (bei der Hochfrequenztitration)
**power management** (Comp) / Power Management n
**power-management capabilities** (Comp) / Energiesparfunktionen f pl ‖ ~ **mode** (Comp) / Power-Management-Modus m, Potenzschreibweise f
**power measurement** / Leistungsmessung f ‖ ~ **mirror** (Autos) / elektrisch einstellbarer Außenspiegel ‖ ~ **mirror** (Autos) / elektrisch verstellbarer Außenspiegel ‖ ~ **number** (Phys) / Leistungseintrag m (dimensionslose Kennzahl, deren Wert ein Maß für den mechanischen Leistungseintrag in ein Fluid darstellt), Newton-Zahl f (Leistungseintrag) ‖ ~ **off** v (Elec Eng) / ausschalten v, abschalten v, auf null stellen
**power-off** n (Autos) / Lastwechsel m (abrupter), Gaslupfen n, Gaswegnehmen n (abruptes)
**power of lens**\* (Photog) / Brechkraft f der Linse ‖ ~ **of sweetness** (Nut) / Süßkraft f (des Süßstoffs) ‖ ~ **of ten** (Maths) / Zehnerpotenz f ‖ ~ **of the arc** (Welding) / Lichtbogenleistung f ‖ ~ **of the continuum** (Maths) / Mächtigkeit f des Kontinuums ‖ ~ **oil** / Hydrauliköl n, Drucköl n (für hydraulische Anlagen) ‖ ~ **on** v / aufdrehen v (Gas, Wasser), anstellen v, einschalten v (Gerät)
**power-on light** (Elec Eng) / Netzkontrollleuchte f ‖ ~ **reset** (Comp) / Einschaltreset m
**Power-On Self-Test** n (Comp) / Power-On Self-Test m (Selbsttest, der nach Einschalten des PCs durchgeführt wird), POST m (Power-On Self-Test)
**power-on time meter** (Comp) / Betriebsstundenzähler m, Stundenzähler m
**power-operated** adj (Eng, Phys) / kraftbetätigt adj, kraftbetrieben adj ‖ ~ **chuck-loading device** (Eng) / Kraftspannantrieb m (elektrische, hydraulische oder pneumatische Vorrichtung zur Betätigung von Spannern beim Spannen und Entspannen an Werkzeugmaschinen) ‖ ~ **valve** (Eng) / Ventil n mit Antrieb
**power operation** (Mech) / Kraftbetätigung f ‖ ~ **outage** (US) (Elec Eng) / Stromausfall m, Netzausfall m ‖ ~ **output** (Eng) / Nutzleistungsabgabe f, Wirkleistungsabgabe f ‖ ~ **output**\* (Eng) / Ausgangsleistung f, abgegebene Leistung, Nutzleistung f (abgegebene Leistung), Wirkleistung f ‖ ~-**pack** (Elec Eng) / Netzanschlussteil m, Netzteil m (ein Teil eines elektrischen Netzes, der für die Berechnung ausgewählt wird, um mit vermindertem Rechenaufwand bestimmte Eigenschaften des Netzes beurteilen zu können), Netzgerät n, Netzanschlussgerät n
**power-pack**\* n (Elec Eng) / Stromversorgungsgerät n, SVG (Stromversorgungsgerät)
**power per pulse** (Radar) / Impulsleistung f (Strahlleistung eines Impulses) ‖ ~ **plant** (Aero) / Triebwerk n (die ganze Anlage), Triebwerksanlage f ‖ ~ **plant** (Elec Eng) / Kraftanlage f, Kraftzentrale f ‖ ~ **plant** (US) (Elec Eng) / Kraftwerk n ‖ ~ **plant** (Elec Eng, Eng) / Antriebsmaschine f, Antriebsaggregat n
**power-plant engineering** / Kraftwerkstechnik f ‖ ~ **performance figure** (Elec Eng) / Kraftwerkkennwert m ‖ ~ **turbine** (Elec Eng) / Kraftwerksturbine f
**power plug** (Elec Eng) / Netzstecker m ‖ ~ **point** (Build, Elec Eng) / Brennstelle f (Decken-, Wand-), Stromanschlusspunkt m ‖ ~ **point** (GB) (Elec Eng) / Energiequelle f (z.B. Wandsteckdose) ‖ ~ **press** (Eng) / motorgetriebene Presse ‖ ~ **protection** (Elec Eng) / Netzschutz m (zum Schutze eines elektrischen Versorgungsnetzes) ‖ ~ **protection** (Elec Eng) / Leistungsschutz m ‖ ~ **protection switch** (Elec Eng) / Leitungsschutzschalter m, Sicherungsautomat m, Selbstschalter m, Ausschalter m, [selbsttätiger] Unterbrecher ‖ ~ **rail** (Elec Eng, Rail) / Stromschiene f (in der Elektrotraktion), dritte Schiene, Kontaktschiene f (bei einem Verkehrssystem mit Zwangsführung) ‖ ~ **rammer** (Civ Eng) / Kraftramme f ‖ ~ **rammer**\* (Civ Eng) / maschineller Stampfer (Gerät zum Verdichten von Bodenmassen) ‖ ~ **ramping** (Teleph) / Leistungsanstieg m ‖ ~ **range**\* (Eng, Nuc Eng) / Leistungsbereich m ‖ ~ **rating** (Elec Eng) / Anschlusswert(e) m (pl), Leistungsangabe f ‖ ~ **rating** (Elec Eng) / Leistungsbelastbarkeit f ‖ ~ **rating** (Eng) / Nennleistung f ‖ ~ **ratings** (Eng) / Leistungsgrenzwerte m pl ‖ ~ **reactor** (Nuc Eng) / energieliefernder Reaktor ‖ ~ **reactor**\* (Nuc Eng) / Leistungsreaktor m, Energiereaktor m ‖ ~ **rectifier** (Elec Eng) / Netzgleichrichter m, Leistungsgleichrichter m, Starkstromgleichrichter m ‖ ~ **reduction** (Eng) / Leistungsminderung f, Leistungsverminderung f ‖ ~ **regulator** (Automation) / Isodynregler m, Leistungsregler m ‖ ~ **relay**\* (Elec Eng) / Leistungsrelais n ‖ ~ **requirement(s)** (Eng, Phys) / Leistungsbedarf m ‖ ~ **reserve** (Eng) / Leistungsüberschuss m, Leistungsreserve f ‖ ~ **router** (Join) / Handoberfräsmaschine f (elektrische) ‖ ~ **saving** / Energieeinsparung f
**power-saving** adj / energiesparend adj
**power saw** (Eng) / Sägemaschine f, Motorsäge f, Maschinensäge f ‖ ~ **screw** (US) (Eng) / Bewegungsschraube f
**Powers diagram** / Powers-Diagramm n (Wasseraufnahme des Zements in Abhängigkeit von der relativen Luftfeuchtigkeit)
**power** (enthusiast) **seat** (Autos) / orthopädischer Sitz
**power-section unit** (Elec Eng) / Kraftwerksblock m (selbstständig funktionsfähiger Teil eines Blockkraftwerks, in dem mindestens ein Dampferzeuger, eine Dampfturbine, ein Generator und ein Transformator zu einer regeltechnischen Einheit zusammengefasst sind), Block m
**power selsyn** (Automation, Electronics) / Leistungsdrehfeldgeber m ‖ ~ **semiconductor** (Electronics) / Leistungshalbleiter m (der eine Verlustleistung von >1 W zu verarbeiten imstande ist) ‖ ~ **series**\* (Maths) / Potenzreihe f (eine unendliche Reihe) ‖ ~ **set** (Maths) / Potenzmenge f ‖ ~ **setting** (Eng) / Leistungseinstellung f
**powershift transmission** (Autos) / Lastschaltgetriebe n, LS-Getriebe n (Lastschaltgetriebe)
**power shopping** (Comp) / Power-Shopping n (ein Geschäftsmodell der New Economy), Co-Shopping n ‖ ~ **shovel**\* (Civ Eng) / Eingefäßbagger m, Löffelbagger m, Kraftschaufel f, Schaufelbagger m ‖ ~ **signal generator** / Leistungsmesssender m ‖ ~ **slide** (Autos) / Powerslide n (im Autorennsport) ‖ ~ **socket** (Elec Eng) / Netzdose f, Netzanschlussdose f ‖ ~ **source** / Energiequelle f (im Allgemeinen) ‖ ~ **spectral density** (Acous) / spektrale Leistungsdichte ‖ ~ **spectrum** (Acous) / Leistungsspektrum n (z.B. eines Signals oder beim Rauschen)
**power-spectrum density** (Acous) / spektrale Leistungsdichte
**power split** (Autos) / Antriebsmomentverteilung f, Antriebsverteilung f, Antriebskraftverteilung f ‖ ~ **stage** (Eng) / Druckluftvernebler m ‖ ~ **spring** (Eng) / Triebfeder f ‖ ~ **stage** (Eng) / Leistungsstufe f ‖ ~ **station** (Elec Eng) / Kraftwerk n
**power-station auxiliary demand** (Elec Eng) / Kraftwerkseigenbedarf m ‖ ~ **chemistry** (Chem) / Kraftwerkschemie f (ein Teilgebiet der angewandten Chemie)
**power station in bridge pier** (Elec Eng, Hyd Eng) / Pfeilerkraftwerk n (bei Flusskraftwerken die konsequenteste mehrteilige Wasserkraftwerksbauart für vertikalachsige Spiralturbinen)
**power-station internal consumption** (Elec Eng) / Kraftwerkseigenverbrauch m ‖ ~ **service plant** (Elec Eng) / Kraftwerkseigenbedarfsanlage f ‖ ~ **unit** (Elec Eng) / Kraftwerksblock m (selbstständig funktionsfähiger Teil eines Blockkraftwerks, in dem mindestens ein Dampferzeuger, eine Dampfturbine, ein Generator und ein Transformator zu einer regeltechnischen Einheit zusammengefasst sind), Block m
**power steering** (Autos) / Servolenkung f (mit hydraulisch verstärkter Betätigungskraft), Hilfskraftlenkung f ‖ ~ **stroke** (I C Engs) / Arbeitshub m (im Verbrennungsmotor), Arbeitstakt m ‖ ~ **supply**\* (Elec Eng) / Stromzufuhr f, Stromversorgung f, Elektroenergielieferung f, Energieversorgung f, EV (Energieversorgung), Elektroenergieversorgung f ‖ ~ **supply**\* (Elec) s. also energy input
**power-supply industry** / Energiewirtschaft f ‖ ~ **panel** (Comp) / Spannungsversorgungsschiene f
**power-supply-system construction** (Elec Eng) / Netzbau m (Starkstrom)
**power-supply unit** (Elec Eng) / Netzanschlussteil m, Netzteil m (ein Teil eines elektrischen Netzes, der für die Berechnung ausgewählt wird, um mit vermindertem Rechenaufwand bestimmte Eigenschaften

des Netzes beurteilen zu können), Netzgerät n, Netzanschlussgerät n

**power swing** (Telecomm) / Pendeln n (in Netzen) ‖ ~ **switch** (Elec Eng) / Netzschalter m ‖ ~ **switch** (Electronics) / Leistungsschalter m ‖ ~ **switch** (TV) / Netztaste f ‖ ~ **switchgear** (Elec Eng) / Netzschalter m

**power-switch group** (Elec Eng) / Leistungsschalterkombination f

**power take•-off** (Elec Eng, Eng) / Abtrieb m (Leistung an der Abtriebswelle eines Motors, eines Getriebes oder einer Kraft- oder Arbeitsmaschine), Abtriebsleistung f ‖ ~ **take-off** (Eng) / Abtriebsseite f ‖ ~ **take-off** (Agric, Autos) / Zapfwellenleistung f ‖ ~ **take-off shaft** (Agric, Autos) / Zapfwelle f (am Traktor zum unmittelbaren Antrieb von Arbeitsmechanismen der angehängten oder angebauten Landmaschinen) ‖ ~ **tilt** (Nuc Eng) / azimutale Leistungsverschiebung (eines Reaktors)

**power-to-mass ratio** (Autos, Rail) / leistungsbezogene Masse

**power tool** (Tools) / Motorwerkzeug n

**power-tool cleaning** (Paint) / maschinelle Entrostung (DIN 55928, T 4)

**power tool for tightening of fasteners** / Verschraubungsautomat m ‖ ~ **train** (Autos) / Antriebsstrang m (zwischen dem Motor und den Antriebsrädern), Powertrain m ‖ ~ **train** (Autos, Eng) / Kraftübertragungsverlauf m, Kraftverlauf m ‖ ~ **transformer*** (Elec Eng) / Leistungstransformator m ‖ ~ **transistor*** (Electronics) / Leistungstransistor m ‖ ~ **transmission** (Eng) / Leistungsgetriebe n (ein Fluidgetriebe zur Leistungsübertragung) ‖ ~ **transmission** (Eng, Phys) / Kraftübertragung f ‖ ~ **-transmission screw thread** (Eng) / Bewegungsgewinde n ‖ ~**-transmission thread** (Eng) / Bewegungsgewinde n ‖ ~ **turbine** / Arbeitsturbine f ‖ ~ **unit*** (Aero) / Triebwerk n (die ganze Anlage), Triebwerksanlage f ‖ ~ **unit** (Elec Eng) / Netzanschlussteil m, Netzteil m (ein Teil eines elektrischen Netzes, der für die Berechnung ausgewählt wird, um mit vermindertem Rechenaufwand bestimmte Eigenschaften des Netzes beurteilen zu können), Netzgerät n, Netzanschlussgerät n ‖ ~ **unit*** (Elec Eng, Radio) / Leistungsverstärker m ‖ ~ **up** v / aufdrehen v (Gas, Wasser), anstellen v, einschalten v (Gerät) ‖ ~ **up** / aufdrehen v (Gas, Wasser), anstellen v, einschalten v (Gerät) ‖ ~ **utility** (Elec Eng) / Stromversorger m (Anlage), Stromversorgunganlage f ‖ ~ **utility** (Elec Eng) s. also electricity supplier and power-supply unit ‖ ~ **valve** (Electronics) / Leistungsröhre f ‖ ~ **valve** (I C Engs) / Anreicherungsventil n (für Vergaser) ‖ ~ **wash** (Paint, Plastics) / Power Wash n (Verfahren zur Reinigung von Kunststoffteilen vor der Lackierung mit wässrigen Reinigern in einer Mehrzonensprühreinigungsanlage)

**power/weight ratio** (I C Engs) / Leistungsmasse f, Leistungsgewicht n (des Motors - in kg/kW)

**power winch** (Eng) / Kraftwinde f, Motorwinde f ‖ ~ **window motor** (Autos) / Fensterhebermotor m ‖ ~ **wrench** (Eng) / Kraftschrauber m, motorischer Schrauber ‖ ~ **wrench** (Eng) s. also impact wrench ‖ ~ **zoom** (Cinema) / Zoomautomatik f, Powerzoom n (mit Mikromotor zur automatischen Brennweiteneinstellung)

**POY*** (partially oriented yarn) (Spinning) / vorverstrecktes Garn (beim Schnellspinnverfahren), vororientiertes Garn

**Poynting-Robertson effect*** (Astron) / Poynting-Robertson-Effekt m (nach H.P. Poynting, 1903-1961)

**Poynting•'s theorem*** (Elec Eng, Radio) / Poynting'scher Satz (der Energiesatz der Elektrodynamik nach J.H. Poynting, 1852-1914) ‖ ~ **vector*** (Elec Eng) / Poynting'scher Vektor, Poynting-Vektor m (DIN 1304), Strömungsvektor m

**Pozidriv recess** (Eng, Tools) / Kreuzschlitz m (Pozidriv), Kreuzschlitz m Z, Pozidriv-Kreuzschlitz m (eine Weiterentwicklung des gewöhnlichen Kreuzschlitzes)

**pozzolan** n (Civ Eng, Geol) / Pozzolanerde f, Puzzolanerde f, Puzzolanerde f, Puzzolan n, Pozzuolan n

**pozzolan*** n (Civ Eng, Geol) / Pozzolanerde f, Pozzuolanerde f, Puzzolanerde f, Puzzolan n, Pozzuolan n

**pozzolanic cement** (Build) / Puzzolanzement m

**pozzolanicity** n (Chem, Civ Eng) / Puzzolanizität f (Eigenschaft von Puzzolanen, bei Wasserzugabe mit Kalziumhydroxid zu reagieren)

**pozzuolana*** n (Civ Eng, Geol) / Pozzuolanerde f, Puzzolanerde f, Puzzolan n, Pozzuolan n

**PP** (polypropene) (Chem, Plastics) / Polypropylen n (teilkristalliner Thermoplast nach DIN 7728 und DIN EN ISO 1873-1), PP (Polypropylen)

**pp** (peak-to-peak) (Elec Eng, Electronics) / Spitze zu Spitze

**PP** (ponderosa pine) (For) / Gelbkiefer f (Pinus ponderosa Douglas ex C. Lawson), Goldkiefer f

**P-P amplitude** (Elec) / Doppelamplitude f

**ppb** (parts per billion) (Chem) / Teile auf eine Milliarde (1 mg/t), ppb (z.B. 1 mg. kg$^{-3}$)

**PPC** (production planning and control) (Work Study) / Produktionsplanung und -steuerung f, PPS (Produktionsplanung und -steuerung)

**P/P control** (point-to-point control) (Automation) / Punktsteuerung f (ein System der numerischen Steuerung), PTP-Steuerung f, Einzelpunktsteuerung f

**PP-factor** n (Pharm) / Niacinamid n, Niazinamid n, Nicotinamid n, Nikotinamid n, Nicotinsäureamid n, Nikotinsäureamid n (Antipellagra-Vitamin)

**pph** (pages per hour) (Comp, Print) / Seiten pro Stunde (Druckerleistung)

**P phrase** (Chem, Paint) / P-Satz m (der CEPE-Kennzeichnungskommission)

**PPI** (programmable peripheral interface) (Comp) / Interface-Baustein, der den Datenverkehr von Peripheriegeräten zur Zentraleinheit des Rechners steuert und übernimmt ‖ ≃ (pixels per inch) (Comp, Photog) / Bildpunkte je Zoll m pl

**ppi** (points per inch) (Comp, Print) / Punkte m pl per Zoll (Auflösungsvermögen als Leistungskenngröße eines Druckers)

**PPI*** (Radar) / Rundsichtanzeigegerät n, Rundsichtgerät n, Panoramagerät n, PPI-Gerät n, Rundsuchgerät n ‖ ≃ **approach** (Aero, Radar) / PPI-Anflug m

**p-p junction*** (Electronics) / pp-Übergang m

**pp junction*** (Electronics) / pp-Übergang m

**ppm** (parts per million) (Chem) / Teile auf eine Million (1 g/t), ppm (z.B. 1 mg. kg$^{-1}$)

**PPM** (pulse-position modulation) (Telecomm) / Pulsphasenmodulation f (Trägersignal: Puls, modulierter Paremeter: Phase), Pulslagemodulation f, Impulslagemodulation f, Impulsphasenmodulation f

**PPO*** (polyphenylene oxide) (Chem) / Polyphenylenoxid n, PPO (Polyphenylenoxid)

**PPP** (plant-protection product) (Agric) / Pflanzenschutzmittel n (nach dem Pflanzenschutzgesetz vom 15.IX.1986 bzw. vom 27.VII.1971), PSM (Pflanzenschutzmittel) ‖ ≃ (Point-to-Point Protocol) (Comp) / Point-to-Point-Protokoll n (ein Protokoll der TCP- und IP-Familie für seriellen Datentransfer über Wählverbindungen), PPP (Point-to-Point-Protokoll)

**ppp** (polluter-pays principle) (Ecol) / Verursacherprinzip n (nach dem der Verursacher von Umweltschäden für die entstandenen Schäden und deren Beseitigung haftbar gemacht wird), VUP (Verursacherprinzip)

**PPP** (peripheral preprocessor) (Teleph) / Periphervorprozessor m (bei dem Mobilfunk), PPP (Periphervorprozessor)

**PPPA** (push-pull power amplifier) (Telecomm) / Gegentaktendverstärker m

**PPP method** (Chem) / PPP-Methode f (in der Quantenchemie), Pariser-Parr-Popple-Methode f

**PP reaction** (Astron, Nuc) / Proton-Proton-Reaktion f, p-p-Reaktion f, H-H-Reaktion f

**p-process** n (Astron) / p-Prozess m, Protoneneinfang m

**PPS** (pain-producing substance) (Biochem) / Neurokinin f P, Substanz f P, NKP (Neurokinin P) ‖ ≃ * (polyphenylene sulphide) (Chem) / Polyphenylensulfid n, PPS (Polyphenylensulfid), Polyarylsulfid n

**PPSN** (public packet switching network) (Comp) / öffentliches Paketvermittlungsnetz

**ppt** (parts per trillion) (Chem) / Teile auf eine Billion (1 μg/t), ppt (z.B. Mikrogramm/Tonne) ‖ ~* (precipitate) (Chem) / Präzipitat n (Ausfällungssediment), Niederschlag m (chemischer)

**ppte*** (precipitate) (Chem) / Präzipitat n (Ausfällungssediment), Niederschlag m (chemischer)

**PPTP** (point-to-point tunnelling protocol) (Comp) / PPTP-Protokoll n ‖ ≃ **protocol** (Comp) / PPTP-Protokoll n

**P-pulse** n (Comp) / Zyklusimpuls m, Stellenimpuls m

**pp unit** (Chem) / pp-Einheit f (für die Angabe sehr kleiner Konzentrationen)

**PPV** (pay-per-view TV) (TV) / Pay-per-View n (Übertragung gewünschter Informationen durch digitales Fernsehen mit einem Gebührensystem, bei dem nur die abgerufenen Einheiten bezahlt werden müssen) ‖ ≃ (pay-per-view) (TV) / Abonnementfernsehen n, Pay-TV n (Fernsehprogramm eines Privatsenders, das gegen eine Gebühr und mithilfe eines Decoders empfangen werden kann), Bezahlfernsehen n, Gebührenfernsehen n

**PQ** (plastoquinone) (Biochem) / Plastochinon n, PQ (Plastochinon)

**PQI** (picture quality improvement) (Photog) / Picture Quality Improvement n (in der analogen Fotografie - Speicherung unterschiedlicher Aufnahmedaten auf den Magnetstreifen eines Films des Advanced Photo System), PQI (Picture Quality Improvement)

**p-quantile** n (Stats) / Quantil n der Ordnung p, p-Quantil n, p-Fraktil n

**pquark** n (Nuc) / Pquark n, p-Quark n

**pr.** (pair) / Paar n

**PR** (ply rating) (Autos) / Plyrating n, PR-Zahl f (bei Reifen), PR (Plyrating) (eine Zahl, die Aufschluss über die Karkassenfestigkeit des Reifens gibt)

**Pr**

**Pr** (praseodymium) (Chem) / Praseodym *n*, Pr (Praseodym)
**PR** (pattern recognition) (Comp) / Patternrecognition *f*, Flachmustererkennung *f*, Flächenstrukturerkennung *f* || ≘ (pressure rating) (Eng) / Nenndruck *m* (in der Rohrleitung) || ≘ (polysulphide rubber) (Plastics) / Polysulfidkautschuk *m*, Thioplast *m*, PR (Polysulfidkautschuk) || ≘ (primary radar) (Radar) / Primärradar *m n* (bei dem sich das Zielobjekt nicht kooperativ verhält)
**PRA*** (probabilistic risk assessment) (Nuc Eng) / probabilistische Risikoanalyse || ≘ (AI) / Praktikabilität *f* || ~ (primary rate multiplex access) (Telecomm) / Primärmultiplexanschluss *m* (an die ISDN-Ortsvermittlungsstelle), ISDN-Primärmultiplexanschluss *m*
**practicability** *n* / praktische Durchführbarkeit, technische Anwendbarkeit || ≘ (AI) / Praktikabilität *f* || ~ (Civ Eng) / Befahrbarkeit *f* (Straße, Gelände)
**practicable** *adj* / durchführbar *adj* (Projekt), ausführbar *adj*, anwendbar *adj*
**practicableness** *n* (Civ Eng) / Befahrbarkeit *f* (Straße, Gelände)
**practical** *adj* / praktisch (Übung, Training) || ~ / praktisch *adj* || ~ / praxisnah *adj* || ~ **elastic limit** (Eng, Materials, Met) / Dehngrenze *f* (0,1 oder 0,5 %-Grenze), technische Elastizitätsgrenze || ≘ **Extraction and Report Language** (a scripting language for scanning text files, extracting information, and printing reports) (Comp) / Perl *n* (eine Skriptsprache)
**practicality** *n* / praktische Anwendbarkeit (einer Theorie) || ~ / Durchführbarkeit *f* (eines Projekts)
**practical system** (Phys) / Praktisches Einheitensystem
**practice** *n* / Praxis *f* || ~ (Eng) / Technik *f* (z.B. Stanzereitechnik) || ~ **approach** (Aero) / Übungsanflug *m*, Ausbildungsanflug *m*
**practice-oriented** *adj* / praxisbezogen *adj*, praxisorientiert *adj*, praxisgerecht *adj*
**pragma** *n* (Comp) / Pragma *n* (pl. -ta)
**pragmatic** *adj* / pragmatisch *adj*
**pragmatics** *n* / Pragmatik *f* (Betrachtung der formalen Struktur der Sätze, ihrer Bedeutung und auch der individuellen Benutzer der Sprache mit ihren Beziehungen zur Bedeutung der formulierten Sätze)
**Prague red** / Pariser Rot, rotes Eisen(III)-oxid *n*, Kolkothar *m* (Eisenoxidrot), Caput mortuum *n*
**prairie-dog plant** (US) (Oils) / kleine Erdölraffinerie (in abgelegener Gegend)
**pralidoxime** *n* (Chem) / Pralidoxim *n*, PAM (Pralidoxim)
**prall mill** (an impact mill consisting of a rotating impeller, a baffle rotating in the opposite direction, and a stationary baffle) (Eng, For) / Pralltellermühle *f*, Prallmühle *f*
**Prandtl-Glauert rule** (Aero, Phys) / Prandtl-Glauert-Regel *f* (eine Ähnlichkeitsregel), Prandtl-Glauert-Analogie *f* (nach H.B. Glauert, 1892-1934)
**Prandtl-Meyer expansion** (Phys) / Prandtl-Meyer-Expansion *f* (bei der Prandtl-Meyer-Strömung) || ≘ **expansion cone** (Phys) / Verdünnungsfächer *m* (bei Prandtl-Meyer-Strömung) || ≘ **expansion fan** (Phys) / Verdünnungsfächer *m* (bei Prandtl-Meyer-Strömung) || ≘ **flow** (Aero, Phys) / Prandtl-Meyer-Strömung *f* (stetige isentrope Verdünnungsströmung um eine konvexe Ecke)
**Prandtl mixing length** (Phys) / Prandtl-Mischungslänge *f*, Prandtl-Mischungsweg *m* (eines Turbulenzballens) || ≘ **number*** (Chem Eng, Heat) / Prandtl-Zahl *f* (DIN 1341 und 5491), Pr (Prandtl-Zahl), Prandtl'sche Zahl (ein Stoffwert, nach L. Prandtl, 1875 - 1953)
**Prandtl-Reuss model** (Phys) / Prandtl-Reuss-Modell *n* (DIN 1342, T 1)
**Prandtl rule** (Aero) / Prandtl'sche Regel
**Prandtl's number** (Chem Eng, Heat) / Prandtl-Zahl *f* (DIN 1341 und 5491), Pr (Prandtl-Zahl), Prandtl'sche Zahl (ein Stoffwert, nach L. Prandtl, 1875 - 1953)
**prase*** *n* (Min) / Prasem *m* (grobkristalline Quarzvarietät, die durch massenhaft eingeschlossenen Strahlstein lauchgrün gefärbt ist)
**praseodymia** *n* (Chem) / Praseodymtrioxid *n*, Praseodym(III)-oxid *n*
**praseodymium*** *n* (Chem) / Praseodym *n*, Pr (Praseodym) || ~ **carbonate** (Chem) / Praseodymkarbonat *n*, Praseodymcarbonat *n* || ~ **dioxide** (Chem) / Praseodym(IV)-oxid *n*, Praseodymdioxid *n* || ~ **(IV) oxide** (Chem) / Praseodym(IV)-oxid *n*, Praseodymdioxid *n* || ~ **trioxide** (Chem) / Praseodymtrioxid *n*, Praseodym(III)-oxid *n* || ~ **yellow** (a glaze colourant composed of a mixture of silica, zirconia, and approximately 5% of praseodymium oxide) (Ceramics) / Praseodymgelb *n*
**prase opal** (Min) / Prasopal *m* (durch Nickel grün gefärbt)
**prasinite** *n* (Geol) / Prasinit *m* (zu den Grünschiefern gehörendes metamorphes Gestein der Epizone)
**prasopal** *n* (Min) / Prasopal *m* (durch Nickel grün gefärbt)
**Pratt and Whitney key** (Eng) / flache rundstirnige Passfeder (DIN 6885) || ≘ **truss*** (Civ Eng, Eng) / Fachwerkträger *m* mit senkrechten Druck- und diagonalen Zugstäben im N-Verband, Pratt-Fachwerk *n* (nach Sir Roger Pratt, 1620 - 1685)
**prayer-book paper** (Paper) / Gebetbuchpapier *n*
**Prayon** (continuous) **filter** (Chem Eng) / Prayon-Filter *n* (eine Nutsche)
**PRB** (processor bus) (Comp) / Prozessorbus *m*
**PR code** (print restore code) (Comp) / Druckwiederaufnahmekode *m*
**PRC plating** (periodic reverse plating) (Surf) / Abscheidung *f* mit periodischem Polwechsel, elektrochemisches Abscheiden mit periodischer Stromumpolung (z.B. bei der zyanidischen Verkupferung und Versilberung)
**preadaptation*** *n* (Ecol) / Präadaptation *f* (eines Genotyps)
**pre-aerated burner** (Eng) / Gasbrenner *m* mit Zwangsvormischung, Brenner *m* mit Zwangsvormischung, Gasbrenner *m* mit Mischkammer
**pre-aeration** *n* (San Eng) / Vorbelüftung *f* (das Auffrischen des Abwassers vor der eigentlichen Behandlung in der Kläranlage)
**preallocate** *v* (Comp) / vorbelegen *v* (Speicherplatz)
**prealloy** *v* (Met) / vorlegieren *v*
**prealpha stage** (Comp) / Zustand vor der Freigabe der Alphatest-Version
**preamble** *n* (Comp) / Präambel *f* (DIN 66010) || ~ (Comp) s. also flag
**preamp** *n* (Acous) / Vorverstärker *m*
**preamplifier*** *n* (Acous) / Vorverstärker *m*
**pre-arcing time** (Elec Eng) / Vorlichtbogendauer *f* (bei Sicherungen)
**preassembly** *n* (Eng) / Vormontage *f*, Teilmontage *f*
**prebake** *v* / vorbrennen *v* (Elektrode) || ~ (Nut) / vorbacken *v*, teilweise backen
**prebaked electrode** / vorgebrannte Elektrode, vorgebackene Elektrode, vorgebrannte Elektrodenkohle
**prebeta stage** (Comp) / Zustand *m* vor der Freigabe der Betatest-Version
**prebiotic** *adj* (Biochem, Nut) / prebiotisch *adj*, präbiotisch *adj*
**prebiotics** *pl* (Biochem, Nut) / Prebiotika *n pl* (unverdauliche Nahrungsmittelzusätze, die Wachstum und Selektion der Darmflora beeinflussen), Präbiotika *n pl*
**prebiotic soup** (Astron, Biol, Phys) / Ursuppe *f* (nach dem Urknall)
**prebloom spray(ing)** (Agric, Bot) / Vorblütenspritzung *f*
**preblow** *n* (Glass) / gegenblasen *v* (in Vorformen - beim Blas-Blas-Verfahren), vorblasen *v* || ~ (Glass) / vorblasen *v* || ~ (Met) / vorfrischen *v*, vorblasen *v*
**preblowing** *n* (Glass) / Vorblasen *n* || ~ (Met) / Vorfrischen *n*, Vorblasen *n*
**prebreaker** *n* (Min Proc) / Vorbrecher *m*, Grobbrecher *m* (bis auf Korngröße von etwa 80 mm), Grobzerkleinerungsmaschine *f*
**prebreaking** *n* (Min Proc) / Vorbrechen *n*, Grobbrechen *n*, Grobzerkleinerung *f*
**prebuff** *v* (Leather) / vorschleifen *v*
**precalcining zone** (Met) / Vorwärmzone *f* (in der Pyrometallurgie)
**precalculated trajectory** (Space) / vorausberechnete Flugbahn
**precalculation** *n* / Vorkalkulation *f*
**precast*** *v* (Civ Eng) / vorfertigen *v* (z.B. Betonfertigteile) || ~ **concrete** (Build, Civ Eng) / Betonwaren *f pl*, Stahlbetonfertigelemente *n pl* || ~ **concrete** (Build, Civ Eng) / Beton *m* in Betonfertigteilen || ~ **concrete element** (Build, Civ Eng) / Betonfertigteil *n* (aus unbewehrtem Beton, Stahl- oder Spannbeton)
**precasting plant** (Build, Civ Eng) / Betonfertigteilwerk *n*
**precast** (concrete) **pile** (Civ Eng) / Fertigpfahl *m* || ~ **prestressed-concrete unit** (Civ Eng) / Spannbetonfertigteil *n* || ~ **stone*** (Build) / Betonwerkstein *m* (Beton mit Natursteinzusätzen nach DIN 18500), Betonblock *m*, Betonstein *m*
**precaution** *n* / Vorsorgemaßnahme *f*, Vorsichtsmaßnahme *f* || ~ s. also safeguard
**precautionary landing** (Aero) / vorsorgliche Landung
**precaution principle** (Ecol) / Vorsorgeprinzip *n*
**precedence** *n* (Comp) / Priorität *f* (feste Zuordnung in der Hardware-Struktur einer Zentraleinheit), Vorrang *m* || ~ **call** (Teleph) / Vorranggespräch *n*, bevorrechtigtes Gespräch || ~ **control** (Comp) / Vorrangsteuerung *f* (z.B. bei Multiprogramming), Prioritätssteuerung *f*, Prioritätensteuerung *f* (welche die Verarbeitungsreihenfolge und damit die Geschwindigkeit regelt) || ~ **diagramming method** / Precedence-Diagramming-Methode *f* (ein Netzplanverfahren) || ~ **rating** (Comp) / Dringlichkeitsstufe *f*, Prioritätsstufe *f* || ~ **rule** / Vorzugsregel *f*, vorrangige Regel || ~ **signal** (Comp) / Dringlichkeitskennzeichen *n*, Vorrangkennung *f*
**preceding crop** (Agric) / Vorfrucht *f* (Pflanze, die im Rahmen der Fruchtfolge vor einer anderen auf einer bestimmten Fläche angebaut wird) || ~ **pass** (Met) / Vorstich *m* (vorausgehender Stich)
**precession*** *n* (Astron, Eng, Maths, Phys) / Präzession *f*, Präzessionsbewegung *f*
**precessional motion** (Astron, Eng, Maths, Phys) / Präzession *f*, Präzessionsbewegung *f*

**precession cone** (Astron, Phys) / Präzessionskegel *m* (der von der Figurenachse mit konstanter Umlaufgeschwindigkeit beschriebene Kreiskegel) || ~ **method** (Crystal) / Präzessionsmethode *f* (Kristallstrukturanalyse von Einkristallen) || ~ **of the equinoxes**\* (Astron) / Präzession *f* der Äquinoktien
**prechamber** *n* (I C Engs) / Vorkammer *f* (bei Dieselmotoren)
**precharge** *n* (Elec Eng) / Vorauffladung *f*
**prechromatographic** *adj* (Chem) / prächromatografisch *adj*
**Precifilm slide bearing** (Eng) / Precifilm-Gleitlager *n* (Ausdehnungsgleitlager für Schleifmaschinenspindeln)
**precious metal** (Eng, Met) / Edelmetall *n* (Gold, Silber, Platinmetalle) || ~ **stone** (Min) / Edelstein *m* (besonders seltene und schöne Kristallbildung von Mineralien, die zu Schmuckzwecken verwendet wird - als Rohware) || ~ **stone** s. also gem
**precipice** *n* / Absturz *m* (sehr steiler Hang)
**precipitable** *adj* (Chem) / ausfällbar *adj*, ausscheidbar *adj* || ~\* (Meteor) / niederschlagbar *adj* (Wasser) || ~ **water**\* (Meteor) / ausfällbares Wasser (Gesamtgehalt der Atmosphäre an Wasserdampf)
**precipitant** *n* (Chem) / Fällungsreagens *n*, Fällungsmittel *n*, Fällmittel *n*
**precipitate** *v* (Chem, Hyd Eng, San Eng) / abscheiden *v* (aus Flüssigkeiten), niederschlagen *v*, absitzen lassen, absetzen lassen || ~ *vi* (Met) / sich ausscheiden *v* || ~ *vt* (Chem) / fällen *v* (durch Fällungsmittelzugabe), ausfällen *v* (lassen), präzipitieren *v* || ~ *n* / Niederschlag *m* (Bodensatz), Bodensatz *m*, Satz *m* (Niederschlag), Sediment *n*, Bodenkörper *m*, Bodenniederschlag *m*, Ablagerung *f* (das Abgelagerte) || ~ (Chem) / Präzipitat *n* (eine restlos veraltete Bezeichnung für einige Quecksilberverbindungen) || ~\* (a solid produced from a solution when the solubility product of the substance is exceeded) (Chem) / Präzipitat *n* (Ausfällungssediment), Niederschlag *m* (chemischer)
**precipitated dust** / Filterstaub *m* (bei einem E-Filter) || ~ **silicic acid** (Chem) / Fällungskieselsäure *f* (bei der Herstellung von Kieselsäureprodukten)
**precipitate out** *v* (Chem) / fällen *v* (durch Fällungsmittelzugabe), ausfällen *v* (lassen), präzipitieren *v*
**precipitating agent** (Chem) / Fällungsreagens *n*, Fällungsmittel *n*, Fällmittel *n* || ~ **agent for alkaloids** (Chem) / Alkaloidfällungsreagens *n* (zum Nachweis von Alkaloiden) || ~ **electrode** (Surf) / Niederschlagselektrode *f*, Abscheidungselektrode *f*
**precipitation**\* *n* / Abscheiden *n*, Niederschlagen *n* (Abscheiden), Ausfallen *n* || ~\* (the process by which a precipitate is formed) (Chem) / Fällen *n*, Ausfällen *n*, Ausfällung *f*, Fällung *f* (durch Fällungsmittelzugabe) || ~ (Geophys) / Präzipitation *f* (das Herabregnen von Teilchen des magnetosphärischen Plasmas in die Ionosphäre), Precipitation *f*, Herabregnen *n* (geladener Teilchen) || ~ (Meteor) / Niederschlagsmenge *f* || ~\* (Meteor) / gefallener Niederschlag (DIN 4049, T 101), [fallender] Niederschlag *m* || ~ **area** (Meteor, San Eng) / Niederschlagsgebiet *n* (DIN 4045), Niederschlagsfeld *n* || ~ **bath** (Chem Eng) / Fällbad *n* (einer Nassspinnanlage) || ~ **brittleness** (Met) / Alterungssprödigkeit *f* (die durch Alterung bedingt ist) || ~ **clutter** (Radar) / Regenecho *n*, Regenstörung *f* || ~ **echo** (Radar) / Niederschlagsecho *n* || ~ **electricity** (Elec, Geophys) / Niederschlagselektrizität *f* || ~ **excess** (Meteor) / Niederschlagsüberschuss *m* || ~ **figure test** (Leather) / Basizitätsbestimmung *f* (bei Chrombrühen) || ~ **gauge** (Meteor) / Niederschlagsmesser *m*, Regenmesser *m*, Pluviometer *n*, Hyetometer *n*, Ombrometer *n*, Udometer *n* || ~ **hardening**\* (Met) / Ausscheidungshärtung *f* (Festigkeitssteigerung infolge der Behinderung der Versetzungsbewegung durch Ausscheidungen), Ausscheidungshärten *n* || ~ **heat treatment** (Met) / Ausscheidungswärmebehandlung *f* || ~ **indicator** (Chem) / Fällungsindikator *m*, Adsorptionsindikator *m* (in der Fällungsanalyse) || ~ **intensity** (Meteor) / Niederschlagsintensität *f* || ~ **mass curve** (Hyd Eng) / Niederschlagssummenkurve *f* || ~ **naphtha** (Chem) / Normalbenzin *n* (als Fällungsmittel) || ~ **number** (Chem) / Fällungszahl *f* || ~ **phase** (Chem, Met) / Ausscheidungsphase *f* || ~ **polymerization** (Chem) / Fällungspolymerisation *f* || ~ **static interference** (Radio) / Niederschlagsstörung *f* || ~ **station** (Meteor) / Niederschlagsstation *f* || ~ **titration** (Chem) / Fällungstitration *f*, Fällungsanalyse *f* (z.B. Argentometrie, Tüpfelanalyse usw.) || ~ **trail** (Meteor) / Fallstreifen *m*, Virga *f* (pl. -ae) (Niederschlag, der während des Fallens verdunstet) || ~ **unit** (Chem Eng, San Eng) / Fällungsanlage *f* (zur Ausfällung von Wasserinhaltsstoffen)
**precipitator** *n* (Chem) / Fällungsreagens *n*, Fällungsmittel *n*, Fällmittel *n* || ~ **(electrostatic)** (Ecol) / Elektrofilter *n* (eine Gasreinigungsanlage), Elektroabscheider *m*
**precipitin**\* *n* (Med, Pharm) / Präzipitin *n*, Präcipitin, Koagulin *n* (ein Antikörper)
**precipitous** *adj* / steil abfallend, jäh abfallend, schroff *adj* (steil abfallend), abschüssig *adj*, stark abfallend || ~ **sea** (Ocean, Ships) / außerordentlich schwere See (ein Seezustand)

**precise** *adj* / präzise *adj*, präzis *adj* || ~ / genau *adj* || ~ **focusing** / Scharffokussierung *f* || ~ **length** / Genaulänge *f*, genaue Länge || ~ **levelling**\* (Surv) / Präzisionsnivellement *n*
**precision** *n* (closeness of readings to one another) / Reproduzierbarkeit *f*, Präzision *f* (in der Analytik) || ~ / Genauigkeit *f* (im Allgemeinen) || ~ / Präzision *f* (DIN 55350, T 13) || ~ (Arch) / Strenge *f* (des Stils) || ~ (Comp) / Precision *f* (ein Effektivitätsmaß zur Bewertung von Dokumenten-Retrieval-Systemen) || ~ (Stats) / Stichprobengenauigkeit *f* || ~ **annealing** (Glass) / Präzisionskühlung *f* || ~**-approach radar**\* (Aero) / Präzisionsanflugradar *m n*, PAR (Präzisionsanflugradar) || ~ **balance** / Präzisionswaage *f* (im Allgemeinen) || ~ **balance** s. also high-precision balance || ~ **block gauge** (Eng) / Parallelendmaß *n* (ein Längenmaß-Normal nach DIN 861), Endmaß *n* (mit rechteckigem Querschnitt und parallelen Messflächen - DIN EN ISO 3650) || ~ **boring** (Eng) / Feinstbohren *n* (mit höchster erreichbarer Qualitätsgrenze) || ~ **casting** (Foundry) / Feinguss *m* (mit Hilfe von ausschmelzbaren Modellen in ungeteilten Formen), Feingießverfahren *n*
**precision-cut circular sawing machine** (For) / Feinschnittkreissägemaschine *f*
**precision-engineered tool** (Eng) / Präzisionswerkzeug *n*
**precision farming** (Agric) / teilflächenspezifische Bewirtschaftung (wenn die Bestellung auf großen Ackerschlägen mit Hilfe von Rechnern nach Unterschieden in Boden und Pflanzenbestand bemessen wird), Präzisionslandwirtschaft *f* || ~ **file** (Tools) / Präzisionsfeile *f* || ~ **forging** (Eng) / Genauschmiedestück *n* || ~ **forging** (Eng) / Formschmieden *n* || ~ **gage block** (US) (Eng) / Parallelendmaß *n* (ein Längenmaß-Normal nach DIN 861), Endmaß *n* (mit rechteckigem Querschnitt und parallelen Messflächen - DIN EN ISO 3650) || ~ **gauge** (Tools) / Präzisionslehre *f* || ~ **grinding** (Eng) / Präzisionsschleifen *n* || ~ **inline colour tube** (TV) / PIL-Röhre *f*, Präzisionsinlineröhre *f* || ~ **instrument** (Instr) / Präzisionsgerät *n*, Feinmessgerät *n* || ~ **lathe** (Eng) / Feindrehmaschine *f*, Genauigkeitsdrehmaschine *f* || ~ **mechanics** / Feinmechanik *f* (ein Teilgebiet der Feinwerktechnik als Industriezweig) || ~ **milling** (Eng) / Feinfräsen *n* || ~ **modular machine tool** (Eng) / Präzisionsmaschine *f* aus Aufbaueinheiten, Präzisionsmaschine *f* in Baukastenbauweise || ~ **moulding** (Foundry) / Modellausschmelzverfahren *n* || ~ **moulding** (Plastics) / Präzisionsformteil *n* || ~ **resistor** (Elec Eng) / Präzisionswiderstand *m* || ~ **slot matrix tube** (TV) / PIL-Röhre *f*, Präzisionsinlineröhre *f* || ~ **steel tube** (Met) / Präzisionsstahlrohr *n* (mit besonders hoher Maßgenauigkeit und glatter Oberfläche) || ~ **tool** (Eng) / Präzisionswerkzeug *n* || ~ **turning** (Eng) / Feindrehen *n* (mit umlaufendem Werkstück) || ~ **winding** (Plastics) / Präzisionswickelverfahren *n* || ~ **winding** (Spinning) / Präzisionswicklung *f* (geordnete, durch Fadenführer verlegte Wicklung an Kreuzspulmaschinen)
**precistor** *n* (Elec Eng) / Präzisionswiderstand *m*
**preclean** *v* / vorreinigen *v*
**precleaning** *n* / Vorreinigung *f*
**precoat** *v* / vorbeschichten *v* || ~ (Foundry) / umhüllen *v* || ~ *n* (Chem) / Precoat-Schicht *f*, Anschwemmschicht *f*, Filtervorbelag *m*, Grundanschwemmung *f* (angeschwemmtes Filterhilfsmittel)
**precoated metal** / vorbeschichtetes Metall (meistens Stahl) || ~ **plate** (Chem) / DC-Fertigplatte *f* || ~ **TLC foil** (Chem) / DC-Fertigfolie *f*
**precoat filter** (Chem) / Precoat-Filter *n*, Anschwemmfilter *n* (Filterapparat, bei dem auf ein grobporiges Filtermittel vor der Filtration durch einen Anschwemmprozess ein Poren verfeinerndes Filterhilfsmittel aufgebracht wird)
**precoating** *n* / Vorbeschichtung *f* || ~ (Chem) / Precoat-Verfahren *n* (ein Filtrationsverfahren, mit dem schwer oder nicht filtrierbare Suspensionen durch die zusätzliche Anschwemmung eines Filterhilfsmittels getrennt werden können), Anschwemmfiltration *f*
**precolumn** *n* (Chem) / Vorsäule *f* (in der Gaschromatografie)
**precombustion chamber**\* (I C Engs) / Vorkammer *f* (bei Dieselmotoren) || ~ **engine** (I C Engs) / Vorkammermotor *m* (ein Dieselmotor), Vorkammerdiesel *m*, Vorkammerdieselmotor *m*
**precommissioning** *n* / Vorbereitung *f* der Inbetriebsetzung (einer Anlage)
**precompact set** (Maths) / präkompakte Menge, totalbeschränkte Menge || ~ **space** (Maths) / präkompakter Raum
**precompensation** *n* (Electronics) / Vorkompensation *f*
**precompiler** *n* (Comp) / Vorkompilierer *m*, Precompiler *m*
**precompress** *v* (I C Engs) / vorverdichten *v* (bei Zweitaktmotoren)
**precompression** *n* (Autos, I C Engs) / Vorverdichtung *f* (bei Zweitaktmotoren)
**precomputed trajectory** (Space) / vorausberechnete Flugbahn
**preconcentrate** *n* (Chem, Min Proc) / Vorkonzentrat *n*
**preconcentration** *n* (Chem, Min Proc) / Vorkonzentration *f*
**precondensate** *n* (Chem Eng, Plastics) / Vorkondensat *n*, Vorkondensationsprodukt *n*

**precondensation**

**precondensation** *n* (Chem Eng, Plastics) / Vorkondensation *f*
**precondition** *v* (Eng) / vorbehandeln *v* ‖ ~ *n* (Comp) / Vorbedingung *f* (eine Bedingung, die vor Eintreten eines Ereignisses erfüllt werden muss)
**preconditioned packing** (Chem) / vorgealterte Säulenfüllung (in der Gaschromatografie)
**preconditioning** *n* / Präkonditionierung *f* (Vorbehandlung) ‖ ~ (Eng) / Vorbehandlung *f*
**preconducting current** (Electronics) / Vorstrom *m* (einer Gasentladungsröhre)
**preconduction current** (Electronics) / Vorstrom *m* (einer Gasentladungsröhre)
**preconsolidate** *v* (Civ Eng) / vorverdichten *v* (Boden), vorkonsolidieren *v* (Boden)
**preconsolidation** *n* (Civ Eng) / Vorverdichtung *f*, Vorkonsolidierung *f* (des Bodens)
**preconverter** *n* (Autos) / Vorkatalysator *m*, Startkatalysator *m*
**pre-cook** *v* (Nut) / vorkochen *v* ‖ ~ (Nut) s. also parboil
**pre-cooked** *adj* (Nut) / vorgekocht *adj*
**precooler** *n* / Vorkühler *m*
**precoupler** *n* (Telecomm) / Vorkoppler *m*
**precracked specimen** (Materials) / angerissene Probe, Probe *f* mit Anriss (bei der Prüfung)
**precritical** *adj* (Nuc Eng) / vorkritisch *adj*
**precriticality** *n* (Nuc Eng) / vorkritischer Zustand
**precrystalline** *adj* (Geol, Min) / präkristallin *adj* ‖ ~ **deformation** (Geol, Min) / präkristalline Deformation
**preculture** *n* (Bacteriol) / Vorkultur *f*
**precure finish** (Textiles) / Precuring-Verfahren *n*, Precure-Technik *f* (Permanent-Press-Ausrüstung mit Endkondensation beim Veredler)
**precuring** *n* (Chem Eng, Plastics) / Vorkondensation *f* ‖ ~ (Textiles) / Precuring-Verfahren *n*, Precure-Technik *f* (Permanent-Press-Ausrüstung mit Endkondensation beim Veredler)
**precursor** *n* (Biochem, Chem) / Präkursor *m*, Vorläufer *m* ‖ ~ (Biochem, Pharm) / Präkursor *m*, Precursor *m* ‖ ~ (Biol) / Vorstufe *f* (z.B. Prothrombin als Vorstufe des Thrombins) ‖ ~ (Chem) / Precursor *m* (Primer, der auch in das Endprodukt mit eingeht) ‖ ~ (Nuc, Nuc Eng) / Mutterkern *m* (ein radioaktiver Kern, der einem bestimmten Kern in einer Zerfallskette vorangeht) ‖ ~ (Textiles) / Vorprodukt *n* (bei der Faserherstellung)
**precursor-directed biosynthesis** (Biochem) / vorläuferdirigierte Biosynthese
**precursor ion** (Spectr) / Mutterion *n*
**precursor-ion scan** (Spectr) / Eltern-Scan *m*
**precursor polymer** (Chem) / Precursor-Polymer *n* (z.B. Polyamidcarbonsäure)
**precut** *v* (Mining) / vorschrämen *v* ‖ ~ **blank of plastic sheet** (foil) (Plastics) / Folienzuschnitt *m* (Ergebnis)
**predazzite** *n* (Geol) / Predazzit *m* (Marmor mit Bruzit)
**predecessor** *n* (AI, Comp) / Vorgänger *m* (in einem Baum) ‖ ~ (in a directed graph) (Maths) / Vorgänger *m*
**predefecation** *n* (Nut) / Vorscheidung *f* (in der Zuckergewinnung)
**predefine** *v* / vordefinieren *v*
**predefined** *adj* / vordefiniert *adj* ‖ ~ **dialogue** (Comp) / Dialogvorgabe *f* ‖ ~ **specification** (Comp) / Standardtypvereinbarung *f*
**predegrease** *v* (Paint) / vorentfetten *v*
**predella** *n* (gradino or step at the top of an altar supporting the altarpiece) (Arch) / Altarstaffel *f* (Zwischenstück zwischen Mensa und Altarretabel), Predella *f* (pl. -s oder -llen), Predelle *f*
**predeposition** *n* (Electronics) / Vorbelegung *f* (der erste Diffusionsvorgang in der Zweischrittdiffusion)
**predetermine** *v* / vorgeben *v*, prädeterminieren *v*, vorbestimmen *v*, vorausbestimmen *v*, vorher festlegen
**predetermined breaking point** (Eng, Materials) / Sollbruchstelle *f* ‖ ~ **counter** (Instr) / Voreinstellzähler *m* ‖ ~ **library** (Comp) / vorgegebene Bibliothek ‖ ~ **motion time system*** (Work Study) / System *n* vorgegebener Bewegungszeiten
**predicate** *n* / Prädikat *n* (einstelliges totales) ‖ ~ **calculus*** (Maths) / Prädikatenkalkül *m* ‖ ~ **logic** (AI) / Quantorenlogik *f*, Prädikatenlogik *f* ‖ ~ **transformer** (Comp) / Prädikatenumformer *m* (Regel zur Herleitung des notwendigen und hinreichenden Anfangsprädikats, das gewährleistet, dass nach Ausführung einer gegebenen Aktion ein vorgegebenes Endprädikat erreicht wird)
**predicative constraint** (AI) / prädikatives Constraint
**predicator** *n* (Comp, Maths, Phys) / Prädikator *m*
**predict** *v* (AI, Comp) / vorhersehen *v*, vorhersagen *v*, prädizieren *v*, voraussagen *v*
**predictability** *n* (AI, Comp) / Vorhersehbarkeit *f*, Prädiktabilität *f*
**predictable** *adj* (AI, Comp) / prädiktabel *adj*, vorhersehbar *adj*, voraussagbar *adj* (durch wissenschaftliche Verallgemeinerung)

**predicted environmental concentration** (Chem, Ecol) / geschätzte Umweltkonzentration, EEC (geschätzte Umweltkonzentration) ‖ ~ **initial environmental concentration** (Ecol) / vorausgesetzte (höchste) Anfangskonzentration (eines Stoffes in der Umwelt) ‖ ~ **no-effect concentration** (Chem, Ecol) / PNEC *f* (vorausgesagte maximale Konzentration eines Stoffes ohne Wirkung)
**prediction** *n* / Prädiktion *f*, Vorhersage *f* (durch wissenschaftliche Verallgemeinerung) ‖ ~ (Maths, Stats) / Hochrechnung *f* ‖ ~ **coding** (Telecomm) / Prädiktionskodierung *f* ‖ ~ **function** (Maths) / Vorhersagefunktion *f*, Prädiktor *m*
**predictive** (AI, Comp) / prädiktiv *adj* (die Möglichkeit einer Prädikation enthaltend, vorhersagbar) ‖ ~ **coding** (Comp) / Prädiktionskodierung *f* (eine Quellenkodierung) ‖ ~ **dialling** (Teleph) / Predictive Dialling *n* (ein Leistungsmerkmal von CTI- bzw. ACD-Anlagen oder eines eigenständigen technischen Moduls mit der Bezeichnung Dialler) ‖ ~ **maintenance** (Eng) / zustandsorientierte Instandhaltung ‖ ~ **safety system** (Autos) / Predictive Safety System *n* (ein Fahrerassistenzsystem von Bosch)
**predictor** *n* (Maths) / Vorhersagefunktion *f*, Prädiktor *m* ‖ ~ **variable** (AI, Maths) / Vorhersagevariable *f*, Prädiktorvariable *f*
**pre-dip** *v* (Surf) / vormetallisieren *v* (im Tauchbad)
**predispersed pigment** / vordispergiertes Pigment, Pigmentpräparation *f*, formiertes Pigment, Disperspigment *n*, Pigmentzubereitung *f*, Pigment-Masterbatch *m*
**predissociation** *n* (Chem, Phys) / Prädissoziation *f* (der Zerfall eines mehrfach angeregten, mehratomigen Moleküls in dissoziierte Bruchstücke)
**predistort** *v* (Telecomm) / vorverzerren *v*
**predistorting network*** (Telecomm) / Vorverzerrer *m*
**predistortion*** *n* (Telecomm) / Vorverzerrung *f*
**prednisolone*** *n* (Pharm) / Prednisolon *n* (1-Dehydrohydrocortison)
**prednisone** *n* (Pharm) / Prednison *n* (1-Dehydrocortison)
**predominant** *adj* / vorherrschend *adj*
**predraw** *v* (Met) / vorziehen *v*, grobziehen *v* (Draht) ‖ ~ (Spinning) / vorverziehen *v*
**predrawing** *n* (Met) / Vorziehen *n*
**predrier** *n* / Vortrockner *m* (dem Haupttrockner vorgeschalteter Trockner)
**predrill** *v* (Eng) / vorbohren *v*
**predrilling** *n* (Eng) / Vorbohren *n*
**predry** *v* / vortrocknen *v*
**predrying** *n* / Vortrocknung *f*
**predyeing** *n* (Textiles) / Vorfärben *n*
**Preece dip test** (Surf) / Preece-Test *m* (zur Prüfung der Gleichmäßigkeit von nach dem Schmelztauchverfahren hergestellten Zinküberzügen - 1 Gewichtsteil Kupfersulfat + 5 Gewichtsteile Wasser) ‖ ~ **test** (Surf) / Preece-Test *m* (zur Prüfung der Gleichmäßigkeit von nach dem Schmelztauchverfahren hergestellten Zinküberzügen - 1 Gewichtsteil Kupfersulfat + 5 Gewichtsteile Wasser)
**pre-echo** *n* (Acous) / voreilendes Echo
**pre-editing** *n* (Comp) / Preediting *n* (z.B. des Ausgangstextes für eine Maschinenübersetzung), redaktionelle Vorbereitung, Vorredaktion *f*
**pre-electrolysis** *n* (Chem, Elec Eng) / Vorelektrolyse *f* (bei der inversen Polarografie)
**pre-emergence herbicide** (Agric, Chem, Ecol) / Vorauflaufherbizid *n* (bevor die ersten Blätter an die Oberfläche gelangen), Vorlaufherbizid *n*
**pre-emphasis*** *n* (Acous, Electronics) / Vorverzerrung *f*, Preemphasis *f* (ein zur Nachentzerrung komplementärer Vorgang am Eingang eines Übertragungssystems), Akzentuierung *f*
**pre-emphasizing network** (Acous, Electronics) / Anhebungsschaltung *f* (zur Vorverzerrung), Anheber *m*, Einrichtung *f* zur Anhebung
**pre-emptive allocation** / Betriebsmittelumdisponierung *f* ‖ ~ **allocation** (Comp) s. also pre-emptive multitasking ‖ ~ **multitasking** (Comp) / präemptives Multitasking (wenn einem Programm das System nur für begrenzte Zeit zur Verfügung gestellt wird - nach Ablauf dieser Zeitspanne wird dem Programm das System wieder entzogen, ohne dass dies vom Programm verhindert werden kann)
**pre-engaged Bendix starter** (Autos) / Schub-Schraubtrieb-Anlasser *m*
**pre-engineered house** (Build) / Fertighaus *n* (in Vollmontagebauweise)
**pre-equilibrium** *n* / vorgeschaltetes Gleichgewicht
**pre-establish** *v* / vorgeben *v*, prädeterminieren *v*, vorbestimmen *v*, vorausbestimmen *v*, vorher festlegen
**pre-evaporation** *n* (Chem, Phys) / Voreindampfung *f*
**pre-expand** *v* (Plastics) / vorschäumen *v*
**pre-expanded** *adj* (Plastics) / vorgeschäumt *adj*
**pre-expander** *n* (for expandable-bead moulding) (Plastics) / Preexpander *m*, Präexpander *n*, Vorexpandierer *m*
**pre-exponential** *adj* / präexponentiell *adj* (z.B. Faktor in der Arrhenius-Gleichung) ‖ ~ **factor** (Chem) / präexponentieller Faktor (in der Arrhenius-Gleichung), Frequenzfaktor *m* (der

präexponentielle Faktor in der Arrhenius-Gleichung), Aktionskonstante *f* (der präexponentielle Faktor in der Arrhenius-Gleichung)
**pre-exposure** *n* (Photog) / Vorbelichtung *f* (vor der eigentlichen bildmäßigen Belichtung)
**prefab** *n* (prefabricated building) (Build) / Fertigbauweise *f*, Fertigteilbau *m*, Fertigbau *m*, Montagebauweise *f* || ~ *adj* (Build) / vorgefertigt *adj*, Fertig-
**prefabricated** *adj* (Build) / vorgefertigt *adj*, Fertig- || ~ **building**\* (Build) / Fertigbauweise *f*, Fertigteilbau *m*, Fertigbau *m*, Montagebauweise *f* || ~ **house** (Build) / Fertighaus *n* (in Vollmontagebauweise) || ~ **masonry panel** (Build) / vorgefertigtes Mauersteinelement || ~ **part** (Build) / vorgefertigtes Bauelement, Fertigteil *n*, Montagefertigteil *n* || ~ **pile** (Civ Eng) / Fertigpfahl *m* || ~ **section** (Build) / vorgefertigtes Bauelement, Fertigteil *n*, Montagefertigteil *n*
**prefabrication** *n* (Ships) / Vormontage *f*
**prefading**\* *n* (Acous) / Abhören *n* vor dem Regler (des Mischpults)
**prefeasibility study** / Projektvorstudie *f*
**prefelting machine** (Textiles) / Anfilzmaschine *f*
**preference** *n* (Ecol) / Präferenz *f* (der Organismus verbleibt aktiv im Bereich eines Stimulus, einer Substanz oder sucht ihn/sie/ auf)
**preferential** *adj* / präferentiell *adj* || ~ **adsorption** (the adsorption of certain materials to a greater extent or at a more rapid rate than other materials) (Phys) / bevorzugte (selektive) Adsorption || ~ **shop** (Work Study) / Betrieb, in dem Gewerkschaftsmitglieder Vorteile haben (sehr oft mit Gewerkschaftszwang)
**preferment** *n* (Nut) / Vorgäransatz *m* (in der Weizenbrotherstellung), Preferment *n*, Brew *n* (Vorgäransatz), Vorteig *m*
**preferred numbers** (Eng, Maths) / Normzahlen *f pl* (Glieder einer dezimalgeometrischen Normzahlreihe - DIN 323, T 1), Vorzugszahlen *f pl* || ~ **orientation**\* (a condition of polycrystalline aggregate in which the crystal orientations are not distributed at random) (Crystal, Geol, Materials, Met) / Vorzugsorientierung *f*, bevorzugte Orientierung (der Kristallite eines vielkristallinen Werkstoffs) || ~ **values**\* (Eng, Maths) / Normzahlen *f pl* (Glieder einer dezimalgeometrischen Normzahlreihe - DIN 323, T 1), Vorzugszahlen *f pl*
**prefetch buffer** (Comp) / Prefetch-Puffer *m*
**prefetching** *n* (Comp) / Prefetching *n* (bei der Archivierung auf optischen Platten)
**prefilter** *v* / vorfiltern *v*, vorfiltrieren *v*
**prefine** *v* (Met) / vorfrischen *v*, vorblasen *v*
**prefining** *n* (Met) / Vorfrischen *n*, Vorblasen *n*
**prefinishing pass** (Met) / Schlichtkaliber *n* (beim Walzen)
**prefire** *n* (Ceramics) / Vorfeuer *n*, Schmauchfeuer *n*
**prefix** *n* / Vorsatz *m* (z.B. bei Teilen und Vielfachen der SI-Einheiten nach DIN 1301, T 1), Vorsatzzeichen *n* || ~ (Chem, Comp, Maths) / Präfix *n* || ~ (code) (Teleph) / Verkehrsausscheidungsziffer *f* (im nationalen Bereich), Verkehrsausscheidungszahl *f* (im internationalen Bereich) || ~ **analysis** (Telecomm) / Kennungsauswertung *f*, Präfixauswertung *f* || ~ **notation** (Comp) / Polnische Notation *f*, Präfixschreibweise *f*, [klammerfreie] Polnische Schreibweise, PN (nach Lukasiewicz)
**preflash** *n* (Cinema, Photog) / diffuse Vorbelichtung
**preflight** *attr* (Aero) / vor dem Fluge || ~ **briefing** (Aero) / mündliche Wetterberatung vor dem Fluge || ~ **check** (Aero) / Flugklarkontrolle *f* || ~ **inspection** (Aero) / Flugklarkontrolle *f*
**prefoam** *v* (Plastics) / vorschäumen *v*
**prefoamed** *adj* (Plastics) / vorgeschäumt *adj*
**preform** *v* / vorprofilieren *v*, vorformen *v*, vorfertigen *v*, vorbilden *v* (vorformen) || ~ *n* / Glashalbzeug *n* (für Lichtwellenleiter) || ~ (Acous) / Pressmasse *f* (als Kloß in die Form eingelegte - Schallplattenherstellung) || ~ (Electronics) / Löttablette *f*, Lötpastille *f* || ~ (Glass) / Vorform *f* || ~ (Materials) / Preform *f* (offenporöser Formkörper, bestehend aus der Verstärkungsphase, bei dem die Metallmatrix drucklos oder druckunterstützt in die Poren infiltriert, z.B. bei der Herstellung von Durchdringungsverbundstoffen) || ~ (Plastics) / Vorpressling *m*, Vorformling *m*
**preformat** *v* (Comp) / vorformatieren *v*
**preformatting** (Comp) / Vorformatierung *f*
**preformed cable** (Cables) / fabrikkonfektioniertes Kabel || ~ **coil** (Elec Eng) / vorgeformte Spule || ~ **precipitate** (Nuc Eng) / vorgefällter Niederschlag, vorgeformter Niederschlag || ~ **rope** (Cables) / drallarmes Seil, drallfreies Seil || ~ **winding** (Elec Eng) / Wicklung *f* mit Formspulen || ~ **winding** (Elec Eng) / Schablonenwicklung *f*
**preforming** *n* / Vorprofilieren *n*, Vorformen *n*, Vorfertigen *n*, Vorbilden *n* || ~ **of the cross-section** (Met) / Querschnittsvorbildung *f* (die beim Gesenkschmieden der günstigen Massenverteilung des Werkstückstoffs vor der Endformung dient)
**preform MMC** (Materials) / Durchdringungsverbundwerkstoff *m*, Preform-MMC *m*
**prefracture state** (Met) / Zustand *m* vor dem Bruch

**pre-fried foods** (Nut) / vorfrittierte Produkte (die man später zu Ende frittiert)
**prefrontal** *adj* (Meteor) / präfrontal *adj*
**prefuse** *v* / vorschmelzen *v*
**pregalvanize** *v* (Surf) / vorverzinken *v*
**pregas** *v* (Plastics) / vorbegasen *v*
**pregassed bead** (Plastics) / vorbegaste Perle
**pregelatinized starch** (Nut) / Quellstärke *f*, verkleisterte Stärke, gelatinierte Stärke
**pregerminate** *v* (Agric, Bot) / vorkeimen *v*, ankeimen *v*
**preglacial** *adj* (Geol) / präglazial *adj*
**Pregl's solution** (Chem) / Pregl'sche Lösung (nach F. Pregl, 1869-1930)
**pregnane** *n* (Biochem) / Pregnan *n* (der Grundkörper für Steroide mit 21 Kohlenstoffatomen)
**pregnanediol**\* *n* (Biochem) / Pregnandiol *n* (ein biologisches Abbauprodukt von Progesteron)
**pregnant solution** (Chem Eng, Min Proc) / wertstoffhaltige Lösung || ~ **solution**\* (Min Proc) / mit Metallsalz beladene Lauge (im Laugeverfahren der Nassmetallurgie), mit Goldsalz beladene Lauge
**pregroup** *n* (Telecomm) / Vorgruppe *f*
**pregs**\* *pl* (Min Proc) / mit Metallsalz beladene Lauge (im Laugeverfahren der Nassmetallurgie), mit Goldsalz beladene Lauge
**preharvest loss** (Agric) / Vorernteverlust *m*
**preheat** *v* / vorheizen *v* || ~ (Ofen) / vorwärmen *v*, vorerhitzen *v*, vorheizen *v*, anwärmen *v* || ~ (I C Engs) / vorglühen *v* (Brennraum bzw. Ansaugluft in dem Dieselmotor vorwärmen) || ~ **cone** (Welding) / Anwärmkegel *m* (beim Schneidbrenner)
**preheated concrete** (Build, Civ Eng) / Warmbeton *m* (vorgewärmter Frischbeton, dessen Temperatur zwischen 30 °C und 60 °C liegt)
**preheater** *n* / Vorwärmer *m*, Anwärmer *m*, Vorheizer *m*
**preheat fluorescent lamp** (Elec Eng) / Leuchtstofflampe *f* mit Glühelektroden
**preheating** *n* / Vorerhitzung *f* (z.B. der zu verkokenden Kohle) || ~ (Electronics) / Vorwärmen *n*, Vorheizen *n*, Anheizen *n* || ~ (Met) / Vorwärmen *n*, Vorerhitzen *n*, Vorheizen *n*, Anwärmen *n* || ~ **flame** (Welding) / Vorwärmflamme *f* || ~ **time**\* (Electronics) / Anheizzeit *f* || ~ **time**\* (Electronics) / Vorheizzeit *f* (einer Röhre) || ~ **zone** (Met) / Vorwärmzone *f* (des Hochofens)
**preheat wraparound** (Welding) / Vorwärmmuffe *f* (zum Vorwärmen während des Schweißvorganges)
**pre-Hilbert** *attr* (Maths) / prä-Hilbert'sch *adj*, prä-Hilbert *attr*
**prehnite**\* *n* (a natural hydrous silicate of calcium and aluminium related to the zeolites) (Min) / Chiltonit *m*, Prehnit *m* (ein Sorosilikat)
**prehydrolysate** *n* (Chem Eng, For, Paper) / Vorhydrolysat *n*
**prehydrolysis** *n* (pl. -lyses) (Chem Eng, For, Paper) / Vorhydrolyse *f*
**pre-ignition**\* *n* (I C Engs) / Vorentflammung *f* (vor dem elektrischen Zündzeitpunkt)
**pre-impoundment basin** (Hyd Eng) / Vorsperre *f* (bei großen Speicherbecken - zum Abfangen von Geschiebe und Schlamm und zum örtlichen Ausgleich des im Hauptspeicherbecken stark schwankenden Wasserspiegels)
**pre-impregnate** *v* (Cables) / vorimprägnieren *v* (Papierisolierung)
**pre-impregnation** *n* (Paper) / Imprägnierung *f* (der Vulkanfiber)
**pre-injection** *n* (I C Engs) / Voreinspritzung *f*
**pre-ionization** *n* (Nuc, Phys) / Präionisation *f*, Autoionisation *f* (die Ionisation eines Atoms oder Moleküls infolge Doppelanregung), Selbstionisation *f*
**Preissenberg ram** (Mining) / Rammanlage *f* (Gewinnungseinrichtung für geringmächtige steilgelagerte Kohlenflöze bei harter Kohle)
**prelaunch inspection** (Space) / Kontrolle *f* vor dem Start
**preliminary** *adj* / vorbereitend *adj*, präliminar *adj*, Präliminar-, einleitend *adj* || ~ **amplifier** (Acous) / Vorverstärker *m* || ~ **announcement** (Print) / Voranzeige *f* (eines Buches) || ~ **calculation** (Print) / Vorkalkulation *f* || ~ **crushing** (Min Proc) / Vorbrechen *n*, Grobbrechen *n*, Grobzerkleinerung *f* || ~ **crushing** (Min Proc) / Vorzerkleinerung *f* || ~ **cut** (For) / Vorschnitt *m* (beim Doppelschnitt erster Maschinendurchgang) || ~ **drawing** / Zeichnungsentwurf *m* || ~ **drawing** (Met) / Vorziehen *n* || ~ **finish** (Textiles) / Vorappretur *f* || ~ **investigation** (Civ Eng, Geol) / Voruntersuchung *f* (DIN 4020) || ~ **matter**\* (Print, Typog) / Titelbogen *m* (mit Schmutztitel, Haupttitel, Impressum, Vorwort usw.) || ~ **mordant** (Textiles) / Vorbeize *f* || ~ **planning** / Vorplanung *f*, Vorausplanung *f* || ~ **retting** (Textiles) / Vorröste *f* || ~ **screening** (Min Proc) / Vorklassieren *n* || ~ **shaping** / Vorprofilieren *n*, Vorformen *n*, Vorfertigen *n*, Vorbilden *n* || ~ **standard** / Vornorm *f* (nach der versuchsweise gearbeitet werden soll - DIN 820) || ~ **standard** s. also draft standard || ~ **tension** (Materials, Textiles) / Vorspannkraft *f* (die beim Beginn des Zugversuchs auf die Messprobe einwirkende Kraft), Vorspannung *f* (Kraft bei der Zugfestigkeitsprüfung) || ~ **treatment** (Eng) / Vorbehandlung *f* || ~ **treatment** (of copper and its alloys) (Met) / Vorbrennen *n* || ~ **treatment** (Paint) / Vorbehandlung *f* (des Untergrunds) || ~

preliminary

**treatment** (San Eng) / Vorreinigung *f* (grobmechanische - der Abwässer) ‖ ~ **twist** (Spinning) / Vorzwirn *m*, Vordraht *m* (einfacher Zwirn, als Ausgangsmaterial für mehrfachen Zwirn) ‖ ~ **waves** (Geol) / Vorläufer *m pl* (P- und S-Wellen)
**preliming** *n* (Nut) / Vorscheidung *f* (in der Zuckergewinnung)
**prelims\*** *pl* (Print, Typog) / Titelbogen *m* (mit Schmutztitel, Haupttitel, Impressum, Vorwort usw.)
**preload** *v* (Build) / vorbelasten *v* (den Baugrund) ‖ ~ (Mech) / vorspannen *v* ‖ ~ *n* (Build) / Vorbelastung *f* (des Baugrundes) ‖ ~ (Eng) / Vorspannung *f* (der Feder) ‖ ~ (Eng) / Vorspannung *f* (des Lagers) ‖ ~ (Mech) / Vorlast *f*
**preloaded bearing** (Eng) / vorgespanntes Lager
**preloading** *n* (Build) / Vorbelastung *f* (des Baugrundes)
**premaster** *n* (Comp) / Premaster *m* (CD-ROM)
**premastered band** (CD-ROM publishing) (Comp, Print) / Premasterband *n*
**premaster tape** (CD-ROM publishing) (Comp, Print) / Premasterband *n*
**premature failure** / vorzeitiger Ausfall ‖ ~ **stiffening** (Civ Eng) / vorzeitiges Abbinden (eines Bindemittels - Fehler)
**premedication** *n* (Med) / Prämedikation *f*
**premelt** *v* / vorschmelzen *v*
**premelting furnace** (Met) / Vorschmelzofen *m*
**premetallized dyestuff** (Textiles) / metallisierter Farbstoff
**premiere** *n* (Cinema) / Uraufführung *f*, Premiere *f*
**première\*** *n* (Cinema) / Uraufführung *f*, Premiere *f*
**premier jus** (Nut) / Premier Jus *m* (Rindertalg besonders hoher Qualität)
**premise** *n* / Vordersatz *m*, Prämisse *f* (Aussage, von der ausgegangen wird) ‖ ~ **part** / Wenn-Teil *m* (einer Regel), Prämissenteil *m*
**premises** *pl* / Betriebsgelände *n*, Gelände *n* ‖ ~ / Räumlichkeiten *f pl*, Lokal *n* ‖ ~ / Haus *n* nebst Zubehör (Nebengebäude, Grund und Boden) ‖ ~ (Build) / Grundstück *n* (bebautes)
**premiss** *n* (GB) / Vordersatz *m*, Prämisse *f* (Aussage, von der ausgegangen wird)
**premium bonus** (payment may or may not be directly proportional to results) (Work Study) / Zeiteinsparungsprämie *f* (für die Zeiteinsparung gegenüber der Vorgabezeit) ‖ ~ **gasoline** (US) (Autos) / Super-Ottokraftstoff *m*, Superkraftstoff *m* (EN 228), Superbenzin *n*, Super *n* (Benzin) ‖ ~ **gasoline** (US) s. also star classification ‖ ~ **motor oil** (I C Engs) / Premiumöl *n*, legiertes Motorenöl ‖ ~ **price** / Premiumpreis *m* (für hochwertige Produkte, der über dem Durchschnittspreis liegt)
**premix** *v* / vormischen *v* ‖ ~ *n* (Plastics) / Feuchtpressmasse *f* (glasfaserverstärkter Kunststoff mit kürzeren Glasfasern), Premix-Pressmasse *f* ‖ ~ **burner** (Eng) / Brenner *m* mit Vormischung (z.B. Bunsenbrenner) ‖ ~ **burner** (Fuels) / Kreuzstrombrenner *m*
**premixed flame** / vorgemischte Flamme (bei der ein homogenes Gemisch der reagierenden Gase vorliegt - z.B. beim Bunsenbrenner) ‖ ~ **plaster** (Build) / Fertigputz *m* (der aus Werkmörtel besteht) ‖ ~ **plaster** (Build) / Edelputz *m* (ein fabrikmäßig hergestellter Trockenmörtel)
**premix moulding** (GB) (Plastics) / Premix-Pressen *n*, Pressen *n* mit Premix-Pressmassen
**premordant** *v* (Textiles) / vorbeizen *v* ‖ ~ *n* (Textiles) / Vorbeize *f*
**premuffler** *n* (US) (Autos) / Vorschalldämpfer *m* (vorderer Auspufftopf)
**premultiplication** *n* (Maths) / Multiplikation *f* von links nach rechts
**Prenflo process** (pressurized entrained flow process) / Prenflo-Verfahren *n* (Kohle-Flugstromvergasungsverfahren)
**prenol** *n* (Chem) / Prenol *n* (isoprenoider Alkohol)
**prenotched specimen** (Materials) / vorgekerbte Probe
**prenova** *n* (pl. prenovas or prenovae) (Astron) / Pränova *f* (pl. Pränovä)
**prenucleation** *n* (Phys) / Pränukleation *f*, Bekernung *f* (Bildung von Kondensationskernen auf einer Oberfläche, um die Kondensation bei der Bildung einer dünnen Schicht zu begünstigen)
**prenylation** *n* (Chem) / Prenylierung *f* (Einführung eines Isoprenrestes)
**prenyl protein** (Biochem) / Prenylprotein *n*
**preoil** *v* (For, Paint) / vorölen *v* (Holz)
**preoiling** *n* (For, Paint) / Vorölen *n* (Tränkung eines porösen Untergrundes mit je nach Saugfähigkeit mit Testbenzin verdünntem unpigmentiertem Leinölfirnis vor dem ersten deckenden Zwischenanstrich)
**preon** *n* (a hypothetical particle that makes up quarks and leptons) (Nuc) / Präon *n* (ein hypothetisches Denkmodell in der Teilchenphysik), Preon *n*
**preoptive lathe** (Eng) / Drehmaschine *f* mit Vorwählsteuerung
**pre-ordered set** (Maths) / vorgeordnete Menge, reflexiv quasigeordnete Menge ‖ ~ **set** (Maths) s. also quasi-ordered set
**preorientation** *n* (Spinning) / Vororientierung *f* (von Fasern)
**preoriented yarn** (Spinning) / vorverstrecktes Garn (beim Schnellspinnverfahren), vororientiertes Garn

**preoscillation current** (Elec Eng) / Anschwingstrom *m* (eines Oszillators)
**pre-owned** *adj* (US) / secondhand *adj*
**pre-pack** *v* / vorverpacken *v* ‖ ~ (Nut) / abpacken *v* ‖ ~ *n* / Fertigpackung *f* (nach 6 des Eichgesetzes)
**pre-package** *v* / vorverpacken *v*
**pre-packed** *adj* (Nut) / abgepackt *adj*
**pre-packed concrete** (Civ Eng) / Prepactbeton *m* (ein Ausgussbeton), Prepaktbeton *m*
**prepaging** *n* (Comp) / Seitenaustausch *m* mit Vorplanung
**prepaid card** (ein Cash-Card) (Teleph) / Telefonkarte *f*, Telefonwertkarte /A/ *f*, Telecard *f* ‖ ~ **transportation** (Aero) / Rufpassage *f*
**prepaint** *v* (Paint) / vorstreichen *v* ‖ ~ (before spraying) (Paint) / vorspritzen *v* (im Allgemeinen)
**preparation** *n* / Präparation *f* (Anfertigung eines Präparats von anatomisch-zoologischen Objekten durch Konservierung oder Imprägnierung mit Kunststoffen) ‖ ~ / Präparation *f* (eines physikalischen Systems nach einer eindeutigen Messvorschrift) ‖ ~ / Vorbereitung *f* (Chem, Pharm) / Zubereitung *f* (ein Gemisch, ein Gemenge oder eine Lösung) ‖ ~ (Chem, Pharm) / Herstellung *f* (von Präparaten) ‖ ~ (Foundry) / Aufbereitung *f* (des Formsandes) ‖ ~ (Paint) / Untergrundvorbehandlung *f*, Untergrundvorbereitung *f* ‖ ~ (Pharm) / pharmazeutisches Erzeugnis, Pharmapräparat *n* ‖ ~ **of concrete** (Build, Civ Eng) / Betonbereitung *f* (ein Teilgebiet der Betonherstellung) ‖ ~ **technique** (Micros) / Präpariertechnik *f* ‖ ~ **time** (of a shop order) (Work Study) / Vorlaufzeit *f* (für einen Fertigungsauftrag), Fertigungsvorlaufzeit *f*
**preparative chemistry** (Chem) / präparative Chemie (ein Teilgebiet der Chemie, das sich mit der Herstellung von definierten chemischen Stoffen befasst)
**preparative-scale chromatography** (Chem) / präparative Chromatografie ‖ ~ **gas chromatography** (Chem) / präparative Gaschromatografie
**preparatory** *adj* / Vor- (vorbereitend), vorbereitend *adj* ‖ ~ **finish** (Textiles) / Vorappretur *f* ‖ ~ **flight** (Aero) / Vorbereitungsflug *m* ‖ ~ **functions** (Eng) / Wegbedingungen *f pl* (in der numerischen Steuerung) ‖ ~ **input terminal** (Comp) / Vorbereitungseingang *m* ‖ ~ **program** (Comp) / Vorlaufprogramm *n* ‖ ~ **retting** (Textiles) / Vorröste *f* ‖ ~ **spinning** (prespinning) (Spinning) / Vorspinnen *v* ‖ ~ **treatment** (Eng) / Vorbehandlung *f* ‖ ~ **treatment** (Paint) / Vorbehandlung *f* (des Untergrunds)
**prepare** *v* / vorbereiten *v* (ein Experiment) ‖ ~ / zurichten *v* ‖ ~ / vorbereiten *v* / ansetzen *v* (Bad) ‖ ~ / anfertigen *v* (Zeichnungen) ‖ ~ (Chem) / ansetzen *v* (z.B. eine Lösung) ‖ ~ (Chem, Pharm) / zubereiten *v* ‖ ~ (Foundry) / aufbereiten *v* (Formsand) ‖ ~ (Textiles) / ansetzen *v* (Flotte)
**prepared town gas** (Met) / Stadtgas *n* zur Wärmebehandlung metallischer Werkstoffe (ein Schutzgas)
**preparing agent** (Spinning, Textiles, Weaving) / Präparationsmittel *n* (ein Textilhilfsmittel) ‖ ~ **salt** (Chem) / Natriumhexahydroxostannat *n* (IV), Präpariersalz *n* ($Na_2(Sn(OH)_6)$)
**prepasted paper** (Build, Paper) / klebefertig beschichtete Tapete (mit einer rückseitigen trockenen Kleisterbeschichtung, die spontan wasserlöslich ist)
**prepayment coin-box telephone** (Teleph) / Münzfernsprecher *m*, Münzfernsprechapparat *m* ‖ ~ (gas) **meter** / Münzgaszähler *m*, Gasautomat *m* (der mit einer Münze betätigt wird) ‖ ~ **meter** (Elec Eng) / Münzzähler *m*
**prepeptide** *n* (Biochem) / Präpeptid *n*
**preperforated liner** (Oils) / perforiertes Rohr, Liner *m* (perforierter)
**preperiod** *n* (Phys) / Vorperiode *f* (einer kalorimetrischen Messung)
**prephenic acid** (Chem) / Prephensäure *f*
**preplan** *v* / vorausplanen *v*, vorplanen *v*
**preplant application** (Agric, Chem) / Vorsaatanwendung *f* (von Herbiziden)
**preplasticate** *v* (Plastics) / vorplastifizieren *v*, vorplastizieren *v*
**preplastication** *n* (Plastics) / Vorplastifizieren *n*, Vorplastizieren *n*
**preplate** *v* (Leather) / vorbügeln *v*
**prepolymer** *n* (Chem) / Prepolymer *n*, Präpolymer *n* (meist niedrigmolekulares Makromolekül, das in weiter führenden Reaktionen zu hochmolekularem Polymer umgesetzt wird), Vorpolymer *n*, Vorpolymerisat *n*
**prepolymerization** *n* (Chem) / Vorpolymerisation *f*
**prepreg\*** *n* (Glass, Plastics) / vorimprägniertes Glasfasermaterial, vorimprägniertes Textilglas (mit härtbaren Kunststoffen), Prepreg *n* (eine Fasermatte nach DIN 16 913-2 und -3), Harzmatte *f* (preimpregnierte Fasermatte)
**prepress proof\*** (Comp, Print) / Proof *n* (meistens Farbproof), Probedruck *m*
**preprint** *n* / Vordruck *m* (z.B. in Formularen) ‖ ~ (Print) / Vorabdruck *m* (eines wissenschaftlichen Aufsatzes)

**preprinted resist** (Textiles) / Vordruckreserve f ‖ ~ **stationery** (Comp) / Schemabrief m (auf Briefbogen vorgedruckter Text zur ergänzenden Beschriftung)
**preprocessor** n (Comp) / Vorprozessor m
**preproduce** v (Eng, Work Study) / vorfertigen v
**preproduction** n (Eng, Work Study) / Vorfertigung f (nach der Fertigungsfreigabe)
**preproduction aircraft** (US) (Aero) / Vorserienflugzeug n, Nullserienflugzeug n ‖ ~ **sample** (Eng, Work Study) / Vorfertigungsmuster n ‖ ~ **status** (Work Study) / Produktionsreife f
**pre-program** v (Comp) / vorprogrammieren v ‖ ~ n (Comp) / Vorprogramm n, Zwischenprogramm n
**pre-programmed drone** (Mil) / vorprogrammierte Drohne, programmierte Drohne
**pre-programming** n (Comp) / Vorprogrammierung f
**preprohormone** n (Biochem) / Präprohormon n
**prep-scale chromatography** (Chem) / präparative Chromatografie ‖ ~ **gas chromatography** (Chem) / präparative Gaschromatografie
**prepunch** v / vorlochen v
**pre-quark** n (Nuc) / Präquark n
**preread head** (Comp, Mag) / Doppellesekopf m
**pre-recorded** adj (Acous) / bespielt adj (z.B. Kassette) ‖ ~ **ROM** (Comp, Electronics) / CD-ROM-Speicher m (optischer Festspeicher)
**pre-refine** v (Met) / vorfrischen v, vorblasen v
**pre-release** n (Comp) / Vorabversion f (die noch keinen Alpha-Test und Beta-Test absolviert hat) ‖ ~ **version** (Comp) / Vorabversion f (die noch keinen Alpha-Test und Beta-Test absolviert hat)
**pre-rigor meat** (Nut) / schlachtwarmes Fleisch
**preroll time** (Cinema, TV) / Prerollzeit f (bei Videorekordern), Hochlaufzeit f
**prerun** n (Nut) / Vorlauf m (ohne Anwendung von mechanischem Druck aus der Kelter ablaufender Most)
**prerusted** (Surf) / angerostet adj
**presaturate** v (Electronics) / vorsättigen v
**presbycousis** n (Acous, Med) / Altersschwerhörigkeit f, Presbyakusis f
**presbycusis** n (Acous, Med) / Altersschwerhörigkeit f, Presbyakusis f
**presbyopia*** n (Med, Optics) / Presbyopie f, Alterssichtigkeit f, Altersweitsichtigkeit f
**presbyopic** adj (Med, Optics) / presbyop adj, presbyopisch adj, alterssichtig adj, altersweitsichtig adj
**prescaler** n (Elec Eng) / Prescaler m (ein digitaler Frequenzteiler, der einem digitalen Frequenzmessgerät vorgeschaltet wird)
**prescan proof** (Comp, Print) / Proof n (meistens Farbproof), Probedruck m
**prescore** v (Cinema) / vorsynchronisieren v
**prescored ampoule** (Glass) / vorangeritzte Ampulle
**prescoring*** n (Cinema) / Vorsynchronisierung f
**prescreening** n (Min Proc) / Vorklassieren f
**prescribe** v / vorschreiben v (anordnen), anordnen v ‖ ~ (Eng) / vorgeben v (z.B. Toleranzen) ‖ ~ (Pharm) / verschreiben v, verordnen v, rezeptieren v, ein Rezept ausstellen, ordinieren v
**prescribed** adj (Med) / anerkannt adj (Berufskrankheit) ‖ ~ **minimum speed** (Autos) / vorgeschriebene Mindestgeschwindigkeit ‖ ~ **route** (Ships) / Zwangsweg m (zur Vermeidung von Kollisionen oder wegen kriegerischer Ereignisse)
**prescription** n (Pharm) / Verordnung f, Rezept n, Verschreibung f ‖ ~ **drug** (Pharm) / rezeptpflichtiges Arzneimittel, verschreibungspflichtiges Arzneimittel, ethisches Präparat, ethisches Medikament, verschreibungspflichtiges Medikament, ethisches Produkt
**prescription-only** attr (Pharm) / rezeptpflichtig adj, verschreibungspflichtig adj
**presealed ampoule with bent neck** (Glass) / geschlossene Ampulle mit gebogenem Hals, Aufbrennampulle f
**preselect** v (Autos, Eng, Teleph) / vorwählen v
**preselected button for memory tuning** (Radio) / Feststationstaste f
**preselection*** n (Autos, Eng, Teleph) / Vorwahl f (Voreinstellung eines gewünschten Betriebszustandes) ‖ ~* (Radio) / Vorselektion f, Vorwahl f ‖ ~ (TV) / Preselection f ‖ ~ **of external lines** (Teleph) / Vorbelegung f von Amtsleitungen, Reservierung f von Amtsleitungen
**preselector** n / Vorwähler m ‖ ~ **gearbox*** (Autos) / Vorwählgetriebe n
**preselling** n / Gesamtheit f aller Verkaufsförderungs- und Werbemaßnahmen, die dem tatsächlichen Verkauf vorausgehen
**presence** n (Cinema) / Originalgeräusch n (Geräusch der Umgebung), allgemeines Umgebungsgeräusch ‖ ~ (Telecomm) / Präsenz f (das Hervorheben eines Frequenzbereiches) ‖ **in the ~ of acids** (Chem) / in Gegenwart von Säuren ‖ ~ **check** (Radio) / Anwesenheitskontrolle f ‖ ~ **signal** / Anwesenheitssignal n, Anwesenheitszeichen n
**presensitize** v / vorsensibilisieren v
**presensitizing** n / Vorsensibilisierung f
**present** v / darstellen v, präsentieren v

**presentation** n / Darstellung f (z.B. der Schriftzeichen) / Vorführung f, Projektion f ‖ ~ (Cinema) / ‖ ~ (Textiles) / Aufmachungsform f (einer Garnart) ‖ ~ **copy** (Print) / Widmungsexemplar n, Dedikationsexemplar n (mit einer Widmung) ‖ ~ **graphics** (Comp) / Präsentationsgrafik f (die Nachweise und Ergebnisse präsentiert) ‖ ~ **graphics** (Comp) s. also business graphics ‖ ~ **layer** (Comp, Telecomm) / Darstellungsschicht f (im OSI-Referenzmodell), Präsentationsschicht f, Anpassungsschicht f (Schicht 6 im OSI-Referenzmodell) ‖ ~ **of a problem** / Problemstellung f (das Stellen eines Problems)
**presenter** n (Radio, TV) / Moderator m
**presenting a fire hazard** / brandgefährlich adj
**present state of the art** / heutiger Stand der Technik
**preseparation** n (Print) / Farbtrennung f (bei der in der Originalvorlage verschiedene Farbfolien eingeklebt werden)
**preservation** n / Aufrechterhaltung f, Erhaltung f (z.B. eines Winkels) (z.B. der Genauigkeit) ‖ ~ (Eng) / Konservierung f (z.B. des Dampferzeugers) ‖ ~ (For, Nut, Photog) / Konservierung f ‖ ~ (Nut) / Frischhaltung f ‖ ~ **area** (US) (Arch) / flächenhaftes Kulturdenkmal ‖ ~ **of angles** (Cartography) / Winkeltreue f ‖ ~ **of historic buildings** (Arch) / Baudenkmalpflege f ‖ ~ **of** (historic) **monuments** (Arch) / Denkmal(s)pflege f, Denkmal(s)schutz m ‖ ~ **of** (historic) **monuments** (Arch) s. also conservation of historic buildings ‖ ~ **of natural scenery** (Ecol) / Erhaltung f des Landschaftsbildes ‖ ~ **of timber** (For) / Holzschutz m (DIN 52175 und 68800), Holzkonservierung f
**preservative** n (For) / Konservierungsmittel n (Holzschutz, für tierische und pflanzliche Leime) ‖ ~ (an antimicrobial agent) (Nut) / Konservierungsstoff m (der die Lagerdauer durch Verhütung des mikrobiologischen Verderbs verlängert - z.B. Sorbin- oder Ameisensäure), Konservierungsmittel n (E 200 - E 297) ‖ ~ (Photog) / Konservierungsmittel n (für Entwickler) ‖ ~ **retention** (in %) (For) / Holzschutzmittelaufnahme f (auf eine Flächen- oder Volumeneinheit bezogen) ‖ ~ **treatment of wood** (For) / Holzschutz m (DIN 52175 und 68800), Holzkonservierung f
**preserve** v (Nut) / einmachen v (im Haushalt) ‖ ~ n (Ecol) / Landschaftsschutzgebiet n ‖ ~ (Nut) / Präserve f, Halbkonserve f ‖ ~ (preserved fruit) (Nut) / Eingekochtes n, Eingemachtes n, Obstkonserve f
**preserver** n (For) / Konservierungsmittel n (Holzschutz, für tierische und pflanzliche Leime)
**preserving bottle** (Nut) / Einmachglas n, Einweckglas n, Konservenglas n ‖ ~ **jar** (Nut) / Einmachglas n, Einweckglas n, Konservenglas n ‖ ~ **sugar** (Nut) / Einmachzucker m
**preset*** v (Eng) / vorgeben v, voreinstellen v ‖ ~ (Paint) / vorfixieren v (mineralische poröse Untergründe) ‖ ~ (Textiles) / vorstabilisieren v, vorfixieren v ‖ ~ n (button) (Autos, Radio) / Stationstaste f (zum Speichern und Abrufen von Sendern) ‖ ~ (Eng) / Positionierung f auf eine vorgegebene Soll-Position ‖ ~ (Radio) / Sendervorwahl f ‖ ~ adj (Automation, Eng) / voreingestellt adj, vorgegeben adj ‖ ~* (Electronics) / Ruhe-, ruhend adj ‖ ~ (Textiles) / vorstabilisiert adj, vorfixiert adj ‖ ~ **conference** (Telecomm) / feste Konferenz ‖ ~ **counter** (Instr) / voreingestellter Zähler ‖ ~ **diaphragm** (Photog) / Vorwahlblende f ‖ ~ **enable** (Comp, Telecomm) / Vorabfreigabe f ‖ ~ **guidance*** (Aero) / Programmsteuerung f, feste Programmlenkung, autonome Lenkung ‖ ~ **guidance** (Aero, Mil) / Selbstlenkung f, Selbstansteuerung f ‖ ~ **iris** (Photog) / Vorwahlblende f ‖ ~ **parameter** (Comp) / Vorwegparameter m, vorgegebener Parameter, vorbesetzter Parameter ‖ ~ **potentiometer** (Electronics) / Einstellpotentiometer n, Trimmpotentiometer n ‖ ~ **potentiometer** (Elec Eng) / Einstellwiderstand m (für das Einmessen) ‖ ~ **station button** (Autos, Radio) / Stationstaste f (zum Speichern und Abrufen von Sendern)
**presettable** adj (Eng) / voreinstellbar adj
**preshape** v / vorprofilieren v, vorformen v, vorfertigen v, vorbilden v (vorformen)
**preshaping** n / Vorprofilieren n, Vorformen n, Vorfertigen n, Vorbilden n ‖ ~ **of the cross-section** (Met) / Querschnittsvorbildung f (die beim Gesenkschmieden der günstigen Massenverteilung des Werkstückstoffs vor der Endformung dient)
**presheaf structure** (Maths) / Prägruppenstruktur f
**preshoot** n (Telecomm) / Vorschwinger m (meistens vor der Vorderflanke), Unterschwung m
**preshower** n (Nuc) / Präschauer m
**preshrunk*** adj (Textiles) / vorgeschrumpft adj
**presilencer** n (Autos) / Vorschalldämpfer m (vorderer Auspufftopf)
**presinter** v / vorsintern v
**preslaughter** attr (Nut) / vor dem Schlachten
**presling** v (Ships) / vorstroppen v
**preslung cargo** (Ships) / vorgestroppte Ladung
**presoak** v (Leather) / überweichen v ‖ ~ (Textiles) / einweichen v (Wäsche) ‖ ~ n (Leather) / Vorweiche f
**presoaking** n (Textiles) / Einweichen n

1211

**presoak product** (Chem, Textiles) / Einweichmittel *n* (beim Waschen)
**presort** *v* / vorsortieren *v*
**presowing application** (Agric, Chem) / Vorsaatanwendung *f* (von Herbiziden)
**prespark period** (Spectr) / Vorfunkzeit *f* (optische Atomspektroskopie)
**prespin** *v* / anschleudern *v* (Wäsche) || ~ (Spinning) / vorspinnen *v*
**prespinning** *n* (Spinning) / Vorspinnen *n*
**prespiralling** *n* (Cables) / Vordrallierung *f*
**presplitting** *n* (Mining) / Vorzerklüftung *f* (durch Sprengen)
**prespotter** *n* (Textiles) / Vordetachiermittel *n*
**prespotting** *n* (Textiles) / Vordetachur *f*, Vordetachieren *n*
**press** *v* (exert pressure) / drücken *v* || ~ (Comp, Print) / anschlagen *v* (Taste) || ~ (Eng) / pressen *v* || ~ (Nut) / keltern *v* (in der Kelter) || ~ (Textiles) / pressen *v*, bügeln *v* (maschinell) || ~* *n* (Eng, Nut) / Presse *f*, Pressmaschine *f* || ~ (Nut) / Kelter *f* (Fruchtpresse) || ~* (Print) / Druck *m* (Vorgang), Drucken *n*, Drucklegung *f*, Druckvorgang *m* || ~* (Print) / Presse *f* (Zeitungen und Zeitschriften sowie die Institutionen, die mit deren Herstellung im Zusammenhang stehen) || ~ (Print) / Druckmaschine *f*, Druckpresse *f* || ~* (Print) / Andruckmaschine *f*, Andruckpresse *f* || ~* (Print) / Abziehpresse *f*, Korrekturpresse *f* || ~ (Print) / Offizin *f* (Druckerei) || ~-and-blow machines* (Glass) / Pressblasmaschinen *f pl*
**press-and-blow process** (Glass) / Press-Blas-Verfahren *n* (bei Weithalsgefäßen), PB-Prozess *m*
**press and hold down** (a key) / gedrückt halten (eine Taste) || ~ bed (Eng) / Pressentisch *m*
**pressboard*** *n* (Paper) / Pressspan *m* (Glanzpappe, Psp (Pressspan)
**press book** / Pressemappe *f*, Mappe *f* mit Presseinformationen || ~ brake (Eng, Met) / Abkantpresse *f*, Gesenkbiegepresse *f* (DIN 55222) || ~-button *n* (Elec Eng, Eng) / Taste *f* (Druckknopf zur Betätigung eines Geräts), Druckknopf *n* (DIN 33401), Drucktaste *f* || ~ clipping (US) / Zeitungsausschnitt *m*, Ausschnitt *m* (aus einem Ausschnittbüro) || ~ clipping agency / Zeitungsausschnittsbüro *n*, Zeitungsausschnittagentur *f* || ~ cloth (the cloth, such as nylon, cotton, or jute, which is used in filter presses for dewatering slurries) / Presstuch *n* (der Filterpresse), Filtertuch *n* (der Filterpresse) || ~ cold welding (Welding) / Kaltpressschweißen *n* (wenn die Vereinigung unter sehr hohem Druck ohne Wärmeeinwirkung und Zusatzwerkstoff erfolgt) || ~ copy / Besprechungsexemplar *n*, Besprechungsstück *n*, Rezensionsexemplar *n* || ~ cutting / Zeitungsausschnitt *m*, Ausschnitt *m* (aus einem Ausschnittbüro) || ~ cycle / Presszyklus *m* || ~ cylinder (Eng) / Presszylinder *m* || ~ defect (Eng) / Pressfehler *m* || ~ disabling (Eng) / Verhinderung *f* eines Durchlaufs (bei Pressen) || ~ down (Eng) / niederdrücken *v*, herabdrücken *v* || ~ drying (San Eng) / Presstrocknung *f* (Verfahren der Schlammtrocknung) || ~ dust (Ceramics) / Pressstaub *m*
**pressed amber** / Pressbernstein *m* || ~ brick* (Ceramics) / gepresster Ziegel (in einem Pressverfahren hergestellt) || ~ cellulose (Chem Eng) / abgepresste Zellulose || ~ crease (Textiles) / eingebügelte Falte, Bügelfalte *f* || ~ density (Powder Met) / Gründichte *f*, Dichte *f* des Presskörpers, Pressdichte *f* || ~ felt (Textiles) / Walkfilz *m*, Pressfilz *m* || ~ glass (Glass) / Pressglas *n* (z.B. Glasbausteine, Glasdachziegel)
**pressed-in chips** (Met) / eingedrückte Späne (Ziehfehler beim Rohrziehen mit Innenwerkzeug) || ~ crease (Textiles) / eingebügelte Falte, Bügelfalte *f* || ~ crease retention (Textiles) / Bügelfaltenbeständigkeit *f*
**pressed** (top) layer / Aufpressschicht *f* || ~ panel / Pressteil *n* (größeres - aus Blech) || ~ pulp (Nut) / Pressschnitzel *n pl* (bei der Zuckergewinnung) || ~ screw (Eng) / rohe Schraube || ~ yeast (Nut) / Presshefe *f* (Handelsform der Backhefe)
**pressel switch** (Elec Eng) / Hängeschalter *m*, [hängender] Schnurschalter *m*
**presse-pâte** *n* (Paper) / Holzschliffentwässerungsmaschine *f*, Zellstoffentwässerungsmaschine *f*
**presser*** *n* (Textiles) / Stoffdrücker *m* || ~ bar (Textiles) / Drückerstange *f* (der Nähmaschine) || ~ flyer (Textiles) / Pressflyer *m* || ~ foot (Textiles) / Nähfuß *m*, Presserfuß *m*, Stoffdrückerfuß *m* || ~ foot* (Textiles) / Drückerfuß *m* (der Nähmaschine)
**press fax** (Comp, Print, Telecomm) / Pressefax *n* (Faksimileübertragung von ganzen Zeitungsseiten) || ~ fit* (oversize) (Eng) / Presspassung *f* (bei der das Größtmaß der Bohrung kleiner ist als das Kleinstmaß der Welle, also stets ein Übermaß vorhanden ist - DIN 7182)
**press-fit diode** (Electronics) / Einpressdiode *f* || ~ installation (Eng) / Einbau *m* durch Einpressen
**press fitting** (Eng) / Presspassen *n* (ein Fügeverfahren zur Herstellung nicht lösbarer Verbindungen) || ~ folder (Print) / Falzaggregat *n*, Falzapparat *m*, Druckmaschinenfalzwerk *n* || ~ force (Eng) / Presskraft *f* (bei Pressen) || ~ forging* (Eng) / Druckschmieden *n* || ~ forming (Eng) / Pressformen *n* (im Allgemeinen) || ~ frame (Eng) / Pressenkörper *m* (Rahmen) || ~ golding (Bind, Print) / Pressvergolden *n* (von Einbanddecken) || ~ hooding (Print) / Druckmaschinenkapselung *f* || ~ in *v* / einpressen *v* || ~ in / eindrücken *v*, einpressen *v* (z.B. die Stahlkugel beim Brinellhärteprüfverfahren)
**pressing** *n* (exertion of pressure) / Drücken *n* || ~* (Acous) / Schallplatte *f* (als Produkt der Pressmatrize - technologische Sicht) || ~ (Eng) / Pressarbeit *f*, Pressen *n* (DIN 8582 und 8583) || ~ (Met, Powder Met) / Pressstück *n*, Pressobjekt *n*, Presskörper *m*, Pressteil *n*, Pressling *m* || ~ (Nut) / Keltern *n* || ~ (Optics) / Presslinse *f*, Linsenrohling *m*, Linsenpressling *m* || ~* (Textiles) / Pressen *n*, Bügeln *n* (maschinelles) || ~ crack (Powder Met) / Pressriss *m* (bei Schichtstoffen) || ~ cycle (Autos) / Presszyklus *m* || ~ die (Eng) / Pressform *f* || ~ plant (Autos) / Karosseriewerk *n* (für die Produktion von Fahrzeugkarosserien) || ~ plant (Eng) / Presserei *f* (Betrieb, Anlage) || ~ ring (Glass) / Formenring *m* (formerteilendes Element des Stempels beim Glaspressen in eine Hohlform) || ~ schedule (For) / Pressdiagramm *n* (bei der Herstellung von Faser- und Spanplatten) || ~ speed (Eng) / Arbeitshubgeschwindigkeit *f* (des Stößels während des Arbeitsvorganges - bei Pressen) || ~ temperature (Eng) / Presstemperatur *f* || ~ time (For) / Presszeit *f*
**press-in-lid can** / Eindrückdeckeldose *f*
**press·-in nut** (Eng) / Einpressmutter *f* (DIN 16903) || ~ kit / Pressemappe *f*, Mappe *f* mit Presseinformationen
**Pressley index** (Textiles) / Pressley-Index *m* (DIN 53942)
**press loading** (Eng) / Pressenbeschickung *f*
**pressman** *n* (pl. -men) (Print) / Drucker *m* (DIN 9784-1)
**press mark** (Textiles) / Druckstelle *f* (z.B. bei Velours-Auslegewaren) || ~ moulding (Glass) / Nasspressverfahren *n* || ~ nut (Eng) / Einpressmutter *f* (DIN 16903) || ~ off *v* / wegdrücken *v* || ~ on(to) / anpressen *v* (an) || ~ on (Textiles) / aufbügeln *v*
**press-on magnet** (Elec Eng) / Andruckmagnet *m*
**press operator** (Eng) / Presser *m* (Arbeiter)
**pressostat** *n* (Elec Eng) / Pressostat *m* (ein elektrisches Schaltgerät)
**press out** *v* / ausdrücken *v* (durch Drücken herausholen), herauspressen *v*, herausdrücken *v*, auspressen *v*, ausquetschen *v* || ~ output (Eng) / Druckleistung *f* (der Druckmaschine)
**presspahn** *n* (Paper) / Pressspan *m* (Glanzpappe), Psp (Pressspan)
**press pressure** / Pressdruck *m* || ~ proof* (Print) / Revisionsbogen *m* (Schlusskorrektur), Revisionsabzug *m* || ~ proof* (Print) / Maschinenabzug *m* (der vor Beginn des Fortdrucks mit der Druckmaschine angefertigt wird, welche die Auflage drucken soll) || ~ release / Presseinformation *f* (z.B. der Abteilung für Öffentlichkeitsarbeit) || ~ revise (Print) / Revision *f* (letztes Überprüfen einer Druckform auf Satzfehler vor Beginn des Fortdruckes), Maschinenrevision *f* (anhand des Revisionsbogens) || ~ robot (Eng) / Pressenroboter *m* (ein Handhabungsroboter) || ~ rolls* (Paper) / Presswalzen *f pl* (der Nasspresse) || ~ room (Print) / Maschinensaal *m* (einer Druckerei) || ~ room *n* (Eng) / Presserei *f* (als Hallenraum) || ~ run (Print) / Auflagendruck *m* (Fertigungsphase im Druckvorgang), Fortdruck *m*, Druckauflage *f* || ~ run (Print) / Druckmaschinenlauf *m* || ~ safety device (Eng) / Pressensicherheitseinrichtung *f* || ~ section (Paper) / Presspartie *f*, Pressenpartie *f* (einer Langsiebpapiermaschine), Quetschpartie *f* (der Verarbeitungsabschnitt, in dem die nasse Papiermassebahn abgequetscht wird) || ~ sheet (Print) / Druckbogen *m* || ~ stroke (Eng) / Pressenhub *m* (der Weg des Stößelunterkante zwischen oberem und unterem Umkehrpunkt) || ~ stroke (Eng) / Hubweg *m* (der Presse) || ~ stud (GB) (Textiles) / Druckknopf *m*
**presssurized-hydrogen damage** (Materials) / Druckwasserstoffschädigung *f* (von Stählen unter der Einwirkung von molekularem heißem Druckwasserstoff), Druckwasserstoffangriff *m*
**press through** *v* / hindurchpressen *v*, hindurchdrücken *v*, durchdrücken *v* || ~ time (For) / Presszeit *f* || ~ time (Print) / Drucklegung *f*, Zeitpunkt *m* der Drucklegung || ~ tool* (Eng) / Stanzereiwerkzeug *n* (zum Blechumformen)
**press-to-talk intercommunicating system** (Teleph) / Wechselsprechanlage *f*
**press-type hardening device** (Foundry) / Härtepresse *f* (zur Minimierung des Verzuges beim Abschrecken)
**pressure*** *n* (Phys) / Druck *m* (DIN 1314), Druckkraft *f* || **hand-~** *attr* (Eng) / von Hand fügbar (Kennzeichen bei Montage) || **needs-~** (Eng) / mit Presse fügbar (Kennzeichen bei Montage) || ~ **above atmospheric** (Phys) / Überdruck *m* (atmosphärische Druckdifferenz nach DIN 1314), Manometerdruck *m* (statischer Druck in einem geschlossenen Raum gegenüber der Umgebung) || ~ **accumulator** (Eng) / Druckspeicher *m* (z.B. Druckölspeicher, Druckwasserspeicher), Hydraulikspeicher *m*, Hydrospeicher *m*, Druckakkumulator *m* (Ölhydraulik, Pressen) || ~ **alarm** (Eng) / Überdruckalarm *m* || ~ **altimeter** (Surv) / barometrischer Höhenmesser *m*, mechanischer Höhenmesser, Luftdruckhöhenmesser *m* || ~ **altitude*** (Aero) / Druckhöhe *f* || ~ **angle** (normal)* (Eng) / Eingriffswinkel *m* (am Normalschnitt - bei Zahnrädern) || ~ **angle** (transverse)* (Eng) / Stirneingriffswinkel *m*

(bei Zahnrädern) || ~ **angle*** (Eng) / Pressungswinkel *m* (DIN 3960) || ~ **angle** (Eng) / Eingriffswinkel *m* (Winkel zwischen Tangente am Wälzkreis und jeweiliger Eingriffsnormalen), Flankenwinkel *m* (der Zahnräder) || ~ **at right angle to the plane of shear** (Civ Eng) / Hauptspannung *f* (z.B. im Coulomb'schen Schergesetz) || ~ **at the head** (of the drill string) (Oils) / Bohrlochkopfdruck *m* || ~ **bag** (Plastics) / Gummisack *m* unter Druck, Drucksack *m* (im Gummisackverfahren) || ~**-bag moulding** (Plastics) / Drucksackverfahren *n* (mit Gummisack oder Polyvinylalkoholfolie) || ~ **balance** (Instr) / Druckwaage *f* (Gerät zur unmittelbaren Messung des Druckes, bei welchem die Druckkraft auf eine bekannte Fläche durch Wägung ermittelt wird) || ~ **bar** (For) / Druckleiste *f* (an Furnierschälmaschinen) || ~ **bar** (For) / Druckbalken *m* (zum Andrücken oder Führen des Werkstücks - z.B. bei der Furniermessermaschine) || ~ **beam** (For) / Druckbalken *m* (zum Andrücken oder Führen des Werkstücks - z.B. bei der Furniermessermaschine) || ~ **belt filter** / Druck-Bandfilter *n* (bei Kühlschmiersystemen) || ~ **blast furnace** (Met) / Hochofen *m* mit Hochdruckausrüstung, Hochdruckhochofen *m* || ~ **boiling** (Textiles) / Druckkochen *n* || ~ **broadening*** (Phys) / Eigendruckverbreiterung *f*, Resonanzverbreiterung *f* || ~ **broadening** (Spectr) / Druckverbreiterung *f* (von Spektrallinien) || ~ **build-up** (Eng) / Druckaufbau *m* || ~ **build-up time** (Autos) / Schwelldauer *f* (bei Bremsen) || ~ **bulb** (Civ Eng) / birnenförmige Druckverteilung (im Baugrund) || ~ **bulkhead** (Aero) / Druckschott *n* (halbkugelförmiger Abschluss der Druckkabine), Druckspant *m* || ~ **butt welding** (Welding) / Wulststumpfschweißen *n* (eine Art Widerstandspressschweißen) || ~ **cabin*** (Aero) / Druckkabine *f*, Überdruckkabine *f* || ~ **cable*** (Cables) / Druckkabel *n* (bei dem die Isolierung durch ein flüssiges oder gasförmiges Mittel unter Druck gehalten wird) || ~ **capsule*** (Meteor) / Aneroiddose *f*, Vidie-Dose *f* (meistens aus Kupfer-Beryllium gefertigtes flaches dünnwandiges dosenförmiges Gefäß von 3 - 15 mm Höhe und 30 - 200 mm Durchmesser, aus dem die Luft teilweise ausgepumpt wurde - nach L.Vidie, 1805 - 1866), Druckdose *f*, Aneroidkapsel *f* || ~ **carburettor** (Aero) / Einspritzvergaser *m* || ~ **casting** (Foundry) / Form-Schleuderguss *m* || ~ **centre** (Eng, Phys) / Druckmittelpunkt *m*, Druckzentrum *n* || ~ **chamber** / Druckkammer *f*, Barokammer *f* || ~ **chamber** (Autos) / Druckraum *m* (im Hauptzylinder) || ~ **chamber** (Foundry, Met) / Druckkammer *f* (einer Druckgießmaschine)
**pressure-change chart** (Meteor) / Druckänderungskarte *f* (Karte der Luftdruckänderungen - 3-stündig oder 24-stündig)
**pressure•-charging** *n* (I C Engs) / Aufladung *f* (DIN 1940), Vorverdichtung *f* (durch den Lader) || ~ **check** / Pressriss *m* || ~ **circuit*** (Elec Eng) / Spannungspfad *m* (der mittelbar oder unmittelbar an die Messspannung anzuschließende Teil des Messgerätes) || ~ **cleaner** (Eng) / Druckreinigungsgerät *n*, Druckreiniger *m* || ~ **coefficient** (Aero, Phys) / Druckkoeffizient *m* || ~ **coefficient** (Eng) / Druckziffer *f* (bei Verdichtern) || ~ **column** (Chem Eng) / Druckkolonne *f* (zur fraktionierten Kristallisation aus Schmelzen)
**pressure-compensating valve** (Eng) / Druckausgleichsventil *n*
**pressure compensation** (Med) / Druckausgleich *m* || ~ **conduit** (Eng) / Druckrohrleitung *f* (z.B. bei Wasserkraftwerken) || ~ **conduit** (Eng) s. also penstock || ~ **cooker** / Schnellkochtopf *m*, Dampfdruckkochtopf *m* (DIN 66065) || ~ **co-ordinates** (Meteor) / p-System *n* (ein Koordinatensystem mit Druck p als Vertikalkoordinate) || ~ **crack** / Pressriss *m* (bei Schichtstoffen) || ~ **creosoting** (BS 913) (For) / Kesseldruckverfahren *n* mit teerölhaltigen Holzschutzmitteln || ~ **curve** (Eng, Phys) / Druckverlauf *m* (als Diagramm) || ~ **cylinder** (Textiles) / Presseur *m*
**pressure-dependent** *adj* / druckabhängig *adj*
**pressure die-casting*** (Met) / Druckguss *m*, Druckgießen *n* (ein Urformverfahren), Druckgießverfahren *n* || ~ **difference** (Phys) / Druckdifferenz *f* (Differenz zweier Drücke) || ~ **diffusion** (Chem Eng) / Druckdiffusion *f* || ~ **distillation** (Chem, Chem Eng) / Druckdestillation *f* || ~ **distribution** (Phys) / Druckverteilung *f* || ~ **drag*** (Aero) / Druckwiderstand *m* (Teil des Widerstandes eines umströmten Körpers, herrührend von den Druckkomponenten senkrecht zur Körperoberfläche) || ~ **drag due to separation** (Aero) / Druckwiderstand *m* infolge Strömungsablösung || ~ **dressing** (For) / Druckegalisierung *f* (von gestauchten Sägezähnen) || ~ **drop** (Eng, Phys) / Druckabfall *m* || ~ **drop across burner** (Eng) / Geschränkwiderstand *m* (des Brenners) || ~ **due to head of water** (Hyd Eng) / Gefälledruck *m*
**pressure-enthalpy chart** (Phys) / Enthalpie-Druck-Diagramm *n*, i,p-Diagramm *n* (ein Mollier-Diagramm)
**pressure-equalizing gas** / druckausgleichendes Gas (z.B. in einer Absorptionskälteanlage)
**pressure-exposed** *adj* / druckhaft *adj*, unter Druck (stehend), mit innerem Überdruck
**pressure face** (Eng) / Druckseite *f*

**pressure-fall centre** (Meteor) / Fallgebiet *n* (in der Druckänderungskarte)
**pressure fan** (Eng) / Drucklüfter *m* || ~ **feed(ing)** (Paint) / Druckspeisung *f* (der Spritzpistole)
**pressure-feed cup** (Paint) / Druckkessel *m* (aus dem die Anstrichfarbe der Pistole unter Druck zugeführt wird) || ~ **lubrication** (Autos) / Druckschmierung *f*
**pressure field** (Meteor) / Druckfeld *n* (gebietsmäßige Verteilung des Luftdrucks, dargestellt in der synoptischen Wetterkarte) || ~ **figure** (Crystal) / Druckfigur *f* (die durch mäßigen Druck auf eine Kristallfläche entsteht) || ~ **filler** (Nut) / Druckfüller *m* (für Flaschen) || ~ **filter** (Chem Eng) / Druckfilter *n* || ~ **flotation** (San Eng) / Entspannungsflotation *f* (bei der die Blasen durch die Entspannung einer unter Druck stehenden und belüfteten Wassermenge entstehen) || ~ **fluctuation** (Phys) / Druckschwankung *f* || ~ **fluid** (Phys) / Druckflüssigkeit *f* || ~ **forging** (Eng) / Gesenkschmiedeteil *n*, Gesenkschmiedestück *n* || ~ **forging*** (Eng) / Gesenkschmieden *n*, Schmieden *n* im Gesenk (umschließendes Druckumformen) || ~ **fracture** (Eng, Materials) / Druckbruch *m* || ~ **gasification** (Mining) / Vergasung *f* unter Druck || ~ **gauge** (Eng) / Druckmesser *m* (im Allgemeinen nach DIN EN 472) || ~ **gauge*** (Eng, Instr) / Flüssigkeitsmanometer *n* || ~ **gauge*** (Eng, Instr) / Röhrenfedermanometer *n* (mechanisches Manometer, bei dem der zu messende Druck auf ein rohrartiges Federelement wirkt), Bourdon-Manometer *n* (mit einer Bourdon-Röhre als Messglied), Rohrfedermanometer *n* || ~ **gradient** (Meteor) / barometrischer Gradient, barischer Gradient, Luftdruckgefälle *n* || ~ **gradient*** (Meteor) / Druckgradient *m*, Luftdruckgradient *m* (das Gefälle des Luftdrucks pro Längeneinheit)
**pressure-gradient force** (Geophys) / Druckgradientkraft *f*, Druckgradientenkraft *f* || ~ **microphone*** (Acous) / Druckgradientenmikrofon *n* (DIN 1320)
**pressure graph** (Eng, Phys) / Druckverlauf *m* (als Diagramm) || ~ **groundwood** (Paper) / Druckschliff *m*
**pressure-groundwood process** (Paper) / Druckschleifverfahren *n*, Druckschliffverfahren *n*
**pressure guard** (Automation) / Druckwächter *m* || ~ **gun** / Kittspritzpistole *f* (mit Handkompressor) || ~ **gun** (Tools) / Fettpresse *f*, Fettpistole *f*, Fettspritze *f* || ~ **head*** (Aero, Phys) / Prandtl-Rohr *n*, Prandtl'sches Staurohr (DIN 1946-1), Staurohr *n* (das außer dem Staudruck auch den statischen Druck des Mediums misst) || ~ **head** (Hyd) / Druckhöhe *f*, statische Druckhöhe (in der Bernoullischen Gleichung für stationär inkompressible Strömung) || ~ **head of artesian flow** (Geol, Hyd Eng) / artesische Druckhöhe || ~ **helmet*** (Aero, Space) / Helm *m* des Druckanzugs, Helm *m* des Raumanzugs || ~ **hydrogenation** (Chem Eng) / Druckhydrierung *f* || ~ **impregnation** (For) / Kesseldruckverfahren *n*, Kesseldrucktränkung *f* (das bedeutungsvolle Holzschutzverfahren) || ~ **impregnation** (For) / Kesseldrucktränkung *f*, Kesseldruckverfahren *n* (z.B. nach Rüping), Druckimprägnierung *f* || ~ **increase** (Acous) / Druckstau *m* (bei Mikrofonen) || ~ **increase** (Phys) / Druckanstieg *m* || ~ **indicator** (Eng) / Druckmesser *m* (im Allgemeinen nach DIN EN 472) || ~ **indicator** (Eng) / Druckanzeigegerät *n*, Druckanzeiger *m* || ~ **injection** (I C Engs) / Druckeinspritzung *f* || ~ **intensifier** (Eng) / Druckwandler *m*, Multiplikator *m*, Druckübersetzer *m*, Druckumformer *m*, Treibapparat *m* (der hydraulischen Presse) || ~ **jet*** (Aero) / Rotorspitzen-Strahlantrieb *m* || ~ **jig** (Textiles) / Druckjigger *m*, HT-Jigger *m* || ~ **jump** (Eng, Phys) / Drucksprung *m*
**pressure-jump technique** (Chem) / Drucksprungmethode *f* (Relaxationsmethode zur Untersuchung schneller Reaktionen)
**pressure leaching*** (Min Proc) / Drucklaugung *f*
**pressureless** *adj* / drucklos *adj* || ~ **sintering** (Met) / druckloses Sintern, Sintern *n* ohne Druck
**pressure-limiting station** / Abblasestation *f* (der Pipeline) || ~ **valve** (Eng) / Überdruckventil *n* (DIN ISO 4135), Druckbegrenzungsventil *n*
**pressure line** (Eng) / Druckleitung *f* (Förderleitung einer Pumpe, in der auch druckloses Fluid fließen kann) || ~ **loading** (Materials, Mech) / Druckbeanspruchung *f* (Krafteinwirkung auf einen Werkstoff, die in ihm Druckspannungen hervorruft), Druckbelastung *f* (Vorgang) || ~ **loss** (Eng) / Druckverlust *m* (im Allgemeinen) || ~ **lubrication** (Eng) / Druckschmierung *f*, Druckumlaufschmierung *f*, Zwangstropfschmierung *f*
**pressure-maintaining valve** (Eng) / Druckhalteventil *n*
**pressure mark** (Textiles) / Druckstelle *f* (z.B. bei Velours-Auslegewaren) || ~ **measurement** (Phys) / Druckmessung *f* || ~ **membrane** (Phys) / Druckmembran *f* (dünne radial verankerte Scheibe, welche einen Druckunterschied oder eine lokal einwirkende Kraft in eine mechanische Auslenkung umwandelt, die dann ihrerseits quantitativ erfasst werden kann) || ~ **microphone*** (a gradient microphone of order zero) (Acous) / Druckmikrofon *n* || ~ **norm** (Eng) / Nenndruck *m*, ND (Nenndruck), PN (Pressure Norm) ||

**pressure**

**~ of the concrete** (on the formwork) (Carp, Civ Eng) / Schalungsdruck *m* (der Seitendruck, den der zwischen zwei Schalungen eingebrachte Frischbeton auf die Schalung ausübt) ‖ **~ oil** / Hydrauliköl *n*, Drucköl *n* (für hydraulische Anlagen) ‖ **~ on curved walls** (Build) / Druck *m* auf gekrümmte Wände ‖ **~ on ground** (Build, Civ Eng) / Bodenpressung *f* (Beanspruchung des Baugrundes unter der Fundamentsohle), Sohlpressung *f* (DIN 1054) ‖ **~ on the face of a hole** (Eng) / Lochleibungsdruck *m* (die Spannung, die an einer Bolzen- oder Nagelverbindung in dem Tragteil durch das Verbindungselement bei der Krafteinleitung auftritt), Lochleibungspressung *f* ‖ **~ pad**\* (Cinema, Photog) / Filmandruckplatte *f*, Andruckplatte *f* ‖ **~ paralysis** (Med) / Drucklähmung *f* ‖ **~ pattern** (Eng, Phys) / Druckverlauf *m* (als Diagramm) ‖ **~ pattern** (Meteor) / Druckgebilde *n* (die Formen der Luftdruckverteilung in Isobarendarstellung) ‖ **~-pattern flying**\* (Aero, Nav) / barometrische Navigation

**pressure-peak manometer** (Phys) / Explosionsdruckmanometer *n* (zur Messung kurzzeitig auftretender Druckspitzen)

**pressure pipe** (Eng) / druckführendes Rohr, drucktragendes Rohr ‖ **~ pipeline** / Druckrohrleitung *f* ‖ **~ plant** (wood preservation) (For) / Drucktränkanlage *f* ‖ **~ plate** (Autos) / Druckplatte *f* (Teil der Kupplung) ‖ **~ plate** (Cinema) / Filmandruckplatte *f*, Andruckplatte *f*

**pressure-plate anemometer** (Meteor) / Druckplattenanemometer *n*

**pressure power-transmission system** (Eng) / Druckmittelgetriebe *n* (z.B. pneumatisches Getriebe, Föttinger-Getriebe) ‖ **~ probe** (Instr) / Drucksonde *f* (meistens zur Erfassung von Drücken im Innern strömender Medien) ‖ **~ programming** (Eng) / Druckprogrammierung *f* ‖ **~ pump** (Eng) / Druckpumpe *f* ‖ **~ rating** (Eng) / Nenndruck *m* (in der Rohrleitung) ‖ **~ ratio**\* (Aero) / Verdichtungsverhältnis *n* ‖ **~ ratio**\* (Eng) / Druckverhältnis *n* (z.B. bei Lüftern, Gebläsen und Verdichtern) ‖ **~ reading** (Eng, Phys) / Druckanzeige *f* (abgelesener Wert) ‖ **~ reducer** (Eng, Welding) / Druckminderer *m*, Druckminderventil *n* ‖ **~-reducing** *adj* / druckmindernd *adj* ‖ **~ reduction regulator** (Eng, Welding) / Druckminderer *m*, Druckminderventil *n* ‖ **~ refuelling** (Aero) / Druckbetankung *f* ‖ **~ regulator** (Eng) / Druckregler *m*

**pressure-reinforcing tape** (Cables) / Druckschutz *m*, Druckschutzbandage *f*

**pressure relief** (Eng) / Druckentlastung *f*

**pressure-relief station** / Abblasestation *f* (der Pipeline) ‖ **~ valve** (Eng) / Überdruckventil *n* (DIN ISO 4135), Druckbegrenzungsventil *n* ‖ **~ valve** (Eng) / Druckablassventil *n*, Entlastungsventil *n* (ein Druckablassventil)

**pressure resistance** (Geol) / Druckfestigkeit *f* (eines Gesteins) ‖ **~ resistance welding** (Welding) / Widerstandspressschweißen *n*

**pressure-responsive** *adj* (Eng, Phys) / auf Druck ansprechend

**pressure restoration** (Oils) / Druckaufbauverfahren *n* ‖ **~ rise** (Phys) / Druckanstieg *m* ‖ **~ roll** (Acous, Eng) / Andrückrolle *f*, Andruckrolle *f* ‖ **~ roll** (Agric) / Druckrolle *f* (hinter dem Drillschar) ‖ **~ roller** (Acous, Eng) / Andrückrolle *f*, Andruckrolle *f* ‖ **~ roller** (Print) / Presseur *m* (ein Gummigegendruckzylinder, der die Papierbahn an den Druckzylinder andrückt) ‖ **~ roller** (Welding) / Druckrolle *f*, Gegendruckrolle *f* (die den Draht an die Vorschubrolle drückt) ‖ **~ seal(ing)** (Eng) / Druckdichtung *f*, Druckabdichtung *f*, Druckraumabschluss *m*

**pressure-seal joint** (Eng) / druckgespannte (selbstdichtende) Verbindung

**pressure-sensing device** (Autos, Eng) / Drucksensor *m* (meist mit integrierter elektronischer Verstärkerschaltung - piezoresistiv und piezoelektrisch), Druckaufnehmer *m* (Druckmessgerät), Druckfühler *m*

**pressure-sensitive** *adj* / druckempfindlich *adj*, auf Druck ansprechend ‖ **~ adhesive** / Haftklebstoff *m* (der bei geringer Substratspezifität bei leichtem Anpressdruck sofort haftet) ‖ **~ paper** (Comp, Paper) / Durchschreibpapier *n* ‖ **~ switch** (Elec Eng) / druckempfindlicher Schalter

**pressure sensitivity** (Materials, Mech) / Druckempfindlichkeit *f* ‖ **~ sensor** (Autos, Eng) / Drucksensor *m* (meist mit integrierter elektronischer Verstärkerschaltung - piezoresistiv und piezoelektrisch), Druckaufnehmer *m* (Druckmessgerät), Druckfühler *m* ‖ **~ shock** (Aero) / Verdichtungsstoß *m* (beim Überschreiten der Schallgeschwindigkeit) ‖ **~ side** (Aero) / Druckseite *f* (des Flügels) ‖ **~ side** (Eng) / Druckseite *f*

**pressure-side** *attr* / druckseitig *adj*

**pressure sintering** (Powder Met) / Presssintern *n*, Drucksintern *n* ‖ **~ slip casting** (Ceramics) / Schlickerdruckgießverfahren *n* ‖ **~ solenoid** (Elec Eng) / Andruckmagnet *m*

**pressure-spray distribution system** / Druckverteilsystem *n* (eines Nasskühlturms)

**pressure stage** (Eng) / Druckstufe *f* (z.B. bei Verdichtern)

**pressure-staged impulse steam turbine** / Rateau-Turbine *f* (eine vielstufige Gleichdruck-Dampfturbine nach A. Rateau, 1863-1930)

**pressure staging** (Eng) / Druckstufung *f* (z.B. bei einer Rateau-Dampfturbine) ‖ **~ suit**\* (Aero, Space) / Druckanzug *m* ‖ **~ support ventilation** (Med) / druckunterstützte Spontanatmung, unterstützte Spontanatmung

**pressure-suppression pool** (Nuc Eng) / Kondensationsbecken *n* (Druckabbausystem) ‖ **~ system** (Nuc Eng) / Druckabbausystem *n*, DAS (Druckabbausystem)

**pressure-swing adsorption** (Phys) / Druckwechseladsorption *f*, DWA (Druckwechseladsorption)

**pressure switch** (Elec Eng) / Druckschalter *m* ‖ **~ tank** (Civ Eng) / Druckbehälter *m*, Tank *m* (des selbstfahrenden Teerspritzgeräts) ‖ **~ tank** (For) / Tränkkessel *m* (für Kesseldruckverfahren im Holzschutz)

**pressure-temperature sensor** / PT-Sensor *m* (Drucksensor, der auch zum Temperaturmessen verwendet werden kann)

**pressure-tight** *adj* / druckdicht *adj* (z.B. Gehäuse) ‖ **~ casting** (Foundry) / druckdichtes Gussstück

**pressure to be maintained** (Automation) / Solldruck *m*, Einstelldruck *m* ‖ **~ transmission** (Eng, Phys) / Druckübertragung *f* ‖ **~ treatment** (For) / Kesseldruckverfahren *f*, Kesseldruckverfahren *n* (z.B. nach Rüping), Druckimprägnierung *f*

**pressure-tube reactor**\* (Nuc Eng) / Druckrohrreaktor *m*, Druckröhrenreaktor *m*, Reaktor *m* vom Kanaltyp

**pressure tunnel** (Hyd Eng) / Druckstollen *m* ‖ **~ twinning** (Crystal) / Druckzwillingsbildung *f* ‖ **~-type capacitor**\* (Elec Eng) / Druckkondensator *m*

**pressure-type pothead** (Cables) / Druckkabelendverschluss *m*

**pressure unit** (Acous) / Membran *f* (des elektrodynamischen Lautsprechers) ‖ **~ uprating** / nachträgliche Druckheraufsetzung ‖ **~ variation** (Phys) / Druckschwankung *f* ‖ **~ vent** (Glass) / Kaltsprung *m* (senkrecht zur Wirkrichtung der Zugspannung - bei heißem Glas), Schränkriss *m*, Absprengmarke *f* ‖ **~ vessel** (Chem Eng, Phys) / Hochdruckreaktor *m* ‖ **~ vessel**\* (Eng, Nuc Eng) / Druckgefäß *n*, Druckbehälter *m* (der stets umschließende Funktion hat)

**pressure-volume diagram** (I C Eng) / Arbeitsdiagramm *n* ‖ **~ diagram** (Phys) / p,v-Diagramm *n* (ein Zustandsdiagramm)

**pressure waistcoat**\* (Aero) / Druckjacke *f*

**pressure-water blasting** / Druckwasserstrahlen *n* (ein Nass-Strahlensystem nach DIN 55 928-4) ‖ **~ descaling unit** (Met) / Druckwasserentzunderungsanlage *f*

**pressure wave** (Glass) / Speiserwelle *f*, Feederwelle *f*

**pressure-welded** *adj* (Welding) / pressgeschweißt *adj*

**pressure welding**\* (Welding) / Pressschweißen *n* (DIN 1910-2), Pressschweißverfahren *n*, Pressschweißung *f* (Vereinigen metallischer Werkstoffe ohne Zusatzwerkstoff unter Druck bei örtlich begrenzter Erwärmung), Druckschweißen *n* (DIN EN ISO 6520) ‖ **~ welding with different energy supplies** (Welding) / Pressschweißen *n* mit unterschiedlicher Energiezufuhr ‖ **~ well** (Geol, Hyd Eng) / artesischer Brunnen (bei dem das Wasser infolge eigenen Überdrucks aus einem gespannten Grundwasserhorizont zutage tritt) ‖ **~ well** (Oils) / Flutbohrung *f* ‖ **~ wire** (Cables) / Messader *f* (im Druckkabel)

**pressurisation** *n* (GB) / Unterdrucksetzung *f*

**pressurise** *v* (GB) / unter Druck setzen

**pressurised** *adj* (GB) / Druck-, unter (inneren) Druck gesetzt, unter Überdruck gesetzt, druckbeaufschlagt *adj* ‖ **~** / mit Druckbelüftung ‖ **~** (GB) / druckhaft *adj*, unter Druck (stehend), mit innerem Überdruck ‖ **~ cabin** (GB) (Aero) / Druckkabine *f*, Überdruckkabine *f* ‖ **~ water** (GB) (Eng) / Druckwasser *n*, Presswasser *n* (auch zu Reinigungsarbeiten)

**pressurization** *n* / Unterdrucksetzung *f*

**pressurize** *v* / unter Druck setzen

**pressurized** *adj* / Druck-, unter (inneren) Druck gesetzt, unter Überdruck gesetzt, druckbeaufschlagt *adj* ‖ **~** / mit Druckbelüftung ‖ **~** / druckhaft *adj*, unter Druck (stehend), mit innerem Überdruck ‖ **~ blast furnace** (Met) / Hochofen *m* mit Hochdruckausrüstung, Hochdruckhochofen *m* ‖ **~ boiler body** (Eng) / Kesseldruckkörper *m* ‖ **~ cabin** (Aero) / Druckkabine *f*, Überdruckkabine *f* ‖ **~ cable** (Cables) / Druckkabel *n* (bei dem die Isolierung durch ein flüssiges oder gasförmiges Mittel unter Druck gehalten wird) ‖ **~ fluid-bed combustion** / Druckwirbelschichtfeuerung *f* ‖ **~ fluidized bed combustion** / Druckwirbelschichtfeuerung *f*

**pressurized-furnace boiler** (Eng) / Kessel *m* mit Druckfeuerung

**pressurized gasification** (Mining) / Vergasung *f* unter Druck ‖ **~ groundwood** (Paper) / Druckschliff *m* ‖ **~ heavy-water-moderated and cooled reactor** (Nuc Eng) / Schwerwasser-Druckreaktor *m*, Druck-Schwerwasserreaktor *m*, PHWR-Reaktor *m* ‖ **~ heavy-water reactor** (Nuc Eng) / Schwerwasser-Druckreaktor *m*, Druck-Schwerwasserreaktor *m*, PHWR-Reaktor *m*

**pressurized-hydrogen-resisting steel** (Met) / Hydrierstahl *m*, druckwasserstoffbeständiger Stahl (legierter Sonderstahl für den

Bau von Gefäßen, in denen chemische Reaktionen unter hohem Wasserstoffdruck erfolgen können)
**pressurized machine** (Elec Eng) / Maschine f mit innerem Überdruck ‖ **~ oil** (Eng) / Drucköl n (im vorgespannten Tank) ‖ **~ structure** (Build, Civ Eng) / pneumatische Konstruktion, Traglufkonstruktion f (Baukonstruktion aus geschweißten, regendichten und sturmfesten Kunststofffolien oder aus beschichteten synthetischen Geweben, deren Form durch Gasüberdruck stabilisiert wird) ‖ **~ suit** (Aero) / Volldruckanzug m ‖ **~ suit** (Aero, Space) / Druckanzug m ‖ **~ water** (Eng) / Druckwasser n, Presswasser n (auch zu Reinigungsarbeiten)
**pressurized-water blasting** / Druckwasserstrahlen n (ein Nass-Strahlensystem nach DIN 55 928-4) ‖ **~ jetting** / Druckwasserstrahlen n (ein Nass-Strahlensystem nach DIN 55 928-4) ‖ **~ reactor\*** (Nuc Eng) / Druckwasserreaktor m (ein leichtwassergekühlter und -moderierter thermischer Reaktor), DWR (Druckwasserreaktor) ‖ **~ reactor\*** (Nuc Eng) / druckwassergekühlter Reaktor
**pressurizer** n (Nuc Eng) / Druckhalter m (bei Druckwasserreaktoren)
**press water** (Nut) / Presswasser n (Zuckergewinnung) ‖ **~ wheel** (Agric) / Druckrolle f (hinter dem Drillschar) ‖ **~ with pressboard layers** (Textiles) / Spanpresse f (zum Pressen von Wollgeweben nach DIN 64 990) ‖ **~ with straight-sided frames** (Eng) / Presse f mit Torgestell (DIN 55 181)
**presswork\*** n (Print) / Druck m (Vorgang), Drucken n, Drucklegung f, Druckvorgang m
**prestain** v (For) / vorbeizen v
**prestamp** n (Eng) / Vorpressgesenk n (beim Gesenkformen)
**presteam** v (For, Paper, Textiles) / vordämpfen v
**presteaming** n (For, Paper, Textiles) / Vordämpfung f
**Prestel\*** n (Britain's national videotex service operated by the British Telecom) (Telecomm) / Prestel (britisches Videotex-System)
**prestop** n (Eng) / Vorhalt m, Endschalterstopp m (automatische Vorabschaltung zur Vermeidung des Überlaufs)
**prestorage treatment** (Agric) / Vorlagerungsbehandlung f
**prestore** v (Comp) / vorspeichern v
**prestoring** n (Comp) / Vorspeicherung f
**prestrain** n (Materials) / Vordehnung f
**prestraining** n (Civ Eng) / Vorspannung f (des Felsankers) ‖ **~** (Materials) / Vordehnung f
**prestress** v (Mech) / vorspannen v
**prestressed concrete\*** (Civ Eng) / Spannbeton m (mit sofortigem Verbund)
**prestressed-concrete construction** (Civ Eng) / Spannbetonbau m ‖ **~ cylinder pipe** (Civ Eng, Welding) / Spannbetonrohr n (zylindrisches) ‖ **~ pipe** (Civ Eng) / Spannbetonrohr n (DIN 4035)
**prestressed concrete with thin wire armouring** (Civ Eng) / Stahlsaitenbeton m (Spannbeton, bei dem eine Vorspannung durch Stahldrähte im Spannbett erfolgt) ‖ **~ glass** (Glass) / vorgespanntes Glas (durch thermisches Abschrecken oder durch chemische Veränderungen der Oberfläche, Einscheiben-Sicherheitsglas n, ESG, gehärtetes Glas, Hartglas n (vorgespanntes) ‖ **~ positive locking** (Eng) / vorgespannter Formschluss
**prestressing bar** (Civ Eng, Met) / Spannstab m (für Spannbeton) ‖ **~ bed** (Civ Eng) / Spannbett n (Schalung im Fertigteilwerk), Spannbahn f ‖ **~ cable** (Civ Eng) / Spannkabel n (für Spannbeton), Spanndraht m (für Spannbeton) ‖ **~ force** (Civ Eng) / Spannkraft f (Zugkraft, mit der die Spannglieder vorgespannt werden) ‖ **~ steel** (Civ Eng, Met) / Spannbetonstahl m, Spannstahl m
**prestressing-steel corrosion** (Surf) / Spannstahlkorrosion f ‖ **~ reinforcement** (Civ Eng) / Spannbewehrung f (in Bauteilen aus Spannbeton nach DIN 1045)
**prestretching** n (Plastics) / Vorstreckung f (beim Vakuumsaugverfahren)
**prestretch orientation** (Spinning) / Vororientierung f (von Fasern)
**prestroke** n (I C Engs) / Vorhub m (des Pumpenkolbens von UT bis Förderbeginn)
**presume** v (AI, Maths) / vermuten v, annehmen v, schließen v (aus), voraussetzen v
**presumption** n (AI, Maths) / Präsumtion f, Annahme f
**presumptive** adj (AI, Maths) / unmodifiziert adj (Adresse, Befehl)
**presupposition** n (AI) / Präsupposition f
**presynchronization** n (Cinema) / Vorsynchronisierung f
**presynchronize** v (Cinema) / vorsynchronisieren v
**pretan** v (Leather) / vorgerben v
**pretannage** n (Leather) / Vorgerbung f
**pretanning material** (Leather) / Vorgerbstoff m
**prêt-à-porter** n (Textiles) / Prêt-à-porter n (von einem Modeschöpfer entworfene Konfektionskleidung)
**pretectonic** adj (Geol) / prätektonisch adj
**pretension** v (Mech) / vorspannen v ‖ **~** n (Materials, Textiles) / Vorspannkraft f (die beim Beginn des Zugversuchs auf die Messprobe einwirkende Kraft), Vorspannung f (Kraft bei der Zugfestigkeitsprüfung)
**pretensioned bolt** (Eng) / vorgespannte Schraube
**pretensioning** n (Civ Eng) / Vorspannung f mit sofortigem Verbund
**pretersonic** adj / hypersonisch adj (über 5 Mach), Hyperschall- ‖ **~ frequency** (Phys) / Hyperschall-Frequenzbereich m
**pretersonics** n (Phys) / Hyperschall-Lehre f
**pretesting** n (Civ Eng) / eine amerikanische Methode des Unterfangens von Hochhäusern ‖ **~** (Civ Eng) s. also underpinning
**prethickener** (San Eng) / Voreindicker m (dem Faulbehälter oder anderen Behandlungsstufen vorgeschalteter Eindicker zur Frischschlammeindickung)
**pretin** v / vorverzinnen v
**pretitration** n (Chem) / Vortitrierung f, Vortitration f
**pretravel** n (Elec Eng) / Vorlauf m (des bewegbaren Schaltstücks)
**pre-TR cell\*** (Radar) / Vorsperr-Röhre f
**pretreat** v (Eng) / vorbehandeln v
**pretreatment** n (Eng) / Vorbehandlung f ‖ **~** (San Eng) / Vorreinigung f (grobmechanische - der Abwässer) ‖ **~ of the adhesive surface** / Klebflächenvorbehandlung f (eine Art Klebvorbehandlung) ‖ **~ primer** (Paint, Surf) / Washprimer m (Anstrichmittel, das eine dünne haftungsvermittelnde Schicht auf der Metalloberfläche ergibt - DIN 55945), Reaktionsgrundierung f, Haftgrundmittel n, Reaktionsprimer m (für Metalle)
**pretreat with wetting oil** (For, Paint) / vorölen v (Holz)
**pretriggering signal** (Telecomm) / Vortriggerimpuls m
**Pretty Good Privacy** (Comp) / Pretty Good Privacy f (ein Kryptografiesystem), PGP (Pretty Good Privacy)
**pretty-print function** (Comp) / Pretty-Print-Funktion f (eine Bearbeitungsfunktion der Programmierung, welche den Code so formatiert, dass er leicht erkennbar ist)
**pretty printing** (Comp) / Pretty-Printing n (Aufbereitung einer Listenstruktur)
**pretune** v (Radio) / vorwählen v (Stationen)
**prevailing** adj / vorherrschend adj ‖ **~ torque** (Mech) / Klemm-Drehmoment n ‖ **~ torque nut** (Eng) / klemmende Sicherungsmutter, Sicherungsmutter f mit Klemmteil, Stoppmutter f ‖ **~ westerlies** (Meteor) / brave Westwinde ‖ **~ wind** (Meteor) / vorherrschender Wind ‖ **~ wind direction** (Meteor) / vorherrschende Windrichtung, Hauptwindrichtung f
**prevarication** n (Telecomm) / Störinformationsentropie f (der Teil einer Nachricht am Empfänger, der mit der gesendeten Nachricht keinen Zusammenhang hat, sondern nur aus Störungen im Übertragungskanal entstanden ist)
**prevent** v (from) / verhüten v, verhindern v ‖ **~** / zuvorkommen v (einer Sache), vorbeugen v (einer Sache)
**preventative snagging** (Hyd Eng) / vorbeugendes Abholzen (eine Art Flussräumung)
**preventer** n (Oils) / Preventer m (ein Schließmechanismus als Bohrlochsicherung), Blowout-Preventer m, BOP (Blowout-Preventer), Bohrlochabsperrvorrichtung f (zur Verhinderung des Blowouts) ‖ **~** (Ships) / Preventer m (beim Ladegeschirr verwendeter Draht, der die Außengeien beim Laden mit 2 feststehenden, gekoppelten Ladebäumen entlastet)
**prevent from entering** / den Zutritt verhindern
**prevention** n / Vorsorge f (Vorbeugung), Vorbeugung f, Prävention f, Prevention f ‖ **~ of checking** (in roundwood and timber) (For) / Rissschutz m (z.B. mit S-Haken)
**preventive** adj / vorsorglich adj, prophylaktisch adj, vorbeugend adj, präventiv adj ‖ **~ choke-coil\*** (Elec Eng) / Schaltdrossel f ‖ **~ maintenance** (Eng) / Pflege f, vorbeugende Wartung, vorbeugende Instandhaltung, Diagnosewartung f ‖ **~ resistance\*** (Elec Eng) / Überschaltwiderstand m (am beweglichen Kontakt) ‖ **~ snagging** (Hyd Eng) / vorbeugendes Abholzen (eine Art Flussräumung)
**preview\*** n (Cinema) / Voraufführung f (eines Films), Preview f ‖ **~** (Comp) / Seitenansicht f (Funktion zum Überprüfen des Seitenlayouts auf dem Bildschirm in Form einer verkleinerten Ganzseitendarstellung), Seitenvorschau f (zur Kontrolle) ‖ **~** (Comp) / Preview f (Funktion eines Anwendungsprogramms, die es ermöglicht, Texte und Bilder auf dem Bildschirm so darzustellen, wie sie gedruckt werden sollen) ‖ **~** (Print) / Voransicht f (z.B. beim Scannen), Vorabansicht f ‖ **~\*** (TV) / Abnahmevorführung f
**previewer** n (for print preview) (Comp) / Previewer m
**preview function** (Comp) / Ansichtfunktion f ‖ **~ mode** (Comp) / Preview-Modus m ‖ **~ monitor** (TV) / Vorschaumonitor m ‖ **~ scan** (Comp) / Probescan m (elektronische Druckvorstufe) ‖ **~ screening** (Cinema) / Voraufführung f (eines Films), Preview f ‖ **~ trailer** (Cinema) / Vorreklame f, Werbevorspann m, Trailer m (Werbevorspann für einen neuen Film)
**prevocational** adj / vorberuflich adj, auf den Beruf vorbereitend

**Prévost**

**Prévost theory** (of heat exchange) (Phys) / Prévost'sches Gesetz (nach dem die von einem Körper emittierte Strahlungsleistung nur von Vorgängen innerhalb des Körpers abhängt )
**prewash** v (Textiles) / vorwaschen v ‖ ~ n (Textiles) / Prewash n (Vorwäsche von Stoffen, um sie einlauffest zu machen)
**prewashing** n (Textiles) / Vorwäsche f (vor der Hauptwäsche)
**preweb** n (Textiles) / Vorvlies n
**prewet** v (Chem) / vornetzen v
**prewire** v (Elec Eng) / vorverdrahten v, fertig verdrahten (in der Fabrik)
**prewired** adj (Elec Eng) / fertig verdrahtet
**PRF** (pulse-repetition frequency) (Radar) / Impulswiederholfrequenz f (in Hz), Impulswiederholungsfrequenz f, Impulsfolgefrequenz f (in Hz), Pulsfolgefrequenz f
**PRG** (program) (Radio, TV) / Programm n
**PRI** (primary winding) (Elec Eng) / Primärwicklung f, Eingangswicklung f
**pri** (primary winding) (Elec Eng) / Primärwicklung f, Eingangswicklung f
**PRI** (pulse-repetition interval) (Radar, Telecomm) / Impulsabstand m, Impulsperiode (Reziprokwert der Impulsfolgefrequenz), Pulsabstand m
**Pribnow box** (Gen) / Pribnow-Box f (eine bakterielle Promotorsequenz), Pribnow-Schaller-Box f
**price** v / mit Preisen versehen, auszeichnen v (Ware mit Preisen) ‖ ~ n / Preis m ‖ ~ **cap** / Price-Cap (wobei mehrere Dienste bei der Preisregulierung zu einem Cap /Korb/ zusammengefasst werden) ‖ ~ **control** / Preisüberwachung f, Preiskontrolle f (staatliche) ‖ ~ **cut** / Preissenkung f ‖ ~ **decontrol** / Freigabe f der Preise (nach einer Periode der Preiskontrolle) ‖ ~ **imprint** (Print) / Preiseindruck m, Preisaufdruck m ‖ ~ **index** / Preisindex m ‖ ~ **in effect** (until) / Preis gültig (bis zum ...) ‖ ~ **list** / Preisliste f
**price/performance ratio** / Preis/Leistung-Verhältnis n, PLV
**price per piece** / Stückpreis m ‖ ~ **per unit** / Stückpreis m ‖ ~ **policy** / Preispolitik f ‖ ~ **reduction** / Preisabschlag m, Preisnachlass m, Preisermäßigung f ‖ ~ **reduction** / Preissenkung f ‖ ~ **support** (Elec Eng) / Preisstützung f, Preissubventionierung f (z.B. durch den Staat) ‖ ~ **tag** / Preisschild n, Preisschildchen n ‖ ~ **ticket** / Preisschild n, Preisschildchen n ‖ ~ **trend** / Preisentwicklung f
**pricey** adj / aufwendig adj, kostspielig adj, kostenträchtig adj ‖ ~ / teuer adj (Ware)
**pricing** n / Pricing n (Definition von Tarifen für Dienstleistungen während der Produktentwicklung und insbesondere die Festlegung der Preise unter Berücksichtigung der Preisgestaltung bei anderen Produkten) ‖ ~ / Preisgestaltung f, Preisbildung f, Preissetzung f ‖ ~ **policy** / Preispolitik f
**prick** v / stechen v (mit einer Nadel), durchstechen vt, anstechen v, aufstechen v ‖ ~ / aufstechen v (eine Blase) ‖ ~ (Agric) / umpflanzen v (junge Pflanzen verziehen und in größeren Abständen pflanzen), pikieren v, ausstecken v
**pricked pattern** (Textiles) / durchstochenes Muster
**pricker** n (Mining) / Schießnadel f (meistens aus Messing)
**pricket** n (Arch) / der obere Teil der Turmspitze
**pricking•-up** n (Build) / Vorbereitung f des Putzgrundes (durch Aufrauen, durch Spritzbewurf, durch Übersprannung von Putzträgern) ‖ ~**-up coat** (Build) / Putzgrund m (auf dem Putzträger), Unterputzschicht f, Unterputzlage f, Grobputzschicht f, Grundschicht f (eine mehrlagigen Putzes), Unterputz m (Schicht), Rohbewurf m, Raupuitzschicht f
**prickle** v (Textiles) / kratzen v (auf der Haut - subjektives Gefühl beim Tragen) ‖ ~* (Bot) / Dorn m (pl. Dornen oder Dörner) ‖ ~* (Bot, Zool) / Stachel m
**prickly** adj / dornig adj, bedornt adj, stachelig adj
**prickly-ash** n (For) / Zahnwehholz n (aus Zanthoxylum americanum Mill.)
**prick off** v (Agric) / umpflanzen v (junge Pflanzen verziehen und in größeren Abständen pflanzen), pikieren v, ausstecken v ‖ ~ **out** (Agric) / umpflanzen v (junge Pflanzen verziehen und in größeren Abständen pflanzen), pikieren v, ausstecken v ‖ ~ **post** (Carp) / Zwischenpfeiler m, Zwischenpfosten m
**prick-punch mark** (Eng) / Körnung f, Körnermarke f (Vertiefung mit Hilfe eines Körners)
**pricy** adj / aufwendig adj, kostspielig adj, kostenträchtig adj
**Prileschajev's reaction** (Chem) / Prileschajew-Reaktion f (nach N. Prileschajew, 1872-1944)
**Priležhaev reaction** (Chem) / Prileschajew-Reaktion f (nach N. Prileschajew, 1872-1944)
**prill** v (Chem Eng) / prillen v, sprühkristallisieren v (nur Infinitiv und Partizip) ‖ ~ n (Chem Eng) / durch Sprühkristallisation erzeugte Granalie, durch Prillen (im Sprühturm) erzeugte Granalie ‖ ~* (Met) / Metallkönig m, Regulus m (pl. -guli oder -gulusse) (ein Metallklumpen, der sich beim Schmelzen und Reduzieren von Erzen unter der Schlacke absondert)

**prilled ammonium nitrate** (Mining) / granuliertes Ammoniumnitrat (als Sprengstoff)
**prilling** n (Chem Eng) / Prillen n (ein Verfahren der Kornvergröberung, bei dem körnige Körper aus Lösungen oder Suspensionen in Sprühtürmen hergestellt werden), Sprühkristallisation f ‖ ~ **tower** (Chem Eng) / Spritzturm m (zum Prillen), Sprühturm m, Prillturm m
**prill-size ammonium nitrate** (Mining) / granuliertes Ammoniumnitrat (als Sprengstoff)
**primacord** n (Geol) / Detonationszündschnur f, Zündschnur f (für die angewandte Seismik) ‖ ~ **fuse*** (Geol) / Detonationszündschnur f, Zündschnur f (für die angewandte Seismik)
**primaeval forest** (For) / Urwald m, Primärwald m
**primary** n / Primärkern f (in der Farbmetrik) ‖ ~ (orbited by a smaller satellite or companion) (Astron) / Zentralkörper m (Gravitationskörper) ‖ ~* (Chem) / Primärprodukt n (erstes Produkt einer Reaktion, das jedoch noch weitere Umwandlungen erfahren kann) ‖ ~ (Comp) / Primärausdruck m ‖ ~ (Elec Eng) / Primärspule f ‖ ~* (Elec Eng) / Primärwicklung f, Eingangswicklung f ‖ ~ (Light) / Grundfarbe f (DIN 16 508), Primärfarbe f ‖ ~ (Telecomm) / Leitsteuerung f (beim bitorientierten synchronen Übertragungssteuerungsverfahren) ‖ ~ adj / Primär-, primär adj ‖ ~ **access method** (Comp) / Primärzugriffsmethode f ‖ ~ **additive colours*** (Paint, Phys) / Primärvalenzen f pl (Rot, Gelb und Blau), Mutterfarben f pl, Bezugsfarben pl ‖ ~ **air** / Primärluft f, Erstluft f ‖ ~ **alcohol*** (Chem) / primärer Alkohol ‖ ~ **aluminium** (Met) / Hüttenaluminium n (nach der Schmelzflusselektrolyse) ‖ ~ **amine*** (Chem) / primäres Amin ‖ ~ **backing** (Textiles) / Teppichgrund m, Traggewebe n, Träger m (von Auslegewaren) ‖ ~ **battery** (Elec Eng) / Primärbatterie f (DIN IEC 86, T 2) ‖ ~ **bench** (Met) / Vorbank f (Teil einer Ziehbank zur Umformung von Rohrenmit festem Stopfen, der die Stopfenstange hält) ‖ ~ **body** (Astron) / Zentralkörper m (Gravitationskörper) ‖ ~ **bow*** (Meteor, Phys) / Hauptregenbogen m (dessen Radius etwa 42° ist) ‖ ~ **branch** (For) / Ast m (verholzter Seitentrieb des Baumes) ‖ ~ **breaker** (Min Proc) / Vorbrecher m, Grobbrecher m (bis auf Korngröße von etwa 80 mm), Grobzerkleinerungsmaschine f ‖ ~ **breaking** (Min Proc) / Vorbrechen n, Grobbrechen n, Grobzerkleinerung f ‖ ~ **brightener** (Surf) / Glanzzusatz m zweiter Klasse, primärer Glanzzusatz (der nur halbglänzende Niederschläge abgibt) ‖ ~ **calcium phosphate** (Chem) / Calciumdihydrogenphosphat n, primäres Kalziumphosphat, primäres Calciumphosphat, Kalziumdihydrogenphosphat n, Monokalziumphosphat n ‖ ~ **carbon atom*** (Chem) / primäres Kohlenstoffatom ‖ ~ **catalytic converter** (Autos) / Vorkatalysator m, Startkatalysator m ‖ ~ **cell*** (Elec Eng) / Primärelement n, Primärzelle f ‖ ~ **cementite** (Met) / Primärzementit m (Ausscheidung aus Schmelzen mit über 4,3% C) ‖ ~ **chain** (Eng) / Primärkette f (des Primärantriebs) ‖ ~ **channel** (Comp, Telecomm) / Primärkanal m (der Daten transportiert) ‖ ~ **circuit*** (Build) / Primärkreislauf m (des Wassers von einem Heizkessel zu den Heizkörpern oder auch zu den Heizflächen in Fußboden oder Decke) ‖ ~ **circuit** (Elec Eng) / Primärstromkreis m, Primärkreis m, primärer Stromkreis ‖ ~ **circuit*** (Nuc Eng) / Primärkreis m ‖ ~ **classification** (Min Proc) / Vorklassieren n ‖ ~ **coating** (Optics, Telecomm) / Primärbeschichtung f, Primärcoating m (innere Schicht der Primärbeschichtung einer LWL-Faser) ‖ ~ **coating layer** (Paper) / Vorstrich m ‖ ~ **coil** (Elec Eng) / Primärspule f ‖ ~ **coil*** (Elec Eng) s. also primary winding ‖ ~ **colour** (Light) / Urfarbe f (z.B. Urgrün) ‖ ~ **colour*** (Light) / Grundfarbe f (DIN 16 508), Primärfarbe f ‖ ~ **colours*** (Paint) s. also primary pigments ‖ ~ **consolidation** (Civ Eng) / Primärkonsolidierung f (des Bodens) ‖ ~ **control** (Comp) / Leitsteuerung f (Funktion der Fernbetriebseinheit) ‖ ~ **control** (Telecomm) / Leitsteuerung f (beim bitorientierten synchronen Übertragungssteuerungsverfahren) ‖ ~ **coolant*** (in a LWR) (Nuc Eng) / Hauptkühlwasser n, HKW (Hauptkühlwasser), Primärwasser n (eines Leichtwasserreaktors) ‖ ~ **coolant*** (Nuc Eng) / Hauptkühlmittel n, HKM (Hauptkühlmittel) ‖ ~ **cosmic rays** (Astron, Geophys) / Primärstrahlung f (eine kosmische Strahlung), Primärkomponente f (der kosmischen Strahlung) ‖ ~ **creep*** (Eng, Materials, Met) / erstes Kriechstadium, primäres Kriechen, Übergangskriechen n (mit stark abnehmender Kriechrate) ‖ ~ **crusher** (Civ Eng, Min Proc) / Vorbrecher m, Grobbrecher m (bis auf Korngröße von etwa 80 mm), Grobzerkleinerungsmaschine f ‖ ~ **crushing** (Min Proc) / Vorzerkleinerung f ‖ ~ **crushing*** (Min Proc) / Vorbrechen n, Grobbrechen n, Grobzerkleinerung f ‖ ~ **current** (Elec Eng) / Primärstrom m ‖ ~ **cycle** (Comp) / Hauptzyklus m ‖ ~ **data** (data obtained direct from source and for the solution of a specific problem in hand) (Stats) / Primärdaten n pl, Primärangaben f pl ‖ ~ **decomposers** (Ecol) / Primärdestruenten m pl, Primärzersetzer m pl ‖ ~ **deposit** (Mining) / primäre Lagerstätte f ‖ ~ **detector** (Automation, Elec Eng) / Messfühler m, Messwertgeber m, Aufnehmer m, Messgrößenaufnehmer m (Teil eines Messsystems der dazu dient, die Messgröße aufzunehmen), Fühler m (ein Primärelement) ‖ ~

**dip** (Geol) / synsedimentäres Schichtfallen ‖ ~ **dispersion*** (Min) / primärer Dispersionshof f ‖ ~ **distribution network** (Elec Eng) / Übertragungsnetz n ‖ ~ **dolomite** (Geol) / primärer Dolomit ‖ ~ **dolomite** (Geol) / Orthodolomit m ‖ ~ **drive** (Eng) / Primärantrieb m ‖ ~ **electrons*** (Electronics) / primäre Elektronen, Primärelektronen n pl ‖ ~ **emission*** (Electronics) / Primäremission f (durch thermische Emission, Fotoemission oder Feldemission) ‖ ~ **energy** (Elec Eng) / Rohenergie f, Primärenergie f (zur Stromerzeugung ausgenutzter Energieinhalt natürlicher Energieträger) ‖ ~ **energy** (Phys) / Primärenergie f (die noch keiner anthropogenen Umwandlung unterworfen wurde)
**primary-energy-driven heat pump** (Heat) / Primärwärmepumpe f (mit der sich Energie aus Erdreich, Grund- und Oberflächenwasser oder Außenluft gewinnen lässt)
**primary explosive** / Initialsprengstoff m (gegen Schlag, Stoß und Wärme besonders empfindlicher Explosivstoff, der durch seine Entzündung die Explosion der gesamten Ladung auslöst), Zündstoff m, Zündsprengstoff m (z.B. Bleiazid oder Knallquecksilber) ‖ ~ **failure** / Primärausfall m (der weder direkt noch indirekt auf den Ausfall einer anderen Einheit zurückzuführen ist) ‖ ~ **fault** / Primärausfall m (der weder direkt noch indirekt auf den Ausfall einer anderen Einheit zurückzuführen ist) ‖ ~ **fermentation** (Nut) / Hauptgärung f ‖ ~ **file** (Comp) / Primärdatei f, Grunddatei f ‖ ~ **fission*** (Nuc Eng) / primäre Spaltung
**primary-fission yield** (Nuc Eng) / primäre Spaltproduktausbeute
**primary flow** (Aero) / Hauptstrom m (Luftstrom, der das Kerntriebwerk durchläuft und den heißen Abgasstrahl erzeugt), Primärstrom m (ein Luftstrom) ‖ ~ **flow*** (Electronics) / Primärstrom m (von Trägern) ‖ ~ **focus** (Optics) / Newton-Fokus m, primärer Brennpunkt (eines Spiegelteleskops mit parabolischem Hauptspiegel) ‖ ~ **forest** (For) / Primärwald m (der ohne menschliche Beeinflussung entstanden ist) ‖ ~ **forest** (For) / Urwald m, Primärwald m ‖ ~ **forming** (Eng) / Urformen n (z.B. Schmelzen, Gießen, Pressen oder Sintern - DIN 8580 und 8581), Urformung f ‖ ~ **fuel** (Fuels) / natürlicher Brennstoff (z.B. Kohle, Erdgas) ‖ ~ **geosyncline** (Geol) / Orthogeosynklinale f ‖ ~ **grain** (Met) / Primärkorn n ‖ ~ **graphite** (Met) / Primärgraphit m, primärer Graphit ‖ ~ **graphite** (Met) s. also kish ‖ ~ **great circle** (Astron) / primärer Großkreis (bei astronomischen Koordinaten) ‖ ~ **growth** (Bot, For) / primäres Dickenwachstum ‖ ~ **halo** (Min) / primärer Dispersionshof f ‖ ~ **hardness** (Met) / Primärhärte f (die der Stahl nach dem Abschrecken aufweist) ‖ ~ **head** (Eng) / Setzkopf m (einer Nietverbindung) ‖ ~ **heading** (Print) / Hauptüberschrift f ‖ ~ **image** (Micros) / Zwischenbild n (reelles, vom Objektiv gebildet) ‖ ~ **induction** / primäre Induktion (aus empirischen Fakten) ‖ ~ **industry** / Grundstoffindustrie f, Grundstofferzeugung f (z.B. Landwirtschaft und Bergbau) ‖ ~ **insects** (Agric, For, Zool) / Primärinsekten n pl (die gesundes, lebendes pflanzliches Gewebe befallen, wie z.B. Maikäfer), primäre Insekten ‖ ~ **ionization*** (Nuc) / Primärionisation f ‖ ~ **key** (Autos) / Hauptschlüssel m ‖ ~ **key** (Comp) / Primärschlüssel m ‖ ~ **light source** (Light) / Lichtquelle f erster Ordnung, Selbstleuchter m (eine Lichtquelle) ‖ ~ **machine** (Elec Eng) / Vordermaschine f ‖ ~ **magma** (Geol) / primäres Magma ‖ ~ **magnesium phosphate** (Chem) / Magnesiumhydrogenphosphat n (primäres Magnesiumphosphat), einbasiges Magnesiumphosphat ‖ ~ **memory** (Comp) / Hauptspeicher m (interner Speicher), Internspeicher m (interner Speicher eines Systems, auf den die Programmsteuerung unmittelbaren Zugriff hat) ‖ ~ **memory** (Comp) / Primärspeicher m (bei Rechnersystemen mit Speicherhierarchie) ‖ ~ **metal*** (Met) / frisch (aus den Erzen) erschmolzenes Metall (kein Umschmelzmetall), Metall n erster Schmelzung ‖ ~ **mineral** (Min) / primäres Mineral ‖ ~ **mirror** (Optics) / Hauptspiegel m, Primärspiegel m (des Spiegelteleskops) ‖ ~ **motion** (Eng) / Hauptbewegung f ‖ ~ **mullite** (Ceramics) / Primärmullit m ‖ ~ **natural radionuclide** (Nuc) / primäres natürliches Radionuklid ‖ ~ **nitro-compounds*** (Chem) / primäre Nitroverbindungen ‖ ~ **ore** (Geol) / primäres Erz, Primärerz n ‖ ~ **particle** (Paint) / Primärteilchen n (DIN 53 206) ‖ ~ **peak** (Spectr) / Primärpeak m ‖ ~ **phloem** (Bot) / Primärphloem n, primäres Phloem ‖ ~ **phosphate** (Chem) / primäres Phosphat, Dihydrogenphosphat n ‖ ~ **pigments** / Grundfarben f pl, Mutterfarben f pl (Rot, Gelb, Blau oder Purpur, Gelb und Zyan) ‖ ~ **pit field** (For) / primäres Tüpfelfeld ‖ ~ **preservative treatment** (of wood) (For) / Erstschutz m (Maßnahmen zur erstmaligen Behandlung von Rohholz und von Werkstoffen aus Holz mit Holzschutzmitteln) ‖ ~ **production** (Oils) / primäre Gewinnungsphase, primäre Gewinnung, primäre Förderung, Primärförderung f (das Erdöl wird durch den natürlichen Lagerstättendruck zur Fördersonde getrieben) ‖ ~ **radar*** (Radar) / Primärradar m n (bei dem sich das Zielobjekt nicht kooperativ verhält) ‖ ~ **radiation*** (Geophys, Nuc) / Primärstrahlung f ‖ ~ **radiator** (Radio) / aktiver Strahler, aktive Antenne, gespeiste Antenne ‖ ~ **rainbow** (Meteor, Phys) / Haupttregenbogen m (dessen Radius etwa 42° ist) ‖ ~ **rate B-channel access** (Telecomm) / Primärmultiplexanschluss m (an die ISDN-Ortsvermittlungsstelle), ISDN-Primärmultiplexanschluss m ‖ ~ **rate multiple access** (Telecomm) / Primärmultiplexanschluss m (an die ISDN-Ortsvermittlungsstelle), ISDN-Primärmultiplexanschluss m ‖ ~ **raw materials** / Primärrohstoffe m pl ‖ ~ **reaction** (Chem) / Primärreaktion f (als Gegensatz zur Sekundärreaktion oder als Startreaktion) ‖ ~ **recipient** (Telecomm) / Primärempfänger m (bei Nachrichtenübermittlung) ‖ ~ **recovery*** (Oils) / primäre Gewinnungsphase, primäre Gewinnung, primäre Förderung, Primärförderung f (das Erdöl wird durch den natürlichen Lagerstättendruck zur Fördersonde getrieben) ‖ ~ **recrystallization** (Met) / primäre Rekristallisation ‖ ~ **reduction** (Min Proc) / Vorzerkleinerung f ‖ ~ **relay** (Elec Eng) / Primärrelais n (dessen Wicklung von der Spannung oder von dem Strom eines Hauptstromkreises ohne Zwischenschaltung eines Isolierwandlers gespeist wird) ‖ ~ **rock** (Geol) / Edukt n (Ausgangsgestein bei der Metamorphose) ‖ ~ **route** (Telecomm) / Erstweg m, erster Leitweg ‖ ~ **route** (Telecomm) / Regelweg m ‖ ~ **salt** (Chem) / primäres Salz (Salz mehrbasiger Säuren, in dem nur ein Wasserstoffatom durch ein Metallatom ersetzt ist)
**primary-secondary association rate** (Radar) / Primär-Sekundär-Kombinationsrate f (Verhältnis der Anzahl der vom Primärradar bestätigten Meldungen zur Gersamtzahl der Meldungen vom Überwachungssekundärradar ), Kombinationsverlust m (Primär-Sekundär-Kombinationsrate)
**primary sedimentation tank** (Ecol, San Eng) / Vorklärbecken n (Absetzbecken zur mechanischen Reinigung des Abwassers vor einer biologischen Stufe) ‖ ~ **server** (Comp) / Primärserver m ‖ ~ **service area*** (Telecomm) / Primärversorgungsbereich m ‖ ~ **settling tank** (Ecol, San Eng) / Vorklärbecken n (Absetzbecken zur mechanischen Reinigung des Abwassers vor einer biologischen Stufe) ‖ ~ **sewage sludge** (Ecol, San Eng) / Vorklärschlamm m, Primärschlamm m (in Vorklärbecken anfallender Abwasserschlamm - DIN 4045) ‖ ~ **shaft** (Eng) / Eingangswelle f, Antriebswelle f (z.B. des Getriebes), Getriebeeingangswelle f ‖ ~ **shaping** (Eng) / Urformen n (z.B. Schmelzen, Gießen, Pressen oder Sintern - DIN 8580 und 8581), Urformung f ‖ ~ **shoe** (Autos) / Primärbacke f (der Servobremse) ‖ ~ **shoe** (US) (Autos) / Auflaufbacke f, Primärbacke f, auflaufende Backe (der Trommelbremse) (der Trommelbremse) ‖ ~ **signal** (Optics) / direkt einfallendes Signal (nicht durch Reflexionen beeinträchtigt) ‖ ~ (colour) **signal** (TV) / Farbwertsignal n (das die Information über die relative Leuchtdichteverteilung eines Farbwerts enthält) ‖ ~ **sketch** / primäre Skizze ‖ ~ **sludge** (Ecol, San Eng) / Vorklärschlamm m, Primärschlamm m (in Vorklärbecken anfallender Abwasserschlamm - DIN 4045) ‖ ~ **sodium phosphate** (Chem) / primäres Natriumorthophosphat ($NaH_2PO_4$), Natriumdihydrogenphosphat n ‖ ~ **solid solution*** (Met) / primäre feste Lösung ‖ ~ **standard** / Urmaß n (z.B. das Urkilogramm im Pavillon de Breteuil beim Bureau International des Poids et Mesures in Sèvres), Ursubstanz f, Urtitersubstanz f ‖ ~ **standard*** (Eng) / primärer Etalon, Normal n (das bei den obersten Behörden der Länder bereitgehalten wird)
**primary-standard solution** (Chem) / Urtiterlösung f
**primary station** (Comp) / Primärstation f (bei bitorientierten Steuerungsverfahren) ‖ ~ **steam** / Erstdampf m ‖ ~ **steam** (Eng, Nuc Eng) / Primärdampf m ‖ ~ **store*** (Comp) / Hauptspeicher m (interner Speicher), Internspeicher m (interner Speicher eines Systems, auf den die Programmsteuerung unmittelbaren Zugriff hat) ‖ ~ **structure*** (Aero) / tragende Bauteile ‖ ~ **structure** (of proteins) (Biochem) / Primärstruktur f (bei Proteinen), AS-Sequenz f ‖ ~ **structure** (Geol) / Primärgefüge n ‖ ~ **surveillance radar** (Radar) / Primärradar m n (bei dem sich das Zielobjekt nicht kooperativ verhält) ‖ ~ **task** (Comp) / Primärtask m, Primärprozess m ‖ ~ **thickening** (Bot, For) / primäres Dickenwachstum ‖ ~ **transcript** (Gen) / Primärtranskript n ‖ ~ **treatment** (Ecol, San Eng) / mechanischer Prozess zur Abtrennung suspendierter Bestandteile (Abwasserbehandlung) ‖ ~ **treatment** (Ecol, San Eng) / Erstbehandlung f ‖ ~ **triangulation** (Surv) / Triangulation f erster Ordnung (mit den Netzen I. Ordnung), Haupttriangulation f ‖ ~ **valency** (Chem) / Hauptvalenz f ‖ ~ **valency bond** (Chem) / Hauptvalenzbindung f ‖ ~ **voltage** (Elec Eng) / Primärspannung f (bei Transformatoren) ‖ ~ **wall*** (Bot) / Primärwand f (einer meristematischen Zelle), Kambialwand f ‖ ~ **wave** (a type of seismic body wave)* (Geophys) / P-Welle f (Longitudinalwelle beim Erdbeben), Verdichtungswelle f, Kompressionswelle f (longitudinale Raumwelle) ‖ ~ **winding*** (Elec Eng) / Primärwicklung f, Eingangswicklung f ‖ ~ **window** (Comp) / Hauptfenster n (bei Mehrfensterdarstellung) ‖ ~ **xylem*** (Bot, For) / primäres Xylem, Primärxylem n (das zuerst gebildete Xylem, das sich aus einem

**prime**

Meristem des Vegetationspunktes herausgebildet hat und normalerweise an den Rändern des Marks anzutreffen ist)
**prime** v (Paint) / grundieren v ‖ ~ n (Maths) / Primzahl f (eine natürliche Zahl p > 1, die keine echten Teiler bessitzt) ‖ ~ (Maths, Phys) / Strich m (z.B. als Zeichen für die Winkeleinheiten) ‖ ~ **box** (Aero) / kräfteaufnehmender Kasten (im Außenflügel eines Flugzeugs) ‖ ~ **choice** (Eng) / erste Wahl (Qualität) ‖ ~ **coat** (Paint) / Grundierungsschicht f, Grundierung f (als Schicht), Grundanstrich m (als Schicht) ‖ ~ **contractor** (Build) / Generalunternehmer m, GU (Generalunternehmer) ‖ ~ **cost** / Selbstkosten pl (DIN 32900), Gestehungskosten pl ‖ ~ **cost** / Anschaffungskosten pl ‖ ~ **decomposition** (Maths) / Primfaktorzerlegung f, Primzahlzerlegung f ‖ ~ **element** (Maths) / Primelement n (ein irreduzibles Element eines Rings) ‖ ~ **factor** (Maths) / Primfaktor m ‖ ~ **factorization** (Maths) / Primfaktorzerlegung f, Primzahlzerlegung f ‖ ~ **field** (Maths) / Primkörper m (Schiefkörper, der außer sich selbst keinen Unterkörper enthält) ‖ ~ **ideal** (Maths) / Primideal n ‖ ~ **meridian** (of Greenwich) (Cartography) / Meridian m von Greenwich (internationaler Nullmeridian) ‖ ~ **mover*** (Eng) / Kraftmaschine f (als Gegensatz zur Arbeitsmaschine), Antriebsmaschine f (im breitesten Sinne), Energiemaschine f ‖ ~ **notation** (Stats) / Urliste f (ein Verzeichnis, das die erfassten Untersuchungseinheiten mit Laufnummer und den Ausprägungen der erfragten Merkmale enthält) ‖ ~ **number*** (Maths) / Primzahl f (eine natürliche Zahl p > 1, die keine echten Teiler bessitzt) ‖ ~ **number theorem** (Maths) / Primzahlsatz m
**prime-pair twins** (Maths) / Primzahlzwillinge m pl (zwei Primzahlen mit der Differenz 2)
**prime polynomial** (Maths) / Primpolynom n
**primer*** n (Biochem) / Primer m, Starter m (bei der Nukleinsäuresynthese) ‖ ~ (Chem) / Primer m (Startermolekül, das die Synthese von Makromolekülen ermöglicht) ‖ ~ (Chem) / Primer m (in oral wirksamen Pheromon) ‖ ~ (Gen) / Primer m (Replikation) ‖ ~ (Mil) / Zündhütchen n ‖ ~ * (Mil, Mining) / Zünder m (zur Einleitung der Zündung von Explosivstoffen), Zündvorrichtung f ‖ ~ (Mining) / Zündpille f, Zündsatz m ‖ ~ * (Mining) / Schlagpatrone f (Sprengstoffpatrone, die mit einem sprengkräftigen Zündmittel versehen ist) ‖ ~ (Paint) / Primer m (dünne Schicht, die unmittelbar auf das Metall aufgebracht wird und im Beschichtungssystem eine bestimmte Funktion als Grundierung übernimmt) ‖ ~ * (Paint) / Grundanstrichstoff m, Grundanstrichfarbe f, Grundfarbe f ‖ ~ (Paint) s. also adhesion promoter ‖ **apply a** ~ (Paint) / grundieren v ‖ ~ **cartridge** (Mining) / Schlagpatrone f (Sprengstoffpatrone, die mit einem sprengkräftigen Zündmittel versehen ist) ‖ ~ **coat** (Paint) / Grundierungsschicht f, Grundierung f (als Schicht), Grundanstrich m (als Schicht) ‖ ~ **filler** (Paint) / Grundierfüller m, Füllprimer m, Füllgrund m (mit Primereigenschaften) ‖ ~ **glue** / Vorleim m
**prime route** (Telecomm) / Kurzweg m (im Netz), Direktweg m (im Netz)
**primer-surfacer** n (Paint) / Grundierfüller m, Füllprimer m, Füllgrund m (mit Primereigenschaften)
**primes** pl (Met) / Weißblech n erster Wahl, Primableche n pl
**prime sheets** (Met) / Weißblech n erster Wahl, Primableche n pl ‖ ~ **time** (US) (TV) / Hauptsendezeit f, Zeit f der höchsten Einschaltquoten ‖ ~ **to each other** (having no common factors with) (Maths) / teilerfremd adj (Zahlen, die als größten gemeinsamen Teiler die Zahl 1 haben), relativ prim, teilerfrei adj
**primeval forest** (For) / Urwald m, Primärwald m ‖ ~ **soup** (Astron, Biol, Phys) / Ursuppe f (nach dem Urknall)
**prime vertical** (Astron, Surv) / Erster Vertikal (der durch den Ost- und Westpunkt geht) ‖ ~ **vertical circle** (Astron, Surv) / Erster Vertikal (der durch den Ost- und Westpunkt geht)
**priming*** n (the discharge of steam containing excessive quantities of water in suspension from a boiler, due to violent ebullition) (Chem Eng, Eng) / Spucken n (von Wasser im Dampfkessel od. in der Kolonne), Mitreißen n (von Wassertröpfchen) ‖ ~ * (Eng) / Ansauglanssen m (Pumpen) ‖ ~ (Eng) / erste Inbetriebnahme f ‖ ~ (Hyd Eng) / Einlassen n des Wassers (in ein Wasserbecken), erstes Füllen (bei Wasserspeichern und -behältern), erstes Fluten (bei einem Kanal) ‖ ~ (I C Engs) / Einspritzen n von Anlasskraftstoff ‖ ~ (I C Engs) / Betätigung f der Starteinrichtung ‖ ~ (Paint) / Primer m (dünne Schicht, die unmittelbar auf das Metall aufgebracht wird und im Beschichtungssystem eine bestimmte Funktion als Grundierung übernimmt) ‖ ~ (Paint) / Grundanstrichstoff m, Grundanstrichfarbe f, Grundfarbe f ‖ ~ (Paint) / Grundierung f (Tätigkeit) ‖ **apply a** ~ **coat** (Paint) / grundieren v ‖ ~ **and lagging of tide** (Ocean) / Verfrühung f und Verspätung der Gezeit ‖ ~ **coat** (Paint) / Primer m (dünne Schicht, die unmittelbar auf das Metall aufgebracht wird und im Beschichtungssystem eine bestimmte Funktion als Grundierung übernimmt) ‖ ~ **composition** (Mining) / Zündsatz m (mit dem ein Sprengsatz gezündet wird) ‖ ~ **drop** (Mining) / Zündpille f, Zündsatz m ‖ ~ **film** (Paint) / Grundierfilm m ‖

~ **fuel** (Fuels) / Anlasskraftstoff m, Kraftstoff m mit niedrigsiedenden Anteilen ‖ ~ **needle** (Mining) / Schießnadel f (meistens aus Messing) ‖ ~ **oil** (Paint) / Halböl n (Gemisch aus gleichen Gewichtsteilen Leinöl oder Leinölfirnis und einem Verdünnungsmittel - früher als Grundanstrichstoff eingesetzt) ‖ ~ **pump*** (Aero) / Pumpe f für Anlasskraftstoff, Anlasseinspritzpumpe f
**primings** pl / Grumpen pl (die untersten, z.T. wertlosen, bei der Ernte oft schon braunen Blätter der Tabakpflanze)
**priming valve*** (Eng) / Ansaugventil n ‖ ~ **water** (entrained with the steam) (Eng) / mitgerissenes Wasser (in Dampferzeugern)
**primitive** n / Primitiv n (semantisches) ‖ ~ (Comp) / Grundelement n, Element n (der grafischen Darstellung) ‖ ~ (Maths) / Stammfunktion f (in der Integralrechnung) ‖ ~ (Maths) / unbestimmtes Integral (Newton'sches - die Menge aller Stammfunktionen einer gegebenen Funktion) ‖ ~ (Maths) / allgemeine Lösung (bei den Differentialgleichungen) ‖ ~ adj (Comp, Maths) / primitiv adj, antiderivativ adj ‖ ~ **colour** (Light) / Grundfarbe f (DIN 16 508), Primärfarbe f ‖ ~ **crystal lattice*** (Crystal) / einfaches Kristallgitter ‖ ~ **cubic** (Crystal) / kubisch primitiv (Kristallsystem) ‖ ~ **form** (Maths) / primitive Form, ursprüngliche Form ‖ ~ **polynomial** (Maths) / primitives Polynom ‖ ~ **problem** (AI) / elementares Problem ‖ ~ **recursion** (Maths) / primitive Rekursion, Rekursion f über natürlichen Zahlen ‖ ~ **soup** (Astron, Biol, Phys) / Ursuppe f (nach dem Urknall) ‖ ~ **term** (Maths) / primitiver Term (Grundbegriff) ‖ ~ **unit cell** (Crystal) / primitive Elementarzelle, einfachprimitive Elementarzelle
**primordial** adj / maßgebend adj, entscheidend adj, äußerst wichtig, wesentlich adj (äußerst wichtig), ausschlaggebend adj ‖ ~ (Astron, Nuc) / primordial adj (Nuklid) ‖ ~ **black hole** (Astron) / primordiales Schwarzes Loch ‖ ~ **radiactive element** (Chem) / radiaktives Urelement n ‖ ~ **soup** (Astron, Biol, Phys) / Ursuppe f (nach dem Urknall)
**primrose chrome** (Paint) / hellgelbes, rhombisches Chromgelb (mit etwa 40 % Bleisulfat)
**Prim's algorithm** (a method of finding the minimum cost spanning-tree of a weighted undirected graph) (Comp) / Prim'scher Algorithmus
**primuline** n (Chem) / Primulin n (Malvidin-chlorid-3-galactosid) ‖ ~ **yellow** (Micros) / Primulin n (Natriumsalz der Monosulfonsäure), Primulingelb n
**Prince Rupert's drop*** (Glass) / Glasträne f, Batavische Träne
**prince's pine** (For) / Bankskiefer f (Pinus banksiana Lamb.)
**princess post** (Carp) / Nebensäule f im mehrsäuligen Hängewerk
**principal** n / Kapital n (das verzinst wird) ‖ ~ * (Build, Carp, Civ Eng) / Binder m, Bindersparren m, Hauptsparren m ‖ ~ **air current** (Mining) / Hauptwetterstrom m ‖ ~ **argument** (Maths) / Hauptargument n
**principal-axes system** (Crystal, Mech) / Hauptachsensystem n
**principal axis** (Crystal) / Hauptachse f, Hauptsymmetrieachse f ‖ ~ **axis*** (Optics) / optische Achse (die Symmetrieachse abbildender optischer Systeme) ‖ ~ **axis*** (Radio, Telecomm) / Hauptachse f ‖ ~ **component** / Grundbestandteil m, Hauptkomponente f, Hauptbestandteil m, Prinzip n (Grundbestandteil) ‖ ~ **constituent** / Grundbestandteil m, Hauptkomponente f, Hauptbestandteil m, Prinzip n (Grundbestandteil) ‖ ~ **curvature** (Maths) / Hauptkrümmung f (einer Fläche) ‖ ~ **diagonal** (Maths) / Hauptdiagonale f (einer Matrix) ‖ ~ **direction*** / Hauptrichtung f ‖ ~ **drier** (For) / Haupttrockner m ‖ ~ **fermentation** (Nut) / Hauptgärung f ‖ ~ **focus** (Optics) / Hauptbrennpunkt m ‖ ~ **focus** (Optics) s. also focus ‖ ~ **host** (Biol, Chem) / Hauptwirt m (bei Parasiten); Primärwirt m ‖ ~ **inductance** (Elec Eng) / Hauptinduktivität f (bei Transformatoren) ‖ ~ **light** (Cinema, Photog) / Hauptlicht n (einer Beleuchtung mit mehreren Scheinwerfern), Führungslicht n, Mainlight n ‖ ~ **minor array** (Maths) / Hauptuntermatrix f ‖ ~ **part** / Hauptteil m (im Allgemeinen) ‖ ~ **part*** (Maths) / meromorpher Teil, Hauptteil m ‖ ~ **plane*** (Optics) / Hauptebene f ‖ ~ **point*** (Optics) / Hauptpunkt m (ein Kardinalpunkt) ‖ ~ **quantum number*** (Phys) / Hauptquantenzahl f ‖ ~ **rafter*** (Build, Carp, Civ Eng) / Binder m, Bindersparren m, Hauptsparren m ‖ ~ **ray*** (Optics) / Hauptstrahl m (durch die Mitte der Blende gehender Strahl) ‖ ~ **scale** / Bezugsmaßstab m ‖ ~ **series*** (Phys, Spectr) / Hauptserie f (von Spektrallinien) ‖ ~ **shock** (Geol) / Hauptbeben n (beim Erdbeben) ‖ ~ **stress*** (Mech) / Hauptspannung f ‖ ~ **tension equation** (Materials, Mech) / Zughauptgleichung f ‖ ~ **value** (Maths) / Hauptwert m (einem Integral zugeordneter Grenzwert) ‖ ~ **view** (Arch) / Vorderansicht f (Straßenseite), Aufriss m (Aufrisszeichnung), Frontale f ‖ ~ **window** (Comp) / Hauptfenster n (bei Mehrfensterdarstellung)
**principle** n / Prinzip n (Wirkprinzip) ‖ ~ / Grundsatz m ‖ ~ / Grundbestandteil m, Hauptkomponente f, Hauptbestandteil m, Prinzip n (Grundbestandteil) ‖ ~ (of action) (Pharm) / Wirkprinzip n, Wirkungsprinzip n ‖ ~ (Phys) / Hauptsatz m ‖ ~ (Phys) / Prinzip n (pl. -ien) (Grundnorm, Gesetz, Gesetzmäßigkeit, Regel) ‖ ~ **of action**

**and reaction** (Phys) / Wechselwirkungsgesetz *n* (drittes Newton'sches Axiom), Prinzip *n* von Wirkung und Gegenwirkung (Lex tertia) ‖ ~ **of Archimedes** (Phys) / archimedisches Prinzip (des hydrostatischen Auftriebs) ‖ ~ **of conservation** (Chem, Phys) / Erhaltungsgesetz *n*, Erhaltungssatz *m* ‖ ~ **of conservation of impulse** (Mech) / Impulssatz *m*, Impulserhaltungssatz *m*, Satz *m* von der Erhaltung des Gesamtimpulses ‖ ~ **of duality** (Maths) / Dualitätssatz *m*, Dualitätsprinzip *n* (in der projektiven Geometrie) ‖ ~ **of equivalence*** (Phys) / Prinzip *n* der Gleichwertigkeit (der Bezugssysteme hinsichtlich der Darstellung der Gesetze der Physik) ‖ ~ **of flotation** (a special case of Archimedes' principle) (Phys) / Prinzip *n* des (hydrostatischen) Auftriebs ‖ ~ **of inaccessibility** (Phys) / Carathéodory-Prinzip *n* (der adiabatischen Unerreichbarkeit - nach C. Carathéodory, 1873-1950) ‖ ~ **of indeterminism** (Phys) / Heisenberg'sches Unbestimmtheitsprinzip (nach W. Heisenberg, 1901 - 1976), Unschärferelation *f* ‖ ~ **of irreversibility** (Phys) / Prinzip *n* der Irreversibilität (in der Thermodynamik) ‖ ~ **of least action*** (Phys) / Prinzip *n* der kleinsten Wirkung (Maupertuis'sches Prinzip, Hamilton'sches Prinzip) ‖ ~ **of least constraint*** (Phys) / Gauß'sches Prinzip, Prinzip *n* des kleinsten Zwangs, Le-Chatelier-Braun'sches Prinzip (nach H.L. Le Chatelier, 1850-1936, und K.F. Braun, 1850-1918) ‖ ~ **of least curvature** (Phys) / Hertz'sches Prinzip der geradesten Bahn, Prinzip *n* der geradesten Bahn, Prinzip *n* des kleinsten Weges ‖ ~ **of least motion** (Chem) / Prinzip *n* der minimalen Strukturänderung (nach Hine) ‖ ~ **of least time** (Optics) / Gesetz *n* des kürzesten Lichtweges ‖ ~ **of least time*** (Optics) / Fermat'sches Prinzip (Prinzip der schnellsten Ankunft), Fermat-Prinzip *n* ‖ ~ **of least work** (Mech) / Prinzip *n* der kleinsten Formänderungsarbeit ‖ ~ **of linear momentum** (Mech) / Impulssatz *m*, Impulserhaltungssatz *m*, Satz *m* von der Erhaltung des Gesamtimpulses ‖ ~ **of measurement** / Messprinzip *n* (die bei der Realisierung einer Messmethode benutzten physikalischen und/oder chemischen Vorgänge - DIN 1319, T 1) ‖ ~ **of monodromy** (Maths) / Monodromiesatz *m* ‖ ~ **of optimality** (Automation) / Optimalitätsprinzip *n* ‖ ~ **of permanence** (Maths) / Permanenzprinzip *n* ‖ ~ **of providence** (Ecol) / Vorsorgeprinzip *n* ‖ ~ **of relativity*** (Phys) / Relativitätsprinzip *n* (von der Gleichwertigkeit der Bezugssysteme hinsichtlich der Darstellung der Gesetze der Physik) ‖ ~ **of stationary time** (Optics) / Fermat'sches Prinzip (Prinzip der schnellsten Ankunft), Fermat-Prinzip *n* ‖ ~ **of superposition** (Phys) / Unabhängigkeitsprinzip *n*, Superpositionsprinzip *n* (DIN 1342, T 1), Superpositionssatz *m*, Überlagerungsprinzip *n* ‖ ~ **of the equipartition of energy*** (Chem) / Äquipartitionsprinzip *n*, Gleichverteilungssatz *m* (der Energie), Äquipartitionstheorem *n*, Gesetz *n* der Gleichverteilung der Energie ‖ ~ **of the excluded middle** (Maths) / Satz *m* vom ausgeschlossenen Dritten (tertium non datur), Grundsatz *m* vom ausgeschlossenen Dritten ‖ ~ **of the maximum** (Maths) / Maximumprinzip *n* (für holomorphe Funktionen) ‖ ~ **of the minimum** (Maths) / Minimumprinzip *n* (für holomorphe Funktionen) ‖ ~ **of virtual displacements** (Phys) / Prinzip *n* der virtuellen Verrückung(en), Prinzip *n* der virtuellen Verschiebungen ‖ ~ **of virtual work** (Phys) / Prinzip *n* der virtuellen Arbeit

**Pringsheim's definition of convergence** (Maths) / Pringsheim'sche Konvergenzdefinition (nach A. Pringsheim, 1850-1941)

**Prins reaction** (Chem) / Prins-Reaktion *f*

**print** *v* (on) (Paper, Typog) / bedrucken *v* ‖ ~ (Photog) / kopieren *v*, abziehen *v* (kopieren), einen Abzug machen ‖ ~ (Print) / drucken *v*, ausdrucken *v*, abdrucken *v* ‖ ~ *n* (Build) / Putzornament *n* (Cinema) / Filmkopie *f* ‖ ~ (Cinema, Photog) / Kopie *f*, Abzug *m* ‖ ~ (Electronics) / Schaltkarte *f*, Schaltungskarte *f*, Schaltungssatz *f* ‖ ~* (Foundry) / Kernmarke *f* (in der Gießform nach DIN EN 12 890) ‖ ~* (Photog, Print) / Kopie *f*, Abzug *m* (für Korrekturzwecke), Ablichtung *f* ‖ ~ (Print) / Auflage *f*, Druckauflage *f*, Auflagenzahl *f* (Auflagenhöhe) ‖ ~ (Print) / Eindruck *m*, Abdruck *m* (eines Zeichens), Spur *f* (auf dem Papier) ‖ ~ (Print) / Druck *m* (das Druckergebnis, die Druckqualität) ‖ ~ (Print) / Druckerzeugnis *n*, Druck *m* ‖ **out of** ~ (Print) / vergriffen *adj*

**printability** (Paper) / Bedruckbarkeit *f* (des Papiers, des Kartons) ‖ ~ (Print) / Kopierfähigkeit *f*, Pausfähigkeit *f* (von Zeichnungen)

**printable** *adj* (Print) / abdruckbar *adj*, druckbar *adj* ‖ ~ **character** (Print) / abdruckbares Zeichen, druckbares Zeichen, Druckzeichen *n*

**print-and-etch board** (Electronics) / Druck- *f* und Ätzplatte (einfache Leiterplatte ohne Durchkontaktierung)

**print area** (Comp, Print) / Druckfeld *n* (als Flächenmaß), Druckzone *f* (eines Belegs) ‖ ~ **bar** (Comp, Print) / Typenstab *m*, Typenstange *f* ‖ ~ **capability** (Comp) / Druckgeschwindigkeit *f*, Druckleistung *f* (z.B. in Zeilen/min), Schreibgeschwindigkeit *f* (des Druckers) ‖ ~ **carrier** (Print) / Druckträger *m*, Bedruckstoff *m* (Träger des Drucks) ‖ ~ **cartridge** (Print) / Tintenpatrone *f* (im Allgemeinen) ‖ ~ **cartridge** (Comp) / Drucker-Cartridge *f*, Tintenpatrone *f* (des Tintenstrahldruckers) ‖ ~ **cell** (Comp) / Druckzelle *f* ‖ ~ **chain** (Comp) / Druckkette *f*, Typenkette *f* (des Kettendruckers) ‖ ~ **character** (Print) / abdruckbares Zeichen, druckbares Zeichen, Druckzeichen *n* ‖ ~ **character by character** (Comp, Print) / zeichenweise drucken ‖ ~ **coater** (Plastics) / Offsetwalzenauftragmaschine *f* (bei dem Offset-Gravurverfahren) ‖ ~ **column** (Print) / Druckspalte *f* ‖ ~ **command** (Comp) / Druckbefehl *m* ‖ ~ **communication** (Comp, Print) / Printkommunikation *f* (die durch Druckverfahren vermittelt ist) ‖ ~ **contrast** (Print) / Druckkontrast *m* ‖ ~ **contrast signal** (the relative value of the contrast of printing in relation to the paper background on which it is printed) (Print) / Druckkontrastsignal *n*, Kontrastsignal *n* ‖ ~ **control character** (Comp) / Drucksteuerzeichen *n* ‖ ~ **converting** (Print) / Druckverarbeitung *f*, Druckweiterverarbeitung *f* ‖ ~ **density** (horizontally) (Comp) / Schreibdichte *f* (in Zeichen/Zoll), Zeichendichte *f* ‖ ~ **density** (vertical) (Comp) / Zeilendichte *f* ‖ ~ **drier** (Photog) / Schnelltrockenpresse *f*, Heizpresse *f*, Trockenpresse *f* ‖ ~ **drier** (Photog) s. also glazing machine ‖ ~ **drum** (Comp) / Typentrommel *f* (eines Trommeldruckers)

**printed, not ~ upon** / unbedruckt *adj* ‖ ~ **board** (Electronics) / Leiterplatte *f* (DIN 40804), Platine *f* (Kunststoffplatte mit Leiterbahnen für die Aufnahme der Bauteile), Printplatte *f*, Leiterkarte *f* ‖ ~ **board** (Electronics) s. also plug-in board

**printed-board assembly** (Electronics) / bestückte Leiterplatte (auf der alle elektrischen und mechanischen Bauteile und gegebenenfalls weitere Leiterplatten montiert und bei der alle Fabrikationsgänge, wie Löten, Schutzlackierungen usw. abgeschlossen sind) ‖ ~ **relay** (Elec Eng) / Kartenrelais *n*

**printed calico** (US) (Textiles) / Baumwolldruckgewebe *n*, Druckkattun *m* (Baumwolldruck) ‖ ~ **casing** (Nut) / bedruckte Darmhülle ‖ ~ **circuit*** (Electronics) / gedruckte Schaltung (DIN 40801 und DIN IEC 194)

**printed-circuit assembly** (Electronics) / bestückte Leiterplatte (auf der alle elektrischen und mechanischen Bauteile und gegebenenfalls weitere Leiterplatten montiert und bei der alle Fabrikationsgänge, wie Löten, Schutzlackierungen usw. abgeschlossen sind) ‖ ~ **backwiring panel** (Electronics) / Rückverdrahtungsleiterplatte, Paneel *n* (größere Leiterplatte) ‖ ~ **board** (Electronics) / Leiterplatte *f* (DIN 40804), Platine *f* (Kunststoffplatte mit Leiterbahnen für die Aufnahme der Bauteile), Printplatte *f*, Leiterkarte *f*

**printed-circuit-board lead-trimming machine** (Electronics) / Bekappungsmaschine *f* für bestückte Leiterplatten

**printed-circuit card** (Comp, Electronics) / Logikkarte *f*, Flachbaugruppe *f* (mit Hilfe einer gedruckten Schaltung auf einer Isolierplatte zusammengefasste integrierte Schaltkreise, gedruckte Schaltkarte, Schaltkartenmodul *n* ‖ ~ **layout** (Electronics) / Leiterplattenentwurf *m*, Schaltungsentwurf *m* (für die Leiterplatte)

**printed circuitry** (Electronics) / gedruckter Schaltungsaufbau, gedruckte Schaltungen (als Kollektivum)

**printed-circuit tag** (Electronics) / Anschluss *m* für gedruckte Schaltungen

**printed communications** (Aero) / Fernmeldeverbindungen *f pl* mit gedrucktem Beleg ‖ ~ **element** (Electronics) / gedrucktes Element (innerhalb einer gedruckten Schaltung, z.B. Spule, Widerstand usw.) ‖ ~ **fabric** (Textiles) / Druckstoff *m*, bedruckter Stoff, bedrucktes Gewebe ‖ ~ **form** (Paper) / Vordruck *m*, Formular *n*, Formblatt *n* ‖ ~ **item** (Print) / Druckerzeugnis *n*, Druck *m* ‖ ~ **line** (Comp) / Druckzeile *f*, gedruckte Zeile ‖ ~ **page** (Print) / Druckseite *f* ‖ ~ **patent leather** (Leather) / Lackleder *n* mit Pressnarben ‖ ~ **patent specification** (C-publication) / Patentschrift *f* ‖ ~ **record of duration and charges** (detailed billing) (Teleph) / Einzelgebührennachweis *m* ‖ ~ **sheet** (Print) / Druckbogen *m* ‖ ~ **wiring** (Elec Eng) / gedruckte Verdrahtung

**printer*** *n* (Comp) / Drucker *m* ‖ ~ (Comp) / Schreibwerk *n* (eines Textsystems) ‖ ~* (Photog) / Kopiermaschine *f*, Kopiergerät *n*, Printer *m* (für Massenkopien) ‖ ~ (Print) / Drucker *m* (DIN 9784-1) ‖ ~ (Textiles) / Druckstoff *m*, bedruckter Stoff, bedrucktes Gewebe ‖ ~ **buffer** (Comp) / Druckerpuffer *m* ‖ ~ **cable** (Comp) / Druckerkabel *n*, Druckeranschlusskabel *n* ‖ ~ **card** (Cinema) / Lichtkarte *f* (für die Korrektur während des Kopiervorgangs) ‖ ~ **carriage** (Comp) / Druckerwagen *m* ‖ ~ **carriage tape** (Comp) / Lochband *n* (zur Steuerung von Druckern), Vorschublochband *n*, Steuerlochband *n* ‖ ~ **character** (Print) / abdruckbares Zeichen, druckbares Zeichen, Druckerzeichen *n* ‖ ~ **connection cable** (Comp) / Druckerkabel *n*, Druckeranschlusskabel *n* ‖ ~ **control electronics** (Comp, Electronics) / Druckerelektronik *f* ‖ ~ **control unit** (Comp) / Steuereinheit *f* für den Drucker, Druckersteuereinheit *f*, Druckersteuerung *f* (Gerät) ‖ ~ **driver** (Comp) / Druckertreiber *m* (ein Übersetzungsprogramm, das die Druckbefehle in eine Sprache umsetzt, die der Drucker verstehen kann) ‖ ~ **electronics** (Comp, Electronics) / Druckerelektronik *f* ‖ ~ **electronics** (Comp, Electronics) / Druckerelektronik *f* ‖ ~ **file** (Comp) / Druckerdatei *f* ‖ ~ **font** (Comp) / Druckerfont *m* (im Drucker eingebaute Schriftarten) (interner Font) ‖ ~ **font** (Comp) / Schrift *f* auf dem Drucker ‖ ~ **font** (Comp) s.

**printer**
also screen font || **~ font ASCII format** (Comp) / PFA-Format *n* (PFA-Dateien enthalten Umrissbeschreibungen von PostScript-Fonts in hexadezimaler ASCII-Darstellung) || **~ font binary format** (Comp) / PFB-Format *n* (Format für PostScript-Fonts - PFB-Dateien enthalten die Fontdaten in Binärdarstellung) || **~ function key** (Comp) / Druckerfunktionstaste *f*
**printergram** *n* (Teleg) / über Telex(anschluss) aufgegebenes Telegramm
**printer-interface library** (Comp) / Druckerbibliothek *f*
**printer lights\*** (US) (Cinema) / Kopielichterskala *f* || **~ listing** (Comp) / Druckerprotokoll *n*, Schnelldruckerprotokoll *n* || **~ map** (Cartography) / Printerkarte *f* (eine mittels Zeilendrucker hergestellte Karte) || **~ output** (Comp) / Ausdruck *m* (Hardcopy)(pl. -e), Printout *n*, Protokoll *n* (gedrucktes), Druckerausgabe *f*, Druckausgabe *f*, Liste *f* (ausgedruckte), Auflistung *f* (gedruckte) || **~ paper** (Comp) / Druckerpapier *n*
**printer-plotter** *n* (Comp) / Printerplotter *m* (ein Drucker, der auch Diagramme und Zeichnungen ausgeben kann)
**printer ribbon** (Comp) / Druckerfarbband *n*
**printer-scanner** *n* (Comp) / Printerscanner *m*
**printer•'s devil** (Print) / Auszubildender *m* in der Druckindustrie || **~'s devil** (Print, Typog) / Setzerlehrling *m*, Laufjunge *m* (in einer Druckerei)
**printer's error** (Print) / Druckfehler *m*, Erratum *n* (pl. Errata)
**printer sharing** (Comp) / gemeinsame Benutzung eines Druckers || **~ silencer** (Comp) / Schallschluckhaube *f*, Schalldämmhaube *f* (für den Drucker) || **~'s imprint** (Print) / Druckvermerk *m*, Impressum *n* (pl. Impressen) (des Druckers)
**printer's ink** (Print) / Druckfarbe *f* (dünnflüssiges oder pastenförmiges Stoffgemisch zum Bedrucken von Papier, Karton usw.)
**printer•'s manuscript** (Print) / Druckmanuskript *n* || **~'s mark** (Print) / Druckermarke *f*, Druckerzeichen *n*, Buchdruckerzeichen *n* (zur Kennzeichnung der Drucke) || **~ spacing chart** (Comp) / Listenbildformular *n*
**printer's pie** (Typog) / Eierkuchen *m* (auseinander gefallener Satz)
**printer spooler** (Comp) / Druckerspooler *m* || **~'s reader** (Print) / Hauskorrektor *m* || **~'s reader** (Print) s. also proof-reader
**printer's supply** (Print) / Druckereibedarf *m*
**printer stand** (Comp) / Druckerständer *m* || **~ terminal** (Comp) / Druckerterminal *n*, Schreibstation *f*, Terminaldrucker *m*
**printery** *n* (US) (Print) / Druckereibetrieb *m* (als ganzes Unternehmen), Druckerei *f*
**print exclusion area** (Comp, Print) / druckfreies Feld, druckfreier Bereich, druckfreie Zone, nicht bedruckbare Fläche || **~ field** (Comp, Print) / Druckfeld *n* (als Flächenmaß), Druckzone *f* (eines Belegs) || **~ force** (Comp) / Anschlagstärke *f* (bei mechanischen Druckern) || **~ format** (Comp) / Druckbild *n*, Druckformat *n* || **~ generator** (Comp) / Printgenerator *m* || **~ hammer\*** (Comp) / Druckhammer *m*, Typenhammer *m*, Schreibhammer *m* || **~ head** (Comp) / Druckkopf *m* (eines Druckers) || **~ head** (of a thermal printer) (Comp) / Thermokopf *m* (eines Thermodruckers), Thermodruckkopf *m* (eines Thermotransferdruckers), Thermoleiste *f* (eines Thermotransferdruckers)
**print-head guide** (Comp) / Druckkopfführung *f* (bei Druckern)
**printing** *n* (Photog) / Kopieren *n* (Abziehen), Abziehen *n* || **~\*** (Print) / Druck *m* (Vorgang), Drucken *n*, Drucklegung *f*, Druckvorgang *m* || **~** (Print) / Eindruck *m*, Abdruck *m* (eines Zeichens), Spur *f* (auf dem Papier) || **~\*** (Print) / Drucktechnik *f* (nach DIN 16500 Druckformenherstellung + Drucken + Druckweiterverarbeitung), grafische Technologie || **~** (Textiles) / Stoffdruck *m* (als Tätigkeit), Zeugdruck *m*, Textildruck *m* || **~ aid** (Print) / Druckhilfsmittel *n* (als Zusatzmittel zur Druckfarbe) || **~ area** (Comp, Print) / Druckfeld *n* (als Flächenmaß), Druckzone *f* (eines Belegs) || **~ block** (Print) / Druckstock *m*, Klischee *n* || **~ capacity** (Print) / Druckleistung *f* (im Allgemeinen) || **~ capacity** (Print) s. also press output || **~ card punch** (Comp) / Schreiblocher *m* || **~ carrier** (Print) / Druckträger *m*, Bedruckstoff *m* (Träger des Druckes) || **~ contrast** (Print) / Druckkontrast *m* || **~ couple** (Print) / Druckwerk *n* (Funktionseinheit der Druckmaschine) || **~ down\*** (Print) / Belichten *n* der lichtempfindlichen Schicht || **~ forme** (Print) / Druckform *f*, Form *f* || **~ house** (Print) / Druckereibetrieb *m* (als ganzes Unternehmen), Druckerei *f* || **~ industry** (Print) / Druckindustrie *f*, grafisches Gewerbe || **~-ink\*** *n* (Print) / Druckfarbe *f* (dünnflüssiges oder pastenförmiges Stoffgemisch zum Bedrucken von Papier, Karton usw.)
**printing-ink additive** (Print) / Druckhilfsmittel *n* (als Zusatzmittel zur Druckfarbe)
**printing instructions** (Typog) / Satzanweisung *f* || **~ key** (Comp) / schreibende Taste || **~ keypunch** (Comp) / Schreiblocher *f* || **~ letter** (Print) / Druckbuchstabe *m*, Druckletter *f* || **~ machine** (Print) / Druckmaschine *f*, Druckpresse *f* || **~ medium** (medium on which the information is printed) (Print) / Druckmedium *n* || **~ nip** (Print) / Druckspalt *m* || **~ oil** (Print) / Drucköl *n* (ein Druckhilfsmittel) || **~ on**

**demand** (Print) / Drucken *n* nach Bedarf, Printing *n* on Demand (nach Ausführung der Korrekturen können beliebig viele Exemplare auf Werkdruckpapier mit dem Laserdrucker gedruckt werden), Druck *m* auf Nachfrage || **~-out paper\*** (Photog) / Auskopierpapier *n*, Tageslichtpapier *n* (z.B. Aristopapier) || **~ paper** (Paper) / Druckpapier *n* (als Gegensatz zu Schreibpapier) || **~ performance** (Print) / Druckleistung *f* (im Allgemeinen) || **~ plant** (Print) / Druckereibetrieb *m* (als ganzes Unternehmen), Druckerei *f* || **~ plant** (Print) / Druckanlage *f* || **~ plate** (Print) / Platte *f* (meistens Druckstockabformung), Druckplatte *f* || **~-press** *n* (Print) / Druckmaschine *f*, Druckpresse *f* || **~ quality** (Paper) / Bedruckbarkeit *f* (des Papiers, des Kartons) || **~ quality** (Print) / Druckqualität *f* || **~ reperforator** / druckender Empfangslocher || **~ speed** (Print) / Druckgeschwindigkeit *f*, Druckleistung *f* (z.B. in Zeilen/min), Schreibgeschwindigkeit *f* (des Druckers) || **~ surface** (Print) / Druckfläche *f* (die wirklich druckt) || **~ technology** (Print) / Drucktechnik *f* (nach DIN 16500 Druckformenherstellung + Drucken + Druckweiterverarbeitung), grafische Technologie || **~ telegraph** (Teleg) / Drucktelegraf *m* || **~ unit** (Print) / Druckwerk *n* (Funktionseinheit der Druckmaschine) || **~ vat dyestuff** (Textiles) / Druckküpenfarbstoff *m*
**print inhibit** (Comp) / Drucksperre *f* || **~ intensity** (Comp) / Anschlagstärke *f* (bei mechanischen Druckern) || **~ job** (Comp) / Druckjob *m*, Druckauftrag *m* (für den Drucker) || **~ key** (Comp) / schreibende Taste || **~ lay-down** (US) (Surv) / Luftbildmosaik *n*, Luftbildskizze *f*, Mosaik *n*, Fotomosaik *n* (Zusammenstellung der Aufnahmen einer Reihenmesskammer) || **~ line** (Comp) / Druckzeile *f*, gedruckte Zeile *f* || **~ line by line** (Comp, Print) / zeilenweise drucken || **~ matrix** (Comp) / Druckmatrix *f* || **~ media** / Printmedien *pl* (die im Druckverfahren hergestellten Medien)
**print-member** *n* (Comp) / Typenträger *m*, Druckglied *n*
**print menu\*** (Comp) / Druckmenü *n* || **~ message** (Comp) / Ausdruck-Meldung *f* || **~ on the bag** (Print) / Beutelaufdruck *m* (z.B. Verfallsdatum) || **~ out** *v* (Print) / drucken *v*, ausdrucken *v*, abdrucken *v*
**print-out\*** *n* (Comp) / Ausdruck *m* (Hardcopy)(pl. -e), Printout *n*, Protokoll *n* (gedrucktes), Druckerausgabe *f*, Druckausgabe *f*, Liste *f* (ausgedruckte), Auflistung *f* (gedruckte) || **~ format** (Comp) / Druckbild *n*, Druckformat *n*
**print page** (Print) / Druckseite *f* || **~ parameter** (Comp) / Druckparameter *m* || **~ pitch** (Comp) / Zeichenabstand *m*, Zeichenschritt *m* (in der Textverarbeitung, bei den Druckern) || **~ presenter** / Präsentationsmappe *f* || **~ preview** (Comp) / Seitenansicht *f* (Funktion zum Überprüfen des Seitenlayouts auf dem Bildschirm in Form einer verkleinerten Ganzseitendarstellung), Seitenvorschau *f* (zur Kontrolle) || **~ process** (Print) / Druckverfahren *n* (Hochdruck, Tiefdruck, Flachdruck), Druckvorgang *m* || **~ products** (Comp, Print) / Printprodukte *n* *pl* || **~ quality** (Print) / Druckqualität *f* || **~ rate** (Comp) / Druckgeschwindigkeit *f*, Druckleistung *f* (z.B. in Zeilen/min), Schreibgeschwindigkeit *f* (des Druckers) || **~ restore code** (Comp) / Druckwiederaufnahmekode *n* || **~ run** (Print) / Auflagendruck *m* (Fertigungsphase im Druckvorgang), Fortdruck *m*, Druckauflage *f* || **~ server** (Comp) / Druckserver *m* (der einen oder mehrere Drucker steuert), Controller *m* für Drucker || **~ services** (Comp) / Druckdienste *m pl* (Netzwerkdienst zur Freigabe und Verwaltung von Druckern) || **~ speed** (Comp) / Druckgeschwindigkeit *f*, Druckleistung *f* (z.B. in Zeilen/min), Schreibgeschwindigkeit *f* (des Druckers) || **~ spooler** (Comp) / Spoolprogramm *n* für die Druckausgabe || **~ station** (Comp) / Druckerterminal *n*, Schreibstation *f*, Terminaldrucker *m* || **~ storage** (Comp) / Druckspeicher *m* || **~ suppress** (Comp) / Schreibunterdrückung *f*, Druckunterbindung *f* || **~ suppression** (Comp) / Schreibunterdrückung *f*, Druckunterbindung *f* || **~-through\*** *n* (Comp) / Kopiereffekt *m*, Echoeffekt *m*, Kopierecho *n* || **~ version** (Comp, Print) / Printversion *f* (ein Druckwerk) || **~ washer** (Photog) / Bilderwäscher *m*
**printway optimization** (Comp) / Druckwegoptimierung *f*
**print-wheel** *n* (Comp) / Typenrad *n*, Schreibrad *n*
**print-works** *pl* (Textiles) / Kattundruckerei *f*
**print zone** (Comp, Print) / Druckfeld *n* (als Flächenmaß), Druckzone *f* (eines Belegs)
**prion proteins\*** (Biochem, Med) / Prionen *n pl* (von proteinaceous infectious particles abgeleitete Bezeichnung für infektiöse Eiweißpartikel von 4 - 6nm Durchmesser, die durch Substanzen, die Nucleinsäure angreifen, nicht inaktivierbar sind)
**prions** *pl* (Biochem, Med) / Prionen *n pl* (von proteinaceous infectious particles abgeleitete Bezeichnung für infektiöse Eiweißpartikel von 4 - 6nm Durchmesser, die durch Substanzen, die Nucleinsäure angreifen, nicht inaktivierbar sind)
**prior art** / Stand *m* der Technik (bei Prüfung der Neuheit) || **~ distribution** (Stats) / Apriori-Verteilung *f*

**prioritise** v (GB) / Prioritäten setzen, Prioritäten bestimmen, priorisieren v
**prioritize** v / Prioritäten setzen, Prioritäten bestimmen, priorisieren v
**priority** n / Priorität f (auch im Patentrecht) || ~ (Autos) / Vorfahrtsrecht n, Vorfahrt f || ~ (Autos, Comp) / Vorrang m || ~ (Comp) / Priorität f (der einer Partition zugewiesene Rang, der die zeitliche Inanspruchnahme von Verarbeitungszeit bestimmt) || ~ (Comp) / Priorität f (feste Zuordnung in der Hardware-Struktur einer Zentraleinheit), Vorrang m || ~ (Comp) / Wertigkeit f (beim Sortieren) || **lowest ~ level** (Comp) / niedrigste Prioritätsstufe f || ~ **acceptance** (Comp) / Prioritätsübernahme f || ~ **button** (Teleph) / Bevorrechtigungstaste f || ~ **call** (Teleph) / Vorranggespräch n, bevorrechtigtes Gespräch || ~ **caller** (Teleph) / bevorrechtigter Anrufer || ~ **change** (Comp) / Prioritätenwechsel m, Prioritätswechsel m || ~ **circuit** (Electronics) / Vorrangschaltung f (bei der ein Signal Vorrang vor allen anderen hat) || ~ **class** (in an interrupt level) (Comp, Teleph) / Prioritätsebene f (Unterteilung der Dringlichkeitsstufe 0) || ~ **control** (Comp) / Vorrangsteuerung f (z.B. bei Multiprogramming), Prioritätssteuerung f, Prioritätensteuerung f (welche die Verarbeitungsreihenfolge und damit die Geschwindigkeit regelt)
**priority-determining** adj / prioritätsbestimmend adj
**priority document** / Prioritätsbeleg m (bei Patentanmeldungen) || ~ **encoder** (Comp) / Prioritätskodierer m, Prioritätskodierer m || ~ **extension** (Teleph) / bevorrechtigte Nebenstelle f || ~ **file** (Comp) / vorrangige Datei || ~ **for oncoming traffic** (Autos) / Wartepflicht f bei Gegenverkehr (ein Verkehrszeichen) || ~ **indicator** (Comp) / Rangvermerk m, Vorrangvermerk m || ~ **indicator** (Comp) / Prioritätsanzeiger m, Vorranganzeiger m || ~ **interrupt** (Comp) / Unterbrechung f durch höhere Priorität || ~ **interrupt control unit** (Comp) / Prioritätssteuereinheit f für Unterbrechungen (zur Vereinfachung von unterbrechungsgesteuerten Mikrocomputersystemen), PSU (Prioritätssteuereinheit für Unterbrechungen) || ~ **job scheduling** (Comp) / Vorrang-Jobbearbeitung f, Vorrang-Jobbearbeitung f || ~ **level** (Comp) / Prioritätsebene f || ~ **level** (Comp) / Dringlichkeitsstufe f (eines Programms) || ~ **of communications** (Telecomm) / Rangfolge f der Sendungen
**priority-ordered** adj / nach Prioritäten geordnet
**priority-oriented demand assignment** (Comp) / PODA n (ein Netzzugangsverfahren)
**priority over oncoming traffic** (Autos) / Gegenverkehr m hat Haltepflicht (ein Verkehrszeichen), Vorrang m vor dem Gegenverkehr || ~ **over vehicles from opposite direction** (Autos) / Gegenverkehr m hat Haltepflicht (ein Verkehrszeichen), Vorrang m vor dem Gegenverkehr || ~ **prefix** (Comp) / Rangvermerk m, Vorrangvermerk m || ~ **processing** (Comp) / Verarbeitung f nach Prioritäten, Vorrangverarbeitung f, Prioritätsverarbeitung f || ~ **project** / vordringliches Projekt, Projekt n mit Priorität || ~ **register** (Comp) / Dringlichkeitsregister n, DRR (Dringlichkeitsregister) || ~ **road** (Autos) / Straße f erster Ordnung || ~ **road** (Autos) / Vorfahrtsstraße f (im Allgemeinen) || ~ **sign** (Autos) / Vorfahrtzeichen n, Vorfahrtszeichen n || ~ **status** (Comp) / Prioritätsstatus m || ~ **status register** (Comp) / Prioritätsstatusregister n || ~ **transfer** (Comp) / Prioritätsübernahme f
**prior probabilities** (Stats) / Apriori-Wahrscheinlichkeiten f pl || ~ **publication** / Vorveröffentlichung f (im Patentrecht) || ~ **release** (Comp) / Vorgängerversion f || ~ **softening** (Chem Eng) / Vorenthärtung f (des Wassers) || ~ **use** / Vorbenutzung f (vor der Anmeldung zum Patent)
**prise** v (Tools) / aufhebeln v, aufstemmen v || ~ **off** / abhebeln v
**prism*** n (Crystal) / Prisma n (pl. -men) (eine in allen Kristallsystemen vorkommende offene Form, die aus einer Folge sich in parallelen Kanten schneidenden Flächen besteht) || ~* (Maths) / Prisma n (pl. -men) (Körper, dessen Grundflächen zueinander parallel und kongruent sind) || ~* (optical) (Optics) / Prisma n (pl. -men) || ~ (Weaving) / Prisma n (pl. -men) (Aufbauteil für die Führung von Steuerkarten an Webmaschinen)
**prismane** n (Chem) / Ladenburg-Benzol n (nach A. Ladenburg, 1842-1911), Prisman n (Valenzisomeres des Benzols)
**prismatic*** adj / prismatisch adj, prismenförmig adj || ~ (Optics) / Beugungs- (Farbe)
**prismatical coefficient** (Ships) / prismatischer Koeffizient
**prismatic beam crushing strength** (Civ Eng) / Prismendruckfestigkeit f (Mörteldruckfestigkeit - Prüfkörper = 40 mm x 40 mm x 160 mm) || ~ **binoculars*** (Optics) / Prismenfeldstecher m, Prismenglas n (ein Prismenfernrohr für den Handgebrauch) || ~ **colours** (Light, Optics) / Beugungsfarben f pl || ~ **cut** (For) / Prismenschnitt m (Vorschnitt mit zwei parallelen Schnittflächen), Modellschnitt m, Kantschnitt m || ~ **eyepiece** (Optics) / Okularprisma n || ~ **guides** (Eng) / Prismenführung f || ~ **guideways** (Eng) / Prismenführung f || ~ **jump** (Optics) / Bildsprung m (bei Mehrstärkengläsern) || ~ **lens** (Optics) /

Prismenglas n || ~ **spectrum*** (Optics, Spectr) / Dispersionsspektrum n || ~ **telescope** (Optics) / Prismenfernrohr n
**prismatoid** n (a polyhedron of which two faces are polygons in parallel planes and the other faces are triangles or trapezoids with one side common with one base and the opposite vertex or side common with the other base) (Maths) / Prismatoid n (Körper mit geradlinigen Kanten, beliebigen Begrenzungsflächen und zwei parallelen Grundflächen, auf denen sämtliche Ecken liegen), Prismoid n
**prism binoculars** (Optics) / Prismenfeldstecher m, Prismenglas n (ein Prismenfernrohr für den Handgebrauch) || ~ **monocular** (Optics) / monokularer Prismenfeldstecher
**prismoid*** n (Maths) / Prismatoid n (ein Vielflach, das begrenzt ist von zwei beliebigen, in parallelen Ebenen liegenden Vielecken, und außerdem von lauter Dreiecken, von denen jedes mit dem einen Vieleck eine Seite, mit dem anderen eine Ecke gemein hat), Prismoid n, Trapezoidalkörper m
**prism spectrograph** (Spectr) / Prismenspektrograf m || ~ **spectrometer** (Spectr) / Prismenspektrometer n || ~ **spectroscope** (Spectr) / Prismenspektroskop n
**pristane** n (Chem) / Pristan n (Norphytan)
**pristanic acid** (Agric, Chem) / Pristansäure f
**pristine** adj (Autos) / tadellos (Zustand des Wagens), Top- (Zustand des Wagens) || ~ **condition** / tadelloser Zustand || ~ **fibre** (Glass) / jungfräuliche Glasfaser
**privacy** n (Comp) / Privatsphäre f, Intimsphäre f || ~* (Comp) / Schutz m der Privatsphäre, Schutz m der Intimsphäre (von Personen) || ~ (Teleph) / Abhörsicherheit f || ~ **Enhanced Mail** / Privacy Enhanced Mail f (ein Datensicherungsverfahren für E-Mail im Internet), PEM (Privacy Enhanced Mail) || ~ **lock** (Comp) / Zugriffssperre f || ~ **protection** (Comp) / Schutz m der Privatsphäre, Schutz m der Intimsphäre (von Personen) || ~ **system** (Comp, Telecomm) / Geheimhaltungssystem n (der übergeordnete Begriff für Chiffrier- und Kodesystem) || ~ **system*** (Teleph) / Geheimsystem n
**private** adj / Privat-, privat adj || ~ **access** (Comp) / Privatanfahrt f, Privatfahrstraße f, Privateinfahrt f, Gebäudezufahrt f (private) || ~ **automatic branch exchange*** (Teleph) / Wählnebenstellenanlage f || ~ **automatic exchange*** (GB) (Teleph) / Haus-Nebenstellenanlage f mit Wählbetrieb, Hausvermittlung f (mit Selbstwählbetrieb ohne Amtsanschluss) || ~ **branch exchange*** (Teleph) / Nebenstellenanlage f, Teilnehmerzentrale f, private Vermittlungsanlage, Teilnehmervermittlungsanlage f (S), Hauszentrale f, Nebenstellenzentrale f, Haustelefonanlage f, Telefonvermittlungsanlage f (in der Schweiz), TVA (Telefonvermittlungsanlage in der Schweiz) || ~ **brand** / Hausmarke f (einer Einzelhandelsfirma) || ~ **communication system** (Telecomm) / privates Kommunikationssystem || ~ **connexion box** (GB) (Elec Eng) / Hausanschlusskasten m (Übergabestelle für elektrische Energie innerhalb der Anlage des Stromabnehmers) || ~ **digital exchange** (Teleph) / digitale Nebenstellenanlage f || ~ **file** (Comp) / private Datei, Privatdatei f || ~ **key** (one of the two keys involved in public key encryption) (Comp) / privater Schlüssel (symmetrisches Verfahren in der Kryptografie)
**private-key cryptography** (Comp) / Private-Key-Kryptografie f || ~ **encryption** (Comp) / Private-Key-Kryptografie f || ~ **system** (Comp) / Private-Key-Verfahren n (mit nur einem Schlüssel zur Verschlüsselung und Entschlüsselung, symmetrisches Verfahren (ein kryptografisches Verfahren zur Verschlüsselung und Entschlüsselung)
**private library** (Comp) / private Bibliothek, Privatbibliothek f (eine benutzereigene separate Bibliothek, die von der Systembibliothek getrennt ist) || ~ **line** (Comp, Telecomm) / Mietleitung f, angemietete Leitung || ~ **line** (Telecomm) / private Leitung
**privately operated television** (for minorities and pressure groups) (TV) / Privatfernsehen n (kein Gegensatz zu öffentlich-rechtlich)
**private management domain** (Telecomm) / privater Versorgungsbereich, PRMD (privater Versorgungsbereich) || ~ **manual branch exchange*** (Teleph) / Nebenstellenanlage f für Handbetrieb || ~ **manual exchange*** (Teleph) / teilnehmereigene Fernsprechhandvermittlung || ~ **mobile radio** (Radio) / nichtöffentlicher beweglicher (mobiler) Landfunk, privater Mobilfunk (für bewegliche Landfunkdienste) || ~ **network** (Comp) / Privatnetz n || ~ **partition** (Comp) / privater Bereich (auf einer von mehreren Teilnehmern genutzten Platte) || ~ **pilot** (Aero) / Privatluftfahrzeugführer m, Privatflugzeugführer m, Privatpilot m || ~ **pilot licence** (Aero) / Luftfahrerschein m für Privatflugzeugführer || ~ **railway** (Rail) / Privatbahn f || ~ **second-level directory** (Comp) / privates Verzeichnis zweiter Ordnung (eine Tabelle im Supervisor, welche die höchsten Phasennamen der zugehörigen Verzeichnisspuren der privaten Bibliothek für Lademodulen enthält) || ~ **siding** (Rail) / Gleisanschluss m (privater - eines Industriebetriebs, einer Zeche), Privatgleisanschluss m, Industriegleisanschluss m || ~ **siding** (Rail) / Anschlussbahn f

**private**

(Eisenbahn des nichtöffentlichen Verkehrs), Privatgleisanschluss *m* ‖ **~ use** / privater Gebrauch, private Benutzung, private Anwendung
**private-vehicle traffic** (Autos) / Individualverkehr *m*
**private volume** (Comp) / Plattenspeicher, den nur ein bestimmter Teilnehmer benutzen darf (in einem Time-Sharing-System) ‖ **~ volume** (Comp) / privater Datenträger ‖ **~ wire** (circuit) (Comp, Telecomm) / Mietleitung *f*, angemietete Leitung ‖ **~ wire** (Teleph) / c-Ader *f*
**privatization** *n* / Privatisierung *f* (z.B. im ehemaligen kommunistischen Machtbereich)
**privileged** *adj* (Comp) / privilegiert *adj* (Daten, Befehl, Modus) ‖ **~ instruction** (Comp) / privilegierte Instruktion, privilegierter Befehl ‖ **~ mode** (Comp) / privilegierter Modus
**prize** *v* (US) (Tools) / aufhebeln *v*, aufstemmen *v* ‖ **~ competition** / Preisausschreiben *n* ‖ **~ contest** / Preisausschreiben *n*
**PRKG** (parking area) (Aero) / Abstellfläche *f*
**PRL** (prolactin) (Biochem, Physiol) / Prolaktin *n*, Prolactin *n*, PRL (Prolactin), luteotropes Hormon, Luteotropin *n*, Mammahormon *n*, Mammotropin *n*, luteomammotropes Hormon, LTH (luteomammotropes Hormon) (Laktationshormon des Hypophysenvorderlappens) ‖ **~** (presentation layer) (Comp, Telecomm) / Darstellungsschicht *f* (im OSI-Referenzmodell), Präsentationsschicht *f*, Anpassungsschicht *f* (Schicht 6 im OSI-Referenzmodell)
**PRMD** (private management domain) (Telecomm) / privater Versorgungsbereich, PRMD (privater Versorgungsbereich)
**Pro** (proline) (Biochem) / Prolin *n* (eine wichtige Eiweißaminosäure), Pro (Prolin) ‖ **~** *n* (professional) / Fachmann *m* (Profi), Profi *m* ‖ **in ~** (Print) / maßstabsgetreu *adj* (verkleinern, vergrößern)
**proazulene** *n* (Chem) / Azulenbildner *m*, Proazulen *n* (eine Verbindung, die sich in Azulenderivate umwandelt)
**probabilistic** *adj* (Maths, Stats) / probabilistisch *adj*, wahrscheinlichkeitstheoretisch *adj* ‖ **~ automaton** (Comp) / stochastischer Automat ‖ **~ inference** (AI) / probabilistisches (unsicheres) Schließen (mit Unsicherheiten, die zumeist durch die Berechnung von Wahrscheinlichkeiten modelliert werden) ‖ **~ logic** / probabilistische Logik ‖ **~ model** (AI) / probabilistisches Modell ‖ **~ reasoning** (AI) / probabilistisches (unsicheres) Schließen (mit Unsicherheiten, die zumeist durch die Berechnung von Wahrscheinlichkeiten modelliert werden) ‖ **~ risk assessment*** (Nuc Eng) / probabilistische Risikoanalyse
**probability** *n* (Maths, Stats) / Wahrscheinlichkeit *f* ‖ **~ algebra** (Maths, Stats) / Wahrscheinlichkeitsalgebra *f* ‖ **~ calculus** (Maths, Stats) / Wahrscheinlichkeitsrechnung *f* ‖ **~ density*** (Maths, Stats) / Wahrscheinlichkeitsdichte *f*, Verteilungsdichte *f*, Dichtefunktion *f* ‖ **~ density function** (Maths, Stats) / Wahrscheinlichkeitsdichte *f*, Verteilungsdichte *f*, Dichtefunktion *f* ‖ **~ density of failures** (Stats) / Wahrscheinlichkeitsdichte der Ausfälle (in der Zuverlässigkeitstheorie) ‖ **~ distribution** (Stats) / Wahrscheinlichkeitsverteilung *f* (einer zufälligen Variablen) ‖ **~ distribution of a particle** (Nuc) / Aufenthaltswahrscheinlichkeit *f* (für das Auffinden eines Teilchens innerhalb eines gegebenen Volumenelements) ‖ **~ limits** (Stats) / Wahrscheinlichkeitsgrenzen *f pl* (Ober- und Untergrenze, die einem geschätzten Wert zugeordnet wird) ‖ **~ measure** (Stats) / Wahrscheinlichkeitsmaß *n* ‖ **~ of acceptance** (Stats) / Annahmewahrscheinlichkeit *f* (bei der Qualitätskontrolle) ‖ **~ of decay** (Nuc) / Zerfallswahrscheinlichkeit *f* ‖ **~ of disintegration** (Nuc) / Zerfallswahrscheinlichkeit *f* ‖ **~ of failure** / Ausfallwahrscheinlichkeit *f* (DIN ISO 281) ‖ **~ of intercept** (Radar) / Ortbarkeit *f* ‖ **~ of loss** (Comp) / Verlustwahrscheinlichkeit *f* (Wahrscheinlichkeit, dass eine eintreffende Anforderung weder bedient noch gespeichert werden kann, da das System momentan blockiert ist) ‖ **~ of occurrence** (Stats) / Eintrittswahrscheinlichkeit *f* (eines Ereignisses) ‖ **~ of overflow** (Comp) / Verlustwahrscheinlichkeit *f* (Wahrscheinlichkeit, dass eine eintreffende Anforderung weder bedient noch gespeichert werden kann, da das System momentan blockiert ist) ‖ **~ of rejection** (Stats) / Rückweisewahrscheinlichkeit *f* (bei der Qualitätskontrolle) ‖ **~ of waiting** (Comp) / Wartewahrscheinlichkeit *f* (dass eine eintreffende Anforderung warten muss) ‖ **~ paper** (Paper, Stats) / Wahrscheinlichkeitspapier *n* (ein mathematisches Papier), Wahrscheinlichkeitsnetz *n* (ein orthogonales Koordinatennetz) ‖ **~ sample** (Stats) / Wahrscheinlichkeitsstichprobe *f* ‖ **~ space** (Stats) / Wahrscheinlichkeitsraum *m* ‖ **~ theory** (Maths, Stats) / Wahrscheinlichkeitsrechnung *f*
**probable** *adj* (Maths, Stats) / wahrscheinlich *adj* ‖ **~ deviation** (Stats) / wahrscheinlicher Fehler (der Zufallsfehler, dessen Wahrscheinlichkeit genau 0,5 ist) ‖ **~ error** (Stats) / wahrscheinlicher Fehler (der Zufallsfehler, dessen Wahrscheinlichkeit genau 0,5 ist) ‖ **~ ore*** (Mining) / teilweise vorgerichtetes Erz (an zwei oder drei Seiten des Abbaublocks) ‖ **~ ore reserves** (Mining) / wahrscheinliches Erz, wahrscheinliche Vorräte an Erz, wahrscheinlich vorhandenes Erz ‖ **~ position** (Ships) / wahrscheinlicher Standort ‖ **~ reserves** (contained in probably oil-bearing parts adjacent to proven-oil-bearing areas, or additional reserves that are likely to be obtained if secondary recovery is applied) (Mining, Oils) / wahrscheinliche Reserven, vermutliche Vorräte, vermutete Vorräte
**probe** *v* / mit Sonde(n) untersuchen, sondieren *v* ‖ **~** / abtasten *v* (z.B. mit Prüfspitze oder Sonde) ‖ **~** (Geol) / sondieren *v* ‖ **~** *n* (an unmanned exploratory spacecraft designed to transmit information about the environment) / Forschungsrakete *f* ‖ **~*** (Acous) / Sonde *f* ‖ **~** (Automation) / Sensor *m* (ein Messfühler als erstes Glied einer Messkette), Messgrößenfühler *m*, Aufnehmer *m* ‖ **~** (Electronics) / Tastkopf *m* (eines Oszilloskops) ‖ **~*** (Electronics) / Koppelstift *m* (bei Wellenleitern) ‖ **~*** (Electronics, Geol, Mining, Space) / Sonde *f* ‖ **~** (Eng) / Taster *m* (des Messgerätes, der die Oberfläche des Prüfstückes während des Messvorgangs berührt) ‖ **~*** (Eng) / Sonde *f* ‖ **~*** (Space) / Raumsonde *f* (ein unbemannter Raumflugkörper für den interplanetaren Flug) ‖ **~*** (Space) / Eintauchsonde *f* ‖ **~*** (Space) s. also planetary probe
**pro-beam lighting** (Autos, Light) / Mitstrahlbeleuchtung *f* (eine Tunnelbeleuchtung)
**probe assembly** (Space) / Ankopplungsmechanismus *m* ‖ **~ card** (Electronics) / Nadelkarte *f* (mit Prüfspitzen zur Kontaktierung eines Chips auf einer Halbleiterscheibe) ‖ **~ card** (Electronics) / Prüfkarte *f* (zum Kontaktieren von Schaltungsstrukturen) ‖ **~ coil** (Elec Eng) / Testspule *f* (eine kleine Spule oder ein Spulenaufbau, die/der auf oder nahe der Oberfläche des Testobjektes platziert wird) ‖ **~ coil** (Elec Eng) s. also ID coil
**probing** *n* (Comp) / Hacken *n* (Tätigkeit des Hackers, um gezielt auf Schwachstellen hinzuweisen)
**probiotic** *adj* (Bacteriol, Nut) / probiotisch *adj* (speziell gezüchtete, als gesundheitsfördernd geltende Bakterienkulturen enthaltend - ein Lebensmittel, z.B. Joghurt)
**probit** *n* (Pharm, Stats) / Probit *n* ‖ **~ analysis** (Pharm, Stats) / Probit-Analyse *f* (ein statistisches Analyseverfahren in Pharmakologie und Toxikologie)
**problem** *n* / Problem *n* (Problemstellung) ‖ **~** (Maths) / Aufgabe *f* ‖ **~ analysis** (AI, Comp) / Problemanalyse *f* (Istanalyse + Sollkonzeptentwicklung + Durchführbarkeitsstudie + Projektplanung) ‖ **~ class** (AI) / Problemklasse *f*
**problem-defining language** (Comp) / Problembeschreibungssprache *f*
**problem definition** (AI, Comp) / Problembeschreibung *f*, Problemdefinition *f* ‖ **~ definition** (Comp, Maths) / Aufgabenstellung *f*, Problemstellung *f* ‖ **~ description** (AI, Comp) / Problembeschreibung *f*, Problemdefinition *f* ‖ **~ description** (Comp) / Problemtext *m* (Inhalt einer Problemmeldung) ‖ **~ environment** (AI) / Problemumgebung *f* ‖ **~ evaluation** (AI) / Problemabschätzung *f*
**problem-independent** *adj* / problemunabhängig *adj*
**problem knowledge** (AI) / Problemwissen *n* ‖ **~ maze** (AI) / Problemlabyrinth *n* ‖ **~ of Apollonius** (Maths) / apollonisches Berührungsproblem (die Aufgabe, alle Kreise zu konstruieren, die drei gegebene Kreise von innen oder außen /bzw. drei Punkte oder Geraden als deren Entartungen/ berühren), Taktionsproblem *n* (apollonisches Problem), apollonische Berührungsaufgabe ‖ **~ of Bolza** (Maths) / Bolza-Problem *n* ‖ **~ of eight queens** (Maths) / Achtköniginnenproblem *n* (im Schachspiel) ‖ **~ of moments** (Maths) / Momentenproblem *n* ‖ **~ of Plateau** (Maths) / Plateau-Problem *n* (nach J.A.F. Plateau, 1801-1883) ‖ **~-orientated language** (Comp) / problemorientierte Programmiersprache (eine höhere Programmiersprache)
**problem-oriented language** (Comp) / problemorientierte Programmiersprache (eine höhere Programmiersprache)
**problem program** (Comp) / Problemprogramm *n* (das ausgeführt wird, wenn sich die Zentraleinheit im Problemstatus befindet) ‖ **~ reduction** (AI) / Problemreduktion *f* ‖ **~ reduction tree** (AI) / Problemreduktionsbaum *m*, Problemzerlegungsbaum *m* ‖ **~ report** (Comp) / Problemmeldung *f* ‖ **~ representation** (AI, Comp) / Problemdarstellung *f*, Problemrepräsentation *f*
**problems analyst** / Problemanalytiker *m*
**problem solver** (AI) / Problemlöser *m*
**problem-solving** *n* (AI) / Problemlösen *n* (ein Teilgebiet der Künstlichen Intelligenz), Problemlösung *f* ‖ **~ language** (AI, Comp) / Problemlösungssprache *f*
**problem space** (AI) / Problemraum *n*
**problem-specification language** (Comp) / Problembeschreibungssprache *f*
**problem variable** (AI) / Problemvariable *f* ‖ **~ waste** (Ecol) / Problemmüll *m* (schadstoffhaltiger Müll), Problemabfälle *m pl*
**procaine*** *n* (Pharm) / Prokain *n* (4-Aminobenzoesäureester des 2-Diethylaminoethanols), Procain *n* ‖ **~ base** (Pharm) / Prokain *n* (4-Aminobenzoesäureester des 2-Diethylaminoethanols), Procain *n*

|| ~ **hydrochloride** (Pharm) / Prokainhydrochlorid n, Procainhydrochlorid n
**procambium**\* n (Bot, For) / Prokambium n (um das Mark liegender Ringmantel meristematischer Zellen)
**procaryote**\* n (Biochem, Cyt, Nut, Pharm) / Prokaryont m (pl. -en), Prokaryot m (-en) (meist einzelliger Organismus ohne echten Zellkern)
**procedural** adj / prozedural adj, verfahrensmäßig adj || ~ **attachment** (Comp) / prozedurale Anknüpfung (Anbindung von Prozeduren in einer nicht prozeduralen Umgebung) || ~ **control** (Aero) / Flugverkehrsleitung f ohne Radar (S), Flugverkehrskontrolle f ohne Radar
**procedurality** n (Comp) / Prozeduralität f
**procedural knowledge** (AI) / prozedurales Wissen, Verfahrenswissen n || ~ **language** (Comp) / prozedurale Sprache || ~ **rules** / Verfahrensvorschriften f pl || ~ **semantics** (AI) / prozedurale Semantik
**procedure** n / Prozess m (DIN 66201, T 1) || ~ / Technik f (als praktisches Verfahren), Verfahren n, Methode f || ~ (Aero) / Verfahren n || ~ (-en) / Prozedur f (vom Betriebssystem einer DV-Maschine gesteuerter Ablauf oder gesteuerte Operation) || ~ **body** (Comp) / Prozedurrumpf m (eine Folge von Deklarationen und Anweisungen) || ~ **call** (Comp) / Prozeduraufruf m || ~ **division** (COBOL) (Comp) / Prozedurteil m (der die anzuführenden Operationen angibt) || ~ **file** (Comp) / Prozedurdatei f || ~ **heading** (Comp) / Prozedurkopf m (Schlüsselwort + Bezeichner + eine Liste formaler Parameter) || ~ **interface** (Comp) / Prozedurschnittstelle f
**procedure-orientated language** (Comp) / verfahrensorientierte Programmiersprache
**procedure-oriented language** (Comp) / verfahrensorientierte Programmiersprache || ~ **language** (Comp) / prozedurale Sprache
**procedure turn** (Aero) / Verfahrenskurve f
**proceed** v / verfahren v (vorgehen) || ~ (Comp) / ablaufen v
**proceeds** pl / Erlös m
**proceed-to-dial** n (Teleph) / Wählaufforderung f
**proceed-to-select condition** (Comp, Teleph) / Wählbereitschaft f || ~ **signal** (Teleph) / Wahlaufforderungszeichen n, Wahlabrufzeichen n
**proceed-to-send signal** (Telecomm) / Amtszeichen n
**process** v / verarbeiten v || ~ / bearbeiten v, behandeln v || ~ / veredeln v (Rohstoffe und Halbfabrikate weiterverarbeiten) || ~ (Comp) / abarbeiten v (einen Befehl) || ~ (For) / aufarbeiten v || ~ n / Ablauf m (eines Vorgangs, Bearbeitungsprozesses), Verlauf m (eines Prozesses) || ~ / Prozess m (DIN 66201, T 1) || ~ / Technik f (als praktisches Verfahren), Verfahren n, Methode f || ~ / Vorgang m || ~ (Chem Eng) / Verfahren n, Prozess m
**processability** n / Verarbeitbarkeit f, Verarbeitungsfähigkeit f, Bearbeitbarkeit f
**processable** adj / verarbeitbar adj, verarbeitungsfähig adj, bearbeitbar adj
**process analysis** (Chem Eng) / Prozessanalyse f || ~ **and Experiment Automation Real-Time Language** (Comp) / PEARL n (eine Programmiersprache zur Lösung von Aufgaben im Realzeitbetrieb nach DIN 66 253) || ~ **annealing**\* (Eng, Met) / Zwischenglühen n (ein Rekristallisationsglühen zwischen zwei Bearbeitungs- oder Behandlungsstufen - bei Draht, Blech und Knetlegierungen) || ~ **automation** / Prozessautomatisierung f
**process-bound** adj (Automation) / prozessabhängig adj
**process camera**\* (Print) / Reprokamera f (Fotoapparat, speziell für Aufnahmen von Vorlagen und Gegenständen mit geringer Tiefenausdehnung, deren bildliche Wiedergabe über ein Druckverfahren vervielfältigt werden soll), Reproduktionskamera f (vertikale, horizontale) || ~ **chart**\* (Eng) / Arbeitsablaufdiagramm n, Fertigungsdurchlaufplan m, Arbeitsablaufdarstellung f || ~ **chromatography** (Chem) / Prozesschromatografie f (Chromatografie, eingesetzt für die Überwachung, Steuerung oder Regelung chemischer Prozesse)
**process-coated paper** (Paper) / maschinengestrichenes Papier (DIN 6730), In der Maschine gestrichenes Papier
**process communication** (Comp) / Prozesskommunikation f, Interprozesskommunikation f || ~ **compressor** (Eng) / Prozessverdichter m || ~ **computer** (Comp) / Prozessleitrechner m, Prozessrechner m || ~ **control** (Automation, Eng) / Prozessleitung f, Prozesssteuerung f (im Allgemeinen) || ~ **control**\* (Automation, Comp, Eng) / Fertigungssteuerung f (Veranlassen, Überwachen und Sichern der Durchführung von Fertigungsaufgaben hinsichtlich Bedarf, Qualität, Kosten und Arbeitsbedingungen) || ~ **control** (Comp) / Prozesssteuerung f (mit Hilfe von Rechnern), rechnergestützte Prozessleitung (DIN 66 201-1)
**process-control computer** (dedicated) (Comp) / Prozessleitrechner m, Prozessrechner m
**process controller** (Comp) / Prozessleitrechner m, Prozessrechner m || ~ **control system** (Comp) / Prozessleitsystem n, PLS (Prozessleitsystem) || ~ **coupling** (Eng, Work Study) / Prozesskopplung f || ~ **data** (Comp) / Prozessdaten pl (DIN 66201, T 1) || ~ **data base** (Comp) / Prozessdatenbank f (zur Speicherung der Prozessdaten) || ~ **data processing** (Comp) / Prozessdatenverarbeitung f, PDV (Prozessdatenverarbeitung) || ~ **dataway** (Comp) / Proway m, PDV-Bus m (DIN 19241), Prozessdatenbus m
**process-dependent** adj (Automation) / prozessabhängig adj
**process description** / Prozessbeschreibung f || ~ **design** / Verfahrensauslegung f, Prozessauslegung f || ~ **design** (Chem Eng) / Process Design n (Planung verfahrenstechnischer Anlagen) || ~ **design** s. also process engineering || ~ **diagram** (Work Study) / Prozessablaufdiagramm n
**processed cheese** (Nut) / Schmelzkäse m || ~ **food(s)** (Nut) / verarbeitete(s) Lebensmittel (meistens industriell), industriell bearbeitete(s) Lebensmittel, Fertiglebensmittel n pl || ~ **pulp** (Paper) / Edelzellstoff m
**process engineering** / Prozesstechnik f (DIN 66 201) || ~ **engineering** (Chem Eng) / Verfahrenstechnik f (ein Teilgebiet der industriellen Produktionstechnik - biologische, chemische, mechanische, thermische) || ~**-engraving**\* n (Print) / Chemigrafie f || ~ **equation** / Prozessgleichung f || ~ **equipment construction** (Eng) / Apparatebau m || ~ **factor** (Nuc Eng) / Anreicherungsfaktor m (Kurzzeichen q), Anreicherung f (prozentuale) || ~ **firing** / Prozessfeuerung f (mit direktem Kontakt von Feuerungsgasen und dem thermisch zu behandelnden Gas) || ~ **flavour(ing)** (Nut) / Reaktionsaroma n (ein Lebensmittelaroma)
**process-flexible automaton** (Eng) / prozessflexibler Automat
**process flow sheet** (Eng) / Arbeitsablaufdiagramm n, Fertigungsdurchlaufplan m, Arbeitsablaufdarstellung f || ~ **fluid** / Arbeitsmedium n || ~ **furnace** / Prozessofen m || ~ **gain** (Teleph) / Prozessgewinn m (das Verhältnis der Bandbreite des übertragenen gespreizten Signals zur ursprünglichen Bandbreite des Signals - in Dezibel angegeben), Spreizgewinn m, Processing Gain m || ~ **gas** (Chem Eng) / Prozessgas n, Betriebsgas n || ~ **gas** (in a compressor) (Eng) / Verdichtermedium n || ~ **heat** (Heat) / Prozesswärme f || ~ **heating** (Heat) / Prozessheizung f (Heizung für verfahrenstechnische Zwecke) || ~ **heat reactor** (Heat) / Prozesswärmereaktor m
**processibility** n / Verarbeitbarkeit f, Verarbeitungsfähigkeit f, Bearbeitbarkeit f
**processible** adj / verarbeitbar adj, verarbeitungsfähig adj, bearbeitbar adj
**process identification** (Comp) / Prozesserkennung f (Ermittlung der Struktur eines Prozesses und der Wirkungszusammenhänge zwischen seinen Zustandsgrößen - DIN 66201, T 1)
**processing** n / Bearbeitung f, Behandlung f || ~ / Veredelung f (von Rohstoffen und Halbfabrikaten), Veredlung f || ~ / Verarbeitung f (Vorgang) || ~ (inward) / Veredelungsverkehr m (im Außenhandel) (aktiver) || ~ (Biochem) / Processing n (Veränderungen von neu gebildeten RNS- und bestimmten Proteinmolekülen) || ~\* (Photog) / Bearbeitung f im Kopierwerk || ~ adj / verfahrenstechnisch adj || ~ **agent** (Spinning, Textiles, Weaving) / Präparationsmittel n (ein Textilhilfsmittel) || ~ **aid** (Eng) / Verarbeitungshilfsmittel n, Verarbeitungsadditiv n, technischer Hilfsstoff, Verarbeitungshilfsstoff m, Verarbeitungshilfe f (die im Endprodukt nicht mehr vorhanden ist oder dort keine Wirkung mehr hat) || ~ **aid** (Spinning, Textiles, Weaving) / Präparationsmittel n (ein Textilhilfsmittel) || ~ **centre** (Comp) / Datenverarbeitungszentrum n, DV-Zentrum n, Rechenzentrum n || ~ **conditions** (Work Study) / Herstellungsbedingungen f pl, Fertigungsbedingungen f pl || ~ **data** (Comp) / Datenverarbeitung f, Informationsverarbeitung f || ~ **gain** (Teleph) / Prozessgewinn m (das Verhältnis der Bandbreite des übertragenen gespreizten Signals zur ursprünglichen Bandbreite des Signals - in Dezibel angegeben), Spreizgewinn m, Processing Gain m || ~ **industry** / Verarbeitungsindustrie f || ~ **jobber** (Textiles) / Lohnveredler m || ~ **lubricant** (Spinning) / Präparationsöl n || ~ **object** (Comp) / Verarbeitungsobjekt n || ~ **of cargo** / Frachtbehandlung f || ~ **of geometric data** (Comp) / Geometrieverarbeitung f (z.B. bei CAD) || ~ **oil** / Verarbeitungsöl n || ~ **oil** (Chem Eng) / Weichmacheröl n || ~ **overlap** / Verarbeitungsüberlappung f || ~ **plant** / Verarbeitungsanlage f || ~ **power** (Comp) / Verarbeitungsleistung f (Eigenschaft eines Rechnersystems) || ~ **program** (Comp) / Verarbeitungsprogramm n || ~ **routes**\* (Min Proc) / Aufbereitungsverfahren n pl (mechanische, chemische, elektrostatische) || ~ **site** (For) / Aufarbeitungsplatz m, Ausformungsplatz m || ~ **speed** (Comp) / Verarbeitungsgeschwindigkeit f (Instruktionen pro Zeiteinheit) || ~ **stage** / Verfahrensstufe f || ~ **temperature** / Verarbeitungstemperatur f || ~ **unit** (Comp) / Processor m, Prozessor m (in Von-Neumann-Rechnern der Rechnerkern) || ~ **unit** (Comp) / Zentralrecheneinheit f, Zentraleinheit f (eines Digitalrechners), CPU, ZRE (Zentralrecheneinheit), ZE (Zentralrecheneinheit) || ~ **yard** (For) / Aufarbeitungsplatz m, Ausformungsplatz m

**process in one-hour**

**process in one-hour cycle** (Work Study) / im Stundentakt verarbeiten || ~ **inspection** (Chem Eng) / Fertigungsüberwachung $f$ || ~ **interfacing** (Comp) / Prozesskopplung $f$ (direkte, geschlossene, indirekte, offene - DIN 66201)
**processional moth** (For, Zool) / Prozessionsspinner $m$ (Thaumetopoea sp. L.)
**processionary moth** (For, Zool) / Prozessionsspinner $m$ (Thaumetopoea sp. L.)
**procession moth** (For, Zool) / Prozessionsspinner $m$ (Thaumetopoea sp. L.)
**process I/O unit** (Comp) / Prozesseinheit $f$, PE || ~ **link** (Print) / Skalendruckfarbe $f$ (hochlasierende Druckfarbe, speziell für den Mehrfarbendruck) || ~ **management** (Work Study) / Prozessverwaltung $f$ || ~ **measuring and control technology** (Automation) / Mess-, Steuerungs- und Regeltechnik $f$, MSR-Technik $f$, Leittechnik $f$ || ~ **medium** (in a compressor) (Eng) / Verdichtermedium $n$ || ~ **metallurgy\*** (Met) / Prozessmetallurgie $f$, Metallurgie $f$ der Metallgewinnungsverfahren, metallurgische Verfahrenstechnik, Metallgewinnung und Metallscheidung $f$ || ~ **metallurgy\*** (Met) s. also extractive metallurgy || ~ **model** (AI, Comp) / Prozessmodell $n$ (Beschreibung oder Nachbildung eines Prozesses aufgrund des Ergebnisses einer Prozesserkennung) || ~ **monitoring** (Automation) / Prozessüberwachung $f$ || ~ **of finite moving averages** (Stats) / Prozess $m$ der endlichen gleitenden Mittel || ~ **of vision** (Optics, Physiol) / Sehprozess $m$ (Wahrnehmung visueller Reize) || ~ **oil** / Verfahrensöl $n$, Prozessöl $n$ || ~ **optimization** / Verfahrensoptimierung $f$, Prozessoptimierung $f$
**processor\*** $n$ (Comp) / Processor $m$, Prozessor $m$ (in Von-Neumann-Rechnern der Rechnerkern) || ~ **allocation** (the measure of the amount of processor resource that is available to a process) (Comp) / Prozessorvergabe $f$, Prozessorzuteilung $f$ || ~ **architecture** (Comp) / Prozessorarchitektur $f$ || ~ **assignment** (Comp) / Prozessorvergabe $f$, Prozessorzuteilung $f$ || ~ **bus** (Comp) / Prozessorbus $m$ || ~ **interface** (Comp) / Prozessorschnittstelle $f$ || ~ **kernel** (Comp) / Prozessorkern $m$ || ~ **node** (Comp) / Prozessorknoten $m$ || ~ **status word** (a word that describes fully the condition of a processor at each instant) (Comp) / Prozessorstatuswort $n$ || ~ **time** (Comp) / CPU-Zeit $f$, Zentraleinheitszeit $f$
**process-paid film** (Photog) / Film, dessen Kaufpreis die Entwicklung einschließt
**process patent** / Verfahrenspatent $n$ || ~ **periphery** (Comp) / Prozessperipherie $f$ || ~ **photography** (Photog) / Prozessfotografie $f$ (Anwendung der Fotografie in der industriellen Fertigung) || ~ **pipework** (Eng) / Prozessleitung(en) $f$ $(pl)$ || ~ **planning engineer** (Eng) / Technologe $m$ || ~ **plant** / Verfahrensanlage $f$, Prozessanlage $f$, Prozessbetrieb $m$ || ~ **point** / Prozessstelle $f$ (eine konkrete Stelle in der Prozesssteuerung) || ~ **pump** (Eng) / Prozesspumpe $f$ || ~ **queue** (Comp) / Prozesswarteschlange $f$
**process-related advantage** / verfahrenstechnischer Vorteil
**process robot** (Eng) / Verfahrensroboter $m$, Prozessroboter $m$ (der technologische Verfahren mittels Werkzeugen bzw. Prüfmitteln durchführt) || ~ **scrap** (Foundry, Met) / Umlaufschrott $m$, Kreislaufmetall $n$ (internes Rücklaufmetall, z.B. Angüsse, Speiser, Ausschussstücke usw.), Rücklaufmetall $n$, Rücklaufschrott $m$, Kreislaufmaterial $n$ || ~ **scrap** (Met) / Betriebsschrott $m$, Fabrikationsabfall $m$ || ~ **sensor** (Eng) / Prozesssensor $m$ (bei den IR) || ~ **shot** (Cinema) / Kombinationsaufnahme $f$ (eines realen Vordergrundes mit projiziertem Hintergrund oder mit einem Bild) || ~ **signal** (Automation) / Prozesssignal $n$ || ~ **simulation** / Prozesssimulation $f$ || ~ **stability** (San Eng) / Prozessstabität $f$ (bei Abwasserreinigung) || ~ **stage** / Verfahrensstufe $f$ || ~ **stage** (Eng) / Prozessstufe $f$ || ~ **steam** / Betriebsdampf $m$, Prozessdampf $m$, Fabrikationsdampf $m$ || ~ **supervision** (Ecol, San Eng) / Prozesskontrolle $f$ (in Anlagen zur Bioabfallbehandlung) || ~ **technique** (Print) / Reproduktionstechnik $f$ (DIN 16500) || ~ **technology** / Verfahrenstechnik $f$ (ein Teilgebiet der industriellen Produktionstechnik - biologische, chemische, mechanische, thermische) || ~ **technology** / Technologie $f$, Verfahrenskunde $f$ ~ **time** / Prozesszeit $f$ || ~ **timer** (Automation) / Prozessprogrammschalter $m$ || ~ **variable** / Prozessgröße $f$ (DIN 1345) || ~ **variable** (Eng, Maths) / Prozesszustandsgröße $f$, Prozessvariable $f$, Verfahrensvariable $f$ || ~ **water** / Prozesswasser $n$ (das in technischen Verfahren eingesetzt wird), Fabrikationswasser $n$, Produktionswasser $n$ || ~ **water** (Ecol, Nut, San Eng) / Diffusionsabwasser $n$ (aus den Zuckerfabriken), Diffusionswasser $n$
**prochiral** $adj$ (Chem) / prochiral $adj$ (Verbindung, die durch eine einzige Transformation chiral werden kann) || ~ **centre** (Chem) / prochirales Zentrum
**prochirality** $n$ (Chem) / Prochiralität $f$ (eine Untergruppe der Prostereoisomerie)
**prochlorite\*** $n$ (Min) / Prochlorit $m$ (z.B. Rhipidolith)
**PROCO** (Autos) / programmierte Verbrennung

**Proctor compaction curve** (Civ Eng) / Proctorkurve $f$ || ~ **compaction test** (Civ Eng) / Proctorversuch $m$ (zur Ermittlung der Proctordichte nach DIN 18127) || ~ **curve** (Civ Eng) / Proctorkurve $f$ || ~ **density** (Civ Eng) / Proctordichte $f$ (Standarddichte des Bodens nach DIN 18127) || ~ **drier** (a type of tunnel drier in which heat for drying is obtained by circulating air over pipes containing steam or waste heat) (Ceramics) / Proctor-Trockner $m$ || ~ **penetration resistance** (Civ Eng) / Proctorwert $m$ || ~ **plasticity needle** (Civ Eng) / Proctornadel $f$ (zur Ermittlung der Proctordichte) || ~ **test** (Civ Eng) / Proctorversuch $m$ (zur Ermittlung der Proctordichte nach DIN 18127) || ~ **water content** (Civ Eng) / Proctor-Wassergehalt $m$
**procure** $v$ / beschaffen $v$
**prod** $n$ (Elec Eng) / Prüfspitze $f$ (für die Baugruppenprüftechnik) || ~ **cast** (Geol) / Stechmarke $f$, Stoßmarke $f$
**prodding** $n$ (Autos) / Stochern $n$ (Lokalisierung von Rostschaden an Karosserien)
**prodelta** $n$ (Geol) / Grundablagerungen $f$ $pl$ vor dem Delta (Flussablagerungen unter dem Wasserspiegel)
**prodigiosin** $n$ (Chem, Nut) / Prodigiosin $n$ (blutrotes Pigment der Serratia marcescens oder Beneckea gazogenes, das u.a. das Hostienwunder bewirkt)
**prod mark\*** (Geol) / Stechmarke $f$, Stoßmarke $f$
**prodrug** $n$ (Pharm) / Pro-Pharmakon $n$, Pro-Drug $n$, Prodrug $n$ (ein Arzneimittel, das erst im Organismus in die Wirkform umgewandelt wird), Propharmakon $n$ (pl. -pharmaka)
**produce** $v$ / herstellen $v$, produzieren $v$, fertigen $v$, erzeugen $v$, fabrizieren $v$ || ~ **bringen** $v$ (Einsparungen, z.B. eine Maßnahme) || ~ $n$ (agricultural or other natural product) (Agric) / Produkte $n$ $pl$ (Agrar-, Milch-) || ~ (Eng) / Output $m$ $n$, Ausstoß $m$ (Leistung eines Produktionsbetriebes oder einer Maschine an Fertigwaren in einem bestimmten Zeitraum), Arbeitsergebnis $n$ || ~ (Eng) s. also product || ~ **of soil** (Agric) / Bodenertrag $m$ (Rohertrag des landwirtschaftlichen Bodens)
**producer** $n$ / Hersteller $m$, Produzent $m$ (Fabrikant), Erzeuger $m$ || ~ (Cinema) / Produzent $m$, Producer $m$ (Filmproduzent) || ~ (Eng, Fuels) / Generator $m$, Entwickler $m$ || ~ (Oils) / Fördersonde $f$, Erdölproduktionsbohrung $f$, Produktionsbohrung $f$, Produktionssonde $f$, Förderbohrung $f$ (Gewinnungbohrung) || ~ (Radio) / Producer $m$ (der eine Sendung im Hörfunk technisch vorbereitet, ihren Ablauf überwacht und auch für die Auswahl der Musik zuständig ist) || ~ **gas** (Chem Eng, Fuels) / Luftgas $n$, Generatorengas $n$, Generatorgas $n$ (ein Schwachgas mit einem mittleren Heizwert), Gengas $n$
**producer-gas equilibrium** (Chem) / Boudouard-Gleichgewicht $n$ (chemisches Gleichgewicht zwischen Kohlendioxid, Kohlenstoff und Kohlenmonoxid nach O.L. Boudouard, 1872-1923)
**producer goods** / Investitionsgüter $n$ $pl$ (die für die Erhaltung, Erweiterung oder Verbesserung des betrieblichen Anlagevermögens eingesetzt werden - Gegensatz: Konsumgüter), Produktionsgüter $n$ $pl$
**producers\*** $pl$ (Biol, Ecol) / Produzenten $m$ $pl$ (alle Organismen, die durch Fotosynthese oder Chemosynthese Biomasse aufbauen)
**producer's liability** / Produzentenhaftpflicht $f$ (Haftung des Herstellers eines Produkts für Schäden, welche durch das Produkt verursacht werden), Produzentenhaftung $f$ (für fehlerhafte Erzeugnisse), Produkthaftpflicht $f$, Produkthaftung $f$ || ~ **risk** / Lieferantenrisiko $n$ (DIN 55350, T 31), Herstellerrisiko $n$ (bei der statistischen Qualitätskontrolle)
**producing depth** (Oils) / Fördertiefe $f$ || ~ **formation** (Geol, Oils) / produktive Formation || ~ **horizon** (Geol, Oils) / Förderhorizont $m$ (Formation mit förderwürdiger Öl- oder Gaslagerstätte), produzierender Horizont || ~ **oil well** (Oils) / Fördersonde $f$, Erdölproduktionsbohrung $f$, Produktionsbohrung $f$, Produktionssonde $f$, Förderbohrung $f$ (Gewinnungbohrung) || ~ **well** (Oils) / Fördersonde $f$, Erdölproduktionsbohrung $f$, Produktionsbohrung $f$, Produktionssonde $f$, Förderbohrung $f$ (Gewinnungbohrung)
**product** $n$ / Produkt $n$, Erzeugnis $n$ (DIN 199, T 2), Fabrikat $n$ || ~\* (Maths) / Produkt $n$ || ~ **analysis** (Work Study) / Produktanalyse $f$ || ~ **carrier** (Oils, Ships) / Product Carrier $m$ (Tankschiff für verschiedene Rohölprodukte) || ~ **design** / Produktdesign $n$ || ~ **designation** / Produktbezeichnung $f$, Warenbezeichnung $f$ || ~ **development** / Produktentwicklung $f$ || ~ **gas** / Produktgas $n$ (das weiter genutzt werden kann) || ~ **group** (Maths) / direktes Produkt (Zusammensetzung zweier gleichartiger mathematischer Strukturen) || ~ **information** / Produktinformation $f$, PI || ~ **inhibition** (Biol) / Produkthemmung $f$ || ~ **innovation** / Produktinnovation $f$
**production** (Agric) / Züchtung $f$, Zucht $f$, Aufzucht $f$ || ~ (Chem Eng, Eng) / Herstellung $f$, Produktion $f$, Fertigung $f$, Erzeugung $f$, Fabrikation $f$ || ~ (Comp) / Produktion $f$, Regel $f$ (bei formalen Sprachen) || ~ **(figure)** (Eng) / Output $m$ $n$, Ausstoß $m$ (Leistung

eines Produktionsbetriebes oder einer Maschine an Fertigwaren in einem bestimmten Zeitraum), Arbeitsergebnis n || ~ (Met) / Ausbildung f (des Korns), Herausbildung f (des Korns) || ~ (Mining) / Fördermenge f, Förderleistung f, Förderung f (mengenmäßig betrachtet), Förderquantum n (mengenmäßig betrachtet) || ~ (Oils) / Förderungsphase f, Gewinnung f, Gewinnungsphase f, Förderung f (primäre, sekundäre, tertiäre) || ~ (Comp) s. also semi-Thue system || ~ **aircraft** (Aero) / Serienflugzeug n || **~ batch** (Work Study) / Fertigungslos n (im Werkstattauftrag festgelegte Anzahl zu fertigender Erzeugnisse oder Bauelemente) || **~ bin** / Tagessilo m n (als Gegensatz zu Lagersilo), Tagesbunker m (mit Fassungsvermögen für rund eine Tagesproduktion) || **~ casing string** (Oils) / Produktionsrohrtour f || **~ cell** (Work Study) / Fertigungszelle f (kleine, relativ in sich geschlossene Fertigungseinheit) || **~ centre** (Eng, Work Study) / Fertigungszentrum n || **~ class** (For) / Leistungsklasse f || **~ conditions** (Work Study) / Herstellungsbedingungen f pl, Fertigungsbedingungen f pl || **~ cost** / Herstellungskosten pl, Herstellkosten pl, Fertigungskosten pl || **~ cross-section** (Nuc) / Produktionsquerschnitt m || **~ culture** (Biochem, Chem Eng) / Produktionskultur f (im Produkionsfermenter) || **~ cycle** (Work Study) / Fertigungszyklus m, Produktionszyklus m || **~ data** (Work Study) / Fertigungsdaten pl || **~ data acquisition** (Work Study) / Betriebsdatenerfassung f, BDE (Betriebsdatenerfassung) || **~ date** / Herstelldatum n || **~ ecology** (Ecol) / Produktionsökologie f (Teilbereich der Ökologie, der sich mit den Stoff- und Energieumsetzungen in Ökosystemen befasst) || **~ engineering** (Work Study) / Fertigungsplanung f, Fertigungsvorbereitung f || **~ equipment** (Work Study) / Fertigungseinrichtung f
**productioner** n (Comp, Print) / Produktionier m
**production feed** (Agric) / Leistungsfutter n || **~ fermenter** (Biochem, Chem Eng) / Produktionsfermenter m (Bioreaktor der Produktionsstufe) || **~ forecast** (Oils) / Fördervorausschau f (Voraussage des Förderprofils einer Erdöl- oder Erdgassonde oder eines Erdöl- oder Erdgasfeldes) || **~ industries** (Stats) / produzierendes Gewerbe
**production-integrated environmental protection** (Ecol) / produktionsintegrierter Umweltschutz
**production island** (Work Study) / Fertigungsinsel f (meistens ein kreisförmig angeordnetes Montagezentrum, welches von den übrigen Fertigungsbereichen, wie Fließbändern und Werkstätten, umgeben ist), FI (Fertigungsinsel), Produktionsinsel f || **~ lathe** (Eng) / Produktionsdrehmaschine f (mit Zugspindel, aber ohne Leitspindel), Zugspindeldrehmaschine f || **~ line** (Eng, Work Study) / Maschinenfließreihe f, Fertigungsstraße f, Fertigungslinie f
**production-line status** (Work Study) / Produktionsreife f
**production lot** (Work Study) / Fertigungslos n (im Werkstattauftrag festgelegte Anzahl zu fertigender Erzeugnisse oder Bauelemente) || **~ lot** (Work Study) / Los n (Anteil oder Mehrfaches einer durch Bedarfsermittlung festgelegten Menge, aus der ein Fertigungsauftrag entsteht), Einzellos n || **~ manager** (Cinema, TV) / Aufnahmeleiter m (der die organisatorische Vorbereitung und für die Durchführung zuständig ist) || **~ master** (Electronics) / Druckoriginal n, Originaldruckvorlage f, Druckvorlage f || **~ memory** (AI) / Produktionsregelgedächtnis n, Produktionsregelspeicher m || **~ metallurgy** (Met) / Prozessmetallurgie f, Metallurgie f der Metallgewinnungsverfahren, metallurgische Verfahrenstechnik, Metallgewinnung und Metallscheidung f || **~ method** (Chem Eng, Eng, Work Study) / Fertigungsverfahren n (DIN 8580), Herstellungsverfahren n, Herstellungsmethode f, Fertigungsmethode f || **~ monitoring** (Eng, Work Study) / Fertigungsüberwachung f || **~ of heat** (Phys) / Wärmeerzeugung f || **~ of wine** (Nut) / Weinbereitung f (die Lese der Trauben, die Kelterung, die Mostbehandlung, die Mostgärung und die Kellerbehandlung), Weinherstellung f, Weinerzeugung f || **~ packer** (Oils) / Produktionspacker m || **~ per day** (Mining) / Tagesförderung f || **~ permit** / Sonderfreigabe f (vor Realisierung - in der Qualitätskontrolle) || **~ plan** (Work Study) / Erzeugnisprogramm n, Produktionsprogramm n, Fertigungsprogramm n (Erzeugnisse und Bauelemente) || **~ planning and control** (Work Study) / Produktionsplanung und -steuerung f, PPS (Produktionsplanung und -steuerung)
**production-plant wastes** (Ecol) / Industrieabfälle m pl, produktionsspezifische Abfälle (aus Industrie und Gewerbe), Industrierückstände m pl, Industriemüll m (Abfälle des produzierenden Gewerbes)
**production platform*** (Oils) / Bohrplattform f (Offshore), Produktionsplattform f, Plattform f (ein Offshore-Bauwerk) || **~ printer** (Comp) / Drucker m für qualitativ hochwertige Ausgabe || **~ profile** (Oils) / Förderprofil n (zeitlicher Verlauf der Produktion eines Erdöl- oder Erdgasfeldes) || **~ range** (Work Study) / Fertigungsspektrum n, Produktionsspektrum n || **~ rate** (Work Study) / Produktivität f, Ergiebigkeit f, Leistung f (einer Einheit) || **~ ration**

(Agric) / Leistungsration f, Leistungsfutterration f || **~ reactor*** (Nuc Eng) / Produktionsreaktor m (der spaltbaren oder anderen Stoff erzeugt oder Bestrahlungen im technischen Maßstab durchführt) || **~ region** (Oils) / Förderprovinz f (ein Gebiet, in dem mehrere Erdöl- oder Erdgasfelder dicht beieinander liegen), Förderregion f || **~ release** (Work Study) / Fertigungsfreigabe f || **~ residue** (Ecol) / Abprodukt n (aus der Produktion) || **~ rule memory** (AI) / Produktionsregelgedächtnis n, Produktionsregelspeicher m || **~ run** (Comp) / Produktivlauf m (eines Programms) || **~ run** (Eng) / Output m n, Ausstoß m (Leistung eines Produktionsbetriebes oder einer Maschine an Fertigwaren in einem bestimmten Zeitraum), Arbeitsergebnis n || **~ run** (Print) / Auflagendruck m (Fertigungsphase im Druckvorgang), Fortdruck m, Druckauflage f || **~ schedule** (Work Study) / Erzeugnisprogramm n, Produktionsprogramm n, Fertigungsprogramm n (Erzeugnisse und Bauelemente) || **~ standard** (Work Study) / Arbeitsnorm f (Bemessungssatz für die Arbeitsleistung und ihre Entlohnung) || **~ string*** (Oils) / Produktionsrohrtour f || **~ system** (Maths) / Produktionssystem n (zur Bearbeitung von Regelmengen) || **~ system language** (Comp) / Produktionssystemsprache f || **~ test** (Oils) / Fördertest m || **~ tooling** (Eng) / Fertigungsausrüstung f (mit Werkzeugen) || **~ tubing** (Oils) / Steigrohrstrang m || **~ vehicle** (Autos) / Serienfahrzeug n || **~ well** (Oils) / Fördersonde f, Erdölproduktionsbohrung f, Produktionsbohrung f, Produktionssonde f, Förderbohrung f (Gewinnungsbohrung) || **~ zone** (Oils) / Produktionszone f
**productive** adj / produktiv adj (leistungsfähig) || ~ / Produktiv-, produktiv adj, ergiebig adj, ertragreich adj || **~ capacity** / Produktionskapazität f || **~ run** (Comp) / Produktivlauf m (eines Programms) || **~ time** (Work Study) / Grundzeit f (Summe der Sollzeiten von Ablaufabschnitten, die für die planmäßige Ausführung eines Ablaufes - durch den Menschen - erforderlich sind) || **~ time** (Work Study) / Produktivzeit f (verfügbare Zeit minus Leerlaufzeit) || **~ work** (Work Study) / unmittelbare Arbeiten (die für den direkten Ablauf des Fertigungsprozesses erforderlich sind)
**productivity** n (Biol, Ecol) / Produktivität f || **~*** (Work Study) / Produktivität f, Ergiebigkeit f, Leistung f (einer Einheit)
**product labelling** / Produktkennzeichnung f || **~ liability** (a legal liability a manufacturer or trader incurs for producing or selling a faulty product) / Produzentenhaftpflicht f (Haftung des Herstellers eines Produkts für Schäden, welche durch das Produkt verursacht werden), Produzentenhaftung f (für fehlerhafte Erzeugnisse), Produkthaftpflicht f, Produkthaftung f || **~ life cycle** (Ecol, Work Study) / Produktlebenszyklus m (den man z.B. durch Relaunch verlängern kann), PLZ (eine Ökobilanzstudie) || **~ line** / Produktgruppe f, Produktkategorie f || **~ line** / Produktbereich m || **~ line** (Work Study) / Produktpalette f || **~ management** (Work Study) / Produktmanagement n (Gesamtheit der Planungs-. Koordinations- und Kontrollaufgaben bezüglich eines Produktes oder eines Produktbündels) || **~ measure** (Maths) / Produktmaß n (bei zwei Maßräumen) || **~ moment** (Maths) / Produktmoment n || **~ moment correlation coefficient** (Stats) / Produktmoment-Korrelationskoeffizient m, Korrelationskoeffizient m nach Bravais-Pearson || **~ of combustion** (Chem, Heat) / Verbrennungsprodukt n || **~ of decay** (Nuc) / Zerfallsprodukt n, Folgeprodukt n (in einer Zerfallsreihe) || **~ of explosion** / Explosionsprodukt n || **~ of incomplete combustion** / Produkt n einer unvollständigen Verbrennung, PIC (Produkt einer unvollständigen Verbrennung) || **~ of inertia*** (Phys) / Trägheitsprodukt n || **~ of sets** (Maths) / Produkt n von Mengen || **~ of weathering** (Geol) / Verwitterungsprodukt n
**product-oriented** adj / produktgebunden adj, produktorientiert adj
**product patent** / Sachpatent n || **~ placement** / Product-Placement n (Ersatz eines No-Name-Produkts in der Handlung eines Spielfilms durch einen Markenartikel), Productplacement n || **~ relay** (Elec Eng) / Produktrelais n || **~ rule** (Maths) / Produktregel f (eine der Grundregeln der Differentialrechnung) || **~ safety** / Produktsicherheit f || **~ service** / Produktservice m n || **~ sign** (Maths) / Produktzeichen n || **~ space** (Maths) / Produktraum m || **~ spectrum** (Work Study) / Produktpalette f
**products pipeline** (Oils) / Produktenpipeline f, Produktenleitung f (eine Mineralölleitung) || **~ pl to be packaged** / Packgut n (zu verpackendes Gut)
**product topology** (Maths) / Produkttopologie f || **~ water** / Reinwasser n (durch Entsalzung gewonnenes Trink- oder Betriebswasser), Frischwasser n (nach der Entsalzung) || **~ water** (Ocean) / entsalztes Seewasser (im Seewasserverdampfer gewonnen)
**proenviromental** adj (Ecol) / umweltfreundlich adj, umweltverträglich adj, umweltkonform adj, umweltschonend adj
**proenzyme** n (inactive precursor of enzymes, usually proteolytic enzyme) (Biochem) / Zymogen n, Enzymogen n, Proenzym n
**proeutectoid** adj (Met) / voreutektoid adj

**profane** *adj* (Arch) / Profan-, weltlich *adj*
**professional** *n* / Fachmann *m* (Profi), Profi *m* ‖ ~ *adj* / gelernt *adj*, fachlich ausgebildet ‖ ~ / Berufs-, beruflich *adj* ‖ ~ / professionell *adj* ‖ ~ **board** (Electronics) / professionelle Platine (Leiterplatte in bester technischer Ausführung) ‖ ~ **body** / Berufsvereinigung *f* ‖ ~ **clothing** (Textiles) / Berufskleidung *f* ‖ ~ **computer** (Comp) / professioneller Computer, Rechner *m* für professionelle Anwendungen, Proficomputer *m*
**professional-duty tools** (Tools) / Profiwerkzeuge *n pl*, Hochleistungswerkzeuge *n pl*
**professional education** / Berufsausbildung *f*, Berufsbildung *f* ‖ ~ **engineer** / Diplomingenieur *m*, Dipl.-Ing. (Technische Universität, Technische Hochschule oder Gesamthochschule) ‖ ~ **fitness** / Berufstauglichkeit *f* ‖ ~ **Graphics Adapter** (Comp) / Professional Graphics Adapter *m* (von IBM für CAD/CAM -Anwendungen entwickelte hochauflösende Grafikkarte), PGA (Professional Graphics Adapter) ‖ ~ **keyboard** (Comp) / Profitastatur *f* ‖ ~ **representative** / zugelassener Vertreter (in Patentsachen) ‖ ~ **secret** / Berufsgeheimnis *n* ‖ ~ **studio quality machine** (Acous) / Studiogerät *n* ‖ ~ **training** / Berufsausbildung *f*, Berufsbildung *f* ‖ ~ **training** / Fachausbildung *f*, Fachbildung *f* ‖ ~ **wear** (Textiles) / Berufskleidung *f* ‖ ~ **worker** (as opposed to secretaries, administrative assistants, clerk typists, etc. on the one hand and executive staff on the other) / Sachbearbeiter *m*
**profile** *v* / profilieren *v* ‖ ~ *n* (section) / Gelände- und Bodenprofil *n* ‖ ~ / Profil *n*, Umriss *m* ‖ ~ (Agric, Geol) / Bodenprofil *n* (senkrechter Schnitt durch den Boden mit Unterscheidung der einzelnen Zonen verschiedener Bodenbildungswirkung) ‖ ~ (ratio) (Autos) / Höhen-/Breiten-Verhältnis *n* (bei Reifen), HB (Höhen-/Breiten-Verhältnis bei Reifen), Querschnittsverhältnis *n* (bei Reifen), Höhe/Breite-Verhältnis *n* ‖ ~* (GB) (Build) / Schnurgerüst *n*, Schnurbock *m* (des Schnurgerüsts), Schnürgerüst *n* (zum Abstecken der Mauerfluchten im Hochbau) ‖ ~ (Build, Eng) / Seitenansicht *f* (Umriss), Seitenriss *m* (Profil) ‖ ~ (Eng) / Schnitt *m*, Profil *n* ‖ ~ **angle** (Eng) / Flankenwinkel *m* (der die verschiedenen Gewindearten unterscheiden kann - DIN 2244) ‖ ~ **board** (Build) / Schnurgerüst *n*, Schnurbock *m* (des Schnurgerüsts), Schnürgerüst *n* (zum Abstecken der Mauerfluchten im Hochbau) ‖ ~ **bristle** (Paint) / Profilborste *f* ‖ ~ **cylinder** (Build) / Profilzylinder *m* (des Sicherheitsschlosses)
**profiled-crown piston** (Autos) / Profilkolben *m* (mit besonders profiliertem Kolbenboden)
**profiled diamond** (Eng, Tools) / Formdiamant *m*, Profildiamant *m*
**profile deviation** (Eng) / Profilabweichung *f* (DIN 4762)
**profiled fibre** / Profilfaser *f* (z.B. dreieckige oder sternförmige Chemiefaser)
**profile die** (Plastics) / Profildüse *f* ‖ ~ **dispersion** / Profildispersion *f* (in Gradientenfasern) ‖ ~ **distortion** / Profilverzerrung *f* ‖ ~ **drag*** (Aero) / Profilwiderstand *m* (Reibungswiderstand + Druckwiderstand) ‖ ~ **drawing die** (Met) / Profilziehmatrize *f* (Ziehwerkzeug zum Gleitziehen von Profilen)
**profiled seal** (Eng) / Profildichtung *f* ‖ ~ **wire** (Met) / Formdraht *m* (mit Querschnitten, die von der Kreisform abweichen, z.B. Flach- oder Sechskantdraht), Profildraht *n*, Fassondraht *m*
**profile-forming machine** (For, Join) / Rundfräse *f*, Fassonfräsmaschine *f* (zur Bearbeitung von Holzteilen, die ein Längeprofil erhalten sollen)
**profile graph** / Profilaufzeichnung *f* (in einem Diagramm) ‖ ~ **grinding*** (Eng) / Nachformschleifen *n*, Profilschleifen *n*, Formschleifen *n* (Schleifen mit gesteuerter Vorschubbewegung nach DIN 8589, T 11) ‖ ~ **lapping** (Eng) / Profilläppen *n*, Formläppen *n* ‖ ~ **lift** (Aero) / Profilauftrieb *m* ‖ ~ **mean line** (Aero) / Mittellinie *f* (eines Profils), Profilmittellinie *f*, Skelettlinie *f* (gedachte Mittellinie eines Profils) ‖ ~ **milling** (Eng) / Nachformfräsen *n*, Kopierfräsen *n* (mit der Übertragung der Form eines Nachformbezugsstücks) ‖ ~ **milling** (US) (Eng) / Formfräsen *n*, Profilfräsen *n* (Fräsen von profilierten Flächen) ‖ ~ **of equilibrium** (Hyd Eng) / Profil *n* mit natürlichem Gleichgewicht (eines Flusses) ‖ ~ **offset** (Eng) / Profilverschiebung *f* (Abrücken der Mittellinie des Zahnstangenprofils vom Wälzkreis) ‖ ~ **optimization** / Profiloptimierung *f* ‖ ~ **overlap** (Eng) / Überdeckung *f* (bei Zahnrädern), Überdeckungsgrad *m* ‖ ~ **paper** (Paper) / Zeichenpapier *n* mit einem aufgedruckten Netz zweier sich rechtwinklig schneidender Geradenscharen ‖ ~ **paper** (Paper) / Scherenschnittpapier *n*, Silhouettenpapier *n* ‖ ~ **recorder** (Instr) / Profilschreiber *m* ‖ ~ **rolling** (Eng, Met) / Walzprofilieren *n* (Biegeumformen nach DIN 8586) ‖ ~ **rolling** (Met) / Profilwalzen *n* (des Bandstahls), Kaltprofilieren *n* ‖ ~ **rudder** (Ships) / Profilruder *n*, Verdrängungsruder *n* ‖ ~ **sanding** (For, Join) / Profilschleifen *n*, Profilschliff *m* ‖ ~ **sawing** / Umrissbandsägen *n* ‖ ~ **scale** (Instr) / Profilskala *f* (zylindrisch gebogene Skala, die eine Platz sparende Anordnung von Anzeigegeräten erlaubt) ‖ ~ **shooting** (Geophys) / Profilschießen *n* (in der angewandten Seismik) ‖ ~ **shooting** (Mining) / Profilsprengen *n* (Herstellen glatter Trennflächen durch Verringern des Bohrlochabstandes zur Vermeidung von Mehrausbruch) ‖ ~ **thickness** (Aero) / Profildicke *f* ‖ ~ **tool** (of a jigger) (Ceramics) / Formschablone *f*, Drehschablone *f* ‖ ~ **tube** (Met) / Formrohr *n*
**profiling** *n* / Profilierung *f* ‖ ~* (Eng) / Nachformschleifen *n*, Profilschleifen *n*, Formschleifen *n* (Schleifen mit gesteuerter Vorschubbewegung nach DIN 8589, T 11) ‖ ~ (Geophys) / Profilschießen *n* (in der angewandten Seismik) ‖ ~ **machine** (For, Join) / Rundfräse *f*, Fassonfräsmaschine *f* (zur Bearbeitung von Holzteilen, die ein Längeprofil erhalten sollen)
**profilometer** *n* (Civ Eng) / Profilmesser *n* (ein Straßenoberflächenmessgerät) ‖ ~ (Eng) / Profiltastschnittgerät *n* (ein Oberflächenmessgerät, das die Oberfläche des zu prüfenden Werkstückes mit einer Diamantnadel abtastet) ‖ ~ (Met) / Profilometer *n* (Messgerät zum Bestimmen des Ziehholprofils von Ziehwerkzeugen, bei dem mit Hilfe einer Nadel die Kontur des Ziehhols abgetastet wird)
**profit** *n* / Gewinn *m* (positives Unternehmungsergebnis) ‖ ~ / Gewinn *m* (das durch die Spielregeln festgelegte Ergebnis einer Partie)
**profitability** *n* / Rentabilität *f*
**profitable** *adj* / einträglich *adj*, lukrativ *adj*, Gewinn bringend *adj* (finanziell), gewinnbringend *adj*
**profit available for distribution** / Bilanzgewinn *m* ‖ ~ **gained** (Work Study) / realisierter Gewinn ‖ ~ **margin** / Gewinnspanne *f* ‖ ~ **retention** / Selbstfinanzierung *f*
**profit-sharing scheme** (Work Study) / Gewinnbeteiligungssystem *n*
**profound** *adj* / weitgehend *adj* (Änderung), tiefgreifend *adj* (Änderung)
**profundal zone*** (Ecol) / Profundalzone *f*, Profundal *n* (lichtloser Lebensraum von Tieren und Pflanzen in den Binnengewässern mit über 200 m Tiefe)
**progenitor ion** (Spectr) / Mutterion *n*
**progesterone** *n* (Biochem) / Progesteron *n* (weibliches Keimdrüsenhormon)
**proglacial channel** (Geol) / Urstromtal *n* ‖ ~ **lake** (Geol) / Gletschersee *m* (ein Stausee), Glazialsee *m*
**prognosis** *n* (pl. prognoses) (Stats) / Prognose *f*
**prognostic** *adj* / prognostisch *adj* ‖ ~ **chart*** (Aero, Meteor) / Wettervorhersagekarte *f*, Vorhersagekarte *f* ‖ ~ **model** (AI) / Prognosemodell *n* (ein Simulationsmodell) ‖ ~ **system** (AI) / Prognosesystem *n*
**program** *v* (Comp, Maths) / programmieren *v* ‖ ~* *n* (Comp, Radio, TV) / Programm *n* ‖ ~ (US) (Radio, TV) / Programm *n* ‖ ~ **abort** (Comp) / Programmselbstabbruch *m* ‖ ~ **abortion** (Comp) / Programmselbstabbruch *m* ‖ ~ **architecture** (Comp) / Programmaufbau *m*, Programmstruktur *f*, Programmarchitektur *f* ‖ ~ **bank** (Comp) / Programmbank *f* ‖ ~ **branch** (Comp) / Programmsprung *m*, Programmzweig *m* ‖ ~ **call** (Comp) / Programmabruf *m* ‖ ~ **card** (Comp) / Programmkarte *f* ‖ ~ **cassette** (Comp) / Programmkassette *f* ‖ ~ **chaining** (Comp) / Programmkettung *f* ‖ ~ **checking** (Comp) / Programmtest *m* (zur Überprüfung der Einhaltung der Programmspezifikationen), Programmprüfung *f* ‖ ~ **comment** (Automation, Comp, Eng) / Programmkommentar *m* (Klartexterklärung zur Dokumentation eines CNC-Programms) ‖ ~ **compatibility** (Comp) / Programmkompatibilität *f* ‖ ~ **control** (Automation) / Programmsteuerung *f* (DIN 19226) (Taktsteuerung mit verschiedenen alternativen Programmen) ‖ ~ **control** (Automation) / Programmregelung *f* (Änderung der Führungsgröße erfolgt nach einem festen, meistens zeitgesteuerten Programm)
**program-controlled** *adj* (Comp) / programmgesteuert *adj* ‖ ~ **interrupt** (Comp) / programmbedingte Unterbrechung
**program controller** (Comp) / Programmsteuerungseinheit *f*, Programmsteuerung *f* (Teil der Zentraleinheit) ‖ ~ **control unit** (Comp) / Programmsteuerungseinheit *f*, Programmsteuerung *f* (Teil der Zentraleinheit) ‖ ~ **correction** (Comp) / Programmkorrektur *f* ‖ ~ **correctness proof** (a formal mathematical demonstration that the semantics of the program are consistent with some specification for that program) (Comp) / Korrektheitsbeweis *m* (auf Richtigkeit eines Programms) ‖ ~ **count** (Comp) / Befehlszählerstand *m*, Befehlszählerinhalt *m* ‖ ~ **counter** (Comp) / Instruktionszähler *m*, Befehlszähler *m* (DIN 44300) ‖ ~ **counter contents** (Comp) / Befehlszählerstand *m*, Befehlszählerinhalt *m* ‖ ~ **cycle** (Comp) / Programmgang *m*, Programmzyklus *m* ‖ ~ **decomposition** (Comp) / Programmzerlegung *f*, Programmdekomposition *f*
**program-delivery control system** (Radio, TV) / Programmzustellungssteuersystem *n* (TV-Rundfunkdienst)
**program description** (Comp) / Programmbeschreibung *f* ‖ ~ **design** (the activity of progressing from a specification of some required program to a description of the program itself) (Comp) /

Programmdesign n || ~ **design** (Comp) / Programmentwurf m || ~ **design aid** (Comp) / Programmentwurfunterstützung f || ~ **development environment** (Comp) / Entwicklungsumgebung f, Programmentwicklungsumgebung f || ~ **development system** (Comp) / Programmentwicklungssystem n || ~ **diskette** (Comp) / Programmdiskette f || ~ **documentation** (Comp) / Programmdokumentation f || ~ **dump** (Comp) / dynamischer Speicherabzug (Abschrift des Speicherinhaltes während der Ausführung eines Programms) || ~ **end** (Automation, Comp, Eng) / Programmende n || ~ **error** (Comp) / Software-Fehler m, Programmfehler m || ~ **error ID** (Comp) / Fehlerbezeichnung f (im Programm) || ~ **evaluation and review technique** (Work Study) / PERT-Methode f (zur Planung des zeitlichen Ablaufs von aus Einzelvorgängen bestehenden Gesamtvorhaben, wenn die Dauer der Einzelvorgänge nicht genau bekannt ist - eine Netzplantechnik) || ~ **event recording** (Comp) / Programmereignisregistrierung f || ~ **execution** (Comp) / Programmausführung f || ~ **feature** (Comp) / Programm-Feature n || ~ **fetch** (Comp) / Programmabruf m || ~ **file** (Comp) / Programmdatei f || ~ **flowchart**\* (Comp) / Programmablaufplan m (DIN 44300)

**program-generated parameter** (Comp) / programmerzeugter Parameter

**program generation** (Comp) / Programmgenerierung f, Programmerzeugung f || ~ **generator**\* (Comp) / Programmgenerator m || ~ **ID** (Comp) / Programmidentifikation f || ~ **identification** (Comp) / Programmidentifikation f || ~ **instruction** (Comp) / Programmbefehl m || ~ **level**\* (Telecomm) / Programmstufe f || ~ **library** (Comp) / Programmbibliothek f (Sammlung von Programmbeschreibungen, Anordnung von Quell- bzw. Objektprogrammen) || ~ **library tape** (Comp) / Programmbibliotheksband f || ~ **line** (Comp) / Programmzeile f || ~ **linkage** (Comp) / Programmverbindung f || ~ **linking** (Comp) / Programmverbindung f || ~ **loading** (Comp) / Programmladen n || ~ **loop** (Comp) / Programmschleife f, Loop m

**programmable** adj (Comp) / programmierbar adj || ~ s. also programme-controlled || ~ **array logic** (Comp) / Programmfeldlogik f, programmierbare logische Anordnung , PLA (programmierbare logische Anordnung), programmierbares logisches Feld, PLA || ~ **controller** (Automation) / programmierbares Steuergerät || ~ **controller** (Automation) / programmierbarer Regler || ~ **counter** (Comp) / Vorwahlzähler m, programmierbarer Zähler || ~ **function key** (Comp) / programmierbare Funktionstaste, Softtaste f, Softkey m (eine in ihrer Funktion programmierbare Taste) || ~ **interrupt controller** (Comp) / Unterbrechungssteuerung f || ~ **keyboard** (Comp) / intelligente Tastatur || ~ **light table** (Electronics) / Belichtungsautomat m (in der Fotolithografie) || ~ **logic array**\* (Comp) , Programmfeldlogik f, programmierbare logische Anordnung , PLA (programmierbare logische Anordnung), programmierbares logisches Feld, PLA || ~ **logic control** (Eng) / PLC-Steuerung f (eine flexible Halbleitersteuerung, für die die Handeingabe und das Programmspeichern charakteristisch sind) || ~ **logic controller** (Automation) / speicherprogrammierbare Steuerung (speicherprogrammierbares Automatisierungsgerät mit anwenderorientierter Programmiersprache, das im Schwerpunkt zum Steuern eingesetzt wird - VDI-Richtlinie 2880), SPS (speicherprogrammierbare Steuerung) || ~ **logic device** (Comp, Electronics) / programmierbares Bauelement, PLD n (digitale Schaltungen, deren logische Funktion durch den Anwender bestimmt wird) || ~ **machine control** (Eng) / PMC-Steuerung f (eine programmierbare Maschinen-Anpasssteuerung) || ~ **peripheral interface** (Comp) / Interface-Baustein, der den Datenverkehr von Peripheriegeräten zur Zentraleinheit des Rechners steuert und übernimmt || ~ **read-only memory**\* (Comp) / programmierbarer Festspeicher, PROM n (programmierbarer Festspeicher) || ~ **ROM** (Comp) / programmierbarer Festspeicher, PROM n (programmierbarer Festspeicher)

**program maintenance** (Comp) / Programmwartung f, Programmpflege f, Wartung f von Programmen, Pflege f von Programmen || ~ **manager** (Comp) / Programmanager m

**programmatics** n (Comp) / Theorie f der Programmierung

**programme** n (GB) (Radio, TV) / Programm n

**programmed check** (Comp) / programmierte Prüfung, programmiertes Prüfen || ~ **combustion** (Autos) / programmierte Verbrennung || ~ **cutting** (Print) / Programmschnitt m || ~ **diagnostic function** (Comp, Eng) / einprogrammierte Diagnosefunktion || ~ **halt** (Comp) / programmierter Stopp, Programmstopp m || ~ **input/output mode** (Comp) / PIO-Modus m || ~ **instruction**\* (Comp) / programmierte Unterweisung, programmierter Unterricht, PU (programmierter Unterricht) || ~ **learning**\* (Psychol) / programmiertes Lernen n || ~ **logic** (Comp) / programmierte Logik || ~ **logic array** (Comp) / Programmfeldlogik f, programmierbare logische Anordnung , PLA (programmierbare logische Anordnung), programmierbares logisches Feld, PLA || ~ **marginal check** (Comp) / programmierte Grenzwertprüfung, programmierte Toleranzprüfung || ~ **multiple development** (Chem) / PMD-Technik f (in der Dünnschichtchromatografie)

**programmed-pressure gas chromatography** (Chem) / druckprogrammierte Gaschromatografie

**programmed shutter** (Photog) / Programmverschluss m || ~ **stop** (Comp) / programmierter Stopp, Programmstopp m

**programmed-temperature gas chromatography** (Chem) / temperaturprogrammierte Gaschromatografie, Gaschromatografie f mit programmierter Temperatur

**program memory** (Comp) / Programmspeicher m

**programmer**\* n (Comp) / Programmierer m || ~ (Comp) / Programmiergerät n (das Daten und Programme in Festwertspeicher einprogrammiert)

**programmer-defined** adj (Comp) / programmiererdefiniert adj

**programmer's guide** (Comp) / Programmierhandbuch n || ~ **manual** (Comp) / Programmierhandbuch n || ~ **reference** (Comp) / Programmierhandbuch n

**programming**\* n (Comp) / Programmierung f || ~ **aid** (Comp) / Programmierhilfe (Hilfsmittel bei der Programmerstellung, z.B. Programmiersprachen, Standardmoduln, Makroaufrufe, Testhilfen usw.) || ~ **assistent** (system) (AI, Comp) / Assistenzsystem n, Hilfssystem n für Programmierer || ~ **capacity** (Comp) / Programmierkapazität f || ~ **effort** (Comp) / Programmieraufwand m || ~ **environment** (Comp) / Programmierumgebung f (alle Programme, Werkzeuge und Hilfsmittel für Entwurf, Programmierung, Prüfung und Verwaltung von Programmen) || ~ **error** (Comp) / Programmierfehler m || ~ **language** (Comp) / Programmiersprache f || ~ **module** (Comp) / Programmmodul n, Programmbaustein m (DIN 44300) || ~ **paradigm** (AI) / Programmierparadigma n (funktional, logisch, objektorientiert und prozedural) || ~ **pool** (Comp) / Programmierverbund m || ~ **relay** (Elec Eng) / Programmrelais n, Programmzeitschalter m || ~ **support** (Comp) / Programmierunterstützung f || ~ **support** (Comp) s. also software support || ~ **system** (Comp) / Programmiersystem n (DIN 44300)

**program mode** (Photog) / Programmsteuerung f, Programmautomatik f (der Kamera) || ~ **modification** (Comp) / Programmänderung f || ~ **module** (Automation) / Programmgeber m (mechanisch wirkendes Automatisierungsgerät für Steuerungsvorgänge nach einem Programm) || ~ **module** (Comp) / Programmmodul n, Programmbaustein m (DIN 44300) || ~ **name** (Comp) / Programmname m (DIN 44 300) || ~ **-orientated language** (Comp) / programmorientierte Sprache

**program-oriented language** (Comp) / programmorientierte Sprache

**program package** (Comp) / Programmpaket n (die Zusammenfassung von mehreren Programmen eines Anwendungsgebietes) || ~ **parameter** (Comp) / Programmparameter m || ~ **phase** (Comp) / Phase f (ablauffähiges Programm) || ~ **priority** (Comp) / Programmpriorität f (beim Laden bzw. durch ORG-Aufruf festgelegte Priorität eines Programms für die Bearbeitung in der Zentraleinheit) || ~ **production time** (Comp) / Programmproduktionszeit f (in der Anwenderprogramme ausgeführt werden) || ~ **release** (Comp) / Programmfreigabe f (nach Test und Abnahme) || ~ **relocation** (Comp) / Programmverschiebung f (Änderung des Programms oder des Programmbausteins, damit sie aus einem anderen Teil des Speichers operieren können) || ~ **relocation byte** (Comp) / Programmverschiebungsbyte n || ~ **repeater** (Telecomm) / Programmverstärker m || ~ **request** (Comp) / Programmanforderung f || ~ **residence** (Comp) / Programmresidenz f || ~ **restart** (Comp) / Wiederanlauf m (eines Programms), Neustart m, Restart m || ~ **run** (Automation, Comp) / Programmlauf m, Programmablauf m, Programmdurchlauf m, Run m || ~ **sectioning** (Comp) / Programmsegmentierung f, Programmunterteilung f || ~ **segment** (Comp) / Segment n, Programmsegment n || ~ **segmenting** (Comp) / Programmsegmentierung f, Programmunterteilung f || ~ **selector** (Comp) / Programmwähler m

**program-sensitive fault** (Comp) / programmabhängiger Fehler (der nur bei bestimmten Programmen vorkommt), programmbedingter Fehler

**programs file** (Comp) / Programmdatei f

**program specification** (Comp) / Programmspezifikation f || ~ **start** (Automation, Comp, Eng) / Programmanfang m (Beginn eines CNC-Programms, gekennzeichnet durch das Prozentzeichen %) || ~ **start** / Programmanfang m, Programmstart m, Programmanlauf m || ~ **state** (Comp) / Funktionszustand m (eines Programms) || ~ **statement**\* (Comp) / Programmanweisung f || ~ **status** (Comp) / Programmzustand m, Programmstatus m || ~ **status word** (a collection of information that encapsulates the basic execution state of a program at any instant) (Comp) / Programmstatuswort n || ~ **step** (Comp) / Programmschritt m || ~

**program**

**storage** (Comp) / Programmspeicher *m* || **~ structure** (Comp) / Programmaufbau *m*, Programmstruktur *f*, Programmarchitektur *f* || **~ switch** (Comp) / Programmschalter *m*, Schalter *m* (bei logischen Verknüpfungen) || **~ symbol** (Comp) / Programmsymbol *n* || **~ synthesis** (AI, Comp) / Programmsynthese *f* (die es ermöglicht, aus formalen Spezifikationen Programme voll automatisch abzuleiten) || **~ system** (Comp) / Software-System *n*, Programmsystem *n* || **~ tape*** (Comp, Eng) / Programmband *n*, Programmstreifen *m* || **~ termination** (Comp) / Programmbeendigung *f* || **~ test** (Comp) / Programmtest *m* (zur Überprüfung der Einhaltung der Programmspezifikationen), Programmprüfung *f* || **~ testing** (Comp) / Programmtest *m* (zur Überprüfung der Einhaltung der Programmspezifikationen), Programmprüfung *f* || **~ testing** (Comp) s. also program correctness proof || **~ test time** (Comp) / Programmtestzeit *f* (in der Anwenderprogramme getestet werden)
**program-to-program communication** (Comp) / Programm-Programm-Kommunikation *f*
**program transformation** (Comp) / Programmtransformation *f* (jede Umformung, die man an einem gegebenen Programm vornimmt) || **~ translation** (Comp) / Programmübersetzung *f* || **~ unit** (Comp) / Programmeinheit *f* || **~ unit** (Comp) s. also programme module and subprogramme || **~ validation** (Comp) / Programmvalidierung *f* || **~ variable** (Comp) / Programmvariable *f* || **~ verification** (Comp) / Programmverifikation *f* (Beweisen der Korrektheit von Programmen gegenüber ihrer Spezifikation) || **~ version** (Comp) / Programmversion *f*, Programmausgabe *f* (Version), Programmfassung *f* || **~ virus** (Comp) / Programmvirus *m n*, PV (Programmvirus) || **~ zero point** (Automation, Comp, Eng) / Programmnullpunkt *m*
**progress** *v* (Comp) / ablaufen *v* || **~ chart** (Build) / Bauablaufplan *m*, Baustufenzeitplan *m*, Terminplan *m* (z.B. Balkendiagramm, Wege-Zeit-Diagramm oder Netzplan) || **~ chart** (Work Study) / Arbeitslaufkarte *f* || **~ chaser** (Build) / Baubetreuer *m* (der hauptsächlich für das Bauberichtswesen zuständig ist)
**progression** *n* (Biol) / Progression *f* (progressive Entwicklung) || **~** (Maths) / Progression *f* (fortschreitende Reihe) || **~** (Mining, Surv) / Polygonzug *m* (Linienzug für die vermessungstechnische Lageaufnahme unter Tage, bei dem die Länge der einzelnen Seiten und die Brechungswinkel zwischen diesen ermittelt werden) || **~** (Surv) / Polygonieren *n*, Polygonierung *f* || **~ band** (Spectr) / Progressionsbande *f* (in der IR-Spektroskopie) || **~ of cracks** (Materials) / Rissfortschritt *m*, Rissausbreitung *f*, Rissfortpflanzung *f*
**progressive** *adj* / fortschreitend *adj*, fortlaufend *adj*, progressiv *adj* || **~ addition lens** (Glass, Optics) / Progressivglas *n*, Gleitsichtglas *n*, Glas *n* mit gleitender Wirkung || **~ combustion** / stufenweise Verbrennung, Stufenverbrennung *f*
**progressive-cut reamer** (Eng) / Schälreibahle *f*
**progressive die** (Eng) / Folgewerkzeug *n* (Schneidwerkzeug oder Abschneider), Folgeschnitt *m*, Folgeschneidwerkzeug *n* || **~ die** (Eng, Met) / Mehrstufengesenk *n* || **~ error** (Comp) / kontinuierlicher Fehler || **~ freezing** (Crystal) / normales Erstarren (eine Methode der fraktionierten Kristallisation) || **~ heating*** (Phys) / zonenweise Erwärmung || **~ interlace*** (TV) / Interlace-Verfahren *n* (ein Bilddarstellungsverfahren auf TV-Monitoren), Zeilensprungverfahren *n* (zur Erzeugung des flimmerfreien Bildes), Zwischenzeilenabtasten *n*, Halbbildverfahren *n*, Abtasten *n* im Zeilensprung, Zwischenzeilenabtastung *f*, Zwischenzeilenabtastverfahren *n* || **~ kiln** (For) / Kanaltrockner *m* (von Schnittholz oder Furnieren) || **~ lens** (Glass, Optics) / Progressivglas *n*, Gleitsichtglas *n*, Glas *n* mit gleitender Wirkung || **~ (carburettor) linkage** (Autos) / progressivwirkendes (Drosselklappen-)Steuergestänge (bei Registervergasern)
**progressively linked** (Spectr) / progressiv verknüpft (Übergänge im Differenzspektrum)
**progressive metamorphism*** (Geol) / progressive Metamorphose (voranschreitende, nicht umkehrbare Metamorphose) || **~ motion** (Phys) / fortschreitende Bewegung || **~ overlap** (Geol, Ocean) / Transgression *f* (Vorrücken des Meeres in Landgebiete), positive Strandverschiebung || **~ press** (GB) (Eng) / Stufenpresse *f* (eine mechanische Presse), Mehrstempelpresse *f* || **~ presser** (For) / Durchlaufpresse *f* (zur Herstellung von Faser- und Spanplatten), Endlospresse *f*, kontinuierliche Presse (zur Herstellung von Holzwerkstoffen) || **~ press tool*** (Eng) / Folgewerkzeug *n* (Schneidwerkzeug oder Abschneider), Folgeschnitt *m*, Folgeschneidwerkzeug *n* || **~ proofs** (for showing the results of colour separation) (Print) / Teilfarbandrucke *m pl* || **~ proofs*** (Print) / Skalendrucke *m pl*, Andruckskale *f*, Farbskale *f* (im Mehrfarbendruck) || **~ proofs** (Print) (Textiles) / Andruckskale *f* (im Textildruck) || **~ ring** (Civ Eng) / Progressivring *m*
**progressives** *pl* (Print) / Teilfarbandrucke *m pl*
**progressive scanning** (TV) / Abtastung *f* mit Zeilensprung || **~ spring** (Eng) / progressive (nicht lineare) Feder

**progress message** (Comp) / Zwischenmeldung *f* || **~ of reaction** (Chem) / Reaktionsverlauf *m*, Reaktionsablauf *m* || **~ payment** (Build, Eng) / Zahlung *f* nach Leistungsabschnitten || **~ report** / Tätigkeitsbericht *m* || **~ report** (Build) / Mitteilung *f* über den Bautenstand (Erreichung des Fertigungsstandes der einzelnen im Zahlungsplan enthaltenen Positionen), Bautenstandsbestätigung *f*
**progs** *pl* (Print) / Teilfarbandrucke *m pl* || **~** (Print) / Skalendrucke *m pl*, Andruckskale *f*, Farbskale *f* (im Mehrfarbendruck)
**proguanil** *n* (Pharm) / Proguanil *n*
**prohibit** *v* / verbieten *v*, untersagen *v*
**prohibited airspace** (Aero) / Flugbeschränkungsgebiet *n* || **~ area** / Sperrgebiet *n* (im Allgemeinen) || **~ area** (Aero) / Sperrgebiet *n* || **~ area** (Ships) / Sperrbereich *m* (z.B. auf Tankern und Terminals)
**prohibition of building** (Build) / Bauverbot *n*, Bausperre *f* || **~ on exportation** / Ausfuhrverbot *n*
**prohibitory or restrictive sign** (Autos) / Verbots- oder Beschränkungszeichen *n*
**prohormone** *n* (Biochem) / Prohormon *n*
**pro-ignition** *attr* (I C Engs) / zündbeschleunigend *adj*
**proinsulin** *n* (Biochem) / Proinsulin *n*
**project** *v* / werfen *v* (Schatten) || **~** / projektieren *v* (ein Projekt entwerfen) || **~** / ausschleudern *vt*, auswerfen *v*, abschleudern *v*, schleudern *v* || **~** (Cartography) / abbilden *v* || **~** (Cinema) / zeigen *v* (Film), vorführen *v* (Film) || **~** (Optics) / projizieren *v* || **~** *vi* (Arch, Build) / vorkragen *v* (hervortreten), vorspringen *v* (hervortreten), vorstehen *v*, hervortreten *v*, auskragen *v*, hervorstehen *v* || **~ n** / Projekt *n* || **~** (housing project) (Build) / sozialer Wohnungsbau || **~ country** (Build) / Land, *in n* dem ein bestimmtes Bauvorhaben durchgeführt wird || **~ documentation** / Projektdokumentation *f*, Projektunterlagen *f pl*
**projected** *adj* / vorgezogen *adj* (nach vorne verlegt) || **~ area** (Foundry, Plastics) / Pressfläche *f*, Sprengfläche *f* (auf die Trennebene projizierte Fläche) || **~-scale instrument** (Instr) / Messinstrument *n* mit projizierter Skala, Projektionsskaleninstrument *n*
**projectile** *n* (Mil) / Geschoss *n* (aus einer Schusswaffe), Projektil *n* || **~ weaving machine** (Weaving) / Projektilwebmaschine *f* (z.B. Sulzer), Greiferschützenwebmaschine *f*, Webmaschine *f* mit Harpune (die den Schuss nach einer Seite durchzieht)
**projecting fibre** (Textiles) / abstehende Faser || **~ line** (Maths) / Affinitätsstrahl *m* || **~ load** (Autos) / überstehende Ladung (z.B. bei Kraftfahrzeugen) || **~ moulding** (Arch, Build) / Stab *m* (ein Profil) || **~ part** (Arch) / Risalit *m* (der über die Baulinie des Hauptbaukörpers in ganzer Höhe um ein Geringes hervortritt) || **~ part** (support) (Arch) / Vorlage *f* (z.B. Pfeiler oder Risalit) || **~ parts** (Eng) / hervorspringende Teile, vorspringende Teile || **~ parts** (Eng) s. also proud || **~ plane** (Maths) / projizierende Ebene || **~ scaffold** (Build) / Auslegergerüst *n* (Gerüst mit längenorientierten Gerüstlagen, dessen Belagträger aus dem Bauwerk auskragen - DIN 4420-3) || **~ verge** (Build) / Ortgang *m* mit Dachüberstand
**projection** *n* (Arch) / Vorsprung *m*, Saillie *f* || **~** (Arch) / Risalit *m* (der über die Baulinie des Hauptbaukörpers in ganzer Höhe um ein Geringes hervortritt) || **~** (Build) / Auskragung *f* || **~*** (Cartography, Geog) / Kartenabbildung *f*, kartografische Abbildung (Wiedergabe der Oberfläche eines Weltkörpers auf eine Kartenebene), Netzentwurf *m*, Kartennetzentwurf *m*, Kartenprojektion *f* || **~** (Cinema) / Vorführung *f*, Projektion *f* || **~** (Geol) / Auswurf *m*, Ausschleudern *n* || **~*** (Maths) / Riss *m*, Normalriss *m*, Normalprojektion *f* (bei senkrechter Parallelprojektion) || **~*** (Maths) / Projektion *f* (in der darstellenden Geometrie) || **~** (Maths, Stats) / Hochrechnung *f* || **~** (Optics) / Projektion *f*, Projizieren *n* || **~** (Welding) / Schweißbuckel *m* (eingepresster), Schweißwarze *f* || **~ Albers** (Cartography) / Albers flächentreue Schnittkegelrumpfabbildung (ein Kartennetzentwurf), Albers-Projektion *f* (mit zwei längentreuen Breitenkreisen) || **~ angle** (Cinema) / Projektionswinkel *m* || **~ balance** (Chem, Eng) / Waage *f* mit optischer Ablesung, Lichtzeigerwaage *f* || **~ booth** (Cinema) / Projektionsraum *m*, Bildwerferraum *m* (ein meist hinter der Rückwand des Vorführraumes untergebrachter Raum zur Aufnahme der technischen Einrichtung für die Wiedergabe von Bild und Ton mit einem oder mehreren Projektoren) || **~ display** / Projektionsanzeige *f* (zur Darstellung von Bildern auf sehr großer Fläche) || **~ distance*** (Cinema) / Projektionsabstand *m*, Bildwurfweite *f*, Bildwurftiefe *f* || **~ film** (transparency) / Projektorfolie *f*, Projektionsfolie *f* || **~ formula** (Chem) / Projektionsformel *f* (eine Strukturformel) || **~ gauge** (Eng) / Profilprojektor *m* (optisches Feinmessgerät)
**projectionist** *n* (Cartography) / Kartograf *m*, Mappeur *m* (A) || **~** (Cinema) / Kinovorführer *m*, Filmvorführer *m*, Vorführer *m*, Operateur *m*, Filmoperateur *m*
**projection jump** (Cinema) / vertikaler Bildstandfehler || **~ lamp*** (Cinema, Elec Eng, Photog) / Bildwerferlampe *f*, Projektorlampe *f*, Lichtwurflampe *f*, Projektionslampe *f* (Bogen-, Xenonhochdruck-,

Glüh- oder Impulslampe) ‖ ~ **lantern**\* (Light, Photog) / Diaprojektor m, Diaskop n, Diabildwerfer m ‖ ~ **leader** (Cinema) / Vorführstartband n ‖ ~ **lens**\* (Cinema) / Projektionslinse f, Projektionsobjektiv n ‖ ~ **lens** (Micros) / Projektiv n (des Elektronenmikroskops), Projektivlinse f ‖ ~ **light** (Cinema) / Projektionslicht n ‖ ~ **line** (Eng) / Maßhilfslinie f (DIN 406, T 2) ‖ ~ **line** (Maths) / Projektionslinie f (DIN ISO 10 209-2), Projektionsgerade f, Projektionsstrahl m, projizierender Strahl ‖ ~ **lithography** (Electronics) / Projektionslithografie f (wenn die Fotoschablone nicht direkt aufliegt) ‖ ~ **mask** (Optics) / Projektionsmaske f ‖ ~ **microradiography** (Micros) / Röntgenprojektionsmikroskopie f, Röntgenschattenmikroskopie f ‖ ~ **microscope** (Micros) / Projektionsmikroskop n ‖ ~ **of cornice** (Arch, Build) / Gesimsausladung f ‖ ~ **of the resultant cutting force on the working plane** (Eng) / Aktivkraft f (Projektion der Zerspankraft auf die Arbeitsebene) ‖ ~ **on three planes** (Maths) / Dreitafelverfahren n, Dreitafelprojektion f (DIN 6) ‖ ~ **on two planes** (Maths) / Zweitafelprojektion f (ein Abbildungsverfahren der darstellenden Geometrie) ‖ ~ **operator** (Maths) / Projektionsoperator m (ein beschränkter Hermite'scher Operator auf einem Hilbert-Raum) ‖ ~ **plane** (Maths) / Rissebene f, Projektionsebene f, Bildebene f, Zeichenebene f, Darstellungsebene f ‖ ~ **plane** (Maths) / Bildtafel f, Zeichentafel f, Risstafel f (in der darstellenden Geometrie) ‖ ~ **plastering** (Build) / Maschinenputzen n, maschinelles Putzen n ‖ ~ **port** (Cinema) / Projektionsfenster n, Kabinenfensteröffnung f (in der Wand des Bildwerferraumes) ‖ ~ **printer** (Optics) / Vergrößerungsgerät n, Vergrößerungsapparat m (optisches Projektionsgerät zur Herstellung von Vergrößerungen) ‖ ~ **printing** (Photog, Surv) / Umbildung f, Umbilden n (Fotogrammetrie) ‖ ~ **printing** (Photog) / Vergrößern n, Verkleinern n ‖ ~ **room**\* (Cinema) / Projektionsraum n, Bildwerferraum m (ein meist hinter der Rückwand des Vorführraumes untergebrachter Raum zur Aufnahme der technischen Einrichtung für die Wiedergabe von Bild und Ton mit einem oder mehreren Projektoren) ‖ ~ **screen** (Cinema) / Bildwand f (feste oder aufrollbare Auffangfläche für das projizierte Bild), Projektionswand f ‖ ~ **speed** (Cinema) / Vorführgeschwindigkeit f ‖ ~ **television**\* (TV) / Projektionsfernsehen n
**projection-type lamp** (Cinema, Elec Eng, Photog) / Bildwerferlampe f, Projektorlampe f, Lichtwurflampe f, Projektionslampe f (Bogen-, Xenonhochdruck-, Glüh- oder Impulslampe)
**projection welding**\* (Eng, Welding) / Buckelschweißen n (Widerstandspressschweißen, eine Erweiterung der Punktschweißung), Warzenschweißen n
**projective** adj (Maths) / projektiv adj (Abbildung, Geometrie) ‖ ~ **coordinates** (Maths) / projektive Koordinaten ‖ ~ **geometry** (Maths) / projektive Geometrie ‖ ~ **mapping** (Maths) / projektive Abbildung, Projektivität f ‖ ~ **plane** (Maths) / projektive Ebene ‖ ~ **properties**\* (Maths) / projektive Eigenschaften ‖ ~ **space** (Maths) / projektiver Raum ‖ ~ **transformation**\* (Maths) / projektive Abbildung, Projektivität f ‖ ~ **vector** (Maths) / Projektionsvektor m, projektiver Vektor
**project management** (Work Study) / Projektmanagement n (DIN 69 901) ‖ ~ **manager** (Work Study) / Projektleiter m, Projektmanager m
**projector**\* n (Cinema, Optics, Photog) / Projektor m, Bildwerfer m, Projektionsapparat m, Projektionsgerät n ‖ ~ (Light) / Scheinwerfer m ‖ ~\* (Light, Photog) / Diaprojektor m, Diaskop n, Diabildwerfer m ‖ ~ (Maths) / Projektionsoperator m (ein beschränkter Hermite'scher Operator auf einem Hilbert-Raum) ‖ ~ (Maths) / Affinitätsstrahl m ‖ ~ (Maths) / Projektionslinie f (DIN ISO 10 209-2), Projektionsgerade f, Projektionsstrahl m, projizierender Strahl ‖ ~ (Mil) / [militärische] Wurfeinrichtung f (z.B. ein Katapult, ein Raketenwerfer) ‖ ~ (Optics) / Feinableseeinheit f (eine Ablesehilfe)
**project-oriented** adj / projektbezogen adj
**projector lamp** (Cinema, Elec Eng, Photog) / Bildwerferlampe f, Projektorlampe f, Lichtwurflampe f, Projektionslampe f (Bogen-, Xenonhochdruck-, Glüh- oder Impulslampe) ‖ ~ **lens** (Cinema) / Projektionslinse f, Projektionsobjektiv n ‖ ~ **lens** (Micros) / Projektiv n (des Elektronenmikroskops), Projektivlinse f ‖ ~**-type filament lamp**\* (Elec Eng) / Projektionsglühlampe f
**project over** v (Build) / überkragen v, auskragen v (aus einer Wand) ‖ ~ **scheduling** (Work Study) / Projektterminierung f ‖ ~ **supervisor** (Work Study) / Projektleiter m
**prokaryote**\* n (Biochem, Cyt, Nut, Pharm) / Prokaryont m (pl. -en), Prokaryot m (-en) (meist einzelliger Organismus ohne echten Zellkern)
**pro-knock** attr (Fuels) / klopfbegünstigend adj (Zusatz)
**prolactin**\* n (Biochem, Physiol) / Prolaktin n, Prolactin n, PRL (Prolactin), luteotropes Hormon, Luteotropin n, Mammahormon n, Mammotropin n, luteomammotropes Hormon, LTH (luteomammotropes Hormon) (Laktationshormon des Hypophysenvorderlappens)
**prolamine** n (Chem) / Prolamin n (Eiweißbestandteil des Getreidemehls)
**prolan**\* n (Biochem, Physiol) / Prolan n (ein Hormon)
**prolate** adj (Maths) / gestreckt adj, verlängert adj, zigarrenförmig adj (gestreckt) ‖ ~ **cycloid**\* (Maths) / geschlungene Zykloide, verschlungene Zykloide, verlängerte Zykloide ‖ ~ **ellipsoid**\* (Geophys, Maths) / gestrecktes Ellipsoid, verlängertes Ellipsoid ‖ ~ **spheroid** (like the shape of a rugby ball) (Geophys, Maths) / gestrecktes Ellipsoid, verlängertes Ellipsoid
**proliferation** n / Vermehrung f (starke), Fortpflanzung f ‖ ~\* (Cyt, Med) / Proliferation f ‖ ~\* (Mil, Nuc Eng) / Verbreitung f (von Kernwaffen), Weiterverbreitung f (von Kernwaffen)
**proline**\* n (Biochem, Chem) / Prolin n (eine wichtige Eiweißaminosäure), Pro (Prolin)
**PROLOG**\* n (AI, Comp) / PROLOG n (eine objektorientierte Programmiersprache, die auf der Prädikatenlogik erster Ordnung basiert und zur Kernsprache der fünften Generation geworden ist)
**PROM** (Comp) / programmierbarer Festspeicher, PROM n (programmierbarer Festspeicher) ‖ ≃ (Pockels') read-out optical modulator) (Electronics) / optoelektronisches Bauelement, das logische Verknüpfungen und optisch leichter Speicherung erlaubt (auf der Basis des Pockels-Effektes) ‖ ≃ **copier** (Comp) / PROM-Kopiergerät n
**promenade deck**\* (Ships) / Promenadendeck n (Unterbringung von Räumen und Promenade für Fahrgäste) ‖ ~ **tile**\* (Build, Civ Eng) / einzeln gezogene Platte (stranggepresste keramische Platte, die einzeln durch Abschneiden von einem Strang hergestellt wird - DIN EN 87)
**promethazine**\* n (Pharm) / Promethazin n (ein Phenothiazin, das als Antihistaminikum eingesetzt wird)
**promethium**\* n (Chem) / Promethium n, Pm (Promethium)
**prometryn** n (Agric, Chem) / Prometryn n (nicht mehr angewandter herbizider Wirkstoff im Gemüsebau)
**prominence** n (Eng) / Erhebung f im Mikroprofil (einer Oberfläche), Peak m, Rauheitsspitze f (Oberflächenrauheit), Rauigkeitsspitze f, Rauigkeitspeak m
**prominences**\* pl (Astron) / Protuberanzen f pl (über die Chromosphäre der Sonne hinausragende glühende Gasmasse)
**promo** adj / Reklame-, Werbe-
**promontory**\* n (Eng) / Erhebung f im Mikroprofil (einer Oberfläche), Peak m, Rauheitsspitze f (Oberflächenrauheit), Rauigkeitsspitze f, Rauigkeitspeak m ‖ ~ (Geog) / Kap n (Landspitze) ‖ ~ (Geol) / Vorgebirge n
**promoter**\* n (Biochem, Chem) / Promotor m (der die Wirksamkeit eines Katalysators oder Enzyms erheblich steigert oder bei der Bildung besonders erwünschter Reaktionsprodukte veranlasst), Aktivator m, Verstärker m ‖ ~\* (Biol, Gen) / Promotor m (Teilabschnitt der DNA-Region eines Operons)
**promote swelling** / quellungsfördernd wirken
**promoting passivity** / passivitätsbegünstigend adj, passivitätsfördernd adj, passivitätssteigernd adj
**promotion** n / Promotion f (Absatzförderung durch gezielte Werbemaßnahmen), Förderung f (z.B. der Ausfuhr) ‖ ~ / Beförderung f (in eine höhere Stellung) ‖ ~ (**of an electron**) (Phys) / Promotion f, Promovierung f (Übergang eines Elektrons aus dem Grundzustand in den Valenzzustand eines Atoms)
**promotional** adj / Reklame-, Werbe- ‖ ~ **literature** (Print) / Werbematerial n (z.B. Prospekte, Broschüren) ‖ ~ **measure** / Förderungsmaßnahme f
**promotion energy** (Phys) / Promotionsenergie f ‖ ~ **matter** (Print) / Werbematerial n (z.B. Prospekte, Broschüren) ‖ ~ **of technological progress** / Förderung f des technischen Fortschritts ‖ ~ **wear** (Textiles) / Promotion-Wear (Kleidung, die man zu Werbezwecken trägt)
**promotor** n (Gen) / Promotor m (Teilabschnitt der DNA-Region eines Operons) ‖ ~ **sequence** (Gen) / Promotorsequenz f
**PROM programmer** (Comp) / Festwertspeicherprogrammierer m (Gerät), PROM-Programmiergerät n
**prompt** v (Comp) / prompten v ‖ ~ n (Comp) / Führungstext m, Bedienerführungstext m ‖ ~ (Comp) / Aufforderungszeichen n, Anforderungszeichen n, Prompt Character m ‖ ~\* (message provided by an operating system calling for operator action) (Comp) / Anforderungszeichen n (an den Anlagenbediener) ‖ ~\* (Comp) / Prompt m, Eingabeaufforderung f, Bereitmeldung f (Anzeige, dass Rechner für nächste Eingabe bereit ist) ‖ ~ adj / prompt adj ‖ ~ **character** (Comp) / Aufforderungszeichen n, Anforderungszeichen n, Prompt Character m ‖ ~ **critical**\* (Nuc) / prompt-kritisch adj (ein Reaktor, der bereits mit prompten Neutronen kritisch wird)
**prompter** n (Comp) / Wecker m
**prompt gamma**\* (Phys) / promptes Gammaquant

**prompting** n (Comp) / Bedienerführung f
**prompt neutrons*** (Nuc) / Promptneutronen n pl, prompte Neutronen (die unmittelbar bei der Kernspaltung entstehen) || ~ **radiation** (Nuc Eng) / Sofortkernstrahlung f, Initialstrahlung f (bei der Kernexplosion) || ~ **vessel** (Ships) / promptes Schiff (innerhalb weniger Tage ladebereit stellbares Schiff im Chartergeschäft)
**PROM zapping** (Comp) / Festwertspeicherprogrammierung f (mit dem PROM-Programmiergerät)
**pronaos** n (pl. -naoi) (Arch) / Pronaos m (pl. -naoi) (Vorhalle der Cella des altgriechischen Tempels)
**prone to errors** / fehleranfällig adj || ~ **to knocking** (Fuels) / klopffreudig adj || ~ **to rusting** (Eng) / rostanfällig adj || ~ **to snagging** (Textiles) / ziehanfällig adj
**prong** n (Agric) / Zinke f, Zinken m || ~ (Elec Eng) / Kontaktstift m (des Steckers), Steckstift m || ~ (Nuc) / Zacke f (des Emulsionssterns), Arm m (des Emulsionssterns) || **3rd ~ grounding** (US) (Elec Eng) / Schutzerdung f (eine Schutzmaßnahme)
**prong-shaped test piece** (For) / Verschalungsprobe f, Gabelprobe f (früher benutzte Probenform zur Feststellung des Spannungszustandes im Schnittholz während und nach der Trocknung)
**pronounced** adj / markant adj, ausgeprägt adj (Geschmack, Geruch)
**Prony brake** (Eng) / Prony'scher Zaum (Leistungsmesser anhand von Zapfenreibung), Bremszaum m (ein Bremsdynamometer nach M.R. Baron de Prony, 1755 -1839) || ~ **brake** (Eng) / Prony'scher Zaum (Leistungsmesser anhand von Zapfenreibung), Bremszaum m (ein Bremsdynamometer nach M.R. Baron de Prony, 1755 -1839) || ~ **dynamometer** (Eng) / Prony'scher Zaum (Leistungsmesser anhand von Zapfenreibung), Bremszaum m (ein Bremsdynamometer nach M.R. Baron de Prony, 1755 -1839)
**proof** v (Comp, Print) / proofen v || ~ (Textiles) / ausrüsten v, imprägnieren v (mit Wasser abstoßenden Chemikalien) || ~ n / Spiegelglanz m (einer einzeln geprägten Münze), polierte Platte f, Glanzstoßprägung f || ~* (Chem, Nut) / Proof n (Maß für Alkoholgehalt nach OIML - US 100° Proof = EU 50%) || ~ (Comp, Print) / Proof n (meistens Farbproof), Probedruck m || ~ (Maths) / Proof n (eines mathematischen Satzes, einer Theorie, einer Hypothese - direkter, indirekter), Nachweis m || ~* (Print) / Korrekturabzug m, Korrektur f || ~* (Print) / Probeabdruck m, Probeabzug m, Kontrollabzug m, Kontrollausdruck m, Andruck m (zur Kontrolle) || ~ adj (against) / [wasser]dicht adj || ~ / stabil adj, beständig adj, fest adj (beständig) || ~ / dicht adj (nicht leck), leckagefrei adj || ~ (Chem, Nut) / normalstark adj, probehaltig adj (alkoholische Flüssigkeit) || ~ **by contradiction*** (Maths) / Widerspruchsbeweis m (durch reductio ad absurdum), indirekter Beweis m (durch reductio ad absurdum) || ~ **corrections*** (Typog) / Korrekturen f pl, Korrektureingriffe m pl || ~ **correction symbols** (BS 1219) (Typog) / Korrekturzeichen n pl (für Satz = DIN 16511)
**proofed tape** (Cables) / gummibeschichtetes Band, gummiertes Band
**proof factor** (Aero, Eng) / Belastungsfaktor m, Prüffaktor m (der den zeitlichen Verlauf und die Richtung der Belastung kennzeichnet) || ~ **finding** (AI) / Beweisfindung f
**proofing** n (Textiles) / Imprägnierung f, Imprägnieren n (Tränken von Geweben mit wasserabstoßenden Chemikalien), Ausrüstung f (mit wasserabstoßenden Chemikalien) || ~ **press*** (Print) / Andruckmaschine f, Andruckpresse f || ~ **press*** (Print) / Abziehpresse f, Korrekturpresse f
**proof in sheets** (Typog) / Umbruchkorrektur f, Bogenkorrektur f, Seitenabzug m || ~ **load*** (Aero, Eng) / Prüflast f, Prüfbelastung f
**proofness** n (Eng) / Dichtheit f, Dichtigkeit f
**proof press** (Print) / Andruckmaschine f, Andruckpresse f || ~ **press** (Print) / Abziehpresse f, Korrekturpresse f || ~ **pressure** (Eng, Materials) / Prüfdruck m || ~ **print** (Print) / Probedruck m, Probeabzug m, Kontrollabzug m, Kontrollausdruck m, Andruck m (zur Kontrolle) || ~ **printer** (Comp, Print) / Drucker m für Konzepte oder Kontrollausdrucke || ~ **printing** (Comp, Print) / Proofdruck m (Anfertigung von Probedrucken), Andruck m
**proofread** v (Print) / Korrekturen lesen
**proofreader** n (Print) / Korrektor m, Korrekturleser m
**proofreader's office** (Print) / Korrektorat n
**proofreading** n (Print) / Korrekturlesen n || ~ **function** (Biochem) / Proofreading-Funktion f
**proof-room** n (Print) / Korrektorat n
**proof spirit** (Chem, Nut) / normalstarkes alkoholisches Getränk (mit 57,10 Vol.-%) (mit 57, 10 Vol.% in GB und 50 Vol.% in USA) || ~ **strategy** (AI) / Beweisstrategie f, Beweisfindungsstrategie f || ~ **stress** (Aero, Eng, Mech) / Prüfbeanspruchung f, Prüfspannung f || ~ **stress*** (Eng, Materials, Met) / Dehngrenze f (0,1 oder 0,5 %-Grenze), technische Elastizitätsgrenze || ~ **theory** ("Beweistheorie") (Maths) / Beweistheorie f (nach D. Hilbert) || ~ **total** (Comp) / Prüfsumme f (zum Überprüfen der Integrität übertragener Daten), Kontrollsumme f

**prooxidant** n (Chem) / Prooxygen n (Stoff, der Oxidationsprozesse fördert)
**prop** v (Build, Carp) / absteifen v, versteifen v (abstützen), abspießen v, abspreizen v || ~ (Mining) / verbauen v (mit Stempeln) || ~* n (Build, Carp) / Stütze f, Baustütze f, Abstützung f (lotrechte), Steife f (lotrecht stehender Druckstab) || ~ (a refractory support) (Ceramics) / Stütze f (ein Brennhilfsmittel), Brennstütze f, Stapelstütze f (ein Brennhilfsmittel) || ~* (Mining) / Stempel m, Grubenstempel m (Stützelement aus Holz /wenig nachgiebig/, Stahl und Leichtmetall /nachgiebig/) || ~* (Build) s. also shore
**propadiene** n (Chem) / Allen n, Propadien n
**propagate** v / vermehren v, verbreiten v, fortpflanzen v || ~ vi (Phys) / sich fortpflanzen v, sich ausbreiten v
**propagating power** (Chem Eng, Mining) / Detonationsübertragungsfähigkeit f (von Sprengstoffen)
**propagation** n (Biol) / Propagation f || ~ (Biol) / Vermehrung f (von Mikroorganismen - gelenkte) || ~ (Chem) / Propagation f (Aufbau und Fortpflanzungsreaktionen innerhalb der Reaktionssequenz von Kettenreaktionen) || ~* (Phys) / Fortpflanzung f, Ausbreitung f (des Schalles, des Lichts, von Erdbebenwellen) || ~ **anomaly** (Acous) / Ausbreitungsanomalie f (beim Wasserschall nach DIN 1320) || ~ **constant*** (per unit length) (Phys) / Fortpflanzungskonstante f, Übertragungskonstante f (je Längeneinheit) || ~ **constant** (for the whole line) (Phys) / Fortpflanzungsmaß n, Übertragungsmaß n (für die gesamte Leitung) || ~ **delay** (Telecomm) / Ausbreitungsverzögerung f, Verzögerung f der Signalausbreitung || ~ **fluctuation** (Radio) / Ausbreitungsfluktuation f || ~ **loss*** (Phys) / Ausbreitungsverlust m (z.B. bei Wellen) || ~ **mode** (Telecomm) / Ausbreitungsmodus m || ~ **mode** (Telecomm) / ausbreitungsfähiger Mode (in den Multimodefasern) || ~ **of error(s)** (Comp, Maths) / Fehlerfortpflanzung f (DIN 1319, T 3) || ~ **of fracture** (Materials) / Bruchausbreitung f || ~ **of light*** (Light) / Lichtfortpflanzung f, Lichtausbreitung f || ~ **of radio waves** (Radio) / Radiowellenausbreitung f, Funkwellenausbreitung f || ~ **parameter** (Radar) / Ausbreitungsparameter m || ~ **reaction** (Chem) / Fortpflanzungsreaktion f (die eigentliche Kettenreaktion), Wachstumsreaktion f || ~ **theorem** (Maths) / Fehlerfortpflanzungsgesetz n || ~ **time** (Electronics) / Laufzeit f (der Elektronen von Katode zu Anode)
**propagator** n (Phys) / Propagator m (in der Feldtheorie), Ausbreitungsfunktion f
**propanal** n (Chem) / Propanal n, Propionaldehyd m
**propandiol** n (Chem) / Propandiol n (1,3- oder 1,2-)
**propane*** n (Chem) / Propan n (Kohlenwasserstoff der Alkanreihe), Propangas n
**propane-1,2-diol** n (Chem) / 1,2-Propandiol, Propylenglykol n, Propylenglycol n
**propane-air flame** / Propan-Luft-Flamme f
**propane bubble chamber** (Nuc, Nuc Eng) / Propanblasenkammer f
**propane-1-carboxylic acid** (Chem) / Buttersäure f, Butansäure f
**propane deasphalting** (Oils) / Propanentasphaltierung f || ~ **decarbonizing** (Oils) / Propanentkarbonisierung f
**propanedial** n (Chem) / Malondialdehyd m, Propandial n
**propanediamine** n (Chem) / Propandiamin n, Diaminopropan n
**propanedinitrile** n (Chem) / Malonsäuredinitril n, Malononitril n, Malondinitril n, Propandinitril n
**propanedioic acid*** (Chem) / Malonsäure f, Propandisäure f
**propane fractionation** (Oils) / Propanfraktionierung f, Schmierölfraktionierung f mittels Flüssigpropan
**propane-gas engine** (Eng) / Propangasmotor m
**propane splitter** (Oils) / Propanspiltkolonne f, Propansplitter m || ~ **splitting tower** (Oils) / Propanspiltkolonne f, Propansplitter m
**propanil** n (Agric, Chem) / Propanil n (ein Kontaktherbizid, dessen Wirkstoff von der Biologischen Bundesanstalt für Land- und Forstwirtschaft nicht anerkannt ist)
**propanoic acid*** (Chem) / Propionsäure f (eine Monokarbonsäure - E 280), Propansäure f
**propanol*** n (Chem) / Propanol n, Propylalkohol m
**propan-2-ol*** n (Chem, Nut) / Isopropanol n (auch als Trägerlösemittel in der Lebensmittelindustrie), Isopropylalkohol m, 2-Propanol n
**propanone*** n (Chem) / Azeton n, Aceton n (2-Propanon), Dimethylketon n
**propanonitrile** n (Chem) / Propionitril n, Propannitril n
**propantheline bromide*** (Chem, Med) / Propanthelinbromid n (ein Spasmolytikum und Anticholinergikum)
**propargyl alcohol** (2-propyn-1-ol) (Chem) / Propargylalkohol m, 2-Propin-1-ol n || ~ **bromide** (used as soil fumigant) (Agric, Chem) / Propargylbromid n (3-Brompropin) || ~ **chloride** (used as an intermediate in organic synthesis) (Chem) / Propargylchlorid n (3-Chlorpropin)
**propargylic acid*** (Chem) / Propiolsäure f, Propinsäure f, Acetylencarbonsäure f, Azetylenkarbonsäure f

**prop blast** (Aero) / Propellerstrahl *m*, Luftschraubenstrahl *m* ‖ **~ density** (Mining) / Stempeldichte *f* ‖ **~ drawer** (Mining) / Stempelzieher *m*, Stempelrauber *m*
**propel** *v* (Eng) / antreiben *v*, vorwärts treiben *v*, treiben *v* (vorwärts treiben)
**propellane** *n* (Chem) / Propellan *n*
**propellant** *n* / Treibmittel *n* (für Geschosse), Schießstoff *m* (Treibmittel für Geschosse) ‖ **~*** (Aero, Space) / Treibstoff *m* (für thermische Raketentriebwerke) ‖ **~** (Chem) / Treibgas *n* (in der Aerosolpackung - früher Chlorfluorkohlenstoffe) ‖ **~ 23** (Chem) / Trifluormethan *n* (ein Fluorkohlenwasserstoff), Fluoroform *n* ‖ **~ capsule** (Autos) / Treibkapsel *f* (Gurtstraffer) ‖ **~ charge** (Mil, Mining) / Treibladung *f* ‖ **~ powder** (Mil) / Treibladungspulver *n*
**propelled flight** (Aero, Mil) / Bahnabschnitt *m* mit Antrieb, aktiver Flugbahnabschnitt, Antriebsflug *m*, Motorflug *m*, Kraftflug *m*, Antriebsabschnitt *m* (ein Teil der Flugbahn eines ballistischen Körpers)
**propellent** *adj* (Eng) / antreibend *adj*, treibend *adj*, vorwärts treibend *adj*
**propeller*** *n* (Aero) / Luftschraube *f*, Propeller *m* ‖ **~** (Eng) / Laufrad *n* (einer Radialpumpe) ‖ **~*** (Ships) / Propeller *m*, Schiffsschraube *f*, Schiffspropeller *m* ‖ **~ area** (Aero) / Propellerkreisfläche *f*, Luftschraubenkreisfläche *f* ‖ **~ blade** (Aero) / Propellerblatt *n*, Luftschraubenblatt *n* ‖ **~ blade** (Ships) / Schiffsschraubenflügel *m*, Propellerflügel *m* ‖ **~ blade** (Ships) / Schiffsflügel *m*, Propellerblatt *n* ‖ **~ blast** (Aero) / Propellerstrahl *m*, Luftschraubenstrahl *m* ‖ **~ boss** (Aero) / Propellernabenstück *n* (bei festen Propellern) ‖ **~ bracket** (Ships) / Propellerbock *m*, Schraubenbock *m*, Wellenbock *m* (zur Lagerung des sich außerhalb des Schiffskörpers befindlichen Teils der seitlichen Propellerwellen bei Mehrschraubenschiffen) ‖ **~ clearance** (Aero) / Propellerblattspitzenfreiheit *f* ‖ **~ disk** (Aero) / Propellerkreis *m* ‖ **~ efficiency*** (Aero, Ships) / Propellerwirkungsgrad *m* ‖ **~ engine** (Aero) / Propellertriebwerk *n* ‖ **~ fan*** (Eng) / Axialgebläse *n* (mit einem Druckverhältnis von 1,1 bis 3) ‖ **~ governor** (Aero) / Propellerregler *m*, Luftschraubenregler *m* ‖ **~ head** (Comp) / Computerspezialist *m*, Techie *m* ‖ **~ hub*** (Aero) / Propellernabe *f* (in der die Blätter austauschbar befestigt sind) ‖ **~ hub** (Aero) / Luftschraubennabe *f* ‖ **~ load** (Aero, Ships) / Propellerbelastung *f* ‖ **~ mixer** (Chem Eng, Eng) / Propellermischer *m* ‖ **~ molecule** (Chem) / Propellermolekül *n* (das die Struktur von zwei-, meist jedoch dreizähligen Propellern aufweist) ‖ **~ nozzle** (Ships) / Propellerdüse *f* ‖ **~ pitch** (Aero, Ships) / Propellersteigung *f* ‖ **~ pitch reversing** (Aero) / Verstellen *n* des Propellers auf Bremsstellung ‖ **~ post*** (Ships) / Schraubensteven *m*, Propellersteven *m* ‖ **~ pump** (Eng, San Eng) / Schraubenpumpe *f* (eine Kreiselpumpe)
**propellers*** *pl* (Print) / Zugringe *m pl*, Zugrollen *f pl*
**propeller shaft*** (Aero, Ships) / Propellerwelle *f* ‖ **~ shaft*** (Autos) / Gelenkwelle *f*, Kardanwelle *f* (beim Hinterradantrieb) ‖ **~ speed** (Aero) / Propellerdrehzahl *f*, Luftschraubendrehzahl *f* ‖ **~ stirrer** (Chem Eng, Eng) / Propellerrührer *m* (Schnellrührer mit hochtourig rotierendem Flügelrad) ‖ **~ strut** (Ships) / Propellerbock *m*, Schraubenbock *m*, Wellenbock *m* (zur Lagerung des sich außerhalb des Schiffskörpers befindlichen Teils der seitlichen Propellerwellen bei Mehrschraubenschiffen) ‖ **~ thrust** (Aero) / Luftschraubenzugkraft *f*, Luftschraubenschub *m* ‖ **~ torque** (Aero, Ships) / Propellerdrehmoment *m* ‖ **~ turbine** (Eng) / Propellerturbine *f* (eine Niederdruckwasserturbine, deren Laufrad mit 4 bis 6 feststehenden propellerartigen Schaufeln versehen ist - eine Variante der Kaplanturbine) ‖ **~ turbine engine*** (Aero) / Turboprop-Triebwerk *n*, PTL-Triebwerk *n*, Propellerturbinen-Luftstrahltriebwerk *n*, Turbinen-Luftstrahltriebwerk *n*, Turboprop *m* (ein Gasturbinenflugzeugtriebwerk), TP-Triebwerk *n*, Propellerturbine *f* (ein Triebwerk)
**propeller-type runner** (Eng) / Propeller *m* (der Kaplan-Turbine) ‖ **~ stirrer** (Eng) / Propellerrührer *m*
**propeller-type water turbine*** (Eng) / Propellerturbine *f* (eine Niederdruckwasserturbine, deren Laufrad mit 4 bis 6 feststehenden propellerartigen Schaufeln versehen ist - eine Variante der Kaplanturbine)
**propeller-type wind turbine** / Windturbine *f* des Propellertyps
**propeller wash** (Aero) / Propellerstrahl *m*, Luftschraubenstrahl *m* ‖ **~ well** (Ships) / Schraubenbrunnen *m*, Propellerbrunnen *m*
**propelling** *adj* (Eng) / antreibend *adj*, treibend *adj*, vorwärts treibend *adj* ‖ **~ charge** / Treibsatz *m* (schiebend wirkender Schießstoff in Munition und Raketentriebwerk in der Pyrotechnik) ‖ **~ nozzle*** (Aero) / Schubdüse *f* (strömungstechnisches Bauteil zur möglichst verlustarmen Umwandlung von Druckenergie in Geschwindigkeitsenergie) ‖ **~ pencil** / Drehbleistift *m*
**propelling-pencil lead** / Druckbleistiftmine *f*

**prop-2-enal** *n* (Chem) / Propenal *n*, Akrylaldehyd *m*, Acrylaldedhyd *m*, Acrolein *n*, Akrolein *n*, Allylaldehyd *m*
**propene*** *n* (Chem) / Propylen *n*, Propen *n* ‖ **~*** (Chem) / Propylen *n*, Propen *n*
**propenenitrile** *n* / Acrylnitril *n*, Acrylsäurenitril *n*, Akrylnitril *n*, Akrylsäurenitril *n*, Propennitril *n*, Vinylzyanid *n*
**propenoate** *n* (Chem) / Acrylat *n*, Akrylat *n* (Salz oder Ester der Akrylsäure)
**prop-2-enoic acid*** (Chem) / Acrylsäure *f* (einfach ungesättigte, unverzweigte Fettsäure), Akrylsäure *f*, Propensäure *f*, Vinylcarbonsäure *f*, Vinylkarbonsäure *f*, Ethencarbonsäure *f*, Ethenkarbonsäure *f*
**propenol** *n* (2-propen-1-ol) (Chem) / Allylalkohol *m* (2-Propen-1-ol)
**propensity towards singing** (Radio, Telecomm) / Pfeifneigung *f*
**propentdyopents** *pl* (Biochem, Pharm) / Propentdyopente *n pl*
**propenyl acetate** (Chem) / Propen-2-ylazetat *n*, Propen-2-ylacetat *n* ‖ **~ isothiocyanate** (Chem) / Allylisothiozyanat *n* (Hauptbestandteil des etherischen Senföls), Allylisothiocyanat *n*, Allylsenföl *n*
**propeptide** *n* (Biochem) / Propeptid *n*
**proper** *adj* / sachgemäß *adj* (Umgang) ‖ **~** / Eigen-, eigen *adj*, eigentlich *adj*, echt *adj*
**properdin*** *n* (Biochem) / Properdin *n* (Komplementfaktor P)
**proper formatting** (Comp) / einwandfreie Formatierung ‖ **~ fraction*** (that is less than one, with the numerator less than the denominator) (Maths) / echter Bruch
**propergol** *n* (Fuels, Space) / Propergol *n* (Arbeitsmedium eines Raketentreibstoffs)
**proper inclusion** (Maths) / echte Inklusion (als echte Teilmenge)
**properly divergent sequence** (Maths) / bestimmt divergente Folge, eigentlich divergente Zahlenfolge
**proper motion*** (the part of the apparent motion of a fixed star that is due to its actual movement in space relative to the sun) (Astron) / Eigenbewegung *f* (pekuliare, parallaktische) ‖ **~ precaution** / geeignete Vorsichtsmaßnahme ‖ **~ quadric** (Maths) / eigentliche Fläche zweiter Ordnung, nicht entartete Fläche zweiter Ordnung ‖ **~ state** (Phys) / Eigenzustand *m* (jeder quantenmechanische Zustand eines mikrophysikalischen Systems, der durch eine sich als Eigenfunktion der zeitunabhängigen Schrödinger-Gleichung des Systems ergebende quantenmechanische Wellenfunktion beschrieben wird) ‖ **~ subgroup** (Maths) / echte Untergruppe ‖ **~ subset** (Maths) / echte Untermenge, eigentliche Untermenge
**properties** *pl* (Materials) / Verhalten *n* (des Materials)
**proper time** (Phys) / Eigenzeit *f* (bei der Zeitdilatation)
**property** *n* / Vermögen *n* (Eigenschaft), Fähigkeit *f* (Eigenschaft) ‖ **~** / Beschaffenheit *f*, Natur *f* ‖ **~** (Chem, Phys) / Eigenschaft *f* ‖ **~ line** (Mining, Surv) / Feldesgrenze *f*, Markscheide *f* ‖ **~ list** (AI) / Eigenschaftsliste *f* ‖ **~ sheet** (Comp) / Property Sheet *m* (Form der Benutzerschnittstelle) ‖ **~ sort** (Comp) / Selektion *f* nach Eigenschaften
**Properzi process** (Foundry) / Properzi-Gießverfahren *n* (Gießwalzen von Drähten und Bändern)
**prop-fan** *n* (Aero) / Propfan *m* (durch eine Turbine angetriebenes Luftschraubentriebwerk, z.B. CRISP), Propfan-Triebwerk *n* ‖ **~ engine** (Aero) / Propfan *m* (durch eine Turbine angetriebenes Luftschraubentriebwerk, z.B. CRISP)
**prop-free** *adj* (Mining) / stempelfrei *adj*
**prop-free front** (Mining) / stempelfreie Abbaufront
**propham** *n* (Agric, Chem) / Propham *n* (ein selektives Vor- und Nachlaufherbizid)
**prophase*** *n* (Biol, Gen) / Prophase *f* (eine charakteristische Phase der Mitose, Teil der 1. meiotischen Teilung)
**prophylactic** *adj* / vorsorglich *adj*, prophylaktisch *adj*, vorbeugend *adj*, präventiv *adj*
**prophylaxis** *n* / Prophylaxe *f* ‖ s. also prevention
**propinic acid** (Chem) / Propiolsäure *f*, Propinsäure *f*, Acetylencarbonsäure *f*, Azetylenkarbonsäure *f*
**propiolactone** *n* (1,3-propanolide) (Chem) / Propiolakton *n*, Propiolacton *n* (ein Zwischenprodukt der organischen Synthese - Krebs erregend)
**propiolic acid*** (Chem) / Propiolsäure *f*, Propinsäure *f*, Acetylencarbonsäure *f*, Azetylenkarbonsäure *f*
**propionaldehyde** *n* (Chem) / Propanal *n*, Propionaldehyd *m*
**propionamide** *n* (Chem) / Propionamid *n*, Propanamid *n*
**propionate** *n* (Chem) / Propionat *n* (Salz und Ester der Propionsäure)
**propionic acid*** (Chem) / Propionsäure *f* (eine Monokarbonsäure - E 280), Propansäure *f* ‖ **~ acid fermentation** (Chem, Nut) / Propionsäuregärung *f* ‖ **~ anhydride** (Chem) / Propionsäureanhydrid *n*, Propionyloxid *n*
**propionitrile** *n* (Chem) / Propionitril *n*, Propannitril *n*
**propionyl chloride** (Chem) / Propionsäurechlorid *n*
**propiophenone** *n* (Chem) / Propiophenon *n*

**prop-jet**

**prop·-jet** *n* (Aero) / Turboprop-Triebwerk *n*, PTL-Triebwerk *n*, Propellerturbinen-Luftstrahltriebwerk *n*, Turbinen-Propeller-Luftstrahltriebwerk *n*, Turboprop *m* (ein Gasturbinenflugzeugtriebwerk), TP-Triebwerk *n*, Propellerturbine *f* (ein Triebwerk) || **~-jet engine** (Aero) / Turboprop-Triebwerk *n*, PTL-Triebwerk *n*, Propellerturbinen-Luftstrahltriebwerk *n*, Turbinen-Propeller-Luftstrahltriebwerk *n*, Turboprop *m* (ein Gasturbinenflugzeugtriebwerk), TP-Triebwerk *n*, Propellerturbine *f* (ein Triebwerk)
**proplyd** *n* (Astron) / protoplanetarische Scheibe, Proplyd *n*
**propolis** *n* / Propolis *f* (Bienenwachs), Bienenharz *n*, Kittharz *n*, Bienenkitt *m*
**proponent of nuclear energy** (plants) (Nuc Eng) / Befürworter *m* der Kernenergie, Atomkraftbefürworter *m*
**proportion** *v* / vermaßen *v*, dimensionieren *v*, die Größe bestimmen, bemessen *v* (dimensionieren), auslegen *v* (dimensionieren) || ~ (Eng) / zumessen *v*, dosieren *v* (DIN 1319, T 1), zudosieren *v* || **~** *n* (Maths) / Proportion *f*, Verhältnisgleichung *f* (a:b = c:d) || **in ~** (Print) / maßstabsgetreu *adj* (verkleinern, vergrößern)
**proportional** *n* (Maths) / Proportionale *f* (Rechenglied in einer Proportion) || **~** *adj* (Maths) / Proportional-, proportional *adj* (im gleichen Verhältnis stehend), verhältnisgleich *adj* || **~** (control) **action** (Automation) / P-Verhalten *n* (bei dem die Ausgangsgröße stets im gleichen Verhältnis zur Eingangsgröße ist), proportionales Verhalten, Proportionalverhalten *n*
**proportional-action controller** (Automation) / proportionalwirkender Regler, Proportionalregler *m*, P-Regler *m*
**proportional amplifier** (Automation) / Proportionalverstärker *m* || **~ bar** (Materials) / Proportionalstab *m* (eine Probenform nach DIN 50 125) || **~ compasses** (Eng) / Reduktionszirkel *m* || **~ control** (Automation) / Proportionalregelung *f* || **~ control factor** (Automation) / Proportionalfaktor *m* || **~ controller** (Automation) / proportionalwirkender Regler, Proportionalregler *m*, P-Regler *m* || **~ counter*** (Nuc, Nuc Eng, Radiol) / Proportionalzählrohr *n* (bei dem die Gasverstärkung im Proportionalbereich bleibt), Proportionalzähler *m*, Proportionaldetektor *m* || **~ counter tube** (Nuc, Radiol) / Proportionalzählrohr *n* (bei dem die Gasverstärkung im Proportionalbereich bleibt), Proportionalzähler *m*, Proportionaldetektor *m*
**proportional-derivative action** (Automation) / Proportional-Differential-Verhalten *n*, PD-Verhalten *n* || **~ controller** (Automation) / Proportional-Differential-Regler *m*, PD-Regler *m*
**proportional dividers** (Eng) / Reduktionszirkel *m* || **~ elastic limit** (Mech) / Proportionalitätsgrenze *f* (in der Elastizitätslehre) || **~ element** (Automation, Telecomm) / Proportionalglied *n* (ein Übertragungsglied), P-Glied *n* || **~ element** (Automation) / Proportionalglied *n* || **~ face** (Comp) / Proportionalschrift *f* (der grafischen Benutzeroberfläche)
**proportional-floating-derivative controller** (Automation) / proportional-integral wirkender Regler mit Vorhalt, PID-Regler *m*, Proportional-Integral-Differential-Regler *m*
**proportional font** (Comp, Typog) / Proportionalschrift *f* (Gegenteil von Monospacing-Schrift in der Textverarbeitung) || **~ function** (Maths) / Proportionalfunktion *f* || **~ gain** (Automation) / Proportionalverstärkung *f*
**proportional-integral action** (Automation) / Proportional-Integral-Verhalten *n*, PI-Verhalten *n* || **~ controller** (Automation) / Proportional-Integral-Regler *m*, PI-Regler *m*
**proportional-integral-derivative action** (Automation) / PID-Verhalten *n*
**proportional ionization chamber*** (Nuc, Nuc Eng) / Proportionalkammer *f* (eine Gasspurkammer)
**proportionality** *n* (Maths) / Proportionalität *f*, Verhältnisgleichheit *f* || **~ limit** (largest stress for which the stress-strain relationship is linear) (Mech) / Proportionalitätsgrenze *f* (in der Elastizitätslehre)
**proportional navigation** (Nav) / Proportionalnavigation *f* || **~ pitch** (Comp) / proportionaler Zeichenabstand, proportionaler Zeichenschritt || **~ range** (Automation) / Proportionalbereich *m* || **~ region*** (Nuc, Nuc Eng) / Proportionalbereich *m* (des Zählrohrs), Proportionalitätsbereich *m* || **~ response** (Electronics) / Proportionalverhalten *n* (eines Bauelements) || **~ safety valve** (Eng) / Proportionalsicherheitsventil *n* || **~ spaced font** (Comp) / Proportionalschrift *f* (der grafischen Benutzeroberfläche) || **~ spacing** / proportionaler Schreibschritt (der Schreibmaschine, bei der nicht alle Schriftzeichen die gleiche Breite haben) || **~ spacing** (Comp, Typog) / Proportionalschrift *f* (Gegenteil von Monospacing-Schrift in der Textverarbeitung) || **~ test specimen** (Materials) / Proportionalstab *m* (eine Probenform nach DIN 50 125) || **~ valve** (Eng) / Proportionalventil *n* (zur analogen Wandlung eines elektrischen Signals in hydraulische Größen)
**proportionate** *adj* (Maths) / Proportional-, proportional *adj* (im gleichen Verhältnis stehend), verhältnisgleich *adj*

**proportioning** *n* (Eng) / Dosieren *n* (DIN 1319, T 1), Dosierung *f*, Zudosierung *f*, Zumessung *f* || **~** (Eng) / Dimensionierung *f* (Arbeitsstufe der Betriebsprojektierung), Größenbestimmung *f*, Bemessung *f*, Auslegung *f* (Dimensionierung) || **~ coal mixtures** (US) / Dosierung *f* (eines Kohlengemisches) || **~ pump** (Eng) / Dosierungspumpe *f*, Dosierpumpe *f*, Zumesspumpe *f* || **~ system** (Paper) / Stoffzentrale *f* (in der die aufbereiteten Faserstoffe und Hilfsstoffe mit Wasser vermahlen und vermengt werden)
**proportion with equal means** (Maths) / stetige Proportion (mit gleichen Innen- und Außengliedern)
**proposal for a technical improvement** / technischer Verbesserungsvorschlag
**proposition** *n* (AI) / Proposition *f* (der Satz als Informationseinheit - nicht im Hinblick auf seine grammatische Form) || **~** (AI, Maths) / Aussage *f* (wahr oder falsch - in der Logik), Proposition *f*
**propositional** *adj* (AI) / propositional *adj* (den Satz als Informationseinheit betreffend) || **~ calculus*** (AI, Maths) / Propositionskalkül *m*, Aussagenkalkül *m*, propositionaler Kalkül *m* || **~ form** (Maths) / Aussageform *f* || **~ knowledge** (AI) / propositionales Wissen *n* || **~ logic** (AI) / Junktorenlogik *f*, Aussagenlogik *f*, Wahrheitswertelogik *f*
**propound** *v* / formulieren *v* (eine Regel), darstellen *v* (eine Regel)
**propoxide** *n* (Chem) / Propanolat *n*, Propylat *n* (ein Alkoholat), Propoxid *n*
**propoxyphene** *n* (a synthetic compound chemically related to methadone, used as a mild narcotic analgesic) (Pharm) / Propoxyphen *n*
**proppant*** *n* (Oils) / Frac-Stützmaterial *n*
**propping** *n* (Build, Carp) / Aussteifen *n*, Absteifen *n* (mit drucksicheren Pfosten oder Streben), Versteifen *n* (Abstützen), Abspreizen *n*, Abspreißen *n*, Absteifung *f* || **~** (Mining) / Einbringen *n* des Ausbaus, Grubenausbau *m* (Tätigkeit)
**propranolol** *n* (a synthetic compound which acts as a beta blocker and is used mainly in the treatment of cardiac arrhytmia) (Pharm) / Propranolol *n*
**prop resistance** (Mining) / Stempelstützkraft *f* (Nennlast als Fähigkeit zur Lastaufnahme)
**proprietary** *adj* (Comp) / anwendereigen *adj* (Software), proprietär *adj* (nur für ein spezielles Computermodell verwendbar) || **~ advantage** / unternehmenseigener Wettbewerbsvorteil (z.B. auch die Organisation), patentrechtlich schützbarer Gegenstand eines Patents || **~ article** / Markenartikel *m* || **~ name** / Markenname *m* (der Teil der Marke, welcher verbal wiedergegeben werden kann), Markenbezeichnung *f* || **~ preparation** (Pharm) / Medikament, dessen Name unter Warenzeichenschutz steht, Markenmedikament *n* || **~ term** / Markenname *m* (der Teil der Marke, welcher verbal wiedergegeben werden kann), Markenbezeichnung *f*
**proprietor of the patent** / Patentinhaber *m*
**props** *pl* (Mining, Ships) / Props *pl* (Grubenholz im Seetransport)
**propulsion** *n* (Aero, Eng) / Vortrieb *m* || **~** (Eng, Mech) / Antrieb *m* (der einem Körper zugeführte Impuls) || **~** (Ships) / Propulsion *f* || **~ gear** (Eng) / Antriebsorgan *n*, Triebwerk *n* || **~ reactor*** (Eng, Nuc Eng) / Antriebsreaktor *m* || **~ system** (Aero) / Antriebsaggregat *n*
**propulsive duct*** (Aero) / Schubrohr *n* (ein Staustrahltriebwerk) || **~ efficiency** (Aero) / Vortriebswirkungsgrad *m* || **~ force** (Aero, Ships) / Vortrieb *m* (Kraft, die die Vorwärtsbewegung eines Schiffs oder eines Flugzeugs bewirkt), Vortriebskraft *f* || **~ force** (Autos, Eng, Phys) / Antriebskraft *f*, Treibkraft *f* || **~ power** (Autos) / Vortriebskraft *f* || **~ thrust** (Aero) / Schub *m* (Vortriebskraft), Schubkraft *f*
**propwash** *n* (US) (Aero) / Propellerstrahl *m*, Luftschraubenstrahl *m*
**propyl** *n* (Chem) / Propyl *n*, Propylgruppe *f*
**propyla** *pl* (Arch) / Propyläen *pl* (antiker Torbau)
**propyl acetate** (Chem) / Essigsäurepropylester *m*, Propylacetat *n*, Propylazetat *n*
**propylaea** *pl* (Arch) / Propyläen *pl* (antiker Torbau)
**propyl alcohol*** (Chem) / Propanol *n*, Propylalkohol *m*
**propylamine** *n* (Chem) / Propylamin *n*, Aminopropan *n*
**propyl benzene** (phenylpropane) (Chem) / Propylbenzol *n* (1-Phenylpropan) || **~ chloride** (Chem) / Propylchlorid *n*, Chlorpropan *n*
**propylene*** *n* (Chem) / Propylen *n*, Propen *n* || **~ aldehyde** (Chem) / Krotonaldehyd *m*, Crotonaldehyd *m* (2-Butenal) || **~ carbonate** (Chem) / Propylenkarbonat *n*, Propylencarbonat *n* (4-Methyl-1,3-dioxolan-2-on) || **~ dichloride*** (Chem) / Propylendichlorid *n*, 1,2-Dichlorpropan *n* || **~ fractionation** (Chem) / Propylenfraktionierung *f* || **~ fractionation column** (Chem) / $C_3$-Splitter *m*, Propylenfraktionator *m*, Propylensplitter *m* || **~ glycol*** (Chem) / 1,2-Propandiol, Propylenglykol *n*, Propylenglycol *n*
**propylene-glycol alginate** (Chem, Nut) / Propylenglycolalginat *n*, Propylenglykolalginat *n* (E 405)
**propylene oxide** (Chem, Paint, Plastics) / Propylenoxid *n* (1,2-Epoxypropan), Methyloxiran *n* || **~ splitter** (Chem) / $C_3$-Splitter

1232

*m*, Propylenfraktionator *m*, Propylensplitter *m* || ~ **tetramer** (Chem) / Dodekan *n*, Dodecan *n*

**propyl formate** (Chem) / Ameisensäurepropylester *m*, Propylformiat *n* || ~ **gallate** (Nut) / Propylgallat *n*, PG, Gallussäurepropylester *m* (ein Antioxidans für Lebensmittel) || ~ **glycol** (Chem, Paint) / Propylglycol *n*, Propylglykol *n*, Ethylenglycolmonopropylether *m*, Ethylenglykolmonopropylether *m* || ~ **group** (Chem) / Propyl *n*, Propylgruppe *f* || ~ **heptanoate** (Chem) / Propylheptanoat *n*

**propylite** *n* (Geol) / Propylit *m* (Varietät von Andesit)

**propylitization** *n* (Geol) / Propylitisierung *f* (Vergrünung von Eruptivgesteinen, vor allem Daziten und Andesiten)

**propyl paraben** (Chem) / Propylparaben *n*

**propyne*** *n* (Chem) / Propin *n* (ein stark reaktionsfähiges Gas der Alkin-Reihe)

**propynoic acid** (Chem) / Propiolsäure *f*, Propinsäure *f*, Acetylencarbonsäure *f*, Azetylenkarbonsäure *f*

**PROR** (procedure) (Comp) / Prozedur *f* (vom Betriebssystem einer DV-Maschine gesteuerter Ablauf oder gesteuerte Operation)

**proration** *n* (Aero) / Proratierung *f* (Prinzip und Vorgang der Aufteilung von Einnahmen bei mehreren Luftverkehrsunternehmen) || ~ (Oils) / Festsetzung *f* der Förderquoten

**proscenium*** (*pl -s or -nia*) *n* (Build) / Proszenium *n* (pl. -nien), Vorbühne *f*

**proscillaridin** *n* (Pharm) / Proscillaridin *n* (ein Herzglykosid aus der Weißen Meerzwiebel)

**prospect** *v* (for minerals) (Geol, Min, Mining) / schürfen *v*, prospektieren *v*, aufsuchen *v* || ~* *n* (Geol, Mining) / unerkundetes Grubenfeld || ~* (Geol, Mining) / höffliches Gebiet, höffiges Gebiet (in dem das Auffinden eines Bodenschatzes zu erhoffen ist), Schürfgebiet *n*, Hoffnungsgebiet *n* || ~ **for the future** / Zukunftschancen *f pl*, Zukunftsperspektiven *f pl*, Aussichten *f pl* (z.B. für einen Industriezweig) || ~ **hole** (Mining, Oils) / Prospektionsbohrung *f*

**prospecting** *n* (Geol, Min, Mining) / Schürfen *n* (Aufsuchen von Mineralien und nutzbaren Gesteinen an ihrer natürlichen Lagerstätte), Schürfung *f*, Prospektion *f*, Prospektieren *n* || ~ **ditch** (Mining) / Schürfgraben *m* || ~ **trench** (Mining) / Schürfgraben *m*

**prospection drilling** (Oils) / Erkundungsbohren *n*, Schürfbohren *n*, Erkundungsbohrung *f*

**prospective** *adj* (Biol) / prospektiv *adj* || ~ **current** (of a circuit) (Elec Eng) / unbeeinflusster Strom (eines Stromkreises, bezogen auf den G-Sicherungseinsatz) || ~ **customer** / möglicher Käufer, Kaufinteressent *m* || ~ **ore** (Mining) / erschürftes Erz

**prospector** *n* (Geol, Mining, Oils) / Schürfer *m*, Prospektor *m*

**prospect shaft** (Civ Eng, Mining) / Schürfschacht *m*, Schürfloch *n*, Schürfgrube *f*, Sondierschacht *m* || ~ **tower** (Arch) / Aussichtsturm *m* || ~ **tunnel** (Mining) / Schürfstollen *m*

**prospectus** *n* / Prospekt *m* (Auskunft über ein zukünftiges Produkt) || ~ / Emissionsprospekt *m* (Auskunft über ein Unternehmen oder eine pädagogische Institution) || ~ (Print) / Voranzeige *f* (eines Buches)

**prospect well** (Mining, Oils) / Prospektionsbohrung *f*

**prostacycline** *n* (Biochem, Pharm) / Prostacyclin *n*, Prostazyklin *n* (ein Hormon)

**prostaglandin*** *n* (Biochem, Pharm) / Prostaglandin *n* (ein Hormon), PG (Prostaglandin)

**prostar** *n* (Astron) / Protostern *m* (früheste Phase der Sternentwicklung)

**prostereoisomerism** *n* (Chem) / Prostereoisomerie *f* (in der Stereochemie)

**prosthetic alloy** (Met) / Legierung *f* für Endoprothesen und Alloplastik || ~ **group*** (Biochem) / prosthetische Gruppe

**protactinium*** *n* (Chem) / Protactinium (Pa) *n*, Protaktinium *n*, Pa || ~ **fluoride** (Chem) / Protactiniumfluorid *n* (PaF$_4$), Protaktiniumfluorid *n*

**protamine*** *n* (Biochem, Cyt) / Protamin *n* (eine Eiweißart)

**protanomaly** *n* (Optics) / Protanomalie *f*, Rotschwäche *f* (eine Form der Farbenfehlsichtigkeit)

**protanopia** *n* (Optics) / Protanopie *f*, Rotblindheit *f*

**protanopic*** *adj* (Optics) / protanop *adj*, rotblind *adj*

**protease*** *n* (Biochem) / Peptidhydrolase *f*, Protease *f*, Peptidase *f* || ~ **unit** (Biochem, Pharm) / Protease-Einheit *f*, PE (Protease-Einheit)

**protect** *v* / sichern *v*, schützen *v* || ~ (against, from) / schützen *v* (vor, gegen)

**protected by a patent** / patentrechtlich geschützt || ~ **field** (Comp) / geschütztes Feld || ~ **from rain** / regengeschützt *adj* (Raum) || ~ **from wind** / windgeschützt *adj* || ~ **location** (Comp) / geschützter Speicherplatz, geschützte Speicherzelle

**protected-type*** *attr* (Elec Eng) / berührungssicher abgedeckt (z.B. mit Schutzhülle), gegen Berührung geschützt || ~* (Elec Eng) / geschützt *adj*

**protecting** *adj* / schützend *adj*, Schutz- || ~ **diode** (Electronics) / Schutzdiode *f* || ~ **glass** (Glass) / Schutzglas *n* || ~ **hood** (Welding) / Schutzhaube *f*

**protection** *n* / Schutz *m* || ~ / Absicherung *f*, Abschirmung *f* || ~ (prevention of access) (Comp) / Sperre *f* (Zugangssperre) || ~ **against** (accidental) **contact** (Elec Eng, Med) / Berührungsschutz *m* (DIN 57470, T 1), Schutz *m* gegen gefährliche Körperströme, Berührungsspannungsschutz *m* || ~ **against electric shock** (Elec Eng, Med) / Berührungsschutz *m* (DIN 57470, T 1), Schutz *m* gegen gefährliche Körperströme, Berührungsspannungsschutz *m* || ~ **against erosion** (Hyd Eng) / Erosionsschutz *m* || ~ **against flying** (falling) **stones** (Civ Eng) / Steinschlagschutz *m* (im Allgemeinen) || ~ **against noise** (Acous, Build, Ecol) / Lärmschutz *m* (aktiver, passiver), Schutz *m* vor Lärm || ~ **and conservation of natural resources** (of the natural environment) (Ecol) / Schutz *m* und Erhalt der natürlichen Umwelt || ~ **area** / Schutzbereich *m* (bei Korrosion) || ~ **cap*** (Elec Eng) / Schutzkappe *f*, Schutzabdeckung *f* (für rotierende Teile) || ~ **circuit** / Schutzschaltung *f* (eine Schaltung des Berührungsspannungsschutzes) || ~ **class** (Elec Eng) / Schutzklasse *f* (ein Ordnungsbegriff für Schutzmaßnahmen gegen zu hohe Berührungsspannungen) || ~ **class** (Elec Eng) / Schutzart *f* (elektrischer Maschinen nach DIN 40050) || ~ **domain** (Comp) / Kompetenzbereich *m* || ~ **factor** (against sunburn) (Chem, Med) / Lichtschutzfaktor *m*, LSF (Lichtschutzfaktor) || ~ **from the elements** (Build) / Schutz *m* vor Witterungseinflüssen || ~ **from the wind** / Windschutz *m* (im Allgemeinen) || ~ **master** / Sicherheitskopie *f* (die für den Fall hergestellt wird, dass das Orginalnegativ beschädigt wird oder verloren geht) || ~ **notch** (Comp) / Schreibschutzkerbe *f* (mechanisches Sicherungselement bei Disketten) || ~ **of data privacy** (Comp) / Datenschutz *m* (Maßnahmen oder Einrichtungen oder deren abschirmende Wirkung gegen die Beeinträchtigung von Persönlichkeitsrechten durch Missbrauch von personenbezogenen Daten) || ~ **of health and safety standards at work** (Med, Work Study) / Arbeitsschutz *m* || ~ **of industrial property** / gewerblicher Rechtsschutz || ~ **of** (historical) **monuments** (Arch) / Denkmal(s)pflege *f*, Denkmal(s)schutz *m* || ~ **of posteriority** (Ecol) / Nachweltschutz *m* || ~ **of species** (Biol, Ecol, Umwelt) / Artenschutz *m* || ~ **of the environment** (Ecol) / Umweltschutz *m*, Umweltpflege *f* || ~ **of waters** (Ecol) / Gewässerschutz *m* || ~ **potential** (Surf) / Schutzpotential *n* (Korrosion) || ~ **rating** (Phys) / Schutzstufe *f* (Laser, z.B. M, D, R) || ~ **relay** (Elec Eng) / Schutzrelais *n*

**protective** *adj* / schützend *adj*, Schutz- || ~ **action** / Schutzwirkung *f* || ~ **apparel** (Textiles) / Schutzkleidung *f* (Hitze-, Säure-, Strahlen-), Schutzanzug *m*, Schutzbekleidung *f* (DIN 4847) || ~ **apron** (Textiles) / Schutzkittel *m* || ~ **area** / Schutzbereich *m* (bei Korrosion) || ~ **atmosphere** (Welding) / Schutzatmosphäre *f* || ~ **cab** (Autos) / Fahrerhaus *n* mit Schutzverdeck, Führerhaus *n* mit Schutzverdeck || ~ **casing** / Schutzgehäuse *n* || ~ **casing** (Oils) / Zwischenrohrfahrt *f*, Schutzrohrfahrt *f* || ~ **chemical** (Chem) / Schutzchemikalie *f* || ~ **circuit** / Schutzschaltung *f* (eine Schaltung des Berührungsspannungsschutzes) || ~ **clothing** (Textiles) / Schutzkleidung *f* (Hitze-, Säure-, Strahlen-), Schutzanzug *m*, Schutzbekleidung *f* (DIN 4847) || ~ **clothing leather** (Leather) / Asaleder *n*, Leder *n* für Arbeitsschutzartikel || ~ **coating** / Schutzhaut *f* || ~ **coating** (Cables) / Schutzhülle *f* || ~ **coating*** (Chem, Plastics, Surf) / Schutzüberzug *m*, schützender Überzug, Schutzbeschichtung *f* || ~ **coating** (Paint, Surf) / Schutzschicht *f* (DIN 50902), Oberflächenschutzschicht *f* || ~ **coating** (Paint) / Schutzanstrich *m*

**protective-coat testing** (Paint, Surf) / Schutzschichtprüfung *f*, Schichtprüfung *f*

**protective colloid*** (Chem) / Schutzkolloid *n* (ein lyophiles Kolloid), protektives Kolloid

**protective-colloid action** (Chem) / schutzkolloidale Wirkung

**protective** (earthed) **conductor** (Elec Eng) / PE-Leiter *m*, Schutzleiter *m* (grün-gelb) || ~ **cover** (Cables) / Schutzhülle *f* || ~ **current** (Elec Eng, Surf) / Korrosionsschutzstrom *m*, Schutzstrom *m* (Gleichstrom, der dem Schutzobjekt von einer katodischen oder von einer anodischen Schutzstromanlage zugeführt wird)

**protective-current density** (Surf) / Schutzstromdichte *f* (Summenstromdichte, die notwendig ist, um beim elektrochemischen Korrosionsschutz das Schutzpotential zu erreichen oder zu überschreiten)

**protective device** (Elec Eng) / Schutzanlage *f*, Sicherungsvorrichtung *f* || ~ **diode** (Electronics) / Schutzdiode *f* || ~ **earth** (Elec Eng) / Schutzerde *f* || ~ **earthing** (Elec Eng) / Schutzerdung *f* (eine Schutzmaßnahme) || ~ **equipment** (Elec Eng) / Schutzeinrichtung *f* || ~ **film** / Schutzfilm *m*

**protective-film testing** (Paint, Surf) / Schutzschichtprüfung *f*, Schichtprüfung *f*

**protective finish** (Plastics, Surf) / Schutzüberzug *m*, schützender Überzug, Schutzbeschichtung *f* || ~ **function** / Schutzfunktion *f* || ~

1233

**protective**

**fungicide** (Agric, Chem) / protektives Fungizid ‖ **~ furnace atmosphere*** (Heat) / Schutzgasatmosphäre f (z.B. Edelgase - im Ofen) ‖ **~ gap** (Elec Eng, Telecomm) / Schutzfunkenstrecke f (eine Funkenstrecke zwischen Leiter und Erde in Luft mit atmosphärischem Druck) ‖ **~ garment** (Textiles) / Schutzkleidung f (Hitze-, Säure-, Strahlen-), Schutzanzug m, Schutzbekleidung f (DIN 4847) ‖ **~ gas** (Met, Welding) / Schutzgas n (DIN 32526) ‖ **~ gear*** (Elec Eng) / Schutzeinrichtung f, Schutz m (Einrichtung), Schutzvorrichtung f, Schutzgerät n ‖ **~ glass** (Glass) / Schutzglas n ‖ **~ gloves** / Schutzhandschuhe m pl (DIN 4841, T 1) ‖ **~ goggles** / Schutzbrille f (DIN 58210 und 58211) ‖ **~ grid** (Teleph) / durchlochtes Schutzblech (einer alten Kohlemikrofonkapsel) ‖ **~ ground** (US) (Elec Eng) / Schutzerde f ‖ **~ grounding** (US) (Elec Eng) / Schutzerdung f (eine Schutzmaßnahme) ‖ **~ group** (Chem) / Schutzgruppe f ‖ **~ horn** (Elec Eng) / Lichtbogenschutzhorn n, Schutzhorn n ‖ **~ housing** / Schutzgehäuse n ‖ **~ installation** / Schutzanlage f, Sicherungsvorrichtung f ‖ **~ jacket** (Cables) / Schutzmantel m ‖ **~ lacquer** (physically drying) (Paint) / Schutzlack m ‖ **~ leader** (Cinema) / Schutzfilm m (ein Stück unbearbeiteter Film, der an den Anfang oder an das Ende einer Filmrolle gesetzt ist) ‖ **~ leggings** / Schutzgamaschen f pl ‖ **~ lighting** (Light) / Schutzbeleuchtung f ‖ **~ lubricant** (Comp) / Vlies n (an der Innenseite der Diskettenhülle) ‖ **~ mechanism** / Schutzmechanismus m ‖ **~ motor switch** (Elec Eng) / Motorschutzschalter m ‖ **~ moulding** (Autos) / Flankenschutzleiste f, Rammschutzleiste f ‖ **~ multiple earthing** (Elec, Elec Eng) / TN-Netz n (mit einem direkt geerdeten Punkt; die Körper der elektrischen Anlage sind über Schutzleiter bzw. PEN-Leiter mit diesem Punkt verbunden), Mehrfachschutzerdung f ‖ **~ net against flying** (falling) **stones** (Civ Eng) / Steinschlagschutznetz n ‖ **~ paint** (Paint) / Schutzlack m (im Allgemeinen) ‖ **~ paper** (Paper) / Schutzpapier n ‖ **~ plate** / Schutzblech n (im Allgemeinen) ‖ **~ relay** (Elec Eng) / Schutzrelais n ‖ **~ scale** (as in water-supply lines) (Plumb) / Kalkrost-Schutzschicht f (bei wasserführenden Rohren der Hausinstallation) ‖ **~ sheath** (Cables) / Schutzmantel m ‖ **~ sheet** / Schutzblech n (im Allgemeinen) ‖ **~ shielding gas** (Met, Welding) / Schutzgas n (DIN 32526) ‖ **~ signalling plant** / Warneinrichtung f, Alarmanlage f ‖ **~ sleeve** (Eng) / Hülle f ‖ **~ system*** (Elec Eng) / Schutzart f (als System) ‖ **~ varnish** (Paint) / Schutzlack m (unpigmentiert) ‖ **~ wax** / Schutzwachs n

**protector** n (Elec Eng) / Schutzeinrichtung f, Schutz m (Einrichtung), Schutzvorrichtung f, Schutzgerät n ‖ **~** (Electronics) / Löschrohr n ‖ **~*** (Electronics) / Schutzglimmröhre f ‖ **~ gap** (Elec Eng) / Pegelfunkenstrecke f (Funkenstrecke in Luft) ‖ **~ tube** (Electronics) / Löschrohr n

**protect the position** / lagesichern v (ein HHO)

**proteic substance** (Biochem) / Eiweißstoff m, Eiweißkörper m, Protein n, Eiweiß n

**protein*** n (Biochem) / Eiweißstoff m, Eiweißkörper m, Protein n, Eiweiß n ‖ **~ A*** (Biochem) / Protein A n (ein bakterielles Zellwandprotein)

**proteinaceous** adj (Biochem) / proteinhaltig adj, eiweißhaltig adj, albuminös adj ‖ **~** (Biochem) / proteinartig adj, eiweißähnlich adj

**proteinase** n (Biochem) / Proteinase f (eine Protease), Endopeptidase f ‖ **~ inhibitor** (Bot) / Proteinaseinhibitor m (Protein in pflanzlichen Speicherorganen)

**protein binding** (Biochem) / Proteinbindung f ‖ **~ biosynthesis** (a cyclic, energy-requiring, multistage process, in which free amino acids are polymerized in a genetically determined sequence to form polypeptides) (Biochem) / Eiweißsynthese f, Proteinsynthese f, Proteinbiosynthese f, Translation f ‖ **~ breakdown** (Biochem) / Proteolyse f (Proteinabbau), Eiweißspaltung f (Proteinabbau), Eiweißabbau m ‖ **~ chemistry** (Chem) / Eiweißchemie f, Proteinchemie f

**protein-cutting** adj (Biochem) / eiweißabbauend adj, proteolytisch adj, proteinspaltend adj, eiweißspaltend adj

**protein degradation** (hydrolysis of proteins by the action of proteolytic enzymes, or non-enzymatically by acids or alkalis) (Biochem) / Proteolyse f (Proteinabbau), Eiweißspaltung f (Proteinabbau), Eiweißabbau m ‖ **~ denaturation** (Biochem) / Eiweißdenaturierung f ‖ **~ design** (Biochem, Biol) / Proteindesign n, Protein-Engineering n ‖ **~ effect** (Chem) / Eiweißfehler m (bei der pH-Wert-Bestimmung oder bei den Testkits) ‖ **~ engineering*** (Biochem, Biol) / Proteindesign n, Protein-Engineering n ‖ **~ fatty acid condensate*** (Chem) / Eiweiß-Fettsäure-Kondensat n ‖ **~ fibre** (Textiles) / Proteinfaser f, Eiweißfaser f (aus regeneriertem Eiweiß)

**protein-free** adj (Biochem) / eiweißfrei adj, proteinfrei adj

**protein hormone** (Biochem) / Proteohormon n, Proteinhormon n (das seiner chemischen Struktur nach ein Protein ist) ‖ **~ hydrolysate** (GB) (Chem, Nut) / Eiweißhydrolysat n (als Speisewürze), Proteinhydrolysat n ‖ **~ hydrolyzate** (US) (Chem, Nut) / Eiweißhydrolysat n (als Speisewürze), Proteinhydrolysat n ‖ **~ isolate** (Biochem) / Proteinisolat n ‖ **~ isolate** (Nut) / Eiweißisolat n, Proteinisolat n

**proteinize** v (Textiles) / animalisieren v (Zellulosefasern durch Zusatz von natürlichen Eiweißkörpern)

**protein loss** (Biochem) / Proteinverlust m, Eiweißverlust m ‖ **~ metabolism** (Biochem) / Proteinstoffwechsel m, Eiweißstoffwechsel m ‖ **~ minimum** (Biochem) / Eiweißminimum n, N-Minimum n

**proteinogenic** adj (Biochem) / proteinogen adj (Aminosäure)

**protein quality** (Nut) / biologische Wertigkeit der Proteine, Eiweißwertigkeit f ‖ **~ recovery plant** (Chem Eng) / Proteinanlage f ‖ **~ rest** (Brew) / Eiweißrast f ‖ **~ sequence** (Biochem) / Proteinsequenz f (bei biologischen Makromolekülen)

**protein-sequence analysis** (Biochem) / Proteinsequenzanalyse f

**protein size** (Textiles) / Eiweißschlichte f ‖ **~ structure*** (Biol) / Proteinstruktur f, Eiweißstruktur f ‖ **~ surfactant** (Chem) / Eiweißtensid n ‖ **~ synthesis** (Biochem) / Eiweißsynthese f, Proteinsynthese f, Proteinbiosynthese f, Translation f ‖ **~ turnover** (Biochem) / Protein-Turnover m, Proteinumsatz m ‖ **~ value** (Nut) / biologische Wertigkeit der Proteine, Eiweißwertigkeit f

**proteoclastic*** adj (Biochem) / eiweißabbauend adj, proteolytisch adj, proteinspaltend adj, eiweißspaltend adj

**proteoglycan** n (Biochem) / Proteoglycan n, Proteoglykan n

**proteohormone** n (Biochem) / Proteohormon n, Proteinhormon n (das seiner chemischen Struktur nach ein Protein ist)

**proteolysis*** n (pl. -lyses) (Biochem) / Proteolyse f (Proteinabbau), Eiweißspaltung f (Proteinabbau), Eiweißabbau m

**proteolytic*** adj (Biochem) / eiweißabbauend adj, proteolytisch adj, proteinspaltend adj, eiweißspaltend adj

**proteome** n (a set of proteins) (Biochem, Cyt) / Proteom n (Gesamtheit aller exprimierten Proteins in einer Zelle)

**proteonics** n (Biochem) / Proteonik f (Proteinstrukturforschung)

**proteose** n (Chem, Micros) / Proteose f, Albumose f (Spaltprodukt aus hochmolekularen Eiweißstoffen)

**prothrombin** n (the precursor of thrombin in the blood coagulation system) (Biochem) / Prothrombin n

**protic** adj (Chem) / protonenhaltig adj (Lösungsmittel)

**protium*** n (Chem) / Protium n (leichter Wasserstoff)

**proto-baroque*** n (Arch) / Manierismus m (eine Stilrichtung zwischen Renaissance und Barock)

**protoberberine alkaloid** (Pharm) / Protoberberinalkaloid n

**protoblast** n (Cyt) / zellwandlose Zelle, Protoblast n

**protocatechualdehyde** n (Chem) / Protokatechualdehyd m, Protocatechualdehyd m

**protocatechuic acid** (Chem) / Protokatechusäure f (3,4-Dihydroxybenzoesäure), Protocatechusäure f

**protoclastic** adj (Geol) / protoklastisch adj

**protocol** n (Comp) / Kommunikationsprotokoll n (Vereinbarungen über Verhaltensweisen und Formate bei der Kommunikation unter entfernten Stationen des gleichen logischen Niveaus) ‖ **~** (formal set of rules and conventions between communicating processes on the format and content of messages to be exchanged) (Comp, Telecomm) / Übertragungsprotokoll n, Protokoll n (Übertragungsprotokoll) ‖ **~ architecture** (Comp) / Protokollarchitektur f ‖ **~ control information** (the protocol information added by an OSI entity to the service data unit passed down from the layer above, all together forming a protocol data unit) (Comp) / Protokoll-Control-Information f, PCI (Protokoll-Control-Information) ‖ **~ conversion** (Comp) / Protokollkonvertierung f (Konvertierung der unteren Protokollschichten des ISO-Referenzmodells) ‖ **~ converter** (Comp) / Protokollübersetzer m (ein Hardware-Baustein) ‖ **~ converter** (Comp) / Protokollkonverter m (ein Umsetzungsgerät), Protokollwandler m ‖ **~ data unit** (the form in which each of the seven OSI layers passes data to the layer below, after accepting data from the layer above, and adding its own header) (Comp) / Protokolldateneinheit f (DIN ISO 7498) ‖ **~ discriminator** (Comp) / Protokolldiskriminator m ‖ **~ hierarchy** (Comp) / Protokollhierarchie f (ISO-Siebenschichtenmodell) ‖ **~ identifier** (Comp) / Protokollkennung f

**protocol-independent multicasting** (Comp, Telecomm) / Protokoll-Independent-Multicasting n, protokollunabhängiges Multicasting

**protocol layer** (Comp, Telecomm) / Protokollschicht f (im ISO-Referenzmodell), Protokollebene f ‖ **~ stack** (the collection of protocols in a layered network architecture, together with the hierarchic relationship between the protocols) (Comp) / Protokollprofil n ‖ **~ translation** (Comp) / Protokollübersetzung f

**protocontinent** n (Geol) / Urkontinent m (in der Kontinentalverschiebungstheorie)

**protocrystallization** n (Geol) / Erstkristallisation f, Frühkristallisation f

**protodetachable** adj (Chem) / protolytisch entfernbar

**protodolomite** n (Geol) / Protodolomit m (unstabiler, Ca-reicher Dolomit)
**proto-Doric** adj (Arch) / protodorisch adj (Säule)
**protoenstatite** n (Min) / Protoenstatit m
**protogenic** adj (Chem) / protogen adj (Lösungsmittel) ‖ ~* (Chem) / protonenabspaltend adj, protonogen adj
**protogine** n (Geol) / Protogin m (Varietät von Gneis)
**protoiodide** n (Chem) / Iodid n der niedrigsten Oxidationsstufe
**protolysis** n (pl. -lyses) (Chem) / protolytische Reaktion, Protolyse f
**protolyte** n (Chem) / Protolyt m (Molekül oder Ion, das durch Abgabe oder Aufnahme von Protonen reagieren kann)
**protolytic** adj (Chem) / protolytisch adj
**protomer** n (Chem) / Protomer n (kleinste identische Untereinheit von oligomeren Proteinen), Protomeres n
**protomeric** adj (Chem) / protomer adj
**proton*** n (Nuc) / Proton n (ein Elementarteilchen) ‖ ~ **absorption** (Nuc) / Protonenabsorption f ‖ ~ **accelerator** (Nuc Eng) / Protonenbeschleuniger m ‖ ~ **acceptor** (Chem) / Protonenakzeptor m, Brønsted-Base f, Emprotid n ‖ ~ **acid** (Chem) / Protonensäure f (nach Lewis und Brønsted) ‖ ~ **affinity** (Chem) / Protonenaffinität f
**proton-antiproton interaction** (Nuc) / Proton-Antiproton-Wechselwirkung f
**protonate** v (Chem, Nuc) / protonieren v, hydronieren v
**protonation** n (Chem, Nuc) / Protonierung f (Anlagerung von Protonen an Atome, Ionen oder Moleküle), Hydronierung f
**proton beam** (Nuc) / Protonenstrahl m
**proton-binding energy** (Nuc) / Protonenbindungsenergie f, Bindungsenergie f des Protons
**proton capture** (Nuc) / Protoneneinfang m ‖ ~ **cloud** (Nuc) / Protonenwolke f ‖ ~ **conduction** (Elec) / Protonenleitung f ‖ ~ **decoupling** (Spectr) / Rauschentkopplung f (¹H-Rauschentkopplung), Breitbandentkopplung f (¹H-Breitbandentkopplung), BB-Entkopplung f ‖ ~ **donator** (Chem) / Protonendonator m ‖ ~ **donor** (Chem) / Protonendonator m ‖ ~ **dosemeter** (Radiol) / Protonendosimeter n ‖ ~ **dosimeter** (Radiol) / Protonendosimeter n
**proton-electron mass ratio** (Nuc) / Proton-Elektron-Masseverhältnis n
**proton-electron-proton reaction** (Nuc) / Proton-Elektron-Proton-Reaktion f
**proton excess** (Nuc) / Protonenüberschuss m
**proton-exchange membrane fuel cell** / PEM-Zelle f, PEM-Brennstoffzelle f, Protonenaustauschmembran-Brennstoffzelle f, Polymerelektrolytmembran-Brennstoffzelle f
**proton gun** (Electronics) / Protonenstrahlerzeuger m, Protonenkanone f
**protonic acid** (Chem) / Protonensäure f (nach Lewis und Brønsted) ‖ ~ **solvent*** (Chem) / protonisches Lösungsmittel
**proton-induced** adj / protoneninduziert adj ‖ ~ **X-ray emission** (Spectr) / protoneninduzierte Röntgenemission (ein Spezialfall der durch Ionenbeschuss verursachten Ionenemission) ‖ ~ **X-ray emission analysis** (Spectr) / protoneninduzierte Röntgenemissionsanalyse, PIXE-Analyse f
**protonium** n (Nuc) / Nukleonium n, Protonium n (gebundener Zustand aus einem Proton und einem Antiproton)
**proton magnetic resonance** (Nuc) / protonenmagnetische Resonanz, magnetische Protonenresonanz, PMR (protonenmagnetische Resonanz) ‖ ~ **magnetometer** (Nuc Eng) / Protonenmagnetometer n, Protonenpräzessionsmagnetometer n, Protonenresonanzmagnetometer n ‖ ~ **mass** (Nuc) / Protonenmasse f ‖ ~ **microscope*** (Micros) / Protonenmikroskop n (ein Feldionenmikroskop) ‖ ~ **motive force*** (Biochem) / protonenverschiebende Kraft, protonenmotorische Kraft, PMK (protonenmotorische Kraft)
**proton-neutron reaction** (Nuc) / Proton-Neutron-Reaktion f, (p,n)-Reaktion f
**proton-noise decoupling** (Spectr) / Rauschentkopplung f (¹H-Rauschentkopplung), Breitbandentkopplung f (¹H-Breitbandentkopplung), BB-Entkopplung f
**proton number** (Chem, Nuc) / Protonenzahl f, Atomnummer f (die Anzahl der Protonen im Atomkern, Ordnungszahl f, Kernladungszahl f (deren Wert mit dem der Ordnungszahl identisch ist), OZ (im Periodensystem der Elemente) ‖ ~ **precessional magnetometer*** (Nuc Eng) / Protonenmagnetometer n, Protonenpräzessionsmagnetometer n, Protonenresonanzmagnetometer n ‖ ~-**proton chain*** (Nuc) / Proton-Proton-Kettenreaktion f ‖ ~-**proton reaction** (Astron, Nuc) / Proton-Proton-Reaktion f, p-p-Reaktion f, H-H-Reaktion f
**proton-proton reaction** (Astron, Nuc) s. also Salpeter process ‖ ~ **scattering** (Nuc) / Proton-Proton-Streuung f
**proton radiation** (Nuc) / Protonenabstrahlung f (Art des radioaktiven Zerfalls), Protonenstrahlung f ‖ ~ **recoil** (Nuc) / Protonenrückstoß m

**proton-recoil counter** (Nuc) / Rückstoßzählrohr n, Rückstoßprotonenzählrohr n
**proton resonance*** (nuclear magnetic resonance of hydrogen nuclei) (Nuc) / Protonenresonanz f ‖ ~ **rest mass** (Nuc) / Ruhemasse f des Protons ‖ ~ **scattering** (Nuc) / Protonenstreuung f ‖ ~ **scattering microscope** (Crystal) / Protonenstreuungmikroskop n (das nach dem Channelling-Effekt arbeitet) ‖ ~ **sponge** (Chem) / Protonenschwamm m (eine sehr starke organische Base)
**proton-stripe bombardment** (Electronics) / Protonenstreifenbeschuss m
**proton • synchrotron*** (Nuc Eng) / Protonensynchrotron n ‖ ~ **transfer** (Spectr) / Protonentransfer m, Protonenübertragung f ‖ ~ **transfer reaction** (Chem) / Protonenübertragungsreaktion f
**proton-translocating ATPase*** (Biochem) / Protonenpumpe f, $H^+$-ATPase f
**protopectin** n (Chem) / Protopektin n (hochmolekulare Pektinsubstanz in der primären Zellmembran)
**protophilic*** adj (Chem) / protonenaufnehmend adj, protonophil adj ‖ ~* (Chem) / protophil adj (Lösungsmittel)
**protopine alkaloid** (Pharm) / Protopinalkaloid n
**protoplanetary disk** (Astron) / protoplanetarische Scheibe, Proplyd f
**protoplasm*** n (Biol) / Protoplasma n
**protoplast*** n (Bot, Cyt) / Protoplast m (Zellkörper) ‖ ~* (Cyt) s. also protoplasm ‖ ~ **fusion** (Cyt) / Protoplastenfusion f, Protoplastenverschmelzung f (in der Mikrobiologie und der Pflanzenzüchtung)
**protoporphyrin** n (Biochem, Chem) / Protoporphyrin n (ein Zwischenglied in der Biosynthese von Chlorophyll und Hämoglobin)
**protoquartzite** n (Geol) / Protoquarzit m
**protore** n (Geol) / Ausgangserz n, Primärerz n
**protosalt** n (Chem) / Metallsalz n der niedrigsten Oxidationsstufe des Kations
**prototropic** adj (Chem) / prototrop adj
**prototropism** n (Chem) / Prototropie f (auf Protonenwanderung basierende Tautomerie)
**prototropy*** n (Chem) / Prototropie f (auf Protonenwanderung basierende Tautomerie)
**prototypal** adj / prototypisch adj
**prototype** n (AI) / Prototyp m (Oberbegriff) ‖ ~* (Eng) / Prototyp m (von Fahrzeugen, Maschinen), Urtyp m ‖ ~ (Maths) / Urbild n, inverses Bild ‖ ~ **construction** (Eng) / Prototypenbau m ‖ ~ **filter*** (Telecomm) / Grundfilter n
**prototypic** adj / prototypisch adj
**prototypical** adj / prototypisch adj
**prototyping** n (Comp) / Prototypenentwicklung f, Prototyping n (eine Phase im Hardware- und Software-Produktionsprozess) ‖ ~ (Work Study) / Herstellung f von Prototypen
**protoxide** n (Chem) / Oxid n der niedrigsten Oxidationsstufe
**protoxylem** n (Bot, For) / Protoxylem n (das zuerst gebildete Primärxylem trachealer Elemente, durch ringförmige oder spiralige Verdickungen gekennzeichnet)
**protract** v (Pharm) / protrahieren v (die Wirkung von Arzneimitteln verlängern), verzögern v, verlängern v (Wirkung von Arzneimitteln)
**protractor*** n (Instr) / Transporteur m (ein Winkelmesser) ‖ ~ **eyepiece** (Optics) / Winkelmessokular n
**protrude** v (Arch, Build) / vorkragen v (hervortreten), vorspringen v (hervortreten), vorstehen v, hervortreten v, auskragen v, hervorstehen v
**protruding length** (Eng, Mech) / Kraglänge f ‖ ~ **parts** (Eng) / hervorstehende Teile, vorspringende Teile
**protrusion** n (Build) / Auskragung f ‖ ~ (Electronics) / Spitze f (ein Oberflächenfehler), Rauigkeitsspitze f
**protuberance** n (Eng) / Erhebung f im Mikroprofil (einer Oberfläche), Peak m, Rauheitsspitze f (Oberflächenrauheit), Rauigkeitsspitze f, Rauigkeitspeak m ‖ ~ **cutter** (Eng) / Protuberanzfräser m (zur Erzeugung unterschnittener Zahnflanken)
**proud*** n (Eng, Join) / herausragendes Teil ‖ **stand** ~ (Eng) / herausragen v (z.B. Nägel)
**proustite*** n (Min) / Lichtes Rotgültig, Lichtes Rotgültigerz, Proustit m
**Proust's law** / Proust'sches Gesetz (Gesetz der konstanten Proportionen nach J.-L. Proust, 1754-1826)
**provable** adj (Maths) / beweisbar adj, nachweisbar adj
**prove** v / prüfen v (DIN 1319, T 1), testen v, erproben v ‖ ~ (Maths) / beweisen v, nachweisen v ‖ ~ (Nut) / gehen lassen (Teig) ‖ ~ vi (Nut) / aufgehen v (Teig)
**proved ore** (Mining) / nachgewiesene Erzvorräte, nachgewiesenes Erz ‖ ~ **reserves*** (reliable established by tunnels, boreholes or mining) (Mining, Oils) / nachgewiesene Vorräte, entdeckte Vorräte, nachgewiesene Reserven, sichere Reserven
**proven** adj / praxiserprobt adj ‖ **expert of ~ ability** / ausgewiesener Fachmann
**provenance** n / Herkunft f

**Provence**

**Provence oil** (Nut) / Provenceöl *n* (das feine Olivenöl zweiter Pressung), Provenceröl *n*
**provender** *n* (Agric) / Raufutter *n*, Grobfutter *n*
**proven ore** (Mining) / nachgewiesene Erzvorräte, nachgewiesenes Erz ‖ ~ **reserves** (US) (those quantities of ore known with reasonable certainty to be present and to be commercially recoverable) (Mining) / nachgewiesene Vorräte, entdeckte Vorräte, nachgewiesene Reserven, sichere Reserven
**provide** *v* / liefern *v*, bereitstellen *v*, beschaffen *v* ‖ ~ / zur Verfügung stellen (Geld, Leistungen), bereitstellen *v* ‖ ~ / versorgen *v* (versehen mit), versehen *v* (mit etwas), ausstatten *v* (mit) ‖ ~ (Comp) / anbieten *v* (z.B. Software)
**provided by customer(s)** (Build) / bauseitig *adj* (Leistungen) ‖ ~ **by the owner** (Build) / bauseitig *adj* (Leistungen)
**provider** *n* (Comp) / Anbieter *m*, Bereitsteller *m*, Erbringer *m*, Provider *m*
**province** *n* (Geol) / petrografische Provinz, Gesteinsprovinz *f*, komagmatische Region ‖ ~ (Geol) / Provinz *f* (z.B. metallogenetische)
**proving** *n* (Nut) / Gehenlassen *n* (Teig) ‖ ~ **flight** (Aero) / Versuchsflug *m*, Testflug *m* ‖ ~ **ground** (Autos, Elec Eng) / Testareal *n*, Versuchsfeld *n*, Versuchsgelände *n*, Testgelände *n*, Prüfpolygon *n* ‖ ~ **machine** (Eng) / Prüfmaschine *f* ‖ ~ **ring** / Ringkraftmesser *m* ‖ ~ **ring** (Civ Eng) / Ring *m* (der Scherbüchse)
**provirus** *n* (Cyt, Gen) / Provirus *m n* (doppelsträngige DNA-Kopie der genomischen RNA eines in die Zelle eingedrungenen Retrovirus)
**provision** *n* / Rückstellung *f* (von Finanzmitteln) ‖ ~ (for, against) / Vorsorge *f*
**provisional** *adj* / provisorisch *adj* ‖ ~ **address** (Comp) / provisorische Adresse
**provisioning** *n* (Telecomm) / Bereitstellung *f*, Provisionierung *f* (Verkauf der Telekommunikationsdienstleistungen an Endkunden), Provisioning *n*
**provitamin*** *n* (Biochem, Biol, Chem) / Provitamin *n* (Vorstufe von Vitaminen) ‖ ~ **D₃** (Biochem) / Dehydrocholesterin *n*
**prowl car** (US) (a police squad car) / Funkstreifenwagen *m*, Streifenwagen *m*, Einsatzwagen *m* (der Polizei)
**proximate analysis** (Chem, Fuels, Min) / Immediatanalyse *f*, Schnellanalyse *f*, Rapidanalyse *f*, Kurzanalyse *f* ‖ ~ **analysis** (Nut) / Pauschalanalyse *f* (zur Bestimmung der Bestandteile von Lebensmitteln)
**proximity effect** (Chem) / Proximitätseffekt *m* (z.B. Nachbargruppeneffekt) ‖ ~ **effect** (Elec) / Proximity-Effekt *m* (Kopplungseffekt an Supraleitern) ‖ ~ **effect*** (Elec) / Nachbarschaftseffekt *m* ‖ ~ **effect** (Phys) / Nahwirkung *f* ‖ ~ **fading** (Radio) / Nahschwund *m* (der in der Überlappungszone von Boden- und Raumwelle entsteht) ‖ ~ **fuse*** (Mil, Radar) / Annäherungszünder *m*, Abstandszünder *m* ‖ ~ **sensor** / Näherungssensor *m* ‖ ~ **sensor** (Electronics) / Näherungsinitiator *m*, Initiator *m* (in der Industrierobotertechnik) ‖ ~ **switch** (Elec Eng) / Annäherungsschalter *m* (berührungslos arbeitender Schalter, der anzeigt, ob sich Metallteile auf eine bestimmte Entfernung genähert haben), Näherungsschalter *m* (induktiver, kapazitiver, optoelektronischer, Ultraschall-) ‖ ~ **warning indicator** (Aero) / Annäherungswarnanzeiger *m*
**proxy** *n* (the mechanism whereby one system "fronts for" another system in responding to protocol requests) (Comp) / Proxy *m* ‖ ~ **server** (a server, usually a caching Web server, that helps to implement a firewall around a closed network) (Comp) / Proxyserver *m* (Zwischenspeicher im Internet)
**PRP** (pulse-repetition period) (Radar, Telecomm) / Impulsabstand *m*, Impulsperiode (Reziprokwert der Impulsfolgefrequenz), Pulsabstand *m*
**PRR** (pulse-repetition rate) (Radar, Telecomm) / Impulsrate *f* (die Anzahl der Impulse in Zeiteinheit), Pulsrate *f*, Impulsdichte *f*
**PRT** (printer) (Comp) / Drucker *m*
**PRTY** (priority) (Comp) / Priorität *f* (der einer Partition zugewiesene Rang, der die zeitliche Inanspruchnahme von Verarbeitungszeit bestimmt)
**pruinose*** *adj* (Bot) / bereift *adj*
**prune** *v* (AI) / beschneiden *v* (einen Baum), stutzen *v* (einen Baum), abschneiden *v* (einen Baum), kappen *v* (einen Baum) ‖ ~ (Comp) / beschneiden *v* (einen Teil des Entscheidungsbaumes) ‖ ~ (For) / ausästen *v*, ausästeln *v*, schneiden *v* (beschneiden), ästen *v* ‖ ~ (For) / aufasten *v*, aufästen *v* (stehende Bäume)
**prunella** *n* (a strong silk or worsted fabric used formerly for barristers' gowns and the uppers of women's shoes) (Weaving) / Prunell *m*
**pruniform*** *adj* (Bot) / pflaumenförmig *adj*
**pruning** *n* (Comp) / Abschneiden *n* (eines Teiles des Entscheidungsbaumes), Beschneiden *n* (eines Baumes) ‖ ~ (For) / Aufastung *f*, Astung *f*, Astung *f*, Schnitt *m* (Ästung) ‖ ~ **for quality** (For) / Wertastung *f* ‖ ~ **knife** (Agric) / Baumesser *n*, Asthippe *f* ‖ ~

**saw** (For) / Astungssäge *f*, Astsäge *f*, Baumsäge *f* (kleine Bügelsäge zum Entfernen von Ästen) ‖ ~ **scar** (For) / Astungsnarbe *f* ‖ ~ **shears** (Agric) / Baumschere *f* ‖ ~ **wound** (For) / Astungswunde *f*, Astungswunde *f*
**prunt*** *n* (Glass) / Glassiegel *n*
**prussate** *n* (Chem) / Prussiat *n*, Prussid *n*, Pentazyanoferrat *n*, Pentacyanoferrat *n*
**Prussian blue** (Paint) / Berliner Blau *n* (ein lichtechtes Eisenblaupigment), Pariser Blau, Preußischblau *n*, Eisenblau *n*, Eisenzyanblau *n*, Eisencyanblau *n*, Bronzeblau *n*, Bronceblau *n*, Williamsons Violett
**prussiate** *n* (Chem) / Prussiat *n*, Prussid *n*, Pentazyanoferrat *n*, Pentacyanoferrat *n* ‖ ~ **of potash** (Chem) / Blutlaugensalz *n*
**prussic acid*** (Chem) / Cyanwasserstoffsäure *f* (Ameisensäurenitril), Zyanwasserstoffsäure *f*, Cyanwasserstoff *m*, Zyanwasserstoff *m* (gasförmige Blausäure), Blausäure *f* (Nitril der Ameisensäure), Hydrogenzyanid *n*, Hydrogencyanid *n*
**pry** *n* / Rollbrechstange *f* ‖ ~ **bar** (Carp) / Nageleisen *n*, Nagelzieher *m*, Nagelauszieher *m* ‖ ~ **bar** (Tools) / Hebeleisen *n* ‖ ~ **off** *v* / abhebeln *v* ‖ ~ **out** / heraushebeln *v*
**PRZM** (pesticide root zone model) (Agric, Chem) / PRZM *n* (Computermodell zur Berechnung der Pestizidverteilung im Boden - in Deutschland PELMO)
**PS** (power source) / Energiequelle *f* (im Allgemeinen)
**ps*** / Pikosekunde *f*, ps ($10^{-12}$ s) (Pikosekunde)
**PS** (pressure switch) (Elec Eng) / Druckschalter *m* ‖ ~ (power supply) (Elec Eng) / Stromzufuhr *f*, Stromversorgung *f*, Elektroenergielieferung *f*, Energieversorgung *f*, EV (Energieversorgung), Elektroenergieversorgung *f*
**P.S.** (proof stress) (Eng, Materials, Met) / Dehngrenze *f* (0,1 oder 0,5 %-Grenze), technische Elastizitätsgrenze
**PSA** (pressure-swing adsorption) (Phys) / Druckwechseladsorption *f*, DWA (Druckwechseladsorption)
**psammites** *n pl* (Geol) / Psammite *m pl*
**psammitic** *adj* (Geol) / psammitisch *adj* (klastisch, 0,02 bis 2 mm)
**psammophyte*** *n* (Bot) / Sandpflanze *f*, Psammophyt *m* (pl. -en) (eine bodenanzeigende Pflanze)
**PSC motor** (permanent-split capacitor motor) (Elec Eng) / Kondensatormotor *m* (mit dem Motorbetriebskondensator), Betriebskondensatormotor *m*
**PSD** (power spectral density) (Acous) / spektrale Leistungsdichte
**PS domain** (packet-switched domain) (Comp, Telecomm, Teleph) / paketvermittelte Domäne (in UMTS-Kernnetz)
**π-section** *n* (Telecomm) / Pi-Glied *n* (ein Frequenzfilter), Pi-Filter *n*, π-Filter *n*
**PSE meat** (Nut) / PSE-Fleisch *n* (Schweinefleisch mit blasser Farbe, weicher Konsistenz und geringem Wasserhaltevermögen)
**psephite** *n* (Geol) / Psephit *m*
**psephitic** *adj* (Geol) / psephitisch *adj* (klastisch, über 2 mm)
**pseudoacid*** *n* (Chem) / Pseudosäure *f*
**pseudoaddress** *n* (Comp) / Pseudoadresse *f*
**pseudoadiabat** *n* (Meteor) / Feuchtadiabate *f*, Kondensationsadiabate *f*, Pseudoadiabate *f*
**pseudoadiabatic** *adj* (Meteor) / pseudoadiabatisch *adj*
**pseudoalloy** *n* (Powder Met) / Pseudolegierung *f* (metallischer Werkstoff aus verschiedenen Komponenten, der nicht auf schmelzmetallurgischem Wege, sondern durch Sintern von Pulvergemischen oder durch mechanisches Legieren hergestellt wurde)
**pseudoaromatic** *adj* (Chem) / pseudoaromatisch *adj*
**pseudoaromaticity** *n* (Chem) / Pseudoaromatizität *f*
**pseudoaromatics** *pl* (Chem) / Pseudoaromaten *pl*
**pseudoasymmetry** *n* (Chem) / Pseudoasymmetrie *f*
**pseudobase*** *n* (Chem) / Pseudobase *f*
**pseudobedding** *n* (Geol) / Pseudoschichtung *f*
**pseudobinary** *adj* (Chem) / pseudobinär *adj*
**pseudobrookite** *n* (Min) / Pseudobrookit *m*
**pseudocationic polymerization** (Chem) / pseudokationische Polymerisation
**pseudochiral centre** (Chem) / Pseudochiralitätszentrum *n* (ein tetraedrisch koordiniertes Atom, von dessen vier verschiedenen daran gebundenen Gruppen genau zwei identische Konstitution, aber entgegengesetzten Chiralitätssinn aufweisen)
**pseudochrysolite** *n* (Min) / Moldavit *n* (ein Tektit), Bouteillenstein *n*, Flaschenstein *n*
**pseudocode*** *n* (Comp) / Pseudokode *m*, Pseudocode *m*
**pseudo-colour** *n* (index colour) (Comp, Print) / Falschfarbe *f*, Pseudofarbe *f*
**pseudo-colouring** *n* (Comp) / Pseudokolorierung *f*
**pseudocontact term** (Spectr) / Pseudokontaktterm *m*

**pseudocritical** adj / pseudokritisch adj ‖ ~ **pressure** (Phys) / pseudokritischer Druck (der bei Gasgemischen dem kritischen Druck entspricht)
**pseudocrystalline** adj (Crystal) / pseudokristallin adj
**pseudocumene** n (uns-trimethylbenzene) (Chem) / Pseudocumol n (1,2,4-Trimethylbenzol)
**pseudocumol** n (Chem) / Pseudocumol n (1,2,4-Trimethylbenzol)
**pseudodecimal digit** (Comp) / Pseudodezimale f (DIN 44300)
**pseudo-Euclidean** adj (Maths) / pseudoeuklidisch adj ‖ ~ **space** (Maths) / pseudoeuklidischer Raum
**pseudofirst order** (Chem, Mech) / pseudoerste Ordnung
**pseudofirst-order reaction** (Chem) / Reaktion f pseudoerster Ordnung (ein Reaktionstyp)
**pseudofloppy** n (Comp) / Pseudofloppy f, Siliciumdiskette f (die ein mechanisches Diskettenlaufwerk durch einen RAM-Baustein simuliert)
**pseudo-four-centred arch** (Arch) / Tudorbogen m (in der englischen Spätgotik), überhöhter Spitzbogen
**pseudogley** n (Geol) / Pseudogley m (Boden, der durch Wechsel von Staunässe und Austrocknung eine charakteristische fahlgraue und rostfarbene Marmorierung besitzt)
**pseudohalide** n (Chem) / Pseudohalogenid n (Salz des Pseudohalogens)
**pseudohalogen** n (Chem) / Pseudohalogen n (einwertige Atomgruppe, die sich wie Halogen verhält)
**pseudoideal solution** (Chem) / pseudoideale Lösung (von Polymeren), Theta-Lösung f
**pseudoinstruction** n (an element in an assembly language that is similar to an instruction but provides control information to the assembler as opposed to generating particular instruction) (Comp) / Pseudobefehl m
**pseudolanguage** n (Comp) / Pseudokode m, Pseudocode m
**pseudolinear** adj / pseudolinear adj
**pseudoliquid** adj / pseudoflüssig adj
**pseudomalachite*** n (Min) / Tagilit m, Pseudomalachit m, Phosphorkupfererz n (strahlig-faserige Aggregate in traubig-nieriger Form)
**pseudomorph*** n (pseudomorphous crystal) (Crystal, Min) / pseudomorpher Kristall, Afterkristall m ‖ ~ (a natural cast) (Geol) / Steinkern m (eines Fossils), Innenabguss m ‖ ~* (Min) / pseudomorphes Mineral
**pseudomorphic** adj (Crystal, Min) / pseudomorph adj
**pseudomorphism** n (Crystal, Min) / Pseudomorphose f (Auftreten eines Minerals in der Kristallform eines anderen Minerals) ‖ ~ (Crystal, Min) s. also paramorphism
**pseudomorphous** adj (Crystal, Min) / pseudomorph adj ‖ ~ **crystal** (Crystal) / pseudomorpher Kristall, Afterkristall m
**pseudonoise code** (Radar) / Pseudorauschcode m, Pseudorauschkode m
**pseudo-operation** n (Comp) / Pseudobefehl m
**pseudo-order** n (Chem) / Pseudoordnung f
**pseudoplastic fluid** (Phys) / pseudoplastische Flüssigkeit (ein Flüssigkeitstyp mit im Ruhezustand unendlich großer Viskosität)
**pseudoplasticity** n / Pseudoplastizität f (Strukturviskosität ohne Fließgrenze - DIN 1342, T 1)
**pseudopotential** n (Phys) / Pseudopotential n (ein in der Festkörperphysik das stark variierende Kristallpotential ersetzendes Potential) ‖ ~ **method** (Phys) / Pseudopotentialmethode f
**pseudoprime** n (Maths) / Carmichael'sche Zahl, Pseudoprimzahl f
**pseudoquadraphony** n (Acous) / Pseudoquadrophonie f
**pseudorandom** attr (of a number, a sequence of numbers, or any digital data - mimicking randomness) / pseudozufällig adj ‖ ~ **binary signal** (Telecomm) / pseudozufälliges Binärsignal, binäres Pseudorauschsignal ‖ ~ **noise** (Acous) / quasistatistisch verteiltes Rauschen, rauschähnliches Störgeräusch ‖ ~ **noise** (Acous) / Pseudozufallsrauschen n ‖ ~ **numbers** (Stats) / Pseudozufallszahlen f pl ‖ ~ **sequence** (Stats) / Pseudozufallsfolge f
**pseudorotation** n (Chem) / Pseudorotation f (regulärer Umordnungsprozess), Berry-Pseudorotation f, BPR (Berry-Pseudorotation)
**pseudosalt** n (Chem) / Pseudosalz n
**pseudoscalar** n (Maths, Phys) / Pseudoskalar m
**pseudoscopic** adj (Optics) / pseudoskopisch adj, tiefenverkehrt adj
**pseudosolution*** n (Chem) / Pseudolösung f (Sol oder Suspension)
**pseudosphere** n (Maths) / Pseudosphäre f (gekrümmte Fläche mit konstanter negativer Krümmung, die durch Rotation einer Traktrix entsteht)
**pseudospherical** adj (Maths) / pseudosphärisch adj
**pseudosporadic** adj / pseudosporadisch adj (Fehler) ‖ ~ **fault** / pseudosporadischer Fehler
**pseudostable** adj / pseudostabil adj
**pseudostationary** adj / pseudostationär adj

**pseudostereo** n (Acous) / Pseudostereofonie f (z.B. durch getrennte Abstrahlung der Höhen und Tiefen bzw. durch gegenphasige Schaltung von zwei Wiedergabelautsprechern)
**pseudosublimation** n (Chem, Phys) / Pseudosublimation f (Phasenübergang flüssig - gasförmig - fest)
**pseudosymmetry*** n (Min) / Pseudosymmetrie f
**pseudotachylite*** n (Geol) / Pseudotachylit m (durch Reibungswärme auf tektonischen Verwerfungsflächen entstandenes, meist dunkel gefärbtes Gesteinsglas), Schmelzmylonit m
**pseudotemperature** n (Phys) / Pseudotemperatur f (eines strahlenden Körpers)
**pseudotensor** n (Phys) / Pseudotensor m, Tensorschicht f
**pseudoternary code** (Comp, Telecomm) / pseudoternärer Code, Pseudoternärkode m (redundanter dreistufiger Leitungskode), pseudoternärer Kode, Pseudoternärcode m
**pseudotetrad** n (Comp) / unbenutzte Tetrade, Pseudotetrade f (in einem Dezimalkode ein Kodewort, dem keine Dezimalziffer zugeordnet ist)
**pseudovariable** n (Comp, Maths) / Pseudovariable f
**pseudovector** n (Maths, Phys) / Pseudovektor m
**PSF** (permanent swap file) (Comp) / Permanent Swap File n, ständige Auslagerungsdatei, PSF (Permanent Swap File)
**PSG** (phase-structure grammar) (Comp) / Phrasenstrukturgrammatik f, PSG (Phrasenstrukturgrammatik), Regelgrammatik f, Konstituentenstrukturgrammatik f, Satzstrukturgrammatik f (ein spezielles Semi-Thue-System), PS-Grammatik f
**P-shell*** n (Nuc) / P-Schale f (eine Unterschale des Atoms)
**p.s.i.** (pounds-force per square inch) / lbf/in$^2$ (eine obsolete Einheit des Druckes)
**psicose** n (Chem, Pharm) / Psicose f (eine Ketohexose)
**psi function** (Maths) / Gauß'sche $\psi$-Funktion f (die logarithmische Ableitung der Gammafunktion), Digammafunktion f ‖ ~ **function** (Phys) / Schrödinger'sche Wellenfunktion (in der Wellenmechanik), Psi-Funktion f
**psilocybin** n (Pharm) / Psilocybin n, Psilozybin n (ein Halluzinogen)
**psilomelane*** n (Min) / Schwarzer Glaskopf, Psilomelan m, Schwarzeisenstein m, Romanechit m (amorphes oder feinkristallines $MnO_2$ - ein Manganomelan)
**psi particle** (Nuc) / Psi n (ein von Richter und Ting entdecktes Elementarteilchen), J n (ein Elementarteilchen), Psi-Teilchen n, J-Teilchen n ‖ ~ **potential** (Elec) / Volta-Potential n, Volta-Spannung f, äußeres Potential
**PSIU** (passenger service/information unit) (Aero) / Passagierbedientafel f (oberhalb der Passagiersitze - mit Leselampe, Rufknopf usw.)
**PSK*** (phase-shift keying) (Radar, Telecomm) / Phasenumtastung f (jedem Kennzustand eines diskreten Signals entspricht eine bestimmte Phasenlage einer Schwingung konstanter Frequenz; Trägersignal: Sinus, modulierter Parameter: Phase), digitale Phasenmodulation
**p-s-n diode** (Electronics) / PSN-Diode f (eine Halbleiterdiode)
**psophometer*** n (Telecomm) / Psophometer n, Geräuschspannungsmesser m
**psophometric electromotive force** (Telecomm) / geräusch-elektromotorische Kraft, Geräusch-EMK f, psophometrische EMK ‖ ~ **voltage*** (Telecomm) / Geräuschspannung f, psophometrische Spannung
**PSPACE** (polynomial space) (Maths) / Polynomraum m
**PSR** (point of safe return) (Aero) / Umkehrgrenzpunkt m (letztmöglicher Umkehrpunkt) ‖ ≃ (Comp) / Prioritätsstatusregister n ‖ ≃ (primary surveillance radar) (Radar) / Primärradar m n (bei dem sich das Zielobjekt nicht kooperativ verhält)
**PSS** (predictive safety system) (Autos) / Predictive Safety System n (ein Fahrerassistenzsystem von Bosch) ‖ ≃* (packet-switching system) (Comp, Telecomm) / Packet-Switching-System n (Variante der Nachrichtenvermittlung, bei der die zu übertragende Nachricht in einzelne Nachrichtensegmente zerlegt und unter jeweiliger Zwischenspeicherung von Teilstrecke zu Teilstrecke bis hin zur Zielstation durchgereicht wird), Paketvermittlungstechnik f, Paketverkehr m, Paketvermittlungssystem n (zwischen zwei Netzstationen), Paketvermittlung f ‖ ≃ (primary solid solution) (Met) / primäre feste Lösung ‖ ≃ (Nuc Eng) / Druckabbausystem n, DAS (Druckabbausystem)
**PS system** (Nuc Eng) / Druckabbausystem n, DAS (Druckabbausystem)
**PST** (Comp) / Primärstation f (bei bitorientierten Steuerungsverfahren)
**PSTN** (public switched telephone network) (Telecomm) / öffentliches TK-Netz
**PSU** (passenger service unit) (Aero) / Passagierbedientafel f (oberhalb der Passagiersitze - mit Leselampe, Rufknopf usw.)
**PSV** (pressure support ventilation) (Med) / druckunterstützte Spontanatmung, unterstützte Spontanatmung

**PSW** (processor status word) (Comp) / Prozessorstatuswort *n* ‖ ≙ (program status word) (Comp) / Programmstatuswort *n*
**psychoacoustics** *n* (Acous) / Psychoakustik *f*
**psychochemical** *n* (Pharm) / Psychotikum *n* (pl. -tika), Psychochemikalie *f*
**psychophysics**\* *n* (Phys) / Psychophysik *f*
**psychotogen** *n* (Pharm) / Psychotikum *n* (pl. -tika), Psychochemikalie *f*
**psychotomimetic**\* *n* (Pharm) / Psychotomimetikum *n* (pl. -tika), Psychomimetikum *n* (pl. -tika), Psychotonikum *n* (pl. -nika), Psychodysleptikum *n* (pl. -tika) (ein Psychopharmakon) ‖ ~\* (Pharm) s. also hallucinogen
**psychotropic** *adj* (Pharm) / psychotrop *adj* ‖ ~ **agent** (Pharm) / Psychopharmakon *n* (pl. -pharmaka), psychotroper Stoff
**psychrometer**\* *n* (Meteor) / Psychrometer *n* (zur Messung der relativen Luftfeuchte)
**psychrometric** *adj* / psychrometrisch *adj* ‖ ~ **chart** (Meteor) / Feuchtigkeitsdiagramm *n*, Feuchtigkeitstafel *f* ‖ ~ **formula** (Meteor) / Psychrometerformel *f*, Sprung-Formel *f* (Psychrometerformel nach A.F.W. Sprung, 1848 - 1909) ‖ ~ **table** (Meteor) / Psychrometertafel *f* (Tabellensammlung zum Aufsuchen von bestimmten Zahlenwerten der am häufigsten benötigten Feuchtemessgrößen)
**psychrophilic**\* *adj* (Biol, Bot) / psychrophil *adj* (niedrige Temperaturen bevorzugend)
**pt** (dry pint) / ein altes US-Hohlmaß (0,550 l) ‖ ~ (pint) / Pint *n* (ein altes Hohlmaß - US = 0,473 l, GB = 0,568 l) ‖ ≙ (platinum) (Chem) / Platin *n*, Pt (Platin)
**PT** (page table) (Comp) / Seitentafel *f* ‖ ≙ (pulse transformer) (Telecomm) / Impulsübertrager *m*, Pulsübertrager *m*, Impulstransformator *m*
**PTA** (phosphotungstic acid) (Chem) / 12-Wolframatophosphorsäure *f*, Trihydrogenphosphododecawolframat *n*, Trihydrogenphosphododekawolframat *n*, Phosphorwolframsäure *f*, Dodecawolframophosphorsäure *f*, Dodekawolframophosphorsäure *f*
**PTAT sensor** (proportional-to-the-absolute-temperature sensor) / PTAT-Sensor *m* (Temperatursensor, bei dem als Wandlerprinzip die Temperaturabhängigkeit des Ladungsträgertransports von Doppeltransistoren ausgenutzt wird)
**PTC** (phase transfer catalysis) (Chem) / Phasentransferkatalyse *f*, PTC (Phasentransferkatalyse) ‖ ≙ (phenylthiocarbamide) (Chem, Physiol) / Phenylthioharnstoff *m*, Phenylthiokarbamid *n*, Phenylthiocarbamid *n*, PTC (Phenylthiocarbamid) ‖ ≙ (packet transfer controller) (Teleph) / Paketübertragungssteuerung *f* ‖ ≙ **resistor** (Electronics) / Kaltleiter *m* (ein Thermistor nach DIN 44 070), PTC-Widerstand *m*
**Ptd.A.**\* (pointed arch) / Spitzbogen *m* (im Allgemeinen)
**p-T-diagram** *n* / p-T-Diagramm *n* (ein Zustandsdiagramm)
**pteridine** *n* (Chem) / Pteridin *n* (Grundkörper der Pterine)
**pterin** *n* (Chem) / Pterin *n*
**pteropod ooze**\* (Geol, Ocean) / Pteropodenschlamm *m*
**pteroylglutamate** *n* (Biochem) / Folat *n*, Pteroylglutamat *n*
**pteroylglutamic acid** (Biochem, Pharm) / Folsäure *f*, Pteroylglutaminsäure *f*
**PTF** (phase-transfer function) (Optics) / Phasenübertragungsfunktion *f* (Argument der optischen Übertragungsfunktion), PTF (Phasenübertragungsfunktion)
**PTFCE**\* (polytrifluorochloroethylene) (Plastics) / Polychlortrifluorethylen *n*, PCTFE (Polychlortrifluorethylen nach DIN 7728), Polytrifluorchlorethylen *n* (ein Fluorpolymer)
**ptfe** (polytetrafluoroethylene) (Plastics) / Polytetrafluorethylen *n* (teilkristalliner Thermoplast wie z.B.Teflon, Hostaflon, Fluon und Algoflon), PTFE (Polytetrafluorethylen)
**PTFE**\* (polytetrafluoroethylene) (Plastics) / Polytetrafluorethylen *n* (teilkristalliner Thermoplast wie z.B.Teflon, Hostaflon, Fluon und Algoflon), PTFE (Polytetrafluorethylen)
**P.T.G.** (planed, tongued and grooved) (Carp) / gehobelt und gespundet ‖ ≙ (prepared town gas) (Met) / Stadtgas *n* zur Wärmebehandlung metallischer Werkstoffe (zugänglich)
**PTH** (parathyroid hormone) (Biochem) / Parathormon *n*, Parathyroidhormon *n*, Parathyrin *n*, PTH (ein Polypeptidhormon der Nebenschilddrüse)
**PTM** (pulse-time modulation) (Telecomm) / Pulszeitmodulation *f*
**PTN** (procedure turn) (Aero) / Verfahrenskurve *f*
**PTO** (power take-off) (Elec Eng, Eng) / Abtrieb *m* (Leistung an der Abtriebswelle eines Motors, eines Getriebes oder einer Kraft- oder Arbeitsmaschine), Abtriebsleistung *f* ‖ ≙ (power take-off) (Eng) / Abtriebsseite *f*
**Ptolemaic system**\* (Astron) / ptolemäisches Weltsystem (ein geozentrisches System)
**Ptolemy's theorem**\* (Maths) / ptolemäischer Satz (in einem Sehnenviereck ist das Produkt der Diagonalenlängen gleich der Summe der Produkte der Längen je zweier gegenüberliegender Seiten), Gegensehnensatz *m*, Ptolemäus-Satz *m* (nach C. Ptolemäus, 100 - 160)
**ptomaine**\* *n* (Chem) / Leichengift *n*, Ptomain *n* (giftiges Stoffwechselprodukt von Fäulnisbakterien)
**p.t.o.power** (Agric, Autos) / Zapfwellenleistung *f*
**p.t.o. shaft** (Agric, Autos) / Zapfwelle *f* (am Traktor zum unmittelbaren Antrieb von Arbeitsmechanismen der angehängten oder angebauten Landmaschinen)
**PTO shaft** (Agric, Autos) / Zapfwelle *f* (am Traktor zum unmittelbaren Antrieb von Arbeitsmechanismen der angehängten oder angebauten Landmaschinen)
**PTP control** (Automation) / Punktsteuerung *f* (ein System der numerischen Steuerung), PTP-Steuerung *f*, Einzelpunktsteuerung *f*
**p-transfer element** (Automation) / proportionales Übertragungsglied
**P-trap**\* *n* (San Eng) / einfacher Geruchsverschluss in Bogenform
**PTS**\* (permanent threshold shift) (Acous, Med) / nichtrückbildbare Verschiebung der Hörschwelle (durch hohe Lärmpegel verursacht), bleibende Hörschwellenverschiebung ‖ ≙ **condition** (Teleph) / Wählbereitschaft *f*
**PTT key** (Telecomm) / Sprechtaste *f*
**3PTY** *n* (Teleph) / Dreierkonferenz *f* (ISDN-Leistungsmerkmal)
**ptyalin**\* *n* (Chem) / α-Amylase *f* (des Speichels), Ptyalin *n* (α-Amylase im Speichel)
**ptychotis oil** (Chem) / Ajowanöl *n* (etherisches Öl aus Trachyspermum ammi (L.) Sprague)
**ptygmatic** *adj* (Geol) / ptygmatisch *adj* (schlangenartig) ‖ ~ **fold(s)** (Geol) / ptygmatische Faltung
**p-type semiconductor**\* (Electronics) / p-Halbleiter *m* (mit Defektelektronenleitung), Mangelhalbleiter *m*, p-Typ-Halbleiter *m*
**Pu** (plutonium) (Chem) / Plutonium *n*, Pu (Plutonium)
**pua hemp** (Textiles) / Pua-Hanf *m*
**public** *adj* (with no access restrictions) / öffentlich *adj*
**public-access mobile radio** (Radio) / öffentlicher beweglicher (mobiler) Landfunk
**public‧address system**\* (Acous) / Lautsprecheranlage *f*, Beschallungsanlage *f* ‖ ~ **and municipal facility** (Arch) / gesellschaftliches Zentrum
**publication** *n* / Veröffentlichung *f*, Publikation *f*, Herausgabe *f* ‖ ~ **gravure ink** (Print) / Illustrationstiefdruckfarbe *f* (mit Reintoluol als Lösungsmittel nach DIN 16 513), Toluol-Tiefdruckfarbe *f*, Öltiefdruckfarbe *f* ‖ ~ **language** (Comp) / Veröffentlichungssprache *f*
**public authorities** / Behörden *f pl* ‖ ~ **channel** (TV) / offener Kanal (eine Einrichtung in Kabelfernsehnetzen) ‖ ~ **cleaning** (San Eng) / städtische Entsorgung *f* (Straßenreinigung und Müllbeseitigung als städtische Einrichtung) ‖ ~ **data bank** (Comp) / öffentliche Datenbank ‖ ~ **network** (Comp) / öffentliches Datennetz, öffentliches Datenübermittlungsnetz
**public-domain software** (a product which has been released for unconditional use to anyone who wishes to use or modify it) (Comp) / PD-Software *f* (die in der Regel nicht gegen Kopieren geschützt ist und frei getauscht werden kann - in Deutschland genau genommen rechtlich nicht möglich, da nach dem Urheberrechtsgesetz zwangsläufig jedes Werk geistiger Aktivität geschützt ist), Public-Domain-Software *f* (z.B. Dongleware)
**public-exchange subscriber** (Teleph) / Amtsteilnehmer *m*
**public goods** / öffentliche Güter ‖ ~ **health engineering** (San Eng) / Gesundheitstechnik *f* (Zweig der Technik, der mit Hilfe sanitärer Einrichtungen und den Mitteln des Hoch- und Tiefbaues sowie der Elektro-, Klima-, Heizungs-, Lüftungs- und Beleuchtungstechnik Anforderungen der Hygiene verwirklicht), Sanitärtechnik *f* ‖ ~ **interest** / öffentliches Interesse
**publicity** *n* / Werbung *f*, Reklame *f* ‖ ~ **agent** / Werbeagent *m*, Berater *m* für Öffentlichkeitsarbeit ‖ ~ **gimmick** / Werbegag *m*, Publicity-Gag *m*, Reklamegag *m*
**public key** (one of the two keys involved in public key encryption) (Comp) / öffentlicher Schlüssel (zur Ver- und Entschlüsselung von Daten), öffentlich bekannter (zugänglicher) Schlüssel (asymmetrisches Verfahren in der Kryptografie), offener Schlüssel
**public-key cryptography** (Comp) / Public-Key-Kryptografie *f* ‖ ~ **encryption** (Comp) / Public-Key-Kryptografie *f* ‖ ~ **system** (Comp) / Public-Key-Verfahren *n* (ein kryprografisches Verfahren mit je einem Schlüssel zur Verschlüsselung und Entschlüsselung), Kryptosystem *n* mit öffentlich bekanntem Schlüssel (zum Verschlüsseln, nicht zum Entschlüsseln)
**public land mobile network** (Telecomm) / Mobilkommunikationsnetz *n* ‖ ~ **lighting** (Light) / öffentliche Beleuchtung ‖ ~ **lighting network** (Elec Eng) / Lichtleitung *f* (Lichtnetz), Lichtnetz *n* ‖ ~ **limited company** / Aktiengesellschaft *f*, AG *f* (Aktiengesellschaft)
**publicly assisted housebuilding** (Build) / sozialer Wohnungsbau
**public network** (Comp) / öffentliches Netz ‖ ~ **packet switching network** (Comp) / öffentliches Paketvermittlungsnetz ‖ ~ **pay phone**

(Teleph) / Münzfernsprecher *m* (öffentlicher), öffentliche Fernsprechstelle
**public-pay principle** (Ecol) / Gemeinlastprinzip *n* (Ansatz der Lastübernahme bei der Sanierung oder Minderung von Umweltschäden)
**public prior use** / offenkundige Vorbenutzung (im Patentrecht) ‖ **~ sector** / öffentlicher Sektor (der staatliche Sektor im Rahmen der volkswirtschaftlichen Gesamtrechnung) ‖ **~ sewers** (San Eng) / Kanalisation *f* (DIN 4045), Kanalisationssystem *n*, Kanalsystem *n*, Kanalnetz *n* (DIN 4045) ‖ **~ switched telephone network** (Telecomm) / öffentliches TK-Netz ‖ **~ toilet** / öffentliche Toilette, Bedürfnisanstalt *f* ‖ **~ utility** / öffentlicher Versorgungsbetrieb, öffentliches Versorgungsunternehmen (meistens ein unselbständiger Regiebetrieb) ‖ **~ volume** (Comp) / gemeinschaftlicher Datenträger ‖ **~ works** (Civ Eng) / öffentliche Arbeiten (die die öffentliche Hand vergibt und finanziert), öffentliche Bauten
**publish** *v* / herausgeben *v*, veröffentlichen *v* (z.B. Erklärung, Stellungnahme) ‖ **~** / veröffentlichen *v* (einen Aufsatz in einer Zeitung) ‖ **~** / verlegen *v* (als Verleger)
**publisher** *n* (Electronics, Print) / Verleger *m* ‖ **~ prefix** / Verlagsnummer *f* (für die ISBN von der Gruppenagentur vergeben)
**publishers** *pl* (Print) / Verlag *m* (in der Regel nur in der Verbindung mit einem Namen)
**publisher•'s binding*** (Bind) / Verlagseinband *m* (ein vom Verlag in Auftrag gegebener Einband, der maschinell in größerer Auflage gefertigt wird) ‖ **~'s cloth** (Bind) / Gewebe *n* für industrielle Buchbinderei ‖ **~'s imprint** (Print) / Verlagsvermerk *m* ‖ **~'s note** (Print) / Waschzettel *m*, Klappentext *m*, Werbetext *m* (für ein Buch)
**publisher's reader** (Print) / Lektor *m* (im Verlag), Verlagslektor *m*
**publishing** *n* (Comp, Print) / Publishing *n*, Publizieren *n* ‖ **~ house** (Print) / Verlag *m*, Verlagshaus *n* ‖ **~ on demand** (Comp) / On-Demand-Publishing *n* (z.B. von Dokumenten aus einer Datenbank), Publishing *n* on Demand
**puce** *adj* / flohbraun *adj*, pucebraun *adj*
**pucherite** *n* (Min) / Pucherit *m* (Verwitterungsbildung vom Pucherschacht bei Schneeberg in Sachsen und anderen Bismutvorkommen)
**puck** *n* (digitizing puck) (Comp) / Digitalisierlupe *f*, Lupe *f* eines Digitalisiertabletts, Digitalisierungspuck *m*, Puck *m* (Digitalsierlupe)
**pucker** *n* (Met) / Falte 2. Ordnung (an einem tiefgezogenen Werkstück) ‖ **~** (Textiles) / Kräuselfalte *f*, Falte *f* (sich beutelnde Stelle)
**puckered** *adj* (Leather) / runzlig *adj* (Narben) ‖ **~ conformation** (Chem) / gewinkelte Konformation (von Kohlenstoffringen)
**puckering** *n* (Geol) / Fältelung *f*
**PU conductor** (Elec Eng) / PU-Leiter *m*, nicht geerdeter Schutzleiter
**pudding-stone** *n* (Geol) / Puddingstein *m* (grobes Konglomerat)
**puddingstone*** (Geol) / Puddingstein *m* (grobes Konglomerat)
**puddle** *v* (Civ Eng, Hyd Eng) / ausschmieren *v*, abdichten *v* (mit Lehm oder Ton) ‖ **~** (Met) / puddeln *v* ‖ **~** *n* (Hyd Eng) / Puddle *m*, Dichtungsmasse *f* aus Lehm oder Ton, Lehmschlag *m*, Tonschlag *m* (mit Wasser angemacht - wasserseitig im Deich eingebaut zur Bildung eines wasserdichten Abschlusses) ‖ **~** (Welding) / Schmelzbad *n*
**puddled ball*** (Met) / Puddelluppe *f*, Luppe *f*
**puddle of weld metal** (Welding) / Schweißbad *n*, Schweiße *f*, Bad *n*
**puddling** *n* (Met) / Puddeln *n* ‖ **~ cinder** (Met) / Schlacke *f* (im Puddelofen), Puddelschlacke *f*
**puering** *n* (Leather) / Kotbeizen *n* (enzymatischer Abbauprozess mit Hundekot oder entsprechenden synthetischen Produkten)
**PUFA** (polyunsaturated fatty acid) (Chem) / mehrfach ungesättigte Fettsäure
**puff** *v* (Glass) / gegenblasen *v* (in Vorformen - beim Blas-Blas-Verfahren), vorblasen *v* ‖ **~** (Glass) / vorblasen *v* ‖ **~** (Nut) / puffen *v* (Mais, Getreidekörner, Reis und Hülsenfrüchte) ‖ **~** *n* / Kappe *f* (meistens versteifte Vorderkappe - am Schuh) ‖ **~ (GB)** (Elec Eng) Pikofarad *n*, pF (Pikofarad) ($10^{-12}$ Farad) ‖ **~ drying** (Nut) / Verdampfungstrocknung *f* im Vakuum
**puffed grains** (cereals) (Nut) / Puffgetreide *n*
**puffing** *n* (Glass) / Vorblasen *n* ‖ **~ gun** (Nut) / Puffkanone *f* (zur Herstellung von Pufferzeugnissen)
**puff paste** (Nut) / Blätterteig *m* ‖ **~ pastry dough** (Nut) / Blätterteig *m* ‖ **~ up** *v* (Geol) / zerspratzen *v* (Lava)
**pug** *v* / Lehm bzw. Ton bearbeiten (kneten, stampfen, verschmieren, schneiden) ‖ **~** (Civ Eng, Hyd Eng) / ausschmieren *v*, abdichten *v* (mit Lehm oder Ton) ‖ **~** *n* (Mining) / Lettenbesteg *m*
**pugging*** *n* (Build) / Isolierung *f* gegen Trittschall (bei Fußböden), Schallisolation *f* durch Auffüllen des Fehlbodens, Fußbodenschallisolation *f* ‖ **~** (Ceramics) / Lehmkneten *n*, Lehmstampfen *n*, Tonkneten *n*, Tonschneiden *n* ‖ **~** (Paint) / Pigmentpaste *f*, Farbpaste *f* ‖ **~ worm** (Ceramics) / Tonschnecke *f*

**pug mill** (Ceramics) / Tonschneider *m* ‖ **~ mill** (Paint) / Zwangsmischer *m* ‖ **~ mixer** (Paint) / Zwangsmischer *m*
**pulaski** *n* (pl. -s) (a hatchet with a head that forms an axe blade on one side and an adze on the other - named after E.C. Pulaski, 1866 -1931) (For) / ein spezielles amerikanisches Handbeil
**pulaskite*** *n* (Geol) / Pulaski *m* (Alkaisyenit)
**pulegone** *n* (Chem) / Pulegon *n* (ein Terpenketon)
**Pulfrich effect** (Optics) / Pulfrich-Effekt *m* ‖ **~ refractometer*** (Optics, Phys) / Pulfrich-Refraktometer *n*, Eintauchrefraktometer *n* nach Pulfrich (C. Pulfrich, 1858-1927)
**pull** *v* / ziehen *v* ‖ **~** (Aero) / ziehen *v* (die Steuersäule zum Körper des Piloten hin) ‖ **~** (Comp) / aus dem Stapelspeicher ausspeichern ‖ **~** (Comp) / herausholen *v* (den Inhalt eines Registers aus dem Stapelspeicher) ‖ **~** (the casing) (Oils) / entrohren *v*, Rohre ziehen ‖ **~** (Textiles) / raufen *v* (Flachs) ‖ **~** *n* (Autos, Rail) / Zug *m*, Ziehen *n* ‖ **~** (Eng) / [einfaches] Hebezeug *n* ‖ **~** (Mech) / Ziehen *n*, Zug *m* ‖ **~*** (Print) / Korrekturabzug *m*, Korrektur *f* ‖ **~*** (Print) / Probeabdruck *m*, Probeabzug *m*, Kontrollabzug *m*, Kontrollausdruck *m*, Andruck *m* (zur Kontrolle) ‖ **~** (Rail) / Längsziehen *n* (der Schienen) ‖ **~** (Textiles) / Zugstück *n* (am Reißverschluss), Zupfer *m* (des Reißverschlusses) ‖ **~** (Weaving) / Zieher *m* ‖ **to ~ a proof** (Print) / andrucken *v*, einen Andruck machen
**pull-actuated** *adj* / zugbetätigt *adj*, Zug- (zugbetätigt)
**pull-and-push train** (Rail) / Wendezug *m* (je nach Fahrtrichtung von der Lokomotive gezogener oder geschobener Zug im Personenverkehr)
**pull-back** *attr* / versenkbar *adj* (Klinge bei Schabern)
**pull bolt** (Civ Eng) / Spannbolzen *m* (Spannbeton) ‖ **~ box** (Elec Eng) / Fädeldose *f*
**pull-broaching** *n* (Eng) / Ziehräumen *n*, Zugräumen *n* (bei dem das Werkzeug in Schnittrichtung auf Zug beansprucht wird)
**pull cord** / Zugleine *f*, Zugschnur *f*, Zuggurt *m* (z.B. bei Rollläden) ‖ **~ current** (Glass) / Entnahmeströmung *f* (im Glasbad) ‖ **~ down** (Build) / zerstören *v* ‖ **~ down** (Build, Civ Eng) / schleifen *vt* (- habe geschleift - Wall, Festung), abreißen *v*, abtragen *v*, niederreißen *v* (Gebäude), abbrechen *v* (ein altes Haus), demolieren *v* ‖ **~ down** (Cinema) / fortschalten *v*
**pull-down** *n* (I C Engs) / Pulldown *m* (des Vergasers - Einfach-, Stufen-, Zweifach-) ‖ **~ claw** (Cinema) / Transportgreifer *m* (im Laufbildwerfer oder in der Kamera) ‖ **~ menu** (Comp) / Pulldown-Menü *n* (bei dem die Hauptpunkte nebeneinander in der Menüzeile des Bildschirms stehen und nach unten aufklappen), Dropdown-Menü *n* ‖ **~ resistor** (Electronics) / Pulldown-Widerstand *m* (der einseitig mit Masse verbunden für konkrete Pegel sorgt)
**pulled coil*** (Elec Eng) / Formspule *f* ‖ **~ implements** (Agric) / Anhängegeräte *n pl* ‖ **~ wool** (Textiles) / Schlachtwolle *f*, Hautwolle *f*, Mazametwolle *f* (aus der Haut geschlachteter Tiere gelöste Wolle)
**puller** *v* (Textiles) / pullern, rüschen *v* ‖ **~** (Autos) / Abziehwerkzeug *n*, Abziehvorrichtung *f*, Abzieher *m* ‖ **~** (Autos, Tools) / Auszieher *m* ‖ **~** (Eng) / [einfaches] Hebezeug *n*
**pullering** *n* (Textiles) / Pullern *n*, Pullern *n* (elastisches Einnähen von Gummibändern unter gleichzeitiger Rüschenbildung), Rüschen *n*
**pulley** *n* (Eng) / Rolle *f* (des Flaschenzugs) ‖ **~*** (grooved) (Eng) / Rillenscheibe *f* ‖ **~ Laufrolle** *f* ‖ **~*** (Eng) / Scheibe *f* (Riemenscheibe, Seilscheibe) ‖ **~** (Eng) / Trommel *f* (des Förderers) ‖ **~** (Instr) / Rolle *f* (der Bandsäge) ‖ **~ block** (Eng) / Flaschenzug *m*, Rollenzug *m* ‖ **~ block** (Eng) / Flasche *f* (Zusammenfassung mehrerer Rollen, wie z.B. bei einem Faktorenflaschenzug), Kloben *m*, Hubseilflasche *f* ‖ **~ block with one fixed pulley only** (Eng) / Potenzflaschenzug *m* (mit mehreren Flaschenzügen) ‖ **~ flange** (Eng) / Kegelscheibenhälfte *f* ‖ **~ head** (Build) / Anschlagleiste *f* (bei senkrecht verschiebbaren Fenstern) ‖ **~ lathe** (Eng) / Riemenscheibenplandrehmaschine *f* ‖ **~ mortise*** (Carp) / Brustzapfung *f* mit ebener Untersicht (meistens bei Balkenwechsel) ‖ **~ transmission** (Eng) / Flaschenzugübersetzung *f* (Verhältnis zwischen der aufzubringenden Zugkraft am angezogenen Seil und der dadurch zwischen den Flaschen eines Flaschenzuges erzielten Gesamtzugkraft)
**pull factor** (Eng) / Durchzugsgrad *m* (des Riemenantriebs) ‖ **~ for position** (Print) / Standbogen *m* (auf dem die Stellung der Satzteile und der Bilder innerhalb der Druckform markiert wird) ‖ **~-handle** *n* (Eng) / Zuggriff *m*, Zug *m* (Griff zum Ziehen) ‖ **~ in** *v* (Cables) / einziehen *v* ‖ **~ in** (Elec Eng) / in Tritt fallen, in den Synchronismus kommen
**pull-in** *n* (an area at the side of the road where vehicles may pull off the road and stop) (Autos) / Haltebucht *f* ‖ **~** (Telecomm) / Mitnahme *f*, Mitziehen *n*, Ziehen *n*
**pulling** *n* (Aero) / Ziehen *n* (der Steuersäule) ‖ **~** (Autos, Rail) / Zug *m*, Ziehen *n* ‖ **~** (Mech) / Ziehen *n*, Zug *m* ‖ **~** (Met) / Vorziehen *n* ‖ **~** (Paint) / Ziehen *n*, Widerstand *m* (eines schlecht verlaufenden Anstrichmittels) ‖ **~** (Telecomm) / Mitlauf *m* (Frequenzen) ‖ **~*** (Telecomm) / Lastverstimmung *f*, Belastungsverstimmung *f* (z.B. bei

1239

**pulling**

Elektronenröhren) ‖ ~* (Telecomm) / Änderung f der Frequenz (eines Senders, Generators oder Oszillators als Folge z.B. einer Laständerung oder durch Mitnahme oder Mitziehen der Frequenz des Generators durch eine fremde Frequenz) ‖ ~ **bolt** (Civ Eng) / Spannbolzen m (Spannbeton) ‖ ~ **down** (Build, Civ Eng) / Abbruch m, Demolition f, Demolierung f, Abreißen n (Demolition), Zerstörung f, Abtragung f, Niederreißung f, Abriss m (von baulichen Anlagen) ‖ ~ **down** (Cinema) / Fortschaltung f, Transport m (des Filmes) ‖ ~ **effect** (Electronics) / Mitlaufeffekt m (bei Bipolartransistoren die Schwankung der Sperrschichttemperatur) ‖ ~ **figure*** (Telecomm) / Lastverstimmungsmaß n, Frequenzziehwert m ‖ ~ **focus*** (Photog) / Scharfziehen n ‖ ~ **force** (Eng) / Durchzugskraft f (maximal mögliche Schnittkraft bei Hobelmaschinen) ‖ ~ **head** (Civ Eng) / Spannkopf m ‖ ~ **line** (a conductor stringing equipment) (Elec Eng) / Vorseil n (bei der Montage von Freileitungsseilen) ‖ ~ **out of synchronism** (Elec Eng) / Außertrittfallen n (bei Drehstrommotoren) ‖ ~ **-over** (Paint) / Verteilen n (mit der Verteilerflüssigkeit) ‖ ~ **over of the rope** (Mining) / Seilauflegen n ‖ ~ **post** (Autos) / Richtsäule f (fest im Werkstattboden eingelassene oder verschraubte Säule, die das Widerlager für die Zugbewegung über Ketten und Hydraulikzylinder beim Richten von Unfallfahrzeugen bildet) ‖ ~ **power** (Autos) / Durchzugskraft f, Durchzugsvermögen n ‖ ~ **power** (Welding) / Saugfähigkeit f (eines Schweiß- oder Schneidbrenners)
**pulling-power figure** (Autos) / Durchzugswert m
**pulling tower** (Autos) / Richtturm m (zum Richten der Karosserie), Richtbahre f ‖ ~**-up** n (Paint) / Hochziehen n (Anquellen und Loslösung eines Anstriches durch die Lösungsmittel der darüber aufgebrachten nächsten Anstrichschicht), Aufziehen n
**pull-in torque** (Elec Eng) / Intrittfallmoment n
**Pullman** n (pl. -s) (Rail) / Pullmanwagen m, Pullman m (nach G.M. Pullman, 1831-1897) ‖ ~ **car** (Rail) / Pullmanwagen m, Pullman m (nach G.M. Pullman, 1831-1897) ‖ ~ **coach** (Rail) / Pullmanwagen m, Pullman m (nach G.M. Pullman, 1831-1897)
**pull off** v (Textiles) / abreißen v (einen Knopf) ‖ ~**-off*** n (Elec Eng) / Haltevorrichtung f (der Oberleitung, z.B. Seitenhalter, Hänger, Nachspanngewicht usw.)
**pull-off** n (Paint) / Abreißversuch m, Abreißprüfung f ‖ ~ **spring** (Autos) / Rückzugfeder f (der Bremsbacke)
**pull on** v (Eng) / anziehen v (Bremsen, Schrauben)
**pull-on brake** (Autos) / Zughandbremse f ‖ ~ **handle** (Build, Join) / Anziehgriff m
**pull-out** (the transition from a spin to substantially normal flight) (Aero) / Abfangen n aus dem Trudeln
**pull out** v (of) / herausziehen v (aus), ausziehen v ‖ ~ **out** (Aero) / abfangen v, ausleiten v (ein Flugzeug) ‖ ~ **out** (Autos) / ausscheren v (z.B. zum Überholen) ‖ ~ **out** (Elec Eng) / außer Tritt fallen, kippen v, aus dem Synchronismus kommen ‖ ~ **out** (Rail) / abfahren v (Zug) ‖ ~**-out** n (Acous) / die auf der Matrize zurückgebliebenen Teilchen der Plattenmasse ‖ ~**-out*** n (Aero) / Abfangen n (Zurückbringen eines Flugzeugs aus einer Sturzflug- oder anomalen Lage in die normale Fluglage), Ausleiten n ‖ ~**-out** n (Bind) / herausklappbare Karte, herausklappbare Abbildung, ausklappbare Karte, ausklappbare Abbildung ‖ ~**-out** (Telecomm) / Kippen n
**pull-out distance*** (Aero) / Ausrollstrecke f (auf dem Flugdeck eines Flugzeugträgers) ‖ ~ **feature** (Autos) / Quick-out-Halterung f (bei Autoradios) ‖ ~ **mechanism** (Comp) / Ausfahreinrichtung f (für Ablagefächer) ‖ ~ **slip** (Elec Eng) / Kippschlupf m ‖ ~ **test** (Civ Eng) / Ausziehprüfung f (eine in Deutschland nicht bekannte Festigkeitsprüfung des Betons) ‖ ~ **test** (Elec Eng) / Kippversuch m ‖ ~ **torque*** (Elec Eng) / Kippmoment n (bei einem Wechselstrommotor das höchste Drehmoment, das der Motor im Lauf bei Nennspannung und Nennfrequenz entwickelt)
**pull over** v (Paint) / verteilen v (mit der Verteilerflüssigkeit)
**pull-over device** (Met) / Überhebevorrichtung f
**pull•-over mill*** (Met) / Umführwalzgerüst n (das Walzgut wird über die Oberwalze zurückgeführt) ‖ ~**-over solution** (Paint) / Verteilerflüssigkeit f
**pull-pressure forming** (Eng, Met) / Zugdruckumformen n (Umformen eines festen Körpers, wobei der plastische Zustand im Wesentlichen durch eine zusammengesetzte Zug- und Druckbeanspruchung erreicht wird - DIN 8584)
**pull-ring** n (Nut) / Aufreißring m (bei Flaschen)
**pull rope** (Civ Eng) / Zugseil n, Vorderseil n (des Schrappers) ‖ ~ **shovel** (Civ Eng) / Tieflöffel m (des Tiefbaggers), TL (Tieflöffel)
**pull-shovel** (Civ Eng) / Tieflöffelbagger m, Löffeltiefbagger m
**pull switch*** (Elec Eng) / Zugschalter m ‖ ~ **through** v / durchziehen v
**pull-through winding** (Elec Eng) / Fädelwicklung f, Wicklung f in geschlossenen Spulen
**pull to the left** (Autos) / nach links ziehen (ein Pkw) ‖ ~ **to the right** (Autos) / nach rechts ziehen (ein Pkw) ‖ ~ **tractor** (Comp) / Zugtraktor m (bei Druckern)
**pullulanase** n (Biochem) / Pullulanase f

**pull up** v (Aero) / ziehen v (die Steuersäule zum Körper des Piloten hin) ‖ ~ **up** (Aero) / hochziehen v (das Flugzeug) ‖ ~ **up** (Autos) / anhalten vt, zum Stehen bringen ‖ ~ **up** (Elec Eng) / ansprechen v, anziehen v (Relais) ‖ ~**-up** n (Aero) / Hochziehen n (des Flugzeugs im Allgemeinen)
**pull-up** n (sound advance) (Cinema) / Bild-Ton-Versatz m (bei einer kombinierten Bild-Ton-Kopie) ‖ ~ (Elec Eng) / Ansprechen n (Relais), Anziehen n (Relais)
**pull-up** n (Paint) / Hochziehen n (Anquellen und Loslösung eines Anstriches durch die Lösungsmittel der darüber aufgebrachten nächsten Anstrichschicht), Aufziehen n
**pull-up door fittings** (Build) / Hebetürbeschläge m pl ‖ ~ **resistor** (Electronics) / Pullup-Widerstand m (der einseitig mit der Betriebsspannung verbunden für konkrete Pegel sorgt, auch Arbeitswiderstand für Open-Collector-Technik)
**pull up within sight** / auf Sichtweite anhalten ‖ ~ **up within sight distance** / auf Sichtweite anhalten ‖ ~ **up within the range of vision** / auf Sichtweite anhalten
**pulp** v / einstampfen v (Druckerzeugnisse) ‖ ~ (Chem, Min Proc) / aufschwemmen v ‖ ~ (Paper) / aufschließen v (zu Halbstoff), chemisch aufschließen ‖ ~ vi / zu Brei werden ‖ ~ vt / in Brei verwandeln, zerstampfen v ‖ ~ n / breiige Masse, Brei m ‖ ~ (Agric) / Schlempe f (Kartoffel-, Mais-) ‖ ~* (Chem, Min Proc) / Trübe f, Aufschlämmung f, feiner Schlamm ‖ ~* (For, Paper) / (a soft wet mass of fibres derived from wood or rags, used in papermaking) Faserstoffbrei m, Zellstoff m, Faserbrei m, Stoff m, Papierstoff m ‖ ~ (Nut) / Nut m ‖ ~* (Nut) / Pülpe f, Fruchtfleisch n, Mark n (aus passierten Früchten oder Gemüsen), Fruchtmark n, Pflanzenmark n, Pulpa f (pl. -ae), Pulpe f, Pulp m (breiige Masse mit Fruchtstücken zur Marmeladeherstellung) ‖ ~* (Paper) s. also half-stuff ‖ ~ **bleaching** (Paper) / Zellstoffbleiche f
**pulpboard** n (Paper) / Holzschliffpappe f, einlagige Zellstoffpappe, Zellstoffkarton m ‖ ~* (Paper) / Karton m (bis zu 600 g/m² - DIN 6730), Pappe f (über 225 g/m² - Oberbegriff für Vollpappe und Wellpappe)
**pulp consistency** (Paper) / Stoffdichte f ‖ ~ **digester** (Paper) / Zellstoffkocher m, Kocher m ‖ ~ **dilution** (Min Proc) / Wasser-Feststoff-Verhältnis n (einer Trübe) ‖ ~ **drier** (Paper) / Holzschliffentwässerungsmaschine f, Zellstoffentwässerungsmaschine f ‖ ~ **drying machine** (Paper) / Holzschliffentwässerungsmaschine f, Zellstoffentwässerungsmaschine f
**pulped wire** (Elec Eng) / Pulpader f, pulpisolierte Ader
**pulp engine** (for producing paper pulp) (Paper) / Holländer m, Ganzzeugholländer m (ein altes Mahlaggregat zur Stoffaufbereitung), Stoffauflöser m
**pulper** n (Nut) / Pulper m (der die Kaffeekirschen vom weichen Fruchtfleisch befreit) ‖ ~ (Paper) / Stofflöser m, Pulper m, Turbolöser m, Zerfaserer m (ein Stoffauflösegerät)
**pulp furnish** (Paper) / Stoffeintrag m (DIN 6730), Holländerfüllung f, Holländereintrag m, Eintrag m (Holländereintrag), Mahlgut n (zur Mahlung im Holländer)
**pulping*** n (Paper) / Holzschliffherstellung f, Aufschließen n, Aufschluss m (chemischer), Schleifen n, Zellstoffauflösung f, Zellstoffgewinnung f (zu Halbstoff) ‖ ~ (Paper) / Breiigwerden n (von Erzkonzentraten) ‖ ~ **machine** (Nut) / Passiermaschine f ‖ ~ **temperature** (Nut) / Pulptemperatur f (im Innern des Fruchtfleisches)
**pulp machine** (Paper) / Holzschliffentwässerungsmaschine f, Zellstoffentwässerungsmaschine f ‖ ~ **mill** (Paper) / Faserstoffwerk n, Holzfaserstoffwerk n ‖ ~ **moulding** (Paper) / Faserguss m, Herstellung f von Papierbreipressteilen, Herstellung f von Formteilen aus Presspappe ‖ ~ **of needle-leaf tree(s)** (For, Paper) / Nadelholzzellstoff m
**pulpous** adj (Nut) / fleischig adj (Frucht)
**pulp-saver** n (Paper) / Stofffänger m, Stoffrückgewinnungsanlage f, Faserrückgewinnungsanlage f, Papiermassefänger m, Flotationsstofffänger m
**pulpstone** n (Paper) / Schleiferstein m (des Schleifers) ‖ ~ (Paper) / Schleifstein m (Holzschliffherstellung)
**pulp-type chips** (For) / Faserspäne m pl (zur Herstellung von Spanplatten)
**pulp wash** (Nut) / Pulp-wash n (bei Citrussaftherstellung), Pulpenextrakt m n (durch nachträgliches Auswaschen der Pulpe erhaltenes Zwischenprodukt der Citrussaftherstellung) ‖ ~ **water** (Ecol, Nut, San Eng) / Diffusionsabwasser n (aus den Zuckerfabriken), Diffusionswasser n
**pulpwood** n (for chemical pulp) (Chem Eng, For, Paper) / Zellstoffholz n (für chemisches Aufschlussverfahren) ‖ ~ (for mechanical pulp) (For, Paper) / Holzschliffholz n, Schleifholz n (für mechanisches Aufschlussverfahren) ‖ ~ (any wood cut or prepared primarily for the production of wood pulp) (For, Paper) / Papierholz n (ein

Industrieholz für mechanisches und chemisches Aufschlussverfahren), Faserholz n (für Papier- und Zelluloseindustrie)
**pulpy** adj / matschig adj, breiig adj, breiartig adj ‖ ~ (Nut) / fleischig adj (Frucht)
**Pulsair injection reaction system** (Autos) / Pulsair-System n (ein Sekundärluftsystem zur Nachverbrennung), Nachverbrennungssystem n Pulsair, Sekundärluftsaugsystem n ‖ ~ **system** (Autos) / Pulsair-System n (ein Sekundärluftsystem zur Nachverbrennung), Nachverbrennungssystem n Pulsair, Sekundärluftsaugsystem n
**pulsar*** n (Astron) / Pulsar m (schnell rotierende kosmische Radioquelle)
**pulsatance*** n (Phys) / Kreisfrequenz f (DIN 1311-1), Winkelfrequenz f
**pulsate** v / pulsieren v
**pulsating** adj / pulsierend adj ‖ ~ **current*** (Elec Eng) / pulsierender Strom ‖ ~ **d.c. current** (Elec Eng) / Mischstrom m (Wechselstrom, der eine zusätzliche Gleichkomponente enthält), pulsierender Gleichstrom ‖ ~ **fatigue strength under bending stress** (Materials) / Biegeschwellfestigkeit f (DIN 50 100) ‖ ~ **fatigue-test machine** (Materials) / Pulsator m (eine Dauerschwingprüfmaschine, meistens mit mittelbarem Federkraftantrieb) ‖ ~ **flow** (Phys) / pulsierende Strömung ‖ ~ **jet engine** (Aero) / Verpuffungstriebwerk n, Pulsationsstrahltriebwerk n (bei Versuchsflugkörpern), intermittierendes Luftstrahltriebwerk, Pulsotriebwerk n, Argus-Schmidt-Rohr n, Schmidt-Argus-Rohr n, Pulsstrahltriebwerk n ‖ ~ **load** (Materials, Mech) / Schwellbelastung f ‖ ~ **power** (Elec) / Impulsleistung f, Pulsleistung f ‖ ~ **quantity** (Elec) / Mischgröße f ‖ ~ **stars** (Astron) / Pulsationsveränderliche m pl, pulsierende Veränderliche, pulsierende Sterne (die größte Gruppe der physischen Veränderlichen) ‖ ~ **torque** (Elec Eng) / Pendelmoment n (bei umrichtergespeisten Drehstrom-Kurzschlussläufer-Motoren) ‖ ~ **variable stars** (Astron) / Pulsationsveränderliche m pl, pulsierende Veränderliche, pulsierende Sterne (die größte Gruppe der physischen Veränderlichen) ‖ ~ **voltage** (Elec) / Mischspannung f (periodische Spannung mit einem Mittelwert ungleich Null)
**pulsation** n / Pulsieren n, pulsierende Bewegung, Pulsation f ‖ ~ taktmäßiger Wechsel ‖ ~ / Intermittieren n ‖ ~ (Astron, Geol) / Pulsation f ‖ ~ **damper** (Eng) / Pulsationsdämpfer m ‖ ~ **force** (Geol) / Pulsationskraft f ‖ ~ **welding** (Welding) / Mehrimpulsschweißen n, Pulsationsschweißen n, Stromstoßschweißen n
**pulsator** n (Agric) / Pulsatormaschine f, Pulsator m (für die Melkmaschine) ‖ ~* (Min Proc) / Pulsatorsetzmaschine f ‖ ~ **valve** (Min Proc) / Pulsklappe f (am Sichter)
**pulsatory** adj / pulsierend adj
**pulse** v (Telecomm) / pulsen v, pulsieren v ‖ ~ (Telecomm) / impulsweise senden, pulsweise ausstrahlen, senden, impulsweise ~ ‖ ~* n (Elec Eng, Telecomm) / Impuls m (DIN 5483, T 1), Stoß m ‖ ~* (Med) / Puls m, Pulsschlag m ‖ ~ (Nut) / Hülsenfrüchte f pl, Hülsen f pl (Hülsenfrüchte) ‖ ~* (Zool) / Puls m ‖ ~ **amplifier*** (Telecomm) / Impulsverstärker m, Pulsverstärker m ‖ ~ **amplitude*** (Telecomm) / Impulshöhe f (Scheitelwert der Einhüllenden der den Impuls bildenden Schwingungen), Impulsamplitude f (DIN 5483, T1), Pulsamplitude f
**pulse-amplitude modulation*** (Telecomm) / Pulsamplitudenmodulation f (Trägersignal: Puls, modulierter Parameter: Amplitude), Impulsamplitudenmodulation f, PAM (Pulsamplitudenmodulation)
**pulse angle** (Spectr) / Pulswinkel m ‖ ~ **bandwidth*** (Telecomm) / Impulsbandbreite f ‖ ~ **burst** (Radar) / Impulsgruppe f ‖ ~ **capacitor** (Electronics) / Impulskondensator m (für den Impulsbetrieb - meistens Metallpapier- oder Kunststofffolienkondensator) ‖ ~ **charger** (Autos) / Expansionskammer f (der Auspuffanlage) ‖ ~ **chasing** (Radar) / Impulsverfolgung f (mit zeitlich-räumlicher Steuerung - beim multistatischen Radar) ‖ ~ **chromatography** (Chem) / Impulschromatografie f ‖ ~ **circuit** (Electronics) / Impulsschaltung f, Pulsschaltung f ‖ ~ **code*** (Telecomm) / Impulskode m, Pulskode m
**pulse-code modulation*** (Telecomm) / Pulskodemodulation f, Impulskodemodulation f, Puls-Code-Modulation f, PCM
**pulse compression*** (Radar) / Impulskompression f, Pulskompression f, Pulsverdichtung f ‖ ~ **counter** (Electronics) / Impulszähler m, Impulszählgerät n, Zähler m (zur Impulszählung) ‖ ~ **crop** (Nut) / Hülsenfrüchte f pl, Hülsen f pl (Hülsenfrüchte)
**pulsed amperometric detector** (Chem) / gepulster amperometrischer Detektor m ‖ ~ **arc** (Elec Eng, Welding) / Impulslichtbogen m ‖ ~ **beam** (Radar) / gepulster Strahl ‖ ~ **column*** (Chem Eng) / Pulskolonne f (säulenförmiger Extraktionsapparat, in dem zwei Flüssigkeiten im Gegenstrom stoßweise durch Siebe gepresst werden, wobei bestimmte Elemente von der einen Flüssigkeitsphase in die andere übertreten), Pulsationskolonne f, pulsierte Kolonne, gepulste Kolonne ‖ ~ **Doppler** (Radar) / Impuls-Doppler-Radar m n (mit impulsgetasteter Abstrahlung, das zusätzlich zur Entfernung auch die Radialgeschwindigkeit von Zielen zu messen gestattet - DIN 45 025), Puls-Doppler-Radar m n ‖ ~ **Doppler radar*** (Radar) / Impuls-Doppler-Radar m n (mit impulsgetasteter Abstrahlung, das zusätzlich zur Entfernung auch die Radialgeschwindigkeit von Zielen zu messen gestattet - DIN 45 025), Puls-Doppler-Radar m n
**pulse decay** (Telecomm) / Impulsabfall f ‖ ~ **decay time*** (Telecomm) / Impulsabfallzeit f, Impulsabklingzeit f ‖ ~ **delay** (Telecomm) / Impulsverzögerung f ‖ ~ **detector** (Nuc) / Impulszähler m
**pulsed-field electrophoresis** (Chem, Phys) / Pulsfeldelektrophorese f
**pulsed gas laser** (Electronics, Phys) / Impulsgaslaser m
**pulse dialling system** (Teleph) / Impulswahlverfahren n, IWV (Impulswahlverfahren) ‖ ~ **discharge** (Elec Eng) / Stoßentladung f ‖ ~ **discriminator*** (Telecomm) / Impulsdiskriminator m, Impulsverteiler m ‖ ~ **dispersion** / Impulsverbreiterung f (in einem LWL) ‖ ~ **distortion** (Telecomm) / Impulsverzerrung f, Impulsverformung f
**pulsed jet printer** (Comp) / pulsierender Ink-Jet-Drucker (mit einzelnen Partikeln, die aus mehreren nach dem Mosaikprinzip angeordneten Düsen austreten) ‖ ~ **laser** (Phys) / Impulslaser m, Pulslaser m (Emission von Lichtblitzen) ‖ ~ **laser deposition** (Surf) / gepulste Laserabscheidung ‖ ~ **laser evaporation** (Surf) / Verdampfung f mittels Impulslaser ‖ ~ **mode** (Electronics, Phys) / Pulsbetrieb m, gepulster Betrieb (eines Lasers) ‖ ~ **neutrons** (Nuc Eng) / Impulsneutronen n pl, gepulste Neutronen
**pulse-Doppler radar** (Radar) / Impuls-Doppler-Radar m n (mit impulsgetasteter Abstrahlung, das zusätzlich zur Entfernung auch die Radialgeschwindigkeit von Zielen zu messen gestattet - DIN 45 025), Puls-Doppler-Radar m n
**pulsed power** (Elec) / Impulsleistung f, Pulsleistung f ‖ ~ **radar** (Radar) / Impulsradar m n (als Gegensatz zum CW-Radar), Pulsradar m n (mit impulsförmig modulierter hochfrequenter Strahlung), Impulsradargerät n (das historisch älteste Radaranlage)
**pulsed-radar system*** (Radar) / Impulsradar m n (als Gegensatz zum CW-Radar), Pulsradar m n (mit impulsförmig modulierter hochfrequenter Strahlung), Impulsradargerät n (das historisch älteste Radaranlage)
**pulsed reactor** (Nuc Eng) / Pulsreaktor m (ein Forschungsreaktor)
**pulse droop*** (Telecomm) / [negative] Impulsdachschräge f
**pulsed TIG welding** (Welding) / WIG-Impulslichtbogenschweißen n ‖ ~ **tower** (Chem Eng) / Pulskolonne f (säulenförmiger Extraktionsapparat, in dem zwei Flüssigkeiten im Gegenstrom stoßweise durch Siebe gepresst werden, wobei bestimmte Elemente von der einen Flüssigkeitsphase in die andere übertreten), Pulsationskolonne f, pulsierte Kolonne, gepulste Kolonne ‖ ~ **tungsten-arc welding** (Welding) / WIG-Impulslichtbogenschweißen n
**pulse duration*** (Telecomm) / Pulsbreite f, Pulsdauer f, Pulslänge f, Impulsbreite f, Impulsdauer f, Impulslänge f
**pulse-duration modulation** (Telecomm) / Pulsdauermodulation f (Trägersignal: Puls, modulierter Parameter: Pulsdauer), Pulsbreitenmodulation f, Pulslängenmodulation f, Impulsbreitenmodulation f, PDM (Pulsbreitenmodulation)
**pulse duty factor** (Electronics, Telecomm) / Tastverhältnis n (Kehrwert des Tastgrades) ‖ ~ **duty factor** (Nuc) / Impulsverhältnis n
**pulsed wave** (Materials) / gepulste Welle, Impulswelle f (bei der Ultraschallwerkstoffprüfung)
**pulse echo** (Eng, Materials, Telecomm) / Impulsecho n
**pulse-echo method** (Eng, Materials) / Impulsechoverfahren n (der Werkstoffprüfung mit Ultraschall) ‖ ~ **system** (Materials) / Impulsechoverfahren n (der Werkstoffprüfung mit Ultraschall)
**pulse edge** (Telecomm) / Impulsflanke f ‖ ~ **energy** (Electronics, Phys) / Pulsenergie f (die mit einem einzelnen Laserpuls abgegeben wird) ‖ ~ **energy** (Telecomm) / Impulsenergie f ‖ ~ **fall** (Telecomm) / Impulsabfall m ‖ ~ **fall time*** (Telecomm) / Impulsabfallzeit f, Impulsabklingzeit f ‖ ~ **form** (Telecomm) / Impulsform f (der zeitliche Verlauf eines gegebenen Impulses - DIN 5483, T 1) ‖ ~ **former** (Telecomm) / Impulsformer m (DIN 45021) ‖ ~ **forming** (Telecomm) / Impulsformung f
**pulse-forming filter** (Telecomm) / Pulsformungsfilter n (z.B. ein Gauß-Filter oder ein Kosinus-Filter)
**pulse•-forming line*** (Radar) / Impulsformer m, Impulsformerleitung f, Laufzeitkette f ‖ ~ **Fourier transformation** (Spectr) / Puls-Fourier-Transformation n (in der NMR-Spektroskopie) ‖ ~ **Fourier transform NMR** (Chem, Phys, Spectr) / Puls-Fourier-Transform-Technik f (in der NMR-Spektroskopie), PFT-Technik f (in der NMR-Spektroskopie), Puls-Fourier-Transform-NMR f ‖ ~ **frequency** (Elec, Telecomm) / Pulsfrequenz f, Impulsfrequenz f (Anzahl der Impulse pro Zeiteinheit), PS
**pulse-frequency modulation*** (Telecomm) / Pulsfrequenzmodulation f (Trägersignal: Puls, modulierter Parameter: Pulsfrequenz), Impulsfrequenzmodulation f, PFM (Pulsfrequenzmodulation)

**pulse front** (Electronics, Telecomm) / Impulsfront *f* ‖ ~ **function** (Maths) / Deltafunktion *f*, Impulsfunktion *f* (eine Distribution) ‖ ~ **generator** (Autos) / Impulsgeber *m* (in der elektrischen Zündung) ‖ ~ **generator*** (Elec Eng, Phys) / Impulsgenerator *m*, Pulsgenerator *m*, Impulserzeuger *m* (für alle Frequenzen und für beliebige Kurvenformen) ‖ ~ **generator*** (Radar, Telecomm) / Impulsgeber *m* ‖ ~ **group** (Radar) / Impulsgruppe *f* ‖ ~ **hardening** (Met) / Impulshärten *n* (der äußeren Randschichten) ‖ ~-**height analyser*** (GB) (single-channel or multi-channel) (Electronics, Telecomm) / Impulshöhenanalysator *m*, Impulsamplitudenanalysator *m*
**pulse-height dicriminator** (Telecomm) / Diskriminator *m* (zur Klassierung von elektrischen Impulsen nach deren Höhe) ‖ ~ **discriminator*** (Telecomm) / Amplitudendiskriminator *m* (Schaltung, die einen Impuls abgibt, wenn das Eingangssignal eine bestimmte, einstellbare Amplitude über- oder unterschreitet), Impulsamplitudendiskriminator *m*, Impulshöhendiskriminator *m* ‖ ~ **selector*** (Telecomm) / Amplitudendiskriminator *m* (Schaltung, die einen Impuls abgibt, wenn das Eingangssignal eine bestimmte, einstellbare Amplitude über- oder unterschreitet), Impulsamplitudendiskriminator *m*, Impulshöhendiskriminator *m*
**pulse intensity change with time** (Phys) / zeitlicher Impulsverlauf ‖ ~ **interlacing*** (Telecomm) / Impulsverschachtelung *f* ‖ ~ **interleaving*** (Telecomm) / Impulsverschachtelung *f* ‖ ~ **interval** (space or interval from one pulse to the next) (Radar, Telecomm) / Impulsabstand *m*, Impulsperiode (Reziprokwert der Impulsfolgefrequenz), Pulsabstand *m*
**pulse-interval modulation** (Telecomm) / Pulsperiodendauermodulation *f*
**pulse ionization chamber*** (Nuc Eng) / Impuls-Ionisationskammer *f* (eine Ionisationskammer zum Nachweis einzelner geladener Teilchen nach DIN 44420) ‖ ~ **jet*** (Aero) / Verpuffungstriebwerk *n*, Pulsationsstrahltriebwerk *n* (bei Versuchsflugkörpern), intermittierendes Luftstrahltriebwerk, Pulsotriebwerk *n*, Argus-Schmidt-Rohr *n*, Schmidt-Argus-Rohr *n*, Pulsstrahltriebwerk *n* ‖ ~ **length*** (Telecomm) / Pulsbreite *f*, Pulsdauer *f*, Pulslänge *f*, Impulsbreite *f*, Impulsdauer *f*, Impulslänge *f* ‖ ~ **lengthening** (Telecomm) / Pulsdehnung *f*, Impulsdehnung *f*
**pulse-length modulation** (Telecomm) / Pulsdauermodulation *f* (Trägersignal: Puls, modulierter Parameter: Pulsdauer), Pulsbreitenmodulation *f*, Pulslängenmodulation *f*, Impulsbreitenmodulation *f*, PDM (Pulsbreitenmodulation)
**pulse modulation*** (Telecomm) / Pulsmodulation *f* (Sammelbegriff für alle Modulationsverfahren, bei denen Pulse als Träger verwendet werden), Impulsmodulation *f*, PM (Pulsmodulation) ‖ ~ **operation** (Electronics) / Impulsbetrieb *m* (eines Halbleiterbauelements) ‖ ~ **peak** (Telecomm) / Impulsdach *n*
**pulse-phase modulation*** (Telecomm) / Pulsphasenmodulation *f* (Trägersignal: Puls, modulierter Paremeter: Phase), Pulslagemodulation *f*, Impulslagemodulation *f*, Impulsphasenmodulation *f*
**pulse plating** (Surf) / Pulse-Plating *n* (elektrolytische Metallabscheidung unter Anwendung von periodischen Stromänderungen oder -unterbrechungen), Pulsstromabscheidung *f* ‖ ~ **polarography** (normal) (Chem) / Pulspolarografie *f*, PP (normale Pulspolarografie)
**pulse-position modulation*** (Telecomm) / Pulsphasenmodulation *f* (Trägersignal: Puls, modulierter Paremeter: Phase), Pulslagemodulation *f*, Impulslagemodulation *f*, Impulsphasenmodulation *f*
**pulse power** (Telecomm) / Pulsleistung *f*, Impulsleistung *f*
**pulser** *n* (Radar, Telecomm) / Impulsgeber *m*
**pulse radar** (Radar) / Impulsradar *m n* (als Gegensatz zum CW-Radar), Pulsradar *m n* (mit impulsförmig modulierter hochfrequenter Strahlung), Impulsradargerät *n* (das historisch älteste Radaranlage) ‖ ~ **radiolysis** (Chem) / Pulsradiolyse *f* (ein der Blitzlichtfotolyse analoges Analysenverfahren der Strahlenchemie) ‖ ~ **rate** (of visual alarms or warning lights) (Elec Eng) / Blinkfrequenz *f* (DIN EN 475) ‖ ~ **rate** (Radar, Telecomm) / Impulsrate *f* (die Anzahl der Impulse je Zeiteinheit), Pulsrate *f*, Impulsdichte *f*
**pulse-rate watch** (Horol) / Digitalarmbanduhr *f* mit Pulsmessung, Armbanduhr *f* mit Pulszähler
**pulse reactor** (Nuc Eng) / Pulsreaktor *m* (ein Forschungsreaktor)
**pulse-recurrence frequency** (Radar) / Impulswiederholfrequenz *f* (in Hz), Impulswiederholungsfrequenz *f*, Impulsfolgefrequenz *f* (in Hz), Pulsfolgefrequenz *f*
**pulse-regenerating circuit** (Telecomm) / Impulsregenerationsschaltung *f*
**pulse regeneration*** (Telecomm) / Impulsregenerierung *f*, Impulsregeneration *f*, Pulsregenerierung *f* ‖ ~ **repetition** (Telecomm) / Impulswiederholung *f*
**pulse-repetition frequency*** (the rate /in hertz or pulses per second/ at which pulses or pulse groups are transmitted from a radar set) (Radar, Telecomm) / Impulswiederholfrequenz *f* (in Hz), Impulswiederholungsfrequenz *f*, Impulsfolgefrequenz *f* (in Hz), Pulsfolgefrequenz *f* ‖ ~ **interval** (Radar, Telecomm) / Impulsabstand *m*, Impulsperiode (Reziprokwert der Impulsfolgefrequenz), Pulsabstand *m* ‖ ~ **period** (Radar, Telecomm) / Impulsabstand *m*, Impulsperiode (Reziprokwert der Impulsfolgefrequenz), Pulsabstand *m* ‖ ~ **rate*** (Radar, Telecomm) / Impulsrate *f* (die Anzahl der Impulse je Zeiteinheit), Pulsrate *f*, Impulsdichte *f*
**pulse restoration*** (Telecomm) / Impulsregenerierung *f*, Impulsregeneration *f*, Pulsregenerierung *f* ‖ ~ **rise** (Electronics) / Impulsanstieg *m* ‖ ~ **rise time*** (Electronics) / Impulsanstiegszeit *f* ‖ ~ **sequency** (Elec, Telecomm) / Impulssequenz *f*, Pulssequenz *f* ‖ ~ **shape** (Telecomm) / Impulsform *f* (der zeitliche Verlauf eines gegebenen Impulses - DIN 5483, T 1) ‖ ~ **shaper** (Telecomm) / Impulsformer *m* (DIN 45021) ‖ ~ **shaping*** (Telecomm) / Impulsformung *f*, Pulsformung *f*
**pulse-shaping circuit** (Telecomm) / Impulsformer *m* (DIN 45021)
**pulse signal** (Telecomm) / Impulskennzeichen *n*, IKZ (Impulskennzeichen), Impulssignal *n* ‖ ~ **signalling** (Telecomm) / Impulskennzeichengabe *f*, IKZ (Impulskennzeichengabe), Impulskennzeichenverfahren *n* ‖ ~ **spacing** (Radar, Telecomm) / Impulsabstand *m*, Impulsperiode (Reziprokwert der Impulsfolgefrequenz), Pulsabstand *m*
**pulse-spacing modulation** (Telecomm) / Pulsperiodendauermodulation *f*
**pulse spectrum*** (Acous, Spectr) / Impulsspektrum *n* ‖ ~ **spike*** (an unwanted pulse of relatively short duration, superimposed on the main pulse) (Electronics) / Störspitze *f*, Störspannungsspitze *f* ‖ ~ **spreading** / Impulsverbreiterung *f* (in einem LWL) ‖ ~ **stretcher*** (Electronics, Telecomm) / Impulsdehner *m* ‖ ~ **string** (Telecomm) / Puls *m* (periodische Folge von Impulsen, nach DIN 5483, T 1) ‖ ~ **stuffing** (Comp, Telecomm) / Pulsstopfung *f*, Pulsstuffing *n* ‖ ~ **technique(s)** (Elec Eng, Telecomm) / Impulstechnik *f* (Verfahren, die mit nichtkontinuierlichen Signalen arbeiten, diese erzeugen, übertragen, verarbeiten oder erkennen) ‖ ~ **technique** (Materials) / Pulsmethode *f*, Pulstechnik *f*, Pulsverfahren *n* ‖ ~-**time modulation** (Telecomm) / Pulszeitmodulation *f* ‖ ~ **top** (Telecomm) / Impulsdach *n* ‖ ~ **train** (Telecomm) / Puls *m* (periodische Folge von Impulsen, nach DIN 5483, T 1) ‖ ~ **transformer*** (Telecomm) / Impulsübertrager *m*, Pulsübertrager *m*, Impulstransformator *m* ‖ ~ **transmitter** (Telecomm) / Impulssender *m* (Generator zum Prüfen von Funkstörmessgeräten, der eine veränderbare Folge von definierten Impulsen abgibt) ‖ ~ **triggering** (Telecomm) / Impulstriggerung *f*, Impulsanregung *f* ‖ ~ **tube** (Agric) / Pulsschlauch *m* (der Melkanlage) ‖ ~ **voltage** (Elec Eng) / Stoßspannung *f*, Impulsspannung *f*, Spannungsstoß *m*, Überspannungsstoß *m*, Stromstoß *m* ‖ ~ **wave** (Med) / Pulswelle *f* ‖ ~ **waveform** (Telecomm) / Impulsform *f* (der zeitliche Verlauf eines gegebenen Impulses - DIN 5483, T 1) ‖ ~ **width*** (Telecomm) / Pulsbreite *f*, Pulsdauer *f*, Pulslänge *f*, Impulsbreite *f*, Impulsdauer *f*, Impulslänge *f*
**pulse-width modulation*** (Telecomm) / Pulsdauermodulation *f* (Trägersignal: Puls, modulierter Parameter: Pulsdauer), Pulsbreitenmodulation *f*, Pulslängenmodulation *f*, Impulsbreitenmodulation *f*, PDM (Pulsbreitenmodulation) ‖ ~ **recording** (Comp) / Wechseltaktschrift *f* (ein Schreibverfahren)
**pulsing** *n* (Electronics, Telecomm) / Impulsgabe *f*
**pulsometer** *n* (Eng) / Pulsometer *n* (eine kolbenlose Pumpe, die mit einem gasförmigen Verdränger arbeitet), Dampfdruckpumpe *f* ‖ ~ **pump*** (Eng) / Pulsometer *n* (eine kolbenlose Pumpe, die mit einem gasförmigen Verdränger arbeitet), Dampfdruckpumpe *f*
**pulsor** *n* / Pulsor *m* (induktiver berührungsloser Näherungsschalter)
**pultrusion** *n* (Plastics) / Pultrusionsverfahren *n*, Pultrusion *f* (ein Strangziehverfahren für faserverstärkte Platten und Profile aus Kunststoffen)
**pulverisation** *n* (GB) / Zerpulvern *n*, Zerpulverung *f*, Pulverisierung *f*, Pulverisieren *n*
**pulverise** *v* (GB) / verstäuben *v* (Flüssigkeit), sprühen *v*, zerstäuben *v*, verspritzen *v*, versprühen *v*, sprayen *v* ‖ ~ (GB) / zerpulvern *v*, pulverisieren *v*, pulvern *v*, zu Pulver zerstoßen, mahlen auf Staubfeinheit ‖ ~ *vi* (GB) / zu Pulver werden
**pulverizable** *adj* / pulverisierbar *adj*
**pulverization** *n* / Zerpulvern *n*, Zerpulverung *f*, Pulverisierung *f*, Pulverisieren *n*
**pulverize** *v* / verstäuben *v* (Flüssigkeit), sprühen *v*, zerstäuben *v*, verspritzen *v*, versprühen *v*, sprayen *v* ‖ ~ / zerpulvern *v*, pulverisieren *v*, pulvern *v*, zu Pulver zerstoßen, mahlen auf Staubfeinheit ‖ ~ / zerstäuben *v* (feste Stoffe) ‖ ~ *vi* / zu Pulver werden
**pulverized** *adj* / pulverig *adj*, pulvrig *adj*, pulverförmig *adj*, pulverisiert *adj*, zerpulvert *adj* ‖ ~ **coal** / Kohlenstaub *m*, Staubkohle *f*, Brennstaub *m* (pulverisierte Kohle als Produkt)

**pulverized-coal bin** / Kohlenstaubsilo *m n*, Staubsilo *m n* (mit Kohlenstaub) || **~ boiler** / Staubkessel *m*
**pulverized-coal burner*** / Kohlenstaubbrenner *m*, Staubkohlenbrenner *m*
**pulverized-coal firing** / Kohlenstaubfeuerung *f*, Staubfeuerung *f* (mit Kohlenstaub) || **~ line** / Kohlenstaubleitung *f*, Staubleitung *f* (für Kohlenstaub)
**pulverized fuel*** / Kohlenstaub *m*, Staubkohle *f*, Brennstaub *m* (pulverisierte Kohle als Produkt)
**pulverized-fuel ash** / Flugasche *f* (die beim Verbrennen von Kohlenstaub entsteht und in Filtern abgeschieden wird) || **~ bin** / Kohlenstaubsilo *m n*, Staubsilo *m n* (mit Kohlenstaub) || **~ boiler** / Staubkessel *m* || **~ firing** / Kohlenstaubfeuerung *f*, Staubfeuerung *f* (mit Kohlenstaub) || **~ line** / Kohlenstaubleitung *f*, Staubleitung *f* (für Kohlenstaub)
**pulverized marble** / Marmormehl *n*
**pulverizer** *n* (Agric) / Krümelegge *f* || **~** (Chem Eng, Eng) / Feinmühle *f*, Feinstmühle *f*, Feinmahlanlage *f*, Feinstmahlanlage *f*, Staubmühle *f*, Pulverisiermühle *f* || **~** (Min Proc) / Kohlenstaubmühle *f*, Kohlenmühle *f* || **~ disk** / Mahlscheibe *f* (einer Scheibenmühle)
**pulverizing harrow** (Agric) / Krümelegge *f* || **~ mill** (Chem Eng, Eng) / Feinmühle *f*, Feinstmühle *f*, Feinmahlanlage *f*, Feinstmahlanlage *f*, Staubmühle *f*, Pulverisiermühle *f* || **~ mixer** (Civ Eng) / Mischgerät *n* (für das Baumischverfahren)
**pulverulent** *adj* (crumbly) / leicht zerbröckelnd, zerkrümelnd *adj* || **~** / pulverig *adj*, pulvrig *adj*, pulverförmig *adj*, pulverisiert *adj*, zerpulvert *adj*
**pulvinic acid** (Chem) / Pulvinsäure *f* (verseifte Vulpinsäure)
**pumice** *v* / bimsen *v*, abbimsen *v*, mit Bimsstein abschleifen, mit Bimsstein abreiben || **~*** *n* (Geol) / Bimsstein *m* (helles, aus kieselsäure- und gasreicher Lava schaumig erstarrtes Gesteinsglas), Naturbims *m* || **~ concrete** (Civ Eng) / Bimsbeton *m* (ein Bimsbaustoff - ein Leichtbeton aus Zement und Bimskies) || **~ powder** / Bimsstaub *m*, Bimssteinpulver *n*, Bimsmehl *n* || **~ slag brick** (Build) / Hüttenschwemmstein *m* (DIN 398) || **~ soap** / Bimssteinseife *f*, Bimseife *f* || **~ stone** (Geol) / Bimsstein *m* (helles, aus kieselsäure- und gasreicher Lava schaumig erstarrtes Gesteinsglas), Naturbims *m*
**pumice-stone paper** (Paper) / Bimssteinpapier *n* (ein Schleifpapier mit Bims als Streumittel)
**pumice tuff** (Geol) / Bimssteintuff *m*
**pumicite** *n* (Geol) / Bimsstein *m* (helles, aus kieselsäure- und gasreicher Lava schaumig erstarrtes Gesteinsglas), Naturbims *m*
**pummel*** *n* (Civ Eng) / [schwerer] Erdrammer *m*, Stampfer *m* (ein handgeführtes Gerät)
**pummelo** *n* (Bot, Nut) / Pampelmuse *f* (Frucht der Citrus maxima (Burm.) Merr.), Shaddock-Pampelmuse *f*, Riesenorange *f*
**Pummerer rearrangement** (Chem) / Pummerer-Umlagerung *f* (nach R. Pummerer, 1882-1973)
**pump** *v* (Autos) / pumpen *v*, stottern *v* (beim Bremsen) || **~** (Eng) / pumpen *v*, fördern *v* (mit der Pumpe) || **~** (Nut) / einspritzen *v* (Pökellake), spritzen *v* (Pökellake) || **~*** *n* (Eng) / Hydropumpe *f* (Umlaufverdränger- oder Hubverdrängermaschine mit festem oder verstellbarem Verdrängervolumen, z.B. in der Ölhydraulik), hydraulische Pumpe, Hydraulikpumpe *f* || **~*** (Eng) / Pumpe *f* || **~** (Eng) / Pumpenrad *n* (des Druckmittelgetriebes), Primärrad *n* (der Flüssigkeitskupplung)
**pumpable** *adj* / pumpfähig *adj*, förderfähig durch Pumpe, förderfähig mit der Pumpe
**pump-action screwdriver** (Eng, Tools) / Automatic-Schraubendreher *m*, Drehmomentschraubendreher *m*, Drehmomentschraubenzieher *m*
**pumpage** *n* (Eng) / Pumpenfördermenge *f* || **~** (Eng) / Pumpmenge *f*
**pump-back method** (Elec Eng) / Rückarbeitsverfahren *n* (ein Prüfverfahren für elektrische Maschinen großer Leistung)
**pump barrel** (Eng) / Pumpenzylinder *m* || **~ casing** (Eng) / Pumpengehäuse *n* || **~ chamber** (Mining) / Pumpenkammer *f* (Raum unter Tage, in dem die Pumpen für die Wasserhebung aufgestellt sind) || **~ characteristic** (Eng) / Pumpenkennlinie *f* (Förderstrom, Förderhöhe, Drehzahl und Wirkungsgrad)
**pump-circulated cooling** (Autos) / Zwangsumlaufkühlung *f*, Pumpenumlaufkühlung *f*, Umlaufkühlung *f* mit Pumpe
**pump compass** (Instr) / Fallnullenzirkel *m*
**pumpcrete** *n* (Build, Civ Eng) / Pumpbeton *m* (Frischbeton, der durch Rohr- oder Schlauchleitungen zur Einbringstelle gepumpt wird), gepumpter Beton
**pump cylinder** (Eng) / Pumpenzylinder *m* || **~ delivery** (Eng) / Pumpenfördermenge *f* || **~ discharge side** (Eng) / Pumpendruckseite *f* || **~ down** *v* (Vac Tech) / evakuieren *v* (ein Gas aus physikalisch-technischen Apparaten entfernen; ein Vakuum herstellen), auspumpen *v*, abpumpen *v*
**pump-down time** (Vac Tech) / Evakuierungszeit *f*, Pumpzeit *f*
**pump** *v* **dry** (Eng) / abpumpen *v*, auspumpen *v*, wegpumpen *v*

**pumped concrete** (Build, Civ Eng) / Pumpbeton *m* (Frischbeton, der durch Rohr- oder Schlauchleitungen zur Einbringstelle gepumpt wird), gepumpter Beton || **~ hydro** (Hyd Eng) / Pumpspeicherverfahren *n* (bei Wasserkraftwerken), Pumpspeicherung *f* || **~ storage*** (Hyd Eng) / Pumpspeicherverfahren *n* (bei Wasserkraftwerken), Pumpspeicherung *f*
**pumped-storage hydropower station** (Elec Eng, Hyd Eng) / Pumpspeicherkraftwerk *n*, Pumpspeicherwerk *n* (ein Wasserkraftwerk)
**pumped-storage hydrostation** (Elec Eng, Hyd Eng) / Pumpspeicherkraftwerk *n*, Pumpspeicherwerk *n* (ein Wasserkraftwerk)
**pumped-storage power plant** (Elec Eng, Hyd Eng) / Pumpspeicherkraftwerk *n*, Pumpspeicherwerk *n* (ein Wasserkraftwerk)
**pumped system** (Heat) / Pumpenwarmwasserheizung *f* (in Einrohr- bzw. Zweirohrausführung) || **~ vacuum system** (Vac Tech) / dynamisches Vakuumsystem, dynamische Vakuumanlage
**pumpellyite*** *n* (Min) / Pumpellyit *m*
**pumper** *n* (Oils) / Pumpsonde *f*, im Pumpbetrieb fördernde Bohrung
**pump frequency*** (Electronics) / Pumpfrequenz *f* (mit der Wechselleistung einem parametrischen Verstärker zugeführt wird) || **~ handle** (Eng) / Pumpenschwengel *m* || **~ head** (Eng) / Pumpenkopf *m* || **~-house** *n* (Eng) / Pumpstation *f*, Pumpwerk *n*, Pumpenhaus *n*, Pumphaus *n* || **~ housing** (Eng) / Pumpengehäuse *n*
**pumping** *n* / Pumpen *n* (auch beim Laser) || **~** (Autos) / Pumpen *n*, Stottern *n* (Stotterbremsen) beim Bremsen || **~** (Civ Eng) / Pumpen *n* (Auf- und Abwärtsbewegung durch Kornumlagerungen ungebundener Böden infolge Verkehrsbelastung und Wasserwanderung unter den Betonplatten) || **~** (Nut) / Spritzpökelung *f*, Schnellpökelung *f* || **~** (Nut) / Einspritzen *n* (von Pökellake), Spritzen *n* (von Pökellake)
**pumping-grade concrete** (Build, Civ Eng) / Pumpbeton *m* (Frischbeton, der durch Rohr- oder Schlauchleitungen zur Einbringstelle gepumpt wird), gepumpter Beton
**pumping intensity** (Phys) / Pumpintensität *f* (bei Lasern) || **~ laser** (Phys) / Pumplaser *m* || **~ level** (Phys) / Pumpleistung *f* (bei Lasern) || **~ plant** (Eng) / Pumpstation *f*, Pumpwerk *n*, Pumpenhaus *n*, Pumphaus *n* || **~ power** (Phys) / Pumpleistung *f* (bei Lasern) || **~ source** (Electronics, Phys) / Pumpgenerator *m*, Pumpquelle *f* || **~ speed*** (Vac Tech) / Pumpgeschwindigkeit *f*, Saugvermögen *n* || **~ station** (Eng) / Pumpstation *f*, Pumpwerk *n*, Pumpenhaus *n*, Pumphaus *n* || **~ stem** (Vac Tech) / Vakuumstutzen *m*, Pumpstängel *m* || **~ test** (Hyd) / Pumpversuch *m* || **~ test** (Hyd Eng) / Pumpversuch *m* (in einem neuen Brunnen) || **~ unit** (Oils) / Pumpaggregat *n* || **~ unit** (Vac Tech) / Pumpstand *m* (betriebsfertiger) || **~ wavelength** (Phys) / Pumpwellenlänge *f* (bei Lasern) || **~ well** (Oils) / Pumpsonde *f*, im Pumpbetrieb fördernde Bohrung
**pump jack*** (Oils) / Pumpenbock *m*
**pumpkin dome** (Arch) / Faltkuppel *f* || **~ oil** (Nut) / Kürbiskernöl *n* (fettes Öl aus den geschälten, gerösteten Samen des Gartenkürbis)
**pump lamp** (Phys) / Pumplampe *f* (des Lasers) || **~ lift** (Eng) / Pumpenhub *m* || **~ lift** (Eng) / Pumpsaughöhe *f*
**pump-line** *n* (Elec Eng, Rail) / Steuerdraht *m*, Steuerleitung *f*
**pump log** (Leather) / Pfaffe *f* (Rohr zum Überleiten der Gerbbrühe von einer Grube zur anderen)
**pump-man** *n* (Ships) / Pumpenmann *m* (Besatzungsmitglied, das für die Bedienung von Pumpenanlagen auf Tankern eingesetzt wird)
**pump-nozzle unit** (I C Engs) / Pumpe-Düse-Einheit *f* (in dem Einspritzsystem für Dieselmotoren)
**pump off** *v* (Eng) / abpumpen *v*, auspumpen *v*, wegpumpen *v* || **~ out** (Eng) / abpumpen *v*, auspumpen *v*, wegpumpen *v*
**pump-out** *n* (Nuc Eng) / Pumpout *m*
**pump outlet valve** (Eng) / Pumpenauslassventil *n*
**pump-out tubulation** (Vac Tech) / Vakuumstutzen *m*, Pumpstängel *m*
**pump packing** (Mining) / Pumpversatz *m* (bei dem das Versatzgut mit wenig Wasser durch eine Rohrleitung von einer Pumpe in den zu verfüllenden Abbauhohlraum eingebracht wird - im Erzbergbau)
**pump-priming** *n* (Eng) / Ansaugenlassen *n* (Pumpen)
**pump rod** (Elec Eng) / Pumpstängel *m* (der Glühlampe) || **~ rod** (Eng, Oils) / Pumpstange *f* (kurze, etwa 60 bis 245 cm)
**pump-room** *n* (Ships) / Pumpenraum *m* (zur Unterbringung von Pumpen)
**pump(ing) set** (Eng) / Pumpenaggregat *n*, Pumpensatz *m*
**pump shaft** (Eng) / Pumpenwelle *f* || **~ shot** (I C Engs) / Kraftstoffeinspritzung *f* (einmalige - der Beschleunigerpumpe), Einspritzung *f* || **~ station** (Civ Eng, Mining) / Pumphaltung *f* (Anlage) || **~ station** (Eng) / Pumpstation *f*, Pumpwerk *n*, Pumpenhaus *n*, Pumphaus *n* || **~ station** (Mining) / Pumpenkammer *f* (Raum unter Tage, in dem die Pumpen für die Wasserhebung aufgestellt sind) || **~ stowing** (Mining) / Pumpversatz *m* (bei dem das Versatzgut mit wenig Wasser durch eine Rohrleitung von einer Pumpe in den zu

**pump**

~ **stroke** (Eng, Oils) / Pumpenhub m ‖ ~ **suction side** (Eng) / Pumpensaugseite f ‖ ~ **sump** (Eng) / Pumpensumpf m (bei den Abwasserpumpen) ‖ ~ v **to level** (Autos) / auf Niveau hochpumpen
**pump-turbine** n (which performs both turbine and pump functions) (Eng) / Pumpenturbine f (z.B. in einem Pumpspeicherwerk), Pumpturbine f
**pump unit** (Eng) / Pumpenaggregat n, Pumpensatz m ‖ ~ **up** v (Autos) / aufpumpen v (Reifen) ‖ ~ **up** (Eng) / hochpumpen v ‖ ~ **well** (Eng) / Pumpenbrunnen m ‖ ~ **well** (Ships) / Pumpensumpf m
**pun** v (GB) (Build, Civ Eng) / stampfen v, feststampfen v ‖ ~ (Build, Civ Eng, Foundry) / rammen v (verdichten), stampfen v, abrammen v (verdichten)
**puna** n (Med) / Bergkrankheit f, Höhenkrankheit f, Ballonkrankheit f, Fliegerkrankheit f, Bergkoller m
**punch** v (with a centre-punch) (Autos) / ankörnen v (mit dem Körner) ‖ ~ (Comp) / handlochen v (nur Infinitiv und Partizip), lochen v (manuell), ablochen v (manuell) ‖ ~ (Eng) / stanzen v (Ronden) ‖ ~ (Met) / lochen v ‖ ~ n (Civ Eng) / Aufsetzer m (eine Rammhaube) ‖ ~ (Civ Eng) / Rammjungfer f, Afterramme f, Rammknecht m ‖ ~ (Comp) / Lochkartenstanzer m, Kartenstanzer m ‖ ~ (Eng) / Schneidstempel m (Werkzeugaktivelement von Schneidwerkzeugen, das die Stößelkraft entlang der Schneidlinie am Werkstück zum Angriff bringt) ‖ ~* (Eng) / Stempel m (Abschneid-, Biege-, Loch-, Präge-, Schneid-, Zieh-) ‖ ~* (Eng) / Presse f (Stanzereimaschine, Umformungsmaschine) mit einem Lochstempel ‖ ~* (Eng) / Locher m, Lochwerkzeug n, Durchschlag m (ein Handwerkzeug) ‖ ~ (Eng) / Biegestempel m ‖ ~ (Eng, Tools) / Treibdorn m (Werkzeug vergleichbar mit Durchtreibern und Spitztreibern zum Ein- und Austreiben von Teilen beim Ein- und Ausbau), Treiber m, Dorn m ‖ ~* (Print) / Patrize f, Schriftstempel m
**punchcard** n (a card in which hole patterns can be punched) (Comp) / Lochkarte f, LK (Lochkarte)
**punched card*** (a card punched with hole patterns) (Comp) / Lochkarte f, LK (Lochkarte) ‖ ~ **paper tape*** (Comp) / Lochstreifen m (DIN 66001) ‖ ~ **screen*** (Min Proc) / Lochsieb n (Lochblech)
**puncheon** n (Civ Eng) / Rammjungfer f, Afterramme f, Rammknecht m ‖ ~ (Mining) / Stempel m, Grubenstempel m (Stützelement aus Holz /wenig nachgiebig/, Stahl und Leichtmetall /nachgiebig/) ‖ ~ **sling** (Ships) / Fassstropp m, Fassschlinge f, Schnatter m (Anschlagmittel für Fässer aus Tauwerk, bei dem eine Kausche so eingespleißt ist, dass eine Schlinge gebildet wird), Fassschlag m
**punching(s)** n(pl) (Met) / Stanzabfall m
**punching** n (Comp) / Lochen n ‖ ~ (Eng) / Stanzen n (Herausstanzen von Ronden) ‖ ~ (Met) / Lochpressen n (bei Herstellung nahtloser Stahlrohre) ‖ ~ (Met) / Lochen n (das herausgeschnittene Teil = Abfall) ‖ ~ **machine*** (Eng) / Stanzereimaschine f (mit Lochstempel und Schnitt- bzw. Lochplatte) ‖ ~ **oil** (Ceramics) / Stanzöl n (das bessere Gleitfähigkeit der Masse gewährleistet und ein Ankleben an der Pressform verhindert) ‖ ~ **position** (Comp) / Lochstelle f ‖ ~ **station** (Comp) / Stanzstation f ‖ ~ **test** (Materials) / Lochversuch m (ein mechanisch-technologischer Warmversuch zur Ermittlung der Lochfestigkeit) ‖ ~ **test** (Met) / Lochprobe f
**punch mechanism** (Comp) / Stanze f ‖ ~ **operator** (female) (Comp) / Locherin f ‖ ~ **operator** (male) (Comp) / Locher m ‖ ~ **plate** (Eng) / Stempelaufnahmeplatte f (mit Aussparungen für einen oder mehrere Schnittstempel) ‖ ~ **position** (Comp) / Lochstelle f ‖ ~ **side** (Eng) / obere Blechseite (beim Umformen) ‖ ~ **station** (Comp) / Stanzstation f ‖ ~ **stem** (Eng) / Stempelschaft m ‖ ~ **tape** (Comp) / Lochstreifen m (DIN 66001) ‖ ~ **test** (a test in which a glaze is fractured by means of a centre punch to determine if the fired coating is under tensile or compressive stresses) (Ceramics) / Schlagtest m, Schlagprüfung f
**punch-through** n (Electronics) / Punchthrough n (wenn der Sperrschichtrand des Kollektors vollständig durch die Basis greift) ‖ ~* (Electronics) / Durchgreifen n ‖ ~ **breakdown** (Electronics) / Punchthrough-Effekt m, Punchthrough-Durchbruch m, Durchgreifeffekt m (bei Bipolartransistoren) ‖ ~ **effect** (Electronics) / Punchthrough-Effekt m, Punchthrough-Durchbruch m, Durchgreifeffekt m (bei Bipolartransistoren) ‖ ~ **injection transit time diode** (Electronics) / PITT-Diode f
**punctate*** adj (Bot) / punktiert adj
**punctiform** adj / punktförmig adj
**punctual** adj / punktförmig adj
**punctuation** n (Typog) / Interpunktion f, Zeichensetzung f
**punctum remotum** (Optics) / Fernpunkt m, Punctum n remotum (des Auges)
**puncture** v (Eng) / durchschlagen v (um ein Loch zu machen), durchstechen v ‖ ~ n (Autos) / Reifenpanne f, Loch n (im Reifen) ‖ ~ (Elec Eng) / Durchschlag m (zwischen zwei voneinander isolierten Leitern oder Elektroden, der meistens zur Zerstörung des Isolierstoffs führt) ‖ ~ (Eng) / Durchschlag m, Durchschlagen n

**puncture-proof tyre** (Autos) / pannensicherer Reifen
**puncture resistance** (Materials) / Durchstoßfestigkeit f ‖ ~**-sealing tube** (Autos) / [im m Pannenfall] selbstabdichtender Schlauch ‖ ~ **voltage** (Elec Eng) / Durchschlagspannung f
**puncturing energy** (Paper) / Durchstoßarbeit f
**pungent** adj / beißend adj (Qualm, Geruch ), stechend adj (Geruch), ätzend adj ‖ ~* (Nut) / sauer adj, herb adj, streng adj, scharf adj (im Geschmack) ‖ ~ (Nut, Pharm) / pikant adj, gewürzt adj (gut), würzig adj ‖ ~ **flavour** (Nut) / Scharfstoff m
**punica alkaloid** (Pharm) / Punica-Alkaloid n (z.B. Pelletierin)
**punk knot** (For) / Faulast m, fauler Ast
**punner*** n (Civ Eng) / Handramme f, Handstampfer m, Jungfer f, Besetzschlegel m ‖ ~* (Civ Eng) / [schwerer] Erdrammer m, Stampfer m (ein handgeführtes Gerät)
**punning*** n (Build, Civ Eng) / Stochern n (von Frischbeton) ‖ ~* (Build, Civ Eng) / Rammen n, Stampfen n, Abrammen n (Verdichten) ‖ ~* (GB) (Build, Civ Eng) / Feststampfen n, Stampfen n ‖ ~* (Foundry) / Rammen n, Stampfen n
**punt*** n (Glass) / Boden m (eines Glasgefäßes) ‖ ~ (Ships) / Punte f, Stechkahn m (ein Prahm)
**Punta Arenas wool** (Textiles) / Punta-Arenas-Wolle f, Punta-Wolle f (Crossbred-Wolle von der Südspitze Argentiniens und den Falkland-Inseln)
**puntee*** n (Glass) / Anfangeisen n, Hefteisen n, Bindeeisen n, Nabeleisen n, Heftnabel m
**punty*** n (Glass) / Anfangeisen n, Hefteisen n, Bindeeisen n, Nabeleisen n, Heftnabel m
**pup** (Cinema) / kleine Filmleuchte ‖ ~ (Radio) / Störsender m (mit kleiner Leistung
**pupil*** n (Optics) / Pupille f, Sehloch n
**pupilometer*** n (Optics) / Pupillometer n
**Pupin cable** (Cables) / bespultes Kabel, pupinisiertes Kabel (nach M. Pupin, 1858 - 1935), Pupinkabel n ‖ ~ **coil*** (Elec Eng, Teleph) / Pupinspule f (verlustarme Induktivität)
**puppet** n (animation puppet) (Cinema) / Animationspuppe f ‖ ~ (Plastics) / Puppe f (an einem Mischwalzwerk aufgerolltes Walzfell aus Gummi oder thermoelastischem Kunststoff, das anschließend auf dem Kalander weiterverarbeitet werden soll) ‖ ~ **animator** (Cinema) / Bewegungsführer m (im Puppenspielfilm) ‖ ~ **clack** (Eng) / Schnarchventil n, Schlotterventil n, Schnüffelventil n ‖ ~ **valve** (Eng) / Schnarchventil n, Schlotterventil n, Schnüffelventil n
**PUR** (polyurethane) (Chem, Plastics) / Polyurethan n, PUR (Polyurethan) ‖ ~ **adhesive** / Polyurethanklebstoff m, PUR-Klebstoff m
**purchase*** n (Eng) / [einfaches] Hebezeug n ‖ ~* (mechanical advantage) (Mech) / mechanische Kraftverstärkung, Kraftgewinn m (Kraftvergrößerung durch mechanische Mittel) ‖ ~ (a pulley or similar device for moving heavy objects) (Ships) / Takel n (schwere Talje) ‖ ~ (Ships) / Talje f (ein Flaschenzug) ‖ ~ (Ships) / Gien n (Talje mit rund und mehr Seilscheiben) ‖ ~ **according to sample** / Kauf m nach Probe ‖ ~ **cost** / Anschaffungskosten pl
**purchased services** / fremde Dienstleistungen ‖ ~ **services** / bezogene Leistungen (als Bilanzposten)
**purchaser's risk** / Abnehmerrisiko n (bei der statistischen Qualitätskontrolle)
**purchase value** / Anschaffungswert m
**pure** adj / rein adj (ohne Beimischung) ‖ ~ (Agric, Gen) / reinblütig adj, reinrassig adj, rasserein adj ‖ ~ (Nut) / unverdünnt adj, rein adj (alkoholische Getränke) ‖ ~ **agglomerated cork** / Korkstein m ohne Bindemittel, Presskork m ohne Bindemittel ‖ ~ **bending** (Mech) / reine Biegung
**pure-bred** adj (Agric, Gen) / reinblütig adj, reinrassig adj, rasserein adj
**pure capacitance** (Elec) / verlustlose Kapazität
**pure-chance traffic** (Comp) / reiner Zufallsverkehr
**pure clay*** (Build, Ceramics) / plastischer Ton ‖ ~ **coal** / Reinkohle f (mit geringem Aschegehalt) ‖ ~ **copper** (Met) / Reinkupfer n
**pure-cotton** attr (Textiles) / reinbaumwollen adj, aus reiner Baumwolle
**pure culture** (Bot) / Reinkultur f, Reinzucht f
**puree** v (Nut) / pürieren v ‖ ~* n (Nut) / Püree n
**pure element** (Chem, Nuc) / Reinelement n, anisotopes Element, mononuklidisches Element ‖ ~ **gas** / Nullgas n (beimengungsfreies Prüfgas) ‖ ~ **geometry** (Maths) / synthetische Geometrie (axiomatisch begründete Geometrie, meistens als Gegensatz zu analytischer Geometrie) ‖ ~ **imaginary** (Maths) / rein imaginär ‖ ~ **iron** (Met) / Reineisen n (z.B. Armco-Eisen)
**purely thermally initiated polymerization** (Chem) / selbstinitiierende Polymerisation, thermisch initiierte Polymerisation
**pure mathematics** (Maths) / reine (theoretische) Mathematik ‖ ~ **new wool** (Textiles) / reine Schurwolle ‖ ~ **notation** (Comp) / reine Notation (in der nur Buchstaben oder nur Ziffern zugelassen sind) ‖ ~**-oxide refractories** (Ceramics) / Oxidkeramik f (Zweig der Keramik, der sich insbesondere mit der Herstellung von Werkstoffen auf der Basis von

schwer schmelzenden Oxiden, von Schwermetalloxiden, der Mehrstoffsysteme, der Systeme mit Schwermetalloxiden usw. beschäftigt)
**pure-oxygen aeration** (San Eng) / Begasen $n$ mit reinem Sauerstoff (in der Abwasserbehandlung)
**pure quadratic** (Maths) / rein quadratische Gleichung ‖ **~ research** / Grundlagenforschung $f$ ‖ **~ shear** (a strain in which the body is elongated in one direction and shortened at right angles to it) (Geol) / reine Scherung ‖ **~ silk** (Textiles) / Naturseide $f$, Raupenseide $f$, Reinseide $f$ ‖ **~ strategy of a player** (AI) / reine Strategie eines Spielers ‖ **~ tone*** (Acous, Physiol) / Ton $m$ (sinusförmige Schallschwingung im Hörbereich - DIN 1311, T 1), einfacher Ton, Sinuston $m$, reiner Ton (das durch eine harmonische Schallwelle hervorgerufene Grundelement aller Gehörsempfindungen) ‖ **~ Trojans** (Astron) / die nachfolgenden Trojaner (die nach den Verteidigern von Troja benannt sind) ‖ **~ value** (AI, Maths) / reiner Wert (eines Spieles) ‖ **~ vanilla software** (having no special or extra features) (Comp) / Standardsoftware $f$ (Nullachtfünfzehnversion)
**Purex*** (tri-n-butyl phosphate) (Nuc Eng) / Purex $n$ (Tributylphosphat) ‖ **~ process*** (plutonium-uranium recovery by extraction) (Nuc Eng) / PUREX-Prozess $m$, Purex-Verfahren $n$ (Wiederaufbereitung von Kernbrennstoffen)
**pure yeast** (Nut) / Kulturhefe $f$ (gezüchtete), Reinzuchthefe $f$, Zuchthefe $f$ ‖ **~ zinc coating** (Surf) / Reinzinkbeschichtung $f$ (als Korrosionsschutz auf feuerverzinktem Stahl)
**purge** $v$ / entlüften $v$ (Luft aus der Leitung verdrängen) ‖ **~** (Chem, Oils) / spülen $v$ (mit Flüssigkeit oder Gas) ‖ **~** (Comp) / entfernen $v$ (Viren aus einem System) ‖ **~** (Comp) / löschen $v$ (DIN 9757) ‖ **~ air line** (Autos) / Spülluftleitung $f$, Spülluftanschluss $m$ ‖ **~ and trap** (Chem, Ecol) / Purge and Trap $n$ (ein Verfahren der Wasseranalyse) ‖ **~ area** (Comp) / Löschbereich $m$ ‖ **~ gas** (Chem) / Spülgas $n$ (in der Chromatografie) ‖ **~ gas** (Chem Eng) / Purgegas $n$ (mit dem Inertgase aus dem Kreislauf von Syntheseprozessen ausgeschleust werden) ‖ **~ gas** (Chem Eng) / Purgegas $n$ (Restgas bei der Methanolsynthese) ‖ **~ valve** (Autos) / Kraftstoffdampf-Absaugventil $n$, Regenerierventil $n$ (in den Kraftstoffverdampfungsanlagen), Spülventil $n$
**purging** $n$ (Eng) / Entschlammung $f$, Abschlämmung $f$, Absalzung $f$, Abfluten $n$, Entsalzung $f$ (Trommelentsalzung bei Dampfkesseln) ‖ **~ cassia** (For) / Röhrenkassie $f$ (Cassia fistula L.) ‖ **~ syrup** (Nut) / Deckablauf $m$ (ein Nebenprodukt bei Roh- oder Weißzuckerherstellung)
**purification** $n$ (Arch) / Purifizierung $f$ (z.B. bei der Denkmalpflege oder bei der Restaurierung) ‖ **~** (Chem) / Reinigen $n$ (von chemischen Elementen) ‖ **~** (Chem, Phys) / Reinigung $f$ (von Flüssigkeiten), Läuterung $f$ ‖ **~ plant** (San Eng) / Abwasserreinigungsanlage $f$, Kläranlage $f$, KA (Kläranlage), Klärwerk $n$ ‖ **~ stage** / Reinigungsstufe $f$
**purified water** / Reinwasser $n$ (als Gegensatz zu Rohwasser)
**purify** $v$ / raffinieren $v$ ‖ **~** (Arch) / purifizieren $v$ (z.B. bei der Denkmalpflege oder bei der Restaurierung) ‖ **~** (Chem) / reinigen $v$ (chemische Elemente) ‖ **~** (Chem, Phys) / reinigen $v$, läutern $v$ (Flüssigkeiten)
**purifying material** (Chem Eng) / Reinigungsmasse $f$, Reinigermasse $f$, Gasreinigungsmasse $f$
**purine** $n$ (Chem) / Purinalkaloid $n$ (pflanzliche Purinbase, z.B. Coffein) ‖ **~*** (a heterocyclic compound with a condensed pyrimidine-imidazole ring system) (Chem, Nut) / Purin $n$ (eine heterozyklische Verbindung, in der Pyrimidin und Imidazol kondensiert sind) ‖ **~ alkaloid** (Chem) / Purinalkaloid $n$ (pflanzliche Purinbase, z.B. Coffein) ‖ **~ base** (Chem) / Purinbase $f$ ‖ **~ catabolism** (Biochem) / Purinabbau $m$ ‖ **~ degradation** (Biochem) / Purinabbau $m$ ‖ **~ group** (Chem) / Puringruppe $f$ ‖ **~ metabolism** (Biochem) / Purinstoffwechsel $m$
**puritan filler** (Paper) / feingeschlämmtes Kalziumsulfat (als Füller), Brillantweiß $n$ ($CaSO_4 \cdot 2 H_2O$)
**purity** $n$ / Reinheit $f$ (im Allgemeinen) ‖ **~** / Reinheitsgrad $m$ ‖ **~** (Light) / spektraler Farbanteil (DIN 5033, T 3) ‖ **~** (Optics) / Reinheit $f$ ‖ **~** (TV) / Farbreinheit $f$ ‖ **~ coil** (TV) / Reinheitsspule $f$, Farbreinheitsspule $f$ ‖ **~ grade** (Chem) / Reinheitsgrad $m$ (DIN 51422) ‖ **~ level** / Reinheitsgrad $m$ ‖ **~ requirement** (Chem) / Reinheitsanforderung $f$
**Purkinje effect*** (Optics) / Purkinje-Phänomen $n$ (nach dem tschechischen Physiologen J.E. Purkyně, 1787-1869), Purkyně-Phänomen $n$, Purkinje-Effekt $m$, Purkyně-Effekt $m$ ‖ **~ phenomenon** (Optics) / Purkinje-Phänomen $n$ (nach dem tschechischen Physiologen J.E. Purkyně, 1787-1869), Purkyně-Phänomen $n$, Purkinje-Effekt $m$, Purkyně-Effekt $m$
**purl** $n$ (Textiles) / Linksstrickerei $f$ ‖ **~ fabrics*** (Textiles) / Links-links-Gewebe $n$, Links-links-Ware $f$, L/L-Ware $f$ (eine Maschenware)
**purlin*** $n$ (Build, Carp) / Pfette $f$ (parallel zum First oder zur Traufe liegender Teil der Dachkonstruktion)

**purling** $n$ (Acous) / Murmeln $n$
**purlin roof** (Build, Carp) / Pfettendach $n$ (ein Dachtragwerk), Pfettendachstuhl $m$
**purl knitting** (Textiles) / Links-Links-Stricken $n$ ‖ **~ machine** (Textiles) / Links-links-Maschine $f$ ‖ **~ stitch** (Textiles) / Linksmasche $f$, linke Masche
**puromycin** $n$ (a nucleoside antibiotic) (Pharm) / Puromycin $n$, Puromyzin $n$
**purple** $n$ / Purpur $m$ (Farbstoff und Farbton) ‖ **~ acid phosphatase** (Chem) / purpurrote saure Phosphatase ‖ **~ bacteria** (Bacteriol) / Purpurbakterien $f$ $pl$ (anaerobe Faulschlammbewohner) ‖ **~ blende** (Min) / Kermesit $m$, Rotspießglanz $m$, Antimonblende $f$ (Antimon(III)-oxidsulfid) ‖ **~ boundary** (Light) / Purpurgerade $f$ (in dem Farbdreieck, Purpurlinie $f$ ‖ **~ cone flower** (Pharm) / Roter Sonnenhut (die Wurzel wird als Droge eingesetzt) ‖ **~ copper ore*** (Min) / Bornit $m$, Buntkupferkies $m$, Buntkupfererz $n$
**purpleheart*** $n$ (For) / Bischofsholz $n$ (von der Peltogyne sp. - ein Ausstattungs- und Drechslerholz), Violettholz $n$, Amarantholz $n$, AMA (Amarantholz), Purpurholz $n$, Purpleheart $n$
**purple light** (Geophys) / Purpurdämmerung $f$, Purpurlicht $n$ (Farberscheinung der Dämmerung)
**purple-navy** adj / marineblau adj
**purple non-sulphur bacteria** (Bacteriol) / schwefelfreie Purpurbakterien ‖ **~ of Cassius*** (Ceramics, Chem, Glass) / Cassius'scher Goldpurpur, Goldpurpur $m$, Cassius-Purpur $m$ (purpurfarbene kolloidale Goldlösung nach A. Cassius, 1605-1673) ‖ **~ ore** (Met) / Purpurerz $n$ (gelaugte Rückstände bei der Verarbeitung Cu-haltiger Kiesabbrände) ‖ **~ plague** (Electronics) / Purpurpest $f$ (Bildung einer purpurfarbenen Gold/Aluminium-Verbindung mit integrierten Schaltkreisen - eine unerwünschte Erscheinung) ‖ **~ salt** (Chem, For) / Kaliummanganat(VII) $n$, Kaliumpermanganat $n$ ($KMnO_4$) ‖ **~ sulphur bacteria** (Bacteriol) / Schwefelpurpurbakterien $f$ $pl$
**purplish** adj / purpurn adj, purpurrot adj, purpurfarben adj, purpurfarbig adj
**purported name** (Telecomm) / vermuteter Name (in einem Verzeichnis), angenommener Name
**purpose•-built** adj / Sonder-, spezialgefertigt adj, speziell gebaut ‖ **~-made** adj / Sonder-, spezialgefertigt adj, speziell gebaut
**purpose-made brick*** (Build) / Formstein $m$ (eine Sonderanfertigung), Formziegel $m$
**purposive sampling** (Stats) / bewusste (subjektive) Auswahl ‖ **~ selection** (Stats) / bewusste (subjektive) Auswahl
**purpurea glycoside** (Pharm) / Purpureaglykosid $n$ (ein Digitalisglykosid aus Digitalis purpurea L.), Purpureaglycosid $n$
**purpuric acid*** (Chem) / Purpursäure $f$
**purpurin** $n$ (natural red) (Chem) / Purpurin $n$ (1,2,4-Trihydroxy-anthrachinon)
**purpurine** adj / purpurn adj, purpurrot adj, purpurfarben adj, purpurfarbig adj
**purpurogallin** $n$ (Chem) / Purpurogallin $n$
**purser** $n$ (Aero, Ships) / Purser $m$ (Zahlmeister auf einem Schiff; Chefsteward im Passagierflugzeug)
**pursuit** $n$ (Nav) / Verfolgung $f$ (mit bloßem Auge)
**Purves lignin** (For) / Purves-Lignin $n$, Periodatlignin $n$
**push** $v$ / stoßen $v$, schieben $v$ ‖ **~** / drücken $v$ (z.B. den Türflügel) ‖ **~** (Aero) / drücken $v$ (die Steuersäule) ‖ **~** (Comp) / im Stapelspeicher einspeichern, in den Stapelspeicher eingeben, im Kellerspeicher abspeichern ‖ **~** (Ships) / schieben $v$ (Schubverband) ‖ **~** $n$ (forward) (Aero) / Drücken $n$ (des Steuerknüppels oder der Steuersäule) ‖ **~ away** $v$ / abstoßen $v$ (wegstoßen) ‖ **~ bench** (Met) / Rohrstoßbank $f$ (nach Ehrhardt), Stoßbank $f$ (zur Herstellung von nahtlosen Rohren)
**push-bench process** (Met) / Stoßbankverfahren $n$ (nach Ehrhardt), Ehrhardt-Verfahren $n$ (mit Rollenkäfigen)
**push-boat** $n$ (Ships) / Schubboot $n$, Schubschiff $n$
**push-boat shipping** (Ships) / Schubschifffahrt $f$ (Betriebsform der Binnenschifffahrt)
**push-broaching** (Eng) / Druckräumen $n$, Stoßräumen $n$ (bei dem der Räumdorn durch den Stößeldruck einer Presse durch das Werkstück oder am Werkstück vorbei gedrückt wird)
**push-button** $n$ (Comp) / Befehlsschaltfläche $f$, Schaltfläche $f$, Button $m$ (knopfartige Darstellung einer Schaltfläche auf dem Bildschirm)
**push•-button** (Elec Eng) / Druckschalter $m$, Tastschalter $m$, Taster $m$ (Tastschalter), Tastendruckschalter $m$, Drucktaster $m$ (DIN 33401) ‖ **~-button** (Elec Eng, Eng) / Taste $f$ (Druckknopf zur Betätigung eines Geräts), Druckknopf $m$ (DIN 33401), Drucktaste $f$ ‖ **~-button dialling** (Teleph) / Tastenwahl $f$, Tastaturwahl $f$, Tonwahl $f$
**push-button dialling block** (Teleph) / Tastwahlblock $m$ ‖ **~ interlocking** (Rail) / Drucktastenstellwerk $n$, Dr-Stellwerk $n$ ‖ **~ interlocking** (Rail) s. also panel-operated signal box ‖ **~ selection** (Teleph) / Tastenwahl $f$, Tastaturwahl $f$, Tastwahl $f$, Tonwahl $f$

**push-button**

**push-button set** (Teleph) / Fernsprechapparat *m* mit Tastenwahl
**push-button set** (Teleph) / Wähltastatur *f* ‖ **~ switch** (Elec Eng) / Druckschalter *m*, Tastschalter *m*, Taster *m* (Tastschalter), Tastendruckschalter *m*, Drucktaster *m* (DIN 33401) ‖ **~ telephone** (Teleph) / Drucktastenfernsprecher *m*
**push-button tuning*** (Radio) / Druckknopfabstimmung *f*
**push-cylinder lock** / Druckzylinderschloss *n*
**push development** (Photog) / forcierte Entwicklung, Pushentwicklung *f*, empfindlichkeitssteigernde Entwicklung (z.B. längere Entwicklung bei angehobenen Entwicklertemperaturen) ‖ **~ down** *v* (Aero) / drücken *v* (die Steuersäule) ‖ **~-down automaton** (Comp, Maths) / Kellerautomat *m*, Push-down-Automat *m*
**push-down list** (Comp) / Keller *m* (eine lineare Liste, bei der nur die Operationen "Einfügen bzw. Löschen eines Listenelements", und zwar nur an einem Ende der Liste, durchgeführt werden können) ‖ **~ machine** (Comp, Maths) / Kellerautomat *m*, Push-down-Automat *m* ‖ **~ principle** (Comp) / Kellerung *f* ‖ **~ stack** (Comp) / Keller *m* (eine lineare Liste, bei der nur die Operationen "Einfügen bzw. Löschen eines Listenelements", und zwar nur an einem Ende der Liste, durchgeführt werden können) ‖ **stack** (Comp) / Keller *m* (eine lineare Liste, bei der nur die Operationen "Einfügen bzw. Löschen eines Listenelements", und zwar nur an einem Ende der Liste, durchgeführt werden können) ‖ **~ storage** (Comp, Maths) / Stapelspeicher *m* (kaskadierbarer), Kellerspeicher *m* (DIN 44300), Stack *m* (lineares Speichermedium) ‖ **~ store** (Comp, Maths) / Stapelspeicher *m* (kaskadierbarer), Kellerspeicher *m* (DIN 44300), Stack *m* (lineares Speichermedium)
**push drill** (Eng) / Drillbohrer *m*
**pushed barge train** (Ships) / Schubverband *m* (Schubschiff + Kähne - in der Binnenschifffahrt) ‖ **~ punt*** (Glass) / Einstichboden *m* ‖ **~ punt*** (Glass) / gewölbter Boden, Bodenaufwölbung *f*
**pusher** *n* / Koksausdrückmaschine *f*, Ausdrückmaschine *f* ‖ **~** (Eng) / Abschieber *m* (bei Flurförderzeugen) ‖ **~** (Eng) / Schiebevorrichtung *f*, Abschiebevorrichtung *f* ‖ **~ aeroplane** (Aero) / Druckpropellerflugzeug *n* ‖ **~ airplane** (Aero) / Druckpropellerflugzeug *n* ‖ **~ airscrew*** (Aero) / Druckschraube *f*, Druckpropeller *m* ‖ **~ blade** (Agric) / Schiebeschild *m* (zum Abschieben des Stalldungstreuers) ‖ **~ centrifuge** / Schubschleuder *f* (kontinuierlich arbeitende Siebzentrifuge mit horizontaler Trommelachse), Schubzentrifuge *f* ‖ **~ device** (Eng) / Abschieber *m* (bei Flurförderzeugen) ‖ **~ furnace** (Met) / Stoßofen *m* (ein Schmiedeofen) ‖ **~ kiln** (Ceramics) / Stoßofen *m*, Durchschubofen *m* ‖ **~ propeller** (Aero) / Druckschraube *f*, Druckpropeller *m* ‖ **~-tug** *n* (Ships) / Schubschlepper *m* (ein Schubboot), Schubtrecker *m*, Schubschiff *n* (in der Binnenschifffahrt)
**pusher-tug and barges** (Ships) / Schubverband *m* (Schubschiff + Kähne - in der Binnenschifffahrt)
**pusher-type furnace** (Met) / Stoßofen *m* (ein Schmiedeofen) ‖ **~ kiln** (Ceramics) / Stoßofen *m*, Durchschubofen *m* ‖ **~ pallet unloader** (Eng) / Abschieber *m* (bei Flurförderzeugen)
**push fit** (Eng) / Schiebesitz *m* (Übergangspassung, SS, Schiebepassung *f*
**pushin** *n* (US) (Electronics) / steckbar *adj*
**pushing** *n* / Stoßen *n*, Schieben *n* ‖ **~*** (Comp) / Einfügung *f* in den Stapel ‖ **~** (Elec Eng) / Stromverstimmung *f* ‖ **~ device** (Eng) / Abschieber *m* (bei Flurförderzeugen)
**pushing-off** *n* (Rail) / Abstoßen *n* (ein Rangierverfahren)
**pushing shoulder** (of a pusher tug) (Ships) / Schubschulter *f* (eines Schubschleppers) ‖ **~ unit** (Ships) / Schubverband *m* (Schubschiff + Kähne - in der Binnenschifffahrt) ‖ **~ welding** (technique) (Autos, Welding) / stechendes Schweißen
**push-in platen variable** / Walzenstechknopf *m* (der Schreibmaschine) ‖ **~ test** (Paint) / Eindruckversuch *m* (nach Buchholz - DIN 53150)
**push moraine** (Geol) / Stauchmoräne *f*, Stauchwall *m* (eine Moräne) ‖ **~ off** *v* / abstoßen *v* (wegstoßen) ‖ **~ off** (Rail) / abstoßen *v* (beim Rangieren)
**push-on receptacle** (Elec Eng) / Steckhülse *f*
**push pad** (Build) / Stoßgriff *m* (für Türen)
**pushpin** *n* / Reißwecke *f* (mit farbigem Kopf)
**push processing** (the development of film so as to compensate for deliberate underexposure, thereby increasing the effective film speed) (Photog) / forcierte Entwicklung, Pushentwicklung *f*, empfindlichkeitssteigernde Entwicklung (z.B. längere Entwicklung bei angehobenen Entwicklertemperaturen)
**push-pull** *attr* (Telecomm) / Gegentakt-, symmetrisch *adj* (Verstärker)
**push•-pull amplifier*** (Telecomm) / Pushpull-Verstärker *m*, Gegentaktverstärker *m*, symmetrischer Verstärker ‖ **~-pull carbon microphone** (Acous) / Doppelkohlemikrofon *n*
**push-pull complementary collector circuit** (Electronics) / Gegentaktkomplementärkollektorschaltung *f* (ein Großsignalverstärker, dessen aktive Bauelemente aus zwei komplementär-symmetrischen Transistoren bestehen) ‖ **~ group** (Chem) / Pushpull-Gruppe *f* (an einem Molekül - Gruppe mit Elektronenpaar-Donator- bzw. Akzeptoreigenschaften)
**push-pull microphone*** (Acous) / Gegentaktmikrofon *n*
**push-pull power amplifier** (Telecomm) / Gegentaktendverstärker *m* ‖ **~ sound track*** (Cinema) / Gegentakttonspur *f* ‖ **~ system** (Chem) / Pushpull-System *n*
**push•-pull transistor** (Electronics) / Gegentakttransistorpaar *n* ‖ **~-pull transistor** (Electronics) / Transistor-Gegentaktstufe *f* ‖ **~-pull voltages** (Elec Eng) / [erd]symmetrische Spannungen ‖ **~-push amplifier*** (Telecomm) / Gleichtaktverstärker *m*
**push-push voltages** (Elec Eng) / gleichphasige Spannungen auf einer symmetrischen Leitung
**push-ridge moraine** (Geol) / Stauchmoräne *f*, Stauchwall *m* (eine Moräne)
**push rod** (Autos) / Druckstange *f* (Hauptzylinder oder Bremskraftverstärker) ‖ **~ rod*** (I C Engs) / Stößelstange *f* (der OHV-Ventilsteuerung) ‖ **~ service** (Comp) / Push-Dienst *m* (im Internet oder Intranet) ‖ **~ shovel** (Civ Eng, Eng) / Hochlöffel *m* (des Hochlöffelbaggers) ‖ **~-start** *n* (Autos) / Schubstart *m*, Anschiebestart *m*, Start *m* mit Anschieben ‖ **~ starting** (Autos) / Anschieben *n* (eines Fahrzeugs mit entladener Batterie) ‖ **~ technology** (a service in which the user downloads software from a provider which then continually supplies information from the Internet in categories selected by the user) (Comp) / Pushtechnik *f*, Pushdienst *m*
**push-through winding** (Elec Eng) / eingeschobene Wicklung (mit U-förmigen Spulen)
**push•-to-talk key** (Telecomm) / Sprechtaste *f* ‖ **~ tow** (Ships) / Schubverband *m*, Schubeinheit *f* ‖ **~-towing boat** (Ships) / Schubschlepper *m* (ein Schubboot), Schubtrecker *m*, Schubschiff *n* (in der Binnenschifffahrt) ‖ **~ tractor** (Comp) / Schubtraktor *m* (bei Druckern) ‖ **~ tug** (Ships) / Schubschlepper *m* (ein Schubboot), Schubtrecker *m*, Schubschiff *n* (in der Binnenschifffahrt)
**push-type centrifuge** / Schubschleuder *f* (kontinuierlich arbeitende Siebzentrifuge mit horizontaler Trommelachse), Schubzentrifuge *f*
**push-up*** *n* (Glass) / Einstichboden *m* ‖ **~*** (Glass) / gewölbter Boden, Bodenaufwölbung *f* ‖ **~ list** (Comp) / Pushup-Liste *f* (FIFO-Prinzip) ‖ **~ pressure** (Welding) / Stauchdruck *m* ‖ **~ storage** (Comp) / Silospeicher *m* (bei dem die zuerst eingeschriebenen Daten auch zuerst wieder gelesen werden), FIFO-Speicher *m*
**push welding** (Welding) / Schweißen *n* mit Handstoßelektrode, Punktschweißen *n* mit handbetätigter Stoßelektrode ‖ **~ welding machine** (Welding) / Stoßpunkter *m*
**pushy driver** (Autos) / Drängler *m*
**put aside** *v* / zurücklegen *v* (Ware) ‖ **~ down** / absetzen *v*, abstellen *v* (absetzen) ‖ **~ down** (Aero) / landen *vt* ‖ **~ equal** (to) (Crystal, Maths) / gleichsetzen *v* (mit) ‖ **~ file** (Comp) / Ablegedatei *f* ‖ **~ in** *v* (Teleph) / einwerfen *v* (Münze) ‖ **~ in a row** / aufreihen *v* (in eine Reihe). ‖ **~ in boards** (Bind) / kartonieren *v* ‖ **~ in operation** (Eng) / in Betrieb setzen (Maschine), in Betrieb nehmen ‖ **~ in parentheses** (Maths) / einklammern *v*, in (runde) Klammern setzen ‖ **~ in place** (Eng) / einlegen *v* (in die Blechzuschnitt in die Presse) ‖ **~ in the garage** (Autos) / garagieren *v* (A,S), in die Garage (ein)stellen ‖ **~ into brackets** (Maths) / einklammern *v*, in (eckige) Klammern setzen ‖ **~ into operation** / in Betrieb nehmen (Anlage) ‖ **~ into orbit** (Space) / in eine Umlaufbahn einschießen, in eine Umlaufbahn bringen ‖ **~ into practice** / durchführen *v* (einen Plan) ‖ **~ into service** (Eng) / in Betrieb setzen (Maschine), in Betrieb nehmen
**putlock** *n* (Build) / Streichstange *f*, Netzriegel *m* (Querriegel bei Stangengerüsten), Rüstbalken *m*, Gerüstriegel *m*, Querriegel *m* (bei Stangengerüsten)
**putlog*** *n* (Build) / Streichstange *f*, Netzriegel *m* (Querriegel bei Stangengerüsten), Rüstbalken *m*, Gerüstriegel *m*, Querriegel *m* (bei Stangengerüsten) ‖ **~ hole** (hole in a wall to enable the cross-timbers or horizontal putlogs of scaffolding to be supported) (Build) / Gerüstloch *n* (in der Wand), Rüstloch *n* ‖ **~ scaffold** (Build) / Stangengerüst *n*, Standgerüst *n*
**put off** *v* / abdrehen *v* (Wasser, Gas), ausschalten *v* (Wasser, Gas, Radio) ‖ **~ off** (Elec Eng) / ausmachen *v* (Licht) ‖ **~ off** (Ships) / ablegen *v* (Schiff oder Schwimmkörper) ‖ **~ on** / vorrücken *v* (Zeiger) ‖ **~ on** / beschleunigen *v*, steigern *v* (Tempo) ‖ **~ on** / aufdrehen *v* (Gas, Wasser), anstellen *v*, einschalten *v* (Gerät) ‖ **~ on** (Elec Eng) / einschalten *v*, anschalten *v* (Licht) ‖ **~ on** (Elec Eng) / anmachen *v* (Licht) ‖ **~ on** (Eng) / anziehen *v* (Bremsen, Schrauben) ‖ **~ on one's seat-belt** (Autos) / sich angurten *v*, sich anschnallen *v* ‖ **~ out** *v* / löschen *v*, auslöschen *v* (Feuer, Licht) ‖ **~ out** / außer Haus geben (Arbeit) ‖ **~ out** (Wasser, Gas), ausschalten *v* (Wasser, Gas, Radio) ‖ **~ out** / herausgeben *v*, veröffentlichen *v* (z.B. Erklärung, Stellungnahme) ‖ **~ out** (Elec Eng) / ausmachen *v* (Licht) ‖ **~ out** (of a circuit) (Elec Eng) / ausschalten *v* (aus einem Stromkreis) ‖ **~ out** (Ships) / ablegen *v* (Schiff oder

Schwimmkörper) ‖ ~ **out of order** / dejustiert *adj* ‖ ~ **out to tender** / eine Ausschreibung veranstalten
**putrefaction** *n* (Biol, Med) / Putrefaktion *f* ‖ ~* (Chem) / Faulen *n* (anaerobe, bakterielle Zersetzung organischer Verbindungen, besonders des Eiweißes), Faulwerden *n*, Fäulnis *f* ‖ ~ **mark** (Leather) / Faulstippe *f*
**putrefactive** *adj* / saprogen *adj* (Fäulnis bewirkend), Fäulnis-, fäulniserregend *adj* ‖ ~ **fermentation** (Biochem) / Fäulnisgärung *f*
**putrefy** *v* / vermodern *v*, modern *v* ‖ ~ / faulen *v* ‖ ~ (Biol) / verrotten *v*, verfaulen *v*, ausfaulen *v* (z.B. bis zum technischen Abbaugrad) ‖ ~ (Chem) / faulen *v* ‖ ~ (Nut) / faulen *v* (Fleisch)
**putrescent** *adj* / faulend *adj*, faul *adj*, faulig *adj*
**putrescible** *adj* / faulfähig *adj*, fäulnisfähig *adj*, verfaulbar *adj*
**putrescine*** *n* (Chem) / Tetramethylendiamin *n*, Putreszin *n* (Tetramethylendiamin), Putrescin *n*
**putrid** *adj* / faulig *adj* (Geruch) ‖ ~ / faulend *adj*, faul *adj*, faulig *adj* ‖ ~ (Biol) / verwest *adj* (zersetzt), verfault *adj*, verrottet *adj* ‖ ~ (For) / angefault *adj*, modrig *adj*
**putridity** *n* (Biol) / Verrottung *f*, Verfaulung *f*, Verwesung *f* (der unter Luftzufuhr stattfindende Abbau organischer Substanz durch Mikroorganismen)
**putridness** *n* (Biol) / Verrottung *f*, Verfaulung *f*, Verwesung *f* (der unter Luftzufuhr stattfindende Abbau organischer Substanz durch Mikroorganismen)
**put statement** (Comp) / Ablegeanweisung *f* ‖ ~ **the phone down** (Teleph) / auflegen *v* (den Hörer), einhängen *v* ‖ ~ **the roof on** (Build) / überdachen *v*, bedachen *v* ‖ ~ **through** *v* (Teleph) / durchstellen *v* (ein Telefongespräch), durchschalten *v* ‖ ~ **through** (Teleph) / vermitteln *v* (Gespräch)
**putting into operation** / Inbetriebnahme *f*, Inbetriebsetzung *f* ‖ ~ **into service** / Inbetriebnahme *f*, Inbetriebsetzung *f*
**putto** *n* (pl. putti) (Arch) / Putte *f* (Figur eines kleinen nackten Knaben), Putto *m* (pl. Putti oder Putten)
**putty** *v* (Build) / verkitten *v*, kitten *v*, einkitten *v* ‖ ~ *n* (Autos) / Feinspachtel *m* (für Feinarbeiten bei Karosseriereparaturen) ‖ ~* (Build) / Kitt *m*, Dichtungskitt *m* (meistens auf Bitumen- oder Kunststoffbasis), Dichtungsmaterial *n* ‖ ~* s. also oil putty ‖ ~ **and plaster** (Build) / Kalkgipsputz *m* ‖ ~ **and plaster*** (Build) / Hartputzgips *m* ‖ ~ **bed** (Build) / Dichtungsmittelbett *n* (bei Verglasungen) ‖ ~ **knife** (US) / (for stopping holes and cracks) (Build, Paint) / Spachtelmesser *n*, Spachtel *m f*, Spachtelwerkzeug *n* ‖ ~ **knife** (Glass, Paint) / Kittmesser *n* (französische, Rotterdamer und Schweizer Form)
**puttyless glazing** (Build) / kittlose Verglasung (ohne Dichtungsmassen, mit Dichtungsbändern), Trockenverglasung *f*
**putty powder*** (Build, Glass) / Polierpulver *n* mit Zinndioxid als Hauptbestandteil ‖ ~ **powder** (Chem) / Zinkasche *f*
**put up** *v* / erhöhen *v*, heraufsetzen *v* (Preise) ‖ ~ **up** / anlegen *v* (die Leiter) ‖ ~ **up** (Build) / errichten *v*, bauen *v*
**puzzle** *n* (AI, Comp) / Puzzle *n* (pl. -s) (ein Geduldsspiel), Puzzlespiel *n* ‖ ~ **grammar** (AI) / Geduldsspielgrammatik *f*
**puzzolana** *n* (Civ Eng, Geol) / Pozzolanerde *f*, Pozzuolanerde *f*, Puzzolanerde *f*, Puzzolan *n*, Pozzuolan *n*
**PV*** (peroxide value) (Chem, Nut, Pharm) / Peroxidzahl *f* (gibt an, wieviel Milliäquivalente Sauerstoff in 1000 g Fett enthalten sind), POZ (Peroxidzahl) ‖ ~ (program virus) (Comp) / Programmvirus *m n*, PV (Programmvirus) ‖ ~ (photovoltaics) (Elec Eng, Electronics) / Fotovoltaik *f* (Gebiet der Physik, das sich mit der direkten Umsetzung von Lichtenergie in elektrische Energie befasst) ‖ ~ (photovoltaic) (Elec Eng, Electronics) / fotovoltaisch *adj*
**PVA** (ported vacuum advance) (Autos) / kalibriertes Unterdrucksignal für die Zündzeitpunktverstellung ‖ ~* (polyvinyl acetate) (Chem) / Polyvinylacetat *n* (DIN 7728), PVAc (Polyvinylacetat), PVAC (Polyvinylacetat), Polyvinylazetat *n* ‖ ~* (polyvinyl alcohol) (Chem) / Polyvinylalkohol *m*, PVA (Polyvinylalkohol), PVAL (Polyvinylalkohol) (ein Thermoplast, der in Wasser löslich, in allen gebräuchlichen organischen Lösungsmitteln jedoch unlöslich ist) ‖ ~ **adhesive** *m*, weißer Leim
**PVAC*** (polyvinyl acetate) (Chem) / Polyvinylacetat *n* (DIN 7728), PVAc (Polyvinylacetat), PVAC (Polyvinylacetat), Polyvinylazetat *n*
**PVAL*** (polyvinyl alcohol) (Chem) / Polyvinylalkohol *m*, PVA (Polyvinylalkohol), PVAL (Polyvinylalkohol) (ein Thermoplast, der in Wasser löslich, in allen gebräuchlichen organischen Lösungsmitteln jedoch unlöslich ist)
**PV array** / Solarfeld *n* (Zusammenschaltung von PV-Modulen), Solarzellenanordnung *f* (z.B. als Solargenerator)
**PVB*** (polyvinyl butyral) (Chem) / Polyvinylbutyral *n*, PVB (Polyvinylbutyral)
**P.V.C.** (pigment volume concentration) (Paint) / Pigmentvolumenkonzentration *f*, PVK (Pigmentvolumenkonzentration) (das prozentuale Verhältnis des Volumenanteils der Pigmente und Füllstoffe eines Anstrichmittels zum Gesamtvolumen von dessen sämtlichen nichtflüchtigen Bestandteilen)
**PVC*** (polyvinyl chloride) (Plastics) / Polyvinylchlorid *n* (ein Thermoplast), PVC *n* (Vinylchlorid-Polymerisat)
**PVCA** (polyvinyl chloride acetate) (Chem) / Polyvinylchloridacetat *n*, PVCA (Polyvinylchloridacetat), Polyvinylchloridazetat *n*
**PVCC fibre** (Plastics, Textiles) / Chlorfaser *f* (mit mehr als 50% Vinylchlorid- oder Vinylidenchlorid-Einheiten)
**PVC coating** / PVC-Beschichtung *f*
**PV cell** (Electronics) / Solarzelle *f* (Oberbegriff für alle Arten von Halbleiterelementen, die Licht direkt in elektrische Energie umwandeln), Sonnenzelle *f* (ein optoelektronisches Bauelement), Fotovoltaikzelle *f*, PV-Zelle *f* (Fotovoltaikzelle)
**PVC fibre** (Plastics, Textiles) / Polyvinylchloridfaser *f* ‖ ~ **fibre** (Plastics, Textiles) / Chlorfaser *f* (mit mehr als 50% Vinylchlorid- oder Vinylidenchlorid-Einheiten) ‖ ~ **film** / PVC-Folie *f* (im Allgemeinen) ‖ ~ **foil** / PVC-Folie *f* (im Allgemeinen) ‖ ~ **insulation** (Elec Eng) / Polyvinylchloridisolierung *f* (aus einer Mischung auf Basis des PVC oder eines Copolymers), PVC-Isolierung *f*
**PVC/PVA fibre** (Plastics, Textiles) / Polyvinylchlorid/Polyvinylalkohol-Faser *f* (z.B. Cordelan)
**PVC sealant** (Plastics, Textiles) / PVC-Abdichtmasse *f* ‖ ~ **sealer** / PVC-Abdichtmasse *f* ‖ ~ **underbody treatment** (Autos) / PVC-Unterbodenschutz *m* (Vorgang) ‖ ~ **underseal** (coating) (Autos) / PVC-Unterbodenschutz *m* (Schicht) ‖ ~ **waste** (Ecol) / Polyvinylchloridabfall *m*, PVC-Abfall *m*
**PVD*** (physical vapour deposition) (Surf) / physikalisches Aufdampfen, PVD-Verfahren *n*, PVD-Beschichtungsverfahren *n*, physikalische Abscheidung aus der Gas- bzw. Dampfphase. Dampfphase (Beschichtung von Teilen im Hochvakuum durch Kondensation von Dampf)
**PVDC*** (polyvinylidene chloride) (Plastics) / Polyvinylidenchlorid *n* (DIN 7728), PVDC (Polyvinylidenchlorid)
**PVDF*** (polyvinylidene fluoride) (Chem) / Polyvinylidenfluorid *n*, $PVF_2$ (Polyvinylidenfluorid), PVDF (Polyvinylidenfluorid)
**p-v diagram** (Phys) / p,v-Diagramm *n* (ein Zustandsdiagramm)
**PVM** (polyvinyl methyl ether) (Chem) / Polyvinylmethylether *m*
**PVP** (polyvinyl pyrrolidone) (Chem, Plastics, Textiles) / Polyvinylpyrrolidon *n*, PVP (Polyvinylpyrrolidon) (aus N-Vinylpyrrolidon hergestellter Thermoplast)
**PV panel** (Elec Eng, Electronics) / Solarbatterie *f* (eine Kombination mehrerer Solarzellen), Sonnenbatterie *f*, PV-Panel *n* ‖ ~ **power** (Elec Eng) / PV-Strom *m*
**PW** (printed wiring) (Elec Eng) / gedruckte Verdrahtung ‖ ~ (pulse width) (Telecomm) / Pulsbreite *f*, Pulsdauer *f*, Pulslänge *f*, Impulsbreite *f*, Impulsdauer *f*, Impulslänge *f*
**P-wave*** *n* (Geophys) / P-Welle *f* (Longitudinalwelle beim Erdbeben), Verdichtungswelle *f*, Kompressionswelle *f* (longitudinale Raumwelle)
**p-well** *n* (Electronics) / p-Wanne *f* (bei CMOS-Elementen)
**PWI** (pilot warning indicator) (Aero) / Warnanzeiger *m* (für den Piloten kleinerer Flugzeuge) ‖ ~ (proximity warning indicator) (Aero) / Annäherungswarnanzeiger *m*
**P-wire** *n* (Teleph) / c-Ader *f*
**PWL** (power level) (Acous) / Schallleistungspegel *m* ($L_p$; Einheit: Dezibel - DIN 1320)
**PWP** (permanent-wilting point) (Agric, Bot) / Welkepunkt *m*
**PWR** (power) (Mech) / Leistung *f* (Energie durch Zeit nach DIN 5476)
**pwr** (power) (Mech) / Leistung *f* (Energie durch Zeit nach DIN 5476)
**PWR*** (pressurized-water reactor) (Nuc Eng) / druckwassergekühlter Reaktor ‖ ~* (pressurized-water reactor) (Nuc Eng) / Druckwasserreaktor *m* (ein leichtwassergekühlter und -moderierter thermischer Reaktor), DWR (Druckwasserreaktor)
**PWS** (power supply) (Elec Eng) / Stromzufuhr *f*, Stromversorgung *f*, Elektroenergielieferung *f*, Energieversorgung *f*, EV (Energieversorgung), Elektroenergieversorgung *f* ‖ ~ **powder** / POL-Pulver (ein Treibladungspulver ohne Lösungsmittel), Pulver ohne Lösungsmittel
**PXO** (package crystal oscillator) (Electronics) / einfacher Quarzoszillator
**PXSTR** (phototransistor) (Electronics) / Fototransistor *m* (Lichtempfänger mit zwei PN-Übergängen, der den inneren Fotoeffekt nutzt)
**pycnometer*** *n* (Chem) / Pyknometer *n* (ein Wägefläschchen zur Dichtemessung von Flüssigkeiten oder Granulaten)
**pyelography*** *n* (Radiol) / Pyelografie *n*
**pyengadu** *n* (For) / Pyinkado *n* (Xylia sp.), Irul *n*
**pyingado** *n* (For) / Pyinkado *n* (Xylia sp.), Irul *n*
**pyinkado*** *n* (a southern Asian tree of the pea family, yielding hard durable timber which is used in heavy construction work ) (For) / Pyinkado *n* (Xylia sp.), Irul *n*

**pyknometer**

**pyknometer*** *n* (Chem) / Pyknometer *n* (ein Wägefläschchen zur Dichtemessung von Flüssigkeiten oder Granulaten)
**pylon** *n* / Pylon *m* (pl. Pylonen) (turmartiger Pfeiler) ‖ ~* / [selbsttragender] Mast *m* ‖ ~ (Aero) / Turm *m* (Landmarke) ‖ ~ (Aero) / Gondelstiel *m* (Steg, an dem die Triebwerksgondel befestigt ist), Pylon *m* (pl. Pylonen) ‖ ~ (Arch) / Pylon *m* (pl. Pylonen) (Torbau des altägyptischen Tempels), Pylone *f* ‖ ~ (Civ Eng) / Kabelturm *m* (der Hängebrücke oder der seilverspannten Balkenbrücke), Pylon *m* (pl. Pylonen) (z.B. H-Pylon oder I-Pylon) ‖ ~* (Elec Eng) / Stahlmast *m* (ein Hochspannungsmast) ‖ ~* (Elec Eng) / Fernleitungsmast *m*, Hochspannungsmast *m* ‖ ~ **leg** (Civ Eng) / Pylonenstiel *m* (bei Hänge- und Schrägseilbrücken)
**pyogenic*** *adj* (Med) / pyogen *adj* (Eiterung erregend)
**pyracetic acid** (Chem) / Pyroligninsäure *f*
**pyralspite*** *n* (Min) / Pyralspit *m* (Mischkristallreihe: Pyrop + Almandin + Spessartin)
**pyramid*** *n* (Crystal, Ecol, Maths) / Pyramide *f*
**pyramidal** *adj* / Pyramiden-, pyramidal *adj*, pyramidenförmig *adj* ‖ ~ **horn*** (Acous) / Pyramidenhornstrahler *m*
**pyramidal-horn antenna** (Radio) / Reusenantenne *f* (eine Vertikalantenne im Kurzwellenbereich)
**pyramidal roof** (Build) / Zeltdachkonstruktion *f*, Zeltdach *n*, Pyramidendach *n* ‖ ~ **tetrahedron** (Crystal, Maths) / Triakistetraeder *n*, Pyramidentetraeder *m*, Tristetraeder *n* ‖ ~ **texture** (For) / Pyramidentextur *f* (bei Mahagoni, Makoré)
**pyramid antenna** (Radio) / Reusenantenne *f* (eine Vertikalantenne im Kurzwellenbereich) ‖ ~ **cut** (Mining) / Kegeleinbruch *m*, Pyramideneinbruch *m* (bei den Sprengarbeiten) ‖ ~ **error** / Pyramidalfehler *m* (Fehler bei der Winkelmessung, durch die Abweichung von der parallelen Lage der Winkelscheitelkanten von Prüfling und Maßverkörperung) ‖ ~ **hardness** (Materials) / Pyramidenhärte *f* (z.B. nach dem Vickers- oder Knoop-Verfahren) ‖ ~ **roof** (Build) / Zeltdachkonstruktion *f*, Zeltdach *n*, Pyramidendach *n* ‖ ~ **texture** (For) / Pyramidentextur *f* (bei Mahagoni, Makoré)
**pyramid-texture veneer** (For, Join) / Pyramidenfurnier *n* (mit Pyramidentextur)
**pyran** *n* (Chem) / Pyran *n* (Grundkörper von vielen Naturstoffen)
**Pyranol** *n* (Chem, Elec Eng) / Pyranol *n* (ein Chlorbiphenyl)
**pyranometer*** *n* (Meteor, Phys) / Pyranometer *n* (ein Gerät zur Messung der Sonnen- und diffusen Himmelsstrahlung - DIN V 4757-3)
**pyranose** *n* (Chem) / Pyranose *f* (ein Monosaccharid) ‖ ~ **form** (Chem) / Pyranoseform *f*, pyranoide Form (Zucker)
**pyranthrone pigment** (Paint) / Pyranthronpigment *n*
**pyrargyrite*** *n* (Min) / Dunkles Rotgültigerz, Dunkles Rotgültig, Pyrargyrit *m*, Antimonsilberblende *f*
**pyrazine*** *n* (Chem) / Pyrazin *n* (1,4-Diazin)
**pyrazole*** *n* (Chem) / Pyrazol *n* (eine heterozyklische organische Base - 1,2-Diazol)
**pyrazolidine** *n* (tetrahydropyrazole) (Chem) / Pyrazolidin *n*
**pyrazolone** *n* (2-pyrazolin-5-one) (Chem) / Pyrazolon *n* (Dihydropyrazolon) ‖ ~ **dyes** (Chem, Textiles) / Pyrazolonfarbstoffe *m pl* (eine Gruppe von Azofarbstoffen) ‖ ~ **pigments** (Chem, Textiles) / Pyrazolonfarbstoffe *m pl* (eine Gruppe von Azofarbstoffen)
**pyrene*** *n* (Chem) / Pyren *n* (in allen Produkten unvollständiger Verbrennung)
**pyrethrin*** *n* (Chem) / Pyrethrin *n* (ein natürliches Insektizid, ein Wirkstoff des Pyrethrums)
**pyrethrinization** *n* (Med) / Pyrethrinvergiftung *f* (bei der Schädlingsbekämpfung)
**pyrethroid** *n* (Chem) / Pyrethroid *n* (ein Wirkstoff des Pyrethrums)
**pyrethrum** *n* (Chem) / Dalmatinisches Insektenpulver, Pyrethrum *n* (pl. -thra) (ein Pulver, das durch mechanische Zerkleinerung aus den getrockneten Blüten verschiedener Chrysanthemum-Arten gewonnen wird), Persisches Insektenpulver
**pyretic*** *adj* (Med) / fiebernd *adj*, fiebrig *adj*, febril *adj*, fieberhaft *adj* ‖ ~* (Med, Pharm) / fieberbewirkend *adj*, fiebererzeugend *adj*
**Pyrex*** *n* (Glass) / Pyrex-Glas *n* (ein feuerfestes Glas), Pyrex-Typ-Glas *n* (ein Borosilicatglas) ‖ ~ **glass** (Glass) / Pyrex-Glas *n* (ein feuerfestes Glas), Pyrex-Typ-Glas *n* (ein Borosilicatglas)
**pyrgeometer*** *n* (Heat, Meteor) / Pyrgeometer *n* (Gerät zur Messung der langwelligen Ausstrahlung des Erdbodens - DIN V 4757-3)
**pyrheliometer*** *n* (Meteor) / Pyrheliometer *n* (Absolutinstrument zur Messung der Intensität der direkten Sonnenstrahlung - DIN 4757-3)
**pyridazine*** *n* (Chem) / Pyridazin *n* (1,2-Diazin)
**pyridine*** *n* (Chem, Nut, Paint) / Pyridin *n* (eine heterozyklische organische Base - auch als Vergällungsmittel benutzt) ‖ ~ **alkaloid*** (Chem) / Pyridinalkaloid *n* (z.B. Pyridin) ‖ ~ **base** (Chem) / Pyridinbase *f*
**pyridinium** *n* (Chem) / Pyridinium *n*
**pyridoxal*** *n* (Pharm) / Pyridoxal *n* (eines der drei Vitamine $B_6$), PL (Pyridoxal) ‖ ~ **phosphate** (Biochem) / Pyridoxalphosphat *n* (ein für den Aminosäurestoffwechsel als Bestandteil verschiedener Karboxylasen und Transaminasen wichtiges Koenzym), PLP (Pyridoxalphosphat)
**pyridoxamine** *n* (Biochem) / Pyridoxamin *n* (eines der drei Vitamine $B_6$), PM (Pyridoxamin)
**pyridoxine** *n* (a water-soluble vitamin for treating weakness, nervous disorders and depression) (Chem, Nut, Pharm) / Pyridoxin *n* (eines der drei Vitamine $B_6$), PN (Pyridoxin), Adermin *n* (nicht mehr benutzte Bezeichnung für Pyridoxin)
**pyriform*** *adj* / birnenförmig *adj*, piriform *adj*
**pyrimidine*** *n* (Chem) / Pyrimidin *n* (1,3-Diazin) ‖ ~ **base** (Chem) / Pyrimidinbase *f*
**pyritaceous** *adj* (Geol) / pyritisch *adj*
**pyrite*** *n* (Min) / Pyrit *m*, Eisenkies *m*, Schwefelkies *m*, Kies *m* ‖ ~ **concentrate** (Min Proc) / Pyritkonzentrat *n*
**pyrites*** *n* (Min) / Pyrit *m*, Eisenkies *m*, Schwefelkies *m*, Kies *m*
**pyrite structure** (Crystal, Electronics, Min) / Pyritstruktur *f*, Pyrit-Typ *m* ‖ ~ **type** (Crystal, Electronics, Min) / Pyritstruktur *f*, Pyrit-Typ *m*
**pyritic** *adj* (Geol) / pyritisch *adj* ‖ ~ **smelting*** (Met) / Pyritschmelzen *n*, pyritisches Schmelzen
**pyritiferous** *adj* (Geol, Min) / pyrithaltig *adj*, kieshaltig *adj*
**pyritize** *vt* (Min) / pyritisieren *v*, in Pyrit umwandeln
**pyritohedron** *n* (Crystal, Maths, Min) / Pentagondodekaeder *n* (ein von zwölf kongruenten Fünfecken begrenztes Dodekaeder - einer der fünf platonischen Körper)
**pyroacid** *n* (Chem) / Pyrosäure *f*
**pyroantimonate** *n* (Chem) / Diantimonat(V) *n*, Pyroantimonat(V) *n*
**pyrobitumen** *n* (Chem) / Pyrobitumen *n*
**pyroboric acid*** (Chem) / Tetraborsäure *f* (in freiem Zustand nicht nachweisbare Polyborsäure), Heptoxotetraborsäure *f*
**pyrocarbon** *n* (Chem, Elec Eng, Med) / Pyrokohlenstoff *m*, Pyrographit *m*
**pyrocatechin** *n* (Chem) / Brenzcatechin *n* (Benzol-1,2-diol), Pyrocatechol *n*, Brenzkatechin *n*, Pyrokatechol *n*
**pyrocatechol** *n* (Chem) / Brenzcatechin *n* (Benzol-1,2-diol), Pyrocatechol *n*, Brenzkatechin *n*, Pyrokatechol *n*
**pyrocellulose** *n* / Kordit *m*, Cordit *m* (ein rauchschwaches Schießpulver) ‖ ~ (Chem) / Schießbaumwolle *f*, Schießwolle *f* (um 13% N)
**pyroceram** *n* / Pyroceram *n* (ein mikrokristalliner lithiumhaltiger Werkstoff der Fa. Corning, der durch gesteuerte Kristallisation aus bestimmten Gläsern erzeugt wird), Pyrokeram *n*
**pyrochemical reprocessing** (Nuc Eng) / trockenchemische Wiederaufbereitung, pyrochemische Aufarbeitung (von abgebrannten Brennstoffelementen)
**pyrochlore*** *n* (Min) / Pyrochlor *m* (niob- und uranhaltiges Mineral)
**pyrochroite*** *n* (Min) / Pyrochroit *m* (Mangan(II)-hydroxid)
**pyroclastic** *adj* (Geol) / pyroklastisch *adj* ‖ ~ **flow** (Geol) / Schmelztuff *m*, Ignimbrit *m* ‖ ~ **flows** (Geol) / pyroklastische Ströme ‖ ~ **rock*** (Geol) / Pyroklastit *m* (Sammelbezeichnung für sämtliche klastischen vulkanischen Produkte)
**pyrocondensation*** *n* (Chem) / Pyrokondensation *f* (bei hohen Temperaturen)
**pyroelectric effect*** (Elec Eng, Mining) / pyroelektrischer Effekt
**pyroelectricity*** *n* (Elec Eng, Min) / Pyroelektrizität *f* (elektrische Aufladung der Grenzflächen einiger Kristalle bei Temperaturänderung)
**pyrogallic acid*** (Chem) / Pyrogallol *n*, Pyrogallussäure *f* (1,2,3-Trihydroxybenzol)
**pyrogallol*** *n* (Chem) / Pyrogallol *n*, Pyrogallussäure *f* (1,2,3-Trihydroxybenzol)
**pyrogallolphthalein** *n* (Biochem) / Gallein *n*, Pyrogallolphthalein *n*
**pyrogen*** *n* (Pharm) / Pyrogen *n* (aus bestimmten Bakterien gewonnener Eiweißstoff, der Fieber erzeugende Wirkung hat)
**pyrogenic*** *adj* (Chem, Geol) / pyrogen *adj* (aus Schmelze entstanden), pyrogenetisch *adj* ‖ ~ **distillation** (Chem, For) / Zersetzungsdestillation *f*, trockene Destillation, Trockendestillation *f* ‖ ~ **silicic acid** (Chem) / pyrogene Kieselsäure
**pyrogenous** *adj* (Chem, Geol) / pyrogen *adj* (aus Schmelze entstanden), pyrogenetisch *adj*
**pyroglutamic acid** (Chem) / Pyroglutaminsäure *f*
**pyrognomic** *adj* (Min) / pyrognom *adj*
**pyrographite** *n* (Chem, Elec Eng, Med) / Pyrokohlenstoff *m*, Pyrographit *m*
**pyroligneous acid*** (Chem) / Pyroligninsäure *f*
**pyrolithic acid** (Chem) / Cyanursäure *f* (Triazin-2,4,6-trion), Zyanursäure *f*
**pyrolusite*** *n* (Min) / Pyrolusit *m*
**pyrolysate** *n* (GB) (Chem Eng) / Pyrolyseprodukt *n*
**pyrolyse** *v* (GB) (Chem Eng) / pyrolysieren *v* (thermisch zersetzen)
**pyrolysis*** *n* (pl. pyrolyses) (the breakdown of a material by heating, usually in the absence of oxygen) (Chem, Chem Eng) / Pyrolyse *f* (thermische Zersetzung)

**pyrolysis gas chromatography**\* (Chem) / Pyrolyse-Gaschromatografie f (die besonders bei Polymeren angewandt wird), PGC (Pyrolyse-Gaschromatografie) ‖ ~ **gasoline** (a by-product of high-temperature /700 - 900 °C/ thermal-cracking processes aiming primarily at ethylene manufacture) (Chem Eng, Oils) / Pyrolysebenzin n (aromatenreiche Benzinfraktion, die beim Steamcracken von Rohbenzin anfällt) ‖ ~ **oil** (Chem Eng) / Pyrolyseöl n ‖ ~ **plant** (Chem Eng) / Pyrolyseanlage f ‖ ~ **product** (Chem Eng) / Pyrolyseprodukt n ‖ ~ **unit** (Chem Eng) / Pyrolyseanlage f
**pyrolytic** adj (Chem Eng) / pyrolytisch adj ‖ ~ **gas chromatography** (Chem) / Pyrolyse-Gaschromatografie f (die besonders bei Polymeren angewandt wird), PGC (Pyrolyse-Gaschromatografie) ‖ ~ **graphite electrode** / pyrolytische Graphitelektrode ‖ ~ **mining**\* (Mining) / In-situ-Vergasung f, Untertagevergasung f (von Steinkohle und Ölschiefer), Flözvergasung f, Vergasung f in der Lagerstätte (entweder Bohrloch- oder Strömungsverfahren)
**pyrolyzate** n (Chem Eng) / Pyrolyseprodukt n
**pyrolyze** v (Chem Eng) / pyrolysieren v (thermisch zersetzen)
**pyrolyzer** n (Chem) / Pyrolysator m (in der Pyrolyse-Gaschromatografie)
**pyromellitic acid** (Chem) / Pyromellithsäure f (1,2,4,5-Benzoltetracarbonsäure)
**pyromeride**\* n (Geol) / Rhyolithknolle f
**pyrometallurgical** adj (Met) / pyrometallurgisch adj
**pyrometallurgy**\* n (Met) / Pyrometallurgie f (Gewinnung und Raffination von Metallen bei höheren Temperaturen), Thermometallurgie f, Trockenmetallurgie f, Schmelzflussmetallurgie f
**pyrometamorphism** n (Geol) / Pyrometamorphose f (bei stark erhöhten Temperaturen), kaustische Metamorphose
**pyrometer**\* n (Heat, Phys) / Pyrometer n (ein Gerät zur berührungslosen Messung hoher Temperaturen) ‖ ~ **cone** (Ceramics, Heat) / Pyrometerkegel m (ein aus Oxiden oder Silikatgemengen geformter Kegel, der zur Kontrolle des Brennzustandes in keramischen Öfen dient), PK (Pyrometerkegel), Brennkegel m, Schmelzkegel m
**pyrometric** adj (Phys) / pyrometrisch adj ‖ ~ **cone**\* (Ceramics, Heat) / Pyrometerkegel m (ein aus Oxiden oder Silikatgemengen geformter Kegel, der zur Kontrolle des Brennzustandes in keramischen Öfen dient), PK (Pyrometerkegel), Brennkegel m, Schmelzkegel m ‖ ~ **cone**\* (Ceramics) s. also Seger cones ‖ ~ **cone equivalent**\* (Ceramics) / Fallpunktstemperatur f, Kegelfalltemperatur f, Kegelfallpunkt m, Segerkegelfallpunkt m
**pyrometry** n / Hochtemperaturmessung f (über etwa 500 °C) ‖ ~ (Phys) / Pyrometrie f (ein Verfahren der berührungslosen Temperaturmessung)
**pyromorphite**\* n (Min) / Pyromorphit m (Mineral der Apatitgruppe, grün oder braun)
**pyromorphous** adj / pyromorph adj
**pyromucic acid** (Chem) / Brenzschleimsäure f, Furan-2-carbonsäure f, Furan-2-karbonsäure f
**pyrone**\* n (an oxoderivative of a pyran) (Chem) / Pyron n (Sammelname für eine Gruppe ketonartiger heterozyklischer Verbindungen)
**pyrope**\* n (Min) / Pyrop m (ein Granat), Magnesiatongranat m, Roter Granat ‖ ~\* (Min) s. also Bohemian garnet ‖ ~ **garnet** (Min) / Pyrop m (ein Granat), Magnesiatongranat m, Roter Granat
**pyrophane** n (Min) / Feueropal m, Sonnenopal m
**pyrophoric** adj / pyrophor adj (als pyrophor gilt ein Stoff, der sich selbst entzündet, sobald er bei Zimmertemperatur mit dem Luftsauerstoff in Berührung kommt), selbstentzündlich adj ‖ ~ **alloy** (Met) / pyrophores Metall, pyrophore Legierung (ein Pyrophor) ‖ ~ **metal**\* (Met) / pyrophores Metall, pyrophore Legierung (ein Pyrophor)
**pyrophosphoric acid**\* (Chem) / Diphosphor(V)-säure f, Pyrophosphorsäure f
**pyrophyllite**\* n (Ceramics, Min) / Pyrophyllit m (monoklines, perlmuttglänzendes Mineral, dem Talk ähnlich)
**pyropissite** n (Geol) / Pyropissit m (Wachskohle mit 40-70% Bitumen)
**pyroracemic acid** (Chem) / Brenztraubensäure f, Pyruvinsäure f (2-Oxopropansäure)
**pyroschist** n (Geol) / Ölschiefer m (aus Faulschlamm entstandenes, relativ bitumenreiches Sedimentgestein), bituminöser Schiefer
**pyroscope** n (a cone, ring, bar or pellet) (Ceramics) / Pyroskop n
**pyrosol** n (Chem) / Pyrosol n (ein kolloides System, bei dem Schmelzen als Dispersionsmittel fungieren)
**pyrosor** n / Pyrosor m (Messanordnung, bei der die von einem Körper ausgehende Infrarotstrahlung durch einen Temperatursensor erfasst und in einem Messsystem ausgewertet wird)
**pyrosphere** n (Geol) / Magmazone f (mit nach der Tiefe zunehmendem Fe-Gehalt), Zone f unterhalb der Mohorovičič-Diskontinuität

**pyrostilbite**\* n (Min) / Kermesit m, Rotspießglanz m, Antimonblende f (Antimon(III)-oxidsulfid)
**pyrosulphate** n (Chem) / Disulfat n (Salz der Dischwefelsäure), Pyrosulfat n
**pyrosulphite** n (Chem) / Disulfit n, Disulfat n (IV), Pyrosulfit n
**pyrosulphuric acid** (Chem) / Dischwefelsäure f, Pyroschwefelsäure f
**pyrotartaric acid** (Chem) / Brenzweinsäure f, Pyroweinsäure f, Methylbernsteinsäure f, Methylbutandisäure f
**pyrotechnic** adj (Chem) / pyrotechnisch adj
**pyrotechnical** adj (Chem) / pyrotechnisch adj
**pyrotechnic mixture** / pyrotechnischer Satz ‖ ~ **pistol** (Mil) / Signalpistole f (nach E.W. Very 1847 - 1910), Leuchtpistole f (zum Verschießen von Leuchtmunition) ‖ ~ **products** / pyrotechnische Erzeugnisse (Munition, Leucht-, Signal-, Brand- und Nebelkörper), Feuerwerkskörper m pl, Feuerwerksartikel m pl
**pyrotechnics** pl / pyrotechnische Erzeugnisse (Munition, Leucht-, Signal-, Brand- und Nebelkörper), Feuerwerkskörper m pl, Feuerwerksartikel m pl ‖ ~\* (Chem) / Pyrotechnik f, Feuerwerkerei f
**pyrotechny**\* n (Chem) / Pyrotechnik f, Feuerwerkerei f
**pyroxene group**\* (Min) / Pyroxene m pl (Sammelbegriff für eine Gruppe von Silikaten - ihr Hauptmerkmal sind unendliche Reihen von $SiO_4$-Tetraedern)
**pyroxenes** pl (Min) / Pyroxene m pl (Sammelbegriff für eine Gruppe von Silikaten - ihr Hauptmerkmal sind unendliche Reihen von $SiO_4$-Tetraedern)
**pyroxenite**\* n (Geol) / Pyroxenit m (ein Tiefengestein mit vorherrschenden Pyroxenen)
**pyroxylin** n (Chem) / Kolloxylin n, Colloxylin n, Kollodiumwolle f, Collodiumwolle f, Lackwolle f (mit 10,5 - 12,2 Gew.-% Stickstoff)
**pyrrhotine**\* n (Min) / Pyrrhotin m, Magnetkies m, Magnetopyrit m
**pyrrhotite**\* n (Min) / Pyrrhotin m, Magnetkies m, Magnetopyrit m
**pyrrocoline ring system** (Chem) / Indolizin n, Pyrrolo/1,2-a/pyridingerüst n (ein benzkondensiertes Ringsystem der Pyrrolgruppe)
**pyrrole**\* n (Chem) / Pyrrol n ‖ ~ **pigments** (Chem, Textiles) / Pyrrolfarbstoffe m pl ‖ ~ **ring** (Chem) / Pyrrolring m
**pyrrolidine**\* n (Chem) / Pyrrolidin n (Tetramethylenimin), Tetrahydropyrrol n ‖ ~ **alkaloid** (Chem) / Pyrrolidinalkaloid n (z.B. Hygrin)
**pyrrolidone** n (4-aminobutyric acid lactam) (Chem) / Pyrrolidon n, 2-Pyrrolidinon n, 4-Aminobuttersäurelactam n
**pyrroline**\* n (Chem) / Pyrrolin (Dihydropyrrol)
**pyrrolizidine alkaloids** (Chem, Pharm) / Pyrrolizidinalkaloide n pl (z.B. die Senecio- oder Heliotropium-Alkaloide)
**pyrroloindole alkaloid** (Pharm) / Pyrroloindol-Alkaloid n
**pyrroloquinoline quinone** (Biochem) / Pyrrolochinolinchinon n, Methoxatin n, PQQ (Pyrrolochinolinchinon)
**pyrrone** n (Chem) / Polyimidazopyrrolon n, Pyrron n (ein Polykondensat aus aromatischen Tetracarbonsäuren und aromatischen Tetraminen)
**pyruvaldehyde** n (Chem) / Brenztrauben(säure)aldehyd m, Methylglyoxal n (Trivialname für 2-Oxopropanal), Pyruvaldehyd m
**pyruvate** n (Biochem) / Pyruvat n (Derivat der Brenztraubensäure) ‖ ~ **carboxylase** (an enzyme which catalyses the addition of carbon dioxide to pyruvate, forming oxaloacetic acid) (Biochem) / Pyruvatkarboxylase f (ein zu den Ligasen gehörendes Enzym), Pyruvatcarboxylase f ‖ ~ **decarboxylase** (Biochem, Chem) / Pyruvatdekarboxylase f, Pyruvatdecarboxylase f
**pyruvic acid** (Chem) / Brenztraubensäure f, Pyruvinsäure f (2-Oxopropansäure) ‖ ~ **aldehyde** (Chem) / Brenztrauben(säure)aldehyd m, Methylglyoxal n (Trivialname für 2-Oxopropanal), Pyruvaldehyd m
**pyrylium salts** (cyclic oxonium salts derived from pyranes) (Chem) / Pyryliumsalze n pl
**Pythagoras' theorem**\* (Maths) / pythagoräischer Lehrsatz (A), pythagoreischer Lehrsatz (grundlegender Lehrsatz der Geometrie), Pythagoras m (pythagoreischer Lehrsatz), Satz m des Pythagoras (nach Pythagoras von Samos, um 570 v.Chr. - um 500)
**Pythagorean numbers** (Maths) / pythagoreisches Tripel (a,b,c mit $c^2 = a^2 + b^2$), pythagoreische Zahlen, pythagoreisches Zahlentripel ‖ ~ **theorem** (Maths) / pythagoräischer Lehrsatz (A), pythagoreischer Lehrsatz (grundlegender Lehrsatz der Geometrie), Pythagoras m (pythagoreischer Lehrsatz), Satz m des Pythagoras (nach Pythagoras von Samos, um 570 v.Chr. - um 500) ‖ ~ **triple** (Maths) / pythagoreisches Tripel (a,b,c mit $c^2 = a^2 + b^2$), pythagoreische Zahlen, pythagoreisches Zahlentripel
**PZT** (photographic zenith tube) (Astron) / Zenitteleskop n (zur Zeitbestimmung) ‖ ~ (lead zirconate titanate) (Chem) / Bleizirkonattitanat n (ein piezokeramischer Werkstoff mit hoher Dielektrizitätskonstante) ‖ ~ (piezoelectric transducer) (Electronics) / piezoelektrischer Messgrößenwandler

# Q

**Q / Q** (nach DIN-ISO 1629 ein Gruppenbuchstabe für Kautschuke mit Siloxangruppen in der Polymerkette)
**Q*** (throughput) / Durchsatz *m* (z.B. eines Schmelzofens oder einer chemischen Anlage)
**q** / Meterzentner *m* (100 kg), Doppelzentner *m*, dz (DIN 1301, T 3), Dezitonne *f*
**Q** (Autos) / Kennbuchstabe für Reifen mit 160 km/Stunde Höchstgeschwindigkeit (ECE-Regelung)
**Q*** (quality factor) (Elec Eng, Phys) / Kreisgüte *f*, Güte *f* (eines schwingenden Systems), Gütefaktor *m*, Resonanzschärfe *f* (DIN 1344)
**QA*** (quality assurance) / Qualitätssicherung *f* (DIN EN ISO 8402), Gütesicherung *f*, QS (Qualitätssicherung nach DIN EN ISO 8402)
**qam** (queued access method) (Comp) / erweiterte Zugriffsmethode
**QAM*** (quadrature amplitude modulation) (Telecomm) / Quadraturamplitudenmodulation *f*, QAM-Verfahren *n*
**qantiparasitic drug** (Agric, Med) / Antiparasitikum *n* (p. -ika)
**QAR** (quality assurance representative) / Qualitätsbeauftragte *m*, Qualitätssicherungsbeauftragte *m*, QS-Beauftragte *m*
**Q/A system** / Frage-Antwort-System *n*, FAS (Frage-Antwort-System)
**QAVC** (quiet automatic volume control) (Radio) / automatische Empfindlichkeitsregelung mit Schwellenwerteinstellung
**QBE** (Query by Example) (Comp) / Query *f* by Example (eine leicht zu bedienende Benutzerschnittstelle für relationale Datenbanken)
**QBO** (quasi-biennal oscillation) (Meteor) / quasizweijährige Schwingung (die annähernd zweijährige Welle des zonalen Windes in der Stratosphäre in äquatorialen Breiten), QBO (quasizweijährige Schwingung)
**QBOP process** (Met) / bodenblasendes Sauerstoffkonverterverfahren, Sauerstoffdurchblaseverfahren *n*
**QC** (quality control) / Qualitätssteuerung *f* (Gesamtheit der überwachenden und korrigierenden Maßnahmen bei der Herstellung eines Erzeugnisses bzw. einer Serie von Erzeugnissen, damit diese die vorgeschriebene Qualität besitzen) || ~ (quality check) (Eng) / Qualitätsprüfung *f* (Einzelmaßnahme im Rahmen der Qualitätsüberwachung), Qualitätskontrolle *f* || ~ (quartz crystal) (Radio) / Quarzkristall *m*
**QCD*** (quantum chromodynamics) (Phys) / Quantenchromodynamik *f* (Quantenfeldtheorie zur Beschreibung der starken Wechselwirkung zwischen den Quarks), QCD (Quantenchromodynamik)
**Q-code*** (Aero, Telecomm) / Q-Code *m* (ein von der CCIR festgelegter Code zur Übertragung standardisierter Nachrichten), Q-Kode *m*
**QC plane** (Aero) / QC-Flugzeug *n* (bei dem die Bestuhlung auf Paletten montiert wird, wodurch ein schnelles Umrüsten von Fracht- auf Passagierdienst und umgekehrt möglich ist)
**Q.D. zipper** (Textiles) / Schnelltrenn-Reißverschluss *m*
**QED*** (quantum electrodynamics) (Phys) / Quantenelektrodynamik *f*, QED (Quantenelektrodynamik)
**Q-electron** *n* (Nuc) / Q-Elektron *n* (der Q-Schale)
**QF** (quality factor) (Radiol) / Qualitätsfaktor *m*, q (dimensionslose Zahl zur Berechnung der für den Strahlenschutz definierten Dosisgröße = Äquivalentdosis)
**Q-factor*** *n* (Elec Eng, Phys) / Kreisgüte *f*, Güte *f* (eines schwingenden Systems), Gütefaktor *m*, Resonanzschärfe *f* (DIN 1344)
**QFD** (quality function deployment) / QFD *n* (kunden- und wettbewerbsorientierte Produkt- und Qualitätsplanung
**Q feel*** (Aero) / künstliches Gefühl, Flugbelaster *m*, Gefühlssimulationseinrichtung *f*, Gefühlssimulation *f* (Einrichtung, die dem Piloten das Gefühl des direkten Eingriffs in die Kraftsteuerung vermittelt)
**QF interaction** (Electronics, Spectr) / Quadrupol-Feldgradienten-Wechselwirkung *f*, QF-Wechselwirkung *f*
**QHD** (quantum haplodynamics) (Phys) / Quantenhaplodynamik *f*, QHD (Quantenhaplodynamik)
**QIC*** (quarter-inch cartridge) (Comp) / QIC-Cartridge *f*, QIC *f* (ein veraltendes Bandmedium)
**qinghaosu** *n* (Pharm) / Arteannuin *n* (das potente plasmodizide Prinzip der Artemisia annua L.), QHS (qinghaosu), Qinghaosu *n* (aus dem Einjährigen Beifuß)
**QL** (query language) (Comp) / Anfragesprache *f*, Abfragesprache *f* (zur gezielten Abfrage und Selektion)

**QM** (quality management) / Qualitätsmanagement *n* (DIN EN ISO 8402), QM (Qualitätsmanagement)
**Q-meter*** *n* (Elec Eng) / Gütefaktormesser *m*, Gütefaktormessgerät *n*
**Q-meter*** *n* (Elec Eng) / Gütefaktormesser *m*, Gütefaktormessgerät *n*
**QM system** / Qualitätsmanagementsystem *n*, QM-System *n*, QMS (Qualitätsmanagementsystem)
**QoS** (quality of service) (Telecomm) / Quality *f* of Service (Verkehrsgüte, Dienstgüte), Verkehrsgüte *f*, QoS (Quality of Service), Dienstgüte *f*
**Q parameter** (Elec Eng, Phys) / Gütekenngröße *f*, Güteparameter *m*
**QPL** (Qualified Products List) (Mil) / eine Ergänzung zu den Military Specifications und Military Standards mit dem Verzeichnis der von den Behörden zugelassenen Bauelemente
**QPM** (quantized pulse modulation) (Telecomm) / quantisierte Pulsmodulation
**QPP amplifier*** (Telecomm) / B-Verstärker *m* im Gegentaktbetrieb, Gegentaktverstärker *m* Klasse B
**QPQ** (quench polish quench) (Met) / QPQ-Verfahren *n* (ein Salzbadnitrierverfahren mit nachfolgendem Tauchbad in einer oxidierenden Salzschmelze)
**QPSK modulator** (Electronics) / QPSK-Modulator *m*
**Q.R. zipper** (quick-release zipper) (Textiles) / Schnelltrenn-Reißverschluss *m*
**QS*** (quantity surveyor) (Build, Civ Eng) / Kosten- und Abrechnungsingenieur *m*, Kalkulator *m* (der die Kosten schätzt, die Massen ermittelt, Leistungsverzeichnisse erstellt und manchmal auch Bauaufsicht ausführt)
**QSAR** (quantitative structure-activity relationship) (Chem) / QSAR-Methode *f* (zahlenmäßige Beziehung zwischen der Struktur der Moleküle und ihren Wirkungen) || ~ (quantitative structure-activity relationship) (Chem) / quantitative Struktur-Wirkung-Beziehung (zahlenmäßige Darstellung der Beziehungen zwischen der Struktur von Molekülen und ihrer Wirkungen), QSAR (quantitative Struktur-Wirkung-Beziehung)
**Q-shell*** *n* (Nuc) / Q-Schale *f*
**Q-shell electron** (Nuc) / Q-Elektron *n* (der Q-Schale)
**Q-signal*** *n* (TV) / Q-Signal *n*
**QSL card** (Radio) / QSL-Karte *f* (eine Empfangsbestätigung bei Amateurfunkern) || ~ **process** (Met) / QSL-Verfahren *n* (zur Blei- bzw. Zinkgewinnung - der Firma Lurgi)
**QSO*** (quasi-stellar /radio/ object) (Astron) / quasistellares Objekt (aktives extragalaktisches Sternsystem), Quasar *m* (quasistellare Radioquelle)
**Q-spoiled laser** / Riesenimpulslaser *m*
**Q-switch** *n* (Electronics) / Q-Schalter *m*, Güteschalter *m*, Q-Switch *m* (bei der Gütemodulation der Anregungsenergie in den Laserkristallen)
**Q-switched laser** (in which the resonant cavity itself is suddenly improved in resonant quality by the Q factor) (Phys) / gütegesteuerter Laser, gütemodulierter Laser, Laser *m* mit Güteschaltung
**Q-switching*** *n* (Electronics, Phys) / Q-Schaltung *f*, zeitliche Steuerung der Güte des optischen Resonators (im Riesenimpulslaser), Gütemodulation *f*, Güteschaltung *f*
**QTH locator map** (Radio) / QTH-Kennerkarte *f* (im Amateurfunk), QTH-Locator-Karte *f*
**QTOL airplane** (quiet take-off and landing airplane) (Aero) / QTOL-Flugzeug *n*
**QTS** (quartz tuning system) (Electronics) / Quarz-Tuning-System *n*, QTS (Quarz-Tuning-System)
**quad** *v* (set to full measure) (Typog) / austreiben *v* (eine Zeile, um eine Verlängerung der Dimensionen der Satzkolumne zu erreichen), ausbringen *v* (Wortzwischenräume beim Setzen vergrößern), erweitern *v* (Wortzwischenräume über den Grundausschluss hinaus vergrößern) || ~ *n* (a quad bike) (Autos) / Quad *n* || ~* (Cables, Elec Eng) / Vierer *m* (ein Kabel, das zwei verdrillte Zweidrahtleitungen beinhaltet, also über vier leitende Adern insgesamt verfügt), Viererkabel *n* || ~* (Typog) / Quadrat *n* (ein Blindmaterialstück nach DIN 16 507) || ~ **antenna** (Radio) / Viereckantenne *f*, Quad-Antenne *f* || ~ **carburettor** (Autos) / Doppelregistervergaser *m*
**quadded cable** (Cables, Elec Eng) / Vierer *m* (ein Kabel, das zwei verdrillte Zweidrahtleitungen beinhaltet, also über vier leitende Adern insgesamt verfügt)
**quad density** (Comp) / vierfache Schreibdichte (bei Disketten)
**quad-diffused** *adj* (Electronics) / vierfach diffundiert
**quadding** *n* (Cables) / Viererverseilung *f* || ~ (Typog) / Austreiben *n* (einer gesetzten Zeile), Ausbringen *n*
**quad-in-line package** (Electronics) / QUIL-Gehäuse *n* (mit zwei parallelen Doppelanschlussreihen), Quad-in-Line-Gehäuse *n* (zum Verkappen integrierter Schaltungen)
**quadplex** *n* (US) (Arch, Build) / Vierfamilienhaus *n*

**quad programming** (Comp) / Programmierung *f* mit quadratischen Funktionen
**quadrangle** *n* (Build) / Rechteckhaus *n*, Rechteckgebäude *n*, viereckiger Häuserblock || ~ (US) (Cartography) / Blatt *n*, Kartenblatt *n* || ~ (Maths) / Tetragon *n* (pl. -e), Viereck *n* (ein ebenes Vieleck mit vier Eckpunkten, von denen keine drei auf einer Geraden liegen), Quadrangel *n* (Viereck)
**quadrangled** *adj* (Eng, Maths) / viereckig *adj*, vierseitig *adj*, quadrangulär *adj*
**quadrangular** *adj* (Eng, Maths) / viereckig *adj*, vierseitig *adj*, quadrangulär *adj*
**quadrant** *n* (Civ Eng) / Viertelkreis-Granitplatte *f* (Radius 18", Dicke 8") || ~ (Eng) / Räderschere *f*, Wechselräderschere *f* (bei den alten Drehmaschinen) || ~* (Eng) / Segmentstück *n* (kurvenlose Steuerung) || ~* (a quarter of a circle) (Maths) / Viertelkreis *m*, Viertelkreisfläche *f*, Viertelkreisscheibe *f* || ~* (one of the four regions into which two perpendicular lines divide a plane) (Maths) / Quadrant *m* (Parallelkoordinaten, Zweitafelprojektion) || ~ (Oils) / Quadrant *m* (Seegebiet zur Konzessionsvergabe) || ~ (a balance) (Spinning) / Sortierwaage *f* || ~* (Surv) / Quadrant *m*, Viertelkreisbogenskala *f*, Winkelmessgerät *n*
**quadrantal deviation*** (Ships) / Quadrantalausschlagfehler *m* (des Kompasses) || ~ **error** (Nav, Radar) / viertelkreisiger Peilfehler, viertelkreisige Funkfehlweisung, Quadrantfehler *m*
**quadrant compasses** (Instr, Tools) / Zirkel *m* mit Stellbogen || ~ **convertor** (Electronics) / Quadrantstromrichter *m* || ~ **dividers*** (Instr, Tools) / Zirkel *m* mit Stellbogen || ~ **electrometer*** (Elec, Instr) / Quadrantenelektrometer *n* (ein elektrostatisches Messwerk mit zusätzlichen Elektroden, an die Hilfsspannungen gelegt werden) || ~ **photodiode** (Electronics) / Quadrantenfotodiode *f* (positionsempfindliche Fotodiode mit Einteilung der lichtempfindlichen Fotoempfängerfläche in vier Quadranten) || ~ **plate** (Eng) / Räderschere *f*, Wechselräderschere *f* (bei alten Drehmaschinen)
**quadraphonic** *adj* (Acous) / quadrophonisch *adj*
**quadraphonics*** *n* (Acous) / Quadrophonie *f* (Verfahren zur Abbildung von Schallereignissen unter Verwendung von vier getrennten Kanälen)
**quadraphony** *n* (Acous) / Quadrophonie *f* (Verfahren zur Abbildung von Schallereignissen unter Verwendung von vier getrennten Kanälen)
**quadraplex** *n* (US) (Arch, Build) / Vierfamilienhaus *n*
**quadrat*** *n* (Bot) / Dauerfläche *f* (zur Beobachtung der Veränderung einer Pflanzengemeinschaft) || ~* (Typog) / Quadrat *n* (ein Blindmaterialstück nach DIN 16 507)
**quadratic** *n* (Maths) / quadratische Gleichung, Gleichung *f* zweiten Grades || ~ *adj* / quadratisch *adj* (Gleichung), zweiten Grades (Gleichung) || ~ **Quadrat-**, quadratisch *adj* || ~ **acid** (3,4-dihydroxycylobut-3-ene-1,2-dione) (Chem) / Quadratsäure *f* || ~ **Doppler effect** (Phys) / Doppler-Effekt *m* zweiter Ordnung, quadratischer Doppler-Effekt || ~ **equation*** (Maths) / quadratische Gleichung, Gleichung *f* zweiten Grades || ~ **form** (Maths) / quadratische Form || ~ **formula** (Maths) / Auflösungsformel *f* für quadratische Gleichungen || ~ **function** (in real analysis) (Maths) / quadratische Funktion *f* || ~ **matrix** (Maths) / quadratische Matrix || ~ **mean** (Maths, Stats) / quadratisches Mittel, Quadratmittel *n* || ~ **mean diameter** (For) / Kreisflächenmitteldurchmesser *m* (in der Holzmesskunde) || ~ **non-residue** (of p) (Maths) / quadratischer Nichtrest (mod p) || ~ **residue** (of p) (Maths) / quadratischer Rest (mod p) || ~ **Stark effect** (Phys) / quadratischer Stark-Effekt
**quadratrix** *n* (Maths) / Quadratrix *f* (pl. -izes) (eine von Hippias von Elis eingeführte transzendente Kurve) || ~ **of Hippias** (Maths) / Quadratrix *f* (pl. -izes) (eine von Hippias von Elis eingeführte transzendente Kurve)
**quadrature*** *n* (Astron) / Quadratur *f*, Geviertschein *m* (eine Konstellation) || ~* (Elec Eng, Telecomm) / Verschiebung *f* der Phase um 90°, Phasenquadratur *f* (90°-Phasenverschiebung), Phasenverschiebung *f* um 90° || ~ (an old-fashioned term for the process of finding or approximating the area under a curve) (Maths) / Quadratur *f* (Berechnung des Flächeninhalts krummlinig begrenzter ebener Flächen - geometrische, arithmetische) || ~ **amplitude modulation*** (Radio, Telecomm, TV) / Quadraturamplitudenmodulation *f*, QAM-Verfahren *n* || ~ **axis** (Elec Eng) / Querachse *f*
**quadrature-axis component** (Elec Eng) / Querfeldkomponente *f*, Queranteil *m* || ~ **component of magnetomotive force** (Phys) / Querdurchflutung *f* || ~ **component of the voltage** (Elec Eng) / Querspannung *f* (einer Synchronmaschine) || ~ **electromotive force** (Elec Eng) / Urspannung *f* im Querkreis || ~ **subtransient open-circuit time constant** (Elec Eng) / Subtransient-Leerlauf-Zeitkonstante *f* der Querachse || ~ **subtransient reactance*** (Elec Eng) / Subtransient-Querreaktanz *f* || ~ **subtransient short-circuit time constant** (Elec Eng) / Subtransient-Kurzschluss-Zeitkonstante *f* der Querachse || ~ **synchronous reactance** (Elec Eng) / Synchronquerreaktanz *f* || ~ **transient open-circuit time constant** (Elec Eng) / Transient-Leerlauf-Zeitkonstante *f* der Querachse || ~ **transient short-circuit time constant** (Elec Eng) / Transient-Kurzschluss-Zeitkonstante *f* der Querachse
**quadrature component*** (Elec Eng) / Querfeldkomponente *f*, Queranteil *m* || ~ **current** (Elec Eng) / Blindstrom *m*, Blindstromkomponente *f* (zur Erzeugung der Blindleistung) || ~ **distortion** (Telecomm) / Quadraturverzerrung *f* || ~ **equalizer** (Telecomm) / Quadraturentzerrer *m* || ~ **of the circle** (Maths) / Quadratur *f* des Kreises || ~ **power** (Elec Eng) / Blindleistung *f* (die von Spulen und Kondensatoren am Wechsel- oder Drehstromnetz aufgenommene Leistung zum Feldaufbau) || ~ **reactance*** (Elec Eng) / Querfeldreaktanz *f*, Querreaktanz *f* || ~ **transformer*** (Elec Eng) / Transformator *m* mit 90°-Phasenverschiebung des Sekundärstroms
**quad redundant** (Aero, Instr) / vierfach redundant
**quadric*** *n* (Maths) / Fläche *f* 2. (zweiter) Ordnung, Hyperfläche *f* 2. Ordnung, Quadrik *f*
**quadrichromatic** *adj* / vierfarbig *adj*
**quadricorrelator** *n* (TV) / Quadrikorrelator *m*
**quadric surface** (Maths) / Fläche *f* 2. (zweiter) Ordnung, Hyperfläche *f* 2. Ordnung, Quadrik *f*
**quadricycle landing gear** (Aero) / Vierpunktfahrwerk *n* (mit drei Hauptfahrwerken und einem Bugfahrwerk)
**quadridentate** *adj* (Chem) / vierzähnig *adj* (Ligand), vierzählig *adj* (Ligand)
**quadrifolium** *n* (pl. -folia) (Maths) / Vierblatt *n*, Quadrifolium *n* (pl. -ien)
**quadrilateral** *n* (Maths) / Vierseit *n* (in der projektiven Geometrie die zum Viereck duale Figur) || ~* (a four-sided polygon) (Maths) / Tetragon *n* (pl. -e), Viereck *n* (ein ebenes Vieleck mit vier Eckpunkten, von denen keine drei auf einer Geraden liegen), Quadrangel *n* (Viereck) || ~* (Maths) / Vierseit *n* || ~ *adj* (Eng, Maths) / viereckig *adj*, vierseitig *adj*, quadrangulär *adj* || ~ **mechanism** (Eng, Mech) / viergliedriges Gelenkgetriebe, Gelenkviereck *n* (einer Viergelenkkette in der Geradführung)
**quadrille** *n* (a ruled grid of small squares, especially on paper) (Paper) / kariertes Netz
**quadrillé** *n* (Textiles) / Quadrillé *m* (feinkariertes Seiden- oder Chemiefasergewebe)
**quadrille paper** (Paper) / Zeichenpapier *n* mit einem aufgedruckten Netz zweier sich rechtwinklig schneidender Geradenscharen
**quadrillion** *n* (US) / $10^{15}$ || ~ (GB) (Maths) / Quadrillion *f* ($10^{24}$)
**quadrinomial** *n* (Maths) / Quadrinom *n* || ~ *adj* / quadrinomisch *adj*
**quadripartite** *adj* (consisting of four parts) (Arch) / vierteilig *adj* (Gewölbe), Vierfelder- (Gewölbe)
**quadriplex** *n* (US) (Arch, Build) / Vierfamilienhaus *n*
**quadripole*** *n* (Elec Eng, Telecomm) / Zweitor *n* (DIN 5489), Vierpol *m* (ein Netzwerk mit zwei Eingangs- und zwei Ausgangsklemmen - DIN 4899)
**quadrivalent*** *adj* (Chem, Electronics) / vierwertig *adj*, tetravalent *adj*
**quadrophonic** *adj* (Acous) / quadrophonisch *adj*
**quadrophonics*** *n* (Acous) / Quadrophonie *f* (Verfahren zur Abbildung von Schallereignissen unter Verwendung von vier getrennten Kanälen)
**quadruple** *n* (Maths) / Quadrupel *n* (ein /geordnetes/ Viertupel) || ~ *adj* / vierfältig *adj*, vierfach *adj*
**quadruple-electric-field gradient interaction** (Electronics, Spectr) / Quadrupol-Feldgradienten-Wechselwirkung *f*, QF-Wechselwirkung *f*
**quadruple-expansion engine*** (Eng) / Vierfachexpansionsdampfmaschine *f*
**quadruple-length register** (Comp) / Register *n* vierfacher Wortlänge
**quadruple pair cable** (Cables) / achterverseiltes Kabel || ~ **point*** (Chem) / Quadrupelpunkt *m* || ~ **register** (Comp) / Register *n* vierfacher Wortlänge
**quadruplet** *n* (Phys, Spectr) / Quartett *n* (ein Multiplett), Quadruplett *n* (vier eng beieinander liegende Spektrallinien)
**quadruple track** (Comp, Mag) / vierfache Spur || ~ **traverse technique** (Materials) / Methode *f* des doppelten Sprungabstands (bei der Ultraschallprüfung)
**quadruplex*** *n* (Acous, Mag) / Videoquerspuraufzeichnung *f* || ~ **recording** (TV) / Querspuraufzeichnung *f* (des Bildes) || ~ **system*** (Teleg) / Quadruplexsystem *n*
**quadrupolar interaction** (Spectr) / Quadrupolwechselwirkung *f*
**quadrupole*** *n* (Elec Eng, Mag, Phys) / Quadrupol *m* (eine Verteilung elektrischer Ladungen oder magnetischer Pole, deren Dipolmoment verschwindet), Vierpol *m* || ~ **antenna** (Radio, TV) / Quadrupolantenne *f* || ~ **interaction** (Spectr) /

1251

**quadrupole**

Quadrupolwechselwirkung *f* ‖ ~ **lens** (Nuc Eng, Optics) / Quadrupollinse *f* (Bauelement der Ionen- und Elektronenoptik) ‖ ~ **magnet** (Nuc Eng) / Quadrupolmagnet *m* ‖ ~ **mass filter** (Spectr) / Quadrupolmassenfilter *n* (nach Paul - das als Massenspektrometer benutzt wird) ‖ ~ **mass spectrometer** (Spectr) / Quadrupolmassenspektrometer *n* (ein Hochfrequenzspektrometer für nicht magnetische Trennungsmethoden) ‖ ~ **moment**\* (Phys) / Quadrupolmoment *n* ‖ ~ **optics** (Optics) / Quadrupoloptik *f* ‖ ~ **potential**\* (Phys) / Quadrupolpotential *n* ‖ ~ **radiation** (Phys) / Quadrupolstrahlung *f* ‖ ~ **sound source** (Acous) / Schallquelle *f* zweiter Ordnung ‖ ~ **spectrometer** (Spectr) / Quadrupolmassenspektrometer *n* (ein Hochfrequenzspektrometer für nicht magnetische Trennungsmethoden)
**quad-speed drive** (Comp) / Quadrospeed-Laufwerk *n*, Quadspeed-Laufwerk *n*
**quad-to-quad coupling** (Cables) / Nebenviererkopplung *f*
**quad transistor** (Electronics) / Vierfachtransistor *m* ‖ ~ **tree** / quaternärer Baum, Baum *m* mit Verzweigungsgrad 4 ‖ ~ **twisting** (Cables) / Viererverseilung *f*
**quagginess**\* *n* (For) / Kernrissigkeit *f*, Markrissigkeit *f*
**quaggy** *adj* (For) / markrissig *adj* (Holz), kernrissig *adj* ‖ ~ (Geol) / morastig *adj*, sumpfig *adj*
**quagmire** *n* (a soft boggy area of land that gives way underfoot) (Geol) / Sumpfboden *m*, sumpfiger Boden
**quaint character** (Typog) / Ligatur *f* (zwei oder mehrere auf einer Drucktype oder einer Setzmaschinenmatrize vereinigte Buchstaben)
**quake** *n* / Beben *n* ‖ ~ (Geol, Geophys) / Erdbeben *n* ‖ ~ (Mining) / plötzlicher Einbruch (von Gestein oder Kohle)
**quaking aspen** (For) / Amerikanische Espe, Amerikanische Zitterpappel (Populus tremuloides Michx.) ‖ ~ **bog** (formed over water or soft mud, which shakes underfoot) (Geol) / Schwingmoor *n* (das beim Betreten in Schwingung gerät)
**qual analysis** (Chem) / qualitative Analyse
**qualification** *n* (Comp) / Suchbedingung *f* (ein Merkmalbündel, das die Kriterien festlegt, die bei der Suche in einem Datenbestand die gewünschte Zielmenge bestimmen) ‖ ~ (Work Study) / Qualifikation *f* (des Personals) ‖ ~ **test** / Qualifikationsprüfung *f* (im Allgemeinen) ‖ ~ **test** (Build, Civ Eng) / Eignungsprüfung *f* (der Baustoffe) ‖ ~ **test**\* (Space) / Weltraum-Eignungsprüfung *f* (von Bauteilen und Geräten), Zulassungsprüfung *f* für den Weltraumeinsatz, Musterprüfung *f* für den Weltraumeinsatz (von Bauteilen und Geräten) ‖ ~ **test** (Welding) / Nachweis *m*
**qualified life** / volle Betriebsfähigkeit (als Zeiteinheit) ‖ ~ **name** (Comp) / klassifizierter Name, qualifizierter Name ‖ ~ **Products List** (US) (Mil) / eine Ergänzung zu den Military Specifications und Military Standards mit dem Verzeichnis der von den Behörden zugelassenen Bauelemente ‖ ~ **worker** (Work Study) / Facharbeiter *m*
**qualifier** *n* / Kennzeichnungsmerkmal *n*, Qualifikationsmerkmal *n* (z.B. hell in "helles Blau") ‖ ~ (Comp) / Kennzeichner *m*
**qualitative** *adj* / qualitativ *adj*, wertmäßig *adj*, der Güte nach ‖ ~ **analysis**\* (Chem) / qualitative Analyse ‖ ~ **analysis scheme** (Chem) / Trennungsschema *n*, Trennungsgang *m*
**qualitative-grade filter paper** (Chem) / qualitatives Filterpapier, Filterpapier *n* für qualitative Analysen
**quality**\* *n* / Beschaffenheit *f*, Natur *f* ‖ ~ / Qualität *f* (eine aristotelische Seinskategorie) ‖ ~ / Qualität *f* (DIN 55350, Handelsklasse *f*, Güteklasse *f*, Sorte *f*, Wahl *f* (Güte, Güteklasse) ‖ ~\* (Acous, Telecomm) / Wiedergabetreue *f*, Wiedergabequalität *f* ‖ ~ (Comp) / Affirmation *f* oder Negation (in der Aussagenlogik) ‖ ~\* (Radiol) / Strahlenqualität *f* (Quantenenergie einer Strahlung) ‖ ~ **analysis** / Qualitätsanalyse *f* ‖ ~ **assurance**\* / Qualitätssicherung *f* (DIN EN ISO 8402), Gütesicherung *f*, QS (Qualitätssicherung nach DIN EN ISO 8402) ‖ ~ **assurance representative** / Qualitätsbeauftragte *m*, Qualitätssicherungsbeauftragte *m*, QS-Beauftragte *m* ‖ ~ **audit** / Qualitätsaudit *m n* (mit dem die Wirksamkeit und Vollständigkeit eines QM-Systems beurteilt wird - externer, interner) ‖ ~ **check** (Eng) / Qualitätsprüfung *f* (Einzelmaßnahme im Rahmen der Qualitätsüberwachung), Qualitätskontrolle *f* ‖ ~ **circle** (a group of employees who meet regularly to consider ways of resolving problems and improving production in their organization) (Work Study) / Qualitätszirkel *m* (auf Dauer angelegte Arbeitsgruppe, in der 3 - 20 Mitarbeiter eines Unternehmens mit gleichartiger oder ähnlicher Erfahrungsgrundlage Probleme und Schwachstellen innerhalb des eigenen Arbeitsbereichs analysieren und Lösungsvorschläge bzw. Empfehlungen erarbeiten)
**quality-conscious** *adj* / qualitätsbewusst *adj*
**quality control** / Qualitätssteuerung *f* (Gesamtheit der überwachenden und korrigierenden Maßnahmen bei der Herstellung eines Erzeugnisses bzw. einer Serie von Erzeugnissen, damit diese die vorgeschriebene Qualität besitzen)
**quality-control test** (Build, Civ Eng) / Eigenüberwachungsprüfung *f* (der Güteeigenschaften der Baustoffe seitens des Auftragnehmers)
**quality cost(s)** / Qualitätskosten *pl* ‖ ~ **engineering** / Qualitätssteuerungstechnik *f* (DIN 55350, T 11) ‖ ~ **factor**\* (in the forced oscillation of a system with light damping) (Elec Eng, Phys) / Kreisgüte *f*, Güte *f* (eines schwingenden Systems), Gütefaktor *m*, Resonanzschärfe *f* (DIN 1344) ‖ ~ **factor**\* (Radiol) / Qualitätsfaktor *m*, q (dimensionslose Zahl zur Berechnung der für den Strahlenschutz definierten Dosisgröße = Äquivalentdosis) ‖ ~-**factor meter** (Elec Eng) / Gütefaktormesser *m*, Gütefaktormessgerät *n* ‖ ~ **function deployment** / QFD *n* (kunden- und wettbewerbsorientierte Produkt- und Qualitätsplanung) ‖ ~ **inspector** / Abnehmer *m* (im Betrieb) ‖ ~ **label** / qualitative Bewertung (grafische eines Terminus), Qualitätsstatus *m* (eines Terminus in der Datenbank) ‖ ~ **level** / Qualitätslage *f*, Qualitätsklasse *f* ‖ ~ **management** (all activities of the overall management function that determine the quality policy, objectives and responsibilities, and implement them by means such as quality planning, quality control, quality assurance, and quality improvement within the quality system) / Qualitätsmanagement *n* (DIN EN ISO 8402), QM (Qualitätsmanagement)
**quality-management system** / Qualitätsmanagementsystem *n*, QM-System *n*, QMS (Qualitätsmanagementsystem)
**quality mark** / Gütezeichen *n* ‖ ~ **monitoring** / Güteüberwachung *f* (DIN 18200) ‖ ~ **of lighting** (Light) / Beleuchtungsgüte *f* ‖ ~ **of print** (Print) / Druckqualität *f* ‖ ~ **of service** (Comp) / Netzgüte *f* (in öffentlichen Datennetzen) ‖ ~ **of service** (Telecomm) / Quality *f* of Service (Verkehrsgüte, Dienstgüte), Verkehrsgüte *f*, QoS (Quality of Service), Dienstgüte *f* ‖ ~ **of surface water** (Ecol) / Gewässergüte *f* (fünf Belastungsstufen) ‖ ~ **product** / Qualitätsprodukt *n* ‖ ~ **specification** / Qualitätsvorschrift *f* ‖ ~ **standard** / Gütenorm *f* ‖ ~ **steel** (Met) / Qualitätsstahl *m* (DIN EN 10 083-2) ‖ ~ **steel** (Met), also special steel ‖ ~ **surveillance** / Qualitätsüberwachung *f* ‖ ~ **system** (Work Study) / Qualitätssystem *n*, Qualitätssicherungssystem *n* (DIN ISO 9000-9004) ‖ ~ **terms** (Textiles) / Wollbezeichnung *f* nach Feinheit (Zahlenwerte, die einen Hinweis auf die Ausspinngrenze der betreffenden Wolltype geben), Wollequalitätsbezeichnung *f* ‖ ~ **test** / Qualitätsprüfung *f* ‖ ~ **tick** / Qualitätssiegel *n* ‖ ~ **timber** (For) / Wertholz *n* (Holzarten mit hohen Qualitätseigenschaften), Qualitätsholz *n* ‖ ~ **value** / Q-Wert *m* (Aussage darüber, welcher Prozentsatz von Prüflingen fehlerfrei produziert wurde), Qualitätswert *m*
**qual scheme** (Chem) / Trennungsschema *n*, Trennungsgang *m*
**QUAM** (quadrature amplitude modulation) (Telecomm) / Quadraturamplitudenmodulation *f*, QAM-Verfahren *n*
**quantal** *adj* (Phys) / Quanten- ‖ ~ **response** / Alternativreaktion *f*, Alles *n* oder Nichts
**quantic** *n* (Maths) / Form *f*, ganzrationale homogene Funktion, homogenes Polynom
**quantification** *n* (AI) / Quantifizierung *f* (Verwandlung der freien Variablen einer Aussageform durch Verwendung von Quantoren in eine wahre oder falsche Aussage), Quantifikation *f*
**quantifier** *n* (symbol used in predicate calculus) (AI) / Quantor *m*, Quantifikator *m* (ein prädikatenlogischer Funktor nach DIN 5474)
**quantile**\* *n* (Stats) / Quantil *n* (DIN 55350, T 21) ‖ ~ **of order p** (Stats) / Quantil *n* der Ordnung p, p-Quantil *n*, p-Fraktil *n*
**quantitative** *adj* / quantitativ *adj*, mengenmäßig *adj*, der Menge nach ‖ ~ **analysis**\* (Chem) / quantitative Analyse
**quantitative-grade filter paper** (Chem) / quantitatives Filterpapier, Filterpapier *n* für quantitative Analysen
**quantitative metallography** (Met) / quantitative Metallografie (Bildanalyse) ‖ ~ **structure-activity relationship** (a method) (Chem) / QSAR-Methode *f* (zahlenmäßige Beziehung zwischen der Struktur der Moleküle und ihren Wirkungen) ‖ ~ **structure-activity relationship** (Chem) / quantitative Struktur-Wirkung-Beziehung (zahlenmäßige Darstellung der Beziehungen zwischen der Struktur von Molekülen und ihrer Wirkungen), QSAR (quantitative Struktur-Wirkung-Beziehung)
**quantitive** *adj* / quantitativ *adj*, mengenmäßig *adj*, der Menge nach
**quantity** *n* / Menge *f* (als allgemeine Mengenangabe), Quantum *n* ‖ ~ / Quantität *f* (eine aristotelische Seinskategorie) ‖ ~ (Maths, Phys) / Größe *f* ‖ ~ **being measured** / Messgröße *f* (ein Objektmerkmal, welches mit dem Messvorgang bestimmt wird - DIN 1319, T 1 und DIN 2257, T 1) ‖ ~ **delivered** (Work Study) / gelieferte Menge ‖ ~ **discount** / Mengenrabatt *m* ‖ ~ **dosage** / Mengendosierung *f* ‖ ~ **list** (with quantity data of the individual components of the product) (Work Study) / Mengenübersichts-Stückliste *f*
**quantity-lot production** (Eng) / Großserienfertigung *f*
**quantity of charge** (Elec Eng) / Ladungsmenge *f* ‖ ~ **of electricity**\* (the amount of electric charge flowing through a circuit) (Elec Eng) / elektrische Ladung (DIN 1324, T 1), Elektrizitätsmenge *f* (Einheit C) ‖ ~ **of fuel injected** (Autos, Space) / Einspritzmenge *f* ‖ ~ **of heat**

(Heat, Phys) / Wärmemenge f (Betrag an Wärmeenergie, der aufgrund eines Temperaturgefälles von einem Körper auf einen anderen übertragen wird - DIN 1341) ‖ ~ **of light**\* (Light) / Lichtmenge f (das Produkt aus Lichtstrom und Zeit; SI-Einheit Lumensekunde - DIN 5031, T 3) ‖ ~ **of radiation**\* (Radiol) / Strahlenmenge f ‖ ~ **of steam** (Eng) / Dampfmenge f ‖ ~ **prints** (Photog) / Mehrfachabzüge m pl ‖ ~ **short** / unterlieferte Menge ‖ ~ **survey(ing)** (Build, Civ Eng) / Ermitteln n der Massen, Mengenberechnung f, Massenermittlung f, Mengenermittlung f ‖ ~ **surveyor**\* (Build, Civ Eng) / Kosten- und Abrechnungsingenieur m, Kalkulator m (der die Kosten schätzt, die Massen ermittelt, Leistungsverzeichnisse erstellt und manchmal auch Bauaufsicht ausführt) ‖ ~ **takeoff** (US) (Build, Civ Eng) / Ermitteln n der Massen, Mengenberechnung f, Massenermittlung f, Mengenermittlung f ‖ ~ **variance** / Mengenabweichung f

**quantization** n (Maths) / Quantelung f, Quanteln n (die mathematische Operation der Quantisierung) ‖ ~ (Mech) / Quantisierung f (Übergang von der klassischen Mechanik zur Quantenmechanik) ‖ ~\* (Nuc, Phys) / Quantelung f, Quanteln n (wenn eine physikalische Größe nur diskrete Werte annehmen kann) ‖ ~ (Telecomm) / Quantisierung f (die Umwandlung eines analogen in ein digitales Signal) ‖ ~ **distortion** (Comp, Electronics) / Quantisierungsrauschen n (bei der Digitalisierung analoger Signale) ‖ ~ **error** (Maths) / Quantisierungsfehler m, Diskretisationsfehler m (die Veränderung einer Variablen, die kleiner ist als ein gegebenes Inkrement) ‖ ~ **error** (Phys) / Quantifizierungsfehler m ‖ ~ **noise**\* (Comp, Electronics) / Quantisierungsrauschen n (bei der Digitalisierung analoger Signale)

**quantize** v (Nuc, Phys) / quanteln v (physikalische Größen), quantisieren v

**quantized** adj (Phys) / gequantelt adj ‖ ~ **magnetic flux line** (Phys) / Flussschlauch m, Flussfaden m (magnetische Flusslinie), magnetische Wirbellinie (in einem Supraleiter 2. Art) ‖ ~ **pulse modulation** (Telecomm) / quantisierte Pulsmodulation ‖ ~ **system** (Phys) / quantisiertes System ‖ ~ **vortex flow** (Phys) / Flussfließen n (Bewegung der Flussschläuche in Supraleitern 2. Art)

**quantizer** n (Comp) / Quantisierer m, Größenwandler m ‖ ~ (Comp, Electronics) / A/D-Umsetzer m, Analog-Digital-Umsetzer m, A/D-Wandler m, ADU (Analog-Digital-Umsetzer)

**quantizing interval** (Maths) / Quantisierungsintervall n (Abstand zwischen zwei zulässigen, diskreten Werten)

**quantometer**\* n (Spectr) / Quantometer n (Gerät zur quantitativen Spektralanalyse)

**quantum** n (pl. quanta)\* / Menge f (als allgemeine Mengenangabe), Quantum n ‖ ~\* (pl. quanta) (Phys) / Quant n (pl. -en), Quantum n (pl. -ten) ‖ ~ attr (Phys) / Quanten- ‖ ~ **acoustics** (Acous) / Quantenakustik f ‖ ~ **annihilation** (Phys) / Quantenvernichtung f, Quantenannihilation f ‖ ~ **beats** (Phys) / Quantenbeats pl (Oszillationen, die in der Fluoreszenz von gekoppelten Zuständen beobachtet werden) ‖ ~ **biology** (Biol, Phys) / Quantenbiologie f ‖ ~ **bit** (Comp) / Quantenbit n, Qubit n, Unterscheidungsbit n ‖ ~ **chaos** (Phys) / Quantenchaos n ‖ ~ **chemistry** (Chem) / Quantenchemie f (ein Teilgebiet der theoretischen Chemie, das sich mit der Anwendung der Prinzipien von Quantenmechanik und Quantentheorie auf spezifische chemische Probleme befasst) ‖ ~ **chromodynamics**\* (Phys) / Quantenchromodynamik f (Quantenfeldtheorie zur Beschreibung der starken Wechselwirkung zwischen den Quarks), QCD (Quantenchromodynamik) ‖ ~ **computer** (Comp) / Quantencomputer m, Quantenrechner m ‖ ~ **condition** (Nuc, Phys) / Quantenbedingung f ‖ ~ **corral** (Micros, Phys) / Quantenpferch m ‖ ~ **defect** (Nuc, Phys) / Quantendefekt m (Störung im Atomspektrum) ‖ ~ **detector** (Phys) / Quantendetektor m ‖ ~ **dot** / Quantenpunkt m ‖ ~ **efficiency** (Chem, Nuc, Photog) / Quantenausbeute f, Quantenwirkungsgrad m ‖ ~ **electrodynamics**\* (Phys) / Quantenelektrodynamik f, QED (Quantenelektrodynamik) ‖ ~ **electronics**\* (Electronics, Phys) / Quantenelektronik f

**quantum-field theory**\* (Phys) / Quantenfeldtheorie f, Quantentheorie f der Wellenfelder

**quantum flavour dynamics** (Phys) / Quantenflavourdynamik f (die mit den Flavour-Freiheitsgraden der Quarks als Quellen einer Flavour-Wechselwirkung verknüpfte Eichfeldtheorie), QFD (Quantenflavourdynamik) ‖ ~ **flavour dynamics** (Phys) s. also electroweak theory ‖ ~ **fluid** (Phys) / Quantenflüssigkeit f ‖ ~ **gas** (Phys) / Quantengas n ‖ ~ **gravitation** (Phys) / Quantengravitation f ‖ ~ **Hall effect**\* (Phys) / Quanten-Hall-Effekt m, quantisierter Hall-Effekt ‖ ~ **Hall effect** (Phys) s. also Klitzing effect ‖ ~ **haplodynamics** (Phys) / Quantenhaplodynamik f, QHD (Quantenhaplodynamik) ‖ ~ **information theory** (Comp) / Quanteninformationstheorie f (Theorie der Bewertung quantenmechanischer Zustände mithilfe verallgemeinerter Entropien, sowie der Codierung, Bearbeitung und des Transports von quantenmechanischer Information), Quanteninformatik f ‖ ~ **jump** (Phys) / Quantensprung m (aus einem Quantenzustand in einen anderen) ‖ ~ **jump** (Phys) s. also quantum transition ‖ ~ **leap** (Phys) / Quantensprung m (aus einem Quantenzustand in einen anderen) ‖ ~ **limit** (Radiol, Spectr) / Grenzwellenlänge f

**quantum-mechanical** adj (Phys) / quantenmechanisch adj ‖ ~ **operator** (Phys) / quantenmechanischer Operator

**quantum mechanics**\* (Phys) / Quantenmechanik f (im Allgemeinen) ‖ ~ **noise** (Electronics) / Quantenrauschen n ‖ ~ **number**\* (Nuc) / Quantenzahl f, Q-Zahl f ‖ ~ **of action** (Phys) / Planck'sches Wirkungsquantum (h = 6,6260693 · 10⁻³⁴ Js - nach DIN 5031- 8), Planck-Konstante f, Wirkungsquantum f ‖ ~ **of circulation** (Phys) / Quantum n der Zirkulation, Zirkulationsquant n ‖ ~ **onion** (Chem) / Quantenzwiebel f (kugelförmige viellagige massive Kohlenstoffstruktur) ‖ ~ **optics** (Optics) / Quantenoptik f ‖ ~ **orbit** (Nuc) / Quantenbahn f ‖ ~ **physics** (Phys) / Quantenphysik f ‖ ~ **plasma** (Phys) / Quantenplasma n ‖ ~ **state** (Phys) / quantenmechanischer Zustand, Quantenzustand m ‖ ~ **state** (Phys) s. also energy state ‖ ~ **statistics**\* (Phys) / Quantenstatistik f (das Teilgebiet der Statistik, dem die Quantenmechanik zugrunde liegt)

**quantum-theoretical** adj (Phys) / quantentheoretisch adj

**quantum theory**\* (Phys) / Quantentheorie f ‖ ~ **transition** (Nuc) / Quantenübergang m ‖ ~ **voltage**\* (Phys) / Quantenspannung f ‖ ~ **well** (Phys) / Quantum-Well m, Quanten-Well m, Quantentopf m, Quantentrog m (eine künstlich in einem Halbleiter oder Halbmetall im Kristallzüchtungsprozess erzeugte Doppelheterostruktur, bei der die Strukturbreite L vergleichbar ist mit der De-Broglie-Wellenlänge der Kristallelektronen) ‖ ~ **yield**\* (differential, integral) (Chem, Nuc, Photog, Phys) / Quantenausbeute f, Quantenwirkungsgrad m

**quaquaversal** adj (Geol) / periklinal adj (z.B. Flanken eines Kegelberges oder die Schichten eines Stratovulkans) ‖ ~ **dome** (a geologic structure) (Geol) / kreisförmige Domstruktur ‖ ~ **structure** (Geol) / periklinale Faltenstruktur, Kuppel f

**quarantinable** adj (Med, Pharm) / quarantänepflichtig adj (Krankheit)

**quark**\* n (Nuc) / Quark n (hypothetisches Teilchen im Quarkmodell) ‖ ~ (Nut) / Quark m (Sauermilch- oder Lab-)

**quark-antiquark sea** (Nuc) / Quark-Antiquark-See m, Paarsee m

**quark confinement** (Nuc) / Quark-Confinement n (Unmöglichkeit, die Quarks freizusetzen) ‖ ~ **era** (Astron) / Quarkära f (in der Big-Bang-Kosmologie) ‖ ~ **family** (Nuc) / Quarkfamilie f

**quark-gluon plasma** (Plasma Phys) / Quark-Gluon-Plasma n

**quark model** (Nuc) / Quarkmodell n

**quarkonium** n (Nuc) / Quarkonium n (kurzlebiger gebundener Zustand eines schweren Quarks und dessen Antiquarks) ‖ ~ **spectroscopy** (Nuc) / Quarkoniumspektroskopie f

**quarl**\* n (Eng) / Brennerstein m ‖ ~\* (Eng) / Brennermuffel f (in der Zündung und Mischung erfolgen) ‖ ~ **block** (Glass) / Düsenstein m (Feuerfeststein mit Bohrung zum Einführen eines Medienstromes in ein Schmelzaggregat)

**quarrel**\* n (Arch, Build) / rautenförmiges Bleifeld

**quarry** v (Mining) / im Steinbruch arbeiten, brechen (Steine) ‖ ~\* n (open workings usually for the extraction of stone) (Mining) / Steinbruch m ‖ ~ (Mining) / Grubenbau m zur Bergegewinnung

**quarry-dressed** adj (Build) / bruchrau adj (die Eigenschaft von Natursteinen unmittelbar nach dem Abbau, sofern dieser nicht im Sägeverfahren erfolgte), mit natürlich roher Oberfläche (Bruchstein)

**quarry-faced**\* adj (Build) / bruchrau adj (die Eigenschaft von Natursteinen unmittelbar nach dem Abbau, sofern dieser nicht im Sägeverfahren erfolgte), mit natürlich roher Oberfläche (Bruchstein)

**quarrying** n (Mining) / Steinbrucharbeit f, Steinbruchbetrieb m

**quarry machine** (Mining) / Tagebaumaschine f, Steinbruchmaschine f

**quarryman** n (Mining) / Steinbrucharbeiter m

**quarry material** (Build, Mining) / Steinbruchmaterial n

**quarry-pitched**\* adj (Build) / bruchrau adj (die Eigenschaft von Natursteinen unmittelbar nach dem Abbau, sofern dieser nicht im Sägeverfahren erfolgte), mit natürlich roher Oberfläche (Bruchstein)

**quarry sand** / Grubensand m (ungewaschener Sand der Körnung 0 bis 3 mm oder 0 bis 7mm, dessen Gewinnung in der Regel oberhalb des Grundwasserspiegels erfolgt) ‖ ~ **sap** (Civ Eng) / Bergfeuchtigkeit f (im frisch gebrochenen Stein) ‖ ~ **stone** (Civ Eng, Mining) / Bruchstein m (im Steinbruch gewonnener Naturstein)

**quarry-stone paving** (Civ Eng) / Bruchsteinpflaster n, Raupflaster n

**quarry tile**\* (Build, Civ Eng) / einzeln gezogene Platte (stranggepresste keramische Platte, die einzeln durch Abschneiden von einem Strang hergestellt wird - DIN EN 87) ‖ ~ **water** (Civ Eng) / Bergfeuchtigkeit f (im frisch gebrochenen Stein)

**quartation**\* n (Met) / Quartation f (Gold-Silber-Scheidung), Quartierung f, Scheidung f von Gold und Silber durch die Quart

**quarter**

**quarter** v (Civ Eng, Min Proc) / vierteilen v, vierteln v ‖ ~ (For) / vierteln v (Rundholz) ‖ ~ n / Viertel n (vierter Teil) ‖ ~* (the phase of the Moon at quadrature) (Astron) / Mondviertel n ‖ ~ (Astron, Nav, Surv) / Himmelsrichtung f ‖ ~ (Carp, For) / Vierkantholz n, Vierkantbalken m, Viertelholz n (eine Seite 5 - 18 cm) ‖ ~ (Civ Eng) / Viertel n, Stadtviertel n ‖ ~ (Leather) / Quartier n (Fersenteil des Oberlederschafts), Hinterteil n (des Außenschaftes) ‖ ~ (Ships) / Viertelkompassstrich m (2° 48' 45'') ‖ ~ **bend**\* (Plumb) / 90°-Bogen m (selten auch 45°), 90°-Krümmer m ‖ **~-binding** n (Bind) / Halbband m ‖ ~ **brick** (Build, Ceramics) / Viertelstein m, Quartierstück n ‖ ~ **cloth binding** (Bind) / Halbgewebeband m, Halbleinenband m

**quarterdeck** n (Ships) / Quarterdeck n (im hinteren Schiffsteil um eine halbe Deckhöhe erhöhtes Hauptdeck)

**quarter-elliptic** (leaf)**spring** (Autos, Eng) / 1/4-Elliptik-Feder f, viertelelliptische Blattfeder, Viertelelliptikfeder f (eine Blattfeder)

**quarter-inch cartridge**\* (Comp) / QIC-Cartridge f, QIC f (ein veraltendes Bandmedium) ‖ ~ **microphone** (Acous) / Viertelzollmikrofon n

**quartering**\* n (Carp, For) / Vierkantholz n, Vierkantbalken m, Viertelholz n (eine Seite 5 - 18 cm) ‖ ~* (Civ Eng, Min Proc) / Vierteln n, Vierteilungsverfahren n (bei einer Probe), Kegelverfahren n (Probenvorbereitung) ‖ ~ (For) / Viertelschnitt m, Vierteln n, Quartierschnitt m, Quarterschnitt m

**quarter landing** (Build) / Eckpodest n m, Viertelpodest n m (Treppenabsatz zwischen rechtwinklig zueinander angeordneten Treppenläufen)

**quarter-light** n (Autos) / ausstellbares Fenster, Drehfenster n (für vordere Türen) ‖ ~ (Autos) / Dreiecksfenster n, Ausstelldreiecksfenster n

**quarter lines**\* (Ships) / Schnitt m im Maßstab 1 : 48 ‖ ~ **page folder** (Print) / Viertelfalzapparat m

**quarter-phase** attr (Elec Eng, Phys) / zweiphasig adj, Zweiphasen-

**quarter point** (Civ Eng) / Bogenviertelpunkt m (der sich in der Mitte zwischen Bogenscheitel und Kämpfer auf dem Bogenschenkel befindet) ‖ ~ **round** (a Roman ovolo) (Arch) / Eierstab m (ein ionisches Kymation) ‖ ~ **round** (moulding) (Arch, For) / Viertelstab m (Rundstab mit einem Viertelkreisprofil) ‖ ~ **sawing** (For) / Riftschnitt m, Spiegelschnitt m (gewöhnlicher - wenn 50% der Jahrringe stehen), Faux-Quartierschnitt m ‖ **~-sawing**\* n (For) / Viertelschnitt m, Vierteln n, Quartierschnitt m, Quarterschnitt m ‖ **~-sawing**\* (For) s. also radial section

**quarter-sliced veneer** (with a rift grain) (For) / Spiegelfurnier m

**quarter-space** attr (Build, Join) / viertelgedreht adj (Treppe)

**quarter-space landing**\* (Build) / Eckpodest n m, Viertelpodest n m (Treppenabsatz zwischen rechtwinklig zueinander angeordneten Treppenläufen)

**quarter-squares multiplier** (an analogue multiplier) (Comp) / Parabelmultiplizierer m

**quarter timber** (For) / Kreuzholz n (Schnittholz) ‖ ~ **tone** (Acous) / Viertelton m

**quarter-turn**\* n (Build) / 90°-Handlaufkrümmling m ‖ ~ attr (Build, Join) / viertelgedreht adj (Treppe) ‖ ~ **actuator** (Eng) / Schwenkantrieb m (ein Stellantrieb) ‖ ~ **belt drive** (Eng) / geschränktes Riemengetriebe, geschränkter Riementrieb ‖ ~ **fastener** (US) / Bajonettverschluss m, Renkverbindung f

**quarter vent** (Autos) / Schwenkfenster n (Dreiecksfenster in der Tür), Ausstellfenster n ‖ **~-wave antenna**\* (Radio) / Viertelwellenantenne f, Viertelwellenstrahler m

**quarter-wave bar**\* (Telecomm) / Lambda-Viertel-Leitung f, Viertelwellenleitung f (abgestimmte Resonanzleitung)

**quarter·-wave line**\* (Telecomm) / Lambda-Viertel-Leitung f, Viertelwellenleitung f (abgestimmte Resonanzleitung) ‖ **~-wave plate**\* (Optics) / Lambda-Viertel-Plättchen n, Viertelwellenlängeplättchen n, λ/4-Plättchen n

**quarter-window** n (Autos) / Dreiecksfenster n, Ausstelldreiecksfenster n

**quartet** n (a group of four adjacent digits operated upon as a unit) (Comp) / Vier-Bit-Byte n, 4-Bit-Byte n ‖ ~ (Spectr) / Quartett n (ein Multiplett), Quadruplett n (vier eng beieinander liegende Spektrallinien)

**quartic** n (Maths) / Fläche f 4. Ordnung, Hyperfläche f 4. Ordnung, Quartik f ‖ ~ adj (Maths) / biquadratisch adj (Gleichung), vierten Grades, vierter Ordnung ‖ ~ **equation**\* (Maths) / biquadratische Gleichung, Gleichung f vierten Grades ‖ ~ **surface** (Maths) / Fläche f 4. Ordnung, Hyperfläche f 4. Ordnung, Quartik f

**quartile** n (Stats) / Quartil n (das dem Fall q = 4 entspricht) ‖ ~ **deviation** (Maths) / halber Quartilabstand, Viertelwertabstand m ‖ ~ **range** (Stats) / Quartilabstand m

**quarto sheet** (Met) / Quartoblech n (auf einer Umkehrstraße mit Quartogerüsten erzeugtes Blech)

**quartz** v / mit Quarz bestücken, bequarzen v ‖ ~ n (Horol) / Quar(t)z m ‖ ~* (Min) / Quarz m (Siliziumdioxid)

**quartzarenite** n (with more than 95% quartz grains) (Geol) / Quarzarenit m, Quarzsandstein m

**quartz boat** (Chem) / Quarzschiffchen n (ein Laborgerät) ‖ ~ **brick** (Ceramics, Met) / feuerfester Stein (auf der Basis von Quarzgestein hergestellt, mit einem Gehalt von 85-92 Masse-% $SiO_2$) ‖ ~ **claim** (US) (Mining) / Grubenfeld n mit goldhaltigem Quarzgestein ‖ ~ **clock** (Horol) / Quarzuhr f (Präzisionsuhr, deren Genauigkeit ein Schwingquarz gewährleistet), Quartzuhr f

**quartz-controlled** adj (Elec Eng) / quarzgesteuert adj

**quartz crystal**\* (Min) / Bergkristall m (wasserklarer Schmuckstein der Quarzgruppe) ‖ ~ **crystal**\* (Radio) / Quarzkristall m ‖ **~-crystal clock**\* (Horol) / Quarzuhr f (Präzisionsuhr, deren Genauigkeit ein Schwingquarz gewährleistet), Quartzuhr f

**quartz-crystal oscillator** (Electronics, Phys) / Q-Oszillator m, Kristalloszillator m, Quarzschwinger m, Quarzoszillator m (DIN 45174) ‖ ~ **thermometer** / Quarzkristallthermometer n (Berührungsthermometer, das als Messeffekt die Temperaturabhängigkeit der Resonanzfrequenz eines Quarzkristalls ausnutzt) ‖ ~ **thin film monitor** (Vac Tech) / Schwingquarzwaage f (zur Messung der Aufdampfrate bei der Herstellung von Aufdampfschichten), Schwingquarzschichtdickenmessgerät n

**quartz-diorite**\* n (Geol) / Quarzdiorit m

**quartz-dolerite**\* n (Geol) / Quarzdolerit m

**quartz electret** (Acous) / Quarzelektret m n ‖ ~ **fibre** / Quarzfaden m

**quartz-fibre electroscope**\* (Radiol) / Quarzfadenelektroskop n

**quartz flour** / Quarzmehl n ‖ ~ **glass**\* (Glass, Optics) / Kieselglas n (mit nahezu 100% $SiO_2$), Quarzglas n ‖ ~ **glass**\* (Glass) s. also vitreous silica ‖ ~ **halogen bulb** (Elec Eng) / Halogenglühlampe f (DIN 49 820), Halogenlampe f

**quartz-halogen lamp**\* (Autos, Elec Eng) / Halogenscheinwerfer m, Halogenstrahler m

**quartziferous** adj (Min) / quarzführend adj, verquarzt adj

**quartz-iodine bulb** (Elec Eng) / Halogenglühlampe f (DIN 49 820), Halogenlampe f ‖ ~ **lamp**\* (Autos, Elec Eng) / Halogenscheinwerfer m, Halogenstrahler m

**quartzite**\* n (Geol) / Quarzit m (überwiegend aus Quarzmineralen bestehendes Gestein) ‖ ~* (Geol) s. also ganister

**quartzitic** adj (Geol) / quarzitisch adj

**quartz-keratophyre**\* n (Geol) / Quarzkeratophyr m

**quartz lamp** (Chem) / UV-Lampe f (Analysenlampe), Schwarzlichtlampe f, Analysenlampe f (Ultraviolettlichtquelle), Quarzlampe f ‖ ~ **lamp**\* (Radiol) / Quarzlampe f (eine Gasentladungslichtquelle) ‖ ~ **latite** (Geol) / Quarzlatit m ‖ ~ **monzonite** (Geol) / Adamellit m, Quarzmonzonit m ‖ ~ **oscillator**\* (Electronics, Phys, Radio) / Q-Oszillator m, Kristalloszillator m, Quarzschwinger m, Quarzoszillator m (DIN 45174)

**quartzose** adj / quarzhaltig adj, quarzig adj ‖ ~ **sand** (Geol) / Quarzsand m

**quartz·-porphyrite**\* n (Geol) / Quarzporphyrit m ‖ ~ **porphyry**\* (Geol) / Quarzporphyr m ‖ ~ **porphyry**\* (Geol) s. also rhyolite ‖ ~ **resonance** (Electronics, Telecomm) / Quarzresonanz f ‖ ~ **resonator**\* (Electronics, Radio, Telecomm) / Quarzresonator m (Schwingquarz) ‖ ~ **sand** (Geol) / Quarzsand m ‖ ~ **sensor** / Quarzsensor m ‖ ~ **thermometer** (Electronics) / Schwingquarzthermometer n ‖ ~ **thermometer** (Geol) / Quarzthermometer n ‖ ~ **topaz**\* (Min) / Zitrin m (Quarzvarietät), Citrin m, Quarztopas m ‖ ~ **tuning system** (Electronics) / Quarz-Tuning-System n, QTS (Quarz-Tuning-System) ‖ ~ **ultraviolet** / Quarzultraviolett n (180-300 nm) ‖ ~ **vein** (Geol) / Quarzader f ‖ ~ **wedge** (Micros, Optics) / Quarzkeil m

**quartz-wedge compensator** (Optics) / Quarzkeilkompensator m, Michel-Lévy-Kompensator m

**quartz wind**\* (Acous) / Quarzwind m

**quartzy** adj / quarzhaltig adj, quarzig adj

**quasar**\* n (Astron) / quasistellares Objekt (aktives extragalaktisches Sternsystem), Quasar m (quasistellare Radioquelle)

**quasi-adiabatic** adj (Phys) / quasiadiabatisch adj

**quasi-analogue** adj / quasianalog adj

**quasi-arc welding** (Welding) / Schweißen n mit Asbestmantelelektroden

**quasi-atom** n (Nuc) / Quasiatom n

**quasi-axial** adj (Chem) / quasiaxial adj (Bindung bei Wannen- und Twistformen)

**quasi-biennial oscillation**\* (Meteor) / quasizweijährige Schwingung (die annähernd zweijährige Welle des zonalen Windes in der Stratosphäre in äquatorialen Breiten), QBO (quasizweijährige Schwingung)

**quasi-binary system** (Phys) / quasibinäres System

**quasi-bistable** adj (Elec Eng) / quasibistabil adj

**quasi-compact** adj (Maths) / quasikompakt adj

**quasi-complementary** adj / quasikomplementär adj

1254

**quasi-constant** adj / quasikonstant adj
**quasi-continuous spectrum** (Spectr) / quasikontinuierliches Spektrum
**quasicrystal** n (Crystal, Phys) / Quasikristall m (Substanz, die eine für gewöhnliche Kristalle verbotene Symmetrie in ihrem Beugungsmuster aufweist)
**quasicrystalline** adj (Crystal, Phys) / quasikristallin adj
**quasi-directed set** (Maths) / quasigerichtete Menge (nach oben)
**quasi-duplex**\* attr (Telecomm) / quasiduplex adj (teilweise im Duplexbetrieb)
**quasi-elastic** adj (Mech) / quasielastisch adj (Kraft)
**quasi-equatorial** adj (Chem) / quasiäquatorial adj (Bindung bei Wannen- und Twistformen)
**quasi-equilibrium** n / Quasigleichgewicht n
**quasi-ergodic hypothesis** (Phys) / Quasiergodenhypothese f (von P. und T. Ehrenfest)
**quasi-Fermi level**\* (Electronics) / Quasi-Fermi-Niveau n
**quasi-fission** n (Nuc) / Quasispaltung f
**quasi-free** adj (Electronics, Nuc) / quasifrei adj ‖ ~ **electron** (Nuc) / quasifreies Elektron
**quasi-harmonic** adj / quasiharmonisch adj
**quasi • -impulsive disturbance** (Radio) / Quasiimpulsstörung f (elektromagnetische Störung, die sich aus der Überlagerung einer Impulsstörung und einer Dauerstörung ergibt) ‖ **~-impulsive noise** (Radio) / Quasiimpulsstörung f (elektromagnetische Störung, die sich aus der Überlagerung einer Impulsstörung und einer Dauerstörung ergibt)
**quasi-instruction** n (Comp) / Pseudobefehl m
**quasi-isotropic** adj / quasiisotrop adj
**quasi-linear** adj (Maths) / quasilinear adj ‖ ~ **molecule** (Chem) / quasilineares Molekül
**quasiliving polymerization** (Chem) / quasilebende Polymerisation
**quasi-local** adj (Phys) / quasilokal adj (Observable)
**quasi-magnetohydrodynamics** n (Phys) / Quasimagnetohydrodynamik f
**quasi-metallic** adj / quasimetallisch adj
**quasi-molecular** adj (Chem) / quasimolekular adj
**quasi-molecule** n (Chem) / Quasimolekül n
**quasi-monochromatic** adj (Light, Optics) / quasimonochromatisch adj
**quasi-multiple** n / Quasivielfaches n
**quasi-neutrality** n (Plasma Phys) / Quasineutralität f (ein Zustand nicht vollkommener Neutralität)
**quasi-optical** adj / quasioptisch adj ‖ ~ **feed** (Radar, Radio) / Strahlungsspeisung f (einer Reflektorantenne)
**quasi-order** n (Maths) / Quasiordnung f
**quasi-ordered** adj (Maths) / quasigeordnet adj (Gruppe, Menge)
**quasiparticle** n (Nuc) / Quasiteilchen n (Energiequant der Elementaranregungen in Festkörpern [oder allgemein Vielteilchensystemen], das sich hinsichtlich gewisser Eigenschaften wie ein Teilchen verhält)
**quasi • -peak detector** (Radio) / Pulsbewertungsmesser m ‖ **~-peak voltmeter** (Radio) / Pulswertmesser m
**quasi-periodic** adj (Mech) / quasiperiodisch adj (Bewegung des mechanischen Systems), bedingt periodisch, fast periodisch
**quasi-planar** adj (Chem) / quasiplanar adj (Molekül)
**quasi-plastic flow** (Phys) / quasiplastisches Fließen
**quasi-prepolymer process** (Plastics) / Semiprepolymerverfahren n
**quasi-pulse** n (Phys) / Quasiimpuls m (bei Phononen in einem Kristall), Pseudoimpuls m
**quasi-racemate** n (Chem) / Quasirazemat n, Quasiracemat n
**quasi-solder eye** (Electronics) / Quasilötauge n
**quasi-stable particle** (Nuc) / quasistabiles Teilchen
**quasi-static** adj / quasistatisch adj
**quasi-stationary** adj (Phys) / quasistationär adj ‖ ~ **front**\* (Meteor) / quasistationäre Front (die ihre Lage nicht oder nur unwesentlich ändert)
**quasi-steady** adj (Phys) / quasistationär adj
**quasi-stellar** (radio) **object**\* (Astron) / quasistellares Objekt (aktives extragalaktisches Sternsystem), Quasar m (quasistellare Radioquelle)
**quasi-stellar radio source** (Astron) / quasistellares Objekt (aktives extragalaktisches Sternsystem), Quasar m (quasistellare Radioquelle)
**quasi-ternary system** (Phys) / quasiternäres System
**quassia** n (For) / Quassiaholzbaum m, Quassia f (Quassia amara L.) ‖ ~ (For) / Quassienholz n, Quassiaholz n, Surinam-Bitterholz n, Fliegenholz n (ein Bitterholz) ‖ ~ (Pharm) / Quassiabrühe f ‖ ~ (For) s. also Jamaica quassia
**quassin** n (Chem) / Quassin n (pflanzlicher nichtglykosidischer Bitterstoff aus Quassia amara L. oder Picrasma excelsa (Sw.) Planch.)

**quat** n (Chem) / Kationseife f, Invertseife f (eine oberflächenaktive organische Verbindung, die desinfizierend wirkt), Kationenseife f, Quat n (kationisches Tensid)
**quaternary**\* adj (Chem) / quaternär adj, quartär adj ‖ ~ (Maths) / vierstellig adj, quaternär adj (Prädikat) ‖ ~ **alloy** (Met) / quaternäre Legierung ‖ ~ **ammonium bases**\* (Chem) / quaternäre Ammoniumbasen, quartäre Ammoniumbasen ‖ ~ **ammonium compound** (Chem) / quaternäre Ammoniumverbindung ‖ ~ **ammonium salt** (Chem) / Quartärsalz n, quaternäres Salz ‖ ~ **code** (Comp) / Quaternärkode m ‖ ~ **compound** (Chem) / quartäre Verbindung, quaternäre Verbindung ‖ ~ **diagram**\* (Met, Phys) / quaternäres Zustandsdiagramm, Phasendiagramm n eines Vierstoffsystems ‖ ~ **logic** / vierwertige Logik, quaternäre Logik, Vierzustandslogik f, Logik f mit vier Zuständen (eine mehrwertige Logik) ‖ ~ **phaseshift keying modulator** (Electronics) / QPSK-Modulator m ‖ ~ **structure** (Biochem) / Quartärstruktur f (bei Proteinen)
**quaternion** n (Maths) / Quaternion f (Zahlensystem mit vier komplexen Einheiten) ‖ ~ **algebra** (Maths) / Quaternionenalgebra f ‖ ~ **field** (Maths) / Quaternionenkörper m
**quaternization** n (Chem) / Quaternisierung f
**quaterpolymer** n (Chem) / Quaterpolymer n (das durch Copolymerisation von vier unterschiedlichen Monomeren entstanden ist)
**quatrefoil** n (an ornamental design of four lobes or leaves as used in architectural tracery, resembling a flower or clover leaf) (Arch) / Vierblatt n (im gotischen Maßwerk)
**quay** n / Kai m, Quai m (pl. -s)
**quayside or river bank** (Autos) / Ufer (ein Verkehrszeichen nach StVO)
**qubit** n (a unit of quantum information) (Comp) / Quantenbit n, Qubit n, Unterscheidungsbit n
**quebracho** n (For) / Quebrachobaum m (Aspidosperma quebracho-blanco Schltdl. F.A. Barkley et T. Mey), Axtbrecherbaum m ‖ ~ (For) / Quebrachoholz n, Quebracho n ‖ ~ (For) / Quebrachoholzbaum m, Quebracho colorado n (Schinopsis quebracho-colorado Schltdl. F.A. Barkley et T. Mey) ‖ ~ (Pharm) / Quebrachocortex m, Quebrachorinde f ‖ ~ **bark** (Pharm) / Quebrachocortex m, Quebrachorinde f ‖ ~ **extract** (Chem, Leather) / Quebrachoextrakt m (von der Schinopsis quebracho-colorado Schltdl. F.A. Barkley et T. Mey) ‖ ~ **wood** (For) / Quebrachoholz n, Quebracho n
**quebrada** n (a term used in the southwestern U.S. for a ravine or gorge, esp. one that is usually dry but is filled by a torrent during a rain) (Geol) / Bergschlucht f (mit ausgetrocknetem Flussbett)
**queen • -bee's nutrient jelly** (Chem, Pharm) / Gelée royale n (Weiselzellfuttersaft), Weisel(zell)futtersaft m ‖ ~ **closer**\* (Build) / Ziegel m 23·5,7·6,7 cm, Lochziegel 23·5,7·6,7 cm ‖ ~ **closer** (a cut brick having a nominal 2-inch horizontal face dimension used to close courses and spaces less than normal depth in construction) (Build) / Riemchen n (Meisterquartier), Riemstück n ‖ ~ **post**\* (Build, Carp) / doppelte Hängesäule (im Hängewerk)
**queen-post truss** (Build, Carp) / Hängewerk n (doppeltes)
**queenslandite** n (Geol) / Queenslandit m (ein Tektit aus Tasmanien)
**Queensland nut** (Bot) / Australische Haselnuss, Australnuss f, Macadamianuss f, Queenslandnuss f (der Macadamia ternifolia F. Muell. oder Macadamia integrifolia Maiden et Betche)
**queen's metal** (Eng) / Königinmetall n, Engesterium n (Lagermetall mit mehr als 80% Sn) ‖ ~ **metal** (Met, Surf) / Queens-Metall n (Britanniametall mit härtenden Zusätzen - meistens als Grundlage für Silberplattierungen)
**queenstownite** n (Geol) / Queenslandit m (ein Tektit aus Tasmanien)
**queen substance**\* (Pharm) / Königinnensubstanz f (Sekret aus den Mandibulardrüsen von Bienenköniginnen) ‖ **~'s-ware** (a variety of white or cream-coloured ware) (Ceramics) / cremefarbenes Wedgwood-Steinzeug
**quench** v (Chem, Spectr) / quenchen v ‖ ~ (Elec Eng) / löschen v (Lichtbogen) ‖ ~ (Elec Eng, Min Proc, Nuc Eng) / löschen v ‖ ~ (cool very rapidly) (Met) / abschrecken v, ablöschen v (beim Härten) ‖ ~\* n (Elec Eng) / Löscheinrichtung f (z.B. zur Lichtbogenlöschung) ‖ ~ (Phys) / Quench n (plötzlicher Übergang einer supraleitenden Wicklung aus dem Zustand der Supraleitung in den Normalzustand) ‖ ~ **ageing** (Met) / Abschreckalterung f (Ausscheidung von Karbid oder Nitrid nach dem Abschrecken von höheren Temperaturen, vorzugsweise von rd. 700° C, aus dem übersättigten Mischkristall) ‖ ~ **air velocity** (Spinning) / Blasluftgeschwindigkeit f ‖ ~ **and temper** v (Met) / vergüten v ‖ ~ **annealing** (Met) / Abschrecken n (DIN EN 10 052)
**quenchant** n (Met) / Abschreckmittel n (Medium zum Abschrecken von Behandlungsgut)
**quench by water** / nass löschen (Koks) ‖ ~ **column** (Oils) / Quenchkolonne f ‖ **~-cracking** n (Met) / Härterissbildung f

**quenched**

**quenched, as-~** (Met) / im abgeschreckten Zustand ‖ **~ cullet\*** (Glass) / abgeschrecktes und in Brocken zerfallenes Glas ‖ **~ spark gap\*** (Elec Eng) / Löschfunkenstrecke *f*
**quench effect** (Nuc) / Quencheffekt *m* (Verlust von Fotonen und dadurch bedingte verminderte Zählansprechwahrscheinlichkeit aufgrund von Fluoreszenzlöschung)
**quencher** *n* (Chem, Phys, Spectr) / Löscher *m*, Quencher *m* (eine Spezies, die einen elektronischen Anregungszustand einer anderen Spezies desaktiviert - in der Fotochemie) ‖ **~** (Oils) / Quenchkühler *m* (zur Abschreckung der Spaltgase) ‖ **~** (Plastics) / Quencher *m* (Stabilisator) ‖ **~ car** / Kokslöschwagen *m*, Löschwagen *m* (des Verkokungsofens)
**quench frequency\*** (Telecomm) / Pendelfrequenz *f* ‖ **~ furnace** (Met) / Härteofen *m* ‖ **~-hardening** *n* (Met) / Abschreckhärten *n* (zur Unterscheidung gegenüber dem Ausscheidungshärten), Härten *n* durch Abschrecken, Umwandlungshärten *n*
**quenching** *n* (Chem Eng, Phys) / Quenchen *n* (plötzliche Herabsetzung der Temperatur von heißen Gasen durch Einspritzen kalter Flüssigkeit oder kühler Dämpfe), Quenching *n* ‖ **~** (Chem, Spectr) / Quenchen *n* ‖ **~\*** (Elec Eng, Min Proc, Nuc Eng) / Löschen *n*, Löschung *f*, Verlöschen *n* ‖ **~\*** (Met) / Abschrecken *n* (DIN 17014, T 1), Ablöschen *n* (beim Härten) ‖ **~** (the process of terminating a discharge in a Geiger-Mueller radiation counter) (Nuc Eng) / Löschung *f*, Löschen *n* ‖ **~** (Phys) / Quenching *n* (die Lumineszenzlöschung) ‖ **~ and tempering** (Met) / Vergütung *f*, Vergüten *n* (Härten mit nachfolgendem Anlassen zum Erzielen einer optimalen Kombination von hoher Festigkeit und guter Zähigkeit - DIN EN 10 052) ‖ **~ at the press** / Abschrecken *n* an der Presse (der Stränge aus meist aushärtbaren Presswerkstoffen), Abschrecken *n* aus der Presshitze ‖ **~ car** / Kokslöschwagen *m*, Löschwagen *m* (des Verkokungsofens) ‖ **~ chamber** (Elec Eng) / Lichtbogenlöschkammer *f*, Löschkammer *f* (zur räumlichen Begrenzung und Löschung von Schaltlöschbogen) ‖ **~ circuit** (a circuit that reduces the voltage applied to a Geiger-Mueller tube after an ionizing event, thus preventing the occurrence of subsequent multiple discharges) (Nuc Eng) / Löschkreis *m*, Löschschaltung *f* ‖ **~ crack** (Met) / Härteriss *m* ‖ **~ distortion** (Met) / Härteverzug *m* ‖ **~ medium** (Met) / Abschreckmittel *n* (Medium zum Abschrecken von Behandlungsgut) ‖ **~ of fluorescence** (Phys) / Fluoreszenzlöschung *f* ‖ **~ oil** (Met) / Härteöl *n* (Abschreckmittel) ‖ **~ oscillator\*** (Telecomm) / Pendeloszillator *m* (des Superhets), Pendelfrequenzgenerator *m*, Pendelfrequenzerzeuger *m* ‖ **~ plant** / Löschanlage *f* (Kokerei)
**quench polish quench** (Met) / QPQ-Verfahren *n* (ein Salzbadnitrierverfahren mit nachfolgendem Tauchbad in einer oxidierenden Salzschmelze) ‖ **~ room** (Spinning) / Fadenkühlraum *m* (bei Chemiefasern) ‖ **~ tank** (Nuc Eng) / Überlauftank *m* ‖ **~ time\*** (Nuc Eng) / Löschzeit *f* (bei Geigerzählern) ‖ **~ tower** (Oils) / Quenchkolonne *f* ‖ **~ wet** / nass löschen (Koks) ‖ **~ zone** (I C Engs) / Quenchzone *f* (randnahe Zone des Brennraums, in der das Kraftstoff-Luft-Gemisch durch die Wärmeableitung des Zylinderkopfes abkühlt und daher nicht die zur Verbrennung erforderliche Temperatur erreicht)
**quenselite** *n* (Min) / Quenselit *m* (PbO . MnOOH)
**quenstedtite** *n* (Min) / Quenstedtit *m* (ein Mineral der Alunogen-Voltait-Gruppe)
**Quentin molasses** (Nut) / Quentin-Melasse *f* (die Restmelasse aus der weiteren Entzuckerung von Zuckerrübenmelasse nach dem Quentin-Verfahren)
**quercetin** *n* (Chem, Med) / Quercetin *n*, Querzetin *n* (der wichtigste Flavonfarbstoff), Zyanidanol *n*, Cyanidanol *n*
**quercimelin** *n* (Chem, For) / Quercitrin *n*, Querzitrin *n*
**quercitol** *n* (Chem) / Querzit *m*, Querzitol *n* (Cyclohexanpentol), Eichelzucker *m*, Quercit *m*, Quercitol *n*
**quercitrin** *n* (Chem, For) / Quercitrin *n*, Querzitrin *n*
**quercitron** *n* (For) / Querzitronrinde *f*, Färbereichenrinde *f* ‖ **~** (For) / Färbereiche *f* (Quercus velutina Lam.) ‖ **~ bark** (For) / Querzitronrinde *f*, Färbereichenrinde *f* ‖ **~ oak** (For) / Färbereiche *f* (Quercus velutina Lam.)
**quercitroside** *n* (Chem, For) / Quercitrin *n*, Querzitrin *n*
**query** *v* (Comp) / abfragen *v* (Informationen aus einer Datenbank) ‖ **~** *n* (Comp) / Rechercheauftrag *m* ‖ **~** (the extraction of data from a database) (Comp) / Abfrage *f*, Anfrage *f* (Einzelfrage an ein System), Query *f* ‖ **~** (Comp) / Stationsaufforderung *f* (Aufforderung des Bedieners an eine Station) ‖ **~ by Example** (Comp) / Query *f* by Example (eine leicht zu bedienende Benutzerschnittstelle für relationale Datenbanken) ‖ **~ file** (Comp) / Abfragedatei *f* ‖ **~ language\*** (strictly a language for the specification of retrieval criteria against which information is obtained from a database) (Comp) / Anfragensprache *f*, Abfragesprache *f* (zur gezielten Abfrage und Selektion)
**questionable** *adj* / bedenklich *adj* (Herstellungsmethode)

**question-answering algorithm** (AI, Comp) / Frage-Antwort-Algorithmus *m* ‖ **~ system** / Frage-Antwort-System *n*, FAS (Frage-Antwort-System)
**questionary** *n* (Stats) / Fragebogen *m*
**question-mark pointer** / Mauszeiger *m* als Fragezeichen, Mauszeiger *m* in Fragezeichenform
**questionnaire** *n* (Stats) / Fragebogen *m* ‖ **~** (Stats) / Fragebogentechnik *f*
**quetch** *n* (Textiles) / Schlichtetrog *m*
**quetsch** *v* (US) (Textiles) / abquetschen *v* ‖ **~** *n* (Textiles) / Schlichtetrog *m* ‖ **~ effect** (US) (Textiles) / Abquetscheffekt *m* (ein Maß bei der Textilausrüstung), AE (Abquetscheffekt), Absaugeffekt *m* (ein Maß für die nach dem Verlassen des Foulards in der Ware verbleibende Feuchtigkeit in %), Flottenaufnahme *f* (Abquetscheffekt)
**queue** *v* (Comp) / warten *v* ‖ **~** (Comp, Teleph) / eine Warteschlange bilden ‖ **~** *vt* (Comp, Teleph) / in eine Warteschlange einreihen ‖ **~** *n* (Comp, Teleph) / Warteschlange *f*, Warteliste *f* (für die Bearbeitung von Warteschlangen), Queue *f*, Schlange *f*
**queued access method** (Comp) / erweiterte Zugriffsmethode
**queue entries-added list** (Comp) / Warteschlangeneingangsliste *f* ‖ **~ field** (Teleph) / Wartefeld *n* ‖ **~ handling** (Eng) / Stauhandhabung *f* (in der Fördertechnik) ‖ **~ hydrophobe** (Chem) / hydrophober Molekülteil (bei Tensiden)
**queueing** *n* (Teleph) / Warten *n* auf Freiwerden ‖ **~ field** (Teleph) / Wartefeld *n* ‖ **~ field display** (Teleph) / Wartefeldanzeige *f* ‖ **~ memory** (Comp) / Wartespeicher *m*
**queue line** (Comp, Maths) / Warteschlange *f*, Warteliste *f* (für die Bearbeitung von Warteschlangen), Queue *f*, Schlange *f* ‖ **~ management** (Comp) / Warteschlangenverwaltung *f* ‖ **~ of cars** (Autos) / Autoschlange *f* ‖ **~ set** (Teleph) / Wartefeldrelaissatz *m* ‖ **~ shelter** (Autos) / Schutzdach *n* an der Bushaltestelle
**queuing\*** *n* (Comp) / Bildung *f* einer Warteschlange, Wartevorgang *m* ‖ **~\*** (Comp, Teleph) / Einreihen *n* in eine Warteschlange ‖ **~ theory** (Comp, Maths, Telecomm) / Warteschlangentheorie *f*, Bedienungstheorie *f* (ein Teilgebiet der Unternehmensforschung)
**Quevenne scale** (arbitrary scale used with hydrometers or lactometers in determination of the specific gravity of milk) (Chem, Nut) / Quevenne-Skale *f*
**quibinary code** (Comp) / Quibinärkode *m*
**quick** *adj* / schnell *adj*, Schnell- ‖ **~** (Civ Eng, Geol) / quick *adj* (Konsistenz) ‖ **~** (Mining) / treibend *adj* (Schwimmsand)
**quick-acting** *adj* / schnellwirkend *adj*, raschwirkend *adj* ‖ **~** (Elec Eng) / flink *adj* (Schmelzeinsatz) ‖ **~ fertilizer** (Agric) / schnellwirkender Dünger
**quick-acting fuse** (Elec Eng) / flinke Sicherung (DIN 49360)
**quick-action crane** (Eng) / Schnelleinsatzkran *m* ‖ **~ switch** (Elec Eng) / Momentschalter *m* ‖ **~ vice** (Tools) / Schnellspannstock *m* (mit kurzer Spann- und Lösezeit, aber kleinem Spannhub)
**quick ash** / Flugasche *f* (niedergeschlagener Flugstaub - nach DIN EN 450 und 451)
**quick-assembly bridge** / Schnellbrücke *f*
**quickbeam** *n* (For) / Eberesche *f*, Vogelbeerbaum *m*, Krammetsbeere *f* Sorbus aucuparia L. ‖ **~** siehe oft auch Amerikanische Eberesche, Sorbus americana Marshall
**quick break** (Elec Eng) / Schnellunterbrechung *f*, Momentunterbrechung *f*, Netzwischer *m*
**quick-break** *attr* (Elec Eng) / schnellöffnend *adj* (Schalter)
**quick-breaking emulsion** (Chem) / schnellbrechende Emulsion
**quick-break switch\*** (Elec Eng) / Momentschalter *m*
**quick-call button** (Teleph) / Schnellruftaste *f* ‖ **~ key** (Teleph) / Schnellruftaste *f*
**quick-change chuck** (Eng) / Schnellwechselfutter *n* ‖ **~ drill chuck** (Eng) / Schnellwechselbohrfutter *n*
**quick-changeover machine** (Eng) / schnell umrüstbare Maschine
**quick-change plane** (Aero) / QC-Flugzeug *n* (bei dem die Bestuhlung auf Paletten montiert wird, wodurch ein schnelles Umrüsten von Fracht- auf Passagierdienst und umgekehrt möglich ist) ‖ **~ turning-tool holder** (Eng) / Schnellwechseldrehmeißelhalter *m*
**quick charge** (Elec Eng) / Schnellladen *n*, Schnellladung *f* ‖ **~ charger** (Autos, Elec Eng) / Schnellladegerät *n*, Schnelllader *m* ‖ **~ clay** (Geol) / Fließton *m*, Quickton *m* (feinstkörniges, stark wasserhaltiges Sediment von labiler Beschaffenheit) ‖ **~-closing** *adj* / Schnellschluss-, schnellschließend *adj* ‖ **~ coupling** / Schnellkupplung *f* (z.B. bei Regnerrohren)
**quick-curing** *adj* (Plastics) / schnellhärtend *adj* (Kunststoff)
**quick dip** / Quickbeize *f* (um eine metallisch blanke, saubere Oberfläche als Grundlage für nachfolgende Deckschichten zu erzielen), Blaubrenne *f*
**quick-disassembly zipper** (Textiles) / Schnelltrenn-Reißverschluss *m*
**quick dogging carriage** (For) / Schnellspannwagen *m* (des Gatters)
**quick-donning** (oxygen) **mask** (Aero) / schnell aufsetzbare Sauerstoffmaske

**quick dry-cleaning** (Textiles) / Kleiderbad *n* (vereinfachtes Reinigungsverfahren) || **~-drying** *adj* / schnelltrocknend *adj*, Schnelltrocken-
**quickening dip** / Quickbeize *f* (um eine metallisch blanke, saubere Oberfläche als Grundlage für nachfolgende Deckschichten zu erzielen), Blaubrenne *f*
**quick fading** (Radio) / Schnellschwund *m* || **~ feed** (Eng) / Eilvorschub *m*
**quick-flashing light** / Funkelfeuer *n* || **~ light** (Aero, Ships) / Blitzfeuer *n*
**quick•-freeze** *n* (Nut) / schnelles Einfrieren || **~-freeze compartment** / Vorfrostabteil *n*, Schnellgefrierfach *n*, Vorfrostfach *n* || **~ freezing** / Schnellgefrieren *n* || **~ freezing** *n* (Nut) / schnelles Einfrieren || **~ ground** (Geol) / Fließton *m*, Quickton *m* (feinstkörniges, stark wasserhaltiges Sediment von labiler Beschaffenheit) || **~ heating** (Met) / Schnellerwärmung *f*
**quicking*** *n* (Elec Eng, Surf) / Verquickung *f*, Quickbeize *f* (Tätigkeit)
**quick•-levelling head** (Surv) / Schnellhorizontieraufsatz *m* || **~-levelling instrument** (Surv) / Schnellhorizontiergerät *n*
**quicklime*** *n* (Build, Chem) / Branntkalk *m* (Calciumoxid - DIN 1060), Ätzkalk *m*, gebrannter Kalk
**quicklook mode** (for rapid survey) (Radar) / Kurzbeobachtungsmodus *m*
**quick make•-and-break switch*** / Schnappschalter *m* (mit Sprungantrieb), Schalter *m* mit Schnappeffekt || **~ motion** (Cinema) / Zeitraffer *m* (Unterdrehen während der Aufnahme)
**quick-motion shaft** (Eng) / Eilgangwelle *f* (der Hobel- und Stoßmaschine)
**quick-operating relay** (Elec Eng) / schnellansprechendes Relais
**quick pass** (Autos) / kurzes Überholmanöver
**quick-release coupling** (Eng) / Schnelltrennkupplung *f* || **~ fertilizer** (Agric) / schnellwirkender Dünger || **~ safety coupling** (Eng) / Schnelltrennkupplung *f* || **~ taper** (Tools) / Schnellwechselkegel *m* (Steilkegel) || **~ zipper** (Textiles) / Schnelltrenn-Reißverschluss *m*
**quick return** (Eng) / Eilrücklauf *m* (des Supports)
**quick-return mechanism*** (Eng) / Eilrücklaufgetriebe *n*
**quicksand*** *n* (Civ Eng, Mining) / Schwimmsand *m* (nicht verfestigter Wasser führender Sand, der besonders schwierig zu durchörtern ist), Treibsand *m*, Kurzawka *f*, Triebsand *m* (ein Flottsand), Quicksand *m* || **~** (Ships) / Mahlsand *m*
**quicksands** *pl* (Civ Eng, Mining) / Schwimmsand *m* (nicht verfestigter Wasser führender Sand, der besonders schwierig zu durchörtern ist), Treibsand *m*, Kurzawka *f*, Triebsand *m* (ein Flottsand), Quicksand *m*
**quicksandy** *adj* (Civ Eng, Mining) / schwimmsandführend *adj*, treibsandführend *adj*, triebsandführend *adj*
**quick-separating form** (Paper) / Schnelltrennsatz *m*
**quick set** (Civ Eng) / Schnellerstarrung *f* (als gewollte Eigenschaft des Bindemittels), Schnellabbinden *n*
**quick-setting agent** (Civ Eng) / Schnellerstarrer *m*, Schnellbinder *m* || **~ cement** (Build, Civ Eng) / schnellabbindender Zement, Blitzzement *m*, schnellbindender Zement || **~ glass** (Glass) / kurzes Glas (mit engem Verarbeitungstemperaturbereich)
**quick-setting ink*** (Print) / Quicksetfarbe *f*, Schnelltrockenfarbe *f*
**quick-setting level** (Surv) / Schnellhorizontiergerät *n*
**quicksilver*** *n* (Chem) / Quecksilber *n*, Hg (Quecksilber)
**quicksort** *n* (Comp) / Quicksort *n* (Verfahren zum Sortieren eines Arrays)
**quickstorming** *n* / Quickstorming *n* (ein kurzes Brainstorming)
**quick test** (Eng) / undränierter Versuch (in der Bodenmechanik), nichtentwässerter Versuch, Schnellscherversuch *m*, U-Versuch *m* (in der Bodenmechanik) || **~ traverse** (Eng) / Schnellverstellung *f*, Eilgang *m* (an automatisierten Werkzeugmaschinen) || **~ tuning** (Radio) / Senderschnellwahl *f*, Quicktuning *n* || **~ works** (Ships) / lebendes Werk (die unter der Konstruktionswasserlinie liegenden Teile des Schiffs /Unterwasserschiff/)
**quiescent*** *adj* (Electronics) / Ruhe-, ruhend *adj* || **~** (Geol) / ruhend *adj*, schlummernd *adj* (Vulkan), untätig *adj* (Vulkan) || **~ current*** (Telecomm) / Ruhestrom *m* || **~ period*** (Telecomm) / Pause *f* zwischen Impulsen || **~ point** (Elec Eng) / stationärer Arbeitspunkt (ein Gleichgewichtszustand einer Maschine), statischer Arbeitspunkt || **~ push-pull amplifier*** (Telecomm) / B-Verstärker *m* im Gegentaktbetrieb, Gegentaktverstärker *m* Klasse B || **~ state** (Eng) / Ruhezustand *m* (statischer Betriebszustand) || **~ tank*** (San Eng) / Absitztank *m*
**quiet** *v* / abstehen lassen || **~** *adj* / dezent *adj* (unaufdringlich - Farbe) || **~** / geräuschlos *adj*, ruhig *adj* (Lauf) || **~** (Aero) / lärmarm *adj* (z.B. Triebwerk) || **~** (Textiles) / dezent *adj* (Farbe), subtil *adj* (Farbton), diskret *adj* (Farbe) || **~ automatic gain control** (Radio) / automatische Empfindlichkeitsregelung mit Schwellenwerteinstellung || **~ automatic volume control*** (Radio) / automatische Empfindlichkeitsregelung mit Schwellenwerteinstellung || **~ basic oxygen process** (Met) / bodenblasendes Sauerstoffkonverterverfahren,

Sauerstoffdurchblaseverfahren *n* || **~ colour** / getrübte Farbe, gedämpfte Farbe
**quieting sensitivity*** (Telecomm) / Empfindlichkeitsschwelle *f*
**quiet in operation** (Acous, Eng) / geräuscharm *adj* (beim Betrieb)
**quietized cabinet** (Elec Eng) / schalldämmender Schrank
**quietness** *n* (Eng) / Laufruhe *f*
**quiet ride** (Autos) / Laufruhe *f* (des Reifens) || **~ shade** (Textiles) / ruhiger Farbton || **~ Sun** (Astron) / ruhige Sonne || **~ take-off and landing airplane** (Aero) / QTOL-Flugzeug *n* || **~ tuning** (Radio) / Stummabstimmung *f*, Stummschaltung *f*
**quill*** *n* (Elec Eng, Eng) / Hohlwelle *f* (zur Weiterleitung von Drehmomenten) || **~*** (Eng) / Pinole *f* (die z.B. die Reitstockspitze trägt) || **~*** (Paint, Zool) / Kiel *m*, Federkiel *m* (für die Kielpinsel) || **~** (Weaving) / Schussspule *f* (DIN 61800), Kanette *f*, Schussgarnspule *f*, Schusshülse *f*
**quillaja** *n* (For) / Seifenbaum *m* (Quillaja saponaria Molina) || **~ saponin** (Chem, Pharm) / Quillajasaponin *n*
**quill drive*** (Elec Eng, Eng) / Hohlwellenantrieb *m*
**quiller** *n* (Spinning) / Schussspulmaschine *f* (DIN ISO 476)
**quill feed** (Eng) / Pinolenvorschub *m*
**quilling** *n* (Spinning) / Schussspulen *n* || **~** (Textiles) / Rüsche *f*
**quill lock** (Eng) / Pinolenklemmung *f*
**QUIL package** (Electronics) / QUIL-Gehäuse *n* (mit zwei parallelen Doppelanschlussreihen), Quad-in-Line-Gehäuse *n* (zum Verkappen integrierter Schaltungen)
**quilt** *v* (Textiles) / steppen *v* (Steppdecken) || **~** (Textiles) / versteppen *v*, durchnähen *v* (eine Decke), quilten *v* (einen Quilt herstellen) || **~** (Textiles) / Steppdecke *f*, Quilt *m* (pl. -s) (gesteppte, mit Applikationen verzierte Bettüberdecke)
**quilted** *adj* (For) / sägefallend *adj*, sägerau *adj* || **~ blanket** (Textiles) / wattierte Steppdecke || **~ figure** (For) / Flader *f* || **~ mat** (Glass, Textiles) / Steppmatte *f*
**quilt fabric** (Textiles) / Steppdeckenstoff *m*
**quilting** *n* (Textiles) / Wattierstepperei *f*, Stepperei *f* || **~** (Textiles) / durchnähte Arbeit || **~** (Textiles) / Kaschieren *n* mit Füllmaterial (steppdeckenartig) || **~ seam** (Textiles) / Steppnaht *f* (bei Steppdecken)
**quinacridone** *n* (any of a group of synthetic organic compounds whose molecules contain three benzene and two pyridine rings arranged alternately) (Chem, Paint) / Chinacridon *n* || **~ pigment** (Paint) / Chinacridonpigment *n*
**quinacrine** *n* (Chem) / Chinacrin *n*
**quinaldine*** *n* (Chem) / Chinaldin *n* (2-Methylchinolin) || **~ red** (Chem) / Chinaldinrot *n*
**quinary** *adj* (Comp, Maths) / quinär *adj*
**quinate** *n* (Chem) / Chinat *n*
**quinazoline** *n* (Chem) / Chinazolin *n* (ein wichtiger Vertreter der Benzodiazine) || **~ alkaloid** (Chem, Pharm) / Chinazolinalkaloid *m pl* (z.B. Glomerin)
**quince-seed slime** (Nut) / Quittenkernschleim *m*
**quince yellow** / Quittegelb *n*, Quittengelb *n*
**Quincke'e method*** (Mag, Phys) / Quincke'sche Methode (zur Bestimmung der magnetischen Suszeptibilität von Flüssigkeiten bei bekanntem magnetischen Feld bzw. zur Bestimmung des Betrages des Feldes bei bekannter Suszeptibilität)
**Quincke tube** (Acous, Telecomm) / Quincke'sches Rohr, Quincke-Rohr *n*, Interferenzrohr *n* (zum Nachweis von Interferenz und Messung der Wellenlänge von Schallwellen - nach G.H. Quincke, 1834 - 1924, benannt)
**quincunx** *n* (pl. -es) (Arch) / Quincunx *m* (Bau- oder Säulenordnung in der Stellung der Fünf eines Würfels), Quinkunx *m* || **~** *adj* (Arch) / fünfelementig *adj* (Anordnung mit einem Mittelelement und vier umgebenden Gestaltungselementen) || **~ planting** (For) / Pflanzung *f* im Fünfeckverband, Kreuzpflanzung *f*
**Quine-McCluskey method*** (Comp) / Quine-McCluskey-Methode *f* (bei Minimierung von Schaltfunktionen)
**quinhydrone*** *n* (Chem) / Chinhydron *n* || **~ electrode*** (Chem) / Chinhydronelektrode *f* (eine Redoxelektrode) || **~ half-cell** (Chem) / Chinhydronelektrode *f* (eine Redoxelektrode)
**quinic acid** (Pharm) / Chinasäure *f* (1,3,4,5-Tetrahydroxycyclohexancarbonsäure)
**quinidine** *n* (Chem) / Chinidin *n* (ß-Chinin)
**quinine** *n* (Chem, Pharm) / Chininum *n*, Chinin *n* (das wichtigste Alkaloid aus den Chinarinden)
**quinoa** *n* (Bot) / Quinoa *f* (Chenopodium quinoa Willd.), Reismelde *f*, Perureis *m* (glutenfreies Pseudogetreide)
**quinoid** *adj* (Chem) / chinoid *adj*
**quinol*** *n* (Chem, Photog) / Hydrochinon *n*, 1,4-Dihydroxybenzol *n* (ein zweiwertiges Phenol)
**quinoline*** *n* (Chem, Micros, Pharm) / Chinolin *n* || **~ alkaloid** (Chem, Pharm) / Chinolinalkaloid *n* (mit dem Grundgerüst des Chinolins) || **~ blue** (Photog) / Zyaninblau *n*, Chinolinblau *n*

**quinoline-type alkaloid** (Pharm) / Chinolinalkaloid *n* (mit dem Grundgerüst des Chinolins)
**quinoline yellow** (Chem, Nut, Textiles) / Chinolingelb *n* (E 104 - in den USA ist jedoch das Färben der Lebensmittel mit Chinolingelb nicht erlaubt), Brillantgelb *n*, L-Gelb *n* (Chinophthalondisulfonsäure)
**quinolizidine alkaloid** (Chem) / Chinolizidinalkaloid *n* (mit dem Grundgerüst des Chinolizidinalkaloids, z.B. Spartein oder Cytisin)
**quinone*** *n* (Chem) / Chinon *n* ‖ **~ methide** (Chem) / Chinonmethid *n*, Chinomethan *n* ‖ **~ tannage** (Leather) / Chinongerbung *f*
**quinonoid** *adj* (Chem) / chinoid *adj*
**quinophthalone pigment** (Paint) / Chinophthalonpigment *n*
**quinoxaline*** *n* (Chem) / Chinoxalin *n* (Benzopyrazin)
**quinquevalent** *adj* (Chem) / fünfwertig *adj*, pentavalent *adj*
**quinquncial** *adj* (Arch) / fünfelementig *adj* (Anordnung mit einem Mittelelement und vier umgebenden Gestaltungselementen)
**quintal*** *n* / Meterzentner *m* (100 kg), Doppelzentner *m*, dz (DIN 1301, T 3), Dezitonne *f*
**quint bit coding** (Telecomm) / Quintbit-Kodierung *f* ($2^5 = 32$ Bit, hochratige Modems)
**quintet** (a goup of five adjacent digits operated upon as a unit) (Comp) / Fünf-Bit-Byte *n*, 5-Bit-Byte *n* ‖ **~ *n*** (Phys) / Quintett *n* (ein Multiplett)
**quintic** *n* (Maths) / Fläche *f* 5. Ordnung ‖ **~** *adj* (Maths) / fünften Grades, fünfter Ordnung ‖ **~ equation*** (Maths) / Gleichung *f* fünften Grades ‖ **~ surface** (Maths) / Fläche *f* 5. Ordnung
**quintile** *n* (Stats) / Quintil *n*
**quintillion** *n* (Maths) / Trillion *f*, $10^{18}$
**quintozene*** *n* (Chem) / Quintozen *n* (Common Name für Pentachlornitrobenzol - ein Fungizid auf Basis aromatischer Kohlenwasserstoffe)
**quintuple** *adj* / fünffach *adj* ‖ **~ point*** (Chem) / Quintupelpunkt *m*
**quinuclidine** *n* (Chem) / Chinuclidin *n*
**quire** *n* (Arch) / Chor *n* (der Platz in der Kirche) ‖ **~*** (Bind) / Lage *f* (ein Zwanzigstel des Rieses), Heftlage *f*, Falzlage *f*
**quirk** *n* (Arch) / einspringender Teil eines Zimmers ‖ **~** (Arch) / Hohlkehle *f* (konkaves Profil), Ausrundung *f* (konkaves Profil), Auskehlung *f* (Ausrundung) ‖ **~*** (Arch) / spitze Kehlung, Spitzkehlung *f* ‖ **~ bead*** (Arch) / Perlstab *m* mit Nutrand
**quisqualic acid** (Pharm) / Quisqualsäure *f*
**quit** *v* (Comp) / verlassen *v* (ein Programm), beenden *v* (einen Programmablauf) ‖ **~** (Mining) / auflassen *v* (eine Grube), einstellen *v* (den Betrieb in einer Grube), aufgeben *v* (eine Grube)
**quoin*** *n* (Build) / Hausecke *f*, Mauerecke *f* ‖ **~*** (Build) / Ortstein *m*, Ortquader *m* (verstärkendes Endglied einer Mauer) ‖ **~*** (Join) / scharfe Kante ‖ **~*** (Typog) / Schließzeug *n* (mit Keilen oder Schrauben)
**quoining** *n* (Arch, Build) / Eckstein *m* ‖ **~** (design of a quoin of a wall or building) (Build) / Mauereckengestaltung *f* ‖ **~** (Print) / Formschließen *n*
**quoin-post*** *n* (Hyd Eng) / Drehsäule *f*, Wendesäule *f* (des Schleusentors)
**quoin stone** (Arch, Build) / Eckstein *m*
**Quorn** *n* (a type of textured vegetable protein made from an edible fungus and used as a meat substitute) (Nut) / Quorn *n*
**quota** *n* / Kontingent *n* (z.B. Import-) ‖ **~ sample** (taken from a stratified population by sampling until a preassigned quota in each stratum is represented) (Stats) / Quotenstichprobe *f* ‖ **~ sampling** (Stats) / Quotaverfahren *n*, Quotenstichprobenverfahren *n*, Quotenauswahl *f*, Quotenverfahren *n*
**quotation** *n* / Preisangebot *n*, verlangtes Angebot (Kostenvoranschlag) ‖ **~ drawing** / Angebotszeichnung *f* (DIN 199) (als Erläuterung einer Ausschreibung oder zur Abgabe eines Angebots) ‖ **~ marks*** (Typog) / Anführungszeichen *n pl* (englische - meistens doppelte) ‖ **~ marks** (German)* (Typog) / Gänsefüßchen *n pl*
**quotations*** *pl* (Typog) / Hohlstege *m pl* (im Handsatz verwendetes Blindmaterial nach DIN 16507)
**quote** *v* (Typog) / anführen *v* (Anführungszeichen vorne)
**quoted string** (Comp, Typog) / Zeichenfolge *f* zwischen Hochkommas
**quote marks** (Typog) / Anführungszeichen *n pl* (englische - meistens doppelte)
**quotes*** *pl* (Typog) / Anführungszeichen *n pl* (englische - meistens doppelte) ‖ **~** (German)* (Typog) / Gänsefüßchen *n pl*
**quotient*** *n* (Maths) / Quotient *m* (Ergebnis der Division) ‖ **~ field** (Maths) / Quotientenkörper *m* ‖ **~ group** (Maths) / Restklassengruppe *f*, Faktorgruppe *f* ‖ **~ ideal** (Maths) / Idealquotient *m* ‖ **~ pyrometer** (Heat) / Quotientenpyrometer *n* ‖ **~ register** (Comp) / Q-Register *n*, Quotientenregister *n* ‖ **~ relay** (Elec Eng) / Quotientenrelais *n* ‖ **~ ring** (Maths) / Restklassenring *m*, Faktorring *m* ‖ **~ rule** (Maths) / Quotientenregel *f* (eine der Grundregeln der Differenzialrechnung) ‖ **~ set** (Maths) / Quotientenmenge *f* ‖ **~ space** (Maths) / Zerlegungsraum *m*, Quotientenraum *m*, Raum *m* der Zerlegung ‖ **~ topology** (Maths) / Quotiententopologie *f*

**Q-value** *n* / Q-Wert *m* (Aussage darüber, welcher Prozentsatz von Prüflingen fehlerfrei produziert wurde), Qualitätswert *m*
**Q-value*** *n* (Nuc Eng) / Q-Wert *m* (einer Kernreaktion)
**QWA** (quarter-wave antenna) (Radio) / Viertelwellenantenne *f*, Viertelwellenstrahler *m*
**Q-wave** *n* (Geophys) / Love-Welle *f* (eine Oberflächen-Erdbebenwelle, nach A.E.H. Love, 1863-1940, benannt)
**Q wedge** (Micros, Optics) / Quarzkeil *m*
**QWERTY** *n* / QWERTY-Tastatur *f* (bei der amerikanischen Tastatur liegen diese sechs Buchstaben nebeneinander links oben)
**qwerty** *n* / QWERTY-Tastatur *f* (bei der amerikanischen Tastatur liegen diese sechs Buchstaben nebeneinander links oben)
**QWERTY keyboard*** (denoting the standard layout on English-language keyboards, having q, w, e, r, t, and y as the first keys from the left on the top row of letters) / QWERTY-Tastatur *f* (bei der amerikanischen Tastatur liegen diese sechs Buchstaben nebeneinander links oben)
**QWERTZ** *n* / QWERTZ-Tastatur *f* (bei der deutschen Tastatur sind Y und Z im Vergleich zur amerikanischen vertauscht)
**qwertz** *n* / QWERTZ-Tastatur *f* (bei der deutschen Tastatur sind Y und Z im Vergleich zur amerikanischen vertauscht)
**QWERTZ keyboard** (used on German keyboards) / QWERTZ-Tastatur *f* (bei der deutschen Tastatur sind Y und Z im Vergleich zur amerikanischen vertauscht)

# R

**R** / R (nach DIN-ISO 1629 ein Gruppenbuchstabe für Kautschuke mit einer ungesättigten Kohlenstoffkette)
**R** / Wz (für eingetragene Warenzeichen)
**R** / Kennzeichnung des Kältemittels (z.B. Trifluortrichlorethan = R 113)
**RA** (runway approach) (Aero) / Ansteuerung $f$ der Landebahn
**R/A** (radius of action) (Aero) / Aktionsradius $m$ (Strecke, die ein Luftfahrzeug in einer Richtung fliegen kann, wenn es zum Ausgangspunkt ohne Nachtanken zurückkehren soll)
**RA** (radio altimeter, radar altimeter) (Aero) / Radarhöhenmesser $m$, CW-FM-Höhenmesser $m$, Impulshöhenmesser $m$
**R.A.*** (right ascension) (Astron) / AR (Rektaszension), Rektaszension $f$, gerade Aufsteigung (im Aquatorialsystem)
**Ra** (radium) (Chem) / Radium $n$, Ra (Radium)
**RA** (remote access) (Comp) / Fernzugriff $m$, abgesetzter Zugriff
**Ra$_2$** (Phys) / Rayleigh-Zahl $f$ (Kenngröße der Wärmeübertragung nach DIN 1341 = Gr.Pr)
**Raabe ratio test** (Maths) / Raabe'sches Konvergenzkriterium (für Reihen nach J.L. Raabe, 1801-1859), Raabe-Kriterium $n$ (ein Konvergenzkriterium)
**Raabe's convergence test*** (Maths) / Raabe'sches Konvergenzkriterium (für Reihen nach J.L. Raabe, 1801-1859), Raabe-Kriterium $n$ (ein Konvergenzkriterium)
**rabbet** $v$ (Carp) / fälzen $v$, falzen $v$, ausfalzen $v$ || ~ (For) / kehlen $v$, nuten $v$ || ~* $n$ (Carp, Join) / Falz $m$ (rechtwinklige Ausnehmung von Teilen von Türen, Möbeln und Schalungen für Überdeckungen oder zum Einlegen von Füllungen), Ausfalzung $f$ || ~ **cutter** (For) / Falzkopf $m$ (Fräswerkzeug zur Herstellung von Falzen, besonders auf der Unterfräsmaschine), Falzmesserkopf $m$ || ~ **cutter** (Join) / Falzfräser $m$
**rabbeted depth** (Carp) / Falztiefe $f$
**rabbet edge** (Carp) / Falzkante $f$
**rabbeted lock** (Build, Join) / Einstemmschloss $n$ (A), Einsteck-Türschloss $n$, Einsteckschloss $n$, Blindschloss $n$ (von der Kante her in die Tür eingelassen)
**rabbeting plane** (Carp) / Falzhobel $m$ (ein Handhobel)
**rabbet joint** (Carp) / Wechselfalz $m$ (an Schalungen) || ~ **joint** (For) / überfälzte Fuge || ~ **ledge** (Join) / Schlagleiste $f$ (bei zweiflügeligen Fenstern und Türen) || ~ **profile** (Met) / Falzprofil $n$, Türanschlagleistenprofil $n$ (T-förmiges Sonderprofil mit abgerundetem Fuß, in gewalzter und blank gezogener Ausführung)
**rabbit*** $n$ (Eng) / Rohrreiniger $m$ (mechanischer, wie Schlagkopf, Bohrer, Molch, Schaber - meistens mit Pressluftturbinenantrieb) || ~ (Leather) / Kanin $n$ (Fell der Haus- und Wildkaninchen) || ~ (Nuc Eng) / Rohrpostbüchse $f$, Rohrpostkapsel $f$ (in kleiner Probenbehälter) || ~ (Nuc Eng) / Einstufenrückführung $f$, Einstufenrückstromverfahren $n$ || ~ **brush** (US) (Bot) / Bezeichnung für kautschukliefernde Chrysothamnus-Arten (1,95 - 3 % Reinkautschuk) || ~ **hair** (Textiles) / Kaninchenhaar $n$, Kaninhaar $n$ (DIN 60001, T 1), Kn || ~ **leather** (Leather) / Kaninleder $n$ || ~ **program** (which replicates itself) (Comp) / selbstreproduzierende Viren
**rabbits** pl (Comp) / selbstreproduzierende Viren
**rabbit tube system** (Nuc Eng) / Rohrpost $f$
**rabble** $v$ (Met) / Schmelze umrühren || ~ (Met, Min Proc, Mining) / krählen $v$ || ~ $n$ (Met) / Krähle $f$, Krählarm $m$, Krählstein $m$, Krähleisen $n$ || ~ **arm** (Met) / Krähle $f$, Krählarm $m$, Krählstein $m$, Krähleisen $n$
**Rabi method** (Nuc) / Molekülstrahlresonanz $f$, Rabi-Methode $f$ (eine Methode der Hochfrequenzspektroskopie nach I.I. Rabi, 1898-1988)
**Rabin-Scott machine** (Comp) / Rabin-Scott-Automat $m$
**Rabitz lathing** (Build) / Rabitzgewebe $n$ (ein Stahldrahtgewebe mit sechseckigen Maschen) || ~ **plaster fabric wall** (Build) / Rabitzwand $f$ (eine zwischen tragenden Bauteilen gespannte leichte Trennwand, bestehend aus einem Rundstahl-Drahtgerippe, das auf dem Rabitzgewebe als Putzträger befestigt ist, und beidseitig, fugenlosem Putz und einer Mindestwanddicke von 5 cm), Drahtputzwand $f$
**Racah coefficient** (Phys) / Racah-Koeffizient $m$ (bei der Vektoraddition von Drehimpulsen)
**race** $vi$ / durchgehen $v$ (Motor) || ~ $vt$ (Autos) / hochjagen $v$ (Motor), hochdrehen $v$ (Motor - hochjagen) || ~ $n$ (Autos) / Autorennen $n$, Rennen $n$ (Ereignis) || ~ (Bot, Zool) / Rasse $f$ || ~ (Eng) / Kugelschale $f$ (des Kugelgelenks) || ~* (Eng) / Laufring $m$ (des Wälzkörpers im Lager) || ~* (a stream from a pond or reservoir to a water wheel which it drives) (Hyd Eng) / Gerinne $n$ (des Wasserrads) || ~* (Hyd Eng) / Kanal $m$ (z.B. Abzugs-, Zufuhr-) || ~ (Hyd Eng) / Stromschnelle $f$, Bereich $m$ der starken Strömung || ~ (Hyd Eng) / Strömung $f$ (starke) || ~ (Hyd Eng) / Schussrinne $f$ (z.B. als Hochwasserentlastungsanlage) || ~ (shuttle race) (Weaving) / Schützenbahn $f$, Ladenbahn $f$ || ~ **board** (the part of the sley in a loom along which the shuttle travels) (Weaving) / Schützenbahn $f$, Ladenbahn $f$
**racecourse** $n$ (Autos) / Rennbahn $f$, Rennstrecke $f$
**race engine** (I C Engs) / Rennmotor $m$ (mit spezifischen Leistungen, bis zu 600 kW/Liter Hubraum)
**race-finish camera** (Cinema, Photog) / Zielkamera $f$ (die den Moment des Passierens der Ziellinie festhält und eine genaue Ermittlung der Reihenfolge der eintreffenden Sportler ermöglicht)
**race-finish photography** (Photog) / Zielfotografie $f$, Zielfoto $n$
**racemate** $n$ (Chem) / DL-Tartrat $n$ (Salz oder Ester der Traubensäure) || ~* (a mixture having no optical activity which consists of equal amounts of enantiomers ) (Chem) / Razemat $n$ (im eigentlichen Sinne), Racemat $n$
**racemic** adj (Chem) / razemisch adj, racemisch adj || ~ **acid*** (the racemic form of the tartaric acid) (Chem) / para-Weinsäure $f$, Vogesensäure $f$, Traubensäure $f$ (2,3-Dihydroxybutandisäure), DL-Weinsäure $f$ || ~ **compound** (Chem) / razemische Verbindung, racemische Verbindung || ~ **isomer*** (Chem) / Razemat $n$ (im eigentlichen Sinne), Racemat $n$ || ~ **mixture** (Chem) / razemisches Gemisch (in dem Kristalle der beiden optisch aktiven Formen makroskopisch erkennbar nebeneinander vorliegen), racemisches Gemisch, Konglomerat $n$ || ~ **mixture** (Chem) s. also resolution of racemates || ~ **quartz** (Geol) / optisch inaktiver Quarz
**racemization*** $n$ (Chem) / Razemisierung $f$ (Übergang einer optisch aktiven Substanz in das entsprechende Razemat), Racemisierung $f$ (Bildung eines Racemates aus einer Substanz, in der ein Enantiomer überwiegt)
**racetrack** $n$ (Autos) / Rennbahn $f$, Rennstrecke $f$ || ~* (Nuc Eng) / Racetrack $m$ $f$, Rennbahn $f$ || ~ **holding pattern** (Aero) / Warterunde $f$ (rennbahnförmige) || ~ **microtron** (Nuc Eng) / Rennbahnmikrotron $n$, RTM (Rennbahnmikrotron)
**raceway** $n$ (US) (Autos) / Rennbahn $f$, Rennstrecke $f$ || ~ (Elec Eng) / Durchführungskanal $m$, Leitungskanal $m$, Wandkanal $m$ || ~ (Eng) / Laufbahn $f$ (des Gleitlagers nach DIN ISO 3395) || ~ **groove** (Eng) / Laufbahnrille $f$ || ~ **wear** (Eng) / Laufbahnverschleiß $m$
**R-acid*** $n$ (Chem) / R-Säure $f$ (3-Hydroxynaphthalin-2,7-disulfonsäure)
**racing** $n$ (Autos) / Autorennen $n$, Rennen $n$ (Vorgang) || ~ (Eng) / Durchgehen $n$ (des Motors) || ~ **car** (Autos) / Rennwagen $m$, Rennauto $n$ || ~ **driver** (Autos) / Rennfahrer $m$ || ~ **fuel** (Fuels) / Rennkraftstoff $m$ || ~ **oil** (Autos) / Rennöl $n$ || ~ **start** (Autos) / Kavalierstart $m$, Blitzstart $m$ (mit Durchdrehen der Antriebsräder) || ~ **tyre** (Autos) / Rennreifen $m$, Racingreifen $m$ (für starke Beanspruchung geeigneter, besonders bei Autorennen verwendeter Reifen)
**rack** $v$ (focus) (Cinema) / nachziehen $v$ (Schärfe) || ~ (Eng) / auf einem Gestell befestigen || ~ (Nut) / auf Fässer füllen, in Fässer abfüllen || ~ (Nut) / abziehen $v$, abfüllen $v$ (Bier, Wein) || ~ (Surf) / aufstecken $v$ || ~ (Textiles) / versetzen $v$ (bei Maschenwaren) || ~ $n$ / Rost $m$ (im Backofen) || ~ / Gestell $n$ (Stellage), Stellage $f$ || ~ / Regal $n$ (Gestell), Stellage $f$ (Lagerungsmittel für Stückgüter) || ~ (Acous) / Rack $n$ (pl. -s) (regalartiges Gestell zur Unterbringung von Elementen einer Stereoanlage) || ~ (Agric) / Raufe $f$, Futterraufe $f$, Futtergestell $n$ || ~ (Autos) / Rack $n$ (pl. -s) (entweder anstelle des Soziussitzes oder hinter der Sitzbank des Motorrads) || ~ (Autos) / Ablage $f$ (wo etwas abgelegt wird) || ~ (Ceramics) / Aufhängevorrichtung $f$, Gestell $n$ || ~ (Electronics) / Rack $n$ (pl. -s) (Regal für eine Stereoanlage) || ~* (Eng) / Zahnstange $f$ (DIN 3960 und 3998) || ~ (Eng) / Rack $n$ (pl. -s) (Gestell oder Schrank zur Aufnahme von technischen Geräten aller Art) || ~ (any frame used for suspending one or more electrodes, and conducting current to them during electrodeposition) (Eng, Surf) / Gestell $n$ (Einrichtung zum Aufstecken, Anklemmen, Aufhängen oder Anschrauben der Warenteile zur Verwendung in galvanischen und anderen Bädern zur Metalloberflächenveredelung), Galvanisiergestell $n$, Einhängegestell $n$ (Galvanisiergestell) || ~ (Hyd Eng, San Eng) / Rechen $m$ (Rückhaltevorrichtung am Einlauf von Klär- und Wasserkraftanlagen - meistens Grobrechen) || ~ (Min Proc) / Kippherd $m$ || ~ (Photog) / Transporteinsatz $m$, Rack $n$ (pl. -s) (für den Materialtransport in Entwicklungsmaschinen) || ~ (Rail) / Zahnradstange $f$ || ~* (Telecomm) / Gestellrahmen $m$, GR || ~ (Textiles) / Versatz $m$ (bei Maschenwaren) || ~ (Textiles) / Maßeinheit $f$ bei Kettenwirkmaschinen (= 480 Reihen)
**rack-and-lever jack** (Eng) / Zahnstangenwinde $f$
**rack-and-pinion*** $n$ (Eng) / Zahnstangensatz $m$

**rack-and-pinion**

**rack-and-pinion drive** (Eng) / Zahnstangenantrieb *m*
**rack•-and-pinion steering-gear*** (Autos) / Zahnstangenlenkgetriebe *n* ‖ ~ **car** (Ceramics) / Etagenabsetzwagen *m* ‖ ~ **car** (Rail) / mehrstöckiger Autotransportwagen ‖ ~ **cutter** (Eng) / Schneidkamm *m*, Hobelkamm *m*, Stoßkamm *m* (eine gerad- oder schrägverzahnte Zahnstange zum Wälzstoßen) ‖ ~ **cutter** (Eng) / Zahnstangenfräser *m*
**racked pattern** (Textiles) / Versatzmuster *n*
**rack feeder** (Eng) / Regalstapelgerät *n*, Regalförderzeug *n* (Fördermittel in Hochregallagern - boden-, regal- oder deckenverfahrbar) ‖ ~ **for cores** (Foundry) / Kernablage *f*
**rack-form cutter** (Eng) / Schneidkamm *m*, Hobelkamm *m*, Stoßkamm *m* (eine gerad- oder schrägverzahnte Zahnstange zum Wälzstoßen)
**racking** *n* (Build, Civ Eng) / Absatz *m* ‖ ~* (Min Proc) / Sortieren *n* auf dem Kippherd ‖ ~ (Nut) / Abstich *m* (vom Geläger) ‖ ~* (Ships) / Wrackung *f* (eines Rahmens, also dass eine Diagonale länger, die andere kürzer wird), Schrägverziehung *f* (des Rahmens) ‖ ~ (Surf) / Befestigen *n* an (auf) Gestellen ‖ ~ (Textiles) / Versatz *m* (bei Maschenwaren) ‖ ~ **back*** (Build) / Abtreppung *f* (des Wandendes) ‖ ~ **pattern** (Textiles) / Versatzmuster *n*
**rack-jobber** *n* / Regalgroßhändler *m* (Hersteller- oder Großhandelsbetrieb, der im Groß- und Einzelhandel Regalflächen anmietet oder auf eigene Rechnung Waren verkauft, wobei der Handelsbetrieb oft das Inkasso überlassen bleibt), Regalgrossist *m* (pl. -en), Rackjobber *m*
**rack milling attachment** (Eng) / Zahnstangenfräseinrichtung *f* ‖ ~ **milling cutter** (Eng) / Zahnstangenfräser *m* ‖ ~ **mount** (Telecomm) / Gestelleinschub *m*, Gestelleinbau *m*
**rack-mountable** *adj* (Telecomm) / gestellfähig *adj*
**rack mounting*** (Telecomm) / Gestelleinschub *m*, Gestelleinbau *m* ‖ ~ **off** *v* (Nut) / auf Fässer füllen, in Fässer abfüllen ‖ ~ **off** (Nut) / abziehen *v*, abfüllen *v* (Bier, Wein)
**rack-over** *n* (Cinema, Photog) / Parallaxenausgleich *m*
**rack pinion** (Eng) / Zahnstangenritzel *n* ‖ ~ **plating** (Surf) / Gestellgalvanisierung *f*, Galvanisiergestelltechnik *f*, Massengalvanisieren *n* (auf Gestellen)
**rack-rail locomotive** (Rail) / Lokomotive *f* mit Reibungs- und Zahnstangenantrieb, Zahnradlokomotive *f*
**rack railway** (Rail) / Zahnradbahn *f* ‖ ~ **saw*** (Carp, Tools) / grobzahnige Säge, grobzähnige Säge ‖ ~ **serving unit** (Eng) / Regalstapelgerät *n*, Regalförderzeug *n* (Fördermittel in Hochregallagern - boden-, regal- oder deckenverfahrbar) ‖ ~ **truck** (Eng) / Regalbedienungswagen *m*
**rack-wheel** *n* (Eng) / Daumenrad *n*
**racon** *n* (Nav) / Racon *n* (Radarantwortbake, die nur dann sendet, wenn sie von einem Radarimpuls aktiviert wird - zur Bestimmung der Lage), Rakon *n* ‖ ~ (Nav) s. also radar beacon
**racy** *adj* (Nut) / rassig *adj* (Wein), würzig *adj* (Wein)
**RaD** (research and development) / Forschung und Entwicklung *f*, FuE (Forschung und Entwicklung)
**rad** (Comp, Maths) / Radix *f* (pl. -izes), Basis *f* ‖ ~ (radius) (Maths) / Radius *m*, Halbmesser *m* (des Kreises, des sphärischen Kreises, der Kugel) ‖ ~ (Pharm) / Radix *f* (pl. -izes oder -ices) (offizinell benutzte Droge aus Pflanzenwurzeln, z. B. Radix Althaeae), Wurzeldroge *f* ‖ ~* *n* (Maths) / rad, Radiant *m* (pl. -en) (gesetzliche abgeleitete SI-Einheit für ebenen Winkel), rad (Radiant - DIN 1301, T 1 und DIN 1315) ‖ ~* (Radiol) / Rad *n*, rd (veraltete Einheit der Energiedosis = 0,01 Gy)
**radappertization** *n* (Nut) / Strahlensterilisation *f* (mit über 2 Mrep), Radappertisation *f* (nach N.-F. Appert, 1749-1841)
**radar*** *n* (Radar) / Radar *m n* (Verfahren zur Entdeckung und zur Bestimmung der Lage von Objekten mit Hilfe elektromagnetischer Wellen hoher Frequenz), Radartechnik *f* ‖ ~* (Radar) / Radar *m n* (Anlage), Radargerät *n* ‖ **2D-~** (Radar) / zweidimensionaler Radar, 2D-Radarsystem *n* ‖ **3D-~** (Radar) / dreidimensionaler Radar, 3D-Radarsystem *n*
**radar-absorbing material*** (Radar) / Radarstrahlen absorbierender Stoff, Radarwellen absorbierendes Material, Frequenzschaum *m* (Radarwellen schluckendes Material)
**radar aerial** (Radar) / Radarantenne *f* ‖ ~ **aid** (Radar) / Radarhilfe *f* ‖ ~ **altimeter** (Aero) / Radarhöhenmesser *m*, CW-FM-Höhenmesser *m*, Impulshöhenmesser *m* ‖ ~ **antenna** (Radar) / Radarantenne *f* ‖ ~ **approach** (Aero) / Radaranflug *m* ‖ ~ **astronomy*** (Astron) / Radarastronomie *f* (Untersuchung von kosmischen Objekten mittels Radartechniken) ‖ ~ **band** (Radar) / Radarband *n* ‖ ~ **beacon*** (Nav, Radar) / Radarbake *f*, Radarfunkfeuer *n*
**radar-beacon interrogator** (Radar) / Radarabfragegerät *n*
**radar beacon target** (Radar) / SSR-Ziel *n*, Sekundärradarziel *n* ‖ ~ **beam** (Radar) / Radarstrahl *m* ‖ ~ **beamwidth** (Radar) / Radarhalbwertsbreite *f* (für Senden und Empfangen gemeinsam) ‖ ~ **bearing** (Radar) / Radarpeilung *f* ‖ ~ **blip identification** (Radar) / Aufrechterhaltung *f* der Identität von Radarzielen (bei rechnergesteuerten synthetischen Darstellungen), Radarzielerkennung *f* (bei der Analogdarstellung), Identifizierung *f* der Radarechoanzeige ‖ ~ **boresight line** (Radar) / Radarstrahlachse *f* ‖ ~ **bright display equipment** / Radarhellanzeigegerät *n* ‖ ~ **camouflage** (Mil, Radar) / Radartarnung *f* ‖ ~ **cell** (Radar) / Radarzelle *f* ‖ ~ **chart** (Radar) / Radarkarte *f* ‖ ~ **clutter** (from the ground, sea, rain, chaff etc.) (Radar) / Störecho *n* (unerwünschtes, nicht vom Ziel stammendes Echosignal), Clutter *m* (das von ausgedehnten flächenhaften oder auch volumenartigen Zielen reflektierte Signal), Störung *f* (Störecho), Störfleck *m* ‖ ~ **command guidance** (Mil) / Radarzielsuchlenkung *f* ‖ ~ **communication** (Radar) / Radarkommunikation *f* (Nutzung eines Radarsystems zur zusätzlichen Datenübertragung durch Modulation des Sendesignals) ‖ ~ **contact** (Radar) / Radarkontakt *m* ‖ ~ **controller** (Aero, Radar) / Radarlotse *m*, Radarkontrollor *m* (A), Radarverkehrsleiter *m* (S) ‖ ~ **coverage** (Radar) / Radarerfassungsbereich *m* ‖ ~ **cross section** (Radar) / Rückstreuquerschnitt *m*, RQS (Rückstreuquerschnitt) ‖ ~ **deception** (Mil, Radar) / Radartäuschung *f* ‖ ~ **detection** (Radar) / Radarerfassung *f*, Radarortung *f*
**radar-directed** *adj* (Radar) / radargeführt *adj*, mit Radar geführt
**radar display** (Radar) / Radarbildschirm *m*, Radarschirm *m* ‖ ~ **echo** (Radar) / Radarecho *n* ‖ ~ **equation** (Radar, Radio) / Radargleichung *f* (mathematische Beziehung zwischen Zielparametern, Systemparametern und Ausbreitungsparametern beim Primärradar besonders zur Bestimmung der Reichweite) ‖ ~ **fix** (Radar) / durch Radar ermittelter Standort, Radarstandort *m*, Radarzielstandort *m*
**radar-guided** *adj* (Radar) / radargeführt *adj*, mit Radar geführt
**radar gun** (hand-held device used by traffic police to estimate the speed of a passing vehicle) (Autos, Radar) / Radarpistole *f* ‖ ~ **hand-off** (Aero) / Übergabe *f* der Radarkontrolle, Übergabe *f* der Radarleitung (S) ‖ ~ **hand-over** (Aero) / Übergabe *f* der Radarkontrolle, Übergabe *f* der Radarleitung (S) ‖ ~ **heading** (Aero) / Radarkurs *m* ‖ ~ **horizon** (Radar) / Radarhorizont *m* (Begrenzung der Reichweite der von einer Radarantenne ausgehenden Radarstrahlung infolge Krümmung der Erde) ‖ ~ **horizon** (Radar) s. also radio horizon ‖ ~ **identification** (the process of ascertaining that an observed radar target is the radar return from the particular aircraft) (Radar) / Radaridentifizierung *f* ‖ ~ **image** (Radar) / Radarbild *n* ‖ ~ **imagery** (Radar) / Radarbilderzeugung *f* ‖ ~ **imagery** (Radar) / Radarbilder *n pl* (als Kollektivum) ‖ ~ **indicator*** (Radar) / Radarbildschirm *m*, Radarschirm *m* ‖ ~ **interrogator** (Radar) / Radarabfragegerät *n* ‖ ~ **letter designation** (Radar) / Radarkennbuchstabe *m*, Kennbuchstabe *m* für Radar- und Satellitenfunk-Frequenzbänder
**radarman** *n* (a person who operates or helps to operate radar equipment) (Radar) / Radarbediener *m*
**radar map** (Radar) / Radarkarte *f* ‖ ~ **mapping** (Radar) / Radarkartierung *f* ‖ ~ **measurement** (Autos, Radar) / Radarmessung *f* ‖ ~ **meteorology** (Meteor) / Radarmeteorologie *f* (ein Teil der Radiometeorologie) ‖ ~ **mode** (Radar) / Radarmodus *m* (Betriebsart) ‖ ~ **monitoring** (Radar) / Radarüberwachung *f* ‖ ~ **navigation** (Aero, Radar) / Radarnavigation *f* ‖ ~ **net** (Radar) / Radarnetz *n* ‖ ~ **netting** (Radar) / Radarnetze *n pl* (verbundene), Radarvernetzung *f* ‖ ~ **observation** (Radar) / Radarbeobachtung *f* ‖ ~ **operator** (Radar) / Radarbediener *m* ‖ ~ **parameter** (Radar) / Radargeräteparameter *m* (Kenngröße zur Beschreibung einer Radaranlage) ‖ ~ **pattern** (Radar) / Radarcharakteristik *n* ‖ ~ **performance figure*** (Radar) / Radarleistungskennzahl *f*, Radarleistungszahl *f* ‖ ~ **picket** (Mil) / Radarpicket *m*, vorgeschobene bewegliche Radarstation ‖ ~ **plotting** (Aero) / Flugwegzeichnen *n* ‖ ~ **plotting** (Radar) / Radarbildauswertung *f* ‖ ~ **position** (Radar) / durch Radar ermittelter Standort, Radarstandort *m*, Radarzielstandort *m* ‖ ~ **position fix** (Radar) / durch Radar ermittelter Standort, Radarstandort *m*, Radarzielstandort *m* ‖ ~ **pulse** (Radar) / Radarimpuls *m* ‖ ~ **range** (Radar) / Radarreichweite *f* ‖ ~ **range equation*** (Radar, Radio) / Radargleichung *f* (mathematische Beziehung zwischen Zielparametern, Systemparametern und Ausbreitungsparametern beim Primärradar besonders zur Bestimmung der Reichweite) ‖ ~ **rating** (Aero, Radar) / Radarberechtigung *f* ‖ ~ **receiver** (Radar) / Radarempfänger *m* (als Teil eines Radarsystems) ‖ ~ **reflection buoy** (Radar) / Radarreflektorboje *f* ‖ ~ **reflector** (Radar) / Radarreflektor *m* (zur Vergrößerung der Rückstrahlfläche durch gerichtete Reflexion) ‖ ~ **reflector buoy** (Radar) / Radarreflektorboje *f* ‖ ~ **relay** (Radar) / Radarbildübertragung *f* ‖ ~ **responder** (Radar) / Radarantwortbake *f* ‖ ~ **response** (Radar) / Radarantwort *f* ‖ ~ **return** (Radar) / Radarecho *n* ‖ ~ **scan*** (Radar) / Radarabtastung *f*
**radarscope** *n* (the viewing-screen portion of radar equipment, upon which electronic pulses represent the distance and bearing of radar target returns) (Radar) / Radarbildschirm *m*, Radarschirm *m* ‖ ~ **overlay** (Radar) / Radarbilddeckpause *f*

radar screen* (Radar) / Radarbildschirm m, Radarschirm m || ~ sensor (Radar) / Radarsensor m (Sensor zum Objekterfassen, wobei die Informationen über die Wechselwirkung einer elektromagnetischen Welle mit dem Messobjekt gewonnen werden) || ~ separation (Aero) / Radarstaffelung f || ~ shadow (Radar) / Radarschatten m || ~ site (Radar) / Radarstellung f, Radarstandort m (Standort der Radaranlage)

radarsonde n (Meteor) / Radarsonde f, RAWIN-Sonde f, Radiowindsonde f

radar speed trap / Radarfalle f || ~ target (Radar) / Radarziel n || ~ technician (Radar) / Radartechniker m (Fachmann auf dem Gebiet der Radartechnik) || ~ telescope (Astron) / Radarteleskop n || ~ theodolite (Surv) / Radiotheodolit m, Radartheodolit m || ~ trap (an area of road in which radar is used by the police to detect vehicles exceeding a speed limit) (Autos) / Radarfalle f (Standort, wo mit einem Messgerät Fahrzeuggeschwindigkeiten auf Straßen gemessen werden) || ~ trilateration (Surv) / streckenmessende Triangulation mit Hilfe einer Radaranlage, Radartrilateration f || ~ vectoring (the use of radar to provide navigational or traffic-separation guidance) (Aero, Radar) / Radarführung f || ~ warning receiver (Radar) / Radarwarnempfänger m

RADCOM (radar communication) (Radar) / Radarkommunikation f (Nutzung eines Radarsystems zur zusätzlichen Datenübertragung durch Modulation des Sendesignals)

raddle n (Min, Paint) / Roter Bolus, Rötel m, Rotocker m, rote Ockererde, Rotstein m, Nürnberger Rot (stark mit Ton verunreinigtes Eisen(III)-oxid)

radechon n (Electronics) / Radechon-Speicherröhre f, Radechon n

RADHAZ n (radiation hazard) (Nuc Eng, Radiol) / Strahlengefährdung f, Strahlengefahr f, Strahlenrisiko n

radiac n (Instr) / Radiac n, Radiacmessgerät n

radiacmeter n (Instr) / Radiac n, Radiacmessgerät n

radial n (Aero, Eng, I C Engs) / Sternmotor m (mit sternförmig angeordneten Zylindern - heute nicht mehr benutzt) || ~ (Autos) / Gürtelreifen m (Reifen mit Radialstruktur) || ~ (Nav) / Radial n (zur Richtungsinformation benutzte Standlinie bei Verwendung von VOR- oder TACAN-Anlagen) || ~ (Radio) / Radial n (Element des Gegengewichts der Groundplane-Antenne) || ~* adj / Radial-, radial adj || ~ acceleration (Phys) / Radialbeschleunigung f (Beschleunigungskomponente, die bei der krummlinigen Bewegung senkrecht zur Tangente des entsprechenden Bahnpunktes liegt) || ~ acceleration (Phys) s. also centripetal acceleration || ~ admission (Eng) / Radialbeaufschlagung f

radial-arm saw (For) / Parallel-Abkürzkreissägemaschine f, Querkreissägemaschine f (für Schnittholz), Abkürzkreissägemaschine f, Auslegerkreissägemaschine f

radial axle (Rail) / Lenkachse f, Radialachse f, einstellbare Achse (Bogenlauf) || ~ bearing (Eng) / Radiallager n (DIN ISO 4378-1), Querlager n (mit Belastung vorwiegend senkrecht zur Lagerachse) || ~ brick (Arch, Build) / Radialstein m (mit ebenen Kopfflächen), Querwölber m || ~ brick (Build) / Gewölbestein m, Wölbstein m, Bogenstein m, Bogenkeilstein m, Wölber m (ein Gewölbestein) || ~ cableway (Civ Eng) / Kabelkran m (mit kreisverfahrbarem Turm) || ~ chromatography (Chem) / Circularchromatografie f, Zirkularchromatografie f, zirkulare Chromatografie || ~ circular saw (For) / Parallel-Abkürzkreissägemaschine f, Querkreissägemaschine f (für Schnittholz), Abkürzkreissägemaschine f, Auslegerkreissägemaschine f || ~ clearance (Eng) / Radialspiel n || ~ commutator* (Elec Eng) / Scheibenkommutator m || ~ component (Maths, Phys) / Radialkomponente f || ~ (heat) crack (Geol) / Kernsprung m || ~ crushing strength (Powder Met) / radiale Bruchfestigkeit || ~ cut (For) / Radialschnitt m (bei dem die Jahrringe als parallele Linien in Längsrichtung verlaufen), Spiegelschnitt m (strenger) || ~ depth setting (Eng) / radiale Zustellung || ~ distance (Radar) / Radialentfernung f || ~ distribution feeder (Elec Eng) / Strahlennetz n (eine Versorgungsnetzart) || ~ distribution function (Chem) / Radialverteilungsfunktion f || ~ drill* (Eng) / Radialbohrmaschine f (zum Bearbeiten von Bohrungen an großen, sperrigen Werkstücken), Auslegerbohrmaschine f, Schwenkbohrmaschine f || ~ drilling machine (Eng) / Radialbohrmaschine f (zum Bearbeiten von Bohrungen an großen, sperrigen Werkstücken), Auslegerbohrmaschine f, Schwenkbohrmaschine f || ~ ducts* (Elec Eng) / radiale Kühlschlitze || ~ engine* (Aero, Eng, I C Engs) / Sternmotor m (mit sternförmig angeordneten Zylindern - heute nicht mehr benutzt) || ~ engine (Eng) / Radialmaschine f, Sternmaschine f || ~ escalator (Build, Eng) / radiale Rolltreppe, Radialrolltreppe f || ~ faults (Geol) / Radialverwerfungen f pl || ~ feed (Eng) / radialer Vorschub, Radialvorschub m || ~ feeder (Elec Eng) / Ringzuleitung f || ~ feeder* (Elec Eng) / Strahlennetz n (eine Versorgungsnetzart) || ~ feed shaving (Eng) / Tauchschaben n (mit radialer Zustellung von Schab- gegen Werkrad), Einstechschaben n || ~ flight (Aero) / Radialflug m

radial-flow jet (San Eng) / Radialstromdüse f (des Volumenbelüfters) || ~ turbine (Aero) / Radialturbine f

radial-flow turbine (Eng) / Radialturbine f (Dampf- oder Wasserturbine mit radialer Zuführung des Arbeitsmittels zum Laufrad, z.B. eine Francis-Turbine)

radial-flow washer (Eng) / Radialstromwascher m (Nassabscheider für Staube) || ~ wheel (Eng) / Radialrad n (der Turbine, der Kreiselpumpe)

radial force (Phys) / Radialkraft f (Radialkomponente der eingeprägten Kraft), Umlenkkraft f || ~ gate (Hyd Eng) / Segmentverschluss m (des Segmentwehrs) || ~ grating (Electronics) / Radialgitter n, Radialfilter n (in einem Rundhohlleiter) || ~ grounding (Elec Eng) / sternförmige Erdung || ~ growth (increment) (For) / Durchmesserzuwachs m

radially related (Maths) / zentrisch-ähnlich adj (Figur), ähnlich und ähnlich liegend || ~ symmetric(al) (Biol) / radiärsymmetrisch adj || ~ symmetric(al) adj (Maths) / radialsymmetrisch adj, drehsymmetrisch adj

radial misalignment (Eng) / Radialverlagerung f (von zwei Wellen zueinander) || ~ motion (Astron) / Radialbewegung f (eines Gestirns in der Blickrichtung des Beobachters) || ~ oscillations frequency (betatron) (Nuc Eng) / Radialfrequenz f || ~ overcut (Eng) / Untermaß n (notwendige Differenz zwischen Nennmaß und Werkzeugelektrodendurchmesser bei einer elektrochemischen Bohrung) || ~ packing ring (Eng) / Simmerring m (Wellendichtung aus Gummi oder Leder), Radialwellendichtung m

radial-paper chromatography (Chem) / Circularchromatografie f, Zirkularchromatografie f, zirkulare Chromatografie

radial parenchyma (For) / Radialparenchym n

radial-piston motor (a motor utilizing multiple pistons arranged radially around a shaft with an eccentric cam) (Eng) / Radialkolbenmotor m || ~ pump (Eng) / Radialkolbenpumpe f, RKP (Radialkolbenpumpe) || ~ pump with internal piston operation (Eng) / Radialkolbenpumpe f mit innerer Kolbenabstützung

radial play (maximum difference between the high and low readings of a dial indicator suitably arranged to measure the total radial travel of the shaft in its own bearings) (Eng) / Radialspiel n

radial-plunger pump (Eng) / Radialkolbenpumpe f, RKP (Radialkolbenpumpe)

radial•-ply tyre* (Autos) / Gürtelreifen m (Reifen mit Radialstruktur) || ~ plywood (Carp, Join) / Sternholz n (mit der Faserrichtung symmetrisch von Schicht zu Schicht wechselnd angeordnete Furniere) || ~ recording* (Acous) / Berliner-Schrift f (mit horizontaler Auslenkung der Graviernadel - nach E.Berliner, 1851-1929), Seitenschrift f || ~ refractive-index profile (Optics) / Brechzahlprofil n (Verlauf der Brechzahl über der Querschnittsfläche eines LWL) || ~ resolution power (Radar) / radiale Auflösung, radiales Auflösungsvermögen, Radialauflösung f || ~ rolling bearing with a heavy section outer ring (Eng) / Radialwälzlager n mit dickwandigem Außenring (DIN ISO 5593) || ~ runout* (Eng) / Rundlaufabweichung f, Radialschlag m (doppelte Außermittigkeit eines umlaufenden Teiles) || ~ saw (For) / Parallel-Abkürzkreissägemaschine f, Querkreissägemaschine f (für Schnittholz), Auslegerkreissägemaschine f || ~ sawing (For) / Radialschnitt m (bei dem die Jahrringe als parallele Linien in Längsrichtung verlaufen), Spiegelschnitt m (strenger) || ~ seal (Eng) / Simmerring m (Wellendichtung aus Gummi oder Leder), Radialwellendichtring m || ~ sealing ring (Eng) / Radialdichtring m (bei Wälzlagern) || ~ section (For) / Radialschnitt m (bei dem die Jahrringe als parallele Linien in Längsrichtung verlaufen), Spiegelschnitt m (strenger) || ~ shaft seal (Eng) / Simmerring m (Wellendichtung aus Gummi oder Leder), Radialwellendichtring m || ~ shrinkage (For) / Radialschwindung f || ~ stress (Mech) / Radialspannung f || ~ symmetry* (Biol) / multilaterale Symmetrie, radiäre Symmetrie, Radiärsymmetrie f, Strahlensymmetrie f, strahlige Symmetrie f || ~ symmetry (Crystal, Maths) / Drehsymmetrie f, Rotationssymmetrie f, Radialsymmetrie f (des regelmäßigen n-Ecks), strahlige Symmetrie || ~ system* (Elec Eng) / Strahlennetz n (eine Versorgungsnetzart) || ~ tracking control (Electronics) / radiale Spursteuerung bei Bildplattenspielern) || ~ triangulation (Surv) / Radialtriangulation f (ein Verfahren, bei dem man aus möglichst genau senkrechten Luftbildaufnahmen den Grundriss des fotografierten Geländes bestimmt) || ~ tyre (Autos) / Gürtelreifen m (Reifen mit Radialstruktur) || ~ velocity* (Astron, Phys) / Radialgeschwindigkeit f (die Geschwindigkeitskomponente eines Gestirns in Richtung der Sehlinie des Beobachters)

radian* n (SI unit of plane angle) (Maths) / rad, Radiant m (pl. -en) (gesetzliche abgeleitete SI-Einheit für ebenen Winkel), rad (Radiant - DIN 1301, T 1 und DIN 1315)

**radiance**

**radiance** n / Glanz m (strahlender) ‖ ~* (Optics) / Strahldichte f (DIN 5031, T 1 und 5496)
**radiancy** n (Optics) / Strahldichte f (DIN 5031, T 1 und 5496)
**radian frequency*** (Phys) / Kreisfrequenz f (DIN 1311-1), Winkelfrequenz f ‖ ~ **measure** (Maths) / Bogenmaß n (ein Maß, bei dem der ebene Winkel durch die Länge des zugeordneten Bogens im Einheitskreis bzw. durch das Verhältnis der Längen von Kreisbogen und -radius gemessen wird), Arcus m, Arkus m
**radiant*** n (Astron) / Radiant m (pl. -en) (scheinbarer Ausstrahlungspunkt eines Meteorstroms), Radiationspunkt m ‖ ~ (Nuc) / Strahlungsquelle f (ein Gerät oder Material, das ionisierende Strahlung emittiert oder emittieren kann) ‖ ~ adj (heat, energy, intensity) / Strahlungs-, strahlend adj ‖ ~ **boiler** (Eng) / Strahlungskessel m (ein Großfeuerraumkessel) ‖ ~ **efficiency** / Strahlungsausbeute f (im Allgemeinen) ‖ ~ **energy** (Phys, Radiol) / Strahlungsenergie f (in W.s gemessen - DIN 5031, T 1) ‖ ~ **energy** (Radiol) / Strahlungsmenge f ‖ ~ **energy density** (Radiol) / Strahlungsenergiedichte f ‖ ~ **energy fluence rate** (Phys) / Strahlungsflussdichte f ‖ ~ **exitance** (Phys) / spezifische Ausstrahlung (DIN 5031, T 1) ‖ ~ **exposure** (Phys) / Bestrahlung f (in J/m²) ‖ ~ **flux*** (measured in watts) (Phys) / Strahlungsleistung f, Strahlungsfluss m (DIN 5031, T 1) ‖ ~**-flux density*** (Phys) / Strahlungsflussdichte f ‖ ~ **furnace** / Strahlungsofen m (ein Industrieofen) ‖ ~ **heat*** (Phys) / Strahlungswärme f ‖ ~ **heater** (Heat) / Heizstrahler m, Strahlheizofen m, Strahlungsofen m, Strahlungsheizkörper m ‖ ~ **heating** (Build) / Strahlungsheizung f (z.B. eine Infrarotheizung) ‖ ~ **heating** (Paint) / Strahlungstrocknung f ‖ ~ **heating** (Build) s. also concealed heating ‖ ~ **heating tube** / Strahlrohr n, Strahlheizrohr n (Einrichtung zur Erzeugung von Wärme aus verschiedenen Energieträgern, insbesondere durch Verbrennung von Gas, und zur Abgabe durch vorwiegend Strahlung an Behandlungsräume bzw. Behandlungsgut) ‖ ~**-heat transfer** (Heat) / Wärmestrahlung f (Form der Wärmeübertragung)
**radiant-heat welding** (Welding) / Pressstumpfschweißen n mit Strahlungswärme, Wärmestrahlungsschweißen n
**radiant intensity*** (Phys) / Strahlstärke f (DIN 5031, T 1) ‖ ~ **plate** / Kochplatte f (des Herds) ‖ ~ **power** (Phys) / Strahlungsleistung f, Strahlungsfluss m (DIN 5031, T 1) ‖ ~ **total reflectance** (Optics) / Remissionsgrad m (quantitatives Maß für die Remission), Remissionskoeffizient m
**radiant-tube furnace*** (Eng) / Strahlungsrohrofen m
**radiant •-type boiler*** (Eng) / Strahlungskessel m (ein Großfeuerraumkessel) ‖ ~ **wall superheater** (Eng) / Wandüberhitzer m
**radiate** v (Phys) / ausstrahlen v, strahlen v, abstrahlen v, Strahlen aussenden
**radiated-crystalline** adj (Crystal) / strahlig adj
**radiated marcasite** (Min) / Strahlkies m (Markasit mit grobstrahligen bis fein faserigen Aggregaten) ‖ ~ **noise** (Acous) / abgestrahlter Geräuschschall (ein Wasserschall nach DIN 1320) ‖ ~ **power*** (Phys, Radio) / Strahlungsleistung f (einer Antenne), ausgestrahlte Leistung, abgestrahlte Leistung (bei einer Antenne)
**radiating brick*** (Arch, Build) / Radialstein m (mit ebenen Kopfflächen), Querwölber m ‖ ~ **cable** (Civ Eng, Radio) / abstrahlendes Kabel (zur Funkversorgung des Tunnels) ‖ ~ **capacity** (Phys) / Strahlungsvermögen n ‖ ~ **chapels** (Arch) / Kapellenkranz m (radial auf einen Mittelpunkt bzw. Chorumgangbezogene Kapellen, an einem halbrunden oder polygonalen Chor ) ‖ ~ **chapels** (Arch) s. also chevet ‖ ~ **circuit*** (Telecomm) / Strahlungskreis m ‖ ~ **curtain** (Radio) / selbststrahlende Dipolebene ‖ ~ **efficiency** / Strahlungsausbeute f (im Allgemeinen) ‖ ~ **element** (Radio) / Strahlungselement n, Primärstrahler m (der Antenne) ‖ ~ **power** (Phys) / Strahlungsvermögen n ‖ ~ **surface*** (Heat) / Abstrahlungsfläche f, strahlende Fläche, Strahleroberfläche f
**radiation*** n (Phys) / Strahlung f (Erscheinungsform der Ausbreitung der Energie) ‖ ~* (Phys) / Abstrahlung f, Ausstrahlung f, Radiation f ‖ ~ (Surv) / Messtischaufnahme f
**radiation-absorbing material** (Radar) / Absorptionsmaterial n
**radiation absorption** (Phys) / Strahlungsabsorption f ‖ ~ **accident** (Nuc Eng, Radiol) / Strahlungsunfall m, Strahlenunfall m
**radiational frost** (Meteor) / Strahlungsfrost m (der bei klarem und heiterem Wetter entsteht, indem die nächtliche Wärmeausstrahlung die Nachtkälte bis zur Frostgrenze verschärft), Ausstrahlungsfrost m
**radiation analogue dosimetry system** (Radiol) / RANDO-System n (ein Phantomsystem für die Dosimetrie), Alderson-Phantom n ‖ ~ **area*** (Nuc Eng) / Strahlungszone f, Strahlungsbereich m
**radiation-backscattering method** (Surf) / Rückstreuverfahren n
**radiation barrier** (Nuc Eng) / Strahlenschutzbarriere f ‖ ~ **belts** (of plasma surrounding the Earth that emit intense radiation) (Astron) / Van-Allen-Gürtel m pl (nach J.A. Van Allen, 1914- ), Strahlungsgürtel m pl der Erde (innerhalb der Magnetosphäre) ‖ ~ **biology** (Biol) / Radiobiologie f (die Wechselwirkung ionisierender Strahlen mit biologischer Materie untersucht), Strahlenbiologie f ‖ ~ **biophysics** (Phys) / Strahlenbiophysik f ‖ ~ **boiler** (Eng) / Strahlungskessel m (ein Großfeuerraumkessel) ‖ ~ **burden** (Radiol) / Strahlungsbelastung f, Strahlenbelastung f ‖ ~ **burden** (Radiol) s. also radiation exposure ‖ ~ **burn*** (Radiol) / Strahlenverbrennung f (ein Strahlenschaden) ‖ ~ **carcinogenesis** (Radiol) / Strahlenkarzinogenese f (durch /ionisierende/ Strahlung) ‖ ~ **catalysis** (Chem) / Strahlungskatalyse f ‖ ~ **cataract** (Biol, Med) / Strahlenstar m (ein Strahlenschaden)
**radiation-chemical** adj (Chem) / strahlenchemisch adj, strahlungschemisch adj
**radiation chemistry** (Chem) / Strahlenchemie f (Fotochemie + Radiationschemie + Kernstrahlenchemie) ‖ ~ **chemistry*** (Chem) / Strahlenchemie f (ein Teilgebiet der Chemie, das sich mit der chemischen Wirkung ionisierender Strahlung befasst - DIN 2540-1), Strahlungschemie f, Radiationschemie f ‖ ~ **coefficient** (Acous) / Abstrahlgrad m (Verknüpfung der Schallleistung mit dem über die gesamte abstrahlende Fläche gebildeten mittleren Schnellequadrat
**radiation-controlled area** (Radiol) / strahlungsüberwachter Bereich, strahlenüberwachter Bereich
**radiation cooling** / Strahlungskühlung f ‖ ~ **counter*** (tube) (Nuc, Radiol) / Zählrohr n (Messinstrument zum Nachweis und zur Zählung ionisierender Teilchen und Strahlungsquanten), Zähler m, Strahlenzähler m ‖ ~ **curing** (Paint, Print) / Strahlenhärtung f (ein Prozess, bei dem Beschichtungsstoffe, Druckfarben, Klebstoffe und andere reaktionsfähige Materialien mit Hilfe energiereicher Strahlen vom niedermolekularen in den hochmolekularen Zustand überführt werden), Strahlungshärtung f ‖ ~ **curing system** (Paint) / strahlenhärtendes System (Materialien, die durch energiereiche Strahlen aktiviert werden können) ‖ ~ **damage** (Materials, Nuc Eng) / [physikalisch-chemischer] Strahlenschaden m (durch Einwirkung von ionisierenden Strahlungen)
**radiation-damaged** adj (Nuc Eng, Radiol) / strahlengeschädigt adj
**radiation damping** (Elec) / Strahlungsdämpfung f (Energieverlust durch Abstrahlung elektromagnetischer Energie) ‖ ~ **danger** (Nuc Eng, Radiol) / Strahlengefährdung f, Strahlengefahr f, Strahlenrisiko n ‖ ~ **danger zone*** (Nuc Eng, Radiol) / strahlengefährdete Zone f ‖ ~ **death** (Med, Radiol) / Strahlentod m, Strahlungstod m ‖ ~ **detector** (Nuc, Radiol) / Detektor m (Gerät oder Einrichtung der Strahlungsmesstechnik), Nachweisgerät n, Strahlennachweisgerät n, Strahlungsdetektor m, Strahlungsmessgerät n, Strahlendetektor m ‖ ~ **diagram*** (a graphical representation of the radiation properties of the antenna) (Radio) / Richtdiagramm n (grafische Bildschirmanzeige der Antennencharakteristik), Strahlungsdiagramm n (einer Antenne) ‖ ~ **disinfestation** (Agric, Med, Radiol) / Strahlendesinfestation f, Strahlenentwesung f ‖ ~ **dose** (Nuc Eng, Radiol) / Strahlendosis f ‖ ~ **drying** (Paint) / Strahlungstrocknung f ‖ ~ **efficiency** (Radio, Telecomm) / Strahlungswirkungsgrad m (der Antenne) (Verhältnis von abgestrahlter Leistung zu zugeführter Leistung), Antennenwirkungsgrad m ‖ ~ **embrittlement** (Met) / Bestrahlungsversprödung f, Strahlenversprödung f (des Stahls) ‖ ~ **era** (Astron) / Strahlungsära f (in der Big-Bang-Kosmologie), Strahlenära f ‖ ~ **excitation** (Phys) / Anregung f durch Strahlung ‖ ~ **exposure** (Nuc, Radiol) / Strahlenexposition f ‖ ~ **field*** (Phys) / Strahlungsfeld n ‖ ~ **flux density*** (Phys) / Strahlungsflussdichte f ‖ ~ **fog** (Meteor) / Strahlungsnebel m (infolge der intensiven Ausstrahlung des Erdbodens und der damit verbundenen Abkühlung der unteren Luftschichten) ‖ ~ **genetics** (Gen) / Strahlengenetik f
**radiation-hardened store** (Comp) / strahlungsunempfindlicher Speicher
**radiation hazard*** (Nuc Eng, Radiol) / Strahlengefährdung f, Strahlengefahr f, Strahlenrisiko n ‖ ~ **heating** (Build) / Strahlungsheizung f (z.B. eine Infrarotheizung) ‖ ~ **heating** (Build) / Flächenstrahlungsheizung f, Flächenheizung f (eine Form der Zentralheizung) ‖ ~ **heat transfer** (Heat) / Wärmestrahlung f (Form der Wärmeübertragung) ‖ ~ **hygiene** (Nuc Eng) / Strahlenhygiene f (Maßnahmen zum Strahlenschutz) ‖ ~ **impedance*** (Acous, Phys) / Strahlungsimpedanz f ‖ ~**-induced** adj (Biol, Nuc Eng, Radiol) / strahlungsinduziert adj, strahleninduziert adj, strahlungsbedingt adj
**radiation-induced carcinogenesis** (Radiol) / Strahlenkarzinogenese f (durch /ionisierende/ Strahlung)
**radiation injury** (Biol, Med) / [biologischer] Strahlenschaden m, Strahlenschädigung f ‖ ~ **intensity*** (Phys) / Strahlungsflussdichte f ‖ ~ **ionization** (Electronics, Spectr) / Strahlungsionisation f ‖ ~ **law** (Heat) / Gesetz n der Temperaturstrahlung (nach DIN 5031- 8 - Planck'sches, Wien'sches, von Rayleigh-Jeans, Stefan-Boltzmann'sches, Kirchhoff'sches) ‖ ~ **length*** (Phys) / Strahlungslänge f
**radiationless** adj / strahlungslos adj, strahlungsfrei adj ‖ ~ **decay** (Chem, Spectr) / strahlungslose Deaktivierung ‖ ~ **transition** (Nuc) /

strahlungsloser Übergang (der Übergang eines mikrophysikalischen Systems aus einem energetisch höheren Zustand in einen energetisch tieferen und umgekehrt, wobei die Energiedifferenz nicht als Fotonen emittiert bzw. absorbiert wird), strahlungslose Desaktivierung

**radiation level** (Radiol) / Strahlungspegel $m$ ‖ ~ **lobe** (the range of angles between the nulls or minima of a radiation pattern) (Radar, Radio, Teleph) / Strahlungskeule $f$, Strahlungslappen $m$, Keule $f$, Zipfel $m$ (eines Strahlungsdiagramms) ‖ ~ **loss*** (Telecomm) / Abstrahlverlust $m$ ‖ ~ **measurement** / Strahlungsmessung $f$ ‖ ~ **monitor** (Nuc Eng, Radiol) / Strahlungsüberwachungsgerät $n$ ‖ ~ **monitoring** (Nuc Eng) / Strahlungskontrolle $f$, Strahlungsüberwachung $f$ ‖ ~ **of non-black surfaces** (Phys) / nichtschwarze Strahlung, Strahlung $f$ von nichtschwarzen Körpern, Strahlung $f$ von selektiven Strahlern ‖ ~ **pattern** (Eng) / Strahlungsbild $n$ (im Feuerraum) ‖ ~ **pattern** (Radio) / Antennencharakteristik $f$, Strahlungscharakteristik $f$ ‖ ~ **pattern*** (Radio) / Richtdiagramm $n$ (grafische Bildschirmanzeige der Antennencharakteristik), Strahlungsdiagramm $n$ (einer Antenne) ‖ ~ **physics** (the study of radiation, particularly the effects on various forms of matter of ionizing radiation) (Phys) / Strahlungsphysik $f$ (DIN 5031), Strahlenphysik $f$ ‖ ~ **polymerization** (Chem) / Strahlungspolymerisation $f$ (bei der die Startreaktion durch Absorption energiereicher Strahlung ausgelöst wird), Strahlenpolymerisation $f$ ‖ ~ **preservation** (Nut) / Konservierung $f$ durch Bestrahlung ‖ ~ **pressure*** (Phys) / Strahlungsdruck $m$ (den eine Strahlung, insbesondere eine Wellenstrahlung ausübt, wenn sie absorbiert oder reflektiert wird)

**radiation-processed food** (Nut) / bestrahlte Lebensmittel

**radiation•-proof** adj (Radiol) / strahlensicher adj (z.B. Raum), strahlungssicher adj ‖ ~ **prospecting*** (Geol, Mining) / Radiometrie $f$, radiometrisches Aufschlussverfahren, radiometrisches Prospektieren ‖ ~ **protection** (Radiol) / Personen- und Materialstrahlenschutz $m$, Strahlungsschutz $m$ (in der Radiologie) ‖ ~ **protection engineering** (Radiol) / Strahlenschutztechnik ‖ ~-**protection guide** (Ecol, Radiol) / Strahlenschutzleitfaden $m$, Strahlenschutzhandbuch $n$, Strahlenschutzrichtlinien $f pl$ ‖ ~ **protection officer** (Radiol) / Strahlenschutzbeauftragter $m$ ‖ ~ **pyrometer*** (Heat) / Strahlungspyrometer $n$ (zum berührungsfreien Messen der Temperatur), Wärmestrahlungspyrometer $n$ ‖ ~ **resistance** (Nuc Eng, Radiol) / Strahlungsbeständigkeit $f$, Strahlungsresistenz $f$, Strahlenresistenz $f$ ‖ ~ **resistance*** (Radio) / Strahlungswiderstand $m$ (einer Antenne) ‖ ~ **safety officer** (Radiol) / Strahlenschutzbeauftragter $m$, Strahlenschutztechniker $m$ ‖ ~ **shielding** (Radiol) / Abschirmung $f$ gegen Strahlung

**radiation-shielding concrete** (Radiol) / Strahlenschutzbeton $m$, Abschirmbeton $m$ (DIN 25413) ‖ ~ **glass** (Glass) / Strahlenschutzglas $n$ (das gegen schädliche oder zu intensive Strahlung schützt)

**radiation sickness** (Med, Radiol) / Strahlensyndrom $n$ (Summe der Krankheitserscheinungen, die dann auftreten, wenn der Gesamtkörper oder eine ausgedehnte Körperpartie eine Äquivalentdosis von mehr als etwa 1 Sv kurzzeitig erhält), Strahlenschädigung $f$, Strahlenkrankheit $f$ (eine Strahlenschädigung, die auf Bestrahlung mit ionisierenden Strahlen zurückzuführen ist) ‖ ~ **source** (Nuc) / Strahlungsquelle $f$ (ein Gerät oder Material, das ionisierende Strahlung emittiert oder emittieren kann) ‖ ~ **space** (Eng) / Strahlraum $m$ (Feuerraum der Dampferzeugers) ‖ ~ **standards** (Nuc Eng, Radiol) / Strahlengrenzwerte $m\ pl$ ‖ ~ **standards** (Nuc Eng, Radiol) / Strahlungsnormen $f\ pl$ ‖ ~ **standards** (Radiol) s. also annual limit of intake ‖ ~ **sterilization** (Nut) / Strahlensterilisation $f$ (mit über 2 Mrep), Radappertisation $f$ (nach N.-F. Appert, 1749-1841) ‖ ~ **streaming** (Nuc) / Strahlungstransport $m$ durch Kanäle und Spalte, Strahlungsströmung $f$, Kanalwirkung $f$ ‖ ~ **survey meter** (Nuc Eng, Radiol) / Strahlungsüberwachungsgerät $n$ ‖ ~ **susceptibility** (Radar) / Störempfänglichkeit $f$ (als Maß für elektromagnetische Beeinflussung) ‖ ~ **syndrome** (Med, Radiol) / Strahlensyndrom $n$ (Summe der Krankheitserscheinungen, die dann auftreten, wenn der Gesamtkörper oder eine ausgedehnte Körperpartie eine Äquivalentdosis von mehr als etwa 1 Sv kurzzeitig erhält), Strahlenschädigung $f$, Strahlenkrankheit $f$ (eine Strahlenschädigung, die auf Bestrahlung mit ionisierenden Strahlen zurückzuführen ist) ‖ ~ **synthesis** (Chem) / strahleninduzierte Synthese, Strahlensynthese $f$ ‖ ~ **temperature** (Astron, Optics, Phys) / Strahlungstemperatur $f$ ‖ ~ **temperature** (Phys) / Gesamtstrahlungstemperatur $f$ (des schwarzen Körpers, bei der dieser die gleiche Gesamtleistung ausstrahlt wie der reale Strahler) ‖ ~ **therapy*** (Med) / Aktinotherapie $f$, Strahlentherapie $f$ (Bestrahlung des Körpers oder einzelner Körperteile), Strahlenbehandlung $f$ (Oberbegriff) ‖ ~ **thermal cracking** (Oils) / strahlenchemisch-thermisches Kracken ‖ ~ **thermometer** (Heat) / Strahlungspyrometer $n$ (zum berührungsfreien Messen der Temperatur), Wärmestrahlungspyrometer $n$ ‖ ~ **trap*** (Nuc Eng) / Strahlenschleuse $f$ ‖ ~ **unit** (Biol, Radiol) / strahlenphysikalische und/oder -biologische Einheit ‖ ~ **weapon** (Mil) / Strahlenwaffe $f$ (im Allgemeinen)

**radiative** adj (properties, power, strength, collision) / Strahlungs-, strahlend adj ‖ ~ **capture** (Nuc) / Strahlungseinfang $m$ (ein Einfang, bei dem unmittelbar Fotonen emittiert werden) ‖ ~ **collision*** (Nuc) / strahlender Stoß, Stoß $m$ mit Fotonenemission ‖ ~ **decay** (Chem, Spectr) / strahlende Desaktivierung ‖ ~ **decay** (Nuc) / Strahlungszerfall $m$, strahlender Zerfall ‖ ~ **equilibrium*** (Phys) / Strahlungsgleichgewicht $n$ (Zustand eines physikalischen Systems, in dem es genauso viel Strahlung emittiert wie absorbiert wird) ‖ ~ **heat transfer** (Heat) / Wärmestrahlung $f$ (Form der Wärmeübertragung) ‖ ~ **transition** (Nuc) / Strahlungsübergang $m$ ‖ ~ **transition** (Nuc) / strahlender Übergang

**radiator*** $n$ (Acous, Phys, Radio) / Strahler $m$ ‖ ~* (Autos) / Kühler $m$ ‖ ~ (Build, Heat) / Heizkörper $m$ (meistens Radiator - DIN EN 442), HK (Heizkörper) ‖ ~* (Nuc) / Strahlungsquelle $f$ (ein Gerät oder Material, das ionisierende Strahlung emittiert oder emittieren kann) ‖ ~ **antifreeze** (Autos) / Kühlerfrostschutzmittel $n$ ‖ ~ **baffle plate** (Autos) / Kühlerspritzblech $n$ ‖ ~ **block** (Autos) / Kühlerblock $m$ ‖ ~ **brush** (with a cranked handle) (Paint) / Heizkörperpinsel $m$ (meistens mit abgewinkeltem Stiel) ‖ ~ **core** (Autos) / Kühlerblock $m$ ‖ ~ **cowl** (Autos) / Kühlerträger $m$, Kühlerhalterung $f$ ‖ ~ **drain cock** (Autos) / Kühlerablasshahn $f$ ‖ ~ **enamel** (Paint) / Heizkörperlack $m$ (für Radiatoren) ‖ ~ **flap** (Aero) / Kühlerklappe $f$ ‖ ~ **grille** (Autos) / Kühlerschutzgitter $n$, Kühlergrill $m$, Grill $m$, Kühlermaske $f$ ‖ ~ **header** (Autos) / Wasserkasten $m$ (des Kühlers - oberer) ‖ ~ **hose** (Autos) / Kühlerschlauch $m$ ‖ ~ **key** (Build, Eng) / Entlüftungsschlüssel $m$ (für das Entlüftungsventil des Heizkörpers) ‖ ~ **mascot** (Autos) / Kühlerfigur $f$ (auf der Kühlerhaube angebrachte Figur), Motorhaubenfigur $f$, Haubenfigur $f$ ‖ ~ **matrix** (Autos) / Kühlerblock $m$ ‖ ~ **mounting panel** (Autos) / Kühlerträger $m$, Kühlerhalterung $f$ ‖ ~ **paint** (Paint) / Heizkörperlack $m$ (für Radiatoren) ‖ ~ **shroud** (Autos) / Kühlerabdeckung $f$ ‖ ~ **shutter system** (Autos) / Kühlerjalousiesystem $n$ ‖ ~ (hexagonal) **spanner** (Eng, Tools) / Sechskantstiftschlüssel $m$ ‖ ~ **support** (Autos) / Kühlerträger $m$, Kühlerhalterung $f$ ‖ ~ **support panel** (Autos) / Kühlerblech $n$, Brille $f$ (Kühlerblech) ‖ ~ **varnish** (Paint) / Heizkörperlack $m$ (für Radiatoren)

**radical** $n$ (atoms or groups of atoms which remain together in the course of chemical reactions) (Chem) / Rest $m$ (Radikal mit Namensendung auf -yl, z.B. Acyl) ‖ ~ (Maths) / Wurzelausdruck $m$ ‖ ~ (Maths) / Wurzelzeichen $n$ ‖ ~ (Maths) / Radikal $n$ ‖ ~ adj / Radikal-, radikalisch adj (Polymerisation, Reaktion) ‖ ~ **acceptor** (Chem) / Radikalakzeptor $m$ ‖ ~ **anion** (Chem) / Radikalanion $n$ ‖ ~ **axis*** (of two circles) (Maths) / Chordale $f$ (die Verbindungsgerade der Schnittpunkte zweier sich schneidender Kreise), Potenzlinie (geometrischer Ort aller Punkte gleicher Potenz bezüglich zweier Kreise) ‖ ~ **cation** (Chem) / Radikalkation $n$ ‖ ~ **centre** (Spectr) / Radikalzentrum $n$

**radical-chain polymerization** (Chem) / Radikalkettenpolymerisation $f$, radikalische Polymerisation (eine Kettenpolymerisation) ‖ ~ **reaction** (Chem) / Radikalkettenreaktion $f$

**radical donor** (Chem) / Radikalspender $m$ ‖ ~ **equation** (Maths) / irrationale Gleichung ‖ ~ **equation** (Maths) / Wurzelgleichung $f$ (bei der mindestens eine der Gleichungsvariablen einmal im Radikand einer Wurzel auftritt) ‖ ~ **formation** (Chem) / Radikalbildung $f$ ‖ ~ **initiator** (Chem) / Radikalstarter $m$ ‖ ~ **ion** (Chem) / Radikal-Ion $n$, Ionenradikal $n$ ‖ ~ **migration** (Chem) / Radikalwanderung $f$ ‖ ~ **name** (Chem) / Radikalfunktionsname $m$, radikofunktioneller Name (z.B. Acetylchlorid), Radikalname $m$ ‖ ~ **point** (of three circles) (Maths) / Chordalpunkt $m$, Potenzpunkt $m$ ‖ ~ **polymerization*** (the reaction is initiated by a radical) (Chem) / radikalische Polymerisation ‖ ~ **reaction** (Chem) / radikalische Reaktion, Radikalreaktion $f$ ‖ ~ **scavenger** (Chem) / Radikalfänger $m$ (Substanz, die reaktive Radikale durch chemische Reaktionen "unschädlich" macht), Abfangreagens $n$ (für Radikale) ‖ ~ **sign** (Maths) / Wurzelzeichen $n$ ‖ ~ **starter** (Chem) / Radikalstarter $m$ ‖ ~ **substitution** (Chem) / radikalische Substitution (die über Radikale verläuft) ‖ ~ **test** (Maths) / Wurzelkriterium $n$ (ein Konvergenzkriterium für Reihen)

**radicand** $n$ (Maths) / Radikand $m$ (in einem Wurzelausdruck)

**radicidation** $n$ (Nut) / Radizidation $f$, Strahlenkonservierung $f$, Strahlenpasteurisation $f$ (zurzeit in Deutschland verboten)

**radicofunctional** adj (Chem) / radikofunktional adj, radikofunktionell adj (Name) ‖ ~ **name** (Chem) / Radikalfunktionsname $m$, radikofunktionaler Name (z.B. Acetylchlorid), Radikalname $m$

**radio** $v$ (Radio) / funken $v$, eine Funkmeldung durchgeben ‖ ~ (Radio) / funksprechen $v$ (nur Infinitiv oder Partizip) ‖ ~* (pl. radios) (Radio) / Funk $m$, Funkbetrieb $m$ ‖ ~ (pl. radios) (Radio) / Hörfunkempfänger $m$, Radioempfänger $m$, Rundfunkempfänger $m$,

**radio**

Tonrundfunkempfänger *m*, Radio *n*, Radioapparat *m* ‖ ~* (pl. radios) (Radio, TV) / Rundfunk *m* (Oberbegriff zu Funkdiensten für Ton-, Fernseh- und Bildfunksendungen) ‖ ~ (Radio, TV) / Rf-Sender *m*, Rundfunksender *m* ‖ ~ **access point** (Teleph) / Funkanschlusspunkt *m* (zum Netz)
**radioacoustics** *n* (Acous) / Radioakustik *f*
**radioactinium** *n* (Chem) / Radioactinium *n*, Radioaktinium (RaAc) *n*, RaAc (radioaktives Thoriumisotop)
**radioactivation analysis*** (Nuc) / Aktivierungsanalyse *f* (kernphysikalische Messmethode zur chemischen Analyse)
**radioactive** *adj* / radioaktiv *adj* ‖ ~ **aerosol** (Ecol) / radioaktives Aerosol ‖ ~ **age determination** (Geol, Min, Nuc) / physikalische Altersbestimmung (z.B. von Mineralien, Gesteinen, Gläsern usw.) ‖ ~ **age determination** (Geol, Phys) / radiometrische Altersbestimmung, radiometrisches Verfahren der Altersbestimmung, radioaktive Altersbestimmung, Isotopenaltersbestimmung *f*, Radionuklidendatierung *f* ‖ ~ **agent** (Mil) / radioaktiver Kampfstoff ‖ ~ **atom*** (Nuc) / radioaktives Atom ‖ ~ **chain*** (Nuc) / radioaktive Familie, radioaktive Zerfallsreihe ‖ ~ **clock** (Geol) / radioaktive Uhr (ein Radioisotop zur absoluten Altersbestimmung) ‖ ~ **cloud** / radioaktive Wolke ‖ ~ **coalification** (Mining) / radioaktive Inkohlung ‖ ~ **constant** (Nuc) / Zerfallskonstante *f* ‖ ~ **contamination** (Nuc Eng, Radiol) / radioaktive Kontamination (Verunreinigung durch radioaktive Substanzen), radioaktive Verseuchung ‖ ~ **contamination in man** (Radiol) / radioaktive Kontamination im Menschen, innere Kontamination ‖ ~ **dating*** (a technique for estimating the age of an object by measuring the amounts of various radioisotopes compared to stable isotopes - carbon-14 dating is an example of this technique) (Geol, Phys) / radiometrische Altersbestimmung, radiometrisches Verfahren der Altersbestimmung, radioaktive Altersbestimmung, Isotopenaltersbestimmung *f*, Radionuklidendatierung *f* ‖ ~ **daughter** (Nuc) / Tochterprodukt *n* (DIN 25401), Tochtersubstanz *f*, Folgeprodukt *n* ‖ ~ **decay*** (Nuc) / radioaktiver Zerfall ‖ ~ **decay constant** (Nuc) / Zerfallskonstante *f* ‖ ~ **decay series** (Nuc) / radioaktive Familie, radioaktive Zerfallsreihe ‖ ~ **disintegration** (Nuc) / radioaktiver Zerfall ‖ ~ **displacement** (Chem, Nuc) / radioaktive Verschiebung (nach Fajans, Soddy und Russell) ‖ ~ **effluent** (Nuc Eng) / RA, radioaktiver Abfall (flüssig oder gasförmig), radioaktive Abfälle (flüssig oder gasförmig) ‖ ~ **element** (Chem, Nuc) / Radioelement *n* (DIN 25401), radioaktives Element (das keine stabilen Isotope besitzt) ‖ ~ **equilibrium*** (Nuc) / radioaktives Gleichgewicht (das bei einer radioaktiven Zerfallsreihe) ‖ ~ **fallout** (Ecol, Mil, Nuc Eng) / radioaktiver Niederschlag (der außerhalb des Explosionsorts niedergeht), Fallout *m* ‖ ~ **family** (Nuc) / radioaktive Familie, radioaktive Zerfallsreihe ‖ ~ **indicator** (Chem, Nuc) / radioaktiver Tracer, radioaktiver Indikator (ein Radionuklid, das zur Markierung dient), Radioindikator *m*, Radiotracer *m*, Tracer *m* (radioaktiver) ‖ ~ **ion microscopy** (Micros) / Mikroskopie *f* mit Radionuklidionen, RIM (Mikroskopie mit Radionuklidionen) ‖ ~ **isotope*** (Nuc) / Radioisotop *n* (ein radioaktives Isotop eines bestimmten Elements - DIN 6814, T 4) ‖ ~ **logging** (Oils) / Messung *f* der Radioaktivität in Bohrlöchern
**radioactively contaminated** (Radiol) / verstrahlt *adj*
**radioactive nuclide** (Nuc) / Radionuklid *n* (instabiles Nuklid), radioaktives Nuklid, Radionuclid *n*, radioaktives Nuclid ‖ ~ **purity** (Nuc) / Radionuklidreinheit *f* ‖ ~ **series*** (Nuc) / radioaktive Familie, radioaktive Zerfallsreihe ‖ ~ **standard*** (Nuc) / radioaktiver Standard, radioaktives Standardpräparat, RAD-Standard *m* (ein Präparat) ‖ ~ **tracer*** (Chem, Nuc) / radioaktiver Tracer, radioaktiver Indikator (ein Radionuklid, das zur Markierung dient), Radioindikator *m*, Radiotracer *m*, Tracer *m* (radioaktiver) ‖ ~ **transformation** (Nuc) / radioaktiver Zerfall ‖ ~ **waste** (Nuc Eng) / Atomabfall *m*, radioaktive Abfälle (DIN 25401, T 5), Atommüll *m*, radioaktiver Abfall (im Allgemeinen), RA (radioaktiver Abfall) ‖ ~ **waste disposal** (Nuc Eng) / Entsorgung *f* (nukleare) ‖ ~ **waste-disposal site** (Nuc Eng) / nukleares Entsorgungszentrum ‖ ~ **waste handling** (Nuc Eng) / Entsorgung *f* (nukleare)
**radioactivity*** *n* (Nuc) / Radioaktivität *f* (DIN 6814, T 4) ‖ ~ **discharge** (Nuc Eng, Radiol) / Radioaktivitätsabgabe *f* ‖ ~ **release** (Nuc Eng, Radiol) / Radioaktivitätsfreisetzung *f* (wie z.B. in Tschernobyl/Ukraine), Freisetzung *f* von Radioaktivität, Austritt *m* von Radioaktivität
**radio-aid** (Aero) / Funkhilfe *f*
**radioallergosorbent test#*** (Med, Radiol) / Radioallergosorbenstest *m*, Radioallergosorbenttest *m* (eine Variante der RIA zur Bestimmung von Allergenen), RAST
**radio altimeter** (Aero) / Radarhöhenmesser *m*, CW-FM-Höhenmesser *m*, Impulshöhenmesser *m* ‖ ~ **altimeter*** (a reflection altimeter) (Aero) / Funkhöhenmesser *m*, elektrischer Höhenmesser ‖ ~ **amateur** (Radio) / Amateurfunker *m*, Funkamateur *m*, Radioamateur *m* ‖ ~ **antenna** (Radio, TV) / Rundfunkantenne *f*

**radio-astronomical** *adj* (Astron) / radioastronomisch *adj*
**radio astronomy*** (Astron) / Radioastronomie *f* (Teilgebiet der Astronomie, das die kosmische Radiofrequenzstrahlung mit Wellenlängen von etwa 1 mm bis 20 m untersucht)
**radioautograph** *n* (Radiol) / autoradiografische Aufnahme, Autoradiogramm *n*
**radio beacon*** s. also beacon ‖ ~ **beacon*** *n* (Aero, Radar) / Funkfeuer *n* (ortsfester Sender zur Funkortung, beispielsweise durch Eigenortung), Funkbake *f* ‖ ~ **beam*** (Radio) / Richtstrahl *m* ‖ ~ **bearing*** (Radio) / Funkpeilung *f* (konkrete Angabe)
**radiobiochemical** *n* (Chem) / Radiobiochemikalie *f*
**radiobiological** *adj* (Biol) / radiobiologisch *adj*, strahlenbiologisch *adj*
**radiobiology*** *n* (Biol) / Radiobiologie *f* (die die Wechselwirkung ionisierender Strahlen mit biologischer Materie untersucht), Strahlenbiologie *f*
**radiobiophysics** *n* (Phys) / Strahlenbiophysik *f*
**radio blackout** (Radio, Space) / Blackout *n* (Totalausfall von Radiowellen infolge des Mögel-Dellinger-Effekts usw.) ‖ ~ **block** (Radio, Rail) / drahtloser Streckenblock ‖ ~ **broadcasting** (Radio, TV) / Rundfunk *m*, Rundfunksendung *f*, Rundfunkübertragung *f*, Broadcasting *n* ‖ ~ **broadcasting*** (Radio, TV) / Rundfunk *m* (Oberbegriff zu Funkdiensten für Ton-, Fernseh- und Bildfunksendungen) ‖ ~ **burst** (Astron) / Radioburst *m* (Strahlungsausbruch im Radiofrequenzbereich) ‖ ~ **burst** (Geophys, Radio) / Radioburst *m* (Intensitätserhöhung der solaren Radiofrequenzstrahlung) ‖ ~ **button** (a small circular widget used to select options within a Web page or a window and which can exist in an on or off state) (Comp) / Radioschalter *m* (erlaubt im Gegensatz zum Optionsfeld nur die Auswahl einer einzigen Option) ‖ ~ **cab** (Radio) / Funktaxi *n* (das über Sprechfunk mit einer Zentrale verbunden ist)
**radiocaesium*** *n* (Chem) / Radiozäsium *n*, Radiocäsium (meistens $^{137}$Cs)
**radio call** (Radio) / Funkruf *m* ‖ ~ **car** (Autos) / Funkwagen *m*
**radiocarbon*** *n* (Chem) / $^{14}$C, Radiokohlenstoff *m*, Kohlenstoff-14 *m*, radioaktives Isotop $^{14}$C ‖ ~ **dating** (Geol, Phys) / C-14-Methode *f*, Radiokohlenstoffdatierung *f*, Radiocarbonmethode *f*, Radiokarbonmethode *f* (der Altersbestimmung), Carbondatierung *f*, Karbondatierung *f* (zur Altersbestimmung organischer Reste; Verhältnis zwischen $C^{14}$ und $C^{12}$)
**radio cell** (a small geographical unit of a coverage area) (Teleph) / Funkzelle *f* (UMTS) ‖ ~ **centre** (Radio) / Funkzentrale *f*
**radiocesium** *n* (US) (Chem) / Radiozäsium *n*, Radiocäsium (meistens $^{137}$Cs)
**radio channel** (Radio) / Funkkanal *m*
**radiochemical** *adj* (Chem) / radiochemisch *adj*
**radiochemist** *n* (Chem) / Radiochemiker *m*
**radiochemistry*** *n* (Chem) / Radiochemie *f* (ein Teilgebiet der Kernchemie) ‖ ~* (Chem) s. also radiation chemistry
**radiochromatogram** *n* (Chem) / Radiochromatogramm *n*
**radiochromatography** *n* (Chem) / Radiochromatografie *f* (Kombination aus Chromatografie und Radiografie bzw. Radiometrie)
**radiocinematography** *n* (Radiol) / Röntgenkinematografie *f*
**radio circuit*** (Telecomm) / Funkverbindung *f*
**radiocobalt** *n* (Chem, Med, Radiol) / radioaktives Kobalt, radioaktives Cobalt, Radiokobalt *n*, Radiocobalt *n*
**radiocolloid*** *n* (Nuc) / Radiokolloid *n*
**radio communication*** (Radio) / Funkverbindung *f*, Funkkontakt *m* ‖ ~ **communication*** (Radio) / Funkverkehr *m*, Funkbetrieb *m* (Verkehr), Funk *m* ‖ ~ **compass*** (Aero, Radio, Ships) / Funkkompass *m* (Form des Funkpeilers), Radiokompass *m* ‖ ~ **contact** (Radio) / Funkverbindung *f*, Funkkontakt *m* ‖ ~ **control** (Radio) / Funksteuerung *f* ‖ ~**-controlled** *adj* (Radio) / funkgesteuert *adj* ‖ ~ **coupler** (Aero) / Radiokoppler *m* (Verarbeitung der vom Luftfahrzeug empfangenen Navigationsfunksignale in Steuersignale für den automatischen Flug)
**radiocurable** *adj* (Radiol) / durch Bestrahlung heilbar
**radio data system** (Radio) / Radio-Data-System *n* (europaweit genormte Methode für die Übertragung von Daten zur Information oder/und Steuerung von Empfängern im UKW-Rundfunk parallel zum laufenden Programm), RDS (Radio-Data-System), Radiodatensystem *n* (ein Rundfunkinformationssystem) ‖ ~ **data transmission** (Comp, Teleph) / Datenfunk *m* (Modacom, Mobitex) ‖ ~ **detection** (Mil) / Funkerfassung *f* ‖ ~ **DF** (Aero, Radio, Ships) / Funkpeiler *m*
**radiodiagnosis** *n* (the branch of medical radiology concerned with the application of X-rays to diagnosis) (Radiol) / Röntgendiagnostik *f*
**radio direction-finder** (Aero, Radio, Ships) / Funkpeiler *m* ‖ ~ **direction-finding*** (Aero, Radio, Ships) / Funkpeilen *n* (als Betrieb)
**radiodisinfestation** *n* (Agric, Med, Radiol) / Strahlendesinfestation *f*, Strahlenentwesung *f*

**radio disturbance** (Radio) / Funkstörung f (elektromagnetische Störung im Funkfrequenzbereich)
**radio-Doppler** n (Radio) / Funk-Doppler m
**radio duct** (Radio) / troposphärischer Duct, troposphärischer Wellenleiter, Dukt m || **~ echo** (Radio) / Funkecho n
**radioecological** adj (Biol, Ecol) / radioökologisch adj
**radioecology** n (Biol, Ecol) / Radioökologie f (Wissenschaft von der Beziehung der Organismen zur Umwelt unter Einfluss radioaktiver Strahlungen)
**radio-element*** n (Chem, Nuc) / Radioelement n (DIN 25401), radioaktives Element (das keine stabilen Isotope besitzt)
**radio engineer** (Radio) / Funktechniker m || **~ engineering** (Radio) / Funktechnik f || **~ exchange** (Radio) / Rundfunk-Relaisstation f (für drahtgebundene Weiterleitung) || **~ facility** (Radio, Telecomm) / Funkanlage f || **~ fade-out** (Geophys, Radio) / Mögel-Dellinger-Effekt m (exzessive Dämpfung der Funkwellen im Kurzwellenbereich als Auswirkung des Sonneneruptionseffekts)
**radiofax** n (Radio) / Funkfax n
**radio fix** (Nav, Radio) / Funkstandort m, Standort m nach Funkpeilung, durch Funk festgelegter Standort || **~ frequency*** (Radio) / Radiofrequenz f (zur Funkübertragung bestimmte Frequenzlage), RF (Radiofrequenz), Funkfrequenz f || **~ frequency*** (Telecomm) / Hochfrequenz f, HF (Hochfrequenz)
**radio-frequency accelerator** (Nuc Eng) / Hochfrequenzbeschleuniger m, HF-Beschleuniger m || **~ channel** (Radio) / Funkkanal m, Radiokanal m || **~ connector** (Telecomm) / Hochfrequenzsteckverbindung f, HF-Steckverbindung f || **~ electromagnetic radiation** (Astron) / Radiofrequenzstrahlung f, Radiostrahlung f (elektromagnetische Strahlung kosmischer Objekte im Wellenlängenbereich der Kurz-, Ultrakurz- und Mikrowellen, deren Erforschung Aufgabe der Radioastronomie ist) || **~ field** (Radio) / Hochfrequenzfeld n || **~ generator** (Elec Eng, Welding) / Hochfrequenzgenerator m, HF-Generator m (zur Erzeugung von elektrischen Hochfrequenzströmen bzw. -feldern hoher Frequenzkonstanz) || **~ heating*** (Elec Eng, Heat) / Hochfrequenzerwärmung f, Erhitzung f durch Hochfrequenz, HF-Erwärmung f || **~ identification** (a method of remotely storing and retrieving data using devices called RFID tags) (Comp, Radio, Telecomm) / Funkfrequenzidentifizierung f, Hochfrequenzidentifikation f (z.B. bei den Einkaufschips) || **~ induction plasma torch** (Eng, Plasma Phys) / Hochfrequenzplasmabrenner m, Induktionsplasmabrenner m, Plasmafackel f, Elektronenfackel f || **~ interference** (Radio, Telecomm) / Hochfrequenzstörung f, HF-Störung f || **~ mass spectrometer** (Phys, Spectr) / Hochfrequenzmassenspektrometer n || **~ polarography** (Chem, Elec Eng) / Hochfrequenzpolarografie f, HF-Polarografie f, HFP (HF-Polarografie), Radiofrequenzpolarografie f, RFP (Radiofrequenzpolarografie) || **~ quadrupole** (Nuc Eng) / Radiofrequenzquadrupol m (ein Linearbeschleuniger für Ionenstrahlen), Hochfrequenzquadrupol m, RFQ (Radiofrequenzquadrupol) || **~ size effect** / Radiofrequenz-Size-Effekt m, Gantmacher-Effekt m || **~ spectroscopy** (Spectr) / Radiofrequenzspektroskopie f (eine Art Hochfrequenzspektroskopie) || **~ spectrum** (Radio) / Funkspektrum n, Funkfrequenzspektrum n || **~ sputtering** (Electronics, Met) / Katodenzerstäubung, bei der die Gasentladung durch Hochfrequenz angeregt wird || **~ transistor** (Electronics) / RF-Transistor m (ein Mikrowellentransistor) || **~ transparency** (Radio, Space) / Durchlässigkeit f (des Konstruktionsmaterials) für HF-Übertragungen || **~ welding** (Plastics, Welding) / Hochfrequenzschweißen n, HF-Schweißen n (DIN 1910)
**radio galaxy*** (Astron) / Radiogalaxis f, Radiogalaxie f || **~ gas chromatography** (Chem) / Radio-Gaschromatografie f
**radiogenic*** adj (Nuc) / radiogen adj (durch radioaktiven Zerfall entstanden, wie z.B. Blei in Uranerzen) || **~** (Radio) / für Rundfunkübertragung geeignet, rundfunkgerecht adj || **~ isotope geology** (Geol) s. also radioactive clock || **~ isotope geology** (Geol) / Isotopenuntersuchungen f pl (zur absoluten Altersbestimmung geologischer Ereignisse)
**radio geology** (Geol, Geophys) / Funkgeologie f (ein Verfahren der angewandten Geophysik), Funkmutung f
**radio-goniometer*** n (Radio) / Radiogoniometer n
**radiogram** n (GB) (Electronics) / Musiktruhe f, Kompaktanlage f || **~** (Materials, Med, Radiol) / Röntgenogramm n, Röntgenaufnahme f, Röntgenbild n (entweder Röntgenaufnahme oder Röntgenschirmbild) || **~** (a telegram sent by radio) (Radio) / Radiotelegramm n, Funktelegramm n || **~** (Radio) / Funkspruch m, Funkmeldung f, Funknachricht f, Radiomeldung f || **~** (Radiol) / Schirmbild n, Röntgenschirmbild n || **~** (Radiol) / Radiogramm n (Röntgenbild, Gammastrahlaufnahme)
**radiogramophone** n (Electronics) / Musiktruhe f, Kompaktanlage f

**radiograph** n (Materials, Med, Radiol) / Röntgenogramm n, Röntgenaufnahme f, Röntgenbild n (entweder Röntgenaufnahme oder Röntgenschirmbild) || **~** (Materials, Met) / Radiografiegerät n || **~** (Radiol) / Schirmbild n, Röntgenschirmbild n || **~** (Radiol) / Radiogramm n (Röntgenbild, Gammastrahlaufnahme)
**radiographer** n (Radiol) / Röntgentechniker m, Radiograf m
**radiographic crawler** (Civ Eng) / Isotopenmolch m (zur inneren Röntgenprüfung von Rohrschweißnähten) || **~ flaw detection** (Crystal, Materials) / Röntgengrobstrukturuntersuchung f, Röntgengrobstrukturanalyse f || **~ inspection** (Materials) / Durchstrahlung f (eine Werkstoffstrukturprüfung), Durchstrahlungsverfahren n (mit Hilfe von Röntgen-, Gamma- und Neutronenstrahlen - DIN EN 1435), Prüfung f mit Röntgen-, Neutronen- und Gammastrahlen, Radiografie f (DIN EN 1435) || **~ method** (of non-destructive testing) (Materials) / Durchstrahlung f (eine Werkstoffstrukturprüfung), Durchstrahlungsverfahren n (mit Hilfe von Röntgen-, Gamma- und Neutronenstrahlen - DIN EN 1435), Prüfung f mit Röntgen-, Neutronen- und Gammastrahlen, Radiografie f (DIN EN 1435)
**radiography** n (industrial) (Materials) / Durchstrahlung f (eine Werkstoffstrukturprüfung), Durchstrahlungsverfahren n (mit Hilfe von Röntgen-, Gamma- und Neutronenstrahlen - DIN EN 1435), Prüfung f mit Röntgen-, Neutronen- und Gammastrahlen, Radiografie f (DIN EN 1435) || **~** (Photog, Phys) / Radiografie f (die Sichtbarmachung ionisierender Strahlung mittels fotografischen Materials - die erhaltenen Aufnahmen heißen Radiogramme, Röntgenogramme oder Röntgenaufnahmen)
**radio guidance** (Mil, Nav) / Funkführung f, Radioführung f, Funklenkung f, Radiolenkung f || **~ ham** (Radio) / Amateurfunker m, Funkamateur m, Radioamateur m || **~ heating*** (Elec Eng, Heat) / Hochfrequenzerwärmung f, Erhitzung f durch Hochfrequenz, HF-Erwärmung f || **~ horizon*** (Radio) / Radiohorizont m, Funkhorizont m (maximale Reichweite von elektromagnetischen Wellen im Bereich bis zu 3 GHz), Radiosichtweite f (die Grenze der vom Sender bzw. Empfänger elektromagnetischer Wellen eingesehenen Flächen)
**radioimmunoassay** n (Med, Radiol) / Radioimmunanalyse f, Radioimmuntest m, Radioimmunassay m n, Radioimmunoassay m n, RIA
**radioimmunological** adj (Med) / radioimmunologisch adj
**radioimmunology** n (Med) / Radioimmunologie f
**radioimmunosorbent test*** (Med, Radiol) / Radioimmunosorbenttest m (eine Variante der RIA), RIST (Radioimmunosorbenttest)
**radio installation** (Radio) / Funkanlage f, Funkeinrichtung f || **~ intercept** (Mil) / Funkerfassung f || **~ interface** (Radio, Teleph) / Luftschnittstelle f, Funkschnittstelle f || **~ interference** (Radio) / Funkstörung f (elektromagnetische Störung im Funkfrequenzbereich) || **~ interference level** (Radio) / Funkstörgrad m || **~ interference suppression capacitor** (Radio) / Funkentstörkondensator m (DIN 57565) || **~ interferometer** (Astron) / Radiointerferometer n (zur Verbesserung des Auflösungsvermögens des Radioteleskops) || **~ interferometry** (Astron) / Radiointerferometrie f
**radiointoxication** n (Radiol) / Radiointoxikation f (Schadwirkung durch radioaktive Emissionen)
**radioiodine*** n (Chem, Med) / Radioiod n (z.B. zur nuklearmedizinischen Untersuchung der Schilddrüsenfunktion), radioaktives Iod (meistens Iod-131)
**radioisotope*** n (Nuc) / Radioisotop n (ein radioaktives Isotop eines bestimmten Elements - DIN 6814, T 4) || **~ battery** (Nuc Eng) / Radionuklidbatterie f (direkte, indirekte), Isotopenbatterie f, strahlengalvanisches Element, Kernbatterie f, RNB (Radionuklidbatterie), Atombatterie f || **~ diagnostics** (Med) / Radionuklidiagnostik f, Radioisotopendiagnostik f, Isotopendiagnostik f || **~ thermoelectric generator*** (Nuc Eng) / Radionuklidbatterie f mit thermoelektrischem Wandler, Isotopenbatterie f mit thermoelektrischem Konverter || **~ tomography** (Radiol) / Radionuklidtomografie f, Tomografie f mit Radionukliden
**radioisotopic** adj (Chem) / radioisotopisch adj || **~ generator** (Nuc Eng) / Radionuklidbatterie f (direkte, indirekte), Isotopenbatterie f, strahlengalvanisches Element, Kernbatterie f, RNB (Radionuklidbatterie), Atombatterie f || **~ purity*** (Chem) / radioisotopische Reinheit
**radiolabel** v (Chem) / markieren v (mit radioaktiven Atomen) || **~** n (Chem, Nuc) / Markierung f (mit radioaktiven Atomen)
**radiolabelling** n (Chem, Nuc) / Markierung f (mit radioaktiven Atomen)
**Radiolaria*** pl (Zool) / Radiolaria pl, Radiolarien f pl, Strahlentierchen n pl
**radiolarian chert*** (Geol) / Radiolarit m (eine kieselige Substanz von Radiolarienskeletten) || **~ ooze*** (a deep-sea pelagic sediment containing at least 30% opaline-silica tests of radiolarians) (Geol,

**radiolarite**

Ocean) / Radiolarienschlamm *m* (ein Tiefseesediment - unverfestigtes Kieselgestein)
**radiolarite*** *n* (Geol) / Radiolarit *m* (eine kieselige Substanz von Radiolarienskeletten)
**radiolead** *n* (Chem) / Radioblei *n* (radioaktives Bleiisotop $^{210}$Pb-RaD)
**radio licence holder** (Radio, TV) / Rundfunkteilnehmer *m* || ~ **link*** (Radio) / Funkstrecke *f*, Funkübertragungsweg *m*, Radiolink *m* || ~ **link*** (Radio) / Richtfunkverbindung *f*
**radio-link control** (Teleph) / RLC-Schicht *f* (UMTS), Funkverbindungssteuerung *f* || ~ **protocol** (Teleph) / Luftschnittstellenprotokoll *n*, LAP (Luftschnittstellenprotokoll)
**radio lobe** (Astron) / Radiolobe *m*, Radioblase *f* (Emissionsform einer Radiogalaxie)
**radiolocation*** *n* (Radar) / Funkortung *f*
**radiologic** *adj* (Med) / radiologisch *adj*
**radiological** *adj* (Med) / radiologisch *adj* || ~ **contrast substance** (Radiol) / Kontrastmittel *n* (zur Steigerung der optischen Kontraste), KM (Kontrastmittel), Röntgenkontrastmittel *n* || ~ **defence** (Mil) / radiologische Abwehr, Abwehrmaßnahmen *f pl* gegen Strahlengefahren || ~ **engineering** (Radiol) / Strahlenschutztechnik || ~ **physics** (dealing with medical and industrial application of ionizing radiation) (Med, Phys) / radiologische Physik (angewandte Strahlenphysik) || ~ **protection** (Radiol) / Personen- und Materialstrahlenschutz *m*, Strahlenschutz *m* (in der Radiologie) || ~ **safety inspector** (Radiol) / Strahlenschutzbeauftragter *m*, Strahlenschutztechniker *m* || ~ **safety officer*** (Radiol) / Strahlenschutzbeauftragter *m*, Strahlenschutztechniker *m*
**radiologist** *n* (Med) / Facharzt *m* für Radiologie, Radiologe *m* || ~ (Med, Radiol) / Röntgenologe *m*
**radiology*** *n* (Med) / Radiologie *f* (eine Fachrichtung der Medizin = Röntgendiagnostik + Nuklearmedizin + Strahlentherapie) || ~* (Radiol) / Röntgenologie *f*, Röntgenkunde *f*
**radiolucent** *adj* (transparent to X-rays) (Radiol) / röntgenstrahlendurchscheinend *adj*, strahlendurchlässig *adj*, diaktin *adj*
**radioluminescence*** *n* (Phys) / Radiolumineszenz *f* (durch radioaktive Strahlung hervorgerufene Lumineszenz)
**radiolysis*** *n* (pl. -lyses) (Nuc) / strahlenchemische Zersetzung, Radiolyse *f* (Spaltung durch Einwirkung von ionisierender Strahlung)
**radiolytic** *adj* (Nuc) / radiolytisch *adj*
**radioman** *n* (pl. -men) (Radio) / Funker *m*
**radiomedical** *adj* (Med, Radio) / funkärztlich *adj* (Beratung)
**radio•-mesh navigation system** (Radar) / Radarsystem *n* mit maschenförmigem Hyperbelnetz || ~ **message** (Radio) / Funkspruch *m*, Funkmeldung *f*, Funknachricht *f*, Radiomeldung *f* || ~ **messaging system** (Telecomm) / Funkmitteilungssystem *n* (z.B. ERMES)
**radiometallography** *n* (Met) / Metallradiografie *f*, Radiometallografie *f*
**radio meteor** (Astron, Radar) / Radiometeor *m*
**radiometeorograph** *n* (Meteor, Radio) / Radiosonde *f* (wichtigstes Standardmessgerät der Aerologie), Funksonde *f*, Aerosonde *f*
**radiometeorology** *n* (Meteor) / Radiometeorologie *f*
**radiometer** *v* (Geophys) / radiometrisch bestimmen || ~* *n* (Acous, Phys) / Radiometer *n* (hoch empfindliches Strahlungsmessgerät) || ~ (Geol) / radiometrische Sonde (Gerät zur Untersuchung der Radioaktivität von Gesteinen und Gesteinsverbänden sowie zum Auffinden von Lagerstätten radioaktiver Minerale) || ~ **equation** (Radar) / Radiometergleichung *f*
**radiometric** *adj* (Geophys) / radiometrisch *adj*, Radiometer- || ~ **age*** (Geol, Nuc) / radiometrisches Alter || ~ **dating*** (Geol, Min, Nuc) / physikalische Altersbestimmung (z.B. von Mineralien, Gesteinen, Gläsern usw.) || ~ **dating*** (Geol, Phys) / radiometrische Altersbestimmung, radiometrisches Verfahren der Altersbestimmung, radioaktive Altersbestimmung, Isotopenaltersbestimmung *f*, Radionuklidendatierung *f* || ~ **titration** (Chem) / radiometrische Endpunktbestimmung, radiometrische Titration
**radiometry** *n* (Chem) / Radiometrie *f* (quantitative Bestimmung von Substanzen aufgrund der von ihnen emittierten radioaktiven Strahlung) || ~ (Geol, Mining) / Radiometrie *f*, radiometrisches Aufschlussverfahren, radiometrisches Prospektieren || ~ (Geophys, Optics) / Radiometrie *f* (Messungen an Strahlenfeldern) || ~ (Materials) / Radiometrie *f* (ein Durchstrahlungsverfahren)
**radiomicrometer** *n* (Acous, Phys) / Mikroradiometer *n*
**radiomicrophone*** (Acous, Radio) / kabelloses Mikrofon, drahtloses Mikrofon
**radiomimetic*** *adj* (Med, Pharm, Radiol) / radiomimetisch *adj* (Substanz, die auf den Organismus ähnlich wirken wie ionisierende Strahlung)
**radiomutation** *n* (Gen) / Strahlmutation *f*, Bestrahlungsmutation *f*
**radionavigation** *n* (Nav) / Funknavigation *f* (Führung eines Fahrzeugs auf einem gewünschten Weg mit Funkortung oder mit Funkleitung), Radionavigation *f*

**radionecrosis** *n* (Med, Radiol) / Strahlennekrose *f*, Radionekrose *f*, Röntgennekrose *f*, Gewebszerstörung *f* durch Strahleneinwirkung
**radio net** (Radio) / Funknetz *n* || ~ **network** (Radio) / Funknetz *n* || ~ **network architecture** (Radio) / Funknetzgestaltung *f* || ~ **network controller** (the equipment in the RNS which is in charge of controlling the use of the radio resources by controlling one or more node Bs) (Radio, Teleph) / Funknetzsteuerung *f* (das Netzelement des RNS, welches über die Steuerung einer oder mehrerer Node Bs die Verwendung der Funkresourcen steuert), Radio Network Controller *m* (Funknetzsteuerung) || ~ **network subsystem** (Radio, Teleph) / Funkteilsystem *n* (Teilsystem des UTRAN, das aus einem RNC sowie einem oder mehreren Node Bs besteht), Radio Network Subsystem *n*
**radionics** *n* (Electronics, Med) / Elektronik *f* (Radioelektronik)
**radio noise** (Radio) / Funkrauschen *n* (elektromagnetisches Rauschen im Funkfrequenzbereich)
**radionuclide*** *n* (Nuc) / Radionuklid *n* (instabiles Nuklid), radioaktives Nuklid, Radionuclid *n*, radioaktives Nuclid || ~ **battery** (Nuc Eng) / Radionuklidbatterie *f* (direkte, indirekte), Isotopenbatterie *f*, strahlengalvanisches Element, Kernbatterie *f*, RNB (Radionuklidbatterie), Atombatterie *f* || ~ **diagnostics** (Med) / Radionukliddiagnostik *f*, Radioisotopendiagnostik *f*, Isotopendiagnostik *f* || ~ **imaging*** (Med) / Radionuklid-Aufnahmetechnik *f* (in der Nuklearmedizin - z.B. Szintigrafie) || ~ **migration** (Geophys) / Radionuklidmigration *f* (in der Geosphäre)
**radio-opaque** *adj* (Radiol) / röntgenstrahlenundurchlässig *adj*, radiopak *adj*, strahlenundurchlässig *adj*, [sehr oft auch] undurchlässig für Röntgenstrahlen
**radio operator** (Radio) / Funker *m* || ~ **paging** (Radio) / [selektives] Ausrufen *n* (einer Person), Rufen *n* (einer Person), Funkruf *m* (öffentlicher Personenruf), Personenruf *m*, Funkrufdienst *m* (Nichtsprach-Funksystem zur Übermittlung von Signalen und Rufdaten)
**radio-paging service** (Radio) / Funkrufdienst *m* (Übermittlung von Kodesignalen von allen öffentlichen Sprechstellen zu beweglichen Teilnehmern, die mit entsprechenden Empfängern ausgerüstet sind - z.B. ERMES)
**radiopaque*** *adj* (Radiol) / röntgenstrahlenundurchlässig *adj*, radiopak *adj*, strahlenundurchlässig *adj*, [sehr oft auch] undurchlässig für Röntgenstrahlen
**radio patrol car** (a police patrol car) / Funkstreifenwagen *m*, Streifenwagen *m*, Einsatzwagen *m* (der Polizei)
**radiopharmaceutic** *adj* (Pharm) / radiopharmazeutisch *adj*
**radiopharmaceutical** *n* (Pharm) / Nuklearpharmakon *n* (pl. -ka), radioaktives Präparat, Radiopharmazeutikum *n* (pl. -tika), Radiopharmakon *n* (pl. -ka) || ~ *adj* (Pharm) / radiopharmazeutisch *adj*
**radiophone** (Aero, Radio, Teleph) / Sprechfunkgerät *n*, Funktelefon *n*, Funkfernsprecher *m*
**radiophosphorus** *n* (Chem) / Radiophosphor *m*, Phosphor *m* 32
**radiophotoluminescence*** *n* (Phys) / Radiofotolumineszenz *f* || ~ **effect** (Phys) / Radiofotolumineszenzeffekt *m*
**radiophotoluminescent dosemeter** (Radiol) / Radiofotolumineszenz-Dosimeter *n*, RPL-Dosimeter *n* || ~ **dosimeter** (Radiol) / Radiofotolumineszenz-Dosimeter *n*, RPL-Dosimeter *n*
**radio pliers** (Tools) / Flachrundzange *f*, Spitzzange *f*, Telefonzange *f* || ~ **position-finding** (Radar) / Funkortung *f* || ~ **prospection** (Geol) / Funkmutung *f*
**radioprotection** *n* (Radiol) / Personen- und Materialstrahlenschutz *m*, Strahlenschutz *m* (in der Radiologie)
**radioprotective** *adj* / Strahlenschutz-
**radio proximity fuse** (Mil) / HF-Annäherungszünder *m* || ~ **radiation** (electromagnetic radiation) (Astron) / Radiofrequenzstrahlung *f*, Radiostrahlung *f* (elektromagnetische Strahlung kosmischer Objekte im Wellenlängenbereich der Kurz-, Ultrakurz- und Mikrowellen, deren Erforschung Aufgabe der Radioastronomie ist) || ~ **range*** (Nav) / Kursfunkfeuer *n* || ~ **range*** (Nav) / Leitstrahlfunkfeuer *n* (das mit funktechnischen Mitteln Signale erzeugt, die auf einer Referenzlinie oder einer Referenzfläche einen Leitstrahl bilden und dadurch eine gute Orientierungshilfe sind) || ~ **range** (Radio, Telecomm) / Sendereichweite *f*, Bereich *m* (Reichweite) || ~ **receiver** (Radio) / Empfängerteil *n* eines Funkgerätes, Funkempfänger *m* || ~ **recorder** (Radio) / Radiorekorder *m*, Radiorecorder *m* (Kassettenrecorder mit einem Rundfunkempfangsteil) || ~ **regulations** (Telecomm) / Vollzugsordnungen *f pl* für den Funkdienst || ~ **relay** (Radio) / Funkbrücke *f* || ~ **relay** (Radio) / Richtfunkverbindung *f* || ~ **relay section** (Radio) / Richtfunkabschnitt *m* || ~ **relay station*** (Radio) / Richtfunkstelle *f*

1266

**radioresistance** n (Nuc Eng, Radiol) / Strahlenbeständigkeit f, Strahlungsresistenz f, Strahlenresistenz f
**radioresistant*** adj (Nuc Eng, Radiol) / strahlenbeständig adj, strahlungsresistent adj, strahlenresistent adj
**radio resource control** (Radio) / Radio Resource Control f, RRC-Teilschicht f (der Steuerungsebene der Schicht 3 des UTRA-Protokollstapels) ‖ **~ room** (Ships) / FT-Raum m, Funkraum m ‖ **~ scattering** (Radio) / Streuecho n (unterschiedliche Reflexionen elektromagnetischer Wellen an ungleichmäßig starken Teilchenkonzentrationen in der Ionosphäre)
**radioscintillation** n (Astron) / Radioszintillation f
**radioscopy** n (Radiol) / Röntgenoskopie f, Durchleuchtung f (eine Form der Röntgenuntersuchung), Röntgendurchleuchtung f, Radioskopie f
**radiosensitive*** adj (Med, Radio, Telecomm) / strahlenempfindlich adj, strahlungsempfindlich adj, radiosensitiv adj, empfindlich gegen Strahlen
**radio service** (US) (Radio, Telecomm) / Funkdienst m (Funkverkehr zwischen zwei oder mehreren Funkstellen)
**radio-service on trains** (Rail, Telecomm) / Zugfunk m (öffentlicher und nichtöffentlicher)
**radio set** (Radio) / Funkanlage f, Funkeinrichtung f ‖ **~ set** (Radio) / Hörfunkempfänger m, Radioempfänger m, Rundfunkempfänger m, Tonrundfunkempfänger m, Radio n, Radioapparat m ‖ **~ signal** (Radio) / Funksignal n
**radiosity** n (Light) / Radiosity f (Lichtenergiekalkül)
**radiosodium** n (Chem) / radioaktives Natrium, Radionatrium n
**radiosonde*** n (Med, Meteor, Radio) / Radiosonde f (wichtigstes Standardmessgerät der Aerologie), Funksonde f, Aerosonde f
**radio source** (Astron) / Radioquelle f (mit starker Radiostrahlung) ‖ **~ spectroscope** (Astron) / Radiospektroskop n (ein Radioteleskop für die Sonnenphysik) ‖ **~ spectrum** (Astron, Spectr) / Radiospektrum n (einer kosmischen Radioquelle) ‖ **~ spectrum*** (Radio) / Funkspektrum n, Funkfrequenzspektrum n ‖ **~ star** (Astron) / Radiostern m (veraltete Bezeichnung für Radioquelle) ‖ **~ station** (Radio, Telecomm) / Funkstation f, Station f, Funkstelle f (Sender oder Empfänger) ‖ **~ station** (Radio, TV) / Rf-Sender m, Rundfunksender m
**radio-station interference** (Radio) / Funkstörung f (durch fremde Sender)
**radio storm** (Radio) / Radiosturm m (unregelmäßige, längere Zeit andauernde Verstärkung in der Radiofrequenzstrahlung der Sonne)
**radiostrontium** n (Chem) / radioaktives Strontium (meistens Strontium-90)
**radiosulphur** n (Chem) / Radioschwefel m, Schwefel-35 m
**radio taxi** (Radio) / Funktaxi n (das über Sprechfunk mit einer Zentrale verbunden ist)
**radio-telefax** n (Radio) / Funkfax n
**radio-telegram** n (Radio) / Radiotelegramm n, Funktelegramm n
**radio-telegraphy** n (Radio, Teleg) / Tastfunk m, drahtlose Telegrafie, Funktelegrafie f ‖ **~ operator** (Aero) / Tastfunker m, Funktelegrafist m
**radio telemetry** (Biol, Med) / Radiotelemetrie f (eine biotelemetrische Methode)
**radio-telephone** n (Aero, Radio, Teleph) / Sprechfunkgerät n, Funktelefon n, Funkfernsprecher m
**radio-telephony*** n (Radio, Teleph) / Sprechfunk m (Übertragung von Sprache über Funkwege) ‖ **~ exchange** (Radio) / Funksprechzentrale f ‖ **~ operator** (Aero, Radio, Teleph) / Sprechfunker m, Funktelefonist m
**radio telescope*** (Astron) / Radioteleskop n (ein radioastronomisches Instrument)
**radio-teletype** n (message) (Radio) / Funkfernschreiben n, RTTY (radioteletype - Funkfernschreiben)
**radiotelex** n (Radio) / Funkfernschreiben n, RTTY (radioteletype - Funkfernschreiben)
**radiotherapy*** n (Radiol) / Strahlenheilkunde f, Strahlentherapie f (mit Hilfe von ionisierender Strahlung), Radiotherapie f (eine Fachrichtung der Radiologie)
**radiothermoluminescence*** n (Phys) / Radiothermolumineszenz f
**radiothorium*** n (Chem) / Radiothorium n (alte Bezeichnung für Thorium 228), Thorium 228 n
**radio-tower** n (Radio) / Funkturm m, Antennentragwerk n (DIN 4131), Antennenturm m
**radiotoxic** adj (Chem, Radiol) / radiotoxisch adj
**radiotoxicity** n (Chem, Radiol) / Radiotoxizität f (Maß der Gesundheitsschädlichkeit eines Radionuklids)
**radiotracer** n (Chem, Nuc) / radioaktiver Tracer, radioaktiver Indikator (ein Radionuklid, das zur Markierung dient), Radioindikator m, Radiotracer m, Tracer m (radioaktiver)
**radio tracking** (Biol, Med) / Radiotracking n (eine biotelemetrische Methode) ‖ **~ traffic news** (Autos, Radio) / Verkehrsnachrichten f pl ‖

**~ traffic service** (Autos, Radio) / Verkehrsfunk m (Service der Rundfunkanstalten zur regelmäßigen Information über die Straßenverkehrslage) ‖ **~ transmission** (Radio) / Funkübertragung f ‖ **~ transmitter** (Radio) / Funksender m, Radiosender m, Fu-Sd, Funksendegerät n ‖ **~ transmitter** (Radio, TV) / Rf-Sender m, Rundfunksender m
**radiotransparent** adj (Radiol) / röntgenstrahlen- und gammastrahlendurchlässig adj
**radio unit** (Radio) / Funkanlage f, Funkeinrichtung f ‖ **~ warning system** (Radio) / Warnfunknetz n ‖ **~ wave** (Radio) / Radiowelle f (elektromagnetische Welle im Radiofrequenzbereich), Funkwelle f ‖ **~-wave propagation** (Radio) / Radiowellenausbreitung f, Funkwellenausbreitung f ‖ **~-web navigation system** (Radar) / Radarsystem n mit maschenförmigem Hyperbelnetz ‖ **~ window** (Astron, Geophys, Telecomm) / Radiofenster n
**radium*** n (Chem) / Radium n, Ra (Radium) ‖ **~ bromide** (RaBr$_2$) (Chem, Med) / Radiumbromid n ‖ **~ carbonate** (RaCO$_3$) (Chem) / Radiumkarbonat n, Radiumcarbonat n ‖ **~ chloride** (RaCl$_2$) (Chem, Paint) / Radiumchlorid n ‖ **~ emanation** (Chem) / Radiumemanation f (Radonisotop 222) ‖ **~ needle*** (Radiol) / Radiumnadel f (radioaktives Präparat, das im Allgemeinen aus einer mit Radiumsalz gefüllten Platinröhre besteht, deren eine Seite zu einer Spitze ausgebildet ist, während die andere Seite eine Öse enthält - heute fast nicht mehr benutzt) ‖ **~ sulphate** (Chem) / Radiumsulfat n (RaSO$_4$) ‖ **~ therapy*** (Radiol) / Radiumbehandlung f, Radiumtherapie f (eine veraltende medizinische Methode)
**radius** v (Eng) / runden v, ausrunden v (Ecken), abrunden v (Ecken, Kanten) ‖ **~*** (pl. -ii or -uses) (Eng) / Hebel m (in der Heusinger-Steuerung) ‖ **~*** (pl. -ii or -uses) (Maths) / Radius m, Halbmesser m (des Kreises, des sphärischen Kreises, der Kugel)
**radius arm** (Eng) / Ausleger m (der Radialmaschine) ‖ **~ brick*** (Arch, Build) / Radialstein m (mit ebenen Kopfflächen), Querwölber m ‖ **~ convergence** (Maths) / Konvergenzradius m (bei Reihen)
**radiused edge** (Eng) / gerundete Kante, abgerundete Kante
**radius form cutter** (Eng) / Viertelkreisfräser m, Radiusfräser m (DIN 6513) ‖ **~ gauge*** (Eng) / Radiuslehre f, Rundungslehre f, Radiusschablone f ‖ **~ of action*** (Aero) / Aktionsradius m (Strecke, die ein Luftfahrzeug in einer Richtung fliegen kann, wenn es zum Ausgangspunkt ohne Nachtanken zurückkehren soll) ‖ **~ of curvature*** (Civ Eng, Maths) / Krümmungsradius m, Krümmungshalbmesser m (Halbmesser des Krümmungskreises) ‖ **~ of gyration*** (Build, Maths, Mech) / Trägheitsradius m (eines starren Körpers nach DIN 13317), Trägheitshalbmesser m ‖ **~ of gyration** (Chem) / Gyrationsradius m, Trägheitsradius m (eines Moleküls) ‖ **~ of inversion*** (Maths) / Radius m des Grundkreises einer Inversion ‖ **~ of oscillation** (Phys) / Schwingungsradius m ‖ **~ of safety** / Sicherheitsradius m ‖ **~ of the sphere** (Maths) / Kugelradius m ‖ **~ of the universe** (Maths) / Weltradius m (Radius des gekrümmten dreidimensionalen Raums) ‖ **~ of turn** (Autos) / Wendehalbmesser m, Wenderadius m ‖ **~ quotient** (Crystal) / Radienquotient m, Radienverhältnis n (der Quotient aus den Radien von streng kugelförmigen Bausteinen der Sorten A und B in einem Kristall) ‖ **~ ratio** (the ratio of the radius of a cation to the radius of an ion) (Chem, Phys) / Radienquotient m, Ionenradienverhältnis n ‖ **~ ratio** (Crystal) / Radienquotient m, Radienverhältnis n (der Quotient aus den Radien von streng kugelförmigen Bausteinen der Sorten A und B in einem Kristall) ‖ **~ ride** (Autos, Eng) / Kantenträger m (z.B. Anlaufen der Kurbelwangen/Lagerzapfen-Hohlkehle an den Lagerschalenkanten) ‖ **~ rod*** (Build) / Radiusschiene f (zum Abstecken eines Kreisbogens) ‖ **~ rod** (Eng) / Hebel m (in der Heusinger-Steuerung) ‖ **~ set** (Autos) / Kugelbund m (z.B. von Radschrauben) ‖ **~ tool** (Eng) / Radiusdrehmeißel m (ein Formdrehmeißel) ‖ **~ under head** (Eng) / Radius m unter dem Schraubenkopf (DIN 918) ‖ **~ vector** (pl. radius vectors or radii vectores) (a vector from an origin to a point on a curve) (Maths) / Ortsvektor m (ein gebundener Vektor in einem euklidischen Vektorraum, dessen Anfangspunkt mit dem Koordinatenursprung zusammenfällt) ‖ **~ vector*** (pl. radius vectors or radii vectores) (Astron) / Radiusvektor m, Fahrstrahl m ‖ **~ without dimensions** / unbemaßter Radius (auf technischen Zeichnungen)
**radix*** n (pl. radices) (Comp, Maths) / Radix f (pl. -izes), Basis f ‖ **~** (pl. -ices or -ixes) (Pharm) / Radix f (pl. -izes oder -ices) (offizinell benutzte Droge aus Pflanzenwurzeln, z. B. Radix Althaeae), Wurzeldroge f ‖ **~ complement** (Comp, Maths) / Basiskomplement n, B-Komplement n
**radix-minus-one complement** (Comp) / B-minus-1-Komplement n
**radix notation** (Comp) / Radixschreibweise f (eine Stellenschreibweise nach DIN 44300) ‖ **~ numeration system** (Comp) / Radixschreibweise f (eine Stellenschreibweise nach DIN 44300) ‖ **~ of the number representation** (Maths) / Basis f der Zahlendarstellung (z.B. Zehn im Dezimalsystem) ‖ **~ point*** (Comp, Maths) / Radixpunkt m (Punkt oder Komma zwischen dem ganzzahligen und

**radix**

dem gebrochenen Teil einer Zahl) ‖ ~ **representation** (Comp) / Radixschreibweise f (eine Stellenschreibweise nach DIN 44300) ‖ ~ **sort** (Comp) / Radix-Sortierung f (ein Sortierverfahren), Sortieren n durch Fachverteilen ‖ ~ **sorting** (Comp) / Radix-Sortierung f (ein Sortierverfahren), Sortieren n durch Fachverteilen

**radome*** n (Aero) / Radarnase f, Radarbug m ‖ ~* (Astron, Radar) / Radom n (zum Schutz von Radioteleskopen und anderen Antennen verwendete Kuppel aus Kunststoff, die für Radiostrahlung durchlässig ist), Radarkuppel f

**radon*** n (Chem) / Radon n, Rn (Radon) ‖ ~ **fluoride** (Chem) / Radonfluorid n

**Radon-Nikodym theorem** (Maths) / Satz m von Radon-Nikodym

**radon seeds*** (Chem, Med) / Radonhohlnadeln f pl

**Radon's measure** (Maths) / Radon'sches Maß (nach J.K. Radon, 1887-1956)

**Radon transform** (Maths) / Radon-Transformierte f

**radurization** n (Nut) / Radurisation f (Strahlenbehandlung um 0,5 Mrep - in Deutschland verboten), Strahlenpasteurisation f

**radwaste** n (Nuc Eng) / Atomabfall m, radioaktive Abfälle (DIN 25401, T 5), Atommüll m, radioaktiver Abfall (im Allgemeinen), RA (radioaktiver Abfall)

**radzimir** n (Textiles) / Radzimir m (schwerer, zart querrippiger Seidenstoff mit Stand)

**Raeve process** (Chem Eng, Textiles) / Wollfettgewinnung f durch Hypochloritverfahren (aus den Wollwaschabwässern)

**RAF** (record address file) (Comp) / Satzadressdatei f, Satzadressendatei f

**raffia** n (Textiles) / Raphiafaser f, Raffiafaser f ‖ ~ **bast** (Textiles) / Raffiabast m (für Hutgeflechte verwendete Bandstreifen der Bastpalme)

**raffinate*** n (Chem Eng, Min Proc) / Raffinat n, Solvat n (im Lösungsmittel unlösliche Anteile bei der Solventextraktion) ‖ ~* (Oils) / Raffinat n (durch chemische oder physikalische Verfahren veredeltes Mineralölprodukt) ‖ ~ **stripper** (Oils) / Raffinatstripper m

**raffinose*** n (Chem) / Melitose f, Raffinose f (ein Trisaccharid), Melitriose f

**raft** vt (For) / flößen v (Rundholz auf dem Wasserwege) ‖ ~ n (Build) / Fundamentplatte f (mit oder ohne Stahlbewehrung - für die Plattengründung) ‖ ~ (Civ Eng) / Pfahlrost m, Pfahlrostbau m (Fundament zur Errichtung von Molen und Kaibauwerken) ‖ ~ (For) / Floß n ‖ ~ (Geol) / Scholle f ‖ ~ **body** (For) / Floßkörper m ‖ ~ **bridge*** (Civ Eng) / Floßbrücke f (eine Schwimmbrücke)

**rafted wood** (For) / Wasserholz n (das durch Flößen auf dem Wasserwege zu den Sägewerken transportiert wird), Floßholz n

**rafter** n (one of several long, inclined, rectangular timbers used in the construction of pitched roofs, supporting the roof covering) (Build, Carp, Civ Eng) / Sparre f, Sparren m, Dachsparren m ‖ ~ (For) / Flößer m ‖ ~ **connection** (Build, Carp) / Sparrenverbindung f ‖ ~ **foot** (Build, Carp) / Sparrenfuß n, Sparrenkopf m (das untere Ende des Sparrens an der Traufe) ‖ ~ **head** (Build, Carp) / Sparrenkopf m

**rafters** pl (+ one ceiling joist) (Build, Carp) / Sparrendachverband m (ein Dreigelenkbinder), Sparrendachkonstruktion f, Sparrenwerk n, Gespärre n, Gebinde n

**rafter spacing** (Build, Carp) / Sparrenabstand m ‖ ~ **spar** (Build, Carp, Civ Eng) / Zwischensparren m (Leergebinde), Leersparren m

**raft foundation*** (Build) / Plattengründung f (eine Flachgründung)

**rafting** n (For) / gebundene Flößerei (die Holzstämme werden zu Flößen zusammengebunden), Holzflößerei f (gebundene) ‖ ~ (Geol) / Transport m durch Anheftung an Eis oder anderes Schwimmgut ‖ ~ (For) s. also loose floating

**raftsman** n (pl. -men) (For) / Flößer m

**raft tectonics** (Geol) / Plattentektonik f

**raftwood** n (For) / Wasserholz n (das durch Flößen auf dem Wasserwege zu den Sägewerken transportiert wird), Floßholz n

**rag** n / Fetzen m, Lumpen m, Lappen m, Hader m ‖ ~ (Build, Geol) / grobkörniger (dunkelgrauer) Sandstein, Kalksandstein m ‖ ~ (left, right) (Print) / Flattersatz m (links, rechts) ‖ ~ **beater** (Spinning) / Lumpenklopfer m (für Spinnstoffaufbereitung nach DIN 64161), Vorbereitungswolf m ‖ ~ **boiler** (Paper, Textiles) / Lumpenkocher m ‖ ~**-bolt*** n (Civ Eng, Eng) / Klauenschraube f, Steinschraube f (zum Einmauern im Mauerwerk) ‖ ~ **book paper** (Paper) / Haderbücherpapier n ‖ ~ **breaker** (Spinning) / Lumpenholländer m ‖ ~ **carpet** (Textiles) / Fleckerlteppich m, Patchworkteppich m ‖ ~ **chopper** (Paper) / Haderschneider m, Hadernzerreißwolf m, Hadernwolf m, Lumpenschneider m

**rag-containing paper** (Paper) / hadernhaltiges Papier (mit mindestens 10% Hadern oder Baumwollfasern)

**rag•-content paper*** (Paper) / hadernhaltiges Papier (mit mindestens 10% Hadern oder Baumwollfasern) ‖ ~ **cutter** (Paper) / Haderschneider m, Hadernzerreißwolf m, Hadernwolf m, Lumpenschneider m ‖ ~ **devil** (Spinning) / Lumpenreißer m, Lumpenwolf m ‖ ~ **duster** (Paper) / Hadernstäuber m ‖ ~ **felt** (US) (Build) / Bitumendachpappe f (eine mit Bitumen getränkte Wollfilzpappe mit beiderseitiger Bitumendeckschicht, die im Überzug bis zu 20% Steinmehl enthalten darf - DIN 52 117), Bitumenpappe f ‖ ~ **felt** (US) (Build) / Dachpappe f (Sammelbegriff für Teer- und Bitumendachbahnen), Teerdachpappe f ‖ ~ **felt** (Build) / Rohfilzpappe f (DIN 52 117), Wollfilzpappe f ‖ ~ **felt** (Build, Paper) / Teerpappe f

**ragged** adj (Geol) / zerrissen adj (Küste) ‖ ~ **clouds** (Aero, Meteor) / zerrissene Wolken, Wolkenfetzen m pl ‖ ~ **edge** / beschädigte Kante ausgefranste Kante ‖ ~ **margin** (Print) / Flatterrand m, nicht bündiger Rand

**ragger rope cutter** (Paper) / Zopfschere f

**ragging*** n (Min Proc) / Vorsortierung f, grobe Anreicherung (des Fördererzes - z.B. durch Klassieren) ‖ ~ **frame*** (Min Proc) / Kippherd m

**raggle*** n (Build) / Aussparung f für die Einfassung (von Schornsteinen, Rohren und Masten)

**raggy** adj (Leather) / lappig adj (Leder)

**raging** adj (torrent) / reißend adj (Strom)

**raglan sleeve** (Textiles) / Raglanärmel m (dessen obere Naht schräg von der Achselhöhle bis zum Halsausschnitt verläuft und der mit dem Schulterteil ein Stück bildet - nach dem britischen Feldmarschall Lord Raglan, 1788 - 1855)

**raglet*** n (Build) / Aussparung f für die Einfassung (von Schornsteinen, Rohren und Masten)

**rag oiler** (Spinning) / Lumpenschmälzmaschine f ‖ ~ **paper** (Paper) / Hadernpapier n (aus 100% Hadern), Lumpenpapier n ‖ ~ **paper** s. also all-rag paper ‖ ~ **pulp** (Paper) / Hadernstoff m, Lumpenstoff m

**rags calender** (Chem Eng) / Raggummikalander m, Fetzenmischungskalander m, Fetzenkalander m (in der Gummiindustrie)

**rag shredder** (Spinning) / Lumpenreißer m, Lumpenwolf m

**ragstone*** n (Build, Geol) / grobkörniger (dunkelgrauer) Sandstein, Kalksandstein m

**rag-tearing machine** (Spinning) / Lumpenreißer m, Lumpenwolf m

**rag thrashing** (Paper) / Haderndreschen n (Trockenreinigung des Hadernmaterials in den Haderndreschern) ‖ ~ **thrashing** (Textiles) / Lumpenreinigung f, Hadernstäuben n ‖ ~ **trade** (Textiles) / Bekleidungsgewerbe n, Bekleidungsindustrie f, Konfektion f

**raguinite** n (Min) / Raguinit m (TlFeS$_2$)

**rag-work*** n (Build) / Mauerwerk n aus Bruch- und Feldsteinen (mit eingesetzten kleinen lagerhaften Steinen)

**RAID 0** (Comp) / RAID-Level m 0 (gleichzeitiges, paralleles Schreiben oder Lesen der Nutzdaten auf mehreren Platten) ‖ ~ **1** (Comp) / RAID-Level m 1 (bei Daten eines Plattenstapels werden zusätzlich zum Striping des Levels 0 zur Sicherung auf einem zweiten Plattenstapel dupliziert) ‖ ~ **10** (Comp) / RAID-Level m 10 (Kombination von Mirroring und Data-Striping) ‖ ~ **2** (Comp) / RAID-Level m 2 (zusätzlich zum Striping, allerdings bytewise, werden automatisch Paritätsbits zur Korrektur einiger Bitfehler gemäß einem Hamming-Algorithmus auf einer eigenen Festplatte mitgespeichert) ‖ ~ **3** (Comp) / RAID-Level m 3 (Schreib- und Lesevorgänge finden gleichzeitig auf identischen Spuren in identischen Sektoren statt) ‖ ~ **4** (Comp) / RAID-Level m 4 (wenn zusätzlich zum Striping von Datenblöcken die Laufwerke unabhängig voneinander arbeiten) ‖ ~ **53** (Comp) / RAID-Level m 53 ‖ ~ n (a storage system providing greater capacity, faster access, and security against data corruption by spreading the data across several disk drives) (Comp) / RAID-Architektur f (eine Speicherarchitektur für ausfallsichere und hochleistungsfähige Systeme zur Datenspeicherung - insgesamt werden mittlerweile zehn Basisstrategien verfolgt, RAID 0 bis 7, 10 und 53) ‖ ~ **architecture*** (Comp) / RAID-Architektur f (eine Speicherarchitektur für ausfallsichere und hochleistungsfähige Systeme zur Datenspeicherung - insgesamt werden mittlerweile zehn Basisstrategien verfolgt, RAID 0 bis 7, 10 und 53) ‖ ~ **controller** (Comp) / RAID-Controller m

**raie ultime** (Spectr) / Restlinie f (in der Spektralanalyse), Nachweislinie f, letzte Linie (zum Nachweis eines Elementes in einem Gemisch)

**rail*** n (Build, Carp, Eng) / Handlauf m (eine Treppengriffhilfe), Handleiste f, Wandgriffstange f (A) ‖ ~* (Carp, Join) / Querholz n (in einer Rahmenkonstruktion), Querstück n ‖ ~* (Civ Eng, Rail) / Schiene f ‖ ~ (Eng) / Querbalken m (der Hobel- und Stoßmaschine) ‖ ~* (Join) / Querfries m (ein Rahmenteil der Holztür) ‖ ~ (Ships) / Reling f (pl. Relings) ‖ ~ (Space) / Startbahn f, Abschussrinne f (der Startrampe) ‖ ~ (Space) s. also launching rail

**rail-air-rail service** (Aero, Rail) / kombinierter Flugzeug-Eisenbahn-Verkehr, FLEI-Verkehr m, Eisenbahn-Flugzeug-Eisenbahn-Verkehr m

**rail anchor** (Rail) / Wanderschutz m ‖ ~ **anchoring device** (Rail) / Schienenklemmvorrichtung f ‖ ~ **axis** (Rail) / Schienenachse f ‖

**base** (Rail) / Schienenfuß m ‖ **~ bender**\* (Rail) / Schienenbiegegerät n, Schienenbiegevorrichtung f, Schienenbieger m (ein tragbares Gerät) ‖ **~ bender**\* (Rail) s. also jim crow ‖ **~ bond**\* (Rail) / Schienenverbinder m

**rail-borne** adj / Schienen- (Bahn), spurgeführt adj (Verkehr), schienengebunden adj, spurgebunden adj (Verkehr)

**rail bottom** (Rail) / Schienenfuß m

**rail-bound** adj / Schienen- (Bahn), spurgeführt adj (Verkehr), schienengebunden adj, spurgebunden adj (Verkehr) ‖ **~ vehicle** (Rail) / Schienenfahrzeug n (DIN 25003)

**rail brace** (Rail) / Spurhalter m (zur Einhaltung der Spurweite des Gleises) ‖ **~ breakage** (Rail) / Schienenbruch m

**railbus** n (Rail) / geführter Bus (in einem Dual-Mode-System) ‖ **~** (Rail) / Schienenbus m, Schienenomnibus m (ein schienengebundenes Fahrzeug, meist nur ein Wagenpaar, das im Vorort- und Nahverkehr Personen befördert)

**rail car** (US) (Rail) / Eisenbahnwagen m, Wagen m, Waggon m ‖ **~ car** (Rail) / Triebwagen m ‖ **~ car** (Rail) / Gleisfahrzeug n ‖ **~ chair**\* (Rail) / Schienenstuhl m für Doppelkopfschienen, Stuhl m (Befestigungselement der Doppelkopfschiene) ‖ **~ clip** (Rail) / Schienenklammer f ‖ **~ clip** (Rail) / Klemmplatte f (für Schienen) ‖ **~ contact** (Elec Eng, Rail) / Schienenkontakt m (ein Gleisschaltmittel) ‖ **~ crane** (Rail) / Kranwagen m (mit Eigenantrieb) ‖ **~ creeping** (Rail) / Schienenwanderung f ‖ **~ deflection** (Rail) / Schienendurchbiegung f ‖ **~ fastener** (Rail) / Schienenbefestigungsteil n

**rail-fence jammer** (Radar) / Dauerstrichstörsender m

**rail-flaw detector** (Rail) / Schienendefektoskop n

**rail flection** (Rail) / Schienendurchbiegung f ‖ **~ foot** (Rail) / Schienenfuß m ‖ **~ gauge**\* (Rail) / Spur f, Spurweite f (der Schienen eines Gleises)

**rail-grinding train** (Rail) / Schienenschleifzug m (Arbeitszug mit rechnergesteuerten Schleifscheiben zur Wiederherstellung des Sollprofils der Schienen und zur Beseitigung von Unebenheiten auf den Laufflächen)

**rail guard**\* (Rail) / Radlenker m, Leitschiene f (zusätzlich angeordnete Schiene in Gleisbogen, Schutzschiene f ‖ **~ guard** (Rail) / Bahnräumer m (der Lokomotive), Gleisräumer m, Schienenräumer m, Kuhfänger m ‖ **~ head** (Rail) / Schienenkopf m

**railhead** n (Rail) / Sammelbahnhof m ‖ **~** (Rail) / Endstation f, Endbahnhof m

**railing** n (Build) / Geländer n (Umwehrung) ‖ **~** (Eng) / Schutzgeländer n, Schutzgitter n (um Maschinen) ‖ **~** (For) / Kantenleiste f ‖ **~** (Ships) / Reling f (pl. Relings)

**railings** pl (Build) / Geländer n (Umwehrung) ‖ **~** (US) (Ships) / Reling f (pl. Relings)

**rail inspection car** (Rail) / Schienenprüfwagen m, Schienenbruchsuchwagen m ‖ **~ joint** (Rail) / Schienenstoß m

**rail-laying car** (Rail) / Schienenverlegewagen m

**railless** adj / schienenlos adj, nicht schienengebunden

**rail locomotive** (Rail) / Lokomotive f mit Reibungs- und Zahnstangenantrieb, Zahnradlokomotive f

**railman** n (pl. -men) (Rail) / Eisenbahner m

**rail mill** (Met) / Schienenwalzwerk n

**rail-mounted** adj / Schienen- (Bahn), spurgeführt adj (Verkehr), schienengebunden adj, spurgebunden adj (Verkehr) ‖ **~ crane** (Eng) / Schienenkran m ‖ **~ excavator** (Civ Eng) / Schienenbagger m (ein Trockenbagger)

**rail post**\* (Build) / Treppenpfosten m, Podestpfosten m, Geländerpfosten m, Antrittspfosten m ‖ **~ profile** (Rail) / Schienenprofil n ‖ **~ return** (Elec Eng, Rail) / Schienenrückleitung f

**railroad** n (local) (US) (Rail) / Kleinbahn f, Lokalbahn f, Eisenbahn f im Nahverkehr ‖ **~** (US) (Rail) / Eisenbahn f (Eisenbahnlinie + Unternehmen) ‖ **~ board** (US) (Paper, Rail) / Fahrkartenkarton m ‖ **~ brake** (US) (Rail) / Eisenbahnbremse f (z.B. Radsatz- oder Schienenbremse) ‖ **~ bridge** (US) (Civ Eng, Rail) / Eisenbahnbrücke f (die eine Eisenbahnlinie über ein Hindernis führt) ‖ **~ car** (US) (Rail) / Eisenbahnwagen m, Wagen m, Waggon m ‖ **~ car** (US) (Rail) / Schienenfahrzeug n (DIN 25003) ‖ **~ construction** (US) (Rail) / Eisenbahnbau m (als Tätigkeit) ‖ **~ crane** (US) (Rail) / Eisenbahnkran m ‖ **~ disease**\* (US) (Agric) / Eisenbahnkrankheit f (besonders bei hochtragenden Kühen), Transporttetanie f, Eisenbahnfieber n, Reisefieber n ‖ **~ engineering** (US) (Civ Eng, Rail) / Eisenbahnbau m (als Fach), Eisenbahntechnik f

**railroader** n (US) (Rail) / Eisenbahner m

**railroad line** n (US) (Rail) / Bahnlinie f, Linie f (Bahnlinie), Strecke f, Eisenbahnstrecke f ‖ **~ map** (US) (Cartography) / Eisenbahnkarte f (auf der das Eisenbahnnetz, Bahnhöfe und andere für den Bahnbenutzer nützliche Tatsachen dargestellt sind) ‖ **~ network** (US) (Rail) / Bahnnetz n, Eisenbahnnetz n ‖ **~ sickness** (US) (Agric) / Eisenbahnkrankheit f (besonders bei hochtragenden Kühen), Transporttetanie f, Eisenbahnfieber n, Reisefieber n ‖ **~ stop** (US) (Rail) / Bahnstation f (kleinere) ‖ **~ tie** (US) (Rail) / Gleisschwelle f, Eisenbahnschwelle f (Teil des Eisenbahnoberbaus), Querschwelle f, Schwelle f ‖ **~ tunnel** (US) (Civ Eng, Rail) / Eisenbahntunnel m

**rail shuttle** (Rail) / Pendelzug m ‖ **~ siding** (Rail) / Bahnanschlussgleis n

**rails on cross-sleepers** (Rail) / Querschwellengleis n

**rail spike** (Eng) / Schienennagel m, Hakennagel m ‖ **~ steel** (Met) / Schienenstahl m (für im Eisenbahnoberbau verwendete Schienen) ‖ **~ switch** (Rail) / Gleisschaltmittel n ‖ **~ temperature** (Rail) / Schienentemperatur f ‖ **~ testing car** (Rail) / Schienenprüfwagen m, Schienenbruchsuchwagen m ‖ **~ thermometer** (Rail) / Schienenthermometer n ‖ **~ tie** (US) (Rail) / Gleisschwelle f, Eisenbahnschwelle f (Teil des Eisenbahnoberbaus), Querschwelle f, Schwelle f

**rail-track** n (Rail) / Gleis n, Gleiskörper m

**rail traffic** (Rail) / Schienenverkehr m ‖ **~ traffic** s. also railway traffic ‖ **~ train** (Rail) / Schienenzug m ‖ **~ vehicle** (Rail) / Schienenfahrzeug n (DIN 25003) ‖ **~ vehicle** (Rail) / Gleisfahrzeug n ‖ **~ voltage** (Rail) / Betriebsspannung f

**railway** n (Rail) / Eisenbahn f (Eisenbahnlinie + Unternehmen) ‖ **~** (local) (Rail) / Kleinbahn f, Lokalbahn f, Eisenbahn f im Nahverkehr ‖ **~ board** (Paper, Rail) / Fahrkartenkarton m ‖ **~ bogie** (Rail) / Drehgestell n (der Lokomotive nach DIN 25 604) ‖ **~ brake** (Rail) / Eisenbahnbremse f (z.B. Radsatz- oder Schienenbremse) ‖ **~ bridge** (Civ Eng, Rail) / Eisenbahnbrücke f (die eine Eisenbahnlinie über ein Hindernis führt) ‖ **~ carriage** (Rail) / Eisenbahnwagen m, Wagen m, Waggon m ‖ **~ carriage** (Rail) s. also waggon ‖ **~ cattle-truck** (Rail) / Viehwagen m ‖ **~ closure** (Rail) / Streckenstilllegung f ‖ **~ coach** (Rail) / Eisenbahnwagen m, Wagen m, Waggon m ‖ **~ coating** (Paint, Rail) / Schienenfahrzeuglack m ‖ **~ communication system** (Rail) / Eisenbahnfernmeldesystem n ‖ **~ construction** (Rail) / Eisenbahnbau m (als Tätigkeit) ‖ **~ coupling** (Rail) / Eisenbahnkupplung f ‖ **~ crane** (Rail) / Eisenbahnkran m ‖ **~ curve**\* (Instr) / Kurvenlineal n mit großen Kreisbögen, Eisenbahnkurve f (in einem Satz von Kreisbogenlinealen mit verschiedenen Krümmungen) ‖ **~ cutting** (Rail) / Eisenbahneinschnitt m ‖ **~ embankment** n (Rail) / Bahndamm m ‖ **~ engineering** (Civ Eng, Rail) / Eisenbahnbau m (als Fach), Eisenbahntechnik f ‖ **~ halt** (Rail) / Bahnstation f (kleinere) ‖ **~ line** (Rail) / Bahnlinie f, Linie f (Bahnlinie), Strecke f, Eisenbahnstrecke f ‖ **~ logging** (For) / Holzbringung f mit der Waldeisenbahn

**railwayman** n (pl. -men) (Rail) / Eisenbahner m

**railway map** (Cartography) / Eisenbahnkarte f (auf der das Eisenbahnnetz, Bahnhöfe und andere für den Bahnbenutzer nützliche Tatsachen dargestellt sind) ‖ **~ network** (Rail) / Bahnnetz n, Eisenbahnnetz n ‖ **~ plant** (Rail) / Bahnanlage f ‖ **~ power station** (Elec Eng) / Bahnkraftwerk n (für die elektrische Zugförderung) ‖ **~ rail** (Met, Rail) / Eisenbahnschiene f ‖ **~ repair and servicing shop** (Rail) / Bahnbetriebswerk n ‖ **~ siding** (Rail) / Umfahrungsgleis n, Umfahrgleis n (Nebengleis einer Bahnhofsanlage, das vornehmlich zur Umsetzung der Lok dient) ‖ **~ siding** (Rail) / Ausweichanschlussstelle f (eine Bahnanlage der freien Strecke) ‖ **~ signal** (Rail) / Eisenbahnsignal n ‖ **~ track** (Rail) / Eisenbahngleis n ‖ **~ track products** (Met, Rail) / Gleisoberbauerzeugnisse n pl ‖ **~ traffic** (Rail) / Schienenverkehr m ‖ **~ traffic** (Rail) / Eisenbahnverkehr m ‖ **~ transit** (Surv) / Theodolit m ohne Vertikalkreis ‖ **~ transport** (Rail) / Eisenbahntransport m, Eisenbahnbeförderung f, Bahnbeförderung f ‖ **~ tunnel** (Civ Eng, Rail) / Eisenbahntunnel m ‖ **~ wheel lathe** (Eng, Rail) / Radsatzdrehmaschine f (zum gleichzeitigen Bearbeiten der auf die Achse aufgezogenen beiden Räder) ‖ **~-yard** n (Rail) / Abstellbahnhof m (eine Rangiergleisanlage)

**rail wear** (Rail) / Schienenverschleiß m ‖ **~ web** (Rail) / Schienensteg m ‖ **~ welding** (Rail, Welding) / Schienenschweißung f

**rain** v (Agric) / verregnen v ‖ **~** (Meteor) / regnen v ‖ **~**\* n (Meteor) / Regen m (DIN 4045 und DIN 4049-3) ‖ **~** (Mining) / Tropfwasser n (aus der Firste) ‖ **~ with little ~ (fall)** / regenarm adj ‖ **~ and snow mixed** (Meteor) / Schlackeregen m, Schneeregen m ‖ **~ anticlutter** (Radar) / Regenenttrübung f ‖ **~ barrel** (US) (Build) / Regentonne f, Regenwassertonne f, Regenfass n

**rainbird** n (Agric) / Regner m (Gerät, das zum Beregnen von Pflanzen dient), Regengerät n

**rainbow**\* n (Meteor, Phys) / Regenbogen m ‖ **~ attr** / regenbogenfarben adj, regenbogenfarbig adj

**rainbow-coloured** adj / regenbogenfarben adj, regenbogenfarbig adj

**rainbowing** n (Textiles) / Ombrédruck m, Flammdruck m, Flammendruck m

**rainbow printing** (Textiles) / Ombrédruck m, Flammdruck m, Flammendruck m ‖ **~ quartz**\* (Min) / Regenbogenquarz m (Handelsbezeichnung für Quarz mit irisierendem Farbenspiel, das auf dünne Risse zurückzuführen ist), Irisquarz m

**rain cap** (Build) / Regenkrone f (des Schornsteins) ‖ **~ channel** (Autos) / Wasserablaufrinne f ‖ **~ cloud** (Meteor) / Regenwolke f ‖ **~ clutter** (return from rain which impairs or obscures return from targets)

**rain**

(Radar) / Regenecho n, Regenstörung f || ~ **conductor** (Build) / Regenfallrohr n (DIN 18 460), Abfallrohr n (A), Regenrohr n, Regenabflussrohr n || ~ **damage** (Agric, Build) / Regenschaden m || ~ **day** (Meteor) / Regentag m || ~ **deflector** (Aero) / Regentraufe f (des Freiballons)

**raindrop** n (Meteor) / Regentropfen m || ~ **impact** / Tropfarbeit f des Regens || ~ **imprints** (Geol) / Regentropfenmarken f pl, Regentropfeneindrücke m pl

**rain echo** (Radar) / Regenecho n

**rainer** n (Agric) / Regner m (Gerät, das zum Beregnen von Pflanzen dient), Regengerät n

**rainfall** n (Hyd Eng, Meteor) / Regenspende f (Quotient aus dem Volumen des Regens und dem Produkt aus Zeit und Fläche in 1/s . ha - nach DIN 4045) || ~ (Hyd Eng, Meteor) / Regenfall m || **with high** ~ (Meteor) / regenreich adj (Landschaft, Jahreszeit) || ~ **design** (Agric, Meteor) / kritische Regenspende f (bei Entwässerungsprojekten) || ~ **distribution coefficient** (a storm coefficient obtained by dividing the maximum rainfall at any point within the storm area by the average rainfall in the area) (Agric, Meteor) / Regenverteilungsbeiwert m || ~ **excess** (Hyd Eng) / Regenüberschuss m || ~ **intensity** (Hyd Eng, Meteor) / Regenspende f (Quotient aus dem Volumen des Regens und dem Produkt aus Zeit und Fläche in 1/s . ha - nach DIN 4045) || ~ **intensity** (Meteor) / Regenintensität f (Menge je Zeiteinheit), Regenstärke f || ~ **penetration** (Hyd Eng) / Eindringtiefe f des Regen(wasser)s || ~ **rate** (Meteor) / Regenintensität f (Menge je Zeiteinheit), Regenstärke f || ~ **sum curve** (Meteor) / Regensummenlinie f (Summenlinie eines Regenkennwertes, aufgetragen über der ansteigenden Regenspende - DIN 4045)

**rainfast** adj (not able to be washed away by rain) (Textiles) / regenbeständig adj (Appretur)

**rain-fed farming** (Agric) / Regenfeldbau m (Ackerbau, bei dem die Nutzpflanzen ihren Wasserbedarf aus den Niederschlägen decken können und nur unter extremen Bedingungen zeitweise Bewässerung oder Anbaumethoden des Trockenfeldbaus notwendig sind)

**rainforest*** n (For) / Regenwald m (tropischer, subtropischer)

**rain front** (Meteor) / Regenfront f || ~ **gauge*** (Meteor) / Niederschlagsmesser m, Regenmesser m, Pluviometer n, Hyetometer n, Ombrometer n, Udometer n || ~ **gun** (Agric) / Regenkanone f (ein Kreisregner) || ~ **gush** (Meteor) / Wolkenbruch m || ~ **gust** (Meteor) / Wolkenbruch m || ~ **gutter** (Autos) / Regenrinne f, Dachrinne f, Regenleiste f

**rainless** adj (Meteor) / regenlos adj, ohne Regen

**rainmaking*** n (Meteor) / künstliche Niederschlagserzeugung, Erzeugung f von künstlichem Regen (anthropogene Wetterbeeinflussung)

**rainout** n (Ecol, Meteor) / Rainout n (Auswaschung der in der Atmosphäre vorhandenen gasförmigen oder aerosolgebundenen Spurenstoffe durch Hydrometeore aus der Wolke)

**rain prints*** (Geol) / Regentropfenmarken f pl, Regentropfeneindrücke m pl

**rainproof** adj / regendicht adj

**rainproofing** n (Textiles) / Wasserdichtmachen n, Regendichtmachen n

**rain recorder** (Meteor) / Niederschlagsschreiber m, selbstschreibender Regenmesser, selbstschreibender Niederschlagsmesser, Ombrograf m, Pluviograf m, Hyetograf m, Regenschreiber m

**rains** pl (Meteor) / Regenzeit f (in den Tropen)

**rainscreen technology** (Plumb) / Regenschutztechnik f

**rain shadow*** (Ecol, Meteor) / Regenschatten m

**rainsplash erosion** (Geol) / Spritzerosion f (eine Art Bodenerosion), Erosion f durch Regentropfenaufschlag, Erosion f durch Regen, Plantscherosion f, Planscherosion f, Splash-Erosion f

**rain spot** (Paint, Textiles) / Regenfleck m

**rainstorm** n (Meteor) / stürmisches Regenwetter

**rainsuit** n (Textiles) / Regenkleidung f, Regenbekleidung f, Regenschutzkleidung f

**rain test** (Textiles) / Beregnungsversuch m, Beregnungsprobe f || ~ **tester** (Textiles) / Beregnungsprüfgerät n

**raintight** adj / regendicht adj

**rainwash** n (Agric) / Regenauswaschung f (von Nährstoffen) || ~ (Civ Eng, Geol) / durch Regen abgeschwemmtes Erdreich || ~ (Geol) / durch Regen verursachter Erdrutsch || ~* (Geol) / flächenhafte Abspülung durch diffusen Regenwassertransport, flächige Abtragung des Bodens durch abfließendes Regenwasser

**rainwater** n / Regenwasser n (abfließender Regen nach DIN 4045) || ~ **control system** (Build) / Regenfallleitung f (innen- oder außenliegende Rohrleitung zum Ableiten des Regenwassers - DIN 18 460 und DIN 1986-1) || ~ **head** (Build) / Rohrtasche f (ein Einlauftrichter für dicht beieinander verlaufende Regenrohre), Schwalbennest n || ~ **head** (Build, Plumb) / Rinnenkessel m (bei langen Rinnen), Rinnenkasten m, Wasserfangkasten m || ~ **hopper** (Build, Plumb) / Rinnenkessel m (bei langen Rinnen), Rinnenkasten m, Wasserfangkasten m || ~ **pipe*** (Build) / Regenfallrohr n (DIN 18 460), Abfallrohr n (A), Regenrohr n, Regenabflussrohr n || ~ **tank** (with overflow for settled combined sewage and tank overflow) / Durchlaufbecken n (eine Regenüberlaufbecken), DB (Durchlaufbecken) || ~ **tank** / Regenüberlaufbecken n (DIN 4 045)

**rainwear** n (Textiles) / Regenkleidung f, Regenbekleidung f, Regenschutzkleidung f

**rainy** adj (Meteor) / regnerisch adj (Tag, Wetter) || ~ (Meteor) / regenverhangen adj (Himmel) || ~ (Meteor) / regenreich adj (Landschaft, Jahreszeit) || ~ **period** (Meteor) / Regenzeit f, Feuchtzeit f || ~ **season** (Meteor) / Regenzeit f, Feuchtzeit f

**raise** v / steigern v (Temperatur), erhöhen v || ~ / steigern v (Leistung, Produktion), erhöhen v || ~ / erhöhen v, heraufsetzen v (Preise) || ~ / aufwirbeln v (Staub oder Schnee) || ~ (Acous) / erhöhen v (Ton) || ~ (Agric) / züchten v (Tiere) || ~ (Eng) / heben v, anheben v, erhöhen v, hochheben v, aufheben v, liften v || ~ (Eng) / ausfahren v (das Hubgerüst des Staplers) || ~ (Mining) / ausfahren vt (Belegschaft) || ~ (Mining) / aufbrechen v, hochbrechen v (von unten nach oben) || ~ (Mining) / auffahren v (einen Grubenbau im Flöz in Aufwärtsrichtung auffahren) || ~ (Ships) / lichten v (Anker) || ~ (Textiles) / aufrauen v, rauen v (Tuch) || ~ (Textiles) / velourieren v, velourisieren v (Maschenware für Wäschesports) || ~ v (Nut) / gehen lassen (Teig) || ~ n (Mining) / Aufbruch m (seigerer Grubenbau, der von unten nach oben aufgebrochen wird) || ~ (Mining) / Überhauen n (von unten nach oben hergestelltes Aufhauen - im Erzbergbau), Überbruch m || ~ (Mining) / Aufhauen n (Auffahren der Grubenbaue im Flöz in Aufwärtsrichtung - (Mining) / Aufbruchschacht m (ein Blindschacht) || ~ (Work Study) / Lohnerhöhung f || ~ **boring** (Mining) / Raise Boring n (rollendes Bohrverfahren, bei dem ein Vorbohrloch von unten nach oben ziehend erweitert wird) || ~ **cutter head** (Mining) / Raise-Bohrkopf m

**raised** adj (Print) / hochgestellt adj, hochstehend adj, hochgesetzt adj || ~ (Textiles) / geraut adj (Stoff) || ~ (Textiles) / erhabene Heftbünde, sichtbare Heftbünde || ~ **beach** (Geol) / Hebungsküste f || ~ **bog*** (Geol) / Hochmoor n (Typ des Moores, dessen Wasser aus Niederschlägen stammt und das daher sauer und sehr nährstoffarm ist), ombrogenes Moor (in humiden Gebieten - mit einer Wasserversorgung durch Regenwasser)

**raised-bog peat** (Geol) / Hochmoortorf m (DIN 4047, T 4)

**raised brush finish** (Textiles) / Strichausrüstung f, Strichappretur f

**raised-centre rim** (Autos) / Hochbettfelge f (Felgenausführung des CTS-Rades)

**raised cheese head** (Eng) / Linsenzylinderkopf m (DIN ISO 1891)

**raised-cosine spectrum** (Telecomm) / Spektrum n mit $cos^2$-Verlauf

**raised countersunk head** (Eng) / Linsensenkkopf m (einer Linsensenkschraube) || ~ **countersunk head screw** (Eng) / Linsensenkschraube f (DIN 88 und 91) || ~ **face** (Eng) / Arbeitsleiste f (bei Flanschen)

**raised-face flange** (Eng) / Flansch m mit Arbeitsleiste

**raised fibres** (Paint) / hoch stehende Holzfasern || ~ **floor** (Build, Comp) / Kriechboden m, Montageboden m (doppelter Boden im Maschinenraum eines Rechenzentrums, zum Verlegen von Kabeln usw., in dem man sich bei der Montage bewegen kann) || ~ **grain** (For) / Widerspänigkeit f, Streifer m (durch Wechseldrehwuchs auf dem Radialschnitt auftretende streifige Textur) || ~ **grain** (For) / aufgeraute Faser (ein Bearbeitungsfehler) || ~ **grain** (Paint) / hoch stehende Holzfasern || ~ **height** (Eng) / Förderhöhe f (beim Hubwagen) || ~ **kerb** (Civ Eng) / Hochbord m, Bordschwelle f, Hochbordstein m || ~ **mire** (Geol) / Hochmoor n (Typ des Moores, dessen Wasser aus Niederschlägen stammt und das daher sauer und sehr nährstoffarm ist), ombrogenes Moor (in humiden Gebieten - mit einer Wasserversorgung durch Regenwasser) || ~ **panel*** (Build) / erhöhtes Feld, erhöhte Füllung (als Gegensatz zu Kassette) || ~ **pattern** (Textiles) / erhabenes Muster, Reliefmuster n (ein Wirk- oder Strickmuster)

**raised-pattern cylinder** (Textiles) / Molette f (für den Textildruck)

**raised portion** (Eng) / Linse f (des Linsenkopfs) || ~ **position** (Hyd Eng) / Staustellung f (eines Wehrverschlusses) || ~ **reef** (Geol, Ocean) / über die Wasserfläche ragendes Riff

**raise driller** (Mining) / Bohrhauer m in einem Überhauen

**raised shoulder** (Civ Eng) / erhöhter Seitenstreifen, erhöhte Schulter (Bankett)

**raised-surface fabric** (Textiles) / Raugewebe n

**raised velvet** (Textiles) / Samt m mit erhabenem Muster

**raiseman** n (Mining) / Aufhauenhauer m

**raiser*** n (Build, Carp) / Stoßstufe f (bei aufgesattelten Stufen der Holztreppe), Setzstufe f, Futterstufe f, Futterbrett n (Setzstufe im Holzbau nach DIN 18 064) || ~ (Weaving) / gezeichneter Bindepunkt

**raise to a power** (Maths) / potenzieren v (eine Zahl in eine Potenz erheben) || ~ **to the fourth power** (Maths) / in die 4. Potenz erheben ||

**~ to the second power** (Maths) / quadrieren *v* (in die 2. Potenz erheben, mit einem Quadratnetz überziehen), ins Quadrat erheben
**raising** *n* (the swelling or uparching of a volcano) / Aufwirbelung *f* (von Staub oder Schnee) ‖ **~** (livestock) (Agric) / Züchtung *f*, Zucht *f*, Aufzucht *f* ‖ **~** (Eng) / Spanntreiben *n* (Blechtreibverfahren zur Anfertigung flacher Wölbungen) ‖ **~** (Eng) / Hohlprägen *n* (durch Stempel und Gegenstempel - DIN 8585, T 4), Formstanzen *n* (flacher Teile mit Prägecharakter) ‖ **~** (Eng) / Biegen *n* um gekrümmte Kanten ‖ **~** (Mining) / Ausfahren *n* (der Belegschaft) ‖ **~** (Mining) / Hochbrechen *n*, Aufbrechen *n* ‖ **~** (Mining) / Aufhauen *n* (Auffahren der Grubenbaue im Flöz in Aufwärtsrichtung) ‖ **~** (Nut) / Gehenlassen *n* (Teig) ‖ **~** (Paint) / Hochziehen *n* (Anquellen und Loslösung eines Anstriches durch die Lösungsmittel der darüber aufgebrachten nächsten Anstrichschicht, Aufziehen *n* ‖ **~*** (Textiles) / Velourieren *n* (von Maschenwaren für Wäschestoffe), Velourisieren *n* ‖ **~ against the hair** (Textiles) / Rauen *n* gegen den Strich ‖ **~ against the nap** (Textiles) / Rauen *n* gegen den Strich ‖ **~ agent** (Nut) / Treibmittel *n*, Teiglockerungsmittel *n*, Triebmittel *n* (z.B. Hefe, Sauerteig oder Backpulver), Teigtriebmittel *n*, Backtriebmittel *n*, Lockerungsmittel *n* (meistens Kalium- oder Natriumhydrogenkarbonat) ‖ **~ cam** (Weaving) / Nadelheber *m* ‖ **~ factor** (Stats) / Hochrechnungsfaktor *m* ‖ **~ *n* in the same direction** (Textiles) / Streichrauen *n* ‖ **~ machine with revolving teasels** (Textiles) / Rollkardenraummaschine *f* (die reihenweise in etwas schräger Stellung auf den Rautambour drehbar angeordnete Kardenspindeln besitzt - DIN 64 990) ‖ **~ of livestock** (Agric) / Viehwirtschaft *f*, Viehhaltung *f*, Viehzucht *f* ‖ **~ of the warp** (Weaving) / Kettheburg *f* (bei der Kettfaden über dem Schussfaden liegt), Hebung *f* des Kettfadens ‖ **~ of warp threads** (Weaving) / Kettheburg *f* (bei der der Kettfaden über dem Schussfaden liegt), Hebung *f* des Kettfadens
**raising-plate*** *n* (Build) / Auflagerbalken *m*
**raising platform** (Eng) / Hebekanzel *f*, Hebebühne *f* (ortsfest oder verfahrbar), Gelenkbühne *f*, Gelenkmast *m*, Steiger *m*, Hubarbeitsbühne *f*, Gelenksteiger *m*, Hubsteiger *f* ‖ **~ powder** (Chem, Nut) / Backpulver *n* (im Allgemeinen - Hirschhornsalz, ABC-Trieb oder Pottasche) ‖ **~ to a power** (Maths) / Potenzierung *f*, Potenzrechnung *f*, Potenzieren *n* ‖ **~ tool** (Eng) / Bördelwerkzeug *n* (Stempel + Gegenstempel)
**raisin seed oil** (Nut) / Weintraubenkernöl *n*, Traubenkernöl *n*, Drusenöl *n*
**rake** *v* (Agric) / harken *v*, rechen *v* ‖ **~** (Met, Min Proc, Mining) / krählen *v* ‖ **~ *n*** / Verjüngung *f* (Böschung), Böschung *f* ‖ **~*** / Neigungswinkel *m* ‖ **~** (Agric) / Rechen *m*, Harke *f* ‖ **~*** (Build) / Mörtelkrücke *f*, Mörtelhaue *f*, Mörtelrührer *m*, Mörtelmischspaten *m* ‖ **~** (Build) / Dossierung *f* (der Wand, meistens an der Vorderseite) ‖ **~*** (Eng) / Stochervorrichtung *f*, Schürer *m*, Schürvorrichtung *f*, Schüreisen *n*, Feuerhaken *m*, Schürhaken *m*, Schürstange *f* ‖ **~** (Eng) / Rührschaufel *f*, Rührarm *m* ‖ **~** (Eng) / Spanwinkel *m* (DIN 6581) ‖ **~** (Glass) / Kratzer *m* (beim Polieren) ‖ **~** (Hyd Eng, San Eng) / Rechen *m* (Rückhaltevorrichtung am Einlauf von Klär- und Wasserkraftanlagen, meistens Grobrechen) ‖ **~** (Met) / Krampstock *m*, Krammeisen *n* (zum Abkrammen der Schlacke), Krammstock *m* ‖ **~*** *adj* (Ships) / mit Fall (geneigt) ‖ **~ angle** (Eng) / Spanwinkel *m* (DIN 6581) ‖ **~ blade** (Civ Eng) / gezahnter Räumschild *f* ‖ **~ classifier*** (Min Proc) / Rechenklassierer *m* (ein Freifallklassierer) ‖ **~ conveyor** (Eng) / Rechenförderer *m* ‖ **~ delivery** (Print) / Rechenauslage *f* ‖ **~ face** (For, Tools) / Zahnbrust *f* (diejenige Seite des Sägezahnes, die beim Beginn des Schnittes dem Werkstück zugekehrt ist)
**RAKE finger** (correlator) (Telecomm) / RAKE-Finger *m* (ein Empfangszweig eines RAKE-Empfängers), Korrelator *m* (RAKE-Finger), Finger *m* (Korrelator)
**rake line** (For, Tools) / Zahnbrustlinie *f* ‖ **~ of stylus** (Acous) / Vorneigung *f* des Abtasters ‖ **~ out** *v* (Build) / auskratzen *v* (lose Putzteile aus Rissen vor der Reparatur) ‖ **~ out** (Build, Paint) / abkratzen *v* (mürben Putz, alten Anstrich)
**raker*** *n* (Carp) / Druckstrebe *f* (des Fachwerkträgers), Strebe *f* (schräglegender Druckstab) ‖ **~** (Mining) / Spreize *f*, Strebe *f*
**RAKE receiver** (Radio, Teleph) / Korrelationsempfänger *m*, RAKE-Empfänger *m* (ein Empfängertyp, der mehrere Empfängerzweige verwendet, um die zeitverzögert eintreffende Signalanteile eines Mehrwegesignals einzeln zu detektieren und anschließend zu einem gemeinsamen Nutzsignal zusammenzuführen)
**raker pile** (Build) / Schrägstütze *f* ‖ **~ pile** (Civ Eng) / Schrägpfahl *m*
**rake tedder** (Agric) / Rechwender *m* (eine Heuwerbemaschine) ‖ **~ tooth** (Agric) / Rechenzahn *m*, Rechenzinke *f*
**raking** *adj* / geneigt *adj*, schräg *adj*, schief *adj*, schräg abfallend ‖ **~ arch** (Arch, Civ Eng) / einhüftiger Bogen, steigender Bogen, ansteigender Bogen (bei dem die Kämpfer verschieden hoch liegen) ‖ **~ arm** (Met) / Krähle *f*, Krählarm *m*, Krählstein *m*, Krähleisen *n* ‖ **~ bond*** (Build) / Festungsverband *m*, Stromverband *m*, Kornährenverband *m* (ein alter Mauersteinverband bei starken Backsteinfundamentmauern) ‖ **~ bond*** (Build) s. also herringbone bond ‖ **~ cornice** (Arch) / Schräggeison *n* (des Giebels eines dorischen Tempels) ‖ **~ gear bridge** (San Eng) / Räumerbrücke *f* (bewegliche Brückenkonstruktion über einem Absetzbecken, an der das Schlammschild befestigt ist) ‖ **~ mechanism** (Min Proc) / Krählwerk *n* ‖ **~ pile*** (Civ Eng) / schiefgetriebener Pfahl ‖ **~ pile*** (Civ Eng) / Schrägpfahl *m* ‖ **~ prop** (Civ Eng) / Schrägpfahl *m* ‖ **~ prop** (Mining) / Spreize *f*, Strebe *f* ‖ **~ riser** (Build) / geneigte Stoßfläche (der Setzstufe) ‖ **~ riser** (Build, Carp) / unterschnittene Setzstufe (einer Winkelstufe), Setzstufe *f* einer Winkelstufe (unterschnitten) ‖ **~ shore** (Carp) / Druckstrebe *f* (des Fachwerkträgers), Strebe *f* (schräglegender Druckstab) ‖ **~ shore*** (Carp) s. also shore ‖ **~ stem** (Ships) / ausfallender Vorsteven, überhängender Vorsteven ‖ **~ support** (Build) / Schrägstütze *f* (für die Streben)
**rakish** (boat or car) (Autos, Ships) / schnittig *adj*
**rally** *n* (Autos) / Rallye *n f* (Autosternfahrt)
**rallye** *n* (Autos) / Rallye *n f* (Autosternfahrt)
**RALU** (register arithmetic logic unit) (Comp) / RALU *n* (Mikrorechner-Baustein, der die Operationseinheit und die Register zur schnellen Zwischenspeicherung enthält)
**r.a.m.** (relative atomic mass) (Chem, Phys) / relative Atommasse ("Atomgewicht")
**RAM** (relative atomic mass) (Chem, Phys) / relative Atommasse ("Atomgewicht") ‖ **~*** (random-access memory) (Comp) / direkt adressierbarer Speicher, Speicher *m* mit wahlfreiem Zugriff, Random-Speicher *m*, RAM *n*, RAM-Speicher *m*, Direktzugriffsspeicher *m* (DIN 44 300), Speicher *m* mit direktem Zugriff ‖ **~** (radiation-absorbing material) (Radar) / Absorptionsmaterial *n* (radar-absorbing material) (Radar) / Radarstrahlen absorbierender Stoff, Radarwellen schluckendes Material, Frequenzschaum *m* (Radarwellen schluckendes Material)
**ram** *v* (Build, Civ Eng, Foundry) / rammen *v* (verdichten), stampfen *v*, abrammen *v* (verdichten) ‖ **~*** *n* (Civ Eng) / Bär *m* (-s, pl. -en oder -e), Rammbock *m*, Fallbär *m*, Rammbär *m*, Schlaggewicht *n*, Rammklotz *m* ‖ **~** (Eng) / Oberbär *m* (beim Gegenschlaghammer) ‖ **~*** (Eng) / Stempel *m* (Pressstempel), Pressstempel *m* ‖ **~*** (Eng) / Werkzeugstößel *m*, Schieber *m*, Werkzeugschieber *m* (Hobelsupport) ‖ **~** (Eng) / Hydraulikzylinder *m* (z.B. einer Räummaschine) ‖ **~** (Eng) / Stößel *m* (der Presse, der Waagerecht-Stoßmaschine) ‖ **~** (Mech) / Stau *m* (Verzögerung des Strömungsmediums vor Staupunkten) ‖ **~** (Oils) / Backe *f* (bei Preventern) ‖ **~** (Plastics) / Kolben *m* ‖ **~-air turbine*** (Aero) / Staudruckturbine *f* (ein Hilfstriebwerk)
**ram-air turbine*** (Aero) / Außenstromturbine *f*
**Raman-active** *adj* (Phys, Spectr) / ramanaktiv *adj*
**Raman analysis** (Spectr) / Raman-Analyse *f* ‖ **~ band** (Spectr) / Raman-Bande *f* ‖ **~ effect** (Phys) / Raman-Effekt *m* (nach Sir Ch. V. Raman, 1888-1970), Smekal-Raman-Effekt *m* ‖ **~ frequency** (Spectr) / Raman-Frequenz *f*
**Raman-induced Kerr effect** (Electronics) / Raman-induzierter Kerr-Effekt
**Raman laser** (Phys) / Raman-Laser *m* ‖ **~ line** (Spectr) / Raman-Linie *f* (unterhalb und oberhalb der Rayleigh-Linie)
**Raman-Nath effect** (Phys) / Raman-Nath-Effekt *m* (die Mehrfachstreuung eines Photons /z.B. des Lichts/ an den Phononen des Schallfeldes eines Festkörpers) ‖ **~ region** / Raman-Nath-Gebiet *n* (in der Akustooptik)
**Raman scattered light** (Phys) / Raman-Streulicht *n* ‖ **~ scattering*** (Phys) / Raman-Streuung *f* (1. und 2. Ordnung) ‖ **~ spectroscopy*** (Phys, Spectr) / Raman-Spektroskopie *f* (Messungen des Raman-Effekts) ‖ **~ spectrum** (Phys, Spectr) / Raman-Spektrum *n*
**Ramanujan continued fraction** (Maths) / Ramanujan'scher Kettenbruch (nach S. Ramanujan, 1887 - 1920)
**ramark** *n* (Ships) / Radarsendebake *f*, Ramark *m* (pl. -s)
**ram bar** / Ausdrückstange *f*, Druckstange *f* (der Koksausdrückmaschine)
**rambling** *adj* (spreading or winding irregularly in various directions) (Arch) / weitläufig *adj*, verschachtelt *adj*
**ram-blowout-preventer chamber** (Oils) / Backenpreventergehäuse *n*
**rambong** *n* (For) / Gummibaum *m* (Ficus elastica Roxb.)
**Rambus board** (motherboard that supports Rambus chips) (Comp) / Rambus-Board *n* ‖ **~ chip** (Comp) / Rambus-Chip *m*
**RAM bus interface** (Comp) / RAM-Schnittstelle *f* ‖ **~ disk** (a disk emulation in RAM) (Comp) / RAM-Disk *f*, virtuelles Laufwerk
**ramdohrite** *n* (Min) / Ramdohrit *m* (ein Mineral der Andorit-Gruppe - nach P. Ramdohr, 1890-1985)
**ram drag** (Aero) / Stauwiderstand *m*
**RAM drive** (Comp) / RAM-Disk *f*, virtuelles Laufwerk
**ram extruder** / Kolbenextruder *m* ‖ **~ extruder** (Eng, Plastics) / hydraulische Strangpresse, Kolbenstrangpresse *f* ‖ **~ extrusion**

(Powder Met) / Sinterextrusion f, Ram-Extrusion f (des PTFE-Pulvers)
**rami** n (Textiles) / Ramie f, Chinagras n (Bastfaser aus Boehmeria nivea L. Gaudich. oder Boehmeria nivea var. tenacissima Miq.)
**ramie*** n (Textiles) / Ramie f, Chinagras n (Bastfaser aus Boehmeria nivea L. Gaudich. oder Boehmeria nivea var. tenacissima Miq.)
**ramification** n / Verzweigung f, Verästelung f ‖ ~ (Agric, Biol, Bot) / Ramifikation f, Verzweigung f (die räumliche Aufgliederung von Sprossachse und Wurzel, z.B. bei höheren Pflanzen)
**ramin** n (a light hardwood) (For) / Melawis n, Ramin n (das Holz des Gonystylus bancanus (Miq.) Kurz), RAM
**ramjet*** n (Aero) / Lorin-Triebwerk n, Lorin-Rohr n, Staustrahlrohr n, Staustrahltriebwerk n (mit Unterschallverbrennung), Ramjet m ‖ ~* (Aero) s. also scramjet ‖ ~ **engine** (which consists essentially of an inlet diffuser, a flame holder and fuel injector, a combustion chamber and a convergent-divergent exit nozzle) (Aero) / Lorin-Triebwerk n, Lorin-Rohr n, Staustrahlrohr n, Staustrahltriebwerk n (mit Unterschallverbrennung), Ramjet m ‖ ~ **+ pulse jet** n (Aero) / Strahlrohr n (ein Luftstrahltriebwerk ohne bewegliche Teile)
**ram leather** (Eng) / Nutringmanschette f (lederne), Topfmanschette f
**ramless extrusion** (Met) / hydrostatisches Strangpressen (z.B. von Wolfram oder Beryllium)
**rammed bottom** (Met) / Stampfherd m, gestampfter Boden ‖ ~ **concrete** (Build) / Stampfbeton m
**rammelsbergite** n (Min) / Rammelsbergit m (NiAs$_2$)
**rammer*** n (Civ Eng) [schwerer] Erdrammer m, Stampfer m (ein handgeführtes Gerät)
**ramming** n (Build, Civ Eng) / Rammen n, Stampfen n, Abrammen n (Verdichten) ‖ ~ (Foundry) / Rammen n, Stampfen n ‖ ~ (Ships) / Ramming n (Kollision) ‖ ~ **head** (Foundry) / Schleuderkopf m (des Sandslingers) ‖ ~ **mix(ture)** (a mixture of water-tempered refractory materials suitable for ramming into place to form monolithic furnace linings) (Ceramics) / Stampfmasse f, Stampfmischung f
**ram-off** n (Met) / Verstampfung f
**ramp** v / anrampen v ‖ ~ n (Aero) / Gangway f ‖ ~ (Elec Eng) / linear ansteigende oder veränderliche Variable, linearer Anstiegsvorgang, Keilvorgang m (DIN 483, T 1) ‖ ~ (Electronics) / Anstieg m (bei der Sägezahnform eines Impulses) ‖ ~* (Eng) / Auffahrt f, Aufstieg m, Steigung f (Rampe), Auffahrrampe f, Rampe f (eine schiefe Ebene zur stufenlosen Überbrückung von Höhenunterschieden) ‖ ~ (Geol) / geneigte Schneefläche (Land- und See-Eis verbindende) ‖ ~ (Mining) / tonnlägiger Tagesschacht, Schrägstrecke f ‖ ~ (Space) / Startrampe f, Abschussrampe f ‖ ~ **angle** (Autos) / Rampenwinkel m (DIN 70020), Bauchfreiheit f
**rampant arch*** (Arch, Civ Eng) / einhüftiger Bogen, steigender Bogen, ansteigender Bogen (bei dem die Kämpfer verschieden hoch liegen)
**rampart** n (Geol) / Wall m
**ramp break-over angle** (Autos) / Rampenwinkel m (DIN 70020), Bauchfreiheit f
**ramp-down** n (Elec Eng) / stufenweiser Abfall
**ram penetrometer** / Rammsonde f (um die Schneefestigkeit zu ermitteln)
**ramp function** (Automation, Comp, Maths) / Rampenfunktion f (Signal, dessen Wert, von einem konstanten Wert Null ausgehend, proportional mit der Zeit zunimmt), Anstiegsfunktion f (eine Zeitfunktion) ‖ ~**-function generator** (Elec Eng) / Hochlaufgeber m, Hochlaufintegrator m ‖ ~ **generator** (Electronics) / Sägezahngenerator m ‖ ~ **response** (Automation) / Rampenantwort f
**ram pressure** (Aero) / Staudruck m (im Staustrahlrohr)
**ramp-slope breakover** (point) (Civ Eng) / oberer Anrampungsknick ‖ ~ **departure** (point) (Civ Eng) / unterer Anrampungsknick
**ramp-to-ramp time** (Aero) / Blockzeit f (die Zeit vom Abrollen des Flugzeuges vom Startflughafen bis zum Stillstand am Zielflughafen)
**ram pump** (single-acting) (Eng) / Druckpumpe f
**ramp-up** n (Elec Eng, Electronics) / stufenweiser Anstieg ‖ ~ (Electronics, Work Study) / erfolgreiche Aufnahme der Großserienfertigung von Halbleiterbausteinen unter Reinstraumbedingungen
**ramp valley** (Geol) / Tal n zwischen zwei Überschiebungseinheiten ‖ ~ **voltage** (Elec Eng) / linear ansteigende Spannung ‖ ~ **weight** (Aero) / Rüstgewicht n, Dienstgewicht n
**ramrocket** n (important species of propulsion system for unmanned vehicles) (Space) / Ramrocket n (Kombination aus Raketentriebwerk und ummantelndem Staustrahltriebwerk)
**Ramsauer effect*** (Phys) / Ramsauer-Effekt m (Quanteneffekt der Energieabhängigkeit des Streuquerschnitts von Elektronen an Atomen und Molekülen beim Durchgang durch ein Gas - nach C.W. Ramsauer, 1879-1955) ‖ ~**-Townsend effect** (Phys) / Ramsauer-Effekt m (Quanteneffekt der Energieabhängigkeit des Streuquerschnitts von Elektronen an Atomen und Molekülen beim Durchgang durch ein Gas - nach C.W. Ramsauer, 1879-1955)

**Ramsay and Young•'s rule*** (Chem) / Ramsay-Young'sches Gesetz n (Beziehung zwischen den Dampfdruckkurven zweier Stoffe) ‖ ~ **grease** (Vac Tech) / Ramsay-Fett n (für Hähne und Schliffverbindungen)
**Ramsbottom (coking) test** (Oils) / Ramsbottom-Test m (ein Verkokungstest für Schmieröle), Verkokungsprüfung f nach Ramsbottom (DIN ISO 4262)
**ram scraper** (Mining) / Rammanlage f (Gewinnungseinrichtung für geringmächtige steilgelagerte Kohlenflöze bei harter Kohle)
**Ramsden circle** (Optics) / Ramsden'scher Kreis, Augenkreis m ‖ ~ **disk** (Optics) / Ramsden'scher Kreis, Augenkreis m ‖ ~ **eyepiece*** (Light, Optics) / Ramsden-Okular n (die Bildebene liegt unmittelbar vor der Augenlinse - nach J. Ramsden, 1735-1800) ‖ ~ **eyepiece*** (Optics) s. also Kellner eyepiece
**Ramsey resonance** (Nuc, Spectr) / Ramsey-Resonanz f (nach N.F. Ramsey, geb. 1915)
**ramshackle** adj (in a state of severe disrepair) (Build) / abbruchreif adj, baufällig adj
**ram's-horn hook** (Eng) / Doppelhebehaken m, Doppelhaken m (ein Lasthaken nach DIN 699)
**ramsonde** n / Rammsonde f (um die Schneefestigkeit zu ermitteln)
**ramtilla oil** / Nigeröl n, Ramtillöl n (aus dem Ramtillkraut = Guizotia abyssinica (L.f.) Cass.)
**ramtil oil** / Nigeröl n, Ramtillöl n (aus dem Ramtillkraut = Guizotia abyssinica (L.f.) Cass.)
**RAM virus** (Comp) / RAM-Virus m n
**ramwing*** n (Aero, Ships) / Stauflügler m ‖ ~ **vehicle** (Aero, Ships) / Stauflügler m
**rance*** n (Build, Mining) / lang gestreckter Pfeiler (dünner)
**ranch** n (Agric) / Ranch f, Viehfarm f ‖ ~ (Agric, Leather) / Farm f (für Pelztiere) ‖ ~ (US) (Build) / Bungalow m
**rancher** n (US) (Build) / Bungalow m
**ranch house** (US) (Build) / Bungalow m
**rancid** adj (Nut) / ranzig adj
**rancidification** n (Nut) / Ranzigwerden n
**rancidify** v (Nut) / ranzig werden v
**rancidity** n (Nut) / Ranzigkeit f (beim mikrobiellen Verderb von Lebensmitteln), Ranzidität f
**rancidness** n (Nut) / Ranzigkeit f (beim mikrobiellen Verderb von Lebensmitteln), Ranzidität f
**rancid olive oil** / Tournantöl n (Olivenöl, das durch lange Lagerung einen hohen Gehalt an freien Fettsäuren erhalten hat - Vorläufer des Türkischrotöls)
**rand** n (For) / Säumling m (beim Besäumen von Brettern anfallender Holzabschnitt mit Baumkante - mit oder ohne Rinde), Spreißel m ‖ ~ (a strip of leather placed under the back part of a shoe or boot to make it level before the lifts of the heel are attached) (Leather) / Keder m, Köder m (schmaler Lederstreifen, der beim Zusammensteppen zweier Lederteile zur Verschönerung der Kante mit eingenäht wird)
**randkluft** n (Geol) / Randkluft f (Abschmelzfuge zwischen Gletscher und Fels)
**random*** n (Build) / Bruchsteinmauerwerk n (aus bruchrauen, lagerhaften Steinen) ‖ ~ attr / wahllos adj (zufällig), regellos adj ‖ ~ (Comp) / wahlfrei adj (Verarbeitung, Zugriff) ‖ ~ (Stats) / Zufalls-, zufällig adj, zufallsbedingt adj ‖ ~ **access*** (Comp, Telecomm) / direkter Zugriff, wahlfreier Zugriff (bei dem die Zugriffszeit vom Platz der Daten tatsächlich unabhängig ist), Zufallszugriff m, Erstzugriff m
**random-access memory*** (Comp) / direkt adressierbarer Speicher, Speicher m mit wahlfreiem Zugriff, Random-Speicher m, RAM n, RAM-Speicher m, Direktzugriffsspeicher m (DIN 44 300), Speicher m mit direktem Zugriff ‖ ~ **memory bus interface** (Comp) / RAM-Schnittstelle f ‖ ~ **processing** (Comp) / Verarbeitung f im Direktzugriff ‖ ~ **storage** (Comp) / direkt adressierbarer Speicher, Speicher m mit wahlfreiem Zugriff, Random-Speicher m, RAM n, RAM-Speicher m, Direktzugriffsspeicher m (DIN 44 300), Speicher m mit direktem Zugriff
**random coil*** (Chem, Gen) / ungeordnete Gerüstkonformation (bei denaturierten Proteinen, bei Helix-Coil-Übergängen oder bei synthetischen Polyaminosäuren), Zufallsknäuel n ‖ ~ **coincidence** (Nuc) / Zufallskoinzidenz f (zweier Ereignisse) ‖ ~ **component** (Stats) / Zufallskomponente f ‖ ~ **copolymer*** (Chem) / statistisches Kopolymer (dem Polymernamen wird das Infix "ran" hinzugefügt), statistisches Copolymer ‖ ~ **copolymerization** (Chem) / statistische Kopolymerisation, statistische Copolymerisation ‖ ~ **cracking** (Civ Eng) / Risse m pl unregelmäßiger Struktur (im Beton), unregelmäßige Risse ‖ ~ **cross-winding** (Spinning) / wilde Wicklung (der Kreuzspule), wilde Kreuzwicklung (DIN 61 801) ‖ ~ **digit** (Maths) / Zufallsziffer f ‖ ~ **error** (Stats) / zufälliger Fehler (DIN 1319, T 3), Zufallsfehler m, zufallsbedingter Fehler ‖ ~ **esterification**

(Chem) / Einphasen-Umesterung *f* (von Fetten) ‖ ~ **event** (Stats) / zufälliges Ereignis
**random-event generator** / Random-Generator *m*, Zufallszahlengenerator *m*, Zufallsgenerator *m*
**random experiment** (Stats) / Zufallsexperiment *n* (abstrakte Formulierung eines zufälligen Versuchs), Zufallsversuch *m* ‖ ~ **failure** / Zufallsausfall *m*
**random-fibre non-woven** (Textiles) / Wirrfaservlies *n* (in dem die Spinnfasern bzw. Filamente jede beliebige Richtung einnehmen), Wirrvlies *n* (DIN 61 210)
**random fibres** (Textiles) / Wirrfasern *f pl* ‖ ~ **field** (Stats) / Zufallsfeld *n*, zufälliges Feld ‖ ~ **file** (Comp) / Random-File *n*, direkte Datei ‖ ~ **function** (Stats) / stochastische Funktion
**random-incidence microphone** (Acous) / hallfeldlineares Mikrofon, Mikrofon *n* für diffusen Schalleinfall ‖ ~ **response** (Acous) / Diffusfrequenzgang *m*, Frequenzgang *m* für das diffuse Schallfeld ‖ ~ **sensitivity** (Acous) / Diffusempfindlichkeit *f*, Übertragungsfaktor *m* für das diffuse Feld
**randomization** *n* (Stats) / regellose Anordnung, zufällige Anordnung ‖ ~ (Stats) / Randomisierung *f* (Verfahren zur Kontrolle bekannter Störvariablen)
**randomize** *v* (Maths) / umrechnen auf Zufallszeichen ‖ ~ (Stats) / wahllos verteilen, regellos anordnen, randomisieren *v*
**randomized test** (Stats) / randomisierter Test ‖ ~ **web** (Textiles) / Wirrflor *m*
**random label** (Comp) / Großspeicheretikett *n*
**random-laid non-woven fabric** (Textiles) / Wirrfaservlies *n* (in dem die Spinnfasern bzw. Filamente jede beliebige Richtung einnehmen), Wirrvlies *n* (DIN 61 210)
**random loading** (Mech) / Zufallsbelastung *f*, zufallsbedingte Belastung ‖ ~ **masonry** (Build) / Bruchsteinmauerwerk *n* (aus bruchrauen, lagerhaften Steinen) ‖ ~ **mechanism** (Biochem) / Zufallsmechanismus *m* (bei Mehrsubstratreaktionen)
**randomness** *n* (Crystal) / Unordnung *f*
**random noise*** (Acous) / stochastisches Rauschen, Rauschschall *m* (DIN 1320), zufällig verteiltes Rauschen ‖ ~ **noise*** (Radio) / Rauschstörung *f* (elektromagnetische Störung, bestehend aus einer großen Zahl von Einzelstörungen mit Zufallscharakter hinsichtlich der Zeit und/oder der Amplitude) ‖ ~ **number*** (Stats) / Zufallszahl *f*
**random-number generator** / Random-Generator *m*, Zufallszahlengenerator *m*, Zufallsgenerator *m* ‖ ~ **series*** (Comp, Maths) / Zufallszahlenreihe *f*
**random-orbital sander** (Join, Plastics) / Exzenterschleifer *m* (kombinierter Schwing- und einfach rotierender Schleifer), Tellerschleifer *m*
**random order** (Stats) / regellose Anordnung, zufällige Anordnung ‖ ~ **orientation** (Crystal) / regellose Orientierung, Zufallsorientierung *f* ‖ ~ **process** (Stats) / stochastischer Prozess, zufälliger Prozess ‖ ~ **processing** (Comp) / Verarbeitung *f* im Direktzugriff ‖ ~ **pulse** (Telecomm) / statistisch verteilte Impulsserie, Zufallsimpulsserie *f* ‖ ~ **rubble** (coursed) (Build) / Schichtenmauerwerk *n* (unregelmäßiges, aus Natursteinen) ‖ ~ **rubble** (Build) / Bruchsteinmauerwerk *n* (aus bruchrauen, lagerhaften Steinen) ‖ ~ **sample** (Stats) / Zufallsstichprobe *f*, mathematische Stichprobe ‖ ~ **sampling** (Stats) / Stichprobenverfahren *n* ‖ ~ **sampling** (Stats) / zufallsgesteuertes Stichprobenverfahren, Zufallsauswahl *f* ‖ ~ **sensitivity** (Acous) / Diffusempfindlichkeit *f*, Übertragungsfaktor *m* für das diffuse Feld ‖ ~ **sequence** (Stats) / zufällige Folge ‖ ~ **shearing** (Textiles) / Random-Shearing *n* (Musterungsart der Tufting-Technik) ‖ ~ **signal** (Telecomm) / statistisch verteiltes Signal, Zufallssignal *n* ‖ ~ **test** (Civ Eng) / Random-Versuch *m* (z.B. bei der Lebensdauerbestimmung)
**random-tooled ashlar*** (Build) / unregelmäßig bearbeiteter Bruchstein
**Random Tumble Pilling Tester** (Textiles) / Random Tumble Pilling Tester *m* (der Atlas Electric Devices Comp., Chicago - zur Pillingprüfung) ‖ ≃ **Tumble Pilling Tester** (Textiles) / Prüfapparat *m* für die Knitterneigung ‖ ~ **variable** (Maths) / Zufallsgröße *f*, Zufallsvariable *f*, zufällige Variable, Zufallsveränderliche *f*, zufällige Veränderliche ‖ ~ **vector** (Stats) / mehrdimensionale Zufallsgröße, Zufallsvektor *m* ‖ ~ **vibration** (Aero, Mech) / ungeordnete Schwingung ‖ ~ **walk** (Chem) / Random-Walk *m* ‖ ~ **walk** (Stats) / Irrfahrt *f* (ein stochastischer Prozess) ‖ ~ **web** (Textiles) / Wirrflor *m* ‖ ~ **winding*** (a winding in which the individual conductors of a coil side occupy random position in a slot) (Elec Eng) / wilde Wicklung (ohne Drahtführung) ‖ ~ **winding*** (Elec Eng) s. also mush winding and pancake winding
**random-wound** *adj* (Elec Eng) / wildgewickelt *adj*
**Raney catalyst** (Chem) / Raney-Katalysator *m* (im Allgemeinen) ‖ ≃ **nickel*** (Chem) / Raney-Nickel *n*, Raney-Katalysator *m* (aus Nickel - nach M. Raney, 1885-1966)
**range** *n* / Reihe *f*, Flucht *f* ‖ ~ / Batterie *f*, Garnitur *f* ‖ ~ / Kollektion *f* (Waren-), Sortiment *n*, Auswahl *f* (Kollektion) ‖ ~* (of voice) (Acous) / Stimmumfang *m* ‖ ~ (Acous) / Hörbarkeitsbereich *m*, Hörweite *f*, Hörbereich *m* (Hörweite) ‖ ~* (Aero, Mil) / Reichweite *f* (eines Waffensystems), Schussweite *f*, Tragweite *f*, Wurfweite *f* ‖ ~* (Aero, Nuc, Radio) / Reichweite *f* ‖ ~ (a large area of open land for grazing) (Agric) / Weideland *n* (natürliches), Naturweide *f* (größere) ‖ ~ (Ecol) / Verbreitungsgebiet *n*, Areal *n*, Siedlungsgebiet *n* ‖ ~ (Eng) / Satz *m* (gleicher Geräte von verschiedener Größe) ‖ ~ (Geol) / Gebirgszug *m* (Teil eines Kettengebirges) ‖ ~ (Glass) / Dickenlehre *f*, Dickenschablone *f* ‖ ~ (Glass, Phys) / Bereich *m* (z. B. Verarbeitungs-, Erweichungs- - DIN 1345) ‖ ~ (Instr) / Messbereich *m* (Teil des Anzeigebereichs nach DIN 1319, T 1 und T 2 und DIN 2257, T 2), Nutzmessbereich *m* ‖ ~ (Instr) / Skalenbereich *m*, Wertebereich *m* (der Skale) ‖ ~* (Instr, Nuc, Phys) / [Zähl-, Mess-]Bereich *m* ‖ ~ (Leather) / Bahn *f* (aus einem Croupon geschnittener Rindshautstreifen), Kernstreifen *m* ‖ ~ (of a function) (Maths) / Nachbereich *m*, Wertebereich *m*, Bildbereich *m*, Ziel *n*, Bildmenge *f*, Zielmenge *f* (bei mengentheoretischer Definition der Funktion), Wertevorrat *m* ‖ ~ (of a mapping) (Maths) / Bildmenge *f* ‖ ~ (Met) / Schwingbreite *f* (bei der Schwingbeanspruchung) ‖ ~ (Mil) / Schießstand *m*, Schießplatz *m* ‖ ~ (Nav, Photog) / Entfernung *f* ‖ ~ (Radar) / Radialentfernung *f* ‖ ~* (Radio, Telecomm) / Sendereichweite *f*, Bereich *m* (Reichweite) ‖ ~ (Ships) / Range *f* (eine Hafenreihe, z.B. Hamburg - Lissabon) ‖ ~ (Stats) / Spannweite *f* (die Differenz zwischen größtem und kleinstem Wert der Stichprobe), Schwankungsbreite *f*, Variationsbreite *f* (ein Streuungsmaß) ‖ **beyond visual** ~ (Aero, Optics) / außer Sichtweite, außer Flugsicht
**range-azimuth display** (Radar) / Entfernungs-Azimut-Anzeige *f*
**range-bearing display** (Radar) / B-Darstellung *f* (Anzeige in rechtwinkligen Koordinaten: die Abszisse zeigt die Richtung, die Ordinate die Entfernung des Zieles an)
**range cell** (Radar) / Entfernungszelle *f*
**range-curvature correction** (Radar) / Entfernungskrümmungskorrektur *f*
**range discrimination** (Radar) / Entfernungsauflösung *f*, Entfernungsaufklärungsvermögen *n*
**range-Doppler processing** (Radar) / Entfernungs-Doppler-Verarbeitung *f*
**range-energy relation** (Nuc) / Reichweite-Energie-Beziehung *f*
**range equation** (Radar, Radio) / Radargleichung *f* (mathematische Beziehung zwischen Zielparametern, Systemparametern und Ausbreitungsparametern beim Primärradar besonders zur Bestimmung der Reichweite)
**range-extender*** *n* (Optics) / Telekonverter *m*, Teleextender *m* (eine in Verbindung mit einem Okular benutzte Linse, welche die effektive Brennweite vergrößert)
**rangefinder*** *n* (Photog) / Entfernungsmesser *m*
**rangefinder-type camera** (Photog) / Sucherkamera *f*
**range•-finding test** (Pharm) / Range-Finding-Test *m* (toxikologische Prüfung, die der Ermittlung der Dosierungen für Versuche zur Feststellung der subchronischen und chronischen Toxizität dient) ‖ ~ **gate** (Radar) / Entfernungstor *n* (bei Verfolgungsradaranlagen)
**range-gate straddling** (Radar) / Entfernungstorspreizung *f* (Fehlanpassung des gefilterten Empfangssignals an das Entfernungstor bei Zielen am Rand eines Entfernungselements und bei großen Zielen)
**range-height indication** (an intensity-modulated display in which horizontal and vertical distances of a blip from an origin in the lower left part of the display represent target ground range and target height respectively) (Radar) / RHI-Abbildung *f* ‖ ~ **indicator*** (Radar) / Höhenschirm *m* (mit der RHI-Abbildung)
**rangeland** *n* (Agric) / Weideland *n* (natürliches), Naturweide *f* (größere)
**range mark** (Radar) / Entfernungsring *m* (bei der Rundsichtanzeige), Abstandsring *m* (auf dem Bildschirm eines Rundsichtradars) ‖ ~ **marker** (Radar) / Entfernungsmarke *f* ‖ ~ **marker** (a calibration marker used on a display to aid in measuring target range) (Radar) / Entfernungsring *m* (bei der Rundsichtanzeige), Abstandsring *m* (auf dem Bildschirm eines Rundsichtradars) ‖ ~ **marker** (Radar) s. also range ring ‖ ~ **masonry** (US) (Build) / regelmäßiges Schicht(en)mauerwerk, hammergerechtes Schichtenmauerwerk ‖ ~ **migration** (Radar) / Entfernungswanderung *f* ‖ ~ **of adjustment** (Radar) / Verstellbereich (Vsb) *m* (der Bereich der Messgröße, um den der Messbereich verlagert werden kann), Vsb (der Bereich der Messgröße, um den der Messbereich verlagert werden kann) ‖ ~ **of analyses** / Analysenspanne *f* ‖ ~ **of a thermometer** (Phys) / Temperaturbereich *m* (eines Thermometers) ‖ ~ **of audibility** (Acous) / Hörbarkeitsbereich *m*, Hörweite *f*, Hörbereich *m* (Hörweite) ‖ ~ **of colours** / Farbsortiment *n* (im Angebot) ‖ ~ **of effectiveness** / Wirkungsbereich *m* ‖ ~ **of exposures** (Photog) / Belichtungsumfang *m* ‖ ~ **of frequencies** (Telecomm) / Frequenzbereich *m* (Wellenlängenbereich) ‖ ~ **of jet** (Agric) / Wurfweite *f* (bei einem Regner) ‖ ~ **of mountains** (Geol) /

range

Gebirgszug *m* (Teil eines Kettengebirges) ǁ ~ **of natural numbers** (Maths) / Bereich *m* der natürlichen Zahlen ǁ ~ **of problems** / Problemkreis *m*, Problemkomplex *m* ǁ ~ **of products** / Produktpalette *f* ǁ ~ **of reach** / Griffbereich *m* ǁ ~ **of revolutions** (Automation, Eng) / Drehzahlbereich *m* (Bereich der verfügbaren Drehzahlen), Drehzahl-Regelbereich *m* ǁ ~ **of scale** (Instr) / Skalenbereich *m*, Wertebereich *m* (der Skale) ǁ ~ **of shades** (Textiles) / Nuancenpalette *f*, Nuancenskala *f*, Farbenpalette *f*, Farbenskala *f* ǁ ~ **of stability** (Ships) / Stabilitätsumfang *m* ǁ ~ **of stress**\* (Materials) / Spannungsbereich *m* ǁ ~ **of stress intensity factor** (Mech) / Spannungsintensitätsfaktor *m* (in der Bruchmechanik) ǁ ~ **of tide** (Ocean) / Tidenhub *m* (Höhendifferenz zwischen Hoch- und Niedrigwasser), Tidehub *m*, Gezeitenhub *m* (Mittel aus Tidenstieg und Tidenfall) ǁ ~ **of tolerance** (Ecol) / ökologische Potenz (Reaktionsbreite einer Art gegenüber einem Umweltfaktor), ökologische Toleranz, ökologische Plastizität, ökologische Valenz ǁ ~ **of tolerance** (Eng) / Toleranzbereich *m* (DIN 1319-1 und DIN 1345) ǁ ~ **pole** (Surv) / Trassierstab *m*, Absteckstab *m*, Fluchtstab *m*, Jalon *m* (S), Aussteckstab *m*, Bake *f* ǁ ~ **resolution** (the ability to distinguish between two targets solely by the measurement of their ranges /distances from the radar/) (Radar) / Entfernungsauflösung *f*, Entfernungsaufklärungsvermögen *n* ǁ ~ **ring** (distance from the radar/) (Radar) / Entfernungsring *m* (bei der Rundsichtanzeige), Abstandsring *m* (auf dem Bildschirm eines Rundsichtradars) ǁ ~ **rod** (Surv) / Trassierstab *m*, Absteckstab *m*, Fluchtstab *m*, Jalon *m* (S), Aussteckstab *m*, Bake *f* ǁ ~ **search** (Comp) / Bereichssuche *f* ǁ ~ **selector** (Instr) / Messbereichsschalter *m* (bei den Messgeräten) ǁ ~ **tracking**\* (Radar) / Entfernungszielverfolgung *f*
**range-tracking element** (Radar) / Entfernungsnachführungselement *n*
**range-type power station** (Elec Eng) / Sammelschienenkraftwerk *n*
**range walk** (Radar) / lineare Entfernungsänderung ǁ ~ **work** (US) (Build) / regelmäßiges Schicht(en)mauerwerk, hammergerechtes Schichtenmauerwerk
**ranging figures**\* (Typog) / Normalziffern *f pl* (die die Linie halten) ǁ ~ **pole** (Surv) / Trassierstab *m*, Absteckstab *m*, Fluchtstab *m*, Jalon *m* (S), Aussteckstab *m*, Bake *f* ǁ ~ **pole** (Surv) / runder Fluchtstab ǁ ~ **rod**\* (Surv) / Trassierstab *m*, Absteckstab *m*, Fluchtstab *m*, Jalon *m* (S), Aussteckstab *m*, Bake *f* ǁ ~ **system** (Instr) / Entfernungsmesssystem *n*
**Rangoon beans** (Bot, Nut) / Rangoonbohnen *f pl*, Rangunbohnen *f pl*, Mondbohnen *f pl* (aus dem Phaseolus lunatus L.), Limabohnen *f pl*, Sievabohnen *f pl*
**rank** *v* (among) / zählen *v* (zu), gehören *v* (zu) ǁ ~ *n* / Reihe *f* (nebeneinander) ǁ ~\* (Maths) / Rang *m* (eines Grafen) ǁ ~\* (Maths) / Rang *m* (einer Matrix - die Maximalzahl der linear unabhängigen Zeilen- bzw. Spaltenvektoren) ǁ ~ (Stats) / Rangzahl *f* (bei geordneten Stichproben) ǁ ~ **of coal**\* (Geol) / Inkohlungsgrad *m*, Inkohlungsstufe *f* (Rang verschiedener Kohlenarten) ǁ ~ **correlation** (Maths) / Rangkorrelation *f* ǁ ~ **correlation coefficient** (Stats) / Rangkorrelationskoeffizient *m* ǁ ~ **detector** (with amplitude sorting prior to target decision) (Radar) / Rangdetektor *m*
**ranked** *adj* (Maths) / ranggeordnet *adj*
**ranker** *n* / Ranker *m* (flachgründiger Bodentyp mit Ah-C-Profil)
**Rankine absolute temperature scale** (Phys) / Rankine-Skale *f* (eine veraltete Temperaturskale mit °R - nach W.J.M. Rankine, 1820-1872) ǁ ≃ **cycle**\* (Eng) / Clausius-Rankine-Prozess *m* (idealer Vergleichsprozess für Kreisprozesse, die in Dampfmaschinen vor sich gehen - nach W.J.M. Rankine, 1820-1872), Rankine-Prozess *m*, Rankine-Clausius-Prozess *m* ǁ ≃ **temperature** (Phys) / Temperatur *f* nach der Rankine-Skale (veraltet; 1 K = 1,8 °R)
**ranking** *n* / Ranking *n* (Rangliste oder Einordnung in die Rangliste) ǁ ~ (Comp) / Ranking *n* (die Anordnung der als Antwort auf eine Suchfrage gefundenen Dokumente nach ihrer mutmaßlichen Relevanz) ǁ ~ **system** (Work Study) / Rangfolgeverfahren *n* (summarische Methode der Arbeitsbewertung)
**rankinite**\* *n* (Min) / Rankinit *m* (Zementklinker, Schlackenmineral)
**rank order** (Maths) / Rangordnung *f* ǁ ~ **sum** (Stats) / Rangsumme *f*
**Ranney well** (Hyd Eng) / Ranney-Brunnen *m* (ein älterer Horizontalfilterbrunnen)
**Raoult's law**\* (Chem, Phys) / Raoult'sches Gesetz (Dampfdruckerniedrigung, Gefrierpunktserniedrigung - nach F.M. Raoult, 1830-1901)
**RAP** (radio access point) (Teleph) / Funkanschlusspunkt *m* (zum Netz)
**rap** *v* (Foundry) / losschlagen *v* (Modell), losklopfen *v* (Modell) ǁ ~ (Mining) / klopfen *v* (signalisieren, warnen) ǁ ~ *n* (Spinning) / Docke *f* (eine Stranggarn-Aufmachung)
**Rapakivi granite**\* (Geol) / Rapakiwi *m* (ein Hornblende-Biotit-Granit)
**rape • -cake** *n* (Agric) / Rapskuchen *m* (Rückstände beim Pressen von Rapssamen, die als Kraftfutter für Mast- und Milchvieh verwendet werden) ǁ ~**-oil** *n* / Kolzaöl *n*, Rüböl *n*, Rapsöl *n*, Kohlsaatöl *n*, Repsöl *n*

**rapeseed** *n* **00** (Agric, Bot, Nut) / Doppelnull-Raps *m*, 00-Raps *m* (mit niedrigem Erukasäure- und Glukosinatgehalt), Null-Null-Raps *m* (erukasäurearme Sorte) ǁ ~ **oil** / Kolzaol *n*, Rubol *n*, Rapsol *n*, Kohlsaatöl *n*, Repsöl *n* ǁ ~ **oil methyl ester** (Chem, Fuels) / Rapsölmethylester *m* (ein Fettsäuremethylester), RME (Rapsölmethylester)
**rape white butterfly** (Agric, Zool) / Rapsweißling *m* (Pieris napi L.), Heckenweißling *m* ǁ ~ **wine** (Nut) / Tresterwein *m*
**raphides**\* *n pl* (Bot) / Raphiden *pl* (Kristallnadeln in Pflanzenzellen)
**rapid** *n* (Hyd Eng) / Stromschnelle *f*, Bereich *m* der starken Strömung ǁ ~ *adj* / schnell *adj*, Schnell-
**rapid-access memory** (Comp) / Schnellspeicher *m*, Speicher *m* mit schnellem Zugriff, Schnellzugriffspeicher *m*, zugriffszeitfreier Speicher
**rapid advance** (Eng, Tools) / schnelles Heranfahren ǁ ~ **analysis** (Chem) / Schnellanalyse *f*, Rapidanalyse *f* ǁ ~ **approach** (Eng, Tools) / schnelles Heranfahren ǁ ~ **approach** (Tools) / Schnellzuführung *f* ǁ ~ **developer** (Photog) / Rapidentwickler *m* ǁ ~ **dogging carriage** (For) / Schnellspannwagen *m* (des Gatters) ǁ ~ **drum tannage** (Leather) / Rapidgerbung *f* (Schnellgerbung im Fass) ǁ ~ **fading** (Radio) / Schnellschwund *m*
**rapid-flashing light** (Aero, Ships) / Blitzfeuer *n*
**rapid flow** (Hyd, Hyd Eng, Phys) / Schießen *n* (Froude-Zahl > 1) (schießender Abfluss) ǁ ~ **hardener** (Civ Eng) / Schnellerstarrer *m*, Schnellbinder *m* ǁ ~ **hardening** (Civ Eng) / Schnellerstarrung *f* (als gewollte Eigenschaft des Bindemittels), Schnellabbinden *n*
**rapid-hardening** *adj* / schnellhärtend *adj*, schnellerstarrend *adj*, schnellabbindend *adj*, schnellbindend *adj*, schnell erhärtend *adj* ǁ ~ **agent** (Civ Eng) / Schnellerstarrer *m*, Schnellbinder *m* ǁ ~ **cement** (Build, Civ Eng) / schnellabbindender Zement, Blitzzement *m*, schnellabbindender Zement
**rapid heating** (Met) / Schnellerwärmung *f*
**rapid-loading system** (Photog) / Schnellladesystem *n*
**rapidly drying oil** / schnelltrocknendes Öl (z.B. Tungöl) ǁ ~ **solidified alloy** (Foundry) / schnell erstarrte Legierung
**rapid press** (Eng) / Schnellpresse *f*, Schnellläuferpresse *f* ǁ ~ **print drier** (Photog) / Schnelltrockenpresse *f*, Heizpresse *f*, Trockenpresse *f* ǁ ~ **processing** (Eng) / Schnellverarbeitung *f* (z.B. des Films) ǁ ~ **prototyping** (Comp) / Rapid Prototyping *n* (schneller Aufbau einfacher Prototypen von Software, die Grundfunktionen durchführen) ǁ ~ **prototyping** (Eng, Work Study) / schnelle Produktentwicklung (bis zum Prototyp)
**rapids** *pl* (a fast-flowing and turbulent part of the course of a river) (Hyd Eng) / Stromschnelle *f*, Bereich *m* der starken Strömung
**rapid sand filter** (Ecol) / Schnellsandfilter *n* (ein Wasserfilter) ǁ ~ **scan** (Spectr) / Schnellscan *m* ǁ ~ **solidification processing** (Foundry) / Verfahren *n* der schnellen Erstarrung, schnelle Erstarrung (bei Legierungen) ǁ ~ **start** (Electronics) / Schnellstart *m* (einer Leuchtröhre)
**rapid-start lamp** (Electronics) / Schnellstartlampe *f*
**rapid storage** (Comp) / zugriffszeitfreie Speicherung, Schnellzugriffspeicherung *f*, Schnellzugriffsspeicherung *f*
**rapids zone** (Hyd Eng) / Stromschnelle *f*, Bereich *m* der starken Strömung
**rapid tanning process** (Leather) / Schnellgerbverfahren *n* ǁ ~ **tearing test** (Materials) / Schnellzerreißversuch *m* (ein nicht genormter Zugversuch mit dem Parameter Beanspruchungsgeschwindigkeit) ǁ ~ **thermal annealing** (Electronics) / Kurzzeitausheilen *n* (zum Ausheilen von Strahlenschäden nach der Ionenimplantation in Diffusionsöfen) ǁ ~ **transit system** (US) / Schnellnahverkehr *m* ǁ ~ **traverse** (Eng) / Schnellverstellung *f*, Eilgang *m* (an automatisierten Werkzeugmaschinen)
**rapier loom** (Weaving) / Lanzenwebstuhl *m*, Greiferwebmaschine *f* (wenn von zwei Seiten, dann SACM, Dornier), Greiferschützenautomat *m*
**rapier-type loom** (Weaving) / Lanzenwebstuhe *m*, Greiferwebmaschine *f* (wenn von zwei Seiten, dann SACM, Dornier), Greiferschützenautomat *m*
**rapier weaving machine** (Weaving) / Lanzenwebstuhe *m*, Greiferwebmaschine *f* (wenn von zwei Seiten, dann SACM, Dornier), Greiferschützenautomat *m*
**rapping**\* *n* (Foundry) / Losklopfen *n* (des Modells), Losschlagen *n* (des Modells) ǁ ~ **iron** (Foundry) / Losklopfeisen *n*, Losschlageisen *n*
**Rapson's slide** (Ships) / Gleitklotz *m* für die Ruderpinne
**rapture of the deep**\* (Med) / Tiefenrausch *n*
**RAR** (Restricted Articles Regulation) (Aero) / Transportbestimmungen *f pl* für gefährliche Güter (herausgegeben von der IATA) ǁ ≃ (real-aperture radar) (Radar) / Radar *n* mit realer Apertur
**rare** *adj* / selten *adj*, rar *adj* ǁ ~ (Aero, Phys) / dünn *adj* (Luft) ǁ ~ (lightly cooked, so that the inside of the meat is still red) (Nut) / underdone *adj*, nicht durchgebraten, englisch gebraten, halb gar *adj*

1274

**rare-earth elements*** (Chem) / Seltenerdmetalle *n pl*, SE (Seltenerdmetalle), Metalle *n pl* der Seltenerden ‖ ~ **oxides** (Chem, Geol) / Seltenerdoxide *n pl* (Oxide der Seltenerdmetalle), SE (Seltenerden), seltene Erden
**rare earths*** (Chem, Geol) / Seltenerden *f pl* (Oxide der Seltenerdmetalle), SE (Seltenerden), seltene Erden
**rare-earths glass** (Glass) / Glas, in dem Seltene Erden (als Stabilisatoren, Farbstoffe usw.) vorkommen
**rarefaction*** *n* (Phys) / Verdünnen *n* (von Gasen), Verdünnung *f* ‖ ~ **wave** (Aero) / Verdünnungswelle *f* (z.B. in der Prandtl-Meyer-Strömung) ‖ ~ **wave** (Autos) / Saugwelle *f* (im Auspuff)
**rarefiable** *adj* (Phys) / verdünnbar *adj*
**rarefication** *n* (Phys) / Verdünnen *n* (von Gasen), Verdünnung *f*
**rare gas*** (Chem) / Edelgas *n* (He, Ne, Ar, Kr, Xe und Rn)
**rare-gas crystal** (Phys) / Edelgaskristall *m*
**Rarita-Schwinger equation** (Nuc) / Rarita-Schwinger-Gleichung *f* (eine relativistische Wellengleichung)
**RAS** (when corrected for position error) (Aero) / berichtigte Fluggeschwindigkeit ‖ ~* (Remote Access Service) (Comp) / Remote Access Service *m*, RAS (WinNT-Service, der Zugang zum Server für nicht am Netz hängende Rechner über Telefonleitung ermöglicht) ‖ ~ (random-access storage) (Comp) / direkt adressierbarer Speicher, Speicher *m* mit wahlfreiem Zugriff, Random-Speicher *m*, RAM *n*, RAM-Speicher *m*, Direktzugriffsspeicher *m* (DIN 44 300), Speicher *m* mit direktem Zugriff ‖ ~ (row-address strobe) (Comp) / Zeilenadressenimpuls *m* (Signal für die Zeilenadressierung bei Halbleiterspeichern mit matrixförmiger Anordnung der Speicherzellen, wie z.B. bei den RAMs)
**rasamala** *n* (For) / Rasamala *n* (Altingia excelsa Noronha), Kindan *n*
**raschel** *n* (Textiles) / Raschelware *f* ‖ ~* *n* (Textiles) / Raschelmaschine *f* (eine Kettenwirkmaschine), Fangkettenstuhl *m* ‖ ~ **fabric** (Textiles) / Raschelware *f*
**raschel-knit** *adj* (Textiles) / raschelgewirkt *adj* ‖ ~ **fabrics** (Textiles) / Raschelware *f*
**raschel knitting machine** (Textiles) / Raschelmaschine *f* (eine Kettenwirkmaschine), Fangkettenstuhl *m* ‖ ~ **lace** (Textiles) / Raschelspitze *f* ‖ ~ **loom** (Textiles) / Raschelmaschine *f* (eine Kettenwirkmaschine), Fangkettenstuhl *m* ‖ ~ **tulle** (Textiles) / Raschetüll *m* ‖ ~ **warp-knitting machine** (Textiles) / Raschelmaschine *f* (eine Kettenwirkmaschine), Fangkettenstuhl *m*
**Raschig process** (Chem Eng) / Raschig-Verfahren *n* (zur Herstellung von Phenol aus Benzol in zwei Stufen) ‖ ~ **rings*** (Chem Eng) / Raschig-Ringe *m pl* (Füllkörper einer Rektifiziersäule nach F.A. Raschig, 1863-1928) ‖ ~ **synthesis** (Chem Eng) / Raschig-Verfahren *n* (zur Herstellung von Hydrazin)
**RAS facilities** (Comp) / RAS-Einrichtungen *f pl* (Gesamtheit aller der Zuverlässigkeit, Verfügbarkeit und Wartungsfreundlichkeit von Datenverarbeitungsanlagen dienenden Einrichtungen und Programme)
**rashing** *n* (Mining) / Bergemittel *n* (eine Gesteinslagerung), Bank *f*
**Rasorite** *n* (Min) / Rasorit *m* (Warenzeichen der Fa. Kern Co., Kramer Distr., California, für kernithaltige mineralische Rohstoffe)
**rasp** *v* (Eng) / raspeln *v* ‖ ~ (Nut) / reiben *v* (z.B. Käse), raspeln *v*, hobeln *v* ‖ ~ *n* (Tools) / Raspel *f* (mit gehauenem Raspelhieb zur Bearbeitung von Holz und Leder)
**Raspail test*** (Paper) / Prüfung *f* der Stoffleimung mit Harz
**raspberry-red** *adj* / himbeerrot *adj*
**rasp cut** (Tools) / Raspelhieb *m*, Pockenhieb *m*
**rasping** *n* (Eng) / Raspeln *n* (DIN 8589, T 7)
**raspings** *pl* / Raspelspäne *m pl*
**rasping sound** (Acous) / krächzender Ton
**RAST*** (radioallergosorbent test) (Med, Radiol) / Radioallergosorbenstest *m*, Radioallergosorbenttest *m* (eine Variante der RIA zur Bestimmung von Allergenen), RAST
**raster*** *n* (Electronics) / Abtastfeld *n* ‖ ~* (TV) / Raster *n* (des Bildschirms) ‖ ~ **burn** (Electronics) / Einbrennen *n* des Rasterfeldes, Rasterverbrennung *f* ‖ ~ **display** (a display image) (Comp) / Rasterbild *n* (als Anzeigeart) ‖ ~ **font** (Comp) / Bitmap-Font *m*, bitorganisierter Font, Rasterfont *m*, Bitmap-Schriftart *f*, Rasterschrift *f*, gerasterte Schrift ‖ ~ **graphics*** (Comp) / Pixelgrafik *f*, Rastergrafik *f*, pixelorientierte Grafik, Bitmap-Grafik *f* (Desktop-Publishing) ‖ ~ **graphics*** (Comp) / Rastergrafik *f* (flächendarstellendes System) ‖ ~ **image** (Comp, Photog) / Rasterbild *n* ‖ ~ **image processor** (Comp, Print) / Raster-Image-Prozessor *m*, RIP *m* (Raster-Image-Prozessor), Rasterbildprozessor *m*
**rasterisation** *n* (GB) (Comp) / Rasterung *f* (bei der elektronischen Bildverarbeitung), Rastern *n*
**rasterise** *v* (GB) (Comp) / rastern *v* (bei der elektronischen Bildverarbeitung)

**rasterization** *n* (Comp) / Rasterung *f* (bei der elektronischen Bildverarbeitung), Rastern *n*
**rasterize** *v* (Comp) / rastern *v* (bei der elektronischen Bildverarbeitung)
**raster plotter** (Comp) / Rasterplotter *m* ‖ ~ **scan** (Electronics) / Rasterscan *m* (eine Methode der Bild- oder Zeichendarstellung, bei der für jede Darstellung der ganze Bildschirm zeilenweise mit dem Elektronenstrahl abgetastet und an jedem Bildpunkt eines Rasters entsprechend der Bildinformation hellgesteuert wird)
**raster-scanned screen** (Comp) / Rasterbildschirm *m*
**raster scanning** (Radar) / gerastertes Absuchen (mit konstanter Schrittweite) ‖ ~ **scanning** (Telecomm, TV) / Rasterabtastung *f* ‖ ~ **unit** (Comp) / Rastereinheit *f* (Abstand zwischen zwei benachbarten Bildpunkten)
**Rast method** (Chem) / Molmassenbestimmung *f* nach Rast, Mikromethode *f* von Rast (Molmassenbestimmung mit Campher als Lösungsmittel)
**RAT*** (ram-air turbine) (Aero) / Außenstromturbine *f*
**rat** *n* (Mil) / alleinfliegendes Feindflugzeug
**rata** *n* (For) / Ratabaum *m*, Eisenholzbaum *m* (Metrosideros sp.) ‖ ~ (For) / Tahitikastanie *f* (Inocarpus fagifer (Parkinson ex Du Roi) Fosberg)
**ratable value** (Agric, Build, Mining) / Einheitswert *m* (der steuerliche Wert für land- und forstwirtschaftliche Betriebe, Grundbesitz, gewerbliche Betriebe und Mineralgewinnungsrechte)
**rat-bite fever*** (Med) / Sodoku *n*, Rattenbissfieber *n*, Rattenbisskrankheit *f*
**ratch** *n* (distance between feed rollers and drawing rollers) (Spinning) / Streckweite *f*
**ratchet** *n* (Eng) / Klinkenrad *n*, Sperrrad *n* ‖ ~ (Eng, Tools) / Ratsche *f*, Knarre *f* ‖ ~ **adapter** (Autos) / Aufsteckknarre *f* (zwischen dem Steckschlüsseleinsatz und dem Antriebswerkzeug ohne Knarrenmechanismus), Aufsteckratsche *f*
**ratchet-and-pawl mechanism** (Eng) / Klinkengesperre *n*
**ratchet box wrench** (US) (Tools) / Knarrenringschlüssel *m*, Ratschenringschlüssel *m* ‖ ~ **brace*** (Eng) / Bohrknarre *f*, Bohrratsche *f* ‖ ~ **die stock** (Eng) / Ratschenschneidkluppe *f*, Ratschenkluppe *f* (Gewindeschneidkluppe mit Sperrgetriebe und verstellbaren Schneidbacken, hauptsächlich zum Schneiden von Rohraußengewinden) ‖ ~ **drill*** (Eng) / Bohrknarre *f*, Bohrratsche *f* ‖ ~ **feed** (Eng) / Klinkenradvorschub *m*, Sperrradvorschub *m*
**ratcheting** *n* (Nuc Eng) / Rasseln *n* (von Brennelementen), Ratcheting *n*
**ratchet mechanism*** (Eng) / Ratsche *f* (ein Sperrgetriebe) ‖ ~ **mechanism*** (Eng) / Klinkenschaltwerk *n* ‖ ~ **screwdriver*** (Tools) / Ratsche *f* (Schraubendrehen), Ratschenschrauber *m*, Ratschenschraubendreher *m*, Knarrenschraubendreher *m* ‖ ~ **spanner** (Tools) / Knarrenringschlüssel *m*, Ratschenringschlüssel *m* ‖ ~ **stop** (Tools) / Gefühlsschraube *f*, Gefühlsratsche *f* (der Bügelmessschraube)
**ratchet-type compass** / Schnellverstellzirkel *m*
**ratchet wheel*** (Eng) / Klinkenrad *n*, Sperrrad *n* ‖ ~ **wrench** (Eng, Tools) / Knarrenschlüssel *m*
**rat damage** / Rattenfraß *m*
**rate** *v* / einschätzen *v*, schätzen *v*, berechnen *v* (schätzen), bewerten *v* ‖ ~ / einstufen *v* (in Klassen), einteilen *v* (in Klassen) ‖ ~ / vermaßen *v*, dimensionieren *v*, die Größe bestimmen, bemessen *v* (dimensionieren), auslegen *v* (dimensionieren) ‖ ~ (Agric, Textiles) / rötten *v*, rotten *v*, rösten *v* (weiche Stängelteile des Flachses faulen lassen) ‖ ~ *n* / [Verhältnis]Ziffer *f*, Quote *f* (DIN 5476) ‖ ~ / Satz *m*, Tarif *m*, Kurs *m* ‖ ~ (Aero, Ships) / Frachtrate *f*, Rate *f* ‖ ~ (Eng) / Geschwindigkeit *f*, Geschwindigkeitsstufe *f* ‖ ~ (Maths) / Rate *f* (Kenngröße bei zeitlich stochastischen Prozessen)
**rateable value** (Agric, Build, Mining) / Einheitswert *m* (der steuerliche Wert für land- und forstwirtschaftliche Betriebe, Grundbesitz, gewerbliche Betriebe und Mineralgewinnungsrechte)
**Rateau steam turbine** / Rateau-Turbine *f* (eine vielstufige Gleichdruck-Dampfturbine nach A. Rateau, 1863-1930)
**rate coefficient** (Chem) / Geschwindigkeitskonstante *f*, Reaktionsgeschwindigkeitskonstante *f* (Proportionalitätsfaktor in kinetischen Zeitgesetzen) ‖ ~ **constant*** (of a reaction) (Chem) / Geschwindigkeitskonstante *f*, Reaktionsgeschwindigkeitskonstante *f* (Proportionalitätsfaktor in kinetischen Zeitgesetzen)
**rated** *adj* / Soll-, Rechen-, theoretisch *adj* (rechnerisch ermittelt), rechnerisch *adj* (ermittelt) ‖ ~ / Nenn-, dem Nennwert entsprechend ‖ ~ **altitude*** (Aero) / Nennleistungshöhe *f*, Höhe *f* (in der ein Kolbenmotor seine Höchstleistung abgibt), Nennhöhe *f* (bei einem Kolbentriebwerk) ‖ ~ **at** / mit einer Nennleistung von ‖ ~ **blowing-current** (Elec Eng) / Nennschmelzstrom *m* ‖ ~ **breaking-capacity*** (Elec Eng) / Nennausschaltleistung *f* ‖ ~ **break point** (Eng, Materials) / Sollbruchstelle *f* ‖ ~ **capacity** / Nenninhalt *m* ‖ ~ **capacity*** (Eng) / Nennleistung *f* (auch einer

**rated**

Akkumulatorenbatterie), Nennleistung f ‖ ~ **current** (Elec Eng) / Nennstrom m (eines Motors)
**rate-determining** adj / geschwindigkeitsbestimmend adj ‖ ~ **reaction** (Chem) / Schrittmacherreaktion f ‖ ~ **step*** (Chem) / geschwindigkeitsbestimmender Schritt (einer Reaktion)
**rated-excitation current** (Elec Eng) / Nennerregerstrom m (Erregerstrom der Synchronmaschinen bei Nennspannung, Nennstrom, Nennleistungsfaktor und Nennfrequenz)
**rated force path** (Eng) / Nennkraftweg m (bei der Auslegung von weggebundenen Pressen) ‖ ~ **frequency** (Elec Eng) / Nennfrequenz f ‖ ~ **impedance*** (Elec Eng) / Nennimpedanz f, Nennbürde f ‖ ~ **input** (Elec Eng) / Nennaufnahme f
**rate-distortion function** (Comp, Telecomm) / Rate-Distortion-Funktion f (Übertragungstreue) ‖ ~ **theory** (Comp) / ein Teil der Informationstheorie, der den Informationsgehalt der Nachrichten oder Beobachtungen, die Senderate einer Informationsquelle und die Beziehung zwischen dieser und der Genauigkeit, mit der die Nachricht am anderen Ende eines Übertragungsweges rekonstruiert werden kann, untersucht
**rated life** (Eng) / rechnerische Lebensdauer, errechnete (nominelle) Lebensdauer (einer Anlage) ‖ ~ **load** (Build) / Bemessungslast f ‖ ~ **load** (Elec Eng, Eng, Mech) / Nennlast f ‖ ~ **load** (Eng) / Tragzahl f (Lager) ‖ ~ **load** (Nuc Eng) / Nennauslast f ‖ ~ **p.f.** (Elec Eng) / Nennleistungsfaktor m ‖ ~ **power** (Eng) / Nennleistung f ‖ ~ **power** (Nuc Eng) / Nennleistung f (eines Reaktors) ‖ ~ **power factor** (Elec Eng) / Nennleistungsfaktor m ‖ ~ **speed** (Eng, I C Engs) / Nenndrehzahl f ‖ ~ **value** / Nennwert m (ein geeigneter Wert einer Größe zur Bezeichnung oder Identifizierung eines Elements, einer Gruppe oder einer Einrichtung nach DIN 40200) ‖ ~ **value** / Bemessungswert m (DIN 40 200) ‖ ~ **voltage** (Elec Eng) / Nennspannung f
**rated-voltage operation** (Elec Eng) / Betrieb m mit Nennspannung
**rate equation** (Chem) / Zeitgesetz n, Geschwindigkeitsgleichung f (in der Reaktionskinetik) ‖ ~ **feedback** (Automation) / Vorhalt erzeugende Rückführung ‖ ~ **fighting** (Ships) / Ratenkampf m (scharfe Form des Konkurrenzkampfes in der Linienschifffahrt) ‖ ~ **fixing*** (Eng) / Tariffestsetzung f, Stücklohnsatzermittlung f, Stücklohnsatzfestsetzung f ‖ ~**-grown transistor** (Electronics) / Wachstumstransistor m, stufengezogener Transistor, Rate-grown-Transistor m ‖ ~ **growth** (Crystal) / Stufenziehverfahren n, Stufenziehen n (abwechselndes Dotieren von Kristallen beim Ziehen aus der Schmelze) ‖ ~ **gyro*** (Aero, Nav) / gefesselter Kreisel, Wendekreisel m ‖ ~ **gyroscope** (Aero, Nav) / gefesselter Kreisel, Wendekreisel m ‖ ~ **law** (Chem) / Zeitgesetz n, Geschwindigkeitsgleichung f (in der Reaktionskinetik)
**rate-limiting step** (Chem) / geschwindigkeitsbestimmender Schritt (einer Reaktion)
**rate meter** (Teleph) / Tarifgerät n
**ratemeter** n / Durchflussmesser m
**rate of ascent** (Aero) / Steiggeschwindigkeit f ‖ ~ **of change** (Maths) / Steigung f (einer im Punkt differenzierbaren Funktion 1. Ordnung) ‖ ~ **of climb*** (Aero) / Steiggeschwindigkeit f ‖ ~**-of-climb indicator*** (Aero) / Variometer n (Gerät zur Anzeige der Steig- und Sinkgeschwindigkeit), Höhenänderungsmesser m ‖ ~ **of convergence** (Maths) / Konvergenzgeschwindigkeit f, Güte f der Konvergenz ‖ ~ **of conversion** (Chem) / Umsatzgeschwindigkeit f ‖ ~ **of conversion** (Chem) / Geschwindigkeit f der Umsetzung ‖ ~ **of crack growth** (Materials) / Risswachstumsrate f ‖ ~ **of crystallization** (Crystal) / Kristallisationsgeschwindigkeit f ‖ ~ **of deformation** (Mech) / Verformungsgeschwindigkeit f, Formänderungsgeschwindigkeit f, Umformgeschwindigkeit f ‖ ~ **of descent** (Aero) / Sinkgeschwindigkeit f ‖ ~ **of discharge** (Hyd) / Ausflussmenge f, Auslaufmenge f ‖ ~ **of dried solid matter** (San Eng) / Trockenrückstand m (Anteil der Trockenmasse an der gesamten Masse des Schlammes in kg/kg - DIN 4045) ‖ ~ **of elongation** (Phys) / Dehngeschwindigkeit f (erste zeitliche Ableitung der Dehnung nach DIN 1342, T 1), Dehnungsgeschwindigkeit f ‖ ~ **of extension** (Phys) / Dehngeschwindigkeit f (erste zeitliche Ableitung der Dehnung nach DIN 1342, T 1), Dehnungsgeschwindigkeit f ‖ ~ **of fall** (Min Proc, Phys) / Sinkgeschwindigkeit f ‖ ~ **of fall** (Phys) / Fallgeschwindigkeit f ‖ ~ **of flow** (Hyd) / Volumenabfluss m, Volumenausfluss m, Volumenergiebigkeit f, Ergiebigkeit f (Volumenabfluss) ‖ ~ **of flow** (Hyd) / Durchsatz m (die eine Rohrleitung passierende Fluidmenge), Durchflussmenge f, Durchfluss m (Quotient aus dem Flüssigkeitsvolumen, das einen bestimmten Fliessquerschnitt durchfließt, und der dazu benötigten Zeit) ‖ ~**-of-flow meter** / Durchflussmesser m ‖ ~ **of growth** / Wachstumsrate f ‖ ~ **of heat flow** (Heat) / Wärmestrom m (die je Zeiteinheit bewegte Wärmemenge in der Wärmeübertragung - DIN 1341) ‖ ~ **of increase** / Zuwachsrate f ‖ ~ **of landing** (Aero) / Landegeschwindigkeitsfolge f (Anzahl je Zeiteinheit), Landefrequenz f (Anzahl der Landungen je Zeiteinheit) ‖ ~ **of lift** (Eng) / Hubgeschwindigkeit f (ohne Last) ‖ ~ **of lift with load** (Eng) / Hubgeschwindigkeit f (mit Last) ‖ ~ **of pressure rise** (Phys) / Druckanstiegsrate f ‖ ~ **of propagation** (of polymer chains) (Chem) / Wachstumsgeschwindigkeit f ‖ ~ **of rainfall** (Meteor) / Regenintensität f (Menge je Zeiteinheit), Regenstärke f ‖ ~ **of shear** (Phys) / Schergeschwindigkeit f (Scherkomponente des Tensors der Verformungsgeschwindigkeit - DIN 1342-1), Schergefälle n (Differential der Strömungsgeschwindigkeit über dem Strömungsquerschnitt) ‖ ~ **of speech** (Acous) / Sprechgeschwindigkeit f ‖ ~ **of strain** (Mech) / Verzerrungsgeschwindigkeit f ‖ ~ **of strain work** (Phys) / volumenbezogene Verformungsleistung, Verformungsleistung f (volumenbezogen - nach DIN 13 343) ‖ ~ **of stress** (Mech) / Beanspruchungsgeschwindigkeit f ‖ ~ **of turn** (Aero) / Drehgeschwindigkeit f
**rate-of-turn indicator** (Aero) / Wendezeiger m (ein kreiselgesteuertes Flugüberwachungsgerät)
**rate-shaping nozzle** (I C Engs) / RSN-Düse f (eine Lochdüse)
**rate time** (Automation) / Vorhaltezeit f (Bestimmungsgröße des PD-Reglers), Vorhaltzeit f, Differentialzeitkonstante f
**rat file** (Tools) / kleine Rundfeile, Rattenschwanzfeile f
**rather rough sea** (Ships) / grobe See (ein Seezustand)
**rathole** n (Oils) / Rattenloch n (Abstellloch der Mitnehmerstange und des Spülkopfs) ‖ ~ (Oils) / Vorbohrloch n, Pilotbohrloch n ‖ ~ **formation** (Build, Civ Eng) / Kamin- und Brückenbildung f (im Zementsilo), Hohlraumbildung f (im Zementsilo), Bohrlochbildung f (im Zementsilo)
**ratholing** n (Build, Civ Eng) / Kamin- und Brückenbildung f (im Zementsilo), Hohlraumbildung f (im Zementsilo), Bohrlochbildung f (im Zementsilo)
**raticide** n (Chem) / Rattenbekämpfungsmittel n
**ratine** n (Textiles) / Ratiné m (ein Gewebe)
**ratiné** n (Textiles) / Ratiné m (ein Gewebe)
**rat infestation** / Rattenbefall m
**rating** n / Bemessungsdaten pl (DIN 40 200) ‖ ~ / Einschätzung f, Schätzung f, Berechnung f (Schätzung), Abschätzung f, Bewertung f ‖ ~ / Einstufung f, Einteilung f (in Klassen) ‖ ~ / Bemessungswert m (DIN 40 200) ‖ ~ (Aero) / Berechtigung f ‖ ~ (Elec Eng) / Belastbarkeit f (Angabe des zulässigen Nennstromes oder der Nennleistung bei Kabeln, Leitungen und Geräten) ‖ ~* (Elec Eng) / Nennbetrieb m, NB / Nennbetrieb - eine Betriebsart einer elektrischen Maschine ‖ ~* (Elec Eng) / Nennwert m, Nenndaten pl ‖ ~* (Elec Eng) / Betriebsdaten n pl, Kenndaten n pl ‖ ~* (Eng) / Nennleistung f (auch einer Akkumulatorenbatterie), Nominalleistung f ‖ ~ (Eng) / Dimensionierung f (Arbeitsstufe der Betriebsprojektierung), Größenbestimmung f, Bemessung f, Auslegung f (Dimensionierung) ‖ ~ (Instr) / Nennmessbereich m (eines Messinstruments) ‖ ~ (Instr) / Messbereichsendwert m, Endwert m (eines Messgeräts) ‖ ~ (Maths) / Rechengröße f, Parameter m (rechnerische Annahme), rechnerische Annahme ‖ ~ (Ships) / Mannschaftsperson f, Mannschaftsgrad m ‖ ~ (Work Study) / Leistungsgradschätzung f ‖ ~ (Work Study) / Arbeitsintensität f ‖ ~ **chart** (Eng) / Leistungsdiagramm n ‖ ~ **curve** (Hyd Eng) / Druckhöhe-Abflussmenge-Diagramm n ‖ ~ **flume** (Hyd Eng) / Messkanal m (mit speziell definiertem Abflussquerschnitt), Messrinne f ‖ ~ **life** (Eng) / rechnerische Lebensdauer, errechnete (nominelle) Lebensdauer (einer Anlage) ‖ ~ **microphone** (Acous) / eingestuftes Mikrofon (nach Impedanzwerten) ‖ ~ **plate** (Eng) / Leistungsschild n
**ratio** n (of a transformer) (Elec Eng) / Übersetzungsverhältnis n ( (des Transformators nach DIN 5479), Windungsverhältnis n ‖ ~ (of the lifted weight) (Eng) / Faktor m (bei Faktorenflaschenzügen) ‖ ~ (Maths) / Mengenverhältnis n ‖ ~* (Maths) / Verhältnis n, Quotient m ‖ ~ (common) (Maths) / Quotient m (in der geometrischen Zahlenfolge) ‖ ~ (pure number) (Stats) / Verhältniszahl f (in der beschreibenden Statistik) ‖ **in a ~ of 1 : 10** / im Verhältnis 1 : 10 ‖ ~ **amplifier** (Acous) / Quotientenverstärker m ‖ ~ **arm*** (Elec Eng) / Verhältniszweig m (der Wheatstone-Brücke) ‖ ~ **control** (Automation) / Verhältnisregelung f (ein Sonderfall der Mehrgrößenregelung) ‖ ~ **detector*** (Radio, TV) / Verhältnisdemodulator m, selbstbegrenzender Phasendiskriminator, Ratiodetektor m, Verhältnisgleichrichter m (Diskriminatorschaltung zur Demodulation frequenzmodulierter Schwingungen), Verhältnisdiskriminator m ‖ ~ **error*** (Elec Eng) / Übersetzungsfehler m (bei einem Transformator) ‖ ~ **meter** (Elec Eng) / Quotientenmesser m (ein elektrisches Messinstrument)
**ration** v / bewirtschaften v (z.B. Rohstoffe) ‖ ~ / rationieren v (z.B. Benzin) ‖ ~ n (Agric) / Ration f, Futterration f
**rational** adj / rational adj, rationell adj ‖ ~ **analysis** (Fuels, Min) / Immediatanalyse f, Schnellanalyse f, Rapidanalyse f, Kurzanalyse f ‖ ~ **field** (Maths) / ratinaler Körper ‖ ~ **fraction** (Maths) / rationaler Bruch ‖ ~ **function** (Maths) / rationale Funktion (bei deren

Auswertung nur die Rechenoperationen +, -, x und : notwendig sind) ‖ ~ **horizon**\* (Surv) / geozentrischer Horizont, wahrer Horizont, Horizont *m* (wahrer) ‖ ~ **indices** (Crystal) / Millers'che Indizes (reziproke, ganzzahlige Werte der Abschnitte einer Kristallfläche im kristallografischen Achsenkreuz - nach W.H. Miller, 1801-1880, Miller-Indizes *m pl*
**rationalise** *v* (GB) (Work Study) / rationalisieren *v*
**rationalization** *n* (Work Study) / Rationalisierung *f* (Maßnahmen zur Steigerung der Wirtschaftlichkeit und/oder der Produktivität)
**rationalize** *v* (Work Study) / rationalisieren *v*
**rationalized Planck constant** (Phys) / Planck'sche Konstante (Planck'sches Wirkungsquantum dividiert durch $2\pi$) ‖ ~ **unit**\* (Phys) / rationale Einheit (z.B. eine SI-Einheit)
**rational language** (AI, Comp) / reguläre Menge, rationale Menge, reguläre Sprache, rationale Sprache (auf dem Gebiet der Automatentheorie und der formalen Sprache) ‖ ~ **mapping** (Maths) / rationale Abbildung (eine konforme Abbildung) ‖ ~ **number**\* (expressible as the quotient of two integers) (Maths) / rationale Zahl ‖ ~ **transformation** (Maths) / rationale Abbildung (eine konforme Abbildung)
**ration out** *v* / bewirtschaften *v* (z.B. Rohstoffe)
**ratio of amplitudes** (Telecomm) / Amplitudenverhältnis ‖ ~ **of compression** (Eng) / Druckverhältnis *n* (z.B. bei Lüftern, Gebläsen und Verdichtern) ‖ ~ **of compression**\* (Eng, I C Engs) / Verdichtungsverhältnis *n* ‖ ~ **of dilution** (Chem) / Mischungsverhältnis *n* (beim Verdünnen), Verdünnungsverhältnis *n* ‖ ~ **of expansion** (Aero, Space) / Erweiterungsverhältnis *n*, Entspannungsverhältnis *n* (von Düsenmündungsfläche zu Düsenhalsfläche) ‖ ~ **of rise and thread** (Build) / Steigungsverhältnis *n* (Verhältnis der Stufenhöhe zur Auftrittshöhe - bei Treppen) ‖ ~ **of slenderness**\* (Build, Civ Eng, Mech) / Schlankheitsgrad *m* (eines Stabes) ‖ ~ **of specific heat capacities**\* (Phys) / Adiabatenexponent *m* ‖ ~ **pitch** (Acous) / Verhältnistonhöhe *f* (DIN 1320) ‖ ~ **print** (Photog) / Umbildung *f* (Vergrößerung oder Verkleinerung) ‖ ~ **pyrometer** (Heat) / Verhältnispyrometer *n*, Farbpyrometer *n* (Messung bei zwei Wellenlängen und Quotientenbildung)
**ratio-recording** *adj* (Spectr) / verhältnisregistrierend *adj*
**ratio standard** (Chem) / $R_x$-Wert *m*, $R_{St}$-Wert *m* (der Quotient aus der Laufstrecke der unbekannten Substanz und der der Vergleichssubstanz - in der Durchlaufchromatografie) ‖ ~ **test** (for convergence) (Maths) / Quotientenkriterium *n* (ein Konvergenzkriterium für Reihen reeller oder komplexer Zahlen) ‖ ~ **test** (Stats) / F-Test *m* (ein Signifikanztest nach R.A. Fisher, 1890-1962)
**ratlin** *n* (Ships) / Webeleine *f* (zwischen den Wanten angebrachte /eingewebte/ Leinen aus Tauwerk, die als Sprossen zum Besteigen der Masten dienen)
**ratline** *n* (Ships) / Webeleine *f* (zwischen den Wanten angebrachte /eingewebte/ Leinen aus Tauwerk, die als Sprossen zum Besteigen der Masten dienen)
**RATO** (Aero) / Start *m* mit Raketenhilfe, Raketenstart *m*
**rato** (rocket-assisted take-off) (Aero) / Start *m* mit Raketenhilfe, Raketenstart *m*
**RATO** (Aero) s. also JATO
**ratoon** *v* (Agric) / aus der Wurzel austreiben ‖ ~ *n* (Agric) / vom Wiederaustrieb erzielter Ertrag (z.B. beim Zuckerrohr) ‖ ~ **cane** (Agric) / mehrjährig genutztes Zuckerrohr, Ratoon-Rohr *n* ‖ ~ **crop** (Agric) / vom Wiederaustrieb erzielter Ertrag (z.B. beim Zuckerrohr)
**rato unit** (Aero) / Starthilfe *f* (als technische Einheit)
**rat-pack driver** (Comp) / Ratpack-Treiber *m*
**rat poison** (Chem) / Rattengift *n*
**rat-proof electric installation** (Elec Eng) / rattenfraßgeschützte Elektroinstallation
**rat race**\* (Electronics) / Ringhybride *f*, Differentialringübertrager *m* ‖ ~ **run** (Autos) / Schleichweg *m*
**rat's tail** (Tools) / kleine Rundfeile, Rattenschwanzfeile *f*
**RATT** (radioteletype) (Radio) / Funkfernschreiben *n*, RTTY (radioteletype - Funkfernschreiben)
**rat-tail** *n* (Foundry) / Rattenschwanz *m* (ein Gussfehler) ‖ ~ **file**\* (Tools) / kleine Rundfeile, Rattenschwanzfeile *f*
**rattan** *n* (Bot, Textiles) / Rotangpalme *f*, Spanisches Rohr, Stuhlrohr *n* (Calamus L.) ‖ ~ **centre** / Peddigrohr *n* (aus Rotangpalmen), Rattan *n* (zur Herstellung von Korbwaren) ‖ ~ **core** / Peddigrohr *n* (aus Rotangpalmen), Rattan *n* (zur Herstellung von Korbwaren)
**ratteen** *v* (Textiles) / ratinieren *v* (den Rauflor mechanisch behandeln, um örtliche Effekte zu erzielen) ‖ ~ *n* (Textiles) / Ratiné *m* (ein Gewebe)
**ratteening machine** (Textiles) / Ratiniermaschine *f* (zum Zusammendrehen einer Raudecke von Wollgeweben zu Knötchen bzw. Nöppchen oder zum Zusammenschieben der Fasern zu gereihten Wellen)

**rattle** *v* (Acous) / rasseln *v*, rattern *v*, klappern *v* ‖ ~ *n* (Acous) / Rasseln *n*, Rattern *n*, Klappern *n* ‖ ~\* (Paper) / Klang *m* (bei mechanisch-technologischen Prüfungen)
**rattler** *n* (a cylinder filled with steel balls) (Ceramics) / Trommel *f* (zur Trommelprobe) ‖ ~ **star** (Foundry) / Putzstern *m*
**rattling** *n* (Foundry) / Gussputzen *n*, Putzen *n*
**ratty** *adj* (infested with rats) / rattenverseucht *adj*, von Ratten befallen
**raucous** *adj* (Acous) / belegt *adj* (Stimme), rau *adj* (Stimme)
**rauvolfia** *n* (For, Pharm) / Rauwolfia serpentina (L.) Benth. (Schlangenwurzel)
**rauwolfia** *n* (For, Pharm) / Rauwolfia serpentina (L.) Benth. (Schlangenwurzel) ‖ ~ **alkaloid** (Pharm) / Rauwolfia-Alkaloid *n* (ein Indolalkaloid)
**ravel** *vi* (Textiles) / sich ausfasern *v*, sich ausfransen *v*
**raveled silk** (US) (Textiles) / ungezwirnte Seide
**raveling** *n* (US) (Spinning) / Reißspinnfasern *f pl*, Reißspinnstoff *m* (aus Abfällen und Altmaterial), regenerierter Faserstoff, Reißfaserstoff *m* ‖ ~ (US) (Textiles) / Ausfasern *n*, Ausfransen *n*
**ravelled silk** (Textiles) / ungezwirnte Seide
**ravelling** *n* (Civ Eng) / Straßenaufbruch *m* (Zerbröckeln der Oberfläche nach dem Versagen des Bindemittels) ‖ ~ (Spinning) / Reißspinnfasern *f pl*, Reißspinnstoff *m* (aus Abfällen und Altmaterial), regenerierter Faserstoff, Reißfaserstoff *m* ‖ ~ (Textiles) / Ausfasern *n*, Ausfransen *n* ‖ ~ **ground** (Civ Eng, Mining) / druckhaftes Gebirge, nicht standfestes Gestein, wenig standfestes Gestein, gebräches Gestein, gebräches Gebirge
**ravel out** *vt* (Textiles) / ausfasern *v*, ausfransen *v* ‖ ~-**proof** *adj* (Textiles) / ausfransfest *adj*, nicht ausfransend
**Ravigneau planetary gear set** (Eng) / Ravigneau-Planetensatz *m*
**ravine** *n* (Geol) / Wildbachschlucht *f*, Tobel *m* (Abzugskanal eines Wildbaches) ‖ ~ (Geol) / mittelgroßes Erosionstal
**raw** *adj* / roh *adj*, Roh-, unbearbeitet *adj* ‖ ~ (Build, Ceramics) / ungebrannt *adj* ‖ ~ (Leather) / ungegerbt *adj* grün *adj*, roh *adj* ‖ ~ (Nut) / ungekocht *adj*, Roh-, unzubereitet *adj*, roh *adj* ‖ ~ **acid** (Paper) / Turmsäure *f* ‖ ~ **bank** (a river or other bank in its natural state or where the protective surface has been eroded or stripped off) (Hyd Eng) / nichtgeschütztes Ufer, gewachsenes Ufer ‖ ~ **batch** (Glass) / Rohgemenge *n* ‖ ~ **casting** (Foundry) / Rohgussteil *m*, Rohgussstück *n*, Rohguss *m* (Rohgussteil) ‖ ~ **cloth** (Textiles) / Stuhlware *f*, stuhlrohes Gewebe, Rohgewebe *n*, Stuhltuch *n* (Gewebe, das nach dem Weben keine Ausrüstung mehr durchmacht) ‖ ~ **cotton** (Textiles) / Rohbaumwolle *f* ‖ ~ **cullet** (Glass) / Gemenge *n* aus Scherben, Scherbengemenge *n* ‖ ~ **data** (Comp) / unverarbeitete Daten, Urmaterial *n*, Ursprungsdaten *pl*, Rohdaten *pl* ‖ ~ **density** (Phys) / scheinbare Dichte, Rohdichte *f* (bei porösen Stoffen), Rohwichte *f* ‖ ~ **edge** (Glass) / rohe Kante, Schneidkante *f*, abgesprengte Kante, Bruchkante *f*, raue Kante ‖ ~ **edge** (Textiles) / Schnittkante *f*, ungesäumte Kante, ausfransende Kante ‖ ~ **glaze** (with no prefused ingredients) (Ceramics) / Rohglasur *f* (ohne gefrittete Bestandteile) ‖ ~ **grain** (Brew) / Rohfrucht *f* (unvermälztes Getreide als Malz-Ersatzstoff)
**rawhide** *n* (untanned hide) (Leather) / Rohhaut *f*, Haut *f* ‖ ~ **input** (Leather) / eingearbeitete Rohware ‖ ~ **preservation** (Leather) / Rohhautkonservierung (z.B. durch Trocknung, Wasserentzug usw.)
**rawin** *n* (Meteor) / RAWIN *m* (Höhenwindmessung, bei der ein mit konstanter Geschwindigkeit von 300 m/min aufsteigender Ballon, an dem an einer Leine ein Reflektor aus einer dünnen Metallfolie befestigt ist, von einem Radargerät verfolgt wird), Radarwind *n*
**rawinsonde** *n* (Meteor) / Radarsonde *f*, RAWIN-Sonde *f*, Radiowindsonde *f*
**raw juice** (Nut) / Rohsaft *m* (bei der Zuckerherstellung)
**rawkiness** *n* (Textiles) / Banden *f pl* (Fehler), Schussbanden *f pl*
**raw linseed oil** (Paint) / Rohleinöl *n* (DIN 55945 und 55930)
**Rawlplug**\* *n* / Ralldübel *m* (juteumwickelt)
**raw material** / Rohstoff *m*, Rohmaterial *n* ‖ ~ **material requirements** / Rohstoffbedarf *m* ‖ ~ **measure** (For) / Rohmaß *n*, Zuschnittmaß *n* ‖ ~ **milk** (Nut) / Rohmilch *f* ‖ ~ **ore** (Min Proc) / Fördererz *n*, Roherz *n* ‖ ~ **panel** (For) / Rohplatte *f* ‖ ~ **paper-making material** (Paper) / Rohstoff *m* für die Papiererzeugung, Stoff *m* (für die Papiererzeugung), Papierrohstoff *m*, Papierfaserstoff *m*, Faserrohstoff *m* ‖ ~ **parquet block** (For) / Parkettrohstab *m*, Parkettrohfries *m* ‖ ~ **part** (Eng) / Rohling *m*, Rohteil *n* ‖ ~ **piece** (Eng) / Rohling *m*, Rohteil *n* ‖ ~ **pot glass** (Glass) / Hafenrohglas *n* ‖ ~ **sand** (Foundry, Min Proc) / nicht klassierter Sand ‖ ~ **sewage** (San Eng) / Rohabwasser *n* (unbehandeltes Abwasser nach DIN 4045, das einer Abwasserreinigungsanlage zufließt) ‖ ~ **sienna** (a yellow-brown earth colour consisting chiefly of iron oxide and containing smaller amounts of silica, alumina, oxide of manganese and calcium carbonate, found principally in Italy) (Paint) / Sienaerde *f*, Siena *n* (brauner Ocker), Terra di Siena *f* (gebrannte Siena) (eine schön gefärbte Bolus-Art) ‖ ~ **silk** (Textiles) / Rohseide *f* (gehaspeltes, noch nicht entbastetes Seidengarn), Ekrüseide *f*,

Écruseide f, Bastseide f, Hartseide f || ~ **sludge** (San Eng) / Rohschlamm m (unbehandelter Schlamm nach DIN 4045) || ~ **soil** (Agric, Geol) / Rohboden m (im Anfangsstadium der Bodenentwicklung befindlicher Bodentyp) || ~ **starch** / Rohstärke f, Grünstärke f || ~ **stock** / Rohcharge f || ~ **stock** (Cinema) / Rohfilm m, Filmaufnahmematerial n || ~ **sugar factory** (Nut) / Rohzuckerfabrik f || ~ **tape** (Mag) / Leerband n || ~ **umber** (an earth pigment similar in composition to ochre and sienna but containing a higher proportion of oxide of manganese and consequently a good drier) (Min) / Umbra f (ein Erdpigment) || ~ **vegetables and fruit** (Nut) / Rohkost f || ~ **washings** (Nut) / Deckkläre f (Zuckergewinnung) || ~ **water** (Eng, San Eng) / Rohwasser n (vor der Aufbereitung, z.B. zu Speisewasser)
**raw-water turbidities** (San Eng) / im Rohwasser befindliche Trübstoffe
**raw wool** (Textiles) / Rohwolle f
**ray**\* n (Astron, Optics) / Strahl m (in einem Strahlensystem eines Mondkraters) || ~ (For) / Markstrahl m || ~ (Maths) / Strahl m, Halbgerade f (Menge aller Punkte einer Geraden, die bezüglich eines Punktes auf derselben Seite liegen) || ~\* (Optics, Phys) / Strahl m || ~ **deflection** (Optics) / Strahlumlenkung f || ~ **diagram** (Optics) / grafische Darstellung des Strahlenverlaufs, Strahlenverlauf m (als Diagramm) || ~ **direction** (Optics) / Strahlrichtung f
**rayé** adj (Textiles) / rayé adj (mit Längsstreifen) || ~ (Textiles) s. also barré
**ray ellipsoid** (Crystal) / Fresnel'sches Ellipsoid, Strahlenellipsoid n || ~ **exit window** (Radiol) / Strahlenaustrittsfenster n
**Rayleigh-Bénard convection** (Phys) / Rayleigh-Bénard-Instabilität f (einer von unten kräftig erhitzten Flüssigkeitsschicht)
**Rayleigh criterion**\* (Optics) / Rayleigh-Kriterium n (für das spektrale Auflösungsvermögen) || ~ **curve** (the path line of states in the temperature-entropy diagram) (Materials) / Rayleigh-Kurve f || ~ **disk**\* (Acous) / Rayleighscheibe f (DIN 1320) || ~ **fading**\* (Telecomm) / Rayleigh-Fading n
**Rayleigh-Gans-Debye theory** (Phys) / Rayleigh-Gans-Debye-Theorie f (beim Tyndall-Effekt)
**Rayleigh interferometer** (Optics) / Interferometer n nach Rayleigh-Haber-Löwe || ~**-Jeans law**\* (Phys) / Strahlungsgesetz n von Rayleigh-Jeans (DIN 5031-8), Rayleigh-Jeans'sches Strahlungsgesetz (nach J.W. Strutt, Lord Rayleigh, 1842-1919, und Sir J. Jeans, 1877-1946) || ~ **limit**\* (Phys) / Rayleigh-Grenze f, Lambda-Viertel-Grenze f || ~ **line** (Materials) / Rayleigh-Kurve f || ~ **line** (spectrum line in scattered radiation which has the same frequency as the corresponding incident radiation) (Phys, Spectr) / Rayleigh-Linie f, Erregerlinie f (in der Ramanspektroskopie) || ~ **number 1** (Phys) / Weberzahl f (Trägheitskraft/Oberflächenspannungskraft), We (Weberzahl) || ~ **number 2** (Phys) / Rayleigh-Zahl f (Kenngröße der Wärmeübertragung nach DIN 1341 = Gr.Pr) || ~ **refractometer**\* (Optics) / Interferometer n nach Rayleigh-Haber-Löwe
**Rayleigh-Ritz method** (Maths) / Rayleigh-Ritz-Weinstein-Methode f, Methode f von Rayleigh-Ritz (eine Finite-Elemente-Methode)
**Rayleigh scattering**\* (Light) / Rayleigh-Streuung f (von Lichtstrahlen nach DIN 1349, T 2)
**Rayleigh-Taylor instability** (Plasma Phys) / Rayleigh-Taylor-Instabilität f
**Rayleigh waves** (Acous, Phys) / Rayleigh-Wellen f pl (an der spannungsfreien Oberfläche elastischer Medien auftretende Wellen - DIN 1320)
**Raymond concrete pile** (a tapered metal shell driven into the ground and filled with concrete and used as a structural base) (Civ Eng) / Ortrammpfahl m nach Raymond (aus mehreren Teilen) || ~ **ring-roller mill** / Raymond-Mühle f
**rayon**\* n (Textiles) / Viskosefilament n, Viskosefilamentfaser f, Reyon n m
**rayonnant Gothic** (Arch) / Rayonnantstil m (Gotik etwa ab 1240 in Frankreich - z.B. Saint- Chapelle in Paris)
**rayon staple** (Textiles) / Viskosefilamentkurzfaser f, Stapelzellwolle f, Viskosespinnfaser f || ~ **staple coated with fish protein** (Textiles) / Fischwolle f (animalisiertes Gewebe aus Zellwolle)
**rayotube pyrometer** (Leeds & Northrup Company, Sumneytown Pike) (Heat) / Gesamtstrahlungspyrometer n
**ray parenchyma** (For) / Radialparenchym n || ~ **parenchyma** (For) / Querparenchym n || ~ **parenchyma** (For) / Markstrahlenparenchym n || ~ **path** (Optics) / Strahlengang m, Lichtweg m (in einem optischen System)
**raysistor** n (Electronics) / Raysistor m (Kombinationsbauelement aus Halbleiterfotowiderstand und Lichtsender in einem Gehäuse)
**ray space** (Optics) / Strahlraum m (bei der geometrisch-optischen Abbildung der gesamte zwischen Ding und Bild liegende Raum, der von der Gesamtheit der zur Abbildung beitragenden Strahlen durchsetzt wird) || ~ **surface** (Optics) / Strahlfläche f
**Raytheon laser** (Phys) / Raytheon-Laser m (dessen Spiegelgehäuse ein elliptischer Zylinder ist)
**ray theory**\* (Acous) / Strahlentheorie f || ~ **therapy** (Med) / Aktinotherapie f, Strahlentherapie f (Bestrahlung des Körpers oder einzelner Körperteile), Strahlenbehandlung f (Oberbegriff) || ~ **tracheid**\* (For) / Markstrahltracheide f, Holzstrahltracheide f || ~ **tracing** (Comp) / Strahlenverfolgung f (Verfahren zur Berechnung von Lichtbrechungseffekten in Grafiken) || ~ **tracing** (Comp) / Ray-Tracing n (zur Darstellung von fotorealistischen dreidimensionalen Objekten), Strahlverfolgungsverfahren n || ~ **tracing** (in geometric optics) (Optics) / Durchrechnung f eines Strahls, Strahldurchrechnung f (rechnerische Bestimmung des Weges eines Strahls durch ein optisches System) || ~ **tracing** (Optics) / Verfolgung f des Strahlengangs (durch ein optisches System)
**raze** v (Build, Civ Eng) / schleifen vt (- habe geschleift - Wall, Festung), abreißen v, abtragen v, niederreißen v (Gebäude), abbrechen v (ein altes Haus), demolieren v
**razing** n (Build, Civ Eng) / Abbruch m, Demolition f, Demolierung f, Abreißen n (Demolition), Zerstörung f, Abtragung f, Niederreißung f, Abriss m (von baulichen Anlagen)
**razor back** (Geol) / schmaler scharfer Grat
**Rb** (rubidium) (Chem) / Rubidium n, Rb (Rubidium)
**RBE** (remote batch entry) (Comp) / Stapelferneingabe f || ~ (relative biological effectiveness) (Radiol) / relative biologische Wirksamkeit, RBW (relative biologische Wirksamkeit)
**rbe** (relative biological effectiveness) (Radiol) / relative biologische Wirksamkeit, RBW (relative biologische Wirksamkeit)
**RBI** (radar blip identification) (Radar) / Aufrechterhaltung f der Identität von Radarzielen (bei rechnergesteuerten synthetischen Darstellungen), Radarzielerkennung f (bei der Analogdarstellung), Identifizierung f der Radarechoanzeige
**RBM** (reinforced-brick masonry) (Build) / bewehrtes Mauerwerk
**R branch** (Spectr) / R-Zweig m (in dem Rotations-Schwingungs-Termschema - mit dem Pluszeichen), positiver Zweig
**RBS** (rule-based system) (AI, Comp) / regelbasiertes System, regelbezogenes System, regelgesteuertes System || ~ (Rutherford backscattering spectroscopy) (Spectr) / Rutherford-Rückstreu-Spektroskopie f
**r/c** (rate of climb) (Aero) / Steiggeschwindigkeit f
**RC** (remote control) (Automation) / Fernbedienung f, Fernsteuerung f || ~\* (reinforced concrete) (Civ Eng) / Stahlbeton m, bewehrter Beton || ~ (resistance coupling) (Elec Eng) / Widerstandskopplung f, Ohm'sche Kopplung
**R/C** (radio control) (Radio) / Funksteuerung f
**RC** (reference configuration) (Telecomm) / Referenzkonfiguration f (z.B. für den Endstellenbereich)
**RC-active filter** (Telecomm) / aktives RC-Filter
**RC amplifier** (Electronics) / RC-Verstärker m (eine Verstärkerschaltung, in der die passiven Bauelemente aus Wirkwiderständen und Kondensatoren bestehen), Widerstandsverstärker m
**RCB** (residual-current breaker) (Elec Eng) / Fehlerstromschutzschalter m
**RCC** (rescue coordination centre) (Aero) / Such- und Rettungszentrale f (A), Leitstelle f des Such- und Rettungsdienstes || ~ (reduced crude cracking) (Oils) / Kracken n von atmosphärischem Rückstand || ~ **assembly** (rod-cluster control assembly) (Nuc Eng) / Fingersteuerelement n, Fingerstabregelelement n, Cluster m
**RCCB** (residual-current circuit breaker) (Elec Eng) / Fehlerstromschutzschalter m
**RCC dam** (Hyd Eng) / durch Walzen verdichtete Betonstaumauer (Gewichtsstaumauer, in die Magerbeton eingebracht, dann verteilt und durch Rüttelwalzen verdichtet wird - luftseitig keine Schalung, wasserseitig wasserdichte Betonteile als Schalung)
**RC circuit** (Elec Eng) / RC-Schaltung f, Widerstands-Kapazitäts-Schaltung f || ~ **constant** (Electronics) / Zeitkonstante f des RC-Gleides f || ~ **coupling**\* (Electronics) / RC-Kopplung f, Widerstands-Kapazitäts-Kopplung f
**RCC system** (Eng) / RCC-System n (Fügemechanismus, der durch mechanische Gelenke aus Federstahl oder Elastomeren begrenzte Positionsunterschiede der Fügeteile durch passive Nachgiebigkeit auszugleichen vermag)
**RCD** (record) (Comp) / logischer Satz (im COBOL)
**RCE** (rotary combustion engine) (I C Engs) / Rotationskolbenmotor m (Kreiskolbenmotor, Drehkolbenmotor, Umlaufkolbenmotor)
**RC element** (Elec Eng) / RC-Glied n (ein aus einem Widerstand und einem Kondensator gebildeter Vierpol) || ~ **engine** (I C Engs) / Rotationskolbenmotor m (Kreiskolbenmotor, Drehkolbenmotor, Umlaufkolbenmotor)
**R-centre** (Crystal, Electronics) / R-Zentrum n (ein Aggregatzentrum)
**RCF** (relative centrifugal force) (Eng) / relative Zentrifugalbeschleunigung, RZB (relative Zentrifugalbeschleunigung - für die Beurteilung von Leistung der Zentrifugen) || ~ **pulp** (Paper) / Altpapierhalbstoff n, Sekundärfaserstoff m

**RC generator** (Electronics, Telecomm) / RC-Generator *m* (ein Messgenerator)
**RCIC turbine** (Nuc Eng) / NSS-Turbine *f*, Nachspeisesystemturbine *f*
**R configuration** (Chem) / R-Konfiguration *f*
**RC oscillator** (Elec Eng) / RC-Oszillator *m*, Widerstands-Kapazitäts-Oszillator *m*
**RCP** (rust-converting primer) (Chem, Met, Paint) / Rostumwandler *m* (vornehmlich aus Phosphorsäure bestehende Flüssigkeit, die dazu dient, auf Stahloberflächen festhaftenden Rost in wasserunlösliches tertiäres Eisen(III)-phosphat zu verwandeln), Roststabilisator *m*
**RC paper** (resin-coated paper) (Photog) / RC-Papier *n* (kunstharzbeschichtetes Papier)
**RCS** (radar cross section) (Radar) / Rückstreuquerschnitt *m*, RQS (Rückstreuquerschnitt)
**RCTL** (resistor-capacitor-transistor logic) (Comp, Electronics) / RCTL-Logik *f*, Widerstand-Kondensator-Transistor-Logik *f*
**RCT specimen** (Materials) / Rund-Kompakt-Zugprobe *f*, RCT-Probe *f*
**R. & D.** / Forschung und Entwicklung *f*, FuE (Forschung und Entwicklung)
**r/d** (rate of descent) (Aero) / Sinkgeschwindigkeit *f*
**RDA** (remote data access) (Comp) / Fernzugriff *m* auf Daten, abgesetzter Datenzugriff ‖ ≈* (recommended dietary allowance) (Nut) / RDA-Wert *m* (von der Deutschen Gesellschaft für Ernährung bzw. von der National Academy of Sciences /Washington/ empfohlener Tagesbedarf an Eiweiß, Fetten, Kohlenhydraten, Vitaminen und Mineralstoffen, der zur Erhaltung der Gesundheit durch die Ernährung aufgenommen werden soll) ‖ ≈* (recommended daily amount) (Nut, Pharm) / empfohlene Tagesmenge, empfohlene tägliche Aufnahmemenge ‖ ≈ **reaction** (Chem) / Retro-Diels-Alder-Reaktion *f*, RDA-Reaktion *f* (sechsgliedrige cyclische Systeme, die eine Doppelbindung enthalten, können durch eine konzertierte Entcyclisierungsreaktion in zwei Bruchstücke zerfallen, die En- und die Dien-Komponente)
**RDBMS** (relational database management system) (Comp) / relationales Datenbanksystem, System *n* der relationalen Datenbanken
**RDC** (rotary disk contactor) (Chem Eng) / Kolonne *f* mit rotierenden Scheiben, Drehscheibenkolonne *f* (mit rotierendem Einsatz), Drehscheibenextraktor *m* ‖ ≈ **extractor** (Chem Eng) / Kolonne *f* mit rotierenden Scheiben, Drehscheibenkolonne *f* (mit rotierendem Einsatz), Drehscheibenextraktor *m*
**RDF*** (radio direction-finding) (Aero, Radio, Ships) / Funkpeilen *n* (als Betrieb) ‖ ≈ (refuse-derived fuel) (Ecol) / Brennstoff *m* aus Müll, BRAM *m* (Brennstoff aus Müll)
**R.D.F.** (repeater distribution frame) (Teleph) / Verteiler *m* im Verstärkeramt, Verstärkeramtverteiler *m*
**RDGE** (resorcinol diglycidyl ether) (Chem) / Resorzinoldiglyzidylether *m*, Resorcinoldiglycidylether *m*
**RDI** (recommended daily intake) (Nut, Pharm) / empfohlene Tagesmenge, empfohlene tägliche Aufnahmemenge
**R-display*** *n* (Radar) / R-Darstellung *f*
**RDN** (relative distinguished name) (Telecomm) / relativer herausgehobener Name (in einem Verzeichnis)
**rDNA*** (recombinant DNA) (Gen) / rekombinierte DNS, rekombinante DNS
**RDP** (remote data processing) (Comp) / Datenfernverarbeitung *f* ‖ ≈ (range-Doppler processing) (Radar) / Entfernungs-Doppler-Verarbeitung *f*
**RDS** (running digital sum) (Comp) / laufende digitale Summe (ein Verfahren zur Codeüberwachung) ‖ ≈ (radio data system) (Radio) / Radio-Data-System *n* (europaweit genormte Methode für die Übertragung von Daten zur Information oder/und Steuerung von Empfängern im UKW-Rundfunk parallel zum laufenden Programm), RDS (Radio-Data-System), Radiodatensystem *n* (ein Rundfunkinformationssystem)
**RDS/TMC** *n* (Radio) / RDS/TMC *m* (ein Verkehrsfunk)
**rd. tol.** (Eng) / Rundheit *f*, Kreisform *f* (Abweichung vom Kreis nach DIN 7184, T 1)
**RDX** (resolver differential transmitter) (Telecomm) / Funktionsdifferentialgeber *m* ‖ ≈ *n* (Chem) / Cyclonite *n*, K-Salz *n* (Zyklotrimethylentrinitramin als Sprengstoff), SH-Salz *n*, Hexogen *n*
**RDY/BSY** (ready-busy protocol) (Comp, Telecomm) / frei laufende Prozedur, Ready-busy-Protokoll *n* (ein zeichenorientiertes Übertragungsprotokoll)
**RE** (rare-earth elements) (Chem) / Seltenerdmetalle *n pl*, SE (Seltenerdmetalle), Metalle *n pl* der Seltenerden
**Re** (rhenium) (Chem) / Rhenium *n*, Re (Rhenium)
**RE** (reference electrode) (Chem) / Referenzelektrode *f*, Normalelektrode *f*, Bezugselektrode *f* (DIN 50900) ‖ ≈ (row enable) (Comp) / Zeilenadressenimpuls *m* (Signal für die Zeilenadressierung bei Halbleiterspeichern mit matrixförmiger Anordnung der Speicherzellen, wie z.B. bei den RAMs)
**reabsorb** *v* (Chem, Phys) / wieder absorbieren ‖ ≈ (Pharm, Phys, Physiol) / resorbieren *v*
**reabsorption** *n* (Phys, Physiol) / Reabsorption *f*
**reach** *n* / Griffbereich *m* ‖ ≈ / Nettoreichweite *f* (ohne Duplizierungen - z.B. eines Werbemediums) ‖ ≈ (Elec Eng) / Schutzbereich *m* (bei Relaisschutz) ‖ ≈ (Eng) / Reichweite *f* (des Krans, des Baggers, des Roboterarms) ‖ ≈ (Eng) / Ausladung *f* (horizontale Reichweite des Krans) ‖ ≈ (Hyd Eng) / Flussabschnitt *m* ‖ ≈* (Hyd Eng) / Wasserhaltung *f*, Haltung *f* ‖ ≈* (Hyd Eng) / Kanalhaltung *f* ‖ ≈ (I C Engs) / Gewindelänge *f* (bei der Zündkerze) ‖ **within ~** / erreichbar *adj*, im Handbereich
**reachability graph** (Comp) / Erreichbarkeitsgraf *m* (ein gerichteter Wurzelgraf in der Theorie der nebenläufigen Prozesse) ‖ ≈ **matrix** (Comp) / Adjazenzmatrix *f*, Knotenmatrix *f*, Matrix *f* benachbarter Knoten (für Grafen)
**reach distance** / Vorschub *m* (bei den Flurförderzeugen)
**reacher** *n* (Mining) / Spreize *f* (zwischen den Streckenstößen)
**reach-me-down** *attr* (Textiles) / Konfektions-, von der Stange (Billigware)
**reach-me-downs** *pl* (GB) (Textiles) / Kleider *n pl* zum Auftragen ‖ ≈ (GB) (Textiles) / Kleider *n pl* von der Stange, Konfektionsartikel *m pl*
**reach of a screw** (Eng) / Verschraubungslänge *f*, Einschraublänge *f* (DIN 13), Einschraubtiefe *f*
**reacidify** *v* (Chem) / erneut ansäuern
**react** *v* (to) / ansprechen *v* (auf), reagieren *v* (auf), empfindlich sein (für) ‖ ≈ *vi* (Chem) / reagieren *v* ‖ ≈ *vt* (Chem) / zur Reaktion bringen, aufeinander einwirken lassen, reagieren lassen ‖ **cause to ~** / reaktionieren *v* (den Ansatz von Putzmittelpasten kaltrühren) ‖ **cause to ~** (Chem) / zur Reaktion bringen, aufeinander einwirken lassen, reagieren lassen
**reactance*** *n* (Elec) / Blindwiderstand *m*, Reaktanz *f* (DIN 40110) ‖ ≈ **amplifier** (Electronics, Telecomm) / parametrischer Verstärker, Reaktanzverstärker *m* (Hf-Verstärker mit kleiner Rauschzahl), MAVAR *m*, Parameterverstärker *m* ‖ ≈ **chart** (Elec Eng) / Hochfrequenztapete *f* (ein Nomogramm zur Ermittlung des Scheinwiderstandes von Induktivitäten und Kapazitäten in Abhängigkeit von der Frequenz) ‖ ≈ **circuit** (Elec Eng) / Reaktanzkreis *m* ‖ ≈ **circuit** (Electronics) / Stichleitung *f* (eine mit verschiebbarem Kurzschluss versehene Koaxial- oder Hohlleitung zur Erzeugung von Blindwiderständen), Reaktanzleitung *f* ‖ ≈ **diode** (Electronics) / Reaktanzdiode *f* ‖ ≈ **drop*** (Elec Eng) / Blindspannungsabfall *m*
**reactance-earthed** *adj* (Elec Eng) / induktiv geerdet
**reactance function** (Electronics) / Reaktanzfunktion *f*, Reaktanzzweipolfunktion *f*
**reactance-grounded** *adj* (US) (Elec Eng) / induktiv geerdet
**reactance modulation*** (Elec Eng) / Blindmodulation *f* (z.B. mit einer Reaktanzröhre) ‖ ≈ **relay*** (Elec Eng) / Reaktanzrelais *n* ‖ ≈ **rise*** (Elec Eng) / Blindspannungsanstieg *m* ‖ ≈ **tube** (Electronics) / Reaktanzröhre *f*, Blindröhre *f*, Blindwiderstandsröhre *f* ‖ ≈ **valve** (Electronics) / Reaktanzröhre *f*, Blindröhre *f*, Blindwiderstandsröhre *f* ‖ ≈ **voltage** (Elec Eng) / Streuspannung *f* (die Komponente einer Kurzschlussspannung, die dem Strom zeitlich um 90° vorauseilt) ‖ ≈ **voltage*** (Elec Eng) / Reaktanzspannung *f*, Blindspannung *f*
**reactant*** *n* (Chem) / Reaktant *m*, Reaktand *m*, Reaktionsteilnehmer *m*, Reaktionspartner *m* ‖ ≈ **gas** (Spectr) / Ci-Gas *n*, Reaktantgas *n*, Reaktionsgas *n*
**reactant-type resin** (Textiles) / Reaktantharz *n*
**reactimeter** *n* (Nuc Eng) / Reaktimeter *n* (Anzeige- und Messgerät geringer Reaktivitätsänderungen des Reaktors bei Anlauf und Spaltstoffwechsel)
**reaction*** *n* (Chem) / Reaktion *f* ‖ ≈* (Ecol, Physiol) / Reaktion *f* (eines Organismus bzw. Auswirkung eines Schadstoffes auf ihn oder einen Teil von ihm) ‖ ≈* (that equal and opposite force exerted by a body in opposing another force acting upon it) (Mech) / Wechselwirkung *f*, Rückwirkung *f*, Reaktion *f* ‖ ≈ (Mech) / Stützkraft *f*, Auflagekraft *f*, Stützreaktion *f*, Auflagerreaktion *f* (in den Lagern durch die eingeprägten Kräfte verursachte Reaktion), Lagerdruck *m* ‖ ≈ **adhesive** / Reaktionsklebstoff *m* (chemisch reagierender Klebstoff nach DIN 53278), Reaktivklebstoff *m* ‖ ≈ **atomic charge** (Chem) / Reaktionsladungszahl *f* (bei einer Elektrodenreaktion) ‖ ≈ **boundary** (Chem) / Reaktionskurve *f*, Reaktionsgrenze *f* ‖ ≈ **cement** (Chem) / Reaktionskitt *m* (teigiges Stoffgemisch, das auf Grund einer chemischen Reaktion zu einem hartem Körper erstarrt) ‖ ≈ **centre** (Chem) / Reaktionszentrum *n* ‖ ≈ **chain*** (Chem) / Reaktionskette *f* ‖ ≈ **chamber*** (Aero) / Reaktionskammer *f* ‖ ≈ **chamber** (Chem Eng) / Reaktionsraum *m* ‖ ≈ **chromatography** (Chem) / Reaktionschromatografie *f* (eine Art Dünnschichtchromatografie) ‖ ≈ **coil** (Elec Eng) / Rückkopplungsspule *f* ‖ ≈ **control nozzle** (Aero) / Rückstoßsteuerdüse *f* (z.B. bei Senkrechtstartflugzeugen) ‖ ≈

**reaction**

**coordinate** (a notional axis that represents the course of a reaction) (Chem) / Reaktionskoordinate f ‖ ~ **course** (Chem) / Reaktionsverlauf m, Reaktionsablauf m ‖ ~ **database** (Chem) / Reaktionsdatenbank f ‖ ~ **distance** (Autos) / Reaktionsweg m (Anhalteweg minus Bremsweg) ‖ ~ **distillation** (Chem Eng) / Reaktionsdestillation f (bei der man in oder vor der Apparatur eine Reaktion mit einem Gemischpartner ablaufen lässt) ‖ ~ **duration** (Acous) / Ansprechdauer f ‖ ~ **dynamics** (Chem) / Reaktionsdynamik f ‖ ~ **energy** (Chem, Phys) / Reaktionsenergie f (frei werdende oder aufgenommene) ‖ ~ **engine** (Aero, Eng) / Rückstoßmotor m ‖ ~ **enthalpy** (Chem) / Reaktionsenthalpie f (Änderung der Enthalpie bei einer chemischen Reaktion) ‖ ~ **entropy** (Chem) / Reaktionsentropie f (mit einer chemischen Reaktion verknüpfte Änderung der Entropie) ‖ ~ **equation** (Chem) / chemische Gleichung, Reaktionsgleichung f, Umsatzgleichung f ‖ ~ **equilibrium** (Chem) / Reaktionsgleichgewicht n ‖ ~ **flask** (Chem) / Kolben m (ein Laborgerät) ‖ ~ **flavour** (Nut) / Reaktionsaroma n (ein Lebensmittelaroma) ‖ ~ **frequency meter** (Elec Eng) / Absorptionsfrequenzmesser m ‖ ~ **gas** (Chem Eng) / Reaktionsgas n (z.B. in den Industrieöfen) ‖ ~ **gas chromatography** (Chem) / Reaktionsgaschromatografie f ‖ ~ **generator** (Elec Eng) / wechselstromerregte Synchronmaschine ‖ ~ **inhibition** (Chem) / Reaktionshemmung f
**reaction-injection moulding** (Plastics) / Reaktionsspritzgussverfahren n, Reaktionsspritzguss m, Reaktionsschaumgießverfahren n, RIM-Technik f, RSG (ein Herstellungsverfahren), RIM-Verfahren n (Reaktionsspritzguss)
**reaction intermediate** (Chem) / Reaktionszwischenstufe f ‖ ~ **intermediate** (a species that occurs in an elementary step in a reaction mechanism but not in the overall chemical equation of the reaction) (Chem) / Reaktionszwischenprodukt n (Ergebnis) ‖ ~ **intermediate** (a compound used in an intermediate step in the manufacture of a final product by chemical synthesis) (Chem) / Intermediat n (ein kurzlebiger Zwischenstoff bei komplexen Reaktionen), Transient m (pl. -en) (z.B. Radikale oder Radikalionen) ‖ ~ **isobar** (Chem) / Reaktionsisobare f ‖ ~ **isochore**\* (Chem) / Reaktionsisochore f (Van't Hoff'sche), Van't-Hoff-Isochore f ‖ ~ **isotherm**\* (Chem) / Van't-Hoff'sche Reaktionsisotherme (Massenwirkungsgesetz nach J.H. van't Hoff, 1852-1911), Reaktionsisotherme f ‖ ~ **kinetics** (Chem) / chemische Kinetik, Reaktionskinetik f (die Untersuchung der Geschwindigkeit, mit der chemische Reaktionen ablaufen - DIN 13345) ‖ ~ **layer** (Chem, Met) / Reaktionsschicht f (Oberflächenschicht an metallischen Werkstoffen) ‖ ~ **limit** (Eng) / Resistenzgrenze f (bei der Korrosion) ‖ ~ **line** (in a ternary system, a special case of boundary line along which one of the two crystalline phases present reacts with the liquid, as temperature is decreased, to form the other crystalline phase) (Chem) / Reaktionskurve f, Reaktionsgrenze f ‖ ~ **line** (Chem) / Reaktionskurve f, Reaktionsgrenze f ‖ ~ **mechanisms** (Chem) / Reaktionsmechanismen m pl (Geschehen während der Reaktion) ‖ ~ **mixture** (Chem) / Reaktionsgemisch n, Reaktionsmasse f ‖ ~ **molecularity** (Chem) / Molekularität f (der Reaktion), Reaktionsmolekularität f (in der chemischen Kinetik) ‖ ~ **moment** (Mech) / Reaktionsmoment n ‖ ~ **motor** (Aero, Eng) / Rückstoßmotor m ‖ ~ **motor** (Elec Eng) / Reaktionsmotor m (ein Synchronmotor mit ausgeprägten Polzacken, jedoch ohne Erregerwicklung und ohne Dauermagneterregung) ‖ ~ **of centre** (Maths) / Mittelpunktsgleichung f (z.B. einer Hyperbel oder Ellpse) ‖ ~ **of the first order** (Chem) / Reaktion f erster Ordnung (ein Reaktionstyp) ‖ ~ **of the pseudofirst order** (Chem) / Reaktion f pseudoerster Ordnung (ein Reaktionstyp) ‖ ~ **of the second order** (Chem) / Reaktion f zweiter Ordnung (ein Reaktionstyp) ‖ ~ **of the zeroth order** (Chem) / Reaktion f nullter Ordnung (ein Reaktionstyp) ‖ ~ **order**\* (Chem) / Reaktionsordnung f ‖ ~ **oscillator** (Electronics) / Oszillator m mit rückgekoppeltem (Transistor)Verstärker ‖ ~ **pair**\* (Geol) / Reaktionspaar n ‖ ~ **paper** (US) (Chem) / Reagenzpapier n, Indikatorpapier n, Testpapier n ‖ ~ **paths** (Chem) / Reaktionsmechanismen m pl (Geschehen während der Reaktion) ‖ ~ **point** (Mech) / Stützpunkt m, Auflagepunkt m, Unterstützungspunkt m (eines Trägers) ‖ ~ **probability** (Nuc) / Reaktionswahrscheinlichkeit f ‖ ~ **product**\* (Chem) / Reaktionsprodukt n, Folgeprodukt n (einer Reaktion) ‖ ~ **progress** (Chem) / Reaktionsverlauf m, Reaktionsablauf m ‖ ~ **propulsion**\* (Aero) / autogener Reaktivantrieb, Strahlantrieb m, Düsenantrieb m, Rückstoßantrieb m ‖ ~ **quotient** (Chem, Phys) / Reaktionsquotient m (z.B. in der Nernst-Gleichung) ‖ ~ **rail** (Rail) / Reaktionsschiene f ‖ ~ **rate**\* (a central concept of chemical kinetics) (Chem, Nuc Eng) / Reaktionsgeschwindigkeit f, Reaktionsrate f (Änderung der Konzentration einer Reaktionskomponente mit der Zeit, bei konstantem Reaktionsvolumen), Reaktionsschnelligkeit f ‖ ~ **rate constant** (Chem) / Geschwindigkeitskonstante f, Reaktionsgeschwindigkeitskonstante f (Proportionalitätsfaktor in kinetischen Zeitgesetzen) ‖ ~ **ratio** (Chem) / Stoffumsatz m (der Quotient aus der Substanzmenge, die tatsächlich reagiert hat, zu der verwendeten) ‖ ~ **resin** (Chem, Plastics) / Reaktionsharz n (flüssige oder verflüssigbare Vorstufe von Polymeren nach DIN 16 945), RH (Reaktionsharz) ‖ ~ **resin compound** (Chem, Elec Eng, Plastics) / Reaktionsharzmasse f (verarbeitungsfertige Mischung von Reaktionsharzen, die neben den notwendigen Reaktionsmitteln gegebenenfalls noch Füllstoffe oder Lösungsmittel enthält - DIN EN 60 455-1) ‖ ~ **rim**\* (Geol, Min) / Reaktionsrinde f, Reaktionssaum m ‖ ~ **series**\* (Geol) / Reaktionsreihe f (bei der Kristallisationsdifferentiation nach N.L. Bowen), Mischreihe f (Kristallisationsreihe für verschiedene Magmentypen) ‖ ~ **sintering** / Reaktionssintern n ‖ ~ **site** (Chem) / Reaktionsstelle f, Reaktionsort m ‖ ~ **specificity** (Biochem) / Reaktionsspezifität f (eines Enzyms) ‖ ~ **spectroscopy** (Spectr) / Reaktionsspektroskopie f ‖ ~ **spectrum** (Spectr) / Reaktionsspektrum n ‖ ~ **spinning** (Chem Eng) / Reaktionsspinnen n, Polymerisationsspinnen n, Reaktivspinnen n ‖ ~ **threshold** (Chem, Nuc) / Schwellenenergie f (unterhalb welcher eine bestimmte Reaktion nicht stattfinden kann) ‖ ~ **time** (Acous) / Ansprechdauer f ‖ ~ **time** (Autos) / Ansprechdauer f (bei Bremsen) ‖ ~ **time**\* (Autos, Physiol) / Reaktionszeit f (zwischen der Einwirkung des Reizes und der dadurch ausgelösten Handlung), Latenzzeit f (z.B. bei Nervenreizen) ‖ ~ **time** (Comp) / Reaktionszeit f (zwischen der Anforderung einer Dienstleistung und dem Beginn der Bearbeitung) ‖ ~ **torque** (Mech) / Gegendrehmoment n, Rückdrehmoment n (Gegendrehmoment) ‖ ~ **turbine** (Aero) / Reaktionsturbine f ‖ ~ **turbine**\* (Eng) / Reaktionsturbine f, Überdruckturbine f (z.B. Parsons- oder Francis-Turbine) ‖ ~ **type** (Chem) / Reaktionstyp m ‖ ~ **vessel** (Chem Eng) / Reaktionsgefäß n, Reaktionskessel m ‖ ~ **vessel** (Chem Eng) s. also reactor ‖ ~ **wood** (For) / Reaktionsholz n (Zug- oder Druckholz; Richtgewebe) ‖ ~ **zone** / Reaktionszone f

**reactivate** v / reaktivieren v, regenerieren v (reaktivieren), wieder beleben v
**reactivation**\* n / Reaktivierung f, Wiederbelebung f, Regenerierung f
**reactive** adj (Chem) / reaktionsfähig adj, aktiv adj (reaktionsfähig), reaktiv adj, reaktionsbereit adj ‖ ~ (Elec) / wattlos adj, Blind- ‖ ~ (Eng) / gegenwirkend adj ‖ ~ (Med) / reaktiv adj (serologisch positiv) ‖ ~ (Physiol) / reaktiv adj (als Antwort auf einen Reiz erfolgend) ‖ ~ **adhesive** / Reaktionsklebstoff m (chemisch reagierender Klebstoff nach DIN 53278), Reaktivklebstoff m ‖ ~ **anchor** (Chem) / Reaktivanker m (faserreaktive Gruppe bei Reaktivfarbstoffen) ‖ ~ **anode**\* (Ships, Surf) / Opferanode f (katodischer Korrosionsschutz aus unedlen Metallen nach DIN EN ISO 8044), Schutzanode f (selbstverzehrende), galvanische Anode ‖ ~ **component** (Elec Eng) / Blindanteil m, Blindkomponente f ‖ ~ **component of current**\* (Elec Eng) / Blindstrom m, Blindstromkomponente f (zur Erzeugung der Blindleistung) ‖ ~ **current** (Elec Eng) / Blindstrom m, Blindstromkomponente f (zur Erzeugung der Blindleistung) ‖ ~ **dye(stuff)**\* (Chem, Textiles) / faserreaktiver Farbstoff, Reaktivfarbstoff m (mit einer Reaktivkomponente), Reaktionsfarbstoff m ‖ ~ **dyeing** (Chem, Textiles) / Reaktivfärben n ‖ ~ **energy meter** (Elec Eng) / Varstundenzähler m, Blindverbrauchszähler m, Blindleistungszähler m (ein integrierendes Messinstrument, welches die elektrische Blindarbeit in Varstunden oder einem Vielfachen davon misst) ‖ ~ **evaporation coating** (BS 2951, Part 2 : 1975) / reaktives Vakuumbedampfen (DIN 28400, T 4) ‖ ~ **factor**\* (Elec Eng) / Blindleistungsfaktor n ‖ ~ **intermediate** (Chem) / Reaktionszwischenstufe f ‖ ~ **intermediate** (Chem) / Reaktionszwischenprodukt n (Ergebnis) ‖ ~ **ion-beam etching** (Electronics) / Ionenstrahlätzen n mit reaktivem Gas (dessen Bestandteile mit dem Target-Material eine flüchtige Verbindung bilden können) ‖ ~ **ion etching** (Electronics) / reaktives Ionenätzen (ein dem Plasmaätzen verwandtes Trockenätzverfahren, bei dem im Gegensatz zu diesem die zu ätzenden Halbleiterscheiben auf der unteren Platte des "Parallelplattenrezipienten" liegen, in die auch die Hochfrequenzspannung eingekoppelt wird, während die obere Platte dem Rezipienten auf Erdpotential liegt), RIE (reaktives Ionenätzen) ‖ ~ **iron**\* (Elec Eng) / Reaktivitätseisen n ‖ ~ **load** (Elec Eng) / induktiveLast, nacheilende Last, reaktive Last, induktive Belastung ‖ ~ **load**\* (Elec Eng) / Blindbelastung f, Blindlast f ‖ ~ **metal** (Chem) / reaktives Metall (z.B. Ti, Zr und V) ‖ ~ **muffler** (Acous) / Impedanzschalldämpfer m ‖ ~ **organic gas** (Geophys) / reaktives organisches Gas (in der Atmosphäre), ROG (reaktives organisches Gas) ‖ ~ **paint** (Paint) / Reaktionslack m (bei Raumtemperatur chemisch härtender Lack - DIN 55945), Reaktivlack m ‖ ~ **pigment** (Paint) / aktives Pigment (das mit ölhaltigen und ölmodifizierten Bindemitteln Metallseifen bilden kann) ‖ ~ **polymer** (Chem) / reaktives Polymer, funktionalisiertes Polymer ‖ ~ **power** (Chem) / Reaktivität f, Reaktionsfähigkeit f, Reaktionsfreudigkeit f ‖ ~ **power**\* (Elec Eng) / Blindleistung f (die von Spulen und Kondensatoren am Wechsel- oder Drehstrom

aufgenommene Leistung zum Feldaufbau) ‖ ~ **power factor** (Elec Eng) / nacheilender Leistungsfaktor, induktiver Leistungsfaktor ‖ ~ **sputtering** (Electronics, Met) / Katodenzerstäubung, bei die eine durch Reaktion mit dem Trägergas entstehende Verbindung abgeschieden wird ‖ ~ **tanning agent** (Leather) / Reaktivgerbstoff m (mehrfach vernetzend, kovalent gebunden) ‖ ~ **thinner** (Paint) / Reaktivverdünner, reaktives Verdünnungsmittel ‖ ~ **volt-ampere** (Elec Eng) / Var n, var (Blindwatt), Blindwatt n (gebräuchliche Einheit der Blindleistung in der elektrischen Energietechnik nach DIN 1301 - 1) ‖ ~ **volt-amperes**\* (Elec Eng) / Blindleistung f (die von Spulen und Kondensatoren am Wechsel- oder Drehstromnetz aufgenommene Leistung zum Feldaufbau)

**reactivity** n (the tendency of a substance to undergo a chemical reaction, especially with the rapid release of energy) (Chem) / Reaktivität f, Reaktionsfähigkeit f, Reaktionsfreudigkeit f ‖ ~* (the change in the number of neutrons or the neutron flux which follows a change in some factor like the position of the control rod) (Nuc Eng) / Reaktivität f (ein Maß für die Abweichung vom kritischen Zustand) ‖ ~ **accident** (Nuc Eng) / Reaktivitätsstörfall m, Reaktivitätsunfall m ‖ ~ **balance** (Nuc Eng) / Reaktivitätsbilanz f ‖ ~ **equivalent** (Nuc Eng) / Reaktivitätsäquivalent n ‖ ~ **insertion accident** (Nuc Eng) / Störfall m durch Einbringen von Reaktivität ‖ ~ **worth**\* n (Nuc Eng) / Reaktivitätswirksamkeit f eines Steuerstabes, Steuerstabwirksamkeit f, Wirksamkeit f eines Steuerstabes

**reactor** n (Chem Eng) / Reaktor m (Anlage, in der chemische Reaktionen großtechnisch ablaufen), Reaktionsapparat m ‖ ~ (Ecol, San Eng) / Belebtschlammbecken n, Belebungsbecken n (im Belebtschlammverfahren - DIN 4045), Lüftungsbecken n, Belüftungsbecken n ‖ ~* (Elec Eng) / Drosselspule f (DIN 40714, T 1; DIN 57532, T 1), Drossel f ‖ ~ (Eng) / Leitrad n (des Druckmitteltgetriebes) ‖ ~* (Nuc Eng) / Kernreaktor m, Reaktor m, Pile n (pl. Piles), Atomreaktor m

**reactor**\*, **heterogeneous** ~ (Nuc Eng) / heterogener Reaktor, heterogener Kernreaktor (ein thermischer Reaktor)

**reactor accident** (Nuc Eng) / Reaktorunfall m ‖ ~ **block** (Nuc Eng) / Reaktorblock m ‖ ~ **building** (Nuc Eng) / Reaktorgebäude n ‖ ~ **ceramics** (Ceramics, Nuc Eng) / Reaktorkeramik f (Zweig der Keramik, der sich mit der Erforschung und Erzeugung von Werkstoffen beschäftigt, die zum Betrieb von Kernreaktoren benötigt werden)

**reactor-clarifier** n (San Eng) / Flockungsreaktor m (beim Kontaktschlammverfahren), Flockungsklärbecken n, Flockungsbecken n

**reactor construction** (Nuc Eng) / Reaktorbau m (als einmaliges Bauvorhaben) ‖ ~ **control** (Nuc Eng) / Reaktorsteuerung f, Reaktorregelung f ‖ ~ **coolant** (Nuc Eng) / Reaktorkühlmittel n (flüssiges oder gasförmiges Medium zum Abtransport der Wärme aus dem Reaktorkern) ‖ ~ **cooling** (Nuc Eng) / Reaktorkühlung f ‖ ~ **cooling circuit** (Nuc Eng) / Reaktorkühlkreislauf m ‖ ~ **cooling system** (Nuc Eng) / Reaktorkühlsystem n (das primäre Wärmetransportsystem eines Leistungsreaktors) ‖ ~ **core** (the central part of a nuclear reactor in which the reaction takes place) (Nuc Eng) / Core n (Reaktorkern), Spaltzone f, Reaktorkern m (DIN 25 401-3), Kern m

**reactor-core inventory control turbine** (Nuc Eng) / NSS-Turbine f, Nachspeisesystemturbine f

**reactor dosimetry** (Nuc Eng) / Reaktordosimetrie f ‖ ~ **dynamics** (Nuc Eng) / Reaktordynamik f (ein Teil der Reaktortheorie, das zeitliche Verhalten eines Reaktors beschreibt und analysiert) ‖ ~ **envelope** (Nuc Eng) / Reaktormantel m ‖ ~ **equation** (Nuc Eng) / Reaktorgleichung f (Bilanzierung der Gesamtzahl der Neutronen in einem Reaktor) ‖ ~ **excursion** (rapid rise in the power level of a nuclear reactor) (Nuc Eng) / Exkursion f, Leistungsexkursion f, Reaktorexkursion f ‖ ~ **flooding system** (Nuc Eng) / Reaktorflutungssystem n ‖ ~ **fuel** (Nuc Eng) / Kernbrennstoff m, KBS (Kernbrennstoff), nuklearer Brennstoff, Brennstoff m, BS (Brennstoff) ‖ ~ **fuel cycle** (Nuc Eng) / Kernbrennstoffzyklus m, Kernbrennstoffkreislauf m, Brennstoffkreislauf m, Brennstoffzyklus m, KBZ (Kernbrennstoffzyklus) ‖ ~ **goes critical** (Nuc Eng) / Reaktor wird kritisch

**reactor-grade** attr (Nuc Eng) / reaktorrein adj (z.B. Plutonium) ‖ ~ **zirconium** (Nuc Eng) / Reactor-Grade-Zirconium n (als Hüllmetall für Brennelemente)

**reactor kinetics** (Nuc Eng) / Reaktorkinetik f (ein Teil der Reaktortheorie) ‖ ~ **lattice** (Nuc Eng) / Reaktorgitter n (eine regelmäßige Anordnung von Kernbrennstoff und anderen Materialien zur Bildung eines multiplizierenden Mediums), Spaltstoffgitter n ‖ ~ **material** (Materials, Nuc Eng) / Reaktorwerkstoff m ‖ ~ **noise** (Nuc Eng) / Reaktorrauschen n (statistische Schwankungen der Reaktivität) ‖ ~ **one-way clutch** (Autos) / Leitradfreilauf m ‖ ~ **operation** (Nuc Eng) / Reaktorbetrieb m ‖ ~ **oscillator**\* (Nuc Eng) / Reaktoroszillator m ‖ ~ **output** (Nuc Eng) /

Reaktorleistung f ‖ ~ **period** (Nuc Eng) / Reaktorperiode f (Zeitdauer, während der sich die Leistung oder der Neutronenfluss im Reaktor um den Faktor e [ungefähr 2,728] ändert), Reaktorzeitkonstante f ‖ ~ **physics** (Nuc, Nuc Eng) / Reaktorphysik f (ein Teilgebiet der Kernphysik) ‖ ~ **pit** (Nuc Eng) / Reaktorgrube f ‖ ~ **poison** (Nuc Eng) / Reaktorgift n, Neutronengift n (ein Stoff, der infolge seines hohen Absorptionsquerschnitts für Neutronen die Reaktivität eines Reaktors herabsetzt, wie z.B. $^{135}$Xe) ‖ ~ **poisoning** (Nuc Eng) / Reaktorvergiftung f ‖ ~ **power** (Nuc Eng) / Reaktorleistung f ‖ ~ **pressure vessel** (Nuc Eng) / Reaktorbehälter m (zur Umschließung des Reaktorkerns oder des nuklearen Dampferzeugungssysgtems), Reaktordruckbehälter m, RDB (Reaktordruckbehälter), Reaktordruckgefäß n, RDG (Reaktordruckgefäß), Reaktortank m ‖ ~ **protection system** (Nuc Eng) / Reaktorschutz m, Reaktorschutzsystem n ‖ ~ **radiation** (Nuc Eng) / Reaktorstrahlung f ‖ ~ **refuelling** (Nuc Eng) / Brennelementwechsel m, BE-Wechsel m, Brennstoffumladung f, Umladung f des Brennstoffs (im Kernreaktor) ‖ ~ **refuelling machine** (Nuc Eng) / Lade- und Entlademaschine f, Kernbrennstoffwechselmaschine f, Umlademaschine f, UM (Umlademaschine) ‖ ~ **safety** (Nuc Eng) / Reaktorsicherheit f ‖ ~ **scram** (Nuc Eng) / Reaktorschnellabschaltung f, RESA (Reaktorschnellabschaltung) ‖ ~ **shell** (Nuc Eng) / Reaktormantel m ‖ ~ **shielding** (Nuc Eng) / Reaktorabschirmung f ‖ ~ **simulator**\* (Nuc Eng) / Reaktorsimulator m ‖ ~ **spectrum** (Nuc Eng) / Spektrum n der Reaktorneutronen, Reaktorneutronenspektrum n ‖ ~ **stability** (Nuc Eng) / Reaktorstabilität f ‖ ~ **starting** (Elec Eng) / Drosselanlauf m, Anlauf m über Vorschaltdrossel

**reactor-start motor** (Elec Eng) / Motor m mit Drosselanlasser, Einphasenmotor m mit abschaltbarer Drosselspule in der Hilfsphase, Motor m mit Anlassdrossel

**reactor statics** (Nuc Eng) / Reaktorstatik f (ein Teil der Reaktortheorie) ‖ ~ **technology** (Nuc Eng) / Kernreaktortechnik f, Reaktortechnik f ‖ ~ **theory** (Nuc Eng) / Reaktortheorie f (Reaktorstatik + Reaktordynamik + Reaktorkinetik) ‖ ~ **time constant** (Nuc Eng) / Reaktorperiode f (Zeitdauer, während der sich die Leistung oder der Neutronenfluss im Reaktor um den Faktor e [ungefähr 2,728] ändert), Reaktorzeitkonstante f ‖ ~ **trip**\* (Nuc Eng) / Reaktorschnellabschaltung f, RESA (Reaktorschnellabschaltung) ‖ ~ **trip** (Nuc Eng) s. also scram and trip ‖ ~ **type** (Nuc Eng) / Reaktortyp m, Reaktorbauart f ‖ ~ **vessel**\* (Nuc Eng) / Reaktorbehälter m (zur Umschließung des Reaktorkerns oder des nuklearen Dampferzeugungssysgtems), Reaktordruckbehälter m, RDB (Reaktordruckbehälter), Reaktordruckgefäß n, RDG (Reaktordruckgefäß), Reaktortank m ‖ ~ **water** (Nuc Eng) / Reaktorwasser n ‖ ~ **well** (Nuc Eng) / Reaktorraum m

**read** v / lesen v, ablesen v ‖ ~ (Instr) / anzeigen v, angeben v (Messgeräte), zeigen v (Messinstrument)

**readability** n / Leserlichkeit f, Lesbarkeit f

**readable** adj / leserlich adj ‖ ~ (Instr) / lesbar adj, ablesbar adj

**read access** (Comp) / Lesezugriff m ‖ ~ **amplifier** (Comp) / Leseverstärker m (z.B. einer Magnetbandeinheit)

**read-back** n (Nav) / Wiederholung f (der Nachricht) ‖ ~ **check** (Comp) / Prüfung f durch Rückübertragung, Echokontrolle f, Echosicherung f

**read control** (Comp) / Lesesteuerung f ‖ ~ **cycle** (Comp) / Lesezyklus m, Auslesezyklus m ‖ ~ **data** (Comp) / Lesedaten pl ‖ ~ **diode** (Electronics) / Read-Diode f (eine Impatt-Diode)

**readdressing** n / Neuadressierung f

**reader** n / Lesegerät n (zur Vergrößerung von beschrifteten Mikrofilmen) ‖ ~ (Comp) / Leser m (für maschinenlesbare Schrift), Leseeinrichtung f ‖ ~\* (Print) / Korrektor m, Korrekturleser m ‖ ~**-filler** (Cinema, Photog) / Lese-Einfüllgerät n (ein Lesegerät mit Schneideeinrichtung für Filmrollen und Eintaschvorrichtung für die zurechtgeschnittenen Filmstreifen) ‖ ~**-printer** n / Lese-Kopiergerät n (ein Gerät, das die Funktion eines Lesegeräts mit der eines Vergrößerungsgeräts für Kopien vereinigt)

**reader-reproducer** n / Lese-Rückvergrößerungsgerät n (für Mikrofilm)

**read error** (Comp) / Lesefehler m, Read-Error m

**reader sorter** (Comp) / Sortierleser m (in der Lochkartentechnik)

**read head** (Mag) / Lesekopf m

**readily accessible** (Eng) / leicht zugänglich ‖ ~ **biodegradable** (Chem, Ecol) / leicht biologisch abbaubar ‖ ~ **biodegradable** (Chem, Ecol) s. also inherently biodegradable and low-biodegradable ‖ ~ **soluble** (Chem) / leicht löslich ‖ ~ **volatile** (Chem) / leichtflüchtig adj, hochflüchtig adj

**read in**\* (Comp) / einlesen v ‖ ~ **in** (Weaving) / levieren v

**readiness to ignite** (Fuels) / Zündwilligkeit f (eines Kraftstoffs)

**reading**\* n / Lesen n, Ablesen n, Lesung f, Ablesung f ‖ ~\* (Comp) / Lesen n (von Schrift) ‖ ~ (Instr) / Ablesung f (von Werten) ‖ ~ (Instr) / Ablesewert m, Anzeigewert m, Anzeige f (abgelesener Stand nach DIN 1319, T 2), Stand m (abgelesener) ‖ ~ (Instr) / Skalenwert m (der abgelesen wird) ‖ ~ (Instr) / direkte Ausgabe (DIN 1319, T 2),

**reading**
Anzeige f (DIN 1319, T 2) ‖ ~ **aid** (Instr) / Ablesehilfe f (Hilfseinrichtung zur Verminderung des Ablesefehlers bei Zeigermessinstrumenten) ‖ ~ **area** (Optics) / Nahteil m (des Mehrstärkenbrillenglases) ‖ ~ **brush** (Comp) / Abfühlbürste f, Abtastbürste f, Ablesebürste f ‖ ~ **comprehension** (AI) / Leseverstehen n (des Textes) ‖ ~ **copy** (Print) / Leseexemplar n ‖ ~ **device** (Instr) / Ablesehilfe f (Hilfseinrichtung zur Verminderung des Ablesefehlers bei Zeigermessinstrumenten) ‖ ~ **error** (Instr) / Falschablesung f, Fehlablesung f, Ablesefehler m ‖ ~ **field** (Optics) / Nahteil m (des Mehrstärkenbrillenglases) ‖ ~ **frame**\* (Biol, Gen) / Leserahmen m ‖ ~ **glasses** (Optics) / Lesebrille f, Nahbrille f (z.B. bei der Presbyopie) ‖ ~ **head** (Mag) / Lesekopf m
**reading-in machine** (Weaving) / Leviermaschine f, Einlesemaschine f (zum Einlesen des Musters)
**reading interval** (Instr) / Ablesezeitspanne f (zwischen zwei aufeinander folgenden Zählerablesungen zwecks vorläufiger Abrechnung der in dieser Zeitspanne abgegebenen Menge) ‖ ~ **lamp** (Aero, Autos) / Leselampe f, Leseleuchte f ‖ ~ **light** (Aero, Autos) / Leselampe f, Leseleuchte f ‖ ~ **line** (Ablesestrich m ‖ ~ **magnifier** (Optics) / Ableselupe f ‖ ~ **microscope**\* (Micros, Optics) / Ablesemikroskop n (zur vergrößerten Wiedergabe der Stellung der Messmarke relativ zur Skale) ‖ ~ **range** (Eng, Optics) / Ablesebereich m ‖ ~ **rate** (Comp) / Leseleistung f ‖ ~ **segment** (Optics) / Nahteil m (des Mehrstärkenbrillenglases) ‖ ~ **speed**\* (Comp) / Lesegeschwindigkeit f, Leseleistung f ‖ ~ **station**\* (Comp) / Lesestation f
**read-in program** (Comp) / Eingabeprogramm n, Leseprogramm n
**read into** v (Comp) / einlesen v
**readjust** v (Eng) / nachrichten v, nachregulieren v, nachregeln v, nachjustieren v, nachstellen v, neu einstellen
**readjustment** n (Eng) / Nachstellung f, neue Einstellung (Nachstellung)
**readme file** (a file which is often included in the release of a software product) (Comp) / Info-Datei f, Readme-Datei f
**read off** v / lesen v, ablesen v
**read-only memory** (Comp) / Festwertspeicher m (DIN 44476), Festwertspeicher m, Nur-Lese-Speicher m, Permanentspeicher m, ROM n ‖ ~ **mode** (Comp) / Schreibschutzmodus m ‖ ~ **storage** (Comp) / Festwertspeicher m (DIN 44476), Festspeicher m, Nur-Lese-Speicher m, Permanentspeicher m, ROM n
**read out** v / lesen v, ablesen v ‖ ~ **out** (Comp) / auslesen v (Informationen)
**read out** n / Lesen n, Ablesen n, Lesung f, Ablesung f
**read•-out** n (Comp) / Ausgabe f (Anzeige), Readout n ‖ ~**-out** (Comp) / Auslesen n (von Informationen nach DIN 44 300) ‖ ~**-out** (Comp, Eng) / Sichtanzeige f (numerische Steuerung), Anzeige f ‖ ~**-out** (Instr) / Darstellung f von Messwerten
**read-out line** (Instr) / Messergebnisleitung f zur Anzeige ‖ ~ **noise** (Optics) / Ausleserauschen n
**read pistol** (Comp) / Datapen n, Lesepistole f, Lesestift m, Handlesekopf m, Handleser m (z.B. für den EAN-Kode) ‖ ~ **rate** (Comp) / Lesegeschwindigkeit f, Leseleistung f ‖ ~ **time** (Comp) / Lesezeit f
**read-while-write check** (Comp) / Leseprüfung f während des Schreibens
**read/write cycle** (Comp) / Lese-Schreib-Zyklus m ‖ ~ **head** (a component of a disk drive that records and retrieves data from magnetic disks) (Comp) / Schreib-Lese-Kopf m, Lese-Schreib-Kopf m ‖ ~ **head opening** (Comp) / Schreib-Lese-Ausschnitt n, Kopffenster n, Schreib-Lese-Öffnung f
**read/write memory** (esp. read/write RAM) (Comp) / Schreib-Lese-Speicher m, Lese-Schreib-Speicher m
**read/write operation** (Comp) / Lese-Schreib-Operation f ‖ ~ **window** (Comp) / Kopffenster n (in der Hülle einer Diskette)
**ready** v / klarmachen v (Gerät), betriebsbereit v machen (Gerät)
**ready-action crane** (Eng) / Schnelleinsatzkran m
**ready biodegradability** (Ecol) / leichte (gute) biologische Abbaubarkeit f
**ready-busy protocol** (Comp, Telecomm) / frei laufende Prozedur, Ready-busy-Protokoll n (ein zeichenorientiertes Übertragungsprotokoll)
**ready cooked** (Nut) / vorgekocht adj ‖ ~ **for acceptance** (Comp, Telecomm) / bereit zur Abnahme, abnahmebereit adj ‖ ~ **for building** (Build) / baureif adj ‖ ~ **for composition** (Typog) / satzreif adj (Manuskript) ‖ ~ **for connexion** (Elec Eng, Eng) / anschlussfertig adj ‖ ~ **for execution** (Comp) / ablaufbereit adj ‖ ~ **for installation** / montagebereit adj (Ware) ‖ ~ **for making-up** (Textiles) / konfektionsreif adj (Ware) ‖ ~ **for occupancy** (Build) / bezugsfertig adj ‖ ~ **for operation** / betriebsbereit adj, betriebsklar adj, betriebsfertig adj ‖ ~ **for printing** (Print) / druckbereit adj, druckfertig adj ‖ ~ **for projection** (Cinema) / projektionsfertig adj ‖ ~ **for sea** (Ships) / seeklar adj ‖ ~ **for sewing** (Textiles) / nadelfertig adj (Ware) ‖ ~ **for spinning** (Spinning) / spinnfertig adj ‖ ~ **for start-up** / betriebsbereit adj, betriebsklar adj, betriebsfertig adj ‖ ~ **for stitching** (Textiles) / nadelfertig adj (Ware) ‖

~ **for take-off** (Aero) / startklar adj (startbereit), startbereit adj ‖ ~ **for typesetting** (Typog) / satzreif adj (Manuskript) ‖ ~ **for use** / gebrauchsfertig adj ‖ ~**-made** adj (Textiles) / Konfektions-, konfektioniert adj, Fertig-, von der Stange (Anzug, Kleider) ‖ ~ **meal** (Nut) / Fertiggericht n ‖ ~ **message** (feedback + deadline control) (Work Study) / Fertigmeldung f (eine mündliche und/oder schriftliche Nachricht über die ordnungsgemäße Beendigung eines Arbeitsvorganges)
**ready-mixed** adj (Paint) / Fertig- (eine Mischung) ‖ ~ (Paint) / streichfertig adj
**ready-mixed concrete**\* (Build, Civ Eng) / werkgemischter Transportbeton (der von der Mischstelle zur Baustelle befördert wird - DIN 1045)
**ready-mixed concrete** (Build, Civ Eng) / Transportbeton m (dessen Bestandteile außerhalb der Baustelle zugemessen werden und der in Fahrzeugen an der Baustelle in einbaufertigem Zustand übergeben wird)
**ready-mix plant** (Build, Civ Eng) / Transportbetonwerk n (das Transportbeton herstellt und zur Baustelle liefert oder an Abholer abgibt)
**ready-mount** attr / einbaufertig adj
**ready•-pasted paper** (Build, Paper) / klebefertig beschichtete Tapete (mit einer rückseitigen trockenen Kleisterbeschichtung, die spontan wasserlöslich ist) ‖ ~ **to apply** (Paint) / streichfertig adj ‖ ~ **to assemble** (Eng) / montagefertig adj
**ready-to-bake** adj (Nut) / backfertig adj
**ready to be installed** / einbaufertig adj
**ready-to-brush** attr (Paint) / streichfertig adj
**ready-to-cook** adj (Nut) / kochfertig adj
**ready•-to-drink** adj (Nut) / trinkfertig adj ‖ ~**-to-eat** (Nut) / verzehrfertig adj, tafelfertig adj, essfertig adj
**ready-to-eat food products** (Nut) / verzehrfertige Lebensmittel (industriell bearbeitete)
**ready-to-fit** adj / einbaufertig adj
**ready to fly** (in reference to the condition of the aircraft) (Aero) / startklar adj (startbereit), startbereit adj ‖ ~**-to-pour** (Foundry) / gießfertig adj ‖ ~ **to put to sea** (Ships) / seeklar adj ‖ ~ **to receive** (Radio, Telecomm) / empfangsbereit adj ‖ ~ **to record** (Acous) / aufnahmebereit adj ‖ ~ **to serve** (Nut) / verzehrfertig adj, tafelfertig adj, essfertig adj ‖ ~ **to speak** (Telecomm) / sprechbereit adj ‖ ~ **to start** (vehicle) / fahrbereit adj ‖ ~ **to take off** (Aero) / startklar adj (startbereit), startbereit adj ‖ ~ **to transmit** (Comp) / sendebereit adj (Terminal) ‖ ~ **to use** / gebrauchsfertig adj
**ready-to-wear** (Textiles) / Konfektions-, konfektioniert adj, Fertig-, von der Stange (Anzug, Kleider) ‖ ~ **industry** (Textiles) / Bekleidungsgewerbe n, Bekleidungsindustrie f, Konfektion f
**reafforest** v (For) / wieder aufforsten, wieder bewalden
**reagency** n (Chem) / Reaktivität f, Reaktionsfähigkeit f, Reaktionsfreudigkeit f
**reagent**\* n (a substance used to react with another) (Chem) / Reagens n (pl. Reagenzien), Reagenz n (pl. Reagenzien) ‖ ~ **bottle** (Chem) / Reagenzienflasche f ‖ ~ **carrier** (Chem) / Reagenzträger m, Reagenzträger m ‖ ~ **chemical** (Chem) / Reagens n (pl. Reagenzien), Reagenz n (pl. Reagenzien) ‖ ~ **gas** (chemical ionization gas) (Spectr) / Ci-Gas n, Reaktantgas n, Reaktionsgas n ‖ ~ **grade** (Chem) / analysenrein adj, zur Analyse (p.a.), p.a. ‖ ~ **pump** (Chem) / Reagenzienpumpe f ‖ ~ **shelf** (Chem) / Reagenzienbord n ‖ ~ **solution** (Chem) / Reagenslösung f
**reagibility** n / Reagibilität f (Fähigkeit von Prozessen und Prozesselementen, auf veränderte Bedingungen zu reagieren)
**reagin**\* n (Med) / Reagin n (vom Organismus gegen eingedrungene Infektionserreger gebildeter Antikörper - Immunoglobulin des Typs IgE)
**reaginic antibody**\* (Med) / Reagin n (vom Organismus gegen eingedrungene Infektionserreger gebildeter Antikörper - Immunoglobulin des Typs IgE)
**real** adj / echt adj (Gold) ‖ ~ (not imaginary) / wirklich adj, tatsächlich adj, real adj (Leather) / echt adj ‖ ~ **address** (contrasted with "virtual address") (Comp) / echte Adresse, tatsächliche Adresse, reale Adresse (eines Platzes im realen Hauptspeicher) ‖ ~ **analysis** (Maths) / reale Analyse
**real-aperture radar** (Radar) / Radar mit realer Apertur m n
**real axis**\* (of the Argand diagram) (Maths) / Abszissenachse f (der Gauß'schen Zahlenebene, auf der die reellen Zahlen abgetragen werden), x-Achse f, X-Achse f, x-Koordinate f, reelle Achse, Rechtsachse f, erste Achse (in dem Koordinatesystem) ‖ ~ **body** (Crystal, Phys) / realer Festkörper (der mehr oder minder starke Abweichungen vom Idealfall aufweist) ‖ ~ **crystal** (Crystal) / Realkristall m, realer Kristall ‖ ~ **device** (Comp) / reales Gerät ‖ ~ **estate** / Grundeigentum n (nach 905 BGB), Grundbesitz m (Gesamtheit der Immobilien) ‖ ~ **flow** (Phys) / reibungsbehaftete Strömung, Reibungsströmung f, viskose Strömung ‖ ~ **fluid** (Phys) /

reale Flüssigkeit ‖ **~ focus** (Optics) / reeller Brennpunkt ‖ **~ function** (Maths) / reelle Funktion
**realgar*** *n* (natural red arsenic disulphide) (Min) / Realgar *m* (Tetraarsentetrasulfid), Rauschrot *n*
**real gas** (that does not obey the ideal-gas equation, because the interaction between the particles of the gas is significant) (Phys) / reales Gas (das vom idealen Verhalten abweicht), Realgas *n*
**realignment** *n* (Civ Eng) / Wiederausrichtung *f* ‖ **~** (Civ Eng, Rail) / Neutrassierung *f*, Nachrichten *n* (der Strecke), Neuausrichtung *f* (der Strecke)
**real image*** (Optics) / reelles Bild, auffangbares Bild
**realise** *v* (GB) / erkennen *v* (Fehler)
**reality TV** (TV) / Reality-TV *n* (Fernsehdokumentation original aufgenommener Ereignisse, in der nahezu alle Details gezeigt werden)
**realization** *n* / Verwirklichung *f*, Realisierung *f*, Realisation *f* ‖ **~** (Stats) / Realisation *f* (möglicher Wert, den eine Zufallsvariable oder ein stochastischer Prozess annehmen kann) ‖ **~ of a stochastic process** (Stats) / Realisation *f* des stochastischen Prozesses
**realize** *v* / erkennen *v* (Fehler)
**real line** (Maths) / Zahlengerade *f*, arithmetisches Kontinuum, Zahlenkontinuum *n*
**reallocation** *n* (Work Study) / Umlage *f* (der Kosten)
**reallotment** *n* (of land) (Agric, Surv) / Flurneuordnung *f* (Zusammenlegung, Umlegung, Verkoppelung, Neuordnung der Flur unter Zusammenlegung kleinerer zu einem Betrieb gehörender Parzellen zu größeren Einheiten), Feldregulierung *f*
**realm** *n* (Comp) / Area *f* (pl. -s) (ein benannter /Teil/Bereich des Adressraums einer Datenbank)
**real memory*** (Comp) / Realspeicher *m*, reeller Speicher ‖ **~ mixture** (Chem) / nicht ideale Mischung
**realm of experience** (AI) / Erfahrungsbereich *m*
**real number*** (Maths) / reelle Zahl (die auf der reellen Achse der Zahlenebene darstellbar ist) ‖ **~ part*** (Maths) / Realteil *m* (einer komplexen Zahl), Re ‖ **~ power** (Elec Eng) / Wirkleistung *f* (die von einem Wirkwiderstand aufgenommene und von einem Leistungsmesser angezeigte elektrische Leistung - DIN 40110, T 1) ‖ **~ precession** (Phys) / Präzession *f* (bei der Einwirkung äußerer Kräfte auf den Kreisel) ‖ **~ range** (Radar) / praktische Reichweite (mit zusätzlicher Berücksichtigung der Ausbreitungsparameter) ‖ **~ solution** (Phys) / reelle Lösung ‖ **~ storage** (Comp) / Realspeicher *m*, reeller Speicher ‖ **~ structure** (Crystal) / Realstruktur *f* ‖ **~ structure** (Crystal) s. also real crystal ‖ **~ target** (Radar) / Echtziel *n* (nach Bestätigung durch Erfassung) ‖ **~ time** (Comp) / Realzeit *f*, Real-Time *f*, Echtzeit *f*
**real-time clock*** (Comp) / Realzeituhr *f*, Real-Time-Clock *m*, Echtzeituhr *f* (Funktionseinheit eines Rechensystems, die Absolutzeit oder Relativzeiten angibt) ‖ **~ control** (Comp) / Realzeitsteuerung *f*, Echtzeitsteuerung *f* ‖ **~ data acquisition** (Comp) / Realzeitdatenerfassung *f*, Echtzeitdatenerfassung *f* ‖ **~ four-wheel drive** (Autos) / automatisch zuschaltender Allradantrieb ‖ **~ holography** / Echtzeitholografie *f* ‖ **~ image** / Echtzeitbild *n* ‖ **~** (programming) **language** (Comp) / Echtzeitsprache *f*, Realzeitsprache *f* (Programmiersprache zur Formulierung von Aufträgen an Rechensysteme, die im Echtzeitbetrieb abgewickelt werden sollen) ‖ **~ multitasking** (Comp) / Simultanbetrieb *m* mit Echtzeitzugriff
**real•-time processing** (Comp) / Echtzeitverarbeitung *f*, Realzeitverarbeitung *f*, Realzeitbetrieb *m*, Real-Time-Verarbeitung *f*, Real-Time-Betrieb *m*, Echtzeitdatenverarbeitung *f*, Echtzeitbetrieb *m*, Sofortverarbeitung *f* ‖ **~-time simulation** (Comp) / Realzeitsimulation *f*, Real-Time-Simulation *f*, Echtzeitsimulation *f* (Nachbildung des Zeitverhaltens des betrachteten Systems im gleichen Maßstab)
**real-time system*** (Comp, Textiles) / Realzeitsystem *n*, Real-Time-System *n*, Echtzeitsystem *n* ‖ **~ viewing** (of holographs) / Real-Time-Verfahren *n* (in der Holografie - das fortlaufende Aussagen über die Objektveränderungen ermöglicht)
**real track** (Radar) / Echtspur *f* (aus Meldungen eines Ziels)
**real-valued function** (Maths) / reelle Funktion
**real variable** (Maths) / freie Variable, reelle Variable ‖ **~ wander** (Phys) / Präzession *f* (bei der Einwirkung äußerer Kräfte auf den Kreisel) ‖ **~ wood** (For) / Echtholz *n*
**realwood** *n* (For) / Echtholzfurnier *n*
**real-wood veneer** (For) / Echtholzfurnier *n*
**real world** (AI) / reale Welt, Realwelt *f*
**real-world category** (AI) / Kategorie *f* in der realen Welt ‖ **~ object** (AI) / Objekt *n* der realen Welt ‖ **~ problem** (AI) / Real-World-Problem *n*, Problem *n* der realen Welt
**ream** *v* (Eng) / reiben *v* (mit der Reibahle nach DIN 8589, T 2 mit geringen Spanungsdicken aufbohren) ‖ **~*** *n* (Glass) / Schliere *f* (bei ungenügender Homogenität der Glasmasse), Inhomogenität *f* ‖ **~*** (Glass) / Winde *f* (eine Schliere, die durch geringe Differenz in der Lichtbrechung zum umgebenden Glas nur wenig kontrastiert) ‖ **~*** (Paper) / Ries *n* (eine Paketpackung für Papier mit meistens 500 Bogen = US bzw. 480 = GB, ein Papierzählmaß) ‖ **~ downstacker** (Paper) / Riesabstapler *m*
**reamer*** *n* (Eng) / Reibahle *f* (zum Reiben zylindrischer oder kegeliger Bohrungen) ‖ **~** (Glass) / Auftreiber *m*, Konus *m* ‖ **~** (US) (Nut) / Zitronenpresse *f* ‖ **~** (Oils) / Nachschneider *m* (in der Tiefbohrtechnik), Räumer *m*, Bohrlochräumer *m*, Erweiterungsbohrer *m*, Nachschneidemeißel *m* ‖ **~ wrench** (Eng) / Windeisen *n* (für Reibahlen)
**reaming** *n* (Eng) / Reiben *n* (Verfahren des Spanens - DIN 8589, T 2)
**ream layboy** (Paper) / Riesableger *m* ‖ **~ stacker** (Paper) / Riesabstapler *m* ‖ **~ weight** (Paper) / Riesgewicht *n* (von 500 oder 1000 Blatt)
**ream-wrapped** *adj* (Paper) / riesweise verpackt
**reanimation** *n* (Med) / Reanimation *f*, Resuszitation *f*, Wiederbelebung *f*
**reap** *v* (a crop) (Agric) / ernten *v*, abernten *v*
**reaper** *n* (Agric) / Getreidemäher *m*, Ablegemäher *m* ‖ **~ and binder** (Agric) / Mähbinder *m* (meistens Zapfwellenbinder)
**reaper-binder** *n* (Agric) / Mähbinder *m* (meistens Zapfwellenbinder)
**reaping machine** (Agric) / Getreidemäher *m*, Ablegemäher *m*
**reappear** *v* / wieder erscheinen, wieder zum Vorschein kommen
**reapply** *v* (Paint) / noch einmal auftragen
**rear** *v* (Agric) / anbauen *v* (Pflanzen) ‖ **~** (Agric) / züchten *v* (Tiere) ‖ **~** (the back part of something, especially a building or vehicle) / Hinterseite *f*, Rückseite *f* ‖ **~** (Autos) / Heck *n* ‖ **~** (Autos) / Fond *m* (hinterer Teil des Wageninnern, der die Rücksitze enthält) ‖ **~ apron** (Autos) / Heckschürze *f* (unter dem Heckabschlussblech) ‖ **~ arch** (Arch) / innerer Bogen ‖ **~ auxiliary carriage** (For) / Blockempfangswagen *m* (des Gatters), hinterer Hilfswagen (des Gatters) ‖ **~ axle** (Autos) / Hinterachse *f*, HA (Hinterachse)
**rear-axle differential** (Autos) / Hinterachsdifferential *n*, Hinterachsgetriebe *n* ‖ **~ final drive** (Autos) / hinterer Achsantrieb, Achsantrieb *m* der Hinterachse ‖ **~ ratio** (Autos) / Hinterachsübersetzung *f*
**rear bed** (For) / Nachläufer *m* (des Langholztransporters) ‖ **~ bulkhead** (Autos) / Querblech *n* (zwischen Innen- und Kofferraum) ‖ **~ bulkhead** (Autos) / Rückwandblech *n*, hintere Querwand ‖ **~ bunk** (For) / Nachläufer *m* (des Langholztransporters)
**rear-cabin pillar** (Autos) / C-Säule *f* (bei Stufenhecklimousinen), Heckscheibensäule *f*, hinterer Dachpfosten
**rear centre armrest** (Autos) / Mittelarmlehne *f* hinten (meist ausklappbar) ‖ **~ component** (Optics, Photog) / Hinterlinse *f*, Hinterglied *n* (eines optischen Linsensystems)
**rear-deck spoiler** (US) (Autos) / Heckspoiler *m*
**rear differential** (Autos) / Hinterachsdifferential *n*, Hinterachsgetriebe *n* ‖ **~ door** (Autos) / Fondtür *f*, Hintertür *f*
**reared firing** (Ceramics) / stehender Brand (bei Flachware)
**rear-end collision** (Autos) / Auffahrunfall *m*
**rear-end collision** (Autos) / Heckaufprall *m* ‖ **~ impact** (Autos) / Heckaufprall *m*
**rear engine** (Autos) / Heckmotor *m* ‖ **~-engined car** (Autos) / Kraftwagen *m* mit Heckmotor ‖ **~ engine mount** (Autos) / hintere Motoraufhängung ‖ **~ entrance** (Build) / Hintereingang *m* ‖ **~ feed** (Comp) / Papierführung *f* von der Rückseite (bei Druckern) ‖ **~ focal plane** (Optics) / bildseitige Brennebene, hintere Brennebene ‖ **~ fog-lamp** (Autos) / Nebelschlussleuchte *f*
**reargate** *n* (Autos) / Heckklappe *f*, Hecktür *f* (bei Kombis)
**rearing** *n* (Agric) / Züchtung *f*, Zucht *f*, Aufzucht *f* ‖ **~** (Ceramics) / stehender Brand (bei Flachware) ‖ **~** (setting on edge during firing) (Ceramics) / Setzen *n* von Flachware auf die Ränder (im Brand)
**rear knee room** (Autos) / Kniefreiheit *f* (auf den Rücksitzen) ‖ **~ lamp** (GB) (Autos) / Schlussleuchte *f* (ein Einzelteil), Rückleuchte *f*, Heckleuchte *f* ‖ **~ lamp** (Rail) / Zugschlusssignal *n* (das am letzten Fahrzeug eines Zugs angebracht ist)
**rear-lamp cluster** (Autos) / Leuchteinheit *f* (hinten)
**rear light** (Rail) / Zugschlusssignal *n* (das am letzten Fahrzeug eines Zugs angebracht ist) ‖ **~ light** (GB) (Autos) / Schlusslicht *n* (optische Erscheinung), Rücklicht *n*, Hecklicht *n*
**rearloader** *n* (Agric) / Hecklader *m*
**rear lobe** (Radar, Radio) / Hinterkeule *f*, Hinterlappen *m*, Rückwärtskeule *f*, nach hinten gerichtete Keule ‖ **~ louvres** (Autos) / Außenjalousie *f* ‖ **~ masonry wall** (of a vault) (Arch) / Schildmauer *f* (einen überwölbten Raum rechtwinklig zur Gewölbeachse abschließende Mauer/Ziegel/Mauer)
**rearm delay time** (Acous) / Totzeit *f* (die Zeit, die nach einem Registrierakt vergehen muss, bis das Messinstrument für weitere Messungen bereit ist)
**rear-mounted engine** (Autos) / Heckmotor *m*
**rear mounting** (Eng) / Einbau *m* (von) hinten ‖ **~ muffler** (US) (Autos, I C Engs) / Endtopf *m*, Nachschalldämpfer *m*, hinterer Auspufftopf *m*

rear

~ **nodal point** (Optics) / bildseitiger Knotenpunkt, Bildknotenpunkt *m*, hinterer Knotenpunkt (cin Kardinalpunkt) ‖ ~ **number plate lamp** (Autos) / Nummernschildleuchte *f* (hinten) ‖ ~ **overhang** (Autos) / hinterer Überhang ‖ ~ **panel** (Autos) / Rückwandblech *n*, Heckabschlussblech *n*, Heckblech *n* ‖ ~ **pilot** (Eng) / Führungsstück *n* (Teil des Innenräumwerkzeuges) ‖ ~ **projection**\* (Cinema) / Durchprojektion *f*, Durchlichtprojektion *f*, Rückprojektion *f* (die Bildwand befindet sich zwischen Projektor und Betrachter)
**rearrange** *v* / umgestalten *v* (neu ordnen ), neu ordnen *v*, umordnen *v*, umstellen *v* ‖ ~ (Chem) / umlagern *v* ‖ ~ (Telecomm) / verlagern *v* (eine Verbindung)
**rearrangement** *n* (Chem) / Umlagerungsreaktion *f*, Umlagerung *f* ‖ ~ (Teleph) / Verlagerung *f* (einer Verbindung)
**rearrange wires** (Elec Eng) / rangieren *v* (mit der Drahtbrücke)
**rear seat** (Autos) / Rücksitz *m*, Fondsitz *m*, Hintersitz *m*
**rear-seat bench** (Autos) / Rücksitzbank *f*, Rückbank *f*
**rear-set armrest** (Autos) / Rücksitzarmlehne *f*
**rear shelf** (Autos) / Heckablage *f* (im Auto) ‖ ~ **sight** (Mil) / Kimme *f* (Teil des Visiers bei Hand- und Faustfeuerwaffen) ‖ ~ **silencer** (Autos, I C Engs) / Endtopf *m*, Nachschalldämpfer *m*, hinterer Auspufftopf ‖ ~ **spar** (Aero) / Hinterholm *m* (des Festigkeitsverbandes), hinterer Holm ‖ ~ **spoiler** (Autos) / Heckspoiler *m* ‖ ~ **support** (US) (Eng) / Endstück *n* (des Innenräumwerkzeugs nach DIN 1415) ‖ ~ **surface** / Hinterfläche *f*, Rückfläche *f* ‖ ~ **valance** (Autos) / Heckschürze *f* (unter dem Heckabschlussblech) ‖ ~ **valance** (Autos) / Rückwandblech *n*, Heckabschlussblech *n*, Heckblech *n* ‖ ~ **view** / Rückansicht *f* (DIN 6, T 1)
**rear-view camera** (Autos) / Heckkamera *f* (anstelle herkömmlicher Rückspiegel) ‖ ~ **mirror** (Autos) / Rückspiegel *m*
**rear visibility** (Autos) / Sicht *f* nach hinten, Rücksicht *f* (Sicht nach hinten) ‖ ~ **wall** (Build) / Rückwand *f*, Hinterwand *f* ‖ ~ **wall** (Civ Eng) / Rückwand *f* (der Klappschaufel)
**rearward load transfer** (Autos) / dynamische Achslastverlagerung (beim Beschleunigen), dynamische Entlastung von Gasgeben ‖ ~ **take-off** (Aero) / Start *m* nach rückwärts (bei Hubschraubern)
**rear wheel** (Autos) / Hinterrad *n* ‖ ~**-wheel drive** (Autos) / Hinterradantrieb *m* (mit Hinterachse als Antriebsachse), Heckantrieb *m*
**rear-wheel drive car** (Autos) / Hecktriebler *m* ‖ ~ **fork** (Autos) / Hinterradgabel *f* (bei Motorrädern)
**rear window** (Autos) / Heckscheibe *f*, Heckfenster *n*
**rear-window defogger** (Autos) / Heckscheibenheizung *f* (als Anlage) ‖ ~ **defogging** (Autos) / Heckscheibenheizung *f* (als Tätigkeit) ‖ ~ **demister** (Autos) / Heckscheibenheizung *f* (als Anlage) ‖ ~ **demisting** (Autos) / Heckscheibenheizung *f* (als Tätigkeit) ‖ ~ **heating** (Autos) / Heckscheibenheizung *f* (als Tätigkeit) ‖ ~ **louvres** (Autos) / Außenjalousie *f*
**reasonableness check** (Comp) / Plausibilitätsprüfung *f*, Plausibilitätskontrolle *f* (ob die Prozessdaten innerhalb des Plausibilitätsbereichs liegen) ‖ ~ **test** (Comp) / Plausibilitätsprüfung *f*, Plausibilitätskontrolle *f* (ob die Prozessdaten innerhalb des Plausibilitätsbereichs liegen)
**reasoned assumption** (AI) / begründete Annahme
**reasoning** *n* (AI) / Inferenzfindung *f*, Schlussfolgerung *f* (als Prozess) ‖ ~ **algorithm** (AI) / Inferenzalgorithmus *m*, Schlussfolgerungsalgorithmus *m* ‖ ~ **power** / Inferiervermögen *n* (bei Menschen), Schließvermögen *n* ‖ ~ **process** (AI) / Inferenzfindung *f*, Schlussfolgerung *f* (als Prozess) ‖ ~ **step** (AI) / Schritt *m* beim Schlüsseziehen
**reason-piece**\* *n* (Build) / Auflagerbalken *m*
**reassay** *n* (Biochem, Chem, Met) / Neubestimmung *f*, nochmalige Bestimmung
**reassemble** *v* (Comp) / reassemblieren *v* (erhaltene Pakete zusammensetzen) ‖ ~ (Eng) / zusammenbauen *v* (nach vorhergegangenem Zerlegen)
**reassembling** *n* (Eng) / Wiederzusammenbau *m* (nach der Demontage)
**reattempt** *n* (Teleph) / Neuversuch *m* (beim Besetztzustand)
**Réaumur scale**\* (Phys) / Réaumur-Thermometerskale *f*, Réaumur-Temperaturskale (heute nicht mehr benutzt - nach R.A. Seigneur de Réaumur, 1683-1757) ‖ ~ **temperature scale** (Phys) / Réaumur-Thermometerskale *f*, Réaumur-Temperaturskale (heute nicht mehr benutzt - nach R.A. Seigneur de Réaumur, 1683-1757)
**reaustenitization** *n* (Met) / Neuaustenitisierung *f*
**rebadge** *v* (under a new name or logo) / relaunchen *v*
**rebalsaming** *n* (Optics) / Neuverkittung *f* (mit Balsamkitt)
**rebar** *n* (Civ Eng) / Bewehrungsstab *m*, BSt
**rebatch** *v* (Textiles) / umdocken *v*
**rebate** *v* / rabattieren *v*, Rabatt gewähren (für oder auf etwas) ‖ ~ (Carp) / fälzen *v*, falzen *v*, ausfalzen *v* ‖ ~ (For) / kehlen *v*, nuten *v* ‖ ~ *n* / Rabatt *m* (meist prozentualer Preisnachlass) ‖ ~ (Build) / Türanschlag *m* (ein um die Türöffnung umlaufender Falz) ‖ ~\*

(Carp, Join) / Falz *m* (rechtwinklige Ausnehmung von Teilen von Türen, Möbeln und Schalungen für Überdeckungen oder zum Einlegen von Füllungen), Ausfalzung *f*
**rebated depth** (Carp) / Falztiefe *f* ‖ ~ **joint at meeting stiles** (Build, Join) / Schlagleiste *f* (bei zweiflügeligen Fenstern und Türen)
**rebate plane**\* (Carp) / Falzhobel *m* (ein Handhobel)
**rebating cutter** (Join) / Falzfräser *m*
**rebeam** *v* (Weaving) / umbäumen *v*, zurückschären *v*
**rebecca-eureka**\* *n* (Radar) / Rebecca-Eureka-System *n*, Rebecca-Eureka-Verfahren *n*
**rebending** *n* / Rückbiegung *f* ‖ ~ **test** (Civ Eng, Materials) / Rückbiegeversuch *m* (für Betonstahl nach DIN 488)
**rebenzolization** *n* (Chem Eng) / Aufbenzolung *f* (des Gases), Benzolbeladung *f* (des Gases)
**rebind** *v* (Bind) / neu binden
**reblock** *v* (Comp) / umblocken *v*
**reboard system** (Autos) / Reboard-System *n* (für Kleinkindersitze)
**reboil** *v* / wieder aufkochen ‖ ~ **bubbles** (Glass) / Spätblasen *f pl*, Spätgispen *f pl*
**reboiler** *n* (Chem Eng) / Blase *f* (zum Verdampfen oder zur diskontinuierlichen Destillation), Destillationsblase *f*, Destillationsgefäß *n*, Destillierblase *f* ‖ ~\* (Chem Eng) / Reboiler *m* (Wiederverdampfer bei Destillationsanlagen) ‖ ~ (Oils) / Wiederaufkocher *m*, Reboiler *m*
**reboiling** *n* (Glass) / nachträgliche Gasentwicklung, sekundäre Blasenbildung ‖ ~ (Phys) / Rückverdampfung *f*
**reboils** *pl* (Glass) / Spätblasen *f pl*, Spätgispen *f pl*
**reboot** *v* (Comp) / wieder anlaufen lassen, rebooten *v* ‖ ~ (Comp) / aufsetzen *v* (Programmablauf, Monitor) ‖ ~ *n* (Comp) / Reboot *n*, Neustart *m* (Reboot)
**rebore**\* *v* (Autos) / ausschleifen *v* (Zylinderlaufbuchsen) ‖ ~ (Eng) / aufbohren *v*, ausbohren *v* ‖ ~ (Eng) / nachbohren *v* (nochmalig bohren)
**reboring** *n* (Autos) / Ausschleifen *n* (Zylinderlaufbuchsen) ‖ ~\* (Eng) / Aufbohren *n* (der vorgebohrten oder vorgegossenen Bohrung mit Hilfe nicht verstellbarer Bohrwerkzeuge - DIN 8589), Ausbohren *n* ‖ ~ (Eng) / Nachbohren *n* (nochmaliges Bohren)
**rebound** *v* (Materials, Phys) / zurückprallen *v*, abprallen *v*, zurückspringen *v* (federnd), rückfedern *v* ‖ ~ *n* (stage) (Autos) / Zugstufe *f* (bei Stoßdämpfern) ‖ ~ (Materials, Met) / Rückprall *m* (z.B. beim Skleroskop), Rücksprung *m* (z.B. beim Skleroskop), Rückstoß *m* ‖ ~ **book** (Bind) / Buch *n* mit neuem Einband ‖ ~ **elasticity** (Chem Eng) / Rückprallelastizität *f* (geprüft z.B. mit dem Schob-Pendel), Stoßelastizität *f* ‖ ~ **hammer** (Civ Eng, Materials) / Rückprallhammer *m* (nach E. Schmidt - zur Druckfestigkeitsprüfung des Festbetons nach DIN 1048), Schmidt-Hammer *m* (zur Druckfestigkeitsprüfung des Betons in oberflächennahen Schichten) ‖ ~ **hardness** (Materials, Met) / Rückprallhärte *f* ‖ ~ **hardness** (number) (Materials) / durch ein dynamisches Härteprüfverfahren ermittelte Härtezahl ‖ ~ **height** (Materials) / Rückprallhöhe *f* (eines Fallhammers, aus der die Shore-Härte ermittelt wird) ‖ ~ **resilience** (Chem Eng) / Rückprallelastizität *f* (geprüft z.B. mit dem Schob-Pendel), Stoßelastizität *f* ‖ ~ **test** (Civ Eng, Materials) / Rückprallprüfung *f* (zerstörungsfreies Prüfverfahren am Festbeton mittels Rückprallhammer) ‖ ~ **tester** (Civ Eng, Materials) / Rückprallhammer *m* (nach E. Schmidt - zur Druckfestigkeitsprüfung des Festbetons nach DIN 1048), Schmidt-Hammer *m* (zur Druckfestigkeitsprüfung des Betons in oberflächennahen Schichten)
**rebricking** *n* (Build) / Neuausmauerung *f* (mit Ziegelsteinen)
**rebroadcast** *v* (Radio) / nochmals senden, wiederholen *v* (eine Radiosendung) ‖ ~ (Radio, TV) / ballsenden *v* (nur Infinitiv und Partizip)
**rebroadcasting transmitter** (Radio, TV) / Ballsender *m* ‖ ~ **transmitter** (Radio) / Umsetzer *m*
**rebroadcast reception** (Radio, TV) / Ballempfang *m*
**rebrush** *v* / überstreichen *v* (mit Bürste)
**rebrushing** *n* / Überstreichung *f* (mit Bürste)
**rebuild** *v* (Arch) / restaurieren *v* ‖ ~ (Eng) / überholen *v*, wieder instandsetzen (in den Sollzustand)
**rebuilding** *n* / Umbau *m* ‖ ~ (Build) / Wiederherstellung *f*, Wiederaufbau *m*, Neuaufbau *m*, Rekonstruktion *f*
**rebuilt engine** (Autos) / Austauschmotor *m* (aus Neuteilen oder generalüberholt), ATM (Austauschmotor)
**REC** (regional electricity company) (Elec Eng) / Regionalversorger *m*
**recalcitrant** *adj* (Eng) / schwergängig *adj* (Hebel)
**recalculate** *v* / nachrechnen *v*
**recalescence**\* *n* (Crystal, Met) / Rekaleszenz *f* (Wärmeabgabe beim Druchgang durch den Haltepunkt) ‖ ~ **point** (Met) / Haltepunkt *m* bei der Abkühlung
**recalescent point** (Met) / Haltepunkt *m* bei der Abkühlung
**recalibrate** *v* / nacheichen *v*, rekalibrieren *v*

**recall** v (Autos, Teleph) / zurückrufen v, rückrufen v ‖ ~ n (Autos) / Rückruf m (z.B. von Autos in die Werkstatt), Rückrufaktion f (seitens der Autoherstellers - nach dem Produktsicherheitsgesetz), Recall n (Rückruf von beschädigten oder fehlerhaften Erzeugnissen) ‖ ~ (Comp) / Recall m (ein Effektivitätsmaß zur Bewertung von Dokumenten-Retrieval-Systemen) ‖ ~ (Teleph) / Wiederanruf m, wiederholter Anruf ‖ ~ (Teleph) / Rückruf m (eine Servicefunktion in Nebenstellenanlagen) ‖ ~ **ratio** (Comp) / Trefferquote f (Zahl der nachgewiesenen relevanten Dokumentationseinheiten im Verhältnis zu den insgesamt im System vorhandenen relevanten Dokumentationseinheiten)
**recap** v (renew by cementing, moulding and vulcanizing) (Autos) / runderneuern v ‖ ~ n (Autos) / runderneuerter Reifen
**recapture** n (Agric, Ecol) / Wiederfang m (markierter Tiere)
**recarbonization** n (San Eng) / Rekarbonisierung f (Anreicherung eines Wassers oder Abwassers mit anorganischen Kohlenstoffverbindungen, z.B. durch Einblasen von Kohlendioxid oder Rauchgas)
**recarburization** n (Met) / Wiederaufkohlen n, Wiederaufkohlung f, Rückkohlung f
**recast** v / umschreiben v (einen Text neu schreiben) ‖ ~ (Foundry) / umgießen v, umschmelzen v
**recce** n (Aero, Mil) / Aufklärung f ‖ ~ **aircraft** (Aero, Mil) / Aufklärungsflugzeug n, Aufklärer m
**receding colour** (Build) / Farbe, die den Raum größer, weiter erscheinen lässt ‖ ~ **of the water level** (Hyd Eng) / Sunk m (fortschreitende Senkung des Wasserspiegels in einem offenen Gerinne)
**receipt** n / Empfang m (des Betrags, der Sendung), Erhalt m (des Betrags, der Sendung)
**receipted invoice** / quittierte Rechnung
**receivable accounts** / Außenstände m pl (Forderungen aus Warenlieferungen und Leistungen) ‖ ~ **debts** / Außenstände m pl (Forderungen aus Warenlieferungen und Leistungen)
**receivables** pl / Forderungen f pl (als Bilanzposten)
**receive** v (Radio, Telecomm, TV) / empfangen v
**receive-and-transmit unit** (Telecomm) / Sende-Empfangseinheit f
**receive channel** (Radar) / Empfangskanal m
**received, as-~** / im Anlieferungszustand (unbehandeltes Material) ‖ ~ **data** (Comp) / empfangene Daten, Empfangsdaten pl ‖ ~ **power** (Radar, Radio) / Empfangsleistung f ‖ ~ **signal** (Telecomm) / Empfangssignal n
**receive mode** (Comp) / Empfangsbetrieb m (Richtungsbetrieb, bei dem an der Schnittstelle Daten nur von der DÜE der DEE zugeführt werden) ‖ ~ **not ready** (Comp, Telecomm) / nicht empfangsbereit, RNR (nicht empfangsbereit)
**receive-only equipment** (Telecomm) / Empfangsanlage f
**receiver** n / Receiver m (Strahlungsempfänger des Solarturmkraftwerks, der das Sonnenlicht konzentriert) ‖ ~ / Empfänger m, Abnehmer m ‖ ~ (Acous) / Steuergerät n (in der Hi-Fi-Technik) ‖ ~ (Acous, Radio) / Receiver m (Kombination von dem Radioempfangsteil und Verstärker für Hi-Fi-Wiedergabe, jedoch ohne Lautsprecher) ‖ ~ (Chem Eng) / Sammelbehälter m, Sammelgefäß n, Auffangbehälter m, Aufnahmegefäß n, Rezipient m (pl. -en), Sammler m (Sammelbehälter) ‖ ~ (Chem Eng, Met) / Vorlage f (die bei der Destillation das Destillat auffängt), Destilliervorlage f, Destillationsvorlage f ‖ ~ (Comp) / Ablagefach n (z.B. für Druckerpapier), Ablage f (des Druckers) ‖ ~ (Eng) / Zwischenkammer f (der Verbunddampfmaschine) ‖ ~ (Eng) / Zwischenbehälter m (für Druckausgleich und Zwischenkühlung in Kompressoren) ‖ ~ (Met) / Vorherd m, Eisensammelraum m (des Kupolofens) ‖ ~* (Radar, Radio, Telecomm, TV) / Empfänger m, Empfangsgerät n ‖ ~* (Telecomm, Teleph) / Hörer m, Fernhörer m, Telefonhörer m, Fernsprechhörer m (z.B. "Euter" oder "Spinne") ‖ ~ **capsule** (Teleph) / Hörkapsel f (des Handapparats) ‖ ~ **clock** (Comp) / Empfangstakt m
**receive ready** (Comp, Telecomm) / empfangsbereit adj, RR (empfangsbereit)
**receiver failure** (Radio, Telecomm) / Empfängerausfall m ‖ ~ **gauge** (Eng) / Formlehre f (die zur Überprüfung der Konturen des Prüfstücks dient - möglichst ideale Gegenform zum Prüfling) ‖ ~ **input** (Radio, Telecomm) / Empfängereingang m ‖ ~ **output** (Radio, Telecomm) / Empfängerausgang m ‖ ~ **pocket** (Autos) / Aufnahmeöffnung f (zur Aufnahme des Kugelrohrs einer abnehmbaren Anhängerkupplung)
**receiver-side matching transformer** (Comp, Telecomm) / empfangsseitiger Anpassungsübertrager
**receiver signal element timing** (Telecomm) / Empfangsschritttakt m ‖ ~ **tube** (Chem) / Vorstoß m (z.B. "Euter" oder "Spinne") ‖ ~ **unit** (Comp) / Empfangseinheit f, Empfängerbauteil n
**receive sequence** (Comp, Telecomm) / Empfangsablauf m ‖ ~ **terminal** (Comp, Telecomm) / Empfangsendgerät n, Empfangsterminal n

**receiving aerial** (Radio) / Empfangsantenne f ‖ ~ **aircraft** (Aero) / betanktes Flugzeug, tankendes Flugzeug (bei der Luftbetankung) ‖ ~ **controller** (Aero) / empfangender Lotse, empfangender Kontrollor (A), empfangender Verkehrsleiter (S) ‖ ~ **end** (Radio, Telecomm) / Empfangsseite f ‖ ~ **floppy-disk** (Comp) / Zieldiskette f ‖ ~ **inspection** (and testing) / Eingangskontrolle f (des Materials), Eingangsprüfung f (DIN ISO 9001), Wareneingangskontrolle f, Wareneingangsprüfung f ‖ ~ **level** (Telecomm) / Empfangspegel m ‖ ~ **reference loss** (Telecomm) / Empfangsbezugsdämpfung f ‖ ~ **set** (Radar, Radio, Telecomm, TV) / Empfänger m, Empfangsgerät n ‖ ~ **slip** / Wareneingangsschein m ‖ ~ **station** (Comp, Telecomm) / Empfangsstation f (DIN 44 302), Empfangsstelle f ‖ ~ **stream** (Ecol, Hyd Eng) / Vorfluter m (DIN 4049-1) ‖ ~ **tank** (Chem Eng) / Sammelbehälter m (großer), Sammelgefäß n (großes), Auffangbehälter m (großer) ‖ ~ **terminal** (Comp, Telecomm) / Empfangsendgerät n, Empfangsterminal n ‖ ~ **water** (Ecol, Hyd Eng) / Vorfluter m (DIN 4049-1)
**recement** v (Optics) / neu kitten (Linsen)
**recency** n (AI) / Aktualität f
**Recent*** n (Geol) / Nacheiszeit f, Holozän n, Alluvium n ‖ ~ **accessions** / Neuanschaffungen f pl
**recent-fossil gum** / rezentfossiles Harz ‖ ~ **resin** / rezentfossiles Harz
**recent resin** / rezentes Harz (frisch gewonnenes natürliches Harz)
**receptacle** n / Behälter m ‖ ~* (Bot) / Rezeptakel n, Receptaculum n (pl. -cula) ‖ ~ (Chem Eng) / Sammelbehälter m, Sammelgefäß n, Auffangbehälter m, Aufnahmegefäß n, Rezipient m (pl. -en), Sammler m (Sammelbehälter) ‖ ~ (Elec Eng) / Gerätesteckdose f (an Haushaltsgeräten) ‖ ~ (US) (Elec Eng) / Steckdose f (ein Teil der Steckvorrichtung), Dose f ‖ ~ **outlet** (US) (Elec Eng) / Steckdose f (ein Teil der Steckvorrichtung), Dose f
**receptance** n (Acous) / Admittanz f (beim Körperschall)
**reception** n (Radio, Telecomm, TV) / Empfang m ‖ ~ **basin** (Geol) / Sammelmulde f, Quellmulde f (eines Flusses) ‖ ~ **device** (Eng) / Aufnahmeeinrichtung f (z.B. bei Industrierobotern) ‖ ~ **pattern** (Radio) / Empfangscharakteristik f ‖ ~ **room** (Build) / Wohnzimmer n ‖ ~ **siding** (Rail) / Einfahrgleis n ‖ ~ **slip** / Wareneingangsschein m ‖ ~ **test** / Abnahmeprüfung f ‖ ~ **wall*** (Build) / äußere Dichtungswand
**receptor** n (Biol, Physiol) / Rezeptor m, Receptor m ‖ ~ **model** (Biochem, Chem) / Rezeptormodell n (Molecular Modelling) ‖ ~ **modelling** (Biochem, Chem) / Entwicklung f von Rezeptormodellen ‖ ~ **test** (Nut) / Rezeptortest m (zum Nachweis von Antibiotikarückständen in Lebensmitteln)
**recess** v (Eng) / einstechen v (eine Nut am Grunde einer Bohrung), einstechdrehen v (nur Infinitiv oder Partizip) ‖ ~ (Eng) / vertiefen v, aushöhlen v, ausnehmen v, aussparen v ‖ ~ (Eng) / einkehlen v, auskehlen v ‖ ~ (Eng) / senken v ‖ ~ vt / einlassen vt, vertieft unterbringen ‖ ~ n (Arch, Build) / Alkoven m (Bettnische, fensterloser Schlafraum) ‖ ~ (Build) / Nische f ‖ ~ (Civ Eng) / Stall m (Nische) ‖ ~ (Eng) / schwer zugängliche Stelle (bei Reparaturen) ‖ ~ (Eng) / Freistich m (z.B. bei abgesetzten Wellen nach DIN 509) ‖ ~ (Eng) / Vertiefung f, Aushöhlung f, Aussparung f (als Ergebnis) ‖ ~ (Eng) / Einkehlung f, Auskehlung f ‖ ~ (US) (Work Study) / Arbeitsunterbrechung f, Pause f (Arbeitsunterbrechung) ‖ ~ (Eng) s. also cross recess ‖ ~ **depth** (Eng) / Innensechskanttiefe f, Sechskanttiefe f (beim Innensechskant)
**recessed** adj / ausgespart adj (im Material), eingelassen adj (in das Material) ‖ ~ (Autos) / versenkt adj (Türgriff) ‖ ~ (Carp) / ausgespart adj ‖ ~ **arch*** (Arch) / Archivolte f (profilierte Stirnseite eines Rundbogens), Stirnbogen m (Archivolte), Bogenhaupt n (Archivolte) ‖ ~ **cord** (Bind) / eingelassene Heftschnur, eingelassener Heftbund, unsichtbarer Bund ‖ ~ **fitting** (Light) / Einbauleuchte f, versenkte Leuchte ‖ ~ **flat head** (Eng) / Senkkopf m mit vertieftem Schlitz ‖ ~ **head** (Eng) / Schraubenkopf m mit dem Innen-n-Kant (als Halteform gegen Drehen)
**recessed-head fastener** (Eng, Join) / Kreuzschlitzschraube f (DIN 918)
**recessed luminaire** (US) (Light) / Einbauleuchte f, versenkte Leuchte ‖ ~ **moulding** (Arch, Build) / Kehlung f, Kehle f (ein Profil) ‖ ~ **rim** (I C Engs) / Kolbenmulde f (bei Wankelmotoren) ‖ ~ **signal lamp** (Elec Eng) / Einbausignalleuchte f
**recessed-skirt piston** (Autos) / Stufenkolben m
**recessed switch*** (Elec Eng) / Unterputzschalter m, Einlassschalter m ‖ ~ **tub** (US) (San Eng) / Einbauwanne f
**recessing** n (Eng) / Senken n (spanendes Verfahren zur Nachbearbeitung von Bohrungen und Naben mit fingerfräsartigen Werkzeugen nach DIN 8589, T 2) ‖ ~ (Eng) / Vertiefung f (als Tätigkeit), Aushöhlung f (als Tätigkeit), Aussparung f (als Tätigkeit) ‖ ~ (Eng) / Einstechen n, Einstechdrehen n (einer Nut am Grunde einer Bohrung) ‖ ~ (Eng) / Freidrehen n (Einstechen einer schmalen Nut), Freistechen n ‖ ~ **and shaping machine** (Carp, Join) / Oberfräse f (Fräsmaschine für die Holzbearbeitung, deren Spindel oberhalb des Werkstücks gelagert ist und mit Schaftfräsern das Holz von oben bearbeitet), Oberfräsmaschine f ‖ ~ **tool** (Eng, Tools) /

**recession**

Stechdrehmeißel *m* (DIN 4981), Einstechmeißel *m*, Abstechdrehmeißel *m*
**recession** *n* / Rückzug *m*
**recessional moraine** (Geol) / Rückzugsmoräne *f*
**recession hydrograph** (Hyd Eng) / Rückgangskurve *f* ‖ **~ of coast** (Hyd Eng) / Rückzug *m* der Küstenlinie landeinwärts (als Folge der Brandungserosion)
**recessive*** *adj* (Gen) / rezessiv *adj* (von anderen Erbanlagen überdeckt - Gegensatz zu dominant)
**recharge** *v* (Elec Eng) / nachladen *v*, wieder aufladen *v* (Akkumulator) ‖ **~** (Hyd Eng) / durch Versickerung anreichern (Grundwasser) ‖ **~** *n* (Geol, Hyd Eng) / Grundwasserneubildung *f*, Grundwasserdargebot *n*
**rechargeable** *adj* (Elec Eng) / wiederaufladbar *adj*, aufladbar *adj* ‖ **~ battery pack** (Elec Eng) / aufladbarer Akkusatz
**recharge distance** (Hyd Eng) / Sickerstrecke *f* (in Brunnen) ‖ **~ of aquifer** (Hyd Eng) / Grundwasseranreicherung *f* (DIN 4046), Einleitung *f* von (Fluss)Wasser in das Grundwasser ‖ **~ of aquifer** (Hyd Eng) s. also ground-water recharge
**rechipper** *n* (For) / Wiederhacker *m*, Nachhacker *m* (eine Zerkleinerungsmaschine)
**rechrome** (Leather) / nachchromieren *v*
**rechuck** *v* (Eng) / neu einspannen, umspannen *v* (Werkstück im Futter)
**recipe** *n* (Pharm) / Verordnung *f*, Rezept *n*, Verschreibung *f* ‖ **to an old ~** (Nut) / nach einem alten Rezept (z.B. backen) ‖ **~ dish** (Nut) / Fertiggericht *n*
**recipient** *n* / Rezipient *m* (pl.: -en) (in einem Kommunikationsprozess) ‖ **~** (Telecomm) / Empfänger *m* (einer Mitteilung), empfangender Teilnehmer
**reciprocal*** *n* (Maths) / Kehrwert *m*, reziproker Wert, Reziprokwert *m* ‖ **~*** (of a number) (Maths) / Inverse *f* (z.B. 1/a bei a) ‖ **~ adj** (Maths) / Kehr-, reziprok *adj* (in Unterbegriff zu "invers", wenn dieser auf Zahlen oder Matrizen angewandt wird - DIN 4898) ‖ **~ Abbe number** (Optics) / relative Dispersion (reziproker Wert der Abbeschen Zahl) ‖ **~ bearing** (Nav) / Gegenpeilung *f* ‖ **~ correspondence** (Maths) / reziproke Korrespondenz ‖ **~ course** / Gegenkurs *m* ‖ **~ crossing** (Gen) / reziproke Kreuzung (Bastardierung) ‖ **~ diagram*** (Eng, Mech) / Kräfteplan *m*, Kräftediagramm *n* ‖ **~ ellipsoid** (Crystal) / Normalenellipsoid *n* (in der Kristalloptik), Fletcher'sche Indikatrix (nach Sir L. Fletcher, 1854 - 1921), Cauchy'sches Polarisationsellipsoid (eine einschalige Hilfsfläche), Indexellipsoid *n*, Indikatrix *f*, optische Indexfläche ‖ **~ farad** (Crystal, Maths) / veraltete amerikanische Einheit für die reziproke Kapazität ((1/Farad) oder die kapazitive Leitfähigkeit von elektrolytischen Lösungen = V/C) ‖ **~ interlocking** (Elec Eng) / Wechselsperre *f* (bei Relais) ‖ **~ lattice** (Crystal, Maths) / reziprokes Gitter (ein einer dreidimensional periodischen Anordnung entsprechendes Punktgitter im reziproken Raum)
**reciprocal-lattice point** (Crystal, Maths) / reziproker Gitterpunkt
**reciprocal levelling** (Surv) / Höhenbestimmung *f* durch Differenz ‖ **~ linear dispersion** (Spectr) / reziproke lineare Dispersion ‖ **~ milling** (US) (Eng) / Pendelfräsen *v* (ein Walzfräsen) ‖ **~ networks*** (Elec Eng) / Dualnetzwerke *n* *pl* ‖ **~ of amplification** (Electronics) / Durchgriff *m* (eine Kenngröße von Elektronenröhren) ‖ **~ relative dispersion** (Optics) / Abbe'sche Zahl (für die Kennzeichnung eines optischen Mediums) ‖ **~ space** (Phys) / reziproker Raum (ein dem physikalischen dreidimensionalen Raum dual zugeordneter Beschreibungsraum, in welchem Ortsvektoren die Dimension reziproker Längen haben) ‖ **~ spiral** (Maths) / hyperbolische Spirale, reziproke Spirale ‖ **~ square meter** / Eins *f* durch Quadratmeter, Eins *f* je Quadratmeter ‖ **~ theorem** (Maths) / dualer Satz ‖ **~ theorem*** (Mech) / Betti'scher Satz, Reziprozitätssatz *m* (der Elastizitätstheorie) ‖ **~ transducer** (Acous) / leistungssymmetrischer Übertrager, reziproker Wandler ‖ **~ two-port network** (Elec) / kopplungssymmetrisches Zweitor, reziprokes Zweitor ‖ **~ value of the coefficient of rigidity** (Mech) / Schubzahl *f* (Kehrwert des Schermoduls)
**reciprocating** *n* (Welding) / Pendeln *n* (bei Schweißrobotern) ‖ **~ adj** / abwechselnd wirkend ‖ **~** (Eng) / hin- und hergehend *adj*, sich hin- und herbewegend *adj* ‖ **~ pump*** (Eng) / Hubkolbenverdichter *m* ‖ **~ engine** (Aero) / Kolbentriebwerk *n*, KTW *n* ‖ **~ engine*** (Eng) / Kolbenmaschine *f* (eine Maschine, die durch periodische Hin- und Herbewegung eines Kolbens in einem Zylinder gekennzeichnet ist)
**reciprocating-engine-powered CHP plant** / Blockheizkraftwerk *n*, BHKW *n* (Blockheizkraftwerk)
**reciprocating harrow** (Agric) / Rüttelegge *f* ‖ **~ motion** (Eng) / Vor- und Rückgang *m*, Hin- und Herbewegung *f*, Pendelbewegung *f* ‖ **~ piston-type compressor** (Eng) / Hubkolbenverdichter *m* ‖ **~ pump** (Eng) / Hubkolbenpumpe *f* (zur Förderung von Flüssigkeiten und Gasen unter hohem Druck) ‖ **~ pump** (Vac Tech) / Oszillationsvakuumpumpe *f*, Oszillationspumpe *f* ‖ **~ rake bar screen** (Hyd Eng) / Harkenrechen *m*, Kammrechen *m* ‖ **~ screen** / Siebrätter *m*, Plansichter *m* (ein Plansieb) ‖ **~ screw injection moulding machine** (Plastics) / Schubschnecken-Spritzgießmaschine *f*

**reciprocation*** *n* (Maths) / Polarsystem *n*, Polarität *f*, Polarreziprozität *f* (Zuordnung zwischen Punkten und Geraden in der projektiven Ebene bzw. zwischen Punkten und Ebenen im projektiven Raum) ‖ **~** (Welding) / Pendeln *n* (bei Schweißrobotern)
**reciprocity*** *n* / Reziprozität *f* ‖ **~** (Maths) / Dualität *f* (Reziprozität), Reziprozität *f* (in der projektiven Geometrie) ‖ **~ calibration*** (Acous) / Reziprozitätseichung *f* ‖ **~ law** (Photog) / Reziprozitätsgesetz *n* von Bunsen und Roscoe (die Umsetzung bei einer unter Lichteinwirkung ablaufenden chemischen Reaktion ist nur von dem Produkt aus Lichtintensität und Belichtungszeit, aber nicht von diesen Größen einzeln, abhängig) ‖ **~ law failure** (Photog) / Schwarzschild-Effekt *m* (bei sehr kleinen und sehr großen Intensitäten) ‖ **~ principle*** (Phys) / Reziprozitätsprinzip *n* ‖ **~ rule** (Photog) / Reziprozitätsgesetz *n* von Bunsen und Roscoe (die Umsetzung bei einer unter Lichteinwirkung ablaufenden chemischen Reaktion ist nur von dem Produkt aus Lichtintensität und Belichtungszeit, aber nicht von diesen Größen einzeln, abhängig) ‖ **~ theorem*** (Elec Eng, Optics) / Reziprozitätsgesetz *n*, Reziprozitätstheorem *n*
**recirculating air** / Umluft *f* ‖ **~-ball-and-nut steering** (gear) (Autos) / Kugelumlauflenkung *f* (Lenkung, bei der das Lenkgetriebe mit Schraubenkugellager versehen ist) ‖ **~ ball screw** (Eng) / Kugelrollspindel *f*, Kugelumlaufspindel *f* (ein Stellelement) ‖ **~ ball screw** (Eng) / Kugelgewindetrieb *m*, Kugelrollspindel *f*, Kugelumlaufspindel *f* (Kernstück eines Vorschubantriebs bei CNC-Maschinen) ‖ **~ ball screw and nut** (Eng) / Kugelschraubtrieb *m* (mit einer Kugelumlaufspindel), Wälzschraubtrieb *m* ‖ **~ ball-type steering*** (Autos) / Kugelumlauflenkung *f* (Lenkung, bei der das Lenkgetriebe mit Schraubenkugellager versehen ist) ‖ **~ heating system*** (Heat) / Umlaufheizung *f* ‖ **~ loop** (Comp) / Registerspur *f* ‖ **~ lubrication** (Eng) / Umlaufschmierung *f* (Vorgang) ‖ **~ mode** (Eng) / Reversierbetrieb *m* (z.B. einer Hängebahn) ‖ **~ sand** (Foundry) / Kreislaufsand *m*, Umlaufsand *m* ‖ **~ track** (Comp) / Registerspur *f*
**recirculation** *n* / Rückführung *f* (in denselben Prozess) ‖ **~** (Nuc Eng) / Rezirkulation *f* (im Rezyklotron) ‖ **~** (San Eng) / Rezirkulation *f* (Rückführung des im Nachklärbecken abgeschiedenen Bakterienschlammes zur Aufrechterhaltung einer gewünschten Bakterienkonzentration im Belebungsbecken oder des biologisch gereinigten Abwassers auf den Tropfkörper zur Erholung der Spülwirkung) ‖ **~ air** / Umluft *f* ‖ **~ beating** (Paper) / Rezirkulationsmahlung *f* ‖ **~ cooling** / Rückkühlen *n* (von erwärmtem Kühlwasser zum Zweck der Wiederverwendung), Rückkühlung *f* ‖ **~ loop** (Nuc Eng) / Kühlmittelumwälzschleife *f*, Umwälzschleife *f* (des Kühlmittels), Zwangsumwälzschleife *f* (des Kühlmittels) ‖ **~ of air** (Mining) / Wetterkreislauf *m* ‖ **~ sand** (Foundry) / Kreislaufsand *m*, Umlaufsand *m*
**reck*** *n* (Min Proc) / Kippherd *m*
**reckon** *v* / ausrechnen *v*, berechnen *v* (Kosten, Lohn), errechnen *v*
**reckoning** *n* (Ships) / Besteck *n* (Schiffsort auf See nach geografischen Koordinaten)
**reclaim** *v* (Ecol) / regenerieren *v* (verunreinigte Stoffe), rückgewinnen *v*, aufbereiten *v* (Altöl, gebrauchte Teile), wieder aufbereiten *v*, wieder gewinnen (aus altem Material), recovern *v* ‖ **~** (Foundry) / aufarbeiten *v* (Formsand) ‖ **~** (Mining) / abhalden *v*, abbauen *v* (/Kohle/Halden), aufarbeiten *v* (Haldenberge) ‖ **~** *n* (Chem Eng) / Regenerat *n* (Kautschuk), regenerierter Kautschuk
**reclaimed cotton** (Spinning) / Reißbaumwolle *f* ‖ **~** (reground) **granulated material** (Plastics) / Regranulat *n* (Altkunststoff) ‖ **~ oil** / rückgewonnenes Öl (aus dem Altöl), regeneriertes (Alt)Öl ‖ **~ rubber** (Chem Eng) / Regenerat *n* (Kautschuk), regenerierter Kautschuk
**reclaimer** *n* / Abbaukratzer *m* (für Zement, Kalk, Gips) ‖ **~** (Civ Eng) / Rückladebagger *m*
**reclaiming** *n* (Agric) / Neulandgewinnung *f*, Landgewinnung *f* (aus dem Wattenmeer, durch Trockenlegung) ‖ **~** (Civ Eng) / Aufnahme *f* (z.B. von Förderung von der Halde) ‖ **~** (Ecol) / Regenerieren *n*, Regenerierung *f* (verunreinigter Stoffe), Rückgewinnung *f*, Regeneration *f*, Wiederaufbereitung *f*, Aufbereitung *f* (z.B. des Altöls) ‖ **~** (Foundry) / Aufarbeitung *f* (des Formsandes) ‖ **~** (Mining) / Abhaldung *f*, Abbau *m* (von /Kohle/Halden), Aufarbeitung *f* (der Haldenberge) ‖ **~ scraper** / Abbaukratzer *m* (für Zement, Kalk, Gips)
**reclamation** *n* (Agric) / Neulandgewinnung *f*, Landgewinnung *f* (aus dem Wattenmeer, durch Trockenlegung) ‖ **~** (Agric) / Neulandgewinnung *f*, Urbarmachung *f*, Erschließung *f* ‖ **~** (Agric, Ecol) / Rekultivierung *f* (der durch menschliche Eingriffe unfruchtbar gewordenen Landschaft), Wiederurbarmachung *f* ‖ **~** (Ecol) / Regenerieren *n*, Regenerierung *f* (verunreinigter Stoffe), Rückgewinnung *f*, Regeneration *f*, Wiederaufbereitung *f*,

Aufbereitung f (z.B. des Altöls) ‖ ~ **disease** (caused by Cu shortage) (Agric) / Heidemoorkrankheit f (bei Kulturpflanzen), Urbarmachungskrankheit f (bei Getreide) ‖ ~ **pumping gear** (Civ Eng, Ships) / schwimmende Rohrleitung ‖ ~ **pumping gear** (Civ Eng, Ships) / Spüler m (Entladeeinrichtung für Baggerschuten) ‖ ~ **welding** (Welding) / Reparaturschweißen n ‖ ~ **welding** (Welding) / schweißtechnische Instandsetzung
**reclean** v / noch einmal reinigen ‖ ~ (Agric) / nachreinigen v (Getreide) ‖ ~ (Min Proc) / nachwaschen v (nachaufbereiten)
**recleaning** n (Min Proc) / Nachwäsche f
**reclined fold** (Geol) / überkippte Falte
**recliner** n (Join) / Kanadier m (verstellbarer Ruhesessel) ‖ ~ **release lever** (Autos) / Lehnenentriegelungshebel m
**reclining chair** (Join) / Lehnstuhl m (mit verstellbarer Rückenlehne) ‖ ~ **chair** (Join) / Kanadier m (verstellbarer Ruhesessel) ‖ ~ **seat** (Autos) / Liegesitz m ‖ ~ **twill** (Weaving) / Flachgratköper m
**reclosable** adj / wieder verschließbar adj
**reclose** v / wieder verschließen, neu verschließen
**reclosing lock-out** (Elec Eng) / Wiedereinschaltsperre f ‖ ~ **relay** (Elec Eng) / Wiedereinschaltrelais n ‖ ~ **surge** (Elec Eng) / Ausschaltüberspannung f
**recoal** v (Ships) / neue Kohle aufnehmen, neu bunkern
**recoat** v (Paint) / überstreichen v, überlackieren v
**recoatability** n (Paint) / Überstreichbarkeit f, Überlackierbarkeit f
**recoating** n (Paint) / Erneuerungsanstrich m, Erneuerungsbeschichtung f ‖ ~ (Paint) / Überlackierung f
**recode** v / rekodieren v, recodieren v ‖ ~ **selector** (Comp) / Vergleichsselektor m
**recoding** n (Comp, Telecomm) / Umkodierung f, Kodeumsetzung f, Codeumsetzung f, Kodekonversion f, Codeconversion f, Umsetzung f des Kodes, Rekodierung f, Recodierung f
**recognition** n (AI, Comp) / Erkennung f ‖ ~ * (AI, Comp, Psychol) / Erkennen n, Wiedererkennen n ‖ ~ **algorithm** (AI, Comp) / Erkennungsalgorithmus m ‖ ~ **equipment** (Automation) / Erkennungseinrichtung f (die physikalischen Größen durch Sensoren im Arbeitsraum eines Industrieroboters erfasst und als Information für die Steuerung umwandelt, um Reaktionen des IR zu veranlassen) ‖ ~ **limit** (Radiol) / Erkennungsgrenze f (auf der Basis statistischer Verfahren festgelegter Kennwert zur Beurteilung der Nachweismöglichkeit bei Kernstrahlungsmessungen) ‖ ~ **logic** (AI, Comp) / Erkennungslogik f ‖ ~ **memory** (AI) / Erkennungsgedächtnis n ‖ ~ **memory** (Comp) / assoziativer Speicher (DIN 44 300), Assoziativspeicher m ‖ ~ **protein** (Biochem) / Erkennungsprotein n ‖ ~ **rate** (AI) / Erkennungsquote f ‖ ~ **ratio** (AI) / Erkennungsquote f
**recognize** v (AI, Comp, Psychol) / erkennen v
**recognized private operating company** (Telecomm) / anerkannte private Betriebsgesellschaft
**re-coil** v / wieder aufwickeln v
**recoil** n (Eng) / Rückschlag m ‖ ~ (Nuc) / Rückstoß m ‖ ~ **atom*** (Nuc) / Rückstoßatom n ‖ ~ **chemistry** (Chem, Nuc) / Heiße-Atom-Chemie f, Chemie f der heißen Atome, Recoil-Chemie f ‖ ~ **counter** (Radiol) / Rückstoßzählrohr n (ein Proportionalzählrohr) ‖ ~ **dosemeter** (Radiol) / Rückstoßdosimeter n ‖ ~ **dosimeter** (Radiol) / Rückstoßdosimeter n ‖ ~ **electron** (Nuc) / Rückstoßelektron n, Compton-Elektron n (ein durch den Compton-Effekt freigesetztes Elektron) ‖ ~ **energy** (Spectr) / Rückstoßenergie f
**recoiler** n (Met) / Wickelmaschine f (für Kaltband)
**recoil escapement*** n (Horol) / Ankerhemmung f
**recoil-free gamma-ray resonance absorption** (Nuc) / Mößbauer-Effekt m (nach R. Mößbauer, geb. 1929)
**recoil ionization** (Radiol) / Rückstoßionisation f ‖ ~ **nucleus*** (Nuc) / Rückstoßkern m
**recoil-particle dose** (Radiol) / Rückstoßteilchendosis f
**recoil particles*** (Nuc) / Rückstoßteilchen n pl ‖ ~ **proton** (Nuc) / Rückstoßproton n (Wasserstoffatomkern, dem durch Kernwechselwirkung, insbesondere durch elastische Neutronenstreuung, Energie übertragen wurde)
**recolonization** n (Biol, Ecol) / Wiederbesiedlung f (nach Verödung eines Lebensraums eintretende erneute Ansiedelung von einheimischen Organismen)
**recombinant bovine growth hormone** (Biochem) / gentechnisch erzeugtes Somatotropin ‖ ~ **bovine somatotropin** (Biochem) / gentechnisch erzeugtes Somatotropin ‖ ~ **DNA*** (Gen) / rekombinierte DNS, rekombinante DNS ‖ ~ **DNA technology** (Gen) / genetische Manipulation, Genetic Engineering n, Gentechnik f, Gentechnologie f, rekombinante DNA-Technik, Genmanipulation f
**recombinase** n (Biochem) / Rekombinase f, Recombinase f
**recombination*** n (Electronics, Nuc) / Rekombination f (DIN 41852), Wiedervereinigung f (von Elektron-Loch-Paaren, z.B. in Halbleitern) ‖ ~* (Gen) / Rekombination f (Bildung neuer Gene durch neue Kombinationen der vorhandenen) ‖ ~ **centre** (Electronics) / Rekombinationszentrum n (Störstelle in einem Halbleiter, über die als Zwischenstadium die Rekombination von Elektronen und Löchern verläuft), Trap m ‖ ~ **coefficient*** (Electronics) / Rekombinationskoeffizient m ‖ ~ **current** (Electronics) / Rekombinationsstrom m (in einem Halbleiterbauelement), Rekombinations-Generations-Strom m ‖ ~ **electroluminescence** (Electronics) / Injektionselektrolumineszenz f (Anregung durch Injektion von Minoritätsträgern) ‖ ~ **light** (Phys) / Rekombinationsleuchten n ‖ ~ **process** (Electronics, Nuc) / Rekombination f (DIN 41852), Wiedervereinigung f (von Elektron-Loch-Paaren, z.B. in Halbleitern) ‖ ~ **radiation** (Nuc) / Rekombinationsstrahlung f ‖ ~ **rate** (Electronics) / Rekombinationsrate f (die Anzahl der je Zeit- und Volumeneinheit infolge Rekombination aus einem Energieband ausscheidenden Ladungsträger) ‖ ~ **region** (Nuc, Radiol) / Rekombinationsbereich m (des Zählrohrs)
**recombine** v / rekombinieren v
**recombined milk** (Nut) / rekombinierte Milch (aus einzelnen Bestandteilen)
**recommended daily allowance** (Nut, Pharm) / empfohlene Tagesmenge, empfohlene tägliche Aufnahmemenge ‖ ~ **daily amount** (Nut, Pharm) / empfohlene Tagesmenge, empfohlene tägliche Aufnahmemenge ‖ ~ **daily intake** (Nut, Pharm) / empfohlene Tagesmenge, empfohlene tägliche Aufnahmemenge ‖ ~ **dietary allowance*** (Nut) / RDA-Wert m (von der Deutschen Gesellschaft für Ernährung bzw. von der National Academy of Sciences /Washington/ empfohlener Tagesbedarf an Eiweiß, Fetten, Kohlenhydraten, Vitaminen und Mineralstoffen, der zur Erhaltung der Gesundheit durch die Ernährung aufgenommen werden soll) ‖ ~ **practice** / sachgemäße handwerkliche Bearbeitung (in einem Merkblatt beschriebene) ‖ ~ (sales) **price** / Preisempfehlung f (vom Hersteller empfohlener Preis für eine Ware) ‖ ~ **series of tolerances** / Vorzugstoleranzreihe f ‖ ~ **speed** (Autos) / Richtgeschwindigkeit f (empfohlene Geschwindigkeit) ‖ ~ **temperature** / empfohlene Temperatur ‖ ~ **value** / Richtwert m
**recommission** v (Mil) / wieder in Dienst stellen, entmotten v
**recompatibility** n (TV) / Rekompatibilität f
**recompress** v / wieder komprimieren ‖ ~ (Civ Eng, Med) / den Druck erhöhen (z.B. in einer Luftschleuse des Caissons), rekomprimieren v
**recompression** n (Med) / Rekompression f (erneutes Unterdrucksetzen eines Caissonarbeiters nach einem Dekompressionsunfall)
**recon** n (Aero, Mil) / Aufklärung f
**reconcentration*** n (Min Proc) / Nachaufbereitung f
**recondenser plant** (Chem Eng) / Rückverflüssigungsanlage f
**recondition** v / rekonditionieren v (Schmierstoffe) ‖ ~ (Electronics) / auffrischen v (einen Träger) ‖ ~ (Eng) / überholen v, wieder instandsetzen (in den Sollzustand) ‖ ~ (For) / rekonditionieren v (eingebrochene Holzzellen) ‖ ~ (Foundry) / aufarbeiten v (Formsand)
**reconditioned carrier*** (Electronics) / aufgefrischter Träger
**reconditioning** n (Eng) / Instandsetzung f, Überholung f (Maßnahme zur Wiederherstellung des Sollzustandes) ‖ ~ (Eng) / Reconditioning n (Wiederaufarbeitung von gebrauchten Geräten oder Maschinen, Fabriküberholung usw.) ‖ ~ (For) / Rekonditionierung f (Wiederherstellung der ursprünglichen Querschnittsform eingebrochener Holzzellen) ‖ ~ (Foundry) / Aufarbeitung f (des Formsandes)
**reconfigurability** n (Comp) / Rekonfigurabilität f
**reconfiguration** n / Rekonfiguration f, Änderung f der Konfiguration ‖ ~ (the process of redefining and in some cases reconnecting the units of a multiple-unit computer system) (Comp) / Rekonfigurierung f ‖ ~ **routine** (Comp) / anlagentechnischer Restart, Anlage-Restart m
**reconfigure** v / rekonfigurieren v, neu konfigurieren v, die Konfiguration ändern
**reconnaissance** n (Aero, Mil) / Aufklärung f ‖ ~ **aircraft** (Aero, Mil) / Aufklärungsflugzeug n, Aufklärer m ‖ ~ **flight** (Aero, Mil) / Aufklärungsflug m ‖ ~ **plane** (Aero, Mil) / Aufklärungsflugzeug n, Aufklärer m ‖ ~ **satellite** (Mil) / Aufklärungssatellit m
**reconnection** n (Elec Eng) / Wiedereinschaltung f ‖ ~ (Telecomm) / Verbindungswiederaufnahme f ‖ ~ (Teleph) / Freigabe f (eines Anschlusses)
**reconstitute** v / neu bilden ‖ ~ / wiederherstellen v, rekonstruieren v ‖ ~ (Chem) / wieder auflösen, zur ursprünglichen Konzentration lösen
**reconstituted juice** (Nut) / rückverdünnter Saft ‖ ~ **leather** (Leather) / Faserkunstleder n, Faserleder n, Lederfaserwerkstoff m ‖ ~ **mica** (Elec Eng) / aufgeschlossener Glimmer, Feinglimmer m ‖ ~ **milk** (Nut) / wiederaufgelöste Trockenmilch, rekonstituierte Milch (aus Milchpulver), auf Milchkonzentration verdünnte Trockenmilch, aus aufgelöstem Milchpulver erhaltene Milch ‖ ~ **powdered milk** (Nut) / wiederaufgelöste Trockenmilch, rekonstituierte Milch (aus Milchpulver), auf Milchkonzentration verdünnte Trockenmilch, aus aufgelöstem Milchpulver erhaltene Milch

**reconstitution**

**reconstitution** *n* (Nut) / Rekonstitution *f*, Rehydratisierung *f*, Rehydratisation *f* (von getrockneten Produkten) ‖ ~ (Phys) / Rekonstruktion *f* (in der Holografie)
**reconstruct** *v* / umbauen *v* ‖ ~ / wiederherstellen *v*, rekonstruieren *v* ‖ ~ (Arch) / restaurieren *v* ‖ ~ (Telecomm) / regenerieren *v* (ein Signal)
**reconstructed line** (Rail) / rekonstruierte Strecke ‖ **stone**\* (Build) / Betonwerkstein *m* (Beton mit Natursteinzusätzen nach DIN 18500, Betonblock *m*, Betonstein *m*
**reconstruction** *n* / Umbau *m* ‖ ~ (Arch) / Restaurierung *f* ‖ ~ (Build) / Wiederherstellung *f*, Wiederaufbau *m*, Neuaufbau *m*, Rekonstruktion *f* ‖ ~ (Phys) / Rekonstruktion *f* (in der Holografie)
**recontamination** *n* (Med, Nut, San Eng) / erneute Verschmutzung, Rekontamination *f*
**reconversion** *n* / Rückwandlung *f*, Zurückbildung *f*, Rückbildung *f* (Rückwandlung) ‖ ~ (Aero) / Rekonversion *f* (z.B. bei Senkrechtstartflugzeugen)
**recool** *v* / rückkühlen *v* (erwärmtes Kühlwasser zum Zweck der Wiederverwendung)
**recooling** *n* / Rückkühlen *n* (von erwärmtem Kühlwasser zum Zweck der Wiederverwendung), Rückkühlung *f*
**record** *v* / registrieren *v*, protokollieren *v* ‖ ~ (Acous) / aufnehmen *v* (Ton speichern), aufzeichnen *v* ‖ ~ *n* / Schrieb *m* (grafische Aufzeichnung einer oder mehrerer Messgrößen in Abhängigkeit der Zeit oder einer dritten Größe auf Registrierpapier durch einen Schreiber) ‖ ~ (Acous) / Schallplatte *f* (als Trägermedium) ‖ ~\* (Acous) / Einspielung *f*, Aufnahme *f* (Speicherung von Ton, z.B. auf Band), Aufzeichnung *f* ‖ ~ (Comp) / Record *m* (ein Verbunddatentyp, z.B. in PASCAL) ‖ ~\* (logical) (Comp) / Datensatz *m* (mehrere zusammengehörige Datenfelder), Satz *m* (Datensatz), Record *n* (eine bei der Bearbeitung durch ein Programm als Einheit betrachtete Datenmenge, die durch einen Schlüssel bzw. seinen Wert eindeutig identifiziert werden kann und deren einzelne Bestandteile einen inhaltlichen Zusamemnhang aufweisen) ‖ ~ (Comp) / logischer Satz (im COBOL)
**recordable compact disk** (Acous, Comp, Electronics) / CD-R *f*, bespielbare CD (nach dem Orange Book), beschreibbare CD ‖ ~ **surface** (Comp) / beschreibbare Oberfläche, Aufzeichnungsoberfläche *f*, Speicherseite *f* (beschreibbare)
**record address** (Comp) / Satzadresse *f* ‖ ~ **address file** (Comp) / Satzadressdatei *f*, Satzadressendatei *f* ‖ ~ **button** (Comp) / Schreibtaste *f* (Magnetband) ‖ ~ **changer** (Acous) / Plattenwechsler *m* ‖ ~ **control word** (Comp) / Datensatzkontrollwort *n* (elektronisches Publizieren) ‖ ~ **crop** (Agric) / Rekordernte *f* (konkret)
**recorded information service** (Teleph) / Ansagedienst *m* ‖ ~ **surface** (Comp) / beschriebene Oberfläche (z.B. der Diskette)
**recorder**\* *n* (Acous) / Recorder *m*, Rekorder *m* (ein Magnettongerät) ‖ ~\* (Acous) / Aufnahmegerät *n* (DIN 19040), Aufzeichnungsgerät *n* ‖ ~\* (Instr) / Schreibgerät *n* (zur analogen Aufzeichnung von Messwerten), Schreiber *m*, Selbstschreiber *m*, Schreibwerk *n*, schreibendes (Mess)Gerät ‖ ~ (Instr) / Schreiber *m* (ein Registriergerät), Registriergerät *n* (schreibendes Messgerät), Registrierapparat *m* ‖ ~ **chart** / Registrierstreifen *m* ‖ ~ **chart** (Paper) / Schreiberpapier *n*, Diagrammpapier *n* (ein Funktionspapier), Schreiberdiagrammpapier *n* (für Punkt-, Linien- und Kreisblattschreiber), Registrierpapier *n* ‖ ~ **paper** (Paper) / Schreiberpapier *n*, Diagrammpapier *n* (ein Funktionspapier), Schreiberdiagrammpapier *n* (für Punkt-, Linien- und Kreisblattschreiber), Registrierpapier *n*
**record format** (Comp) / Satzformat *n* (DIN 66 029) ‖ ~ **head** (Comp) / Schreibkopf *m* (zum Schreiben auf magnetisierbare Flächen nach DIN 66214)
**recording**\* *n* / Protokollierung *f*, Registrierung *f* ‖ ~\* (Acous) / Einspielung *f*, Aufnahme *f* (Speicherung von Ton, z.B. auf Band), Aufzeichnung *f* ‖ ~ (Acous) / Bespielen *n* (des Tonträgers) ‖ ~ (Comp) / Schreibverfahren *n* (DIN 66010) ‖ ~ (Instr) / Aufzeichnung *f* (eines Detektors, eines Messinstruments) ‖ ~ *adj* / Registrier-, selbstschreibend *adj*, registrierend *adj* ‖ ~ **altimeter**\* (Aero) / Höhenschreiber *m* ‖ ~ **amplifier**\* (Acous) / Messverstärker *m* ‖ ~ **density** / Aufzeichnungsdichte *f* (im Allgemeinen) ‖ ~ **density** (Comp) / Datendichte *f*, Zeichendichte *f* (DIN ISO 5652), Speicherdichte *f* ‖ ~ **density** (Comp) / Schreibdichte *f* (DIN 5652) ‖ ~ **drum** (Comp) / Schreibwalze *f* (des Farbscanners) ‖ ~ **error** / Aufzeichnungsfehler *m* ‖ ~ **flowmeter** (Eng, Instr) / Durchflussschreiber *m* ‖ ~ **head**\* (Acous, Elec Eng, Mag) / Sprechkopf *m*, Aufnahmekopf *m*, Aufsprechkopf *m*, Aufzeichnungskopf *m*, Schreibkopf *m* ‖ ~ **instrument** (Instr) / Schreibgerät *n* (zur analogen Aufzeichnung von Messwerten), Schreiber *m*, Selbstschreiber *m*, Schreibwerk *n*, schreibendes (Mess)Gerät
**recording-instrument paper** (Paper) / Schreiberpapier *n*, Diagrammpapier *n* (ein Funktionspapier),

Schreiberdiagrammpapier *n* (für Punkt-, Linien- und Kreisblattschreiber), Registrierpapier *n*
**recording level** (Instr) / Aufzeichnungsschwelle *f* (bei Messinstrumenten und Zählern) ‖ ~ **medium** / Aufzeichnungsmedium *n*, Aufnahmemedium *n* ‖ ~ **medium** s. also data carrier ‖ ~ **mode** (Comp) / Schreibverfahren *n* (DIN 66010) ‖ ~ **paper** (Paper) / Schreiberpapier *n*, Diagrammpapier *n* (ein Funktionspapier), Schreiberdiagrammpapier *n* (für Punkt-, Linien- und Kreisblattschreiber), Registrierpapier *n* ‖ ~ **rain gauge** (Meteor) / Niederschlagsschreiber *m*, selbstschreibender Regenmesser, selbstschreibender Niederschlagsmesser, Ombrograf *m*, Pluviograf *m*, Hyetograf *m*, Regenschreiber *m* ‖ ~ **split** (Acous) / Lichttonspalt *m* ‖ ~ **stylus** / Schreibstift *m*, Aufzeichnungsstift *m*, Registrierstift *m* (eines Registriergeräts) ‖ ~ **stylus**\* (Acous) / Schneidstichel *m* (Schallplattenherstellung) ‖ ~ **surface** (Comp) / beschreibbare Oberfläche, Aufzeichnungsoberfläche *f*, Speicherseite *f* (beschreibbare) ‖ ~ **track** (Acous) / Aufzeichnungsspur *f* ‖ ~ **truck** (Geophys) / Messwagen *m* ‖ ~ **van** (Cinema, TV) / Tonwagen *m* ‖ ~ **van**\* (Geophys) / Aufnahmefahrzeug *f* (in der Sprengseismik) ‖ ~ **while playback** (Acous) / Aufzeichnung *f* bei gleichzeitiger Wiedergabe ‖ ~ **width** (Comp) / Schreibbreite *f*
**recordist**\* *n* (Acous) / Aufnahmetechniker *m*, Toningenieur *m* (bei den Aufnahmearbeiten)
**record length** (Comp) / Satzlänge *f* ‖ ~ **library** (Acous) / Schallarchiv *n* ‖ ~ **locking** (Comp) / Record Locking *n* (Methode der Konsistenzsicherung von Daten bei der Durchführung von Transaktionen) ‖ ~ **office** (Cinema) / Tonarchiv *n* ‖ ~ **of sound** (Cinema) / Tonaufnahme *f* (einer Szene mit zugeordnetem Ton) ‖ ~ **on tape** (Acous, Comp, Mag) / auf Band aufnehmen, aufzeichnen *v* (auf Band)
**record-player** *n* (Acous) / Schallplattenabspielgerät *n*, Plattenspieler *m* ‖ ~ **housing** (Acous) / Plattenspielerchassis *n*
**records administration** / Schriftgutverwaltung *f*
**record segment** (Comp) / Satzsegment *n* (DIN 66239) ‖ ~ **separator** (Comp) / Untergruppentrenner *m*, Untergruppentrennzeichen *n* (DIN 66 303) ‖ ~ **sequence error** (Comp) / Satzfolgefehler *m* ‖ ~ **size** (Comp) / Satzlänge *f* ‖ ~ **slip** / Belegzettel *m* (für einen Terminus) ‖ ~ **start** (Comp) / Satzanfang *m* ‖ ~ **status** (Comp) / Satzstatus *m* ‖ ~ **storage mark** (Comp) / Satzspeichermarke *f*
**recover** *v* (Aero) / abfangen *v*, ausleiten *v* (ein Flugzeug) ‖ ~ (Ecol) / regenerieren *v* (verunreinigte Stoffe), rückgewinnen *v*, aufbereiten *v* (Altöl, gebrauchte Teile), wieder aufbereiten *v*, wieder gewinnen (aus altem Material), recovern *v*
**re-cover** *v* (Textiles) / neu beziehen (Polstermöbel)
**recover** *vi* / erholen *v* (sich)
**recoverable error** (Comp) / transienter Fehler, behebbarer Fehler, vorübergehende Fehler
**recovered mica** / Kunstglimmer *m* ‖ ~ **oil** / rückgewonnenes Öl (aus dem Altöl), regeniertes (Alt)Öl ‖ ~ **paper** (Paper) / Altpapier *n*, Abfallpapier *n*
**recovered-paper pellet** (Paper) / Altpapierpellet *n*
**recovered sulphur** (Chem) / Rekuperationsschwefel *m* ‖ ~ **wool** (Textiles) / Regeneratwolle *f*, regenerierte Wolle
**recovery** *n* / Wiederherstellung *f*, Wiedergewinnung *f*, Rückgewinnung *f* ‖ ~ / Verwertung *f* (z.B. der Abhitze) ‖ ~ (Aero) / Abfangen *n* (Zurückbringen eines Flugzeugs aus einer Sturzflug- oder anomalen Lage in die normale Fluglage), Ausleiten *n* ‖ ~ (Aero) / Rückführung *f* (in normalen Flugzustand) ‖ ~ (Chem) / Wiederfindungsrate *f* (Ausbeute der Probenaufbereitung) ‖ ~ (Chem) / Nachbildung *f* (von Isotopen) ‖ ~\* (Chem Eng, Crystal, Met, Textiles) / Erholung *f* ‖ ~ (Comp) / Wiederherstellung *f* (DIN 44302), Neustart *m*, Recovery *f* (Wiederherstellung von verlorenen oder beschädigten Datenbeständen) ‖ ~ (Ecol) / Regenerieren *n*, Regenerierung *f* (verunreinigter Stoffe), Rückgewinnung *f*, Regeneration *f*, Wiederaufbereitung *f*, Aufbereitung *f* (z.B. des Altöls) ‖ ~ (Elec Eng) / Wiederkehr *f* (der Spannung) ‖ ~ (elastic) (Materials) / Rückverformung *f* (nach der Entlastung) ‖ ~ (Oils) / Förderungsphase *f*, Gewinnung *f*, Gewinnungsphase *f*, Förderung *f* (primäre, sekundäre, tertiäre) ‖ ~ (Plastics) / Rückstellung *f* ‖ ~ (Radiol) / Erholung *f* ‖ ~ (Space) / Wiedergewinnung *f* (Bergungs- bzw. Landeverfahren für Raumflugsysteme), Wiedergewinnungsverfahren *n*, Bergung *f* ‖ ~ **boiler** (Chem Eng) / Wiedergewinnungskessel *m* (Lauge) ‖ ~ **cabin** (Paint) / Rückgewinnungskabine *f* (in der Overspray-Anteil beim Spritzlackieren kontinuierlich zurückgewonnen und automatisch dem Kreislauf wieder zurückgeführt wird) ‖ ~ **capsule** (Space) / Rückkehrkapsel *f* ‖ ~ **crane** (Autos) / Bergungskran *m* ‖ ~ **cycle** (Hyd Eng) / Grundwasserausgleichsperiode *f* ‖ ~ **database** (Comp) / Recovery-Datenbase *f* ‖ ~ **factor** (Oils) / Gewinnungsrate *f* (gewinnbarer Anteil von "Öl in situ") ‖ ~ **factor** (Phys) / Recovery-Faktor *m* (das Verhältnis der Erwärmung der längsangeströmten Platte zur Erwärmung bei adiabatischer

Verdichtung) || ~ **file** (Comp) / Recovery-Datei f || ~ **of heat** (Heat) / Wärmerückgewinnung f, Wärmerückgewinn m (Abgasverwertung) || ~ **package** (Space) / Bergungshilfseinheit f || ~ **peg**\* (Surv) / fester Bezugspflock || ~ **plant** (Eng) / Rückgewinnungsanlage f || ~ **sulphur** (Chem Eng) / Rekuperationsschwefel m || ~ **tank** (Mil) / Bergepanzer m || ~ **time** (Automation) / Regelzeit f || ~ **time**\* (Elec Eng) / Schonzeit f (bei einem Stromrichter) || ~ **time** (Electronics) / Erholungszeit f (Zeit, die in einer vorgegebenen Schaltung nach dem sprunghaften Umpolen der Diodenspannung bis zum Erreichen eines bestimmten Wertes des Stromes in der neuen Richtung verstreicht) || ~ **time** (Electronics) / Entionisierungszeit f (bei Gasentladungsröhren) || ~ **time**\* (Electronics) / Rückerholungszeit f (beim Umschalten einer Diode von Sperrichtung in Durchlassrichtung) || ~ **time**\* (Nuc) / Erholungszeit f (des Zählrohrs nach der Totzeit) || ~ **time**\* (Radar) / Verzögerungszeit f || ~ **time** (Work Study) / Erholungszeit f (zur Reproduktion der geistigen und körperlichen Spannkraft) || ~ **vehicle** (Autos) / Bergungsfahrzeug n, Abschleppfahrzeug n, Abschleppwagen m || ~ **voltage**\* (Elec Eng) / wiederkehrende Spannung (die an den Anschlussklemmen der G-Sicherung nach dem Unterbrechen des Stromes auftritt)

**recrack** v (Oils) / erneut kracken, rekracken v
**recreational facility** / Freizeitanlage f, Freizeitzentrum n || ~ **flying** (Aero) / Freizeitfliegerei f || ~ **traffic** / Freizeitverkehr m || ~ **vehicle** (Autos) / Freizeitfahrzeug n, Wagen m für Urlaubs- und Freizeitgestaltung (Campingwagen, Wohnmobil)
**recreation(al) area** (Ecol) / Erholungsgebiet n, Erholungsraum m
**recreation ground** (GB) (Ecol) / Erholungsgebiet n, Erholungsraum m || ~ **vehicle** (Autos) / Freizeitfahrzeug n, Wagen m für Urlaubs- und Freizeitgestaltung (Campingwagen, Wohnmobil)
**recriticality** n (Nuc Eng) / Rekritikalität f, Neukritikalität f
**recruitment** n / Anwerbung f, Einstellung f (des neuen Personals), Rekrutierung f (des neuen Personals) || ~ (Acous) / Recruitment n (bei einer Gehörerkrankung - DIN 1320) || ~ (For) / Einwachsen n, Einwuchs m, Zuwachs m (z.B. in eine Durchmesserklasse)
**recrystallization**\* n (Chem, Crystal, Met) / Rekristallisation f (Verfahren zur Reinigung kristallisierbarer Stoffe), Umkristallisation f (Verfahren zur Reinigung kristallisierbarer Stoffe) || ~ (Crystal, Met) / Rekristallisation f (Umgestaltung des kristallinen Gefüges bei kalt verformten Körpern, besonders metallischen Werkstoffen, durch Erwärmung), Rekristallisierung f || ~ **annealing** (Met) / Rekristallisationsglühen n (DIN EN 10 052), Rekristallisationsglühung f || ~ **nucleus** (Crystal, Met) / Rekristallisationskeim m || ~ **temperature**\* (Crystal, Met) / Rekristallisationstemperatur f (bei Kaltverformung) || ~ **texture** (Met) / Rekristallisationstextur f
**rectangle**\* n (Maths) / Orthogon n (Viereck, das nur rechte Winkel aufweist), Rechteck n (gleichwinkliges Parallelogramm) || ~ **function** (Maths) / Rechteckfunktion f
**rectangular** adj (Maths) / rechtwinklig adj, rektangulär adj || ~ (Maths) / rechteckig adj || ~ **array** (Comp) / rechteckige Anordnung (von Geometrieelementen) || ~ **axes**\* (Maths) / orthonormierte Koordinaten, kartesische Koordinaten (DIN 4895) || ~ **bar** (Met) / Vierkantstab m (Vollprofil mit quadratischem Querschnitt mit einer Seitenlänge ab 8 mm) || ~ **coordinates** (Maths) / orthonormierte Koordinaten, kartesische Koordinaten (DIN 4895) || ~ **distribution** (depicted graphically by means of a single rectangle) (Stats) / rechteckige Verteilung || ~ **ferrite** / Rechteckferrit f (Magnetwerkstoff mit rechteckiger Hysteresekurve, z.B. Ni-Zn-Co-Ferrit) || ~ **formula** (Maths) / Rechteckformel f, Rechteckregel f || ~ **game** (Maths) / Matrixspiel n (ein endliches Nullsummenspiel mit zwei Spielern) || ~ **headlamp** (Autos) / Rechteckscheinwerfer m || ~ **hyperbola** (xy = $c^2$) (Maths) / gleichseitige Hyperbel, rechtwinklige Hyperbel || ~ **hysteresis loop** (Elec Eng, Mag) / Rechteckschleife f (spezielle Form der Hystereseschleife, die sich durch ein hohes Remanenz-Maximalinduktions-Verhältnis auszeichnet)
**rectangularity** n / Rechteckigkeit f
**rectangular kiln** (a periodic kiln of rectangular shape) (Ceramics) / Rechteckofen m, rechteckiger Einzelofen || ~ **lever** (Mech) / Winkelhebel m (rechtwinklig) || ~ **loop hysteresis**\* (Mag) / Rechteckschleife f (spezielle Form der Hystereseschleife, die sich durch ein hohes Remanenz-Maximalinduktions-Verhältnis auszeichnet) || ~ **mechanical draught cooling tower** / Zellenkühlturm m || ~ **notch** (Hyd Eng) / rechteckige Messblende (des Messwehrs) || ~ **oscillation** (Phys) / Rechteckschwingung f (mit idealerweise "rechteckigem" Zeitverlauf) || ~ **parallelepiped** (Maths) / Quader m (Prisma mit einem Rechteck als Grundfläche) || ~ **pipe** (Met) / Vierkantrohr n (mit quadratischem oder rechteckigem Querschnitt - nach DIN 2906) || ~ **plate** (Build, Mech) / Rechteckplatte f || ~ **plate spring** (Eng) / Rechteckfeder f || ~ **pulse**\* (Electronics, Telecomm) / Rechteckimpuls m (DIN 43740) || ~ **ring** (Eng, I C Engs) / Rechteckring m (Verdichtungsring mit rechteckigem Querschnitt) || ~ **section** / Rechteckquerschnitt m
**rectangular-section ring** (Eng, I C Engs) / Rechteckring m (Verdichtungsring mit rechteckigem Querschnitt)
**rectangular-tab gating** (Plastics) / Vorkammerverfahren n mit rechtwinklig abgelenktem Anguss
**rectangular vibration** (Phys) / Rechteckschwingung f (mit idealerweise "rechteckigem" Zeitverlauf) || ~ **wave** (Electronics) / Rechteckwelle f || ~ **waveguide** (Telecomm) / Rechteckhohlleiter m || ~ **weir** (Hyd Eng) / rechteckiges Messwehr (mit rechteckiger Messblende)
**rectifiable arc** (Maths) / rektifizierbarer Bogen
**rectification**\* n (Chem) / Rektifizierung f (Gegenstromdestillation), Rektifikation f, Gegenstromdestillation f || ~\* (Elec Eng) / Gleichrichtung f || ~ (Maths) / Rektifikation f (einer Kurve) || ~ (Optics, Surv) / Entzerrung f (von Luftbildern), Reestablishment n || ~ **column** (Chem) / Rektifiziersäule f, Rektifikationskolonne f, Rektifikator m, Rektifizierkolonne f || ~ **efficiency** (Elec Eng) / Richtwirkungsgrad m (eines Stromrichters) || ~ **factor** (Elec Eng) / Gleichrichtgrad m, Gleichrichtungsfaktor m
**rectified airspeed**\* (Aero) / kalibrierte Fluggeschwindigkeit, korrigierte angezeigte Fluggeschwindigkeit || ~ **airspeed**\* (Aero) / berichtigte Fluggeschwindigkeit || ~ **concentrated grape must** (Nut) / rektifiziertes Traubenmostkonzentrat, RTK || ~ **current** (Elec Eng) / gleichgerichteter Strom || ~ **oil of cassia** (Chem, Nut, Pharm) / Zimtöl n (Zimtblätter- und Zimtrindenöl) || ~ **spirit**\* (Chem) / Primasprit m (mit etwa 4,43 Vol-% Wasser), Feinsprit m, rektifizierter Spiritus
**rectifier** n (Chem) / Rektifiziersäule f, Rektifikationskolonne f, Rektifikator m, Rektifizierkolonne f || ~ (Elec Eng) / Gleichrichter m (zum Umformen von ein- oder mehrphasigem Wechselstrom in Gleichstrom), Gleichrichtergerät n, elektrisches Ventil || ~ (Nuc Eng) / Verstärkungssäule f, Rektifizierapparat m (Teil der Trennsäule, der sich zwischen dem Zulaufsort und dem Kondensator befindet), Rektifizierer m, Anreicherungsteil m einer Kaskade, Verstärkersäule f || ~ (Optics, Surv) / Entzerrungsgerät n, Entzerrer m (für Luftbilder) || ~ **diode** (Electronics) / Gleichrichterdiode f || ~ **electric locomotive** (Rail) / Stromrichterlokomotive f, Gleichrichterlokomotive f, elektrische Gleichrichterlokomotive || ~ **instrument**\* (Elec Eng) / Gleichrichterinstrument n, Messgerät n mit Gleichrichter, Gleichrichtermessgerät n || ~ **inverter** (Elec Eng) / Wechselrichter m (Stromrichter zum Umformen von Gleichstrom in ein- oder mehrphasigen Wechselstrom mit einstellbarer Frequenz), WE || ~ **locomotive** (Rail) / Stromrichterlokomotive f, Gleichrichterlokomotive f, elektrische Gleichrichterlokomotive || ~ **transformer** (a transformer that operates at the fundamental frequency of an alternating-current system and designated to have one or more output windings conductively connected to the main electrodes of a rectifier) (Elec Eng) / Gleichrichtertransformator m
**rectify** v (Chem, Maths) / rektifizieren v || ~ (Civ Eng) / begradigen v (eine Straße) || ~ (Elec Eng) / gleichrichten v || ~ (Optics, Surv) / entzerren v (Luftbilder)
**rectifying apparatus** (Chem) / Rektifiziersäule f, Rektifikationskolonne f, Rektifikator m, Rektifizierkolonne f || ~ **column** (Chem) / Rektifiziersäule f, Rektifikationskolonne f, Rektifikator m, Rektifizierkolonne f || ~ **column** (Chem Eng, Nut) / Luttersäule f, Lutterkolonne f (Rektifikationskolonne für Luttergewinnung) || ~ **instrument** (Elec Eng) / Gleichrichterinstrument n, Messgerät n mit Gleichrichter, Gleichrichtermessgerät n || ~ **plane** (Maths) / rektifizierende Ebene (beim begleitenden Dreibein) || ~ **section** (of a column) (Chem) / Verstärkungssäule f || ~ **section** (Nuc Eng) / Verstärkungssäule f, Rektifizierapparat m (Teil der Trennsäule, der sich zwischen dem Zulaufsort und dem Kondensator befindet), Rektifizierer m, Anreicherungsteil m einer Kaskade, Verstärkersäule f || ~ **valve**\* (Electronics) / Gleichrichterröhre f
**rectilinear** adj / geradlinig adj, gerade adj || ~ **motion** (along a straight line) (Mech) / geradlinige Bewegung || ~ **propagation** (Phys) / geradlinige Ausbreitung
**rectiputer** n (Comp, Optics, Surv) / Rechneranlage f für Bildentzerrung
**Rectisol process** (Chem Eng) / Rectisolverfahren n (zur Reinigung technischer Gase)
**recto**\* n (pl. -s) (Print, Typog) / rechte Buchseite (mit ungerader Seitenzahl) || ~ (pl. -s) (Print, Typog) / Schöndruckseite f
**rectorite** n (Min) / Rectorit m (montmorillonitverwandtes Tonmineral, das aus Schichten aus Montmorillonit und Paragonit besteht)
**recumbent fold**\* (Geol) / überkippte Falte
**recuperate** vi / erholen v (sich)
**recuperation** n / Wiederherstellung f, Wiedergewinnung f, Rückgewinnung f || ~ (Chem Eng, Crystal, Met, Textiles) / Erholung f || ~ **furnace** (Eng, Met) / Rekuperativofen m || ~ **lock** (Hyd Eng) / Sparschleuse f
**recuperative** adj / rekuperativ adj || ~ **air heater**\* (Eng, Foundry, Met) / rekuperativer Vorwärmer, Rekuperativluftvorwärmer m (ein Wärmetauscher), Rekuperativluvo m, Rekuperator m

**recuperative**
(Wärmetauscher, bei dem die Wärmeübertragung durch eine Trennwand erfolgt) ‖ **~ air preheater** (Eng, Foundry, Met) / rekuperativer Vorwärmer, Rekuperativluftvorwärmer *m* (ein Wärmetauscher), Rekuperativluvo *m*, Rekuperator *m* (Wärmetauscher, bei dem die Wärmeübertragung durch eine Trennwand erfolgt) ‖ **~ furnace** (Eng, Met) / Rekuperativofen *m*
**recuperator*** *n* (a continuous-flow heat exchanger) (Eng, Foundry, Met) / rekuperativer Vorwärmer, Rekuperativluftvorwärmer *m* (ein Wärmetauscher), Rekuperativluvo *m*, Rekuperator *m* (Wärmetauscher, bei dem die Wärmeübertragung durch eine Trennwand erfolgt)
**recur** *v* / erneut auftreten *v* (Fehler) ‖ **~** (Ecol) / wiederkehren *v* (Schädlinge), wieder auftauchen *v* (Schädlinge) ‖ **~** (Med) / rezidivieren *v*, wieder auftauchen *v* (Symptome)
**recurrence** *n* (of errors) / erneutes Auftreten ‖ **~*** (Nuc) / Regge-Rekurrenz *f* ‖ **~ formula** (Maths) / rekurrente Formel, Rekursionsformel *f* ‖ **~ interval** / Wiederkehrzeit *f*, Wiederholungszeitspanne *f*, Wiederkehrperiode *f* ‖ **~ relation** (Maths) / Differenzengleichung *f* (eine Funktionalgleichung) ‖ **~ theorem** (Maths) / Wiederkehrtheorem *n*, Rekurrenzsatz *m*, Rekursionstheorem *n*
**recurrent** *adj* / wiederkehrend *adj*, Wiederholungs-, sich wiederholend, wiederholt auftretend ‖ **~*** (Maths) / rekurrent *adj* ‖ **~ network** (Elec Eng) / Kettenschaltung *f* ‖ **~ nova*** (Astron) / wiederkehrende Nova, Novula *f* (pl. Novulae), rekurrente Nova, rekurrierende Nova ‖ **~ process** (Stats) / rekurrenter Prozess, einfacher Erneuerungsprozess ‖ **~ vision*** (when the source of illumination is suddenly removed) (Optics) / Nachbild *n*
**recurring decimal*** (Maths) / periodischer Dezimalbruch ‖ **~ decimal** (Maths) / Periode *f* (eines periodischen Dezimalbruchs)
**recursion*** *n* (Comp, Maths) / Rekursion *f* (allgemeine, gewöhnliche) ‖ **~ formula** (Maths) / rekurrente Formel, Rekursionsformel *f*
**recursive** *adj* (Comp, Maths) / rekursiv *adj* (zurückgehend bis zu den bekannten Werten) ‖ **~ definition** (Maths) / rekursive Definition ‖ **~ descent** (Comp) / rekursiver Abstieg (in der Programmierung) ‖ **~ filter** (Radar) / Rekursivfilter *n* ‖ **~ function** (Maths) / rekursive Funktion
**recursively enumerable set** (Maths) / allgemeinrekursiv aufzählbare Menge, rekursiv aufzählbare Menge
**recursive programming** (AI, Comp) / rekursives Programmieren, rekursive Programmierung ‖ **~ set** (Maths) / entscheidbare Menge, rekursive Menge ‖ **~ subprogram*** (Comp) / rekursives Unterprogramm
**recut** *v* (Eng) / nachsetzen *v* (eine neue Gravur an Stelle einer verschlissenen in einen Gesenkblock einarbeiten), nachgravieren *v*
**rec vehicle** (Autos) / Freizeitfahrzeug *n*, Wagen *m* für Urlaubs- und Freizeitgestaltung (Campingwagen, Wohnmobil)
**recyclable** *adj* (Ecol) / recyclingfähig *adj*, recycelbar *adj*, recycelfähig *adj* ‖ **~ container** (Ecol, San Eng) / Depotcontainer *m*
**recycle** *v* (Ecol) / verwerten *v* (Abprodukte), rezyklieren *v*, recyclieren *v*, recyceln *v*, wiederverwerten *v*, wiederverwenden *v* (wiederverwerten) ‖ **~** (Eng, Phys) / im Kreislauf führen ‖ **~** (Plastics) / wiederverarbeiten *v* (bereits gebrauchte Kunststoffgegenstände)
**recycled cullet** (Glass) / Kreislaufscherben *m pl*, Altglas *n* ‖ **~ fibre pulp** (Paper) / Altpapierhalbstoff *n*, Sekundärfaserstoff *m* ‖ **~ paper** (Paper) / Recyclingpapier *n* (aus aufgearbeitetem Altpapier hergestelltes Papier)
**recycle gas** / Recyclegas *n*, Umlaufgas *n*, Kreislaufgas *n*, Zirkulationsgas *n*
**recycle(d) hydrogen** (Oils) / Kreislaufwasserstoff *m*, Recyclewasserstoff *m*
**recycle oil** / Kreislauföl *n*, Umlauföl *n* ‖ **~ time** (Photog) / Blitzfolgezeit *f*
**recycling** *n* (Build) / Altbausanierung *f* ‖ **~*** (Ecol) / Recycling *n* (Rückführung von Abprodukten in den Produktionsprozess oder dessen weitere Phasen), Wiederverwertung *f*, Abproduktverwertung *f*, Wiederverwendung *f*, Rückstandsverwertung *f*, Stoffgewinnung *f* (aus Abprodukten) ‖ **~*** (Eng, Phys) / Kreislaufführung *f* ‖ **~** (Oils) / Gaskreislaufverfahren *n* (sekundäre Gewinnung), Kreislauf *m* (des Gases durch eine Lagerstätte) ‖ **~** (Space) / Countdown-Wiederholung *f* ‖ **~ of** (building) **rubble** (Build) / Bauschuttrecycling *n* ‖ **~ of scrap** (Met) / Schrottkreislauf *m*
**recycling-oriented** *adj* (Ecol) / recyclingorientiert *adj*
**recycling time** (Photog) / Blitzfolgezeit *f* ‖ **~ yard** (Ecol) / Recyclinghof *m*, Abfallwirtschaftshof *m*
**recyclotron** *n* (Nuc Eng) / Rezyklotron *n* (Teilchenbeschleuniger für relativistische Elektronen)
**red** *vt* / rot färben *v* (Paint) / Rot *n* ‖ **~** (Phys) / Rot *n* (als Farbempfindung) ‖ **~** *adj* / rot *adj* ‖ **go through a ~ light** / ein Haltesignal überfahren ‖ **~ acetate** (Textiles) / Rotbeize *f* (Aluminiumazetat in Essigsäure) ‖ **~ alder** (For) / Roterle *f* (Alnus oregona Nutt.), Oregonerle *f* ‖ **~ algae** (Bot) / Rotalgen *f pl* (Rhodophyta) ‖ **~ antimony** (Min) / Kermesit *m*, Rotspießglanz *m*,

Antimonblende *f* (Antimon(III)-oxidsulfid) ‖ **~ ash** (For) / Rotesche *f* (Fraxinus pennsylvanica Marshall) ‖ **~ bark** (Pharm) / Chinarinde *f* (rote offizinelle), Fieberrinde *f*, Cortex *m* Chinae succirubrae ‖ **~ beam** (TV) / roter Strahl (einer Farbfernsehröhre) ‖ **~ beds** (Geol) / Red Beds *pl*, Rotsedimente *n pl* (wie z.B. Terra rossa, Rotlehm, Laterit und Bauxit), Rotschichten *f pl* (Ablagerungen arider Schuttwannen) ‖ **~ birch** (For) / Holz *n* der Gelbbirke (Betula alleghaniensis Britton) oder der Zuckerbirke (Betula lenta L.) ‖ **~ birch** (For) / Schwarzbirke *f* (Betula nigra L.) ‖ **~ birch** (For) / Holz *n* der neuseeländischen Scheinbuche (Nothofagus fusca) ‖ **~ blood cell** (Physiol) / rotes Blutkörperchen, Erythrocyt *m* (pl. -en), Erythrozyt *m* (pl. -en) ‖ **~ brass*** (Met) / Rotmessing *n*, Rottombak *m* ‖ **~ brittleness** (Met) / Rotbrüchigkeit *f* (durch zu hohe Schwefelgehalte bei der Warmverformung von Stählen auftretende Brucherscheinung)
**redbud** *n* (For) / Kanadischer Judasbaum (Cercis canadensis L.)
**red casting brass*** (Met) / Rotguss *m* (alle Kupfergusslegierungen und daraus gefertigte Gussstücke, die Zinn und Zink als Hauptlegierungsbestandteile enthalten - DIN 1705), Guss-Mehrstoff-Zinnbronze *f* (DIN 1718) ‖ **~ cedar** (For) / zwei amerikanische Wacholderarten (Juniperus virginiana L. und Juniperus silicicola (Small) Bailey) ‖ **~ cell** (Physiol) / rotes Blutkörperchen, Erythrocyt *m* (pl. -en), Erythrozyt *m* (pl. -en) ‖ **~ clay*** (Geol) / roter Tiefseeton (toniges Meeressediment) ‖ **~ copper ore** (Min) / Cuprit *m*, Rotkupfererz *n*, Kuprit *m* ‖ **~ Data Book*** (Ecol) / Rote Liste *n* ‖ **~ deal*** (For) / Föhrenschnittholz *n*, Kiefernschnittholz *n* (aus der Pinus sylvestris L.) ‖ **~ deal*** (For) / Rotholz *n* (kontinentales Kiefernholz)
**redden** *v* / rot werden
**reddening** *n* / Rotfärbung *f* ‖ **~** (Nut) / Umrötung *f* (eines Pökelfleischerzeugnisses) ‖ **~ agent** (Nut) / Umrötungsmittel *n*, Umrötehilfsmittel *n* (zur Farbstabilisierung der Wurstmasse), Pökelhilfsstoff *m*
**reddish** *adj* / rötlich *adj*, ins Rote gehend ‖ **~ brown** / rotbraun *adj*, rostbraun *adj*
**reddle*** *n* (Eng) / Rötelpaste *f* (beim Zusammenpassen von Einzelteilen) ‖ **~*** (Min, Paint) / Roter Bolus, Rötel *m*, Rotocker *m*, rote Ockererde, Rotstein *m*, Nürnberger Rot (stark mit Ton verunreinigtes Eisen(III)-oxid)
**red dog** (US) (Nut) / Nachmehl *n* ‖ **~ duster** (Ships) / Flagge *f* der britischen Handelsschiffe, britische Handelsflagge ‖ **~ dwarf** (Astron) / Roter Zwerg (im Hertzsprung-Russell-Diagramm) ‖ **~ earth** (Agric, Geol) / Roterde *f* (als allgemeine Bezeichnung für den rot gefärbten Bodentyp) ‖ **~ earth** (Agric, Geol) / ferralitischer Boden, Roterde *f* (voll entwickelter Latosol)
**redecorate** *v* (Build) / renovieren *v* (Innenarchitektur)
**red edge** (Glass) / roter Polierrand, rote Polierkante (verschmiert mit Polierrot)
**redeem** *v* / einlösen *v* (Gutscheine, Rabattmarken)
**redefecation** *n* (Nut) / Nachscheidung *f* (in der Zuckerherstellung)
**red elm** (For) / Rotulme *f* (Ulmus rubra Muhl.)
**redemption** *n* / Einlösung *f* (des Gutscheins, der Rabattmarken)
**red ensign** (Ships) / Flagge *f* der britischen Handelsschiffe, britische Handelsflagge
**redeploy** *v* (assign to a new place or task) / umdisponieren *v* (woanders einsetzen - Arbeitskräfte, Ressourcen)
**redeposition of soil** (Textiles) / Schmutzredeposition *f* ("Vergrauung"), Rückverschmutzung *f*, Rückanschmutzen *n*, Wiederaufziehen *n* von Schmutz, Waschvergrauung *f*
**redesign** *v* (Eng) / umkonstruieren *v*, umbauen *v* (umkonstruieren), umarbeiten *v* ‖ **~** (Eng) / Anpassungskonstruktion *f* (an eine andere Aufgabenstellung) ‖ **~** (Eng) / Umbau *m* (Umkonstruierung)
**redesigning** *n* (Eng) / Umbau *m* (Umkonstruierung)
**redetermination** *n* / Neubestimmung *f*, nochmalige Bestimmung ‖ **~** (Chem) / Nachbestimmung *f*, nachmalige Bestimmung
**redevelop** *v* (an urban area) (Arch, Civ Eng) / sanieren *v* (Städte) ‖ **~** (Photog) / nachentwickeln *v*
**redevelopment** *n* (Arch, Civ Eng) / Sanierung *f* (der Städte) ‖ **~** (Photog) / Nachentwicklung *f* ‖ **~ area** (Arch) / Umstellungszone *f* (in Entwicklungsplänen)
**red-eyes** *pl* (Photog) / Kaninchenaugen *n pl* (bei Blitzlichtaufnahmen ohne Extender), Rote-Augen-Effekt *m*
**red-eyes** *pl* (Photog) s. also hammer-head ‖ **~ reduction flash** (Photog) / Vorblitz *m*
**Redfield theory** (Spectr) / Redfield'sche Theorie (kernmagnetische Resonanzspektroskopie)
**red filter** (Photog) / Rotfilter *n* ‖ **~ fir** (For) / Douglasie *f* (Pseudotsuga menziesii (Mirb.) Franco), Douglastanne *f* (ein raschwüchsiges Kieferngewächs), Douglasfichte *f* (nach D. Douglas, 1798-1834), Oregonkiefer *f*, DGA (Douglastanne nach DIN 4076)
**red-fuming nitric acid** (Chem, Space) / rotrauchende Salpetersäure

**red giant** (Astron) / Roter Riese (im Hertzsprung-Russell-Diagramm)
**red-green blindness** (Optics) / Rotgrünblindheit f || ~ **colour blindness** (Optics) / Rotgrünblindheit f
**red gum** / Rotgummi n (meistens von Eucalyptus camaldulensis Dehnh.), Redgum n || ~ **gum** (For) / Amerikanischer Amberbaum (Liquidambar styraciflua L.), Satinnussbaum m, Sweetgum m
**red-gum wood** (For) / Redgumholz n (aus Eucalyptus camaldulensis Dehnh. oder Eucalyptus tereticornis Sm.)
**red haematite** (Min) / Roteisenerz n (Hämatit i.e.S.) || ~ **hardness*** (Met) / Warmhärte f (Rotwarmhärte), Rotwarmhärte f, Rotglühthärte f
**redhead vacuum gauge** (Electronics) / Magnetronvakuummeter n, Redhead-Vakuummeter n
**red heart** (For) / Rotfäule f (durch parasitische Pilze hervorgerufene Destruktionsfäule, meistens bei Fichten) || ~ **heartwood** (For) / Rotkern m (bei der Rotbuche) || ~ **heat*** (Met) / Rotglut f
**red-hot** adj / klarrot adj, glühend rot adj || ~ (incandescent) (Met) / rotglühend adj
**redial** v (Teleph) / erneut wählen
**redialling key** (Teleph) / Wahlwiederholungstaste f, WW-Taste f
**redial pause** (Teleph) / Pause f vor Wahlwiederholung
**rediazotize** (Chem) / erneut (weiter) diazotieren, nachdiazotieren v
**rediffusion** n (Phys) / Rückdiffusion f || ~ (relaying or rebroadcasting) (Radio) / Wiederausstrahlung f (Weiterleitung von einer Rundfunk-Relaisstation)
**redirect** v (Optics) / zurückleiten v (Strahlen) || ~ (Optics) / umlenken v, umleiten v (Strahlen) || ~ (Telecomm) / umleiten v (Verkehr) || ~ (Telecomm) / umleiten v (einen Ruf)
**redirection prism** (Optics) / Umlenkprisma n (das die Abbildungsrichtung ändert)
**red iron ore** (Min) / Roteisenerz n (Hämatit i.e.S.) || ~ **iron oxide** / Pariser Rot, rotes Eisen(III)-oxid n, Kolkothar m (Eisenoxidrot), Caput mortuum n || ~ **ironwood** (For) / Bongossi n (dunkelbraunes, schweres Eisenholz der Art Lophira lanceolata aus dem westafrikanischen Äquatorialwald), Azobé n, Ekki n
**redisperse** v (Chem, Paint) / redispergieren v (sedimentierte Pigmente)
**redissolution potential** (Surf) / Auflösungspotential n
**redissolve** v (Chem) / wieder auflösen, wieder lösen
**redistil** v (Chem) / umdestillieren v, redestillieren v, nochmals destillieren, wiederholt destillieren
**redistillation** n (Chem) / Redestillation f, nochmalige Destillation
**redistilled zinc*** (Met) / Feinzink n (bis Zn 99,9)
**redistribution** n / Neuverteilung f, Redistribution f
**redistributor** n (Chem Eng) / Boden m zur Neuverteilung (in Füllkörperkolonnen)
**red knot** (For) / verwachsener Ast || ~ **lauan** (For) / Tanguile n (Holz der Shorea curtisii oder Shorea pauciflora King) || ~ **lead** (oxide)* (Chem, Glass, Paint) / Mennige f (rote Modifikation nach DIN 55 916 - Korrosionsschutz), Bleimennige f (heute kaum noch eingesetzt) || ~ **lead ore** (Min) / Rotbleierz n, Krokoit m
**Redler** n (Eng) / Redler m (Trogkettenförderer), Redlerförderer m, Trogkettenförderer m || ~ **continuous-flow conveyor** (Eng) / Redler m (Trogkettenförderer), Redlerförderer m, Trogkettenförderer m || ~ **conveyor*** (Eng) / Redler m (Trogkettenförderer), Redlerförderer m, Trogkettenförderer m
**red light** (Autos) / rotes Verkehrslicht, Rotlicht n, Rot n (Ampel)
**red-light laser** (Phys) / roter Laser
**redline** v (Autos) / roten Drehzahlbereich erreichen
**red liquor** (Textiles) / Rotbeize f (Aluminiumazetat in Essigsäure) || ~ **lithopone** (Paint) / dunkelrotes Kadmiumpigment || ~ **mahogany** (Eucalyptus resinifera Sm.) (For) / Mahagoni n (eine Eukalyptusart) || ~ **manganese oxide** (Chem) / rotes Manganoxid, Mangan(II,III)-oxid n, Trimangantetroxid n (in der Natur als Hausmannit)
**red-mangrove bark** / Mangroverinde f (aus der Rhizophora mangle L.), Manglerinde f
**red maple** (For) / Rotahorn m (Acer rubrum L.) || ~ **meat** (Nut) / rotes Fleisch (Rind- und Lammfleisch) || ~ **milk** (Nut) / rote Milch (ein Milchfehler) || ~ **mordant** (Textiles) / Rotbeize f (Aluminiumazetat in Essigsäure) || ~ **mud** (a type of marine mud) (Geol) / Rotschlick m (mit Laterit gefärbt) || ~ **mud*** (Met) / Rotschlamm m (Gewinnung von Aluminiumoxid nach dem Bayer-Verfahren) || ~ **mulberry** (For) / Roter Maulbeerbaum (Morus rubra L.) || ~ **nitric acid** (Chem, Space) / rauchende Salpetersäure (als veralteter Raketentreibstoff)
**redo** v / erneut durchführen, erneut ausführen || ~ (Build) / renovieren v (Innenarchitektur)
**red oak** (For) / Amerikanische Roteiche (Quercus rubra L. ) || ~ **ocher** (US) (Min, Paint) / Roter Bolus, Rötel m, Rotocker m, rote Ockererde, Rotstein m, Nürnberger Rot (stark mit Ton verunreinigtes Eisen(III)-oxid) || ~ **ochre** (Min, Paint) / Roter Bolus, Rötel m, Rotocker m, rote Ockererde, Rotstein m, Nürnberger Rot (stark mit Ton verunreinigtes Eisen(III)-oxid) || ~ **oil** (with different commercial grades) (Chem) / technische Ölsäure (70 %) || ~ **oil** (Chem Eng) / Rotöl n (Anilin zur Fuchsinfabrikation), Rotanilin n || ~ **oil** (Oils) / Rotöl n, Red Oil n (säureraffiniertes Schmieröldestillat)
**redolent** adj / duftend adj, wohlriechend adj, aromatisch adj (wohlriechend)
**redouble** v (Spinning) / nachzwirnen v
**red-out** n (Aero) / Rotsehen n, rosa Schleier (bei negativer Beschleunigung) || ~ (Aero, Mil) / Rotfärbung f des Gesichtsfeldes (eine Art Amaurose)
**redox catalyst** (Chem) / Redoxkatalysator m || ~ **cell** (Chem) / Redoxzelle f (Kombination von zwei Redoxelektroden) || ~ **couple** (Chem) / Redoxpaar n (in Redoxsystemen) || ~ **electrode** (Chem Eng) / Redoxelektrode f, Reduktions-Oxidations-Elektrode f || ~ **equilibrium** (Chem) / Redoxgleichgewicht n || ~ **grafting** (Chem) / Redoxpfropfen n (bei Emulsionspolymerisationen)
**red oxide** (Paint) / Eisenmennige f (alte irreführende Bezeichnung für natürliches, tonhaltiges oder auch synthetisches Eisenoxidrot) || ~ **oxide of copper*** (Min) / Cuprit m, Rotkupfererz n, Kuprit m || ~ **oxide of zinc*** (Min) / Zinkit m, Rotzinkerz n
**redoxin** n (Biochem) / Redoxin n (Elektronen übertragendes Protein)
**redox indicator** (Chem) / Redoxindikator m || ~ **initiator** (Chem) / Redoxinitiator m || ~ **ion exchanger** (Chem Eng) / Redoxionenaustauscher m, Redoxaustauscher m || ~ **polymer** (Chem) / Redoxpolymer n || ~ **polymerization** (Chem) / Redoxpolymerisation f || ~ **potential** (Chem) / Redoxpotential n (Reduktions-Oxidations-Potential) || ~ **reactions** (Chem) / Redoxvorgänge m pl (die durch Elektronenübergänge miteinander gekoppelten Vorgänge von Reduktion und Oxidation), Redoxreaktionen f pl, Reduktions-Oxidations-Reaktionen f pl || ~ **resin** (Chem Eng) / Redoxharz n || ~ **resin** (Chem Eng) s. also redox ion exchanger || ~ **system** (Chem) / Redoxsystem n, Reduktions-Oxidations-System n || ~ **titration** (Chem) / Redoxtitration f, Oxidimetrie f, Reduktions-Oxidations-Titration f
**red phosphorus** (Chem) / roter Phosphor (eine amorphe Masse oder ein kristallisches Pulver), Rotphosphor m || ~ **pine** (For) / Amerikanische Rotkiefer (Pinus resinosa Aiton), PIR (Amerikanische Rotkiefer nach DIN 4076) || ~ **pine*** (For) / Douglasie f (Pseudotsuga menziesii (Mirb.) Franco), Douglastanne f (ein raschwüchsiges Kieferngewächs), Douglasfichte f (nach D. Douglas, 1798-1834), Oregonkiefer f, DGA (Douglastanne nach DIN 4076) || ~ **pine** (New Zealand) (For) / Rimu n (Dacrydium cupressinum Sol. ex Lamb.), Red Pine f || ~ **potassium chromate** (Chem) / Kaliumdichromat(VI) n ($K_2Cr_2O_7$) || ~ **potassium prussiate** (Chem) / Rotkali n, rotes Blutlaugensalz || ~ **pottery** (Ceramics) / rotes Steinzeug || ~ **precipitate** (Chem) / rotes Präzipitat (Quecksilber(II)-oxid)
**redprint** n (Print) / Rotpause f
**red prussiate of potash** (Chem) / Rotkali n, rotes Blutlaugensalz
**redrawing** n (Met) / Nachziehen n (DIN 8584) || ~ (deep drawing) (Met) / Tiefziehen n im Weiterzug (DIN 8584) || ~ (Met) / Zwischenziehen n, Ziehen n im Weiterschlag, Ziehen n im Nachzug, Zwischenzug m (beim Tiefziehen)
**re-dress** v (Eng) / nachsetzen v (eine neue Gravur an Stelle einer verschlissenen in einen Gesenkblock einarbeiten), nachgravieren v
**red rot** (For) / Rotfäule f (durch parasitische Pilze hervorgerufene Destruktionsfäule, meistens bei Fichten) || ~ **sandalwood** (For) / Red Sanders n (Pterocarpus santalinus L.), Sandalwood-Paduak n || ~ **sanders** (For) / Red Sanders n (Pterocarpus santalinus L.), Sandalwood-Paduak n || ~ **sanders** (For) / Red-Sanders-Holz n || ~ **sanders** (For) s. also coralwood || ~ **sanderswood** (For) / Red Sanders n (Pterocarpus santalinus L.), Sandalwood-Paduak n || ~ **sandstone** (Geol) / roter Sandstein || ~ **saunders** (For) / Red Sanders n (Pterocarpus santalinus L.), Sandalwood-Paduak n || ~ **saunders** (For) / Red-Sanders-Holz n
**red-sensitive** adj / rotempfindlich adj
**redshift** n (Einstein) (Phys) / relativistische Rotverschiebung, Gravitationsrotverschiebung f (der Energieverlust der Strahlung beim Durchlaufen eines Gravitationsfeldes) || ~* n (Astron) / Rotverschiebung f (kosmologische)
**redshift*** n (Doppler) (Astron) / Rotverschiebung, die f durch den Doppler-Effekt verursacht ist
**red-short** attr (Met) / rotbrüchig adj (Stahl - durch zu hohen Schwefelgehalt) || ~ (Met) s. also hot-short
**red shortness** (Met) / Rotbrüchigkeit f (durch zu hohe Schwefelgehalte bei der Warmverformung von Stählen auftretende Brucherscheinung) || ~ **shortness** (Met) s. also hot brittleness || ~ **silver fir** (For) / Purpurtanne f (Abies amabilis (Douglas ex Loudon) Douglas ex Forbes) || ~ **silver ore*** (Min) / Rotgültigerz n || ~ **silver ore*** (Min) s. also proustite and pyrargyrite || ~ **snow*** (Bot) / Blutschnee m (im Hochgebirge und in der Arktis) || ~ **soil** (Agric, Geol) / Roterde f (als allgemeine Bezeichnung für den rot gefärbten Bodentyp) || ~ **soil** (Agric, Geol) / ferralitischer Boden, Roterde f (voll entwickelter

1291

Latosol) || ~ **spruce** (For) / Rotfichte f (Picea rubens Sarg.) || ~ **stain** (For) / Rotverfärbung f, Rotfärbung f (von rotfäulebefallenem Holz) || ~ **star** (Astron) / Roter Stern || ~ **stele** (Agric) / Lederfäule f (Phytophthora-Fruchtfäule an Erdbeeren, verursacht durch Phytophthora cactorum Schroet. oder Phytophthora fragariae), Phytophthora-Fruchtfäule f (an Erdbeeren)

**red-striped** adj (For) / rotstreifig adj (Holz in dem Frühstadium einer Destruktionsfäule)

**red•-tape operation** (Comp) / organisatorische Operation (die den Ablauf eines Programms erleichtert, ohne direkt beteiligt zu sein), Routinelauf m || ~ **tide*** (Ocean) / Rote Tide, rote Brandung, Red Tide f (rote Verfärbung des Wassers, verursacht durch explosionsartige Vermehrung frei schwebender Algen)

**reduce** v / klein stellen (auf eine geringere Stärke einstellen) || ~ / vermindern v, verringern v, reduzieren v || ~ / herabsetzen v, senken v, reduzieren v (senken), ermäßigen v (Preise) || ~ / herabsetzen v (senken), verringern v, vermindern v, reduzieren v, senken v, mindern v || ~ / einschränken v (Ausgaben, Ausfuhr) || ~ (Chem) / reduzieren v || ~ (Chem, Nut, Phys) / verdicken v (eine Flüssigkeit), inspissieren v, eindicken v || ~ (Nut) / eindicken v, eindampfen v, verkochen v, einkochen v || ~ (Photog) / verkleinern v (DIN 19060) || ~ (Photog) / abschwächen v || ~ (Phys) / reduzieren v (die Helligkeit bei Fotometern) || ~ (Telecomm) / verbilligen v (Tarife, Gebühren) || ~ (Work Study) / kürzen v (Lohn) || ~ (Work Study) / abbauen v (Stellen) || ~ vi (Nut) / einkochen vi

**reduced bore** (Eng) / eingeschnürter Durchgang (bei Armaturen), eingezogener Durchgang || ~ **cell** (Crystal) / reduzierte Zelle (die bestimmte Minimaleigenschaften hat) || ~ **crude** (Oils) / atmosphärischer Rückstand, Topprückstand m || ~ **crude cracking** (Oils) / Kracken n von atmosphärischem Rückstand

**reduced-energy** attr / stromsparend adj

**reduced equation of state** (Phys) / reduzierte Zustandsgleichung || ~ **free enthalpy** (Phys) / reduzierte freie Enthalpie || ~ **grammar** (Comp) / reduzierte Grammatik

**reduced-instruction set computer** (Comp) / Rechner m mit reduziertem Befehlssatz, RISC (Rechner mit reduziertem Befehlsvorrat)

**reduced iron** (Med, Nut) / reduziertes Eisen || ~ **level*** (US) (Surv) / Höhe f (lotrechter Abstand von einem Höhenbezugspunkt - sehr oft Ortshöhe über dem Meer) || ~ **mass*** (Phys) / reduzierte Masse (im Zweikörperproblem) || ~ **metal powder** (Powder Met) / nachreduziertes Metallpulver || ~ **modulus E** (Phys) / Plastizitätsmodul m || ~ **neutron width** (Nuc) / reduzierte Neutronenbreite || ~ **night-time rate** (Teleph) / verbilligter Nachttarif || ~ **nitrogen** (Chem) / NH$^x$

**reduced-noise trim** (Eng) / schallarme Innengarnitur

**reduced oil** (Oils) / atmosphärischer Rückstand, Topprückstand m || ~ **parameter** (Phys) / reduzierte Zustandsgröße || ~ **paste** (Chem Eng) / Ausmischung f (als Vergleichsprobe bei der Charakterisierung der Farbkraft von Rußen)

**reduced-pressure distillation** (Chem Eng) / Vakuumdestillation f, Destillation f im Vakuum

**reduced resonance integral** (Chem) / reduziertes Resonanzintegral || ~ **scale** / verkleinerter Maßstab

**reduced-scale** attr / kleinskaliert adj

**reduced shaft** (Eng) / Dehnschaft m (der Schraube; Schaftdurchmesser < Kerndurchmesser)

**reduced-shaft bolt** (Eng) / Dehnschraube f, Dehnschaftschraube f

**reduced shank** (Eng) / Dünnschaft m (der Schraube; Schaftdurchmesser ~ Flankendurchmesser) || ~ **shank** (Eng) / Dehnschaft m (der Schraube; Schaftdurchmesser < Kerndurchmesser)

**reduced-sodium salt** (Nut) / streng natriumarmes Kochsalz

**reduced take-off and landing** (Aero) / verminderte Start- und Landestrecke || ~ **tariff** (Rail) / ermäßigter Tarif || ~ **viscosity** (Phys) / Viskositätszahl f (relative Viskositätsänderung, geteilt durch die Konzentration der Lösung in g/ml - ISO 307) || ~ **wear** (Eng) / verminderter Verschleiß || ~ **width** (Nuc) / reduzierte Neutronenbreite

**reducer** n (Chem) / Reduktionsmittel n, Desoxidationsmittel n, reduzierendes Mittel, Reduktor m || ~* (when the flow is from the larger pipe to the smaller) (Eng, Plumb) / Übergangsmuffe f, Übergangsstück n, Übergangsrohr n, Übergangsformstück n, Reduzierstück n, Reduzierhülse f, Taper m, Reduzierverschraubung f, Überstück n (ein Formstück) || ~ (Photog) / Verkleinerungseinrichtung f || ~* (Photog) / Abschwächer m || ~ (Print) / Verschnitt m (für Druckfarben), Verschnittmittel n || ~ **fitting** (Eng, Plumb) / Übergangsmuffe f, Übergangsstück n, Übergangsrohr n, Übergangsformstück n, Reduzierstück n, Reduzierhülse f, Taper m, Reduzierverschraubung f, Überstück n (ein Formstück) || ~ **union** (Eng, Plumb) / Reduzierverschraubung f mit zweiseitigem Rohranschluss

**reduce the load** / erleichtern v, entlasten v, leichter machen || ~ **to ashes** / veraschen v || ~ **to a triangular form** (a matrix) (Maths) / auf Dreiecksform bringen, auf Dreiecksform transformieren || ~ **to powder** / zerpulvern v, pulverisieren v, pulvern v, zu Pulver zerstoßen, mahlen auf Staubfeinheit

**reducible** adj / reduzierbar adj || ~ (Maths) / reduzibel adj, zerlegbar adj || ~ **polynomial** (Maths) / reduzibles Polynom, zerlegbares Polynom || ~ **sulphur** (Paper) / aktiver Schwefel

**reducing** n (in worsted process) (Spinning) / Feinkämmen n || ~ **agent*** (Chem) / Reduktionsmittel n, Desoxidationsmittel n, reduzierendes Mittel, Reduktor m || ~ **atmosphere** (a furnace atmosphere deficient in oxygen and containing a reducing gas such as hydrogen) (Ceramics) / reduzierende Brennatmosphäre || ~ **atmosphere*** (Met) / reduzierende Atmosphäre || ~ **bath** (Chem) / Reduktionsbad n || ~ **bleach** (Textiles) / reduzierendes Bleichmittel || ~ **bleaching** (Paper) / Reduktionsbleiche f || ~ **bleaching agent** (Textiles) / reduzierendes Bleichmittel || ~ **coupling** (Eng, Plumb) / Übergangsmuffe f, Übergangsstück n, Übergangsrohr n, Übergangsformstück n, Reduzierstück n, Reduzierhülse f, Taper m, Reduzierverschraubung f, Überstück n (ein Formstück) || ~ **elbow** (Plumb) / Übergangswinkel m || ~ **flame*** (in blowpiping - deficient in oxygen) (Chem) / Reduktionsflamme f, reduzierende Flamme || ~ **gas** (Chem Eng, Met) / Reduktionsgas n (zur Reduktion von Eisenerzen zu Eisenschwamm im Direktreduktionsverfahren) || ~ **mill** (Met) / Reduzierwalzwerk n || ~ **pipe-joint*** (Eng, Plumb) / Übergangsmuffe f, Übergangsstück n, Übergangsrohr n, Übergangsformstück n, Reduzierstück n, Reduzierhülse f, Taper m, Reduzierverschraubung f, Überstück n (ein Formstück) || ~ **power** (Paint) / Aufhellvermögen n (eines Weißpigments nach DIN 53191) || ~ **roasting** (Met) / reduzierendes Rösten, reduzierende Röstung || ~ **slag** (Met) / Feinungsschlacke f || ~ **sleeve** (Eng) / Fräserhülse f (Reduzierhülse) || ~ **socket*** (Eng, Plumb) / Übergangsmuffe f, Übergangsstück n, Übergangsrohr n, Übergangsformstück n, Reduzierstück n, Reduzierhülse f, Taper m, Reduzierverschraubung f, Überstück n (ein Formstück) || ~ **sponge** (Powder Met) / Reduktionsschwamm m || ~ **sugar** (Chem) / reduzierender Zucker || ~ **union** (Eng, Plumb) / Reduzierverschraubung f mit zweiseitigem Rohranschluss || ~ **valve** (Eng) / Reduzierventil n, Druckminderer m, Druckminderventil n || ~ **zone** (Met) / Reduktionszone f (z.B. des Hochofens)

**reductant** n (Chem) / Reduktionsmittel n, Desoxidationsmittel n, reduzierendes Mittel, Reduktor m

**reductase*** n (Biochem, Chem) / Reduktase f (ein Flavoprotein), Reductase f

**reductic acid** (Chem) / Reduktinsäure f (2,3-Dihydroxy-2-cyclopenten-1-on), Reductinsäure f

**reductio ad absurdum proof*** (Maths) / Widerspruchsbeweis m (durch reductio ad absurdum), indirekter Beweis (durch reductio ad absurdum)

**reduction** n / Verkleinerung f (bei technischen Zeichnungen nach DIN 823) || ~ / Herabsetzung f, Verringerung f, Verminderung f, Minderung f (Herabsetzung), Reduktion f, Reduzierung f, Senkung f || ~ / Reduktion f (logischer Schluss hypothetischen Charakters, bei dem von den Nachsätzen eines Schlussschemas auf den Vordersatz geschlossen wird) || ~ / Rückgang m, Abnahme f, Verringerung f || ~* (Chem) / Reduktion f (die stets mit der Oxidation gekoppelte, gegenläufige Reaktion) || ~ (Chem, Phys) / Verdicken n (einer Flüssigkeit), Inspissation f || ~ (Comp) / Auswertung f, Analyse f, Verarbeitung f (von Daten) || ~ (Eng) / Verengung f (des Rohrs) || ~ (Eng) / Zerkleinerung f, Zerkleinern n || ~ (Maths) / Rekursion f (bei einer Folge von Funktionen) || ~ (Maths) / Einrichten n (Umwandeln einer gemischten Zahl in einen unechten Bruch) || ~ (Met) / Stichabnahme f, Abnahme f, Dickenabnahme f (beim Walzen) || ~ (Meteor) / Reduktion f (die Umrechnung von Beobachtungs- und Messwerten zur Vergleichszwecken) || ~* (Met, Mining) / Reduktion f || ~ (Photog) / Abschwächung f (proportionale, subproportionale, superproportionale) || ~ (of size) (Photog) / Verkleinerung f (DIN 19060) || ~ (Print) / Verschneiden n (Verminderung des Farbmittelanteils in der Druckfarbe durch Zugabe von Verschnitt) || ~ (Work Study) / Kürzung f (des Lohnes), Abstrich m (Kürzung des Lohnes) || ~ (Work Study) / Abbau m (von Personalbeständen, von Überstunden) || ~ (Work Study) / Abbau m (der Lagerbestände) || ~ **atmosphere** (Ceramics) / reduzierende Brennatmosphäre || ~ **bleaching** (Paper) / Reduktionsbleiche f || ~ **camera** (Electronics, Photog) / Verkleinerungskamera f || ~ **coefficient** (Mech) / Minderungsbeiwert (ein Beiwert im Stahlbau, der bei einteiligen Druckstäben veränderlicher Breite, aber gleich bleibender Querschnittsform das maximale Trägheitsmoment auf ein ideelles Trägheitsmoment herabmindert) || ~ **division** (Cyt) / Meiosis f (pl. -sen), Meiose f (Kernteilung, bei der die Chromosomenzahl auf die Hälfte reduziert wird) || ~ **equivalent** (Chem) / Reduktionsäquivalent n || ~ **factor** (Elec Eng, Telecomm) / Reduktionsfaktor m, Verkleinerungsfaktor m || ~ **formula** (Maths) / Reduktionsformel f

~ **furnace** (Met) / Reduktionsofen m ǁ ~ **gas** (Chem Eng, Met) / Reduktionsgas n (zur Reduktion von Eisenerzen zu Eisenschwamm im Direktreduktionsverfahren) ǁ ~ **gear** (Eng) / Untersetzungsgetriebe n, Drehzahlminderer m, Reduziergetriebe n, Getriebe n mit Übersetzung ins Langsame ǁ ~ **glaze** (Ceramics) / Reduktionsglasur f (bei der die Färbung und die Oberflächenbeschaffenheit durch einen reduzierenden Brand erreicht werden) ǁ ~ **in area** / Querschnittsabnahme f, Querschnittsverminderung f ǁ ~ **in prices** / Preissenkung f ǁ ~ **in proof** (Nut) / Herabsetzen n des Alkoholgehalts (von Spirituosen) ǁ ~ **in staff** (Work Study) / Stellenabbau m, Personalabbau m ǁ ~ **in strength** (Materials) / Festigkeitsabfall m, Festigkeitsabbau m ǁ ~ **in working hours** (Work Study) / Arbeitszeitverkürzung f ǁ ~ **of area** (in a tensile test) (Materials, Mech) / Einschnürung f (beim Zugversuch), Brucheinschnürung f (DIN 50145) (Bruchquerschnittsverminderung eines zugbeanspruchten Probestabs nach dem Bruch) ǁ ~ **of forces** (Maths, Mech) / Kräftereduktion f ǁ ~ **of power** (Eng) / Leistungsminderung f, Leistungsverminderung f ǁ ~ **of the cross section** / Querschnittsabnahme f, Querschnittsverminderung f ǁ ~ **of wages** / Lohnabbau m ǁ ~ **paste** (Chem Eng) / Ausmischung f (als Vergleichsprobe bei der Charakterisierung der Farbkraft von Rußen) ǁ ~ **potential** (Elec Eng) / Reduktionspotential n ǁ ~ **ratio** (Autos, Eng) / Untersetzung f (der Fahrtniszahl), Untersetzungsverhältnis n ǁ ~ **ratio** (Eng) / Zerkleinerungsgrad m ǁ ~ **roasting*** (Met) / reduzierendes Rösten, reduzierende Röstung ǁ ~ **to practice** / Verwirklichung f (des Patents - konstruktive Unterlagen, Prototyp) ǁ ~ **zone** (Met) / Reduktionszone f (z.B. des Hochofens)

**reductive** n (Chem) / Reduktionsmittel n, Desoxidationsmittel n, reduzierendes Mittel, Reduktor m ǁ ~ adj (Chem) / reduzierend adj, reduktiv adj ǁ ~ **alkylation** (Chem Eng) / reduzierende Alkylierung ǁ ~ **pentose phosphate cycle** (Biochem) / Calvin-Zyklus m (der reduktive Pentosephosphatzyklus - nach dem amerikanischen Chemiker M. Calvin, 1911-1997), Fotosynthesezyklus m

**reductone** n (Chem) / Hydroxypropandial n, Redukton n, Reducton n

**redundancy*** n / Redundanz f (Kenngröße für den Ausnutzungsgrad eines technischen Systems, die vor allem in der Informationstheorie und in der Zuverlässigkeitstheorie verwendet wird - DIN 5493, T 1) ǁ ~ (Build, Civ Eng, Mech) / Grad m der statischen Unbestimmtheit ǁ ~ (Eng) / Redundanz f (mehrfaches Vorhandensein von wichtigen Teilsystemen), Mehrfachauslegung f (Redundanz) ǁ ~ (Stats) / warme Reserve (Reserveelemente werden mit geringerer Belastung in das System einbezogen und haben dabei eine höhere Zuverlässigkeit - sie müssen aber bei Ausfall eines Elements erst voll zugeschaltet werden) ǁ ~ (Telecomm) / Redundanz f (Netzkapazitäten, die über die angenommene Verkehrslast zusätzlich vorgehalten werden, um sie im Fehlerfall nutzen zu können) ǁ ~ (Telecomm) / Redundanz f (der Anteil einer Nachricht, der über das eigentlich Notwendige hinausgeht, das zum Erkennen der Nachricht nötig wäre) ǁ ~ **check** (Comp) / Redundanzkontrolle f ǁ ~ **elimination** / Redundanzbeseitigung f

**redundancy-free** adj / redundanzfrei adj

**redundancy reduction** / Redundanzreduktion f

**redundant** adj / redundant adj ǁ ~* (Mech) / statisch überbestimmt ǁ ~ **array of independent disks** (Comp) / RAID-Architektur f (eine Speicherarchitektur für ausfallsichere und hochleistungsfähige Systeme zur Datenspeicherung - insgesamt werden mittlerweile zehn Basisstrategien verfolgt, RAID 0 bis 7, 10 und 53) ǁ ~ **bar** (Build, Eng) / überzähliger Stab ǁ ~ **code** (Comp) / redundanter Kode ǁ ~ **design** (a technique of incorporating into a system two or more components that perform the same function/s/, so that if one fails or malfunctions the other/s/ wil perform the necessary functions to enable the system to continue to operate safely) (Eng) / Mehrfachauslegung f, redundante Auslegung ǁ ~ **frame** (one having more members than necessary to preserve its shape under the loading conditions) (Build, Eng, Mech) / statisch unbestimmtes Rahmentragwerk, statisch unbestimmter Rahmen ǁ ~ **work** (Mech) / Verlustarbeit f

**reduplication** n (Eng) / Faktor m (bei Faktorenflaschenzügen)

**red-violet phosphorus** (Chem) / violetter Phosphor, Hittorf'scher Phosphor (monokline, polymere, dreidimensional vernetzte Form des Phosphors, die man durch weiteres Erhitzen des roten Phosphors erhält)

**red ware** (a type of porcelain body made of iron-bearing clay which fires to a characteristic red colour) (Ceramics) / rotbrennende Töpferware ǁ ~ **water** (Ocean) / Rote Tide, rote Brandung, Red Tide f (rote Verfärbung des Wassers, verursacht durch explosionsartige Vermehrung frei schwebender Algen)

**red-wine vinegar** (Nut) / Rotweinessig m

**redwood*** n (For) / Amerikanisches Rotholz, Mammutbaum m (Eibennadliger), Redwood n, Küstenmammutbaum m (Sequoia Endl.)

**redwood*** n (For) / Föhrenschnittholz n, Kiefernschnittholz n (aus der Pinus sylvestris L.) ǁ ~ (various dyewoods) (For) / Rotholz n (ein Farbholz) ǁ ~* (For) / Küstenmammutbaum m, Eibennadliger Mammutbaum (Sequoia sempervirens (D. Don) Endl.), Küstensequoie f, Eibenzypresse f ǁ ~ (For) / rotes Holz (mahagoniartiges tropisches Holz von verschiedenen Zedrachgewächsen aus Westafrika) ǁ ~ **second*** (Eng, Phys) / Redwood-Sekunde f (eine alte Einheit für die Viskosität) ǁ ~ **Standard Second** (Eng, Phys) / Redwood-Standardsekunde f (eine alte Einheit für die Viskosität)

**red zebra** (For) / Rengas n (Gluta und Melanorrhoea sp.) ǁ ~ **zinc ore*** (Min) / Zinkit m, Rotzinkerz n

**Reech number** (Ships) / Froude'sche Zahl (nach W. Froude, 1810-1879), Froude-Zahl f (Kennzahl bei Modelluntersuchungen in Strömungen nach DIN 1341), Fr (Froude-Zahl)

**REED** (Electronics) / beschränkte Randemitter-LED, REED

**reed** v (Weaving) / anstechen v, einstechen v, ins Riet bringen ǁ ~* (Acous) / Zunge f, Rohrblatt n, Blatt n ǁ ~ (Bot) / Schilf n (Phragmites Adans.), Rohr n (Schilf) ǁ ~ (e. g. Arundo sp.) (Build) / Schilf n (als Rohrdacheindeckung), Schilfrohr n, Reet n, Ried n ǁ ~ (Elec Eng) / Federzunge n (im Reedrelais) ǁ ~ (Glass) / Riffel f, Kannelierung f ǁ ~* (Weaving) / Webeblatt n, Webkamm m, Blatt n, Riet n, Weberkamm m, Webblatt n, Kamm m

**reed-binding machine** (Weaving) / Webeblattbindemaschine f, Blattbindemaschine f, Kammsetzmaschine f

**reed comb electrode** (Weaving) / Zungenelektrode f (zur Bestimmung des Oberflächenwiderstandes) ǁ ~ **contact** (Elec Eng) / Reed-Kontakt m (Schutzrohr-, Schutzgaskontakt) ǁ ~ **count** (Weaving) / Blattnummerierung f (die die Feinheit des Blattes ausdrückt) ǁ ~ **counting** (Weaving) / Blattnummerierung f (die die Feinheit des Blattes ausdrückt) ǁ ~ **dent** (Weaving) / Rietstab m

**reed-green** adj / schilfgrün adj

**reeding** n (decorative moulding of several parallel reeds in a continuous line) (Arch) / Pfeifen f pl (kleine Rundstäbe) ǁ ~ (Weaving) / Reihen n, Blattstechen n (DIN 62500), Blatteinzug m, Kammstechen n

**re-edition** n (Print) / Neuauflage f (meistens mit Änderungen)

**reed loudspeaker*** (Acous) / Zungenlautsprecher m

**reedlyte glass** (Glass) / kanneliertes genörpeltes Glas

**reed marks** (Weaving) / Rietstreifen m pl (ein Webfehler) ǁ ~ **mat** (Build) / Rohrmatte f, Rohrgewebe n, Stuckaturrohr n (A) (als Putzträger) ǁ ~ **reaction** (Chem) / Reed-Reaktion f (durch Licht katalysierte Sulfochlorierung von Paraffinen) ǁ ~ **relay*** (Elec Eng) / Reed-Relais n (elektromechanisches Relais, bei dem die Trennung von Magnetsystem und Kontaktsatz fehlt - mit hermetisch abgeschlossenen Kontakten in Schutzgasatmosphäre), Schutzrohrkontaktrelais n ǁ ~ **relay** (Teleph) / Herkon-Relais n ǁ ~ **roofing** (Arch, Build) / Rieddach n, Rohrdach n, Reetdach n

**reeds*** pl (Arch) / Pfeifen f pl (kleine Rundstäbe)

**reed sensor** (Elec Eng) / Reed-Sensor m (auf einem Reed-Relais aufgebauter Sensor)

**Reed-Solomon code** (Comp) / CIRC-Kode m (Publizieren auf CD-ROM), CIRC-Code m

**reed space** (Weaving) / Rietbreite f, Kammbreite f, Blattbreite f ǁ ~ **thatching** (Arch, Build) / Rieddach n, Rohrdach n, Reetdach n ǁ ~ **valve** (Autos) / Membranventil n, Flatterventil n ǁ ~ **width** (Weaving) / Rietbreite f, Kammbreite f, Blattbreite f

**reedy** adj / schilfig adj ǁ ~ (Textiles) / blattstreifig adj (Ware in der Kettrichtung), kettstreifig adj ǁ ~ **warp** (Weaving) / Rietstreifen m pl (ein Webfehler)

**reef*** n (Geol) / Gold(quarz)gang m (gangförmige Goldlagerstätte) ǁ ~* (Geol, Ocean, Ships) / Riff n (meist lang gestreckte schmale Aufragung des Meeresuntergrundes, die nicht oder nur wenig über die Wasseroberfläche reicht und daher der Schifffahrt gefährlich werden kann) ǁ ~ (Ships) / Reff n, Reef n (Teil des Segels, der bei zu großer Windstärke durch Reffbändsel zusammengebunden wird, um die Segelfläche zu verkleinern) ǁ ~ **coralline limestone** (Geol) / Riffkalk m

**reefer** n (US) (Autos) / Maschinenkühlwagen m, Kühlfahrzeug n ǁ ~ (Autos) / Kühlauto n, Kühlautomobil n, Straßenkühlfahrzeug n ǁ ~ (US) (Rail) / Kühlwagen m ǁ ~ (Ships) / Kühlschiff n (ein Spezialschiff)

**reef knolls*** (Geol) / Riffkalk m ǁ ~ **knot** (Ships) / Reffknoten m ǁ ~ **ledge** (Geol) / Felsenriff n (Reihe zusammenhängender Klippen im Meer), Felsriff n

**reef-point** n (Ships) / Reffbändsel n

**reek** v / stinken v ǁ ~ (Met) / anreißen v (Kokille) ǁ ~ n / Gestank m

**reel** v / winden v, haspeln v ǁ ~ / spulen v, haspeln v, aufwickeln v ǁ ~ n (Agric) / Haspel f m (bei Halmfruchterntemaschinen) ǁ ~* (Cinema) /

**reel**

Spule *f* (Tonband-, Band-, Film-), Teller *m* (Tonband-) ‖ ~* (Cinema) / Filmstreifen *m* in Standardlänge ‖ ~ (Cinema) / Filmrolle *f* (für Laufbildwerfer), Filmspule *f* (für Laufbildwerfer) ‖ ~ (Paper) / Papierrolle *f*, Rolle *f* ‖ ~ (Spinning, Weaving) / Haspel *f m*, Weife *f* (zum Umweifen), Haspeltrommel *f*, Krone *f*, Windekrone *f* ‖ ~ (Textiles) / Kokonhaspel *f*, Seidenhaspel *f* ‖ ~ **and tray processing** (Photog) / Tankentwicklung *f* ‖ ~ **barge*** (Oils, Ships) / Rohrverlegebarge *f* mit Kabeltrommel ‖ ~ **bogie*** (Print) / Papierrollentransportwagen *m*, Rollenwagen *m* ‖ ~ **cart** / Schlauchwagen *m* ‖ ~ **change** (Print) / Rollenwechsel *m* (beim Rotationsdruck) ‖ ~ **change on the run** (Print) / fliegender Rollenwechsel ‖ ~ **core** (Paper, Print) / Rollenhülse *f* ‖ ~ **cutter** (Paper) / Rollenschneidmaschine *f*, Rollenschneider *m*
**reeled film** (Plastics) / Folienwickel *m* ‖ ~ **silk** (Textiles) / Haspelseide *f*, reale Seide (vom Kokon abgehaspelte endlose Raupenseide)
**reeler** *n* (Met) / Abrollmaschine *f* (Vorrichtung zum Lösen eines in einem Rohr festgeklemmten Dorns)
**reel-fed rotary** (Print) / Rollenrotationspresse *f*, Rollenrotationsdruckmaschine *f*, Rotationsmaschine *f* für Rollendruck
**reel gumming machine** (Paper) / Rollengummiermaschine *f* ‖ ~ **in** *v* / einfahren *v* (Antenne)
**reeling** *n* / Aufwinden *n*, Spulen *n*, Haspeln *n*, Aufwickeln *n* ‖ ~ (Met) / Walzrichten *n* (Biegeumformen nach DIN 8586) ‖ ~ (Met) / Friemeln *n* (historische Bezeichnung für Richten von Rohren oder Stabstählen zwischen gleichsinnig umlaufenden, schräg stehenden Walzen) ‖ ~ (Spinning, Weaving) / Umweifen *n*, Haspeln *n* (Überführen eines Fadens von Garnträgern in Strangform), Weifen *n* ‖ ~ (Textiles) / Abwickeln *n* des Kokons (zur Gewinnung des Seidenfadens) ‖ ~ **machine** (Met) / Reeler *m* (Zweiwalzen-Schrägwalzgerüst als vorletztes Gerüst in Stopfenwalzwerken zum Glätten und Egalisieren der Rohrwand) ‖ ~ **machine** (Met) / Reeler *m* (Zweiwalzen-Schrägwalzgerüst hinter Stoßbänken zum Lösen des Rohres von der Stange) ‖ ~ **machine** (Met) s. also detaching mill and smoothing rolling mill ‖ ~ **mill** (Met) / Reeler *m* (Zweiwalzen-Schrägwalzgerüst als vorletztes Gerüst in Stopfenwalzwerken zum Glätten und Egalisieren der Rohrwand) ‖ ~ **mill** (Met) / Reeler *m* (Zweiwalzen-Schrägwalzgerüst hinter Stoßbänken zum Lösen des Rohres von der Stange)
**reel motor** (Elec Eng) / Wickelmotor *m* (des Tonbandgeräts) ‖ ~ **off** *v* / abwickeln *v*, abrollen *v*, abhaspeln *v*, abspulen *v*, loswickeln *v* ‖ ~ **off** (Mining) / abhaspeln *v* ‖ ~ **paper** (Paper, Print) / Rollenpapier *n* ‖ ~ **slitter** (Paper) / Rollenschneidmaschine *f*, Rollenschneider *m*
**reel-slitting machine** (Paper) / Rollenschneidmaschine *f*, Rollenschneider *m*
**reel spinning** (Plastics) / Haspelspinnverfahren *n* (ein Nassspinnverfahren)
**reel-spool storage room** (Paper) / Tambourlager *n*
**reel stand** (Print) / Rollenständer *m* (der Rollenrotationsmaschine), Rollenträger *m*, Abroller *m* ‖ ~ **star** (Print) / Rollenstern *m*, Rollendrehstern *m* ‖ ~ **stub** (Print) / Restrolle *f* ‖ ~ **swap** (Comp) / Spulenwechsel *m* ‖ ~ **swapping** (Comp) / Spulenwechsel *m* ‖ ~ **transportation** (Print) / Papierrollentransport *m*, Rollentransport *m* ‖ ~ **truck*** (Print) / Papierrollentransportwagen *m*, Rollenwagen *m* ‖ ~ **turret** (Print) / Rollenstern *m*, Rollendrehstern *m* ‖ ~ **up** *v* / aufhaspeln *v*, aufwickeln *v*, aufrollen *v*, aufspulen *v*
**re-enamelling** *n* / Neuemaillierung *f*
**re-engage** *v* (Eng) / wieder in Eingriff bringen ‖ ~ (Eng) / wieder einrücken, wieder einschalten, wieder einkuppeln *v*
**re-engineering** *n* (Comp) / Reengineering *n* (Sanierung von Altsoftware durch Umstellung bzw. andere Eingriff in das System) ‖ ~ *n* (Work Study) / Reengineering *n* (grundlegende Umgestaltung bzw. Neustrukturierung eines Unternehmens zur Verbesserung der Kostensituation und der Handlungsgeschwindigkeit, die besonders auf Kundenzufriedenheit und Flexibilisierung der Geschäftsprozesse zielt)
**re-enlargement** *n* (Optics, Photog) / Rückvergrößerung *f*
**re-enlarger** *n* (Photog) / Rückvergrößerer *m*
**re-enterable** *adj* / ablaufinvariant *adj* (Programm)
**re-entering** *n* (Comp) / Neuerfassung *f*
**re-entrant*** *adj* (Comp) / ablaufinvariant *adj* (Programm) ‖ ~ **angle*** (Maths, Surv) / einspringender (überstumpfer) Winkel *m* (in einem konkaven Vieleck) ‖ ~ **horn*** (Acous) / gefalteter Trichter *m* ‖ ~ **mould** (Plastics) / Werkzeug *n* zum Blasen von Bodenwölbungen ‖ ~ **polygon*** (Maths) / konkaves Vieleck, konkaves n-Eck (ein einfaches n-Eck, das nicht ein konvexes n-Eck ist) ‖ ~ **winding*** (Elec Eng) / wiedereintretende Wicklung
**re-entry** *n* (re-establishment of contact with the well's bore hole in offshore waters, after having moved off location) (Oils) / neue Offshore-Bohrung (im alten Bohrloch) ‖ ~* (Space) / Wiedereintritt *m* (in dichtere Schichten der Atmosphäre), Reentry *m n* ‖ ~ **cooling** (Space) / Kühlung *f* beim Wiedereintritt in die Erdatmosphäre ‖ ~ **corridor*** (Space) / Wiedereintrittskorridor *m*, Eintrittskorridor *m* ‖

~ **point** (Comp) / Wiedereintrittspunkt *m*, Rücksprungsstelle *f* ‖ ~ **vehicle** (Mil) / Wiedereintrittsflugkörper *m*, Wiedereintrittskörper *m* ‖ ~ **window** (Space) / Eintrittsfenster *n* (im Eintrittskorridor)
**re-equip** *v* (Eng) / umrüsten *v*
**re-equipment** *n* / Neuausrüstung *f*
**re-establish** *v* / wiederherstellen *v* (einen Zustand) ‖ ~ (Optics, Surv) / entzerren *v* (Luftbilder)
**re-establishment** *n* (Optics, Surv) / Entzerrung *f* (von Luftbildern), Reestablishment *n*
**re-etch** *v* (Print, Textiles) / nachätzen *v*
**re-evaporation nucleus** (Nuc) / Restkondensationskeim *m* (in der Nebelkammer)
**reeve** *v* (Ships) / einscheren *v* (z.B. Seile, Läufer), scheren *v*
**re-export** *n* / Reexport *m* (Wiederausfuhr von zuvor importierten Waren)
**re-exposure** *n* (Photog) / Wiederbelichtung *f*, nochmalige Belichtung
**reexposure** *n* (Photog) / Nachbelichtung *f* (diffuse, partielle)
**REF** (reference dimension) (Eng) / Informationsmaß *n* (das für die Fertigung hinsichtlich Toleranzauswirkung nicht verbindlich ist) ‖ ~ (roll-embossed fibre) (Textiles) / REF-Faser *f* (ein Elementarfaden, hergestellt durch Prägen und Recken von Folienstreifen oder Bändchen)
**refabrication** *n* (Nuc Eng) / Refabrikation *f* (des Brennstoffs), Brennstoffrefabrikation *f*
**reface** *v* (Build) / die Fassade erneuern ‖ ~ (I C Engs) / nacharbeiten *v* (Ventile)
**refacing** *n* (Autos) / neuer Kupplungsbelag
**refashion** *v* / umgestalten *v*
**refatting agent** / Rückfettungsmittel *n* (für trockene, strapazierte Haut), Überfettungsmittel *n*
**refectory, monastic ~** (pl. -ies) (Arch) / Refektorium *n* (pl. -ien) (Speisesaal in Klöstern), Remter *m* (bei Deutschordensbauten - ein Speisesaal)
**refer** *v* (to) / sich beziehen *v* (auf) ‖ ~ (Comp) / referenzieren *v*
**referable** *adj* (Comp) / referenzierbar *adj* (Speicherplatz)
**refer-back call** (Teleph) / Rückfrage *f* (Leistungsmerkmal bei Nebenstellenanlagen), Rückfragegespräch *n*
**referee analysis** (Chem) / Schiedsanalyse *f* (in der forensischen Chemie) ‖ ~ **check** (Chem) / Schiedsanalyse *f* (in der forensischen Chemie)
**reference** *n* / Referenz *f* (Beziehung zwischen sprachlichen Zeichen und ihren Referenten) ‖ ~ (to) / Bezugnahme *f* (auf) ‖ ~ *attr* / Referenz- ‖ ~ **address*** (Comp) / Bezugsadresse *f* (bei relativer Adressierung eines Programms die Adresse, auf die sich im Programm enthaltenen relativen Adressen beziehen) ‖ ~ **address*** (Comp) s. also base address ‖ ~ **analysis** (Chem) / Vergleichsanalyse *f* ‖ ~ **antenna** (Radar, Radio) / Bezugsantenne *f*, Vergleichsantenne *f* (zur Ermittlung des Antennengewinns) ‖ ~ **atmosphere** (Materials) / Bezugsklima *n* (für die Konditionierung oder Prüfung) ‖ ~ **beam** (Spectr) / Referenzstrahl *m*, Vergleichsstrahl *m* ‖ ~ **block** (Comp, Eng) / Hauptsatz *m* (in der numerischen Steuerung) ‖ ~ **boresight** (a direction established as a reference for the alignment of an antenna) (Radio) / Antennenreferenzachse *f* ‖ ~ **cassette** / Bezugskassette *f* (mit einem in bestimmten Eigenschaften festgelegten Magnetband zum Vergleich verschiedener Kassetten bzw. zum Einstellen von Magnetband-Kassettenlaufwerken - DIN 66010) ‖ ~ **circle** (GB) (Eng) / Mittenkreis *m* (z.B. des Schneckenrads nach DIN3998) ‖ ~ **concept** (Comp) / Sollkonzept *n* (die an die Ist-Analyse anschließende Phase) ‖ ~ **conditions** (Phys) / Referenzzustand *m* (DIN 1343) ‖ ~ **configuration** (Telecomm) / Referenzkonfiguration *f* (z.B. für den Endstellenbereich) ‖ ~ **cylinder** (Eng) / Bezugszylinder *m* (DIN 8000), Teilzylinder (DIN 3998) ‖ ~ **dimension** (Eng) / Informationsmaß *n* (das für die Fertigung hinsichtlich Toleranzauswirkung nicht verbindlich ist) ‖ ~ **diode*** (Electronics) / Referenzdiode *f* (Z-Diode mit engen Toleranzen), Spannungsreferenzdiode *f*, Bezugsspannungsdiode *f*, Regulatordiode *f* (Spannungsreferenzdiode) ‖ ~ **direction** (Elec) / Bezugsrichtung *f* (DIN 5489), Zählrichtung *f* (DIN 5489) ‖ ~ **earth** (Elec Eng) / Bezugserde *f* ‖ ~ **edge** (Comp) / Bezugskante *f* (die dem Gerät als Anhaltspunkt für die Position der Schrift auf dem Beleg dient) ‖ ~ **edge** (Comp) / Ausgangskante *f* (bei Formularen) ‖ ~ **electrode*** (Chem) / Referenzelektrode *f*, Normalelektrode *f*, Bezugselektrode *f* (DIN 50900) ‖ ~ **element** (Elec Eng) / Referenzelement *n*, Spannungsreferenzelement *n* (Schaltung, die an zwei Ausgangsklemmen eine Referenzspannung bei weitgehend variablem Klemmstrom liefert) ‖ ~ **ellipsoid** (Cartography, Surv) / Referenzellipsoid *n* ‖ ~ **equivalent*** (Telecomm) / Bezugsdämpfung *f* (eines Übertragungssystems) ‖ ~ **frame** (Eng, Maths) / Beobachtersystem *n*, Bezugssystem *n*, Bezugskoordinatensystem *n* ‖ ~ **frequency** (Telecomm) / Bezugsfrequenz *f*, Vergleichsfrequenz *f* ‖ ~ **fuel** (Fuels) / Bezugskraftstoff *m*, Bezugskraftstoff *m* ‖ ~ **fuel** (Fuels) / Eichkraftstoff *m* ‖ ~ **gauge** (Eng, Tools) / Kontrolllehre *f*, Prüflehre *f*,

Vergleichslehre f ‖ ~ **humidity** (Meteor) / Bezugsfeuchtigkeit f ‖ ~ **ignition pattern** (I C Engs) / Grundoszillogramm n (einer intakten Zündanlage als Vergleichsbasis) ‖ ~ **input** (Automation) / Führungsgröße f (deren Wert der Sollwert ist) ‖ ~ **input signal** (Automation) / Sollwertsignal n ‖ ~ **item** (Eng) / Bezugsstück n (beim Kopierfräsen) ‖ ~ **junction** (Heat) / Vergleichsstelle f (des Thermoelements), Vergleichslötstelle f ‖ ~ **laser** (Phys) / Referenzlaser m ‖ ~ **length** / Bezugslänge f ‖ ~ **level** (Surv) / Bezugsebene f ‖ ~ **level*** (Telecomm) / Bezugspegel m, Vergleichspegel m ‖ ~ **line** (Eng) / Nulllinie f (eine gedachte Linie, auf welche die Abmaße bezogen sind) ‖
**reference-line system** (of dimensioning) (Eng) / Bezugsbemaßung f (von einer einheitlichen Bezugslinie - DIN 406, T 3) ‖
**reference locality** (a locality containing a reference section, established to supplement the type locality) (Geol) / Referenzlokalität f ‖ ~ **manual** / Referenzhandbuch n ‖ ~ **mark*** (Surv) / Bezugsmarke f, Bezugspunkt m ‖ ~ **mark*** (Typog) / Fußnotenzeichen n, Hinweiszeichen n, Anmerkungszeichen n
**reference-mark sensor** (Autos) / Positionsgeber m (der elektronischen Zündung), Geber m für Zündzeitpunkt
**reference material** (Chem, Nut) / Referenzmaterial n (standardisierte Probematrix mit definierten Gehalten bestimmter Stoffe) ‖ ~ **model** (Telecomm) / Referenzmodell n (7-Schicht OSI-Modell) ‖ ~ **monitor** (hardware/software combination which must monitor all references by any program to any data anywhere in the system to ensure that the security rules are followed) (Comp) / Referenzmonitor m ‖ ~ **noise*** (Telecomm) / Bezugsrauschmerkmal n ‖ ~ **object*** (Surv) / Bezugsmarke f, Bezugspunkt m ‖ ~ **period** (Stats) / Basisperiode f, Vergleichsperiode f, Bezugsperiode f ‖ ~ **point** (Eng) / Referenzpunkt m (bei numerisch gesteuerten Arbeitsmaschinen), Bezugspunkt m ‖ ~ **potential** (Elec Eng) / Bezugspotential n ‖ ~ **pressure** (Phys) / Bezugsdruck m ‖ ~ **prism** (Optics) / Vergleichsprisma n ‖ ~ **profile** (Eng) / Bezugsprofil n ‖ ~ **pulse** (Telecomm) / Idealimpuls m, Bezugsimpuls m, idealisierter Impuls, Standardimpuls m ‖ ~ **quantity** (Maths, Phys) / Bezugsgröße f ‖ ~ **retrieval** (Comp) / Referenzretrieval n ‖ ~ **retrieval** (Comp) / Nachweis-Retrieval n (Form des Retrievals, bei der durch den Suchvorgang Dokumentbeschreibungen selektriert werden) ‖ ~ **sample** / Vergleichsmuster n, Bezugssignal n, Vergleichssignal n ‖ ~ **signal** (Automation, Radio) / Bezugssignal n, Vergleichssignal n ‖ ~ **signal generator** (Automation, Radio) / Bezugssignalgenerator m, Bezugsmesssender m ‖ ~ **solution** (Chem) / Vergleichslösung f ‖ ~ **stimulus** (TV) / Primärvalenz f ‖ ~ **substance** (Chem) / Referenzsubstanz f, Bezugssubstanz f ‖ ~ **surface** (Eng) / Bezugsfläche f (in technischen Zeichnungen) ‖ ~ **system** (Eng, Maths) / Beobachtersystem n, Bezugssystem n, Bezugskoordinatensystem n ‖ ~ **table** / Nachschlagetabelle f ‖ ~ **temperature** (Phys) / Bezugstemperatur f (DIN 102) ‖ ~ **time server** (a server that provides time for connected time servers and workstations) (Comp) / Zeitreferenzserver m ‖ ~ **tone** (Acous) / Stimmton m, Eichton m, Normalton m, Bezugston m, Vergleichston m ‖ ~ **value** / Bezugswert m (Anhaltswert), Anhaltswert m, Referenzwert m ‖ ~ **value** / Richtwert m ‖ ~ **variable** (Automation) / Führungsgröße f (deren Wert der Sollwert ist) ‖ ~ **voltage*** (Elec Eng) / Referenzspannung f, Bezugsspannung f, Vergleichsspannung f, Eichspannung f (Referenzspannung zu Eichzwecken) ‖ ~ **volume*** (Elec Eng, Radio) / Bezugspegel m, Bezugslautstärke f ‖ ~ **wage** / Ecklohn m, Grundlohn m ‖ ~ **wave** (Optics, Phys) / Referenzwelle f (in der Holografie), Wiedergabewelle f (in der Holografie) ‖ ~ **white** (TV) / Bezugsweiß n ‖ ~ **white level** (TV) / Bezugsweißpegel m
**referencing** n (Surv) / Neubemessung f eines zerstörten Vermessungspunktes ‖ ~ (Surv) / Bezugnahme f auf bereits bekannte Vermessungspunkte
**referent** n / Referent m (pl. -en) (außersprachliches Bezugsobjekt des sprachlichen Zeichens)
**referential** adj / referentiell adj (Beziehung zwischen sprachlichen Zeichen und ihren Referenten in der außersprachlichen Wirklichkeit) ‖ ~ **integrity** (means that the database management system ensures the validity and accuracy of any data contained in one table that refers to or is dependent on data in another table) (Comp) / referentielle Integrität, referentielle Datenintegrität
**refermentation** n (Nut) / Nachgärung f
**referral** n (Telecomm) / Bezugnahme f (im Verzeichnis), Hinweis m (im Verzeichnis)
**refertilize** v (Agric) / nachdüngen v
**refill** v / nachgießen v, nachfüllen v, wieder auffüllen, wieder befüllen
**refillable** adj / wiederbefüllbar adj (Verpackung) ‖ ~ **container** / Nachfüllbehälter m (wiederverwendbare Verpackung)
**refilter** v / erneut filtrieren
**refinance** v / refinanzieren v
**refine** v / raffinieren v ‖ ~ (Glass) / läutern v ‖ ~ (Maths) / verfeinern v ‖ ~ (Met) / frischen v (Roheisen- oder Schrottschmelzen in Stahl umwandeln) ‖ ~ (Met) / veredeln v (Schmelze) ‖ ~ (Met) / raffinieren v, feinen v ‖ ~ (Nut) / walzen v (Schokolade), fein walzen v (Schokolade) ‖ ~ (Paper) / veredeln v
**refined** adj (Textiles) / dezent adj (Farbe), subtil adj (Farbton), diskret adj (Farbe) ‖ ~ **copper** (Met) / gargepoltes Kupfer, Raffinatkupfer n, Garkupfer n, Raffinadekupfer n (mit etwa 99,4 % Cu) ‖ ~ **iron*** (Met) / Frischeisen n ‖ ~ **kaolin** (Ceramics) / Feinkaolin n m ‖ ~ **lead** (Met) / Raffinatblei n ‖ ~ **lead** (Met) / Feinblei n (DIN 1719) ‖ ~ **linseed oil** (Paint) / Lackleinöl n (aus rohem Leinöl durch Entfernen der Schleimstoffe bei höherer Temperatur gewonnenes raffiniertes Leinöl - DIN 55930) ‖ ~ **sugar** (Nut) / Weißzucker m, raffinierter Zucker, Raffinade f, Raffinadezucker m (schneeweißer, trockener, rein süßer Zucker)
**refinement** n (car, engine) (Autos) / Laufkultur f (hohe - als wertendes Merkmal bei Fahrzeugen und Motoren) ‖ ~ (Comp) / Refinement n (letzte Ausformulierungsstufe eines Programms, bei der alle Stufen detailliert sind)
**refiner** n (Chem Eng) / Refiner-Walzwerk n, Refiner m (Walzwerk mit sehr geringem Rollenabstand, hoher Umlaufgeschwindigkeit und hoher Friktion zum Zerdrücken und Flachpressen von Verunreinigungen, Grit, Knötchen usw. in Kautschukmischungen) ‖ ~ (Chem Eng, For) / Refiner m (Maschine zur Herstellung von Feinstpartikeln) ‖ ~ (Glass) / Läuterteil m der Glaswanne, Läuterzone f (der Schmelzwanne) ‖ ~ (Glass) / Abstehzone f, Abstehwanne f (für Flachglas) ‖ ~* (Paper) / Refiner m (Scheibenmühle mit kegeligen messerbesetzten Rotoren), Stoffmühle f (schleiferlose Erzeugung von Holzschliff), Stoffaufschläger m ‖ ~ **mechanical pulp** (Paper) / Refiner-Holzstoff m ‖ ~ **mechanical woodpulp*** (Paper) / Refiner-Holzstoff m ‖ ~ **mill** (Chem Eng) / Refiner-Walzwerk n, Refiner m (Walzwerk mit sehr geringem Rollenabstand, hoher Umlaufgeschwindigkeit und hoher Friktion zum Zerdrücken und Flachpressen von Verunreinigungen, Grit, Knötchen usw. in Kautschukmischungen)
**refinery** n / Raffinerie f (eine Reinigungs- und Veredlungsanlage im Allgemeinen) ‖ ~* (Met) / Raffinerie f, Raffinationsanlage f, Affinerie f (zur Gold-Silber-Scheidung) ‖ ~ **gases** (Oils) / Raffineriegase n pl (Kohlenwasserstoffe, die in größeren Mengen bei der Destillation von Rohöl sowie Crack- und Reformierungsprozessen anfallen) ‖ ~ **loss** (Chem) / Raffinerieverlust m, Raffinationsverlust m
**refining** n (Chem Eng) / Refinern n (von Kautschukmischungen) ‖ ~* (Glass) / Feinschmelze f, Blankschmelze f, Blankschmelzen n, Läuterung f (nach der Rauschmelze - thermische oder Dünnschichtläuterung) ‖ ~ (Met) / Veredelung f (Schmelze) ‖ ~ (Met) / Raffination f, Läuterung f, Raffinieren n ‖ ~ (Met) / Frischen n ‖ ~ (Paper) / Veredelung f ‖ ~ **agent** (Chem, Glass) / Läutermittel n, Läuterungsmittel n, Läuterungsrohstoff m ‖ ~ **furnace** (Met) / Raffinierofen m, Feinungsofen m ‖ ~ **loss** (Chem) / Raffinerieverlust m, Raffinationsverlust m ‖ ~ **oxygen** (Met) / Frischsauerstoff m ‖ ~ **plant** / Raffinerie f (eine Reinigungs- und Veredlungsanlage im Allgemeinen) ‖ ~ **plant** (Paper) / Mahlanlage f ‖ ~ **process** (Met) / Umschmelzverfahren n (zur Herstellung von besonders hochwertigen Stählen und Sonderwerkstoffen) ‖ ~ **tools** (Paper) / Mahlgeschirr n ‖ ~ **zone** (Glass) / Läuterteil m der Glaswanne, Läuterzone f (der Schmelzwanne)
**refinish** v (Autos, Paint) / überspritzen v ‖ ~ (I C Engs) / nacharbeiten v (Zylinder) ‖ ~ (Join) / aufarbeiten v (z.B. alte Möbel)
**refinishing paint** (Autos, Paint) / Reparaturlack m
**refire** v / wieder anblasen (einen Ofen) ‖ ~ (Ceramics) / nachbrennen v
**refiring** n (Ceramics) / Nachbrand m, Nachbrennen n
**refit** v (Eng) / wieder anpassen (justieren) ‖ ~ (Eng) / umrüsten v ‖ ~ (Eng) / Instandsetzung f (Wiederherstellen des Sollzustandes), Reparatur f
**reflect** v / spiegeln v (reflektieren) ‖ ~ (Phys) / remittieren v (Strahlung) ‖ ~ (Phys) / widerspiegeln v ‖ ~ (back) (Phys) / zurückwerfen v, zurückstrahlen v, reflektieren v (Hitze, Klang, Strahlen) ‖ ~ (Phys) / zurückstrahlen v, wieder ausstrahlen, rückstrahlen v ‖ ~ vi (Light) / zurückgeworfen werden
**reflectance** n (ISO 13 666) (Light, Optics) / Reflexionsgrad m (Verhältnis des reflektierten Lichtstroms zum auffallenden Lichtstrom) ‖ ~ (Light, Optics) / Albedo f (das Verhältnis der von einer Fläche zurückgeworfenen Strahlung zu der gesamten auf sie fallenden Strahlung), Reflexionsgrad m (DIN 1349-1) ‖ ~* (Optics) / Remission f (Lichttechnik und Farbmetrik) ‖ ~ **model** (Comp, Optics) / Reflexionsmodell n (z. B. nach Cook und Torrance) ‖ ~ **spectroscopy** (Spectr) / Reflexionsspektroskopie f, Remissionsspektroskopie f
**reflected** adj (Light) / in sich zurückgeworfen (Licht) ‖ ~ (Phys) / reflektiert adj (Welle) ‖ ~ **colour** (Oils) / Aufsichtfarbe f (von Mineralölen) ‖ ~ **light** (Light) / reflektiertes Licht, Reflexlicht n
**reflected-light microscope** (Micros, Optics) / Auflichtmikroskop n
**reflected•-light reading** (Photog) / Objektmessung f (Bestimmung der mittleren Objektleuchtdichte - bei den Belichtungsmessern) ‖ ~

**reflected**

**neutron** (Nuc) / reflektiertes Neutron ‖ **~ radiation** (Phys) / reflektierte Strahlung ‖ **~ wave*** (Phys) / reflektierte Welle, Echowelle *f*
**reflecting** *adj* (Phys) / Reflexions-, reflektierend *adj*, zurückstrahlend *adj*, rückstrahlend *adj*, retroreflektierend *adj*, reflektiv *adj* ‖ **~ area** (Radar) / Rückstrahlfläche *f* ‖ **~ coating** (Glass, Optics) / Spiegelbelag *m*, Verspiegelung *f*, Spiegelschicht *f* ‖ **~ echelon** (Optics) / Reflexionsstufengitter *n*, Spiegelgitter *n* ‖ **~ end-plate** (Phys) / reflektierender Spiegel (des Lasers) ‖ **~ film** / Reflexionsfolie *f*, Reflexfolie *f* (meistens mit Tagesleuchtfarben) ‖ **~ galvanometer*** (Elec Eng) / Spiegelgalvanometer *n* (ein Drehspulgalvanometer mit Fadenaufhängung) ‖ **~ goniometer** (Crystal) / Reflexionsgoniometer *n* (bei dem die Lichtreflexe spiegelnder Kristallflächen zur Winkelmessung verwendet werden), optisches Goniometer ‖ **~ grating** (Optics) / Reflexionsgitter *n* (ein Beugungsgitter) ‖ **~ level*** (Surv) / Spiegelnivelliergerät *n* ‖ **~ microscope** (Micros) / Spiegelmikroskop *n* ‖ **~ power** (Phys) / Reflexionsvermögen *n*, Rückstrahlungsvermögen *n*, R-Wert *m* ‖ **~ prism** (Optics) / Spiegelprisma *n* (mit der Reflexion an der Spiegelschicht), Reflexionsprisma *n* ‖ **~ surface** (Phys) / Rückstrahlfläche *f* ‖ **~ telescope*** (Astron) / Spiegelteleskop *n*, Reflektor *m* (Spiegelteleskop), Spiegelfernrohr *n*, katoptrisches Fernrohr
**reflection** *n* (Acous) / Reflexion *f* (DIN 1320) ‖ **~** (Elec) / Spiegelung *f*, Methode *f* der elektrischen Bilder ‖ **~** (Electronics) / Reflexion *f*, Umkehr *f* (der Elektronen im Reflexklystron) ‖ **~** (Maths) / Spiegelung *f* (an einer Ebene) ‖ **~*** (Nuc) / Reflexion *f* ‖ **~*** (Optics, Phys, Telecomm) / Reflexion *f* (der Wellen) ‖ **~*** (Phys) / Zurückstrahlung *f*, Rückstrahlung *f*, Rückreflexion *f* ‖ **~ angle** (Phys) / Reflexionswinkel *m* ‖ **~ coefficient*** (of sound) (Acous) / Schallreflexionsgrad *m* (DIN 1320) ‖ **~ coefficient** (Telecomm) / Reflexionsfaktor *m* (bei Leitungen) ‖ **~ coupler** (Electronics) / Reflexkoppler *m* ‖ **~ diffraction** (Electronics) / Reflexionselektronenbeugung *f*, streifende Elektronenbeugung ‖ **~ electron microscope** (Micros) / Reflexionselektronenmikroskop *n* ‖ **~ electron microscopy** (Micros) / Reflexionselektronenmikroskopie *f* ‖ **~ factor** (Electronics) / Reflexionsgrad *m* (des Klystrons) ‖ **~ factor*** (Light) / Reflexionskoeffizient *m* ‖ **~ factor** (Light, Optics) / Reflexionsgrad *m* (Verhältnis des reflektierten Lichtstroms zum auffallenden Lichtstrom) ‖ **~ factor*** (Phys) / Reflexionsgrad *m*, Reflexionsfaktor *m* (Verhältnis des reflektierten zum einfallenden Strahlungsfluss - DIN 5496) ‖ **~ grating** (Optics) / Reflexionsgitter *n* (ein Beugungsgitter) ‖ **~ halo** (Optics) / Reflexionslichthof *m* (durch Totalreflexion des Lichts an der freien Rückseite des Schichtträgers) ‖ **~ HEED** (Phys) / RHEED-Technik *f*, RHEED (eine Methode zur Untersuchung der Atomstruktur von Festkörperoberflächen, die auf Beugungserscheinungen bei energiereichen Elektronen beruht) ‖ **~ high-energy electron diffraction** s. also high-energy electron diffraction ‖ **~ high-energy electron diffraction** (Phys) / RHEED-Technik *f*, RHEED (eine Methode zur Untersuchung der Atomstruktur von Festkörperoberflächen, die auf Beugungserscheinungen bei energiereichen Elektronen beruht) ‖ **~ in the plane** (Maths) / Spiegelung *f* in der Ebene ‖ **~ laws*** (Optics, Phys, Telecomm) / Reflexionsgesetze *n pl* ‖ **~ layer*** (Phys) / Reflexionsschicht *f* ‖ **~ loss** (Optics) / Reflexionsverlust *m* ‖ **~ loss** (Radar) / Echoverlust *m* ‖ **~ loss*** (Telecomm) / Rückflussdämpfung *f* ‖ **~ microscopy** (Micros) / Reflexionsmikroskopie *f* ‖ **~ nebula** (Astron) / Reflexionsnebel *m* (aus interstellarem Staub bestehender Nebel, der das Licht nahe gelegener Sterne diffus reflektiert) ‖ **~ of the sound** (Acous) / Schallreflexion *f* ‖ **~ point*** (Telecomm) / Reflexionsstelle *f* ‖ **~ prisms** (Optics) / Reflexionsprismen *n pl* (Prismen oder Prismenkombination, die in ihrer Wirkungsweise einem ebenen Spiegel oder einer Kombination mehrerer ebener Spiegel gleichen)
**reflection-reducing** *adj* (Photog, Phys) / reflexvermindernd *adj*, reflexmindernd *adj*
**reflection seismology** (Geophys) / Reflexionsseismik *f* (eine Art angewandte Seismik) ‖ **~ sensor** (Optics) / Reflexionssensor *n* (optischer Sensor, dessen Wirkprinzip auf der Reflexion beruht) ‖ **~ shooting** (a type of seismic survey) (Geophys) / Reflexionsseismik *f* (eine Art angewandte Seismik) ‖ **~ spectroscopy** (Phys, Spectr) / Reflexionsspektroskopie *f*, Remissionsspektroskopie *f* ‖ **~ spectrum** (Spectr) / Reflexionsspektrum *n* (z.B. bei Dünnschichtchromatogrammen) ‖ **~ X-ray microscopy** (Micros) / Reflexionsröntgenmikroskopie *f*
**reflective** *adj* (Phys) / Reflexions-, reflektierend *adj*, zurückstrahlend *adj*, rückstrahlend *adj*, retroreflektierend *adj*, reflektiv *adj* ‖ **~ clothing** (Textiles) / Warnkleidung *f* (eine Schutzbekleidung) ‖ **~-coated glass** (Glass) / Wärmestrahlen reflektierendes Glas (ein Schutzglas), Wärmeschutzglas *n* (das Wärmestrahlen reflektiert - DIN EN 1264-1), WSR-Glas *n* (Wärmestrahlen reflektierendes Glas) ‖ **~ coating** (Glass, Optics) / Spiegelbelag *m*, Verspiegelung *f*, Spiegelschicht *f* ‖ **~ coating** (Paint) / Reflexionslack *m* ‖ **~ glass** (Glass) / Wärmestrahlen reflektierendes Glas (ein Schutzglas), Wärmeschutzglas *n* (das Wärmestrahlen reflektiert - DIN EN 1264-1), WSR-Glas *n* (Wärmestrahlen reflektierendes Glas) ‖ **~ ink** / reflektierende Tinte ‖ **~ insulation** (Build) / Reflexionsisolierung *f* ‖ **~ light barrier** / Reflexionslichtschranke *f*
**reflectivity*** *n* (Phys) / Reflexionsvermögen *n*, Rückstrahlungsvermögen *n*, R-Wert *m* ‖ **~*** (Phys) / Reflexionsgrad *m*, Reflexionsfaktor *m* (Verhältnis des reflektierten zum einfallenden Strahlungsfluss - DIN 5496)
**reflectometer*** *n* (Optics, Phys) / Reflektometer *n* (Gerät zur Bestimmung der optischen Brechzahl) ‖ **~** (Paint) / Reflektometer *n* (zur Glanzmessung nach DIN ISO 2813)
**reflectometry** *n* (Phys) / Reflexionsmessung *f*, Reflektometrie *f*
**reflector** *n* / Katzenauge *n*, Rückstrahler *m* (bei Fahrrädern) ‖ **~** (Astron) / Spiegelteleskop *n*, Reflektor *m* (Spiegelteleskop), Spiegelfernrohr *n*, katoptrisches Fernrohr ‖ **~*** (an electrode whose primary function is to reverse the direction of an electron stream) (Electronics) / Reflektor *m* (des Reflexklystrons), Reflexionselektrode *f*, Reflexrelektrode *f* ‖ **~*** (Light, Optics) / Sammelspiegel *m*, Reflektor *m* ‖ **~** (Nuc Eng) / Reflektor *m* (Ummantelung eines Kernreaktors), Neutronenreflektor *m* ‖ **~*** (Radio) / Reflektor *m* (sekundäres Element eines Richtstrahlers) ‖ **~*** (Nuc Eng) s. also tamper ‖ **~ antenna** (Radar, Radio) / Reflektorantenne *f*, Spiegelantenne *f* (eine Richtantenne) ‖ **~ coating** (Glass, Optics) / Spiegelbelag *m*, Verspiegelung *f*, Spiegelschicht *f* ‖ **~ control** (Nuc Eng) / Reflektorsteuerung *f* (des Reaktors)
**reflectorize** *v* / mit Rückstrahlern versehen (z.B. Fahrräder oder Straßen-Leuchtnagel)
**reflector lamp** (Elec Eng, Light) / innenverspiegelte Lampe, Reflektorlampe *f*, Scheinwerferlampe *f* (mit aufgedampften Metallschichten) ‖ **~ microphone** (Acous) / Reflektormikrofon *n* ‖ **~ prisms** (Optics) / Reflexionsprismen *n pl* (Prismen oder Prismenkombination, die in ihrer Wirkungsweise einem ebenen Spiegel oder einer Kombination mehrerer ebener Spiegel gleichen) ‖ **~ savings** (Nuc Eng) / Reflektorersparnisse *f pl*, Reflektorgewinn *m*, Reflektoreinsparungen *f pl*
**reflector-type lamp** (Elec Eng, Light) / innenverspiegelte Lampe, Reflektorlampe *f*, Scheinwerferlampe *f* (mit aufgedampften Metallschichten)
**reflectoscope** *n* (Materials) / Reflektoskop *n* (mit Ultraschall arbeitendes Gerät zur Werkstoffprüfung)
**reflesh** *v* (Leather) / nachentfleischen *v*
**reflex** *n* / Reflex *m* ‖ **~ angle*** (an angle that is between 180° and 360°) (Maths) / überstumpfer Winkel (zwischen 180° und 360°), erhabener Winkel ‖ **~ arc*** (Zool) / Reflexbogen *m* ‖ **~ camera** (Photog) / Reflexkamera *f* ‖ **~ camera*** (Photog) / Spiegelreflexkamera *f* ‖ **~ copying** (Photog) / Reflexkopierverfahren *n* ‖ **~ finder** (Cinema, Photog) / Reflexsucher *m*, Spiegelreflexsucher *m*
**reflexive** *adj* / reflexiv *adj* (z.B. Relation)
**reflexivity** *n* (Maths) / Reflexivität *f*
**reflex klystron*** (a single-resonator oscillator klystron) (Electronics) / Reflexklystron *n* (ein Einkammerklystron für kleine Leistungen) ‖ **~ reflection** (Optics) / Rückstrahlung *f*, Zurückstrahlung *f* ‖ **~ reflector** (Optics) / Rückstrahler *m* ‖ **~ sensor** / Reflexsensor *m* ‖ **~ viewfinder** (Cinema, Photog) / Reflexsucher *m*, Spiegelreflexsucher *m*
**refloat** *v* (Ships) / flottmachen *v*
**refloating** *n* (Ships) / Flottmachen *n* (eines gestrandeten Schiffs)
**reflow** *v* (Surf) / aufschmelzen *v* (galvanisch abgeschiedene Metallschichten) ‖ **~** (Surf) / Aufschmelzen *n* (galvanische Abscheidung von Metallschichten) ‖ **~ process** (Paint) / Reflow-Verfahren *n* (Verfahren zur Wiederverflüssigung thermoplastischer Lackierungen beim Erwärmen) ‖ **~ soldering** (Electronics) / Aufschmelzlötung *f*, Reflow-Löten *n* (mit Wiederaufschmelzen), Schmelzlötung *f*
**reflux** *v* (Chem) / refluxen *v*, refluxieren *v*, am Rückflusskühler kochen (zum Sieden unter Rückfluss bringen) ‖ **~*** *n* (Chem) / Rückfluss *m* (aus dem Rückflusskühler), Reflux *m*, Rücklauf *n* ‖ **~ condenser** (Chem) / Rückflusskühler *m* (Dephlegmator) ‖ **~ condenser** (Chem Eng) / Rücklaufkondensator *m* (als Teil einer Rektifikationsapparatur) ‖ **~ ratio*** (Chem Eng) / Rückflussverhältnis *n*, Rücklaufverhältnis *n* (z.B. in der Rektifizierkolonne)
**refocus** *v* / refokussieren *v*, nachfokussieren *v* ‖ **~** (Cinema) / Bild aus der Unschärfe in die Schärfe ziehen
**refolding** *n* (Biochem) / Rückfaltung *f* (der Polypeptidkette)
**reforest** *v* (For) / wieder aufforsten, wieder bewalden
**re-form** *v* / umformen *v*, umbilden *v*, Form ändern
**reformat** *v* (Comp) / umformatieren *v*, reformatieren *v*
**reformate** *n* (Chem Eng, Oils) / Reformat *n* (Benzin, das im Reformierungsprozess anfällt), Reformatbenzin *n*, reformiertes Produkt

**Reformatsky reaction** (Chem) / Reformatsky-Reaktion *f* (nach S.N. Reformatsky, 1860-1934)
**reformed gas** (Oils) / Reformgas *n*, reformiertes Gas, Reformergas *n* ‖ ~ **meat** (Nut) / Formfleisch *n* (das aus mehr oder minder großen Fleischstücken besteht, welche durch besondere Maßnahmen zu größeren, geformten Stücken verpresst werden, zum Beispiel Schinken oder Formfleisch-Gulasch), rekonstituiertes Fleisch ‖ ~ **natural gas** (Oils) / reformiertes Erdgas
**reformer** *n* (Chem Eng, Oils) / Reforming-Anlage *f*, Reformieranlage *f*, Reformer *m* (Reforming-Anlage)
**re-forming** *n* / Umformung *f*, Umformen *n* (neues Formen im Allgemeinen)
**reforming** *n* (Chem Eng, Oils) / Reformierungsprozess *m*, Platforming *n* (Shell), Reformieren *n*, Reforming *n*, Reforming-Verfahren *n*, Powerforming *n*, Ultraforming *n* (Veränderung der Zusammensetzung und Struktur der im Benzin enthaltenen Kohlenwasserstoffe) ‖ ~ **hydrogen** / Reformingwasserstoff *m*, Reformierungswasserstoff *m* ‖ ~ **plant** (Chem Eng, Oils) / Reforming-Anlage *f*, Reformieranlage *f*, Reformer *m* (Reforming-Anlage) ‖ ~ **process**\* (Chem Eng, Oils) / Reformierungsprozess *m*, Platforming *n* (Shell), Reformieren *n*, Reforming *n*, Reforming-Verfahren *n*, Powerforming *n*, Ultraforming *n* (Veränderung der Zusammensetzung und Struktur der im Benzin enthaltenen Kohlenwasserstoffe)
**reformulate** *v* / neu formulieren (einen Text)
**refracted wave** (Optics) / Brechungswelle *f*
**refracting** *adj* (Light) / lichtbrechend *adj* ‖ ~ **angle** (Optics) / Prismenwinkel *m*, brechender Winkel (beim Prisma), Brechungswinkel *m* ‖ ~ **edge** (intersection of the prism's sides) (Optics) / brechende Kante (Schnittkante der Prismenebenen) ‖ ~ **medium** (Optics) / brechendes Medium ‖ ~ **surface** (Optics) / brechende Fläche, Brechfläche *f* ‖ ~ **telescope**\* (Astron) / Refraktor *m* (heute meistens nur in der Amateurastronomie), Linsenfernrohr *n*, dioptrisches Fernrohr
**refraction** *n* (AI) / Refraktion *f* ‖ ~\* (Optics, Phys) / Brechung *f* (sprunghafte Änderung der Ausbreitungsrichtung an der Grenzfläche von zwei verschiedenen optischen Medien), Refraktion *f* ‖ ~ **angle** (Phys) / brechender Winkel (z.B. bei Prismen), Brechungswinkel *m*, Refraktionswinkel *m* ‖ ~ **law** (Optics, Phys) / Brechungsgesetz *n* ‖ ~ **of light** (Light, Optics) / Lichtbrechung *f* ‖ ~ **process** (Geophys) / Refraktionsseismik *f* (bei der die an Horizontbegrenzungen gebrochenen Kompressionswellen beobachtet werden - eine Art angewandte Seismik) ‖ ~ **shooting** (a type of seismic survey) (Geophys) / Refraktionsseismik *f* (bei der die an Horizontbegrenzungen gebrochenen Kompressionswellen beobachtet werden - eine Art angewandte Seismik)
**refractive** *adj* (Light) / lichtbrechend *adj* ‖ ~ **constant** (Optics) / Brechzahl *f* (DIN 1349-1), Brechungszahl *f*, Brechungsexponent *m*, Brechungsindex *m* ‖ ~ **index**\* (Optics, Phys) / Brechzahl *f* (DIN 1349-1), Brechungszahl *f*, Brechungsexponent *m*, Brechungsindex *m*
**refractive-index-difference detector** (Chem, Optics) / Brechungsdifferenzdetektor *m*, Brechungsindexdetektor *m*, RI-Detektor *m*
**refractive-index profile** (Optics) / Brechzahlprofil *n* (Verlauf der Brechzahl über der Querschnittsfläche eines LWL)
**refractive modulus**\* (Radio) / Brechwert *m* (bei der Wellenausbreitung - immer größer als 1)
**refractivity**\* *n* (Chem) / spezifische Refraktion ‖ ~ (Optics) / Brechzahl *f* (DIN 1349-1), Brechungszahl *f*, Brechungsexponent *m*, Brechungsindex *m*
**refractometer**\* *n* (Med, Optics) / Refraktometer *n* (zur Brechzahlmessung), Brechzahlmesser *m* ‖ ~ **sensor** (Optics) / Refraktometersensor *m* (faseroptischer Sensor auf der Basis von Lichtleitern, der in der Refraktometrie eingesetzt wird)
**refractometry** *n* (Chem, Optics) / Refraktometrie *f* (Bestimmung der Brechzahl), Brechzahlmessung *f* (als Disziplin)
**refractor** *n* (Astron) / Refraktor *m* (heute meistens nur in der Amateurastronomie), Linsenfernrohr *n*, dioptrisches Fernrohr ‖ ~\* (Light) / Lichtbrechungskörper *m*, Refraktor *m* (lichtbrechendes Medium)
**refractories**\* *pl* (Ceramics, Met) / Feuerfestmaterialien *n pl* (ISO Empfehlung R 1109), feuerfeste Stoffe, feuerfeste Werkstoffe, Hochtemperaturwerkstoffe *m pl*
**refractoriness** *n* (the property of a material to withstand high temperatures, the environment, and conditions of use without change in its physical or chemical identity) (Ceramics, Materials, Met) / Feuerfestigkeit *f* ‖ ~ **under load** (the resistance of a refractory to the combined effects of heating and loading) (Ceramics, Materials, Met) / Druckfeuerbeständigkeit *f*, DFB (Druckfeuerbeständigkeit)
**refractory**\* *adj* (Ceramics, Met) / feuerfest (ff) *adj* (ein Stoff, dessen Eigenschaften sich unter Feuereinwirkung nicht wesentlich verändern), refraktär *adj*, ff (ein Stoff, dessen Eigenschaften sich unter Feuereinwirkung nicht wesentlich verändern) ‖ ~ (Met) / höchstschmelzend *adj* (Metall) ‖ ~ **alloy**\* (Met) / hochschmelzende Legierung ‖ ~ **brick** (any refractory brick which will be subjected to high temperatures during use) (Ceramics, Met) / Schamottestein *m*, feuerfester Stein ‖ ~ **carbide** / Karbid *n* (als Feuerfestmaterial) ‖ ~ **cement**\* (Civ Eng) / feuerfester Zement, Feuerzement *m* (hydraulisch abbindende, aus Tonerdeschmelzzement und Magerungsmitteln bestehende feuerfeste Masse) ‖ ~ **clay** (Ceramics) / Schamotteton *m*, Schamotte *f*, feuerfester Ton, Schamott *m* ‖ ~ **concrete**\* (Build, Civ Eng) / feuerfester Beton (der gegen Feuerbeanspruchung von mindestens 250° C widerstandsfähig ist), Feuerbeton *m* ‖ ~ **fibre** / feuerfeste Faser, feuerbeständige Faser ‖ ~ **grout** (Build, Met) / feuerfester Mörtel (keramisch bindender) ‖ ~ **gunning material** (Met) / feuerfeste Spritzmasse ‖ ~ **metal**\* (Chem) / refraktäres Metall (z.B. W, Mo, Ta, Nb und Hf) ‖ ~ **metal silicide** (Chem) / hochschmelzendes Metallsilizid ‖ ~ **mortar** (Build, Met) / feuerfester Mörtel (keramisch bindender) ‖ ~ **mortar** (Eng, Met) / Schamottemörtel *m* (z.B. zum Bau von Feuerungen) ‖ ~ **ore**\* (Min Proc) / schwer aufzubereitendes Erz, schwer aufschließbares Erz, nicht amalgierbares Erz ‖ ~ **organic substance** (Ecol) / refraktäre organische Substanz, ROS
**refrangible** *adj* (Optics) / brechbar *adj*
**refreeze** *v* (Nut) / wieder einfrieren
**refresh** *v* / wieder auffrischen, auffrischen *v* ‖ ~ (in dynamic memory - to restore the original physical quantity /e.g., charge/ that represents stored information) (Comp) / auffrischen *v* ‖ ~ *n* (Comp) / Refresh-Vorgang *m*, Auffrischen *n* (von Informationen in dynamischen RAMs), Refresh *m* ‖ ~ **circuit** (Comp) / Refresh-Schaltung *f*, Auffrischschaltung *f* ‖ ~ **cycle** (Comp) / Refresh-Zyklus *m* (zur Auffrischung der gespeicherten Information) ‖ ~ **display** (Comp) / Bildschirm *m* mit Bildwiederholung ‖ ~ **memory** (Comp) / Bildwiederholspeicher *m*, Auffrischungsspeicher *m* (ein digitaler Speicher als Teil eines Bildschirmgeräts)
**refreshment** *n* (Comp) / Refresh-Vorgang *m*, Auffrischen *n* (von Informationen in dynamischen RAMs), Refresh *m* ‖ ~ **facility** (Build) / Gaststätte *f* (als Anlage)
**refresh rate** (Comp) / Bildelementwiederholfrequenz *f* (DIN 66233, T 1), Bildwechselfrequenz *f* ‖ ~ **rate** (Comp) / Bildwiederholungsrate *f*, Auffrischrate *f* (Frequenz, in der die Regenerierung einer grafischen Darstellung stattfindet) ‖ ~ **request** (Comp) / Refresh-Anforderung *f* ‖ ~ **storage** (Comp) / Bildwiederholspeicher *m*, Auffrischspeicher *m*, Wiederholungsspeicher *m* (ein digitaler Speicher als Teil eines Bildschirmgeräts) ‖ ~ **store** (Comp) / Bildwiederholspeicher *m*, Auffrischspeicher *m*, Wiederholungsspeicher *m* (ein digitaler Speicher als Teil eines Bildschirmgeräts)
**refrigerant**\* *n* / Kältemittel *n* (Arbeitsstoff einer Kältemaschine nach DIN 8962) ‖ ~ **23** (Chem) / Trifluormethan *n* (ein Fluorkohlenwasserstoff), Fluoroform *n* ‖ ~ *adj* / kälteerzeugend *adj* ‖ ~ **accumulator** (Autos) / Kältemittelsammler *m* (in der Saugdruckleitung) ‖ ~ **compressor** / Kältemittelverdichter *m* (DIN 8978) ‖ ~ **compressor** (Eng) / Kälteverdichter *m* ‖ ~ **cylinder** / Kältemittelflasche *f* ‖ ~ **flow control device** / Kältemittelstromregler *m* (in einer Kälteanlage) ‖ ~ **tube** / Kältemittelrohr *n* ‖ ~ **vapour** / dampfförmiges Kältemittel, Kältemitteldampf *m*
**refrigerated cabinet** / Kühlmöbel *n* ‖ ~ **carrier** (Ships) / Kühlschiff *n* (ein Spezialschiff) ‖ ~ **case** / Kühltisch *m*, Kühlregal *n* ‖ ~ **display cabinet** / Kühlvitrine *f* ‖ ~ **goods** / Kühlgut *n* ‖ ~ **island site cabinet** / Kühlinsel *f* (eine Verkaufskühltruhe) ‖ ~ **lorry** (Autos) / Maschinenkühlwagen *m*, Kühlfahrzeug *n* ‖ ~ **open-top display cabinet** / Verkaufskühltruhe *f* (ein oben offenes Verkaufskühlmöbel) ‖ ~ **service counter** / Kühltheke *f* (Verkaufskühlmöbel, gegen den Käufer durch Glasscheiben abgedeckt, so dass die Ware nur von der Verkäuferseite zugänglich ist) ‖ ~ **truck** (Autos) / Kühlauto *n*, Kühlautomobil *n*, Straßenkühlfahrzeug *n* ‖ ~ **wagon** (Rail) / Kühlwagen *m*
**refrigerating brine** / Kältesole *f*, Kühlsole *f* (als Kälteträger) ‖ ~ **compressor** / Kältemittelverdichter *m*, Kompressor *m* ‖ ~ **compressor** / Kältemittelverdichter *m* (DIN 8978) ‖ ~ **engineering** / Kältetechnik *f* ‖ ~ **machine** / Kälteerzeugungsanlage *f*, Kältemaschine *f* (Anlage) ‖ ~ **plant** / Kälteanlage *f* (die aus einer oder mehreren Kältemaschinen besteht) ‖ ~ **system** / Kälteanlage *f* (die aus einer oder mehreren Kältemaschinen besteht) ‖ ~ **system for cooling** / Kühlmaschine *f* (eine Kältemaschine, die zur Nutzung des bei niederer Temperatur aufgenommenen Wärmestromes betrieben wird) ‖ ~ **unit system** / Kältesatz *m* (ein kältetechnischer Maschinensatz)
**refrigeration** *n* / Kühlung *f* (mittels Kältemaschine), Kühlen *n* (mittels Kältemaschine) ‖ ~ / Kälteerzeugung *f* (Kühlung) ‖ ~ **compressor** / Kältemittelverdichter *m* (DIN 8978) ‖ ~ **condenser** / Kältemaschinenkondensator *m*, Kondensator *m* der Kältemaschine ‖ ~ **conservation** (Nut) / Gefrierkonservierung *f* ‖ ~ **cycle**\* (Eng) /

**refrigeration**

Kältekreislauf *m*, Kältemaschinenprozess *m*, Kälteprozess *m* (ein Kreisprozess in entgegengesetzter Richtung im Vergleich zu Wärmekraftmaschinen) ‖ **~ engineering** / Kältetechnik *f* ‖ **~ oil** / Kältemaschinenöl *n* ‖ **~ performance** / Kälteleistung *f* (Auslegungsleistung einer Kälteanlage - Kältemenge pro Zeiteinheit, meistens in MW nach DIN 1946-1) ‖ **~ process** / kältetechnisches Verfahren
**refrigerator\*** *n* / Kälteerzeugungsanlage *f*, Kältemaschine *f* (Anlage) ‖ **~\*** (Eng) / Kühlschrank *m* ‖ **~** (Eng) s. also household refrigerator
**refrigerator-freezer** *n* / Kühl- und Gefrierkombination *f*
**refrigerator truck** (Autos) / Kühlauto *n*, Kühlautomobil *n*, Straßenkühlfahrzeug *n*
**refrigeratory** *adj* / kälteerzeugend *adj*
**refringence** *n* (Light, Phys) / Brechungsvermögen *n*, Lichtbrechungsvermögen *n*
**refringent\*** *adj* (Light) / lichtbrechend *adj*
**reftone** *n* (Acous) / Stimmton *m*, Eichton *m*, Normalton *m*, Bezugston *m*, Vergleichston *m*
**refuel** *v* (Fuels) / nachtanken *v*, Kraftstoff aufnehmen, tanken *v*, auftanken *v* (neu), betanken *vt* ‖ **~** (Nuc Eng) / Brennelemente wechseln, neu beschicken, nachladen *v*, Brennstoff umladen
**refuelling** *n* (Nuc Eng) / Brennelementewechsel *m*, BE-Wechsel *m*, Brennstoffumladung *f*, Umladung *f* des Brennstoffs (im Kernreaktor) ‖ **~ adapter** (Aero) / Tankstutzen *m* ‖ **~ machine** (Nuc Eng) / Brennelementwechselmaschine *f*, BE-Maschine *f* ‖ **~ machine\*** (Nuc Eng) / Lade-Entlade-Anlage *f* ‖ **~ probe** (Aero) / Betankungsausleger *m* ‖ **~ stop** (Aero) / Halt *m* zum Auftanken, Tankstopp *m* ‖ **~ stop** (Autos) / Tankstopp *m* ‖ **~ water** (Nuc Eng) / Reaktorbeckenwasser *n*, Beckenwasser *n*, Flutwasser *n*
**refuge** *n* (GB) (Autos, Civ Eng) / Schutzinsel *f*, Fußgängerschutzinsel *f*, Fußgängerinsel *f*, Leitinsel *f*
**refugium\*** *n* (pl. -ia) (Ecol) / Rückzugsgebiet *n*, Refugium *n* (pl. -ien) (Zufluchtsort), Erhaltungsgebiet *n* (für Tiere oder Pflanzen)
**refund** *n* / Rückerstattung *f*, Erstattung *f*
**refurbish** *v* / renovieren *v* (im Allgemeinen) ‖ **~** / auffrischen *v* (eine Oberfläche) ‖ **~** (used cars) (Autos) / aufarbeiten *v* ‖ **~** (renovate and redecorate) (Build) / modernisieren *v* (durch bauliche Maßnahmen) ‖ **~** (Join) / aufarbeiten *v* (z.B. alte Möbel)
**refurbishing** *n* (Build) / Bauerneuerung *f*, Altbausanierung *f* (aus eigenen Mitteln an eigenem Objekt) ‖ **~** (Build, Civ Eng) / Sanierung *f* (des Hauses, des Betons)
**refurbishment** *n* (Build) / Bauerneuerung *f*, Altbausanierung *f* (aus eigenen Mitteln an eigenem Objekt) ‖ **~** (Build, Civ Eng) / Sanierung *f* (des Hauses, des Betons)
**refusal** *n* (Civ Eng) / Widerstand *m* (z.B. beim Rammen) ‖ **~\*** (Print) / Abstoßen *n* (der Druckfarbe)
**refuse** *v* / ausscheiden *vt* (als Ausschuss), ausmustern *v* (als Ausschuss), zum Ausschuss erklären
**re-fuse** *v* (Elec Eng) / neue Sicherung einsetzen
**refuse** *n* (Met) / umschmelzen *v*, wieder schmelzen, wieder einschmelzen ‖ **~** / Abfall *m*, Abfälle *m pl* ‖ **~** (Ecol) / Müll *m* (Abfall, meistens fester) ‖ **~** (For) / Abfallholz *n*, Holzrest *m* ‖ **~** (Min Proc) / Abgänge *m pl* (aus der Rohfördermenge durch Sortieren ausgehaltene Berge) ‖ **~ bin** (Ecol) / Kolonialkübel *m* (A), Mülltonne *f* (Hausmüllsammelbehälter nach DIN 6629), Mülleimer *m* (DIN 6628), Abfalleimer *m*, Müllgefäß *n* ‖ **~ chute** (Build, Ecol, San Eng) / Müllabwurfschacht *m* (der Müllabwurfanlage) ‖ **~ coal** (Mining) / Kohlenklein *n*, Feinkohle *f* (beim Sieben) ‖ **~ collection** (Ecol, San Eng) / Müllabfuhr *f*
**refuse-collection vehicle** (Ecol, San Eng) / Müllfahrzeug *n*
**refuse container** (Ecol) / Müllbehälter *m*
**refuse-derived fuel** (Ecol) / Brennstoff *m* aus Müll, BRAM *m* (Brennstoff aus Müll)
**refuse disposal** (Ecol, San Eng) / Müllbeseitigung *f* ‖ **~ dump** (Ecol, San Eng) / Mülldeponie *f* (eine Abfallentsorgungsanlage), Deponie *f* (geordnete, wilde, unter Tage, über Tage), Müllabladeplatz *m*, Müllgrube *f* ‖ **~ dump** (Ecol, San Eng) s. also controlled tipping ‖ **~ grinder** (Ecol, San Eng) / Müllwolf *m*, Müllzerkleinerer *m* ‖ **~ incineration** (Ecol, San Eng) / Müllverbrennung *f*, Hausmüllverbrennung *f* ‖ **~ incineration plant** (Ecol) / Müllverbrennungsanlage *f*, MVA (Müllverbrennungsanlage), Müllverbrennungsanlage *f* (S) ‖ **~ incinerator** (Ecol) / Müllverbrennungsofen *m*, Incinerator *m* ‖ **~ of the affluent society** (Ecol) / Wohlstandsmüll *m* ‖ **~ silk** (Textiles) / Wirrseide *f* ‖ **~ silk** (Textiles) s. also floss ‖ **~ skip** (Build, Civ Eng) / Schuttkübel *m* (für Sonderabfalltransport), Müllcontainer *m*, Müllkübel *m* ‖ **~ treatment** (Ecol, San Eng) / Abfallbehandlung *f* (meistens Verwertung)
**refutation** *n* (a method of reasoning used in logic to refute statements, i.e. to prove them false) (AI) / Refutation *f* (in der mathematischen Logik) ‖ **~ graph** (AI) / Widerlegungsgraf *m*, Refutationsgraf *m* ‖ **~ process** (AI) / Refutationsverfahren *n* ‖ **~ theorem** (AI) / Widerlegungstheorem *n*

**REG** (random-number generator) / Random-Generator *m*, Zufallszahlengenerator *m*, Zufallsgenerator *m* ‖ **~** (register) (Comp) / Register *n* (Anordnung von Speicherelementen), REG (Register)
**regain** *v* (Ecol) / regenerieren *v* (verunreinigte Stoffe), rückgewinnen *v*, aufbereiten *v* (Altöl, gebrauchte Teile), wieder aufbereiten *v*, wieder gewinnen (aus altem Material), recovern *v* ‖ **~** *n* (Textiles) / Fadendehnung *f* im Gewebe ‖ **~\*** (Textiles) / Reprise *f* (im Normalklima), Feuchtigkeitsaufnahme *f* (tatsächliche)
**regap** *v* (I C Eng) / nachbiegen *v* (die Zündkerzenelektrode)
**regatta** *n* (Textiles) / Kielerdrell *m*, Regatta *f* (meistens in Köperbindung)
**regelation\*** *n* (Heat) / Regelation *f* (Erscheinung bei einigen Stoffen, wie Wasser/Eis und Bismut, dass die Schmelze dichter ist als die feste Phase)
**Regency\*** *n* (Arch) / Regency-Stil *m*
**regenerant** *n* / Regeneriermittel *n*, Wiederbelebungsmittel *n*
**regenerate** *v* (Comp) / auffrischen *v* ‖ **~** / aufarbeiten *v* (verschlissene Teile) ‖ **~** / regenerieren *v*, wieder beleben *v* ‖ **~** (Biol) / regenerieren *v* ‖ **~** (Chem, Min Proc) / auffrischen *v* ‖ **~** (Comp) / rückschreiben *v* (nur Infinitiv und Partizip), regenerieren *v* (Information) ‖ **~** (Ecol) / regenerieren *v* (verunreinigte Stoffe), rückgewinnen *v*, aufbereiten *v* (Altöl, gebrauchte Teile), wieder aufbereiten *v*, wieder gewinnen (aus altem Material), recovern *v* ‖ **~** (For) / verjüngen *v* ‖ **~** (Nuc Eng) / aufarbeiten *v* (abgebrannten Kernbrennstoff), wieder aufbereiten *v* (verwendete Kernbrennstoffe) ‖ **~** (Telecomm) / regenerieren *v* (ein Signal) ‖ **~** (Textiles) / nachsetzen *v*, auffrischen *v* (Farbenlösung)
**regenerated cellulose** (Chem Eng) / regenerierte Zellulose (Hydratzellulose), Regeneratzellulose *f*, regenerierte Cellulose, Regeneratcellulose *f* ‖ **~ fibres** (Textiles) / regenerierte Fasern, Regeneratfasern *f pl* (Chemiefasern, die aus Rohstoffen des Pflanzen- bzw. des Tierreiches durch Umfällung hergestellt und in Fadenform regeneriert werden) ‖ **~ oil** (Oils) / Zweitraffinat *n* ‖ **~ wool** (Textiles) / Regeneratwolle *f*, regenerierte Wolle
**regenerate material** (Chem Eng, Ecol) / Regenerat *f* (durch durch Wiederaufbereitung gebrauchter Materialien gewonnenes Produkt)
**regeneration\*** *n* (Biol) / Regeneration *f*, Regenerierung *f* ‖ **~\*** (Chem, Min Proc) / Wiederbelebung *f* (z.B. eines Ionenaustauschers) ‖ **~\*** (Chem, Min Proc) / Auffrischung *f* ‖ **~** (Comp) / Refresh-Vorgang *m*, Auffrischen *n* (von Informationen in dynamischen RAMs), Refresh *m* ‖ **~\*** (Comp) / Rückschreibung *f* (der Information), Regeneration *f* (der Information) ‖ **~\*** (Comp) / Neugenerierung *f* (einer Datei) ‖ **~** (Ecol) / Regenerieren *n*, Regenerierung *f* (verunreinigter Stoffe), Rückgewinnung *f*, Regeneration *f*, Wiederaufbereitung *f*, Aufbereitung *f* (z.B. des Altöls) ‖ **~** (Eng) / Aufbereitung *f* (gebrauchter Teile) ‖ **~** (For) / Verjüngung *f* (meistens natürliche Erneuerung des Waldes) ‖ **~\*** (Nuc Eng) / Wiederaufarbeitung *f* (von bestrahlten Brennelementen), Reprocessing *n*, Wiederaufbereitung *f* (von verwendeten Kernbrennstoffen), Aufarbeitung *f* (des abgebrannten Brennstoffes) ‖ **~** (Physiol) / Erneuerung *f* ‖ **~ area** (For) / Verjüngungsfläche *f* ‖ **~ felling** (For) / Verjüngungsschlag *m*, Verjüngungshieb *m* ‖ **~ under shelterwood** (For) / Schirmverjüngung *f*
**regenerative air heater** (Eng) / Regenerativluftvorwärmer *m*, Regenerativluvo *m* ‖ **~ air heater\*** (Eng, Met) / Regenerativlufterhitzer *m*, Austauschlufterhitzer *m* ‖ **~ air preheater** (Eng) / Regenerativluftvorwärmer *m*, Regenerativluvo *m* ‖ **~ amplifier** (Electronics, Radio) / Rückkopplungsverstärker *m*, rückgekoppelter Verstärker *m* ‖ **~ braking\*** (Elec Eng) / Bremsen *n* durch Gegendrehfeld (DIN 42005), Gegenstrombremsung *f* ‖ **~ braking** (Rail) / Energierückspeisung *f* beim Bremsen, Rückspeisung *f* von Bremsenergie ‖ **~ breaking** (Elec Eng) / Nutzbremsung *f* (Bremsen mit Energierückspeisung in der elektrischen Antriebstechnik) ‖ **~ chamber** (Met) / Regenerativkammer *f* ‖ **~ detector\*** (Elec Eng) / rückgekoppelter Detektor *m* ‖ **~ feedback** (Radio, Telecomm) / Mitkopplung *f* (Rückkopplung, bei der das Ausgangssignal ohne Vorzeichenumkehr auf den Eingang zurückgeführt wird und auf sich selbst verstärkend wird), positive Rückkopplung ‖ **~ firing** (Eng, Glass, Met) / Regenerativfeuerung *f* (Vorwärmung von Gas und Luft durch Ausnutzung der Abgaswärme, angewendet bei Schmelz-, Hoch- und Glasschmelzöfen), Regenerativgasfeuerung *f* ‖ **~ furnace\*** (Eng, Glass, Met) / Regenerativofen *m* (mit Regenerativfeuerung), Regenerativgasofen *m* ‖ **~ memory** (Comp) / regenerativer Speicher, Regenerationsspeicher *m* ‖ **~ receiver\*** (Telecomm) / Rückkopplungsempfänger *m* ‖ **~ repeater\*** (Telecomm) / Repeater *m* (eine Zwischenstation, die das durch den Übertragungsweg geschwächte Signal aufnimmt, verstärkt und mit erhöhtem Pegel auf den nächsten Streckenabschnitt weitergibt; Umsetzer, der das empfangene Signal auf eine andere Trägerfrequenz umsetzt, um die Rückwirkung vom Sender auf den Empfänger zu verringern), Zwischenverstärker *m*, Verstärker *m* (Zwischenverstärker), Regenerativverstärker *m*, Zwischenregenerator *m* (ISDN),

Regenerator m ‖ ~ **repeater** (Telecomm) / Regenerator m (in der Fernschreibtechnik) ‖ ~ **storage** (Comp) / regenerativer Speicher, Regenerationsspeicher m
**regenerator** n (Electronics) / Rückkopplungsverstärker m, rückgekoppelter Verstärker ‖ ~* (Eng, Met) / Regenerator m (Wärmetauscher mit einer Feststoff-Speichermasse, die von den fluiden Medien periodisch erwärmt und abgekühlt wird), Wärmespeicher m ‖ ~ (Teleph) / Impulswiederholer m
**Regge pole** (Nuc) / Regge-Pol m (in der analytischen S-Matrix-Theorie) ‖ ~ **trajectory**\* (Nuc) / Regge-Trajektorie f (in der analytischen S-Matrix-Theorie nach T. Regge, 1931- )
**regime** n (Hyd Eng) / Regime n, Flussregime n, Flusscharakteristik f, Abflussregime n (ein Wasserhaushalt bei Fließgewässern) ‖ ~ (Telecomm) / Betriebszustand m (des Systems)
**regimen** n (US) (Hyd Eng) / Regime n, Flussregime n, Flusscharakteristik f, Abflussregime n (ein Wasserhaushalt bei Fließgewässern)
**regiochemistry** n (Chem) / Regiochemie f
**region** n / Bereich m, Gebiet n, Zone f (Bereich), Region f ‖ ~ (Electronics) / Zone f ‖ ~ (Instr) / Skalenbereich m, Wertebereich m (der Skale) ‖ ~ (Instr, Phys) / [Zähl-, Mess-]Bereich m ‖ ~* (Maths) / Bereich m, Gebiet n (Menge von Punkten eines topologischen Raumes)
**regional and domestic air route area** (Aero) / Gebiet n der regionalen und nationalen Flugstrecken ‖ ~ **corrosion** (Surf) / ungleichmäßige Korrosion ‖ ~ **edition** / Regionalausgabe f (von Zeitungen oder Zeitschriften) ‖ ~ **electricity company** (Elec Eng) / Regionalversorger m ‖ ~ **express railway** (Rail) / Schnellbahn f (Oberbegriff für Schienenbahnen auf eigenem Bahnkörper im öffentlichen Personennahverkehr zu Großstädten und Ballungsräumen) ‖ ~ **issue** / Regionalausgabe f (von Zeitungen oder Zeitschriften) ‖ ~ **metamorphism**\* (Geol) / Regionalmetamorphose f (die weite Gebiete erfasst und langzeitig andauert) ‖ ~ **pathology** (Geol) / medizinische Geologie (Einfluss der geologischen Elemente und Prozesse auf die Gesundheit der Menschen) ‖ ~ **planning** / Regionalplanung f ‖ ~ **planning** (Arch, Ecol) / Landesplanung f ‖ ~ **planning** (Build, Civ Eng) / Raumordnung f (Planung und Maßnahmen des Bundes und der Länder) ‖ ~ **policy** (Build, Civ Eng) / Raumordnungspolitik f ‖ ~ **policy** (Build, Civ Eng) s. also space planning ‖ ~ **telecommunication hub** (Meteor, Telecomm) / RTH f (im Rahmen der Weltwetterwacht mit hochleistungsfähigen Rechnern und entsprechendem Gerät eingerichtete Fernmeldezentrale) ‖ ~ **transmitter** (Radio) / Lokalsender m, Ortssender m
**region analysis** (Comp) / Gebietsanalyse f (bei der Bildverarbeitung), Flächenanalyse f ‖ ~ **of adhesive bonding** / Mikrobereich m (die Oberflächenschicht der Reibpartner) ‖ ~ **of guidance** (Nav) / Führungsgebiet n ‖ ~ **of limited proportionality**\* (Nuc) / Bereich m begrenzter Proportionalität ‖ ~ **of melting** (Geol) / Zehrgebiet n (eines Gletschers) ‖ ~ **of non-operation** (Elec Eng) / Ruhebereich m (bei Relais) ‖ ~ **of regularity** (Maths) / Regularitätsbereich m
**regioselective** adj (Chem) / regioselektiv adj
**regioselectivity** n (Chem) / Regioselektivität f (bevorzugter, aber nicht ausschließlicher Angriff einer chemischen Reaktion an einer von mehreren nicht äquivalenten Stellungen)
**regiospecific** adj (Chem) / regiospezifisch adj
**regiospecificity** n (Chem) / Regiospezifizität f (eine Positions- bzw. Stellungsspezifizität)
**register** v / speichern v (Fahrwünsche bei Aufzügen) ‖ ~ / registrieren v ‖ ~ (enter or record in an official list) / registrieren v, protokollieren v ‖ ~ (Aero) / einchecken v (Gepäck) ‖ ~ n / Rolle f, Zeichenrolle f (beim Patentamt) ‖ ~ / Liste f (amtliche), Register n (amtlich geführtes Verzeichnis rechtserheblicher Umstände) ‖ ~ / Verzeichnis n, Register n (Verzeichnis) ‖ ~ (Acous) / Stimmlage f, Stimmgattung f ‖ ~ (Build) / einfacher, nicht einstellbarer Luftauslass (z.B. ein Gitter) ‖ ~* (Build, Eng) / Schornsteinzugregler m, Schornsteinschieber m, Schornsteinregler m ‖ ~* (Build, San Eng) / Lüftungsgitter n, Luftgitter n ‖ ~ (a set of flip-flops to hold information) (Comp) / Register n, Registerspeicher m ‖ ~* (Comp) / Register n (Anordnung von Speicherelementen, REG (Register) ‖ ~* (Comp) / Registermaschine f (mathematisches Modell, das mit einem Registerprogramm arbeitet) ‖ ~ (Instr) / Schreiber m (ein Registriergerät), Registriergerät n (schreibendes Messgerät), Registrierapparat m ‖ ~ (Photog, Print) / Passgenauigkeit f, Passer m (kongruentes Übereinanderstimmen der einzelnen Farbauszüge beim Mehrfarbendruck) (beim Druck mehrerer Formen auf die gleiche Papierseite) ‖ ~* (Photog, Print) / Register n, Druckregister n ‖ ~ (Print) / Registerhalten n (gleichmäßiges Bedrucken von Bogen oder Blättern auf beiden Seiten des gesamten Fortdruckes, so dass mindestens zwei Kanten des Satzspiegels deckungsgleich aufeinander stehen) ‖ ~* (Telecomm) / Speicher m, Register n ‖ **in** ~ (Print) / registerhaltig adj, registergenau adj ‖ **out of** ~ (Print) / nicht passgenau, mit Passerdifferenz ‖ **out of** ~ (Print) / nicht registerhaltig, nicht registergenau ‖ ~ **addressing** (Comp) / Registeradressierung f ‖ ~ **adjustment** (Print) / Einpassen n, Registereinstellung f, Registerstellen n, Registermachen n
**register-and-arithmetic-and-logic unit** (Comp) / RALU n (Mikrorechner-Baustein, der die Operationseinheit und die Register zur schnellen Zwischenspeicherung enthält)
**register arithmetic logic unit** (Comp) / RALU n (Mikrorechner-Baustein, der die Operationseinheit und die Register zur schnellen Zwischenspeicherung enthält) ‖ ~ **arithmetics** / Speicherrechnung f (bei Taschenrechnern) ‖ ~ **capacity** (Comp) / Registerkapazität f ‖ ~ **code signal** (Comp) / Registerkennung f ‖ ~ **difference** (Print) / Passerdifferenz f, Passdifferenz f (Abweichung vom genauen Übereinander- od. Nebeneinanderdruck zusammengehörender Formteile und aller Druckelemente)
**registered** adj / zugelassen adj (angemeldet, registriert) ‖ ~ **baggage** (Aero) / aufgegebenes (eingechecktes) Gepäck ‖ ~ **capital** / Stammkapital n (einer GmbH) ‖ ~ **depth**\* (Ships) / Vermessungstiefe f ‖ ~ **keeper** (of a vehicle) (Autos) / Fahrzeughalter m ‖ ~ **length**\* (Ships) / Vermessungslänge f ‖ ~ **trademark** / [eingetragenes] Warenzeichen n (in der Warenzeichenrolle), geschütztes Markenzeichen ‖ ~ **user of a vehicle** (Autos) / Fahrzeughalter m
**register glass** (Optics, Surv) / Anlegeglasplatte f ‖ ~ **identifier** (Comp) / Registerkennung f
**registering balloon** (Geophys) / Registrierballon m, Sondenballon m ‖ ~ **balloon** (Geophys) s. also balloon sonde
**register insertion** (Comp) / Registereinschubverfahren n (ein Zugriffsverfahren) ‖ ~ **insertion** (Telecomm) / Registerinsertion f (ein Zugriffsverfahren bei lokalen Netzen mit Ringtopologie) ‖ ~ **instruction** (Comp) / Registeranweisung f, Registerbefehl m ‖ ~ **length**\* (Comp) / Registerlänge f ‖ ~ **logic** (Comp) / Registerlogik f ‖ ~ **map** (Comp) / Registermatrix f ‖ ~ **mark** (Cartography) / Passermarke f ‖ ~ **mark** (Photog, Print) / Passgenauigkeit f, Passer m (kongruentes Übereinanderstimmen der einzelnen Farbauszüge beim Mehrfarbendruck) (beim Druck mehrerer Formen auf die gleiche Papierseite) ‖ ~ **mark**\* (Print) / Passmarke f (um beim Druck den Passer zu erzielen) ‖ ~ **name** (Comp) / Registerbezeichnung f ‖ ~ **of European Patents** / Europäisches Patentregister ‖ ~ **of landed property** (Agric, Civ Eng) / Flurbuch n (von dem Katasteramt geführt) ‖ ~ **of patents** / Patentregister n, Patentrolle f ‖ ~ **of trademarks** / Markenregister n (beim Patentamt geführtes Register für Marken und sonstige nach dem Markengesetz geschützten Zeichen) ‖ ~ **pair addressing** (the instruction specifies the register pair containing the memory address) (Comp) / indirekte Registeradressierung f ‖ ~ **pin** (Cinema) / Sperrgreifer m ‖ ~ **relay** (Elec Eng) / Zählrelais n (mit Arbeits- und Zahlenrolle zur Ziffernanzeige) ‖ ~ **rollers**\* (Print) / Registerwalzen f pl ‖ ~ **rule** (Typog) / Registerlineal n ‖ ~ **sheet**\* (Print) / Registerbogen m (zur Kontrolle des Druckregisters) ‖ ~ **stack** (Comp) / Registerkeller m ‖ ~ **table** (Print) / Montage- und Standtisch m, Montagetisch m ‖ ~ **ton** (Ships) / Registertonne f (2,8316 m³ - heute obsolet), Reg.-T, Rt
**register(ed) tonnage**\* (Ships) / Registertonnengehalt m
**register-true** adj (Print) / registerhaltig adj, registergenau adj
**registration** n / Registrierung f, Erfassung f, Eintragung f ‖ ~ (Aero) / Eintragung f (des Flugzeugs) ‖ ~ (Autos) / Zulassung f ‖ ~ (Cables) / Gangversatz m, Lagenversatz m ‖ ~ (Electronics) / Lagegenauigkeit f (bei gedruckten Schaltungen), genaue Deckung (bei gedruckten Schaltungen) ‖ ~ (Instr) / Aufnahme f (von Messwerten) ‖ ~ (Print) / Einpassen n, Registereinstellung f, Registerstellen n, Registermachen n ‖ ~ **book** (Autos) / Fahrtenbuch n ‖ ~ **documents** (Autos) / Fahrzeugpapiere n pl, Wagenpapiere n pl ‖ ~ **mark** (Aero) / Eintragungszeichen n ‖ ~ **mark** (Autos) / Kennzeichen n (amtliches) ‖ ~ **mark** (Print) / Anlegemarke f (zur Kontrolle des Registers) ‖ ~ **number** (Autos) / Kennzeichen n (amtliches)
**registration-perfect** adj (Print) / registerhaltig adj, registergenau adj
**registration pin** (Cinema) / Sperrgreifer m ‖ ~ **tick** (Cartography) / Passermarke f
**registry** n / Registrierung f, Erfassung f, Eintragung f ‖ ~ **formula** (Chem) / Registrierformel f
**reglassing** n / Neuemaillierung f
**reglaze** v (Build) / wieder verglasen
**reglet**\* n (Arch, Build) / Fries m (waagerechter bandartiger Streifen zur Gliederung einer Wandfläche) ‖ ~ (Build) / Schlitz m, Nut f ‖ ~* (Typog) / Reglette f (zum Blindmaterial gehörender Streifen, meist aus einer Bleilegierung - nach DIN 16507)
**reglet-type gasket** (Eng) / Nutringprofil n (eine Profildichtung)
**regolith**\* n (Astron) / Regolith m (die 10-25 cm dicke Schicht aus Gesteinstrümmern, welche die Oberfläche des Mondes und anderer atmosphärenloser Himmelskörper bedeckt) ‖ ~* (Geol) / Regolith m (unverfestigtes Material über dem Anstehenden)

**regosol**

**regosol** *n* (Agric, Geol) / Regosol *m* (Rohboden auf frisch sedimentierten Lockergesteinen), Lockersyrosem *m*
**regrade** *n* / Neueinstufung *f* (in der Produktkontrolle nach DIN ISO 9000)
**regrading** *n* / Neueinstufung *f* (in der Produktkontrolle nach DIN ISO 9000) || ~ (of a line) (Rail) / Änderung *f* des Profils
**regranulate** *v* (Plastics) / regranulieren *v*
**regrease** *v* / nachschmieren *v* (mit Fett) || ~ / neu einfetten, wieder einfetten || ~ / nachfetten *v*
**regressand** *n* (dependent variable in regression analysis) (Stats) / Regressand *m* (pl.: -en) (abhängige Variable)
**regression** *n* / Rückgang *m*, Abnahme *f*, Verringerung *f* || ~* (Biol) / Regression *f* (regressive Entwicklung) || ~ (Geol) / Regression *f* (marine), negative Strandverschiebung (Zurückweichen des Meeres), Meeressregression *f* || ~ (Maths, Stats) / Regression *f* || ~ **analysis** (Maths, Stats) / Regressionsanalyse *f* || ~ **coefficient** (Maths) / Regressionskoeffizient *m* || ~ **constant** (a constant in a regression equation - in cost analysis it is analogous to 'fixed cost') (Stats) / Regressionskonstante || ~ **curve** (Stats) / Regressionskurve *f* (grafische Darstellung der Regression) || ~ **effect** (Stats) / Regressionseffekt *m* || ~ **equation** (Stats) / Regressionsgleichung *f* || ~ **estimate** (Stats) / Regressionsschätzung *f* || ~ **function** (Stats) / Regressionsfunktion *f* || ~ **hyperplane** (Stats) / Regressionshyperebene *f* (erster oder zweiter Art) || ~ **line** (Stats) / Regressionslinie *f* (grafische Darstellung der Regression im linearen Fall), Regressionsgerade *f* || ~ **line** (Stats) s. also regression curve
**regressive** *adj* / regressiv *adj* (vom Bedingten auf die Bedingung, von der Folge auf die Ursache rückschließend)
**regressively linked** (Spectr) / regressiv verknüpft (Übergänge im Differenzspektrum)
**regressive overlap** (Geol) / regressive Schichtlagerung, zurückbleibende Lagerung
**regressor** *n* (an independent variable in a regression equation or relationship) (Maths, Stats) / Regressor *m* (unabhängige Variable) || ~ (Maths, Stats) s. also explanatory variable
**regrind** *v* / nachmahlen *v*, wieder mahlen || ~ (Eng) / nachschleifen *v*, nachschärfen *v* || ~ (Eng, Tools) / scharf schleifen *v* (Werkzeuge), schärfen *v*, wetzen *v* (scharf schleifen), schleifen *v* (Werkzeuge schärfen)
**regroove** *v* (Autos) / nachschneiden *v* (die Lauffläche bei Reifen)
**regroup** *v* / umgruppieren *v*, neu gruppieren
**regrowing raw products** (Bot, Ecol) / nachwachsende Rohstoffe (überwiegend pflanzliche), biogene Rohstoffe
**reg ton** (Ships) / Registertonne *f* (2,8316 m$^3$ - heute obsolet), Reg.-T, Rt
**regula falsi** (an iterative method for finding a root of the non-linear equation f(x) = 0) (Maths) / Regula Falsi *f* (Sekantennäherungsverfahren), Sekantenverfahren *n* (zur näherungsweisen Bestimmung einer Nullstelle einer stetigen Funktion)
**regular 8** (Cinema) / Normalachtfilm *m*, Doppelachtfilm *m*, Doppelacht *f* (ein Schmalfilm) || ~ *adj* / regulär *adj* || ~ / regelmäßig *adj* || ~ (Maths) / regulär *adj* (den Allgemeinfall darstellend; Gegensatz: singulär) || ~ (Rail) / fahrplanmäßig *adj* || ~ **aerodrome** (Aero) / Streckenflugplatz *m* (auf dem auf der geflogenen Strecke die Zwischenlandung vorgenommen werden soll) || ~ **block** (Chem) / regelmäßiger Block (bei Blockpolymeren) || ~ **conic section** (Maths) / eigentlicher Kegelschnitt, nichtentarteter Kegelschnitt, regulärer Kegelschnitt || ~ **continued fraction** (Maths) / regelmäßiger Kettenbruch || ~ **convex solids*** (Maths) / regelmäßige Körper *m pl*, regelmäßige Polyeder *n pl* (konvexe Polyeder), reguläre Polyeder *n pl*, platonische Körper *m pl* (Tetraeder, Würfel, Oktaeder, Dodekaeder, Ikosaeder)
**regular-coursed ashlar work*** (Build) / Mauerwerk *n* aus Quadersteinen, Quadermauerwerk *n*
**regular•-coursed rubble*** (Build) / regelmäßiges Schicht(en)mauerwerk, hammergerechtes Schichtenmauerwerk || ~ **customer** / Stammkunde *m* || ~ **event** (AI, Comp) / reguläre Menge, rationale Menge, reguläre Sprache, rationale Sprache (auf dem Gebiet der Automatentheorie und der formalen Sprache) || ~ **expression** (Comp) / regulärer Ausdruck (für Programmiersprachen) || ~ **function*** (Maths) / reguläre Funktion (eine analytische Funktion)
**regular-grade gasoline** (US) (Autos, Fuels) / Normalottokraftstoff *m*, Normalbenzin *n*, Normal *n* (Benzin)
**regular graph** (Maths) / regulärer Graf || ~ **icosahedron** (Maths) / regelmäßiges Ikosaeder, reguläres Ikosaeder, regelmäßiges Zwanzigflach
**regularity** *n* / Gleichmäßigkeit *f*, Regelmäßigkeit *f*
**regular language** (recognized by a finite-state automaton) (AI, Comp) / reguläre Menge, rationale Menge, reguläre Sprache, rationale Sprache (auf dem Gebiet der Automatentheorie und der formalen Sprache) || ~ **lay** (Eng) / Kreuzschlag *m* (eine Drahtseilmachart) || ~ **matrix** (Maths) / reguläre Matrix (über einer Gruppe mit Null) || ~ **milling cutter** (Eng) / Walzenfräser *m* || ~ **oil** / Normalöl *n* || ~ **operation** (AI, Comp) / Kleene-Operation *f*, reguläre Operation (Komplexprodukt, Vereinigung und Iteration) || ~ **petrol** (Autos, Fuels) / Normalottokraftstoff *m*, Normalbenzin *n*, Normal *n* (Benzin) || ~ **petrol** s. also star classification || ~ **point** (Maths) / regulärer Punkt (ein Flächenpunkt, der eine Tangentialebene besitzt) || ~ **polygon*** (Maths) / regelmäßiges Vieleck, reguläres Polygon || ~ **polyhedra** (Maths) / regelmäßige Körper *m pl*, regelmäßige Polyeder *n pl* (konvexe Polyeder), reguläre Polyeder *n pl*, platonische Körper *m pl* (Tetraeder, Würfel, Oktaeder, Dodekaeder, Ikosaeder) || ~ **position** (Radio) / Regellage *f* (eine Frequenzlage des Hauptseitenbandes) || ~ **pyramid** (Maths) / regelmäßige Pyramide || ~ **reflection** (Light, Phys) / regelmäßige Reflexion, spiegelnde Reflexion, reguläre Reflexion (an spiegelnden Oberflächen), gerichtete Reflexion (bei sehr ebenen Grenzflächen) || ~ **service(s)** / Linienverkehr *m* (regelmäßiger, insbesondere fahrplanmäßiger Verkehr auf einer Verkehrslinie) || ~ **set** (AI, Comp) / reguläre Menge, rationale Menge, reguläre Sprache, rationale Sprache (auf dem Gebiet der Automatentheorie und der formalen Sprache) || ~ **size** (Textiles) / normale Größe || ~ **soluble nitrocellulose** (Chem) / esterlösliche Kollodiumwolle, esterlösliches Zellulosenitrat, E-Wolle *f*
**regular-stock steel** (Met) / Stahl *m* in Handelsqualität, Handelsstahl *m*
**regular system** (Crystal) / kubisches System || ~ **transmission*** (Optics) / reguläre Durchlässigkeit || ~ **twist** (Textiles) / Z-Draht *m*, Z-Drehung *f*, z-Drehung *f*
**regulate** *v* / vorschreiben *v* (durch eine Verordnung), verordnen *v*, bestimmen *v* || ~ (Automation) / konstant halten *v*, stabilisieren *v* || ~ (Automation) / regulieren *v*, regeln *v* (im Allgemeinen)
**regulated function** (Maths) / Regelfunktion *f*
**regulated-set cement** (Build) / Schnellzement *m* (Zement mit eingestellten Erstarrungsverhalten - Z 35 SF)
**regulating door** (Mining) / Wettertür *f* mit Durchlassöffnung, Drosseltür *f* || ~ **machine** (Elec Eng) / Hintermaschine *f* || ~ **point** / Stellort *m* (an dem das Stellglied in die Regel- oder Steuerstrecke eingreift - DIN 19226) || ~ **quality** (Automation) / Regelgüte *f* || ~ **relay** (Elec Eng) / Regelrelais *n* || ~ **rod*** (Nuc Eng) / Feinsteuerstab *m* || ~ **screw** (Eng) / Einstellschraube *f* (zum Ausrichten von Geräten und Nachstellen von Spielen), Stellschraube *f* || ~ **sleeve** (Chem) / Luftregulierungsring *m* (des Bunsenbrenners) || ~ **track** (Rail) / Reguliergleis *n* || ~ **transformer** (Elec Eng) / Stelltrafo *m*, Stelltransformator *m* (ein Sondertransformator, dessen Übersetzungsverhältnis durch quer zur Windungsrichtung bewegte Stromabnehmer auf Wicklungen mit Kontaktbahnen geändert werden kann) || ~ **valve** (Eng) / Regelventil *n*
**regulating-wheel headstock** (Eng) / Regelscheibenspindelstock *m* (bei spitzenlosen Rundschleifmaschinen)
**regulation** *n* / Vorschrift *f* (Verordnung), Verordnung *f*, Bestimmung *f* || ~* (Automation) / Festwertsteuerung *f*, Festwertregelung *f* (bei der die Führungsgröße zeitinvariant ist), Stellen *n* || ~* (Automation) / Konstanthaltung *f*, Stabilisierung *f* || ~ (Autos) / Drehzahländerung *f* (eines Motors) || ~* (Elec Eng, Electronics) / Spannungsregelung *f* (eines Generators) || ~* (Elec Eng, Electronics) / Spannungsänderung *f* bei Lastwechsel || ~ **of torrents** (Hyd Eng) / Wildbachverbauung *f* || ~ **speed** (Autos) / Richtgeschwindigkeit *f* (empfohlene Geschwindigkeit)
**regulator*** *n* (Automation) / Regler *m*, Regelgerät *n* || ~ (Autos) / Regler *m*, Regelschalter *m* || ~* (voltage) (Electronics) / Spannungsstabilisator *m*, Konstanter *m*, Konstanthalter *m*, Konstantregler *m*, Regelröhre *f*, Spannungsregler *m* || ~ (Eng, Welding) / Druckminderer *m*, Druckminderventil *n* || ~ (Gen) / Regulatorgen *n* || ~* (Horol) / Regulator *m* (Penduluhr mit verstellbarem Pendelgewicht) || ~* (Horol) / Gangregler *m* || ~ (Hyd Eng) / Regelungsbauwerk *n* (in einem natürlichen oberirdischen Fließgewässer), Regulierungsbauwerk *n* || ~ (Mining) / Wettertür *f* mit Durchlassöffnung, Drosseltür *f* || ~ **cell** (Elec Eng) / Schaltzelle *f*, Regulierzelle *f* || ~ **clock** (Horol) / Normaluhr *f* || ~ **door** (Mining) / Wettertür *f* mit Durchlassöffnung, Drosseltür *f* || ~ **gene*** (Gen) / Regulatorgen *n* || ~ **storage** (Hyd Eng) / Inhalt *m* des Ausgleichbeckens || ~ **valve** (Rail) / Regulator *m* (Fahrhebel, der den Dampfeinlass in die Zylinder der Dampflokomotive regelt)
**regulatory framework** / Rahmenrichtlinien *f pl* || ~ **gene** (Gen) / Regulatorgen *n* || ~ **protein** (Biochem) / Regulatorprotein *n*
**reguline deposit*** (Chem, Elec, Surf) / einwandfreier Überzug (galvanischer), reguliner Niederschlag (bei der elektrochemischen Metallabscheidung)
**regulus*** *n* (pl. reguli or reguluses) (Maths) / Schar *f* von Geraden, die eine Regelfläche erzeugen kann || ~* (pl. reguli or reguluses) (Met) / Metallkönig *m*, Regulus *m* (pl. -guli oder -gulusse) (ein Metallklumpen, der sich beim Schmelzen und Reduzieren von Erzen unter der Schlacke absondert) || ~ **metal** (Met) / Hartblei *n*

(DIN 17640, T 1), Antimonialblei *n*, Antimonblei *n* (mit 0,5 - 13 Gew. % Antimon und manchmal mit Zinn) ‖ ~ **of antimony**\* (Met) / Antimonregulus *m*
**rehabilitation** *n* / Umschulung *f* (nach der Haftentlassung oder eines Körperbehinderten) ‖ ~ (Build) / Altbausanierung *f* (mit öffentlichen Mitteln) ‖ ~ (Civ Eng, Ecol) / Sanierung *f* (von Straßendecken, Flüssen) ‖ ~ **of the substructure** (Rail) / Unterbausanierung *f*
**Rehbinder effect** (Met, Phys) / Rehbinder-Effekt *m* (Beeinflussung der physikalischen Eigenschaften metallischer Werkstoffe im Kontakt mit Schmelzen oder grenzflächenaktiven Stoffen - nach P.A. Rehbinder, 1898-1972)
**rehearsal** *n* (Cinema) / Probe *f*
**rehearse** *v* (Cinema) / proben *v*
**reheat** *n* / Wiedererwärmung *f*, erneute Erwärmung ‖ ~\* (Aero, I C Engs) / Nachverbrennung *f* (z.B. der Kohlenwasserstoffe oder des Kohlenmonoxids - bei TL) ‖ ~ (Eng) / Zwischenerhitzung *f* (der Turbinenanlage) ‖ ~ **drawing of the temper** (Eng, Met) / Anlassen *n* (DIN EN 10 052)
**reheater** *n* (Aero) / Nachverbrennungssystem *n* ‖ ~ (GB) (Aero) / Nachbrenner *m* (für Zusatzschub bei TL), Afterburner *m* ‖ ~ (Eng) / Zwischenüberhitzer *m* (der den in der Dampfturbine bereits teilweise entspannten Dampf wieder überhitzt), ZÜ (Zwischenüberhitzer) ‖ ~ **engine** (Eng) / Dampfmaschine *f* mit Zwischenüberhitzung
**reheating** *n* / Wiedererwärmung *f*, erneute Erwärmung ‖ ~\* (Eng) / Dampfzwischenüberhitzung *f*, Zwischenüberhitzung *f* ‖ ~ **furnace** (Met) / Wärmeofen *m* (DIN 24201), Wärmofen *m* ‖ ~ **furnace**\* (Met) / Anlassofen *m*, Nachwärmofen *m*
**reheat steam** (Eng) / zwischenüberhitzter Dampf, Zwischendampf *m* ‖ ~ **steam range** (Eng) / Zwischenüberhitzerschiene *f* ‖ ~ **unit** (Aero) / Nachverbrennungssystem *n*
**rehydratation** *n* (Chem, Phys) / Rehydratation *f* (erneute Wasseraufnahme) ‖ ~ (Leather) / erneute Einweichung
**rehydration** *n* (Chem, Nut) / Rehydrierung *f*, Wiederhydrierung *f* ‖ ~ (Nut) / Rekonstitution *f*, Rehydratisierung *f*, Rehydratisation *f* (von getrockneten Produkten)
**rehydrogenate** *v* (Chem) / aufhydrieren *v*
**Reichert-Meissl number**\* (Chem) / Reichert-Meissl-Zahl (RMZ; R-M-Z) *f*, RMZ, R-M-Z (eine Kennzahl der Fette und der fetten Öle)
**Reid vapour pressure** (Phys) / Dampfdruck *m* nach Reid (bei 100° F - nach DIN 51 754), Reid-Dampfdruck *m*
**reignition** *n* / Wiederentzündung *f* (im Allgemeinen) ‖ ~ (Elec Eng, Electronics) / Wiederzündung *f*, Neuzündung *f* (der Schaltstrecke bei Schaltern) ‖ ~ (Electronics) / Nachentladung *f*
**REIL** (runway-end lighting) (Aero) / Pistenendbefeuerung *f*
**reimbursement** *n* / Rückerstattung *f*, Erstattung *f*
**Reimer-Tiemann reaction**\* (Chem) / Reimer-Tiemann-Reaktion *f* (eine Aldehydsynthese), Reimer-Tiemann-Synthese *f* (nach K. Reimer, 1856-1921, und F. Tiemann, 1848-1899)
**reimpose** *v* (Print, Typog) / umschießen *v* (nach einem neuen Ausschießschema), neu ausschießen
**reimpression** *n* (Print) / Nachdruck *m*, Neudruck *m* (unveränderte Neuauflage)
**Reinartz circuit**\* (Elec Eng) / Reinartz-Schaltung *f*
**reineckate** *n* (Chem) / Reineckat *n* (vom Reinecke-Salz sich ableitende Verbindung)
**Reinecke's salt** (Chem) / Reinecke-Salz *n* (Ammoniumtetrathiocyanatodiamminchromat(III-1-Wasser) - ein Chromiak), Ammoniumreineckat *n*
**reinerite** *n* (Min) / Reinerit *m* (ein Arsenit)
**Reiner-Rivlin fluid** (Phys) / Reiner-Rivlin-Flüssigkeit *f* (eine nicht-Newton'sche Flüssigkeit)
**reinfection** *n* (Med, Nut, San Eng) / Nachinfektion *f*, Reinfektion *f*, Wiederansteckung *f*
**reinforce** *v* (Build, Civ Eng, Eng) / aussteifen *v*, verstärken *v* ‖ ~ (Civ Eng) / bewehren *v* (Beton), armieren *v* (Beton) ‖ ~ (Paper, Plastics) / verstärken *v*
**reinforced** *adj* (Welding) / überwölbt *adj*, Wölb-, überhöht *adj* (Naht) ‖ ~ **board** (Paper) / verstärkte Pappe
**reinforced-brick masonry** (Build) / bewehrtes Mauerwerk
**reinforced cloth** (Textiles) / verstärktes Gewebe ‖ ~ **concrete**\* (Civ Eng) / Stahlbeton *m*, bewehrter Beton
**reinforced-concrete cooling tower** (Build) / Stahlbetonkühlturm *m* ‖ ~ **pipe** (Civ Eng) / Stahlbetonrohr *n* (DIN 4035) ‖ ~ **shell** (Nuc Eng) / Stahlbeton-Sicherheitshülle *f*, Betoncontainment *n*
**reinforced joint** (Join) / Tischlerverbindung *f* (auch mit Verdübelung, Verschraubung oder Nagelung) ‖ ~ **lightweight concrete** (Civ Eng) / Stahlleichtbeton *m* ‖ ~ **paper** (Paper) / verstärktes Papier (Gewebe, Metall) ‖ ~ **plastics**\* (Plastics) / verstärkte Kunststoffe ‖ ~ **reaction injection moulding** (Plastics) / RRIM-Technik *f* (bei der Herstellung von mit Glasfasern verstärkten Schaumstoffen), RRIM-Verfahren *n* ‖ ~ **rim** (Glass) / umgelegter Rand ‖ ~ **RIM** (Plastics) / RRIM-Technik *f* (bei der Herstellung von mit Glasfasern verstärkten Schaumstoffen), RRIM-Verfahren *n* ‖ ~ **seam** (Welding) / Wölbnaht *f* (eine Kehlnaht), überhöhte Naht (mit konvex gewölbter Fläche) ‖ ~ **stitch** (Textiles) / Verstärkungsmasche *f* ‖ ~ **stitch** (Textiles) / Verbundstich *m* (beim Nähen) ‖ ~ **tyre** (Autos) / verstärkter Reifen
**reinforcement**\* *n* (Acous) / differenzierte Verstärkung (in einem größeren Raum mit mehreren Lautsprechern, um den Haas-Effekt auszuschalten) ‖ ~ (Build, Civ Eng) / Aussteifung *f*, Verstärkung *f* ‖ ~ (Cables) / Druckschutz *m*, Druckschutzbandage *f* ‖ ~ (Civ Eng) / Bewehrung *f* (Stahlbetonbewehrung) ‖ ~ (Eng) / Einlage *f* (bei Fördergurten - z.B. Stahlseil oder Textilien) ‖ ~ **bar** (Civ Eng) / Bewehrungsstab *m*, BSt ‖ ~ **board** (Paper) / Verstärkungskarton *m*, Einlagekarton *m* (zur Verstärkung) ‖ ~ **cable** (Civ Eng, Met) / Bewehrungsdraht *m* (glatter oder profilierter Betonstahl, der als Ring hergestellt wird) ‖ ~ **cage** (Civ Eng) / Bewehrungskorb *m*, Bewehrungsskelett *n* (Geflecht aus Bewehrungsstählen zur Aufnahme der Zugspannungen) ‖ ~ **drawing** (Build) / Bewehrungsplan *m* (Stahlbeton - DIN 1356-1) ‖ ~ **of weld** (Welding) / Schweißnahtüberhöhung *f* (DIN 1912-1), Nahtüberhöhung *f* (zwischen der höchsten Stelle der Oberfläche einer Schweißnaht und der oberen Einbrandgrenze im Schweißteil), Schweißkuppe *f*, Schweißwölbung *f*
**reinforcement-steel corrosion** (Surf) / Betonstahlkorrosion *f*
**reinforcing action** / verstärkende Wirkung, Verstärkungseffekt *m*, Verstärkerwirkung *f* ‖ ~ **agent** (Chem, Plastics) / Verstärkungsmittel *n*, Verstärker *m* ‖ ~ **bar** (Civ Eng) / Bewehrungsstab *m*, BSt ‖ ~ **bars with improved composite effect** (Civ Eng) / Betonstahl *m* mit verbesserter Verbundwirkung ‖ ~ **black** (Chem Eng) / aktiver Ruß ‖ ~ **cage** (Civ Eng) / Bewehrungskorb *m*, Bewehrungsskelett *n* (Geflecht aus Bewehrungsstählen zur Aufnahme der Zugspannungen) ‖ ~ **fibre** (Plastics) / Verstärkungsfaser *f* ‖ ~ **seam** / Verstärkungsnaht *f* ‖ ~ **steel** (Civ Eng, Met) / Betonstahl *m* (DIN 488), Bewehrungsstahl *m*, Armierungsstahl *m* (S)
**reinforcing-steel corrosion** (Surf) / Betonstahlkorrosion *f*
**reinforcing tape** (Cables) / Druckschutz *m*, Druckschutzbandage *f* ‖ ~ (indented) **wire** (Civ Eng, Met) / Bewehrungsdraht *m* (glatter oder profilierter Betonstahl, der als Ring hergestellt wird) ‖ ~ **wire mesh** (Civ Eng) / Bewehrungsmatte *f*
**Reinsch test** (for detecting small amounts of arsenic, bismuth, mercury and silver) (Chem) / Rein'sche Probe
**reinsert** *v* / wieder einfügen, wieder einschieben
**reinsertion** *n* / Wiedereinfügung *f*, Wiedereinschieben *n* ‖ ~ **of carrier** (Telecomm) / Trägerzusatz *m*, Wiedereinfügen *n* des Trägers
**reinspector** *n* / Endkontrolleur *m*
**reinstallation** *n* (Civ Eng) / Neuverlegung *f* (von Leitungen) ‖ ~ (Comp, Eng) / Nachinstallation *f*
**reintroduction** *n* (Biol, Ecol) / Wiedereinbürgerung *f* (der einheimischen Tiere)
**reinvest** *v* / reinvestieren *v* (Gewinne)
**Reissert compounds** (Chem) / Reissert-Verbindungen *f pl* ‖ ~ **reaction** (Chem) / Reissert-Reaktion *f* (Indol- oder Aldehydsynthese)
**reissue** *n* (Print) / Nachdruck *m*, Neudruck *m* (unveränderte Neuauflage) ‖ ~ (Print) / Neuauflage *f* (meistens mit Änderungen) ‖ ~ **patent** / Abänderungspatent *n*
**reiteration**\* *n* (Surv) / Reiteration *f* (satzweise Horizontalwinkelmessung)
**reject** *v* / ausscheiden *vt* (als Ausschuss), ausmustern *v* (als Ausschuss), zum Ausschuss erklären ‖ ~ / zurückweisen *v*, ablehnen *v*, rückweisen *v*, verwerfen *v* (als Ausschuss) ‖ ~ (dismiss as inadequate, unacceptable, or faulty) / verwerfen *v* (z.B. eine Hypothese) ‖ ~ (Comp) / aussteuern *v*, rückweisen *v* ‖ ~ (Med) / abstoßen *v* (ein Transplantat) ‖ ~ (Telecomm) / nicht durchlassen, sperren *v* (Frequenz) ‖ ~ *n* (Met) / Abfall *m*, Ausschuss *m* ‖ ~ (Min Proc) / Waschberge *m pl*
**rejectable quality level** / Ausschussgrenze *f*
**reject allowance** (Work Study) / Zeitzuschlag *m* für Ausschuss ‖ ~ **china** (Ceramics) / Porzellan *n* zweiter Wahl
**rejected part** (Eng) / Ausschussteil *n* ‖ ~ **stock** (Paper) / Spuckstoff *m* (grober), Grobstoff *m*, "Sauerkraut" *n*, Sortierstoff *m* ‖ ~ **take-off** (Aero) / abgebrochener Start
**rejection** *n* / Ablehnung *f*, Abweisung *f* ‖ ~ / Sperrung *f* (Unterdrückung) ‖ ~ (Comp) / Peirce-Funktion *f* (weder-noch - nach Ch.S. Peirce, 1839-1914), NOR-Verknüpfung *f* (DIN 44 300-5), Nicod-Wahrheitsfunktion *f*, Antialternative *f*, NOR-Funktion *f* ‖ ~ (Heat) / Abführung *f* (der Wärme, z.B. ins Freie) ‖ ~ (Med) / Abstoßung *f* (eines Transplantats) ‖ ~ (Work Study) / Rückweisung *f* (Nichtannahme zur Kontrolle vorgestellter Erzeugnisse), Zurückweisung *f*, Ablehnung *f* (bei der Kontrolle), Verwerfung *f* (bei der Kontrolle) ‖ ~ **band**\* (Telecomm) / Sperrbereich *m* (Frequenzfilter), Filtersperrbereich *m* ‖ ~ **filter** (Radio, Telecomm) /

**rejection**

Bandsperre *f* (Gegensatz zu Bandpass), Bandsperrfilter *n*, BS (Bandsperre) || **~ level** (Stats) / Rückweisungsgrenze *f*, Ablehnungsgrenze *f*, Rückweisegrenze *f* || **~ limit** (in quality control) (Stats) / Rückweisungsgrenze *f*, Ablehnungsgrenze *f*, Rückweisegrenze *f* || **~ number** / Schlechtzahl *f* (in der statistischen Qualitätskontrolle) || **~ of anonymous calls** (Teleph) / Zurückweisung *f* anonymer Anrufe || **~ of the opposition** / Zurückweisung *f* des Einspruchs (im Patentrecht) || **~ probability** (Stats) / Ablehnungswahrscheinlichkeit *f* || **~ region** (Stats) / Ablehnungsbereich *m* (in der Testtheorie)
**rejections** *pl* (Leather) / Sekundaware *f*
**reject loss** (Work Study) / Verlust *m* durch Ausschuss
**rejector** *n* (Autos, Eng) / Abweiser *m* || **~** (Elec Eng) / Parallelschwingkreis *m* (der zur Sperrung bestimmter Oberwellenfrequenzen dient), Sperrkreis *m* || **~ circuit*** (Elec Eng) / Parallelschwingkreis *m* (der zur Sperrung bestimmter Oberwellenfrequenzen dient), Sperrkreis *m*
**rejects** *pl* / Ausschussware *f* || **~** (Min Proc) / Abgänge *m pl* (aus der Rohfördermenge durch Sortieren ausgehaltene Berge) || **~** (Paper) / Spuckstoff *m* (grober), Grobstoff *m*, "Sauerkraut" *n*, Sortierstoff *m*
**reject sheet** (Met) / Ausschussblech *n*
**rejig** *v* / umrüsten *v* (eine Fabrik)
**rejigging** *n* (Eng) / Umrüstung *f* (Werkzeugwechsel)
**rejoin** *v* / wieder zusammenfügen
**rejointing** *n* (Build) / Verstrich *m* (der Fugen), Fugenverstrich *m*
**rejuvenate** *v* / regenerieren *v* (z.B. eine Glaselektrode)
**rejuvenated stream** (Geol, Hyd Eng) / verjüngter Fluss
**rejuvenation*** *n* (Geol) / Rejuvenation *f* || **~** (Geol, Hyd Eng) / Verjüngung *f* (des Flusses)
**relast** *v* / ausleisten *v* (Schuhe)
**relate** *v* (to) / sich beziehen *v* (auf)
**related** *adj* / zugehörig *adj* (Teile) || **~** / verwandt *adj*
**relating to a process** / verfahrenstechnisch *adj* || **~ to** (injection) **moulding** (Plastics) / spritztechnisch *adj*
**relation** *n* / Relation *f* (eine aristotelische Seinskategorie) || **~*** / Beziehung *f*, Verhältnis *n*
**relational algebra** (Comp, Maths) / Relationenalgebra *f* (ein System, das aus einer nichtleeren Menge von Relationen und einer Familie von Operationen in dieser Menge besteht), relationale Algebra || **~ calculus** (Comp) / Relationenkalkül *m* (logische Basis für Sprachen im Rahmen des relationalen Datenmodells) || **~ database*** (Comp) / relationale Datenbank || **~ database management system** (Comp) / relationales Datenbanksystem, System *n* der relationalen Datenbanken
**relation algebra** (Comp, Maths) / Relationenalgebra *f* (ein System, das aus einer nichtleeren Menge von Relationen und einer Familie von Operationen in dieser Menge besteht), relationale Algebra
**relational graph** (Comp, Maths) / Beziehungsgraf *m*, relationaler Graf || **~ model** (a data model that views information in a database as a collection of distinctly named tables) (AI, Comp) / Relationenmodell *n*, relationales Datenmodell, relationales Modell || **~ operator** (an operator representing a comparison between two operands that returns a truth value) (AI, Comp) / Vergleichszeichen *n* || **~ operator*** (Maths) / Relationszeichen *n*, Relationssymbol *n* || **~ structure** (Maths) / Relationalsystem *n*, Relativ *n* (eine Menge, in der eine endliche Menge von Relationen gegeben ist) || **~ symbol** (Maths) / Relationszeichen *n*, Relationssymbol *n*
**relation character** (Comp, Maths) / Vergleichszeichen *n* (=, <, >), Relationszeichen *n* || **~ graph** (Maths) / Beziehungsgraf *m*, relationaler Graf || **~ of between(ness)** (Maths) / Zwischenbeziehung *f* (Axiom der Geometrie)
**relationship** *n* / Beziehung *f*, Verhältnis *n*
**relation symbol** (Maths) / Relationszeichen *n*, Relationssymbol *n*
**relative** *adj* / relativ *adj* (DIN 5485) || **~ abundance*** (Ecol) / relative Abundanz || **~ address*** (Comp) / relative Adresse, Relativadresse *f* || **~ address*** (Comp) s. also symbolic address || **~ age** (Geol, Nuc) / relatives Alter || **~ aperture** (Optics, Photog) / Öffnungsverhältnis *n* (Verhältnis des Durchmessers der Eintrittspupille zur Brennweite des Systems; Kehrwert der Blendenzahl), relative Öffnung, Öffnungszahl *f* || **~ atomic mass*** (Chem, Phys) / relative Atommasse ("Atomgewicht") || **~ bearing*** (Aero, Ships) / Funkseitenpeilung *f* || **~ bearing** (Nav) / Seitenpeilung *f* || **~ biological effectiveness*** (Radiol) / relative biologische Wirksamkeit, RBW (relative biologische Wirksamkeit) || **~ capacitivity** (Elec, Elec Eng) / relative Permittivität, Dielektrizitätszahl *f* (bei linearen Dielektriken), relative Dielektrizitätskonstante (des feldtragenden Stoffes - nach DIN 1324, T 2), Permittivitätszahl *f* || **~ centrifugal force** (Eng) / relative Zentrifugalbeschleunigung, RZB (relative Zentrifugalbeschleunigung - für die Beurteilung von Leistung der Zentrifugen) || **~ centrifugal force** (Eng) / Beschleunigungsverhältnis *n* (das die Effizienz einer Zentrifuge charakterisiert) || **~ command** (Comp) / relatives Kommando || **~ complement** (Maths) / Differenzmenge *f* (A\B), Restmenge *f* || **~ configuration** (Chem) / relative Konfiguration (räumliche Anordnung von Gruppen oder Atomen relativ zu anderen Gruppierungen desselben Moleküls) || **~ coordinate** (Comp) / relative Koordinate || **~ coordinates** (Maths) / Relativkoordinaten *f pl* (im baryzentrischen Bezugssystem) || **~ dating** (Geol, Nuc) / relative Altersbestimmung || **~ density*** (Phys) / relative Dichte (wenn der Zustand einer Bezugsstoffes der gleiche ist wie der des Versuchsstoffes - DIN 1306), Dichteverhältnis *n*, RD (relative Dichte) || **~ dielectric constant** (Elec, Elec Eng) / relative Permittivität, Dielektrizitätszahl *f* (bei linearen Dielektriken), relative Dielektrizitätskonstante (des feldtragenden Stoffes - nach DIN 1324, T 2), Permittivitätszahl *f* || **~ dispersion** (Optics) / relative Dispersion (reziproker Wert der Abbeschen Zahl) || **~ distinguished name** (Telecomm) / relativer herausgehobener Name (in einem Verzeichnis) || **~ error** (Instr) / Relativfehler *m* (in % ausgedrücktes Verhältnis des einer Messung zugrunde liegenden Messfehlers und der gemessenen Größe), relativer Fehler (z.B. eines Messgeräts) || **~ frequency** (Stats) / relative Häufigkeit (absolute Häufigkeit in einer Häufigkeitsklasse, dividiert durch die Gesamtanzahl der Einzeldaten einer Häufigkeitsverteilung) || **~ humidity*** (Meteor) / relative Feuchte, relative Feuchtigkeit, relative Luftfeuchtigkeit || **~ instruction** (Comp) / relatives Kommando || **~ loader** (Comp) / Relativlader *m* (der selbst Steuerbereiche zuordnet)
**relatively compact** (Maths) / relativ kompakt *adj* || **~ countable** (Maths) / relativ abzählbar || **~ prime*** (Maths) / teilerfremd *adj* (Zahlen, die als größten gemeinsamen Teiler die Zahl 1 haben), relativ prim, teilerfrei *adj*
**relative measurement** / Relativmessung *f* (Bestimmung des auf eine gegebene Referenzgröße bezogenen Wertes der Messgröße) || **~ molecular mass*** (Chem) / Molekularmasse *f* (Molekulargewicht), relative Molekülmasse || **~ motion** (Mech) / relative Bewegung *f*, relative Bewegung || **~ movement between tool and workpiece** (during the cutting process) (Eng, Tools) / Schnittbewegung *f* (Bewegung des Werkzeugs oder des Werkstücks beim Schneiden) || **~ number** (Maths) / relative Zahl, Zahl *f* mit Vorzeichen, mit Vorzeichen versehene Zahl || **~ number** (Maths) s. also integer || **~ path** (Comp) / relativer Pfad *m* || **~ permeability*** (Mag) / relative Permeabilität, Permeabilitätszahl *f* (DIN 1324, T 2) || **~ permittivity*** (in physical media) (Elec, Elec Eng) / relative Permittivität, Dielektrizitätszahl *f* (bei linearen Dielektriken), relative Dielektrizitätskonstante (des feldtragenden Stoffes - nach DIN 1324, T 2), Permittivitätszahl *f* || **~ plateau slope** (the average percentage change in the counting rate near the midpoint of the plateau per increment of applied voltage) (Nuc) / relativer Plateauanstieg || **~ position** / Relativlage *f* || **~ product** (Maths) / Verkettungsrelation *f*, Relationsprodukt *n* || **~ programming** (Comp) / Programmieren *n* mit relativen Adressen, relative Programmierung || **~ redundance** (Comp) / relative Redundanz (DIN 44301) || **~ retention** (Chem) / relative Retention (in der Gaschromatografie) || **~ settlement** (Build, Civ Eng) / ungleichmäßige Setzung, unterschiedliches Setzungsverhalten || **~ sunspot number** (Astron) / Wolf'sche Zahl (nach R. Wolf, 1816-1893), Sonnenfleckenrelativzahl *f* || **~ sweetness to sucrose** (Nut) / Süßkraft *f* (des Süßstoffs)
**relative-time clock** (Comp) / Kurzzeitwecker *m*, Relativzeitgeber *m*
**relative topology** (Maths) / induzierte Topologie, Relativtopologie *f*, Spurentopologie *f* || **~ variance** (Stats) / relative Varianz || **~ velocity** (Phys) / relative Geschwindigkeit, Relativgeschwindigkeit *f* (wenn sich zwei Körper gegeneinander bewegen) || **~ viscosity** (Phys) / Viskositätsverhältnis *n*, relative Viskosität (DIN 1342) || **~ wear resistance** (Eng) / relativer Verschleißwiderstand (Verhältnis der Verschleißwiderstände zweier Werkstoffe unter gleichen Bedingungen) || **~ wind** (Aero) / Anströmrichtung *f* || **~ wind** (Aero) / Anströmgeschwindigkeit *f* (Relativgeschwindigkeit zwischen der Luft und dem umströmten Körper in der Anströmrichtung)
**relativistic*** *adj* (Phys) / Relativitäts-, relativistisch *adj* || **~ effect** (Chem) / relativistischer Effekt (Einfluss der Relativitätstheorie auf die Eigenschaften von Atomen und Molekülen) || **~ electrodynamics** (Elec) / Relativitätselektrodynamik *f* (vierdimensionale, allgemein-kovariante Formulierung der Maxwellschen Elektrodynamik) || **~ mass** (Phys) / relativistische Masse, Impulsmasse *f* || **~ mechanics** (Phys) / relativistische Mechanik, Relativitätsmechanik *f* || **~ neutron** (Nuc) / relativistisches Neutron || **~ particle*** (Nuc) / relativistisches Teilchen || **~ quantum theory** (Phys) / relativistische Quantentheorie
**relativity*** *n* (Phys) / Relativität *f*
**relativization** *n* / Relativierung *f*
**relativize** *v* / relativieren *v*
**relator** *n* (Maths) / Relator *m* (mehrstelliger Prädikator)
**relaunch** *v* / relaunchen *v* (ein Produkt) || **~** *n* / Relaunch *m n* (neue, verbesserte Gestaltung für ein schon länger auf dem Markt befindliches Produkt) || **~** / Relaunch *m n* (verstärkter Werbeeinsatz für ein schon länger auf dem Markt befindliches Produkt)

**relax** v / nachlassen v (schlaff werden) ǁ ~ / relaxieren v
**relaxation** n (Chem) / Relaxation f (Wiederherstellung eines chemischen Gleichgewichts nach einer Störung) ǁ ~ (Chem, Spectr) / Relaxation f (die der Anregung der Moleküle folgende Thermalisierung bzw. allgemeine Desaktivierung) ǁ ~ (Eng) / Entspannung f, Erschlaffung f ǁ ~* (Phys) / Relaxation f (die Rückkehr eines Gegenstandes aus einem mechanischen, elektrischen oder magnetischen Spannungszustand in den Normalzustand), Relaxationsprozess m ǁ ~ (Textiles) / Entspannung f, Entwicklung f (von Webwaren) ǁ ~ **allowance** (Work Study) / Zuschlag m für Erholung und persönliche Bedürfnisse ǁ ~ **constant** (Phys) / Relaxationskonstante f (Kehrwert der Relaxationszeit) ǁ ~ **crack** (Materials) / Relaxationsriss m ǁ ~ **effect** (Chem, Phys) / Relaxationseffekt m ǁ ~ **gas dynamics** (Phys) / Relaxationsgasdynamik f (Teilgebiet der Gasdynamik) ǁ ~ **generator** (Elec Eng, Electronics) / Relaxationsgenerator m, Speichergenerator m, Kippkreisgenerator m ǁ ~ **kinetics** (Chem) / Relaxationskinetik f ǁ ~ **labelling** (Comp) / Markierungsrelaxation f ǁ ~ **length** (Nuc) / Relaxationslänge f ǁ ~ **method** (Chem) / Relaxationsmethode f ǁ ~ **method**\* (Maths) / Relaxationsverfahren n, Relaxationsmethode f ǁ ~ **oscillation** (Phys) / Relaxationsschwingung f (der optischen Leistung eines Lasers bei Änderung der Pumpleistung) ǁ ~ **oscillation** (Telecomm) / Kippschwingung f, Relaxationsschwingung f (Schwingung mit meistens sägezahnförmigem Verlauf) ǁ ~ **oscillator**\* (Telecomm) / Relaxationsoszillator m (eine astabile Kippschaltung, die dauernd ihren Zustand wechselt), astabiler Multivibrator (Flipflop, das keine stabile Lage hat), Kippschwinger m ǁ ~ **theory** (Phys) / Relaxationstheorie f (der Strömung) ǁ ~ **time**\* (Nuc, Phys) / Relaxationszeit f (DIN 1342, T 1), Abklingzeit f
**relaxin** n (Biochem) / Relaxin f (ein Hormon)
**relay** v (Comp) / weitergeben v (unbewertete Daten an sekundäre Ein-Ausgabegeräte übersenden - DIN 66254) ǁ ~ (Radio, Telecomm, TV) / übertragen v (über Relaisstationen) ǁ ~ (Telecomm) / vermitteln v, weiterschalten v ǁ ~ (Telecomm) / durch Zwischenverstärker übertragen ǁ ~ (Telecomm) / weiterreichen v (eine Nachricht), weitermelden v ǁ ~ (Acous) / Übertragung f (einer Aufführung) ǁ ~ (Automation) / Zweipunktglied n ǁ ~ (Comp, Telecomm) / Relay n (Oberbegriff für Übergangseinheiten zwischen Kommunikationsdiensten, Vermittlungssystemen und physikalischen Einrichtungen von Kommunikationssystemen) ǁ ~ (Elec Eng) / Relais n (elektrisches Schaltbauteil oder Gerät, das auf Grund von elektrischen Steuerspannungen einen oder mehrere Stromkreise schließt oder unterbricht), elektrisches Relais ǁ ~ (Telecomm) / Brückenbildung f (beim Mobilfunk) ǁ ~ (Work Study) / Schicht f (meistens ablösende - alle Arbeiter, die in einer Schicht arbeiten)
**relay-actuated** adj (Elec Eng) / relaisbetätigt adj
**relay actuation time** (Elec Eng) / Relaisbetätigungszeit f ǁ ~ **amplifier** (Elec Eng) / Relaisverstärker m ǁ ~ **armature** (Elec Eng) / Relaisanker m ǁ ~ **armature card** (Elec Eng) / Karte f (des Kartenrelais) ǁ ~ **armature contact** (Elec Eng) / Relaisankerkontakt m ǁ ~ **array** (Electronics) / Relaismatrix f (ein Teil der Pinelektronik) ǁ ~ **backup** (Elec Eng) / Rückwärtsschutz m (Relais mit Hilfsrelais) ǁ ~ **blade** (Elec Eng) / Kontaktfeder f des Relais ǁ ~ **building** (Elec Eng) / Relaishaus n, Relaishäuschen n, Relaisgebäude n ǁ ~ **bus** (Elec Eng) / Relaisschiene f ǁ ~ **chain** (Elec Eng) / Relaiskette f ǁ ~ **circuit** (Elec Eng) / Relaisschaltung f, Relaisstromkreis m ǁ ~ **coil** (Elec Eng) / Relaisspule f ǁ ~ **contact** (Elec Eng) / Relaiskontakt m (der Relaisteil, der alle zur Kontaktgabe unmittelbar gehörenden Teile umfasst) ǁ ~ **contact spring** (Elec Eng) / Kontaktfeder f des Relais ǁ ~ **dropping time** (Elec Eng) / Relaisabfallzeit f
**relayed spectrum** (Spectr) / Relayed-Spektrum n
**relay frame** (Elec Eng) / Relaisschrank m ǁ ~ **freezing** (Elec Eng) / Kleben n der Relaiskontakte, Relaiskleben n ǁ ~ **hose-line** (Elec Eng) / Relaisschlauchleitung f (Druckleitung mit Verstärkerspritzen) ǁ ~ **housing** (Elec Eng) / Relaisgehäuse n, Relaisabdeckung f
**relaying of the track** (with old serviceable material) (Rail) / Gleisauswechslung f (unter Verwendung alter, brauchbarer Stoffe) ǁ ~ **of track** (Rail) / Gleiserneuerung f (Ersatz eines Gleises durch Neustück)
**relay interrupter** (Elec Eng) / Relaisunterbrecher m ǁ ~ **kiosk** (Elec Eng) / Relaishaus n, Relaishäuschen n, Relaisgebäude n ǁ ~ **matrix** (Electronics) / Relaismatrix f (ein Teil der Pinelektronik) ǁ ~ **module** (Elec Eng) / Relaismodul n, Relaisbaustein m ǁ ~ **mounting plate** (Elec Eng) / Relaisgrundplatte f ǁ ~ **must-operate value** (Elec Eng) / Ansprechwert m (bei Relais, Messwandlern usw.)
**relay-operated** adj (Elec Eng) / relaisbetätigt adj
**relay operation time** (Elec Eng) / Relaisbetätigungszeit f ǁ ~ **optical system** (Optics) / optisches Übertragungssystem ǁ ~ **pile-up** (Elec Eng) / Federsatz m (bei Relais) ǁ ~ **protection system** (Elec Eng) / Relaisschutzsystem n, Relaisschutz m ǁ ~ **pump** / Verstärkerspritze f (Feuerlöschspritze, die in eine Druckleitung zur Druckverstärkung eingebaut wird) ǁ ~ **reception** (Radio, TV) / Ballempfang m ǁ ~ **release time** (Elec Eng) / Relaisabfallzeit f ǁ ~ **restoring spring** (Elec Eng) / Relaisrückzugfeder f ǁ ~ **retracting spring** (Elec Eng) / Relaisrückzugfeder f ǁ ~ **return spring** (Elec Eng) / Relaisrückzugfeder f ǁ ~ **room** (Elec Eng) / Relaiswarte f, Relaisraum m ǁ ~ **satellite** (Space, Telecomm) / Relaissatellit m (ein aktiver Kommunikationssatellit) ǁ ~ **set** (Elec Eng) / Relaissatz m ǁ ~ **spring**\* (Elec Eng) / Kontaktfeder f des Relais ǁ ~ **stack** (Elec Eng) / Federsatz m (bei Relais) ǁ ~ **station** (Telecomm) / Relaisstation f (aktive), Weitergabestelle f (Zwischensender), Relaisstelle f (aktive) ǁ ~ **switch** (Elec Eng) / Relaisumschalter m ǁ ~ **system** (Elec Eng) / Relaissystem n ǁ ~ **transformer** (Elec Eng) / Relaistransformator m ǁ ~ **valve**\* (Eng) / Hilfssteuerventil n ǁ ~ **valve**\* (Eng) / Servoventil n (mechanisch oder elektrisch betätigtes Ventil in Hydraulik- und Pneumatikanlagen) ǁ ~ **winding** (Elec Eng) / Relaisspule f ǁ ~ **without armature** (Elec Eng) / ankerloses Relais
**rel.d.**\* (relative density) (Phys) / relative Dichte (wenn der Zustand des Bezugsstoffes der gleiche ist wie der des Versuchsstoffes - DIN 1306), Dichteverhältnis n, RD (relative Dichte)
**release** v / loslassen v (Taste) ǁ ~ / freisetzen v (z.B. Energie) ǁ ~ / entriegeln v, entsperren v, aufriegeln v, aufschließen v, aufmachen v (Schloss), öffnen v (entriegeln) ǁ ~ / abblasen v (Gas, Dampf) ǁ ~ / steigen lassen (Ballon) ǁ ~ / entbinden v ǁ ~ / freigeben v (ein HHO) ǁ ~ (Autos, Eng, Rail) / lösen v (Bremse) ǁ ~ (Comp) / freigeben v (ein Programm nach Test und Abnahme) ǁ ~ (Elec Eng) / abfallen v (Relais) ǁ ~ (Elec Eng, Eng, Photog) / auslösen v ǁ ~ (Eng) / ausklinken v (Sperre) ǁ ~ (Foundry) / herausnehmen v, entnehmen v, herauslösen v (aus der Form) ǁ ~ (the tension) (Mech) / entspannen v (entlasten), entlasten v ǁ ~ (Print) / ablösen v ǁ ~ (Rail) / entriegeln v (Weiche) ǁ ~* (Telecomm) / freigeben v (Verbindung, Signal) ǁ ~ vi / ausbrechen vi (Schleifkorn) ǁ ~ n / Freisetzung f, Auslösung f (Freigabe), Freigabe f, Abgabe f ǁ ~ (Comp) / Version f, Release n (überarbeitete, verbesserte oder fehlerbereinigte Version eines Software-Produkts) ǁ ~ (Comp) / Freigabe f (eines Programms nach Test und Abnahme), Freigeben n ǁ ~ (Ecol, San Eng) / Einleitung f (Abgabe von Abwässern) ǁ ~ (Elec Eng) / Abfall m (Relais), Abfallen n (Relais) ǁ ~\* (Elec Eng, Photog) / Auslöser m (Bestandteil eines Leistungsschalters, der die Verklinkung löst und damit das Aus- oder Einschalten dieses Schalters ermöglicht) ǁ ~ (Eng) / Lösung f ǁ ~ (uncontrolled) (Nuc Eng) / Freisetzung f (der Radioaktivität), Austrag m (der Radioaktivität) ǁ ~\* (Paper, Print) / Ablösbarkeit f ǁ ~ (Photog) / Auslöser m (des Fotoapparates) ǁ ~\* (Telecomm) / Auflösen n (einer Verbindung) ǁ ~ **agent** (Chem Eng) / Formentrennmittel n, Formeneinstreichmittel n, Formeinstreichmittel n, Puderungsmittel n, Trennmittel n (das die Adhäsionskräfte zwischen zwei aneinander grenzenden Oberflächen verringert) ǁ ~ **bearing** (Autos) / Ausrücklager n ǁ ~ **button** (Photog) / Auslöseknopf m ǁ ~ **coil** (Elec Eng) / Auslösespule f ǁ ~ **current** (Elec Eng) / Abfallstrom m (Strom durch eine Relaisspule, der den Ruhezustand des Relais herbeiführt) ǁ ~ **cutting** (For) / Lichtungshieb m ǁ ~ **device** (Eng) / Auslösevorrichtung f ǁ ~ **film** (Electronics) / Trennfolie f (die beim Pressen von Mehrlagenleiterplatten zwischen die Pressbleche und das äußere Basismaterial /im Falle fehlender Kupferkaschierung/ gelegt wird, um ein Kleben des Kunstharzes am Pressblech zu verhindern) ǁ ~ **finger** (Eng) / Ausrückhebel m (der Kupplung) ǁ ~ **inhibiting factor** (Biochem) / freisetzungshemmendes Hormon, Statin n ǁ ~ **into circulation** (Chem) / in den Verkehr bringen (Chemikalien) ǁ ~ **key** (Comp) / Auslösetaste f ǁ ~ **lever** (Autos) / Entriegelungshebel m (z.B. einer Lehne) ǁ ~ **lever** (Eng) / Ausrückhebel m (der Kupplung) ǁ ~ **lever** (Photog) / Auslösehebel m ǁ ~ **limit** (Chem, Ecol) / Auslöseschwelle f (für Gefahrstoffe) ǁ ~ **mechanism** (Eng) / Auslösevorrichtung f ǁ ~ **of lead and cadmium** / Blei- und Kadmiumlässigkeit f (von Eßgeschirr) ǁ ~ **of nutrients** (Ecol) / Nährstofffreisetzung f (z.B. durch Zersetzung organischer Substanzen) ǁ ~ **of the stress** (Materials, Mech) / Entspannung f (z.B. bei mechanischen Prüfungen) ǁ ~ **paper**\* (Paper) / Release-Papier n (das sich nach der Produktionsfunktion rückstandslos abziehen lässt - DIN 6730), Trennpapier n
**release-paper process** (Textiles) / Umkehrverfahren n (zur Beschichtung von dehnbaren und elastischen Textilien), Transferverfahren n
**release point** (Aero) / Übergabestelle f ǁ ~ **point** (Mil) / Abwurfstelle f ǁ ~ **print**\* (Cinema) / Verleihkopie f, Kinokopie f, Massenkopie f (für die Kinos), Theaterkopie f
**releaser** n (Chem) / Releaser m (ein über Geruchsrezeptoren wirksames Pheromon) ǁ ~ (Eng) / Gratabstreifer m (zum Abstreifen des Grates von Schnittstempel)
**release rate** (of radioactivity) (Radiol) / Auswurfrate f, Abgaberate f ǁ ~ **sheet** (Electronics) / Trennfolie f (die beim Pressen von Mehrlagenleiterplatten zwischen die Pressbleche und das äußere Basismaterial /im Falle fehlender Kupferkaschierung/ gelegt wird,

**release**

um ein Kleben des Kunstharzes am Pressblech zu verhindern) ‖ ~ **time** (Electronics) / Abfallzeit f (beim Relais) ‖ ~ **time** (Teleph) / Abklingzeit f (beim Signal) ‖ ~ **time** (Tools) / Lösezeit f (z.B. bei einem Schraubstock) ‖ ~ **version promotion** (Comp) / Fortschreibung f der Lieferversion (Feature eines Versionskontrollsystems, das diejenigen Teile eines Entwicklungsprojekts festhält, die stabil an den Kunden gingen - diese werden "eingefroren", d.h. vor Änderungen geschützt)
**releasing** n (Phys) / Freisetzung f (der Energie) ‖ ~ **delay** (Elec Eng) / Abfallverzögerung f (bei Relais) ‖ ~ **device** (Eng) / Ausrücker m (Maschinenelement zum Trennen von rotierenden Maschinenteilen) ‖ ~ **emulsion** (Nut) / Trennemulsion f ‖ ~ **factor** (Biochem) / Freisetzungshormon n, Liberin n, Releasinghormon n, Releasingfaktor m (ein Neurohormon) ‖ ~ **fluid** (Eng, Met) / Rostlöser m (meist als Spray) ‖ ~ **hormone** (Biochem) / Freisetzungshormon n, Liberin n, Releasinghormon n, Releasingfaktor m (ein Neurohormon) ‖ ~ **key** (Civ Eng) / Lockerungskeil m für Schalungen ‖ ~ **key** (Comp) / Freigabetaste f
**relevance** n (Comp) / Relevanz f (der Daten) ‖ ~ (Comp) / Pertinenz f (eines Dokuments bezüglich der Suchfrage), Relevanz f
**relevant** adj / relevant adj ‖ ~ **failure** / Folgeausfall m (eines Systems)
**relevé** n (Bot) / Vegetationsaufnahme f, Vegetationskartierung f
**reliability** n (the ability of a single item or unit to perform a required function under stated conditions for a stated period of time)* / Zuverlässigkeit f (DIN 40042 und DIN 55350), Reliabilität f ‖ ~ (Stats) / Genauigkeit f (Zuverlässigkeit) ‖ ~ **characteristic** / Zuverlässigkeitskenngröße f ‖ ~ **engineering** / Zuverlässigkeitstechnik f ‖ ~ **flaw** / Zuverlässigkeitsschwachstelle f ‖ ~ **of the weld** (Welding) / Schweißsicherheit f ‖ ~ **of welding** (satisfactory operation of the component) (Welding) / Schweißsicherheit f ‖ ~ **theory** / Zuverlässigkeitstheorie f, Sicherheitstheorie f
**reliable** adj / betriebssicher adj, zuverlässig adj
**reliable-operation threshold** (Comp) / Unbedenklichkeitsgrenze f
**relic** n / Überrest m, Überbleibsel n, Relikt n ‖ ~* (Mining) / Restpfeiler m (beim Abbau stehen gebliebener Lagerstättenteil) ‖ ~ **radiation** (Astron) / Reliktstrahlung f, Drei-Kelvin-Strahlung f, Drei-Grad-Kelvin-Strahlung f, kosmische Hintergrundstrahlung, 3-K-Strahlung f, kosmische Urstrahlung
**relict*** n / Überrest m, Überbleibsel n, Relikt n ‖ ~ **texture** (Geol) / Reliktgefüge n (Gefügemerkmale in einem metamorphen Gestein, die auf das ursprüngliche Gefüge des Eduktes hinweisen)
**relief** n / Reliefarbeit f ‖ ~ (a piece of sculpture) (Arch) / Relief n (plastisches Bildwerk) ‖ ~ (Build, Civ Eng) / Entlastung f (Abfangen von Belastungen) ‖ ~ (Cartography) / Relief n, Hochbild n (Geländemodell) ‖ ~ (Eng) / Vertiefung f, Aushöhlung f, Aussparung f (als Ergebnis) ‖ ~ (Eng) / Hinterarbeiten n (= Hinterdrehen, Hinterschleifen) ‖ ~ (Geol) / Relief n ‖ ~ (Paper) / Abgas n, Übertreibgas n ‖ ~ (Paper) / Entlüften n, Abgasen n (Kocher) ‖ ~ attr (Build) / Relief-, reliefartig adj, geprägt adj ‖ ~ **block*** (Print) / Reliefklischee n, Filmklischee n ‖ ~ **computer** (Comp) / Entlastungsrechner m ‖ ~ **computer** (Comp) s. also standby ‖ ~ **crew member** (Aero) / Ablösungsbesatzungsmitglied n ‖ ~ **design** (Textiles) / erhabenes Muster, Reliefmuster n (ein Wirk- oder Strickmuster) ‖ ~ **gas** (Paper) / Abgas n, Übertreibgas n ‖ ~ **hole** (Civ Eng) / Vorbohrloch n (zur Standwassererkundung) ‖ ~ **hole** (Mining) / Hilfsbohrloch n (geladenes Sprengbohrloch am Umfang des Ausbruchsquerschnittes), Kranzloch n (beim Sprengen) ‖ ~ **intensity** (Geol) / Reliefenergie f ‖ ~ **inversion** (Geol) / Reliefumkehr f, Inversion f ‖ ~ **map*** (Cartography) / Reliefkarte f (mit besonderer Betonung der Geländeformen) ‖ ~ **milling** (Eng) / Hinterfräsen n (der Zähne eines Walzen- und Wälzfräsers) ‖ ~ **milling machine** (Eng) / Hinterfräsmaschine f ‖ ~ **notch** (Comp) / Entspannkerbe f (auf der Diskette neben dem Kopffenster) ‖ ~ **paper** (Build) / Strukturtapete f, Strukturpapier n (Strukturtapete) ‖ ~ **pattern** (Textiles) / erhabenes Muster, Reliefmuster n (ein Wirk- oder Strickmuster) ‖ ~ **piston** (Autos) / Entlastungskolben m (ringförmiger Bund am Druckventilkörper von Einspritzpumpen der Bauart PE/PF) ‖ ~ **press** (Print) / Buchdruck m, Hochdruck m ‖ ~ **print(ing)** (Textiles) / Reliefdruck m ‖ ~ **printing** (Print) / Buchdruck m, Hochdruck m ‖ ~ **process*** (Print) / Buchdruck m, Hochdruck m ‖ ~ **representation** / Reliefdarstellung f (dreidimensional) ‖ ~ **road** (Autos) / Ausweichstraße f, Ausweichstrecke f ‖ ~ **road** (GB) (a road taking traffic around, rather than through, a congested urban area) (Autos) / Umgehungsstraße f (eine Hauptverkehrsstraße, die eine Stadt oder einen Stadtkern nicht berührt - z.B. Kölner Ring) ‖ ~ **road** (Autos, Civ Eng) / Entlastungsstraße f ‖ ~ **shading** (Cartography) / Schattierung f, Schummerung f (Darstellung der Hänge in verschiedenen Grautönen, um der Geländedarstellung eine plastische Wirkung zu geben) ‖ ~ **sprue** (Foundry) / Drucksteiger m ‖ ~ **valve** (Eng) / Sicherheitsventil n (DIN 3320) ‖ ~ **valve** (Ships) / Zylindersicherheitsventil n ‖ ~ **well*** (Oils) / Entlastungsbohrung f ‖ ~ **work(s)** / Notstandsarbeiten f pl
**relieve** v (Build, Civ Eng) / entlasten v (Belastungen abfangen) ‖ ~ (Chem Eng, Met) / entspannen v ‖ ~ (Materials) / abbauen v (Spannungen im Werkstück) ‖ ~ (the stress) (Mech) / entspannen v ‖ ~ (Paper) / entlüften v, abgasen v (Kocher)
**relieving*** n (Build, Civ Eng) / Entlastung f (Abfangen von Belastungen) ‖ ~ (Eng) / Vertiefung f (als Tätigkeit), Aushöhlung f (als Tätigkeit), Aussparung f (als Tätigkeit) ‖ ~ (Eng) / Hinterarbeiten n (= Hinterdrehen, Hinterschleifen) ‖ ~ (a turning operation) (Eng) / Hinterdrehen n ‖ ~ **anode** (Electronics) / Hilfsanode f, Ableitanode f ‖ ~ **arch** (Build, Civ Eng) / Überfangbogen m, Entlastungsbogen m, Ablastbogen m ‖ ~ **by milling** (Eng) / Hinterfräsen n (der Zähne eines Walzen- und Wälzfräsers) ‖ ~ **lathe** (Eng) / Hinterdrehmaschine f (Drehmaschine zum Hinterdrehen von Fräs- und Schneidwerkzeugen)
**relievo** n (pl. relievos) / Reliefarbeit f
**relight** v / wieder anzünden v ‖ ~* (Aero) / wieder anlassen (während des Flugs)
**religious building** (Arch) / Sakralbau m
**relime** v (Leather) / nachäschern v
**relining** n (of the clutch) (Autos) / neuer Kupplungsbelag ‖ ~ (Civ Eng, Hyd Eng) / Relining n (bei der Erneuerung oder Sanierung von alten Kanälen in überbauten Gebieten), Relining-Prozess m (Einziehen eines neuen Rohrs in das beschädigte alte) ‖ ~ (Met) / Neuauskleidung f, Neuzustellung f (des Schmelzofens)
**relinquish** v (Automation) / abgeben v (Steuerung)
**reliquify** v / wieder flüssig werden, sich wieder verflüssigen
**relish** n (Nut) / Wohlgeschmack m, Geschmack m (angenehmer) ‖ ~ (Nut) / Relish n (pl. -es) (würzige Soße aus pikant eingelegten, zerkleinerten Gemüsestückchen)
**reload** v / zurückladen v ‖ ~ / umladen v ‖ ~ (Comp, Eng) / nachladen v ‖ ~ (Nuc Eng) / nachladen v, nachfüllen v (Brennstoff)
**reloadable** adj (Comp, Elec Eng, Eng) / nachladbar adj
**reloading** n (Nuc Eng) / Nachladung f von Brennstoff, Frischladung f von Brennstoff, Brennstoffnachfüllung f
**reload phase** / Nachladephase f
**relocatable** adj (Comp) / relozierbar adj (Eigenschaft eines Maschinenprogramms, zur Ausführung an eine beliebige Stelle im Hauptspeicher geladen werden zu können), relativierbar adj, verschieblich adj (relozierbar), relokatibel adj, verschiebbar adj ‖ ~ **library** (Comp) / Modulbibliothek f, Bausteinbibliothek f ‖ ~ **program*** (Comp) / relativierbares Programm, verschiebliches Programm, verschiebbares Programm, Relativprogramm n
**relocate** v / verstellen v (Hebel) ‖ ~ / umlagern v, verlagern v, versetzen v ‖ ~ (a routine) (Comp) / absetzen v, verlagern v, verschieben v
**relocation** n / Verlagerung f (Ortswechsel), Versetzung f, Umlagerung f ‖ ~ (Comp) / Relativierung f, Verschiebung f, Relokalisierung f ‖ ~ (Eng) / Verstellung f ‖ ~ **address** (Comp) / Verschiebungsadresse f, Verschiebeadresse f
**RELP** (residual excited linear prediction coding) (Telecomm) / Prädiktionskodierung f mit Restsignalanregung, RELP-Kodierung f
**relubricate** v / nachölen v, nachschmieren v
**reluctance*** n (Elec Eng, Mag) / Reluktanz f, magnetischer Widerstand, $R_m$ (DIN 1304) ‖ ~ **motor** (Elec Eng) / Reluktanzmotor m (ein Drehstrommotor) ‖ ~ **switch motor** (Elec Eng) / Reluktanzschrittmotor m ‖ ~ **synchronizing** (Elec Eng) / Reluktanzsynchronisierung f (bei Schenkelpolmaschinen) ‖ ~ **torque** (Elec Eng) / synchrones Drehmoment, Reluktanzmoment n (ein stationäres Drehmoment bei elektrischen Maschinen)
**reluctant sale** / umstandshalber zu verkaufen (Anzeigetext)
**reluctivity*** n (the reciprocal of permeability) (Elec Eng) / Reluktivität f, spezifischer magnetischer Widerstand
**reluctor** n (Autos) / Rotor m (beweglicher Teil eines Impulsgebers), Impulsgeberrad n, Induktionsgeberrad n (in der elektromagnetischen Zündung)
**reluster** v (US) (Textiles) / den Glanz erhöhen, relustrieren v
**relustre** v (Textiles) / den Glanz erhöhen, relustrieren v
**relvariance** n (Stats) / relative Varianz
**REM** (recognition memory) (Comp) / assoziativer Speicher (DIN 44 300), Assoziativspeicher m
**rem*** n (pl. rem or rems) (Radiol) / Rem-Einheit f, Rem n (= 1/100 Sievert) (veraltete Einheit der Äquivalentdosis)
**remachine** v (Eng) / nacharbeiten v (maschinell)
**remachining** n (Eng) / Nacharbeit f (maschinelle)
**remagnetization** n (Mag) / Ummagnetisierung f, Magnetisierungsumkehr f (Änderung der Magnetisierung einer zunächst in einer Richtung gesättigten Probe in die entgegengesetzte Richtung), Umkehrung f der Polarität
**remailer** n (Comp) / Remailer m (ein Dienst, der E-Mails anonymisiert)
**remainder*** n (Maths) / Rest m ‖ ~ (Maths) / Restglied n (bei Reihen), Reihenrest m ‖ ~ (Print) / Restauflage f, Auflagenrest m ‖ ~ (Work

Study) / Rest *m*, Überrest *m*, Restbestand *m* ‖ ~ **class** (Maths) / Restklasse *f*
**remainders** *pl* (Print) / Restauflage *f*, Auflagenrest *m* ‖ ~ (Print) / Bücher *n pl* für modernes Antiquariat, Ramschbücher *n pl*
**remaining error rate** (Comp) / Restfehlerrate *f* ‖ ~ **pressure drop** / bleibender Druckverlust (vor allem bei Wirkdruck-Durchflussmessern) ‖ ~ **risk** (Ecol) / Restrisiko *n* ‖ ~ **stock** / Restposten *m* ‖ ~ **stress** (Mech) / innere Spannung (lokaler Spannungszustand in Festkörpern, der zurückbleibt, wenn alle von außen auf den Körper wirkenden Spannungen auf Null reduziert werden), Innenspannung *f*, bleibende Spannung ‖ ~ **tread depth** (Autos) / Restprofil *n* (noch verbleibende Profiltiefe)
**remake** *n* (Cinema) / Remake *n* (pl. Remakes) (Neufassung einer künstlerischen Produktion, besonders neue Verfilmung eines älteren, bereits verfilmten Stoffes), Neuverfilmung *f* (eines älteren Spielfilmstoffes)
**remanence\*** *n* (Mag) / Remanenz *f* (die bleibende Magnetisierung, die beim Durchlaufen der Hystereseschleife an den Stellen des Verschwindens der äußeren magnetischen Feldstärke übrig bleibt) ‖ ~ **relay** (Elec Eng) / Remanenzrelais *n*
**remanent induction** (Mag) / Remanenzinduktion *f*, Restinduktion *f* ‖ ~ **magnetization\*** (Geol) / remanente Magnetisierung (DIN 1358) ‖ ~ **polarization** (Phys) / remanente Polarisation *f* ‖ ~ **relay** (Electronics) / Halterelais *n*, Haftrelais *n* (das in stromlosem Zustand durch den Restmagnetismus des Eisens selbsttätig geschlossen bleibt; ein Öffnen erfolgt durch Erregung mit umgekehrter Feldstärke) ‖ ~ **voltage** (Elec Eng) / bleibende Spannung
**remanufacture** *n* (Eng) / überholen *v*, wieder instandsetzen (in den Sollzustand)
**remanufactured engine** (Autos) / Austauschmotor *m* (aus Neuteilen oder generalüberholt), ATM (Austauschmotor)
**remanufacturing** *n* / Grundüberholung *f* (z.B. eines Flugzeugs)
**remap** *v* (Comp) / umdefinieren *v* (Tastatur)
**remapping** *n* (Comp) / Umdefinition *f* (der Tastatur)
**remap the keyboard** (Comp) / die Tastaturbelegung völlig ändern
**remark** *n* (Comp) / Anmerkung *f*, Kommentar *m*, Remark *m*
**remaster** *v* (Acous) / eine neue Vaterplatte prägen (mit besserer Tonqualität)
**remastering** *n* (Acous, Comp) / erneutes Mastering, Remastering *n*
**Rembrandt lighting** (Light) / kontraststarke Beleuchtung (im Stile von Helldunkel bei Rembrandt), Rembrandt-Beleuchtung *f*
**remeasure** *v* / neu messen, neu vermessen
**remedial action** / Abhilfemaßnahme *f* ‖ ~ **maintenance** (performed on an unscheduled basis) (Comp) / Bedarfswartung *f* ‖ ~ **nutrition** (Nut) / Heilnahrung *f*
**remedy** *n* / Abhilfemaßnahme *f* ‖ ~ (Met) / Remedium *n* (gesetzlich gestattete geringe Abweichung von der normalen Feinheit und/oder vom Normalgewicht einer Münze) ‖ ~ (Pharm) / Medikament *n*, Mittel *n* ‖ ~ (Pharm) s. also pharmaceutical preparation
**remelt** *v* (Met) / umschmelzen *v*, wieder schmelzen, wieder einschmelzen ‖ ~ **alloy** (Met) / Umschmelzlegierung *f*
**remelted zinc** (Met) / Umschmelzzink *n*
**remelt hardening** (Met) / Umschmelzhärten *n* (ein Randschichthärten)
**remelting** *n* (Met) / Umschmelzverfahren *n* (zur Herstellung von besonders hochwertigen Stählen und Sonderwerkstoffen) ‖ ~ **process** (Glass) / Remelting-Verfahren *n* (ein Glasschmelzverfahren) ‖ ~ **process** (Met) / Umschmelzverfahren *n* (zur Herstellung von besonders hochwertigen Stählen und Sonderwerkstoffen) ‖ ~ **slag** (Met) / Umschmelzschlacke *f*
**remelt lead** (Met) / Umschmelzblei *n* (DIN 1719) ‖ ~ **metal** (Met) / Umschmelzmetall *n*, Metall *n* zweiter Schmelzung
**remetalling** (Civ Eng) / Neubeschotterung *f* (der Straße)
**remilling** *n* (Chem Eng) / Remilling *n* (Verarbeitung von Kautschukabfällen)
**reminder advertising** / Erinnerungswerbung *f* (die ein einmal angeschnittenes Thema einer Werbekampagne noch einmal aufgreift mit dem Ziel, einen bereits bestehenden Eindruck zu verstärken oder zu vertiefen), Nachfasswerbung *f*, Reminderwerbung *f* ‖ ~ **advertising campaign** / Erinnerungswerbekampagne *f* ‖ ~ **campaign** / Erinnerungswerbekampagne *f* ‖ ~ **lamp** (Teleph) / Drängellampe *f* ‖ ~ **light** (Autos) / Kontrolllicht *n* ‖ ~ **screen** (Comp) / Erinnerungsfenster *n* (erscheint so lange, bis eine Software registriert und bezahlt wird) ‖ ~ **signal** (Telecomm) / Erinnerungssignal *n*
**remission of the fee** / Gebührenerlass *m* (im Patentwesen)
**remix** *v* (Civ Eng) / rückformen *v* (Fahrbahnoberfläche unter Materialzugabe mit Mischen der beiden Anteile) ‖ ~ *n* (Civ Eng) / Remix *m* (Rückformen der Asphaltdecke unter Materialzugabe mit Mischen)
**remnant** *n* / Überrest *m*, Überbleibsel *n*, Relikt *n* ‖ ~ (Astron) / Supernova-Überrest *m*, SN-Überrest *m*, Remnant *m* ‖ ~\* (Mining) / Restpfeiler *m* (beim Abbau stehen gebliebener Lagerstättenteil) ‖ ~ (Textiles) / Stoffrest *m*, Stoffabschnitt *m* (zweiter Qualität) ‖ ~ **tree** (For) / Überhälter *m*, Oberständer *m*, Waldrechter *m* (gesunder, wuchskräftiger gutgeformter älterer Baum, den man bei der Endnutzung eines Wandbestandes einzeln oder in Gruppen stehen lässt)
**remobilisation** *n* (GB) (Chem) / Remobilisierung *f* (Umkehrung der Immobilisierung im Allgemeinen) ‖ ~ (GB) (Chem, Ecol, Geol) / Remobilisierung *f* (in die Wasserphase)
**remobilise** *v* (GB) (Chem, Ecol, Geol) / remobilisieren *v*
**remobilization** *n* (Chem) / Remobilisierung *f* (Umkehrung der Immobilisierung im Allgemeinen) ‖ ~ (Chem, Ecol, Geol) / Remobilisierung *f* (in die Wasserphase)
**remobilize** *v* (Chem, Ecol, Geol) / remobilisieren *v*
**remodel** *v* / umbauen *v*
**remodeling** *n* (US) / Umbau *m*
**remodelling** *n* / Umbau *m*
**remodulate** *v* (Radio, TV) / remodulieren *v*, rückmodulieren *v*
**remodulation\*** *n* (Radio, TV) / Modulationsübertragung *f* (von einem Träger auf einen anderen)
**remodulator** *n* (Radio, TV) / Remodulator *m*, Rückmodulator *m*
**remoistening adhesive** (gum arabic, animal glue, dextrin) / Klebstoff *m* (der mit Feuchtigkeit reagiert)
**remold** *n* (US) (Autos) / runderneuerter Reifen
**remote** *adj* / tele-, Fern-, Tele-, fern- (ein Präfix) ‖ ~ **access\*** (Comp) / Fernzugriff *m*, abgesetzter Zugriff ‖ ~ **Access Service#\*** (Comp) / Remote Access Service *m*, RAS (WinNT-Service, der Zugang zum Server für nicht am Netz hängende Rechner über Telefonleitung ermöglicht)
**remote-alarm circuit** (Telecomm) / Fernalarmleitung *f*
**remote assistance** / Fernkundendienst *m* ‖ ~ **batch entry** (Comp) / Stapelferneingabe *f* ‖ ~ **batch processing** (Comp) / Stapelfernverarbeitung *f* ‖ ~ **boot** (Comp) / Fernstart *m* ‖ ~ **boot release** (Autos) / Kofferraumdeckel-Fernentriegelung *f*
**remote-centre compliance system** (Eng) / RCC-System *n* (Fügemechanismus, der durch mechanische Gelenke aus Federstahl oder Elastomeren begrenzte Positionsunterschiede der Fügeteile durch passive Nachgiebigkeit auszugleichen vermag)
**remote communication computer** (Comp) / Netzknotenrechner *m*, Knotenrechner *m*, NKR ‖ ~ **computing system** (Comp) / DFV-System *n*, Datenfernverarbeitungssystem *n* ‖ ~ **control\*** (Automation) / Fernbedienung *f*, Fernsteuerung *f* ‖ ~ **control** (TV) / Fernbedienung *f* (Gerät)
**remote-control central locking** (Autos) / fernbedienbare Zentralverriegelung *f* ‖ ~ **door mirror** (Autos) / von innen verstellbarer Außenspiegel ‖ ~ **host** (Comp) / Fernwirkkopf *m* (in der Fernwirktechnik Rechner, der die Fernwirktelegramme auf das LAN des Prozessleitsystems umsetzt)
**remote-controlled system** (Eng) / fremdbetätigtes System (ein Fluidgetriebe)
**remote-control link** (Automation, Comp) / Fernwirkverbindung *f* ‖ ~ **lock** (Autos) / Fernbetätigungsschloss *n* ‖ ~ **main station** / Fernwirkzentralstation *f* (Fernwirkstation, von der Informationen und Befehle eingegeben werden und Meldungen, Messwerte und Zählwerte ausgegeben werden)
**remote control + remote monitoring** (Automation, Comp) / Fernwirktechnik *f*
**remote-control substation** / Fernwirkunterstation *f* (Fernwirkstation, von der Informationen, Meldungen, Messwerte und Zählwerte eingegeben werden und Befehle ausgegeben werden)
**remote copier** (Comp, Telecomm) / Telefax *n*, Fernkopierer *m* (DIN 32742, T 1), Fernkopiergerät *n* ‖ ~ **cut-off tube** (US) (Automation, Electronics) / Regelröhre *f* ‖ ~ **data access** (Comp) / Fernzugriff *m* auf Daten, abgesetzter Datenzugriff ‖ ~ **database access** (Comp) / abgesetzter Datenbankzugriff, Fernzugriff *m* auf Datenbanken ‖ ~ **data channel** (Comp, Telecomm) / Ferndatenkanal *m* (in der Übertragungstechnik) ‖ ~ **data processing** (Comp) / Datenfernverarbeitung *f* ‖ ~ **data transmission** (Comp) / Datenfernübertragung *f*, DFÜ (Datenfernübertragung), Telecomputing *n* ‖ ~ **diagnosis** (Med, Telecomm) / Ferndiagnose *f* ‖ ~ **diagnostic centre** (Comp) / Ferndiagnosezentrum *n*, Fernwartungszentrum *n* ‖ ~ **end head** (Comp, Telecomm) / abgesetzte Kopfstation ‖ ~ **enquiry** (GB) (Comp) / Fernabfrage *f* (bei Anrufbeantwortern) ‖ ~ **feeding** (Comp, Telecomm) / Fernspeisung *f* ‖ ~ **field** (Acous, Elec, Phys) / Fernfeld *n* ‖ ~ **file access** (Comp) / Fernzugriff *m* auf Dateien, abgesetzter Dateizugriff ‖ ~ **File System** (distributed file system network developed by AT&T) (Comp) / Remote File System *n*, RFS ‖ ~ **front-end processor** (Comp) / Netzknotenrechner *m*, Knotenrechner *m*, NKR ‖ ~ **handling** (Nuc Eng) / Fernbedienung *f*
**remote-handling equipment\*** (Nuc Eng) / Fernbedienungsgeräte *n pl*
**remote host access** (Comp) / Remote Host Access *m*

**remote-indicating** *adj* / fernanzeigend *adj*
**remote•-indicating compass** / Fernkompass *m* ‖ **~ indication** (Automation) / Fernanzeige *f* ‖ **~ inquiry** (Comp) / Fernabfrage *f* (bei Anrufbeantwortern) ‖ **~ job entry** (Comp) / Jobferneingabe *f*, Auftragsferneingabe *f* ‖ **~ key** (Autos) / Auto-Fernbedienung *f*, Fernstarter *m*
**remotely operated vehicle** (Ocean, Oils) / Unterwasserfahrzeug *n* (ferngesteuert) ‖ **~ piloted aircraft** (Aero) / Fernlenkflugzeug *n* ‖ **~ piloted drone** (Aero, Mil) / RPV-Drohne *f* ‖ **~ piloted helicopter** (Aero) / Fernlenkhubschrauber *m* ‖ **~ piloted vehicle** (Aero) / Fernlenkflugzeug *n*
**remote MAC bridge** (Comp) / LAN-WAN-Brücke *f* ‖ **~ maintenance** (Eng) / Fernwartung *f* ‖ **~ multiplexer unit** (Telecomm) / Fernmultiplexer *m* ‖ **~ operation** (Automation) / Fernbetätigung *f* ‖ **~ operation** (Automation) s. also remote control ‖ **~ procedure call** (Comp) / entfernter Prozeduraufruf, Fernaufruf *m*, abgesetzter Prozeduraufruf, RPC ‖ **~ procedure error** (Comp) / Ablauffehler *m* der Gegenstelle ‖ **~ release** / Fernauslösung *f* ‖ **~ replay** (Teleph) / Fernabfrage *f* (bei Anrufbeantwortern) ‖ **~ sensing** (Automation) / Ist-Wert-Fernerfassen *n*, Fernfühlen *n* ‖ **~ sensing** (Photog, Radar, Space) / Remote Sensing *n*, Fernerkundung *f* (fotografische und allgemein physikalische Datengewinnung aus Luft- und Raumfahrzeugen) ‖ **~ station** (Comp) / entferntes Endgerät, abgesetztes Endgerät (entfernt aufgestellte Datenstation), entferntes Terminal
**remote-support maintenance** (Eng) / fernunterstützte Wartung
**remote switch** (Elec Eng) / fernbedienter Schalter
**remote-switch** *v* / fernschalten *v*
**remote switching** (Elec Eng) / Fernschalten *n* ‖ **~ terminal** (Comp) / entferntes Endgerät, abgesetztes Endgerät (entfernt aufgestellte Datenstation), entferntes Terminal ‖ **~ terminal unit** (Comp) / Fernbedienungsterminal *n* ‖ **~ thermometer** (Phys) / Fernthermometer *n* ‖ **~ trunk release** (US) (Autos) / Kofferraumdeckel-Fernentriegelung *f* ‖ **~ typesetting** (Typog) / Fernsatz *m* (System für automatischen Zeilensatz durch Trennung des Setzvorganges von der Setz- und Gießmaschine) ‖ **~ velocity** (Phys) / ungestörte Geschwindigkeit (der Strömung)
**remould** *v* (bond a new tread onto the casing) (Autos) / runderneuern *v* ‖ **~\*** *n* (Autos) / runderneuerter Reifen
**remoulded soil** (Civ Eng) / gestörter Boden
**removable** *adj* / ausknöpfbar *adj* (Futter) ‖ **~** (Chem) / herausnehmbar *adj* (z.B. Schlitzsiebplatte bei Nutschen) ‖ **~** (Electronics, Eng) / ausbaubar *adj*, abnehmbar *adj*, auswechselbar *adj*, abtragbar *adj* ‖ **~ discontinuity** (Maths) / hebbare Unstetigkeit (einer Funktion) ‖ **~ disk** (Comp) / Wechselplatte *f* (eine leicht austauschbare Festplatte, die man ähnlich wie eine Diskette aus ihrem Schacht herausnehmen kann und - samt der auf ihr enthaltenen Daten - an einen anderen Ort mitnehmen kann) ‖ **~ handle** (Eng) / abnehmbarer Griff ‖ **~ isolated singularity\*** (Maths) / hebbare (isolierte) Singularität (Laurentreihe) ‖ **~ plate** (Chem) / herausnehmbare Platte (Schlitzsiebplatte, z.B. bei Nutschen) ‖ **~ side** (Autos) / Aufsatz-Bordwand *f*, Aufsatzwand *f* (eines LKWs) ‖ **~ singularity** (Maths) / hebbare Singularität ‖ **~ type Fourdrinier** (Paper) / (ausfahrbare) Siebpartie (einer Langsiebpapiermaschine) *f*
**removal** *n* / Entfernen *n*, Entfernung *f* (Beseitigung), Beseitigung *f* ‖ **~** / Umzug *m* ‖ **~** (Automation) / Entzug *m* (an Mineralstoffen) ‖ **~** (Build) / Abtransport *m* (von Bauschutt) ‖ **~** (of the forms of the shuttering, of the centring) (Build, Civ Eng) / Ausschalung *f*, Entschalung *f* ‖ **~** (Eng) / Abtragen *n* (ein Fertigungsverfahren nach DIN 8590 - thermisches, chemisches oder elektrochemisches ) ‖ **~** (Eng) / Abtrag *m* ‖ **~ age** (of a timber state) (For) / Abtriebsalter *n* ‖ **~ agent** (Chem, Paint) / Entferner *m*, Entfernungsmittel *n* ‖ **~ by thermal operations** (Eng) / thermisches Abtragen (funkenerosives, Elektronen- und Laserstrahlbehandlung nach DIN 8590) ‖ **~ control** (Comp) / Abgangskontrolle *f* (Kontrolle zur Verhinderung, dass Personen, die bei der Verarbeitung personenbezogener Daten tätig sind, Datenträger unbefugt entfernen) ‖ **~ cutting** (For) / Lichtungshieb *m* ‖ **~ firm** / Möbelspedition *f*
**removalist** *n* (an Australian term) / Möbelspedition *f*
**removal man** / Möbelträger *m*, Möbelpacker *m* ‖ **~ of a coat** (Surf) / Entschichten *n* ‖ **~ of brackets** (Maths) / Klammerauflösung *f* ‖ **~ of ground air** (Civ Eng) / Bodengasabsaugung *f* (Verfahren zur Entfernung leicht flüchtiger Schadstoffe aus der in den Bodenporen der wasserungesättigten Bodenzone vorhandenen Bodenluft) ‖ **~ of materials in layers** / schichtförmiger Werkstoffabtrag ‖ **~ of poles** (Electronics) / Polabspaltung *f*, Abbau *m* von Polen, Abspaltung *f* von Polen (ein Verfahren der Filtersynthese) ‖ **~ of temporary corrosion-protectives** (Autos) / Entkonservierung *f* (Entfernung der temporären Korrosionsschutzstoffe) ‖ **~ of the track** (Rail) / Gleisabbau *m* ‖ **~ van\*** (Autos) / Möbelwagen *m* (ein Speditionsauto)

**remove** *v* / abberufen *v* (z.B. ein Vorstandsmitglied) ‖ **~** / wegnehmen *v*, fortnehmen *v*, beseitigen *v*, wegschaffen *v*, entfernen *v* ‖ **~** / beseitigen *v* (einen Fehler) ‖ **~** / entfernen *v*, beseitigen *v* ‖ **~** (Autos) / abziehen *v* (Zündkabel), abklemmen *v* (Kabel) ‖ **~** (the forms, the shuttering, the centring) (Build, Civ Eng) / ausschalen *v* (als Gegensatz zu einschalen), entschalen *v* ‖ **~** (from queue) (Comp) / aushängen *v* (aus einer Warteschlange) ‖ **~** (Comp) / austragen *v* (aus einer Datei) ‖ **~** (Eng) / abtragen *v* (die Oberflächenschicht) ‖ **~** (Eng) / ausbauen *v* (aus einer Baugruppe herausmontieren) ‖ **~** (Eng) / abhängen *v* (z.B. von einem Haken) ‖ **~** (Foundry) / abschlagen *v* (Speiser) ‖ **~** (Maths) / auflösen *v* (Klammern - durch Rechenoperationen entfernen) ‖ **~** (Met) / abziehen *v* (Schlacke) ‖ **~** (Mining) / rauben *v* (Pfeiler) ‖ **~** (timbering) (Mining) / rauben *v* (den Ausbau) ‖ **~** (spots, stains) (Textiles) / detachieren *v* ‖ **~ and install** (Eng) / Aus- und Einbau *m* ‖ **~ and refit** (Eng) / Aus- und Einbau *m* ‖ **~ bark and branches** (For) / entrinden *v* (+ entasten), entasten (+ entrinden) ‖ **~ by distillation** (Chem) / abdestillieren *v* ‖ **~ by etching** / wegätzen *v*, abätzen *v* ‖ **~ by milling** (Eng) / abfräsen *v*, wegfräsen *v* ‖ **~ by weathering** / abwittern *v* (durch Bewittern entfernen), abwettern *v* Ist **~ colour** (from) (Textiles) / abziehen *v* (gefärbte Textilien mit farbstoffablösenden oder farbstoffzerstörenden Mitteln behandeln)
**remover** *n* (Chem, Paint) / Entferner *m*, Entfernungsmittel *n*
**removes\*** *pl* (Typog) / Einschaltungen *f pl* (in einer kleineren Auszeichnungsschrift)
**remove the rust** / entrosten *v*, Rost entfernen
**REMPI spectroscopy** (Spectr) / resonanzverstärkte Multifotonenspektroskopie
**remuage** *n* (Nut) / Remuage *f* (des Sekts beim Flaschengärverfahren), Rütteln *n* (des Sekts beim Flaschengärverfahren)
**Renaissance\*** *n* (Arch) / Renaissance *f*
**rename** *v* / umbenennen *v* (z.B. eine Datei), neu benennen
**renardite** *n* (Min) / Renardit *m* (ein Mineral der Phosphuranylit-Parsonit-Gruppe)
**Renard series** (Eng, Maths) / dezimalgeometrische Normzahlreihe, Renard-Reihe *f* (nach C. Renard, 1847-1905)
**renaturation\*** *n* (Biochem) / Renaturierung *f* (Umkehr der Denaturierung bei Proteinen)
**render** *v* (Build) / verschieben *v* (die Wände), berappen *v*, auftragen *v* (die Grundschicht - bei mehrlagigem Putz) ‖ **~** (Ceramics) / einbringen *v* (z.B. Stampfmasse) ‖ **~** (Nut) / auslassen *v* (Fett), durch Schmelzen extrahieren (Fett), ausschmelzen *v* (Fett), ausbraten *v* (Fett) ‖ **~** *n* (Build) / Putzgrund *m* (auf dem Putzträger), Unterputzschicht *f*, Unterputzlage *f*, Grobputzschicht *f*, Grundschicht *f* (eines mehrlagigen Putzes), Unterputz *m* (Schicht), Rohbewurf *m*, Rauputzschicht *f* ‖ **~ and set\*** *v* (Build) / zweilagig putzen, berappen und putzen ‖ **~ down** (Nut) / auslassen *v* (Fett), durch Schmelzen extrahieren (Fett), ausschmelzen *v* (Fett), ausbraten *v* (Fett)
**rendered\*** *adj* (Build) / gespalten *adj* (Spalierlatte) ‖ **~ butter** (Nut) / Butterschmalz *n*, Schmelzbutter *f* ‖ **~ butter** (Nut) s. also butterfat ‖ **~ fat** (Nut) / ausgelassenes Fett, ausgeschmolzenes Fett, ausgetretenes Fett
**render, float and set\*** *v* (Build) / glattputzen *v*, dreilagig putzen
**rendering** *n* (Build) / Bestich *m*, Berapp *m*, Rauputz *m* (einlagig), Rappputz *m* ‖ **~\*** (Build) / Putzgrund *m* (auf dem Putzträger), Unterputzschicht *f*, Unterputzlage *f*, Grobputzschicht *f*, Grundschicht *f* (eines mehrlagigen Putzes), Unterputz *m* (Schicht), Rohbewurf *m*, Rauputzschicht *f* ‖ **~\*** (Build) / Verschieben *n* (der Wände), Berappen *n*, Auftragen der Grundschicht *n* (eines mehrlagigen Putzes) ‖ **~** (Comp) / Rendering *n* (die Umsetzung einer real dreidimensionalen Szenerie in eine zweidimensionale Darstellung durch Projektion der dreidimensionalen Objektdarstellung in die zweidimensionale Ebene der Bildschirmdarstellung und entsprechende Nachbearbeitung des entstehenden Bildes unter besonderer Berücksichtigung aller vorhandenen Lichtquellen), Rendern *n* ‖ **~** (Comp) / Ausgestaltung *f* (in der grafischen Datenverarbeitung) ‖ **~** (Photog) / Wiedergabe *f* (von Farben) ‖ **~ coat** (Build) / Bestich *m*, Berapp *m*, Rauputz *m* (einlagig), Rappputz *m* (rauer Bewurf für untergeordnete Räume) ‖ **~ coat** (Build) / Putzgrund *m* (auf dem Putzträger), Unterputzschicht *f*, Unterputzlage *f*, Grobputzschicht *f*, Grundschicht *f* (eines mehrlagigen Putzes), Unterputz *m* (Schicht), Rohbewurf *m*, Rauputzschicht *f* ‖ **~ of an animation sequence** (Cinema, Comp) / Berechnung *f* einer Animationssequenz ‖ **~ plant** (San Eng) / Tierkörperbeseitigungsanstalt *f* ‖ **~ valid** (Aero) / Gültigkeitserklärung *f* (eines Luftfahrerscheines)
**render-set** *v* (Build) / zweilagig putzen, berappen und putzen
**rendezvous** *v* (Space) / Raumfahrzeuge zusammenführen (und koppeln), ein Rendezvousmanöver durchführen ‖ **~\*** *n* (Space) / Rendezvous *n* (im Weltraum) ‖ **~ manoeuvre** (Space) / Rendezvousmanöver *n* (die gezielte Annäherung eines

Raumfahrzeugs an ein anderes) ‖ **~ radar** (Space) / Rendezvousradar *m n* (z.B. beim Space Shuttle)
**rendition** *n* (Photog) / Wiedergabe *f* (von Farben) ‖ **graphic ~** (Comp) / Hervorhebungsart *f*
**Rendulic plot** (Civ Eng) / Rendulic-Diagramm *n* (z.B. zur Ermittlung von Spreizdrücken unter Böschungen)
**rendzina*** *n* (Agric) / Rendzina *f* (ein Bodentyp), Humuskarbonatboden *m*
**Renecker defect** (Crystal) / Renecker-Defekt *m* (ein Punktdefekt in Polymerkristallen)
**renew** *v* / erneuern *v*
**renewable** *n* / regenerierbare Energie, erneuerbare Energie, regenerative Energie ‖ **~** *adj* / erneuerbar *adj* ‖ **~ energy** (that is not depleted by use) / regenierbare Energie, erneuerbare Energie, regenerative Energie ‖ **~ energy source** / regenerierbare Energiequelle, regenerative Energieträger, regenerative Energieressource ‖ **~ raw materials** (Bot, Ecol) / nachwachsende Rohstoffe (überwiegend pflanzliche), biogene Rohstoffe ‖ **~ source of energy** / regenerierbare Energiequelle, regenerativer Energieträger, regenerative Energieressource
**renewal** *n* / Innovation *f* (Produkt-, Prozess-) ‖ **~** (Civ Eng) / Erneuerung *f* (z.B. der beschädigten Fahrbahn, des Schmierstoffes) ‖ **in need of ~** / erneuerungsbedürftig *adj* ‖ **~ density** (Stats) / Erneuerungsdichte *f* ‖ **~ function** (Stats) / Erneuerungsfunktion *f* (Erwartungswert des Erneuerungsprozesses) ‖ **~ rate** (Radar) / Datenerneuerungsrate *f* (Häufigkeit pro Zeiteinheit für die Messung der Zielparameter und Weitergabe als Meldungen bei der Suche in einer Auflösungszeile oder bei der Verfolgung eines bestimmten Ziels) ‖ **~ theory** (Stats) / Erneuerungstheorie *f* (die sich mit Untersuchungen über das Ausfallen und Ersetzen bzw. Reparieren von Teilen innerhalb eines arbeitenden Systems befasst)
**renewing** *n* / Erneuerung *f* (z.B. der beschädigten Fahrbahn, des Schmierstoffes)
**renforcé** *n* (a strong plain-weave cotton fabric) (Textiles) / Renforcé *m n* (ein starkes Baumwollgewebe)
**rengas** *n* (For) / Rengas *n* (Gluta und Melanorrhoea sp.)
**renierite** *n* (Min) / Renierit *m* (germaniumhaltiges sulfidisches Mineral)
**reniform*** *adj* / nierenförmig *adj*, nierig *adj*, reniform *adj*
**renin*** *n* (Biochem, Physiol) / Renin *n* (in der Niere gebildete Aspartatproteinase), Angiotensinogenase *f*
**Renner-Teller effect** (Chem) / Renner-Teller-Effekt *m* (bei linearen Molekülen)
**rennet*** *n* (Chem, Nut) / Käselab *n*, Lab *n* (aus zerkleinerten Labmägen gewonnenes Produkt), Kälberlab *n*, Rennet *n* ‖ **~ casein** (Chem, Nut) / Labkasein *n* ‖ **~ curd** (Chem, Nut) / Labbruch *m* (das ausgeschiedene Kasein bei der Käseherstellung), Labkäsebruch *m* ‖ **~ enzyme** (Chem, Physiol) / Rennin *n*, Labferment *n*, Labenzym *n*, Lab *n*, Chymosin *n*
**renneting temperature** (Nut) / Einlabungstemperatur *f*
**rennet powder** (Nut) / Labpulver *n* ‖ **~ substitute** (Nut) / Labaustauscher *m*, Labaustauschstoff *m*
**rennin** *n* (Chem, Physiol) / Rennin *n*, Labferment *n*, Labenzym *n*, Lab *n*, Chymosin *n*
**Renninger effect** (Phys) / Renninger-Effekt *m* (bei Röntgenbeugungsaufnahmen)
**renormalization** *n* (Phys) / Renormierung *f*, Renormalisierung *f* (zur Beseitigung der Ultraviolettdivergenzen bestimmter Typen konventioneller Quantenfeldtheorien) ‖ **~ constant** (Phys) / Renormierungskonstante *f* ‖ **~ group** (Phys) / Renormierungsgruppe *f* ‖ **~ group method** (Phys) / Renormierungsgruppentheorie *f*
**renovate** *v* / renovieren *v* (im Allgemeinen) ‖ **~** / wieder auffrischen, auffrischen *v*
**renovation** *n* / Auffrischung *f*, Wiederauffrischung *f* ‖ **~** (Build) / Renovierung *f* ‖ **~** (of waste-water) (San Eng) / Reinigung *f*, Aufbereitung *f* (von Abwässern) ‖ **~ dyeing** (Textiles) / Altfärberei *f*
**rent** *v* / mieten *v* ‖ **~ n** (Textiles) / Riss *m* (im Gewebe)
**rentability** *n* / Rentabilität *f*
**rent-a-car** (service) (Autos) / Autoverleih *m*
**rental** *n* / Mietgebühr *f*
**rented car** (Autos) / Mietwagen *m* ‖ **~ circuit** (Comp, Telecomm) / Mietleitung *f*, angemietete Leitung ‖ **~ flat** (Build) / Mietwohnung *f* ‖ **~ land** (Agric) / gepachtetes Land ‖ **~ line** (Comp, Telecomm) / Mietleitung *f*, angemietete Leitung
**rentering seam** (Textiles) / Stoßnaht *f*, Anstoßnaht *f*
**renumber** *v* / neu nummerieren
**REO** (rare-earth oxides) (Chem, Geol) / Seltenerden *f pl* (Oxide der Seltenerdmetalle), SE (Seltenerden, seltene Erden
**reopen** *v* (Mining) / aufwältigen *v* (wiederherstellen)
**reorder** *v* / nachbestellen *v* ‖ **~ point** (Work Study) / Bestellpunkt *m*, Meldebestand *m* (bei dessen Erreichen eine Beschaffung zu veranlassen ist)

**reorganization** *n* / Umstrukturierung *f*, Umorganisierung *f*, Umorganisation *f*, Reorganisierung *f*, Reorganisation *f*
**reorient** *v* / umorientieren *v*, reorientieren *v*, in eine andere Richtung bringen
**reoxidation** *n* (Chem) / Rückoxidation *f*, Reoxidation *f*
**reoxidize** *v* (Chem) / zurückoxidieren *v*, rückoxidieren *v*, reoxidieren *v*
**REP** (rotating-electrode process) (Met) / Schmelzverfahren *n* mit rotierender Elektrode
**rep** *v* (Textiles) / rippen *v* ‖ **~ n** (pl. rep or reps) (Radiol) / Rep-Einheit *f*, Rep *n* (veraltete Einheit der Energiedosis) ‖ **~*** (Textiles) / Rips *m* (geripptes Gewebe)
**repack** *v* / umpacken *v* ‖ **~ (Eng)** / neue Packung einlegen
**repagination** *n* (Comp, Print) / Neuumbruch *m*, neuer Seitenumbruch ‖ **~** (Comp, Print) / Neupaginierung *f*, Repaginierung *f*, neue Seitennummerierung
**repaint** *v* (Paint) / überstreichen *v*, überlackieren *v*
**repaintability** *n* (Paint) / Überstreichbarkeit *f*, Überlackierbarkeit *f*
**repaint coating** (Paint) / Erneuerungsanstrich *m*, Erneuerungsbeschichtung *f*
**repainting** *n* (Paint) / Überlackierung *f*
**repair** *n* / Abhilfe *f* (bei Schäden) ‖ **~** (Biol) / Reparatur *f*, Repair *n* (eine der biologischen Gegenreaktionen im DNS-Molekül nach einer Bestrahlung) ‖ **~** (Build) / Instandsetzen *n* (Sanieren nach DIN 31 051) ‖ **~** (Eng) / Instandsetzung *f* (Wiederherstellen des Sollzustandes), Reparatur *n*
**repairable** *adj* (Eng) / reparaturfähig *adj*, reparierbar *adj*, reparabel *adj* (wiederherstellbar)
**repair capability** / Reparaturfreundlichkeit *f* ‖ **~ delay time** / Reparaturverzögerungszeit *f* ‖ **~ enzyme** (that catalyzes stages in the repair of DNA) (Gen) / Reparaturenzym *n* (das Teilschritte des Reparaturprozesses katalysiert), Repair-Enzym *n*
**repairer** *n* / Reparaturhandwerker *m*, Reparateur *m*
**repair facility** (Aero) / Instandsetzungseinrichtung *f*, Werft *f* ‖ **~ kit** (Autos) / Flickzeug *n* (Material zum Ausbessern eines Fahrzeugschlauches) ‖ **~ kit** (Eng) / Instandsetzungssatz *m*, Reparatursatz *m*
**repairman** *n* (pl. -men) / Reparaturhandwerker *m*, Reparateur *m*
**repair order** (Work Study) / Reparaturauftrag *m*, Instandsetzungsauftrag *m* ‖ **~ rate** (Work Study) / Reparaturrate *f* (ein Parameter zur Beschreibung der Reparaturwahrscheinlichkeit - ihr Kehrwert ergibt die mittlere Reparaturzeit) ‖ **~ set** (Eng) / Instandsetzungssatz *m*, Reparatursatz *m* ‖ **~ ship** (Mil, Ships) / Werkstattschiff *n* ‖ **~ shop** (Eng) / Reparaturwerkstatt *f* ‖ **~ shop** s. also service station
**repair-shop information system** (Comp, Work Study) / Werkstätten-Informationssystem *n* (übernimmt in Reparaturwerkstätten die gesamte Disposition, Lagerhaltung, Auftragsabwicklung und Kostenabrechnung)
**repair siding** (Rail) / Reparaturgleis *n*, Ausbesserungsgleis *n* ‖ **~ system** (Gen) / Reparatursystem *n* ‖ **~ time** (Work Study) / Instandsetzungszeit *f*, Reparaturzeit *f* ‖ **~ train** (Rail) / Reparaturzug *m* ‖ **~ welding** (Welding) / Reparaturschweißen *n* ‖ **~ works** (Rail) / Ausbesserungswerk *n*, AW (Ausbesserungswerk)
**repaper** *v* (Build) / neu tapezieren
**repassivation** *n* (Surf) / Repassivierung *f* (bei der Korrosion)
**repatriation** *n* (Rail) / Rücklauf *m* (von Fremdwagen)
**repave** *v* (Civ Eng) / rückformen *v* (Fahrbahndecke mit gleichzeitiger Zugabe von neu hergestelltem Material ohne Mischen)
**repaving** *n* (Civ Eng) / Repave *n* (Rückformen der Asphaltdecke unter Mischzugabe ohne Mischen) ‖ **~** (US) (Civ Eng) / Recyclingverfahren *n* für bituminöse Fahrbahndecken, Rückformung *f* (der Fahrbahndecke)
**REP card** (Comp) / Patch-Karte *f*, Korrekturkarte *f*
**repeat** *v* / wiederholen *v* ‖ **~** (according to pattern) (Textiles) / rapportieren *v* ‖ **~ n** (Arch) / Rapport *m* (regelmäßige Wiederkehr derselben Form eines Musters, z.B. bei Friesen) ‖ **~** (Comp) / Repeat *n* (Wiederholprogramm in vielen Programmiersprachen, durch das eine Anweisung mehrfach ausgeführt werden kann) ‖ **~** (Radio, TV) / Wiederholung *f* ‖ **~** (of a pattern) (Textiles) / Rapport *m* (Wiederholungseinheit beim Textildruck)
**repeatability** *n* / Repetierbarkeit *f*, Wiederholbarkeit *f*, Wiederholpräzision *f* (Präzision unter Wiederholbedingungen nach DIN 1319, T 1 und 55350, T 13) ‖ **~ conditions** / Wiederholbedingungen *f pl* (DIN 1319, T 1 und 55350, T 13) ‖ **~ critical difference** / kritischer Wiederholdifferenzbetrag (DIN 55350, T 13) ‖ **~ limit** / Wiederholgrenze *f* (DIN 55350, T 13) ‖ **~ standard deviation** / Wiederholstandardabweichung *f* (von Messwerten)
**repeatable** *adj* / repetierbar *adj*, wiederholbar *adj*
**repeat accuracy** / Repetiergenauigkeit *f* ‖ **~ action key** / Dauerauslösetaste *f*, Dauertaste *f*, Dauerfunktionstaste *f*, Dauerleertaste *f* (der Schreibmaschine), Taste *f* mit

**repeat**
  Wiederholfunktion, Typamatiktaste f (Wiederholungstaste, Dauerfunktionstaste) ‖ ~ **advertising** / Wiederholungswerbung f
**repeat-back signal** (Telecomm) / Rückmeldesignal n
**repeated load** (Mech) / Dauerlast f (beim Dauerschwingversuch) ‖ ~ **reflection** (Optics) / Mehrfachreflexion f (wiederholte Reflexion und Brechung eines Lichtstrahls an alternierenden Schichten semitransparenter Medien mit unterschiedlichen Brechzahlen), Vielfachreflexion f, wiederholte Reflexion ‖ ~ **root** (Maths) / mehrfache Wurzel, mehrfache Nullstelle (einer Gleichung) ‖ ~ **stress** (from zero to maximum) (Materials, Mech) / Schwellbeanspruchung f ‖ ~ **twin** (Crystal) / Wiederholungszwilling m
**repeater** n (Comp) / Repeater m (Signalgenerator, welcher die Signale auf einem LAN-Segment empfängt, regeneriert und verstärkt auf dem jeweils anderen Segment ausgibt - bei der LAN-Kopplung), Aufholverstärker m ‖ ~* (Horol) / Repetieruhr f ‖ ~* (Maths) / periodischer Dezimalbruch ‖ ~ (equipment that, after it leaves one groove, deflects the rolling stock through 180° and passes it back to the next groove in the same mill stand or to the next stand) (Met) / Umführung f (Walzgut) ‖ ~ (Rail) / Signalwiederholer m ‖ ~ (Ships) / Tochtergerät n (Kreiselkompass, Fahrtmessanlage) ‖ ~* (Telecomm) / Verstärkeramt n, Verstärkerstelle f (Betriebsstelle, in der leitergebundene Übertragungseinrichtungen aufgebaut sind) ‖ ~* (Telecomm) / Repeater m (eine Zwischenstation, die das durch den Übertragungsweg geschwächte Signal aufnimmt, verstärkt und mit erhöhtem Pegel an den nächsten Streckenabschnitt weitergibt; Umsetzer, der das empfangene Signal auf eine andere Trägerfrequenz umsetzt, um die Rückwirkung vom Sender auf den Empfänger zu verringern), Zwischenverstärker m, Verstärker m (Zwischenverstärker), Regenerativverstärker m, Zwischenregenerator m (ISDN), Regenerator m ‖ ~* (Telecomm) s. also regenerative repeater and transponder ‖ ~ **circuit** (Telecomm) / Verstärkerschaltung f ‖ ~ **compass** (Ships) / Tochterkompass m ‖ ~ **distribution frame*** (Teleph) / Verteiler m im Verstärkeramt, Verstärkeramtverteiler m ‖ ~ **gain** (Teleph) / Verstärkungsziffer f ‖ ~ **jammer** (Radar) / Wiederholstörer m (zur aktiven Gegenmassnahme) ‖ ~ **station** (Telecomm) / Verstärkeramt n, Verstärkerstelle f (Betriebsstelle, in der leitergebundene Übertragungseinrichtungen aufgebaut sind) ‖ ~ **station** (Telecomm) / Relaisstation f (aktive), Weitergabestelle f (Zwischensender), Relaisstelle f (aktive)
**repeat function** (Maths) / Repeatfunktion f, Wiederholfunktion f
**repeating decimal** (Maths) / Periode f (eines periodischen Dezimalbruchs) ‖ ~ **decimal*** (Maths) / periodischer Dezimalbruch ‖ ~ **group** (Comp) / Wiederholungsgruppe f (Zusammenstellung von Daten, die beliebig oft, unmittelbar hintereinander, innerhalb eines Datensatzes erscheinen kann) ‖ ~ **hub** (Telecomm) / aktiver Verteiler ‖ ~ **ornament** (Arch) / fortlaufendes Ornament ‖ ~ **selector*** (Teleph) / Mitlaufwerk n, Mitlaufwähler m ‖ ~ **signal** (Telecomm) / Wiederholungssignal n ‖ ~ **stage** (Eng) / Repetierstufe f (eines vielstufigen Verdichters) ‖ ~ **theodolite** (Surv) / Repetitionstheodolit m, zweiachsiger Theodolit ‖ ~ **unit** (Biochem) / Repetitionseinheit f
**repeat key** / Dauerauslösetaste f, Dauertaste f, Dauerfunktionstaste f, Dauerleertaste f (der Schreibmaschine), Taste f mit Wiederholfunktion, Typamatiktaste f (Wiederholungstaste, Dauerfunktionstaste)
**repeat-key action** (Comp) / Dauerbetätigung f einer Taste
**repeat of weave** (Weaving) / Bindungsrapport m (die Einheit der Bindungspatrone) ‖ ~ **printing** (Telecomm) / Doppeldruck m (Telefax) ‖ ~ **region** (Biochem) / repetitiver Abschnitt ‖ ~ **spacer** (Comp) / Durchlauftaste f (Bedienteil, mit dem eine relative Bewegung zwischen Papier und Schreibstelle über eine beliebige Anzahl von Teilungen oder Zeilenabständen ohne Berücksichtigung der vorgewählten Stopps ausgelöst wird) ‖ ~ **spacing key** (Comp) / Durchlauftaste f (Bedienteil, mit dem eine relative Bewegung zwischen Papier und Schreibstelle über eine beliebige Anzahl von Teilungen oder Zeilenabständen ohne Berücksichtigung der vorgewählten Stopps ausgelöst wird)
**rep effect** (Textiles) / Ripseffekt m, Rippeneffekt m
**repel** v / vertreiben v (Insekten) ‖ ~ / abweisen v (Farbe, Wasser), abstoßen v, zurückstoßen v
**repellant** n (Agric, Ecol) / schädlingsvertreibendes Mittel (ein Abschreckmittel), Insektenvertreibungsmittel n, Repellent n (zur Vertreibung von Schädlingen), Repellentstoff m, Insektenabwehrmittel n
**repellent** n (Agric, Ecol) / schädlingsvertreibendes Mittel (ein Abschreckmittel), Insektenvertreibungsmittel n, Repellent n (zur Vertreibung von Schädlingen), Repellentstoff m, Insektenabwehrmittel n ‖ ~ **finish** (Textiles) / Wasser abweisende und wasserdichte Ausrüstung
**repeller** n (US)* (Electronics) / Reflektor m (des Reflexklystrons), Reflexionselektrode f, Reflektorelektrode f

**repelling** n (Agric, Ecol) / Abschrecken n (durch Insektenvertreibungs- und Wildverbissmittel)
**repent** adj (Bot, Zool) / kriechend adj
**repercussion** n (the recoil after impact) (Eng) / Rückstoß m
**repertory** n (Maths) / Repertoire n (Menge der Zeichen eines Kodes) ‖ ~ **dialler** (Teleph) / Namentaster m, Speicherwähleinrichtung f
**repetency** n (Phys) / Wellenzahl f (DIN 5031-8)
**repetition** n / Wiederholung f ‖ ~* (Surv) / Repetition f ‖ ~ **counter** (Comp) / Wiederholungszähler m ‖ ~ **frequency** (Telecomm) / Folgefrequenz f ‖ ~ **instruction** (Comp) / Wiederholungsbefehl m ‖ ~ **rate** (Telecomm) / Folgefrequenz f ‖ ~ **rate*** (Telecomm) / Wiederholungsfrequenz f ‖ ~ **rate** (Teleph) / Rückfragehäufigkeit f
**repetitious** adj / wiederkehrend adj, Wiederholungs-, sich wiederholend, wiederholt auftretend
**repetitive** adj / regelmäßig wiederkehrend, periodisch adj ‖ ~ / wiederkehrend adj, Wiederholungs-, sich wiederholend, wiederholt auftretend ‖ ~ **accuracy** / Wiederholgenauigkeit f, reproduzierbare Genauigkeit, Reproduktionsgenauigkeit f ‖ ~ **addressing** (Comp) / Wiederholungsadressierung f ‖ ~ **DNA** (Biochem) / repetitive DNS ‖ ~ **flight plan** (Aero) / Dauerflugplan m ‖ ~ **form letter** (Comp) / Standardbrief m aus Textbausteinen
**repetitively pulsed** (Telecomm) / mit Impulsfolge ‖ ~ **pulsed laser** (Phys) / Repetitively-pulsed-Laser m
**repetitive metering** (Teleph) / Mehrfachgebührenerfassung f ‖ ~ **movement** (Work Study) / immer wiederkehrende Bewegung, sich wiederholende Bewegung, Wiederholbewegung f
**repetitiveness** n / Wiederholhäufigkeit f
**repetitive production** (Work Study) / Wiederholfertigung f (als Gegensatz zu Einmal- bzw. Einzelfertigung) ‖ ~ **text** (Comp) / immer wiederkehrender Text, IWT (immer wiederkehrender Text), stets wiederkehrender Text
**rep-finish paper** (Paper) / Ripspapier n
**rephosphorization** n (Chem, Met) / Rückphosphorung f
**rephosphorize** v (Chem, Met) / rückphosphorieren v
**replace** v / austauschen v (Glühbirne), auswechseln v (Glühbirne) ‖ ~ / auswechseln v, ersetzen v, austauschen v, substituieren v ‖ ~ (Teleph) / auflegen v (den Hörer), einhängen v
**replaceable hydrogen*** (Chem) / ionogen gebundener Wasserstoff
**replacement** n / Austausch m (z.B. der Glühbirne) ‖ ~ / Auswechslung f, Austausch m, Ersetzung f ‖ ~ / Ersatz m, Ersetzung f, ersatzweise Verwendung ‖ ~ / Neulieferung f, Ersatzlieferung f, Ersatz m (nochmalige Lieferung der gleichen Ware) ‖ ~ (Agric, For) / Nachpflanzung f, Nachpflanzen n ‖ ~ (Comp) / Löschstrategie f (bei einem Cache) ‖ ~* (Geol) / Metasomatose f (Verdrängung und Substitution), Verdrängung f (Bildung neuer Minerale mit abweichender chemischer Zusammensetzung an Stelle eines ursprünglichen Mineralbestandes), allochemische Metamorphose ‖ ~ **bottom** (Met) / Wechselboden m (des MRP-Konverters) ‖ ~ **brick** (Ceramics) / Nachsetzstein m (der bei Hängestützgewölben von SM-Öfen in dafür vorgesehene Furchen eingebaut wird, um den verschleißenden Stein zu ersetzen) ‖ ~ **crop** (Agric) / Nachbaukultur f ‖ ~ **deposit** (Mining) / Verdrängungslagerstätte f (eine Erzlagerstätte), metasomatische Lagerstätte ‖ ~ **filter** / Ersatzfilter n ‖ ~ **fuel** (Fuels) / alternativer Kraftstoff (z.B. Wasserstoff oder Ethanol), Alternativkraftstoff m, Ausweichkraftstoff m, Ersatzkraftstoff m ‖ ~ **name** (Chem) / Austauschname m (z.B. Aza-, Carba-, Thia-), Ersetzungsname m, Matrizenname m, Verdrängungsname m ‖ ~ **of a term** (Maths) / Termersetzung f (wenn man eine Variable an allen Stellen, an denen sie frei vorkommt, durch einen Term ersetzt) ‖ ~ **panel** (Autos) / Reparaturblech n ‖ ~ **syntan** (Leather) / Austauschgerbstoff m (ein synthetischer Gerbstoff) ‖ ~ **value** / Wiederbeschaffungswert m
**replant** v (Agric) / nachsäen v ‖ ~ (Agric) / umpflanzen v, verpflanzen v ‖ ~ (Agric, Bot) / neu bepflanzen v ‖ ~ (For) / verschulen v (Jungpflanzen in Baumschulen)
**replanting** n (Agric) / Umtopfen n (von Pflanzen) ‖ ~ (Agric, For) / Nachpflanzung f, Nachpflanzen n
**replay** n (Acous) / Abspielen n, Wiedergabe f ‖ ~ (TV) / Zeitlupenwiedergabe f, Replay n (Wiederholung einer Szene im Zeitlupentempo), Zeitlupenwiederholung f ‖ ~ **button** (Acous) / Wiedergabetaste f
**replenish** v / nachgießen v, nachfüllen v, wieder auffüllen, wieder befüllen ‖ ~ (Aero) / Betriebsstoffe an Bord nehmen ‖ ~ (Leather) / zubessern v (Bad) ‖ ~ (Textiles) / nachsetzen v, auffrischen v (Farbenlösung)
**replenisher** n (Photog) / Nachfülllösung f (Nachfüllung eines Entwicklers), Regenerator n (eines Entwicklers)
**replenishing port** (Autos) / Nachlaufbohrung f (im Hauptzylinder)
**replica** n (Micros, Optics) / Abdruck m, Replik f ‖ ~ (Optics) / Kopie f ‖ ~ **grating** (Optics) / Gitterkopie f (Reflexionsgitter) ‖ ~ **plating** (Bacteriol) / Replikatechnik f, Replikaplattierung f, Stempeltechnik f

(nach Lederberg), Lederberg-Stempeltechnik *f* (nach J. Lederberg, 1925 -) ‖ ~ **relay** (Elec Eng) / Abbildrelais *n*
**replicase** *n* (Biochem) / Replikase *f* (eine Polymerase), Replicase *f*
**replicast-full-mould process** (Foundry) / Replicast-full-Mould-Verfahren *n* (mit verlorenen Schaumstoffmodellen)
**replicate** *v* (Bacteriol, Med) / sich fortpflanzen ‖ ~ **specimen** (Materials) / Parallelprobe *f*
**replication** *n* (Comp) / Mirroring *n* (das doppelte Vorhalten technischer Ressourcen zur Erhöhung der Verfügbarkeit), Spiegelung ‖ ~ (Comp) / Replikation *f* (automatischer Abgleich zwischen zwei Versionen des Datenbestandes) ‖ ~* (Gen) / Replikation *f*, Reduplikation *f* (der genetischen Information) ‖ ~ (Maths) / Replikation *f* (Verknüpfung zweier Aussagen bzw. Aussageformen, die festgelegt ist durch eine Verknüpfungstafel) ‖ ~ **fork** (Gen) / Replikationsgabel *f* ‖ ~ **origin** (Biochem, Gen) / Replikationsstartpunkt *m*, Replikations-Origin *m*, Replikationsursprung *m*, Origin *m*, ori
**replicative** *adj* (Gen) / replikativ *adj*
**replicon*** *n* (Biol, Gen) / Replikon *n* (Replikationseinheit - DNS-Molekül), Replicon *n*
**reply** *n* / Antwort *f* ‖ ~ **coding** (Telecomm) / Antwortkodierung *f*, Antwortverschlüsselung *f* ‖ ~ **equation** (Radar) / Antwortgleichung *f* (beim Überwachungssekundärradar) ‖ ~ **frequency** (Telecomm) / Antwortfrequenz *f* ‖ ~ **pulse generator** (Telecomm) / Antwortimpulsgenerator *m* ‖ ~ **sidelobe suppression** (Radar) / Antwortnebenkeulenunterdrückung *f*
**repoint** *v* (Build) / nachverfugen *v*
**report** *n* (classified, declassified) / Bericht *m*, Meldung *f*, Mitteilung *f*, Report *m* (ein Tätigkeitsbericht) ‖ ~ (Acous) / Knall *m* (bei der Detonation) ‖ ~ (Comp) / Liste *f* (Cobol) ‖ ~ (Comp) / Report *m* (eine auf einem Drucker einer DV-Anlage erstellte Liste) ‖ ~ **charge** (Telecomm) / Benachrichtigungsgebühr *f*
**reporter gene** (Gen) / Reportergen *n*, Reporter *m* (ein Gen) ‖ ~ **group** (Chem) / Reportergruppe *f* (bei Spinmarkierung)
**report generator*** (Comp) / Reportgenerator *m* (z.B. zum Durcharbeiten eines DV-Bestandes, um Sätze zu finden, die mehreren Kriterien genügen) ‖ ~ **generator*** (Comp) s. also report program generator
**reporting point** (Aero) / Meldepunkt *m*
**report of arrival** (Aero) / Landemeldung *f* ‖ ~ **origin authentication** (Telecomm) / Authentifizierung *f* des Ursprungs eines Berichts ‖ ~ **program generator** (Comp) / Listenprogrammgenerator *m*, LPG (Listenprogrammgenerator), Reportprogrammgenerator *m*, Listprogrammgenerator *m* ‖ ~ **section** (Comp) / Listenkapitel *n* (COBOL)
**reposition** *v* (Comp) / neu positionieren, verschieben *v*, repositionieren *v*
**repositioning routine** (Comp) / Repositionierroutine *f*
**repository** *n* / Lager *n* (Raum) ‖ ~ / Behälter *m* ‖ ~ (Comp) / Data Dictionary *n* (ein Datenhaltungssystem) ‖ ~ (Comp) / Repository *n* (umfassendes Verzeichnis über alle Daten und Informationen innerhalb von DV-Anwendungen) ‖ ~ (Nuc Eng) / Endlager *n* (für radioaktive Abfälle)
**repotting** *n* (Agric) / Umtopfen *n* (von Pflanzen)
**repoussé work** / Treibarbeit *f* (das Herstellen oder Verzieren von Gegenständen aus Metallblech)
**repowering** *n* (Elec Eng) / Repowering *n* (eines Kraftwerks)
**repp*** *n* (Textiles) / Rips *m* (gerripptes Gewebe)
**Reppe synthesis** (Chem) / Reppe-Synthese *f* (nach W. Reppe, 1892-1969), Reppe-Chemie *f* (Ethinylierung, Vinylierung, Zyklisierung, Karbonylierung)
**repp weave** (Weaving) / Ripsbindung *f* (eine Leinwandbindung)
**reprecipitate** *v* (Chem) / umfällen *v*, neu fällen
**representation** *n* (Cartography, Comp, Eng, Maths) / Darstellung *f* ‖ ~ (in group theory) (Maths) / Darstellung *f* ‖ **a mode of three-dimensional ~ in which two dimensions are represented at the same scale, while the third dimension is represented at a 0<q<1-scale** (the planes so represented are drawn with an angle of 45° between them) / Kavalierriss *m* (ein Schrägriss), Kavalierperspektive *f* ‖ ~ **by prototypes** / Darstellung durch Prototypen *f* ‖ ~ **language** (AI) / Darstellungssprache *f*, Repräsentationssprache *f* ‖ ~ **of data** (Comp) / Datendarstellung *f* ‖ ~ **of knowledge** (AI, Comp) / Wissensrepräsentation *f* (Darstellung von vorliegendem Wissen auf einem Rechner), Repräsentation *f* von Wissen (eine Teildisziplin der künstlichen Intelligenz) ‖ ~ **of surfaces** (Maths) / Flächendarstellung *f* ‖ ~ **theory** (Maths) / Darstellungstheorie *f*
**representative** *n* / Vertreter *m* (z.B. bei Patentanmeldungen) ‖ ~ (Maths) / Vertreter *m* (bei Klasseneinteilung) ‖ ~ (Maths) / Repräsentant *m*, Darsteller *m* (in der Mengenlehre) ‖ ~ *adj* / repräsentativ *adj* ‖ ~ **fraction** (Cartography) / numerischer Maßstab ‖ ~ **sample*** / Durchschnittsmuster *n*, Durchschnittsprobe *f* (eine Sammelprobe, die durch Entnahme von Einzelproben nach einem Plan entsteht, der es wahrscheinlich macht, dass die zu untersuchenden Merkmale dieser Probe denen der Grundgesamtheit entsprechen - DIN 55 350-14) ‖ ~ **survey** (Stats) / Repräsentativerhebung *f* ‖ ~ **voltage** (Elec Eng) / Abbildspannung *f* (eines Stromes)
**representativity** *n* (Stats) / Repräsentativität *f* (z.B. einer Messgröße)
**repress** *v* (Ceramics) / nachpressen *v* (vorgeformte Teile, meist Ziegelsteine) ‖ ~ (Powder Met) / nachpressen *v* (bei Sinterprozessen)
**repressor*** *n* (Biochem, Gen) / Repressor *m* (ein von einem Regulatorgen kodiertes allosterisches Protein), Repressorprotein *n*
**repressuring** *n* (Oils) / Verschneiden *n* (von Benzin mit Butan zur Dampfdruckerhöhung) ‖ ~ (Oils) / Gaseinpressverfahren *n*, Repressuring *n* (sekundäre Gewinnungsphase bei der Erdölförderung)
**repressurize** *v* (Aero) / Druck erhöhen (in der Druckkabine)
**reprint** *v* (Print) / nachdrucken *v* ‖ ~ (Textiles) / umdrucken *v* ‖ ~ *n* (Print) / Sonderdruck *m*, Sonderabdruck *m*, Separatabdruck *m* ‖ ~ (Print) / Nachdruck *m*, Neudruck *m* (unveränderte Neuauflage) ‖ ~ (with alterations) (Print) / Neuauflage *f* (meistens mit Änderungen) ‖ ~ (Textiles) / Transferdruck *m*, Umdruck *m* (durch Erhitzen oder Pressen) ‖ ~ **paper** (Paper) / Papier *n* für Reprints
**reprocess** *v* (Ecol) / aufarbeiten *v* (Abfälle) ‖ ~ (Ecol, Plastics) / aufarbeiten *v* (Abfallmaterial), wieder verwenden *v* (beim Verarbeitungsprozess anfallende Kunststoffabfälle) ‖ ~ (Nuc Eng) / aufarbeiten *v* (abgebrannten Kernbrennstoff), wieder aufbereiten *v* (verwendete Kernbrennstoffe) ‖ ~ (Textiles) / regenerieren *v* (Faserstoffe)
**reprocessed material** (Spinning, Textiles) / Reißspinnfasern *f pl*, Reißspinnstoff *m* (aus Abfällen und Altmaterial), regenerierter Faserstoff, Reißfaserstoff *m* ‖ ~ **plastic** (Plastics) / wiederverwendeter Kunststoffabfall, aufgearbeitetes Abfallmaterial ‖ ~ **wool** (Textiles) / Reißwolle *f* (aus Konfektionsabfällen oder nicht getragenen Kleidungsstücken)
**reprocessing** *n* (Ecol) / Aufbereitung *f* (von Abfällen) ‖ ~ (Nuc Eng) / Wiederaufarbeitung *f* (von bestrahlten Brennelementen), Reprocessing *n*, Wiederaufarbeitung *f* von verwendeten Kernbrennstoffen, Aufarbeitung *f* (des abgebrannten Brennstoffes) ‖ ~ **plant** (Nuc Eng) / Wiederaufbereitungsanlage *f*, WAA (Wiederaufbereitungsanlage), Kernbrennstoff-Wiederaufbereitungsanlage *f*
**reproduce** *v* / wiedergeben *v*, reproduzieren *v* ‖ ~ (Acous) / vervielfältigen *v* (ein Tonband) ‖ ~ (GB) (For) / verjüngen *v* ‖ ~ **head** (Acous, Elec Eng, Mag) / Hörkopf *m* (des Magnettongeräts), Wiedergabekopf *m*, Abspielkopf *m* (des Magnettongeräts)
**reproducer** *n* (Acous) / Lautsprecher *m* (DIN 1320) ‖ ~* (Acous) / Tonwiedergabegerät *n*
**reproducibility** *n* / Reproduzierbarkeit *f* (Maß für die Übereinstimmung von Doppelbestimmungen) ‖ ~ (Print) / Reproduktionsfähigkeit *f*, Reprofähigkeit *f* ‖ ~ (Stats) / Vergleichsstreubereich *m* (nach DIN 51849) ‖ ~* (Stats) / Vergleichspräzision *f* (DIN 55350, T 13) ‖ ~* (Stats) / Vergleichbarkeit *f* (einzelner Ergebnisse bei der Qualitätskontrolle - DIN ISO 6879) ‖ ~ **conditions** / Vergleichsbedingungen *f pl* (DIN 1319, T 3 und DIN 55350, T 13) ‖ ~ **critical difference** / kritischer Vergleichsdifferenzbetrag ‖ ~ **limit** (Stats) / Vergleichsgrenze *f* (bei der Qualitätssicherung nach DIN 55 350, T 13) ‖ ~ **standard deviation** (Stats) / Vergleichsstandardabweichung *f* (von Messwerten nach DIN 1319, T 1 und DIN 55 350, T 13)
**reproducible** *adj* / reproduzierbar *adj* ‖ ~ (Print) / reprofähig *adj*, reproduktionsfähig *adj*
**reproducing** *adj* (Maths) / reproduzierend *adj* ‖ ~ **head** (Acous, Elec Eng, Mag) / Hörkopf *m* (des Magnettongeräts), Wiedergabekopf *m*, Abspielkopf *m* (des Magnettongeräts) ‖ ~ **slit** (Cinema) / Wiedergabespalt *m* (beim Lichttonverfahren) ‖ ~ **stylus** (Acous) / Nadel *f* (für einen alten Plattenspieler), Abtastnadel *f* (für einen alten Plattenspieler) ‖ ~ **tube** (TV) / Wiedergaberöhre *f*
**reproduction*** *n* (Acous) / Abspielen *n*, Wiedergabe *f* ‖ ~* (Biol) / Fortpflanzung *f* ‖ ~ (GB) (For) / Verjüngung *f* (meistens natürliche Erneuerung des Waldes) ‖ ~ (Print) / Reproduktion *f* ‖ ~ **breeding** (Agric) / Erhaltungszüchtung *f* ‖ ~ **camera** (Print) / Reprokamera *f* (Fotoapparat, speziell für Aufnahmen von Vorlagen und Gegenständen mit geringer Tiefenausdehnung, deren bildliche Wiedergabe über ein Druckverfahren vervielfältigt werden soll), Reproduktionskamera *f* (vertikale, horizontale) ‖ ~ **characteristic** (Acous) / Wiedergabecharakteristik *f* ‖ ~ **constant*** (Nuc) / Vermehrungsfaktor *m* (der Neutronen bei einer Kernspaltung), Multiplikationsfaktor *m* [effektiver] (Neutronenvermehrung) ‖ ~ **cutting** (For) / Verjüngungsschlag *m*, Verjüngungshieb *m* ‖ ~ **paper** (Print) / Reproduktionspapier *n* (sensibilisiertes oder nicht sensibilisiertes) ‖ ~ **photography** (Print) / Reprofotografie *f*, Reproduktionsfotografie *f* ‖ ~ **proof*** (Print) / reproduktionsfähiger

1309

**reproduction**
Abzug, Reproabzug m (Kopiervorlage für die Druckformherstellung), Repro f n ‖ ~ **proof** (on baryta paper)* (Print) / Barytabzug m ‖ ~ **ratio** / Wiedergabemaßstab m, Abbildungsmaßstab m (bei Fernkopierern) ‖ ~ **technology** (Print) / Reproduktionstechnik f (DIN 16500) ‖ ~ **tube** (TV) / Wiedergaberöhre f
**reproductive** adj (Biol) / generativ adj
**reprogrammable** adj (Comp) / mehrfach programmierbar, wiederprogrammierbar adj ‖ ~ **PROM** (Comp) / wiederprogrammierbares PROM, REPROM n
**reprogramming** n (Comp) / Wiederprogrammierung f, mehrfache Programmierung f ‖ ~ (Comp) / Umprogrammierung f
**reprographic** adj (Print) / reprografisch adj
**reprographics** n (US) (Print) / Reprotechnik f, Reprografie f
**reprographic service** / Kopierdienst m
**reprography** n / Anforderung f (mit Vervielfältigungsmaschinen) ‖ ~ (Print) / Reprotechnik f, Reprografie f
**reproject** v / rückprojizieren v
**REPROM** n (Comp) / wiederprogrammierbares PROM, REPROM n
**reproof** v (Textiles) / neu imprägnieren, neu wasserdicht ausrüsten, neu appretieren
**repro proof** (Print) / reproduktionsfähiger Abzug, Reproabzug m (Kopiervorlage für die Druckformherstellung), Repro f n
**reprotoxic** adj (Biol) / entwicklungsschädigend adj (giftig)
**reptant** adj (Bot, Zool) / kriechend adj
**reptation** n (Chem) / Reptation f (von Makromolekülen)
**reptile leather** (Leather) / Reptilleder n (z.B. Schlangen, Krokodile, Eidechsen)
**repudiation** n (Comp, Telecomm) / Nichtanerkennung f (bei einer Authentifizierungsprozedur), Verwerfung f (bei einer Authentifizierungsprozedur)
**repulp** v (Oils) / wieder aufschwemmen v (Paraffingatsch), repulpen v (Paraffingatsch) ‖ ~ (Paper) / aufschließen (Altpapier)
**repulsion** n (Mech) / Rückstoß m ‖ ~ (Phys) / Abstoßung f, Repulsion f ‖ ~ **energy** (Nuc) / Abstoßungsenergie f, Repulsionsenergie f (bei Elektronenhüllen) ‖ ~**-induction motor**\* (Elec Eng) / Repulsions-Induktionsmotor m (DIN 42005) ‖ ~ **motor**\* (Elec Eng) / Repulsionsmotor m (DIN 42005) ‖ ~ **motor with fixed double set of brushes** (Elec Eng) / Latour-Motor m (ein kompensierter Repulsionsmotor mit feststehendem Doppelbürstensatz) ‖ ~**-start induction motor**\* (Elec Eng) / Induktionsmotor m mit Repulsionsanlauf (DIN 42005)
**repulsive** adj (Phys) / abstoßend adj ‖ ~ **force** (Astron) / Repulsivkraft f (Strahlungsdruck der elektromagnetischen oder der Korpuskularstrahlung)
**rep weave** (Weaving) / Ripsbindung f (eine Leinwandbindung)
**request** n (Comp) / Anforderung f ‖ ~ (for granting a patent) (Telecomm) / Antrag m (auf Erteilung eines Patents)
**requester** n (Comp) / Anforderer m
**request for a grant of a European patent** / Antrag m auf Erteilung eines Europäischen Patents ‖ ≃ **for Comment** (a document, which contains details of a proposed Internet standard or the modification of an existing standard) (Comp) / Request for Comment ‖ ~ **for delivery** / Abruf m (der Lieferung durch den Käufer) ‖ ~ **for examination** / Prüfungsantrag m (im Patentrecht)
**requesting user** (Comp) / Anforderer m
**request latch** (Comp) / Anforderungssignalspeicher m ‖ ~ **of call** (Teleph) / Gesprächsanmeldung f (als Vorgang), Voranmeldung f (des Gesprächs) ‖ ~ **register** (Comp) / Anforderungsregister n
**request/reply transmission** (Telecomm) / Anfrage-Antwort-Sendung f
**request stop** (GB) (Autos) / Bedarfshaltestelle f ‖ ~ **to send** (Telecomm) / Sendeaufforderung f ‖ ≃ **Unit** (a message that makes a request or responds to a request during a session) (Comp) / Request Unit f, RU (Request Unit)
**require** v / erfordern v
**required** adj / erforderlich adj ‖ **as** ~ / nach Bedarf ‖ **if** ~ / nach Bedarf ‖ **when** ~ / nach Bedarf ‖ ~ **amount of air** / Luftbedarf m (z.B. zur Verbrennung von Heizstoffen) ‖ ~ **heat** (Build, Heat) / Wärmebedarf m (z.B. in Gebäuden nach DIN 4701, T 1) ‖ ~ **hyphen** (Comp) / unbedingter Trennstrich ‖ ~ **material** (Work Study) / Materialbedarf m, Werkstoffbedarf m ‖ ~ **temperature** / Solltemperatur f ‖ ~ **time** / geforderte Verfügbarkeitsdauer ‖ ~ (**ignition**) **voltage** (Autos, I C Engs) / Zündspannungsbedarf m
**requirement** n / Anforderung f ‖ ~ / Bedarf m (z.B. an Raum)
**requirements, according to** ~ / nach Bedarf ‖ ~ **analysis** (Comp) / Anforderungsstudie f ‖ ~ **definition** (Comp) / Anforderungsdefinition f (in der Systemanalyse) ‖ ~ **engineering** (Comp) / Requirements Engineering n (systematische und ingenieurmäßige Erfassung, Beschreibung und Analysen von Anforderungen an DV-Systeme) ‖ ~ **engineering** (Comp) / Bedarfsbeschreibung f (mit Anforderungsstudien - als Teilgebiet der Systemanlage, das die Anforderungsdefinitionen aufstellt)

**requiring approval** / genehmigungsbedürftig adj (Anlage) ‖ ~ **little space** / Platz sparend adj, Raum sparend adj ‖ ~ **surveillance** / überwachungsbedürftig adj (Anlage - durch sachverständige Personen, grundsätzlich von amtlichen oder amtlich zu diesem Zweck anerkannten Sachverständigen)
**reradiate** v (Phys) / zurückstrahlen v, wieder ausstrahlen, rückstrahlen v
**reradiation** n (Phys) / Wiederabstrahlung f ‖ ~ (Phys) / Wiederausstrahlung f ‖ ~* (Phys) / Zurückstrahlung f, Rückstrahlung f, Rückreflexion f ‖ ~ (Radio) / Rückkopplungsstrahlung f ‖ ~* (Radio) / Oszillatorstörspannung f, Störstrahlung f (bei UKW-Empfängern) ‖ ~ **error** (Radar) / Rückstrahlfehler m
**re-rail** v (Rail) / aufgleisen v
**re-railer** n (Rail) / Aufgleisvorrichtung f, Aufgleisgerät n, Aufgleisungsschuh m
**reread** v / nochmals lesen, erneut lesen ‖ ~ (Comp) / wieder einlesen
**rere arch**\* (Arch) / innerer Bogen
**rerecording** n (Acous) / Umschnitt m, Kopie f ‖ ~* (Acous) / Umspielen n, Umschneiden n, Überspielen n (ein nochmaliges Aufnehmen) ‖ ~* (Acous) / Multiplaybacktechnik f ‖ ~ **system** (Acous) / Mischanlage f ‖ ~ **system** (Acous) / Playback-Technik f
**rereel** v (Paper, Print) / umrollen v, umwickeln v ‖ ~ (Textiles) / umhaspeln v, umspulen v
**rereeler**\* n (Paper, Print) / Umroller m, Umrollmaschine f
**re-refined oil** (Oils) / Zweitraffinat n
**re-refining** n (Ecol) / Regenerieren n, Regenerierung f (verunreinigter Stoffe), Rückgewinnung f, Regeneration f, Wiederaufbereitung f, Aufbereitung f (z.B. des Altöls)
**rering** v (Teleph) / nachrufen v
**rerinse** v / nachspülen v
**rerolling** n (Met) / Nachwalzen n
**reroof** v (recover or replace an existing roofing system) (Build) / umdecken v (Dach), wieder bedachen
**reroute** v (Aero) / umbuchen v (die im Flugschein eingetragene Flugstrecke ändern) ‖ ~ (Comp, Telecomm) / umsteuern v (die Verkehrsrichtung) ‖ ~ (Telecomm) / umleiten v (Verkehr)
**rerouting** n (Telecomm) / Rerouting n (eine bewusste Wahl eines anderen Weges durch das Netz, als in den eigentlichen Routingtabellen vorgesehen), Alternativlenkung m (Rerouting), Ersatzwegeschaltung f (z.B. wegen Überlast in Netzteilen oder beim Teil- oder Totalausfall von Netzelementen), Ersatzwegewahl f ‖ ~ (Telecomm) / Neuwahl f, Rückführung f (nach Verbindungswiederherstellung)
**rerun** v (Chem) / umdestillieren v, redestillieren v, nochmals destillieren v, wiederholt destillieren v ‖ ~* n (Comp) / Wiederholung f (der Prozedur), wiederholter Maschinenlauf, Wiederholungslauf m ‖ ~ **column** (Oils) / Redestillationskolonne f
**rerunning** n (Chem) / Redestillation f, nochmalige Destillation
**rerun routine** (Comp) / Wiederholungsprogramm n, Wiederholprogramm n ‖ ~ **time** (Comp) / Laufwiederholungszeit f (in der Läufe, die zuvor fehlerhaft abliefen, wiederholt werden) ‖ ~ **tower** (Oils) / Redestillationskolonne f
**RESA** (runway-end safety area) (Aero) / Sicherheitsfläche f am Pistenende, Stoppfläche f
**resak** n (a heavy hardwood) (For) / Resak n (Vatica et Cotylelobium spp.)
**resale** n / Wiederverkauf m, Weiterverkauf m ‖ ~ **price** / Wiederverkaufspreis m ‖ ~ **value** / Wiederverkaufswert m
**resampling process** (Stats) / Bootstrap-Verfahren n, Resampling-Verfahren n
**resaw** v / trennen v (Schnittholz) ‖ ~ n (For) / Nachschnitt m (von Rundholz) ‖ ~ (For) / Nachschnittsäge f
**resawing cut** (For) / Trennschnitt m
**resawn lumber** (For) / nachgeschnittenes Holz, gespaltenes Holz, getrenntes Holz ‖ ~ **material** (For) / Trennware f
**resazurin** n (Chem, Nut) / Resazurin n (auch zur Beurteilung des Reinheitsgrades der Milch)
**rescap** n (Elec Eng) / RC-Glied n (ein aus einem Widerstand und einem Kondensator gebildeter Vierpol)
**rescheduling** n (Comp) / Rescheduling n (wird durchgeführt, wenn sich Prioritäten von Prozessen ändern)
**rescue** n (Aero, Mining, Ships) / Rettung f ‖ ~ **aircraft** (Aero) / Rettungsflugzeug n ‖ ~ **apparatus** (Mining) / Fluchtgerät n (ein Atemschutzgerät) ‖ ~ **brigade** (Mining) / Grubenwehr f ‖ ~ **chute** (Mining) / Rettungsschlauch m (Rettungsgerät aus Segelleinen zum Retten von Personen aus höher gelegenen Räumen durch Herstellen einer behelfsmäßigen Rutschbahn), Rettungsschlauch m (ein schlauchartiges Rettungsgerät) ‖ ~ **coordination centre** (Aero) / Such- und Rettungszentrale f (A), Leitstelle f des Such- und Rettungsdienstes ‖ ~ **crew** (Aero, Mining) / Rettungsmannschaft f ‖ ~ **disk** (Comp) / Rettungsdiskette f (durch entsprechende Utilities erstellte Sicherungsdiskette, auf der betriebswichtige Daten

gespeichert sind) ‖ ~ **dump** (Comp) / Rettungs-Dump m ‖ ~ **equipment** (Aero) / Rettungsgerät n (z.B. Rutschtuch usw.) ‖ ~ **equipment** (Mil) / Rettungsgerät n ‖ ~ **helicopter** (Aero) / Rettungshubschrauber m ‖ ~ **man** (Mining) / Grubenwehrmann m (pl. -männer) ‖ ~ **operation** (Aero, Mining, Ships) / Rettungseinsatz m ‖ ~ **party** (Aero, Mining) / Rettungsmannschaft f ‖ ~ **rocket** (Ships) / Rettungsrakete f ‖ ~ **service** / Rettungsdienst m (bei Katastrophen, Bergwacht, Seerettungsdienst) ‖ ~ **sheet** (Med) / Rettungsdecke f (mit Gold- und Silberseite) ‖ ~ **tower** (Space) / Rettungsturm m (ein Gittermast auf der Spitze einer Raumkapsel) ‖ ~ **vessel** (Ships) / Rettungsschiff n ‖ ~ **work** (Mining) / Bergungsarbeiten f pl
**rescuing operation(s)** (Mining) / Bergungsarbeiten f pl
**reseal** v (Plastics) / wieder verschließen (Kunststoffbeutel), neu verschließen (Kunststoffbeutel)
**resealable** adj (Plastics) / wiederverschließbar adj (Kunststoffbeutel)
**research** v / untersuchen v, erforschen v ‖ ~ n / Research n (Markt- und Meinungsforschung) ‖ ~ / [wissenschaftliche] Forschung f ‖ ~ **and development** / Forschung und Entwicklung f, FuE (Forschung und Entwicklung) ‖ ~ **assistance** / Forschungsförderung f ‖ ~ **car** (Rail) / Messwagen m (Eisenbahnfahrzeug der Versuchsämter mit Mess-, Prüf- und Registriereinrichtungen)
**researcher** n / Forscher m
**research flight** (Aero) / Forschungsflug m ‖ ~ **funding** / Forschungsförderung f (mit finanziellen Mitteln) ‖ ~ **octane number** (Fuels) / Oktanzahl f nach der Research-Methode (ein Maß für die Klopffestigkeit), Research-Oktanzahl f, ROZ (Research-Oktanzahl nach DIN EN 25 163 und 25 164) ‖ ~ **paper** / Forschungsbericht m ‖ ~ **project** / Forschungsprojekt n, Forschungsvorhaben n
**research-quality microscope** (Micros) / Forschungsmikroskop n
**research reactor** (Nuc Eng) / Forschungsreaktor m (dessen Kernstrahlung vorwiegend als Forschungswerkzeug für Grundlagen- oder angewandte Forschung dient, unabhängig von der Nennleistung, FR (Forschungsreaktor)) ‖ ~ **report** / Forschungsbericht m ‖ ~ **satellite** (Space) / Forschungssatellit m (z.B. Magsat oder SMM) ‖ ~ **under contract** / Vertragsforschung f, Auftragsforschung f (z.B. Battelle-Institut) ‖ ~ **vessel** (Ocean, Ships) / Forschungsschiff n (z.B. "Polarstern" oder "Gauß" in der BRD) ‖ ~ **worker** / Forscher m
**reseating** n (I C Engs) / Einschleifen n der Ventilsitze
**reseat pressure** (Eng) / Schließdruck m (bei Ventilen) ‖ ~ **pressure** (Eng) / Schließdruck m (bei Armaturen)
**réseau*** n (Astron) / Gitternetz n, Gitter n ‖ ~ (pl. -x) (Textiles) / Réseau n (pl. -s) (der maschenförmige Netzgrund der Klöppel- und Nadelspitzen)
**resection*** n (Surv) / Rückwärtsschnitt m, Rückwärtseinschneiden n, Rückwärtseinschnitt m
**reseda** attr / resedagrün adj
**resedimentation** n (Geol) / Resedimentation f (Aufarbeitung vorhandener Sedimente und erneute Ablagerung mit mehrfacher Wiederholungsmöglichkeit, die zur Bildung eines reifen Sediments führt)
**reseed** v (Agric) / nachsäen v ‖ ~ (Agric, Civ Eng, Crystal) / nachsäen v
**reseizure** n (Teleph) / Neubelegung f
**resell** v / weiterverkaufen v, wiederverkaufen v
**reseller** n (Telecomm) / Reseller m (ein Anbieter von Telekommunikationsdienstleistungen, der diese ohne eigenes Telekommunikationsnetz erbringt, sondern auf Netzkapazitäten eines Network-Providers zurückgreift, die in großen Mengen preisgünstig einkauft und an eigene Kunden mit einem Aufschlag verkauft)
**resequent stream** (Geol) / resequenter Fluss (Nebenfluss subsequenter Flüsse)
**reserpine*** n (Pharm) / Reserpin n (das häufigste und wichtigste Alkaloid der Arten der Rauwolfiapflanzen)
**reservation** n (Stats) / Reservierung f (in der Zuverlässigkeitstheorie) ‖ ~ **terminal** (Comp) / Buchungsplatz m
**reserve** v (a device) / belegen v (ein Gerät) ‖ ~ n / Rücklage f (finanzielle) ‖ ~ (Elec Eng) / Reserveleistung f, Reserve f ‖ ~ (resources of coal, ore or minerals which can be mined legally and profitably under existing conditions) (Geol, Mining, Oils) / Vorräte m pl (geologische), Reserve f, Vorrat m ‖ ~ (Textiles) / Reservierungsmittel n (ein Textilhilfsmittel, das beim Färben oder Bedrucken von Geweben das Anfärben örtlich verhindert), Reserve f, Reservage f (Schutzbeize) ‖ ~ **acidity** (Civ Eng) / potentielle Azidität f (in der Bodenkunde) ‖ ~ **buoyancy*** (Aero, Ships) / Reserveschwimmfähigkeit f ‖ ~ **capacity** (Elec Eng) / Reserveleistung f, Reserve f ‖ ~ **capacity** (Elec Eng) / Kapazitätsreserve f (der Batterie) ‖ ~ **carbohydrates** (Biochem) / Reservekohlehydrate n pl ‖ ~ **cellulose** (Biochem) / Reservezellulose f (ein Speicherstoff)

**reserved minerals** (Geol) / Mineralien, die unter Staatsregal fallen, nicht bergbaufreie Mineralien (bei denen das Gewinnungsrecht dem Staat vorbehalten ist)
**reserve network** (Elec Eng) / Reservenetz n ‖ ~ **of reactivity** (Nuc Eng) / Reaktivitätsreserve f, Überschussreaktivität f ($k_{eff}$ - 1) ‖ ~ **polysaccharides** (Biochem) / Reservepolysaccharide n pl (Gerüst- oder Speicherstoffe) ‖ ~ **printing** (Textiles) / Schutzdruck m, Reservedruck m (eine kombinierte Drucktechnik, z.B. Blaudruck oder Batik) ‖ ~ **radio receiver** (Ships) / Notempfänger m ‖ ~ **roll coating** (Paint) / Gegenlauf m (beim Aufrollen in Bandbeschichtung)
**reserves** pl (Geol, Mining) / Vorräte m pl (geologische), Reserve f, Vorrat m ‖ ~* (Mining) / abbaufähige Vorräte ‖ ~ **category** (Mining) / Vorratsklasse f ‖ ~ **class** (Mining) / Vorratsklasse f
**reserve tree** (For) / Überhälter m, Oberständer m, Waldrechter m (gesunder, wuchskräftiger gutgeformter älterer Baum, den man bei der Endnutzung eines Wandbestandes einzeln oder in Gruppen stehen läßt)
**reservice** v (Eng) / überholen v, wieder instandsetzen (in den Sollzustand)
**reserving agent** (Textiles) / Reservierungsmittel n (ein Textilhilfsmittel, das beim Färben oder Bedrucken von Geweben das Anfärben örtlich verhindert), Reserve f, Reservage f (Schutzbeize)
**reservoir** n / Flüssigkeitsbehälter m, (offener) Behälter m, Reservoir n ‖ ~ / Vorratsbehälter m (Hyd Eng) / Staubecken n (von einer Stauanlage und dem Gelände umschlossener Raum zum Stauen von Wasser) ‖ ~ **energy** (Geol) / Lagerstättenenergie f ‖ ~ **engineering** (Oils) / Reservoirmechanik f ‖ ~ **pressure*** (Oils) / Lagerstättendruck m ‖ ~ **pressure*** (Oils) / Druck m an der Bohrlochsohle, Sohlendruck m, Sohldruck m ‖ ~ **rock** (Geol, Oils) / Speichergestein n (poröse Gesteinsschicht, in der sich das Erdgas oder Erdöl anreichern kann) ‖ ~ **simulation** (Mining) / Lagerstättensimulation m n
**reset** v / rückstellen v, rücksetzen v (rückstellen), zurückstellen v ‖ ~ (Electronics) / rücksetzen v (ein Flipflop) ‖ ~ (Eng) / nachschleifen v, neu abziehen (Schneide) ‖ ~ (Eng) / wieder einrichten (Werkzeugmaschine) ‖ ~ (Eng) / einstellen v (ein Gerät, auf Null - DIN 2257, T 1) ‖ ~ (Eng) / nachrichten v, nachregulieren v, nachregeln v, nachjustieren v, nachstellen v, neu einstellen ‖ ~ (Eng, Instr) / wieder einstellen v ‖ ~* (Instr) / rückstellen v, rücksetzen v, in Grundstellung bringen, auf Anfangswert zurückstellen, zurücksetzen v ‖ ~ (magnetic core) (Mag) / ummagnetisieren v, rückmagnetisieren v ‖ ~ (Typog) / neu setzen ‖ ~* n (Comp) / Grundstellung f, Nullstellung f ‖ ~ (Elec Eng) / Rückgang m (DIN 40713) ‖ ~ (Elec Eng) / Bremslüftschütz n ‖ ~* (Elec Eng, Electronics, Eng) / Rückstellung f, Rücksetzen n, Rücksetzung f, Zurückstellung f, Reset m n ‖ ~ (Eng) / Wiedereinrichtung f (der Werkzeugmaschine) ‖ ~ **button** (of the trip meter) (Autos) / Rücksetzknopf m (des Tageskilometerzählers), Rücksetzknopf m ‖ ~ **contactor** (Elec Eng) / Bremslüftschütz n ‖ ~ **key** (Comp) / Rücksetztaste f, Resettaste f ‖ ~ **key** (Teleph) / Rückholtaste f ‖ ~ **key** s. also return key ‖ ~ **magnet** (Elec Eng, Mag) / Rückstellmagnet m ‖ ~ **pulse** (Comp) / Rücksetzimpuls m ‖ ~ **relay** (Elec Eng) / Rückstellrelais n
**reset-resistant virus** (Comp) / resetfester Virus (der einen Warmstart überlebt)
**reset sensor** / Resetsensor m, Rückstellungssensor m (ein optoelektronischer Sensor) ‖ ~ **state** (Comp, Elec Eng) / Rücksetzzustand m
**resettable** adj / rückstellbar adj, zurückstellbar adj, rücksetzbar adj ‖ ~ (Eng, Instr) / wieder einstellbar adj
**reset the gap** (I C Engs) / nachbiegen v (die Zündkerzenelektrode) ‖ ~ **timer** (Eng) / Nachstellzeitgeber m
**resetting key** / Rückstelltaste f ‖ ~ **magnet** (Elec Eng, Mag) / Rückstellmagnet m ‖ ~ **relay** (Elec Eng) / Rückstellrelais n
**reshape** v / umformen v, umbilden v, Form ändern
**reshaping** n / Umformung f, Umformen n (neues Formen im Allgemeinen) ‖ ~ / Umbildung f ‖ ~ (Civ Eng) / Rückformung f (der Fahrbahnoberfläche ohne Materialzugabe) ‖ ~* (Elec Eng) / Regenerierung f (der Impulse), Regeneration f
**resharpen** v (Eng) / nachschleifen v (verschlissene Zähne nachbearbeiten), nachschärfen v
**reshooting** n (Cinema) / Wiederholungsaufnahme f
**reshrink** v (Textiles) / nachschrumpfen v
**reshrinkage** n (Ceramics) / Nachschwinden n (zusätzliche Schrumpfung feuerfester Baustoffe bei Gebrauchstemperatur)
**reshuffle** v (the programme list) (TV) / reprogrammieren v, neu programmieren
**reshuttling** n (Weaving) / Schützenwechsel m
**resid** n (Oils) / Restöl n, Rückstandsöl n, Rückstand m, Residuum n (pl. -duen) ‖ ~ **cracking** (Oils) / Rückstandskracking n, Rückstandscracking n

**residence time** (Chem Eng, Work Study) / Verweilzeit f, Aufenthaltszeit f, Stehzeit f (innerhalb eines Prozesses), Verweildauer f (in einem Reaktionsapparat)
**resident** adj (as opposed to 'loadable') (Comp) / speicherresident adj, resident adj || ~ (as opposed to 'cross') (Comp) / systemkompatibel adj || ~ **assembler** (Comp) / Resident-Assembler m || ~ **command** (Comp) / interner Befehl || ~ **compiler** (Comp) / residenter Kompilierer || ~ **debugger** (Comp) / residenter Debugger (Debugger, der immer im System präsent ist und Abstürze jeder laufenden Anwendung abfängt) || ~ **engineer** (Build, Civ Eng) / Bauleiter m, Baustellenleiter m || ~ **font** (Comp) / residente Schrift || ~ **font** (Comp) / vorhandene Schrift (mit der das Gerät standardmäßig versehen ist)
**residential** adj (Build) / Wohnungs-, Wohn- || ~ **alarm system** / Privatbereich-Einbruch/Überfall-Meldeanlage f, E/ÜMA f im Privatbereich (eine Einbruch/Überfall-Meldeanlage) || ~ **area** (Build) / Wohnbereich m (Teil einer Wohnug, eines Hauses, in dem sich die Wohnräume befinden) || ~ **area** (occupied by private houses) (Build, Ecol) / Wohngebiet n (das vorzugsweise Wohnbauten aufweist), Wohnbezirk m, Wohngegend f (Gegend zum Wohnen im Hinblick auf ihre Qualität) || ~ **building** (Arch, Build) / Wohnungsbau m || ~ **building** (Build) / Wohngebäude n, Wohnhaus n, Wohnobjekt n (A) || ~ **carpet** (Textiles) / Teppich m für den Wohnbereich || ~ **construction** (Build) / Wohnungsbau m || ~ **customer** (Elec Eng) / Haushaltsverbraucher m || ~ **district** (Build, Ecol) / Wohngebiet n (das vorzugsweise Wohnbauten aufweist), Wohnbezirk m, Wohngegend f (Gegend zum Wohnen im Hinblick auf ihre Qualität) || ~ **heating** (Build) / Hausbeheizung f (mit dem Hausbrand in der Heizperiode), Hausheizung f, Hausbrand m (Haushaltsfeuerung) || ~ **heat pump** (Eng, Heat) / Hauswärmepumpe f || ~ **lift** (Build) / Aufzug m für Wohngebäude || ~ **lighting** (Light) / Innenraumbeleuchtung f (in einem Wohnhaus), Privatbeleuchtung f || ~ **noise** (Acous, Ecol) / Lärm m in Wohnräumen (im Wohnbereich), Lärmimmission f in Wohnungen || ~ **pitch** (Autos) / Dauerstellplatz m (für Wohnwagen und Mobilheime) || ~ **premises** (Build) / Wohngebäude n, Wohnhaus n, Wohnobjekt n (A) || ~ **quarter** (Arch, Build) / Wohnviertel n || ~ **rate** (Elec Eng) / Haushaltstarif m || ~ **road** (Autos, Build) / Wohnstraße f (in einem reinen Wohnbezirk) || ~ **section** (US) (Arch, Build) / Wohnviertel n || ~ **sewage** (Ecol, San Eng) / städtisches häusliches Abwasser, Siedlungsabwasser n || ~ **street** (Autos, Build) / Wohnstraße f (in einem reinen Wohnbezirk) || ~ **town** (Arch, Build) / Wohnstadt f (die keine oder nur wenige Arbeitsstätten aufweist) || ~ **unit** (Build) / Wohneinheit f, Wohnung f (abgeschlossene) || ~ **wastes** (Ecol) / Haushaltsmüll m (aus Privathaushalten), Hausmüll m, Haushaltsabfälle m pl, Siedlungsabfälle m pl
**resident software** (Comp) / residente Software
**residual** n (Geol) / Härtling m (ein auf Grund seiner Widerstandsfähigkeit gegenüber Abtragung und Verwitterung über seine Umgebung herausragender Einzelberg, Monadnock m || ~ (Maths) / Restfehler m, verbleibender Fehler || ~ (Oils) / Restöl n, Rückstandsöl n, Rückstand m, Residuum n (pl. -duen) || ~ adj / Rest-, restlich adj, residual adj (als Rest oder Folge zurückbleibend), bleibend adj, verbleibend adj || ~ (Mag) / remanent adj || ~ **aberration** (Optics) / Restfehler m (der nach der Korrektion verbleibende Abbildungsfehler) || ~ **action** (Agric, Chem) / Residualeffekt m, Residualwirkung f, Rückstandswirkung f (von Agrochemikalien) || ~ **activation** (Nuc Eng) / Restaktivierung f || ~ **activity*** (Nuc Eng) / Restaktivität f || ~ **affinity** (Chem) / Restaffinität f, Residualaffinität f || ~ **air** / Restluft f || ~ **austenite** (Met) / Restaustenit m (nach schneller Abkühlung) || ~ **charge** (Elec) / Restladung f || ~ **chlorine** (Chem, Ecol) / Chlorüberschuss m (bei der Chlorung von Wasser) || ~ **chlorine** (Ecol, San Eng) / Restchlor n || ~ **chlorine content** (Ecol, San Eng) / Restchlorgehalt m (der nach der Chlorung im Wasser oder Abwasser noch verbleibende Chlorgehalt von 0,2-0,3mg/l als Nachweis einer ausreichenden Chlorzugabe) || ~ **chrome float** (Leather) / Chromrestflotte f || ~ **clay** (a clay which remains at the site of its formation) (Geol) / Verwitterungston m, Primärton m, Residualton m || ~ **clay** (which remains at the site of its formation) (Geol) / Ton m auf primärer Lagerstätte, primärer Lagerstättenton
**residual-contact insecticide** (Agric, Chem) / Kontaktinsektizid n mit langanhaltender Wirkung
**residual contamination** (Ecol) / Restkontamination f || ~ **crystallization** (Geol) / Restkristallisation f (bei der Erstarrung eines Magmas) || ~ **current** (Elec Eng) / Reststrom m || ~ **current*** (Electronics) / Anlaufstrom m (der Elektronenröhre)
**residual-current breaker** (Elec Eng) / Fehlerstromschutzschalter m || ~ **circuit breaker** (Elec Eng) / Fehlerstromschutzschalter m
**residual-current-operated protective equipment** (Elec Eng) / Fehlerstromschutzeinrichtung f (DIN 57664, T 1)
**residual deposit*** (Mining) / Verwitterungslagerstätte f (unlösliche oder besonders widerstandsfähige In-situ-Rückstände von Gesteinen als Folge einer chemischen oder physikalischen Verwitterung), Residualerzlagerstätte f || ~ **disease** (Med, Radiol) / Restkrankheit f || ~ **effect** (Agric, Chem) / Residualeffekt m, Residualwirkung f, Rückstandswirkung f (von Agrochemikalien) || ~ **effect** (Optics) / Restfehler m (eines optischen Systems) || ~ **electrical charge** (Elec) / elektrische Restladung || ~ **error*** (Maths) / Restfehler m, verbleibender Fehler
**residual-error probability** (Comp) / Restfehlerwahrscheinlichkeit f (Fehlerwahrscheinlichkeit nach Anwendung eines Fehlererkennungs- oder Fehlerkorrekturverfahrens)
**residual • -error rate** (Comp) / Restfehlerquote f || ~ **excited linear prediction coding** (Telecomm) / Prädiktionskodierung f mit Restsignalanregung, RELP-Kodierung f || ~ **excited linear predictive coding** (Telecomm) / Prädiktionskodierung f mit Restsignalanregung, RELP-Kodierung f || ~ **exhaust gases** (Autos) / Restabgase f || ~ **field*** (Mag) / Restfeld n, remanentes Feld || ~ **finitness** (of a group) (Maths) / residuale Endlichkeit || ~ **flux density*** (Mag) / remanente magnetische Flussdichte, Remanenzflussdichte f (magnetische - DIN 1324, T 2) || ~ **fuel oil** / Rückstandsheizöl n || ~ **gas*** (Electronics) / Restgas n, Gasrückstand m
**residual-gas heater** (Eng) / Restgaserhitzer m
**residual heat** (Heat) / Restwärme f || ~ **heat** (Nuc Eng) / Nachwärme f, Abschaltwärme f (die durch den Zerfall der radioaktiven Spalt- und Aktivierungsprodukte in einem Kernreaktor nach Abschalten des Reaktors auch weiterhin erzeugt wird), Nachzerfallswärme f (der verzögerte Anteil der bei der Kernspaltung frei werdenden Gesamtenergie, die sich auf einen prompten und einen verzögerten Anteil verteilt) || ~ **heat removal** (Nuc Eng) / Nachwärmeabfuhr f (Abkühlung) || ~ **heat removal pump** (Nuc Eng) / Nachkühlpumpe f || ~ **heat removal system** (Nuc Eng) / Nachwärmeabfuhrsystem n, Abkühlanlage f || ~ **induction*** (Elec, Mag) / Remanenzinduktion f, Restinduktion f || ~ **lifetime** / Restlebenszeit f (eines Werkzeugs, eines Systems) || ~ **lignin** (Bot, Chem) / restliches Lignin, Restlignin n (im Zellstoff), Ligninreste m pl || ~ **line** (Spectr) / Restlinie f (in der Spektralanalyse), Nachweislinie f, letzte Linie (zum Nachweis eines Elementes in einem Gemisch) || ~ **line length display** (Comp) / Zeilenrestwertanzeige f (am Bildschirm beim Eingeben von Texten) || ~ **liquid** (Geol) / Ichor m ("granitischer Saft") || ~ **magma** (Geol) / Ichor m ("granitischer Saft") || ~ **magnetism** (Mag) / Restmagnetismus m (der in ferromagnetischen Stoffen nach Wegfall der Magnetisierungsquelle zurückbleibt) || ~ **magnetization*** (Elec Eng, Mag) / verbleibende Magnetisierung (magnetische Remanenz), remanente Magnetisierung, zurückbleibende Magnetisierung, Restmagnetisierung f || ~ **moisture** / Restfeuchte f (als Erscheinung) || ~ **moisture content** / Restfeuchte f (als Größe) || ~ **nitrogen** (Physiol) / Rest-N m, Reststickstoff m || ~ **oil** (Oils) / Restöl n, Rückstandsöl n, Rückstand m, Residuum n (pl. -duen) || ~ **ore** (Geol) / Residualerz n (abbauwürdiges Erz, dessen Anreicherung auf Verwitterung und Abtragung auf bunten Nebengesteins zurückzuführen ist) || ~ **oxygen** (Chem) / Restsauerstoff m
**residual-oxygen content** (Chem) / Restsauerstoffgehalt m, Sauerstoffrestgehalt m
**residual pesticide** (Agric, Ecol) / Restbestand m an Bioziden (im Boden) || ~ **pillar** (Mining) / Restpfeiler m (beim Abbau stehen gebliebener Lagerstättenteil) || ~ **pollution** (San Eng) / Restverschmutzung f (die im Ablauf nach einem Reinigungsprozess noch verbleibende Verschmutzung) || ~ **radiation** (Mil) / Rückstandsstrahlung f (derjenige Teil der radioaktiven Strahlung, der nach Ablauf einer Minute noch wirksam ist) || ~ **radiation** (Phys) / Reststrahlung f, Reststrahlen m pl (schmalbandige langwellige Infrarotstrahlung) || ~ **resistance*** (Phys) / Restwiderstand m || ~ **ripple** (Elec Eng) / Restwelligkeit f (z.B. bei Gleichrichterdioden) || ~ **risk** (Ecol) / Restrisiko n || ~ **rust** (Paint, Surf) / Restrost m || ~ **shear angle** (Civ Eng) / Restscherwinkel m || ~ **sideband** (Comp, Radio, TV) / Restseitenband n || ~ **soil** (Geol) / Verwitterungsboden m, Rückstandsboden m || ~ **stray light** (Optics) / Reststreulicht n || ~ **stress** (Mech) / Nachspannung f, Restspannung f, Eigenspannung f (neben der so genannten Lastspannung im Material auftretende Spannung) || ~ **stress** (Mech) / innere Spannung (lokaler Spannungszustand in Festkörpern, der zurückbleibt, wenn alle von außen auf den Körper wirkenden Spannungen auf Null reduziert werden), Innenspannung f, bleibende Spannung || ~ **stud** (Elec Eng) / Klebestift m (des Relais) || ~ **sugar** (Nut) / Restsüße f (unvergorener Zucker, Restzucker m (der Zuckergehalt des Weines) || ~ **tack** (Paint) / Nachkleben n (bleibende Klebrigkeit des abgebundenen Lackfilms) || ~ **tan float** (Leather) / Gerbrestflotte f || ~ **valence** (Chem) / Restvalenz f || ~ **valency** (Chem) / Restvalenz f || ~ **value** / Restwert m (am Ende der Nutzungsdauer eines Anlagegegenstandes verbleibender Veräußerungswert) || ~ **variance** (Stats) / Reststreuung f (bei der Regression) || ~ **voltage**

(Elec Eng) / Restspannung *f* ‖ ~ **waste** (Ecol) / Restabfall *m*, restlicher Abfall, Restmüll *m* ‖ ~ **water content** / Restwassermenge *f*, Restwassergehalt *m*
**residuary acid** (Chem) / Abfallsäure *f* ‖ ~ **product** (Ecol, San Eng) / Abfall *m*, Abfallstoff *m* (aus der Produktion), Altstoff *m*, Abprodukt *n*
**residue** *n* (Chem, Ecol, Min Proc) / Rückstand *m*, Residuum *n* (pl. -duen), Rest *m*, Überrest *m* ‖ ~ (filter cake) (Chem Eng) / Filterkuchen *m* (meistens von der Filterpresse), Filterbelag *m*, Filterrückstand *m* ‖ ~* (Maths) / Residuum *n* (pl. -duen) ‖ ~ **check** (Comp) / Modulo-N-Kontrolle *f*, Modulo-N-Prüfung *f*, Restprüfung *f* ‖ ~ **chemist** (Chem) / Rückstandsanalytiker *m* ‖ ~ **class** (Maths) / Restklasse *f* ‖ ~ **class field** (Maths) / Restklassenkörper *m* ‖ ~ **class ring** (Maths) / Restklassenring *m*, Faktorring *m* ‖ ~ **cracking** (Oils) / Rückstandskracking *n*, Rückstandscracking *n* ‖ ~ **from** (or on) **evaporation** (Chem) / Abdampfrückstand *m* (DIN 53172) ‖ ~ **of ignition** (Chem Eng) / Glührückstand *m*
**residues** *pl* / Reststoffe *m pl*
**residue sugar** (Nut) / Restsüße *f* (unvergorener Zucker), Restzucker *m* (der Zuckergehalt des Weines) ‖ ~ **theorem** (the integral around a simple closed curve of a function that is analytic except at some poles is equal to 2πi times to sum of the residues at the poles within the curve) (Maths) / Residuensatz *m* (von Liouville, nach Cauchy) ‖ ~ **tolerance** (Agric, Nut) / duldbare Rückstandsmenge (die beim gewerblichen Inverkehrbringen nicht überschritten werden darf), Höchstmenge *f* an Rückständen (von Pflanzenschutzmitteln) ‖ ~ **toxicology** (Agric, Chem, Med) / Rückstandstoxikologie *f*
**residuum** *n* (pl. residua) (Chem, Ecol, Min Proc) / Rückstand *m*, Residuum *n* (pl. -duen), Rest *m*, Überrest *m* ‖ ~ (pl. residua) (Geol) / Residuat *n* (unlösliches Rückstandsgestein einer chemischen Verwitterung) ‖ ~ (pl. residua) (Oils) / Restöl *n*, Rückstandsöl *n*, Rückstand *m*, Residuum *n* (pl. -duen)
**resilience*** *n* (Chem Eng) / Rückprallelastizität *f* (geprüft z.B. mit dem Schob-Pendel), Stoßelastizität *f* ‖ ~ (Comp) / Störausgleichverhalten *n* (eines Systems) ‖ ~* (Ecol) / Rücksprungenergie *f*, Spannkraft *f* (Fähigkeit eines Ökosystems, zum früheren Zustand zurückzukehren) ‖ ~* (Eng) / Verformungsarbeit *f* (elastische) ‖ ~* (Eng) / elastischer Wirkungsgrad ‖ ~ (Eng) / Zurückschnellen *n* ‖ ~ (Phys) / Rückfederkraft *f* ‖ ~ (Textiles) / Sprungelastizität *f* (z.B. eines Vliesstoffes)
**resiliency** *n* (Chem Eng) / Rückprallelastizität *f* (geprüft z.B. mit dem Schob-Pendel), Stoßelastizität *f* ‖ ~ (Ecol) / Rücksprungenergie *f*, Spannkraft *f* (Fähigkeit eines Ökosystems, zum früheren Zustand zurückzukehren) ‖ ~ (Eng) / Verformungsarbeit *f* (elastische) ‖ ~ (Phys) / Rückfederkraft *f* ‖ ~ (Textiles) / Sprungelastizität *f* (z.B. eines Vliesstoffes)
**resilient** *adj* / federnd *adj* ‖ ~ / zurückfedernd *adj*, gummielastisch *adj* ‖ ~ (Comp) / mit dynamischem Störausgleichverhalten ‖ ~ (Eng) / weichdichtend *adj* (Armatur) ‖ ~ (Textiles) / elastisch *adj*, trittfest *adj* ‖ **be** ~ / federn *vi* ‖ ~ **computing system** (Comp) / Rechnersystem *n* mit dynamischem Störausgleichverhalten ‖ ~ **coupling** (Eng) / Ausgleichkupplung *f* (z.B. zwischen Antriebsmotor und Arbeitsmaschine) ‖ ~ **escapement*** (Horol) / ausweichende Prellung ‖ ~ **flooring** (Build) / Kunststoff- und/oder Linoleumbelag *m* ‖ ~ **mount** (Micros) / Federfassung *f* (des Mikroskopobjektivs) ‖ ~ **seal** (Eng) / federnde Dichtung
**resiliometer** *n* (Chem Eng) / Resiliometer *n* (zur Bestimmung der Rückprallelastizität, z.B. Goodyear-Healy-Pendel oder Lüpke-Apparat)
**resin*** *n* (Bot, For, Plastics) / Harz *n* (DIN 55958), Resin *n* (pl. -e) ‖ ~ **acid** (Chem) / Harzsäure *f* (z.B. Abietinsäure) ‖ ~ **adhesive** / Harzkleber *m*
**resin-anchored** (roof) **bolt** (Mining) / Klebeanker *m* (ein Gebirgsanker, der mittels Kunstharzen in ein Bohrloch eingebracht wird)
**resinate*** *n* (Chem) / Resinat *n* (Salz der Harzsäure) ‖ ~ (Chem) s. also resin soap
**resin bead** (Chem Eng) / Harzkorn *n* (in den Ionenaustauschern) ‖ ~ **binder** (Chem) / Harzträger *m* ‖ ~ **blaze** (For) / Harzlachte *f* (bei Lebendharzung der Kiefer entstehende Wundfläche), Lachte *f* (eine senkrechte Tropfrinne und schräg, fischgrätenähnlich verlaufende Risse) ‖ ~ **blister** (For) / Harzbeule *f* (in der jungen Rinde) ‖ ~**-bonded** *adj* (Plastics) / mit Harzbindung, kunstharzgebunden *adj*, mit Kunstharzbindung, harzgebunden *adj*
**resin-bonded glass mat** / Hartmatte *f* (aus Harz und Glasseidenmatte nach DIN 7713), Hm (Hartmatte)
**resin•-bonded plywood*** (Build, Join) / Kunstharzsperrholz *n* ‖ ~ **canal*** (Bot) / Harzgang *m*, Harzkanal *m*, Harzbehälter *m*
**resin-coated paper** (Photog) / RC-Papier *n* (kunstharzbeschichtetes Papier)
**resin coating** (Met) / Vernieren *n* (der für Konservendosenherstellung bestimmten Blechtafeln und -bänder) ‖ ~ **collecting** (For) / Harzung *f*, Harzen *n*, Harzgewinnung *f*, Lebendharzung *f* (mit Harzlachte) ‖ ~ **contamination** (Chem Eng) / Harzverschmutzung *f* (bei Ionenaustauschern) ‖ ~ **content** (For) / Harzgehalt *m* ‖ ~ **duct*** (Bot) / Harzgang *m*, Harzkanal *m*, Harzbehälter *m* ‖ ~ **emulsion** / Harzemulsion *f* ‖ ~ **ester** (Chem, Paint) / Harzester *m*, Harzsäureester *m*, Kolophoniumester *m* ‖ ~ **exudation** (For) / Harzabscheidung *f*, Harzausscheidung *f* (bei harzführenden Bäumen), Harzabsonderung *f*, Harzsekretion *f* ‖ ~ **finish** (US) (Glass) / Kunststoffpolitur *f* ‖ ~ **finish** (Textiles) / Kunstharzveredlung *f* ‖ ~ **finish** (Textiles) / Harzausrüstung *f*, Harzappretur *f* ‖ ~ **flow** (Bot) / Harzfluss *m*, Resinose *f* ‖ ~ **flux** (Bot) / Harzfluss *m*, Resinose *f* ‖ ~ **for lacquers and varnishes** (Chem, Paint) / Lackharz *n* ‖ ~ **for laminates** (Plastics) / Imprägnierharz *n*
**resin-forming** *adj* (Bot) / harzliefernd *adj*, harzbildend *adj*, harzend *adj*, harzhaltig *adj*
**resin-free finish** (Textiles) / Harzfrei-Ausrüstung *f*
**resin gall** (For) / Harztasche *f*, Harzgalle *f*, Galle *f* (mit Harz gefüllter taschenförmiger Hohlraum im Holz) ‖ ~ **glue** (Paper) / Harzleim *m*
**resinic acid** (Chem) / Harzsäure *f* (z.B. Abietinsäure)
**resiniferatoxin** *n* (Pharm) / Resiniferatoxin (ein Diterpenester aus dem Harz verschiedener Wolfsmilchgewächse), RTX (Resiniferatoxin)
**resiniferous** *adj* (Bot) / harzliefernd *adj*, harzbildend *adj*, harzend *adj*, harzhaltig *adj*
**resinifiable** *adj* / verharzbar *adj*
**resinification** *n* / Harzbildung *f*, Verharzung *f* (im Allgemeinen), Verharzen *n* (z.B. des Vergasers)
**resinify** *vi* / verharzen *v*
**resin-in-pulp*** *n* (Min Proc) / Ionenaustausch *m* im Trüben
**resinite** *n* (a maceral) (Min, Mining) / Resinit *m* (ein Kohlemazeral)
**resin jack** (Min) / Sphalerit *m* (gelber)
**resink** *v* (Eng) / nachsetzen *v* (eine neue Gravur an Stelle einer verschlissenen in einen Gesenkblock einarbeiten), nachgravieren *v*
**resin lacquer** (Paint) / Harzlack *m*
**resin-like** *adj* / harzähnlich *adj*
**resin loading** (Chem Eng) / Harzbeladung *f* ‖ ~ **milk** (Paper) / Harzmilch *f*
**resin-modified** *adj* (Chem) / harzmodifiziert *adj*
**resin of low porosity** (Chem) / mikroporöses Harz, engmaschiges Harz
**resinogenous** *adj* (Bot) / harzliefernd *adj*, harzbildend *adj*, harzend *adj*, harzhaltig *adj*
**resinography** *n* (the science of morphology, structure, and related descriptive characteristics as correlated with composition or condition and with properties or behaviour of resins, polymers, plastics, and their products) / Lehre *f* von den Harzen, Polymeren und Kunststoffen, Resinografie *f*, Plastografie *f*
**resinoid** *n* (Chem) / harzartiger Bestandteil ‖ ~ (Chem) / Resinoid *n* (alkoholischer Extrakt aus Harzen und anderen Drogen) ‖ ~ (For) / Gummiharz *n*, Gummiresina *f* ‖ ~ (Chem) s. also novolak and thermosetting plastic ‖ ~ **(grinding) wheel** (Eng) / kunstharzgebundene (meist mit Bakelit) Schleifscheibe
**resin oil** / Harzöl *n* (aus trockener Destillation von Kolophonium), Terpentinharzöl *n*
**resinol** *n* (Chem) / Resinol *n* (aus Harzalkoholen und Phenolen bestehender basischer Bestandteil der natürlichen Harze)
**resinosis** *n* (pl. -oses) (Bot) / Harzfluss *m*, Resinose *f*
**resinous** *adj* / harzartig *adj* ‖ ~ / Harz-, harzreich *adj*, harzig *adj* (im Allgemeinen) ‖ ~ (For) / verkient *adj*, harzreich *adj*, kienig *adj* ‖ ~ **binder** (Chem) / Harzträger *m* ‖ ~ (synthetic-resin) **ion exchanger** (Chem) / Kunstharzionenaustauscher *m* ‖ ~ **knot** (For) / Hornast *m*, Kienast *m* ‖ ~ **lustre** (Min) / pechartiger Glanz, Harzglanz *m* ‖ ~ **pine-wood** (For) / verkientes Holz, Kien *m*, Kienholz *n* ‖ ~ **spew** (Leather) / Ausharzung *f* (Harzausschwitzung auf der Lederoberfläche) ‖ ~ **varnish** (Paint) / Harzlack *m* ‖ ~ **wood** (For) / verkientes Holz, Kien *m*, Kienholz *n*
**resin pitch** / Harzpech *n* (Rückstand bei der Destillation von Naturharzen) ‖ ~ **pocket** (For) / Harztasche *f*, Harzgalle *f*, Galle *f* (mit Harz gefüllter taschenförmiger Hohlraum im Holz) ‖ ~ **pocket** (Plastics) / Harznest *n*, Harztasche *f*, Harzeinschluss *m* ‖ ~ **polish** (US) (Glass) / Kunststoffpolitur *f* ‖ ~ **powder** (Plastics) / Kunstharzpulver *n*
**resin-rich** *adj* / harzreich *adj*
**resin-rubber soling** (Plastics) / Kunststoffbesohlung *f* (von Schuhen)
**resin seam** (For) / Harzriss *m* (mit Harz gefüllter und vom Kern ausgehender Radialriss), Pechriss *m*, Pechlarse *f* ‖ ~ **secretion** (For) / Harzabscheidung *f*, Harzausscheidung *f* (bei harzführenden Bäumen), Harzabsonderung *f*, Harzsekretion *f* ‖ ~ **size** (Paper) / Harzleim *m* ‖ ~ **smear** / Harzverschmierung *f* ‖ ~ **soaking** (For) / Verkienung *f* (besonders starke Harzanreicherung) ‖ ~ **soap*** (Chem) / Harzseife *f* (harzsaures Salz) ‖ ~ **soap*** (Chem) s. also resinate ‖ ~ **solution** (Chem) / Harzlösung *f* ‖ ~ **streak** (Plastics) / Harzader *f* ‖ ~ **tannage** (Leather) / Harzgerbung *f* ‖ ~ **tanning material** (Leather) / Harzgerbstoff *m* (Syntangruppe ohne Eigengerbvermögen auf Basis stickstoffhaltiger Kondensationsprodukte) ‖ ~ **tapping** (For) /

**resintering**
Harzung f, Harzen n, Harzgewinnung f, Lebendharzung f (mit Harzlachte)
**resintering** n (Met) / zweites Sintern, nochmaliges Sintern, Nachsintern n
**resin tin** (Min) / Zinnstein m (gelblicher) || ~ **torch** / Harzfackel f || ~ **trap** (For) / Harzfänger m
**resin-treated compressed wood** (For) / Kunstharzpressholz n (DIN 7707)
**resin yield** (For) / Harzertrag m
**resist** v / widerstandsfähig sein, standhalten v, widerstehen v || ~ (a pressure) (Build, Mech) / abfangen v (Druck) || ~ (Mech) / standhalten v, aushalten v (Belastung) || ~ (Textiles) / reservieren v (beim Reservedruck) || ~ n (Electronics) / Abdeckung f (Schutzschicht bei der Herstellung von Leiterplatten und integrierten Schaltungen), Schutzüberzug m || ~ (Electronics, Print) / Resist m (Beschichtungsmasse) || ~ * (a radiation-sensitive, patternable material used to mask or protect all or portions of a substrate surface from change during processing) (Electronics, Print) / Abdecklack m, Fotolack m (lichtempfindlicher Lack), Fotoresist m, Fotoabdeckung f (beim Fotolackverfahren), Fotokopierlack m, Resist n || ~* (Photog, Print) / Abdeckmaterial n, Abdeckmittel n (z.B. Abdeckrot oder säurefeste Lacke) || ~ (Textiles) / Reservierungsmittel n (ein Textilhilfsmittel, das beim Färben oder Bedrucken von Geweben das Anfärben örtlich verhindert), Reserve f, Reservage f (Schutzbeize) || ~ **agent** (Textiles) / Reservierungsmittel n (ein Textilhilfsmittel, das beim Färben oder Bedrucken von Geweben das Anfärben örtlich verhindert), Reserve f, Reservage f (Schutzbeize)
**resistance** n (Acous) / Resistanz f (DIN 1320) || ~ (to) (Agric, Biol, Chem) / Resistenz f (gegen Einwirkung von Bioziden) || ~ (Agric, Bot, Ecol) / Resistenz f (von Pflanzen) || ~ * (Elec) / Widerstand m (als physikalische Größe) || ~ (Elec Eng) / Widerstandsbauelement n, Widerstand m (als Bauteil), Widerstandsgerät n, Widerstandskörper m || ~ (Materials) / Widerstandsfähigkeit f, Widerstandskraft f, Beständigkeit f || ~ (Phys) / Widerstand m (Kraft, die der Bewegung eines physikalischen Systems entgegenwirkt) || **(electric) ~ furnace** (Met) / [elektrischer] Widerstandsofen m (ein Schmelzaggregat) || ~ **alloy** (Elec Eng, Met) / Widerstandslegierung f (die sich durch besondere Konstanz und Stabilität des Widerstandswertes auszeichnet) || ~ **arc furnace** (Elec Eng) / Widerstandslichtbogenofen m || ~ **box*** (Elec Eng) / Widerstandskasten m, Widerstandsmagazin n || ~ **braking** (Elec Eng) / Widerstandsbremsung f (ein elektrisches Bremsverfahren) || ~ **brazing** (Welding) / Widerstandshartlöten n (elektrisches) || ~ **breakdown** (Agric, Chem, Ecol) / Resistenzzusammenbruch m || ~ **breaker** (Agric, Chem, Ecol) / Resistenzbrecher m (der die gesteigerte Resistenz der Schadorganismen verhindert oder rückgängig macht) || ~ **breeding** (Agric) / Resistenzzüchtung f (im Allgemeinen) || ~ **bridge** (Elec Eng) / Widerstandsbrücke f, Widerstandsmessbrücke f, Impedanzbrücke f (bei reellen Widerständen) || ~ **butt welding*** (Welding) / Widerstandsabbrennstumpfschweißen n || ~ **butt welding** (GB) (Welding) / Pressstumpfschweißen n (ein Widerstandspressschweißen) || ~**-capacitance coupling*** (Electronics) / RC-Kopplung f, Widerstands-Kapazitäts-Kopplung f
**resistance-capacitance element** (Elec Eng) / RC-Glied n (ein aus einem Widerstand und einem Kondensator gebildeter Vierpol) || ~ **oscillator*** (Elec Eng) / RC-Oszillator m, Widerstands-Kapazitäts-Oszillator m
**resistance coefficient** (Phys) / Widerstandsbeiwert m (z.B. bei der Strömung) || ~ **coil** (Elec Eng) / Widerstandsspule f || ~ **control** (Automation) / Widerstandsregelung f
**resistance-coupled amplifier** (Electronics) / RC-Verstärker m (eine Verstärkerschaltung, in der die passiven Bauelemente aus Wirkwiderständen und Kondensatoren bestehen), Widerstandsverstärker m
**resistance coupling** (Elec Eng) / Widerstandskopplung f, Ohm'sche Kopplung f || ~ **curing** (Paint) / Widerstandstrocknung f (eine Art Elektrowärmetrocknung), Widerstandshärtung f || ~ **decade** (Elec Eng) / Widerstandsdekade f
**resistance-earthed** adj (Elec Eng) / über einen Widerstand geerdet
**resistance flash •-butt welding** (Welding) / Widerstandsabbrennstumpfschweißen n || ~ **frame*** (Elec Eng) / Widerstandssatz m || ~ **fusion welding** (Welding) / Widerstandsschmelzschweißen n || ~ **(strain) gauge*** (Elec Eng, Electronics) / Dehnmessstreifen m, Dehnungsmessstreifen m (ein passiver Messwandler), DMS m (Dehnungsmessstreifen), Widerstandsdehnungsmessstreifen m (ein Ohm'scher Messgrößenumformer), Widerstandsdehnungsmesser m (mit dem Dehnungsmessstreifen) || ~ **gene** (Gen) / Resistenzgen n || ~ **grading** (Elec Eng) / Widerstandsabstufung f (auf Wickelköpfen) || ~ **grid*** (Elec Eng) / Widerstandsgitter n (Hochspannung)

**resistance-grounded** adj (US) (Elec Eng) / über einen Widerstand geerdet
**resistance-heated** adj (Elec Eng) / widerstandsbeheizt adj
**resistance heater** (Elec Eng) / Widerstandsheizgerät n || ~ **heating** (Elec Eng) / Widerstandsheizung f
**resistance-inductance-capacitance bridge** (Elec Eng) / RLC-Brücke f (eine Wechselstrommessbrücke)
**resistance lamp** (Elec Eng) / Widerstandslampe f || ~ **lap-welding*** (Welding) / Widerstandsüberlapptschweißen n || ~ **load** (Elec) / Ohm'sche Belastung, Widerstandsbelastung f, Ohm'sche Last || ~ **load per unit length** (Elec Eng) / Widerstandsbelag m (eine Leitungskonstante - der Widerstand elektrischer Leitungen bezogen auf die Leitungslänge) || ~ **loss** / Ohm'scher Verlust || ~ **magnetometer** (Mag) / Widerstandsmagnetometer n || ~ **measurement** (Elec Eng) / Widerstandsmessung f || ~ **moment** (Mech) / Widerstandsmoment n || ~ **network** (Elec Eng) / Widerstandsnetzwerk n, Widerstandsnetz n || ~ **noise*** (Comp, Electronics, Telecomm) / Widerstandsrauschen n, Nyquist-Rauschen n, Stromrauschen n, thermisches Rauschen (durch die Wärmebewegung des Ladungsträgers), thermisches Zufallsrauschen || ~ **of an ideal resistor** (Elec) / Resistanz f eines idealen Widerstandes || ~ **of ship** (Ships) / Schiffswiderstand m || ~ **oven** (Met) / [elektrischer] Widerstandsofen m (ein Schmelzaggregat) || ~ **percussive welding*** (Welding) / Schlagschweißen n, PK-Schweißen n (Stumpfschweißen mittels Kondensatorentladung), Perkussionsschweißen n (eine Weiterentwicklung des Kaltpressschweißens) || ~ **pick-up** (Electronics) / Widerstandsmessaufnehmer m (der der Umformung nichtelektrischer Messgrößen in elektrische Widerstände dient) || ~ **pressure welding** (Welding) / Widerstandspressschweißen n || ~ **projection-welding*** (Welding) / Widerstandsbuckelschweißen n || ~ **pyrometer*** / Widerstandsthermometer n (Berührungsthermometer, bei dem die Temperaturabhängigkeit des elektrischen Widerstandes eines Leiters aus Metall oder aus halbleitenden Materialien als Messeffekt benutzt wird) || ~ **roller-spot-welding** (Welding) / Widerstandsrollpunktschweißen n || ~ **seam-welding** (Welding) / Widerstandsrollennahtschweißen n, Rollennaht-Widerstandsschweißen n || ~ **seam welding** (Welding) / Widerstandsnahtschweißen n, WN-Schweißen n || ~ **soldering** (Welding) / elektrisches Widerstandslöten (weich) || ~ **spot-welding** (Welding) / Punktschweißen (eine Art Widerstandspressschweißen), Punkten n, Widerstandspunktschweißen n
**resistance-start motor** (Elec Eng) / Einphasenmotor m mit Widerstandshilfsphase, Motor m mit Widerstandsanlasser
**resistance stitch •-welding*** (Welding) / Steppnahtwiderstandsschweißen n || ~ **stud welding** (Welding) / Widerstandspressschweißen n || ~ **thermometer*** / Widerstandsthermometer n (Berührungsthermometer, bei dem die Temperaturabhängigkeit des elektrischen Widerstandes eines Leiters aus Metall oder aus halbleitenden Materialien als Messeffekt benutzt wird) || ~ **to abrasion** (Eng) / Abriebfestigkeit f (als allgemeine Eigenschaft des Werkstoffs) || ~ **to acids** (Chem) / Säurefestigkeit f, Säurebeständigkeit f || ~ **to air pollution** (Bot) / Immissionsresistenz f || ~ **to arcing** (Elec Eng) / Lichtbogenfestigkeit f, Lichtbogenwiderstand m || ~ **to atmospheric attack** (Paint, Surf) / Atmosphärilienbeständigkeit f || ~ **to blasting** (Mining) / Verbandsfestigkeit f von Gestein || ~ **to cold** / Kältebeständigkeit f, Kältefestigkeit f || ~ **to creep** (Materials) / Kriechbruchfestigkeit f, Kriechfestigkeit f || ~ **to deformation** (Materials, Mech) / Formänderungsfestigkeit f, Formbeständigkeit f, Formfestigkeit f || ~ **to detergents** / Waschmittelbeständigkeit f || ~ **to drawing** (Carp) / Haltekraft f (von Nägeln), Auszieherwiderstand m (von Nägeln) || ~ **to fumes** (Bot) / Rauchhärte f, Rauchgasresistenz f || ~ **to fungal attack** / Pilzbeständigkeit f, Pilzfestigkeit f || ~ **to lime** / Kalkechtheit f || ~ **to oils** / Ölbeständigkeit f || ~ **to oxidation** (Chem) / Oxidationsbeständigkeit f, Beständigkeit f gegen oxidative Einflüsse || ~ **to penetration** (Materials) / Eindringungswiderstand m || ~ **to penetration by a liquid** (Paper) / Leimungsgrad m, Leimungsfestigkeit f (gegenüber wässrigen und nichtwässrigen Flüssigkeiten), Leimungsbeständigkeit f, Leimungsgrad m || ~ **to pressure marks** (Textiles) / Druckstabilität f (von Geweben) || ~ **to saponification** (Chem) / Verseifungsbeständigkeit f || ~ **to scoring** (load rating limited by scoring) (Eng) / Fresstragfähigkeit f (der Zahnräder - wenn das Kopf- oder Flankenspiel fehlt, die Schmierung ausfällt oder unzulänglich ist oder wenn das abgelöste Material der Grübchenbildung zwischen die Flanken gerät) || ~ **to scratching** (Materials) / Kratzfestigkeit f, Nagelfestigkeit f, Beständigkeit f gegen oberflächliche Beschädigungen, Ritzfestigkeit f, Riefenfestigkeit f || ~ **to shock** (Materials) / Stoßfestigkeit f, Anprallfestigkeit f || ~ **to short circuits** (Elec Eng) / Kurzschlussfestigkeit f || ~ **to slagging** (Met) / Verschlackungsbeständigkeit f || ~ **to slip** (Crystal) / Gleitwiderstand

m ‖ ~ **to slippage** (Textiles) / Schiebefestigkeit f ‖ ~ **to solvents** (Chem) / Lösungsmittelechtheit f (DIN 54023) ‖ ~ **to sweat and spittle** / Speichel- und Schweißechtheit f (bei bunten Kinderspielwaren) ‖ ~ **to swelling** (Chem) / Quellbeständigkeit f, Quellfestigkeit f (Ausmaß der Kräfte, die zwischen den nach dem Verstrecken zu Bündeln möglichst parallel aneinandergelagerten Kettenmolekülen wirksam werden) ‖ ~ **to tear propagation** (Materials) / Weiterreißwiderstand m, Weiterreißfestigkeit f (von Elastomeren) ‖ ~ **to thermal shock** (Materials) / Thermoschockfestigkeit f, Thermoschockbeständigkeit f ‖ ~ **to thermal shocks** (Materials) / Temperaturwechselbeständigkeit f, Wärmewechselbeständigkeit f, TWB (Temperaturwechsaelbeständigkeit) ‖ ~ **to tracking** (Elec Eng) / Kriechfestigkeit f (Widerstandsfähigkeit des Isolierstoffes gegen Kriechspurbildung nach DIN 53480) ‖ ~ **to ultraviolet radiation** / Widerstandsvermögen n gegen UV-Strahlen ‖ ~ **to UV rays** / Widerstandsvermögen n gegen UV-Strahlen ‖ ~ **to vehicular motion** / Fahrwiderstand m (im Allgemeinen) ‖ ~ **to washing at the boil** (Textiles) / Kochwaschbeständigkeit f ‖ ~ **to water spotting** (Textiles) / Wassertropfenechtheit f (nach DIN 54 008) ‖ ~ **to wear** (Eng, Materials) / Verschleißwiderstand m (Verschleißmessgröße, die durch den Reziprokwert des Verschleißbetrages gegeben ist), Verschleißbeständigkeit f, Verschleißfestigkeit f (Eigenschaft eines Werkstoffs, einem verschleißenden Angriff zu widerstehen) ‖ ~ **to wiping** (Paint, Surf) / Wischbeständigkeit f (einer Beschichtung nach DIN 55 945), Wischfestigkeit f ‖ ~ **transfer factor** (Cyt) / Resistenz-Transfer-Faktor m (ein Plasmid) ‖ ~ **tuning** (Elec Eng) / Widerstandsabstimmung f ‖ ~ **upset-butt welding**\* (Welding) / Widerstandsstumpfschweißen n ‖ ~ **voltage drop** (Elec Eng) / IR-Abfall m, Ohm'scher Spannungsabfall, Widerstandsabnahme f ‖ ~ **welding**\* (Welding) / Widerstandsschweißen n (ein Pressschweißverfahren, bei dem der Wärmeeintrag in die Schweißzone über die Widerstandserwärmung erfolgt) ‖ ~ **wire** (Elec Eng) / widerstandsbehafteter Draht, Widerstandsdraht m

**resistance-yield curve** (Mining) / Stempelkennlinie f (Charakteristik des Stempelverhaltens bei Belastung als Lastaufnahme in kN), Lastwegdiagramm n (bei Stempeln)

**resistant** adj / stabil adj, beständig adj, fest adj (beständig) ‖ ~\* (Agric, Bot, Chem, Ecol, Materials, Med) / resistent adj (passiv, aktiv), Widerstand bietend ‖ ~ (Materials) / widerstandsfähig adj, beständig adj ‖ ~ **to alkalis** (Chem) / laugenbeständig adj ‖ ~ **to breakdown** (passive film) / durchbruchfest adj (Passivschicht) ‖ ~ **to caustic crack** (Chem, Met) / laugenrissbeständig adj ‖ ~ **to cavitation** (Eng) / kavitationsbeständig adj, kavitationsfest adj ‖ ~ **to cold** / kältebeständig adj, kältefest adj ‖ ~ **to deformation** (Mech) / formbeständig adj, formfest adj, formänderungsfest adj ‖ ~ **to fungal attack** adj / pilzbeständig adj, pilzfest adj ‖ ~ **to oils** / ölbeständig adj ‖ ~ **to rot** / fäulnishindernd adj, fäulnisverhindernd adj ‖ ~ **to rot** (Textiles) / verrottungsfest adj ‖ ~ **to** (attack by) **sea-water** / seewasserfest adj ‖ ~ **to short circuits** (Elec Eng) / kurzschlussfest adj ‖ ~ **to solvents** (Chem) / lösungsmittelbeständig adj ‖ ~ **to strain-ageing** (Materials, Met) / reckalterungsbeständig adj ‖ ~ **to sunlight** (Textiles) / sonnenecht adj (z.B. Gardinenstoff), sonnenfest adj, sonnenbeständig adj, sonnenlichtbeständig adj ‖ ~ **to tarnish(ing)** / anlaufbeständig adj (z.B. Silberwaren) ‖ ~ **to therapy** (Med) / therapieresistent adj ‖ ~ **to touch** / grifffest adj ‖ ~ **to tracking** (Elec Eng) / kriechstromfest adj ‖ ~ **to treatment** (Med) / therapieresistent adj ‖ ~ **to wear** (Eng) / verschleißfest adj, verschleißbeständig adj, abnutzungsbeständig adj, abgrifffest adj ‖ ~ **to wiping** (Paint, Surf) / wischbeständig adj (DIN 55 945), wischfest adj

**resistate** n (Geol) / Resistat n (chemisch und physikalisch widerstandsfähiges Sediment, das aus unzersetzt umgelagerten Feststoffen besteht)

**resistazone counter** (Nuc) / Einzelpartikelanalysator m nach dem Durchflussprinzip (mit Messung der Änderung des elektrischen Widerstandes im Messvolumen)

**resist-coated** adj (Electronics) / resistbeschichtet adj

**resistive** adj (Elec Eng) / Widerstands-, widerstandsbehaftet adj, mit Widerstand ‖ ~ **branch** (Elec Eng) / Ohm'scher Zweig, Widerstandszweig m ‖ ~ **circuit** (Elec Eng) / Widerstandsschaltung f (wenn ein Potentiometer als veränderbarer Widerstand eingesetzt wird) ‖ ~ **coat** (Elec Eng) / Widerstandsschicht f ‖ ~ **component**\* (Elec Eng) / Widerstandskomponente f, Ohm'scher Anteil ‖ ~ **coupling** (Elec Eng) / Widerstandskopplung f, Ohm'sche Kopplung ‖ ~ **foil** (Elec Eng) / Widerstandsfolie f

**resistive-gate sensor** (Electronics) / Widerstandsgatesensor m (ein Halbleitersensor, der die Funktion des Bildaufnehmers wahrnimmt), RGS (Widerstandsgatesensor)

**resistive instability** (Plasma Phys) / resistive Instabilität (eine Plasmainstabilität, z.B. Tearing-Instabilität) ‖ ~ **load**\* (Elec) / Ohm'sche Belastung, Widerstandsbelastung f, Ohm'sche Last ‖ ~ **load** (Elec Eng) / Wirklast f ‖ ~ **logging** (Mining, Oils) / Widerstandsmethode f (der Bohrlochmessung), elektrische Widerstandsmessung (eine Methode der Bohrlochmessung) ‖ ~ **loss** (Elec Eng) / Wirkverlust m ‖ ~ **material** (Elec Eng) / Widerstandswerkstoff m (ein Leiterwerkstoff mit einem definierten und nicht zu kleinen elektrischen, rein Ohm'schen Widerstand) ‖ ~ **network** (Elec Eng) / Widerstandsnetzwerk n, Widerstandsnetz n ‖ ~ **pick-up** (Electronics) / Widerstandsmessaufnehmer m (der der Umformung nichtelektrischer Messgrößen in elektrische Widerstände dient) ‖ ~ **sensor** / Widerstandssensor m, Ohm'scher Geber (passiver Messumformer, wie z.B. ein Dehnungsmessstreifen), Resistenzsensor m ‖ ~ **shunt** (Elec Eng) / Ohm'scher Nebenschluss ‖ ~ **wire** (Elec Eng) / widerstandsbehafteter Draht, Widerstandsdraht m

**resistivity**\* n (Elec) / Resistivität f (DIN 1324, T 2), spezifischer elektrischer Widerstand (DIN 1324, T 2), Eigenwiderstand m ‖ ~\* (Elec) / Widerstandseigenschaft f (im Allgemeinen) ‖ ~ **factor** (Geol) / Formationswiderstandsfaktor m ‖ ~ **logging** (Oils) / Widerstandsmethode f (der Bohrlochmessung), elektrische Widerstandsmessung (eine Methode der Bohrlochmessung) ‖ ~ **method** (Geol) / Widerstandsverfahren n ‖ ~ **of rock** (Mining) / Verbandsfestigkeit f von Gestein

**resist mask** (Electronics) / Lackmaske f (für Leiterplatten), Resistmaske f

**Resistojet** n (a space thruster) (Space) / Resistojet n ( elektrothermisches Triebwerk mit Widerstandsheizung), elektrothermisches Triebwerk (bei dem der Treibstoff durch ein Widerstandelement aufgeheizt wird) ‖ ~ **engine** / elektrothermisches Triebwerk (in dem der Treibstoff durch ein Widerstandselement aufgeheizt wird)

**resistor**\* n (Elec Eng) / Widerstandsbauelement n, Widerstand m (als Bauteil), Widerstandsgerät n, Widerstandskörper m ‖ ~\* (Elec Eng) / Ohm'scher Widerstand (im Widerstandsofen) ‖ ~ **alloy** (Elec Eng, Met) / Widerstandslegierung f (die sich durch besondere Konstanz und Stabilität des Widerstandswertes auszeichnet) ‖ ~ **bulb** (Electronics) / Widerstandskopf m (ein Thermowiderstand) ‖ ~-**capacitor-transistor logic** (Comp, Electronics) / RCTL-Logik f, Widerstand-Kondensator-Transistor-Logik f

**resistor-capacitor unit** (Elec Eng) / RC-Glied n (ein aus einem Widerstand und einem Kondensator gebildeter Vierpol)

**resistor chip** (Electronics) / Widerstandschip m, Chipwiderstand m ‖ ~ **element** (Elec Eng) / Widerstandsbauelement n, Widerstand m (als Bauteil), Widerstandsgerät n, Widerstandskörper m ‖ ~ **furnace** (Met) / [indirekter] Widerstandsofen m ‖ ~ **material** (Elec Eng) / Widerstandswerkstoff m (ein Leiterwerkstoff mit einem definierten und nicht zu kleinen elektrischen, rein Ohm'schen Widerstand) ‖ ~ **network** (Elec Eng) / Widerstandsnetzwerk n, Widerstandsnetz n ‖ ~ **oven** (Met) / [indirekter] Widerstandsofen m ‖ ~ **pair** (Elec Eng) / gepaarter Widerstand ‖ ~ **section** (Elec Eng) / Widerstandsabschnitt m

**resistor-start motor** (Elec Eng) / Einphasenmotor m mit Widerstandshilfsphase, Motor m mit Widerstandsanlasser

**resistor-transistor logic** (Comp) / RTL-Logik f, Widerstand-Transistor-Logik f

**resist printing** (Textiles) / Schutzdruck m, Reservedruck m (eine kombinierte Drucktechnik, z.B. Blaudruck oder Batik)

**resistron** n (TV) / Resistron n (eine Bildaufnahmeröhre für Farbfernsehkameras)

**resist technology** (Electronics) / Resisttechnik f

**resite** n (Chem) / Resit n (Phenolharz im C-Zustand)

**resitol** n (Chem) / Resitol n (Phenolharz im B-Zustand)

**resize** v (Comp) / größenmäßig neu festlegen (auf ein bestimmtes Format vergrößern oder verkleinern)

**resmelt** v (Met) / umschmelzen v, wieder schmelzen, wieder einschmelzen

**resoaping** n (Textiles) / Nachseifen f

**resoil** v (Civ Eng) / Erdwechsel durchführen ‖ ~ (Civ Eng) / verfüllen mit Humusdecke, verfüllen v (mit vorhandenem Mutterboden)

**resoiling** n (Agric) / Kulturbodenauftrag m (bei der Rekultivierung) ‖ ~ (Agric) / Erdwechsel m, Erdaustausch m ‖ ~ (Civ Eng) / Verfüllarbeiten f pl (mit vorhandenem Mutterboden bis zur ursprünglichen Geländehöhe - als Grobplanum), Mutterbodenauftrag m (nach Beendigung der Bauarbeiten), Verfüllarbeiten f pl mit einer Humusdecke ‖ ~ (Civ Eng) / Bodenersatz m (vor der Dammschüttung auf wenig tragfähigem Untergrund)

**resojet** n (Aero) / Verpuffungstriebwerk n (ohne einseitig öffnende Klappventile) ‖ ~ **engine** (Aero) / Verpuffungstriebwerk n (ohne einseitig öffnende Klappventile)

**resol** n (Chem) / Resol n (Phenolharz im A-Zustand)

**resolder** v / nachlöten v ‖ ~ (Electronics) / wieder einlöten

**resole** v / neu besohlen v (Schuhe)

**resolidification** n / Wiederverfestigung f

**resolution**

**resolution** *n* (AI) / Resolution *f* ‖ ~* (Chem) / Auflösung *f*, Trennung *f* (durch Auflösung) ‖ ~ (Instr) / Auflösung *f* (kleinste durch ein Messgerät noch feststellbare Änderung der Messgröße - DIN 1319, T 1) ‖ ~ (Maths) / Auflösung *f* ‖ ~ (the operation of replacing a single force by a system of components) (Mech) / Kräftezerlegung *f* (in vorgegebene Kraftrichtungen ohne Änderung der gesamten Drehmomente, Zerlegung *f* von Kräften, Zerlegung *f* der Kräfte ‖ ~ (Mech, Phys) / Zerlegung *f* (der Kräfte) ‖ ~ (Nuc) / Auflösungsvermögen *n*, Auflösung *f* (zur Charakterisierung der Eigenschaften von Strahlungsdetektoren) ‖ ~* (Optics, Photog, Radar) / Auflösungsgrenze *f*, Auflösungsvermögen *n*, Auflösung *f* ‖ ~* (Radar) / Auflösung *f* (Unterscheidung eines Ziels von einem benachbarten, von der Umgebung oder von einer Störung auf Grund unterschiedlicher Zielparameter, Auflösungsvermögen *n* ‖ ~* (Telecomm) / Rastermaß *n* (bei Telefaxgeräten) ‖ ~* (TV) / Wiedergabeschärfe *f* (durch Raster bedingt), Bildauflösung *f* ‖ ~ **angle** (Optics) / Auflösungswinkel *m* ‖ ~ **cell** (Radar) / Auflösungszelle *f* ‖ ~ **enhancement** (Optics, Spectr) / Auflösungsgewinn *m* ‖ ~ **in depth** (Optics) / Tiefenauflösung *f* ‖ ~ **limit** (Optics, Spectr) / Auflösungsgrenze *f* ‖ ~ **loss** (Optics) / Auflösungsverlust *m* ‖ ~ **of forces*** (Mech) / Kräftezerlegung *f* (in vorgegebene Kraftrichtungen ohne Änderung der gesamten Drehmomente), Zerlegung *f* von Kräften, Zerlegung *f* der Kräfte ‖ ~ **of racemates** (Chem) / Enantiomerentrennung *f*, Razematspaltung *f*, Razemattrennung *f* (Gewinnung einzelner Enantiomerer), Racemattrennung *f*, Racematspaltung *f* ‖ ~ **of vectors** (Phys) / Komponentenzerlegung *f* von Vektoren ‖ ~ **power** (Optics, Photog) / Auflösungsgrenze *f*, Auflösungsvermögen *n*, Auflösung *f* ‖ ~ **power** (Radar) / Auflösung *f* (Unterscheidung eines Ziels von einem benachbarten, von der Umgebung oder von einer Störung auf Grund unterschiedlicher Zielparameter), Auflösungsvermögen *n* ‖ ~ **principle** (AI, Comp) / Resolventenprinzip *n*, Resolutionsprinzip *n* (ein algorithmisches Verfahren zur Prüfung, ob ein Schluss der Prädikatenlogik gültig ist) ‖ ~ **time*** (Nuc) / Auflösungszeit *f* (bei Zählrohren das Zeitintervall, das zwischen dem Eintreffen zweier atomarer Teilchen liegen muss, um sie getrennt registrieren zu können)

**resolution-time correction*** (Nuc, Nuc Eng) / Auflösungszeitkorrektur *f*

**resolvable** *adj* (Maths) / lösbar *adj*, auflösbar *adj*

**resolvant equation*** (Maths) / Resolventengleichung *f*, Hilbert'sche Funktionalgleichung, Hilbert-Relation *f*

**resolvent** *n* (AI, Maths) / Resolvente *f* ‖ ~ **equation** (Maths) / Resolventengleichung *f*, Hilbert'sche Funktionalgleichung, Hilbert-Relation *f* ‖ ~ **set** (Maths) / Resolventenmenge *f*

**resolver** *n* (Automation) / Resolver *m* (ein spezieller schleifringloser Drehmelder), Vektorzerleger *m* ‖ ~ (Automation) / Drehwinkelgeber *m*, Resolver *m* (nach dem Induktionsprinzip arbeitendes Messsystem mit direktem Winkelwerterfassung) ‖ ~ (Comp) / Koordinatenwandler *m* (bei vektoriellen Größen), Resolver *m* ‖ ~ **differential transmitter** (Telecomm) / Funktionsdifferentialgeber *m*

**resolving power** (Chem) / Auflösung *f*, Trennung *f* (durch Auflösung) ‖ ~ **power*** (Optics, Photog) / Auflösungsgrenze *f*, Auflösungsvermögen *n*, Auflösung *f* ‖ ~ **power*** (Radar) / Auflösung *f* (Unterscheidung eines Ziels von einem benachbarten, von der Umgebung oder von einer Störung auf Grund unterschiedlicher Zielparameter), Auflösungsvermögen *n* ‖ ~ **time*** (Nuc) / Auflösungszeit *f* (bei Zählrohren das Zeitintervall, das zwischen dem Eintreffen zweier atomarer Teilchen liegen muss, um sie getrennt registrieren zu können)

**resonance** *n* (Astron) / Resonanz *f* (gravitative Wechselwirkung zwischen zwei Himmelskörpern, die einen dritten Himmelskörper umrunden) ‖ ~ (in molecules)* (Chem) / Mesomerie *f*, Resonanz *f* (nach L. Pauling), Strukturresonanz *f* ‖ ~ (Mech) / Resonanz *f* ‖ ~* (Phys) / Resonanz *f* (das Mitschwingen eines Resonators, der Resonanzzustand von Elementarteilchen - DIN 1311, T 2) ‖ ~ **absorption** (Nuc, Spectr) / Resonanzabsorption *f* (Übereinstimmung der Kern-Larmor-Frequenz und der Messfrequenz) ‖ ~ **behaviour** (Phys) / Resonanzverhalten *n* ‖ ~ **bridge*** (Elec Eng) / Resonanzbrücke *f* (zur Messung von Selbstinduktivität und Widerstand einer Spule) ‖ ~ **broadening** (Spectr) / Resonanzverbreiterung *f* (der Spektrallinie) ‖ ~ **capture** (Nuc) / Resonanzeinfang *m* (Spezialfall des Neutroneneinfangs) ‖ ~ **catastrophe** (Phys) / Resonanzkatastrophe *f* (Zerstörung des schwingungsfähigen Systems bei extrem geringer Dämpfung) ‖ ~ **chamber** (Autos) / Resonanzkammer *f* (bei Zweitaktmotoren) ‖ ~ **circuit** (Elec Eng) / Resonanzkreis *m*

**resonance-circuit frequency meter** (Elec Eng) / Schwingkreisfrequenzmesser *m* (auf dem Resonanzprinzip beruhendes Gerät zur Frequenzmessung, bei welchem ein messbar einstellbarer elektrischer Schwingkreis auf Resonanz abgestimmt ist)

**resonance condition** (Chem, Phys) / Resonanzbedingung *f* ‖ ~ **coupling** (Spectr) / Resonanzkopplung *f*, Resonanzkupplung *f* ‖ ~ **curve*** (Automation, Elec, Phys) / Resonanzkurve *f* (in der Schwingungslehre DIN 1311, T 2) ‖ ~ **curve with two degrees of freedom** (Mech) / Resonanzkurve *f* bei zwei Freiheitsgraden ‖ ~ **detector** (Nuc Eng) / Resonanzdetektor *m* (ein Aktivierungsdetektor) ‖ ~ **effect** (Acous, Build) / Resonanzeffekt *m* (DIN 4109) ‖ ~ **effect** (Chem) / Resonanzeffekt *m*, R-Effekt *m*, mesomerer Substituenteneffekt, mesomerer Effekt, Mesomerieeffekt *m*, M-Effekt *m* ‖ ~ **energy** (Chem) / Mesomerieenergie *f*, Resonanzenergie *f*

**resonance-enhanced multiphoton ionization spectroscopy** (Spectr) / resonanzverstärkte Multifotonenspektroskopie

**resonance escape** (Nuc) / Vermeiden *n* des Resonanzeinfangs, Resonanzflucht *f* ‖ ~ **escape probability*** (Nuc) / Bremsnutzung *f* (in der Vierfaktorenformel), Resonanzentkommwahrscheinlichkeit *f*, Resonanzenfluchtwahrscheinlichkeit *f*, Resonanzentweichwahrscheinlichkeit *f*, Resonanzdurchlasswahrscheinlichkeit *f* ‖ ~ **fission** (Nuc) / Resonanzspaltung *f* (die Spaltung des bei Neutronenresonanzen gebildeten Zwischenkerns) ‖ ~ **fluorescence** (Nuc) / Resonanzfluoreszenz *f* (ein Spezialfall der Fluoreszenz bei Atomen)

**resonance-free** *adj* (Phys) / mesomeriefrei *adj*, resonanzfrei *adj* ‖ ~ (Phys) / resonanzfrei *adj*

**resonance frequency** (Chem, Phys, Spectr, Telecomm) / Resonanzfrequenz *f* ‖ ~ **frequency** (Phys, Telecomm) / Eigenfrequenz *f* (eines Schwingers), natürliche Frequenz ‖ ~ **frequency meter** (Elec Eng) / Resonanzfrequenzmesser *m* ‖ ~ **function** (Automation, Phys) / Resonanzfunktion *f* (in der Schwingungslehre nach DIN 1311, T 2) ‖ ~ **hybrid** (Chem) / Resonanzhybrid *n* ‖ ~ **integral** (Nuc) / Resonanzintegral *n* (ein Wechselwirkungsintegral nach der Hückel-Methode) ‖ ~ **ionization spectroscopy** (Spectr) / Resonanzionisationsspektroskopie *f*, RIS (Resonanzionisationsspektroskopie) ‖ ~ **jet engine** (Aero) / Verpuffungstriebwerk *n* (ohne einseitig öffnende Klappventile) ‖ ~ **length** (Radio) / Resonanzlänge *f* (einer Antenne) ‖ ~ **level*** (Nuc) / Kernresonanzniveau *n*, Resonanzniveau *n* ‖ ~ **line** (Phys, Spectr) / Resonanzlinie *f* (Spektrallinie, die bei Übergängen eines Ions oder Atoms zwischen dem energetisch tiefsten Zustand und dem niedrigsten angeregten Zustand entsteht) ‖ ~ **luminescence** (Nuc) / Resonanzleuchten *n*, Resonanzlumineszenz *f* ‖ ~ **matching** (Electronics) / Resonanzanpassung *f* (Widerstandstransformation durch Schwingkreise bei Resonanz) ‖ ~ **method** (Elec Eng) / Resonanzmethode *f* (eine Messmethode) ‖ ~ **neutron** (Nuc) / Resonanzneutron *n* ‖ ~ **particles** (Nuc) / Resonanzteilchen *n pl*, Resonanzen *f pl* (Teilchen von nur etwa $10^{-24}$ s Lebensdauer) ‖ ~ **peak** (Elec Eng) / Resonanzspitze *f*, Resonanzmaximum *n* ‖ ~ **potential** (Electronics) / Anregungspotential *n* ‖ ~ **potential*** (Electronics) / Resonanzpotential *n* ‖ ~ **radiation*** (Nuc) / Resonanzstrahlung *f* ‖ ~ **radiation*** (Phys) s. also resonance fluorescence and nuclear resonance fluorescence ‖ ~ **Raman effect** (Spectr) / Resonanz-Raman-Effekt *m* ‖ ~ **Raman spectroscopy** (Spectr) / Resonanz-Raman-Spektroskopie *f* ‖ ~ **ratio** (Automation) / Resonanzüberhöhung *f* ‖ ~ **ratio** (Elec Eng) / Resonanzüberhöhung *f* ‖ ~ **relay** (Elec Eng) / Resonanzrelais *n* (ein Frequenzrelais)

**resonances*** *pl* (Nuc) / Resonanzteilchen *n pl*, Resonanzen *f pl* (Teilchen von nur etwa $10^{-24}$ s Lebensdauer) ‖ ~ (Nuc) s. also mass resonances

**resonance scattering*** (Nuc) / Resonanzstreuung *f* ‖ ~ **sensor** / Resonanzsensor *m* (dessen Wirkprinzip auf Frequenzänderungen beruht) ‖ ~ **sharpness** (Automation) / Resonanzüberhöhung *f* ‖ ~ **spectrum** (Phys, Spectr) / Resonanzspektrum *n* ‖ ~ **stabilization** / Resonanzstabilisierung *f* ‖ ~ **step-up*** (Elec Eng) / Resonanzüberhöhung *f* ‖ ~ **structure** (Spectr) / Resonanzstruktur *f*, mesomere Grenzstruktur ‖ ~ **test*** (Mech) / Resonanzversuch *m* ‖ ~ **transformer** (Elec Eng) / Resonanztransformator *m* (der auch als Hochspannungsprüftransformator eingesetzt wird), abgestimmter Transformator ‖ ~ **transition** (Spectr) / Resonanzübergang *m* ‖ ~ **vibration** (Mech, Phys) / Mitschwingung *f*, Resonanzschwingung *f* ‖ ~ **wood** (For) / Klangholz *n* (das für die Verwendung im Musikinstrumentenbau geeignet ist), Tonholz *n*, Resonanzholz *n*

**resonant** *adj* / resonant *adj*, in Resonanz befindlich ‖ ~ (Acous) / tönend *adj* ‖ ~ (Phys) / mitschwingend *adj* ‖ ~ **antenna** (Radio) / abgestimmte Antenne ‖ ~ **cavity*** (Acous, Electronics) / Hohlraumresonator *m* (in der Mikrowellentechnik) ‖ ~ **cavity*** (Acous, Telecomm) / Resonanzkörper *m*, Resonanzhohlraum *m*, Resonanzkammer *f* (im Allgemeinen) ‖ ~ **cavity** (Phys) / optischer Resonator (bei Lasern) ‖ ~ **chamber** (Acous, Electronics) / Hohlraumresonator *m* (in der Mikrowellentechnik) ‖ ~ **chamber** (Acous, Telecomm) / Resonanzkörper *m*, Resonanzhohlraum *m*, Resonanzkammer *f* (im Allgemeinen) ‖ ~ **circuit*** (Elec Eng, Telecomm) / Resonanzkreis *m*

**resonant-circuit converter** (Elec Eng) / Schwingkreisumrichter *m* (netzgeführter Stromrichter + lastseitiger Schwingkreiswechselrichter) ‖ ~ **inverter** (Elec Eng) / Schwingkreiswechselrichter *m* (ein lastgeführter Stromrichter, der seine Kommutationsspannung und -blindleistung von der Last beziehst) || ~ **transmitter** (Elec Eng) / Schwingkreiswandler m (Aufnehmer, bei dem eine Änderung der Messgröße eine Kapazitäts- oder Induktivitätsänderung bewirkt, die ihrerseits eine Verstimmung eines elektrischen Schwingkreises hervorruft)

**resonant duct** (Aero) / Verpuffungstriebwerk n (ohne einseitig öffnende Klappventile) || ~ **earthed system** (Elec Eng) / kompensiertes Netz || ~ **frequency*** (Chem, Phys, Spectr, Telecomm) / Resonanzfrequenz f || ~ **gap*** (Radar) / Resonanzspalt m || ~ **length** (Paper) / Resonanzlänge f (der Probe) || ~ **line*** (Telecomm) / Leitungsschwingkreis m, abgestimmte Leitung f (z.B. Lecher-Leitung) || ~ **mode*** (Electronics) / Resonanzwellentyp m, Resonanzschwingungstyp m || ~ **pulse-jet** (Aero) / Verpuffungstriebwerk n (ohne einseitig öffnende Klappventile) || ~ **radiation** (Nuc) / Resonanzstrahlung f

**resonant-ring filter** (Telecomm) / Resonant-Ring-Filter n (Richtkoppler in Koaxial- oder Hohlleitertechnik)

**resonant shunt** (Elec Eng) / Überbrückungsschwingkreis m || ~ **tunnelling transistor** (Electronics) / Resonant-tunneling-Transistor m (Uni- oder Bipolartransistor mit einer Quantum-Well-Schicht und einer Doppelbarriere im Emitter-Basis-Übergang bzw. in der Basis, durch die die Ladungsträger über den Tunneleffekt in den Kollektor injiziert werden)

**resonant-type frequency meter** (Elec Eng) / Resonanzfrequenzmesser m

**resonant wood** (For) / Klangholz n (das für die Verwendung im Musikinstrumentenbau geeignet ist), Tonholz, Resonanzholz n

**resonate** v (Phys) / mitschwingen v

**resonator*** n (Phys) / Resonator m || ~ **grid*** (Electronics) / Hohlraumgitter n

**resorb** v (Pharm, Phys, Physiol) / resorbieren v

**resorcin*** n (Chem) / Resorcin n, Resorzin n (ein zweiwertiges Phenol), 1,3-Dihydroxybenzol n || ~ **brown** / Resorzinbraun n, Resorcinbraun n

**resorcinol*** n (Chem) / Resorcin n, Resorzin n (ein zweiwertiges Phenol), 1,3-Dihydroxybenzol n || ~ **diglycidyl ether** (Chem) / Resorcinoldiglyzidylether m, Resorcinoldiglycidylether m

**resorcinol-formaldehyde resin** (Chem) / Resorcinharz n, Resorzinharz n, Resorcin-Formaldehydharz n

**resorcinolphthalein** n (Chem) / Resorzinphthalein n, Fluorescein n, Fluoreszein n (ein Farbstoff), Resorcinphthalein n

**resorption** n (Chem Eng) / Beladung f (eines Adsorbens) || ~* (Geol) / Resorption f (Aufnahme von Fremdmaterial in eine magmatische Schmelze) || ~ (Nut, Pharm, Phys, Physiol) / Resorption f (Aufnahme von Nahrungsmitteln, Arzneimittel usw. in die Blut- und Lymphbahnen) || ~ **plant** / Resorptionsanlage f (zur Kälte- und Wärmeerzeugung)

**re-sort** v / neu sortieren

**resound** v / widerhallen v, schallen v || ~ / erschallen v, erklingen v, ertönen v

**resource allocation** / Betriebsmittelzuweisung f, Ressourcenzuteilung f || ~ **Interchange File Format** (a tagged-file specification for the storage of multimedia data) (Comp) / RIFF (Resource Interchange File Format), Resource Interchange File Format n || ~ **interchange file format** (Comp, TV) / Resource-Interchange-File-Format n (ein Dateiformat zur Speicherung von multimedialen Daten), RIFF-Format n

**resources** pl / Betriebsmittel n pl (DIN 66300, T 1) || ~ / Ressourcen f pl (Naturstoffe, Produktionsvorräte, Kapazitäten, Arbeitskräfte u. dgl.) || ~ **centre** / Mediothek f (mit auditiven, audiovisuellen und visuellen Materialien und Aufzeichnungen), Mediathek f

**resource sharing** (Comp) / Resource Sharing n (Funktionsverbund), Betriebsmittelverbund m, Funktionsverbund m, Geräteverbund m

**resow** v (Agric) / nachsäen v

**respirable** adj (Physiol) / einatembar adj, atembar adj, respirabel adj

**respiration*** n (Biol, Physiol) / Respiration f, Atmung f || ~ **loss** (Brew) / Atmungsschwand m (in der Mälzerei) || ~ **sensor** / Atmungssensor m (in der Biotelemetrie)

**respirator** n / Atemschutzmaske f (das Gesicht schützende Vollmaske)

**respiratory** adj (Physiol) / Atmungs-, respiratorisch adj, Atem- || ~ **burst** (Biochem) / respiratorischer Ausbruch (bei Makrophagen) || ~ **chain** (Biochem) / Atmungskette f (eine Folge von Reaktionen ), oxidative Phosphorylierung || ~ **filter** / Atemfilter n || ~ **heat** (Nut) / Atmungswärme f (lagerndes Gemüse und Obst) || ~ **pigment*** (Biochem, Physiol) / respiratorischer Farbstoff (z.B. Hämoglobin) || ~ **pigment** (Physiol) / Sauerstofftransportpigment n || ~ **poison** (Med) / Atemgift n (z.B. alle aggressiven Gase, wie Chlor) || ~ **quotient*** (Bot, Physiol) / Atmungsquotient m, respiratorischer Quotient (das Volumenverhältnis von erzeugtem $CO_2$ zu verbrauchtem $CO_2$), RQ (respiratorischer Quotient) || ~ **substrate*** (Biol) / Atmungssubstrat n

**respond** v (to) / ansprechen v (auf), reagieren v (auf), empfindlich sein (für) || ~ (Elec Eng) / ansprechen v, anziehen v (Relais) || ~* n (Arch) / Blendarkaturpilaster m || ~* (Build) / Leibung f, Laibung f (des Fensters - äußere) || ~* (Build) / Anschlag m (Mauerfalz bei Türen und Fenstern)

**responder*** n (Telecomm) / Antwortgerät n (ein Sender), Antwortsender m || ~ **beacon** (Aero, Radar) / Antwortsenderbake f (Sekundärradar), Antwortfunkfeuer n

**responding speed** (Elec Eng) / Ansprechgeschwindigkeit f (Relais) || ~ **value** (Elec Eng) / Ansprechwert m (bei Relais, Messwandlern usw.)

**response** n / Antwort f || ~ (Acous) / Frequenzbereich m (von Mikrofonen und Lautsprechern) || ~ (Acous) / Ansprechempfindlichkeit f, Empfindlichkeit f, Übertragungsfaktor m || ~ (Automation) / Verhalten n || ~ (Automation) / Übergangsfunktion f (die Sprungantwort) || ~* (Comp, Phys) / Output m n, Ausgabe f, Response f (Ausgangsgröße eines Systems) || ~ (to a stimulus) (Ecol, Physiol) / Reaktion f (eines Organismus bzw. Auswirkung eines Schadstoffes auf ihn oder einen Teil von ihm) || ~ (Elec Eng) / Ansprechen n (Relais), Anziehen n (Relais) || ~ (Electronics) / Charakteristik f (z.B. eines Verstärkers) || ~ (Instr) / Einstellverlauf m (Art, wie die Anzeigegröße eines Messgerätes der Bewegung der Messgröße folgt) || ~ (Mech) / Wechselwirkung f, Rückwirkung f, Reaktion f || ~* (Physiol) / Response f (ein durch bestimmte Reize bewirktes Verhalten eines Prüflings) || ~ (Radar) / Echo n || ~ (Radiol) / Anzeigewert m, Messwert m || ~ **block** (Telecomm) / Antwortblock m (Puls-Code-Modulation) || ~ **error** (Stats) / Antwortfehler m, Angabefehler m || ~ **factor** (Chem) / Responsefaktor m (in der Chromatografie) || ~ **frequency** / Schaltfrequenz f (bei Sensoren nach DIN EN 50 010) || ~ **function** (Maths) / Fourier-Transformierte f || ~ **pressure** (Eng) / Ansprechdruck m (bei Armaturen)

**responser*** n (Radar) / Antwortempfänger m

**response sensibility** / Ansprechempfindlichkeit f || ~ **signal** (Comp, Telecomm) / Antwortsignal n (DIN 40146, T 3) || ~ **speed** (Elec Eng) / Ansprechgeschwindigkeit f (Relais) || ~ **threshold** (Elec Eng, Instr) / Ansprechschwelle f (DIN 1319, T 2) || ~ **time** / Zeitraum m zwischen Alarm und Eintreffen an der Unfallstelle || ~ **time*** (Comp) / Reaktionszeit f (DIN 44300), Antwortzeit f (DIN 44300) || ~ **time** (Elec Eng) / Ansprechzeit f (bei Relais) || ~ **time** (Instr) / Einstelldauer f (DIN 1319, T 1), Einspielzeit f (eines Messgeräts), Einschwingzeit f (Zeit, die bei einem anzeigenden Messgerät vom Zeitpunkt einer sprunghaften Änderung der Messgröße an vergeht, bis die Anzeige letztmalig eine bestimmte Abweichung vom Beharrungswert überschreitet), Beruhigungszeit f || ~ **voltage** (Elec Eng) / Ansprechspannung f

**responsibility** n / Verantwortlichkeit f, Verantwortung f || ~ **level** (Work Study) / Verantwortungsebene f

**responsible-care programme** (Chem, Ecol) / Responsible-Care-Programm n (bindende Verpflichtung zur Selbstverantwortung in den Bereichen Gesundheit, Sicherheit und Umwelt)

**responsiveness** n / Ansprechempfindlichkeit f || ~ (AI) / Reaktionsschnelligkeit f (des Systems)

**responsivity** n / Ansprechempfindlichkeit f

**responsor** n (Radar) / Antwortempfänger m

**respool** v (Cinema) / umspulen v (nach der Vorführung)

**respooling** n (Cinema) / Umspulung f (nach der Vorführung)

**respot line** (Autos, Welding) / Ausschweißlinie f

**respray** v (Autos, Paint) / überspritzen v || ~ **paint** (Autos, Paint) / Reparaturlack m

**ressault** n (Arch) / Vorsprung m || ~ (Arch) s. also projection and salient

**ressaut** n (projection, as of a chimney breast, pilaster, or any member or part of a building before a wall or another, e.g. moulding projecting in front of another moulding) (Arch) / Vorsprung m

**rest** v / ruhen v, in Ruhelage sein || ~ n (absolute) (Mech) / Ruhe f (absolute) || ~ (Work Study) / Rest m, Überrest m, Restbestand m || **at ~** (Electronics) / Ruhe-, ruhend adj

**restain** v (For) / nachbeizen v

**restart** v / wieder in Gang setzen || ~ (Comp) / wieder anlaufen lassen, rebooten v || ~ (Comp) / aufsetzen v (Programmablauf, Monitor) || ~ (Nuc Eng) / wieder anlassen (z.B. einen Kernreaktor), wieder anfahren || ~ n (Comp) / Wiederanlauf m (eines Programms), Neustart m, Restart m || ~ (Space) / Wiederzündung f (der Rakete) || ~ **collision** (Comp) / Zusammenstoß m beim Restart || ~ **point** (Comp) / Wiederanlaufpunkt m (in dem ein abgebrochenes Programm wieder startet), Restartpunkt m || ~ **procedure** (Comp) / Restartprozedur f (automatische, manuelle)

**restate** v / neu formulieren (einen Text)

**restaurant car** (Rail) / Speisewagen m

**rest bend*** (Plumb) / Fußrohrkrümmer m, Fußkrümmer m, N-Stück n

**rest-delivery quantity** / Restliefermenge f

**rest energy** (Phys) / Ruhenergie *f* (eines ruhenden Systems), Ruheenergie *f* ‖ ~ **facility** (Autos) / Rastanlage *f* ‖ ~ **frame** (a frame of reference relative to which a given body is at rest) (Phys) / Ruhesystem *n*, Ruhsystem *n*
**resting cells** (Biochem) / Resting Cells (eien mikrobielle Kultur), ruhende Zellen *pl* ‖ ~ **loading** (Build, Civ Eng, Mech) / statische Belastung, ruhende Belastung ‖ ~ **place** (Autos) / Raststation *f* (A), Raststätte *f* ‖ ~ **potential** (Physiol) / Ruhepotential *n*, Membranpotential *n*
**rest in peace** (Comp) / RIP *m* (requiescat in pace - nicht behebbarer Programmabbruch unter Windows, meist verursacht durch ungültige Zugriffsnummern)
**restite** *n* (Geol) / Restit *m*, Restgestein *n*, Rückstandsgestein *n* (bei der Metatexis nicht geschmolzener Gesteinsanteil)
**restitution** *n* / Wiederherstellung *f* (Restitution), Restitution *f* ‖ ~ (Teleg) / Wiedergabe *f*, Rückbildung *f* ‖ ~ **coefficient** (Phys) / Stoßzahl *f*, Restitutionskoeffizient *m* (bei den Stößen realer Körper)
**rest magma** (Geol) / Ichor *m* ("granitischer Saft") ‖ ~ **mass*** (Phys) / Ruhmasse *f*, Ruhemasse *f*, eingeprägte Masse
**restock** *v* / wieder auffüllen (Lager) ‖ ~ (Agric, Ecol) / wieder mit Fischen besetzen (z.B. Teiche) ‖ ~ (Agric, Ecol) / einen Viehbestand ergänzen
**rest on** *v* / aufliegen *v*
**restorability** *n* / Instandsetzbarkeit *f*
**restorable change** / rückführbare Änderung
**restoration** *n* / Wiederinkrafttreten *n* (eines Patents) ‖ ~ (Agric, Ecol) / Rekultivierung *f* (der durch menschliche Eingriffe unfruchtbar gewordenen Landschaft), Wiederurbarmachung *f* ‖ ~ (Build) / Instandsetzen *n* (Sanieren nach DIN 31 051) ‖ ~ (Ecol) / Renaturierung *f* (z.B. bei Fließgewässern und Mooren) ‖ ~ **of synchronism** (Elec Eng) / Resynchronisierung *f* ‖ ~ **route** (Telecomm) / Ersatzweg *m*
**restore** *v* / rückbauen *v* (durch Baumaßnahmen in einen früheren /naturnäheren/ Zustand bringen) ‖ ~ / wiederherstellen *v* (einen Zustand) ‖ ~ / wieder einsetzen ‖ ~ (Arch) / restaurieren *v* ‖ ~ (Comp) / zurückspeichern *v* (gesicherte Daten wieder verfügbar machen)
**re-store** *v* (Comp) / umspeichern *v*, neu speichern
**restore** *v* (Eng) / überholen *v*, wieder instandsetzen (in den Sollzustand) ‖ ~* (Instr) / rückstellen *v*, rücksetzen *v*, in Grundstellung bringen, auf Anfangswert zurückstellen, zurücksetzen *v* ‖ ~ (Paint) / auffrischen *v* (Farbe) ‖ ~ (Teleph) / auflegen *v* (den Hörer), einhängen *v* ‖ ~ **button** (Comp) / Schaltfläche *f* "Wiederherstellen", Wiederherstellen-Schaltfläche *f*
**restoring** *n* (Arch) / Restaurierung *f* ‖ ~ (Eng) / Instandsetzung *f*, Überholung *f* (Maßnahme zur Wiederherstellung des Sollzustandes) ‖ ~ **division** (Maths) / Division *f* mit Bildung eines positiven Restes ‖ ~ **force** (Elec Eng, Phys) / Rückstellkraft *f*, Richtgröße *f* (Richtkraft), Richtkraft *f*, Federkonstante *f*, Direktionskraft *f*, Richtvermögen *n* ‖ ~ **force** (Eng, Mech) / Rückholkraft *f*, Rückführkraft *f* ‖ ~ **moment*** (Aero) / Rückstellmoment *n*, Aufrichtmoment *n*, Rückführmoment *n*, Rückdrehmoment *n* ‖ ~ **moment** (Mech) / Rückstellmoment *n*, Richtmoment *n*, Direktionsmoment *n* ‖ ~ **relay** (Elec Eng) / Rückstellrelais *n* ‖ ~ **spring** (Eng) / Rückzugfeder *f*, Rückstellfeder *f*, Rückholfeder *f* ‖ ~ **torque** (Mech) / Rückstellmoment *n*, Richtmoment *n*, Direktionsmoment *n*
**rest period** / Ruhezeit *f* ‖ ~ **position** (Mech) / Ruhelage *f*
**restrain** *v* (Autos) / schützen *v* (Insassen) ‖ ~ (Phys) / festhalten *v*, die Bewegung einschränken
**restrained beam** (rigidly fixed at one end and simply supported at the other) (Build) / Einfeldbalken *m* (mit einem frei aufliegenden und einem eingespannten Ende), Einfeldträger *m* (mit einem frei aufliegenden und einem eingespannten Ende)
**restrainer** *n* (to prevent the metal from being unduly attached by the acid) (Eng) / Sparbeize *f* (Säure zur Ablösung von abgelagertem Kesselstein und von Rost auf Metall, der Inhibitoren zugesetzt sind) ‖ ~* (Photog) / Verzögerer *m* (z.B. Kaliumbromid)
**restraint** *n* (Autos) / Schutz *m* (von Insassen) ‖ ~ (Autos) / Fangband *n* (im Airbag) ‖ ~ **at both ends** (Mech) / beidseitig eingespannt ‖ ~ **of motion** (Mech) / Bewegungseinschränkung *f* (in der Kinematik) ‖ ~ **system** (Autos) / Rückhaltesystem *n*
**restrict** *v* / drosseln *v* (Querschnitt verengen) ‖ ~ (to) / beschränken *v* (auf), einschränken *v*
**restricted** *adj* (Teleph) / gesperrt *adj* ‖ ~ **access** (Comp) / eingeschränkter Zugriff *m* ‖ ~ **airspace** (Aero) / Flugbeschränkungsgebiet *n* ‖ ~ **area** / Sperrgebiet *n* (im Allgemeinen) ‖ ~ **area** (Autos) / Strecke *f* mit Geschwindigkeitsbeschränkung, Gebiet *n* mit Geschwindigkeitsbeschränkung ‖ ~ **area** (Comp) / zugangsbeschränkte Zone, Sperrzone *f* ‖ ~ **area** (Mil) / militärischer Schutzbereich (nach 1, Abs. 2 des Schutzbereichsgesetzes) ‖ ~ **area** (Ships) / Sperrbereich *m* (z.B. auf Tankern und Terminals) ‖ ~

**Articles Regulation** (Aero) / Transportbestimmungen *f pl* für gefährliche Güter (herausgegeben von der IATA) ‖ ~ **basin** / abgeschnürtes Becken (im Ozean) ‖ ~ **combustion** (Heat) / Verbrennung *f* bei ungenügender Luftzufuhr, Verbrennung *f* unter vermindertem Sauerstoffzutritt ‖ ~ **district** (Build) / Gebiet *n* mit bestimmten Baubeschränkungen ‖ ~ **edge-emitting diode** (Electronics) / beschränkte Randemitter-LED, REED
**restricted-flow conditions** (Eng) / gesteuerter Werkstofffluss (aus der Werkzeugöffnung)
**restricted gating** (Plastics) / Punktanguss *m* (beim Spritzpressen) ‖ ~ **motion** (Phys) / gebundene Bewegung ‖ ~ **night service** (Telecomm) / Nachtkonzentration *f* ‖ ~ **part of a water-catchment area** (Ecol, San Eng) / Wasserschutzgebiet *n* ‖ ~ **rotation** (Chem, Optics) / behinderte Rotation ‖ ~ **rotation** (Spectr) / behinderte Rotation ‖ ~ **set product** (Maths) / eingeschränktes kartesisches Produkt ‖ ~ **take-off and landing** (Aero) / verminderte Start- und Landestrecke ‖ ~ **tender** / beschränkte Ausschreibung (bei der Vergabe von Aufträgen der öffentlichen Hand - auf einen bestimmten Kreis von Unternehmen beschränkt) ‖ ~ **work** (Work Study) / gebundene Arbeit (bei der die Ausbringung des Arbeiters durch Faktoren bestimmt ist, die außerhalb seines Einflussbereiches liegen)
**restriction*** *n* (Biochem) / Restriktion *f* ‖ ~ **endonuclease*** (Gen) / Restriktionsendonuklease *f*, Restriktionsendonuclease *f* ‖ ~ **enzyme*** (Gen) / Restriktionsenzym *n* (Endonuklease bakterieller Herkunft, die die fremde DNS an für das Enzym spezifischen Erkennungssequenzen spaltet), Restriktase *f* ‖ ~ **fragment length polymorphism*** (Gen) / Polymorphismus *m* der charakteristische Größe von Spaltstücken ‖ ~ **hole** (Eng) / Drosselbohrung *f* (in der Drosselscheibe) ‖ ~ **map** (Gen) / Restriktionskarte *f* ‖ ~ **of free rotation** (Chem) / Hinderung *f* der freien Drehbarkeit, Behinderung *f* der inneren Rotation ‖ ~ **of use** (Build) / Nutzungsbeschränkung *f* (Grundstück) ‖ ~ **on trade** / Handelsbeschränkung *f*
**restrictive circuit** (Elec Eng) / Sparschaltung *f*
**restrictor** *n* (Chem, Eng) / Durchflussregler *m* ‖ ~ (Eng) / Drosselscheibe *f* (um die Rohrströmung zu vermindern) ‖ ~ (Eng) / Verdichterdüse *f* (der Ölnebelanlage) ‖ ~ (Space) / Ummantelung *f* (des Raketentreibstoffs)
**restrike** *v* (Eng) / richten *v* (entgratete Schmiedestücke im Gesenk) ‖ ~ *n* / Rückzündung *f* (Wiederentstehen des Stromflusses zwischen den Kontakten eines Leistungsschalters während einer Ausschaltung nach einer stromlosen Pause von mehr als einer Viertelperiode der Betriebsfrequenz)
**restriking** *n* (Elec Eng) / Wiederzündung *f* (z.B. beim Brennversuch an Isolierstoffen) ‖ ~ (Eng, Electronics) / Wiederzündung *f*, Neuzündung *f* (der Schaltstrecke bei Schaltern) ‖ ~ (Eng) / Richten *n* (im Gesenk) ‖ ~ **for sizing** (Eng) / Nachschlagen *n*, Formstanzen *n* ‖ ~ **voltage** (Elec Eng) / Restspannung *f* (eines Ableiters) ‖ ~ **voltage*** (Elec Eng) / Wiederzündspannung *f*
**rest roll** (Print) / Restrolle *f*
**restructure** *v* / umstrukturieren *v*, die Struktur verändern
**restructured meat** (Nut) / Formfleisch *n* (das aus mehr oder minder großen Fleischstücken besteht, welche durch besondere Maßnahmen zu größeren, geformten Stücken verpresst werden, zum Beispiel Schinken oder Formfleisch-Gulasch, rekonstituiertes Fleisch
**restructuring** *n* / Umstrukturierung *f*, Umorganisierung *f*, Umorganisation *f*, Reorganisierung *f*, Reorganisation *f*
**rest stop** (with a service area) (Autos) / Raststation *f* (A), Raststätte *f* ‖ ~ **stop** (Autos) / Rastanlage *f*
**reststrahlen** *pl* (Phys) / Reststrahlung *f*, Reststrahlen *m pl* (schmalbandige langwellige Infrarotstrahlung)
**rest surface** / Rastfläche *f* (bei Schmierkeilen) ‖ ~ **water level** (Hyd Eng) / Brunnenspiegelhöhe *f*
**resublimation** *n* (Chem, Phys) / Resublimation *f*
**resubstitution** *n* (Chem) / Resubstitution *f*
**resuing** *n* (Mining) / selektiver Abbau mit Stoßnachreißen
**resulphurize** *v* (Chem Eng) / rückschwefeln *v*
**result** *n* (Maths) / Ergebnis *n*, Resultat *n*
**resultant** *n* (Maths) / Resultante *f* (bei zwei Polynomen) ‖ ~* (Mech) / resultierende Kraft, Gesamtkraft *f*, Resultierende *f*, Resultante *f* (die Summe zweier oder mehrerer Kräfte), Ersatzkraft *f* ‖ ~ *adj* / resultierend *adj* (z.B. Kraft) ‖ ~ **cutting** (Eng) / Wirkrichtung *f* (die momentane Richtung der Wirkbewegung) ‖ ~ **cutting force** (Eng) / Zerspankraft *f* (Summe aller Kräfte, die am Schneidkeil eines Zerspanwerkzeuges wirken - DIN 6584), Spanungskraft *f* ‖ ~ **cutting force** (Eng) / Drangkraft *f*, Abdrängkraft *f* (Projektion der Zerspankraft auf eine Senkrechte zur Schneidenebene) ‖ ~ **cutting motion** (Eng) / Wirkbewegung *f* (die resultierende Bewegung aus Schnittbewegung und gleichzeitig ausgeführter Vorschubbewegung - DIN 6580) ‖ ~ **cutting path length** (Eng) / Wirkweg *m* (den der betrachtete Schneidenpunkt auf dem Werkstück in Wirkrichtung schneidend zurücklegt) ‖ ~ **cutting velocity** (Eng) /

Wirkgeschwindigkeit f (momentane Geschwindigkeit des betrachteten Schneidenpunktes in Wirkrichtung nach DIN 6580) || ~ **distribution** (Stats) / Gesamtverteilung f || ~ **force** (Mech) / resultierende Kraft, Gesamtkraft f, Resultierende f, Resultante f (die Summe zweier oder mehrerer Kräfte), Ersatzkraft f
**result field** (Comp) / Ergebnisfeld n
**resulting costs** / Folgekosten pl
**result of determination** (Stats) / Ermittlungsergebnis n (DIN 55 350, T 13) || ~ **of measurement** (Instr) / Messergebnis n (DIN 1319-1, 1319-3 und DIN 225-1) || ~ **printing** (Comp) / Resultatdruck m
**résumé** n (US) / Lebenslauf m (bei den Bewerbungen)
**resuperheating*** n (Eng) / Dampfzwischenüberhitzung f, Zwischenüberhitzung f
**resurface** v (Autos) / planen v (den Zylinderkopf) || ~ (Civ Eng) / die Oberfläche (einer vorhandenen Fahrbahndecke) erneuern, Fahrbahnbelag ersetzen || ~ (Eng) / die Ebenheit der Oberfläche wiederherstellen
**resurfacing** n (with a new coating) (Civ Eng) / Deckenerneuerung f
**resurgence** n (Geol, Hyd Eng) / Wiederaustritt m (eines versiegten Flusses)
**resurgent** adj (Geol) / resurgent adj || ~ **gas*** (Geol) / durch Assimilation freigesetztes Gas
**resuscitation** n (Med) / Reanimation f, Resuszitation f, Wiederbelebung f
**resuscitator** n (Mining) / Wiederbelebungsgerät n (Pulmotor)
**resuspension** n / Resuspension f (Aufwirbeln von Sedimenten in Fließgewässern sowie von Aerosolteilchen vom Boden und anderen Flächen in die Luft)
**reswage** v (For) / nachstauchen v (Sägezähne)
**resynchronization** n (Elec Eng) / Resynchronisierung f || ~ **of a connection** (Telecomm) / Rücksetzen n einer Verbindung (ISDN)
**resynchronizing** n (Elec Eng) / Resynchronisierung f
**resynthesis** n (Chem) / Resynthese f
**ret** v (Agric) / verrotten v, faulen v (z.B. Heu) || ~ vi (to be spoiled by exposure to wet) (Agric) / verfaulen v (Heu), faulen v (Heu) || ~ vt (Agric, Textiles) / rötten v, rotten v, rösten v (weiche Stängelteile des Flachses faulen lassen)
**retable** n (Arch) / Altarretabel n, Retabel (Altaraufsatz über der Mensa)
**retailer** n / Einzelhändler m
**retail outlet** / Laden m (des Einzelhandels), Geschäft n, Einzelhandelsgeschäft n, Ladenlokal n || ~ **packaging** / Verkaufsverpackung f || ~ **price** / Einzelhandelspreis m
**retail-price index** / Lebenshaltungsindex m
**retail store** (US) / Laden m (des Einzelhandels), Geschäft n, Einzelhandelsgeschäft n, Ladenlokal n
**retain** v / beibehalten v, behalten v || ~ / halten v, aufspeichern v (Wärme) || ~ / festhalten v, halten v || ~ (Hyd Eng) / einstauen v, anstauen v, eindämmen v, eindeichen v, abdämmen v, dämmen v, absperren v, zudämmen v, stauen v, aufstauen v
**retained austenite** (Met) / Restaustenit m (nach schneller Abkühlung) || ~ **charge** (Elec) / zurückbleibende Ladung || ~ **earning** / Gewinnrücklage f || ~ **image** (Electronics) / Nachwirkungsbild n (ein Bildfehler, der durch eine unbeabsichtigte, länger als eine Abtastperiode dauernde oder bleibende Veränderung einer fotoelektronischen Schicht oder Speicherschicht oder eines Bildschirmes durch das Auftreffen von Fotonen oder Elektronen entsteht) || ~ **image** (Electronics) / nachleuchtendes Bild
**retained-mandrel tube-rolling mill** (Met) / Rohrwalzwerk n mit festgehaltener Stange
**retained water** (Geol) / Haftwasser n (das den Böden Bergfeuchtigkeit verleiht)
**retainer** n (Eng) / Stellring m (auf Wellen, Achsen, Rohre oder Bolzen aufgeschobener und befestigter Ring, der deren Axialspiel begrenzt) || ~ (Geol) / undurchlässiges Gestein || ~ (Elec Eng) s. also separator
**retaining basin** (Hyd Eng) / Staubecken n (von einer Stauanlage und dem Gelände umschlossener Raum zum Stauen von Wasser) || ~ **capacity** (Ecol) / Referenzwert m (oberer, geogen und pedogen bedingter Istwert natürlicher Böden ohne wesentliche anthropogen bedingte Einträge) || ~ **mesh*** (Min Proc) / Sieböffnung f (die den Rückstand zurückhält) || ~ **pawl** (Eng) / Sperrklinke f || ~ **ring** (Eng) / Stellring m (auf Wellen, Achsen, Rohre oder Bolzen aufgeschobener und befestigter Ring, der deren Axialspiel begrenzt) || ~ **ring** (Eng) / Halftering m || ~ **ring** (Eng) / Sicherungsring m (DIN 471 und 472), Sprengring m (DIN 5471) || ~ **spring** (Eng) / Sperrfeder f || ~ **wall** (Build) / Wand f der Betonwanne (im Öltankraum) || ~ **wall*** (Build, Civ Eng) / Stützmauer f, Stützwand f || ~ **wall** (Civ Eng) / Widerlagermauer f
**retake** v (Cinema) / nachdrehen v || ~* n (Cinema) / Nachaufnahme f (nachträgliche Neuaufnahme ungenügend vorhandenen Filmmaterials), Retake n (pl. -s)

**retaliation** n (Mil) / Vergeltung f
**retan** v (Leather) / nachgerben v, füllen v (nass zurichten - z.B. Bodenleder)
**retannage** n / Nachgerbung f
**retar** v / nachteeren v
**retard** v (Autos) / verlangsamen v || ~ (Chem, Phys) / verzögern v, retardieren v
**retardant** n (Build, Civ Eng) / Abbindeverzögerer m, Erstarrungsverzögerer m (ein Betonzusatzmittel), VZ (Verzögerer) || ~ (Chem Eng) / Verzögerungsmittel n, Verzögerer m, Retarder m (z.B. in der Gummi- und Polymerindustrie) || ~ **vehicle** (Pharm) / Depotmittel n
**retardation** n (Autos) / Verlangsamung f || ~ (Biol) / Retardation f, Entwicklungshemmung f || ~ (Chem, Phys) / Verzögerung f, Retardation f (bei Flüssigkeiten mit verzögerter Elastizität - DIN 1342, T 1) || ~ (Phys) / Retardation f || ~ (Phys) / kalter Fluss (verzögerte Elastizität), Retardation f (verzögerte Elastizität) || ~ **coil*** (Elec Eng) / Drosselspule f (DIN 40714, T 1; DIN 57532, T 1), Drossel f || ~ **function** (Phys) / Retardationsfunktion f (DIN 13 343) || ~ **network** (Elec Eng) / Laufzeitkette f, Verzögerungsschaltung f || ~ **of condensation** (Phys) / Kondensationsverzug m || ~ **plate** (Optics) / Wellenplättchen n, Phasenplättchen n (z.B. Lambdaviertelplättchen) || ~ **spectrum** (Radiol) / Bremsspektrum n (bei Röntgenstrahlen) || ~ **test*** (Elec Eng) / Auslaufversuch m || ~ **time** (Phys) / Retardationszeit f (DIN 1342, T 1)
**retarded electrode** (Chem) / gebremste Elektrode || ~ **hemihydrate plaster** (Build) / Gipsputz m (mit abbindeverzögertem Gipshalbhydrat) || ~ **hemihydrate plaster*** (Build) / verzögerter Halbhydratplaster || ~ **motion** (Phys) / verzögerte Bewegung || ~ **movement** (Phys) / verzögerte Bewegung || ~ **potential*** (Elec Eng, Phys) / retardiertes Potential || ~ **viscosity** (Phys) / verzögerte Viskosität (DIN 13 343)
**retarder** n (Agric, Chem) / Retardans n (pl. -zien) (ein Wachstumsregulator) || ~ (Autos) / Geschwindigkeitsbegrenzer m (Pflicht bei Sattelzügen, schweren Kraftomnibussen und LKW, Dauerbremse f || ~ **(third brake)** (Autos) / Verlangsamer m (dritte Bremse) || ~ (Build) / Verzögerer m (Zusatzmittel für Mörtel) || ~ (Build, Civ Eng) / Abbindeverzögerer m (ein Betonzusatzmittel) || ~ **(of set)*** (Build, Civ Eng) / Abbindeverzögerer m, Erstarrungsverzögerer m (ein Betonzusatzmittel), VZ (Verzögerer) || ~* (Chem, Chem Eng) / Verzögerungsmittel n, Verzögerer m, Retarder m (z.B. in der Gummi- und Polymerindustrie) || ~ (Chem Eng) / Inhibitor m, Hemmstoff m || ~ (Chem Eng) / Vulkanisationsverzögerer m (bei der Kautschukvulkanisation), Antiscorcher m || ~ (Elec Eng) / Retarder m (z.B. eine Wirbelstrombremse) || ~ (Eng) / hydrodynamische Bremse (für Schienen- und Straßenfahrzeuge), Retarder m || ~* (Rail) / Gleisbremse f (zur mechanischen Geschwindigkeitsregelung der über einen Ablaufberg in die Richtungsgleise rollenden Eisenbahnwagen - meistens vom Ablaufrechner eines Stellwerks automatisch gesteuert) || ~ **of set** (Build, Civ Eng) / Abbindeverzögerer m (ein Betonzusatzmittel)
**retarding admixture** (Build, Civ Eng) / Abbindeverzögerer m, Erstarrungsverzögerer m (ein Betonzusatzmittel), VZ (Verzögerer) || ~ **basin** (Hyd Eng) / Rückhaltebecken n || ~ **conveyor** (Mining) / Bremsförderer m || ~ **electrode** (TV) / Bremselektrode f || ~ **field*** (Electronics) / Bremsfeld n
**retarding-field oscillator*** (Elec Eng) / Bremsfeldgenerator m
**retarding-potential method** (Nuc Eng) / Gegenfeldmethode f (zur Bestimmung der Geschwindigkeit geladener Teilchen)
**retarding reservoir** (Hyd Eng) / Rückhaltebecken n
**rete-matching algorithm** (AI) / Rete-Matching-Algorithmus m
**retene*** n (Chem) / Reten n (Grundkörper der Abietinsäure und verwandter Diterpene)
**retentate** n (Chem) / Retentat n (zurückgehaltener, aufkonzentrierter Stoff beim Trennverfahren mittels permeabler Membranen)
**retention** n (Chem) / Retention f (das Zurückhalten einer Substanz in der Chromatografie und in der Filtrationstechnik) || ~ (Chem) / Retention f (Erhalt der Konfiguration bei Substitutionsreaktionen) || ~ (For) / Einbringmenge f (des Holzschutzmittels nach DIN 52 175) || ~* (Hyd, Med) / Retention f, Zurückhaltung f, Verhaltung f (auf Grund von Abflusshindernissen oder bei zeitlich veränderlichem Durchfluss) || ~ **basin** (Hyd Eng) / Rückhaltebecken n (Sammelbehälter), Sammelbehälter m, Sammelbecken n, Speicherbecken n, Reservoir n || ~ **index** (Chem) / Retentionsindex m (der die Lage eines Peaks in einem Gaschromatogramm angibt), RI (Retentionsindex), Kováts-Index m (in der Gaschromatografie) || ~ **of configuration** (Chem) / Konfigurationserhalt m (bei Substitutionsreaktionen), Retention f der Konfiguration || ~ **of pressed creases** (Textiles) / Haltbarkeit f von eingebügelten Falten || ~ **power** (Chem) / Rückhaltevermögen n, Retentionsvermögen n (Eigenschaft stationärer Phasen, migrierende Stoffe festzuhalten) ||

1319

**retention**

~ **power** (Chem Eng) / Retentionsfähigkeit f (Rückhaltevermögen für die Feststoffteilchen bei der Filtration), Scheidefähigkeit f (Retentionsfähigkeit) ‖ ~ **reservoir** (Hyd Eng) / Rückhaltebecken n (Sammelbehälter), Sammelbehälter m, Sammelbecken n, Speicherbecken n, Reservoir n ‖ ~ **substance** (Chem) / Retentionsmittel n (z.B. ein Filterhilfsmittel) ‖ ~ **time** / Retentionszeit f, Haltezeit f ‖ ~ **time** / Standzeit f (in einem Ofen) ‖ ~ **time** (Chem Eng, Work Study) / Verweilzeit f, Aufenthaltszeit f, Stehzeit f (innerhalb eines Prozesses), Verweildauer f (in einem Reaktionsapparat) ‖ ~ **value** (Chem) / Retentionswert m ‖ ~ **value factor** (Chem) / $R_F$-Wert m (zur Bezeichnung der Lage eines Substanzfleckens auf dem Dünnschichtchromatogramm) ‖ ~ **volume** (Chem) / Retentionsvolumen n (Chromatografie) ‖ ~ **wall*** (Build) / äußere Dichtungswand
**retentive-type relay** (Electronics) / Halterelais n, Haftrelais n (das in stromlosem Zustand durch den Restmagnetismus des Eisens selbsttätig geschlossen bleibt; ein Öffnen erfolgt durch Erregung mit umgekehrter Feldstärke)
**retentivity*** n (Mag) / Remanenz f (die bleibende Magnetisierung, die beim Durchlaufen der Hystereseschleife an den Stellen des Verschwindens der äußeren magnetischen Feldstärke übrig bleibt) ‖ ~* (of a magnetic material) (Mag) / relative Remanenz (die auf die Maximalinduktion der zugehörigen Hystereseschleife bezogene Remanenz)
**retentivity ratio** (Comp, Mag) / Remanenzverhältnis n (bei Ferriten)
**retest** n / Wiederholungsversuch m
**retesting** n / Wiederholungsversuch m
**Retgers' solution** (Min) / Retgers-Lösung f (nach J.W. Retgers, 1856-1896), Retgers Salz (zur Dichtebestimmung von Mineralen)
**rethread** v (Eng) / nachschneiden v (Gewinde)
**rethreading** n (Eng) / Nachschneiden n von Gewinden, Gewindenachschneiden n ‖ ~ **die solid** (Eng) / Sechskant-Nachschneideisen n (DIN 382), Sechskant-Schneidmutter f
**reticella lace** (Textiles) / Reticellaspitze f (eine Nadelspitze)
**reticle** n (Electronics, Photog) / Retikel n (Maske, die nur eine kleine Anzahl von Chipbereichen in endgültiger Größe oder vergrößert /üblicherweise 2- bis 20fach/ enthält und als Original in Step- und Repeat-Kameras verwendet wird), Reticle n ‖ ~ (Micros, Optics, Surv) / Fadenkreuzplatte f, Strichmarkenplatte f, Strichkreuzplatte f, Reticle n
**reticular layer** (Leather) / Retikularschicht f (der Lederhaut)
**reticulated foam** (Textiles) / retikulierter Schaum (zum Kaschieren) ‖ ~ **glass** (Glass) / Fadenglas n (ein Kunstglas), Filigranglas n
**reticulation** n / Vernetzung f (eine Oberflächenbeschaffenheit), Netzbildung f (auf der Oberfläche) ‖ ~ / Netzstruktur f (netzförmiges Oberflächengebilde) ‖ ~ (Photog, Print) / Runzelkorn n (durch Reißen und Schrumpfen der Gelatineschicht entstehende Partikelstruktur), Retikulation f ‖ ~ (Print) / Blanklaufen n (Abstoßen der Druckfarbe auf den Metallwalzen im Offsetdruck)
**reticule*** n (Micros, Optics, Surv) / Fadenkreuzplatte f, Strichmarkenplatte f, Strichkreuzplatte f, Reticle n ‖ ~ **plastic film** (Plastics) / mit Fadennetz verstärkte Folie
**reticulin** n (Biochem) / Reticulin n, Retikulin n
**reticuloendothelial system*** (Med) / retikuloendotheliales System (ein immunologisches System)
**retighten** v (Eng) / nachziehen v (Muttern)
**retile** v (Build) / umdecken v (Dach), wieder bedachen
**retime** v / die Zeit neu einstellen, zeitlich korrigieren
**retina*** n (pl. retinae or retinas) (Optics, Zool) / Netzhaut f, Retina f (pl. Retinae)
**retinal** n (Chem, Physiol) / Retinal n (Vitamin $A_1$-Aldehyd) ‖ ~ **illumination*** (Optics) / Beleuchtung f der Netzhaut, Netzhautbeleuchtung f ‖ ~ **image** (Optics) / Netzhautbild n, Bild n auf der Netzhaut ‖ ~ **pigment** (Med, Optics) / Sehfarbstoff m, Sehpigment n
**retinite*** n (Min) / Retinit m (bernsteinähnliches Harz in der Braunkohle oder im Lignit)
**retinoic acid** (Chem) / Retinoinsäure f (Vitamin-A-Säure)
**retinoid** n (Chem, Pharm) / Retinoid n
**retinol** n (Biochem) / Retinol n, Vitamin $A_1$ ‖ ~ (Biochem, Chem, Pharm) / Retinol n (internationaler Freiname für das fettlösliche Vitamin $A_1$)
**retiring colour** (Build) / Farbe, die den Raum größer, weiter erscheinen lässt
**retooling** n (Eng) / Umrüstung f (Werkzeugwechsel)
**retort** v (heat in a retort in order to separate or purify) (Chem Eng) / in der Retorte erhitzen (bearbeiten) ‖ ~ (Ceramics, Met) / Muffel f (abgeschlossenes, vor unmittelbarer Einwirkung der Feuergase geschütztes Gefäß in den Muffelöfen) ‖ ~ (Chem, Fuels, Met) / Retorte f ‖ ~ (US) (Nut) / Autoklav m (zur Sterilisation) ‖ ~ (Oils) / Reaktor m, Retorte f (zur Ölschieferaufbereitung)
**retortable** adj / in der Retorte bearbeitbar (erhitzbar)
**retort bench** (Chem Eng) / Koksofenbatterie f, Verkokungsbatterie f, Batterie f (von Verkokungsöfen) ‖ ~ **carbon** (a hard deposit consisting of fairly pure carbon that was found on the walls of the retorts used for the destructive distillation of coal in the manufacture of coal-gas) (Chem Eng) / Retortenkohle f, Retortengraphit m ‖ ~ **crate** (US) (Nut) / Autoklaveneinsatz m
**retorting** n (Chem Eng) / Bearbeitung f in der Retorte ‖ ~ (Oils) / Retortenschwelen n (von Ölschiefer)
**retort stand** (Chem) / Stativ n (im Labor)
**retouch** v (Paint) / ausbessern v (die Oberflächenschichten) ‖ ~ (Photog, Print) / retuschieren v
**retouching** n (Photog, Print) / Retusche f ‖ ~ **brush** (Photog, Print) / Retuschierpinsel m ‖ ~ **desk** (Photog, Print) / Retuschierpult n ‖ ~ **easel** (Photog, Print) / Retuschierpult n ‖ ~ **frame** (Photog, Print) / Retuschierpult n ‖ ~ **knife** (Photog, Print) / Retuschiermesser n ‖ ~ **paint** (Photog, Print) / Retuschierfarbe f
**retrace*** n (Radar, TV) / Rücklauf m, Strahlrücklauf m ‖ ~ **interval** (Radar, TV) / Rücklaufzeit f
**re-track** v (Rail) / aufgleisen v
**re-tracker** n (Rail) / Aufgleisvorrichtung f, Aufgleisgerät n, Aufgleisungsschuh m
**retract** v / zurückschieben v, einfahren v (zurück), zurückziehen v, einziehen v (zurück) ‖ ~ / einfahren v, einziehen v (einen Ausleger, ein Fahrwerk) ‖ ~ (Autos) / einrollen v (Sonneschutzrollo) ‖ ~ vi (Autos) / aufrollen v (sich) ‖ ~ n (Maths) / Retrakt m (ein Unterraum eines topologischen Raumes)
**retractable** adj / einfahrbar adj (zurück), zurückschiebbar adj, einschiebbar adj, zurückziehbar adj, einziehbar adj ‖ ~ / Klapp-, abklappbar adj, abschwenkbar adj ‖ ~ **bridge** (Eng) / Schiebebrücke f, Rollbrücke f (mit der waagrechten Verschiebung des Überbaus) ‖ ~ **car aerial** (Autos) / Versenkantenne f, Teleskopantenne f ‖ ~ **car antenna** (Autos) / Versenkantenne f, Teleskopantenne f ‖ ~ **fork** (Eng) / Schubgabel f (bei Gabelstaplern) ‖ ~ **gear** (Aero) / einziehbares Fahrwerk, Einziehfahrwerk n ‖ ~ **landing gear*** (Aero) / einziehbares Fahrwerk, Einziehfahrwerk n ‖ ~ **shear** (hot shear with vertical knives for the cutting of stationary semi-products) (Met) / Unterflurschere f ‖ ~ **steel tape** (Eng, Surv) / Stahlmessband n (mit eingebauter Selbstrollfeder) ‖ ~ **undercarriage** (Aero) / einziehbares Fahrwerk, Einziehfahrwerk n
**retracted landing gear** (Aero) / eingefahrenes Fahrwerk ‖ ~ **position** (Aero) / Einfahrstellung f (des Fahrwerks) ‖ ~ **undercarriage** (Aero) / eingefahrenes Fahrwerk
**retractile** adj / einfahrbar adj (zurück), zurückschiebbar adj, einschiebbar adj, zurückziehbar adj, einziehbar adj ‖ ~ **spring** (Eng) / Rückzugfeder f, Rückstellfeder f, Rückholfeder f
**retracting headlamp** (Autos) / versenkbarer Scheinwerfer
**retraction** n / Einfahren n, Einziehen n (eines Auslegers, eines Fahrwerks) ‖ ~ (Maths) / retrahierende Abbildung, Retraktion f (eines metrischen Raumes) ‖ ~ (Med) / Schrumpfen n, Schrumpfung f (des Gewebes), Retraktion f ‖ ~ **lock*** (Aero) / Fahrwerkeinziehverriegelung f ‖ ~ **piston** (Autos) / Entlastungskolben m (ringförmiger Bund am Druckventilkörper von Einspritzpumpen der Bauart PE/PF)
**retractive force** (Elec Eng, Phys) / Rückstellkraft f, Richtgröße f (Richtkraft), Richtkraft f, Federkonstante f, Direktionskraft f, Richtvermögen n ‖ ~ **mapping** (Maths) / retrahierende Abbildung, Retraktion f (eines metrischen Raumes)
**retractor** n (Autos) / Rückhalteautomatik f (automatische Sicherheitseinrichtung in Kraftfahrzeugen zum Festhalten der Insassen bei Unfällen, um ein gefährliches Aufprallen des Körpers zu verhindern) ‖ ~ **seat belt** (Autos) / Automatiksicherheitsgurt m, Automatikgurt m
**retrain** v / umschulen v
**retraining** n (Work Study) / Umschulung f ‖ ~ **cost(s)** (Work Study) / Umschulungskosten pl
**retransfer*** n (Print) / Konterumdruck m (Herstellung eines Umdrucks, bei den eine Seitenumkehrung erfolgt)
**retransition** n (Aero) / Retransitionsflug m, Retransition f (Übergang vom Horizontal- in den Vertikalflug bei Senkrechtstartern)
**retranslate** v / rückübersetzen v (einen bereits übersetzten Text)
**retransmission buffer** (Comp) / Wiederholspeicher m
**retransmit** v (Comp, Telecomm) / rückübertragen v ‖ ~ (Telecomm) / nochmalig übertragen ‖ ~ (Telecomm) / weitersenden v, weitergeben v
**retread*** (put a new tread on) (Autos) / runderneuern v ‖ ~ (Autos) / nachschneiden v (die Lauffläche bei Reifen) ‖ ~ n (cut fresh tread) (Autos) / nachgeschnittener Reifen ‖ ~ (Autos) / runderneuerter Reifen
**retreader** n (Chem Eng) / Vulkaniseur m
**re-treat** v / nachbehandeln v, wiederholt behandeln
**retreat** v (Mining) / zurückbauen v, rückbauen v

**retreating** n (Min Proc) / Nachaufbereitung f ‖ **~ system**\* (Mining) / Rückbau m (Abbau eines Flözteiles, bei dem die beiden Abbaustrecken vor Beginn des Abbaus bis zur Abbaugrenze aufgefahren sind; von dem hierfür erstellten Aufhauen erfolgt der Abbau rückwärts) ‖ **~ working** (Mining) / Rückbau m (Abbau eines Flözteiles, bei dem die beiden Abbaustrecken vor Beginn des Abbaus bis zur Abbaugrenze aufgefahren sind; von dem hierfür erstellten Aufhauen erfolgt der Abbau rückwärts)
**retreatment** n / nochmalige Behandlung
**retreat mining** (Mining) / Rückbau m (Abbau eines Flözteiles, bei dem die beiden Abbaustrecken vor Beginn des Abbaus bis zur Abbaugrenze aufgefahren sind; von dem hierfür erstellten Aufhauen erfolgt der Abbau rückwärts)
**retree** n (Paper) / Papier n 2. Wahl
**retrieval** n (Comp) / Informationswiedergewinnung f, Information-Retrieval n, Wiederauffinden n (von Informationen), Retrieval n ‖ **~** (Teleph) / Rückholen n (eines umgelegten Rufes) ‖ **~ address** (Comp) / Wiedergewinnungsadresse f ‖ **~ end** (Eng) / Endstück n (des Innenräumwerkzeugs nach DIN 1415) ‖ **~ language** (Comp) / Retrieval-Sprache f (in der Dokumentation) ‖ **~ list** (Comp) / Retrieval-Liste f ‖ **~ query** (Comp) / Suchfrage f (bei einem Rechercheauftrag) ‖ **~ query** (Comp) / verschlüsselte Suchfrage (in die Sprache des Dokumentationssystems übersetzte Suchfrage) ‖ **~ software** (Comp) / Retrieval-Software f ‖ **~ strategy** (Comp) / Suchstrategie f, Suchlogik f (Analyse und Festlegung des Ablaufs von Suchvorgängen für gleichartige Suchfragen in einem bestimmten Retrievalsystem) ‖ **~ terminal** (Teleph) / Abfragegerät n
**retrieve** v (AI) / erschließen v ‖ **~** (Comp) / abrufen v (Informationen) ‖ **~** (Ships) / einholen v (Anker)
**retrigger** v (Electronics) / umtriggern v ‖ **~** (Electronics) / nachtriggern v, durch Triggerimpuls umschalten
**retro** v (Aero) / Bremsrakete zünden, Landebremstriebwerke einschalten ‖ **~** n (Aero, Space) / Bremsrakete f (selbständige Antriebseinheit, die zum Vermindern der Bahngeschwindigkeit einer Rakete, einer Raketenstufe oder eines Raumflugkörpers dient, indem sie einen Bremsschub erzeugt)
**retroaction** n (Mech) / Wechselwirkung f, Rückwirkung f, Reaktion f
**retroactive** adj / rückwirkend adj (tarifliche Bestimmung)
**retrochoir** n (Arch) / Retrochor m (Choranlage hinter dem eigentlichen Chorraum - z.B. in der Kathedrale von Salisbury), Retrochoir m
**retroconversion** n (Chem Eng) / Retrokonvertierung f, Rückumwandlung f
**retrocycloaddition** n (Chem) / Cycloreversion f (die Umkehrung der Cycloaddition), Zykloreversion f, Cycloeliminierung f, Zykloeliminierung f
**retrodirective** adj (Optics) / rückgerichtet adj
**retrofire** v (Aero) / Bremsrakete zünden, Landebremstriebwerke einschalten
**retrofit** v / nachrüsten v, nachträglich umrüsten ‖ **~** / nachträglich einbauen ‖ **~** (Mil) / umrüsten v ‖ **~** n (Backfitting n, Nachrüstung f, nachträgliche Änderung (Nachrüstung), nachträgliche Umrüstung ‖ **~ item** / Nachrüstteil n ‖ **~ kit** (Autos, Eng) / Nachrüstsatz m
**retrofitting** n / Backfitting n, Nachrüstung f, nachträgliche Änderung (Nachrüstung), nachträgliche Umrüstung ‖ **~** (Mil) / Umrüstung f ‖ **~ at plant only** (Comp, Eng) / Nachrüstung f nur im Werk
**retrofocus lens**\* (Optics, Photog) / Retrofokusobjektiv n
**retrogradation** n (Agric) / Retrogradation f (durch menschliche Eingriffe bewirkte Verbesserung des Bodens), Retrogradierung f (des Bodens) ‖ **~** (Astron) / retrograde Bewegung (scheinbare Bewegung eines Himmelskörpers), rückläufige Bewegung (eines Himmelskörpers) ‖ **~** (Chem) / Retrogradation f (z.B. von verkleisterten Stärkelösungen), Regradation f
**retrograde** adj / rückläufig adj, retrograd adj ‖ **~** (Space) / antriebsmindernd adj, bremsend adj (Phase im Antriebsprogramm) ‖ **~ condensation** (phenomenon associated with the behaviour of a hydrocarbon mixture in the critical region wherein, at constant temperature, the vapour phase in contact with the liquid may be condensed by a decrease in pressure; or at constant pressure, the vapour is condensed by an increase in temperature) (Chem Eng) / rückläufige Kondensation, retrograde Kondensation, Rückkondensation f ‖ **~ metamorphism**\* (Geol) / retrograde Metamorphose, Diaphthorese f, Retrometamorphose f ‖ **~ motion**\* (Astron) / retrograde Bewegung (scheinbare Bewegung eines Himmelskörpers), rückläufige Bewegung (eines Himmelskörpers) ‖ **~ motion** (Space) / Rückkehrbahn f (des Raumflugkörpers) gegen die Rotation der Erde ‖ **~ vaporization** (Chem Eng) / retrograde Verdampfung f ‖ **~ vernier**\* (Surv) / vortragender Nonius ‖ **~ well** (Electronics) / retrograde Wanne (in der CMOS-Technik)
**retrograding** n (Geol, Ocean) / Transgression f (Vorrücken des Meeres in Landgebiete), positive Strandverschiebung

**retrogression** n (Astron) / retrograde Bewegung (scheinbare Bewegung eines Himmelskörpers), rückläufige Bewegung (eines Himmelskörpers) ‖ **~** (Gen) / Rückentwicklung f
**retrogressive metamorphism**\* (Geol) / retrograde Metamorphose, Diaphthorese f, Retrometamorphose f
**retroinhibition** n (Biochem) / Rückkopplung f (von Inhibitoren), Feedback-Hemmung f (am Ende eines Stoffwechsels), Endproduktwemmung f, Rückkopplungshemmung f, Feedback-Inhibierung f (am Ende eines Stoffwechsels)
**retro-pack** n (Space) / Bremseinheit f
**retropinacolin rearrangement** (Chem) / Retropinacolin-Umlagerung f (eine nukleophile 1,2-Umlagerung), Retropinakolin-Umlagerung f
**retroreflection** n (Optics) / Rückstrahlung f, Zurückstrahlung f
**retroreflective** adj (Phys) / Reflexions-, reflektierend adj, zurückstrahlend adj, rückstrahlend adj, retroreflektierend adj, reflektiv adj
**retroreflector** n (Optics) / Rückstrahler m ‖ **~** (Phys) / Retroreflektor m (bei Lasern)
**retrorocket**\* n (Aero, Space) / Bremsrakete f (selbständige Antriebseinheit, die zum Vermindern der Bahngeschwindigkeit einer Rakete, einer Raketenstufe oder eines Raumflugkörpers dient, indem sie einen Bremsschub erzeugt)
**retrosequence** n (Space) / Ablauf m des Bremsmanövers
**retrospection** n (Radar) / Rückbestimmung f
**retrospective** adj / rückwirkend adj (tarifliche Bestimmung)
**retrosublimation** n (Chem, Phys) / Retrosublimation f (gasförmig -> fest)
**retrosynthesis** n (pl. -syntheses) (Chem) / retrosynthetische Analyse, Retrosynthese f
**retrothrust** n (Space) / Bremsschub m
**retrotorque** n (Mech) / Gegendrehmoment n, Rückdrehmoment n (Gegendrehmoment)
**retrovirus**\* n (Gen) / Retrovirus m n (von einer zweiten Proteinhülle umhülltes RNS-Virus) ‖ **~ vector** (Gen) / Retrovirus-Vektor m
**retry** n (Comp) / Wiederholung f (wiederholter Versuch)
**rettery** n (a flax-retting place or plant) (Agric) / Flachsröste f (Platz, Grube zum Rösten)
**retting**\* n (of flax, hemp, jute) (Agric, Textiles) / Röste n, Rotte f
**retune** v (Radio) / nachstimmen v
**retuning** n (Radio) / Nachstimmung f
**return** v / rückführen v, zurückführen v, zurückleiten v, wieder zuführen ‖ **~** (to original position) (Eng) / zurückstellen v (einen Hebel)
**re-turn** v (Eng) / nachdrehen v
**return** v (Radio) / zurückführen v (z.B. Bilder - eine Planetensonde) ‖ **~** n / Remission f (von unverkauften Büchern) ‖ **~** / Rückfahrkarte f, Rückfahrschein m ‖ **~** / Rückkehr f ‖ **~** (on investment) / Rückfluss m (des investierten Kapitals), Payout n (Rückgewinnung investierten Kapitals), Payback n ‖ **~** (ticket) (Aero) / Rückflugschein m ‖ **~** (Build) / Richtungsänderung f (meistens im rechten Winkel) ‖ **~** (Comp) / Returntaste f (mit der man die Eingabezeile abschließt) ‖ **~** (Comp) / Return m ‖ **~**\* (Comp) / Rücksprung m (Subprogramm) ‖ **~** (Elec Eng) / Rückführung f, Rückleitung f ‖ **~** (Elec Eng) / Abfall m (bei der Sägezahnform eines Impulses) ‖ **~** (Print) / Remittenden f pl (die an den Verlag zurückgeschickt werden) ‖ **~**\* (Radar) / Echo n
**returnable bottle** (on which a deposit is payable) / Pfandflasche f ‖ **~ package** / Mehrwegverpackung f, Mehrwegverpackung f (für den mehrmaligen Gebrauch), Leihverpackung f
**return address** (Comp) / Rückkehradresse f, Rücksprungadresse f (eines Unterprogramms) ‖ **~ aircourse**\* (Mining) / ausziehende Wetterstrecke ‖ **~ airway**\* (Mining) / ausziehende Wetterstrecke ‖ **~ beam** (Optics) / reflektierter Strahl ‖ **~ belt** (Eng) / Unterband n (des Bandförderers) ‖ **~ bend** (Plumb) / Doppelkrümmer m, Umkehrbogen m, Doppelbogen m (180°), U-Bogen m ‖ **~ blading** (Eng) / Rückführbeschaufelung f (bei Verdichtern) ‖ **~ block** (the suspended block, in lifting tackle, which contains the pulleys resting in the lower bight of the chain) (Eng, Ships) / Unterflasche f (mit einem Loch versehener Seilrollenblock zur Befestigung z.B. an einem Gerüst) ‖ **~ buffer** (Comp) / Rücksprungpuffer m ‖ **~ channel** (Comp, Telecomm) / Rückkanal m, Hilfskanal m ‖ **~ channel** (Eng) / Rückführteil m (bei Turboverdichtern) ‖ **~ circuit** (Elec Eng) / Rückführung f, Rückleitung f ‖ **~ code** (Comp) / Rückschaltkode m, Rückschaltcode m ‖ **~ copies** (Print) / Remittenden f pl (die an den Verlag zurückgeschickt werden) ‖ **~ crank**\* (Eng, Rail) / Gegenkurbel f ‖ **~ current** (Phys) / Rückströmung f ‖ **~ curve** / Gegenkrümmung f (bei Straßen und Bahnen)
**returned corner** (Civ Eng) / Flügelmauer f ‖ **~ sand** (Foundry) / Altsand m ‖ **~ signal** (Telecomm) / reflektiertes Signal ‖ **~ sludge** (San Eng) / Umwälzschlamm m, Rücklaufschlamm m (der aus dem Nachklärbecken in das Belebungsbecken oder einen anderen

Reaktor zurückgeführte Schlamm - DIN 4045), RS (Rücklaufschlamm)
**return electrons** (Electronics) / Rücklaufelektronen *n pl* || ~ **end** (Civ Eng) / Flügelmauer *f* || ~ **feeder*** (Elec Eng) / Rückstromleitung *f*, Rückleitung *f*
**return-flow combustor** (Aero) / Gegenstrombrennkammer *f*
**return-flow system*** (Aero) / Gegenstrombrennkammer *f*
**return-flow wind tunnel*** (Aero) / Windkanal *m* Göttinger Bauart (bei dem im Axialgebläse die Luft im geschlossenen Kreislauf umwälzt - Ma = < 0,2)
**return force** (Eng) / Rückstellkraft *f* (z.B. bei Armaturen) || ~ **freight** / Rückfracht *f*
**return-home label** (Rail) / Heimatzettel *m*
**return idler** (Eng) / untere Tragrolle (des Bandförderers)
**returning charge*** (in custom smelting) (Met) / garantierte Schmelzleistung (in %)
**return instruction** (Comp) / Rückkehrbefehl *m* || ~ **journey** (Aero) / Rundflugreise *f*, Rundreise *f*, Rundreiseflug *m* (ein Hin- und Rückflug, als Einheit) || ~ **key** / Wagenrücklauftaste *f* (der Schreibmaschine), Rückführtaste *f* (für den Wagen der Schreibmaschine), Zeilenschalter *m* (der Schreibmaschine) || ~ **key** / Rückstelltaste *f* || ~ **key** (Comp) / Returntaste *f* (mit der man die Eingabezeile abschließt) || ~ **kick** (Eng) / Rückschlag *m* || ~ **line** / Rückleitung *f*, Rücklaufleitung *f* || ~ **line** (Elec Eng) / Rückleitung *f* || ~ **line** (flyback)* (Electronics) / Rücklaufzeile *f* (bei Elektronenstrahlröhren), Rückstich *m* || ~ **loss*** (Telecomm) / Rückflussdämpfung *f* || ~ **motion** (of the tool) (Tools) / Rückstellbewegung *f* (zwischen Werkzeugschneide und Werkstück, mit der das Werkzeug nach dem Zerspanvorgang vom Werkstück zurückgeführt wird - DIN 6580) || ~ **motion** (Tools) / Rückwärtsbewegung *f*, Rückbewegung *f* || ~ **movement** (Eng) / Rücklauf *m* (der Werkzeugmaschine) || ~ **movement** (Tools) / Rückwärtsbewegung *f*, Rückbewegung *f* || ~ **mud** (Oils) / Spülschlamm *m* || ~ **on investment** / Return-on-Investment *m* (eine Rentabilitätskennzahl), Kapitalrentabilität *f* || ~ **on investment** s. also pay-back || ~ **pass** (Met) / Rückstich *m* (beim Walzen) || ~ **period** / Wiederkehrzeit *f*, Wiederholungszeitspanne *f*, Wiederkehrperiode *f* || ~ **pipe** / Rücklaufleitung *f* (in der Warmwasser-Schwerkraftheizung), Rücklaufsammelleitung *f* (Warmwasserheizung in Zweirohr-Ausführung) || ~ **rope** (Civ Eng) / Leerseil *n* (des Schrappers) || ~ **rotary-type machine** (Surf) / Rundautomat *m*, Karussellautomat *m*
**returns*** *pl* (Oils) / mit Bohrklein beladene Spülung, Bohrschmant *m* || ~ (Print) / Remittenden *f pl* (die an den Verlag zurückgeschickt werden)
**return sand** (Foundry) / Kreislaufsand *m*, Umlaufsand *m*
**returns auger** (Agric) / Überkehrschnecke *f* (des Mähdreschers)
**return scrap** (Foundry, Met) / Umlaufschrott *m*, Kreislaufmetall *n* (internes Rücklaufmetall, z.B. Angüsse, Speiser, Ausschussstücke usw.), Rücklaufmetall *n*, Rückschrott *m*, Kreislaufmaterial *n* || ~ **sheave** (Mining) / Umlenkscheibe *f* || ~ **shock** (Eng) / Rückschlag *m* || ~ **signal** (Telecomm) / Rücksignal *n* || ~ **sludge** (San Eng) / Umwälzschlamm *m*, Rücklaufschlamm *m* (der aus dem Nachklärbecken in das Belebungsbecken oder einen anderen Reaktor zurückgeführte Schlamm - DIN 4045), RS (Rücklaufschlamm)
**return-sludge flow** (San Eng) / Rücklaufschlammfluss *m* (Volumenstrom des Rücklaufschlamms in m³/h - DIN 4045)
**return speed** (Eng) / Rückhubgeschwindigkeit *f* (Geschwindigkeit des Stößels während des Rücklaufs - bei Pressen) || ~ **spring** (Eng) / Rückzugfeder *f*, Rückstellfeder *f*, Rückholfeder *f* || ~ **spring** (Eng) / Schließfeder *f* (z.B. einer Rückschlagklappe) || ~ **station** (Eng, Mining) / Umkehrstation *f*, Heckstation *f* || ~ **strand** (Eng) / unterer Trum (als konstruktiver Teil des Bandförderers), ablaufender Trum (bei der Analyse der an den Umlenkrollen wirkenden Kräfte), schlaffer Trum || ~ **strand** (of belt) (Eng) / Unterband *n* (des Bandförderers) || ~ **ticket** (Rail) / Rückfahrkarte *f*, Rückfahrschein *m* || ~ **to bias** (Electronics) / Rückkehr *f* zur Grundmagnetisierung (DIN 66 010) || ~ **to main menu** (Comp) / Rückkehr *f* ins Hauptmenü
**return-to-reference recording** (Comp) / Einfachimpulsschrift *f* (mit Rückkehr zur Grundmagnetisierung)
**return to zero** (Comp, Instr) / Rückkehr *f* nach null (ein Testsignalformat), Rückkehr *f* zu null, Return-to-Zero *m*, RZ (Return-to-zero)
**return-to-zero code** (Telecomm) / RZ-Kode *m* (ein Leitungskode)
**return-to-zero recording** (Comp) / RZ-Schreibweise *f*, RZ-Verfahren *n*, Zweifachimpulsschrift *f* mit Rückkehr nach Null
**return-to-zero signal** (Electronics) / RZ-Signal *n* (ein Kodesignal)
**return trace*** (Electronics) / Rücklaufzeile *f* (bei Elektronenstrahlröhren), Rücklaufspur *f* || ~ **trace** (Radar, TV) / Rücklauf *m*, Strahlrücklauf *m* || ~ **traction current** (Rail) / Triebrückstrom *m* || ~ **travel** (Eng) / Rückstellweg *m* (der Weg bzw. die Summe der Wegelemente, den der ausgewählte Schneidenpunkt nach dem Zerspanvorgang durch die Rückstellbewegung zurücklegt, um das Werkzeug vom Werkstück zurückzuführen - DIN 6580) || ~ **travel** (Eng) / Rücklauf *m* (der Werkzeugmaschine) || ~ **trip** (Aero) / Rundflugreise *f*, Rundreise *f*, Rundreiseflug *m* (ein Hin- und Rückflug, als Einheit) || ~ **tunnel** (Met) / Rückführtunnel *m* (bei einem Herdwagen-Durchschubofen) || ~ **wall*** (Civ Eng) / Flügelmauer *f*
**retype** *v* (Comp) / neu eintasten, Eintasten wiederholen
**Reuleaux triangle** (Maths) / Reuleauxdreieck *n* (eine Kurve gleicher Breite) || ~ **valve diagram*** (Eng) / Reuleauxdiagramm *n* (nach F. Reuleaux, 1829-1905)
**re-upset** *v* (Welding) / nachstauchen *v*
**reusable** *adj* / Mehrwege- (wiederverwendbar), wiederverwendbar *adj*, wiederbenutzbar *adj* || ~ **closure** / wiederverschließbarer Verschluss (DIN 55 405) || ~ **package** / Mehrwegverpackung *f*, Mehrwegverpackung *f* (für den mehrmaligen Gebrauch), Leihverpackung *f* || ~ **pallet** / Mehrwegepalette *f*
**reuse** *n* / Wiederverwendung *f*, mehrfache Verwendung, Wiederbenutzung *f*, Wiederverarbeitung *f*
**reused wool** (the resulting fibre when wool or reprocessed wool has been spun, woven, knitted, or felted into a wool product which, after having been used in any way by the ultimate customer, subsequently has been made into a fibrous state) (Textiles) / Reißwolle *f* (aus benutzten Stoffen oder getragenen Kleidungsstücken - DIN 60004), Altwolle *f*
**REV** (re-entry vehicle) (Mil) / Wiedereintrittsflugkörper *m*, Wiedereintrittskörper *m*
**revaluation** *n* / Neubewertung *f*, Umwertung *f*
**revaporization** *n* (Phys) / Rückverdampfung *f*
**reveal*** *n* (Build) / Leibung *f*, Laibung *f* (des Fensters - äußere) || ~* (Build) / Anschlag *m* (Mauerfalz bei Türen und Fenstern) || ~ (Build, Join) / Türlaibung *f*, Türleibung *f*
**revegetation** *n* (Bot, Food) / Wiederbegrünung *f* (Revegetation), Erneuerung *f* des Pflanzenwuchses
**revel** *n* (Build) / Anschlag *m* (Mauerfalz bei Türen und Fenstern)
**reventing** *n* (Nuc Eng) / Reventing *n*, Zurückförderung *f* der abgesaugten Luft (ins Innere des Containments)
**revenue cargo** / Zahlfracht *f* || ~ **flight** (Aero) / Flug *m* gegen Entgelt, kommerzieller Flug || ~ **passenger** (Aero) / zahlender Passagier, zahlender Fahr-(Flug)gast || ~ **reserve** / Gewinnrücklage *f* || ~ **stop** (Aero) / gewerbliche Landung
**reverberance** *n* (Acous) / Halligkeit *f* (DIN 1320)
**reverberant** *adj* (Acous) / hallig *adj*, mit Nachhall || ~ **field** (Acous) / Hallfeld *n*, Nachhallfeld *n*
**reverberate** *v* (Acous) / hallen *v*, nachhallen *v*
**reverberating furnace** (Met) / Flammofen *m*
**reverberation** *n* (Acous) / Verhallen *n*, Nachhallerzeugung *f*, Nachhallen *n* || ~ (Acous) / Nachhall *m* (durch die Reflexion von Schallwellen nach DIN 1320) || ~ **absorption coefficient** (Acous, Phys) / Absorptionskoeffizient *m*, akustisches Absorptionsvermögen, Schluckgrad *m* (in der Raumakustik) || ~ **chamber*** (Acous) / Nachhallstudio *n*, Nachhallraum *m*, hallender Raum, Hallraum *m* (ISO 354) || ~ **period** (Acous) / Nachhallzeit *f* (in der, nach Abschalten der Schallquelle, die Lautstärke am Schallempfänger um 60 dB abgesunken ist - DIN 1320) || ~ **response curve*** (Acous) / Frequenzkurve *f* eines Mikrofons unter Berücksichtigung der Reflexions- und Interferenzeinflüsse || ~ **room** (Acous) / Nachhallstudio *n*, Nachhallraum *m*, hallender Raum, Hallraum *m* (ISO 354) || ~ **sound** (Acous) / Hall *m* || ~ **time** (of an enclosure)* (Acous) / Nachhallzeit *f* (in der, nach Abschalten der Schallquelle, die Lautstärke am Schallempfänger um 60 dB abgesunken ist - DIN 1320)
**reverberator** *n* (Acous) / Nachhallgerät *n*
**reverberatory furnace*** (Met) / Flammofen *m*
**reversal** *n* / Reversierung *f*, Reversion *f*, Umkehr *f*, Umkehrung *f*, Wende *f* || ~ / Umstellung *f* (Richtungsänderung), Umsteuerung *f* (Richtungsänderung) || ~ (Elec Eng) / Umpolung *f* (Umkehrung der Polarität einzelner Zellen einer Batterie als Folge einer Kapazitätserschöpfung) || ~ (Geol) / Wechsel *m* (im Einfallen) || ~ (Glass) / Wechsel *m*, Umsteuerung *f* (der Flamme) || ~ **colour film*** (Photog) / Umkehrfilm *m*, Umkehrfarbfilm *m*, Farbumkehrfilm *m* || ~ **developer** (Photog) / Negativentwickler *m* || ~ **of control*** (Aero) / Umkehrung *f* des Steuerungsmomentes || ~ **of control** (Aero) / Steuerungsumkehr *f* || ~ **of current** (Elec Eng) / Stromrichtungsumkehr *f*, Stromrichtungswechsel *m* || ~ **of load** (Elec Eng) / Lastrichtungsumkehr *f*, Lastumkehrung *f* || ~ **of speed** (Aero) / kritische Steuerungsumkehrgeschwindigkeit || ~ **station** (Photog) / Umkehrdienst *m* || ~ **symmetry** (Crystal) / Inversionssymmetrie *f* || ~ **to normal polarity** (Elec Eng) / Rückpolung *f* || ~ **valve** (Eng) / Umsteuerventil *n* || ~ **zone** (Aero) / Umkehrzone *f*

**reverse** *v* / Fahrtrichtung wechseln ‖ ~ (Autos) / zurückfahren *v*, zurückstoßen *v* (beim Parken), zurücksetzen *v* ‖ ~ (Build) / verkröpfen *v*, kröpfen *v* ‖ ~ (Cables, Elec Eng) / vertauschen *v* (Adern) ‖ ~ (Elec Eng) / reversieren *v*, umsteuern *v* ‖ ~ (Elec Eng) / umlegen *v* (ein Relais) ‖ ~ (Eng) / wenden *v* (Richtung) ‖ ~ *n* (Autos) / Rückwärtsgang *m* ‖ ~ (Autos) / R-Stellung *f* (Rückwärtsgang, Stellung des Wählhebels im automatischen Getriebe) ‖ ~ (Build) / Lehrbrett *n*, Bogenschablone *f* ‖ ~ (Textiles) / Abseite *f* (Unterseite eines beidseitig verwendbaren Gewebes), Kehrseite *f*, Abrechte *f*, Rückseite *f*, linke Seite (des Stoffes) ‖ ~ *adj* / Umkehr-, umgekehrt *adj*, verkehrt *adj*, entgegengesetzt *adj*, revers *adj* ‖ ~ / Rückwärts-, rückläufig *adj* ‖ **throw the car into** ~ (Autos) / den Rückwärtsgang einlegen ‖ ~ **action** (Eng) / Linkslauf *m* (z.B. bei einem Bohrer) ‖ ~ **beam** (Optics) / reflektierter Strahl ‖ ~ **bending** / Rückbiegung *f* ‖ ~ **bending fatigue specimen** (Materials) / Dauerwechselbiegeprobe *f* ‖ ~ **bend test** (BS 2094) / Hin- und Her-Biegeversuch *m* (mit einer einseitig eingespannten rechtwinkligen Biegeprobe nach DIN 50153) ‖ ~ **bias** (Electronics) / Sperrvorspannung *f*, Rückwärtsspannung *f* (wenn in dem betrachteten Bereich keine Sperrwirkung auftritt), Sperrspannung *f* (Sperrvorspannung), Vorspannung *f* in Rückwärtsrichtung (Sperrvorspannung)
**reverse-biased** *adj* (Electronics) / in Sperrichtung vorgespannt
**reverse-blocking** *adj* / rückwärts sperrend *adj* ‖ ~ **diode-thyristor** (Electronics) / rückwärts sperrende Thyristordiode ‖ ~ **triode-thyristor** (Electronics) / gesteuerter Halbleitergleichrichter, rückwärts sperrende Thyristortriode
**reverse breakdown voltage** (Electronics) / Z-Spannung *f*, Zener-Spannung *f* (DIN 41852), Durchbruchspannung *f* (bei einem rückwärts sperrenden Thyristor) ‖ ~ **Carnot cycle** (Phys) / linksläufiger Carnot'scher Kreisprozess, umgekehrter Carnot'scher Kreisprozess ‖ ~ **case-hardening** (For) / Verschalungsumkehr *f* (ein Trocknungsfehler) ‖ ~ **charging** (Teleph) / verbindungsindividuelle Gebührenübernahme (allgemein), Gebührenübernahme *f* (durch gerufenen Teilnehmer - allgemein) ‖ ~ **chill** (Foundry) / umgekehrter Hartguss ‖ ~ **circulation** (Mining) / Verkehrspülung *f* (beim Bohren), Gegenstromspülung *f*, Counterflush *m* ‖ ~ **circulation cementing** (Oils) / Zementierung *f* durch gegenläufigen Kreislauf ‖ ~ **cleaning** / anodische Reinigung ‖ ~ **clipping** (Comp) / Ausblenden *n* (in der grafischen Datenverarbeitung)
**reverse-conducting diode-thyristor** (Electronics) / rückwärts leitende Thyristordiode
**reverse counter** / Rückwärtszähler *m* (der im gewählten Zahlensystem rückwärts zählt) ‖ ~ **coupling** (Automation) / negative Rückführung, Gegenkopplung *f* ‖ ~ **coupling** (Radio, Telecomm) / negative Rückkopplung, Gegenkopplung *f* ‖ ~ **current** (Elec Eng) / Rückstrom *m* ‖ ~ **current** (Electronics) / Sperrstrom *m* (bei Ventilen), Strom *m* in Sperrichtung ‖ ~ **current** (Electronics) / Rückwärtsstrom *m* (z.B. in der Tunneldiode nach DIN 41856)
**reverse-current cleaning** / anodische Reinigung ‖ ~ **coating** (Surf) / Galvanisieren *n* mit Polwechselschaltung, Galvanisieren *n* mit periodischer Stromumkehr ‖ ~ **plating** (Surf) / Galvanisieren *n* mit Polwechselschaltung, Galvanisieren *n* mit periodischer Stromumkehr ‖ ~ **protection** (Elec Eng) / Rückstromschutz *m*
**reverse curve\*** / Doppelkurve *f*, S-Kurve *f*
**reversed brace** (Build, Civ Eng) / Gegenstrebe *f* ‖ ~ **calf** (Leather) / Huntingcalf *n* (gefettetes Leder aus Kalbsfellen), Samtleder *n* (fleischseitig bearbeitetes Rauleder), Velourleder *n* (gefettetes Leder aus Kalbsfellen), Veloursleder *n*, Velours *f*
**reversed-charge call** (Teleph) / R-Gespräch *n* (in Deutschland nicht möglich)
**reversed circulation** (Mining, Oils) / Umkehrspülung *f* (über den Ringraum zwischen Gestänge und Bohrlochwandung), indirekte Spülung ‖ ~ **curve** / Doppelkurve *f*, S-Kurve *f* ‖ ~ **curve** / Gegenkrümmung *f* (bei Straßen und Bahnen) ‖ ~ **Elliott axle** (Autos) / Faustachse *f* (Starrachsbauart mit faustförmig auslaufenden Enden, die von gabelförmigen Achsschenkelaufnahmen umgriffen werden) ‖ ~ **fault\*** (Geol) / Aufschiebung *f* (in der Tektonik)
**reversed-frequency operation** (Telecomm) / Betrieb *m* mit vertauschten Frequenzen
**reverse dictionary** (Comp) / rückläufiges Wörterbuch (vom Ende eines Wortes her alphabetisiertes)
**reversed image** (Optics) / umgekehrtes Bild (das auf dem Kopf steht)
**reverse direction** (Electronics) / Sperrrichtung *f* ‖ ~ **direction** (Electronics, Telecomm) / Rückwärtsrichtung *f* ‖ ~ **display** (Comp) / invertierte Darstellung (dunkle Schrift auf hellem Hintergrund), negative Bildschirmdarstellung, Negativdarstellung *f* (von Zeichen auf dem Bildschirm)
**reversed jeanette** (Textiles) / feine Jeans, Jeanette *f*
**reverse double pinion** (Autos) / Rücklaufdoppelrad *n*
**reversed-out printing** (Comp, Print) / Negativschrift *f*, Negativdarstellung *f* (auf dem Bildschirm)

**reversed phase** (Chem, Phys) / Umkehrphase *f*, reverse Phase, umgekehrte Phase
**reversed-phase (partition) chromatography** (Chem) / Verteilungschromatografie *f* mit umgekehrten Phasen (dabei ist Wasser die mobile Phase), RP-Chromatografie *f* ‖ ~ **column** (Chem) / Reversed-phase-Säule *f*
**reverse drawing** (Eng) / Stülpzug *m*, Stülpziehen *n* (Zwischenziehen in entgegengesetzter Richtung zum vorhergehenden Ziehen)
**reversed slip** (Crystal) / Rückgleiten *n*, Rückgleitung *f* ‖ ~ **spring rate** (Eng) / Federweichheit *f* (Kehrwert der Federkonstante) ‖ ~ **type** (Print) / Negativschrift *f* ‖ ~ **wires** (Cables, Elec Eng) / vertauschte Adern
**reverse-engineer** *v* (Comp) / rückentwickeln *v* (Software)
**reverse extrusion** (Eng, Met) / Rückwärtsstrangpressen *n* (bei dem der Strang entgegen der Wirkrichtung der Presskraft austritt), indirektes Strangpressen, Rückwärtsfließpressen *n* (entgegen der Wirkrichtung des Stößels) ‖ ~ **fault** (Geol) / Aufschiebung *f* (in der Tektonik) ‖ ~ **flow** (Ecol) / Reverse Flow *n* (Verfahren der Abreinigung von Filtergeweben mit kontinuierlichem oder pulsierendem Gegenstrom)
**reverse-flow scavenging** (Autos) / Kreuzstromspülung *f* (von Zweitaktmotoren), Kreuzspülung *f* ‖ ~ **system\*** (Aero) / Gegenstrombrennkammer *f*
**reverse gear** (Autos) / Rückwärtsgang *m* ‖ ~ **gear** (Eng) / Wendegetriebe *n* (zur Drehrichtungsumkehr), Umkehrgetriebe *n* ‖ ~ **indent(ion)** (Comp, Print, Typog) / Absatz *m* mit hängendem Einzug, Absatz, bei dem die zweite und alle folgenden Zeilen eingezogen sind ‖ ~ **jet** (Ecol) / Reverse-Jet *n* (Verfahren der Abreinigung durch einen kurzen Luftgegenstoß in den Filterschlauch) ‖ ~ **loop** (Textiles) / Linksmasche *f*, linke Masche ‖ ~ **mixer** (Civ Eng) / Umkehrmischer *m* (ein Betontrommelmischer mit Entleeren durch Umkehr der Drehrichtung) ‖ ~ **motion** (Cinema) / Wiedergabe *f* rückwärts ‖ ~ **motion dobby** (Weaving) / Gegenzugschaftmaschine *f* (eine alte Fachbildevorrichtung an Webmaschinen, bei der das Rückführen der Schäfte durch ein Hebelgestänge erfolgt) ‖ ~ **ogee moulding** (Arch) / Cyma reversa *f*, stützendes steigendes Karnies, Karnies *n* (stützendes steigendes), Glockenleiste *f* ‖ ~ **osmosis** (Chem) / umgekehrte Osmose, reverse Osmose, Umkehrosmose *f*, Reversosmose *f*, RO (Reversosmose), Hyperfiltration *f*
**reverse-osmosis membrane** (Chem) / Umkehrosmosemembran *f*
**reverse-phase ion-pair chromatography** (Chem) / Ionenwechselwirkungschromatografie *f*, Ionenpaarchromatografie *f* (zur Trennung von hydrophoben ionischen Spezies), IPC (Ionenpaarchromatografie)
**reverse pitch** (Aero) / Bremssteigung *f* (der Luftschraube) ‖ ~ **-pitch airscrew** (Aero) / Bremspropeller *m*, Bremsluftschraube *f* (eine Verstell-Luftschraube)
**reverse-pitch propeller** (Aero) / Bremspropeller *m*, Bremsluftschraube *f* (eine Verstell-Luftschraube)
**reverse plating** (Textiles) / Wendeplattieren *n*, Wendeplattierung *f* ‖ ~ **polarity** (Welding) / Plspolung *f*, umgekehrte Polung (Lichtbogenschweißen) ‖ ~ **Polish notation** (Comp) / Postfixnotation *f*, Postfixschreibweise *f*, umgekehrte polnische Notation, UPN (umgekehrte polnische Notation) ‖ ~ **power** (Elec Eng) / Rückleistung *f* ‖ ~ **print** (Comp, Print) / inverse Schrift (hell auf dunklem Untergrund), Reverse Print *n*, Negativschrift *f* (invertierte Darstellung) ‖ ~ **process** (Autos, Paint) / Reversverfahren *n*, Reverse-Verfahren *n* ‖ ~ **projection** (Cinema) / Rückwärtsprojektion *f*, Rücklaufprojektion *f* ‖ ~ **protection** (Elec Eng) / Verpolungsschutz *m* (bei Batterien)
**reverser** *n* (Aero) / Schubumkehrer *m* (Klappen, welche den Abgasstrom schräg nach vorn umlenken, um Schubumkehr zu erzeugen), Schubumlenkaggregat *n*, Umkehreinrichtung *f* (für die Schubumkehr) ‖ ~ (Elec Eng) / Wendeschalter *m*, Umkehrschalter *m*
**reverse reaction** (Chem) / gegenläufige Reaktion, Rückreaktion *f* (bei einer umkehrbaren Reaktion), Gegenreaktion *f* ‖ ~ **reading** (Comp) / Rückwärtslesen *n* ‖ ~ **recovery time** (Electronics) / Sperrerholungszeit *f*, Sperrverzögerungszeit *f* (für Einzelhalbleiter), Sperrverzugszeit *f*
**reverser isolating valve** (Aero) / Trennventil *n* für den Umkehrschub
**reverse scavenging** (I C Engs) / Schnürle-Spülung *f*, Umkehrspülung *f* (spezielles Spülverfahren zum Ladungswechsel bei Zweitaktmotoren) ‖ ~ **side** (Textiles) / Abseite *f* (Unterseite eines beidseitig verwendbaren Gewebes), Kehrseite *f*, Abrechte *f*, Rückseite *f*, linke Seite (des Stoffes) ‖ ~ **slow motion** (Cinema) / Zeitlupe *f* rückwärts ‖ ~ **solidus** (Print, Typog) / Schrägstrich *m* nach links ‖ ~ **stitch** (Textiles) / Linksmasche *f*, linke Masche ‖ ~ **stitch** (Textiles) / Rückwärtsstich *m* (bei Nähmaschinen) ‖ ~ **thrust** (Aero) / Umkehrschub *m* ‖ ~ **thrust** (Space) / Bremsschub *m* ‖ ~ **transcriptase\*** (Biochem, Gen) / reverse Transkriptase (bei den Retroviren vorkommendes Enzym), reverse Transcriptase, Revertase *f* ‖ ~ **transcription\*** (Biochem, Gen) / umgekehrte Transkription ‖ ~ **twill** (Textiles) / Gegenköper *m*, die Richtung

**reverse**

ändernde Köperbindung ‖ ~ **type** (Comp, Print) / inverse Schrift (hell auf dunklem Untergrund), Reverse Print n, Negativschrift f (invertierte Darstellung) ‖ ~ **video**\* (Comp) / invertierte Darstellung (dunkle Schrift auf hellem Hintergrund), negative Bildschirmdarstellung, Negativdarstellung f (von Zeichen auf dem Bildschirm) ‖ ~ **voltage** (Electronics) / Sperrspannung f (die im Sperrzustand an der Diode anliegende Spannung nach DIN 41781), Spannung f in Sperrichtung ‖ ~ **voltage** (Electronics) / Rückwärtsspannung f (DIN 41853) ‖ ~ **voltage protection** (Elec Eng) / Verpolungsschutz m (bei Batterien) ‖ ~ **wires** (Cables) / vertauschte Adern

**reversibility** n (Chem, Phys) / Reversibilität f, Umkehrbarkeit f ‖ ~ **principle** (Optics) / Umkehrungsprinzip n

**reversible** n (Textiles) / Zweiseitenstoff m, Doubleface m n, Double n (mit umgekehrter Musterung der beiden Seiten), doppelseitiges Gewebe (mit zwei rechten Warenseiten) ‖ ~ (Textiles) / Abseitenstoff m (mit zwei unterschiedlichen Stoffseiten), Reversible m ‖ ~\* adj / umkehrbar adj, reversibel adj (in beiden Richtungen verlaufend, ablaufend) ‖ ~ / umsteuerbar adj ‖ ~ / umschaltbar adj ‖ ~ **brabant plough** (Agric) / Volldrehpflug m (mit getrennten rechts- und linkswendenden Pflugkörpern) ‖ ~ **cell**\* (Elec Eng) / Sekundärelement n (wiederaufladbares Element), Sekundärzelle f, Speicherzelle f (Sekundärelement) ‖ ~ **change** / reversible Änderung ‖ ~ **colloid** (Chem) / reversibles Kolloid ‖ ~ **convertor** (Elec Eng) / Zwei-Energierichtungs-Stromrichter m ‖ ~ **counter** (Comp) / Zweirichtungszähler m (DIN 44300) ‖ ~ **drive** (Elec Eng) / Zweirichtungsantrieb m, Umkehrantrieb m, Reversierantrieb m ‖ ~ **electrode** (Chem) / reversible Elektrode, umkehrbare Elektrode ‖ ~ **hydrogen electrode** (Chem) / reversible Wasserstoffelektrode ‖ ~ **jacket** (Textiles) / Reversible n (Jacke), Wendejacke f ‖ ~ **motor** (Elec Eng) / Reversiermotor m (aus der Ruhestellung) ‖ ~ **pallet** / Umkehrpalette f, umkehrbare Palette ‖ ~ **pattern plate** (Foundry) / Reversiermodellplatte f ‖ ~ **pendulum** (Phys) / Reversionspendel n, Umkehrpendel n ‖ ~ **plough** (Agric) / Kehrpflug m ‖ ~ **polarographic wave** (Chem, Elec Eng) / polarografische Stufe einer reversiblen Teilreaktion ‖ ~ **potential** (Elec Eng) / reversibles Potential n ‖ ~ **propeller** (Ships) / Umsteuerpropeller m ‖ ~ **ratchet** (wrench) (Tools) / Umschaltknarre f ‖ ~ **reaction**\* (Chem) / umkehrbare Reaktion, reversible Reaktion, Gleichgewichtsreaktion f ‖ ~ **slider** (Textiles) / Wendeschieber m (beim Reißverschluss) ‖ ~ **spiked chain harrow** (Agric) / Wiesenegge f ‖ ~ **track** (US) (Rail) / Gleis n für den Gleiswechselbetrieb ‖ ~ **train** (Rail) / Wendezug m (je nach Fahrtrichtung von der Lokomotive gezogener oder geschobener Zug im Personenverkehr) ‖ ~ **tramway** (Civ Eng) / Drahtseilbahn f mit Pendelbetrieb, Pendelseilbahn f ‖ ~ **transducer**\* (Telecomm) / reversibler Wandler ‖ ~ **unit**\* (Print) / umsteuerbares Druckwerk ‖ ~ **window** (rotates around a vertical axis) (Build) / Wendefenster n

**reversing** n / Reversing n (Zurückspulen des Magnet- oder Videobandes) ‖ ~ / Reversierung f, Reversion f, Umkehr f, Umkehrung f, Wende f ‖ ~ (Cables, Elec Eng) / Vertauschen n (von Adern), ‖ ~ (Elec Eng) / Umpolung f (Umkehrung der Polarität einzelner Zellen einer Batterie als Folge einer Kapazitätserschöpfung) ‖ ~ **alternate lengths** (Build, Paint) / "Stürzen" n (der Uni-Tapeten oder Rastermuster ohne Rapport), Arbeit f mit umgedrehten Tapetenbahnen (die ohne Rapport sind) ‖ ~ **column** (Eng) / Wendesäule f (ein Meißelhalter) ‖ ~ **commutator**\* (Elec Eng) / Walzenstromwender m ‖ ~ **contactor** (Elec Eng) / Umschaltschütz n ‖ ~ **drive** (Elec Eng) / Zweirichtungsantrieb m, Umkehrantrieb m, Reversierantrieb m ‖ ~ **drive** (US) (Eng) / Steuermechanismus m (der Dampfmaschine)

**reversing-drum mixer** (Civ Eng) / Umkehrmischer m (ein Betontrommelmischer mit Entleeren durch Umkehr der Drehrichtung)

**reversing duty** (Elec Eng) / Reversierbetrieb m (eine Betriebsart), Umkehrbetrieb m ‖ ~ **field** (Elec Eng) / Wendefeld n, Kommutierungsfeld n ‖ ~ **gear**\* (Eng) / Steuermechanismus m (der Dampfmaschine) ‖ ~ **heat exchanger** (Eng) / Reversing-Exchanger m (für die Tieftemperaturtechnik) ‖ ~ **lamp** (Autos) / Rückfahrscheinwerfer m, Rückfahrleuchte f ‖ ~ **layer** (Astron) / umkehrende Schicht (untere Chromosphäre, in der die Fraunhofer-Linien entstehen) ‖ ~ **light** (Autos) / Rückfahrlicht n, Licht n des Rückfahrscheinwerfers ‖ ~ **mechanism** (Eng) / Steuermechanismus m (der Dampfmaschine) ‖ ~ **mill**\* (Met) / Umkehrwalzwerk n, Reversierwalzwerk n ‖ ~ **motor** (Elec Eng) / Reversiermotor m, Umkehrmotor m (dessen Drehrichtung durch Betätigen eines Schalters umgekehrt werden kann) ‖ ~ **of points** (Rail) / Weichenumstellung f ‖ ~ **prism** (Optics) / Reversionsprisma n (z.B. nach Dove oder Amici), Wendeprisma n (geradsichtiges Umkehrprisma), Umkehrprisma n ‖ ~ **rectifier** (Electronics) / Umkehrstromrichter m ‖ ~ **shaft** (Eng) / Umsteuerungswelle f (der Dampfmaschine) ‖ ~ **station** (Rail) / Wendebahnhof m ‖ ~ **stop**

(Eng) / Umsteueranschlag m ‖ ~ **switch**\* (Elec Eng) / Wendeschalter m, Umkehrschalter m ‖ ~ **train** (rolling train with one or two stands in which the rolling stock is subjected to several passes in at least one of the stands) (Met) / Umkehrstraße f ‖ ~ **triangle** (Rail) / Gleisdreieck n (Zusammenführung von drei Gleisen aus verschiedenen Richtungen mit direktem Übergang unter Verwendung von drei Weichen) ‖ ~ **valve** (Eng) / Umsteuerventil n ‖ ~ **water-bottle** (Ocean) / Nansen-Schöpfer m (nach F. Nansen, 1861-1930)

**reversion** n / Reversierung f, Reversion f, Umkehr f, Umkehrung f, Wende f ‖ ~ (Chem) / Umschlagen n (einer Emulsion) ‖ ~ (Elec Eng) / Umpolung f (Umkehrung der Polarität einzelner Zellen einer Batterie als Folge einer Kapazitätserschöpfung) ‖ ~\* (Gen) / Reversion f (Fähigkeit von Zellen, eine Nonsense-Mutation zu unterdrücken, wobei der ursprüngliche Sinn der Information wiederhergestellt wird) ‖ ~ **flavour** (Nut) / Reversionsgeschmack m (Fehlaroma des Sojaöls)

**reverso** n (Print, Typog) / linke Buchseite (mit gerader Seitenzahl)

**reverted** adj (Optics) / seitenverkehrt adj, seitenvertauscht adj, rückwendig adj (Bild)

**revertive call facility** (Teleph) / Rückrufanlage f ‖ ~ **control system**\* (Telecomm) / Rücksteuersystem n ‖ ~ **pulse** (Telecomm) / Rückimpuls m

**revert scrap** (Foundry, Met) / Umlaufschrott m, Kreislaufmetall n (internes Rücklaufmetall, z.B. Angüsse, Speiser, Ausschussstücke usw.), Rücklaufmetall n, Rücklaufschrott m, Kreislaufmaterial n

**revet** n (Civ Eng) / verkleiden v (z.B. zur Bekämpfung der Wassererosion)

**revetment** n (Aero, Mil) / Revetment n (ein Schutzgebiet, das unmittelbar an Roll- oder Start-/Landebahnen angrenzt) ‖ ~ (Aero, Mil) / Schutzeinrichtung f (z.B. Wälle) ‖ ~\* (Build) / Futtermauer f (vor standfestem Boden) ‖ ~ (a protective covering to a soil or rock surface to prevent scour by water or weather) (Civ Eng) / Verkleidung f (z.B. zur Bekämpfung der Wassererosion) ‖ ~ (Hyd Eng) / Uferdeckwerk n, Deckwerk n

**review** n / Review f (in der Audio- und Videotechnik) ‖ ~ (Acous, Mag) / schneller Rücklauf (bei gedrückter Wiedergabetaste) ‖ ~ **copy** (Gen) / Besprechungsexemplar n, Besprechungsstück n, Rezensionsexemplar n ‖ ~ **room**\* (Cinema) / Vorführungsraum m, Vorführraum m ‖ ~ **slip** (Print) / Waschzettel m, Klappentext m, Werbetext m (für ein Buch)

**revise**\* n (Print) / Revisionsbogen m (Schlusskorrektur), Revisionsabzug m ‖ ~ **proof** (Print) / Revisionsbogen m (Schlusskorrektur), Revisionsabzug m

**reviser** n (Print) / Revisor m (Korrektor, der die Revision liest)

**revision point** (Surv) / Triangulationspunkt m, trigonometrischer Punkt, TP (Triangulationspunkt) ‖ ~ **service** (Comp) / Änderungsdienst m (Aktualisierung und Dateipflege)

**revitalization** n (Arch) / Revitalisierung f (städtische)

**revitaminization** n (Biochem, Physiol) / Revitaminierung f (Ersatz von Vitaminverlusten)

**Revival** n (Arch) / Revival n (Architekturschule, die bewusst Stilformen der Vergangenheit wieder belebt - z.B. Neugotik) ‖ ~ n (Arch) / Revival n (Architekturschule, die bewusst Stilformen der Vergangenheit wieder belebt - z.B. Neugotik)

**revive** v / reaktivieren v, regenerieren v (reaktivieren), wieder beleben v ‖ ~ (Paint) / auffrischen v (Farbe)

**reviver** n (Typog) / Zusatzmetall n (für den alten Bleisatz - heute obsolet)

**revivification** n (of charcoal or metals) / Reaktivierung f, Wiederbelebung f, Regenerierung f ‖ ~ (Chem) / Regeneration f (des Katalysators)

**reviving apparatus** (Mining) / Wiederbelebungsgerät n (Pulmotor)

**rev/min** (Eng) / Umdrehungen f pl je Minute, U/min, Drehzahl f pro Minute

**revolting, with a ~ smell** / widerlich riechend, Übelkeit erregend (Geruch), widerwärtig adj (Geruch), übelriechend adj, ekelerregend adj (Geruch)

**revolution**\* n (Astron) / Umlauf m (eines Planeten) ‖ ~ (Eng) / Umdrehung f, Tour f ‖ ~ (Geol) / Revolution f (Zeitabschnitt der Erdentwicklung mit stark gesteigerter geologischer Tätigkeit)

**revolutionary invention** / bahnbrechende Erfindung, Durchbruch m (im übertragenen Sinne)

**revolution counter** (Eng) / Umdrehungszähler m, Drehzahlmesser m ‖ ~ **indicator** (Eng) / Umdrehungszähler m, Drehzahlmesser m

**revolutions per minute** (Eng) / Umdrehungen f pl je Minute, U/min, Drehzahl f pro Minute

**revolver box loom** (Weaving) / Revolverwebmaschine f ‖ ~ **press** (Ceramics) / Revolverpresse f ‖ ~ **tool** (Tools) / Revolverwerkzeug n

**revolving** adj (Eng) / mitlaufend adj (Spitze) ‖ ~ **boiler** (Paper) / Drehkocher m, rotierender Kocher ‖ ~ **box motion** (Weaving) / Revolverwechsel m (an der Webmaschine) ‖ ~ **centre**\* (Eng) /

mitlaufende Spitze ‖ ~ **chute** (Eng) / Drehschurre f ‖ ~ **crane** (Eng) / Drehkran m (im Allgemeinen)
**revolving-cup anemometer** (Meteor) / Schalenkreuzanemometer n (zur kontinuierlichen Messung der Windgeschwindigkeit)
**revolving digester** (Paper) / Drehzellstoffkocher m ‖ ~ **doctor** (Paper, Textiles) / Rollrakel f ‖ ~ **door** (Build) / Drehtür f (Windfangtür mit 3 oder 4 radial um eine Achse angeordneten Flügeln, die sich in einem kreisrunden Windfanggehäuse drehen) ‖ ~ **excavator** (Civ Eng) / Schwenkbagger m (entweder Eingefäß- oder Eimerkettenbagger) ‖ ~ **flat** (Spinning) / Wanderdeckel m (der Karde)
**revolving-hearth furnace** (Met) / Drehherdofen m
**revolving lease** / Revolving-Leasing n (der Leasinggegenstand kann nach Ablauf einer bestimmten Frist gegen einen anderen Leasinggegenstand durch den Leasingnehmer ausgetauscht werden) ‖ ~ **leasing** / Revolving-Leasing n (der Leasinggegenstand kann nach Ablauf einer bestimmten Frist gegen einen anderen Leasinggegenstand durch den Leasingnehmer ausgetauscht werden) ‖ ~ **light** (Ships) / Drehfeuer n ‖ ~ **machine** (Glass) / Karussellmaschine f ‖ ~ **magazine** (Eng) / Tellermagazin n (ein Werkzeugmagazin) ‖ ~ **nosepiece** (Micros) / Objektivrevolver m (eine Objektivwechselvorrichtung), Objektivwechsler m, Revolver m (des Mikroskops) ‖ ~ **pot** (in the Owens process) (Glass) / Drehwanne f (der Libbey-Owens-Maschine) ‖ ~ **reverberatory furnace** (Met) / Drehflammofen m ‖ ~ **screen** / Siebtrommel f (Siebmaschine mit zylindrischer Form des Siebes), Trommelsieb n (rotierendes) ‖ ~ **screen** (San Eng) / Trommelrechen m (beweglicher Abwasserrechen aus einer um eine lotrechte Welle drehbaren im Abwasser stehenden Trommel, deren Mantel aus ringförmigen Rechenstäben gebildet wird) ‖ ~ **sieve** / Siebtrommel f (Siebmaschine mit zylindrischer Form des Siebes), Trommelsieb n (rotierendes) ‖ ~ **sprinkler** (Agric) / Drehstrahlregner m ‖ ~ **storm** (Meteor) / Wirbelsturm m (ein Luftwirbel, in dem mittlere Windstärken größer als Windstärke 8 auftreten) ‖ ~ **tube** (Glass) / Speiserotor m, Drehzylinder m ‖ ~ **tube** (a hollow cylinder, concentric with the needle of a feeder, revolving in the molten-glass batch, the feeder delivering gobs of glass to a forming unit) (Glass) / Drehrohr n
**rev range** (Automation, Eng) / Drehzahlbereich m (Bereich der verfügbaren Drehzahlen), Drehzahl-Regelbereich m ‖ ~ **up** vi (Autos) / auf Touren kommen (Motor) ‖ ~ **up** vt (Autos) / auf Touren bringen (Motor)
**REW** (review) (Acous, Mag) / schneller Rücklauf (bei gedrückter Wiedergabetaste)
**rewash** v / nachwaschen v
**rewashing** n / Nachwäsche f
**reweigh** v / nachwiegen v
**rewelding from the back** (Welding) / Kapplagenschweißen n
**rewet** v / wieder anfeuchten, rückfeuchten v ‖ ~ (Chem) / wieder benetzen v
**rewind** v / zurückspulen v, rückspulen v (Tonband) ‖ ~ (Cinema) / rückwickeln v ‖ ~ (Paper, Print) / umrollen v, umwickeln v ‖ ~ (Textiles) / umhaspeln v, umspulen v ‖ ~ n / Rücklauf m (eines Magnetbandes) ‖ ~ **motor** (Elec Eng) / Wickelmotor m (des Tonbandgeräts)
**rewirable fuse** (Elec Eng) / Sicherung f mit auswechselbarem Schmelzleiter (in der BRD nicht zulässig)
**rewiring** n (Elec Eng) / Neuverdrahtung f
**reword** v / neu formulieren (einen Text)
**rework** v / nachbehandeln v (nacharbeiten), nachbessern v (nacharbeiten), nacharbeiten v ‖ ~ / neu formulieren (einen Text) ‖ ~ (Ecol, Plastics) / aufarbeiten v (Abfallmaterial), wieder verwenden v (beim Verarbeitungsprozess anfallende Kunststoffabfälle) ‖ ~ (Nut) / umkneten v (Butter) ‖ ~ n / Nachbehandlung f, Nacharbeit f, Nacharbeitung f, Nachbesserung f (Nacharbeit)
**reworkability** n (Paint) / Überarbeitbarkeit f (DIN 55 945)
**reworked loess** (Geol) / Schwemmlöß m, Proluvium n ‖ ~ **material** (Plastics) / wiederverwendeter Kunststoffabfall, aufgearbeitetes Abfallmaterial ‖ ~ **plastic** (Plastics) / wiederverwendeter Kunststoffabfall, aufgearbeitetes Abfallmaterial
**rewritable** adj (Comp) / wieder beschreibbar
**rewrite** v / wieder beschreiben ‖ ~ / umschreiben v (einen Text neu schreiben) ‖ ~* (Comp) / wieder einschreiben, regenerieren v ‖ ~ (Maths) / umformen v (eine Gleichung) ‖ ~ **rule** (Comp) / Produktion f, Regel f (bei formalen Sprachen) ‖ ~ **rules** (AI) / Termersetzungssystem n
**rewriting** n / Ersetzung f (Termersetzung in der Logik) ‖ ~ (AI) / Termersetzung f (bei Termgleichungen) ‖ ~ (Maths) / Umformung f (einer Gleichung) ‖ ~ **rule** (Comp) / Produktion f, Regel f (bei formalen Sprachen)
**Rexforming** n (Oils) / Rexforming n (eine Kombination von Platformieren und Extrahieren)
**Rexine** n (Leather) / ein britisches Kunstleder ‖ ≃ (Leather) / ein Kunstleder

**Reynolds criterion** (Phys) / Reynolds'sche Zahl, Reynolds-Zahl f (dimensionslose Kennzahl nach DIN 1341, 1342-1 und 5491), Re-Zahl f, Re (Zahl nach dem britischen Physiker O.Reynolds, 1842 - 1912) ‖ ≃ **number*** (Phys) / Reynolds'sche Zahl, Reynolds-Zahl f (dimensionslose Kennzahl nach DIN 1341, 1342-1 und 5491), Re-Zahl f, Re (Zahl nach dem britischen Physiker O.Reynolds, 1842 - 1912) ‖ ≃ **stress** (Phys) / Reynolds-Spannungen f pl (in den inkompressiblen Medien)
**re-zeroing** n (Instr) / Nullrückstellung f
**RF** (representative fraction) (Cartography) / numerischer Maßstab
**R$_F$** (Chem) / R$_F$-Wert m (zur Bezeichnung der Lage eines Substanzfleckens auf dem Dünnschichtchromatogramm)
**RF** (raised face) (Eng) / Arbeitsleiste f (bei Flanschen)
**r-f** (radio frequency) (Radio) / Radiofrequenz f (zur Funkübertragung bestimmte Frequenzlage), RF (Radiofrequenz), Funkfrequenz f ‖ ~ (radio frequency) (Telecomm) / Hochfrequenz f, HF (Hochfrequenz)
**RF*** (radio frequency) (Telecomm) / Hochfrequenz f, HF (Hochfrequenz)
**RFA** (ready for acceptance) (Comp, Telecomm) / bereit zur Abnahme, abnahmebereit adj
**RF accelerator** (Nuc Eng) / Hochfrequenzbeschleuniger m, HF-Beschleuniger m
**RFC** (Request for Comment) (Comp) / Request for Comment
**RF channel** (Radio) / Funkkanal m, Radiokanal m
**r-f connector** (Telecomm) / Hochfrequenzsteckverbindung f, HF-Steckverbindung f
**RF converter** (unit)* (TV) / HF-Modulator m (zur Aufmodulierung des Videosignals auf einen hochfrequenten Träger)
**r-f field** (Radio) / Hochfrequenzfeld n
**RF flange** (Eng) / Flansch m mit Arbeitsleiste
**r-f heating** (Elec Eng, Heat) / Hochfrequenzerwärmung f, Erhitzung f durch Hochfrequenz, HF-Erwärmung f
**RFI** (ready for installation) / montagebereit adj ‖ ≃ (radio-frequency interference) (Radio) / Hochfrequenzstörung f, HF-Störung f
**RFID** (radio-frequency identification) (Comp, Radio, Telecomm) / Funkfrequenzidentifizierung f, Hochfrequenzidentifikation f (z.B. bei den Einkaufschips) ‖ ≃ **tag** (a small object, such as an adhesive sticker, that can be attached to, or incorporated into, a product) / RFID-Transponder m, RFID-Tag n
**RFI suppressor** (Elec Eng) / Entstörvorrichtung f, Entstörgerät n, Entstörer m, Entstörstecker m
**RFLP*** (restriction fragment length polymorphism) (Gen) / Polymorphismus m der charakteristischen Größe von Spaltstücken
**RFNA** (red-fuming nitric acid) (Chem, Space) / rotrauchende Salpetersäure
**RFP** (radio-frequency polarography) (Chem, Elec Eng) / Hochfrequenzpolarografie f, HF-Polarografie f, HFP (HF-Polarografie), Radiofrequenzpolarografie f, RFP (Radiofrequenzpolarografie)
**rf polarography** (Chem, Elec Eng) / Hochfrequenzpolarografie f, HF-Polarografie f, HFP (HF-Polarografie), Radiofrequenzpolarografie f, RFP (Radiofrequenzpolarografie)
**RFS*** (render, float and set) (Build) / glattputzen v, dreilagig putzen
**RF-screened door** (Radio) / HF-dichte Tür
**RF transistor** (Electronics) / RF-Transistor m (ein Mikrowellentransistor) ‖ ≃ **transparency** (Radio, Space) / Durchlässigkeit f (des Konstruktionsmaterials) für HF-Übertragungen
**R$_f$-value** n (Chem) / R$_F$-Wert m (zur Bezeichnung der Lage eines Substanzfleckens auf dem Dünnschichtchromatogramm)
**RF welding** (Plastics, Welding) / Hochfrequenzschweißen n, HF-Schweißen n (DIN 1910)
**RG** (range) (Radar) / Radialentfernung f
**RGB display** (Comp) / RGB-Schirm m (ein Farbbildschirm, der auf den Farben Rot, Grau und Blau aufbaut) ‖ ≃ **triangle** (Light, TV) / Farbdreieck n (das durch die drei Farbörter der Komponenten gebildet ist)
**RGS** (resistive-gate sensor) (Electronics) / Widerstandsgatesensor m (ein Halbleitersensor, der die Funktion des Bildaufnehmers wahrnimmt), RGS (Widerstandsgatesensor)
**Rh** (rhodium) (Chem) / Rhodium n, Rh (Rhodium)
**RH** (reheater) (Eng) / Zwischenüberhitzer m (der den in der Dampfturbine bereits teilweise entspannten Dampf wieder überhitzt), ZÜ (Zwischenüberhitzer) ‖ ≃ (right-handed) (Eng) / rechtsgängig adj (Gewinde, Fräser)
**Rh*** (rhesus factor) (Med) / Rhesusfaktor m, Rh-Faktor m
**r.h.** (relative humidity) (Meteor) / relative Feuchte, relative Feuchtigkeit, relative Luftfeuchtigkeit
**RH** (relative humidity) (Meteor) / relative Feuchte, relative Feuchtigkeit, relative Luftfeuchtigkeit
**Rham, de ≃ cohomology group** (Maths) / De-Rham-Kohomologiegruppe f

**rhamnetin**

**rhamnetin** *n* (Chem) / Rhamnetin *n* (ein Flavanoid)
**rhamnose*** *n* (Biochem, Chem) / Rhamnose *f*
**rhatany** *n* (Bot, Chem, Pharm) / Ratanhiawurzel *f* (aus Krameria triandra Ruiz et Pav.) ‖ ~ **root** (Bot, Chem, Pharm) / Ratanhiawurzel *f* (aus Krameria triandra Ruiz et Pav.)
**RHC** (rubber hydrocarbon content) (Chem Eng) / Gehalt *m* an Kautschukkohlenwasserstoff, Kautschukkohlenwasserstoffgehalt *m*
**R.H. crystal** (Electronics) / rechtsdrehender Kristall
**RHE** (reversible hydrogen electrode) (Chem) / reversible Wasserstoffelektrode
**RHEED** (reflection high-energy electron diffraction) (Phys) / RHEED-Technik *f*, RHEED (eine Methode zur Untersuchung der Atomstruktur von Festkörperoberflächen, die auf Beugungserscheinungen bei energiereichen Elektronen beruht) ‖ ~ **method** (Phys) / RHEED-Technik *f*, RHEED (eine Methode zur Untersuchung der Atomstruktur von Festkörperoberflächen, die auf Beugungserscheinungen bei energiereichen Elektronen beruht)
**rhein** *n* (Chem) / Rhein *n* (ein Pflanzeninhaltsstoff)
**rhenate** *n* (Chem) / Rhenat *n* (Salz der Rheniumsäure - entweder IV oder VI)
**rhenate(VII)*** *n* (Chem) / Perrhenat *n* (Salz der Perrheniumsäure)
**rhenic•(VII) acid*** (Chem) / Perrheniumsäure *f*, Rhenium(VII)-säure *f* (eine Oxosäure) ‖ ~ **acid** (Chem) / Rheniumsäure *f* (eine Oxosäure)
**rheniforming** *n* (Oils) / Rheniforming *n* (ein Reformierverfahren mit einem Bimetallkatalysator)
**Rhenish brick*** (Build) / Schwemmstein *m*, Bimsbetonstein *m* (ein hochporöser Vollstein aus Leichtbeton mit Hütten- oder Naturbims als Zuschlag)
**rhenium*** *n* (Chem) / Rhenium *n*, Re (Rhenium)
**rhenium-osmium method** / Rhenium-Osmium-Methode *f* (der Altersbestimmung für Meteoriten sowie molybdän- und kupferhaltige oder osmiumreiche Minerale)
**rhenium•(VII) oxide*** (Chem) / Rhenium(VII)-oxid *n*, Rheniumheptoxid *n* ‖ ~ **pentachloride** (Chem) / Rheniumpentachlorid *n*, Rhenium(V)-chlorid *n*
**rheocasting** *n* (Foundry) / Gießen von teilerstarrten Legierungen, Thixocasting *n*
**rheodynamic** *adj* / rheodynamisch *adj* (Schmierung)
**rheodynamics** *n* (Phys) / angewandte Rheologie, Rheodynamik *f*
**rheolaveur*** *n* (Min Proc) / Rheowäscher *m*
**rheolinear vibrations** (Phys) / rheolineare Schwingungen, Schwingungen *f pl* mit periodischen Koeffizienten
**rheological** *adj* (Phys) / rheologisch *adj* (DIN 1342-1) ‖ ~ **equation** (Phys) / rheologische Zustandgleichung, rheologisches Zustandsgesetz ‖ ~ **hysteresis curve** (Phys) / rheologische Hysteresekurve (DIN 1342-1) ‖ ~ **model** (Phys) / rheologisches Modell (z.B. Kelvin-, Voigt-, Prandtl- oder Bingham-Modell nach DIN 1342, T 1)
**rheology*** *n* (Phys) / Rheologie *f* (Lehre vom Fließ- und Verformungsverhalten von Stoffen nach DIN 1342-1)
**rheometry** *n* (Phys) / Rheometrie *f* (eine Messtechnik, die charakteristische Eigenschaften zähflüssiger Stoffe ermittelt)
**rheomorphism*** *n* (Geol) / Rheomorphose *f* (von Gesteinen)
**rheopectic** *adj* (Phys) / rheopektisch *adj*, rheopex *adj*
**rheopexic** *adj* (Phys) / rheopektisch *adj*, rheopex *adj*
**rheopexy** *n* (Phys) / Rheopexie *f* (DIN 1342, T 1), Fließverfestigung *f*, negative Thixotropie, Antithixotropie *f* (DIN 1342, T 1) (Zunahme der Scherviskosität bei zunehmender Beanspruchung)
**rheophil** *adj* (Biol) / rheophil *adj* (fließendes Wasser liebend)
**rheophile** *adj* (Biol) / rheophil *adj* (fließendes Wasser liebend)
**rheoplankton** *n* (Ecol) / Potamoplankton *n* (Plankton der fließenden Gewässer), Rheoplankton *n*
**rheostat*** *n* (Elec Eng) / veränderbarer Widerstand (als Gerät), Regelwiderstand *m*, Rheostat *m* ‖ ~ **braking** (Elec Eng) / Widerstandsbremsung *f* (ein elektrisches Bremsverfahren)
**rheostatic** *adj* / rheostatisch *adj* (Schmierung) ‖ **braking** (Elec Eng) / Widerstandsbremsung *f* (ein elektrisches Bremsverfahren)
**rheotactic** *adj* (Bot) / rheotaktisch *adj*
**rheotaxial** *adj* (Crystal) / rheotaxial *adj* (Kristall)
**rheotaxis** *n* (pl. -taxes) (Biol) / Rheotaxis *f* (pl. -xen) (Einstellung eines Lebewesens in die Richtung der Wasserströmung)
**rhesus factor*** (Med) / Rhesusfaktor *m*, Rh-Faktor *m*
**rhesus-negative** *adj* (Med) / Rhesus-negativ *adj*, rhesus-negativ *adj*, mit Rhesusfaktor negativ, rh, rh-negativ *adj*
**rhesus-positive** *adj* (Med) / Rhesus-positiv *adj*, rhesus-positiv *adj*, mit Rhesusfaktor positiv, Rh, Rh-positiv *adj*
**Rh factor*** (Med) / Rhesusfaktor *m*, Rh-Faktor *m*
**RHI** (range-height indication) (Radar) / RHI-Abbildung *f* ‖ ~ (range-height indicator) (Radar) / Höhenschirm *m* (mit der RHI-Abbildung)

**rhinestone** (Chem, Glass) / Strass *m* (Nachahmung von Diamanten durch hochbleihaltiges Glas - nach G.F. Stras, 1700-1773), Mainzer Fluss
**rhithral** *n* (Ecol, Geol) / Rhithral *n* (Bachregion eines Fließgewässers mit überwiegend geologischer Auswaschung)
**rhizic water** (Agric, Geol) / Bodenfeuchte *f* (in den Kapillaren des Erdbodens), Bodenfeuchtigkeit *f* (wasserungesättigter Zustand in Bezug auf die höchste Wasserkapazität eines Bodens)
**rhizobium** *n* (Bacteriol) / Rhizobium *n* (Gattung der Knöllchenbakterien)
**rhizome*** *n* (Bot) / Wurzelstock *m*, Rhizom *n*, Erdspross *m*
**rhizosphere*** *n* (Bot) / wurzelnaher (mikrobieller) Lebensraum, Rhizosphäre *f*, Wurzelumgebung *f*, Wurzelraum *m* ‖ ~* (Bot) s. also root zone
**rh-negative** *adj* (Med) / Rhesus-negativ *adj*, rhesus-negativ *adj*, mit Rhesusfaktor negativ, rh, rh-negativ *adj*
**rhodamine dyes** (Chem, Leather, Paper) / Rhodaminfarbstoffe *m pl* (Xanthenfarbstoffe, die durch Kondensation von substituierten 3-Aminophenolen mit Phthalsäureanhydrid dargestellt werden), Rhodamine *n pl*
**rhodamines*** *pl* (Chem, Leather, Paper) / Rhodaminfarbstoffe *m pl* (Xanthenfarbstoffe, die durch Kondensation von substituierten 3-Aminophenolen mit Phthalsäureanhydrid dargestellt werden), Rhodamine *n pl*
**rhodanic acid** (Chem) / Thiocyansäure *f*, Thiozyansäure *f*, Rhodanwasserstoffsäure *f* ‖ ~ **acid** (Chem) s. also isocyanic acid
**rhodanide** *n* (Chem) / Thiocyanat *n* (Salz und Ester der Thiocyansäure), Thiozyanat *n*, Rhodanid *n*
**rhodanizing*** *n* / Rhodinieren *n* (Herstellung von Rhodiumüberzügen auf galvanischem Wege)
**rhodanometry** *n* (Chem) / Rhodanometrie *f*
**rhodinol** *n* (Chem) / Rhodinol *n*, Rosenalkohol *m*
**rhodium*** *n* (Chem) / Rhodium *n*, Rh (Rhodium) ‖ ~ **oil** / Rosenholzöl *n* (aus Convolvulus scoparius L.) ‖ ~ **plating** / Rhodinieren *n* (Herstellung von Rhodiumüberzügen auf galvanischem Wege) ‖ ~ **trichloride** (Chem) / Rhodiumtrichlorid *n* ($RhCl_3$) ‖ ~ **trioxide** ($Rh_2O_3$) (Chem) / Rhodiumtrioxid *n*
**rhodizonic acid** (Chem) / Rhodizonsäure *f*
**rhodochrosite*** *n* (Min) / Himbeerspat *m*, Rhodochrosit *m*, Manganspat *m* (Mangan(II)-karbonat) ‖ ~* (Min) / Inka-Rose *f* (ein Schmuckstein)
**rhodolite** *n* (Min) / Rhodolith *m* (ein Schmuckstein der Granatgruppe)
**rhodonite*** *n* (Min) / Rhodonit *m*, Mangankiesel *m*
**Rhodophyceae*** *pl* (Bot) / Rotalgen *f pl* (Rhodophyta)
**rhodopsin*** *n* (Optics, Physiol) / Sehpurpur *m*, Rhodopsin *n* (das Sehpigment der Augenstäbchen)
**rhodoxanthin** *n* (Nut) / Rhodoxanthin *n* (E 161 f)
**rhomb** *n* (Crystal, Maths) / Rhomboeder *n*, rhombisches Parallelepiped(on) ‖ ~ (Maths) / Rhombus *m* (pl. -ben) (Parallelogramm, bei dem alle vier Seiten gleich lang sind), Raute *f*
**rhombic** *adj* (Crystal) / rhombisch *adj* (DIN 13 316) ‖ ~ (Maths) / rhombisch *adj*, rautenförmig *adj* ‖ ~ **antenna*** (Radio) / Rhombusantenne *f* (Sende- und Empfangsantenne der Kurzwellentechnik) ‖ ~ **dodecahedron*** (pl. -hedra or -hedrons) (Crystal, Maths) / Rhombendodekaeder *n*, Granatoeder *n*, Rautenzwölfflächner *m* ‖ ~ **groove** (Met) / Rautenkaliber *n*, Spießkantkaliber *n* (zwischen den Walzenpaaren)
**rhombic-pyramidal** *adj* (Crystal) / rhombisch-pyramidal *adj* (Klasse)
**rhombic shrinkage deformation** (For) / rhombische Schwindverformung ‖ ~ **sulphur** (Chem) / rhombischer Schwefel, α-Schwefel *m* ‖ ~ **system*** (Crystal) / rhombisches System
**rhombohedral** *adj* (Crystal, Maths) / rhomboedrisch *adj* ‖ ~ **class*** (Crystal) / rhomboedrische (Kristall)Klasse, rhomboedrische Abteilung
**rhombohedron*** *n* (pl. -hedra or -hedrons) (Crystal, Maths) / Rhomboeder *n*, rhombisches Parallelepiped(on)
**rhomboid** *n* (Maths) / Rhomboid *n* (ein Parallelogramm, das kein Rhombus ist)
**rhomboidal** *adj* / rhomboidisch *adj*
**rhomboidity** *n* / Rhombenform *f*
**rhomboid prism** (Optics) / Rhomboidprisma *n*
**rhomb-porphyry*** *n* (Geol) / Rhombenporphyr *m*
**rhomb-spar*** *n* (Min) / Dolomit *m* (Kalziummagnesiumkarbonat)
**rhombus*** *n* (pl. rhombuses or rhombi) (general parallelogram) (Maths) / Rhombus *m* (pl. -ben) (Parallelogramm, bei dem alle vier Seiten gleich lang sind), Raute *f*
**rho meson** (Nuc) / Rho-Meson *n* (eine Mesonenresonanz), Rhomeson *n*, ρ-Meson *n*
**Rhometal*** *n* (Elec Eng, Met) / eine Permalloy-Legierung (mit 64% Fe und 36% Ni)
**Rho protein** (Biochem) / Rho-Protein *n* (ein GTP bindendes Protein)
**rho-rho system** (Nav) / Rho-Rho-Verfahren *n*

**rho-theta** n (electronic navigational system) (Nav) / Rho-Theta-Verfahren n (der Funkortung) ‖ ~ **system** (Nav) / Rho-Theta-Verfahren n (der Funkortung)
**rh-positive** adj (Med) / Rhesus-positiv adj, rhesus-positiv adj, mit Rhesusfaktor positiv, Rh, Rh-positiv adj
**RH rotation** (Phys) / Rechtsdrehung f, Drehung f im Uhrzeigersinn
**RHR pump** (Nuc Eng) / Nachkühlpumpe f
**RHS** (right-hand side) (AI) / rechte Seite (der Regel - eine Folge von Aktionen, die bei Erfüllung der linken Seite auszuführen sind)
**rhumb** n (Nav) / Loxodrome f (Linie auf der Kugel oder auf dem Ellipsoid, die alle Meridiane unter dem gleichen Winkel schneidet), Kursgleiche f, Isoazimutallinie f, Kurslinie f
**rhumbatron*** n (Electronics) / Rhumbatron n (ein alter Hohlraumresonator)
**rhumb-line*** n (Nav) / Loxodrome f (Linie auf der Kugel oder auf dem Ellipsoid, die alle Meridiane unter dem gleichen Winkel schneidet), Kursgleiche f, Isoazimutallinie f, Kurslinie f
**rhumb-line course** (Aero, Nav, Ships) / loxodromer Weg ‖ ~ **course** (Aero, Nav) / Loxodromenkurs m über Grund, Kurs m über Grund auf der Kursgleichen ‖ ~ **route** (Aero, Nav, Ships) / loxodromer Weg
**rH value*** (Chem) / rH-Wert m (das Maß für das Redoxpotenzial, die Stärke des reduzierenden oder oxidativen Charakters eines System)
**rhyolite*** n (an extrusive igneous rock) (Geol) / Rhyolith m (jungvulkanisches saures Ergussgestein), Liparit m
**rhyolitic** adj (Geol) / rhyolithisch adj
**rhyotaxitic structure** (Geol) / mikrofluidale Struktur, rhyotaxitische Struktur
**rhythmic** adj / rhythmisch adj
**rhythmical** adj / rhythmisch adj ‖ ~ **light** (Ships) / Taktfeuer n
**rhythmic crystallization*** (Crystal, Geol) / rhythmische Kristallisation ‖ ~ **layering** (Geol) / rhythmische (magmatische) Schichtung ‖ ~ **light** (Ships) / Taktfeuer n ‖ ~ **sedimentation*** (Geol) / rhythmische Ablagerung
**RI** (retention index) (Chem) / Retentionsindex m (der die Lage eines Peaks in einem Gaschromatogramm angibt), RI (Retentionsindex), Kováts-Index m (in der Gaschromatografie) ‖ ≃ (referentiell integrity) (Comp) / referentielle Integrität, referentielle Datenintegrität ‖ ≃ (refractive index) (Optics) / Brechzahl f (DIN 1349-1), Brechungszahl f, Brechungsexponent m, Brechungsindex m
**RIA** (reduction in area) / Querschnittsabnahme f, Querschnittsverminderung f ‖ ≃ (radioimmunoassay) (Med, Radiol) / Radioimmunanalyse f, Radioimmuntest m, Radioimmunoassay m n, Radioimmunoassay m n, RIA
**ria*** n (Geol) / tief eindringender (fjordähnlicher) Meeresarm ‖ ~* (Geol) / Ria f (fjordähnliche Trichtermündung von Flüssen an der Atlantikküste, stark gegliedert, durch "ertrunkene" Kerbtäler gekennzeichnet) ‖ ~ **coast** (Geol) / Riasküste f (z.B. in Galicien), Riaküste f
**rib** v (Eng) / verrippen v (zur Versteifung), berippen v (zur Versteifung) ‖ ~ (Eng) / rippen v, mit Rippen versehen ‖ ~ (Textiles) / rippen v ‖ ~* n (Aero) / Rippe f (formgebendes Teil des Festigkeitsverbandes von Tragflügeln und Leitwerken), Versteifungsrippe f ‖ ~* (Arch) / Gewölberippe f, Rippe f (eines Gewölbes) ‖ ~ (Build, Civ Eng) / Steg m (an Profilstählen und Stahlträgern) ‖ ~ (Chem) / Rippe f (eines Rippentrichters) ‖ ~ (Mining) / Abbaukante f (seitliche Begrenzung eines beim Abbau stehengebliebenen Flözteiles, die sich beim Abbau benachbarter Flöze durch Druckzunahme und vermehrte Hangendausbrüche in bankrechter Wirkung auswirkt) ‖ ~ (Mining) / namenloses Flöz, Begleitflöz n ‖ ~ (Mining) / anstehende Kohle (in der Abbaustrecke) ‖ ~* (Min Proc) / Riffel f, Nocken m, Dorn m (auf der Manteloberfläche der Brechwalzen) ‖ ~ (Textiles) / Rippe f (geripptes Gewebe) ‖ ~* (Textiles) / Grat m (diagonal verlaufende Gewebeoberflächenstruktur infolge versetzter Bindungspunkte), Rippe f ‖ ~ attr (Textiles) / zweibettig adj (z.B. Strickmaschine)
**Ribaucour's theorem** (Maths) / Ribaucour'scher Satz (nach A. Ribaucour, 1845 - 1893), Satz m von Ribaucour
**ribbed** adj / Rippen-, gerippt adj, verrippt adj ‖ ~ **arch*** (Arch) / Rippenbogen m ‖ ~ **bars** (Civ Eng, Met) / Betonrippenstahl m (Bewehrungsstäbe) ‖ ~ **dome** (Arch) / Rippenkuppel f (mit radial angeordneten biegesteifen Rippen) ‖ ~ **flat** (Met) / Nasenprofil n (Sonderprofil zur Herstellung geschweißter Träger) ‖ ~ **floor** (Build) / Rippendecke f (im Allgemeinen) ‖ ~ **floor** (Build) / Stahlrippenbetondecke f (mit Zwischenbauteilen aus gebranntem Ton), Füllkörperdecke f, Hohlkörperdecke f ‖ ~ **funnel** (Chem) / Analysentrichter m, Rippentrichter m ‖ ~ **funnel** (Chem) / Analysentrichter m, Rippentrichter m ‖ ~ **glass** (Glass) / Rippenglas n ‖ ~ **glass** (Glass) / geripptes Rohglas ‖ ~ **pipe** (Eng) / Rippenrohr n mit Längsrippen ‖ ~ **plate** (Eng, Met) / geripptes Blech (das auf einer Seite glatt, auf der anderen mit einem regelmäßigen Muster kleiner Erhebungen versehen ist - EN 10 079), Rippenblech n (z.B. Riffel-, Raupen-, Tränen- oder Warzenblech), Rippenplatte f ‖ ~ **round steel** (Civ Eng, Met) / Betonrippenstahl m (Rundstahl) ‖ ~ **sheet** (Eng, Met) / geripptes Blech (das auf einer Seite glatt, auf der anderen mit einem regelmäßigen Muster kleiner Erhebungen versehen ist - EN 10 079), Rippenblech n (z.B. Riffel-, Raupen-, Tränen- oder Warzenblech), Rippenplatte f ‖ ~ **slab** (Build) / Rippenplatte f ‖ ~ **steel** (Build, Civ Eng, Met) / Rippenstahl m (Betonstabstahl, der im Gegensatz zum Betonrundstahl mit Schräg- und Querrippen versehen ist, um mit dem Beton eine bessere Verbundwirkung zu erzielen) ‖ ~ **surface** / geriffelte Oberfläche ‖ ~ **tube** (Eng, Met) / Rippenrohr n (z.B. im Röhrenbündel-Verdampfer), beripptes Rohr (bei Wärmeträgern), beflößtes Rohr ‖ ~ **vault** (Arch) / Rippengewölbe n (ein von Rippen getragenes Gewölbe) ‖ ~ **V-belt** (Eng) / Rippenkeilriemen, Keilrippenriemen m, Poly-V-Belt m, Poly-V-Riemen m ‖ ~ **velveteen** (Textiles) / Rippenvelvetine f, Ripsvelvetine f
**ribber** n (Textiles) / Fangmaschine f
**ribbiness** n (due to faulty workmanship) (Paint) / Streifigkeit f, Streifen m pl (Pinselstriche)
**ribbing** n (Arch) / Rippenversteifung f ‖ ~ (Eng) / Verrippung (zur Versteifung), Berippung f ‖ ~ (Textiles) / Rechts-Rechts-Stricken n ‖ ~ **felt** (Paper) / Markierfilz m, geripptes Obertuch
**ribbon** n / Farbband n (der Schreibmaschine) ‖ ~ (Comp) / Symbolleiste f ‖ ~ (Geol) / Band n ‖ ~ (Glass) / Glasband n ‖ ~* (Textiles) / Band n ‖ ~ **brake** (Eng) / Bandbremse f ‖ ~ **building** (Arch) / Bandbebauung f, Reihenbauweise f (bei der Wohnhäuser zu beliebig langen, mit den Straßen gleichlaufenden Reihen aneinander gereiht sind) ‖ ~ **cable** (Cables) / Bandstapelkabel n (LWL-Kabel mit Flachbandstruktur) ‖ ~ **calender** (Paper) / Bandkalander m ‖ ~ **cartridge** (Comp) / Farbbandkassette f ‖ ~ **cassette** / Farbbandkassette f (bei elektrischen Schreibmaschinen), Bandkassette f, Kassettenfarbband n
**ribbon-cellular radiator** / Lamellenkühler m, Rippenkühler m
**ribbon•-cellular radiator core** (Autos) / Lamellenkühlerblock m ‖ ~ **conveyor** (Eng) / Bandschnecke f (ein Schneckenförderer, der weniger zum Verstopfen neigt) ‖ ~ **development** (GB) (the building of houses along a main road, especially one leading out of a town or village) (Arch) / Stadtrandsiedlung f entlang der Landstraße, strahlenförmige Vorstadtentwicklung (entlang von Landstraßen)
**ribboned** adj (Geol) / gebändert adj
**ribbon feed** / Farbbandtransport m ‖ ~ **figure** (For) / Streifentextur f, gestreifte Textur (z.B. bei Sapelli oder Zingana) ‖ ~**-flame burner** (Heat) / Langschlitzbrenner m, Bandbrenner m ‖ ~ **folder** (Spinning) / Bandwickelmaschine f, Bandwickler m (DIN 64 100) ‖ ~ **gold** / Rollengold n ‖ ~ **grain** (For) / Streifentextur f, gestreifte Textur (z.B. bei Sapelli oder Zingana) ‖ ~ **indicator** / Farbzonensteller m (der Schreibmaschine)
**ribbonization** n (Plastics) / Ribbonisation f (bei glasfaserverstärkten Kunststoffen)
**ribbon knitting machine** (Textiles) / Bandstrickmaschine f, Bänderstrickmaschine f ‖ ~ **lap machine** (Textiles) / Wickelkehrstrecke f, Kehrstrecke f (DIN 64100), Wickelstrecke f ‖ ~ **lapper** (Textiles) / Wickelkehrstrecke f, Kehrstrecke f (DIN 64100), Wickelstrecke f ‖ ~ **lapping machine** (Textiles) / Wickelkehrstrecke f, Kehrstrecke f (DIN 64100), Wickelstrecke f ‖ ~ **lightning** (Meteor) / Bandblitz m ‖ ~ **loom** (Weaving) / Bandwebstuhl m, Bandstuhl m, Bortenstuhl m ‖ ~ **loss** (Glass) / Blattverlust m, Maschinensturz m ‖ ~ **machine** (Glass) / Bandmaschine f, Ribbon-Maschine f ‖ ~ **microphone*** (Acous) / Bändchenmikrofon n (ein elektrodynamisches Mikrofon) ‖ ~ **parachute*** (Aero, Textiles) / Bänderschirm m (ein Fallschirm), Bänderfallschirm m ‖ ~ **replacement** / Farbbandwechsel m ‖ ~ **ring** (I C Engs) / Kolbenbolzenhalteband n ‖ ~ **saw** (Carp, For) / Bandsäge f (Bandbreite > + 51,9 mm) ‖ ~ **selector** / Farbbandwähler m (der Schreibmaschine) ‖ ~ **spinning** (Plastics) / Schmelzbandspinnen n, Bandspinnverfahren n ‖ ~ **spinning** (Spinning) / Bandspinnen n ‖ ~ **vein** (Geol) / gebänderter Gang, Bändergang m ‖ ~ **windows** (Build) / Fensterband n (mehrere in einer Reihe bandartig unmittelbar nebeneinander liegende schmale Fenster), Bandfenster n
**RIBE** (reactive ion-beam etching) (Electronics) / Ionenstrahlätzen n mit reaktivem Gas (dessen Bestandteile mit dem Target-Material eine flüchtige Verbindung bilden können)
**rib fabric(s)** (Textiles) / Rechts-Rechts-Strickware f, Rippware f (feinere Rechts-Rechts-Ware), Rippengestrick n, Ränderware f (doppelflächige Strickware R/R)
**rib-groined vault** (Arch, Build) / Rippenkreuzgewölbe n
**ribitol** n (a colourless crystalline compound which is formed by reduction of ribose and occurs in certain plants) (Chem) / Ribit n, Ribitol n, Adonit n
**rib-knitting machine** (Textiles) / Fangmaschine f ‖ ~ **machine** (Textiles) / Ränderstuhl m, zweibettige Strickmaschine
**Riblet coupler** / Kurzschlitzrichtkoppler m
**rib machine** (having two sets of needles) (Textiles) / Fangmaschine f ‖ ~ **mesh** (Build, Civ Eng) / Streckmetall n (mit kurzen, versetzten

**riboflavin**

Einschnitten versehenes und zu einem Gitter mit rhombenförmigen Maschen umgeformtes Blech)
**riboflavin**\* *n* (a water-soluble antidermatitis vitamin of the B complex) (Biochem, Chem, Nut, Pharm) / Laktoflavin *n*, Lactoflavin *n*, Riboflavin *n*, Vitamin *n* $B_2$
**ribonuclease**\* *n* (Biochem) / Ribonuklease *f* (zu den Phosphatasen zählendes Enzym), Ribonuclease *f*, RNase *f*
**ribonucleic acid** (Biochem, Chem) / Ribonukleinsäure *f*, Ribonucleinsäure *f*, RNS (Ribonukleinsäure), RNA (Ribonukleinsäure)
**ribonucleoprotein** *n* (Cyt) / Ribonucleoprotein *n*, Ribonukleoprotein *n*
**ribose**\* *n* (Biochem, Chem) / Ribose *f* (eine physiologisch wichtige Aldopentose), Rib (Ribose)
**ribosomal** *adj* (Biochem) / ribosomal *adj* ‖ ~ **ribonucleic acid** (Biochem) / ribosomale RNS, r-RNS *f*, rRNS *f* ‖ ~ **RNA** (Biochem) / ribosomale RNS, r-RNS *f*, rRNS *f*
**ribosome**\* *n* (a minute particle consisting of RNA and associated proteins found in large numbers in the cytoplasm of living cells) (Biochem, Cyt) / Ribosom *n* (pl. -somen)
**ribovirus** *n* (Biochem, Gen) / RNS-Virus *n m*, RNA-Virus *n m*
**ribozyme**\* *n* (an RNA molecule capable of acting as enzyme) (Biochem) / Ribozym *n*, RNS-Enzym *n*, katalytische RNS
**rib pillar** (Mining) / Kammerpfeiler *m*, Pfeiler *m* zwischen zwei Kammern
**ribside** *n* (Mining) / Abbaukante *f* (seitliche Begrenzung eines beim Abbau stehengebliebenen Flözteiles, die sich beim Abbau benachbarter Flöze durch Druckzunahme und vermehrte Hangendausbrüche in bankrechter Wirkung auswirkt) ‖ ~ (Mining) / anstehende Kohle (in der Abbaustrecke)
**rib-stitch goods** (Textiles) / Rechts-Rechts-Strickware *f*, Rippware *f* (feinere Rechts-Rechts-Ware), Rippengestrick *n*, Ränderware *f* (doppelflächige Strickware R/R)
**ribulose**\* *n* (Biochem) / Ribulose *f* (eine Pentose) ‖ ~ **biphosphate**\* (Biochem) / Ribulosediphosphat *n* ‖ ~ **diphosphate**\* (Biochem) / Ribulosediphosphat *n*
**rib vault** (Arch) / Rippengewölbe *n* (ein von Rippen getragenes Gewölbe) ‖ ~ **weave** (Weaving) / Ripsbindung *f* (eine Leinwandbindung)
**Riccati controller** (Automation) / Riccati-Regler *m* (ein optimaler Zustandsregler für eine lineare Strecke höherer Ordnung) ‖ ~ **equation**\* (Maths) / Riccati'sche Differentialgleichung (nach I. F. Graf Riccati, 1676-1754)
**Ricci calculus** (Maths) / Ricci-Kalkül *m* (der absolute Differentialkalkül nach G. Ricci-Curbastro, 1853-1925) ‖ ~ **equation** (Maths) / Ricci'sche Identität, Ricci'sche Gleichung ‖ ~ **identity** (Maths) / Ricci'sche Identität, Ricci'sche Gleichung ‖ ~ **tensor** (Maths) / Ricci-Tensor *m*
**rice** *n* (Nut) / Reis *m* (Oryza sp.)
**Ricean fading** (Telecomm) / Rice-Schwund *m*
**rice-bowl** *n* (Agric) / Reisanbaugebiet *n* (großes), Reishauptanbaugebiet *n*
**rice bran** (Nut) / Reiskleie *f* ‖ ~ **bran oil** (Nut, Pharm) / Reisöl *n* (das fette Öl der Reiskleie), Reiskeimöl *n* ‖ ~ **cloth** (Textiles) / Knotengewebe *n* ‖ ~ **coal** (Mining) / Anthrazitfeinkohle *f* (4,8 bis 7,9 mm), Feinkohle *f* (Anthrazit) ‖ ~ **dust** (Nut) / Schleifmehl *n* (Abfall beim Reispolieren), Reisschleifmehl *n* (Abfall beim Reispolieren) ‖ ~ **in the husk** (Nut) / Rohreis *m*, Paddy-Reis *m* (noch bespelzt) ‖ ~ **meal** (Nut) / Reismehl *n*, Reisspeisemehl *n* ‖ ~ **mill** (Nut) / Reismühle *f* ‖ ~ **oil** (Nut, Pharm) / Reisöl *n* (das fette Öl der Reiskleie), Reiskeimöl *n* ‖ ~ **paper**\* (Paper) / Reispapier *n* (aus dem Mark des Reispapierbaumes /Tetrapanax papyrifer (Hook.) K. Koch/ gewonnen) ‖ ~ **pattern fracture** (Glass) / Reiskornbruch *m*, Feinstkornbruch *m* ‖ ~ **polish** (Nut) / Schleifmehl *n* (Abfall beim Reispolieren), Reisschleifmehl *n* (Abfall beim Reispolieren) ‖ ~ **polishings** (Nut) / Schleifmehl *n* (Abfall beim Reispolieren), Reisschleifmehl *n* (Abfall beim Reispolieren)
**ricer** *n* (US) (Elec Eng) / Presse *f* (ein Küchen/Elektrogerät), Quetsche *f* (ein Elektroküchengerät), ‖ ~ (US) (Nut) / Kartoffelpresse *f* (Küchengerät, mit dem durch Zusammendrücken von zwei siebartigen Teilen gekochte Kartoffeln zerquetscht werden)
**Rice-Ramsperger-Kassel-Marcus theory** (Chem) / RRKM-Theorie *f* (eine moderne statistische Theorie unimolekularer Reaktionen)
**rice starch** (Nut) / Reisstärke *f*, Amylum *n* Oryzae ‖ ~ **straw** / Reisstroh *n* ‖ ~ **weaves** *pl* (Textiles) / Knotengewebe *n*
**rich** *adj* / kräftig *adj*, satt *adj* (Farbton), tief *adj* (Farbton) ‖ ~ (in) / reich *adj* (an - z.B. an Eisen) ‖ ~ (Agric) / fett *adj* (Boden, Weide) ‖ ~ (Agric) / gut *adj* (Ernte), reich *adj* ‖ ~ (Agric) / fruchtbar *adj*, ertragreich *adj* ‖ ~ (Autos) / fett *adj* (Gemisch) ‖ ~ (Civ Eng) / fett *adj* (Beton mit hohem Bindemittelanteil) ‖ ~ (Textiles) / schwer *adj* (Stoff) ‖ ~ **application** (Paint) / satter Auftrag
**Richardson•-Dushman equation**\* (Phys) / Richardson-Dushman-Gleichung *f* (nach S. Dushman, 1883 - 1954),

Richardson-Dushman'sches Gesetz (eine Form des Richardson'schen Gesetzes) ‖ ≏ **effect**\* (Electronics) / thermische Elektronenemission, Glühemission *f*, Glühelektronenemission *f*, Thermoemission *f* ‖ ≏ **effect**\* (Electronics) / Richardson-Effekt *m*, glühelektrischer Effekt, Edison-Effekt *m* (nach T.A. Edison, 1847-1931) ‖ ≏ **equation** (Phys) / Richardson-Gleichung *f* (nach Sir O.W. Richardson, 1879-1959), Richardson'sches Gesetz ‖ ≏ **number**\* (Ecol, Meteor) / Richardson-Zahl *f* (Verhältnis von Schwerkraft zu Trägheitskraft bzw. von Hubarbeit zu aufzunehmender kinetischer Energie), Ri (Richardson-Zahl)
**Richard's solder** (Met) / Kupfer-Zink-Gusslegierung *f* mit etwa 3% Al und 3% Vorlegierung Sn + P
**rich-field telescope** (Astron, Optics) / Rich-Field-Teleskop *n* (kurzbrennweitiges, lichtstarkes Fernrohr mit großem Öffnungsverhältnis)
**rich gas** / reiches Gas, Reichgas *n*, hochkaloriges Gas (spezifischer Brennwert 31465 bis 35617 kJ/m³) ‖ ~ **gas** / Starkgas *n* (spezifischer Brennwert 15085 bis 23045 kJ/m³) ‖ ~ **in ash** (Chem, Fuels) / hochaschehaltig *adj*, mit hohem Aschengehalt, aschereich *adj*, aschenreich *adj*, stark aschehaltig ‖ ~ **in carbon** / kohlenstoffreich *adj* ‖ ~ **in carbon** (Met) / hochgekohlt ‖ ~ **in humus** (Agric) / humusreich *adj* ‖ ~ **in oxygen** (Chem) / hochsauerstoffhaltig *adj*, sauerstoffreich *adj*, mit hohem Sauerstoffgehalt ‖ ~ **in phosphorus** / phosphorreich *adj* ‖ ~ **in protein** (Biochem, Nut) / eiweißreich *adj* ‖ ~ **in resin** / harzreich *adj* ‖ ~ **in tone** (Acous) / volltönig *adj* ‖ ~ **in water** (Geol, Hyd Eng) / wasserreich *adj* ‖ ~ **in zinc** / zinkreich *adj* ‖ ~ **lime**\* (Build) / fetter Kalk (mit weniger als 10% Beimengungen des rohen Kalksteins), Fettkalk *m*, Weißkalk *m* ‖ ~ **mixture** (a fuel-air mixture in which the ratio of fuel to air is higher than that required for efficient operation of the engine) (I C Engs) / fettes Gemisch
**richness of sound** (Acous) / Klangfülle *f* (eines Orchesters) ‖ ~ **of tone** (Acous) / Klangfülle *f* (eines Instruments)
**rich oil** (Oils) / Reichöl *n*, an Flüssiggasen reiches Öl ‖ ~ **ore** (Min Proc, Mining) / reiches Erz, hochwertiges Erz, Reicherz *n*, Edelerz *n*
**Richter, open-ended** ≏ **scale** (Geol, Geophys) / nach oben offene Richter-Skala
**richterite**\* *n* (Min) / Richterit *n*
**Richter lag** (Elec Eng) / Richter'sche Nachwirkung ‖ ≏ **residual induction** (Elec Eng) / Richter'sche Nachwirkung ‖ ≏ **scale**\* (a numerical scale of earthquake magnitude) (Geol, Geophys) / Richter-Skala *f* (von 0 bis 8,5 reichende, jedoch nach oben nicht begrenzte Erdbebenskala zur objektiven Feststellung der bei einem Erdbeben ausgelösten Energie mit Hilfe von Seismografen, wobei als Maß die Magnitude dient - nach Ch. F. Richter, 1900 - 1985), Magnitudenskala *f*, Gutenberg-Richter-Magnitudenskala *f*
**ricin** *n* (Chem, Pharm) / Rizin (hochgiftiger Eiweißstoff aus den Rizinussamen), Ricin *n*
**ricinine** *n* (Chem) / Ricinin *n* (ein Pyridinalkaloid), Rizinin *n*
**ricinoleate** *n* (Chem) / Rizinoleat *n*, Ricinoleat *n* (Metallseife der Ricinolsäure)
**ricinoleic acid**\* (Chem) / Rizinolsäure *f*, Ricinusölsäure *f*, Ricinolsäure *f* (eine Hydroxyfettsäure)
**ricinoleyl alcohol** (fatty alcohol of ricinoleic acid) (Chem) / Ricinolalkohol *m* (9-cis-Octadecen-1,12-diol), Rizinolalkohol *m*
**rick** *n* (Agric) / Schober *m* (groß, meist rechteckig, mit einer Segeltuchabdeckung)
**rickety** *adj* (poorly made and likely to collapse) (Build) / abbruchreif *adj*, baufällig *adj*
**rickrac(k) braid** (Textiles) / Zackenlitze *f*
**rid** *v* (Mining) / säubern *v* (Ort)
**riddle**\* *n* (Build, Min Proc) / Durchwurf *m* (ein großes Sieb), Durchwurfsieb *n*, Wurfsieb *n* (bei dem das zu trennende Material gegen den meist schräg gestellten Siebboden geworfen wird), Rätter *m*, Grobsieb *n*
**riddling** *n* (Nut) / Remuage *f* (des Sekts beim Flaschengärverfahren), Rütteln *n* (des Sekts beim Flaschengärverfahren)
**riddlings** *pl* (Eng) / Siebdurchgang *m* (durch ein grobmaschiges Sieb) ‖ ~ (Fuels) / fester Brennstoff, der durch den Rost durchgefallen ist
**riddling screen** / Siebrätter *m*, Plansichter *m* (ein Plansieb)
**ride** *v* (on a moped) / fahren *v* (auf einem Moped) ‖ ~ / krummstehen *v*, nicht Linie halten (eine Zeichenfeder) ‖ ~ (Autos) / fahren *v* (als Fahrgast in einem Kraftfahrzeug) ‖ ~ *vi* (Join) / klemmen *vi* (Tür) ‖ ~ *n* (Autos) / Fahrkomfort *m* ‖ ~ (Autos) / Abrollverhalten *n* (des Reifens) ‖ ~ (For) / Schneise *f* (ein Reitweg im Wald)
**Rideal-Walker coefficient** (Chem, Med) / Phenolkoeffizient *m* (eine Vergleichszahl für die Wirkung von Desinfektionsmitteln), Rideal-Walker-Koeffizient *m*
**ride-and-handling course** (Autos) / Schikanenkurs *m* (des Automobilversuchsgeländes)
**ride comfort** (Autos) / Fahrkomfort *m* ‖ ~ **in** *v* (Mining) / einfahren *vi*, anfahren *v*

**rider** *n* / Korollar *n* (ein Satz, der sich aus einem schon bewiesenen Theorem in einfacher Weise ergibt), Folgesatz *m* (Korollar) ‖ ~ (Agric) / Aufsitzmäher *m*, Aufsitzrasenmäher *m* ‖ ~* (Eng) / Reiterchen *n* (Laufgewichtsstück), Laufgewichtstück *n*, Laufgewicht *n* (DIN 1305), Reiter *m*, Reiterwägestück *n* ‖ ~* (Mining) / namenloses Flöz, Begleitflöz *n* ‖ ~ **arch** (Arch) / Schlitzbogen *m* ‖ ~ **bar** (Chem) / Reiterschiene *f*, Reiterlineal *n* (der analytischen Waage)
**ride round** *v* / herumfahren *v* (mit dem Fahrzeug)
**rider rollers*** (Print) / Beschwerwalzen *f pl*, Reiterwalzen *f pl*
**rider-seated control** / Fahrersitzlenkung *f* (eines Flurförderzeugs)
**rider truck** (Eng) / Fahrersitzstapler *m*
**RI detector** (Chem, Optics) / Brechungsdifferenzdetektor *m*, Brechungsindexdetektor *m*, RI-Detektor *m*
**ridge** *v* (Agric) / häufeln *v*, anhäufeln *v* ‖ ~ (Build) / eindecken *v* (mit Firstziegeln) ‖ ~ (Eng) / furchen *v*, riefen *v* ‖ ~ *n* (Agric) / Furchenkamm *m*, Kamm *m* (Furchenkamm), Damm *m* (bei der Dammsaat) ‖ ~ (Arch) / Scheitel *m* (höchster Punkt eines Gewölbes oder eines Bogens) ‖ ~* (Build, Carp, Civ Eng) / First *m*, Dachfirst *m*, Firstlinie *f* (die oberste, stets waagerecht verlaufende Dachkante) ‖ ~ (Eng) / Rille *f* (eine Gestaltabweichung nach DIN 4761) ‖ ~ (Eng) / Gewindezahn *m* (zwischen den Gewindeflanken) ‖ ~ (Geol) / Kamm *m*, Gebirgsrücken *m*, Höhenrücken *m*, Gebirgskamm *m*, Rücken *m* (Erhebung mit deutlicher Längserstreckung und breiten Kammformen) ‖ ~ (Geol) / Hügelkette *f*, Gebirgskette *f* ‖ ~* (Meteor) / Hochdruckkeil *m*, Keil *m* (hohen Luftdrucks), Hochdruckausläufer *m*, Rücken *m* (Hochdruckkeil) ‖ ~ (Textiles) / Grat *m* (diagonal verlaufende Gewebeoberflächenstruktur infolge versetzter Bindungspunkte), Rippe *f*
**ridge-and-furrow irrigation** (Agric, San Eng) / Furchenbewässerung *f*, Furchenberieselung *f* ‖ ~ **tank** (San Eng) / Furchenbecken *n* (ein Belüftungsbecken)
**ridge board*** (Build, Carp) / Firstpfette *f*, Firstbohle *f*, Firstbalken *m* (der die Sparren am Dachfirst trägt und das Durchbiegen und seitliches Ausweichen der Firstlinie verhindert) ‖ ~ **capping*** (Build) / Firstabdeckung *f* ‖ ~ **coping** (Build) / Firstabdeckung *f* ‖ ~ **covering*** (Build) / Firstabdeckung *f*
**ridged ice** (Geol) / aufgefaltetes Eis
**ridge drill** (Agric) / Dammdrillmaschine *f*
**ridged waveguide** (Elec, Phys) / Steghohlleiter *m*
**ridge-line elevation** / wellenförmige Erhöhung (DIN ISO 8785)
**ridge of twill** (Textiles) / Köpergrat *m* ‖ ~ **piece** (Build, Carp) / Firstpfette *f*, Firstbohle *f*, Firstbalken *m* (der die Sparren am Dachfirst trägt und das Durchbiegen und seitliches Ausweichen der Firstlinie verhindert) ‖ ~-**pole*** *n* (Build, Carp) / Firstpfette *f*, Firstbohle *f*, Firstbalken *m* (der die Sparren am Dachfirst trägt und das Durchbiegen und seitliches Ausweichen der Firstlinie verhindert) ‖ ~ **purlin** (Build, Carp) / Firstpfette *f*, Firstbohle *f*, Firstbalken *m* (der die Sparren am Dachfirst trägt und das Durchbiegen und seitliches Ausweichen der Firstlinie verhindert)
**ridger** *n* (Agric) / Häufler *m*, Häufelpflug *m*, Häufelgerät *n*
**ridge rib** (Arch) / Scheitelrippe *f* (die entlang der Scheitellinie eines Gewölbes verläuft) ‖ ~ **tile*** (Build) / Firstziegel *m*, Firstanschlussziegel *m*, Firststein *m* (zur Eindeckung des Dachfirstes)
**ridging** *n* (Agric) / Häufeln *n*, Furchenziehen *n* ‖ ~* (Build) / Eindeckung *f* mit Firstziegeln (des Firstes) ‖ ~ **body** (Agric) / Häufelkörper *m* (zum Anhäufeln eines Dammes) ‖ ~ **plough** (Agric) / Häufler *m*, Häufelpflug *m*, Häufelgerät *n*
**ridgy cloth** (Textiles) / welliges Gewebe (das auf dem Zuschneidetisch nicht glatt aufliegt)
**riding** *adj* / verschiebbar *adj* (Gewicht) ‖ ~ **lamps*** (Aero) / Ankerlichter *n pl* (bei Wasserflugzeugen) ‖ ~ **lamps** (Ships) / Ankerlichter *n pl* (durch die Seestraßenordnung vorgeschriebene Lichter) ‖ ~ **lights** (Aero) / Ankerlichter *n pl* (bei Wasserflugzeugen) ‖ ~ **lights** (Ships) / Ankerlichter *n pl* (durch die Seestraßenordnung vorgeschriebene Lichter) ‖ ~ **mower** (Agric) / Aufsitzmäher *m*, Aufsitzrasenmäher *m* ‖ ~ **mower** (Agric) s. also lawn tractor
**RIE** (reactive ion etching) (Electronics) / reaktives Ionenätzen (ein dem Plasmaätzen verwandtes Trockenätzverfahren, bei dem im Gegensatz zu diesem die zu ätzenden Halbleiterscheiben auf der unteren Platte des "Parallelplattenrezipienten" liegen, in die auch die Hochfrequenzspannung eingekoppelt wird, während die obere Platte mit dem Rezipienten auf Erdpotential liegt), RIE (reaktives Ionenätzen)
**riebeckite** *n* (a monoclinic amphibole)* (Min) / Riebeckit *m* (ein Alkali-Amphibol) ‖ ~* (Min) s. also amphibole asbestos
**Riecke diagram*** (Electronics) / Riecke-Diagramm *n* (Generatordiagramm in Polarkoordinatensystem zur Darstellung der Zusammenhänge wichtiger Betriebsdaten für ein Magnetron zur Mikrowellenerwärmung - nach E. Riecke, 1845-1915)

**Riecke's principle** (the statement in thermodynamics that solution of a mineral tends to occur most readily at points where external pressure ist greatest, and that crystallization occurs most readily at points where external pressure is least) (Geol) / Riecke'sches Prinzip
**riegel** *n* (Geol) / Riegel *m*, Riegelberg *m* (aus Fels bestehender, talverengender Berg in einem alten Gletscherbett, der durch ungleichmäßige Erosion des Gletschers entstanden ist)
**Riegler's reagent** (sodium naphthionate) (Chem) / Rieglers Reagens
**Riemann-Christoffel tensor** (a curvature tensor) (Maths) / Riemann'scher Krümmungstensor, Riemann-Christoffel'scher Krümmungstensor (Riemann'scher Raum mit Christoffel-Symbolen zweiter Art)
**Riemann hypothesis** (the conjecture that the only zeros of the zeta function with positive real part must have their real part equal to 1/2) (Maths) / Riemann'sche Vermutung
**Riemannian geometry** (Maths) / Riemann'sche Geometrie (nach B. Riemann, 1826-1866), Riemann-Geometrie *f* ‖ ~ **integral** (Maths) / Riemann'sches Integral, R-Integral *n* ‖ ~ **manifold** (Maths) / Riemann'scher Raum, Riemann-Raum *m*, Riemann-Mannigfaltigkeit *f* ‖ ~ **space** (Maths) / Riemann'scher Raum, Riemann-Raum *m*, Riemann-Mannigfaltigkeit *f* ‖ ~ **sum** (Maths) / Riemann'sche Summe (Integralsumme), R-Summe *f*
**Riemann integral** (Maths) / Riemann'sches Integral, R-Integral *n* ‖ ~ **mapping theorem** (Maths) / Riemann'scher Abbildungssatz ‖ ~ **rearrangement theorem** (Maths) / Riemann'scher Umordnungssatz ‖ ~ **sphere** (Maths) / Riemann'sche Zahlenkugel ‖ ~ **sum** (Maths) / Riemann'sche Summe (Integralsumme), R-Summe *f* ‖ ~ **surface*** (Maths) / Riemann'sche Fläche (ein Hilfsmittel in der Funktionentheorie), Riemann-Fläche *f* ‖ ~ **theorem** (Maths) / Riemann'scher Abbildungssatz ‖ ~ **zeta function*** (Maths) / Riemann'sche Zetafunktion
**Riesz-Fischer theorem** (Maths) / Fischer-Riesz'scher Satz, Riesz-Fischer'scher Satz (nach F. Riesz, 1880-1956)
**Riesz space** (Maths) / Riesz-Raum *m*, Vektorverband *m*
**Rietveld method** (Crystal) / Rietveldmethode *f* (Verfahren zur Strukturanalyse auf der Basis von Röntgen- oder Neutronenbeugungsdiagrammen)
**RIF** (routing information field) (Comp, Telecomm) / Routing-Informationsfeld *n*
**rifampicin** *n* (Pharm) / Rifampicin *n* (ein Antibiotikum)
**rifamycins** *pl* (Pharm) / Rifamycine *n pl* (eine Gruppe der von Streptomyces mediterranei gebildeten Antibiotika mit Naphthohydrochinonstruktur)
**RIFF** *n* (resource interchange file format) (Comp, TV) / Resource-Interchange-File-Format *n* (ein Dateiformat zur Speicherung von multimedialen Daten), RIFF-Format *n*
**riffle** *v* / riffeln *v*, riefeln *v*, riefen *v*, rippen *v* (riffeln) ‖ ~ *n* (Hyd Eng) / seichtes, felsiges Flussbett ‖ ~ **calender** (Textiles) / Riffelkalander *m* (DIN 64 990) ‖ ~ **plate** (Met) / Riffelblech *n* (ein gerepptes Blech, z.B. für den Bodenbelag)
**riffler*** *n* (Eng) / Riffelfeile *f* ‖ ~* (Min Proc) / Probenteiler *m* ‖ ~* (Paper) / Sandfang *m*
**riffles** *pl* (US) (Hyd Eng) / Stromschnelle *f*, Bereich *m* der starken Strömung
**riffle sheet** (Met) / Riffelblech *n* (dünnes)
**rifle grip** (Cinema, Photog, TV) / Schulterstativ *n*, Schulterstütze *f*
**riflescope** *n* (US) (Optics) / Zielfernrohr *n*
**rifle sight** (Optics) / Zielfernrohr *n*
**rifling** *n* (Eng) / Drallnuträumen *n* (z.B. bei Schmiernuten in Lagerbuchsen)
**rift** *n* (For) / Riftbrett *n*, Rift *n* (Rohhobler mit fast senkrecht stehenden Jahresringen) ‖ ~ (Geol) / Rift *n m* (Senke von großer Länge), Großgraben *m* ‖ ~ **crack** (For) / Herzriss *m*, Kernriss *m*, Strahlenriss *m*, Markriss *m*, Spiegelkluft *f* ‖ ~ **grain** (For) / Spiegel *m* (auf dem Radialschnitt des Holzes sichtbare, glänzende Bänder, die durch das An- und Aufschneiden der Holzstrahlen entstehen)
**rifting** *n* (Geol) / Bruchspaltenbildung *f*
**rift-sawing** *n* (For) / Riftschnitt *m*, Spiegelschnitt *m* (gewöhnlicher - wenn 50% der Jahrringe stehen), Faux-Quartierschnitt *m*
**rift-sawing*** *n* (For) / Spiegelschnitt *m* (bei dem Edelrifts anfallen)
**rift-sawing** *n* (For) / Radialschnitt *m* (bei dem die Jahrringe als parallele Linien in Längsrichtung verlaufen), Spiegelschnitt *m* (strenger)
**rift valley*** (Geol, Ocean) / Rift Valley *n* (tiefer, tektonisch gebildeter, festländischer oder ozeanischer Graben)
**rig** *v* (Eng) / aufbauen *v* (am Aufstellungsort), aufstellen *v*, montieren *v* (am Aufstellungsort) ‖ ~ (Ships) / schalten *v* (Motoren bei U-Booten) ‖ ~* *n* (Eng) / Anlage(n) *f(pl)*, Einrichtung(en) *f(pl)*, Fazilität *f* (materielle, technische und organisatorische Bedingungen für einen bestimmten Zweck), Facility *f* (Ausstattung, Kundendiensteinrichtung) ‖ ~* (Mining, Oils) / Bohranlage *f* (sowohl zu Lande als auch offshore), Rig *m* (unabhängige Bohrinsel) ‖ ~ (of

**rig**

a trawl) (Ships) / Vorgeschirr *n* (ein Teil des Schleppnetzfanggeschirrs) ‖ ~ **crew** (Mining, Oils) / Bohrmannschaft *f* ‖ ~ **equipment** (Oils) / Bohranlageneinrichtung *f* ‖ ~ **floor** (Oils) / Bohrdeck *n* ‖ ~ **for diving** (Ships) / klarmachen zum Tauchen (Uboot) ‖ ~ **for surfacing** (Ships) / klarmachen zum Auftauchen (Uboot)
**rigged cloth** (Textiles) / Kante an Kante zusammengelegter Stoff
**rigger** *n* (Build) / Metallgerüstbauer *m* ‖ ~ (Eng) / Monteur *m*, Montagearbeiter *m* (am Aufstellungsort) ‖ ~ (Eng) / Schnurscheibe *f*, Schnurrolle *f* (eines Flaschenzugs) ‖ ~ (Paint) / Strichzieher *m*, Schlepper *m* ‖ ~ (Textiles) / Leger *m*, Stoffleger *m*
**rigging**\* *n* (Aero) / Ballonnetz *n* ‖ ~\* (Aero) / Verspannung *f* (bei Luftschiffen und Ballons) ‖ ~\* (Aero) / Aufrüstung *f* ‖ ~ (Eng) / Aufbau *m*, Aufstellung *f*, Montage *f* (am Aufstellungsort) ‖ ~ (Radio) / Montage *f* (einer Hochantenne) ‖ ~ (Ships) / Takelage *f* (Masten, Rahen und Stengen eines Schiffes + das dazugehörende stehende und laufende Gut), Takelung *f* ‖ ~ (Ships) / Wanten *f pl n pl* (seitliche Abspannungen der Masten) ‖ ~ **angle of incidence**\* (Aero) / Einstellwinkel *m* (zwischen der Flügelprofilsehne und der Luftfahrzeuglängsachse) ‖ ~ **datum** (Aero) / Bezugsfläche *f* ‖ ~ **datum line** (Aero) / Lehrenbezugslinie *f*, Rüstbezugslinie *f* ‖ ~ **line**\* (Aero) / Auslaufleine *f* (des Fallschirms), Fangleine *f* (des Fallschirms)
**Righi effect** (Phys) / Righi-Leduc-Effekt *m* (erster - die Erscheinung, dass eine Temperaturdifferenz entsteht, wenn auf einen Wärmestrom in einem Elektronenleiter senkrecht zur Stromrichtung ein Magnetfeld einwirkt), Leduc-Righi-Effekt *m* (nach S.A. Leduc, 1856-1937, und A. Righi, 1850-1920) ‖ ~-**Leduc effect** (Phys) / Righi-Leduc-Effekt *m* (erster - die Erscheinung, dass eine Temperaturdifferenz entsteht, wenn auf einen Wärmestrom in einem Elektronenleiter senkrecht zur Stromrichtung ein Magnetfeld einwirkt), Leduc-Righi-Effekt *m* (nach S.A. Leduc, 1856-1937, und A. Righi, 1850-1920)
**right** *v* / aufrichten *v* ‖ ~ (Aero) / abfangen (ein Flugzeug) ‖ ~ *vt* (for blowing) (Met) / in Blasstellung bringen (Konverter) ‖ ~ *adj* / recht *adj* ‖ ~ (Maths) / richtig *adj* ‖ ~ **aligned** (Comp) / rechtsbündig *adj* ‖ ~ **angle**\* (Maths) / rechter Winkel, Rechter *m*
**right-angle bend bar** (Civ Eng) / Betonstahlstab *m* mit Winkelhaken ‖ ~ **cranked tool** (Eng) / rechtwinklig gebogener Stechhobelmeißel (DIN 4963), Hakenmeißel *m*
**right-angled** *adj* / rechtwinklig *adj* ‖ ~ **coupler** (Build) / Normalkupplung *f* (bei Stahlrohrgerüsten - eine Kupplung zum Verbinden von zwei sich unter einem rechten Winkel kreuzenden Rohren nach DIN EN 74)
**right-angled folding**\* (Bind) / Kreuzbruchfalzung *f*
**right-angle drill** (Tools) / Eckbohrer *m*
**right-angle triangle** (Maths) / rechtwinkliges Dreieck
**right-angle-feed shaving** (Eng) / Querschaben *n* (mit Vorschub quer zur Werkradachse)
**right-angle prism** (Optics) / rechtwinkliges Prisma, Rechtwinkelprisma *n*
**right arrow** (Comp, Print) / Pfeil *m* nach rechts, Rechtspfeil *m* ‖ ~ **ascension**\* (Astron) / AR (Rektaszension), Rektaszension *f*, gerade Aufsteigung (im Äquatorialsystem)
**right-ascension adjustment** (Astron, Optics) / Stundeneinstellung *f*
**right associate** (of a matrix) (Maths) / rechtsassoziierte Matrix
**right-associate** *adj* (Maths) / rechtsassoziiert *adj*, rechts assoziiert
**right-associated** *adj* (Maths) / rechtsassoziiert *adj*, rechts assoziiert
**right-bank tributary** (Geol) / rechter Nebenfluss
**right blank** (Comp, Typog) / Nachbreite *f* (Leerraum rechts des Zeichens) ‖ ~ **bracket** (Maths) / Klammer zu, schließende Klammer ‖ ~ **circular cone**\* (Maths) / gerader Kreiskegel
**right-circularly polarized** (Optics) / rechts zirkular polarisiert
**right coset** (Maths) / rechtsseitige Nebenklasse, rechte Nebenklasse, rechte Restklasse, Rechtsnebenklasse *f* ‖ ~ **derivative** (Maths) / rechtsseitige Ableitung, vordere Ableitung
**right-direction arrow** (Comp, Print) / Pfeil *m* nach rechts, Rechtspfeil *m*
**right-eye shuttle** (Weaving) / Rechtsschützen *m* (DIN 64685)
**right-facing page** (Print, Typog) / rechte Buchseite (mit ungerader Seitenzahl)
**right-hand** *attr* (Eng) / rechtsschneidend *adj* ‖ ~ (Eng) / rechtsgängig *adj* (Gewinde, Fräser)
**right-hand airscrew** (Aero) / rechtsgängige Luftschraube
**right-hand curve** (Autos) / Rechtskurve *f* ‖ ~ **derivative** (Maths) / rechtsseitige Ableitung, vordere Ableitung
**right-hand door** (Build) / rechtshändige Tür, nach rechts aufgehende Tür, rechts aufschlagende Tür, Rechtstür *f*
**right-handed** (Agric) / rechtswendend *adj* (Pflug) ‖ ~ (Eng) / rechtsschneidend *adj* (Fräser) ‖ ~ (Eng) / rechtsgängig *adj* (Gewinde, Fräser)
**right•-handed crystal** (Electronics) / rechtsdrehender Kristall ‖ ~-**handed engine**\* (Aero) / Rechtsmotor *m*

**right-handed quartz** (Min) / Rechtsquarz *m*
**right-handed screw** (Eng) / Rechtsgewindeschraube *f*, Rechtsschraube *f*
**right-handed system** (Maths) / rechtshändiges Koordinatensystem ‖ ~ **winding** (Elec Eng) / rechtsgängige Wicklung
**right-hand helix** (Eng) / Rechtsdrall *m* (bei schraubenverzahnten Fräsern) ‖ ~ **helix cutter** (Eng) / Fräser *m* mit Rechtsdrall ‖ ~ **justified** (Comp) / rechtsbündig *adj* ‖ ~ **lay** / rechtsgängig geschlagen (Seil) ‖ ~ **limit** (Maths) / rechtsseitiger Limes, rechtsseitiger Grenzwert ‖ ~ **lock** (Build) / Rechtsschloss *n* ‖ ~ **lock** (Build, Join) / Schloss *n* für eine Rechtstür ‖ ~ **nut** (Eng) / Mutter *f* mit Rechtsgewinde
**right-hand page** (Print, Typog) / rechte Buchseite (mit ungerader Seitenzahl)
**right-hand(ed) polarized wave** (Electronics) / rechts polarisierte Welle
**right-hand propeller** (Aero) / rechtsgängige Luftschraube ‖ ~ **rule** (Elec) / Rechtehandregel *f* (zur Bestimmung der Richtung des induzierten Stromes), Generatorregel *f*
**right-hand screw** (Eng) / Rechtsgewindeschraube *f*, Rechtsschraube *f*
**right-hand screw rule** (Elec, Elec Eng) / Rechtehandregel *f* (zur Bestimmung der Richtung des induzierten Stromes), Generatorregel *f* ‖ ~ **side** (AI) / rechte Seite (der Regel - eine Folge von Aktionen, die bei Erfüllung der linken Seite auszuführen sind) ‖ ~ **side** (Maths) / rechte Seite (einer Gleichung) ‖ ~ **spiral grain** (For) / widersinniger Drehwuchs (bei rechtsgedrehten Stämmen) ‖ ~ **taper** (Elec Eng) / rechtsdrehendes Potentiometer (Widerstand zeigt bei Drehung im Uhrzeigersinn) ‖ ~ **tooth flank** (Eng) / Rechtsflanke *f* (DIN 3960) ‖ ~ **traffic** (Autos) / Rechtsverkehr *m* ‖ ~ **turn** (Autos) / Rechtskurve *f* ‖ ~ **turning lane** (Autos) / Rechtsabbiegerspur *f* ‖ ~ **turn lane** (US) (Autos) / Rechtsabbiegerspur *f* ‖ ~ **turnout** (Rail) / Rechtsweiche *f* (einfache) ‖ ~ **twill** (Textiles, Weaving) / Z-Grat-Köper *m*, Rechtsgratköper *m* (wenn die Köpergrate von links nach rechts gehen), Z-Köper *m*
**right•-hand twine** (Spinning) / Z-Draht-Garn *n*, rechtsgedrehtes Garn ‖ ~-**hand twist** (Cables) / Rechtsdrall *m*, Rechtsschlag *m*
**right-hand volume** (Acous, Radio) / Lautstärke *f* im rechten Kanal
**right•-hand welding** (Welding) / NR-Schweißen *n*, Nachrechtsschweißen *n* ‖ ~ **helicoid**\* (Maths) / Wendelfläche *f* (eine Schraubenfläche, die durch eine Gerade beschrieben wird, welche sich an einer zu ihr senkrecht stehenden Achse emporschraubt) ‖ ~ **helix** (Maths) / Rechtsschraube *f* ‖ ~ **hereditary ring** (Maths) / rechtserblicher Ring
**righting moment** (Aero) / Rückstellmoment *n*, Aufrichtmoment *n*, Rückführmoment *n*, Rückdrehmoment *n*
**right inverse** (Maths) / rechtsinvers *adj* ‖ ~ **justified** (Comp) / rechtsbündig *adj*
**right-lateral fault** (Geol) / rechtshändige Blattverschiebung, dextrale Blattverschiebung, Rechtsverwerfung *f* ‖ ~ **slip fault** (Geol) / rechtshändige Blattverschiebung, dextrale Blattverschiebung, Rechtsverwerfung *f*
**right-linear grammar** (Comp) / rechtslineare Grammatik (wenn alle Produktionen rechtslinear sind)
**right margin** (Print) / rechter Rand
**right-margin zero scale** (Instr) / rückläufige Skale
**rightmost position** (Maths) / niedrigstwertige Stelle, niedrigstwertige Ziffer
**right multiplication** (Maths) / Multiplikation *f* (von rechts nach links), Rechtsmultiplikation *f* ‖ ~ **of appeal** (Comp) / Anrufungsrecht *n* (des einzelnen, sich an den Datenschutzbeauftragten zu wenden) ‖ ~ **of complaint** (Comp) / Anrufungsrecht *n* (des einzelnen, sich an den Datenschutzbeauftragten zu wenden) ‖ ~ **of way** / Wegerecht *n* (eine Grunddienstbarkeit) ‖ ~ **of way** (Aero) / Vorflugrecht *n* ‖ ~ **of way** (Autos) / Vorfahrtsrecht *n*, Vorfahrt *f* ‖ ~ **of way** (Build) / Geh-, Fahrt- und Leitungsrecht *n* (eine Grunddienstbarkeit) ‖ ~ **of way** (US) (Civ Eng) / für gemeinnützige Zwecke enteignetes Grundeigentum
**right-of-way precedence** (Comp) / höchste Priorität
**right parallelepiped** (Maths) / Quader *m* (Prisma mit einem Rechteck als Grundfläche) ‖ ~ **parenthesis** (Maths) / Klammer zu, schließende Klammer
**right-pointing** *adj* / rechtsgerichtet *adj*, rechtsweisend *adj*
**right prism** (Maths) / gerades Prisma ‖ ~ **pyramid** (Maths) / regelmäßige Pyramide, senkrechte Pyramide, gerade Pyramide ‖ ~-**reading**\* *adj* (Print) / seitenrichtig *adj*
**right-regular** *adj* (Maths) / rechtsregulär *adj* ‖ ~ **prism** (Maths) / gerades Prisma ‖ ~ **pyramid** (Maths) / regelmäßige Pyramide, senkrechte Pyramide, gerade Pyramide
**right side** (Paper) / Oberseite *f*, Filzseite *f*, Schönseite *f* (eines Papiers nach DIN 6730) ‖ ~ **side** (Textiles) / Vorderseite *f*, rechte Stoffseite, Oberseite *f*, Schauseite *f*, Tuchseite *f* ‖ ~ **side view** / Seitenansicht *f* von rechts ‖ ~ **term** (Maths) / Rechtsterm *m* (einer Gleichung) ‖ ~ **to be informed** (Comp) / Auskunftsrecht *n* (eines Betroffenen, Auskunft über die zu seiner Person gespeicherten Daten und unter bestimmten Vorraussetzungen über deren Weitergabe zu erhalten) ‖ ~ **to challenge** (Comp) / Einspruchsrecht *n* ‖ ~ **to challenge** (the

veracity) (Comp) / Beanstandungsrecht n, Anfechtungsrecht n (im Datenschutz) ‖ ~ **to inspection** (Comp) / Einsichtsrecht (jedem zustehendes Recht, das von der jeweils zuständigen Aufsichtsbehörde geführte Register einzusehen, in dem private Stellen erfasst sind, die geschäftsmäßig personenbezogene Daten für Dritte verarbeiten) ‖ ~ **to land or take off** (Aero) / Start- und Landerecht n

**right-to-left** attr / von rechts nach links (arbeitend, lesend) ‖ ~ **twill** (Weaving) / S-Grat-Köper m, Linksgratköper m, S-Köper m (wenn die Köpergrate von rechts nach links gehen)

**right topology** (on an ordered set) (Maths) / Rechtstopologie f ‖ ~ **to protest** (Comp) / Einspruchsrecht n ‖ ~ **triangle** (Maths) / rechtwinkliges Dreieck ‖ ~ **turn** (Autos) / Rechtskurve f ‖ ~ **turn** (Autos) / Rechtskurve f

**right-turning traffic** (Autos) / Rechtsabbiegen n

**right-turn lane** (Autos, Civ Eng) / Rechtsabbiegestreifen m

**right twill** (Weaving) / Z-Grat-Köper m, Rechtsgratköper m (wenn die Köpergrate von links nach rechts gehen), Z-Köper m

**right-unique** adj (Maths) / rechtseindeutig adj

**rightward arrow** (Comp, Print) / Pfeil m nach rechts, Rechtspfeil m ‖ ~ **welding** (Welding) / NR-Schweißen n, Nachrechtsschweißen n

**rigid** adj / starr adj (Achse, Körper, Kupplung) ‖ ~ / hart adj (Kunststoff) ‖ ~ (Mech) / nicht gelenkig (Knoten - im Trägersystem) ‖ ~ (Med) / biegesteif adj (ohne Änderung der Form beim Biegen) ‖ ~ (Physiol) / rigid adj, rigide adj (Gewebe) ‖ ~ **airship** (Aero) / Starrluftschiff n, Gerüstluftschiff n (z.B. nach dem Grafen v. Zeppelin) ‖ ~ **arch**\* (Arch, Civ Eng) / voll eingespannter Bogen ‖ ~ **axle** (Autos) / Starrachse f (von Rad zu Rad durchgängige gelenklose Welle) ‖ ~ **axle** (Rail) / festgelagerte Achse, steife Achse ‖ ~ **body** (Mech) / Starrkörper m, starrer Körper

**rigid-body dynamics** / Dynamik f starrer Körper ‖ ~ **mechanics** (Mech) / Mechanik f starrer Körper (DIN 13317), Mechanik f der starren Körper, Mechanik f von festen Körpern ‖ ~ **shift** (Mech) / Verschiebung f von starren Körpern ‖ ~ **system** (Phys) / Starrkörpersystem n

**rigid box** (Paper) / formstabile Schachtel ‖ ~ **boxboard** (Paper) / unbiegsamer Schachtelkarton ‖ ~ **camera** (Photog) / Tubuskamera f ‖ ~ **camera case** (Photog) / Fotokoffer m ‖ ~ **cellular materials** (Plastics) / Hartschaumstoffe m pl (DIN 7726) ‖ ~ **CGI cable** (Cables) / gasisolierter Rohrleiter, SF$^6$-Rohrleiter m, starrer Rohrleiter ‖ ~ **connection** (Eng) / starre Verbindung ‖ ~ **coupling** (Eng) / drehstarre Kupplung ‖ ~ **coupling** (Eng) / nichtschaltbare Kupplung, starre (feste) Kupplung, ständige Kupplung ‖ ~ **disk** (Comp) / Festplatte f, Hard Disk f (z.B. Winchesterplatte)

**rigid-drawbar trailer** (Autos) / Starr-Deichselanhänger m, Einachsanhänger m

**rigid expanded plastics** (Plastics) / Hartschaumstoffe m pl (DIN 7726) ‖ ~ **fibre rod** (Optics) / Lichtleitstab m (starrer Lichtleiter nach DIN 58140, T 1) ‖ ~ **foam** (Plastics) / Hartschaum m (geschäumter Kunststoff) ‖ ~ **foam plastics** (Plastics) / Hartschaumstoffe m pl (DIN 7726)

**rigid-fold caravan** (Autos) / Klappcaravan m, Klappanhänger m, Klapper m (Caravan)

**rigid frame** (Civ Eng, Mech) / steifer Rahmen, biegesteifer Rahmen, starrer Rahmen, Rahmen m (mit biegesteifer Verbindung zwischen Stielen und Riegeln), Steifrahmen m, Stabwerk n ‖ ~ **interlinking** (Eng, Work Study) / starre Verkettung (bei Transferstraßen)

**rigidity**\* n (Geol, Phys) / Starrheit f, Righeit f (elastische Widerstandsfestigkeit fester Körper gegenüber Formänderungen) ‖ ~\* (Materials, Mech) / Steife f (Eigenschaft z.B. bei Bau- und Werkstoffen), Steifigkeit f, Steifheit f (Widerstand gegen elastische, statische oder dynamische Verformung), Steifvermögen n (eines Werkstoffs oder Bauteils) ‖ ~ **matrix** (Mech) / Steifigkeitsmatrix f ‖ ~ **modulus**\* (Eng, Phys) / Schermodul m (DIN 13343), Gleitmodul m, Schubmodul m (DIN 1304, DIN 13316 und DIN 13343), Scherungsmodul m, G-Modul m, Gestaltmodul m, Schubelastizitätsmodul m

**rigidizer** n (Instr) / Versteifungsstruktur f (die den Einfluss von Vibrationen mindert)

**rigid joint** / feste (konstante) Fuge (die beiden Teile können sich nicht unabhängig bewegen) ‖ ~ **joint** (Build, Mech) / steife Knotenverbindung ‖ ~ **medium** (Spectr) / erstarrtes Medium ‖ ~ **milling machine** (Eng) / Starrfräsmaschine f (eine Waagerechtfräsmaschine) ‖ ~ **mould** (Civ Eng) / biegesteife Form (für Spannbeton) ‖ ~ **passenger cage** (Autos) / gestaltfester Fahrgastraum, steife Fahrgastzelle ‖ ~ **passenger compartment** (Autos) / gestaltfester Fahrgastraum, steife Fahrgastzelle ‖ ~ **pavement** (Aero, Civ Eng) / starre Decke ‖ ~ **pavement** (Civ Eng) / Fahrbahndecke f mit starrem Aufbau, Fahrbahndecke f aus Beton ‖ ~ **pipe** (Eng) / Rohr n (biegesteifes)

**rigid-plastic material** (Materials) / starr-plastischer Werkstoff

**rigid prop** (Mining) / starrer Stempel ‖ ~ **PVC**\* (Plastics) / weichmacherfreies PVC, unplastifiziertes PVC, Hart-PVC n, PVC-hart n ‖ ~ **rotator** (Spectr) / starrer Rotator ‖ ~ **rotor** (Aero) / Starrrotor m (des Rotorflugzeugs), gelenkloser Rotor, starrer Rotor ‖ ~ **rotor** (Spectr) / starrer Rotator ‖ ~ **saw** (Join, Tools) / Steifsäge f (Sammelbegriff für Sägen mit einem steifen Blatt, das nur an einem Ende gehalten wird) ‖ ~ **section machine** (Glass) / Schalenmaschine f ‖ ~ **sol** (Chem) / festes Sol, Vitreosol n

**rigid-sphere potential** (Chem) / Hard-Sphere-Potential n (ein intermolekulares Potential)

**rigid strander** (Cables) / Verseilmaschine f ohne Rückdrehung ‖ ~ **support**\* (Elec Eng) / Eckmast m ‖ ~ **support** (Mining) / starrer Ausbau

**rigid-walled tank** / festwandiger Behälter

**rigid-wing aircraft** (Aero) / Starrflügler m, Starrflügelluftfahrzeug n

**rigor** n (US) (Maths) / Strenge f, Stringenz f

**rigorous** adj / stringent adj, streng adj (Regel, Anforderung) ‖ ~ **argumentation** (Maths) / strenge Beweisführung, exakte Beweisführung ‖ ~ **investigation** / strenge Untersuchung

**rigour** n (Maths) / Strenge f, Stringenz f

**RIKE** (Raman-induced Kerr effect) (Electronics) / Raman-induzierter Kerr-Effekt

**rilievo** n (a method of moulding or carving or stamping) / Reliefarbeit f

**rill** n (Geog) / Rinnsal n, Bächlein n ‖ ~ (Geol) / Rille f (bei der Erosion), Rinne f

**rille**\* n (Astron) / Rille f (eine Formationsform des Mondes), Mondrille f

**rillenstein** n (tiny solution grooves, of about one millimetre or less in width, formed on the surface of a soluble rock) (Geol) / Rillenstein m

**rill erosion** (Geol) / Rillenerosion f, Rillenspülung f, Rinnenspülung f, Furcheneerosion f

**rillet** n (Geog) / Rinnsal n, Bächlein n

**rilling** n (Geol) / Zerrachelung f, Zerrunsung f (des Hanges) ‖ ~ (Geol) / Rillenerosion f, Rillenspülung f, Rinnenspülung f, Furcheneerosion f

**rill mark** (Geol) / Strandrille f, Rieselmarke f ‖ ~ **stope** (Mining) / Firstenstoß m mit schräggestellter Firste ‖ ~ **stoping**\* (Mining) / Firstenstoßbau m, Firstenschrägbau m

**rill-wash** n (Geol) / Rillenerosion f, Rillenspülung f, Rinnenspülung f, Furcheneerosion f

**RIM** (radioactive ion microscopy) (Micros) / Mikroskopie f mit Radionuklidionen, RIM (Mikroskopie mit Radionuklidionen) ‖ ~ (reaction-injection moulding) (Plastics) / Reaktionsspritzgussverfahren n, Reaktionsspritzguss m, Reaktionsschaumgießverfahren n, RIM-Technik f, RSG (ein Herstellungsverfahren), RIM-Verfahren n (Reaktionsspritzguss)

**rim** n / Seitenfläche f (der Schleifscheibe) ‖ ~ (Autos) / Randzone f (beim Einziehen von Blechen) ‖ ~ (Autos) / Felge f ‖ ~ (Autos) / Einfassung f (von Rundinstrumenten) ‖ ~ (Ceramics) / Fahne f (äußerer, meist schwach geneigter Ring eines Flachgeschirrstücks, z.B. eines Tellers) ‖ ~ (Eng) / Kranz m (des Rades, der Riemenscheibe) ‖ ~ (Geol, Min) / Reaktionsrinde f, Reaktionssaum m ‖ ~ (circular) (Join) / Rundzarge f (z.B. für runde Tische) ‖ ~ (Optics) / Rand m (der Linse, des Objektivs, der Brille nach DIN EN ISO 7998) ‖ ~ (Rail) / Felge f (das Verbindungsglied zwischen Radreifen und Radkranz)

**rima** n (pl. -ae) (Astron, Geol) / Rima f (Rille auf Mars oder Mond) ‖ ~ (pl. -ae) (Geol) / Kluft f, Riss m

**rim aperture** (Autos) / Lichtaustrittsöffnung f (des Scheinwerfers nach DIN 14644) ‖ ~ **base** (Autos) / Felgenbett n ‖ ~ **bead seat** (Autos) / Felgenschulter f ‖ ~ **brake** (Autos) / Felgenbremse f (DIN ISO 8090)

**rime** n (Build) / Sprosse f (zwischen den Holmen der Leiter), Leitersprosse f, Sprießel n (A), Sprissel n (A) ‖ ~ (Meteor) / Raureif m (alte Bezeichnung für Raureif), Raueis n (körnige Nebelfrostablagerung), Raureif m (dünne, durch Sublimation entstehende Nebenfrostablagerung) ‖ ~ **break** (Agric, For) / Nebelfrostschaden m, Duftbruch m (Schaden an Bäumen, der durch Raureif verursacht ist), Raureifschaden m ‖ ~ **ice** (Meteor) / Raufrost m (alte Bezeichnung für Raureif), Raueis n (körnige Nebelfrostablagerung), Raureif m (dünne, durch Sublimation entstehende Nebenfrostablagerung)

**rimer** n (Eng) / Reibahle f (zum Reiben zylindrischer oder kegeliger Bohrungen)

**rim gear** (Comp) / Zahnkranz m (der Formulartrommel)

**rimless** adj (Optics) / randlos adj (Brille)

**rim-light** n (Cinema) / Spitzlicht n (das Personen oder Teile von Personen von hinten beleuchtet, um sie optisch vom Hintergrund zu lösen) ‖ ~ (Photog) / Gegenlicht n (innen)

**rim lock**\* (Build, Join) / Aufschraubschloss n, Kastenschloss n, aufgesetztes Schloss, Anbauschloss n, Aufsetzschloss n

**rimlock tube** (Electronics) / Rimlockröhre f

**rimmed steel**\* (Met) / unberuhigter Stahl (als Gegensatz zu killed steel), unruhig vergossener Stahl

**rimming**

**rimming steel*** (Met) / unberuhigter Stahl (als Gegensatz zu killed steel), unruhig vergossener Stahl
**rim pull** (Autos) / Umfangskraft f ‖ ~ **pulley** (Spinning) / Drahtwirtel m
**rimrock** n (Geol) / Grundgestein n an der (steilen) Grenze einer Seifenlagerstätte
**rim shoulder** (Autos) / Felgenschulter f ‖ ~ **speed** (For) / Schnittgeschwindigkeit f (der Kreissäge)
**RIM technology** (Plastics) / Reaktionsspritzgussverfahren n, Reaktionsspritzguss m, Reaktionsschaumgießverfahren n, RIM-Technik f, RSG (ein Herstellungsverfahren), RIM-Verfahren n (Reaktionsspritzguss)
**rimu** f (For) / Rimu n (Dacrydium cupressinum Sol. ex Lamb.), Red Pine f
**rim vortex** (Aero) / Kantenwirbel m (in der Aerodynamik) ‖ ~ **well** (Autos) / Felgenbett n ‖ ~ **wheel** (Spinning) / Drahtwirtel m ‖ ~ **width** (Autos) / Maulweite f (Felgenmaß) ‖ ~ **width** (nominal) (Autos) / Maulweite f der Felge, Felgenmaulweite f ‖ ~ **(surface) zone** (Met) / Randzone f (bei unberuhigtem Stahl)
**rincon** n (Geol) / kleines, abgelegenes Tal ‖ ~ (Hyd Eng) / Krümmung f, Windung f, Biegung f, Schleife f (des Flusses)
**Rinco process** (Print) / Rinco-Verfahren n (ein altes Verfahren für die Tiefdruckreproduktion, das von der Firma Ringier und Cie, Zofingen, entwickelt wurde)
**rind** n (For) / Außenrinde f, Borke f ‖ ~ (Nut) / Rinde f (Käse) ‖ ~ (Nut) / Schwarte f, Speckschwarte f (dicke, derbe Haut vom Schwein) ‖ ~ (Nut) / Kruste f ‖ ~ (Nut) / (Obst-, Gemüse-)Schale f
**rinderpest*** n (Agric) / Rinderpest f
**rind gall** (For) / Rindengalle f, Steingalle f
**R indicator** (Radar) / R-Schirm m
**ring** v / klingeln v, läuten v ‖ ~ (For) / ringeln v (stehende Stämme) ‖ ~ (Teleph) / anrufen v ‖ ~ n / Ring m ‖ ~ (Astron, Light, Meteor) / Ring m (ein atmosphärisches optisches Phänomen, das durch Beugung des Lichtes an Wassertröpfchen entsteht), Ringhalo m ‖ ~ (Chem) / Ring m ‖ ~ (one set of segments in circular tunnels or shafts) (Civ Eng) / Tunnelring m (aus einzelnen Tübbings), Tübbingring m ‖ ~ (Comp, Telecomm) / Ring m (spezielle Topologie von Kommunikationssystemen) ‖ ~ (Glass) / Ring m (ein zur Abgrenzung der Entnahmeflasche in die Arbeitswanne oder in den Hafen eingelegter schwimmender Schamottering, Kranz m ‖ ~* (Maths) / Ring m (eine algebraische Struktur) ‖ ~ (Plastics) / Ziehring m (zum Tiefziehen) ‖ ~ (Teleph) / Stöpselring m
**ring-and-ball method** (Build, Civ Eng) / Ring-Kugel-Verfahren n, Ring- und Kugelversuch m, Ring- und Kugelmethode f (zur Ermittlung des Erweichungspunkts nach DIN 1995
**ring and runner** (Spinning) / Niagaraspindel f, Ringspindel f (DIN 64039) ‖ ~ **and traveller** (Spinning) / Niagaraspindel f, Ringspindel f (DIN 64039) ‖ ~ **antenna** (Radio) / Ringantenne f ‖ ~ **aperture** (Photog) / Ringblende f ‖ ~ **armature*** (Elec Eng) / Ringanker m ‖ ~ **around** (Radar) / Störring m ‖ ~ **assembly** (Chem) / Ringsequenz f (z.B. Terphenyl), Ringserie f mit Zwischenbindung
**ringback tone** (US) (Teleph) / Freizeichen n, Freiton m
**ring balance** (manometer) (Phys) / Ringwaage f (einfaches mechanisches Messgerät zur Ermittlung geringer Druckdifferenzen), Kreismanometer n, Kreisrohrmanometer n, Ringmanometer n
**ring-ball mill** / Kugelringmühle f
**ring bark** (Bot, For) / sich in Ringeln ablösende Rinde ‖ ~ (spandrel) **beam** (Build) / Ringanker m (Bauteil aus Stahlbeton zur Aufnahme horizontaler Schub- und Zugkräfte in den Deckenebenen)
**ring-bell piston** (I C Engs) / Ringstreifenkolben m (mit einem horizontal eingegossenen Ringpartie und Auge eingegossenen schmalen Stahlblechring)
**ring belt** (I C Engs) / Ringträger m (in die Kolbenringzone eingegossen, um das Einarbeiten, besonders des oberen Kolbenringes, in seine Trägernut zu verhindern) ‖ ~ **bend test** (Met) / Ringfaltversuch m ‖ ~ **binder** (Bind) / Ringbuch n
**ring-bobbin sewing machine** (Textiles) / Ringschiffchennähmaschine f
**ring bolt** (Eng) / Ringschraube f (DIN 580), Transportöse f ‖ ~ **buff** (Eng) / Polierring m, Ringpolierscheibe f ‖ ~ **burner** (Electronics, Eng) / Ringbrenner m ‖ ~ **bus** (bar) (Elec Eng) / Ringsammelschiene f
**ring-carrier piston** (I C Engs) / Ringträgerkolben m (mit einem eingegossenen Ringträger für den obersten oder die beiden obersten Kolbenringe)
**ring-chain equlibrium** (Chem) / Ring-Kette-Gleichgewicht n
**ring-chain polymer** (Chem) / Ringkettenpolymer n
**ring-chain tautomerism** (Chem) / Ringkettentautomerie f
**ring circuit** (Elec Eng) / Ringschaltung f ‖ ~ **closure** (Chem) / Zyklisierung f, Ringschließung f, Ringbildung f, Ringschluss m, Cyclisierung f, Cyclisation f (Bildung einer cyclischen Verbindung aus einer oder mehreren offenkettigen Verbindungen) ‖ ~ **closure olefin metathesis** (Chem) / Ringschluss-Olefin-Metathese f (das Gegenstück zu Ring-Opening-Metathese) ‖ ~ **compound** (Chem) /

zyklische Verbindung, cyclische Verbindung (mit kleinen, gewöhnlichen, mittleren und großen Ringen), Ringverbindung f, Zykloverbindung f, Cycloverbindung f ‖ ~ **contraction** (Chem) / Ringvereng(er)ung f (ein Ringreaktion) ‖ ~ **cooling** (Glass, TV) / Ringkühlung f (der Bildröhren) ‖ ~ **counter** (Electronics) / Ringzähler m (ein aus einem Ring geschlossenes Zählregister) ‖ ~ **crush test** (Materials, Paper) / RCT-Verfahren n (zur Ermittlung des Ringstauchwiderstandes) ‖ ~ **current** (Astron) / Ringstrom m (in der Magnetosphäre)
**ring-current effect** (Chem) / Ringstromeffekt m (ein spezieller Anisotropieeffekt) ‖ ~ **model** (Chem) / Ringstrommodell n (zur Erklärung der Anisotropie von zyklisch konjugierten π-Elektronensystemen)
**ring delamination** (For) / Ringschäle f ‖ ~ **dike** (US) (Geol) / Ringdyke m, Ringgang m, Ringintrusion f (eine Gangspalte) ‖ ~ **dipole** (Radio) / Ringdipol m ‖ ~ **discharge** (Elec) / Toroidentladung f, elektrodenlose Entladung, Ringentladung f (elektrodenlose Hochfrequenzentladung), toroidale Entladung ‖ ~ **doffer** (Spinning) / Spulenabnehmer m (Arbeiter) ‖ ~ **drop handle** (Build) / Ringgriff m ‖ ~ **dyeing** (Textiles) / Ringigkeit f (bei Polyamidfärbungen) ‖ ~ **dyeing** (Textiles) / Ringfärbung f ‖ ~ **dyke*** (Geol) / Ringdyke m, Ringgang m, Ringintrusion f (eine Gangspalte)
**ringed** adj / ringförmig adj, Ring-
**Ringelmann chart** (Ecol) / Ringelmann-Skale f (ein Hilfsmittel zur subjektiven Bestimmung des Rußgehaltes bzw. des Grauwertes von Abgasfahnen), Ringelmann-Staubmesskarte f ‖ ~ **smoke chart*** (Ecol) / Ringelmann-Skale f (ein Hilfsmittel zur subjektiven Bestimmung des Rußgehaltes bzw. des Grauwertes von Abgasfahnen), Ringelmann-Staubmesskarte f
**ring enlargement** (Chem) / Ringerweiterung f (eine Ringreaktion)
**ringer** n (US) (Teleph) / Wecker m, Klingel f ‖ ~ (Teleph) / Tonruf m (Ergebnis) ‖ ~ **box** (Teleph) / Klingelkasten m
**Ringer's solution** (Pharm) / Ringer-Lösung f (eine Salzlösung, die mit dem Blutserum isotonisch ist - nach S. Ringer, 1834-1910)
**ring expander** (I C Engs) / Expanderring m, Spreizring m ‖ ~ **expansion** (Chem) / Ringerweiterung f (eine Ringreaktion) ‖ ~ **expansion test** (Met) / Ringaufdornversuch m ‖ ~ **filament** (Elec Eng) / Glühfaden m konventioneller Bauart ‖ ~ **fire*** (Elec Eng) / Rundfeuer m ‖ ~ **fission** (Chem) / Ringspaltung f, Ringöffnung f ‖ ~ **flyer** (Spinning) / Ringflügel m ‖ ~ **frame** (Aero) / Ringspant m ‖ ~ **frame** (Eng) / O-Gestell n (eine Baugruppe der Presse) ‖ ~ **frame** (Spinning) / Ringspinnmaschine f, Drossel f (DIN 63602), Ringspinner m ‖ ~ **frame spinning** (Spinning) / Ringspinnen n ‖ ~ **galaxy** (Astron) / Ringgalaxie f ‖ ~ **gate** (Foundry) / Ringanschnitt m ‖ ~ **gauge*** (Eng) / Ringlehre f, Kaliberring m, Lehrring m, Messring m ‖ ~ **gear** (Autos) / großes Tellerrad (des Ausgleichsgetriebes) ‖ ~ **gear** (Eng) / Ringrad n, Hohlrad n ‖ ~ **gear** (Eng) / Ringrad m, Zahnkranz m ‖ ~ **groove** (Eng, I C Engs) / Ringnut f (DIN 625) ‖ ~ **Index** (Chem) / Ring-Index m (Verzeichnis der Ringsysteme von A.M. Patterson, L.T. Capell und D.F. Walker)
**ringing** n / Läuten n, Klingeln n ‖ ~* (For) / Ringelung f (stehender Stämme) ‖ ~ (Geol) / Widerhall m, Echo n (in der Seismik) ‖ ~* (Telecomm) / abklingende Schwingung, gedämpfte Schwingung ‖ ~ (Teleph) / Rufen n (Läuten) ‖ ~ (Teleph) / Ruf m, Anruf m ‖ ~ **Überschwingen** n (Bildsignalfilterung) ‖ ~* (TV) / Bildverdopplung f ‖ ~ (Teleph) s. also call ‖ ~ **battery** (Elec Eng) / Klingelbatterie f ‖ ~ **circuit** (Elec Eng) / sehr wenig gedämpfter Schwingkreis ‖ ~ **circuit** (Telecomm) / Klingelschaltung f ‖ ~ **circuit** (Teleph) / Weckstromkreis m ‖ ~ **condition** (Teleph) / Rufzustand m ‖ ~ **current** (Teleph) / Rufstrom m ‖ ~ **generator** (Teleph) / Rufgenerator m ‖ ~ **key** (Teleph) / Ruftaste f, Rufknopf m ‖ ~ **line** (Teleph) / Rufleitung f ‖ ~ **oscillator** (Electronics) / freischwingender Oszillator m ‖ ~ **pulse** (Teleph) / Rufimpuls m ‖ ~ **state** (Teleph) / Rufzustand m ‖ ~ **tone** (Teleph) / Rufton m ‖ ~ **tone** (Teleph) / Freizeichen n, Freiton m ‖ ~ **voltage** (Teleph) / Rufspannung f
**ring inversion** (Chem) / Ringinversion f (des Cyclohexans) ‖ ~ **isomerism** (a type of geometrical isomerism in which bond lengths and bond angles prevent the existence of the trans structure if substituents are attached to alkenic carbons which are part of a cyclic system, the ring of which contains fewer than eight members) (Chem) / Ringisomerie f
**ring-joint flange** (Eng) / Flansch m mit Ringnut
**ring laser** (Phys) / Ringlaser m ‖ ~ **line** (Paint) / Ringleitung f (einer Spritzanlage)
**ring-line stability** (Paint) / Ringleitungsstabilität f (Stabilität von Lacken bzw. ihren Bestandteilen in den Ringleitungen einer Spritzanlage)
**ring lubrication** (Eng) / Ringschmierung f, Losringschmierung f ‖ ~ **main** / Ringrohrleitung f, Ringleitung f ‖ ~ **main*** (Elec Eng) / Ringnetz n ‖ ~ **manometer** (Phys) / Ringwaage f (einfaches mechanisches Messgerät zur Ermittlung geringer Druckdifferenzen), Kreismanometer n, Kreisrohrmanometer n,

Ringmanometer n ‖ **~ method** (Chem, Phys) / Ring-Abreiß-Methode f (zur Bestimmung der Oberflächen- oder Grenzflächenspannung von Flüssigkeiten) ‖ **~ mill** (rolling mill for the production of ring-shaped products from upset, pierced and partially expanded blanks) (Met) / Ringwalzwerk n ‖ **~ modulator*** (Elec Eng, Electronics) / Ringmodulator m (Doppelgegentaktschaltung) ‖ **~ module** (Maths) / Modul m über einem Ring, R-Modul m ‖ **~ mounting** (Eng) / Ringhalterung f ‖ **~ nebula** (Astron) / Ringnebel m ‖ **~ network** (Elec Eng) / Ringnetz n ‖ **~ nozzle** (Space) / Ringdüse f ‖ **~ nut** (Eng) / Ringmutter f (DIN ISO 1891) ‖ **~ off** v (Teleph) / auflegen v (den Hörer), einhängen v ‖ **~-off signal** (Teleph) / Abläutezeichen n, Induktorschlusszeichen n ‖ **~ of integers** (Maths) / Ring m der ganzen (rationalen) Zahlen ‖ **~ of polynomials** (Maths) / Polynomring m
**ring-oiled** adj (Eng) / mit Ringschmierung, Ringschmier-
**ring oiling** (Eng) / Ringschmierung f, Losringschmierung f ‖ **~ opening** (Chem) / Ringspaltung f, Ringöffnung f
**ring-opening metathesis polymerization** (Chem) / Ring-Opening-Metathesepolymerisation f ‖ **~ polymerization** (Chem) / Ringöffnungspolymerisation f
**ring oscillator*** (Elec Eng) / Ringoszillator m ‖ **~ out** v (Cables) / abklingeln v (ein Kabel)
**ring-oven technique** (Chem) / Ringofentechnik f (von H. Weisz entwickelte Spezialtechnik der Tüpfelanalyse)
**ring pirn** (Textiles) / Ringspule f ‖ **~ polymer** (Chem) / Ringpolymer n ‖ **~-porous wood*** (For) / zyklopores Holz, ringporiges Holz (z.B. Esche, Eiche, Rüster), cyclopores Holz (bei Laubhölzern) ‖ **~ propeller** (Ships) / Ringpropeller m, Schnittger-Propeller m (mit höherer Wirkung durch konzentrischen Profilring am Propeller auf halbem Durchmesser)
**ring-pull can** (Nut) / Aufreißdose f, Ring-pull-Dose f
**ring rail** (Spinning) / Ringbank f ‖ **~ ridge** (Autos) / Verschleißabsatz m am Kolbenringwendepunkt ‖ **~ road** (GB) (a road encircling a town) (Autos) / Umgehungsstraße f (eine Hauptverkehrsstraße, die eine Stadt oder einen Stadtkern nicht berührt - z.B. Kölner Ring) ‖ **~ road** n (Autos) / Ringstraße f, äußerer Ring ‖ **~ roller** (Agric) / Ringelwalze f (eine Rauwalze) ‖ **~ roller** (Leather) / Gliederwalze f (der Spaltmaschine) ‖ **~-roller mill** / Walzenringmühle f (zur Gruppe der Ringmühlen zählendes Mahlaggregat)
**ring-roller mill** / Pendelmühle f (eine Fliehkraftmühle)
**ring rolling mill** (Met) / Ringwalzwerk n (Anlage zum radialen Aufweiten von Lochscheiben zu nahtlos gewalzten glatten und profilierten Ringen bei allmählicher Verringerung des Ringquerschnitts durch Walzwerkzeuge mit mehreren Umläufen des Rings)
**ring-roll mill** / Walzenringmühle f (zur Gruppe der Ringmühlen zählendes Mahlaggregat)
**ring runner** (Foundry) / Ringlauf m
**rings and brushes*** (Crystal) / Interferenzbild n, Interferenzfigur f
**ring scission** (Chem) / Ringspaltung f, Ringöffnung f
**ring-scission polymerization** (Chem) / Ringöffnungspolymerisation f
**ring shake*** (For) / Ringriss m, Ringkluft f
**ring-shaped** adj / ringförmig adj, Ring- ‖ **~ network** (Elec Eng) / Ringnetz n
**ring shift*** (Comp) / Endverschiebung f, Ringschieben n, Ringshift m ‖ **~ shift*** (Comp) / zyklische Stellenwertverschiebung, zyklische Stellenverschiebung, zyklisches Verschieben, zyklische Verschiebung ‖ **~ silicate** (Min) / Ringsilikat n (z.B. Benitoit) / Ringsilicat n, Zyklosilikat n, Cyclosilicat n
**ring-size*** attr (Min Proc) / grobstückig adj (Erz, zu groß für die Siebeinrichtungen)
**ring-slot parachute*** (Aero) / [Sport-]Fallschirm m mit (runden oder geschlitzten) Öffnungen im Scheitel der Kappe
**rings of Saturn** (Astron) / Ringsystem n von Saturn (mit sieben Ringgruppen)
**ring spanner*** (Eng, Tools) / [gekröpfter] Ringschlüssel m ‖ **~ spanner*** (Tools) / Ringschlüssel m (DIN 898), Ringmutternschlüssel m ‖ **~ spindle** (Spinning) / Niagaraspindel f, Ringspindel f (DIN 64039) ‖ **~ spinning*** (Spinning) / Ringspinnen n ‖ **~ spinning frame** (Spinning) / Ringspinnmaschine f, Drossel f (DIN 63602), Ringspinner m ‖ **~ spinning machine** (Spinning) / Ringspinnmaschine f, Drossel f (DIN 63602), Ringspinner m ‖ **~ spinning machine spindle** (Spinning) / Niagaraspindel f, Ringspindel f (DIN 64039)
**ring-spot*** n (Bot) / Ringfleckung f, Ringfleckigkeit f
**ring-spotting** n (Bot) / Ringfleckenbildung f
**ring spring** (Rail) / Ringfeder f
**ring-spun yarn** (Spinning) / Ringspinngarn n, Drosselgarn n
**ring sticking** (Eng) / Ring-Sticking n (Festfressen der Kolbenringe) ‖ **~ strain** (Chem) / Ringspannung f (in einem Ringsystem) ‖ **~ stress*** (Mining) / Spannung f in der ringförmigen Zone um den Grubenbau ‖ **~ structure** / Ringstruktur f (im Allgemeinen) ‖ **~ structure** (Comp) / Ringstruktur f (Verbindungsstruktur für die Datenkommunikation im Nahbereich) ‖ **~ support(s)** (Mining) / Ringausbau m (für Strecken und Blindschächte) ‖ **~ system** (Chem) / Ringsystem n
**ring-system reaction** (Chem) / Ringreaktion f
**ring tension** (Civ Eng) / Ringzugspannung f ‖ **~ tension test** (Met) / Ringzugversuch m (an Rohren - DIN 50138) ‖ **~ test** (Ecol) / Ringanalyse f, Ringversuch m, Ringtest m (ein gemeinsamer Test mehrerer Labore unter genau vorgeschriebenen Bedingungen, um Genauigkeit und Verlässlichkeit eines Verfahrens festzustellen bzw. zu bestätigen) ‖ **~ theory** (Maths) / Ringtheorie f ‖ **~ time** (Radar) / Nachschwingzeit f ‖ **~ topology** (Comp, Elec Eng) / Ringtopologie f ‖ **~ topology** (Maths) / Ringtopologie f ‖ **~ traveller** (Spinning) / Ringläufer m (DIN 63800), Läufer m ‖ **~ tripping** (Teleph) / Rufabschaltung f ‖ **~ twister** (Spinning) / Ringzwirnmaschine f (DIN 63 950) ‖ **~ twister frame** (Spinning) / Ringzwirnmaschine f (DIN 63 950) ‖ **~ twisting*** (Spinning) / Ringzwirnen n, Zwirnen n auf der Ringzwirnmaschine ‖ **~ twisting frame** (Spinning) / Ringzwirnmaschine f (DIN 63 950)
**ring-type barker** (For) / Rotorentrindungsmaschine f, Lochrotor m, Rotorentrinder m ‖ **~ cutter-block chipper** (For) / Fliehkraftzerspaner m, Messerringzerspaner m, Messerkorbzerspaner m ‖ **~ joint flange** (Eng) / Flansch m mit Ringnut
**ring up** v (Teleph) / anrufen v ‖ **~ upsetting test** (Materials) / Ringstauchversuch m ‖ **~ vortex** (Phys) / Ringwirbel m ‖ **~ winding*** (Elec Eng) / Ringwicklung f
**ring-wire** n (Teleph) / b-Ader f
**ring with identity** (Maths) / Ring m mit Eins ‖ **~ with unit element** (Maths) / Ring m mit Eins ‖ **~ yarn twisting frame** (Spinning) / Ringzwirnmaschine f (DIN 63 950)
**Rinman's green** (Chem) / Rinmans Grün n (nach S. Rinman, 1720-1792), Kobaltgrün n
**rinse** v / spülen v (waschen), abspülen v, durchspülen v, ausspülen v ‖ **~** / nachspülen v ‖ **~** / abbrausen v, abspritzen v ‖ **~** (Nut) / übergießen v ‖ **~** (Photog) / wässern v ‖ **~ liquor** (Textiles) / Spülflotte f ‖ **~ off** v / wegspülen v ‖ **~ off** / abspülen v (fortspülen), fortspülen v (z.B. Verunreinigungen mit einem Wasserstrahl) ‖ **~ out** / auswaschen v (Fleck, Farbe)
**rinser** n (Nut) / Ausspritzmaschine f (für Einwegbehälter)
**rinse water** / Spülwasser n, Waschwasser n (Spülwasser), Abwaschwasser n
**rinsing** n (Eng) / Spülen n, Spülung f, Waschen n, Durchspülen n, Ausspülen n ‖ **~** (Photog) / Wässerung f, Wässern n ‖ **~ bottle** (Chem) / Spritzflasche f ‖ **~ liquid** / Spülflüssigkeit f (im Allgemeinen) ‖ **~ machine** (Textiles) / Spülmaschine f ‖ **~ period** / Spüldauer f (im Allgemeinen) ‖ **~ time** / Spüldauer f (im Allgemeinen) ‖ **~ water** / Spülwasser n, Waschwasser n (Spülwasser), Abwaschwasser n
**rio rosewood** (For) / Echtes Rosenholz, Brasilianisches Rosenholz, Rio-Palisander m, Jakarandaholz n, Palissandre Brésil m, Bahia-Rosenholz n (aus Dalbergia nigra (Vell.) Allemann ex Benth.)
**riot-control agent** (Chem) / Reizstoff, der m in fein verteilten Partikeln zur Eindämmung von Krawallen und Tumulten eingesetzt wird
**RIP** (rest in peace) (Comp) / RIP m (requiescat in pace - nicht behebbarer Programmabbruch unter Windows, meist verursacht durch ungültige Zugriffsnummern) ‖ **~** (raster image processor) (Comp, Print) / Raster-Image-Prozessor m, RIP m (Raster-Image-Prozessor), Rasterbildprozessor m ‖ **~** (resin-in-pulp) (Min Proc) / Ionenaustausch m im Trüben
**rip** v (with a knife) / aufschlitzen v (mit dem Messer), schlitzen v ‖ **~** (Agric) / tieflockern v, aufreißen v ‖ **~*** (Carp, For, Join) / längs sägen v, längs schneiden v, in Faserrichtung auftrennen
**RIP** v (Comp, Print) / rippen v, mit dem RIP verarbeiten
**rip** v (Comp, Print) / rippen v, mit dem RIP verarbeiten ‖ **~** (Mining) / nachreißen v ‖ **~** (Nut) / aufschlitzen v (Fisch) ‖ **~** n (Hyd Eng) / Welle f mit Gegenströmung ‖ **~** (Hyd Eng) / Wasserspiegelstörung f (leichte)
**riparian** n / Uferanlieger m ‖ **~** adj (Geog) / Ufer- (Fluss, Binnensee, Kanal), uferanliegend adj, am Ufer anliegend adj ‖ **~ owner** / Uferanlieger m
**rip-bit*** n (Mining) / aufsetzbare Bohrkrone, Bohrschneide f
**rip canopy** (Aero) / Reißkappe f (des Fallschirms)
**ripcord*** n (Aero) / Reißleine f, Aufziehleine f (bei der manuellen Öffnung des Fallschirms) ‖ **~*** (Aero) / Reißleine f (zum Abreißen der Reißbahn des Freiballons)
**rip current** (Ocean) / Ripströmung f (strahlförmig konzentrierte Rückströmung in der Brandungszone), Ripstrom m
**ripe** adj (fruit, cereal) / reif adj, ausgereift adj ‖ **~ for cutting** (For) / hiebsreif adj, schlagreif adj, schlagbar adj, haubar adj ‖ **~ for demolition** (Build) / abbruchreif adj, baufällig adj ‖ **~ for felling** (For) / hiebsreif adj, schlagreif adj, schlagbar adj, haubar adj
**ripen** v (fruit, cereal, cheese) / reifen v, reif werden, ausreifen v ‖ **~** vt / reifen lassen v, zur Reife bringen

**ripeness** *n* (Bot, Nut) / Reife *f*, Reifezustand *m*
**ripening** *n* / Reifen *n*, Reifwerden *n*, Ausreifen *n*, Reifung *f* (Klebstoffe, Nahrungsmittel) || ~* (Photog) / Reifen *n*, Reifung *f*
**ripe-wood tree** (For) / Reifholzbaum *m* (dessen Stammquerschnitt einfarbig, der innere Holzteil jedoch wasserärmer ist - Weißtanne und Fichte)
**ripidolite*** *n* (Min) / Rhipidolith *m* (ein Prochlorit)
**rip-out** *n* (Weaving) / Trennstelle *f* (ein Webfehler)
**rip panel** (Aero) / Reißbahn *f* (ein mit Ballonstoff überklebter Schlitz in der Freiballonhülle)
**ripper** *n* (Civ Eng) / Aufbruchhammer *m*, Aufreißhammer *m* || ~ (Civ Eng) / Straßenaufreißer *m*, Aufreißer *m* (meistens als Anhängegerät) || ~ (Mining) / Nachreißhauer *m* || ~ (Civ Eng) s. also rooter
**ripping** *n* (Agric) / Aufreißen *n*, Tieflockerung *f* || ~ (Carp, For, Join, Paper) / Längsschneiden *n*, Längsschnitt *m* || ~ (Met) / Grobdrahtvorziehen *n* || ~ (Mining) / Nachreißen *n* || ~ **line** (Aero) / Reißleine *f* (zum Abreißen der Reißbahn des Freiballons) || ~ **saw** (Carp) / Blattspaltsäge *f*, Spaltsäge *f* || ~ **saw** (For) / Sägeblatt *n* für Längsschnitt, Längensägeblatt *n* || ~ **saw*** (For) / Längsschnittsäge *f*, Längensäge *f*
**ripple** *v* (Agric) / riffeln *v* (Flachs), reiben *v* (Flachs) || ~ *n* (Acous, Elec Eng) / Brumm *m* || ~* (the alternating-current component from a direct-current power supply arising from sources within the power supply, unless specified separately - ripple includes unclassified noise) (Elec Eng) / Welligkeit *f*, effektive Welligkeit (Wechselspannungsgehalt, Wechselstromgehalt nach DIN 4010) || ~* (Hyd Eng, Phys) / Kräuselung *f*, Gekräusel *n* (der Wasseroberfläche) || ~* (Hyd Eng, Phys) / Kapillarwelle *f*, Riffel *f*, Kräuselwelle *f* || ~ (Telecomm) / Scheitelwelligkeit *f* || ~ (Textiles) / Flachsriffel *f*, Riffel *f*, Riffelkamm *m* || ~ **blanking** (Electronics) / Ripple-Blanking *n* (Ausblenden oder Austasten der Nullen, die bei mehrstelliger Ziffernanzeige links neben dem Zahlenwert erscheinen würden) || ~ **carry** (Comp) / Ripple-Übertrag *m* (Additionstechnik, bei welcher der Übertrag eines Addierers zum nächsten Addierer weitergeleitet wird)
**ripple-carry adder** (Comp) / Addierer *m* mit Übertragsvorausberechnung nach dem Ripple-Carry-Prinzip
**ripple cloth** (Textiles) / Welliné *m* (aus Baumwolle für Morgenröcke, aus Wolle für Mäntel) || ~ **control system** (Automation) / Rundsteueranlage *f* || ~ **counter** (Elec Eng) / asynchroner Zähler (DIN 19 237) || ~ **current** (Elec Eng) / Mischstrom *m* (hinter einem Stromrichter), Welligkeitsstrom *m*
**rippled** *adj* (Elec Eng) / wellig *adj* (Mischstrom) || ~ **sole** / gerippte Sohle, Rippensohle *f* (bei Schuhen)
**ripple factor** (Telecomm) / Scheitelwelligkeit *f*, Riffelfaktor *m* (Quotient aus Scheitelwert der Wechselstromkomponente eines Gleichstromsignals und dessen Signalbereich - DIN 40110, T1) || ~ **filter** (Elec Eng) / Welligkeitsfilter *n*, Glättungsfilter *n* (im Tiefpass), Brummfilter *n* || ~ **finish*** (Paint) / Runzellack *m*, Kräusellack *m* (ein Effektlack)
**ripple-free** *adj* (Phys) / sauber *adj* (nicht pulsierend)
**ripple frequency*** (Elec Eng) / Welligkeitsfrequenz *f*, Brummfrequenz *f* || ~ **grain** (For) / geriegelte Maserung, Riegeltextur *f* (z.B. beim Ahorn) || ~-**marks*** *pl* (Geol) / Rippelmarken *f pl*, Rippeln *f pl*, Wellenfurchen *f pl* (wellenartige Gliederung einer Sedimentoberfläche)
**ripples** *pl* (Geol) / Rippelmarken *f pl*, Rippeln *f pl*, Wellenfurchen *f pl* (wellenartige Gliederung einer Sedimentoberfläche)
**ripple sole** / gerippte Sohle, Rippensohle *f* (bei Schuhen)
**ripple-through carry** (Comp) / Schnellübertrag *m*
**ripple tolerance** (Electronics) / Abklingresttoleranz *f* || ~ **tray** (Chem Eng) / Wellsiebboden *m* || ~ **voltage** (Elec Eng) / Brummspannung *f*
**rippling** *n* (Geol) / Rippelmarkenbildung *f* || ~ (Textiles) / Flachsriffeln *n*
**rip-rap** *n* (US) (Civ Eng) / Felsschüttung *f*, Felspackung *f*, Steinschüttung *f*, Steinpacklage *f*, Steinpackung *f*, Steinwurf *m*
**riprap** *n* (Civ Eng) / Verfüllsteine *m pl*
**rip**•-**saw** *n* (Carp) / Blattspaltsäge *f*, Spaltsäge *f* || ~-**saw** (For) / Sägeblatt *n* für Längsschnitt, Längensägeblatt *n*
**rip-saw*** *n* (For) / Längsschnittsäge *f*, Längensäge *f*
**ripstop** *n* (nylon fabric that is woven so that a tear will not spread) (Plastics, Textiles) / weiterreißfestes Gewebe
**rip tide** (Hyd Eng, Ocean) / Kabbelung *f* (an der Berührungslinie verschieden gerichteter Strömungen auftretende kleine Wellen an der Oberfläche von Meeren und Seen) || ~ **tide** (Ocean) / Ripströmung *f* (strahlförmig konzentrierte Rückströmung in der Brandungszone), Ripstrom *m*
**rip-up** *n* (Cinema) / Filmsalat *m* (meistens nur im Laufbildwerfer)
**rip velvet** (Textiles) / Rippensamt *m*, Riefensamt *m* (ein Kordsamt)
**RIS** (resonance ionization spectroscopy) (Spectr) / Resonanzionisationsspektroskopie *f*, RIS (Resonanzionisationsspektroskopie)

**RISC** (reduced-instruction set computer) (Comp) / Rechner *m* mit reduziertem Befehlsvorrat, RISC (Rechner mit reduziertem Befehlsvorrat) || ~ **architecture** (Comp) / RISC-Architektur *f* (der Rechner mit reduziertem Befehlssatz) || ~ **computer** (Comp) / Rechner *m* mit reduziertem Befehlssatz, RISC (Rechner mit reduziertem Befehlsvorrat)
**rise** *v* / hochsteigen *v* (Blasen, Rauch) || ~ / entspringen *v* (Heilquelle, Fluss) || ~ / ansteigen *v* (Gelände) || ~ / ansteigen *v* (zunehmen), steigen *v* || ~ (Mining) / aufbrechen *v*, hochbrechen *v* (nach oben) || ~ (Mining) / aufhauen *v* (einen Grubenbau im Flöz in Aufwärtsrichtung auffahren) || ~ (the floor line) (Ships) / aufkimmen *v* (den Schiffsboden) || ~ *vi* (Nut) / aufgehen *v* (Teig) || ~ *n* / Steigen *n*, Steigung *f*, Zuwachs *m* (Steigen), Zunahme *f*, Anstieg *m*, Ansteigen *n* || ~ / Steigerung *f*, Erhöhung *f* || ~ (Astron) / Aufgang *m* (Sonne) || ~* (Build, Civ Eng) / Pfeilhöhe *f* (DIN 1075), Stichhöhe *f* (der größte Abstand eines Bogens von der Bogensehne), Bogenhöhe *f*, Bogenstich *m*, Stich *m*, Bogenpfeil *m* || ~* (Build, Civ Eng) / Steigung *f* (das lotrechte Maß von der Trittfläche einer Stufe zur Trittfläche der folgenden Stufe - DIN 18 064), STG (Steigung), Treppensteigung *f* (senkrechter Abstand zweier aufeinanderfolgender Stufen) || ~ (Eng) / Förderhöhe *f* (z.B. bei Fahrtreppen) || ~ (US) (For) / Abholzigkeit *f* (Verjüngung des Rundholzes vom Stammende ausgehend in Richtung Zopfende in Zentimetern je Meter), Abformigkeit *f*, Abschäftigkeit *f* || ~ (Geol, Hyd Eng) / Wiederaustritt *m* (eines versiegten Flusses) || ~ (of dyke elevation) (Hyd Eng) / Aufkadung *f* (vorübergehende Erhöhung eines Deiches bei steigendem Wasser durch leicht zu beschaffende Baustoffe) || ~ (Mining) / Überhauen *n* (von unten nach oben hergestelltes Aufhauen - im Erzbergbau), Überbruch *m* || ~ (Mining) / Aufhauen *n* (Auffahren der Grubenbaue im Flöz in Aufwärtsrichtung) || ~ **on the** ~ (Mining) / schwebend *adj* || ~ **face** (Mining) / schwebender Streb *m* || ~ **heading** (Mining) / Überhauen *n* (von unten nach oben hergestelltes Aufhauen - im Erzbergbau), Überbruch *m* || ~ (Mining) / Aufhauen *n* (Auffahren der Grubenbaue im Flöz in Aufwärtsrichtung) || ~ **in pressure** (Acous) / Druckstau *m* (bei Mikrofonen) || ~ **in temperature** (Phys) / Temperaturanstieg *m*, Temperatursteigerung *f*, Temperaturzunahme *f* || ~ **in viscosity** (Phys) / Viskositätsanstieg *m* || ~ **of floor line*** (Ships) / Aufkimmung *f* (seitliches Ansteigen des Schiffbodens gegen die Horizontale) || ~ **path** (of the magnetization force) (Mag) / jungfräuliche Kurve (von Null bis zu einer Sättigung), Neukurve *f* (DIN 1325)
**riser** *n* (Aero) / Haupttragegurt *m* (des Fallschirms) || ~* (Build) / Stoßfläche *f* (der Setzstufe) || ~* (Build, Carp) / Stoßstufe *f* (bei aufgesetzten Stufen der Holztreppe), Setzstufe *f*, Futterstufe *f*, Futterbrett *n* (Setzstufe im Holzbau nach DIN 18 064) || ~ (Chem) / Dampfkamin *m*, Dampfhals *m* (einer Bodenkolonne) || ~ (Cinema) / Praktikabel *n* (fest gebauter Teil einer Bühnendekoration) || ~ (Elec Eng) / Kommutatorfahne *f* || ~* (Foundry) / Speiser *m* (offener, geschlossener) || ~ (Geol) / Verwerfer *m* (Verwerfungskluft) || ~ (Oils) / Riser *m*, Riser-Rohrleitung *f* (Steigleitung, die bei Bohrungen im Wasser zur Führung des Bohrgestänges und zur Rückführung der Spülung dient) || ~ (Oils) / Leitrohrtour *f* für die Verbindung Bohrinsel/Meeresboden || ~ (Plumb) / Steigrohr *n* || ~ **cracking** (Oils) / katalytisches Kracken in Reaktoren mit aufsteigendem Katalysator || ~ **cracking** (Oils) / Kracken *n* im aufsteigenden Strom
**rise region** (Chem) / ansteigender Teil (eines Peaks)
**riser pattern** (Foundry) / Speisermodell *n* || ~ **pipe** (Plumb) / Steigrohr *n* || ~ **to back panel** (Textiles) / Sattel *m* (z.B. an Jeans)
**rise time** (Automation) / Anregelzeit *f* || ~ **time*** (Electronics) / Anstiegszeit *f* (beim Impuls nach DIN 40146, T3), Flankenanstiegszeit *f*, Steigzeit *f* || ~ **time*** (Electronics) / Anstiegszeit *f* (die Zeit, die erforderlich ist, um einen Stromkreis von einem Zustand in den anderen zu schalten) || ~ **working** (Mining) / Oberwerksbau *m* (Abbau oberhalb einer Hauptsohle /meist Wettersohle/, bei dem keine Verbindung zu einer höheren Sohle besteht und die Wetter über einen besonderen Wetterweg zu dieser Sohle zurückgeführt werden)
**rishon** *n* (Nuc) / Rishon *n*, Rischon *n* (im Rischonen-Modell der Quarks und der Leptonen)
**rising** *n* (Foundry) / Aufblähung *f*, Steigen *n* (eines Speisers) || ~ (Hyd Eng) / Anschwellen *n* (des Wassers), Anwachsen *n* (des Wassers) || ~ (Mining) / Hochbrechen *n*, Aufbrechen *n* || ~ (Mining) / Überhauen *n* (von unten nach oben hergestelltes Aufhauen - im Erzbergbau), Überbruch *m* || ~ (up-dip) (Mining) / Aufhauen *n* (Auffahren der Grubenbaue im Flöz in Aufwärtsrichtung) || ~ *adj* (Build) / aufgehend *adj* (Mauer) || ~ (Maths) / aufsteigend *adj* || ~ **and falling** (circular) **saw*** (For) / höhenverstellbare Kreissägemaschine *f* || ~ **arch*** (Arch, Civ Eng) / einhüftiger Bogen, steigender Bogen, ansteigender Bogen (bei dem die Kämpfer verschieden hoch liegen) || ~ **butt hinge*** (Join) / Hebescharnier *n* (der Tür) || ~ **current** (Mining) / aufsteigender Spülungsstrom || ~ **current** (Min Proc) /

Aufstrom *m* (z.B. bei dem Klassierer), Gegenstrom *m* || **~ damp** (Build) / aufsteigende Feuchte, aufsteigende Feuchtigkeit || **~ edge** (Telecom) / Vorderflanke *f* (des Impulses), steigende Flanke
**rising-film evaporator** (Chem Eng) / Steigfilmverdampfer *m*, Kletterfilmverdampfer *m* (in dem eine ringförmige Filmströmung mit einem Dampfkern entsteht)
**rising flow** (Phys) / Aufwärtsströmung *f*, Aufwärtsstrom *m* || **~ front*** (Photog) / verstellbare Standarte (in Höhe) || **~ handwheel** (Eng) / steigendes Handrad (bei Schiebern) || **~ mains*** (Elec Eng) / Steigleitung *f* || **~ of sound** (Acous) / Anhall *m* (die in geschlossenen Räumen zu beobachtende akustische Erscheinung eines zeitlich verzögerten Anstiegs der Lautstärke von Schallvorgängen) || **~ out of synchronism** (Elec Eng) / Außertrittziehen *n* (DIN 42005) || **~ pipe** (Plumb) / Steigrohr *n* || **~ sand** (Aero, Meteor) / Sandtreiben *n* || **~ shaft*** (Mining) / Aufbruch *m* (seigerer Grubenbau, der von unten nach oben aufgebrochen wird) || **~ shaft*** (Mining) / Aufbruch *m* (seigerer Grubenbau, der von unten nach oben aufgebrochen wird) || **~ shaft** (Mining) / Aufbruchschacht *m* (ein Blindschacht) || **~ space*** (Typog) / mitdruckender Ausschluss (der Spieße verursacht), hochstehendes Blindmaterial
**rising-stem valve** (Eng) / Absperrarmatur *f* mit steigender Spindel
**rising•-sun magnetron** (Elec Eng) / Rising-Sun-Magnetron *n* (eine Laufzeitröhre mit Mehrfachresonatoren) || **~ table** (Met) / Wipptisch *m* (bei Scheren mit beweglichem Untermesser) || **~ table** (Met) / Kipptisch *m* (auf der von unten nach oben schneidende Schere)
**rising-table blow moulding** (Plastics) / Kautex-Verfahren *n*, Blasformen *n* mit Viereckbewegung des Blaswerkzeugs
**rising tide** (Ocean) / auflaufende Tide
**risk** *n* / Risiko *n* (Erwartungswert der Verluste) || **~ acceptance** / Risikoakzeptanz *f* || **~ analysis** / Risikoanalyse *f* || **~ assessment*** / Risikoabwägung *f*, Risikobewertung *f*
**risk-averse** *adj* / risikoscheu *adj*
**risk capital** / Venture-Capital *n*, Risikokapital *n* (jede Form des Eigenkapitals, das im Unterschied zum Fremdkapital für die Kapitalgeber keinen rechtlich fixierten festen Rückzahlungs- und Zinszahlungsanspruch beinhaltet), Wagniskapital *n*, Venture-Kapital *n* || **~ characterization** / Risikobeschreibung *f* || **~ communication** (Work Study) / Risikokommunikation *f* (Darstellung von Gefahren und eine sachgerechte Auseinandersetzung über Risiken) || **~ description** / Risikobeschreibung *f* || **~ evaluation** / Risikoabschätzung *f* || **~ factor** / Risikofaktor *m* || **~ function** (Comp) / Risikofunktion *f* || **~ management** / Riskmanagement *n* (Gesamtheit der Maßnahmen zur Beurteilung und Verbesserung der Risikolage), Risikomanagement *n*, Risikopolitik *f* || **~ of accidents** (Work Study) / Unfallrisiko *n* || **~ of an accident** (Work Study) / Unfallrisiko *n* || **~ of breakage** (Materials) / Bruchgefahr *f* || **~ of corrosion** (Surf) / Korrosionsgefahr *f* || **~ of damage** / Beschädigungsgefahr *f*, Beschädigungsrisiko *n* || **~ of explosion** / Explosionsgefahr *f* || **~ of liability** / Haftungsrisiko *n* || **~ population** (Stats) / Risikopopulation *f*, Risikogruppe *f* || **~ reduction** / Risikominderung *f*
**risky** *adj* / risikofreudig *adj* (Fahren), riskant *adj* || **~** / gefährlich *adj* (Manipulation)
**Risley prism** (Optics) / veränderlicher Keil
**RIST*** (radioimmunosorbent test) (Med, Radiol) / Radioimmunosorbenttest *m* (eine Variante der RIA, RIST (Radioimmunosorbenttest))
**Ritchey-Chrétien optics** (Optics) / RC-System *n*, Ritchey-Chrétien-System *n* (ein aplanatisches Zweispiegelsystem nach G.W. Ritchey, 1864-1945, und H.J. Chrétien, 1870-1956) || **~ system** (Optics) / RC-System *n*, Ritchey-Chrétien-System *n* (ein aplanatisches Zweispiegelsystem nach G.W. Ritchey, 1864-1945, und H.J. Chrétien, 1870-1956)
**Ritchie wedge*** (Optics) / Ritchie-Keil *m*
**Ritter reaction** (Chem) / Ritter-Reaktion *f* (ein Syntheseweg zu Säureamiden)
**Ritter's method of dissection** (Mech) / Schnittverfahren *n* nach Ritter, Ritter'sches Schnittverfahren (analytische Ermittlung der Stabkräfte eines Fachwerkes) || **~ traverse** (Mech) / Schnittverfahren *n* nach Ritter, Ritter'sches Schnittverfahren (analytische Ermittlung der Stabkräfte eines Fachwerkes)
**Rittinger's law*** (Chem Eng) / Rittinger-Gesetz *n* (Zerkleinerung)
**Ritz method** (Maths) / Ritz'sches Verfahren (zur Lösung von Variationsproblemen)
**Ritz's combination principle** (Nuc) / Rydberg-Ritz-Kombinationsprinzip *n*, Ritz'sches Kombinationsprinzip (Einelektronenspektren - nach W. Ritz, 1878-1909)
**rivelling** *n* (Paint) / Runzelbildung *f*, Kräuselung *f*
**riven*** *adj* (Build) / gespalten *adj* (Spalierlatte)
**river** *n* (For) / Spaltkeil *m* (hinter einem Kreissägeblatt angebrachter Stahlblechkeil zur Offenhaltung der Schnittfuge und somit gegen Klemmungen und Rückschlag des Holzes) || **~** (Geog, Hyd Eng) / Strom *m* || **~** (Geog, Hyd Eng) / Fluss *m*
**riverbank** *n* (Geog, Hyd Eng) / Flussufer *n*
**river bar** (at the mouth of a river) (Civ Eng, Hyd Eng) / Barre *f* (Untiefe in Flussmündungen) || **~ barrage** (to support the groundwater table) (Hyd Eng) / Kulturstau *m* || **~ basin** (Hyd Eng) / Einzugsgebiet *n* (das ober- und unterirdische Entwässerungsgebiet eines Flusses mit allen seinen Nebenflüssen - DIN 4045), Abflussgebiet *n* || **~ bed** (that relatively flat part of a river channel where water normally flows) (Geol, Hyd Eng) / Flusssole *f*, Sohle *f* (des Flusses) || **~ bed** (Hyd Eng) / Flussbett *n* || **~ bend** (Hyd Eng) / Flusskrümmung *f* || **~ birch** (For) / Schwarzbirke *f* (Betula nigra L.)
**river-borne** *adj* (Hyd Eng) / flussverfrachtet *adj*
**river bottom** (Geol, Hyd Eng) / Flusssole *f*, Sohle *f* (des Flusses) || **~ breathing** (Hyd Eng) / Schwankungen *f pl* des Wasserstandes (eines Flusses), Schwankung *f* des Flusswasserspiegels || **~ cable** (Cables) / Flusskabel *n* || **~ canalization for shipping** (Hyd Eng, Ships) / Schiffbarmachung *f* des Flusses || **~ capture*** (Geol) / Flussanzapfung *f* (durch rückschreitende Erosion bewirktes Eingreifen eines Flusses in das Tal eines anderen Flusses), Anzapfung *f* || **~ channel** (Hyd Eng) / Flussbett *n* || **~ clarifying plant** (San Eng) / Flusskläranlage *f* (zur Reinigung des Flusswassers) || **~ continuum concept** (Ecol) / River-Continuum-Concept *n* (Charakterisierung und Einteilung eines Fließgewässersystems), RCC || **~ course development** (Hyd Eng) / Flusslaufentwicklung *f* || **~ crossing** (Civ Eng) / Kreuzen *n* eines Flusses (z.B. bei Erdgasfernleitungen) || **~ crossing** (Geog) / Flussübergang *m* || **~ deposit** (Hyd Eng) / Flussablagerung *f* || **~ diversion** (Hyd Eng) / Flussumleitung *f* || **~ embankment** (Hyd Eng) / Flussdeich *m* || **~ engineering** (Hyd Eng) / Flussbau *m* (als Fach) || **~ gauge** (Hyd Eng) / Pegel *m* (Gerät zum Messen des Wasserstandes am Fluss) || **~ gravel** (Geol) / Flusskies *m* || **~ improvement** (Hyd Eng) / Flussregelung *f*, Regulierungsarbeiten *f pl* (am Fluss), Flussregulierung *f*, Gewässerausbau *m*, Flussbau *m* (Regulierungsarbeiten) || **~ improvement by suspending fascines** (Hyd Eng) / Gehängebau *m* (bei Flussregulierungen), Gehängebau *m* (aus hängenden Reisigbündeln oder -tafeln)
**riverine** *adj* (Geog) / Ufer- (Fluss, Binnensee, Kanal), uferanliegend *adj*, am Ufer anliegend
**river intake** / Flussentnahme *f* (für die Bewässerung) || **~ levee** (Hyd Eng) / Flussdeich *m* || **~ load** (Geol) / Flussgeröll *n* (durch bewegtes Wasser transportierte oder abgelagerte Gesteinsbruchstücke), Flussgeschiebe *n*, Geschiebe *n* (von der Strömung eines Fließgewässers mitgeführte Feststoffe, fluviatiles Geröll, Geröll *n* || **~ lock** (Hyd Eng) / Flussschleuse *f* || **~ marsh** (Ecol, Hyd Eng) / Flussmarsch *f* || **~ meadow** (Ecol, Geol) / Flussaue *f* || **~ meander** (Geol, Hyd Eng) / Flussmäander *m*, freier Mäander, Wiesenmäander *m* || **~ morphology** (Geol) / Flussmorphologie *f* || **~ navigation** / Flussschifffahrt *f* || **~ navigation lock** (Hyd Eng) / Flussschleuse *f* || **~ of molten lava** (Geol) / Lavastrom *m*
**river-pebble phosphate** (in Florida) (Geol) / knolliger oder pelletoider Phosphorit
**river pier** (Civ Eng, Hyd Eng) / Strompfeiler *m*, Flusspfeiler *m* (der Brücke) || **~ plain** (Geol) / Alluvialebene *f* || **~ Plate wool** (Textiles) / La-Plata-Wolle *f* (argentinische Schurwolle, im wesentlichen Crossbredwolle) || **~ polder** (Hyd Eng) / Flusspolder *m* || **~ port** (Hyd Eng) / Flusshafen *m* || **~ power station** (Elec Eng, Hyd Eng) / Laufwasserkraftwerk *n* (zur Nutzung der in Flüssen und Bächen enthaltenen potentiellen und kinetischen Energie), Laufkraftwerk *n* || **~ red gum** (For) / Redgumholz *n* (aus Eucalyptus camaldulensis Dehnh. oder Eucalyptus tereticornis Sm.) || **~ regime** (Hyd Eng) / Regime *n*, Flussregime *n*, Flusscharakteristik *f*, Abflussregime *n* (ein Wasserhaushalt bei Fließgewässern) || **~ regulation** (Hyd Eng) / Flussregelung *f*, Regulierungsarbeiten *f pl* (am Fluss), Flussregulierung *f*, Gewässerausbau *m*, Flussbau *m* (Regulierungsarbeiten) || **~ retting** (Textiles) / Flussröste *f* (eine biologische Röste), Röste *f* im fließenden Wasser || **~ run gravel** (Geol) / Flusskies *m*
**rivers*** *pl* (Typog) / Gasse *f* (fehlerhafter Zwischenraum, der über mehrere Zeilen geht)
**river sand** / Flusssand *m*
**riverside** *n* (Geog, Hyd Eng) / Flussuferstreifen *m*
**river system** (Geog, Hyd Eng) / Flusssystem *n* || **~ terrace*** (Geol) / Flussterrasse *f* || **~ training** (Hyd Eng) / Kanalisierung *f* (von Flüssen), Kanalisation *f* || **~ training** (Hyd Eng) / Flussregelung *f*, Regulierungsarbeiten *f pl* (am Fluss), Flussregulierung *f*, Gewässerausbau *m*, Flussbau *m* (Regulierungsarbeiten) || **~ training structure** (Hyd Eng) / Flussbauwerk *n* || **~ tug** (Ships) / Binnenschlepper *m* || **~ tugboat** (Ships) / Flussschlepper *m* || **~ valley** (Geog, Geol) / Flusstal *n* || **~ wall** (Civ Eng, Hyd Eng) / Ufermauer *f*, Uferschutzmauer *f* (bei Flüssen) || **~ water** (Ecol, Hyd Eng) / Flusswasser *n*

**rivet** v (Eng) / nieten v, zusammennieten v ‖ ~* n (Eng) / Niet m n (DIN 101) ‖ ~ **body** (Eng) / Nietschaft m ‖ ~ **chisel** (Eng) / Nietmeißel m, Nietquetscher m, Nietsprenger m ‖ ~ **chisel** (Eng, Tools) / Nietenquetscher m ‖ ~ **countersink** (Eng) / Nietlochsenker m (DIN 1863), Senker m für Senkniete
**riveted** adj (Eng) / genietet adj ‖ ~ **clothing** (Textiles) / Nietenkleidung f (deren Nähte an einigen Stellen durch Nieten verstärkt sind) ‖ ~ **joint*** (Eng) / Nietverbindung f, Nietung f (Stelle)
**riveter** n (Eng) / Nietmaschine f, Nietpresse f
**rivet fastening** (Eng) / Nietverbindung f, Nietung f (Tätigkeit) ‖ ~ **grip** (Eng) / Nietklemmlänge f, Klemmlänge f (bei Nieten nach DIN 78) ‖ ~ **hammer** (Eng) / Niethammer m ‖ ~ **head** (Eng) / Nietkopf m ‖ ~ **head** (Eng) / Setzkopf m (einer Nietverbindung) ‖ ~ **header** (Eng) / Nietdöpper m, Döpper m (Kopfsetzer), Schellhammer m, Nietendöpper m ‖ ~ **hole** (Eng) / Nietloch n
**rivet-hole reamer** (Eng) / Nietlochreibahle f (DIN 311)
**riveting** n (Eng) / Nietverbindung f, Nietung f (Tätigkeit) ‖ ~ **clamp** (Eng) / Nietzwinge f ‖ ~ **hammer** (Eng) / Niethammer m ‖ ~ **joint** (Eng) / Nietverbindung f, Nietung f (Stelle) ‖ ~ **machine*** (Eng) / Nietmaschine f, Nietpresse f ‖ ~ **noise** (Acous) / Nietgeräusch n, Lärm m durch Nieten ‖ ~ **of steel-framed structures** (Civ Eng) / Nietung f im Stahlbau ‖ ~ **pressure** (Eng) / Nietdruck m
**rivet in tension** (Eng) / Zugniet m ‖ ~ **joint** (Eng) / Nietverbindung f, Nietung f (Stelle) ‖ ~ **nut** (Eng) / Nietmutter f ‖ ~ **on** v (Eng) / annieten v, aufnieten v ‖ ~ **pin** (Eng) / Nietstift m (DIN 7541) ‖ ~ **pitch** (Eng) / Nietabstand m ‖ ~ **set(ter)** (Eng) / Nietenzieher m (zum Einziehen der Niete und Zusammendrücken der Teile), Nietzieher m ‖ ~ **shank** (Eng) / Nietschaft m ‖ ~ **snap** (Eng) / Nietdöpper m, Döpper m (Kopfsetzer), Schellhammer m, Nietendöpper m ‖ ~ **steel** (Met) / Nietstahl m ‖ ~ **strain** (Eng) / Nietbeanspruchung f ‖ ~ **subjected to shear** (Eng) / Scherniet m ‖ ~ **to** (Eng) / annieten v ‖ ~ **together** (Eng) / vernieten v (zusammen), zusammennieten v ‖ ~ **welding** (Welding) / Nietschweißen n
**riving knife*** (For) / Spaltmesser n ‖ ~ **knife** (For) / Spaltkeil m (hinter einem Kreissägeblatt angebrachter Stahlblechkeil zur Offenhaltung der Schnittfuge und somit gegen Klemmungen und Rückschlag des Holzes)
**rivulet** n (Geog) / kleiner Flusslauf, Flüsschen n
**RJ45** n (Comp) / RJ45-Stecker m (achtpoliger Stecker für verdrillte Leitungen) ‖ ~ **connector*** (Comp) / RJ45-Stecker m (achtpoliger Stecker für verdrillte Leitungen)
**RJE** (remote job entry) (Comp) / Jobferneingabe f, Auftragsferneingabe f
**RKK potential** (Phys) / RKK-Potential n (das nach der Methode von Rydberg-Klein-Rees berechnet wird)
**RKKY interaction** (Electronics) / RKKY-Wechselwirkung f (nach Ruderman-Kittel-Kasuga und Yosida)
**RL** (right-to-left) / von rechts nach links (arbeitend, lesend) ‖ ≃ (responsibility level) (Work Study) / Verantwortungsebene f
**RLC** (radio-link control) (Teleph) / RLC-Schicht f (UMTS), Funkverbindungssteuerung f ‖ ≃ **bridge** (Elec Eng) / RLC-Brücke f (eine Wechselstrommessbrücke)
**RLCCC** (rotation locular countercurrent chromatography) (Chem) / RLCCC f (ein nach dem Prinzip der Gegenstromverteilung arbeitendes Trennverfahren für Pflanzeninhalts- und andere Naturstoffe, ggf. auch für die Trennung von Enantiomerengemischen)
**R line** (Spectr) / R-Zweig m (in dem Rotations-Schwingungs-Termschema - mit dem Pluszeichen, positiver Zweig
**RLL recording** (Comp) / RLL-Aufzeichnung f (eine Festplattenaufzeichnung)
**RLP** (radio-link protocol) (Teleph) / Luftschnittstellenprotokoll n, LAP (Luftschnittstellenprotokoll)
**rly.** (railway) (Rail) / Eisenbahn f (Eisenbahnlinie + Unternehmen)
**RME** (rapeseed oil methyl ester) (Chem, Fuels) / Rapsölmethylester m (ein Fettsäuremethylester), RME (Rapsölmethylester)
**r.m.m.*** (relative molecular mass) (Chem) / Molekularmasse f (Molekulargewicht), relative Molekülmasse
**R-module** n (Maths) / Modul m über einem Ring, R-Modul m
**RMP** (refiner mechanical woodpulp) (Paper) / Refiner-Holzstoff m
**r.m.s.** (root mean square) (Maths, Stats) / quadratisches Mittel, Quadratmittel n
**rms*** (Maths, Stats) / quadratisches Mittel, Quadratmittel n
**r.m.s. power*** (Elec Eng) / Effektivleistung f
**RMS thread** (Royal Microscopical Society) / RMS-Gewinde n (DIN 58888)
**r.m.s. value*** (Phys) / quadratischer Mittelwert, Effektivwert m (einer periodischen Größe)
**RMS value** (Phys) / quadratischer Mittelwert, Effektivwert m (einer periodischen Größe) ‖ ≃ **voltage** (Elec Eng) / Effektivspannung f
**RMU** (remote multiplexer unit) (Telecomm) / Fernmultiplexer m

**Rn** (radon) (Chem) / Radon n, Rn (Radon)
**RNA*** (ribonucleic acid) (Biochem) / Ribonukleinsäure f, Ribonucleinsäure f, RNS (Ribonukleinsäure), RNA (Ribonukleinsäure) ‖ ≃ **polymerase** (Biochem, Gen) / Transkriptase f, Transcriptase f, RNS-Polymerase f (Enzym, das an einer DNS-Matrize den Aufbau von RNS aus Ribonukleosidtriphosphaten katalysiert), RNA-Polymerase f
**RNase** n (Biochem) / Ribonuklease f (zu den Phosphatasen zählendes Enzym), Ribonuclease f, RNase f
**RNA synthesis** (Biochem, Gen) / RNA-Synthese f, RNS-Synthese f ‖ ≃ **virus** (Biochem, Gen) / RNS-Virus n m, RNA-Virus n m
**RNB** (radioisotope battery) (Nuc Eng) / Radionuklidbatterie f (direkte, indirekte), Isotopenbatterie f, strahlengalvanisches Element, Kernbatterie f, RNB (Radionuklidbatterie), Atombatterie f
**RNC** (radio network controller) (Radio, Teleph) / Funknetzsteuerung f (das Netzelement des RNS, welches über die Steuerung einer oder mehrerer Node Bs die Verwendung der Funkressourcen steuert), Radio Network Controller m (Funknetzsteuerung)
**RNR** (receive not ready) (Comp, Telecomm) / nicht empfangsbereit , RNR (nicht empfangsbereit)
**RNS** (radio network subsystem) (Radio, Teleph) / Funkteilsystem n (Teilsystem des UTRAN, das aus einem RNC sowie einem oder mehreren Node Bs besteht), Radio Network Subsystem n
**RO** (reverse osmosis) (Chem) / umgekehrte Osmose, reverse Osmose, Umkehrosmose f, Reversosmose f, RO (Reversosmose), Hyperfiltration f
**road** n (Autos, Civ Eng) / Straße f, Fahrstraße f, Weg m, Landstraße f ‖ ~ (Mining) / Strecke f (in Grubenbau zur Fahrung, Wetterführung, Förderung und zum Transport - meistens söhliger) ‖ ~ (US) (Rail) / Kleinbahn f, Lokalbahn f, Eisenbahn f im Nahverkehr ‖ ~ (Rail) / Gleis n, Gleiskörper m ‖ ~ (Ships) / Reede f (als Ankerplatz benutzte geschützte Wasserfläche vor dem Hafen nach DIN 4054)
**roadability** n (Autos) / Straßenlage f (Verhalten des Kraftfahrzeugs gegenüber den Antriebs-, Brems- und Seitenkräften) ‖ ~ (Autos) / Fahreigenschaften f pl (auf der Straße)
**road adherence** (Autos) / Bodenhaftung f (bei Reifen), Grip m ‖ ~ **adhesion** (Autos) / Bodenhaftung f (bei Reifen), Grip m ‖ ~ **and street lighting** (Elec Eng) / Straßenbeleuchtung f ‖ ~**-base** (Civ Eng) / Tragschicht f (obere), Hauptschicht f ‖ ~ **bead** (Civ Eng) / Reflexperle f (für Straßen)
**roadbed** n (Civ Eng) / Straßenbett n, Straßenkoffer m ‖ ~ (US) (Civ Eng) / Fahrbahn f, Fahrdamm m ‖ ~ (Civ Eng) / Fahrbahnbelag m, Fahrbahndecke f (die obere Schicht des Oberbaus), Straßendecke f, Straßenbelag m, Decke f (Fahrbahndecke) ‖ ~* (Rail) / Bettung f, Gleisbettung f (die Schicht auf der die Gleisanlage verlegt wird)
**road behaviour** (Autos) / Fahreigenschaften f pl (auf der Straße) ‖ ~ **bitumen** (Civ Eng) / Straßenbaubitumen f (DIN 1995)
**roadblock** n (a barrier or barricade on a road, especially one set up by the authorities to stop and examine traffic) (Civ Eng) / Straßensperre f
**road book** (Autos, Cartography) / Autoatlas m
**road-bound** adj / straßengebunden adj (Verkehr)
**road breaker** (Autos) / Aufbruchhammer m, Aufreißhammer m ‖ ~ **breaker** (Civ Eng) / Straßenaufreißer m, Aufreißer m (meistens als Anhängegerät) ‖ ~ **bridge** (Civ Eng) / Straßenbrücke f
**road-building** n (Civ Eng) / Straßenbau m
**road bump** (Autos) / Fahrbahnstoß m ‖ ~ **bump** (Autos, Civ Eng) / Bodenwelle f (Unebenheit der Straße) ‖ ~ **channel** (Civ Eng) / Gosse f (an der Bordkante entlang laufende Straßenrinne, durch die Regenwasser und Straßenschmutz abfließen), Rinnstein m ‖ ~ **conditions** (Autos) / Fahrbahnbeschaffenheit f, Straßenzustand m ‖ ~ **conditions** (Autos) / Straßenverhältnisse n pl, Straßenzustand m ‖ ~ **construction** (Civ Eng) / Wegebau m
**road-construction** n (Civ Eng) / Straßenbau m ‖ ~ **site** (Autos, Civ Eng) / Straßenbaustelle f, Baustelle f (eine Straßenbaustelle)
**road damaged by frost** (Autos) / "Frostschäden" (ein Verkehrsschild) ‖ ~ **dirt** (Autos, Civ Eng) / Straßenschmutz m ‖ ~ **engineering** (Civ Eng) / Straßenbau m (als Ingenieurwissenschaft), Straßenbautechnik f ‖ ~ **film** (Autos) / Straßenschmutz m (auf dem Autolack) ‖ ~ **form** (Civ Eng) / Schalungsschiene f (im Straßenbau) ‖ ~ **fund licence** (GB) (a disc displayed on a vehicle certifying payment of road tax) (Autos) / Steuerplakette f für Kraftfahrer
**road-going four-wheel drive** (Autos) / Allradantrieb m für die Straße (eines Personenkraftwagens)
**road grip** (Autos) / Straßenhaftung f ‖ ~ **guidance** (Nuc) / Road Guidance f (ein Verfahren zur automatischen Auswertung von Aufnahmen) ‖ ~ **haulage** (Autos) / Straßengüterverkehr m, Straßentransport m, Transport m per Achse ‖ ~ **hog** (Autos) / Verkehrsrowdy m
**roadholding** n (the ability of a vehicle to remain stable when moving, especially when cornering at high speeds) (Autos) / Straßenlage f

(Verhalten des Kraftfahrzeugs gegenüber den Antriebs-, Brems- und Seitenkräften) ‖ ~ (Autos) / Bodenhaftung *f* (bei Reifen), Grip *m*
**road hole** (Civ Eng) / Schlagloch *n* (im Straßenbelag) ‖ ~ **hump** (Autos, Civ Eng) / Rüttelschwelle *f*, "schlafender Polizist", Schwelle *f* (schlafender Polizist), Holperschwelle *f* (um die Autofahrer zu zwingen, langsam zu fahren), Temposchwelle *f*, Fahrbahnschwelle *f* ("schlafender Polizist") ‖ ~ **identification sign** (Autos) / Straßenbezeichnungsschild *n* ‖ ~ **improvement** (Civ Eng) / Straßenausbau *m* ‖ ~ **in cut(ting)** (Civ Eng) / Straße *f* im Einschnitt, Straße *f* im Abtrag ‖ ~ **in embankment** (Civ Eng) / Straße *f* im Auftrag, Straße *f* in Dammlage ‖ ~ **inlet top** (Civ Eng) / Aufsatz *m* (für Straßenabläufe) ‖ ~ **junction** (Autos) / Straßeneinmündung *f* (ein Verkehrszeichen) ‖ ~ **junction** (Autos) / Einmündung *f* (meistens rechtwinklige)
**roadkill** *n* (a killing of an animal on the road by a vehicle) (Autos) / Wildunfall *n* (durch Wildwechsel verursachter Verkehrsunfal - bei dem ein Tier getötet wurdel)
**road lighting** (Elec Eng) / Straßenbeleuchtung *f* ‖ ~-**line** *n* (UK) (Build) / Straßenfluchtlinie *f*, Straßenbegrenzungslinie *f*
**road-line composition**\* (Paint) / Straßenmarkierungslack *m* (meistens Spritzlack auf der Basis von Kunstharzkombinationen), Straßenmarkierungsfarbe *f*, Markierungsfarbe *f* für den Straßenverkehr (mit Rutilpigment) ‖ ~ **paint**\* (Paint) / Straßenmarkierungslack *m* (meistens Spritzlack auf der Basis von Kunstharzkombinationen), Straßenmarkierungsfarbe *f*, Markierungsfarbe *f* für den Straßenverkehr (mit Rutilpigment)
**road load** (Autos) / Fahrbetrieb *m* (normaler, des Motors)
**road-making** *n* (Civ Eng) / Straßenbau *m* ‖ ~ **concreting equipment** (Civ Eng) / Deckenzug *m* (im Straßenbau) ‖ ~ **machine** (Civ Eng) / Straßenbaumaschine *f* ‖ ~ **plant** (Civ Eng) / Straßenbaumaschine *f*
**roadman** *n* (pl. -men) / Straßenarbeiter *m*
**road•-map** *n* (Cartography) / Straßenkarte *f*, Autokarte *f* ‖ ~ **marking** (Autos, Civ Eng) / Fahrbahnmarkierung *f* (mit schnelltrocknenden lösungsmittelhaltigen Lacksystemen) ‖ ~-**marking machine** (Civ Eng) / Straßenmarkiermaschine *f*
**roadmender** *n* (Civ Eng) / Straßenwärter *m*
**road message** (Autos, Radio) / Verkehrsdurchsage *f*, Radiodurchsage *f* an Fahrer, Durchsage *f* für Autofahrer ‖ ~ **metal**\* (Civ Eng) / Straßenschotter *m*, Schotter *m*
**road-metal plant** / Schotterwerk *n*
**road miller** (Civ Eng) / Straßenfräse *f*
**road-mix** *n* (Civ Eng) / Mixed-in-Place-Verfahren *n* (ein Bodenmischverfahren), Baumischverfahren *n* (ein Bodenmischverfahren - mixed-in-place)
**road narrows** (on both sides) (Autos) / Engpass *m* (ein Verkehrszeichen), verengte Fahrbahn (ein Verkehrszeichen), Einengung *f* der Fahrbahn (ein Verkehrszeichen) ‖ ~ **narrows on one side** (right, left) (Civ Eng) / einseitig verengte Fahrbahn (rechts, links) (ein Verkehrszeichen) ‖ ~ **noise** (Acous) / Straßengeräusch *n* ‖ ~ **noise** (Autos) / Fahrgeräusch *n* (von verschiedenen Teilschallquellen eines Kraftfahrzeugs) ‖ ~ **octane number** (Fuels) / Straßenoktanzahl *f*, SOZ (DIN 51600) (ein Maß für die Klopffestigkeit) ‖ ~ **oil** (a heavy residual petroleum oil usually one of the slow-curing grades of liquid asphalt) / Straßenöl *n* ‖ ~ **paint** (Paint) / Straßenmarkierungslack *m* (meistens Spritzlack auf der Basis von Kunstharzkombinationen), Straßenmarkierungsfarbe *f*, Markierungsfarbe *f* für den Straßenverkehr (mit Rutilpigment) ‖ ~ **patrol service** (Autos) / Straßenwacht *f* (Pannenhilfe, "Gelbe Engel") ‖ ~ **pen** (Cartography) / Doppelziehfeder *f* ‖ ~ **pricing** (Autos) / nutzerbezogene Zurechnung von Straßenbenutzungskosten ‖ ~ **ripper** (Autos) / Aufbruchhammer *m*, Aufreißhammer *m* ‖ ~ **ripper** (Civ Eng) / Straßenaufreißer *m*, Aufreißer *m* (meistens als Anhängegerät)
**roadroller** *n* (Civ Eng) / Straßenwalze *f*
**roads** *pl* (Ships) / Reede *f* (als Ankerplatz benutzte geschützte Wasserfläche vor dem Hafen nach DIN 4054)
**road safety** (Autos) / Verkehrssicherheit *f*, Sicherheit *f* im Straßenverkehr ‖ ~ **safety campaign** (Autos) / Verkehrserziehung *f* ‖ ~ **salt** (Civ Eng) / Tausalz *n* (z.B. vergälltes Steinsalz), Auftausalz *n* (im Straßenwinterdienst verwendetes Salz, das Schnee- und Eisschichten zum Auftauen bringt), Streusalz *n* ‖ ~ **sense** (Autos) / Gespür für (gefährliche) Verkehrssituationen ‖ ~ (mechanical) **service** (Autos) / Straßenwacht *f* (Pannenhilfe, "Gelbe Engel")
**roadside** *n* (Civ Eng) / Straßenrandbereich *m* ‖ ~ **ditch** (Civ Eng) / Straßengraben *m* ‖ ~ **vegetation** (Civ Eng) / Straßenbegleitgrün *n*
**road sign** (Autos) / Verkehrszeichen *n*, Verkehrsschild (mit Verkehrszeichen) ‖ ~ **signing** (Civ Eng) / Straßenbeschilderung *f* ‖ ~ **speed** (Autos) / Fahrgeschwindigkeit *f* ‖ ~ **spray** (Autos) / Spritzwasser *n* (von der Straße) ‖ ~ **sprinkler** (Autos) / Sprengwagen *m*
**roadstead** *n* (Ships) / Reede *f* (als Ankerplatz benutzte geschützte Wasserfläche vor dem Hafen nach DIN 4054) ‖ ~ **buoy** (Ships) / Reedetonne *f*

**roadster** *n* (Autos) / Roadster *m* (2 Seitentüren, Fenster und Verdeck versenkbar, meist 2-sitziges Sportkabriolett), offener Zweisitzer
**road studs**\* (Civ Eng) / Nägel *m pl*, Bodenrückstrahler *m pl*, Markierungsnägel *m pl* ‖ ~ **surface** (Civ Eng) / Fahrbahnbelag *m*, Fahrbahndecke *f* (die obere Schicht des Oberbaus), Straßendecke *f*, Straßenbelag *m*, Decke *f* (Fahrbahndecke) ‖ ~ **surface** (Civ Eng) s. also wearing course
**road-surface luminance** (Civ Eng, Light) / Fahrbahnleuchtdichte *f* (Größe, die das von einer Fahrbahn ausgehende Licht beschreibt) ‖ ~ **man** (Civ Eng) / Straßenwärter *m*
**road sweeper** (Autos, Civ Eng) / Straßenkehrmaschine *f*, Kehrmaschine *f*
**road-sweeping lorry** (Autos) / Kehrfahrzeug *n*
**road system** (Autos, Civ Eng) / Straßensystem *n* ‖ ~ **tanker** (Autos) / Tankwagen *m*, Behälterfahrzeug *n*, Silofahrzeug *n* (Kesselwagen für den Transport flüssiger oder staubförmiger Güter), Tankfahrzeug *n*, Tanklastkraftwagen *m* (Kesselwagen für den Transport flüssiger oder staubförmiger Güter) ‖ ~ **tar** (Civ Eng) / Straßenpech *m* (DIN 55946, T 2), Straßenteer *m* ‖ ~ **tax** / Kraftfahrzeugsteuer *f*, Kfz-Steuer *m* ‖ ~ **test** (Autos) / Fahrbericht *m* (Test im Straßenverkehr), Fahrzeugtest *m* (unter normalen Straßenverkehrsbedingungen), Autotest *m* ‖ ~ **test** (Autos) / Fahrversuch *m* ‖ ~ **timbering** (Mining) / Streckenausbau *m* ‖ ~ **traffic** (Autos) / Straßenverkehr *m* ‖ ~ **traffic law** (Autos) / Straßenverkehrsrecht *n* ‖ ~ **traffic regulations** (Autos) / Straßenverkehrsordnung *f*, StVO (Straßenverkehrsordnung) ‖ ~ **traffic signal system** (Autos, Civ Eng) / Straßenverkehrssignalanlage *f*, SVA (Straßenverkehrssignalanlage) ‖ ~ **traffic signal system** (Autos) / Lichtsignalanlage *f*, Wechsellichtzeichenanlage *f*, Verkehrsampel *f*, Ampelanlage *f*, Ampel *f*, Lichtzeichenanlage *f* ‖ ~ **traffic signal system** s. also traffic light(s) ‖ ~ **train** (a massive towing vehicle pulling several trailers linked to each other) (Autos) / Lastkraftwagenzug *m* mit Sattelauflieger und Anhängern (ein australischer Begriff) ‖ ~ **transport** (Autos) / Straßengüterverkehr *m*, Straßentransport *m*, Transport *m* per Achse ‖ ~ **tunnel** (Civ Eng) / Straßentunnel *m* ‖ ~ **user** (Autos) / Straßenverkehrsteilnehmer *m*, Verkehrsteilnehmer *m* ‖ ~ **vehicle** (Autos) / Straßenfahrzeug *n* (DIN 70 020-1)
**road-vehicle engineering** (Autos) / Kraftfahrtechnik *f*
**roadway** *n* (Civ Eng) / Fahrbahn *f*, Fahrdamm *f* ‖ ~ (Civ Eng) / befestigte Verkehrsraumbreite, Kronenbreite *f* ‖ ~ (Mining) / Strecke *f* (ein Grubenbau zur Fahrung, Wetterführung, Förderung und zum Transport - meistens söhliger) ‖ ~ **area** (Autos, Civ Eng) / Verkehrsraum *m*, Fahrraum *m* ‖ ~ **marking** (Autos, Civ Eng) / Fahrbahnmarkierung *f* (mit schnelltrocknenden lösungsmittelhaltigen Lacksystemen) ‖ ~ **support** (Mining) / Streckenausbau *m*
**roadworker** *n* / Straßenarbeiter *m*
**roadworks** *pl* (Autos) / Baustelle *f* (ein Verkehrszeichen) ‖ ~ (Autos, Civ Eng) / Straßenbauarbeiten *f pl*, Straßenarbeiten *f pl* ‖ ~ **ahead** (Autos, Civ Eng) / Straßenarbeiten *f pl* (ein Warnschild)
**roadworthy** *adj* (Autos) / Fahrtüchtig *adj*, verkehrssicher *adj* (fahrtüchtig), verkehrstüchtig *adj* (Kraftfahrzeug) ‖ **not** ~ (Autos) / fahruntüchtig *adj* (Fahrzeug) ‖ **not** ~ (Autos) / nicht fahrtüchtig, nicht verkehrssicher
**roak**\* *n* (Mining) / Flöz *n* (eine Schicht nutzbarer Gesteine oder Minerale)
**roaming** *n* (Telecomm) / Wandern *n*, Bereichswechsel *m* (Ruf- oder Verkehrsbereich) ‖ ~\* (Teleph) / Roaming *n* (die Möglichkeit mobiler Nutzer, permanent unterwegs und erreichbar zu sein, meistens im Ausland: auch Fernsprechtarife im Ausland bei Mobiltelefonen) ‖ ~ **electron** (Nuc) / vagabundierendes Elektron ‖ ~ **platform** (Teleph) / Roamingplattform *f* (über die die Kunden automatisch Zugang zu allen anderen an der Plattform beteiligten Netzen erhalten)
**roan** *n* (a sheepskin, not split) (Leather) / [sumachgegerbtes] Schafleder *n* (meistens für Bucheinbände) ‖ ~ *attr* / eberescherot *adj*
**roar** *v* (Autos) / dröhnen *v* (Motor), röhren *v*
**roaring** *n* / Brausen *n*, Getöse *n*, Getose *n* ‖ ~ (Acous, Eng) / Dröhnen *n*, Lärmen *n* (von Maschinen) ‖ ~ **flame** / rauschende Flamme ‖ ~ **forties** (stormy ocean tracks between latitudes 40° and 50° south) (Meteor) / Roaring Forties *pl* (brave Westwinde in 40° s. Br.)
**roast** *v* (Met) / rösten *v* ‖ ~ (Nut) / rösten *v*
**roasted flavour** (Nut) / Röstaroma *n* ‖ ~ **malt** (Nut) / Röstmalz *n* ‖ ~ **pyrites** (Met) / Kiesabbrand *m*
**roaster gas** (Met) / Röstgas *n*
**roast flavour** (Nut) / Röstaroma *n*
**roasting**\* *n* (Met) / Rösten *n*, Röstung *f* ‖ ~\* (Nut) / Rösten *n* ‖ ~ **furnace**\* (Met) / Röstofen *m* ‖ ~ **residue** (Met) / Röstrückstand *m*, Abbrand *m* (der Rückstand nach dem Rösten sulfidischer Erze)
**roast sintering** (Met) / Sinterröstung *f*
**rob** *v* (Mining) / rauben *v* (Pfeiler)
**robber** *n* (Elec Eng, Surf) / Blende *f* (in der Galvanotechnik verwendete Einrichtung zur Herabsetzung unzulässig hoher Stromdichte an

**robbing**

strombegünstigten Stellen/Spitzen und Kanten, die zum Anbrennen führen könnte), Stromblende *f* (zum Abschirmen von Kanten in der Galvanotechnik), Abblendeinrichtung *f*
**robbing** *n* (Surf) / Ableitung *f* ‖ **~ of pillars** (Mining) / Pfeilerabbau *m*
**robbings** *pl* (Textiles) / beim Kämmen abfallende [für Kämmlinge zu lange] Wollfasern
**Robert** (calandria) **evaporator** (Chem Eng, Nut) / Robert-Verdampfer *m* (mit natürlichem Umlauf und zentralem Rücklaufrohr)
**Robertson-Walker solution** (Astron) / Robertson-Walker'sches Linienelement
**Roberts ring-type grinder** (Paper) / Ringschleifer *m* (ein Holzschleifer)
**Roberval's balance** / Roberval-Waage *f* (nach G.P. de Roberval, 1602-1675)
**robinin** *n* (Chem) / Robinin *n* (Glykosid aus Robinia pseudoacacia L.)
**Robinson bridge*** (Elec Eng) / Wien-Robinson-Brücke *f* (ein Sonderfall der Wien-Brücke - nach J. Robinson, 1884 - 1956)
**Robison-Embden ester** (Biochem) / Robison-Ester *m* (D-Glucose-6-phosphat - nach R. Robison, 1883 - 1941)
**robocarrier** *n* / Robotrailer *m*, Robocarrier *m*, Transrob *m* (induktiv spurgeführtes fahrerloses Flurförderzeug), flächenbeweglicher Roboter
**robochauffeur** *n* (Autos) / Robot *m* (als Wagenlenker)
**robonaut** *n* (Space) / Robonaut *m* (ein Roboter in der Raumfahrt)
**roborant** *n* (Pharm) / Roborans *n* (pl. Roborantia od. Roboranzien)
**robot*** *n* (Eng) / Roboter *m* ‖ **~ acceptance checking** / Roboterabnahmeprüfung *f*
**robot-aided** *adj* / robotergestützt *adj* (Fertigung)
**robot application** / Robotereinsatz *m*, Roboteranwendung *f* ‖ **~ arm** / Roboterarm *m*
**robot-assembled** *adj* (Eng) / robotermontiert *adj*
**robot assembly** (Eng) / Robotermontage *f* ‖ **~ autonomy** / Roboterautonomie *f*, Autonomie *f* von Robotern ‖ **~ axis** / Roboterachse *f* ‖ **~ bomb** (Aero, Mil) / selbstgesteuerte oder gelenkte Bombe (z.B. die V-Geschosse) ‖ **~ control** / Robotersteuerung *f* ‖ **~ coordinates** / Roboterkoordinaten *f pl* (ein auf den Roboter selbst bezogenes System zur Beschreibung der Lage aller Freiheitsgrade und der Handorientierung) ‖ **~ dynamics** / Roboterdynamik *f* (mathematische Beschreibung für die Drehmomente und Kräfte in den Robotergelenken) ‖ **~ finger** / Finger *m* eines Industrieroboters, Roboterfinger *m* ‖ **~ generation** / Robotergeneration *f* (jetzt die dritte, mit künstlicher Intelligenz)
**robotic** *adj* / Roboter-
**roboticist** *n* / Robotikexperte *m*
**robotics*** *n* (a discipline overlapping artificial intelligence and mechanical engineering) / Robotertechnik *f*, Robotik *f*
**robotic workstation** / Roboterarbeitsplatz *m*
**robot interface** / ein einem Roboters, Roboterschnittstelle *f*
**robotize** *v* / roboterisieren *v*, Robotertechnik einsetzen, Industrieroboter einsetzen, robotisieren *v*, umstellen auf Robotertechnik
**robot joint** / Robotergelenk *n* ‖ **~ language** (Comp) / Sprache *f* eines Roboters, Robotersprache *f* ‖ **~ manufacturing** (Work Study) / Roboterfertigung *f*, Roboterherstellung *f* ‖ **~ motion** / Roboterbewegung *f*
**robot-mounted** *adj* (Eng) / robotermontiert *adj*
**robot mounting** (Eng) / Robotermontage *f* ‖ **~ movement** / Roboterbewegung *f*
**robotology** *n* / Robotertechnik *f* (als wissenschaftliche Disziplin, die sich mit der Konstruktion und der Nutzung von Robotern befasst)
**robot paint application** (Paint) / Roboterlackierung *f*, Roboterlackauftrag *m* ‖ **~ painting** (Paint) / Roboterlackierung *f*, Roboterlackauftrag *m* ‖ **~ path** / Roboterbahn *f*, Roboterweg *m* ‖ **~ position** / Roboterlage *f*, Roboterposition *f* ‖ **~ positioning** / Roboterpositionierung *f* ‖ **~ power supply** / Roboterstromversorgung *f* ‖ **~ process information** (Comp) / Roboterprozessinformation *f*, IR-Prozessinformation *f* ‖ **~ programming** (Comp) / Roboterprogrammierung *f*
**robotrailer** *n* / Robotrailer *m*, Robocarrier *m*, Transrob *m* (induktiv spurgeführtes fahrerloses Flurförderzeug), flächenbeweglicher Roboter
**robot sensor** (Automation) / Robotersensor *m* (der die Fähigkeiten Sehen und Tasten für Roboter aufweist), Sensor *m* eines Industrieroboters
**robot-specific** *adj* / roboterspezifisch *adj*
**robot system with distributed axes** (control) / Robotersystem *n* mit verteilten Achsen ‖ **~ tool-changing device** (Eng) / Werkzeugwechsler *m* an Robotern ‖ **~ use** / Robotereinsatz *m*, Roboteranwendung *f* ‖ **~ vehicle** / Roboterfahrzeug *n*, Robofahrzeug *n* ‖ **~ vision control** / Robotersichtsteuerung *f* ‖ **~ weight** / Robotergewicht *n* ‖ **~ welder** (Welding) / Schweißroboter *m*, Schweißindustrieroboter *m* (ein automatisierter Schweißmanipulator) ‖ **~ workplace** / Roboterarbeitsplatz *m*

**robust** *adj* / widerstandsfähig *adj*, robust *adj*, unempfindlich *adj* (gegen Beschädigung oder Störung) ‖ **~ (Nut)** / körperreich *adj* (Wein), kräftig *adj*
**robusta** *n* (Bot) / Robusta *m* (Coffea canephora), Robusta-Kaffee *m*, Kongo-Kaffee *m*
**robustness*** *n* / Unempfindlichkeit *f*, Robustheit *f*, Widerstandsfähigkeit *f* (gegen Beschädigung oder Störung) ‖ **~ (Stats)** / Robustheit *f* (z.B. einer Schätzfunktion)
**robust test** (insensitive to departure from one of the general assumptions on which it is based) (Stats) / widerstandsfähiger Test, robuster Test
**rocaille** *n* (typical of grottos and fountains) (Arch) / Rocaille *n f* (ein Dekorationselement), Rokokoornament *n*, Muschelwerk *n*
**Roche limit*** (Astron) / Roche-Grenze *f* (nach E.A. Roche, 1820-1883)
**Rochelle electricity** (Elec) / Ferroelektrizität *f* (der Ferroelektrika, die im nichtpolaren Zustand oberhalb der Curie-Temperatur piezoelektrisch sind), Seignette-Elektrizität *f* (nach P. Seignette, 1660-1719)
**Rochelle-electrics** *n* (Elec) / Ferroelektrizität *f* (der Ferroelektrika, die im nichtpolaren Zustand oberhalb der Curie-Temperatur piezoelektrisch sind), Seignette-Elektrizität *f* (nach P. Seignette, 1660-1719)
**Rochelle powder(s)** (Pharm) / Pulvis aerophorus laxans, Seidlitzpulver *n* (Brausepulver = 7,5 Kaliumnatriumtartrat + 2,5 Natriumhydrogenkarbonat + 2 Weinsäure, diese in weißer Papierkapsel gesondert verpackt - DAB 1997) ‖ **~ salt*** (Chem) / Rochellesalz *n*, Seignettesalz *n* (Kaliumnatriumtartrat)
**roche moutonnée*** *n* (pl. roches moutonnées) (Geol) / Rundbuckel *m*, Rundhöcker (durch Glazialerosion entstandener Felshügel)
**Roche's limit** (Astron) / Roche-Grenze *f* (nach E.A. Roche, 1820-1883)
**Rochon polarizing prism** (Optics) / Rochon-Prisma *n* (ein Polarisationsprisma) ‖ **~ prism*** (Optics) / Rochon-Prisma *n* (ein Polarisationsprisma)
**rock** *v* / schwingen *v* ‖ **~ (Aero)** / wackeln *v* (mit den Flügeln) ‖ **~ (Eng)** / schaukeln *v* ‖ **~ (Leather)** / schaukeln *v* (Farbengang) ‖ **~ *n* (US)** / Stein *m* ‖ **~ (Geol)** / Gebirge *n* ‖ **~ (solid)** (Geol) / Felsen *m*, Fels *m* ‖ **~* (Geol, Min)** / Gestein *n* (Mineralgemenge) ‖ **~ anchor** (Civ Eng) / Felsanker *m* (DIN 4125)
**rock-and-roll mill** (Eng) / Schwingwalzwerk *n* (Hochumformanlage, die zur Herstellung quadratischer Stäbe aus quadratischem Halbzeug in einem Durchgang dient und paarweise mit vier zwangsgesteuerten, backenartigen Umformwerkzeugen nach dem Abwälzprinzip arbeitet)
**rock asphalt** (Geol) / Asphaltgestein *n*, Kerogen-Gestein *n* (authigenes Bitumen) ‖ **~ association** (a group of igneous rocks within a petrographic province that are related chemically and petrographically, generally in a systematic manner such that chemical data for the rocks plot as smooth curves on variation diagrams) (Geol) / Gesteinsstamm *m* ‖ **~ auger** (Civ Eng) / Gesteinsbohrer *m*, Gesteinsbohrmaschine *f* ‖ **~ bar** (Geol) / Riegel *m*, Riegelberg *m* (aus Fels bestehender, talverengender Berg in einem alten Gletscherbett, der durch ungleichmäßige Erosion des Gletschers entstanden ist) ‖ **~-bit** *n* (for hard formations) (Mining) / Meißel *m* für hartes Gestein, Rollenmeißel *m* für harte Formationen ‖ **~ bolt** (Civ Eng) / Felsanker *m* (kurzer) ‖ **~ bolt** (Mining) / Gebirgsanker *m* (vorgefertigte Stahlstange, die über Haftelemente oder mittels Kunstharzen, ins Bohrloch eingebracht, befestigt wird und zum Zusammendübeln nicht zusammenhängender Schichten oder zum Aufhängen loser Gesteinsschalen am festen Gebirge dient - DIN 21 521-1) ‖ **~ bolting** (Mining) / Gebirgsverankerung *f* ‖ **~ bolting** (Mining) / Ankerausbau *m* (im Hangenden)
**rock-bottom price** / Schleuderpreis *m*
**rock burst** (Mining) / Gesteinsausbruch *m*, Kohleausbruch *m* ‖ **~-burst** *n* (Geol) / Gebirgsschlag *m* (plötzliche und schlagartige Gebirgsbewegung als Folge von Entspannungsvorgängen in der Erzlagerstätte) ‖ **~ catcher** (Nut) / Steinabscheider *m* (Zuckerherstellung) ‖ **~ cavern** (Geol) / Felskaverne *f* ‖ **~ cleavage** (Geol) / Druckschieferung *f*
**rock-cork** *n* (Min) / Bergkork *m* (wirrfaseriger Asbest)
**rock creep** (Geol) / Gekriech *n* (langsame Bergabbewegung der oberen Gehängepartien) ‖ **~-crystal*** *n* (Min) / Bergkristall *m* (wasserklarer Schmuckstein der Quarzgruppe) ‖ **~ cullet** (Glass) / Ofenscherben *f pl* ‖ **~ desert** (Geol) / Felswüste *f*, Schuttwüste *f* ‖ **~ drift** (Mining) / Gesteinsstrecke *f* ‖ **~-drill*** *n* (Civ Eng) / Gesteinsbohrer *m*, Gesteinsbohrmaschine *f* ‖ **~-dust** *n* (Mining) / Gesteinsstaub *m* ‖ **~ dusting** (Mining) / Gesteinsstaubverfahren *n* ‖ **~ dynamics** (Civ Eng) / Felsdynamik *f*, Felsbaudynamik *f* ‖ **~ elm** (For) / Felsenrüster *f*, Felsenulme *f* (Ulmus thomasii Sarg.)
**rocker** *n* (Elec Eng) / Wippenschalter *m*, Wippschalter *m*, Schaltwippe *f* ‖ **~ (brush-rocker)** (Elec Eng) / Bürstenträgerring *m*, Bürstenbrücke *f* (drehbar) ‖ **~ (Eng)** / Schwinge *f* (im Gelenkgetriebe) ‖ **~ (Glass) /**

eingesunkener Boden (einer Flasche), durchgesackter Boden, abgesackter Boden (einer Flasche), Wackelboden m ‖ ~ (I C Engs) / Kipphebel m (Drehpunkt liegt in Kipphebelmitte) ‖ ~ (Leather) / Hängeäscher m ‖ ~* (Mining) / Schwingtrog m ‖ ~ **arm** (Eng) / Schwinge f, Schwingschleife f (der Waagerechtstoßmaschine) ‖ ~ **arm**\* (a small pivoted lever which transmits motion from a cam or a push rod to a valve stem) (I C Engs) / Kipphebel m (Drehpunkt liegt in Kipphebelmitte)

**rocker-arm fork** (I C Engs) / Schwinghebelgabel f (für Motorräder) ‖ ~ **spindle** (Autos) / Kipphebelwelle f, Kipphebelachse f

**rocker-bar furnace** (Met) / Hubbalkenofen m (Ofen, durch den Blöcke, Brammen und Halbzeug schrittweise mit Hubbalken bewegt werden), Balkenherdofen m, Schrittmacherofen m

**rocker bearing** (Civ Eng) / Kipplager n (im Brückenbau) ‖ ~ **bottom** (Glass) / eingesunkener Boden (einer Flasche), durchgesackter Boden, abgesackter Boden (einer Flasche), Wackelboden m ‖ ~ **frame** (Leather) / Schaukelrahmen m ‖ ~ **keel** (Ships) / Bogenkiel m ‖ ~ **panel** (US) (Autos) / Schweller m, Türschweller m ‖ ~ **shaft** (Autos) / Kipphebelwelle f, Kipphebelachse f ‖ ~ **shovel** (Civ Eng) / Schaufellader m ‖ ~ **shovel** (für den Tunnelbau) / Wurfschaufellader m, Überkopflader m ‖ ~ **spindle** (Autos) / Kipphebelwelle f, Kipphebelachse f ‖ ~ **switch** (Elec Eng) / Wippenschalter m, Wippschalter m, Schaltwippe f ‖ ~ **yard** (Chem) / Lennard-Jones-Potential n (das sowohl für Anziehungs- als auch für Abstoßungskräfte ein Potenzgesetz annimmt - nach Sir J.E. Lennard-Jones, 1894-1954)

**rocket** v / in die Höhe schnellen (Preise) ‖ ~ (Mil) / mit Raketen beschießen ‖ ~ n (Agric, Bot) / Saatölrauke f, Ölrauke f, Rauke f (Eruca sativa Mill.) ‖ ~ (Civ Eng) / Rakete f (pressluftgetriebenes Bodenverdrängungsgerät zur grabenlosen Verlegung von Leitungen) ‖ ~ (Mil) / Raketenwaffe f (gelenkte, ungelenkte), Kampfrakete f, militärische Rakete ‖ ~* (Mil, Space) / Rakete f ‖ ~ **abort** (Space) / Fehlstart m einer Rakete ‖ ~ **aircraft** (Aero) / Raketenflugzeug n, Flugzeug n mit Raketentriebwerk(en) ‖ ~ **ammunition** (Mil) / Raketenwaffe f (gelenkte, ungelenkte), Kampfrakete f, militärische Rakete ‖ ~ **apparatus** (Ships) / Raketenapparat m (Ausrüstung einer Küstenrettungsstelle zum Bergen von Personen von vor der Küste gestrandeten Schiffen), Leinenwurfapparat m ‖ ~**-assisted take-off** (Aero) / Start m mit Raketenhilfe, Raketenstart m ‖ ~**-assisted take-off gear** (Aero) / Raketenstartgerät n ‖ ~ **astronomy** (Astron) / Raketenastronomie f ‖ ~ **base** (Mil) / Raketenbasis f, Raketenabschussbasis f ‖ ~ **bobbin** (Spinning) / Raketenspule f (DIN 61800), FS-Spule f (Großspule, die den Garnvorrat vieler Einzelkopse fasst) ‖ ~ **booster** (Aero, Space) / Raketenzusatzantrieb m ‖ ~ **chamber** (Space) / Raketenbrennkammer f ‖ ~ **cluster** / Raketenbündel n

**rocket-driven aircraft** (Aero) / Raketenflugzeug n, Flugzeug n mit Raketentriebwerk(en)

**rocketeer** n / Raketenfachmann m, Raketenspezialist m

**rocket engine**\* (Space) / Raketenmotor m (mit rotierenden Teilen) ‖ ~ **engine**\* (Space) / Raketentriebwerk n (Flüssigkeits-) ‖ ~ **engineering** / Raketentechnik f (als technische und wissenschaftliche Disziplin) ‖ ~ **equation**\* (Space) / Raketengrundgleichung f, Ziolkowski-Gleichung f, Ziolkowskij-Gleichung f (nach K.E. Ziolkowskij, 1857-1935) ‖ ~ **flare** (Aero, Mil) / Leuchtrakete f, Leuchtsignal n ‖ ~ **fuel** (Space) / Raketenbrennstoff m, Brennstoffkomponente f des Raketentreibstoffs ‖ ~ **immunoelectrophoresis** (Chem) / Rocket-Immunelektrophorese f (nach Laurell) ‖ ~ **launcher** (Mil, Space) / Werfer m (Startvorrichtung für Raketen[waffen]), Raketenwerfer m, Launcher m, Startgestell n ‖ ~ **material** / Raketenwerkstoff m ‖ ~ **missile** (Mil) / Raketenwaffe f (ein gelenkter Flugkörper) ‖ ~ **motor** (Space) / Raketentriebwerk n (Feststoff-) ‖ ~ **package** (Spinning) / Raketenspule f (DIN 61800), FS-Spule f (Großspule, die den Garnvorrat vieler Einzelkopse fasst) ‖ ~ **plane** (Aero) / Raketenflugzeug n, Flugzeug n mit Raketentriebwerk(en) ‖ ~ **power** (Space) / Raketenschub m ‖ ~ **propellant** (Space) / Raketentreibstoff m

**rocket-propelled aircraft** (Aero) / Raketenflugzeug n, Flugzeug n mit Raketentriebwerk(en)

**rocket propulsion**\* (Aero, Space) / Raketenantrieb m

**rocketry** n / Raketentechnik f (als technische und wissenschaftliche Disziplin)

**rocket sled** (Space) / Raketenschlitten m (für Hochgeschwindigkeitsversuche)

**rocketsonde** n (Astron, Meteor) / Raketensonde f (unbemannte), Höhenforschungsrakete f

**rocket stage** (Space) / Raketenstufe f, Stufe f (einer Rakete) ‖ ~ **tester**\* (Eng) / Rauchentwickler m (eine Prüfvorrichtung), Rauchentwicklungsprüfer m (zur Dichtigkeitsprüfung von Abwasserleitungen) ‖ ~ **thrust** (Space) / Raketenschub m ‖ ~ **vehicle** (Space) / Trägerrakete f (z.B. "Ariane") ‖ ~ **vehicle** (Space) / Fahrzeug n mit Raketentriebwerk

**rock fabric** (Geol) / Gefüge n ‖ ~ **face**\* (Geol) / Felswand f ‖ ~ **factor** (Mining) / Verbandsfestigkeit f von Gestein

**rockfall** n (Geol) / Sturzstrom m ‖ ~ (Geol) / Steinschlag m (von Felswänden herabstürzende Gesteinstrümmer), Steinfall m

**rock fan** (Geol) / Schuttfächer m (flacher Schuttkegel)

**rockfill** n (Civ Eng) / Steinsatz m (mauerwerkartig aufgesetzte unbearbeitete Steine zur Sicherung von Böschungsfüßen und anderen Böschungen) ‖ ~ **dam** (Hyd Eng) / Steinsatzdamm m, Steinfülldamm m, Steinschüttdamm m

**rock flour**\* (Geol) / Gesteinsmehl n (mehlfeine Stoffe aus natürlichem oder künstlichem Gestein zur Regeneration ausgelaugter Böden und zur Verhinderung der Übersäuerung der Böden), Steinmehl n (<0,09 mm) ‖ ~ **formation** (Geol) / Gesteinsformation f

**rock-forming** adj (Geol) / gesteinsbildend adj

**rock•-forming minerals**\* (Geol) / gesteinsbildende Minerale (in den Gesteinen der Erdoberfläche und der oberen Erdkruste besonders häufig auftretende Minerale, vor allem Quarz) ‖ ~ **glacier** (Geol) / Steingletscher m, Blockgletscher m, Schuttgletscher m ‖ ~ **gypsum** (Geol) / Gipsgestein n, Gipsstein m ‖ ~ **hardness** (Geol) / Gesteinshärte f ‖ ~ **head**\* (Civ Eng, Mining) / Gesteinsstrecke f (beim Abteufen) ‖ ~ **head** (Geol, Mining) / Anstehendes n (Gestein, das in seinem natürlichen Verband leicht zugänglich ist) ‖ ~ **identification** (Geol) / Gesteinsbestimmung f

**rocking** n / Schwingen n ‖ ~ (Aero) / Wackeln n (mit den Flügeln) ‖ ~ (Autos) / Aufschaukeln n (zum Flottmachen eines festsitzenden Autos) ‖ ~ (Eng) / Schaukeln n ‖ ~ **arc furnace** (Met) / Schaukellichtbogenofen m ‖ ~ **arm** (I C Engs) / Kipphebel m (Drehpunkt liegt in Kipphebelmitte) ‖ ~ **beam** (Weaving) / Streichriegel m ‖ ~ **channel screen** / Wuchtrinnensieb n ‖ ~ **curve** / Rocking-Kurve f (winkelabhängige Intensitätsverteilungskurve) ‖ ~ **frame** (Autos) / Wiegerahmen m (eine Hintergabelkonstruktion für Motorräder) ‖ ~ **furnace** (Met) / Schaukelofen m

**Rockingham ware** (Ceramics) / Rockinghamware f - ursprünglich 1826 bis 1842 auf dem Besitztum von Marquis of Rockingham in Swinton, Yorkshire hergestellt)

**rocking stone** (Geol) / Wackelstein m ‖ ~ **table** (Glass) / Schaukeltisch m (in der Spiegelbelegerei) ‖ ~ **trough** (Mining) / Schwingtrog m ‖ ~ **vibration** (Phys) / Schaukelschwingung f (der Gruppe als Ganzes in Gruppenebene - IR-Spektrometrie), Rocking-Schwingung f

**rock lath** (Build) / Gipsstreifen m (als Putzträger), Gipsleiste f (als Putzträger) ‖ ~ **magnetism** (Geol) / Gesteinsmagnetismus m ‖ ~ **maple** (For) / Zuckerahorn m (Acer saccharum Marshall) ‖ ~ **mass** (Civ Eng, Mining) / Gebirge n (DIN 21 521-1) ‖ ~ **mass** (Geol) / Gesteinsmassiv n, Gesteinsmasse f ‖ ~**-meal**\* n (Min) / Bergmehl n (erdiger Kalk aus Quellabsätzen) ‖ ~ **mechanics** (Civ Eng) / Fels- und Gebirgsmechanik f, Felsbaumechanik f, Gebirgsmechanik f ‖ ~**-milk**\* n (Min) / Bergmilch f (flockiger Kalk aus Quellabsätzen) ‖ ~ **minerals** (Geol) / gesteinsbildende Minerale (in den Gesteinen der Erdoberfläche und der oberen Erdkruste besonders häufig auftretende Minerale, vor allem Quarz) ‖ ~ **oak** (For) / Kastanieneiche f (Quercus prinus L.) ‖ ~ **oak** (For) s. also sessile oak

**rockoon** n (Space) / Rockoon-System n, Rockoon n (kombiniertes Ballon-Höhenforschungsraketensystem)

**rock out** v (Min Proc) / im Schwingtrog auswaschen ‖ ~ **pediment** (Geol) / Pediment n (am Rande arider oder semiarider Gebirge), Gebirgsfußfläche f, Felspediment n, Glacis n (Verebnungsfläche am Gebirgsfuß)

**rock-phosphate**\* n (Geol) / Phosphorit m (eine Apatit-Varietät)

**rock pressure** (Mining) / Gebirgsdruck m (unsichtbare Spannung im unverritztem Gebirge oder um einen Grubenraum - vertikaler oder horizontaler)

**Rock-Ridge format** (Comp) / Rock-Ridge-Format n (das Datenbereiche verwendet, die von ISO 9660 nicht benutzt werden)

**rock rose** (Geol) / Sandrose f (blättrig-rosettenartige Verbackung von Sandkörnern im Wüstensand), Wüstenrose f ‖ ~ **salt**\* (Min) / Halit m, Steinsalz n

**rock-salt lattice** (Crystal) / Natriumchloridgitter n, Steinsalzgitter n ‖ ~ **prism** (Optics) / Steinsalzprisma n ‖ ~ **structure** (Crystal, Electronics, Min) / Steinsalztyp m, Steinsalzstruktur f, NaCl-Typ m, NaCl-Struktur f, Natriumchloridtyp m, Natriumchloridstruktur f ‖ ~ **type** (Crystal, Electronics, Min) / Steinsalztyp m, Steinsalzstruktur f, NaCl-Typ m, NaCl-Struktur f, Natriumchloridtyp m, Natriumchloridstruktur f

**rockslide** n (Geol) / Bergsturz m (von Gesteinsmassen), Felsrutsch m (bei kleineren Felsmassen), Felsrutschung f, Erdrutsch m (von Gesteinsmassen) ‖ ~ (Geol) s. also landslide

**rock-slip** n (Geol) / Bergrutsch m (von Gesteinsmassen), Felsrutsch m (bei kleineren Felsmassen), Felsrutschung f, Erdrutsch m (von Gesteinsmassen)

**rock spur** (Geol) / Felsvorsprung m ‖ ~ **step** (Geol) / Riegel m, Riegelberg m (aus Fels bestehender, talverengender Berg in einem

**rock-stratigraphic**
  alten Gletscherbett, der durch ungleichmäßige Erosion des Gletschers entstanden ist)
**rock-stratigraphic unit** (Geol) / lithostratigrafische Einheit
**rock stream** (Geol) / Bergsturzmasse f, Blockstrom m ‖ ~ **terrace** (Geol) / Erosionsterrasse f, Felsterrasse f, Denudationsterrasse f ‖ ~ **tribe** (Geol) / Gesteinssippe f ‖ ~ **tunnel** (Civ Eng) / Gebirgstunnel m, Bergtunnel m ‖ ~ **tunnel** (Civ Eng, Elec Eng) / Stollen m (für die Wasserversorgung, für die Triebwasserleitung des Wasserkraftwerkes) ‖ ~ **tunnel** (Mining) / Gesteinsstrecke f (größeren Querschnitts) ‖ ~ **unit** (Geol) / lithostratigrafische Einheit ‖ ~ **vibration** (Phys) / Schaukelschwingung f (der Gruppe als Ganzes in Gruppenebene - IR-Spektrometrie), Rocking-Schwingung f ‖ ~ **wall** (Geol) / Felswand f ‖ ~ **waste** (Geol) / Trümmer pl, Schutt m, akkumulierte Gesteinsbruchstücke, aufgeschüttete Gesteinsbruchstücke, Trümmerschutt m, Trümmersplitt m
**rockweed** n (Bot) / festgewachsener Blasen- oder Knotentang
**Rockwell B** (with a ball indenter) (Materials, Met) / Rockwellhärte f B, HRB (mittels Stahlkugel von 1,59 mm Durchmesser gemessen) ‖ ≃ **C** (with a diamond spheroconical indenter) (Materials, Met) / Rockwellhärte f C, HRC (mittels 120°-Diamantkegel gemessen) ‖ ≃ **C** (Met) s. also brale ‖ ≃ **hardness** (Materials, Met) / Rockwellhärte f, HR (Rockwellhärte) ‖ ≃ **hardness test**\* (Materials, Met) / Härteprüfung f nach Rockwell (ein statisches Härteprüfverfahren mit Kegel oder Kugel nach DIN EN ISO 6508), Rockwellhärteprüfung f (mit Skalen A, B, C, D, E, F, G, H, K, N, und T) ‖ ≃ **tester** (Materials, Met) / Rockwellhärteprüfer m, Messgerät n für Härtemessverfahren nach Rockwell
**rock wood** (Min) / Bergholz n (weniger biegsamer Asbest) ‖ ~ **wool**\* n (Build, Min) / Gesteinswolle f, Steinwolle f, Mineralwolle f, Rockwool f (Gesteinsfasern zur Schall- und Wärmedämmung)
**rocky** adj / steinig adj (felsig), felsig adj ‖ ~ **desert** (Geol) / Felswüste f, Schuttwüste f ‖ ≃ **Mountains fir** (For) / Westamerikanische Balsamtanne, Felsengebirgstanne f (Abies lasiocarpa (Hook.) Nutt.)
**rococo**\* n (Arch) / Rokoko n (Kunststil von etwa 1720-1785)
**rod** v (Build) / mittels Stangen reinigen (Rohre) ‖ ~ n (for electronics-grade semiconductor) (Electronics) / Stab m ‖ ~ (Eng, Met) / Stab m, Stange f ‖ ~ (Glass) / Anfangeisen n, Hefteisen n, Bindeeisen n, Nabeleisen n, Heftnabel m ‖ ~ (Mech) / Stab m ‖ ~\* (Med, Optics) / Sehstäbchen n, Stäbchen n (der Netzhaut) ‖ ~ (Met) / Walzdraht m (ein Erzeugnis beliebiger Querschnittsform, das in warmem Zustand unmittelbar von der Walze aus in Ringen in ungeordneten Lagen aufgespult wird) ‖ ~ (Mining) / Spurlatte f (der Schachtführung) ‖ ~\* (Nuc Eng) / Stab m (Brennstab, Steuerstab) ‖ ~ (US) (Surv) / Nivellierlatte f (mit Strich- oder Felderteilung) ‖ ~ **antenna** (Radio) / Stabantenne f ‖ ~ **bearing** (Autos) / Pleuellager n ‖ ~ **bearing** (Autos) / Pleuelfußlager n
**rod-bending machine** (Eng) / Stabbiegemaschine f
**rod big•-end** (Autos) / Pleuelfuß m, Pleuelauge (unteres, großes), unteres Pleuelende (DIN ISO 7967-2) ‖ ~ **cap** (I C Engs) / Pleueldeckel m
**rod-cluster control assembly** (Nuc Eng) / Fingersteuerelement n, Fingerstabregelelement n, Cluster m
**rod crusher** (Eng) / Stabmühle f (mit Stäben als Mahlkörper)
**rod-curtain electrode** / Schlitzkastenelektrode f
**rod deck** (Min Proc) / Stabrost m, Stangenrost m (Deck einer Rostsiebmaschine)
**rodding**\* n (Build) / Rohrreinigen n mittels Stangen ‖ ~ (US) (Build, Civ Eng) / Stochern n (von Frischbeton) ‖ ~ (Eng) / Gestänge n (zur Bewegungs- und Kraftübertragung, Stangensatz m ‖ ~ (Foundry) / Eisengerippe n (des Kerns) ‖ ~ (Rail) / Gleisgestänge n ‖ ~ **eye**\* (Build) / Öffnung f zur Rohrreinigung (mittels Stangen) ‖ ~ **eye** (San Eng) / Reinigungsöffnung f ‖ ~ **structure** (Geol) / Mullion-Struktur f (in Sandstein- oder Kalkbänken)
**rod dope** (Oils) / Bohrgestängefett n ‖ ~ **drawing** (Glass) / Stababziehverfahren n (für Glas-Endlosfasern) ‖ ~ **drawing** (Met) / Stangenziehen n ‖ ~ **drawing** (Met) / Stabziehen n (DIN 8584, T 2)
**rode** n (US) (Ships) / Tau n
**rod electrode** (Welding) / Stabelektrode f (zum Lichtbogenschweißen nach DIN 1913), stabförmige Elektrode
**rodent bait** (Agric, Chem, Ecol) / Giftköder m gegen Nagetiere
**rodenticide** n (Agric, Chem) / Rodentizid n (ein Mittel zur Nagetiervertilgung)
**rod extrusion** (Eng) / Vollfließpressen n (vorwärts oder rückwärts) ‖ ~ **extrusion** (Eng, Met) / Vollstrangpressen n ‖ ~ **float** (Hyd Eng) / Stabschwimmer m ‖ ~ **grab** (Eng) / Stangengreifer m (ein Zweischalengreifer der Krane) ‖ ~ **grease** (Oils) / Bohrgestängefett n
**rodingite** n (Geol) / Rodingit m (Granat-Pyroxen-Gestein)
**rodlike** adj / stäbchenförmig adj (Molekül)
**rod loading** (Mech) / Stabbelastung f
**rodman**\* n (Surv) / Vermessungsgehilfe m, Messgehilfe m

**rod•-mill** n (Eng) / Stabmühle f (mit Stäben als Mahlkörper) ‖ ~-**mill** (Met) / Drahtwalzwerk n ‖ ~ **proof** (Glass) / Glasprobe f (der Schmelze entnommen) ‖ ~ **resistor** (Elec Eng) / Stabwiderstand m
**Rodrigues formula** (Maths) / Rodrigues'sche Formel
**Rodrigues's formula** (of the gravitational potential) (Space) / Rodrigues'sche Formel
**rod-rod gap** (Elec Eng) / Stab-Stab-Funkenstrecke f
**rod-shaped cathode** (Electronics) / stabförmige Katode
**rod small•-end** (Autos) / Pleuelkopf m, Pleuelauge n (oberes, kleines) ‖ ~ **station** (Surv) / Lattenstandpunkt m ‖ ~ **wax** (Oils) / Röhrenwachs n (Paraffinausscheidungen in Rohrleitungen, durch die paraffinbasisches Rohöl gepumpt wird) ‖ ~ **worth** (Nuc Eng) / Reaktivitätswirksamkeit f eines Steuerstabes, Steuerstabwirksamkeit f, Wirksamkeit f eines Steuerstabes
**Roebel bar** (Elec Eng) / Roebelstab m (Stabform der Ständerwicklung), Gitterstab m (ein Kunststab mit gitterförmiger Anordnung der Teilleiter)
**Roebel-transposed bar** (Elec Eng) / Roebelstab m (Stabform der Ständerwicklung), Gitterstab m (ein Kunststab mit gitterförmiger Anordnung der Teilleiter)
**roe chlorine number**\* (Paper) / Roé-Zahl f
**Roe-Genberg chlorine number** (Paper) / Roé-Zahl f
**roe hair** (Textiles) / Rehhaar n
**roentgen** n (Radiol) / Röntgen n, R (Röntgen) (nicht mehr zugelassene SI-fremde Einheit der Ionendosis bei der Röntgen- und der Gammastrahlung) ‖ ~ **diffractometer** (Crystal) / Röntgendiffraktometer n (zur Registrierung von Röntgenreflexen mit Hilfe von Quantenzählern), Zählrohrdiffraktometer n (z.B. für die Kristallstrukturanalyse) ‖ ~**-equivalent physical**\* (Radiol) / Rep-Einheit f, Rep n (veraltete Einheit der Energiedosis)
**roentgenogram** n (Materials, Med, Radiol) / Röntgenogramm n, Röntgenaufnahme f, Röntgenbild n (entweder Röntgenaufnahme oder Röntgenschirmbild)
**roentgenography** n (Materials) / Röntgenografie f, Röntgenstrahlenprüfung f (DIN 5410 und 5411)
**roentgenologist** n (Med, Radiol) / Röntgenologe m
**roentgenology**\* n (Radiol) / Röntgenologie f, Röntgenkunde f
**roentgen optics** (Optics) / Röntgenoptik f
**roentgenoscopy** n (Radiol) / Röntgenoskopie f, Durchleuchtung f (eine Form der Röntgenuntersuchung), Röntgendurchleuchtung f, Radioskopie f
**roentgenotherapy** n (Med, Radiol) / Röntgenstrahlentherapie f, Röntgenbehandlung f, Röntgentherapie f
**roentgen rays** (Radiol) / Röntgenstrahlen m pl ‖ ~ **spectroscopy** (Spectr) / Röntgenspektroskopie f
**RO equipment** (Telecomm) / Empfangsanlage f
**roe-stone** n (Geol) / Rogenstein m (sandiger Kalk-Oolith)
**ROFOR** (route forecast) (Aero, Meteor) / Streckenwettervorhersage f, Streckenvorhersage f, ROFOR (im Flugwetterdienst verwendetes Schlüsselkennwort für die Streckenvorhersage)
**ROG** (reactive organic gas) (Geophys) / reaktives organisches Gas (in der Atmosphäre), ROG (reaktives organisches Gas)
**Roga index** (Fuels) / Backzahl f nach Roga (bei Kohlen)
**Rogallo wing** (Aero) / Rogallo-Flügel m, Rogallo-Gleiter m (ein Hängegleiter)
**roger**\* (Telecomm) / Roger (Buchstabierwort für R - als Kurzwort für "Nachricht erhalten und verstanden")
**roggan** n (Geol) / Wackelstein m
**Rogowsky electrode** (Elec Eng) / Rogowsky-Elektrode f (Hochspannungselektrode, bei der an den Rändern keine höheren Feldstärken auftreten, als in der Mitte)
**rogue** v (remote inferior or defective plants or seedlings from the crop) (Agric) / ausselektieren v (erkrankte oder sortenuntypische Pflanzen), aussondern v, auslesen v (erkrankte oder sortenuntypische Pflanzen), selektieren v (erkrankte oder sortenuntypische Pflanzen) ‖ ~\* n (a plant or seedling deviating from the standard variety) (Agric, Bot) / sortenuntypische Pflanze (z.B. in Vermehrungsbeständen)
**Rohrbach solution** (Min Proc) / Rohrbachs Lösung (wässrige Lösung von Bariumtetraiodmercurat(II) als Schwerflüssigkeit)
**Rohrschneider constant** (Chem) / Rohrschneider-Konstante f (in der Gaschromatografie) ‖ ~ **test probe** (Chem) / Rohrschneider'sche Testsubstanz, Rohrschneider-Testsubstanz f (in der Gaschromatografie)
**RoI** (return on investment) / Return-on-Investment m (eine Rentabilitätskennzahl), Kapitalrentabilität f
**roke**\* n (Mining) / Flöz n (eine Schicht nutzbarer Gesteine oder Minerale)
**rolamite mechanism** (Eng) / Rollmechanismus m (mit S-förmigem, flexiblem Band)
**role** n (AI) / Rolle f ‖ ~ **equipment** (Aero, Mil) / einsatzgebundene Ausrüstung, einsatzspezifische Ausrüstung,

einsatzaufgabenspezifische Ausrüstung ‖ ~ **indicator** (Comp) / Rollenindikator *m* (semantisch-syntaktisches Hilfsmittel für die Inhaltserschließung von Dokumenten), Funktionsindikator *m*
**role-playing game** (Comp) / Rollenspiel *n*
**"Roll!"** (Cinema) / "Film ab!" (Anweisung an den Kameramann)
**roll** *v* / rollen *v* ‖ ~ (Civ Eng, Met) / walzen *v* ‖ ~ (Eng) / rollieren *v* (Oberfläche mit Rollierscheiben) ‖ ~ (Glass) / einfalzen *v* ‖ ~ (Leather) / walzen *v* (Griff und Stand durch Glätten und Verdichten verbessern) ‖ ~ (Maths) / abrollen *v* (auf der Leitkurve) ‖ ~ (Ships) / schlingern *v* (im Seegang) ‖ ~ (Ships) / dümpeln *v* (durch Seegang oder Dünung - bei Windstille oder vor Anker) ‖ ~ *vi* (Aero) / rollen *v* (sich um die x-Achse bewegen) ‖ ~ *n* / Rolle *f* (Tapeten) ‖ ~ (rotation about longitudinal axis)* (Aero) / Rolle *f* (eine Kunstflugfigur) ‖ ~ (Arch) / Wulst *m f* (ein Zierglied), Wulstleiste *f* ‖ ~ (Autos) / Konstantfahrruckeln *n*, Leerlaufsägen *n* (Drehzahlschwankungen) ‖ ~* (Bind) / Rolle *f*, Buchbinderrolle *f* ‖ ~ (Eng, Mech) / Rolle *f*, Walze *f*, Zylinder *m* ‖ ~ (Met) / Rolle *f* (Bandstahl) ‖ ~ (Mining) / Falte *f* (in einem Flöz), Faltung *f* (in einem Flöz) ‖ ~ (Paper) / Papierrolle *f*, Rolle *f* ‖ ~ (Ships) / Rolle *f* (Aufgabenverteilung für die Besatzung eines Schiffes) ‖ ~* (Ships) / Rollen *n* (Schlingern und Stampfen) ‖ ~* (Ships) / Schlingern *n* (Bewegung des Schiffs im Seegang) ‖ ~ (Textiles) / Stoffballen *m*
**rollable** *adj* (Met) / walzbar *adj*
**roll adjustment** (Met) / Anstellung *f* (Verstellen der Walzöffnung durch Anstellvorrichtungen), Walzenanstellung *f* ‖ ~ **amplitude** (Ships) / Rollamplitude *f*
**roll-and-race mill** / Walzenringmühle *f* (zur Gruppe der Ringmühlen zählendes Mahlaggregat)
**roll away** *v* / wegrollen *v*, verrollen *v*
**rollaway** *attr* / rollfähig *adj* (z.B. Möbel)
**roll-away rubber eyecup** (Optics) / umstülpbare Okularmuschel
**roll axis** (Aero) / Rollachse *f* ‖ ~ **axis** (Autos) / Wankachse *f* (Verbindungslinie zwischen vorderem und hinterem Wankzentrum) ‖ ~ **axis** (Aero) s. also longitudinal axis ‖ ~ **back** (Comp) / fortgepflanztes Zurücksetzen, kaskadierendes Zurücksetzen (von Transaktionen) ‖ ~ **back** *v* / einrollen *v* (z.B. Teppiche) ‖ ~ **back** (Comp) / wiederholen *v* (z.B. ein Maschinenprogramm) ‖ ~ **back** *vi* (Aero) / zurückgehen *v* (Triebwerksleistung)
**rollback** *n* (US) / Herabsetzung *f* (der Steuerbelastung) ‖ ~ (Aero) / Zurückgehen *n* der Triebwerksleistung ‖ ~ (Comp) / Wiederholung *f* (z.B. eines Maschinenprogramms) ‖ ~ **analysis** (AI) / Roll-back-Analyse *f* (beim Entscheidungsbaumverfahren) ‖ ~ **attempt** (Comp) / Wiederholungsversuch *m* ‖ ~ **counter** (Comp) / Wiederholungszähler *m* ‖ ~ **model** (Ecol) / Rollback-Modell *n* (für die Ausbreitung und Umsetzung von Emissionen in Immissionen genutztes Vorstellungsmodell, aus dem entsprechende Rechenmodelle für diese Vorgänge abgeleitet sind) ‖ ~ **routine** (Comp) / Wiederholungsprogramm *n*, Wiederholprogramm *n*
**roll baler** (Agric) / Rotobaler *m*, Rundballenpresse *f*, Rollballenpresse *f*, Wickelpresse *f*, Wickelballenpresse *f* ‖ ~ **ball** (Radar) / Rollkugel *f*, Steuerkugel *f* ‖ ~ **band** (Med) / Wälzband *n*, Rollband *n* (das auf einem Rollbogen abwälzt) ‖ ~ **bar** (Autos) / Überrollbügel *m* (der den Insassen Schutz bieten soll, falls das Fahrzeug sich überschlägt) ‖ ~ **barrel** (Eng, Met) / Walzenballen *m* (an Mischwalzwerken und Kalandern) ‖ ~ **beading** (Eng, Met) / Walzsicken *n* (DIN 8586), Sicken *n*, Rollsicken *n* (wenn ein Hohlkörper zwischen die auseinandergefahrenen Sickenrollen einer Sickenmaschine gebracht wird) ‖ ~ **bending** (Eng) / Rundbiegen *n* (von Band, Profil, Stab, Draht oder Rohr - DIN 8586) ‖ ~ **bending** (Eng, Met) / Walzenbiegung *f* ‖ ~ **bending** (Eng, Tools) / Walzbiegen *n* (mit drehender Werkzeugbewegung - DIN 8586) ‖ ~ **bending** (Eng, Met) / Walzrunden *n* (Biegeumformen nach DIN 8586), Runden *n*, Rundwalzen *n*, Biegewalzen *n* (bei der Blechbearbeitung) ‖ ~ **body** (Eng, Met) / Walzenballen *m* (an Mischwalzwerken und Kalandern)
**roll-bond** *v* (Met) / walzplattieren *v* (im Walzwerk), walzschweißplattieren *v* (Plattierschutzschichten herstellen)
**roll boot** (Autos) / Rollbalg *m* (Abdichtung bei Gleichlaufgelenken)
**roll-by display** (Comp) / Roll-by-Anzeige *f* (Anzeige mit wenigen Stellen, aber durchlaufendem Text)
**roll cage** (Autos) / Überrollkäfig *m*
**roll-call** *n* / Anwesenheitskontrolle *f*
**"Roll camera!"** (Cinema) / "Film ab!" (Anweisung an den Kameramann)
**roll •-capped ridge tile*** (Build) / Firstkappe *f* (ein hohler Firstziegel) ‖ ~ **card** (Weaving) / Rollenkarte *f* (eine Musterkarte zur Steuerung von Schaftmaschinen) ‖ ~ **casting** (Met) / Walzengießen *m* ‖ ~ **centre** (Autos) / Wankzentrum *n* ‖ ~**-clad** *v* (Met) / walzplattieren *v* (im Walzwerk), walzschweißplattieren *v* (Plattierschutzschichten herstellen) ‖ ~ **cloud** (Aero, Meteor) / Rotorwolke *f* (auf der Leeseite eines Hindernisses) ‖ ~ **coater** (Paint) / Roll-Coater *m* (Walzenauftragsvorrichtung zum Auftragen der Behandlungsflüssigkeit bei der chemischen Oxidation) ‖ ~ **coater** (Paper) / Walzenstreichmaschine *f* ‖ ~ **coater** (Plastics) /

Walzenbeschichter *m* ‖ ~ **coater** (Plastics) / Walzenauftragmaschine *f* (mit Tauchwalze) ‖ ~ **coating** (Paint) / Aufrollen *n* (von flüssigen oder pastösen Beschichtungsstoffen, meistens im Gleichlauf) ‖ ~ **coating** (Paper) / Rollenstrich *m* ‖ ~ **coating** (Paper) / Walzenstreichverfahren *n* ‖ ~ **coating** (Plastics) / Walzenbeschichtung *f*, Walzenauftrag *m* ‖ ~ **coating** (Vac Tech) / Bandbedampfung *f* ‖ ~ **coating system** (Paint) / Roll-Coater *m* (Walzenauftragsvorrichtung zum Auftragen der Behandlungsflüssigkeit bei der chemischen Oxidation) ‖ ~ **compacting** (Powder Met) / Walzverdichten *n* ‖ ~ **compaction** (Powder Met) / Walzverdichten *n* ‖ ~ **crown** (Eng) / Walzenballigkeit *f* ‖ ~ **crusher** (Min Proc) / Walzenbrecher *m* ‖ ~ **deflection** (elastic deflection of the roll axis, due to roll loading) (Met) / Walzendurchbiegung *f* ‖ ~ **diameter** (Met) / Walzendurchmesser *m* ‖ ~ **doctor** (Paper, Textiles) / Rollrakel *f* ‖ ~ **down** *v* (Autos) / ausrollen *v* (Sonnenschutzrollo)
**roll-down** *n* (Comp) / Rollen *n* nach unten (des Bildschirms), Zurückrollen *n* (des Textes auf dem Bildschirm) ‖ ~ **process** (Civ Eng, Hyd Eng) / Roll-down-Verfahren *n* (bei Sanierung von Rohrleitungen)
**roll drawing** (drawing of a workpiece through an opening formed by two or more rolls) (Met) / Walzziehen *n* (DIN 8584)
**rolled, as ~** (condition of a product after rolling, without heat treatment) (Met) / walzrau *adj* ‖ ~ **as-** (Met) / walzhart *adj* ‖ ~ **anode** (Surf) / Walzanode *f* ‖ ~ **asphalt** (Civ Eng) / Walzasphalt *m* ‖ ~ **bar** (Met) / Walzstab *m* ‖ ~ **glass** (Glass) / gewalztes Glas, Walzglas *n* (Ornament- und Drahtglas) ‖ ~ **gold*** / Dubleegold *n*, Goldauflage *f* (mechanische) ‖ ~ **hem** (Textiles) / Rollsaum *m*
**rolled-in flange** (Eng) / Walzflansch *m* ‖ ~ **scale** (Met) / eingewalzter Zunder
**rolled joint** / Walzverbindung *f* ‖ ~ **lead** (Met) / Walzblei *n*, Tafelblei *n*, Bleiblech *n*
**rolled-lead lining** (Met) / Walzbleiauskleidung *f*
**rolled oats** (Agric) / Quetschhafer *m* (als Futtermittel) ‖ ~ **oats** (Nut) / Haferflocken *f pl* ‖ ~ **product** (Met) / Walzerzeugnis *n*, Walzprodukt *n* ‖ ~ **product(s)** (Met) / Walzgut *n* (bereits gewalztes) ‖ ~ **sections** (Eng, Met) / Walzprofile *n pl*, gewalzte Profile ‖ ~ **sheet** (Met) / Walzblech *n* ‖ ~ **snow** / (fest)gewalzter Schnee ‖ ~ **steel** (Met) / Walzstahl *m* (durch Walzen hergestelltes Halbzeug oder Fertigerzeugnis) ‖ ~ **steel joist*** (Build, Met) / I-Stahl *m* (Deckenträger mit schmalen Flanschen und hohem Steg), I-Träger *m*, Doppel-T-Träger *m* (mit schmalen Flanschen und hohem Steg) ‖ ~**-steel sections*** (Eng, Met) / Walzprofile *n pl*, gewalzte Profile ‖ ~ **stock** (Met) / Walzgut *n* (bereits gewalztes) ‖ ~ **strand** (complete length of rolled long product) (Met) / Walzader *f* ‖ ~**-strip roofing** (Build) / Pappdach *n* [abdichtender] Bedachungsstoff in Rollen
**roll electrode** (Welding) / Rollenelektrode *f* ‖ ~**-embossed fibre** (Textiles) / REF-Faser *f* (ein Elementarfaden, hergestellt durch Prägen und Recken von Folienstreifen oder Bändchen) ‖ ~ **embossing** (Eng) / Prägewalzen *n*, Molettieren *n*
**roller** *n* / Roller *m* (ein niedriges Handfahrgerät) ‖ ~ (Civ Eng) / Straßenwalze *f* ‖ ~ (Eng) / Rolle *f* (zur Führung von Seilen oder Ketten) ‖ ~ (Eng) / Rolle *f* (des Wälzlagers) ‖ ~ (Eng) / Rollgesenk *n* (zum Zwischenformen durch Recken) ‖ ~* (Eng, Mech) / Rolle *f*, Walze *f*, Zylinder *m* ‖ ~ (Ocean) / Roller *m* (eine Art Dünung) ‖ ~* (Paint) / Rollwerkzeug *n* (ein Malerwerkzeug), Malerrolle *f*
**roller-aerator rake** (Agric) / Vertikutierroller *m* (zum Regenerieren von Grasnarben der Rasenflächen)
**roller bar grizzly** (Min Proc) / Rollenrost *m* ‖ ~ **bearing** (Eng) / Wälzlager *n* (DIN 623-1 und DIN ISO 281) ‖ ~ **bearing*** (Eng) / Rollenlager *n* (mit Rollen als Wälzkörper) ‖ ~ **bit*** (Mining, Oils) / Rollmeißel *m*, Rollenmeißel *m*
**roller-blind** *n* (Build) / Rollo *n* (pl. -s), Rouleau *n* (pl. -s) ‖ ~ (Build) / Rollladen *m* (Fensterladen, der aus einzelnen Kunststoffplatten oder aus Wellblech besteht - DIN 18 073)
**roller bottle** (Bacteriol) / Rollerflasche *f* (ein Kulturgefäß) ‖ ~ **box** (Eng) / Rollengegenführung *f* (der Drehmaschine) ‖ ~ **burnishing** (Eng) / Polierrollen *n*, Polierwalzen *n* ‖ ~ **cabinet** (Tools) / Werkstattwagen *m* (für Werkzeug) ‖ ~ **cage** (Eng) / Rollenkäfig *m* (des Rollenlagers) ‖ ~ **card** (Spinning) / Walzenkarde *f*, Walzenkrempel *f* ‖ ~ **card** (Weaving) / Rollenkarte *f* zur Musterkarte zur Steuerung von Schaftmaschinen) ‖ ~ **carriage track** (Eng) / Rollenbahn *f* (DIN 15 201) ‖ ~ **carrier** (Eng) / Rollenträger *m* (der Rollenbahn) ‖ ~ **chain*** (Eng) / Rollenkette *f* (DIN 8180, 8187, 8188) ‖ ~ **coating** (Paint) / Walzlack *m* ‖ ~ **coating** (Paint) / Beschichtung *f* mit Streichroller ‖ ~ **coating*** (Paint) / Walzlackieren *n* (DIN EN ISO 4618), Aufbringen *n* (mit Walze, mit Rollwerkzeugen), Walzen *n* (mit Rollwerkzeugen), Rollen *n*, Walzenauftrag *m*, Auftragen *n* (mit Walze), Aufwalzen *n* ‖ ~ **coating finish** (Paint) / Walzlack *m*
**roller-compacted concrete dam** (Hyd Eng) / durch Walzen verdichtete Betonstaumauer (Gewichtsstaumauer, in die Magerbeton eingebracht, dann verteilt und durch Rüttelwalzen verdichtet wird -

**roller compaction**

luftseitig keine Schalung, wasserseitig wasserdichte Betonteile als Schalung)
**roller compaction** (Civ Eng) / Walzverdichtung f || **~ conveyor** (Eng) / Rollförderer m (Stetigförderer für Stückgut ohne Zugorgan, mit Rollen oder Röllchen, die in Traggerüsten gelagert sind, als Tragorgan) || **~ conveyor*** (Eng) / Rollenförderer f (ein Stetigförderer) || **~ conveyor furnace** (Met) / Rollenherdofen m, Rollenofen m || **~ crusher** (Min Proc) / Walzenbrecher m || **~ cutter bit** (Mining) / Rollmeißel m, Rollenmeißel m || **~ drier** (Eng) / Trommeltrockner m (ein Kontakttrockner), Trockentrommel f, Drehtrommeltrockner m || **~ drier** (Nut) / Walzentrockner m, Filmtrockner m (für die Verdampfungstrocknung) || **~ dynamometer** / Rollendynamometer n, Rollenprüfstand m (ein Dynamometer) || **~ electrode** (Welding) / Rollenelektrode f || **~ fabric spreader** (Weaving) / Rollenbreithalter m, Walzenbreithalter m (zur Ausbreitung der Ware vor der Aufwicklung auf den Warenbaum) || **~ feed** (For) / Rollenbahn f || **~ felting machine** (Textiles) / Walzenfilzmaschine f, Rollenfilzmaschine f || **~ flanging** (Met) / Walzbördeln n (des Bleches mit Bördelwalzen), Bördeln n mit Bördelrollen || **~ flattening** (Eng, Met) / Rollenrichten n (von Blech) || **~ flattening** (Met) / Richtwalzen n || **~ foot with one roller** (Textiles) / Rollfuß m (der Nähmaschine)
**roller-fresh** adj (Print) / walzenfrisch adj (Druckfarbe)
**roller gate** (Hyd Eng) / Stoney-Schütz n, Rollschütz n || **~ gin** (Textiles) / Walzenegreniermaschine f, Rollenegreniermaschine f || **~ grate** (Eng) / Walzenrost m || **~ guide** (Eng, Met) / Rollenführung f || **~ guide** (Welding) / Brennerwagen m (mit Rädern) || **~ harrow** (Agric) / Walzenegge f, Wälzegge f || **~ impression** (Glass) / Walzenabdruck m (ein Oberflächenfehler) || **~ leather** (for covering rollers of cotton spinning machinery) (Spinning) / Zylinderbezugsleder n || **~ leveller** (Surf) / Abstreifwalze f, Abstreiferrolle f (bei einer Feuerverzinnungsanlage) || **~ levelling** (Surf) / Rollenabstreifverfahren n, Rollenverfahren n (bei Feuerverzinkung) || **~ mark** (Glass) / Walzenkratzer m, Walzenmarkierung f || **~ mark** (Glass) / Prägefehler m (bei der Musterprägung) || **~ mill** (Agric) / Walzenschrotmühle f || **~ mill*** (Eng) / Walzenmühle f (mit Walzen als Mahlkörper) || **~ milling machine** (Eng) / Wälzfräsmaschine f (zum Verzahnen von Stirnrädern, Schneckenrädern und Sonderverzahnungen) || **~ press** (Textiles) / Zylinderpresse f (zum Pressen von Tuchen) || **~ presser with one roller** (Textiles) / Rollfuß m (der Nähmaschine) || **~ printing** (Textiles) / Walzendruck m, Rouleauxdruck m (mit gravierten Walzen auf dem Prinzip des Tiefdrucks)
**roller-process gas black** / Gasruß m
**roller reamer** (Oils) / Rollennachbohrer m || **~ rink** (Build) / Inlineskating-Bahn f
**rollers, use ~** / auf Rollen transportieren (Aufschrift auf der Kiste)
**roller scratch** (Glass) / Walzenkratzer m, Walzenmarkierung f || **~ seam welding** (Welding) / Rollennahtschweißen n (Widerstandspressschweißen mit Rollenelektroden zum Dünnblechschweißen von Stumpf- und Überlappstößen mit oder ohne Zusatzwerkstoff), Rollnahtschweißen f || **~ shutter** (Build) / Rollladen m (Fensterladen, der aus einzelnen Kunststoffplatten oder aus Wellblech besteht - DIN 18 073) || **~ sleeve** (Paint) / Rollwerkzeugbezug m, Bemantelung f des Rollwerkzeuges (Gummi, Schaumstoff, Lammfell, Filz), Walzenbezug m || **~ spot welding** (Welding) / Rollpunktschweißen n || **~ spot welding** (Welding) / Punktschweißen m mit Rollenelektrode || **~ stand** / Rollbock m (ein Handfahrgerät) || **~-steady** n (Eng) / Rollensetzstock m, Rollenlünette f (der Drehmaschine) || **~ steering** (Autos) / Gemmerlenkung f, Schneckenrollenlenkung f, Schneckenlenkung f mit Lenkrolle || **~ stretching machine** (For) / Spannwalzmaschine f (zum Strecken von Zonen bei Band- und Gattersägeblättern), Walzapparat m || **~ sunshade** (Autos) / Sonnenschutzrollo n || **~ table** (Met) / Rollgang m (Stetigförderer für schwere Lasten - mit Einzel- oder Gruppenantrieb)
**roller-table motor** (Elec Eng, Met) / Rollgangsmotor m
**roller tappet** (I C Engs) / Rollenstößel m || **~ temple** (Weaving) / Rollenbreithalter m, Walzenbreithalter m (zur Ausbreitung der Ware vor der Aufwicklung auf den Warenbaum) || **~ top card** (Spinning) / Walzenkarde f, Walzenkrempel f || **~ track** (Eng) / Rollenbahn f (DIN 15 201)
**roller-type dynamometer** (Fuels) / Rollenprüfstand m || **~ follower** (I C Engs) / Rollenstößel m || **~ test stand** (Fuels) / Rollenprüfstand m
**roller-vane pump** (Eng) / Rollenzellenpumpe f (eine Flügelzellenpumpe mit Rollen als Verdrängerelementen) || **~ pump** (Eng) / Drehflügelpumpe f (eine Verdrängerpumpe mit umlaufenden Verdrängungskörpern )
**roller weir** (Hyd Eng) / Walzenwehr n
**Rolle's theorem** (Maths) / Rolle-Satz m (nach M. Rolle, 1652-1719), Satz m von Rolle (ein Mittelwertsatz)
**roll-fed press** (Print) / Rollendruckmaschine f

**roll feed*** (Eng) / Rollenvorschub m, Walzenvorschub m || **~ film*** (Photog) / Rollfilm m (DIN 4523)
**roll-film camera** (Photog) / Rollfilmkamera f
**roll flanging** (Met) / Walzbördeln n (Walzprofilieren zum Randhochstellen nach DIN 8586) || **~ flanging** (Met) / Walzbördeln n (des Bleches mit Bördelwalzen), Bördeln n mit Bördelrollen || **~ force** (Met) / Walzkraft f || **~ forging*** (Eng) / Walzschmieden n (zwischen Formwalzen) || **~ forging** (Met) / Schmiedewalzen n, Reckwalzen n || **~ forming** (Eng) / Fließdrücken n (DIN 8853, T 2) || **~ forming*** (Eng, Met) / Walzprofilieren n (Biegeumformen nach DIN 8586) || **~ frieze** (Arch) / Rollenfries m (aus waagerechten zylindrischen Rollen)
**roll-fronted cabinet** / Rollschrank m, Jalousieschrank m
**roll gap** (Met) / Walzspalt m, Walzenspalt m
**roll-gap geometry** (shape and dimensions of the roll gap) (Met) / Walzspaltgeometrie f
**roll glue spreader** (For) / Walzenleimmaschine f (für Späne), Walzenleimauftragmaschine f || **~ grinding** (Eng, Met) / Walzenschleifen n || **~ grinding machine** (Eng, Met) / Walzenschleifmaschine f || **~ housing** (Met) / Walzenständer m || **~ in** v (Comp) / einwälzen v, einlagern v (die Arbeitsmenge eines Adressraumes umlagern) || **~ in** (Met) / einwalzen v (z.B. ein Rohr)
**rolling*** (Aero) / Rollen n (Bewegung des Flugzeugs um die Längsachse) || **~** (Civ Eng, Eng, Met) / Walzen n (DIN 8583, T 2) || **~** (Comp) / vertikaler Bilddurchlauf, vertikales Scrolling || **~** (Eng) / Rollen n (im Rollgesenk) || **~** (Eng) / Rundbiegen n (von Band, Profil, Stab, Draht oder Rohr - DIN 8586) || **~** (Glass) / Einfalzen n || **~** (Leather) / Walzen n (Verdichtung des Fasergefüges) || **~** (Mech) / Rollen n (eine Rollbewegung) || **~*** (Ships) / Schlingern n (Bewegung des Schiffs im Seegang) || **~*** (Ships) / Rollen n (Schlingern und Stampfen) || **~** (Weaving) / Rollen n (der Kanten) || **~ angle** (Eng) / Wälzwinkel m (Verdrehwinkel des abgewälzten Elements - eine geometrische Größe an Zahnradpaaren) || **~ angle** (between the two radius vectors at the entry and exit points on the roll) (Met) / Walzwinkel m || **~ axis** (Eng) / Wälzachse f (eine geometrische Größe an Zahnradpaaren nach DIN 3960 und 3971) || **~ ball** (Radar) / Rollkugel f, Steuerkugel f
**rolling-ball filter** (Photog) / Top-Hat-Filter n
**rolling bascule bridge** (Civ Eng) / Rollklappbrücke f (eine bewegliche Brücke, die eine Hybridform zwischen Rollbrücke und Klappbrücke ist) || **~ batch** (Met) / Walzlos n || **~ bearing*** (Eng) / Wälzlager n (DIN 623-1 und DIN ISO 281) || **~ bottle** (Bacteriol) / Rollerflasche f (ein Kulturgefäß) || **~ bridge** (Civ Eng) / Rollbrücke f (eine bewegliche Brücke) || **~ burr** (Met) / Überwalzung f, Walzgrat m, Dopplung f (durch Überwalzen) || **~ cam mechanism** (Mech) / Wälzkurvengetriebe n || **~ circle** (Aero) / Rollenkreis m (eine Kunstflugfigur) || **~ circle** (Eng) / Wälzzylinder m, Walzkreis m (des Zahnrads nach DIN 3960) || **~ circle** (Gen) / rollender Ring (bei der Replikation) || **~ circle error of form** (Eng) / Formabweichung f (der Oberfläche von der geometrisch-idealen Gestalt, z.B. bei der falschen Einspannung des Werkstückes in der Zahnradherstellung) || **~ cones** (Eng) / Wälzkegel m pl (bei Reibradgetrieben nach DIN 3971) || **~ contact** (Elec Eng) / Wälzkontakt m, Rollkontakt m, rollendes Kontaktstück || **~ contact** (Eng) / Wälzkontakt m (zweier Maschinenelemente) || **~-contact bearing** (Eng) / Wälzlager n (DIN 623-1 und DIN ISO 281)
**rolling-contact fatigue** (Eng) / Oberflächenzerrüttung f (z.B. Grübchenbildung)
**rolling coulter** (US) (Agric) / Scheibensech n, Rundsech n || **~ crack** (Met) / Walzriss m || **~ crusher** (Min Proc) / Walzenbrecher m || **~ cut** (TV) / Rollschnitt m (mit dem Trickmischgerät erzeugter Übergang von einem Fernsehbild zu einem anderen) || **~ defect** (Met) / Walzfehler m || **~ direction** (Met) / Walzrichtung f || **~ edger** (Eng) / Rollgesenk n (zum Zwischenformen durch Recken) || **~ element** (Aero, Phys) / Laufgewichtsstück n (der aerodynamischen Waage) || **~ element** (Eng) / Wälzkörper m (eines Wälzlagers) || **~ fin** (Met) / Walznaht f || **~ force** (acting on the work rolls during shaping of the rolling stock) (Met) / Walzkraft f || **~ friction** (the frictional force during rolling as distinct from sliding) (Eng, Mech, Phys) / Rollreibung f (idealisierte Bewegungsreibung zwischen sich punkt- oder linienförmig berührenden Körpern, deren Geschwindigkeiten im gemeinsamen Kontaktbereich nach Betrag und Richtung gleich sind und bei der mindestens ein Körper eine Drehbewegung um eine momentane, im Kontaktbereich liegende Drehachse vollführt), rollende Reibung || **~ hump** (Autos) / Rollwulst m (Verformung der Lauffläche eines rollenden Reifens)
**rolling-in of tubes** (Met) / Rohreinwalzen n
**rolling instability*** (Aero) / Rollinstabilität f || **~ lift bridge** (Civ Eng) / Rollklappbrücke f || **~ line** (US) (Eng) / Wälzachse f (eine geometrische Größe an Zahnradpaaren nach DIN 3960 und 3971) || **~ load*** (Build) / Verkehrslast f (nicht ruhend) || **~-mill*** n (Met) / Walzwerk n (zur Herstellung von Walzerzeugnissen)

**rolling-mill drive** (Met) / Walzwerksantrieb *m* ‖ **~ furnace** (Met) / Walzwerksofen *m*
**rolling moment\*** (Aero) / Rollmoment *n*, Querneigungsmoment *n* ‖ **~ moment** (Met, Phys) / Walzmoment *n* ‖ **~ oil** (Met) / Walzöl *n* (Kühlschmiermittel beim Kaltwalzen von Eisen- und NE-Metallen), Reißöl *n* ‖ **~ period\*** (Ships) / Rollperiode *f* ‖ **~ plant** (Met) / Walzwerk *n* (zur Herstellung von Walzerzeugnissen) ‖ **~ programme** (grouping together of rolled products or of a rolling schedule) (Met) / Walzprogramm *n* ‖ **~ radius** (of a tyre) (Autos) / Rollradius *m*, Rollhalbmesser *m* (des belasteten Reifens) ‖ **~ resistance\*** (Eng, Phys) / Rollwiderstand *m* (den ein Körper bei rollender Bewegung erfährt), Abrollwiderstand *m* ‖ **~ road** (Autos) / Fahrzeugrollenprüfstand *m* ‖ **~ scaffold** (Build) / Rollgerüst *n* ‖ **~ scale** (Met) / Walzzunder *m* (nach dem Warmwalzen), Walzsinter *m*, Zunder *m* (Walzzunder) ‖ **~ selvedge** (Weaving) / einrollende Leiste (ein Webfehler), rollende Leiste ‖ **~ shot** (Cinema) / Aufnahme *f* aus dem Fahrzeug ‖ **~ shutter** (Build) / Rollladen *m* (Fensterladen, der aus einzelnen Kunststoffplatten oder aus Wellblech besteht - DIN 18 073) ‖ **~ shutter door** / Rolltor *n* (DIN 18 073) ‖ **~ skin** (Met) / Walzhaut *f*, Walzhautschicht *f* (ein Zunderschicht) ‖ **~ stability** (Aero) / Seitenstabilität *f* (Quer- + Richtungsstabilität) ‖ **~ stability** (Aero) / Querstabilität *f*, Rollstabilität *f* ‖ **~ stand** (Met) / Walzgerüst *n*, Gerüst *n* (in einem Walzwerk) ‖ **~ stock** (US) (Autos) / Park *m* (Gesamtheit der Fahrzeuge) ‖ **~ stock** (Eng, Met) / Walzgut *n* (zum Walzen) ‖ **~ stock** (Met) / Rohling *m* (Walzgut) ‖ **~ stock\*** (Rail) / rollendes Material, Betriebsmittel *n pl*, Fahrzeugpark *m*
**rolling-stock guide** (Met) / Walzgutführung *f* ‖ **~ used on local services** (Rail) / Bahnfahrzeuge *n pl* des öffentlichen Nahverkehrs
**rolling temperature** (of the rolling stock when entering the roll gap) (Met) / Walztemperatur *f* ‖ **~ test** (Eng) / Wälzprüfung *f* ‖ **~ tester** (Eng) / Wälzprüfgerät *n* (zur Prüfung eines Zahnrades oder einer Zahnstange durch Wälzen mit einer Gegenverzahnung) ‖ **~ texture** (Met) / Walztextur *f* ‖ **~ title** (Cinema) / Rolltitel *m* ‖ **~ tolerance** (allowable dimensional variation on rolled products) / Walztoleranz *f* (zulässige Maßabweichung bei Walzerzeugnissen) ‖ **~ tongue** (unevenly shaped ends of rolled products that are removed and scrapped) (Met) / Walzzunge *f* ‖ **~ tongue** (Met) s. also scrap end ‖ **~ transposition** (US) (Telecomm) / Drehung *f*, Platzwechsel *m* (nach einer Drehung) ‖ **~ tripod** (Cinema) / Fahrstativ *n*
**rolling-up process** (Chem) / Umnetzverfahren *n* (zur Trennung von gesättigten und ungesättigten Fettsäuren gleicher C-Kettenlänge)
**rolling-vane pump** (Eng) / Rollenzellenpumpe *f* (eine Flügelzellenpumpe mit Rollen als Verdrängerelementen)
**rolling wear** (Eng, Mech) / Wälzverschleiß *m* (der beim Abrollen von Flächen unter Schlupf entsteht)
**roll lathe** (Eng) / Walzendrehmaschine *f* ‖ **~ leaf** (Bind) / Rollenfolie *f* (als Gegensatz zu Blattfolie) ‖ **~ mark** (US) (Glass) / Walzenkratzer *m*, Walzenmarkierung *f* ‖ **~ mark** (Met) / Abdruck *m* (ein Walzfehler)
**roll-mill** *n* (Chem Eng, Plastics) / Mischwalzwerk *n*
**roll-mill** *n* (Eng) / Walzenmühle *f* (mit Walzen als Mahlkörper)
**roll-mill** *n* (Met) / Walzwerk *n* (zur Herstellung von Walzerzeugnissen)
**roll milling** (Eng) / Walzenfräsen *n*, Walzfräsen *n*, Umfangsfräsen *n* (bei dem die Fräserachse parallel zur Arbeitsfläche liegt) ‖ **~ moulding** (Arch) / Dreiviertelstab *m* (ein Zierglied) ‖ **~ moulding** (Arch) / Wulst *m f* (ein Zierglied), Wulstleiste *f* ‖ **~ moulding** (Arch) / Halbrundstab *m* (ein Zierglied) ‖ **~ neck** (Met) / Walzenzapfen *m*
**roll-neck bearing** (Eng) / Walzenzapfenlager *n*, Walzenlager *n*
**rollock** *n* (Build) / Rollschicht *f* (eine Mauerschicht)
**roll-off** *n* (Telecomm) / Dämpfung *f* im Filter
**roll of film** (Cinema) / Filmrolle *f* (für die Kameras) ‖ **~ on** *v* (Eng) / abrollen *v* (über eine Strecke), abwälzen *v* (über eine Strecke)
**roll-on closure** (Nut) / Anrollverschluss *m* (der Flasche) ‖ **~** (roll-off) **deck** (Ships) / Fahrdeck *n* (Ladungsdeck bei Ro-ro-Schiffen) ‖ **~ roll-off** *n* (Ships) / Roll-on-roll-off *n* (horizontaler Umschlag) ‖ **~ roll-off ship** (Ships) / Roll-on-roll-off-Schiff *n* (ein Frachtschiff mit horizontalem Umschlag), Ro-ro-Schiff *n*
**roll onto** *v* (Eng) / abrollen *v* (über eine Strecke), abwälzen *v* (über eine Strecke) ‖ **~ out** (Aero) / ausrollen *v* (vom Aufsetzen bis zum Stillstand), auslaufen *v* ‖ **~ out** (Comp) / austransferieren *v*, auslagern *v* (einen Teil des Arbeitsspeicherinhalts auf einem peripheren Speicher vorübergehend speichern), ausspeichern *v*, auswälzen *v* (die Arbeitsmenge eines Adressraumes) ‖ **~ out** (Met) / auswalzen *v*
**roll-out** *n* / Rollout *n* (öffentliche Vorstellung eines neuen Flugzeugtyps oder eines neuen Raumschiffs) ‖ **~** (Aero) / Ausrollen *n* (des Flugzeugs - vom Aufsetzen bis zum Stillstand), Auslaufen *n* ‖ **~ attr** / herausziehbar *adj* ‖ **~ degree** (Met) / Auswalzgrad *m*, Verwalzungsgrad *m* ‖ **~ type Fourdrinier** (Paper) / (ausfahrbare) Siebpartie (einer Langsiebpapiermaschine) *f*
**roll over** *v* (Autos) / sich überschlagen

**roll-over** *n* (Autos) / Überschlag *m* (Autounfall) ‖ **~** (Comp) / Mehrfachbetätigung *f* (der Tasten), fast gleichzeitiges Drücken mehrerer Tasten ‖ **~** (Foundry) / Wenden *n* (der Formhälfte) ‖ **~ board** (Foundry) / Wendeplatte *f*, zweiseitige Modellplatte, doppelseitige Modellplatte *f* ‖ **~ cage** (Autos) / Überrollkäfig *m* ‖ **~ plough** (Agric) / Kippflug *m* ‖ **~ protective structure** (Autos) / Überrollschutz *m* ‖ **~ test** (Autos) / Überschlagversuch *m*
**roll padding machine** (Textiles) / Rollpikiermaschine *f* ‖ **~ piercing mill** (Met) / Schrägwalzwerk *n* (ein Rohrwalzwerk) ‖ **~ -pin** *n* (Met) / Walzenzapfen *m* ‖ **~ resistance** (Autos) / Wankwiderstand *m* (eines Fahrzeugaufbaus gegenüber Seitenneigung in schnell gefahrenen Kurven) ‖ **~ road** (Build) / [abdichtender] Bedachungsstoff in Rollen ‖ **~ rounding** (Met) / Walzrunden *n* (Biegeumformen nach DIN 8586), Runden *n*, Rundwalzen *n*, Biegewalzen *n* (bei der Blechbearbeitung)
**rolls\*** *pl* (Min Proc) / Walzenbrecher *m* ‖ **~** (Photog) / Rollware *f* (bei der Entwicklung)
**roll scale** (Met) / Walzzunder *m* (nach dem Warmwalzen), Walzsinter *m*, Zunder *m* (Walzzunder) ‖ **~ scratch** (Glass) / Walzenkratzer *m*, Walzenmarkierung *f* ‖ **~ segment** (Met) / Walzsegment *n* (der Reckwalze) ‖ **~ sound!** (Cinema) / Ton ab! ‖ **~ spring** (play) (Met) / Rollsprung *m* (Vergrößerung der Walzenöffnung beim Anstich des Walzgutes durch Spiel und elastische Deformation des Walzgerüstes) ‖ **~ stabilization** (Ships) / Schlingerstabilisierung *f* ‖ **~ stamping** (Met) / Walzprägen *n* (Eindrücken eines mit Zeichen versehenen Werkzeuges in die Oberfläche eines Werkstückes - DIN 8553)
**roll-steer characteristics** (Autos) / Eigenlenkverhalten *n* (bezogen auf das Gesamtfahrzeug - Unter- oder Übersteuern) ‖ **~ effect** (Autos) / Eigenlenkverhalten *n* (bezogen auf das Gesamtfahrzeug - Unter- oder Übersteuern)
**roll stiffness** (Autos) / Wankwiderstand *m* (eines Fahrzeugaufbaus gegenüber Seitenneigung in schnell gefahrenen Kurven) ‖ **~ stock** (Print) / Papier *n* in Rollen ‖ **~ straightening** (Met) / Richtwalzen *n* ‖ **~ together in contact** (Eng) / abrollen *v* (aufeinander)
**roll-top desk** (Join) / Schreibtisch *m* mit Rollverschluss
**roll travel** / Rolldrehweg *m* (bei den IR) ‖ **~ turning lathe** (Eng) / Walzendrehmaschine *f*
**roll-type crusher** (Min Proc) / Walzenbrecher *m*
**roll up** *v* / einrollen *v* (z.B. Teppiche)
**roll-up** *n* (Comp) / Rollen *n* nach oben (des Bildschirms), Vorrollen *n* (des Textes auf dem Bildschirm) ‖ **~ sun screen** (Autos) / Sonnenschutzrollo *n*
**rollway** *n* (Hyd Eng) / Mauerkronenüberfall *m*
**roll welding** (Welding) / Walzenschweißen *n*, Rollendruckschweißen *n*
**rolock** *n* (Build) / Rollschicht *f* (eine Mauerschicht)
**Rolodex** *n* / Rotationskartei *f*
**ROM\*** (Comp) / Festwertspeicher *m* (DIN 44476), Festspeicher *m*, Nur-Lese-Speicher *m*, Permanentspeicher *m*, ROM *n*
**rom** (run-of-mine) (Mining) / Förder- (Kohle), grubenfeucht *adj* (Kohle)
**rom.** (Typog) / runde Schrift, Antiqua *f* (DIN 16518)
**ROM\*** *n* (Comp) s. also non-erasable memory
**ROMable code** (Comp) / ROM-geeigneter Kode
**romaji** *n* / lateinische Schriftzeichen zur Transkription (des Japanischen)
**roman\*** *n* (Typog) / runde Schrift, Antiqua *f* (DIN 16518) ‖ **≃ alphabet** (Comp, Typog) / lateinisches Alphabet ‖ **≃ balance** (Eng) / römische Schnellwaage, Laufgewichtswaage *f*, Läuferwaage *f* ‖ **≃ blind** / Raffstore *f* ‖ **≃ cement** (Build, Civ Eng) / Romankalk *m* (hydraulischer oder hoch hydraulischer Kalk, nach DIN 1164 kein Zement)
**Romanesque** *n* (a style of architecture) (Arch) / romanischer Baustil, Romanik *f*
**romanization** *n* / Transkription *f* in lateinische Schriftzeichen (z.B. des Japanischen), Latinisierung *f*
**Roman mosaic\*** (Build) / Mosaikfußboden *m* ‖ **≃ mosaic\*** (Build) / Kleinmosaik *n*, Mosaik *n* ‖ **≃ numeral** (Maths, Typog) / römische Ziffer
**Romano cheese** (Nut) / Romanokäse *m* (amerikanischer Hartkäse)
**roman type** (Typog) / runde Schrift, Antiqua *f* (DIN 16518)
**roméite\*** *n* (Min) / Roméit *m* (ein oxidisches Antimonmineral der Stibiconit-Reihe, nach Romé de l'Isle benannt)
**romer** *n* (named after C. Romer, 1883-1951) (Cartography) / Koordinatenschieber *m* ‖ **a ~ or a rectangular scale printed in the margin of a map, for reading grid co-ordinates** (Cartography) / Planzeiger *m*
**ROMP** (ring-opening metathesis polymerization) (Chem) / Ring-Opening-Metathesepolymerisation *f*
**rompers** *pl* (Textiles) / Spielanzug *m* (für Kinder)
**romper suit** (Textiles) / Spielanzug *m* (für Kinder)
**romware** *n* (Comp) / Software *f* in einem Festspeicher

**RON** (research octane number) (Fuels) / Oktanzahl f nach der Research-Methode (ein Maß für die Klopffestigkeit), Research-Oktanzahl f, ROZ (Research-Oktanzahl nach DIN EN 25 163 und 25 164)

**Ronay effect** (Phys) / Ronay-Effekt m (ein rheologischer Effekt zweiter Ordnung)

**Ronchi grating** (Phys) / Ronchi-Gitter n || ~ **test** (an improvement on the Foucault knife-edge test for testing curved mirrors, in which the knife edge is replaced with a transmission grating with 15-80 lines per centimetre, and the pinhole source is replaced with a slit or a section of the same grating) (Optics) / Ronchi-Prüfverfahren n

**roneo** v / vervielfältigen v (mit der Roneo machine - ein alter Markenname)

**Rongalite** n (Chem) / Rongalit n (Gruppe von Sulfinsäurederivaten - ein Warenzeichen)

**röntgen\*** n (Radiol) / Röntgen n, R (Röntgen) (nicht mehr zugelassene SI-fremde Einheit der Ionendosis bei der Röntgen- und der Gammastrahlung) || ~**-equivalent man\*** (Radiol) / Rem-Einheit f, Rem n (= 1/100 Sievert) (veraltete Einheit der Äquivalentdosis)

**röntgenology\*** n (Radiol) / Röntgenologie f, Röntgenkunde f

**röntgen rays\*** (Radiol) / Röntgenstrahlen m pl

**rood-loft** n (Arch) / Lettner m (eine Abschlussmauer in mittelalterlichen Kirchen)

**rood-screen** n (Arch) / Lettner m (eine Abschlussmauer in mittelalterlichen Kirchen)

**roof** v (Build) / überdachen v, bedachen v || ~ (Build) / eindecken v, decken v || ~ n (Autos) / Dach n || ~ (Build) / Dach n || ~ (Build, Carp) / Dachstuhl m (Traggerüst des Daches), Dachgestühl n || ~ (Civ Eng) / Tunnelgewölbe n, Streckengewölbe n || ~ (Met) / Decke f (eines Ofens) || ~ (Mining) / Firste f (einer söhligen oder geneigten Strecke oder eines Aufbruchs) || ~ (Mining) / Dach n (über dem Abbauraum), Dachfläche f || put the ~ on (Build) / überdachen v, bedachen v

**roofage** n (Build) / Dachdeckung f, Dachbelag m, Dachhaut f, Bedachung f, Dacheindeckung f (Baustoff) || ~ (Build) / Dachdeckstoff m, Bedachungsstoff m, Deckmaterial n, Deckwerkstoff m

**roof antenna\*** (Radio) / Dachantenne f || ~ **arch** (Rail) / Dachspiegel m, Spriegel m (eine Stütze) || ~ **area** (Build) / Dachfläche f (diejenige Fläche, die durch die Dachhaut definiert ist) || ~ **board** (Build, Carp) / Dachplatte f (Span- oder Faserplatte) || ~ **boarding** (Carp) / Dachschalung f (Dachschalbretter) || ~ **boards\*** (Carp) / Dachschalung f (Dachschalbretter) || ~ **bolting\*** (Mining) / Ankerausbau m (im Hangenden) || ~ **box** (Autos) / Gepäckcontainer m (auf dem Dach) || ~ **break** (Mining) / Bruch m des Hangenden || ~ **burner** (Eng) / Deckenbrenner m (z.B. bei Kesselanlagen)

**roof-care** n (Build) / Dachpflege und Dachsanierung f

**roof cargo box** (Autos) / Gepäckcontainer m (auf dem Dach) || ~ **cladding** (Build) / Dachdeckung f, Dachbelag m, Dachhaut f, Bedachung f, Dacheindeckung f (Baustoff) || ~ **cladding** (Build) / Dachdeckstoff m, Bedachungsstoff m, Deckmaterial n, Deckwerkstoff m || ~ **collapse** (Mining) / Hangendausbruch m (Herauslösen von mehr oder weniger mächtigem, flächenmäßig begrenztem Nebengestein aus dem Flözhangenden in Streb und Abbaustrecke) || ~ **construction** (Build) / Dachbau m || ~ **control** (Mining) / Hangendbeherrschung f, Beherrschung f des Hangenden, Hangendpflege f (das Hangende in seiner ursprünglichen Lage halten), Gebirgsbeherrschung f || ~ **covering** (Build) / Dachdeckung f, Dachbelag m, Dachhaut f, Bedachung f, Dacheindeckung f (Baustoff) || ~ **covering** (Build) / Dachdeckstoff m, Bedachungsstoff m, Deckmaterial n, Deckwerkstoff m || ~ **deck** (Build, Carp) / Dachunterkonstruktion f (z.B. beim Flachdach) || ~ **decking** (Build) / plattenförmige Dachelemente n pl (vorgefertigt aus leichten Materialien, mit Schall- und Wärmedämmung) || ~ **drainage** (Build) / Dachentwässerung f

**roofed** adj (Build) / überdacht adj, mit Dach || ~ **bridge** (Civ Eng) / gedeckte Brücke || ~ **gallery round a building** (Arch) / Umgang m (überdachter Gang um ein Gebäude)

**roof edge** (Optics) / Schnittkante f (des Prismas) || ~ **edge** (Optics) / Dachkante f (eines Prismas)

**roofed-over** adj (Build) / überdacht adj, mit Dach || ~ **area** (Build) / überbaute Fläche, überdachte Fläche, überdeckte Fläche

**roofer** n (Build) / Dachdecker m || ~ (Build) / Dachkleber m || ~ (Carp) / Dachschalbrett n

**roofers** pl (Carp) / Dachschalung f (Dachschalbretter)

**roof fall** (Mining) / Hangendausbruch m (Herauslösen von mehr oder weniger mächtigem, flächenmäßig begrenztem Nebengestein aus dem Flözhangenden in Streb und Abbaustrecke) || ~ **fillet** (Eng) / Fußausrundung f (Übergang von der Zahnflanke zum Zahngrund) || ~ **fire** (Mining) / Firstenbrand m (Flözbrand in der Firste von Strecken, besonders der stark geneigten oder der steilen Lagerung) || ~ **garden** (Arch, Build) / Dachgarten m || ~**-guard\*** n (Build) / Schneefanggitter n, Schneefang m || ~ **hatch** (Build) / Dachluke f, Luke f (kleines Klappfenster in einem Dach)

**roofing** n (Build) / Dachdeckung f, Dachbelag m, Dachhaut f, Bedachung f, Dacheindeckung f (Baustoff) || ~ (Build) / Dachdeckstoff m, Bedachungsstoff m, Deckmaterial n, Deckwerkstoff m || ~ (Build) / Dachbau m || ~ (Build) / Bedachung f (Tätigkeit), Bedachen n || ~ **asphalt** (Build) / Bitumen n als Bedachungsstoff, bituminöser Dachbelag || ~ **board** (Carp) / Dachschalbrett n || ~ **felt** (Build) / Dachpappe f (Sammelbegriff für Teer- und Bitumendachbahnen), Teerdachpappe f || ~ **felt base** (Build) / Rohfilzpappe f || ~ **granules** (slag, slate, rock, tile, porcelain) (Build) / mineralische Stoffe für die Bestreuung der Dachpappe || ~ **member** (Build) / Dachelement n || ~ **membrane** (Build) / Kunststoffbedachung f, Kunststofffolie f (als Bedachungsmaterial) || ~ **nail** (Build) / Dachnagel m || ~ **paint** (Build, Paint) / Dachanstrichfarbe f || ~ **paper** (Build) / Baupappe f || ~ **sheet** (Build, Plumb) / Bedachungsblech n, Dachblech n || ~ **slate\*** (Build) / Schiefertafel f (als Bedachungsstoff) || ~ **slate\*** (Build, Geol) / Dachschiefer m (DIN EN 12 326, T 1 und 2) || ~ **system for waste-water tank(s)** (San Eng) / Abdeckelemente n pl für Klärwerksbecken || ~ **tile** (Build) / Dachziegel (DIN 456) || ~ **tile** (any of several designs of large, natural-clay tile with overlapping or interlocking edges) (Build, Ceramics) / Dachstein m (mit Zement oder anderen Bindemitteln gebundener Formstein zur Dachdeckung)

**roof installation** (Build) / Dachaufstellung f, Aufstellung f auf dem Dach || ~ **lashing** (Autos) / Gepäcksjurre f || ~ **light** (Arch, Build) / Oberlicht n (Dachoberlicht), Dachoberlicht n, Dachaufbau m || ~ **light** (Build) / Dachfenster n (Fenster in der Dachhaut, das zur Belichtung und Belüftung dient) || ~ **light** (Build) s. also dormer, dormer window and lantern || ~ **line** (Arch) / Dachsilhouette f, Dachform f || ~ **liner** (Autos) / Dachhimmel m || ~ **luggage rack** (Autos) / Dachgepäckträger m || ~**-mount carrier** (Autos) / Dachgepäckträger m

**roof-mounted antenna** (Radio) / Dachantenne f

**roof opening** (Build) / Dachöffnung f, Dachausstieg m || ~ **over** v (Build) / überdachen v, bedachen v || ~ **panel** (Build) / Dachblech n || ~ **pendant** (Geol) / große Dachgesteinsscholle (in einem Batholith) || ~ **pillar** (Mining) / Hangendschwebe f, Schwebe f im Hangenden || ~ **pressure** (Mining) / Firstendruck m || ~ **pressure** (in an unworked rock) (Mining) / Überlagerungsdruck m (Gebirgsdruck im unverritzten Gebirge) || ~ **prism** (Optics) / Dachkantprisma n (als Umkehrprisma wirkendes Reflexionsprisma), Dachprisma n || ~ **profile** (Arch) / Dachsilhouette f, Dachform f || ~**-rack** n (Autos) / Dachgepäckträger m || ~ **rails** (Autos) / Dachreling f || ~ **rails** (Autos) / Dachreling f || ~ **sheathing** (Carp) / Dachschalung f (Dachschalbretter) || ~ **spoiler** (Autos) / Dachspoiler m || ~ **stick** (Rail) / Dachspriegel m, Spriegel m (eine Stütze) || ~ **subsidence** (Mining) / Absenkung f des Hangenden || ~ **support** (Mining) / Firstenausbau m || ~ **terrace** (Arch, Build) / Dachterrasse f || ~ **tile** (Build) / Dachziegel m (DIN 456) || ~**-top carrier** (Autos) / Dachgepäckträger m || ~**-top heliport** (Aero) / Hubschrauberlandeplatz m auf dem Dach, Hubschrauberlandefläche f auf der Dachterrasse || ~ **truss\*** (Build, Carp) / Dachstuhl m (Traggerüst des Daches), Dachgestühl n || ~ **truss** (Carp) / Dachbinder m (ein unverschiebliches Dreieck, das unverrückbar fest steht) || ~ **vane** (Autos) / Dachspoiler m || ~ **ventilator** (Build) / Dachlüfter m || ~ **weir** (Hyd Eng) / Dachwehr n, Doppelklappenwehr n || ~ **window** (Build) / Dachfenster n (Fenster in der Dachhaut, das zur Belichtung und Belüftung dient) || ~ **with air circulation** (Build) / Kaltdach n (das aus 2 physikalisch wirksamen Schalen besteht)

**rooibos tea** (Nut) / Rooibos-Tee m (aus den Blättern von Aspalanthus linearis (Burm.f.) R. Dahlgren), Rotbuschtee m, Massai-Tee m

**room** n / Platz m (Raum), Raum m || ~ (Mining) / Zimmer m, Raum m || ~ (Mining) / Weitung f (der Großraum im Teilsohlenbau) || ~ (Mining) / Kammer f (ein Abbauraum von meist rechteckigem Grundriss) || ~ **acoustics** (Acous) / Raumakustik f (die sich mit Luftschall befasst), Bauakustik f (Raum- und Gebäudeakustik, die sich vornehmlich mit Körperschall befasst) || ~ **air** / Raumluft f || ~ **air conditioner** (Build) / Raumklimagerät n (DIN 8957) || ~ **air distribution** (Build) / Luftführung f (im Raum) || ~**-and-pillar\*** n (Mining) / Kammer- und Pfeilerbau m || ~ **antenna** (Radio, TV) / Innenantenne f, Zimmerantenne f || ~ **climate** (Build) / Innenraumklima n || ~ **divider** (Build) / Raumteiler m || ~**-dividing screen** (Build) / [mobiler] Raumteiler m

**room-filling** adj / raumfüllend adj

**room heater** (Build) / Raumheizer m, Raumheizkörper m || ~ **heating** (Build) / Raumheizung f (Tätigkeit - Wärmezufuhr zu Räumen)

**room-heating system** (Build) / Raumheizung f (als Anlage)

**room-high** adj / raumhoch adj

**room index\*** (Light) / Raumindex m, Raumfaktor m

**roominess** n (Build) / Geräumigkeit f (einer Wohnung)

**room monitoring** / Raumüberwachung f
**room-monitoring system** / Raumüberwachungsanlage f
**room noise** (Acous) / Raumgeräusch n, Schallpegel m (mittlerer, in einem Raum) ‖ **~ noise** (Cinema) / Atmo f (Tonaufzeichnung von allgemeinen Geräuschen, welche in einem Zusammenhang zu einer bildlich aufgenommenen Szene stehen) ‖ **~ resonance** (Acous) / Raumresonanz f ‖ **~ size** (Build) / Raumgröße f ‖ **~ sound** (Cinema) / Atmo f (Tonaufzeichnung von allgemeinen Geräuschen, welche in einem Zusammenhang zu einer bildlich aufgenommenen Szene stehen)
**room-spray** n / Raumspray m n
**roomstat** n / Raumthermostat m (der die eingestellte Temperatur regelt), Thermostat m (der Zentralheizung in den Räumen)
**room storage heater** (Elec Eng) / Elektrospeicherofen m ‖ **~ temperature** (inside the building) (Build, Ecol) / Raumtemperatur f (etwa 20 °C), Zimmertemperatur f, ZT (Zimmertemperatur)
**room-temperature vulcanizing gasket** (Eng) / formlose Dichtmasse (in Tuben- oder Pastenform), Flüssigdichtmittel n
**room thermostat** / Raumthermostat m (der die eingestellte Temperatur regelt), Thermostat m (der Zentralheizung in den Räumen)
**room-work** n (Mining) / Kammerbau m (ein Abbauverfahren mit kammerartigen Bauweise)
**roomy** adj / geräumig adj, spatiös adj, mit großem Raumangebot
**root*** n (Aero, Agric, Bot, Geol, Maths, Welding) / Wurzel f ‖ **~** (Comp, Maths) / Wurzel f (der einzige Knoten eines Baumes, der keinen Vorgänger besitzt) ‖ **~** (Eng) / Fuß m, Wurzel f (der Turbinenschaufel) ‖ **~** (Eng) / Grund m (Gewindegrund) ‖ **~** (Hyd Eng) / Wurzel f (in die Erde reichender Unterbau) ‖ **~** (Hyd Eng) / Landanschluss m (einer Buhne) ‖ **~** (Maths) / Wurzelausdruck m ‖ **~*** (Maths) / Wurzel f (Resultat der Umkehrung der entsprechenden Potenzfunktion) ‖ **~** (Maths) / Lösung f (einer Gleichung) ‖ **~** (square root) (Maths) / Quadratwurzel f (mit dem Wurzelexponenten n = 2) ‖ **~ ball** (Bot) / Wurzelballen m (gesamte Wurzel einer Pflanze mit allen Verästelungen und der daran haftenden Erde)
**root-boring pine beetle** (For) / Kiefernbastkäfer m (Hylastus ater Paykull.)
**root chipping** (Welding) / Wurzelauskreuzen n ‖ **~ circle** (Eng) / Fußkreis m ‖ **~ clearance** (Eng) / Fußfreischnitt m (Hinterfräsung einer Zahnflanke zur besseren Nachbearbeitung - nach DIN 3960) ‖ **~ climber** (Bot) / Wurzelkletterer m (eine Gruppe der Kletterpflanzen) ‖ **~ collar** (Bot) / Wurzelhals m ‖ **~ collar** (Bot, For) / Wurzelanlauf m, Stammanlauf m ‖ **~ condition** (Maths) / Wurzelbedingung f ‖ **~ cone** (Eng) / Fußkegel m (Kegel um die Radachse, der von der Fußfläche gebildet wird - DIN 3971) ‖ **~ crack** (Welding) / Wurzelriss m ‖ **~ crop(s)** (Agric) / Hackfrüchte f pl (Kulturpflanzen, deren Anbau das Hacken notwendig macht) ‖ **~ crop harvester** (Agric) / Hackfruchterntemaschine f ‖ **~ defect** (Welding) / Wurzelfehler m ‖ **~ diameter*** (Eng) / Fußkreisdurchmesser m (DIN 3960) ‖ **~ directory** (the basic directory of an hierarchical file system /having no parent directory/) (Comp) / Wurzelverzeichnis n, Stammverzeichnis n (die erste Verzeichnisebene eines Datenträgers), Hauptverzeichnis n, Root Directory n
**rooted** adj (Agric, Bot, For) / mit Wurzeln durchsetzt, wurzelreich adj, voller Wurzeln, bewurzelt adj ‖ **~ tree** (Maths) / Wurzelbaum m (Grafentheorie)
**rooter** n (Civ Eng) / Tiefaufreißer m ‖ **~*** (Electronics) / Radizierer m
**root excess weld metal** (Welding) / Wurzelüberhöhung f (DIN 1912-1) ‖ **~ face** (Welding) / Steg m, Steghöhe f, Stegflanke f (unabgeschrägter Teil der Schweißkante) ‖ **~ flaw** (Welding) / Wurzelfehler m ‖ **~ function** (Maths) / Wurzelfunktion f (eine nicht rationale Funktion) ‖ **~ gap** (Welding) / Wurzelspalt m ‖ **~ gap** (Welding) / Wurzelöffnung f, Stegabstand m (Abstand der Werkstücke an der Stelle, an der sie nicht bearbeitet wurden) ‖ **~ hair** (Bot) / Wurzelhaar n (sehr dünner, haarähnlicher Teil an der Spitze der Wurzeln, der besonders der Aufnahme von Wasser und Nährsalzen dient) ‖ **~ harvester** (Agric) / Hackfruchterntemaschine f
**rooting** n (Agric, Bot, For) / Durchwurzelung f, Bewurzelung f ‖ **~ depth** (Agric, Bot, For) / Durchwurzelungstiefe f (Mächtigkeit des tatsächlich durchwurzelten Bodens) ‖ **~ zone** (Bot, For) / Wurzelzone f
**root locus*** (Automation) / Wurzelort m ‖ **~ locus*** (Elec Eng) / Polortskurve f, Ortskurve f
**root-locus analysis** (Automation) / Ortskurvenanalyse f, Kennwertbestimmung f aus der Ortskurve
**root mean square*** (Maths, Stats) / quadratischer Mittel, Quadratmittel n
**root-mean-square deviation** (Stats) / Standardabweichung f, Stichprobenstreuung f ‖ **~ height** (Eng) / quadratischer Mittenrauwert
**root-mean-square power*** (Elec Eng) / Effektivleistung f

**root-mean-square value*** (Phys) / quadratischer Mittelwert, Effektivwert m (einer periodischen Größe) ‖ **~ voltage** (Elec Eng) / Effektivspannung f
**root neck** (Bot) / Wurzelhals m ‖ **~ necrosis** (Bot, For) / Wurzelnekrose f ‖ **~ of a nappe** (Geol) / Deckenwurzel f ‖ **~ of a notch** (Materials) / Kerbgrund m (z.B. einer DVM-Probe) ‖ **~ of the weld*** (Welding) / Schweißnahtwurzel f, Nahtwurzel f ‖ **~ of unity** (Maths) / Einheitswurzel f ‖ **~ opening** (Welding) / Wurzelöffnung f, Stegabstand m (Abstand der Werkstücke an der Stelle, an der sie nicht bearbeitet wurden) ‖ **~ pass** (Welding) / Wurzellage f (bei Mehrlagenschweißungen erzeugte erste Schweißgutschicht - DIN 1912-1), Wurzelnaht f ‖ **~ pass weld** (Welding) / Wurzellage f (bei Mehrlagenschweißungen erzeugte erste Schweißgutschicht - DIN 1912-1), Wurzelnaht f ‖ **~ penetration** (Agric, Bot, For) / Durchwurzelung f, Bewurzelung f ‖ **~ penetration** (the depth of penetration of the weld metal into the root of a joint) (Welding) / Wurzeleinbrand m (DIN 1912-1) ‖ **~ pressure*** (Bot) / Wurzeldruck m ‖ **~ radius** (Eng) / Kernausrundung f (beim Gewinde) ‖ **~ radius** (Welding) / Fugenradius m ‖ **~ reinforcement** (Welding) / Wurzelüberhöhung f (DIN 1912-1) ‖ **~ relief** (Eng) / Fußfreischnitt m (Hinterfräsung einer Zahnflanke zur besseren Nachbearbeitung - nach DIN 3960) ‖ **~ ripper tooth** (Civ Eng) / Wurzelreißzahn m (bei Baggern) ‖ **~ rot** (Bot, For) / Wurzelfäule f (Erweichung und Zersetzung des Wurzelgewebes infolge Befalls mit Fäulniserregern oder Fadenwürmern) ‖ **~ run** (Welding) / Wurzellage f (bei Mehrlagenschweißungen erzeugte erste Schweißgutschicht - DIN 1912-1), Wurzelnaht f
**roots** pl (Agric, Bot, For) / Wurzelwerk n ‖ **~ blower*** (Eng) / Roots-Gebläse n (ein Drehkolbenverdichter), Roots-Lader m
**root scar** (Geol) / Narbe f ‖ **~ sealer bed** (Welding) / Wurzellage f (bei Mehrlagenschweißungen erzeugte erste Schweißgutschicht - DIN 1912-1), Wurzelnaht f ‖ **~ segment** (Comp) / Rumpfsegment n ‖ **~ side** (Welding) / Wurzelseite f ‖ **~ sign** (Maths) / Wurzelzeichen n
**Roots meter** (US) / Drehkolbengaszähler m ‖ **~ pump** (Vac Tech) / Wälzkolbenvakuumpumpe f (eine Rotationsvakuumpumpe), Roots-Pumpe f
**root stalk** (Bot) / Wurzelstock m, Rhizom n, Erdspross m ‖ **~ starch** (Bot, Chem) / Wurzelstärke f
**rootstock*** n (Bot) / Wurzelstock m, Rhizom n, Erdspross m
**root-sum square** (Maths, Stats) / quadratisches Mittel, Quadratmittel n
**root surface** (Eng) / Fußfläche f, Fußmantelfläche f (des Zahnrades nach DIN 868) ‖ **~ swelling** (Bot, For) / Wurzelanlauf m, Stammanlauf m ‖ **~ test** (Cauchy's) (Maths) / Wurzelkriterium n (ein Konvergenzkriterium für Reihen) ‖ **~ tubercle** (Agric, Bot) / Wurzelknöllchen n (Verdickung, die durch Bakterien, besonders Knöllchenbakterien gebildet wird und die bei der Versorgung der Pflanzen und des Bodens mit Stickstoff eine wichtige Rolle spielt) ‖ **~ veneer** (For) / Wurzelfurnier n (z.B. Bruyère) ‖ **~ welding** (Welding) / Wurzelschweißen n, Schweißen n der Wurzel, Wurzelschweißung f ‖ **~ wood** (For) / Wurzelholz n (besonders gemasertes Holz des Wurzelstocks und des unteren, im Boden verbleibenden Stammteils)
**rooty** adj (Agric, Bot, For) / mit Wurzeln durchsetzt, wurzelreich adj, voller Wurzeln, bewurzelt adj
**root zone** (Agric, Bot, For) / Durchwurzelungszone f ‖ **~ zone** (the zone or original attachment of the root of a nappe; that zone in the crust from which thrust faults emerge) (Geol) / Wurzelzone f
**root-zone method** (San Eng) / Wurzelraumverfahren n (einer Pflanzenkläranlage)
**roove** n (Eng) / Klinkscheibe f (zum Umschlagen von Nagelenden) ‖ **~ iron** (Eng) / Klinkeisen n (zum Umschlagen von Nagelenden über eine Klinkscheibe)
**rope** n / Seil n (DIN 60100 und DIN 60150) ‖ **~** (Nut) / Fadenziehen n (eine Weizenbrotkrankheit) ‖ **~*** (Radar) / Düppelecho n, Düppel m, Chaff n (Düppelecho) ‖ **~** (Ships) / Tau n ‖ **~** (Ships) / Reep n (Schiffstau von abgepasster Länge) ‖ **~** (Textiles) / Strang m (Ware in Schlauchform), Gewebestrang n, Warenstrang m
**rope-and-button conveyor** (Mining) / Stauscheibenförderer m (Bremsförderer in der geneigten Lagerung im Abbau)
**rope-and-pulley device** (Eng) / Flaschenzug m, Rollenzug m
**rope armature paper** (Elec Eng, Paper) / Hanfisolierpapier n (für Elektromotoren) ‖ **~ attachment point** (Autos) / Befestigungspunkt m für Zugseil ‖ **~ boring** (Mining) / Seilbohren n (das älteste Bohrverfahren für größere Teufen) ‖ **~ brake*** (Eng) / Seilbremse f, Seilzugbremse f ‖ **~ break** / Seilriss m, Seilbruch m
**rope-down device** (Eng) / Abseilvorrichtung f (am Kran)
**rope drive** (Eng) / Seilantrieb m, Seiltrieb m (DIN 15020) ‖ **~ drum** (Eng) / Seiltrommel f ‖ **~ dyeing** (Textiles) / Strangfärben n (Stück), Strangfärberei f (Stück - mit bewegtem oder mit ruhendem Färbegut)
**rope-dyeing plant** (Textiles) / Strangfärberei m (Anlage)

**rope end**

**rope end fittings** / Konfektionierung f des Stahlseils ‖ ~ **end-piece** / Seilendstück n ‖ ~ **ferry** (Ships) / Seilfähre f ‖ ~ **friction** / Seilreibung f (Umschlingungsreibung zwischen Seil und Scheibe) ‖ ~ **grease** / Seilschmierfett n ‖ ~ **guide** (Mining) / Seilführung f ‖ ~ **hoist** (Eng) / Seilzug m (ein Hebezeug) ‖ ~ **ladder** / Strickleiter f
**rope-lay cable** (Cables) / verseilter Leiter ‖ ~ **conductor** (Cables) / verseilter Leiter
**rope-laying** n / Tauschlägerei f, Seilen n, Seildrehen n, Seilerei f (Herstellung von Seilerwaren)
**rope-laying machine** (Cables, Eng) / Schlagmaschine f (in der Seilerei), Seilschlagmaschine f, Seildrehmaschine f, Seilflechtmaschine f, Verseilmaschine f
**rope-lay strand** (Cables) / bündelverseilter Leiter
**rope-load equalization** (Mining) / Seilgewichtsausgleich m
**rope-maker** n / Seiler m, Reeper m, Reepschläger m
**rope-making** n / Tauschlägerei f, Seilen n, Seildrehen n, Seilerei f (Herstellung von Seilerwaren) ‖ ~ s. also stranding ‖ ~ **machine** (Cables, Eng) / Schlagmaschine f (in der Seilerei), Seilschlagmaschine f, Seildrehmaschine f, Seilflechtmaschine f, Verseilmaschine f
**rope manufacture** / Tauschlägerei f, Seilen n, Seildrehen n, Seilerei f (Herstellung von Seilerwaren) ‖ ~ **mark** (Textiles) / Strangstreifen m ‖ ~ (drive) **mechanism** (Eng) / Seilgetriebe n ‖ ~ **paper** (Paper) / Hanfpapier n, Tauenpapier n (holzfreies oder leicht holzhaltiges, scharf satiniertes Packpapier, im Allgemeinen aus Sulfitzellstoff, meist getönt, teilweise auch gemustert) ‖ ~ **preservation** (Ships) / Tauwerkkonservieren n, Tauwerkpflege f ‖ ~ **preservative** / Seilpflegemittel n ‖ ~ **putty** / Strangkitt m ‖ ~ **retainer** (Elec Eng, Rail) / Seilspanner m
**ropery** n / Reeperei f, Seilerei f, Reeperbahn f (für manuelle Seilerei), Seilerbahn f (eine Werkstätte)
**rope scouring** (Textiles) / Strangwaschen n ‖ ~**-scouring machine*** (Textiles) / Strangwaschmaschine f (zur Reinigung und Qualitätsgestaltung von Tuchen und Stückfilzen)
**rope's end** (Ships) / Tamp m, Tampen m
**rope sheave** (Eng, Phys) / Seilrad n, Seilscheibe f, Seilrolle f ‖ ~ **slide** (Mining) / Seilrutsch m (Rutschen des Förderseiles bei starkem Anfahren oder scharfem Bremsen in der Treibscheibe, vorwiegend beim Einhängen einer Überlast) ‖ ~ **sling** (Ships) / Taustropp m ‖ ~ **slipping** (Mining) / Seilrutsch m (Rutschen des Förderseiles bei starkem Anfahren oder scharfem Bremsen in der Treibscheibe, vorwiegend beim Einhängen einer Überlast) ‖ ~ **stitch** (Textiles) / Stielstich m (beim Stricken) ‖ ~ **stitching** / Grobstich m (bei Schuhen) ‖ ~ **testing** (Materials) / Seilprüfung f (z.B. Manilaseil nach DIN 83322)
**rope-walk** n / Reeperei f, Seilerei f, Reeperbahn f (für manuelle Seilerei), Seilerbahn f (eine Werkstätte)
**rope-washer** (Textiles) / Strangwaschmaschine f (zur Reinigung und Qualitätsgestaltung von Tuchen und Stückfilzen)
**rope•-wheel** n (grooved) (Eng, Phys) / Seilrad n, Seilscheibe f, Seilrolle f ‖ ~ **winch** (Eng) / Seilwinde f ‖ ~ **winder** (Elec Eng, Rail) / Seilspanner m ‖ ~ **wire** (Eng, Met) / Seildraht m
**ropey** adj (Nut) / fadenziehend adj (seimig, seimig adj ‖ ~ (Nut) / fadenziehend adj (Weizenbrot)
**rope•-yard** n / Reeperei f, Seilerei f, Reeperbahn f (für manuelle Seilerei), Seilerbahn f (eine Werkstätte) ‖ ~**-yarn** (Spinning) / Taugarn n, Seilgarn n
**ropiness** n (Nut) / Fadenziehen n (eine Weizenbrotkrankheit) ‖ ~* (Paint) / Streifigkeit f, Streifen m pl (Pinselstriche)
**roping** n (Textiles) / Strang m (Ware in Schlauchform), Gewebestrang m, Warenstrang m
**ropy** adj / klebrig adj, zäh adj ‖ ~ (Nut) / fadenziehend adj (seimig, seimig adj ‖ ~ (Nut) / fadenziehend adj (Weizenbrot) ‖ ~ s. also semi-fluid ‖ ~ **fermentation** (Biochem) / Schleimgärung f ‖ ~ **lava*** (Geol) / Fladenlava f, Gekröselava f, Seillava f, Stricklava f, Pahoehoe-Lava f
**roquefortine** n (Chem) / Roquefortin n (ein neurotoxisches Mykotoxin)
**ro-ro docks** pl (Ships) / Ro-ro-Anlage f (Umschlaganlage nach dem Fährprinzip)
**ro-ro-ship** (Ships) / Roll-on-roll-off-Schiff n (ein Frachtschiff mit horizontalem Umschlag), Ro-ro-Schiff n
**ROS** (read-only storage) (Comp) / Festwertspeicher m (DIN 44476), Festspeicher m, Nur-Lese-Speicher m, Permanentspeicher m, ROM n
**rosace** n (Arch) / Rosette f (ein kreisförmiges Ornamentmotiv)
**rosaniline*** n (Chem) / Rosanilin n ‖ ~* (Chem) s. also fuchsine
**rosasite** n (Min) / Rosasit m (isomorph mit Malachit)
**roscoelite*** n (Min) / Roscoelith m (Vanadinglimmer - natürlich vorkommendes Orthovanadat - nach Sir H.E. Roscoe, 1833-1915 benannt)
**rose** v (Textiles) / rosarot färben ‖ ~ n / Brause f, Brausekopf m, Tülle f ‖ ~ (a rose-window) (Arch) / Rundfenster n mit Maßwerkfüllung, Rundfenster n mit Maßwerkrose ‖ ~* (Arch) / Rosette f, Rundschild n (Beschlag) ‖ ~ (Arch) / Maßwerkrose f (ein Rundfenster), Fensterrose f (mit Maßwerk gefüllt), Rosette f, Rosenfenster n, Rose f ‖ ~ adj / rosarot adj, rosa adj
**rosé** adj / rosé adj
**rose-coloured** adj / rosarot adj, rosa adj
**rose countersink** (Eng) / Krauskopf m, Kegelsenker m (DIN 334), Spitzsenker m, Aufreiber m
**Rose crucible*** (Chem) / Rose-Tiegel m (der die Erhitzung fester Substanzen im Gasstrom ermöglicht)
**rose•-flower oil** / Rosenöl n (bulgarisches, französisches, marokkanisches) ‖ ~ **furan** (Chem) / Rosenfuran n
**roselite** n (Min) / Roselith m
**rosella** n (Textiles) / Rosellahanf m, Rosellafaser f (eine Bastfaser aus Hibiscus sabdariffa L.), JS (Javajutefaser), Javajutefaser f
**roselle** n (Textiles) / Rosellahanf m, Rosellafaser f (eine Bastfaser aus Hibiscus sabdariffa L.), JS (Javajutefaser), Javajutefaser f
**rosemary oil** / Rosmarinöl n (etherisches Öl aus Rosmarinus officinalis L.)
**rose nail** (Carp) / handgeschmiedeter Nagel, schmiedeeiserner Nagel (ein stählernes Verbindungsmittel)
**Rosenberg crossed-field generator** (Elec Eng) / Rosenberg-Maschine f (ein Vorläufer der Metadyne - nach E. Rosenberg, 1872-1962)
**Rosenbluth formula** (Nuc) / Rosenbluth-Formel f (nach M.N. Rosenbluth, geb. 1927)
**Rosenhain furnace** / Ofen m mit konstantem Temperaturgefälle
**Rosenmund reaction** (Chem) / Rosenmund-Reaktion f (nach K.W. Rosenmund, 1884-1965) ‖ ~**-Saytsew reduction** (Chem) / Rosenmund-Saizew-Reduktion f (zur katalytischen Hydrierung von Säurechloriden zu Aldehyden)
**rose oil** / Rosenöl n (bulgarisches, französisches, marokkanisches) ‖ ~ **oxide** (Chem) / Rosenoxid n ‖ ~**-pink** adj / rosarot adj, rosa adj ‖ ~ **quartz*** (Min) / Böhmischer Rubin (eine Farbvarietät des Quarzes), Rosenquarz m (Böhmischer Rubin) ‖ ~ **reamer** (Eng) / Maschinengrundreibahle f mit gekürztem Schneidenteil ‖ ~**'s metal** (Met) / Roses Metall n (2 Teile Bi + 1 Teil Pb + 1 Teil Sn - nach V. Rose d.Ä., 1736-1771) ‖ ~ **sprinkler** (Agric) / Rundsprenger m ‖ ~ **topaz*** (Min) / gebrannter Topas (rosafarbener)
**rosette** (Arch) / Rosette f (ein kreisförmiges Ornamentmotiv) ‖ ~ **fracture** (Met) / Rosettenbruch m ‖ ~ **graphite** (Met) / Rosettengraphit m (B-Graphit)
**rosette-like** adj (Met) / rosettenartig adj (Bruchgefüge), rosettenförmig adj
**rose water** (Nut) / Rosenwasser n (Destillationswasser des Rosenöls)
**rose-window*** (Arch) / Rundfenster n mit Maßwerkfüllung, Rundfenster n mit Maßwerkrose ‖ ~* n (Arch) / Maßwerkrose f (ein Rundfenster), Fensterrose f (mit Maßwerk gefüllt), Rosette f, Rosenfenster n, Rose f
**rosewood*** n (For) / Rosenholz n (Dalbergia oder Aniba sp.) ‖ ~ **oil** / Brasilianisches Rosenholzöl (aus Aniba rosaeodora), Bois-de-rose-Öl n ‖ ~ **oil** / Rosenholzöl n (aus Convolvulus scoparius L.)
**rosin*** n / Geigenharz n, Kolophonium n, Balsam m, Spiegelharz n (ein natürliches Harz von Pinus-Arten) ‖ ~ **acid** (Chem) / Harzsäure f (z.B. Abietinsäure)
**rosinate*** n (Chem) / Resinat n (Salz der Harzsäure)
**rosin blende** (Min) / Sphalerit m (gelber)
**rosined soap** (Chem) / Harzseife f (harzsaures Salz)
**rosin jack** (a yellow variety of sphalerite) (Min) / Sphalerit m (gelber) ‖ ~ **oil** / Harzöl n (aus trockener Destillation von Kolophonium), Terpentinharzöl n ‖ ~ **size** (Paper) / Harzleim m ‖ ~ **soap** (Chem) / Harzseife f (harzsaures Salz) ‖ ~ **spirit(s)** / Harzgeist m, Harzessenz f, Terpentinessenz f ‖ ~ **tin** (Min) / Zinnstein m (gelblicher)
**Rosiwal analysis** (Geol) / Integrationsanalyse f (in der Petrografie) ‖ ~ **intercept method*** (Geol) / Integrationsanalyse f (in der Petrografie)
**rosolic acid*** (Chem) / Rosolsäure f (kernmethyliertes Derivat des Aurins)
**ross** v (US) (For) / entrinden v, schälen v ‖ ~ (Leather) / entborken v (Rindengerbstoffe)
**Rossby wave*** (Geophys, Meteor) / Rossby-Welle f (großräumige Welle der zirkumpolaren atmosphärischen Strömung; nach C.-G. A. Rossby, 1898-1957), lange Welle (planetarische) ‖ ~ **wave** (Ocean) / Rossby-Welle f (großräumige Meereswelle)
**Ross effect** (Photog) / Gelatineeffekt m (ein Entwicklungseffekt), Ross-Effekt m (Gelatineeffekt)
**Rossi alpha** (Nuc) / Abklingkonstante f, Rossi-Alpha n ‖ ~ **counter** (Radiol) / Rossi-Schaltung f, Rossi-Stufe f (die die Rossi-Kurve ermittelt)
**rossing** n (US) (For, Paper) / Entrindung f
**Ross-Miles test** (Chem) / Ross-Miles-Test m (zur Bestimmung des Schaumvermögens von Tensiden)
**rostral column** (Tuscan column on a pedestal, its shaft embellished with sculpted prows of Antique Roman warships, originally to

honour naval victories) (Arch) / Schifffahrtsehrensäule f (Columna rostrata)

**rostrum** n (pl. -s or -stra) (Cinema) / Praktikabel n (fest gebauter Teil einer Bühnendekoration) || **~ bench** (Cinema, TV) / Trickbank f, Tricktisch m || **~ camera** (Cinema) / Trickkamera f || **~ photography** (Cinema, Photog) / Trickfotografie f

**rot** (Maths, Phys) / Rotation f (eines Vektors), Rotor m || **~** v (vegetables, fruits, straw, leaves, wood) / faulen v || **~** (For) / vermorschen v, morsch werden || **~** (For) / zerfallen v, sich zersetzen v || **~** vi (Biol) / verrotten v, verfaulen v, ausfaulen v (z.B. bis zum technischen Abbaugrad) || **~** vt (Agric, Textiles) / rötten v, rotten v, rösten v (weiche Stängelteile des Flachses faulen lassen) || **~** n (caused by action of foreign biological agents) (For) / Holzfäule f (Zersetzung der Holzsubstanz)

**R/O table** (Met) / Auslaufrollgang m, Abfuhrrollgang m (hinter dem Arbeitsrollgang in einem Walzwerk), Ausförderungsrollgang m

**rotachute*** n (Aero) / Tragschraubenfallschirm m

**rota duty** / Bereitschaftsdienst m (z.B. einer Apotheke)

**rotafrotteur** n (Spinning) / Würgelwerk n (DIN 64119), Nitschler m, Nitschlerwerk n

**rotamer** n (Chem) / Rotamer n

**rotameter** n / Schwebekörper-Durchflussmesser m (Durchflussmessgerät für Flüssigkeiten und Gase, das auf der Kraftwirkung beruht, welche auf einen Körper durch das ihn umströmende Medium ausgeübt wird) || **~** (Cartography) / Messrad n, Messrädchen n || **~** (Phys) / Rotameter n, Rotamesser m (Schwebekörpermesser)

**rotaplane*** n (Aero) / Tragschrauber m (ein Drehflügelflugzeug), Autogiro m

**rotaprint lubrication** (with a solid lubricant) / Rotaprint-Schmierung f (bei der ein Festschmierstoff den Reibflächen durch Andrücken zugeführt wird)

**rotary** n (US) (Autos) / Kreisverkehr m (bauliche Gestaltung), Kreisel m, Verkehrskreisel m, Verteilerkreis m || **~** (Mining, Oils) / Rotary-Bohranlage f, Drehbohrmaschine f, Rotary-Bohrmaschine f || **~** (Print) / Rotationsmaschine f (mit rotierender Druckform), Rotationsdruckmaschine f, Rotation f (Zylinder gegen Zylinder), Rotationspresse f || **~** adj / rotierend adj (um die eigene Achse), drehend adj || **~ abrader** (Textiles) / Rundscheuergerät n, Rundscheuerapparat m || **~ amplifier*** (Elec Eng) / Verstärkermaschine f, Maschinenverstärker m || **~ atomizer** (Agric) / Rotationszerstäuber m || **~ atomizer** (Eng) / Rotationszerstäuber m (des Brenners), Drehzerstäuber m (des Brenners) || **~ autoclave** / Drehautoklav m || **~ backlash** (Eng) / Drehflankenspiel n (als Verzahnungsgröße) || **~ barker** (For) / Rotorentrindungsmaschine f, Lochrotor m, Rotorentrinder m || **~ beam antenna** (Radio) / Drehrichtantenne f (drehbare Antenne mit Richtcharakteristik) || **~ blower** (Eng) / Drehkolbengebläse n, Umlaufkolbengebläse n || **~ blowing machine** (Glass) / Rotationsblasmaschine f

**rotary-blow moulding unit** (Plastics) / Karussellblasaggregat n

**rotary board cutter** (Bind) / Kreispappschere f || **~ board-cutting machine** (Bind) / Kreispappschere f || **~ camera** (Photog) / Durchlaufkamera f (ein Mikrofilmaufnahmegerät, in dem Vorlagen und Aufnahmematerial während der Belichtung synchron bewegt werden), Mikrofilmdurchlaufkamera f || **~ casting machine** (Foundry) / Gießkarussell n, Gießrad n (mit umlaufenden Dauerformen) || **~ chute** (Eng) / Drehschurre f || **~ cloth press** (Textiles) / Zylinderpresse f (zum Pressen von Tuchen) || **~ combustion engine*** (I C Engs) / Rotationskolbenmotor m (Kreiskolbenmotor, Drehkolbenmotor, Umlaufkolbenmotor) || **~** (piston) **compressor** (a positive-displacement machine) (Eng) / Umlaufkolbenverdichter m, Drehkolbenverdichter m, Rotationskolbenverdichter m || **~ continuous casting machine** (Met) / Knüppelstranggießmaschine f mit einem Gießrad als Kokille || **~ continuous casting process** (Foundry) / Rotary-Verfahren n (zwischen einer Gießwalze und einem endlosen Gießband) || **~ control** (Eng, Radio) / Drehknopf m (als Bedienelement) || **~ control** (Radio) / Drehknopfregelung f || **~ control switch** (Elec Eng) / Drehschalter m (Hilfsstromschalter, der durch Drehbewegung des Bedienteils betätigt wird), Drehausschalter m || **~ converter*** (Elec Eng) / Einankerumformer m, EAU (Einankerumformer) || **~ crane** (Eng) / Drehkran m (im Allgemeinen) || **~ crusher** (Eng) / Rundbrecher m (Sammelbegriff für Kegel- und Walzenbrecher), Kreiselbrecher m, Kegelbrecher m || **~ cultivator** (Agric) / Rotorfräse m, Bodenfräse m, Ackerfräse f (ein Bodenbearbeitungsgerät) || **~ cutter** (For) / Rotationsmesser m (der Rotationsmessermaschine) || **~ cutter** (Plastics) / Schneidmühle f, Hackapparat m || **~ cutting** (For) / Schälen n (von Furnieren auf der Furnierschälmaschine)

**rotary-cut veneer** (For) / Schälfurnier n || **~ veneer** (For) / Rundschälfurnier n (bei einem zentrisch eingespannten Block)

**rotary dial** (Teleph) / Wählscheibe f, Nummernscheibe f, Nummernschalter m, Drehwählscheibe f || **~-dial desk phone** (Teleph) / Tischfernsprecher m mit Wählscheibe || **~ dip method** (Electronics) / Tauchmethode f mit Drehung (Prüfung der Beschichtungen auf Leiterplatten) || **~ disk column** (Chem Eng) / Kolonne f mit rotierenden Scheiben, Drehscheibenkolonne f (mit rotierendem Einsatz), Drehscheibenextrakteur m || **~ disk contactor*** (Chem Eng) / Kolonne f mit rotierenden Scheiben, Drehscheibenkolonne f (mit rotierendem Einsatz), Drehscheibenextrakteur m || **~ disk loader** (Mining) / Frässcheibenlader m || **~ disk valve** (Autos) / Plattendrehschieber m (für die Zweitaktmotoreinlasssteuerung), Flachdrehschieber m || **~ dispersion** (Chem, Phys) / Rotationsdispersion (R.D.) f (Wellenlängenabhängigkeit des Drehvermögens), Drehungsdispersion f (normale, anomale), R.D. || **~ displacement** (gas) **meter** / Drehkolbengaszähler m || **~ distributor** (San Eng) / Drehsprenger m (um ein Zentrallager drehende Einrichtung zur gleichmäßigen Verteilung von Abwasser, z.B. auf Tropfkörper und Filter - DIN 4045) || **~ drier** (For) / Trommeltrockner m (von Briketten) || **~ drier** (Eng) / Rotationstrockner m || **~ drill*** (Mining) / Bohrer m (mit drehender Bewegung) || **~ drill** (Mining, Oils) / Rotary-Bohranlage f, Drehbohrmaschine f, Rotary-Bohrmaschine f || **~ drilling** (system) (Mining, Oils) / drehendes Bohren, Rotary-Bohrverfahren n (drehendes Bohren mittels Drehtisch), Rotary-Verfahren n || **~ drum drier** (Eng) / Trommeltrockner m (ein Kontakttrockner), Trockentrommel f, Drehtrommeltrockner m (ein Kontakttrockner) || **~ dumper** (Mining) / Kreiselwipper m, Drehkipper m || **~ embossing** (Met) / Walzprägen n (Eindrücken eines mit Zeichen versehenen Werkzeuges in die Oberfläche eines Werkstückes - DIN 8553) || **~** (radial) **engine** (I C Engs) / Umlaufmotor m (Verbrennungs-Sternmotor, bei dem sich der Zylinderstern um die feststehende Kurbelwelle dreht) || **~ erase head** (Cinema) / Rotationslöschkopf m (der Assemble- und Insertschnitte frei von Farbstörungen und Farbstreifen ermöglicht) || **~ evaporator** (Chem Eng) / Rotationsverdampfer m (die rotierende Verdampferblase taucht teilweise in das Heizbad ein) || **~ excavator** (Civ Eng, Eng) / Kugelschaufler m (stetig arbeitende Lademaschine zum Fördern von Schüttgütern) || **~ excavator** (Civ Eng, Mining) / Schaufelradbagger m (Massengewinnungsgerät, z.B. für den Tagebau) || **~ extractor** (Chem Eng) / Karussellextraktor m (mit kreisförmiger Anordnung der Stationen bzw. Formen), Karussellextrakteur m || **~ fault** (Geol) / Drehverwerfung f || **~ feed** (Eng) / Rundvorschub m (Werkstückdrehung beim Gewindefräsen und -schleifen) || **~ feeder** (Print) / Rotationsanleger m || **~ field*** (Elec Eng, Phys) / Drehfeld n || **~ filter** (Chem) / Drehfilter n (ein Trommelfilter) || **~ filter** (Chem Eng) / Rotorfilter n (dynamisches Druckfilter) || **~ fold** (Bind) / Rotationsfalz n || **~ forging** (Eng, Met) / Schmieden n im Taumelverfahren || **~ gap** (Elec Eng) / umlaufende Funkenstrecke, rotierende Funkenstrecke || **~ gear-shaving cutter** (Eng) / Schabrad n || **~ grab** (Civ Eng) / Drehgreifer m

**rotary-grate shaft kiln** (Ceramics) / Drehrostschachtofen m

**rotary guide** (Eng) / Drehführung f || **~ hammer** (Tools) / Bohrhammer m || **~ harrow** (Agric) / Wälzegge f (Mittelform zwischen Egge und Walze), Walzenkrümelegge f || **~ hoe** (Agric) / Rotorhacke f, Rotationshackmaschine f, Hackfräse f || **~ hogger** (For) / Hackrotor m || **~ impact** (Phys) / Drehstoß m || **~ indexing machine*** (Eng) / Rundtischschaltmaschine f (der Transferstraße) || **~ interchange** (Autos, Civ Eng) / Autobahnkreuz m || **~ interchange** (Autos, Civ Eng) / Knotenpunkt m mit Kreisverkehr || **~ ironer** (Textiles) / Zylinderplättmaschine f, Zylinderbügelmaschine f, Bügelmaschine f (mit rotierender Walze) || **~ joint** (Radar) / Drehkopplung f || **~ kiln** (Ceramics) / Drehrohrofen m (für die Zementherstellung), Drehofen m, rotierender Ofen || **~ knob** (Eng) / Drehknopf m || **~ letterpress printing** (Print) / Rotationshochdruck m || **~ light signal** / Warnzeichen n durch umlaufendes Lichtbündel (z.B. bei Rundumkennleuchten) || **~ long retractable soot blower** (Eng) / Langrohrschraubbläser m (drucklose Ausrüstung von Dampferzeugern) || **~ machine*** (Print) / Rotationsmaschine f (mit rotierender Druckform), Rotationsdruckmaschine f, Rotation f (Zylinder gegen Zylinder), Rotationspresse f || **~ magazine** (Photog) / Rundmagazin n (des Diaprojektors) || **~ meter** / Flügelradzähler m (Volumenzähler für die Durchflussmessung) || **~ milker** (Agric) / Melkkarussell n, Karussellmelkstand m, Rotolaktor m || **~ milking parlour** (Agric) / Melkkarussell n, Karussellmelkstand m, Rotolaktor m || **~ milling machine** (US) (Eng) / Rundtischfräsmaschine f (mit einem Rundfrästisch), Schwenktischmaschine f || **~ motion** (Mech) / drehende Bewegung, Drehbewegung f || **~ mower** (Agric) / Kreiselmähwerk m, Kreiselmäher m (mit Mähtrommeln), Rotormäher m || **~ mower** (Agric) / Sichelmäher m (ein Rasenmäher) || **~ multivane compressor** (Eng) / Drehschieberverdichter m (Drehkolbenverdichter mit einem Kolben, in dem Schieberplatten beweglich angeordnet sind, wobei der Kolben um seine meist exzentrisch im Zylinder liegende Achse rotiert) || **~ offset** (Print) / Rollenoffsetdruck m, Rollenoffset m || **~ offset press** (Print) /

1347

**rotary**

Rollenoffsetmaschine f ‖ ~ **parlour** (Agric) / Melkkarussell n, Karussellmelkstand m, Rotolaktor m ‖ ~ **phasor** (Elec Eng) / Drehzeiger m (DIN 5483, T 3), rotierender Zeiger, Versor m
**rotary-piston engine** (Autos, I C Engs) / Kreiskolbenmotor m (dessen Kolben eine stetig kreisende Bewegung ausführt), KKM (Kreiskolbenmotor)
**rotary-piston meter** / Drehkolbenzähler m (zur Bestimmung eines durchströmenden Flüssigkeits- oder Gasvolumens)
**rotary-piston pump** (Eng) / Sperrschieberpumpe f (mit Flügeln als Verdrängerelement) ‖ ~ **pump** (Vac Tech) / Drehschieberpumpe f, Drehkolbenpumpe f, Drehschiebervakuumpumpe f
**rotary plough** (Agric) / Kreiselpflug m (mit einem von der Zapfwelle angetriebenen und um seine senkrechte Achse rotierenden Pflugkörper mit schraubenförmig angeordneten Scharmessern) ‖ ~ **plow** (US) (Agric) / Kreiselpflug m (mit einem von der Zapfwelle angetriebenen und um seine senkrechte Achse rotierenden Pflugkörper mit schraubenförmig angeordneten Scharmessern) ‖ ~ **plunger pump** (Vac Tech) / Sperrschiebervakuumpumpe f ‖ ~ **pneumatic engine** (Eng) / drehend arbeitende Druckluftmaschine ‖ ~ **polarization** (Chem, Phys) / optische Aktivität (Fähigkeit einer Substanz, die Schwingungsebene des durch sie hindurchtretenden linear polarisierten Lichtes um einen bestimmten Winkel zu drehen ), optisches Drehvermögen, Rotationspolarisation f ‖ ~ **potentiometer** (Elec Eng) / Drehpotentiometer n ‖ ~ **press** (Powder Met) / Drehtischpresse f ‖ ~ **press** (Print) / Rotationsmaschine f (mit rotierender Druckform), Rotationsdruckmaschine f, Rotation f (Zylinder gegen Zylinder), Rotationspresse f ‖ ~ **printing** (Print) / Rollendruck m ‖ ~ **printing machine** (Print) / Rotationsmaschine f (mit rotierender Druckform), Rotationsdruckmaschine f, Rotation f (Zylinder gegen Zylinder), Rotationspresse f ‖ ~ **pump**\* (Eng) / Umlaufkolbenpumpe f (eine Verdrängerpumpe), Drehkolbenpumpe f (eine Umlaufverdrängermaschine), Rotationspumpe f ‖ ~ **pump** (Vac Tech) / Rotationsvakuumpumpe f ‖ ~ **reflexion** (Crystal, Maths) / Drehspiegelung f ‖ ~ **relay** (Elec Eng) / Umlaufrelais n ‖ ~ **return-type machine** (Surf) / Rundautomat m, Karussellautomat m ‖ ~ **rolling mill** (Met) / Kegellochwalzwerk n ‖ ~ **samming machine** (Leather) / Walzenabwelkmaschine f ‖ ~ **screw compressor** (Eng) / Schraubenverdichter m (heute meistens mit Kunststoff-Keramik-Verbundrotoren), Schraubenkompressor m, Lysholm-Verdichter m (zweiwelliger) ‖ ~ **scrubber** (Chem Eng) / Rotationswäscher m (Nasswäscher mit rotierenden Einbauten) ‖ ~ **separator** (Agric) / Rotorabscheider m ‖ ~ **shaft** (lip) **seal** (Eng) / Radialdichtring m (mit einer Dichtlippe) ‖ ~ **shear cutter** (Tools) / Hebelrollenschere f (stationäres Schneidwerkzeug, das auf der Werkbank aufgebaut wird) ‖ ~ **shears** (Eng) / Rundmesserschere f ‖ ~ **shears** (Met) / Rotationsschere f (eine Warmschere) ‖ ~ **shutter**\* (Cinema) / Umlaufblende f, rotierende Blende ‖ ~ **shuttle** (Textiles) / rotierender Nähmaschinengreifer ‖ ~ **slide magazine** (Photog) / Rundmagazin n (des Diaprojektors) ‖ ~ **slip** (Elec Eng, Eng) / Drehschlupf m ‖ ~ **sliver screen** (Paper) / Rotationsknotenfänger m, rotierender Astfänger ‖ ~ **slotting machine** (Eng) / Rotornutenfräsmaschine f (zur Fertigung der Wicklungs- und Luftnuten in Generatorrotoren) ‖ ~ **snow-plough** (Autos, Civ Eng) / Schneefräse f (ein Schneeräumgerät) ‖ ~ **spade harrow** (Agric) / Spatenrollegge f (zum Stoppelumbruch, zum Unterbringen von zerkleinertem Mähdrescherstroh oder zum Einmulchen) ‖ ~ **spark gap** (Elec Eng) / umlaufende Funkenstrecke, rotierende Funkenstrecke f ‖ ~ **spool** (I C Engs) / Drehschieber m (ein Absperrorgan) ‖ ~ **stacker** (Print) / Drehstapler m ‖ ~ **storm** (Meteor) / Wirbelsturm m (ein Luftwirbel, in dem mittlere Windstärken größer als Windstärke 8 auftreten) ‖ ~ **straightening** (Met) / Walzrichten n (Biegerichten nach DIN 8586) ‖ ~ **straightening** n (Met) / Friemeln n (historische Bezeichnung für Richten von Rohren oder Stabstählen zwischen gleichsinnig umlaufenden, schräg stehenden Walzen) ‖ ~ **strainer**\* (Paper) / Rotationsknotenfänger m, rotierender Astfänger ‖ ~ **suction filter** (San Eng) / Zellenfilter n (Trommelfilter mit einer Anzahl voneinander getrennten Zellen, die über einen Steuerkopf abschnittsweise unter Vakuum gesetzt werden) ‖ ~ **swaging** (Met) / Anspitzen n mit Hämmermaschinen, Rundhämmern n ‖ ~ **swather** (Agric) / Wirbelschwader m, Rotorschwader m ‖ ~ **switch**\* (Elec Eng) / Drehschalter m (Hilfsstromschalter, der durch Drehbewegung des Bedienteils betätigt wird), Drehausschalter m ‖ ~ **table**\* (Eng) / Drehtisch m (Vorrichtung an Werkzeugmaschinen zur Reduzierung der Nebenzeit beim Werkstückwechsel) ‖ ~ **table** (Mining) / Drehtisch m (Werkstückträger) ‖ ~ **table** (Mining, Oils) / Drehtisch m (Einrichtung zur Übertragung des Drehmomentes auf das Bohrgestänge und zum Abfangen des Bohrgestänges beim Ein- und Ausfahren sowie beim Verlängern)
**rotary-table machine** (Plastics) / Rundläufermaschine f ‖ ~ **milling machine** (Eng) / Rundtischfräsmaschine f (mit einem Rundfrästisch), Schwenktischmaschine f ‖ ~ **press** (Ceramics) / Drehtischpresse f

**rotary tedder and turner** (Agric) / Kreiselzettwender m (eine Mehrzweck-Heuwerbemaschine) ‖ ~ **tiller** (Agric) / Fräsgrubber m ‖ ~ **tiller** (Agric) / Rotorfräse f, Bodenfräse f, Ackerfräse f (ein Bodenbearbeitungsgerät) ‖ ~ **tiller** (Agric) / Rotorkrümler m ‖ ~ **tippler** (Mining) / Kreiselwipper m, Drehkipper m ‖ ~ **tower crane** (Eng) / Turmdrehkran m ‖ ~ **traffic** (US) (Autos) / Kreisverkehr m (Vorgang) ‖ ~ **transfer machine** (Eng) / Rundtaktmaschine f
**rotary-type pump** (Eng) / Umlaufkolbenpumpe f (eine Verdrängerpumpe), Drehkolbenpumpe f (eine Umlaufverdrängermaschine), Rotationspumpe f
**rotary vacuum filter** (Vac Tech) / Vakuumtrommelfilter n ‖ ~ **valve**\* (I C Engs) / Drehschieber m (ein Absperrorgan)
**rotary-valve power steering** (Autos) / Kugelmutter-Hydrolenkung f (eine Servolenkung)
**rotary-vane compressor** (Eng) / Umlaufkolbenverdichter m, Drehkolbenverdichter m, Rotationskolbenverdichter m
**rotary•-vane meter** / Flügelradzähler m (Volumenzähler für die Durchflussmessung) ‖ ~ **veneer** (For) / Schälfurnier n ‖ ~ **voltmeter** (Elec Eng) / rotierender Spannungsmesser, Schwingungsvoltmeter n, Rotationsvoltmeter n ‖ ~ **wagon tipper** (Mining) / Kreiselwipper m, Drehkipper m ‖ ~ **washer** (Min Proc) / Rotationswäscher m (ein Nassabscheider) ‖ ~ **welding machine** (Welding) / rotierendes Schweißgerät, rotierende Schweißmaschine
**rotary-wing aircraft** (Aero) / Rotorflugzeug n, Drehflügler m, Drehflügelflugzeug n, Rotorflügler m (z.B. Hubschrauber oder Tragschrauber)
**rotatable** adj / drehbar adj ‖ ~ **crane post** (Eng) / Drehsäule f des Krans ‖ ~ **resistor** (Elec Eng) / Drehwiderstand m
**rotate** v (Agric) / wechseln v (Feldfrüchte) ‖ ~ vi (Phys) / rotieren v, sich drehen vi, umlaufen v, eine Umlaufbewegung ausführen, kreisen v ‖ ~ vt / drehen v, Umlaufbewegung erteilen
**rotating** adj / rotierend adj (um die eigene Achse), drehend adj ‖ ~ **amplifier**\* (Elec Eng) / Verstärkermaschine f, Maschinenverstärker m ‖ ~ **anode**\* (Electronics, Radiol) / Drehanode f (einer Diagnostikröhre)
**rotating-anode tube** (Radiol) / Drehanodenröntgenröhre f
**rotating bar** (Mech) / umlaufender Stab ‖ ~ **batch metering unit** (San Eng) / Zellenradschleuse f (Trockendosiergerät, bei dem ein sich drehendes Rad Zellen eines bestimmten Inhalts öffnet, so dass eine volumenmäßig genaue Zugabe des zu dosierenden Stoffes in Abhängigkeit von der Drehgeschwindigkeit erfolgt) ‖ ~ **beacon** (Aero) / Drehfeuer n (ein Leuchtfeuer) ‖ ~ **biological contactor** (San Eng) / Tauchtropfkörper m ‖ ~ **biological surface** (San Eng) / Tauchtropfkörper m ‖ ~ **blowpipe** (Glass) / Pfeife f (rotierende - bei Danner oder Philipps) ‖ ~ **chuck** (Eng) / Drückform f, Drückfutter n ‖ ~ **chute** (Eng) / Drehschurre f ‖ ~ **chute** (Met) / Drehschurre f (beim Paul-Würth-Verschluss) ‖ ~ **combustion engine** (I C Engs) / Rotationskolbenmotor m (Kreiskolbenmotor, Drehkolbenmotor, Umlaufkolbenmotor) ‖ ~ **concentric-cylinder viscosimeter** (Phys) / Rotationsviskosimeter n (mit einem rotierenden und einem koaxial fest stehenden Zylinder - DIN 53018, T 1 und 2)
**rotating-core column** (Chem) / Kolonne f mit rotierendem Zylinder (zur Extraktion)
**rotating-crystal camera** (Crystal) / Drehkristallkamera f ‖ ~ **method**\* (Crystal) / Drehkristallverfahren n (ein Verfahren bei der Strukturanalyse von Kristallen, das auf der Bragg'schen Goniometermethode beruht), Drehkristallmethode f
**rotating disk** (Eng) / umlaufende Scheibe, Drehscheibe f, rotierende Scheibe
**rotating-disk contactor**\* (Chem Eng) / Kolonne f mit rotierenden Scheiben, Drehscheibenkolonne f (mit rotierendem Einsatz), Drehscheibenextrakteur m ‖ ~ **electrode** / rotierende Scheibenelektrode ‖ ~ **vacuum cleaner** / Bürstsauger m ‖ ~ **valve** (Autos) / Plattendrehschieber m (für die Zweitaktmotoreinlasssteuerung), Flachdrehschieber m
**rotating electric machine** (Elec Eng) / rotierende elektrische Maschine
**rotating-electrode process** (Met) / Schmelzverfahren n mit rotierender Elektrode
**rotating electromagnet** (Mag) / Drehmagnet m ‖ ~ **excavator** (Civ Eng) / Schwenkbagger m (entweder Eingefäß- oder Eimerkettenbagger) ‖ ~ **field**\* (Elec Eng, Phys) / Drehfeld n ‖ ~ **field-magnet**\* (Elec Eng) / drehender Feldmagnet ‖ ~ **flange** (Eng) / Drehflansch m
**rotating-frame NOESY experiment** (Spectr) / ROESY-Experiment n
**rotating•-hearth furnace** (Met) / Drehherdofen m
**rotating identification lamp** (Autos) / Rundumkennleuchte f (DIN 14620), Rundumblickleuchte f (auf Sanitäts-& und anderen Einsatzfahrzeugen) ‖ ~ **in bottom bearings** (crane) (Eng) / Untendreher m (ein Turmdrehkran, dessen Turm auf einem Fahrwerk angeordnet ist) ‖ ~ **irrigation** (Agric) / Umlaufbewässerung f ‖ ~ **joint**\* (Telecomm) / Drehkupplung f ‖ ~ **light** (Autos) / Rundumkennleuchte f (DIN 14620), Rundumblickleuchte f (auf Sanitäts-& und anderen

Einsatzfahrzeugen) ‖ ~ **machine** (Glass) / Karussellmaschine f ‖ ~ **machinery** (Elec Eng) / umlaufende Maschinen, elektrische Maschinen (umlaufende), rotierende Maschinen ‖ ~ **mass** (Mech) / Drehmasse f, rotierende Masse ‖ ~ **mirror** (Optics, Photog) / Drehspiegel m

**rotating-mirror camera** (Photog) / Drehspiegelkamera f (für die Hochgeschwindigkeitsfotografie)

**rotating motion** (Mech) / drehende Bewegung, Drehbewegung f ‖ ~ **mount** (Photog) / Drehfassung f ‖ ~ **part** (Eng) / umlaufendes Teil

**rotating-piston engine** (I C Engs) / Drehkolbenmotor m ‖ ~ **meter** / Drehkolbenzähler m (zur Bestimmung eines durchströmenden Flüssigkeits- oder Gasvolumens)

**rotating plate** (Eng) / umlaufende Scheibe, Drehscheibe f, rotierende Scheibe ‖ ~ **platinum electrode** (platinum wire sealed in a soft-glass tubing and rotated by a constant-speed motor; used as the electrode in amperometric titrations) (Chem) / rotierende Platinelektrode, rotierende Pt-Elektrode, RPE (rotierende Platinelektrode) ‖ ~ **press** (Plastics) / Karussellpresse f (für die Verarbeitung von Duroplasten) ‖ ~ **radar antenna** (Radar) / umlaufende Radarantenne ‖ ~ **radio beacon** (for the measurement of azimuth and range or Doppler frequency, for example TACAN, VORTAC, VOR and DVOR) (Aero) / Drehfunkfeuer n ‖ ~ **shuttle** (Textiles) / rotierender Nähmaschinengreifer ‖ ~ **stage** / Rundtisch m (z.B. des Messmikroskops oder des Profilprojektors) ‖ ~ **stall** (Eng) / umlaufender Strömungsabriss in einzelnen Schaufelkanälen (des Axialverdichters) ‖ ~ **table** (Eng, Oils) / Drehtisch m (Vorrichtung an Werkzeugmaschinen zur Reduzierung der Nebenzeit beim Werkstückwechsel)

**rotating-vane reciprocating rotary compressor** / Treibschieberverdichter m (Drehkolbenverdichter mit einem exzentrischen Kolben, der von Schieberplatten getrieben wird, die mit der zentrisch im Zylinder liegenden Welle umlaufen)

**rotating•-wedge rangefinder** (Photog) / Drehkeilentfernungsmesser m ‖ ~ **weight** (of a Watt's conical pendulum governor) (Automation) / Pendelgewicht n (des Zentrifugalreglers), Schwunggewicht n (bei Zentrifugalreglern), Fliehgewicht n (bei Fliehkraftreglern), Reglergewicht n (bei Fliehkraftreglern) ‖ ~ **welding machine** (Welding) / rotierendes Schweißgerät, rotierende Schweißmaschine

**rotating-wing aircraft** (Aero) / Rotorflugzeug n, Drehflügler m, Drehflügelflugzeug n, Rotorflügler m (z.B. Hubschrauber oder Tragschrauber)

**rotation** n (Agric) / Fruchtfolge f (in der Fruchtwechselwirtschaft), Rotation f (Fruchtfolge) ‖ ~* (Astron) / Rotation f (Drehbewegung eines Himmelskörpers um seine eigene Achse) ‖ ~ (Autos) / Umstecken n (der Räder), Umsetzen n (der Räder) ‖ ~ (of the camera) (Cinema, TV) / Pano m, Panoramaschwenk m (pl. -s) (ein Horizontalschwenk der Kamera, der einen sehr großen Bereich abschwenkt), Panoramadrehung f, Panoramieren n, Kameraschwenk m, Schwenk m (pl. -s) ‖ ~ (Comp) / Rotation f (Drehung von Darstellungselementen um einen vom Benutzer definierten Drehpunkt) ‖ ~* (Elec Eng) / Quirl m (Maß der Wirbelgröße) ‖ ~ (For) / Umtriebszeit f, Umtrieb m (ein planmäßig festgelegter Zeitraum, in dem sämtliche Bestände einer Betriebsklasse unter normalen Verhältnissen einmal abgetrieben werden müssen) ‖ ~ (Maths) / Drehprozess m (bei Drehwinkeln) ‖ ~ (of a plane) (Maths) / Umlegung f (Drehung der projizierenden Ebene um die Bildgerade in die Zeichenebene - darstellende Geometrie) ‖ ~ (Mech) / Umlaufbewegung f, Drehung f (DIN 13317), Rotation f (DIN 13317) ‖ ~ (Ships) / Rotation f (Anlauffolge der Lade- und Löschhäfen)

**rotational** adj / rotierend adj (um die eigene Achse), drehend adj ‖ ~ (Hyd) / verwirbelt adj, wirbelbehaftet adj ‖ ~ **constant** (Phys) / Rotationskonstante f (umgekehrt proportional zum Hauptträgheitsmoment) ‖ ~ **constant** (Spectr) / Rotationskonstante f ‖ ~ **cropping** (Agric) / Fruchtwechselwirtschaft f ‖ ~ **degree of freedom** (Phys, Spectr) / Rotationsfreiheitsgrad m ‖ ~ **delay** (Comp) / Drehwartezeit f ‖ ~ **delay** (Comp) s. also access time ‖ ~ **energy** (Mech) / Rotationsenergie f (kinetische Energie, die ein starrer Körper aufgrund einer Drehbewegung besitzt) ‖ ~ **energy** (Phys) / Drehenergie f, Drehwucht f ‖ ~ **fault** (Geol) / Drehverwerfung f ‖ ~ **field*** (Elec Eng, Phys) / Wirbelfeld n (mit der Eigenschaft der Quellfreiheit) ‖ ~ **flow** (Phys) / Wirbelströmung f, Strömung f mit Rotation (des Geschwindigkeitsfeldes) ‖ ~ **frequency** (Eng) / Drehzahl f (DIN 1301, T 2), Umdrehungsfrequenz f (DIN 1301, T 2), Drehfrequenz f ‖ ~ **frequency** (Spectr) / Rotationsfrequenz f ‖ ~ **grazing** (Agric) / Portionsweide f, Rationsweide f (wenn den Tieren mit dem Elektrozaun nur so viel Weidefläche abgesteckt wird, wie für die Deckung ihres Futterbedarfs für einen Tag oder einen Teil des Tages nötig ist) ‖ ~ **heat** (Phys) / Rotationswärme f ‖ ~ **inertia** (Phys) / Rotationsträgheit f, Drehungsträgheit f (des Kreisels) ‖ ~ **invariance** (Phys) / Drehinvarianz f, Rotationsinvarianz f ‖ ~ **isomer** (Chem) / Rotationsisomer n (offenkettige Verbindung), Rotamer n ‖

~ **isomerism** (Chem) / Konformationsisomerie f (die durch Rotation von Gruppen um Einfachbindungen zustande kommt), Konstellationsisomerie f, Rotationsisomerie f (eine Art Stereoisomerie) ‖ ~ **level** / Rotationsniveau n ‖ ~ **motion** (Mech) / drehende Bewegung, Drehbewegung f ‖ ~ **moulding*** (Plastics) / Rotationsguss m, Rotationsgießen n (von flüssigen, pastosen oder granulierten Ausgangsstoffen), Rotationsformen n (von Hohlkörpern) ‖ ~ **period** (Astron, Phys) / Rotationsperiode f ‖ ~ **quantum number** (a quantum number characterizing the angular momentum associated with the motion of the nuclei of a molecule) (Chem, Phys) / Rotationsquantenzahl f (zur Charakterisierung des Rotationszustandes eines Moleküls) ‖ ~ **Raman spectrum** (Spectr) / Rotations-Raman-Spektrum n ‖ ~ **selection rules** (Phys) / Drehimpulswahlregeln f pl ‖ ~ **shell** (Arch) / Rotationsschale f (die wichtigste Schalenform für den Kuppel- und Behälterbau) ‖ ~ **spectroscopy** (Spectr) / Rotationsspektroskopie f ‖ ~ **spectrum** (Spectr) / Rotationsspektrum n (Molekülspektrum, das auf einer Anregung von Molekülrotation beruht) ‖ ~ **speed** (Eng) / Drehzahl f (DIN 1301, T 2), Umdrehungsfrequenz f (DIN 1301, T 2), Drehfrequenz f ‖ ~ **speed** (Phys) / Umdrehungsgeschwindigkeit f ‖ ~ **symmetry** (Crystal, Maths) / Drehsymmetrie f, Rotationssymmetrie f, Radialsymmetrie f (des regelmäßigen n-Ecks), strahlige Symmetrie ‖ ~ **term scheme** (Spectr) / Rotationstermschema n ‖ ~ **therapy** (Radiol) / Rotationsbestrahlung f (eine Therapietechnik) ‖ ~ **transition** (Spectr) / Rotationsübergang m ‖ ~ **viscometer** (Phys) / Rotationsviskosimeter n (mit einem rotierenden und einem koaxial fest stehenden Zylinder - DIN 53018, T 1 und 2) ‖ ~ **wave** (Geophys) / S-Welle f (Transversalwelle beim Erdbeben), Scherungswelle f, Scherwelle f (transversale Raumwelle)

**rotation and stretching** (Maths, Mech) / Drehstreckung f (die Verkettung einer Drehung mit einer zentrischen Streckung) ‖ ~ **axes of symmetry*** (Crystal) / Gyren f pl, Drehungsachsen f pl, Drehachsen f pl (der Zähligkeit) ‖ ~ **dip** (Paint) / Tauchlackierung f von Teilen, die sich im Tauchbecken drehen ‖ ~ **fine structure** (Spectr) / Rotationsfeinstruktur f ‖ ~ **group** (Maths, Phys) / Drehgruppe f (deren Elemente die Drehungen sind)

**rotation-invariant** adj (Phys) / rotationsinvariant adj, drehinvariant adj

**rotation irrigation** (Agric) / Umlaufbewässerung f ‖ ~ **level** (Nuc) / Rotationsniveau n (Energieniveau eines Atomkerns, das durch kollektive Rotation von Nukleonen entsteht) ‖ ~ **level diagram** (Spectr) / Rotationstermschema n ‖ ~ **locular countercurrent chromatography** (Chem) / RLCCC f (ein nach dem Prinzip der Gegenstromverteilung arbeitendes Trennverfahren für Pflanzeninhalts- und andere Naturstoffe, ggf. auch für die Trennung von Enantiomerengemischen) ‖ ~ **moment** (moment of a force or couple) (Mech) / Drehmoment n (vektorielle physikalische Größe), Torsionsmoment n ‖ ~ **of a vector*** (Maths, Phys) / Rotation f (eines Vektors), Rotor m ‖ ~ **of crops** (Agric) / Fruchtfolge f (in der Fruchtwechselwirtschaft), Rotation f (Fruchtfolge) ‖ ~ **of the Earth** (Geophys) / Erdrotation f (Umdrehung der Erde um ihre eigene Achse) ‖ ~ **of the plane of polarization*** (Chem, Phys) / Drehung f der Polarisationsebene ‖ ~ **photograph** (Crystal) / Drehkristallaufnahme f ‖ ~ **power** (Eng, Phys) / Drehleistung f (an einer Kurbelwelle), Rotationsleistung f ‖ ~ **Raman spectrum** (Spectr) / Rotations-Raman-Spektrum n ‖ ~ **reflection** (Crystal, Maths) / Drehspiegelung f

**rotation-reflexion axis** (Crystal) / Drehspiegelungsachse f

**rotation sensor** / Rotationssensor m (der die Drehbewegung erfasst und ein aus der Rotation abgeleitetes Signal bereitstellt) ‖ ~ **sensor** / Drehbewegungssensor m (zum Erfassen von Drehbewegungen) ‖ ~ **shift*** (Comp) / zyklische Stellenwertverschiebung, zyklische Stellenverschiebung, zyklisches Verschieben, zyklische Verschiebung ‖ ~ **spectrum** (Phys, Spectr) / Rotationsspektrum n (Molekülspektrum, das auf einer Anregung von Molekülrotation beruht) ‖ ~ **speed*** (Aero) / Aufrichtgeschwindigkeit f ‖ ~ **speed** (Aero, Eng) / Rotationsgeschwindigkeit f ($V_r$)

**rotation-stretching** n (Maths, Mech) / Drehstreckung f (die Verkettung einer Drehung mit einer zentrischen Streckung)

**rotation symmetry** (Crystal, Maths) / Drehsymmetrie f, Rotationssymmetrie f, Radialsymmetrie f (des regelmäßigen n-Ecks), strahlige Symmetrie ‖ ~ **test** / Prüfung f des Drehsinns (DIN 42005) ‖ ~ **twin** (Crystal) / Rotationszwilling m ‖ ~ **value** (Chem, Optics) / Drehwert m (einer Verbindung)

**rotation-vibration spectrum** (Phys, Spectr) / Rotationsschwingungsspektrum n

**rotation work** (Eng, Phys) / Rotationsarbeit f (an einer Kurbelwelle), Dreharbeit f

**rotator*** n (Chem, Mech, Phys, Radio) / Rotator m ‖ ~ (Mech) / fester Drehkörper ‖ ~ (Phys) / Drillachse f (in der Quantentheorie) ‖ ~ (Welding) / schwenkbare Schweißvorrichtung

**rotatory** adj / rotierend adj (um die eigene Achse), drehend adj ‖ ~ **car dumper** (Mining) / Kreiselwipper m, Drehkipper m ‖ ~ **dispersion***

1349

**rotatory**

(Chem, Phys) / Rotationsdispersion (R.D.) *f* (Wellenlängenabhängigkeit des Drehvermögens), Drehungsdispersion *f* (normale, anomale), R.D. ‖ **~ dispersion**\* (Chem, Phys) s. also Cotton effect ‖ **~ evaporator**\* (Chem, Chem Eng) / Rotationsverdampfer *m* (die rotierende Verdampferblase taucht teilweise in das Heizbad ein) ‖ **~ force** (Mech) / Drehkraft *f*, drehende Kraft ‖ **~ inversion** (Crystal) / Drehinversion *f*, Inversionsdrehung *f* ‖ **~ power**\* (Chem, Phys) / Drehvermögen *n*, Drehungsvermögen *n* ‖ **~ value** (Chem, Optics) / Drehwert *m* (einer Verbindung) ‖ **~ work** (Eng, Phys) / Rotationsarbeit *f* (an einer Kurbelwelle), Dreharbeit *f*

**Rotavator** *n* (Agric) / Rotavator *m* (Markenzeichen eines der Bodenfräse entsprechenden Bodenbearbeitungsgeräts) ‖ **~** *n* (Agric) / Rotavator *m* (Markenzeichen eines der Bodenfräse entsprechenden Bodenbearbeitungsgeräts)

**rotavirus** *n* (Med) / Rotavirus *m* *n* (radförmiges Virus)

**rot away** *v* (Biol) / verrotten *v*, verfaulen *v*, ausfaulen *v* (z.B. bis zum technischen Abbaugrad) ‖ **~ away** (For) / zerfallen *v*, sich zersetzen *v*

**rotaxane** *n* (Chem) / Rotaxan *n* (eine mit den Catenanen verwandte "Verbindung" aus jeweils zwei Molekülen)

**rot down** *v* (Biol) / verrotten *v*, verfaulen *v*, ausfaulen *v* (z.B. bis zum technischen Abbaugrad)

**rote learning** (AI) / Auswendiglernen *n*, wiederholendes Lernen (direktes Abspeichern ohne Ableitung allgemein gültiger Fakten und Regeln)

**rotenoid** *n* (Chem) / Rotenoid (ein Isoflavon, z.B. Rotenon)

**rotenone**\* *n* (Chem) / Rotenon *n* (ein insektizider und fischtoxischer Stoff aus der Derriswurzel), Derrin *n*, Tubatoxin *n*

**rotholz** *n* (For) / Buchs *m*, Rotholz *n*, Druckholz *n* (Reaktionsholz, das bei Nadelhölzern in der Druckzone biegebeanspruchter Äste oder Stämme entsteht)

**Rotman lens** (Radar, Radio) / Rotmanlinse *f* (mit Strahlenspeisung)

**rotobaler** *n* (Agric) / Rotobaler *m*, Rundballenpresse *f*, Rollballenpresse *f*, Wickelpresse *f*, Wickelballenpresse *f*

**rotochute** *n* (Aero) / Tragschraubenfallschirm *m*

**roto-dip** *n* (Paint) / Tauchlackierung *f* von Teilen, die sich im Tauchbecken drehen

**rotodome** *n* (Mil, Radar) / linsenförmige Radarantenne

**rotodynamic pump** (Eng) / Kreiselradpumpe *f*, rotodynamische Pumpe

**rotogravure**\* *n* (Print) / Rotationstiefdruck *m*, Rollentiefdruck *m* ‖ **~ paper** (Paper) / Tiefdruckpapier *n* (meistens mit über 20 % Füllstoffgehalt - DIN 6730) ‖ **~ paper** (Paper) / Rotationstiefdruckpapier *n*

**rotoinversion** *n* (Crystal) / Drehinversion *f*, Inversionsdrehung *f* ‖ **~ axis** (Crystal) / Gyroide *f*, Drehinversionsachse *f*, Inversionsdrehachse *f*

**rotometer** *n* (Phys) / Rotameter *n*, Rotamesser *m* (Schwebekörpermesser)

**rotomoulding** *n* (Plastics) / Rotationsguss *m*, Rotationsgießen *n* (von flüssigen, pastosen oder granulierten Ausgangsstoffen), Rotationsformen *n* (von Hohlkörpern)

**roton**\* *n* (Phys) / Roton *n* (ein Quasiteilchen), Rotationsquant *n*

**rotor** *n* / Rotor *m* (der Windkraftanlage - z.B. Savonius-Rotor) ‖ **~**\* (Aero) / Rotor *m* (eines Drehflüglers), Drehflügel *m*, Rotorblatt *n* (des Hubschraubers), Tragschraube *f* ‖ **~**\* (Autos) / Verteilerläufer *m* (ein umlaufender Kontakt), Verteilerfinger *m* ‖ **~** (Elec Eng) / Rotor *m* (des Drehkondensators) ‖ **~**\* (Elec Eng) / Läufer *m* (der rotierende Teil eines Synchrongenerators), Rotor *m* (bei Außenpolmaschinen), Polrad *n* ‖ **~** (Elec Eng) / Scheibe *f* (des Wirkverbrauchszählers) ‖ **~** (Eng) / Rotor *m* (des Umlaufkolbenverdichters = Welle + Laufräder) ‖ **~** (Eng, Paper) / Rotor *m*, Kegel *m* (Rotor der Kegelstoffmühle), Kegelrotor *m* (der Kegelstoffmühle) ‖ **~** (Met) / Trommelkonverter *m* ‖ **~**\* (Meteor) / Rotor *m* (ortsfester Wirbel im Lee von Gebirgen) ‖ **~** (Ships) / Flettner-Rotor *m* (nach A. Flettner, 1885-1961) ‖ **~** (Spectr) / Rotator *m* ‖ **~** (Spinning) / Rotor *m* (beim Rotorspinnen) ‖ **~**\* (Meteor) s. also rotor cloud ‖ **~ arm** (Autos) / Verteilerläufer *m* (ein umlaufender Kontakt), Verteilerfinger *m* ‖ **~ bar** (Elec Eng) / Läuferstab *m*

**rotorbin** *n* (Electronics) / Drehzuführeinrichtung *f* (zum Bestücken von Leiterplatten)

**rotor blade** (Aero) / Rotorblatt *n* ‖ **~ blade** (Eng) / Rotorblatt *n* (der Windkraftanlage) ‖ **~ blade** (Eng) / Rotorschaufel *f* (bei Verdichtern) ‖ **~ blade** (Eng) / Laufradschaufel *f* ‖ **~ bushing** (Elec Eng) / Rotorbuchse *f* ‖ **~ cage** (Eng) / Läuferkäfig *m* ‖ **~ cage impeller** (Chem Eng) / Trommelkreiselrührer *m*, Zyklonrührer *m*, Ekato-Korbkreiselrührer *m* ‖ **~ cloud**\* (Aero, Meteor) / Rotorwolke *f* (auf der Leeseite eines Hindernisses) ‖ **~ coil** (Elec Eng) / Läuferspule *f* ‖ **~ core**\* (Elec Eng) / Läuferblechpaket *n*, Läufereisen *n*

**rotor-core assembly** (Elec Eng) / Läuferanordnung *f* ‖ **~ lamination** (Elec Eng) / Läuferblech *n*

**rotorcraft**\* *n* (Aero) / Rotorflugzeug *n*, Drehflügler *m*, Drehflügelflugzeug *n*, Rotorflügler *m* (z.B. Hubschrauber oder Tragschrauber)

**rotor deposit** (Spinning) / Rotorablagerung *f* ‖ **~ disk** (Aero) / Rotorfläche *f* (Kreisfläche des rotierenden Rotors)

**rotor-displacement angle** (Elec Eng) / Polradwinkel *m* (der Phasenverschiebungswinkel zwischen der Polradspannung einer Synchronmaschine und ihrer Klemmenspannung bzw. der Spannung eines starren Netzes oder einer weiteren Synchronmaschine), Lastwinkel *m*

**rotoreflection** *n* (Crystal, Maths) / Drehspiegelung *f*

**rotor end-bell** (Elec Eng) / Läuferkappe *f* ‖ **~ end bell** (Elec Eng) / Läuferkappe *f*, Endkappe *f* (eines Läufers) ‖ **~ end ring** (Elec Eng) / Kurzschlussring *m* ‖ **~ end-winding retaining ring** (Elec Eng) / Läuferkappe *f*, Endkappe *f* (eines Läufers)

**rotor-fed** *adj* (Elec Eng) / läufergespeist *adj*

**rotor float** (Eng) / axiales Läuferspiel *n* ‖ **~ groove** (Spinning) / Rotorsammelrille *f* ‖ **~ groove** (Spinning) s. also collecting surface ‖ **~ head**\* (Aero) / Rotorkopf *m* (gesamte Rotorbaugruppe ohne Blätter) ‖ **~ hinge**\* (Aero) / Rotorgelenk *n* ‖ **~ hub**\* (Aero) / Rotornabe *f* (bei Rotorflugzeugen) ‖ **~ hub** (Elec Eng) / Läufernabe *f*

**rotoridger** *n* (Agric) / Rotorhäufler *m*

**rotor mast** (Aero) / Rotorträger *m* (des Hubschraubers), Rotormast *m*, Rotorpylon *m* ‖ **~ nacelle** / Rotorgondel *f* (einer Winkraftanlage), Gondel *f* (Rotorgondel)

**rotorplane** *n* (Aero) / Rotorflugzeug *n*, Drehflügler *m*, Drehflügelflugzeug *n*, Rotorflügler *m* (z.B. Hubschrauber oder Tragschrauber)

**rotor plate** (Elec Eng) / Drehplatte *f* (des Drehkondensators) ‖ **~ process** (Met) / Rotor-Stahlschmelzverfahren *n* (ein Windfrisch-Sonderverfahren) ‖ **~ pylon** (Aero) / Rotorträger *m* (des Hubschraubers), Rotormast *m*, Rotorpylon *m*

**rotor-resistance starting** (Elec Eng) / Läuferwiderstandsanlauf *m*

**rotor shaft** (Aero) / Rotorwelle *f* ‖ **~ spider** (Elec Eng) / Läuferstern *m* (der Synchronmaschine), Armstern *m*, Rotorstern *m* ‖ **~ spinning**\* (Spinning) / Rotorspinnen *n* (ein Verfahren des Offenendspinnens), Offenend-Rotorspinnen *n*, Rotorverfahren *n* (ein OE-Spinnverfahren), OE-Rotorspinnen *n* ‖ **~ spinning**\* (Spinning) s. also open-end spinning

**rotor-spun yarn** (Spinning) / Rotorgarn *n*

**rotor starter**\* (Elec Eng) / Läuferanlasser *m*, Rotoranlasser *m*

**rotor-stator mill** (Elec Eng) / Rotor-Stator-Mühle *f* (ein Dispergiergerät zur kontinuierlichen Nassvermahlung von mittel- bis niedrigviskosen Dispersionen)

**rotor-tip jets**\* (Aero) / Blattspitzenantriebsdüsen *f pl*

**rotor-type open-end spinning machine** (Spinning) / Rotorspinnmaschine *f* ‖ **~ pump** (Autos) / Rotorpumpe *f* (eine Motorölpumpe mit taumelndem Innenrotor), Eatonpumpe *f*

**rotor winding** (Elec Eng) / Läuferwicklung *f*

**Rotospin process** (Spinning) / Rotospin-Verfahren *n* (bei dem die Fasern durch einen Luftstrom einem geschlossenen Rotor zugeführt werden)

**rotostylus** *n* (Electronics) / Rotationsgriffel *m* (zur Reparatur von Leiterplatten)

**rototill** *v* (Agric) / mit der Bodenfräse arbeiten

**Rototrol** *n* (Elec Eng) / Rototrol *n* (eine Verstärkermaschine)

**Rotovator** *n* (Agric) / Rotavator *m* (Markenzeichen eines der Bodenfräse entsprechenden Bodenbearbeitungsgeräts) ‖ **~** *n* (Agric) / Rotavator *m* (Markenzeichen eines der Bodenfräse entsprechenden Bodenbearbeitungsgeräts)

**rotproof finish** (Textiles) / fäulnishemmende Ausrüstung, fäulnishemmende Appretur

**rot protection** (For) / Fäulnisschutz *m* ‖ **~ resistance finish** (Textiles) / verrottungsfeste Ausrüstung, verrottungssichere Ausrüstung, Verrottungsfestappretur *f*

**rot-resistance test** (Textiles) / Verrottungstest *m*

**rot-resistant** *adj* (For) / fäulnisfest *adj* ‖ **~** (Textiles) / verrottungsfest *adj* ‖ **~ finish** (Textiles) / verrottungsfeste Ausrüstung, verrottungssichere Ausrüstung, Verrottungsfestappretur *f*

**rot-steep** *n* (Textiles) / Fäulnisschutzbeize *f* (bei Baumwollwaren)

**rotten** *adj* / morsch *adj* (besonders durch Fäulnis, auch durch Alter, Verwitterung o.Ä. brüchig, leicht zerfallend) ‖ **~** (Biol) / verwest *adj* (zersetzt), verfault *adj*, verrottet *adj*

**rotten-egg odour** / Faule-Eier-Geruch *m*, Geruch *m* nach faulen Eiern ‖ **~ smell** / Faule-Eier-Geruch *m*, Geruch *m* nach faulen Eiern

**rotten heart** (For) / Faulkern *m* (bei den Reif- und Splintholzbäumen) ‖ **~ knot** (For) / Faulast *m*, fauler Ast ‖ **~ lime** (Leather) / Fauläscher *m*, toter Äscher, fauler Äscher ‖ **~ spot** / Fäulnisfleck *m*, Fäulnisstelle *f* ‖ **~ spot** (For) / Faulfleck *m* (nicht tiefgehende, örtlich begrenzte Zersetzung des Holzes an den Querschnitt- oder Stammmantelflächen)

**rottenstone*** n (Geol) / Stinkkalk m (ein Schleif- und Poliermittel) ‖ ~ adv (a soft decomposed siliceous limestone used as a polishing material) (Min) / Polierkalkstein m
**rotting** n (Agric, Textiles) / Röste n, Rotte f ‖ ~ (Eng, Textiles) / Verrottung f ‖ **~ landfill site** (Ecol) / Rottedeponie f (biochemischer Abbau der Abfälle unter Zufuhr von Luftsauerstoff vor deren Verdichtung) ‖ **~ vat** (Paper) / Faulbütte f
**rottlerin** n (Chem) / Rottlerin n (wichtigste und giftigste Komponente der indischen Farbstoffdroge Kamala), Mallotoxin n (aus Mallotus philippensis (Lam.) Müll. Arg.)
**rotunda*** n (Arch) / Rotunde f (Rundbau, runder Saal)
**Rouché's theorem** (Maths) / Satz m von Rouché
**roucou** n (Chem, Nut) / Annatto m n (E 160b) (Farbstoff aus dem Orleansstrauch = Bixa orellana L. - mit bis zu 30% Bixin)
**rouge*** n / Potée f, Englischrot n ($Fe_2O_3$ mit Verunreinigungen von $SiO_2$), Polierrot m (geschlämmtes Eisenoxidrot) (Caput mortuum) ‖ **~ flambé** (a decorative pottery glaze containing colloidal copper which produces a typical red colour when fired in reducing atmosphere) (Ceramics) / Rouge-Flambé n ‖ **~ roi** / Belgisch Rot (Handelsbezeichnung für belgischen Marmor)
**rough** v / aufrauen v (Futterleder) ‖ ~ / vorfiltern v, vorfiltrieren v ‖ ~ (Eng) / schruppen v ‖ ~ (Eng) / grob bearbeiten ‖ ~ (Met) / vorschmieden v (vorschlichten), vorschlichten v ‖ ~ (Met) / vorwalzen v, herunterwalzen v, strecken v ‖ ~ adj / roh-, unbearbeitet adj ‖ ~ (Met) / grob adj (Werkstoff) ‖ ~ / schonungslos adj, rücksichtslos adj (Behandlung des Frachtguts) ‖ ~ / rau adj (Oberfläche) ‖ ~ / holprig adj (Straße) ‖ ~ (Civ Eng) / schwierig adj, schwer adj (zu bohren) ‖ ~ (For) / sägefallend adj, sägerau adj ‖ ~ (Leather) / gegerbt adj (aber nicht zugerichtet - meistens Rindsleder) ‖ ~ (Nut) / herb adj (Wein), dry adj (herb - alkoholisches Getränk) ‖ ~ (Texture) / ungewalkt adj
**roughage** n (Agric) / Raufutter n, Grobfutter n ‖ ~ (Nut) / Ballaststoff m
**rough ashlar*** (Build) / rohbehauener Naturstein, grobbehauener Stein
**rough-barked Mexican pine** (For) / Montezumakiefer f (Pinus montezumae Lamb.)
**roughcast** n (Build) / Schlämmputz m, Rieselputz m, Mauerwaschputz m, Erlweinputz m, Kiesrauputz m, Münchner Rauputz (DIN 18 550) ‖ **~ glass** (Glass) / gewalztes Rohglas
**rough casting** (Build) / Grobputz m, Rauputz m (mit grober Körnung) ‖ **~ casting** (Foundry) / Rohgussteil m, Rohgussstück n, Rohguss m (Rohgussteil) ‖ **~ coat*** (Build) / Putzgrund m (auf dem Putzträger), Unterputzschicht f, Unterputzlage f, Grobputzschicht f, Grundschicht f (eines mehrlagigen Putzes), Unterputz m (Schicht), Rohbewurf m, Rauputzschicht f ‖ **~ concentrate** (Chem, Min Proc) / Vorkonzentrat n ‖ **~ concentration** (Chem, Min Proc) / Vorkonzentration f ‖ **~ conversion** (For) / Erstausformung f ‖ **~ cut** (Cinema) / Rohschnitt m
**rough-cut** v (Eng) / schruppen v ‖ **~ file** (Eng, Tools) / Schruppfeile f (grobe Feile für Vorarbeiten an Werkstücken), Grobfeile f, Schrotfeile f ‖ **~ planning** (Work Study) / Grobplanung f
**rough cutting** (Eng) / Schruppen n (erste Stufe bei spanender Bearbeitung) ‖ **~ down** v (Eng) / schruppen v ‖ **~ down** (Met) / vorwalzen v, herunterwalzen v, strecken v ‖ **~ drawing** (Met) / Grobzug m (beim Ziehen von Drähten) ‖ **~ dressing** (Foundry) / Vorputzen n ‖ **~ dry** (For) / halbtrocken adj (Holz), verladetrocken adj (Holz)
**rough-dry** v (Textiles) / trocknen v (Wäsche - nicht bügeln)
**rough edge** (Eng) / Werkstückkante f mit Schnittgrat ‖ **~ edge** (Glass) / rohe Kante, Schneidkante f, abgesprengte Kante, Bruchkante f, raue Kante
**roughed slab** (Met) / Vorbramme f
**roughen** v (Eng) / aufrauen v, rauen v, anrauen v, rau machen
**rougher** n (Eng) / Vorpressgesenk n (beim Gesenkformen) ‖ ~ (Eng) / Vorschmiedegesenk n, Vorformgesenk n, Vorgesenk n ‖ ~ (Eng) / Schruppwerkzeug n, Schruppmeißel m ‖ ~ (Eng) / Vorfräser m (zum Vorfräsen der Zahnlücken im Teilverfahren) ‖ ~ (Met) / Vorgerüst n ‖ ~ (Met) / Grobstrecke f ‖ ~ (Min Proc) / Flotationszelle f zur Grobtrennung ‖ ~ (Min Proc) / Vorschäumer m
**rough estimate** (Maths) / Überschlag m (näherungsweise Berechnung einer zusammengesetzten Größe) ‖ **~ facing** (Eng) / Planschruppen n ‖ **~ floor** (US) (Build, Carp) / Blindboden m, Blendboden m ‖ **~ formation** (Civ Eng) / Rohplanum n ‖ **~ glass** (Glass) / Rohglas n
**rough-grained** (Leather) / grobnarbig adj
**rough grazing** (Agric) / natürliches Weideland, Magerweide f ‖ **~ grinding** (Eng) / Vorschleifen n, Grobschleifen n, Schruppschleifen n ‖ **~ ground** (Build, Carp) / Putzträger m (Lattung) ‖ **~ hardware** (Build) / Baueisenwaren f pl (z.B. Schrauben oder Nägel)
**rough-hew** v (Build) / bossieren v (mit dem Bossierhammer oder dem Zweispitz), bossen v, bosseln v, bosselieren v, abbossieren v ‖ ~ (For) / bewaldrechten v (Langholz), roh behauen, beschlagen v (Langholz)

**rough idle** (Autos, I C Engs) / unrunder Leerlauf ‖ **~ idling** (I C Engs) / unrunder Leerlauf
**roughig cut** (For) / Vorschnitt m (beim Doppelschnitt erster Maschinendurchgang)
**rough in** v / skizzieren v, eine Skizze machen
**roughing** n (Eng) / Schruppen n (erste Stufe bei spanender Bearbeitung) ‖ ~ (Met) / Vorschmieden n, Vorschlichten n ‖ ~ (rolling in roughing stands) (Met) / Vorwalzen n (Walzen in Vorgerüsten) ‖ **~*** (Min Proc) / Voraufbereitung f, Voranreicherung f ‖ **~ cutter** (Eng) / Fräser m mit Schruppverzahnung, Schruppfräser m
**roughing-down** n (Eng) / Schruppen n (erste Stufe bei spanender Bearbeitung) ‖ ~ (Met) / Vorwalzen n (Walzen in Vorgerüsten)
**roughing filter** (San Eng) / Tropfkörper m zur Vorbehandlung konzentrierter industrieller Abwässer ‖ **~ frame** (For) / Vorschnittgatter n, Vorschnittgattersäge f ‖ **~-in*** n (Build) / erster Anwurf, erste Putzschicht, Putzunterschicht f (beim dreilagigen Putz) ‖ **~ line** (Vac Tech) / Grobvakuumleitung f, Leitung f zur Grobevakuierung
**roughing-out pass** (Met) / Vorstich m, Streckkaliber m
**roughing pass** (Met) / Vorstich m (Stich aus einer Kaliberreihe der Halbzeugkalibrierung) ‖ **~ pass** (Met) / Vorkaliber m, Streckkaliber m ‖ **~ pass sequence** (Met) / Streckkaliberreihe f ‖ **~ pump** (Vac Tech) / Grobvakuumpumpe f ‖ **~ stand** (Met) / Vorgerüst n ‖ **~ station** (Nuc Eng) / Vorvakuumpumpenstation f ‖ **~ tank** (San Eng) / Grobklärbecken n ‖ **~ tool*** (Eng) / Schruppwerkzeug n (im Allgemeinen) ‖ **~ tooth** (Eng) / Schruppzahn m (der Reibahle) ‖ **~ tooth** (Eng) / Vorschneidezahn m (bei Sägen) ‖ **~ train** (Met) / Vorstraße m (Teil einer Walzstraße, auf dem Blöcke, Brammen oder Halbzeuge Vorstiche erhalten, bevor sie einem nachfolgenden Straßenteil zugeführt werden)
**rough landing** (Aero, Space) / harte Landung ‖ **~ landing** (Aero, Space) / harte Landung ‖ **~ lapping** (Eng) / Vorläppen n ‖ **~ lumber** (US) (For) / Rauware f
**rough-machine** v (Eng) / grob bearbeiten (mit der Maschine)
**rough milling** (Eng) / Schruppfräsen n, Vorfräsen n
**roughneck** n (Oils) / Bohrarbeiter m
**roughness** n / Rauheit f, Rauigkeit f ‖ ~ (Eng) / Rauigkeit f (in der Rohrströmung) ‖ ~ (Hyd Eng) / Strombettrelief n ‖ **~ coefficient** (Hyd, Phys) / Rauigkeitsbeiwert m (z.B. in der Fließformel nach Manning-Strickler) ‖ **~ height** (Eng) / Rautiefe f (DIN 4762) ‖ **~ integrator** (Civ Eng) / Rauigkeitsmesser m ‖ **~ sensor** / Rauheitssensor m
**rough opening width** (Eng) / lichtes Maß, Lichtmaß n ‖ **~ paper** (Paper) / Konzeptpapier n, Schmierpapier n ‖ **~ performance** (Autos) / Laufkultur f (schlechte)
**rough-pile moquette** (Textiles) / Frieselmokett m
**rough plane** (a medium-size plane for use in rough joinery) (Carp, Join, Tools) / Schropphobel m, Schrupphobel m (zum groben Ebnen von Holzflächen), Stoßhobel m, Schrothobel m (über 40 cm lang) ‖ **~ planing** (Join, Tools) / Schropphobeln n, Schrupphobeln n ‖ **~ planning** (Work Study) / Grobplanung f ‖ **~ polishing** (Glass) / Grobpolieren n, Raupolieren n ‖ **~ pressing** (Eng) / Vorpressen n ‖ **~ proof*** (Print) / erster Abzug (unkorrigierter), Abzug m ohne Zurichten ‖ **~ rice** (Bot, Nut) / Rohreis m, ungeschälter Reis ‖ **~ road surface test track** (Autos) / Schotterpiste f (Teststrecke) ‖ **~ round** v / beschneiden v (Sohlen) ‖ **~ rounding** (Eng) / Sohlenbeschneidung f (bei Schuhen) ‖ **~ running** (Autos) / Laufkultur f (schlechte) ‖ **~ screw** (Eng) / rohe Schraube ‖ **~ sea** (Ocean, Ships) / sehr grobe See (ein Seezustand), hoher Seegang
**rough-service lamp** (Elec Eng) / stoßfeste Lampe
**rough sheet** (Chem Eng) / Kautschukfell n ‖ **~ sheet** (Plastics) / Walzfell n, Fell n ‖ **~ shuttering** (Build, Civ Eng) / Rauschalung f ‖ **~ stitching** / Grobstich m (bei Schuhen)
**rough-string*** (Carp) / Treppenholm m (Treppenteil, das die Stufen trägt oder unterstützt - DIN 18 064), Treppenbalken m, Treppenlaufträger m
**rough subgrade** (Civ Eng) / Rohplanum n ‖ **~ surface** (one that offers resistance to the sliding of a body upon it) (Eng, Materials) / raue Oberfläche
**rough-tanned** adj (Leather) / halbgegerbt adj ‖ ~ (Leather) / gegerbt adj (aber nicht zugerichtet - meistens Rindsleder)
**rough-terrain vehicle** (Autos) / Geländefahrzeug n (eine Sonderbauart), Geländewagen m, geländegängiger Wagen, Offroadfahrzeug n, Offroader m
**rough timber** (For) / Rauware f ‖ **~ tube** (Hyd Eng) / hydraulisch raues Rohr (wenn die Wanderhebungen größer sind als die Grenzschichtdicke)
**rough-turn** v (Eng) / vordrehen v, schruppen v (drehen), schruppdrehen v (nur Infinitiv und Partizip) (zur Herstellung der Hauptform aus dem vollen Material bzw. zu ihrer Verbesserung bei groß vorgeformten Werkstücken)
**rough-wall solidification** (Foundry) / rauwandige Erstarrung

**roulette**\* *n* (Photog, Print) / Roulette *f* (Werkzeug des Kupferstechers, zur Korrektur von Druckplatten im Tiefdruck und bei der Klischeefertigung)
**round** *v* (edges) / abstoßen *v* (Ecken) ‖ ~ / runden *v*, abrunden *v*, ausrunden *v* ‖ ~ (Bind) / abrunden *v* (auch den Buchblock), runden *v*, abstoßen *v* (Ecken) ‖ ~ (For) / anschälen *v* (Furnierblöcke) ‖ ~ (Leather) / crouponieren *v* (die Flanken und die Halspartie vom Kernstück abtrennen), kruponieren *v* ‖ ~ (Nut) / runden *v* (Teig) ‖ ~\* *n* (Build) / [runde] Sprosse *f*, [runde] Leitersprosse *f* ‖ ~ (Civ Eng) / Schüsse *m pl* einer Zeitstufe ‖ ~ (Met) / Rundstahl *m* ‖ ~ (Mining) / Abschlag *m* (der durch Sprengarbeit gelöste Teil des Gebirgskörpers in einem Grubenbau) ‖ ~ (of shots) (Mining) / Zündgang *m* (gemeinsames Zünden zusammengehöriger Sprengladungen) ‖ ~ (Surf) / Round *f* (S-depolarisierte Nickelanode in Knopfform, die als Schüttgut in Anodenkörben aus Titan zur Galvanoformung eingesetzt wird) ‖ ~ *adj* / rund *adj* (kugelrund, kreisrund, zylindrisch) ‖ ~ (Build) / dick *adj* (Mörtelschicht) ‖ ~ (Maths) / ganz *adj* (ohne Bruch) ‖ ~ (Maths) / abgerundet *adj*, rund *adj* ‖ ~ (Nut) / rund *adj* (Wein), abgerundet *adj* (Wein)
**roundabout** *n* (Autos) / Kreisverkehr *m* (bauliche Gestaltung), Kreisel *m*, Verkehrskreisel *m*, Verteilerkreis *m* ‖ ~ **traffic** (Autos) / Kreisverkehr *m* (Vorgang)
**round angle**\* (Maths) / Vollwinkel *m* (360° - DIN 1315) ‖ ~ **aperture** (Optics) / kreisförmige Öffnung (Blendenöffnung) ‖ ~ **arch** (Arch) / Rundbogen *m*, Halbkreisbogen *m* (Bogen mit konstantem Radius, der gleich der Hälfte eines vollen Krieses entspricht)
**round-around** *n* (Mining) / Umbruch *m* (um einen Schacht oder um einen anderen steil einfallenden Grubenbau)
**round-back binding** (Bind) / Einband *m* mit rundem Rücken
**round baler** (Agric) / Rotobaler *m*, Rundballenpresse *f*, Rollballenpresse *f*, Wickelpresse *f*, Wickelballenpresse *f* ‖ ~ **ball** (Textiles) / Rundknäuel *m n* (DIN 61800) ‖ ~ **bar** (Met) / Rundstab *m* ‖ ~ **belt** / Rundriemen *m*, Rundschnurriemen *m*
**round-belt pulley** / Rundschnurriemenscheibe *f*
**round billet** (Met) / Rundknüppel *m* ‖ ~ **binding** (Bind) / Einband *m* mit rundem Rücken ‖ ~ **blank** (Met) / Ronde *f* (kreisrunder Blechzuschnitt) ‖ ~ **bottom** (Ships) / Rundspantboden *m* ‖ ~**-bottom flask** (Chem) / Rundkolben *m* (DIN 12347 und 12348) ‖ ~ **bracket** (Maths, Typog) / runde Klammer, Rundklammer *f*, Klammer *f* (runde) ‖ ~ **ceiling diffusor** (San Eng) / runder Deckenanemostat ‖ ~ **cell R 1** (Elec Eng) / Rundzelle *f* R 1, Lady-Zelle *f* (DIN 40861) ‖ ~ **cell R 9** (Elec Eng) / Rundzelle *f* R 9, Knopfzelle *f* (eine kleine, runde, völlig geschlossene Primärzelle)
**round-column-type drilling machine** (Eng) / Säulenbohrmaschine *f* (mit schwenkbarem Tisch - für kleinere Durchmesser)
**round compact tension specimen** (Materials) / Rund-Kompakt-Zugprobe *f*, RCT-Probe *f* ‖ ~ **conductor** (Elec Eng) / Rundleiter *m*, runder Leiter ‖ ~ **construction timber** (Build, For) / Baurundholz *n* (DIN 4074, T 2)
**round-corner cutter** (Bind) / Rundeckenschneider *m*
**round depth** (Mining) / Abschlaglänge *f* (Länge des Abschnitts, um den die Ortsbrust nach der Sprengarbeit in Streckenrichtung vorrückt) ‖ ~ **door-plate** (Build) / Rundschild *n* (das Schlüsselloch umgebender Beschlag) ‖ ~ **dowel** (Build, Carp) / Runddübel *m* ‖ ~ **down** *v* / abrunden *v* (nach unten) ‖ ~ **down** (Comp) / abstreichen *v* (eine bestimmte Anzahl von Stellen einer Zahl, beginnend mit der niedrigsten Stelle, weglassen - DIN 9757)
**round-down key** (Comp) / Abstreichtaste *f*
**rounded corner** (Bind, Typog) / Rundecke *f*, abgerundete Ecke ‖ ~ **end** (Eng) / Linsenkuppe *f* (der Stellschraube, des Gewindestifts)
**round-edge channel** (Met) / rundkantiger U-Stahl (DIN 1026)
**round-edged** *adj* / rundkantig *adj*
**rounded thread** (Eng) / Rundgewinde *n* (z.B. DIN 405)
**roundel** *n* (Aero, Mil) / Kokarde *f* (Hoheitszeichen an britischen militärischen Flugzeugen)
**rounder** *n* (Nut) / Rundmaschine *f* (in der Bäckerei)
**round figure** (Maths) / runde Zahl ‖ ~ **file** (Tools) / Rundfeile *f*, runde Werkstattfeile ‖ ~ **flight** (Aero) / Rundflug *m* ‖ ~ **gauge** (Instr) / Rundinstrument *n* ‖ ~ **head** (Eng) / Halbrundkopf *m* (DIN ISO 1891) ‖ ~ **head** (Eng) / Rundkopf *m*, abgerundeter Kopf ‖ ~**-head bolt** (Eng) / Rundkopfschraube *f* (DIN 918)
**round-head buttress dam** (Hyd Eng) / Pfeilerkopfstaumauer *f* (mit abgerundeten Köpfen)
**round-headed borer** (US) (Ecol, For) / Bockkäfer *m* (Käfer der Familie Cerambycidae) ‖ ~ **buttress dam** (Hyd Eng) / Pfeilerkopfstaumauer *f* (mit abgerundeten Köpfen)
**round-head rivet** (Eng) / Halbrundniet *m* (DIN 660) ‖ ~ **screw** (Eng) / Halbrundschraube *f*
**round heel** (Textiles) / Rundferse *f*
**round-hole screen** / Rundlochsieb *n*
**roundhouse** *n* (Rail) / Lokomotivrundschuppen *m*

**round hump** (Autos) / Rund-Hump *m* (Sicherheitskontur der Felgenschulter) ‖ ~ **hump on both bead seats** (Autos) / Doppelhump *m*, Rundhump *m* auf beiden Felgenschultern
**rounding** *n* / Runden *n*, Rundung *f* (Vorgang) ‖ ~ / Arrondieren *n* (Schaffung einer kugelförmigen Gestalt bei Drahtkorn) ‖ ~\* (Bind) / Abrunden *n* (auch des Buchblocks), Runden *n*, Abstoßen *n* (von Ecken) ‖ ~ (Eng) / Rundbiegen *n* (von Band, Profil, Stab, Draht oder Rohr - DIN 8586) ‖ ~ (of veneer logs) (For) / Anschälen *n* (von Furnierblöcken) ‖ ~ (Leather) / Crouponage *f*, Kruponieren *n*, Crouponieren *n* ‖ ~ (Maths) / Runden *n* (Angabe eines Näherungswertes für eine in Dezimalschreibweise dargestellte reelle Zahl - DIN 1333, T 2) ‖ ~ **circuit** (Comp) / Rundungskette *f* ‖ ~ **error**\* (Comp) / Rundungsfehler *m*, Abrundungsfehler *m* ‖ ~ **machine** (Bind) / Rundemaschine *f* ‖ ~ **machine** (For, Join) / Rundstabfräsmaschine *f* (eine Formfräsmaschine) ‖ ~**-off**\* *n* (Maths) / Runden *n* (Angabe eines Näherungswertes für eine in Dezimalschreibweise dargestellte reelle Zahl - DIN 1333, T 2) ‖ ~ **planes** (Join) / Hobel *m pl* zum Hobeln nach außen gewölbter Flächen (z.B. Rundstabhobel) ‖ ~ **radius** / Rundungshalbmesser *m* (DIN 250)
**round key**\* (Eng) / Rundkeil *m* (für vorgespannte formschlüssige Verbindungen) ‖ ~ **kneading** (Eng) / Rundkneten *n* (Freiformen zum Querschnittsvermindern von Stäben oder Rohren mit zwei oder mehreren weggebundenen Werkzeugen /Knetbacken/, die den zu mindernden Querschnitt ganz oder zu einem großen Teil umschließen, gleichzeitig radial wirken und relativ zum Werkstück umlaufen) ‖ ~ **knot** (a knot that is cut at approximately right angles to its long axis of the limb) (For) / Rundast *m* ‖ ~ **mechanical draught cooling tower** / Ventilatorrundkühlturm *m* ‖ ~ **mine timber** (For, Mining) / Grubenrundholz *n*
**roundness** *n* / Rundung *f* (Rundheit) ‖ ~\* / Rundheit *f* ‖ ~ (Geol) / Rundung *f* (Abnahme der Kanten eines Kornes - als Ergebnis) ‖ ~ **check(ing)** (Eng) / Rundheitsprüfung *f* (bei rotationssymmetrischen Teilen nach DIN 7182) ‖ ~ **tolerance** (Eng) / Rundheit *f*, Kreisform *f* (Abweichung vom Kreis nach DIN 7184, T 1)
**round-nosed trowel** (Foundry) / Polierschaufel *f* mit rundem Blatt
**round-nose pliers** (Tools) / Rundzange *f* ‖ ~ **roughing tool** (Eng) / gerundeter Schruppmeißel
**round number** (Maths) / runde Zahl ‖ ~ **nut** (Eng) / Rundmutter *f* ‖ ~ **nut with drilled holes in one face** (Eng) / Zweilochmutter *f* (DIN 547) ‖ ~ **nut with set pin holes inside** (Eng) / Kreuzlochmutter *f* (DIN 548 und 1816) ‖ ~ **of beam** (Ships) / Balkenbucht *f* ‖ ~ **of beam**\* (Ships) / Querdeckskrümmung *f*, Querdecksüberhöhung *f*, Querdeckswölbung *f*, Decksbucht *f* (etwa 2% der Schiffsbreite - zum Wasserablauf) ‖ ~ **off** (Comp, Maths) / kaufmännisch runden (maschinell runden, wobei der letzten verbleibenden Dezimalstelle eine 1 zugezählt wird, wenn die werthöchste abgestrichene Stelle einen Wert gleich oder größer als 5 hat - DIN 9757) ‖ ~ **off** (Eng) / ausrunden *v* (Gewinde)
**round-off error** (Comp) / Rundungsfehler *m*, Abrundungsfehler *m*
**round of handlers** (Leather) / Farbengang *m* (eine Anordnung von mehreren Gruben, die mehrmals benutzte gerbstoffarme, aber nicht gerbstoffreiche Gerbbrühen enthalten - der Versenk- oder Versatzgerbung vorgeschaltet) ‖ ~ **of shots** (Mining) / Zündgang *m* (gemeinsames Zünden zusammengehöriger Sprengladungen)
**roundometer** *n* (Glass) / Rundheitsmessgerät *n* (für Glasperlen)
**round-oval pass design** (Met) / Rund-Oval-Kalibrierung *f* (Streckkaliberreihe)
**round (jet) pattern** (Paint) / Rundstrahl *m* (der Spritzpistole) ‖ ~ **pit timber** (For, Mining) / Grubenrundholz *n* ‖ ~ **point** (US) (Eng) / Linsenkuppe *f* (der Stellschraube, des Gewindestifts) ‖ ~ **point** (Leather) / Rundspitze *f* (der Nadel) ‖ ~ **punt** (Glass) / Rundmulden-Oberflächenschliff *m* ‖ ~ **robin** (Comp) / Reigenmodell *n*, RR-Modell *n* (Zuteilung der in Ausführung befindlichen Programme), Round-Robin-Modell *n* (eine bestimmte Warteschlange, die sich einfach verwalten lässt), zyklische Suche
**round-robin scheduling** (Comp) / Round-Robin-Scheduling *n* (Rechenzeitzuteilung, bei der jedem Teilnehmer eine festgelegte Zeitscheibe zugeteilt wird)
**round rod** (Met) / Rundstab *m*
**round-rod moulding machine** (For, Join) / Rundstabfräsmaschine *f* (eine Formfräsmaschine)
**round rotor** (Elec Eng) / Zylinderläufer *m*
**rounds**\* *pl* (Join) / Hobel *m pl* zum Hobeln nach außen gewölbter Flächen (z.B. Rundstabhobel)
**round shake** (For) / Ringriss *m*, Ringkluft *f* ‖ ~ **steel** (Met) / Rundstahl *m* ‖ ~ **steel chain** (Eng) / Rundstahlkette *f* (DIN 765 und 766)
**round-steel-chain test** / Kettenprüfung *f* von Rundstahlketten (nach DIN 685, T 3)
**round-strand rope** / Rundlitzenseil *n*
**round thread** (Eng) / Rundgewinde *n* (z.B. DIN 405) ‖ ~ **timber** (For) / Rundholz *n* (DIN EN 13 556)

**round-top countersunk head** (Eng) / Linsensenkkopf *m* (eines Niets)
**round trip** (Aero) / Rundflug *m* ‖ **~ trip** (Aero) / Rundflugreise *f*, Rundreise *f*, Rundreiseflug *m* (ein Hin- und Rückflug, als Einheit) ‖ **~ trip**\* (Oils) / Roundtrip *m* (Ein- und Ausbau des Bohrgestänges)
**round-trip delay** (Telecomm) / Round Trip Delay *m* (Bezeichnung eines Gütemaßes in Millisekunden) ‖ **~ delay** (Telecomm) / Round Trip Delay *m* (maximale Umlaufzeit eines Datenpakets in einem LAN), Umlaufverzögerung *f* (maximale Umlaufzeit) ‖ **~ delay** (Telecomm) / Antwortzeit *f* ( = 2x Signallaufzeit in der Satellitenkommunikation)
**round up** *v* (Comp) / absolut aufrunden (maschinell runden, wobei der letzten verbleibenden Dezimalstelle eine 1 zugezählt wird, wenn die werthöchste abgestrichene Stelle einen Wert größer als Null hat - DIN 9757) ‖ **~ up** (Maths) / aufrunden *v* (nach oben) ‖ **~ washer with square hole** (Eng) / Scheibe *f* mit Vierkantloch (DIN ISO 1891) ‖ **~ window** (fenestra rotunda) (Arch) / Rundfenster *n* (mit kreisrunder Öffnung - im Allgemeinen) ‖ **~ wire** (Met) / Runddraht *m*
**roundwood** *n* (For) / Rundholz *n* (DIN EN 13 556)
**rousing** *n* (Brew) / Aufziehen *n* ‖ **~** (Brew) / Umrühren *n*
**Rousseau diagram**\* (Elec Eng, Light) / Rousseau-Diagramm *n*
**Roussin's salts**\* (sulphur-bridged nitrosyl complexes of iron) (Chem) / Roussin'sche Salze (Nitrosylkomplexe des Eisens)
**roustabout** *n* (Oils) / Hilfsarbeiter *m* bei den Bohrarbeiten
**rout** *v* (Bind) / ausfräsen *v*, fräsen *v*, aufrauen *v*
**route** *v* (Electronics) / trassieren *v* (Leiterplatten) ‖ **~** (Telecomm) / durchschalten *v* (ein Signal) ‖ **~** *n* (Aero) / Flugstrecke *f*, Flugroute *f*, Strecke *f* ‖ **~** (Aero) / Flugweg *m* ‖ **~** (Civ Eng) / Trasse *f*, Weg *m* (Linienführung), Linienführung *f* (konkrete Trasse), Streckenführung *f* (konkrete Trasse) ‖ **~** (Comp, Telecomm) / Leitweg *m* (DIN 44 302) ‖ **~** (Rail) / Fahrstraße *f*, Fahrweg *m* ‖ **~ advance** (US) (Teleph) / Leitweglenkung *f* ‖ **~ congestion** (Telecomm, Teleph) / Überlastung *f*, Gassenbesetztzustand *m* ‖ **~ control** (Aero) / Streckenflugverfahren (Funknavigation) ‖ **~ diversion** (Telecomm) / Umlenkung *f* ‖ **~ forecast** (Aero, Meteor) / Streckenwettervorhersage *f*, Streckenvorhersage *f*, ROFOR (im Flugwetterdienst verwendetes Schlüsselkennwort für die Streckenvorhersage) ‖ **~ indicator on platforms** (Rail) / Zuglaufanzeiger *m* ‖ **~ lighting** (Aero) / Streckenbefeuerung *f*
**router**\* *n* (Carp, Join) / Oberfräse *f* (Fräsmaschine für die Holzbearbeitung, deren Spindel oberhalb des Werkstücks gelagert ist und mit Schaftfräsern das Holz von oben bearbeitet), Oberfräsmaschine *f* ‖ **~** (Comp, Telecomm) / Router *m* (das im OSI-Modell vorgesehene intelligente Gerät, das die unterschiedlichsten Protokolle übersetzen und so beispielsweise Netze wie Arcnet, Ethernet oder Token Ring miteinander verbinden kann) ‖ **~**\* (Join) / Schneide *f* (des Zentrumbohrers) ‖ **~** (Print) / Router *m* (Fräser zur Druckplattenbearbeitung auf der Rautingfräsmaschine) ‖ **~ cutter** (Carp, Join) / Oberfräswerkzeug *n*, Oberfräser *m* ‖ **~ network** (Comp, Telecomm) / Router-Netz *n* ‖ **~ plane**\* (Carp, Join) / Grathobel *m* (zum Herstellen von Gratfedern)
**route segment** (Aero) / Streckenteil *m*, Streckenabschnitt *m* (zwischen zwei Wegpunkten) ‖ **~ selection** (Comp, Telecomm) / Leitwegzuordnung *f*, Wegewahl *f*, Wegeauswahl *f*, Routing *n* (in Punkt-zu-Punkt-Netzen) ‖ **~ selection** (Teleph) / Wegevoreinstellung *f*
**route-selection store** (Teleph) / Wegeauswahlspeicher *m*
**route server** (Comp) / Routing-Server *m* (der Unterschiede verschiedener Architekturen überbrückt) ‖ **~ surveillance radar** (Radar) / Weitbereichsanlage *f* (mit einer Reichweite über 500 km) ‖ **~ to be used by pedal cyclists only** / Radweg *m* (§ 237 der StVO), Radfahrweg *m* (meist neben einer Straße, Fahrbahn laufender, schmaler Fahrweg für Radfahrer, Sonderweg *m* für Radfahrer, Radfahrbahn *f*
**Routh-Hurwitz stability criterion** (Mech) / Kriterium *n* (der Stabilität) nach Routh-Hurwitz (nach E.J. Routh, 1831-1907, und A. Hurwitz, 1859-1919)
**routine**\* *n* (Comp) / Routine *f* (abgeschlossenes Programm oder eine Befehlsfolge, die Teil eines Programm ist und eine abgeschlossene Aufgabe behandelt) ‖ **~**\* (Comp) s. also subroutine ‖ **~** *attr* / planmäßig *adj* (Wartung, Meldung, Beobachtung) ‖ **~ analysis** (Chem) / Routineanalyse *f*, Reihenanalyse *f*, Serienanalyse *f* ‖ **~ library** (Comp) / Laufzeitbibliothek *f* ‖ **~ maintenance** (Aero) / laufende Wartung ‖ **~ maintenance time** (Work Study) / Zeit *f* für vorbeugende Wartung
**routiner**\* *n* (Teleph) / automatische Wähler-Prüfeinrichtung
**routine request** (Comp) / Ablaufanforderung *f* ‖ **~ sampling** / Routineprobenahme *f* ‖ **~ spectrum** (Spectr) / Routinespektrum *n* ‖ **~ test** (test made for quality control by the manufacturer on every device or representative samples, or on parts or materials, as required, to verify that the product meets the design specifications) (Elec Eng) / Stückprüfung *f*, Einzelprüfung *f* ‖ **~ test run** (Comp) / Routinetestablauf *m*

**routing** *n* (Aero) / Streckenführung *f* ‖ **~** (Bind) / Ausfräsung *f*, Fräsen *n*, Aufrauen *n* ‖ **~** (Comp, Telecomm) / Leitwegzuordnung *f*, Wegewahl *f*, Wegeauswahl *f*, Routing *n* (in Punkt-zu-Punkt-Netzen) ‖ **~** (Comp, Telecomm) / Leitweg *m* (DIN 44 302) ‖ **~** (Eng) / Trasse *f* (des Förderbandes) ‖ **~** (Ships) / Routing *n*, Routing *f* (Berechnung des optimalen Seeweges) ‖ **~** (Telecomm) / Routing *n* (der Vorgang des Ausfindigmachens eines Pfads zu einem Ziel-Host), Leitweglenkung *f* ‖ **~** (Work Study) / Arbeitsgangfolge *f*, Folge *f* von Arbeitsgängen, Abarbeitungsfolge *f* ‖ **~ algorithm** (a set of procedures used when a computer in a store and forward network has to send a packet of data to another computer which may be the final destination or may be an intermediate computer) (Comp, Telecomm) / Routing-Algorithmus *m* ‖ **~ card** (Work Study) / Laufkarte *f* ‖ **~ centre** (Telecomm) / Leitwegsteuerstelle *f*, Leitvermittlungsstelle *f* ‖ **~ character** (Comp) / Leitwegvermerk *m*, Leitvermerk *m* ‖ **~ clearance** (Aero) / Streckenfreigabe *f* ‖ **~ code** (Comp, Telecomm) / Leitwegkode *m* ‖ **~ domain** (a large-scale portion of an internet, generally organized along geographical or organizational lines) (Comp, Telecomm) / Routingdomäne *f* ‖ **~ indicator** (Comp) / Leitwegvermerk *m*, Leitvermerk *m* ‖ **~ information field** (Comp, Telecomm) / Routing-Informationsfeld *n* ‖ **~ list** (Aero) / Leitwegliste *f*, Liste *f* der Ausgangsverantwortlichkeit ‖ **~ machine** (Carp, Join) / Oberfräse *f* (Fräsmaschine für die Holzbearbeitung, deren Spindel oberhalb des Werkstücks gelagert ist und mit Schaftfräsern das Holz von oben bearbeitet), Oberfräsmaschine *f* ‖ **~ machine**\* (Print) / Routingmaschine *f*, Rautingfräsmaschine *f*, Rautingmaschine *f* (Herstellen von Strichklischees und frei stehenden Autotypien) ‖ **~ metrics** (Telecomm) / Routing-Metrik *f*, Metrik *f* (eine Methode, mit der ein Routing-Algorithmus ermittelt, dass eine Route besser ist als eine andere) ‖ **~ order** / Versandanweisung *f* ‖ **~ policy** (Comp, Telecomm) / Routingstrategie *f* ‖ **~ protocol** (Comp, Telecomm) / Routingprotokoll *n* ‖ **~ table** (a table which contains details about the topology of a network) (Comp, Telecomm) / Routingtabelle *f* ‖ **~ tool** (Carp, Join) / Oberfräswerkzeug *n*, Oberfräser *m*
**routining** *n* (Eng) / regelmäßige Prüfung (bzw. Instandsetzung)
**ROV** (Ocean, Oils) / Unterwasserfahrzeug *n* (ferngesteuert)
**rove** *n* (a strand of textile fibres in one continuous length of a size suitable for spinning) (Spinning) / Vorgespinst *n* ‖ **~** (Spinning) / Flügelgarn *n*, Flyergarn *n*, Vorgarn *n* (auf dem Flyer entstanden)
**roving** *n* (Glass, Textiles) / Roving *m n*, Textilglasroving *m n* (eine bestimmte Anzahl parallel zu einem Strang zusammengefasster Spinnfäden), Glasseidenroving *m n* (Strang aus ungedrehter Glasseide, der verwebt z.B. zur Herstellung von Matten verwendet wird) ‖ **~** (Spinning) / Vorgespinst *n* ‖ **~**\* (Spinning) / Flügelgarn *n*, Flyergarn *n*, Vorgarn *n* (auf dem Flyer entstanden) ‖ **~ cloth** (Glass, Textiles) / Glas-Rovinggewebe *n*, Textilglas-Rovinggewebe *n* (DIN 61850) ‖ **~ frame** (Spinning) / Flyer *m* (DIN 64100), Vorspinnmaschine *f* (in der Feinspinnerei), Flügelspinnmaschine *f*, Fleier *m* ‖ **~ winding** (Plastics) / Roving-Wickelverfahren *n*, Roving-Wickeltechnik *f*
**ROW** (right of way) (Autos) / Vorfahrtsrecht *n*, Vorfahrt *f*
**row** *n* / Reihe *f* (im Allgemeinen) ‖ **~** / Zeile *f* (einer Matrix, einer Lochkarte) ‖ **~** / Zeile *f* (des Videotextes) ‖ **~** (Agric) / Pflanzenreihe *f*, Reihe *f* (von Pflanzen) ‖ **~** (Agric) / Reihe *f* (des PSE) ‖ **~** (Comp) / Sprosse *f* (bei Magnetbändern und Lochstreifen nach DIN 66218) ‖ **~** (Textiles) / Maschenreihe *f* (waagrecht), Reihe *f* (von Maschen) ‖ **~** (e.g. 7-row-Axminster) (Textiles) / Chor *n* (z.B. 7-choriger Teppich) ‖ **~ address** (Comp) / Zeilenadresse *f*
**row-address strobe** (Comp) / Zeilenadressenimpuls *m* (Signal für die Zeilenadressierung bei Halbleiterspeichern mit matrixförmiger Anordnung der Speicherzellen, wie z.B. bei den RAMs)
**rowan** *n* (For) / Eberesche *f*, Vogelbeerbaum *m*, Krammesbeere *f* Sorbus aucuparia L. - sehr oft auch Amerikanische Eberesche, Sorbus americana Marshall ‖ **~** (For) / Amerikanische Eberesche (Sorbus americana Marshall), Amerikanische Vogelbeere ‖ **~-tree** *n* (GB) (For) / Eberesche *f*, Vogelbeerbaum *m*, Krammesbeere *f* Sorbus aucuparia L. - sehr oft auch Amerikanische Eberesche, Sorbus americana Marshall ‖ **~-tree** (US) (For) / Amerikanische Eberesche (Sorbus americana Marshall), Amerikanische Vogelbeere
**row-applied fertilizer** (Agric) / in Reihen ausgebrachter Dünger
**row-binary** *adj* (Comp) / zeilenbinär *adj*
**rowboat** *n* (US) (Ships) / Ruderboot *n*
**row category** (Comp) / Zeilenfeld *n* (in der Tabellenkalkulation) ‖ **~ crop** (Agric) / Hackfrüchte *f pl* (Kulturpflanzen, deren Anbau das Hacken notwendig macht) ‖ **~ crop** (Agric) / Reihenkultur *f*
**row-crop tractor** (Agric) / Reihenfruchtschlepper *m*, Row-Crop-Traktor *m*, Reihenkulturtraktor *m*
**row distance** (Eng) / Reihenabstand *m* (der Nietreihen)
**rowen** *n* (US) (Agric) / Nachmahd *f*, Grummet *n*, Grumt *n*, Öhmd *n*
**row enable** (Comp) / Zeilenadressenimpuls *m* (Signal für die Zeilenadressierung bei Halbleiterspeichern mit matrixförmiger

row

Anordnung der Speicherzellen, wie z.B. bei den RAMs) ‖ ~ **fertilizer** (Agric) / in Reihen ausgebrachter Dünger ‖ ~ **field** (Comp) / Zeilenfeld *n* (in der Tabellenkalkulation) ‖ ~ **house** (US) (Build) / Reihenhaus *n* (das mit anderen gleichartigen Häusern ohne Bauabstand verbunden ist), RH (Reihenhaus), Kettenhaus *n* ‖ ~ **index** (Maths) / Zeilenindex *m*
**rowing boat** (Ships) / Ruderboot *n*
**Rowland circle*** (Light) / Rowlandkreis *m* (nach H.A. Rowland, 1848-1901) ‖ ≃ **ghosts** (Spectr) / Rowlandgeister *m pl* (Gittergeister bei Gitterspektrografen) ‖ ≃ **grating** (Phys) / Konkavgitter *n* (ein Beugungsgitter), Rowlandgitter *n* (nach H. A. Rowland, 1848 - 1901), Hohlgitter *n*
**rowlandite** *n* (Min) / Rowlandit *m*
**rowlock*** *n* (Build) / Rollschicht *f* (eine Mauerschicht) ‖ ~ (Ships) / Dolle *f* ‖ ~ **course** (Build) / Rollschicht *f* (eine Mauerschicht)
**row-major order** (Comp) / zeilenweise Ordnung
**row matrix** (Maths) / einreihige Matrix, Zeilenmatrix *f* (die nur aus einer Zeile besteht), einzeilige Matrix ‖ ~ **of breaker props** (Mining) / Orgelausbau *m* ‖ ~ **of rivets** (Eng) / Nietreihe *f* (als konkretes Gebilde) ‖ ~ **of sensing elements** (Automation) / Sensorzeile *f* (reihenförmige Anordnung einer Vielzahl identischer oder nahezu identischer Sensoren) ‖ ~ **pitch** (Comp) / Sprossenteilung *f* ‖ ~ **rank** (Maths) / Zeilenrang *m* (einer Matrix) ‖ ~ **spacing** (Agric) / Reihenabstand *m* ‖ ~ **sum** (Maths) / Zeilensumme *f* (bei Doppelreihen oder Matrizen) ‖ ~ **vector*** (Maths) / Zeilenvektor *m* (Elemente einer Zeile der Matrix als Vektor) ‖ ~ **vector*** (Maths) s. also row matrix
**royal blue** / Königsblau *n* (ein Co-K-Silikat) ‖ ~ **jelly** (Chem, Pharm) / Gelée royale *n* (Weiselzellfuttersaft), Weisel(zell)futtersaft *m* ‖ ~ **metal** (Chem, Elec Eng) / edles Metall (in der Spannungsreihe) ‖ ~ **purple** / dunkelblauer Purpur, Königspurpur *m*
**royals*** *pl* (Min Proc) / mit Metallsalz beladene Lauge (im Laugeverfahren der Nassmetallurgie, mit Goldsalz beladene Lauge
**royalty** *n* / Nutzungsgebühr *f* ‖ ~ / Tantieme *f* (bei Komponisten und Musikern) ‖ ~ (Mining) / Förderabgabe *f* (für die Überlassung des Förderrechtes), Förderzins *m* ‖ ~ (Print) / Autorenhonorar *n*
**royer** *n* (Foundry) / Bandschleuder *f*
**rozelle hemp** (Textiles) / Rosellahanf *m*, Rosellafaser *f* (eine Bastfaser aus Hibiscus sabdariffa L.), JS (Javajutefaser), Javajutefaser *f*
**RP 18** (Chem) / RP-18-Phase *f* (in der Chromatografie), RP-18 *f* (Phase in der Chromatografie) ‖ ≃ (reversed phase) (Chem, Phys) / Umkehrphase *f*, reverse Phase, umgekehrte Phase ‖ ≃ (rapid prototyping) (Comp) / Rapid Prototyping *n* (schneller Aufbau einfacher Prototypen von Software, die Grundfunktionen durchführen) ‖ ≃ (rapid prototyping) (Eng, Work Study) / schnelle Produktentwicklung (bis zum Prototyp) ‖ ≃ (rocket propellant) (Space) / Raketentreibstoff *m*
**RPC** (reversed phase chromatography) (Chem) / Verteilungschromatografie *f* mit umgekehrten Phasen (dabei ist Wasser die mobile Phase), RP-Chromatografie *f* ‖ ~ (remote procedure call) (Comp) / entfernter Prozeduraufruf, Fernaufruf *m*, abgesetzter Prozeduraufruf, RPC
**RP chromatography** (Chem) / Verteilungschromatografie *f* mit umgekehrten Phasen (dabei ist Wasser die mobile Phase), RP-Chromatografie *f*
**RPG** (role-playing game) (Comp) / Rollenspiel *n* ‖ ≃ (report program generator) (Comp) / Listenprogrammgenerator *m*, LPG (Listenprogrammgenerator), Reportprogrammgenerator *m*, Listprogrammgenerator *m*
**RPH** (remotely piloted helicopter) (Aero) / Fernlenkhubschrauber *m*
**r-phase relation** (Maths) / r-stellige Relation
**RP-IPC** (reverse-phase ion-pair chromatography) (Chem) / Ionenwechselwirkungschromatografie *f*, Ionenpaarchromatografie *f* (zur Trennung von hydrophoben ionischen Spezies), IPC (Ionenpaarchromatografie)
**RPL dosemeter** (Radiol) / Radiofotolumineszenz-Dosimeter *n*, RPL-Dosimeter *n*
**r.p.m.** (revolutions per minute) (Eng) / Umdrehungen *f pl* je Minute, U/min, Drehzahl *f* pro Minute
**RPM** (revolutions per minute) (Eng) / Umdrehungen *f pl* je Minute, U/min, Drehzahl *f* pro Minute
**rpm** (Eng) / Umdrehungen *f pl* je Minute, U/min, Drehzahl *f* pro Minute ‖ ~ (engine speed) (I C Engs) / Motordrehzahl *f*
**RPN** (reverse Polish notation) (Comp) / Postfixnotation *f*, Postfixschreibweise *f*, umgekehrte polnische Notation, UPN (umgekehrte polnische Notation)
**RPOA** (recognized private operating company) (Telecomm) / anerkannte private Betriebsgesellschaft
**r-process** *n* (Astron) / r-Prozess *m* (schnelle Neutronenabsorption)
**RPV** (remotely piloted vehicle) (Aero) / Fernlenkflugzeug *n*

**RQ*** (respiratory quotient) (Bot, Physiol) / Atmungsquotient *m*, respiratorischer Quotient (das Volumenverhältnis von erzeugtem $CO_2$ zu verbrauchtem $CO_2$), RQ (respiratorischer Quotient)
**RQL** (rejectable quality level) / Ausschussgrenze *f*
**RR** (receive ready) (Comp, Telecomm) / empfangsbereit *adj*, RR (empfangsbereit)
**RRC** (radio resource control) (Radio) / Radio Resource Control *f*, RRC-Teilschicht *f* (der Steuerungsebene der Schicht 3 des UTRA-Protokollstapels)
**RRIM technology** (Plastics) / RRIM-Technik *f* (bei der Herstellung von mit Glasfasern verstärkten Schaumstoffen), RRIM-Verfahren *n*
**RRKM theory** (Chem) / RRKM-Theorie *f* (eine moderne statistische Theorie unimolekularer Reaktionen)
**RR Lyrae variables*** (Astron) / Haufenveränderliche *m pl*, RR Lyrae-Sterne *m pl* (Pulsationsveränderliche)
**r-RNA** (Biochem) / ribosomale RNS, r-RNS *f*, rRNS *f*
**RS** (raw stock) / Rohcharge *f* ‖ ≃ (record separator) (Comp) / Untergruppentrenner *m*, Untergruppentrennzeichen *n* (DIN 66 303) ‖ ≃ (return sludge) (San Eng) / Umwälzschlamm *m*, Rücklaufschlamm *m* (der aus dem Nachklärbecken in das Belebungsbecken oder einen anderen Reaktor zurückgeführte Schlamm - DIN 4045), RS (Rücklaufschlamm) ‖ ≃ **alloy** (Foundry) / schnell erstarrte Legierung
**RS-232C interface** (Comp) / RS-232-C-Schnittstelle *f*, V.24-Schnittstelle *f* (DIN 66020,T 1)
**R-S configuration** (Chem) / R-S-Konfiguration *f*, R-S-Konvention *f* (Konfigurationsbezeichnung nach Cahn, Ingold und Prelog) ‖ ≃ **convention** (Chem) / R-S-Konfiguration *f*, R-S-Konvention *f* (Konfigurationsbezeichnung nach Cahn, Ingold und Prelog)
**R scope** (Radar) / R-Schirm *m*
**RS flip-flop** (Electronics) / RS-Flipflop *n* (bistabile Kippschaltung), SC-Flipflop *n*
**r.s.j.** (rolled steel joist) (Build, Met) / I-Stahl *m* (Deckenträger mit schmalen Flanschen und hohem Steg), I-Träger *m*, Doppel-T-Träger *m* (mit schmalen Flanschen und hohem Steg)
**R.S.J.*** (rolled steel joist) (Build, Met) / I-Stahl *m* (Deckenträger mit schmalen Flanschen und hohem Steg), I-Träger *m*, Doppel-T-Träger *m* (mit schmalen Flanschen und hohem Steg)
**RSLS** (reply sidelobe suppression) (Radar) / Antwortnebenkeulenunterdrückung *f*
**RS nitrocellulose** (Chem) / esterlösliche Kollodiumwolle, esterlösliches Zellulosenitrat, E-Wolle *f*
**RSP** (responder beacon) (Aero, Radar) / Antwortsenderbake *f* (Sekundärradar), Antwortfunkfeuer *n* ‖ ≃ (rapid solidification processing) (Foundry) / Verfahren *n* der schnellen Erstarrung, schnelle Erstarrung (bei Legierungen)
**RSR** (route surveillance radar) (Radar) / Weitbereichsanlage *f* (mit einer Reichweite über 500 km)
**R.S.S.** (Redwood Standard Second) (Phys) / Redwood-Standardsekunde *f* (eine alte Einheit für die Viskosität)
**R-sum** *n* (Maths) / Riemannsche Summe (Integralsumme), R-Summe *f*
**RT** (room temperature) (Build, Ecol) / Raumtemperatur *f* (etwa 20 °C), Zimmertemperatur *f*, ZT (Zimmertemperatur) ‖ ≃ (rotary table) (Mining, Oils) / Drehtisch *m* (Einrichtung zur Übertragung des Drehmomentes auf das Bohrgestänge und zum Abfangen des Bohrgestänges beim Ein- und Ausfahren sowie beim Verlängern) ‖ ≃ (routing) (Telecomm) / Routing *n* (der Vorgang des Ausfindigmachens eines Pfads zu einem Ziel-Host), Leitweglenkung *f*
**RTA** (rapid thermal annealing) (Electronics) / Kurzzeitausheilen *n* (zum Ausheilen von Strahlenschäden nach der Ionenimplantation in Diffusionsöfen)
**RTC** (real-time clock) (Comp) / Realzeituhr *f*, Real-Time-Clock *m*, Echtzeituhr *f* (Funktionseinheit eines Rechensystems, die Absolutzeit oder Relativzeiten angibt) ‖ ≃ (radiation thermal cracking) (Oils) / strahlenchemisch-thermisches Kracken
**RT-curing** *adj* / RT-härtend *adj* (z.B. Klebstoff), bei Raumtemperatur härtend
**RTD** (round trip delay) (Telecomm) / Round Trip Delay *m* (Bezeichnung eines Gütemaßes in Millisekunden) ‖ ≃ (round-trip delay) (Telecomm) / Round Trip Delay *m* (maximale Umlaufzeit eines Datenpakets in einem LAN), Umlaufverzögerung *f* (maximale Umlaufzeit)
**RTF** (resistance transfer factor) (Cyt) / Resistenz-Transfer-Faktor *m* (ein Plasmid)
**RT factor** (Cyt) / Resistenz-Transfer-Faktor *m* (ein Plasmid)
**RTH** (regional telecommunication hub) (Meteor, Telecomm) / RTH *f* (im Rahmen der Weltwetterwacht mit hochleistungsfähigen Rechnern und entsprechendem Gerät eingerichtete Fernmeldezentrale)
**RTJ flange** (Eng) / Flansch *m* mit Ringnut
**RTL** (runway threshold lights) (Aero) / Schwellenbefeuerung *f* ‖ ≃ (routine library) (Comp) / Laufzeitbibliothek *f* ‖ ≃

(resistor-transistor logic) (Comp) / RTL-Logik f, Widerstand-Transistor-Logik f ‖ ≙ (radiothermoluminescence) (Phys) / Radiothermolumineszenz f
**RTM** (racetrack microtron) (Nuc Eng) / Rennbahnmikrotron n, RTM (Rennbahnmikrotron)
**RTOL** (reduced take-off and landing) (Aero) / verminderte Start- und Landestrecke
**r-tree** n (Elec) / r-Baum m
**RTS** (real-time system) (Comp) / Realzeitsystem n, Real-Time-System n, Echtzeitsystem n ‖ ≙ (request to send) (Telecomm) / Sendeaufforderung f
**RTT** (resonant tunnelling transistor) (Electronics) / Resonant-tuneling-Transistor m (Uni- oder Bipolartransistor mit einer Quantum-Well-Schicht und einer Doppelbarriere im Emitter-Basis-Übergang bzw. in der Basis, durch die die Ladungsträger über den Tunneleffekt in den Kollektor injiziert werden)
**RTTY** (radioteletype) (Radio) / Funkfernschreiben n, RTTY (radioteletype - Funkfernschreiben)
**rt unit** (Telecomm) / Sende-Empfangseinheit f
**RTV gasket** (Eng) / formlose Dichtmasse (in Tuben- oder Pastenform), Flüssigdichtmittel n
**RTW** (ready-to-wear) (Textiles) / Konfektions-, konfektioniert adj, Fertig-, von der Stange (Anzug, Kleider)
**RTX** (resiniferatoxin) (Pharm) / Resiniferatoxin (ein Diterpenester aus dem Harz verschiedener Wolfsmilchgewächse, RTX (Resiniferatoxin)
**Ru** (ruthenium) (Chem) / Ruthenium n, Ru (Ruthenium)
**RU** (Request unit) (Comp) / Request Unit f, RU (Request Unit)
**rub** v / entfernen v (durch Reiben), wegreiben v ‖ ~ / reiben v ‖ ~ / scheuern v, frottieren v ‖ ~ (Pharm) / einreiben v ‖ ~ (Spinning) / nitscheln v, würgeln v ‖ ~ n (Optics, Photog) / Kratzer m ‖ ~ (abrasion mark) (Textiles) / Scheuerstelle f ‖ ~ **away** v (Eng) / abreiben v (entfernen)
**rubbed brick** (soft brick made of special well-mixed fine loamy clay containing a lot of sand and baked /not burnt/ in a kiln, readily sawn and rubbed to the required shape) (Ceramics) / weich gebrannter, sandhaltiger Ziegelstein (der sich leicht abreiben lässt) ‖ ~ **finish** (Build) / Reibeputz m (DIN 18 550-2), Reibputz m, geriebener Putz (z.B. Münchener Rauputz - DIN 18 550-2)
**rubber*** n / Gummi m n (vulkanisiertes Material) ‖ ~ / Radiergummi m ‖ ~ (natural)* (Chem Eng) / Kautschuk m (das rohe Produkt - DIN 53 501) ‖ ~ (a pad used in application of French polish) (Paint) / Ballen m (zum Schellackpolierauftrag) ‖ ~ **adhesive** / Gummikleber m, Gummizement m, Kautschukklebstoff m ‖ ~ **aircraft** (Aero) / Flugzeug n in Projektstadium (in dem man noch grundlegende Änderungen vornehmen kann) ‖ ~ **antenna** (Autos, Radio) / Gummiantenne f, flexible Kurzstabantenne
**rubber-backed** adj / rückseitig gummiert, gummibeschichtet adj (auf der Rückseite)
**rubber-bag moulding** (Plastics) / Pressen n mit Gummisack, Gummisackpressverfahren n ‖ ~ **moulding** (Plastics) s. also flexible-bag mozulding
**rubber band** / Gummiband n (aus Gummi), Gummi n (Gummiband)
**rubber-banding** n (Comp) / Gummibandverfahren n (zur Darstellung einer gedachten Linie in der grafischen Datenverarbeitung)
**rubber bands** (Comp) / Gummibänder n pl, Gummilinien f pl
**rubber-base paint** (Paint) / Gummilack m (Lack oder Lackfarbe, die als Bindemittel abgewandelte Natur- oder Kunstkautschuke enthalten)
**rubber bearing** (Eng) / Gummilager n (ein Verformungslager) ‖ ~ **belt** (Eng) / Gummigurt m (mit Textil- oder Stahlseileinlage) ‖ ~ **belt conveyor** (Eng) / Gummigurtbandförderer m ‖ ~ **black** (Chem Eng) / Gummischwärze f (qualitätsverbessernder Kautschukzusatz aus Ruß) ‖ ~ **blanket** (Plastics) / Gummituch n, Gummimembrane f (für Blasfolien) ‖ ~ **blanket*** (Print) / Gummituch n (für den Offsetdruck), Gummidrucktuch n ‖ ~ **block** (Eng) / Gummikissen n (z.B. bei dem Marformverfahren) ‖ ~ **boat** / Schlauchboot n ‖ ~ **bond** / Gummibindung f (durch Vulkanisieren hergestellte Bindung der Schleifscheibe) ‖ ~ **boot** (Aero) / Gummihaut f (der Vorderkanten, die zur mechanischen Enteisung dient) ‖ ~ **casing** / Gummiummantelung f (z.B. bei alten Typen von Keilriemen) ‖ ~ **cement** (cement or adhesive containing rubber in a solvent) / Gummilösung f, Zement m (Lösung von Kautschuk in Kohlenwasserstoffen), Klebezement m
**rubber-coir web forming plant** (Textiles) / Gummikokosvliesanlage f
**rubber comb** (Paint) / Gummikamm m (zur Ausübung der Kammzugtechnik) ‖ ~ **compensator** / Gummikompensator m (zum Dehnungsausgleich bei Rohrleitungen) ‖ ~ **compound** (Chem Eng) / Gummimischung f ‖ ~ **coupling** (Eng) / Gummikörpergelenk n (ein elastisches Gelenk in Form eines dicken Gummiringes), Gummigelenk n

**rubber-covered** adj / mit Gummiauflage ‖ ~ **wire** (Cables, Elec Eng) / Gummiader f
**rubber diaphragm** (Eng) / Gummimembran f (z.B. für das Hydroformverfahren) ‖ ~ **dibromide** (Chem) / Kautschukdibromid n ($C_5H_8Br_2$)x ‖ ~ **dinghy** / Schlauchboot n ‖ ~ **doughnut coupling** (Eng) / Gummikörpergelenk n (ein elastisches Gelenk in Form eines dicken Gummiringes), Gummigelenk n ‖ ~ **elasticity** / Entropieelastizität f (DIN 7724), Gummielastizität f ‖ ~ **fibre** (Textiles) / Gummifaser f (eine Elastofaser nach DIN 60001) ‖ ~ **foam** (Chem Eng) / Schaumgummi m (poröse Gummiwaren) ‖ ~ **foot** / Gummifuß m ‖ ~ **footwear** / Gummischuhwerk n ‖ ~ **forming*** (Eng) / Gummiziehen n (Tiefziehen über einen Ziehstempel mittels eines Gummikissens oder einer Gummimembran), Gummiziehverfahren n ‖ ~ **friction wheel** (Eng) / Gummireibrad n (DIN 8220) ‖ ~ **gasket** (Eng) / Gummidichtung f ‖ ~ **glove** / Gummihandschuh m ‖ ~ **goods** / Gummiwaren f pl, Gummiartikel m pl ‖ ~ **hose** / Gummischlauch m ‖ ~ **hydrocarbon content** (Chem Eng) / Gehalt m an Kautschukkohlenwasserstoff, Kautschukkohlenwasserstoffgehalt m ‖ ~ **hydrochloride** (Chem) / Kautschukhydrochlorid n ‖ ~ **hydrofluoride** (Chem) / Kautschukhydrofluorid n (zähes, thermoplastisches Produkt, erhalten durch Behandlung von Kautschuk mit 50-85%iger Flusssäure)
**rubber-insulated cable** (Cables) / gummiisoliertes Kabel ‖ ~ **cord** (Elec Eng) / Gummischnur f ‖ ~ **wire** (Cables, Elec Eng) / Gummiader f
**rubberise** v (GB) / kautschutieren v, gummieren v (als Oberflächenschutz)
**rubberize** v / kautschutieren v, gummieren v (als Oberflächenschutz)
**rubberized asphalt** (Build) / Gummibitumen n ‖ ~ **hair** (Textiles) / Gummihaar n, Gummifasern f pl (mit Latex verbundene elastische Auflage) ‖ ~ **tape** (Elec Eng) / gummiimprägniertes Isolierband
**rubber latex** / Kautschuklatex m (Milchsaft von kautschukliefernden Pflanzen) ‖ ~ **leather** (Spinning) / Reibband n, Nitschelhose f, Würgelzeug n (DIN 64119) ‖ ~ **mallet** (Tools) / Gummihammer m ‖ ~ **mark** (Paper) / Molette-Wasserzeichen n (ein unechtes Wasserzeichen - DIN 6730) ‖ ~ **mat** / Gummimatte f
**rubber-metal connection** (Autos, Eng) / Schwingmetall n (Handelsname für eine Gummifeder), Gummi-Metall-Verbindung f ‖ ~ **element** (Autos, Eng) / Gummi-Metall-Element n (Metallgummi), Gimetall-Element n, Schwingmetallelement n
**rubber pad** (Eng) / Gummikissen n (Block aus Gummiplatten zum Schneiden mit Schneidschablone sowie zum Hohlprägen und Tiefziehen) ‖ ~**-pad forming** (Eng) / Gummiziehen n (Tiefziehen über einen Ziehstempel mittels eines Gummikissens oder einer Gummimembran), Gummiziehverfahren n ‖ ~ **part** / Gummiteil n ‖ ~ **plant** (Bot) / kautschukliefernde Pflanze, Kautschukpflanze f (jede Pflanze, die Latex liefert) ‖ ~ **plate*** (Print) / Gummistereo n, Gummiklischee n, Gummiplatte f (Druckplatte für den Hochdruck, vorwiegend für den Flexodruck) ‖ ~ **plug** / Gummistopfen m, Gummistöpsel m ‖ ~ **poison** / Kautschukgift n (z.B. Spuren von Kupfer und Mangan) ‖ ~ **policeman** (a piece of rubber tubing with a flattened end) (Chem) / Gummiwischer m (z.B. an einem Rührstab) ‖ ~ **press** (Eng) / Presse f für das Marformverfahren (mit Gummikissen) ‖ ~ **processing oil** (Chem Eng) / Weichmacheröl n ‖ ~ **products** / Gummiwaren f pl, Gummiartikel m pl ‖ ~ **rectangle** (Comp) / Gummiviereck n
**rubber-rimmed wheel** (Rail) / Rad n mit gummibelegtem Radkranz
**rubber ring** / Gummiring m
**rubbers*** pl (Build) / leicht zu behauende Ziegel (weiche)
**rubber•-seed oil** / Heveaöl n (ein trocknendes Öl) ‖ ~ **set** (Build, Civ Eng) / falsches Erstarren (von Zementleim) ‖ ~ **set** (the premature and erratic hardening of freshly mixed concrete, mortar, or cement paste usually due to the presence of unstable calcium in the cement) (Civ Eng) / vorzeitiges Abbinden (eines Bindemittels - Fehler) ‖ ~ **sheet** / Gummiplatte f (im Allgemeinen) ‖ ~ **sheet** (Autos) / Kautschukfell n (in Reifen) ‖ ~ **soling** / Gummibesohlung f ‖ ~ **solution** / Gummilösung f, Zement m (Lösung von Kautschuk in Kohlenwasserstoffen), Klebezement m ‖ ~ **spacer** (Comp, Eng) / Distanzgummi m ‖ ~ **spider** (Cinema, Photog) / Gummispinne f ‖ ~ **sponge** / Schwammgummi m (ein Zellgummi) ‖ ~ **spreader** (Chem Eng) / Walzenstreichmaschine f für Gummiauftrag, Walzenrakelmaschine f für Gummiauftrag ‖ ~ **spring** (element) (Eng) / Gummifederelement n ‖ ~ **spring** (Eng) / Gummifeder f
**rubber-stamp mark** (Paper) / Molette-Wasserzeichen n (ein unechtes Wasserzeichen - DIN 6730)
**rubber stereo** (Print) / Gummistereo n, Gummiklischee n, Gummiplatte f (Druckplatte für den Hochdruck, vorwiegend für den Flexodruck) ‖ ~ **stereotype** (Print) / Gummistereo n, Gummiklischee n, Gummiplatte f (Druckplatte für den Hochdruck, vorwiegend für den Flexodruck) ‖ ~ **stippler*** (Paint) / Gummitupfer m ‖ ~ **stopper** / Gummistopfen m, Gummistöpsel m
**rubber-stoppered** adj / mit (durch) Gummistopfen verschlossen

**rubber strip**

**rubber strip** (Autos) / Kautschukfell *n* (in Reifen) ‖ ~ **suspension** (Rail) / Gummifederung *f* ‖ ~ **tape** / Gummiband *n* (aus Gummi), Gummi *n* (Gummiband) ‖ ~ **thread** / Gummifaden *m*
**rubber-to-metal bond** / Metall-Gummi-Bindung *f*, Gummi-Metall-Bindung *f* (mit Zwischenlagen aus Messing, Kautschukhydrochlorid, Isozyanaten usw.)
**rubber•-tree** *n* (For) / Kautschukbaum *m*, Parakautschukbaum *m* (Hevea brasiliensis (Willd. ex A. Juss.) Müll. Arg.), Federharzbaum *m* ‖ ~ **tube** / Gummischlauch *m* ‖ ~ **tubing** / Gummischlauchmaterial *n*, Gummischläuche *m* ‖ ~-**tyred** *adj* / Pneu-, gummibereift *adj*
**rubber-tyred roller** (Civ Eng) / Gummiradwalze *f* (ein Baufahrzeug, das geführt auf Gummirädern für den Straßenbau vowiegend zur Verdichtung eingesetzt wird)
**rubber universal joint** (Autos) / Hardyscheibe *f*, elastisches Gelenk, Gewebescheibengelenk *n*, Gummikreuzgelenk *n* ‖ ~ **valve** / Gummiventil *n* ‖ ~ **valve** (Autos) / Gummiventil *n* (des Reifens) ‖ ~ **wheel** / Gummirad *n* ‖ ~ **wheel** / Schleifscheibe *f* mit Gummibindemittel, Schleifrad *n* mit Gummibindung
**rubbing** *n* (Paint) / Lackschliff *m* ‖ ~ (Spinning) / Nitscheln *n*, Würgeln *n* ‖ ~ **alcohol** (Pharm) / Franzbranntwein *m* (Spiritus Vini gallici) ‖ ~ **alcohol** (Pharm) / Alkohol *m* für äußerliche Zwecke (meist Isopropylalkohol, seltener vergälltes Ethanol) ‖ ~ **apron leather** (Spinning) / Nitschelleder *n* ‖ ~ **block** (Autos) / Gleitstück *n* (am Unterbrecherhebel) ‖ ~ **block** (Paint) / Schleifklotz *m* (zum Handschleifen) ‖ ~ **compound** (Paint) / Polierpaste *f* (für die Lackbehandlung)
**rubbing-down** *n* (Paint) / Schleifen *n* (von Anstrichuntergründen, Anstrichen und Spachtelschichten - von Hand), Trockenschleifen *n* (mit Schleifpapier, Stahlwolle oder Bimsstein), Beischleifen *n*
**rubbing drawer** (Spinning) / Nitschelstrecke *f*, Würgelstrecke *f*, Frotteur *m*, Frotteurstrecke *f*, Nadelwalzen-Nitschelstrecke *f* (für das französische Vorbereitungsverfahren) ‖ ~ **fastness** (Materials, Textiles) / Reibtheit *f*, Scheuerechtheit *f*, Scheuerbeständigkeit *f* ‖ ~ **frame** (Spinning) / Nitschelstrecke *f*, Würgelstrecke *f*, Frotteur *m*, Frotteurstrecke *f*, Nadelwalzen-Nitschelstrecke *f* (für das französische Vorbereitungsverfahren) ‖ ~ **frame** (Spinning) / Finisseur *m* ‖ ~ **leather** (Spinning) / Reibband *n*, Nitschelhose *f*, Würgelzeug *n* (DIN 64119) ‖ ~ **leathers** (Spinning) / Würgelwerk *n* (DIN 64119), Nitschler *m*, Nitschelwerk *n* ‖ ~ **oil** (Paint) / Polieröl *n*
**rubbings** *pl* / Abrieb *m* (Produkt)
**rubbing section** (Spinning) / Würgelwerk *n* (DIN 64119), Nitschler *m*, Nitschelwerk *n* ‖ ~ **strake** (Ships) / Schutzkiel *m*, Scheuerkiel *m* ‖ ~ **strake** (Ships) / Reibholz *n* (zwischen Schiff und Kai liegendes Rundholz) ‖ ~ **strake** (Ships) / Scheuerleiste *f* (gegen ein Eindrücken der Außenhaut) ‖ ~ **strip** (Autos) / Flankenschutzleiste *f*, Rammschutzleiste *f* ‖ ~ **varnish** (Paint) / Schleiflack *m* (hochwertiger Lack, der eine schleifbare Lackierung ergibt)
**rubbish** *n* (Agric) / Besatz *m* (Erntegutbeimengungen) ‖ ~ **chute** (Build, Ecol, San Eng) / Müllabwurfschacht *m* (der Müllabwurfanlage) ‖ ~ **grinder** (US) / Müllwolf *m*, Müllzerkleinerer *m*
**rubble** *n* / Rohstein *m* (aus dem Steinbruch) ‖ ~* (Build) / Bruchsteinschutt *m*, Ziegelschutt *m* ‖ ~ (waste or rough fragments of stone, brick, concrete, etc., especially as the debris from the demolition of buildings) (Build) / Bauschutt *m*, Baustellenabfälle *m pl* ‖ ~* (Civ Eng) / Verdränger *m* (z.B. Verdrängerrohr - um die Betonkonstruktion leichter zu machen), Bruchstein *m* (als Verdränger), Betonfüllstein *m* (großer) ‖ ~ (Geol) / Schutt *m*, Gesteinsgrus *m*, Geröll *n* ‖ ~ (Ocean) / Packeis *n* (loses, treibendes) ‖ ~ **recycling of** (building) ~ (Build) / Bauschuttrecycling *n* ‖ ~ **concrete*** (Civ Eng) / Bruchsteinbeton *m* ‖ ~ **dam** (Hyd Eng) / geschütteter Steindamm, Steinschüttdamm *m* ‖ ~ **drain** (Agric) / Rigole *f* (Sickergraben) ‖ ~ **drain** (Hyd Eng) / Steindrän *m* (ein alter Sickerdrän) ‖ ~ **ice** (Ocean) / Packeis *n* (loses, treibendes) ‖ ~ **masonry** (Build) / Bruchsteinmauerwerk *n* (aus bruchrauen, lagerhaften Steinen) ‖ ~ **mound** (Civ Eng) / Steinsatz *m* (mauerwerkartig aufgesetzte unbearbeitete Steine zur Sicherung von Böschungsfüßen und anderen Böschungen) ‖ ~ **mound** (Civ Eng) / Felsschüttung *f*, Felspackung *f*, Steinschüttung *f*, Steinpacklage *f*, Steinpackung *f*, Steinwurf *m*
**rubble-mound breakwater** (Hyd Eng) / Steinschüttwellenbrecher *m*, Wellenbrecher *m* aus Steinschüttung
**rubble walling** (Build) / Mauerwerk *n* aus natürlichen Steinen, Bruchsteinmauer *f*
**Rubbone** *n* (Chem Eng) / Oxidized Rubber *m*, Rubbon *n* (oxidierter depolymerisierter Naturkautschuk, hergestellt durch katalytische Oxidation bei ca. 80° C mittels Sauerstoff oder Luft)
**rub down** *v* (Eng) / abreiben *v* (entfernen) ‖ ~ **down** (Paint) / beischleifen *v*, schleifen *v* ‖ ~ **down with an emery-paper or emery-cloth** / schmirgeln *v*, abschmirgeln *v*
**rubeanic acid*** (Chem) / Dithiooxamid *n*, Rubeanwasserstoffsäure *f*, Rubeanwasserstoff *m*

**rubefaction** *n* / Rotfärbung *f* ‖ ~ (Agric) / Rubefizierung *f* (von tropischen und subtropischen Böden), Ferrugination *f* (Boden)
**rubellite*** *n* (Min) / Rubellit *m* (ein roter Elbait)
**Ruben cell** (Elec Eng) / Quecksilberoxidzelle *f* (mit rotem Quecksilber(II)-oxid) ‖ ~-**Mallory cell** (Elec Eng) / Quecksilberoxidzelle *f* (mit rotem Quecksilber(II)-oxid)
**rub-fast** *adj* (Materials, Textiles) / reibecht *adj* (Farbe), scheuerecht *adj* (Farbe), scheuerbeständig *adj*, scheuerfest *adj*
**rub-fastness** *n* (Materials, Textiles) / Reibechtheit *f*, Scheuerechtheit *f*, Scheuerbeständigkeit *f*
**rubicelle*** *n* (Min) / Rubicell *m* (Magnesiumaluminat)
**rubidium*** *n* (Chem) / Rubidium *n*, Rb (Rubidium) ‖ ~ **chloride** (Chem) / Rubidiumchlorid *n*
**rubidium-strontium dating*** (Geol) / Rubidium-Strontium-Methode *f* (zur Altersbestimmung von Gesteinen)
**rubidium-strontium method** (Geol) / Rubidium-Strontium-Methode *f* (zur Altersbestimmung von Gesteinen)
**rubin number** (Chem) / Rubinzahl *f* (zur Messung der Schutzkolloidwirkung)
**rubixanthin** *n* (Chem, Nut) / Rubixanthin *n* (E 161 d)
**rub off** *v* (Eng) / abreiben *v* (entfernen) ‖ ~-**on letters** (Print) / Abreibschrift *f* ‖ ~ **out** *v* / ausradieren *v*
**rub-out character** (Comp) / Löschzeichen *n* ‖ ~ **effect** (Paint) / Rub-out-Effekt *m* (eine /unerwünschte/ Farbtonänderung, die dadurch erzielt wird, dass ein Teil der applizierten, nassen Lackschicht mit einem Finger verrieben wird) ‖ ~ **signal** (Telecomm) / Irrungszeichen *n*
**rub-proof** *adj* (Materials, Textiles) / reibecht *adj* (Farbe), scheuerecht *adj* (Farbe), scheuerbeständig *adj*, scheuerfest *adj*
**rubredoxin** *n* (ein Redoxin) (Biochem) / Rubredoxin *n* (ein Eisenprotein)
**rubrene** *n* (Chem) / Rubren *n* (5,6,11,12-Tetraphenylnaphthacen)
**rubric*** *n* (Print, Typog) / Schlagzeile *f*, Kopfzeile *f*, Headline *f* (Schlagzeile), Rubrik *f*, Titelzeile *f*, Überschrift *f*
**rub•-stone** *n* (Eng) / Schleifstein *m* (zum Wetzen und Abziehen), Wetzstein *m*, Abziehstein *m* ‖ ~ **up** *v* / blank reiben, wienern *v*
**rub-up** *n* (Paint) / Rub-out-Effekt *m* (eine /unerwünschte/ Farbtonänderung, die dadurch erzielt wird, dass ein Teil der applizierten, nassen Lackschicht mit einem Finger verrieben wird)
**ruby*** *n* (Min) / Rubin *m* (rote Varietät von Korund) ‖ ~ *attr* / rubinrot *adj*, rubinfarben *adj*, rubinfarbig *adj* ‖ ~ **blende** (Min) / Rubinblende *f* (roter Sphalerit)
**ruby-coloured** *adj* / rubinrot *adj*, rubinfarben *adj*, rubinfarbig *adj*
**ruby fluorescence** / Rubinfluoreszenz *f* ‖ ~ **glass** (gold or copper) (Glass) / Rubinglas *n* (ein Anlaufglas von tiefroter Farbe) ‖ ~ **laser** (Phys) / Rubinlaser *m* (ein Festkörperlaser) ‖ ~ **mica** (Min) / Lepidokrokit *m*, Rubinglimmer *m* (Eisenoxidhydroxid)
**ruby-red** *adj* / rubinrot *adj*, rubinfarben *adj*, rubinfarbig *adj* ‖ ~ s. also burgundy and pigeon's blood
**ruby silver ore*** (Min) / Lichtes Rotgültig, Lichtes Rotgültigerz, Proustit *m* ‖ ~ **spinel*** (Min) / Funkenstein *m* (roter Spinell), Rubinspinell *m* ‖ ~ **wood** (For) / Red-Sanders-Holz *n*
**ruche** *v* (Textiles) / rüschen *v*, zusammenziehen *v* (in Falten), zusammennähen *v* (in Falten), raffen *v* ‖ ~ *n* (Textiles) / Rüsche *f*
**ruching** *n* (Textiles) / Rüschen *f pl*, Rüschenbesatz *m*
**ruck** *n* (Textiles) / Falte *f* (beim Kaschieren)
**rucola** *n* (Agric, Bot) / Saatölrauke *f*, Ölrauke *f*, Rauke *f* (Eruca sativa Mill.)
**rudaceous*** *adj* (Geol) / psephitisch *adj* (klastisch, über 2 mm)
**rudder*** *n* (Aero) / Seitenruder *n* (eine Steuerfläche zur Einleitung von Drehbewegungen um die Hochachse oder zum Momentenausgleich), Ruder *n* des Seitenleitwerks ‖ ~* (Ships) / Ruder *n* (am Heck, bei Fährschiffen auch am Bug) ‖ ~ **bar*** (Aero) / Seitenruderfußhebel *m* ‖ ~ **control** (Aero) / Seitenrudersteuerung *f* ‖ ~ **fin** (Aero) / Seitenflosse *f* (Flosse des Seitenleitwerks) ‖ ~ **head** (Ships) / Ruderschaft *m* (oberhalb des Ruderblattes) ‖ ~ **heel** (Ships) / Hacke *f*, Ruderhacke *f* (Bauteil am Schiffskörper, der vom Kiel bis zum unteren Ruderlager geht und bei Grundberührung das Ruder gegen Beschädigung schützt) ‖ ~ **pedal*** (Aero) / Seitenruderfußhebel *m* ‖ ~ **position** (Ships) / Ruderlage *f* ‖ ~ **post*** (Ships) / Rudersteven *m* (bei Einschraubenschiffen) ‖ ~ **post*** (Ships) / Ruderpfosten *m*, Ruderstock *m* ‖ ~ **quadrant** (Ships) / Ruderquadrant *m* (Viertelkreiszahnkranz) ‖ ~ **stock** (Ships) / Ruderpfosten *m*, Ruderstock *m* ‖ ~ **torque** (Ships) / Rudermoment *n*
**ruddle** *n* (Min, Paint) / Roter Bolus, Rötel *m*, Rotocker *m*, rote Ockererde, Rotstein *m*, Nürnberger Rot (stark mit Ton verunreinigtes Eisen(III)-oxid)
**ruddy** *adj* / rötlich *adj*, ins Rote gehend
**rudenture*** *n* (Arch) / Taufries *m* (ein Ornament), gedrehtes Tau
**ruderal*** *n* (Bot) / Ruderalpflanze *f*, Schuttfolgepflanze *f* (die an Wegrändern, Erdaufschüttungen, Schutt- und Abfalldeponien oder auf Hofplätzen oder Trümmerstellen wächst) ‖ ~ **plant** (Bot) /

Ruderalpflanze *f*, Schuttfolgepflanze *f* (die an Wegrändern, Erdaufschüttungen, Schutt- und Abfalldeponien oder auf Hofplätzen oder Trümmerstellen wächst)
**Rudge hub** (Autos) / Zentralverschlussnabe *f*, Kerbnabe *f*
**rudimentary** *adj* (Biol) / rudimentär *adj*, in der Anlage vorhanden
**rudite** *n* (Geol) / Rudit *m* (klastisches Karbonatsediment mit Korngrößen über 2 mm)
**RuDP**\* (ribulose 1,5-biphosphate) (Biochem) / Ribulosediphosphat *n*
**rudyte** *n* (Geol) / Rudit *m* (klastisches Karbonatsediment mit Korngrößen über 2 mm)
**rue oil** (Pharm) / Rautenöl *n*, Oleum *n* Rutae
**Rueping process** (For) / Rüping-Verfahren *n* (ein Holzschutzverfahren), Rüping-Sparverfahren *n* (ein Kesseldruckverfahren im Holzschutz), Rüping'sche Spartränkung
**Ruff degradation** (Chem) / Ruff-Abbau *m* (nach O. Ruff, 1871-1939)
**ruffle** *v* (Textiles) / kräuseln *v* (Nähmaschine) ‖ ~ *n* (Ocean) / Kräuselung *f* (der See), Kräuseln *n*
**ruffling** *n* (Ocean) / Kräuselung *f* (der See), Kräuseln *n* ‖ ~ (Textiles) / Kräuseln *n*, Kräuselung *f* (mit der Nähmaschine)
**rufous**\* *adj* (reddish brown in colour) (Bot) / fuchsrot *adj* (rötlich bruan), fuchsfarben *adj*
**rug** *n* (a textile floor covering of limited area which is complete in itself and is intended for use as a partial covering of a floor or another floor covering) (Textiles) / Vorleger *m* (DIN ISO 2424), Teppich *m* (kleiner, dicker), Brücke *f* (Teppich) ‖ ~ (Textiles) / rauhaarige Matte
**rugged** *adj* / widerstandsfähig *adj*, robust *adj*, unempfindlich *adj* (gegen Bechädigung oder Störung)
**ruggedization** *n* / Steigerung *f* der Widerstandsfähigkeit (gegen Beschädigung oder Störung)
**ruggedness** *n* / Unempfindlichkeit *f*, Robustheit *f*, Widerstandsfähigkeit *f* (gegen Beschädigung oder Störung)
**rugged road** (Civ Eng) / Schlaglöcherstraße *f*
**rugging** *n* (Textiles) / Rauware *f* für Fußbodenbelag
**Ruggli-Ziegler dilution principle** (Chem) / Ruggli-Ziegler-Verdünnungsprinzip *n*, Ziegler-Verdünnungsprinzip *n*
**rugola** *n* (Agric, Bot) / Saatölrauke *f*, Ölrauke *f*, Rauke *f* (Eruca sativa Mill.)
**rugosity** *n* (Eng) / Rauigkeit *f* (in der Rohrströmung) ‖ ~ (Hyd Eng) / Strombettrelief *n*
**Ruhmkorff coil** (Elec Eng) / Funkeninduktor *m*, Induktionsapparat *m*
**ruin** *vt* (Build) / zerstören *v* ‖ ~ *n* (Arch) / Ruine *f* (künstliche - wie z.B. in Veitshöchheim oder Bacharach) ‖ ~ (Build) / Verfall *m*, Baufälligwerden *n* ‖ ~ **agate** (Min) / Trümmerachat *m* (bei dem die Bänder in einzelne streng voneinander getrennte Stücke aufgelöst sind)
**ruinous** *adj* (Build) / abbruchreif *adj*, baufällig *adj*
**rule** *v* (Optics) / einritzen *v* (die Gitterfurchen) ‖ ~ (Paper) / linieren *v* (Schulhefte), liniieren *v* ‖ ~ (Print) / linieren *v*, liniieren *v* ‖ ~ (Typog) / umranden *v* ‖ ~ *n* / Vorschrift *f* (Regel), Regel *f*, Norm *f* ‖ ~ / Grundsatz *m* ‖ ~ / Lineal *n* ‖ ~\* (Build) / Abstreichholz *n*, Abstreichbohle *f*, Abziehbrett *n* (für Estrichbeläge) ‖ ~ (Maths) / Überstreichung *f* (als Klammerzeichen) ‖ ~ (Maths, Print) / der obere waagerechte Strich des Wurzelzeichens ‖ ~\* (Typog) / Linie *f* (Setzmaterial aus Messing, Zink oder Blei) ‖ **20-80-~** (Stats) / Pareto-Verteilung *f* (der Einkommen, nach V. Pareto, 1848-1923) ‖ ~ **base** (AI, Comp) / Regelbasis *f*
**rule-based** *adj* (AI, Comp) / regelbasiert *adj* ‖ ~ **grammar** (Comp) / regelbasierte Grammatik ‖ ~ **interpolating control** (AI) / regelbasierter Controller ‖ ~ **knowledge** (AI) / Regelwissen *n* ‖ ~ **system**\* (AI, Comp) / regelbasiertes System, regelbezogenes System, regelgesteuertes System ‖ ~ **system**\* (Comp) s. also production system
**rule border**\* (Typog) / Umrandung *f* (Einfassung), Umrahmung *f*, Linieneinfassung *f*
**ruled** *adj* / mit Teilung(en) (Registrierblatt) ‖ ~ **grating** (Optics) / geritztes Gitter (ein Beugungsgitter) ‖ ~ **paper** (Paper) / liniiertes Papier ‖ ~ **paper** (Textiles) / Patronenpapier *n*, Linienpapier *n* ‖ ~ **surface**\* (Maths) / Regelfläche *f* (die durch eine Schar von Geraden erzeugt werden kann), geradlinige Fläche
**rule in** *v* (Build) / abziehen *v* (Estrich) ‖ ~ **interpretation** (AI) / Regelinterpretation *f* ‖ ~ **interpreter** (AI) / Interpreter *m* (ein Subsystem des Inferenzsystems), Regelinterpreter *m* (zur Wissensverarbeitung im Produktionssystem) ‖ ~ **joint stay** / Hochklappscharnier *n* ‖ ~ **of assignment** (Maths) / Zuordnungsvorschrift *f* (bei Funktionen) ‖ ~ **of combination** (Maths) / Verknüpfungsvorschrift *f*, Verknüpfungsgesetz *n* ‖ ~ **of Cram** (Chem) / Cram'sche Regel (eine empirische Regel zur qualitativen Vorhersage der sterischen Verlaufs und des bevorzugt gebildeten Produktes einer diastereoselektiven Additionsreaktion an Aldehyde oder Ketone mit Chiralitätszentrum in $\alpha$-Position zur Carbonylgruppe) ‖ ~ **of Fajans** (Chem) / Fajans'sche Regel der Ionenbindung (nach K. Fajans, 1887 - 1975) ‖ ~ **of false supposition** (Maths) / Regula Falsi *f* (Sekantennäherungsverfahren), Sekantenverfahren *n* (zur näherungsweisen Bestimmung einer Nullstelle einer stetigen Funktion) ‖ ~ **of generalization** (AI) / Generalisierungsregel *f* ‖ ~ **of intermediate reactions** (stages) (Phys) / Ostwald'sche Stufenregel (eine thermodynamische Regel) ‖ ~ **of signs** (Maths) / Zeichenregel *f*, Vorzeichenregel *f* ‖ ~ **of the common normal** (Eng) / Verzahnungsgesetz *n* ‖ ~ **of three** (Maths) / Dreisatz *m*, Regeldetri *f*, Dreisatzrechnung *f* ‖ ~ **of three** (for a proportion) (Maths) / Produktsatz *m* (in der Verhältnisgleichung) ‖ ~ **of thumb** / Faustregel *f* ‖ ~ **pocket** (Textiles) / Zollstocktasche *f*
**ruler** *n* / Lineal *n* ‖ ~ / Maßstab *m* (meistens Strichmaßstab), Messstab *m* (Stab) ‖ ~ (Comp) / Lineal *n* (eingeblendetes auf dem Bildschirm) ‖ ~ (Eng) / Stab *m* (des Rechenschiebers) ‖ ~ (Instr) / Stabkörper *m* (des Rechenschiebers) ‖ ~ **and compass construction** (Maths) / Zirkelkonstruktion *f* (nur mit dem Zirkel auszuführende geometrische Konstruktion in der Zeichenebene)
**rule saw** / Maßstab-Fuchsschwanz *m* (mit längs des Rückens aufgetragener Maßeinteilung) ‖ ~ **set** (AI) / Regelsatz *m*, Regelblock *m*
**rules of the game** (Maths) / Spielregeln *f pl* (in der Spieltheorie) ‖ ~ **of the road** (Autos) / Straßenverkehrsordnung *f*, StVO (Straßenverkehrsordnung)
**rule space** (AI) / Raum *m* möglicher Regeln, Regelraum *m*
**rule(s) system** / Regelwerk *n*
**ruling** *n* (Cartography) / Linienraster *m* ‖ ~ (Cartography, Surv) / Schraffur *f* (DIN 201), Schraffieren *n*, Schraffierung *f* ‖ ~ (Optics) / Gitterteilung *f* ‖ ~ (Paper) / Lineatur *f* (Linierung in Schulheften), Linierung *f* ‖ ~ (Print) / Linieren *n*, Linierung *f*, Liniieren *n* ‖ ~\* (Print) / Linierung *f*, Liniierung *f* ‖ ~ (Typog) / Umrandung *f* (Vorgang) ‖ ~ **distance** (Print) / Linienabstand *m* (z.B. in einer Tabelle)
**ruling-down grade** (Rail) / maßgebende Neigung
**ruling down-gradient** (Rail) / maßgebende Neigung ‖ ~ **engine** (Optics) / Teilmaschine *f*, Teilungsmaschine *f*, Gitterteilmaschine *f* ‖ ~ **error** (Optics) / Teilungsfehler *m* (bei einem Gitter) ‖ ~ **gradient**\* (Rail) / maßgebender Grenzwert des Neigungsverhältnisses, Grenzneigung *f*, Neigungsgrenze *f* ‖ ~ **machine** (Eng) / Skalenteilmaschine *f*, Teilmaschine *f* ‖ ~ **machine** (Print) / Liniermaschine *f*, Liniendruckmaschine *f* (mit Messingscheibchen, Rollen oder Federn) ‖ ~ **notch** / Linienreinrichtung *f* (der Schreibmaschine) ‖ ~ **pen** / Ziehfeder *f*, Reißfeder *f* ‖ ~ **tree species** (For) / Hauptbaumart *f* ‖ ~ **up-grade** (Rail) / maßgebende Steigung ‖ ~ **up-gradient** (Rail) / maßgebende Steigung
**rumble** *v* (Acous) / rumpeln *v* ‖ ~ (Foundry, Met) / rommeln *v* (Zunder entfernen), trommeln *v*, in Trommeln putzen (Zunder entfernen) ‖ ~\* *n* (Acous) / Rumpeln *n*, Rumpelgeräusch *n* (das auf Unzulänglichkeiten des Laufwerks des Plattenspielers zurückzuführen ist) ‖ ~ (Foundry) / Gussputztrommel *f* (eine Putztrommel zum Putzen von Gussstücken), Rommeltrommel *f*, Rommelfass *n* ‖ ~ **seat** (US) (Autos) / Notsitz *m* ‖ ~ **strip** (Autos, Civ Eng) / Rüttelschwelle *f*, "schlafender Polizist", Schwelle *f* (schlafender Polizist), Holperschwelle *f* (um die Autofahrer zu zwingen, langsam zu fahren), Temposchwelle *f*, Fahrbahnschwelle *f* ("schlafender Polizist")
**rumbling** *n* (Foundry) / Trommelputzen *n*, Putzen *n* in Trommeln, Trommeln *n*, Rommeln *n* ‖ ~ (Paint) / Trommellackierung *f* (ein Tauchverfahren)
**Rumford's photometer** (Light) / Schattenfotometer *n* (nach Rumford)
**ruminate** *v* (Agric, Zool) / ruminieren *v*, wiederkäuen *v*
**rumination**\* *n* (Agric, Zool) / Rumination *f*, Wiederkäuen *n*
**rummage sale** (US) / Wohltätigkeitsbasar *m*
**rummel** *n* (Build, San Eng) / Sickerschacht *m*, Versickerungsschacht *m* (für Oberflächenwasser), Sickerbrunnen *m* (für Oberflächenwasser, mit Schotter oder Kies gefüllt), Sickergrube *f*
**rumple** *v* (Textiles) / zerknittern *v*, zerknautschen *v*, verknittern *v*
**run** *v* / ausführen *v* (einen Versuch), durchführen *v* (einen Versuch) ‖ ~ (in/to/) / fahren *v* (gegen etwas) ‖ ~ / laufen *v* ‖ ~ / rinnen *v* ‖ ~ / veröffentlichen *v* (einen Aufsatz in einer Zeitung) ‖ ~ / rutschen *v* (von selbst, auf Böschungen) ‖ ~ (Comp) / ablaufen *v* ‖ ~ (Eng) / funktionieren *v*, gehen *v*, in Betrieb sein, in Gang sein, laufen *v* ‖ ~ (Leather) / bewegen *v* (Leder und Flotte im Fass) ‖ ~ (Mining) / einstürzen *v*, herabstürzen *v*, zu Bruch gehen *v* ‖ ~ (Plumb) / führen *v* (Leitung, Rohre) ‖ ~ (Ships) / laufen *v* ‖ ~ *vt* / betreiben *vt* ‖ ~ (Cables, Civ Eng) / verlegen *v* (Kabel) ‖ ~ (Civ Eng) / fahren *v* (z.B. Lüftungsprogramm) ‖ ~\* (Comp) / fahren *v* (Programm), ablaufen lassen (Programm), abarbeiten *v* (ein Programm) ‖ ~ (Eng) / fahren *v* (Maschinen), betreiben *v* (Anlagen) ‖ ~ (Mining) / vortreiben *v*, treiben *v*, auffahren *v* (Strecke), herstellen *v* (einen horizontalen unterirdischen Hohlraum) ‖ ~ (Welding) / ziehen *v* (eine Naht) ‖ ~ / Strecke *f* (Straßen- oder Wegstrecke) ‖ ~ / Auslaufen *n* (ungewolltes - z.B. einer Flüssigkeit aus einem Behälter), Coulage *f* ‖ ~\* (Build) / Rohrleitungsstrang *m*, Rohrleitung *f* (DIN 2400),

**run**
Rohrstrang m ‖ ~ (Cables) / Führung f, Verlauf m ‖ ~ (with steam) (Chem) / Gasen n, Gasung f (bei der Wassergaserzeugung) ‖ ~ (Chem) / Destillationslauf m, Charge f ‖ ~ (Comp) / Abarbeitung f (eines Programms) ‖ ~ (Comp) / Durchlauf m, Lauf m ‖ ~ (Eng) / Lauf m (der Maschine - Tätigkeit), Gang m (der Maschine) ‖ ~ (Eng) / Reihe f (Versuchs-, Mess-) ‖ ~ (Met) / Strang m (endloser Riemen) ‖ ~ (US) (Geog) / Rinnsal n, Bächlein n ‖ ~ (US) (Geog) / kleiner Flusslauf, Flüsschen n ‖ ~ (Leather) / Elastizität f, Nachgiebigkeit f (des Leders) ‖ ~ (Mining) / Verlauf m (eines Gangs) ‖ ~ (Mining) / söhlige Streckenlänge ‖ ~ (Mining) / Einbruch m ‖ ~* (Plumb) / Formstück n für Rohrleitungen ohne Richtungsänderung ‖ ~* (Print) / Auflage f, Druckauflage f, Auflagenzahl f (Auflagenhöhe) ‖ ~ (Print) / Druckgang m (der einmalige Durchlauf) ‖ ~ (Spinning) / Passage f (auf der Strecke und Vorspinnmaschine) ‖ ~* (Surv) / Libellenblasen-Bewegung f ‖ ~ (US) (Textiles) / Laufmasche f, Fallmasche f (bei Strümpfen) ‖ ~ (Textiles) / Charge f, Partie f ‖ ~ (Textiles) / Strich m (des Gewebes), Flor m (Oberfläche von Florgeweben), Haar n ‖ ~ (Textiles) / Passage f, Durchgang m (in der Jiggerfärberei) ‖ ~ (Welding) / Schweißlage f (Raupe), Lage f ‖ ~ (Work Study) / Los n (Anteil oder Mehrfaches einer durch Bedarfsermittlung festgelegten Menge, aus der ein Fertigungsauftrag entsteht), Einzellos n
**runabout** n / leichtes Fahrzeug
**run aground** v (Ships) / stranden v ‖ ~ **around**\* (Typog) / Klischees einbauen, umspinnen v
**runaround** n (Comp) / Formsatz m (bei dem sich die Zeilen der Form einer Grafik [eine Abbildung oder eine andere Kontur] anpassen), umlaufender Text
**runaway** n (Automation) / Weglaufen n, Drift f ‖ ~ (Electronics, Eng) / Instabilwerden n ‖ ~ (Met) / schnelles Fließen ‖ ~ (Nuc) / Durchgehen v von Elektronen, Runaway v von Elektronen ‖ ~ (Nuc Eng) / Durchgehen n (eines Reaktors - ein Leistungs- oder Reaktivitätsanstieg, der mittels des für den Normalbetrieb vorgesehenen Steuersystems nicht beherrscht wird) ‖ ~ (Nuc Eng) s. also excursion ‖ ~ **electron**\* (Electronics, Nuc) / Runaway-Elektron n ‖ ~ **reaction** (Nuc Eng) / außer Kontrolle geratene Reaktion, unkontrollierte Reaktion, durchgehende Kettenreaktion ‖ ~ (throughput) **speed** / Durchgangsdrehzahl f (höchste mögliche Drehzahl im Leerlauf) ‖ ~ **star**\* (Astron) / Runaway-Stern m (Stern früher Spektralklassen mit sehr hoher Raumgeschwindigkeit - z.B. AE Aurigae)
**run back** v / zurücklaufen v
**run-back** n / Rücklauf m (eines Magnetbandes)
**run chart** / Ablaufanweisung f (meistens grafische) ‖ ~ **chart** (Eng) / Bedieneranweisung f (meistens grafische) ‖ ~ **copal** (Paint) / Schmelzkopal m ‖ ~ **down** v / herunterfließen v ‖ ~ **down** (Autos) / liegen bleiben v, stehen bleiben v ‖ ~ **down** (Comp) / ablaufen v ‖ ~ **down** (Elec Eng) / abfallen v (Relais) ‖ ~ **down** (Print) / abdrucken v, abziehen v ‖ ~ **down** (Work Study) / abbauen v (Lagerbestände) ‖ ~ **down** vi (I C Engs) / auslaufen v (Motor)
**run-down** n / Entlassungen f pl, Arbeitskräfteeinsparung f, Arbeitskräfteabbau m ‖ ~ (Nuc Eng) / Rundown n, Herunterfahren n ‖ ~ (Nuc Eng) / Einfahren n (eines Steuerstabes in die Spaltzone), Absenken n (des Steuerstabes) ‖ ~ (Surf) / Ablauffigur f, Fließspur f (bei der Emaillierung) ‖ ~ adj (Elec Eng) / erschöpft adj, leer adj (Batterie), entladen adj (Batterie), verbraucht adj (Batterie) ‖ ~ **tank** (Chem Eng) / Sammelbehälter m (großer), Sammelgefäß n (großes), Auffangbehälter m (großer)
**run duration** (Comp) / Laufzeit f, Durchlaufzeit f, Ausführungszeit f (z.B. eines Programms)
**run-flat potential** (Autos) / Notlaufeigenschaften f pl (von Reifen) ‖ ~ **properties** (Autos) / Notlaufeigenschaften f pl (von Reifen) ‖ ~ **wheel** (Autos) / Safe-Run-Rad n, Rad n mit Notlaufeigenschaften, Run-flat-Rad n
**rung** n / Speiche f, Radspeiche f ‖ ~ (Build) / Sprosse f (zwischen den Holmen der Leiter), Leitersprosse f, Sprießel n (A), Sprissel n (A)
**Runge-Kutta method** (a widely used class of methods for the numerical solution of ordinary differential equations) (Maths) / Runge-Kutta-Verfahren n (Berechnung von gewöhnlichen Differentialgleichungen - nach C. Runge, 1856-1927, und M.W. Kutta, 1867-1944)
**Runge's rule** (Spectr) / Runge'sche Regel (beim Zeeman-Effekt)
**Runge vector** (Phys) / Lenz'scher Vektor, Lenz-Runge-Vektor m, Runge-Lenz-Vektor m
**rung ladder** / Stangenleiter f, Sprossenbaum f (eine Leiter), Hühnerleiter f
**run grain** (Leather) / rinnender Narben
**runic texture** (Geol) / Schriftstruktur f, Runenstruktur f
**run in** v / einströmen v ‖ ~ **in** (Autos) / einfahren v (ein Fahrzeug) ‖ ~ **in** (Elec Eng) / einziehen v (Leitungen) ‖ ~ **in** (Eng) / einlaufen v (Lager, Maschine) ‖ ~ **in** (US)\* (Typog) / anhängen v (einen Absatz

wegfallen lassen) ‖ ~ **in** vt (Mining) / einlassen v, einbauen v (Bohrgestänge)
**run-in** n / Einströmung f ‖ ~ (an initial transition process occurring in newly established wearing contacts, often accompanied by transients in coefficient of friction, or wear rate, or both, which are uncharacteristic of the given tribological system's long-term behaviour) (Eng) / Einlaufen n, Einlaufvorgang m ‖ ~ (Nuc Eng) / Einfahren n (eines Steuerstabes in die Spaltzone), Absenken n (des Steuerstabes) ‖ ~ **behaviour** / Einlaufverhalten n ‖ ~ **groove** (Acous) / Einlaufrille f (der Schallplatte) ‖ ~ **phase** / Einlaufphase f
**run in proper alignment** (Textiles) / Rapport halten, in Rapport laufen
**run-in time** / Einlaufzeit f
**run in under monitored conditions** vt (Eng) / kontrolliert einlaufen
**run-in wear** / Einlaufverschleiß m
**runite**\* n (Geol) / Schriftgranit m (winkelig-eckige Verwachsung von Quarz und Feldspat)
**run-length (en)coding**\* (Comp) / Runlängenkodierung f, Run-Length-Codierung f, Lauflängenkodierung f ‖ ~ **limited recording** (Comp) / RLL-Aufzeichnung f (eine Festplattenaufzeichnung)
**runlet** n (Geog) / kleiner Flusslauf, Flüsschen n
**runnability** n (Chem Eng) / Schüttbarkeit f, Rieselvermögen n, Rieselfähigkeit f (DIN 53 492) ‖ ~ (Paper) / Verdruckbarkeit f (Grad der Maschinengängigkeit des Papiers)
**runnel** n (Geog) / kleiner Flusslauf, Flüsschen n
**runner**\* n (Bot) / Ausläufer m, Kriechtrieb m ‖ ~\* (Bot) / Ausläufer m, Stolon m (pl. -en), Stolo m (pl. -nen) ‖ ~ (Build, Civ Eng) / Längsholz n (bei Schalungen) ‖ ~ (Build, Join) / Laufschiene f, Gleitschiene f ‖ ~ (Chem Eng) / Mitläufer m (Gewebebahn als Zwischenlage beim Aufrollen von kalandrierten Platten usw.) ‖ ~ (vertical timber sheet pile) (Civ Eng) / vertikales (verspreiztes) Verbauteil, senkrechtes Verbauteil (mit drucksicheren Brettern, Pfosten oder Bohlen) ‖ ~ (Eng) / Laufrad n (der Wasserturbine) ‖ ~ (Eng) / Läuferstein m (des Kollergangs), Läufer m (mühlensteinartiger Mahlkörper) ‖ ~ (Eng) / Turbinenrad n (des Druckmittelgetriebes) ‖ ~ (Eng) / Sekundärrad n (der Flüssigkeitskupplung) ‖ ~\* (Foundry) / Gießlauf m ‖ ~\* (Foundry) / Zulauf m, Eingusskanal m ‖ ~ (Instr) / Läufer m (des Rechenschiebers) ‖ ~ (Met) / Ausgussrinne f, Abstichrinne f ‖ ~ (Met) / Gießrinne f, Abstichrinne f ‖ ~ (Met) / Kanalstein m ‖ ~ (Mining) / Läufer m (in Streckenrichtung auf Stempeln verlegtes Rundholz) ‖ ~ (Plastics) / Angussverteiler m, Hauptkanal m, Angusskanal m, Verteiler m (beim Spritzgießen), Anspritzkanal m, Einspritzkanal m ‖ ~ (Ships) / Läufer m (durch einen Block geschorenes Ende einer Leine) ‖ ~ (Weaving) / fehlender Kettfaden ‖ ~ **back** (Glass) / Ferrasse f, Schleifkrone f ‖ ~ **bar** (Glass) / Schleifeisen n, Schleifnocke f ‖ ~ **brick** (Met) / Kanalstein m ‖ ~ **bush** (Foundry) / Eingusssumpf m, Eingussmulde f (Kanalsystem in einer Gießform, durch welches das flüssige Gießgut dem Formhohlraum zuströmt) ‖ ~ **gate** (Foundry) / Einguss m (Teil des Eingusssystems)
**runner-gate**\* n (Foundry) / Zulauf m, Eingusskanal m
**runnerless** adj (Foundry) / ohne Einguss, eingusslos adj ‖ ~ (Plastics) / angusslos adj
**runners** pl (Civ Eng) / Spundbohlen f pl (in der Spundwand) ‖ ~\* (in a poem or play) (Typog) / Zeilenzähler m pl
**runner stick**\* (Foundry) / Eingussbohrer m (Gießtrichtermodell), Eingussstock m ‖ ~ **stone** (Eng) / Läuferstein m (des Kollergangs), Läufer m (mühlensteinartiger Mahlkörper)
**running**\* n (moulds) (Build) / Zugarbeit f, Drehen n, Ziehen n (bei den Stuckarbeiten) ‖ ~ (Eng) / Lauf m (der Maschine - Tätigkeit), Gang m (der Maschine) ‖ ~ adj / laufend adj ‖ ~ fließend adj ‖ ~ (Eng) / in Betrieb, arbeitend adj ‖ ~ (Mining) / treibend adj (Schwimmsand) ‖ **in ~ order** / fahrbereit adj ‖ ~ **accumulator** (Comp, Maths) / Stapelspeicher m (kaskadierbarer), Kellerspeicher m (DIN 44300), Stack m (lineares Speichermedium) ‖ ~ **away** (Paint) / Kantenflucht f (Neigung des flüssig aufgebrachten Lackes, aufgrund seiner Oberflächenspannung von den Kanten einen Wulst zu bilden, wodurch sich die Lackschichtdicke auf der Kante selbst verringert), Kantenschwund m ‖ ~ **axle** (Rail) / Laufachse f ‖ ~ **balance** (Eng) / dynamisches Gleichgewicht ‖ ~ **batch** (Glass) / Eigenscherbenzusatz m ‖ ~ **board** / Umlauf m (ein Bedienungssteg) ‖ ~ **board** (Autos, Rail) / Trittbrett n, Tritt m (Trittbrett) ‖ ~ **bond**\* (Build) / Läuferverband m ‖ ~ **centre** (Eng) / mitlaufende Spitze ‖ ~ **characteristics** (Autos) / Laufkultur f (im Allgemeinen) ‖ ~ **check** (without backlash in the master gear) (Eng) / Zweiflankenwälzprüfung f (bei Zahnrädern) ‖ ~ **costs** / Betriebskosten pl (z.B. der Heizanlage) ‖ ~ **costs** / laufende Kosten ‖ ~ **digital sum** (Comp) / laufende digitale Summe (ein Verfahren zur Codeüberwachung) ‖ ~ **dog** (classical Vitruvian scroll or wavescroll, like a repeated stylized wave on a band) (Arch) / griechisches Wellenband, laufender Hund (ein Ornamentband) ‖ ~ **edge** (Rail) / Fahrkante f (einer Schiene) ‖ ~ **fire** / Lauffeuer n (sich rasch ausbreitendes Feuer) ‖ ~ **fit**\* (Eng) / Laufsitz m, LS (Laufsitz)

1358

‖ ~ **gear** (Autos) / Fahrgestell *n* (DIN 70 020), Chassis *n*, Fahrwerk *n* ‖ ~ **gear** (Rail) / Laufwerk *n* (der Lokomotive) ‖ ~ **grain** (Leather) / rinnender Narben *n* ‖ ~ (unstable) **ground** (Civ Eng) / fließender Boden (nicht stabiler), rutschender Boden ‖ ~ **ground** (Civ Eng) / schwimmendes Gebirge ‖ ~ **heads*** (Typog) / lebende Kolumnentitel ‖ ~-**in** *n* / Einströmen *n*
**running-in** *n* (Eng) / Einlaufen *n* (eines Lagers, einer Maschine), Einlauf *m*, Einlaufvorgang *m*, Einfahren *n* (einer Maschine) ‖ ~ **ability** (Eng, Materials) / Einlaufeigenschaft *f* (eines Lagerwerkstoffs, um Reibungskraft, Erwärmung und Verschleiß während des Einlaufvorganges zu vermindern) ‖ ~ **layer** (Eng) / Einlaufschicht *f* (eines Lagers) ‖ ~ **oil** (Eng) / Einlauföl *n* ‖ ~ **process** (Eng) / Einlaufen *n*, Einlaufvorgang *m*
**running knot** / Schifferknoten *m* ‖ ~ **lights** (Aero) / Positionslichter *n pl*, Navigationslichter *n pl*, Navigationsleuchten *f pl*, Navigationslampen *f pl* ‖ ~ **line** (Rail) / lückenloses Gleis ‖ ~ **metre** / laufender Meter, Folgemeter *n* ‖ ~ **modification** (Comp) / Jeweilsänderung *f* ‖ ~ **noise** (Autos, Eng) / Laufgeräusch *n* ‖ ~ **noise** (Rail) / Fahrgeräusch *n* ‖ ~-**off** (Ceramics) / Ablaufen *n* (der Glasur)
**running-off** *n* (Hyd, Phys) / Ausströmen *n*, Ausfließen *n*, Auslaufen *n*, Herausfließen *n*, Ablauf *m* (Tätigkeit), Abfluss *m* (das Abfließen)
**running-on*** *n* (Print) / Auflagendruck *m* (Fertigungsphase im Druckvorgang), Fortdruck *m*, Druckauflage *f*
**running-out** *n* / Auslauf *m* (des Fräsers, des Gewindes)
**running-out** *n* (of centre) (Eng) / Verlaufen *n* (des Bohrers) ‖ ~ (For) / Verlaufen *n* (der Säge) ‖ ~ (Hyd, Phys) / Ausströmen *n*, Ausfließen *n*, Auslaufen *n*, Herausfließen *n*, Ablauf *m* (Tätigkeit), Abfluss *m* (das Abfließen)
**running pulley** (Eng) / bewegliche Rolle (des Flaschenzugs) ‖ ~ **quality** (Eng) / Laufgüte *f* (des Getriebes) ‖ ~ **rail** (Build, Join) / Laufschiene *f*, Gleitschiene *f* ‖ ~ **ratio** (Aero) / Laufzahl *f* (ein Turbinenkennwert - optimal bei einer Gleichdruckturbine = 0,5, bei einer Überdruckturbine = 1) ‖ ~ **register control** (Print) / Registerregelung *f* während des Maschinenlaufs (z.B. an Rollenrotationsmaschinen) ‖ ~ **rule*** (Build) / Putzlehre *f* ‖ ~ **sand*** (Civ Eng, Mining) / Schwimmsand *m* (nicht verfestigter Wasser führender Sand, der besonders schwierig zu durchörtern ist), Treibsand *m*, Kurzawka *f*, Triebsand *m* (ein Flottsand), Quicksand *m* ‖ ~ **smoothness** (Eng) / Laufruhe *f* ‖ ~ **speed** (Eng) / Laufgeschwindigkeit *f* ‖ ~ **state** (Comp) / Laufstatus *m* ‖ ~ **system** (Foundry) / Eingusssystem *n*, Gießsystem *n* ‖ ~ **tapes*** (Print) / Führungsbänder *n pl* ‖ ~ **text** (Comp) / laufender Text, fortlaufender Text ‖ ~ **time** (Chem) / Laufzeit *f* (eines Chromatogramms, eines Filters, in der Dünnschichtchromatografie) ‖ ~ **time** (Cinema) / Vorführungszeit *f* (eines Films), Vorführzeit *f* (eines Films), Abspieldauer *f*, Laufzeit *f* (eines Films) ‖ ~ **time** (Comp) / Laufzeit *f*, Durchlaufzeit *f*, Ausführungszeit *f* (z.B. eines Programms) ‖ ~ **time** (Elec Eng, Eng) / Einschaltdauer *f* (Betriebszeit), ED (Einschaltdauer) ‖ ~ **time** (Rail) / Fahrzeit *f* ‖ ~ **track** (Rail) / Fahrstraße *f* (für einen Zug) ‖ ~ **trap*** (San Eng) / Trap *m*, Geruchverschluss *m*, Geruchsverschluss *m*, Siphon *m*, U-Verschluss *m* ‖ ~ **tread** (Civ Eng, Mining) / Laufkranz *m* (Lauffläche der Räder von Förderwagen ) ‖ ~ **up to operating speed** (Eng) / Hochfahren *n* (der Maschine) ‖ ~ **voltage** (Elec Eng) / Betriebsspannung *f* ‖ ~ **voltage** (Elec Eng) / Arbeitsspannung *f* ‖ ~ **water** (San Eng) / fließendes Wasser ‖ ~ **wheel** (Eng) / Laufrad *n* (meistens spurkranzgeführt) ‖ ~ **wheel** (Rail) / Laufrad *n*
**runny** *adj* / fließfähig *adj* ‖ ~ / dünnflüssig *adj* (Flüssigkeit) ‖ ~ (Nut) / flüssig *adj* (Honig) ‖ ~ (Paint) / zu dünn (Anstrichfarbe)
**run of a furnace** (Met) / Ofengang *m* (Prozess und Zeitraum), Ofenkampagne *f*, Ofenreise *f*, Reise *f* (des Ofens)
**run-of-bank gravel** (Build, Civ Eng) / natürlicher Betonzuschlag (nicht aufbereiteter)
**run off** *v* / ausströmen *v*, herausfließen *v*, abströmen *v* ‖ ~ **off** (Aero) / ausbrechen *v* (von der Piste), abkommen *v* (von der Piste) ‖ ~ **off** (the road) (Autos) / von der Straße abkommen ‖ ~ **off** (Ceramics) / ablaufen *v* (Glasur) ‖ ~ **off** (Mining) / einstürzen *v*, herabstürzen *v*, zu Bruch gehen
**run-off** *n* (Aero) / Ausbrechen *n* (von der Piste), Abkommen *n* (von der Piste) ‖ ~ (Brew) / Würzeablauf *m* ‖ ~* (Hyd Eng) / Abfluss *m* (Menge nach DIN 4045), Abflussmenge *f* ‖ ~ (Hyd, Phys) / Ausströmen *n*, Ausfließen *n*, Auslaufen *n*, Herausfließen *n*, Ablauf *m* (Tätigkeit), Abfluss *m* (das Abfließen) ‖ ~ (Mining) / Hereinsprengen *n* eines Pfeilers ‖ ~ (Print) / Fortdruck *m* (Arbeitsgang im Auflagendruck od. nach dem Auflagendruck) ‖ ~ **coefficient** (Civ Eng, Geol, Hyd Eng) / Abflussbeiwert *m* (Verhältnis von Abfluss zu Niederschlagsmenge nach DIN EN 752-1), oberirdischer Abfluss (prozentual zur Niederschlagsmenge) ‖ ~ **hydrograph** (Hyd Eng) / Abflussganglinie *f*, Durchflussmengenganglinie *f*, Abflussmengenlinie *f*, Abflussmengenkurve *f* ‖ ~ **percentage** (Civ Eng, Geol, Hyd Eng) / Abflussbeiwert *m* (Verhältnis von Abfluss zu Niederschlagsmenge nach DIN EN 752-1), oberirdischer Abfluss (prozentual zur Niederschlagsmenge) ‖ ~ **sirup** (Nut) / Ablaufsirup *m*
**run off the rails** (Rail) / entgleisen *vi*, aus den Gleisen springen
**run-of-kiln** *attr* (Build) / ofenfallend *adj* (Branntkalk)
**run-of-mill** *n* (Met) / verhüttungsfähiges Erzkonzentrat
**run-of-mine** *attr* (Mining) / Förder- (Kohle), grubenfeucht *adj* (Kohle)
**run-of-mine coal** (Mining) / Förderkohle *f*, Rohkohle *f*
**run of ore** (Mining) / Adelszone *f* (metallreicher Teil einer Erzlagerstätte), sehr hoher Lagerstättenanteil
**run-of-river installation** (Elec Eng, Hyd Eng) / Laufwasserkraftwerk *n* (zur Nutzung der in Flüssen und Bächen enthaltenen potentiellen und kinetischen Energie), Laufkraftwerk *n* ‖ ~ **station** (a hydroelectric generating station that utilizes all or a part of the stream flow without storage) (Elec Eng, Hyd Eng) / Laufwasserkraftwerk *n* (zur Nutzung der in Flüssen und Bächen enthaltenen potentiellen und kinetischen Energie), Laufkraftwerk *n*
**run of the mine** (coal) (Mining) / Förder- (Kohle), grubenfeucht *adj* (Kohle) ‖ ~ **on** *v* (Typog) / anhängen *v* (einen Absatz wegfallen lassen)
**run-on** *n* (I C Engs) / Nachlaufen *n*, Nachdieseln *n*, Dieseln *n* (bei Ottomotoren) ‖ ~ **entry** / Unterstichwort *n* (im Text eines Wörterbuchsartikels)
**run out** *v* / ablaufen *v* (Flüssigkeit) ‖ ~ **out** / ablaufen *vi* (Frist) ‖ ~ **out** / ausgehen *v* (fast aufgebraucht sein)
**run-out*** *n* (Cinema) / Endband *n* ‖ ~ (Eng) / Auslauf *m* (des Fräsers, des Gewindes) ‖ ~ (Eng) / Rundlauffehler *m*, Schlag *m* (Radial-, Axial-), Unrundlauf *m* (exzentrischer Lauf), Rundlaufabweichung *f* ‖ ~ (Eng) / Überlauf *m* (z.B. der Schleifscheibe) ‖ ~ (Eng) / Lauftoleranz *f* ‖ ~* (Foundry, Met) / Durchbruch *m* (der Form, des Schmelzofens) ‖ ~ **allowance** (Eng) / zulässiger Schlag (bei Drehteilen) ‖ ~ **distance*** (Aero) / Ausrollstrecke *f* (auf dem Flugdeck eines Flugzeugträgers) ‖ ~ **groove** (Acous) / Auslaufrille *f*, Ausschaltrille *f* (der Schallplatte) ‖ ~ **of thread** (Eng) / Gewindeauslauf *m* (DIN 76)
**run out of true** (Eng) / unrund laufen *v*, schlagen *v* (unrund laufen)
**run-out roller table** (Met) / Auslaufrollgang *m*, Abfuhrrollgang *m* (hinter dem Arbeitsrollgang in einem Walzwerk), Ausförderungsrollgang *m* ‖ ~ **type Fourdrinier** (Paper) / (ausfahrbare) Siebpartie (einer Langsiebpapiermaschine) *f*
**run over** *v* / überströmen *v*, überfließen *v*, überlaufen *v*
**runproof** *adj* (Textiles) / maschenfest *adj*, laufmaschenfest *adj*
**run resistance** (Textiles) / Laufmaschenfestigkeit *f*
**run-resistant** *adj* (Textiles) / maschenfest *adj*, laufmaschenfest *adj*
**runs** *pl* (Paint) / Läufer *m pl*, Nasen *f pl*, Gardinen *f pl*, Lackläufer *m pl* (bei ungleichmäßiger Verteilung von Anstrichmitteln an senkrechten Flächen) ‖ **without ~ and sags** (Paint) / tränenfrei *adj*
**run sequence** (Welding) / Lagenfolge *f* ‖ ~ **state** (Comp) / Laufzustand *m* ‖ ~ **stream** (Comp) / Jobfolge *f* (meistens in der Planung), Aufgabenstrom *m*, Programmablauffolge *f*, Auftragsstrom *m* ‖ ~ **test** (Stats) / Iterationstest *m* (der die Anzahl der Iterationen in einer Stichprobe berücksichtigt)
**run-through** *n* (Cinema) / Probe *f* mit abgeschalteten Kameras, Stellprobe *f*, Probedurchlauf *m*
**run-time** *n* (Chem) / Laufzeit *f* (eines Chromatogramms, eines Filters, in der Dünnschichtchromatografie) ‖ ~ (Comp) / Laufzeit *f*, Durchlaufzeit *f*, Ausführungszeit *f* (z.B. eines Programms) ‖ ~ (Telecom) / Laufzeit *f* (eines Signals) ‖ ~ **error*** (Comp) / Laufzeitfehler *m* ‖ ~ **module** (Comp) / Runtime-Modul *n* (mit dem sich /interpretierte/ Anwenderprogramme auch ohne vorhandenen Interpreter ablaufen lassen), Laufzeitsystem *n* ‖ ~ **system*** (Comp) / Laufzeitsystem *n*
**run under** *v* / unterlaufen *v*, unterströmen *v*, unterfließen *v*
**run-up** *n* (Aero) / Abbremsen *n*, Bremslauf *m* (Prüfen eines Flugtriebwerks durch Laufenlassen am Boden zur Kontrolle der Funktionstüchtigkeit des Triebwerks und seiner Anlagen) ‖ ~ (Elec Eng, Eng) / Hochlaufen *n*, Hochlauf *m* (linearer, exponentieller), Hochtouren *n*, Hochfahren *n* ‖ ~ (Eng) / Zuführung *f* (des Schlittens) ‖ ~ (Hyd Eng) / Auflauf *m* (von Wellen) ‖ ~ **area** (Aero) / Abbremsplatz *m*
**runway** (of the crane) (Eng) / Kranbahn *f*, Kranfahrbahn *f*, Fahrbahn *f* (des Krans), Kranlaufbahn *f* ‖ ~ *n* (Aero) / Start- und Landebahn *f*, Piste *f* (befestigte), SLB (Start- und Landebahn), Runway *f m* ‖ ~ (For) / Riese *f* (Anlage, auf der das Holz in Hanglage durch die Schwerkraft befördert wird), Loite *f* (Holzrutsche), Riesbahn *f*, Holzriese *f* (Holzrutsche), Leite *f*, Holzrutsche *f* ‖ ~ (Teleph) / Rost *m* (Gestell) ‖ ~ **alignment** (Aero) / Pistenrichtung *f* ‖ ~ **approach** (Aero) / Ansteuerung *f* der Landebahn ‖ ~ **basic length** (Aero) / Pistengrundlänge *f* ‖ ~ **centre line** (Aero) / Landebahnmittellinie *f* ‖ ~ **designation** (Aero) / Pistenbezeichnung *f* ‖ ~ **designation letter** (Aero) / Pistenbezeichnungs-Kennbuchstabe *m*
**runway-edge light** (Aero) / Pistenrandfeuer *n*
**runway end** (Aero) / Pistenschwelle *f*, Pistenende *n*

**runway-end lighting** (Aero) / Pistenendbefeuerung f ‖ ~ **safety area** (Aero) / Sicherheitsfläche f am Pistenende, Stoppfläche f
**runway gradient** (Aero) / Pistenneigung f ‖ ~ **lighting** (Aero) / Pistenbefeuerung f, Runway-Befeuerung f ‖ ~ **lights** (Aero) / Pistenfeuer n pl ‖ ~ **occupancy** (Aero) / Pistenbelegung f ‖ ~ **separation** (Aero) / Pistenabstand m, Abstand m zwischen Parallelpisten ‖ ~ **shoulder** (Aero) / Pistenschulter f ‖ ~ **slope** (Aero) / Pistenneigung f ‖ ~ **threshold*** (Aero) / Pistenschwelle f, Pistenende n ‖ ~ **threshold lighting** (Aero) / Schwellenbefeuerung f ‖ ~ **touchdown zone** (Aero) / Aufsetzzone f der Piste ‖ ~ **touchdown zone lighting** (Aero) / Aufsetzzonenbefeuerung f ‖ ~ **turn-off and taxi light** (Aero) / Rollscheinwerfer m (der während der Benutzung der Rollbahn eingeschaltet wird) ‖ ~ **visual range*** (Aero) / Pistensichtweite f, Landebahnsichtweite f, Landebahnsicht f
**run wild** v / außer Kontrolle geraten
**Rupert's drop*** (Glass) / Glasträne f, Batavische Träne
**rupestral** adj (Bot, Zool) / felsbewohnend adj, felsbesiedelnd adj
**rupestrine** adj (Bot, Zool) / felsbewohnend adj, felsbesiedelnd adj
**rupicoline** adj (Bot, Zool) / felsbewohnend adj, felsbesiedelnd adj
**rupicolous*** adj (Bot, Zool) / felsbewohnend adj, felsbesiedelnd adj
**Rüping process** (For) / Rüping-Verfahren n (ein Holzschutzverfahren), Rüping-Sparverfahren n (ein Kesseldruckverfahren im Holzschutz), Rüping'sche Spartränkung
**rupture** v (Chem) / aufsprengen v (Ringverbindung) ‖ ~ (Paint) / verletzen v (eine Lackschicht) ‖ ~ (Surf) / aufreißen v (eine Passivschicht) ‖ ~ vt / zum Platzen bringen (eine Membrane) ‖ ~ n (Eng, Materials) / Bruch m (Trennung eines Körpers durch Überbeanspruchung), Brechen n ‖ ~ (Geol) / Ruptur f (durch tektonische Bewegungen hervorgerufene Spalte) ‖ ~ (Materials) / Abreißen n (Bruch) ‖ ~ (Materials, Met) / Trennbruch m, Trennungsbruch m ‖ ~ (Paint) / Verletzung f (der Lackschicht) ‖ ~ **disk** (Chem Eng) / Platzscheibe f, Berstscheibe f (mechanisch wirkende Sicherheitseinrichtung bei Druckanlagen), Reißscheibe f, Berstplatte f ‖ ~ **envelope** (Mech) / Mohr'sche Bruchlinie, Mohr'sche Hüllkurve ‖ ~ **line** (Mech) / Mohr'sche Bruchlinie, Mohr'sche Hüllkurve
**rupturing capacity*** (Elec Eng) / Ausschaltvermögen n, Abschaltleistung f, Ausschaltleistung f, Schaltvermögen n, Schaltleistung f (des Schalters), Unterbrecherleistung f
**rural** adj / Land-, ländlich adj ‖ ~ **atmosphere** (Ecol, Paint) / ländliche Atmosphäre, Landatmosphäre f ‖ ~ **cell** (Teleph) / Ruralzelle f (in zellularem Mobilfunknetz - gedacht für Großflächen-Anwendungen in dünn besiedelten Gebieten) ‖ ~ **communication** (Telecom) / Ruralkommunikation f, Überlandkommunikation f ‖ ~ **electrification** (Agric, Elec Eng) / Elektrifizierung f der Landwirtschaft ‖ ~ **exodus** (Agric) / Landflucht f, Abwanderung f aus ländlichen Gebieten, Zustrom m in die Städte ‖ ~ **long-distance power station** (Elec Eng) / Überlandwerk n (Unternehmen der Elektrizitätswirtschaft, das gewöhnlich mehrere Gemeinden und dabei großflächige, ländliche Gebiete versorgt), Überlandzentrale f, Überlandunternehmen n ‖ ~ **rate** (Elec Eng) / Landwirtschaftstarif m, Tarif m für die Landwirtschaft ‖ ~ **ware** (Ceramics) / ländliche Ware
**rusa oil** / Ostindisches Geraniumöl (ein Grasöl aus Cymbopogon martinii (Roxb.) J.F. Watson), Indisches Geraniumöl, Palmarosaöl n, Rusaöl n
**rush** n (a sudden strong demand for a commodity) / stürmische Nachfrage ‖ ~ / Andrang m, Ansturm m ‖ ~ / Entwicklung f (plötzliche, unerwartete) ‖ ~ / Ausbruch m (plötzlicher) ‖ ~ (Mining) / plötzliche Lastaufnahme (des Hangenden beim Rauben der Pfeiler) ‖ ~ **carpet** (Textiles) / Rutenteppich m (mit nach oben gezogenen einzelnen Schüssen zur Oberflächenbildung)
**rushes*** pl (Cinema) / Musterkopie f, Bildmuster n, Arbeitskopie f (Filmmuster), AK (Arbeitskopie) (Tageskopie des ungeschnittenen Films) ‖ ~ **viewing** (Cinema) / Mustervorführung f
**rush hour** (Autos) / Hauptverkehrszeit f, verkehrsstarke Zeit, Spitzenzeit f, Stoßzeit f (Zeit des Hauptverkehrs), Rushhour f
**rush-hour traffic** / Berufspendlerverkehr m (starker Verkehr zu Beginn und nach dem Ende der allgemeinen Arbeitszeit), Berufsverkehr m, Haus-Arbeit-Verkehr m
**rushing** adj / reißend adj (Strom)
**rush-insensitive** adj (Elec Eng) / rushunempfindlich adj
**rush job** / Eilarbeit f, Eilauftrag m ‖ ~ **mat** / Binsenmatte f
**Ruskin lace** (Textiles) / Ruskin-Spitze f (eine Reticellaspitze)
**ruslick** n (Met, Paint) / Rostschutzanstrich m gegen Salzwasserkorrosion
**Russel** n (Textiles) / Wollrips m
**Russell cord** (Textiles) / Wollrips m ‖ ~ **effect** (Photog) / Russell-Effekt m ‖ ~ **-Saunders coupling*** (Nuc) / Russell-Saunders-Kopplung f (nach H.N. Russell, 1877-1957, und F.A. Saunders, 1875-1963), normale Kopplung, LS-Kopplung f (ein Grenzfall der Drehimpulskopplung)

**Russell's paradox** (Maths) / Russell-Antinomie f (nach B. Russell, 1872-1970) ‖ ~ **test*** (Elec Eng) / Isolationsprüfverfahren n bei Gleichstrom-Dreileitersystem (nach Russell)
**russet*** n (Bot, Nut) / Berostung f (der Schale), Fruchtberostung f ‖ ~ (Leather) / Borkefahlleder n ‖ ~ adj / rotbraun adj, rostbraun adj ‖ ~ **linings** (Leather) / Fahlfutterleder n ‖ ~ **upper leather** (Leather) / Fahlleder n (ein schweres Schuhoberleder)
**russety** adj / rotbraun adj, rostbraun adj
**Russia braid** (Textiles) / Soutache f (schmale geflochtene Schnur als Kleiderbesatz) ‖ ~ **calf** (Leather) / Juchten m n (mit Weidenrinde gegerbtes und mit Birkenteeröl gefettetes Leder mit charakteristischem Geruch), Juchtenleder n ‖ ~ **leather*** (Leather) / Juchten m n (mit Weidenrinde gegerbtes und mit Birkenteeröl gefettetes Leder mit charakteristischem Geruch), Juchtenleder n
**Russian elm** (For) / Flatterulme f (Ulmus laevis (Pall.)), Flatterrüster f ‖ ~ **leather** (Leather) / Juchten m n (mit Weidenrinde gegerbtes und mit Birkenteeröl gefettetes Leder mit charakteristischem Geruch), Juchtenleder n ‖ ~ **olive** (For) / Schmalblättrige Ölweide f (Elaeagnus angustifolia L.) ‖ ~ **white elm** (For) / Flatterulme f (Ulmus laevis (Pall.)), Flatterrüster f
**rust** v (Chem, Met, Paint) / verrosten v, rosten v, rostig werden ‖ ~* n (Agric) / Rost m (Rostkrankheit des Getreides), Rostkrankheit f (durch Rostpilze) ‖ ~ (Chem Eng) / Rust m, Rost m (an der Oberfläche von Sheet auftretender brauner Belag) ‖ ~* (Chem, Met, Paint) / Rost m (Eisenrost nach DIN EN ISO 8044) ‖ ~ **attack** (Chem, Met, Paint) / Rostbefall m ‖ ~ **away** v / wegrosten v ‖ ~ **bloom** (Eng, Surf) / Flugrost m (beginnende Rostbildung auf Eisen und Stahl - DIN 50900, T 1)
**rust-brown** adj / rostfarbig adj, rostbraun adj
**rust bug** / Rostfraß m ‖ ~ **check** (Eng, Surf) / Korrosionsschutzprüfung f, Rostinspektion f ‖ ~ **-coloured** adj / rostfarbig adj, rostbraun adj ‖ ~ **converter** (Chem, Met, Paint) / Rostumwandler m (vornehmlich aus Phosphorsäure bestehende Flüssigkeit, die dazu dient, auf Stahloberflächen festhaftenden Rost in wasserunlösliches tertiäres Eisen(III)-phosphat zu verwandeln), Roststabilisator m
**rust-converting primer** (Chem, Met, Paint) / Rostumwandler m (vornehmlich aus Phosphorsäure bestehende Flüssigkeit, die dazu dient, auf Stahloberflächen festhaftenden Rost in wasserunlösliches tertiäres Eisen(III)-phosphat zu verwandeln), Roststabilisator m
**rust disease** (Agric) / Rost m (Rostkrankheit des Getreides), Rostkrankheit f (durch Rostpilze) ‖ ~ **film** (Paint) / Rostschicht f (dünne) ‖ ~ **formation** (Chem, Eng, Paint) / Verrosten n, Rosten n, Rostansatz m, Rostbildung f
**rust-free** adj / rostfrei adj (zeitweilig), frei von Rost
**rust fungus** (Agric, Bot) / Rostpilz m (Erreger der Rostkrankheiten)
**rustic** adj / grob gezimmert adj (Stuhl, Bank) ‖ ~ / rustikal adj (Mobiliar)
**rusticate** v (Build) / bossieren v (mit dem Bossierhammer oder dem Zweispitz), bossen v, bosseln v, bosselieren v, abbossieren v
**rusticated ashlar*** (Build) / bossierter Quader (Buckelstein), Bossenquader m ‖ ~ **masonry** (Arch) / Rustika f (Mauerwerk aus Bruch- oder Buckelsteinen)
**rustication** n (Build) / Bossenwerk n (ein Quadermauerwerk, bei dem die Vorderseite der Quader unter Belassen einer unregelmäßigen Oberfläche nur roh bearbeitet wird), Rustika f, Bossenmauerwerk n ‖ ~* (in masonry, stone cut in such a way that the joints are sunk in some sort of channel, the faces of the stones projecting beyond them) (Build) / Rustika-Bearbeitung f, Bossen n, Bossage f, Bossieren n, Bosselieren n, Abbossieren n
**rustic joint*** (Build) / Rustikafuge f, vertiefte Fuge, tiefliegende Fuge (meistens im Natursteinmauerwerk) ‖ ~ **masonry** (Arch) / Rustika f (Mauerwerk aus Bruch- oder Buckelsteinen)
**rustics*** pl (with a rough, unscored, textured surface) (Build) / rustikale Baukeramik, Rustikaziegel m pl, [bunte] Ziegel mit rauer Oberfläche
**rustic siding** (Build) / Tropfbrettverschalung f ‖ ~ **-work** n (Build) / Bossenwerk n (ein Quadermauerwerk, bei dem die Vorderseite der Quader unter Belassen einer unregelmäßigen Oberfläche nur roh bearbeitet wird), Rustika f, Bossenmauerwerk n
**rusting*** n (Chem, Eng, Paint) / Verrosten n, Rosten n, Rostansatz m, Rostbildung f
**rust-inhibiting** adj (Chem, Met, Paint) / rostschützend adj, Rostschutz-, rostinhibierend adj, rostverhindernd adj, rosthemmend adj ‖ ~ **oil** (Met, Surf) / Korrosionsschutzöl n, Rostschutzöl n (bei Stahl und Eisen), Konservierungsöl n (gegen Korrosion) ‖ ~ **wax** / Rostschutzwachs n
**rust-inhibitive** adj (Chem, Met, Paint) / rostschützend adj, Rostschutz-, rostinhibierend adj, rostverhindernd adj, rosthemmend adj ‖ ~ **pigment** (Paint) / Rostschutzpigment n (ein im Bindemittel organischer Beschichtungsstoffe weitgehend unlösliches Pigment, das der Grundbeschichtung zugesetzt wird, um metallische Werkstoffe vor Korrosion zu schützen)

**rust inhibitor** (Surf) / Rostschutzmittel n (zur Verminderung oder Verhinderung von Rostbildung), Rostinhibitor m, Rostverhütungsmittel n, Rosthemmer m ‖ ~ **inspection** (Eng, Surf) / Korrosionsschutzprüfung f, Rostinspektion f ‖ ~ **killer** (Eng, Surf) / Rostkiller m, Rostvernichter m
**rustle** v / säuseln v (Blätter - Windstärke 2 nach Beaufort) / rascheln v, knistern v ‖ ~ n (Cinema) / Rascheln n des Lichthahns
**rustless** adj / rostfrei adj (zeitweilig), frei von Rost
**rustling** n (Acous) / Rascheln n, Knistern n ‖ ~ (Mining) / Knistern n (der Kohle)
**rust mark** (Glass) / Rostfleck m ‖ ~ **mordant** (Textiles) / Rostbeize f ‖ ~ **pickling** / Rostentfernung f, Entrostung f ‖ ~ **pit** (Eng) / Rostpustel f
**rust-preventing** adj (Chem, Met, Paint) / rostschützend adj, Rostschutz-, rostinhibierend adj, rostverhindernd adj, rosthemmend adj ‖ ~ **additive** (Fuels, Surf) / Antirostadditiv n (das das Rosten der Oberflächen von Eisenlegierungen verhindert, verzögert oder begrenzt) ‖ ~ **oil** (Met, Surf) / Korrosionsschutzöl n, Rostschutzöl n (bei Stahl und Eisen), Konservierungsöl n (gegen Korrosion)
**rust preventive** (Surf) / Rostschutzmittel n (zur Verminderung oder Verhinderung von Rostbildung), Rostinhibitor m, Rostverhütungsmittel n, Rosthemmer m
**rustproof** adj / rostsicher adj, nicht rostend adj, rostbeständig adj (im Allgemeinen)
**rust-proofing** n / Rostschutzbehandlung f ‖ ~ **agent** (Surf) / Rostschutzmittel n (zur Verminderung oder Verhinderung von Rostbildung), Rostinhibitor m, Rostverhütungsmittel n, Rosthemmer m
**rust protectant** (Surf) / Rostschutzmittel n (zur Verminderung oder Verhinderung von Rostbildung), Rostinhibitor m, Rostverhütungsmittel n, Rosthemmer m
**rust-red** adj (rust-coloured) / rostrot adj
**rust removal** / Rostentfernung f, Entrostung f ‖ ~ **remover** (Chem, Met, Paint) / Rostentfernungsmittel n, Rostentferner m, Entroster m, Entrostungsmittel n ‖ ~ **removing** / Rostentfernung f, Entrostung f
**rust-removing solution** / Entrostungslösung f
**rust residue** (Paint, Surf) / Restrost m
**rust-resistant** adj / rostsicher adj, nicht rostend adj, rostbeständig adj (im Allgemeinen)
**rust resistor** (Surf) / Rostschutzmittel n (zur Verminderung oder Verhinderung von Rostbildung), Rostinhibitor m, Rostverhütungsmittel n, Rosthemmer m ‖ ~ **scraper** (Eng, Tools) / Roststecher m, Rostschaber m (Werkzeug für Entrostungsarbeiten) ‖ ~ **spot** (Autos, Chem, Met, Paint) / Rostfleck m, Rostfahne f ‖ ~ **stabilizer** / Roststabilisator m (chemische Verbindung, die geeignet ist, auf Stahloberflächen nicht vorhandenen festhaftenden und den Fortgang der Korrosion fördernden Rost in stabile, d.h. chemisch inaktive Eisenverbindungen überzuführen) ‖ ~ **stain** (Autos, Chem, Met, Paint) / Rostfleck m, Rostfahne f ‖ ~ **stain** (Paper) / alter Tintenfleck, Eisenfleck m, Rostfleck m (Eisengallustinte)
**rust-stained** adj / rostfleckig adj
**rust through** v / durchrosten v
**rust-through damage** (Surf) / Durchrostungsschaden m
**rust undercutting** (Paint, Surf) / Unterrostung f (Korrosionsangriff unter einer unbeschädigten Beschichtung), Rostunterwanderung f, Unterschichtkorrosion f
**rusty** adj / rostfarbig adj, rostbraun adj ‖ ~ (Chem, Met, Paint) / rostig adj, verrostet adj ‖ ~-**coloured** / rostfarbig adj, rostbraun adj
**rut** n / Spurrille f ‖ ~ (a long deep track made by the repeated passage of the wheels of vehicles) / Spur f (Wagen-, Fahr-, Rad-)
**ruthenate** n (Chem) / Ruthenat n (Salz der Rutheniumsäuren)
**ruthenic chloride** (Chem) / Ruthenium(III)-chlorid n, Rutheniumtrichlorid n (RuCl$_3$)
**ruthenium*** n (Chem) / Ruthenium n, Ru (Ruthenium) ‖ ~ **chloride** (Chem) / Ruthenium(III)-chlorid n, Rutheniumtrichlorid n (RuCl$_3$)
**ruthenium(II) coordination polymer** (Chem) / Ruthenium(II)-Koordinationspolymer n
**ruthenium dioxide** (Chem) / Ruthenium(IV)-oxid n, Rutheniumdioxid n ‖ ~**(IV) oxide** (Chem) / Ruthenium(IV)-oxid n, Rutheniumdioxid n ‖ ~ **red** (Chem, Textiles) / Hydroxoamminrutheniumchlorid n, Rutheniumrot n, Rutheniumrot n ‖ ~ **sesquichloride** (Chem) / Ruthenium(III)-chlorid n, Rutheniumtrichlorid n (RuCl$_3$) ‖ ~ **tetroxide** (Chem) / Ruthenium(VIII)-oxid n, Rutheniumtetroxid n (RuO$_4$)
**rutherford** n (Nuc) / Rutherford n (nicht mehr zugelassene Einheit der Radioaktivität = 10$^6$ tps) ‖ ~ **backscattering** (Phys, Spectr) / Rutherford-Rückstreuung f ‖ ~ **backscattering spectroscopy** (Phys, Spectr) / Rutherford-Rückstreu-Spektroskopie f ‖ ~ **formula** (Spectr) / Rutherford'sche Streuformel, Rutherford-Formel f
**rutherfordine** n (Min) / Rutherfordin n (ein Uranylcarbonat)
**rutherfordium** n (US)* (Chem) / Rutherfordium (Rf), Unnilquadium n, Unq (Unnilquadium), Rf (Rutherfordium) (radioaktives, nur künstlich darstellbares chemisches Element der Ordnungszahl 104)

**Rutherford prism** (Optics) / Rutherford-Prisma n (nach E. Rutherford, Lord of Nelson, 1871-1937), Compoundprisma n (mit Knickung der optischen Achse) ‖ ~ **scattering*** (Phys) / Rutherford-Streuung f, Coulomb-Streuung f
**Ruths accumulator** (Eng) / Ruths-Speicher m (ein Wärmespeicher nach J.K. Ruths, 1879-1935)
**rutilant*** adj / klarrot adj, glühend rot adj ‖ ~ / funkelnd adj, glitzernd adj ‖ ~* (Bot) / mit rötlichem Glanz, rötlich adj
**rutilated quartz*** (Min) / Nadelquarz m, Nadelstein m (Quarz mit feinen metallisch glänzenden braunen Einschlüssen von Rutil)
**rutile*** n (Min) / Rutil m (Titan(IV)-oxid, ein TiO$_2$-Mineral) ‖ ~ **body** (Ceramics) / Rutilmasse f
**rutile-covered electrode** (Welding) / Rutilelektrode f
**rutile electrode** (Welding) / Rutilelektrode f ‖ ~ **electrode** (Welding) s. also titania electrode ‖ ~ **type** (Crystal, Electronics, Min) / Rutilstruktur f, Rutiltyp m
**rutile-type electrode** (Welding) / Rutilelektrode f ‖ ~ **structure** (Crystal, Electronics, Min) / Rutilstruktur f, Rutiltyp m
**rutin*** n (Biochem, Pharm) / Rutin n (ein Bioflavonoid), Rutosid n
**rutinose** n (Biochem) / Rutinose f
**rutted** adj (Autos, Civ Eng) / ausgefahren adj (Straße, Radspur)
**rutty** adj (Autos, Civ Eng) / ausgefahren adj (Straße, Radspur)
**Ružička cyclization** (Chem) / Ružička-Cyclisierung f (nach L. Ružička, 1887-1976)
**RV** (recreational vehicle) (Autos) / Freizeitfahrzeug n, Wagen m für Urlaubs- und Freizeitgestaltung (Campingwagen, Wohnmobil) ‖ ~ (re-entry vehicle) (Mil) / Wiedereintrittsflugkörper m, Wiedereintrittskörper m ‖ ~ (reactor vessel) (Nuc Eng) / Reaktorbehälter m (zur Umschließung des Reaktorkerns oder des nuklearen Dampferzeugungssysgtems), Reaktordruckbehälter m, RDB (Reaktordruckbehälter), Reaktordruckgefäß n, RDG (Reaktordruckgefäß), Reaktortank m ‖ ~ (rescue vessel) (Ships) / Rettungsschiff n
**R-value** n (Nuc Eng) / R-Wert m
**RVP** (Reid vapour pressure) (Phys) / Dampfdruck m nach Reid (bei 100° F - nach DIN 51 754), Reid-Dampfdruck m
**RVR*** (runway visual range) (Aero) / Pistensichtweite f, Landebahnsichtweite f, Landebahnsicht f
**RV Tauri stars** (Astron) / RV-Tauri-Sterne m pl (halbregelmäßige, sehr leuchtkräftige Pulsationsveränderliche)
**RW Aurigae stars** (Astron) / RW-Aurigae-Sterne m pl (eruptive, unregelmäßige Veränderliche mit schnellen Helligkeitsänderungen)
**R-waves** pl (Rayleigh waves) (Acous) / Rayleigh-Wellen f pl (an der spannungsfreien Oberfläche elastischer Medien auftretende Wellen - DIN 1320)
**RWD** (rear-wheel drive) (Autos) / Hinterradantrieb m (mit Hinterachse als Antriebsachse), Heckantrieb m ‖ ~ **car** (Autos) / Hecktriebler m
**rwd car** (rear-wheel car) (Autos) / Hecktriebler m
**R-wire** n (Teleph) / b-Ader f
**RWM** (read/write memory) (Comp) / Schreib-Lese-Speicher m, Lese-Schreib-Speicher m
**R.W.P.** (rainwater pipe) (Build) / Regenfallrohr n (DIN 18 460), Abfallrohr n (A), Regenrohr n, Regenabflussrohr n
**RWP*** (rainwater pipe) (Build) / Regenfallrohr n (DIN 18 460), Abfallrohr n (A), Regenrohr n, Regenabflussrohr n
**RWR** (radar warning receiver) (Radar) / Radarwarnempfänger m
**RWY** (runway) (Aero) / Start- und Landebahn f, Piste f (befestigte), SLB (Start- und Landebahn), Runway f m
**RX** (receiver) (Radar, Radio, Telecomm, TV) / Empfänger m, Empfangsgerät n ‖ ~ (radio receiver) (Radio) / Empfängerteil m eines Funkgerätes, Funkempfänger m
**RXB** (explosives 1.4B) / RXB (Explosivstoffe der Verträglichkeitsgruppe 1.4B)
**RXU** (receiver unit) (Comp) / Empfängereinheit f, Empfängerbauteil n
**Rydberg constant*** (Phys) / Rydberg-Zahl f, Rydberg-Konstante f (DIN 1304) ‖ ~ **formula*** (Phys) / Rydberg-Formel f ‖ ~ **spectrum** (Phys, Spectr) / Rydberg-Spektrum n (ein Absorptionsspektrum nach J. Rydberg, 1854-1919) ‖ ~ **state** (Chem) / Rydberg-Zustand m
**rye** n (Agric, Bot) / Roggen m (Secale L., Secale cereale L.) ‖ ~ **flour** (Nut) / Roggenmehl n ‖ ~ **starch** / Roggenstärke f
**rymer** n (Eng) / Reibahle f (zum Reiben zylindrischer oder kegeliger Bohrungen)
**RZ** (return to zero) (Comp, Instr) / Rückkehr f nach null (ein Testsignalformat), Rückkehr f zu null, Return-to-Zero m, RZ (Return-to-zero) ‖ ~ **code** (Telecomm) / RZ-Kode m (ein Leitungskode)
**Rzeppa joint** (Autos) / Kugelfestgelenk n (nach A.H. Rzeppa), Rzeppa-Gelenk n, Gleichgang-Wellengelenk n (eine Sonderkonstruktion des Gleichlaufgelenks nach A.H. Rzeppa) ‖ ~ **joint** (Autos) s. also Bendix-Weiss universal joint

# S

**S** (Autos) / Kennbuchstabe für Reifen mit 180 km/Stunde Höchstgeschwindigkeit (ECE-Regelung)
**S** (sulphur) (Chem) / Schwefel *m*, Sulfur *n*, S (Schwefel)
**S** (siemens) (Elec) / Siemens *n* (gesetzliche abgeleitete SI-Einheit des elektrischen Leitwerts - nach W. v. Siemens, 1816-1892), S (Siemens - DIN 1301, T 1)
**S\*** (entropy) (Phys) / Entropie *f* (Größe, die den Zustand eines makroskopischen thermodynamischen Systems beschreibt - DIN 1345)
**S** (small) (Textiles) / klein *adj* (Kleidergröße), small *adj*, S (kleine Kleidergröße)
**SA** (source address) (Comp) / Ursprungsadresse *f*, Quelladresse *f* ‖ ~ (string analysis) (Comp) / Kettenanalyse *f* (Zerlegung eines Satzes in seine Elementarketten, wie z.B. Satzkern und seine Adjunkte)
**sabadilla seeds** / Sabadillsamen *m pl* (aus Schoenocaulon officinale (Cham. et Schltdl.) A. Gray)
**Sabatier-Senderens reduction** (Chem) / Sabatier-Senderens'sche Reduktion (von organischen Verbindungen mit Wasserstoff)
**Sabattier effect\*** (Photog) / Sabattier-Effekt *m* (ein fotografischer Umkehreffekt), Pseudosolarisation *f*
**SABBDxx** (shared abbreviated dialling list) (Telecomm, Teleph) / Kurzwahllistenmitbenutzung *f*
**saber saw** (US) (For) / Kraftstichsäge *f*, Schweifsägemaschine *f*
**sabicu** *n* (For) / Holz der Lysiloma latisiliqua
**sabin\*** *n* (Acous) / Sabin *n* (eine alte Einheit der Schallabsorption)
**Sabine absorption coefficient** (Acous) / Sabine'scher Absorptionsgrad
**sabinene** *n* (Chem) / Sabinen *n* (ein Thujen) ‖ ~ (Chem) s. also savin oil
**sabinol** *n* (Chem) / Sabinen *n* (ein Thujen) ‖ ~ **hydrate** (Chem) / Sabinenhydrat *n* (ein bycyclisches Terpen)
**sabkha\*** *n* (Geol) / Sebcha *f* (pl. -s) (Salzpfanne und Salztonebene im arabischsprachigen Raum), Schott *m n* (pl. -s) (im Maghreb), Sebkha *f*, Sabkha *f*
**sable\*** *n* (Paint) / Zobelpinsel *m*, Feuerwieselpinsel *m* ‖ ~ **brush** (Paint) / Zobelpinsel *m*, Feuerwieselpinsel *m* ‖ ~ **pencil** (Paint) / Zobelpinsel *m*, Feuerwieselpinsel *m*
**sabot** *n* (Mil) / Treibspiegel *m*
**sabotage** *n* / Sabotage *f* (z.B. als Computerkriminalität)
**sabre flask** (Chem) / Säbelkolben *m*, Sichelkolben *m* ‖ ~ **saw** (For) / Kraftstichsäge *f*, Schweifsägemaschine *f*
**sabulous** *adj* / sandig *adj*, sandhaltig *adj*, sandführend *adj*
**saccharate** *n* (Chem) / Saccharat *n* (Trivialname für Salze der D-Glucarsäure), Glucarat *n*
**saccharated lime** (Pharm) / Zuckerkalk *m*
**saccharic acid** (Chem) / Zuckersäure *f* (D-Glukozuckersäure), Glucarsäure *f* (eine Aldarsäure), Glukarsäure *f*
**saccharide\*** *n* (Chem) / Kohlenhydrat *n*, Kohlehydrat *n*, Sacharid *n*, Saccharid *n*
**saccharification** *n* (Chem) / Verzuckerung *f*, Sacharifizierung *f*, Saccharifikation *f*, Saccharifizierung *f*, Saccharifikation *f* ‖ ~ **of starch** (Chem) / Stärkeverzuckerung *f*, Stärkehydrolyse *f*, Konversion *f* der Stärke ‖ ~ **of wood** (Chem Eng) / Hydrolyse *f* der Polysaccharide im Holz, Holzverzuckerung *f*, Holzhydrolyse *f* (z.B. nach dem Scholler-Tornesch-Verfahren)
**saccharify** *vt* (Chem) / verzuckern *v*, sacharifizieren *v*, saccharifizieren *v*, in Zucker verwandeln
**saccharimeter\*** *n* (Chem, Optics) / Saccharimeter *n*, Sacharimeter *n* (optisches Gerät zur Bestimmung des Zuckergehaltes wässriger Lösungen)
**saccharimetry\*** *n* (Chem, Optics) / Saccharimetrie *f*, Sacharimetrie *f* (die Bestimmung des Zuckergehaltes in wässrigen Lösungen)
**saccharin\*** *n* (Chem, Nut) / Sacharin *n* (o-Sulfo-benzoesäureimid), Saccharin *n* (ein synthetischer Süßstoff)
**saccharine\*** *n* (Chem, Nut) / Sacharin *n* (o-Sulfo-benzoesäureimid), Saccharin *n* (ein synthetischer Süßstoff) ‖ ~ *adj* / Zucker-, zuckerhaltig *adj*, zuckerartig *adj*, zuckersüß *adj*
**saccharobiose\*** *n* (Chem, Nut) / Sacharose *f*, Saccharose *f* (wichtigstes Disaccharid), Sucrose *f*, Sukrose *f*, Rohrzucker *m* (im Allgemeinen), Rübenzucker *m* (im Allgemeinen)
**saccharogenic amylase** (Biochem) / Saccharogenamylase *f*
**saccharoidal** *adj* (Chem) / Zucker- ‖ ~ **texture\*** (Geol) / zuckerkörnige Struktur
**saccharolactic acid** (Chem) / Mucinsäure *f*, Schleimsäure *f*, Muzinsäure *f*

**saccharose** *n* (Chem, Nut) / Sacharose *f*, Saccharose *f* (wichtigstes Disaccharid), Sucrose *f*, Sukrose *f*, Rohrzucker *m* (im Allgemeinen), Rübenzucker *m* (im Allgemeinen)
**Sachse-Mohr theory** (Chem) / Sachse-Mohr-Theorie *f*
**Sachse reaction** (Chem Eng) / Sachse-Verfahren *n* (zur Erzeugung von Ethin durch autotherme Spaltung von Flüssiggasen, Leichtbenzin und Methan)
**S-acid** *n* (Chem) / S-Säure *f* (eine Buchstabensäure - eine Aminonaphtholsulfonsäure)
**sack** *v* / einsacken *v*, sacken *v* (in Säcke abfüllen), absacken *v* (in Säcke abfüllen), in Säcke füllen ‖ ~ (Work Study) / entlassen *v* (Arbeitnehmer) ‖ ~ *n* / Sack *m* (schwerer) ‖ ~ **barrow** (Eng) / Sackkarre *f* (ein Handfahrgerät), Sackkarren *m* ‖ ~ **chute** / Sackrutsche *f*
**sackcloth** *n* (Textiles) / Sackleinwand *f* (grobes leinwandbindiges Gewebe), Sackleinen *n*, Baggings *pl*
**sack filler** / Einsackmaschine *f*, Einsacker *m* ‖ ~ **hoist** (Eng) / Sackaufzug *m*
**sacking** *n* / Einsacken *n*, Sacken *n*, Absacken *n*, Füllen *n* in Säcke ‖ ~\* (Textiles) / Sackleinwand *f* (grobes leinwandbindiges Gewebe), Sackleinen *n*, Baggings *pl* ‖ ~ **weigher** (Agric, Nut) / Absackwaage *f*
**sack paper** (Paper) / Sackpapier *n* ‖ ~ **shoot** / Sackrutsche *f* ‖ ~ **truck** (Eng) / Sackkarre *f* (ein Handfahrgerät), Sackkarren *m*
**Sackur-Tetrode equation** (Phys) / Sackur-Tetrode-Formel *f* (für die Entropie eines aus einatomigen Molekülen bestehenden idealen Gases), Sackur-Tetrode-Gleichung *f*
**sacred bamboo** (For) / Himmelsbambus *m* (Nandina domestica Thunb. ex Murray) ‖ ~ **building** (Arch) / Sakralbau *m*
**sacrificial anode\*** (Ships, Surf) / Opferanode *f* (katodischer Korrosionsschutz aus unedlen Metallen nach DIN EN ISO 8044), Schutzanode *f* (selbstverzehrende), galvanische Anode ‖ ~ **anode\*** s. also active anode and inert anode ‖ ~ **layer** (Surf) / Opferschicht *f* ‖ ~ **protection\*** (Surf) / katodischer Schutz mit Aktivanoden
**sadden** *v* / dunkel färben, abdunkeln *v*
**saddening** *n* / Abdunkelung *f* (der Farbe)
**saddle** *n* (US) (Eng) / Anbohrschelle *f* (die mit dem Schellenbügel auf der anzubohrenden Rohrleitung festgeschraubt wird) ‖ ~ *n* (Build, Civ Eng) / sattelförmige Schale ‖ ~ (Carp) / Trumholz *n*, Sattelholz *n*, Schirrholz *n* ‖ ~ (a kiln furniture) (Ceramics) / dreieckige Stütze (ein Brennhilfsmittel), Dreikant *n m* (ein Brennhilfsmittel) ‖ ~ (Chem Eng) / Sattel *m* (ein Füllkörper), Sattelfüllkörper *m* ‖ ~\* (Civ Eng) / Kippplatte *f*, oberer Lagerkörper ‖ ~\* (Elec Eng) / U-Schelle *f* ‖ ~ (Eng) / Sattel *m* (Werkzeug, das beim Freiformschmieden das Arbeitsvermögen des Freiformschmiedehammers bzw. die Presskraft der Schmiedepresse auf das Freiformschmiedestück überträgt und mit dessen Hilfe der Hauptteil der Umformung vorgenommen wird) ‖ ~ (Eng) / Bettschlitten *m* (Unterteil des Werkzeugschlittens der Drehmaschine) ‖ ~ (Eng) / Querschlitten *m* der Fräsmaschine (auf Bett oder Konsole geführter Tisch zur Aufnahme des Längsschlittens) ‖ ~\* (Eng) / Sattelschlitten *m* (der vom Bettschlitten getragen wird und die Vorschubbewegung ausführt) ‖ ~ (Eng) / Seilsattel *m* (an Seilbahnzwischenstützen) ‖ ~ (Geol) / Antiklinale *f*, Antikline *f*, Sattel *m* (einer geologischen Falte)
**saddleback** *n* (Build) / Sattelabdeckung *f* ‖ ~ (Build) / Satteldach *n*, Giebeldach *n* (nach zwei gegenüberliegenden Gebäudeseiten geneigtes Dach mit hochgeführten Giebelwänden an den zwei übrigen Seiten) ‖ ~ **board\*** (Build) / Schwelle *f* (der untere Anschlag zwischen den Türleibungen) ‖ ~ **connection** (Eng) / Sattel *m* (scheibenförmige Verstärkung des Rohres) ‖ ~ **roof** (Build) / Satteldach *n*, Giebeldach *n* (nach zwei gegenüberliegenden Gebäudeseiten geneigtes Dach mit hochgeführten Giebelwänden an den zwei übrigen Seiten)
**saddle bar** (Arch) / Windeisen *n* (eines Kirchenfensters zum Schutz gegen den Druck des Windes) ‖ ~ **bar\*** (Build) / Bleiglasfensterhorizontalleiste *f*, Bleifensterstab *m* (Anschlagleiste) ‖ ~ **board** (at the ridge of a pitched roof) (Build, Carp) / Firstpfette *f*, Firstbohle *f*, Firstbalken *m* (der die Sparren am Dachfirst trägt und das Durchbiegen und seitliches Ausweichen der Firstlinie verhindert) ‖ ~ **carriage** (Eng) / Sattelschlitten *m* (der vom Bettschlitten getragen wird und die Vorschubbewegung ausführt) ‖ ~ **clamp** (Autos) / Sattelkloben *m* (DIN ISO 8090) ‖ ~ **coil\*** (Electronics) / Sattelspule *f* ‖ ~ **coping** (Build) / Sattelabdeckung *f* ‖ ~ **curve** (Met) / Sattelkurve *f* (im Phasendiagramm) ‖ ~ **drive** (Eng) / Querantrieb *m* (für den Querschlitten der Fräsmaschine) ‖ ~ **gall midge** (Agric, Bot, Zool) / Sattelmücke *f* (Haplodiplosis marginata) ‖ ~ **key\*** (a key with a concave face bearing on the surface of the shaft which it grips by friction only, being sunk in a keyway in the boss) (Eng) / Hohlkeil *m* (Bauch ist der Wellenform angepasst - DIN 6881) ‖ ~ **label** / Dachreiteretikett *n* (in der Kartei) ‖ ~ **leather** (Leather) / Sattlerleder *n* ‖ ~ **packing** (Chem Eng) / Sattel *m* (ein Füllkörper), Sattelfüllkörper *m* ‖ ~ **point** (Maths) / Sattelpunkt *m* (Wendepunkt mit waagerechter Tangente), Stufenpunkt *m* ‖ ~-**point azeotrope** (a

rarely occurring azeotrope which is formed in ternary systems and for which the boiling point is intermediate between the highest and lowest boiling mixture in the system) (Chem) / Sattelpunkt-Azeotrop *n* || **~-point method** (Maths) / Methode *f* des steilsten Abstiegs (ein Abstiegsverfahren), Sattelpunktmethode *f*

**saddler** *n* (Leather) / Sattler *m*

**saddle roof** (Build) / Satteldach *n*, Giebeldach *n* (nach zwei gegenüberliegenden Gebäudeseiten geneigtes Dach mit hochgeführten Giebelwänden an den zwei übrigen Seiten)

**saddler's thread** (Leather, Textiles) / Sattlerzwirn *m*

**saddlery leather** (Leather) / Sattlerleder *n*

**saddle scaffold*** (Build) / Hängebockgerüst *n* (meistens für Schornsteinreparaturen), Schornsteingerüst *n* || **~ scaffold*** (Build) / Firstaufsatzgerüst *n*, Gerüst *n* über dem First || **~ sewing** (Bind) / Rückstichheftung *f* (mit Faden)

**saddle-sewing** *n* (Bind) / Rückstichheftung *f* (mit Heftfaden)

**saddle soap** (Leather) / Lederseife *f*, Sattelseife *f* (mit Bienen- oder Carnaubawachs)

**saddle-stitched booklet** (Bind) / Rückstichbroschüre *f*, Rückstichbroschur *f*

**saddle stitching** (Bind) / Rückstichheftung *f* (mit Draht) || **~-stitching*** *n* (with wire) (Bind) / Heften *n* im Falz (mit Drahtklammern) || **~ stone*** (upper or crowning piece of the cope or gable) (Arch, Build) / Schlussstein *m* des Giebels || **~ surface** (Maths) / Sattelfläche *f* (mit mindestens einem Sattelpunkt)

**saddle-type monorail system*** (Aero) / Reiterbahn *f* (eine Einschienenbahnanlage), Sattelbahn *f* (im Allgemeinen)

**saddle-type turret lathe** (Eng) / Bettschlittenrevolverdrehmaschine *f*

**saddle-wire binding** (Bind) / Rückstichheftung *f* (mit Draht) || **~ stitching** (Bind) / Rückstichheftung *f* mit Draht, Drahtrückenheftung *f*, Drahtrückstichheftung *f*

**SADT** (structured analysis and design technique) (Comp) / SADT-Methode *f*

**SAE number** / SAE-Viskositätsklasse *f* (Einteilung von Motorenölen und Kfz-Getriebeölen nach DIN 51511)

**SAE*** = **Society of Automotive Engineers***

**SAE viscosity class** / SAE-Viskositätsklasse *f* (Einteilung von Motorenölen und Kfz-Getriebeölen nach DIN 51511)

**safan** *n* (For) / Champak *n* (Michelia champaca L.)

**safari look** (Textiles) / Safarilook *m* (Freizeitmode im Stil der Kleidung von Teilnehmern an einer Safari)

**safe** *adj* / sicher *adj* || **~** (Eng) / zulässig *adj* (den Sicherheitsvorschriften entsprechend) || **~ area** / sicherer Ort || **~ browser** (Comp) / Safe-Browser *m* (beim PC) || **~ concentration** (Ecol) / sichere Konzentration (eine für den größten Teil eines bestimmten Fischbestandes unschädliche Konzentration einer Chemikalie in den Gewässern) || **~ concrete** (Build) / Tresorbeton *m* (Beton B 55 mit Zuschlägen aus Kiessand oder Hartgestein) || **~ disposal** (Ecol) / Entsorgung *f* (im Allgemeinen - unproblematische) || **~ distance** (Eng) / Sicherheitsabstand *m* (DIN 31001, T 1 und DIN 66257) || **~ edge*** (Eng, Tools) / Feilenseite *f* ohne Hieb || **~ edge** (Print) / Sicherheitskante *f* (beim Siebdruck) || **~ floor load** (Eng) / Bodentragfähigkeit *f*, Tragfähigkeit *f* des Bodens (z.B. in einer Werkstatt), zulässige Bodenbelastung (z.B. in einer Ausstellungshalle) || **~ footing** / Trittsicherheit *f* || **~ for all foods** (Nut) / lebensmittelecht *adj* || **~ for films** / keine Filmschwärzung (Aufschrift auf den Sicherheitskontrollapparaten auf den Flughäfen) || **~ from flooding** (Hyd Eng) / überflutungssicher *adj* || **~ from inundation** (Hyd Eng) / überflutungssicher *adj*

**safeguard** *v* / sichern *v*, schützen *v* || **~** *n* / Schutzeinrichtung *f* (DIN 31001, T 1), Schutzvorrichtung *f*, Schutzausrüstung *f*, technische Sicherheitseinrichtung *f* || **~** / Sicherung *f*, Schutz *m* || **~** / Sicherheitsmaßnahme *f* || **~** (Rail) / Radlenker *m*, Leitschiene *f* (zusätzlich angeordnete Schiene in Gleisbogen), Schutzschiene *f*

**safeguarding** *n* / Sicherung *f* (Tätigkeit) || **~ program** (Teleph) / Sicherungsprogramm *n* (im elektronisch gesteuerten Wählsystem) || **~ software** (Comp) / Sicherungssoftware *f*

**safeguard program** (Teleph) / Sicherungsprogramm *n* (im elektronisch gesteuerten Wählsystem)

**safe handling** / sicherer Umgang, sichere Handhabung (um Gesundheits- und Sachschäden zu verhindern) || **~ installation** / Safeanlage *f*, Tresoranlage *f*

**safe-life principle** (Aero) / Safe-Life-Prinzip *n* (ein Konstruktionsprinzip)

**safe•-lights** *pl* (Photog) / Dunkelkammerbeleuchtung *f*, Dukabeleuchtung *f* || **~ load*** (Build, Civ Eng) / Tragfähigkeit *f* (z.B. des Bodens), Belastungsfähigkeit *f* (z.B. des Bodens), Bodentragfähigkeit *f* || **~ load*** (Civ Eng, Mech) / zulässige Belastung, zulässige Grenzlast || **~ mass** / sichere Masse

**safener** *n* (Chem) / Zusatzstoff, der *m* Reaktionen zwischen Bestandteilen von Wirkstoffgemischen verhindert || **~** (Ecol) /

Safener *m* (Stoff, der einem Pflanzenschutzmittel zugesetzt wird, damit es auf die behandelten Kulturpflanzen nicht phytotoxisch wirkt)

**safe operating area** (Electronics) / Safe Operating Area *f* (bei der Bestimmung der Belastbarkeit des Transistors), erlaubter Arbeitsbereich, sicherer Arbeitsbereich (ohne Schäden am Bauelement) || **~ practice** / sicherer Umgang, sichere Handhabung (um Gesundheits- und Sachschäden zu verhindern) || **~ practice** / Sicherheitstechnik *f* || **~ refrigerant** / Sicherheitskältemittel *n* (z.B. Fluor-Chlor-Verbindungen)

**safe-run wheel** (Autos) / Safe-Run-Rad *n*, Rad *n* mit Notlaufeigenschaften, Run-flat-Rad *n*

**safe sight stopping distance** (Autos) / Haltesichtweite *f* (DIN 67 524), Anhaltesichtweite *f*

**safest, by the ~ means** / mit einem Höchstmaß an Sicherheit

**safe-stop wheel** (Autos) / Safe-Stop-Rad *n* (mit begrenzten Notlaufeigenschaften)

**safety** *n* (methods and techniques avoiding accident or disease) / Sicherheit *f* (vor) || **~** (Comp) / Sicherheit *f* (eines Prozesssystems gegen Gefährdung) || **~** (Eng) / Fangvorrichtung *f* (des Aufzugs), Fang *m* (des Aufzugs) || **~** (Nut) / Unbedenklichkeit *f* || **~** *attr* / Schutz-, Sicherheits-, sicherheitsgerecht *adj* || **~ against cracking** (Materials) / Risssicherheit *f* || **~ arch*** (Build, Civ Eng) / Überfangbogen *m*, Entlastungsbogen *m*, Ablastbogen *m* || **~ area** (Civ Eng) / Rettungsraum *m* (in Tunneln), Fluchtkammer *f* (in Tunneln) || **~ assessment** / Sicherheitsbericht *m* || **~ at work** (Work Study) / Arbeitssicherheit *f* || **~ audit** / Sicherheitsaudit *m n* || **~ barrier** / Umwehrung *f* (eine Schutzeinrichtung nach DIN 31001, T 1), Abdeckung *f* (zum Schutz gegen direkte Berührung), Absperrung *f* (eine Schutzeinrichtung), Abschrankung *f* || **~ barrier*** (Aero) / Sicherheitsfangnetz *n* || **~ base** (Photog) / Sicherheitsunterlage *f* (ein Filmträger) || **~ belt** (Aero) / Anschnallgurt *m* (am Sitz befestigter Sicherheitsgurt), Sitzgurt *m* || **~ belt** (Autos) / Sicherheitsgurt *m*

**safety-belt retractor** (Autos) / Sicherheitsgurt-Aufroller *m*, Sicherheitsgurt-Aufrollautomatik *f*, Gurtautomatik *f*, Aufrollautomatik *f* || **~ tensioner** (Autos) / Gurtstrammer *m*, Gurtstraffer *m*

**safety•-belt with automatic coil-up** (Autos) / Automatiksicherheitsgurt *m*, Automatikgurt *m* || **~ bolt** (Eng) / Sicherungsbolzen *m* || **~ by-pass** (Civ Eng, Hyd Eng) / Sicherheitsumlauf *m* (Entlastungsleitung zur Sicherung eines Bauwerks, z.B. eines Rechens, vor Überlastung) || **~ cage*** (Mining) / Förderkorb *m* mit Fangvorrichtung || **~ car** (Autos) / Pacecar *m* (pl.: -s) (Leitfahrzeug mit Gelblicht bei Formel-1-Rennen), Safetycar *n* (pl.: -s) || **~ car** (Autos) / Sicherheitsauto *n*, Safety Car *n* / Sicherheitssperre *f* || **~ catch** (Autos) / Fanghaken *m* (für Fronthaube) / Sicherheitsarretierhaken *m* (für Fronthaube) || **~ catch** (Mining) / Fangvorrichtung *f* (in der Schachtförderung) || **~ chain** (Eng) / Sicherheitskette *f* || **~ characteristic** / Sicherheitscharakteristik *f* (die das Sicherheitsverhalten kennzeichnet) || **~ circuit** (Elec Eng) / Sicherheitsschaltung *f* || **~ clothes** (Textiles) / Schutzkleidung *f* (Hitze-, Säure-, Strahlen-), Schutzanzug *m*, Schutzbekleidung *f* (DIN 4847) || **~ clothing** (Textiles) / Schutzkleidung *f* (Hitze-, Säure-, Strahlen-), Schutzanzug *m*, Schutzbekleidung *f* (DIN 4847) || **~ code** (Med, Work Study) / Unfallverhütungsvorschriften *f pl*, Sicherheitsvorschriften *f pl*, Sicherheitsbestimmungen *f pl*, UVV || **~ consideration** / sicherheitsrelevanter Aspekt || **~ coupling*** (Eng) / Sicherheitskupplung *f* (drehmomentgeschaltete Kupplung) || **~ cupboard** (Chem) / Sicherheitsschrank *f* (zur sicheren Aufbewahrung und Bereitstellung brennbarer Flüssigkeiten und leichtentzündlicher Feststoffe) || **~ cut-out*** (Elec Eng) / Sicherheitsausschalter *m* || **~ cutter block** (For) / Sicherheitsmesserwelle *f* || **~ data sheet** (Comp) / Sicherheitsdatenblatt *n* (DIN 52900) || **~ device** / Sicherheitsvorrichtung *f* || **~ dyke** (Hyd Eng) / Schlafdeich *m* (durch den Bau eines Außendeiches unwirksam gewordener Deich, der jedoch aus Sicherheitsgründen erhalten bleibt) || **~ element** (Eng) / Sicherheitsglied *n* || **~ engineer** (Eng) / Sicherheitstechniker *m*, Sicherheitsingenieur *m* || **~ extra-low voltage** (Elec Eng) / Sicherheitskleinspannung *f*, Schutzkleinspannung *f*, SELV (Sicherheitskleinspannung) || **~ factor*** (Build, Eng) / Sicherheitskoeffizient *m*, Sicherheitsbeiwert *m*, Sicherheitswert *m*, Sicherheitszuschlag *m*, Sicherheitsfaktor *m* || **~ feet** / Stand- und Rutschsicherung *f* (der Leiter) || **~ film*** (Cinema) / Safety-Film *m*, Sicherheitsfilm *m* (z.B. mit Schichtträgern aus Zellulosetriazetat) || **~ fittings** (Eng) / Sicherheitsarmatur(en) *f(pl)* || **~ footwear** (Eng) / Sicherheitsschuhe *m pl*, Sicherheitsschuhwerk *n* (DIN 4843), Schutzschuhwerk *n* || **~ frame** / Fangrahmen *m* (bei Aufzügen) || **~ fuse** (Elec Eng) / Schmelzsicherung *f* (eine elektrische Sollbruchstelle nach DIN 18 015-1) || **~ fuse** (Mining) / schlagwettersichere Pulverzündschnur || **~ gate** (Hyd Eng) /

1363

**safety**

Sicherheitstor n ‖ ~ **gear** (Eng) / Fangvorrichtung f (des Aufzugs), Fang m (des Aufzugs)
**safety-gear frame** / Fangrahmen m (bei Aufzügen)
**safety glass** (constructed of sheets laminated with plastic films to prevent shattering in the event of breakage) (Glass) / Verbundsicherheitsglas n, Mehrschichtensicherheitsglas n, Mehrscheibensicherheitsglas n, Verbundglas n, VSG (Verbundsicherheitsglas), MSG (Mehrschichtensicherheitsglas) ‖ ~ **glass*** (Glass) / Sicherheitsglas n (Flachglas - eben oder gebogen -, das nach Zerstörung keine Verletzungen hervorrufen kann) ‖ ~ **glass** (containing a network of wire to improve its resistance ro breakage and shattering) (Glass) / Drahtglas n (Flachglas mit eingewalztem Drahtgewebe oder Drahtgeflecht) ‖ ~ **glasses** / Schutzbrille f (DIN 58210 und 58211) ‖ ~ **governor** (Eng) / Sicherheitsregler m (einer Turbine) ‖ ~ **harness** (Aero) / kombinierter Bauch- und Schultergurt, Sicherheitsgurte m pl (des Flugzeugführers) ‖ ~ **height*** (Aero) / Sicherheitshöhe f ‖ ~ **helmet** (Autos) / Kraftfahrersturzhelm m (ECE-Regelung 22), Sturzhelm m ‖ ~ **helmet** (Build, Eng, Med) / Arbeitsschutzhelm m (DIN 7948), Schutzhelm m (Industrieschutzhelm) ‖ ~ **in flight** (Aero) / Flugsicherheit f ‖ ~ **ink** (Print) / Sicherheitsfarbe f (Druckfarbe für Sicherheitspapiere) ‖ ~ **in mines** (Mining) / Grubensicherheit f ‖ ~ **interlock** (Eng) / Sicherheitsverriegelung f ‖ ~ **in traffic** (Autos) / Verkehrssicherheit f, Sicherheit f im Straßenverkehr ‖ ~ **island** (US) (Autos, Civ Eng) / Schutzinsel f, Fußgängerschutzinsel f, Fußgängerinsel f, Leitinsel f ‖ ~ **lamp*** (Mining) / Wetterlampe f, Sicherheitslampe f, Grubenlampe f, Davy-Lampe f ‖ ~ **lock** (Build) / Sicherheitsschloss n ‖ ~ **lock** (Build) / Sicherheitsschleuse f (zwischen einem brandgefährdeten und einem anderen Raum) ‖ ~ **lock** (Eng) / Sicherheitsverriegelung f ‖ ~ **on the road** (Autos) / Verkehrssicherheit f, Sicherheit f im Straßenverkehr ‖ ~ **paper** (Paper) / Sicherheitspapier n ‖ ~ **pillar** (Mining) / Sicherheitspfeiler m (ein stehen bleibender Teil der Lagerstätte zum Schutz von wichtigen Grubenbauen, an Markscheiden, an Gefahrenstellen oder unter wichtigen Tagesanlagen, Schutzpfeiler m ‖ ~ **pipette** (Chem) / Sicherheitspipette f ‖ ~ **plug** (Eng) / Schmelzstopfen m (bei Wärmekraftmaschinen), Schmelzlotsicherung f ‖ ~ **precaution** / Sicherheitsmaßnahme f, Sicherungsmaßnahme f ‖ ~ **pressure cut-out** (Eng) / Sicherheitsdruckbegrenzer m ‖ ~ **rail*** (Rail) / Radlenker m, Leitschiene f (zusätzlich angeordnete Schiene in Gleisbogen), Schutzschiene f ‖ ~ **recommendation** / Sicherheitsempfehlung f ‖ ~ **reflective triangle** (Autos) / Warndreieck n (tragbare Warneinrichtung zur Sicherung liegen gebliebener Fahrzeuge) ‖ ~ **regulations** (Med, Work Study) / Unfallverhütungsvorschriften f pl, Sicherheitsvorschriften f pl, Sicherheitsbestimmungen f pl, UVV ‖ ~ **relay** (Elec Eng) / Sicherheitsrelais n
**safety-relevant** adj / sicherheitsrelevant adj
**safety report** / Sicherheitsbericht m ‖ ~ **requirement** / sicherheitstechnische Anforderung ‖ ~ **rim** (Autos) / Sicherheitsfelge f ‖ ~ **ring** (Comp) / Schreibsicherungsring m, Schreibring m (DIN 66 010) ‖ ~ **rods*** (Nuc Eng) / Sicherheitsstäbe m pl ‖ ~ **shield** (Welding) / Schweißerschirm m (ein Schutzschirm) ‖ ~ **shower** (Chem, San Eng) / Notbrause f ‖ ~ **shut-off valve** (Eng) / Sicherheitsabsperrventil n (DIN 3320) ‖ ~ **signal** / Sicherheitssignal n, Sicherheitszeichen n ‖ ~ **speed*** (Aero) / sichere Geschwindigkeit ‖ ~ **standard** / Sicherheitsnorm f ‖ ~ **standards** (Med, Work Study) / Unfallverhütungsvorschriften f pl, Sicherheitsvorschriften f pl, Sicherheitsbestimmungen f pl, UVV ‖ ~ **steering column** (Autos) / Sicherheitslenksäule f ‖ ~ **stepladder** / Sicherheitsleiter f
**safety-stitch seam** (Textiles) / Sicherheitsnaht f (eine Nahtkombination)
**safety stock** (Work Study) / Sicherheitsbestand m (Bestand bzw. Vorrat an Artikeln, Zulieferteilen, Ersatzteilen, Waren, der für die reibungslose Durchführung der Produktion, der Instandhaltung oder Versorgung der Bevölkerung eine spezielle Sicherheit bieten soll) ‖ ~ **stuffing box** (Eng) / Sicherheitsstopfbuchse f ‖ ~ **switch** (Elec Eng) / Sicherheitsschalter m ‖ ~ **switch*** (Elec Eng) / Notbremse f, Notschalter m (im Fahrstuhl) ‖ ~ **tunnel** (Civ Eng) / Fluchttunnel m, Rettungstunnel m, Rettungsröhre f (ein Fluchttunnel), Fluchtstollen m ‖ ~ **-valve*** n (Eng) / Sicherheitsventil n (DIN 3320) ‖ ~ **vehicle** (Autos) / Sicherheitskraftwagen m, Sicherheitsfahrzeug n ‖ ~ **zone** / Schutzzone f, Sicherheitszone f
**safe working load** (Eng) / Tragfähigkeit f (z.B. des Seils) ‖ ~ **yield** (from a well or aquifer) (Hyd Eng) / verlässliches Wasserdargebot
**saffian** n (leather tanned with sumach and dyed in bright colours) (Bind, Leather) / Saffian m, Saffianleder n (feines Ziegenleder, das nach Sumachgerbung gefärbt und zwischen Presswalzen gefurcht wird)
**safflorite** n (Min) / Safflorit m (Kobaltarsenid - CoAs₂)
**safflower** n / Saflor m, Safflor m, Zaffer m (ein Naturfarbstoff) ‖ ~ (Bot) / Färbersaflor m, Saflor m (Carthamus tinctorius L.), Färberdistel f (eine carthaminhaltige Pflanze) ‖ ~ **oil** (Nut) / Distelöl n, Safloröl n, Kardyöl n, Färberdistelöl n ‖ ~ **yellow** / Safflorgelb n, Saflorgelb n (gelbe Komponente des Saflors)
**saffron** attr / safrangelb adj, safranfarbig adj, safranfarben adj
**saffron-coloured** adj / safrangelb adj, safranfarbig adj, safranfarben adj
**safranin** n (Leather, Micros, Photog) / Safranin n (ein Phenazinfarbstoff)
**safranine*** n (Leather, Micros, Photog) / Safranin n (ein Phenazinfarbstoff)
**safrole** n (Chem) / Safrol n (4-Allyl-1,2-methylendioxybenzol)
**SAFT** (synthetic-aperture focusing technique) (Materials) / Technik f der synthetischen Apertur
**sag** v / durchhängen v, durchsacken v, Durchhang haben ‖ ~ (Glass) / abrutschen v (Email) ‖ ~ (Ships) / sich in der Mitte nach unten krümmen (Kiellängsachse) ‖ ~ n / Durchhang m (bei frei gespannten Drähten oder Seilen), Durchbiegung f, Durchsenkung f ‖ ~ (Autos) / "Loch" n in Beschleunigung, Beschleunigungsloch n, "Verhalten" n des Motors (schlechte Gasannahme) ‖ ~ (Civ Eng) / Wanne f (der Fahrbahn) ‖ ~ (Comp, Elec Eng) / Spannungseinbruch m (leichter) ‖ ~ (Elec Eng) / kurzzeitiges Unterschreiten der im Netz zulässigen Minimalspannung ‖ ~ (Paint) / Vorhang m (unruhige Lackoberfläche)
**sagbend** n (Oils) / Sagbend m (freie Rohrlänge zwischen Stinger und Meeresboden)
**sag correction*** (Surv) / Durchhangkorrektur f ‖ ~ **curve** (Civ Eng) / Wannenausrundung f (in der Kurve)
**sage-green** adj / salbeigrün adj
**sagenite** n (Min) / Sagenit m (Rutil mit sich gitterförmig unter 65°35' und 54°44' durchkreuzenden Strahlen und feinen Nadeln)
**sage oil** (Pharm) / Salbeiöl n (meistens dalmatinisches), Oleum n Salviae (aus Salvia officinalis L.)
**saggar*** n (Ceramics) / Kapsel f, Brennkapsel f (zur Aufnahme von Brenngut) ‖ ~ **clay** (Ceramics) / Kapselton m (zur Herstellung von Brennkapseln)
**saggaring wash** (Ceramics) / Kapselengobe f
**sagger** n (US) (Ceramics) / Kapsel f, Brennkapsel f (zur Aufnahme von Brenngut) ‖ ~ **clay** (US) (Ceramics) / Kapselton m (zur Herstellung von Brennkapseln)
**sagging** n / Durchhang m (bei frei gespannten Drähten oder Seilen), Durchbiegung f, Durchsenkung f ‖ ~ (Geol) / Bodensenkung f ‖ ~ (Glass) / Abrutschen n (des Emails) ‖ ~ (Paint) / Gardinenbildung f (Ablaufphänomen in größeren Bereichen), Läuferbildung f (einzeln auftretende Erscheinung) ‖ ~ (Paint) / Vorhangbildung f ‖ ~ (Ships) / Sagging n (Durchbiegung der Schiffsmitte nach unten) ‖ ~ (Ships) / Durchsenkung f ‖ ~* (Ships) s. also hogging ‖ ~ **door** (Autos) / hängende Tür (ein Passungsfehler an Fahrzeugtüren) ‖ ~ **furnace** (Glass) / Biegeofen m (in dem Flachglasscheiben auf einem Gestell unter Einfluss der Schwerkraft verformt werden) ‖ ~ **moment** (Mech) / positives Biegemoment ‖ ~ **of the vault** (Arch, Build) / Gewölbesenkung f
**sagitta** n (pl. sagittae) (Build, Civ Eng) / Pfeilhöhe f (DIN 1075), Stichhöhe f (der größte Abstand eines Bogens von der Bogensehne), Bogenhöhe f, Bogenstich m, Stich m, Bogenpfeil m
**sagittal*** adj / Sagittal-, sagittal adj ‖ ~ **beam** (Optics) / Sagittalstrahl m, sagittaler Strahl ‖ ~ **field*** (Optics) / sagittales Bildfeld ‖ ~ **focus** (Optics) / sagittaler Brennpunkt, Sagittalfokus m, Sagittalbrennpunkt m ‖ ~ **ray** (Optics) / Sagittalstrahl m, sagittaler Strahl ‖ ~ **section** (Optics) / Sagittalschnitt m, Äquatorialschnitt m
**Sagnac effect** (Elec Eng) / Sagnac-Effekt m (lichtelektrischer Effekt, bei dem sich für die beiden, vom gleichen Lichtsender stammenden, gegensinnig verlaufenden Teilstrahlen unterschiedliche Laufzeiten ergeben - nach G.M.M. Sagnac, 1889-1928)
**sago** n (For) / Sagopalme f (Metroxylon sagu Rottb.) ‖ ~ (Nut) / Sago m (eine teilweise verkleisterte Sagostärke in Granulatform) ‖ ~ (Nut) / Sagostärke f (die aus dem Mark des Stammes der Sagopalme oder der Talipotpalme im Nassverfahren auf mechanischem Wege gewonnene Stärke) ‖ ~ **palm** (For) / Sagopalme f (Metroxylon sagu Rottb.)
**sag pipe** (Civ Eng) / Rohrleitung f unter Hindernissen, Düker m (DIN 4047-5 und 19 661, T 1)
**sags** pl (Paint) / Läufer m pl, Nasen f pl, Gardinen f pl, Lackläufer m pl (bei ungleichmäßiger Verteilung von Anstrichmitteln an senkrechten Flächen) ‖ ~ **without runs and** ~ (Paint) / tränenfrei adj
**Saha equation** (Plasma Phys) / Eggert-Saha-Gleichung f (nach J. Eggert, 1891-1973, und M. Saha, 1894-1956), Saha-Gleichung f ‖ ~ **ionization** (Phys) / thermische Ionisation, Thermoionisation f
**Sahelian drought*** (Ecol, Meteor) / Dürre f in der Sahelzone (am Rande der Sahara)
**sahlite*** n (Min) / Malakolith m (trüber gesteinsbildender Diopsid meist auf Kontaktlagerstätten), Salit m
**sailboat** n (US) (Ships) / Segelboot n
**sail canvas** (Textiles) / Segeltuch n, Schiertuch n, Segelleinwand f, Sailcloth n

**sailcloth*** *n* (Textiles) / Segeltuch *n*, Schiertuch *n*, Segelleinwand *f*, Sailcloth *n*
**sailing** *n* (Ships) / Abgang *m* ‖ ~ (Ships) / Schifffahrt *f* ‖ ~ (Ships) / Auslaufen *n* (eines Schiffs) ‖ ~ (for) (Ships) / Abfahrt *f* (nach) ‖ ~ **boat** (Ships) / Segelboot *n* ‖ ~ **courses*** (Arch, Build) / auskragende Ziegelschichten, Überkragungsschichten *f pl*, Kragschichten *f pl* (von Ziegelsteinen im Mauerwerk) ‖ ~ **list** (Ships) / Fahrplan *m* ‖ ~ **schedule** (Ships) / Fahrplan *m* ‖ ~ **ship** (Ships) / Segelschiff *n*
**sailor's knot** / Schifferknoten *m*
**sail out** *v* (Ships) / ablegen *v* (Schiff oder Schwimmkörper) ‖ ~ **over*** (Build) / überkragen *v*, auskragen *v* (aus einer Wand)
**sailplane*** *n* (Aero) / Segelflugzeug *n* (das sich besonders zum Thermiksegeln eignet)
**sail vault** (Arch) / Hängekuppel *f*
**sainfoin** *n* (grown widely for fodder) (Agric, Bot) / Futteresparsette *f* (Onobrychis viciifolia Scop.)
**Saint Andrew•'s cross-bond** (Build) / holländischer Verband, Blockverband *m* mit versetzten Fugen, Kreuzverband *m* ‖ ≃ **Anthony's fire** (Chem, Med) / Kribbelkrankheit *f*, Ergotismus *m*, St. Antons-Brand *m*, St.-Antonius-Feuer *n* ‖ ≃ **Elmo's fire*** (Elec) / Elmsfeuer *n* (bei Gewitterluft auftretende elektrische Lichterscheinung an hohen, spitzen Gegenständen, wie z.B. Masten), St.-Elms-Feuer *n*, Sankt-Elms-Feuer *n* ‖ ≃ **Elmo's fire*** (Elec) s. also point discharge
**Saint-Venant principle** (Mech) / St.-Venant'sches Prinzip, Saint-Venant-Prinzip *n* (nach A.Barré de Saint-Venant, 1797-1886) ‖ ≃ **torsion** (Mech) / St.-Venant'sche Torsion, reine Torsion
**saixe*** *n* (Build) / Schieferdeckerbeil *n*, Punkteisen *n* (des Dachdeckers)
**Sakaguchi reagent** (Chem) / Sakaguchi-Reagens *n* (zum Nachweis von Aminosäuren)
**Sakata model** (Nuc) / Sakata-Modell *n* (unitäre Symmetrie)
**Sakurai reaction** (Chem) / Sakurai-Reaktion *f*
**sal** *n* (For) / Salbaum *m*, Saulbaum *m* (Shorea robusta C.F. Gaertn.f.), Sal *m* ‖ ~ (Pharm) / Salz *n*
**salable** *adj* (US) / verkäuflich *adj* (mit gutem Absatz) ‖ ~ (US) / verkäuflich *adj* (zum Verkauf bestimmt)
**sal acetosella** (Chem) / Kleesalz *n*, Sauerkleesalz *n*, Bitterkleesalz *n*, Putzsalz *n* (ein Gemisch von Kaliumtetraoxalat und Kaliumhydrogenoxalat)
**salad dressing** (Nut) / Dressing (Salatsoße)
**saladero hide** (Leather) / Saladero-Haut *f* (Rindshaut), Small-Packer *m*
**Saladin box malting** (system) (Brew) / Kastenmälzerei *f* (mit Saladin-Keimkästen) ‖ ~ **malting** (Brew) / Kastenmälzerei *f* (mit Saladin-Keimkästen)
**salad oil** (Nut) / Salatöl *n* (Speiseöl für die kalte Küche) ‖ ~ **rocket** (Agric, Bot) / Saatölrauke *f*, Ölrauke *f*, Rauke *f* (Eruca sativa Mill.)
**salamander** (Met) / Ofenbär *m*, Ofensau *f*, Sau *f*, Schlackenbär *m* (durch verfestigte Schlacke hervorgerufene Verstopfung in Hochöfen) ‖ ~ **alkaloids** (Pharm) / Salamanderalkaloide *n pl* (z.B. Samandarin, Samandaron oder Tetrodotoxin)
**sal ammoniac*** (Chem) / Salmiak *m* ($NH_4Cl$)
**sal-ammoniac cell** (Elec Eng) / Zink-Kohle-Zelle *f*, Leclanché-Element *n* (Kohle-Zink-Zelle nach G. Leclanché, 1839-1882), Braunsteinelement *n*, Kohle-Zink-Zelle *f*, Zink-Mangandioxid-Element *n*
**salar** *n* (pl. -s or es) (Geol) / Salar *m* (pl. -s oder -es) (Salztonebene in Südamerika)
**salary history** / Gehaltsentwicklung *f*
**SALA-suspension** *n* (Autos) / Trapezlenkerachse *f*, Doppelquerlenker *m* in Trapezform, Doppelquerlenker *m* mit kürzerem oberem Lenker
**salband** *n* (Geol, Mining) / Salband *n* (eine Grenzfläche), Saum *m* (Grenzfläche zwischen Gang und Nebengestein)
**salbutamol** *n* (Pharm) / Salbutamol *n*
**sale** *n* / Ausverkauf *m*, Abverkauf *m* (A) ‖ **for** ~ / verkäuflich *adj* (zum Verkauf bestimmt) ‖ **not for** ~ / unverkäuflich *adj* (nicht für den Verkauf bestimmt) ‖ **sample not for** ~ / unverkäuflich Muster, Gratisprobe *f* ‖ **subject to prior** ~ / Zwischenverkauf vorbehalten (eine Handelsklausel in Kaufvertragsangeboten)
**saleable** *adj* / verkäuflich *adj* (mit gutem Absatz) ‖ ~ / verkäuflich *adj* (zum Verkauf bestimmt)
**sale and lease back** / Sale-and-lease-back-Verfahren *n* (beim Leasing), Kauf-Rückvermietung *f* ‖ ~ **or return** (Print) / Ansichtsexemplar *n* (für Buchhändler)
**salep** *n* (Pharm) / Salep *m* (getrocknete schleim- und stärkehaltige Knollen einiger Orchideen, deren Pulver als Verdickungsmittel und Emulgator dient)
**saleratus** *n* (US) (Nut) / Treibmittel *n*, Teiglockerungsmittel *n*, Triebmittel *n* (z.B. Hefe, Sauerteig oder Backpulver), Teigtriebmittel *n*, Backtriebmittel *n*, Lockerungsmittel *n* (meistens Kalium- oder Natriumhydrogenkarbonat)

**sales** *pl* / Absatz *m* (Verkauf), Vertrieb *m* (Absatz) ‖ ~ **area** / Absatzgebiet *n* ‖ ~ **documentation** / Vertriebsunterlagen *f pl*, Verkaufsunterlagen *f pl* ‖ ~ **force** / Außendienst *m* (beim Marketing) ‖ ~ **forecast** / Verkaufsprognose *f* ‖ ~ **life** / Lagerbeständigkeit *f*, Lagerhaltigkeit *f*, Lagerzeit *f* (als Zeiteinheit) ‖ ~ **pitch** / Pitch *m n* (gezielte intensive Werbekampagne) ‖ ~ **price** / Verkaufspreis *m*, Abgabepreis *m* ‖ ~ **promotion** / Verkaufsförderung *f*, Salespromotion *f* ‖ ~ **prospects** / Absatzchancen *f pl* ‖ ~ **respray** (Autos, Paint) / Verkaufslackierung *f* (vor dem Verkauf) ‖ ~ **territory** / Absatzgebiet *n* ‖ ~ **training** / Verkaufsschulung *f*, Verkaufstraining *n*
**sal ethyl** (Chem) / Salizylsäureethylester *m*, Salicylsäureethylester *m*, Ethylsalizylat *n*, Ethylsalicylat *n*
**sale value** / Veräußerungswert *m*, Realisationswert *m*
**saliant** *adj* / hervortretend *adj*, herausragend *adj* (z.B. aus der Wand), überstehend *adj* (Balken, Dach)
**salic*** *adj* (Min) / salisch *adj* (Mineral: reich an $SiO_2$ und Aluminium)
**salicin** *n* (Chem, Pharm) / Salizin *n* (ein Glykosid des Salizylalkohols), Salicin *n*
**salicyl alcohol** (Chem) / Salizylalkohol *m* (2-Hydroxybenzylalkohol), Salicylalkohol *m*, Saligenin *n*
**salicylaldehyde** *n* (Chem) / Salizylaldehyd *n* (2-Hydroxybenzaldehyd), Salicylaldehyd *m*
**salicylaldoxime** *n* (Chem) / Salizylaldoxim *n* (2-Hydroxybenzaldoxim), Salicylaldoxim *n*
**salicylamide** *n* (Chem, Pharm) / Salizylamid *n*, Salicylamid *n*
**salicylate** *n* (Pharm) / Salicylat *n*, Salizylat *n* (Salz oder Ester der Salizylsäure)
**salicylic acid*** (Chem) / Salizylsäure *f* (2-Hydroxybenzoesäure), Salicylsäure *f*, Spirsäure *f* ‖ ~ **acid phenyl ester** (Pharm) / Salizylsäurephenylester *m*, Salicylsäurephenylester *m*, Phenylsalicylat *n*, Phenylum salicylicum *n*, Phenylsalizylat *n*, Salol *n* (ein Markenname)
**salicylsulphonic acid** (Chem) / Sulfosalizylsäure *f*, Sulfosalicylsäure *f*
**salient*** *n* (Surv) / Ausbuchtung *f*, Zunge *f*, Ausläufer *m* ‖ ~ *adj* / hervortretend *adj*, herausragend *adj* (z.B. aus der Wand), überstehend *adj* (Balken, Dach) ‖ ~ **angle** (Build) / vorspringender Winkel *m* ‖ ~ **angle** (Maths, Surv) / Außenwinkel *m* (eines konkaven n-Ecks), Nebenwinkel *m* ‖ ~ **junction*** (Build) / Vorsprung *m* (äußere, vorspringende Ecke) ‖ ~ **pole*** (Elec Eng) / Schenkelpol *m*, ausgeprägter Pol, Einzelpol *m* ‖ ~-**pole generator*** (Elec Eng) / Schenkelpolgenerator *m*, Einzelpolgenerator *m*
**saliferous** *adj* (Geol) / salzführend *adj*, salzhaltig *adj* ‖ ~ **clay** (Ceramics) / Salzton *m*
**salification** *n* / Salzbildung *f*
**saligenin** *n* (Chem) / Salizylalkohol *m* (2-Hydroxybenzylalkohol), Salicylalkohol *m*, Saligenin *n*
**salimeter** (Phys) / Halometer *n*, Salzgehaltmesser *m*, Salzwaage *f*, Salinometer *n* (Senkspindel für Salzlösungen)
**salina*** *n* (Geol) / Salzsee *m* (abflussloses Binnengewässer in Trockengebieten)
**saline** *n* / Salzsiederei *f*, Saline *f*, Salzwerk *n* ‖ ~ (Pharm) / physiologische Kochsalzlösung ‖ ~ *adj* / salzig *adj*, salzartig *adj* ‖ ~ (Med) / salinisch *adj* ‖ ~ **hydride** (Chem) / salzartiges Hydrid, elektrovalentes Hydrid, ionisches Hydrid ‖ ~ **lake*** (Geol) / Salzsee *m* (abflussloses Binnengewässer in Trockengebieten) ‖ ~ **soil** (Agric, Geol) / Salzboden *m* ‖ ~ **water** / salzhaltiges Wasser
**salinity** *n* / Salzhaltigkeit *f*, Salzgehalt *m*, Salinität *f* (der natürlichen Wässer in p.m.) ‖ ~ (**excess**) (Ecol) / Salzfracht *f* (Belastung eines fließenden Gewässers), Salzbelastung *f* (mit Chloridionen)
**salinization** *n* (Agric, Hyd Eng) / Versalzung *f* (des Bodens und der Gewässer)
**salinize** *vt* (Agric, Hyd Eng) / versalzen *vt* (den Boden und die Gewässer)
**salinometer*** *n* (Phys) / Halometer *n*, Salzgehaltmesser *m*, Salzwaage *f*, Salinometer *n* (Senkspindel für Salzlösungen)
**salite*** *n* (Min) / Malakolith *m* (trüber gesteinsbildender Diopsid meist auf Kontaktlagerstätten), Salit *m*
**salivary amylase** (Chem) / α-Amylase *f* (des Speichels), Ptyalin *n* (α-Amylase im Speichel)
**salivate** *v* (Med) / Speichel bilden
**salle** *n* (Paper) / Papiersaal *m* (Packung und Ausrüstung)
**sallow** *n* (For) / Salweide *f* (Salix caprea L.)
**sally** *n* (Carp) / Geißfuß *m* (V-förmiger Einschnitt an Schiftsparren, der den Kehlsparren aufnimmt; Schmiegefläche bei der Klauenschiftung)
**salmiac** *n* (ammonium chloride) (Chem) / Salmiak *m* ($NH_4Cl$)
**salmon** *n* (a brick) (Build, Ceramics) / Schwachbrandziegel *m*, schwach gebrannter Ziegel ‖ ~ **brick** (a relatively soft, underfired brick of salmon colour) (Build, Ceramics) / Schwachbrandziegel *m*, schwach gebrannter Ziegel
**salmon-colour** *attr* / lachsfarben *adj*, lachsrot *adj*, lachsrosa *adj*, lachsfarbig *adj*

1365

**salmon-coloured**

**salmon-coloured** adj / lachsfarben adj, lachsrot adj, lachsrosa adj, lachsfarbig adj
**salmonellosis*** n (pl. -ses) (Med) / Salmonellenerkrankung f (eine schwere Darminfektion), Salmonellose f
**salmon ladder** (Hyd Eng) / Lachsleiter f, Lachstreppe f ‖ ~ **leap** (Hyd Eng) / Lachsleiter f, Lachstreppe f ‖ ~ **oil** / Lachsöl n, Lachstran m
**salmon-pink** adj / lachsfarben adj, lachsrot adj, lachsrosa adj, lachsfarbig adj
**salmwood** n (For) / Freijo n (Cordia sp.)
**salol** n (Pharm) / Salizylsäurephenylester m, Salicylsäurephenylester m, Phenylsalicylat n, Phenylum salicylicum n, Phenylsalizylat n, Salol n (ein Markenname)
**salometer** n (Phys) / Halometer n, Salzgehaltmesser m, Salzwaage f, Salinometer n (Senkspindel für Salzlösungen)
**saloon** n (GB) (Autos) / Limousine f ‖ ~ **car** (GB) (Autos) / Limousine f ‖ ~ **car** (GB) (Rail) / Salonwagen m, [Bundesbahn] m Sonderwagen Typ Sümz
**salpeter** n (US) (Min) / Salpeter m (Natron- oder Kali-)
**Salpeter-Bethe equation** (Nuc) / Bethe-Salpeter-Gleichung f, Salpeter-Bethe-Zweinukleonengleichung f
**Salpeter process** (Astron) / Salpeter-Prozess m, Tripel-Alpha-Prozess m, Drei-α-Prozess m (energieliefernder Kernprozess nach E.E. Salpeter, geb. 1924)
**SALR*** (Meteor) / feuchtadiabatischer Temperaturgradient, feuchtadiabatisches Temperaturgefälle
**salse** n (Geol) / Schlammvulkan m, Salse f, Schlammsprudel m, Macaluba f (bei Girgenti), Maccaluba f
**sal soda** (Chem) / Kristallsoda f (Natriumkarbonat-Dekahydrat), Waschsoda f, wasserhaltige Soda ‖ ~ **soda** (Chem) / Natriumcarbonat-Decahydrat n (Kristallsoda), Natriumkarbonat-Dekahydrat n
**S.A.L.T.** (Mil) / zweiseitige Gespräche (USA und Russland) über die Begrenzung der strategischen Waffensysteme
**salt** v (Mining) / verfälschen v (Proben), höheren Metallgehalt vortäuschen ‖ ~ (Nut) / einsalzen v, salzen v ‖ ~ (Photog) / mit Fixiersalz behandeln ‖ ~* n (Chem) / Salz n ‖ ~ (Geol) / Salz n (Salzgestein) ‖ ~ (Geol) / Salzwassermarsch f, Brackwassermarsch f, Salzsumpf m ‖ ~* (Nut) / Kochsalz n, Speisesalz n, Salz n ‖ ~ adj (Nut) / gesalzen adj ‖ **6,6** ~ (Chem) / AH-Salz n (Salz der Adipinsäure mit 1,6-Hexandiamin), Hexamethylendiammoniumadipat n (Rohstoff für die Nylonherstellung)
**salt-and-pepper** n (Textiles) / Pfeffer-und-Salz-Muster n (bei Köpergeweben), Fil-à-Fil-Muster n (ein klassisches Dessin), Fil-à-Fil n (ein Mustereffekt)
**sal tartar** (Chem, Nut) / Natriumtartrat n (zugelassen auch als Lebensmittelzusatzstoff - E 335)
**saltation*** n (Biol) / Saltation f (Evolutionssprung) ‖ ~ (Geol) / Saltation f (hüpfende oder springende Bewegung von Sedimentteilen)
**salt balance** (Hyd Eng) / Salzausgleich m ‖ ~ **bath*** (a heating bath) (Met) / Salzbad n (ein Heizbad), Salzschmelze f (ein Heizbad)
**salt-bath brazing** (Met) / Salzbadlöten n (Tauchlöten in einem Bad aus geschmolzenen Salzen), Salzbadhartlöten n ‖ ~ **carburizing** (Met) / Salzbadaufkohlen n (Aufkohlen in geschmolzenen Salzen mit kürzeren Behandlungszeiten als beim Gaskohlen) ‖ ~ **chromizing** (Surf) / Salzbadchromieren n ‖ ~ **crucible** (Met) / Salzbadtiegel m ‖ ~ **descaling** (Met) / Schmelzbeizen n (Beizen in reduzierenden oder oxidierenden Schmelzen) ‖ ~ **furnace** (Met) / Salzbadofen m ‖ ~ **hardening** (Met) / Salzbadhärten n ‖ ~ **nitriding** (Met) / Salzbadnitrieren n, Salzbadnitrierverfahren n, Salzbadnitrierhärten n
**salt bridge** (Chem) / Elektrolytbrücke f (zwischen den Halbzellen), Salzbrücke f (eine Anordnung von Diffusionspotentialen), Stromschlüssel m (bei der Messung der EMK an den Grenzflächen zwischen Elektrolytlösungen) ‖ ~ **brine** (Chem) / Salzlake f, Salzlauge f ‖ ~ **cake** (Chem) / technisches Natriumsulfat, Rohsulfat n ‖ ~ **cavern** (Civ Eng, Geol) / Salzkaverne f (z.B. für die Untertagespeicherung) ‖ ~ **cavity** (Civ Eng, Geol) / Salzkaverne f (z.B. für die Untertagespeicherung) ‖ ~ **content** / Salzhaltigkeit f, Salzgehalt m, Salinität f (der natürlichen Wässer in p.m.) ‖ ~ **corrosion** (Autos, Surf) / streusalzbedingte Korrosion, Salzkorrosion f
**salt-crust** n (Geol) / Salzkruste f ‖ ~ (**calcium chloride**) **process** (Mining) / Salzverfahren n (ein Staubbindeverfahren)
**salt diapirism** (Geol) / Salzdiapirismus m, Salzauftrieb m ‖ ~ **dome*** (Geol) / Salzdom m (steilwandiger Salzkörper, der sein Aufdringen Faltungsvorgängen oder der Aufwärtsbewegung des Salzes auf tektonischen Spalten verdankt), Salzstock m, Salzhorst m, Salzdiapir m (spezielle Struktur des Salzgebirges), Salzhut m ‖ ~-**earth podzol** (Agric) / Steppenbleicherde f (aus Solonetz entstanden), Solod m (ein Salzboden)

**salted** (Nut) / gesalzen adj ‖ ~ **butter** (Nut) / gesalzene Butter ‖ ~ **hide** (Leather) / Salzhaut f, gesalzene Haut (nach dem Wasserentzug durch Salz) ‖ ~ **nuclear weapon** (Mil) / unsauberer Kernsprengkörper
**salted-paper print** (Photog) / Salzpapierabzug m
**salted raw material** (Leather) / gesalzene Rohware
**salt effect** (Chem) / Salzeffekt m (bei Indikatoren)
**saltern** n (Geol) / Salzgarten m
**salt error** (Chem) / Salzfehler m (z.B. bei der pH-Wert-Bestimmung oder bei den Testkits) ‖ ~ **flat** (Geol) / Salztonebene f ‖ ~ **flavour** (Nut) / Salzgeschmack m ‖ ~ **formation** (Geol) / Salzbildung f ‖ ~ **garden** (Geol) / Salzgarten m ‖ ~ **glacier** (Geol) / Salzgletscher m (Süd-Iran oder Algerien) ‖ ~ **glaze** (Ceramics) / Salzglasur f (für Steinzeug typische Anflugglasur) ‖ ~ **glazing** (Ceramics) / Salzglasieren n (des Steinzeugs)
**saltiness** n (Leather) / Salzhaltigkeit f, Salzgehalt m, Salinität f (der natürlichen Wässer in p.m.) ‖ ~ (Nut) / Salzigkeit f (eine Geschmacksempfindung)
**salting** n (Leather) / Wasserentzug m durch Salz (meistens durch Einsalzen oder durch Salzbehandlung - Rohhautkonservierung) ‖ ~ (Mining) / Salzverfahren n (ein Staubbindeverfahren) ‖ ~ (Nut) / Salzung f, Einsalzen n (chemische Konservierung), Salzen n
**salting-in effect** (Chem Eng) / Einsalzeffekt m (ein physikochemischer Vorgang, bei dem die Löslichkeit eines Stoffes durch Zusatz eines Elektrolyten verbessert wird)
**salting-out*** n (Chem) / Aussalzen n (durch Salzeffekte bedingte Ausscheidung), Aussalzung f
**salting-out effect** (Chem Eng) / Aussalzeffekt m
**saltire cross** (Arch) / Andreaskreuz n
**saltish** adj / leicht salzig
**salt isomerism** (Chem) / Salzisomerie f (bei Koordinationsverbindungen) ‖ ~ **lake*** (Geol) / Salzsee m (abflussloses Binnengewässer in Trockengebieten) ‖ ~ **lick** / Leckstein m (für Tiere), Salzleckstein m (ausgelegter) ‖ ~ **load** (a kind of river pollution) (Ecol) / Salzfracht f (Belastung eines fließenden Gewässers), Salzbelastung f (mit Chloridionen) ‖ ~ **marsh*** (Geol) / Salzwassermarsch f, Brackwassermarsch f, Salzsumpf m ‖ ~ **meadow** (Bot, Geol) / Salzwiese f ‖ ~ **melt** (Chem) / Salzschmelze f ‖ ~ **melt** (Met) / Härtesalz n (Salz oder Salzgemisch, in dem zu härtende Stähle auf Härtetemperatur erwärmt werden), Gütesalz n (Härtesalz) ‖ ~-**mine** (Mining) / Salzbergwerk n ‖ ~ **nest** (Paint) / Salznest n (bei Rosterscheinungen) ‖ ~ **of hartshorn** (Nut) / Hirschhornsalz n (ein Gemisch von hauptsächlich Ammoniumhydrogenkarbonat und Ammoniumkarbamat - als Backtriebmittel verwendet) ‖ ~ **of Lemery** (Chem, Nut) / Kaliumsulfat n (E 515) ‖ ~ **of lemon** (Chem) / Kleesalz n, Sauerkleesalz n, Bitterkleesalz n, Putzsalz n (ein Gemisch von Kaliumtetraoxalat und Kaliumhydrogenoxalat) ‖ ~ **of soda** (Chem) / Kristallsoda f (Natriumkarbonat-Dekahydrat), Waschsoda f, wasserhaltige Soda
**salt(s) of sorrel** (Chem) / Kleesalz n, Sauerkleesalz n, Bitterkleesalz n, Putzsalz n (ein Gemisch von Kaliumtetraoxalat und Kaliumhydrogenoxalat)
**salt out** v (Chem) / aussalzen v ‖ ~ **pair** (Chem) / Salzpaar n ‖ ~-**pan** (Geol, Mining) / Salzpfanne f (eine Form der Salztonebene) ‖ ~ **paste** (Mining) / Salzpaste f ‖ ~ **penetration** (Geol) / Salzeinbruch m
**saltpetre*** n (Chem, Min) / Kalisalpeter m ("Kehrsalpeter"), Nitrokalit m ‖ ~* (Min) / Salpeter m (Natron- oder Kali-) ‖ ~ **paper** (Paper) / Zündpapier n (pyrotechnisches Zündmittel)
**salt pit** (Mining) / Salzbergwerk n ‖ ~ **plug** (Geol) / Salzdom m (steilwandiger Salzkörper, der sein Aufdringen Faltungsvorgängen oder der Aufwärtsbewegung des Salzes auf tektonischen Spalten verdankt), Salzstock m, Salzhorst m, Salzdiapir m (spezielle Struktur des Salzgebirges), Salzhut m
**sal tree** (For) / Salbaum m, Saulbaum m (Shorea robusta C.F. Gaertn.f.), Sal m
**salt rock** (strata) (Geol) / Salzgebirge n
**salts** pl (Leather) / Galle f
**salt screen** (Radiol) / Salzverstärkerfolie f
**salt-splitting capacity** (Chem) / Salzspaltungskapazität f
**salt spray** (Paint, Surf) / Salznebel m (ein Prüfmedium bei der Korrosionsprüfung), Salzsprühnebel m
**salt-spray cabinet** (Paint) / Salzsprühgerät n (ein Kurzprüfungsautomat) ‖ ~ **chamber** (Paint, Surf) / Salzsprühkammer f (Korrosionsprüfeinrichtung zur Durchführung von Salzsprühnebelprüfungen) ‖ ~ **test** (Paint, Surf) / Sprühnebelprüfung f (eine Korrosionsprüfung), Salzsprühnebelprüfung f (DIN 50021 und 53767), Salzsprühversuch m
**salt spring** / Mineralsalzquelle f ‖ ~ **stain** / Salzfleck m (im Allgemeinen) ‖ ~ **stain** (Leather) / Salzausschlag m, Salzfleck m, Salzstippe f
**salt-stained** adj (Leather) / salzfleckig adj

**salt substitute** (Nut) / Kochsalzersatzmittel n (z.B. Adipate oder Citrate), Diätsalz n (kochsalzarm) ‖ ~ **taste** (Nut) / Salzgeschmack m ‖ ~ **tectonics** (Geol) / Salztektonik f, Salinartektonik f
**salt-tolerant** adj (Bot) / salztolerant adj (Pflanze)
**salt velocity method** (Hyd Eng) / Salzgeschwindigkeitsverfahren n von Allen ‖ ~ **water** / Salzwasser n ‖ ~ **water** (Leather) / Galle f
**salt-water corrosion** / Salzwasserkorrosion f ‖ ~ **encroachment** (Geol) / Salzwasserintrusion f, Salzwassereinbruch m ‖ ~ **splash** (Eng) / Salzwasserbecken n (eine Korrosionsprüfeinrichtung im Freien)
**salt wedging** (Geol) / Salzsprengung f, Salzverwitterung f
**salt-well** n / Solequelle f (gebohrte)
**salt-works** pl / Salzsiederei f, Saline f, Salzwerk n
**salty** adj / salzig adj, salzartig adj
**Salubra** n (Build) / Salubra f (Ölfarbendruck-Tapete)
**saluretic** n (Med) / Saluretikum n (pl. -ika) (Diuretikum, das die Ausscheidung von Alkali- und Chloridionen zusammen mit Wasser bewirkt)
**salutation** n (Comp) / Einleitungsformel f (bei der Textverarbeitung), Anrede f (in Briefen)
**salvage** v / wiedergewinnen v (aus Abfällen), rückgewinnen v (aus Altmaterial) ‖ ~ (Oils) / fangen v (mit Fanggeräten) ‖ ~ (Oils) / wiedergewinnen v (Verrohrung) ‖ ~ (Ships) / bergen v ‖ ~ n / Wiedernutzbarmachung f ‖ ~ (Oils) / verwertbares Abprodukt, Altmaterial n, verwendbares Abprodukt ‖ ~ (Aero, Ships) / Bergung f ‖ ~ (Oils) / Wiedergewinnung f (der Verrohrung) ‖ ~ (Oils) / Fangen n (Maßnahmen zur Entfernung von abgebrochenen oder festsitzenden Bohrköpfen oder Bohrgestängeteilen, insbesondere bei Großbohrlöchern, Fangarbeit f ‖ ~ (Ships) / Bergungsgut n ‖ ~ (Ships) / Bergelohn m (Vergütung für die Bergung eines in Seenot geratenen Schiffes) ‖ ~ **fee** (Ships) / Bergelohn m (Vergütung für die Bergung eines in Seenot geratenen Schiffes) ‖ ~ **pathway** (Biochem) / Salvage-Mechanismus m (Eingliederung von Purin- und Pyrimidinbase in die Nucleotidsynthese) ‖ ~ **payment** (Ships) / Bergelohn m (Vergütung für die Bergung eines in Seenot geratenen Schiffes) ‖ ~ **tug** (Ships) / Bergungsschlepper m ‖ ~ **value** / Restwert m (am Ende der Nutzungsdauer eines Anlagegegenstandes verbleibender Veräußerungswert) ‖ ~ **yard** (US) (Autos, Met) / Schrottplatz m
**Salvarsan** n (six-o-six, 606) (Pharm) / Arsphenamin n, Salvarsan n (heute nicht mehr angewandt - 1909 von Ehrlich und Hata synthetisiert und in die Therapie eingeführt)
**salvia oil** (Pharm) / Salbeiöl n (meistens dalmatinisches), Oleum n Salviae (aus Salvia officinalis L.)
**sal volatile*** (Pharm) / Sal n volatile (ein Riechmittel, [englisches] flüchtiges Salz (ein Riechmittel - Ammoniumkarbonat)
**salvor** n (Ships) / Bergungsschiff n
**SAM** (scanning Auger microscopy) (Chem) / Scanning-Augermikroskopie f (eine Art Oberflächenanalytik), SAM (Scanning-Augermikroskopie) ‖ ~ (Micros) / Abtast-Ultraschallmikroskop n, SAM (Abtast-Ultraschallmikroskop), Abtastmikroskop n (ein Ultraschallmikroskop), Rastermikroskop n (ein Ultraschallmikroskop)
**S.A.M.** (Mil) / Boden-Luft-Flugkörper m, Boden-Luft-Lenkwaffe f
**SAM** (surface-to-air missile) (Mil) / Boden-Luft-Flugkörper m, Boden-Luft-Lenkwaffe f
**Samaritans** pl (Teleph) / Telefonseelsorge f
**Samaritans' call service** (Teleph) / Telefonseelsorge f
**samarium*** n (Chem) / Samarium n, Sm (Samarium) ‖ ~ **oxide** (Chem, Glass) / Samarium(III)-oxid n ($Sm_2O_3$) ‖ ~ **poisoning** (Nuc Eng) / Samariumvergiftung f, Sm-Vergiftung f (eine Brennstoffvergiftung)
**samarskite** n (Min) / Samarskit m (ein Niob-Tantal-Oxid)
**same** adj / gleich adj (Konstruktion, Design)
**samel bricks*** (Build) / Ziegel m pl 3. Wahl (zu schwach gebrannte)
**samels** pl (Build) / Ziegel m pl 3. Wahl (zu schwach gebrannte)
**same-size** attr / gleichgroß adj (1 : 1)
**Samian ware** (Ceramics) / Terra sigillata f (dünnwandiges römisches Tafelgeschirr aus Ton mit glänzend rotbraunem Schlickerüberzug), Samische Ware
**samming machine** (Leather) / Abwelkpresse f (für die nass von der Gerbung kommenden Leder), Abwelkmaschine f
**sammying machine** (Leather) / Abwelkpresse f (für die nass von der Gerbung kommenden Leder), Abwelkmaschine f
**SAMOS technology** (silicon and metal oxide semiconductor) (Electronics) / SAMOS-Technologie f, SAMOST (Floating-Gate MOSFET)
**sample** v / Probe(n) entnehmen ‖ ~ / bemustern v ‖ ~ (signal, pulse) / abtasten v ‖ ~ (input voltage, command functions) (Comp) / abfragen v ‖ ~ (Stats) / ziehen v (Probe) ‖ ~ n / Muster n (kleine Warenprobe, an der man die Beschaffenheit und die Gestaltung des Ganzen erkennen kann) ‖ ~ / Warenprobe f, Sample n (Warenprobe) (pl. -s) ‖ ~ (of material) (Materials) / Probe f, Probestück n, Probekörper m, Versuchskörper m, Prüfkörper m, Prüfling m ‖ ~ (Maths) / Objektmenge f mit bekannter Klassenzugehörigkeit ‖ ~ (Micros) / Probe f ‖ ~ (Stats) / Sample n (pl. -s) ‖ ~ (Stats) / Stichprobe f (Zufallsstichprobe aus einer Grundgesamtheit) ‖ ~ **attr** (Stats) / stichprobenartig adj
**sample-and-hold circuit** (Electronics) / Abtast-Halte-Schaltung f, Abtastkreis und Haltekreis m, Sample-and-Hold-Schaltung f, S + H-Schaltung f (Momentanwertspeicher)
**sample aspiration** (Chem) / Probenansaugung f ‖ ~ **beam** (Spectr) / Probenstrahl m, Substanzstrahl m ‖ ~ **book of coloured papers** / Farbmusterbuch n ‖ ~ **case** / Musterkoffer m (z.B. eines Vertreters) ‖ ~ **casting** (Foundry) / Probeabguss m, Probeguss m ‖ ~ **collection** / Musterkollektion f, Mustersammlung f ‖ ~ **copy** (Print) / Probenummer f ‖ ~ **correlation coefficient** (Stats) / Stichprobenkorrelationskoeffizient m
**sampled-data control** (Automation) / Abtastregelung f ‖ ~ **control system** (Automation) / Abtastsystem n (ein Kreis mit Abstastregler)
**sample design** (Stats) / Stichprobenplan m (DIN 55350, T 31), Erhebungsschema n, Stichprobenerhebungsschema n
**sampled image** (Comp) / abgetastetes (digitalisiertes) Bild
**sample division** (Min Proc) / Probenteilung f
**sampled signal** (Telecomm) / abgetastetes Signal
**sample function** (Stats) / Stichprobenfunktion f, statistische Maßzahl ‖ ~ **injection block** (Chem) / Einspritzblock m (bei Gaschromatografen) ‖ ~ **inlet** (Spectr) / Probeneinlass m (z.B. beim Massenspektrometer), Probeeinlass m ‖ ~ **introduction** (Spectr) / Probenzufuhr f, Probenzuführung f (z.B. beim Massenspektrometer) ‖ ~ **loading** (Spectr) / Probenzufuhr f, Probenzuführung f (z.B. beim Massenspektrometer) ‖ ~ **mean** (Stats) / Stichprobenmittel n, Stichprobenmittelwert m ‖ ~ **mechanism** (Eng) / Probeaufbau m (Mechanismus für Konstruktionsbeispiele) ‖ ~ **median** (Stats) / Stichprobenmedian m ‖ ~ **metering** (Chem) / Probendosierung ‖ ~ **not for sale** / unverkäufliches Muster, Gratisprobe f ‖ ~ **page** (Print) / Probeseite f ‖ ~ **path-length** (Spectr) / Messstrahlengang m (im Zweistrahl-Spektralfotometer) ‖ ~ **port** (US) (Glass) / Anwärmloch n, Aufwärmloch n (des Glasschmelzofens) ‖ ~ **preparation** (Ecol) / Probenaufbereitung f (DIN 38 402, T 21) ‖ ~ **quantile** (Stats) / Stichprobenquantil n
**sampler** n / Entnahmesonde f (DIN EN 1330-8) ‖ ~ / Probenehmer m, Probesonde f ‖ ~ (Acous) / Soundsampler m, Sampler m (Soundsampler) ‖ ~ (Automation, Comp, TV) / Abtaster m (DIN 66201), Abtastglied n, Sampler m (Abtaster) ‖ ~ (Chem Eng) / Sampler m (der automatisch Proben zu kontinuierlich oder diskontinuierlich arbeitenden Analysengeräten zuführt) ‖ ~ (Oils) / Sampler m (geologischer Assistent bei Erdölbohrungen)
**sample reduction** (Min Proc) / Probenteilung f ‖ ~ **room** / Musterlager n ‖ ~ **size** (Stats) / Stichprobenumfang m, Probenumfang m, Umfang m der Stichprobe ‖ ~ **space** (Maths, Stats) / Ereignisraum m ‖ ~ **space** (Stats) / Stichprobenraum m ‖ ~ **spot** (Chem) / Probenfleck m ‖ ~ **statistic** (any quantity calculated on the basis of the elements of the sample) (Stats) / Stichprobenfunktion f, statistische Maßzahl ‖ ~ **survey** (Stats) / Stichprobenerhebung f ‖ ~ **thief** (Chem Eng) / Sampler m (der automatisch Proben zu kontinuierlich oder diskontinuierlich arbeitenden Analysengeräten zuführt) ‖ ~ **unit** (Stats) / Einheit f der Stichprobenauswahl, Stichprobeneinheit f ‖ ~ **variable** (Stats) / Stichprobenvariable f ‖ ~ **variance** (Stats) / Stichprobenstreuung f, Stichprobenvarianz f ‖ ~ **without commercial value** / Muster n ohne (Handels)Wert
**sampling** n / Erhebung f (in der Marktforschung) ‖ ~ / Probenahme f (DIN 53803, T 3), Probenentnahme f, Probeentnahme f ‖ ~ (Comp) / Sampling n (Wahl der Rasterpunkte) ‖ ~ (Electronics) / Sampling n (bei Oszillografen - intermittierendes Abtasten des darzustellenden Spannungsverlaufes, wobei auf dem Schirm eine fortlaufende Kurve geschrieben wird) ‖ ~ (Min Proc, Mining) / Bemusterung f, Beprobung f ‖ ~ (Stats) / repräsentative Statistik, Repräsentativstatistik f (Stichprobenverfahren) ‖ ~* (Stats) / Ziehen n (der Probe), Stichprobenentnahme f, Stichprobenziehung f ‖ ~ (Stats) / Auswahl f ‖ ~ **action** (Automation) / periodische Korrektur
**sampling-and-hold circuit** (Electronics) / Abtast-Halte-Schaltung f, Abtastkreis und Haltekreis m, Sample-and-Hold-Schaltung f, S + H-Schaltung f (Momentanwertspeicher)
**sampling barrel** (Civ Eng) / Entnahmestutzen m (für Bodenproben nach DIN 18125, T 2), Ausstechzylinder m, Rohrsonde f ‖ ~ **circuit** (Electronics) / Abtastschaltung f ‖ ~ **cock** (Eng) / Probierhahn m (meistens am niedrigsten und am höchsten Füllstand eines Behälters) ‖ ~ **design** (Stats) / Stichprobenplan m (DIN 55350, T 31), Erhebungsschema n, Stichprobenerhebungsschema n ‖ ~ **distribution*** (Stats) / Stichprobenverteilung f, Prüfverteilung f ‖ ~ **error** (Stats) / Probenahmefehler m ‖ ~ **error*** (error in a statistical analysis arising from the unrepresentativeness of the sample taken) (Stats) / Stichprobenfehler m ‖ ~ **fraction** (the proportion of the total

**sampling**

number of units in the population which are included in the sample) (Stats) / Stichprobenanteil *n* ‖ ~ **frequency** (Electronics) / Abtastfrequenz *f* ‖ ~ **inlet valve** (Chem) / Probengabeventil *n*, Probenaufgabeventil *n*, Probeneinlassventil *n* (in der Gaschromatografie) ‖ ~ **inspection** / Stichprobenprüfung *f* ‖ ~ **line** (Elec Eng) / Entnahmeleitung *f* (zur Probenahme) ‖ ~ **method** (Stats) / Stichprobenverfahren *n* ‖ ~ **oscilloscope** (Electronics) / Samplingoszilloskop *n* (für Signalformen periodischer Spannungen im Nanosekundenbereich), Abtastoszilloskop *n* ‖ ~ **period** (Chem Eng) / Probenahmeperiode *f* (zeitlicher Abstand zwischen der Entnahme aufeinander folgender Analyseproben für die Prozesskontrolle, der von der Kinetik des zu untersuchenden Prozesses bestimmt wird) ‖ ~ **plan** (Stats) / Stichprobenplan *m* (DIN 55350, T 31), Erhebungsschema *n*, Stichprobenerhebungsschema *n* ‖ ~ **point** / Probenahmestelle *f* ‖ ~ **site** / Entnahmestelle *f* von Proben ‖ ~ **spoon** (Civ Eng) / Bodenprobenehmer *m*, Bodenbohrer *m* (in der Bodenuntersuchung), Bodenprobenzieher *m* ‖ ~ **spoon** (Foundry) / Probenlöffel *m* ‖ ~ **strobe** (Electronics) / Abtastimpuls *m* ‖ ~ **system** (Stats) / Stichprobensystem *n* (DIN 55 350-31) ‖ ~ **test** (Comp) / Stichprobenprüfung *f* (DIN 55350, T 31) ‖ ~ **test result** (Stats) / Stichprobenergebnis *n* ‖ ~ **theorem** (Comp) / Abtasttheorem *n* (ein Lehrsatz der Informationstheorie), Samplingtheorem *n* ‖ ~ **time** (Electronics) / Abtastintervall *n* (Zeit zwischen zwei Abtastungen) ‖ ~ **tube** (Civ Eng) / Entnahmestutzen *m* (für Bodenproben nach DIN 18125, T 2), Ausstechzylinder *m*, Rohrsonde *f* ‖ ~ **tube** (Textiles) / Hohlbohrer *m* (für den Coretest) ‖ ~ **unit** (Stats) / Einheit *f* der Stichprobenauswahl, Stichprobeneinheit *f* ‖ ~ **valve** (Chem) / Probengabeventil *n*, Probenaufgabeventil *n*, Probeneinlassventil *n* (in der Gaschromatografie) ‖ ~ **valve** (Eng) / Probierventil *n*, Entnahmeventil *n* (meistens am niedrigsten und am höchsten Füllstand eines Behälters) ‖ ~ **without replacement** (if the sample is chosen in such a way that no member of the population can be selected more than once) (Stats) / Stichprobenentnahme *f* ohne Zurücklegen, Ziehen *n* ohne Zurücklegen ‖ ~ **with replacement** (an element has a chance of being selected more than once) (Stats) / Stichprobenentnahme *f* mit Zurücklegen, Ziehen *n* mit Zurücklegen

**Samson post** (Oils) / Schwengelbock *m* (beim Seilbohren) ‖ ~ **post** (Ships) / Ladepfosten *m*, Ladebaumpfosten *m*

**SAN** (strong-acid number) (Chem) / Gehalt *m* an starken (aggressiven) Säuren ‖ ~ (storage area network) (Comp) / Speichernetzwerk *n* (in dem Datenspeicher als eigenständige Geräte und nicht als Peripherie verwendet werden, wodurch sich direkte Zugriffe ermöglichen lassen)

**San Andreas fault** (Geol) / San-Andreas-Störung *f* (tektonische Verwerfungszone in Kalifornien)

**Sanarelli-Shwartzman phenomenon**\* (Med) / Shwartzman-Sanarelli-Reaktion *f*

**sanatory** *adj* (Med) / kurativ *adj*, heilend *adj*, Heil-

**SAN copolymers**\* (Chem) / SAN-Kopolymere *n pl*, SAN-Copolymere *n pl*, Styrolakrylnitrilkopolymere *n pl*, Styrolacrylnitrilcopolymere *n pl*

**sand** *v* / mit Sand bestreuen ‖ ~ (Build, Ceramics, Rail) / besanden *v* ‖ ~ (Eng) / mit Schleifpapier abschleifen ‖ ~ (For) / trockenschleifen *v* (nur Infinitiv oder Partizip), schleifen *v* ‖ ~ (Paint) / beischleifen *v*, schleifen *v* ‖ ~ *n* (Build, Geol) / Sand *m* (Feinst-, Fein- und Grob-) (DIN 4047-3) ‖ ~\* (Foundry) / Formsand *m* ‖ ~ **attr** / sandfarben *adj*, sandfarbig *adj*, drapp *adj* (A), drappfarben *adj* (A), drappfarbig *adj* (A) ‖ ~ **aeration** (Foundry) / Sandauflockerung *f*, Sandlockerung *f* ‖ ~ **aerator** (Foundry) / Sandauflockerungsmaschine *f*, Formstoffschleuder *f*, Sandlockerer *m*

**sandal** *n* / Sandale *f* (Schuh) ‖ ~ (For) / [echtes, weißes, gelbes] Sandelholz *n*, Santalholz *n* (des Sandelholzbaumes) ‖ ~ **oil** / Sandelholzöl *n* (im Allgemeinen)

**sandalwood**\* *n* (For) / [echtes, weißes, gelbes] Sandelholz *n*, Santalholz *n* (des Sandelholzbaumes) ‖ ~ **oil** / Sandelholzöl *n* (im Allgemeinen) ‖ ~ **oil** / Westaustralisches Sandelholzöl, Oleum *n* Santali spicati (aus Santalum spicatum L.)

**sandarac** *n* (Chem, Paint) / Sandarac *m*, Sandarak *m* (hellgelbes Koniferenharz, meistens aus Tetraclinis articulata (Vahl) Mast.)

**sandarach** *n* (Chem, Paint) / Sandarac *m*, Sandarak *m* (hellgelbes Koniferenharz, meistens aus Tetraclinis articulata (Vahl) Mast.) ‖ ~ **tree** (For) / Sandarakbaum *m* (Tetraclinis articulata (Vahl) Mast.)

**sandarac tree** (For) / Sandarakbaum *m* (Tetraclinis articulata (Vahl) Mast.)

**sand asphalt** (Civ Eng) / Sandasphalt *m* (Straßenbaustoff für hohlraumarme bituminöse Deckschichten mit abgestuftem Mineral von 0 bis 2 mm)

**sandbag** *n* / Sandsack *m* ‖ ~ **building up** (Hyd Eng) / Sandsackverbau *m* (Hochwasserabwehr) ‖ ~ **dam** (Civ Eng, Hyd Eng) / Sandsackdamm *m*, Sandsacksperre *f* ‖ ~ **model** (Nuc) / Sandsackmodell *n* (des Atomkerns nach N.H. Bohr)

**sandbank** *n* (Geol) / Sandbank *f* (aus Sand bestehende Erhöhung des Bodens im Meer, Fluss)

**sandbar** *n* (Geol) / Sandbarre *f* (lang gestreckte, aus Sand bestehende, rückenartige Untiefe), Sandrücken *m*

**sand bath** (Chem) / Sandbad *n* (ein Festsubstanz-Heizbad) ‖ ~ **beach** (Geol) / Sandstrand *m* ‖ ~ **bed** (Civ Eng, Foundry) / Sandbett *n* ‖ ~ **bed** (Geol) / Sandschicht *f*

**sandblast** *v* (Foundry) / sandstrahlen *v* (nur Infinitiv und Partizip), abstrahlen *v* (mit Sand) ‖ ~ *n* (Foundry) / Sandstrahl *m* ‖ ~ **blower** (Build, Foundry) / Sandstrahleinrichtung *f*, Sandstrahlgebläse *n*, Sandstrahler *m*

**sandblaster** *n* (Build, Foundry) / Sandstrahleinrichtung *f*, Sandstrahlgebläse *n*, Sandstrahler *m*

**sandblasting** *n* (For) / Sandeln *n* (Behandlung der Holzoberflächen mit Sandstrahl oder Quarzsand und Reibklotz) ‖ ~\* (Foundry) / Sandstrahlverfahren *n*, Sandstrahlreinigung *f*, Sandstrahlen *n*, Druckluftputzstrahlen *n*, Strahlen *n* mit Sand, Abstrahlen *n* mit Sand, Absanden *n* (mit Strahlgebläsen) ‖ ~ **chamber** (Foundry) / Putzhaus *n* (ein Stahlgehäuse, in dem das Fertigputzen von Gussstücken stattfindet) ‖ ~ **machine** (Build, Foundry) / Sandstrahleinrichtung *f*, Sandstrahlgebläse *n*, Sandstrahler *m* ‖ ~ **robot** (Foundry) / Sandstrahlroboter *m* (Prozessroboter, der eine Sandstrahldüse entlang einer programmierten Bahn führt)

**sandblast nozzle** (Foundry) / Sandstrahldüse *f* ‖ ~ **obscuring** (Glass) / Sandstrahlmattieren *n* ‖ ~ **test** (Ceramics) / Sandstrahlprüfung *f* (eine Abriebsprüfung)

**sand boil** (Civ Eng) / Sandaufbruch *m*

**sandbox** *n* (Rail) / Sandkasten *m* (bei Lokomotiven)

**sand bridging** (at the well bore face) (Oils) / Brückenbildung *f* des Sandes (an der Bohrlochwand) ‖ ~ **burn-on** (Foundry) / Sandanbrand *m* (ein Gussfehler) ‖ ~ **carving** (Glass) / Sandstrahlmattieren *n* ‖ ~ **casting**\* (Foundry) / Sandguss *m* (DIN 1729), Gießen *n* in Sandformen ‖ ~ **catcher** (San Eng) / Sandfang *m* (zur Entfernung schwerer, leicht sedimentierbarer Bestandteile aus dem Abwasser), Sandfänger *m* ‖ ~ **centrifugal machine** (Foundry) / Sandschleuder *f*

**sand-collecting fence** / Sandfangzaun *m*

**sand-coloured** *adj* / sandfarben *adj*, sandfarbig *adj*, drapp *adj* (A), drappfarben *adj* (A), drappfarbig *adj* (A)

**sand column** (Meteor) / Sanddevil *m* (eine Kleintrombe), Sandteufel *m* (eine Kleintrombe), Sandhose *f* ‖ ~ **compacting** (Foundry) / Sandverdichtung *f* ‖ ~ **conditioning** (Foundry) / Sandaufbereitung *f* (Herstellung eines formgerechten Fertigsandes für die Sand- oder Maskenformerei oder für die Kernmacherei) ‖ ~ **core** (Foundry) / Sandkern *m* ‖ ~ **cracker** (Oils) / Sandcracker *m* (Crackanlage, die nach dem Prinzip der Feststoffumlaufheizung mit zirkulierendem Sand als Wärmeträger arbeitet) ‖ ~ **crepe** (Textiles) / Sandkrepp *m*, Sablé *m* (eine poröse Bindungsart) ‖ ~ **crust** (Foundry) / Sandschale *f* ‖ ~ **cushion** (Civ Eng) / Schlagkissen *n* (ein Sandsack), Schlagpolster *n* (ein Sandsack)

**sand-cushion foundation** (Build) / Sandpolstergründung *f*

**sand cutter** (Foundry) / Sandschleuder *f* ‖ ~ **cutting** (Foundry) / Sandschleudern *n*

**sand-devil** *n* (Meteor) / Sanddevil *m* (eine Kleintrombe), Sandteufel *m* (eine Kleintrombe), Sandhose *f*

**sand distributor** (Rail) / Sandstreuer *m* (an Triebfahrzeugen), Sandstreueinrichtung *f* (DIN 25653, T 1) ‖ ~ **down** *v* / köpfen *v* (leicht anschleifen) ‖ ~ **down** (Paint) / abschleifen *v* (abschmirgeln) ‖ ~ **drier** / Sandtrockner *m*

**sand-dry** *adj* (Paint) / sandtrocken *adj*

**sand dune**\* (Geol) / Sanddüne *f*, Düne *f*

**sanded, not** ~ / unbesandet *adj* (Oberfläche)

**sanded-down varnish** (Paint) / Schleiflack *m* (hochwertiger Lack, der eine schleifbare Lackierung ergibt)

**sanded gypsum plaster** (Build) / Gipssandputz *m*

**sand equivalent** / Sandäquivalent *n* (Ton/Sand-Verhältnis)

**sander** *n* / Schleifmaschine *f* (Hand-) ‖ ~ (Eng) / Sandstreufahrzeug *n* ‖ ~ (Eng) / Sandpapierschleifmaschine *f* ‖ ~ (Rail) / Sandstreuer *m* (an Triebfahrzeugen), Sandstreueinrichtung *f* (DIN 25653, T 1) ‖ ~ (Tools) / Schwingschleifer *m* (z.B. als Handzusatzgerät für Heimwerker), Sander *m* (ein Handschleifer), Vibrationsschleifer *m* (auf dessen hin- und herschwingendem Werkzeugträger der auswechselbare Schleifkörper gespannt ist), Rutscher *m* (ein Handschleifer) ‖ ~ **dust** (Join) / Schleifstaub *m*

**sanders** *n* (For) / [echtes, weißes, gelbes] Sandelholz *n*, Santalholz *n* (des Sandelholzbaumes)

**Sander's illusion** (Optics) / Sander-Täuschung *f* (nach F. Sander, 1889-1971), Parallelogrammtäuschung *f*, Sander'sche Figur ‖ ~ **parallelogram** (Optics) / Sander'sches Parallelogramm (optische Täuschung)

**sand etching** (Glass) / Sandstrahlmattieren *n* ‖ ~ **expansion** (Foundry) / Sandausdehnung *f*

**sand-faced brick** (Build, Ceramics) / Ziegel *m* aus einer sandausgestreuten Form
**sand fence** / Sandfangzaun *m* ‖ ~ **fill**\* (Mining) / Spülversatz *m* (beim Sandversatzverfahren)
**sand-filled transformer** (Elec Eng) / Quarzsandtransformator *m*
**sand filler** (Foundry) / Sand *m* als Füllstoff ‖ ~ **filling** (Geol) / Verschlickung *f* (Versandung), Versandung *f* ‖ ~ **filling** (Hyd Eng) / Versandung *f* ‖ ~ **filling** (Mining) / Sandversatz *m*, Sandversatzverfahren *n* ‖ ~ **filter** (Ecol) / Sandfilter *n* (ein Tiefenfilter) ‖ ~ **floatation process** (Min Proc) / Sandschwimmverfahren *n*, Chance-Sand-Verfahren *n* (mit Sand-Wasser-Gemisch als Trennmedium) ‖ ~ **for glass melting** (Glass) / Glassand *m*, Glasschmelzsand *m* (ein feiner Quarzsand) ‖ ~ **for mortar** (BS 4721) (Build) / Mauersand *m*, Mörtelsand *m* ‖ ~ **for plastering** (mixes) (Build) / Putzsand *m* ‖ ~ **grain** (Build, Civ Eng, Geol) / Sandkorn *n*
**sand-gravel mix** (Build, Civ Eng, Geol) / Sand-Kies-Gemisch *n*
**sand haze** (Meteor) / Sanddunst *m*
**sandhill** *n* (Geol) / Sanddüne *f*, Düne *f*
**sandhog** *n* (US) (Civ Eng) / Unterwasserarbeiter *m* (z.B. bei Druckluftgründungen usw.)
**sand hole** (Foundry) / Sandstelle *f* (ein Gussfehler) ‖ ~ **hole** (Glass) / Sandloch *n* (ein Flachglasfehler) ‖ ~ **inclusion** (Foundry) / Sandstelle *f* (ein Gussfehler)
**sanding** *n* (Hyd Eng) / Sandablagerung *f* ‖ ~ (Paint) / Schleifen *n* (von Anstrichuntergründen, Anstrichen und Spachtelschichten - von Hand), Trockenschleifen *n* (mit Schleifpapier, Stahlwolle oder Bimsstein), Beischleifen *n* ‖ ~ **belt** (Join) / Holzschleifband *n* ‖ ~ **block** (Paint) / Schleifklotz *m* (zum Handschleifen) ‖ ~ **board** (Autos, Tools) / Schleifpapierhalter *m*, Schleifstreifenhalter *m* ‖ ~ **device** (equipment) (Rail) / Sandstreuer *m* (an Triebfahrzeugen), Sandstreueinrichtung *f* (DIN 25653, T 1) ‖ ~ **disk** (with sheet abrasives) (Eng) / Schleifscheibe *f* (als Vorsatz)
**sanding-down** *n* (Paint) / Schleifen *n* (von Anstrichuntergründen, Anstrichen und Spachtelschichten - von Hand), Trockenschleifen *n* (mit Schleifpapier, Stahlwolle oder Bimsstein), Beischleifen *n*
**sanding drum** (Eng) / Schleifscheibe *f* (als Vorsatz) ‖ ~ **drum** (For) / Schleifzylinder *m* (mit Schleifpapier ummantelter Zylinder), Schleifwalze *f* ‖ ~ **dust** (Join) / Schleifstaub *m* ‖ ~ **gear** (Rail) / Sandbremse *f* ‖ ~ **line** (For, Join) / Schleifstraße *f* ‖ ~ **machine** / Besandungsmaschine *f* ‖ ~ **machine** (Eng) / Sandpapierschleifmaschine *f* ‖ ~ **machine** (Tools) / Schwingschleifer *m* (z.B. als Handzusatzgerät für Heimwerker), Schleifer *m* (ein Handschleifer), Vibrationsschleifer *m* (auf dessen hin- und herschwingendem Werkzeugträger der auswechselbare Schleifkörper gespannt ist), Rutscher *m* (ein Handschleifer) ‖ ~ **pad** (with sheet abrasives) (Eng) / Schleifteller *m* ‖ ~ **sealer** (For, Paint) / Sanding sealer *m*, Hartgrund *m*, Schnellschliffgrund *m*, Schleifgrund *m* (Einlassgrundiermittel auf Nitrobasis für offenporige Holzlackierung)
**sanding-strip holder** (Autos, Tools) / Schleifpapierhalter *m*, Schleifstreifenhalter *m*
**sanding sugar** (Nut) / grobkristalliner Zucker zum Bestreuen von Süßwaren ‖ ~ **up** (Geol) / Verschlickung *f* (Versandung), Versandung *f*
**sand lime bricks**\* (Build, Ceramics) / KS-Steine *m pl*, Kalksandsteine *m pl* (DIN 106) (Mauersteine, die aus Branntkalk und überwiegend quarzitischen Zuschlagstoffen geformt und unter Dampfdruck gehärtet werden)
**Sandmeyer's reaction**\* (Chem) / Sandmeyer-Reaktion *f* (Ersatz der Diazo-Gruppe durch andere Reste - nach T. Sandmeyer, 1854-1922)
**sand mill** / Sandmühle *f* ‖ ~ **mixer** (Foundry) / Sandmischer *m* ‖ ~ **moisture** (Foundry) / Sandfeuchtigkeit *f* ‖ ~ **mould** (Foundry) / Sandform *f* (eine Form, die aus mit einem Binder versetztem Quarzsand oder einem anderen, sandähnlichen Mineralstoff durch mechanische Verdichtung oder chemische bzw. thermische Aushärtung hergestellt wird) ‖ ~ **moulding** (Foundry) / Sandformerei *f*, Sandformen *n*
**Sandow cord** (Aero, Textiles) / elastisches Seil (Spannseil, Bremsseil - auf dem Deck des Flugzeugträgers)
**sandpaper** *v* / mit Sandpapier bearbeiten (oder schleifen) ‖ ~ (Eng) / mit Schleifpapier abschleifen ‖ ~ *n* (Paper) / Schleifpapier *n* (ein biegbarer Schleifkörper, wie z.B. Sand- oder Schmirgelpapier) ‖ ~\* (paper with sand or another abrasive stuck to it, used for smoothing or polishing woodwork or other surfaces) (Paper) / Sandpapier *n*
**sandpapering machine** (Eng) / Sandpapierschleifmaschine *f*
**sandpaper strip** / Schleifpapierstreifen *m*, Schleifstreifen *m*
**sand pattern** (Foundry) / Sandmodell *n* ‖ ~ **pile** (Build) / Sandpfahl *m* ‖ ~ **pile** (Civ Eng) / Verdichtungspfahl *m*, Bodenverfestigungspfahl *m*
**sandpit** / Sandgrube *f*
**sand plant** (Foundry) / Sandaufbereitungsanlage *f* ‖ ~ **pocket** (Mining) / Sandnest *n* ‖ ~ **preparation** (and handling) (Foundry) / Sandaufbereitung *f* (Herstellung eines formgerechten Fertigsandes für die Sand- oder Maskenformerei oder für die Kernmacherei)
**sand-proof** *adj* (Photog) / sanddicht *adj* (Kamera)
**sand pump**\* (Civ Eng) / Sandpumpe *f* ‖ ~-**pump dredger**\* (Civ Eng) / Saugbagger *m*, Pumpenbagger *m*
**sandr** *n* (Geol) / Sandr *m* (vor den Endmoränen der Gletscher), Sander *m*
**sand reclamation unit** (Foundry) / Sandregenerierungsanlage *f* ‖ ~ **riddle** (Foundry) / Sandschleuder *f*
**sandrock** *n* (Geol) / Sandstein *m* (Sammelbezeichnung für Sedimentgesteine, in denen Quarz als Hauptbestandteil neben anderen Mineralien durch toniges, kieseliges oder kalkiges Bindemittel verkittet ist)
**sand roll** (Weaving) / Sandbaum *m* (mit Sandpapierstreifen überzogene Warenabzugswalze) ‖ ~ **roller** (Weaving) / Sandbaum *m* (mit Sandpapierstreifen überzogene Warenabzugswalze)
**sands**\* *pl* (Min Proc) / Grobes *n*, Grobgut *n* (aus gebrochenem Erz)
**sand scratching** (Paint) / Schleifrillen *f pl* (ein Lackfehler), Schleifspuren *f pl* ‖ ~ **screen** / Sandsieb *n* ‖ ~ **sealing** (Civ Eng) / Oberflächenbehandlung *f* mit Sand, Anspritzen *n* von Heißbitumen auf die vorhandene /rissige oder undichte bzw. ausgemagerte/ Deckschicht und anschließendes Abstreuen mit Sand ‖ ~ **shell** (Foundry) / Sandschale *f* ‖ ~ **sifter** / Sandsieb *n* ‖ ~ **silo** (Foundry) / Sandsilo *n* ‖ ~ **silting** (Geol) / Verschlickung *f* (Versandung), Versandung *f* ‖ ~ **skin** (Foundry) / Sandkruste *f*
**sandslinger** *n* (Foundry) / Sandslinger *m* (eine mechanische Schleuderformmaschine), Slinger *m*
**sand-soap** *n* / Scheuerseife *f*, Sandseife *f* (mit eingearbeiteten Mineralpulvern), Mineralseife *f* (zum Reinigen und als Scheuermittel), Abrasivseife *f*
**sand soil** (Agric, Geol) / Sandboden *m* (ein leichter Boden mit bis zu 85% Sand)
**sandstone**\* *n* (Geol) / Sandstein *m* (Sammelbezeichnung für Sedimentgesteine, in denen Quarz als Hauptbestandteil neben anderen Mineralien durch toniges, kieseliges oder kalkiges Bindemittel verkittet ist) ‖ ~\* (Geol) s. also psammites ‖ ~ **quarry** / Sandsteinbruch *m*
**sandstorm** *n* (Aero, Meteor) / Sandsturm *m*
**sand stratum** (Geol) / Sandschicht *f*
**sand-surfaced** *adj* / besandet *adj* (mit Sand bedeckt)
**sand-table** *n* (Paper) / Sandfang *m*
**sand trap**\* (Paper) / Sandfang *m* ‖ ~ **trap** (San Eng) / Sandfang *m* (DIN 4045) ‖ ~ **up** *vi* (Mining) / stecken bleiben *v* (Bohrwerkzeug oder Bohrgestänge im Bohrloch)
**sandur** *n* (Geol) / Sandr *m* (vor den Endmoränen der Gletscher), Sander *m*
**sand volcano**\* (Geol) / Sandkegel, Sandvulkan *m* ‖ ~-**washing** *n* (Paint) / Sandwäsche *f* (leichtes Überstrahlen von Anstrichen mit feinem Sand und mit geringem Druck) ‖ ~ **wave** (Hyd Eng) / Bettrippel *n* (in der Gewässersohle) ‖ ~ **wetting** (Foundry) / Sandbefeuchtung *f* ‖ ~ **whirl** (Geol) / Sandwirbel *m* ‖ ~ **whirl** s. also sand-devil
**sandwich** *v* (between) / einschieben *v* (zwischen zwei Schichten), dazwischenschieben *v*, zwischenlegen *v*, zwischenschieben *v*, schichtweise anordnen *v*, als Zwischensatz einlegen, übereinander schichten *v* ‖ ~ *n* / Kernverbund *m* (mit dickem Kern und relativ dünnen Deckschichten, nach DIN 53290) ‖ ~ (Aero, Build) / Sandwichplatte *f* (Verbundplatte) ‖ ~ (Elec Eng) / Sandwichleitung *f* (ein Streifenleiter) ‖ ~\* (Nuc) / Sandwichquelle *f* ‖ ~ **beam** (Build) / Verbundträger *m* (Holz + Stahl) ‖ ~ **blending** (Spinning) / schichtweise Vermischung, schichtweises Vermischen *n* ‖ ~ **board** (For, Join) / Verbundplatte *f*, Sandwichboard *n* (eine Sperrholztischplatte) ‖ ~ **chamber** (Chem) / Sandwichkammer *f* (für die Flüssigkeitschromatografie), S-Kammer *f* ‖ ~ **circuit** (Electronics) / Mehrschichtschaltung *f* (in der Sandwich-Technik) ‖ ~ **compounds**\* (Chem) / Sandwichverbindungen *f pl* (bei metallorganischen Komplexverbindungen) ‖ ~ **construction**\* (Aero, Build, Ships) / Sandwichbauweise *f* ‖ ~ **injection moulding** (Plastics) / Sandwichspritzgießen *n* ‖ ~ **irradiation**\* (Radiol) / Sandwichbestrahlung *f*, beidseitige Bestrahlung *f* ‖ ~ **laminate** (Textiles) / Verbundschichtstoff *m* ‖ ~ **line** (Elec Eng) / Sandwichleitung *f* (ein Streifenleiter) ‖ ~ **matrix** (Maths) / definierende Matrix ‖ ~ **moulding** (in situ) (Plastics) / Sandwichpressen *n* (Herstellen von Schaumstoff-Schichtstoff-Material, Formschäumen *n*, Schäumen *n* in der Form ‖ ~ **plate** (Aero, Build) / Sandwichplatte *f* (Verbundplatte) ‖ ~ **process** (Paint) / Sandwichverfahren *n* (bei 2K-Lacken), Zweikopfgießverfahren *n* (bei 2K-Lacken) ‖ ~ **structure** / Sandwichstruktur *f* ‖ ~ **technique** (Chem) / Sandwichverfahren *n* (zum Entwickeln von Dünnschichtplatten) ‖ ~ **winding-type transformer** (Elec Eng) / Transformator *m* mit Scheibenwicklung

**sand wick** (Civ Eng) / Sandwick *m* (für senkrechte Sanddränung)
**sandy** *adj* / sandig *adj*, sandhaltig *adj*, sandführend *adj* ‖ ~ / sandfarben *adj*, sandfarbig *adj*, drapp *adj* (A), drappfarben *adj* (A), drappfarbig *adj* (A) ‖ ~ (Nut) / sandig *adj* (Milchprodukt) ‖ ~ (Textiles) / sandig *adj* (Griff) ‖ ~ **clay**\* (Geol) / Verwitterungslehm *m*, Lehm *m* ‖ ~ **finish** (Paint) / raue Anstrichoberfläche (Fehler beim Farbspritzen) ‖ ~ **gravel** / sandiger Kies (mit 50 bis 70% Sand) ‖ ~ **handle** (Textiles) / sandiger Griff ‖ ~ **limestone** (Geol) / Kalksandstein *m* ‖ ~ **mud** (Geol) / Sandschlick *m* (Schlick mit Beimengungen von Feinsand) ‖ ~ **soil** (Agric, Geol) / Sandboden *m* (ein leichter Boden mit bis zu 85% Sand)
**sanforising** *n* (GB) (Textiles) / Sanforisieren *n* (kontrollierte, kompressive Krumpfung nach dem SANFOR-Verfahren von L. Cluett Sandford, 1874-1968)
**sanforizing** *n* (Textiles) / Sanforisieren *n* (kontrollierte, kompressive Krumpfung nach dem SANFOR-Verfahren von L. Cluett Sandford, 1874-1968) ‖ ~ **mark** (Textiles) / Abdruckstelle *f* (Fehler beim Sanforisieren)
**sang de boeuf** *n* (Ceramics) / Sang-de-Boeuf *n* (eine Überfangglasur), Ochsenblutglasur *f*
**Sanger's reagent** (Chem) / Sanger'sches Reagens (1-Fluor-2,4-dinitrobenzol zum Nachweis von Aminosäuren und Proteinen - nach F. Sanger, geb. 1918)
**sanidine**\* *n* (Min) / Sanidin *n* (ein Alkalifeldspat)
**sanidinite** *n* (Geol) / Sanidinit *m* (vulkanischer Auswürfling von Tiefengesteinen oder metamorphen Schiefern, der besonders reich an Sanidin ist)
**sanitary core** (Build, San Eng) / Installationszelle *f*, Wohnungssanitärzelle *f*, Installationsblock *m*, Sanitärzelle *f*, Installationskern *m* (sanitärer) ‖ ~ **cutting** (For) / Sanitärhieb *m* ‖ ~ **engineering** (San Eng) / Gesundheitstechnik *f* (Zweig der Technik, der mit Hilfe sanitärer Einrichtungen und den Mitteln des Hoch- und Tiefbaues sowie der Elektro-, Klima-, Heizungs-, Lüftungs- und Beleuchtungstechnik Anforderungen der Hygiene verwirklicht), Sanitärtechnik *f* ‖ ~ **facility** (Build) / Sanitäranlage *f* ‖ ~ **felling** (For) / Sanitärhieb *m* ‖ ~ **landfill** (US) (Ecol, San Eng) / geordnete Deponie, kontrollierte Müllablagerung ‖ ~ **landfill gas** (US) (Ecol, San Eng) / Deponiegas *n* (das aufgrund anaerober biologischer Abbauprozesse entstandene Biogas), ‖ ~ **plumbing fixtures** (china and porcelain-enamelled ware employed for personal hygiene and sanitary purposes) (Ceramics, Plumb) / Sanitätsgeschirr *n*, Sanitärkeramik *f* ‖ ~ **porcelain** (Ceramics) / Sanitärporzellan *n* ‖ ~ **sewage** (Ecol, San Eng) / Abwasser *n* (häusliches, städtisches, industrielles - DIN 4045), Schmutzwasser *n* (durch Gebrauch verunreinigtes), SW (Schmutzwasser) ‖ ~ **sewer** (US) (Civ Eng, San Eng) / Schmutzwasserleitung *f*, Abwasserleitung *f* (z.B. in der Trennkanalisation) ‖ ~ **shoe** (US) (Arch) / Bodenkehle *f* (zwischen Fußboden und Wand), Fußbodenkehle *f* ‖ ~ **tissue** (Paper) / Sanitärpapier *n*, Hygienepapier *n*
**sanitaryware** *n* (Ceramics, Plumb) / Sanitätsgeschirr *n*, Sanitärkeramik *f*
**sanitary water engineering** (San Eng) / Siedlungswasserwirtschaft *f*
**sanitation** *n* (Build) / Sanierung *f* (Verbesserung der hygienischen Lebensverhältnisse), Assanierung *f* (A) ‖ ~ (Build, Med) / gesundheitstechnische Einrichtungen, sanitäre Anlagen ‖ ~ (Comp) / Löschen *n* von Daten auf temporär belegten Speichermedien ‖ ~ (provision of clean drinking water and adequate sewage disposal) (Ecol, Hyd Eng) / Sanierung *f* (der Gewässer), ‖ ~ (Med) / Gesundheitsmaßnahme(n) *f(pl)*, Hygienemaßnahme(n) *f(pl)* ‖ ~ (Med, San Eng) / hygienische Einrichtung(en) ‖ ~ **consultant** (US) (Ecol) / Abfallberater *m* (gemäß 38 des Kreislaufwirtschafts- und Abfallgesetzes besteht in Deutschland die Abfallberatungspflicht)
**sanitisation** *n* (GB) (Build) / Sanierung *f* (Verbesserung der hygienischen Lebensverhältnisse), Assanierung *f* (A)
**sanitise** *v* (GB) / desinfizieren *v*, entkeimen *v*, keimfrei machen (reinigen) ‖ ~ (Arch, Civ Eng) / sanieren *v*, Hygienemaßnahmen durchführen, assanieren (A)
**sanitization** *n* (Build) / Sanierung *f* (Verbesserung der hygienischen Lebensverhältnisse), Assanierung *f* (A)
**sanitize** *v* (a pool) / desinfizieren *v*, entkeimen *v*, keimfrei machen (reinigen) ‖ ~ (Arch, Civ Eng) / sanieren *v*, Hygienemaßnahmen durchführen, assanieren (A)
**sanitized finish** (Textiles) / Sanitized-Ausrüstung *f* (ein Markenname für eine dauerhaft hygienische Ausrüstung)
**sanitizer** *n* (Nut) / Desinfektionsmittel *n*
**sanitizing** *n* (Comp) / Löschen *n* von Daten auf temporär belegten Speichermedien ‖ ~ **solution** / Desinfektionslösung *f* (zur Durchführung von hygienischen Maßnahmen)
**San José scale** (Agric, Zool) / San-José-Schildlaus *f* (Quadraspidiotus perniciosus Comst - ein gefährlicher Obstbaum- und Beerensträucherschädling), S. J. S. (San-José-Schildlaus)
**Sankey diagram** (Chem Eng) / Sankey-Diagramm *n*, Energieflussbild *n*, Verlustdiagramm *n* (ein Wärmeflussbild - nach M.H.Ph.R. Sankey, 1853-1921)

**SANS** (small-angle neutron scattering) (Nuc) / Neutronenkleinwinkelstreuung *f*
**sanserif**\* *n* (Typog) / serifenlose Linear-Antiqua, Groteskschrift *f* (DIN 1451), Grotesk *f*, Steinschrift *f*
**sansevieria** *n* / Bogenhanf *m* (Sansevieria spp.), Sansevieriahanf *m*
**Sanson's projection** (Cartography) / Sanson'sche Projektion (nach N. Sanson d'Abbeville, 1600-1667)
**santalene** *n* (Chem) / Santalen *n* (ein Sesquiterpen aus Ostindischem Sandelholzöl)
**santal oil** (For) / Ostindisches Sandelholzöl (aus Santalum album L.)
**santalol** *n* (Chem) / Santalol *n*
**santalwood oil** (For) / Sandelholzöl *n* (im Allgemeinen)
**santene** *n* (Chem) / Santen *n* (2,3-Dimethyl-2-norbornen)
**santenol** *n* (Chem) / Santenol *n* (ein vom Santen abgeleiteter Terpenalkohol)
**santenone** *n* (Chem) / Santenon *n* (ein vom Santen abgeleitetes bizyklisches Keton)
**santonin** *n* (Chem, Pharm) / Santonin *n* (bitter schmeckende Substanz aus Zitwer oder Meerwermut)
**Santorin earth** (Civ Eng, Geol) / Santorinerde *f* (schlackenartige Erde vulkanischen Ursprungs)
**santorinite** *n* (Civ Eng, Geol) / Santorinerde *f* (schlackenartige Erde vulkanischen Ursprungs)
**SAP** (service access point) (Comp, Telecomm) / Service Access Point *m*, Dienstzugangspunkt *m* (innerhalb des Schichtenmodells), SAP (Dienstzugangspunkt)
**sap**\* *n* (Bot, For) / Saft *m*, Zellsaft *m*
**SAP** *n* (Comp) / SAP (ein deutscher Softwarehersteller - Systeme, Anwendungen und Produkte in der Datenverarbeitung)
**sap** *n* (For) / Splintholz *n*, Splint *m*
**sapan** *n* (For) / Sappanholz *n* (ostindisches Rotholz aus Caesalpinia sappan L.)
**sapanthracite** *n* (Geol) / Sapropelkohle *f* im Anthrazitstadium
**sapanwood** *n* (For) / Sappanholz *n* (ostindisches Rotholz aus Caesalpinia sappan L.)
**sap displacement method** (of wood preservation) (For) / Saftverdrängungsverfahren *n* (ein Holzschutzverfahren), Boucherieverfahren *n* (nach A. Boucherie, 1801-1871)
**sapele**\* *n* (For) / Sapelli *n* (ein Ausstattungs- und Möbelholz aus dem westafrikanischen Zedrachgewächs Entandrophragma cylindricum Sprague), Sapelemahagoni *n* ‖ ~ **mahogany** (For) / Sapelli *n* (ein Ausstattungs- und Möbelholz aus dem westafrikanischen Zedrachgewächs Entandrophragma cylindricum Sprague), Sapelemahagoni *n*
**sap-flow period** (For) / Saftzeit *f*
**sap green** *n* / Saftgrün *n*
**sap-green** *adj* / saftgrün *adj*
**saphir d'eau**\* (Min) / Wassersaphir *m* (ein Cordierit)
**sapid** *adj* (US) (Nut) / wohlschmeckend *adj*, schmackhaft *adj*, lecker *adj* ‖ ~ (US) (Nut) / saftig *adj* (Frucht)
**saplings** *pl* (For) / schwaches Stangenholz
**sapodilla** *n* (For) / Breiapfelbaum *m*, Sapotillbaum *m* (Manilkara zapota (L.) Royen)
**sapogenins**\* *pl* (Chem) / Sapogenine *n pl* (Aglykone der Steroidsaponine)
**saponaceous** *adj* / seifig *adj*
**saponifiable** *adj* (Chem) / verseifbar *adj* ‖ ~ **lipid** (Biochem) / verseifbares Lipid
**saponification**\* *n* (Chem) / Esterspaltung *f* (in Alkohole und Säuren) ‖ ~\* (Chem, Paint) / Verseifung *f* ‖ ~ (Nut) / Seifigwerden *n* (von Fetten) ‖ ~ **equivalent** (the quantity of fat in grammes that can be saponified by 1 litre of normal alkalies) (Chem) / Verseifungsäquivalent *n* ‖ ~ **number**\* (Chem) / Verseifungszahl *f*, VZ (Verseifungszahl) (eine Kennzahl der Fette und fetten Öle sowie der Mineralöle - DIN 53401) ‖ ~ **product** (Chem) / Verseifungsprodukt *n*
**saponified acetate filament** (Textiles) / verseifte Azetatseide, verseifter Azetatelementarfaden
**saponins**\* *pl* (Chem) / Saponine *n pl* (stickstofffreie Pflanzenglykoside, die nach ihrem Aglykon in Steroidsaponine und Triterpensaponine eingeteilt werden)
**saponite**\* *n* (Min) / Seifenstein *m* (ein quellfähiges Dreischichtsilikat), Saponit *m* ‖ ~\* (Min) s. also mountain soap
**sappanwood** *n* (For) / Sappanholz *n* (ostindisches Rotholz aus Caesalpinia sappan L.)
**sapphire**\* *n* (Min) / Saphir *m* (blaue Varietät von Korund) ‖ ~ **blue** / Saphirblau *n* ‖ ~ **needle**\* (Acous) / Saphirnadel *f* ‖ ~ **quartz** (Min) / Saphirquarz *m*, Blauquarz *m* (intensiv blauer Quarz) ‖ ~ **stylus** (Acous) / Saphirnadel *f*
**sapphirine**\* *n* (Min) / Saphirin *n* (ein Nesosubsilikat), Sapphirin *m*
**sappy** *adj* (containing a lot of sap) (Bot) / safthaltig *adj*, saftig *adj*, saftreich *adj* ‖ ~ **wool** (Textiles) / besonders fettige Schmutzwolle, Schmutzwolle *f* (besonders fettige)

**saprobe*** n (Bacteriol, Bot, San Eng) / Saprobiont m (pl. -en), Saprobie f
**saprobic** adj (Biol) / saprobisch adj
**saprobiont** n (Bacteriol, Bot, San Eng) / Saprobiont m (pl. -en), Saprobie f
**saprobiotic*** adj (Biol) / saprobisch adj
**saprodite** n (Geol) / Sapropelkohle f im Braunkohlenstadium
**saprogenic*** adj / saprogen adj (Fäulnis bewirkend), Fäulnis-, fäulniserregend adj
**saprogenous*** adj (Bot) / saprogen adj (Fäulnis bewirkend), Fäulnis-, fäulniserregend adj
**saprolite** n (Geol) / Rückstandsgestein n in situ
**sapropel*** n (Geol, Hyd Eng) / Sapropel n (unter Sauerstoffabschluss biochemisch umgewandelte organische Reste in Gewässern) ‖ ~ **coal** (Geol) / Sapropelitkohle f, Sapropelkohle f (verfestigtes Sapropel), sapropelitische Kohle, Faulschlammkohle f (z.B. Dysodil)
**sapropelic coal** (Geol) / Sapropelitkohle f, Sapropelkohle f (verfestigtes Sapropel), sapropelitische Kohle, Faulschlammkohle f (z.B. Dysodil)
**sapropelite*** n (Geol) / Sapropelit m (das Faulschlammgestein)
**sapropelitic coal** (Geol) / Sapropelitkohle f, Sapropelkohle f (verfestigtes Sapropel), sapropelitische Kohle, Faulschlammkohle f (z.B. Dysodil)
**saprophagous** adj (Biol) / saprophag adj, detritivor adj, saprovor adj, detritophag adj, detritusfressend adj ‖ ~ (Bot, San Eng) / saprophytisch adj
**saprophile*** adj (Ecol) / saprophil adj
**saprophyte*** n (Bacteriol, Bot, San Eng) / Saprophyt m (pl. -en) (der sich von toten tierischen oder pflanzlichen Stoffen ernährt)
**saprophytic*** adj (Bacteriol, Bot, San Eng) / saprophytisch adj
**sap rot** (For) / Splintfäule f
**saprovorous** adj (Biol) / saprophag adj, detritivor adj, saprovor adj, detritophag adj, detritusfressend adj
**sapstain*** n (For) / Splintholzverfärbung f, Splintfleck m
**sapwood*** n (For) / Splintholz n, Splint m ‖ ~ **tree** (For) / Splintholzbaum m (dessen Holzteil weder Farb- noch Feuchteunterschiede aufweist)
**SAR*** (synthetic aperture radar) (Radar) / Radar m n mit synthetischer Apertur (zur Erdbeobachtung und -überwachung), SAR n (Radar mit synthetischer Apertur)
**SARAH*** (search and rescue homing) (Mil, Radar) / SAR-Peilsender m
**SAR aircraft** (Aero) / Such- und Rettungsluftfahrzeug n, Such- und Rettungsflugzeug n
**Saran*** n (Nut, Textiles) / Saran n (Nahrungsmittelverpackung) ‖ ≙ **fibre** (Plastics, Textiles) / Saranfaser f (mit mehr als 80% Vinylidenchlorideinheiten) ‖ ≙ **wrap** (Nut) / Saran n (Nahrungsmittelverpackung)
**sarcenet** (Textiles) / Sarsenett m (feiner, weicher Seidenfutterstoff), Seidentaft m, Zindeltaft m
**SAR centre** (Aero) / Such- und Rettungszentrale f (A), Leitstelle f des Such- und Rettungsdienstes
**sarcolactic acid** (Chem) / Fleischmilchsäure f, Rechtsmilchsäure f, Paramilchsäure f, L(+)-Milchsäure f
**sarcosinate** n (Chem) / Sarkosinat n, Sarcosinat n
**sarcosine*** n (Biochem, Chem) / Sarkosin (Sar) n (eine Zwischenstufe im Aminosäurestoffwechsel), Sarcosin n (N-Methylglycin), Sar (eine Zwischenstufe im Aminosäurestoffwechsel)
**sard** n (Min) / Sarder m (eine Varietät des Chalzedons) ‖ ~ (Min) s. also cornelian
**sardine** (a young pilchard) (Nut) / Ölsardine f (kleinere Sardine) ‖ ~ **oil** (Nut) / Sardinenöl n (aus 13-16 cm großen Ölsardinen)
**sardonyx*** n (Min) / Sardonyx m (braun-weiß gebänderter Chalzedon)
**sarepta mustard** (Bot, Nut) / Rutenkohl m, Indischer Senf (Brassica juncea (L.) Czern.), Sareptasenf m
**Sarett oxidation** (Chem) / Sarett-Oxidation f
**sargasso** n (pl. -s or -es) (Bot) / Beerentang m, Golfkraut n, Sargassokraut n (Sargassum sp.)
**sargassum** n (pl. -ssa) (Bot) / Beerentang m, Golfkraut n, Sargassokraut n (Sargassum sp.) ‖ ~ **weed** (Bot) / Beerentang m, Golfkraut n, Sargassokraut n (Sargassum sp.)
**Sargent bath** (Surf) / Sargent-Bad n (Chromelektrolyt mit Schwefelsäure als Katalysator), Sargents Lösung ‖ ≙ **diagram*** (Nuc Eng) / Sargent-Diagramm n (grafische Darstellung, die den Zusammenhang zwischen der Halbwertszeit und der Zerfallsenergie eines β-aktiven Nuklids beschreibt)
**sarin** n (GB) (Mil) / Sarin n (ein nervenschädigender Kampfstoff)
**sarking*** n (Build) / Brettschalung f (des Schieferdaches), Schieferdachverschalung f ‖ ~ (Build) / Zwischenlage f bei Metalldachdeckungen (ungesandete Pappe, phenolfreie Pappe, Ölpapier) ‖ ~ **felt*** (Build) / Dachpappe f für Zwischenlagen
**saros*** n (Astron) / Saroszyklus m, Sarosperiode f, chaldäische Periode (durch die Rückwärtsbewegung der Mondknoten bedingter Zyklus von 18 Jahren und 11 1/3 Tagen)

**sarpagine** n (Pharm) / Sarpagin n (Sarpagan-10,17-diol - blutdrucksenkende Substanz und Adrenalinantagonist), Raupin n
**Sarrus rule** (Maths) / Sarrus-Regel f (zur Entwicklung einer dreireihigen Determinante; nach P.F. Sarrus, 1798-1861), Regel f von Sarrus
**sarsaparilla** n (Nut, Pharm) / Sarsaparill(a)wurzel f (Smilax regelii Kill. et C.V. Morton)
**sarsen*** n (Geol) / blockförmiger Rückstand erodierter Tertiärschichten
**sarsenet** (fine, soft silk fabric, used as a lining material and in dressmaking) (Textiles) / Sarsenett m (feiner, weicher Seidenfutterstoff), Seidentaft m, Zindeltaft m
**sarsen stone** (a silicified sandstone boulder of a kind which occurs on the chalk downs of southern England) (Geol) / blockförmiger Rückstand erodierter Tertiärschichten
**SAS** (stability augmentation system) (Aero) / Dämpfungsregler m ‖ ≙ (sodium aluminium sulphate) (Chem) / Natriumaluminiumsulfat n
**sash*** n (Build) / Fensterflügel n (senkrecht oder waagerecht verschiebbar) ‖ ~* (Join) / Schiebefensterrahmen m, Fensterrahmen m (für Schiebefenster), verschiebbarer Fensterrahmen, Schiebeflügelfensterrahmen m ‖ ~ **bar** (Build, Glass) / Glashalteleiste f ‖ ~ **bar*** (Join) / Fensterpfosten m, Setzholz n (im Fensterkreuz) ‖ ~ **bar*** (Join) / Fensterkämpfer m, Fensterkämpfer m, Querholz n, Losholz n, Riegel m (DIN 68 121-1) (bei Fenstern feststehender, waagrecht durchlaufender Riegel zwischen oberen und unteren Flügeln) ‖ ~ **chain** (Build) / Hubfenstergewichtskette f ‖ ~ **cord** (Build) / Hubfenstergewichtsschnur f ‖ ~ **counterweight** (Build) / Schiebefenstergegengewicht n, Hubfenstergewicht n ‖ ~ **cramp*** (Carp) / Rahmenpresse f (kleine), Rahmenhalter m (für kleine Rahmen) ‖ ~ **door*** (Build) / Tür f mit Oberlicht ‖ ~* (Build) / Glasfüllungstür f, Tür f mit Glasfüllung, Tür f mit Glasausschnitt (meistens in der oberen Hälfte) ‖ ~ **fastener*** (Build) / Schiebefensterschließer m, Hubfensterarretierung f ‖ ~ **fastener*** (Build) / Fensterarretierung f (bei Doppelfenstern) ‖ ~ **fillister*** (Glass, Join) / Glasfalz m, Falz m, Kittfalz m (zur Auflage der Glasscheibe) ‖ ~ **holder** (Build) / Schiebefensterschließer m, Hubfensterarretierung f ‖ ~ **lock*** (Build) / Schiebefensterschließer m, Hubfensterarretierung f ‖ ~ **lock*** (Build) / Fensterarretierung f (bei Doppelfenstern) ‖ ~ **weight*** (Build) / Schiebefenstergegengewicht n, Hubfenstergewicht n ‖ ~ **window** (Build) / Schiebefenster n (im Allgemeinen)
**SA spiral galaxy** (Astron) / Spiralgalaxie f (Typ SA)
**sassafras*** n (For) / Sassafrasholz n, Fenchelholz n (aus Sassafras albidum (Nutt.) Nees) ‖ ~* (For) s. also black ash ‖ ~ **oil** / Sassafrasöl n, Fenchelholzöl n
**sassoline** n (Min) / Sassolin n (Orthoborsäure aus den Soffionen der Toskana)
**sassolite** n (Min) / Sassolin n (Orthoborsäure aus den Soffionen der Toskana)
**sastruga** n (pl. -gi) (Geol) / Sastruga f (pl. -gi) (durch Auswehung verursachter scharfkantiger unregelmäßiger Rücken auf verfestigten Schneedecken)
**satcom** n (Telecomm) / Satellitenkommunikation f (Informationsübertragung über Nachrichtensatelliten), Sat-Kom f, Satellitenverkehr m
**sateen** n (Textiles) / Baumwollatlas m, Baumwollsatin m ‖ ~* (Textiles) / Schussatlas m, Schussatin m ‖ ~* (Textiles) / Satin m
**satellite** n (Aero) / Satellit m (Kopf am Ende eines Flugsteigfingers) ‖ ~ (Aero) / Nebengebäude n ‖ ~ (Aero) / Flugsteigkopf m ‖ ~* (Astron) / [natürlicher] Satellit m, Trabant m, Mond m ‖ ~* (Space, Telecomm) / Satellit m (Fernseh-, Wetter-, Kommunikations-) ‖ ~ (Spectr) / Satellitenlinie f (spektrale) ‖ ~ **altimetry** (Ocean, Surv) / Satellitenaltimetrie f ‖ ~ **antenna** (Telecomm) / Satellitenantenne f (eine Parabolantenne zum Empfang von Programmen des Satellitenfernsehens), Satellitenschüssel f, Schüssel f (Satellitenschüssel) ‖ ~ **astronomy** (Astron) / Satellitenastronomie f
**satellite-borne transmitter** (Space) / Satellitenbordsender m
**satellite broadcasting** (Radio) / Satellitenrundfunk m, Satellitenfunk m ‖ ~ **bus** (Space) / Satellitenbus m (universelle Satellitengrundeinheit, auf welcher aufbauend verschiedene Anwendungssatelliten zusammengestellt werden können) ‖ ~ **cartography** (Cartography) / Satellitenkartografie f ‖ ~ **channel** (Telecomm) / Satellitenkanal m ‖ ~ **circuit** (Radio, Space, TV) / Satellitenübertragungsweg m ‖ ~ **collision** (Space) / Satellitenkollision f ‖ ~ **communications** (Telecomm) / Satellitenkommunikation f (Informationsübertragung über Nachrichtensatelliten), Sat-Kom f, Satellitenverkehr m ‖ ~ **communications service** (Radio) / Satellitenfunk m (Weitverkehrsfunkverbindung mit Satelliten als Relaisstellen) ‖ ~ **computer*** (Comp) / Satellitenrechner m ‖ ~ **digital audio broadcasting** (Radio) / digitaler Satellitenhörfunk ‖ ~ **dish** (Telecomm) / Satellitenantenne f (eine Parabolantenne zum Empfang von Programmen des Satellitenfernsehens), Satellitenschüssel f,

**satellite**

Schüssel f (Satellitenschüssel) ‖ ~ **DNA**\* (Biochem) / Satelliten-DNS f ‖ ~ **exchange**\* (Telecomm) / Teilamt n, Satellitenamt n, Teilvermittlungsstelle f ‖ ~ **galaxy** (Astron) / Satellitengalaxie f, Begleitgalaxie f (die physisch zu einer größeren Galaxie gehört) ‖ ~ **geodesy** (Surv) / Satellitengeodäsie f ‖ ~ **geodetic surveying** (Surv) / Satellitengeodäsie f ‖ ~ **industry** / Zulieferindustrie f, Zuliefererindustrie f ‖ ~ **line** (Maths) / begleitende Gerade, Begleitgerade f ‖ ~ **line** (Phys, Spectr) / Satellitenlinie f (spektrale) ‖ ~ **link** (Telecomm) / Satellitenverbindung f, Satellitenübertragungsstrecke f ‖ ~ **master antenna TV** (TV) / Fernsehen n mit Satelliten-Zentralantenne (Gemeinschafts-TV) ‖ ~ **meteorology** (Meteor) / Satellitenmeteorologie f ‖ ~ **microwave connection** (Radio) / Satellitenrichtverbindung f ‖ ~ **mobile radiotelephone service** (Teleph) / Satellitenmobilfunk m (z.B. Teledesic, Spaceway, AMSC) ‖ ~ **multiservice system** (Telecomm) / Satelliten-Mehrdienstesystem n (Eutelsat) ‖ ~ **navigation** (Aero, Autos, Nav, Ships) / Satellitennavigation f (durch Auswertung von Signalen, die von künstlichen Satelliten ausgestrahlt werden - nach dem Prinzip der Hyperbelnavigation)

**satellite-observing station** (Space) / Satellitenbeobachtungsstation f
**satellite orbit inclination** (Space) / Umlaufbahnneigung f, Bahnneigung f ‖ ~ **PABX** (Telecomm, Teleph) / Zweitnebenstellenanlage f, Unteranlage f, ZNA (Zweitnebenstellenanlage) ‖ ~ **peak** (Spectr) / Satellitenpeak m ‖ ~ **photography** (Space) / Satellitenfotografie f (von Land- und Meeresflächen von Erdsatelliten aus) ‖ ~ **picture** (Meteor, Photog, Space) / Satellitenbild n, Satellitenfoto n ‖ ~ **processor** / Kommunikationsvorrechner m (der für einen Großrechner die Kommunikation über das Netz abwickelt), Vorrechner m (der den Verarbeitungsrechner entlastet), Front-End-Prozessor m, Datenübertragungsvorrechner m (in einem Datenfernverarbeitungssystem), FE-Prozessor m ‖ ~ **radar** (Radar, Space) / Satellitenradar m n ‖ ~ **reception** (Radio) / Satellitenempfang m (von über Satellit ausgestrahlten Sendungen) ‖ ~ **repeater** (Telecomm) / Satelliten-Relaisstation f, Satelliten-Relaissender m, Satellitentransponder m ‖ ~ **signal** (TV) / Satellitensignal n ‖ ~ **slave transmitter** (Telecomm) / Satellitenhilfssender m ‖ ~ **spectrum** (Spectr) / Satellitenspektrum n ‖ ~ **station** (Surv) / exzentrischer Standpunkt ‖ ~ **station** (Telecomm) / Verstärkeramt n, Verstärkerstelle f (Betriebsstelle, in der leitergebundene Übertragungseinrichtungen aufgebaut sind) ‖ ~ **station**\* (Telecomm) / Relaisstation f (aktive), Weitergabestelle f (Zwischensender), Relaisstelle f (aktive) ‖ ~ **station**\* (Telecomm) / Satellitenstation f ‖ ~ **studio** (Radio) / Hilfsstudio n ‖ ~ **system** (Comp) / Satellitensystem n (System miteinander verbundener Datenverarbeitungsanlagen) ‖ ~ **television** (TV) / Satellitenfernsehen n

**satellite-to-satellite tracking** (Space, Nav) / Satellite-to-Satellite-Tracking n (Messung von Entfernungsänderungen zwischen zwei Satelliten)

**satellite town** (Arch) / Satellitenstadt f, Trabantenstadt f (baulich in sich geschlossene Stadt mittlerer Größe in der Nachbarschaft einer Großstadt, mit der sie durch leistungsfähige Verkehrsmittel eng verbunden ist - meistens eine Wohnstadt, z.B. die New Towns bei London) ‖ ~ **tracker** (Astron) / Satellitenbeobachtungsgerät n, Satellitenteleskop n ‖ ~ **transmission** (Radio, Telecomm, TV) / Satellitenübertragung f ‖ ~ **transponder** (Telecomm) / Satelliten-Relaisstation f, Satelliten-Relaissender m, Satellitentransponder m ‖ ~ **TV installation** (TV) / Satellitenanlage f (zum Empfang von Programmen des Satellitenfernsehens)

**satelloid** n (Astron) / Satelloid m
**satin**\* n (Textiles) / Kettatlas m, Kettsatin m ‖ ~ **attr** / seidenmatt adj ‖ ~ **crêpe** (Textiles) / Crêpe Satin m (Seidenkrepp mit einer glänzenden und einer matten Seite) ‖ ~ **double-face** (Textiles) / Doppelatlas m (ein Doppelgewebe) ‖ ~ **drill** (Textiles) / Drellsatin m, Satindrell m
**satinet** n (Textiles) / Satinett m, Halbatlas m, leichter Satin
**satin-etched bulb** (Light) / innenmattierter Kolben
**satinette** n (Textiles) / Satinett m, Halbatlas m, leichter Satin
**satin finish** / seidenmattes Finish, satinartig mattglänzendes Finish ‖ ~ **finish** (Ceramics) / Velinglasur f, seidenmatte Glasur ‖ ~ **finish** (a very smooth surface finish with low or dull reflective properties) (Ceramics) / Seidenglanz m ‖ ~ **finish** (Glass) / Velvetmattierung f, Satinierung f
**satin-finish** v (Surf) / satinieren v (Oberfläche mit Stahlbürsten)
**satin ice** (Geol, Meteor) / Kammeis n, Nadeleis n (nadelförmige Eiskristalle an der obersten Bodenschicht) ‖ ~ **paper** (Elec Eng) / Mikapapier n, Glimmerpapier n ‖ ~ **-spar** (Min) / Atlasspat m, Atlasstein m, Satinspat m (seltene, asbestartige Ausbildung von Kalzit, Aragonit oder Gips mit seidenem Glanz) ‖ ~ **stitch** (Textiles) / Federstich m ‖ ~ **stone** (Min) / Atlasspat m, Atlasstein m, Satinspat m (seltene, asbestartige Ausbildung von Kalzit, Aragonit oder Gips mit seidenem Glanz) ‖ ~ **twill** (Textiles) / Köperatlas m ‖ ~ **walnut** (For) / Amerikanischer Amberbaum (Liquidambar styraciflua L.), Satinnussbaum m, Sweetgum m ‖ ~ **walnut**\* (For) / Holz n des Amerikanischen Amberbaums ‖ ~ **weave** (Weaving) / Atlasbindung f, Satinbindung f ‖ ~ **white** (Paint, Paper) / Satinweiß n

**satinwood**\* n (For) / Ostindisches Satinholz (von dem Rautengewächs Chloroxylon swietenia DC.) ‖ ~\* (For) / Seidenholz n, Satinholz n (Nutzholz mit seidenartigem Glanz gehobelter Oberflächen - im Allgemeinen)

**satisfactory** adj / ohne Beanstandung (Prüfberichtsvermerk)
**satisfiability** n (Maths) / Erfüllbarkeit f (von Formelmengen)
**satisfiable** adj (Maths) / erfüllbar adj ‖ ~ **formula** (Maths) / erfüllbare Formel (wenn es eine Interpretation und eine Belegung gibt, bei der die Formel wahr ist)
**satisfy** v / entsprechen v (den Bedingungen), genügen v (den Bedingungen), erfüllen v (Bedingungen) ‖ ~ (an equation) (Maths) / [einer Gleichung] genügen v, [eine Gleichung] befriedigen v
**satnav** n (Aero, Autos, Nav, Ships) / Satellitennavigation f (durch Auswertung von Signalen, die von künstlichen Satelliten ausgestrahlt werden - nach dem Prinzip der Hyperbelnavigation)
**SATO process** (Electronics) / SATO-Verfahren n (ein Isolationsverfahren für integrierte Schaltungen)
**satratoxin** n (Chem) / Satratoxin n (von Stachybotrys chartarum, Verursacher von Stachybotrytoxikose bei Tieren)
**saturable** adj / sättigungsfähig adj, sättigbar adj ‖ ~ / mit Sättigungscharakter ‖ ~ **reactor**\* (Elec Eng) / Sättigungsdrossel f ‖ ~ **reactor amplifier** (Elec Eng) / Sättigungsdrosselverstärker m
**saturate** v / durchdringen v (mit Flüssigkeit), tränken v, durchtränken v, imbibieren v (Chem, Phys) / sättigen v, absättigen v
**saturated** adj (Chem, Phys) / gesättigt adj (chemische Verbindung oder Lösung), abgesättigt adj ‖ ~ **adiabate** (Meteor) / Kondensationsadiabate f ‖ ~ **adiabate** (Meteor) s. also moist adiabate ‖ ~ **adiabatic**\* (line) (Meteor) / Kondensationsadiabate f ‖ ~ **adiabatic lapse rate**\* (Meteor) / feuchtadiabatischer Temperaturgradient, feuchtadiabatisches Temperaturgefälle ‖ ~ **calomel electrode**\* (Chem) / gesättigte Kalomelelektrode, GKE (gesättigte Kalomelelektrode) ‖ ~ **fatty acid** (Chem) / gesättigte Fettsäure ‖ ~ **logic** (Electronics) / gesättigte Logik (digitale Logikschaltungen mit Bipolartransistoren, deren Arbeitspunkte bei Ansteuerung mit L-Pegel im Sperrbereich und bei Ansteuerung mit H-Pegel im Sättigungsbereich liegen) ‖ ~ **polyester** (Chem) / gesättigter Polyester, SP (gesättigter Polyester) ‖ ~ **region** (Mag) / gesättigter Bereich ‖ ~ **solution**\* (Chem) / gesättigte Lösung ‖ ~ **steam**\* (Eng) / Sattdampf m (der mit Wasser gleicher Temperatur im thermodynamischen Gleichgewicht steht), gesättigter Dampf (Wasserdampf) ‖ ~ **syrup** (Nut) / Kläre f (Zuckergewinnung) ‖ ~ **vapour**\* (Phys) / Sattdampf m, gesättigter Dampf (nicht unbedingt der Wasserdampf) ‖ ~ **water vapour pressure**\* (Meteor) / Sättigungsdampfdruck m (der Dampfdruck bei Sättigung), Sättigungsdruck m (der Partialdruck des Dampfes in einem Zweiphasengemisch, bei dem durch Ab- und Zufuhr von Wärme keine Temperaturänderung erfolgt)

**saturation**\* n / Tränken n, Tränkung f, Durchtränkung f ‖ ~ (Chem) / Äquilibrierung (Erreichen eines Gleichgewichts in der Dünnschichtchromatografie), Herstellung f eines Gleichgewichts (in der Dünnschichtchromatografie) ‖ ~\* (Chem, Phys) / Absättigung f (von freien Valenzen), Sättigung f ‖ ~ (Comp) / Sättigung f (bei der Speicherung der Information) ‖ ~\* (Elec Eng, Nuc Eng) / Sättigung f ‖ ~ (Nut) / Karbonatation f, Carbonatation f, Saturieren n (das Abscheiden des dem Zuckersaft zugesetzten Kalkes durch ein Fällungsmittel), Saturation f (mit Kalk-Kohlendioxid) ‖ ~\* (Optics, Photog) / Sättigung f (Grad der Buntheit einer Farbe im Vergleich zum gleichhellen Unbunt), Saturation f ‖ ~ **activity**\* (Nuc Eng) / Sättigungsaktivität f

**saturation-adiabatic lapse rate** (Meteor) / feuchtadiabatischer Temperaturgradient, feuchtadiabatisches Temperaturgefälle
**saturation branch** (Electronics) / Sättigungsast m ‖ ~ **concentration** (Chem) / Sättigungskonzentration f (diejenige Konzentration eines Stoffs in einer Lösung, bei der diese gesättigt ist) ‖ ~ **current**\* (Elec Eng) / Sättigungsstrom m ‖ ~ **curve**\* (Mag) / Sättigungskurve f ‖ ~ **deficit** (Meteor) / Sättigungsdefizit n (Differenz zwischen Sättigungsdampfdruck und gemessenem Dampfdruck) ‖ ~ **factor**\* (Elec Eng) / Sättigungsfaktor m ‖ ~ **hole** (Electronics) / Saturationsloch n (bei einer bestimmten Oszillationsfrequenz) ‖ ~ **kinetics** (Chem) / Sättigungskinetik f ‖ ~ **level** (Comp) / Sättigungszustand m (bei der Speicherung der Information) ‖ ~ **limit**\* (Mag) / Sättigungsgrenze f ‖ ~ **magnetization** (Mag) / Sättigungsmagnetisierung f (eine Materialgröße nach DIN 1324-1) ‖ ~ **magnetization density** (Mag) / dichtebezogene Sättigungsmagnetisierung ‖ ~ **magnetostriction** (Elec) / Sättigungsmagnetostriktion f ‖ ~ **of the air**\* (Meteor) / Sättigungszustand m der Luft (relative Luftfeuchtigkeit = 100%) ‖ ~ **pH** (Chem) / Sättigungs-pH-Wert m ‖ ~ **polarization** (Mag) / Sättigungspolarisation f ‖ ~ **region** (Electronics) / Sättigungsbereich m, Sättigungsgebiet n ‖ ~ **region** (Mag) / gesättigter Bereich ‖ ~ **resistance** (Electronics) / Restwiderstand m (eines Transistors nach

DIN 41854), Sättigungswiderstand *m* (eines Transistors) ‖ ~ **scale*** (Phys) / Sättigungsskale *f*, Sättigungsskala *f* ‖ ~ **spectroscopy** (Phys, Spectr) / Sättigungsspektroskopie *f* (eine hochauflösende dopplerfreie Laserspektroskopie) ‖ ~ **temperature** / Sättigungstemperatur *f* ‖ ~ **value** / Sättigungswert *m* ‖ ~ **vapour pressure** (Meteor) / Sättigungsdampfdruck *m* (der Dampfdruck bei Sättigung), Sättigungsdruck *m* (der Partialdruck des Dampfes in einem Zweiphasengemisch, bei dem durch Ab- und Zufuhr von Wärme keine Temperaturänderung erfolgt) ‖ ~ **voltage** (Electronics, Mag) / Sättigungsspannung *f* ‖ ~ **zone** (a subsurface zone in which all the interstices are filled with water under pressure greater than that of the atmospherre ) (Geol) / Sättigungszone *f*
**saturator** *n* (Chem Eng) / Saturator *m*, Saturationsapparat *m*, Sättiger *m*
**Saturn*** *n* (Astron) / Saturn *m* (der sechste, jupiterartige Planet im Sonnensystem - von der Sonne aus gesehen)
**saturnism** *n* (Med) / Bleivergiftung *f* (z.B. Bleianämie, Bleiarthralgie usw.), Saturnismus *m*, Erkrankung *f* durch Blei, Bleikrankheit *f*, Bleiintoxikation *f*
**Saturn probe** (Astron) / Saturnsonde *f* (z.B. Cassini) ‖ ~'s **tree** (Chem) / Bleibaum *m*
**sauce** *v* / saucieren *v* (Tabak), soßieren *v* (Tabak), soßen *v*
**saucer*** *n* (Eng) / gerade Topfschleifscheibe (DIN 69139) ‖ ~* (Hyd Eng) / flacher Senkkasten (zum Heben von Schiffen) ‖ ~ **dome** (a glass or plastics dome moulded in one piece like an inverted saucerand used as a roof light) (Build, Glass, Plastics) / Flachkuppel *f*
**saucisse** *n* (Hyd Eng) / Faschinenwurst *f* (geflochten), Senkfaschine *f*
**saucisson** *n* (Hyd Eng) / Faschinenwurst *f* (geflochten), Senkfaschine *f*
**sauconite*** *n* (Min) / Sauconit *m* (ein Saponit oder Hectorit, bei dem viel Mg anstelle von Zn vertreten ist)
**saunders** *n* (For) / [echtes, weißes, gelbes] Sandelholz *n*, Santalholz *n* (des Sandelholzbaumes)
**sausage construction** (Hyd Eng) / Grundschwellenbau *m* aus Drahtschotterwalzen ‖ ~ **flask** (Chem) / Säbelkolben *m*, Sichelkolben *m* ‖ ~ **grinder** (Nut) / Kutter *m* (zur Herstellung der Brätmasse), Cutter *m* ‖ ~ **instability** (Plasma Phys) / Sausage-Instabilität *f*, Würsteninstabilität *f*, Instabilität *f* gegen Einschnürung ‖ ~ **machine** (Nut) / Kutter *m* (zur Herstellung der Brätmasse), Cutter *m* ‖ ~ **meat** (Nut) / Brät *n*, Wurstmasse *f*, Wurstbrät *n*
**sausage-poisoning** *n* (Med, Nut) / Wurstvergiftung *f*
**sausage structure** (Geol) / Boudinage *f* (tektonische Verformung), Boudin *n* (Gesteinsgefüge)
**saussurite*** *n* (Min) / Saussurit *m*, Schweizerischer Jade (Gemenge von Zoisit, Skapolith u.s.w.)
**saussuritization** *n* (Geol) / Saussuritisierung *f* (Umbildungsvorgang bei Ca-reichen Plagioklasen)
**savana*** *n* (Ecol) / Savanne *f* (Steppe mit einzeln oder gruppenweise stehenden Bäumen)
**savannah** *n* (Ecol) / Savanne *f* (Steppe mit einzeln oder gruppenweise stehenden Bäumen)
**save** *v* / einsparen *v*, sparen *v* ‖ ~ (Comp) / sicherstellen *v* (Daten, Speicherinhalte), sichern *v* (Dateien, Zwischenergebnisse) ‖ ~ (Ships) / bergen *v*
**save-all** (Nut) / Saftfänger *m* (in der Zuckerfabrikation) ‖ ~* (Paper) / Stofffänger *m*, Stoffrückgewinnungsanlage *f*, Faserrückgewinnungsanlage *f*, Papiermassefänger *m*, Flotationsstofffänger *m*
**Save it!** (Cinema) / Kopieren ! (Anweisung an die Ateliersekretärin)
**save-oil** *n* (Eng) / Öltrog *m*, Ölsammler *m*
**Save the arcs!** (Cinema) / Licht aus! (Anweisung an die Beleuchtung, Beleuchtung ausschalten!) ‖ ~ **the arcs!** (Cinema) / Licht aus! (Anweisung an die Beleuchter), Beleuchtung ausschalten! ‖ ~ **the lights!** (Cinema) / Licht aus! (Anweisung an die Beleuchter), Beleuchtung ausschalten! ‖ ~ **the lights!** (Cinema) / Licht aus! (Anweisung an die Beleuchter), Beleuchtung ausschalten!
**savine oil** / Sadebaumöl *n* (aus Juniperus sabina L.)
**saving** *n* / Einsparung *f* ‖ ~ (Comp) / Sicherung *f*, Sicherstellung *f* ‖ ~ **of energy** / Energieeinsparung *f*
**savings account** / Sparkonto *n* ‖ ~ **and loan association** (US) / Bausparkasse *f*
**savin oil** / Sadebaumöl *n* (aus Juniperus sabina L.)
**Savonius rotor** (Autos, Elec Eng) / Savonius-Rotor *m* (der Windkraftanlage - nach Sigurd Savonius)
**savory** *adj* (US) (Nut, Pharm) / pikant *adj*, gewürzt *adj* (gut), würzig *adj* ‖ ~ **oil** / Bohnenkrautöl *n* (aus dem Sommerbohnenkraut = Satureja hortensis L.)
**savour** *n* (Nut) / Geschmack *m*, Aroma *n* (pl. -men) (Eigenart der Lebensmittel nach DIN 10950)
**savourless** *adj* (Nut) / geschmacklos *adj* (ohne Aroma)
**savoury** *adj* (Nut, Pharm) / pikant *adj*, gewürzt *adj* (gut), würzig *adj*
**SAW*** (surface acoustic wave) (Acous, Radar) / akustische Oberflächenwelle *f* ‖ ~* (submerged-arc welding) (Welding) / Unterpulverschweißverfahren *n* (verdeckter Lichtbogen brennt zwischen einer blanken Drahtelektrode unter einer Schicht Schweißpulver), Unterpulverschweißen *n*, UP-Schweißung *f* (verdecktes Lichtbogenschweißen), UP-Schweißen *n*, Ellira-Schweißen *n* (ein verdecktes Lichtbogenschweißen)
**saw** *v* / sägen *v*, zersägen *v* ‖ ~ (Civ Eng) / einschleifen *v* (Fugen) ‖ ~ *vi* (For) / sich schneiden lassen ‖ ~ *n* (For, Tools) / Säge *f* ‖ ~-**arbor** *n* (For) / Sägeblattwelle *f*, Sägewelle *f* ‖ ~-**blade** *n* (For, Tools) / Sägeblatt *n*
**saw-blade filing machine** (For) / Sägeblattfeilmaschine *f* (mit Sägefeilen als Schärfwerkzeugen) ‖ ~ **ginning** (Textiles) / Sägeblattentkörnung *f* ‖ ~ **grinding machine** (For) / Sägeblattschärfmaschine *f* ‖ ~ **tension** (For, Tools) / Sägeblattspannung *f* ‖ ~ **thickness** (For, Tools) / Sägeblattdicke *f*
**saw bow** (Tools) / Vorspannrahmen *m* (für Sägen), Spannrahmen *m* (für Sägen) ‖ ~ **carriage** (For) / Zuführungswagen *m* (des Gatters), Blockwagen *m* (des Gatters), Gatterwagen *m* ‖ ~ **chain** (For) / Sägekette *f* (für Kettensägemaschinen)
**SAW delay line*** (Telecomm) / Verzögerungsleitung *f* (ein akustisches Oberflächenwellenbauelement, das aus einem Substrat und den aufgebrachten Interdigitalwandlern besteht) ‖ ~* **device** (Telecomm) / akustisches Oberflächenwellenbauelement, AOW-Bauelement *n*, SAW-Bauelement *n*
**saw doctor** (For) / Sägenpfleger *m*
**sawdust** *v* (Leather) / einspänen *v* ‖ ~ *n* (Carp, For, Join) / Sägestaub *m* ‖ ~ (For) / Sägespäne *m pl*, Sägemehl *n* ‖ ~ **cement** (Build) / Holzmehlbeton *m* (Holzmehl als organischer Leichtzuschlag) ‖ ~ **concrete** (Build) / Holzbeton *m* (gemischtporiger Beton, bei dem der Zuschlag aus Holzspänen besteht) ‖ ~ **drying** (For) / Spänetrocknung *f*
**sawdusting** *n* (Leather) / Einspänen *n* (Einlegen der aufgetrockneten Leder in feuchte Sägespäne)
**sawed veneer** (For) / Sägefurnier *n* (das vom Stamm oder Stammteil mit einer Säge abgetrennt wird)
**sawer** *n* (For) / Säger *m*, Sägewerksarbeiter *m*, Sägewerker *m*
**saw file** (Eng) / Schärffeile *f* (für Sägen), Sägefeile *f*, Sägeschärffeile *f* ‖ ~ **filer** (Eng) / Sägefeilmaschine *f*, Sägenfeilmaschine *f*
**saw-filing machine** (Eng) / Sägefeilmaschine *f*, Sägenfeilmaschine *f*
**SAW filter*** (Telecomm) / akustoelektrisches Filter (ein akustisches Oberflächenbauelement)
**saw-fly** *n* (Zool) / Blattwespe *f* (eine Pflanzenwespe)
**sawframe** *n* (For) / Sägerahmen *m* (einer Gattersägemaschine) ‖ ~ (Tools) / Vorspannrahmen *m* (für Sägen), Spannrahmen *m* (für Sägen)
**saw gate** (Tools) / Vorspannrahmen *m* (für Sägen), Spannrahmen *m* (für Sägen)
**saw-gin** *n* (Textiles) / Säge-Egreniermaschine *f*
**saw guide** (For, Tools) / Sägeblattführung *f* ‖ ~ **gumming*** (Eng) / Sägereinigung *f*
**saw-horse projection** (Chem) / Sägebockprojektion *f* (eine spezielle Projektionsformel zur zeichnerischen Darstellung dreidimensionaler Strukturen in der Konformationsanalyse)
**saw in** *v* (Bind) / einsägen *v* (vor dem Heften auf eingesägte Bünde bei der Handheftung)
**sawing** *n* / Sägen *n* (spanendes Trennverfahren nach DIN 8589, T 6), Zersägen *n* ‖ ~ **hall** (For) / Sägehalle *f* (Produktionsraum des Sägewerkes) ‖ ~ **quality** (For) / Sägequalität *f*, Sciage *f* (Qualitätsbegriff für Schnittholz) ‖ ~ **set-up** (For) / Einhangschema *n* (Aufführen der Nenndicken nach der Reihenfolge, wie die einzelnen Schnittdicken in einem Sägenbund angeordnet sind) ‖ ~ **set-up** (For) / Einhangschema *n* ‖ ~ **wastage** (For) / Schnittverluste *m pl* (beim Sägen) ‖ ~ **wire** / Sägedraht *m*
**saw-kerf** *n* (Carp, Join) / Schnittfuge *f*, Schneidfuge *f*, Sägefuge *f*, Sägeschnitt *m* (Fuge)
**saw log end** (For) / Blockende *n*
**sawmill** *n* (For) / Sägewerk *n* (holzbearbeitender Betrieb), Sägemühle *f* ‖ ~ (Mining) / Sägerei *f* (eine Tagesanlage) ‖ ~ **channel** (for logs) (For) / Schwemmrinne *f* (zum Transport der Sägeblöcke vom Rundholzplatz zur Sägehalle) ‖ ~ **operator** (For) / Säger *m*, Sägewerksarbeiter *m*, Sägewerker *m* ‖ ~ **quality** (For) / Sägequalität *f*, Sciage *f* (Qualitätsbegriff für Schnittholz) ‖ ~ **shop** (For) / Sägehalle *f* (Produktionsräume des Sägewerkes) ‖ ~ **waste** (For) / Sägewerksabfälle *m pl* (Holzreste, die im Sägewerk anfallen) ‖ ~ **wood** (logs) (For) / Sägeholz *n* (zur Erzeugung von Schnittholz geeignetes Holz)
**sawn, as-~** (For) / sägefallend *adj*, sägerau *adj*
**sawn-in back** (Bind) / eingesägter Rücken ‖ ~ **cord** (Bind) / eingesägter Bund
**sawn log** (For) / Sägeblock *m* (für die Erzeugung von Schnittholz vorbereitetes kurzes Sägeholz), Sägeklotz *m*
**saw not under tension** / ungespannte Säge
**sawn softwood** (For) / Nadelschnittholz *n* (DIN 4074-1) ‖ ~ **structural timber** (Build, For) / Bauschnittholz *n* ‖ ~ **veneer** (For) / Sägefurnier *n*

**sawn**

(das vom Stamm oder Stammteil mit einer Säge abgetrennt wird) ‖ ~ **wood** (For) / Schnittholz *n* (DIN EN 13 556), Schnittware *f*
**sawn-wood manufacture** (For) / Schnittholzerzeugung *f*
**sawn wood of common use** (For) / Gebrauchsschnittholz *n*
**saw off** *v* / absägen *v*, abtrennen *v* (mit einer Säge) ‖ ~ **out** / heraussägen *v*
**saw-pit** *n* (For) / Sägegrube *f*
**saw-resharpening machine** (For) / Sägenschärfmaschine *f*
**saw set** (For) / Schränkeisen *n* (zum Handschränken von Sägeblättern)
**saw-set gauge** (For) / Schranklehre *f* (ein Schrankprüfwerkzeug), Streichlehre *f* (ein Schrankprüfwerkzeug), Schrankmesslehre *f*
**saw-setting gauge** (For, Tools) / Schränkmaschine *f* ‖ ~ **pliers** (For) / Schränkzange *f* (zum Handschränken)
**saw sharpener** (For, Tools) / Sägeschärfer *m* (Gerät)
**saw-sharpening machine** (For) / Sägenschärfmaschine *f* ‖ ~ **machine** (For) / Sägeblattschärfmaschine *f* ‖ ~ **tool** (For, Tools) / Sägeschärfer *m* (Gerät)
**saw timber** (For) / Schneideholz *n* (zum Sägen)
**sawtooth** *n* (Tools, Work Study) / Sägezahn *m* ‖ ~ **card clothing** (Spinning) / Sägezahnbeschlag *m* (der Deckelkarde) ‖ ~ **clothing** (Spinning) / Sägezahnbeschlag *m* (der Deckelkarde) ‖ ~ **converter** (Electronics) / Sägezahnverschlüssler *m*, Sägezahnumsetzer *m* (Analog/Digital-Umsetzer, bei dem ein Funktionsgenerator periodisch eine Rampenfunktion erzeugt) ‖ ~ **current** (Electronics) / Sägezahnstrom *m* ‖ ~ **cutter** (Eng) / Fräser *m* mit gefrästen Zähnen ‖ ~ **dirt trap** (Met) / Zackenlauf *m*
**sawtoothed grain beetle** (Agric) / Getreideplattkäfer *m* (ein Vorratsschädling), Getreideschmalkäfer *m* (Oryzaephilus surinamensis L.)
**sawtooth generator** (Electronics) / Sägezahngenerator *m* ‖ ~ **grating** (Optics) / Gitter *n* mit dreieckigem Furchenprofil
**saw toothing** / Sägebezahnung *f*
**sawtooth oscillator**\* (Electronics, Telecomm) / Sägezahnoszillator *m* ‖ ~ **profile** (For) / Sägezahnform *f*, Zahnform *f* ‖ ~ **roof**\* (Build) / Scheddach *n*, Sheddach *n*, Sägedach *n*
**sawtooth-shaped** *adj* / sägezahnförmig *adj*
**sawtooth voltage** (Electronics, TV) / Sägezahnspannung *f* ‖ ~ **voltage** (Electronics, TV) s. also sweep generator ‖ ~ **wave**\* (Electronics, Telecomm) / Sägezahnwelle *f* ‖ ~ **wave(s)** (Electronics) / Sägezahnschwingung *f* (eine Kippschwingung, bei der sich der Verlauf der Schwingungsgröße in Abhängigkeit von der Zeit grafisch wie die Zähne einer Säge darstellt) ‖ ~ **waveform** (Electronics, Telecomm) / Sägezahnwellenform *f* ‖ ~ **wire** (Spinning) / Sägezahndraht *m*
**sawyer** *n* (For) / Säger *m*, Sägewerksarbeiter *m*, Sägewerker *m*
**saxe** *n* / Sächsischblau *n* ‖ ~\* (Build) / Schieferdeckerbeil *n*, Punkteisen *n* (des Dachdeckers) ‖ ~ **blue** / Sächsischblau *n*
**saxicole**\* *adj* (Bot, Zool) / felsbewohnend *adj*, felsbesiedelnd *adj*
**saxicolous**\* *adj* (Bot, Zool) / felsbewohnend *adj*, felsbesiedelnd *adj*
**saxitoxin** (Chem, Nut) / Gonyaulax-Toxin *n* (produziert von den Dinoflagellaten Gonyaulax catenella), Saxitoxin *n*, Mytilotoxin *n*, STX (Saxitoxin) ‖ ~ (Chem, Nut) s. also gonyautoxin
**saxonite**\* *n* (Geol) / Saxonit *n* (eine Varietät von Peridotit)
**saxony** *n* (Textiles) / Sachsenstoff *m*, Saxony *m* (feines Herrentuch aus Kammgarnkette und Streichgarnschuss, meist farblich gemustert und fouliert) ‖ ~ ≙ **blue** / Sächsischblau *n*
**Saybolt chromometer** (Oils) / Kolorimeter *n* nach Saybolt (zur Bestimmung der Farbe von petrochemischen Produkten) ‖ ~ ≙ **color** (US) (Oils) / die mit dem Kolorimeter nach Saybolt ermittelte Farbe der petrochemischen Produkte ‖ ~ ≙ **second Universal** / Saybolt-Universalsekunde *f* (eine alte amerikanische Einheit der kinematischen Viskosität) ‖ ~ ≙ **Universal second** / Saybolt-Universalsekunde *f* (eine alte amerikanische Einheit der kinematischen Viskosität)
**Saytzeff rule** (Chem) / Saizew-Regel *f* (für Alkylhalogenide und Sulfonsäureester - nach A.M. Zajcew, 1841-1910), Saytsev-Regel *f*, Saytzeff-Regel *f*
**Sb** (antimony) (Chem) / Antimon *n*, Sb (Antimon)
**SB** (simultaneous broadcasting) (Radio) / Gemeinschaftssendung *f*, Simultanübertragung *f*, Simultansendung *f*
**SBA** (standard beam approach system) (Aero) / SBA-Landefunkfeuersystem *n* (ein altes Instrumentenanflugsystem)
**S-Bahn** *n* (Rail) / S-Bahn *f*, Stadtbahn *f* (eine Schnellbahn)
**S-band**\* *n* (Radar, Telecomm) / S-Band *n* (zwischen 2 und 4 GHz)
**SBB** (system bus buffer) (Teleph) / Systembuspuffer *m*
**SBC** (single-board computer) (Comp) / Einplatinenrechner *m*, Einplatinencomputer *m*, Einkartenrechner *m* (auf einer einzigen Leiterplatte) ‖ ~ (small bayonet cap) (Elec Eng) / Sockel *m* Ba 16 ‖ ~ (subband coding) (Telecomm) / Codierung *f* nach Aufspaltung in Teilbänder, Kodierung *f* nach Aufspaltung in Teilbänder
**SBD** (Schottky barrier diode) (Electronics) / Schottky-Diode *f* (Metall-Halbleiterdiode auf Silicium- oder GaAs-Basis - nach W. Schottky, 1886 - 1976), Schottky-Barrier-Diode *f*, Hot-Carrier-Diode *f* (eine schnelle Schaltdiode)
**SBE cell** (Electronics) / SBE-Zelle *f* (eine Flüssigkristallzelle)
**S-bend** *n* (Plumb) / Doppelbogen *m* (ein S-förmiges Rohr), Etagenbogen *m* (S-förmige Verlegung einer senkrechten Rohrleitung unter Verwendung geeigneter Formstücke zur Herstellung eines erforderlichen Versatzes in der Lotrechten, in der Regel infolge baulicher Zwänge), Sprungstück *n*
**S.B. fuse** (slow-blow fuse) (Elec Eng) / träge Sicherung
**s-block elements** (of the periodic table) (Chem) / s-Elemente *n pl*
**SBP spirit** (special boiling-point spirit) (Fuels, Oils) / Siedegrenzenbenzin *n* (ein enggeschnittenes Benzin, das durch Siedebeginn und Siedeende charakterisiert ist)
**SBR** (styrene-butadiene rubber) (Plastics) / Butadien-Styrol-Kautschuk *m*, Styrol-Butadien-Kautschuk *m*
**SBSR** (single-bead string reactor) (Chem) / Glasbettreaktor *m* (für die Durchflussanalyse)
**SBT** (surface-barrier transistor) (Electronics) / Randschichttransistor *m*, Surface-Barrier-Transistor *m*
**SB transistor** (Electronics) / Randschichttransistor *m*, Surface-Barrier-Transistor *m*
**SBU** (secondary building unit) / sekundäre Baueinheit (zur Einteilung der Zeolithe), SBU (sekundäre Baueinheit)
**SBWR** (superheat boiling-water reactor) (Nuc Eng) / integrierter Siedewasserüberhitzungsreaktor, Siedewasserreaktor *m* mit nuklearer Überhitzung
**SC** (service conditions) / Einsatzbedingungen *f pl*, Anwendungsbedingungen *f pl*, Gebrauchsbedingungen *f pl*
**Sc** (scandium) (Chem) / Scandium *n*, Sc (Scandium), Skandium *n*
**SC** (supplementary cable) (Comp) / Zusatzkabel *n*, ZK (Zusatzkabel) ‖ ≙ (service code) (Comp) / Prozedurkennzahl *f*, PKZ (Prozedurkennzahl) ‖ ≙ (service computer) (Comp, Telecomm) / Bedienungsrechner *m*, Bedienrechner *m* ‖ ≙ (semiconductor) (Electronics) / Halbleiter *m* (DIN 41 852)
**Sc** (Schmidt number) (Phys) / Schmidt-Zahl *f* (Kennzahl des Stoffübergangs, das Verhältnis der kinematischen Viskosität des Strömungsmediums zum Diffusionskoeffizienten - DIN 5491)
**S/C** (spacecraft) (Space) / Raumfahrzeug *n*
**SC** (service channel) (Telecomm) / Dienstkanal *m*, DK (Dienstkanal)
**SCA** (speed control adviser) (Aero) / rechnerunterstützte Anlage für die Geschwindigkeitsüberwachung (der Flugzeuge im Anflugsektor)
**scab** *n* (Agric) / Schorf *m* (bei Schorfkrankheiten des Obstes und der Kartoffeln) ‖ ~ (Foundry) / Schülpe *f*, Narbe *f* (ein Gussfehler beim Gießen von Grünsandformen) ‖ ~ (Glass) / Alkalisulfatblase *f*, Natriumsulfatblase *f*, Sulfatblase *f* ‖ ~ (Met) / Schale *f* (am Block)
**scabbing** *n* (Build) / Abspitzen *n*, Spitzen *n* (des Steins), Abschlagen *n* (grobes Behauen des Steins)
**scabble** *v* (Build) / stocken *v* ‖ ~ (Ceramics) / bossieren *v*
**scabbler** *n* (Build) / Steinhauer *m*, Steinbildhauer *m*
**scabbling**\* *n* (Build) / Oberflächenbehandlung *f* mit dem Stockhammer (oder Krönel), Stocken *n* (Einebnen und Nacharbeiten von Flächen, welche grobkörnig erscheinen sollen), Aufstocken *n* ‖ ~\* (Build) / Abspitzen *n*, Spitzen *n* (des Steins), Abschlagen *n* (grobes Behauen des Steins) ‖ ~ (Civ Eng) / Schotterlage *f* (in der Packlage) ‖ ~ **hammer**\* (Build) / Stockhammer *m* ‖ ~ **hammer**\* (Build) / Bossierhammer *m* (zur ersten Bearbeitung der Steinblöcke aus dem Rohen), Pinnhammer *m* ‖ ~ **pick** (Build) / Bossierhammer *m* (zur ersten Bearbeitung der Steinblöcke aus dem Rohen), Pinnhammer *m*
**scab corrosion** (Paint, Surf) / Unterrostung *f* (Korrosionsangriff unter einer unbeschädigten Beschichtung), Rostunterwanderung *f*, Unterschichtkorrosion *f* ‖ ~ **corrosion** (Surf) / Scab-Korrosion *f* (von einem Riss in der Beschichtung ausgehende, sich beiderseits des Risses ausbreitende grindartig aussehende Korrosionsspur)
**scabrid**\* *adj* (Biol, Bot) / rau *adj* (scharf)
**scabrous**\* *adj* (Biol) / rau *adj* (scharf)
**scafflings** *pl* (Min Proc) / Abgänge *m pl*, Berge *m pl*, Aufbereitungsberge *m pl* (die meistens als heizwertarmes Abfallprodukt verstromt werden können), Tailings *pl*
**scaffold** *v* (Build) / ein Gerüst aufschlagen, rüsten *v*, ein Gerüst erbauen ‖ ~\* *n* (Build) / Außengerüst *n*, Gerüst *n*, Baugerüst *n*, Bauschragen *m* ‖ ~ (Met) / Ansatz *m* (ein unerwünschtes Agglomeratgebilde im Hochofen) ‖ ~ **board** (Build) / Laufbohle *f*, Gerüstdiele *f*, Gerüstbohle *f*, Belagbohle *n* (eines Gerüstes) ‖ ~ **board** (Build) / Belagbohle *f* (des Gerüsts), Laufbohle *f* (des Gerüsts), Rüstbohle *f*, Belagbrett *n* (des Gerüsts), Rüstbrett *n* ‖ ~ **boarding** (Build) / Gerüstbelag (die auf den Querträgern eines Gerüstes aufliegenden Belagbretter), Gerüstlage *f* ‖ ~ **dismantling** (Build) / Gerüstabbau *m*
**scaffolder** *n* (Build) / Gerüstebauer *m*, Gerüstbauer *m*, Gerüster *m* (A)
**scaffold erection** (Build) / Rüstungsbau *m*, Gerüstbau *m* ‖ ~ **floor** (Build) / Gerüstboden *m* (Dielenabdeckung der Hängegerüste)

**scaffolding** *n* (Build) / Rüstungsbau *m*, Gerüstbau *m* ‖ ~* (Build) / Außengerüst *n*, Gerüst *n*, Baugerüst *n*, Bauschragen *m* ‖ ~* (Eng) / Arbeitsgerüst *n* (DIN 4420) ‖ ~ (Met) / Hängen *n* (der Beschickung im Hochofen) ‖ ~* (Eng) s. also stage ‖ ~ **chain** (Build) / Gerüstkette *f* ‖ ~ **coupler** (Build) / Gerüstkupplung *f* (im Stahlrohrgerüstbau), Kupplung *f* (ein Bauteil zum Verbinden von zwei Rohren eines Gerüstes) ‖ ~ **standard** (Build, Carp) / Ständer *m* (ein Gerüstbauteil nach DIN 4420-4), Standbaum *m* (des Gerüsts) ‖ ~ **tie** (Build) / Gerüstzange *f*
**scaffold poles** (Build, For) / Rundholzstangen *f pl* (für Baugerüste), Gerüstbäume *m pl*, Rüstbäume *m pl* (meistens vollholzige Nadelholzstangen), Gerüststangen *f pl*, Gerüstständer *m pl* ‖ ~ **silicate** (Min) / Tetraeder-Gerüstsilikat *n*, Tektosilikat *n*, Gerüstsilikat *n* (z.B. Albit) ‖ ~ **timber** (Build) / Rüstholz *n* (für Baugerüste), Gerüstholz *n*
**scagliola** *n* (imitation marble or other stone, made of plaster mixed with glue and dyes which is than painted or polished) (Arch) / Scagliola *f* (Einlegearbeiten aus Stuckmarmor) ‖ ~ (Arch) s. also stucco lustro
**scalable** *adj* (Comp) / skalierbar *adj* (z.B. Schrift)
**scalar*** *n* (Maths, Phys) / Skalar *m* (Tensor nullter Stufe - DIN 1303) ‖ ~ *adj* (Maths) / skalar *adj* (Multiplikation, Feld) ‖ ~ **coupling** (Spectr) / Skalarkopplung *f* (zweier Kerne), skalare Kopplung *f* ‖ ~ **field** (Maths, Phys) / Skalarfeld *n* (ein durch eine skalare Größe beschreibbares Feld), skalares Feld ‖ ~ **matrix*** (Maths) / skalare Matrix, Skalarmatrix *f* ‖ ~ **multiplication** (Maths) / Skalarmultiplikation *f*, skalare Multiplikation, S-Multiplikation *f* ‖ ~ **potential** (Phys) / skalares Potential ‖ ~ **product*** (Maths) / Skalarprodukt *n*, inneres Produkt, Punktprodukt *n* ‖ ~ **quantity** (Maths, Phys) / skalare Größe, Skalargröße *f* (z.B. Masse, Temperatur) ‖ ~ **triple product** (Maths) / Spatprodukt *n* (dreier Vektoren), Dreierprodukt *n*, gemischtes Produkt
**scalar-valued** *adj* (Maths) / skalarwertig *adj*
**scald** *v* / verbrühen *v*, überbrühen *v*, brühen *v*, abbrühen *v*, abwällen *v* ‖ ~ (Nut) / abkochen *v* (Milch) ‖ ~ (Nut) / zum Kochen bringen, aufkochen *v* ‖ ~ (Nut) / nachwärmen *v*, brennen *v* (Hartkäse) ‖ ~ *n* (a burn or other injury caused by hot liquid or steam) (Med) / Verbrühung *f* (Verletzung durch heißes, kochendes Wasser)
**scalding** *n* (Nut) / Nachwärmen *n* (von Hartkäse) ‖ ~ **damage** (Leather) / Brühschaden *m* (meistens bei Schweinshäuten)
**scale** *v* / skalieren *v* ‖ ~ / versteinen *v* (Wasserleitungen) ‖ ~ (Met) / verzundern *v*, zundern *v* ‖ ~ *vi* / verkrusten *v* (z.B. Kesselrohre) ‖ ~ *vt* (Nut) / abkochen *v* (einen Fisch), entschuppen *v* (einen Fisch) ‖ ~ / Kruste *f* ‖ ~* (Acous) / Tonleiter *f*, Tonskale *f*, Tonskala *f*, Skale *f* (Tonfolge, die durch bestimmte Frequenzverhältnisse der einzelnen Töne zu einem Grundton definiert ist) ‖ ~ (Cartography) / Maßstab *m* (Verhältnismaßstab) ‖ ~ (Chem, Eng) / Kesselstein *m* (steinartiger Belag in Kesseln), Kesselsteinbelag *m* (Ausscheidung von Karbonaten und Sulfaten bei der Erhitzung natürlicher mineralhaltigen Wassers) ‖ ~ (Comp) / Kommaart *f* ‖ ~ (Eng) / Wasserstein *m* (in Rohren) ‖ ~ (Instr) / Waagschale *f*, Schale *f* (Waagschale) ‖ ~* (Instr) / Skale *f* (Teil einer Mess- oder Einstelleinrichtung nach DIN 1319, T 2), Skala *f* ‖ ~ (Maths) / Maßstab *m* (Verhältnis von Strecken) ‖ ~ (Met) / Zunder *m* (Korrosionsprodukt auf Metallen, das in oxidierenden Gasen entsteht) ‖ ~ (Meteor) / Scale *m* (Größenordnung atmosphärischer Phänomene) ‖ ~ (Optics) / Umfang *m* (Schwärzung, Dichte) ‖ ~* (Textiles) / Schuppe *f* (der Wollfaser) ‖ ~* (Zool) / Schuppe *f* ‖ **not to ~** / nicht maßstäblich, unmaßstäblich *adj*, nicht maßstabgerecht ‖ **out of ~** / nicht maßstäblich, unmaßstäblich *adj*, nicht maßstabgerecht ‖ ~ **bar** / Maßstabsleiste *f* ‖ ~ **breaker** (Met) / Zunderbrecher *m* (Warmwalzgerüst mit Horizontal- oder Vertikalwalzen, die bei geringer Stichabnahme den Zunder aufbrechen), Zunderbrechwalzgerüst *n*
**scale-breaker stand** (Met) / Zunderbrecher *m* (Warmwalzgerüst mit Horizontal- oder Vertikalwalzen, die bei geringer Stichabnahme den Zunder aufbrechen), Zunderbrechwalzgerüst *n*
**scale constant** / Zunderkonstante *f* (bei der Hochtemperaturkorrosion)
**scaled** *adj* / mit einer Skale versehen ‖ ~ / maßstabgerecht *adj*, maßstabsgerecht *adj*, maßstäblich *adj* ‖ ~ / Schuppen-, schuppig *adj*, geschuppt *adj*, sich abschuppend, abgeschuppt *adj*
**scaled-down** *adj* / im verkleinerten Maßstab, in verkleinertem Maßstab ‖ ~ (Comp) / abgemagert *adj* (Version)
**scale dial** (Instr) / Skalenscheibe *f* (Blatt oder Scheibe einer Skale) ‖ ~ **division** (Eng, Instr) / Skalenstrich *m*, Skalenmarke *f*, Strich *m* (der Skale) ‖ ~ **division** (Instr) / Skalenteil *m*, Skt (DIN 1319, T 2 und DIN 2257, T 1) ‖ ~ **division** (Instr) / Skaleneinteilung *f*, Skalenteilung *f* ‖ ~ **down** *v* / [maßstabgerecht] verkleinern *v* ‖ ~ **down** (Work Study) / drosseln *v* (z.B. Produktion) ‖ ~ **drawing** (Eng) / maßstäbliche Zeichnung
**scaled-up** *adj* / im vergrößerten Maßstab, in vergrößertem Maßstab

**scale efflorescence** (Met) / Zunderausblühung *f* (örtlich verstärkte Verzunderung als Folge lokalen Zusammenbrechens der Schutzwirkung vorliegender Zunderschichten) ‖ ~ **error** / Maßstabverzerrung *f* (Comp) / Skalierungsfaktor *m*, Skalierfaktor *m* ‖ ~ **factor** (Instr) / Skalenkonstante *f* (einer Strichskale nach DIN 1319, T 2), Konstante *f* (DIN 1319, T 2) ‖ ~ **fidelity** (Instr) / Skalentreue *f*, Skalengenauigkeit *f* ‖ ~ **formation** (Eng) / Kesselsteinbildung *f* ‖ ~ **formation** (Met) / Zundern *n*, Verzunderung *f*, Zunderbildung *f* (Oxidationsvorgang an der Oberfläche von Stahl durch die Einwirkung heißer Gase)
**scale-forming agent** (Eng) / Kesselsteinbildner *m* ‖ ~ **salt** (Chem) / kesselsteinbildendes Salz ‖ ~ **water** (Chem) / hartes (kalkhaltiges) Wasser, Hartwasser *n* ‖ ~ **water** (Eng) / kalkausscheidendes Wasser
**scale-free** *adj* (Met) / zunderfrei *adj*
**scale increment** (Instr) / Skalenwert *m*, Skw (Skalenwert nach DIN 1319-2) ‖ ~ **indication** / Skalenanzeige *f* (DIN 2257, T 2) ‖ ~ **inhibitor** (Chem, Eng) / Kesselsteinverhütungsmittel *n*, Kesselsteingegenmittel *n* ‖ ~ **interval** / Teilstrichabstand *m* (DIN 1319, T 2 und 2257, T 1 - der längs des Weges der Marke in Längen- oder Winkeleinheiten gemessene Abstand zweier benachbarter Teilstriche) ‖ ~ **invariance** (Instr) / Skaleninvarianz *m* ‖ ~ **layer of a wool fibre** (Textiles) / Schuppenepithel *n* des Wollhaares
**scaleless** *adj* (Met) / zunderfrei *adj*
**scale-like** *adj* / schuppenartig *adj* (in Schuppen)
**scale loss** (Met) / Verzunderungsverlust *m* ‖ ~ **mark** (Eng, Instr) / Skalenstrich *m*, Skalenmarke *f*, Strich *m* (der Skale) ‖ ~ **masking** (Textiles) / Wollschuppenmaskierung *f* ‖ ~ **model** / Maßstabsmodell *n* ‖ ~ **model** / maßstabsgetreues Modell, maßstäbliches Modell, Attrappe *f* (maßstabsgetreue) ‖ ~ **model** (Aero) / Modellflugzeug *n* (nicht flugfähige verkleinerte maßstabsgerechte Nachbildung eines Flugzeugs)
**scalene cone** (Maths) / schiefer Kreiskegel, Schrägkegel *m* ‖ ~ **triangle*** (Maths) / ungleichseitiges Dreieck
**scalenohedral** *adj* (Crystal) / skalenoedrisch *adj*
**scalenohedron** *n* (pl. -hedrons or -hedra) (Crystal) / Skalenoeder *n* (allgemeine Kristallform der ditrigonal- und tetragonal-skalenoedrischen Kristallklasse)
**scale numbering** (Instr) / Skalenbezifferung *f* ‖ ~ **of charges** (Telecomm) / Gebührenordnung *f* ‖ ~ **of hardness** (Materials) / Härteskala *f* ‖ ~ **of hypsometric tints** (Cartography) / Höhenschichtenfarbskale *f*
**scale-of-ten** *n* (Telecomm) / Zehnfachuntersetzer *m*, Zehnerteiler *m*, Zehnfachzähler *m*, Dekadenuntersetzer *m*, dekadischer Untersetzer
**scale of the drawing** / Zeichnungsmaßstab *m*
**scale-of-two*** *n* (Telecomm) / Zweiteiler *m*, Zweierteiler *m*, Zweifachuntersetzer *m*
**scale·pan** (Instr) / Waagschale *f*, Schale *f* (Waagschale) ‖ ~ **paper** (Paper) / Millimeterpapier *n* ‖ ~ **pit** (Met) / Zundernarbe *f*, Zundereindruck *m*, Einwalzung *f* (Zundernarbe) ‖ ~ **pit** (Met) / Sinterbecken *n*, Sintergrube *f* ‖ ~ **preservation** / Maßstabstreue *f*
**scale-producing salt** (Chem) / kesselsteinbildendes Salz
**scaler*** *n* (Elec Eng) / Zähler *m*, Zählgerät *n* (Untersetzer) ‖ ~* (Electronics) / Impulszähler *m*, Impulszählgerät *n*, Zähler *m* (zur Impulszählung) ‖ ~ (Telecomm) / Vorteiler *m*, Impulsfrequenzteiler *m*
**scale reading** / Skalenablesung *f* ‖ ~ **reading** / Skalenanzeige *f* (DIN 2257, T 2)
**scale-reading aid** (Instr, Optics) / Ablesehilfe *f* (bei Skalenmessgeräten) ‖ ~ **projector** (Optics) / Feinableseeinheit *f* (eine Ablesehilfe)
**scale resistance** (Met) / Zunderbeständigkeit *f*
**scales** *pl* (Eng) / Waage *f*
**scale solvent** (Chem, Eng) / Kesselsteinlöser *m* ‖ ~ **transformation** (Maths) / Maßstabtransformation *f*, Skalentransformation *f* ‖ ~ **transformation** (Phys) / Skalentransformation *f* ‖ ~ **up** *v* / steigern *v* (z.B. Produktion) ‖ ~ **up** / [maßstabgerecht] vergrößern *v*
**scale-up** *n* / Maßstabsvergrößerung *f* (z.B. Größenverhältnis Produktions- - Pilotanlage), Scale-up *f*
**scale value** (Instr) / Skalenwert *m*, Skw (Skalenwert nach DIN 1319-2) ‖ ~ **washer** (Met) / Zunderwäscher *m* (Gehäuse mit oberen und unteren Spritzbalken zum Entfernen von Zunder) ‖ ~ **wax** / Paraffinschuppen *f pl*, Schuppenparaffin *n*
**scalicide** *n* (Agric, Bot) / Schildlausbekämpfungsmittel *n*
**scaling** *n* / Verkrustung *f*, Krustenbildung *f* ‖ ~ / maßstabsgerechte Änderung ‖ ~ (Build) / Schuppen *n*, Abschuppen *n* ‖ ~ (Comp) / Skalieren *n*, Skalierung *f* ‖ ~ (Electronics) / Scaling *n* (Ablagerungen während der Konzentrierung des Rohwassers in den Modulen) ‖ ~ (Eng) / Kesselsteinentfernung *f*, Entfernen *n* von Kesselstein, Entsteinung *f* ‖ ~ / Kesselsteinbildung *f* ‖ ~ (Instr) / Maßstabänderung *f* ‖ ~ (Instr) / Messung *f* nach einer Skale, Einstellung *f* nach einer Skale ‖ ~ (Met) / Entzundern *n* (mechanisch, thermisch oder chemisch) ‖ ~ (Met) / Zundern *n*, Verzunderung *f*, Zunderbildung *f* (Oxidationsvorgang an der Oberfläche von Stahl durch die Einwirkung heißer Gase) ‖ ~

**scaling**

(Mining) / Bereißen n (nach den Sprengarbeiten) ‖ ~ (Nuc) / Scaling n (eine Eigenschaft von Kernstößen) ‖ ~ (Paint) / Schuppenbildung f ‖ ~ (Print) / Scaling n (das Vergrößern oder Verkleinern von /Bild/Vorlagen vor␣oder einer Verwendung in Prospekten oder Anzeigen) ‖ ~ (Print) / Formateinstellung f (bei der Reproduktion) ‖ ~ (Telecomm) / Skalenbereichsänderung f (Untersetzung der Zählfrequenz) ‖ ~ **circuit*** (Elec Eng) / Zähler m, Zählgerät n (Untersetzer) ‖ ~ **circuit*** (Instr, Telecomm) / Schaltungsanordnung f zur Skalenbereichänderung (in Untersetzern zur Zählung von Impulsen in elektrischen Zähl- und Rechenanlagen sowie in Programmsteuerungen)
**scaling-down** n / maßstabsgerechte Verkleinerung
**scaling factor** (Comp) / Skalierungsfaktor m, Skalierfaktor m ‖ ~ **hammer*** (Eng) / Kesselsteinhammer m (DIN 6465), Abklopfhammer m ‖ ~ **hammer** (Eng) / Rosthammer m
**scaling-limit temperature** (Met) / Zundergrenztemperatur f
**scaling loss** (Met) / Abbrand m (Verlust in Form von Oxiden an Metallen durch Verbrennungen an der Oberfläche in Wärmeöfen, der durch geeignete Ofenführung gering gehalten werden kann) ‖ ~ (oxidation) **rate** (Met) / Zundergeschwindigkeit f
**scaling-resistant** adj (Met) / verzunderungsbeständig adj, zunderbeständig adj
**scaling tube** (Electronics) / Röhre f für Zähl- und Rechenschaltungen
**scaling-up** n / Maßstabübertragung f (Auslegung von Produktionseinrichtungen auf der Basis von Daten aus kleineren Pilot- und Laboreinrichtungen), maßstabsgerechte Vergrößerung
**scall** n (Radio) / Scall n (Funkrufdienst, über den kodierte Meldungen im Umkreis von etwa 25 km an Scallempfängergeräte übermittelt werden können)
**scallop** v (Leather) / auszacken v ‖ ~ (Textiles) / langettieren v, mit Langetten einfassen, festonieren v ‖ ~ n (a classical architectural enrichment) (Arch) / Muschelkurve f ‖ ~ (Geol) / Wellung f (sedimentäre Struktur) ‖ ~ (Met) / Zipfel m (beim Tiefziehen) ‖ ~ (Textiles) / Langette f (dichter Schlingenstich als Randbefestigung von Zacken- und Bogenkanten) ‖ ~ **development** (Met) / Zipfelung f, Zipfelbildung f (beim Tiefziehen)
**scalloped capital** (Arch) / gezacktes Kapitell (Falten- oder Pfeifenkapitell) ‖ ~ **hem** (Textiles) / Muschelsaum m
**scalloping** (Aero, Nav) / Kursschwingungen f pl ‖ ~ (Electronics) / Bandführungsfehler m ‖ ~ (Geol) / Wellung f (sedimentäre Struktur) ‖ ~ (Textiles) / Langettieren n, Langettierung f, Festonierung f
**scallop seam** (Textiles) / Muschelsaum m
**scalp** v (Eng, Met) / schälen v ‖ ~ (Met) / fräsen v (Drahtbarren), befräsen v (Drahtbarren) ‖ ~ (Min Proc) / grobsieben v, vorsieben v, absieben v (Grobkorn) ‖ ~ (Nut) / vorsieben v (in der Müllerei)
**scalper** n (Min Proc) / Vorbrecher m, Grobbrecher m (bis auf Korngröße von etwa 80 mm), Grobzerkleinerungsmaschine f ‖ ~ (Min Proc) / Grobsieb n (für Stückgutscheidung), Vorsieb n ‖ ~ **screen** (Min Proc) / Grobsieb n (für Stückgutscheidung), Vorsieb n
**scalping** n (Eng, Met) / Schälen n (von Rundstäben zu Blankstahl) ‖ ~ (Met) / Fräsen n, Befräsen n (von Drahtbarren) ‖ ~ (Min Proc) / Vorbrechen n, Grobbrechen n, Grobzerkleinerung f ‖ ~ (Min Proc) / Absieben n von Grobkorn, Vorsiebung f grober Stücke, Grobsiebung f
**scaly** adj / schuppenartig adj (in Schuppen) ‖ ~ / Schuppen-, schuppig adj, geschuppt adj, sich abschuppend, abgeschuppt adj ‖ ~ / schilfrig adj, schilferig adj / abblätternd adj (Farbe, Rost) ‖ ~ (Eng) / mit Kesselstein
**scammonia** n / Skammoniaharz n (eine allgemeine unklare Bezeichnung für Harze aus verschiedenen Pflanzen), Skammonium n
**scammony** n / Skammoniaharz n (eine allgemeine unklare Bezeichnung für Harze aus verschiedenen Pflanzen), Skammonium n ‖ ~ **resin** / Skammoniaharz n (eine allgemeine unklare Bezeichnung für Harze aus verschiedenen Pflanzen), Skammonium n
**scan** v (circuit, line) / abtasten v ‖ ~ (Chem, Instr) / scannen v, abfahren v (einen Messbereich), durchfahren v (einen Messbereich) ‖ ~ (Comp, Electronics, Print, Typog) / einscannen v, scannen v ‖ ~ (Micros) / abrastern v ‖ ~ (Rad) / absuchen v, abtasten v, überstreichen v, bestreichen v ‖ ~ n (Comp, Electronics, Print) / Scan n m ‖ ~* (Radar) / Absuchen n (Steuerung der Hauptkeule innerhalb eines bestimmten Suchvolumens nach einem gegebenen Schema), Überstreichen n, Bestreichen n, Abtasten n ‖ ~ **angle** (Mil) / Abtastwinkel m (vom Zielsuchkopf bestrichener Winkel) ‖ ~ **angle** (Radar) / Keulensteuerwinkel m ‖ ~ **area** (TV) / Abtastfläche f ‖ ~ **conversion** (Comp) / Rasterkonversion f (Abbildung von der mathematischen Beschreibung der Primitive auf ein Raster) ‖ ~ **conversion** (Radar) / Bildumsetzung m (Bearbeitung der Bildschirmanzeige ohne Änderung des Bildinhalts)
**scandent*** adj (Bot) / kletternd adj
**scandia** n (Chem) / Scandiumoxid n, Skandiumoxid n ($Sc_2O_3$)

**Scandinavian plough** (Agric) / Unterdrehpflug m
**scandium*** n (Chem) / Scandium n, Sc (Scandium), Skandium n ‖ ~ **nitrate** (Chem) / Scandiumnitrat n, Skandiumnitrat n
**scandium(III) oxide** (Chem) / Scandiumoxid n, Skandiumoxid n ($Sc_2O_3$)
**scandium sulphate** (Chem) / Skandiumsulphat n, Scandiumsulphat n ‖ ~ **tritide** (Chem, Nuc Eng) / Scandiumtritid n, Skandiumtritid n
**scan in** v (Comp, Electronics, Print, Typog) / einscannen v, scannen v
**scan-line algorithm** (Comp) / Scan-Line-Algorithmus m, Abtastalgorithmus m (Verfahren zur Zerlegung eines Bildes in Rasterzeilen)
**scan mirror** (Optics) / Scanspiegel m (bei einem Laserscan-Mikroskop) ‖ ~ **mode** (with expansion of the swath by periodically stepping in the sector of elevation and range) (Radar) / Absuchmodus m
**scanned area** (Electronics, Radar) / abgetastetes Gebiet, Abtastfläche f ‖ ~ **area** (TV) / Abtastfläche f ‖ ~ **data** (Comp) / eingescannte Daten ‖ ~ **graphics** (Comp) / eingescannte Grafik ‖ ~ **image** (Comp) / abgescanntes Bild ‖ ~ **image** (Comp, Print, Typog) / Scannerbild n ‖ ~ **input** (Comp) / eingescannte Daten
**scanner** n (Comp, Electronics, Print, Typog) / Scanner m ‖ ~* (Comp, Electronics, Telecomm, TV) / Abtaster m (Erfassung der Helligkeitswerte) ‖ ~ (Comp, TV) / Videoscanner m, Bildleser m, Bildabtaster m ‖ ~ (Med) / Scanner m (Gerät der Nuklearmedizin) ‖ ~ **command language** (Comp) / Scanner-Kommandosprache f
**scanning** n (Comp) / Abfrage f (programmgesteuerte Feststellung, ob auf einem Platz im Arbeitsspeicher eine bestimmte Information vorhanden ist) ‖ ~ (Comp) / lexikalische Analyse ‖ ~ (Comp, Electronics, Print, Typog) / Einscannen n, Scanning n (systematisches Abtasten eines Informationsträgers mit Strahlen), Scannen n, Scanvorgang m ‖ ~ (Instr) / Abfrage f (Abtasten der Momentanwerte in der Messtechnik) ‖ ~ (Nuc, Phys) / Scanning n (Absuchen der Bilder nach Ereignissen - experimentelle Hochenergiephysik), Scannen n ‖ ~* (Radar) / Absuchen n (Steuerung der Hauptkeule innerhalb eines bestimmten Suchvolumens nach einem gegebenen Schema), Überstreichen n, Bestreichen n, Abtasten n ‖ ~* (TV) / Bildzusammensetzung f (bei Wiedergabe), Bildzerlegung f (bei Aufnahme)
**scanning-acoustic** adj (Micros) / rasterakustisch adj ‖ ~ **microscope** (Micros) / Abtast-Ultraschallmikroskop n, SAM (Abtast-Ultraschallmikroskop), Abtastmikroskop n (ein Ultraschallmikroskop), Rastermikroskop n (ein Ultraschallmikroskop)
**scanning angle** (Mil) / Abtastwinkel m (vom Zielsuchkopf bestrichener Winkel) ‖ ~ **antenna** (Radar) / Abtastantenne f (eine Richtantenne) ‖ ~ **Auger electron microscopy** (Micros, Spectr) / Raster-Augerelektronenmikroskopie f, SRM (Raster-Augenelektronenmikroskopie) ‖ ~ **Auger microscopy** (Chem) / Scanning-Augermikroskopie f (eine Art Oberflächenanalytik), SAM (Scanning-Augermikroskopie) ‖ ~ **beam** (Radar, TV) / Abtaststrahl m ‖ ~ **calorimeter** (Phys) / Scanningkalorimeter n ‖ ~ **coil*** (Electronics) / Ablenkspule f, Jochspule f ‖ ~ **densitometer** (Spectr) / Chromatogramm-Spektralfotometer n, DC-Scanner m ‖ ~ **electron fractography** (Materials, Met) / Mikrofraktografie f (Mikrountersuchung von Bruchflächen mit dem Rasterelektronenmikroskop) ‖ ~ **electron microscope*** (Micros) / Rasterelektronenmikroskop n, Elektronenrastermikroskop n, REM (Rasterelektronenmikroskop), Scanning-Mikroskop n ‖ ~ **electron microscopy** (Micros) / Rasterelektronenmikroskopie f ‖ ~ **error** (Comp) / Lesefehler m (eines OCR-Lesegeräts) ‖ ~ **field** (Electronics) / Abtastfeld n ‖ ~ **force microscope** (Micros) / Rasterkraftmikroskop n ‖ ~ **frequency*** (TV) / Bildfrequenz f, Vollbildfrequenz f, Bildwechselfrequenz f, Bildfolgefrequenz f, Bildwiederholfrequenz f ‖ ~ **head** (Comp, Electronics, Print, Typog) / Scannerkopf m ‖ ~ **heating*** (Phys) / zonenweise Erwärmung ‖ ~ **HEED** (Materials, Phys) / SHEED (eine Methode zur Untersuchung von Festkörperoberflächen, die auf elektronisch gemessenen und ausgewerteten Beugungserscheinungen bei energiereichen Elektronen beruht) ‖ ~ **high-energy electron diffraction** (Materials, Phys) / SHEED (eine Methode zur Untersuchung von Festkörperoberflächen, die auf elektronisch gemessenen und ausgewerteten Beugungserscheinungen bei energiereichen Elektronen beruht) ‖ ~ **laser** (Phys) / Scanlaser m ‖ ~ **laser acoustic microscope** (Micros) / SLA-Mikroskop n, SLAM, Rastermikroskop n (mit einem Laser gekoppeltes Ultraschallmikroskop) ‖ ~ **line** (Electronics) / Bildzeile f (beim Abtasten) ‖ ~ **line** (TV) / Abtastzeile f ‖ ~ **linearity*** (Electronics) / Ablenklinearität f ‖ ~ **loss*** (Radar) / Absuchverlust(e) m (pl) (durch die Wanderung der Hauptkeulenrichtung über das Ziel während der Zielbeobachtungszeit) ‖ ~ **slit*** (Cinema) / Lichtspalt m (beim Lichtton) ‖ ~ **software** (Comp, Print, Typog) / Scan-Software f ‖ ~ **speed** (Electronics) / Scangeschwindigkeit f ‖ ~ **speed*** (TV) /

Abtastgeschwindigkeit f ‖ ~ **spot** (TV) / Abtastfleck m, Schreibfleck m ‖ ~ **stage** (Micros) / Scanningtisch m ‖ ~ **telescope** (Optics) / Rasterfernrohr n, Rasterteleskop n ‖ ~ **time** (Electronics) / Abtastzeit f ‖ ~ **transmission electron microscope**\* (Micros) / Durchstrahlungs-Rasterelektronenmikroskop n ‖ ~ **transmission electron microscope**\* (Micros) s. also transmission electron microscope ‖ ~ **tunnelling electron microscope**\* (Micros) / Tunnelmikroskop n (mit einer feinen Metall-Sondenspitze als Tunnelkontakt), Rastertunnelmikroskop n (von Rohrer und Binnig), RTM (Rastertunnelmikroskop) ‖ ~ **tunnelling microscope** (Micros) / Tunnelmikroskop n (mit einer feinen Metall-Sondenspitze als Tunnelkontakt), Rastertunnelmikroskop n (von Rohrer und Binnig), RTM (Rastertunnelmikroskop) ‖ ~ **tunnelling microscopy** (Micros) / Tunnelmikroskopie f, Rastertunnelmikroskopie f, RTM (Rastertunnelmikroskopie) ‖ ~ **yoke** (Electronics) / Ablenkjoch n
**scan plate**\* (Print) / Elektrogravur f (Produkt nach DIN 16 544) ‖ ~ **plate**\* (Print) s. also electronic engraving ‖ ~ **pulse** (Comp) / Abfragetakt m (Tastatur)
**scant** adj (For) / untermaßig adj, mit negativer Maßabweichung (Schnittholz)
**scantling**\* n (Build) / große Werksteine, große Bausteine ‖ ~\* (light structural timber) (For) / Kantholz n von quadratischem Querschnitt (bei Nadelholz = 48-102 mm x 51-114 mm)
**scantlings**\* pl (Build, For) / Schnittholz n (meistens für Sonderzwecke), zugeschnittenes Bauholz ‖ ~ (Ships) / Blechdickeabmessungen f pl ‖ ~ **saw** (For) / Bauholz-Kreissägemaschine f
**scant-measure** attr (For) / untermaßig adj, mit negativer Maßabweichung (Schnittholz)
**scan-to-scan moving-target indicator** (comparing the video signals of successive scanning operations) (Radar) / Differenzbildbewegtzielfilter n
**scant-size** attr (For) / untermaßig adj, mit negativer Maßabweichung (Schnittholz)
**scanty wind** (Ships) / schraler Wind (ein zum Ziel ungünstiger Wind, der in einem spitzen Winkel von vorn einfällt)
**scapolite**\* n (Min) / Skapolith m, Wernerit m
**scapple** v (Build) / stocken v
**scappling**\* n (Build) / Oberflächenbehandlung f mit dem Stockhammer (oder Krönel), Stocken n (Einebnen und Nacharbeiten von Flächen, welche grobkörnig erscheinen sollen), Aufstocken n ‖ ~\* (Build) / Abspitzen n, Spitzen n (des Steins), Abschlagen n (grobes Behauen des Steins) ‖ ~ (Civ Eng) / Schotterlage f (in der Packlage)
**scar** vi / vernarben v, eine Narbe bilden ‖ ~ n / Narbe f (als Oberflächenfehler)
**Scara robot** / Scara-Roboter m (Industrieroboter mit Drehgelenken um eine senkrechte Achse sowie einer translatorischen Hubbewegung)
**scare away** v (Agric) / verscheuchen v, verjagen v ‖ ~ **off** (Agric) / verscheuchen v, verjagen v
**scarf** (Carp, For) / überblatten v, schäften v, anschäften v, stoßen v (überblatten) ‖ ~ (Eng) / anschärfen v (Kanten) ‖ ~ (Eng) / abschrägen v, ausschärfen v ‖ ~ (Foundry) / putzen v (mechanisch oder mit der Flamme) ‖ ~\* n (Carp, For) / Verblattung f, Überblattung f (Stoß), Blattstoß m, Blatt n (pl. -e) (schräges, gerades), Verbindungsstoß m (schräger), Schrägverband m, Schäftverbindung f, Schäftung f (mit einem keilförmigen Übergreifungsstoß), Schäften n, Anschäften n ‖ ~ (For) / Fallkerbdach n (beim Baumfällen)
**scarfed edge** (Welding) / abgeschrägte Kante, Schrägkante f ‖ ~ **joint** (Carp, For) / Verblattung f, Überblattung f (Stoß), Blattstoß m, Blatt n (pl. -e) (schräges, gerades), Verbindungsstoß m (schräger), Schrägverband m, Schäftverbindung f, Schäftung f (mit einem keilförmigen Übergreifungsstoß), Schäften n, Anschäften n ‖ ~ **joint** (Elec Eng) / Lötverbindung f abgeschrägter Enden
**scarfing**\* n (Eng) / Abschrägung f, Ausschärfung f ‖ ~\* (Foundry) / Putzen n (mechanisch oder mit der Flamme nachbehandeln) ‖ ~ (Met) / Flämmen n (Entfernung von Oberflächenfehlern in warmem oder kaltem Walzgut durch Abschmelzen) ‖ ~ **machine** (Met) / Flämmmaschine f (zum vollständigen Flämmen einer oder mehrerer Walzgutflächen an Brammen, Blöcken und Halbzeug) ‖ ~ **torch** (Eng, Welding) / Sauerstoffhobler m
**scarf joint** (Carp, For) / Verblattung f, Überblattung f (Stoß), Blattstoß m, Blatt n (pl. -e) (schräges, gerades), Verbindungsstoß m (schräger), Schrägverband m, Schäftverbindung f, Schäftung f (mit einem keilförmigen Übergreifungsstoß), Schäften n, Anschäften n ‖ ~ **joint** (Welding) / Überlappungsnaht f, Überlappungsschweißung f, schräge Überlappnaht (beim Flammschweißen)
**scarification** n (Agric, Bot) / Skarifikation f (hartschaliger Samen zur Keimungsverbesserung), Ritzen n (der Samen)
**scarifier**\* n (Agric) / Grubber m (meistens mit federnden Zinken), Skarifikator m (ein Bodenbearbeitungsgerät) ‖ ~ (Agric) / Messeregge f ‖ ~ (Agric, Bot) / Skarifikator m, Ritzmaschine f (für hartschalige Samen) ‖ ~ (Civ Eng) / Straßenaufreißer m, Aufreißer m (meistens als Anhängegerät)
**scarifier-aerator** n (Agric) / Vertikutiergerät n (mit vertikal rotierenden Werkzeugen zum Regenerieren von Rasenflächen), Vertikutierer m
**scarify** v (Agric, Bot) / skarifizieren v (hartschalige Samen), ritzen v (Samen) ‖ ~ (Civ Eng) / aufreißen v (Straßendecke)
**scarlet** n / Scharlach m ‖ ~ / Scharlachrot n (im Allgemeinen) ‖ ~ **chrome** (Paint) / Molybdatrot n, Mineralfeuerrot n ‖ ~ **oak** (For) / Scharlacheiche f (Quercus coccinea Münchh.) ‖ ~ **red** / Biebricher Scharlach, Neurot n, Doppelscharlach m ‖ ~ **red** / Scharlachrot n (im Allgemeinen) ‖ ~**-red** (Geol) / scharlachrot adj
**scar over** v / vernarben v, eine Narbe bilden
**scarp** v (Civ Eng) / abböschen v (z.B. Baugrube, Gelände), böschen v (mit einer Böschung versehen) ‖ ~ n (Astron) / Wand f (eine Mondoberflächenformation) ‖ ~ (Civ Eng) / Böschung f, Abböschung f (abgeböschte Stelle) ‖ ~ (Geol) / Steilhang m, Steilböschung f, Abhang m ‖ ~ (Geol) / Stufenstirn f, Trauf m (eine Schichtstufe), Stirn f (eine Schichtstufe) ‖ ~ (Geol) / Stufenstirn f, Trauf m (eine Schichtstufe), Stirn f (eine Schichtstufe)
**scart** n (Electronics) / Scart m (Euro-AV-Buchse - Syndicat des constructeurs d'appareils radiorécepteurs et téléviseurs) ‖ ~ **connector**\* (Electronics) / Scart-Steckvorrichtung f, Scart-Stecker m (Syndicat des Constructeurs d'Appareils Radiorécepteurs et Téléviseurs), Euro-AV-Steckvorrichtung f, Euro-AV-Anschluss m (ein 21-Pol-Steckersystem)
**scar tissue** (Med) / Narbengewebe n
**scart socket** (Electronics) / Scart-Buchse f
**SCAT** (surface-controlled avalanche transistor) (Electronics) / Lawinentransistor m mit Steuerung der Durchbruchsspannung
**scatter** v (Maths, Phys) / streuen v, zerstreuen v ‖ ~ (Optics) / zerstreuen vt ‖ ~ n (Stats) / Varianz f (mittlere quadratische Abweichung einer Zufallsvariablen von ihrem Erwartungswert), Streuung f, mittlere quadratische Abweichung, Dispersion f (alte Bezeichnung für Varianz) ‖ ~ **diagram** (Geol) / Punktdiagramm n, nicht ausgezähltes Gefügediagramm ‖ ~ **diagram** (a useful aid in estimating the type of regression functions) (Stats) / Streubild n, Streuungsdiagramm n, Korrelationsdiagramm n ‖ ~ **echo** (Radio) / Streuecho n (unterschiedliche Reflexionen elektromagnetischer Wellen an ungleichmäßig starken Teilchenkonzentrationen in der Ionosphäre)
**scattered** adj (Meteor) / aufgelockert adj (Bewölkung) ‖ ~ **at random** / willkürlich verteilt ‖ ~ **clouds** (Meteor) / (stark) aufgelockerte Bewölkung ‖ ~ **light** (Optics, Photog) / Streulicht n (durch Lichtstreuung abgelenktes Licht)
**scattered-light shield** (Light) / Streulichtschirm m
**scattered radiation** (Radiol) / Streustrahlung f (Röntgenstrahlung, die im Objekt durch die von einer Röntgenröhre herrührende primäre Strahlung erzeugt wird)
**scatterer** n (in a conductor) (Elec Eng) / Streustelle f ‖ ~ (Phys) / streuendes Teilchen, Streuer m (streuendes Teilchen)
**scattergram** n (Geol) / Punktdiagramm n, nicht ausgezähltes Gefügediagramm ‖ ~ (Stats) / Streubild n, Streuungsdiagramm n, Korrelationsdiagramm n
**scattering**\* n (Optics) / Zerstreuen n ‖ ~\* (Phys) / Streuung f (Ablenkung eines Anteils eines in einer bestimmten Richtung laufenden Teilchenstrahls bzw. einer Welle mit fester Wellenzahl beim Durchgang durch Materie) ‖ ~ (Radio) / Streuecho n (unterschiedliche Reflexionen elektromagnetischer Wellen an ungleichmäßig starken Teilchenkonzentrationen in der Ionosphäre) ‖ ~ (Radio) / Streuung f (einer Peilung), Scattering n ‖ ~ **amplitude**\* (Nuc, Phys) / Streuamplitude f ‖ ~ **angle** (Nuc) / Streuwinkel m (unter dem ein Teilchen oder eine Strahlung aus der ursprünglichen Richtung gestreut wird) ‖ ~ **centre** (Phys, Radar) / Streuzentrum n ‖ ~ **cross section**\* (Nuc) / Streuquerschnitt m (Wirkungsquerschnitt für einen Streuprozess) ‖ ~ **formula** (Nuc) / Streuformel f ‖ ~ **function** (Optics) / Streufunktion f (DIN 1349, T 2) ‖ ~ **layer** (Optics) / Streuschicht f ‖ ~ **length** (Nuc) / Fermi'sche Streulänge, Streulänge f ‖ ~ **limit** (Phys) / Streugrenze f ‖ ~ **matrix** (Nuc, Phys) / S-Matrix f, Streumatrix f ‖ ~ **mean free path**\* (Nuc, Phys) / Streuweglänge f (mittlere freie - die ein Teilchen in einem Streumedium durchschnittlich zwischen zwei Streuakten durchläuft) ‖ ~ **operator** (Nuc) / Streuoperator m, S-Operator m ‖ ~ **particle** (Phys) / streuendes Teilchen, Streuer m (streuendes Teilchen) ‖ ~ **plate** (Optics) / Streuplatte f ‖ ~ **power** (Light, Phys) / Streuvermögen n (Fähigkeit eines Körpers, auffallende Strahlung zu remittieren) ‖ ~ **reflector** (Optics) / streuender Reflektor ‖ ~ **substance** (Phys) / Streusubstanz f ‖ ~ **theory** (Phys) / Streutheorie f (in der Quantenmechanik)
**scatter link** (Radio) / Scatterrichtverbindung f, Überreichweiten-Scatterverbindung f (eine Rundfunkverbindung), Streustrahlrichtverbindung f, Überhorizontrichtverbindung f ‖ ~ **loading** (Comp) / gestreutes Laden
**scatterometer**\* n (Meteor) / Streustrahlungsmesser m

1377

**scatter**

**scatter plot** (Stats) / Streubild *n*, Streuungsdiagramm *n*, Korrelationsdiagramm *n* ‖ **~ propagation** (Radio) / Streuausbreitung *f*, Scatterausbreitung *f*, Scatter-Propagation *f* ‖ **~ reading** (Comp) / gestreutes Lesen
**scavenge** *v* (Autos, I C Engs) / spülen *v* ‖ **~** (Chem) / abfangen *v* (einen Reaktionspartner entfernen) ‖ **~ air** (I C Engs) / Spülluft *f*
**scavenger** *n* (Autos, Fuels) / Scavenger *m* (Kraftstoffadditiv zur Spülung des Zylinders - in Deutschland verboten, Spülmittel *n* (zur Spülung des Zylinders) ‖ **~ block** (Met) / Ausstoßscheibe *f* (an der Rezipientenwand anliegende Scheibe) ‖ **~ cell** (Cyt) / Phagozyt *m* (pl. -en), Phagozyte *f* (eine Fresszelle) ‖ **~ gas** (Chem Eng) / Make-up-Gas *n*, Zusatzgas *n* (in der Chromatografie) ‖ **~ receptor** (Biochem, Med) / Säuberungsrezeptor *m*
**scavenging** *n* (Autos, I C Engs) / Spülen *n* (bei Zweitaktmotoren - Verdrängung der Verbrennungsgase durch die Frischladung mit Hilfe eines Druckgefälles zwischen Ein- und Auslass aus dem Zylinder - DIN 1940), Spülung *f* ‖ **~** (Chem) / Abfangen *n* (Entfernen eines Reaktionspartners) ‖ **~\*** (Chem, Met) / Desoxidation *f* (mit Desoxidationsmitteln) ‖ **~** (Meteor) / Scavenging *n* (Anlagerung von atmosphärischen Spurenstoffen in Wassertröpfchen) ‖ **~\*** (Min Proc) / Läuterung *f*, Ausflockung *f* (Abstreichen von störenden Schlämmen bei der Flotation) ‖ **~** (Nuc Eng) / Reinigungsfällung *f*, Scavenging *n* ‖ **~ air** (Autos, I C Engs) / Spülluft *f* ‖ **~ air line** (Autos) / Spülluftleitung *f*, Spülluftanschluss *m* ‖ **~ efficiency** (I C Engs) / Spülgrad *m*, Spülwirkungsgrad *m* ‖ **~ jet** (I C Engs) / Spülstrahl *m* ‖ **~ picture** (Autos, I C Engs) / Spülbild *n* (im Motorversuch ermittelter Verlauf des Spülstroms) ‖ **~ port** (I C Engs) / Spülschlitz *m* (bei Zweitaktmotoren) ‖ **~ stroke** (I C Engs) / Auspuffhub *m* ‖ **~ valve** (Autos) / Kraftstoffdampf-Absaugventil *n*, Regenerierventil *n* (in den Kraftstoffverdampfungsanlagen), Spülventil *n* ‖ **~ valve** (I C Engs) / Spülventil *n*, Scavengingventil *n*
**s.c.c.\*** (single cotton-covered) (Cables) / einfach baumwollumsponnen
**SCC** (Nuc) / Super-Protonenkollisionsmaschine *f*, SCC, Superconducting Supercollider *m* (ein amerikanischer Teilchenbeschleuniger) ‖ **~ ≏** (stress-corrosion cracking) (Surf) / Spannungsrisskorrosion *f* (DIN 50 900), SpRK (Spannungsrisskorrosion) ‖ **~ ≏** (Telecomm) / Steuergerät *n* für synchrone Übertragung
**SCCD** (surface-charge-coupled device) (Electronics) / Oberflächen-Ladungsverschiebeschaltung *f* (Ladungsverschiebeschaltung in MOS-Technik)
**SCD** (Paint) / Streaming-Current-Detektor *m* (zur Bestimmung der effektiven Oberflächenladung von Pigmenten und Füllstoffen durch Titration mit einem Polyelektrolyten)
**SCE** (saturated calomel electrode) (Chem) / gesättigte Kalomelelektrode *f*, GKE (gesättigte Kalomelelektrode)
**scedasticity** *n* (Stats) / Streuungsverhalten *n*
**scenario\*** *n* (Cinema) / Drehbuch *n*, Buch *n* (Drehbuch), Skript *n* (pl. -s) ‖ **~** (Comp) / Szenario *n* (pl. -ien)
**scenarist** *n* (Cinema) / Drehbuchautor *m*
**scend** *n* (Ships) / Aufrichten *n* des Bugs (im Seegang)
**scending** *n* (Ships) / Zurückschwingen *n* (eine Längsschiffsschwingung) ‖ **~** (Ships) / Aufrichten *n* des Bugs (im Seegang)
**scene\*** *n* (Cinema) / Szene *f* (Kameraeinstellungen einer Aktion oder eines Motivs) ‖ **~** (Comp) / Szene *f* (eine Ansammlung dreidimensionaler Objekte, von denen ein zweidimensionales Bild ausgegeben werden soll) ‖ **~ analysis** (Comp) / Szenenanalyse *f* (bei IR - Interpretation von komplexen Darstellungen, die mit visuellen Sensoren aufgenommen wurden und in denen HHO enthalten sein können) ‖ **~ background** (Cinema) / Szenenhintergrund *m*
**scene-based** *adj* (Cinema) / szenenbasiert *adj*
**scene of** (the) **fire** / Brandstelle *f*, Brandplatz *m*
**scenery** *n* (Cinema) / Hintergrund *m* (bei einer Aufnahme) ‖ **~** (Geog) / Landschaftsbild *n*
**scene-slating attachment\*** (Cinema) / Szenentafel *f*, Szenenklappe *f*, Synchronklappe *f* (an der Kamera)
**scene-understanding system** (Comp) / System *n* für das Verstehen von Szenen
**scenic flight** (Aero) / Rundflug *m* (Beförderung von Fluggästen auf einem Rundkurs über einem touristisch interessanten Gelände mit gleichem Abflug- und Zielort ohne Zwischenlandung) ‖ **~ road** (Autos) / landschaftlich schöne Verkehrsstraße (die z.B. durch eine Grünzone führt) ‖ **~ road** (Autos) / Aussichtsstraße *f*, Panoramastraße *f*, Panoramaweg *m* ‖ **~ road** (Autos) / landschaftlich schöne Strecke (Hinweis auf Autokarten) ‖ **~ tyre cover** (Autos) / Reserveradabdeckung *f* mit (Bild)Motiv ‖ **~ window screen** (Autos) / Heckscheibenblende *f* mit Motiven
**scenograph** *n* (Build) / Ansichtszeichnung *f*, Ansicht *f*
**scent** *n* / Duft *m*, Wohlgeruch *m*, Duftnote *f* ‖ **~ attractant** / Duftlockstoff *m*
**scented guarea** (For) / Bossé *n* (tropisches Holz aus Guarea cedrata (Chev.) Pellegr.) ‖ **~ mahogany** (For) / Sapelli *n* (ein Ausstattungs- und Möbelholz aus dem westafrikanischen Zedrachgewächs Entandrophragma cylindricum Sprague), Sapelemahagoni *n*
**scentless** *adj* / geruchfrei *adj*, nichtriechend *adj*, geruchlos *adj*
**scent of wood** (For) / Holznote *f* ‖ **~ test** (Chem, San Eng) / Geruchsprüfung *f* (z.B. bei Rohrleitungen), Riechtest *m*, Geruchsprobe *f* (z.B. bei Abwasserleitungen)
**scf** (standard cubic foot) / Kubikfuß *m* unter Normalbedingungen (Normaltemperatur = 60 °F, Normaldruck)
**SCF** (switched-capacitor filter) (Electronics) / Schalter-C-Filter *n* ‖ **~ ≏** (self-consistent field) (Nuc) / Self-consistent-Field *n* (effektives Potential, dessen Verlauf nach dem Vorbild des Hartree-Verfahrens einerseits die Bewegung der Teilchen bestimmt und andererseits von dieser abhängt)
**ScF** (self-consistent field) (Nuc) / Self-consistent-Field *n* (effektives Potential, dessen Verlauf nach dem Vorbild des Hartree-Verfahrens einerseits die Bewegung der Teilchen bestimmt und andererseits von dieser abhängt)
**scf** (self-consistent field) (Nuc) / Self-consistent-Field *n* (effektives Potential, dessen Verlauf nach dem Vorbild des Hartree-Verfahrens einerseits die Bewegung der Teilchen bestimmt und andererseits von dieser abhängt)
**SCF method** (Chem) / Self-consistent-Field-Verfahren *n*, SCF-Methode *f* (Methode des konsistenten Feldes), Methode *f* des selbstkonsistenten Feldes
**ScF method** (self-consistent-field method) (Chem) / Self-consistent-Field-Verfahren *n*, SCF-Methode *f* (Methode des konsistenten Feldes), Methode *f* des selbstkonsistenten Feldes
**SCG** (subcritical crack growth) (Materials) / unterkritisches Risswachstum, subkritisches Risswachstum
**schadograph** *n* (Photog) / Schadograf *m* (Fotografik nach C. Schad)
**Schadt-Helfrich effect** (Electronics) / Schadt-Helfrich-Effekt *m* (ein elektrooptischer Effekt)
**Schäffer's acid\*** (Chem) / Schäffer-Säure *f* (6-Hydroxynaphthalin-2-sulfonsäure)
**schapbachite** *n* (Min) / Schapbachit *m* (ein Silberbismutglanz, oberhalb 210°, kubisch, isotyp mit Bleiglanz)
**schappe** *n* (Textiles) / Schappeseide *f* (aus Seidenabfällen, nicht abhaspelbaren Kokonteilen und aus Wildseiden), Florettseide *f*, Schappe *f*
**Schardinger dextrin** (ring-shaped oligosaccharide consisting of 5 to 8 glucose units) (Chem) / Zykloamylose *f*, Schardinger-Dextrin *n*, Cycloamylose *f*, Zyklodextrin *n*, Cyclodextrin *n* ‖ **~ ≏ enzyme** (Biochem, Nut) / Xanthinoxidase *f* (ein Flavoprotein), Schardinger-Enzym *n*, XOD (Xanthinoxidase)
**schattenseite** *n* (shady side) (Geog, Geol) / Schattenseite *f* (eines Berges)
**schedulability** *n* (Work Study) / Einplanbarkeit *f*
**schedule** *n* / Liste *f*, Tabelle *f* (Liste), Aufstellung *f* (Liste, Plan, Bilanz), Verzeichnis *n* (Liste) ‖ **~** / Fahrplan *m*, Kursbuch *n* ‖ **~** / klassifikatorische Aufstellung von sprachlichen Einheiten (in einer grafisch-bestimmten Sequenz - s. dazu SAGER: English Special Languages, 6.5.4) ‖ **~** (Aero) / Flugplan *m* (Verkehrsflugplan) ‖ **on ~** / im Plan (sein) ‖ **on ~ attr** / termingerecht *adj*
**scheduled** *adj* / planmäßig *adj* (Wartung, Meldung, Beobachtung) ‖ **~ air service(s)** (Aero) / Linienluftverkehr *m*, Linienflugverkehr *m*, Flugliniendienst *m*, Fluglinienverkehr *m* ‖ **~ costs** / Standardkosten *pl*, Normkosten *pl* (Standardkosten als Vorgabe), Richtkosten *pl*
**scheduled-data information register** (Comp) / Sollinformationsregister *n*
**scheduled flight** (Aero) / planmäßiger Flug, Linienflug *m* ‖ **~ maintenance** (Eng, Work Study) / planmäßige Wartung, planmäßig vorbeugende Instandhaltung (nach einem Zeitplan), vorbeugende Wartung (nach einem Zeitplan), PVI (planmäßig vorbeugende Instandhaltung) ‖ **~ maintenance time** (Work Study) / Zeit *f* für planmäßige Wartung ‖ **~ outage** (Elec Eng) / geplante Stillsetzung ‖ **~ service(s)** (Aero) / Linienverkehr *m* ‖ **~ stop** (Aero) / planmäßiger Halt
**scheduler** *n* (AI) / Scheduler *m* (ein Subsystem des Inferenzsystems), Aufgabenverwalter *m*, Zeitplanungskomponente *f* (Scheduler), Dispatcher *m* (ein Subsystem des Inferenzsystems) ‖ **~** (Comp) / Scheduler *m* (ein Steuerprogramm) ‖ **~** (Work Study) / Arbeitsplaner *m*
**scheduling** *n* / Terminierung *f* (zeitliche Festsetzung), Terminwesen *n* ‖ **~** (AI) / Scheduling *n* (Aufgabenverwaltung bei Inferenzsystemen) ‖ **~** (Cinema) / Drehplanung *f* ‖ **~\*** (Comp) / Scheduling *n* (Zuteilung der in Ausführung befindlichen Programme) ‖ **~ discipline** (Comp) / Zuteilungsstrategie *f* (die Regel, nach der unter mehreren lauffähigen Prozessen derjenige Prozess ausgewählt wird, dem der Rechnerkern als nächstem zugeteilt wird), Bedienstrategie *f* ‖ **~ sequence** (Work Study) / Ablaufterminierung *f*
**Scheele's green\*** (Chem) / Scheele'sches Grün (ein altes giftiges Kupferpigment - ein Gemenge von normalen und basischen

Kupfer(II)-arseniten), Scheeles Grün (nach C.W. Scheele, 1742-1786)
**scheelite*** *n* (Min) / Scheelit *m*, Scheelspat *m*, Schwerstein *m*, Tungstein *m* (Kalziumwolframat) ‖ ~ **structure** (Crystal) / Scheelitstruktur *f*
**Scheibel column** (Chem Eng) / Scheibel-Kolonne *f*, Rührkolonne *f* nach Scheibel ‖ ≃ **extractor** (Chem Eng) / Scheibel-Kolonne *f*, Rührkolonne *f* nach Scheibel
**Scheibel-York extractor** (Chem Eng) / Scheibel-Kolonne *f*, Rührkolonne *f* nach Scheibel
**Scheibler reagent** (Chem) / Scheiblers Reagens (12-Wolframatophosphorsäure - nach H. Scheibler, 1882-1966)
**Scheimpflug rule** (Photog) / Scheimpflug'sche Regel (die sowohl beim Entzerren von stürzenden Linien als auch beim Schärfeausgleich angewandt wird)
**Scheiner film speed** (Photog) / Filmempfindlichkeit *f* in Scheiner-Graden (nach J. Scheiner, 1858-1913 - heute nicht mehr benutzt)
**Schellbach burette** (Chem) / Schellbach-Bürette *f* (eine genormte Bürette, deren Rückwand aus Milchglas mit einem etwa 1 mm breiten, farbigen Längsstreifen /Schellbach-Streifen/ besteht) ‖ ≃ **tubing** (white background with a blue stripe) (Chem, Glass) / Glasrohr *n* mit Schellbach-Streifen
**schema*** *n* (pl. -ta or -s) / Schema *n* (pl. -s, Schemen oder -ta), Übersicht *f* (anschauliche grafische Darstellung) ‖ ~ (pl. -ta or -s) (Comp) / Schema *n* (pl. -s, Schemen oder -ta) (Datenstrukturdefinition)
**schematic** *n* / schematische Zeichnung, Schemazeichnung *f*, schematische Darstellung ‖ ~ (Elec Eng) / Schaltschema *n*, Prinzipschaltbild *n*, Prinzipskizze *f* ‖ ~ *adj* / schematisch *adj* ‖ ~ **diagram** (Elec Eng) / Schaltschema *n*, Prinzipschaltbild *n*, Prinzipskizze *f* ‖ ~ **drawing** / schematische Zeichnung, Schemazeichnung *f*, schematische Darstellung ‖ ~ **flow diagram** / Ablaufschema *n*
**scheme** *n* (Comp) / Schema *n* (pl. -s, Schemen oder -ta) (Datenstrukturdefinition) ‖ ~ **arch*** (Arch) / Flachbogen *m*, Stichbogen *m*, Segmentbogen *m* (meistens in der Romanik)
**Schenck's phosphorus** (Chem) / Schenck'scher Phosphor (den man durch Erhitzen des weißen Phosphors erhält)
**Scherbius advancer** (Elec Eng) / Scherbiusmaschine *f* (eine ständererregte Drehstromkommutatormaschine, die als Hintermaschine in Kaskadenschaltung mit großen Drehstromasynchronmotoren betrieben wird) ‖ ≃ **machine** (Elec Eng) / Scherbiusmaschine *f* (eine ständererregte Drehstromkommutatormaschine, die als Hintermaschine in Kaskadenschaltung mit großen Drehstromasynchronmotoren betrieben wird)
**Schering bridge*** (Elec Eng) / Schering-Brücke *f*, Schering-Messbrücke *f* (eine Hochspannungskapazitäts- und Verlustwinkelbrücke - nach H.E.M. Schering, 1880-1959)
**Scherzer** (rolling) **bridge** (Civ Eng) / Rollklappbrücke *f* (eine bewegliche Brücke, die eine Hybridform zwischen Rollbrücke und Klappbrücke ist) ‖ ≃ **focus** (Micros) / Scherzer-Fokus *m* (ein Autofokus in der Durchstrahlungselektronenmikroskopie - nach O. Scherzer, 1909-1982)
**Schick test*** (Med) / Schick-Hautprobe *f*, Schick-Test *m*
**Schiemann reaction** (Chem) / Schiemann-Reaktion *f* (Einführung von Fluoratomen in Arene durch vorsichtiges Erwärmen von Diazonium-tetrafluoroboraten oder -hexafluorophosphat - nach G. Schiemann, 1899-1967)
**schiffli machine** (Textiles) / Schiffchen-Stickautomat *m*
**Schiff•'s bases*** (Chem) / Schiff'sche Basen (Azomethine - Kondensationsprodukte von Karbonylverbindungen mit primären Aminen; nach H. Schiff, 1834-1915) ‖ ≃ **'s reagent*** (Chem) / Schiff'sches Reagens (meist fuchsinschweflige Säure zum Aldehydnachweis - heute veraltet)
**schiller** *n* (Min) / Schiller *m*, Schimmer *m* (buntes Farbenspiel)
**schillerization*** *n* (Geol) / Entstehung *f* von Schimmer (z.B. durch Einlagerungen von Blättchen, Schüppchen oder Kristallchen anderer Stoffe entlang bestimmter Kristallflächen), Schillern *n*
**schiller layer** (Chem, Phys) / irisierende Schicht ‖ ~ **quartz** (Min) / Schillerquarz *m*, Quarzkatzenauge *n*
**schillerspar*** *n* (Min) / Bastit *m*, Schillerspat *m* (ein Inosilikat)
**schirmerite** *n* (Min) / Schirmerit *m* (ein Mineral der Andorit-Gruppe)
**schist*** *n* (Geol) / Schiefer *m* (kristalliner)
**schistic** *adj* (Geol) / schieferartig *adj*
**schistoid** *adj* (Geol) / schieferartig *adj*
**schistose** *adj* (Geol) / Schiefer-, schieferig *adj*
**schistosity*** *n* (a type of cleavage) (Geol) / Schieferung *f* (durch Metamorphoseprozesse hervorgerufen - z.B. kristalline Schiefer)
**schistous** *adj* (Geol) / Schiefer-, schieferig *adj* ‖ ~ **rock** (Geol) / Schiefergestein *n*

**Schmidt**

**Schiwanoff's test** (Chem) / Schiwanow-Reaktion *f* (zum Nachweis von Hexosen)
**schlammdecke** *n* (San Eng) / Schlammdecke *f* (z.B. am Langsam-Sand-Tiefenfilter)
**SCH laser** (Phys) / SCH-Laser *m* (ein Mehrfach-Heterostruktur-Laser)
**schlempe** *n* (Chem Eng) / Schlempe *f* (Rückstand einer Gärflüssigkeit von Kohlenhydraten, der nach Abdestillieren des Alkohols zurückbleibt)
**Schlenk technique** (Chem) / Schlenktechnik *f* (Arbeitstechnik zur Handhabung von organometallischen Verbindungen unter Inertgasen, wie Stickstoff oder Argon - nach W. Schlenk, 1879 - 1943)
**schlichtartig surface** (Maths) / schlichtartige Fläche (mit Geschlecht Null)
**schliere** *n* (Optics, Phys) / Schliere *f* (im Schlierenverfahren)
**schlieren** *pl* (Geol) / Schlieren *f pl* ‖ ~ **analysis** (Chem) / Schlierenanalyse *f* ‖ ~ **method** / Schlierenmethode *f* (bei den Sedimentationsmessungen mit der Ultrazentrifuge) ‖ ~ **method** (Aero, Optics, Phys) / Schlierenverfahren *n*, Schlierenmethode *f* (optische, elektronenoptische) ‖ ~ **photography*** (Acous, Aero, Optics, Phys) / Schlierenverfahren *n*, Schlierenmethode *f* (optische, elektronenoptische) ‖ ~ **texture** (Geol) / Schlierengefüge *n*
**schlieric** *adj* (Geol) / schlierig *adj*
**Schlippe's salt** (sodium tetrathioantimonate(V)) (Chem, Electronics, Photog) / Schlippe'sches Salz (Natriumthioantimonat(V)-9-Wasser - nach C.F. von Schlippe, 1799-1874)
**Schlumberger logging** (method) (Geophys, Mining, Oils) / Schlumberger-Verfahren *n* (eine Art Bohrlochmessung nach C. Schlumberger, 1878-1936) ‖ ≃ **photoclinometer** (Geophys) / Fotoinklinometer *n* nach Schlumberger
**Schmid factor** (Crystal, Materials) / Schmidfaktor *m* (Verhältnis zwischen der in einem vorgegebenen Gleitsystem wirkenden Schubspannung und der im Zugversuch gemessenen Normalspannung)
**Schmid's factor** (Crystal, Materials) / Schmidfaktor *m* (Verhältnis zwischen der in einem vorgegebenen Gleitsystem wirkenden Schubspannung und der im Zugversuch gemessenen Normalspannung)
**Schmidt camera** (Astron, Optics) / Schmidt'sche Optik (nach B. Schmidt, 1879-1935, Schmidt-Spiegelsystem *n*, Schmidt-Kamera *f* ‖ ≃ **correction plate** (Optics) / Schmidt-Platte *f*, Korrektionsplatte *f* (im Schmidt-Spiegelteleskop)
**Schmidt-Hartmann boiler** (Eng) / Schmidt-Hartmann-Kessel *m* (mit mittelbarer Dampferzeugung)
**Schmidt limits*** (Nuc Eng) / Schmidt-Linien *f pl* (Kurven für das magnetische Moment von Kernen in Abhängigkeit vom Spin - nach Th. Schmidt, 1908-) ‖ ≃ **lines*** (Nuc Eng) / Schmidt-Linien *f pl* (Kurven für das magnetische Moment von Kernen in Abhängigkeit vom Spin - nach Th. Schmidt, 1908-) ‖ ≃ **mirror system** (Astron, Optics) / Schmidt'sche Optik (nach B. Schmidt, 1879-1935), Schmidt-Spiegelsystem *n*, Schmidt-Kamera *f* ‖ ≃ **net** (a coordinate system used to plot a Schmidt projection) (Crystal, Geol) / Schmidt'sches Netz, Schmidt-Netz *n* (eine flächentreue Azimutalprojektion für die Darstellung von Gesteinsgefügen - nach dem österreichischen Mineralogen W. S. Schmidt, 1885 - 1945) ‖ ≃ **number** (Phys) / Schmidt-Zahl *f* (Kennzahl des Stoffübergangs, das Verhältnis der kinematischen Viskosität des Strömungsmediums zum Diffusionskoeffizienten - DIN 5491) ‖ ≃ **number** (Phys) s. also Lewis number and Prandtl number ‖ ≃ **optical system*** (Astron, Optics) / Schmidt'sche Optik (nach B. Schmidt, 1879-1935), Schmidt-Spiegelsystem *n*, Schmidt-Kamera *f* ‖ ≃ **optics** (Astron, Optics) / Schmidt'sche Optik (nach B. Schmidt, 1879-1935), Schmidt-Spiegelsystem *n*, Schmidt-Kamera *f* ‖ ≃ **plate** (Optics) / Schmidt-Platte *f*, Korrektionsplatte *f* (im Schmidt-Spiegelteleskop) ‖ ≃ **projection** (Crystal, Geol) / Schmidt'sches Netz, Schmidt-Netz *n* (eine flächentreue Azimutalprojektion für die Darstellung von Gesteinsgefügen - nach dem österreichischen Mineralogen W. S. Schmidt, 1885 - 1945) ‖ ≃ **reaction** (Chem) / Schmidt-Reaktion *f* (bei der Carbonylverbindungen mit Stickstoffwasserstoffsäure in Gegenwart starker Mineralsäuren zu Stickstoffverbindungen umgelagert werden) ‖ ≃ **rearrangement** (Chem) / Schmidt-Reaktion *f* (bei der Carbonylverbindungen mit Stickstoffwasserstoffsäure in Gegenwart starker Mineralsäuren zu Stickstoffverbindungen umgelagert werden) ‖ ≃ **rebound hammer** (Civ Eng, Materials) / Rückprallhammer *m* (nach E. Schmidt - zur Druckfestigkeitsprüfung des Festbetons nach DIN 1048), Schmidt-Hammer *m* (zur Druckfestigkeitsprüfung des Betons in oberflächennahen Schichten) ‖ ≃ **system** (Astron, Optics) / Schmidt'sche Optik (nach B. Schmidt, 1879-1935), Schmidt-Spiegelsystem *n*, Schmidt-Kamera *f* ‖ ≃ **telescope** (Astron, Optics) / Schmidt-Spiegel *m*, Schmidt-Spiegelteleskop *n*

1379

**Schmitt**

**Schmitt trigger**\* (Electronics, Telecomm) / Schwellwertschalter *m*, Schmitt-Triggerschaltung *f* (mit zwei Spannungsschwellen), Schmitt-Schaltung *f*, Schmitt-Trigger *m* (ein Schaltverstärker)
**schnorkel**\* *n* (Mil, Ships) / Schnorchel *m*
**Schnürle scavenging** (I C Engs) / Schnürle-Spülung *f*, Umkehrspülung *f* (spezielles Spülverfahren zum Ladungswechsel bei Zweitaktmotoren)
**Schoellkopf's acid** (Chem) / Schöllkopfsäure *f* (eine Naphtholsulfonsäure nach U. Schöllkopf, geb. 1927), Oxy-Chicago-Säure *f* (1-Naphthol-4,8-disulfonsäure), CS-Säure *f*
**Schoenflies crystal symbols** (Crystal) / Schoenflies-Symbole *n pl* (für die Beschreibung der Symmetrie von Molekülen - nach A.M. Schoenflies, 1853 - 1928), Schoenflies'sche Symbole (zur Kennzeichnung der 32 kristallographischen Punktgruppen und 230 Raumgruppen), Schoenflies-System *n* ‖ ≃ **symbol** (Chem, Crystal) / Schoenflies'sches Symbol (zur Symmetriebeschreibung von Molekülen)
**scholastic microscope** (Micros) / Schulmikroskop *n*
**Scholler process** (Chem Eng, For) / Scholler-Tornesch-Verfahren *n* (der Holzhydrolyse)
**Schöniger combustion** (Chem) / Schöniger-Bestimmung *f* (eine Art Verbrennungsanalyse), Bestimmung *f* von Schwefel und Halogenen in dem Schöniger-Verbrennungsrohr (eine Art Verbrennungsanalyse nach DIN 51 400-3) ‖ ≃ **method** (Chem) / Schöniger-Bestimmung *f* (eine Art Verbrennungsanalyse), Bestimmung *f* von Schwefel und Halogenen in dem Schöniger-Verbrennungsrohr (eine Art Verbrennungsanalyse nach DIN 51 400-3) ‖ ≃ **method** (Chem) / Schöniger-Bestimmung *f* (eine Aufschlussmethode nach DIN 51400, T 3) ‖ ≃ **solubilization** (Chem) / Schöniger-Bestimmung *f* (eine Aufschlussmethode nach DIN 51400, T 3)
**schönite** *n* (Min) / Schönit *m* (führendes Mineral der Schönit-Reihe)
**Schön-Punga motor** (Elec Eng) / Schön-Punga-Motor *m* (Einphasen-Induktionsmotor mit doppeltem Rotor)
**school** *n* (a large group of fish) (Nut, Zool) / Fischschwarm *m* ‖ ~ **aeroplane** (Aero) / Schulflugzeug *n* ‖ ~ **crossing patrol** / Schülerlotse *m*, Verkehrslotse *m* (für Kinder - Erwachsene oder ältere Schüler) ‖ ~ **furniture** (Join) / Schulmöbel *n pl* ‖ ~ **of motoring** (Autos) / Fahrschule *f* ‖ ~ **paper** (Paper) / Zeichenpapier *n* (für Schulen), Ausschneidepapier *n* (für Schulen) ‖ ~ **ship** (Ships) / Schulschiff *n* ‖ ~ **television** (TV) / Schulfernsehen *n*
**Schoop process** (Surf) / Schoop-Verfahren *n*, Schoopisieren *n* (Metallspritzen - nach M. Schoop, 1870-1956)
**Schopper machine** (Materials) / Schopper-Dalén-Maschine *f* (zur Bestimmung der Spannungs-Dehnungs-Eigenschaften von Gummi an Ringen oder stabförmigen Proben)
**schorl** *n* (Min) / Schörl *m* (schwarzer oder dunkelbrauner Eisenturmalin)
**schorlite** *n* (Min) / Schörl *m* (schwarzer oder dunkelbrauner Eisenturmalin)
**schorlomite**\* *n* (Min) / Schorlomit *m* (eine dunkle Varietät des Melanits)
**Schotten-Baumann reaction** (Chem) / Schotten-Baumann-Reaktion *f* (Acylierung von Alkoholen und Phenolen mit einem Säurechlorid in Gegenwart von Natriumhydroxid in wässriger Lösung zu Karbonsäureestern)
**Schottky barrier** (Electronics) / Schottky-Barriere *f* ‖ ≃ **barrier contact** (Electronics) / Schottky-Kontakt *m*, Metall-Halbleiter-Kontakt *m* ‖ ≃ **barrier diode** (Electronics) / Schottky-Diode *f* (Metall-Halbleiterdiode auf Silicium- oder GaAs-Basis - nach W. Schottky, 1886 - 1976), Schottky-Barrier-Diode *f*, Hot-Carrier-Diode *f* (eine schnelle Schaltdiode) ‖ ≃ **clamp diode** (Electronics) / Schottky-Klemmdiode *f* ‖ ≃ **defect**\* (Chem, Electronics) / Schottky-Fehlordnung *f*, Schottky-Defekt *m* (bei dem Leerstellen durch Abwanderungen von Atomen an die Oberfläche auftreten) ‖ ≃ **defect**\* (Chem, Electronics) s. also Frenkel defect and vacancy ‖ ≃ **diode**\* (Electronics) / Schottky-Diode *f* (Metall-Halbleiterdiode auf Silicium- oder GaAs-Basis - nach W. Schottky, 1886 - 1976), Schottky-Barrier-Diode *f*, Hot-Carrier-Diode *f* (eine schnelle Schaltdiode) ‖ ≃ **effect**\* (the increase in thermionic emission from a solid surface due to the presence of an external electric field) (Electronics) / Sperrschichteffekt *m*, Schottky-Effekt *m* (nach W. Schottky, 1886-1976), Gleichrichtereffekt *m* ‖ ≃ **emission** (Schottky effect) (Electronics) / Sperrschichteffekt *m*, Schottky-Effekt *m* (nach W. Schottky, 1886-1976), Gleichrichtereffekt *m* ‖ ≃ **equation** (Electronics) / Schottky-Gleichung *f* (beim Schroteffekt) ‖ ≃ **noise**\* (Electronics) / Schrotrauschen *n* (ein weißes Rauschen), Schottky-Rauschen *n* ‖ ≃ **transistor-transistor logic** (Electronics) / Schottky-TTL *f* (eine Schaltkreisfamilie), STTL *f* (Schottky-TTL) ‖ ≃ **TTL**\* (Electronics) / Schottky-TTL *f* (eine Schaltkreisfamilie), STTL *f* (Schottky-TTL)

**Schradan** *n* (Chem) / Schradan *n* (ein nicht mehr benutztes systemisches Insektizid, 1941 von Schrader entwickelt)
**Schrader valve** (Autos) / Autoschlauchventil *n*
**Schrage motor**\* (Elec Eng) / Schrage-Motor *m* (läufergespeister Drehstrom-Nebenschlussmotor)
**schreibersite** *n* (Min) / Schreibersit *m* (meteoritisches Eisen)
**Schreier's theory** (of group extensions ) (Maths) / Schreier'sche Erweiterungstheorie (nach O. Schreier, 1901 - 1929)
**Schreiner calender** (Textiles) / Schreinerkalander *m*, Seidenfinish-Kalander *m* ‖ ≃ **finish** (Textiles) / Riffelfinish *n*, Schreiner-Finish *n*, Seidenfinish *n*
**schreinering** *n* (Textiles) / Riffelfinish *n*, Schreiner-Finish *n*, Seidenfinish *n*
**Schrödinger equation**\* (Phys) / Schrödinger-Gleichung *f* (nach E. Schrödinger, 1887 - 1961) ‖ ≃**-Klein-Gordon equation** (Phys) / Klein-Gordon-Gleichung *f* (relativistische Verallgemeinerung der Schrödinger-Gleichung nach O. Klein, 1894-1977, und W. Gordon, 1893-1939), Fock-Gleichung *f* ‖ ≃ **picture** (Phys) / Schrödinger-Bild *n* (in der Quantenmechanik) ‖ ≃ **representation** (Phys) / Schrödinger-Darstellung *f* (in der Quantenmechanik), Ortsdarstellung *f* ‖ ≃ **wave equation** (Phys) / Schrödinger-Gleichung *f* (nach E. Schrödinger, 1887 - 1961) ‖ ≃ **wave function** (Phys) / Schrödinger'sche Wellenfunktion (in der Wellenmechanik), Psi-Funktion *f*
**Schroeder-Bernstein theorem** (Maths) / Cantor-Bernstein'scher Äquivalenzsatz, Äquivalenzsatz *m* von Bernstein
**Schuler pendulum**\* (Instr, Nav) / Schuler-Pendel *n* (für die Trägheitsnavigation - nach M. Schuler, 1882-1972) ‖ ≃**-tuned platform** (Nav, Space) / Schuler-abgestimmte Plattform
**Schuller process** (Glass) / Schuller-Verfahren *n* (Formgebungsverfahren zum Herstellen von Rohren und Stäben durch vertikales Ziehen nach oben direkt aus der Schmelze)
**Schultz-Dale reaction** (Med) / Schultz-Dale-Test *m* (nach W. Schultz, 1878-1947, und Sir H.H. Dale, 1875 - 1968)
**Schumann range** (Optics) / Schumann-UV *n*, Schumann-Ultraviolett *n* (etwa 125 - 185 nm), Schumann-Gebiet *n* ‖ ≃ **region** (Optics) / Schumann-UV *n*, Schumann-Ultraviolett *n* (etwa 125 - 185 nm), Schumann-Gebiet *n*
**schuppen structure** (Geol) / Schuppenbau *m* (der Gesteinspakete), Schuppenstruktur *f* (schuppenartige Übertragung von Schichtenpaketen), Gleitbrettbau *m*
**Schürmann's rule** (Mining) / Schürmann'sche Regel (mit zunehmendem Überlastungsdruck und Inkohlungsgrad nimmt der Wassergehalt der Braunkohle ab - nach H.M. Schürmann, 1891-1979)
**Schur's lemma** (Maths) / Schur'sches Lemma (nach I. Schur, 1875-1941)
**Schuster bridge** (Acous, Build) / akustische Brücke (zur Messung akustischer Impedanzen), Schuster-Brücke *f*
**Schwarz-Christoffel transformation** (Maths) / Polygonabbildung *f*, Schwarz-Christoffel'sche Abbildung (nach H.A. Schwarz, 1843 - 1921, und E.B. Christoffel, 1829 - 1900)
**Schwarzschild black hole** (Astron) / Schwarzes Loch (infolge Gravitationskollapses) (rotierend, nicht rotierend), Black Hole *n* ‖ ≃ **effect** (Photog) / Schwarzschild-Effekt *m* (bei sehr kleinen und sehr großen Intensitäten) ‖ ≃ **radius** (Astron, Phys) / Schwarzschild-Radius *m*, Gravitationsradius *m* ‖ ≃ **solution** (Phys) / Schwarzschild-Lösung *f*, Schwarzschild-Feld *n* (nach K. Schwarzschild, 1873-1916)
**Schwarz's inequality**\* (the integral analog to Cauchy's inequality) (Maths) / Schwarz'sche Ungleichung (nach H.A. Schwarz, 1843 - 1921), Bunjakowski'sche Ungleichung (nach V. Ja. Bunjakowski, 1804-1889), Cauchy-Schwarz'sche Ungleichung, Schwarz-Ungleichung *f* ‖ ≃ **lemma** (Maths) / Schwarz'sches Lemma (ein grundlegender Satz der Funktionentheorie - nach H.A. Schwarz, 1843-1921)
**schwazite** *n* (Min) / Schwazit *m* (ein Fahlerz), Quecksilberfahlerz *n*
**Schwedler dome** (Arch) / Schwedler-Kuppel *f* (nach J.W. Schwedler, 1823-1894)
**Schwedler's cupola** (Arch) / Schwedler-Kuppel *f* (nach J.W. Schwedler, 1823-1894)
**Schweinfurt green**\* (Agric, Chem) / Pariser Grün *n*, Schweinfurter Grün *n* (wegen hoher Giftigkeit nicht mehr verwendet), Neuwieder Grün *n* (Kupfer(II)-acetatarsenat(III)), Uraniagrün *n*, Mitisgrün *n*, Deckpapiergrün *n* ‖ ≃ **green**\* (Agric, Chem) s. also imperial green
**Schweitzer's reagent**\* (Chem) / Schweizers Reagens (eine tiefblau gefärbte Lösung von Tetramminkupfer(II)-hydroxid in Wasser - nach M.E. Schweizer, 1818-1860)
**Schwinger-Tomonaga formalism** (Nuc) / Schwinger-Tomonaga-Formalismus *m* (nach J.S. Schwinger, 1918-1994, und nach Shin-Ichiro Tomonaga, 1906-1979)
**SCI** (soft cast iron) (Met) / weiches Gusseisen

**sciagraph** n (Arch, Build) / Durchsichtsdarstellung f (des Bauwerks - als Ergebnis), Gebäudeeinsichtsdarstellung f (als Ergebnis) ‖ ~ (Radiol) / Skiagraf m
**sciagraphy** n (Arch, Build) / Durchsichtsdarstellung f (des Bauwerks - als Technik), Gebäudeeinsichtsdarstellung f (als Technik)
**sciametry** n (Radiol) / Skiametrie f (Messung der Intensität von Röntgenstrahlen)
**SCID*** (severe combined immunodeficiency syndrome) (Med) / schwerer kombinierter Immundefekt
**science*** n / Naturwissenschaft f, nomothetische Wissenschaft (im Sinne von Windelband-Rickert) ‖ ~ **of axioms** / Axiomatik f (Lehre vom Definieren und Beweisen mit Hilfe von Axiomen) ‖ ~ **of forestry** (For) / Forstwissenschaft f ‖ ~ **of heat** (Heat) / Wärmelehre f ‖ ~ **of materials** / Werkstoffwissenschaft f, Materialwissenschaft f ‖ ~ **park** / Technologiepark m, Wissenschaftspark m (ein Gebiet, meistens um die Hochschulen, aus dem Pilotindustrie und Forschung angesiedelt sind), Technologiezentrum n
**scientific** adj / naturwissenschaftlich adj, wissenschaftlich adj ‖ ~ (Min) / synthetisch adj (Edelstein) ‖ ~ **character** (Comp, Print) / wissenschaftliches Zeichen ‖ ~ **data processing** (Comp) / technisch-wissenschaftliche Datenverarbeitung (z.B. Forschung, Energieversorgung, mathematische Modelle usw.) ‖ ~ **emerald*** (Min) / synthetischer Smaragd
**scientific-grade digital camera** (Photog) / wissenschaftliche Digitalkamera
**scientific temperature scale** (Phys) / thermodynamische Temperaturskale, absolute Temperaturskala, thermodynamische Kelvin-Temperaturskale (mit der Einheit Kelvin), TKTS (thermodynamische Temperaturskale)
**scilla glycoside** (Pharm) / Meerzwiebelglycosid n (aus dem Bulbus scillae), Meerzwiebelglykosid f
**scillaren** n (Pharm) / Scillaren n
**scillarenin** n (Pharm) / Scillarenin n (Aglykon von Proscillaridin)
**scintigram** n (Med) / Szintigramm n (bildliche Darstellung der Verteilung eines Radionuklids im Körpergewebe bei der Szintigrafie)
**scintigraphy** n (Med) / Szintigrafie f (ein nuklearmedizinisches Verfahren nach DIN 6814, T 10)
**scintillate** v (Astron, Optics) / szintillieren v, funkeln v, flimmern v
**scintillating fibre** / szintillierende Faser ‖ ~ **light** / Funkelfeuer n
**scintillation*** n (Astron) / Szintillation f (Glitzern und Funkeln der Sterne) ‖ ~* (Nuc, Telecomm) / Szintillation f ‖ ~ **camera*** (Radiol) / Gammakamera f (für die nuklearmedizinische Funktionsdiagnostik), Angerkamera f (nach O. Anger, 1920 -), Szintillationskamera f (z.B. nach Anger) ‖ ~ **cocktail** (Nuc Eng, Radiol) / Szintillationscocktail m (ein Lösungsmittel für die Flüssigkeitsszintillationszählung) ‖ ~ **counter*** (Nuc Eng) / Szintillationsdetektor m, Szintillationszähler m (ein Detektor zum Nachweis von Korpuskeln und Quanten der Kernstrahlung und zur Bestimmung ihrer Energie) ‖ ~ **detector** (Nuc Eng) / Szintillationsdetektor m, Szintillationszähler m (ein Detektor zum Nachweis von Korpuskeln und Quanten der Kernstrahlung und zur Bestimmung ihrer Energie) ‖ ~ **spectrometer*** (Nuc Eng) / Szintillationsspektrometer n (in der Betaspektrometrie)
**scintillator** n (Nuc Eng) / Szintillator m (im Szintillationszähler) ‖ ~ (Phys) / Szintillator m (Leuchtstoff) ‖ ~ **material** (a material that emits optical photons in response to ionizing radiation) (Elec Eng, Nuc) / Szintillatorwerkstoff m
**scintillometer** n (Nuc Eng) / Szintillationsdetektor m, Szintillationszähler m (ein Detektor zum Nachweis von Korpuskeln und Quanten der Kernstrahlung und zur Bestimmung ihrer Energie)
**scion** n (Agric, Bot) / Ableger m ‖ ~* (cut for grafting) (Bot) / Pfropfreis n, Impfreis n, Pfröpfling m, Edelreis n (Pfropfreis zur Veredlung)
**scirpenol** n (Chem) / Scirpenol n (ein Mykotoxin)
**scissile** adj / spaltbar adj
**scissor** v (Comp) / clippen v, klippen v ‖ ~ **brace** (Build, Carp) / Schwert n, Schwertlatte f, Schwertbrett n ‖ ~ **engine** (Autos) / "Katz-und-Maus-Motor" m (mittelachsiger drehkolbenartiger Umlaufkolbenmotor) ‖ ~ **fault** (Geol) / Drehverwerfung f
**scissoring** n (Comp) / Clippen n, Clipping n, Klippen n, Abschneiden n, Kappen n (Entfernen der Teile von Darstellungselementen oder Anzeigegruppen, die außerhalb der Berandung bzw. des Fensters liegen) ‖ ~ (Comp, TV) / Fenstertechnik f, Fensterbildung f (Abgrenzung der Bildschirmbereiche zur Darstellung von Informationen), Windowing n (Fenstertechnik)
**scissors** n(pl) / Schere f (Haushaltsschere) ‖ ~ pl (Aero) / Federbeinschere f, Spurgabel f ‖ ~ **bonding** (Electronics) / Scherenkontaktierung f (eine Art Thermokompression-Schweißen) ‖ ~ **jack** (Autos) / Scherenheber m, Scherenwagenheber m ‖ ~ **truss*** (Carp) / kreuzverstrebter Dachstuhl

**scissors-type axle jack** (Autos) / Scherenheber m, Scherenwagenheber m
**scissor vibration** (Phys, Spectr) / Beugeschwingung f, Scherenschwingung f (mit Winkeländerung in der Gruppe - IR-Spektrometrie)
**SCL** (scanner command language) (Comp) / Scanner-Kommandosprache f ‖ ~ **diode** (space-charge-limited diode) (Electronics) / SCL-Diode f
**sclereid*** n (Bot) / Steinzelle f, Sklereide f, Sclereide f
**sclerenchyma*** n (Bot) / Sklerenchym n, Sclerenchym n (Festigungs- und Stützgewebe in den fertig ausgewachsenen Pflanzenorganen)
**sclerometer** n (Materials) / Sklerometer m (mit dem man nach einem statischen Härteprüfverfahren die Härte bestimmt)
**scleroproteins*** pl (Biochem) / Skleroproteine n pl, Strukturproteine n pl, Gerüsteiweißstoffe m pl, Gerüstproteine n pl, Skelettproteine n pl (z.B. Kollagen, Elastin oder Keratin)
**Scleroscope** n (Materials) / Skleroskop n, Shore-Rückprallhärteprüfer m (ein veraltetes Härteprüfgerät)
**sclerosphere** (Geol) / Sklerosphäre f (äußere Erdschale), Sklerosphäre f (Gesteinshülle der Erde)
**sclerospheric** adj (Geol) / lithosphärisch adj, sklerosphärisch adj
**sclerotic** adj (For) / sklerotisch adj (Holzstrahlzelle)
**sclerotinite** n (Min, Mining) / Sklerotinit m (ein Kohlemazeral)
**sclerotium** n (pl. -tia) (Bot) / Sklerotium n (pl. -tien) (harter Pilzdauerkörper, z.B. Mutterkorn)
**SCL process** (Electronics) / Lotauftrag- und -einebnungsverfahren n ‖ ~ **transistor** (Electronics) / SCL-Transistor m (ein "raumladungsbegrenzter" Transistor, der sich elektrisch wie eine Röhrentriode verhält, wobei die Basis ähnlich wie das Gitter als Steuerelektrode wirkt)
**SCM** (supply-chain management) (Chem) / Lieferkettenmanagement n
**SC memory** (Comp) / Halbleiterspeicher m, Festkörperspeicher m
**SCO** (single-cell oil) / Einzelleröl n
**scoinson arch*** (Arch) / Trompe f (Bogen, der die oberen Ecken eines quadratischen Raumes überbrückt), Trichternische f, Trichtergewölbe n
**scolecite*** n (Min) / Skolezit m (Kalziumdialumosilikat)
**Scolytidae** pl (For, Zool) / Borkenkäfer m pl, Splintkäfer m pl
**S configuration** (Chem) / S-Konfiguration f
**scoop** n / Schöpfgefäß n (im Allgemeinen) ‖ ~ (Chem) / Schaufel f mit hochgezogenen Rändern (für Probenahmen) ‖ ~ (Cinema, Photog) / Oberlicht n (ein sphärischer, schalenförmiger Scheinwerfer mit einer einzigen Lampe - ohne vorgesetzte Linsen) ‖ ~ (Civ Eng) / Grabgefäß n (Löffel, Schaufel, Becher, Eimer) ‖ ~ (Textiles) / Reißverschlusszahn m, Zahn m des Reißverschlusses ‖ ~ (Tools) / Schaufel f, Schippe f
**scoop-type spatula** (Chem) / Spattellöffel m
**scooter** n (Autos) / Motorroller m, Roller m
**scope** n / Gültigkeitsbereich m, Wirkungsbereich m (Gültigkeitsbereich), Geltungsbereich m, Skopus m (pl. -pen), Anwendungsbereich m ‖ ~ s. also microscope and telescope ‖ ~ **of application** / Anwenderbereich m (DIN 2257-1), Anwendungsbereich m, Gültigkeitsbereich m ‖ ~ **of delivery** / Lieferumfang m ‖ ~ **of obligation to supply** / Umfang m der Lieferpflicht ‖ ~ **of supply** / Lieferumfang m ‖ ~ **of work** / Leistungsumfang m
**scoping** n / Festlegung f des Gültigkeitsbereiches ‖ ~ **procedure** (Ecol) / Scoping-Verfahren n (der zweite Schritt im Rahmen einer Umweltverträglichkeitsprüfung)
**scopolamine*** n (Pharm) / Scopolamin n, Skopolamin n, Hyoscin n (z.B. aus dem Gemeinen Stechapfel oder aus dem Bilsenkraut), Hyoszin n
**scopoletin** n (Chem) / Scopoletin n (7-Hydroxy-6-methoxycumarin), Gelseminsäure f, Chrysatropasäure f, Skopoletin n
**scopoline** n (Pharm) / Scopolin n, Oscin n ‖ ~ (Pharm) s. also scopolamine
**scorch** v / versengen v (ISO 13 943), verbrennen v (versengen), ansengen v ‖ ~ (Textiles) / abflämmen v, sengen v, absengen v, gasieren v, gasen v ‖ ~ **vi** (Elec Eng) / verschmoren v (Kontakte), schmoren v (Kontakte) ‖ ~ **vt** (Chem Eng) / anvulkanisieren v, anbrennen v (eine Gummimischung) ‖ ~ (Agric) / Sengfleck m, Brandfleck m ‖ ~ (Agric) / Verätzung f (an Pflanzen), Verbrennung f (an Pflanzen), Ätzwunde f (an Pflanzen) ‖ ~ (Bot) / Brennfleck m (an erkranktem Pflanzengewebe)
**scorched** adj (Nut) / brandig adj (Geschmack) ‖ ~ **conk** (For) / Angebrannter Rauchporling, Angebrannter Porling, Bjerkandera adusta (Willd.: Fr.) Karst. ‖ ~ **contact** (Elec Eng) / verschmorter Kontakt
**scorching** n (Agric) / Verätzung f (an Pflanzen), Verbrennung f (an Pflanzen), Ätzwunde f (an Pflanzen) ‖ ~ (Chem Eng) / Anvulkanisation f, Anbrennen n, Scorch n, Scorching n (einer Gummimischung) ‖ ~ (Elec Eng) / Schmoren n (von Kontakten) ‖ ~ (Textiles) / Abflämmen n (eine Methode der Textilveredlung), Sengen

**scorching** *n* (Abbrennen der vorstehenden Härchen, Flusen und Faserspitzen zur Erzielung eines glatten Fadens bzw. Gewebes), Gasieren *n*, Gasen *n*, Absengen *n* ‖ ~ **hot** / glühend heiß *adj*

**scorch time** (Chem Eng) / Anvulkanisationsdauer *f* (bestimmt mit dem Mooney-Viskometer), Scorchzeit *f*

**score** *v* / vorritzen *v*, einritzen *v*, einkerben *v* (vorritzen) ‖ ~ (Bind) / rillen *v* (den Umschlag einer Broschur) ‖ ~ (Eng) / riefen *v* (die Oberfläche) ‖ ~ / erreichtes Ergebnis (Punktezahl), Punktbewertung *f* (Punktzahl) ‖ ~ / Markierungslinie *f* ‖ ~ (Bind) / Rillen *n* (des Umschlags einer Broschur) ‖ ~ (surface damage) (Build, Eng) / Kratzer *m* (DIN ISO 8785) ‖ ~ (the music composed for a film) (Cinema) / Filmmusik *f* ‖ ~ (Eng) / Kerb *m*, Kerbe *f*, Einschnitt *m* ‖ ~ (Eng, Materials) / Riefe *f* (eine zufällige grabenförmige Bearbeitungsspur nach DIN 4761)

**scored** *adj* (Eng) / riefig *adj* (mit Riefen) ‖ ~ **card** (Comp) / Abrisskarte *f*, Kurzlochkarte *f*, perforierte Karte ‖ ~ **line** (Paper) / vorgestanzte Umrisslinie (bei Ausschneidebögen), Ritzaufreißlinie *f* (bei Papierverpackungen)

**score line** (Paper) / vorgestanzte Umrisslinie (bei Ausschneidebögen), Ritzaufreißlinie *f* (bei Papierverpackungen) ‖ ~ **mark** (Eng, Materials) / Riefe *f* (eine zufällige grabenförmige Bearbeitungsspur nach DIN 4761) ‖ ~ **out** / streichen *v* (in Formularen), durchstreichen *v* (z.B. einen Namen)

**scoria** *n* (on the surface of lava flows) (Geol) / Schlacke *f* (vulkanische), Gesteinsschlacke *f* ‖ ~* (pl. scoriae) (Geol) / vulkanische Schlacke

**scoriaceous** *adj* (Geol) / schlackenhaltig *adj*, schlackig *adj*

**scorification*** *n* (Met) / Verschlackung *f*, Schlackenbildung *f* (auch bei der Treibarbeit)

**scorifier*** *n* (Met) / Schlackenscherben *m*, Schlackenkegel *m*

**scorify** *vi* (Met) / verschlacken *vi*, schlacken *vi*, zu Schlacke werden

**scoring** *n* (Bind) / Rillen *n* (des Umschlags einer Broschur) ‖ ~ (Build) / Aufrauen *n* des Putzgrundes (für die nächste Putzlage) ‖ ~ (Cinema) / Aufnahme *f*, Aufzeichnung *f* ‖ ~ (Eng) / Pressriefen *f pl* (auf der Strangoberfläche, die z.B. von defekten Matrizen verursacht werden) ‖ ~ (Eng) / Riefenbildung *f* (Beschädigung der Reibfläche in Form von starken Riefen in Gleitrichtung) ‖ ~ (Stats) / vergleichende Bewertung (z.B. von Hypothesen) ‖ ~ **logic** (Comp) / Auswertelogik *f* ‖ ~ **model** (Work Study) / Scoring-Modell *n* (zur Bewertung von Handlungsalternativen, die im Planungsprozess von Unternehmen zur Anwendung kommen) ‖ ~ **saw** (For) / Vorritzsäge *f*, Ritzsäge *f* ‖ ~ **test** (Oils) / eine Motorölunteruchung in dem Einzylinder-Caterpillar-Testmotor (Diesel) ‖ ~ **wheel** (Glass) / Schneidrädchen *n*

**scorodite** *n* (Min) / Skorodit *m*

**scorpion venom** (Pharm) / Skorpiongift *n* (ein biogenes Gift)

**scorzonera** (a black-skin variety) (Bot) / Schwarzwurzel *f*, Scorzonera *f* (Scorzonera sp. L.)

**scotch*** *n* (Build) / Maurerhammer *m* (DIN 5108) ‖ ~ (Rail) / Radvorleger *m* ‖ ≃ **block*** (Rail) / Radvorleger *m* ‖ ≃ **block*** (Rail) / Bremsschuh *m* ‖ ≃ **boiler*** (Ships) / Schottischer Kessel (ein veralteter Schiffsdampferzeuger) ‖ ≃ **bond*** (Build) / amerikanischer Mauersteinverband, Amerikanischer Verband (ein spezieller Verband mit erhöhter Zahl von Läuferschichten) ‖ ≃ **carpet** (Textiles) / Kidderminster-Teppich *m* (beidseitig gemusterter Teppich) ‖ ≃ **crank*** (Eng) / Kreuzschleife *f* (Kulissenantrieb) ‖ ≃ **derrick** (Eng) / unverspannter Derrickkran ‖ ≃ **fir** (For) / Waldkiefer *f*, Föhre *f* (Pinus sylvestris L.)

**Scotchgard finish** (Textiles) / Scotchgard-Ausrüstung *f* (eine Fleckschutzausrüstung auf Fluorbasis)

**Scotch glue** (Leather) / tierischer Leim (z.B. Knochen-, Leder- und Hautleim), Tierleim *m*, tierischer Klebstoff (DIN EN ISO 9665) ‖ ≃ **grain** (Leather) / gepresster Narben (an Rinds- und Kalbsledern) ‖ ≃ **marine boiler** (Ships) / Schottischer Kessel (ein veralteter Schiffsdampferzeuger) ‖ ≃ **pine** (For) / Waldkiefer *f*, Föhre *f* (Pinus sylvestris L.) ‖ ≃ **pine caterpillar** (For) / Kiefernspanner *m* (Bupalus piniarius) ‖ ≃ **rule** (Print) / doppelte Linie (bei der eine Linie stärker ist als die andere) ‖ ≃ **stone** (Min) / Polierstein *m* (für Stuckmarmor, Abziehstein *m* (für Stuckmarmor, Schleifstein *m* (z.B. für Stuckmarmor) ‖ ≃ **tape** (a trade mark) / Klebeband *n* (mit transparenter Trägerfolie wie z.B. Tesafilm) ‖ ≃ **yoke*** (Eng) / Kreuzschleife *f* (Kulissenantrieb)

**SCOT column** (Chem) / Dünnschichtkapillarsäule *f*, SCOT-Säule *f* (für die Kapillarchromatografie)

**scotia*** *n* (pl. scotiae) (Arch) / Trochilus *m* (Hohlkehle)

**scotometry** *n* (Optics) / Skotometrie *f*, Gesichtsfeldmessung *f*

**scotophor*** *n* (Electronics) / Scotophor *m* (Schwärzungsstoff mit durch Bestrahlung verringerbarer Durchlässigkeit)

**scotopic luminosity curve** (Light, Optics) / spektrale Dunkelempfindlichkeitskurve *f* ‖ ~ **luminous efficiency** (Optics) / Dunkelempfindlichkeit *f* ‖ ~ **spectral luminous efficiency** (Light, Optics) / spektraler Dunkelempfindlichkeitsgrad *m* ‖ ~ **spectral luminous efficiency curve** (Light, Optics) / spektrale Dunkelempfindlichkeitskurve *f* ‖ ~ **vision*** (Optics) / Dämmerungssehen *n*, skotopisches Sehen

**scototropism** *n* (Bot) / Skototropismus *m* (Wachstum zum Schatten)

**Scots fir*** (For) / Waldkiefer *f*, Föhre *f* (Pinus sylvestris L.) ‖ ≃ **pine*** (For) / Waldkiefer *f*, Föhre *f* (Pinus sylvestris L.)

**Scott-connected transformer** (assembly) (Elec Eng) / Scott-Transformator *m*

**Scott connection** (three-phase to two-phase transformer)* (Elec Eng) / Scott-Schaltung *f*, Scott'sche Schaltung ‖ ≃ **flexing machine** / Scott-Flexmaschine *f* (Bestimmung der Lagetrennung bei Reifen, Keilriemen usw.)

**Scottish topaz*** (Min) / Schottischer Topas (ein Zitrin)

**scour** *v* / spülen *v* (waschen), abspülen *v*, durchspülen *v*, ausspülen *v* ‖ ~ / reinigen *v* (durch Scheuern), schrubben *v*, scheuern *v* (reinigen), blank putzen ‖ ~ (Geol, Hyd Eng) / unterwaschen *v*, unterspülen *v*, auskolken *v*, ausstrudeln *v* ‖ ~ (Leather) / glasen *v*, abglasen *v* (Schuhleder, Schuhabsätze) ‖ ~ (cotton yarn) (Textiles) / entschlichten *v* ‖ ~ (Textiles) / entbasten *v*, abkochen *v*, degummieren *v* (Rohseide) ‖ ~ (Textiles) / waschen *v* (Wolle) ‖ ~ (cotton) (Textiles) / beuchen *v* (DIN 61703, 61704 und 54295) ‖ ~ *n* (Hyd Eng, Ocean) / Unterspülung *f*, Auskolkung *f*, Ausstrudeln *n*, Unterwaschung *f*, Erosion *f* ‖ ~ **cast** (Geol) / Erosionsmarke *f*

**scoured wool** (Textiles) / entschweißte Wolle, entfettete Wolle, Waschwolle *f*

**scourer*** *n* (Nut) / Schälmaschine *f* (zum Schälen von Getreide), Bürstenputzmaschine *f* (in der Müllerei) ‖ ~ (Textiles) / Wollwaschmaschine *f* (DIN 64100) ‖ ~ (Textiles) / Detachiermittel *n*, Fleckenentfernungsmittel *n*, Fleckenreiniger *m*, Fleckenentferner *m*

**scouring** *n* / Reinigen *n* (durch Scheuern), Reinigung *f* (durch Scheuern), Schrubben *n*, Scheuern *n*, Blankputzen *n* ‖ ~ / Spülvorgang *m*, Spülung *f* (des Austauschers mit Wasser) ‖ ~ (Ceramics, Met) / Ausfressung *f* (des Ofenfutters) ‖ ~* (Geol, Hyd Eng, Ocean) / Unterspülung *f*, Auskolkung *f*, Ausstrudeln *n*, Unterwaschung *f*, Erosion *f* ‖ ~ (Textiles) / Entbasten *n*, Abkochen *n*, Degummieren *n* (Entfernen des Seidenleims am Kokon) ‖ ~* (Textiles) / Entschweißen *n*, Entfetten *n* (der Wolle) ‖ ~ * (of cotton) (Textiles) / Beuchen *n*, Beuche *f*, Beuchprozess *m* (eine chemische Vorreinigung von Baumwollgeweben nach DIN 54295)

**scouring agent** / Scheuermittel *n* (mit feinen Abrasivstoffen) ‖ ~ **agent** (Textiles) / Entbastungsmittel *n*, Abkochmittel *n* (z.B. Seife) ‖ ~ **machine** (Textiles) / Wollwaschmaschine *f* (DIN 64100) ‖ ~ **plant** (Textiles) / Beuchanlage *f* (für Baumwollgewebe) ‖ ~ **powder** / Scheuersand *m* ‖ ~ **sluice** (Hyd Eng) / Spülschleuse *f*, Spülstollen *m* ‖ ~ **sluice** (Hyd Eng) / Grundablass *m* (der Talsperre) ‖ ~ **sluice** (with a scouring gate) (Hyd Eng) / Spülschütz *n*, Ablassschütz *n* ‖ ~ **sluice** (Hyd Eng) s. also wash-out valve ‖ ~ **tunnel** (Hyd Eng) / Grundablass *m* (der Talsperre) ‖ ~ **water** / Spülwasser *n*, Waschwasser *n* (Spülwasser), Abwaschwasser *n*

**scour pipe** (Hyd Eng) / Grundablass *m* (der Talsperre) ‖ ~ **protection** (Hyd Eng) / Kolkschutz *m*

**scourway** *n* (Geol) / Erosionsrinne *f*

**scout** *n* (Mil) / Luftfahrzeug *n* für Aufklärungszwecke (kleines, wendiges) ‖ ~ (Oils) / Spezialist *m* für Erdölerkundung

**scouting** *n* (Geol, Mining) / Exploration *f* (Aufsuchen und Erforschen neuer Lagerstätten) ‖ ~ (Mining, Oils) / Vorerkundung *f*

**scove kiln** (Build, Ceramics) / Meilerofen *m*, Feldbrandofen *m*

**scoving** *n* (Ceramics) / Abdichten *n* (z.B. des Feldbrandofens) mit Erde oder Lehm

**scow** *n* (US) (Ships) / Schute *f* (ein Schwertboot mit extremer Breite)

**SCP** (single-cell protein) (Biochem, Biol) / Einzellereiweiß *n*, Einzellerprotein *n*, Bioprotein *n*, EZP (Einzellerprotein), SCP (Einzellerprotein)

**s.c. paper** (supercalendered paper) (Paper) / Illustrationsdruckpapier *n* ‖ ~ **paper** (supercalendered paper) (Paper) / SC-Papier *n*, hochsatiniertes Papier

**SC paper** (self-contained carbonless paper) (Paper) / SC-Papier *n* (ein Reaktionsdurchschreibepapier), Kapselpapier *n*

**SCPB** (Telecomm) / Einzelkanalburst *m* (in der Satellitenkommunikation)

**SCPC*** (Telecomm) / Ein-Kanal-pro-Träger-System *n* (Satellitenkommunikation) ‖ ~ **method** (Telecomm) / SCPC-Methode *f* (Methode "ein Kanal pro Träger")

**SCPT** (single-channel per transponder) (Telecomm) / Ein-Kanal-pro-Transponder-System *n* (Satellitenkommunikation)

**SCR** (selective catalytic reduction) (Chem Eng) / selektive katalytische Reduktion (eine Sekundärmaßnahme bei der Rauchgasentstickung), SCR (selektive katalytische Reduktion), SCR-Verfahren *n* (zur Entfernung von Stickoxiden aus Rauchgasen) ‖ ≃ (short-circuit ratio) (Elec Eng) / Leerlauf-Kurzschlussverhältnis *n*, Kurzschlussverhältnis *n* ‖ ≃ * (silicon-controlled rectifier) (Electronics) / siliziumgesteuerter Gleichrichter, siliciumgesteuerter

Gleichrichter ‖ ~* (semiconductor-controlled rectifier) (Electronics) / gesteuerter Halbleitergleichrichter, rückwärts sperrende Thyristortriode
**scrag sawmill** (For) / Kreissägewerk *n*
**scram\*** *n* (Nuc Eng) / Schnellschluss *m*, Schnellabschaltung *f*, Schnellabfahren *n* (des Kernreaktors), Notabschaltung *f* (zur Verhinderung oder Begrenzung einer gefährlichen Situation), Scram *n*, Havarieabschaltung *f*, SAF
**scramble** *v* (Telecomm) / verwürfeln *v* ‖ ~ *vi* (Aero, Mil) / einen Alarmstart durchführen ‖ ~ *vt* (Aero, Mil) / einen Alarmstart befehlen ‖ ~ *n* (Aero, Mil) / Alarmstart *m*
**scrambled book** (Comp) / Scrambled Book *n* (verzweigtes Lehrprogramm in Buchform) ‖ ~ **speech** (Teleph) / invertierte Sprache (Sprachverschlüsselung)
**scrambler\*** *n* (Telecomm) / Verwürfler *m* (zur Sprachverschleierung), Scrambler *m* (Schaltung oder Gerät zur Verhinderung des unbefugten Zugriffs auf Information, die durch Signale übertragen wird)
**scramble winding** (Elec Eng) / wilde Wicklung (ohne Drahtführung)
**scramble-wound** *adj* (Elec Eng) / wildgewickelt *adj*
**scrambling** *n* (Chem, Nuc Eng) / Scrambling *n* (Deuterierung von organischen Verbindungen durch H/D-Austauschreaktionen) ‖ ~ (the second coding operation in the process of spreading the physical channels following the channelization, in which the spread signals are modulating by a scrambling code in order to make them distinguishable from each other) (Comp, Telecomm, Teleph) / Scrambling *n*, Verwürfelung *f* (die zweite Codierungsstufe bei der Spreizung der physikalischen Kanäle nach der Kanalisierung, bei der die bereits gespreizten Signale mit einem Verwürfelungscode moduliert und dadurch voneinander unterscheidbar gemacht werden), Verwürfeln *n* ‖ ~ (Electronics) / Scrambling *n* (Modulations- und Demodulationstechnik) ‖ ~ (TV) / Verschlüsselung *f*, Scrambling *n* ‖ ~ **code** (Telecomm) / Scramblingcode *m*, Scramblingkode *m* ‖ ~ **net** / Kletternetz *n*
**scram•jet** *n* (supersonic combustion ramjet) (Aero) / Hyperschall-Staustrahltriebwerk *n* (in dem eine Überschallverbrennung stattfindet - Geschwindigkeit um 10 Mach) ‖ ~ **rod\*** (Nuc Eng) / Schnellschlussstab *m*, Havariestab *m*, Schnellabschaltstab *m*, SAS-Stab *m*
**scrap** *v* (Met) / verschrotten *v* ‖ ~ (Ships) / verschrotten *v*, abwracken *v* ‖ ~ *n* / Bruch *m* (zerbrochene Ware) ‖ ~ / Scrap *m* (minderwertige Kautschuksorte) ‖ ~ (Eng, Met) / Verschnitt *m* (Abfall bei Schneidoperationen) ‖ ~\* (Met) / Abfall *m*, Ausschuss *m* ‖ ~\* (Met) / Schrott *m* (metallische Abfälle) ‖ ~ **addition** (Met) / Schrottzugabe *f*, Schrottzusatz *m* ‖ ~ **baling** (Met) / Schrottpaketieren *n*
**scrap-baling press** (Met) / Schrottpaketierpresse *f*
**scrap bay** (Met) / Schrotthalle *f* ‖ ~ **bucket** (Met) / Schrottkorb *m* ‖ ~ **bundling** (Met) / Schrottpaketieren *n* ‖ ~ **castings** (Foundry, Met) / Gussausschuss *m*, Gussbruch *m* (aus dem Gebrauch ausgeschiedenes Material aus Gusseisen) ‖ ~ **charge** (Met) / Schrottcharge *f* ‖ ~ **chopper** (Met) / Schrotthacker *m*
**scrape** *v* / schaben *v* ‖ ~ (Leather) / abnarben *v* ‖ ~ (Mining) / mit Schrapper fördern (z.B. Haufwerk) ‖ ~ *n* (Eng) / Nut *f* (als Gewindeende der Schraube)
**scraped finish** (Build) / Kratzputz *m* (eine Putzweise, bei der die Oberfläche des Putzes durch Kratzen mit einem Nagelbrett, einem Sägeblatt oder einer Ziehklinge strukturiert wird)
**scrap end** (Eng, Met) / Abfallende *n* (schrottwertiges Ende, das abgeschnitten wird)
**scrape off** *v* / abschaben *v* ‖ ~ **off** / abkratzen *v* ‖ ~ **point** (Eng) / Schneidschraubenende *n* mit Schabenut (DIN ISO 1891)
**scraper** *n* / Schrapper *m* (zur Waggonentladung), Kraftschaufel *f* ‖ ~\* (Carp, Join) / Ziehklinge *f*, Schabklinge *f*, Schabmesser *n* ‖ ~\* (Civ Eng) / Schürfkübelmaschine *f*, Schürfkübelgerät *n* (meistens ein Motorschürfwagen), Schürfkübelbewagen *m*, Scraper *m* (ein Flachbagger), Schürfmaschine *f*, Schrappladerr *m* ‖ ~ (Eng) / Abstreifer *m*, Abstreicher *m* (an Stetigförderern) ‖ ~ (Eng) / Schrapperförderer *m*, Schrappförderer *m*, Schrapperförderanlage *f*, Kratzbandförderer *m* ‖ ~ (For, Paper) / Kratzentrinder *m*, Scraper *m* ‖ ~ (mechanical) (Join) / Ziehklingenmaschine *f* (Holzbearbeitungsmaschine zum Blankziehen, Putzen oder Glätten von Holzoberflächen mittels Messerkante bzw. Messergrats) ‖ ~ (Nut) / Skraper *m* (Entborstenmaschine in Schlachtereien) ‖ ~ (San Eng) / Räumer *m* (zum kontinuierlichen oder diskontinuierlichen Räumen nach DIN 4045) ‖ ~\* (Tools) / Schabeisen *n*, Schaber *m*, Schabmesser *m*, Kratzeisen *n* ‖ ~ **bridge** (San Eng) / Räumerbrücke *f* (bewegliche Brückenkonstruktion über einem Absetzbecken, an der das Schlammschild befestigt ist) ‖ ~ **bucket** (Civ Eng) / Schürfkübel *m* (ein Grabgefäß), Schleppschaufel *f* ‖ ~ **carriage** (San Eng) / Räumerwagen *m*
**scraper-chain conveyor** (Mining) / Stegkettenförderer *m*, Kratzerkettenförderer *m*

**scraper compression ring** (Eng, I C Engs) / Rechteckring *m* mit Nase (ein Kompressionsring) ‖ ~ **conveyor** (Eng) / Schrapperförderer *m*, Schrappförderer *m*, Schrapperförderanlage *f*, Kratzbandförderer *m*
**scraper-grinding machine** (Join) / Ziehklingenschleifmaschine *f* (Werkzeugmaschine zum Schleifen und Vorrichten von Maschinenziehklingen)
**scraper loader** (Mining) / Schrapper *m*, Schrapperlader *m*, Schrapplader *m* (eine Lademaschine, die das Haufwerk auf der Sohle über eine Ladeschurre in ein nachgeschaltetes Fördermittel zieht) ‖ ~ **pig** (Eng) / Schabermolch *m* (zum Molchen) ‖ ~ **plane** (Join) / Ziehklingenhobel *m* (in eine Haltevorrichtung eingespannte Ziehklinge zum Nachputzen von Flächen, insbesondere von Harthölzern und Maserfurnieren) ‖ ~ **plane** (Join) / Schabehobel *m*, Schabhobel *m* ‖ ~ **ring\*** (I C Engs) / Ölabstreifring *m* (unterster Kolbenring, der das Eindringen des Öls in den Verdichtungsraum verhindert - federgespannt, federgestützt oder selbstspannend), Abstreifring *m* ‖ ~ **sharpener** (Join) / Ziehklingengratzieher *m* (einer Ziehklingenschleifmaschine)
**scraper-sharpening machine** (Join) / Ziehklingenschleifmaschine *f* (Werkzeugmaschine zum Schleifen und Vorrichten von Maschinenziehklingen)
**scraper signaller** (Eng) / Molchmelder *m* (Molche und Schaber) ‖ ~ **trailer** (Civ Eng) / Anhängerschürfkübel *m* ‖ ~ **trap** (Eng) / Molchstation *f*, Molchschleuse *f*
**scraper-type** (flight) **conveyor** (Eng) / Schrapperförderer *m*, Schrappförderer *m*, Schrapperförderanlage *f*, Kratzbandförderer *m*
**scrap faggoting** (Met) / Schrottpaketieren *n* ‖ ~ **faggoting press** (Met) / Schrottpaketierpresse *f*
**scrap-free blanking** (Eng) / Flächenschluss *m* (flacher, kongruenter Blechteile)
**scrap heap** (Met) / Schrotthaufen *m*
**scraping** *n* (Eng) / Schaben *n* (der Metalloberfläche nach DIN 50 902) ‖ ~ (San Eng) / Räumen *n* (mit dem Räumer nach DIN 4045) ‖ ~ **knife** (Tools) / Schabeisen *n*, Schaber *m*, Schabmesser *m*, Kratzeisen *n* ‖ ~ **machine** (Join) / Ziehklingenmaschine *f* (Holzbearbeitungsmaschine zum Blankziehen, Putzen oder Glätten von Holzoberflächen mittels Messerkante bzw. Messergrats)
**scrap iron** (Met) / Eisenschrott *m*, Alteisen *n*, Fe-Schrott *m* ‖ ~ **lead** (Met) / Bleischrott *m* ‖ ~ **merchant** / Schrotthändler *m* ‖ ~ **metal** (Met) / Schrott *m* (metallische Abfälle) ‖ ~ **metal** (Met) / Altmetall *n*, Metallabfall *m* ‖ ~ **off-cut** (Eng, Met) / Verschnitt *m* (Abfall bei Schneidoperationen) ‖ ~ **paper** (Paper) / Altpapier *n*, Abfallpapier *n*
**scrapping** *n* (Met) / Schrottzugabe *f*, Schrottzusatz *m* ‖ ~ (Met) / Verschrottung *f* ‖ ~ (Ships) / Verschrotten *n*, Abwracken *n* ‖ ~ **premium** (Ships) / Schrottprämie *f*
**scrap preparation** (Met, Min Proc) / Schrottaufbereitung *f* ‖ ~ **return** (Met) / Schrottrücklauf *m*
**scraps** *pl* / Scraps *pl* (Reste von Tabakblättern, die als Zigarreneinlage, Beimischung zu Kau- und Rauchtabak und zur Folienherstellung verwendet werden)
**scrap shear(s)** (Met) / Schrottschere *f* ‖ ~ **value** / Schrottwert *m* ‖ ~ **view** (Aero) / Einzelteilzeichnung *f*, Teilzeichnung *f* (separat auf der Gesamtzeichnung)
**scrapyard** *n* (Autos, Ecol) / Autofriedhof *m*, Autowrackplatz *m* ‖ ~ (Autos, Met) / Schrottplatz *m*
**scratch** *v* / ritzen *v* ‖ ~ (Acous) / kratzen *v* (ein kratzendes Geräusch verursachen) ‖ ~ (Build) / griffig machen, aufrauen *v* (den Putzgrund) ‖ ~ (Materials) / ritzen *v* (Mohs'sche Härteskala, Martens'sches Ritzverfahren) ‖ ~ (Textiles) / kratzen *v* (auf der Haut - subjektives Gefühl beim Tragen) ‖ ~ *vt* / zerkratzen *v* (Oberflächen), zerschrammen *v* ‖ ~ *n* / (ab)geschürfte Stelle ‖ ~ (Build, Eng) / Kratzer *m* (DIN ISO 8785) ‖ ~ (Cinema, Mag) / Kratzer *m*, Schramme *f* ‖ ~ (Glass, Optics) / Kratzer *m* (leichte mechanische Verletzung der polierten Glasoberfläche), Filasse *f* ‖ ~ **awl** (Eng) / Reißnadel *f* ‖ ~**-coat** *n* (Build) / Putzgrund *m* (auf dem Putzträger), Unterputzschicht *f*, Unterputzlage *f*, Grobputzschicht *f*, Grundschicht *f* (eines mehrlagigen Putzes), Unterputz *m* (Schicht), Rohbewurf *m*, Rauputzschicht *f* ‖ ~ **disk** (Comp) / Schmierplatte *f*
**scratched print** (Cinema) / verschrammte Kopie, verregnete Kopie
**scratcher\*** *n* (Build) / Kratzeisen *n* (für Außenputzbearbeitung), gezahnter Spachtel, [grober] Kamm *m* ‖ ~ (Oils) / Wandkratzer *m* (der den Spülungskuchen beim Einbringen der Verrohrung mechanisch zerstören soll)
**scratch file** (Comp) / ungeschützte Datei ‖ ~ **filter\*** (Acous) / Rauschfilter *n* (ein Tiefpass), Scratchfilter *n* ‖ ~ **hardness** (Materials, Min) / Ritzhärte *f* (in einem statischen Härteprüfverfahren, z.B. nach Mohs oder Martens)
**scratching** *n* / Kratzerbildung *f* (auf der Oberfläche in Gleitrichtung) ‖ ~ (Acous) / Scratching *n* (das Hervorbringen bestimmter akustischer Effekte durch Manipulation der laufenden Schallplatte) ‖ ~ (Build) / Aufrauen *n* des Putzgrundes (für die nächste Putzlage)

**scratch mark** / Kratzspur f ‖ ~ **out** / streichen v (in Formularen), durchstreichen v (z.B. einen Namen) ‖ ~ **pad**\* (Comp) / Notizblockspeicher m, Scratchpad-Speicher m, Notizblock m (besonders schneller zusätzlicher Kern- oder Halbleiterspeicher, der speziell zur Aufnahme von Registerinhalten dient und damit die Zugriffszeiten verkürzt)
**scratch-pad control register** (Comp) / Zwischenspeichersteuerregister n
**scratch•-pad memory** (Comp) / Notizblockspeicher m, Scratchpad-Speicher m, Notizblock m (besonders schneller zusätzlicher Kern- oder Halbleiterspeicher, der speziell zur Aufnahme von Registerinhalten dient und damit die Zugriffszeiten verkürzt) ‖ ~ **paper** (US) (Paper) / Altpapier n, Abfallpapier n
**scratch-proof** adj / kratzfest adj (beständig gegen oberflächliche Beschädigungen), ritzfest adj, nagelfest adj (kratzfest), riefenfest adj ‖ ~ **ink** (Print) / nagelfeste Farbe
**scratch-resistance** n (Materials) / Kratzfestigkeit f, Nagelfestigkeit f, Beständigkeit f gegen oberflächliche Beschädigungen, Ritzfestigkeit f, Riefenfestigkeit f
**scratch-resistant** adj / kratzfest adj (beständig gegen oberflächliche Beschädigungen), ritzfest adj, nagelfest adj (kratzfest), riefenfest adj
**scratch-resistant ink** (Print) / nagelfeste Farbe
**scratch tape**\* (Comp) / Arbeitsband n, Schmierband n ‖ ~ **test** (Materials) / Scratch-Test m (zur Ermittlung der Haftfestigkeit) ‖ ~ **test** (Materials, Min) / Ritzprüfung f ‖ ~ **test** (Paper) / Nagelprobe f (eine Art Papierprüfung) ‖ ~ **work** (Arch, Build) / Sgraffito n (pl. -s oder -fiti - eine Art Kratzputz)
**scratted paper** (Paper) / Marmorpapier n (billiges)
**SC read-only memory** (Comp) / Halbleiterfestwertspeicher m, Halbleiterfestspeicher m
**screaming** n (Acous) / Kreischen n ‖ ~ (Aero) / Screaming n, Schrillen n, Pfeifen n (bei den Flüssigkeitsraketen) ‖ ~ (Aero) s. also screeching
**scree**\* n (Geol) / Schuttfuß m (am Fuß eines Berghangs), Schutthalde f ‖ ~ (Geol) / Talus m (in der Umgebung von Riffen abgelagertes Schuttmaterial)
**screeching** n (Acous) / Kreischen n ‖ ~\* (Aero) / Heulen n, Kreischen n (des Flüssigkeits-Raketentriebwerks infolge instabiler Verbrennung)
**scree-creep** n (Geophys) / Schuttwandern n, Schuttkriechen n
**screed** v (Civ Eng) / abziehen v (Frischbetonoberfläche) ‖ ~\* (a level layer) (Build) / Ausgleichsschicht f (eine Estrichschicht), Estrich m (DIN 18 560), Ausgleichsestrich m (DIN 18 202-5) ‖ ~ (screed batten) (Build) / Lattenlehre f (für die Estricharbeiten) ‖ ~ (Build, Civ Eng) / Abziehbohle f (des Straßenfertigers), Glättbohle f, Glättbalken m, Abgleichbohle f (Gerät oder Vorrichtung, um Frischbeton-Oberflächen eben und mit Deckenschluss herzustellen) ‖ ~ **batten** (Build) / Lattenlehre f (für die Estricharbeiten) ‖ ~ **board** (Build, Civ Eng) / Abziehbohle f (des Straßenfertigers), Glättbohle f, Glättbalken m, Abgleichbohle f (Gerät oder Vorrichtung, um Frischbeton-Oberflächen eben und mit Deckenschluss herzustellen)
**screeding** n (Build) / Estricharbeiten f pl (DIN 18 560, T 1), Estrichverlegung f ‖ ~ **beam** (Build, Civ Eng) / Abziehbohle f (des Straßenfertigers), Glättbohle f, Glättbalken m, Abgleichbohle f (Gerät oder Vorrichtung, um Frischbeton-Oberflächen eben und mit Deckenschluss herzustellen) ‖ ~ **board** (Build, Civ Eng) / Abziehbohle f (des Straßenfertigers), Glättbohle f, Glättbalken m, Abgleichbohle f (Gerät oder Vorrichtung, um Frischbeton-Oberflächen eben und mit Deckenschluss herzustellen)
**screed mortar** (Build) / Estrichmörtel m (zur Herstellung von Estrich) ‖ ~ **rail** (Build, Civ Eng) / Abziehbohle f (des Straßenfertigers), Glättbohle f, Glättbalken m, Abgleichbohle f (Gerät oder Vorrichtung, um Frischbeton-Oberflächen eben und mit Deckenschluss herzustellen) ‖ ~ **with hard toppings** (Build) / Hartstoffestrich m
**screen** v / sieben v, absieben v ‖ ~ (Chem, Electronics, Gen, Med, Pharm) / screenen v ‖ ~ (Cinema) / zeigen v (Film), vorführen v (Film) ‖ ~ (Comp, Photog, Print) / rastern v, aufrastern v ‖ ~ (Elec Eng, Nuc, Nuc Eng, Radiol) / abschirmen v ‖ ~\* n / Sieb n, Siebvorrichtung f ‖ ~ / Sichtblende f (als Schutz vor unerwünschten Ein- oder Durchblicken) ‖ ~ (GB) (Autos) / Windschutzscheibe f, Frontscheibe f ‖ ~ (Build) / Trennwand f (eine Innenwand), Scheidewand f, Zwischenwand f (eine Trennwand in einem Zimmer) ‖ ~\* (Build, Civ Eng) / Siebboden m (arbeitende Siebfläche nach DIN 66160) ‖ ~\* (Build, Min Proc) / Durchwurf m (ein großes Sieb), Durchwurfsieb n, Wurfsieb n (bei dem das zu trennende Material gegen den meist schräg gestellten Siebboden geworfen wird), Rätter m, Grobsieb n ‖ ~ (Cables) / Leitschicht f (zur Steuerung des elektrischen Feldes der Isolierhülle und zur Vermeidung von Hohlräumen an deren Grenzen) ‖ ~ (Chem Eng) / Netz n (Katalysator bei Ostwald-Verfahren) ‖ ~ (Cinema) / Kinoleinwand f, Leinwand f (Kinoleinwand) ‖ ~ (Cinema) / Bildwand f (feste oder aufrollbare Auffangfläche für das projizierte Bild, Projektionswand f ‖ ~\* (Comp, Electronics) / Schirm m, Bildschirm m, Screen m (pl. -s) ‖ ~\* (Elec Eng) / Abschirmvorrichtung f, Abschirmung f (eine Vorrichtung) (z.B. Faraday'scher Käfig) ‖ ~ (Electronics) / Metallgewebe n (für Siebdruckmasken) ‖ ~ (Eng) / Schirm m (Schutz), Schutzschirm m ‖ ~ (Meteor) / Wetterhütte f ‖ ~\* (Photog, Print) / Raster m, Autotypieraster m ‖ ~ (photogravure) (Print) / Tiefdrucknetzraster m (Backsteinraster, Kreuzraster)
**screenable** adj (Chem) / screenbar adj, abfragbar adj (durch Screening), durchmusterbar adj (durch Screening)
**screenager** n (Comp) / Screenager m (Nintendo-Generation), Computerfreak m im Teenager-Alter
**screen analysis** (Geol, Min Proc, Mining) / Siebanalyse f (DIN 23 011) ‖ ~ **angle** (Cinema) / Projektionswinkel m ‖ ~ **angle** (Photog, Print) / Rasterwinkel m ‖ ~ **aperture** / Maschenweite f (bei Sieben), Maschenteilung f ‖ ~ **area** (Cinema) / Leinwandfläche f ‖ ~ **area** (Comp) / Bildschirmfläche f (verfügbare) ‖ ~ **belt drier** (Plastics) / Laufbandtrockner m, Siebbandtrockner m ‖ ~ **burning**\* (Electronics) / Schirmeinbrennung f ‖ ~ **capture** (Comp) / Speicherung f der Bildschirmdarstellung ‖ ~ **capture** (Comp) / Bildschirmkopie f (Abbild des Bildschirminhalts) ‖ ~ **centrifuge** / Siebzentrifuge f, Filterzentrifuge f ‖ ~ **cleaning fluid** (Comp) / Bildschirmreiniger m (Flüssigkeit) ‖ ~ **cloth** / [textiles] Siebgewebe n, Siebtuch n, Gesiebe n ‖ ~ **column** (Comp) / Bildschirmspalte f ‖ ~ **credits** (Cinema, TV) / Vorspanntitel m pl, Vorspann m, Titelvorspann m (einem Film bzw. einer Sendung vorangestellte Angaben über Titel, Hersteller, Darsteller, u. Ä.) ‖ ~ **diagonal** (Comp) / Bildschirmdiagonale f ‖ ~ **dump** (on hardcopy) (Comp) / Bildschirmabzug m, Screenshot m (Momentaufnahme des Bildschirminhalts), Bildschirmausdruck m, Protokollierung f des Bildschirminhalts, Bildschirmkopie f, Bildschirmschnappschuss m
**screened antenna** (Radio) / abgeschirmte Antenne f ‖ ~ **cable** (Cables) / Radialfeldkabel n (mit einzeln geschirmten Adern) ‖ ~ **cable** (Cables) / abgeschirmtes Kabel (im Allgemeinen) ‖ ~ **conductor** (Elec Eng) / abgeschirmter Leiter
**screened-grid valve**\* (Electronics) / Schirmgitterröhre f
**screened indicator** (Chem) / abgeschirmter Indikator
**screen editing**\* (Comp, Print) / Editieren n am Bildschirm ‖ ~ **editor** (Comp) / Bildschirmeditor m
**screened line** (Elec Eng) / abgeschirmte Leitung ‖ ~ **wire** (Elec Eng) / abgeschirmter Draht ‖ ~ **wiring**\* (Elec Eng) / abgeschirmte Verdrahtung
**screen erasure** (Comp) / Löschen n des Bildschirms ‖ ~ **filter** (Comp) / Bildschirmfilter n (ein reflexminderndes Filter) ‖ ~ **filter** (Eng) / Siebfilter n, Sieb n, Filtersieb n ‖ ~ **font** (Comp) / Schrift f auf dem Bildschirm (die nicht unbedingt mit den auf dem Drucker erzeugbaren Schriften identisch ist) ‖ ~ **font** (Comp) / Bildschirmschrift f ‖ ~ **format** (Comp) / Bildschirmformat n ‖ ~ n **for printing-in the network for doctor-blade photogravure or intaglio** (Print) / Tiefdrucknetzraster m (Backsteinraster, Kreuzraster)
**screenful** n (Comp) / voller Bildschirm (Inhalt), Inhalt m des Bildschirms, Bildschirminhalt m (voller)
**screen grabber** (Comp) / Bildschirmgrabber m (Hilfsprogramm zur Erstellung von Bildschirmausdrucken) ‖ ~ **grid** (Electronics) / Schirmgitter n
**screen-grid modulation** (Radio) / Schirmgittermodulation f
**screen handling** (Comp) / Bildschirm-Handling n ‖ ~ **image** (Comp) / Schirmbild n, Bildschirmdarstellung f ‖ ~ **inclination** (Comp) / Neigung f des Bildschirms, Bildschirmneigung f
**screening** n / Screening n (Durchmusterung, Vorauswahl, Auswahlprüfung) ‖ ~ / Screening n (die Schärfe der Prüfung) ‖ ~ / Filterführung f (in der Umfrageforschung) ‖ ~ / [textiles] Siebgewebe n, Siebtuch n, Gesiebe n ‖ ~ (Aero) / Durchleuchten n (von Fluggästen, von Gepäck) ‖ ~ (Chem) / Screening n (Durchsuchen von Substanzgemischen und Substanzbibliotheken mit Hilfe unterschiedlicher Detektionssysteme hinsichtlich spezieller Eigenschaften) ‖ ~ (Cinema) / Vorführung f, Projektion f ‖ ~ (Cinema) / Filmbearbeitung f (z.B. eines Romans) ‖ ~\* (Elec Eng, Nuc, Nuc Eng, Radiol) / Abschirmung f (Behinderung der Wirkungsausbreitung von Feldern, Strahlungen, Störsignalen und Strömungen) ‖ ~ (Electronics) / Screening n (ein Masking-Verfahren in der Herstellung von Halbleitern) ‖ ~ (Med, Pharm) / Screening n (diagnostisches Verfahren zur Erkennung von Krankheitsträgern) ‖ ~ (Min Proc) / Sieben n, Durchsieben n, Siebklassierung f, Siebklassieren n, Absieben n (Tätigkeit) ‖ ~ (Photog, Print) / Rasterung f, Rastern n, Aufrasterung f ‖ ~\* (Radiol) / Röntgenoskopie f, Durchleuchtung f (eine Form der Röntgenuntersuchung), Röntgendurchleuchtung f, Radioskopie f ‖ ~ (Teleph) / Screening n (Bearbeitung eingehender Anrufe oder anderer Nachrichten nach bestimmten Kriterien) ‖ ~ **centrifuge** / Siebschleuder f, Siebzentrifuge f, Filterzentrifuge f ‖ ~ **constant**\* (Nuc Eng) / Abschirmkonstante f, Abschirmungskonstante f, Abschirmungszahl f ‖ ~ **factor** (Electronics) / Abschirmfaktor m (der

Elektronenröhre) ‖ ~ **ink** (Ceramics) / Siebdruckfarbe f (Kalt- oder Heißdruck-) ‖ ~ **ink** (Print) / Siebdruckfarbe f ‖ ~ **inspection** / 100%-Prüfung f (bei der Qualitätskontrolle) ‖ ~ **of natural products** (Chem) / Naturstoff-Screening n (systematisches Durchtesten von Naturstoffen) ‖ ~ **oil** (Print) / Siebdrucköl n
**screening-out** n (Min Proc) / Absiebung f (Verlust)
**screening protector**\* (Elec Eng) / Leitungsschutzdrossel f, Schutzdrossel f ‖ ~ **radius** (of Debye-Hückel) (Plasma Phys) / Debye'scher Abschirmradius, Debye-Länge f ‖ ~ **room** (Cinema) / Vorführungsraum m, Vorführraum m
**screenings**\* pl (Eng) / Unterlauf m, Feingut n (bei der Siebanalyse), Siebdurchgang m, Unterkorn n bei der Siebanalyse (DIN 66160), Siebfeines n (bei der Siebanalyse) ‖ ~ (Hyd Eng) / Rechengut n ‖ ~ (Min Proc) / Siebböden m pl (mit Maschen, mit Löchern) ‖ ~ (Paper) / Spuckstoff m (grober), Grobstoff m, "Sauerkraut" n, Sortierstoff m ‖ ~ **bale press** (Hyd Eng) / Rechengutpresse f ‖ ~ **board** (Paper) / Schrenzpappe f (zähe dünne Pappe einfachster Qualität - aus Sortierstoff), Schrenz m
**screening test** (Ecol) / Screening-Test m (ein einfacher und schneller Test, dessen Ergebnis je nach Fragestellung eine vorläufige Aussage erlaubt, z.B. ob weitere Untersuchungen notwendig sind oder eine Gefährdung zu vermuten ist), Vortest m ‖ ~ **test** (Ecol) / Screening-Test m (um die Eignung einer Substanz zu konstatieren, einen bestimmten Effekt hervorzurufen) ‖ ~ **test** (Elec Eng) / Screening-Test m (zerstörungsfreie Zuverlässigkeitsprüfung) ‖ ~ **test** (Med) / Screening-Test m, Reihenuntersuchung f ‖ ~ **time** (Cinema) / Vorführungszeit f (eines Films), Vorführzeit f (eines Films), Abspieldauer f, Laufzeit f (eines Films)
**screen layout** (Comp) / Bildschirmaufbau m ‖ ~ **layout** (Comp) / Einteilung f des Bildschirms
**screenless** adj (Print) / rasterlos adj
**screen line** (Photog, Print) / Rasterlinie f ‖ ~ **liner** (Oils) / Drahtgitter-Liner m ‖ ~ **load** (Comp) / Bildschirminhalt m (eine relative Größe), Inhalt m des Bildschirms ‖ ~ **luminance** (Cinema) / Bildwandleuchtdichte f (der Anteil des von der Bildwand reflektierten Projektionslichtes) ‖ ~ **mask** (Cinema) / Bildwandabdeckung f (dunkle Streifen am Rand der Bildwand zum Begrenzen des projizierten Bildes) ‖ ~ **mask** (Comp) / Bildschirmmaske f ‖ ~ **modulation** (Radio) / Schirmgittermodulation f ‖ ~ **negative** (Photog, Print) / Rasternegativ n
**screen-oriented editor** (Comp) / bildschirmorientierter Editor
**screen out** v / aussieben v ‖ ~ **page** (Comp) / Bildschirmseite f ‖ ~ **paper** (Paper) / Rasterpapier n ‖ ~ **pattern** (For) / Siebmarkierung f (von Faserplatten)
**screenphone** n (Teleph) / Screenphon n (eine Weiterentwicklung des Telefons als Folge der Konvergenz)
**screen plate** (Eng) / Siebplatte f (zum Sortieren)
**screenplay** n (Cinema) / Drehbuch n, Buch n (Drehbuch), Skript n (pl. -s)
**screen-printable** adj (Print) / siebdruckbar adj
**screen printer** (Electronics, Print) / Siebdruckmaschine f ‖ ~ **printer** (Print) / Siebdrucker m (Fachkraft) ‖ ~ **printing** (Print) / Durchdruck m (DIN 16 609), Durchdruckverfahren ‖ ~ **printing**\* (Print, Textiles) / Siebdruck m, Filmdruck m (DIN 16 609), Schablonendruck m ‖ ~ **printing ink** (Print) / Siebdruckfarbe f ‖ ~ **printing machine** (Electronics, Print) / Siebdruckmaschine f ‖ ~ **process printing**\* (Print, Textiles) / Siebdruck m, Filmdruck m (DIN 16 609), Schablonendruck m ‖ ~**-protected motor**\* (Elec Eng) / gegen Berührung geschützter Motor, Motor m mit Berührungsschutz ‖ ~ **rake** (San Eng) / Rechenreiniger m ‖ ~ **residue** (Paper) / Siebrückstand m ‖ ~ **rights** (Cinema) / Verfilmungsrechte n pl ‖ ~ **ruling** (Photog, Print) / Rasterfeinheit f, Rasterweite f (Anzahl der Linien pro Zentimeter)
**screens** pl (in intake works) (Hyd Eng, San Eng) / Rechen m (Rückhaltevorrichtung am Einlauf von Klär- und Wasserkraftanlagen - meistens Grobrechen)
**screen saver** (Comp) / Screensaver m, Bildschirmschoner m ‖ ~ **searching** (Comp) / Grobrecherche f (Methode, aus Datenbeständen Dateneinheiten zu ermitteln, die mit einer Suchfrage grob übereinstimmen) ‖ ~ **sharing** (Telecomm, Teleph) / Screen-Sharing n (ein mögliches Feature von Videokonferenzsystemen, bei dem beide Teilnehmer auf den gleichen Bildschirminhalt blicken)
**screenshot** n (an image of the display on a computer screen to demonstrate the operation of a program) (Comp) / Bildschirmabzug m, Screenshot m (Momentaufnahme des Bildschirminhalts), Bildschirmausdruck m, Protokollierung f des Bildschirminhalts, Bildschirmkopie f, Bildschirmschnappschuss m
**screen snapshot** (Comp) / Bildschirmabzug m, Screenshot m (Momentaufnahme des Bildschirminhalts), Bildschirmausdruck m, Protokollierung f des Bildschirminhalts, Bildschirmkopie f, Bildschirmschnappschuss m ‖ ~ **splitting** (Comp) / Aufteilung f des Bildschirms (in verschiedene Bereiche) ‖ ~ **splitting** (Comp, TV) / Fenstertechnik f, Fensterbildung f (Abgrenzung der

Bildschirmbereiche zur Darstellung von Informationen), Windowing n (Fenstertechnik) ‖ ~ **splitting** (Comp) s. also windowing ‖ ~ **spray** (Electronics) / Siebsprühmittel n (zum Öffnen verstopfter Siebmaschen)
**screen-to-audience distance** (Cinema) / Betrachterabstand m (für die Zuschauer im Kino)
**screen turtle** (Comp) / Simulation f der Schildkröte auf dem Bildschirm
**screen-type film** (Radiol) / Folienfilm m (ein Röntgenfilm)
**screen viewing** (Comp) / Betrachten n am Bildschirm ‖ ~ **wall** (Print) / Rastersteg m, Tiefdrucksteg m (der die Rasternäpfchen begrenzt) ‖ ~ **window** (Comp) / Bildschirmfenster n ‖ ~ **window** (Comp) / Fenster n (Window), Bildfenster n, Window n (ein definierter Bildschirm-Teilbereich zur Darstellung von grafischen/ Informationen) ‖ ~ **wiper** (Autos) / Scheibenwischer m, Wischer m ‖ ~ **wiper** (Autos) s. also windscreen wiper ‖ ~ **wiper heating** (Autos) / Scheibenwischerheizung f (Heizung der ganzen Anlage)
**screenwriter** n (Cinema) / Drehbuchautor m
**screw** v (Eng) / schrauben v, verschrauben v ‖ ~ n (Aero) / Luftschraube f, Propeller m ‖ ~ (Eng) / Schraube f (Ganzgewinde, ohne Mutter - DIN ISO 898, T 1 und DIN 962) ‖ ~ (Eng) / Schnecke f ‖ ~ (Eng) / Förderschnecke f (des Schneckenförderers) ‖ ~ (Ships) / Propeller m, Schiffsschraube f, Schiffspropeller m ‖ ~**-and-nut steering-gear**\* (Autos) / Schraubenlenkung f (mit Lenkschraube und Lenkmutter), Spindellenkung f ‖ ~ **aperture** (Ships) / Schraubenbrunnen m, Propellerbrunnen m
**screw-auger**\* n (Carp) / Schlangenbohrer m (ein Holzbohrer nach DIN 6444)
**screw axes**\* (Crystal) / Helikogyren f pl (Schraubenachsen), Schraubenachsen f pl ‖ ~ **axis** (Eng) / Schraubenachse f ‖ ~ **base** (Elec Eng) / Schraubfassung f ‖ ~ **bit** (Carp) / Schlangenbohrer m (ein Holzbohrer nach DIN 6444) ‖ ~ **blade** (Ships) / Schraubenflügel m, Propellerflügel m ‖ ~ **blank** (Eng) / Schraubenrohling m ‖ ~**-bolt** n (Eng) / Schraube f (Ganzgewinde, ohne Mutter - DIN ISO 898, T 1 und DIN 962) ‖ ~**-cap** n (Elec Eng) / Glühendesockel m, Schraubsockel m (ein Glühlampensockel) ‖ ~**-cap** (Eng) / Verschlusskappe f (mit Gewinde), Schraubkappe f
**screw-cap bottle** (Eng) / Schraubflasche f, Flasche f mit Schraubverschluss, Schraubdeckelflasche f
**screw-capped bottle** / Schraubflasche f, Flasche f mit Schraubverschluss, Schraubdeckelflasche f
**screw cartridge** (Elec Eng) / Sicherungshalter m mit Schraubverschluss ‖ ~ **chase**\* (Print) / Schraubenrahmen m ‖ ~ **chasing**\* (Eng) / Gewindestrehlen f
**screw-clamping sleeve** (Telecomm) / Schraub-Klemmuffe f
**screw composing-stick** (Typog) / Winkelhaken m mit Schraubenverschluss ‖ ~ **compressor** (Eng) / Schraubenverdichter m (heute meistens mit Kunststoff-Keramik-Verbundrotoren), Schraubenkompressor m, Lysholm-Verdichter m (zweiwelliger) ‖ ~ **conveyor**\* (Eng) / Schneckenförderer m (mechanischer Stetigförderer) ‖ ~ **conveyor drier** / Schneckentrockner m ‖ ~ **coupling** (Rail) / Schraubenkupplung f ‖ ~ **cover** (Eng) / Schraubdeckel m
**screw-crank mechanism** (Eng) / Schraubkurbelgetriebe n
**screw-cutting** n (Eng) / Gewindeschneiden n (mit Schneideisen oder Schneidkluppen) ‖ ~ **attachment** (Eng) / Gewindeschneideinrichtung f ‖ ~ **gearbox** (Eng) / Gewinderäderkasten m (der Drehmaschine) ‖ ~ **gearbox of Norton type** (Eng) / Norton-Getriebe n (Teil des Vorschub- und Gewindegetriebes an Leit- und Zugspindeldrehmaschinen) ‖ ~ **gears** (a gearbox) (Eng) / Norton-Getriebe n (Teil des Vorschub- und Gewindegetriebes an Leit- und Zugspindeldrehmaschinen) ‖ ~ **screw**\***-cutting lathe** (Eng) / Schraubendrehmaschine f ‖ ~**-cutting lathe**\* (Eng) / Zug- und Leitspindel-Drehmaschine f, Leitspindeldrehmaschine f
**screw-cutting tool** (Tools) / Gewindedrehmeißel m
**screw cylinder** (Civ Eng) / Schraubenpfahl m (großer) ‖ ~ **die** (Eng) / Gewindebacke f ‖ ~ **dislocation** (which travels perpendicular to the slip) (Crystal) / Schraubenversetzung f (zweidimensionale Gitterstörung durch eine keilförmige Verschiebung von Gitterebenen) ‖ ~ **displacement** (Eng, Maths) / Schraubenbewegung f, Schraubung f ‖ ~ **dolly** (Eng) / Nietdocke f, Nietwinde f ‖ ~ **down** v (Met) / anstellen v (Walzen)
**screw-down mechanism** (Met) / Anstellmechanismus m (für Walzen) ‖ ~ **stop-and-check valve** (Eng) / absperrbares Rückschlagventil ‖ ~ **stop valve** (Eng) / T-Ventil n, Absperrventil n, Abstellventil n
**screw**\***-down valve** (Eng, Plumb) / Auslaufventil n (z.B. Wasserhahn) ‖ ~ **drive** / Spindelantrieb m (des Garagentors)
**screwdriver** n (Tools) / Schrauber m (elektrischer, pneumatischer - mit Innenaufnahme) ‖ ~\* (Tools) / Schraubendreher m (DIN 898), Schraubenzieher m ‖ ~ **bit** (Tools) / Schraubendrehereinsatz m (DIN 898), Schraubendreherklinge f, Bit-Einsatz m (mit Außensechskantantrieb) ‖ ~ **tip** (Eng) / Schraubeingriff m

1385

**screw drying**

**screw drying conveyor** (a conveyor in which the trough is heated and the screw shaft can also be heated for drying) / Schneckentrockner *m*
**screwed cock** (Eng) / Muffenhahn *m* ‖ ~ **end** (Eng) / Gewindeanschluss *m* ‖ ~ **fitting** (Eng) / Fitting *n* (an den Enden mit Innengewinde versehenes Rohrverbindungsstück), Rohrverschraubungsstück *n* ‖ ~ **flange** (Eng) / Aufschraubflansch *m*, Gewindeflansch *m*, Schraubflansch *m* ‖ ~ **insert** / Schraubdübel *m* (mit einseitigem Gewinde, der durch Muffen verlängert werden kann) ‖ ~ **insert** (For) / Einschraubmutter *f* ‖ ~ **plug valve** (Eng) / Muffenhahn *m* ‖ ~ **sealing plug** (Eng) / Reinigungsschraube *f* (DIN 539) ‖ ~ **shank** (Eng) / Gewindeschaft *m* ‖ ~ **socket** (Eng) / Gewindemuffe *f*, Schraubmuffe *f*
**screw extractor** (Tools) / Schraubenausdreher *m* ‖ ~ **extruder** (Plastics) / Spritzmaschine *f*, Schneckenpresse *m*, Schneckenstrangpresse *f*, Schneckenextruder *m* ‖ ~ (propeller) **fan** (Eng) / Schraubenlüfter *m*, Schraubenventilator *m* ‖ ~ **for T-slots** (Eng) / Schraube *f* für T-Nuten ‖ ~ **head** (Eng) / Schraubenkopf *m*
**screw-holding screwdriver** (Tools) / Festhalteschraubendreher *m*
**screw hook** (Eng) / Schraubhaken *m* ‖ ~ **in** *v* (Eng) / einschrauben *v*
**screw-in bonnet** (Eng) / eingeschraubtes Kopfstück (bei Kleinarmaturen) ‖ ~ **filter** (Photog) / Einschraubfilter *n* (das man eindrehen kann)
**screwing** *n* (Eng) / Schrauben *n*, Verschrauben *n* (mit Kopfanziehschrauben) ‖ ~ **attachment** (Eng) / Gewindeschneideinrichtung *f* ‖ ~ **die*** (Eng) / Schneideisen *n* (zum Gewindeschneiden - in runder oder sechskantiger Ausführung), nach DIN 223 ‖ ~ **die*** (Tools) / Gewindeschneidbacke *f* ‖ ~ **machine** (Eng) / Gewindebearbeitungsmaschine *f* ‖ ~ **machine*** (Eng) / Gewindeschneidmaschine *f*, Gewindeherstellmaschine *f*
**screw injection** (Plastics) / Schneckeneinspritzung *f* ‖ ~ **injection moulder** (Plastics) / Schneckenspritzgießmaschine *f* ‖ ~ **injection moulding** (Plastics) / Schneckenspritzgießen *n* (z.B. Fließgussverfahren oder Intrusionsverfahren)
**screw-in nut** (For) / Einschraubmutter *f*
**screw jack*** (Eng) / Schraubenwinde *f* (kurzhubiges Hebezeug), Schraubspindel *f* ‖ ~ **joint** (Eng) / Verschraubung *f* ‖ ~ **joint** (Eng) / Schraubgelenk *n* (als Getriebeteil) ‖ ~ **mechanism** (Eng) / Schraubengetriebe *n*, Schraubgetriebe *n* (Spindel- oder Mutterantrieb) ‖ ~ **micrometer*** (Instr) / Messschraube *f* (DIN 863), Mikrometerschraube *f* ‖ ~ **mixer** (Eng) / Schneckenmischer *m*, Mischschnecke *f*, Schneckenkneter *m* ‖ ~ **mixer with interrupted blades** / Schneckenmischer *m* mit unterbrochenen Schneckenflügeln (z.B. ein Ko-Kneter) ‖ ~ **mixer with vertical screw** / senkrecht arbeitender Schneckenmischer (z.B. Vertamix) ‖ ~ **motion** (Crystal) / Schraubung *f* ‖ ~ **motion** (Eng, Maths) / Schraubenbewegung *f*, Schraubung *f* ‖ ~ **nail*** (Eng) / Nagelschraube *f*, Treibschraube *f* ‖ ~ **off** *v* (Eng) / abschrauben *v*, auseinander schrauben *v*, losschrauben *v* ‖ ~ **on** (Eng) / anschrauben *v*, aufschrauben *v* ‖ ~ **penetration** (Eng) / Verschraubungslänge *f*, Einschraublänge *f* (DIN 13), Einschraubtiefe *f* ‖ ~ **pile*** (Civ Eng) / Schraubenpfahl *m*, Schneckenbohrpfahl *m* ‖ ~ **pine** (For) / Schraubenbaum *m* (Pandanus Parkinson) ‖ ~ **pitch** (Aero) / Steigung *f* (der Flügelblätter der Luftschraube), Flügelsteigung *f* (der Luftschraube), Luftschraubenschritt *m*
**screw-pitch gauge** (Eng) / Gewindelehre *f* (Prüflehre für Außen- oder Innengewinde)
**screw plate*** (Eng, Tools) / Gewindeschneidkluppe *f*, Schneidkluppe *f* (für das Herstellen größerer Gewinde aus dem Vollen) ‖ ~ **plate stock** (Tools) / Gewindeschneidkluppe *f*, Schneidkluppe *f* (für das Herstellen größerer Gewinde aus dem Vollen) ‖ ~ **plug** (Autos) / Ölablassschraube *f* ‖ ~ **plug** (Elec Eng) / Sicherungshalter *m* mit Schraubverschluss ‖ ~ **plug** (Eng) / Verschlussschraube *m* ‖ ~ **plug** (Eng) / Schraubstopfen *m*, Schraubstöpsel *m*, Schraubverschluss *m* ‖ ~ **plug fuse** (Elec Eng) / Schraubstöpselsicherung *f*, Stöpselsicherung *f*, Leitungsschutzsicherung *f*, LS-Sicherung *f*, Stöpselsicherung *f* ‖ ~ **plug gauge** (Eng) / Gewindelehrdorn *m* ‖ ~ **preplasticating injection moulding** (Plastics) / Spritzgießen *n* mit Schneckenvorplastifizierung ‖ ~ **press*** (Eng) / Spindelpresse *f*
**screw-propeller** (Ships) / Propeller *m*, Schiffsschraube *f*, Schiffspropeller *m*
**screw pump** (Eng) / Schraubenspindelpumpe *f* (eine Verdrängerpumpe) ‖ ~ **pump** (Eng, San Eng) / Schraubenpumpe *f* (eine Kreiselpumpe) ‖ ~ **retention strength** (For) / Schraubenausziehwiderstand *m* (z.B. von Spanplatten), Schraubenhaltevermögen *n* ‖ ~ **rule** (Elec) / Korkenzieherregel *f*, Maxwell'sche Schraubenregel, Schraubenregel *f* (Korkenzieherregel)
**screws** *pl* (Civ Eng, Med) / Caissonkrankheit *f* (eine Luftdruckkrankheit), Druckluftkrankheit *f*, Pressluftkrankheit *f*
**screw shackle*** (Build, Eng) / Spannmutter *f* mit Rechts- und Linksgewinde, Spannschlossmutter *f* (DIN ISO 1891), Spannschloss *n* (Vorrichtung zum Spannen von Drähten, Seilen und Zugstangen)

‖ ~ **shank** (Eng) / Schraubenschaft *m* ‖ ~ **slotting** (Eng) / Schraubenschlitzen *n* ‖ ~ **spike** (For) / Vierkantholzschraube *f* ‖ ~ **stock** (Eng) / Schneidkopf *m* (der Gewindeschneidkluppe) ‖ ~ **testing** (Eng, Materials) / Schraubenprüfung *f* (DIN 260 und DIN ISO 898, T 1) ‖ ~ **thread** (Autos) / Einschraubgewinde *n* (der Zündkerze) ‖ ~ **thread*** (Eng) / Schraubengewinde *n* (einer Schraube) ‖ ~ **thread*** (Eng) / Sellersgewinde *n* (ein altes Sondergewinde mit einem Flankenwinkel von 60°), Sellers-Normalgewinde *n* (nach W. Sellers, 1824-1905)
**screw-threaded gauge** (Eng) / Gewindelehre *f* (Prüflehre für Außen- oder Innengewinde)
**screw thread for cover glasses** (Elec Eng) / Glasgewinde *n* (für Schutzgläser elektrischer Leuchten nach DIN 40450) ‖ ~ **thread for cover glasses and caps** (Elec Eng) / Glasgewinde *n* für Schutzgläser und Kappen (DIN 40450) ‖ ~ **together** *v* / zusammenschrauben *v*
**screw-type compressor** (Eng) / Schraubenverdichter *m* (heute meistens mit Kunststoff-Keramik-Verbundrotoren), Schraubenkompressor *m*, Lysholm-Verdichter *m* (zweiwelliger) ‖ ~ **filter** (Photog) / Einschraubfilter *n* (das man eindrehen kann) ‖ ~ **pump** (Eng, San Eng) / Schraubenpumpe *f* (eine Kreiselpumpe) ‖ ~ **thermocouple** (Phys) / Einschraubthermoelement *n*
**screw-withdrawal resistance** (For) / Schraubenausziehwiderstand *m* (z.B. von Spanplatten), Schraubenhaltevermögen *n*
**screw with reduced shank** (Eng) / Dehnschraube *f*, Dehnschaftschraube *f*
**scribble** *v* (Spinning) / grob krempeln *v* ‖ ~ *n* / Scribble *n* (pl. -s) (erster, noch nicht endgültiger Entwurf für eine Werbegrafik, eine Ideenskizze)
**scribbler** *n* (Spinning) / Vorkrempel *f*, Grobkrempel *f* (DIN 64100) ‖ ~ **card** (Spinning) / Vorkrempel *f*, Grobkrempel *f* (DIN 64100)
**scribbling paper** (Paper) / Konzeptpapier *n*, Schmierpapier *n*
**scribe** *v* / einritzen *v* ‖ ~ (Electronics) / ritzen *v* (Halbleiterchips) ‖ ~ (Eng) / reißen *v* (mit der Reißnadel), anreißen *v* ‖ ~ *n* (For) / Baumreißer *m*, Reißhaken *m* (zum Markieren) ‖ ~ (Paint) / Ritz *m* (zu Prüfzwecken in den Lack eines Prüfblechs geritzte Schramme)
**scribecoat** *n* / Gravurschicht *f*, Gravierschicht *f*
**scribe coating** / Gravurschicht *f*, Gravierschicht *f*
**scribed line** (Tools) / Reißlinie *f*, Anrißlinie *f* (beim Anreißen)
**scriber** *n* (Electronics) / Ritzgerät *n* (für Halbleiterchips) ‖ ~* (Eng, Tools) / Reißstab *m* (des Höhenreißers) ‖ ~ (For) / Baumreißer *m*, Reißhaken *m* (zum Markieren) ‖ ~* (Tools) / Reißnadel *f* (zum Anreißen), Anreißnadel *f*
**scribing block*** (Carp, Eng, Tools) / Parallelreißer *m*, Reißstock *m*, Höhenreißer *m* ‖ ~ **block** (pencil-shaped steel rod used for ruling straight lines - of a scribing block, Eng, Tools) / Universalreißer *m* ‖ ~ **coating** / Gravurschicht *f*, Gravierschicht *f* ‖ ~ **point** (Tools) / Reißstab *m* (des Höhenreißers) ‖ ~ **point** (Tools) / Reißnadel *f* (zum Anreißen), Anreißnadel *f*
**scrieve board*** (Ships) / Spantenplan *m* (am Schnürboden)
**scrim*** *n* (a low-cost reinforcing fabric made from continuous-filament yarn in an open-mesh construction) (Build) / Armierungsgewebe *n*, Rissbrücke *f* (im Armierungskleber eingebettet - zur Überbrückung arbeitender Risse) ‖ ~ (Cinema) / Gazeschirm (Softscheibe) ‖ ~ (non-woven) (Glass) / Scrim *n*, Glasgarngelege *n* ‖ ~* (Textiles) / lockeres Gewebe, Netzlux *n*, Gitterstoff *m*, Gitterleinen *n*
**script** *v* (Cinema) / das Drehbuch schreiben ‖ ~ *n* (AI) / Skript *n* (pl. -s), Script *n* (prototypartige Beschreibung von stereotypen Handlungen) ‖ ~ (Cinema) / Drehprotokoll *n* ‖ ~* (Cinema) / Drehbuch *n*, Buch *n* (Drehbuch), Skript *n* (pl. -s) ‖ ~ (Pharm) / Verordnung *f*, Rezept *n*, Verschreibung *f* ‖ ~ (for setting) (Typog) / Satzvorlage *f* ‖ ~* (Typog) / Schreibschrift *f* (die der Handschrift nachgebildet ist) ‖ ~* (Cinema) s. also shooting script
**script-based** *adj* (AI) / skriptbasiert *adj*, skriptbasiert *adj* (Modell, Verstehen von Geschichten)
**script file** (Comp) / Skriptdatei *f*
**script-girl** *n* (Cinema) / Scriptgirl *n*, Skriptgirl *n*, Filmateliersekretärin *f*, Ateliersekretärin *f*
**scripting language** (interpreted computer language for writing scripts - e.g. AppleScript or PERL) (Comp) / Skriptsprache *f* (die mit vordefinierten Komponenten auf einer hohen Ebene arbeitet) ‖ ~ **tool** (for creating and running scripts) (Comp) / Skript-Tool *n*
**scroll** *v* (Comp) / scrollen *v* ‖ ~ *n* (Arch) / Volute *f* (z.B. am Kapitell ionischer Säulen) ‖ ~ (Arch) / Rollwerk *n* (als Bestandteil der Kartusche) ‖ ~ (Comp) / Bildlauf *m*, Bilddurchlauf *m* (horizontaler, vertikaler, dynamisches Verschieben, Scrolling *n*, Scrollen *n*, Rollfunktion *f* ‖ ~ (Eng) / Zahnkranz *m*, Kronenrad *n* (des Spannfutters)
**scrollable** *adj* (Comp) / scrollfähig *adj*, scrollbar *adj* ‖ ~ **area** (Comp) / Scrollbereich *m* (den man auf dem Bildschirm vor- und zurückrollen kann), Rollbereich *m* (auf dem Bildschirm)
**scroll area** (Comp) / Scrollbereich *m* (den man auf dem Bildschirm vor- und zurückrollen kann), Rollbereich *m* (auf dem Bildschirm) ‖ ~

**arrow**\* (Comp) / Scrollpfeil m, Bildlaufpfeil m ‖ **~ bar** (Comp) / Bildlaufleiste f, Rollleiste f, Blätterleiste f, Rollbalken m ‖ **~ box**\* (Comp) / Bildlauffeld n ‖ **~ case** (Eng) / Einlaufspirale f (der Francis-Turbine), Spiralgehäuse n ‖ **~ chuck**\* (Eng) / Zahnkranzfutter n ‖ **~ chuck**\* (Eng) s. also self-centring chuck
**scroll-down** n (Comp) / Rollen n nach unten (des Bildschirms), Zurückrollen n (des Textes auf dem Bildschirm)
**scroll gear** (Eng) / Triebkranz m, Zahnkranz m
**scrolling**\* n (Comp) / Bildlauf m, Bilddurchlauf m (horizontaler, vertikaler), dynamisches Verschieben, Scrolling n, Scrollen n, Rollfunktion f ‖ **~ region** (Comp) / Scrollbereich (den man auf dem Bildschirm vor- und zurückrollen kann), Rollbereich m (auf dem Bildschirm)
**scroll lock key** (Comp) / Bilddurchlaufsperrtaste f
**scroll-mode display** (Autos) / Laufschriftwiedergabe f (am Radiodisplay)
**scroll saw** (Join, Tools) / Laubsäge f (eine Handsäge), Marketeriesäge f ‖ **~ saw** (Join, Tools) / Dekupiersäge f ‖ **~ shears** (Eng) / Kurvenschere f (eine Blechschere)
**scroll-up** n (Comp) / Rollen n nach oben (des Bildschirms), Vorrollen n (des Textes auf dem Bildschirm)
**scroll wheel** (Comp) / Scrollrad n (zwischen den beiden Maustasten)
**scrollwork** n (Arch) / Rollwerk n (als Bestandteil der Kartusche) ‖ **~** (Arch) / Schnörkelverzierung f
**scroop** v (Textiles) / krachen v (Seide), knirschen v (Raupenseide) ‖ **~**\* n (Textiles) / Krachen n, Knirschen n, Seidenkrach m, Seidenschrei m (der Raupenseide) ‖ **~ finish** (Textiles) / Krachgriffausrüstung f, knirschende Ausrüstung, Krachappretur f
**scrooping** n (Textiles) / Krachgriffausrüstung f, knirschende Ausrüstung, Krachappretur f
**scroopy feel** (Textiles) / Krachgriff m, Knirschgriff m (der Seide), Seidengriff m ‖ **~ handle** (Textiles) / Krachgriff m, Knirschgriff m (der Seide), Seidengriff m
**scrub** v / reinigen v (durch Scheuern), schrubben v, scheuern v (reinigen), blank putzen ‖ **~** (Build) / bürsten v (Waschputz) ‖ **~** (Chem Eng) / waschen v (Gas) ‖ **~** n (For) / Gestrüpp n, Buschwerk n ‖ **~** (For) / Scrub m (australische Bezeichnung für Busch und Hartlaubgewächse)
**scrubbed concrete** (Build, Civ Eng) / Waschbeton m (Oberfläche eines Betons mit freigelegten Zuschlägen) ‖ **~ concrete** (Build, Civ Eng) / abgebürsteter Waschbeton ‖ **~ denim** (Textiles) / Denim-Gewebe n mit Scrub-Effekt ‖ **~ plaster** (Build) / Waschputz m
**scrubber** n (Agric) / Ackerschleppe f, Ackerschleife f (ein Bodenbearbeitungsgerät) ‖ **~** (Agric) / Bürstmaschine f (z.B. zur Kartoffelreinigung) ‖ **~** (Chem Eng) / Nassabscheider m (z.B. Venturi-Wäscher, Rotationswäscher, Strahlwäscher), Wäscher m, Wascher m (ein Nassabscheider) ‖ **~ column** (Chem) / Suppressorsäule f (eine zweite Ionenaustauschersäule in der Detektionseinheit der Ionenchromatografie mit Suppressortechnik) ‖ **~ column** (Chem Eng) / Waschturm m (zur Gas- und Abluftreinigung), Turmwäscher m
**scrubbing** n / Reinigen n (durch Scheuern), Reinigung f (durch Scheuern), Schrubben n, Scheuern n, Blankputzen n ‖ **~** (Comp) / Löschen n von Daten auf temporär belegten Speichermedien ‖ **~ oil** (Oils) / Waschöl n (Absorptionsöl)
**scrub board** (Build) / Sockelleiste f, Scheuerleiste f, Fußleiste f (Randabschluss des Fußbodens zu allen angrenzenden Bauteilen), Wischleiste f, Sesselleiste f, Abschlussleiste f ‖ **~ cutter** (Agric) / Gestrüppschläger m ‖ **~ marks** (a surface blemish) (Glass) / Stoßkratzer m pl, Stoß m (ein Glasfehler) ‖ **~ off** v / abscheuern v (entfernen durch Scheuern) ‖ **~ plane** (Carp, Join, Tools) / Schropphobel m, Schrupphobel m (zum groben Ebnen von Holzflächen), Stoßhobel m, Schrothobel m (über 40 cm lang) ‖ **~ radius** (Autos) / Lenkrollhalbmesser m, Lenkrollradius m
**scruff** n (a mixture of tin oxide and iron-tin alloy formed as dross on a moulten tin-coating bath) (Met) / Zinnkrätze n (im Verzinnungsbad), Zinnkrätze f, Poldreck m (Verunreinigung beim Polen), Zinngekrätz n
**scrumple** v / zerknüllen v (Papier), zerknittern v (Papier) ‖ **~** (Textiles) / zerknittern v, zerknautschen v, verknittern v
**scruple** n (Pharm) / ein altes Medizinalgewicht (= 20 Gran = 1,2959782 g)
**scrutineer** n (Elec Eng) / Gleichlaufkontrolleinrichtung f
**SCSI** (Small Computer System Interface) (Comp) / SCSI n (ein Bussystem für den PC und vergleichbare Rechner zum Anschluss von Peripheriegeräten) ‖ **~ bus** (Small Computer System Interface) (Comp) / SCSI-Bus m ‖ **~ host adapter** (Comp) / SCSI-Hostadapter m
**SC store** (semiconductor store) (Comp) / Halbleiterspeicher m, Festkörperspeicher m
**SCT** (spiral computer tomography) / Spiralcomputertomografie f, SCT (Spiralcomputertomografie) ‖ **~** (surface-controlled transistor) (Electronics) / SCT-Element n, oberflächengesteuerter

Transistor (Steuerung der Oberflächenrekombination und damit des Stromverstärkungsfaktors mittels Feldelektrode), Oberflächenladungstransistor m ‖ **~** (scanning telescope) (Optics) / Rasterfernrohr n, Rasterteleskop n
**scuba** n / Aqualunge f (Tauchgerät) ‖ **~ diving** / Kreislauf-Schwimm-Tauchen n
**scud** v (Leather) / streichen v, glätten v ‖ **~** (Meteor) / jagen v (Wolke) ‖ **~** n (Leather) / Gneist m, Grund m (den man mechanisch durch Streichen entfernt)
**scudding** n (Leather) / Streichen n (um die noch im Narben der Blöße enthaltenen Haar-, Pigment- und Fettreste zu entfernen), Glätten n ‖ **~ beam** (Leather) / Gerberbaum m (zum Streichen der Blößen), Scherbaum m, Baum m (Gerberbaum) ‖ **~ machine** (Leather) / Streichmaschine f
**scuff** v / verschrammen v, verkratzen v (Fußboden) ‖ **~** / zerkratzen v (Oberflächen), zerschrammen v ‖ **~** / abwetzen v (die Oberflächen) ‖ **~** (Eng) / fressen v (bei sich berührenden Körpern) ‖ **~** (Eng) / sich festfressen v ‖ **~** (Join) / abstoßen v (eine Kante) ‖ **~** (Leather) / wundscheuern v (Häute im Fass - nur Infinitiv und Partizip) ‖ **~** n (Leather) /  (a)geschürfte Stelle
**scuffing**\* n (Eng) / Festfressen n (von Oberflächenpartien zweier Maschinenteile), Anfressen n ‖ **~** (Eng) / Fressen n, Fresserscheinung f (örtlich begrenztes Verschweißen von Oberflächenpartien - ein Verschleißvorgang) ‖ **~** (Eng, Paper) / Fressverschleiß m, Abrieb m (Oberflächenverschleiß) ‖ **~** (Glass) / Scheuerfleck m (örtlich begrenzter Abdruck, der auf der Oberfläche des Glases durch Zerdrücken eines Fremdkörpers hervorgerufen wird) ‖ **~ load limit** (Eng) / Fresslastgrenze f ‖ **~ mark** (Eng) / Fressriefe f ‖ **~ resistance** (Eng) / Fresswiderstand m ‖ **~ resistance** (Eng, Paper) / Abriebfestigkeit f, Reibfestigkeit f ‖ **~ wear** (Eng, Paper) / Fressverschleiß m, Reibverschleiß m
**scuffler** n (Agric) / Löffelegge f (zur Auflockerung von verschlammten Böden)
**scuff mark** (Glass) / Scheuerfleck m (örtlich begrenzter Abdruck, der auf der Oberfläche des Glases durch Zerdrücken eines Fremdkörpers hervorgerufen wird) ‖ **~ mark** (Glass) s. also scrub marks ‖ **~ resistance** (Eng) / Fresswiderstand m ‖ **~ resistance** (Eng, Paper) / Abriebfestigkeit f
**scuff-resistant** adj / kratzfest adj (beständig gegen oberflächliche Beschädigungen), ritzfest adj, nagelfest adj (kratzfest), riefenfest adj ‖ **~** (Eng, Paper) / abriebfest adj (oberflächlich), reibfest adj, fest gegen Abrasionsverschleiß
**scuff rib** (Autos) / Scheuerleiste f (an Reifenflanken)
**scull**\* n (Glass) / Kellenrückstand m, Löffelmütze f
**sculpture** v (Arch) / skulptieren v, skulpturieren v, als Skulptur darstellen, als Plastik darstellen ‖ **~** (Geol) / skulpturieren v (Erosionstätigkeit) ‖ **~** n (Arch) / Bauplastik f, Bildwerk n, Plastik f (das einzelne Werk der Bildhauerkunst)
**sculptured pile** (Textiles) / Relief n (an Polteppichen)
**scum** v (Met) / abschöpfen v (Oxidablagerungen), abkrammen v (Krätze), abkrätzen v, abschäumen v, abkrampen v (mechanisch), abschlacken v ‖ **~** vt (Nut) / abschäumen v ‖ **~** n / Schaum m, Abschaum m ‖ **~** (Build) / Kalkausblühung f ‖ **~** (Ceramics) / Ausblühung f (beim Brennen entstandene) ‖ **~** (Hyd Eng, San Eng) / Schwimmdecke f (Schicht aus Schwimmschlamm im Faulbehälter) ‖ **~** (Met) / Schlacke f (Oxidablagerungen) ‖ **~** (Met) / Krätze f (Abbrandprodukte, in der Hauptsache unlösliche Oxide des Basismetalls und seiner Legierungen), Schaum m, Oxidablagerungen f pl (Krätze), Garschaum m, Gekrätz n (bei NE-Metallen) ‖ **~** (Met) / Abstrich m (schwimmende Schicht auf der Oberfläche einer Metallschmelze, die abgezogen wird), Abzug m (abgezogene Oberflächenschicht) ‖ **~** (a film or layer of floating matter formed upon the surface of a liquid in a state of fermentation) (Nut) / Schimmel m (von Schimmelpilzen gebildeter weißlicher Belag), Kahmhaut f (durch hefeähnliche Pilze gebildete grauweiße Haut auf gärenden oder faulenden Flüssigkeiten)
**scumble**\* n (used to produce a broken colour effect by means of a sharp distinction between the scumble colour and the ground colour) (Paint) / Lasur f ‖ **~** (For) / lasieren v
**scum board** (Hyd Eng) / Tauchwand f (von oben her in eine Gerinneströmung eintauchende, unterströmte Wand, die vom Wasser mitgeführtes Treibgut zurückhält), Schwimmstoffabstreicher m ‖ **~ breaker** (San Eng) / Schwimmdeckenzerstörer m (im Faulbehälter) ‖ **~ collector** (Hyd Eng) / Abstreifer m (Vorrichtung zum Entfernen der Grob- und Faserstoffe von der Rechenharke bei der Reinigung eines belegten Rechens) ‖ **~ collector** (San Eng) / Schwimmschlammräumer m ‖ **~ collector** (San Eng) / Abstreifer m (Vorrichtung, die verhindert, dass sich Schlamm an der Überfallkante von Nachklärbecken ablagert) ‖ **~ inhibitor** (Print) / Tonschutzmittel n
**scummer** n (Nut) / Schaumlöffel m

**scumming**

**scumming** n (Ceramics) / Ausblühung f (beim Brennen entstandene) ‖ ~ (Print) / Tonen n (das Mitdrucken von außerhalb des Druckbildes liegenden Stellen der Druckform infolge des Ansetzens von Druckfarbe - DIN 16515, T 1)
**SC unit** (Eng) / in sich abgeschlossene Einheit (Anlage)
**scupper** n (Build) / Überlauf m (auf dem Dach) ‖ ~ (Ships) / Speigatt n (eine Öffnung zum Ablaufen des Wassers) ‖ ~ **hole** (Ships) / Speigatt n (eine Öffnung zum Ablaufen des Wassers)
**S-curve*** n / Doppelkurve f, S-Kurve f
**scutch** v (Textiles) / schwingen v (mit der Flachsschwinge bearbeiten) ‖ ~* n (Build) / Maurerhammer m (DIN 5108) ‖ ~ (Textiles) / Schwingmesser n ‖ ~ (Textiles) / Schwinge f, Flachsschwinge f, Schwingmaschine f ‖ ~ **blade** (Textiles) / Schwingmesser n
**scutched flax** (Textiles) / Schwingflachs m
**scutcheon** n (Build) / Schlüssellochdeckel m, Sicherheitstürschild n (DIN 18257), Schlossschild n
**scutcher** n (Build) / Maurerhammer m (DIN 5108) ‖ ~ (Spinning) / Schlagmaschine f (DIN 64079 und 64100), Batteur m (Einprozessanlage zum Öffnen, Reinigen und Mischen von Baumwolle und Chemiefasern) ‖ ~ (Textiles) / Strangöffner m (DIN 64990)
**scutching mill** (Textiles) / Schwinge f, Flachsschwinge f, Schwingmaschine f ‖ ~ **tow** (Textiles) / Schwingwerg n ‖ ~ **tow** (Textiles) / Hechelwerg n
**scuttle** n (Autos) / Windlauf m, Windlaufblech n
**SCV** (subclutter visibility) (Radar) / Zielerkennbarkeit f in Störechos, Zielerkennbarkeit f gegenüber Bodenechos
**scythe-type support** (Mining) / Sensenausbau m
**SD** (system display) / Systemanzeige f, Systemdisplay n ‖ ≙ (shipping-dry) (For) / verschiffungstrocken adj (Holz) ‖ ≙ (soft-drawn) (Met) / weichgezogen adj
**SDD*** (subscriber direct dialling) (Teleph) / Selbstwählverkehr m
**SDDC** (sodium dimethyldithiocarbamate) (Chem) / Natriumdimethyldithiocarbamat n
**SDE** (stochastic differential equation) (Maths, Stats) / stochastische Differentialgleichung
**SDF** (standard data format) (Comp) / Standarddatenformat n (Cobol)
**SDH** (synchronous digital hierarchy) (Telecomm) / synchrone digitale Hierarchie (eine spezielle digitale, transparente und leistungsstarke Multiplex-Übertragungstechnik für Glasfaser-Fernleitungen und hochkapazitive Richtfunkstrecken) ‖ ≙ **network** (Telecomm) / SDH-Netz n
**SDI*** (Comp) / seriell-digitale Schnittstelle
**SDK** (software development kit) (Comp) / Sofware Development Kit m n (Bibliothek von Softwarefunktionen eines technischen Systems, welche bausteinartig von Entwicklern zu individuellen Anwendungen zusammengesetzt werden können), SDK (Software Development Kit )
**SDLC** (synchronous data-link control) (Comp) / synchrone Datenübertragungssteuerung
**SDM** (sigma delta modulation) (Radio) / Sigma-Delta-Modulation f, SDM (Sigma-Delta-Modulation) ‖ ≙ (space-division multiplex) (Telecomm) / Raummultiplex n (verschiedene Nachrichten gleichzeitig über je eigene, räumlich getrennte Leitungen)
**SDR** (special drawing rights) / Sonderziehungsrechte n pl (Buchgeld auf Sonderkonten des Internationalen Währungsfonds), SZR (Sonderziehungsrechte)
**SDRAM** (synchronous dynamic RAM) (Comp) / Synchron-DRAM n, SDRAM n
**SDS*** (sodium dodecyl sulphate) (Biol, Chem, Textiles) / Natriumlaurylsulfat n, Natriumdodecylsulfat n, Natriumdodezylsulfat n, SDS (Natriumlaurylsulfat)
**SD sequence** (Biochem) / Shine-Dalgarno-Sequenz f
**SDS gel electrophoresis*** (Biol) / SDS-Elektrophorese f (bei der das als Detergens zugesetzte Natriumlaurylsulfat die Moleküle der Analysenprobe bindet)
**SDS-PAGE** n (sodium dodecyl sulphate polyacrylamide-gel electrophoresis) (Biochem) / SDS-PAGE n (zur Molmassenbestimmung von Proteinen und deren Untereinheiten)
**SE*** (stopped end) (Build) / Wandanschluss m
**Se** (selenium) (Chem) / Selen n, Se (Selen)
**sea*** n (Geog, Ocean) / See f, Meer n ‖ ~ (state of sea) (Ocean) / Seegang m (die winderzeugten Kapillar- und Schwerewellen) ‖ ~ attr (Geog, Ocean) / See-, Meer[es]- ‖ **above mean ~ level** (Surv) / über Normalnull, üNN (über Normalnull)
**sea-air missile** (Mil) / See-Luft-Flugkörper m
**sea anchor*** (Ships) / Seeanker m, Treibanker m ‖ ~ **arch** (Geol) / Felsentor n (durch Brandungserosion gebildet) ‖ ~ **atmosphere** (Meteor, Surf) / Meeresatmosphäre f (marines Klima nach DIN EN ISO 12 944-2)

**sea-based** adj (Mil) / seegestützt adj (Startgerät) ‖ ~ **pollution** (Ecol) / meeresbürtige Verschmutzung, vom Meer ausgehende Verschmutzung
**sea basin** (Ocean) / Meeresbecken n
**seabed** n (Geol) / Meeresboden m, Meeresgrund m ‖ ~ **completion** (Oils) / Gesamtinstallation f auf dem Meeresgrund (ein Verfahren zur Erschließung eines Erdölvorkommens bei Offshorebohrungen) ‖ ~ **mining** (Mining) / Meeresbergbau m, mariner Bergbau, Tiefseebergbau m ‖ ~ **ore mining** (Mining) / mariner Erzbergbau
**seaborgium** n (Chem) / Seaborgium n (Element der 6. Gruppe des Periodensystems, Ordnungszahl 106 - nach G.T. Seaborg, 1912 - 1999), Sg (Seaborgium)
**seaborne** adj (Ocean) / meeresbürtig adj, vom Meer kommend (stammend)
**sea-bottom** n (Geol) / Meeresboden m, Meeresgrund m
**sea·-breeze*** n (Meteor) / Seewind m (Gegensatz zu land-breeze) ‖ ~ **cave** (Geol) / Brandungshöhle f ‖ ~ **cell*** (Phys) / Seewasserelement n ‖ ~ **chasm** (Geol) / Kliffeinschnitt m (durch Wellenerosion) ‖ ~ **cliff** (Geol) / Küstenkliff n ‖ ~ **clutter*** (Radar) / Seegangsecho n (von einer Wasseroberfläche), Seegangreflex m, Meeresecho n, Seeclutter m ‖ ~ **coal** (Foundry) / gemahlene Steinkohle ‖ ~ **conditions** (Meteor, Ocean) / Meereszustand m, Seezustand m, Zustand m der See
**sea-defence works** (Ocean) / Küstenschutzbauten m pl
**sea disposal of radioactive waste** (Ocean) / Meerversenkung f radioaktiver Abfälle ‖ ~ **earth*** (Teleg) / See-Erdung f (von Kabeln) ‖ ~ **echo** (Radar) / Meeresecho n ‖ ~ **energy** (Ocean) / Meeresenergie f (der im Meer vorhandene Energieinhalt - Wärme, Wellen, Strömungen)
**seafloor** n (Geol) / Meeresboden m, Meeresgrund m ‖ ~ **spreading*** (Geol, Ocean) / Sea-Floor-Spreading n, Meeresbodenausbreitung f (am Mittelatlantischen Rücken), Spreizbewegung f des Meeresbodens, Meeresbodenspreizung f, Ocean-Floor-Spreading n
**sea-foam** n (Min) / Meerschaum m, Sepiolith m (ein wasserhaltiges Magnesiumsilikat)
**sea fog** (Meteor, Ships) / Seenebel m, Meeresnebel m
**seafood** n (Nut) / Meerestiere n pl
**seafront** n / unmittelbar am Meer gelegener Teil einer Stadt
**sea geology** (Geol) / Meeresgeologie f, marine Geologie
**seagoing** adj (Ships) / hochseegehend adj, seegängig adj (als Klassifikationsmerkmal), seetüchtig adj, seefähig adj, seegehend adj ‖ ~ **ship** (Ships) / Schiff n für den Überseeverkehr, Seeschiff n, Hochseeschiff n
**seagrass** n (Bot) / Seegras n (getrocknete Blätter der Zostera marina L.)
**sea-green** adj / meergrün adj ‖ ~ (of a pale bluish green colour) / meergrün adj, seegrün adj
**sea ice** (Ocean) / Meereis n ‖ ~ **insurance** (Ships) / Seeversicherung f, Seeassekuranz f ‖ ≙ **Island cotton** (Textiles) / Sea-Island-Baumwolle f, Sea Island Cotton n (Gossypium barbadense L.)
**sea-island cotton** (a fine-quality long-stapled cotton grown on islands off the southern US) (Textiles) / Sea-Island-Baumwolle f, Sea Island Cotton n (Gossypium barbadense L.)
**seakeeping** n (the ability of a vessel to withstand rough conditions at sea) (Ships) / Seeverhalten n (des Schiffes), Verhalten n (des Schiffes) bei Seegang
**seal** v (mit einer Plombe versehen) / plombieren v ‖ ~ / verschließen v (abdichten), abschließen v (hermetisch) ‖ ~ (Autos) / konservieren v (Hohlraumschutz) ‖ ~ (Build) / versiegeln v, abdichten v, dichten v, einsiegeln v ‖ ~ (Build) / versiegeln v (poröse Oberflächen) ‖ ~* (Elec Eng) / zuschmelzen v, einschmelzen v (Metall in Glas), verschmelzen v ‖ ~ (For, Paint) / absperren v ‖ ~ (Oils) / verstopfen v ‖ ~ (Plastics) / schweißen v (dünnes Material) ‖ ~ (Plastics) / einschweißen v (Verpackung) ‖ ~ (Surf) / verdichten v (anodische Oxidschichten) ‖ ~ n / Abschluss m (hermetischer), Verschluss m (Abdichtung) ‖ ~ / Plombe f (zum Verschließen von Behältern und Räumen) ‖ ~ (Build, Eng) / Versiegelung f, Abdichtung f, Dichtung f (DIN 3750) ‖ ~* (Elec Eng) / Zuschmelzen n, Verschmelzen n, Einschmelzen n ‖ ~* (San Eng) / Wasserverschluss m (des Geruchverschlusses)
**Sealab** n (Ocean) / Unterwasserlabor n (Tauch- und Arbeitsstation), UWL (Unterwasserlabor), Unterwasserhaus n
**seal additive** (Surf) / Seal-Additiv n
**sea lane** (Ships) / Schifffahrtsweg m (ein Seeweg), Seeschifffahrtsstraße f
**sealant** n / Dichtstoff m (erhärtender, plastischer - DIN 18545, T 2) ‖ ~ (Autos) / Konservierungsmittel n ‖ ~ (Build, Eng) / Dichtungsstoff m, Dichtmittel n, Dichtungsmaterial n, Dichtstoff m (DIN 52460) ‖ ~ (Paint) / Absperrmittel n (DIN 55945), Isoliermittel n ‖ ~ (Surf) / Sealer m, Verdichtungsmittel n (für anodisch erzeugte Schichten)
**sealant-adhesive** n / Klebedichtstoff m
**seal assembly** (Eng) / Dichtungssatz m, Dichtsatz m
**sea-launched cruise missile** (Mil) / seegestützter Marschflugkörper m

sea law / Seerecht n
seal bonnet (Eng) / Dichtkappe f ‖ ~ coat (Build, For) / Versiegelungsbeschichtung f, Dichtungsanstrich m
sealed adj / verschlossen adj, abgeschlossen adj (hermetisch) ‖ ~ / gasdicht adj (Tankverschluss, Trockenbatterie) ‖ ~ around / umlaufend abgedichtet ‖ ~-beam system (Autos) / Sealed-Beam-System n (ein anglo-amerikanisches Scheinwerfersystem ohne eine scharfe Hell-Dunkel-Grenze) ‖ ~ bearing (Eng) / gekapseltes Lager, verkapseltes Lager, gedichtetes Lager ‖ ~ double glass (Build, Glass) / Zweischeibenisolierglas n ‖ ~ filler cap (Autos) / gasdichter Tankverschluss ‖ ~-for-life cooling system (Autos) / plombiertes Kühlsystem, versiegeltes Kühlsystem ‖ ~ machine (Elec Eng) / dichtgekapselte Maschine
sealed-off vacuum system (Vac Tech) / abgeschlossenes Vakuumsystem
sealed pore (Ceramics) / geschlossene Pore ‖ ~ porosity / geschlossene Porosität ‖ ~ rectifier (Elec Eng) / geschlossener Gleichrichter ‖ ~ road (Civ Eng) / befestigte Straße ‖ ~ selvedge (Textiles) / heißversiegelte Leiste ‖ ~ storage (Agric) / Autokonservierung f (Getreidelagerung in hermetisch abgeschlossenen Behältern) ‖ ~ transformer (Elec Eng) / geschlossener Transformator (der so abgedichtet ist, dass zwischen seinem Innern und der Außenluft praktisch kein Austausch stattfindet) ‖ ~ tube (Chem) / Einschmelzrohr n, Schießrohr n, Bombenrohr n
sealer n / Tiefgrund m (Einlassmittel bei mineralischen Untergründen), Tiefgrundmittel n ‖ ~ (Build, Eng) / Dichtungsstoff m, Dichtmittel n, Dichtungsmaterial n, Dichtstoff m (DIN 52460) ‖ ~ (Paint) / Sperrgrund m, Sealer m ‖ ~ (Paint) / Einlassmittel n (ein Anstrichstoff, der in einen saugfähigen Untergrund eindringt und dessen Saugfähigkeit verringert oder ganz aufhebt) ‖ ~ (Paint) / Absperrmittel n (DIN 55945), Isoliermittel n ‖ ~ (Surf) / Sealer m, Verdichtungsmittel n (für anodisch erzeugte Schichten)
Seale rope / Seale-Seil n (ein Drahtseil in Parallelmachart)
sea level* (Ocean, Surv) / Meeresspiegel m (physikalisches Meeresniveau) ‖ ~ level* (Surv) / Meereshöhe f, Seehöhe f
sea-level pressure* (Meteor) / auf Meeresniveau reduzierter Luftdruck
seal gas / Dichtgas n ‖ ~ in v (Elec Eng) / zuschmelzen v, einschmelzen v (Metall in Glas), verschmelzen v
seal-in alloy (Ceramics, Glass, Met) / Einschmelzlegierung f (Legierung auf Fe-Ni- oder Fe-Cr- oder Fe-Ni-Co-Basis mit einem Wärmeausdehnungskoeffizienten der gleichen Größe wie bei Gläsern und keramischen Werkstoffen)
seal-in-contact (Elec Eng) / eingeschmolzener Kontakt
sea-line n (Oils) / Unterwassererdölleitung f
sealing n / Verschließen n (Abdichten), Abschließen n (hermetisches) ‖ ~ / Dichten n, Abdichten n ‖ ~ / Plombieren n ‖ ~ (Autos) / Konservierung f (der Hohlräume, von Oberflächen) ‖ ~ (Build) / Versiegelung f, Abdichtung f, Dichtung f (DIN 3750) ‖ ~ (Build, For) / Versiegeln n, Versiegelung f (von porösen Oberflächen, von Holzfußböden) ‖ ~ (of anodic coatings) (Elec Eng, Surf) / Nachverdichtung f, Sealing n, Verdichten n (von anodisch erzeugten Oberflächenschichten), Sealen n (beim Eloxieren) ‖ ~ (Leather) / Abschluss m (beim Zurichten) ‖ ~ (Paint) / Einlassmittel n (ein Anstrichstoff, der in einen saugfähigen Untergrund eindringt und dessen Saugfähigkeit verringert oder ganz aufhebt) ‖ ~ (Plastics) / Schweißen n (von dünnerem Material) ‖ ~ additive (Surf) / Seal-Hilfsmittel n (zur Verdichtung anodischer Oxidschichten auf Aluminium), Sealingszusatz m ‖ ~ agent (Oils) / Verstopfungsmittel n (zur Verhütung und Bekämpfung von Verlusten an Spülflüssigkeit) ‖ ~ box* (Cables) / Kabelvergusskasten m ‖ ~ coat (Build, For) / Versiegelungsbeschichtung f, Dichtungsanstrich m ‖ ~ compound (Build, Eng) / Dichtmasse f, Dichtungsmasse f, Abdichtmasse f ‖ ~ disk (Eng) / Dichtscheibe f (im Allgemeinen) ‖ ~ element (Chem) / Dichtelement n ‖ ~ felt (Textiles) / Dichtungsfilz m ‖ ~ force (Eng) / Dichtkraft f ‖ ~ frame (Eng) / Dichtrahmen m ‖ ~ gas / Dichtgas n ‖ ~ glass (Glass) / Einschmelzglas n (zum Verschmelzen mit Metallen geeignet - z.B. Borosilikatgläser mit Wolfram) ‖ ~ groove (Eng) / Dichtnut f ‖ ~-in* n (Elec Eng) / Zuschmelzen n, Verschmelzen n, Einschmelzen n ‖ ~ liquid / Sperrflüssigkeit f ‖ ~ machine / Plombiermaschine f ‖ ~ machine (Plastics) / Einschweißmaschine f (für Verpackungen) ‖ ~-off* n (Elec Eng) / Abquetschen n (nach dem Evakuieren) ‖ ~ of the disposal site (Ecol, San Eng) / Deponieabdichtung f, Deponiedichtung f ‖ ~ oil / Sperröl n (zur Dichtung, z.B. eines Verdichters) ‖ ~ primer (Paint) / Einlassmittel n (ein Anstrichstoff, der in einen saugfähigen Untergrund eindringt und dessen Saugfähigkeit verringert oder ganz aufhebt) ‖ ~ ring (Eng) / Dichtring m ‖ ~ rubber (Autos) / Gummirahmen m (der Scheiben) ‖ ~ run (on the root side) (Welding) / wurzelseitiges Nachschweißen n ‖ ~ run (Welding) / Gegenlage f (beim beidseitigen Schweißen einer Stumpfnaht von der zweiten Seite aus gefertigte Schweißlage) ‖ ~ screw (Eng) / Dichtungsschraube f ‖ ~ steam (Eng) / Stopfbuchsendampf m, Sperrdampf m ‖ ~ tape (Build) / Dichtungsstreifen m, Dichtungsband n (gummiertes) ‖ ~ tube (Chem) / Einschmelzrohr n, Schießrohr n, Bombenrohr n ‖ ~ wax / Siegellack m ‖ ~ wire / Plombierdraht m ‖ ~ wire (Elec Eng) / Einschmelzdraht m, Dichtungsdraht m
seal-in relay (Elec Eng) / Relais n mit eingeschmolzenen Kontakten
seal leather (Leather) / Robbenleder n ‖ ~ oil / Robbentran m, Robbenöl n ‖ ~ oil / Sperröl n (zur Dichtung, z.B. eines Verdichters)
sealskin n (Leather) / Sealskin m n, Seal m n (Fell der Bärenrobbe und des Seebären)
seal steam (Eng) / Stopfbuchsendampf m, Sperrdampf m ‖ ~ water (Build) / Sperrwasser n (im Geruchsverschluss)
seal-welded adj (Welding) / dichtgeschweißt adj
seal welding (Welding) / Dichtheitsschweißung f, Dichtschweißung f ‖ ~ wire (Elec Eng) / Einschmelzdraht m, Dichtungsdraht m ‖ ~ with fluosilicate (Civ Eng) / fluatieren v (mit Härte-Fluat) ‖ ~ with hot wax (Autos) / heißwachskonservieren v (nur Infinitiv und Partizip)
seam v (Eng) / falzen v, bördeln v (Dosen) ‖ ~ (Eng) / falzen v (Blech) ‖ ~ (Textiles) / umsäumen v, säumen v ‖ ~ (Textiles) / umketteln v ‖ ~ n (Eng, Textiles, Welding) / Naht f ‖ ~* (Foundry) / Gussnaht f, Gussgrat m, Gießgrat m (ein am Gussstück anhaftender dünnwandiger Metallrest, der nicht unmittelbar zum Gussstück gehört) ‖ ~* (Foundry, Met) / unverschweißter Lunker, Oberflächenriss m ‖ ~ (Glass) / Formnaht f, Körpernaht f ‖ ~ (Met) / Überwalzung f, Walzgrat m, Dopplung f (durch Überwalzen) ‖ ~ (if thin)* (Mining) / Flöz n (eine Schicht nutzbarer Gesteine oder Minerale) ‖ ~* (Plumb) / liegender Falz, Liegefalz m, Querfalz m ‖ ~ abrasive resistance (Textiles) / Nahtscheuerfestigkeit f ‖ ~ allowance (Textiles) / Nahttoleranz f, Nahtzugabe f
seamark n (Nav, Ships) / Seezeichen n (Objekt im oder am Meer, in oder an Fahrwassern zur Bezeichnung der Schifffahrtswege oder zur Warnung vor Untiefen, Schifffahrtshindernissen oder gesperrten Seegebieten)
sea marker* (Aero, Ships) / Signalmittel n (das das Auffinden von Schiffbrüchigen durch Schiffe oder Flugzeuge erleichtern soll - z.B. eine Rauchboje)
seam coal (Mining) / Flözkohle m (DIN 22 020-1) ‖ ~ construction (Welding) / Schweißnahtkonstruktion f
seamed end (of a metal container) / Falzboden m (DIN 55 405)
seam efficiency (Textiles) / Nahtfestigkeit f
seamer* (Eng) / Falzmaschine f, Bördelmaschine f (eine Dosenschließmaschine) ‖ ~ n (Plumb) / Falzzange f
seam-guidance sensor (Welding) / Nahtführungssensor m (optisch-elektronischer Sensor zur Schweißnahtverfolgung)
sea mile (Ships) / Seemeile f (GB, veraltet = 1853,2 m; US = 1852 m), nautische Meile
seaming n (Eng) / Falzen n (Fügeverfahren bei Blechen), Bördeln n (von Dosen) ‖ ~ machine* (Eng) / Falzmaschine f, Bördelmaschine f (eine Dosenschließmaschine) ‖ ~ pliers (Plumb) / Falzzange f
sea mist (Meteor) / Seerauch m (ein Verdunstungsnebel)
seam joint (Eng) / Falz m (bei Blechen)
seamless adj (Textiles) / nahtlos adj ‖ ~ flooring (Build) / fugenloser Fußbodenbelag, fugenloser Belag, fugenloser Fußboden ‖ ~ service (Work Study) / einwandfreier Service ‖ ~ tube* (Met) / nahtloses Rohr
seamount* n (Geol, Ocean) / submariner Berg, Tiefseeberg m (z.B. Guyot)
seam resistance (Textiles) / Nahtfestigkeit f ‖ ~ roll* (Build) / Hohlumschlag m, Hohlumschlagfuge f (Metallbedachung) ‖ ~ roller (Build) / [konischer] Nahtroller m
seam-rubbing machine (Leather) / Nahtausreibmaschine
seam sealant (Welding) / Nahtabdichtungsmasse f (meistens eine PVC-Masse) ‖ ~ sealer (Welding) / Nahtabdichtungsmasse f (meistens eine PVC-Masse) ‖ ~ sealing (Welding) / Nahtabdichtung f ‖ ~ slippage (Textiles) / Nahtverschiebung f, Nahtschlupf m, Verziehen n der Naht ‖ ~ spacing (Welding) / Nahtabstand m (Reihenabstand von mehrreihigen Punktnähten)
seamstress n (Textiles) / Näherin f
seam thickness (Mining) / Flözmächtigkeit f ‖ ~ type (Textiles) / Nähnahttype f (DIN ISO 4916) ‖ ~ welding* (Plastics) / Überlappschweißen n ‖ ~ welding* (Welding) / Nahtschweißen n (eine Art Widerstandspressschweißen) ‖ ~ width (Welding) / Nahtbreite f (auf der Oberfläche einer Stumpf- oder Stirnnaht - DIN 1912-1)
seamy adj (Met) / rissig adj
sea noise (Acous) / Meeresgeräuschschall m (DIN 1320) ‖ ~ oak (Bot) / Blasentang m (Fucus vesiculosus - eine Braunalge) ‖ ~ oak (Bot) / Meereiche f, Schotentang m (Halidrys siliquosa /L./ Lyngb.)
seapeak n (Geol) / submarine Gipfelkuppe
seaplane* n (Aero) / Wasserflugzeug n ‖ ~ base (Aero) / Wasserflugzeugstützpunkt m ‖ ~ tank* (Aero) / Wasserflugzeugschleppkanal m
seaport n (Ships) / Seehafen m

**sea power** (Ocean) / Meeresenergie f (der im Meer vorhandene Energieinhalt - Wärme, Wellen, Strömungen)
**seaquake** n (Geol) / Seebeben n (Erschütterung des Meeres, die ihren Ursprung vom Meeresboden nimmt)
**sea quark** (Nuc) / Seequark n, Quark n im See
**search** v / suchen v || ~ / recherchieren v (z.B. Patentsachen) || ~ (to scan data until the desired information is located) (Comp) / suchen v || ~ s. also seek || ~ n / Recherche f (z.B. in Patentsachen) || ~ (Aero) / Durchsuchung f (von Fluggästen, von Gepäck) || ~ (Comp) / Suchvorgang m, Suche f, Suchen n, Search n || ~ (Comp) / Recherche f || ~ (Eng) / Suchlauf m (Werkzeugwechselsteuerung) || ~ (TV) / Suchlauf m (mit sichtbarem Bild) || ~ **accuracy** (Comp) / Suchgenauigkeit f || ~ **algorithm** (Comp) / Suchalgorithmus m || ~ **and rescue aircraft** (Aero) / Such- und Rettungsluftfahrzeug n, Such- und Rettungsflugzeug n || ~ **and rescue coordination centre** (Aero) / Such- und Rettungszentrale f (A), Leitstelle f des Such- und Rettungsdienstes || ~ **and rescue homing**\* (Mil, Radar) / SAR-Peilsender m || ~ **and rescue satellite** (Space) / Such- und Rettungssatellit m || ~ **argument** (Comp) / Suchargument n || ~ **coil**\* (Elec Eng) / Prüfspule f, Tastspule f, Suchspule f, Sondenspule f || ~ **criterion** (Comp) / Suchkriterium n (Merkmal eines Datensatzes, nach dem dieser erkannt werden kann) || ~ **cycle** (Comp) / Suchzyklus m, Suchschleife f || ~ **drive** (Comp) / Suchlaufwerk n || ~ **engine**\* (Comp) / Suchmaschine f (Oberbegriff für verschiedene Systeme, die im WWW des Internet präsentierte Inhalte indizieren und nach denen man dort suchen kann), Search Engine f || ~ **engine**\* (Comp) / Usenet-Suchsystem n || ~ **gas** (Build, Civ Eng) / Gas n für Dichtigkeitsprüfung, Spürgas n || ~ **gas** (Vac Tech) / Testgas n, Prüfgas n
**searching** n / Recherche f (z.B. in Patentsachen) || ~ (Comp) / Suchvorgang m, Suche f, Suchen n, Search n || ~ (Comp) / Recherche f || ~ **selector** (Teleph) / Freiwähler m
**search instruction** (Comp) / Suchbefehl m || ~ **key** (Comp) / Suchtaste f, Suchschlüssel m || ~ **key** (Comp) / Suchkriterium n (Merkmal eines Datensatzes, nach dem dieser erkannt werden kann) || ~ **language** (Comp) / Recherchesprache f
**searchlight** n (Light) / Suchscheinwerfer m, Scheinwerfer m (Suchscheinwerfer) || ~ **projector** (Light) / Suchscheinwerfer m, Scheinwerfer m (Suchscheinwerfer) || ~ **radar** (Radar) / Scheinwerferleitradar m n
**search method** (Comp) / Suchverfahren n (aus der Suchstrategie abgeleiteter Ablauf eines Suchvorgangs für bestimmte Suchfragen) || ~ **module** (Comp) / Suchmodul n || ~ **path** (Comp) / Suchpfad m (in einem hierarchischen Dateiverwaltungssystem) || ~ **query** (Comp) / Suchfrage f (bei einem Rechercheauftrag) || ~ **radar**\* (Radar) / Suchradar m n
**search/replace function** (Comp) / Funktion f "Suchen und Ersetzen"
**search report** / Recherchebericht m (vor der Erteilung des Patents) || ~ **routine** (Comp) / Suchroutine f || ~ **run** (Comp) / Suchlauf m (Vergleich einer verschlüsselten Suchfrage mit den Dateneinheiten eines Datenbestandes) || ~ **strategy**\* (Comp) / Suchstrategie f, Suchlogik f (Analyse und Festlegung des Ablaufs von Suchvorgängen für gleichartige Suchfragen in einem bestimmten Retrievalsystem) || ~ **string** (Comp) / Suchstring m || ~ **time** (Comp) / Suchzeit f (die zur Durchführung eines Suchlaufs benötigt wird) || ~ **tree** (Comp) / Suchbaum m || ~ **word** (Comp) / Suchwort n (Zeichenfolge, nach der in einem Text gesucht wird) || ~ **word** (Comp) / Suchbegriff m (ein Schlagwort, mit dem in einem Datenbestand oder Dokumentenbestand gesucht wird)
**sea-rescue aircraft** (Aero) / Seenotrettungsflugzeug n
**sea return** (Radar) / Meeresecho n || ~ **return** (the radar response from the sea surface) (Radar) / See-Echo n || ~ **return** (response from the sea surface) (Radar) / Seegangsecho n (von einer Wasseroberfläche), Seegangreflex m, Meeresecho n, Seeclutter m
**Searle viscometer** (Phys) / Searle-Viskosimeter n (spezielle Bauform eines Zylinderrotationsviskosimeters mit rotierendem Innenzylinder in einer koaxialen Anordnung)
**sea road** (Ships) / Seeweg m (von der Schifffahrt benutzte Route über das Meer) || ~ **route** (Ships) / Seeweg m (von der Schifffahrt benutzte Route über das Meer) || ~ **salt** / Seesalz n, Meersalz n || ~ **sand** (Ocean) / Seesand m
**seashore** n (Ocean) / Ufer n (Küste), Küste f, Küstenstreifen m || ~ (Ocean) / Seeküste f, Seeufer n, Meeresufer n || ~ **civil engineering** (Civ Eng) / Seewasserbau m (als Fach)
**seasickness** n (Med) / Seekrankheit f (eine Bewegungskrankheit)
**seaside** n / Küste f (als Erholungsstätte), Seeküste f (als Erholungsstätte) || ~ (of a warehouse) / Wasserseite f (der Lagerhalle)
**sea skimmer** (Mil) / Sea-Skimmer m, tiefstfliegender Seezielflugkörper || ~ **slater** (Zool) / Wasserassel f (Familie Asselota, Asselidae) || ~ **smoke** (Meteor) / Seerauch m (ein Verdunstungsnebel)

**season** v / ablagern vt (Holz, Papier, Wein) || ~ (For) / trocknen v || ~ (Nut) / würzen v || ~ n / Saison f, Jahreszeit f || ~ (Bot, Nut) / Saison f, Reifezeit f
**seasonal** adj / jahreszeitlich adj, saisonal adj, saisonbedingt adj (z.B. Arbeitslosigkeit), saisonabhängig adj, gebunden an eine Jahreszeit || ~ **adjustment** (Stats) / saisonbedingte Bereinigung (der statistischen Angaben) || ~ **fluctuation** (Stats) / saisonale Schwankung, saisonbedingte Schwankung, Saisonbewegung f, Saisonschwankung f || ~ **increment** (For) / Zuwachs m eines Jahres, jährlicher Zuwachs, Jahreszuwachs m (durch einen auf dem Querschnitt erscheinenden konzentrischen Ring dargestellt) || ~ **industry** / Saisongewerbe n, saisonabhängige Industrie
**seasonally adjusted series** (Stats) / saisonbereinigte Reihe
**seasonal minimum** (Elec Eng) / jahreszeitliches Belastungstal || ~ **recovery** (Hyd Eng) / jahreszeitliche Grundwasser(spiegel)anhebung || ~ **variation** (Stats) / saisonale Schwankung, saisonbedingte Schwankung, Saisonbewegung f, Saisonschwankung f
**season cracking**\* (of copper and copper alloys) (Met, Surf) / Spannungsrisskorrosion f (DIN 50 900), SpRK (Spannungsrisskorrosion)
**seasoned vinegar** (Nut) / Kräuteressig m (mit den Würzstoffen von Kräutern aromatisierter Essig) || ~ **vinegar** (with spices) (Nut) / Gewürzessig m
**seasoning** n / Ablagerung f (Holz, Papier, Wein) || ~\* (For) / Trocknen n, Trocknung f || ~ (Leather) / Deckfarben-Zurichtung f (meistens mit Eiweißdeckfarben), Appretieren n (ein Arbeitsgang der Lederzurichtung) || ~ (Nut) / Speisewürze f (ein Proteinhydrolysat), Suppenwürze f || ~ (Nut) / Speisewürze f, Würze f (alle der Geschmacksverbesserung von Speisen dienende flüssige oder pastöse Zubereitungen oder auch Würzsoßen), Suppenwürze f (ein Proteinhydrolysat) || ~ (Nut) / Würzen n || ~ (Nut) / Gewürzmischung f, Gewürzzubereitung f, Würzmischung f || ~ **agent** (Nut) / Würzmittel n (Gewürze, Würzstoffe, Gewürzmischungen, -konzentrate und -zubereitungen) || ~ **check** (For) / Trockenriss m, Trocknungsriss m, Riss m infolge (unsachgemäßer) Trocknung, Schwindriss m, Luftriss m || ~ **defect** (For) / Trocknungsfehler m || ~ **degradation** (For) / Trocknungsverlust m (bei der Holztrocknung) || ~ **in summer** (Ceramics) / Aussommern n, Sommern n (der rohen Tonschollen) || ~ **in winter** (Ceramics) / Auswintern n || ~ **kiln** (For) / Trockenraum m || ~ **mix** (Nut) / Gewürzmischung f, Gewürzzubereitung f, Würzmischung f || ~ **of sludge** (San Eng) / Klärschlammkonditionierung f, Schlammkonditionierung f (Vorbehandlung des Schlamms mit dem Ziel der Verbesserung der Entwässerbarkeit) || ~ **set** (For) / Trocknungsverwerfung f
**season ticket** (for a period of travel) (Autos, Rail) / Zeitkarte f || ~ **ticket** (Autos, Rail) s. also commutation ticket
**sea squill** (Bot, Pharm) / Meerzwiebel f (Weiße, Rote - Urginea maritima /L./ Baker) || ~ **squill** (Bot, Pharm) s. also scilla glycoside || ~ **stack** (Geol, Ocean) / durch Wellenerosion abgegliederte Felsnadel || ~ **state** (the degree of turbulence at sea) (Meteor, Ocean) / Meereszustand m, Seezustand m, Zustand m der See
**seat** vt (Oils) / absetzen v (z.B. Produktionsrohrtouren auf dem Träger) || ~ n (Aero, Autos) / Sitz m (Sitzplatz) || ~ (Eng) / Sitz m || ~ (Eng) / Auflagefläche f || ~ (Eng) / Befestigungsfläche f, Sitzfläche f || ~ (Glass) / Bank f (für die Häfen), Hafenbank f, Ofengesäß n, Gesäß n || ~ **adjuster** (Autos) / Sitzverstellung f (Mechanismus) || ~ **adjustment device** (Autos) / Gurtversteller m || ~ **back** (Autos) / Rücklehne f
**seat-back angle** (Autos) / Neigung f der Rückenlehne
**seat belt** (Aero) / Anschnallgurt m (am Sitz befestigter Sicherheitsgurt), Sitzgurt m || ~ **belt** (Autos) / Sicherheitsgurt m
**seat-belt anchorage** (Autos) / Gurtverankerung f || ~ **height adjustment** (Autos) / Gurthöhenverstellung f || ~ **mounting** (Autos) / Gurtverankerung f || ~ **reminder light** (Autos) / Gurtwarnleuchte f || ~ **retractor** (Autos) / Sicherheitsgurt-Aufroller m, Sicherheitsgurt-Aufrollautomatik f, Gurtautomatik f, Aufrollautomatik f || ~ **warning light** (Autos) / Gurtwarnleuchte f
**seat board** (Horol) / Postament n || ~ **cover** (Autos) / Schonbezug m (für Autositze), Sitzbezug m || ~ **earth** (Geol) / untergelagerter Ton, Unterton m (im Liegenden), Basalton m im Flözliegenden || ~ **earth**\* (Mining) / fossiler (Boden)Horizont unter dem Flöz
**-seater** (denoting a vehicle, sofa, or building with a specified number of seats) / -sitzer m (mit x-Sitzplätzen)
**sea terminal** (Ships) / Seeterminal m n (Hafen, Containerterminal) || ~ **terrace** (Geol) / Strandterrasse f, Meeresterrasse f
**seat face** (Eng) / Befestigungsfläche f, Sitzfläche f || ~ **furniture** (Build, Join) / Sitzmöbel n pl
**seating** n / Sitzen n || ~ (Build, Join) / Sitzmöbelstück n, Sitzgelegenheit f || ~\* (Eng) / Sitz m || ~ **block** (Foundry) / Lochstein m (der Pfanne) || ~ **capacity** / Sitzplatzkapazität f, Sitzplatzanzahl f, Anzahl f der Sitzplätze || ~ **configuration** (Aero, Autos) / Sitzanordnung f, Sitzschema n
**seat-kilometre** n (Aero) / Sitzkilometer m n

**seat-lasting machine** / Fersenzwickmaschine *f* (für Schuhe)
**seat of fire** (point where fire started) / Brandherd *m*
**seat-pack parachute** (Aero) / Sitzfallschirm *m*
**seat rail** (Aero, Autos) / Sitzschiene *f*
**sea transport** (Ships) / Seetransport *m*
**seat reservation** (Comp) / Platzbuchung *f* (in Verkehrsmitteln oder bei Veranstaltungen)
**sea trial** (Mil) / Erprobung *f* auf See
**seat ring** (Eng) / Sitzring *m* (bei Absperrarmaturen) ‖ **~ sock** / Fersendeckfleck *m* (bei Schuhen) ‖ **~ tilt** / Sitzflächenneigung *f*
**seat-type parachute** (Aero) / Sitzfallschirm *m*
**sea wall** (Ocean) / Seedeich *m* (die durch Verwitterung und anschließende Umlagerung entstanden ist), Küstendeich *m* ‖ **~ wall** (Ocean) / Hafendamm *m*, Strandmauer *f*
**seaward** *adv* / seewärts *adv*
**seawards** *adv* / seewärts *adv*
**sea-washing** *n* (Geol, Ocean) / Brandungserosion *f* (Abtragungswirkung der Meeresbrandung), Abrasion *f*
**seawater** *n* (Ocean) / Seewasser *n*, Meerwasser *n* ‖ **~ corrosion** / Seewasserkorrosion *f*, Meerwasserkorrosion *f* ‖ **~ desalination** / Meerwasserentsalzung *f* ‖ **~ desalting** / Meerwasserentsalzung *f* ‖ **~ fastness** (Textiles) / Seewasserechtheit *f*, Meerwasserechtheit *f* (DIN 54 007)
**seawater-proof** *adj* / seewasserbeständig *adj* (z.B. Verpackung)
**seawater test** / Seewassertest *m* (zur Feststellung von Seewasserbeschädigungen an Gütern)
**sea wave** (Ocean) / Meereswelle *f*, Seewelle *f*
**seaway** *n* (Ships) / Seekanal *m*, Seeschifffahrtskanal *m* ‖ **~** (Ships) / Seeweg *m* (von der Schifffahrt benutzte Route über das Meer) ‖ **~ climatology** (Meteor, Ships) / Seewegklimatologie *f*
**seaweed*** *n* (Bot) / Seetang *m* (derbe, großwüchsige Braun- und Rotalgen), Tang *m* (pl. Tange) ‖ **~ meal** (Agric) / Tangmehl *n*, Algenmehl *n* (ein wichtiger Futtermittelzusatz)
**seaworks** *pl* (Civ Eng, Ocean) / Seewasserbauwerke *n pl*, Seebauten *m pl*, Seebauwerke *n pl*
**seaworthy** *adj* (in a good enough condition to sail on the sea) (Ships) / seetüchtig *adj* (in der Lage, die Seegefahren zu bestehen), seegängig *adj* (Zustand), seefähig *adj*, seetauglich *adj*, seefest *adj*
**sebacate** *n* (Chem) / Sebacinsäureester *m*, Sebakat *n*, Sebazinsäureester *m*, Sebacat *n*
**sebaceous*** *adj* (Physiol, Zool) / Talg-, talgig *adj*, talgartig *adj*
**sebacic acid*** (Chem) / Sebazinsäure *f*, Sebacinsäure *f*, Decandisäure *f*, Dekandisäure *f* ‖ **~ ester** (Chem) / Sebacinsäureester *m*, Sebakat *n*, Sebazinsäureester *m*, Sebacat *n*
**sebkha** *n* (Geol) / Sebcha *f* (pl. -s) (Salzpfanne und Salztonebene im arabischsprachigen Raum), Schott *m n* (pl. -s) (im Maghreb), Sebkha *f*, Sabkha *f*
**sec** (second) / Sekunde *f* (Grundeinheit der Zeit, Zeiteinheit zur Angabe eines Zeitpunktes, Einheit des ebenen Winkels, alte Einheit der Viskosität - DIN 1301, T 1)
**SEC** (special-event charter) (Aero) / Charter *m* für besondere Veranstaltungen ‖ **~** (secondary winding) (Elec Eng) / Sekundärwicklung *f* (bei Transformatoren und Induktionsmotoren), Ausgangswicklung *f*
**sec*** (Maths) / Sekans *m* (pl. -kanten) (eine der trigonometrischen Funktionen), Sekansfunktion *f* (eine Winkelfunktion) ‖ **~ adj** (Nut) / trocken *adj* (Wein)
**secale cornutum alkaloid** (Chem, Med, Pharm) / Ergotalkaloid *n* (aus den Sklerotien des Mutterkornpilzes), Clavicepsalkaloid *n*, Mutterkornalkaloid *n*, Secale-Alkaloid *n*
**secalonic acid** (Bot, Chem) / Secalonsäure *f* (schwach giftiges Stoffwechselprodukt des Mutterkorns)
**SECAM*** (TV) / SECAM-Farbfernsehsystem *n* (Frankreich, Mittel- und Osteuropa und arabische Länder) ‖ **~ colour TV system** (TV) / SECAM-Farbfernsehsystem *n* (Frankreich, Mittel- und Osteuropa und arabische Länder)
**secant*** *n* (Maths) / Sekante *f* (eine Gerade, die einen Kreis oder eine Kugelfläche in zwei Punkten schneidet) ‖ **~*** (Maths) / Sekans *m* (pl. -kanten) (eine der trigonometrischen Funktionen), Sekansfunktion *f* (eine Winkelfunktion) ‖ **~ adj** (Maths) / schneidend *adj* ‖ **~ line** (Maths) / Sekante *f* (eine Gerade, die einen Kreis oder eine Kugelfläche in zwei Punkten schneidet) ‖ **~ modulus*** (Met) / Sekantenmodul *m*
**secant-tangent theorem** (Maths) / Sekantentangentensatz *m* (Spezialfall des Sekantensatzes), Sekanten-Tangenten-Satz *m*, Tangentensatz *m* (Sekanten-Tangenten-Satz)
**secant theorem** (Maths) / Sekantensatz *m* (für zwei sich schneidende Sekanten eines Kreises), Sekantenproduktsatz *m* (ein Lehrsatz der ebenen Geometrie)
**secateurs** *pl* (Agric) / Baumschere *f*, Gartenschere *f* (eine Einhandschere)

**SEC camera tube** (TV) / Secon *n*, SEC-Kameraröhre *f*, SEC-Vidikon *n*, SEC-Röhre *f* (Fernsehaufnahmeröhre höchster Empfindlichkeit)
**sech*** (hyperbolic secant) (Maths) / Hyperbelsekans *m*, Secans hyperbolicus *m*, sech (Hyperbelsekans)
**SE chromatography** (Chem) / Gelchromatografie *f* (eine als Säulenchromatografie durchgeführte Flüssigkeitschromatografie), Ausschlusschromatografie *f*, AC (Ausschlusschromatografie), Gelpermeationschromatografie *f*, Gelfiltration *f*, GFC (Gelfiltration), Molekularsiebchromatografie *f*, Permeationschromatografie *f*, GPC (Gelpermeationschromatografie), Größenausschlusschromatografie *f*
**secoiridoid** *n* (Chem) / Secoiridoid *n*
**second*** *n* / Sekunde *f* (Grundeinheit der Zeit, Zeiteinheit zur Angabe eines Zeitpunktes, Einheit des ebenen Winkels, alte Einheit der Viskosität - DIN 1301, T 1) ‖ **~** (Autos) / zweiter Gang ‖ **~ adjoint space** (Maths) / Bidual *m*, bidualer Baum ‖ **~ anode** (Electronics) / Endanode *f*, Hochspannungsanode *f*
**second-applicant protection** / Zweitanmelderschutz *m* (im Patentrecht)
**secondary** *n* (Elec Eng) / Sekundärwicklung *f* (bei Transformatoren und Induktionsmotoren), Ausgangswicklung *f* ‖ **~ adj** / Sekundär-, sekundär *adj* ‖ **~ accompanying ore** (Geol, Mining) / Erzträger *m* ‖ **~ air** / Sekundärluft *f*, Zusatzluft *f*, Beiluft *f*, Zweitluft *f*, sekundäre Luft ‖ **~ alcohol*** (Chem) / sekundärer Alkohol ‖ **~ alloy** (Met) / Legierung *f* zweiter Schmelze ‖ **~ amine*** (Chem) / sekundäres Amin ‖ **~ armature** (Elec Eng) / Sekundäranker *m* ‖ **~ ash** / freie Asche (der Kohle) ‖ **~ available voltage** (Autos, I C Engs) / Zündspannungsangebot *n*, Hochspannungsangebot *n* ‖ **~ backing** (Textiles) / Zweitrücken *m* (bei Teppichböden) ‖ **~ battery*** (Elec Eng) / Akkumulator *m* (DIN 40729), Akku *m*, Akkumulatorenbatterie *f*, Sammelbatterie *f* (galvanisches Sekundärelement), Batterie *f* (Sekundärzelle nach DIN 40729) ‖ **~ beam*** (Build) / Deckenträger *m* (zur Aufnahme der Deckenlasten und Weiterleitung auf Deckenunterzüge) ‖ **~ bow*** (Meteor, Phys) / Nebenregenbogen *m* (dessen Radius etwa 51° ist) ‖ **~ braking system** (Autos) / Hilfsbremsanlage *f* ‖ **~ branch** (For) / Zweig *m* ‖ **~ breakdown** (For) / Nachschnitt *m* (von Rundholz) ‖ **~ brightener** (Surf) / Glanzzusatz *m* erster Klasse, sekundärer Glanzzusatz (der einen ausgesprochenen Hochglanz gibt) ‖ **~ building unit** / sekundäre Baueinheit (zur Einteilung der Zeolithe), SBU (sekundäre Baueinheit) ‖ **~ carbonate** (Chem) / normales Karbonat, neutrales Karbonat, normales Carbonat, neutrales Carbonat ‖ **~ cell*** (Elec Eng) / Sekundärelement *n* (wiederaufladbares Element), Sekundärzelle *f*, Speicherzelle *f* (Sekundärelement) ‖ **~ cementite** (Met) / Sekundärzementit *m* (beim Zerfall von Austenit-Mischkristallen mit mehr als 0,8% C) ‖ **~ channel** (Comp, Telecomm) / Sekundärkanal *m* (der Prüf- und Diagnosedaten transportiert) ‖ **~ circuit*** (Elec Eng) / Sekundärstromkreis *m*, Sekundärkreis *m* ‖ **~ coating** (Optics, Telecomm) / Sekundärbeschichtung *f* (einer LWL-Faser), Hülle *f* (einer LWL-Faser) ‖ **~ coil*** (Elec Eng) / Sekundärspule *f* ‖ **~ colours*** / Mischfarben *f pl*, zusammengesetzte Farben ‖ **~ combustion chamber** (Eng) / Nachbrennkammer *f* ‖ **~ consolidation** (Civ Eng) / Sekundärkonsolidierung *f* (des Bodens) ‖ **~ controller** (Automation) / geführter Regler (bei der Kaskadenregelung) ‖ **~ controls** (Aero) / Nebensteuerung *f* (Steuereinrichtungen), Sekundärsteuerung *f* ‖ **~ coolant*** (Nuc Eng) / Sekundärkühlmittel *n*, sekundäres Kühlmittel ‖ **~ cosmic rays** (Astron) / Sekundärstrahlung *f* (eine kosmische Strahlung), Sekundärkomponente *f* (der kosmischen Strahlung) ‖ **~ crater** *n* (Geol) / Nebenkrater *m* ‖ **~ creep** (Eng, Materials, Met) / zweites Kriechstadium, stationäres Kriechen, sekundäres Kriechen (mit praktisch konstanter Kriechrate), Kriechen *n* mit gleich bleibender Geschwindigkeit ‖ **~ crusher** (Eng) / Brecher *m* für die Zwischenzerkleinerung, Nachbrecher *m* ‖ **~ crushing** (Eng) / Mittelbrechen *n*, Mittelzerkleinerung *f* (Zwischenzerkleinerung), Nachbrechen *n* ‖ **~ crushing plant** (Min Proc) / Nachbrechanlage *f* ‖ **~ crystals** (Crystal, Met) / Sekundärkristalle *m pl* (die nicht in einer Schmelze, sondern im festen Zustand durch Ausscheidungen entstanden sind) ‖ **~ current** (Elec Eng) / Sekundärstrom *m* ‖ **~ cutting** (For) / Nachschnitt *m* (von Rundholz) ‖ **~ cycle** (Comp) / Nebenzyklus *m*
**secondary-cycle buffer** (Comp) / Nebenzykluspuffer *m*
**secondary data** (which have been removed at least one stage from source) (Stats) / sekundäre Daten ‖ **~ deposit** (Mining) / sekundäre Lagerstätte *f* ‖ **~ distribution network** (Elec Eng, Telecomm) / Distributionsnetz *n*, Verteilungsnetz *n* (ein Telekommunikationsnetz), Verteilnetz *n* ‖ **~ dust** / Sekundärstaub *m* (sedimentierter Staub, der durch äußere Einflüsse erneut dispergiert wird) ‖ **~ dust filter** / Polizeifilter *n* (ein nachgeschaltetes Staubfilter) ‖ **~ effect** / Nebenwirkung *f*, Nebeneffekt *m* ‖ **~ electron conduction tube** (TV) / Secon *n*, SEC-Kameraröhre *f*, SEC-Vidikon *n*, SEC-Röhre *f* (Fernsehaufnahmeröhre höchster Empfindlichkeit)

**secondary**

|| ~ **electrons**\* (Electronics) / sekundäre Elektronen, Sekundärelektronen n pl || ~ **electron yield** (Electronics) / Sekundärelektronenausbeute f || ~ **emission**\* (Electronics) / Sekundäremission f (durch den Aufprall von Primärelektronen auf Metalle oder Halbleiter verursachte Aussendung von Sekundärelektronen) || ~ **emission multiplier** (Electronics) / Sekundärelektronenvervielfacher m, SEV (Sekundärelektronenvervielfacher), Multiplier m || ~ **energy** (Phys) / Sekundärenergie f (aus einer Primärenergie gewonnene Energie) **secondary-energy-driven heat pump** (Heat) / Sekundärwärmepumpe f (die als Wärmequelle ein vorgeheiztes Medium, z.B. niedrig temperiertes Heiz- oder Kühlwasser, benutzt) **secondary enrichment** (by precipitation from downward-percolating waters)\* (Geol) / supergene Erzanreicherung, sekundäre Anreicherung (in der Verwitterungszone), Anreicherung f durch deszendente Lösungen || ~ **failure** / Folgeausfall m (der entweder direkt oder indirekt auf den Ausfall einer anderen Einheit zurückzuführen ist) || ~ **felling** (For) / Vornutzung f, Vornutzungshieb m, Lichtschlag m, Nachhieb m (Zwischennutzung) || ~ **fermentation** (Brew) / Nachgärung f (des Jungbiers) || ~ **fermentation** (Nut) / zweite Gärung (beim Schaumwein) || ~ **fermentation** (Nut) / Nachgärung f || ~ **file** (Comp) / Sekundärdatei f || ~ **fission**\* (Nuc Eng) / sekundäre Spaltung || ~ **flight controls** (Aero) / Nebensteuerung f (Steuereinrichtungen), Sekundärsteuerung f || ~ **flow** (Aero) / Mantelstrom m, Nebenstrom m (in einem Mantelstromtriebwerk) || ~ **flow** (Phys) / Sekundärströmung f (Überlagerung der Hauptströmung) || ~ **fluorescence** (Phys) / sekundäre Fluoreszenz || ~ **focus** (Optics) / sagittaler Brennpunkt, Sagittalfokus m, Sagittalbrennpunkt m || ~ **forest** (For) / Sekundärwald m (nach Eingriff des Menschen oder Naturkatastrophen entstandener Wald) || ~ **frequency** (Telecomm) / Nebenfrequenz f || ~ **fuel** (Fuels) / veredelter Brennstoff (z.B. Koks, Stadtgas) || ~ **grain** (Met) / Sekundärkorn n || ~ **graphite** (Met) / Sekundärgraphit m, sekundärer Graphit || ~ **growth**\* (Bot) / sekundäres Dickenwachstum || ~ **hardening** (Met) / Sekundärhärten n (hoch- und mittellegierter Werkzeugstähle) || ~ **hardness** (Met) / Sekundärhärte f (Härtezunahme nach dem Anlassen gehärteter Stähle) || ~ **image** (Micros) / das vom Okular vergrößerte virtuelle Bild des reellen Zwischenbildes || ~ **index** (Comp) / Sekundärindex m (zur Beschleunigung des Durchsuchens einer Datei nach Datensätzen, die einen vorgegebenen Wert in einem bestimmten Feld aufweisen) || ~ **induction** (AI) / sekundäre Induktion (aus allgemeinen Aussagen, Hypothesen usw.) || ~ **injection** (Space) / Sekundärinjektion f (z.B. Flüssigkeitseinspritzung oder Heißgaseinblasung) || ~ **insects** (Agric, For, Zool) / Sekundärinsekten n pl (die kränkelnde Bäume oder tote pflanzliche Gewebe angreifen, wie z.B. Holzwespen), sekundäre Insekten || ~ **ion** (Phys) / Sekundärion n **secondary-ion mass spectrometry** (Phys, Spectr) / SIMS (abbildende, statische, dynamische), Ionenstrahl-Mikroanalyse f, Sekundärionen-Massenspektrometrie f, ISMA (Ionenstrahl-Mikroanalyse) **secondary key** (Autos) / Nebenschlüssel m, Werkstattschlüssel m (Nebenschlüssel) || ~ **leakage**\* (Elec Eng) / Sekundärstreuung f || ~ **light source** (Light) / Sekundärlichtquelle f || ~ **light source** (Light) / Lichtquelle f zweiter Ordnung, Fremdleuchter m || ~ **machine** (Elec Eng) / Hintermaschine f || ~ **magnesium phosphate** (Agric, Ceramics, Chem, Pharm) / Magnesiumhydrogenphosphat m (sekundäres Magnesiumphosphat), zweibasiges Magnesiumphosphat || ~ **memory**\* (Comp) / Sekundärspeicher m, Zweitspeicher m (bei Rechnersystemen mit Speicherhierarchie) || ~ **metabolism** (Biol) / Sekundärstoffwechsel m || ~ **metal** (Met) / Umschmelzmetall n, Metall n zweiter Schmelzung || ~ **metallurgy** (Met) / Sekundärmetallurgie f, Pfannenmetallurgie f (Nachbehandlung des durch Frischprozesse erzeugten Stahls in der Pfanne oder in anderen nachgeschalteten Gefäßen) || ~ **mineral**\* (Min) / sekundäres Mineral || ~ **mirror** (Optics) / Hilfsspiegel m, Fangspiegel m (des Teleskops) || ~ **mirror** (Optics) / Sekundärspiegel m, Gegenspiegel m (des Spiegelteleskops) || ~ **mullite** (Ceramics, Met) / Sekundärmullit m, Nadelmullit m (idiomorpher) || ~ **neutral particle mass spectrometry** (Spectr) / Sekundärneutralteilchen-Massenspektrometrie f || ~ **nitro-compounds**\* (Chem) / sekundäre Nitroverbindungen, Pseudonitrole n pl || ~ **ore** (Geol) / deuterogenes Erz, sekundäres Erz || ~ **PABX** (Teleph) / Zweitnebenstellenanlage f, Unteranlage f, ZNA (Zweitnebenstellenanlage) || ~ **parasite** (Biol) / Sekundärparasit m, Hyperparasit m || ~ **particle** (Paint) / Sekundärteilchen n || ~ **phloem**\* (Bot) / sekundäres Phloem || ~ **piston stop** (Autos) / Fesselhülse f (für gefesselte Kolbenfeder) || ~ **production**\* (Oils) / Sekundärförderung f, sekundäre Gewinnungsphase (während der der Druck meist durch Einpressen von Wasser oder Gas aufrechterhalten oder wiederhergestellt wird), sekundäre Gewinnung, sekundäre Förderung || ~ **program** (Comp) / Nebenprogramm n || ~ **quantum number** (Phys) / Drehimpulsquantenzahl f, azimutale Quantenzahl, Nebenquantenzahl f, Bahndrehimpulsquantenzahl f (DIN 1304) || ~ **radar**\* (Radar) / Sekundärradar m n (bei dem das Zielobjekt in einem Transponder einen eigenen Sender und Empfänger aufweist - DIN 45 025) || ~ **radiation**\* (Electronics, Geophys, Nuc) / Sekundärstrahlung f || ~ **radiator** (a non-self-luminous body) (Light) / Nichtselbstleuchter m (eine Lichtquelle) || ~ **radiator** (Radio) / strahlungsgekoppelte Antenne, passiver Strahler, passive Antenne || ~ **railway** (Rail) / Nebenbahn f || ~ **rainbow** (Meteor, Phys) / Nebenregenbogen m (dessen Radius etwa 51° ist) || ~ **raw material** (starting material in a manufacturing process, resulting from material recovery) / Rücklaufrohstoff m, Sekundärrohstoff m || ~ **reaction** (Chem) / Nebenreaktion f (eine Simultanreaktion) || ~ **reaction** (Chem) / Sekundärreaktion f (als Gegensatz zur Primärreaktion) || ~ **recovery**\* (Oils) / Sekundärförderung f, sekundäre Gewinnungsphase (während der der Druck meist durch Einpressen von Wasser oder Gas aufrechterhalten oder wiederhergestellt wird), sekundäre Gewinnung, sekundäre Förderung || ~ **recrystallization** (Crystal, Met) / sekundäre Rekristallisation (unstetige Kornvergrößerung) || ~ **reference points** (Phys) / reproduzierbare Gleichgewichtstemperaturen (definierte Festpunkte der Internationalen Praktischen Temperaturskale) || ~ **refrigerant** / Kälteträger m (Kühlmittel in der Kältetechnik, das die in der Kältemaschine erzeugte Kälte dem Verbrauch zuführt) || ~ **relay** (Elec Eng) / Sekundärrelais n (dessen Wicklung über Strom- oder Spannungswandler von dem Hauptstromkreis isoliert gespeist wird) || ~ **route** (Telecomm) / Zweitweg m, zweiter Leitweg || ~ **screening** (Min Proc) / Nachklassierung f || ~ **server** (Comp) / Sekundärserver m || ~ **service area**\* (Radio) / Fernempfangsgebiet n, Raumwellenempfangsbereich m || ~ **settling** (Civ Eng) / Nachsenkung f || ~ **shoe** (Autos) / Sekundärbacke f (der Servobremse) || ~ **shutdown system**\* (Nuc Eng) / Zweitabschaltsystem n || ~ **sodium phosphate** (Chem) / sekundäres Natriumorthophosphat (Na$_2$HPO$_4$), Natriumhydrogenorthophosphat m, Dinatriumhydrogenphosphat n || ~ **species** (For) / Unholz n (waldbaulich wertlose Baumart) || ~ **spectrum**\* (Optics, Phys) / sekundäres Spektrum || ~ **standard**\* (Eng) / sekundärer Etalon (in der Messtechnik) || ~ **standard**\* (Eng) / abgeleitetes Normal (z.B. Gebrauchsnormal) || ~ **station** (Comp) / Sekundärstation f, Folgesteuerungsmaschine f, Gegenstation f || ~ **station** (Comp) / Folgestation f (bei bitorientierten Steuerungsverfahren) || ~ **steam** (Eng, Nuc Eng) / Sekundärdampf m, sekundärer Dampf, Zweitdampf m || ~ **steel-making** (Met) / Sekundärmetallurgie f, Pfannenmetallurgie f (Nachbehandlung des durch Frischprozesse erzeugten Stahls in der Pfanne oder in anderen nachgeschalteten Gefäßen) || ~ **storage** (Comp) / Sekundärspeicher m, Zweitspeicher m (bei Rechnersystemen mit Speicherhierarchie) || ~ **store** (Comp) / Sekundärspeicher m, Zweitspeicher m (bei Rechnersystemen mit Speicherhierarchie) || ~ **stress**\* (Mech) / Nebenspannung f || ~ **structure** (Biochem) / Sekundärstruktur f (bei Proteinen) || ~ **structure** (Geol) / Sekundärgefüge n || ~ **structure** (Met) / Sekundärgefüge n (das erst als Ergebnis einer Phasenumwandlung im festen Zustand entsteht) || ~ **surveillance radar**\* (GB) (Radar) / Sekundärflugsicherungsradar m n || ~ **surveillance radar system** (Radar) / SSR-System n (mit Sekundärflugsicherungsradar) || ~ **thickening**\* (Bot) / sekundäres Dickenwachstum || ~ **treatment** / Nachbehandlung f, Nachbearbeitung f || ~ **treatment** (Ecol, San Eng) / physikalischer Prozess zur Abtrennung gelöster Bestandteile (Abwasserbehandlung), zweite Reinigungsstufe || ~ **triangulation** (Surv) / Triangulation zweiter Ordnung (vermittelnde Triangulation mit den Netzen II. Ordnung) || ~ **valency** (Chem) / Nebenvalenz f **secondary-valency bond** (Chem) / Nebenvalenzbindung f, Van-der-Waals-Bindung f **secondary vapour** (Eng, Nuc Eng) / Sekundärdampf m, sekundärer Dampf, Zweitdampf m || ~ **voltage**\* (Elec Eng) / Sekundärspannung f, Unterspannung f (bei Transformatoren) || ~ **wall**\* (Bot) / Sekundärwand f (einer Zelle) || ~ **wall 1** (For) / Übergangslamelle f (Außenschicht der Sekundärwand mit überkreuzenden Mikrofibrillen, ähnlich der Primärwand, jedoch dichter und mit der Zentralschicht der Sekundärwand lose verbunden) || ~ **waste-water treatment** (San Eng) / Nachbehandlung f (des Abwassers) || ~ **wave**\* (a type of seismic body wave) (Geophys) / S-Welle f (Transversalwelle beim Erdbeben), Scherungswelle f, Scherwelle f (transversale Raumwelle) || ~ **winding**\* (Elec Eng) / Sekundärwicklung f (bei Transformatoren und Induktionsmotoren), Ausgangswicklung f || ~ **window** (Comp) / Nebenfenster n || ~ **wood** (Bot, For) / sekundäres Xylem, sekundäres Holz, Sekundärxylem n (das durch ein Kambium erzeugte Holz) || ~ **xylem**\* (Bot, For) / sekundäres Xylem, sekundäres Holz, Sekundärxylem n (das durch ein Kambium erzeugte Holz) ||

**yeasts** (Bot, Nut) / wilde Hefen, Wildhefen *f pl* (auf Früchten, Blütennektaren und Wundsäften von Pflanzen; auf Wein, sauren Gurken, Sauerkraut oder Essig)
**second breakdown** (Elec Eng, Electronics) / zweiter Durchbruch (vorzugsweise bei Bipolartransistoren) || **~ breaker** (card) (Spinning) / Feinkrempel *f* (Pelzkrempel nach DIN 64100), Zwischenkrempel *f*, Vlieskrempel *f*, Pelzkrempel *f* || **~ car** (Autos) / Zweitwagen *m* || **~ channel** (Radio) / übernächster Kanal
**second-choice route** (Telecomm) / Zweitweg *m*, zweiter Leitweg
**second-class lever** (Mech) / einarmiger Hebel (mit Kraftangriff außerhalb des Lastangriffs, einseitiger Hebel (wenn Kraft und Last vom Drehpunkt aus gesehen auf derselben Seite des Hebels angreifen)
**second cut** (Eng) / Oberhieb *m* (der Feile)
**second-cut file** (Eng) / Halbschlichtfeile *f* || **~ hay** (Agric) / Nachmahd *f*, Grummet *n*, Grumt *n*, Öhmd *n*
**second derivative** (Maths) / zweite Ableitung
**second-derivative action** (Automation) / D$_2$-Verhalten *n*
**second detector**\* (Radio) / Demodulatorstufe *f* (in Überlagerungsempfängern) || **~ development**\* (Photog) / Umentwicklung *f* || **~ draw(ing)** (Met) / Weiterschlag *m* (Folgezug) || **~ dual** (Maths) / Bidual *m*, bidualer Baum || **~ fermentation** (Nut) / zweite Gärung (beim Schaumwein) || **~ fixings** (Build) / Nach-Putz-Installation *f* (ein Gesamt von Installationsobjekten) || **~ focal point** (Optics) / bildseitiger Brennpunkt, hinterer Brennpunkt || **~ forme** (Print) / innere Form, Widerdruckform *f* (in Schön- und Widerdruck)
**second-generation expert system** (AI) / Expertensystem *n* der zweiten Generation || **~ XS** (AI) / Expertensystem *n* der zweiten Generation
**second-grade road** (Autos) / Straße *f* zweiter Ordnung
**second growth** (For) / Zweitwuchs *m*
**second-growth timber** (For) / Jungwuchs *m* (Bestand vom Beginn der künstlichen oder natürlichen Verjüngung bis zum Beginn des Bestandsschlusses)
**second-hand** *attr* / secondhand *adj* || **~ brick** (Build) / Altziegel *m* || **~ look** (Textiles) / Second-Hand-Look *m*, Secondhandlook *m* || **~ part** (Eng) / Gebrauchtteil *n* || **~ ship** (Ships) / Zweithandschiff *n*
**second harmonic** (a component the frequency of which is twice the fundamental frequency) (Phys) / zweite Harmonische, erste Oberschwingung
**second-harmonic generation** (Phys) / Erzeugung *f* der zweiten Harmonischen (Frequenzverdopplung)
**second Kepler's law** (the radius vector joining each planet with the Sun describes equal areas in equal times) (Astron, Mech) / Flächensatz *m* (zweites Kepler'sches Gesetz - Sonderfall des Satzes von der Erhaltung des Impulses) || **~ law of thermodynamics** (Phys) / zweiter Hauptsatz der Thermodynamik, Entropiesatz *m*
**second-level address** (Comp) / indirekte Adresse || **~ addressing** (Comp) / indirekte Adressierung || **~ cache** (Comp) / Second-Level-Cache *m* (separater Baustein, der schnelle CPUs ohne spürbaren Verlust an Geschwindigkeit mit langsamen RAMs koppelt), Level-2-Cache *m*, Sekundärcache *m* (auf dem Motherboard implementierter Speicher), L2-Cache *m* || **~ cache** (Comp) s. also internal cache || **~ support** (Teleph) / Back Office *n* (Mitarbeiter telefonischer Benutzerservices, die nicht unmittelbar am Telefon, sondern im Hintergrund sitzen und für Fragen und Probleme zur Verfügung stehen, die nicht direkt von der den Anruf entgegennehmenden Person im Front Office gelöst werden können)
**second•-mark** / Sekundenzeichen *n* (ein Einheitenzeichen = ") || **~ messenger** (Biochem, Physiol) / sekundärer Botenstoff, Second Messenger *m* || **~ moment** (Stats) / zweites Moment || **~ moment of area**\* (Eng, Phys) / Flächenmoment *n* 2. Grades (DIN 1304) || **~ moment of area**\* (Maths, Mech) / Trägheitsmoment *n* (axiales, polares - DIN 13317), Massenträgheitsmoment *n*
**second-operation drawing** (Met) / Tiefziehen *n* im Weiterzug (DIN 8584) || **~ lathe** (Eng) / Nachdrehmaschine *f* || **~ work**\* (Eng) / zweiter (nachfolgender) Arbeitsgang (mit Umspannung des Werkstücks)
**second-order determinant** (Maths) / zweireihige Determinante || **~ Doppelr shift** (Phys) / Doppler-Effekt *m* zweiter Ordnung, quadratischer Doppler-Effekt || **~ effect** (Elec) / Effekt *m* zweiter Ordnung
**second-order lever** (Mech) / einarmiger Hebel (mit Kraftangriff außerhalb des Lastangriffs, einseitiger Hebel (wenn Kraft und Last vom Drehpunkt aus gesehen auf derselben Seite des Hebels angreifen)
**second-order predicate logic** / Prädikatenlösung *f* zweiter Stufe (mit Quantoren über Prädikatenbereichen) || **~ process** (Stats) / Prozess *m* zweiter Ordnung (ein komplexwertiger stochastischer Prozess)
**second-order reaction** (Chem) / Reaktion *f* zweiter Ordnung (ein Reaktionstyp)
**second-order subroutine** (Comp) / Unterprogramm *n* zweiter Stufe || **~ transition** (Phys) / Phasenübergang *m* 2. Ordnung, Phasenübergang *m* zweiter Art, kontinuierlicher Phasenübergang || **~ triangulation** (Surv) / Triangulation zweiter Ordnung (vermittelnde Triangulation mit den Netzen II. Ordnung)
**second(s) pendulum** (Phys) / Sekundenpendel *n* (mit einer Schwingungsdauer 2 s)
**second pilot** (Aero) / Kopilot *m*, Copilot *m*, zweiter Pilot, zweiter Luftfahrzeugführer || **~ Pointed** (a style of Gothic architecture) (Arch) / Decorated Style *n* (Stilphase der englischen Hochgotik, etwa 1250 - 1350) || **~ polar moment of area** (Phys) / polares Flächenmoment 2. Grades || **~ principal point** (Optics) / Bildhauptpunkt *m* || **~ printing** (Print) / Widerdruck *m* (der Druck auf die Rückseite eines im Schöndruck bedruckten Druckträgers) || **~ quantization** (Nuc) / zweite Quantisierung (Wellenquantisierung) || **~ radiation constant** (Phys) / zweite Planck'sche Strahlungskonstante
**second-rank tensor** (Maths, Phys) / Tensor *m* zweiter Stufe, Dyade *f*
**second receiver** (Telecomm) / Zweitempfänger *m*
**second-remove subroutine** (Comp) / Unterprogramm *n* zweiter Stufe
**second ripening** (Chem, Photog) / chemische Reifung (bei der Emulsionsherstellung), Nachreifung *f* (der Emulsion)
**seconds** *pl* (marketable products of inferior grade or ones which do not conform to the quality of a standard product) / Ausschussware *f* || **~ Ware** *f* zweiter Wahl (Qualität) || **~** (For) / Schnittholz *n* zweiter Wahl, Holzprodukte *n* zweiter Qualität || **~** (Met) / Weißblech *n* zweiter Wahl || **~** (Textiles) / Wolle *f* zweiter Wahl
**second seasoning** (For) / Nachtrocknung *f* || **~ sheet** (Comp, Paper) / zweites Blatt (mit vereinfachtem Briefkopf als Fortsetzungsblatt bei Briefen) || **~ sheet** (Paper) / Durchschlagpapier *n* || **~ sheets** (Met) / Weißblech *n* zweiter Wahl || **~ showing** (Cinema, TV) / Zweitausstrahlung *f* || **~ sound** (Phys) / zweiter Schall (ungedämpfte Temperaturwellen, die mit Dichteschwingungen des Phononengases verbunden sind) || **~ source** / Zweithersteller *m* (Zulieferbetrieb, der bestimmte Produkte in Lizenz fertigt) || **~ source** (Electronics) / Zweitlieferant *m* (Hersteller, der ein pinkompatibles Bauelement aus unabhängiger Fertigung liefert )
**second-source product** (Electronics) / Second-Source-Produkt *n* (das vom unabhängigen Zweithersteller geliefert wurde)
**second squared** / Sekundenquadrat *n* (s$^2$)
**second-stage barking** (For) / Nachentrinden *n*, Nachentrindung *f*
**second strike** (Mil) / zweiter Atomschlag, zweiter Schlag, Zweitschlag *m*
**second-strike capability** (Mil) / Zweitschlagfähigkeit *f*
**second substituent** (Chem) / zweiter Substituent, Zweitsubstituent *m* || **~ tap**\* (Eng) / Mittelschneider *m*, Gewindebohrer *m* Nr. 2
**second-time-around echo** (Radar) / Überreichweitenecho *n*
**second train** (Rail) / Verstärkungszug *m* || **~ washing** / Nachwäsche *f*
**secrecy of telecommunications** / Fernmeldegeheimnis *n* || **~ of telephone traffic** (Teleph) / Fernsprechgeheimnis *n* (eine Form des Fernmeldegeheimnisses) || **~ system**\* (Comp, Telecomm) / Geheimhaltungssystem *n* (der übergeordnete Begriff für Chiffrier- und Kodesystem)
**secretagogue** *n* (Pharm, Physiol) / Sekretagogum *n* (pl.: -goga), sekretionsförderndes Mittel, sekretionsanregendes Mittel || **~**\* *adj* (Med, Physiol) / sekretionsfördernd *adj*
**secretarial function transfer** (Teleph) / Vertretungsschaltung *f* (Chef-Sekretär-Anlage)
**secretary system** (Teleph) / Vorzimmeranlage *f*, Vorzimmersystem *n*, Sekretäranlage *f*
**secret dovetail**\* (Join) / verdeckter Schwalbenschwanz, verdeckte Schwalbenschwanzzinke(nverbindung)
**secrete** *v* (Med, Physiol) / sekretieren *v*, sezernieren *v*
**secret gutter** (a nearly hidden valey gutter, in which the lead is hidden by the slates) (Build, Plumb) / eingebaute Dachrinne (in die Traufe)
**secretin** *n* (a polypeptide hormone) (Biochem) / Sekretin *n* (ein Polypeptidhormon aus 27 Aminosäuren), Secretin *n*
**secretion** *n* (Biochem, Med, Physiol) / Sekret *n* (einer Drüse, einer Wunde), Absonderung *f* (Sekret) || **~**\* (Biochem, Med, Physiol) / Sekretion *f* (exokrine, endokrine, parakrine), Absonderung *f* (Sekretion) || **~** (Geol) / Sekretion *f* (teilweise oder gänzliche Ausfüllung von Gesteinshohlräumen durch ehemalige Ausscheidung von Stoffen aus eingewanderten Lösungen von der Wandung her)
**secret key** (Comp) / privater Schlüssel (symmetrisches Verfahren in der Kryptografie) || **~ key** (Comp, Telecomm) / geheimer Schlüssel (bei Verschlüsselung von Daten) || **~ mitre dovetail** (Join) / auf Gehrung verdeckte Schwalbenschwanzzinkenverbindung || **~ nailing** (Carp) / verdeckte Nagelung
**secreto-inhibitory** *adj* (Med, Physiol) / sekretionshemmend *adj*
**secretor**\* *n* (Med) / Sekretor *m*
**secretory**\* *adj* (Biochem, Med, Physiol) / sekretorisch *adj*
**secret patent** / Geheimpatent *n* || **~ screwing** (Carp) / verdeckte Verschraubung (eingelassene)

**sectile**

**sectile** *adj* / schneidbar *adj*, schneidgeeignet *adj*
**section** *v* / im Schnitt darstellen, im Profil darstellen ‖ ~ *n* / Strecke *f* (Straßen- oder Wegstrecke) ‖ ~ / Schnitt *m* (auf technischen Zeichnungen) ‖ ~ (Arch, Build) / Trakt *m* (pl.: -e) ‖ ~ (Bind) / Lage *f* (8 - 32 Seiten), Heftlage *f*, Falzlage *f* ‖ ~ (folded and gathered) (Bind, Print) / Bogen *m*, Buchbinderbogen *m*, Falzbogen *m* (mit Bogensignatur) ‖ ~* (Biol, Bot) / Sektion *f* ‖ ~ (Build) / Gebäudetrakt *m* (Teil eines größeren, gegliederten Baukörpers - Mittel-, Vorder-, Hinter-, Hof-, Seitentrakt), Trakt *m* (Gebäudetrakt) ‖ ~ (Build) / Gebiet *n* (z.B. Wohngebiet) ‖ ~ (Comp) / Kapitel *n* (Cobol) ‖ ~ (Elec Eng) / Satz *m* (von Akkumulatorplatten) ‖ ~ (Eng) / Sektion *f* ‖ ~ (Maths) / Abschnitt *m* (geordneter Mengen) ‖ ~ (Met) / Profil *n*, Form *f* ‖ ~* (Micros) / Schnitt *m*, Schnittpräparat *n* ‖ ~ (Rail) / Streckenabschnitt *m*, Strecke *f* (Streckenabschnitt) ‖ ~* (Surv) / Schnitt *m*, Profil *n* ‖ ~* (Telecomm) / Kettenglied *n*, Glied *n* ‖ ~ (Teleph) / Teilstrecke *f* ‖ ~* (Typog) / ein altes Fußnotenzeichen (Paragrafenzeichen) ‖ π-~ (Telecomm) / Pi-Glied *n* (ein Frequenzfilter), Pi-Filter *n*, π-Filter *n*
**sectional** *n* (Join) / Anbaumöbel *n* ‖ ~ *adj* / vielteilig *adj*, mehrteilig *adj*, aus Einzelheiten bestehend, geteilt *adj*, Teil- ‖ ~ / Schnitt- (Darstellungsweise), Profil- (Darstellungsweise) ‖ ~ **beam** (Textiles) / Teilkettbaum *m* (für Endlosgarne, TKB, Teilbaum *m* ‖ ~ **boiler** (Eng) / Gliederkessel *m* (aus einzelnen gleichartigen gusseisernen Kopf- und Zwischengliedern) ‖ ~ **bridge** (Civ Eng) / zerlegbare Brücke *f* ‖ ~ **dome** (Arch, Civ Eng) / gegliederte Kuppel *f* ‖ ~ **drawing** / Schnittzeichnung *f* ‖ ~ **furniture** (Join) / Anbaumöbel *n* ‖ ~ **header boiler** (Eng) / Gliederkessel *m* (aus einzelnen gleichartigen gusseisernen Kopf- und Zwischengliedern)
**sectionalized machining** (Eng) / Mehrstückbearbeitung *f* (z.B. bei Drehautomaten)
**sectional ladder** (Build, Carp) / mehrteilige Leiter
**sectionally smooth** (Maths) / stückweise glatt
**sectional material** (Met) / Profilmaterial *n*, Formmaterial *n* ‖ ~ **pattern** (Foundry) / getrenntes Modell, geteiltes (zweiteiliges) Modell ‖ ~ **pile** (Civ Eng) / Stahlbetonrammpfahl *m* aus mehreren Teilen (z.B. Brunspile, Fuentes und Raymond) ‖ ~ **repair** (Autos) / Abschnittreparaturtechnik *f* (partieller Austausch von Karosserieteilen) ‖ ~ **steel** (Met) / Formstahl *m* (nicht mehr üblicher Begriff für große I-, U- und H-Profile) ‖ ~ **steel** (Met) / Formstahl *m* (als Werkstoff), Profilstahl *m* ‖ ~ **view** / Schnittansicht *f*, Schnittbild *n* (Schnittdarstellung), Schnittdarstellung *f* ‖ ~ **warping** (Weaving) / Teilschären *n*, Bandschären *n*, Zetteln *n* ‖ ~ **warping beam** (Textiles) / Teilkettbaum *m* (für Endlosgarne), TKB, Teilbaum *m* ‖ ~ **warping machine** (Textiles, Weaving) / Schärmaschine *f* (DIN 63401), Schweifmaschine *f* ‖ ~ **warp machine** (Textiles) / Schärmaschine *f* (DIN 63401), Schweifmaschine *f*
**section beam** (Textiles) / Teilkettbaum *m* (für Endlosgarne, TKB, Teilbaum *m* ‖ ~ **control unit** (Teleph) / Arbeitsfeldsteuerwerk *n*, AST ‖ ~ **drawing** / Schnittzeichnung *f* ‖ ~ (Rail) / Streckeninstandhaltungstrupp *m* ‖ ~ **gap*** (Elec Eng, Rail) / Streckentrennung *f* ‖ ~ **graph** / Teilgraf *m*, Untergraf *m*, Subgraf *m* ‖ ~ **hand** (US) (Rail) / Bahnunterhaltungsarbeiter *m*, Rottenarbeiter *m*, Streckenarbeiter *m*
**sectioning** *n* (Micros) / Schnittanfertigung *f*, Herstellung *f* von Schnittpräparaten
**section in plane of rotation** (Eng) / Stirnschnitt *m* (des Gewindebohrers) ‖ ~ **insulator** (Elec Eng) / Streckentrenner *m* ‖ ~ **lining** / Kreuzschraffur *f*, Schattieren *n* mit Kreuzlagen ‖ ~ **mark** (Typog) / ein altes Fußnotenzeichen (Paragrafenzeichen) ‖ ~ **marks** (Weaving) / durch Webfehler verursachte Streifen ‖ ~ **mill** (Met) / Formstahlwalzwerk *n*, Formstahlstraße *f* (zum Warmwalzen von Halbzeug zu großen I-, U- und H-Profilen, Gleisoberbauerzeugnissen oder Spundwanderzeugnissen), Profilstahlwalzwerk *n* ‖ ~ **mill frame** (Met) / Profilgerüst *n* ‖ ~ **modulus*** (Eng) / Widerstandsmoment *n* ‖ ~ **modulus** (Mech) / Torsionswiderstandsmoment *n* ‖ ~ **of cut** (Civ Eng) / Abtragsquerschnitt *m* ‖ ~ **of fill** (Civ Eng) / Auftragsquerschnitt *m* ‖ ~ **of points** (Rail) / Weichenquerschnitt *m* ‖ ~ **repair** (Autos) / Abschnittreparaturtechnik *f* (partieller Austausch von Karosserieteilen) ‖ ~ **roll** (Autos) / Profilwalze *f* ‖ ~ **roller** (Leather) / Gliederwalze *f* (der Spaltmaschine)
**sections** *pl* (Met) / Profilmaterial *n*, Formmaterial *n*
**section sensitivity** (Met) / Wanddickenempfindlichkeit *f* (bei Gussstücken mit unterschiedlicher Wanddicke) ‖ ~ **steel** (Met) / Formstahl *m* (als Werkstoff), Profilstahl *m* ‖ ~ **switch** (Elec Eng) / Verteilungsschalter *m* ‖ ~ **switch*** (Elec Eng) / Sektionsschalter *m* ‖ ~ **view** / Schnittansicht *f*, Schnittbild *n* (Schnittdarstellung), Schnittdarstellung *f* ‖ ~ **warping** (Weaving) / Teilschären *n*, Bandschären *n*, Zetteln *n* ‖ ~ **wire** (Met) / Formdraht *m* (mit Querschnitten, die von der Kreisform abweichen, z.B. Flach- oder Sechskantdraht), Profildraht *m*, Fassondraht *m*

**sector** *n* / Ausschnitt *m* des Kuchendiagramms ‖ ~ (Comp) / Sektor *m* (bei magnetischen Speichermedien ein bestimmter Winkelbereich auf einer einzelnen Spur - es ist die kleinste Einheit, auf die zugegriffen werden kann ) ‖ ~* (Maths) / Sektor *m*, Kreissektor *m*, Kreisausschnitt *m*, Ausschnitt *m* ‖ ~ (Radio, Teleph) / Sektor *m* (ein Teilbereich einer Funkzelle, der mehrere Träger haben kann)
**sectoral horn*** (Radio) / Sektorhorn *n* (eine Antenne)
**sector chart** / Kuchendiagramm *n*, Kreisdiagramm *n* (in Sektoren unterteilter Kreis), Tortengrafik *f*, Tortendiagramm *n*, Kreisgrafik *f* ‖ ~ **control** (Automation) / Sektorsteuerung *f* (die den Blindleistungsbedarf aus dem Netz reduziert) ‖ ~ **cyclotron** (Nuc Eng) / sektorfokussierendes Zyklotron, Isochronzyklotron *n*, FFAG-Zyklotron *n* ‖ ~ **disk*** (Optics) / Sektorenscheibe *f*, Segmentscheibe *f*, rotierender Sektor ‖ ~ **display*** (Radar) / Sektordarstellung *f*, Sektoranzeige *f*
**sectored cell** (Teleph) / Sektor-Funkzelle *f* (bei Mobiltelefonen)
**sector gate** (Civ Eng) / Sektorwehr *n* (ein bewegliches Wehr)
**sectoring** *n* (Comp) / Sektorierung *f*
**sector interleave** (Comp) / Sektorversatz *m* ‖ ~ **number** (Comp) / Sektornummer *f* ‖ ~ **of sphere** (Maths) / Kugelausschnitt *m*, Kugelsektor *m* ‖ ~ **process** (Chem) / Sektorverfahren *n* (der Papierchromatografie) ‖ ~ **regulator*** (Civ Eng) / Sektorwehr *n* (ein bewegliches Wehr) ‖ ~ **rule** (Chem) / Sektorenregel *f* (Korrelation von Vorzeichen und Strukturen) ‖ ~ **scan*** (Radar) / Sektorabtastung *f* ‖ ~ **scanning** (Radar) / Sektorabtastung *f*
**sector-shaped conductor** (Elec Eng) / Sektorleiter *m* (dessen Querschnitt annähernd einem Kreissektor entspricht)
**sectroid*** *n* (Build) / Kappenfläche *f* (eines Gewölbes), Fläche *f* der Gewölbekappe
**secular** *adj* / Sekulär-, Sekular-, sekulär *adj*, sekular *adj* ‖ ~ (Arch) / Profan-, weltlich *adj* ‖ ~ **acceleration*** (Astron) / sekuläre Beschleunigung *f* ‖ ~ **architecture** (having no particular religious affinities) (Arch) / Profanarchitektur *f* (ohne kultische Bestimmung), Profanbaukunst *f* ‖ ~ **changes*** (Geol) / sekuläre Änderungen ‖ ~ **determinant** (Maths) / Sekulärdeterminante *f* ‖ ~ **equation** (Maths) / Säkulargleichung *f* (einer Matrix), charakteristische Gleichung *f* ‖ ~ **equilibrium*** (Nuc) / Dauergleichgewicht *n* (der Grenzfall des radioaktiven Gleichgewichts) ‖ ~ **parallax** (Astron) / säkulare Parallaxe, Säkularparallaxe *f* ‖ ~ **perturbations** (Astron) / säkulare Störungen (fortwährende Änderungen des Orbits) ‖ ~ **variation** (Astron, Geol) / Säkularvariation *f*, säkulare Variation
**securable** *adj* (Eng) / rastbar *adj*, feststellbar *adj*, arretierbar *adj*
**secure** *v* / befestigen *v*, anbringen *v* ‖ ~ (an entrance, a building) (Build) / sichern *v*, absichern *v* ‖ ~ **browser** (Comp) / Safe-Browser *m* (beim PC)
**securing** *n* / Befestigung *f* ‖ ~ / Sicherung *f* (Tätigkeit) ‖ ~ **pin** (Eng) / Sicherungsstift *m*
**security*** *n* (against, from) / Sicherheit *f* (vor)
**security alarm system** (Autos) / Wageneinbruchsicherungsanlage *f* ‖ ~ **awareness** / Sicherheitsbewußtsein *n* ‖ ~ **beam** (Electronics) / Lichtschranke *f* (auf eine Fotozelle fallender Lichtstrahl) ‖ ~ **breach** (Comp) / Verletzung *f* der Sicherheit, Sicherheitsbruch *m*, Bruch *m* der Sicherheit, Sicherheitsverletzung *f* ‖ ~ **check** / Sicherheitskontrolle *f* ‖ ~ **compromise** (Comp) / Sicherheitsverletzung *f* (Missbrauch, Verfälschung, Verlust und Zerstörung von Daten, Programmen, DV-Verfahren und Anlagen) ‖ ~ **context** (Comp) / Sicherheitskontext *m* ‖ ~ **control centre** / Sicherheitszentrale *f* ‖ ~ **for loans** / Sicherheitsleistung *f* (bei Krediten) ‖ ~ **glazing** (US) (Build) / einbruchhemmende Verglasung ‖ ~ **glazing** (Glass) / Sicherheitsverglasung *f* (z.B. in der Bankhalle) ‖ ~ **lighting** (Elec Eng, Light) / Sicherheitsbeleuchtung *f* (zur Erhöhung der Sicherheit, z.B. in Gebäuden) ‖ ~ **lighting fixture** (Civ Eng) / Objektschutzleuchte *f* ‖ ~ **luminaire** (Civ Eng) / Objektschutzleuchte *f* ‖ ~ **management** (Comp, Telecomm) / Security Management *n*, Sicherheitsmanagement *n*, SM (Sicherheitsmanagement), Sicherheitsverwaltung *f* (von Netzwerken) ‖ ~ **officer** / Sicherheitsbeauftragter *m*, Sicherheitsingenieur *m* ‖ ~ **paint** (primarily for rainwater and waste downpipes - remains slippery to prevent intruders from scaling the wall via the pipes) (Paint) / Sicherheitsanstrichstoff *m* ‖ ~ **paper** (Paper) / Aktienpapier *n*, Werttitelpapier *n* (hochwertiges Hadernpapier mit echtem mehrstufigem Wasserzeichen), Wertzeichenpapier *n* (DIN 6730) ‖ ~ **paper*** (Paper) / Sicherheitspapier *n* ‖ ~ **perimeter** / Sicherheitsbereich *m*, Kontrollbereich *m* ‖ ~ **personnel** / Sicherheitspersonal *n* ‖ ~ **requirements** / Sicherheitsanforderungen *f pl* (z.B. bei der Datensicherung, bei Reaktoren) ‖ ~ **risk** / Sicherheitsrisiko *n*
**sedan** *n* (US) (Autos) / Limousine *f*
**sedate** *v* (Med, Pharm) / sedieren *v*, beruhigen *v*
**sedative** *n* (Med, Pharm) / sedierendes Mittel, Sedativ *n*, Sedativum *n* (pl. Sedativa), Beruhigungsmittel *n* ‖ ~ (Med, Pharm) s. also depressant

1394

|| ~ adj (Med, Pharm) / beruhigend adj, sedierend adj (sedativ wirkend)
**sedecimal** adj (Comp, Maths) / hexadezimal adj (Zahlensystem zur Programmierung der Digitalrechner), sedezimal adj (zur Basis 16)
**sedentary*** adj (Biol) / sedentär adj, sessil adj, sesshaft adj || ~ (Geol) / sedentär adj || ~ **soil** (Geol) / Sedentärboden m
**sedge** n (Bot) / Segge f (Carex sp.) || ~ (Bot) s. also reed
**sedge-green** adj / schilfgrün adj
**sedge moor** (Geol) / Seggenmoor n
**sedifluction** n (Geol) / Sedifluktion f, Fließen n unverfestigter Sedimente (unmittelbar im Anschluss an die Sedimentbildung)
**sediment** vi / sedimentieren v, sich absetzen v, sich ablagern v, sich abscheiden v, einen Niederschlag bilden, absinken v (sedimentieren) || ~ n / Niederschlag m (Bodensatz), Bodensatz m, Satz m (Niederschlag), Sediment n, Bodenkörper m, Bodenniederschlag m, Ablagerung f (das Abgelagerte) || ~ (Nut) / Trub m (beim Wein, Bier), Geläger n, Weingeläger n, Hefe f (Bodensatz)
**sedimentary** adj (Geol) / Sediment-, sedimentär adj (durch Sedimentation entstanden) || ~ **cycle** (Geol) / Sedimentationszyklus m (mehrfach sich wiederholende Abfolge bestimmter Sedimente) || ~ **deposition** (Geol) / Sedimentation f, Ablagerung f (von lockerem, durch die Verwitterung entstandenem Gesteinsmaterial oder von chemischen oder biogenen Sedimenten - Prozess), Absatz m (von Schlamm und Kies) || ~ **ore deposit** (Geol, Mining) / sedimentäre Erzlagerstätte, Erzlagerstätte f der sedimentären Abfolge || ~ **rocks*** (Geol) / Sedimentgesteine n pl, Sedimentite m pl, Absatzgesteine n pl, Ablagerungsgesteine n pl, Schichtgesteine n pl
**sedimentation** n / Absetzen n, Bildung f eines Bodensatzes || ~* / Abscheiden n, Niederschlagen n (Abscheiden), Ausfallen n || ~* (Chem, Med) / Sedimentation f, Sedimentablagerung f, Ablagerung f, Sedimentbildung f || ~* (Geol) / Sedimentation f, Ablagerung f (von lockerem, durch die Verwitterung entstandenem Gesteinsmaterial oder von chemischen oder biogenen Sedimenten - Prozess), Absatz m (von Schlamm und Kies) || ~ **analysis** (Chem) / Sedimentationsanalyse f (DIN 66160) || ~ **balance*** (Paint, Powder Met) / Sedimentationswaage f (zur Durchführung von Korngrößenanalysen und zur Bestimmung des Sedimentationsverhaltens dispergierter Stoffe) || ~ **centrifuge** (Chem) / Sedimentationszentrifuge f (zur beschleunigten Durchführung von Korngrößenanalysen), Sedimentierzentrifuge f || ~ **coefficient** (Chem) / Sedimentationskoeffizient m (Einheit: Svedberg), Sedimentationskonstante f (in der Svedberg-Gleichung) || ~ **constant** (Chem) / Sedimentationskoeffizient m (Einheit: Svedberg), Sedimentationskonstante f (in der Svedberg-Gleichung) || ~ **curve** (Chem, Min Proc) / Absetzkurve f (zeichnerische Darstellung des Volumens, das sedimentierende Feststoffe in Abhängigkeit von der Zeit einnehmen) || ~ **equilibrium** (Chem) / Sedimentationsgleichgewicht n || ~ **pond** (San Eng) / Absetzteich m (Erdbecken zur Abscheidung der im Rohabwasser enthaltenen absetzbaren Stoffe und zur Ausfaulung des abgesetzten Schlammes), Klärteich m || ~ **potential*** (Chem) / elektrophoretisches Potential, Sedimentationspotential n, Dorn-Effekt m || ~ **rate** (Chem Eng, Min Proc) / Absinkgeschwindigkeit f, Sinkgeschwindigkeit f, Absetzgeschwindigkeit f (Sinkgeschwindigkeit von Feststoffen, z.B. dargestellt in der Absetzkurve - DIN 4045), Sedimentationsgeschwindigkeit f, Klärgeschwindigkeit f || ~ **reaction** (Med) / Blutkörperchensenkungsreaktion f, BSR, Senkung f (Blutkörperchensenkungsreaktion), Blutsenkungsreaktion f || ~ **tank*** (San Eng) / Absetzbecken n (zum Abscheiden ungelöster Sink- und Schwimmstoffe aus dem Abwasser) || ~ **value** (Nut) / Sedimentationswert m (Maßzahl für die Klebermenge und -qualität von Weizenmehlen)
**sediment chamber** (Elec Eng) / Schlammraum m (der unterste Teil des Batterie-Blockkastens) || ~ **charge** (Hyd Eng) / Geschiebeanteil m (Verhältnis zwischen Geschiebe- und Wassermenge) || ~ **concentration** (Hyd Eng) / Geschiebekonzentration f || ~ **discharge** (Hyd Eng) / Geschiebefracht f (Masse, Volumen pro Zeiteinheit) || ~ **discharge curve** (Hyd Eng) / Geschiebeganglinie f bezogen auf den Wasserstand || ~ **flow** (Geol, Hyd Eng) / Geschiebetransport m || ~ **hydrograph** (Hyd Eng) / Geschiebeganglinie f bezogen auf die Zeit
**sedimentology** n (Geol) / Sedimentologie f (Lehre von der Entstehung und Umbildung der Sedimentgesteine) || ~ (Geol) / Sedimentpetrografie f (Zweig der Petrografie, der sich mit Zusammensetzung und Aufbau der Sedimentgesteine befasst)
**sediment separator** (Eng) / Schmutzfänger m, Siebfilter n (das Verunreinigungen in fester Form aus den Durchflussmedien zurückhalten soll) || ~ **separator** (Eng) s. also strainer || ~ **space** (Elec Eng) / Schlammraum m (der unterste Teil des Batterie-Blockkastens) || ~ **transport** (Hyd Eng) / Materialtransport

m || ~ **water** (Geol, Hyd Eng) / sinkstoffhaltiges Wasser, geschiebehaltiges Wasser
**sedoheptulose** n (Biochem) / Sedoheptulose f (Monosaccharid, das als Zwischenstufe beim Calvin-Zyklus eine Rolle spielt)
**sedum alkaloids** (Pharm) / Sedum-Alkaloide n pl
**see-as-you-talk phone** (US) (Teleph) / Bildschirmtelefon n, Bildtelefon n, Bildfernsprecher m, Fernsehtelefon n
**Seebeck coefficient** (Elec Eng) / thermoelektrische Kraft, Thermospannung f (elektrische Spannung zwischen zwei Kontaktstellen zweier unterschiedlicher elektrischer Leiter, die sich auf verschiedener Temperatur befinden), Thermokraft f, Seebeck-Koeffizient m, Thermo-EMK f || ~ **effect*** (Elec Eng) / Seebeck-Effekt m (ein thermoelektrischer Effekt - Umkehrung des Peltier-Effekts - nach Th. J. Seebeck, 1770-1831) || ~ **electromotive force** (Elec Eng) / thermoelektrische Kraft, Thermospannung f (elektrische Spannung zwischen zwei Kontaktstellen zweier unterschiedlicher elektrischer Leiter, die sich auf verschiedener Temperatur befinden), Thermokraft f, Seebeck-Koeffizient m, Thermo-EMK f
**see bottom** / siehe Bodenprägung
**seed** v (Agric) / körnen v (Getreide) || ~ (Agric) / aussäen v, säen v, besäen v (Feld) || ~ (Chem, Crystal) / impfen v (Kristallisation anregen) || ~ (Meteor) / impfen v (Wolken, Nebel) || ~ vi (Bot) / sich aussäen v || ~ (Bot) / Samen tragen || ~ (Bot) / in Samen schießen || ~* n (Agric) / Saatgut n, Aussaat f (Saatgut), Saat f, Einsaat f || ~* (Bot) / Samen m || ~ (a small crystal of a semiconductor material used to start the growth of a large crystal) (Chem, Crystal, Electronics) / Zuchtkeim m, Impfkristall m, Keimkristall m || ~* (Glass) / Gispe f (unter 0,2 mm) || ~* (Glass) / Bläschen n (0,2 - 2 mm) || ~ (Med, Radiol) / Seed n (in der Strahlentherapie verwendetes Radioisotopenpräparat) || ~ **alloy** (Met) / Impflegierung f
**seed-bearing** adj (Bot) / seminifer adj, samentragend adj
**seedbed** n (Agric) / Saatbett n || ~ **tiller** (Agric) / Saatbettkrümler m
**seed broadcaster** (Agric) / Breitsämaschine f || ~ **capsule** (Bot) / Samenkapsel f || ~ **cleaner** (Agric) / Saatgutbereiter m, Saatgutreiniger m || ~ **core** (Nuc Eng) / Saatelementcore n, gespickter Kern (mit örtlich angereichertem Brennstoff)
**seed-core reactor** (Nuc Eng) / Saatelementreaktor m, Reaktor m mit Treiberzone(n)
**seed cotton** (Textiles) / noch nicht entkörnte Baumwolle || ~ (drill) **coulter** (Agric) / Säschar n || ~ **crystal** (Chem, Crystal, Electronics) / Zuchtkeim m, Impfkristall m, Keimkristall m || ~ **dresser** (Agric) / Saatgutbeizmaschine f, Beizmaschine f (für Saatgut) || ~ **dressing** (Agric) / Saatgutbeizung f, Saatgutbehandlung f (chemische), Saatbeize f (Tätigkeit - Nassbeize, Trockenbeize), Getreidebeize f || ~ **dressing agent** (Agric) / Saatgutbeizmittel n, Beizmittel n (für Saatgut), Saatbehandlungsmittel n
**seeded area** (Agric) / Aussaatfläche f || ~ **pasture** (Agric) / Saat(gras)weide f, Kulturweide f || ~ **slope** (Civ Eng) / angesäte Böschung
**seed element** (Nuc Eng) / Spickelement n, Saatelement n
**seeder** n (a machine for sowing seed mechanically) (Agric) / Sämaschine f
**seed-extraction plant** (For) / Klenge f, Klenganstalt f (zur Gewinnung der Samen aus Nadelholzzapfen)
**seed extractory** (For) / Klenge f, Klenganstalt f (zur Gewinnung der Samen aus Nadelholzzapfen) || ~ **fibre** (Textiles) / Samenfaser f, Faser f aus Samenhaaren (z.B. Kapok oder Baumwolle) || ~ **furrow** (Agric) / Saatfurche f || ~ **grader** (Agric) / Saatgutkalibrierer m || ~ **grader of spiral type** (Agric) / Wendelausleser m (Trieur), Schneckentrieur m || ~ **hair** (Bot) / Samenhaar n || ~ **harrow** (extralight) (Agric) / Saategge f, Feinegge f || ~ **hopper** (Agric) / Saatkasten m (der Einzelkornsämaschine), Vorratsbehälter m (der Drillmaschine) || ~ **improvement** (Agric) / Saatzucht f, Samenzucht f
**seediness** n (a defect in a gloss paint film, taking the form of evenly distributed minute specks) (Paint) / Stippenbildung f (Lackfilmstörung)
**seeding** n (Agric) / Saatgut n, Aussaat f (Saatgut), Saat f, Einsaat f || ~ (Crystal) / Impfen n (zur Anregung der Kristallisation) || ~ (Meteor) / Impfen n (von Wolken, von Nebel) || ~ (Paint) / Seeding n (Ausscheidung und Homogenitätsstörung im Lack) || ~ **sludge** (San Eng) / Impfschlamm m
**seed•-lac** n (Paint) / Körnerlack m (grob sortierter Schellack) || ~ **leaf*** (Bot) / Cotyledone f, Kotyledone f, Keimblatt n
**seedless** adj (Nut) / kernlos adj (Trauben)
**seedling** n (a young plant, especially one raised from seed and not from a cutting) (Bot, For) / Keimling m (junge, gerade aus dem Keim sich entwickelnde Pflanze), Sämling m (aus Samen gezogene junge Pflanze) || ~ **crop** (For) / Bestand m aus natürlicher Verjüngung
**seed maturation** (Agric, Bot) / Samenreifung f || ~ **plant*** (Bot) / Samenpflanze f, Spermatophyt m || ~ **polymerization** (Chem) / Saatpolymerisation f || ~ **protectant** (Agric) / Saatgutbeizmittel n,

**seed**

Beizmittel *n* (für Saatgut), Saatbehandlungsmittel *n* ‖ ~ **time** (Agric) / Aussaatzeit *f*, Saatzeit *f*, Säzeit *f* ‖ ~ **trail** (Glass) / Bläschenspur *f*, Bläschenkette *f* ‖ ~ **treatment** (Agric) / Saatgutbeizung *f*, Saatgutbehandlung *f* (chemische), Saatbeize *f* (Tätigkeit - Nassbeize, Trockenbeize), Getreidebeize *f*
**seedy** *adj* (Glass) / feinblasig *adj* (Glas), gispig *adj* ‖ ~ (Paint) / stippig *adj* ‖ ~ (Textiles) / Grassamen enthaltend, mit Grassamen (Wolle)
**seed yeast** (Brew, Chem) / Anstellhefe *f* (Zellvermehrungsstufe bei der Backhefeherstellung), Stellhefe *f*
**see-fee television** (TV) / Abonnementfernsehen *n*, Pay-TV *n* (Fernsehprogramm eines Privatsenders, das gegen eine Gebühr und mithilfe eines Decoders empfangen werden kann), Bezahlfernsehen *n*, Gebührenfernsehen *n*
**Seeger retaining ring** (Eng) / Seeger-Sicherungsring *m*, Seeger-Ring *m* (ein Sicherungselement in Form eines offenen Federrings der Fa. Seeger-Orbis), Sg-Ring *m* (Seeger-Sicherungsring)
**seeing**\* *n* (Astron) / Seeing *n* (Luftqualität im Hinblick auf astronomische Beobachtungen und Astrofotografie)
**seek** *v* / suchen *v* ‖ ~ (to move access arms from one track position to another) (Comp) / positionieren *v* ‖ ~ *n* (Comp) / Positionierung *f* (in der Magnetplattentechnik)
**seeker** *n* (Aero, Mil) / Zielanfluggerät *n* ‖ ~ **head** (Aero, Mil) / Suchkopf *m* (in der Spitze von Flugkörpern, Raketen, Torpedos, gelenkten Geschossen und Bomben) ‖ ~ **head** (Mil) / Zielsuchkopf *m*
**seeker-head radar** (in a missile) (Aero, Mil, Radar) / Suchkopfradar *m n* (in einem Raketengeschoss)
**seeker turn-on time** (Radar) / Suchkopf-Sendebeginn *m* (Zeitpunkt des Einschaltens des aktiven Radarzielsuchkopfes)
**seek time** (Comp) / Positionierungszeit *f* (in der Magnetbandtechnik)
**Seemann-Bohlin method** / Seemann-Bohlin-Methode *f* (eine Pulvermethode)
**seen area** / direkt einsehbare Fläche
**seep** *v* (Hyd Eng) / versickern *v*, einsickern *v*, durchsickern *v*, sickern *v*, aussickern *v* ‖ ~ *n* (a spot where water oozes from the earth, often forming the source of a small trickling stream) (Geol, Hyd Eng) / Sickerwasserquelle *f*, Sickerquelle *f*, Helokrene *f*
**seepage** *n* (Eng) / Ausschwitzen *n* (z.B. Flüssigkeit aus den Rohren), Austreten *n*, Flüssigkeitsabgabe *f* ‖ ~ (Hyd Eng) / Versickern *n*, Einsickern *n*, Versickerung *f* (Einsickerung von atmosphärischen Niederschlägen in den Poren- und Spaltenraum der Gesteine), Durchsickern *n*, Sickern *n*, Aussickern *n* ‖ ~ (seepage loss) (Hyd Eng) / Sickerverlust *m* ‖ ~ (Oils) / Ölausbiss *m* ‖ ~ **barrier** (Civ Eng) / Sickersperre *f* ‖ ~ **flow** (Civ Eng) / Sickerwasserströmung *f*, Sickerströmung *f* ‖ ~ **force** (Civ Eng) / Sickerwasserströmungsdruck *m*, Sickerdruck *m*, Sickerströmungsdruck *m* (in der Bodenmechanik) ‖ ~ **force** (Civ Eng) s. also capillary pressure ‖ ~ **level** (Oils) / Sickerstrecke *f* ‖ ~ **line** (Civ Eng) / Sickerlinie *f* (in der Bodenmechanik) ‖ ~ **loss** (Hyd Eng) / Sickerverlust *m* ‖ ~ **pit** (for surface water) (Build, San Eng) / Sickerschacht *m*, Versickerungsschacht *m* (für Oberflächenwasser), Sickerbrunnen *m* (für Oberflächenwasser, mit Schotter oder Kies gefüllt), Sickergrube *f* ‖ ~ **pressure** (Civ Eng) / Sickerwasserströmungsdruck *m*, Sickerdruck *m*, Sickerströmungsdruck *m* (in der Bodenmechanik) ‖ ~ **spring** (Geol, Hyd Eng) / Sickerwasserquelle *f*, Sickerquelle *f*, Helokrene *f* ‖ ~ **through valley flanks** (Hyd Eng) / Umläufigkeit *f* (bei Talsperren oder Wehren) ‖ ~ **water** (Agric, Hyd Eng) / Sickerwasser *n* (das im Untergrund zum Grundwasser absinkende Niederschlags- und Oberflächenwasser)
**seep out** *v* / austreten *v* (Fett) ‖ ~ **water** (Agric, Hyd Eng) / Sickerwasser *n* (das im Untergrund zum Grundwasser absinkende Niederschlags- und Oberflächenwasser)
**seersucker**\* *n* (Textiles) / Seersucker *m* (Baumwoll- oder Baumwollmischgewebe mit gekrepptem Streifen- bzw. borkigem Effekt), Schrumpfgewebe *n*
**see-saw** *v* / wippen *v*, schaukeln *v* ‖ ~ (Eng) / abwälzen *v* (sich)
**see-saw amplifier**\* (Telecomm) / Phasenumkehrverstärker *m*, Paraphasenverstärker *m*
**see-through mirror** (US) (Optics) / halbdurchlässiger Spiegel, Spionspiegel *m*, Einwegspiegel *m* ‖ ~ **package** / Klarsichtverpackung *f*, Klarsichtpackung *f*, Schaupackung *f* (klarsichtige)
**Seewer governor**\* (Elec Eng, Hyd Eng) / hydraulisches Nadelregulierventil (bei Pelton-Turbinen)
**S-effect** *n* (Electronics) / S-Effekt *m*
**SEG**\* (special effects generator) (Cinema, TV) / Effektgenerator *m*, Trickmischer *m*
**Segas process** (production of low-Btu gas) (Chem Eng) / Segas-Verfahren *n*
**Seger china** (Ceramics) / Segerporzellan *n* (ein etwa um 1880 von Seger entwickeltes Weichporzellan) ‖ ≏ **cones**\* (Ceramics, Heat) / Segerkegel *m pl* (die in Industrieöfen bei bestimmten Temperaturen fallen - nach dem deutschen Chemiker und Keramiker H. Seger,

1839-1893 benannt - DIN 51063, Normal = 1280°, Labor = 1295°), SK (Segerkegel), Schmelzkörper *m pl* (nach Seger) ‖ ≏ **formula** (a molecular formula applied to glazes and porcelain enamels) (Ceramics) / Segerformel *f* (ein dreispaltiges Molekular-Formelschema für Glasuren) ‖ ≏ **porcelain** (Ceramics) / Segerporzellan *n* (ein etwa um 1880 von Seger entwickeltes Weichporzellan)
**segment** *v* / segmentieren *v*, aufteilen *v* (in Segmente) ‖ ~ *n* (Cables) / Segment *n* (eine zusammenhängendes Kabelstück in der LAN-Technik) ‖ ~ (part of a program) (Comp) / Segment *n*, Programmsegment *n* ‖ ~\* (Elec Eng) / Stromwenderlamelle *f*, Kommutatorlamelle *f*, Kommutatorsteg *m*, Lamelle *f* (des Kommutators) ‖ ~\* (Maths) / Segment *n*, Abschnitt *m* ‖ ~ (Optics) / Teil *n* (bei Mehrstärkengläsern), Ausschliff *m*, Segment *n* (bei Mehrstärkengläsern)
**segmental** *adj* / Segment-, aus Segmenten bestehend, segmentiert *adj*, segmentär *adj* ‖ ~ / unterteilt *adj* (in Abschnitte) ‖ ~ **arch**\* (with its centre below the springing line) (Arch) / Flachbogen *m*, Stichbogen *m*, Segmentbogen *m* (meistens in der Romanik) ‖ ~ **barrage** (Hyd Eng) / Segmentwehr *n* ‖ ~ **bearing** (Eng) / Segmentdrucklager *n* ‖ ~ **circular saw** (For, Join) / Furnierkreissägemaschine *f*, Segmentkreissäge *f* ‖ ~ **construction** (Civ Eng) / Segmentbauweise *f* (von Brücken) ‖ ~ **core disk**\* (Elec Eng) / Segmentblech *n* ‖ ~ **gear** (Eng) / Zahnrad *n* mit unvollständiger Verzahnung ‖ ~ **grinding wheel** (Eng) / Segmentschleifscheibe *f*
**segmentalise** *v* (GB) / segmentieren *v*, aufteilen *v* (in Segmente)
**segmentalize** *v* / segmentieren *v*, aufteilen *v* (in Segmente)
**segmental lamination** (Elec Eng) / Blechsegment *n* ‖ ~ **paging** (Comp) / blockweiser Seitenwechsel ‖ ~ **rack** (Eng) / Zahnbogen *m*, Zahnsegment *n* ‖ ~ **rim rotor** (Elec Eng) / Blechkettenläufer *m*, Schichtpolrad *n* ‖ ~ **sluice gate** (Hyd Eng) / Segmentverschluss *m* (des Segmentwehrs) ‖ ~ **wheel** (an arc of toothed wheel) (Eng) / Zahnbogen *m*, Zahnsegment *n*
**segmentation** *n* (Comp) / Segmentierung *f* (der Rede, des Programms)
**segment bearing** (Eng) / Segmentdrucklager *n* ‖ ~ **die** (Powder Met) / geteilte Matrize, geteiltes Presswerkzeug (Pulverpresse) ‖ ~ **display** (Comp) / Segmentanzeige *f*
**segmented** *adj* / Segment-, aus Segmenten bestehend, segmentiert *adj*, segmentär *adj* ‖ ~ **mirror** (Astron) / Facettenspiegel *m* (der aus einem Mosaik zahlreicher wabenförmiger Spiegelelemente zusammengesetzt ist)
**segmented-mirror telescope** (Astron) / parabolischer Facettenspiegel (der Reflektor wird aus einem Mosaik zahlreichen wabenförmiger Spiegelelemente zusammengesetzt)
**segment of circle** (Maths) / Kreissegment *n*, Kreisabschnitt *m* ‖ ~ **of line** (Maths) / Strecke *f* (Abschnitt einer Geraden zwischen zwei Punkten) ‖ ~ **of sphere** (Maths) / Kugelabschnitt *m*, Kugelsegment *n* ‖ ~ **polymer** (Chem) / Segmentpolymer *n* (Blockpolymer, das aus einer großen Anzahl von kurzen Blöcken aufgebaut ist) ‖ ~ **ring** (Civ Eng) / Tunnelring *m* (aus einzelnen Tübbings), Tübbingring *n* ‖ ~ **saw blade** (For) / Segmentkreissägeblatt *n* (der Furnierkreissägemaschine) ‖ ~ **table** (Comp) / Segmenttabelle *f* (in der virtuellen Speichertechnik) ‖ ~ **table** (Comp) / Segmenttafel *f* ‖ ~ **table address** (Comp) / Segmenttafeladresse *f* ‖ ~ **voltage** (Elec Eng) / Segmentspannung *f*, Stegspannung *f* (Segmentspannung)
**Segner's wheel** (Phys) / Segner'sches Reaktionsrad (nach J.A. v. Segner, 1704-1777)
**Segrè chart**\* (Nuc) / Segrè-Diagramm *n* (nach E.G. Segrè, 1905-1989)
**segregate** *v* / scheiden *v* (trennen), abscheiden *v*, absondern *v*, aussondern *v* ‖ ~ (Biol) / aufspalten *v*, spalten *v*
**segregation**\* *n* / Scheiden *n* (physikalische Trennung), Abscheiden *n*, Absondern *n*, Absonderung *f*, Aussondern *n*, Aussonderung *f* ‖ ~ / Entmischung *f* (in mehrere Körnungsbereiche) ‖ ~\* (Biol) / Aufspaltung *f*, Spaltung *f* ‖ ~ (Gen) / Segregation *f* (Aufspaltung von Erbfaktoren) ‖ ~\* (Met) / Seigern *n*, Seigerung *f* (Ausbildung mikro- oder makroskopischer Zusammensetzungsunterschiede in sonst homogen zusammengesetzten Körpern im Verlauf der Erstarrung) ‖ ~\* (Met) / Segregation *f* ‖ ~ (Phys) / Entmischung *f* (z.B. Zerfall einer homogenen Mischung in zwei oder mehrere thermodynamisch stabile Phasen)
**segregation-free** *adj* / seigerungsfrei *adj*
**segregation gap** (Foundry) / Seigerungsspalt *m* ‖ ~ **product** (Met) / Segregat *n* ‖ ~ **streaks** (Met) / Seigerungszellen *f pl* (Folge von Mikroseigerungen) ‖ ~ **zone** (Met) / Seigerungszone *f*
**segregative screening** (Ecol, Nut) / aussondernde Prüfung (bei der Kontrolle der Rückstände von Pflanzenschutzmitteln in Nahrung und Umwelt)
**SEGS** (solar electric generating system) (Elec Eng) / solarthermisches Kraftwerk, Sonnenkraftwerk *n* (z.B. Eurelios), Solarkraftwerk *n*
**Segway human transporter** (with solid-state gyroscopes, tilt sensors, high-speed microprocessors and an electric motor) (Elec Eng) /

Segway-Personentransportmittel *n*, selbststabilisierter Menschentransporter

**SEHR system** (special emergency heat removal system) (Nuc Eng) / zusätzliches Notkühlsystem

**seiche*** *n* (Geophys, Meteor) / Seiches *f pl*, Seiche *f*, Schaukelwellen *f pl* (in Meeresbuchten und Nebenmeeren)

**Seidel aberration** (third-order aberration) (Optics) / Seidel'sche Aberration (Abbildungsfehler dritter Ordnung; nach L.Ph. von Seidel, 1821 - 1896) ‖ ~ **method** (Maths) / Gauß-Seidel-Verfahren *n*, Einzelschrittverfahren *n* (zur Lösung linearer Gleichungssysteme)

**Seidlitz powder*** (a laxative preparation) (Pharm) / Pulvis aerophorus laxans, Seidlitzpulver *n* (Brausepulver = 7,5 Kaliumnatriumtartrat + 2,5 Natriumhydrogenkarbonat + 2 Weinsäure, diese in weißer Papierkapsel gesondert verpackt - DAB 1997) ‖ ~ **powders** (US) (Pharm) / Pulvis aerophorus laxans, Seidlitzpulver *n* (Brausepulver = 7,5 Kaliumnatriumtartrat + 2,5 Natriumhydrogenkarbonat + 2 Weinsäure, diese in weißer Papierkapsel gesondert verpackt - DAB 1997)

**seif** *n* (Geol) / Sifdüne ‖ ~ **dune*** (a long and tall dune with a sharp crest - common in the Sahara) (Geol) / Sifdüne

**Seignette electricity** (Elec) / Ferroelektrizität *f* (der Ferroelektrika, die im nichtpolaren Zustand oberhalb der Curie-Temperatur piezoelektrisch sind), Seignette-Elektrizität *f* (nach P. Seignette, 1660-1719)

**Seignette-electrics** *n* (Elec) / Ferroelektrizität *f* (der Ferroelektrika, die im nichtpolaren Zustand oberhalb der Curie-Temperatur piezoelektrisch sind), Seignette-Elektrizität *f* (nach P. Seignette, 1660-1719)

**Seignette salt** (Chem) / Rochellesalz *n*, Seignettesalz *n* (Kaliumnatriumtartrat)

**Seiliger cycle** (I C Engs) / Seiliger-Prozess *m* (eine Kombination aus Gleichraum- und Gleichdruckprozess) ‖ ~ **process** (I C Engs) / Seiliger-Prozess *m* (eine Kombination aus Gleichraum- und Gleichdruckprozess)

**seismic** *adj* (Geophys) / seismisch *adj* ‖ ~ **activity** (Geophys) / Erdbebentätigkeit *f* ‖ ~ **area** (Geophys) / Schüttergebiet *n* (DIN 4149), Erdbebenzone *f*, Erdbebengebiet *n* ‖ ~ **array** (Geol, Geophys) / seismischer Array (Erdbebenregistrieranlage, die aus vielen über ein größeres Areal verteilten, zentral ausgewerteten Seismografen besteht) ‖ ~ **design** (Build, Civ Eng) / erdbebensichere Auslegung (z.B. des Kernreaktors) ‖ ~ **detector** (Geophys) / Seismometer *n* (Messgerät des Seismografen) ‖ ~ **detector** (Geophys) / seismischer Detektor ‖ ~ **exploration** (Geophys) / Seismik *f* (angewandte - geophysikalische Aufschlussverfahren /Refraktions- und Reflexionsseismik/, mit denen aus der Ausbreitung künstlich durch Sprengung erzeugter elastischer Wellen eine flächenhafte Übersicht über den Aufbau des Untergrundes gewonnen wird), Sprengseismik *f*, seismischer Aufschluss (Refraktions- und Reflexionsseismik) ‖ ~ **focus** (Geophys) / Hypozentrum *n*, Erdbebenherd *m*, Herd *m* (Ausgangspunkt von Erdbeben) ‖ ~ **gap** (Geophys) / seismische Lücke

**seismicity** *n* (Geophys) / Seismizität *f* (Häufigkeit der Erdbeben eines Gebietes) ‖ ~ (Geophys) / Erdbebentätigkeit *f* ‖ ~ (Geophys) / Seismizität *f* (die mittels der Anzahl von Erdbeben oder der durch Abstrahlung seismischer Wellen freigesetzten Energie in einer Raum- und Zeiteinheit messbare Erdbebentätigkeit)

**seismic noise** (Geophys) / seismisches Rauschen ‖ ~ **prospecting*** (Geophys) / Seismik *f* (angewandte - geophysikalische Aufschlussverfahren /Refraktions- und Reflexionsseismik/, mit denen aus der Ausbreitung künstlich durch Sprengung erzeugter elastischer Wellen eine flächenhafte Übersicht über den Aufbau des Untergrundes gewonnen wird), Sprengseismik *f*, seismischer Aufschluss (Refraktions- und Reflexionsseismik) ‖ ~ **reflection** (Geol) / seismische Reflexion ‖ ~ **refraction** (Geol) / seismische Refraktion ‖ ~ **risk** (Build, Geophys) / Erdbebengefährdung *f* ‖ ~ **safety** (Build, Civ Eng, Geophys) / Erdbebensicherheit *f* ‖ ~ **sea wave** (Geol, Ocean) / Tsunami *m* (plötzliches Auftreten von hohen Meereswellen), Flutwelle *f* (durch Seebeben hervorgerufen), seismische Woge (durch Seebeben hervorgerufen) ‖ ~ **surveillance** (Civ Eng) / seismische Überwachung (z.B. einer Talsperre) ‖ ~ **tie** (Eng) / Erdbebensicherung *f* (z.B. bei einem Kessel) ‖ ~ **wave** (Geophys) / seismische Welle, Erdbebenwelle *f* ‖ ~ **zone** (Geophys) / Schüttergebiet *n* (DIN 4149), Erdbebenzone *f*, Erdbebengebiet *n*

**seismogram** *n* (Geophys) / Seismogramm *n*
**seismograph** *n* (Geophys) / Seismograf *m*
**seismographic** *adj* (Geophys) / seismografisch *adj*
**seismographical** *adj* (Geophys) / seismografisch *adj*
**seismological** *adj* (Geophys) / seismologisch *adj* ‖ ~ **station** (Geophys) / seismologische Station, Erdbebenwarte *f*
**seismology*** *n* (Geophys) / Seismologie *f*, Seismik *f* (Wissenschaft), Erdbebenkunde *f*

**seismometer** *n* (Geophys) / Seismometer *n* (Messgerät des Seismografen)
**seismonasty*** *n* (Bot) / Seismonastie *f*
**seismotectonics** *n* (Geol) / Seismotektonik *f*
**Seitz filter** / Seitz-Filter *n* (der Fa. Seitz, Bad Kreuznach), Seitz-Entkeimungsfilter *n*
**seize** *v* (Eng) / fressen *v* (bei sich berührenden Körpern) ‖ ~ (Eng) / sich festfressen *v* ‖ ~ (Ships) / festzurren *v* (mit Zurrringen oder Ketten), zurren *v* ‖ ~ (Ships) / kapern *v*, aufbringen *v* (ein Schiff) ‖ ~ (Telecomm) / belegen *v* (Leitung) ‖ ~ **up** (Eng) / fressen *v* (bei sich berührenden Körpern) ‖ ~ **up** (Eng) / sich festfressen *v*

**seizing** *n* (Autos) / Festfressen *n*, Festbrennen *n* (der Kolbenringe) ‖ ~ (Eng) / Festfressen *n* (von Oberflächenpartien zweier Maschinenteile), Anfressen *n* ‖ ~ (Eng) / Fressen *n*, Fresserscheinung *f* (örtlich begrenztes Verschweißen von Oberflächenpartien - ein Verschleißvorgang) ‖ ~ (Ships) / Zurren *n*, Festzurren *n* (mit Zurrringen oder Ketten) ‖ ~ **pulse** (Telecomm) / Belegungsimpuls *m* ‖ ~ **signal*** (Telecomm) / Belegungszeichen *n* ‖ ~-**up*** *n* (Eng) / Fressen *n*, Fresserscheinung *f* (örtlich begrenztes Verschweißen von Oberflächenpartien - ein Verschleißvorgang)

**seizure** *n* (Autos) / Festfressen *n*, Festbrennen *n* (der Kolbenringe) ‖ ~ (Eng) / Festfressen *n* (von Oberflächenpartien zweier Maschinenteile), Anfressen *n* ‖ ~* (Eng) / Fressen *n*, Fresserscheinung *f* (örtlich begrenztes Verschweißen von Oberflächenpartien - ein Verschleißvorgang) ‖ ~ (Telecomm, Teleph) / Belegungsvorgang *m*, Belegung *f* ‖ ~ **load** (Eng) / Fressbelastung *f*, Fresslast *f* ‖ ~ **of the piston** (of a reciprocating engine) (I C Engs) / Kolbenfresser *m*, Kolbenklemmer *m* ‖ ~ **resistance** (Eng) / Fresswiderstand *m*

**selacholeic acid** (Biochem) / Nervonsäure *f*, Selacholeinsäure *f* (cis-15-Tetracosensäure)

**selcal*** *n* (selective calling)* (Aero) / Selcal-System *n*

**select** *v* / auswählen *v*, aussuchen *v*, auslesen *v*, selektieren *v*, wählen *v* ‖ ~ / ausmustern *v* (sortieren) ‖ ~ (from a list box) (Comp) / auswählen *v* (aus einem Listenfeld) ‖ ~ (Comp) / auswählen *v* (ein Element mit dem Auswahlcursor markieren) ‖ ~ (Comp, Telecomm) / wählen *v* (mit Tastatur) ‖ ~ (Telecomm) / anwählen *v* (Leitung), bewählen *v* (Leitung)

**selectance*** *n* (Radio) / (wirksame) Selektion, dynamische Selektion, Selektivität *f* (Fähigkeit eines Empfängers, das Nutzsignal aus der Summe aller Störsignale auszusuchen)

**select cultivar** (Agric, Bot) / Kultursorte *f*, Zuchtsorte *f*

**selected area** (Astron) / Kapteyn-Feld *n*, Eichfeld *n*, Selected Area *f* (Grundlage der modernen Stellarstatistik) ‖ ~ **ion detection** (Chem) / Einzelionennachweis *m*, Einzelionendetektion *f* ‖ ~ **ion monitoring** (Chem) / Einzelionennachweis *m*, Einzelionendetektion *f*

**select field** (Comp) / Auswahlfeld *f*

**selecting** *n* (Comp) / Empfangsabruf *m* ‖ ~ **finger** (Teleph) / Wählfinger *m*, Markiererfeder *f* (des Kreuzschienenwählers) ‖ ~ **process** (Comp) / Empfangsaufruf *m* (an eine Datenstation, Daten zu liefern - DIN 44302)

**selection** *n* / Auslese *f*, Wahl *f* (Auswahl), Auswahl *f*, Selektion *f* ‖ ~ / Ausmusterung *f* (Sortierung) ‖ ~* (Biol) / Auslese *f* ‖ ~ (Comp) / Empfangsaufruf *m* (an eine Datenstation, Daten zu liefern - DIN 44302) ‖ ~ (Radio) / Selektion *f*, Trennwirkung *f* ‖ ~ (Stats) / Auswahl *f* ‖ ~ **bar** (Autos) / Wählhebel *m*, Zuschalthebel *m* (für das Zuschalten des Allradantriebs) ‖ ~ **bias** (Stats) / Verzerrung *f* durch die Auswahlmethode ‖ ~ **code analyzer** (Teleph) / Wahlauswerter *m*, Wahlbewerter *m* ‖ ~ **code interpreter** (Teleph) / Wahlauswerter *m*, Wahlbewerter *m* ‖ ~ **cursor** (Comp) / Auswahlcursor *m*, Markierungscursor *m* ‖ ~ **cutting** (For) / Femelhieb *m*, Femelbetrieb *m*, Femelschlag *m*, Plenterhieb *m* ‖ ~ **felling** (For) / Femelhieb *m*, Femelbetrieb *m*, Femelschlag *m*, Plenterhieb *m* ‖ ~ **forest** (an all-aged forest) (For) / Plenterwald *m* (Hochwald, der aus kleinstflächigen Strukturen mit Bäumen unterschiedlichen Alters sowie unterschiedlicher Höhe und Dicke besteht) ‖ ~ **interpreting program** (Comp) / Wahlbewertungsprogramm *n* ‖ ~ **interview** / Einstellungsgespräch *n* ‖ ~ **lever** (Autos) / Wählhebel *m*, Zuschalthebel *m* (für das Zuschalten des Allradantriebs) ‖ ~ **of joints for front-wheel applications** (Autos) / Gelenkauswahl *f* für die Vorderradanwendungen ‖ ~ **of materials** (Materials) / Werkstoffauswahl *f*, Materialauswahl *f* ‖ ~ **of personnel** (Work Study) / Personalauswahl *f* ‖ ~ **of suitable material** / Werkstoffauswahl *f* ‖ ~ **of the working plane** (Eng) / Ebenenauswahl *f* (Wahl der Ebene, in der die Werkstückbearbeitung mittels einer CNC-Maschine erfolgen soll) ‖ ~ **rules*** (Nuc) / Auswahlregeln *f pl* (auf Erhaltungssätzen von physikalischen Größen basierende Regeln, die angeben, zwischen welchen Zuständen Übergänge stattfinden können) ‖ ~ **signal** (Telecomm) / Wahlzeichenfolge *f*, Wahlzeichen *n* ‖ ~ **sort** (Comp) / Sortieren *n* durch Auswahl, Auswahlsortierung *f* ‖ ~ **sorting** (Comp) / Sortieren *n* durch Auswahl, Auswahlsortierung *f* ‖ ~ **stage** (Teleph) / Wahlstufe *f* ‖ ~ **switch** (Telecomm) / Wahlschalter *m*,

**selection**

Anwahlschalter *m* ‖ **~ system** (of felling) (For) / Femelhieb *m*, Femelbetrieb *m*, Femelschlag *m*, Plenterhieb *m* ‖ **~ tree** (Comp) / Suchbaum *m* ‖ **~ with arbitrary probabilities** (Stats) / Auswahl *f* mit willkürlich gesetzten Wahrscheinlichkeiten, Auswahl *f* mit veränderlichen Auswahlwahrscheinlichkeiten

**selective** *adj* / selektiv *adj* (nicht ausschließlich) ‖ **~** / trennscharf *adj* ‖ **~** / selektiv *adj* (zielgerichtet auswählend, selektiv wirkend) ‖ **~ absorption*** (Phys) / selektive Absorption, Linienabsorption *f* ‖ **~ adsorption** (Phys) / selektive Adsorption ‖ **~ amplifier** (Elec Eng) / Selektivverstärker *m* (ein Wechselspannungsmessverstärker mit sehr schmaler Bandbreite) ‖ **~ assembly*** (Eng) / Auslesepaarung *f* (beschränkte Austauschbarkeit von zu paarenden Teilen) ‖ **~ calling** (Telecomm) / selektiver Funkruf (Einrichtung in einem beweglichen Funkdienst zu gezieltem Anruf eines unter vielen an die gleiche Frequenz angeschlossenen Teilnehmers, ohne Belästigung der anderen) ‖ **~ catalytic reduction** (Chem Eng) / selektive katalytische Reduktion (eine Sekundärmaßnahme bei der Rauchgasentstickung), SCR (selektive katalytische Reduktion), SCR-Verfahren *n* (zur Entfernung von Stickoxiden aus Rauchgasen) ‖ **~ circuit** (Elec Eng) / Selektionskreis *m* (Schwingkreis zur Aussiebung eines Signals mit bestimmter Frequenz) ‖ **~ control** (Telecomm) / Anwahlsteuerung *f* ‖ **~ corrosion** (Eng, Met) / selektive Korrosion (bevorzugte Korrosion eines Gefügebestandteiles) ‖ **~ diffuser** (Phys) / selektiv streuender Körper ‖ **~ display** (Comp) / selektive Anzeige ‖ **~ dump*** (Comp) / Speicherauszug *m* (eines vorher bestimmten Bereiches aus dem Arbeitsspeicher) ‖ **~ enlargement** (Photog) / Ausschnittsvergrößerung *f*, Bildausschnittsvergrößerung *f* ‖ **~ exchange** (Chem Eng) / Selektivaustausch *m* (gezieltes Eliminieren bestimmter Ionen aus dem Wasser mit Hilfe von Ionenaustauschern) ‖ **~ fading*** (Radio, Telecomm) / Selektivschwund *m*, selektives Fading (auf einem schmalen, wandernden Frequenzbereich), selektiver Schwund ‖ **~ flotation** (Min Proc) / differentielle Flotation, selektive Flotation ‖ **~ freezing** (Met) / selektive Erstarrung ‖ **~ herbicide** (Agric) / Selektivherbizid *n* (das bei Schonung der Kulturpflanzen nur Unkräuter beseitigt), selektives Herbizid ‖ **~ hydrogenation** (Nut) / selektive Hydrierung (von Fetten)

**selectively permeable** (Biol, Chem) / permselektiv *adj* (Membrane) ‖ **~ thickened** (Paper) / stellenweise verstärkt

**selective medium** (Bacteriol) / Selektivmedium *n* (ein Medium, dessen Zusammensetzung so gewählt ist, dass es nur jeweils einer bestimmten Gruppe von Mikroorganismen gute Wachstumsbedingungen bietet) ‖ **~ memory dump** (Comp) / Speicherauszug *m* (eines vorher bestimmten Bereiches aus dem Arbeitsspeicher) ‖ **~ mining** (Mining) / selektiver Abbau, selektive Gewinnung ‖ **~ non-catalytic reduction** (Chem Eng) / selektive nichtkatalytische Reduktion (eine Sekundärmaßnahme bei der Rauchgasentstickung), SNCR (selektive nichtkatalytische Reduktion), SNCR-Verfahren *n* (zur Entfernung von Stickoxiden aus Rauchgasen) ‖ **~ oxidation** (Met) / selektive Oxidation (bevorzugte Oxidation bestimmter Gefüge- oder Legierungsbestandteile eines metallischen Werkstoffes) ‖ **~ protection*** (Elec Eng) / Selektivschutz *m* (das Ansprechen einer Schutzeinrichtung, in einer Fehlerstelle am nächsten liegt) ‖ **~ protective system** (Elec Eng) / Selektivschutzsystem *n* ‖ **~ radiation** (Phys) / nichtschwarze Strahlung, Strahlung *f* von nichtschwarzen Körpern, Strahlung *f* von selektiven Strahlern ‖ **~ reflection** (Optics) / selektive Reflexion ‖ **~ reflexion** (Optics) / selektive Reflexion ‖ **~ resonance*** (Radio) / Einwelligkeit *f* ‖ **~ solvent** (Chem) / selektiv wirkendes Lösungsmittel ‖ **~ voltmeter** (Elec Eng) / frequenzselektiver Spannungsmesser, Selektivspannungsmesser *m* (ungewobbelte Messung von Amplitude und Frequenz innerhalb eines abstimmbaren Bandschlitzes), selektiver Spannungsmesser

**selectivity** *n* / selektive Wirkung ‖ **~** / Selektivität *f* (z.B. eines Gassensors) ‖ **~*** (Radio) / Trennschärfe *f*, Selektivität *f* (Maß für Selektion) ‖ **~ control** (Radio) / Trennschärferegelung *f*

**selecto** *n* (Oils) / Selekto *n* (beim Duosolprozess verwendetes Phenol-Kresol-Gemisch)

**selector** *n* (Autos) / Fahrbereichswählhebel *m* (Automatikgetriebe), Wählhebel *m* (Automatikgetriebe) ‖ **~** (Comp) / Selektor *m* (der abwechselnd eines von mehreren Geräten an den Hauptkanal anschließt) ‖ **~** (Telecomm) / Wahlschalter *m*, Anwahlschalter *m* ‖ **~*** (Teleph) / Wähler *m* (elektromechanische Koppeleinrichtung) ‖ **~** (Textiles) / Musterstopper *m* ‖ **~ channel** (Comp) / Selektorkanal *m* (über den jeweils nur ein Datenübertragungsvorgang zwischen der Zentraleinheit und der Peripherie mit hoher Geschwindigkeit stattfindet) ‖ **~ fork*** (Autos) / Schaltgabel *f* ‖ **~ lever** (Autos) / Fahrbereichswählhebel *m* (Automatikgetriebe), Wählhebel *m* (Automatikgetriebe) ‖ **~ lever lock** (Autos) / Wählhebelsperre *f* (Automatikgetriebe) ‖ **~ logic** / Auswahllogik *f*, AWL (Auswahllogik) ‖ **~ pen** (Electronics) / Leuchtstift *m*, Lichtstift *m*, Lichtgriffel *m*, Lightpen *m* ‖ **~ plug*** (Telecomm) / Wählerstecker *m* ‖ **~ sleeve** (Autos) / Schaltmuffe *f* ‖ **~ switch** (Autos) / Funktionsschalter *m* (bei Autoradios) ‖ **~ switch** (Elec Eng) / Lastwähler *m* (der den Strom führen und umschalten kann) ‖ **~ switch** (Elec Eng, Telecomm) / Wahlschalter *m*, Anwahlschalter *m* ‖ **~ switch** (Telecomm) / Messstellenumschalter *m*, Messstellenschalter *m* (Multiplexer, Muxer) ‖ **~ valve** (Aero) / Mehrwegehahn *m*

**s electron** (Nuc) / s-Elektron *n* (der s-Unterschale)

**selenate** *n* (Chem) / Selenat *n* (Salz der Selensäure) ‖ **~(IV)** (Chem) / Selenit *n* (Salz der selenigen Säure)

**selenic acid** (Chem) / Selensäure *f*

**selenide** *n* (Chem) / Selenid *n* (Salz des Selenwasserstoffs)

**selenious** *adj* (Chem) / Selen- (meistens Selen(IV)-) ‖ **~ acid** (a selenium oxoacid) (Chem) / selenige Säure

**selenite*** *n* (Chem) / Selenit *n* (Salz der selenigen Säure) ‖ **~*** (Geol, Min) / Selenit *m*, Gips *m* (Calciumsulfathydrat) ‖ **~*** (Min) / Marienglas *n* (Spalttafel von Gips), Jungfernglas *n*

**selenitic cement*** (Build) / Gips-Kalk-Binder *m*, Gipszement *m*, Putzkalk *m* (mit 5-10% Halbhydratplaster) ‖ **~ lime*** (Build) / Gips-Kalk-Binder *m*, Gipszement *m*, Putzkalk *m* (mit 5-10% Halbhydratplaster) ‖ **~ water** (Geol, San Eng) / gipshaltiges Wasser

**selenium*** *n* (Chem) / Selen *n*, Se (Selen) ‖ **~ cell*** (Electronics) / Selenfotoelement *n*, Selenzelle *f* (ein Fotoleitfähigkeitsdetektor) ‖ **~ dioxide** (Chem) / Selen(IV)-oxid *n*, Selendioxid *n* ‖ **~ disulphide** (Chem) / Selendisulfid *n* ‖ **~ fertilizer** (Agric) / Selendüngemittel *n* ‖ **~(VI) fluoride** (Chem) / Selen(VI)-fluorid *n* ‖ **~ glass** (Glass, Photog) / Selenglas *n* ‖ **~ halide*** (Chem) / Selenhalogenid *n* (z.B. SeF$_6$ oder SeBr$_4$) ‖ **~ hexafluoride** (Chem) / Selen(VI)-fluorid *n* ‖ **~ hydride** (Chem) / Selenwasserstoff *m* (H$_2$Se) ‖ **~ monochloride** (Chem) / Selenmonochlorid *n* ‖ **~(IV) oxide** (Chem) / Selen(IV)-oxid *n*, Selendioxid *n* ‖ **~ rectifier** (Electronics) / Selengleichrichter *m* (ein alter Halbleitergleichrichter) ‖ **~ red** (Chem, Paint) / [dunkles] Kadmiumrot *n* (Mischkristalle von Kadmiumsulfid und Kadmiumselenid) ‖ **~ ruby** (Glass) / Selenrubinglas *n* (Anlaufglas von tiefroter Farbe nach DIN 1295-1), Selenrubin *m* ‖ **~ tetrabromide** (Chem) / Selentetrabromid *n* (SeBr$_4$) ‖ **~ toning** (Photog) / Selentonung *f*

**selenocystein** *n* (Biochem) / Selenocystein *n*

**selenodesy** *n* (Astron) / Selenodäsie *f*

**selenography** *n* (Astron) / Selenografie *f* (kartografische Aufnahme und Beschreibung der Mondoberfläche)

**selenous** *adj* (Chem) / Selen- (meistens Selen(IV)-) ‖ **~ acid** (Chem) / selenige Säure ‖ **~ acid anhydride** (Chem) / Selen(IV)-oxid *n*, Selendioxid *n* ‖ **~ anhydride** (Chem) / Selen(IV)-oxid *n*, Selendioxid *n*

**self*** *v* (Bot) / sich selbst bestäuben, Eigenbestäubung betreiben ‖ **~-absorption*** *n* (Phys) / Selbstabsorption *f*, Eigenabsorption *f* ‖ **~-acting** *adj* / automatisch *adj*, selbsttätig *adj*

**self-acting haulage** (Mining) / Schwerkraftförderung *f*

**self-acting incline** (Mining) / Bremsberg *m*

**self-acting plane** (Mining) / Bremsberg *m* ‖ **~ seal of soft material** (Eng) / selbsttätige Weichdichtung

**self-actor mule** (Spinning) / Selfaktor *m*, Wagenspinner *m*, Absetzspinner *m*, Selbstspinner *m* (in der Streichgarnspinnerei)

**self-actuating work driver** (Eng) / selbstspannender Mitnehmer

**self-adapting** *adj* (Comp) / selbstanpassend *adj* ‖ **~** (Comp) s. also self-learning ‖ **~ program** (Comp) / selbstanpassendes Programm, Selbstanpassprogramm *n*

**self-adhesive** *adj* / selbstklebend *adj*, haftklebend *adj*

**self-adhesive film** / selbstklebende Folie, Selbstklebefolie *f* ‖ **~ label** / Haftetikett *n*, Haftetikette *f* ‖ **~ paper** (Paper) / Selbstklebepapier *n*, selbstklebendes Papier, Haftpapier *n* ‖ **~ tape** / Selbstklebeband *n*

**self-adjoint** *adj* (Maths) / selbstadjungiert *adj* ‖ **~ algebra** (Maths) / involutive normierte Algebra

**self-adjointness** *n* (Maths) / Selbstadjungiertheit *f*

**self-adjusting arc** (Elec Eng) / selbstregelnder Lichtbogen ‖ **~ clutch** (Autos) / selbstnachstellende Kupplung ‖ **~ gate process** (Electronics) / selbstjustierender Gatemaskenprozess ‖ **~ zero** (Instr) / selbstregulierender Nullpunkt, selbsteinstellender Nullpunkt

**self-adjustment** *n* (Autos) / automatische Nachstellung, selbsttätige Nachstellung

**self-admittance** *n* (Elec Eng) / Selbstadmittanz *f*

**self-adsorption** *n* (Phys) / Eigenadsorption *f*

**self-advancing support** (Mining) / Schreitausbau *m* (mit mobilen Ausbaueinheiten nach DIN 21 549)

**self-aiming** *n* (Aero, Mil) / Selbstlenkung *f*, Selbstansteuerung *f*

**self-aligned superintegration logic** (Electronics) / selbstabgleichende Logik höchster Integrationsstufe ‖ **~ thick-oxide process** (Electronics) / SATO-Verfahren *n* (ein Isolationsverfahren für integrierte Schaltungen)

**self-aligning ball bearing*** (Eng) / Pendelkugellager *n* (DIN 630) ‖ **~ (ball) bearing** (Eng) / selbsteinstellendes Lager ‖ **~ bearing** (Eng) / Pendellager *n* (ein Wälzlager, dessen Innenringe praktisch

reibungsfrei um eine beliebige, die Wellenmittellinie schneidende Achse schwenken können) || **~ coupling** (Eng) / Ausgleichkupplung *f* (z.B. zwischen Antriebsmotor und Arbeitsmaschine) || **~ radial roller bearing** (Eng) / Pendelrollenlager *n* (DIN 635, T 2) || **~ torque** (Autos) / Rückstellmoment *n* (in einer Lenkgeometrie)
**self-anchored** *adj* (Civ Eng) / selbstverankert *adj* (Spannbeton) || **~ suspension bridge** (Civ Eng) / in sich versteifte Hängebrücke
**self-annealing*** *n* (Met) / Rekristallisation *f* bei Raumtemperatur (Zn, Cd, Pb und Sn)
**self-assembly** *n* (Bacteriol) / Selbstorganisation *f*
**self-association** *n* (Chem, Phys) / Eigenassoziation *f*, Assoziation *f* gleich beladener Ionen
**self-baking electrode*** (Elec Eng) / selbstbackende Elektrode, selbsteinbrennende Elektrode
**self-balancing** *adj* (Elec Eng) / selbstabgleichend *adj* || **~ human transporter** (Elec Eng) / Segway-Personentransportmittel *n*, selbststabilisierter Menschentransporter
**self-basifying** *adj* (Leather) / selbstbasifizierend *adj* (Chromgerbung), selbstabstumpfend *adj*
**self-bias** *n* (Electronics) / automatische Gittervorspannung
**self-braking motor** (Eng) / Bremsmotor *m* (z.B. eines Elektrokettenzugs)
**self-broadening** *n* (Phys, Spectr) / Selbstverbreiterung *f* (der Spektrallinie)
**self-calibration** *n* / Selbsteichung *f*
**self-capacitance*** *n* (Elec, Elec Eng) / Eigenkapazität *f*
**self•-centring** *adj* / selbstzentrierend *adj* || **~-centring chuck*** (Eng) / selbstzentrierendes Spannfutter, Universalspannfutter *n* || **~-centring lathing*** (Build, Civ Eng) / versteiftes Streckmetall
**self-check** *n* (Comp) / Selbsttest *m* (eine Nummernprüfung)
**self-checking** *adj* (Comp, Electronics) / Selbstprüfung *f* (mit Prüf- und Fehlersuchprogrammen)
**self•-checking code** (Comp) / selbstkorrigierender Kode, fehlerkorrigierender Kode, Fehlerkorrekturkode *m* (DIN 44300) || **~-cleaning** *n* (Eng) / Selbstreinigung *f* || **~-cleaning** (Paint) / Selbstreinigung *f* (des Außenanstrichs)
**self-cleaning effect** (Build) / Selbstreinigungseffekt *m*, Lotuseffekt *m* (bei mikrostrukturierten Oberflächen, wie z.B. bei Tondachziegeln geneigter Dächer) || **~ enamel** / selbstreinigendes Email (für Backöfen, Elektroherde und Grillgeräte) || **~ velocity** (San Eng) / Mindestgeschwindigkeit *f* (in Abwasserkanälen)
**self-clean oven** (Nut) / selbstreinigender Backofen
**self-cleansing*** *n* (Biol, Ecol, San Eng) / Selbstreinigung *f* (Fähigkeit der Atmosphäre und der Gewässer, Verschmutzungen unschädlich zu machen)
**self-climbing crane** (Build, Eng) / Kletterkran *m*
**self-clinkering producer** (Eng) / Generator *m* mit automatischer Entschlackung, Gaserzeuger *m* mit automatischer Entschlackung, Austraggenerator *m*
**self-closing** *adj* (Eng) / selbstschließend *adj* || **~ fountain** (Civ Eng) / Ventilbrunnen *m* (eine öffentliche Zapfstelle)
**self-commutated inverter** (Elec Eng) / selbstgeführter Wechselrichter
**self-commutation** *n* (Elec Eng) / Selbstkommutierung *f*, Selbstführung *f*
**self-condensation** *n* (Chem, Phys) / extramolekulare Kondensation
**self-conjugate** *adj* / selbstkonjugiert *adj* || **~ subgroup*** (Maths) / Normalteiler *m*, invariante Untergruppe
**self-conjugate triangle*** (Maths) / Polardreieck *n* eines Kegelschnittes
**self-consistence** *n* / Selbstkonsistenz *f*
**self-consistency** *n* / Selbstkonsistenz *f*
**self•-consistent** *adj* (Nuc) / selbstkonsistent *adj* || **~-consistent field*** (Nuc) / Self-consistent-Field *n* (effektives Potential, dessen Verlauf nach dem Vorbild des Hartree-Verfahrens einerseits die Bewegung der Teilchen bestimmt und andererseits von dieser abhängt)
**self-consistent-field method** (Chem) / Self-consistent-Field-Verfahren *n*, SCF-Methode *f* (Methode des konsistenten Feldes), Methode *f* des selbstkonsistenten Feldes
**self-consistent solution** (Phys) / selbstkonsistente Lösung
**self-contained** *adj* / in sich geschlossen, in sich abgeschlossen (unabhängig von der Umgebung) || **~** / autonom *adj* (Einheit)
**self•-contained** *adj* (Build) / abgeschlossen *adj* (Wohnung) || **~-contained aid** (Aero, Nav) / bodenunabhängige Navigationshilfe || **~-contained breathing apparatus** (Mining) / unabhängig von der Umgebungsatmosphäre wirkendes Atemschutzgerät (z.B. Schlauchgerät, Behältergerät, Regenerationsgerät mit Kreislaufatmung usw.)
**self-contained breathing apparatus** (Mining) / Behältergerät *n* (die Atemluft wird aus einer oder zwei Stahlflaschen entnommen, die Ausatemluft über ein Ventil in die Außenluft abgegeben), Pressluftatmer *m* (frei tragbares, von der Umgebungsatmosphäre unabhängig wirkendes Atemschutzgerät) || **~ carbonless paper** (Paper) / SC-Papier *n* (ein Reaktionsdurchschreibepapier), Kapselpapier *n* || **~ cover** (Bind) / Integralbuchdecke *f* || **~ language**

(a database language sufficient to process the data in a database and therefore not embedded in a host language) (Comp) / selbständige (Datenmanipulations)Sprache || **~ machine** (Eng) / selbsttätige Maschine || **~ platform** (Civ Eng) / selbsttragende Plattform
**self-contained power supply** (Radio) / eingebautes Netzteil
**self-contained pressure cable** (Cables) / Kabel *n* mit Metallmantel (thermisch stabiles), Manteldruckkabel *n* || **~ start** (Eng) / Schwarzstart *m* (bei Gasturbinen) || **~ stress** (Mech) / innere Spannung (lokaler Spannungszustand in Festkörpern, der zurückbleibt, wenn alle von außen auf den Körper wirkenden Spannungen auf Null reduziert werden), Innenspannung *f*, bleibende Spannung
**self-contained unit** (Eng) / in sich abgeschlossene Einheit (Anlage)
**self-containing** *adj* / in sich geschlossen, in sich abgeschlossen (unabhängig von der Umgebung)
**self-control** *n* (Automation, Ecol) / Eigenüberwachung *f* (einer für die Allgemeinheit gefährlichen Anlage), Selbstüberwachung *f*
**self-controlled system** (Eng) / eigenbetätigtes System (ein Fluidgetriebe - z.B. eine hydraulische Kfz-Bremse)
**self-cooled** *adj* / eigenbelüftet *adj*, selbstgekühlt *adj* || **~ transformer** (Elec Eng) / selbstgekühlter Transformator
**self-cooling** *n* (Elec Eng) / Eigenkühlung *f* (mit spezieller Einrichtung auf dem Läufer der Maschine zur Kühlmittelbewegung) || **~** (Eng) / Eigenkühlung *f* (z.B. mit Lüfter innerhalb der Maschine oder des Antriebs) || **~ by natural circulation of air** (Elec Eng) / Luftselbstkühlung *f*
**self-correcting code** (Comp) / selbstkorrigierender Kode, fehlerkorrigierender Kode, Fehlerkorrekturkode *m* (DIN 44300)
**self-cross linker** (Chem) / Eignevernetzer *m*
**self-curing** *adj* (Chem Eng) / selbstvulkanisierend *adj* || **~** (Foundry) / selbsthärtend *adj* (Formstoff) || **~** (Plastics) / eigenhärtend *adj*, selbsthärtend *adj*
**self-cutting screw** (Eng) / Gewindeschneidschraube *f*, Schneidschraube *f* (DIN 7513 - die selbst das Gewinde in das Kernloch schneidet)
**self-cutting screw** (Eng) / selbstschneidende Schraube, selbstschneidende Gewindeschraube || **~ screw** (Eng) s. also self-tapping screw || **~ thread** (Eng) / Schneidgewinde *n* (Gewinde, das das Gegengewinde /Muttergewinde/ beim Einschrauben selbst herstellt /schneidet/)
**self-defining value** (Comp) / selbstdefinierender Wert, Direktwert *m*
**self-demagnetization** *n* (Mag) / formabhängige Entmagnetisierung, Selbstentmagnetisierung *f*
**self-destruction** *n* (Mil) / Selbstzerstörung *f*, Selbstzerlegung *f*
**self-diagnosis** *n* (Autos, Comp) / Eigendiagnose *f*, Selbstdiagnose *f*
**self-diagnostic facility** (Comp) / Selbstdiagnoseanlage *f*, Einrichtung *f* mit Selbstdiagnose || **~ routine** (Comp) / Selbstdiagnoseprogramm *n* || **~ routine** (Instr) / Selbsttest *m* (ob ein Gerät richtig funktioniert) || **~ system** (Autos) / Onboard-Diagnosesystem *n*, Diagnosesystem *n* (eingebautes)
**self-diffusion** *n* / Selbstdiffusion *f*, Eigendiffusion *f*
**self-discharge*** *n* (Elec Eng) / Selbstentladung *f*
**self-dissociation*** *n* (Chem) / Eigendissoziation *f*, Autoprotolyse *f* (Säure-Base-Disproportionierung)
**self-docking dock** (Ships) / selbstdockendes Dock, teilbares Schwimmdock
**self-documenting** *adj* (Comp) / selbstdokumentierend *adj* (Programm)
**self-drilling screw** (Eng) / gewindebohrende Schraube, Bohrschraube *f*
**self-driver** *n* (Autos) / Selbstfahrer *m*
**self-electrode** *n* (Chem) / Elektrode *f* aus Analysenmaterial
**self-elevating drilling platform** (Oils) / Hubbohrinsel *f*, Bohrhubinsel *f* (mit absenkbaren, in den Boden einfahrenden Beinen), Hubplattform *f*, Hubinsel *f*, Hebebohrinsel *f*
**self-emulsifying** *adj* (Chem) / selbstemulgierend *adj*
**self-endpapers*** (Bind, Print) / Vorsatz *n m* (wenn das erste Blatt des vorderen bzw. das letzte Blatt des hinteren Bogens als Vorsätze benutzt werden)
**self-energizing** *adj* (Autos) / auflaufend *adj* (Bremsbacke mit Selbstverstärkung)
**self-energy** *n* (Nuc) / Selbstenergie *f* (Energie der Teilchen bei der Wechselwirkung)
**self-erecting camera** (Photog) / Springkamera *f*
**self-eroding** *adj* / selbsterodierend *adj*
**self-excitation*** *n* (Elec Eng) / Selbsterregung *f*
**self-excited** *adj* (Elec Eng) / selbsterregt *adj* || **~ machine** (Elec Eng) / selbsterregte Maschine || **~ oscillator** (Radio) / selbsterregter Oszillator
**self-excited vibration** (Phys) / selbsterregte Schwingung
**self-exciting** *adj* (Elec Eng) / mit Selbsterregung
**self-explanatory** *adj* / selbsterklärend *adj* || **~** (Comp) / selbstdokumentierend *adj* (Programm)
**self-extinguishing** *adj* / selbstlöschend *adj*, selbstverlöschend *adj*
**self-extracting file** (Comp) / selbstentpackende Datei

1399

**self-faced**

**self-faced** adj (flagstone)* (Build) / mit natürlicher Spaltungsoberfläche (die nicht weiter bearbeitet werden muss)
**self-feeder** n (Agric) / Futterautomat m, Selbstfütterungsanlage f, Selbstfütterer m
**self-feeding facility** (Agric) / Futterautomat m, Selbstfütterungsanlage f, Selbstfütterer m
**self-fertilization*** n (Bot) / Selbstbefruchtung f (einschließlich Selbstbestäubung), Autogamie f
**self-field** n (the magnetic field caused by the flow of control current through the loop formed by the control current leads and the relevant conductive path through the Hall plate) (Elec Eng) / Eigenfeld n (eines Hallgenerators)
**self-fill** n (US) (Mining) / alter Mann (verlassener, abgesperrter, versetzter oder zu Bruch gewordener Grubenbau oder -raum), toter Mann
**self-filling primer** (Paint) / Grundierfüller m, Füllprimer m, Füllgrund m (mit Primereigenschaften)
**self-finished roofing** (Build) / schwere Dachpappe (getränkte und mit Talk bestreute) || ~ **roofing felt** (Build) / schwere Dachpappe (getränkte und mit Talk bestreute)
**self-fluxing ore*** (Met) / selbstgängiges Erz, selbstgehendes Erz
**self-focusing** n (Optics) / Selbstfokussierung f
**self-generating transducer** (Elec Eng) / Messwandler m ohne Hilfsenergie
**self-glazing emulsion** / Selbstglanzpflegemittel n (meistens ein Fußbodenpflegemittel)
**self-grip C-clamp** (Tools) / Klammergripzange f, C-Gripzange f, Profil-Schweiß-Gripzange f || ~ **pliers** (Tools) / Gripzange f, Festhaltezange f, Grip f
**self-hardening** n (Met) / Selbstaushärtung f (bestimmter Al-Legierungen)
**self•-hardening steel*** (Met) / Selbsthärtestahl m, Selbsthärter m (Stahl) || ~-**heterodyne*** n (Radio) / Selbstüberlagerer m, Autodyn n
**self-holding relay** (Comp, Elec Eng) / Selbsthalterelais n, selbsthaltendes Relais
**self-ignition** n (Agric, Eng) / Spontanzündung f, Selbstentzündung f, Selbstzündung f
**self-ignition** n (Autos) / Selbstzündung f (vom elektrischen Zündfunken unabhängige spontane Entflammung des Luft-Kraftstoff-Gemisches an einer Heißstelle des Verbrennungsraums)
**self-ignition temperature** (the lowest temperature at which a vapour will ignite spontaneously when mixed with air) (Heat) / Selbstentzündungstemperatur f, Selbstzündtemperatur f
**self-improvement** n (AI) / Selbstverbesserung f
**self-induced vibration** (Phys) / selbsterregte Schwingung
**self-inductance*** n (Elec Eng) / Selbstinduktion f, Selbstinduktivität f, Selbstinduktionskoeffizient m
**self-induction** n (Elec) / Selbstinduktion f (als elektrische Erscheinung)
**self-inflatable** adj / selbstaufblasbar adj
**self-inflating** adj / selbstaufblasend adj
**self-initiated polymerization** (Chem) / selbstinitiierende Polymerisation, thermisch initiierte Polymerisation
**self-interaction** n (Nuc) / Selbstwechselwirkung f (lokale Wechselwirkung verschiedener Felder oder auch eines Feldes mit sich selbst) || ~ **potential** (Nuc) / Selbstwechselwirkungspotential n
**self-interference** n (Radio) / Selbststörung f
**self-ionization** n (Chem) / Eigendissoziation f, Autoprotolyse f (Säure-Base-Disproportionierung) || ~ (Phys) / Selbstionisierung f
**self-keyed insertion** (Cinema) / Overlay-Trickmischung f (beim elektronischen Schnitt)
**self-learning** adj (Comp) / selbstlernend adj
**self-levelling** adj (Surv) / selbsthorizontierend adj || ~ **level*** (Surv) / Kompensatornivellierinstrument n, automatisches Nivellier, Kompensationsnivellier n
**self-lid cover** / selbstschließender Deckel (der Schreibmaschine)
**self-loading** n (Autos, Civ Eng, Comp) / Selbstladung f || ~ adj / selbstladend adj, Selbstlade-
**self•-loading memory print** (Comp) / selbstladender Speicherauszug || ~-**loading reel** (Cinema) / Automatikfilmspule f, Automatikspule f, Filmfangspule f
**self-location** n (of the own position) (Nav, Radar) / Eigenortung f (der eigenen Position)
**Self-Lock fine thread** (Eng) / metrisches Self-Lock-Feingewinde, LK-MF n (metrisches Self-Lock-Feingewinde)
**self•-locking** n (Build) / selbsthemmend adj, selbstsperrend adj, selbstsichernd adj, selbstverriegelnd adj || ~-**locking nut** (Eng) / selbstsichernde Mutter (DIN 980), Sicherheitsmutter f
**self-locking workpiece support system** (Eng) / selbsthemmendes Werkstückabstützsystem
**self-lubricating** adj (Eng) / selbstschmierend adj, mit automatischer Schmierung || ~ **bearing*** (a bearing lined with a material containing its own lubricant such that little or no additional lubricating fluid need be added subsequently to ensure satisfactory lubrication of the bearing) (Elec Eng, Eng) / selbstschmierendes Lager || ~ **extrusion material** (Met) / selbstschmierender Presswerkstoff
**self-lubrication** n (Eng) / Selbstschmierung f
**self-luminous** adj (Astron) / selbstleuchtend adj (Himmelskörper) || ~ **celestial body** (Astron) / Gestirn n (selbstleuchtender oder lichtreflektierender Himmelskörper - Sonne, Mond, Planeten, Sterne) || ~ **heavenly body** (Astron) / Gestirn n (selbstleuchtender oder lichtreflektierender Himmelskörper - Sonne, Mond, Planeten, Sterne) || ~ **object** (Light) / Lichtquelle f erster Ordnung, Selbstleuchter m (eine Lichtquelle) || ~ **substance** (Light) / Lichtquelle f erster Ordnung, Selbstleuchter m (eine Lichtquelle)
**self-magnetic** adj / eigenmagnetisch adj
**self-maintaining** adj (Nuc) / sich selbst unterhaltend (Kettenreaktion)
**self-modifying code** (Comp) / selbstmodifizierender Code, selbstmodifizierender Kode || ~ **virus program** (Comp) / selbstveränderndes Virusprogramm
**self-mounting tyre chain** (Autos) / selbstaufziehende Kette (ein Antischlupf-Zubehör)
**self-opening die** (Eng) / selbstauslösender Gewindeschneidkopf, selbstöffnender Schneidkopf, Strehlerbackenkopf m, selbstöffnender Gewindeschneidkopf
**self-opening die head** (Eng) / selbstauslösender Gewindeschneidkopf, selbstöffnender Schneidkopf, Strehlerbackenkopf m, selbstöffnender Gewindeschneidkopf || ~ **square bottom bag** / Blockbeutel m (mit rechteckigem Boden und gefalzter eingelegter Falte)
**self-optimizing** adj (AI, Electronics) / selbstoptimierend adj
**self-organization** n (Bacteriol) / Selbstorganisation f || ~ (Phys) / Selbstorganisation f (konservative, dissipative, dispersive)
**self-organizing system** (which can arrange its own structure) (Automation, Work Study) / selbstorganisierendes System, selbsteinstellendes System (ein spezielles adaptives System), Selbstorganisation f
**self-oscillating system** (Phys) / schwingungsfähiges System, Schwinger m
**self-oscillation** n (Phys) / Eigenschwingung f (DIN 1311,T 3 und T 4)
**self-oscillatory system** (Phys) / schwingungsfähiges System, Schwinger m
**self-pinched plasma** (Plasma Phys) / gepinchtes Plasma
**self-polar triangle*** (Maths) / Polardreieck n eines Kegelschnittes
**self-pollinate** v (Bot) / sich selbst bestäuben, Eigenbestäubung betreiben
**self-pollination*** n (Bot) / Selbstbestäubung f (erzwungene Selbstbefruchtung mit eigenen Pollen bei Pflanzen mit Fremdbestäubung), Eigenbestäubung f
**self-potential method** (Mining) / Eigenpotentialmethode f, Eigenpotentialmessung f
**self-priming** adj (Eng) / selbstansaugend adj (Pumpe)
**self-propelled** adj (Elec Eng, Eng) / mit Eigenantrieb, selbstangetrieben adj, selbstfahrend adj, mit Selbstantrieb
**self-propelled combine-harvester** (Agric) / Selbstfahr-Mähdrescher m
**self-propelled excavator** (Autos, Civ Eng) / Mobilbagger m (selbstfahrende Arbeitsmaschine bis 30 t Dienstgewicht)
**self-propelled scraper** (Civ Eng) / Motorscraper m (eine Kombination aus Lade- und Transportfahrzeug), Motorschürfwagen m, Motorschürfmaschine f
**self-propelled vehicle** (Eng) / Selbstfahrzeug n || ~ **vessel** (Ships) / Selbstfahrer m
**self-purification** n (Biol, Ecol, San Eng) / Selbstreinigung f (Fähigkeit der Atmosphäre und der Gewässer, Verschmutzungen unschädlich zu machen)
**self-quenching*** adj (Nuc) / selbstlöschend adj
**self-quenching counter tube** (Nuc, Radiol) / selbstlöschendes Zählrohr
**self•-quenching oscillator** (Telecomm) / Pendeloszillator m || ~-**raising flour** (Nut) / backfertiges Mehl, Weizenmehl n mit Backpulverzusatz (Kuchenmehl)
**self-reading staff** (Surv) / Nivellierlatte f für Fernablesung (vom Vermessenden aus)
**self-recording** adj / selbstregistrierend adj, selbstaufzeichnend adj
**self-recording barometer** (Instr, Meteor) / Barograf m (mit einer Schreibvorrichtung versehenes Barometer)
**self-rectifying*** adj (Radiol) / selbstgleichrichtend adj
**self-reflective program** (AI, Comp) / selbstreflektierendes Programm, selbstüberlegendes Programm
**self-regeneration** n / Autoregeneration f, Selbstregeneration f, Selbstregenerierung f
**self-regulating*** adj (Automation, Nuc Eng) / selbstregelnd adj
**self-regulating high-speed plating solution** (Surf) / SRHS-Chromelektrolyt m
**self-reinforcing plastic** (Plastics) / selbstverstärkender Kunststoff, SVK (selbstverstärkender Kunststoff)

**self-relative address** (Comp) / Selbstrelativadresse *f* (wenn die Adressenangabe relativ zur Stelle der Angabe vorgenommen ist)
**self-releasing** *adj* / selbstauslösend *adj*
**self-relocating** *adj* (Comp) / selbstverschieblich *adj*
**self-repairing nylon zipper** (Textiles) / selbst wiederschließender Nylon-Reißverschluss (ein Spiralreißverschluss)
**self-replicating** *adj* (Comp) / selbstreproduzierend *adj* (Virus) ‖ ~ ~ (Comp) s. also bacteria
**self-replication** *n* (Comp) / selbständige Weiterverbreitung (von Viren) ‖ ~ ~ (Gen) / autonome Replikation
**self-rescuer** *n* (Mining) / Filtergerät *n* (ein leichtes Atemschutzgerät), Filterselbstretter *m*, Selbstretter *m* (ein Fluchtgerät)
**self-reset relay** (Elec Eng) / rückfallendes Relais
**self-restoring insulation** (Elec Eng) / selbstheilende Isolation (die nach einem Durchschlag ihre isolierenden Eigenschaften vollständig wiedergewinnt)
**self-reversal** *n* (Spectr) / Selbstumkehr *f* (von Spektrallinien)
**self-rising flour** (US) (Nut) / backfertiges Mehl, Weizenmehl *n* mit Backpulverzusatz (Kuchenmehl)
**self-rotation** *n* (Aero) / Autorotation *f*, Eigendrehung *f*
**self-running demo** (Comp) / selbstablaufendes Demoprogramm
**self-scattering*** *n* (Phys) / Selbststreuung *f*, Eigenstreuung *f*
**self-screening jammer** (Mil, Radar) / Störer, der *m* vom Ziel selbst mitgeführt wird
**self • -sealing capacitor** (Elec Eng) / selbstheilender Kondensator (wenn keine Energiezufuhr von außen notwendig ist) ‖ ~**-seeking tuner** (Radio) / Automatiktuner *m*
**self-service** *n* / SB (Selbstbedienung), Selbstbedienung *f* (ein Verkaufsprinzip), Selfservice *m* ‖ ~ **terminal** (Comp) / Selbstbedienungsterminal *n*
**self • -sharpening** *adj* (Eng) / selbstschärfend *adj* (z.B. Schleifscheibe) ‖ ~**-shielding*** *n* (Nuc, Radiol) / Selbstabschirmung *f*
**self-similar** *adj* (Maths) / selbstähnlich *adj*
**self-similarity** *n* (Maths) / Selbstähnlichkeit *f* (die Invarianz gewisser Strukturen im Raum oder in der Zeit gegenüber bestimmten Maßstabstransformationen, d. h. ihre Eigenschaft, dass bei einer Vergrößerung ein Teil in das ursprüngliche Ganze und bei einer Verkleinerung das Ganze in einen seiner ursprünglichen Teile übergeht), Skaleninvarianz *f*
**self-skinning foam** (Plastics) / Integralschaumstoff *m* (DIN 7726), Strukturschaumstoff *m*
**self-smoothing** *adj* (Textiles) / bügelfrei *adj*, wash and wear ‖ ~ **properties** (Textiles) / Selbstglättungseigenschaften *fpl*
**self-starter** *n* (Autos) / Selbstanlasser *m*, selbsttätiger Anlasser, Selbststarter *m* (Anlasserschaltanlage, die bei Stillstand des Motors und eingeschalteter Zündung den Anlasser selbsttätig einschaltet)
**self-starting** *n* (Elec Eng) / Selbstanlauf *m* ‖ ~ *adj* (Elec Eng) / selbstanlaufend *adj*
**self-steering effect** (Autos) / Eigenlenkverhalten *n* (bezogen auf ein Fahrzeugrad, bedingt durch Volleinfederung des Rades)
**self-sterility*** *n* (Biol) / Selbststerilität *f*
**self-stretch frame** (Electronics, Print) / Selbstspannrahmen *m* (Siebdruck)
**self • -supporting** *adj* / freitragend *adj* (z.B. Traglufthalle) ‖ ~**-supporting** (Autos) / selbsttragend *adj*
**self-supporting body** (Autos) / selbsttragender Aufbau ‖ ~ **boiler** (Eng) / frei stehender Kessel
**self • -supporting wall** (US) (Build) / nichttragende Wand ‖ ~**-sustained** *adj* (Nuc) / sich selbst unterhaltend (Kettenreaktion)
**self-sustained arc** (Elec Eng) / selbständiger Lichtbogen
**self-sustaining** *adj* (Nuc) / sich selbst unterhaltend (Kettenreaktion) ‖ ~ **discharge** (Elec, Electronics) / selbständige Gasentladung
**self-synchronizing*** *adj* (Elec Eng) / selbstsynchronisierend *adj*, Selbstsynchronisierungs-
**self-synchronizing code** (Comp) / selbstsynchronisierender Kode
**self-synchronous system** (Elec Eng, Eng) / elektrische Welle
**self-tannage** *n* (Leather) / Alleingerbung *f* (Gerbvermögen eines Stoffes ohne Zusatz von Vegetabilgerbstoffen)
**self-tanning capacity** (Leather) / Eigengerbwirkung *f*
**self-tapping screw*** (Eng) / Blechschraube *f* (DIN 918)
**self-tapping screw** (Eng) / selbstschneidende Schraube, selbstschneidende Gewindeschraube
**self-tempering** *n* (Met) / Selbstanlassen *n* (von gehärteten Werkstücken)
**self-tensioning frame** (Electronics, Print) / Selbstspannrahmen *m* (Siebdruck) ‖ ~ **with double-tensioning idler** / Selbstspannung *f* mit Doppelspannrolle (des Flachriemens)
**self-test** *n* (Instr) / Selbsttest *m* (ob ein Gerät richtig funktioniert)
**self-threading** *adj* (Cinema) / mit automatischer Filmeinfädelung (z.B. bei einem Projektor), mit Selbsteinfädelung
**self • -timer** *n* (Photog) / Selbstauslöser *m* (Vorlaufwerk an fotografischen Aufnahmegeräten) ‖ ~**-timer lever** (Photog) /
Spannhebel *m* für den Selbstauslöser ‖ ~**-trimming vessel** (Ships) / Selbsttrimmer *m*, Selbsttrimmerschiff *n* (ein Spezialschiff für Schüttgutladung, bei dem das Trimmen entfällt)
**self-twist spinning** (Spinning) / Self-twist-Spinnen *n*, Self-twist-Spinnverfahren *n*
**self-ventilated motor** (Elec Eng) / Motor *m* mit Eigenbelüftung
**self-ventilation** *n* (Elec Eng) / Selbstbelüftung *f* ‖ ~ ~ (Elec Eng) / Eigenkühlung *f* (mit spezieller Einrichtung auf dem Läufer der Maschine zur Kühlmittelbewegung)
**self-weighting** *n* (Stats) / Selbstgewichtung *f*
**self-winding watch*** (Horol) / Automatikuhr *f*
**Seliwanoff reaction** (Chem) / Seliwanow-Reaktion *f* (zum Nachweis von Hexosen)
**Seliwanoff's test** (Chem) / Seliwanow-Reaktion *f* (zum Nachweis von Hexosen)
**sell** *v* / zum Verkauf bereithalten, führen *v* (einen Artikel) ‖ ~ *vt* / verkaufen *v*, absetzen *v* (verkaufen) ‖ ~ *n* / Kaufappell *m*, Kaufaufforderung *f* (der wichtigste Teil des Werbemittels)
**sell-by date** (Nut, Pharm) / Verfallsdatum *n*, Verfalltag *m*, Verbrauchsdatum *n* (bei sehr leicht verderblichen Frischprodukten)
**Sellers' bearing** (Eng) / selbsteinstellendes Lager
**seller's market** / Verkäufermarkt *m*, Händlermarkt *m* (Markt, auf dem die Nachfrage sehr viel größer ist als das Angebot, so dass die Preise praktisch allein von den Verkäufern festgesetzt werden)
**sellers' market** / Verkäufermarkt *m*, Händlermarkt *m* (Markt, auf dem die Nachfrage sehr viel größer ist als das Angebot, so dass die Preise praktisch allein von den Verkäufern festgesetzt werden)
**seller's market** s. also buyer's market ‖ ~ **risk** / Lieferantenrisiko *n* (DIN 55350, T 31), Herstellerrisiko *n* (bei der statistischen Qualitätskontrolle)
**Sellers screw thread*** (Eng) / Sellersgewinde *n* (ein altes Sondergewinde mit einem Flankenwinkel von 60°), Sellers-Normalgewinde *n* (nach W. Sellers, 1824-1905)
**selling** *adj* / verkaufsfördernd *adj*, verkaufsstimulierend *adj* (Argument) ‖ ~ **centre** / Verkaufsgremium *n*, Sellingcenter *n* (Gesamtheit der Personen, die am Verkauf eines Produkts beteiligt sind)
**sell on the hoof** (Agric) / lebend vermarkten (Vieh) ‖ ~ **on the hook** / tot (geschlachtet) vermarkten (Vieh)
**sellotape** *n* / Klebeband *n* (mit transparenter Trägerfolie wie z.B. Tesafilm), Tesafilm ‖ ≃ *n* (a trade mark) / Klebeband *n* (mit transparenter Trägerfolie wie z.B. Tesafilm)
**sell well** *vi* / sich gut verkaufen lassen
**selsyn** (Automation, Elec Eng, Electronics, Telecomm) / Selsyn *n* (größere Drehmelder-Leistungseinheit) ‖ ~ (Automation, Electronics) s. also synchro ‖ ~ **motor** (Elec Eng) / selbstsynchronisierender Motor für Fernanzeige ‖ ~ **system** (Elec Eng, Eng) / elektrische Welle ‖ ~ **transmitter** (Automation, Electronics) / Selsyngeber *m*
**seltzer** *n* / Selterswasser *n* (Mineralwasser aus Niederselters im Taunus), Selterswasser *n*, Selters *n* ‖ ~ **water** / Selterswasser *n* (Mineralwasser aus Niederselters im Taunus), Selterswasser *n*, Selters *n*
**SELV** (safety extra-low voltage) (Elec Eng) / Sicherheitskleinspannung *f*, Schutzkleinspannung *f*, SELV (Sicherheitskleinspannung)
**selva** (For) / tropischer Regenwald (entweder Tiefland-Regenwald oder montaner Regenwald)
**selvage** *n* (Eng) / Rand *m* (beim Ausschneiden mit Schnittwerkzeugen) ‖ ~ (Geol, Mining) / Salband *n* (eine Grenzfläche), Saum *m* (Grenzfläche zwischen Gang und Nebengestein) ‖ ~ (US) (Weaving) / Leiste *f* (Begrenzung des Stoffes in Längsrichtung - meistens eine Randleiste), Gewebekante *f*, Kante *f* (Gewebekante), Gewebeleiste *f*
**selvedge** *n* (Weaving) / Salleiste *f*, Salkante *f*, Salband *n*, Webkante *f*, Randleiste *f* ‖ ~* (Weaving) / Leiste *f* (Begrenzung des Stoffes in Längsrichtung - meistens eine Randleiste), Gewebekante *f*, Kante *f* (Gewebekante), Gewebeleiste *f* ‖ ~ (Weaving) s. also centre selvedge and list ‖ ~ **loop** (Textiles) / Randmasche *f* ‖ ~ **opener** (Textiles) / Leistenausroller *m*, Kantenausroller *m* (DIN 64990), Leistenöffner *m*, Leistenaufroller *m* ‖ ~ **spreader** (Textiles) / Leistenausroller *m*, Kantenausroller *m* (DIN 64990), Leistenöffner *m*, Leistenaufroller *m* ‖ ~ **uncurler** (Textiles) / Leistenausroller *m*, Kantenausroller *m* (DIN 64990), Leistenöffner *m*, Leistenaufroller *m*
**S.E.M.** (steam emulsion number) (Chem) / Dampfemulsionszahl *f* (Maß für Emulgierbarkeit)
**SEM*** (scanning electron microscope) (Micros) / Rasterelektronenmikroskop *n*, Elektronenrastermikroskop *n*, REM (Rasterelektronenmikroskop), Scanning-Mikroskop *n*
**semantic** *adj* / semantisch *adj*
**semantically related words** / Wortfeld *n*
**semantic ambiguity** (AI) / semantische Mehrdeutigkeit, semantische Ambiguität ‖ ~ **analysis** (AI, Comp) / semantische Analyse ‖ ~ **consistency** (AI) / semantische Widerspruchsfreiheit ‖ ~ **data model**

**semantic**

(Comp) / semantisches Datenmodell || **~ descriptor** / semantischer Deskriptor || **~ domain** (Comp) / Gegenstandsraum m (z.B. einer Programmiersprache) || **~ error**\* (AI, Comp) / Semantikfehler m, semantischer Fehler || **~ gap** (Comp) / semantische Lücke || **~ net** (AI) / semantisches Netz || **~ network** (AI) / semantisches Netz || **~ parser** (Comp) / semantischer Parser || **~ resolution** (AI) / semantische Resolution

**semantics** n pl (AI, Comp, Maths) / Semantik f (Teilgebiet der allgemeinen Semiotik), Bedeutungslehre f

**semantic template** (AI) / semantisches Muster

**semaphore** n (Comp) / Semaphor m n (einfaches Konzept zur Synchronisierung mehrerer gleichzeitig ablaufender Prozesse, das per Hardware und/oder per Software realisiert werden kann) || **~** (Rail) / Armsignal n, Semaphor m n, Flügelsignal n || **~** (Ships) / Winkern n, Winken n, Winkerverfahren n (ein optisches Signalisierungsverfahren) || **~ flag signalling** (Ships) / Winkern n, Winken n, Winkerverfahren n (ein optisches Signalisierungsverfahren)

**S$_E$ mechanism** n (Chem) / S$_E$-Mechanismus m (elektrophile Substitution)

**semeiology**\* n (Med) / Symptomatologie f, Semiologie f (Lehre von den Krankheitszeichen)

**semeiotics** n (Comp) / Semiotik f (allgemeine Lehre von sprachlichen Zeichen und Zeichenreihen)

**semf** (spurious electromotive force) (Elec Eng) / Streu-EMK f

**semi** n (Autos) / Sattelanhänger m (DIN 70010), Sattelauflieger m (des Sattelzugs)

**semi-acetal** n (Chem) / Halbazetal n, Hemiazetal n, Halbacetal n, Hemiacetal n

**semi-active homing** (guidance - a bistatic-radar system) (Mil) / halbaktive Zielsuchlenkung, semiaktive Zielsuchlenkung || **~ radar** (Radar) / halbaktives Radar

**semi-additive** adj (Maths) / semiadditiv adj, halbadditiv adj || **~ process** (Electronics) / Semi-Additiv-Verfahren n (unkaschiertes oder mit einem Haftvermittler beschichtetes Basismaterial wird nach dem Bohren aufgeschlossen und chemisch verkupfert)

**semi-aldehyde** n (Chem) / Halbaldehyd n

**semi-alloyed** adj (Powder Met) / anlegiert adj, teillegiert adj || **~ powder** (Powder Met) / anlegiertes Pulver, teillegiertes Pulver

**semi-anechoic** adj (Acous) / halbhallig adj (reflexionsfrei mit reflektierender Grundfläche)

**semi-angle** n (Maths) / Halbwinkel m, halber Winkel

**semianthracite** n (Mining) / Anthrazit m (mit 7-14% flüchtigen Bestandteilen) || **~** (US) (Mining) / Anthrazitkohle f (mit 8 bis 14% flüchtigen Bestandteilen), Anthrazit m (mit höherem Anteil von flüchtigen Bestandteilen)

**semi-apochromatic objective** (Photog) / Halbapochromat m, Semiapochromat m, Fluoritobjektiv n

**semi-arch** n (Arch) / Rundbogen m, Halbkreisbogen m (Bogen mit konstantem Radius, der genau der Hälfte eines vollen Kriese entspricht)

**semi·-arid** adj (Agric, Meteor) / halbtrocken adj, semiarid adj (Bereich - mit Niederschlägen in ausgesprochen jahreszeitlichem Wechsel) || **~-automatic**\* adj / halbautomatisch adj

**semi-automatic submerged-arc welding** (Welding) / Schlauchschweißung f || **~ weapon** (Mil) / Selbstladewaffe f

**semi-average method** (Stats) / Methode f der Halbreihenmittelwerte

**semi-axis** n (pl. semi-axes) (Maths) / Halbachse f (auch der Ellipse)

**semi-barrier** n (Rail) / Halbschranke f

**semi-batch chemical reactor** (Chem Eng) / Rührreaktor m mit halbkontinuierlicher Arbeitsweise, Semibatch-Reaktor m

**semi-bleached** adj (Paper) / halbgebleicht adj

**semibold** adj (Comp, Typog) / halbfett adj (Schriftschnitt)

**semi-bright nickel** (Surf) / Halbglanznickel n || **~ plating solution** (Surf) / Halbglanzelektrolyt m

**semi-bulk process** (Electronics) / Halbkorbtechnik f, Semibulktechnik f (beim Durchkontaktieren von Leiterplatten)

**semi-calculable set** (Comp, Maths) / akzeptierbare Menge

**semicap** n (Electronics) / Semicap m (eine Art Kapazitätsdiode)

**semicarbazide**\* n (Chem) / Semicarbazid n, Semikarbazid n, Carbamidsäurehydrazid n, Karbamidsäurehydrazid n

**semicarbazones**\* pl (Chem) / Semicarbazone n pl (Reaktionsprodukte von Aldehyden oder Ketonen mit Semikarbaziden), Semicarbazone n pl

**semicentrifugal casting** (Foundry) / Schleuderformguss m (mit einer Außenform)

**semi-chemical pulp**\* (Chem Eng, Paper) / Halbzellstoff m, halbchemischer Zellstoff, Semichemical-Zellstoff m || **~ pulping** (Chem Eng, Paper) / Halbzellstoffaufschluss m, halbchemischer Holzaufschluss, halbchemischer Aufschluss

**semi-china** n (Ceramics) / Halbporzellan n, Kristallporzellan n (eine Weiterentwicklung des Feldspatsteingutes)

**semi-china** n (Ceramics) / Porzellan n mit niedriger Ausbrenntemperatur

**semi-chrome leather** (Leather) / Semichrom-Leder n (das vegetabilisch vorgegerbt und mit Chromsalzen nachgegerbt wurde)

**semicircle** n (Maths) / Halbkreis m

**semicircular** adj / halbkreisförmig adj || **~ arch** (with its center on a springing line) (Arch) / Rundbogen m, Halbkreisbogen m (Bogen mit konstantem Radius, der genau der Hälfte eines vollen Krieses entspricht) || **~ cutter** (Eng) / Pilzfräser m || **~ deviation**\* (Ships) / halbkreisartige Deviation, Halbkreisdeviation f (Kompassfehler durch vertikale Schiffbauteile) || **~ error** (Radar) / Halbkreisfehler m

**semi-circumference** n (Maths) / Halbumfang m

**semi-classical** adj (Chem) / semiklassisch adj (Näherung) || **~ approximation** (Chem) / semiklassische Näherung

**semi-closed interval** (Maths) / halb abgeschlossenes Intervall || **~ machine** (Elec Eng) / teilgeschlossene Maschine || **~ slot**\* (Elec Eng) / halb geschlossene Nut, halb offene Nut

**semi-close-up** n (Cinema) / Halbnaheinstellung f

**semi-coke** n (Fuels) / Halbkoks m

**semi-coking** n (Fuels) / Halbverkokung f

**semicolon** n (Comp, Typog) / Semikolon n (pl. -s oder -kola)

**semicommercial** adj / halbtechnisch adj (Anlage) || **~ scale test** / Technikumversuch m

**semiconducting** adj (Electronics) / halbleitend adj || **~ compound** (Cables) / leitfähige Mischung (Mischung auf der Basis von Plastomeren oder Elastomeren, die durch Zusatz von Ruß, Graphit oder anderen leitfähigen Stoffen leitfähig wird), leitfähiger Compound, leitfähiger Kompound || **~ compound** (Electronics) / Verbindungshalbleiter m (aus wenigstens zwei chemischen Elementen verschiedener Wertigkeit) || **~ glass** (Glass) / halbleitendes Glas, Halbleiterglas n (Chalkogenid- oder Übergangsmetalloxidglas) || **~ glaze** (Ceramics) / halbleitende Glasur || **~ layer** (Electronics) / Halbleiterschicht f || **~ material** (Electronics, Materials) / Werkstoff m der Halbleitertechnik, Halbleitermaterial n, Halbleiterwerkstoff m || **~ polymer** (Chem, Electronics) / Polymerhalbleiter m (organischer Kunststoff, z.B. Polyacrylnitril, der nach Röntgenbestrahlung Halbleitereigenschaften aufweist) || **~ region** (Electronics) / Halbleiterzone f (DIN 41852) || **~ rubber** / Leitelastomer n

**semiconductive** adj (Electronics) / halbleitend adj

**semiconductivity** n (Electronics) / Halbleitung f, Halbleitungsfähigkeit f

**semiconductor**\* n (Electronics) / Halbleiter m (DIN 41 852) || **n-channel metal-oxide ~** (Electronics) / n-Kanal-Metalloxid-Halbleiter m, N-Kanal-MOS m (Unipolartransistor mit N-leitendem Kanal)

**semiconductor**\*, **n-type ~** (Electronics) / n-Halbleiter m, Überschusshalbleiter m

**semiconductor base** (Electronics) / Halbleitersubstrat n (Material, in dem oder auf dem Bauelemente oder integrierte Schaltungen hergestellt sind)

**semiconductor-based** adj (Electronics) / auf Halbleiterbasis

**semiconductor body** (Electronics) / Halbleitersubstrat n (Material, in dem oder auf dem Bauelemente oder integrierte Schaltungen hergestellt sind) || **~ capacitor** (Elec Eng) / Halbleiterkondensator m || **~ chip** (Electronics) / Halbleiterchip m || **~ circuit** (Electronics) / Halbleiterschaltung f

**semiconductor-controlled rectifier** (Electronics) / gesteuerter Halbleitergleichrichter, rückwärts sperrende Thyristortriode

**semiconductor convertor** (Elec Eng) / Halbleiterstromrichter m || **~ detector** (Nuc Eng) / Halbleiterdetektor m, Halbleiterzähler m, Festkörperdetektor m, Oberflächensperrschichtzähler m (zum Nachweis oder zur Messung der Strahlung) || **~ device** (Electronics) / Bauelement n der Halbleiterelektronik, Halbleiterbauelement n (DIN 41785) || **~ diode**\* (Electronics) / Halbleiterdiode f (DIN 41855), HD, Halbleiterventil n (ein Stromrichterventil) || **~ electronics** (Electronics) / Halbleiterelektronik f

**semiconductor-grade** attr (Electronics, Materials) / halbleiterrein adj

**semiconductor ignition system** (I C Engs) / Halbleiterzündung f, Halbleiterzündung f || **~ junction**\* (Electronics) / Zonenübergang m, Halbleiterübergang m, Übergang m (bei Halbleitern), Übergangszone f

**semiconductor-junction laser** (Electronics, Phys) / Halbleiterlaser m (eine Kristalldiode mit zwei verschiedenen Zonen)

**semiconductor laser** (Electronics, Phys) / Halbleiterlaser m (eine Kristalldiode mit zwei verschiedenen Zonen) || **~ laser** (Electronics, Phys) s. also laser diode || **~ layer** (Electronics) / Halbleiterschicht f || **~ material** (Electronics, Materials) / Werkstoff m der Halbleitertechnik, Halbleitermaterial n, Halbleiterwerkstoff m || **~ memory** (any of various types of cheap memory device, normally produced in integrated-circuit form, that are used for storing binary data patterns in digital electronic circuits) (Comp) / Halbleiterspeicher m, Festkörperspeicher m || **~ photocell** (Electronics) /

Halbleiterfotoelement n, Halbleiterfotozelle f ‖ ~ **physics** (Phys) / Halbleiterphysik f ‖ ~ **radiation detector**\* (Nuc Eng) / Halbleiterdetektor m, Halbleiterzähler m, Festkörperdetektor m, Oberflächensperrschichtzähler m (zum Nachweis oder zur Messung der Strahlung) ‖ ~ **read-only memory** (Comp) / Halbleiterfestwertspeicher m, Halbleiterfestspeicher m ‖ ~ **rectifier** (Electronics) / Halbleitergleichrichter m (eine Richtdiode) ‖ ~ **rectifier cell** (Electronics) / Halbleitergleichrichterbaustein m ‖ ~ **rectifier component** (Electronics) / Halbleitergleichrichterbaustein m ‖ ~ **rectifier diode** (Electronics) / Halbleitergleichrichterdiode f (DIN 41781) ‖ ~ **rectifier stack** (Electronics) / Halbleitergleichrichtereinrichtung f ‖ ~ **sensor** / Halbleitersensor m (aus Halbleiterwerkstoffen) ‖ ~ **solid-state circuit** (Electronics) / Halbleiterfestkörperschaltung f ‖ ~ **store** (Comp) / Halbleiterspeicher m, Festkörperspeicher m ‖ ~ **strain gage** (US) (Electronics) / Halbleiter-Dehnungsmessstreifen m, Halbleiter-DMS m ‖ ~ **strain gauge** (Electronics) / Halbleiter-Dehnungsmessstreifen m, Halbleiter-DMS m ‖ ~ **substrate** (Electronics) / Halbleitersubstrat n (Material, in dem oder auf dem Bauelemente oder integrierte Schaltungen hergestellt sind) ‖ ~ **technology** (Electronics) / Halbleitertechnik f, Halbleitertechnologie f ‖ ~ **thermoelement** (Electronics) / Halbleiterthermoelement n (als Thermoelement verwendbares Halbleiterbauelement) ‖ ~ **thermometer** / Halbleiterthermometer n (eine Sonderform des Widerstandsthermometers) ‖ ~ **trap**\* (Electronics) / Halbleiterfangstelle f ‖ ~ **wafer** (Electronics) / Halbleiterwafer m, Halbleiterscheibe f

**semi-conservative replication** (Biochem) / semikonservative Replikation (bei der Reduplikation)

**semi-container ship** (Ships) / Semicontainerschiff n, Halbcontainerschiff n

**semi-continuous** adj / halbkontinuierlich adj ‖ ~ **activated sludge test** (San Eng) / SCAS-Test m (Test zur Erkennung der prinzipiellen biologischen Abbaubarkeit) ‖ ~ **casting** (Met) / Strangguss m mit beschränkter Stranglänge ‖ ~ **electrode** (Elec Eng) / halbkontinuierliche Elektrode (z. B. Söderberg-Elektrode) ‖ ~ (rolling) **mill** (Met) / halbkontinuierliches Walzwerk, Halbkontiwalzwerk m ‖ ~ **noise** (Radio) / Nahezu-Dauerstörung f

**semi-convergent** adj (Maths) / semikonvergent adj (Reihe)

**semi-crystalline** adj (Crystal) / halbkristallinisch adj, halbkristallin adj, hemikristallin adj ‖ ~ **polymer** (Chem) / teilkristallines Polymer

**semicubical parabola** (Maths) / semikubische Parabel, Neil'sche Parabel (nach W. Neil, 1637-1670)

**semi-custom** attr / semikundenspezifisch adj, Semikunden- attr, halbkundenspezifisch adj, teilkundenspezifisch adj ‖ ~ s. also gate-array process ‖ ~ **IC** (Electronics) / nach Kundenwunsch hergestellte vorgefertigte integrierte Schaltung (mit kundenspezifischer Modifizierung)

**semi-cyclic** adj (Chem) / semizyklisch adj (mit einer vom aromatischen Ring ausgehenden Doppelbindung), semicyclisch adj, exozyklisch adj, exocyclisch adj

**semi-decidability** n (AI) / Semientscheidbarkeit f (der Prädikatenlogik nach Herbrand)

**semi-definite** adj (Maths) / semidefinit adj (Matrix, Operator)

**semi-dense** adj / halbdicht adj, unvollständig verdichtet

**semidetached house** (Build) / Doppelhaus n

**semidiameter**\* n (Astron) / halber Durchmesser

**semi-diesel** n (Autos) / Glühkopfmotor m

**semi-diesel engine** (Autos) / Glühkopfmotor m

**semidine** n (Chem) / Semidin n ‖ ~ **rearrangement** (Chem) / Semidin-Umlagerung f

**semi-direct access** (Comp) / halbdirekter Zugriff, semidirekter Zugriff (auf einen logischen Satz über die direkt adressierbare Spur)

**semi-direct lighting** (Light) / vorwiegend direkte Beleuchtung, halbdirekte Beleuchtung

**semi-diurnal tide** (Ocean) / halbtägige Tide, Halbtagstide f

**semi-drying oil** (Paint) / halbtrocknendes Öl (ein fettes Öl wie Sojaöl, Sonnenblumenöl usw. - IZ 100 bis 170)

**semi-dry pressing** (with intermediate pressure and water quantities nominally between 5 - 14%) (Ceramics) / Halbtrockenpressen n, Pressen in halbtrockenem Zustand ‖ ~ **process** (For) / Halbtrockenverfahren n (zur Herstellung harter Faserplatten), Semidry-Verfahren n ‖ ~ **sausage** (Nut) / Halbdauerwurst f

**semi-dull** adj (Paint) / halbmatt adj, seidenmatt adj

**semiduplex** n (Comp, Telecomm) / Wechselbetrieb m (DIN 44302), Halbduplexbetrieb m, Halbduplexübertragung f

**semi-dynamic** adj (Comp) / semidynamisch adj

**semi-electronics** n (Electronics) / Semielektronik f (Schaltungen, die teilweise elektronisch, teilweise elektrisch oder elektromechanisch arbeiten), Quasielektronik f

**semi-elliptic spring**\* (Autos, Eng) / 1/2-Elliptikfeder f (eine Blattfeder), Halbelliptikfeder f

**semi-empirical** adj / halbempirisch adj, semiempirisch adj

**semi-enclosed**\* adj (Elec Eng) / teilgeschlossen (Maschine)

**semi-engineering brick** (Build) / mittelmäßig fester Ziegel, Halbbrandstein m

**semi-ester** n (Chem) / Halbester m

**semi-evergreen** adj (Bot) / halbimmergrün adj

**semi-expert system** (AI) / Teilexpertensystem n, Semiexpertensystem n

**semi-fan arrangement** (Civ Eng) / Büschelanordnung f (Form der Seilabspannung einer Schrägseilbrücke) ‖ ~ **configuration** (Civ Eng) / Büschelanordnung f (Form der Seilabspannung einer Schrägseilbrücke)

**semi-finished bolt** (Eng) / halbblanke Schraube, Schraube f der mittleren Produktklasse

**semi-finished product** / Halbzeug n, Halbfabrikat n, Halberzeugnis n, Halbfertigfabrikat n, Halbfertigware f, Halbware f

**semi-finished wood products** (For) / Holzhalbwaren f pl (meistens veredelte Vorprodukte)

**semi-finishing mill** (Met) / Halbzeugwalzwerk n, Halbzeugwalzstraße f

**semi-finishing tooth** (Eng) / Vorreibzahn m (der Reibahle)

**semi-fitted** adj (Textiles) / antailliert adj, leicht tailliert

**semi-flat** adj (Paint) / halbmatt adj, seidenmatt adj

**semi-fluid** adj (Phys) / halbflüssig adj, dickflüssig adj, zähflüssig adj ‖ ~ **lubrication** (Eng) / Mischschmierung f

**semi-flush switch** (Build, Elec Eng) / halbversenkter Schalter

**semi-focal chord** (Maths) / Halbparameter m (eines Kegelschnitts)

**semi-fused** adj / halbgeschmolzen adj

**semifusinite** n (Min, Mining) / Semifusinit m (ein Kohlemazeral)

**semi-gantry crane** (Eng) / Halbportalkran m, Halbtorkran m

**semi-gloss** n (Paint) / Halbglanz m

**semi-glossy** adj (Paint) / halbglänzend adj, Halbglanz- ‖ ~ (Photog) / halbmatt adj (Fotopapier)

**semigraphics** n (Comp) / Halbgrafik f, Semigrafik f

**semigroup**\* n (Maths) / Halbgruppe f (eine assoziative algebraische Struktur), Assoziativ n, Monoid n, assoziatives Gruppoid ‖ ~ **stationary on left** (Maths) / linksstationierte Halbgruppe ‖ ~ **stationary on right** (Maths) / rechtsstationierte Halbgruppe

**semi-homogeneous fuel element** (Nuc Eng) / halbhomogenes Brennelement, semihomogenes Brennelement

**semi-hydraulic lime** (Build) / Wasserkalk m (mit mehr als 10% Siliziumdioxid, Tonerde und Eisen)

**semi-immersed** adj / halbgetaucht adj

**semi-inclusive interaction** (Nuc) / semiinklusive Wechselwirkung

**semi-indirect lighting** (Light) / vorwiegend indirekte Beleuchtung, halbindirekte Beleuchtung

**semi-industrial** adj / halbtechnisch adj (Anlage)

**semi-infinite** adj / halbunendlich adj ‖ ~ **body** (Maths) / halbunendlicher Körper ‖ ~ **solid** (Maths) / Halbkörper m

**semi-integral implements** (US) (Agric) / Aufsattelgeräte n pl (die hinten mit einem Stützrad versehen sind und mit ihrer Vorderseite am Schlepperheck befestigt sind)

**semi-interquartile range** (a measure of dispersion) (Maths) / halber Quartilabstand, Viertelwertabstand m

**semi-invariant** n (Maths) / Semiinvariante f, Halbinvariante f, Kumulante f

**semi-killed steel** (Met) / halbberuhigter Stahl

**semi-lattice** n (Maths) / Halbverband m

**semilatus rectum** (pl. semilatera recta) (Maths) / Halbparameter m (eines Kegelschnitts)

**semileptonic** adj (Nuc) / semileptonisch adj

**semi-linear** adj (Maths) / semilinear adj, halblinear adj

**semi-liquid** adj (Phys) / halbflüssig adj, dickflüssig adj, zähflüssig adj

**semilive skid** (US) (Eng) / Rollplattform f, Rollpritsche f, Roller m (Rollplattform)

**semi-log** (Maths) / halblogarithmisch adj, einfachlogarithmisch adj, semilogarithmisch adj

**semi-logarithmic** adj (Maths) / halblogarithmisch adj, einfachlogarithmisch adj, semilogarithmisch adj

**semi-logarithmic cross-section paper** (Paper) / log y,x-Papier n (eine logarithmische Ordinatenskale und eine lineare Abszissenskale)

**semi-logarithmic representation** (Comp) / halblogarithmische Darstellung (der Zahlen bei der Gleitkommarechnung), Gleitkommaschreibweise f, Gleitkommadarstellung f, Gleitpunktschreibweise f (DIN 44300), Gleitpunktdarstellung f

**semi-log cross-section paper** (Paper) / log y,x-Papier n (eine logarithmische Ordinatenskale und eine lineare Abszissenskale)

**semi-major axis** (Maths) / große Halbachse (der Ellipse)

**semi-manufacture** n / Halbzeug n, Halbfabrikat n, Halberzeugnis n, Halbfertigfabrikat n, Halbfertigware f, Halbware f

**semi-Markov process** (Stats) / semi-Markow'scher Prozess

**semimartingale** n (Stats) / Halbmartingal n

**semi-mat** adj (Photog) / halbmatt adj (Fotopapier) ‖ ~ **glaze** (Ceramics) / halbmatte Glasur, Halbmattglasur f

**semi-matt** adj (Photog) / halbmatt adj (Fotopapier) ‖ ~ **glaze** (Ceramics) / halbmatte Glasur, Halbmattglasur f
**semimetal** n (an element whose properties are intermediate between those of metals and non-metals) (Chem) / Halbmetall n, Metall n 2. Art
**semimetallic** adj (Chem) / halbmetallisch adj
**semimicroanalysis** n (Chem) / Halbmikroanalyse f (Zentigrammmethode nach DIN 32 630), Semimikroanalyse f, Zentigrammethode f, Centigrammethode f
**semimicromethod** n (Chem) / Halbmikroanalyse f (Zentigrammmethode nach DIN 32 630), Semimikroanalyse f, Zentigrammethode f, Centigrammethode f
**semimicro sample** (Chem) / Mesoprobe f (Probenmasse 0,1 bis 0,01 g), Halbmikroprobe f
**semi-minor axis** (Maths) / kleine Halbachse (der Ellipse)
**semi-modular lattice** (Maths) / semimodularer Verband, halbmodularer Verband
**semimonocoque construction*** (Aero) / Halbschalenbauweise f, Semimonocoque-Bauweise f
**semi-mounted implements** (Agric) / Aufsattelgeräte n pl (die hinten mit einem Stützrad versehen sind und mit ihrer Vorderseite am Schlepperheck befestigt sind) ‖ ~ **plough** (Agric) / Aufsattelpflug m
**semimuffle furnace** (Ceramics) / halbgemuffelter Ofen, Halbmuffelofen m
**semimuffle-type furnace*** (Ceramics) / halbgemuffelter Ofen, Halbmuffelofen m
**seminal*** adj (Bot) / Samen-
**seminiferous*** adj (Bot) / seminifer adj, samentragend adj
**semi-noble metal** (Chem, Met) / Halbedelmetall n (z.B. Sn, Ni, Cu)
**semi-norm** n (Maths) / Halbnorm f
**semiochemical*** n (Biochem, Chem) / Semiochemikalie f (chemische Substanz, die der biologischen Kommunikation dient), Botenstoff m (chemischer - zur Übermittlung von Reizen zwischen Organismen)
**semiology** n (Comp) / Semiotik f (allgemeine Lehre von sprachlichen Zeichen und Zeichenreihen) ‖ ~ (Med) / Symptomatologie f, Semiologie f (Lehre von den Krankheitszeichen)
**semioscillation** n (Phys) / Halbperiode f
**semiotics** n (Comp) / Semiotik f (allgemeine Lehre von sprachlichen Zeichen und Zeichenreihen)
**semi-parasite** n (Ecol, Zool) / Hemiparasit m, Halbparasit m, Halbschmarotzer m
**semi-permanent** adj (Comp) / semipermanent adj ‖ ~ **mould** (a reusable mould) (Foundry) / Halbkokille f (Kombination aus Kokille und verlorener Form), Kokille f mit verlorenen Kernen
**semipermeable membrane*** (Chem, Chem Eng) / halbdurchlässige Membrane, semipermeable Membran, Diaphragma n (pl. -gmen)
**semi-plane** n (Maths) / Halbebene f (die Menge der Punkte einer Ebene, die alle auf einer Seite einer in der Ebene liegenden Geraden liegen)
**semi-polar bond** (Chem) / semipolare Bindung
**semi-porcelain** n (Ceramics) / Porzellan n mit niedriger Ausbrenntemperatur ‖ ~ (a generic term for semi-vitreous dinnerware) (Ceramics) / Halbporzellan n, Kristallporzellan n (eine Weiterentwicklung des Feldspatsteingutes)
**semi-portal crane** (Eng) / Halbportalkran m, Halbtorkran m
**semi-positive mould** (Plastics) / Füllraumabquetschwerkzeug n
**semi-precious stone** / Halbedelstein m (veraltete Bezeichnung für eine Art von Schmucksteinen)
**semi-prepolymer process** (Plastics) / Semiprepolymerverfahren n
**semi-probabilistic design method** (Build) / Halbwahrscheinlichkeits-Bemessungsverfahren n
**semiproducer gas** (Chem Eng) / Wassergas n (historische Bezeichnung für ein Industriegas - heute in den Industrieländern ohne Bedeutung)
**semi-product(s)** n pl / Halbzeug n, Halbfabrikat n, Halberzeugnis n, Halbfertigfabrikat n, Halbfertigware f, Halbware f
**semi-product pass design** (groove sequence for rolling a square or rectangular semi-finished product) (Met) / Halbzeugkalibrierung f
**semi-quantitative** adj (Chem) / halbquantitativ adj ‖ ~ **analysis** (Chem) / halbquantitative Analyse (z.B. Schnelltests mit Testpapieren und Teststäbchen)
**semiquinone** n (Chem) / Semichinon n, Merichinon n
**semi-refined paraffin** (Chem) / halbraffiniertes Paraffin
**semi-regenerative** adj (Oils) / semiregenerativ adj
**semi-regular bodies** (Maths) / halbregelmäßige Körper (archimedische Körper) ‖ ~ **solids** (Maths) / halbregelmäßige Körper (archimedische Körper) ‖ ~ **variables** (Astron) / halbregelmäßige Veränderliche (eine Untergruppe der Pulsationsveränderlichen)
**semi-reinforcing** adj / halbverstärkend adj (Ruß)
**semi-restricted extension** (Teleph) / halbamtsberechtigte Nebenstelle
**semi-reverberant** adj (Acous) / halbhallig adj (reflexionsfrei mit reflektierender Grundfläche)

**semi-rigid** adj (Plastics) / halbhart adj ‖ ~ **airship*** (Aero) / halbstarres Luftschiff, Kielgerüst-Luftschiff n (z.B. nach Basenach) ‖ ~ **cellular materials** (Plastics) / halbharte Schaumstoffe (DIN 7726) ‖ ~ **expanded plastics** (Plastics) / halbharte Schaumstoffe (DIN 7726) ‖ ~ **foam plastics** (Plastics) / halbharte Schaumstoffe (DIN 7726) ‖ ~ **rotor** (Aero) / halbstarrer Rotor (des Rotorflugzeugs) ‖ ~ **waveguide** (Elec Eng, Telecomm) / biegbarer Hohlleiter
**semi-ring** n (Maths) / Halbring m
**semi-ring-porous** adj (For) / halbringporig adj
**semi-rotary-cut veneer** (For) / Exzenterschälfurnier n (bei einem exzentrisch eingespannten Block)
**semi-rotary pump** (Eng) / Flügelpumpe f (die eine hin- und herschwingende Verdrängerfläche besitzt)
**semi-rotation** n (Maths) / Halbdrehung f
**semirupture** n (Textiles) / Fasernanbruch m (z.B. beim Gollub-Test), Faseranbruch m
**semi-silica fireclay brick** (Ceramics, Met) / $SiO_2$-reicher Schamottestein (mit >72% $SiO_2$)
**semi-similar series** (Eng) / halbähnliche Baureihe (im Rahmen der Baureihen- und Baukastenentwicklung)
**semi-simple** adj (Maths) / halbeinfach adj, halb einfach
**semi-skilled** adj (Eng) / angelernt adj (mit mindestens 3-monatiger Anlernzeit)
**semi-skimmed** adj (Nut) / fettarm adj (Milch), teilentrahmt adj (Milch)
**semi-soft** adj (Nut) / halbweich adj (Käse)
**semi-solid** adj / halbfest adj, semifest adj
**semi-solid lubricant** / Schmierfett n (mit salbenartiger Konsistenz), konsistenter Schmierstoff (meistens aus einem flüssigen Grundöl und einem Eindicker)
**semi-stable dolomite refractory** (Met) / teergetränktes Dolomiterzeugnis
**semi-static** adj (Ecol) / semistatisch adj (Toxizitätstest)
**semisteel*** n (Met) / niedriggekohltes Gusseisen, Gusseisen n aus stahlreicher Gattierung (mit hohem Stahlschrottzusatz), Halbstahl m
**semi-submarine icebreaking tanker** (Ships) / SSIT-Tanker m (ein Halbtaucher)
**semi-submerged** adj (Ships) / halbgetaucht adj (Antrieb)
**semi-submersible drilling platform** (Oils) / Halbtaucher-Bohranlage f, Halbtaucher m (schwimmende Bohrplattform, deren untere Tragkonstruktion aus großen Kammern besteht)
**semi-submersible rig** (Oils) / Halbtaucher-Bohranlage f, Halbtaucher m (schwimmende Bohrplattform, deren untere Tragkonstruktion aus großen Kammern besteht)
**semi-suspended vault** (Arch) / Hängestützgewölbe n
**semi-synthesis** n (Chem) / Semisynthese f
**semi-synthetic** adj (Chem) / halbsynthetisch adj, semisynthetisch adj
**semi-synthetic fibres** (Textiles) / regenerierte Fasern, Regeneratfasern f pl (Chemiefasern, die aus Rohstoffen des Pflanzen- bzw. des Tierreiches durch Umfällung hergestellt und in Fadenform regeneriert werden)
**semi-systematic name** (Chem) / halbsystematischer Name, Halbtrivialname m (in der chemischen Nomenklatur)
**semi-terrestrial** adj (Geol) / semiterrestrisch adj (durch Grundwasser oder Überflutung aufgeschwemmt)
**semi-Thue system** (an important concept in formal language that underlies the notion of a grammar) (Comp) / Semi-Thue-System n (ein nichtdeterministischer Kalkül zur Erzeugung von Wortmengen mit endlich vielen Ableitungsregeln)
**semi time-lag** attr (Elec Eng) / mittelträge adj (Schmelzeinsatz)
**semitone*** n (Acous) / Halbtonschritt m, Halbton m (diatonischer, chromatischer - DIN 1320)
**semi-trailer** n (Autos) / Sattelanhänger m (DIN 70010), Sattelauflieger m (des Sattelzugs) ‖ ~ **-towing vehicle** (Autos) / Sattelzugmaschine f (DIN 70010), Sattelschlepper m (des Sattelzugs)
**semitrailing arm** (Autos) / Schräglenker m ‖ ~ **link** (Autos) / Schräglenker m
**semi-transparent mirror*** (Photog) / halbdurchlässiger Spiegel ‖ ~ **photocathode*** (Electronics) / halbdurchsichtige Fotokatode, Halbdurchsicht-Fotokatode f
**semi-transverse ventilation** (Civ Eng) / Halbquerlüftung f (Form der mechanischen Tunnellüftung)
**semi-trivial name** (Chem) / halbsystematischer Name, Halbtrivialname m (in der chemischen Nomenklatur)
**semi-tropical** adj (Geog) / subtropisch adj
**semi-tropics** pl (Geog) / Subtropen pl
**semi-tubular rivet*** (Eng) / Halbhohlniet m, Rohrniet m mit massivem Kopf
**semivariogram** n (Geol, Stats) / Semivariogramm n (grundlegende Funktion in der Geostatistik)
**semi-vitreous** adj (Ceramics) / halbglasartig adj (mit sehr beschränkter Aufnahmefähigkeit), halbverglast adj (noch porös)

**semi-vitrified** adj (Ceramics) / halbglasartig adj (mit sehr beschränkter Aufnahmefähigkeit), halbverglast adj (noch porös)
**semivolatile** adj (Chem) / mittelflüchtig adj
**semi-water gas**\* (Chem, Chem Eng) / Halbwassergas n, Gemischtgas n
**semiworks** n(pl) (Work Study) / Versuchsbetrieb m
**semi-worsted spun**\* (Spinning) / Halbkammgarn n (gröberes Garn mit mehr als 135 Fasern im Garnquerschnitt) ‖ ~ **yarn** (Spinning) / Halbkammgarn n (gröberes Garn mit mehr als 135 Fasern im Garnquerschnitt)
**semolina** n (Nut) / Grieß m (meistens Weizengrieß)
**sempervirent** adj (Bot) / immergrün adj (Baum, Strauch, Pflanze)
**sems** n (a preassembled screw and washer combination) (Eng) / Schraubenbolzen m mit Sicherung (des Gewinde wird an Ort und Stelle geschnitten)
**senarmontite** n (Min) / Senarmontit m (Antimon(III)-oxid)
**send** v (Radio, Telecomm) / senden v
**send-ahead quantity** (Work Study) / Weitergabemenge f
**send down** v (Oils) / einsetzen v (Meißel bei Bohrarbeiten)
**sender** n (Comp, Radio, Telecomm) / Sender m ‖ ~ (Telecomm) / Absender m, Aufgeber m (einer Nachricht) ‖ ~\* (Teleph) / Zahlengeber m
**sending controller** (Aero) / sendender Lotse, sendender Kontrollor (A), sendender Verkehrsleiter (S) ‖ ~ **terminal** (Comp) / Sendeterminal n ‖ ~ **transducer** (Materials) / Sendekopf m (bei der Ultraschall-Werkstoffprüfung)
**send mixer** (Radio) / Sendemischer m
**send-out** n / Gasabgabe f (aus dem Speicher), Abgabe f (des Erdgases aus dem Speicher)
**send-receive switch** (Telecomm) / Sende-Empfangs-Schalter m
**Sendzimir cold mill** (Met) / Sendzimir-20-Rollen-Walzwerk n, Sendzimir-Walzwerk n (mit Zwanzig-Walzen-Anordnung) ‖ ≃ **mill** (with a twenty-roll arrangement) (Met) / Sendzimir-20-Rollen-Walzwerk n, Sendzimir-Walzwerk n (mit Zwanzig-Walzen-Anordnung) ‖ ≃ **process** (Surf) / Sendzimir-Verzinkung f (ein altes kontinuierliches Feuerverzinkungsverfahren)
**senecio alkaloid** (Chem) / Senecioalkaloid n (ein Pyrrolizidinalkaloid)
**senecioic acid** (Chem) / Seneciosäure f (eine Methyl-2-butensäure)
**Senegal gum**\* / Senegalgummi n (eine Art Gummiarabikum)
**senescent**\* adj (Biol) / seneszent adj, alternd adj
**sengierite** n (Min) / Sengierit m
**senile topography** (Geol) / topografische Greisenformen (am Ende eines Erosionszyklus)
**senior commercial pilot** (Aero) / Berufsflugzeugführer m (I. Klasse)
**seniority** n (Chem) / Priorität f (bei der Konstruktion von systematischen Namen) ‖ ~ (Chem) / Vorrang m (bei der nomenklatorischen Bezeichnung) ‖ ~ (Phys) / Seniorität f (eine Quantenzahl)
**senior management** / Topmanagement n (die oberste Leitungsebene in einem Unternehmen)
**sensation** n (Psychol) / Empfindung f (sinnliche Wahrnehmung) ‖ ~ **of cold** (Physiol) / Kälteempfindung f
**sense** v / fühlen v ‖ ~ (Comp, Eng) / abfühlen v, abtasten v ‖ ~ n (Phys) / Richtung f ‖ ~\* (Physiol) / Sinn m (Geruchs-, Geschmacks-, Gesichts-, Gehör- und Tastsinn) ‖ **unaffected by the ~ of rotation** (Phys) / drehrichtungsunabhängig adj ‖ ~ **aerial** (Radio) / Seitenbestimmungsantenne f, Hilfsantenne f ‖ ~ **amplifier** (Comp) / Leseverstärker m ‖ ~ **antenna** (Radio) / Seitenbestimmungsantenne f, Hilfsantenne f ‖ ~ **class** (Maths) / Durchlaufungssinn m (bei Geraden, einzügigen Linien oder Figuren), Durchlaufsinn m, Umlaufsinn m (bei geschlossenen Linienzügen)
**sensed** adj (Crystal) / gerichtet adj, orientiert adj
**sense datum** (Physiol) / Sinneserfahrung f, Sinneseindruck m (ein Wahrnehmungsinhalt) ‖ ~ **indicator** (Aero) / Leitweganzeiger m ‖ ~ **of absolute pitch**\* (Acous, Physiol) / absolutes Gehör (die Fähigkeit, Töne und Tonarten ohne vorgegebenen Vergleichston zu bestimmen oder durch Singen anzugeben) ‖ ~ **of hearing** (Acous, Med) / Gehörsinn m, Gehör n ‖ ~ **of relative pitch**\* (Acous) / relatives Gehör ‖ ~ **of rotation** (Maths, Phys) / Drehrichtungssinn m, Drehsinn m ‖ ~ **of smell** (Physiol) / olfaktorischer Sinn, Geruchssinn m, Riechsinn m, Olfaktus m ‖ ~ **of taste** (Physiol) / Geschmack m (pl. -äcke) (einer der fünf Sinne), Geschmackssinn m (Fähigkeit, Geschmack wahrzunehmen), Schmecksinn m ‖ ~ **of touch** (Physiol) / Tastsinn m
**senseware** n (Comp) / Senseware f (Sammelbegriff für Komponenten eines Virtual-Reality-Systems, die für die Aufnahme und Übermittlung sensorischer Effekte zuständig sind)
**sense wire** (Comp) / Lesedraht m (eines Kernspeichers), Leseleitung f (eines Kernspeichers)
**sensibility analysis** / Sensibilitätsanalyse f (in der Unternehmensforschung)
**sensible atmosphere** (Space) / Aerosphäre f (der Teil der Atmosphäre, in dem der aerodynamische Effekt zu beobachten ist) ‖ ~ **heat**\* (Phys) / sensible Wärme, fühlbare Wärme (die in Gasen enthaltene Wärme, soweit sie nur durch deren Wärmekapazität bedingt ist, also ohne Verbrennungswärme und ohne die latente Wärme) ‖ ~ **horizon**\* (Astron) / scheinbarer Horizont, natürlicher Horizont
**sensing** n / Fühlung f, Fühlen n ‖ ~\* (Comp, Eng) / Abfühlen n, Abtasten n ‖ ~ **antenna** (Radio) / Suchantenne f ‖ ~ **brush** (Comp) / Abfühlbürste f, Abtastbürste f, Ablesebürste f ‖ ~ **element** (Automation) / Sensor m (ein Messfühler als erstes Glied einer Messkette), Messgrößenfühler m, Aufnehmer m ‖ ~ **head** (Aero) / Druckgeber m (des Fahrtmessers) ‖ ~ **head** (Eng) / Messkopf m, Tastkopf m ‖ ~ **lever** (Comp) / Fühlhebel m (zur Papierüberwachung) ‖ ~ **point** / Messort m (Stelle am Messobjekt, an der die Messgröße erfasst wird) ‖ ~ **probe** / Messsonde f
**sensistor** n (US) (Electronics) / Sensistor m (Firmenbezeichnung für einen Silizium-PTC-Widerstand)
**sensitive** adj (to) / empfindlich adj (z.B. Messgerät), sensitiv adj ‖ ~ / Fein-, fein adj (empfindlich) ‖ ~ (Mil) / sicherheitsempfindlich adj ‖ ~ **altimeter** (Aero) / Feinhöhenmesser m (heute veraltet) ‖ ~ **auditing** / Schwachstellenanalyse f (die zweite Phase der Istanalyse) ‖ ~ **balance** / Feinwaage f (etwa 0,1 mg bis 200 g) ‖ ~ **clay** (Geol) / strukturempfindlicher Ton ‖ ~ **data** (Comp) / sensitive Daten ‖ ~ **drill**\* (Eng) / Handhebelbohrmaschine f ‖ ~ **drill**\* (Eng) s. also bench-type drilling machine ‖ ~ **drilling machine** (Eng) / Handhebelbohrmaschine f ‖ ~ **electrode** (Chem, Electronics) / Sensitrode f (sensitive Elektrode), sensitive Elektrode (zum Bestimmen von Ionenaktivitäten oder -konzentrationen in Flüssigkeiten)
**sensitive-fabrics detergent** (Textiles) / Feinwaschmittel n
**sensitive flame** (Phys) / schallempfindliche Flamme, schallbeeinflusste Flamme (die Schallwellen treffen auf eine Membran) ‖ ~ **flame** (Phys) s. also manometric flame ‖ ~ **information** (Comp) / sensitive Daten
**sensitiveness** n / Empfindlichkeit f (Eigenschaft)
**sensitive switch** (Elec Eng) / Mikromomentschalter m ‖ ~ **switch** (Elec Eng) s. also snap-action switch ‖ ~ **time** (Nuc) / Empfindlichkeitszeit f (in Spurkammern) ‖ ~ **tint plate**\* (Min) / Lambda-Plättchen n, λ-Plättchen n (ein Phasenplättchen) ‖ ~ **to cracking** (Materials) / rissanfällig adj ‖ ~ **to impact** / schlagempfindlich adj, stoßempfindlich adj ‖ ~ **to light** (Light, Photog) / lichtempfindlich adj, fotosensitiv adj ‖ ~ **to moisture** / nässeempfindlich adj ‖ ~ **to noise** (Acous, Med) / lärmempfindlich adj ‖ ~ **to penicillin** (Pharm) / penizillinempfindlich adj, penicillinempfindlich adj ‖ ~ **to pressure** / druckempfindlich adj, auf Druck ansprechend ‖ ~ **to price change(s)** / preisempfindlich adj ‖ ~ **to shock** / schlagempfindlich adj, stoßempfindlich adj
**sensitivity** n / Empfindlichkeit f (Steigerung der Eichkurve eines Sensors) ‖ ~\* / Empfindlichkeit f (Eigenschaft) ‖ ~ / Ansprechempfindlichkeit f ‖ ~ (Autos, Fuels) / Sensitivity f (Differenz zwischen Research- und Motor-Oktanzahl), Klopfempfindlichkeit f (des Ottokraftstoffes) ‖ ~\* (Instr) / Empfindlichkeit f (Kenngröße, z.B. eines Messgeräts), Sensibilität f, Sensitivität f ‖ ~ **analysis** / Sensibilitätsanalyse f (in der Unternehmensforschung) ‖ ~ **control** / Empfindlichkeitsregelung f ‖ ~ **diagram** (Electronics) / Empfindlichkeitsdiagramm n (DIN 41 855, T 2) ‖ ~ **factor** / Empfindlichkeitsfaktor m, Empfindlichkeitszahl f ‖ ~ **level** (Acous) / Übertragungsmaß n ‖ ~ **time control** (Aero, Radar) / Nahechodämpfung f (bei Wetterradaranlagen), Sensitivity-Time-Control f (laufzeitabhängige Verstärkungsregelung) ‖ ~ **to acid(s)** (Chem) / Säureempfindlichkeit f ‖ ~ **to light** (Elec Light) / Lichtempfindlichkeit f (in A/lm) ‖ ~ **to pressure** (Materials, Mech) / Druckempfindlichkeit f ‖ ~ **to weather** (Med, Meteor) / Wetterfühligkeit f, Meteoropathie f
**sensitization**\* n (Chem, Photog) / Sensibilisierung f ‖ ~ (Electronics) / Sensibilisierung f (beim Herstellen von Durchkontaktierungen auf Leiterplatten) ‖ ~ (Met) / Sensibilisierung f (Auslösung interkristalliner Korrosion bei Stahl) ‖ ~ (Plastics) / Sensibilisierung f (Erhöhung der Anfälligkeit von Kunststoffen für Fotooxidation durch Farbpigmente)
**sensitize** v (Chem, Met, Photog, Plastics) / sensibilisieren v
**sensitized cloth** (Photog, Textiles) / Lichtpausleinen n
**sensitize quenching** (Met) / Sensibilisierungsabschrecken n, Sensibilisierungsabschreckung f
**sensitizer**\* n (Chem, Photog) / Sensibilisator m
**sensitometer**\* n (Photog) / Sensitometer n
**sensitometry**\* n (Photog) / Sensitometrie f (Messverfahren zur Bestimmung der Eigenschaften fotografischer Materialien)
**sensor**\* n (Automation, Eng) / Sensor m (z.B. taktiler - bei Industrierobotern) ‖ ~ (Automation, Eng) / Sensor m (ein Messfühler als erstes Glied einer Messkette), Messgrößenfühler m, Aufnehmer m ‖ ~ **alignment** / Sensorausrichtung f ‖ ~ **array** / Sensorarray n ‖ ~ **cell** (Electronics) / Sensorzelle f (Sensor auf der Grundlage des Volta-Effekts, der bei einer einfallenden Strahlung eine Fotospannung abgibt, die der Beleuchtungsstärke proportional ist) ‖

**sensor**

~ **chip** (Comp) / Sensorchip *m* (Anordnung mehrerer Sensoren auf einem Chip) ‖ ~ **coil** / Sensorspule *f* ‖ ~ **combination** (Ecol, Electronics) / Sensorkombination *f* ‖ ~ **confectioning** (Electronics) / Sensorkonfektionierung *f* (Konfektionierung von Sensorchips, um den Schutz vor unerwünschten äußeren Einwirkungen zu gewährleisten und die Integration in eine elektronische Baugruppe zu ermöglichen)
**sensor-controlled** *adj* (Automation) / sensorgesteuert *adj*
**sensor electronics** (Comp, Electronics) / Sensorelektronik *f* (die dem Sensor direkt nachgeschaltete Elektronik, welche der Aufbereitung und Verstärkung des Signals dient und eventuell die Weiterleitung des Sensorsignals an eine größere Verarbeitungseinheit vorbereitet) ‖ ~ **element** (Electronics) / Sensorelement *n* (elektrisches Wandlerelement eines Sensors), Geber *m* (Sensorelement) ‖ ~ **flap** (Autos) / Stauklappe *f* (L-Jetronic)
**sensor-guided** *adj* (Automation) / sensorgeführt *adj* (Industrieroboter)
**sensorics** *n* / Sensorik *f* (Messkette von der Messwertaufnahme durch Sensoren aus der Umwelt bis zur Erzeugung entsprechender Systemsignale) ‖ ~ / Sensorik *f* (Lehre von den Sensoren)
**sensorimotor** *adj* (Biol) / sensomotorisch *adj*
**sensor integration** (Electronics) / Sensorintegration *f* (Vereinigung mehrerer einzelner Bauelemente oder Baugruppen in einem Gehäuse zu einer Funktionseinheit) ‖ ~ **key** (Automation, Electronics) / Sensortaste *f* (ein Schaltelement) ‖ ~ **line** (Automation) / Sensorzeile *f* (reihenförmige Anordnung einer Vielzahl identischer oder nahezu identischer Sensoren) ‖ ~ **memory** (Comp) / Sensorenspeicher *m* (Speicher in Analogie zu mikroelektronischen Datenspeichern, die Sensoren enthalten oder Sensordaten speichern) ‖ ~ **network** / Sensornetz *n* (Zusammenschaltung von Sensoren bzw. Sensorsystem zum Erzielen einer gewünschten Funktion) ‖ ~ **processor** (Comp) / Sensorenprozessor *m* (intelligenter Sensor mit integriertem Mikroprozessor) ‖ ~ **self-monitoring** (Comp, Electronics) / Sensorselbstüberwachung *f* (bei intelligenten Sensoren) ‖ ~ **stripe** / Sensorstreifen *m* ‖ ~ **switch** (Elec Eng) / Berührungsschalter *m*, Sensorschalter *m* ‖ ~ **system** (Automation) / Sensorensystem *n*, Sensorsystem *n* (meistens hierarchisch aufgebautes System mit einer Sensorkombination und einer Sensorsignalverarbeitung in Subsystemen und meistens mit Selbstorganisation)
**sensory**\* *adj* / Sinnes-, sensorisch *adj*, sensoriell *adj* (die Aufnahme von Sinnesempfindungen betreffend - auch in der Robotik) ‖ ~ **analysis** (Nut) / Sensorik *f*, sensorische Analyse, Sinnenprüfung *f*, organoleptische Prüfung, sensorische Untersuchung, sensorische Prüfung, Sinnenprobe *f*, Sensorik *f* (zur Beurteilung sensorischer Merkmale von Lebensmitteln - Aussehen, Klarheit, Geruch, Geschmack, DIN 10956) ‖ ~ **evaluation** (Nut) / Sensorik *f*, sensorische Analyse, Sinnenprüfung *f*, organoleptische Prüfung, sensorische Untersuchung, sensorische Prüfung, Sinnenprobe *f*, Sensorik *f* (zur Beurteilung sensorischer Merkmale von Lebensmitteln - Aussehen, Klarheit, Geruch, Geschmack, DIN 10956) ‖ ~ **threshold** (Physiol) / Empfindungsschwelle *f*
**sensual** *adj* (Physiol) / sensuell *adj* (sinnlich wahrnehmbar; die Sinnesorgane betreffend)
**sentence** *n* (AI) / Satz *m* (abgeschlossene textliche Einheit in der Sprachwissenschaft) ‖ ~ (Comp) / Satz *m*, Programmsatz *m* ‖ ~ **analysis** (AI, Comp) / Satzanalyse *f* ‖ ~ **constituent** (Comp) / Satzkonstituente *f* ‖ ~ **form** (Maths) / Aussageform *f* ‖ ~ **generation** (AI, Comp) / Satzgenerierung *f* ‖ ~ **recognition** (AI, Comp) / Satzerkennung *f*
**sentential calculus** (AI) / Propositionskalkül *m*, Aussagenkalkül *m*, propositionaler Kalkül *m* ‖ ~ **connective** / Junktor *m* ‖ ~ **logic** (AI) / Junktorenlogik *f*, Aussagenlogik *f*, Wahrheitswertelogik *f*
**sentinel**\* *n* (Comp) / Merkmal *n*, Hinweissymbol *n* ‖ ~ **flag** (Comp) / Merkmal *n*, Hinweissymbol *n* ‖ ~ **pyrometer** (Ceramics) / Brenntemperaturbestimmungskörper *m* mit definiertem Schmelzpunkt, Temperaturmesskörper *m* (zylindrischer - mit definiertem Schmelzpunkt) ‖ ~ **pyrometer** (Ceramics) s. also pyrometric cone
**SEP** (separator) (Comp) / Trennsymbol *n*, Trennzeichen *n* ‖ ~ (sepetir) (For) / Sepetir *n* (Holz der Sindora sp.)
**sepal**\* *n* (Bot) / Kelchblatt *n*, Sepalum *n* (pl. Sepala oder -palen)
**separable** *adj* / trennbar *adj*, abtrennbar *adj*, abscheidbar *adj* ‖ ~ (Eng) / lösbar *adj* (Verbindung) ‖ ~ (Maths) / separabel *adj*, separierbar *adj* ‖ ~ **ball bearing** (Eng) / Schulterkugellager *n* (DIN 615) ‖ ~ **bearing** (Eng) / Schulterlager *n* ‖ ~ **element** (Maths) / separables Element ‖ ~ **extension of a field** (Maths) / separable Körpererweiterung ‖ ~ **polynomial** (Maths) / separables Polynom ‖ ~ **space** (Maths) / separabler Raum (ein topologischer Raum) ‖ ~ **stochastic process** (Stats) / separabler stochastischer Prozess ‖ ~ **topological space** (Maths) / separabler Raum (ein topologischer Raum) ‖ ~ **zipper** (Textiles) / teilbarer Reißverschluss
**separate** *v* / trennen *v* (mechanisch oder chemisch), abtrennen *v*, separieren *v* ‖ ~ / scheiden *v* (trennen), abscheiden *v*, absondern *v*, aussondern *v* ‖ ~ (Aero) / staffeln *v* (Flugzeuge nach Höhe, Entfernung oder Kursen) ‖ ~ (Chem) / abspalten *v* ‖ ~ (Maths) / separieren *v* ‖ ~ (Print) / vorlockern *v* (Druckbogen im Anlegeapparat), vereinzeln *v* (Druckbogen im Anlegeapparat) ‖ ~ (San Eng) / abscheiden *v* (Fette, Öle) ‖ ~ (Space) / absprengen *v* (einen Treibstoffbehälter) ‖ ~\* *n* (Print) / Sonderdruck *m*, Sonderabdruck *m*, Separatabdruck *m* ‖ ~ *adj* / getrennt *adj*, abgetrennt *adj*, gesondert *adj*, separat *adj* ‖ ~ **access** (Radar) / Einzelzugriff *m* (z.B. zu einem Antennenelement)
**separate-application adhesive** / No-Mix-Klebstoff *m*
**separate collecting of waste** (San Eng) / Getrenntsammlung *f* von Abfällen *f* ‖ ~ **confinement heterostructure laser** (Phys) / SCH-Laser *m* (ein Mehrfach-Heterostruktur-Laser) ‖ ~ **construction** (of floor screed) (Build) / schwimmender Estrich (auf einer Dämmschicht hergestellter Estrich, der auf seiner Unterlage beweglich ist und keine unmittelbare Verbindung mit angrenzenden Bauteilen aufweist - DIN 18 560-2) ‖ ~ **cooling** (Elec Eng) / Fremdkühlung *f* (mit von der Maschine unabhängiger Einrichtung zur Kühlmittelbewegung)
**separated flow** (Aero, Phys) / abgerissene Strömung ‖ ~ **in time** (Telecomm) / zeitlich versetzt (Signale) ‖ ~ **milk** (Nut) / entrahmte Milch (mit maximal 0,3% Fett), Magermilch *f*
**separate drive** (Eng) / getrennter Antrieb, Sonderantrieb *m* (getrennter)
**separated space** (Maths) / Hausdorff'scher Raum, Hausdorff-Raum *m* (nach F. Hausdorff, 1868 - 1942), separierter Raum, $T_2$-Raum *m* ‖ ~ **yarn process** (texturing) (Spinning) / Trennzwirnverfahren *n*
**separate element** (Textiles) / Reißverschlusszahn *m*, Zahn *m* des Reißverschlusses ‖ ~ **excitation** (Elec Eng) / Fremderregung *f* ‖ ~ **gravity system** (Heat) / Schwerkraftwarmwasserheizung *f* in Zweirohrausführung, Zweirohr-Schwerkraftwarmwasserheizung *f* ‖ ~ **lubrication** (Autos) / Getrenntschmierung *f* (eines Zweitaktmotors)
**separately excited** (Elec Eng) / fremderregt *adj* ‖ ~ **excited oscillation** (Phys) / fremderregte Schwingung (DIN 1311, T 2) ‖ ~ **excited oscillator** (Phys) / fremderregter Schwinger (DIN 1311, T 2) ‖ ~ **for each time** (Telecomm) / zeitlageindividuell *adj* ‖ ~ **lead-sheathed cable** (Cables) / Dreibleimantelkabel *n* (dreiadriges Kabel mit einem Bleimantel über jeder Ader), Einzelbleimantelkabel *n* ‖ ~ **sheathed cable** (Cables) / Dreimantelkabel *n* ‖ ~ **ventilated machine** (Elec Eng) / Maschine *f* mit Fremdbelüftung
**separate roll line** (Met) / Walzstaffel *f*, Gerüstgruppe *f* ‖ ~ **screed** (Build) / schwimmender Estrich (auf einer Dämmschicht hergestellter Estrich, der auf seiner Unterlage beweglich ist und keine unmittelbare Verbindung mit angrenzenden Bauteilen aufweist - DIN 18 560-2) ‖ ~ **system**\* (San Eng) / Trennentwässerung *f*, Trennsystem *n* (der Stadtentwässerung), Trennverfahren *n*, Trennkanalisation *f* (getrennte Ableitung von Schmutzwasser und Niederschlagswasser in der Kanalisation) ‖ ~ **ventilation** (Elec Eng) / Fremdkühlung *f* (mit von der Maschine unabhängiger Einrichtung zur Kühlmittelbewegung) ‖ ~ **ventilation** (Elec Eng) / Fremdbelüftung *f* ‖ ~ **winding transformer** (Elec Eng) / Volltransformator *m*, Transformator *m* mit getrennten Wicklungen
**separating** *n* (Nut) / Separieren *n* (ein kontinuierliches Butterungsverfahren) ‖ ~ **calorimeter**\* (Phys) / Trennkalorimeter *n*, Abscheidungskalorimeter *n* ‖ ~ **character** (Comp) / Trennsymbol *n*, Trennzeichen *n* ‖ ~ **column** (Chem) / Trennsäule *f* (in der Gaschromatografie) ‖ ~ **edge** (Maths) / Isthmus *m* (pl. -men) (bei Grafen), Brücke *f* (bei Grafen) ‖ ~ **efficiency** / Trennleistung *f* ‖ ~ **funnel**\* (Chem) / Scheidetrichter *m*, Trenntrichter *m*, Schütteltrichter *m* ‖ ~ **powder** / Trennpulver *n* ‖ ~ **power** (Nuc Eng) / Trennvermögen *n* ‖ ~ **transformer** (Elec Eng) / Netztransformator *m* mit Potentialtrennung ‖ ~ **vessel** (Eng) / Abscheidegefäß *n*, Trenngefäß *n* (getrennte Abscheidefunktion in einem Zwangdurchlaufkessel) ‖ ~ **weir**\* (Civ Eng, Hyd Eng) / Entlastungswehr *n*
**separation** *n* / Separation *f*, Trennen *n*, Trennung *f*, Abtrennen *n*, Abtrennung *f* ‖ ~ / Scheiden *n* (physikalische Trennung), Abscheiden *n*, Absondern *n*, Absonderung *n*, Aussondern *n*, Aussonderung *f* ‖ ~ (Aero) / Abreißen *n* (der Strömung), Ablösen *n* (der Strömung) ‖ ~\* (vertical) (Aero) / Staffelung *f* (Höhenzuweisung) ‖ ~ (Carp, For) / Trennung *f* (des Holzkörpers in Faserrichtung) ‖ ~ (Chem) / Abspaltung *f* ‖ ~ (Chem, Phys) / Ausscheidung *f* ‖ ~ (Crystal) / Abstand *m* (z.B. im Kristallgitter) ‖ ~ (Elec Eng) / Schottung *f* (von Leitern) ‖ ~ (horizontal, vertical) (Geol) / Verschiebungsbetrag *m* (sichtbare relative Verschiebung eines Bruchs, in beliebiger Richtung gemessen) ‖ ~ (Min Proc) / Sortierung *f* (eine Art Anreicherung) ‖ ~ (Nut) / Separieren *n* (ein kontinuierliches Butterungsverfahren) ‖ ~\* (Photog, Print) / Farbauszug *m* (auch für den Mehrfarbendruck - einer Primärfarbe zugehöriger Teil eines Bildes), Farbseparation *f*, Auszug *m* (Farbauszug) ‖ ~ (Phys) / Entmischung *f* (z.B. Zerfall einer

homogenen Mischung in zwei oder mehrere thermodynamisch stabile Phasen) ‖ ~ (Print) / Vereinzelung *f* (des Druckbogens in dem Anlegeapparat), Vorlockerung *f* (des Druckbogens in dem Anlegeapparat) ‖ ~ (Space) / Trennung *f* (des Satelliten von der Trägerrakete) ‖ ~ (Space) / Stufentrennung *f* (bei mehrstufigen Raketen) ‖ ~ **buffer** (Chem) / Trenngelpuffer *m* (bei der Elektrophorese) ‖ ~ **by centrifugal phenomena** (Nuc Eng) / Zentrifugenanreicherung *f*, Zentrifugenmethode *f* (der Isotopentrennung), Zentrifugieren *n* (Isotopentrennung) ‖ ~ **column** (Chem) / Trennsäule *f* (in der Gaschromatografie) ‖ ~ **disk** (Nuc Eng) / Trennscheibe *f* (rotierende - bei der Isotopenanreicherung) ‖ ~ **energy**\* (Nuc) / Separationsenergie *f* (die erforderlich ist, um aus einem speziellen Atomkern ein einzelnes Nukleon abzuspalten), Trennungsenergie *f* ‖ ~ **factor**\* (Nuc, Nuc Eng) / Trennfaktor *m* (der angibt, wie sich die Zusammensetzung des Isotopengemischs am Ausgang aus einer einfachen Anreicherungsapparatur von der am Eingang unterscheidet - Kurzzeichen f - DIN 25 401-6) ‖ ~ **film** (Photog, Print) / Farbauszugsfilm *m*, Auszugsfilm *n* ‖ ~ **force** (Electronics) / Trennkraft *f* (beim Trennen einer Steckverbindung) ‖ ~ **fracture** (Materials, Met) / Trennbruch *m*, Trennungsbruch *m* ‖ ~ **jet** (Nuc Eng) / Trenndüse *f* (zur Isotopentrennung) ‖ ~ **master** (Cinema, Photog) / Auszugspositiv *n* (Schwarzweißfilm-Kopie von Separationsnegativen) ‖ ~ **medium** (Chem) / Material *n* für (chemische) Trennprozesse ‖ ~ **minima** (Aero) / Staffelungsmindestwerte *m pl* ‖ ~ **negative** (Cinema, Photog) / Separationsnegativ *n*, Farbauszugsnegativ *n*, Auszugsnegativ *n*, Teilfarbennegativ *n* ‖ ~ **nozzle** (Nuc, Nuc Eng) / Trenndüse *f* (zur Isotopentrennung) ‖ ~ **nozzle process** (Nuc Eng) / Trenndüsenverfahren *n* (Isotopentrennung), Isotopentrennung *f* nach dem Düsenverfahren ‖ ~ **number** (Chem) / Trennzahl *f* (ein chromatografischer Parameter), TZ (Trennzahl) ‖ ~ **of gases** / Gaszerlegung *f* (Auftrennung eines verflüssigten Gasgemisches in seine Komponenten durch fraktionierte Verdampfung) ‖ ~ **of runways** (Aero) / Pistenabstand *m*, Abstand *m* zwischen Parallelpisten ‖ ~ **of the colours** (after refraction) (Optics) / Farbzerlegung *f* ‖ ~ **of the eyes** (Optics) / Augenabstand *m*, Abstand *m* der Augen ‖ ~ **of the principal points** (Optics) / Interstitium *n* (pl. -tien) ‖ ~ **of variables** (Maths) / Separation *f* der Variablen (eine Methode, die es gestattet, spezielle Lösungen für gewisse Typen von linearen partiellen Differenzgleichungen zu bestimmen), Trennung *f* der Veränderlichen ‖ ~ **point**\* (Phys) / Ablösungspunkt *m*, Abreißpunkt *m* ‖ ~ **positive** (Cinema, Photog) / Separationspositiv *n*, Farbauszugspositiv *n*, Auszugspositiv *n*, Teilfarbenpositiv *n* ‖ ~ **potential**\* (Nuc Eng) / Trennpotential *n*, Wertfunktion *f* ‖ ~ **stage** (Chem Eng, Min Proc) / Trennstufe *f* ‖ ~ **stage** (Aero) / Trennstufe *f*, Einzeltrennstufe *f* ‖ ~ **standards** (Aero) / Staffelungsnormen *f pl* ‖ ~ **technique** / Trennverfahren *n*

**separative element**\* (Nuc Eng) / Trennelement *n*, Trennglied *n* ‖ ~ **potential** (Nuc Eng) / Trennpotential *n*, Wertfunktion *f* ‖ ~ **power**\* (Nuc Eng) / Trennvermögen *n* ‖ ~ **work**\* (Nuc) / Trennarbeit *f* (in der Isotopentrennung), TA (Trennarbeit) ‖ ~ **work** (Phys) / Abtrennarbeit *f* (positive Arbeit bei gebundenen Zuständen) ‖ ~ **work unit** (Nuc Eng) / Urantrennarbeit *f* (bei der Isotopentrennung), UTA (Urantrennarbeit)

**separator** *n* (Build, Civ Eng) / Abstandshalter *m* (der die Abstände des Bewehrungsgeflechts gegen die Schalung sichert) ‖ ~\* (Chem) / Trennsymbol *n*, Trennzeichen *n* ‖ ~\* (Elec Eng) / Scheider *m* (des Akkumulators), Plattenscheider *m*, Scheiderplatte *f*, Separator *m*, Trennelement *n* (des Akkumulators) ‖ ~\* (Eng) / Abstandshalter *m*, Abstandsstück *n*, Abstandhalter *m*, Trennstück *n*, Trennelement *n*, Distanzstück *n* ‖ ~ (Eng) / Käfig *m* (des Wälzlagers) ‖ ~\* (Min Proc) / Scheider *m*, Abscheider *m* ‖ ~ (Nut) / Trennschleuder *f*, Zentrifuge *f*, Trennzentrifuge *f*, Separator *m* ‖ ~ (Oils) / Trennmolch *m* (an der Grenzfläche zwischen zwei Produkten) ‖ ~ (San Eng) / Abscheider *m* (zum Entfernen von Fetten, Ölen, Benzinen und Feststoffteilchen aus dem Abwasser, von Staub und Nebeln aus Gasen) ‖ ~ (Spectr) / Molekülseparator *m*, Separator *m* (Molekülseparator) ‖ ~ **circuit** (TV) / Trennstufe *f*

**separatrix** *n* (pl. -ices) (Phys) / Separatrix *f* (pl. -izes), Begrenzungskurve *f* des Stabilitätsbereichs (in der Phasenebene), Trennphasenbahn *f*

**sepdumag**\* *n* (Cinema) / SEPDUMAG *n*

**sepetir** *n* (a light hardwood) (For) / Sepetir *n* (Holz der Sindora sp.)

**Sephadex** *n* (a trade name for a series of polydextrans used in gel filtration chromatography) (Biochem) / Sephadex *n*

**sepia** *n* / Sepia *f* (ein Farbstoff), Sepie *f* ‖ ~ **print** / Braunpause *f*, Sepiapause *f* ‖ ~ **toning** (Comp, Photog) / Sepiatonung *f*, Brauntonung *f*

**sepiolite**\* *n* (Min) / Meerschaum *m*, Sepiolith *m* (ein wasserhaltiges Magnesiumsilikat)

**sepmag**\* *n* (Cinema) / SEPMAG *n* (separater Magnetton)

**septarian nodule**\* (Geol) / Septarie *f*

**septarium**\* *n* (pl. -ria) (Geol) / Septarie *f*

**septate cable** (Cables) / radial unterteiltes konzentrisches Kabel ‖ ~ **waveguide** (Telecomm) / Hohlleiter *m* mit axialer Scheidewand, Längssteghohlleiter *m*

**septavalence** *n* (Chem) / Heptavalenz *f*, Siebenwertigkeit *f*

**septavalent**\* *adj* (Chem) / heptavalent *adj*, siebenwertig *adj*

**sept-bit byte** (Comp) / Sieben-Bit-Byte *n*, 7-Bit-Byte *n*

**septenary** *adj* (Comp, Telecomm) / septenär *adj*

**septet** *n* (a group of sept adjacent digits operated upon as a unit) (Comp) / Sieben-Bit-Byte *n*, 7-Bit-Byte *n*

**septic** *adj* (Med) / keimhaltig *adj*, septisch *adj* (nicht keimfrei) ‖ ~ **sewage** (San Eng) / fauliges Abwasser, angefaultes Abwasser ‖ ~ **tank** (San Eng) / Abwasserfaulraum *m* (Becken, in dem Abwasser anaerob behandelt wird) ‖ ~ **tank**\* (San Eng) / Faulbehälter *m* (durchflossener, nach DIN 4045), Faulbecken *n*, Faulgrube *f* (zum Absetzen und Faulen), FB

**septivalence** *n* (Chem) / Heptavalenz *f*, Siebenwertigkeit *f*

**septivalent** *adj* (Chem) / heptavalent *adj*, siebenwertig *adj*

**septum**\* *n* (pl. septa) (Bot) / Scheidewand *f*, Septum *n* (pl. -ten oder -pta), Zwischenwand *f* ‖ ~ (pl. septa) (Chem) / Septum *n* (pl. -ten oder -pta) (Silikongummischeibe im Einspritzblock für flüssige Probendosierung beim Gaschromatografen) ‖ ~ (pl. septa) (Chem) / Stützgewebe *n* (eines Anschwemmfilters) ‖ ~\* (pl. septa) (Electronics, Telecomm) / Scheidewand *f*, Septum *n* (pl. -ten oder -pta)

**sequence** *v* (Biochem) / sequenzieren *v* ‖ ~ (Comp) / sequentialisieren *v* ‖ ~ *n* (Aut) (eines Vorgangs, Bearbeitungsprozesses), Verlauf *m* (eines Prozesses) ‖ ~ (Comp) / Sequenz *f*, Reihenfolge *f* ‖ ~ (AI) / Sequenz *f* (in der Regellogik) ‖ ~\* (Biochem) / Sequenz *f* (der Bausteine in biologischen Makromolekülen) ‖ ~ (Chem) / Sequenz *f* (z.B. in Kettenreaktionen) ‖ ~\* (Cinema) / Sequenz *f* (Folge von Bildeinstellungen, ohne dass der Handlungsablauf unterbrochen wird) ‖ ~ (Elec Eng) / Folge *f*, Reihenfolge *f*, Ablauf *m* ‖ ~ (Gen) / Sequenz *f* ‖ ~\* (Maths) / Folge *f* ‖ ~\* (Maths) / Summe *f* (einer Reihe oder Folge) ‖ ~ (Telecomm) / Sequenz *f* (charakteristische Größe bei der Darstellung und Analyse von Nachrichtensignalen) ‖ ~ **address** (Comp) / Verweisadresse *f* (die zusammengehörige, aber getrennt gespeicherte Daten miteinander verbindet) ‖ ~ **analysis** (Biochem) / Sequenzanalyse *f* (Ermittlung der Reihenfolge der verschiedenen molekularen Bausteine in Makromolekülen - Protein-, Milchsäure-, Genom-) ‖ ~ **control** (Electronics) / Sequence Control *f* (Fähigkeit eines Prüfautomaten, die im Pinspeicher hinterlegten Prüfbitmuster nicht linear hintereinander, sondern in einer beliebigen Reihenfolge wiederzugeben)

**sequence-control marker** (Automation, Comp) / Einsteller *m* (bei der Ablaufsteuerung)

**sequenced flashing light** (Aero) / Blitzfolgefeuer *n* (eine Lichterscheinung)

**sequence diagram** (Automation) / Weg-Schritt-Diagramm *m* (grafische Darstellung für den Ablauf von Steuerungen) ‖ ~ **error** / falsche Reihenfolge, Folgefehler *m* ‖ ~ **field** (Comp) / Nummernfeld *n* (Karte) ‖ ~ **flasher** (Aero) / Blitzfolgefeuer *n* (als Anlage) ‖ ~ **functions** (Telecomm) / Sequenzfunktionen *f pl* (Impulsfunktionen mit meist diskontinuierlichem Verlauf)

**sequence-interruption field** (Comp) / Bruchfeld *n*

**sequence ladder** (Biochem) / Sequenzleiter *m* (bei der Sequenzierung von Nucleinsäuren) ‖ ~ **length** (Biochem) / Sequenzlänge *f* ‖ ~ **listing** (Biochem) / Sequenzprotokoll *n* ‖ ~ **module** (Automation) / Taktstufe *f* (pneumatisches Steuerelement, das in Ablaufsteuerungen Verwendung findet) ‖ ~ **network** (Elec Eng) / Kettenleiter *m* ‖ ~ **number** (Comp) / Satznummer *f* (in der numerischen Steuerung) ‖ ~ **number** (Comp) / Laufnummer *f* (z.B. von Programmschritten), Sequenznummer *f* ‖ ~ **of coats** (Paint) / Anstrichaufbau *m* (Vorgang) ‖ ~ **of instructions** (Comp) / Befehlsfolge *f*, Instruktionsfolge *f* ‖ ~ **of motions** (Eng) / Reihenfolge *f* von Bewegungen (z.B. bei Robotern) ‖ ~ **of motions** (Work Study) / Bewegungsablauf *m* ‖ ~ **of operations** (Work Study) / Bearbeitungsfolge *f* ‖ ~ **of operations** (Work Study) / Arbeitsgangfolge *f*, Folge *f* von Arbeitsgängen, Abarbeitungsfolge *f* ‖ ~ **of passes** (Met) / Kaliberreihe *f* ‖ ~ **of regions** (Electronics) / Zonenfolge *f* (Folge von Halbleiterzonen mit unterschiedlicher Störstellendichte) ‖ ~ **of steps** / Schrittfolge *f* (in der Verfahrenstechnik) ‖ ~ **of trades** (Build) / Bauablaufplan *m* (nach Baugewerken), Baustufenplan *m* (nach Baugewerken) ‖ ~ **of trains** (Rail) / Zugfolge *f* (Reihenfolge) ‖ ~ **of welding** (operations) (Welding) / Schweißfolge *f*, Reihenfolge *f* der Schweißoperation ‖ ~ **planning** (Work Study) / Reihenfolgeplanung *f* (der Arbeitsvorgänge)

**sequencer** *n* (Automation) / Schrittschaltwerk *n* (Schaltbaustein, der über Eingangsimpulse einen Stellschalter weiterschaltet) ‖ ~ (Automation, Comp) / Ablaufsteuerung *f* (Anlage), Folgesteuerung *f* (Anlage) ‖ ~ (Comp) / Sorter *m*, Sortiermaschine *f*, Sortierer *m* ‖ ~

**sequence register**
(Comp, Electronics) / Sequenzer *m* (eine Steuereinheit beim Synthesizer), Sequencer *m*
**sequence register\*** (Comp) / Instruktionszähler *m*, Befehlszähler *m* (DIN 44300) ‖ **~ register\*** (Comp) / Folgeregister *n* (Adressfolge, Befehlsfolge) ‖ **~ request** (Comp) / Ablaufanforderung *f* ‖ **~ rule** (Chem) / Sequenzregel *f* (in der Stereochemie) ‖ **~ signal** (Telecomm) / Folgesignal *n* ‖ **~ valve\*** (Aero, Eng) / Folgeventil *n*
**sequencing** *n* (Automation, Comp) / Folgesteuerung *f*, sequentielle Steuerung, Ablaufsteuerung *f* (DIN 19 237) ‖ **~** (Automation) / Folgeregelung *f*, Ablaufregelung *f* ‖ **~** (the determination of the order of nucleotides in a DNA or RNA chain) (Biochem, Gen) / Sequenzierung *f* (von Nucleinsäuren), Sequenzbestimmung *f* ‖ **~** (Comp) / Sequenz *f* (Hintereinanderschaltung von Programmbausteinen beim strukturierten Programmentwurf) ‖ **~** (Comp) / Sequentialisieren *n* (DIN ISO 7498) ‖ **~** (Work Study) / Reihenfolgeplanung *f* (der Arbeitsvorgänge) ‖ **~ of flights** (Aero) / Festlegung *f* der Flugreihenfolge ‖ **~ valve** (Aero, Eng) / Folgeventil *n* ‖ **~ vector** (Gen) / Sequenzierungsvektor *m*
**sequency** *n* / Sequenz *f*, Reihenfolge *f*
**sequential** *adj* (forming a sequence) / Folge-, aufeinander folgend *adj* ‖ **~** (Comp) / sequentiell *adj* (Rechner, Verarbeitung, Zugriff), sequenziell *adj* ‖ **~ access** (Comp) / sequentieller Zugriff (durch sequentielles Lesen aller Daten zwischen Start- und Zielpositionen)
**sequential-access memory** (Comp) / Speicher *m* mit sequentiellem Zugriff, Serienspeicher *m*, Sequenzspeicher *m*, sequentieller Speicher, serieller Speicher ‖ **~ storage** (Comp) / Speicher *m* mit sequentiellem Zugriff, Serienspeicher *m*, Sequenzspeicher *m*, sequentieller Speicher, serieller Speicher
**sequential addressing** (Comp) / Adressierung *f* mit Hilfe von Verweisadressen ‖ **~ analysis** (Stats) / Sequentialanalyse *f* (schrittweise Gewinnung statistischer Entscheidungen) ‖ **~ board process** (Electronics) / Pilzverfahren *n* (sequentieller Aufbau von Mehrlagenleiterplatten) ‖ **~ call** (Teleph) / Kettengespräch *n* ‖ **~ circuit** (Automation, Comp, Elec Eng) / Schaltsystem *n*, Folgeschaltsystem *n*, Schaltwerk *n* (eine Funktionseinheit zum Verarbeiten von Schaltvariablen), Folgeschaltung *f*, sequentielle Schaltung ‖ **~ circuit** (Automation) / Ablaufkette *f* ‖ **~ colour systems\*** (TV) / Zeitfolgeverfahren *n* *pl*, Farbwechselverfahren *n* *pl* ‖ **~ control** (Automation, Comp) / Folgesteuerung *f*, sequentielle Steuerung, Ablaufsteuerung *f* (DIN 19 237) ‖ **~ control** (Automation) / Folgeregelung *f*, Ablaufregelung *f*
**sequential-control marker** (Automation, Comp) / Einsteller *m* (bei der Ablaufsteuerung)
**sequential decision model** (Comp) / sequentielles Entscheidungsmodell ‖ **~ file** (Comp) / sequentielle Datei, serielle Datei ‖ **~ fuel injection** (I C Engs) / sequentielle Einspritzung *f* (bei der mikroprozessorgesteuerten Benzineinspritzung für Ottomotoren) ‖ **~ grammar** (Comp) / sequentielle Grammatik (deren Regeln so beschaffen sind, dass ein nichtterminales Zeichen A ein für alle Mal verschwindet, nachdem alle Regeln, in denen es vorkommt, angewendet wurden) ‖ **~ injection** (I C Engs) / sequentielle Einspritzung (bei der mikroprozessorgesteuerten Benzineinspritzung für Ottomotoren) ‖ **~ job scheduling** (Comp) / sequentielle Bearbeitung (Jobbearbeitung) ‖ **~ lobing** (Radar) / sequentielle Umtastung (wenn das Antennendiagramm sequentiell zwischen zwei Positionen umgeschaltet wird), Keulenumtastung *f* ‖ **~ logic system** (Automation, Comp, Elec Eng) / Schaltsystem *n*, Folgeschaltsystem *n*, Schaltwerk *n* (eine Funktionseinheit zum Verarbeiten von Schaltvariablen), Folgeschaltung *f*, sequentielle Schaltung ‖ **~ logic system** (Comp, Elec Eng) s. also combinational logic system and sequential machine ‖ **~ machine** (sequential circuit) (Automation, Comp, Elec Eng) / Schaltsystem *n*, Folgeschaltsystem *n*, Schaltwerk *n* (eine Funktionseinheit zum Verarbeiten von Schaltvariablen), Folgeschaltung *f*, sequentielle Schaltung ‖ **~ machine** (a finite-state automaton with output - in some contexts including machines with infinite state set) (Comp) / sequentielle Maschine, sequentielles System (die Verhaltensstruktur eines endlichen Automaten), sequentieller Automat ‖ **~ menu** (Comp) / Folgemenü *n* ‖ **~ network** (Automation, Comp, Elec Eng) / Schaltsystem *n*, Folgeschaltsystem *n*, Schaltwerk *n* (eine Funktionseinheit zum Verarbeiten von Schaltvariablen), Folgeschaltung *f*, sequentielle Schaltung ‖ **~ operation\*** (Comp) / sequentielle Arbeitsweise (bei einer Vielzahl von Operationen) ‖ **~ organization** (Comp) / starr fortlaufende Speicherorganisation, serielle Speicherorganisation ‖ **~ processing** (Comp) / sequentielle Verarbeitung ‖ **~ rank** (Comp) / sequentieller Rang ‖ **~ robot** / Sequentialroboter *m*, Zeitfolgeroboter *m* ‖ **~ scanning\*** (TV) / zeilensequente Abtastung ‖ **~ system** (TV) / Sequentialsystem *n* ‖ **~ test** (Materials) / Folgeprüfung *f* ‖ **~ test** (Stats) / sequentieller Test, Sequentialtest *m* ‖ **~ transducer** (Comp) / sequentieller Transduktor ‖ **~ transducer** (Comp) s. also sequential machine ‖ **~ transmission\*** (TV) / sequentielles Übertragungsverfahren, Sequentialverfahren *n*

**sequester** *v* (Chem) / maskieren *v*, sequestrieren *v* (bei der Analyse)
**sequestering agent\*** (Chem) / Sequestrierungsmittel *n*, Maskierungsmittel *n* (lösliche Komplexe bildendes Metallkomplexierungsmittel)
**sequestrant** *n* (Chem) / Sequestrierungsmittel *n*, Maskierungsmittel *n* (lösliche Komplexe bildendes Metallkomplexierungsmittel)
**sequestration** *n* (Chem) / Maskierung *f*, Sequestrierung *f*
**sequin** *n* (Textiles) / Flitter *m*, Paillette *f* (kleines glänzendes, gelochtes Metallblättchen für Applikationen)
**sequoia** *n* (For) / Sequoia *f* (Gattung der Sumpfzypressengewächse mit der einzigen Art Küstenmammutbaum), Sequoie *f* ‖ **~\*** (For) / Amerikanischer Rotholz, Mammutbaum *m* (Eibennadliger), Redwood *n*, Küstenmammutbaum *m* (Sequoia Endl.)
**Ser\*** (serine) (Biochem) / Serin *n* (eine proteinogene nicht essentielle Aminosäure), Ser (Serin)
**SER** (spin-echo resonance) (Spectr) / Spinechoresonanz *f*, SER (Spinechoresonanz)
**serac** *n* (Geol) / Sérac *m* (pl. -s) (Eiszacke, Eisturm, Eisnadel, besonders an Gletscherbrüchen), Serak *m*
**S/E ratio** (Hyd Eng) / Speicherausbaugrad *m*, Speicherverhältnis *n*
**seraya** *n* (a dark red meranti) (For) / Seraya *n* (Shorea curtisii)
**Serber force** (Nuc) / Serber-Kraft *f* (zwischen zwei Nukleonen wirkende Kraft)
**Serbian spruce** (For) / Omorikafichte *f*, Serbische Fichte (Picea omorika (Pančič.) Purk.)
**sere\*** *n* (Ecol) / Serie *f*, Sukzessionsabfolge *f*
**$S_E$ reaction** (Chem) / $S_E$-Mechanismus *m* (elektrophile Substitution)
**serendipity effect** / Serendipity-Effekt *m* (Ablenkung durch zuviel Information)
**serge** *v* (Textiles) / umstechen *v*, überwendlich nähen ‖ **~\*** *n* (Textiles) / Serge *f m* (dem Köper ähnliches Gewebe), Sersche *f m*
**serged seam** (Textiles) / Überwendlingsnaht *f*, überwendliche Naht, Überwendlichnaht *f*
**serge weave** (Weaving) / Sergebindung *f*
**serial** *n* (Print) / Fortsetzungswerk *n*, Lieferungswerk *n* (in mehreren Teillieferungen), Partwork *n* ‖ **~** (Radio, TV) / Sendereihe *f*, Sendefolge *f*, Serial *n* (Fortsetzungsfilm), Serie *f* ‖ **~** *adj* / serienmäßig *adj*, Serien-, seriell *adj* ‖ **~ access\*** (Comp) / serieller Zugriff ‖ **~ adaptation** / laufende Anpassung ‖ **~ adder** (a binary adder that is capable of forming sum and carry outputs for addend and augend words of greater than one bit in length) (Comp) / Serienaddierwerk *n*, Serienaddierer *m*, serieller Addierer ‖ **~ analysis** (Chem) / Routineanalyse *f*, Reihenanalyse *f*, Serienanalyse *f*
**serial-by-byte** *adj* (Comp) / byteseriell *adj*
**serial-by-character** *adj* (Comp) / zeichenseriell *adj*
**serial computer\*** (Comp) / Serienrechner *m* (in dem die in den adressierten Speicherzellen vorliegenden Zahlwörter entsprechend der angegebenen Operation Stelle für Stelle verarbeitet werden), serieller Rechner ‖ **~ configuration** (Comp) / Seriendarstellung *f* (Zeichen) ‖ **~ digital computer** (Comp) / Seriendigitalrechner *m* ‖ **~ digital interface\*** (Comp) / seriell-digitale Schnittstelle ‖ **~ dilution** (Chem) / Reihenverdünnung *f* ‖ **~ file** (Comp) / sequentielle Datei, serielle Datei ‖ **~ input/output** (Comp) / serielle Ein-/Ausgabe ‖ **~ interface** (Comp) / serielle Schnittstelle, Serienschnittstelle *f*
**serialize** *v* / reihenweise anordnen ‖ **~** (Comp) / serialisieren *v* (in bitserielle Form bringen), in bitserielle Form bringen ‖ **~** (Print) / in Fortsetzungen veröffentlichen
**serializer** *n* (Comp) / Parallelserienumsetzer (PSU) *m*, Parallelserienwandler *m*, PSU (DIN 44300)
**serial letter** (Comp) / Serienbrief *m* (ein Brief gleichen Inhalts an verschiedene Adressaten)
**serial-line interface** (Comp) / Schnittstelle *f* für bitserielle Datenübertragung ‖ **~ Internet protocol** (Comp) / SLIP-Protokoll *n* ‖ **~ IP** (Comp) / SLIP-Protokoll *n*
**serially reusable** (Comp) / seriell wiederverwendbar, nacheinander bei mehreren Operationen aufrufbar (bei Multiprogrammverarbeitung)
**serial memory** (Comp) / Speicher *m* mit sequentiellem Zugriff, Serienspeicher *m*, Sequenzspeicher *m*, sequentieller Speicher, serieller Speicher ‖ **~ number** (Comp) / Seriennummer *f* (Eng) / Fertigungsnummer *f*, Fabrikationsnummer *f* (z.B. einer Maschine) ‖ **~ number** (Maths) / fortlaufende Nummer ‖ **~ operation** (Comp, Elec Eng) / Serienbetrieb *m*, serieller Betrieb ‖ **~ operation** (Comp) s. also simultaneous operation
**serial-parallel computer** (Comp) / Serienparallelrechner *m* ‖ **~ converter** (Comp) / Serienparallelumsetzer (SPU) *m*, SP-Umsetzer *m*, Serienparallelwandler *m*, SPU (DIN 44300)
**serial poll** (Comp) / Seriellabfrage *f*, Serienabfrage *f*, Serialabfrage *f* ‖ **~ port** (Comp) / serieller Anschluss ‖ **~ port** (Comp) / serieller Port ‖ **~ processing** (Comp) / serielle Verarbeitung, Serienverarbeitung *f* ‖ **~ production** (Work Study) / Serienfertigung *f* (eine Fertigungsart), Serienproduktion *f*, Serienerzeugung *f*, Reihenfertigung *f*,

Reihenbau m ‖ ~ **pumping station** (Oils) / Serienpumpstation f (in Mineralölfernleitungen) ‖ ~ **radiographic device** (Radiol) / Schnellserienaufnahmegerät n, Seriograf m ‖ ~ **radiography**\* (Radiol) / Schnellserienaufnahmetechnik f, Serienaufnahmetechnik f, Seriografie f ‖ ~ **store**\* (Comp) / Speicher m mit sequentiellem Zugriff, Serienspeicher m, Sequenzspeicher m, sequentieller Speicher, serieller Speicher
**serial-to-parallel converter** (Comp) / Serienparallelumsetzer m (SPU), SP-Umsetzer m, Serienparallelwandler m, SPU (DIN 44300)
**serial transfer** (transmission of information as sequential units) (Telecomm) / Serienübertragung f, serielle Übertragung ‖ ~ **transmission** (Comp) / Serienübergabe f (DIN 44302) ‖ ~ **transmission** (Telecomm) / Serienübertragung f, serielle Übertragung ‖ ~ **work** (Print) / Fortsetzungswerk n, Lieferungswerk n (in mehreren Teillieferungen), Partwork n
**sericiculture** n (Agric) / Seidenbau m (ohne Plural), Seidenraupenzucht f (Zucht des Seidenspinners zur Gewinnung von Naturseide)
**sericin** n (Biochem, Textiles) / Serizin n, Seidenleim m, Seidenbast m, Sericin n
**sericite**\* n (Min) / Sericit m (eine Art von Muskovit von geringer Korngröße)
**sericulture** n (Agric) / Seidenbau m (ohne Plural), Seidenraupenzucht f (Zucht des Seidenspinners zur Gewinnung von Naturseide)
**series**\* n (Elec) / Reihe f, Serie f ‖ ~ (Eng) / Baureihe f (Menge konstruktiv gleichartig gestalteter technischer Gebilde mit qualitativ gleicher Funktionserfüllung), Typenreihe f (von Maschinen) ‖ ~\* (Geol) / Abteilung f (ein stratigrafischer Abschnitt) ‖ ~ (of related igneous rocks) (Geol) / Sippe f (magmatische Gesteine gleicher Abkunft und Zusammensetzung) ‖ ~\* (Maths) / Reihe f ‖ ~ (Phys, Spectr) / Serie f (von Spektrallinien) ‖ ~ (Work Study) / Serie f (bestimmte Menge konstruktiv gleichartiger Erzeugnisse) ‖ ~ *attr* / serienmäßig *adj*, Serien-, seriell *adj* ‖ ~ (Elec Eng, Elektr) / in Reihe geschaltet, in Reihenschaltung, hintereinander geschaltet *adj* ‖ **in** ~ (Elec Eng) / in Reihe geschaltet, in Reihenschaltung, hintereinander geschaltet *adj*
**series-arc furnace** (Met) / Doppellichtbogenofen m
**series arm**\* (Telecomm) / Längszweig m ‖ ~ **arrangement** (Elec Eng) / Reihenanordnung f ‖ ~ **arrangement** (Elec Eng) / Reihenschaltung f, Serienschaltung f, Hintereinanderschaltung f ‖ ~ **capacitor**\* (Elec Eng) / reihengeschalteter Kondensator, Reihenkondensator m (der in Reihe mit einem elektrischen Betriebsmittel oder Teilen davon liegt), Serienkondensator m ‖ ~ **characteristic**\* (Elec Eng) / Reihenschlussverhalten n (wenn sich die Drehzahl zwischen Leerlauf und Volllast um mehr als 25% ändert) ‖ ~**-characteristic motor**\* (Elec Eng) / Motor m mit Reihenschlussverhalten ‖ ~ **circuit** (Elec) / seriengeschalteter Stromkreis, Reihenstromkreis m, in Reihe geschalteter Stromkreis, Serienkreis m ‖ ~ **circuit** (Elec Eng) / Strompfad m (in einem Messgerät) ‖ ~ **coil** (Elec Eng) / Reihenschlussspule f, Serienspule f ‖ ~ **coil** (Elec Eng) / Hauptschlussfeldspule f ‖ ~ **connection** (Elec Eng) / Reihenschaltung f, Serienschaltung f, Hintereinanderschaltung f ‖ ~ **convergence limit** (Nuc) / Seriengrenze f (in Atomspektren) ‖ ~ **excitation** (Elec Eng) / Reihenschlusserregung f, Hauptschlusserregung f ‖ ~ **expansion** (Maths) / Reihenentwicklung f ‖ ~ **feed** (Elec Eng) / Reihenspeisung f, Serienspeisung f ‖ ~ **field**\* (Elec Eng) / Hauptstromfeld n, Hauptfeld n (eines Reihenschlussmotors), Serienfeld n ‖ ~ **formula** (Phys, Spectr) / Reihenformel f ‖ ~ **limit** (Nuc) / Seriengrenze f (in Atomspektren) ‖ ~ **limit** (Phys, Spectr) / Seriengrenze f (Energiegrenze einer Spektrallinie) ‖ ~ **motor**\* (Elec Eng) / Reihenschlussmotor m, Hauptschlussmotor m ‖ ~ **of arches** (Build, Civ Eng) / Bogenreihe f ‖ ~ **of bends** (Autos, Civ Eng) / kurvenreiche Strecke ‖ ~ **of flights** (Aero) / Serienflüge m pl, Flugserie f ‖ ~ **of measurements** / Messreihe f (Reihe von Messwerten), Messwertreihe f (abgelesene), Messwertfolge f ‖ ~ **of preferred numbers** (Eng, Maths) / Normzahlreihe f ‖ ~ **of readings** / Messreihe f (Reihe von Messwerten), Messwertreihe f (abgelesene), Messwertfolge f ‖ ~ **of tolerances** (Eng) / Toleranzreihe f ‖ ~ **of wells** (San Eng) / Brunnenreihe f, Brunnengalerie f
**series-parallel controller**\* (Elec Eng, Rail) / Serienparallelfahrschalter m ‖ ~ **network**\* (Elec Eng) / serienparalleles Netz ‖ ~ **winding** (Elec Eng) / Reihenparallelwicklung f
**series production** (Work Study) / Serienfertigung f (eine Fertigungsart), Serienproduktion f, Serienerzeugung f, Reihenfertigung f, Reihenbau m ‖ ~ **resistor** (Elec Eng) / vorgeschalteter Widerstand (Bauteil) ‖ ~ **resonance**\* (Elec Eng) / Reihenresonanz f, Spannungsresonanz f (beim Reihenschwingkreis) ‖ ~ **resonance** (tuned) **circuit** (Elec Eng) / Serienschwingkreis m ‖ ~ **resonance circuit** (Elec Eng) / Reihenschwingkreis m, Reihenresonanzkreis m, Saugkreis m ‖ ~ **resonant circuit** (Elec Eng) / Reihenschwingkreis m, Reihenresonanzkreis m, Saugkreis m ‖ ~ **spectrum** (Comp) / Serienspektrum n ‖ ~ **stabilization**\* (Telecomm) / Stabilisierung f durch Hintereinanderschaltung ‖ ~ **system**\* (Elec Eng) /
Gleichstromübertragungssystem n mit konstantem Strom ‖ ~ **terminal** (Elec Eng) / Reihenklemme f ‖ ~ **transformer**\* (Elec Eng) / Reihentransformer m ‖ ~ **winding** (Elec Eng) / Hauptschlusswicklung f ‖ ~ **winding**\* (Elec Eng) / Reihenschlusswicklung f (DIN 42005), Serienwicklung f
**series-wound machine** (Elec Eng) / Reihenschlussmaschine f, Hauptschlussmaschine f, Maschine f mit Reihenschlusserregung ‖ ~ **motor** (Elec Eng) / Reihenschlussmotor m, Hauptschlussmotor m
**serif**\* n (Typog) / Serife f (kleiner Abschlussstrich an Kopf und Fuß der Buchstaben)
**serigraphy** n (Print) / Serigrafie f (künstlerischer Siebdruck)
**serine**\* n (Biochem) / Serin n (eine proteinogene nicht essentielle Aminosäure, Ser (Serin) ‖ ~ **proteinase** (Biochem) / Serinproteinase f
**seriograph** n (Radiol) / Schnellserienaufnahmegerät n, Seriograf m
**seriography** n (Radiol) / Schnellserienaufnahmetechnik f, Serienaufnahmetechnik f, Seriografie f
**serious** adj / schwer adj (schwerwiegend)
**serliana** n (Arch) / Serliana f (eine Anordnung von Arkaden oder Fensteröffnungen nach S. Serlio, 1475 - 1555)
**Serlian motif** (Arch) / Palladio-Motiv n (im Prinzip von S. Serlio entwickelt)
**SERNO** (serial number) / Seriennummer f
**serodiagnostics** n (Med) / Serodiagnostik f, serologische Diagnostik, Serumdiagnostik f
**serological** adj (Biochem) / serologisch adj
**serology**\* n (Biochem) / Serologie f (eine Forschungsdisziplin, die sich mit dem Aufbau und den Eigenschaften des Blutserums beschäftigt)
**serotherapy**\* n (Med) / Serotherapie f (Heilbehandlung mit Immunseren)
**serotonin**\* n (Biochem, Physiol) / Enteramin n, Serotonin n (ein Neurotransmitter), Enteroamin n (ein biogenes Amin, das als Hormon vorkommt - 5-Hydroxytryptamin), 5-HT n
**serous**\* adj (Biol) / serös adj
**serozem** n (Agric, Geol) / Serosem m (Halbwüstenboden wärmerer Gebiete), Serosjom m, Sierosem m (Grauerde)
**serozemic soil** (Agric, Geol) / Serosem m (Halbwüstenboden wärmerer Gebiete), Serosjom m, Sierosem m (Grauerde)
**serpentine** n (Autos, Civ Eng) / Serpentine f (in vielen Kehren, Windungen schlangenförmig an steilen Berghängen ansteigender Weg) ‖ ~\* (Min) / Serpentin m (ein Schmuckstein), Schlangenstein m ‖ ~ (a rauwolfia alkaloid) (Pharm) / Serpentin n ‖ ~\* (Min) s. also antigorite and chrysotile ‖ ~ **asbestos** (Min) / Faserasbest m, Serpentinasbest m, Faserserpentin m, Chrysotil(asbest) m, Weißasbest m
**serpentine-jade**\* n (Min) / unechter Jade (Serpentin)
**serpentine marble** (Geol) / [grüner] Edler Serpentin ‖ ~ **road** (Autos, Civ Eng) / Serpentine f (in vielen Kehren, Windungen schlangenförmig an steilen Berghängen ansteigender Weg), Serpentinenstraße f ‖ ~ **soil** (Geol) / Serpentinboden m (auf Serpentingestein gebildeter Boden)
**serpentinite** n (a rock consisting almost wholly of serpentine - group minerals) (Geol) / Serpentingestein n, Serpentin m (Gestein), Serpentinit m, Serpentinschiefer m
**serpentinization**\* n (Geol) / Serpentinisierung f (Umwandlung von Olivin in Serpentin)
**serpent kame** (Geol) / Wallberg m, Esker m, Os m n (pl. Oser) (in Gebieten ehemaliger Vereisung als eisenbahndammartig lang gestreckte, wallartige, schmale Rücken ausgebildete Formen, die schwach gewunden verlaufen und auch seitliche Äste ausbilden können)
**Serpula lacrymans**\* (Build, For) / Echter Hausschwamm (holzzerstörender Rindenpilz)
**Serpulia lacrymans**\* (Build, For) s. also dry rot
**serpulite** n (calcareous tubes of the feather-duster worms) (Geol) / Serpulit m (vor allem aus den röhrenförmigen Gehäusen der Serpuliden bestehende Kalkstein)
**serrate** v / einkerben v, kerbverzahnen v ‖ ~\* adj / gezähnt adj, gezahnt adj, gezackt adj, zackig adj (sägeartig) ‖ ~ (Eng) / kerbgezahnt adj, kerbverzahnt adj
**serrated blade** / Klinge f mit Wellenschliff ‖ ~ **bubbler** (Chem Eng) / Glocke f mit gezacktem Rand (einer Glockenbodenkolonne) ‖ ~ **external-tooth lock washer** (Eng) / außengezahnte Fächerscheibe, Fächerscheibe, Form f A ‖ ~ **hub** (Eng) / Kerbzahnnabe f ‖ ~ **impulse** (Elec Eng) / gezahnter Impuls ‖ ~ **internal-tooth lock washer** (Eng) / innengezahnte Fächerscheibe, Fächerscheibe, Form f J ‖ ~ **knife** / Zackenmesser n ‖ ~ **line** (Typog) / Zahnlinie f ‖ ~ **lock washer** (Eng) / Fächerscheibe f (eine Schraubensicherung nach DIN 6798) ‖ ~ **pulse** (Elec Eng) / gezahnter Impuls ‖ ~ **roller**\* (Print) / Riffelwalze f ‖ ~ **rule** (Typog) / Zahnlinie f ‖ ~ **saddle** (a grooved or notched item of kiln furniture to support ceramic whiteware on edge during firing) (Ceramics) / gezahntes Brennhilfsmittel mit dreieckigem

**serrated**

Querschnitt ‖ ~ **shaft** (Eng) / Kerbzahnwelle f (V-förmige Rillen) ‖ ~ **strip** (Autos, Civ Eng) / Rüttelschwelle f, "schlafender Polizist", Schwelle f (schlafender Polizist), Holperschwelle f (um die Autofahrer zu zwingen, langsam zu fahren), Temposchwelle f, Fahrbahnschwelle f ("schlafender Polizist") ‖ ~ **tapered holder** (Materials) / Beißkeil m (des Einspannkopfes der Zerreißmaschine) ‖ ~ **trowel** (Build) / Zahnkelle f ‖ ~ **trowel** (Build) / Kammkelle f (mit der der Fliesenkleber aufgetragen und scharf abgezogen wird)
**serrated-washer head screw** (Eng) / Sperrzahnschraube f, Sperrzahnsicherungsschraube f
**serration** n (Eng) / Hirth'sche Verzahnung, Kerbverzahnung f (für formschlüssige Wellen-Naben-Verbindung), Kerbzahnung f ‖ ~ **profile** (Eng) / Kerbzahnprofil n (DIN 5481)
**Serre's class** (Maths) / Serre'sche Klasse (nach J.P. Serre, geb. 1926)
**Serret-Frenet formulae*** (Maths) / Frenet'sche Formeln (nach J.F. Frenet, 1816-1900)
**serrvice level** (Comp, Telecomm) / Service-Ebene f
**SERS** (surface-enhanced Raman spectroscopy) (Spectr) / SERS-Methode f (der Raman-Spektroskopie), oberflächenverstärkte Raman-Spektroskopie ‖ ~ **method** (Spectr) / SERS-Methode f (der Raman-Spektroskopie), oberflächenverstärkte Raman-Spektroskopie
**serum** n (pl. serums or sera) (Chem Eng) / Dispersionsmittel n für Latex ‖ ~* (pl. serums or sera) (Med) / Serum n (Heilserum) ‖ ~ (pl.serums or sera) (Paint) / Serum n (unpigmentierte klare Bindemittellösung oberhalb eines Bodensatzes) ‖ ~* (pl. serums or sera) (Physiol) / Blutserum n, Serum n (Blutserum)
**serum albumin*** (Biochem) / Serumalbumin n ‖ ~ **butter** (Nut) / Molkenbutter f ‖ ~ **globulin** (Biochem) / Serumglobulin n ‖ ~ **protein** (Biochem) / Serumprotein n (z.B. Serumalbumin oder Serumglobulin) ‖ ~ **therapy*** (Med) / Serotherapie f (Heilbehandlung mit Immunseren)
**serve** v / dienen v ‖ ~ (Cables) / umbandeln v, umwickeln v, bewickeln v, umspinnen v (mit Schmalband), wickeln v (mit Band), umhüllen v ‖ ~ (Eng) / bedienen v (z.B. Haltestellen durch einen Aufzug)
**served area** (Radio, Telecomm) / Versorgungsgebiet n, Versorgungsbereich m, Nutzungsgebiet n
**server** n (Automation) / Server m (eine Systemkomponente, die einen Bedienungsprozess durchführt) ‖ ~ (Comp) / Server m (ein Knoten oder Software-Programm, das Clients Dienste zur Verfügung stellt) ‖ ~ (Comp) / Bedienungseinheit f ‖ ~ (Comp) / Server m (Hard- und/oder Software-Baustein, der abgegrenzte Funktionen übernimmt bzw. bestimmte Leistungsmerkmale realisiert) ‖ ~ (Telecomm) / Abnehmer m
**server-announce broadcast** (Comp) / Server-Ankündigung f
**server-based LAN** (Comp) / Client-Server-Netzwerk n
**server farm** (Comp) / Server-Farm f (in einer großen Organisation die Bezeichnung für die Ansammlung mehrerer Server an einem zentralen Ort) ‖ ~ **file** (Comp) / Serverdatei f ‖ ~ **housing** (Comp) / Housing n (spezielle Dienstleistung eines Internet-Service-Providers) ‖ ~ **mirroring** (Comp) / Serverspiegelung f ‖ ~ **version** (Comp) / Serverversion f
**service** v / betätigen v, in Betrieb setzen ‖ ~ / Service durchführen ‖ ~ / bedienen v ‖ ~ (e.g. an interrupt, routine) (Comp) / abarbeiten v ‖ ~ (Eng) / instandhalten v, warten v (im Sollzustand bewahren), pflegen v, unterhalten v ‖ ~ n / Serviceleistung f, Dienst m, Dienstleistung f, Service m n ‖ ~ / Wartungsdienst m (als Tätigkeit) ‖ ~ (Comp, Eng) / Service m (logischer Name eines DDE-Servers) ‖ ~ (Comp) / Bedienung f, Betätigung f (Bedienung), Operating n ‖ **in ~** (Eng) / in Betrieb, arbeitend adj ‖ **out of ~** / außer Betrieb, aus adv ‖ **put into ~** (Eng) / in Betrieb setzen (Maschine), in Betrieb nehmen
**serviceability** n / Verwendbarkeit f, Gebrauchswert m, Gebrauchstüchtigkeit f, Brauchbarkeit f, Gebrauchsfähigkeit f, Benutzbarkeit f, Funktionsfähigkeit f ‖ ~ (Eng, Work Study) / Instandhaltbarkeit f, Wartungsfreundlichkeit f, Wartbarkeit f (erhöhte) ‖ ~ **ratio** (i.e., the serviceable time to the sum of serviceable time and downtime) (Comp) / Nutzbarkeitsgrad m
**serviceable** adj / einsatzfähig adj (Anlage, Maschine) ‖ ~ / funktionsfähig adj ‖ ~ / betriebsfähig adj ‖ ~ (Eng, Work Study) / wartungsfreundlich adj, instandhaltbar adj, instandshaltungsgerecht adj, wartbar adj, wartungsgerecht adj ‖ ~ **component** (Eng) / zu wartendes Bauteil
**service access point** (the point at which the services of an OSI layer are made available to the next higher layer) (Comp, Telecomm) / Service Access Point m, Dienstzugangspunkt m (innerhalb des Schichtenmodells), SAP (Dienstzugangspunkt) ‖ ~ **access point address** (Comp, Telecomm) / Dienstzugangspunktadresse f ‖ ~ **agreement** / Kundendienstvertrag m, Wartungsvertrag m ‖ ~ **and maintenance manual** / Betriebsanleitung f (als Sammelmappe) ‖ ~ **area** (Aero) / Abfertigungsbereich m ‖ ~ **area** (GB) (Autos) / Autobahnstation f (A), Rasthof m ‖ ~ **area*** (Radio, Telecomm) / Versorgungsgebiet n, Versorgungsbereich m, Nutzungsgebiet n ‖ ~ **area** (Work Study) / Nebenbetriebszone f ‖ ~ **attribute** (Comp, Telecomm) / Dienstmerkmal n (ergänzende Eigenschaft bei Mehrwertdiensten) ‖ ~ **availability** / Dienstverfügbarkeit f ‖ ~ **band*** (Radio) / Frequenzband n (eines Funkdienstes) ‖ ~ **brake** (Eng) / Betriebsbremse f, Regelbremse f ‖ ~ **braking-system** (Autos) / Betriebsbremsanlage f (DIN 70012) ‖ ~ **bypassing** (Comp, Telecomm) / Service Bypassing n (bei Alternate-Access-Providern) ‖ ~ **cable** (Elec Eng) / Hausanschlussleitung f, Hausanschlusskabel n, Versorgungsleitung f (Hausanschlusskabel) ‖ ~ **call** (Teleph) / Meldeanruf m ‖ ~ **capacity*** (Elec Eng) / Nennleistung f (eines Elektromotors) ‖ ~ **ceiling*** (Aero) / Dienstgipfelhöhe f (Höhe, in der die Steiggeschwindigkeit eines Flugzeugs in der Normalatmosphäre noch einen zur Ausführung von Flugmanövern ausreichenden Mindestwert - etwa 0,5 m/s - aufweist) ‖ ~ **changeover to telephone answering service** (Teleph) / Umschaltung f auf Auftragsdienst ‖ ~ **channel** (Telecomm) / Dienstkanal m, DK (Dienstkanal) ‖ ~ **clip** (Eng) / Anbohrschelle f (die mit dem Schellenbügel auf der anzubohrenden Rohrleitung festgeschraubt wird) ‖ ~ **code** (Comp) / Prozedurkennzahl f, PKZ (Prozedurkennzahl) ‖ ~ **computer** (Comp, Telecomm) / Bedienungsrechner m, Bedienrechner m ‖ ~ **computing centre** (Comp) / Dienstleistungsrechenzentrum n, Servicerechenzentrum n ‖ ~ **conditions** / Einsatzbedingungen f pl, Anwendungsbedingungen f pl, Gebrauchsbedingungen f pl ‖ ~ **connection program** (Comp) / Stichverbindungsprogramm n ‖ ~ **contract** / Kundendienstvertrag m, Wartungsvertrag m ‖ ~ **convergence** (Comp, Telecomm) / Dienstkonvergenz f ‖ ~ **core** (Build, San Eng) / Installationszelle f, Wohnungssanitärzelle f, Installationsblock m, Sanitärzelle f, Installationskern m (sanitärer)
**serviced, effort required to keep a machine ~** (Eng) / Wartungsaufwand m (geleistete Arbeit)
**service diagram** (Radio) / Bedeckungsdiagramm n eines Rundfunksenders ‖ ~ **domain** (Comp) / Servicedomäne f ‖ ~ **ell*** (Eng, Plumb) / L-Stück n mit einem Außengewinde ‖ ~ **engineering** / Kundendienst m (als technischer Bereich) ‖ ~ **entrance** (Build) / Lieferanteneingang m ‖ ~ **entrance** (Elec Eng, Plumb) / Hauseinführung f ‖ ~ **facility** (Comp) / dienstabhängiges Dienstmerkmal ‖ ~ **facility** (Comp) / Bedienungseinheit f ‖ ~ **failure analysis** (Eng) / Betriebsschadenanalyse f ‖ ~ **feature** (Telecomm) / Leistungsmerkmal n, LM (Leistungsmerkmal), Dienstleistungsmerkmal n, Feature n (Leistungsmerkmal), SF (Service Feature) ‖ ~ **flow rate** (Chem Eng) / Durchsatzgeschwindigkeit f ‖ ~ **fluids** (Autos, Eng) / Betriebsflüssigkeiten f pl ‖ ~ **hour** (Eng) / Betriebsstunde f (bei Maschinen) ‖ ~ **industry** / Dienstleistungsindustrie f, Dienstleistungsbetrieb m ‖ ~ **industry** f pl, Dienstleistungsgewerbe n (als Wirtschaftszweig = Reiseverkehr, Transport, Versicherungen, Gaststätten- und Beherbergungswesen usw.) ‖ ~ **information** / Gebrauchsinformation f (für Kunden) ‖ ~ **information** (Telecomm) / Dienstinformation f ‖ ~ **information channel** (Telecomm) / Dienstinformationskanal m ‖ ~ **in random order** / Bedienung f nach der zufälligen Auswahl ("auf gut Glück") (ein Wartesystem) ‖ ~ **integration** (Telecomm) / Dienstintegration f (Abwicklung von verschiedenen Verkehrsarten und Kommunikationsformen in einem Netz) ‖ ~ **interworking** (Teleph) / Dienstübergang m ‖ ~ **invention** / Diensterfindung f (die aus der Arbeit des Arbeitnehmers im Betrieb od. durch maßgebliche Mitwirkung des Betriebs entstanden ist) ‖ ~ **issue** (Bind) / Ergänzungslieferung f (ein Ergänzungsheft oder ein Loseblattnachtrag) ‖ ~ **joint** (Cables) / Hausanschlussmuffe f (Abzweigmuffe zur Versorgung eines Abnehmers) ‖ ~ **kit** (Tools) / Werkzeugkiste f, Werkzeugkasten m, Werkzeugkoffer m ‖ ~ **lease** / Operating-Leasing n, betriebstechnisches Leasing (kurz- und mittelfristiges Leasing, wobei dem Leasingnehmer normalerweise unter Einhaltung einer bestimmten Frist ein Kündigungsrecht eingeräumt wird) ‖ ~ **life** / Lebensdauer f (bei vorwiegend statischer Beanspruchung = Zeitdauer bis zum Versagen, bei vorwiegend dynamisch-periodischer Beanspruchung = Zyklenzahl bis zum Versagen), Nutzungsdauer f, Betriebslebensdauer f, Gebrauchsdauer f ‖ ~ **life** (of a tool) (Eng, Tools) / Lebensdauer f des Werkzeugs, Standzeit f (Standvermögen des Zerspanungswerkzeugs, ausgedrückt in Zeiteinheiten), Werkzeugstandzeit f (eine Standgröße eines Zerspanungswerkzeugs) ‖ ~ **lift** (Build) / Speisenaufzug m, Speisenförderer m, Küchenaufzug m ‖ ~ **line** (Elec Eng) / Hausanschlussleitung f, Hausanschlusskabel n, Versorgungsleitung f (Hausanschlusskabel) ‖ ~ **load** (Mech) / Gebrauchslast f (die ein Tragwerk im normalen Gebrauch stehend ohne Beeinträchtigung der Gebrauchsfähigkeit ertragen werden muss - DIN 1045) ‖ ~ **main(s)** (Plumb) / Hauptrohrleitung f, Hauptleitung f, Hauptstrang m ‖ ~ **mains*** (Elec Eng) / Verbraucheranschlussleitung f

1410

**serviceman** n / Wartungstechniker m ‖ ~ / Kundendienstmechaniker m, Kundendiensttechniker m, Mitarbeiter m des Kundendienstes ‖ ~ (US) (Autos) / Tankwart m
**service manual** (Autos) / Reparaturhandbuch n, Reparaturleitfaden m ‖ ~ **mark** (a legally registered name or designation used in the manner of a trademark to distinguish an organization's services from those of its competitors) / Dienstleistungsmarke f (in dem Markenregister) ‖ ~ **mass** (Autos) / Eigenmasse f, Eigengewicht n ‖ ~ **module** (Space) / Versorgungs- und Geräteteil m, Versorgungskabine f, Versorgungskapsel f ‖ ~ **network** / Kundendienstnetz n, Servicenetz n ‖ ~ **output** (Elec Eng) / Nutzleistung f (einer Zelle oder Batterie) ‖ ~ **panel** (US) (Autos) / Reparaturblech n ‖ ~ **panel** (Elec Eng) / Sicherungstafel f ‖ ~ **part** (Eng) / Ersatzteil n (DIN 199) ‖ ~ **personnel** / Bedienungspersonal n ‖ ~ **pipe** (Plumb) / Hausanschlussrohr n, Verbraucheranschlussrohr n, Anschlussrohr n ‖ ~ **plug** (Telecomm) / Servicestecker m ‖ ~ **processor** (a subprocessor which loads programs, initializes the system, etc.) (Comp) / Serviceprozessor m, Serviceprocessor m ‖ ~ **program** (Comp) / Dienstprogramm n (für immer wieder auftretende, mit der Verarbeitung zusammenhängende Probleme), Serviceprogramm n (ein Bestandteil des Betriebssystems eines Rechners), Utility m ‖ ~ **programme** (Radio) / Serviceprogramm n ‖ ~ **provider** (Telecomm) / Service Provider m, Diensterbringer m (DIN ISO 7498) ‖ ~ **quality** / Bedienungsqualität f ‖ ~ **rating** / Angabe f von Betriebsbedingungen (für Motorenöle) ‖ ~ **record** (Autos) / Kundendienstscheckheft n ‖ ~ **reservoir**\* (Hyd Eng) / Reinwasserbehälter m ‖ ~ **riser** (Build) / Steigleitung f (eine Gasleitung) ‖ ~ **road** (Autos) / Anliegerstraße f ‖ ~ **robot** / Serviceroboter m (der Dienstleistungen ausführt) ‖ ~ **routine** (Comp) / Dienstprogramm n (für immer wieder auftretende, mit der Verarbeitung zusammenhängende Probleme), Serviceprogramm n (ein Bestandteil des Betriebssystems eines Rechners), Utility m ‖ ~ **run** (Chem) / Laufzeit f (des Ionenaustauschers zwischen zwei Wiederbelebungen)
**services** pl (Build) / Hausanschlüsse m pl ‖ ~ (Build) / haustechnische Anlagen, Hausbetriebsanlagen f pl, Gebäudebetriebsanlagen f pl
**service saddle** (US) (Eng) / Anbohrschelle f (die mit dem Schellenbügel auf der anzubohrenden Rohrleitung festgeschraubt wird)
**services and facilities provided by the owner** (Build) / bauseitige Leistungen
**service set identifier** (Comp) / SSID f (Code, der in drahtlosen LANs festlegt, dass nur Teilnehmer mit derselben SSID kommunizieren können)
**services sector** / Dienstleistungssektor m
**service stair** (Build) / Versorgungstreppe f, Diensttreppe f, Dienstbotentreppe f ‖ ~ **station** (Autos) / Servicestation f, Großtankstelle f
**service-station attendant** (Autos) / Tankwart m
**service-station quality hydraulic floor jack** (Autos) / Rangierheber m (hydraulischer)
**services unit** (Build, San Eng) / Installationszelle f, Wohnungssanitärzelle f, Installationsblock m, Sanitärzelle f, Installationskern m (sanitärer)
**service switch cabinet** (US) (Elec Eng) / Hausanschlusskasten m (Übergabestelle für elektrische Energie innerhalb der Anlage des Stromabnehmers) ‖ ~ **switching function** (Telecomm) / Service-Switching-Funktion f (im intelligenten Netz) ‖ ~ **switching point** (Comp, Telecomm) / Dienstevermittlungspunkt m (im intelligenten Netz) ‖ ~ **system** (Maths) / Bedienungssystem n ‖ ~ **tee**\* (Eng, Plumb) / T-Stück n mit Außengewinde an einem Durchgangsende ‖ ~ **telephone** (Teleph) / Diensttelefon n ‖ ~ **temperature** (Instr) / Betriebstemperatur f (eines Gerätes) ‖ ~ **test** (Materials) / Test m unter Betriebsbedingungen, Versuch m unter Einsatzbedingungen ‖ ~ **tower** (Space) / Wartungsturm m ‖ ~ **traffic** (Teleph) / Dienstverkehr m ‖ ~ **tree** (For) / Speierling m (Sorbus domestica L.), Spierling m, Zahme Eberesche, Sperberbaum m ‖ ~ **valve** (at entry to large buildings) / Hauptabsperreinrichtung f (der Gasleitung in einem Mehrfamilienhaus) ‖ ~ **voltage** (Rail) / Betriebsspannung f ‖ ~ **wall** (Plumb) / Wand f mit Armaturen ‖ ~ **ware** (Ceramics) / Geschirrporzellan n ‖ ~ **water** / Betriebswasser n, Brauchwasser n (industrielles), Gebrauchswasser n, Nutzwasser n, Industriewasser n, Fabrikationswasser n ‖ ~ **weight** (Autos) / Eigenmasse f, Eigengewicht n ‖ ~ **weight** (Eng) / Betriebgewicht n, Betriebsmasse f ‖ ~ **weight** (Rail) / Dienstmasse f, Betriebsmasse f (des Eisenbahnwagens)
**servicing** n / Wartungsdienst m (als Tätigkeit) ‖ ~ (Eng) / Instandhaltung f (Inspektion + Wartung + Instandsetzung) ‖ ~ (Eng, Work Study) / Instandhaltung f (DIN 31051), Unterhalt m (S), Wartung f (Bewahrung des Sollzustandes) ‖ ~ (Radio, Telecomm) / Versorgung f ‖ ~ **strategy** (Eng) / Instandhaltungsstrategie f ‖ ~ **tower** (Space) / Wartungsturm m
**serviette** n (Paper) / Serviette f

**serving**\* n (Cables) / Schmalbandbewicklung f, Umspinnung f mit Band (als Außenschutz), Bandumspinnung f, Bewicklung f mit Band ‖ ~\* (Cables) / äußere Schutzhülle, Außenschutz m, Schutzhülle f (nichtmetallische extrudierte äußere Hülle zum Schutz eines Metallmantels) ‖ ~ (US) (Nut) / Essensportion f, Portion f ‖ ~ **line** (Telecomm) / Abnehmer m ‖ ~ **trunk group** (Teleph) / Abnehmerbündel n
**servitude** n / Dienstbarkeit f (§§ 1018 ff. BGB), Servitut f (A)
**servlet** n (a collection of code written in Java which carries out a server function such as processing a form written using the hypertext markup language and filled in by a user requesting some data and sending that data back to the user) (Comp) / Java-Servlet n (serverseitiges Java-Bytecode-Objekt)
**servo** n (Automation) / Stellantrieb m, Servomechanismus m (ein Kraftverstärker), Servoeinrichtung f, Stellmechanismus m ‖ ~ attr (Automation) / Servo-, mit Servoeinrichtung
**servo-actuator** n (a power unit) (Automation) / Stellantrieb m (eine Komponente der Stelleinrichtung)
**servo-amplifier**\* n (Elec Eng) / Servoverstärker m
**servo-assisted** adj (Automation) / Servo-, mit Servoeinrichtung
**servo brake**\* (Autos) / Servobremse f (Mechanismus zur Bremskraftverstärkung bei der Trommelbremse)
**servo-control**\* n (Automation) / Servosteuerung f, Servoregelung f, Kraftsteuerung f
**servo equipment** (Automation) / Stelleinrichtung f (Stellglied + Stellmotor) ‖ ~ **focus** (Cinema) / Servofokus m (bei Amateurfilmkameras mit Zoomobjektiven) ‖ ~ **link**\* (Elec Eng) / mechanischer Kraftverstärker ‖ ~ **locking** (Autos) / Servoschließung f (der Türen und des Kofferraums)
**servo-mechanism** n (Automation) / Stellantrieb m, Servomechanismus m (ein Kraftverstärker), Servoeinrichtung f, Stellmechanismus m
**servo-motor**\* n (Elec Eng) / Servomotor m, Stellmotor m, Kraftgetriebe n
**servo prop** (Mining) / Servostempel m ‖ ~ **system** (Automation, Eng) / Servosystem n ‖ ~ **tab**\* (Aero) / Servoklappe f, Servoruder n ‖ ~ **unit** (Automation) / Stellantrieb m, Servomechanismus m (ein Kraftverstärker), Servoeinrichtung f, Stellmechanismus m
**servo-valve** n (Eng) / Servoventil n (mechanisch oder elektrisch betätigtes Ventil in Hydraulik- und Pneumatikanlagen)
**SES** (sesin) (Chem) / Disul n (2-(2,4-Dichlor-phenoxy)-ethyl-hydrogensulfat - als herbizider Wirkstoff von der Biologischen Bundesanstalt für Land- und Forstwirtschaft nicht anerkannt) ‖ ~̃ (surface-effect ship) (Ships) / Luftkissenschiff n, Hovercraft n, Surface-Effekt-Schiff n, SES-Schiff n
**sesame cake** (Agric) / Sesamkuchen m (ein Futtermittel) ‖ ~ **oil** (Nut) / Sesamöl n (von Sesamum indicum L.), Gergeliöl m, Gingelyöl n ‖ ~ **oil** s. also cameline oil ‖ ~ **seed** (Nut) / Sesamkörner n pl
**sesamol** n (Chem) / Sesamol n (3,4-Methylendioxyphenol)
**sesin** n (Chem) / Disul n (2-(2,4-Dichlor-phenoxy)-ethyl-hydrogensulfat - als herbizider Wirkstoff von der Biologischen Bundesanstalt für Land- und Forstwirtschaft nicht anerkannt)
**sesone** n (Chem) / Disul n (2-(2,4-Dichlor-phenoxy)-ethyl-hydrogensulfat - als herbizider Wirkstoff von der Biologischen Bundesanstalt für Land- und Forstwirtschaft nicht anerkannt)
**sesqui-**\* (Chem) / Sesqui-, sesqui- (ein Präfix, welches das Eineinhalbfache, z.B. Sesquiterpene, oder das Verhältnis 2 : 3 bedeutet, z.B. $Cr_2O_3$)
**sesquilinear form** (Maths) / Sesquilinearform f, Sesquibilinearform f
**sesquioxide** n (Chem) / Sesquioxid n (Metalloxid, das Metall- und Sauerstoff-Ionen im Verhältnis 2 : 3 enthält)
**sesquiplane** n (Aero) / Anderthalbdecker m (ein Doppeldecker, dessen unterer Flügel kürzer ist als der obere)
**sesquiterpene alcohol** (Chem) / Sesquiterpenalkohol m
**sesquiterpenes**\* pl (Chem) / Sesquiterpene n pl (Klasse der Terpenoide mit 15 Kohlenstoffatomen)
**sessile**\* adj (Biol) / sedentär adj, sessil adj, sesshaft adj ‖ ~\* (Bot) / ungestielt adj ‖ ~ (Crystal) / seßhaft adj (nicht gleitfähig - bei Partialversetzungen) ‖ ~ **algae** (Ocean) / festhaftende Algen, festsitzende Algen, sessile Algen ‖ ~ **benthos** (Biol, Geol) / festsitzendes Benthos, sessiles Benthos ‖ ~ **dislocation** (Crystal) / nichtgleitfähige Versetzung
**sessile-drop method** (Electronics) / Prüfung f mit dem liegenden Tropfen auf der zu benetzenden Oberfläche (der Weichlötverbindung) ‖ ~ **method** (of measuring surface tension of a liquid on the surface of a material, such as a metal or ceramic body, in which the mass, depth, and shape of the liquid drop are observed) (Materials) / Sessile-Tropfenmethode f
**sessile oak** (For) / Traubeneiche f, Wintereiche f (Quercus petraea (Matt.) Liebl.)

session

**session** *n* (Comp) / Sitzung *f* (logische Verbindung zwischen Anwenderprozessen)
**session-connection synchronization** (Comp) / Sitzungssynchronisation *f* (DIN ISO 7498)
**session-initiated unsolicited message** (Comp, Telecomm) / sitzungsinitiierte freilaufende Meldung
**Session Initiator Protocol** (Comp, Teleph) / Session Initiator Protocol (Standard der IETFzur Telefonie über Internet), SIP (Session Initiator Protocol) ‖ **~ layer** (Comp, Telecomm) / Kommunikationssteuer(ungs)schicht *f* (Schicht 5 im OSI-Referenzmodell), Sitzungsschicht *f*, Verbindungsschicht *f*, Session *f* (Schicht 5 im OSI-Referenzmodell) ‖ **~ protocol** (Comp) / Kommunikationssteuerungsprotokoll *n* (DIN ISO 7498) ‖ **~ protocol machine** (Comp) / Protokollmaschine *f* der Schicht der Kommunikationssteuerung ‖ **~ service user** (Telecomm) / SS-Benutzer *m*, Benutzer *m* des Dienstes der Kommunikationssteuerung
**sesterterpenes** *pl* (Chem) / Sesterterpene *n pl*
**seston** *n* (Biol, Ocean) / Seston *n* (belebte und unbelebte Anteile des im Wasser Schwebenden - Plankton, Nekton, Neuston, Pleuston, Schwebe- und Sinkstoffe, Detritus)
**set** *vi* / abbinden *vi* (Druckfarbe, Klebstoffe) ‖ **~** (Astron) / untergehen *v* (Sonne) ‖ **~** (Build) / binden *vi* ‖ **~** (Build, Civ Eng) / erstarren *vi* (z.B. Zement) ‖ **~** (Build, Civ Eng) / abbinden *vi* (Zementleim), erstarren *vi* (Zementleim) ‖ **~** (Nut) / gerinnen *vi* (Milch) ‖ **~** *vt* / zurücklegen *v* (Ware) ‖ **~** *vt* ‖ **~** / setzen *vt* ‖ **~** / fassen *v*, einfassen *v* (Edelsteine) ‖ **~** (Agric) / ansetzen *v* (Früchte) ‖ **~** (Agric) / auslegen *v* (Samen), legen *v* (Samen) ‖ **~** (Agric) / setzen *v* (Jungpflanzen) ‖ **~** (Ceramics) / eintragen *v* (Ware in den Ofen) ‖ **~** (Electronics) / setzen *v* (ein Flipflop) ‖ **~** (Eng) / einstellen *v* (ein Gerät, auf Null - DIN 2257, T 1) ‖ **~** (Eng) / aufspannen *v* (Werkzeug) ‖ **~** (Eng) / einrichten *v* (Maschine) ‖ **~** (For) / schränken *vt* (Säge - die Zähne wechselseitig seitlich herausbiegen) ‖ **~** (Mining) / setzen *v* (Stempel) ‖ **~** (Nut) / gerinnen lassen (Milch) ‖ **~** (Textiles) / fixieren *v*, einfixieren *v* ‖ **~** * (Typog) / setzen *vt*, absetzen *vt* ‖ **~** *n* / Satz *m*, Garnitur *f*, Set *n m* ‖ **~** (Agric, Bot) / Jungpflanze *f*, Setzling *m* ‖ **~** (Build) / Deckschicht *f*, Sichtschicht *f* (des Außenputzes), Oberputz *m*, Abschlussschicht *f*, Glattstrich *m* (beim mehrlagigen Putz), Fertigputz *m* (A) ‖ **~** (Build, Civ Eng) / Erstarrung *f* (des Zements) ‖ **~** (Cinema, TV) / Set *m* (Szenenaufbau) ‖ **~** (Elec Eng, Eng) / Anlage *f*, Block *m*, Einheit *f* (Aggregat), Aggregat *m* (Maschinensatz aus mehreren miteinander gekoppelten Einzelmaschinen oder -apparaturen) ‖ **~** (a unit or units and necessary assemblies , subassemblies, and basic parts connected or associated together to perform an operational function ) (Electronics, Eng) / Gerätersatz *m* ‖ **~** (Eng) / Gerätebesteck *n* (z.B. Messkoffer) ‖ **~** (Eng, Mech) / bleibende Dehnung (die nach Entlastung messbare Dehnung), Dehnungsrest *m* ‖ **~** (Eng, Tools) / Satz *m* (von Werkzeugen), Gruppe *f*, Serie *f* (von Werkzeugen) ‖ **~** (For) / Schrank *m*, Schränkung *f* (seitliches Abbiegen eines Sägezahnes im oberen Drittel, so dass die Schnittfuge größer wird, als der Blattdicke entsprechen würde) ‖ **~** (Foundry) / Erstarrung *f* (des Formstoffs) ‖ **~** * (Hyd Eng) / Strömungsrichtung *f* ‖ **~** * (a collection of objects called elements that are distinguishes by a particular characteristic) (Maths) / Menge *f* (DIN 5473) ‖ **~** * (Mining) / Türstock *m* (zwei Stempel + Kappe) ‖ **~** * (Mining) / Ausbaurahmen *m* (Liegendschwelle, Kappe und zwei Stempel) ‖ **~** * (Mining) / Tunneltürstock *m* ‖ **~** * (Print) / Dickte *f* (Breite der Drucktype) ‖ **~** (Radio, TV) / Gerät *n*, Apparat *m* ‖ **~** (Surf) / Testgruppe *f* (bei Korrosionsprüfungen) ‖ **~** (Typog) / Set *n* (Maßeinheit für die Breite der Einzelbuchstaben einer Monotypeschrift) ‖ **~** (woven fabrics) (Weaving) / Warendichte *f*, Gewebedichte *f*, Dichte *f*, Fadendichte *f* (DIN 53853), Einstellung *f* ‖ **~** * (Mining) s. also frame set
**SET** *n* (single-electron transfer) (Chem) / SET (Einelektronenübertragung), Einelektronenübertragung *f*, Single-electron-Transfer *m*, Einelektronenübergang *m*
**seta*** *n* (Bot, Zool) / borstenartiges Haar, Seta *f* (pl. Seten oder Setae), Borste *f*
**set algebra** (Maths) / Mengealgebra *f*, Algebra *f* der Mengen ‖ **~ analyzer** (US) (Radio) / Fehlersuchgerät *n* (z.B. zur Prüfung von Rundfunkgeräten) ‖ **~ a time limit** / befristen *v* (terminieren)
**setback** *n* (a plain, flat offset in a wall) (Arch, Build) / Rücksprung *m* ‖ **~** (US) (Build) / Grenzabstand *m* (kürzeste Entfernung zwischen Gebäude und Grundstücksgrenze) ‖ **~** (Eng) / Rückschlag *m* ‖ **~** (Nuc Eng) / Rückstellen *n*, Tiefstellen *n* (Regulierung der Überschussreaktivität)
**set bit** (Mining) / mit Diamanten (Hartmetall) besetzte Bohrkrone ‖ **~ bolt** (Eng) / Klemmschraube *f*, Stellschraube *f* (Klemmschraube) ‖ **~ bolt** (with an unthreaded part of the shaft) (Eng) / Schaftschraube *f* (DIN 427) ‖ **~ break** (Cinema) / Drehpause *f* ‖ **~ casings** (Mining, Oils) / verrohren *v* (Bohrloch) ‖ **~ characteristic** / Sollkennlinie *f* (statische Kennlinie, die ein ideales Gerät eines bestimmten Typs haben soll) ‖ **~ check design** (Textiles) / Muster *n* mit gleich großen Karos ‖ **~ comprehension** (Comp) / Mengenkomprehension *f* ‖ **~ copper** (Met) / gargepoltes Kupfer, Raffinatkupfer *n*, Garkupfer *n*, Raffinadekupfer *n* (mit etwa 99,4 % Cu)
**set-curd** *attr* (Nut) / stichfest *adj* (Joghurt)
**set current** (Automation) / Sollstrom *m* ‖ **~ difference** (Maths) / Mengendifferenz *f* ‖ **~ difference** (Maths) / Differenzmenge *f* (A\B), Restmenge *f* ‖ **~ down** *v* (Eng, Met) / absetzen *v* (eine sprunghafte Querschnittsabnahme beim Recken eines Freischmiedestücks erzielen) ‖ **~ down** (Eng, Met) / reduzieren *v* (Durchmesser) ‖ **~ false twist yarn** (obtained by reheating the highly elastic yarn in stretched condition) (Spinning) / Set-Garn *n* (voluminöses Kräuselgarn mit verminderter Elastizität) ‖ **~ fire** *v* (to) / anzünden *v*, in Brand stecken
**set-firm** *adj* (Nut) / stichfest *adj* (Joghurt)
**set flat** (Cinema) / Kulisse *f* ‖ **~ flush*** (Typog) / ohne Einzug, ohne Absatzeinzug (Satzanweisung), keine Einzüge (Satzanweisung) ‖ **~ frame** (Textiles) / Wickelkehrstrecke *f*, Kehrstrecke *f* (DIN 64100), Wickelstrecke *f* ‖ **~ free** *v* / freisetzen *v* (z.B. Energie) ‖ **~ free** / befreien *v*, freigeben *v* ‖ **~ free** / entbinden *v* ‖ **~ hammer** (For) / Schränkhammer *m* ‖ **~ in** *v* / einsetzen *v*, einlassen *v* (in etwas) ‖ **~ in** (Textiles) / einsetzen *v* ‖ **~ in a hitch** (Mining) / einbühnen *v* (Stempel oder Träger in ein Bühenloch) ‖ **~ indicator off** (Comp) / Löschen Bezugszahl, SETOF ‖ **~ in motion** (Eng, Phys) / in Bewegung setzen, in Gang setzen
**SET interface** (Comp) / Schnittstelle *f* SET, SET-Schnittstelle *f*
**set light** (Cinema, Photog) / Hintergrundlicht *n* ‖ **~ mash** (Brew) / Dickmaische *f* (bei dem Dreimaischverfahren) ‖ **~ milk** (Nut) / Dickmilch *f* (geronnene, saure Milch) ‖ **~ noise*** (Electronics) / Eigengeräusch *n* eines Gerätes
**SETOF** (Set indicator off) (Comp) / Löschen Bezugszahl, SETOF
**set of cards** (Spinning) / Krempelsatz *m* ‖ **~ of cards** (Textiles) / Kartensatz *m* (ein Satz von Musterkarten) ‖ **~ of characteristics**, Kennlinienschar *f* ‖ **~ of claims** / Satz *m* von Patentansprüchen ‖ **~ of code words** (Comp) / Kodewortvorrat *m* ‖ **~ of colour plates** (Print) / Farbsatz *m* ‖ **~ of contact points** (Autos) / Unterbrecherkontakte *m pl* (Kontaktsatz als Ersatzteil) ‖ **~ of degrees** (Maths) / Gradmenge *f* ‖ **~ of equations** (Maths) / Gleichungssystem *n* (lineares, nicht lineares, simultanes System von Gleichungen, gleichzeitige Gleichungen, simultane Gleichungen ‖ **~ off** *v* / hervortreten lassen, abheben *v*, kontrastieren *v* (deutlich unterscheiden), abstechen *v* (gegen etwas) ‖ **~ off** (Eng, Met) / absetzen *v* (eine sprunghafte Querschnittsabnahme beim Recken eines Freischmiedestücks erzielen) ‖ **~ off** *vi* (Print) / abliegen *v*, abfärben *vi* (auf die Rückseite des nachfolgenden Bogens)
**set-off** *n* (Build) / Mauerabsatz *m* (ein Dickenverhältnis) ‖ **~*** (Print) / Abliegen *n*, Abfärben *n*, Abziehen *n* (der noch nicht ganz trockenen Druckfarbe auf die Rückseite des nachfolgenden Bogens) ‖ **~ paper** (Print) / Abschmutzpapier *n*, Abschmutzmakulatur *f*
**set of frame timbers** (Mining) / Geviert *n* (vierteiliger, meistens aus Kanthölzern bestehende rechteckiger Ausbaurahmen für Blindschächte und Rolllöcher) ‖ **~-off sheet** (Print) / Einschießbogen *m*, Schmutzbogen *m*, Abschmutzbogen *m*, Zwischenlegebogen *m*
**set-off sheet** (Print) / Einschießbogen *m*
**set of information of a game** (AI) / Informationsmenge *f* eines Spiels ‖ **~ of machines** (Eng) / Maschinenaggregat *n*, Maschinensatz *m* ‖ **~ of measure zero** (Maths) / leere Menge (DIN 5473), Nullmenge *f* (Menge vom Maß Null) ‖ **~ of microinstructions** (Comp) / Mikrobefehlsvorrat *m* ‖ **~ of parts list** (Work Study) / Stücklistensatz *m* (DIN 6789) ‖ **~ of points** (Rail) / Weichenstraße *f* (eine Aufeinanderfolge von Weichen) ‖ **~ of printing inks for offset printing** (Print) / Farbskale *f* für den Offsetdruck ‖ **~ of rules** (AI) / Regelsatz *m*, Regelblock *m* ‖ **~ of samples** / Musterkollektion *f*, Mustersammlung *f* ‖ **~ of screens** / Siebsatz *m* ‖ **~ of single points** (Rail) / Weichenstraße *f* (eine Aufeinanderfolge von Weichen) ‖ **~ of solutions** (Maths) / Erfüllungsmenge *f*, Lösungsmenge *f* ‖ **~ of stiff equations** (Maths) / steifes Differentialgleichungssystem *n* ‖ **~ of support** (AI) / Stützmenge *f* (für die Set-of-Support-Strategie), Unterstützungsmenge *f* ‖ **~ of teeth** (Tools) / Zahngruppenfolge *f*, Zahnfolge *f* (aufeinander folgende Räumzahngruppen) ‖ **~ of the reed** (Weaving) / Blattdichte *f* ‖ **~ of tyres** (Autos) / Bereifung *f* ‖ **~ of weights** (Wägesatz *m*, Gewichtssatz *m* ‖ **~ of wheels** (Rail) / Radsatz *m* (Bauelement an Schienenfahrzeugen) ‖ **~ on fire** / anzünden *v*, in Brand stecken ‖ **~ out** *v* / darlegen *v* (Argumente, Bedingungen) ‖ **~ out** (with poles) (Build, Surv) / auspflocken *v* ‖ **~ out** (Surv) / abstecken *v* (eine Trasse), trassieren *v* ‖ **~ pin** (Eng) / Stellstift *m* ‖ **~ piston** (Eng) / Stellkolben *m* ‖ **~ point*** (Automation) / Sollwert *m* (eine konstante Führungsgröße)
**set-point control** (Automation) / SPC (eine Art Kaskadenregelung) ‖ **~ generator** (Automation) / Sollwertgeber *m* (eine Baugruppe eines Regelkreises)

**set pressure** (Automation) / Solldruck *m*, Einstelldruck *m* ‖ ~ **screw**\* (Eng) / Klemmschraube *f*, Stellschraube *f* (Klemmschraube) ‖ ~ **screw** (Eng) / Schaftschraube *f* (DIN 427)

**setscrew** *n* (US) (Eng) / Madenschraube *f*, Gewindestift *m* (kopflose Schraube mit Schlitz oder Innensechskant, bei der sich das Gewinde im Ggs. zur Schaftschraube über den ganzen Bolzen erstreckt)

**set size** (Print) / Dickte *f* (Breite der Drucktype)

**sets of equal cardinality** (Maths) / gleichmächtige Mengen (A ~ B), äquivalente Mengen (Mengen gleicher Mächtigkeit), gleichzahlige Mengen

**set solid**\* (Typog) / kompresser Satz (der ohne Durchschuss hergestellt ist) ‖ ~ **square** (GB) (Eng) / Geodreieck *n*, Winkel *m*, Zeichenwinkel *m*, Dreieck *n* (ein Zeichengerät) ‖ ~ **supports** (Civ Eng, Mining) / ausbauen *v*, verbauen *v*

**sett**\* *n* (Build) / viereckiger Pflasterstein ‖ ~ (Civ Eng) / Granitplatte *f* (ein Pflasterstein) ‖ ~ (Civ Eng) / Rammjungfer *f*, Afterramme *f*, Rammknecht *m* ‖ ~\* (Weaving) / Warendichte *f*, Gewebedichte *f*, Dichte *f*, Fadendichte *f* (DIN 53853), Einstellung *f*

**set temperature** / Solltemperatur *f*

**setter** *n* (Automation) / Einstellelement *n* ‖ ~ (the operator placing ware in a kiln) (Ceramics) / Ofensetzer *m* (Arbeiter) ‖ ~ (a type of sagger designed to conserve kiln space, the contour of its upper side conforming with the contour of the lower surface of the ware to be fired so that saggers may be stacked or arranged compactly in the kiln) (Ceramics) / Sparkapsel *f* ‖ ~ (an item of kiln furniture) (Ceramics) / Boms *m* (ein Brennhilfsmittel), Bomse *f* ‖ ~ (Eng) / Einrichter *m* (Fachkraft zum Einrichten von Maschinen und Maschinensystemen)

**set-textured yarn** (obtained by reheating the highly elastic yarn in stretched condition) (Spinning) / Set-Garn *n* (voluminöses Kräuselgarn mit verminderter Elastizität)

**set-theoretic** *adj* (Maths) / mengentheoretisch *adj*

**set theory** (Maths) / Mengenlehre *f*

**setting**\* *n* / Abbinden *n* (Druckfarben, Klebstoffe) ‖ ~\* (Astron) / Untergang *m* ‖ ~ (Automation, Eng) / Einstellwert *m* ‖ ~ (Autos) / Einstellwert *m* ‖ ~ (Build) / Mauern *n*, Legen *n*, Setzen *n* (von Steinen), Mauerei *f* ‖ ~ (Build) / Kesselmauerwerk *n* ‖ ~ (Build, Civ Eng) / Erstarren *n* (definierte Viskositätszunahme von Zementleim innerhalb zeitlich festgelegter Grenzen - DIN 1164), Abbinden *n* ‖ ~\* (Build, Civ Eng) / Erstarrung *f* (des Zements) ‖ ~ (of a ware in a kiln) (Ceramics) / Besatz *m* ‖ ~ (Eng) / Einrichten *n* (Vorbereiten einer Maschine), Einrichtung *f* (einer Maschine) ‖ ~ (Eng) / Einstellung *f* (einer Maschine) ‖ ~ (Foundry) / Erstarrung *f* (des Formstoffs) ‖ ~ (Met) / Mauerung *f* (des Ofens) ‖ ~ (Psych) / Setting *n* (Gesamtheit von Merkmalen der Umgebung, in deren Rahmen etwas stattfindet) ‖ ~ (Textiles) / Fixieren *n*, Einfixieren *n* ‖ ~\* (Textiles) / Setting *n* (Fixierung einer auf Garne oder Stoffe aus thermoplastischen Synthetics aufgebrachten Verformung durch Zuführung von Wärmeenergie) ‖ ~ **accelerator** (Build, Civ Eng) / Erstarrungsbeschleuniger *m* (in Betonzusatzmittel), Abbindebeschleuniger *m*, BE ‖ ~ **and lustring**\* (Textiles) / Fixieren und Glänzen ‖ ~ **back** (Rail) / Spitzkehre *f* (besondere Art der Trassierung einer Eisenbahnstrecke, bei der zur Überwindung von Höhenunterschieden die Bahn in einem Stumpfgleis endet und danach in einem abzweigenden Gleis weiter ansteigt bzw. abfällt) ‖ ~ **basin** (Hyd Eng, San Eng) / Schluffabsetzbecken *n*, Schlickabsetzbecken *n* ‖ ~ **circle** (Astron, Optics) / Einstellkreis *m* ‖ ~ **coat**\* (Build) / Deckschicht *f*, Sichtschicht *f* (des Außenputzes), Oberputz *m*, Abschlussschicht *f*, Glattstrich *m* (beim mehrlagigen Putz), Fertigputz *m* (A) ‖ ~ **density** (Ceramics) / Setzdichte *f* (Anordnung des Brenngutes je m³ Brennraum) ‖ ~ **for length** (For) / Auslängung *f* (verwendungsgerechtes Festlegen der Schnittstellen für das Querschneiden von Rundholz zu Blöcken) ‖ ~ **gauge** (Eng) / Einstelllehre *f* ‖ ~ **gauge** (For, Tools) / Schränkmaschine *f* ‖ ~ **height** (Ceramics) / Besatzhöhe *f* ‖ ~ **lever for the self-timer** (Photog) / Spannhebel *m* für den Selbstauslöser ‖ ~ **load** (Mining) / Setzlast *f* ‖ ~ **new standards** / richtungsweisend *adj* ‖ ~ **of** (navigation) **lights** (Aero, Ships) / Lichterführung *f* (Kennzeichnung durch Positionslichter) ‖ ~ **of the anchor** (Ships) / Ankersetzen *n* ‖ ~ **of the lamps** (Cinema) / Einleuchtung *f* (der Szene), Einleuchten *n* (Aufbau der Beleuchtung im Studio oder bei Außenaufnahmen) ‖ ~ **oil** (Foundry) / Erstarrungsöl *n* ‖ ~**-out** (Leather) / Ausstoßen *n* (mit der Ausstoßmaschine), Ausrecken *n* (von Hand)

**setting-out** *n* (Surv) / Abstecken *n* (einer Trasse), Trassieren *n* ‖ ~ **gauge** (Rail) / Abstandmaß *n* (der Weiche)

**setting point**\* (Oils, Phys) / Stockpunkt *m* (die Temperatur, bei der ein Öl so steif wird, dass es unter der Einwirkung der Schwerkraft nicht mehr fließt - DIN 51583) ‖ ~ **point** (Phys) / Erstarrungspunkt *m* (Temperatur, bei der ein flüssiger Stoff in den festen Zustand übergeht), EP (Erstarrungspunkt, z.B. von Gold, Silber, Zink) ‖ ~ **processor** (Comp, Print, Typog) / Satzrechner *m*, Setzrechner *m* ‖ ~ **ring** (Eng) / Stellring *m*, Einstellring *m* ‖ ~ **rule**\* (Typog) / Setzlinie *f* ‖ ~ **scale** / Einstellskale *f* ‖ ~ **stick**\* (Typog) / Winkelhaken *m* (ein Gerät für den Handsatz) ‖ ~ **time** (Build) / Erstarrungszeit *f* (von Beton nach DIN 1164) ‖ ~ **time** (Build, Civ Eng) / Abbindedauer *f* ‖ ~ **time** (Comp, Mag) / Setzzeit *f*, Ummagnetisierungszeit *f*, Polarisationszeit *f* (z.B. eines Magnetkerns) ‖ ~ **time** (Instr) / Einstelldauer *f* (DIN 1319, T 1), Einspielzeit *f* (eines Messgeräts), Einschwingzeit *f* (Zeit, die bei einem anzeigenden Messgerät vom Zeitpunkt einer sprunghaften Änderung der Messgröße an vergeht, bis die Anzeige letztmalig eine bestimmte Abweichung vom Beharrungswert überschreitet), Beruhigungszeit *f* ‖ ~**-up** *n* (Paint) / Stocken *n* (beginnende unerwünschte Gelatinierung eines Anstrichstoffes)

**setting-up** *n* (Telecomm) / Aufbau *m* (einer Verbindung), Herstellung *f* (einer Verbindung) ‖ ~ **agent** (added to porcelain, enamels, glazes, and other slurries to flocculate and increase the suspension properties of clays) (Ceramics) / Peptisator *m* (z.B. Soda, Wasserglas, Natriumhydroxid, Natriumphosphate usw.), Stellmittel *n* ‖ ~ **agent** (Chem Eng) / Peptisator *m*, Peptisiermittel *n*, Peptisierungsmittel *n* ‖ ~ **microscope** (Eng, Micros) / Einrichtmikroskop *n* (Hilfsmittel für den Bediener einer CNC-Maschine) ‖ ~ **time** (Comp, Telecomm) / Verbindungsherstellungsdauer *f*, Verbindungsaufbauzeit *f*

**setting well** (San Eng) / Klärbrunnen *m* ‖ ~ **wheel** / Stellrad *n*

**settle** *vi* (Aero) / durchsacken *v* (Hubschrauber nach dem Start) ‖ ~ (Build) / sich senken *v*, sich setzen *v* ‖ ~ *vt* (Chem, Hyd Eng, San Eng) / abscheiden *v* (aus Flüssigkeiten), niederschlagen *v*, absitzen lassen, absetzen lassen

**settleable** *adj* (Hyd Eng, San Eng) / absetzbar *adj*, abscheidbar *adj* ‖ ~ **solids** (San Eng) / Sinkstoffe *m pl* (nach dem Wasserabgabengesetz), absetzbare Stoffe

**settle blow** (Glass) / Niederblasen *n* (in Vorformen)

**settled** *adj* (Meteor) / beständig *adj* (Wetter) ‖ ~ **material** (Chem Eng, Min Proc) / Sinkstoff *m*, Sinkgut *n* (Feststoffe, die sich in der flüssigen Phase während der Absetzzeit am Boden absetzen) ‖ ~ **volume** (San Eng) / Schlammabsetzvolumen *n*

**settle mark** (a wrinkled surface appearing on glassware as a result of unevent cooling during the forming process) (Glass) / ungleichmäßige Wanddicke (im Behälterglas) ‖ ~ **mark** (Glass) / Speiserwelle *f*, Feederwelle *f*

**settlement**\* *n* (Build, Civ Eng) / Setzen *n*, Setzung *f*, Setzungsverhalten *n* ‖ ~\* (Build, Civ Eng) / Einsinken *n*, Absacken *n*, Sacken *n*, Sackung *f*, Zusammensacken *n*, Senkung *f*, Setzung *f* ‖ ~ **area** / Siedlungsraum *m* ‖ ~ **damage** (Build, Mining) / Setzungsschaden *m*, Senkungsschaden *m* ‖ ~ **joint** (Civ Eng) / Setzfuge *f*, Setzungsfuge *f* (eine Bewegungsfuge) ‖ ~ **tank** (San Eng) / Absetzbecken *n* (zum Abscheiden ungelöster Sink- und Schwimmstoffe aus dem Abwasser)

**settler** *n* (San Eng) / Absetzbecken *n* (zum Abscheiden ungelöster Sink- und Schwimmstoffe aus dem Abwasser)

**settle rate** (Civ Eng) / Absenkungsgeschwindigkeit *f* (Bodenmechanik) ‖ ~ **wave** (Glass) / Speiserwelle *f*, Feederwelle *f*

**settling** *n* / Absetzen *n*, Bildung *f* eines Bodensatzes ‖ ~ (Aero) / Durchsacken *n* (des Hubschraubers nach dem Start) ‖ ~ (Build, Civ Eng) / Setzen *n*, Setzung *f*, Setzungsverhalten *n* ‖ ~ (Chem, Med) / Sedimentation *f*, Sedimentablagerung *f*, Ablagerung *f*, Sedimentbildung *f* ‖ ~ **analysis** (Min Proc) / Schlämmanalyse *f* ‖ ~ **box** (Min Proc) / Absetzgefäß *n* (beim Klassieren) ‖ ~ **crack** (Build) / Senkungsriss *m* ‖ ~ **ground** (Civ Eng, Geol) / Senkungsgebiet *n* ‖ ~ **material** (Min Proc) / Sinkgut *n* (Feststoffe, die sich gerade absetzen ‖ ~ **pond** (San Eng) / Absetzteich *m* (Erdbecken zur Abscheidung der im Rohabwasser enthaltenen absetzbaren Stoffe und zur Ausfaulung des abgesetzten Schlammes, Klärteich *m* ‖ ~ **rate** (Chem Eng, Min Proc) / Absinkgeschwindigkeit *f*, Sinkgeschwindigkeit *f*, Absetzgeschwindigkeit *f* (Sinkgeschwindigkeit von Feststoffen, z.B. dargestellt in der Absetzkurve - DIN 4045), Sedimentationsgeschwindigkeit *f*, Klärgeschwindigkeit *f* ‖ ~ **rate** (Civ Eng) / Absenkungsgeschwindigkeit *f* (Bodenmechanik)

**settling-rate diameter** (Min Proc, Paint) / Sinkgeschwindigkeits-Äquivalenzdurchmesser *m* (DIN 66 160)

**settlings** *pl* (Chem Eng, Min Proc) / Sinkstoff *m*, Sinkgut *n* (Feststoffe, die sich in der flüssigen Phase während der Absetzzeit am Boden absetzen)

**settling tank**\* (San Eng) / Absetzbecken *n* (zum Abscheiden ungelöster Sink- und Schwimmstoffe aus dem Abwasser) ‖ ~ **tar** (For) / Absetzteer *m* (bei der flüssigen Pyrolyse des Holzes) ‖ ~ **tendency** (Chem, Phys) / Absetzneigung *f* ‖ ~ **time** (Automation) / Ausregelzeit *f* (die ein Regler nach dem Auftreten einer Störgröße benötigt, um die Regelgröße wieder in den vorgegebenen Bereich zu bringen) ‖ ~ **time** (Electronics) / Einschwingzeit *f* (z.B. bei A/D- bzw. D/A-Umsetzungen) ‖ ~ **velocity** (Chem Eng, Min Proc) / Absinkgeschwindigkeit *f*, Sinkgeschwindigkeit *f*, Absetzgeschwindigkeit *f* (Sinkgeschwindigkeit von Feststoffen, z.B.

**sett of**
dargestellt in der Absetzkurve - DIN 4045), Sedimentationsgeschwindigkeit f, Klärgeschwindigkeit f
**sett of the reed** (Weaving) / Blattdichte f
**set to music** (Acous, Cinema) / vertonen v ‖ **~ -top box** (a device which converts a digital television signal to analogue for viewing on a conventional set) (TV) / Set-Top-Box f, STB (Set-Top-Box), Set-Top-Terminal m n, STT (Set-Top-Terminal) ‖ **~ topology** (Maths) / mengentheoretische Topologie, allgemeine Topologie, analytische Topologie
**sett pavement** (Civ Eng) / Pflasterdecke f ‖ **~ system** (Weaving) / Messsystem n für die Kettfadendichte
**set up** v / vorbereiten v (ein Experiment) ‖ **~ up** / aufstellen v, entwickeln v (eine Theorie) ‖ **~ up** / auslösen v (Infektion, Reaktion) ‖ **~ up** / errichten v (Straßensperren) ‖ **~ up** (Cinema) / einstellen v (Kamera) ‖ **~ up** (Cinema) / einrichten v (eine Szene) ‖ **~ up** (Comp, Work Study) / rüsten v
**set-up** v (Eng) / aufspannen v (Werkzeug)
**set up** v (Eng) / einrichten v (Maschine) ‖ **~ up** (Paint) / stocken v ‖ **~ up** (Surv, Telecomm) / aufstellen v (ein Gerät), aufbauen v (ein Gerät) ‖ **~ up** (Telecomm) / aufbauen v (Verbindung, Gespräch), herstellen v ‖ **~ up** (a connection) (Telecomm) / eine Verbindung herstellen ‖ **~ up** vi / aushärten vi (Klebstoff) ‖ **~ up** vt (Build) / falzen v (Bleiblech)
**set-up** n / Aushärtung f (des Klebstoffes) ‖ **~** (Comp) / Setup n (Einstellen der Parameter eines Geräts oder einer Software zur Anpassung an gegebene Erfordernisse) ‖ **~** (Elec Eng) / Aufbau m (einer Schaltung) ‖ **~** * (Eng) / Einrichten n (Vorbereiten einer Maschine), Einrichtung f (einer Maschine) ‖ **~** * (Eng) / Einstellung f (einer Maschine) ‖ **~** (Instr) / Geräteanordnung f ‖ **~** (Maths) / Ansatz m (Formulieren einer Textaufgabe in einer zur Lösung führenden Gestalt) ‖ **~** * (Surv) / Aufstellung f, Aufbau m (eines Geräts) ‖ **~** (Telecomm) / Aufbau m (einer Verbindung, Herstellung f (einer Verbindung) ‖ **~** (in %)* (TV) / Schwarzabhebung f (DIN 45060) ‖ **~ agent** (Chem Eng) / Peptisator m, Peptisiermittel n, Peptisierungsmittel n ‖ **~ box** (Paper) / Festkartonage f, feste Schachtel ‖ **~ cost** (Work Study) / Rüstkosten pl ‖ **~ instrument** * (Elec Eng, Instr) / Messinstrument n mit unterdrücktem Nullpunkt ‖ **~ menu** (Comp) / Setup-Menü n ‖ **~ message** (Telecomm) / Verbindungsaufbaumeldung f ‖ **~ program** (Comp) / Setup-Programm n (Programm, das ein Anwendungsprogramm auf Festplatte kopiert und entsprechend der vom Benutzer abgefragten oder festgestellten Systemvoraussetzungen einrichtet)
**set-up-scale instrument** * (Elec Eng, Instr) / Messinstrument n mit unterdrücktem Nullpunkt
**set-up string** (Comp) / Setup-String m (für den Drucker) ‖ **~ time** (Comp) / Rüstzeit f (Vorgabezeit für das Rüsten - Bestandteil der Auftragszeit) ‖ **~ time** (Comp, Telecomm) / Verbindungsherstellungsdauer f, Verbindungsaufbauzeit f ‖ **~ time** (Work Study) / Rüstzeit f ‖ **~ time** (Comp, Telecomm) s. also postdialling delay
**set-up-zero instrument** * (Elec Eng, Instr) / Messinstrument n mit unterdrücktem Nullpunkt
**set value** (Automation) / Sollwert m (eine konstante Führungsgröße) ‖ **~ vibrating** (Mech) / in Schwingung bringen
**set-width** n (Print) / Dickte f (Breite der Drucktype)
**set with an internal composition law** (Maths) / Menge f mit innerem Verknüpfungsgesetz
**set-work** * n (Build) / zweilagiger Putz (Oberputz + Unterputz auf Latten)
**set yarn** (obtained by reheating the highly elastic yarn in stretched condition) (Spinning) / Set-Garn n (voluminöses Kräuselgarn mit verminderter Elastizität)
**seven-days strength** (Civ Eng) / Siebentagefestigkeit f
**seven-layer reference model** (the standard model for communications protocols that is formally approved by the International Standards Organization acting in concert with the CCITT) (Comp) / Rechnerverbundmodell n mit sieben Funktionsschichten (z.B. ISO-Referenzmodell)
**seven-level code** (Comp) / Siebener-Kode m
**seven-segment display** (Comp) / Siebensegmentanzeige f
**S event** (Nuc) / S-Ereignis n, Zerfall m in Ruhe, Zerfall m im Ruhezustand
**seven-unit code** (Teleg) / Siebenschrittalphabet n, Siebener-Alphabet n, 7-Schritt-Alphabet n (zur Funkfernschreibübertragung)
**sever** v / zerteilen v, trennen v, abtrennen v, teilen v (abtrennen) ‖ **~** (Glass) / absprengen v (von der Pfeife beim Mundblasverfahren), abschlagen v (von der Pfeife), trennen v (absprengen)
**severance felling** (For) / Loshieb m, Trennungshieb m ‖ **~ pay** / Abfindung f
**severe** adj / schwer adj (schwerwiegend) ‖ **~** / hart adj (Test, Prüfung) ‖ **~** (corrosion, marine pollutant) / stark adj ‖ **~** / rau adj (Einsatzbedingungen) ‖ **~** / streng adj (Kontrolle) ‖ **~** (Meteor) / hart adj (Winter), streng adj (Winter, Frost) ‖ **~** (Meteor) / rau adj

(Wetter) ‖ **~ braking** (Autos) / hartes Bremsen ‖ **~ combined immunodeficiency syndrome** * (Med) / schwerer kombinierter Immundefekt ‖ **~ corrosion environment** (Surf) / hochkorrosive Umgebung
**severe-duty application** (Eng) / Einsatz m unter härtesten Bedingungen
**severe ring** (Autos, I C Engs) / hochbeanspruchbarer Kolbenring
**severing** n (Eng) / Zerteilen n (ein spanloser Trennvorgang nach DIN 8588)
**severity** n (of a test) / Prüfschärfe f ‖ **~** (Fuels) / Severität f (Strenge der Bewertung - z.B. von Kraftstoffen), Severity f ‖ **~ factor** (Oils) / Severity-Faktor m (Maß für die Krackintensität) ‖ **~ of the draw** (Met) / Ziehverhältnis n (als Maß für die Verformung beim Ziehen)
**severy** * n (Build) / Joch n (Unterteilung bei langen Gewölben), Fach n, Travée f, Gewölbejoch n, Gewölbefeld n (Einzelelement eines größeren Gewölbesystems)
**Seville orange oil** / bitteres Orangenöl, Orangenschalenöl n (aus bitteren Orangen), Pomeranzenöl n (aus Bitterorangen)
**Sèvres** n (Ceramics) / Sèvresporzellan n (aus der französischen Staatsmanufaktur in Sèvres)
**sew** v / zunähen v ‖ **~** (Bind) / heften v, fadenheften v (nur Infinitiv oder Partizip) ‖ **~** (Eng) / vernähen v, nähen v (einen Riemen) ‖ **~** (Textiles) / nähen v
**sewability, improvement of** **~** (Textiles) / Nähbarkeitsverbesserung f
**sewage** n (foul) (Ecol, San Eng) / Abwasser n (häusliches, städtisches, industrielles - DIN 4045), Schmutzwasser n (durch Gebrauch verunreinigtes), SW (Schmutzwasser) ‖ **~ aeration** (San Eng) / Abwasserbelüftung f ‖ **~ disposal** (San Eng) / Abwasserbeseitigung f (Rückführung des Abwassers in den natürlichen Wasserkreislauf), Abwasserentsorgung f ‖ **~ disposal plant** (San Eng) / Abwasserreinigungsanlage f, Kläranlage f, KA (Kläranlage) ‖ **~ distribution plan** (San Eng) / Abwasserverteilungsplan m (Jahresplan für die Behandlung von Abwasser auf Landflächen nach DIN 4047, T 1) ‖ **~ drainpipe** (Build) / Fäkalienfallrohr n ‖ **~ farm** * (Agric, San Eng) / landwirtschaftlicher Betrieb, der die Abwässer verwertet, Abwasserverwertungsbetrieb m ‖ **~ farming** (Agric, San Eng) / landwirtschaftliche Abwasserverwertung ‖ **~ field** (San Eng) / Rieselfeld n (auf dem Abwässer oder Oberflächenwasser nach Absetzen der festen Stoffe zum Versickern gebracht werden) ‖ **~ fish-pond** (San Eng) / Abwasserfischteich m ‖ **~ fungus** (San Eng) / Abwasserpilz m ‖ **~ gas** * (San Eng) / Faulgas n (beim anaeroben Abbau von Klärschlamm entstehendes Gas), Klärgas n ‖ **~ irrigation** (by sprinkling or spraying) (Agric, San Eng) / Abwasserverregnung f (künstliche Verregnung von Abwasser auf Landflächen, um durch Versickern das Abwasser zu reinigen, wobei die Bodenschichten als Filter wirken) ‖ **~ lagoon** (San Eng) / Abwasserteich m (belüftet, unbelüftet - zur natürlichen biologischen Behandlung von Abwasser nach DIN 4045) ‖ **~ lifting plant** (San Eng) / Abwasserhebeanlage f ‖ **~ monitoring station** (San Eng) / Abwasserkontrollstation f (Bauwerk mit Einrichtungen zur automatischen Untersuchung der Abwasserbeschaffenheit) ‖ **~ oxidation pond** (San Eng) / Oxidationsteich m (zur Reinigung biologisch abbaubarer Abwässer durch fotosynthetische Sauerstoffproduktion und Filtertätigkeit bestimmter Wassertiere) ‖ **~ pipe** (San Eng) / Kanalisationsrohr n ‖ **~ plume** (San Eng) / Abwasserfahne f (unterhalb der Einleitestelle im Vorfluter) ‖ **~ pond** (San Eng) / Abwasserteich m (belüftet, unbelüftet - zur natürlichen biologischen Behandlung von Abwasser nach DIN 4045) ‖ **~ purification** (San Eng) / Abwasserreinigung f, Abwasserbehandlung f, Abwasseraufbereitung f ‖ **~ register** (San Eng) / Abwasserkataster m ‖ **~ sample** (San Eng) / Abwasserprobe f ‖ **~ settling chamber** (San Eng) / Absetzteil m, Absetzraum m (eines Emscherbrunnens) ‖ **~ slick** (San Eng) / Abwasserfahne f (unterhalb der Einleitestelle im Vorfluter) ‖ **~ sludge** (a sludge obtained as waste from the treatment of sewage) (San Eng) / Klärschlamm m, Abwasserschlamm m (Rückstand bei der mechanischen Abwasserreinigung)
**sewage-sludge disposal** (San Eng) / Klärschlammentsorgung f ‖ **~ incineration** (San Eng) / Klärschlammveraschung f, Klärschlammverbrennung f
**sewage solids** (San Eng) / Klärschlamm m, Abwasserschlamm m (Rückstand bei der mechanischen Abwasserreinigung) ‖ **~ technology** (San Eng) / Abwassertechnik f (Oberbegriff für Technologien der Abwassersammlung und Abwasserableitung, Abwasserbehandlung und Abwasserbeseitigung - DIN 4045) ‖ **~ toxicity** (San Eng) / Abwassertoxizität f ‖ **~ treatment** (San Eng) / Abwasserreinigung f, Abwasserbehandlung f, Abwasseraufbereitung f ‖ **~ treatment plant** (San Eng) / Abwasserreinigungsanlage f, Kläranlage f, KA (Kläranlage) ‖ **~ works** (San Eng) / Abwasserreinigungsanlage f, Kläranlage f, KA (Kläranlage), Klärwerk n
**sewed buff** (US) (Eng) / gesteppte Scheibe ‖ **~ mop** (Eng) / gesteppte Scheibe

**sewer** *n* (San Eng) / Abwasserkanal *m*, Kanal *m* (für Abwässer), Siel *n m* (Abwasserkanal)
**sewerage** *n* (US) (Ecol, San Eng) / Abwasser *n* (häusliches, städtisches, industrielles - DIN 4045), Schmutzwasser *n* (durch Gebrauch verunreinigtes), SW (Schmutzwasser) ‖ ~ (San Eng) / Abwasserbeseitigung *f* (Rückführung des Abwassers in den natürlichen Wasserkreislauf), Abwasserentsorgung *f* ‖ ~* (San Eng) / Kanalisation *f* (DIN 4045), Kanalisationssystem *n*, Kanalsystem *n*, Kanalnetz *n* (DIN 4045) ‖ ~ **system** (San Eng) / Kanalisation *f* (DIN 4045), Kanalisationssystem *n*, Kanalsystem *n*, Kanalnetz *n* (DIN 4045)
**sewer brick** (Agric, San Eng) / Kanalstein *m* (für Abwasserkanäle), Kanalisationsziegel *m* ‖ ~ **cleaner** (San Eng) / Kanalreinigungsgerät *n* ‖ ~ **cleaning device** (San Eng) / Kanalreinigungsgerät *n* ‖ ~ **flushing device** (San Eng) / Kanalspüler *m* ‖ ~ **gas** (San Eng) / Kanalgas *n* ‖ ~ **gas** (San Eng) / Faulgas *n* (beim anaeroben Abbau von Klärschlamm anfallendes Gas), Klärgas *n* ‖ ~ **inspection** (Civ Eng, San Eng) / Kanalbegehung *f* ‖ ~ **line** (San Eng) / Kanalleitung *f*, Abwasserleitung *f* ‖ ~ **manhole** (San Eng) / Kanalschacht *m*, Abwasserschacht *m*, Schacht *m* (Kanalschacht) ‖ ~ **penstock** (San Eng) / Kanalschieber *m* (Absperrorgan, das zum Einbau in einem Freispiegelgerinne geeignet ist) ‖ ~ **pipe** (San Eng) / Kanalisationsrohr *n* ‖ ~ **pipe** (San Eng) / Abwasserrohr *n* (z.B. nach DIN 4032, 4035 und 19850), Kanalrohr *n* ‖ ~ **renovation** (San Eng) / Kanalsanierung *f* ‖ ~ **tile** (Ceramics, San Eng) / Kanalkachel *f* ‖ ~ **winch** (San Eng) / Kanalwinde *f* (Arbeitsgerät, das über einem Einsteigschacht aufgestellt wird und mit dessen Hilfe z.B. ein Reinigungsgerät durch die vorhergehende Haltung gezogen werden kann) ‖ ~ **with storage capacity and overflow** (San Eng) / Stauraumkanal *m* (lang gestreckte Bauform des Regenüberlaufbeckens nach DIN 4045)
**sewing*** *n* (Bind) / Heften *n* (meistens mit Fäden) ‖ ~ (Eng) / Vernähen *n* (des Riemens) ‖ ~ (Textiles) / Näherei *f*, Nähen *n*, Näharbeit *f* ‖ ~ (Textiles) / genähte Sachen ‖ ~ (Textiles) / Sachen *f pl* zum Nähen ‖ ~ **awl** (Textiles) / Bindenadel *f* (des Sattlers) ‖ ~ **foot** (Textiles) / Stofffuß *m* (der Nähmaschine) ‖ ~ **machine** (Bind) / Heftmaschine (Fadenheften) ‖ ~ **machine** (Textiles) / Nähmaschine *f* (DIN 5300-2 und 61 400) ‖ ~ **robot** (Textiles) / Nähroboter *m* ‖ ~ **set** (Textiles) / Nähgarnitur *f* ‖ ~ **silk** (Spinning, Textiles) / Nähseide *f* (Zwirn aus Haspel- oder Schappeseide) ‖ ~ **thread** (Textiles) / Nähgarn *n*, Nähfaden *m*, Nähzwirn *m* ‖ ~ **through gauze** (Bind) / Gazeheftung *f*
**sewn buff** (Eng) / gesteppte Scheibe ‖ ~ **mop** (Eng) / gesteppte Scheibe
**sew on** *v* (Textiles) / annähen *v*, aufnähen *v* ‖ ~ **together** (Textiles) / zusammennähen *v* ‖ ~ **up** *v* / zunähen *v*
**sexadecimal** *adj* (Comp, Maths) / hexadezimal *adj* (Zahlensystem zur Programmierung der Digitalrechner), sedezimal *adj* (zur Basis 16)
**sexadentate** *adj* (Chem) / sechszähnig *adj* (Ligand), sechszählig *adj* (Ligand) ‖ ~ **ligand** (Chem) / sechszähniger Ligand
**SEXAFS** (surface-extended X-ray absorption fine structure) (Electronics) / Feinstruktur *f* der Röntgenabsorption von Oberflächen in einem weiteren Energiebereich, oberflächenverstärkte Röntgenabsorptions-Feinstruktur
**sexagesimal** *adj* (Maths) / sexagesimal *adj* (zur Basis 60) ‖ ~ **measure of angles** (Maths) / Messung *f* der ebenen Winkel in Graden ‖ ~ **system** (Maths) / Sexagesimalsystem *n*
**sexavalence** *n* (Chem) / Sechswertigkeit *f*, Hexavalenz *f*
**sexavalent*** *adj* (Chem) / hexavalent *adj*, sechswertig *adj*
**sex cell*** (Biochem, Biol) / Geschlechtszelle *f*, Gamet *m* (pl. -en - haploide Geschlechtszelle) ‖ ~ **chromosome** (a chromosome concerned in determining the sex of an organism, typically one of two kinds) (Gen) / Geschlechtschromosom *n* ‖ ~ **determination*** (Gen) / Geschlechtsbestimmung *f*, Geschlechtsdetermination *f*
**sexfoil** *n* (Arch) / Sechspass *m* (im gotischen Maßwerk), Sechsblatt *n*
**sex hormone** (Biochem) / Geschlechtshormon *n*, Sexualhormon *n*, Keimdrüsenhormon *n*
**sexivalent** *adj* (Chem) / hexavalent *adj*, sechswertig *adj*
**sexless connector** (Elec Eng) / Zwitterstecker *m*
**sexpartite** *adj* (Arch) / sechsteilig *adj* (Gewölbe)
**S-expression** *n* (AI) / S-Ausdruck *m*
**sextant*** *n* (Nut, Surv) / Sextant *m* (ein Winkelmessinstrument für Aufgaben der terrestrischen und astronomischen Navigation)
**sextet** *n* (Chem, Spectr) / Sextett *n* ‖ ~ (a group of six adjacent digits operated upon as a unit) (Comp) / Sechs-Bit-Byte *n*, 6-Bit-Byte *n* ‖ ~ **formula** (Chem) / Sextettformel *f*
**sextic** *n* (Maths) / algebraische ebene Kurve sechster Ordnung ‖ ~ *adj* (Maths) / sechsten Grades, sechster Ordnung
**sextile aspect** (Astron) / Sextilschein *m* (eine Konstellation), Sextil *n*
**sextodecimo*** *n* (Print) / Sedez *n* (nicht mehr gebräuchliche Bezeichnung für einen viermal gefalzten Papierbogen, der 16 Blätter oder 32 Seiten enthält), 16° (ein Teilungsverhältnis)
**sextol*** *n* (Chem) / Methylzyklohexanol *n*, Methylcyclohexanol *n*, Hexahydrokresol *n* (ein Lösungsmittel), Hexahydrocresol *n*

**sexual cell** (Biol) / Geschlechtszelle *f*, Gamet *m* (pl. -en - haploide Geschlechtszelle) ‖ ~ **reproduction** (Biol) / geschlechtliche Fortpflanzung
**Seychelles nut** / Doppelkokosnuss *f*, Seychellennuss *f*, Maledivische Nuss, Meereskokosnuss *f* (Frucht der Palme Lodoicea maldivica (J.F. Gmel) Pers.)
**Seyfert galaxy*** (Astron) / Seyfert-Galaxie *f* (eine aktive kompakte Galaxie - nach C.K. Seyfert, 1911-1960)
**Seyferth reagent** (Chem) / Seyferth-Reagens *n* ($H_5C_6$ - Hg - $CX_3$)
**SF** (sunk face) (Build) / ausgearbeitete Ansichtsfläche (eines Steins), vertiefte Sichtfläche ‖ ~ (supercritical fluid) (Chem, Phys) / überkritisches Fluid (auch in der Chromatografie), überkritische Flüssigkeit ‖ ~* (surfer-friendly) (Comp) / surferfreundlich *adj*
**S.F.** (shear force) (Eng, Mech) / Scherkraft *f*, Schubkraft *f*
**SF** (spreading factor) (Pharm) / Diffusionsfaktor *m*, Hyaluronidase *f*, Hyaluronat-Glykanhydrolase *f*, Ausbreitungsfaktor *m* (der die Ausbreitung der wirksamen Substanz erhöht) ‖ ~* (structural foam) (Plastics) / Integralschaumstoff *m* (DIN 7726), Strukturschaumstoff *m* ‖ ~ (signal frequency) (Telecomm) / Signalfrequenz *f*
**SFC** (supercritical fluid chromatography) (Chem) / Chromatografie *f* mit überkritischen Fluiden, superkritische Fluidchromatografie (ein chromatografisches Verfahren, bei dem Gase im superkritischen Zustand als mobile Phase benutzt werden), SFC (superkritische Fluidchromatografie), Fluid-Chromatografie *f* (in der Gase im superkritischen Zustand als mobile Phase benutzt werden) ‖ ~ (specific fuel consumption) (I C Engs) / spezifischer Kraftstoffverbrauch (dem Verbrennungsmotor zugeführte Kraftstoffmasse je Einheit der Leistung und der Zeit)
**$SF_6$ cable** (Cables) / $SF_6$-Kabel *n* ‖ ~ **circuit breaker** (Elec Eng) / Schwefelhexafluorid-Leistungsschalter *m*, $SF_6$-Leistungsschalter, $SF_6$-Schalter *m*
**SFD** (single-frequency decoupling) (Spectr) / selektive Entkopplung
**SFE** (supercritical fluid extraction) (Chem) / Extraktion *f* mit überkritischen Fluiden
**sfe** (solar-flare effect) (Geophys, Radio) / Sonneneruptionseffekt *m* (plötzliche abnorme Verstärkung der Ionisation in der Ionosphäre der Erde als Folge einer chromosphärischen Eruption auf der Sonne), SID (Sonneneruptionseffekt)
**SFET** (surface field-effect transistor) (Electronics) / Oberflächenfeldeffekttransistor *m*
**S fibre** (Spinning) / Schrumpffaser *f*, S-Faser *f*
**SFL** (substrate-fed logic) (Electronics) / substratgespeiste Logik (integrierte Injektionslogik)
**$SF_6$-leakage detector** (Elec Eng) / $SF_6$-Lecksuchgerät *n*
**SFM** (scanning force microscope) (Micros) / Rasterkraftmikroskop *n* ‖ ~ (split-field magnet) (Nuc) / Spaltfeldmagnet *m*, SFM (Spaltfeldmagnet)
**SF module** (Electronics) / Substitutionsfeldmodul *n*
**SFN** (single-frequency network) (Radio, Telecomm) / Gleichwellennetz *n* (ein Netz aus mehreren Sendern zur Funkübertragung, die verschiedene Nutzsignale auf den unterschiedlichen Sendern auf der gleichen Frequenz ausstrahlen)
**SFS** (sodium formaldehyde sulphoxylate) (Chem, Textiles) / Natriumformaldehydsulfoxylat *n*
**sf signalling system** (Telecomm) / Einfrequenzsignalgabesystem *n*
**SFSK** (Telecomm) / Modulation *f* durch sinusförmige Verschiebung der Frequenz
**Sg** (seaborgium) (Chem) / Seaborgium *n* (Element der 6. Gruppe des Periodensystems, Ordnungszahl 106 - nach G.T. Seaborg, 1912 - 1999), Sg (Seaborgium)
**SG** (steam generator) (Eng) / Dampferzeuger *m*, DE (Dampferzeuger)
**S.G.** (specific gravity) (Phys) / relative Dichte (wenn der Zustand des Bezugsstoffes der gleiche ist wie der des Versuchsstoffes - DIN 1306), Dichteverhältnis *n*, RD (relative Dichte)
**sg** (specific gravity) (Phys) / relative Dichte (wenn der Zustand des Bezugsstoffes der gleiche ist wie der des Versuchsstoffes - DIN 1306), Dichteverhältnis *n*, RD (relative Dichte)
**S.G.C.** (Chem) / Fest-Gaschromatografie *f*
**SGC** (sixth-generation computer) (Comp) / Rechner *m* der sechsten Generation, Neurocomputer *m* (der nach dem Vorbild neuronaler Netze im Gehirn aufgebaut werden soll), Neuronenrechner *m*
**SGHWR** (steam-generating heavy-water reactor) (Nuc Eng) / dampferzeugender Schwerwasserreaktor, SGHWR (dampferzeugender Schwerwasserreaktor)
**SG iron*** (Met) / Gusseisen *n* mit Kugelgraphit (DIN 1693), Sphäroguss *m*, GGG (Gusseisen mit Kugelgraphit)
**S-glass*** *n* (Glass) / S-Glas *n* (aus $SiO_2$, $Al_2O_3$ und MgO bestehendes spezielles Faserglas mit hohem E-Modul und hoher Festigkeit für hochwertige Kunststoffverstärkung)
**SGML*** (Standardized General Markup Language) (Comp) / Standard(ized) General Markup Language (Datenformat-Standard

**sgn**

zum Austausch strukturierter Dokumente zwischen Textsystemen und Document-Publishing-Systemen - ISO 8879), SGML (Standardized General Markup Language)
**sgn** (signum function) (Maths) / Signumfunktion *f*, Vorzeichenfunktion *f*, sgn (Signumfunktion)
**SGR** (steam gas recirculation) (Oils) / SGR-Prozess *m* (bei der Schieferölgewinnung)
**sgraffito*** *n* (pl. sgraffiti) (Arch, Build) / Sgraffito *n* (pl. -s oder -fiti - eine Art Kratzputz)
**SGT** (segment table) (Comp) / Segmenttabelle *f* (in der virtuellen Speichertechnik)
**SGW** (stone groundwood) (Paper) / [mechanischer] Holzschliff *m* (DIN 6730), [mechanischer] Holzstoff *m*, Holzmasse *f*
**Sh** (shannon) (Comp) / Shannon *n* (DIN 5493-1), Sh (Shannon)
**shabby** *adj* / abgewohnt *adj* (schäbig)
**shackle** *n* / Vorhängeschlossbügel *m* (DIN 7465) || ~* (Eng) / Bügel *m* || ~* (Eng, Ships) / Schäkel *m* (ein Verbindungs- und Befestigungsglied aus Metall), Lasche *f*, Verbindungsglied *n* (für Ketten, Drahtseile)
**shackle-bolt** *n* (Eng) / Schäkelbolzen *m* (mit Schraubverschluss)
**shackle insulator*** (Elec Eng) / Schäkelisolator *m* (mit einem Metallbügel und einem durch die Mittelbohrung des Isolierkörpers gesteckten Metallbolzen als Befestigungsmittel)
**shaddock** *n* (Bot, Nut) / Pampelmuse *f* (Frucht der Citrus maxima (Burm.) Merr.), Shaddock-Pampelmuse *f*, Riesenorange *f*
**shade** *v* / abschatten *v*, schattieren *v* || ~ (Optics) / vignettieren *v*, abschatten *v*, verlaufen lassen || ~* (Paint, Textiles) / abtönen *v*, nuancieren *v*, abstufen *v* (die Farbtöne) || ~ *n* / Nuance *f* (eine kleine Farbabstufung) || ~ / Farbnuance *f* (nach Sättigung und Dunkelstufe abgewandelter Farbton) || ~ / Schattierung *f* (im Allgemeinen) || ~ (Elec Eng) / Lampenschirm *m*, Leuchtenschirm *m*, Schirm *m* (einer Lampe) || ~* (Paint, Textiles) / Farbton *m*, Bunttom *m* (DIN 5033-1), Farbtönung *f*, Ton *m* (Farbton) || ~* (Surv) / Sonnenfilter *n* || ~ **alteration** (Textiles) / Farbtonumschlag *m*, Farbumschlag *m* || ~ **bar** (Weaving) / Farbschattierungsstreifen *m* (auch verwechselter Schuss) || ~ **card** (Paint) / Farbtontabelle *f*, Farbtonkarte *f*, Farbkarte *f*
**shadecraft watermark** (Paper) / Schattenwasserzeichen *n* (erscheint auf dem Papier dunkler), Schattenzeichen *n*, Wasserzeichen *n* mit Schattierungen
**shade deck** (Ships) / Schattendeck *n*
**shaded memory** (Comp) / Ergänzungsspeicher *m* (DIN 44300), Schattenspeicher *m* (Teil des Arbeitsspeichers, dessen Speicherplätze nicht vom Programm her aufgerufen werden können) || ~ **picture** / schattiertes Bild, Grauwertbild *n* || ~ **pole*** (Elec Eng) / Spaltpol *m* || ~**-pole motor** (Elec Eng) / Spaltpolmotor *m* (ein Einphasen-Asynchronmotor geringer Leistung nach DIN 42005) || ~ **sandblast** (Glass) / unterschiedlicher Sandstrahlabtrag || ~ **weave** (Weaving) / Kettenschattenbildung *f*, Bindungsombré *m*
**shade endurance** (Bot) / Schattentoleranz *f*, Lichtmangeltoleranz *f*
**shade-loving plant** (Bot) / Schattenpflanze *f* (mit geringem Lichtbedürfnis), Schwachlichtpflanze *f*, Skiophyt *m* (pl. -en)
**shade of grey** / Grauton *m* || ~ **of white** (Paint) / Weißton *m*, Nuance *f* der Weißtönung || ~ **plant*** (Bot) / Schattenpflanze *f* (mit geringem Lichtbedürfnis), Schwachlichtpflanze *f*, Skiophyt *m* (pl. -en)
**shader** *n* (Comp) / Shader *m*
**shades** *pl* (Optics) / Sonnenbrille *f*
**shade temperature** (Meteor) / Temperatur *f* im Schatten || ~ **tolerance** (Bot) / Schattentoleranz *f*, Lichtmangeltoleranz *f*
**shading** *n* / Schattierung *f* (im Allgemeinen) || ~ (Acous) / Abblenden *n*, Abblendung *f* || ~ (Cartography) / Schattierung *f*, Schummerung *f* (Darstellung der Hänge in verschiedenen Grautönen, um der Geländedarstellung eine plastische Wirkung zu geben) || ~ (Comp) / Schattierung *f* || ~ (Optics) / Vignettierung *f*, Abschattung *f* || ~ (Paint, Textiles) / Abtönen *n*, Abtönung *f*, Nuancierung *f*, Abstufung *f* der Farbtöne || ~ (Textiles) / Strichbildung *f* (bei Veloursteppichen) || ~ (Textiles) / Shading *n* (seltener Fehler bei Veloursteppichen), Florverlagerung *f* (bei Veloursteppichen) || ~ (TV) / Bildabschattung *f* || ~* (TV) / Ungleichmäßigkeit *f* im Bildschwarz || ~ **algorithm** (Comp) / Schattierungsalgorithmus *m* || ~ **salt** (Textiles) / Nuanciersalz *n*
**shadow** *v* (Typog) / schattieren *v* (Schrift) || ~ *n* (Comp) / Schattenspeicher *m* (programmierbarer Urladefestspeicher) || ~* (Light, Optics), Shadow *n* || ~* (Radar, Radio, TV) / Empfangsloch *n*, Schattenstelle *f*, tote Zone (im Reflexionsschatten der Ionosphäre) || ~ **angle** (Micros) / Bedampfungswinkel *m* || ~ **area** / schattiges Gebiet, Schattenpartie *f*, Gebiet *n* mit Schatten || ~ **bands** (Astron) / fliegende Schatten (bei der Sonnenfinsternis) || ~ **boundary line** / Schattengrenzlinie *f* || ~ **cast** (Light) / Schattenwurf *m* || ~ **casting technique** (Micros, Powder Met) / Schrägbedampfung *f*, Bedampfung *f* (zur Steigerung des Bildkontrastes)
**shadow-column instrument** / Schattenanzeigergerät *n*
**shadow cone** (Astron) / Schattenkegel *m* || ~ **detail** (Photog) / Schattenzeichnung *f* (Durchzeichnung der Schatten bei kontrastreichen Beleuchtungssituationen), Schattendetail *n* || ~ **effect** (Astron, Photog) / Schatteneffekt *m* || ~ **fringe** (Glass) / Schattenstreifen *m* || ~ **gap** (Build) / Schattenfuge *f*, Schattennut *f* (bei verkleideten Deckenuntersichten und/oder Wandschalungen)
**shadowgraph** *n* / Schattenriss *m*, Schattenbild *n* || ~ (Radiol) / Schirmbild *n*, Röntgenschirmbild *n*
**shadowgraphy** *n* (Optics, Photog) / Schattenverfahren *n* (im Allgemeinen)
**shadow guide device** (For) / Richtlicht(gerät) *n*
**shadowing** *n* / Schattenbildung *f* || ~ (Astron, Photog) / Schatteneffekt *m* || ~ (Leather) / Schattieren *n* (des Kunstleders) || ~ (oblique evaporation) (Micros, Powder Met) / Schrägbedampfung *f*, Bedampfung *f* (zur Steigerung des Bildkontrastes) || ~ (Radar) / Abschattung *f* (durch Gelände, Vegetation und Gebäude) || ~ **technique*** (Micros, Powder Met) / Schrägbedampfung *f*, Bedampfung *f* (zur Steigerung des Bildkontrastes)
**shadowless** *adj* (Light) / schattenfrei *adj*, schattenlos *adj* (z.B. Beleuchtung)
**shadow letter** (Typog) / Schattenbuchstabe *m* || ~**-mark** *n* (Paper) / Schattenwasserzeichen *n* (erscheint auf dem Papier dunkler), Schattenzeichen *n*, Wasserzeichen *n* mit Schattierung
**shadow-mark*** *n* (Paper) / Gautschfehler *m*, Gautschmarkierung *f*
**shadow mask** (a fine grill that guides the electron beams to ignite individual phosphors on a monitor screen) (TV) / Lochmaske *f* (dünnes Blechsieb hinter dem Schirm der Farbbildröhre), Schattenmaske *f*
**shadow-mask tube*** (TV) / Lochmaskenröhre *f* (mit dreieckigem Strahlsystem - heute veraltet), Deltafarbröhre *f* (mit dreieckigem Strahlsystem - heute veraltet), Schattenmaskenröhre *f*, Maskenröhre *f*
**shadow microscopy** (Micros) / Röntgenprojektionsmikroskopie *f*, Röntgenschattenmikroskopie *f* || ~ **photography*** (with exposures of $10^{-7}$ s (Photog) / Schattenverfahren *n* (in der Hochgeschwindigkeitsfotografie) || ~ **printing** (Comp) / Schattendruck *m* (leicht versetzter Doppelanschlag) || ~ **printing** (Textiles) / Ombrédruck *m*, Flammdruck *m*, Flammendruck *m* || ~ **region** (Acous) / Schattenzone *f* (DIN 1320), Schattenbereich *m*
**shadows** *pl* / dunkle Stellen, Schatten *m pl* (z.B. in einem Film)
**shadow scattering*** (Nuc) / Schattenstreuung *f*, Diffraktionsstreuung *f*, Beugungsstreuung *f* (innerhalb des geometrischen Schattens hinter dem streuenden Objekt) || ~ **side** (Light) / Schattenseite *m* || ~ **space** (Optics) / Schattenraum *m* (hinter dem lichtundurchlässigen Körper) || ~ **stripes*** (Textiles) / Schattenstreifenstoffe *m pl* || ~ **wall** (a more or less solid structure built on the top of the bridge wall of a glass tank, or suspended from the crown, to limit the flow of heat from the glass-melting zone to the refining zone of the tank) (Glass) / Schattenwand *f* (teildurchlässige Trennwand aus Feuerfeststeinen in Form eines Gittermauerwerkes auf Durchlass oder Brücke einer einhäusigen Wanne) || ~ **watermark** (Paper) / Schattenwasserzeichen *n* (erscheint auf dem Papier dunkler), Schattenzeichen *n*, Wasserzeichen *n* mit Schattierungen
**shadowy** *adj* / schattenhaft *adj*, schemenhaft *adj* (Umrisse) || ~ / schattig *adj*, schattenreich *adj*
**shadow zone** (Acous) / Schattenzone *f* (DIN 1320)
**shadrach** *n* (Met) / Ofenbär *m*, Ofensau *f*, Sau *f*, Schlackenbär *m* (durch verfestigte Schlacke hervorgerufene Verstopfung in Hochöfen)
**shady** *adj* / schattig *adj*, schattenreich *adj*
**shaft** *n* (Agric) / Deichsel *f* || ~ (Arch) / Dienst *m* (Viertel-, Halb- oder Dreiviertelsäule, die einem tragenden Element vorgebaut ist und sich in die Rippen des Gewölbes fortsetzt) || ~* (Arch) / Schaft *m*, Säulenschaft *m* || ~ (Build) / Rahmenriegel *m* (z.B. bei einer Balkenbrücke) || ~ (Eng) / Welle *f* (zur Übertragung von Drehmomenten) || ~ (Eng) / Bolzen *m* (dicker) || ~ (Met) / Schacht *m* (des Hochofens) || ~* (Mining) / Schacht *m* (lotrechter Grubenbau, mit dem eine Lagerstätte von der Tagesoberfläche aus erschlossen wird) || ~ (Ships) / Schaft *m* (ein meist rundes Bauteil wie Anker- oder Ruderschaft) || ~ (Eng) s. also axle || ~ **alley** (Ships) / Wellentunnel *m* || ~ **angle** (Eng) / Achsenkreuzungswinkel *m* (bei Schraub- und Kegelradgetrieben nach DIN 3971)
**shaft-array gripper** (Eng) / Stiftfeldgreifer *m* (Universalgreifer, der beliebig geformte und lageunbestimmte Objekte aufnehmen kann)
**shaft axis** (Eng) / Wellenachse *f* || ~ **bossings** (Ships) / Wellenhose *f* (flossenartige Verkleidung der Schraubenwelle von Mehrschraubenschiffen) || ~ **bottom** (Mining) / Füllort *n* (im Bereich der tiefsten Sohle) || ~ **bottom** (Mining) / Schachtsohle *f*, Schachttiefstes *n* || ~ **brake** (Ships) / Wellenbremse *f* (Einrichtung, um die Welle bei Wartungsarbeiten gegen Drehung festzusetzen) || ~ **collar** (Mining) / Schachtmundloch *n*, Schachtmündung *f*, Tagkranz *m* || ~ **coupling** (Eng) / Wellenkupplung *f*, Wellenschalter *m* || ~ **cross section** (Mining) / Schachtscheibe *f* (Schachtquerschnitt mit Ausbau und Einteilung in die verschiedenen Trumme) || ~ **designation** (Eng)

/ Wellenkurzzeichen n (in den Zeichnungen) ‖ ~ **drill** (Civ Eng, Mining) / Schachtbohrmaschine f ‖ ~ **drilling** (Civ Eng, Mining) / Schachtbohren n ‖ ~ **drive** (Aero, Eng) / Wellenantrieb m (z.B. bei Rotorflugzeugen)
**shaft-driven generator** (Ships) / Wellengenerator m
**shaft duct** (Eng) / Wellendurchführung f, Wellendurchtritt m, Wellendurchgang m ‖ ~ **end** (Eng) / Wellenende n ‖ ~ **exit in the casing** (Eng) / Wellendurchtritt m im Gehäuse ‖ ~ **furnace**\* (Met) / Schachtofen m
**shaft-furnace mouth** (Met) / Gicht f (der obere Teil eines Schachtofens im Allgemeinen) ‖ ~ **top** (Met) / Gicht f (der obere Teil eines Schachtofens im Allgemeinen)
**shaft generator** (Ships) / Wellengenerator m ‖ ~ **governor**\* (Eng) / Wellendrehzahlregler m ‖ ~ **guide** (Mining) / Schachtführung f (die die Förderkörbe in der Spur des betreffenden Fördertrums hält) ‖ ~ **height** (Elec Eng) / Achshöhe f (Maß von der Basis der elektrischen Maschine zur Wellenmitte) ‖ ~ **hoisting** (Mining) / Schachtförderung f (seigere und schräge) ‖ ~ **horse power** (Eng) / Wellenleistung f (Nutzleistung in PS), Wellenpferdestärke f, WPS (Wellenpferdestärke) ‖ ~ **house** (Mining) / Schachtgebäude n
**shafting**\* n (Eng) / Transmissionswelle f (zum Gruppenantrieb; heute durch Einzelantrieb abgelöst) ‖ ~ (Eng) / Wellen f pl
**shaft kiln** (an essentially vertical, refractory-lined furnace for heating lump material) (Ceramics) / Schachtofen m
**shaftless motor** (Elec Eng) / Einbaumotor m (der zum Einbau bestimmt ist)
**shaft lining** (Met) / Schachtofenauskleidung f ‖ ~ **lining** (Mining) / Schachtausbau m (aus geschlossenen Gusseisen- oder Stahlsegmenten)
**shaft-mounted wheel** (Phys) / Wellrad n (eine einfache Maschine)
**shaft mouth** (Mining) / Schachtmundloch n, Schachtmündung f, Tagkranz m ‖ ~ **order** (I C Engs) / Motorordnung f (Wiederholung der Schwingungsform in Abhängigkeit von der Motordrehzahl) ‖ ~ **output** (Eng) / abgegebene Wellenleistung, effektive Wellenleistung ‖ ~ **passage** (Eng) / Wellendurchführung f, Wellendurchtritt m, Wellendurchgang m ‖ ~ **penetration** (Eng) / Durchführung f für Wellen ‖ ~ **pillar**\* (Mining) / Sicherheitspfeiler m (ein stehen bleibender Teil der Lagerstätte zum Schutz von wichtigen Grubenbauen, an Markscheiden, an Gefahrenstellen oder unter wichtigen Tagesanlagen), Schutzpfeiler m ‖ ~ (safety) **pillar**\* (Mining) / Schachtsicherheitsfeste f (eine Bergfeste) ‖ ~ (safety) **pillar**\* (Mining) s. also safety pillar ‖ ~ **power** (Eng) / Wellenleistung f (im Allgemeinen) ‖ ~ **power** (Eng) / Wellenleistung f (Nutzleistung in PS), Wellenpferdestärke f, WPS (Wellenpferdestärke) ‖ ~ **power output** (Eng) / abgegebene Wellenleistung, effektive Wellenleistung ‖ ~ **rough turning machine** (Met) / Schälmaschine f (eine Drehmaschine) ‖ ~ **seal** (Eng) / Simmerring m (Wellendichtung aus Gummi oder Leder), Radialwellendichtring m ‖ ~ **sealing** (Eng) / Wellendichtung f (Vorgang), Wellenabdichtung f (Vorgang)
**shaft-sealing ring** (Eng) / Simmerring m (Wellendichtung aus Gummi oder Leder), Radialwellendichtring m ‖ ~ **steam** (Eng) / Stopfbuchsendampf m, Sperrdampf m
**shaft set** (Mining) / Schachtkranz m ‖ ~ **sinking** (Mining) / Schachtabteufen n
**shaft-sinking pump** (Mining) / Abteufpumpe f
**shaft station**\* (Mining) / Anschlag m (an dem Förderwagen auf- und abgeschoben werden oder Personen den Förderkorb betreten oder verlassen können) ‖ ~ **tower** (Mining) / Fördergerüst n (Einstreben-, Doppelstreben- und Turmgerüst), Förderturm m, Seilscheibengerüst n ‖ ~ **tunnel** (Ships) / Wellentunnel m ‖ ~ **turbine**\* (Aero) / Wellenturbine f (auch beim Hubschrauber)
**shaft-type furnace** (Met) / Schachtofen m
**shaft winding** (Mining) / Schachtförderung f (seigere und schräge) ‖ ~ **with multiple engagement** (Eng) / mehrfach besetzte Welle
**shafty wool** (Textiles) / gute, dichte, lange Wolle
**shag** vt (Textiles) / pelzen v, rauen v ‖ ~ n (Textiles) / hochpoliger geschnittener Flor ‖ ~ (Textiles) / langfloriger Teppichboden, Shag m (Langflor-Tufting-Teppich im Velours-Charakter aus gezwirnten Material aus Wolle oder Chemiefasern), Shag-Teppich m
**shagbark hickory** (For) / Schuppenrindenhickory m (Carya ovata (Mill.) K. Koch), Schindelrindiger Hickory
**shaggy**\* adj (Bot, Zool) / zottig adj ‖ ~ (Textiles) / langflorig adj, zottig adj ‖ ~ **pile carpet** (Textiles) / Hochflorteppich m (mit hochpoligem geschnittenem Flor), Langflorteppich m ‖ ~ **suede** (Leather) / Mohairvelours n
**shagpile** n (Textiles) / Hochflorteppich m (mit hochpoligem geschnittenem Flor) ‖ ~ **carpet** (Textiles) / Hochflorteppich m (mit hochpoligem geschnittenem Flor), Langflorteppich m
**shagreen** v (Leather) / chagrinieren v ‖ ~ n (Bind, Leather) / Chagrin m (Leder aus Pferde- oder Eselshäuten mit künstlich aufgepresstem Narbenmuster), Chagrinleder n, Narbenleder n, genarbtes Leder ‖ ~ (Haifischleder) (Leather) / Chagrinleder n (Haifischleder), Chagrin n, Fischhaut f
**shake** v / schütteln v, durchschütteln v ‖ ~ / rütteln v ‖ ~ (Photog) / verwackeln v ‖ ~ n (Build) / Handschindel f ‖ ~ (Cinema, Photog) / Kamerabewegung f (ungewollte, einmalige) ‖ ~\* (For) / Riss m (Holzfehler im Stamminnern) ‖ ~ (Geol) / Kaverne f (im Kalkstein) ‖ ~ (Horol) / Lagerspiel n, Längsspiel n ‖ ~ (Mining) / senkrechter Riss ‖ ~ (Photog) / Verwackelung f, Verwacklung f (Bewegung, deren Ergebnis die verwackelten Bilder sind)
**shakedown flight** (Aero) / Versuchsflug m (ohne Messdatenregistrierung)
**shake nail** (Build) / Schindelnagel m
**shake-off line** (Spectr) / Shake-off-Linie f (in Satellitenpeaks mit niedrigerer kinetischer Energie neben dem Primärpeak - wenn das zweite Elektron emittiert wird)
**shake out** v (Chem) / ausschütteln v ‖ ~ **out** (Foundry) / ausleeren v, ausschlagen v, auspacken v (Formen)
**shake-out** n / Verschlankung f (der Verwaltung) ‖ ~ (Work Study) / Stellenabbau m, Personalabbau m ‖ ~ **core sand** (Foundry) / Kernaltsand m ‖ ~ **grid** (Foundry) / Ausleerrost m ‖ ~ **sand** (Foundry) / Altsand m (am Ausleerrost) ‖ ~ **station** (Foundry) / Ausleerplatz m (in der Gießerei)
**shaker** n (Agric) / Strohschüttler m, Schüttler m (des Mähdreschers - meistens ein Hordenschüttler) ‖ ~ (Agric, Nut) / Trieur m ‖ ~ (Eng) / Schüttelmaschine f, Schüttelapparat m, Schüttler m ‖ ~ (Materials) / Rüttler m (ein Schwingungsprüfstand), Shaker m ‖ ~ (Spinning) / Lumpenentstäuber m, Lumpenklopfer m (zum Entstauben), Staubwolf m ‖ ~ (for fibre blending) (Textiles) / Shaker m ‖ ~ **conveyor** (Mining) / Schüttelrutsche f (ein Schwingförderer) ‖ ~ **screen** / Vibrationssieb n, Rüttelsieb n, Schwingsieb n, Schüttelsieb n (im Allgemeinen)
**shakesort** n (Comp) / Shakesort m (ein Sortierverfahren, das den Bubblesort modifiziert)
**shake test** / Rütteltest m
**shake-up** n (Work Study) / Umbesetzung f, Personalumbau m (radikaler), Reorganisation f (radikale) ‖ ~ **line** (Spectr) / Shake-up-Linie f (in Satellitenpeaks mit niedrigerer kinetischer Energie neben dem Primärpeak - wenn das zweite Elektron gebunden bleibt)
**shake willey** (Paper, Spinning) / Klopfwolf m ‖ ~ **willey** (Spinning) / Lumpenentstäuber m, Lumpenklopfer m (zum Entstauben), Staubwolf m
**shaking** n / Schütteln n, Rütteln v ‖ ~ (Nut) / Remuage f (des Sekts beim Flaschengärverfahren), Rütteln n (des Sekts beim Flaschengärverfahren) ‖ ~ **conveyor** (Mining) / Schüttelrutsche f (ein Schwingförderer) ‖ ~ **grate**\* (Eng) / Schüttelrost m ‖ ~ **grate** (Eng) / Wanderrost m, beweglicher Rost ‖ ~ **machine** (Eng) / Schüttelmaschine f, Schüttelapparat m, Schüttler m ‖ ~ **motion** (Weaving) / Schüttelvorrichtung f ‖ ~ **screen** / Vibrationssieb n, Rüttelsieb n, Schwingsieb n, Schüttelsieb n (im Allgemeinen)
**shaking-sieve digger** (Agric) / Schwingsiebroder m (ein Kartoffelvorratsroder), Siebrostroder m
**shaking table**\* (Min Proc) / Schüttelherd m ‖ ~ **table**\* (Min Proc) s. also Wifley table
**shaky** adj (unstable because of poor construction or heavy use) (Build) / abbruchreif adj, baufällig adj
**shale** n (Min Proc) / Abgänge m pl, Berge m pl, Aufbereitungsberge m pl (die meistens als heizwertarmes Abfallprodukt verstromt werden können), Tailings pl ‖ ~ **clay** (Geol) / Schieferton m ‖ ~ **oils**\* (Fuels) / Schieferöle n pl
**shale-oil sulphonate** (Chem) / Bituminosulfonat n (z.B. Ichthyol), Schieferölsulfonat n
**shale shaker** (Oils) / Schüttelsieb n (für die Spültrübe) ‖ ~ **tar** (Chem Eng) / Schieferteer m (mit Schieferteerpech als Rückstand) ‖ ~ **wax** / Schieferölparaffin n
**shallow** vi (Hyd Eng) / seicht(er) werden (durch Versandung oder durch Verschlammung) ‖ ~ adj / seicht adj, flach adj (seicht), mit geringer Tiefe, untief adj (Hyd Eng) / muldenförmig adj ‖ ~ **angle** (Space) / flacher Anflugswinkel (auf die Eintauchbahn) ‖ ~ **crack** / flacher Riss ‖ ~ **cultivation** (Agric) / Flachbodenbearbeitung f ‖ ~ **drawing** (Met) / Tiefziehen n flacher Teile
**shallower-pool test** (Geol, Oils) / Erweiterungsbohrung f auf neuem Horizont
**shallow focus earthquake** (Geophys) / Flachherdbeben n, Flachbeben n (mit Epizentrum bis 65 km) ‖ ~ **fundament** (Build) / Flächengründung f, Flachgründung f
**shallow-pan fermenter** (Biochem) / Gärtassenbehälter m (ein spezieller Bioreaktortyp)
**shallow-pit corrosion** (Eng, Surf) / Muldenfraß m (Korrosionserscheinung, die sich in der Bildung von Vertiefungen manifestiert, deren Durchmesser wesentlich größer ist als deren Tiefe - DIN 50 900-1), Muldenkorrosion f (mit örtlich

**shallow-pit**
unterschiedlicher Abtragungsrate), ungleichmäßige Flächenkorrosion ‖ **~ formation** (Eng, Surf) / Muldenfraß *m* (Korrosionserscheinung, die sich in der Bildung von Vertiefungen manifestiert, deren Durchmesser wesentlich größer ist als deren Tiefe - DIN 50 900-1), Muldenkorrosion *f* (mit örtlich unterschiedlicher Abtragungsrate), ungleichmäßige Flächenkorrosion
**shallow-rooted** *adj* (Bot, For) / flachwurzelnd *adj*, mit flachen Wurzeln
**shallows** *pl* (Ships) / Untiefe *f* (für die Schifffahrt gefährliche flache Stelle)
**shallow tillage** (Agric) / Flachbodenbearbeitung *f* ‖ **~ water** (Hyd Eng) / Seichtwasser *n*, Flachwasser *n*
**shallow-water cable** (Cables) / Küstenkabel *n* ‖ **~ theory** (Phys) / Flachwassertheorie *f* ‖ **~ waves** (Ocean) / Wellen *f pl* im Flachwasser, Flachwasserwellen *f pl*
**sham** *adj* / unecht *adj* (Holz, Leder, Pelz, Stein), imitiert *adj* (wenn etwas Echtes vorgetäuscht wird)
**shammy** *n* (Leather) / Sämischleder *n* (mit entferntem Narben, meistens aus Schaffellen) ‖ **~ leather** (Leather) / Sämischleder *n* (mit entferntem Narben, meistens aus Schaffellen)
**sham plush** (Textiles) / Plüschnachahmung *f*
**shampooer** *n* (Textiles) / Teppichshampooniergerät *n*, Teppichschamponiergerät *n*, Shamponiergerät *n*
**shank** *n* (Textiles) / umwickeln *v* (Knopfstiel) ‖ **~ *n*** / Gelenk *n* (an Schuhen) ‖ **~*** (Arch) / Schaft *m*, Säulenschaft *m* ‖ **~*** (Eng) / Angel *f* (der Feile, des Spiralbohrers) ‖ **~** (Eng) / Halm *m* (des Schlüssels), Schaft *m* (des Schlüssels) ‖ **~*** (Eng, Tools) / Schaft *m* (des Fräsers, des Meißels, des Bohrers, der Schraube, des Nagels) ‖ **~** (Leather) / Klaue *f* ‖ **~*** (Met) / Gabelpfanne *f*, Tragpfanne *f* ‖ **~** (Met) / Tiegelschere *f* ‖ **~** (Textiles) / Knopfstiel *m* (beim Annähen von Knöpfen) ‖ **~*** (Typog) / Typenkörper *m*, Schaft *m* (der Teil einer Drucktype, der den Kopf mit dem Schriftbild trägt) ‖ **~ counterbore** (Eng) / Halssenker *m* (DIN 373) ‖ **~ diameter** (Eng) / Schaftdurchmesser *m* (der Schraube) ‖ **~ diameter** (Tools) / Schaftdurchmesser *m*
**shanking** *n* (Textiles) / Keulenwolle *f*, Schenkelwolle *f*, Beinwolle *f*
**shank ladle** (Met) / Gabelpfanne *f*, Tragpfanne *f* ‖ **~ length** (Eng) / Schaftlänge *f* (bei Schrauben mit Teilgewinde, mit Gewindeauslauf) ‖ **~ piece** / Gelenkstück *n* (an Schuhen)
**shank-type hob** (Eng) / Schaftwälzfräser *m* (mit Schaft aus einem Stück zur Herstellung von Schneckenrädern)
**shannon** *n* (a unit of information content) (Comp) / Shannon *n* (DIN 5493-1), Sh (Shannon) ‖ **~ equation** (Telecomm) / Shannon-Gleichung *f* (nach C. Shannon, 1916-2001)
**Shannon-Fano coding** (Comp) / Kodierung *f* nach Fano, Codierung *f* nach Fano (ein Quellcodierungsverfahren), Shannon-Fano-Kodierung *f*
**Shannon's sampling theorem** (Comp) / Abtasttheorem *n* (ein Lehrsatz der Informationstheorie), Samplingtheorem *n*
**shantung*** *n* (Textiles) / Shantung *n*, Shantungseide *f*, Schantung *m*, Schantungseide *f* (taftbindiges Seidengewebe aus Tussahseide mit ausgeprägten Fadenverdickungen)
**shantyman** *n* (US) (For) / Holzfäller *m*, Holzhacker *m*, Holzhauer *m*, Holzarbeiter *m*
**shape** *v* / verformen *v*, formen *v*, Form geben, gestalten *v*, bilden *v*, ausformen *v* ‖ **~** / profilieren *v* ‖ **~** (Glass) / walzen *v* (auf ebener Platte), marbeln *v*, motzen *v* (Kübel in einer Motze), wulgern *v* (in einem Wulgerlöffel bei der Stuhlarbeit), wulchern *v* ‖ **~** (Textiles) / formen *v*, fassonieren *v* ‖ **~** (Textiles) / dressieren *v* ‖ **~ *n*** / Form *f*, Gestalt *f* ‖ **~** (Eng) / Verlauf *m* (einer Kurve) ‖ **~** (Comp) / Sprite *n* (eine zusammengehörende Gruppe von Pixels), Shape *n*, Mob *n* (ein frei programmierbares Objekt in hochauflösender Grafik) ‖ **~** (Met) / Formteil *n* ‖ **~** (Stats) / Profilmaß *n* (in der Diskriminanzanalyse) ‖ **~** (Textiles) / Warenstand *m*
**shape-adaptive** *adj* / formadaptiv *adj*
**shape converter** / Querschnittswandler *m* (Lichtleiter mit unterschiedlicher Größe und/oder Form der Ein- und der Austrittsfläche nach DIN 58140)
**shaped beam** (Radar, Radio) / geformte Keule
**shaped-beam antenna** (Radio) / Strahlformungsantenne *f* (Richtantenne mit einer Hauptkeule, die von der mit gleichphasig erregter Apertur erreichbaren Hauptkeule abweicht) ‖ **~ tube*** (Electronics) / Funktionsgeneratorröhre *f*
**shaped charge** (Mil, Mining) / Hohlladung *f*, HL (Sprengkörper oder Geschoss), H-Ladung *f* ‖ **~ coke** (Fuels) / Formkoks *m* ‖ **~ conductor** (Elec Eng) / Profilleiter *m* (mit nicht kreisförmigem Querschnitt), Formleiter *m*, geformter Leiter ‖ **~ gable** (with the sides composed of convex and concave curves, usually with steps between them, and a semicircular or segmental top) (Arch) / geschweifter Giebel, geschweifter Knickgiebel ‖ **~ ingot** (Met) / Profilwalzblock *m* ‖ **~ part** (Met) / Formteil *n*

**shaped-tube electrolytic machining** (Eng) / elektrochemisches Feinbohren
**shaped wire** (Met) / Formdraht *m* (mit Querschnitten, die von der Kreisform abweichen, z.B. Flach- oder Sechskantdraht), Profildraht *m*, Fassondraht *m*
**shape factor** (Chem Eng) / Formfaktor *m* (eines Gummikörpers - nach Kimmich) ‖ **~ factor** (Elec Eng) / Formfaktor *m* (bei Spulen)
**shape-giving** *adj* / formgebend *adj*
**shapeless** *adj* / gestaltlos *adj* ‖ **~** / formlos *adj*, amorph *adj*
**shapely** *adj* / formschön *adj*, gut proportioniert
**shape matching** (AI, Maths) / Gestaltvergleich *m*, Formenvergleich *m*, Formen-Match *m* ‖ **~ memory** (Met, Textiles) / Shape-Memory *n*
**shape-memory alloy** (Met) / Memorylegierung *f* (die dem Hooke'schen Gesetz nicht gehorcht), Memory-Metall *n* (52-57% Ni, einige % Co, Rest Ti), Metallwerkstoff *m* mit Gedächtnis, Formgedächtnislegierung *f* (die nach geeigneter Behandlung auf Grund von Gefügeumwandlungen ihre Gestalt in Abhängigkeit von der Temperatur ändert), FGL *f* (Formgedächtnislegierung), Legierung *f* mit Formgedächtnis ‖ **~ behaviour** (Materials, Met) / Form-Gedächtnis-Effekt *m* ‖ **~ composite** (Materials) / Memory-Verbundwerkstoff *m* ‖ **~ effect** (Materials, Met) / Form-Gedächtnis-Effekt *m*
**shaper** *n* (For) / Mehrseitenfräsmaschine *f* ‖ **~** (Telecomm) / Former *m* (von Impulsen) ‖ **~ cutter** (Eng) / Schneidrad *n*, Stoßrad *n* (zum Wälzstoßen)
**shape retention** (Materials, Mech) / Formänderungsfestigkeit *f*, Formbeständigkeit *f*, Formfestigkeit *f* ‖ **~ retention** (Textiles) / Formbeständigkeit *f*
**shaper head** (Eng) / Stoßkopf *m* (der Wälzstoßmaschine)
**shape roll** (Met) / Profilwalze *f* ‖ **~ rolling** (bending of sheet strips, sheet or rings to straight or circular bent shapes between driven bending rolls, the axes of which lie in the bending plane) (Eng, Met) / Walzprofilieren *n* (Biegeumformen nach DIN 8586) ‖ **~ rolling mill** (Met) / Profilwalzwerk *n*
**shaper rail*** (Spinning) / Formschiene *f* ‖ **~ tool*** (Eng, Tools) / Stoßmeißel *m*
**shape section** (Met) / Profil *n*, Form *f* ‖ **~ setting** (Typog) / Formsatz *m* ‖ **~ template** / Formschablone *f* ‖ **~ tolerance** (Eng) / Formabweichung *f* (zulässige) ‖ **~ transducer** / Querschnittswandler *m* (Lichtleiter mit unterschiedlicher Größe und/oder Form der Ein- und der Austrittsfläche nach DIN 58140
**shaping** *n* / Verformung *f* (als absichtliche Formgebung), Formgebung *f*, Gestaltung *f*, Formung *f*, Ausformung *f* ‖ **~** / Profilierung *f* ‖ **~*** (Textiles) / Dressieren *n* (Formgeben der Bekleidungsstücke in der Schneiderei durch feuchtes Bügeln) ‖ **~ by the use of formed tool** (Eng) / Formstoßen *n*, Profilstoßen *n* ‖ **~ die** (Eng) / Umformwerkzeug *n* (für die Blechbearbeitung) ‖ **~ machine*** (Eng) / Waagerechtstoßmaschine *f*, Kurzhobler *m*, Shaping-Maschine *f*, Schnellhobler *m*, Kurzhobelmaschine *f*, Shaping *f* (mit waagerechtem Arbeitshub) ‖ **~ machine** (For) / Mehrseitenfräsmaschine *f* ‖ **~ network*** (Telecomm) / Former *m* (von Impulsen) ‖ **~ of pulses** (Telecomm) / Impulsformung *f*, Pulsformung *f* ‖ **~ pass** (Met) / Profilstich *m*, Formstich *m* (beim Walzen) ‖ **~ press** (Textiles) / Dressiermaschine *f*, Dressierpresse *f* (zum feuchten Formbügeln) ‖ **~ tool** (Tools) / Stoßmeißel *m*
**Shapiro experiment** (Astron) / Shapiro-Experiment *n* (zur Überprüfung der Raumgeometrie in der Sonnenumgebung - nach I.I. Shapiro, geb. 1929)
**Shapley lens** (Astron, Optics) / Shapley-Linse *f* (die der Verkürzung der Brennweite eines Fernrohrs dient - nach H. Shapley, 1885 - 1972)
**sharable** *adj* / gemeinsam nutzbar, gemeinsam benutzbar ‖ **~** / mehrbenutzbar *adj*, mitbenutzbar *adj*
**shard** *n* (fired pottery milled to a powder form suitable for use as a replacement for grog or silica to reduce shrinkage without altering the composition of a ceramic body) (Ceramics) / Tonscherbenmehl *n* ‖ **~** (Ceramics) / Scherbenmehl *n*, Scherbenschamotte *f* (der gleichen Masse, der sie zugesetzt wird), gemahlene Scherben, keramischer Bruch (meistens gemahlen), keramische Scherben ‖ **~*** (Geol) / Vulkanglasscherbe *f*
**share** *v* / teilhaben *v* (an einer Sache), teilnehmen *v* ‖ **~** (Comp) / mitbenutzen *v*, gemeinsam nutzen ‖ **~ *n*** / Share *m* (das Anteilsrecht an einer Kapitalgesellschaft) ‖ **~** / Anteil *m* (jemandem zustehender Teil) ‖ **~** (Agric) / Schar *n* (Pflugschar, Hackschar, Drillschar, Rodeschar usw.)
**shareable** *adj* / gemeinsam nutzbar, gemeinsam benutzbar ‖ **~** / mehrbenutzbar *adj*, mitbenutzbar *adj*
**sharecropping** *n* (US) (Agric) / Teilpacht, bei der der Pächter freie Wohnung, Arbeitsgeräte und einen Teil der Ernte erhält
**shared** *adj* (Comp) / gemeinsam genutzt ‖ **~ abbreviated dialling list** (Telecomm, Teleph) / Kurzwahllistenmitbenutzung *f* ‖ **~ billing** (Teleph) / Shared Billing *n* (spezielles Verfahren des Charging, bei dem sich mehrere Leistungserbringer die vom Anrufer zu zahlenden

Gebühren teilen) || **~ bus structure** (Comp) / geteilte Busstruktur (mit verschiedenen Pfadsystemen) || **~ component** (Work Study) / Gleichteil n (das bei verschiedenen Erzeugnissen gleich ist)
**shared-cost service** (Teleph) / Shared-Cost-Service m n (spezielle Dienste, bei denen die Gebühren der Verbindung zwischen dem Anrufer und dem Angerufenen geteilt werden)
**shared electron pair** (Chem, Nuc) / gemeinsames Elektronenpaar || **~ file** (Comp) / gemeinsam genutzte Datei || **~ line** (Teleph) / Gemeinschaftsleitung f, Gemeinschaftsanschluss m, GAs (Anschluss verschiedener Teilnehmer an eine gemeinsame Leitung, Gesellschaftsanschluss m || **~ logic system** (Comp) / dezentrales System mit zentraler Logik || **~ medium** (Comp) / Shared Medium n (Bezeichnung für das gleichberechtigte Konkurrieren von potentiellen Nutzern um eine Datenübertragungskapazität) || **~ memory**\* (Comp) / gemeinsam genutzter Speicher, gemeinschaftlicher Speicher, gemeinsamer Speicher, Shared Memory n (Methode zur Interprozesskommunikation, bei dem sich die virtuellen Adressräume der beteiligten Prozesse überlappen) || **~ pair of electrons** (Chem, Nuc) / gemeinsames Elektronenpaar || **~ printer** (Comp) / gemeinschaftlich genutzter Drucker, gemeinsamer Drucker || **~ printing system** (Comp) / zentrales Drucksystem (Leistungsmerkmal bei Textsystemen)
**shared-service line** (Teleph) / Gemeinschaftsleitung f, Gemeinschaftsanschluss m, GAs (Anschluss verschiedener Teilnehmer an eine gemeinsame Leitung, Gesellschaftsanschluss m
**shared store** (Comp) / gemeinsam genutzter Speicher, gemeinschaftlicher Speicher, gemeinsamer Speicher, Shared Memory n (Methode zur Interprozesskommunikation, bei dem sich die virtuellen Adressräume der beteiligten Prozesse überlappen) || **~ virtual area** (Comp) / gemeinsam benutzbarer virtueller Bereich
**shareholder** n / Shareholder m, Aktionär m || **~** (Mining) / Gewerke m (in der Bundesrepublik Deutschland bis zum 31.12.1985)
**shareware** n (software that is available free of charge and often distributed informally for evaluation after which a fee may be requested for continued use) (Comp) / Shareware f
**sharing** n / Teilhabe f || **~** (Comp) / Sharing n, gemeinsame Nutzung, Mitbenutzung f || **~ of frequencies** (Telecomm) / gemeinsame Nutzung von Frequenzen
**shark-liver oil** / Haifischtran m, Haifischlebertran m, Haifischöl n, Haiöl n (das aus der Leber und anderen Organen von Haien gewonnene Öl)
**shark oil** / Haifischtran m, Haifischlebertran m, Haifischöl n, Haiöl n (das aus der Leber und anderen Organen von Haien gewonnene Öl)
**sharkskin** n (Leather) / Haifischleder n, Haileder n || **~** (Leather) s. also shagreen || **~ finish** (Textiles) / Ledereffekt m
**sharp** adj / eindeutig adj (Grenze), scharf adj (Grenze), ausgeprägt adj (Grenze) || **~** / spitz adj (Bleistift) || **~** / beißend adj (Qualm, Geruch ), stechend adj (Geruch), ätzend adj || **~** / scharf adj (Messer, Bild, Kurve) || **~**\* / scharfkantig (Sand) || **~** / griffig adj (Schleifscheibe) || **~** (highly seasoned) (Nut) / sauer adj, herb adj, streng adj, scharf adj (im Geschmack) || **~ bend** / Knick m (scharfe Biegung) || **~ bend** (Autos, Civ Eng) / Serpentine f (Kehre, Windung - an steilen Berghängen), Haarnadelkurve f, Kehrschleife f || **~ bend** (Plumb) / 90° -Bogen m (selten auch 45°), 90° -Krümmer m || **~ colour** (Paint) / Bleiweißanstrichstoff m (für frischen Putz)
**sharp-crested** adj (Hyd Eng) / scharfkantig (Messwehr)
**sharp edge** / scharfe Kante (im Allgemeinen) || **~ edge** (Paint, Textiles) / scharfe Kontur (des Musters) || **~-edged** adj / scharfkantig adj (im Allgemeinen) || **~-edged** (For) / scharfkantig adj (eine Schnittklasse)
**sharp-edged gust** (Meteor) / scharfbegrenzte Bö
**sharp-edged orifice** (Eng) / scharfkantige Öffnung (der Drosselscheibe oder in den Durchflussmengenmessern)
**sharpen** v / spitzen v (Bleistift) || **~** (Eng) / nachschleifen v (verschlissene Zähne nachbearbeiten), nachschärfen v || **~** (Eng, Tools) / scharf schleifen v (Werkzeuge), schärfen v, wetzen v (scharf schleifen), schleifen v (Werkzeuge schärfen) || **~** (Leather) / anschärfen v (bei der Weiche und im Äscher bei der Gerbvorbereitung von Blößen) || **~** (reduce the initial diameter of a drawing material by rolling, turning on a lathe, forging and pickling) (Met) / anspitzen v (Ziehgut) || **~** (Textiles) / schärfen v, anschärfen v (Bad, Küpe)
**sharp end** (Ships) / Spitzgatt n
**sharpened lime** (Leather) / Kalk-Schwefelnatrium-Äscher m, angeschärfter Äscher (der den Äscherprozess verkürzt)
**sharpening agent** (San Eng) / Anschärfungsmittel m (Mittel zur Regenerierung von Abfallbeizen aus Eisenbeizereien, im allgemeinen Schwefelsäure) || **~ angle** (Eng) / Nachschliffwinkel m (DIN 8000) || **~ angle** (For) / Keilwinkel m (bei einem Sägezahn) || **~ filter** (Photog) / Scharfzeichnungsfilter n || **~ steel** (Tools) / Wetzstahl m, Abschärfmesser n || **~ stone** (Eng) / Schleifstein m (zum Wetzen und Abziehen), Wetzstein m, Abziehstein m

**sharp fire** (Ceramics) / Scharffeuer n (etwa über 1000 °C), Hochfeuer n, scharfes Feuer, Vollfeuer n (etwa über 1000 °C) || **~ fire** (Glass) / Scharffeuer n || **~ flange** (Rail) / scharfgelaufener Spurkranz || **~ focusing** / Scharffokussierung f
**sharp-focus lens** (Optics, Photog) / Hartzeichner m
**sharp gas**\* (Mining) / Grubengas n (vor allem aus Methan bestehendes Gas), Schlagwetter n pl, schlagende Wetter || **~ gas** (Mining) / explosibles Gas || **~ image** / scharfes Bild
**sharp-kneed** adj / mit scharfer Richtungsänderung, mit Knickpunkt (Kurve)
**sharp knife** (Stanley - with disposable blades) / Klingenmesser n (mit Ersatzklingen), Universalmesser n (mit Ersatzklingen), Stanley-Messer n (mit Ersatzklingen), Kutto-Messer n (mit Ersatzklingen)
**Sharpless epoxidation** (Chem) / Sharpless-Epoxidierung f (von Alkenolen)
**sharpness** n / Schärfe f || **~** (Eng) / Griffigkeit f (der Schleifscheibe) || **~**\* (Radio) / Abstimmschärfe f || **~ angle** (For) / Keilwinkel m (bei einem Sägezahn) || **~ of image** (Optics, Photog) / Bildschärfe f, Abbildungsschärfe f || **~ of outline** (of the print) (Optics, Photog, Textiles) / Konturenschärfe f, k-Wert m || **~ of resonance**\* (Elec Eng) / Resonanzschärfe f, Resonanzgüte f || **~ of the cut** (Optics) / Steilheit f der Absorptionskante
**sharp notch** (Met) / Spitzkerb f (einer gekerbten Probe) || **~ paint** (Paint) / Bleiweißanstrichstoff m (für frischen Putz) || **~ point** (Eng) / Spitze f (punktuelle)
**sharp-pointed** adj / spitz adj, Spitz-
**sharp series**\* (Light, Spectr) / scharfe (zweite) Nebenserie, s-Serie f || **~ stern** (Ships) / Spitzgatt n
**sharp-tipped** adj / scharfspitzig adj
**sharp tuning** (Radio) / Scharfabstimmung f || **~ turn** (Aero) / Steilkurve f (meistens über 60°) || **~ vat** (Textiles) / überschärfte Küpe, scharfe Küpe
**sharp-V thread** (Eng) / Spitzgewinde n (ohne abgestumpfte Spitze)
**shatter** vi / zerspringen vi, zersplittern vi, splittern v, zerbrechen vi || **~** (Agric) / ausfallen v (Samenkörner) || **~** vt / zerschmettern vt, zerschlagen vt, zertrümmern vt, zerbrechen vt (entzweibrechen), einschlagen vt || **~ cones** (Geol) / Strahlenkalk m (eine Hochdruckmodifikation von Kalkgestein in Einschlagkratern von Meteoriten und in Kratern von Kernwaffensprengsätzen), Shattercones pl
**shattercrack** n (Met) / Flockenriss m (durch Wasserstoffversprödung), Spannungsriss m
**shatter index** / Sturzfestigkeit f (von Koks)
**shattering** n / Zertrümmerung f || **~** (Agric) / Ausfall m (von Samen) || **~ power** / Brisanz f (zertrümmernde Wirkung von Sprengstoffen mit hoher Detonationsgeschwindigkeit)
**shatter nozzle** (Eng) / Zerstäuber m (des Schmelzlösebehälters)
**shatterproof** adj / bruchfest adj, unzerbrechlich adj, bruchsicher adj || **~** / schlagfest adj (Flasche) || **~** (Glass) / splitterfest adj, splitterfrei adj, splittersicher adj || **~ glass** (Glass) / splitterfreies Glas, splittersicheres Glas
**shatter-resistant** adj / schlagfest adj (Flasche)
**shatter strength** / Sturzfestigkeit f (von Koks) || **~ test** (Fuels) / Sturzfestigkeitsprüfung f, Sturzprüfung f, Sturzversuch m, Sturzprobe f (zur Ermittlung der Sturzfestigkeit von Koks)
**shave** v (Autos) / strippen v (Zierteile) || **~** (Eng) / schaben v (Zahnräder) || **~** (Eng) / nachschaben v, nachschneiden v, fertig schneiden
**shaved weight** (Leather) / Falzgewicht n
**shavehook** (Plumb) / Schabeisen n, Schaber m (zum Kratzen) || **~** n (Join) / Leimkratzer m (Handwerkszeug zum Entfernen der aus der Klebfuge beim Verleben herausgedrückten ausgehärteten Klebstoffreste)
**shaver outlet** (Elec Eng) / Rasierersteckdose f (für den Rasierer, z.B. im Badezimmer)
**shave tooth** (Eng) / Kalibrierzahn m, Schabezahn m (eines Räumwerkzeuges)
**shaving** n (Autos) / Strippen n (der Zierteile) || **~** (Autos) / Abschleifen n, Abschliff m (des Zylinderkopfes) || **~** (Elec Eng) / Schälen n (Draht, Isolierung) || **~** (Eng) / Schaben n (von Zahnrädern nach DIN 8589-9) || **~** (Eng) / Nachschneiden n, Nachschaben n, Fertigschneiden n || **~** (Leather) / Falzen n (Egalisierung des von der Gerbung kommenden abgewelkten Leders) || **~ allowance** (Eng) / Schabaufmaß n, Schabzugabe f || **~ die** (Eng) / Nachschneider m (bei Blechbearbeitung)
**shavings** pl (For) / Hobelspäne m pl
**shaving soap** (Chem) / Rasierseife f (Kaliseife mit Stearinsäure, Talg und Kokosfett) || **~ stock** (Eng) / Schabaufmaß n, Schabzugabe f || **~ tool** (Eng) / Nachschneider m (bei Blechbearbeitung) || **~ unit** (Elec Eng) / Rasierersteckdose f (für den Rasierer, z.B. im Badezimmer)

**shaw** *n* (Agric) / Kraut *n* (z.B. Kartoffelkraut) ‖ ~ **process** (Foundry) / Shaw-Verfahren *n* (ein Genaugießverfahren nach Noel und Clifford Shaw)
**S/H circuit** (Electronics) / Abtast-Halte-Schaltung *f*, Abtastkreis und Haltekreis *m*, Sample-and-Hold-Schaltung *f*, S + H-Schaltung *f* (Momentanwertspeicher)
**sh cwt** / Short-Hundredweight *n* ( = 45,392 kg)
**SHE** (standard hydrogen electrode) (Chem) / Standardwasserstoffelektrode *f*, Normalwasserstoffelektrode *f*, Wasserstoffnormalelektrode *f*, SHE
**shea** *n* (For) / Sheabutterbaum *m*, Sheabaum *m* (Vitellaria paradoxa C.F. Gaertn.), Butterbaum *m*, Schibutterbaum *m*, Schibaum *m* ‖ ~ **butter** / Karitébutter *f*, Galambutter *f*, Sheabutter *f*, Karitéfett *n*, Schibutter *f* (von Vitellaria paradoxa C. F. Gaertn.) ‖ ~ **butter tree** (For) / Sheabutterbaum *m*, Sheabaum *m* (Vitellaria paradoxa C.F. Gaertn.), Butterbaum *m*, Schibutterbaum *m*, Schibaum *m*
**sheaf** *v* (Agric) / binden *v* (Garben) ‖ ~ *n* (pl. sheaves) (Agric) / Garbe *f* ‖ ~ (pl. sheaves) (Maths) / Garbe *f* (in der Topologie) ‖ ~ (pl. sheaves) (Maths) / Bündel *n* (von Geraden) ‖ ~ (pl. sheaves) (Phys) / Büschel *n* (von Vektoren, von Geraden) ‖ ~ **of lines** (Maths) / Geradenbündel *n* (die unendlich vielen Geraden, die sich in einem Punkt des Raumes schneiden) ‖ ~ **of sparks** (Met) / Funkengarbe *f* (bei der Funkenprobe)
**shear**\* *v* / scheren *v*, abscheren *v* (mit der Schere) ‖ ~ (Eng, Mech, Phys) / abscheren *v* (durch Verschieben bei zu starker Belastung) ‖ ~ (Glass) / abnabeln *v* (einen Tropfen am Speiser) ‖ ~ (Mining) / hinterchrämen *v* ‖ ~\* (Textiles) / scheren *v* (die Gewebeoberfläche) ‖ ~ *n* (Geol) / Scherung *f* (Art der tektonischen Gesteinsverformung), Verschiebung *f* ‖ ~ (Maths) / Scherung *f* (bei der affinen Abbildung), Gleitung *f* ‖ ~\* (Mech, Phys) / Scherung *f* (DIN 13316), Scherverformung *f* (DIN 1342, T 1), Schub *m*, Schubverzerrung *f* (DIN 13316), Schiebung *f* (DIN 1304 und DIN 13316) ‖ ~ (Mining) / Schlitz *m* (zwischen zwei Grubenbauen) ‖ ~ **of equal** ~(**ing**) / scherungsgleich *adj* (Figur) ‖ ~ **band** (Materials, Mech) / Scherband *n* ‖ ~ **blade** / Scherenblatt *n* ‖ ~ **bolt** (Eng) / Scherstift *m* (eine Sicherung gegen Überlastung), Abscherstift *m*, Scherbolzen *m* ‖ ~ **box** (Civ Eng) / Scherbüchse *f* (zu Scherversuchen), Scherapparat *m* ‖ ~ **centre** (Mech) / Schubmittelpunkt *m* ‖ ~ **chip** (Eng) / Scherspan *m* (kurzbrüchige Spanelemente) ‖ ~ **cleavage** (Geol) / Scherungsschieferung *f* (gleichlaufende) ‖ ~ **cleavage** (Geol) / S₂-Schieferung *f*, Runzelschieferung *f*, Schubklüftung *f* ‖ ~ **connector** (Carp) / Scherdübel *m*, Schubkraftübertragungselement *n* ‖ ~ **cracking** (Materials, Mech) / Scherrissbildung *f* ‖ ~ **cut** (Glass) / Abschneiden *n* (mit der Schere), Scherenschnitt *m* ‖ ~ **drag** (Materials) / Scherwiderstand *m*
**sheared** *adj* (Textiles) / geschoren *adj* (Gewebe) ‖ ~ **edge** (Met) / Schnittkante *f* (meistens mit der Warmschere geschnitten) ‖ ~ **strip** (Met) / Blechstreifen *m*, Streifen *m* (von einer Blechtafel) ‖ ~ **wool** (Textiles) / abgeschorene Wolle
**shear effect** (Elec Eng) / Schereffekt *m* (bei piezoelektrischen Materialien)
**shearer loader**\* (Mining) / Walzenschrämlader *m* (eine Maschine der schneidenden Gewinnung mit einer oder zwei Walzen)
**shear flow** (Phys) / Scherströmung *f* (DIN 1342, T 1) ‖ ~ **force**\* (Eng, Mech) / Scherkraft *f*, Schubkraft *f* ‖ ~ **fracture** (Eng, Materials, Mech) / Schiebungsbruch *m*, Scherbruch *m*, Verschiebungsbruch *m*, Schubbruch *m* ‖ ~ **fracture** (Geol) / Schiebungsbruch *m*, Verschiebungsbruch *m*, Scherbruch *m*, Gleitbruch *m*
**sheariness** *n* (a defect in a paint film) (Paint) / glänzende Spur im matten Film, Glanzstelle *f*
**shearing** *n* / Scherschneiden *n* (DIN 8588), Schneiden *n* (z.B. von Blech) ‖ ~ (failure of materials under shear) (Eng, Materials) / Schiebungsbruch *m*, Scherbruch *m*, Verschiebungsbruch *m*, Schubbruch *m* ‖ ~ (Maths) / Scherung *f* (bei der affinen Abbildung), Gleitung *f* ‖ ~ (Optics) / Doppelung *f*, Verdoppelung *f*, Shearing *n* (in der Shearing-Interferometrie) ‖ ~ (Textiles) / Scheren *n*, Schur *f* (Tätigkeit) ‖ ~ (Textiles) / Scheren *n* (des Gewebes), Tuchscheren *n*, Stoffscheren *n* ‖ ~ (Textiles) / Shearing *n* (Musterungseffekt bei Tufting-Teppichen durch Schereffekte) ‖ ~ **and slitting plant** (Met) / Zerteilanlage (zum Längs- und Querschneiden)
**shearing-disk viscometer** / Mooney-Viskosimeter *n*, Scherscheiben-Viskosimeter *n*
**shearing force** (Eng, Mech) / Scherkraft *f*, Schubkraft *f* ‖ ~ **interferometer** (Optics) / Shearing-Interferometer *n* ‖ ~ **machine** (Textiles) / Schermaschine *f* ‖ ~ **point** / Scherstelle *f* (DIN 31001, T 1) ‖ ~ **principle** (Micros) / Shearing-Verfahren *n* (eine Methode der Strahlführung in der Interferenzmikroskopie, bei der zwei durch getrennte Objektpunkte gegangene Strahlen in der Zwischenbildebene vereinigt werden) ‖ ~ **stress** (Eng, Mech) / Schubspannung *f* (DIN 1304 und DIN 13316), Scherspannung *f* (bei der Scherbeanspruchung auftretende Schubspannung), Schiebung *f* (tangential wirkende Komponente der Kraft), Tangentialspannung *f*

‖ ~ **stress** (Eng, Mech) / Scherbeanspruchung *f*, Schubbeanspruchung *f*, Abscherbeanspruchung *f* ‖ ~ **surface** (Phys) / Scherfläche *f* (in der Schichtenströmung - DIN 1342, T 1)
**shear joint** (Geol) / Scherkluft *f* ‖ ~ **legs**\* *pl* (Eng) / Dreibein *n* (mit Seilverspannung), Dreibaum *m*, Dreibock *m* ‖ ~ **limit** (Eng, Mech, Met) / Schergrenze *f*
**shearling** *n* (a sheep that has been shorn once) (Agric, Zool) / erstmals geschorenes Schaf ‖ ~ (Leather) / Scherling *m* (Fell vom einjährigen Schaf, das vor der Schlachtung kurzgeschoren wurde - bis 2 cm Wolle) ‖ ~ (Textiles) / Wolle *f* vom einjährigen Schaf ‖ ~ **lamb lining** (Textiles) / Lammfellfutter *n* ‖ ~ **lining** (Textiles) / Lammfellfutter *n*
**shear lip**\* (Eng, Met) / Scherlippe *f*
**shear-lip formation** (Eng, Mech, Met) / Scherlippenbildung *f*
**shear mark** (Glass) / Schnittnarbe *f*, Abschnittnarbe *f* (beim Scherenschnitt) ‖ ~ **modulus**\* (Eng, Phys) / Schermodul *m* (DIN 13343), Gleitmodul *m*, Schubmodul *m* (DIN 1304, DIN 13316 und DIN 13343), Scherungsmodul *m*, G-Modul *m*, Gestaltmodul *m*, Schubelastizitätsmodul *m*
**shearography** *n* (Photog, Phys) / Shearografie *f*
**shear pin**\* (Eng) / Scherstift *m* (eine Sicherung gegen Überlastung), Abscherstift *m*, Scherbolzen *m* ‖ ~ **plane** (Materials, Mech) / Scherfläche *f* (Fläche, längs der ein Werkstoff zerreißt) ‖ ~ **plane** (Mech) / Scherebene *f* ‖ ~ **rate** (Phys) / Schergeschwindigkeit *f* (Scherkomponente des Tensors der Verformungsgeschwindigkeit - DIN 1342-1), Schergefälle *n* (Differential der Strömungsgeschwindigkeit über dem Strömungsquerschnitt) ‖ ~ **reinforcement** (Civ Eng) / Schubbewehrung *f* (die den Zuggurt und Druckzone zugfest miteinander verbindet) ‖ ~ **resistance** (Materials, Phys) / Scherwiderstand *m* ‖ ~ **ring** (Eng) / Scherring *m*
**shears** *pl* (Eng) / Dreibein *n* (mit Seilverspannung), Dreibaum *m*, Dreibock *m* ‖ ~\* (Eng) / Bettbahn *f*, Bettführungen *f pl* ‖ ~ (Eng, Met) / Schere *f* (große ~ eine Werkzeugmaschine) ‖ ~ **derrick** (Eng) / Dreibein *n* (mit Seilverspannung), Dreibaum *m*, Dreibock *m* ‖ ~ **gap** (Eng) / Schneidspalt *m* (der Schere)
**shear spinning** (Eng) / Streckdrücken *n*, Walzdrücken *n* ‖ ~ **stability** / Scherstabilität *f* (von Schmierölen nach DIN 51 382) ‖ ~ **stability** (Materials, Mech) / Scherfestigkeit *f*, Abscherfestigkeit *f* (DIN 18137) (Verhältnis von größter Scherkraft zu abgescherter Fläche), Schubfestigkeit *f* ‖ ~ **steel** (Met) / Gärbstahl *m*, Garbstahl *m*, Paketstahl *m*, Raffinierstahl *m* ‖ ~ **strain** (Phys) / Scherung *f* (DIN 13316), Scherverformung *f* (DIN 1342, T 1), Schub *m*, Schubverzerrung *f* (DIN 13316), Schiebung *f* (DIN 1304 und DIN 13316) ‖ ~ **strength** (Agric, Civ Eng) / Scherfestigkeit *f* (die bei allen Bruchzuständen des Bodens maßgebende Festigkeit) ‖ ~ **strength** (Civ Eng, Materials, Mech) / Abscherfestigkeit *f*, Scherfestigkeit *f* (DIN 18137) (Verhältnis von größter Scherkraft zu abgescherter Fläche), Schubfestigkeit *f* ‖ ~ **stress** (Eng, Mech) / Scherbeanspruchung *f*, Schubbeanspruchung *f*, Abscherbeanspruchung *f* ‖ ~ **stress**\* (Eng, Mech) / Schubspannung *f* (DIN 1304 und DIN 13316), Scherspannung *f* (bei der Scherbeanspruchung auftretende Schubspannung), Schiebung *f* (tangential wirkende Komponente der Kraft), Tangentialspannung *f* ‖ ~ **stress by tensile loading** (Eng, Materials, Mech) / Zugscherfestigkeit *f* ‖ ~ **test** (Eng, Materials, Mech) / Abscherversuch *m*, Scherversuch *m* (DIN 50141), Schubversuch *m* ‖ ~ **thickening** (Phys) / dilatantes Scherverhalten, Dilatanz *f* (DIN 1342, T 1) (isotrope Volumenänderung unter Schubbeanspruchung; negative Dilatanz = Volumenverkleinerung, positive Dilatanz = Volumenvergrößerung), Schervorgang *f* (DIN 1342, T 1), dilatantes Fließverhalten (eine Fließanomalie, die sich in einer Zunahme der Viskosität bei steigendem Geschwindigkeitsgefälle äußert) ‖ ~ **thinning** (Phys) / strukturviskoses Fließverhalten, Scherentzähung *f*, Bingham'sches Fließen, Strukturviskosität *f* (die insbesondere bei Hochpolymeren auftretende Erscheinung, dass die Viskosität mit zunehmender Verformungsgeschwindigkeit abnimmt - DIN 1342-1)
**shear-thrust sheet** (Geol) / tektonische Decke, Überschiebungsdecke *f*
**shear vibrations** (Crystal) / Scherungsschwingungen *f pl* ‖ ~ **viscosity** (Eng, Phys) / Scherviskosität *f*, dynamische Viskosität (DIN 1342) ‖ ~ **wave**\* (Geophys) / S-Welle *f* (Transversalwelle beim Erdbeben), Scherungswelle *f*, Scherwelle *f* (transversale Raumwelle) ‖ ~ **yielding** (Materials, Mech) / Scherfließen *n* ‖ ~ **yield strength** (Materials) / Fließgrenze *f* für Scherbeanspruchung ‖ ~ **zone**\* (Geol) / Scherzone *f*
**sheath** *v* / hüllen *v*, umhüllen *v* ‖ ~ *n* / Hülle *f*, Umhüllung *f* ‖ ~ (Cables) / Mantel *m* ‖ ~ (US) (Cables) / Metallmantel *m* ‖ ~\* (Cables, Elec Eng) / Mantel *m* ‖ ~ (Civ Eng) / Hüllrohr *n*, Hülse *f* (bei Vorspannung mit nachträglichem Verbund nach DIN 18553) ‖ ~ (Electronics) / Raumladungswolke *f* ‖ ~\* (Nuc Eng) / Brennstoffhülle *f* (DIN 25401), Hülle *f* ‖ ~ (Textiles) / Umhüllungsgarn *n* (bei Bikomponentenfasern), Kernmantelfaden *m* (bei Bikomponentenfasern) ‖ ~ **cell** (For) / Scheidenzelle *f* (den mehrreihigen Holzstrahl begrenzende Zelle)

**sheath/core fibre** (Textiles) / Mantel-Kern-Faser f, Kern-Mantel-Faser f (Viskosefaser, bei der die Außenhaut [ = Mantel] eine höhere Faserdichte aufweist als die Innenschicht [ = Kern])
**sheath current**\* (Cables) / Mantelstrom m
**sheathed cable** (Cables) / Mantelkabel n ‖ ~ **crate** (Build, Carp) / verkleideter Lattenverschlag, geschlossener Verschlag
**sheath eddies**\* (Cables) / Mantelwirbelstrom m
**sheathed-element glow plug** (Autos) / Glühstiftkerze f, einpolige Stabglühkerze
**sheathed explosive** / Mantelsprengstoff m ‖ ~ **flexible cable** (metal covering) (Elec Eng) / Schlauchleitung f ‖ ~ **pilot system** (Elec Eng) / Selektivschutz m mit einzeln abgeschirmten Leitungen ‖ ~ **thermoelement** (Elec Eng) / gekapseltes Thermoelement, Mantelthermoelement n, ummanteltes Thermoelement ‖ ~ **wire** (Cables) / Manteldraht m
**sheath flame** (Welding) / Flammhülle f, Flammenhülle f
**sheathing** n / Verkleidung f (für Außenwand oder Dach), Umhüllung f ‖ ~\* (Carp) / Holzschalung f (unter der Dachdeckung), Dachschalung f (DIN 1052-1) ‖ ~ (Civ Eng) / Hüllrohr n, Hülse f (bei Vorspannung mit nachträglichem Verbund nach DIN 18553) ‖ ~\* (Civ Eng) / Verschalung f (der Baugrube), Verbau m (der Baugrube mit Brettern oder Bohlen nach DIN 18303), Ausschalung f, Einschalung f (Verbau) ‖ ~ (Mining) / Verzug m ‖ ~ **compound** (Cables) / Mantelmischung f ‖ ~ **felt** (Build) / Dachpappe f (getränkte) ‖ ~ **paper**\* (Build) / Verkleidungspapier n, Beschichtungspapier n (für Skelettkonstruktionen - mit Asphaltzwischenschicht)
**sheath of solvent molecules** (Chem) / Solvathülle f (Umhüllung der gelösten Moleküle oder Ionen mit den Molekülen des Lösungsmittels)
**sheath-reshaping converter** (Telecomm) / Umwandlungselement n in Hohlleitern (zur Veränderung der Schwingungsform)
**sheath-stripping** n (Elec Eng) / Abisolieren n (mit der Abisolierzange oder mit dem Abisolierautomaten), Abmanteln n, Abmantelung f (wenn auch die Schutzhülle eines Kabels oder einer Leitung entfernt wird)
**shea tree** (For) / Sheabutterbaum m, Sheabaum m (Vitellaria paradoxa C.F. Gaertn.), Butterbaum m, Schibutterbaum m, Schibaum m
**sheave** v (Agric) / binden v (Garben) ‖ ~\* n (Eng) / Rillenscheibe f ‖ ~\* (Eng) / Scheibe f (Riemenscheibe, Seilscheibe) ‖ ~ **support** (Mining) / Seilscheibenstuhl m
**shed** v (Textiles) / Fasern verlieren, flusen v ‖ ~ n / Werkstatthalle f ‖ ~ (Agric) / Schutzdach n, Schuppen m ‖ ~ (for timber storage) (For) / Schuppen m, Schober m (A) ‖ ~ (Geol, Mining) / Schmitze f (dünne, linsenförmige Gesteinseinlagerung mit anderer Zusammensetzung als das Nebengestein, z.B. aus Kohle) ‖ ~\* (Nuc) / eine alte Einheit des Wirkungsquerschnitts (= $10^{-24}$ Barn) ‖ ~ (Ships) / Kaischuppen m ‖ ~\* (Weaving) / Fach n, Webfach n (Zwischenraum zwischen hoch- und tiefgeführten Kettfäden beim Durchkreuzen des Schussfadens) ‖ ~ **closing** (Weaving) / Fachschluss m
**shedding** n (Agric) / Ausfall m (von Samen) ‖ ~ (Teleph) / Abwerfen n (Rufe) ‖ ~ (Weaving) / Fachbildung f ‖ ~ **machine** (Weaving) / Fachbildemaschine f ‖ ~ **mechanism** (Weaving) / Fachbildevorrichtung f (mit deren Hilfe das Fachdreieck gebildet wird)
**shed dormer** (Arch) / Schleppgaupe f, Schleppdachgaupe f ‖ ~ **form** (Weaving) / Fachform f ‖ ~ **formation** (Weaving) / Fachbildung f ‖ ~ **glass** (Build, Glass) / Shedglas n (zur Verglasung von Lichtdecken und Lichtbändern) ‖ ~ **insulator** (Elec Eng) / Glockenisolator m (Telegrafenglocke) ‖ ~ **roof** (Arch) / Pultdach n (das an eine höhere Mauer anschließt) ‖ ~ **roof** (Build) / Schleppdach n (das in Form eines Pultdaches über einem Anbau fortgesetzte Hauptdach) ‖ ~ **triangle** (Weaving) / Fachdreieck n (gehobene Kettfäden + gesenkte oder liegen gebliebene Kettfäden + Riet)
**SHEED** (scanning high-energy electron diffraction) (Materials, Phys) / SHEED (eine Methode zur Untersuchung von Festkörperoberflächen, die auf elektronisch gemessenen und ausgewerteten Beugungserscheinungen bei energiereichen Elektronen beruht)
**sheen** n / Schimmer m ‖ ~\* / Widerschein m, Reflex m (Widerschein) ‖ ~ (the slight degree of gloss or lustre seen on an eggshell finish or semi-gloss finish) (Paint) / Sheen m ‖ ~ (Paper) / Glanz m
**sheeny** adj (Min) / Glanz-, glänzend adj, leuchtend adj
**sheepback** n (Geol) / Rundbuckel m, Rundhöcker (durch Glazialerosion entstandener Felshügel) ‖ ~ **rock** (Geol) / Rundbuckel m, Rundhöcker (durch Glazialerosion entstandener Felshügel)
**sheep-breeding** n (Agric) / Schafzucht f
**sheep clippers** (Agric) / Schafschere f, Wollschere f (für die Schafschur) ‖ ~ **dyestuff** (Agric, Paint) / Schafmarkierungsfarbe f ‖ ~ **farmer** (Agric) / Schafzüchter m, Schafhalter m
**sheep-gut** n (Nut) / Schafdarm m

**sheep run** (especially in Australia) (Agric) / Schafweide f, Schafweideland n ‖ ~ **scab** (an intensely itching skin disease of sheep caused by the parasitic Melophagus ovinus) (Agric) / Schafausfliegenbefall m
**sheepsfoot roller** (Civ Eng) / Schaffußwalze f (ein Bodenverdichtungsgerät)
**sheep shearer** (Agric, Textiles) / Schafschermaschine f ‖ ~ **shearing** (Agric) / Schafschur f ‖ ~ **shearing machine** (Agric) / Schafschermaschine f ‖ ~ **shears** (Agric) / Schafschere f, Wollschere f (für die Schafschur)
**sheepskin** n (Leather) / Schafleder n, Schaffell n ‖ ~ **seat cover** (Autos) / Lammfell-Sitzbezug m, Autofell n
**sheep's wool** (Textiles) / Schafwolle f, WO
**sheep tallow** (Nut) / Hammeltalg m ‖ ~ **tick** (Med, Zool) / Holzbock m (gemeiner), Waldzecke f (Ixodes ricinus), Zecke f ‖ ~ **walk** (Agric) / Schafweide, Schafweideland n ‖ ~ **wool** (Textiles) / Schafwolle f, WO
**sheer** n (Ships) / Decksprung m (ansteigender Verlauf des Oberdecks von Schiffsmitte zum Heck und besonders zum Bug bei seegehenden Frachtschiffen), Sprung m ‖ ~ (Textiles) / durchscheinender Stoff, durchscheinendes Gewebe, durchsichtiger Stoff ‖ ~ adj / schroff adj (Felsen), steil adj (Felsen, Küste) ‖ ~ (Textiles) / durchscheinend adj, hauchfein adj, hauchdünn adj, durchsichtig adj ‖ ~ **away** (Ships) / abscheren v (aus einer vorgegebenen Bahn), abgieren v ‖ ~ **fabric** (Textiles) / durchscheinender Stoff, durchscheinendes Gewebe, durchsichtiger Stoff ‖ ~ **lawn** (Textiles) / Leinenbatist m, Feinleinen n ‖ ~ **legs**\* pl (Eng) / Dreibein n (mit Seilverspannung), Dreibaum m, Dreibock m ‖ ~ **legs** (Ships) / Mastkran m, Lademast m ‖ ~ **off** v (Ships) / abscheren v (aus einer vorgegebenen Bahn), abgieren v ‖ ~ **of the deck** (Ships) / Decksprung m (ansteigender Verlauf des Oberdecks von Schiffsmitte zum Heck und besonders zum Bug bei seegehenden Frachtschiffen), Sprung m ‖ ~ **plan** (Ships) / Längsriss m, Schnittriss m (zur Mittellängsebene parallel angeordnete vertikale Längsschnitte)
**sheers**\* pl (Eng) / Dreibein n (mit Seilverspannung), Dreibaum m, Dreibock m
**sheerstrake**\* n (Ships) / Schergang m (für die Längsfestigkeit wichtiger und dementsprechend verstärkter, an das Oberdeck angrenzender Plattengang der Außenhaut eines Schiffes)
**sheet** v (Met) / auswalzen v (zu Feinblech, zu Breitband) ‖ ~ n / Dünnschicht f, dünne Schicht ‖ ~\* (Aero, Met) / Blech n (bis zu 0,645 cm) ‖ ~ (Bind, Paper, Print) / Bogen m ‖ ~ (Cartography) / Blatt n, Kartenblatt n ‖ ~ (a thin flowstone of calcite) (Geol) / Kalkausscheidung f, Kalksinter m (in den Tropfsteinhöhlen) ‖ ~ (Geol) / Lagergang m (Sheet) ‖ ~ (sheet-flood) (Hyd Eng) / Schichtflut f (flächenhaft abfließende Wassermassen in den Rand- und den Subtropen) ‖ ~ (Maths) / Blatt n (Riemann'sche Fläche) ‖ ~ (Maths) / Schale f (eines Hyperboloids) ‖ ~ (Met) / Breitband n (warm oder kalt gewalztes Band mit einer Breite ab 600 mm) ‖ ~\* (Met) / Feinblech n (mit einer Dicke unter 3 mm) ‖ ~ (Nut) / Backblech n, Blech n (Backblech) ‖ ~ (Paper) / Blatt n ‖ ~ (Paper, Print) / Papierbahn f ‖ ~ (Plastics) / Folie f (über 0,25 mm Dicke - auf Format geschnittene) ‖ ~ (Plastics) / Bahn f (zugeschnittene Ausrollware) ‖ ~ (Textiles) / Laken n, Bettlaken n, Leintuch n, Betttuch n ‖ **organically coated** ~ **and strip** (Surf) / Blech und Band mit organischer Beschichtung (ein- oder beidseitig) ‖ ~ **abrasive** / Schleifpapier n und/oder Schleifleinen ‖ ~ **acceleration** (Print) / Bogenbeschleunigung f ‖ ~ **anchor** (Ships) / Reserveanker m (großer - für Notfälle) ‖ ~ **anode** (Electronics) / Plattenanode f ‖ ~ **assembly** (Print) / Bogenmontage f ‖ ~ **bag** (Plastics) / Folienbeutel m ‖ ~ **bar** (Met) / Platine f (nicht mehr übliche Bezeichnung für rechteckiges Halbzeug, welches nur auf zwei Flächen gewalzt wird und abgerundete Kanten hat)
**sheet-bar rolling mill** (Met) / Platinenwalzwerk n ‖ ~ **shears** (Met) / Platinenschere f
**sheet brass** (Met) / Messingblech n ‖ ~ **calender** (Paper) / Bogenkalander m ‖ ~ **catcher** (Print) / Bogenfänger m ‖ ~ **counter** (Print) / Bogenzähler m ‖ ~ **curling** (Print) / Einrollen n der Bogen, Rollneigung f der Bogen ‖ ~ **cutting** (Eng, Met) / Blechschneiden n ‖ ~ **decurling** (Print) / Bogenentrollen n ‖ ~ **deliverer** (Print) / Bogenableger m (bei Bogendruckmaschinen), Bogenausleger m, Ausleger m ‖ ~ **doubler** (device for doubling of sheet) (Met) / Blechdoppler m (für Feinbleche)
**sheeted** adj (Geol) / geschichtet adj ‖ ~ **paper** (Paper, Print) / Bogenpapier n
**sheet entry** (Print) / Bogeneinlauf m ‖ ~ **erosion** (Agric, Geol) / Schichterosion f (ein Denudationsvorgang), flächenhafte Abtragung, aquatische Denudation, Flächenerosion f, Flächenspülung f (auf relativ ebenem Gelände), Schichtfluterosion f, Sheet-Erosion f ‖ ~ **extrusion** (Eng, Met) / Fließpressen n von Blechstreifen ‖ ~**-fed**\* attr (Print) / Bogen-, mit Bogenanlage

1421

**sheet-fed**

**sheet-fed rotary** (Print) / Bogenrotationsmaschine f ‖ **~ scanner** (Comp) / Einzugscanner m (der die einzelnen Blätter ähnlich einem Fotokopierer einzieht und deshalb kein Scannen voluminöser Gegenstände, wie z.B. Bücher, erlaubt - als Gegensatz zu Flachbettscanner)
**sheet feeder** (Print) / Bogenanleger m, Anleger m, Bogenanlegeapparat m, Einleger m (bei Bogendruck- und Falzmaschinen) ‖ **~ feeding** (Comp) / Einzelbelegzuführung f, Einzelblattzuführung f (Option beim Drucker), Einzelblatteinzug m, Einzelformularzuführung f
**sheet-feed offset printing** (Print) / Bogenoffsetdruck m, Bogenoffset m ‖ **~ scanner** (Comp) / Einzugscanner m (der die einzelnen Blätter ähnlich einem Fotokopierer einzieht und deshalb kein Scannen voluminöser Gegenstände, wie z.B. Bücher, erlaubt - als Gegensatz zu Flachbettscanner)
**sheet film** (Photog) / Planarfilm m, Blattfilm m ‖ **~ filter** (Chem Eng, Met) / Blattfilter m
**sheet-flood** n (a broad expanse of moving water that spreads as a thin, continuous film over a large area) (Hyd Eng) / Schichtflut f (flächenhaft abfließende Wassermassen in den Rand- und den Subtropen) ‖ **~ erosion** (Agric, Geol) / Schichterosion f (ein Denudationsvorgang), flächenhafte Abtragung, aquatische Denudation, Flächenerosion f, Flächenspülung f (auf relativ ebenem Gelände), Schichtfluterosion f, Sheet-Erosion f
**sheet flow** (Geol) / flächenhafte Abspülung durch diffusen Regenwassertransport, flächige Abtragung des Bodens durch abfließendes Regenwasser ‖ **~ folder** (Print) / Bogenfalzmaschine f ‖ **~ folding machine** (Print) / Bogenfalzmaschine f ‖ **~ formation** (Paper) / Blattbildung f ‖ **~ forming** (Paper) / Blattbildung f ‖ **~ furnace*** (Met) / Blechglühofen m ‖ **~ gauge** (Met) / Blechlehre f (für Feinbleche) ‖ **~ glass*** (Glass) / Tafelglas n (von geringer Qualität nach DIN 1259) ‖ **~ glue** / Tafelleim m (eine Handelsform des Glutinleims)
**sheeting** n (Build) / Metalldeckung f, Metalldachdeckung f (Stahlblech) ‖ **~*** (Civ Eng) / Verschalung f (der Baugrube), Verbau m (der Baugrube mit Brettern oder Bohlen nach DIN 18303), Ausschalung f, Einschalung f (Verbau) ‖ **~ (Eng)** / Verkleidungsmaterial n (meistens Blech) ‖ **~ (Geol)** / Desquamation f, schuppen- oder schalenförmiges Abspringen von Teilchen der Gesteinsoberfläche, besonders bei Massengesteinen wie Granit, Abschuppung f (schalenförmige), schalige Verwitterung ‖ **~ (Geol)** / Abspaltung f nach Entspannungsrissen ‖ **~ (Geol)** / Schichtung f (z.B. bei Graniten) ‖ **~ (Geol)** / bankige Absonderung ‖ **~ (Plastics)** / Folienmaterial n (über 0,25 mm Dicke), Folien f pl, Bahnen f pl, Tafeln f pl (als Material) ‖ **~ (Print)** / Bogentrennung f ‖ **~*** (Textiles) / Bettlakentuch n (als Material), Betttuchleinen n ‖ **~ (US)** (Textiles) / Roh-Baumwollnessel m ‖ **~ board** (Build, Carp, Civ Eng) / Schalbrett n, Schalungsbrett n ‖ **~ calender** (Plastics) / Folienkalander m ‖ **~ drier** (Plastics, Textiles) / Bahnentrockner m ‖ **~ twill** (Weaving) / Zwei-und-Zwei-Twill m
**sheet•-iron worker** (Plumb) / Blechner m, Klempner m, Flaschner m, Spengler m ‖ **~ jointing** (Geol) / bankige Absonderung ‖ **~ lead*** (Build) / Bleiblech n, Bleibahn f (als Bedachungsstoff) ‖ **~ length** (Comp) / Blatthöhe f (im Drucker) ‖ **~ lightning*** (Meteor) / Wetterleuchten n (Widerschein ferner Gewitter am Horizont ohne vernehmbaren Donner) ‖ **~ lightning*** (Meteor) / Flächenblitz m (ein durch Wolken verdeckter Linienblitz) ‖ **~ line** (Cartography) / Kartenfeldrandlinie f, Kartenfeldbegrenzung f, Blattrandlinie f, Kartenbildbegrenzungslinie f
**sheet-lined** adj (Paper) / bogenkaschiert adj
**sheet machine** (Chem Eng) / Sheetmaschine f (zum Auswalzen von Sheetkautschuk) ‖ **~ metal** (Met) / Metallblech n ‖ **~ metal** (cut in rectangular form) (Met) / Blechtafel f
**sheet-metal anchorage with threads** (Eng) / Blechdurchzug m mit Gewinde (DIN 7952-1) ‖ **~ blank** (Met) / Blechzuschnitt m ‖ **~ forming** (Autos) / Autospenglerei f
**sheet-metal forming** (Eng) / Blechbearbeitung f, Blechformung f, Blechverarbeitung f
**sheet-metal forming** (Eng) / Blechumformen n, Blechumformung f ‖ **~ remains** / Blechreste m pl, Restblech n
**sheet-metal screw** (Eng) / Blechschraube f (DIN 918)
**sheet-metal shop** / Blechwerkstatt f ‖ **~ specimen** / Prüfblech n (z.B. für die Hull-Zelle) ‖ **~ welder** (Welding) / Blechschweißer m
**sheet-metal work(ing)** (Eng) / Blechbearbeitung f, Blechformung f, Blechverarbeitung f
**sheet-metal work(ing)** (Plumb) / Klempnerarbeiten f pl, Spenglerarbeiten f pl
**sheet•-metal worker** (Plumb) / Blechner m, Klempner m, Flaschner m, Spengler m ‖ **~ mill** (Met) / Feinblechstraße f (Walzstraße zum Warmwalzen von flachem Halbzeug zu Feinblech) ‖ **~ molding compound** (US) (Plastics) / SMC n (glasfaserverstärkter Kunststoff mit längeren Glasfasern) ‖ **~ moulding compound** (Glass, Plastics) / vorimprägniertes Glasfasermaterial, vorimprägniertes Textilglas (mit härtbaren Kunststoffen), Prepreg n (eine Fasermatte nach DIN 16 913-2 und -3), Harzmatte f (preimprägnierte Fasermatte) ‖ **~ moulding compound** (usually processed in the form of flat prepregs to produce large mouldings) (Plastics) / SMC n (glasfaserverstärkter Kunststoff mit längeren Glasfasern) ‖ **~ offset printing** (Print) / Bogenoffsettdruck m, Bogenoffset m ‖ **~ of glass** (Glass) / Glasplatte f (dünne) ‖ **~ of veneer** (For, Join) / Furnierblatt n ‖ **~ outlet** (Print) / Bogenauslauf m ‖ **~ pack** (Met) / Blechpaket n (Feinblech) ‖ **~ paint** (Paint) / Blechlack m ‖ **~ paper** (Paper, Print) / Bogenpapier n ‖ **~ parameter** (Met) / Blechwerkstoffkennwert m ‖ **~ parison** (Plastics) / bandartiger Vorformling ‖ **~ pavement*** (Civ Eng) / fugenlose Straßendecke ‖ **~ pile** (Civ Eng) / Spundbohle f (EN 79-69) ‖ **~ pile** (Print) / Papierstapel m
**sheet-pile wall** (Civ Eng) / Spundwand f
**sheet piling*** (Civ Eng) / Spundwand f ‖ **~ piling product** (Met) / Spundwanderzeugnis n ‖ **~ plater** (Paper) / Bogenkalander m ‖ **~ polarizer** (Light, Optics, Photog) / Polarisationsfolie f, Polaroidfilter(folie) n ‖ **~ rubber** (Chem Eng) / Sheetkautschuk m, Smoked Sheet (geräuchertes Rohkautschukfell)
**sheets** pl (Photog) / Blattware f (bei der Entwicklung)
**sheet severer*** (Print) / Bogenabschlagvorrichtung f ‖ **~ shears** (Met) / Blechschere f (Kaltschere zum Quer- und Längsteilen von Blech und Band) ‖ **~ slow-down** (Print) / Bogenverlangsamung f ‖ **~ specimen** (Met) / Prüfblech n (z.B. für die Hull-Zelle) ‖ **~ stacker** (Paper) / Stapelableger m ‖ **~ steel** (Met) / Stahlblech n (allgemein als Werkstoff) ‖ **~ stock** (Bind) / Rohbogen m pl (beim Buchbinder) ‖ **~ tail** (Paper) / Bogenende n ‖ **~ test panel** (Paint) / Prüfblech n (Probenplatte aus Blech) ‖ **~ texture** (Met) / Blechtextur f ‖ **~ tin** (Met) / Zinnblech n (dünnes) ‖ **~ titanium** (Met) / Titanblech n ‖ **~ truck** (Glass) / Flachglaswagen m, Tieflader m für Großflächenscheiben, Pritschenfahrzeug n für Großflächenscheiben ‖ **~ uncurling** (Print) / Bogenentrollen n ‖ **~ varnish** (Paint) / Blechlack m ‖ **~ wall covering** (Join) / Vertäfelung f (als Ergebnis), Täfelung f (Verkleidung als Ergebnis) ‖ **~-wash** n (Agric, Geol) / Schichterosion f (ein Denudationsvorgang), flächenhafte Abtragung, aquatische Denudation, Flächenerosion f, Flächenspülung f (auf relativ ebenem Gelände), Schichtfluterosion f, Sheet-Erosion f ‖ **~ wheel** (Autos) / Aluminiumblechrad n, Bandrad n ‖ **~ width** (Comp) / Blattbreite f (im Drucker) ‖ **~-work*** n (Print) / zweiseitiges Bedrucken von Druckbogen mit zwei Druckformen
**Sheffer function** (joint denial) (Comp) / Sheffer-Funktion f (DIN 44300, T 5 - eine Aussagenverbindung, die dann und nur dann falsch ist, wenn die beiden miteinander verknüpften Aussagen wahr sind - nach H.M. Sheffer, 1901-1964), NAND-Funktion f, NAND-Verknüpfung f ‖ **~ stroke gate** (Comp) / NAND-Gate n (Torschaltung, bei der das Ausgangssignal mit umgekehrter Polarität erscheint, wenn alle Eingänge mit positiven Impulsen beaufschlagt werden)
**Sheffield paddle** (San Eng) / Sheffield-Paddel n (beim Belebungsverfahren)
**shelf** n (pl. shelves) (a unitary bookshelf) / Regal n (DIN 68 880-1) ‖ **~** (pl. shelves) / Tragrost m (im Kühlschrank), Zwischenrost m (im Kühlschrank) ‖ **~** (pl. shelves) / Regal n (Gestell), Stellage f (Lagerungsmittel für Stückgüter) ‖ **~** (pl. shelves) (solid rock beneath alluvial deposits) (Geol) / Schelf m n (im Allgemeinen) ‖ **~** (pl. shelves) (Geol) / Festlandsockel m, Schelf m n (der vom Meer überspülte Saum der Kontinentaltafel), Kontinentalschelf m n ‖ **~** (pl. shelves) (Join) (Poard, n Ablage f (Wandbrett) ‖ **~** (pl. shelves) (in racks) (Teleph) / Einsatz m ‖ **~** (pl. shelves) (Teleph) / Rost m (Gestell) ‖ **~-back*** n (Bind) / Rücken m, Buchrücken m (als Teil der Buchdecke) ‖ **~ board** (Paint) / Regalbrett n ‖ **~ break** (Geol) / Schelfabbruch m (zum Kontinentalabhang) ‖ **~ corrosion** (Elec Eng) / Korrosion f der Trockenbatterie (bei der Lagerung) ‖ **~ curing** (Nut) / Trockenpökelung f (mit Pökelsalz, das 0,5-0,6% Natriumnitrit enthält) ‖ **~ dirt** (Elec Eng) / Anwuchs m (an Kontaktelementen bei der Lagerung) ‖ **~ drier** / [feststehender] Hordentrockner m, Trockenschrank m mit feststehender Horde und festsitzenden Heizblechen, Etagentrockner m ‖ **~ edge** (Geol) / Übergang m des Schelfs zum Kontinentalhang ‖ **~ fabric** (Textiles) / Oberstoff m ‖ **~ ice** (Geol) / Schelfeis n (auf einem Schelf lagernde unbewegliche Eismasse aus zusammenhängendem Inlandeis oder aus einem Gemisch von Meereis und zerbrochenem Inlandeis) ‖ **~ life** (Paper) / Lagerfähigkeit f (die Eigenschaft von Erzeugnissen, Rohstoffen usw., ohne chemische oder physikalische Veränderung eine bestimmte Lagerzeit zu überstehen), Haltbarkeit f ‖ **~ life** / Lagerbeständigkeit f, Lagerhaltigkeit f, Lagerzeit f (als Zeiteinheit) ‖ **~ life expires** / lagerfähig bis zum.... (Aufschrift auf der Packung)
**shelf-life extender** (Nut) / Frischhaltemittel n
**shelf-lining paper** (Paper) / Schrankpapier n
**shelf mark** (a notation on a book showing its place in a library) / Signatur f (Kombination aus Buchstaben und Zahlen, unter der ein Buch in einer Bibliothek geführt wird und anhand deren man es

findet), Standortnummer *f* (Signatur eines Buches in der Bibliothek) || **~ nog** / Regalholzkonsole *f*, Wandkonsole *f* (für Regale) || **~ paper** (Paper) / Schrankpapier *n* || **~ room** / Stellfläche *f* im Regal || **~ space** / Stellfläche *f* im Regal || **~ space** / Regalfläche *f* (im Einzelhandelsgeschäft) || **~ test** (Elec Eng) / Lagerfähigkeitsprüfung *f* (der Batterie)
**shelfware** *n* (a program everyone has but nobody uses) (Comp) / Shelfware *f*
**shell** *v* (Agric) / rebeln *v* (Maiskörner) || **~** (Mil) / beschießen *v* (mit Granaten) || **~** (seeds, nut and peas) (Nut) / schälen *v* (Erbsen, Bohnen) || **~** *n* / Schale *f*, Hülle *f*, Hülse *f* || **~** ("empty" expert system, to be filled with specialist knowledge) (AI) / Expertensystemschale *f*, Rahmen-XS *n*, Expertensystemhülle *f*, Rahmenexpertensystem *n* (Expertensystem ohne anwendungsspezifisches Wissen), Shell *f* (eines Expertensystems), Expertensystemshell *f* || **~** (scallop) (Arch) / Muschelkurve *f* || **~** (Autos) / Aufbau *m*, Karosserie *f* || **~** (Build) / Gebäudekörper *m*, Baukörper *m*, Gebäudeskelett *n*, Gebäudetragwerk *n*, Gebäudegerippe *n* (ohne Verputz und Ausbau) || **~** (Build) / Rohbau *m* || **~** (Build) / Schale *f* (äußere Umhüllung eines Stahlbetonturms) || **~** (Build, Civ Eng) / Schale *f* (gekrümmtes Flächentragwerk geringer Dicke) || **~** (Comp) / Shell *m* (unter dem Betriebssystem UNIX ein Programm, das Benutzerkommandos liest, analysiert und ausführt), Kommandointerpreter *m* (UNIX) || **~** (Eng) / Mantel *m* (des Rohrbündelapparats) || **~** (Eng) / Trommel *f* (der Trommelmühle) || **~** (Foundry) / Formmaske *f* (ein erhärtetes Sand-Kunstharz-Gemisch, das in möglichst gleicher Dicke um die Modellkonturen eine Maske bildet) || **~** (Glass) / Ausmuschelung *f* (Unregelmäßigkeit der Scheibenkante, hervorgerufen durch Ausbrechen von Splittern) || **~** (Leather) / Spiegel *m*, Rossspiegel *m* || **~** (Mag) / Schalenmagnet *m* || **~** (Maths) / Mantel *m* (z.B. Kegelmantel, Mantelfläche *f*, Flächenschale *f* || **~** (Met) / Ofengefäß *n* (z.B. eines Elektroreduktionsofens) || **~** (Mil) / Sprenggeschoss *n* || **~** (Mil) / Patronenhülse *f* (bei kleineren Geschützen) || **~*** (Nuc) / Schale *f* || **~** (Nut) / Fruchtschale *f* || **~** (Ocean, Zool) / Muschel *f* || **~** (Ships) / Außenhaut *f* || **~** (contrast to lining) (Textiles) / Oberstoff *m*
**shellac** *v* (Paint) / schellackieren *v*, Schellack(lösung) auftragen || **~*** (Chem, Paint) / Schellack *m* (ein natürliches Harz tierischen Ursprungs - E 904)
**shellac-based polish** (Join, Paint) / Schellackpolitur *f*
**shellacking** *n* (Paint) / Schellackieren *n*
**shellac wax** / Schellackwachs *n* (aus dem Sekret weiblicher Lackschildläuse)
**shell-and-coil condenser** (Eng) / Rohrschlangenverflüssiger *m* (für Kältemitteldampf)
**shell-and-tube condenser** (Eng) / Rohrbündelverflüssiger *m* (für Kältemitteldampf) || **~ exchanger** (Chem Eng, Eng, Heat) / Rohrbündel-Wärmeübertrager *m*, Röhrenwärmeaustauscher *m* mit Mantel, Rohrbündel-Wärmeaustauscher *m*, Rohrbündel-Wärmeaustauscher *m*, Rohrbündelapparat *m* (die am meisten verbreitete Bauart des Wärmetauschers nach DIN 28180)
**shell antenna** (Radio) / Muschelantenne *f* (eine Reflektorantenne, die einen unsymmetrischen Ausschnitt aus einem Rotationsparaboloid als Reflektor benutzt) || **~ auger** (Carp) / Holzspiralbohrer *m*, Spiralbohrer *m* für Holz || **~ auger** (Mining, Oils) / Schappe *f* (geschlossener oder geschlitzter Stahlblechzylinder mit pflugscharähnlicher Rundschneide zur Erbohrung lockeren Gebirges)
**shellbark hickory** (For) / Königsnuss *f* (Carya laciniosa (F. Michx.) Loudon)
**shell bearing** (Eng) / Gleitlager *n* (mit geteilter Lagerschale) || **~ bit*** (Tools) / Hohlbohrer *m* || **~ boiler** (Eng) / Großwasserraumkessel *m* || **~ bossings** (Ships) / Wellenhose *f* (flossenartige Verkleidung der Schraubenwelle von Mehrschraubenschiffen) || **~ construction** (Build) / Schalenbauweise *f* || **~ cooling** (Glass, TV) / Ringkühlung *f* (der Bildröhren) || **~ core** (Foundry) / Maskenkern *m* || **~ course** / Schuss *m* (Behälter, Kamin) || **~ course** (Eng) / Mantelschuss *m* (des Kessels) || **~ course** (Nuc Eng) / Mantelschuss *m*, Ring *m* (bei einem Kernreaktorbehälter), Schuss *m* || **~ defect** (extrusion defect caused by impurities trapped just below the extrusion surface) (Met) / Schalefehler *m* || **~ door** (Ships) / Außenhautpforte *f* || **~ electron** (Nuc) / Schalenelektron *n*, Hüllenelektron *n* || **~ end mill arbor** (Eng) / Aufsteckfräserdorn *m* (Werkzeugspanner an Fräsmaschinen) || **~ end milling** (Eng) / Walzstirnfräsen *n* (wenn rechtwinklig zueinander stehende Flächen hergestellt werden), Umfangsstirnfräsen *n*, Stirnwalzenfräsen *n* (Fräsen mit einem am Umfang und an der Stirn schneidenden Fräswerkzeug)
**sheller** *n* (Agric) / Schälmaschine *f*, Schälvorrichtung *f* || **~** (Agric) / Rebler *m*, Auskörner *m*
**shellfish poisoning** (Nut) / Muschelvergiftung *f*

**Shell fluid catalytic cracking** (Oils) / Shell-Fließbettkracken *n* || **~ gold** (Paint) / Muschelgold *n* (pulverisiertes Gold mit Gummiarabikum als Bindemittel), Malergold *n* (Goldbronze)
**shelling** *n* (Build) / Haarrissbildung *f* (allmähliches Abblättern) || **~** (For) / Jahrringspaltung *f* || **~** (Mil) / Artilleriebeschuss *m*, Beschuss *m* (Artillerie)
**shell-limestone** *n* (Geol) / Muschelkalk *m*, Schillkalk *m*
**shell model*** (Nuc) / Schalenmodell *n* (ein Kernmodell) || **~ mould** (Foundry) / Schalenform *f* (dünnwandige, widerstandsfähige verlorene Form aus speziellen Formstoffen) || **~ mould** (Foundry) / Maskenform *f* || **~ moulding** (Foundry) / Maskenformverfahren *n*, Formmaskenverfahren *n* || **~ moulding** (Foundry) s. also Croning process || **~ of double curvature** (Arch) / doppeltgekrümmte Schale || **~ of revolution** (Arch) / Rotationsschale *f* (die wichtigste Schalenform für den Kuppel- und Behälterbau) || **~ of rotational symmetry** (Arch) / Rotationsschale *f* (die wichtigste Schalenform für den Kuppel- und Behälterbau) || **~ of translation** (Arch) / Translationsschale *f* || **~-pink** *adj* / muschelrosa *adj* || **~ plating** (Ships) / Außenhaut *f* (aus Platten), Beplattung *f*, Außenhautbeplattung *f* || **~ process** (Chem Eng) / Shell-Prozess *m* (zur Herstellung von Butadien aus Dichlorbutan) || **~ pump*** (Civ Eng) / Sandpumpe *f* || **~ reamer*** (Eng) / Aufsteckreibahle *f* (DIN 219) || **~ ring** (Eng) / Kesselschuss *m* || **~ ring** (Nuc Eng) / Mantelschuss *m*, Ring *m* (bei einem Kernreaktorbehälter), Schuss *m* || **~ roof** (Build) / Schalendach *n* || **~ sand** (Foundry) / Maskenformsand *m*, Maskensand *m* || **~ script** (Comp) / Shell-Skript *n* || **~ section** (Nuc Eng) / Mantelschuss *m*, Ring *m* (bei einem Kernreaktorbehälter), Schuss *m* || **~ shake** (For) / Ringriss *m*, Ringkluft *f* || **~ shed** (Build, Civ Eng) / Schalenshed *n* (Schale, die in ihrer Querrichtung nur einen Teil der Grundfläche überdeckt, während über dem Rest Fenster liegen)
**shell-side medium** (Eng) / mantelraumseitiges Medium (bei Rohrbündelapparaten)
**shell silk** (Textiles) / Byssus-Seide *f*, Seeseide *f*, Muschelseide *f* (Faserbast der im Mittelmeer verbreiteten Steckmuschel)
**Shell's method** (Comp) / Shellsort *n* (eine Art Sortieren durch Einschieben)
**shellsort** *n* (exchange sort originated by D.A. Shell) (Comp) / Shellsort *n* (eine Art Sortieren durch Einschieben)
**shell splitting** (Nuc) / Shellsplitting *n* (Aufspalten der Driftschalen geladener Teilchen mit unterschiedlicher Anfangsenergie) || **~ star*** (Astron) / Hüllenstern *m*, Shell-Stern *m* (mit gasförmiger Hülle) || **~ strake** (Eng) / Mantelschuss *m* (des Kessels) || **~ structure** (Nuc) / Schalenaufbau *m*, Schalenstruktur *f* || **~ support** (Mining) / Schalenausbau *m* (selbsttragende Ausbauhinterfüllung mit hydraulischen Bindemitteln, auf dem Streckenausbau aufliegend und im Verbund mit dem Gebirgsmantel, der durch Zementieren verfestigt werden kann) || **~ top** (Nut) / Ablösung *f* der Brotkruste (ein Brotfehler) || **~ Trickle process** (Oils) / Shell-Trickle-Prozess *m*, Shell-Trickle-Verfahren *n* (zur Entschwefelung von Heizölen)
**shell-type antenna** (Radio) / Muschelantenne *f* (eine Reflektorantenne, die einen unsymmetrischen Ausschnitt aus einem Rotationsparaboloid als Reflektor benutzt) || **~ bearing** (Eng) / Gleitlager *n* (mit geteilter Lagerschale) || **~ steam generator** (Eng) / Großwasserraumkessel *m*
**shell ·-type transformer*** (Elec Eng) / Manteltransformator *m* (bei dem nur ein Schenkel mit Ober- und Unterspannungswicklung bewickelt ist, und der magnetische Fluss sich auf zwei Rückschlussjoche aufteilt) || **~ under internal pressure** (Mech) / biegeschlaffe Rotationsschale
**shelly** *adj* (Geol) / muschelig *adj*, schalig *adj* || **~ sand** / Muschelsand *m* || **~ sandstone** (Geol) / Muschelsandstein *m*
**shelter** *v* (from) / schützen *v* (vor, gegen) || **~** *n* / Schutzraum *m*, Schutzbau *m* || **~** (Agric) / Schutzdach *n*, Schuppen *m* || **~** (Build) / Oberdach *n*, Überdach *n* || **~** (Meteor) / Wetterhütte *f*
**shelter-belt** *n* (Agric) / Windschutzanlage *f* (lebende Anlage), Strauchschutzhecke *f*, Feldhecke *f*, Schutzstreifen *m* in Mischung aus Baum und Strauch, Waldschutzstreifen *m*, technisches Windhindernis, Windbrecher *m*
**shelter deck** (Ships) / Schutzdeck *n*, Shelterdeck *n* || **~ decker** (Ships) / Schutzdecker *m*, Shelterdecker *m*
**sheltered** *adj* / geschützt *adj* (dem Freiluftklima nicht ausgesetzt) || **~ from rain** / regengeschützt *adj* (Raum) || **~ from wind** / windgeschützt *adj*
**sheltering from rain** (Build) / regensicher *adj* (Eigenschaft von Bedachungen)
**shelterwood** *n* (mature trees left standing to provide shelter in which saplings can grow) (For) / Schirmbestand *m* || **~ cutting** (For) / Schirmschlag *m*, Schirmhieb *m* (bei dem der Altbestand des Waldes durch mehrere Lichtungshiebe entfernt wird) || **~ felling** (For) / Schirmschlag *m*, Schirmhieb *m* (bei dem der Altbestand des Waldes durch mehrere Lichtungshiebe entfernt wird) || **~ method** (For) /

**shelve**

Schirmschlag *m*, Schirmhieb *m* (bei dem der Altbestand des Waldes durch mehrere Lichtungshiebe entfernt wird)
**shelve** *v* / Regale einbauen oder aufstellen ‖ ~ (put on a shelf) / ins Regal stellen
**shelved car** (Met) / Etagenwagen *m*
**shelving** *n* / (Material für) Fächer oder Regale ‖ ~ (Eng) / Stellage *f* ‖ ~ *adj* / abfallend *adj* (Berg, Boden, Ebene)
**shepherd's check** (Textiles) / kontrastreiche (meistens schwarzweiße) Würfelmusterung
**shepherd's check** (Textiles) / Elefantentritt *m*, schwarzweiß karierter Wollstoff
**shepherd's plaid** (Textiles) / kontrastreiche (meistens schwarzweiße) Würfelmusterung
**shepherd's plaid** (Textiles) / Elefantentritt *m*, schwarzweiß karierter Wollstoff
**sherardizing*** *n* (Met, Surf) / Sherardisieren *n* (Diffusionsverzinken nach DIN 50902 - nach dem britischen Erfinder Sherard O. Cowper-Coles) ‖ ~ **process** (Surf) / Sherardisieren *n* (Diffusionsverzinken nach DIN 50902 - nach dem britischen Erfinder Sherard O. Cowper-Coles)
**sherd** *n* (Ceramics) / Tonscherbenmehl *n* ‖ ~ (Ceramics) / Scherbenmehl *n*, Scherbenschamotte *f* (der gleichen Masse, bevor sie zugesetzt wird), gemahlene Scherben, keramischer Bruch (meistens gemahlen), keramische Scherben
**sheridanite*** *n* (Min) / Sheridanit *m* (ein Al-reicher Klinochlor)
**Sherritt process** (Met) / Sherritt-Verfahren *n* (Nickelpulvergewinnung)
**sherry** *attr* / sherrybraun *adj* (braungelb)
**sherry-brown** *adj* / sherrybraun *adj* (braungelb)
**Sherwin-Williams/Badger process** (Chem Eng) / Sherwin-Williams/Badger-Verfahren *n* (zur Herstellung von Phthalsäureanhydrid aus Naphthalin in einer aus Katalysatorpartikeln /$V_2O_5$ auf Silikagel/ bestehenden Wirbelschicht)
**Sherwood number** (US) (Phys) / Nusselt-Zahl *f* (zweiter Art), Nusselt-Zahl *f* der Stoffübertragung (DIN 5491), Nu'
**Shetland** *n* (Textiles) / Shetland *m*, Shetlandgewebe *n* (ein Wollkammgarn- oder Wollstreichgarnstoff) ‖ ~ **lace** (Textiles) / Klöppelspitze *f* aus Shetlandwolle ‖ ~ **wool** (Textiles) / Shetlandwolle *f* (von Schafen der Shetlandinseln, mit weichem Griff)
**SHF** (superhigh frequency) (Radar, Radio) / superhohe Frequenz (zwischen 3 - 30 GHz), Superhochfrequenz *f*, SHF (Superhochfrequenz - 3 - 30 GHz)
**shide*** *n* (Build) / Schindel *f* (zum Eindecken von Dächern - DIN 68 119), Dachschindel *f*, Holzschindel *f*
**shield** *v* (Acous) / dämmen *v* (die Schallausbreitung behindern) ‖ ~ (Aero) / abschatten *v* (Hindernisse), verdecken *v* (Hindernisse) ‖ ~ (Comp) / ausblenden *v* (Anzeigeelemente) ‖ ~ (Comp) / ausblenden *v* (grafische Datenverarbeitung) ‖ ~ (Elec Eng, Nuc, Nuc Eng, Radiol) / abschirmen *v* ‖ ~* (tunnelling) (Civ Eng) / Schild *m* (Tunnelschild), Tunnelschild *m*, Schildvortriebsmaschine *f* ‖ ~* (Civ Eng, Elec Eng, Nuc Eng) / Schild *m* (Schutz) ‖ ~ (Eng) / Schutzschild *m* ‖ ~ (Geol) / Schild *m* (ein Festlandskern - z.B. Kanadischer) ‖ ~ (as of sputtering system) (Surf) / Blende *f* ‖ ~ **drive** (Civ Eng) / Schildvortrieb *m* (Sonderverfahren zur Herstellung eines Untertagehohlraums mit Hilfe einer Schildvortriebsmaschine)
**shielded arc** / gasumhüllter Lichtbogen
**shielded-arc welding** (Welding) / Lichtbogenschweißen *n* unter Schutzgas, SG-Schweißen *n* (DIN 1910, T 4), Schutzgasschweißen *n* (MSG oder WSG), Lichtbogeninertschweißen *n*, Schutzgas-Lichtbogenschweißen *n* (der sichtbare Lichtbogen brennt in einem Schutzgasmantel)
**shielded box*** (Nuc Eng) / abgeschirmte Box, abgeschirmter Arbeitsraum ‖ ~ **cable** (Cables) / abgeschirmtes Kabel (im Allgemeinen) ‖ ~ **container for refuelling** (Nuc Eng) / Wechselflasche *f* (bei schnellen Brütern)
**shielded-inert-gas-metal-arc process** (Welding) / Metalllichtbogenschweißen *n* mit umhüllter Elektrode, Sigma-Verfahren *n* (mit Edel- und/oder Mischgas als Schutzgas), MIG-Schweißen *n* (DIN EN ISO 4063)
**shielded interface cable** (Cables, Comp) / abgeschirmtes Schnittstellenkabel ‖ ~ **line*** (Elec Eng) / abgeschirmte Leitung ‖ ~ **nuclide*** (Nuc) / abgeschirmtes Nuklid ‖ ~ **pair** (Cables, Telecomm) / geschirmtes Paar (das aus einem Paar über dem ein statischer Schirm mit Beidraht aufgebracht ist, besteht) ‖ ~ **pair*** (Elec Eng) / abgeschirmte symmetrische Leitung ‖ ~ **twisted pair** (Cables) / STP-Kabel *n* (mit paarweise abgeschirmten und verdrillten Adern) ‖ ~ **wire** (Elec Eng) / abgeschirmter Draht ‖ ~ **wiring** (Elec Eng) / Verdrahtung *f* mit abgeschirmten Leitern
**shielding** *n* (Acous) / Dämmung *f* (die Behinderung der Schallausbreitung), Dämmen *n* ‖ ~ (Aero) / Abschattung *f* (von Hindernissen), Verdeckung *f* (von Hindernissen) ‖ ~ (Comp) / Ausblenden *n* (in der grafischen Datenverarbeitung) ‖ ~* (Elec Eng,

Nuc, Nuc Eng, Radiol) / Abschirmung *f* (Behinderung der Wirkungsausbreitung von Feldern, Strahlungen, Störsignalen und Strömungen) ‖ ~ **blanket** (Nuc Eng) / Shieldingblanket *n* ‖ ~ **concrete** (Radiol) / Strahlenschutzbeton *m*, Abschirmbeton *m* (DIN 25413) ‖ ~ **constant** (Nuc) / Abschirmkonstante *f* ‖ ~ **cup** (Welding) / Schutzgashaube *f*, Schutzgaskappe *f* ‖ ~ **factor** (Electronics) / Abschirmfaktor *m* (der Elektronenröhre) ‖ ~ **gas** (Met, Welding) / Schutzgas *n* (DIN 32526) ‖ ~-**gas atmosphere** (Welding) / Schutzgasatmosphäre *f*, Inertgasatmosphäre *f*
**shielding-gas column** (Welding) / Schutzgassäule *f* ‖ ~ **cover** (Welding) / Schutzgashülle *f*, Schutzgasmantel *m* ‖ ~ **mantle** (Welding) / Schutzgashülle *f*, Schutzgasmantel *m* ‖ ~ **valve** (Welding) / Schutzgasventil *n*
**shielding material** (Nuc Eng) / Abschirmstoff *m* ‖ ~ **window*** (Nuc Eng) / Abschirmfenster *n*
**shield tunnelling** (Civ Eng) / Schildbauweise *f* beim Tunnelauffahren (bei feinkörnigen und schwimmenden Gebirgen), Schildvortrieb *m*
**shield-type support** (Mining) / Schildausbau *m* (halbgeschlossene Ausbaueinheit für Streben mit Öffnung zum Kohlenstoß und Strebförderer)
**shield volcano** (Geol) / Schildvulkan *m*
**shift** *v* / verstellen *v* (Hebel) ‖ ~ / schalten *v* (Gänge) ‖ ~ (Arch, Photog) / shiften *v* (das Objektiv nach oben verschieben, um die Parallaxe auszugleichen) ‖ ~ (Comp) / die Shift-Taste drücken ‖ ~ (Eng, Mining) / rücken *v* (Fördermittel bewegen) ‖ ~ (Hyd Eng) / verlegen *v* (das Flussbett) ‖ ~ (Mech) / verlagern *v* (Gleichgewicht) ‖ ~ *vi* / verschieben *v* (sich) ‖ ~ (Phys) / abwandern *v* (Potential) ‖ ~ *vt* / verschieben *v*, shiften *v* ‖ ~ (Met) / schollen *vt* (Draht auf der Ziehscheibe) ‖ ~ *n* / Verschiebung *f* (im Allgemeinen) ‖ ~ (US) (Autos) / Schalthebel *m*, Gangschalthebel *m* ‖ ~ (Build) / versetzte Fuge ‖ ~ (Eng) / Verstellung *f* ‖ ~ (Eng) / Schaltung *f* ‖ ~ (Foundry) / Grat *m* (ein Gussfehler) ‖ ~ (Foundry) / Versatz *m* (der beiden Formhälften) ‖ ~ (Mech) / Verlagerung *f* (des Gleichgewichts) ‖ ~* (chemical shift) (Spectr) / chemische Verschiebung (in der Kernresonanzspektroskopie), Shift *m* (chemische Verschiebung) ‖ ~ (Telecomm) / Shift *m* (Abstand zwischen den Kennfrequenzen) ‖ ~* (Teleg) / Umschaltung *f* (bei doppelter Belegung verschiedener Kombinationen in dem Telegrafenalphabet des CCIT Nr. 2) ‖ ~ (Work Study) / Schicht *f* (als Abschnitt des Arbeitstages, Gruppe von Arbeitern)
**shiftable** *adj* / verschiebbar *adj* ‖ ~ (Eng) / rückbar *adj* (z.B. eine Bandanlage)
**shift allowance** (Work Study) / Schichtarbeitszulage *f* ‖ ~ **bonus** (Work Study) / Schichtarbeitszulage *f* ‖ ~ **character** / Umschaltzeichen *n* (jegliches, in einem Zeichenstrom verwendete Zeichen, um die Verschiebung zu ändern) ‖ ~ **clock timing control** (Comp) / Schiebetaktsteuerung *f* ‖ ~ **conversion** (Chem Eng) / CO-Konvertierung *f*, Konvertierung *f* ‖ ~ **converter** (Chem Eng) / Konvertierungsofen *m* ‖ ~ **down** (Autos) / herunterschalten *v*, einen niedrigeren Gang einlegen, zurückschalten *v*
**shifted in phase** (Elec Eng, Telecomm) / phasenverschoben *adj*, außer Phase ‖ ~ **sideway** (Civ Eng) / Querverschub *m* (z.B. bei Brücken)
**shifter** *n* (US) (Autos) / Schaltversion *f* (ohne Automatikgetriebe) ‖ ~ **fork** (Autos) / Schaltgabel *f* ‖ ~ **fork** (Eng) / Riemengabel *f* ‖ ~ **rod** (Autos) / Schaltstange *f* (an der die Schaltgabel befestigt ist)
**shift factor** (Work Study) / Schichtfaktor *m* ‖ ~ **foreman** (Mining) / Schichtsteiger *m* (der eine Betriebsschicht eines Reviers führt) ‖ ~ **fork** (Autos) / Schaltgabel *f* ‖ ~ **gate** (Autos) / Schaltkulisse *f* ‖ ~ **in a less noble direction** (Elec) / Unedlerwerden *n* (des Potentials), Verunedlung *f* (des Potentials) ‖ ~ **in a noble direction** (Elec) / Veredlung *f* (des Potentials)
**shift-in character** (Comp) / Rückschaltungszeichen *n*, Dauerumschaltungszeichen *n*
**shift in demand** / Bedarfsverschiebung *f* (z.B. bei Rohstoffen)
**shifting** *n* (Autos) / Schaltablauf *m* ‖ ~ (Autos) / Gangschaltung *f*, Schaltung *f*, Gangwechsel *m* ‖ ~ (Eng) / Schaltung *f* ‖ ~ (Mech) / Verlagerung *f* (des Gleichgewichts) ‖ ~ *adj* / verschiebbar *adj* ‖ ~ **cultivation** (Agric) / Wanderfeldbau *m* (in tropischen Waldgebieten), Shifting Cultivation *f* ‖ ~ **disk** (Met) / Ziehscheibe *f* (von der Welle der Drahtziehmaschine angetriebene zylindrischer oder kegeliger, wasser- oder luftgekühlter Körper zum Aufwickeln des Drahtes), Ziehtrommel *f*, Schollscheibe *f* (der Drahtziehmaschine) ‖ ~ **instruction** (Comp) / Schiebebefehl *m* (ein Maschinenbefehl beim Digitalrechner, der das Verschieben eines Operanden um die im Befehl angegebene Stellenzahl nach links oder rechts veranlasst), Verschiebebefehl *m* ‖ ~ **into reverse** (Autos) / Schaltung *f* in den Rückwärtsgang, Schalten *n* in den Rückwärtsgang ‖ ~ **into third** (Autos) / Schaltung *f* in den dritten Gang, Schalten *n* in den dritten Gang ‖ ~ **jolt** (Autos) / Schaltruck *m* ‖ ~ **of brushes*** (Elec Eng) / Bürstenverstellung *f*, Bürstenverschiebung *f*, Bürsteneinstellung *f* ‖ ~ **of the river** (Hyd Eng) / Flussbettverlegung *f* ‖ ~ **of the wire** (Met) / Schollen des Drahtes *n* (Vorgang, bei dem die neu auf der

1424

Ziehscheibe aufgenommene Drahtwindung die bereits vorhandene verschiebt) || ~ **process** (Autos) / Schaltablauf *m* || ~ **register** (Comp) / Schieberegister *n* (Register als Speicher in Form einer Transportkette, wobei die Informationswerte durch Taktimpulse vom Eingang zum Ausgang weiter geleitet werden)
**shift instruction** (Comp) / Schiebebefehl *m* (ein Maschinenbefehl beim Digitalrechneer, der das Verschieben eines Operanden um die im Befehl angegebene Stellenzahl nach links oder rechts veranlasst), Verschiebebefehl *m* || ~ **interlock** (Autos) / Schaltsperre *f* || ~ **in the noble direction** (Elec) / veredeln *v* (Potential) || ~ **in the shoreline** (Geol) / Strandverschiebung *f*
**shift-invariant** *adj* / verschiebungsinvariant *adj*
**shift • key** / Shift-Taste *f*, SHIFT-Taste *f*, Shift *m n* (Shift-Taste), Umschalter *m* (der Schreibmaschine) || ~ **lens** (Photog) / Shift-Objektiv *n* (das den Ausgleich stürzender Linien bewirkt) || ~ **lever** (US) (Autos) / Schalthebel *m*, Gangschalthebel *m* || ~ **lock** / Umschaltfeststeller *m* (der Schreibmaschine)
**shift-lock key** (Comp) / Shiftlocktaste *f*, Umschaltfeststelltaste *f* || ~ **keyboard** (Comp) / Tastenwerk *n* mit Tastenfeldsperre
**shift operation** (Comp) / Shiftoperation *f*, Schiebeoperation *f*
**shift-out character** (Comp) / Dauerumschaltungszeichen *n* (aus)
**shift pattern** (Autos) / Schaltschema *n* (z.B. in der Schaltkulisse) || ~ **point** (Autos) / Schaltpunkt *m* (im Automatikgetriebe) || ~ **premium** (Work Study) / Schichtarbeitszulage *f* || ~ **pulse** (Comp) / Schiebeimpuls *m*, Verschiebeimpuls *m* || ~ **quadrant** (Autos) / Schaltsegment *n* (bei Lenkstockschaltung) || ~ **reaction** (Chem Eng) / Shiftreaktion *f* (die Grundreaktion der großtechnischen Wasserstofferzeugung) || ~ **reagent** (Chem, Spectr) / Verschiebungsreagens *n* (für die Kernresonanzspektroskopie), Shiftreagens *n* (z.B. Chelate von Europium und Praseodym) || ~ **register** (Comp) / Schieberegister *n* (Register als Speicher in Form einer Transportkette, wobei die Informationswerte durch Taktimpulse vom Eingang zum Ausgang weiter geleitet werden) || ~ **right** (Comp) / Verschiebung *f* nach rechts || ~ **technique** (Bacteriol) / Shifttechnik *f* (Bestimmung der chemischen Parameter für mikrobielles Wachstum in kontinuierlichen Kulturen) || ~ **technique** (Spectr) / Shifttechnik *f*, Biemann-Shift *m* (eine Untersuchungsmethode in der Massenspektrometrie), Verschiebungstechnik *f* || ~ **up** *v* (Autos) / heraufschalten *v*, einen höheren Gang einlegen, hochschalten *v* || ~ **winding** (Elec Eng) / Schiebewicklung *f*, Verschiebungswicklung *f* || ~ **work** (Work Study) / Schichtarbeit *f* (Schichtsystem)
**shiga-like toxin** (Chem) / Verotoxin *n*, SLT (Verotoxin)
**shiggs** *n* (Nuc) / s-Higgs *n*, Higgsino *n*
**shikimic acid**\* (Biochem) / Shikimisäure *f* (3,4,5-Trihydroxy-1-cyclohex-1-en-carbonsäure), Schikimisäure *f*
**shilling • -mark** *n* (Typog) / Schrägstrich *m*, Slash *m* (pl. -s) || **~-stroke** *n* (Typog) / Schrägstrich *m*, Slash *m* (pl. -s)
**shim** *v* (Eng) / unterlegen *v*, unterfüttern *v* || ~ (Mag, Nuc Eng) / trimmen *v*, kompensieren *v*, korrigieren *v* (durch Shims) || ~\* *n* (Eng) / Beilegscheibe *f* || ~\* (Eng) / Passscheibe *f*, Distanzscheibe *f*, Ausgleichsring *m*, Ausgleichsscheibe *f* || ~ (For) / Flickstück *n* (bei reparierten Ast- oder Furnier-Fehlstellen), Flicken *m* || ~\* (Mag, Nuc Eng) / Korrektionsstück *n* (aus magnetischem Material), Shim *m n* (kleines Blech oder besonders geformtes Stück aus magnetischem Material zur Beeinflussung des magnetischen Feldes am Rande der Polschuhe von Magneten), Shimstück *n* || ~ (Print) / Grundstraffer *m*, Grundblatt *n* || ~ (Print) / Straffe *f* (Deckbogen im feuchten Zustand), Deckbogen *m*
**shimmer** *n* (shine with a soft tremulous light) / Schimmer *m* (schwacher Glanz, schwacher Schein)
**shimming**\* *n* (Mag, Nuc Eng) / Trimmen *n*, Feldkorrektion *f* (durch Shims), Feldfeinkorrektion *f*
**shimmy**\* *n* (transient lateral vibration) (Aero) / Flatterschwingung *f* (des Bug- oder Spornrads), Flattern *n* (z.B. des Bugrads) || ~\* (Autos) / Radflattern *n*, Lenkungsflattern *n* || ~ **damper** (Aero) / Radflatterdämpfer *m*, Flatterdämpfer *m* (der das Bugradflattern verhindert)
**shim rod**\* (Nuc Eng) / Trimmstab *m*, Kompensationsstab *m*
**shim/scram assembly** (Nuc Eng) / HK-Kassette *f*, Havarieschutz- und Kompensationskassette *f* || ~ **rod** (Nuc Eng) / Kompensations- und Schnellabschaltstab *m*
**shin**\* *n* (Rail) / Schienenlasche *f*, Stoßlasche *f*, Flachlasche *f* (Stahlprofil zur Verbindung von Schienenstößen - DIN 5901 und 5902), Lasche *f*
**shine** *v* / blank reiben, wienern *v* || ~ *vt* / polieren *v*, auf Hochglanz bringen, auspolieren *v* || ~ *n* / Glanz *m*, Schein *m* || ~ (Textiles) / Glanzstelle *f*
**Shine-Dalgarno sequence** (Biochem) / Shine-Dalgarno-Sequenz *f*
**shiner**\* *n* (Print) / Leuchttisch *m* (ein Montagetisch), Leuchtpult *n* || ~ (Textiles) / Glanzstelle *f* || ~ (Textiles) / Glanzfaden *m*

**shiners**\* *pl* (Paper) / Glimmerverunreinigung *f*, glänzende Fehlerstelle im fertigen Papier (Glimmerpartikeln)
**shiner scale** (Ceramics) / Fischschuppen *f pl* (halbmondförmige Ausplatzung der Grund- und/oder der Deckemaillierung)
**shine-through** *n* (Paper, Print) / Durchscheinen *n*
**shingle** *v* (Build) / schindeln *v* (mit Schindeln decken oder verkleiden) || ~ (Met) / verdichten *v* (Schweißeisen) || ~\* *n* (Build) / Schindel *f* (zum Eindecken von Dächern - DIN 68 119), Dachschindel *f*, Holzschindel *f* || ~ (Build) / Schindeldach *n* || ~ (Geol, Ocean) / Meereskies *m*, Küstenkies *m* || ~\* (small rounded pebbles) (Geol, Ocean) / Steingeröll *n*, Kieselgeröll *n* || ~ **beach** (Geol, Ocean) / Kieselstrand *m*
**shingle-block structure** (Geol) / Schuppenbau *m* (der Gesteinspakete), Schuppenstruktur *f* (schuppenartige Übertragung von Schichtenpaketen), Gleitbrettbau *m*
**shingle-carrying river** (Hyd Eng) / Fluss *m* mit Geröll, Fluss *m* mit Geschiebe
**shingle nail** (Build) / Schindelnagel *m* || ~ **oak** (For) / Schindeleiche *f* (Quercus imbricaria Michx.) || ~ **roof** (Build) / Schindeldach *n* || ~ **structure** (Geol) / Schuppenbau *m* (der Gesteinspakete), Schuppenstruktur *f* (schuppenartige Übertragung von Schichtenpaketen), Gleitbrettbau *m* || ~ **trap** (Hyd Eng) / Geröllfang *m* (zum Auffangen von Geröll)
**shingling** *n* (Build) / Überlappung *f* der Dachbelagsbahnen || ~ (Geol) / Schuppenbau *m* (der Gesteinspakete), Schuppenstruktur *f* (schuppenartige Übertragung von Schichtenpaketen), Gleitbrettbau *m* || ~ (Met) / Verdichtung *f* (des Schweißeisens durch Hämmern oder Walzen) || ~ **hatchet** (Build, Tools) / Lattenhammer *m*, Latthammer *m* (DIN 7239)
**shin guard** / Schienbeinschutz *m*
**shining-up table** (Print) / Leuchttisch *m* (ein Montagetisch), Leuchtpult *n*
**shiny** *adj* / glänzend *adj*, leuchtend *adj* || ~ (Textiles) / mit Glanzstellen
**ship** *v* (US) / befördern *v*, transportieren *v*, fördern *v* || ~ / versenden *v*, verschicken *v*, zum Versand bringen || ~ (Ships) / verschiffen *v* || ~ (Ships) / an Bord nehmen || ~ (Ships) / anmustern *v* (Seeleute) || ~ *n* (Ships) / Schiff *n* (Wasserfahrzeug)
**shipboard aircraft**\* (Aero, Mil) / trägergestütztes Flugzeug (das von einem Flugzeugträger aus eingesetzt wird; mit baulichen Besonderheiten, z.B. beiklappbaren Flügeln), Trägerflugzeug *n* (ein Militärflugzeug, das von Flugzeugträgern aus zum Einsatz kommt), Bordflugzeug *n*
**shipborne radar** (Radar) / Schiffsradar *m n* (für Navigation und Kollisionswarnung)
**ship-breaker** *n* (Ships) / Abwracker *m*, Schiffsabwracker *m*
**ship-breaking** *n* (Ships) / Verschrotten *n*, Abwracken *n* || ~ **subsidy** (Ships) / Abwrackprämie *f*
**shipbroker** *n* (Ships) / Schiffsklarierer *m*, Schiffsmakler *m*
**shipbuilder** *n* (Ships) / Schiffbauer *m*
**shipbuilding** *n* (Ships) / Schiffbau *m* (Gewerbe und technische Disziplin), Schiffsbau *m* || ~ **crane** (Civ Eng, Ships) / Schiffbaukran *m* (meistens Portalkräne, die die gesamte Werfthalle von außen überstreichen und fertige Sektionen zum Montageplatz transportieren) || ~ **industry** (Ships) / Werftindustrie *f*, Schiffbauindustrie *f* || ~ **sections** (Met, Ships) / Schiffbauprofile *n pl* (Sammelbegriff für Profile, die speziell für den Schiffbau hergestellt werden) || ~ **steel** (Met) / Schiffbaustahl *m* || ~ **timber** (Ships) / Schiffsholz *n*
**ship caisson**\* (Civ Eng, Hyd Eng) / [geschlossener] Ponton *m* || ~ **caisson**\* (Ships) / Schwimmtor *n*, Torschiff *n* (eines Trockendocks oder einer Schleuse) || ~ **canal** (Ships) / Schifffahrtskanal *m* (DIN 4054) || ~ **chandler** (Ships) / Shipchandler *m* (Schiffslieferant, der für Ausrüstungen und Proviant sorgt)
**ship-charging device** (Ships) / Schiffsbelader *m* (eine Vorrichtung) || ~ **plant** (Ships) / Schiffsbelader *m* (eine Vorrichtung)
**ship-data book** (Ships) / Schiffsdatenliste *f*
**ship design** (Ships) / Schiffsentwurf *m* || ~ **for frozen goods** (Nut, Ships) / Gefrierschiff *n* (ein Transport- und Verarbeitungsschiff der Fischereiflotte) || ~ **hoist** (Eng, Ships) / Schiffshebewerk *n* (ein Kran) || ~ **impact** (Ships) / Schiffsanprall *m* (z.B. an die Kaimauer, an die Brückenpfeiler)
**shiplap**\* *n* (Build) / Stülpverschalbrett *n*, übereinander greifendes Brett (bei der Stülpschalung) || ~ **board** (Build) / Stülpverschalbrett *n*, übereinander greifendes Brett (bei der Stülpschalung)
**shiplapping** *n* (Carp) / überlappter Verband, Falzverbindung *f*, Überfalzung *f*
**shiplap siding** (Build) / Stülpverschalbrett *n*, übereinander greifendes Brett (bei der Stülpschalung) || ~ **siding** (Carp) / überlappter Verband, Falzverbindung *f*, Überfalzung *f*
**ship-launched ballistic missile** (Mil) / von Schiffen startender ballistischer Flugkörper (auch eine Uboot-Rakete)
**shipload** *n* (Ships) / Kargo *m*, Schiffsladung *f*, Cargo *m*

**shiploader** *n* (Ships) / Schiffsbelader *m* (eine Vorrichtung)
**shipment** *n* / Sendung *f*, Lieferung *f* (von Waren), Versand *m* (der bestellten Ware) ‖ ~ **by sea** (Ships) / Seetransport *m* ‖ ~ **lot** / Versandpartie *f*, Lieferpartie *f*
**ship-model towing test** (trial) (Ships) / Schleppversuch *m*, Modellschleppversuch *m* (im Tank)
**shipowner** *n* (Ships) / Reeder *m*, Schiffseigner *m* (in der Seeschifffahrt)
**shipped** *adj* / ausgeliefert *adj* (Auftrag)
**shipper** *n* / Vertreiber *m* (z.B. des Gefahrguts) ‖ ~* (Build) / Schmolzziegel *m*, deformierter Mauerziegel, deformierter Ziegelstein ‖ ~ (Ships) / Befrachter *m* (Absender in Seefrachtgeschäften), Versender *m*
**shipper-loaded** *adj* / vom Versender beladen
**shipping** *n* / Seespedition *f* ‖ ~ / Auslieferung *f* (Expedition), Expedition *f* ‖ ~ (Ships) / Schiffsverkehr *m* ‖ ~ (Ships) / Verschiffung *f* ‖ ~ (Ships) / Schifffahrt *f* ‖ ~ **agent** (Ships) / Verschiffungsagent *m*, Seehafenspediteur *m* ‖ ~ **agent** (Ships) / Reedereivertreter *m* (im Ausland für Seeversicherungen) ‖ ~ **case** / Flaschenkasten *m*, Flaschenkorb *m* (zum Versand) ‖ ~ **channel** (Ships) / Fahrwasser *n* (im Allgemeinen, meistens mit einer Fahrrinne), Fahrrinne *f* (der tiefste Teil des Fahrwassers) ‖ ~ **company** (Ships) / Reederei *f*, Seereederei *f* ‖ ~ **conference** (Ships) / Schifffahrtskonferenz *f* (internationales Kartell der Linienschifffahrt) ‖ ~ **container** / Behälter *m*, Großbehälter *m*, Container *m* (im internationalen Verkehr zugelassene Behälter mit einheitlichen äußeren Abmessungen, Eckbeschlägen und weiteren Angriffselementen - nach ISO), Frachtbehälter *m*, Versandbehälter *m* ‖ ~ **documents** (Ships) / Verschiffungspapiere *n pl*, Verladepapiere *n pl* ‖ ~ **drum** (Ships) / Versandfass *n*
**shipping-dry** *adj* (For) / verschiffungstrocken *adj* (Holz) ‖ ~ (For) / halbtrocken *adj* (Holz), verladetrocken *adj* (Holz)
**shipping flask** (Nuc Eng) / Brennelementtransportcontainer *m*, Brennelementtransportbehälter *m* ‖ ~ **forecast** (Mining) / Wettervorhersage *f* für die Schifffahrt ‖ ~ **lane** (Ships) / Schifffahrtsweg *m* (im Allgemeinen) ‖ ~-**line map** (Ships) / Schifffahrtslinienkarte *f* ‖ ~ **packing** / Versandverpackung *f*, Transportverpackung *f* (z.B. Fässer oder Kisten), Emballage *f* ‖ ~ **point** / ausliefernde Stelle, Versandstelle *f* ‖ ~ **range** (Ships) / Fahrtbereich *m* ‖ ~ **sample** / Lieferprobe *f* ‖ ~ **sign** (Ships) / Schifffahrtszeichen *n* (auf Binnenwasserstraßen und Seewasserstraßen) ‖ ~ **weight** / Verschiffungsgewicht *n*, Versandgewicht *n* (z.B. in Warenkatalogen)
**ship plane** (Aero, Mil) / trägergestütztes Flugzeug (das von einem Flugzeugträger aus eingesetzt wird; mit baulichen Besonderheiten, z.B. beiklappbaren Flügeln), Trägerflugzeug *n* (ein Militärflugzeug, das von Flugzeugträgern aus zum Einsatz kommt), Bordflugzeug *n* ‖ ~ **plate** (Met) / Schiffsblech *n* ‖ ~ **plate countersink** (US) (Eng) / Nietlochsenker *m* (DIN 1863), Senker *m* für Schiffsnieten ‖ ~ **propulsion** (Ships) / Schiffsantrieb *m*
**ship's agent** (Ships) / Schiffsagent *m*, Schiffsdisponent *m* ‖ ~ **agent** s. also shipping agent ‖ ~ **boat** (Ships) / Schiffsboot *n* ‖ ~ **bottom** (Ships) / Schiffsboden *m* ‖ ~ **bottom paint** (Paint) / Schiffsboden-Anstrichstoff *m* ‖ ~ **company** (Ships) / Schiffsbesatzung *f*, Schiffsmannschaft *f* ‖ ~ **crew** (Ships) / Schiffsbesatzung *f*, Schiffsmannschaft *f* ‖ ~ **hatch** (Ships) / Luke *f* (verschließbare Öffnung im Deck zum Betreten und Beladen der darunterliegenden Räume) ‖ ~ **hull** (Ships) / Schiffskörper *m*, Schiffsrumpf *m*, Kasko *m* (pl. -s) (Schiffsrumpf) ‖ ~ **lines** (Ships) / Linienriss *m* (zeichnerische Darstellung der Schiffsform in vier Projektionsebenen) ‖ ~ **magnetism** (Mag, Ships) / Schiffsmagnetismus *m* (physikalische Eigenschaft eines stählernen Schiffes, die während des Baus und der gesamten Lebensdauer durch die erdmagnetische Induktion entsteht) ‖ ~ **papers** (Ships) / Schiffspapiere *n pl* ‖ ~ **perspiration** (Ships) / Schiffsschweiß *m* (kondensierter Wasserdampf an den inneren Bordwänden und Decks des Schiffs) ‖ ~ **position** (Nav, Ships) / Schiffsort *m* ‖ ~ **steam generator** (Eng, Ships) / Schiffsdampferzeuger *m* ‖ ~ **strength** (Ships) / Schiffsfestigkeit *f* (Widerstandsfestigkeit des Schiffskörpers gegen bleibende Verformungen und Zerstörungen unter Belastung)
**ship station** (Radio, Ships) / Bordfunkstation *f*, Seefunkstelle *f* (auf einem Schiff) ‖ ~ **technology** (Ships) / Schiffstechnik *f* (rund um das Schiff) ‖ ~ **timber** (Ships) / Schiffsholz *n*
**ship-to-shore communication** (Radio, Ships, Telecomm) / Bord-Land-Verbindung *f* ‖ ~ **gangway** (Ships) / Landgangsteg *m* (Zugang zum Schiff als Steg aus Leichtmetall oder Holz beim Betreten des Schiffs vom Kai), Landgang *m*
**ship turbine** (Eng, Ships) / Schiffsturbine *f* ‖ ~ **unloader** (Ships) / Schiffsentladeanlage *f*, Schiffsentlader *m* (eine Vorrichtung)
**ship-unloading device** (Ships) / Schiffsentladeanlage *f*, Schiffsentlader *m* (eine Vorrichtung) ‖ ~ **plant** (Ships) / Schiffsentladeanlage *f*, Schiffsentlader *m* (eine Vorrichtung)
**shipway** *n* (Ships) / Baudock *m*, Helling *f* (pl. Hellingen oder Helligen), Helgen *m*, Helge *f*

**ship welding** (Ships) / Schiffsschweißen *n*
**shipworm** *n* (Zool) / Schiffsbohrmuschel *f*, Schiffsbohrwurm *m* (eine Bohrmuschel), Pfahlwurm *m* (Teredo navalis)
**shipwreck** *n* (Ships) / Schiffswrack *m* ‖ ~ (the destruction of a ship at sea) (Ships) / Schiffbruch *m*
**shipwright** *n* (Ships) / Schiffbauer *m*
**shipyard** *n* (Ships) / Werft *f*, Schiffswerft *f* ‖ ~ **berth** (Ships) / Werftliegeplatz *m*
**shirr** *v* (Nut) / raffen *v* (Wursthüllen) ‖ ~ (Textiles) / pullern *v*, rüschen *v*
**shirred casing** (Nut) / geraffter Darm, Raupe *f* (geraffter Darm)
**shirring** *n* (Textiles) / Pullern *n* (elastisches Einnähen von Gummibändern unter gleichzeitiger Rüschenbildung), Rüschen *n* ‖ ~ (Textiles) / Kräuselbandeinziehen *n*
**shirt board** (Paper) / Hemdenkarton *m*
**shirting** *n* (Textiles) / Schirting *m* (ein Baumwollgewebe in Leinwandbindung)
**shirt-sleeve environment** (Space) / Druckkabinenatmosphäre *f* (die die Arbeit ohne Raumanzug ermöglicht)
**shisham** *n* (For) / Ostindischer Palisander (meistens Dalbergia sissoo Roxb. ex DC.) ‖ ~ (For) / Ostindischer Palisander (meistens Dalbergia sissoo Roxb. ex DC.)
**shiver** *n* / Splitter *m*, Span *m*
**shivering** *n* (Ceramics) / Abblättern *n* (bei Ziegelmassen, bei Begussmassen, bei Glasuren), Abplatzen *n*, Abbröckelung *f* ‖ ~ (Ceramics, Glass) / Absplittern *n* (der gebrannten Glasur vom Scherben), Craquelé *n*, Abspringen *n* (der Glasur), Krakelee *n* (Krakelüren)
**shives*** *pl* (bundles of fibres in pulp or paper) (Paper) / Faserbüscheln *pl*, Schäben *f pl* (Holzsplitter im Papier) ‖ ~* (Textiles) / Schäbe *f* (bei der Flachs- und Hanfgewinnung entstehender Abfall aus holzigen Teilchen) ‖ ~* (Textiles) / Pflanzenreste *m pl* (in der Schurwolle) ‖ ~ **of flax** (For) / Flachsschäben *f pl* (zur Spanplattenherstellung) ‖ ~ **of hemp** (For) / Hanfschäben *f pl* (zur Spanplattenherstellung)
**SHM** (simple harmonic motion) (Phys) / Sinusvorgang *m* (DIN 5483, T 1), sinusförmiger periodischer Vorgang, einfache Sinusschwingung (DIN 1311, T 1), harmonische Bewegung, harmonische Schwingung
**shm*** (Phys) / Sinusvorgang *m* (DIN 5483, T 1), sinusförmiger periodischer Vorgang, einfache Sinusschwingung (DIN 1311, T 1), harmonische Bewegung, harmonische Schwingung
**Shmoo plot** (Instr) / Shmoo-Plot *m n* (grafische Darstellung von Messwerten)
**shoad*** *n* (Geol) / Bruchstück *n* vom Ausbiss eines Ganges
**shoal*** *n* (Geol) / Sandbank *f* (aus Sand bestehende Erhöhung des Bodens im Meer, Fluss) ‖ ~ (a large number of fish swimming together) (Nut, Zool) / Fischschwarm *m* ‖ ~ (Ships) / Untiefe *f* (für die Schifffahrt gefährliche flache Stelle)
**shoaling effect** (Oils) / Shoaling-Effekt *m* (bei den Offshore-Konstruktionen)
**shoaly** *adj* / seicht *adj*, flach *adj* (seicht), mit geringer Tiefe, untief *adj*, voller Untiefen
**shock** *v* (Agric) / in Hocken aufstellen, in Puppen aufstellen ‖ ~ (Glass) / schocken *v* (einen Trennvorgang durch örtliches Erhitzen und plötzliches Unterkühlen auslösen) ‖ ~ *n* (Agric) / Hocke *f*, Rundhocke *f*, Puppe *f* ‖ ~ (Eng) / Stoß *m*, Hieb *m*, Schlag *m* ‖ ~ (Mech) / Erschütterung *f* (Schwingung von festen Körpern nach DIN 4150, T 2), Stoß *m* ‖ ~* (Med) / Schock *m* (körperlicher - ein Kreislaufsyndrom) ‖ ~ (emotional)* (Med) / Trauma *n* (pl. -men oder -ta), Schock *m* (seelischer) ‖ ~ (Phys) / Verdichtungsstoß *m* (eine Unstetigkeitsfläche) ‖ ~ **absorber*** (Aero, Autos, Eng) / Stoßdämpfer *m*
**shock-absorber helper spring** (Autos) / Stoßdämpfer-Zusatzfeder *f*, Verstärkungsfeder *f* für Stoßdämpfer
**shock-absorbing** *adj* (Autos, Eng) / stoßdämpfend *adj*
**shock adiabatic line** (Phys) / Stoßadiabate *f* ‖ ~ **coefficient** (Eng) / Ausgleichszahl *f* (bei der Berechnung von Maschinenteilen), Ausgleichsfaktor *m*, Stoßzahl *f* (bei der Berechnung von Maschinenteilen), Stoßfaktor *m* ‖ ~ **concrete** (Civ Eng) / Schockbeton *m* (auf einem Schocktisch verdichteter Beton) ‖ ~ **condition** (Phys) / Stoßbedingung *f* ‖ ~ **cord** / Gummiseil *n* (für Bungeejumping) ‖ ~ **energy** / Schlagkraft *f* (z.B. beim Elektroweidezaun)
**shocker** *n* (Aero, Autos, Eng) / Stoßdämpfer *m*
**shock excitation*** (Electronics) / Stoßerregung *f*, Impulserregung *f*
**shock-free** *adj* / stoßfrei *adj* (Gerät)
**shock front** (Eng) / Explosionswellenfront *f*, Druckwellenfront *f* (bei der Explosionsumformung) ‖ ~ **front** (Phys) / Stoßwellenfront *f*, Stoßfront *f* (bei der Stoßwelle), Schockwellenfront *f* ‖ ~ **hazard** (Elec Eng) / Berührungsgefahr *f* ‖ ~ **heating*** (Nuc) / Stoßwellenaufheizung *f*, Stoßwellenerhitzung *f*
**shocking pink** / grellrosa *adj*
**shockless** *adj* / stoßfrei *adj* (Gerät)

**Shockley diode** (Electronics) / Shockley-Diode *f* (nicht steuerbares PNPN-Bauteil - nach W. Shockley, 1910-1989) ‖ ~ **partial dislocation** (Crystal) / Shockley'sche Halbversetzung, Shockley-Partialversetzung *f*
**shock load** (Build, Phys) / Stoßbelastung *f* (bei stürzenden Bauteilen), Schlagbeanspruchung *f* ‖ ~ **metamorphism** (Geol) / Stoßwellenmetamorphose *f* (Umwandlung von Gesteinen durch starke Druckwellen), Schockmetamorphose *f*, Schockwellenmetamorphose *f* ‖ ~ **metamorphism** (Geol) / Impaktmetamorphose *f* ‖ ~ **normal** (Phys) / Stoßnormale *f* (die Normale der Berührungsflächen beim Stoß) ‖ ~ **pick-up** (Elec Eng) / Stoßaufnehmer *m*
**shockproof** *adj* / stoßfest *adj*, stoßgesichert *adj* ‖ ~ **switch*** (Elec Eng) / berührungssicherer Schalter ‖ ~ **watch*** (Horol) / stoßgesicherte Uhr
**shock propagation** (Phys) / Stoßausbreitung *f* ‖ ~ **resistance** (Materials) / Stoßfestigkeit *f*, Anprallfestigkeit *f*
**shock-response spectrum** (Phys) / Stoßansprechspektrum *n* (Schwingung)
**shock-sensitive** *adj* / schlagempfindlich *adj*, stoßempfindlich *adj*
**shock stall** (Aero) / stoßbedingte Ablösung ‖ ~ **strut** (Aero) / Federbein *n* (z.B. Öl-, Öl-Luft-), Fahrwerkfederbein *n* (mit gedämpft federnder Aufhängung der Räder) ‖ ~ **table** (Civ Eng) / Schocktisch *m* (zur Herstellung des Schockbetons) ‖ ~ **tempering** (Met) / Stoßanlassen *n* (von gehärteten Werkstoffen) ‖ ~ **test** (Materials) / Wurfprobe *f*, Fallprobe *f*, Schlagprobe *f* (Wurfprobe) ‖ ~ **torque load** (Eng) / Drehmomentstoß *m* ‖ ~ **tube*** (Aero, Chem, Space) / (provides a simple means of producing rapid changes in the state of a gas so that one may investigate problems in chemical physics including dissociation and ionization) (Aero, Chem, Space) / Stoßwellenrohr *n* ‖ ~ **tunnel** (Aero, Space) / Stoßwellenkanal *m* (spezieller Windkanaltyp mit intermittierender Arbeitsweise, Stoßwellenrohr *n* (ein Windkanal), Rohrwindkanal *m*, Stoßrohr *n* (ein Windkanal) ‖ ~ **wave*** (Aero) / Verdichtungswelle *f* (starke)
**Shockwave** (Comp) / Shockwave *n* (Programmiersprache, mit deren Hilfe interaktive Animationen im WWW erzeugt werden können)
**shock wave** (Eng) / Druckwelle *f*, Explosionswelle *f* ‖ ~ **wave** (Phys) / Stoßwelle *f* (eine starke Druckwelle nach DIN 1311-4), Schockwelle *f* (eine starke Verdichtungswelle in Gasen)
**shock-wave drilling** (Eng) / Bohren *n* mittels Stoßwellen
**shock wind tunnel** (Aero) / Stoßwellenkanal *m* (ein Windkanal)
**shoddy** *n* / Bafel *m*, Pofel *m* (minderwertige Ware) ‖ ~* (Textiles) / Shoddy *m*, Shoddywolle *f* (aus Wirk- und Strickwaren gerissene Reißwolle) ‖ ~ (Textiles) / Shoddygewebe *n* (aus Shoddy) ‖ ~ *adj* (badly made or done) / minderwertig *adj*
**shode*** *n* (Geol) / Bruchstück *n* vom Ausbiss eines Ganges
**shoe** *v* (Civ Eng) / anschuhen *v* (Pfahl, Mast), beschuhen *v* ‖ ~ *n* / Schuh *m* (Schuhwerk) ‖ ~ (Agric) / Siebrahmen *f* (des Mähdreschers) ‖ ~ (Autos) / Backe *f* (einer Bremse) ‖ ~* (Build) / Regenfallrohrauslauf *m*, Fallrohrauslauf *m* ‖ ~* (Civ Eng) / eiserner Beschlag, Schuh *m* (Beschlag) ‖ ~ (Civ Eng) / Auflageblock *m* ‖ ~ (Elec Eng) / Stromabnehmergleitschuh *m*, Stromabnehmerschuh *m*, Schleifstück *n* (des Stromabnehmers) ‖ ~ (Glass) / Anwärmgefäß *n* für Pfeifen ‖ ~ **board** (Paper) / Schuhpappe *f* (für Brandsohlen, Kappen, Absätze usw.) ‖ ~ **box** / Schuhkarton *m* ‖ ~ **brake** (Eng) / Backenbremse *f* (entweder Außen- oder Innenbackenbremse), Klotzbremse *f* ‖ ~ **cement** / Schuhzement *m*
**shoe-cementing agent** / Sohlenkleber *m*, Sohlenklebstoff *m*
**shoe coulter** (Agric) / Schleppschar *n* ‖ ~ **fabric** (Textiles) / Schuhstoff *m* ‖ ~ **finish** / Ausputz *m* ‖ ~ **heel** / Schuhabsatz *m*
**shoelace** *n* / Senkel *m*, Schnürsenkel *m*
**shoe last** / Leisten *m* (Schuhform zum Spannen der Schuhe), Schuhleisten *m*, Form *f* (Leisten) ‖ ~ **leather** (Leather) / Schuhleder *n* (für den Oberbau, den Innenbau und den Unterbau) ‖ ~ **lining** (Leather) / Schuhfutter *n* ‖ ~ **machine** / Schuhmaschine *f*
**shoemaker's thread** / Schusterdraht *m*, Pechdraht *m* (zum Nähen von Schuhen), Pechfaden *m* (ein mit Schusterpech eingeriebener Handnähfaden), Draht *m* (zum Nähen von Schuhen)
**shoe moquette** (Textiles) / klein gemusterter Schuhplüsch ‖ ~ **plush** (Textiles) / Schuhplüsch *m*
**shoe-polish** / Schuhcreme *f*
**shoe size** / Schuhgröße *f*, Schuhnummer *f*
**shoestring, mining on a ~** (US) (Mining) / finanziell schlecht abgesicherter Berg(raub)bau
**shoestrings** *n pl* (Geol) / Linsenlagerstätte *f* (im Bereich fossiler Flussläufe)
**shoe upper** (Leather) / Schaft *m* (des Schuhes) ‖ ~ **upper leather** (Leather) / Leder *n* für den Schuhoberbau, Oberleder *n* ‖ ~ **welt** / Schuhrahmen *m*
**shog** *v* (Textiles) / versetzen *v* (Masche), verrücken *v* (Masche)
**shogging** *n* (Textiles) / Versetzen *n*, Versatz *f* (der Lochnadelbarre), Verrücken *n*, Legung *f* unter den Nadeln

**shog pattern** (Textiles) / Versatzmuster *n*
**shonkinite*** *n* (Geol) / Shonkinit *m* (Nephelinsyenit)
**shook** *n* / Kistengarnitur *f*, Kistenteile *n pl* ‖ ~ / Kistenzuschnitt *m* ‖ ~ / Fassdauben + Fassboden
**S-hook** *n* (For) / S-Haken *m* (als Risseschutz)
**Shoolery rule** (Spectr) / Shoolery-Regel *f*
**shoot** *v* / sprengen *v* (mit Sprengstoff) ‖ ~ (Autos) / bei Rot fahren ‖ ~ (Cinema) / filmen *v*, drehen *v* (einen Film) ‖ ~ (Foundry) / schießen *v* (bei der Formverdichtung) ‖ ~ (Mil) / schießen *v* ‖ ~ (Mining) / sprengend gewinnen (mit Sprengarbeit) ‖ ~ (Mining) / zünden *v* (eine Sprengladung), abtun *v* ‖ ~ (Oils) / torpedieren *v* (Bohrloch) ‖ ~ (Textiles) / durchwirken *v* ‖ ~ *vi* (Agric, Bot) / schossen *v*, sprossen *v* (Pflanzen), schießen *v* (Pflanzen), sprießen *v* (Pflanzen) ‖ ~ *n* (Bot) / Trieb *m*, Schössling *m* ‖ ~* (Bot) / Spross *m*, Schoss *m*, Sprössling *m* ‖ ~ (Eng) / schräge Förderrinne, Rutsche *f* (ein Fördermittel ohne mechanischen Antrieb), Schurre *f* (geneigte Auslaufrinne), Schrägrutsche *f* ‖ ~ (For) / Riese *f* (Anlage, auf der das Holz in Hanglage durch die Schwerkraft befördert wird), Loite *f* (Holzrutsche), Riesbahn *f*, Holzriese *f* (Holzrutsche), Leite *f*, Holzrutsche *f* ‖ ~ (Mining) / Schuss *m* (zur Gewinnung von Erz o. Ä. durchgeführte Sprengung) ‖ ~ (Mining) / Erzschuss *m* (steiler Erzfall in einem Gang) ‖ ~ **down** *n* / abschießen *v* (ein Flugzeug)
**shooter** *n* (Mining) / Sprengberechtigter *m*, Sprengmeister *m*, Schießmeister *m*, Schießhauer *m*, Schießsteiger *m*, Mineur *m*
**shoot in** *v* (Weaving) / einschlagen *v*, eintragen *v*
**shooting** *n* (Agric, Bot) / Schossen *n* (von Getreide) ‖ ~ (Agric, Bot) / Schießen *n* (Pflanzen) ‖ ~ (Cinema) / Aufnahme *f* (mit einer Laufbildkamera) ‖ ~ (Cinema) / Filmen *n*, Dreharbeiten *f pl* ‖ ~ (Civ Eng, Mining) / Sprengen *n*, Sprengarbeit *f*, Schießarbeit *f*, Schießen *n* ‖ ~ (Geol, Oils) / Durchführung *f* übertägiger seismischer Sprengungen ‖ ~ (Oils) / Torpedieren *n* (zur Erleichterung des Erdölzuflusses zu einer Bohrung), Bohrlochtorpedierung *f* ‖ ~ **angle** (Cinema) / Aufnahmewinkel *m* ‖ ~ **board** (Carp) / Stoßlade *f* ‖ ~ **break** (Cinema) / Drehpause *f* ‖ ~ **day** (Cinema) / Drehtag *m* ‖ ~ **flow** (flow in open channel in which Froude number is greater than unity) (Hyd, Hyd Eng, Phys) / Schießen *n* (Froude-Zahl > 1) (schießender Abfluss) ‖ ~ **plane*** (Carp) / Langhobel *m*, Raubank *f* (ein Handhobel, etwa 75 cm lang - zur Herstellung von geraden Kanten und ebenen Flächen sowie zum Fügen) ‖ ~ **schedule** (Cinema) / Drehplan *m* (Zeitplan eines Filmprojekts) ‖ ~ **script** (Cinema) / Drehbuch *n* (technisches, mit Informationen und Anweisungen für das Kamerateam) ‖ ~ **star*** (Astron) / Sternschnuppe *f* ‖ ~ **star*** (Astron) s. also meteor ‖ ~ **stick*** (Print) / Keiltreiber *m*
**shoot-moulding machine** (Foundry) / Formschießmaschine *f*
**shoot off** *v* (Mining) / absprengen *v* ‖ ~ **through** (Textiles) / durchwirken *v*
**shoot-tip culture*** (Bot) / Meristemkultur *f*, Meristemkultur *f*, Sprossspitzenkultur *f* (Mikrovermehrung)
**shoot wire** (Paper) / Schussdraht *m*, Schusselement *n* (des Maschinensiebes)
**shop** *n* / Laden *m* (des Einzelhandels), Geschäft *n*, Einzelhandelsgeschäft *n*, Ladenlokal *n* ‖ ~ (Eng) / Betrieb *m* ‖ ~ (Glass) / Arbeitsplatz *m*, Werkstelle *f*, Stuhl *m* ‖ ~ (Work Study) / Werkstatt *f* ‖ ~ **aeration** (Work Study) / Hallenbelüftung *f*, Belüftung *f* der Arbeitsstätte ‖ ~ **audit** s. also panel ‖ ~ **drawing** / Werkzeichnung *f*, Arbeitszeichnung *f*, Werkstattzeichnung *f* ‖ ~ **floor** / Werkstattebene *f*, Werkstattflur *m*, Werkstattbodenfläche *f* ‖ ~ **hosting** (Comp) / Shop-Hosting *m pl* (Dienstleistung, welche E-Shop-Services anbietet)
**shopkeeper** *n* / Ladenbesitzer *m*
**shopman** *n* (pl. -men) (US) / Mechaniker *m* in der Werkstatt, Werkstattmechaniker *m* ‖ ~ (pl. -men) (US) / Reparaturhandwerker *m*, Reparateur *m* ‖ ~ (pl. -men) / Ladenbesitzer *m* ‖ ~ (pl. -men) (US) / Verkäufer *m*
**shop management** / Betriebsorganisation *f* (im Sinne von F.W. Taylor) ‖ ~ **manual** / Werkstatthandbuch *n* ‖ ~ **manual** (US) (Autos) / Reparaturhandbuch *n*, Reparaturleitfaden *m* ‖ ~ **order** (Work Study) / Fertigungsauftrag *m* (auf der Werkstattebene), Werkstattauftrag *m* ‖ ~ **owner** / Ladenbesitzer *m*
**shopper** *n* (GB) (a shopping bag) / Einkaufstasche *f*, Shopper *m*
**shopping bag** / Einkaufstasche *f*, Shopper *m* ‖ ~ **basket** (Stats) / Einkaufskorb *m* (zur Ermittlung der Verbraucherindizes) ‖ ~ **behaviour** / Kaufverhalten *n*, Käuferverhalten *n* ‖ ~ **cart** (US) / Einkaufswagen *m* ‖ ~ **centre** (Build) / Shoppingcenter *n*, Einkaufszentrum *n* (einheitlich geplante und errichtete Konzentration von Einzelhandels- und Dienstleistungsbetrieben), Verbrauchermarkt *m* (meistens außerhalb der Stadt) ‖ ~ **goods** / Shoppinggoods *pl* (Güter des nicht alltäglichen Bedarfs, des Such- und Vergleichskaufs) ‖ ~ **parade** (Arch) / Fußgängerstraße *f* (mit konzentrierten Einkaufsmöglichkeiten), Einkaufsstraße(n) *f (pl)*, Ladenstraße *f* (überdachte oder überdeckte Fläche, an der Verkaufsräume liegen und die dem Kundenverkehr dient) ‖ ~ **precinct** (Arch) / Fußgängerstraße *f* (mit konzentrierten

**shopping**

Einkaufsmöglichkeiten), Einkaufsstraße(n) *f (pl)*, Ladenstraße *f* (überdachte oder überdeckte Fläche, an der Verkaufsräume liegen und die dem Kundenverkehr dient) ‖ ~ **street** (in a pedestrian precinct) (Arch) / Fußgängerstraße *f* (mit konzentrierten Einkaufsmöglichkeiten), Einkaufsstraße(n) *f (pl)*, Ladenstraße *f* (überdachte oder überdeckte Fläche, an der Verkaufsräume liegen und die dem Kundenverkehr dient) ‖ ~ **trolley** / Einkaufswagen *m*
**shop practice** / Betriebspraxis *f* ‖ ~**-primer** *n* (Paint) / Fertigungsbeschichtung *f*, Shop-Primer *m* (bindemittelarme, überschweißbare Zinkstaubfarbe), Werkstattbeschichtung *f*, Ablieferungsbeschichtung *f*, Auslieferungsbeschichtung *f*, Fertigungsanstrich *m*, FA (Fertigungsanstrich), Werksbeschichtung *f*, im Werk aufgebrachte Schutzschicht
**SHOP process** (Oils) / SHOP-Verfahren *n* (Shell Higher Olefin Process)
**shop programming** (Comp, Eng) / Werkstattprogrammierung *f* ‖ ~ **rivet**\* (Eng) / Werkstattniet *m*
**shop-soiled** *adj* / verlagert *adj* (durch unsachgemäße Lagerung)
**shop-soiled** *adj* / angestaubt *adj* (z.B. Textilie), leicht verstaubt, angeschmutzt *adj*
**shoptalk** *n* / Fachsimpelei *f*
**shop tractor** (Autos) / Zugmaschine *f* (als Flurförderer), Zugschlepper *m* (in einem Flurfördersystem) ‖ ~ **training** (Work Study) / Betriebsausbildung *f* (in eigenen Werkstätten) ‖ ~ **traveller**\* (Eng) / Laufkatzenkran *m* (in Reparaturhalle) ‖ ~ **traveller**\* (Eng) / Brückenkran *m* (z.B. in der Montagehalle), Laufkran *m* (Werkstattkran) ‖ ~ **truck** (Eng) / Flurförderzeug *n* (DIN 15 140), Flurförderer *m*, Flurfördermittel *n* ‖ ~ **welding** (Welding) / Werkstattschweißen *n* ‖ ~ **window** (Build) / Schaufenster *n*, Auslage *f* (in der die Ware ausgelegt wird), Fenster *n* (Schaufenster)
**shop-window advertising** / Schaufensterwerbung *f*
**shop-wired** *adj* (Elec Eng) / werkstattverdrahtet *adj*
**shop-worn** *adj* / angestaubt *adj* (z.B. Textilie), leicht verstaubt, angeschmutzt *adj*
**shoran**\* *n* (Radar) / Shoran-Radarsystem *n*
**shore** *v* (Build, Carp) / absteifen *v*, versteifen *v* (abstützen), abspießen *v*, abspreizen *v* ‖ ~ *n* (Build) / Schwertlatte *f* (zum Abschwerten verschieblicher Holzwände) ‖ ~ (Build, Carp, Civ Eng) / Strebe *f*, Spreize *f*, Druckstrebe *f* ‖ ~ (Build, Civ Eng) / Aussteifelement *n*, Absteifelement *n* (Streben, Stützen oder Spreizen) ‖ ~ (Geog) / Ufer *n* (eines Sees) ‖ ~ (Ocean) / Ufer *n* (Küste), Küste *f*, Küstenstreifen *m* ‖ ~ (Ocean) / Strand *m*
**shorea** *n* (For) / Shorea *f* (Gattung der Dipterocarpaceae im indisch-malaiischen Gebiet)
**shore effect** (Radar, Radio) / Küsteneffekt *m* (der einen Peilfehler verursachen kann) ‖ ~ **floe** (Ocean) / Festeis *n* (Meereis, meistens entlang der Küste) ‖ ~ **gangway** (Ships) / Landgangsteg *m* (Zugang zum Schiff als Steg aus Leichtmetall oder Holz zum Betreten des Schiffs vom Kai), Landgang *m* ‖ ~ **hardness**\* (Materials) / Shore-Rückprallhärte *f*, Shore-Härte *f* (DIN 53505), Rücksprunghärte *f* nach Shore ‖ ~ **hardness test** (Materials) / Rücksprunghärteprüfung *f* nach Shore
**shoreline** *n* (Cartography) / Küstenlinie *f* (die Grenzlinie zwischen Land und Wasser bei mittlerem Hochwasser, wie sie auf Seekarten eingezeichnet ist) ‖ ~ (Geol) / Uferlinie *f*, Strandlinie *f* ‖ ~ **effect** (Radar, Radio) / Küsteneffekt *m* (der einen Peilfehler verursachen kann) ‖ ~ **in submergence** (Geol) / Senkungsküste *f* ‖ ~ **of emergence** (Geol) / Hebungsküste *f*
**shorelines** *pl* (a defect in the surface of porcelain enamel characterized by a series of lines in a pattern similar to the lines produced on a shore by receding water) (Ceramics) / Ausblühungen *f pl* (linienhafte) ‖ ~ (a defect in the surface of porcelain enamels) (Ceramics) / unruhige, wellige Glasur ‖ ~ (Glass) / Wasserstreifen *m pl*
**shore off** *v* (Ships) / abbäumen *v* (festgemachtes Schiff oder festgemachten Schwimmkörper) ‖ ~ **platform** (Geol) / Abrasionsplatte *f*, Brandungsplatte *f*, Brandungsplattform *f*, Brandungsterrasse *f*, Schorre *f* ‖ ~ **protection** (prevention of scour by breakwaters, graded filters, groynes, and every sort of revetment) (Ecol, Ocean) / Küstenschutz *m*, Küstensicherung *f* ‖ ~ **protection programme** (Ecol, Ocean) / Küstenschutzprogramm *n* ‖ ~ **radio station** (Radio) / Küstenfunkstelle *f* ‖ ~ **scleroscope** *n* (measures the rebound height of a weight dropped on a specimen) (Materials) / Skleroskop *n*, Shore-Rückprallhärteprüfer *m* (ein veraltetes Härteprüfgerät)
**shoring**\* *n* (Build, Carp) / Aussteifen *n*, Absteifen *n* (mit drucksicheren Pfosten oder Streben), Versteifen *n* (Abstützen), Abspreizen *n*, Abspießen *n*, Absteifung *f* ‖ ~\* (Build, Carp) / Schrägabstützung *f*, Abstützung *f*
**shorn** *adj* (Textiles) / geschoren *adj* (Gewebe) ‖ ~ **wool** (Textiles) / abgeschorene Wolle
**short(s)** *n(pl)* (Agric, Nut) / Bollmehl *n* (ein Mühlenprodukt bzw. Nebenerzeugnis der Getreidevermahlung)

**short** *v* (Elec Eng) / kurzschließen *v* ‖ ~ *n* (Cinema) / Kurzfilm *m* ‖ ~ (Elec Eng) / Kurzschluss *m*, elektrischer Kurzschluss ‖ ~ *adj* / Kurz-, kurz *adj* ‖ ~ / unzureichend *adj* (Energiezufuhr), knapp *adj* ‖ ~ (Ceramics) / wenig bildsam ‖ ~\* (Ceramics, Glass) / kurz *adj* ‖ ~\* (Met) / brüchig *adj*, spröde *adj* ‖ ~\* (Mining) / spröde *adj*, gebräch *adj* (leicht in kleinere Stücke zerfallend), leicht hereinbrechend (wenig standfest) ‖ ~ (Nut) / mürbe *adj*, bröckelig *adj* (Gebäck) ‖ ~ (Plastics) / ungenügend gefüllt
**short-addendum teeth** (Eng) / Stumpfverzahnung *f* (mit verminderter Zahnkopfhöhe), Kurzverzahnung *f*
**short address** / Kurzadresse *f*, verkürzte Anschriftenzeile
**shortage** *n* / Verknappung *f* (z.B. von Energie) ‖ ~ / Mangel *m*, Knappheit *f* ‖ ~ / Fehlmenge *f* ‖ ~ **in weight** / Mindergewicht *n*, Untergewicht *n*, Fehlgewicht *n*
**short arc** (Welding) / Kurzlichtbogen *m*
**short-arc welding** (Welding) / Kurzlichtbogenschweißen *n*
**short-arm, long-arm suspension** *n* (Autos) / Trapezlenkerachse *f*, Doppelquerlenker *m* in Trapezform, Doppelquerlenker *m* mit kürzerem oberem Lenker
**short-bar specimen** (Met) / Kurzstabprobe *f*
**short-base diode** (Electronics) / Kurzbasisdiode *f*
**short-bed lathe** (Eng) / Frontdrehmaschine *f* (kurze Futterdrehmaschine, die von der Stirnseite des Bettes bedient wird), Kurzwangendrehmaschine *f*
**short block** (Comp) / verkürzter Block
**short-bodied truck** (Autos) / Lastkraftwagen *m* in gedrungener (verkürzter) Bauweise
**short-boled** *adj* (For) / kurzstämmig *adj*, kurzschaftig *adj*, kurzschäftig *adj*
**short-branched** *adj* (For) / kurzästig *adj*
**short brittleness** (Materials, Met) / Faulbrüchigkeit *f*
**short-butt needle** (Textiles) / Niederfußnadel *f*
**short-chain** *attr* (Chem) / kurzkettig *adj* (Polymer)
**short-chain fatty acid** (Chem) / niedere Fettsäure (meisten mit 1 bis 7 C-Atomen)
**short-chord winding**\* (Elec Eng) / Ankerwicklung *f* mit kleinerer Spulenbreite als die Polteilung
**short circuit**\* (Elec Eng) / Kurzschluss *m*, elektrischer Kurzschluss ‖ ~**-circuit** *v* (Elec Eng) / kurzschließen *v*
**short-circuit braking** (Elec Eng) / Kurzschlussbremsung *f* (eine Art Widerstandsbremsung) ‖ ~ **calculation** (Elec Eng) / Kurzschlussberechnung *f* ‖ ~ **calculator**\* (Elec Eng) / Kurzschlussnachbildung *f* ‖ ~ **capacity** (Elec Eng) / Kurzschlussleistung *f* (zur Kennzeichnung der Kurzschlussfestigkeit von Betriebsmitteln)
**short-circuit characteristic**\* (Elec Eng) / Kurzschlusskennlinie *f* (bei den Synchronmaschinen)
**short-circuit current** (Elec Eng) / Kurzschlussstrom *m* (ein Überstrom, der durch einen Fehler vernachlässigbarer Impedanz zwischen aktiven Leitern verursacht wird, welche im ungestörten Betrieb unterschiedliches Potenzial haben)
**short-circuited** *adj* (Elec, Elec Eng) / kurzgeschlossen *adj* ‖ ~ **input** (Elec, Elec Eng) / Kurzschluss *m* am Eingang
**short-circuiter** *n* (Elec Eng) / Kurzschließer *m*, Kurzschließvorrichtung *f* (zum Verbinden der kurzzuschließenden Außenleiter)
**short-circuit fault** (Elec Eng) / Kurzschluss *m*, elektrischer Kurzschluss ‖ ~ **impedance**\* (Elec Eng) / Kurzschlussimpedanz *f* (der gesamten Kurzschlussstrombahn) ‖ ~ **impedance of a pair of windings** (Elec Eng) / Kurzschlussimpedanz *f* eines Wicklungspaares
**short-circuiting** *n* (Autos) / Kurzschlussspülung *f* (bei Zweitaktmotoren), Spülungskurzschluss *m* ‖ ~ (Elec Eng) / Kurzschließen *n*, Kurzschlussvorgang *m* ‖ ~ **arc** (Welding) / Kurzlichtbogen *m* ‖ ~ **arc welding** (Welding) / Kurzlichtbogenschweißen *n*
**short-circuiting device**\* (Elec Eng) / Kurzschließer *m*, Kurzschließvorrichtung *f* (zum Verbinden der kurzzuschließenden Außenleiter)
**short-circuiting of air** (Mining) / Wetterkurzschluss *m* (Verlustwetterstrom durch mangelhafte Trennung der Wetterwege)
**short-circuit key** (Elec Eng) / Kurzschlusstaste *f* ‖ ~ **limiting reactor** (Elec Eng) / Kurzschlussdrossel *f* (Kurzschlussreaktanz) ‖ ~ **lock-out** (Elec Eng) / Kurzschlusssperre *f* (eine Wiedereinschaltsperre) ‖ ~ **loss** (Elec Eng) / Kurzschlussverlust *m* (bei elektrischen Maschinen) ‖ ~ **proof** (Elec Eng) / kurzschlussfest *adj* ‖ ~ **protection** (Elec Eng) / Kurzschlussschutz *m* (elektrischer Betriebsmittel vor den Folgen eines Kurzschlusses) ‖ ~ **rating** (Elec Eng) / Kurzschlussfestigkeit *f*
**short-circuit ratio**\* (Elec Eng) / Leerlauf-Kurzschlussverhältnis *n*, Kurzschlussverhältnis *n*
**short-circuit resistance** (Elec Eng) / Kurzschlusswiderstand *m* ‖ ~ **ring** (Elec Eng) / Kurzschlussring *m* ‖ ~ **strength** (Elec Eng) / Kurzschlussfestigkeit *f* ‖ ~ **test**\* (Elec Eng) / Kurzschlussversuch *m* (bei elektrischen Maschinen oder Transformatoren) ‖ ~ **test stand**

(Elec Eng) / Kurzschlussprüffeld *n* || ~ **test station** (Elec Eng) / Kurzschlussprüffeld *n* || ~ **voltage**\* (Elec Eng) / Kurzschlussspannung *f*
**short clay** (Ceramics, Geol) / Ton *m* mit geringer Plastizität, magerer (unplastischer) Ton, Magerton *m*
**shortcode dialling** (Teleph) / Kurzwahl *f* (Leistungsmerkmal bei Nebenstellenanlagen)
**short column**\* (Mech) / gedrungener Stab || ~ **cotton** (Textiles) / kurzstapelige Baumwolle (mit einem Handelsstapel unter 22 mm) || ~ **crust** (Nut) / Mürbeteig *m* || ~ **cut** (Comp) / Tastenkombination *f* (Shortcut), Shortcut *m* (bestimmte Tastenkombination /wie ALT + D/, mit der Programme oder Funktionen über Tastatur anstelle mit der Maus aktiviert werden können), Tastaturbefehl *m* || ~ **cut** (Comp) / Hot Key *m*, Schnelltaste *f*, heiße Taste
**short-cut key** (Comp) / Tastenkombination *f* (Shortcut), Shortcut *m* (bestimmte Tastenkombination /wie ALT + D/, mit der Programme oder Funktionen über Tastatur anstelle mit der Maus aktiviert werden können), Tastaturbefehl *m* || ~ **key** (Comp) / Hot Key *m*, Schnelltaste *f*, heiße Taste || ~ **menu** (Comp) / Kontextmenü *n*, Pop-up-Menü *n* || ~ **method** / abgekürztes Verfahren
**short-cycle press** (For) / Kurztaktpresse *f*, Schnelltaktpresse *f*
**short-day plant**\* (Bot) / Kurztagpflanze *f*, KTP (die nur dann zur Blüte kommt bzw. mit anderen artspezifisch festgelegte Morphosen reagiert, wenn die tägliche Beleuchtungsdauer eine artspezifisch festgelegte Minimalzeit nicht überschreitet)
**short descenders**\* (Typog) / Buchstaben *m pl* mit verkürzten Unterlängen (z.B. beim Wörterbuchsatz) || ~ **dipping** (For) / Kurztauchen *n* (ein Tauchverfahren, das Sekunden bis Minuten dauert) || ~-**distance traffic** / Nahverkehr *m*
**short-distance trip** (Autos) / Kurzstreckenfahrt *f*
**short division** (Maths) / kurze (abgekürzte) Division || ~ **drive shafts** (Autos) / Kurzbau *m* (bei der Bauanordnung Vorderradantrieb mit Frontmotor und Hinterradantrieb mit Heckmotor)
**shorted** *adj* (Elec, Elec Eng) / kurzgeschlossen *adj*
**shorten** *v* / verkürzen *v* || ~ (For) / zurückschneiden *v*, stutzen *v* || ~ (Weaving) / einarbeiten *v* (die Länge der eingewebten Fäden prozentual kürzen), einweben *v*
**shortened address** / Kurzadresse *f*, verkürzte Anschriftenzeile
**shortening** *n* / Verkürzung *f*, Längenabnahme *f* (eine negative Dehnung) || ~ (Geol) / Verkürzung *f* (Zusammenschub), Zusammenschub *m* || ~\* (fat used for making pastry) (Nut) / Backfett *n*, Backöl *n* || ~ (Nut) / Speisehartfett *n*, Shortening *n* (für Back-, Brat- und Frittierzwecke) || ~ (Weaving) / Einarbeiten *n*, Einweben *n* (prozentuelle Längenänderung der durch die Einbindungsbögen verkürzten eingewebten Fäden, bezogen auf die gestreckte Fadenlänge) || ~ **capacitor**\* (Radio) / Verkürzungskondensator *m*
**shortest** *n* (Maths) / kürzeste Linie, Kürzeste *f* (eine geodätische Linie)
**shortest-elapsed-time model** (Comp) / SET-Modell *n* (ein Scheduling-Modell, das Kunden mit kurzen Bedienwünschen in stärkerem Maße bevorzugt als das Round-Robin-Modell)
**shortest line** (Maths) / kürzeste Linie, Kürzeste *f* (eine geodätische Linie)
**shortest-path problem** / Kürzester-Weg-Problem *n* (Grundaufgabe der Grafentheorie), Problem *n* des kürzesten Weges
**shortfall** *n* / Mindererfrag *m* || ~ (Work Study) / Unterdeckung *f* (mit Rohstoffen) || ~ **density strategy** / Strategie *f* der geringeren Dichte (zur Hypothesenbewertung)
**short fibre** (Glass) / Glaswatte *f*, lose Glaswolle (nach dem Schleuderverfahren hergestelltes Material aus Glasfasern) || ~ **fibre** (Paper, Plastics, Textiles) / Kurzfaser *f*, Flockfaser *f*, Faserflock *m*, Flock *m*, Flocke *f* (Kurzfaser zum Aufbringen auf eine Unterlage) (DIN 60001)
**short-fibre** *attr* / kurzfaserig *adj*
**short-fibred** *adj* / kurzfaserig *adj*
**short-fibre pulp** (For, Paper) / Faserkurzstoff *m*
**short field** (Elec Eng) / angezapftes Feld || ~ **filling** / Unterfüllung *f* (zu geringe Füllung), zu geringe Füllung || ~ **film** (Cinema) / Kurzfilm *m* || ~ **finish** (Glass) / graue Oberfläche, narbige Oberfläche (nach der fehlerhaften Oberflächenbehandlung) || ~-**flame coal** (Mining) / kurzflammige Kohle (mit einem niedrigen Prozentsatz an flüchtigen Bestandteilen) || ~ **float** (Leather) / kurze Flotte (Flüssigkeitsvolumen klein im Verhältnis zum Warengewicht) || ~ **glass** (Glass) / kurzes Glas (mit engem Verarbeitungstemperaturbereich) || ~ **glaze** (Ceramics) / Glasurroller *m* (glasurfreie Stelle - ein Glasurfehler), fehlerhafte Glasurstelle
**short-grown malt** (Brew) / Kurzmalz *n*
**shorthanded** *adj* / unterbesetzt *adj* (personell)
**short haul** / Nahverkehr *m* (Güterverkehr über kurze Entfernung) || ~ **haul** (Aero) / Kurzstrecke *f* || ~-**haul** *attr* (Aero) / Kurzstrecken-
**short-haul jet airliner** (Aero) / Kurzstrecken-Düsen-Airliner *m* || ~ **traffic** (Telecomm) / Nahverkehr *m*

**short-heel needle** (Textiles) / Niederfußnadel *f*
**shorting plug** (Telecomm) / Kurzschlussbügel *m*
**short ink**\* (Print) / kurze Druckfarbe || ~ **journey** (Autos) / Kurzstreckenfahrt *f*
**shortleaf pine** (For) / Elliottkiefer *f* (Pinus echinata Mill.), Yellow Pine *f*
**short • -life** *attr* / Kurzzeit-, kurzlebig *adj* || ~ **line** (US) (Rail) / Nahverkehrslinie *f*
**short-link chain** (Eng) / engringige Kette
**short • -lived** *adj* / Kurzzeit-, kurzlebig *adj* || ~ **message service** (Teleph) / Short-Message-Service *m* (Möglichkeit, Kurznachrichten an andere Mobilfunkteilnehmer zu verschicken), SMS (Short-Message-Service)
**short-necked flask** (Chem) / Kurzhalskolben *m*
**short-neck flask** (Chem) / Kurzhalskolben *m*
**shortness** *n* (Materials, Plastics) / geringe Einreißfestigkeit || ~ (Met) / Brüchigkeit *f*, Sprödigkeit *f*
**short notchback** (Autos) / Stummelheck *n*
**short-oil** *attr* (Paint) / ölarm *adj* || ~\* (Paint) / kurzölig *adj* (z.B. Alkydharz), mager *adj* || ~ **alkyd** (resin) / Kurzöl-Alkydharz *m*
**short • -oil varnish**\* (Paint) / magerer Öllack (mit < 40 % Öl) || ~ **order** (US) (Nut) / Fastfood *n*, Fast Food *n*, Schnellgericht *n* (in Imbissbuden und Schnellrestaurants) || ~ **passive bus** (Telecomm) / passiver Bus || ~ **paste** (Nut) / Mürbeteig *m*
**short-path bearing** (Radar) / Nahpeilung *f* || ~ **principle** (Elec) / Hittorf'scher Umwegeffekt (nach J.W. Hittorf, 1824 - 1914)
**short period** (Chem) / Kurzperiode *f*, kurze Periode, kleine Periode (im Periodensystem der Elemente)
**short-period** *attr* (Astron) / kurzperiodisch *adj* || ~ **comet** (Astron) / kurzperiodischer Komet (Umlaufzeit unter 200 Jahre) || ~ **forecast** (Meteor) / kurzfristige Wettervorhersage, Kurzfristprognose *f* (bis zu etwa 3 Tagen) || ~ **oscillation** (Phys) / kurzperiodische Schwingung
**short pile** (Civ Eng) / Kurzpfahl *m*
**short-pile foundation** (Build, Civ Eng) / Kurzpfahlgründung *f* || ~ **sleeve** (Paint) / Kurzfellmantel *m* (eines Rollwerkzeugs)
**short-pitch winding** (Elec Eng) / Teilschrittwicklung *f* (eine gesehnte Wicklung, bei der die Spulenweite kleiner ist als die Polteilung)
**short range** (Aero) / Kurzstrecke *f* || ~ **range** (Aero) / kurze Reichweite || ~-**range** *attr* (Aero) / Kurzstrecken- || ~-**range** (Meteor) / kurzfristig *adj* (Wettervorhersage)
**short-range aggregate concrete** (Build) / haufwerksporöser Leichtbeton || ~ **air-air missile** (Mil) / Kurzstrecken-Luft-Luft-Flugkörper *m*
**short-range forces**\* (Nuc) / kurzreichweitige Kräfte, Kernkräfte *f pl*, Nukleon-Nukleon-Kräfte *f pl*, Nahwirkungskräfte *f pl* (z.B. Wigner-, Majorana-, Heisenberg- und Bartlettkraft)
**short-range forecast** (Meteor) / kurzfristige Wettervorhersage, Kurzfristprognose *f* (bis zu etwa 3 Tagen) || ~ **interaction** (Nuc) / kurzreichweitige Wechselwirkung
**short-range navigation** (Nav) / Kurzstreckennavigation *f*
**short-range order** (Crystal) / Nahordnung *f* (bei Mischkristallen, bei festen Lösungen) || ~ **order parameter** (Crystal) / Nahordnungsparameter *m* || ~ **particle** (Nuc) / kurzreichweitiges Teilchen || ~ **radar** (Radar) / Nahbereichsradar *m n* (bis etwa 50 km), Nahbereichsradargerät *n*
**short rear end** (Autos) / Stummelheck *n* || ~ **retractable furnace wall soot blower** (Eng) / Vorschubrußbläser *m* (drucklose Ausrüstung von Dampferzeugern) || ~ **retractable soot blower** (Eng) / Vorschubrußbläser *m* (drucklose Ausrüstung von Dampferzeugern) || ~ **rotary furnace** (Met) / Kurztrommelofen *m* || ~ **run** (Print) / Kleinauflage *f* || ~ **run** (Work Study) / kleine Losgröße
**short-run** *attr* (Foundry) / nicht ausgelaufen || ~ **delivery truck** (Autos) / Lieferwagen *m* für den Nahverkehr || ~ **printing** (Print) / Kleinauflagendruck *m*
**shorts** *pl* (Agric) / feine Weizenkleie || ~ (Agric) / Futtermehl *n* || ~ (US) (Nut) / Kleienmehl *n*, Bollmehl *n*
**short-shaft pendulum tool** (Foundry) / Spitzstampfer *m* (für die Formerei)
**short-shanked needle** (Textiles) / Niederfußnadel *f*
**short sheet** (Paper, Print) / Bogen *m* mit Untermaß || ~ **sight** (Med, Optics) / Kurzsichtigkeit *f*, Myopie *f*
**short-sighted** *adj* (Med, Optics) / kurzsichtig *adj*
**short-sightedness**\* *n* (Med, Optics) / Kurzsichtigkeit *f*, Myopie *f*
**short skip** (Radio) / Short-Skip *m* (kurzer Reflexionssprung über die $E_s$-Schicht)
**short-slot coupler** / Kurzschlitzrichtkoppler *m*
**short spinning process** (Spinning) / Kurzspinnverfahren *n*
**short-staffed** *adj* / unterbesetzt *adj* (personell)
**short-staple** *attr* / kurzfaserig *adj* || ~ **spinning** (Spinning) / Kurzfaserspinnerei *f*
**short-stator linear motor** (Elec Eng) / Kurzstator-Linearmotor *m* (Magnetschwebetechnik)

**short-stemmed** *adj* (For) / kurzstämmig *adj*, kurzschaftig *adj*, kurzschäftig *adj*
**shortstop** *n* (Chem) / Polymerisationsstopper *m*, Polymerisationsabstoppmittel *n*, Abstoppmittel *n* ‖ ~ (Photog) / Unterbrecherbad *n*, Stoppbad *n* (mit Essigsäurelösung)
**short-stroke** *attr* (Eng) / kurzhubig *adj* ‖ ~ **engine** (I C Engs) / Kurzhuber *m*, Kurzhubmotor *m* ‖ ~ **honing** (Eng) / Kurzhubhonen *n* (DIN 8589-14), Schwingschleifen *n*, Superfinish *n*, Superfinish-Verfahren *n*, Feinziehschleifen *n* ‖ ~ **honing** (Eng) / Kurzhubhonen *n* (bei dem ein feinkörniger Honstein gegen das rotierende Werkstück gepresst wird), Feinziehschleifen *n* ‖ ~ **honing machine** (Eng) / Kurzhubhonmaschine *f*, Feinziehschleifmaschine *f*
**short superstructure** (Ships) / kurzer Aufbau ‖ ~ **take-off and landing craft** (Aero) / STOL-Flugzeug *n*, Kurzstartflugzeug *n*, Kurzstarter *m*, STOL *n* ‖ ~ **take-off and vertical-landing technique** (Mil) / STOVL-Technik *f* (Einsatzverfahren für Kampfflugzeuge) ‖ ~ **-term** *attr* / kurz-, kurzfristig *adj*
**short-term** *attr* (Astron) / kurzperiodisch *adj* ‖ ~ **behaviour** (Materials) / Kurzzeitverhalten *n* ‖ ~ **dynamics** (Nuc) / Kurzzeitdynamik *f* ‖ ~ **exposure limit** (Radiol) / STEL *m* (die Konzentration, der Beschäftigte kurzzeitig exponiert sein können) ‖ ~ **fading** (Radio, Telecom) / Short-Term-Fading *n* (z.B. durch Störimpulse, Mehrwegeausbreitung, Reflexion usw.) ‖ ~ **fluctuation** / kurzzeitige Schwankung ‖ ~ **lease** / Short-Leasing *n* (mit einer durchschnittlichen Vertragsdauer von fünf bis sechs Jahren) ‖ ~ **memory** / Kurzzeitgedächtnis *n* (des Menschen), KZG (Kurzzeitgedächtnis) ‖ ~ **storage** (Comp) / Kurzzeitspeicher *m*
**short-throw gearstick** (Autos) / Schalthebel *m* mit kurzen Schaltwegen ‖ ~ **shifter** (Autos) / Schalthebel *m* mit kurzen Schaltwegen
**short timber** (For) / Kurzholz *n*, Schichtholz *n* (als Holzsortiment), Schichtnutzholz *n* ‖ ~ **time** (Work Study) / Kurzarbeit *f* ‖ ~ **-time** *attr* / Kurzzeit-, Schnell-, kurzzeitig *adj*, Kurz-
**short-time average** / Kurzzeitmittelwert *m* (Mittelwert, der aus einer zeitlich relativ eng begrenzten Stichprobenreihe eines Signalverlaufes ermittelt wird) ‖ ~ **duty** (Elec Eng) / Kurzzeitbetrieb *m* (Maschine wird kurze Zeit eingeschaltet und anschließend so lange abgeschaltet, dass sie die Ausgangstemperatur wieder erreicht hat, bevor sie erneut wieder eingeschaltet wird) ‖ ~ **duty** (Elec Eng) / Kurzzeitbetrieb *m*, KB (eine Betriebsart) ‖ ~ **earth leakage** (Elec Eng) / Erdschlusswischer *m* ‖ ~ **exposure** (Photog) / Kurzzeitbelichtung *f*, Kurzbelichtung *f* ‖ ~ **exposure** (Radiol) / Kurzzeitbestrahlung *f*, Kurzbestrahlung *f* ‖ ~ **memory** (Comp) / Kurzzeitspeicher *m* ‖ ~ **overload** (Elec Eng) / kurzzeitige Überlast(ung)
**short-time rating*** (Elec Eng) / Nennkurzzeitbetrieb *m* (DIN 42500)
**short-time storage** (Comp) / Kurzzeitspeicher *m* ‖ ~ **working** (Work Study) / Kurzarbeit *f*
**short ton** (Ships) / Short ton *f* (eine veraltete Masseeinheit in der Seeschiffahrt = 907,18474 kg) ‖ ~ **traverse cheese** (Spinning) / Sonnenspule *f* (DIN 61800), zylindrische Kreuzspule mit kurzem Hub
**short-tube vertical evaporator** (Chem Eng) / Verdampfer *m* mit kurzen Rohren (z.B. Robertverdampfer)
**shortwall face** (Mining) / Kurzfrontstreb *m* ‖ ~ **working** (Mining) / stoßartige Bauweise (mit schmalen Stößen)
**short wave*** (Radio) / Kurzwelle *f*, KW (Kurzwelle)
**short-wave** *attr* (Radio) / kurzwellig *adj*, Kurzwellen- ‖ ~ **converter** (Radio) / Kurzwellenvorsatz *m*, Kurzwellenvorsatzgerät *n*
**short-wavelength** *attr* (Radio) / kurzwellig *adj*, Kurzwellen- ‖ ~ **cut-off filters** (optical materials which are transparent throughout the ultraviolet region down to their absorption edges, below which they are opaque) (Optics) / Filtergläser *n pl* mit kurzwelliger Grenzwellenlänge
**short-wave listener** (Radio) / Kurzwellenhörer *m* ‖ ~ **therapy*** (Med) / Kurzwellentherapie *f*
**short weight** / Mindergewicht *n*, Untergewicht *n*, Fehlgewicht *n*
**shortwood** *n* (For) / Kurzholz *n*, Schichtholz *n* (als Holzsortiment), Schichtnutzholz *n* ‖ ~ **harvester** (For) / Kurzholzvollerntemaschine *f*
**short-woolled** *adj* (Textiles, Zool) / kurzwollig *adj* (Schaf)
**short-word computer** (Comp) / Kurzwortmaschine *f*
**short-working plaster** (Build) / zu trockener Unterputz, nicht anziehender Unterputz, zu trockener Putz (Unterputz)
**shot** *v* (Plastics) / verperlen *v* ‖ ~ *n* / Schuss *m* (auch eines Lasers) ‖ ~ (Aero, Mil) / Reichweite *f* (eines Waffensystems), Schussweite *f*, Tragweite *f*, Wurfweite *f* ‖ ~* (Cinema) / Filmaufnahme *f*, Filmszene *f* (die auf einmal gedreht wird) ‖ ~* (Cinema) / Einstellung *f*, Shot *m* (eine ununterbrochene Sequenz, die von einer Kamera aufgezeichnet wird) ‖ ~ (Foundry) / Schuss *m* (beim Druckguss) ‖ ~ (Met, Mining) / Schrot *m n* ‖ ~ (Mining) / Schuss *m* (zur Gewinnung von Erz o. A. durchgeführte Sprengung) ‖ ~ (Plastics) / Schuss *m*, Spritzung *f* (beim Spritzgießen) ‖ ~ (Plastics) / verperltes Produkt, Granulat *n* ‖ ~ (Space) / Abschuss *m* (einer Rakete) ‖ ~ *adj* (Textiles) / durchschossen *adj*, durchwebt *adj*, durchwirkt *adj*, changeant *adj*, changierend *adj* ‖ ~ **bag** (Autos) / Ledersack *m* mit Schrotfüllung (als Unterlage für das Treiben von Hohlformen)
**shot-blasting** *n* (Eng, Foundry) / Verfestigungsstrahlen *n* (mit runden oder gerundeten Strahlmittelkörnern), Kugelstrahlen *n*
**shot-blasting*** *n* (Foundry) / Abstrahlen *n* (mit Stahlsand oder Stahlkies), Stahlsandstrahlen *n*, Stahlkiesstrahlen *n*, Schrotstrahlreinigung *f*
**shot-blasting** *n* (Foundry) / Schleuderputzstrahlen *n* ‖ ~ **to remove scale** (Met) / Strahlen *n* zum Entfernen von Zunder (DIN 8200), Entzunderungsstrahlen *n* ‖ ~ **wheel** (Foundry) / Schleuderrad *n* (des Sandslingers)
**shot capacity** (Plastics) / Schussleistung *f* ‖ ~ **cloth** (Textiles) / Changeant *m* (Gewebe, das in Kette und Schuss verschiedenfarbig ist)
**shotcrete** *n* (Build) / Torkretbeton *m* (nach der Firma Torkret GmbH, Essen), Spritzbeton *m* (DIN 18551), Torkret *m*
**shotcreting** *n* (Build) / Torkretieren *n* (Verarbeitung von Spritzbeton), Spritzen *n*, Aufspritzen *n*, Torkretverfahren *n*
**shot cylinder** (Foundry) / Druckkammer *f* (einer Druckgießmaschine) ‖ ~ **-drilling*** *n* (Mining) / Schrotbohren *n* (drehendes Bohren zum Herstellen von Kernbohrungen), Schrotverfahren *n* (ein Bohrverfahren, z.B. Calyx), Schroten *n* ‖ ~ **effect** (Electronics) / Schroteffekt *m* (Ursache des Schrotrauschens) ‖ ~ **effect*** (Textiles) / Changieren *n* (der Changeants)
**shot-firer*** (Mining) / Sprengberechtigter *m*, Sprengmeister *m*, Schießmeister *m*, Schießhauer *m*, Schießsteiger *m*, Mineur *m*
**shot-firing** *n* (Civ Eng, Mining) / Sprengen *n*, Sprengarbeit *f*, Schießarbeit *f*, Schießen *n* ‖ ~ **cable** (Civ Eng, Mining) / Sprengleitung *f*
**shotgun** *n* (For) / Fallrichtungsanzeiger *m*, Fällungskompass *m* ‖ ~ **cloning** (Gen) / Schrotflintenklonen *n*, Schrotschussklonierung *f*, Shotgun-Klonierung *f* ‖ ~ **microphone** (Acous) / Rohrrichtmikrofon *n*
**shot-hole*** *n* (Civ Eng, Mining) / Sprengloch *n*, Sprengbohrloch *n*, Schießloch *n* ‖ ~ (For) / Schussloch *n* (ein Holzfehler) ‖ ~ (For) / Bohrloch *n* (kleines), Wurmstich *m*, Wurmgang *m* (im Allgemeinen) ‖ ~ (For) / Bohrgang *m* (des Ambrosiakäfers), Fraßgang *m* (des Ambrosiakäfers) ‖ ~ (Mining) / Schussloch *n*, Schuss *m* (für eine Sprengung angelegtes Bohrloch) ‖ ~ **borer** (For) / Borkenkäfer *m* (eine Schädlingskäferart der Familie Scolytidae) ‖ ~ **disease** (Agric) / Schrotschusskrankheit *f* (durch eine Infektion bei Steinobst hervorgerufen)
**shot noise*** (Electronics) / Schrotrauschen *n* (ein weißes Rauschen), Schottky-Rauschen *n* ‖ ~ **number** (Cinema) / Einstellungsnummer *f* ‖ ~ **off the solid** (Mining) / Einbruchschuss *m*
**shot-peened, as** ~ (Eng) / im kugelgestrahlten Zustand
**shot-peening*** *n* (Eng, Foundry) / Verfestigungsstrahlen *n* (mit runden oder gerundeten Strahlmittelkörnern), Kugelstrahlen *n*
**shot-peening wire** (Foundry) / Strahlkorndraht *m*
**shot-point** *n* (Geophys) / Schusspunkt *m* (in der angewandten Seismik) ‖ ~ (Mil) / Abfeuerpunkt *m*
**shot/reaction shot** (Cinema) / Schuss-Gegenschuss *m*
**shot-silk** *n* (Textiles) / Changeantseide *f*
**shot-through** *adj* (Textiles) / durchschossen *adj*, durchwebt *adj*, durchwirkt *adj*, changeant *adj*, changierend *adj*
**shot weight** (Plastics) / Schussgewicht *n*, Spritzgewicht *n* ‖ ~ **welding** (Welding) / kurzzeitiges Punktschweißen, Schussschweißen *n*, Momentschweißen *n*
**shoulder** *v* (Civ Eng) / verbreitern *v* (Straße - durch das Anlegen von Banketten oder Randstreifen) ‖ ~ (Civ Eng) / befestigen *v* (den Seitenstreifen) ‖ ~ (Eng) / absetzen *v* (Welle) ‖ ~ (Aero) / Schulter *f* (der Piste) ‖ ~ (conjunction of the tread and sidewall) (Autos) / Schulter *f* (des Reifens) ‖ ~ (Autos, Civ Eng) / Seitenstreifen *m* ((befestigter), Randstreifen *m* (neben der Fahrbahn) ‖ ~ (Civ Eng) / befestigter Seitenstreifen (einer Straße) ‖ ~* (Electronics) / Schulter *f* (einer Kennlinie) ‖ ~ (Eng) / Absatz *m*, Rücksprung *m*, Ansatz *m* (z.B. der Welle) ‖ ~ (Eng) / Vorsprung *m*, vorspringender Rand ‖ ~ (Eng) / Ansatzschaft *m*, Schulter *f* (der Schraube) ‖ ~ (Eng, Materials) / Schulter *f* (des Probestabs) ‖ ~ (Hyd Eng) / Seite *f* (der Talsperre - als Bauwerk) ‖ ~ (Leather) / Fläme *f*, Schulter *f* (Teil der Hautfläche) ‖ ~ (Met) / Schulter *f* (besonders geformter Absatz an kegeligen Walzen in Schrägwalzwerken, um spezielle Effekte zu erzielen) ‖ ~ (Photog) / Schulter *f* (der oberste, einem Sättigungswert zustrebende Teil der Schwärzungskurve) ‖ ~ (Rail) / Bettungsschulter *f* ‖ ~ (Textiles) / Fuß *m* (des Reißverschlusses) ‖ ~* (Typog) / Achselfläche *f* (DIN 16507), Achsel *f* (die den Bildkörper der Drucktype umgebende nichtdruckende Fläche) ‖ ~ (hard) (Autos, Civ Eng) s. also verge ‖ ~ **belt** (a safety harness) (Autos) / Schultergurt *m*, Diagonalgurt *m* (Schultergurt) ‖ ~ **camera** (Cinema) / Schulterkamera *f*
**shouldered arch*** (Arch) / Schulterbogen *m*, Konsolbogen *m*, Kragsturzbogen *m* (bei dem der mittlere Kreisbogen durch einen waagrechten Sturz ersetzt ist und die beiden seitlichen auskragenden

Konsolsteine sind) ‖ **~ box** (Nut) / Eindrückdeckeldose f ‖ **~ tenon** (Carp) / Brustzapfen m ‖ **~ tenon** (Join) / geächselter Zapfen (z.B. bei der Fußzargenverbindung)
**shoulder flange** (Eng) / Rücksprungflansch m ‖ **~ grain** (Leather) / Halsnarbenspalt m (der gegerbte Narbenspalt eines Halses, jedoch ohne Kopf) ‖ **~ harness** (a safety harness) (Autos) / Schulterdoppelgurt m, Hosenträgergurt m, Rucksackgurt m ‖ **~-heads*** pl (Typog) / Randüberschriften f pl (einmal je Seite, oben außen)
**shoulder-high** adj / schulterhoch adj
**shoulder label** / Schulteretikett n (an Flaschen)
**shoulder-launched missile** (Mil) / von der Schulter abgefeuerter Flugkörper
**shoulder mill** (Met) / Schulterwalzwerk n (Schrägwalzwerk mit zwei oder drei Walzen, die mit einer Schulter versehen sind - zum Strecken vorgelochter Hohlkörper) ‖ **~ nipple*** (Eng, Plumb) / Doppelnippel m, Nippel m mit Gewinden an beiden Enden ‖ **~ notes*** pl (Typog) / Randüberschriften f pl (einmal je Seite, oben außen)
**shoulder-pad** n (Textiles) / Schulterkissen n, Kissen n, Schulterpolster n
**shoulder pod** (Cinema, Photog, TV) / Schulterstativ n, Schulterstütze f ‖ **~ screw** (Eng) / Zapfenschraube f ‖ **~ season** (Aero) / Vor- und Nachsaison f (für Charterflüge), Nebensaison f (für Charterflüge) ‖ **~ strap** (Tragriemen m (Schulterriemen)
**shoulder-strap** n (Textiles) / Schulterklappe f
**shoulder wing** (Aero) / Tragflügel m des Schulterdeckers (dessen Oberkante in gleicher Höhe mit der Oberkante des Rumpfes liegt)
**shoulder-wing** (mono)**plane** (Aero) / Schulterdecker m (Flugzeug mit einem Tragflügel, dessen Oberkante in gleicher Höhe mit der Oberkante des Rumpfes liegt)
**shoved joint** (US) (Build) / geschobene Fuge (Mörtel wird von der Lagerfläche mit dem Mauerstein in die Stoßfuge geschoben) ‖ **~ moraine** (Geol) / Stauchmoräne f, Stauchwall m (eine Moräne)
**shovel** v (away) / wegschaufeln v ‖ **~ ~** / schaufeln v, schippen v ‖ **~ n** (Civ Eng) / Bagger m (mit Ladeschaufel), Hochbagger m ‖ **~** (US) (Civ Eng) / Löffel m (des Löffelbaggers) ‖ **~** (Tools) / Schaufel f, Schippe f ‖ **~ arm** (US) (Civ Eng) / Löffelstiel m (des Baggers) ‖ **~ dozer** (Civ Eng) / Schaufellader m ‖ **~ dredger** (Civ Eng) / Löffelbagger m (ein Nassbagger), Nasslöffelbagger n
**shovelful** adj (Civ Eng) / schaufelvoll adj
**shovel handle** (Tools) / Schaufelstiel m (meist aus Rotbuche) ‖ **~ loader** (Civ Eng) / Schaufellader m
**shovelman** n (Civ Eng) / Baggerführer m (Löffelbagger)
**shovel slicing** (Civ Eng) / festes Andrücken (der Erde gegen das untere Umfangsdrittel des Rohrs beim Eingraben)
**shove off** v (Ships) / ablegen v (Schiff oder Schwimmkörper)
**show** v / zeigen v (z.B. das Thermometer die Temperatur) ‖ **~** (Cinema) / zeigen v (Film), vorführen v (Film) ‖ **~** (Mining) / Aureole f (deutlich erkennbare Färbung einer Wetterlampe bei Anwesenheit von Grubengas) ‖ **~** (Oils) / Vorhandensein n, Fündigkeit f (von Erdöl oder Erdgas)
**showcard color** (US) (Paint) / Plakatfarbe f (ein wässriger Anstrichstoff für Plakat-, Entwurfs- und Kulissenmalerei)
**showcase** n / Schaukasten m (mit Glas abgeschlossener, kastenartiger Behälter, der Ausstellungszwecken diente), Vitrine f
**showdomycin** n (Pharm) / Showdomycin n (ein Nucleosidantibiotikum mit Antitumoreigenschaften)
**shower** n (Build) / Dusche f, Brause f ‖ **~** (Meteor, Phys) / Schauer m ‖ **~** (Surf) / Spritzdusche f ‖ **~** (TV) / Sprinkleranlage f, Regenanlage f ‖ **~ cubicle** (Build) / Duschkabine f ‖ **~ deck** (Oils) / Schauerdeck n, Showerdeck n (bei der Destillation)
**shower-head** n / Brause f, Brausekopf m, Tülle f
**showering area** (Build) / Duschecke f (manchmal mit einer Wanne)
**shower of rain** (Meteor) / Regenschauer m, Schauer m (Niederschlag von kurzer Dauer, der aus Kumulonimbuswolken fällt und durch schroffe Schwankungen seiner Intensität und ein charakteristisches Aussehen des Himmels gekennzeichnet ist) ‖ **~ particle** (Phys) / Schauerpartikel n f
**showerproofing*** n (Textiles) / Wasserdichtmachen n, Regendichtmachen n
**shower stall** (Build) / Dusche f (als Anlage), Brausebad n ‖ **~ stall** (Build) / Duschkabine f ‖ **~ tray** (floor-standing or recessed) (Build) / Duschwanne f (der Dusche), Brausewanne f (DIN 4486 und 4488), Fußbecken n (der Dusche)
**show flat** (GB) / Musterwohnung f ‖ **~ home** (Build) / Musterhaus n ‖ **~ house** (Build) / Musterhaus n
**show-how** n / Show-how n (Vorführung, Demonstration)
**showing** n / Anschlagsintensität f (in der Außenwerbung), Anschlagstellenpaket n (als 100 Showing gilt die Gesamtzahl der Plakate, die erforderlich sind, um in einem bestimmten Gebiet alle oder wenigstens die meisten Haupt- und Nebenverkehrswege in Kontakt mit der Werbebotschaft des Anschlags zu bringen) ‖ **~** (Cinema) / Vorführung f, Projektion f ‖ **~ time** (Cinema) / Vorführungszeit f (eines Films), Vorführzeit f (eines Films), Abspieldauer f, Laufzeit f (eines Films)
**show laser** (Phys) / Showlaser m (z.B. in Diskos)
**showroom** n / Ausstellungsraum m
**showroom-new** adj (Autos) / ladenneu adj (Gebrauchtwagen)
**show through** v (Print) / durchschlagen v (DIN 16 500)
**show-through*** n (Paper, Print) / Durchscheinen n
**show-window** n (Build) / Schaufenster n, Auslage f (in der die Ware ausgelegt wird), Fenster n (Schaufenster) ‖ **~ advertising** / Schaufensterwerbung f
**s. h. p.** (shaft power) (Eng) / Wellenleistung f (Nutzleistung in PS), Wellenpferdestärke f, WPS (Wellenpferdestärke)
**SHP** (shaft power) (Eng) / Wellenleistung f (Nutzleistung in PS), Wellenpferdestärke f, WPS (Wellenpferdestärke)
**Shpol'skii effect** (Spectr) / Schpolskij-Effekt m (Fluoreszenzspektren bei tiefen Temperaturen), Shpolskii-Effekt m
**shread head*** (Build) / Schopfwalm m, Krüppelwalm m
**shred** v (Agric, Nut) / raffeln v (Kartoffeln, Obst, Gemüse) ‖ **~** (Paper) / zerfasern v, defibrieren v
**shredded suet** (GB) (Nut) / flockenförmiges Nierenfett mit Mehlzusatz
**shredder** v / shreddern v ‖ **~ n** / Reißwolf m (für Papier, Textilien, Filme usw.), Vernichter m (Reißwolf) ‖ **~** (Agric) / Futterreißer m (für Grünfutter, Stroh, Raufutter, Rübenblatt mit Kopf, gedämpfte Kartoffeln usw.) ‖ **~** (Agric, Ecol) / Häcksler m (Zerkleinerungsgerät für Äste und Sträucher) ‖ **~** (e.g. car shredder) (Autos) / Shredder m, Shredderanlage f (Zerkleinerungsanlage), Schredder m, Schrottaufbereitungsanlage f (zur Verschrottung von Autowracks und Sperrmüll) ‖ **~** (Nut) / Shredder m (Hammermühle zur Beseitigung der Stengel bei Rohrzuckerherstellung), Schredder m ‖ **~** (Paper, Textiles) / Zerfaserer m ‖ **~ waste** (Ecol, Met) / Shreddermüll m (Autos und leichter Schrott - Kunststoffe, Glas, Textilien)
**shredding** n (of film offcuts) (Cinema) / Zerkleinern n
**shrend** (Glass) / granulieren v (Glasmasse), körnen v (Glasmasse) ‖ **~** (make cullet by directing molten glass into a stream of water) (Glass) / fritten v (Scherben), abschrecken v (schmelzflüssige Fritte)
**shrended cullet** (US) (Glass) / abgeschrecktes und in Brocken zerfallenes Glas
**shrieking sixties** (Meteor) / Shrieking Sixties pl (brave Westwinde in 60° südlicher Breite), brave Westwinde (in 60° südlicher Breite)
**shrill** adj (Acous) / durchdringend adj, schrill adj, grell adj (durchdringend laut), gell adj (Ton), gellend adj
**shrink** v (Eng) / stauchen v (Blech durch Hammerschläge einziehen) ‖ **~ vt** (Eng) / einschrumpfen vt
**shrinkable** adj (a desirable property) (Textiles) / schrumpffähig adj, krumpffähig adj
**shrinkage** n (For, Join) / Schwinden n (Verminderung der Abmessungen bei der Feuchteabgabe) ‖ **~** (Foundry) / Lunkerbildung f (Volumendefizit nach dem Erstarren), Lunkern n, Lunkerung f ‖ **~*** (Phys) / Schwund m (lineare Verkleinerung), Schwinden n, Schrumpfen n (Volumenverminderung), Schrumpfung f, Schwindung f ‖ **~*** (volumetric) (Phys) / Volumenminderung f (Schrumpfung), Volumenkontraktion f (DIN 13343), Kontraktion f (Verkleinerung einer Länge einer Fläche oder eines Volumens durch Schrumpfung) ‖ **~** (Textiles) / Krumpfen n (ungewollte Maßänderung durch Einlaufen beim Nasswerden) ‖ **~*** (Textiles) / Eingehen n, Einspringen n, Einlaufen n (negative Maßänderung) ‖ **~*** (desirable) (Textiles) / Krumpfen n (ein Appeturverfahren) ‖ **~** (undesirable) (Textiles) / Verarbeitungsverlust m
**shrinkage allowance*** (Eng, Foundry) / Schwindmaß n (prozentuales Übermaß bei Modellen zur Herstellung von Formen - DIN EN 12 890), Schrumpfmaß n, Schwindungszuschlag m, Schwindzugabe f ‖ **~ blowhole** (Foundry) / Blaslunker m (ein Gussfehler) ‖ **~ cavity** (Foundry) / Gießlunker m, Lunker m (ein Gussfehler nach DIN EN ISO 6520), Schwindungshohlraum m (nach dem Erstarren der Schmelze) ‖ **~ cavity** (Met) / Lunker m (Außenlunker am Blockkopf)
**shrinkage-cavity formation** (Foundry) / Lunkerbildung f (Volumendefizit nach dem Erstarren), Lunkern n, Lunkerung f
**shrinkage coefficient** (Build, Civ Eng) / Schwindmaß n (bei Zementsteinen nach DIN 4227) ‖ **~ crack** (Build, Civ Eng) / Schwindriss m (im Beton) ‖ **~ crack** (Foundry) / Schrumpfungsriss m, Schwindriss m (z.B. durch ungleichmäßiges Austrocknen), Schwindungsriss m, Schrumpfriss m ‖ **~ crack** (Welding) / Schrumpfriss m ‖ **~ fibre** (Spinning) / Schrumpffaser f, S-Faser f ‖ **~ groove** (Welding) / Wurzelkerbe f (DIN 6520) ‖ **~ joint** (Civ Eng) / Schrumpffuge f, Schwindfuge f ‖ **~ limit** (Civ Eng) / Wassergehalt m ohne Volumenverringerung, Schrumpfgrenze f (in der Bodenmechanik) ‖ **~ of thickness** (Welding) / Dickenschrumpfung f (beim Erkalten einer Schweißverbindung in Dickenrichtung der Naht eintretende bleibende Verkürzung des Schweißgutes und der von der Schweißwärme erfassten Werkstoffzonen) ‖ **~ pipe**

**shrinkage**
(Foundry) / Mittellinienlunker *m* || **~ pore** (Foundry) / Mikrolunker *m* || **~ ratio** / Schrumpfzahl *f* || **~ rule** (Foundry) / Schwindmaßstab *m* (ein Zollstock) || **~ stoping** (Mining) / Magazinbau *m* || **~ stress** (Build, Civ Eng) / Schwindspannung *f* (an der Oberfläche eines Stahlbetonteiles) || **~ stress** (Mech) / Schrumpfspannung *f*, Schwindspannung *f*
**shrink bagging of bread** (Nut) / Schrumpfverpackung *f* von Brot || **~-coating** *n* (Plastics) / Aufschrumpfen (z.B. Bekleiden von Metallrohr mit Kunststoffschlauch) || **~ DIP** (Electronics) / DIP-Gehäuse *n* mit verkleinertem Abstand zwischen Stiften || **~ film** / Schrumpffolie *f* (DIN 55 405)
**shrink-film hood** / Schrumpfhaube *f* (DIN 55 405)
**shrink fit** (Eng) / Querpresspassung *f*, Schrumpfpassung *f*, Dehnpassung *f* || **~ fit** (Eng) / Schrumpfpresssitz *m* || **~ fit** (Eng) / Schrumpfsitz *m*
**shrink-fit** *v* (on the shaft) (Eng) / aufschrumpfen *v* (auf die Welle) || **~** (Eng) / einschrumpfen *vt*
**shrink•-foil** *n* / Schrumpffolie *f* (DIN 55 405) || **~ head** (Met) / verlorener Kopf (unmittelbar auf das Gussteil aufgesetzter, offener Speiser) || **~ hole** (Foundry) / Gießlunker *m*, Lunker *m* (ein Gussfehler nach DIN EN ISO 6520), Schwindungshohlraum *m* (nach dem Erstarren der Schmelze)
**shrinking** *n* (Phys) / Volumenminderung *f* (Schrumpfung), Volumenkontraktion *f* (DIN 13343), Kontraktion *f* (Verkleinerung einer Länge einer Fläche oder eines Volumens durch Schrumpfung) || **~** (Textiles) / Eingehen *n*, Einspringen *n*, Einlaufen *n* (negative Maßänderung) || **~** (Textiles) / (desirable) (Textiles) / Krumpfen *n* (in Appreturverfahren) || **~ head** (Met) / verlorener Kopf (unmittelbar auf das Gussteil aufgesetzter, offener Speiser) || **~-on*** *n* (Eng) / Aufschrumpfen *n* || **~ process** (Textiles) / Schrinkverfahren *n* (bei Wollgeweben), Schrinken *n* (Krumpffreimachen und Griffverbesserung von Wollgeweben), Krumpffreiausrüstung *f*, Shrinken *n* || **~ process** (Textiles) / Krumpfen *n* (ein Appreturverfahren)
**shrink joint** (Eng) / Schrumpfverbindung *f* || **~ leather** (Leather) / Schrumpfleder *n*, Relaxleder *n* || **~ mark** (Foundry) / Einfallstelle *f* (eine Werkstoffeinbuchtung) || **~ pack** / Einschrumpfen *n* (Verpackung), Schrumpfpackung *f* (in einer Schrumpffolie), Schrumpfverpackung *f*, Folieneinschweißung *f* (als Verpackung) || **~proof** *adj* (Textiles) / nichtschrumpfend *adj*, schrumpffrei *adj*, krumpffrei *adj*, krumpfecht *adj*
**shrinkproofing process** (Textiles) / Schrinkverfahren *n* (bei Wollgeweben), Schrinken *n* (Krumpffreimachen und Griffverbesserung von Wollgeweben), Krumpffreiausrüstung *f*, Shrinken *n*
**shrinkproof process** (Textiles) / Schrinkverfahren *n* (bei Wollgeweben), Schrinken *n* (Krumpffreimachen und Griffverbesserung von Wollgeweben), Krumpffreiausrüstung *f*, Shrinken *n*
**shrink-resistant** *adj* (Textiles) / nichtschrumpfend *adj*, schrumpffrei *adj*, krumpffrei *adj*, krumpfecht *adj*
**shrink-resistant finish*** (Textiles) / krumpffreie Ausrüstung *f*, Krumpffreiausrüstung *f*, Krumpfechtausrüstung *f*
**shrink-ring commutator*** (Elec Eng) / Schrumpfringkommutator *m* (bei dem die Lamellen durch zwei oder mehrere isoliert am äußersten Umfang aufgebrachte Schrumpfringe zusammengepresst werden)
**shrink rule** (Foundry) / Schwindmaßstab *m* (ein Zollstock) || **~ sleeve** / Schrumpfhülse *f* (beim Löten) || **~ tube** / Schrumpfschlauch *m* (als Schutz oder Kennzeichnung über Lötstellen)
**shrink-wrap** *n* / Schrumpffolie *f* (DIN 55 405)
**shrink•-wrap** *n* / Einschrumpfen *n* (Verpackung), Schrumpfpackung *f* (in einer Schrumpffolie), Schrumpfverpackung *f*, Folieneinschweißung *f* (als Verpackung) || **~ wrapping** / Einschrumpfen *n* (Verpackung), Schrumpfpackung *f* (in einer Schrumpffolie), Schrumpfverpackung *f*, Folieneinschweißung *f* (als Verpackung)
**shrivel** *v* (Agric, Bot) / verwelken *v*, welken *v*, welk werden
**shrivelling** *n* (Paint) / Runzelbildung *f*, Kräuselung *f*
**shroud** *v* (Nut) / eintuchen *v* (Schlachttierkörper in lakegetränkte Tücher einhüllen) || **~*** *n* (Aero) / Abdeckung *f* der unterbrochenen Flächen zwischen dem Tragflügel und den Hochauftriebsmitteln (Hinterkante) || **~** (Aero) / Kragen *m* (einer Kragensteckvorrichtung, Schutzkragen *m* || **~** (Eng) / Mantel *m*, Ummantelung *f*, Haube *f* || **~*** (Eng) / Verstärkungskranz *m*, Verstärkungsrand *m* || **~** (I C Engs) / Luftführung *f* für Motorlüfter, Lüfterring *m*
**shrouded propeller** (Aero) / Mantelpropeller *m* || **~ socket-outlet** (Elec Eng) / Kragensteckdose *f*
**shroud line** (Aero) / Auslaufleine *f* (des Fallschirms), Fangleine *f* (des Fallschirms) || **~ ring** (Aero) / Mantelring *m*
**shrouds** *pl* (Ships) / Wanten *f pl n pl* (seitliche Abspannungen der Masten)

**shrub** *n* (For) / Strauch *m*, Busch *m* || **~ cutter** (Agric, For) / Freischneidegerät *n*, Buschschneider *m*, Strauchschneidemaschine *f* || **~ cutter** (For) / Buschschneider *m*, Strauchschneidemaschine *f*
**shrunken grain** (Leather) / Schrumpfnarben *m*
**shrunken-grain tannage** (Leather) / Schrumpfgerbung *f* (zusammengezogene Oberfläche mit starker Ausprägung der natürlichen Hautfalten)
**shrunk leather** (Leather) / Schrumpfleder *n*, Relaxleder *n*
**SHSS** (superhigh-speed steel) (Eng, Met) / Schnellstahl *m* für höchste Schnittgeschwindigkeiten, Hochleistungsschnellstahl *m*, HHS (Hochleistungsschnellstahl)
**Shubnikov-de Haas effect** (Electronics) / Schubnikow-de Haas-Effekt *m*
**Shubnikov group** (Mag) / Schubnikow-Gruppe *f* (eine magnetische Raumgruppe nach L.W. Schubnikow, 1901-1945)
**shuck** *v* (remove the shuck from maize) (Agric) / entlieschen *v* (Mais) || **~** *n* (Agric) / rebeln *v* (Maiskörner)
**shudder** *v* (Autos) / rupfen *v* (Kupplung) || **~** *n* (Autos) / Anfahrschütteln *n*, Beschleunigungsschütteln *n* || **~** (Autos) / Rupfen *n* (der Kupplung, z.B. beim Verschleiß der Beläge) || **~** (Cinema) / Wackeln *n* (wiederholte ungewollte Kamerabewegung)
**shuffle** *n* (as a result of a torsional load change) (Autos) / Ruckeln *n*
**shuffling** *n* (Nuc Eng) / Umsetzung *f*, Umstellung *f* (der Brennstoffkassetten)
**shuffs*** *pl* (Build, Ceramics) / unterbrannte (lachsfarbene) Ziegelsteine, Ausschussziegel *m pl*
**Shugart bus** (Comp) / Shugart-Bus *m* (eine 34polige Steckverbindung, wobei die Belegung der Anschlüsse festgelegt ist; jeder zweite Anschluss führt Masse)
**shunt** *v* / beiseite räumen || **~** (Elec, Elec Eng) / nebenschließen *v*, shunten *v*, im Nebenschluss schalten, parallel schalten || **~** (Elec Eng) / parallel schalten *v* || **~** (Rail) / rangieren *v* (meistens auf Seitengleis leiten) || **~*** (Rail) / auf ein anderes Gleis verschieben, rangieren *v* || **~** *n* (a motor accident, especially a collision of vehicles travelling one close behind the other) (Autos) / Karambolage *f*, Massenkarambolage *f* || **~** (GB) (Autos) / Auffahrunfall *m* || **~*** (Elec) / Nebenschlusswiderstand *m* (als Größe), Nebenwiderstand *m* (als Größe), Shunt *m*, Parallelwiderstand *m* || **~*** (Elec Eng) / Nebenschluss *m* || **~ characteristic*** (Elec Eng) / Nebenschlusscharakteristik *f*, Nebenschlussverhalten *n* || **~ circuit*** (Elec Eng) / Nebenschlussstromkreis *m*, Parallelstromkreis *m*, Parallelkreis *m*, parallel geschalteter Stromkreis || **~ coil*** (Elec) / Nebenschlussspule *f* || **~ conductance per unit length** (Elec Eng) / Ableitungsbelag *m* (eine Leitungskonstante) || **~ element** (Elec Eng) / Querelement *n*
**shunter** *n* (Rail) / Rangierer *m* (Eisenbahner) || **~** (banking locomotive) (Rail) / Rangierlokomotive *f*, Verschiebelokomotive *f*, Schiebelokomotive *f*
**shunt-excited** (Elec Eng) / nebenschlusserregt *adj*
**shunt feed** (Elec Eng) / Parallelspeisung *f* || **~ field*** (Elec Eng) / Nebenschlussfeld *n*
**shunt-field relay*** (Telecomm) / Relais *n* mit magnetischem Nebenschluss || **~ rheostat*** (Elec Eng) / Nebenschlusssteller *m*
**shunt generator** (Elec Eng) / Nebenschlussgenerator *m*
**shunting** *n* (Elec Eng) / Parallelschaltung *f*, Parallelschalten *n* (DIN 42005), Nebeneinanderschalten *n* || **~ by pushing off waggons** (Rail) / Abstoßbetrieb *m* || **~ engine** (Rail) / Rangierlokomotive *f*, Verschiebelokomotive *f*, Schiebelokomotive *f* || **~ forbidden** (Rail) / Rangierverbot *n* (eine Aufschrift) || **~ locomotive** (Rail) / Rangierlokomotive *f*, Verschiebelokomotive *f*, Schiebelokomotive *f* || **~ programme** (Rail) / Rangierzettel *m* || **~ service** (Rail) / Rangierdienst *m* || **~ siding** (Rail) / Verschiebegleis *n*, Rangiergleis *n* || **~ yard** (Rail) / Rangierbahnhof *m*, Verschiebebahnhof *m*
**shunt line** (Elec Eng) / Nebenschlussleitung *f* || **~ machine** (Elec Eng) / Nebenschlussmaschine *f*, Maschine *f* mit Nebenschlusserregung || **~ motor*** (Elec Eng) / Nebenschlussmotor *m* || **~ reactor** (Elec Eng) / Nebenschlussdrossel *f*, Paralleldrossel *f* || **~ relay** (Elec Eng) / Nebenschlussrelais *n*, Shunt-Relais *n* (dessen Wicklung an einen im Hauptstromkreis liegenden Nebenwiderstand angeschlossen wird) || **~ release** (Elec Eng) / Nebenschlussauslösung *f*, Sekundärauslösung *f* || **~ resistor** (Elec Eng) / Nebenschlusswiderstand *m* (als Bauelement), Nebenwiderstand *m* (Bauelement), Parallelwiderstand *m*, Shunt *m* (Bauelement) || **~ resonance*** (Elec Eng) / Sperr-Resonanz *f*, Stromresonanz *f*, Parallelresonanz *f*, Antiresonanz *f* || **~ stub** (Radio) / Parallelstichleitung *f* (Antennen) || **~ terminal** (Elec Eng) / Nebenschlussklemme *f* || **~ track** (Rail) / Verschiebegleis *n*, Rangiergleis *n* || **~ trip*** (Elec Eng) / Nebenschlussauslösung *f*, Sekundärauslösung *f* || **~ tripping** (Elec Eng) / Spannungsauslösung *f* (Relais)
**shunt-trip recloser** (Elec Eng) / fremderregter Schalter
**shunt winding*** (Elec Eng) / Nebenschlusswindung *f*

**shunt-wound** *adj* (Elec Eng) / mit Nebenschlusswicklung ‖ **~ machine** (Elec Eng) / Nebenschlussmaschine *f*, Maschine *f* mit Nebenschlusserregung
**shut** *v* / zumachen *v* (Tür, Fenster), schließen *v*, verschließen *v* ‖ **~ n** (Mining) / verbrochenes Hangendes, hereingebrochenes Hangendes ‖ **~ down** *v* / schließen *v* (Betrieb, Werk, Zeche), stilllegen *v* (Betrieb, Werk, Zeche) ‖ **~ down** / abfahren *v* (Anlage) ‖ **~ down** (Elec Eng) / stromlos machen, abschalten *v*, von der Stromquelle trennen ‖ **~ down** (Eng) / abfahren *v*, stilllegen *v* (einen Kessel) ‖ **~ down** (Nuc Eng) / abschalten *v*, stillsetzen *v*, abstellen *v*, abfahren *v*
**shutdown**\* *n* (Nuc Eng) / Stillsetzen *n*, Abschaltung *f*, Abstellen *n*, Abfahren *n* ‖ **~** (Work Study) / Stillegung *f* (eines Betriebs, eines Werkes) ‖ **~ amplifier**\* (Nuc Eng) / Schnellabschaltverstärker *m*, Abschaltsignalverstärker *m*, Abschaltverstärker *m* ‖ **~ heat** (Nuc Eng) / Nachwärme *f*, Abschaltwärme *f* (die durch den Zerfall der radioaktiven Spalt- und Aktivierungsprodukte in einem Kernreaktor nach Abschalten des Reaktors auch weiterhin erzeugt wird), Nachzerfallswärme *f* (der verzögerte Anteil der bei der Kernspaltung frei werdenden Gesamtenergie, die sich auf einen prompten und einen verzögerten Anteil verteilt) ‖ **~ reactivity** (Nuc Eng) / Abschaltreaktivität *f* (die Reaktivität des durch Abschaltung mit betriebsüblichen Mitteln in den unterkritischen Zustand gebrachten Reaktors) ‖ **~ rod** (Nuc Eng) / Schnellschlussstab *m*, Havariestab *m*, Schnellabschaltstab *m*, SAS-Stab *m*
**shute wire** (Paper) / Schussdraht *m*, Schusselement *n* (des Maschinensiebes)
**shuting**\* *n* (Build, Plumb) / Traufrinne *f*, Dachrinne *f*, Rinne *f* (vorgehängte)
**shut-in pressure** / Schließdruck *m* (der sich nach dem Schließen der Fördersonden in einer Lagerstätte oder beim Schließen eines Stellgliedes einstellt)
**shut off** *v* / abdrehen *v* (Wasser, Gas), ausschalten *v* (Wasser, Gas, Radio) ‖ **~ off** (Fuels) / absperren *v*, abschalten *v* (Kraftstoffzufuhr)
**shut-off device** (Eng) / Absperrorgan *n* (zusammenfassende Bezeichnung für Hahn, Klappe, Schieber und Ventil) ‖ **~ disk** (Eng) / Absperrkegel *m* (ein Absperrkörper) ‖ **~ pressure** (Eng) / Abschaltdruck *m* (bei dem Verdichter) ‖ **~ stop** (Eng) / Stop-Anschlag *m* ‖ **~ surge** (Hyd Eng) / Absperrschwall *m* (beim Aufstauen des Gerinnes) ‖ **~ valve** (Autos) / Sperrschieber *m* (in Automatikgetriebesteuerung) ‖ **~ valves** (Eng) / Absperrarmatur *f*, Durchgangsarmatur *f*
**shutter** *v* (Build, Civ Eng) / einschalen *v*, verschalen *v* (eine Betonkonstruktion), schalen *v* ‖ **~ n** (Build) / Fensterladen *m* (der die Fensteröffnung zusätzlich gegen Witterungseinflüsse und Einsicht verschließt - Innen-, Außen-, Schlag- und Schiebe-), Klappladen *m*, Laden *m* ‖ **~** (Cinema) / Flügelblende *f* (des Laufbildwerfers) ‖ **~**\* (Cinema) / Sektorenblende *f* (der Filmkamera), Umlaufblende *f*, Shutter *m* ‖ **~**\* (Photog) / Verschluss *m* (Einrichtung zur Regulierung der Belichtungszeit) ‖ **~ bar** (Build) / Ladenverschlussstange *f* ‖ **~ blade** (Photog) / Verschlusslamelle *f* ‖ **~ blind** (Photog) / Rollo *n* (pl. -s), Verschlussvorhang *m*, Vorhang *m* (beim Schlitzverschluss), Verschlussrollo *n* ‖ **~ box** (Build) / Rollladenkasten *m* (nach DIN 18 073) ‖ **~ cabinet** (Build) / Rollschrank *m*, Jalousieschrank *m* ‖ **~ hinge** (Build) / Ladenband *n*
**shuttering**\* *n* (Build, Civ Eng) / Einschalung *f*, Schalung *f* (zur Aufnahme der Betonmasse - Holz, Stahl oder Kunststoffe), Schalungsform *f* ‖ **~ board** (Build, Carp, Civ Eng) / Schalbrett *n*, Schalungsbrett *n* ‖ **~ drawing** (Build, Civ Eng) / Schalungsplan *m*, Schalplan *m* (A) ‖ **~ nail** (a bright-steel nail for temporary fixing-head extension used for pulling nail out) (Build) / Schalungsnagel *m* ‖ **~ panel** (Build) / Schalttafel *f*, Brettplatte *f* (als Schalungselement nach DIN 18 215), Schalungsplatte *f*, Schalungstafel *f* ‖ **~ plate** (Build, Met) / Schaltafel *f*, Schalplatte *f*, Schalungstafel *f* ‖ **~ support** (horizontal) (Build, Civ Eng) / Schalungsträger *m* (der die Schalhaut direkt unterstützt und die vorwiegend senkrecht zur Schalhaut wirkenden Belastungen auf das Schalungsgerüst, auf fertige tragfähige Bauglieder, auf den Erdboden oder auf geeignete Verspannungen bzw. Schalungsanker überträgt - z.B. Kantholz oder Stahlprofile)
**shutterless** *adj* (Photog) / verschlusslos *adj* (Kamera)
**shutter plane** (Photog) / Verschlussebene *f*
**shutter-priority camera** (Photog) / Kamera *f* mit Blendenautomatik, Blendenautomat *m*
**shutter release** (Photog) / Verschlussauslösung *f* (Tätigkeit) ‖ **~ release** (Photog) / Verschlussauslöser *m* (Mechanismus) ‖ **~ speed** (Photog) / Verschlussgeschwindigkeit *f* (die gleich der Belichtungszeit ist), Verschlusszeit *f* ‖ **~ speed dial** (Photog) / Zeiteinstellrad *n*, Einstellrad *n* für die Belichtungs-/Verschlusszeit ‖ **~-synchronized** *adj* (Photog) / verschlusssynchronisiert *adj* ‖ **~ weir** (Hyd Eng) / Klappenwehr *n*
**shutting clack** / Absperrklappe *f* (Absperrorgan, dessen Klappenteller um eine Achse gedreht wird) ‖ **~ flap** / Absperrklappe *f* (Absperrorgan, dessen Klappenteller um eine Achse gedreht wird) ‖

**~ stile** (Build, Join) / Schlossbohle *f*, Schlossbrett *n* (der Tür) ‖ **~ stile**\* (Join) / Schließlängsholz *n* (Tür)
**shuttle** *v* (Autos, Rail, Ships) / im Pendelverkehr fahren ‖ **~ n** (Autos, Rail, Ships) / im Pendelverkehr eingesetztes Verkehrsmittel ‖ **~** (Eng) / Shuttle *m* (Transporteinrichtung einer Roboter-Transferstraße) ‖ **~**\* (Nuc Eng) / Rohrpostbüchse *f*, Rohrpostkapsel *f* (ein kleiner Probenbehälter) ‖ **~** (Space) / Raumtransporter *m* (wiederverwendbarer - z.B. X-33), Raumfähre *f* (z.B. Hermes oder Sänger), Spaceshuttle *m* (pl. -s), Shuttle *m* (pl. -s) (Raumfähre) ‖ **~**\* (Textiles) / Schiffchen *n* (Schlingenfänger der Nähmaschine) ‖ **~**\* (Weaving) / Weberschiffchen *n*, Schiffchen *n*, Schützen *m*, Webschiffchen *n*, Webschützen *m* (DIN 63000) ‖ **~ armature**\* (Elec Eng) / Doppel-T-Anker *m*
**shuttle-bar printer** (Comp) / Shuttle-Bar-Drucker *m* (ein Nadeldrucker)
**shuttle board** (Weaving) / Schützenbahn *f*, Ladenbahn *f* ‖ **~ box**\* (Weaving) / Schützenkasten *m* ‖ **~ car** (Mining) / Pendelwagen *m* (bei der Pendelförderung) ‖ **~ change** (Weaving) / Schützenwechsel *m* ‖ **~ changing** (Weaving) / Schützenwechsel *m* ‖ **~ dial** (Cinema) / Suchlaufdrehknopf *m* (bei dem Videorekorder) ‖ **~ embroidering machine**\* (Textiles) / Schiffchen-Stickautomat *m* ‖ **~ eye** (Weaving) / Schützenauge *n* ‖ **~ feeling device** (Weaving) / Schützenabtastungseinrichtung *f* ‖ **~ for automatic loom(s)** (Weaving) / Automatenschützen *m* (DIN 64685) ‖ **~ guard**\* (Weaving) / Schützenwächter *m*, Schützenfänger *m*
**shuttleless** *adj* (Weaving) / schützenlos *adj* ‖ **~ weaving**\* (Weaving) / schützenloses Weben
**shuttle loom** (Weaving) / Schützenwebmaschine *f* ‖ **~ mark** (Weaving) / Schützenstreifen *m* (ein Webfehler), Klemmschuss *m* (ein Webfehler) ‖ **~ race** (Weaving) / Schützenbahn *f*, Ladenbahn *f* ‖ **~ service** (Aero, Autos, Rail) / Zubringerverkehr *m* ‖ **~ service** (Autos, Rail, Ships) / Pendelverkehr *m* (zwischen zwei Orten), Shuttlebetrieb *m* (Pendelverkehr)
**shuttlesort** *n* (Comp) / Shuttlesort-Sortiertechnik *f*
**shuttle traffic** (Autos, Rail, Ships) / Pendelverkehr *m* (zwischen zwei Orten), Shuttlebetrieb *m* (Pendelverkehr) ‖ **~ train** (Rail) / Shuttlezug *m* (für den Pendelverkehr eingesetzter Zug) ‖ **~ valve** (Eng) / Wechselventil *n* (Absperrventil mit zwei sperrbaren Zuflüssen und einem Abfluss - DIN 24300) ‖ **~ vector**\* (Gen) / Pendelvektor *m*
**shuttling** *n* (Weaving) / Spulennachfüllen *n*
**Shwartzman reaction**\* (Med) / Shwartzman-Sanarelli-Reaktion *f*
**Si** (silicium) (Chem) / Silicium *n*, Si (Silicium), Silizium *n*
**SI** (service interworking) (Teleph) / Dienstübergang *m* ‖ **~**\* = Système International (d'Unités)
**Sia** (Chem) / Sialsäure *f*, Sialsäure *f* (eine azylierte Neuraminsäure)
**sial**\* *n* (Geol) / Sial *n* (Oberkruste der Erde mit starkem Vorherrschen von Si- und Al-Verbindungen)
**sialagogue**\* *adj* (Med) / speicheltreibend *adj*, speichelflusserregend *adj*, sialagogisch *adj*, die Speichelsekretion fördernd
**sialic acid** (Chem) / Sialsäure *f*, Sialsäure *f* (eine azylierte Neuraminsäure)
**sialogogue**\* *adj* (Med) / speicheltreibend *adj*, speichelflusserregend *adj*, sialagogisch *adj*, die Speichelsekretion fördernd
**sialomucin** *n* (Biochem) / Sialomucin *n* (sialinsäurereiches Glykoprotein), Sialomuzin *n*
**sialon** *n* (Met) / Sialon *n* ($Si_3N_4Al_2O_3$-AlN-Hochtemperaturwerkstoff)
**sialyl transferase** (Biochem) / Sialyltransferase *f* (ein Enzym)
**Siamese blow** (Plastics) / Zwillingsblasverfahren *n*
**sibling** *n* (brother or sister) / eins der beiden Geschwister (mit demselben Vorgänger), Bruder oder Schwester (mit demselben Vorgänger - in der Grafentheorie)
**siblings** *n* *pl* (Biol) / Geschwister *n* *pl*
**sibs**\* *pl* (Biol) / Geschwister *n* *pl*
**SIC** (service information channel) (Telecomm) / Dienstinformationskanal *m*
**siccative** *n* (Chem, Paint) / Trockenstoff *m* (DIN EN 971-1, Sikkativ *n*
**SI character** (Comp) / Rückschaltungszeichen *n*, Dauerumschaltungszeichen *n*
**Sicilian** *n* (Textiles) / Sicilienne *f*, Eolienne *f* (/Halb/Seidengewebe in Taftbindung)
**Sicilienne** *n* (Textiles) / Sicilienne *f*, Eolienne *f* (/Halb/Seidengewebe in Taftbindung)
**sick benefit** / Krankengeld *n*
**sick-building syndrome** (Build, Med) / Sickbuilding-Syndrom *n* (besonders bei Beschäftigten in modernen Geschäfts- und Verwaltungsgebäuden auftretende, meist unspezifische Erkrankung)
**sickle** *n* (Agric) / Sichel *f*
**sick-leave, be on** ~ (Med, Work Study) / krank geschrieben sein
**sickle-cell haemoglobin** (one of the most frequently occurring abnormal haemoglobins, especially in negroids) (Biochem, Med) /

Sichelzellenhämoglobin n, Hämoglobin n S, HbS n (Sichelzellenhämoglobin)
**sickle cutter** (Mining) / Sichelschrämmaschine f ‖ ~ **flask** (Chem) / Säbelkolben m, Sichelkolben m
**sickle-shaped** adj (Bot, Zool) / sichelförmig adj
**sickle spanner**\* (Tools) / Hakenschlüssel m für Nutmuttern (DIN 1810)
**sickness benefit** (Med, Stats) / Krankengeld n ‖ ~ **figure** (Med, Stats) / Krankenstand m (prozentuales Verhältnis der durch Krankheit ausgefallenen Arbeitstage zu den Sollarbeitstagen der Gesamtbeschäftigten eines Betriebes in einem bestimmten Zeitraum)
**sick note** (Med, Work Study) / Krankschreibung f
**sick-rate** n (Med, Stats) / Krankenstand m (prozentuales Verhältnis der durch Krankheit ausgefallenen Arbeitstage zu den Sollarbeitstagen der Gesamtbeschäftigten eines Betriebes in einem bestimmten Zeitraum)
**SID** (selected ion detection) (Chem) / Einzelionennachweis m, Einzelionendetektion f ‖ ≙ (sudden ionospheric disturbance) (Geophys, Radio) / Sonneneruptionseffekt m (plötzliche abnorme Verstärkung der Ionisation in der Ionosphäre der Erde als Folge einer chromosphärischen Eruption auf der Sonne), SID (Sonneneruptionseffekt)
**side** n / Seite f, Seitenfläche f ‖ ~ (Arch) / Wange f (eines Klostergewölbes) ‖ ~ (Autos) / Bordwand f ‖ ~ (Eng) / Wandung f (von Gefäßen) ‖ ~ (Eng) / Flanke f ‖ ~ (of a belt) (Eng) / Trum m n (der Riemenstrang beim Riemengetriebe), Riementrum n n ‖ ~ (Leather) / Hälfte f ‖ ~ (Maths) / Schenkel m (Halbstrahl des Winkels) ‖ ~ (Maths) / Term m, Seite f (in der Gleichung) ‖ ~ (Mining) / Stoß m (seitliche Begrenzungsfläche eines Grubenbaues) ‖ ~ (Teleph) / Stamm m (z.B. beim Über- oder Mitsprechen) ‖ **this** ~ **up** / oben (Aufschrift auf der Kiste) ‖ ~**-and-face** (milling) **cutter**\* (Eng) / Scheibenfräser m (DIN 885 und 1831)
**side-arm** n (Chem) / Ansatzrohr n (seitliches)
**sideband** n (Phys, Spectr) / Seitenbande f ‖ ~\* (Radio) / Seitenband n ‖ ~ **interference** (Telecomm) / Seitenbandinterferenz f
**side bend test** (Met) / Querfaltversuch m (eine Rohrprüfung nach DIN 50136)
**side-blow converter** (Met) / Seitenwindkonverter m
**side blowing** (Met) / Blasen n von der Seite, seitliches Blasen
**side-blown converter** (Met) / seitenblasender Konverter
**side•board** (For) / Seitenbrett n ‖ ~ **brace** (Aero) / Knickstrebe f (die das Fahrwerksbein stützt und beim Einfahren des Fahrwerks einknickt)
**side-by-side conjugated fibres** (Spinning) / Seite-an-Seite-Bikomponentenfasern f pl, S/S-Bikomponentenfasern f pl, S/S-Bikonstituentenfasern f pl (mit zwei Polymeren nebeneinander)
**side-by-side conjugate fibres** (Spinning) / Seite-an-Seite-Bikomponentenfasern f pl, S/S-Bikomponentenfasern f pl, S/S-Bikonstituentenfasern f pl (mit zwei Polymeren nebeneinander)
**side-by-side cylinders** (Eng) / nebeneinander liegende Zylinder ‖ ~ **injection moulding** (Plastics) / Aneinanderspritzgießen n
**sidecar** n (Autos) / Seitenwagen m, Beiwagen m (beim Kraftrad)
**side casting** (Foundry) / Seitenguss m (das meistangewendete Gießverfahren) ‖ ~ **chain** (in a graft copolymerization) (Chem) / Pfropfast m (Seitenkette des Pfropfcopolymers), Pfropfzweig m, Pfropfauflage f ‖ ~ **chain**\* (Chem) / Seitenkette f (eine kürzere Kette aus Atomen, die über eine Verzweigung mit einer längeren Kette verknüpft ist), Seitenrest m ‖ ~**-channel pump** (Eng) / Seitenkanalpumpe f (eine Verdrängerpumpe)
**side-channel spillway** (Hyd Eng) / Sammelrinne f (einseitig angeströmte) ‖ ~ **spillway** (Hyd Eng) / Randkanalüberfall m ‖ ~ **spillway** (Hyd Eng) / Hochwasserentlastungsanlage f (vom Stauwerk getrennt)
**side circuit** (Telecomm) / Stamm m, Stammleitung f (im Gegensatz zu Phantomleitung) ‖ ~ **clearance**\* (Tools) / Hohlschliff m ‖ ~ **coaming** (Ships) / Längssüll m n (einer stählernen Luke) ‖ ~ **collision** (Autos) / Seitenaufprall m, seitlicher Aufprall, Seitencrash m, seitlicher Crash ‖ ~ **column** (Eng) / Seitenständer m (der Großpresse) ‖ ~ **column** (Eng) / Seitenständer m (ein Gestellbauteil von Zwei- und Dreiständerpressen) ‖ ~ **contraction** (Hyd Eng) / Seiteneinschnürung f ‖ ~ **crash** (Autos) / Seitenaufprall m, seitlicher Aufprall, Seitencrash m, seitlicher Crash ‖ ~ **cut** (For) / Seitenmaterial n, Seitenbretter n pl (Seitenmaterial) ‖ ~ **cut** (Oils) / Seitenfraktion f, Seitenstromprodukt n, Seitenschnitt m, Seitenprodukt n ‖ ~ **cutter** (Eng, Tools) / Seitenschneider m (DIN 5420 und 5238) ‖ ~ **cutting** (Geol) / Seitenerosion f (Einschneiden des Flusses nach den Seiten - Talverbreiterung) ‖ ~**-cutting pliers** (Eng, Tools) / Seitenschneider m (DIN 5420 und 5238)
**sided** adj (For) / sägegestreift adj (Schnittholz)

**side-delivery rake** (Agric) / Schwadverleger m, Schwader m, Schwadrechen m (Einzweck-Heuwerbemaschine), Schwadenrechen m
**side depth** (Typog) / Seitenhöhe f ‖ ~ **discharge** (Civ Eng) / Seitenentleerung f (eines Wagens) ‖ ~ **ditch** (Rail) / Bahngraben m ‖ ~ **draught**\* (I C Engs) / Flachstrom m (bei den Flachstromvergasern)
**side-draught carburettor** (Autos) / Flachstromvergaser m (mit waagrechtem Durchlass)
**side dresser** (For) / Egalisierapparat m ‖ ~ **dressing** (For) / Egalisierung f (der Schnittbreite bei der Säge) ‖ ~ **dressing** (For) / Abziehen n (Feinschleifen der Säge von Hand) ‖ ~ **drift**\* (Mining) / Stollen m (Grubenbau, der in hügeligem Gelände von der Tagesoberfläche aus in die Lagerstätte führt) ‖ ~ **dump car** (Civ Eng, Rail) / Seitenkipper m ‖ ~ **dumper** (Civ Eng, Rail) / Seitenkipper m
**side-dumping truck** (Civ Eng) / gleisloser Muldenkipper
**side effect** (Pharm) / Nebenwirkung f
**side-effect** n / Nebeneffekt m (im Allgemeinen), Nebenwirkung f (im Allgemeinen)
**side electrode** (Autos) / Seitenelektrode f, Masseelektrode f (der Zündkerze) ‖ ~ **elevation drawing** (Build, Eng) / Seitenansicht f (Zeichnung nach DIN 6, T 1) ‖ ~ **face** (Arch) / Seitenfassade f, Seitenfront f
**side-fed die** (Plastics) / Pinolenkopf m (zum Extrudieren)
**side filing** (For) / Feilegalisieren n (von gestauchten und geschränkten Sägezähnen) ‖ ~ **finisher** (Civ Eng) / Seitenfertiger m
**side-fired furnace** / Querflammenofen m
**side-flow weir** (Hyd Eng) / Streichwehr n (mit zur Strömungsrichtung nahezu paralleler Überfallkante, häufig angewendet als Notüberlauf oder bei Regenüberläufen), Seitenwehr n
**side form** (Civ Eng) / Seitenschalung f (von Betonflächen - aus Holz, Stahl oder Kunststoff) ‖ ~ **frequency** (Radio) / Seitenfrequenz f (des Seitenbandes). ‖ ~ **friction** (of a foundation pile) (Civ Eng) / Mantelreibung f (des Pfahls) ‖ ~ **grafting** (Agric, Bot) / seitliches Einspitzen (in Veredelungsverfahren) ‖ ~ **grinding** (Eng) / Seitenschleifen n (DIN 8589, T 11)
**side-growth factor** (Electronics) / Seitenwachstumsfaktor m (Leiterbildplattierung)
**side head** (Eng) / Ständersupport m, Seitenschlitten m (der Hobelmaschine), Seitensupport m ‖ ~ **head** (Print) / Spitzmarke f (am Anfang eines Absatzes in /halb/fetter Schrift gesetzte Wörter, die meistens über den Satzspiegel hinausgehen)
**side-hook needle** (Textiles) / SH-Nadel f
**side-hung section** (Build) / Drehflügel m (des Fensters) ‖ ~ **window** (Build) / Drehflügelfenster n
**side impact** (Autos) / Seitenaufprall m, seitlicher Aufprall, Seitencrash m, seitlicher Crash
**side-impact door beam** (Autos) / Flankenschutz m (Seitenaufprallschutz)
**side keelson**\* (Ships) / Seitenkielschwein n ‖ ~ **lap** / Querüberdeckung f ‖ ~ **launching** (Ships) / Querablauf m, Querstapellauf m ‖ ~ **lay** (Print) / Seitenmarke f (des Bogenanlegers), Seitenanlegemarke f
**side-lay register** (Print) / Seitenregister n (seitliche Verschiebung des Rollensterns)
**side leather** (Leather) / Rindsleder n, Rindleder n ‖ ~ **leather** (Leather) / Hälfte f ‖ ~ **length** (Textiles) / Seitenlänge f (zwischen Taille und Fußsohle oder als Fertigmaß der Hose) ‖ ~ **lens** (Photog) / Seitenobjektiv n (einer Mehrfachkamera)
**side-lift jack** (Autos) / Spindelwagenheber m, Bordwagenheber m
**sidelight** n (Autos) / Begrenzungsleuchte f (Standlicht vorne), Begrenzungslicht n ‖ ~ (Autos) / Standlicht n (das durch Begrenzungs- oder Parkleuchten erzeugte Licht) ‖ ~ (Photog) / Seitenlicht n ‖ ~ (Ships) / Seitenlicht n (rot = Backbord, grün = Steuerbord)
**sideline noise measurement point** (Aero) / seitlicher Lärmmesspunkt
**side loader** / Quergabelstapler m, Seitengabelstapler m
**sidelobe**\* n (Radar, Radio, Telecomm) / Nebenkeule f (keine Hauptkeule), Nebenstrahlungskeule f, Nebenzipfel m, Nebenlappen m (bei Sendeantennen) ‖ ~ **blanking** (Radar, Radio, Telecomm) / Nebenkeulenaustastung f ‖ ~ **cancellation** (Radar, Radio, Telecomm) / Nebenkeulenlöschung f ‖ ~ **reduction** (Radar, Radio, Telecomm) / Nebenkeulenverringerung f ‖ ~ **reply** (Radar, Radio, Telecomm) / Nebenkeulenantwort f (über eine Nebenkeule der Empfangsantenne) ‖ ~ **suppression** (Radar, Radio, Telecomm) / Nebenkeulenunterdrückung f
**side-looking airborne radar** (Aero, Mil, Radar) / Seitensichtbordradar m n ‖ ~ **radar** (Aero, Mil, Radar) / Seitensichtradar m n (in einer bewegten Plattform mit einer Antennenkeule rund um die Seitenrichtung)
**side marker** (light) (Autos) / Markierungsleuchte f (seitliche) ‖ ~**-marker lamp** (US) (Autos) / Begrenzungsleuchte f (Standlicht vorne), Begrenzungslicht n ‖ ~ **member** (Autos) / Längsträger m (des Rahmens) ‖ ~ **milling** (US) (Eng) / Walzstirnfräsen n (wenn

rechtwinklig zueinander stehende Flächen hergestellt werden), Umfangsstirnfräsen n, Stirnwalzenfräsen n (Fräsen mit einem am Umfang und an der Stirn schneidenden Fräswerkzeug)
**side-milling cutter** (US) (Eng) / Scheibenfräser m (DIN 885 und 1831)
**side notch** (I C Engs) / Flankensicherung f (des Kolbenringstoßes) ‖ **~-note** n (Typog) / Marginalbemerkung f, Randbemerkung f, Marginalie f
**side-of-pavement line** (Civ Eng) / Leitlinie f am Fahrbahnrand (als Fahrbahnmarkierung)
**side of the hole** (Mining, Oils) / Bohrlochwand f, Bohrlochwandung f
**side-operating carrier** / Quergabelstapler m, Seitengabelstapler m
**side pillar** (Eng) / Seitenständer m (ein Gestellbauteil von Zwei- und Dreiständerpressen) ‖ **~ pond*** (Hyd Eng) / Sparbecken n (der Sparschleuse)
**side-port furnace** (Glass) / querbeheizter Wannenofen, Wannenofen m mit Querfeuerung, Querflammenwanne f
**side post** (Carp) / Nebensäule f im mehrsäuligen Hängewerk ‖ **~ pouring** (Foundry) / Seitenguss m (das meistangewendete Gießverfahren) ‖ **~ pressure** (Mech) / Seitendruck m ‖ **~ pressure** (Mining) / Stoßdruck m (Gebirgsdruckeinwirkungen auf den Ausbau von Grubenbauen, die von den seitlichen Begrenzungsflächen der Grubenbaues ausgehen) ‖ **~ program** (Comp) / Nebenprogramm n
**side-protection strip** (Autos) / Flankenschutzleiste f, Rammschutzleiste f
**side rail** / Holm m (der Stufenstehleiter) ‖ **rail** (Autos) / Längsträger m (des Rahmens) ‖ **rail*** (Rail) / Zwangsschiene f, Schutzschiene f, Fangschiene f ‖ **~ rake** (Eng) / Seitenspanwinkel m ‖ **~ reaction** (Chem) / Nebenreaktion f (eine Simultanreaktion) ‖ **~ reaction** (Pharm) / Nebenwirkung f
**sidereal** adj (Astron) / siderisch adj, sideral adj ‖ **~ day*** (Astron) / Sterntag m ‖ **~ hour** (Astron) / Stunde Sternzeit ‖ **month*** (Astron) / siderischer Monat (= 27,32166 d) ‖ **~ period*** (Astron) / siderische Umlaufzeit, siderische Periode ‖ **period of rotation** (Astron) / siderische Rotationsperiode (der Erde - 23 h 56 m 04 s) ‖ **~ second** (Astron) / Sekunde Sternzeit ‖ **~ time*** (Astron) / Sternzeit f (wahre, mittlere) ‖ **~ year*** (Astron) / siderisches Jahr (365 d 6 h 9 min 9 s), Sternjahr n
**side-rebate plane*** (Join) / Seitenfalzhobel m
**side register** (Print) / Seitenregister n (seitliche Verschiebung des Rollensterns)
**side-ringed wood** (For) / grobringiges Holz, grobjähriges Holz, Holz n mit breiten Jahrringen
**siderin yellow** (iron(III) chromate) / Sideringelb n (ein Eisenpigment)
**siderite*** n (Geol) / Holosiderit m, Eisenmeteorit m, Siderit m ‖ **~*** (Min) / Spateisen n, Spateisenstein m, Siderit m, Eisenspat m (Eisen(II)-karbonat)
**side road** / Nebenweg m, Seitenweg m
**siderochromes** pl (Biochem) / Siderophore m pl, Siderochrome n (alte Gruppenbezeichnung für eisenhaltige Oligopeptide, die Eisen zu transportieren vermögen)
**side rod** (Rail) / Kuppelstange f (bei Lokomotiven)
**siderography** n (Print) / Siderografie f, Stahlstichdruck m
**siderolite** n (Meteor) / Siderolith m (ein Stein-Eisen-Meteorit)
**sideromelane** n (Geol) / Tachylit m (ein Basaltglas), Tachylyt m ‖ **~** (Geol) / Sideromelan m
**siderophile element*** (Chem, Geol) / siderophiles Element (z.B. Fe, Au oder Pt)
**siderophilin** n (Biochem) / Siderophilin n
**siderophyllite*** n (Min) / Siderophyllit m (ein Biotit ohne Mg)
**siderosis*** n (pl. sideroses) (Med) / Siderosis pulmonum, Schweißerlunge f, Siderose f (Lungensiderose), Siderosilikose f, Eisenlunge f ("Feilenhauerlunge")
**siderosphere** n (central iron core of the earth) (Geol) / Siderosphäre f (der Nickel-Eisen-Kern), Erdkern m, Barysphäre f (der Erdkern), Nife f
**siderostat*** n (Astron) / Siderostat m
**side•-running trolley** (Elec Eng) / Seitenstromabnehmer m ‖ **~ scrolling** (Comp) / seitliches Scrolling (Verschieben des Bildschirmfensters zur Seite), seitliches Rollen ‖ **~ seam** / Seitenfalz m (der Konservendose) ‖ **~ sewing** (Bind) / seitliche Fadenheftung, chinesische Blockbindung ‖ **~ shield** / Seitenklappe f (der Schutzbrille) ‖ **~ shifter** (Eng) / Seitenschieber m (eines Flurförderzeugs) ‖ **~ sill** (Autos) / Trittbrettschiene f ‖ **~ slicing** (Mining) / abwärts geführter Scheibenbau mit Zubruchwerfen des Hangenden
**sideslip*** n (Aero) / Schieben n (Abdrängung eines Flugzeugs von der geraden Flugrichtung durch Seitenwind oder durch die Seitensteuerung) ‖ **~*** (Aero) / Slip m, Side-Slip m, Seitengleitflug m, Seitenrutsch m, Slippen n (eine Seitengleitbewegung, bei der das Flugzeug außer seiner Vorwärtsgeschwindigkeit eine seitliche Geschwindigkeitskomponente hat und sehr stark an Höhe verliert)
**side slope** (Civ Eng) / Seitenböschung f ‖ **~ sorts*** (Typog) / Sonderzeichen n pl (Klasse grafischer Zeichen, die weder als Buchstaben, Dezimalziffern oder Blanks angesprochen werden können) ‖ **~ stabilization by seeding** (Civ Eng, Hyd Eng) / Lebendbau m, Lebendverbau m, Lebendverbauung f
**side-stable relay** (Elec Eng) / Relais n mit zwei stabilen Stellungen
**side stay** (Airbus) (Aero) / Knickstrebe f (die das Fahrwerksbein stützt und beim Einfahren des Fahrwerks einknickt) ‖ **~ stick** (Aero) / Sidestick m (seitlich angeordneter Steuerknüppel), Seitensteuergriff m ‖ **~ stick** (Bind, Print) / Seitensteg m (in dem Schließrahmen), Außensteg m ‖ **~ stitching*** (Bind) / seitliche Heftung, Seitenheftung f (im Allgemeinen) ‖ **~ stop** (Eng) / Seitenanschlag m ‖ **~ stream** / Verkohlungsstrom m (ein Teil des Tabak-Nebenstromrauches) ‖ **~ stream** (Eng) / Zuspeisestrom m, Zuspeisung f (z.B. aus den einzelnen Kühlstufen im Kältemittelverdichter) ‖ **~ stream** (Oils) / Seitenstrom m (bei der Destillation)
**side-street** n / Nebenstraße f
**side stripper** (Oils) / Seitenstripper m, Seitenstripperkolonne f
**side-stripping column** (Oils) / Seitenstripper m, Seitenstripperkolonne f
**side strut** (Boeing) (Aero) / Knickstrebe f (die das Fahrwerksbein stützt und beim Einfahren des Fahrwerks einknickt)
**sidesway** n (Autos) / Querversatz m (ein Rahmenschaden) ‖ **~** (Build) / Horizontalverschiebung f, horizontale Bewegung (des Bauwerkes), Seitenauslenkung f
**sideswipe** v (Autos) / streifen v (ein anderes Auto) ‖ **~** n (Autos) / Streifschaden m (in Karosserieschaden)
**side thrust*** (Acous) / [seitliche] Auslenkkraft f ‖ **~ thrust** (Mech) / Seitenschub m, seitlicher Schub
**side-tilting shovel loader** (Mining) / Seitenkipplader m (überwiegend auf Raupen oder Rädern fahrende Lademaschine), Seitenkippschaufellader m
**side tipper** (Civ Eng, Rail) / Seitenkipper m
**side-tipping waggon** (Rail) / Muldenkippwagen m, Muldenkipper m ‖ **~ wagon** (Civ Eng, Rail) / Seitenkipper m
**sidetone*** n (Telecomm, Teleph) / Rückhören n, Nebenton m ‖ **~ reference equivalent** (Telecomm, Teleph) / Rückhörbezugsdämpfung f
**side tool*** (Eng) / Seitenmeißel m
**side-to-phantom crosstalk** (Teleph) / Mitsprechen n (gegenseitige Beeinflussung ungleichartiger Sprechwege)
**side-to-side far-end crosstalk** (Teleph) / Gegenübersprechen n ‖ **~ unbalance** (Telecomm) / Übersprechkopplung f
**side track** (Oils) / Abweichung f (des Bohrgestänges von der zur Bohrung im Erdölbereich vorgesehenen Stelle), Neigung f
**sidetrack** n (Rail) / Nebengleis n (zum Rangieren oder dem vorübergehenden Freimachen der Hauptstrecke), Seitengleis n
**sidetracking** n (Oils) / Ablenken n (eines Bohrlochs), Ablenkung f (eines Bohrlochs)
**side-turn** v (Print) / hochkant stellen, hochstellen v (z.B. eine Tabelle), quer stellen v
**side underflow** (Hyd Eng) / Umläufigkeit f (bei Talsperren oder Wehren) ‖ **~ valve*** (I C Engs) / stehendes Ventil ‖ **~-valve motor** (I C Engs) / Seitenventiler m, sv-Motor m (mit seitlich stehenden Ventilen), Seitenventilmotor m ‖ **~ view** / Seitenansicht f (Ansicht von der Seite)
**sidewalk** n (US) (Civ Eng) / Gehweg m, Gehsteig m, Fußweg m, Bürgersteig m, Trottoir m ‖ **~ door** (Build) / Kellertür f (niveaugleiche, direkt mit dem Gehweg abschließend)
**sidewall** n (Aero) / Schürze f (des Bodeneffektgeräts) ‖ **~** (Autos) / Seitenwand f (des Reifens), Wand f, Seitengummi m (der den Reifenunterbau schützt) ‖ **~** (Build) / Seitenwand f ‖ **~** (Join) / Stollen m (einer Schranköffnung) ‖ **~** (Mining) / Stoß m (seitliche Begrenzungsfläche eines Grubenbaues) ‖ **~ anchor** (Oils) / Seitenanker m ‖ **~ area** / Seitenwandfläche f ‖ **~ core** (Oils) / Kern m aus der Bohrlochwand ‖ **~ fusion** (Welding) / Flankeneinbrand m (bei einer Kehlnaht - nach DIN 1912-1)
**side wave** (Radio) / Seitenbandwelle f, Seitenwelle f
**sideways extrusion** (Eng) / Querfließpressen n (quer zur Wirkrichtung des Stößels)
**side weir** (Hyd Eng) / Streichwehr n (mit zur Strömungsrichtung nahezu paralleler Überfallkante, häufig angewendet als Notüberlauf oder bei Regenüberläufen), Seitenwehr n
**side-weld sealing** (Plastics) / Kantenschweißen n, Längsschweißen n
**side-wheeler** n (Ships) / Seitenraddampfer m, Raddampfer m (mit einem Schaufelrad an der Seite)
**side-wheel steamer** (Ships) / Seitenraddampfer m, Raddampfer m (mit einem Schaufelrad an der Seite)
**side wind** (Aero, Autos) / Seitenwind m, Querwind m ‖ **~ window** (Build) / seitliches Fenster ‖ **~ wire-stitching** (Bind) / seitliche Blockheftung, seitliche Drahtheftung, Blockheftung f (Drahtheftung durch den seitlichen Falz)
**siding** n (US) (Build) / Verkleidungsmaterial n (Kunst- oder Naturstein, Holz, Metall usw.) ‖ **~** (US) (Build) / Fassadenverkleidung f,

**siding**

Außenbekleidung f, Außenverkleidung f (aber nicht Ziegel) ‖ ~ (US) (Build) / Stülpschalung f, Stulpschalung f, gestürzte Schalung (A) (Holzverschalung durch waagerechte, übereinander greifende gespundete oder gefalzte Bretter) ‖ ~* (Rail) / Ausweichgleis n, Abstellgleis n ‖ ~ (Rail) / Umfahrungsgleis n, Umfahrgleis n (Nebengleis einer Bahnhofsanlage, das vornehmlich zur Umsetzung der Lok dient) ‖ ~* (Rail) / Überholungsgleis n (Hauptgleis eines Bahnhofs, das für Überholvorgänge vorgesehen und sicherungstechnisch entsprechend ausgerüstet ist) ‖ ~* (Rail) / Ausweichanschlussstelle f (eine Bahnanlage der freien Strecke) ‖ ~ (Rail) / Nebengleis n (zum Rangieren oder dem vorübergehenden Freimachen der Hauptstrecke), Seitengleis n ‖ ~ **pair** (Eng) / Schubgelenk n (als allgemeines Beispiel)
**sidings** pl (For) / Seitenmaterial n, Seitenbretter n pl (Seitenmaterial)
**siding tool** (Eng) / Seitenmeißel m ‖ ~ **track** (Rail) / Gleisanschluss m (privater - eines Industriebetriebs, einer Zeche), Privatgleisanschluss m, Industriegleisanschluss m
**Sidot blende** (Chem) / Sidot-Blende f (Leuchtstoff aus kupferhaltigem Zinksulfid)
**SID route** (standard instrument departure route) (Aero) / Standard-Instrumentenabflugstrecke f ‖ ≐ **spectrum** (Spectr) / SID-Spektrum n (in der Massenspektrometrie)
**Sieber number** (Paper) / Sieber-Zahl f (Bleichbarkeit)
**siegbahn** n (Radiol) / XE (X-Einheit), X-Einheit f, Siegbahn'sche X-Einheit f (eine alte Einheit der Länge in der Röntgenspektroskopie - nach M. Siegbahn, 1886 - 1978)
**siege*** n (Glass) / Sohle f (des Wannenofens) ‖ ~* (Glass) / Bank f (für die Häfen), Hafenbank f, Ofengesäß n, Gesäß n
**Siegel's modular function** (Maths) / Siegel'sche Modulfunktion (nach C.L. Siegel, 1896 - 1981)
**siemens*** n (Elec) / Siemens n (gesetzliche abgeleitete SI-Einheit des elektrischen Leitwerts - nach W. v. Siemens, 1816-1892), S (Siemens - DIN 1301, T 1)
**Siemens furnace*** (Met) / Siemensofen m (ein Regenerativofen mit Gasfeuerung) ‖ ≐ **laser** (Phys) / Siemens-Laser m (dessen Spiegelgehäuse die Form eines Ellipsoids hat) ‖ ≐-**Martin process*** (Met) / Siemens-Martin-Verfahren n, SM-Verfahren n, Herdfrischverfahren n (ein altes Stahlherstellungsverfahren)
**Siemens' ozone tube*** (Chem) / Siemens'scher Ozonisator (aus zwei konzentrisch angeordneten, mit elektrisch leitenden Belägen versehenen Röhren)
**SI engine** (spark-ignition engine) (I C Engs) / Ottomotor m (DIN 1940)
**sienna** n (Paint) / Sienaerde f, Siena n (brauner Ocker), Terra di Siena f (gebrannte Siena) (eine schön gefärbte Bolus-Art) ‖ ~ **siena** adj (sienabraun), sienabraun adj, sienafarben adj, sienafarbig adj
**sierozem** n (Agric, Geol) / Serosem m (Halbwüstenboden wärmerer Gebiete), Serosjom m, Sierosem m (Grauerde)
**Sierpinski gasket** (Maths) / Sierpinski-Teppich m (nach W. Sierpiński,1882 - 1969) ‖ ≐ **set** (Maths) / Sierpiński'sche Punktmenge ‖ ≐ **triangle** (a fractal based on a triangle with four equal triangles inscribed in it) (Maths) / Sierpinski-Teppich m (nach W. Sierpiński,1882 - 1969)
**Sierra Leone copal** / Sierra-Leone-Kopal m (aus Guibourtia copallifera Benn.)
**sieve** v / sieben v, absieben v ‖ ~ n / Sieb n, Siebvorrichtung f ‖ ~ **analysis*** (Geol, Min Proc, Mining) / Siebanalyse f (DIN 23 011) ‖ ~ **area** / Siebfeld n ‖ ~ **cell** (For) / Siebzelle f (Leitungszelle des Phloems der Nadelhölzer), Siebfaser f ‖ ~ **classification** (Min Proc) / Sieben n, Durchsieben n, Siebklassierung f, Siebklassieren n, Absieben n (Tätigkeit) ‖ ~ **classification** (Min Proc) s. also sieve analysis ‖ ~ **cloth** / [textiles] Siebgewebe n, Siebtuch n, Gesiebe n ‖ ~ **element*** (Bot) / Siebelement n ‖ ~ **fineness** / Siebfeinheit f ‖ ~ **fraction** (Powder Met) / Korngrößengruppe f, Korngruppe f (DIN 66 160), Korngrößenklasse f, Fraktion f, Kornklasse f, Kornfraktion f ‖ ~ **mesh number*** (Powder Met) / Mesh-Zahl f, Siebnummer f, Maschenzahl f (DIN ISO 9045) (Anzahl der Siebmaschen je Zoll linear) ‖ ~ **of Eratosthenes** (Maths) / Sieb n des Eratosthenes (zur Gewinnung von Primzahlen) ‖ ~ **pan** (Agric) / Siebkasten m (des Mähdreschers) ‖ ~ **perforation** / Sieblochung f ‖ ~ **plate** (Bot) / Siebplatte f ‖ ~ **plate** (Build, Civ Eng) / Siebboden m (arbeitende Siebfläche nach DIN 66160) ‖ ~ **plate** (Chem Eng) / Siebboden m (einer Rektifizierkolonne)
**sieve-plate column** (Chem Eng) / Siebbodenkolonne f ‖ ~ **tower** (Chem Eng) / Siebbodenkolonne f
**sievert*** n (Radiol) / Sievert n, Sv (Sievert - DIN 1301, T 1) (J/kg; gesetzliche abgeleitete SI-Einheit der Äquivalentdosis - nach dem schwedischen Physiker R.M. Sievert, 1896-1966) ‖ ≐ **law** (Phys) / Sievert-Gesetz n (das die Konzentration der dissoziativen Lösung eines zweiatomigen Gases beschreibt)
**sieve shaker** / Siebrüttelmaschine f ‖ ~ **tray** (Chem Eng) / Siebboden m (einer Rektifizierkolonne) ‖ ~ **tube*** (Bot, For) / Siebröhre f (ein Gefäß des Phloems der Laubhölzer)

**sieving** n (Min Proc) / Sieben n, Durchsieben n, Siebklassierung f, Siebklassieren n, Absieben n (Tätigkeit)
**sievings** pl (Eng) / Unterlauf m, Feingut n (bei der Siebanalyse), Siebdurchgang m, Unterkorn n bei der Siebanalyse (DIN 66160), Siebfeines n (bei der Siebanalyse)
**SIF** (Status Information Frame) (Comp) / Status Information Frame m, SIF (Status Information Frame)
**sift** v / sieben v, absieben v ‖ ~ (Nut) / durchbeuteln v (Mehl)
**sifter** n / Sieb n, Siebvorrichtung f
**sifting** n / Durchbeuteln n ‖ ~ (Min Proc) / Sieben n, Durchsieben n, Siebklassierung f, Siebklassieren n, Absieben n (Tätigkeit)
**SIG** (special-interest group) (Comp) / Special Interest Group f
**sig. fig.*** (Maths) / signifikante Ziffer, bedeutsame Ziffer, Ziffer f mit Zahlenwert, wesentliche Ziffer (gültige Ziffer mit Ausnahme führender Nullen)
**sight** v / zielen v (eine Waffe auf etwas richten), visieren v ‖ ~ n / Sehschlitz m, Sehspalt m ‖ ~ (Mil) / Visier n, Diopter n, Visiereinrichtung f, Zielvorrichtung f (Diopter) ‖ ~* (Optics, Physiol) / Sehen n, Sicht f ‖ ~* (Surv) / Messung f, Ablesung f, Visur f ‖ **in ~** (from) / in Sichtweite ‖ **out of ~** / außer Sichtweite ‖ **within ~** (from) / in Sichtweite ‖ ~ **check** (Materials) / Sichtprüfung f, optische Kontrolle, Sichtkontrolle f, Blickprüfung f, visuelle Prüfung, visuelle Kontrolle, Prüfung f des Aspekts, Inaugenscheinnahme f (durch Vertreter der zuständigen Behörde)
**sightening dyestuff** (Textiles) / Signierfarbstoff m (zur Materialkennzeichnung), Blendfarbstoff m
**sight•-feed lubricator*** (Eng) / Sichtschmierapparat m ‖ ~-**feed oiler** (Eng) / Schautropföler m, Sichtglasöler m, Tropföler m mit sichtbarem Tropfenfall
**sight-gauge** n / Schauglas n, Sichtfenster n (meistens aus Glas)
**sight•-glass** n / Schauglas n, Sichtfenster n (meistens aus Glas) ‖ ~ **hole** (Glass) / Seitenmaschinenfenster n, Maschinenfenster n (Ziehmaschine)
**sight-impaired** adj (Med, Optics) / sehbehindert adj ‖ ~ **operator position** (Teleph) / Blindenplatz m
**sighting** n / Zielen n ‖ ~ **board** (Surv) / Nivelliertafel f ‖ ~ **distance** (Aero) / Erkennungsentfernung f ‖ ~ **dye** (Textiles) / Signierfarbstoff m (zur Materialkennzeichnung), Blendfarbstoff m ‖ ~ **dyestuff** (Textiles) / Signierfarbstoff m (zur Materialkennzeichnung), Blendfarbstoff m ‖ ~ **legend** (Electronics) / Einrichtemarkierung f (zum Einrichten der Fotoschablone), Einrichtezeichen n
**sight line** (Optics, Surv) / Zielachse f, Ziellinie f, Visierlinie f, Zielstrahl m, Sehstrahl m, Gesichtslinie f, Sichtlinie f, Blicklinie f ‖ ~-**lines*** pl (Cinema) / Sehwinkel m, Blickwinkel m (Winkel, unter dem der Betrachter ein projiziertes Bild als Gesamtinformation sehen kann) ‖ ~ **out** v / abfluchten v, einfluchten v ‖ ~ **rail*** (Surv) / Visiergerüst n, Visierkreuz n, Visierlatte f ‖ ~ **rule*** (Surv) / Alhidade f (bei Winkelmessinstrumenten)
**sightseeing flight** (Aero) / Rundflug m (Beförderung von Fluggästen auf einem Rundkurs über einem touristisch interessanten Gelände mit gleichem Abflug- und Zielort ohne Zwischenlandung)
**sight size** (Build) / lichtdurchlässige Fläche, Sichtfläche f (des Fensters), Fensterfläche f (lichtdurchlässige), Öffnungsfläche f (des Fensters) ‖ ~ **test** (Med, Optics) / Sehtest m
**sigma** n (Nuc) / Sigma-Hyperon n (ein Elementarteilchen aus der Familie der Baryonen) ‖ ~ **accumulated capability** (Comp) / Resultataddition f (selbsttätig saldierende Speicherung der einzelnen angegebenen Resultate einer Serie von Rechnungen - DIN 9757)
**sigma-algebra** n (of sets) (Maths) / Sigma-Algebra f, σ-Algebra f
**sigma bond** (a covalent bond that is symmetric about the bond axis ) (Chem) / Sigma-Bindung f, σ-Bindung f (als Gegensatz zur Pi-Bindung) ‖ ~ **co-ordinates*** (Meteor) / Sigma-Koordinaten f pl ‖ ~ **delta modulation** (Radio) / Sigma-Delta-Modulation f, SDM (Sigma-Delta-Modulation) ‖ ~ **electron** (Nuc) / Sigma-Elektron n
**sigma-hyperon** n (Nuc) / Sigma-Hyperon n (ein Elementarteilchen aus der Familie der Baryonen)
**sigma minus particle** (Nuc) / Sigma-minus-Hyperon n ‖ ~ **nought** (Radar) / Flächenrückstreufaktor m (vom Einfallswinkel abhängig) ‖ ~-**particle*** n (Nuc) / Sigma-Hyperon n (ein Elementarteilchen aus der Familie der Baryonen) ‖ ~ **phase** (Met) / Sigma-Phase f (bei Stählen mit mehr als 13% Cr) ‖ ~ **pile*** (Nuc Eng) / Sigma-Anordnung f, Diffusionsanordnung f mit Neutronenquelle ‖ ~ **resonances** (Nuc) / Sigma-Resonanzen f pl ‖ ~ **system** (Maths) / Sigma-System n (ein Mengensystem)
**sigmatropic** adj (Chem) / sigmatrop adj ‖ ~ **reaction** (Chem) / sigmatrope Reaktion (nach den Woodward-Hoffmann-Regeln)
**sigma-type mixer** (Chem Eng) / Z-Blatt-Mischer m, Sigma-Kneter m, Pfleiderer m, Mischer m mit Z-Schaufel
**SIGMET information*** (Aero) / SIGMET-Information f (von einer Flugwetterüberwachungsstelle herausgegebene Information über das Auftreten bzw. erwartete Auftreten bestimmter

1436

Streckenwettererscheinungen, die die Sicherheit von Flugoperationen beeinflussen könnten)
**sigmoid** *adj* / S-förmig *adj* || **~** *adj* / C-förmig *adj*
**sigmoidal** *adj* / C-förmig *adj* || **~** *adj* (S-shaped) / S-förmig *adj* || **~ fold** (Geol) / Sigmoidalfalte *f*, Sigmoide *f*
**sigmoid distribution** (Stats) / S-förmige Verteilung
**sigmonium** *n* (Nuc) / Sigmonium *n*
**sign** *v* / unterzeichnen *v*, unterschreiben *v*, signieren *v* || **~** (Maths) / mit Vorzeichen versehen *v* || **~** *n* / Zeichen *n* (im Allgemeinen) || **~** (Comp, Maths) / Vorzeichen *n* (Minus- oder Pluszeichen) || **~** (Maths) / Zeichen *n*
**signal** *v* / einwinken *v* (z.B. den Kran- oder Baggerführer) || **~** (Telecomm) / signalisieren *v*, Zeichen geben, melden *v*, Signal geben || **~** *n* (Autos) / Anzeige *f* (z.B. der Richtungsänderung) || **~** (Comp) / Signal *n* (physische Darstellung von Informationen) || **~** (Rail) / Eisenbahnsignal *n* || **~*** (Surv) / Signal *n*, Vermessungsvorrichtung *f* zur Kennzeichnung eines Festpunktes || **~*** (Telecomm) / Zeichenträger *m*, Signalträger *m* || **~*** (Telecomm) / Zeichen *n*, Signal *n* (DIN 40146, T 1) || **~ amplification** (Telecomm) / Signalverstärkung *f* || **~ amplifier** (Telecomm) / Signalverstärker *m* || **~ amplitude** (Telecomm) / Signalamplitude *f* || **~ area** (Aero) / Signalfeld *n* || **~ attenuation** (Telecomm) / Signalabschwächung *f*, Signaldämpfung *f* || **~ averaging** (Telecomm) / Signal-Averaging *n*, Signalmittelung *f*, Ausmitteln *n* von Signalen, Mitteln *n* von Signalen || **~ box** (Rail) / Stellwerk *n*, Stw || **~ box with push-button geographical circuitry** (Rail) / Gleisbildstellwerk *n* || **~ bronze** (Elec Eng) / Leiterwerkstoff *m* auf der Basis von Cu || **~ carrier** (Telecomm) / Zeichenträger *m*, Signalträger *m* || **~ cartridge** / Signalpatrone *f* || **~ circuit** (Telecomm) / Signalstromkreis *m*, Meldestromkreis *m* || **~ clothing** (luminescent apparel for the protection of schoolchildren, roadworkers, airfield personnel etc.) (Textiles) / Verkehrsschutzkleidung *f* || **~ code** (Rail) / Signalordnung *f* || **~ code*** (Teleph) / Zeichenkode *m* || **~ combiner** (Telecomm) / Signalmischer *m* || **~ component** (Telecomm) / Zeichenkomponente *f*, Zeichenelement *n* || **~ computer** (Aero) / Signalrechner *m* (Mischstufe für Steuerkommandosignale) || **~ conditioning** (Comp, Telecomm) / Signalformung *f* (Maßnahme zur Kompatibilität und Übertragbarkeit) || **~ converter** (Electronics) / Signalumsetzer *m* (DIN 19226, DIN 40146, T 1 und DIN 44302), Signalumformer *m* || **~ correction** (Electronics, Telecomm) / Signalkorrektur *f* || **~ delay** (Telecomm) / Signalverzögerung *f*, Signalverzug *m* || **~ detector** (Electronics, Telecomm) / Signaldetektor *m* || **~ diagram** (Telecomm) / Signalplan *m* || **~ diode** (Electronics) / Signaldiode *f* || **~ distance** (Comp) / Hammingabstand *m*, Hammingdistanz *f* (die Anzahl der Kodeelemente entsprechender Stellen, in denen sich zwei gleich lange Kodewörter unterscheiden) || **~ distortion*** (Phys, Telecomm) / Signalverzerrung *f* || **~ distortion** (Teleg) / Schrittverzerrung *f*, Zeichenverzerrung *f* || **~ electrode** (Nuc) / Signalelektrode *f* || **~ electrode** (TV) / Signalplatte *f* (des Ikonoskops) || **~ element*** (Telecomm) / Zeichenkomponente *f*, Zeichenelement *n* || **~ element*** (Telecomm) / Schritt *m* (Fernschreibzeichen), Zeichenschritt *m* (dessen Signalparameter sich nicht in einem Zeitintervall verändert) || **~ element*** (Telecomm) s. also step
**signal-element timing** (Telecomm) / Schritttakt *m* (Sollwert der Schrittdauer)
**signal engineering** (US) (Telecomm) / Schwachstromtechnik *f*, Nachrichtentechnik *f*, Fernmeldetechnik *f*, Kommunikationstechnik *f*, Telekommunikationstechnik *f* || **~ fidelity** (Telecomm) / Verzerrungsfreiheit *f* eines Signals || **~ filtering** (Telecomm) / Signalfilterung *f* || **~ flag** (Ships) / Signalflagge *f* || **~ flow** (Telecomm) / Signalfluss *m*
**signal-flow diagram** (Telecomm) / Signalflussplan *m* (DIN 19221), Signalflussbild *n* || **~ graph** (Automation) / Wirkungsplan *m*, Signalflussplan *m*
**signal frequency** (Telecomm) / Signalfrequenz *f* || **~ generator*** (Radio) / Messsender *m* (ein Hochfrequenzgenerator mit einstellbarer Frequenz hoher Stabilität und großem Abstimmbereich), Prüfsender *m* || **~ generator** (Telecomm) / Signalgeber *m*, Signalgenerator *m* (im Allgemeinen) || **~ glass** (Glass) / Signalglas *n* (zur Erzeugung von gefärbten Lichtsignalen)
**signaling** *n* (US) (Telecomm) / Signalisation *f*, Signalgebung *f*, Signalisierung *f*, Zeichengebung *f*, Zeichengabe *f*, Signalgabe *f*
**signal input** (Telecomm) / Signaleingang *m* || **~ intensity** (Telecomm) / Signalintensität *f* || **~ interlocking** (Rail) / Signalabhängigkeit *f* || **~ is at proceed** (Rail) / Signal *n* steht auf Fahrt || **~ is at stop** (Rail) / Signal *n* steht auf Halt
**signalise** *v* (GB) (Telecomm) / signalisieren *v*, Zeichen geben, melden *v*, Signal geben
**signal is off** (Rail) / Signal *n* steht auf Fahrt || **~ is on** (Rail) / Signal *n* steht auf Halt
**signalize** *v* (Telecomm) / signalisieren *v*, Zeichen geben, melden *v*, Signal geben

**signal lamp** (Elec Eng) / Kontrolllämpchen *n*, Warnleuchte *f*, Warnlampe *f*, Kontrollleuchte *f*, Kontrolllampe *f* || **~ lamp** (Elec Eng) / Leuchtmelder *m* (z.B. auf dem Schaltpult) || **~ level*** (Radio) / Signalpegel *m* || **~ lever** (Rail) / Signalhebel *m* || **~ light** / Signallicht *n* || **~ light** (Elec Eng) / Leuchtmelder *m* (z.B. auf dem Schaltpult) || **~ line** (Comp, Elec Eng) / Signalleitung *f*, Meldeleitung *f*
**signalling** *n* (Telecomm) / Signalisation *f*, Signalgebung *f*, Signalisierung *f*, Zeichengebung *f*, Zeichengabe *f*, Signalgabe *f* || **~ bit** (Teleph) / Meldebit *n* || **~ data link** (Telecomm) / Zeichengabestrecke *f*, Zeichenstrecke *f* || **~ device** (Telecomm) / Signalgerät *n* || **~ gear** (Ships) / Signalmittel *n pl* (Ausrüstungsgegenstände zur Abgabe von Signalen) || **~ lamp** / Signalleuchte *f*, Signalscheinwerfer *m* || **~ link** (Telecomm) / Zeichengabestrecke *f*, Zeichenstrecke *f* || **~ opportunity pattern** (Telecomm) / Signalisierungsgelegenheitsmuster *n*, ausgewähltes Bitmuster || **~ system** (Rail) / Signaltechnik *f* || **~ system No. 7** (Comp) / Zeichengabesystem Nr. 7, Nummer *f* 7 (ein Zeichengabesystem), Zentralkanalzeichengabe *f* nach Nr. 7, ZZG7 *n* (ein Zeichengabesystem) || **~ test** (Teleph) / Rufprüfung *f*, Rufversuch *m*
**signalling-to-noise break-in** (Telecomm) / Signalgabe *f* in den Sprechpausen
**signal magnitude** (Telecomm) / Signalwert *m*
**signalman** *n* (pl. -men) (Aero) / Einwinker *m*, Rollwart *m* (S) || **~** (pl. -men) (US) (Civ Eng) / Einweiser *m* (des Kran- oder Baggerführers), Einwinker *m* (des Kran- oder Baggerführers) || **~** (pl. -men) (Rail) / Signalbediener *m* || **~** (pl. -men) (Rail) / Stellwerkswärter *m* || **~** (pl. -men) (Ships) / Signalgast *m* (ein Besatzungsmitglied)
**signal mast** (Ships) / Signalmast *m* || **~ matching** (Telecomm) / Signalanpassung *f* || **~ mirror** (Ships) / Signalspiegel *m* (der zur Rettungsbootausrüstung gehört) || **~/noise ratio*** (Acous, Radio) / Störabstand *m* (Pegelunterschied zwischen dem Nutzpegel und einem Störpegel in dB), Rauschabstand *m* (Störabstand in dB zwischen dem Nutzpegel und dem Rauschpegel eines Empfängers oder einer Anlage), Signal-Geräuschabstand *m*, Signal-Rausch-Verhältnis *n*, SNR (Maß zur Charakterisierung des durch Rauschen erzeugten Störpegels), Nutz-zu-Störleistungs-Verhältnis *n* (das Verhältnis der Leistung eines Signals zur Störleistung im Funkkanal) || **~ normalization** (Telecomm) / Signaltransformation *f* || **~ of danger** / Gefahrensignal *n* (DIN 33404, T 1) || **~ output** (Telecomm) / Signalausgang *m* || **~ output current*** (Electronics) / Signalausgangsstrom *m* || **~ parameter** (Phys, Telecomm) / Signalparameter *m* (ein von der Nachricht abhängiges Merkmal) || **~ parameter** (Phys, Telecomm) / Signalparameter *m* (Darstellungsgröße physikalischer Art für die Wiedergabe eines Signals) || **~ path** (Telecomm) / Signalweg *m* || **~ peptide** (Gen) / Signalpeptid *n*, Signalsequenz *f* || **~ performance** (Electronics, Telecomm) / Signalleistung *f* || **~ pistol** (US) (Mil) / Signalpistole *f* (nach E.W. Very 1847 - 1910), Leuchtpistole *f* (zum Verschießen von Leuchtmunition) || **~ plate** (TV) / Signalplatte *f* (des Ikonoskops) || **~ pole** (Rail) / Signalmast *m* || **~ post** (Rail) / Signalmast *m* || **~ power** (Electronics, Telecomm) / Signalleistung *f* || **~ processing** (Telecomm) / Signalverarbeitung *f*, Signaldatenverarbeitung *f*, Signalaufbereitung *f* || **~ processor** (Comp, Telecomm) / Signalprozessor *m* (ein Koprozessor, der die Aufgaben übernimmt, die bei der Signaldatenverarbeitung besonders viel Rechenzeit in Anspruch nehmen)
**signal-propagation delay** (Telecomm) / Signalausbreitungsverzögerung *f* (bei Digitalschaltungen)
**signal quality error** (Comp, Telecomm) / Heartbeat *m* (bei einer an ein LAN nach dem Ethernet-Standard angeschlossene Station ein Signal von der Medium Attachment Unit, das angibt, ob die Erkennung einer Kollision noch korrekt arbeitet) || **~ range** (Telecomm) / Signalbereich *m*
**signal-recognition particle** (Biochem) / Signalerkennungspartikel *n f* (ein Nucleoprotein), SEP (Signalerkennungspartikel)
**signal regeneration** (Phys, Telecomm) / Entzerrung *f* von Signalen, Signalentzerrung *f* || **~ relay** (Elec Eng) / Melderelais *n* (ein Schaltrelais) || **~ repeater** (Rail) / Signalwiederholer *m* || **~ reshaping** (Phys, Telecomm) / Entzerrung *f* von Signalen, Signalentzerrung *f* || **~ run time** (Telecomm) / Signallaufzeit *f* (Zeitspanne zwischen der Eingabe eines Signals am Eingang eines Übertragungswegs und der Ausgabe an dessen Ausgang) || **~ shaper** (Telecomm) / Signalformer *m* (der die Signale so formt, dass sie die für die Weiterverarbeitung erforderlichen Eigenschaften besitzen) || **~ shaping*** (Phys, Telecomm) / Signalformung *f* (zur Signalverbesserung) || **~ sink** (Telecomm) / Signalsenke *f* || **~ source** (Radar, Telecomm) / Signalquelle *f* (z.B. Sender) || **~ splitting** (Spectr) / Signalaufspaltung *f* || **~ strength** (Acous) / Nutzfeldstärke *f* des Signals || **~ strength** (Telecomm) / Signalintensität *f*
**signal-to-crosstalk ratio*** (Telecomm) / Grundwert *m* des Nebensprechens, Grundwert *m* der Nebensprechdämpfung, Nebensprechabstand *m*

**signal-to-hum**

**signal-to-hum ratio** (Acous, Elec Eng) / Brummabstand *m*
**signal-to-intermodulation ratio** (Electronics, Telecomm) / Intermodulationsabstand *m* (bei Halbleitern)
**signal tone** (Telecomm, Teleph) / Signalton *m*
**signal-to-noise ratio**\* (Acous, Radio) / Störabstand *m* (Pegelunterschied zwischen dem Nutzpegel und einem Störpegel in dB), Rauschabstand *m* (Störabstand in dB zwischen dem Nutzpegel und dem Rauschpegel eines Empfängers oder einer Anlage), Signal-Geräuschabstand *m*, Signal-Rausch-Verhältnis *n*, SNR (Maß zur Charakterisierung des durch Rauschen erzeugten Störpegels), Nutz-zu-Störleistung-Verhältnis *n* (das Verhältnis der Leistung eines Signals zur Störleistung im Funkkanal)
**signal to reduce speed** (Rail) / Langsamfahrt-Signal *n* ‖ **~ tower** (US) (Rail) / Weichenstellwerk *n* ‖ **~ tower** *n* (US) (Rail) / Turmstellwerk *n* (eine Stellwerksbauform) ‖ **~ tracer** (Telecomm) / Signalmarkierer *m*, Signalverfolger *m* ‖ **~ transducer** (Electronics) / Signalumformer *m* (DIN 19226, DIN 40146, T 1) ‖ **~ transduction** (Cyt, Physiol) / Signaltransduktion *f* ‖ **~ transformation** (Telecomm) / Signaltransformation *f* ‖ **~ transformation** (Telecomm) s. also signal shaping ‖ **~ transformer** (Electronics, Telecomm) / Signalwandler *m* (ein Signalumformer ohne Hilfsenergie - DIN 19226) ‖ **~ transmission** / Signalübertragung *f* ‖ **~ value** (Telecomm) / Signalwert *m* ‖ **~ velocity** (Telecomm) / Signalgeschwindigkeit *f* (Fortpflanzungsgeschwindigkeit eines Signals) ‖ **~ windings** (US)\* (Elec Eng) / Steuerwicklung *f* (der Sättigungsdrossel)
**signature**\* *n* (Bind, Print) / Bogen *m*, Buchbinderbogen *m*, Falzbogen *m* (mit Bogensignatur) ‖ **~** (Nuc) / Signatur *f* (eine Quantenzahl) ‖ **~** (US) (Pharm) / Signatur *f* ‖ **~** (Phys) / zeitlicher Verlauf (des Überschallknalls) ‖ **~** (Radar) / Zielcharakteristik *f* ‖ **~ analysis** (Comp) / Signaturanalyse *f* (Methode zur Fehlerlokalisierung in mikroprozessorgesteuerten Geräten) ‖ **~ analysis** (Radar) / Signaturauswertung *f* (bei der Identifizierung des Ziels) ‖ **~ mark**\* (Bind, Print) / Bogensignatur *f*, Signatur *f* (auf der ersten oder dritten Seite des Druckbogens), Prime *f* (auf der ersten Seite eines Druckbogens) ‖ **~ reader** (Comp) / Unterschriftenleser *m* ‖ **~ tune** (a distinctive piece of music) (Radio, TV) / Erkennungsmelodie *f* (eines Senders oder eines Programms), Kennmelodie *f* (eines Senders)
**sign bit**\* (Comp) / Vorzeichenbit *n*
**signboard** *n* / Reklameschild *n* ‖ **~** (US) / Verkehrshinweis *m*
**sign changer** (Optics) / Vorzeichenumkehrer *m* ‖ **~ convention** (Optics) / Vorzeichenregel *f* beim Optikrechnen, Vorzeichensystem *n* ‖ **~ digit** (Comp) / Vorzeichenziffer *f* (dem Vorzeichen entsprechende Ziffer), Zeichen *n* für die Darstellung eines Vorzeichens
**signed** *adj* (Maths) / vorzeichenbehaftet *adj*, vorzeichenbegabt *adj*, mit Vorzeichen ‖ **~ integer** (Maths) / ganze Zahl mit Vorzeichen ‖ **~ minor**\* (Maths) / Adjunkte *f*, algebraisches Komplement ‖ **~ number** (Maths) / relative Zahl, Zahl *f* mit Vorzeichen, mit Vorzeichen versehene Zahl ‖ **~ ranks test** (Stats) / Wilcoxon-Test *m* für gepaarte Stichproben
**signet ring** (Comp) / Siegelring *m* (mit integriertem Chip - als weiteres Element in einem Sicherheitssystem)
**sign giving order** (Autos) / Gebotszeichen *n*
**significance** *n* / Bedeutsamkeit *f* ‖ **~** (Maths) / Stellenwertigkeit *f* ‖ **~**\* (Stats) / Signifikanz *f* (in der Testtheorie) ‖ **~ level** (Stats) / Signifikanzniveau *n* ‖ **~ level** (Stats) s. also level of error of the first kind ‖ **~ test** (Stats) / Signifikanztest *m* ‖ **~ threshold** (Stats) / Signifikanzgrenze *f*
**significand** *n* (Comp) / Mantisse *f* (in der Gleitpunktrechnung DIN 44300)
**significant** *adj* (Maths) / stellenwertig *adj* ‖ **~** (Stats) / signifikant *adj* ‖ **~ digit**\* (Maths) / signifikante Ziffer, bedeutsame Ziffer, Ziffer *f* mit Zahlenwert, wesentliche Ziffer (gültige Ziffer mit Ausnahme führender Nullen) ‖ **~ digit arithmetic** (Comp) / Arithmetik *f* mit bedeutsamen Ziffern ‖ **~ figure**\* (Maths) / signifikante Ziffer, bedeutsame Ziffer, Ziffer *f* mit Zahlenwert, wesentliche Ziffer (gültige Ziffer mit Ausnahme führender Nullen) ‖ **~ instant** (Telecomm) / kennzeichnender Punkt, Kennzeitpunkt *m*, Schritteinsatz *m* ‖ **~ interval** (Teleg) / Kennabschnitt *m* ‖ **~ point** (Aero, Geog) / signifikanter geografischer Punkt ‖ **~ turn** (Aero) / Minderungskurve *f* ‖ **~ weather** (Aero, Meteor) / bedeutsame Wettererscheinung(en)
**significant-weather chart** (Aero, Meteor) / Luftfahrtkarte *f* mit signifikanten Wettererscheinungen, Significant-Weather-Chart *m n* (Karte bedeutsamer Wettererscheinungen)
**signification mask** (Comp) / Gleitpunktgültigkeit *f* (Programmaske)
**signless** *adj* (Maths) / vorzeichenlos *adj* (Wert), ohne Vorzeichen ‖ **~ number** (Maths) / vorzeichenlose Zahl, Zahl *f* ohne Vorzeichen
**sign location** (Maths, Phys) / Vorzeichenstelle *f* ‖ **~ off** *v* / abmustern *v* (Seeleute) ‖ **~ off** (Comp) / sich abmelden *v* (Sitzung beenden), eine Arbeitssitzung beenden (das Menü verlassen) ‖ **~ off** (Radio) / beenden *v* (die Sendung) ‖ **~ off** (Radio, TV) / schließen *v* (die Sendung) ‖ **~ of the zodiac** (Astron) / Tierkreiszeichen *n* ‖ **~ on** *v* (Ships) / anmustern *v* (Seeleute) ‖ **~-on** *n* (Radio, TV) / Sendebeginn *m* ‖ **~-painter** *n* (Paint) / Schriftenmaler *m* ‖ **~ position** (Comp) / Vorzeichenstelle *f*
**signpost** *v* / ausschildern *v* (Straßen, Wege) ‖ **~** (Autos) / mit Wegweisern versehen ‖ **~** *n* (Autos) / Wegweiser *m* (Pfahl, Pfosten) ‖ **~** (Autos) / Straßenschild *n*, Zeichenschild *n*
**sign regulating priority in narrow sections of road** (Autos) / Vorrangzeichen *n* ‖ **~ test** (e.g. Wilcoxon's matched pairs signed rank test) (Maths, Stats) / Zeichentest *m*, Vorzeichentest *m* ‖ **~-towing flight** (Aero) / Bannerschleppflug *m* (mit einem Werbebanner), Reklameschleppflug *m*, Werbeschleppflug *m*
**signum function** (Maths) / Signumfunktion *f*, Vorzeichenfunktion *f*, sgn (Signumfunktion)
**sign-writer** *n* (Paint) / Schriftenmaler *m*
**sign-writing brush** (terminating in a chisel edge) (Paint) / Schreibpinsel *m*
**SIL** (Telecomm) / Sprachstörpegel *m* (Mittelwert der Oktavschalldruckpegel im mittleren Hörfrequenzbereich)
**silage** *v* (Agric) / einsäuern *v*, einsilieren *v*, silieren *v* ‖ **~**\* *n* (Agric) / Einsäuern *n* (von Futtermitteln), Einsilierung *f*, Silieren *n* (milchsaure Gärung), Silierung *f* (Einlagerung von Futter in Silos), Silage *f*, Ensilage *f* (Gärfutterbereitung), Silierungsverfahren *n*, Gärfutterbereitung *f* ‖ **~**\* (Agric) / Gärfutter *n* (DIN 11 622), Ensilage *f* (Gärfutter), Silage *f*, Sauerfutter *n*, Silofutter *n* (Gärfutter) ‖ **~ additive** (Agric) / Silierungsmittel *n*, Silierhilfe *f*, Silagezusatz *m*, Silierhilfsmittel *n* ‖ **~ cutter-filler** (Agric) / Silohäcksler *m* ‖ **~ effluent** (Agric, San Eng) / Silosickersaft *m*, Sickersaft *m* ‖ **~ plant** (Agric) / Silofutterpflanze *f* ‖ **~ unloading cutter** (Agric) / Silofräse *f* (zum vollmechanischen Entnehmen von Gärfutter aus dem Hochsilo), Siloentnahmefräse *f*
**silaging** *n* (Agric) / Einsäuern *n* (von Futtermitteln), Einsilierung *f*, Silieren *n* (milchsaure Gärung), Silierung *f* (Einlagerung von Futter in Silos), Silage *f*, Ensilage *f* (Gärfutterbereitung), Silierungsverfahren *n*, Gärfutterbereitung *f*
**silane**\* *n* (Chem) / Silan *n*, Siliciumwasserstoff *m*, Siliziumwasserstoff *m* ($Si_n H_{2n+2}$) ‖ **~ epitaxy** (Electronics) / Silanepitaxie *f* (Verfahren zur Herstellung von epitaktischen und heteroepitaktischen Schichten aus der Gasphase)
**silanize** *v* (Chem) / silanisieren *v*
**silanol** *n* (Chem) / Silanol *n* (Siliziumverbindung mit Hydroxylgruppen im Molekül)
**silastic** *n* / Siliconkautschuk *m*, Silikonkautschuk *m* (Silikonkautschukvulkanisat)
**silazane** *n* (Chem) / Silazan *n* (Silizium-Stickstoff-Verbindung mit alternierenden Si- und N-Atomen)
**silcrete** *n* (a silica-bonded conglomerate of sand and gravel) (Geol) / Silcrete *m* (ein Kieselgestein), Silkret *n* (eine Quarzitart) ‖ **~** (Geol) / Kieselkruste *f* ‖ **~** (Geol) / Kieselkonglomerat *n* (Horizont kieseligen Materials)
**silcrust** *n* (Geol) / Kieselkruste *f*
**silence** *n* (Telecomm) / Pausenblock *m*
**silencer**\* *n* (Acous, Autos, I C Engs) / Abgasschalldämpfer *m*, Schalldämpfer *m*, Auspufftopf *m*, Geräuschdämpfer *m*, Dämpfer *m* (Schalldämpfer) ‖ **~ condensate corrosion** (Autos) / Schalldämpferkorrosion *f* durch Kondensat ‖ **~ shaft** (Autos) / Ausgleichswelle *f* (gegenläufige) ‖ **~ shim** (against break squeal) (Autos) / Dämpfungsblech *n*
**silencing** *n* (Acous, Electronics) / Rauschunterdrückung *f*, Geräuschunterdrückung *f* ‖ **~** *adj* (Acous, Elec Eng, Eng) / geräuschdämpfend *adj*, schalldämpfend *adj*
**silent** *adj* (Acous) / ruhig *adj*, still *adj* ‖ **~** (Acous, Eng) / geräuscharm *adj* (beim Betrieb) ‖ **~ arc** (Elec Eng) / ruhig brennender Lichtbogen
**Silentbloc** *n* (rubber-metal element) / Silentblock *m*, Silentbloc *m* (Gummi-Metall-Element zur Schwingungsdämpfung)
**silent camera** (Cinema) / Stummfilmkamera *f*, Stumkamera *f*, stumme Kamera ‖ **~ chain** (Eng) / Zahnkette *f* (deren Laschen zahnförmig ausgebildet sind) ‖ **~ film** (Cinema) / Stummfilm *m*
**silent-film projector** (Cinema) / Stummfilmprojektor *m*, Stummprojektor *m* (Filmprojektor nur mit Bildwiedergabe)
**silent gene** (Gen) / stummes Gen ‖ **~ movie** (Cinema) / Stummfilm *m*
**silent-movie projector** (Cinema) / Stummfilmprojektor *m*, Stummprojektor *m* (Filmprojektor nur mit Bildwiedergabe)
**silent mutation** (Gen) / stille Mutation (die ohne sichtbare Auswirkung auf den Phänotyp des Organismus bleibt) ‖ **~ period**\* (Radio) / Funkstille *f*, Sendepause *f* ‖ **~ period** (Teleph) / Zeichensperre *f* ‖ **~ version** (Cinema, TV) / Stummfilmfassung *f* ‖ **~ zone** (Nav, Telecomm) / empfangstote Zone, tote Zone
**silesia** *n* (Textiles) / schlesisches Gewebe, schlesisches Leinen
**Silesian linen** (Textiles) / schlesisches Gewebe, schlesisches Leinen

**silex** *n* (Geol) / Silex *m* (Gesteinsmaterial, das glasartig splittert) ‖ ~* (Min Proc) / Silex *m* (belgischer Quarzit, der als bestes Mühlenfutter gilt)
**silhouette** *n* (Optics) / Schattenbild *n* (auf einem Schirm hinter dem durchlässigen Körper) ‖ ~ *attr* (Print) / frei stehend *adj* (Reproduktion - ohne Hinter- oder Vordergrund)
**silica*** *n* (Ceramics) / Silikamasse *f*, Silikatmaterial *n* ‖ ~* (Chem) / Siliziumdioxid *n*, Silizium(IV)-oxid *n*, Siliciumdioxid *n*, Silicium(IV)-oxid *n* ‖ ~ (Min) / Kieselerde *f* (z.B. Neuburger) ‖ ~ **brick** (a refractory brick) (Ceramics, Met) / Silikastein *m* (auf der Basis von Quarzgestein hergestellter feuerfester Stein mit einem Mindestgehalt von 93 Masse-% $SiO_2$), Silicastein *m* ‖ ~ **cement** (a refractory mortar) (Build, Met) / Silikamörtel *m* ‖ ~ **dust** / silikogener Staub (ein gefährlicher Arbeitsstoff) ‖ ~ **fibre** / AS-Faser *f*, Quarzfaser *f*, Quarzglasfaser *f* ‖ ~ **fireclay** (Build, Met) / Silikamörtel *m* ‖ ~ **flour** / Quarzmehl *n* ‖ ~ **gel*** (Chem) / Kieselsäuregel *n*, Silikagel *n*, Kieselgel *n*, Silicagel *n*
**silica-gel column** (Chem) / Kieselsäule *f*
**silica gel G** (Chem) / Kieselgel *n* G (mit Gips als Bindemittel)
**silica-gel sheet** / Kieselgel-Dünnschichtfolie *f*
**silica glass*** (Glass, Optics) / Kieselglas *n* (mit nahezu 100% $SiO_2$), Quarzglas *n* ‖ ~ **modulus** (in hydraulic cement) (Build, Chem, Civ Eng) / Silikatmodul *m* (in der Zementchemie) ‖ ~ **removal** (Chem) / Entkieselung *f*, Entsilizierung *f* ‖ ~ **sand** (Geol) / Quarzsand *m* ‖ ~ **sol** (Chem) / Kieselsol *n* (15 oder 30%ige kolloidale wässrige Lösung von amorphem Siliciumdioxid), Kieselsäuresol *n*, Silicasol *n*
**silicate*** *n* (Chem) / Silikat *n* (Salz und Ester der Monokieselsäure und ihrer Kondensationsprodukte), Silicat *n* ‖ ~ **artist paint** (Paint) / Silikat-Künstlerfarbe *f*, Silicat-Künstlerfarbe *f* ‖ ~ **bond** / Silikatbindung *f*, Silicatbindung *f* (Wasserglas + Metalloxide) ‖ ~ **concrete** (Build, Civ Eng) / Silikatbeton *m* (ein Verbundwerkstoff), Silicatbeton *m* ‖ ~ **cotton** / Hüttenwolle *f*, Schlackenwolle *f* ‖ ~ **cotton** (Build, Min) / Gesteinswolle *f*, Steinwolle *f*, Mineralwolle *f*, Rockwool *f* (Gesteinsfasern zur Schall- und Wärmedämmung) ‖ ~ **fibre** / Silikatfaser *f*, Silicatfaser *f* ‖ ~ **glass** (Glass) / Silikatglas *n* (mit Kieselsäure als Hauptglasbildner), Silicatglas *n* ‖ ~ **materials technology** / Silikattechnik *f*, Silicattechnik *f* ‖ ~ **mineral** (Min) / Silikat *n* (natürliches), Silicat *n* ‖ ~ **paint** (Paint) / Wasserglasfarbe *f*, Silikatfarbe *f* (DIN 18363), Silicatfarbe *f*, Mineralfarbe *f* (mit wässriger Kaliwasserglaslösung als Bindemittel) ‖ ~ **rock** (Geol) / Silikatgestein *n* ‖ ~**-sized** *adj* (Paper) / mit Natronwasserglas geleimt ‖ ~ **technology** / Silikattechnik *f*, Silicattechnik *f* (Wissenschaft von der Herstellung technischer Silicate - Zement, Keramik, Glas, Email) ‖ ~ **water paint** (Paint) / Wasserglasfarbe *f*, Silicatfarbe *f* (DIN 18363), Silikatfarbe *f*, Mineralfarbe *f* (mit wässriger Kaliwasserglaslösung als Bindemittel)
**silicatization** *n* (Mining) / Silikatisierung *f*
**silica ware** (Chem) / Kieselglas-Laborgeräte *n pl* und -Apparatur ‖ ~ **xerogel** (Chem) / Kiesel-Xerogel *n*
**siliceous** *adj* / kieselig *adj*, kieselhaltig *adj* ‖ ~ (Chem) / silicatisch *adj*, silikatisch *adj* ‖ ~ (Chem) / kieselsäurehaltig *adj* ‖ ~ (Chem) / siliziumdioxidhaltig *adj*, siliciumdioxidhaltig *adj* ‖ ~ **brick** (Ceramics, Met) / feuerfester Stein (auf der Basis von Quarzgestein hergestellt, mit einem Gehalt von 85-92 Masse-% $SiO_2$) ‖ ~ **deposit*** (Geol) / Kieselsediment *n* ‖ ~ **oölite** (Geol) / Kieseloolith *m* ‖ ~ **rock** (Geol) / Kieselgestein *n*, Kieselsäuregestein *n* (z.B. Chert, Hornstein, Kieselschiefer, Radiolarit, Feuerstein usw.) ‖ ~ **sandstone** (Geol) / kieseliger Sandstein ‖ ~ **shale** (with radiolarians) (Geol) / Kieselschiefer *m* ‖ ~ **sinter*** (Geol) / Kieselsinter *m*, Geyserit *m*, Opalsinter *m* (Absatz von Geysiren)
**silicic** *adj* (rich in silica) (Geol) / $SiO_2$-reich *adj*, kieselsäurereich *adj* ‖ ~ **acid*** (Chem) / Kieselsäure *f* ‖ ~ **acid ester** (Chem) / Kieselsäureester *m* (auch synthetisches Schmiermittel) ‖ ~ **acid ester** (Chem) / Ethylsilicat *n*, Ethylsilikat *n* (ein Kieselsäureester)
**silicide*** *n* (Chem) / Silizid *n* (binäre Verbindung von Silizium und Metall), Silicid *n*
**silicification*** *n* (Geol) / Verkieselung *f*, Silifizierung *f*, Silifikation *f*
**silicified wood** (For) / verkieseltes Holz, Kieselholz *n*
**silicify** *v* (Geol) / verkieseln *v*, silifizieren *v*
**silicious** *adj* / kieselig *adj*, kieselhaltig *adj* ‖ ~ (Chem) / siliziumdioxidhaltig *adj*, siliciumdioxidhaltig *adj*
**silicochloroform** *n* (Chem) / Trichlorsilan *n*, Silicochloroform *n*, Silikochloroform *n*, Siliciumchloroform *n*, Siliziumchloroform *n* ($HSiCl_3$)
**silicofluoric acid** (Chem) / Hexafluorokieselsäure *f*, Fluorokieselsäure *f*, Kieselfluorwasserstoffsäure *f*
**silicoformic acid** (Chem) / Silikoameisensäure *f*, Silicoameisensäure *f*
**silico-manganese steel** (Met) / Mangansiliziumstahl *m*
**silicon*** *n* (Chem) / Silicium *n*, Si (Silicium), Silizium *n* ‖ ~ **alloy** (Met) / Siliziumlegierung *f*, Siliciumlegierung *f*
**siliconate** *n* (Build, Chem) / Siliconat *n*, Silikonat *n*

**silicon bronze*** (Met) / Siliziumbronze *f* (Cu-Si-Legierung mit 1,5 bis 3% Si), Siliciumbronze *f* ‖ ~ **burning** (Astron, Nuc Eng) / Siliziumbrennen *n*, Siliciumbrennen *n* ‖ ~ **carbide*** (Chem) / Siliziumkarbid *n* (SiC), Siliciumcarbid *n* ‖ ~ **carbide*** (Chem) s. also Carborundum ‖ ~ **cell** (Elec Eng, Space) / Siliziumzelle *f*, Siliciumzelle *f* ‖ ~ **chip** (Electronics) / Siliziumchip *m*, Siliziumscheibe *f*, Siliciumscheibe *f*, Siliciumchip *m* ‖ ~**-containing lubricant additive** / Schmierölzusatz *m* auf Siliziumbasis ‖ ~**-controlled rectifier*** (Electronics) / siliziumgesteuerter Gleichrichter, siliciumgesteuerter Gleichrichter ‖ ~ **copper*** (Met) / Siliziumbronze *f* (Cu-Si-Vorlegierung mit etwa 20 - 30% Si), Siliciumbronze *f* (mit etwa 20 - 30% Si) ‖ ~ **device** (Electronics) / Siliziumbauelement *n*, Siliciumbauelement *n* ‖ ~ **diode** (a crystalline diode) (Electronics) / Siliziumdiode *f* (die Silizium als Substratmaterial verwendet), Siliciumdiode *f* ‖ ~ **dioxide*** (Chem) / Siliziumdioxid *n*, Silizium(IV)-oxid *n*, Siliciumdioxid *n*, Silicium(IV)-oxid *n* ‖ ~ **disulphide** (Chem) / Silizium(IV)-sulfid *n*, Siliziumdisulfid *n*, Silicium(IV)-sulfid *n*, Siliciumdisulfid *n* ‖ ~ **dosemeter** (Radiol) / Siliziumdosimeter *n*, Siliciumdosimeter *n*
**silicone*** (Chem) / Silicon *n*, Silikon *n* (DIN 7728), SI (DIN 7728), Organosiloxan *n*, Polyorganosiloxan *n*, Persiloxan *n* (eine makromolekulare, siliziumorganische Verbindung) ‖ ~ **additive** (Chem) / Silikonadditiv *n*, Siliconadditiv *n* ‖ ~ **chemistry** (Chem) / Siliconchemie *f*, Silikonchemie *f* ‖ ~ **coating** / Silikonbeschichtung *f* ‖ ~ **cork** / Silikonkork *m* ‖ ~ **elastomer** (Chem) / Siliconelastomer *n*, elastomeres Silikon, Silikonelastomer *n* ‖ ~ **emulsion** (Chem, Print) / Silikonemulsion *f*, Siliconemulsion *f* ‖ ~ **finish** (Textiles) / Siliconimprägniermittel *n* ‖ ~ **fluid** / Silikonöl *n*, Silikonflüssigkeit *f* ‖ ~ **grease** / Silikonfett *n* (z.B. für Kugellager) ‖ ~ **oil** / Silikonöl *n*, Silikonflüssigkeit *f* ‖ ~ **putty** (Build) / Silikonkitt *n* ‖ ~ **resin*** (build, Build, Chem) / Siliconharz *n*, Silikonharz *n* (ein Einbrennharz) ‖ ~ **rubber*** (Chem) / Siliconkautschuk *m*, Silikonkautschuk *m* (Silikonkautschukvulkanisat)
**silicon ester** (Chem) / Ethylsilicat *n*, Ethylsilikat *n* (ein Kieselsäureester) ‖ ~ **ester** (Chem) / Kieselsäureester *m* (auch synthetisches Schmiermittel)
**silicone varnish** (Paint) / Silikonharz-Einbrennlack *m* (Lösung von Silikonharzen in Toluol, Xylol und anderen Lösungsmitteln) ‖ ~ **wire** / Silikondraht *m*
**silicon foundry** (Electronics) / Siliziumgießerei *f* ‖ ~ **foundry** (Electronics) / Anlage *f* zur Herstellung von VLSI-Chips
**silicon-gate technology** (Electronics) / Silicium-Gate-Technik *f* (eine Integrationstechnik) ‖ ~ **technology** (Electronics) s. also self-adjusting gate process
**silicon hydride*** (Chem) / Silan *n*, Siliciumwasserstoff *m*, Siliziumwasserstoff *m* ($Si_n H_{2n+2}$) ‖ ~ **intensifier target** (Electronics) / Si-Multidiodentarget *n* als Verstärker ‖ ~ **intensifying target** (Electronics) / Si-Multidiodentarget *n* als Verstärker ‖ ~ **iron*** (very low carbon containing 4% silicon with a low magnetic hysteresis, making it suitable for transformer cores etc.) (Elec Eng, Met) / Siliziumeisen *n*, Siliciumeisen *n*
**siliconise** *v* (Chem) / silikonisieren *v*, mit Silikonen behandeln ‖ ~ (Met) / silizieren *v* (thermochemisch behandeln), insilizieren *v* (mit Silizium zementieren), silicieren *v* (DIN 50902) ‖ ~ (Met) / aufsilizieren *v* (flüssiges Eisen)
**siliconize** *v* (Chem) / silikonisieren *v*, mit Silikonen behandeln ‖ ~ (Met) / silizieren *v* (thermochemisch behandeln), insilizieren *v* (mit Silizium zementieren), silicieren *v* (DIN 50902) ‖ ~ (Met) / aufsilizieren *v* (flüssiges Eisen)
**silicon lattice*** (Chem, Crystal) / Siliciumgitter *n*, Siliziumgitter *n* ‖ ~ **monoxide** (Chem) / Siliziummonoxid *n*, Silizium(II)-oxid *n*, Siliciummonoxid *n*, Silicium(II)-oxid *n* ‖ ~ **nitride** (Ceramics, Chem) / Siliziumnitrid *n* ($Si_3N_4$), Siliciumnitrid *n*
**silicon-on-diamond technology** (Electronics) / SOD-Technik *f* (in der Diamant als Substrat für das Aufwachsen epitaktischer Siliziumschichten benutzt wird)
**silicon-on-insulator technology** (Electronics) / SOI-Technik *f* (einkristallines Silizium auf einem Isolator)
**silicon on sapphire** (Electronics) / monolithisch integrierte Siliziumschaltung, die auf ein Substrat aus Saphir aufgetragen ist
**silicon-on-sapphire technology** (Electronics) / SOS-Technik *f* (heute kaum benutzt), SOS-Technologie *f*
**silicon·(IV) oxide*** (Chem) / Siliziumdioxid *n*, Silizium(IV)-oxid *n*, Siliciumdioxid *n*, Silicium(IV)-oxid *n* ‖ ~ **planar technology** (Electronics) / Silizium-Planartechnologie *f* (vorherrschendes Verfahren zur Herstellung der integrierten Halbleiterschaltungen) ‖ ~ **rectifier*** (Electronics) / Siliziumgleichrichter *m*, Si-Gleichrichter *m* ‖ ~ **resistor*** (Elec Eng) / Siliziumwiderstand *m* ‖ ~ **sensor** (Electronics) / Siliziumsensor *m* (Halbleitersensor auf der Basis von mikrokristallinem Silizium), Siliciumsensor *m* ‖ ~ **steel** (Met) / Siliziumstahl *m*, Siliciumstahl *m* ‖ ~**(IV) sulphide** (Chem) / Silizium(IV)-sulfid *n*, Siliziumdisulfid *n*, Silicium(IV)-sulfid *n*,

**silicon**

Siliciumdisulfid n ‖ **~ tetrachloride*** (Chem) / Tetrachlorsilan n, Siliciumtetrachlorid n, Siliziumtetrachlorid n, Silizium(IV)-chlorid n ‖ **~ tetrafluoride*** (Chem) / Siliziumtetrafluorid n, Siliciumtetrafluorid n, Silizium(IV)-fluorid n, Silicium(IV)-fluorid n, Tetrafluorsilan n
**silicosis*** n (pl. silicoses) (Med) / Kiesellunge f, Silikose f (eine Staublungenerkrankung, Quarzstaublunge f (durch quarzhaltigen Gesteinsstaub verursacht), Silicose f
**silicospiegel** n (Met) / Silicospiegel m (eine Mangan-Silicium-Legierung)
**silicosurfactant** n (Chem) / Siliciumtensid n, Siliziumtensid n
**silicothermic** adj (Met) / silikothermisch adj ‖ **~ process** (Met) / silikothermisches Verfahren, Silicothermie f, Silikothermie f (ein metallothermischer Prozess mit Si, FeSi oder CaSi als Reduktionsmittel)
**silicotuberculosis** n (pl. -loses) (Med) / Quarzstaublungenerkrankung f in Verbindung mit aktiver Lungentuberkulose, Silikotuberkulose f (durch anorganischen Staub verursacht)
**siligne** n (Bot) / Schote f (trockene Öffnungsfrucht)
**siliqua*** n (Bot) / Schote f (trockene Öffnungsfrucht)
**silistor** n (Electronics) / Silistor m (ein Siliziumhalbleiterwiderstand mit hohem positivem Temperaturkoeffizienten)
**silit** n (Elec Eng) / Silit n (Siliziumkarbid-Schleif- und Widerstandsmaterial) ‖ **~ resistor** (Elec Eng) / Silitwiderstand m
**silk** v (Agric) / blühen v (Mais) ‖ **~** n (Agric) / Seide f (Narbenfäden des Maises), Narbenfäden m (des Maises) ‖ **~*** (Min) / Seidenglanz m ‖ **~** (Textiles) / Silk m (glänzender Kleiderstoff) ‖ **~** (Textiles) / Seidengewebe n, Seidenstoff n ‖ **~*** (Textiles) / Seide f (im Allgemeinen - DIN 60 001-4) ‖ **~** (produced by silkworms) (Textiles) / Maulbeerseide f (eine Raupenseide)
**silk-and-cotton covered cable** (Cables) / Baumwollseidenkabel n, BS-Kabel n
**silk cotton** (Bot, Textiles) / Pflanzenseide f (Pflanzendaunen) ‖ **~ cotton** (Textiles) / Kapokfaser f (DIN 66 001-1), Kapok m (Kapselwolle des Kapokbaumes), Ceibawolle f, vegetabilsche Wolle
**silk-cotton tree** (a tree which produces silk cotton ) (For) / Kapokbaum m
**silk damast** (Textiles) / Seidendamast m ‖ **~ dispersion** (Paint) / Seidenglanzdispersion f
**silken** adj / Seiden-, seiden adj
**silk fabric** (Textiles) / Seidengewebe n, Seidenstoff m ‖ **~ gloria** (Textiles) / Glorietteseide f, Gloria f m, Gloriaseide f (dichtes leichtes Gewebe, hauptsächlich für Schirme verwendet) ‖ **~ glue** (Biochem, Textiles) / Serizin n, Seidenleim m, Seidenbast m, Sericin n ‖ **~ grass** / Silkgras n (technische Fasern aus den Ananasgewächsen) ‖ **~ green** / Seidengrün n (im Allgemeinen) ‖ **~ gum** (Biochem, Textiles) / Serizin n, Seidenleim m, Seidenbast m, Sericin n
**silkiness** n / seidenartige Weichheit, Seidigkeit f
**silking** n / [feine] Runzelbildung f, [feine] Rillenbildung f
**silk moth** (Textiles, Zool) / Maulbeerseidenspinner m (Bombyx mori) ‖ **~ noil** (Textiles) / Seidenwerg n ‖ **~ optics** (Textiles) / Seidenoptik f (bei Anzugsstoffen) ‖ **~ reel** (Textiles) / Kokonhaspel f, Seidenhaspel f ‖ **~ screen** (Print) / Siebdruck m (im Allgemeinen - bei dem die Druckfarbe durch ein feinmaschiges Sieb aus Textil- oder Kunststofffasern oder ein Drahtgeflecht gedrückt wird), Silkscreen n ‖ **~ screening** (Print) / Seidensiebdruck m (mit Seidensieb)
**silk-screen printing** (Print) / Seidensiebdruck m (mit Seidensieb)
**silk scrim** (Cinema, TV) / Streulichtschirm m (Seidenblende), Seidenblende f, Tüllschirm m ‖ **~ sheen** (Leather) / Seidenglanz m (des Schreibvelours)
**silk-sheen suede** (Leather) / Seidenglanzleder n, Schreibvelours n
**silk-throwing machine** (Textiles) / Seidenzwirnmaschine f
**silk velvet** (Textiles) / Seidensamt m ‖ **~ warp** (Weaving) / Seidenkettfaden m
**silk-weaving loom** (Weaving) / Seidenwebmaschine f, Seidenwebstuhl m ‖ **~ machine** (Weaving) / Seidenwebmaschine f, Seidenwebstuhl m
**silk weighting** (Textiles) / Seidenerschwerung f (der entbasteten Rohseide), Seidenbeschwerung f
**silkworm** n (Textiles, Zool) / Seidenraupe f, Seidenwurm m
**silk wrapper** (Paper) / Seideneinschlagpapier n
**silky** adj / seidenartig adj, seidenähnlich adj, seidig adj ‖ **~** / seidenweich adj ‖ **~** / mit Seidenglanz, seidenglänzend adj ‖ **~** s. also silken
**silk yarn** (Spinning) / Seidengarn n (DIN 60550 und 60600)
**silky fracture** (Met) / seidenartiger Bruch ‖ **~ handle** (Textiles) / Seidengriff m (knirschender Griff) ‖ **~ look** (Textiles) / Silky-Look m (seidenähnlich glänzende Ausrüstungsart bei Feingeweben für Hemdenstoffe) ‖ **~ lustre** (Min) / Seidenglanz m ‖ **~ oak** (For) / Australische Silbereiche, Silky Oak, Seideneiche f (Grevillea robusta A. Cunn. ex R. Br.)
**sill** n (Autos) / Schweller m, Türschweller m ‖ **~** (Autos) / Ladekante f (unter der Heckklappe des Kombiwagens) ‖ **~*** (Build) / Wasserschenkel m (das über den Blendrahmen vorspringende untere Fensterrahmenholz), Wetterschenkel m, der untere Fensterrahmenschenkel ‖ **~*** (Build, Join) / Schwellbrett n (unteres Fensterbrett an der Außenseite von Fachwerkbauten zur Wasserableitung) ‖ **~*** (a lower horizontal member of a window) (Build, Join) / Fenstersohlbank f, Fensterbank f, Sohlbank f (unterer waagerechter Abschluss der Fensteröffnung) ‖ **~*** (Build, Join) / Schwelle f (bei der Tür), Bodenschwelle f ‖ **~*** (a tabular sheet of igneous rock intruded between and parallel with the existing strata) (Geol) / Lagergang m (schichtparalleler Gang), Sill m (waagerechte Einlagerung eines Ergussgesteins in bereits vorhandene Schichtgesteine) ‖ **~*** (Geol) / konkordanter Intrusivlagergang (ein Plutonit) ‖ **~*** (of a dam spillway) (Hyd Eng) / Schwelle f (Überfallschwelle bei Streichwehren) ‖ **~** (Hyd Eng) / Drempel m (Schwelle im Torboden einer Schleuse, gegen die sich das geschlossene Schleusentor stützt) ‖ **~*** (Hyd Eng) / Krone f (des Stauwerkes) ‖ **~** (Mining) / Sohle f (der Teil des Grubenraumes, auf dem der Bergmann im Abraum steht oder in der Strecke fährt) ‖ **~ drip** (Build) / Wasserschenkel m (das über den Blendrahmen vorspringende untere Fensterrahmenholz), Wetterschenkel m, der untere Fensterrahmenschenkel
**sillénite*** n (Min) / Sillenit m ($Bi_2O_3$)
**sillimanite*** n (Min) / Sillimanit m (ein modifiziertes Nesosilikat) ‖ **~ refractory** (in which sillimanite is the predominant ingredient) (Ceramics) / Sillimaniterzeugnis n
**sill moulding** (Autos) / Schwellerleiste f ‖ **~ panel** (Autos) / Schwellerblech n
**silly putty** (Build, Paint) / Silly-Putty m (ein mit Füllstoffen versehenes Siliconelastomer)
**silo** v (Agric) / im Silo aufbewahren ‖ **~** n (pl. silos) (Agric) / Gärfuttersilo m n (DIN 11 622), Gärfutterbehälter m, Silo m n, Siloturm m ‖ **~** (pl. silos) (Civ Eng) / Vorratsbunker m, Bunker m (Vorratsraum), Silo m n ‖ **~*** (pl. silos) (Mil, Space) / Startsilo m n (unterirdische Startanlage für Raketen), Startschacht m (verbunkerte Startanlage für interkontinentale Fernwaffen)
**silo bottom unloader** (Agric) / Silofräse f (zum vollmechanischen Entnehmen von Gärfutter aus dem Hochsilo), Siloentnahmefräse f ‖ **~** (pneumatic) **filler** (Agric) / Fördergebläse n (zur Einbringung in Hochsilos) ‖ **~ filler** (Agric) / Silohäcksler m ‖ **~ floor** (Agric) / Silosohle f ‖ **~ gas** (Agric) / Silogas n ‖ **~ launcher** (Mil) / Silo-Startgerät n ‖ **~ seepage** (Agric, San Eng) / Silosickersaft m, Sickersaft m ‖ **~ seepage** (Agric, San Eng) / Sickersaftverlust m ‖ **~ unloader** (Agric) / Silofräse f (zum vollmechanischen Entnehmen von Gärfutter aus dem Hochsilo), Siloentnahmefräse f ‖ **~ unloading** (Agric) / Siloentnahme f, Silageaustragung f
**siloxane** n (Chem) / Siloxan n
**siloxen** n (Chem) / Siloxen n
**siloxy...** (Chem) / Siloxy- (die Atomgruppierung -$OSiH_3$), Silyloxy-
**Silsbee effect** (Phys) / Silsbee-Effekt m (bei Supraleitern 1. Art) ‖ **~ rule*** (Phys) / Silsbee'sche Regel (kritischer Strom eines Supraleiters)
**silt** v (fill or block with silt) (Hyd Eng) / verschlammen v (z.B. Flussbett), verlanden v ‖ **~*** n (Geol) / Schluff m (DIN 4188), Silt m (Schluff + Staubsand)
**siltation** n (Hyd Eng) / Verschlickung f, Verlandung f, Verschlammung f (des Flussbettes), Aufschlickung f, Auflandung f (der Flusssohle)
**silt basin** (Hyd Eng, San Eng) / Schluffabsetzbecken n, Schlickabsetzbecken n ‖ **~ box*** (San Eng) / Sandfang m (zur Entfernung schwerer, leicht sedimentierbarer Bestandteile aus dem Abwasser), Sandfänger m ‖ **~ dredger** (Civ Eng) / Schlickbagger m ‖ **~ ejector** (Civ Eng) / Schlammpumpe f (Schluffpumpe), Schluffpumpe f ‖ **~ factor** (Hyd Eng) / Geschiebefaktor m
**silt-fill** n (Hyd Eng) / Verschlickung f, Verlandung f, Verschlammung f (des Flussbettes), Aufschlickung f, Auflandung f (der Flusssohle)
**silt grade** (Geol) / Schluffkorngröße f
**silting** n (the deposition of silt in a reservoir, river, sea bed, lake, or overflow area) (Hyd Eng) / Verschlickung f, Verlandung f, Verschlammung f (des Flussbettes), Aufschlickung f, Auflandung f (der Flusssohle) ‖ **~** (Hyd Eng) / Versandung f
**silting-up** n (Hyd Eng) / Verschlickung f, Verlandung f, Verschlammung f (des Flussbettes), Aufschlickung f, Auflandung f (der Flusssohle)
**siltite** n (Geol) / Siltstein m (diagenetisch verfestigter Silt)
**silt pump** (Civ Eng) / Schlammpumpe f (Schluffpumpe), Schluffpumpe f ‖ **~ sampler** (Hyd Eng) / Schlammentnahmegerät n
**siltstone** n (Geol) / Siltstein m (diagenetisch verfestigter Silt)
**silt up** v (Hyd Eng) / verschlammen v (z.B. Flussbett), verlanden v
**silty** adj (Geol) / schluffig adj, schluffhaltig adj, schluffartig adj
**Silumin** n (Met) / Silumin n, Alpax n (Al-Si-Legierung mit etwa 13% Si)
**silver** v / versilbern v ‖ **~*** n (Chem) / Silber n, Ag (Silber) ‖ **~ acetate** (Chem) / Silberazetat n, Silberacetat n ‖ **~ acetylide** (Chem) / Silberazetylenid n, Silberacetylid n, Silberacetylenid n,

Silberacetylid n ‖ ~-**activated phosphate glass** (Glass) / Ag-aktiviertes Phosphatglas, silberaktiviertes Phosphatglas, Yokota-Glas n ‖ ~ **alloy** (Met) / Silberlegierung f ‖ ~ **amalgam**\* (Met) / Silberamalgam n ‖ ~ **amalgam**\* (Min) / Arquerit m (bis 13% Hg) ‖ ~ **azide** (Chem) / Silberazid n (ein Initialsprengstoff), Knallsilber n (AgN₃) ‖ ~ **bath** (Surf) / Silberelektrolyt m ‖ ~ **birch** (For) / Hängebirke f (Betula pendula Roth), Warzenbirke f ‖ ~ **birch** (US) (For) / Papierbirke f (Betula papyrifera Marshall) ‖ ~ **brocade** (Textiles) / Silberbrokat m ‖ ~ **bromate** (Chem) / Silberbromat n (V) (AgBrO₃) ‖ ~ **(I) bromide**\* (Chem, Photog) / Silberbromid n (AgBr), Bromsilber n ‖ ~ **-bromide print** (Photog) / Bromsilberdruck m ‖ ~ **bronze** (Met) / Silberbronze f (Kupferlegierung mit 2-6% Ag und bis zu 1,5% Cd)

**silver-cadmium battery** (silver oxides = cathode, cadmium = anode, 30-40% potassium hydroxide = electrolyte) (Elec Eng) / Silber-Kadmium-Akkumulator m (DIN 40729)

**silver•-cadmium storage battery** . (Elec Eng) / Silber-Kadmium-Akkumulator m (DIN 40729) ‖ ~ **carbonate** (Chem) / Silberkarbonat n, Silbercarbonat n (Ag₂CO₃) ‖ ~ **(I) chloride**\* (Chem, Photog) / Silberchlorid n ‖ ~ **chromate** (Chem) / Silberchromat n (Ag₂CrO₄)

**silver-clad** adj / silberplattiert adj

**silver cleansing material** / Silberputzmittel n ‖ ~ **coating** / Silberbelag m, Silberschicht f ‖ ~ **coating** (Surf) / Silberüberzug m, Silberschicht f, Silberschutzschicht f ‖ ~ **contact** (Elec Eng) / Silberkontakt m ‖ ~ **content** (Met) / Silbergehalt m ‖ ~ **cord** (Textiles) / besonders feinrippiger Baumwollsamt ‖ ~ **cord** (Textiles) / Silverkord m, Silvercord m (ein feinrippiger Kordsamt) ‖ ~ **cyanide** (Chem) / Silbercyanid n, Silberzyanid n (AgCN) ‖ ~ **deposit** / Silberbelag m, Silberschicht f ‖ ~ **deposit** (Surf) / Silberüberzug m, Silberschicht f, Silberschutzschicht f ‖ ~ **diethyldithiocarbamate** (Chem) / Silberdiethyldithiocarbamat n, Silberdiethyldithiokarbamat n (ein empfindliches Reagens zur Bestimmung von As- und Sb-Spuren) ‖ ~ **difluoride** (Chem) / Silber(II)-fluorid n, Silberdifluorid n (AgF₂) ‖ ~ **dipping** (Surf) / Sudversilberung f (stromlose Abscheidung) ‖ ~ **dye bleach process** (Photog) / Silberfarbbleichverfahren n (ein farbfotografisches Mehrschichtenverfahren)

**silvered** adj / silberbeschichtet adj, mit Silberauflage

**silvered-mica capacitor** (Elec Eng) / Kondensator m aus versilberten Glimmerblättchen

**silver electrode** / Silberelektrode f ‖ ~ **figure** (For) / Spiegeltextur f (z.B. bei der Platane) ‖ ~ **filings** / Silberfeilspäne m pl ‖ ~ **fir** (For) / Weißtanne f (Abies alba Mill.)

**silverfish** n (Agric, Chem, Paper, Zool) / Silberfischchen n, Zuckergast m, Tapetenfischchen n (Lepisma saccharina L.)

**silver(I) fluoride**\* (Chem) / Silberfluorid n (AgF)

**silver(II) fluoride** (Chem) / Silber(II)-fluorid n, Silberdifluorid n (AgF₂)

**silver foil** / Silberfolie f ‖ ~**-foil reflector** (Cinema) / Silberschirm m (ein Aufhellschirm) ‖ ~ **fulminate** (Chem) / knallsaures Silber (AgONC), Silberfulminat n (Silbersalz der Knallsäure), Knallsilber n ‖ ~ **glance**\* (Min) / Silberglanz m ‖ ~ **gloves** / Silberhandschuhe m pl (mit Anlaufschutz) ‖ ~ **grain**\* (For) / Silberzeichnung f (Eiche, Buche) ‖ ~ **grain** (Photog) / Silberkorn n

**silver-grain cut** (For) / Viertelschnitt m, Vierteln n, Quartierschnitt m, Quarterschnitt m

**silver grey** (Paint) / Zinkgrau n (Malerfarbe), Diamantgrau n, Platingrau n, Silbergrau n ‖ ~ **halide** (Chem, Photog) / Silberhalogenid n (AgX)

**silver-halide grains** (Photog) / Silberhalogenidkörner n pl ‖ ~ **process** (Photog) / Silberhalogenidverfahren n, Halogensilberverfahren n, Silberhalogenidfotografie f

**silver• (I) halides**\* (Chem) / Silberhalogenide n pl (AgX) ‖ ~ **image** (Photog) / Silberbild n

**silvering**\* n (Glass) / Versilbern n, Versilberung f ‖ ~\* (Glass, Optics) / Verspiegelung f ‖ ~ (the use of oligodynamically active silver in water treatment) (Nut, San Eng) / Silberung f (Verfahren zur Wasser- und Abwasserentkeimung) ‖ ~ **quality** (Glass) / Spiegelqualität f (des Belegglases), Belegqualität f (des Glases)

**silvering-quality glass** (Glass) / Belegeglas n (zur Herstellung von Spiegeln)

**silver• (I) iodide**\* (Chem) / Silberiodid n (AgI) ‖ ~ **ion** (Chem, Paint) / Silberion n ‖ ~ **lead ore**\* (Min) / Galenit m mit mehr als 1% Ag ‖ ~ **lead solder** / Silberbleilot (mit etwa 97% Pb und 3% Ag) ‖ ~ **leaf**\* / Silberfolie f, Blattsilber n (reines geschlagenes Silber, gehandelt in Büchern ähnlich echtem Blattgold) ‖ ~ **leather** (Leather) / Silberleder n ‖ ~ **machine** / Bürofotokopiergerät n (in dem Papier mit einer im sichtbaren Strahlungsbereich lichtempfindlichen Schicht belichtet und mit Hilfe von Chemikalien entwickelt wird - DIN 9780) ‖ ~ **maple** (For) / Silberahorn m (Acer saccharinum L.) ‖ ~ **migration** (Elec Eng) / Silberwanderung f (Diffusion von Silberatomen an elektrischen Kontaktstellen unter dem Einfluss von Gleichspannung, Wärme und Feuchtigkeit) ‖ ~ **mirror** (Chem) / Silberspiegel m (bei der Arbeit mit dem Tollens-Reagens) ‖ ~ **molecular sieve** (Chem) / Silbermolekularsieb n ‖ ~ **(I) nitrate** (Chem) / Silbernitrat n

**silver-nitrate dust** (Chem, Mil) / Silbernitratstaub m

**silver nitrite** (Chem) / Silbernitrit n (AgNO₂) ‖ ~**(I) oxide** (Chem) / Silber(I)-oxid n (Ag₂O) ‖ ~ **(II) oxide**\* (Chem) / Silber(II)-oxid n

**silver-oxide battery** (Elec Eng) / Silberoxidbatterie f ‖ ~ **cell** (Elec Eng) / Silberoxidzelle f, Silberoxid-Zink-Zelle f

**silver paper** (Paper) / Silberpackpapier n (für Silberwaren), Silberschutzpapier n (für Silberwaren), Silberseidenpapier n ‖ ~ **paper** (Paper) / Silberpapier n (Stanniol oder Aluminiumfolie, oder auch das Papier, das mit diesen Metallfolien beschichtet ist) ‖ ~ **paper** (Paper) s. also tin foil ‖ ~ **permanganate** (Chem) / Silberpermanganat n, Silber(I)-manganat(VII) n ‖ ~ **plate** (Met) / Silberblech n

**silver-plate** v (Elec Eng, Met, Surf) / versilbern v (galvanisch)

**silver plating** (Met, Surf) / Versilbern n (elektrochemisches), galvanisches Versilbern, galvanische Versilberung f ‖ ~ **plating** (Surf) / Silberauflage f

**silver-plating bath** (Surf) / Silberelektrolyt m

**silver point** (Phys) / Silberpunkt m (Erstarrungspunkt von Silber = 1235,08 K) ‖ ~ **polish** / Silberputzmittel m (mit Thioharnstoff und abgelagertem Silbersulfid) ‖ ~ **potassium cyanide** (Chem) / Kaliumdicyanoargentat, Kaliumdizyanoargentat n, Kaliumsilbercyanid n, Kaliumsilberzyanid n, Silberkaliumcyanid n, Silberkaliumzyanid n ‖ ~ **protein** (Pharm) / Albumoseilber n, Proteinsilber n ‖ ~ **reclamation** (Photog) / Silberrückgewinnung f ‖ ~ **recovery** (Photog) / Silberrückgewinnung f ‖ ~ **refining** (Photog) / Silberscheidung f ‖ ~ **sand** (Build, Foundry) / feiner Quarzsand, Silbersand m ‖ ~ **sand** (Geol) / weißer Feinsand ‖ ~ **screen** (Cinema) / Silberschirm m (ein Aufhellschirm) ‖ ~ **skin** (Agric, Nut) / Silberhäutchen n (vitaminreiches Häutchen, das die Frucht von Reis umgibt) ‖ ~ **solder**\* (Met) / Silberlot n (zum Hartlöten) ‖ ~ **spruce** (For) / Stechfichte f (Picea pungens Engelm.), Blaufichte f (eine Kultursorte mit blaugrünen Nadeln) ‖ ~ **staining** / Silberfärbung f (Detektionsmethode für elektrophoretisch oder chromatografisch getrennte Proteine u. a. Makromoleküle, die mit den Silberionen komplexieren und als dunkle bis schwarze Banden zu erkennen sind) ‖ ~ **steel** (Eng, Met) / Präzisionsrundstahl m ‖ ~ **steel**\* (heat-treatable medium-carbon steel with a ground or bright surface) (Eng, Met) / Silberstahl m (blank gegossener Werkzeugstahl) ‖ ~ **storage battery** (Elec Eng) / Silber-Zink-Akkumulator m ‖ ~ **storm** (Meteor) / Eissturm m ‖ ~ **strike** (Surf) / Vorversilberungsschicht f (elektrochemisch hergestellt) ‖ ~ **striking** (Surf) / Vorversilbern n (elektrochemisches), Anschlagversilberung f ‖ ~ **sulphide** (Chem, Photog) / Silbersulfid n ‖ ~ **thaw** (a glassy coating of ice formed on the ground or an exposed surface by freezing rain or the refreezing of thawed ice) (Meteor) / Reif m (Adveksionsreif oder Strahlungsreif - DIN 4049-3), Anraum m ‖ ~ **thiosulphate** (Chem, Photog) / Silberthiosulfat n ‖ ~ **tissue** (Paper) / Silberpackpapier n (für Silberwaren), Silberschutzpapier n (für Silberwaren), Silberseidenpapier n

**silvertone effect** (Textiles) / silbriger Effekt (auf Gewebeoberflächen)

**silver voltameter**\* (Elec Eng) / Silbervoltameter n

**silverware paper** (Paper) / Silberpackpapier n (für Silberwaren), Silberschutzpapier n (für Silberwaren), Silberseidenpapier n

**silverweed** n (Agric, Bot) / Gänsefingerkraut n (Potentilla anserina L.)

**silver wire** / Silberdraht m ‖ ~ **wrapping paper** (Paper) / Silberpackpapier n (für Silberwaren), Silberschutzpapier n (für Silberwaren), Silberseidenpapier n

**silvery** adj / silbrig adj, silberglänzend adj

**silvichemical** n (Chem) / Silvichemikalie f (aus Holzbegleitstoffen gewonnene chemische Substanz)

**silvicide** n (For) / Entwaldungsmittel n

**silvicultural** adj (For) / waldbaulich adj ‖ ~ **biomass** (Biol, Ecol, For) / forstliche Biomasse

**silviculture**\* n (For) / Waldbau m (ohne Plural) ‖ ~\* (For) / Forstkultur f ‖ ~ **biomass** (Biol, Ecol, For) / forstliche Biomasse

**silybin** n (Pharm) / Silybin n (Silymarin 1), Silibinin n

**silyl** n (Chem) / Silyl n

**silylation** n (Chem) / Silylierung f ‖ ~ **agent** (Chem) / Silylierungsreagens n (z.B. Flophemesylamin, BDSA, IPOMTS usw.)

**silyl-ether linker** (Chem) / Silyl-Ether-Linker m

**SIM** (selected ion monitoring) (Chem) / Einzelionennachweis m, Einzelionendetektion f ‖ ~ (subscriber identity module) (Teleph) / SIM-Karte f (Teilnehmerkennungsmodul), Teilnehmerkennungsmodul n, Chipkarte f (SIM) ‖ ~ n (a smart card inside a mobile phone, carrying an identification number unique to the owner, storing personal data, and preventing operation when removed) (Teleph) / SIM-Karte f (für Handies)

**sima**

**sima** n (Arch) / Sima f (Traufleiste antiker Tempel)
**sima**\* n (basaltic layer, gabbroic layer) (Geol) / Sima n (Unterkruste der Erde), Simaschicht f
**sima** n (Arch) s. also cyma
**simarouba bark** (Pharm) / Simarubarinde f, Ruhrrinde f (aus der Quassia simarouba)
**simaruba bark** (Pharm) / Simarubarinde f, Ruhrrinde f (aus der Quassia simarouba)
**simazine** n (Agric, Ecol) / Simazin n (ein Triazinherbizid)
**SIM card** (Teleph) / SIM-Karte f (für Handies)
**SIMD computer** (single instruction stream, multiple data stream) (Comp) / SIMD-Rechner m (Parallelrechnertyp mit sequentieller Programmabarbeitung; Parallelität ist auf bestimmte Anweisungen beschränkt)
**simetite** n / Simetit m (rotbraunes, bernsteinartiges Harz aus Sizilien)
**similar** adj (Elec, Maths) / gleichnamig adj ‖ ~ (Maths, Phys, Stats) / ähnlich adj ‖ ~ (Welding) / artgleich adj ‖ ~ (Metall, Zusatzwerkstoff) ‖ ~ **flexure turnout** (Rail) / Innenbogenweiche f, IBW ‖ ~ **fractions** (Maths) / gleichnamige Brüche
**similarity** n (Elec, Maths) / Gleichnamigkeit f ‖ ~ (Maths, Phys) / Ähnlichkeit f, Analogon n ‖ ~ **law** / Ähnlichkeitsgesetz n (Modellgesetz) ‖ ~ **matrix** (Stats) / Ähnlichkeitsmatrix f ‖ ~ **measure** (Comp) / Ähnlichkeitsmaß n (wie z.B. ein Überlappungsmaß) ‖ ~ **mechanics** (Mech) / Ähnlichkeitsmechanik f (die die Aufgabe hat, Gesetze aufzustellen, nach denen am Modell gewonnene Versuchsergebnisse auf die wirkliche Ausführung übertragen werden können) ‖ ~ **of triangles** (Maths) / Ähnlichkeit von Dreiecken ‖ ~ **theory** (Phys) / Ähnlichkeitstheorie f (die, gestützt auf die Dimensionsanalyse, in der Lage ist, die Behandlung eines physikalischen Problems durch Bildung dimensionsloser Kennzahlen wesentlich zu vereinfachen) ‖ ~ **transformation** (Maths) / äquiforme Abbildung, ähnliche Abbildung, Ähnlichkeitstransformation f (eine winkeltreue affine Abbildung), Ähnlichkeitsabbildung f
**similar joint action** (Chem) / Ähnlichkeitsverbundwirkung f (in der Toxikologie) ‖ ~ **products** / ähnliche Produkte ‖ ~ **products** s. also kindred products ‖ ~ **terms** (Maths) / gleichnamige Glieder von Polynomen ‖ ~ **to conditions encountered in practice** / praxisnah adj
**simili mercerizing** (Textiles) / Simili-Merzerisation f, Similisieren n
**similitude** n (Maths, Phys) / Ähnlichkeit f, Analogon n
**SIMIT** (size-induced metal-insulation transition) (Electronics) / größeninduzierter Metall-Isolator-Übergang
**SIM lock** (Teleph) / SIM-Lock n (Sperre des Handys, die verhindert, dass das betreffende Mobiltelefon mit einer anderen SIM-Karte funktioniert als der eigenen)
**SIMM**\* (single in-line memory module) (Comp) / SIMM n (Single-in-Line-Speichermodul)
**simmer** v (Eng) / schlagen v (Ventilsitz) ‖ ~ (Nut) / köcheln v (auf schwachem Feuer leicht kochen) ‖ ~ vi / brodeln v
**Simmons-Smith reaction** (Chem) / Simmons-Smith-Reaktion f (eine stereospezifische Synthesereaktion)
**simonize** v (US) (Autos) / polieren v (ein Motorfahrzeug)
**simple** adj / einfach adj (Anwendung, Gleichung, n-Eck, Reaktion, Salz) ‖ ~ (Maths) / schlicht adj (Funktion) ‖ ~ **beam** (which has a roller support at one end and a pin support at the other) (Build, Mech) / Einfeldbalken m ‖ ~ **beam** (Build, Mech) s. also simple girder ‖ ~ **beam balance** / gleicharmige Balkenwaage ‖ ~ **Boolean** (Comp) / einfacher Boole'scher Ausdruck ‖ ~ **bridge** (Elec Eng) / Einfachbrücke f ‖ ~ **cleaning** (Textiles) / Einfachreinigung f ‖ ~ **closed curve** / doppelpunktfreie geschlossene Kurve, geschlossene Jordan-Kurve ‖ ~ **closed curve** (Maths) / einfache geschlossene Kurve ‖ ~ **cord** (Textiles) / Ziehschnur f ‖ ~ **cubic** (Crystal) / kubisch primitiv (Kristallsystem) ‖ ~ **distillation** (Chem Eng) / einfache Destillation, Geradeausdestillation f, Gleichstromdestillation f, absteigende Destillation ‖ ~ **dry-cleaning method** (Textiles) / Kleiderbad n (vereinfachtes Reinigungsverfahren) ‖ ~ **electrode** (Elec Eng) / Einfachelektrode f (an der nur eine Elektrodenreaktion abläuft - DIN 50900) ‖ ~ **elongation** (Maths) / Streckung f in einer Richtung ‖ ~ **equation** (Maths) / lineare Gleichung (in der alle Gleichungsvariablen in der ersten Potenz auftreten und nicht miteinander multipliziert werden), Gleichung f ersten Grades ‖ ~ **event** (Stats) / Elementarereignis n (Grundbegriff der Wahrscheinlichkeitstheorie) ‖ ~ **extension of a field** (Maths) / einfache Körpererweiterung ‖ ~ **fertilizer** (Agric) / Einzeldünger m, Einnährstoffdünger m ‖ ~ **fraction** (Maths) / Bruch m (gemeiner)
**simple-friction can** / Eindrückdeckeldose f
**simple fruit**\* (Bot) / Einzelfrucht f ‖ ~ **function** (Maths) / univalente Funktion, einwertige Funktion (Bezeichnung in der Funktionentheorie für Injektion; schlichte Funktion ‖ ~ **gearing** (Eng) / Getriebe n mit einfacher Übersetzung ‖ ~ **girder** (Build, Mech) / Träger m auf zwei Stützen, Einfeldträger m ‖ ~ **harmonic motion**\* (oscillatory motion under a retarding force proportional to the amount of displacement from an equilibrium position) (Phys) / Sinusvorgang m (DIN 5483, T 1), sinusförmiger periodischer Vorgang, einfache Sinusschwingung (DIN 1311, T 1), harmonische Bewegung, harmonische Schwingung ‖ ~ **interest** / einfacher Zins (nicht Zinseszins) ‖ ~**-lens objective** (Optics) / einlinsiges Objektiv, einfaches Objektiv (das aus einer einzigen Linse besteht), Einlinsenobjektiv n ‖ ~ **licence** / einfache Lizenz (die dem Lizenznehmer das Recht zur Nutzung neben anderen gibt) ‖ ~ **machine** (Phys) / einfache Maschine (z.B. Hebel, Wellenrad, schiefe Ebene usw.) ‖ ~ **Mail Transfer Protocol** (Comp) / Simple Mail Transfer Protocol n (Protokoll für den Austausch von Mail-Nachrichten (im ASCII-Format) zwischen Knotenrechnern, SMTP (Simple Mail Transfer Protocol)) ‖ ~ **microscope** (Micros) / einfaches Mikroskop ‖ ~ **microscope** (Micros) s. also magnifier ‖ ~ **module** (Maths) / einfacher Modul ‖ ~ **network** (Comp, Telecomm) / einfaches Netz ‖ ~ **pendulum** (Maths) / mathematisches Pendel (ein idealisiertes Pendel) ‖ ~ **pit**\* (Bot, For) / einfacher Tüpfel ‖ ~ **press tool**\* (Eng) / Einfachwerkzeug n ‖ ~ **process** (Nuc Eng) / Einzelprozess m, einfacher Prozess ‖ ~ **process factor** (Nuc Eng) / elementarer Trennfaktor, Einzelprozessfaktor m ‖ ~ **random sample** (Stats) / reine Zufallsstichprobe, ungeschichtete Zufallsstichprobe ‖ ~ **random sampling** (Stats) / reine Zufallsauswahl ‖ ~ (linear) **regression** (Maths, Stats) / einfache Regression ‖ ~ **root** (Maths) / einfache Wurzel ‖ ~ **salt** (Chem) / einfaches Salz (wenn eine Säure durch nur eine Base /oder umgekehrt/ neutralisiert wird) ‖ ~ **series** (Maths) / einfache Reihe, Reihe f mit einfachem Eingang ‖ ~ **shear** (a homogeneous strain that consists of a movement in one direction of all straight lines initially parallel to that direction; it can be closely approximated by shearing a deck of cards) (Geol) / einfache Scherung ‖ ~ **shear flow** (Mech) / einfache Scherströmung (DIN 1342, T 1), ebene Couette-Strömung ‖ ~ **sound source** (Acous) / Punktschallquelle f, punktförmige Schallquelle ‖ ~ **steam-engine**\* (Eng) / Einfachexpansionsmaschine f ‖ ~ **sugar** (Chem) / Monosaccharid n (Grundbaustein der Oligo- und Polysaccharide), Monosacharid n, einfacher Zucker, Einfachzucker m (monomerer Vertreter der Kohlenhydrate) ‖ ~ **surface** (Maths) / schlichtartige Fläche (mit Geschlecht Null) ‖ ~ **switch** (Rail) / einfache Weiche, EW ‖ ~ (vibrating) **system** (Phys) / einfacher Schwinger (DIN 1311, T 2)
**simplet** n (Optics) / einlinsiges Objektiv, einfaches Objektiv (das aus einer einzigen Linse besteht), Einlinsenobjektiv n
**simple tangential knot** (Maths) / eintangentieller Knoten (bei dem alle Scharkurven im Knoten die gleiche Tangente haben) ‖ ~ **tension** (Mech) / einachsiger Zug, reiner Zug, einfacher Zug ‖ ~ **tone** (Acous, Physiol) / Ton m (sinusförmige Schallschwingung im Hörbereich - DIN 1311, T 1), einfacher Ton, Sinuston m, reiner Ton (das durch eine harmonische Schallwelle hervorgerufene Grundelement aller Gehörsempfindungen) ‖ ~ **wave** (Phys) / einfache Welle (DIN 1311-4)
**simplex**\* n (Comp, Telecomm, Teleg) / Simplexbetrieb m (Übertragung digitaler Signale über eine Leitung in nur einer Richtung), Simplexverkehr m, wechselseitiger Richtungsverkehr, Richtungsbetrieb m (bei der Datenübertragung nach DIN 44302) ‖ ~ (pl. simplices o. simplicia o. simplexes) (Maths) / Simplex n (pl. Simplexe od. Simplizia) ‖ ~\* (Teleg) / Simplexsystem n ‖ ~ (Teleph) / Wechselsprechen n ‖ ~ (double-faced fabric usually made on two needle-bars of a bearded needle warp-knitting machine) (Textiles) / doppelflächige Kettenwirkware, Simplexware f, Simplexstoff m ‖ ~ **aerator** (San Eng) / Kreiselbelüfter m (ein Oberflächenbelüfter) ‖ ~ **dialling** (Teleph) / Simultanwahl f
**simplexing** n (Comp, Telecomm) / Simplexbetrieb m (Übertragung digitaler Signale über eine Leitung in nur einer Richtung), Simplexverkehr m, wechselseitiger Richtungsverkehr, Richtungsbetrieb m (bei der Datenübertragung nach DIN 44302)
**simplex method** (Maths) / Dantzig-Algorithmus m, Simplexmethode f (nach dem amerikanischen Mathematiker G.B. Dantzig, geb. 1914), Simplexverfahren n ‖ ~ **operation** (Comp, Telecomm) / Simplexbetrieb m (Übertragung digitaler Signale über eine Leitung in nur einer Richtung), Simplexverkehr m, wechselseitiger Richtungsverkehr, Richtungsbetrieb m (bei der Datenübertragung nach DIN 44302) ‖ ~ **paper** (Paper) / Simplexpapier n ‖ ~ **piling**\* (Civ Eng) / Ortpfahlgründung f mit Simplex-Pfählen ‖ ~ **pump** (Eng) / Simplexpumpe f ‖ ~ **transmission** (Comp, Telecomm) / Simplexbetrieb m (Übertragung digitaler Signale über eine Leitung in nur einer Richtung), Simplexverkehr m, wechselseitiger Richtungsverkehr, Richtungsbetrieb m (bei der Datenübertragung nach DIN 44302) ‖ ~ **winding** (Elec Eng) / eingängige Wicklung
**simplicial** adj (Maths) / simplizial adj
**simplification** n / Vereinfachung f, Simplifizierung f, Simplifikation f
**simplify** v / vereinfachen v, simplifizieren v
**simply additive functional** (Maths) / einfachadditives Funktional ‖ ~ **connected domain**\* (Maths) / einfach zusammenhängendes Gebiet

~ **ordered group** (Maths) / linear geordnete Gruppe ‖ ~ **reinforced** (Civ Eng) / einachsig bewehrt (Stahlbeton), einfach bewehrt (Stahlbeton) ‖ ~ **supported** (Build) / frei aufliegend (Träger, Platte)
**Simpson's distribution** (Stats) / Simpson-Verteilung $f$, Dreieckverteilung $f$ ‖ ~ **pile** (Nuc Eng) / Neutronenzählrohrteleskop $n$, Simpson'sche Säule
**Simpson's rule*** (Maths) / Simpson-Formel $f$, Simpson'sche Regel (bei n = 1 Keplersche Fassregel; nach Th. Simpson, 1710-1761)
**SIMS** (secondary-ion mass spectrometry) (Spectr) / SIMS (abbildende, statische, dynamische), Ionenstrahl-Mikroanalyse $f$, Sekundärionen-Massenspektrometrie $f$, ISMA (Ionenstrahl-Mikroanalyse)
**SIMSCRIPT** $n$ (simulation scripture) (Comp) / SIMSCRIPT $n$ (aus dem Fortran weiterentwickelte Programmiersprache zur diskreten Simulation umfangreicher Systeme auf digitalen Datenverarbeitungsanlagen)
**SIMULA** $n$ (Comp) / SIMULA $n$ (auf dem Algol aufbauende höhere Programmiersprache mit speziellen Möglichkeiten zur Durchführung von Simulationen auf digitalen Datenverarbeitungsanlagen)
**simulate** $v$ / nachbilden $v$ (analog), simulieren $v$
**simulated line*** (Telecomm) / künstliche Leitung, Kunstleitung $f$, Leitungsnachbildung $f$ ‖ ~ **network** (Telecomm) / Netzmodell $n$ ‖ ~ **request** (Comp) / künstliche Anforderung, KA ‖ ~ **series motor** (Elec Eng) / Motor $m$ mit simulierter Reihenschlusscharakteristik ‖ ~ **watermark** (Paper) / imitiertes Wasserzeichen (DIN 6730)
**simulation*** $n$ / Simulation $f$ (Nachbildung von speziellen Verhaltensweisen) ‖ ~ (Comp) / Simulation $f$ (Computerspiele, die z.B. das Fliegen von Flugzeugen, Autorennen oder andere Simulationen wirklichkeitsgetreu simulieren) ‖ ~ **board** (Comp) / Simulationsboard $n$ ‖ ~ **language** (Comp) / Simulationssprache $f$ (für diskrete oder kontinuierliche Simulation) ‖ ~ **log** (Comp) / Simulationsprotokoll $n$ ‖ ~ **model** (Comp) / Simulationsmodell $n$ (physisches oder abstraktes) ‖ ~ **program** (Comp) / Simulatorprogramm $n$, Simulationsprogramm $n$, Simulator $m$, Simulierer $m$ (Programm, mit dessen Hilfe man auf einer DVA die in der Maschinensprache einer anderen DVA vorliegenden Programme ablaufen lassen kann - DIN 44300) ‖ ~ **software** (Comp) / Simulationssoftware $f$ (Programme, mit deren Hilfe der Benutzer komplizierte oder gefährliche technische Vorgänge durch Veränderung der Betriebsparameter in weiten Grenzen nachbilden kann) ‖ ~ **virus** (Comp) / Simulationsvirus $m$ (der einen Systemfehler vortäuscht)
**simulator** $n$ (Comp) / Simulatorprogramm $n$, Simulationsprogramm $n$, Simulator $m$, Simulierer $m$ (Programm, mit dessen Hilfe man auf einer DVA die in der Maschinensprache einer anderen DVA vorliegenden Programme ablaufen lassen kann - DIN 44300) ‖ ~ (Eng) / Simulator $m$ (Gerät oder System nach DIN 44300) ‖ ~ **routing** (Comp) / Simulatorprogramm $n$, Simulationsprogramm $n$, Simulator $m$, Simulierer $m$ (Programm, mit dessen Hilfe man auf einer DVA die in der Maschinensprache einer anderen DVA vorliegenden Programme ablaufen lassen kann - DIN 44300)
**simulcast** $n$ (Radio) / Gemeinschaftssendung $f$, Simultanübertragung $f$, Simultansendung $f$
**simultaneity*** $n$ (Phys) / Simultaneität $f$, Gleichzeitigkeit $f$ ‖ ~ **factor** (Elec Eng) / Gleichzeitigkeitsfaktor $m$ (ein Kraftwerkkennwert) ‖ ~ **key interlock** (Telecomm) / Gleichzeitigkeitssperre $m$ (in der Fernschreibtechnik)
**simultaneous** *adj* / simultan *adj*, gleichzeitig *adj*, zeitgleich *adj* ‖ ~ **access** (Comp) / Parallelzugriff $m$, Simultanzugriff $m$, paralleler Zugriff ‖ ~ **analysis** / Simultananalyse $f$ ‖ ~ **broadcast** (Radio) / Gemeinschaftssendung $f$, Simultanübertragung $f$, Simultansendung $f$ ‖ ~ **broadcasting*** (Radio) / Gleichwellenfunk $m$, Gleichwellenrundfunk $m$ ‖ ~ **broadcasting*** (Radio) / Gemeinschaftssendung $f$, Simultanübertragung $f$, Simultansendung $f$ ‖ ~ **computer** (Comp) / Parallelrechner $m$ (bei dem die Verarbeitung aller Stellen gleichzeitig erfolgt), Simultanrechner $m$ ‖ ~ **engineering** (Work Study) / Simultaneous Engineering $n$ (Verfahren, bei dem Produktionstechnologie und Produktionsgestaltung zeitlich parallel zueinander entwickelt werden, um so die Innovationszeiten zu verkürzen) ‖ ~ **equations** (Maths) / Gleichungssystem $n$ (lineares, nicht lineares), simultanes System von Gleichungen, gleichzeitige Gleichungen, simultane Gleichungen ‖ ~ **lobing** (Radar) / Monopuls-Verfahren $n$ (bei dem die gesuchte Information bereits aus einem einzelnen Puls ermittelt werden kann), gleichzeitige Multikeulenbildung ‖ ~ **operation** (Comp) / Simultanbetrieb $m$ (Arbeitsweise eines Rechners, bei der im Gegensatz zum Serienbetrieb mehrere Funktionseinheiten gleichzeitig an mehreren Aufgaben oder an mehreren Teilen einer Aufgabe arbeiten) ‖ ~ **pitch control** (Aero) / nichtperiodische Steigungssteuerung (bei Rotorflugzeugen), kollektive Blattverstellung (Anstellwinkeländerung bei Rotorflugzeugen) ‖ ~ **processing** (Comp) / Parallelverarbeitung $f$, Simultanverarbeitung $f$, Parallelarbeit $f$, parallele Verarbeitung ‖ ~ **reaction** (Chem) / Simultanreaktion $f$ ‖ ~ **read-while-write** (Comp) / gleichzeitiges Lesen und Schreiben ‖ ~ **working** (Comp) / Simultanbetrieb $m$ (Arbeitsweise eines Rechners, bei der im Gegensatz zum Serienbetrieb mehrere Funktionseinheiten gleichzeitig an mehreren Aufgaben oder an mehreren Teilen einer Aufgabe arbeiten)

**sin*** $n$ (Maths) / Sinus $m$ (eine der trigonometrischen Funktionen), Sinusfunktion $f$
**sinalbin** $n$ (Chem) / Sinalbin $n$ (ein Glucosinolat aus Sinapis alba L.)
**sinapic acid** (Chem) / Sinapinsäure $f$ (eine Hydroxyzimtsäure) ‖ ~ **alcohol** (Chem) / Sinapylalkohol $m$ (ein Zimtalkohol, monomerer Baustein des Lignins von Angiospermen), Sinapinalkohol $m$
**sinapyl alcohol** (Chem) / Sinapylalkohol $m$ (ein Zimtalkohol, monomerer Baustein des Lignins von Angiospermen), Sinapinalkohol $m$
**sine*** $n$ (Maths) / Sinus $m$ (eine der trigonometrischen Funktionen), Sinusfunktion $f$ ‖ ~ **bar*** (Eng) / Sinuslineal $n$ (ein Gerät zur Winkelmessung mit Hilfe von Parallelendmaßen) ‖ ~ **condition*** (Optics) / Abbe'sche Sinusbedingung
**sine-cosine generator** (Automation) / Drehwinkelgeber $m$, Resolver $m$ (nach dem Induktionsprinzip arbeitendes Messsystem mit direkter Winkelwerterfassung) ‖ ~ **potentiometer** (Electronics) / Sinus-Kosinus-Potentiometer $n$ (ein Funktionsgenerator zur Erzeugung von Sinus- und Kosinusfunktionen unter Zuhilfenahme eines Potentiometers)
**sine current** (Elec Eng) / sinusförmiger Strom, Sinusstrom $m$ ‖ ~ **curve** (Maths) / Sinuskurve $f$, Sinuslinie $f$, Sinusoide $f$ ‖ ~ **function** (Maths) / Sinus $m$ (eine der trigonometrischen Funktionen), Sinusfunktion $f$ ‖ ~ **galvanometer*** (Eng) / Sinusbussole $f$ ‖ ~ **integral** (Maths) / Integralsinus $m$ ‖ ~ **law** (Maths) / Sinussatz $m$ (ein grundlegender Satz der Trigonometrie) ‖ ~ **oscillation** (Phys) / Sinusvorgang $m$ (DIN 5483, T 1), sinusförmiger periodischer Vorgang, einfache Sinusschwingung (DIN 1311, T 1), harmonische Bewegung, harmonische Schwingung ‖ ~ **potentiometer*** (Elec Eng) / Sinuskompensator $m$, Sinuspotentiometer $n$ ‖ ~ **relation** / Sinusbeziehung $f$ ‖ ~ **rule** (Maths) / Sinussatz $m$ (ein grundlegender Satz der Trigonometrie) ‖ ~ **series** (Maths) / Sinusreihe $f$
**sine-squared pulse** (Elec, Telecomm) / Glockenimpuls $m$, Sin$^2$-Impuls $m$
**sine-square pulse** (Elec, Telecomm) / Glockenimpuls $m$, Sin$^2$-Impuls $m$
**sine vibration** (Phys) / Sinusvorgang $m$ (DIN 5483, T 1), sinusförmiger periodischer Vorgang, einfache Sinusschwingung (DIN 1311, T 1), harmonische Bewegung, harmonische Schwingung ‖ ~ **voltage** (Elec) / Sinusspannung $f$ ‖ ~ **wave** (Phys) / sinusförmige Welle, Sinuswelle $f$ ‖ ~**-wave course** (Autos) / Zustandsstrecke $f$ mit sinusförmigen Querrillen
**sine-wave power** (Electronics) / Sinusleistung $f$ (eines Verstärkers bei Ansteuerung mit einem Sinuston von 1000 Hz), Sinusdauerleistung $f$ ‖ ~ **sweep** (Electronics) / Sinusablenkung $f$
**sinewy** *adj* (Nut) / flachsig *adj* (Fleisch), sehnig *adj* (Fleisch)
**sing** $v$ (Radio, Telecomm) / pfeifen $v$ (durch Rückkopplung)
**singe** $v$ (Textiles) / abflämmen $v$, sengen $v$, absengen $v$, gasieren $v$, gasen $v$
**singeing*** $n$ (Textiles) / Abflämmen $n$ (eine Methode der Textilveredlung), Sengen $n$ (Abbrennen der vorstehenden Härchen, Flusen und Faserspitzen zur Erzielung eines glatten Fadens bzw. Gewebes), Gasieren $n$, Gasen $n$, Absengen $n$ ‖ ~ **machine** (Textiles) / Gassengmaschine $f$ (DIN 64990), Gassenge $f$, Sengmaschine $f$, Senge $f$, Gasiermaschine $f$
**Singer fitting** (Plastics) / Singer-Fitting $n$ (eine leicht konische Hülse mit scharfen Rillen, sägezahnartig angeordnet)
**singing*** $n$ (Radio, Telecomm) / Pfeifen $n$ (durch Rückkopplung) ‖ ~ **arc** (Elec Eng) / singender Lichtbogen, tönender Lichtbogen
**singing-point method** (Telecomm) / Pfeifpunktverfahren $n$ (ein Messverfahren)
**singing sand** (Geol) / tönender Sand ‖ ~ **suppressor** (Radio, Telecomm) / Pfeifsperre $f$
**single • 8** (Cinema) / Single-8-mm-Film $m$ (ein Schmalfilm) ‖ ~ $v$ / aussondern $v$, auslesen $v$ ‖ ~ (Agric) / vereinzeln $v$ ‖ ~ $n$ (Acous) / Single $f$ (Schallplatte), Singleplatte $f$
**single-access system** (Comp) / Einfachzugriffsystem $n$
**single-acting** *adj* / einfach wirkend
**single-acting engine*** (Eng) / einfach wirkender Motor, einfach wirkende Maschine, einfach wirkende Kraftmaschine (bei der nur die Oberseite des Kolbens von den Verbrennungsgasen beaufschlagt wird)
**single-acting pump** (Eng) / einfachwirkende Pumpe ‖ ~ **pump** (Eng) / einfachwirkende Kolbenpumpe
**single action** (Eng) / Einfachwirkung $f$
**single-action** *attr* / einfach wirkend ‖ ~ **door** (Build) / Drehflügeltür $f$ (in eine Richtung aufschlagende) ‖ ~ **pressing** (Powder Met) / einseitiges Pressen ‖ ~ **pump** (Eng) / einfachwirkende Pumpe

**single-address**

**single-address instruction** (Comp) / Einadressbefehl *m*
**single analysis** (Chem) / Einzelanalyse *f*
**single-angle milling cutter** (US) (Eng) / Winkelfräser *m* (ein Formfräser mit winklig zueinander stehenden Schneiden - nach DIN 1823 und 1833) ‖ ~ **milling cutter** (US) (for the machining of dovetail guides) (Eng) / Schwalbenschwanzfräser *m*, Winkelstirnfräser *m* (zur Herstellung von Schwalbenschwanzführungen - nach DIN 842)
**single-anode tank** (Elec Eng) / Einanodengefäß *n*
**single application** (Agric) / Einzelgabe *f* (des Düngers)
**single-armature converter** (Elec Eng) / Einankerumformer *m*, EAU (Einankerumformer)
**single-axis tracing** (Eng) / einachsiges Nachformen (wenn die Bewegung des Nachformschlittens nur in einer Achse gesteuert wird)
**single-bath** (dry-cleaning) (Textiles) / Einbadverfahren *n* (Chemischreinigung) ‖ ~ **chrome tannage** (Leather) / Einbadchromgerbung *f* ‖ ~ **tinning** (Surf) / Einbadverzinnung *f*
**single-bay relay receiving antenna** (Radio) / Einfachballempfangsantenne *f*
**single-bead string reactor** (Chem) / Glasbettreaktor *m* (für die Durchflussanalyse)
**single beam** (Phys) / Einzelstrahl *m* ‖ ~**-beam instrument** (Optics) / Einstrahlgerät *n*
**single-beam spectrometer** (Spectr) / Einstrahlspektrometer *n*
**single-bed** *attr* (Textiles) / einbettig *adj*, einfonturig *adj* (in der Strickerei) ‖ ~ **catalytic converter** (Autos) / Einbettkatalysator *m* ‖ ~ **method** (Autos) / Einbettverfahren *n* (bei den Katalysatoren) ‖ ~ **process** (Autos) / Einbettverfahren *n* (bei den Katalysatoren)
**single-bend test** (Materials, Met) / Biegefaltversuch *m*
**single-bevel butt joint** (without root face) (Welding) / Halb-V-Naht *f* (z.B. beim Aufschweißen dickwandiger Stege auf plattenförmige Bauteile, HV-Naht *f*, halbe V-Naht
**single-bevel butt weld** (Welding) / Halb-V-Naht *f* (z.B. beim Aufschweißen dickwandiger Stege auf plattenförmige Bauteile), HV-Naht *f*, halbe V-Naht ‖ ~ **groove weld** (Welding) / Halb-V-Naht *f* (z.B. beim Aufschweißen dickwandiger Stege auf plattenförmige Bauteile), HV-Naht *f*, halbe V-Naht ‖ ~ **tee butt weld** (Welding) / HY-Naht *f*
**single-bit axe** (Tools) / einschneidige Axt
**single-bit error** (Comp) / Einzelbitfehler *m*
**single-blind trial** (Pharm) / einfacher Blindversuch
**single-board computer** (Comp) / Einplatinenrechner *m*, Einplatinencomputer *m*, Einkartenrechner *m* (auf einer einzigen Leiterplatte)
**single-body problem** (Mech) / Einkörperproblem *n*
**single bond** (a covalent bond between two atoms formed by two atoms sharing a pair of electrons) (Chem) / Einfachbindung *f*
**single-breasted** *adj* (Textiles) / einreihig *adj* (Jackett)
**single-buoy mooring** (Oils) / Einpunktbojenfestmachsystem *n*
**single-burst-pulsed reactor** (Nuc Eng) / Burstreaktor *m*, Impulsreaktor *m* für einzelne Neutronenblitze
**single bus** (bar) (Elec Eng) / Einfachsammelschiene *f*, einfache Sammelschiene
**single-bushing potential transformer** (Elec Eng) / einpolig isolierter Spannungswandler
**single cable** (Cables) / einadriges Kabel, Einleiterkabel *n*
**single-carriage printer** (Comp) / einbahniger Drucker
**single-casement** *attr* (Build) / einflügelig *adj* (Fenster)
**single-catenary suspension*** (Elec Eng) / einfache Kettenaufhängung
**single-cavity klystron** (Electronics) / Einkammerklystron *n* ‖ ~ **mould** (tool) (Plastics) / Einfachwerkzeug *n*
**single-cell** *attr* (Biol) / einzellig *adj*, unizellulär *adj* ‖ ~ **oil** / Einzelleröl *n*
**single-cell protein*** (Biochem, Biol) / Einzelleiweiß *n*, Einzellerprotein *n*, Bioprotein *n*, EZP (Einzellerprotein), SCP (Einzellerprotein)
**single-chain stitch** (Textiles) / einfacher Kettenstich, Einfachkettenstich *m*
**single-chamfer plain washer** (Eng) / Scheibe *f* mit Fase (DIN ISO 1891)
**single-channel analyzer** (US) (Electronics, Telecomm) / Einkanalanalysator *m*, Diskriminator *m* ‖ ~ **FDM data transmission system** (Comp) / Ein-Kanal-Datenübertragungssystem *n* mit Frequenzmultiplex ‖ ~ **per burst** (Telecomm) / Einzelanalburst *m* (in der Satellitenkommunikation) ‖ ~ **per carrier*** (Telecomm) / Ein-Kanal-pro-Träger-System *n* (Satellitenkommunikation)
**single-channel-per-carrier method** (Telecomm) / SCPC-Methode *f* (Methode "ein Kanal pro Träger")
**single-channel per transponder** (Telecomm) / Ein-Kanal-pro-Transponder-System *n* (Satellitenkommunikation)
**single-chip computer** (Comp) / Ein-Chip-Rechner *m*, Monochip-Computer *m*, Chip-Rechner *m* ‖ ~ **microcomputer** (Comp) / Ein-Chip-Mikrocomputer *m*, Ein-Chip-Mikrorechner *m*, monolithischer Mikrocomputer ‖ ~ **microprocessor** (Comp) / One-Chip-Mikroprozessor *m*, Ein-Chip-Mikroprozessor *m*
**single-circuit braking system** (Autos) / Einkreisbremsanlage *f*
**single-clad** *adj* (Surf) / einseitig plattiert
**single-clip wool** (Textiles) / Einschurwolle *f*
**single-clock pulse** (Comp) / Einzeltakt *m*
**single-coil spring lock washer with square ends** (Eng) / Federring *m* (DIN ISO 1891), Federring *m* Form A (DIN 127) ‖ ~ **spring lock washer with tang ends** (Eng) / aufgebogener Federring (DIN ISO 1891)
**single-colour** *attr* / einfarbig *adj*, unifarbig *adj* ‖ ~ **ground** (Ceramics) / Fond *m* (mit einer Farbe gespritzter Teil der Geschirroberfläche als Untergrund für weitere Dekorationen)
**single-colour printing** (Print) / Einfarbendruck *m*
**single-column** *attr* (Print) / einspaltig *adj* ‖ ~ **construction** (Eng) / Einständerbauart *f* (der Presse) ‖ ~ **ion chromatography** (Chem) / Einsäulentechnik *f* (der Ionenchromatografie), Einsäulen-Ionenchromatografie *f*
**single-component adhesive** (Paint) / Einkomponentenkleber *m* (wenn alle Bestandteile zur Aushärtung vorhanden sind), Einkomponentenklebstoff *m*
**single concrete** (Build, Civ Eng) / Einkornbeton *m* (aus annähernd gleichkörnigem Zuschlagstoff ohne wesentliche Eigenporigkeit) ‖ ~ **conductor** (Cables) / Einzelader *f* ‖ ~ **conductor** (Elec Eng) / Einzelleiter *m*
**single-contact relay** (Elec Eng) / einpoliges Relais
**single convertor** (Electronics) / Einzelstromrichter *m* ‖ ~**-core cable*** (Cables) / einadriges Kabel, Einleiterkabel *n* ‖ ~ **cotton-covered** (wire) (Cables) / einfach baumwollumsponnen
**single-crown furnace** (Glass) / einhäusige Wanne (in der Schmelz- und Arbeitswanne durch ein Beheizungssystem gemeinsam beheizt werden)
**single crystal** (Crystal, Electronics) / Einkristall *m* (kristalliner Festkörper mit durchgehend gleicher Gitterorientierung)
**single-crystal** *attr* (Crystal, Electronics) / monokristallin *adj*, einkristallin *adj* ‖ ~ **diamond** / einkristalliner Diamant ‖ ~ **diffraction** (Crystal, Optics) / Einkristallbeugung *f*, Beugung *f* an Einkristallen ‖ ~ **grain** (Crystal) / Einkristallkorn *n* ‖ ~ **method** (Crystal) / Einkristallverfahren *n* (als Gegensatz zu Pulververfahren) ‖ ~ **polar coefficient** (Materials) / Einkristallpolkoeffizient *m* ‖ ~ **semiconductor** (Electronics) / Einkristallhalbleiter *m*
**single current*** (Elec Eng) / Einfachstrom *m*
**single-current circuit** (Elec Eng) / Einfachstromkreis *m*
**single-curved shell** (Arch) / einfachgekrümmte Schale
**single cut** (Tools) / Einhieb *m* (für Säge(schärf)feilen) ‖ ~**-cut file** (Eng, Tools) / einhiebige Feile, Einhiebfeile *f* ‖ ~**-cycle boiling water reactor** (Nuc Eng) / Einkreissiedewasserreaktor *m* (mit teilintegriertem Zwangumlauf)
**single-cycle plant** (with direct gas-turbine cycle) (Nuc Eng) / Einkreisanlage *f* (der entstehende Dampf wird direkt zum Antrieb der Turbine verwendet)
**single-cylinder engine** (I C Engs) / Einzylindermotor *m*
**single-cylinder machine** (Paper) / Selbstabnahmemaschine *f* (für einseitig glatte dünne Papiere), Yankee-Maschine *f*, Einzylinder-Papiermaschine *f*
**single-cylinder turbine** (Eng) / Eingehäuseturbine *f*
**single-daylight heated press** (For) / Einetagenheißpresse *f* (für die Herstellung von Spanplatten und Faserplatten mittlerer Dichte) ‖ ~ **heating press** (fibreboard manufacture) (For) / Einetagenheißpresse *f* (für die Herstellung von Spanplatten und Faserplatten mittlerer Dichte)
**single-deck bridge** (Civ Eng) / einetagige Brücke (Brücke mit nur einer Ebene, in der sich die Brückenbahn befindet)
**single decker** (Ships) / Singledecker *m* (Eindeckschiff, dessen Laderäume in vertikaler Richtung nicht durch Zwischendecks unterteilt sind, z.B. ein Tanker) ‖ ~ **defruiting** (Radar) / Einfachasynchronunterdrückung *f*
**single-degree-of-freedom gyro** (Phys) / Kreisel *m* mit zwei Freiheitsgraden (in der angelsächsischen Fachliteratur bleibt der Freiheitsgrad des Kreisels um seine Läuferachse unberücksichtigt)
**single-digit number** (Comp, Maths) / einstellige Zahl, Ziffer *f*, Digit *n*
**single-direction-thrust** *attr* (Eng) / einseitig wirkend (z.B. Axial-Rillenkugellager nach DIN 711)
**single-disc brake** (Aero, Autos) / Einscheibenbremse *f*
**single discrete optical fibre** (Optics) / Lichtleitfaser *f* (DIN 58140, T 1)
**single-disk clutch** (Autos, Eng) / Einscheibenkupplung *f*
**single•-domain crystal** (Elec) / Eindomänenkristall *m* ‖ ~ **door** (Build) / einflügelige Tür ‖ ~ **dose** (Pharm) / Einzeldosis *f*, Einzelgabe *f* (Dosis)
**single-edge notch specimen** (Materials, Met) / einseitig gekerbte Probe, Probe *f* mit einseitigem Kerb
**single-eight film** (Cinema) / Super-8-mm-Film *m* (ein Schmalfilm)

**single electrode** (Elec Eng) / Einzelelektrode f
**single-electrode system\*** (Elec Eng) / Halbzelle f (elektrochemische Elektrode), Halbkette f (das System Metall/Elektrolyt), Halbelement n
**single-electron transfer** (Chem) / SET (Einelektronenübertragung), Einelektronenübertragung f, Single-electron-Transfer m, Einelektronenübergang m
**single-end** attr (Elec Eng) / mit einseitigen Anschlüssen, unsymmetrisch adj || ~ **amplifier** (Elec Eng, Telecomm) / unsymmetrischer Verstärker || ~ **box wrench** (Tools) / Einringschlüssel m, einseitiger Ringschlüssel
**single-ended\*** adj (Elec Eng) / mit einseitigen Anschlüssen, unsymmetrisch adj || ~ **amplifier** (Elec Eng, Telecomm) / unsymmetrischer Verstärker || ~ **amplifier** (Telecomm) / Eintaktverstärker m (Schaltungsart für Niederfrequenzleistungsverstärker) || ~ **cable grip** (Cables) / Ziehschlauch m, Ziehstrumpf m
**single-end ring spanner** (Tools) / Einringschlüssel m, einseitiger Ringschlüssel
**single-engaged shaft** (Eng) / einfach besetzte Welle
**single-engined** adj (Aero) / einmotorig adj
**single-entry** attr / einflutig adj (Pumpe), einströmig adj || ~ **compressor\*** (Aero, Eng) / einseitiger Verdichter, einflutiger Verdichter
**single-event level** (Acous) / Einzelereignispegel m (DIN 45641)
**single exposure** (Cinema) / Einzelbildbelichtung f
**single-face** attr (Comp) / einseitig adj, einseitig beschreibbar (Diskette)
**single-faced corrugated board** (Paper) / einseitige Wellpappe || ~ **corrugated fibreboard** (Paper) / Rollenwellpappe f, einseitig beklebte Wellpappe, einseitige Wellpappe (DIN 6730 - bestehend aus einer Lage gewellten Papiers, das auf Papier oder Pappe geklebt ist) || ~ **pallet** / Eindeckflachpalette f
**single-family house** (Build) / Einfamilienhaus n
**single-fan round induced-draught cooling tower** / Ventilatorrundkühlturm m mit einem saugenden Ventilator
**single fertilizer** (Agric) / Einzeldünger m, Einnährstoffdünger m || ~ **fibre** / Einzelfaser f
**single-fibre cable** (Cables) / Einzelfaserkabel n (in der optischen Kommunikationstechnik), Kabel n mit einem Lichtwellenleiter, Einfaserkabel n (das nur einen LWL enthält)
**single-flank pitch error** (Eng) / Einflankenwälzfehler m (nach DIN 3960 und 3971)
**single flight** (Aero) / Einzelflug m
**single-float relay** (Elec Eng) / Ein-Schwimmer-Relais n || ~ **type seaplane** (Aero) / Schwimmerflugzeug n mit zentralem Schwimmer (und kleinen Stützschwimmern unter den Tragflügeln, um seitliches Kippen zu verhindern)
**single floor\*** (Carp) / freitragende Decke, Einfelddecke f
**single-flow condenser** (Eng) / einflutiger Kondensator || ~ **cooling tower** / einflutiger Kühlturm (Querstromkühlturm, der nur auf einer Seite Lufteintrittsöffnungen und Kühleinbauten besitzt, während die drei übrigen Seiten vom Gehäuse umschlossen sind)
**single footing** (Build, Civ Eng) / Einzelfundament n (für Stützen) || ~ **force** (Mech) / Einzelkraft f || ~ **foundation** (Build, Civ Eng) / Einzelgründung f || ~ **frame** (Cinema) / Einzelbild n || ~**-frame exposure** (Cinema) / Einzelbildbelichtung f
**single-frame hammer** (Eng) / Einständerhammer m
**single-frequency decoupling** (Spectr) / selektive Entkopplung || ~ **network** (Radio, Telecomm) / Gleichwellennetz n (ein Netz aus mehreren Sendern zur Funkübertragung, die verschiedene Nutzsignale auf den unterschiedlichen Sendern auf der gleichen Frequenz ausstrahlen)
**single-frequency-network transmitter** (Radio) / Gleichwellensender m
**single-frequency output** (Telecomm) / Einzelfrequenzausgabe f || ~ **signalling** (Telecomm) / Einfrequenzsignalgabesystem n || ~ **signalling system** (Telecomm) / Einfrequenzsignalgabesystem n
**single-girder overhead travelling crane** (Eng) / Einträger-Laufkran m || ~ **suspension crane** (Eng) / Einträger-Hängekran m
**single glide** (Crystal) / Einfachgleitung f
**single-grained structure** (Agric) / Elementargefüge n, Einzelkorngefüge n, Einzelkornstruktur f (eine Bodenstruktur)
**single-grain sowing** (Agric) / Einzelkornaussaat f, Einzelsaat f
**single hardening treatment** (Met) / Einfachhärten n (DIN EN 10 052) || ~ **hatching** / Linienschraffur f
**single-hinged arch** (Build, Civ Eng) / Eingelenkbogen m
**single hit** (Biol, Nuc) / Eintreffer m
**single-hoist crane** (Eng) / Kran m mit einer Hubvorrichtung, Kran m mit einem Hubwerk
**single-hole nozzle** (Autos, I C Engs) / Einlochdüse f (bei Dieselmotoren) || ~ **punching** (Comp) / Einzellochung f
**single hop** (Radio) / einzelner Sprung
**single-housing motor-generator set** (Welding) / Eingehäuseschweißumformer m, Eingehäuseumformer m (mit einem Elektromotor und mit einem Generator in einem Gehäuse) || ~ **welding set** (Welding) / Eingehäuseschweißumformer m, Eingehäuseumformer m (mit einem Elektromotor und mit einem Generator in einem Gehäuse)
**single-hung window\*** (Build) / senkrecht verschiebbares Schiebefenster mit nur einem beweglichen Flügel
**single-image photogrammetry** (Surv) / Einbildfotogrammetrie f
**single-impression mould** (Plastics) / Einfachwerkzeug n
**single indexing** (Eng) / Direktteilen n, Einfachteilen n (mit dem Teilapparat) || ~ **(individual) workstation** (in the production cycle) (Work Study) / Einzelplatz m (in der Einzelplatzfertigung)
**single-inlet** attr / einflutig adj (Pumpe), einströmig adj
**single in-line memory module\*** (Comp) / SIMM n (Single-in-Line-Speichermodul) || ~ **in-line package** (Electronics) / Single-in-Line-Gehäuse n (eine Einheit, die in einem Gehäuse untergebracht ist, wobei die Anschlussstifte bzw. -leitungen in einer Reihe angeordnet sind), SIL-Gehäuse n
**single-in-line package resistor terminators** (Electronics) / Widerstandsanschlüsse m pl in Einreihenanordnung (bei ECL-Technik)
**single-instruction, multiple-data computer** (Comp) / SIMD-Rechner m (Parallelrechnertyp mit sequentieller Programmabarbeitung; Parallelität ist auf bestimmte Anweisungen beschränkt) || ~ **card** (Comp) / Ein-Befehlskarte f, Ein-Instruktionskarte f || ~ **single-data computer** (Comp) / SISD-Rechner m
**single-J butt** (groove) **weld** (Welding) / J-Naht f, Jot-Naht f
**single jersey\*** (Textiles) / Single-Jersey m (Wirk- oder Strickwaren, die aus lauter gleichen Maschen bestehen und deshalb besonders glatt, aber auch sehr laufmaschenanfällig sind), glatte Kulierware, Wiener Jersey || ~ **journey** (Aero) / einfache Reise || ~ **knits** (Textiles) / Single-Jersey m (Wirk- oder Strickwaren, die aus lauter gleichen Maschen bestehen und deshalb besonders glatt, aber auch sehr laufmaschenanfällig sind), glatte Kulierware, Wiener Jersey || ~ **knot** (For) / Einzelast m || ~ **ladder** / Anstelleiter f ||  ~**-lane** attr (Autos, Civ Eng) / einspurig adj (Fahrbahn, Verkehrsstraße) || ~ **large expensive disk** (Comp) / SLED-Festplatte f (im Gegensatz zu RAID)
**single-layer** attr / einschichtig adj, einlagig adj
**single-layered** adj / einschichtig adj, einlagig adj
**single-layer filter** (Chem Eng) / Einschichtfilter n, Einschichtenfilter n || ~ **flat** (Elec Eng) / Scheibenspule f, Flachspule f || ~ **PCB** (Electronics) / Einlagenleiterplatte f || ~ **weld** (Welding) / einlagige Naht
**single-layer winding\*** (Elec Eng) / Einschichtwicklung f (DIN 42005)
**single-leaf bascule bridge** (Civ Eng) / einflügige Klappbrücke, einfach Klappbrücke || ~ **spring** (Eng) / Blattfeder f, Einzelblattfeder f, einfache Blattfeder (meistens Rechteckfeder), Einblattfeder f
**single-leg frame** (Eng) / C-Gestell n (eine Baugruppe der Presse nach DIN 55170 bis 55174) || ~ **landing gear** (Aero) / Einbeinfahrwerk n
**single-lens objective** (Optics) / einlinsiges Objektiv, einfaches Objektiv (das aus einer einzigen Linse besteht), Einlinsenobjektiv n
**single•-lens reflex\*** (Photog) / einäugige Spiegelreflexkamera || ~**-lens reflex camera** (Photog) / einäugige Spiegelreflexkamera
**single-level calibration** (Chem) / Einpunktkalibrierung f (bei der Methode der externen Standards)
**single levelling** (Surv) / Einzelnivellement n
**single-lift Jacquard loom** (Weaving) / Einhub-Jacquardmaschine f || ~ **shed** (Weaving) / Einhubfach n
**single•-line** attr (Autos) / Einbahn- (mit einer Spur) || ~**-line** (Rail) / eingleisig adj, einspurig adj
**single-line bridge** (Civ Eng, Rail) / eingleisige Brücke || ~ **CCD** (Electronics) / CCD-Sensorzeile f
**single-lined** adj (Paper) / einseitig kaschiert
**single-line lubrication system** (Eng) / Einleitungs-Schmieranlage f
**single-line permission** (Rail) / Erlaubnis f || ~ **screen** (Print) / Linienraster m || ~ **strip display** (Comp) / Einzeilendisplay n, einzeilige Anzeige
**single link** (Stats) / einfache Verkettung || ~ **linkage** (Stats) / einfache Verkettung
**single-linkage method** (Stats) / Gruppierung f durch Zusammenhangskomponenten
**single-look processing** (Radar) / Einzelsichtverarbeitung f
**single-loop** attr (Automation) / einschleifig adj, Einschleifen-
**single MAC dual attached concentrator** (Comp) / SMDAC m, Single MAC Dual Attached Concentrator m || ~ **measurand** / einzelne Messgröße (DIN 1319, T 3)
**single-memory unit** (Comp) / Monospeichereinheit f
**single message** (Telecomm) / Einzelmeldung f (Telefax-Protokoll)
**single-mode fibre** (Telecomm) / Monomode-Lichtwellenleiter m, Monomode-Faser f, Einmodenfaser f (LWL mit kleinem Kernduchmesser, in dem nur ein einziger Modus, der Grundmodus ausbreitungsfähig ist) || ~ **filled fibre-optic fibre** (Telecomm) / Einmodenkabel n in gefüllter Technik || ~ **laser** (Phys) /

**single-motion**

Monomode-Laser *m* (bei dem nur ein longitudinaler Mode anschwingt), Einmodenlaser *m*, Single-Mode-Laser *m*
**single•-motion selector** (Teleph) / Drehwähler *m* ‖ ~ **nailing** (Carp) / einreihige Nagelung
**single-needle lock stitch** (Textiles) / einnadliger Steppstich
**single-number subscriber line** (Teleph) / Einzelanschlussleitung *f*
**single open-end spanner** (Tools) / Einmaulschlüssel *m*, einseitiger Maulschlüssel ‖ ~ **open-end wrench** (Tools) / Einmaulschlüssel *m*, einseitiger Maulschlüssel
**single-operator control** / Einmannbedienung *f* ‖ ~ **welding** (Welding) / Einstellenschweißen *n*
**single optical fibre** (Glass) / Einzelglasfaden *m* (bei der Herstellung von Endlos-Glasfasern nach dem Düsenziehverfahren) ‖ ~ **or double density recording** (Comp) / Aufzeichnung *f* mit einfacher oder doppelter Schreibdichte ‖ ~ **out** *v* / aussondern *v*, auslesen *v* ‖ ~ **out** (For) / auslichten *v*, durchforsten *v*, lichten *vt* ‖ ~**-overhead-camshaft engine** (I C Engs) / Motor *m* mit einer obenliegenden Nockenwelle (Direktantrieb hängender Ventile durch eine im Zylinderkopf gelagerte Nockenwelle), SOHC-Motor *m* (mit einer obenliegenden Welle)
**single-page document** (Comp) / einseitiges Dokument, einseitiger Beleg (der nur aus einer einzigen Seite besteht)
**single-pan analytical balance** (Chem) / Einschalen-Analysenwaage *f* (mit Schaltgewichtseinrichtung) ‖ ~ **balance** / Einschalenwaage *f* ‖ ~ **top-loading balance** (Chem) / oberschalige Einschalenwaage
**single-particle equation** (Nuc) / Einteilchengleichung *f* ‖ ~ **model of a nucleus** (Nuc) / Einteilchenmodell *n*, Modell *n* unabhängiger Teilchen (zusammenfassende Bezeichnung für eine Gruppe von Näherungsverfahren zur Berechnung der Wellenfunktionen und Energieeigenwerte der Grundzustände der Atomhülle und des Atomkerns), Modell *n* mit unabhängigen Teilchen
**single-part production** (Work Study) / Einzelproduktion *f*, Einzelfertigung *f* (eine Fertigungsart), Stückproduktion *f* (mit der Auftragsmenge "1")
**single-(gas-)pass boiler** (Eng) / Einzugkessel *m*
**single-pass compiler** (Comp) / Compiler *m* mit einem (einzigen) Durchlauf ‖ ~ **weld** (Welding) / einlagige Naht ‖ ~ **welding** (Welding) / Einlagenschweißen *n* (Schmelzschweißen, bei dem der gesamte Fugenquerschnitt mit einer Schweißung erfasst wird)
**single-path machine** (Eng) / Einwegmaschine *f* (eine Sondermaschine)
**single-phase*** *attr* (Elec Eng, Phys) / Einphasen-, einphasig *adj*
**single-phase alloy** (Met) / homogene Legierung, einphasige Legierung ‖ ~ **alternating current** (Elec) / Einphasenwechselstrom *m*, einphasiger Wechselstrom ‖ ~ **asynchronous machine** (Elec Eng) / einsträngige Asynchronmaschine, Einphasen-Asynchronmaschine *f* ‖ ~ **asynchronous motor** (Elec Eng) / Einphasen-Asynchronmotor *m*, asynchroner Einphasenmotor, AEM (asynchroner Einphasenmotor) ‖ ~ **circuit** (Elec) / einphasiger Stromkreis (DIN 40 110) ‖ ~ **current** (Elec) / Einphasenstrom *m* ‖ ~ **excitation** (Elec Eng) / einphasige Erregung ‖ ~ **fluid flow** (Phys) / Einphasenströmung *f* ‖ ~ **induction machine** (Elec Eng) / einsträngige Asynchronmaschine, Einphasen-Asynchronmaschine *f* ‖ ~ **induction motor** (Elec Eng) / Einphasen-Asynchronmotor *m*, asynchroner Einphasenmotor, AEM (asynchroner Einphasenmotor) ‖ ~ **mains** (Elec Eng) / Einphasennetz *n* ‖ ~ **metal** (Elec Eng) / Einphasenmetall *n* ‖ ~ **motor** (Elec Eng) / Einphasenmotor *m*, Einphasenwechselstrommotor *m* ‖ ~ **network** (Elec Eng) / Einphasennetz *n* ‖ ~ **system** (Elec Eng) / Einphasensystem *n* ‖ ~ **transformer** (Elec Eng) / Einphasenwandler *m*, Einphasentransformator *m* (zur Übertragung elektrischer Energie bei Einphasen-Wechselstrom) ‖ ~ **two-wire circuit** (Elec Eng) / Einphasen-Zweileiter-Stromkreis *m*
**single phasing** (Elec Eng) / einphasiger Betrieb, Einphasenlauf *m*
**single-photon counting** (Phys) / Einzelfotonenzählung *f* (eine Messmethode im Bereich der zeitaufgelösten Spektroskopie zur Untersuchung physikalischer, chemischer oder biochemischer Prozesse, die optisch nachweisbar sind und sehr schnell ablaufen) ‖ ~ **emission computed tomography** (Radiol) / Single-Photon-Emissionscomputertomografie *f*, SPET (Single-Photon-Emissionscomputertomografie)
**single-piece pattern** (Foundry) / ungeteiltes Modell, einteiliges Modell ‖ ~ **rim** (Autos) / einteilige Felge ‖ ~ **ring** (I C Engs) / einteiliger Kolbenring
**single-pile** *attr* (Textiles) / einflorig *adj*
**single•-pipe gravity system** (Heat) / Einrohr-Schwerkraftwarmwasserheizung *f*, Schwerkraftwarmwasserheizung *f* in Einrohrausführung ‖ ~**-pipe pumped system** (Heat) / Einrohr-Pumpenwarmwasserheizung *f*, Pumpenwarmwasserheizung *f* in Einrohrausführung ‖ ~**-pitch roof** (Arch) / Pultdach *n* (das an eine höhere Mauer anschließt) ‖ ~**-plate clutch*** (Autos, Eng) / Einscheibenkupplung *f*

**single-ply flat belt** / homogener Flachriemen ‖ ~ **paper** (Comp) / einlagiges Papier
**single-point** *attr* (Eng, Tools) / einschneidig *adj* (Werkzeug) ‖ ~ **buoy mooring** (Oils) / Einpunktbojenfestmachsystem *n* ‖ ~ **cutting tool** (Eng, Tools) / einschneidiges Zerspanwerkzeug ‖ ~ **injection** (Autos) / Zentraleinspritzung *f* (mit zentralem Einspritzventil für alle Zylinder, z.B. Mono-Jetronic oder CFI) ‖ ~ **injection system** (Autos) / Singlepoint-Einspritzung *f* ‖ ~ **mooring** (Oils) / Einpunktbojenfestmachsystem *n* ‖ ~ **recorder** (Instr) / Einpunktschreiber *m*
**single-pole*** *attr* (Elec Eng) / einpolig *adj*, unipolar *adj*
**single-pole switch** (Elec Eng) / einpoliger Schalter
**single pond** (San Eng) / einstufiger Abwasserteich
**single-portion pack** / Portionsverpackung *f* (die Menge des Packgutes ist für den einmaligen Verbrauch bemessen), Portionspackung *f*
**single precision** (Comp) / einfache Genauigkeit
**single-process scutcher** (Textiles) / Einprozessschlagmaschine *f*
**single programming** (Comp) / Einprogrammbetrieb *m* (mit nur einem Anwendungsprogramm im Hauptspeicher) ‖ ~ **pulse** (Elec Eng, Telecomm) / Einzelimpuls *m*
**single-purpose automatic machine** (Eng) / Einzweckautomat *m* ‖ ~ **automaton** (Eng) / Einzweckautomat *m*
**single-purpose drilling machine** (Eng) / Einzweckbohrmaschine *f*, Sonderbohrmaschine *f*, Produktionsbohrmaschine *f* (Bohrmaschine für die Massenfertigung)
**single-quantum coherence** (Phys) / Einquantenkohärenz *f*
**single quotation marks** (Typog) / halbe Anführungszeichen, einfache Anführungszeichen ‖ ~ **quotes*** (Typog) / halbe Anführungszeichen, einfache Anführungszeichen
**single-rail launcher** (Mil, Space) / Einschienenstartgerät *n*
**single-range instrument** (Instr) / Einbereichsmessgerät *n*, Einbereichinstrument *n*
**single-rate tariff** (Elec Eng) / Einfachtarif *m*, einfacher Elektroenergietarif
**single-refracting** *adj* (Optics) / einfachbrechend *adj*
**single regression** (Maths, Stats) / einfache Regression ‖ ~ **resonance** (Spectr) / Einzelresonanz *f*
**single-resonant optical parametric oscillator** (Electronics) / einfachresonanter optischer parametrischer Oszillator
**single-revolution press*** (Print) / Eintourenpresse *f*, Eintourenmaschine *f*
**single-rib wheel** (Eng) / einprofilige Schleifscheibe, Einprofilschleifscheibe *f* (für Gewinde)
**single-roll crusher** (Eng) / Einwalzenbrecher *m*
**single roof** (Build, Carp) / Sparrendach *n* (einfaches - Aufeinanderfolge von Gespärren)
**single-rope grab** (Eng) / Einseilgreifer *m* (bei Greiferkranen und Greifbaggern) ‖ ~ **gripper** (Eng) / Einseilgreifer *m* (bei Greiferkranen und Greifbaggern)
**single-rope-type grab bucket** (Eng) / Einseilgreifer *m* (bei Greiferkranen und Greifbaggern)
**single-row** *attr* / einreihig (z.B. Kugellager)
**single-row disk harrow** (Agric) / einreihige Einfach-Scheibenegge
**single-row grooved ball bearing** (Eng) / einreihiges Rillenkugellager (DIN 625) ‖ ~ **matrix** (Maths) / Zeilenmatrix *f* (die nur aus einer Zeile besteht), einzeilige Matrix ‖ ~ **vector** (Maths) / Zeilenvektor *m* (Elemente einer Zeile der Matrix als Vektor)
**single ruling** / Linienschraffur *f* ‖ ~ **ruling** (Cartography) / einfacher Linienraster *f* ‖ ~**-run welding** (Welding) / Einzelraupenschweißung *f*
**single-run welding** (Welding) / Einlagenschweißen *n* (Schmelzschweißen, bei dem der gesamte Fugenquerschnitt mit einer Schweißung erfasst wird)
**singles*** *pl* (Build) / Dachschieferplatten *f pl* (305 x 457 mm) ‖ ~ (1 to 1/2 in.)* (Min Proc, Mining) / [etwa] Nuss III (18-30 mm-Steinkohle), Nuss IV *f* (10-18 mm-Steinkohle) ‖ ~ (Spinning) / schwaches Garn (infolge eines Fadenbruchs) ‖ ~ (Textiles) / angedrehte Rohseidenfäden
**single-scale integration** (Electronics) / Integrationsgrad *m* SSI, SSI-Schaltung *f*, Integration *f* kleinen Maßstabes, niedrigster Integrationsgrad (mindestens 10 Grundfunktionen bzw. 100 Bauelemente pro chip), SSI-Integrationsgrad *m*, Kleinintegration *f*
**single-scan detection** (Radar) / Einzelentdeckung *f* (nach einmaliger Beobachtung)
**single scattering** (Nuc, Optics) / Einfachstreuung *f* (DIN 1349, T 2)
**single-screen workstation** (Comp) / Arbeitsplatz, bei dem auf dem gleichen Bildschirmgerät die grafische Darstellung und die virtuellen Funktionstasten wiedergegeben werden
**single-screw ship** (Ships) / Einschraubenschiff *n*
**single-seated** *adj* (Eng) / einsitzig *adj*, Einsitz-
**single-seater** *n* / Einsitzer *m*
**single-section** *attr* (Textiles) / einfonturig *adj* (in der Strumpfherstellung)

**single-session CD** (Comp) / in einem Durchgang beschriebene CD, in einer Sitzung beschriebene CD
**single-shaft** attr (Eng) / einwellig adj || **~ hammer crusher** (Eng) / Einwellenhammerbrecher m
**single-shear lap** (Eng) / einschnittige Überlappung || **~ riveting joint** (Eng) / einschnittige Nietverbindung
**single-sheet-fed printer** (Comp) / Drucker m mit Einzelformularzuführung
**single-sheet feeding** (Comp) / Einzelbelegzuführung f, Einzelblattzuführung f (Option beim Drucker), Einzelblatteinzug m, Einzelformularzuführung f || **~ filter** (Chem Eng) / Einschichtfilter n, Einschichtenfilter n
**single•-shell** attr (Build, Civ Eng) / einschalig adj || **~ shot** (Electronics) / Univibrator m, Multivibrator m mit einer (einzigen) Gleichgewichtslage, monostabiler Multivibrator, Monoflop n (Flipflop, das nur eine stabile Lage hat), monostabile Kippstufe
**single-shot circuit** (Electronics) / monostabile Schaltung || **~ multivibrator** (Electronics) / Univibrator m, Multivibrator m mit einer (einzigen) Gleichgewichtslage, monostabiler Multivibrator, Monoflop n (Flipflop, das nur eine stabile Lage hat), monostabile Kippstufe || **~ trigger circuit** (Electronics) / Univibrator-Kippschaltung f, monostabile Triggerschaltung
**single-sideband** n (Radio, Telecomm) / Einseitenband n, ESB (Einseitenband) || **~ amplitude modulation** (Radio, Telecomm) / Einseitenband-Amplitudenmodulation f, ESB-AM f (Einseitenband-Amplitudenmodulation) || **~ filter** (Radio, Telecomm) / Einseitenbandfilter n, SSB-Filter n || **~ modulation** (Radio, Telecomm) / Einseitenbandmodulation f, EM (Einseitenbandmodulation) || **~ receiver** (Radio, Telecomm) / Einseitenbandempfänger m || **~ transmission** (Radio, Telecomm) / ESB-Übertragung f, Einseitenbandübertragung f
**single-side(d) cooled** / einseitig gekühlt
**single-side cooled** / einseitig gekühlt
**single-sided** adj / einseitig adj (nur auf einer Seite) || **~** (Comp) einseitig adj, einseitig beschreibbar (Diskette) || **~ amplifier** (Elec Eng, Telecomm) / unsymmetrischer Verstärker || **~ amplifier** (Telecomm) / Eintaktverstärker m (Schaltungsart für Niederfrequenzleistungsverstärker) || **~ LIM** (Elec Eng) / einseitiger Linearmotor, Leitermotor m || **~ linear motor** (Elec Eng) / einseitiger Linearmotor, Leitermotor m || **~ PCB** (Electronics) / Einebenenleiterplatte f || **~ printed-circuit board** (Electronics) / Einebenenleiterplatte f
**single-side loading fork truck** / Quergabelstapler m, Seitengabelstapler m
**single silk** (Spinning) / Pelseide f, Pelogarn n, Peloseidengarn n (Kernfäden für Gold- und Silbergespinste)
**single-size concrete** (Build, Civ Eng) / Einkornbeton m (aus annähernd gleichkörnigem Zuschlagstoff ohne wesentliche Eigenporigkeit)
**single sledge** (For) / Halbschlitten m (für die Rundholzförderung) || **~ slip** (Crystal) / Einfachgleitung f
**single-slope converter** (Electronics) / A/D-Einrampenumsetzer m
**single-slot ceiling diffusor** (San Eng) / einfacher Deckenschlitzauslass
**single-sound track** (Cinema) / Einzackenschrift f (eine Schallaufzeichnungsart)
**single-span bridge** (Civ Eng) / einfeldrige Brücke || **~ frame** (Mech) / Einfachrahmen m, einfeldriger Rahmen, Einfeldrahmen n, einfacher Rahmen || **~ instrument** (Instr) / Einbereichsmessgerät n, Einbereichsinstrument n
**single-spark ignition coil** (I C Engs) / Einzelfunkenzündspule f (bei vollelektronischer Zündung), Einzelzündspule f
**single-speaker recognition** (AI) / Einzelsprechererkennung f
**single-species stand** (For) / Reinbestand m
**single-speed drill** (Tools) / Eingang-Bohrer m
**single-spindle automatic*** (Eng) / Einspindelautomat m
**single-spindle automatic lathe** (Eng) / Einspindeldrehautomat m || **~ lathe** (Eng) / einspindlige Drehmaschine
**single•-spool jet engine** (Aero) / einwelliges TL-Triebwerk, TL-Triebwerk n in Einwellenbauart || **~ spread** (For) / Einseitenkleberauftrag m || **~ squirrel cage** (Elec Eng) / Einfachkäfig m (des Käfigläufermotors) || **~-stage** attr / Einstufen-, einstufig adj
**single-stage compressor** (Aero, Eng) / einstufiger Verdichter, einstufiger Kompressor || **~ grouping** (Teleph) / einstufige Gruppierung || **~ press** (Eng) / Einfachdruckpresse f, Einschlagpresse f, Einstufenpresse f || **~ pump** (Eng) / einstufige Pumpe
**single-stage recycle** (Nuc Eng) / Einstufenrückführung f, Einstufenrückstromverfahren n
**single-stage regulator** (Welding) / einstufiger Druckregulator || **~ turbine** (Eng) / einstufige Turbine, Einstufenturbine f
**single-stand rod-mill train** (Met) / einadrige Drahtwalzstraße || **~ rolling mill** (Met) / eingerüstiges Walzwerk
**single-start** attr (Eng) / eingängig adj (Gewinde)

**single-start worm** (Eng) / eingängige Schnecke
**single-stator linear motor** (Elec Eng) / Einstatorlinearmotor m, Einständerlinearmotor m
**single steam reformer tube unit** / Einzelspaltrohr-Versuchsanlage f (EVA - ein Fernenergiesystem in Jülich)
**single-step control** (Comp) / Einzelschrittsteuerung f || **~ joint** (Join) / Stirnversatz m || **~ operation** (Comp) / Einzelschrittbetrieb m, Schrittbetrieb m
**single-strand chain** / Einstrangkette f
**single-stranded** adj (Biochem) / einzelstrangig adj (eine Nucleotidsequenz)
**single-strip seal** / Schlitzverklebung f
**single stroke** (Eng) / Einzelhub m
**single-strut landing gear** (Aero) / Einbeinfahrwerk n
**single-suction** attr (Eng) / einflutig adj (Pumpe), einströmig adj
**single superphosphate** (Agric) / normales Superphosphat (mit 16-22% $P_2O_5$)
**single-surface treatment** (Civ Eng) / einfache Oberflächenbehandlung
**single-sweep polarography** (Chem) / Singlesweep-Polarografie f, Katodenstrahlpolarografie f, SSP || **~ tinning** (Surf) / Einbadverzinnung f
**single-switch call** (Teleph) / Gespräch n über zwei zwischenstaatliche Leitungen (über eine Grenze)
**single-system recording** (Acous) / Einbandverfahren n
**singlet*** n (Chem, Spectr) / Singulett n (eine nicht aufspaltbare Spektrallinie) || **~** (Nuc) / Singulett n (ein Multiplett mit einem Term) || **~** (Optics) / einlinsiges Objektiv, einfaches Objektiv (das aus einer einzigen Linse besteht), Einlinsenobjektiv n
**single-tasking system** (Comp) / Einaufgabensystem n, Single-Tasking-System n (ein Betriebssystem) || **~ system** (Comp) s. also multitasking
**single-terminal configuration** (Telecomm) / Einzelkonfiguration f || **~ connection** (Telecomm) / Einzelendgeräteanschluss m, Einfachendgeräteanschluss m, Einzelkonfiguration f (bei Endgeräten)
**single test** (Comp) / Einzeltest m (eines größeren Programms) || **~-thread** attr (Eng) / eingängig adj (Gewinde)
**single-thread compression screw** (Plastics) / Gangkompressionsschnecke f (eine Extruderschnecke)
**single-threaded** adj (Eng) / eingängig adj (Gewinde)
**single-thread nut** (Eng) / Federmutter f
**single-throw switch** (Elec Eng) / Hebelausschalter m
**single-thrust** attr (Eng) / einseitig wirkend (z.B. Axial-Rillenkugellager nach DIN 711)
**single-toggle jaw crusher** (Eng) / Einschwingenbrecher m (ein Backenbrecher)
**singleton** n (Maths) / einelementige Menge, Einermenge f
**single-tooth cutter** (Eng) / Einzahnfräser m, Schlagzahnfräser m
**single toothing** (Eng) / Einzelverzahnung f
**singlet oxygen** (Chem) / Singulettsauerstoff m
**single track** (Acous, Cinema) / Einzelspur f, Einfachspur f || **~-track** attr (Acous, Cinema, Ships) / einspurig adj
**single-track bridge** (Civ Eng, Rail) / eingleisige Brücke || **~ plane** (Mining) / eintrümiger Bremsberg || **~ vehicle** (Autos) / einspuriges Fahrzeug, Einspurfahrzeug n, Zweiradfahrzeug n
**single-traverse technique** (Materials) / Methode f des halben Sprungabstands (bei der Ultraschallprüfung)
**single tree** (Cartography, For) / Solitärbaum n, einzelstehender Baum, Einzelbaum m || **~ trip** (Aero) / einfache Reise
**single-trip bottle** / Einwegflasche f || **~ container** / Einwegcontainer m, Einwegbehälter m || **~ package** (US) / Einwegverpackung f, Wegwerfverpackung f || **~ trigger circuit** (Electronics) / Univibrator-Kippschaltung f, monostabile Triggerschaltung
**singlet state** (Spectr) / Singulettzustand m
**single-tube dashpot** (Autos) / Einrohrstoßdämpfer m || **~ tunnel** (Civ Eng) / Einröhrentunnel m, einröhriger Tunnel
**single-tuned amplifier** (Elec Eng, Telecomm) / Resonanzverstärker m (für eine Frequenz)
**single-turn coil** (Elec Eng) / eingängige Spule || **~ coil*** (Elec Eng) / Einstabspule f || **~ transformer*** (Elec Eng) / Stabwandler m, Einleiterwandler m
**single-U butt joint** (Welding) / Kelchnaht f, U-Naht f, Tulpennaht f || **~ groove weld** (Welding) / Kelchnaht f, U-Naht f, Tulpennaht f
**single-user set-up** (Comp) / Einzelbenutzerkonfiguration f || **~ system** (Comp) / Einzelplatzsystem n (mit eigener CPU und Peripherie, aber nur mit einem Arbeitsplatz), Einbenutzersystem n
**single•-valued*** adj (Maths) / eindeutig adj || **~-valued*** (Maths) / einwertig adj
**single-valued bearing** (Civ Eng, Eng) / einwertiges Lager (Bauart einer Lagerung, die nur eine senkrecht zur Stützfläche wirkende Kraft aufnehmen kann, jedoch kein Kraftmoment; diese Lagerart wird verwendet, um die Wärmeausdehnung nicht zu behindern)

**single-valuedness**

**single-valuedness** n (Maths) / Eindeutigkeit f
**single-vane rotary compressor** (Eng) / Sperrschieberverdichter m (Drehkolbenverdichter mit einem Kolben und einer im Gehäuse beweglich angeordneten Schieberplatte, in dem der Kolben mit seiner Achse um die dazu parallele Zylinderachse rotiert)
**single-variable system** (Automation) / Eingrößensystem n (wenn eine Eingangsgröße auf eine Ausgangsgröße wirkt)
**single-V butt joint** (without root face) (Welding) / V-Naht f (eine Stumpfnaht nach DIN 1912, T 5)
**single-V butt joint** (Welding) / V-Stoß m
**single-V butt joint with** (wide) **root faces** (Welding) / Y-Naht f
**single-V butt weld** (Welding) / V-Naht f (eine Stumpfnaht nach DIN 1912, T 5) || ~ **groove weld** (Welding) / V-Naht f (eine Stumpfnaht nach DIN 1912, T 5)
**single-vision lens** (an ophthalmic lens) (Optics) / Einstärkenglas n (ein Brillenglas)
**single-volume** attr (Bind) / einbändig adj
**single-wale twill** (Textiles, Weaving) / Eingratköper m
**single-wall corrugated fibreboard** (Paper) / einwellige Wellpappe (DIN 6730 - bestehend aus einer Lage gewellten Papiers, das zwischen zwei Lagen Papier oder Karton geklebt ist), zweiseitige Wellpappe
**single-warp stitch** (Textiles) / einfacher Kettenstich, Einfachkettenstich m
**single wave** (Phys) / Einzelwelle f || **~-wave rectifier** (Elec Eng, Radio) / Einweggleichrichter m (elektronische Schaltungsanordnung, bei der die Gleichrichtung einer oder mehreren Halbwellen einer Wechselspannung oder eines Wechselstroms von nur einem Bauelement mit Ventilwirkung vorgenommen wird)
**single-way control valve** (Eng) / Einwegstellventil n (zur aufgabenmäßigen Beeinflussung eines Massenstroms bzw. Druckes eines in einer Rohrleitung fließenden Mediums)
**single-weft plush** (Textiles) / einschüssiger Plüsch
**single-weight** attr (Photog) / dünn adj (Fotopapier)
**single-welded butt joint** (Welding) / einseitig geschweißter Stumpfstoß
**single-wheel lapping machine** (Eng) / Einscheibenläppmaschine f || ~ **suspension** (Autos) / Einzelradaufhängung f (unabhängige Führung der Räder einer Achse oder beider Achsen eines Kraftfahrzeugs) || ~ **walking tractor** (Autos) / Einradschlepper m
**single window** (Build) / Einfachfenster n
**single-wire antenna** (Radio) / Eindrahtantenne f || ~ **conductor** (Elec Eng) / eindrähtiger Leiter || ~ **drawing machine** (Met) / Einfachdrahtziehmaschine f || ~ **feeder**\* (Telecomm) / Eindraht-Speiseleitung f || ~ **welding** (Welding) / Eindrahtschweißung f (mit einem Schweißdraht als Zusatzwerkstoff)
**single-wishbone-type swing-axle** (Autos) / Pendelachse f (eine alte Bauart der Hinterachse)
**single-word term** / Einwortbenennung f
**single yarn**\* (Spinning) / einfädiges Garn, Einfachgarn n, einfaches Garn, Single-Garn n
**singling** n / Aussondern n, Auslesen n || ~ (Agric) / Vereinzeln n || ~ (defect in plying of yarns) (Spinning) / Fadenbruch m, fehlender Faden
**singling-out** n / Aussondern n, Auslesen n
**singlings** pl (Nut) / Lutter m (Fuselöl enthaltende Flüssigkeit mit geringem Gehalt an Weingeist, die sich bei der Herstellung von Branntwein bildet), Raubrand m (der vollständige, erste, fuselhaltige Abtrieb aus einer vergorenen Maische), Kornlutter m (durch einfache Destillation hergestellte fuselartige Flüssigkeit mit geringem Ethanolgehalt)
**singly ionized** (Phys) / einfach ionisiert
**singular** adj / singulär adj || ~ **conic section** (Maths) / singulärer Kegelschnitt, zerfallender Kegelschnitt, entarteter Kegelschnitt || ~ **conic section** (Maths) s. also Pappus' theorem || ~ **edge** (Maths) / singuläre Kante, Schlinge f (bei Grafen)
**singularity**\* n (Maths) / Singularität f, singuläre Stelle || ~ (Phys) / Singularität f (ein Punkt im Raum-Zeit-Kontinuum, in dem die bekannten physikalischen Gesetze keine Gültigkeit mehr haben)
**singular mapping** (Maths) / ausgeartete Abbildung, singuläre Abbildung || ~ **matrix** (Maths) / singuläre Matrix (quadratische Matrix, deren Determinante den Wert null hat) || ~ **measurable transformation** (Stats) / singuläre messbare Transformation || ~ **point** (Maths) / Singularität f, singuläre Stelle || ~ **point**\* (Maths) / vielfacher Punkt, mehrfacher (singulärer) Flächenpunkt || ~ **point**\* (Maths) / singulärer Punkt (einer Kurve) (nicht regulärer Flächenpunkt) || ~ **solution**\* (Maths) / singuläre Lösung (eines Differentialgleichungssystems), singuläres Integral
**sinh**\* (hyperbolic sine) (Maths) / Hyperbelsinus m, Sinus hyperbolicus m, sinh (Hyperbelsinus)
**sinide** n (Ceramics, Chem) / Siliziumnitrid n ($Si_3N_4$), Siliciumnitrid n
**sinigrin**\* n (Chem) / Sinigrin n (ein Glucosinolat aus Brassica nigra (L.) W.D.J. Koch)

**sinigrinase** n (Biochem) / Myrosinase f (eine Hydrolase), Thioglucosidase f (eine Hydrolase), Thioglukosidase f
**sinistral** adj (Geol) / linkssinnig adj, linkshändig adj, linksdrehend adj, sinistral adj || ~ **fault**\* (Geol) / sinistrale Blattverschiebung, Linksverwerfung f, linkshändige Blattverschiebung
**sinistrorse helix** (Maths) / linksgängige Schraubenlinie
**sink** v (nail, rivet) (Eng) / versenken v || ~ (Paint) / einsinken v, einschlagen vi, wegschlagen vi || ~ (Ships) / sinken vi || ~ vi / versinken v, sinken v (versinken) || ~ / einfallen v || ~ vt / absenken v (etwas, z.B. Fundamente) || ~ (cause or allow to sink) / versenken v || ~ (Civ Eng, Mining) / abteufen v || ~ (Join) / vertiefen v, ausnehmen v, ausfräsen v, aussparen v || ~ (Met) / reduzieren v (Rohre im Hohlzug) || ~ n (Agric) / Jauchegrube f, Senkgrube f, Senkschacht m, Dunglege f || ~ (Build, Plumb) / Spüle f, Spülstein m, Ausguss m || ~ (Chem, Maths, Phys) / Senke f (in mathematischen Modellen für stoffliche Veränderungen in einem System) || ~ (Foundry) / Einfallstelle f (eine Werkstoffeinbuchtung) || ~ (Geol) / Schluckloch n (Stelle, an der ein Teil des Abflusses versickert), Schwalgloch n || ~ (Geol) / Karstschlot m, Schlot m (Karstschlot) || ~ (Geol) / Endsee m (ein abflussloser See) || ~ (Geol) / Katavothre f, Schwinde f, Flussschwinde f, Ponor m (pl. -e) (in Karstgebieten), Schlundloch n || ~ (Phys) / Senke f (eines Feldes) || ~\* (Print) / Vertiefung f (der Platte) || ~ (San Eng) / Ablauf m (Bauteil des Entwässerungsnetzes, durch den Abwasser in das Leitungsnetz abgeführt wird, wie z.B. ein Straßenablauf) || ~ (San Eng) / Senkgrube f, Absetzgrube f, Klärgrube f || ~ (San Eng) / Aussgussbecken n
**sinkage** n (Autos) / Eindrückung f (des Reifens) || ~ (Print) / Vorschlag m (leerer Raum zwischen oberem Satzspiegelrand und Kapitelanfang) || ~ (Textiles) / Verarbeitungsverlust m (bei Wollwäsche)
**sinker** n (of mistletoe) (For) / Senker m || ~ (For, Hyd Eng) / Senkholz n (beim Triften), Sinkholz n || ~ (Instr) / Schwebekörper m (in einem Durchflussmesser, der Mohr'schen Waage) || ~ (Mining) / Abteufbohrhammer m || ~ (Ocean) / Lotkörper m (beim Tiefseelot) || ~\* (Textiles) / Platine f (ein Maschenbildungswerkzeug) || ~ **bar**\* (Oils) / Schwerstange f (beschwertes Gestängerohr mit dickerer Rohrwandung unmittelbar über dem Bohrkopf zum Erzeugen des erforderlichen Andrucks auf der Bohrlochseite bei Großlochbohrungen) || ~ **bar** (Textiles) / Platinenbarre f || ~ **divider** (Textiles) / Verteilplatine f (die den zugeführten Faden über den Nadelschäften in Schleifen legt) || ~ **drill** (Mining) / Abteufbohrhammer m || ~ **wheel** (Textiles) / Kulierrad n, Mailleuse f, Maschenrad n (bei der französischen Rundkulierwirkmaschine)
**sink•-float process**\* (Min Proc) / Sink-Schwimm-Aufbereitung f, Schwertrübeaufbereitung f, Schwerflüssigkeitsaufbereitung f, Schwimm-Sink-Verfahren n (mit Schwertrübe - ein Sortierverfahren, das die unterschiedliche Dichte der Teilchen eines Feststoffgemenges als Trennmerkmal nutzt), Schwertrübeverfahren n, Schwertrübesortieren n, Sinkscheidung f, Sinkabscheidung f || ~ **flow** (Phys) / Senkenströmung f
**sinkhole** n (Geol) / Schluckloch n (Stelle, an der ein Teil des Abflusses versickert), Schwalgloch n || ~ (Geol) / Karstschlot m, Schlot m (Karstschlot) || ~ (Geol) / Katavothre f, Schwinde f, Flussschwinde f, Ponor m (pl. -e) (in Karstgebieten), Schlundloch n || ~ (Met) / Lunker m (Außenlunker am Blockkopf) || ~ **collapse** (Geol) / Erdfall m (infolge unterirdischer Auslaugung von Salz oder Gips durch plötzlichen Einsturz an der Erdoberfläche entstehender Trichter)
**sinking** n (Build) / Einsinken n, Setzung f, Senkung f || ~ (Build, Civ Eng) / Setzen n, Setzung f, Setzungsverhalten n || ~\* (Civ Eng, Mining) / Abteufen n (Herstellen eines vertikalen Schachtes ausgehend von der Geländeoberfläche), Teufen n || ~\* (Join) / Vertiefung f, Ausnehmung f, Ausfräsung f, Aussparung f || ~ (Met) / Reduzieren v (von Rohren im Hohlzug) || ~\* (Mining) / Niederbringen n || ~ (any local loss of gloss or sheen in a paint film, due to absorption of the medium by the undercoats or to the porosity of the surface to which the paint is applied) (Paint) / Einsinken n (ein Anstrichfehler), Einschlagen n (unerwünscht rasches Abwandern eines Anstrichmittels an Stellen eines Untergrundes, die eine geringere Saugfähigkeit haben als die umgebende Fläche - ein Anstrichfehler), Wegschlagen n (durch Grundierung zu vermeidende uneinheitliche Aufsaugung der flüssigen Phase eines Anstrichmittels durch frischen oder alten porösen Putz), Abzeichnungen f pl, Einfallen n (DIN EN ISO 4618) || ~ **advance** (Mining) / Abteuffortschritt m || ~ **and walling platform** (Mining) / Schwebebühne f zum gleichzeitigen Teufen und Mauern || ~ **and walling scaffold** (Mining) / Schwebebühne f zum gleichzeitigen Teufen und Mauern || ~ **bucket** (Mining) / Abteufkübel m, Teufkübel m || ~ **material** (Min Proc) / Sinkgut n (Feststoffe, die sich gerade absetzen) || ~ **operation** (Civ Eng) / Schachtbau m || ~ **platform** (Mining) / Schwebebühne f (an Seilen im Schacht verfahrbare Bühne, von der aus beim Schachtabteufen die notwendigen Ausbau- und Einbauarbeiten durchgeführt werden) || ~ **pump** (Mining) / Abteufpumpe f || ~ **speed** (Aero) / Sinkgeschwindigkeit f

**sink mark** (Plastics) / Einfallstelle *f* (ein Spritzgussfehler), Einsackstelle *f*
**sinks** *pl* (Min Proc) / Sinkgut *n* (bei der Sink-Schwimm-Aufbereitung)
**sink-stitch** *v* (Textiles) / durchnähen *v*
**sink trap** (Build, San Eng) / Kellersinkkasten *m* ‖ ~ **unit** / Spültisch *m*
**sinoite** *n* (Min) / Sinoit *m* (meteoritisches Mineral = $Si_2N_2O$)
**sinopite** *n* (Min) / Sinopit *m* (ein Montmorillonit)
**sinor** *n* (Elec Eng) / Komplexor *m* (Quotient zweier Zeiger sinusförmiger Größen gleicher Frequenz)
**sin² pulse** (Elec, Telecomm) / Glockenimpuls *m*, Sin²-Impuls *m*
**sinter*** *v* (Ceramics, Met, Powder Met) / sintern *v* (pulverförmige Substanzen) ‖ ~ (Powder Met) / zusammenbacken *v* ‖ ~ *n* (Ceramics, Met) / Sinter *m* ‖ ~* (Geol) / Sinter *m* (mineralische Ausscheidung an Quellaustritten) ‖ ~ (Powder Met) / Sinterstoff *m* (gesinterter Werkstoff), Sintererzeugnis *n* ‖ ~ **dolomite** (Ceramics) / Sinterdolomit *m* (das oberhalb 1600° erbrannte MgO.CaO)
**sintered alloy** (Met) / Sinterlegierung *f* ‖ ~ **alumina** / Sinterkorund *m* (ein durch Sinterung von Tonerde gewonnener polykristalliner Werkstoff) ‖ ~ **alumina** (Ceramics) / Aluminiumoxidkeramik *f*, Sintertonerde *f* ‖ ~ **bearing material** (Eng) / gesinterter Lagerwerkstoff (der aus gepressten oder gesinterten Pulvern hergestellt ist) ‖ ~ **bronze** (Met) / Sinterbronze *f* (DIN 30900) ‖ ~ **bubbler** (Chem) / Begasungsfilter *n*, Gasverteilungsfritte *f*, Filterstein *m* ‖ ~ **carbide*** / Sintercarbid *n*, Sinterkarbid *n*, Sinterhartmetall *n* (WC, TiC, TaC), gesintertes Karbidhartmetall ‖ ~ **copper** (Met) / Sinterkupfer *n* ‖ ~ **corundum** / Sinterkorund *m* (ein durch Sinterung von Tonerde gewonnener polykristalliner Werkstoff) ‖ ~ **density** / Sinterdichte *f* (DIN 1306) ‖ ~ **filter** (Chem Eng) / Sinterfilter *n* ‖ ~ **glass** (Glass) / gefrittetes Glas, Glassinter *m* (durch Verschmelzen eines Haufwerkes von Glaskörpern gewonnener Werkstoff), Sinterglas *n*
**sintered-glass crucible** (with fritted-glass disks sealed permanently into the bottom end) (Chem) / Glasfiltertiegel *m*, Glasfrittentiegel *m* ‖ ~ **filter** (Chem Eng) / Sinterglasfilter *n* (eine Filterplatte) ‖ ~ **plate** (Chem Eng) / Sinterglasfilter *n* (eine Filterplatte)
**sintered layer** / gesinterte Schicht, aufgesinterte Schicht ‖ ~ **material** (Ceramics, Powder Met) / Sinterwerkstoff *m* (Verbundwerkstoff, der durch Sintern erzeugt wird - DIN EN ISO 3252) ‖ ~ **metal** (Met) / Sintermetall *n* ‖ ~ **nuclear fuel** (Nuc Eng) / gesinterter Kernbrennstoff, Sinterbrennstoff *m* ‖ ~ **part** (Powder Met) / Sinterteil *n*, Sinterformteil *n* ‖ ~ **powder magnet** (Elec Eng, Powder Met) / Pulvermagnet *m*, Pressmagnet *m*, Feinstteilchenmagnet *m* ‖ ~ **product** (Powder Met) / Sinterstoff *m* (gesinterter Werkstoff), Sintererzeugnis *n* ‖ ~ **steel** (Met) / Sinterstahl *m* (DIN EN ISO 3252)
**S-interface** *n* (Comp) / S-Schnittstelle *f*
**sinter firing** (Ceramics) / Sinterbrand *m*
**sintering*** *n* (Ceramics, Met, Powder Met) / Sintern *n* (Wärmebehandlung von gepressten Pulverteilchen unterhalb der Schmelztemperatur, die feste, poröse Körper liefert), Sinterung *f* ‖ ~ (Powder Met) / Sinterteil *n*, Sinterformteil *n* ‖ ~ **aid** (Ceramics) / Sinteradditiv *n*, Sinterhilfsmittel *n* ‖ ~ **belt** (Met) / Sinterband *n* ‖ ~ **coal** / Sinterkohle *f* (mit 40-45% Gehalt an Flüchtigem) ‖ ~ **furnace** / Sinterofen *m* ‖ ~ **grate** (Met) / Sinterrost *m* ‖ ~ **press** (Met) / Sinterpresse *f* ‖ ~ **under pressure** (Powder Met) / Presssintern *n*, Drucksintern *n* ‖ ~ **without pressure** (Met) / druckloses Sintern, Sintern *n* ohne Druck
**sinter part** (Powder Met) / Sinterteil *n*, Sinterformteil *n* ‖ ~ **roasting** (Met) / Sinterröstung *f* ‖ ~ **water** (Powder Met) / Sinterwasser *n*
**sinuosity** *n* (Hyd Eng) / Flusslängenkrümmungsverhältnis *n* (Verhältnis der Krümmungslänge zum Luftweg zweier Punkte der Flusskrümmung)
**sinuous** *adj* / kurvenreich *adj* (Strecke) ‖ ~ **flow** (Phys) / turbulente Strömung (ungeordnete Bewegung von Flüssigkeits- oder Gasteilchen), Flechtströmung *f*
**sinusoid** *n* (Maths) / Sinuskurve *f*, Sinuslinie *f*, Sinusoide *f*
**sinusoidal*** *adj* (Elec Eng) / sinusförmig *adj*, sinusoidal *adj* ‖ ~ **current*** (Elec Eng) / sinusförmiger Strom, Sinusstrom *m* ‖ ~ **frequency shift keying** (Telecomm) / Modulation *f* durch sinusförmige Verschiebung der Frequenz ‖ ~ **function** (Maths) / sinusartige Funktion, Sinusfunktion *f* ‖ ~ **movement** (Phys) / sinusförmige Bewegung ‖ ~ **oscillation** (Phys) / Sinusvorgang *m* (DIN 5483, T 1), sinusförmiger periodischer Vorgang, einfache Sinusschwingung (DIN 1311, T 1), harmonische Bewegung, harmonische Schwingung ‖ ~ **oscillator** (Electronics, Phys) / Sinusoszillator *m*, harmonischer Oszillator (wichtiges Modell zur Beschreibung von Schwingungen) ‖ ~ (**alternating**) **quantity** (Phys) / Sinusgröße *f*, Sinusgröße *f* (DIN 1311, T 1 und DIN 40110, T 1) ‖ ~ **sound** (Acous) / Sinusschall *m* (DIN 1320), Sinustonschall *m* ‖ ~ **spiral*** (Maths) / Sinusspirale *f* ‖ ~ **vibration** (Phys) / Sinusvorgang *m* (DIN 5483, T 1), sinusförmiger periodischer Vorgang, einfache Sinusschwingung (DIN 1311, T 1), harmonische Bewegung, harmonische Schwingung ‖ ~ **vibration**

(Phys) s. also harmonic oscillation ‖ ~ **voltage** (Elec) / Sinusspannung *f* ‖ ~ **wave*** (Phys) / sinusförmige Welle, Sinuswelle *f*
**SIO** (serial input/output) (Comp) / serielle Ein-/Ausgabe
**SIP** (Session Initiator Protocol) (Comp, Teleph) / Session Initiator Protocol (Standard der IETF zur Telefonie über Internet), SIP (Session Initiator Protocol) ‖ ≃ (single in-line package) (Electronics) / Single-in-Line-Gehäuse *n* (eine Einheit, die in einem Gehäuse untergebracht ist, wobei die Anschlussstifte bzw. -leitungen in einer Reihe angeordnet sind), SIL-Gehäuse *n* ‖ ≃ (steamable in place) (Med, San Eng) / dampfsterilisierbar in eingebautem Zustand *adj*
**sipe** *n* (a moulded or cut slot in a tyre tread, which is substantially narrower then the major grooves) (Autos) / feiner Einschnitt im Reifenprofilstollen (der den Profilelementen größere Beweglichkeit verleiht und damit die Rutschfestigkeit bei nasser Straße verbessert), Lamelle *f* (im Reifenprofilstollen)
**siphon** *v* / absaugen *v* (mit einem Saugheber) ‖ ~ / hebern *v* ‖ ~ / mit Saugheber arbeiten ‖ ~* *n* / Siphon *m*, Siphonrohr *n* ‖ ~ (Chem) / Heber *m*, Flüssigkeitsheber *m* (Saugheber, Winkelheber) ‖ ~* (Civ Eng) / Rohrleitung *f* unter Hindernissen, Düker *m* (DIN 4047-5 und 19 661, T 1) ‖ ~* (San Eng) / Trap *m*, Geruchverschluss *m*, Geruchsverschluss *m*, Siphon *m*, U-Verschluss *m*
**siphonage** *n* (Phys) / Heberwirkung *f*
**siphon barograph** (Meteor) / Heberbarograf *m* ‖ ~ **barometer** (Meteor) / Heberbarometer *n* (ein Quecksilberbarometer) ‖ ~ **brick** (Met) / Siphonstein *m*, Dammstein *m* ‖ ~ **feed(ing)** (Paint) / Saugspeisung *f* (der Spritzpistole)
**siphon-feed gun** (Paint) / Spritzpistole *f* mit Saugspeisung, Druckluftspritzpistole *f* (beim Saugsystem), Saugbecherpistole *f*, Saugtopfpistole *f* ‖ ~ **spray gun** (Paint) / Spritzpistole *f* mit Saugspeisung, Druckluftspritzpistole *f* (beim Saugsystem), Saugbecherpistole *f*, Saugtopfpistole *f*
**siphon for poisons** (Chem) / Giftheber *m*
**siphoning** *n* (Phys) / Heberwirkung *f*
**siphon off** *v* (Chem) / aushebern *v*, abhebern *v* (mit einem Heber) ‖ ~ **pipe** / Heberrohr *n* ‖ ~ **recorder** (Teleg) / Heberschreiber *m* (ein alter Farbröhrchenschreiber) ‖ ~ **spillway*** (Hyd Eng) / Heberüberlauf *m* ‖ ~ **trap** (San Eng) / Trap *m*, Geruchverschluss *m*, Geruchsverschluss *m*, Siphon *m*, U-Verschluss *m* ‖ ~ **weir** (Hyd Eng) / Heberwehr *n*
**sipo** *n* (For) / Sipo-Mahagoni *n* (gefragtes Konstruktionsholz, besonders für Fenster - Entandrophragma utile /Dawe et Sprague/ Sprague), Sipo *n* ‖ ~ **mahogany** (For) / Sipo-Mahagoni *n* (gefragtes Konstruktionsholz, besonders für Fenster - Entandrophragma utile /Dawe et Sprague/ Sprague), Sipo *n*
**sipping test** (Nuc Eng) / Sipping-Test *m* (von Brennstoffelementen)
**sip resistor terminators** (Electronics) / Widerstandsanschlüsse *m pl* in Einreihenanordnung (bei ECL-Technik)
**siren*** *n* (Acous) / Sirene *f*
**sirenin** *n* (Chem) / Sirenin *n* (ein Sesquiterpen)
**siris** *n* (For) / Siris *n*, Kokko *n* (indisches), Albizia (Albizia lebbeck (L.) Benth.)
**Sirius** *n* (Astron) / Sirius *m* (Hundsstern, Canicula - Hauptstern des Großen Hundes, hellster Stern am Himmel)
**SIRO** (service in random order) / Bedienung *f* nach der zufälligen Auswahl ("auf gut Glück") (ein Wartesystem)
**Si-Ro-Set process** (Textiles) / Si-Ro-Set-Verfahren *n* (ein australisches Veredelungsverfahren zur Herstellung beständiger Falten)
**sirup** *n* (US) (Nut) / Zuckersirup *m* (64%ige Lösung von Saccharose in Wasser) ‖ ~ (US) (Nut, Pharm) / Sirup *m*
**sisal*** *n* (Bot, Textiles) / SI (DIN 60001, T 4), Sisalhanf *m* (aus der Sisalagave), Sisal *m*, Sisalfaser *f* ‖ ~ **hemp** (Bot, Textiles) / SI (DIN 60001, T 4), Sisalhanf *m* (aus der Sisalagave), Sisal *m*, Sisalfaser *f*
**sisal-hemp wax** / Sisalwachs *n* (aus Agave sisalana Perrine)
**sisal rope** / Sisalseil *n* (DIN 83324) ‖ ~ **wax** / Sisalwachs *n* (aus Agave sisalana Perrine)
**SISD computer** (single instruction, single data) (Comp) / SISD-Rechner *m*
**siserskite** *n* (Min) / Iridosmium *n* (mit > 55% Os), Syssertskit *m*
**sissoo** *n* (For) / Tali *n* (gelbliches bis rotbraunes Holz von Erythrophleum ivorense A. Chev. oder Erythrophleum micranthum Harms)
**sissy bar** (Autos) / Bügel *m* (am Ende der Doppelsitzbank des Motorrads)
**sister** *n* / Schwester *f* (in der Grafentheorie) ‖ ~ **hook** (Eng) / Doppelhebehaken *m*, Doppelhaken *m* (ein Lasthaken nach DIN 699) ‖ ~ **print** (Textiles) / Sister-Print *n* (beim Zeugdruck) ‖ ~ **ship** (Ships) / Schwesterschiff *n*
**SIT** (silicon intensifying target) (Electronics) / Si-Multiodentarget *n* als Verstärker ‖ ≃ (static induction transistor) (Electronics) / statischer Influenztransistor (ein JFET mit sehr kurzer Gateelektrode), SIT (statischer Influenztransistor) ‖ ≃ (Sitka spruce) (For) / Sitkafichte *f* (Picea sitchensis (Bong.) Carrière)
**sit-down strike** / Sitzstreik *m*

1449

**site**

**site** *n* (Autos) / Stellplatz *m* (z.B. für einen Caravan), Standplatz *m* ‖ ~ *v* / den Standort planen ‖ ~ *n* / Aufstellungsort *m* ‖ ~ / Standort *m* (einer Industrie, eines Unternehmens) ‖ ~ (Build) / örtliche Lage, Platz *m* ‖ ~ (Build) / Bauplatz *m* (auf dem gebaut werden soll) ‖ ~ (a location on the Internet which contains data or information) (Comp) / Site *f* ‖ ~ (Geog) / topografische Lage (bei Siedlungsplätzen) ‖ ~ (Mil) / Feuerstellung *f*, Stellung *f* ‖ ~ (Surv) / topografische Lage ‖ ~ (Comp) s. also Web site ‖ **(building)** ~ (Build) / Baustelle *f* (auf der gebaut wird), Baugelände *n* (auf dem gebaut wird) ‖ ~ **agent** (Build, Civ Eng) / Bauleiter *m*, Baustellenleiter *m*
**site-dependent** *adj* (Comp) / anlagenabhängig *adj*
**site drainage** (Build, Civ Eng) / Baustellenentwässerung *f* (durch Dränung), Grundstücksentwässerung *f* (der Baustelle durch Dränung) ‖ ~ **engineer** (Build) / Bautechniker *m* ‖ ~ **equipment** (Build) / Baustelleneinrichtung *f* (alle zur Errichtung eines Bauwerks erforderlichen Herstellungs-, Transport- und Lagereinrichtungen, sowie Einrichtungen zur sozialen Betreuung der Arbeitnehmer) ‖ ~ **error*** (Radio) / Standortfehler *m* ‖ ~ **exploration** (Civ Eng) / Baugrunderkundung *f* (zur Vorausbestimmung der gegenseitigen Einwirkung von Bauwerk und Baugrund), Baugrunduntersuchung *f*, Bodenuntersuchung *f* (vor dem Bau) ‖ ~ **facilities** (Build) / Baustelleneinrichtung *f* (alle zur Errichtung eines Bauwerks erforderlichen Herstellungs-, Transport- und Lagereinrichtungen, sowie Einrichtungen zur sozialen Betreuung der Arbeitnehmer) ‖ ~ **factor** / Standortfaktor *m* (Anforderung sowie Bedingung bzw. Gegebenheit, die für die Standortwahl einer Industrieanlage oder gesellschaftlichen Einrichtung entscheidend ist) ‖ ~ **hut** (Build) / Baubude *f* (für den Bauleiter), Baubüro *n*, Baracke *f* ‖ ~ **investigation** (Civ Eng) / Baugrunderkundung *f* (zur Vorausbestimmung der gegenseitigen Einwirkung von Bauwerk und Baugrund), Baugrunduntersuchung *f*, Bodenuntersuchung *f* (vor dem Bau) ‖ ~ **layout** / Standortauslegung *f*
**site-levelling machine** (Civ Eng) / Planiermaschine *f*, Planiergerät *n* (im Allgemeinen)
**site management** (Build) / Bauleitung *f* ‖ ~ **management** (the process of keeping a Web site up-to-date and well-organized) (Comp) / Website-Management *n* ‖ ~ **manager** (Build, Civ Eng) / Bauleiter *m*, Baustellenleiter *m* ‖ ~ **manager** (a person who keeps Web sites up and running) (Comp) / Website-Manager *m*, Site-Manager *m* ‖ ~ **map** (Comp) / Sitemap *f* (Inhaltsverzeichnis einer Website) ‖ ~ **measurement(s)** / Aufmaß *n* (bei Rohrleitungen)
**site-mixed concrete** (Build, Civ Eng) / Baustellenbeton *m*
**site office** (Build) / Baubüro *n* (größeres) ‖ ~ **of reaction** (Chem) / Reaktionsstelle *f*, Reaktionsort *m* ‖ ~ **plan** (Surv) / Lageplan *m* (des Standortes) ‖ ~ **plant** (Build) / Baustelleneinrichtung *f* (alle zur Errichtung eines Bauwerks erforderlichen Herstellungs-, Transport- und Lagereinrichtungen, sowie Einrichtungen zur sozialen Betreuung der Arbeitnehmer) ‖ ~ **program** (Comp) / Anlagenprogramm *n* ‖ ~ **rivet*** (Eng) / Montageniet *m*, Baustellenniet *m*, auf der Baustelle zu schlagender Niet ‖ ~ **road** (Build) / Fahrweg *m* auf der Baustelle ‖ ~ **security** / Objektschutz *m* (z.B. vor Anschlägen) ‖ ~ **selection** / Standortwahl *f* ‖ ~**-specific** *adj* / standortspezifisch *adj*
**site-specific mutagenesis** (Gen) / ortsspezifische Mutagenese, gezielte Mutagenese
**sitesquare** *n* (Build, Surv) / Winkelprisma *n*
**site superintendent** (Build, Civ Eng) / Bauleiter *m*, Baustellenleiter *m* ‖ ~ **supervision** (Build) / Bauaufsicht *f* ‖ ~ **symmetry** (Spectr) / Punktlagensymmetrie *f* ‖ ~ **weld** (Welding) / Baustellenschweißnaht *f*, Baustellennaht *f*, Montagenaht *f* ‖ ~ **welding** (Welding) / Baustellenschweißung *f*, Montageschweißung *f*
**siting** *n* / Standortwahl *f* ‖ ~ **factor** / Standortfaktor *m* (Anforderung sowie Bedingung bzw. Gegebenheit, die für die Standortwahl einer Industrieanlage oder gesellschaftlichen Einrichtung entscheidend ist)
**Sitka** *n* (For) / Sitkafichte *f* (Picea sitchensis (Bong.) Carrière) ‖ ~ **cypress** (For) / Holz *n* der Nutka-Scheinzypresse Chamaecyparis nootkatensis (D. Don) Spach ‖ ~ **spruce** (For) / Sitkafichte *f* (Picea sitchensis (Bong.) Carrière)
**sitosterol*** *n* (Biochem, Bot, Chem) / Sitosterol *n*, Sitosterin *n* (ein in Getreidekeimen vorkommendes Phytosterin)
**SITREP** *n* (situation report) / Lagebericht *m*
**sitting room** (Build) / Wohnzimmer *n*
**situ, in** ~ (Geol) / in situ ‖ **in** ~ (Civ Eng) / Ort-, an Ort und Stelle, vor Ort und Stelle, am Einsatzort
**situation** *n* (Geog) / geografische Lage (bei Siedlungsplätzen)
**situational** *adj* / situationsbezogen *adj*, situationell *adj*, situativ *adj* (durch die jeweilige Situation bedingt) ‖ ~ **calculus** / Situationskalkül *n* ‖ ~ **knowledge** (AI) / situatives Wissen
**situation descriptor** (AI) / Situationsdeskriptor *m* ‖ ~ **on the roads** (Autos) / Verkehrslage *f* ‖ ~ **report** / Lagebericht *m*

**SIU** (subscriber interface unit) (Telecomm) / Teilnehmerschnittstelle *f* (teilnehmerseitiger Netzabschluss des Systems)
**SI unit*** / SI-Einheit *f* (DIN 1301, T 1, DIN 1304)
**six-ball VL joint** (Autos) / Sechskugel-VL-Gelenk *n* (ein Verschiebegelenk nach Löbro)
**six-bit byte** (Comp) / Sechs-Bit-Byte *n*, 6-Bit-Byte *n*
**six-bladed propeller** (Aero) / sechsflügeliger Propeller, sechsflügelige Luftschraube, Sechs-Blatt-Propeller *m*
**six-component** (internal strain-gauge) **balance** (Aero) / Sechskomponentenwaage *f* (im Windkanal)
**six-cylinder engine** (Autos) / Sechszylindermotor *m*, Sechszylinder *m*
**six-dentated engraver beetle** (For) / Kupferstecher *m* (besonders an Fichten lebender Borkenkäfer - Pityogenes chalcographus L.)
**six-membered** *adj* (Chem) / sechsgliedrig *adj* (heterocyclische Verbindung)
**six-pack** *n* (Nut) / Sixpack *m* *n* (Sechserpackung von Getränken)
**six-phase*** *attr* (Elec Eng) / sechsphasig *adj*, Sechsphasen- ‖ ~ **circuit** (Elec Eng) / Sechsphasenstromkreis *m*
**Six's thermometer*** (Meteor) / Six-Thermometer *n* (kombiniertes Maximum- und Minimumthermometer zur Messung der täglichen Extremwerte der Lufttemperatur)
**sixteen-page rotary press** (Print) / Sechzehnseiten-Rollenrotation *f*
**six-terminal connection** (Elec Eng) / sechspoliger Anschluss ‖ ~ **network** (Elec Eng) / Sechspol *m* (ein elektrisches Netzwerk mit drei Anschlussklammerpaaren)
**sixth-generation computer** (Comp) / Rechner *m* der sechsten Generation, Neurocomputer *m* (der nach dem Vorbild neuronaler Netze im Gehirn aufgebaut werden soll), Neuronenrechner *m*
**six-toothed spruce bark beetle** (For) / Kupferstecher *m* (besonders an Fichten lebender Borkenkäfer - Pityogenes chalcographus L.)
**six-twelve potential*** (Chem) / Lennard-Jones-Potential *n* (das sowohl für Anziehungs- als auch für Abstoßungskräfte ein Potenzgesetz annimmt - nach Sir J.E. Lennard-Jones, 1894-1954)
**six-valve engine** (Autos) / Sechsventilmotor *m*, Sechsventiler *m* (Motor)
**six-vector** *n* (Phys) / Sechservektor *m*, Flächenvektor *m*
**sizable** *adj* / ziemlich groß, beträchtlich *adj* (ziemlich groß)
**size** *v* / nach der Größe sortieren ‖ ~ / auf Maß bearbeiten, maßgerecht bearbeiten ‖ ~ / größenmäßig anpassen ‖ ~ / vermaßen *v*, dimensionieren *v*, die Größe bestimmen, bemessen *v* (dimensionieren), auslegen *v* (dimensionieren) ‖ ~ (Chem Eng, Min Proc) / zerlegen *v* (nach Korngrößen), sortieren *v* (nach Korngrößen), klassieren *v*, trennen *v* (nach Korngrößenklassen) ‖ ~ (Eng) / maßprägen *v* (nur Infinitiv und Partizip), nachprägen *v*, nachschlagen *v* (nachprägen) ‖ ~ (Min Proc) / klassieren *v* (nach Kornfraktionen) ‖ ~ (Paper) / beleimen *v*, leimen *v* ‖ ~ (Textiles) / schlichten *v* (Garne) ‖ ~ *n* / Korngröße *f* (DIN 66100) ‖ ~ / Größe *f*, Dimension *f*, Abmessung(en) *f(pl)* ‖ ~ / Format *n* (Größe, Ausmaß) ‖ ~ (Build) / Abbindeverzögerer *m* (für Gips) ‖ ~ (Paper) / Leim *m* ‖ ~ (Powder Met) / Feinheit *f* (des Pulvers) ‖ ~ (Stats) / Umfang *m* (des Testes) ‖ ~* (Textiles) / Schlichtmittel *n*, Schlichte *f* (biologisch abbaubare Substanz, meistens für Baumwolle und Viskose-Filamentfasern) ‖ ~ (Textiles) / Nummer *f*, Größe *f*
**sizeable** *adj* / ziemlich groß, beträchtlich *adj* (ziemlich groß)
**size back** (US) (Textiles) / Schlichtetrog *m* ‖ ~ **beck** (Textiles) / Schlichtetrog *m* ‖ ~ **block** (Eng) / Parallelendmaß *n* (in Längenmaß-Normal nach DIN 861), Endmaß *n* (mit rechteckigem Querschnitt und parallelen Messflächen - DIN EN ISO 3650)
**size-bound distemper** (with powdered whiting) (Paint) / Leimfarbe *f* (mit wasserlöslichen Klebstoffen und Schlämmkreide als Pigment)
**size box** (Comp) / Größenänderungsfeld *n* (bei grafischen Benutzeroberflächen), Größeneinstellungsfeld *n* ‖ ~ **box** (Textiles) / Schlichteinrichtung *f* (DIN 63401) ‖ ~ **box** (Textiles) / Schlichtetrog *m*
**size-coat** *n* / in einem Spezialklebstoff eingebettetes Schleifmaterial (bei Schleifpapieren)
**size consist** (Mining) / Kornzusammensetzung *f* (Kohle), Körnungsaufbau *m* (Kohle) ‖ ~ **cooker** (Paper) / Leimkocher *m* ‖ ~ **cooker** (Textiles) / Schlichtekocher *m* ‖ ~ **copy** (Bind, Print) / Stärkeband *m*, Stärkemuster *n* (das nur die buchbinderische Gestaltung veranschaulicht)
**sized** *adj* (Paper) / geleimt *adj*
**size distemper** (Paint) / Leimfarbe *f* (mit wasserlöslichen Klebstoffen und Schlämmkreide als Pigment) ‖ ~ **distribution*** (Powder Met) / Pulverteilchengrößenverteilung *f*, Teilchengrößenverteilung *f* ‖ ~ **drill** (Eng) / Vollmaßbohrer *m*
**sized warp** (Weaving) / geschlichtete Kette
**size effect** (Elec) / Intraproximity-Effekt *m* (eine Erscheinungsform des Proximity-Effekts) ‖ ~**-effect** *n* (Phys) / Size-Effekt *m* (ein Sammelbegriff für Effekte, die nur in relativ kleinen Festkörpern vorkommen und wesentlich von der Größe und Gestalt der Probe abhängen), Größeneffekt *m* (Größeneinfluss) ‖ ~ **emulsion** (Paper) / Leimmilch *f*

**size-exclusion chromatography*** (Chem) / Gelchromatografie f (eine als Säulenchromatografie durchgeführte Flüssigkeitschromatografie), Ausschlusschromatografie f, AC (Ausschlusschromatografie), Gelpermeationschromatografie f, Gelfiltration f, GFC (Gelfiltration), Molekularsiebchromatografie f, Permeationschromatografie f, GPC (Gelpermeationschromatografie), Größenausschlusschromatografie f || ~ **effect** (Chem) / Ausschlusseffekt m

**size factor** (Autos) / Abmessungsfaktor m (Summe von Reifenaußendurchmesser und Reifenbreite, gemessen auf einer Messfelge) || ~ **fraction*** (Powder Met) / Korngrößengruppe f, Korngruppe f (DIN 66 160), Korngrößenklasse f, Fraktion f, Kornklasse f, Kornfraktion f

**size-grading*** n (Min Proc) / Korngrößenbestimmung f || ~* (Min Proc) / Größensortierung f

**size-induced metal-insulator transition** (Electronics) / größeninduzierter Metall-Isolator-Übergang

**size metric** (Comp) / Größenmetrik f || ~ **mixer** (Textiles) / Schlichtenmischer m || ~ **of A-sheets** (Paper) / Papier-Endformat n nach DIN 476, DIN-Format n || ~ **of bore** (Eng) / Bohrungsdurchmesser m (im Allgemeinen) || ~ **of page** (Print) / Seitenformat n (Größe der Druckseite) || ~ **of seam** (Welding) / Nahtschenkellänge f (bei gleichschenkliger Naht) || ~ **of the yarn** (Spinning) / Feinheitsnummer f, Feinheit f von Garn (Quotient aus Masse und Länge eines Garnes oder auch Kehrwert), Garnstärke f, Garnfeinheit f, Garnnummer f (DIN 60905) || ~ **of units** / Bereich m der Einheiten || ~ **of weld** (Welding) / Nahtschenkellänge f (bei gleichschenkliger Naht) || ~ **press** (Paper) / Leimpresse f, Size-Presse f (in der Trockenpartie der Papiermaschine)

**sizer** n (Min Proc) / Klassiersieb n || ~ (Min Proc) / Größensortiermaschine f, Größensortierer m

**size range** (Maths) / Größenbereich m (der Länge, der Massen, der Gewichte, der Zeitintervalle) || ~ **reduction** (Eng) / Zerkleinerung f, Zerkleinern n

**size-reduction equipment** (Eng) / Zerkleinerungsanlage f

**size sheet** (Paper, Print) / Rohbogen m (unbeschnittener, unbedruckter oder bedruckter, ungefalzter Bogen, der etwa 5% größer als ein DIN-Bogen ist, um ein Beschneiden nach dem Druck oder der Druckweiterverarbeitung zu ermöglichen), Formatbogen m || ~ **sorting** (Min Proc) / Größensortierung f || ~ **stick** (Textiles) / Fußlängenmessstab m || ~ **trough** (Textiles) / Schlichtetrog m || ~ **vat** (Textiles) / Schlichteinrichtung f (DIN 63401) || ~ **vat** (Textiles) / Schlichtetrog m || ~ **water** (Paint) / Leimwasser n

**sizing** n / Beleimung f, Leimung f || ~ / größenmäßige Anpassung || ~ (Eng) / Dimensionierung f (Arbeitsstufe der Betriebsprojektierung), Größenbestimmung f, Bemessung f, Auslegung f (Dimensionierung) || ~ (Eng) / Nachschlagen n, Nachprägen n, Maßprägen n (wenn die Wirkflächen der Werkzeuge eben sind und einander auf genaues Maß genähert werden), Gesenkdrücken n || ~ (Eng) / Kalibrierräumen n (bei dem durch die Kalibrierzähne des Räumwerkzeugs das Fertigmaß erreicht wird), Schaben n (Teil eines Räumvorgangs) || ~ (For) / Auf-Dicke-Schleifen n, Egalisieren n durch Schleifen || ~ (Min Proc) / Sieben n, Durchsieben n, Siebklassierung f, Siebklassieren n, Absieben n (Tätigkeit) || ~ (Min Proc) / Klassieren n, Klassierung f (nach Kornfraktionen) || ~ (Min Proc) / Größensortierung f (Paper) / Leimen n, Leimung f || ~ (Textiles) / Schlichtemittel n, Schlichte f (biologisch abbaubare Substanz, meistens für Baumwolle und Viskose-Filamentfasern) || ~ (Textiles) / Schlichten n (Vorbehandlung von Garnen, die als Kette in Geweben verarbeitet werden) || ~ (Paper) s. also hold-out || ~ **agent** (Paper) / Leim m || ~ **agent** (Paper) / Präparationslösung f (für die Leimpresse) || ~ **circular saw** (For) / Formatkreissäge f || ~ **handle** (Comp) / Anfasser m (in der grafischen Datenverarbeitung), Ziehpunkt m || ~ **material** (Paper) / Leim m || ~ **material** (Textiles) / Schlichtemittel n, Schlichte f (biologisch abbaubare Substanz, meistens für Baumwolle und Viskose-Filamentfasern) || ~ **mill** (several succesive mill stands, in which the rolls are offset /60°or 90°/ in order to provide seamless steel tubes with maximum dimensional accuracy and roundness) (Met) / Maßwalzwerk n || ~ **oil** (Textiles) / Schlichtöl n, Schlichteöl n || ~ **tooth** (Eng) / Kalibrierzahn m (der Reibahle) || ~ **tooth** (Eng) / Kalibrierzahn m, Schabezahn m (eines Räumwerkzeuges) || ~ **vat** (Textiles) / Schlichteinrichtung f (DIN 63401) || ~ **vat** (Textiles) / Schlichtetrog m

**sizzle** v (Nut) / brutzeln v (zischen), zischen v || ~ (Radio) / knattern v, knistern v (beim Empfang)

**S.J.** (soldered joint) (Electronics, Eng, Plumb) / Lötstelle f || ~ (soldered joint) (Electronics, Eng, Plumb) / Lötverbindung f, Lötanschluss m (die durch Löten hergestellt worden ist)

**S-joint** n (Geol) / Längskluft f, S-Kluft f

**Sk** (Stark number) (Heat) / Stark-Zahl f, Stefan-Zahl f (im deutschen Sprachraum weniger gebräuchliche dimensionslose Kennzahl, die bei der Untersuchung des Wärmeübergangs durch Strahlung benutzt wird)

**skarn*** n (Geol) / Taktit m, Skarn m, Tactit m (ein Gestein im Bereich von Kontaktlagerstätten)

**skate** n (Elec Eng) / Schleifschuh m || ~* (Rail) / Gleisbremse f (zur mechanischen Geschwindigkeitsregelung der über einen Ablaufberg in die Richtungsgleise rollenden Eisenbahnwagen - meistens vom Ablaufrechner eines Stellwerks automatisch gesteuert) || ~ (Ships) / Gleitkufe f, Gleitschiene f (an Rettungsbooten)

**skater's crack** (Build) / krummliniger Riss in der Kunststoffbedachung

**skating force** (Acous) / Skatingkraft f (die von der Nadel eines Tonabnehmers auf die innere Rillenflanke ausgeübt wird) || ~ **ring** / Skate-Einrichtung f (ein Sport- und Freizeitgelände)

**skatole** n (Chem) / Skatol n (3-Methyl-1H-indol)

**SKC** (sky clear) (Aero, Meteor) / wolkenlos adj

**SKED** (schedule) (Aero) / Flugplan m (Verkehrsflugplan)

**skein** v (Weaving) / abbinden v (Garnstränge), fitzen (Garnstränge mit Fitzbändern unterbinden), strängen v || ~ n (Spinning) / Strang m (Aufmachungsart des Rohmaterials bei Anlieferung an die Weberei), Garnstrang m, Garnsträhne f, Strähn m, Strähne f, Strahn m || ~ **dyeing** (Textiles) / Strangfärbung f (Färbung von Garnen in Strangform), Strangfärberei f || ~ **silk** (Textiles) / Strangseide f || ~ **washer** (Textiles) / Strangwaschmaschine f (für Garn - DIN 64950)

**skeletal framing** (Build) / Skelettkonstruktion f, Skelettbau m, Skelettbauart f, Gerippebau m, Fachwerkbau m (im Allgemeinen) || ~ **soil** (Agric, Civ Eng, Geol) / Skelettboden m (in dem der Anteil an mineralischen Bestandteilen in der Korngrößenfraktion über 2 mm mehr als 75 % beträgt - ein Gesteinsboden)

**skeleton** (Chem) / Skelett n || ~ (Eng) / Gerippe n, Gerüst n, Skelett n || ~ (Maths) / Gerüst n, maximaler Baum || ~ (Plastics) / Rahmen m (beim kombinierten Blas-Saug-Verfahren für transparente Teile mit doppelter Verwölbung) || ~ **catalyst** (Chem) / Skelettkatalysator m || ~ **chart** / Umrisskarte f || ~ **construction** (Build) / Skelettkonstruktion f, Skelettbau m, Skelettbauart f, Gerippebau m, Fachwerkbau m (im Allgemeinen) || ~ **container** / Drahtgitter-Container m || ~ **crystal** (Crystal, Geol) / Skelettkristall m (ein Dendrit), Skelett n (ein Dendrit) || ~ **flashing** (Plumb) / abgetreppte Verwahrung, abgestufte Verwahrung

**skeletonize** v (Agric) / durch Skelettierfraß schädigen, kahl fressen v || ~ (Comp) / skelettieren v (ein Linienskelett aus einem Bild extrahieren)

**skeleton line** (Aero) / Mittellinie f (eines Profils), Profilmittellinie f, Skelettlinie f (gedachte Mittellinie eines Profils) || ~ **mould** (Plastics) / Formskelett n (für Blasfolien) || ~ **pattern** (Foundry) / Skelettmodell n (für große Gussstücke) || ~ **step*** (Build) / Trittstufe f (ohne Setzstufe - bei rustikalen Treppen)

**skeleton-type switchboard*** (Elec Eng) / Schaltgeräte-Gestell n

**skeleton wheel** (Agric, Civ Eng) / Gitterrad n (zur Bodendruckverringerung)

**skelp*** n (Met) / endloses Band (z.B. für Fretz-Moon-Verfahren) || ~* (Met) / Rohrstreifen m, Röhrenstreifen m (bis 450 mm Breite) || ~ **mill** (Met) / Röhrenstreifenwalzwerk n

**skene arch*** (Arch) / Flachbogen m, Stichbogen m, Segmentbogen m (meistens in der Romanik)

**skep** n / Korb m (meistens Weidenkorb)

**sketch** v / skizzieren v, eine Skizze machen || ~ n / Skizze f (nach DIN 199) || ~ / entwerfen v (grob skizzieren)

**sketch(ing) block** (Paper) / Skizzenblock m

**sketchbook** n / Zeichenblock m (pl. -s oder -blöcke)

**sketch in** v (in short lines) / strichlieren v (A), stricheln v (feine Striche machen) || ~ **map** (Cartography) / Kartenskizze f (einfache Karte ohne Maßstabsgenauigkeit), Croquis n (pl.-), Kroki n (pl. -s)

**sketchmaster** n (Surv) / Umzeichengerät n (bei mechanisch-grafischer Arbeitsweise), Luftbildumzeichner m || ~ (Surv) / Umbildgerät n

**sketch pad** / Zeichenblock m (pl. -s oder -blöcke)

**skew** v / schräg verlaufen (im Allgemeinen) || ~ n / Versatz m (Unterschied von Ist- zu Sollwert) || ~ (Comp) / Schiefziehen n (des Bandes), Bandschräglauf m, Schräglauf m (des Bandes) || ~ (Comp) / Schrägstellung f (z.B. eines zu erkennenden Zeichens) || ~ (Comp) / Laufzeitunterschied m (Zeitdifferenz zwischen Eingangskanälen) || ~ (Comp) / Bitversatz m (der tatsächliche oder scheinbare Abstand zweier Elemente einer Bandsprosse) || ~ (Stats) / Schiefe f (zur Charakterisierung der Asymmetrie einer Verteilung), Schiefemaß n || ~ (Telecomm) / Skew (Zeitmaß für die Bewertung des möglichst gleichzeitigen Signalwechsels bei mehreren gleichzeitig ausgelösten Digitalsignalen) || ~ (Telecomm) / Schräglauf m (beim Fernkopierverfahren) || ~ adj / schief adj || ~ **schief** adj || ~ (Maths) / schiefwinklig adj (nicht rechtwinklig) || ~ (Maths, Optics) / windschief adj || ~ (Stats) / schief adj || ~ **arch*** (Arch) / schiefwinkliger Bogen, Schiefbogen m

**skew-arched vault** (Arch) / schiefwinkliges Gewölbe

**skewback**

**skewback*** n (Arch) / Bogenwiderlager n, Gewölbewiderlager n ‖ ~ (Arch, Build) / Kämpferlinie f ‖ ~* (Build, Glass) / abgeschrägte obere Seite des Anfängers ‖ ~ (Civ Eng) / Böschungsflügel m (des Widerlagers) ‖ ~* (Build, Glass) s. also springer

**skew barrel vault** (Arch) / Tonnengewölbe n (steigendes), steigende Tonne (mit steigendem Scheitel) ‖ ~ **bevel gear*** (Eng) / Schrägzahn-Kegelrad n ‖ ~ **coil*** (Elec Eng) / asymmetrische Spule ‖ ~ **conformation** (Chem) / skew-Konformation f (eine windschiefe gestaffelte Konformation), schiefe Konformation ‖ ~ **corbel*** (Arch) / Giebelfußstein m, Giebelsimsstein m ‖ ~ **curve** (Maths, Phys) / Raumkurve f, räumliche Kurve ‖ ~ **distribution** (Stats) / schiefe Verteilung

**skewed arch barrel** (Arch) / Tonnengewölbe n (steigendes), steigende Tonne (mit steigendem Scheitel) ‖ ~ **distribution** (Stats) / schiefe Verteilung ‖ ~ **pole*** (Elec Eng) / abgeschrägter Pol ‖ ~ **slot*** (Elec Eng) / geschrägte Nut, schiefe Nut ‖ ~ **weft** (Weaving) / Schrägschuss m (als Webfehler), Schrägverzug m ‖ ~**-wing aircraft** (Aero) / Schrägflügler m

**skewer** n (Spinning) / Aufsteckspindel f, Spulenstift m

**skew field** (a ring) (Maths) / Schiefkörper m, schiefer Körper, Divisionsring m ‖ ~ **fillet*** (Carp) / Aufschiebling m (ein Ausgleichsstück, das den Übergang zwischen der Sparrenschräge und den überstehenden Enden der Dachbalken vermittelt) ‖ ~ **flashing*** (Build) / Giebelrandverkleidung f, Giebelseiteneinfassung f ‖ ~ **frame** (Build) / schiefwinkliger Rahmen

**skew-Hermitian** adj (Maths) / schief-Hermite'sch adj

**skewings** pl (Maths) / die beim Versäubern anfallenden Blattgoldüberstände

**skew lines*** (Maths) / windschiefe Geraden ‖ ~ **nailing*** (Carp) / Schrägnagelung f, Schrägnageln n

**skewness*** n (the amount of asymmetry of a distribution) (Stats) / Schiefe f (zur Charakterisierung der Asymmetrie einer Verteilung), Schiefemaß m ‖ ~ (Weaving) / Schrägschuss m (als Webfehler), Schrägverzug m

**skew optimization** (Electronics) / Skew-Optimierung f (beim Direktsatellitenempfang) ‖ ~ **product** (Maths) / schiefes Produkt ‖ ~ **projection** (Cartography, Surv) / schiefachsige Abbildung, schiefachsige Projektion, schiefe Projektion ‖ ~ **projection** (Maths) / Schrägbild n, Schrägriss m (spezielle dimetrische Axonometrie, z.B. ein Kavalierriss) ‖ ~ **projection** (Maths) / schiefe Parallelprojektion, Schrägprojektion f, schräge Parallelprojektion ‖ ~ **quadrilateral** (Maths) / windschiefes Viereck ‖ ~ **ray** (Optics) / windschiefer Strahl (seitlich vom Hauptstrahl liegender Strahl)

**skew-symmetric determinant** (Maths) / schiefsymmetrische Determinante (einer schiefsymmetrischen Matrix) ‖ ~ **matrix** (Maths) / schiefsymmetrische Matrix, antimetrische Matrix

**skew table*** (Build) / Giebelfußplatte f ‖ ~ **travel** (Eng) / Schieflauf m (Abweichen von Gurtbändern aus der geraden Laufrichtung)

**ski** n (Aero) / Kufe f, Schneekufe f

**skiagraph** n (Arch, Build) / Durchsichtsdarstellung f (des Bauwerks - als Ergebnis), Gebäudeeinsichtsdarstellung f (als Ergebnis) ‖ ~ (Radiol) / Skiagraf m

**skiametry** n (Radiol) / Skiametrie f (Messung der Intensität von Röntgenstrahlen)

**skid** v / schlittern v (auf Eis) ‖ ~ / rutschen v, ausrutschen v ‖ ~ (Aero) / abrutschen v, abschmieren v ‖ ~ (Autos) / mahlen v (Räder) ‖ ~ (Autos) / schleudern vi, ausbrechen v, ins Schleudern geraten ‖ ~ (For) / vorführen v (gerücktes Holz oder gerückte Rinde) ‖ ~ (For) / rücken v (Rundholz), vorführen v (Rundholz) ‖ ~ vt / auf Schienen oder Rollen befördern, auf Kufen befördern ‖ ~ n / Skidanlage f (ein Schlitten zur Aufnahme einer im Werk betriebsfertig montierten Anlage), Skid m, Rahmenanlage f (ein Rahmen zur Aufnahme eines im Werk betriebsfertig montierten Aggregats) ‖ ~ / Ladebock m ‖ ~ / Ladepritsche f, Ladeplatte f ‖ ~ / Gleitkufe f (z.B. bei Lastenschlitten), Kufe f (Gleitkufe), Rutschleiste f ‖ ~ / Stapelplatte f ‖ ~ (Aero) / Gleitkufe f ‖ ~ (Agric) / Tastkufe f (des Mähdreschers) ‖ ~ (Autos) / Schleudern n ‖ ~* (Build) / Unterlage f zum Ausgleich (z.B. ein Holzkeil) ‖ ~ (Eng) / Skid m (für einen Verdichter) ‖ ~ **beams** / Fassleiter f

**skid-control system** (Autos) / Antiblockiervorrichtung f (für Bremsen), Blockierschutz m, Blockierregler m, Bremsschlupfregler m, Antiblockiereinrichtung f, Blockierschutzeinrichtung f, automatischer Blockierverhinderer, ABV (Antiblockiervorrichtung)

**skidder** n (For) / Rücketraktor m, Skidder m

**skidding** n (surface defect by intermittent overloading) / Abdruck m (DIN ISO 8785) ‖ ~ (Aero) / Abrutschen n (bei falsch geflogener Kurve), Abschmieren n (in der Kurve nach außen), Schieben n (nach außen) ‖ ~ (Autos) / Schleudern n ‖ ~ (For) / Vorführen n (von gerücktem Holz oder gerückter Rinde) ‖ ~ (For) / Rücken n (Kurztransport von Rundholz vom Hiebsort bis zu einem Holzabfuhrweg oder Zwischenlagerplatz), Holzrücken n ‖ ~ **damage** (For) / Rückeschaden m ‖ ~ **lane** (For) / Rückeweg m, Rückeschneise f, Holzabfuhrweg m ‖ ~ **unit** (For) / Rückezug m

**Skiddometer** n (Aero, Autos) / Skiddometer n (ein Bremswertmesser)

**skid down** v / abrutschen v (an einer Böschung) ‖ ~ **feeler** (Agric) / Kufentaster m (der Rübenvollerntemaschine) ‖ ~ **lid** (GB) (Autos) / Kraftfahrersturzhelm m (ECE-Regelung 22), Sturzhelm m

**skid-mounted station** (Elec Eng) / Kufenstation f (Kraftwerk)

**skid out** v (Aero) / abrutschen v, abschmieren v

**skid-out** n (Aero) / Abrutschen n (bei falsch geflogener Kurve), Abschmieren n (in der Kurve nach außen), Schieben n (nach außen)

**skidpad** n (US) (Autos) / Rutschplatte f (für Fahrversuche), Skidpad n

**skidpan** n (Autos) / Rutschplatte f (für Fahrversuche), Skidpad n

**skid plate** (Autos) / Motorunterschutz m ‖ ~ **platform** / Skidanlage f (ein Schlitten zur Aufnahme einer im Werk betriebsfertig montierten Anlage), Skid m, Rahmenanlage f (ein Rahmen zur Aufnahme eines im Werk betriebsfertig montierten Aggregats)

**skid-proof** adj / gleitsicher adj, rutschsicher adj, rutschfest adj, Gleitschutz-, rutschhemmend adj, mit Gleitschutz, Antirutsch-

**skid-resisting properties** (Autos, Civ Eng) / Griffigkeit f (der Fahrbahn), Fahrbahngriffigkeit f

**skid road** (For) / Rückeweg m, Rückeschneise f, Holzabfuhrweg m

**skids** pl (Elec Eng) / Gleitschienen f pl (bei Elektromotoren)

**skid•sensor** n (Autos) / Messfühler m des Blockierreglers ‖ ~ **transfer** (Met) / Schlepper m (Einrichtung zum Quertransport des Walzgutes in die zum Walzen erforderliche Lage), Querschlepper m

**skid-type transfer** (Met) / Schlepper m (Einrichtung zum Quertransport des Walzgutes in die zum Walzen erforderliche Lage), Querschlepper m

**skid wire** (Cables) / Gleitdraht m (des Rohrkabels)

**ski-jump take-off** (Aero) / Schanzenstart m

**ski landing gear** (Aero) / Kufenfahrwerk n

**skilful** adj / geschickt adj, gewandt adj

**ski lift** / Skilift m

**skill** n / Fertigkeit f, Geschicklichkeit f, Gewandtheit f, Handfertigkeit f

**skilled** adj / sachgemäß adj (Umgang) ‖ ~ **clerical worker** / Bürofachkraft f ‖ ~ **labour** / fachlich geschultes Personal ‖ ~ **staff** / fachlich geschultes Personal ‖ ~ **worker** (who is expert in some particular general skill, e.g. press-setter, kiln-operator etc.) / gelernter Arbeiter ‖ ~ **worker** (Work Study) / Facharbeiter m ‖ ~ **worker** s. also tradesman

**skillet** n (US) (Nut) / Bratpfanne f

**skillful** n (US) / geschickt adj, gewandt adj

**skim** v / abstreifen v, abstreichen v ‖ ~ (Agric) / schälen v (eine Stoppel- oder Grasnarbe mit dem Schälpflug umbrechen) ‖ ~ (Chem Eng) / skimmen v (Gewebe mit dünnen Gummiplatten auf Kalandern ein- oder beiderseitig belegen) ‖ ~ (Civ Eng) / einebnen v, eben machen, ebnen v, planieren v, nivellieren v, applanieren v ‖ ~ (Glass) / abschäumen v, abfeimen v, abfehmen v (Schaum und Unreinheiten an der Oberfläche einer Glasschmelze mit Hilfe einer Eisenstange abziehen) ‖ ~ (Hyd Eng) / schmutziges Oberflächenwasser ableiten ‖ ~ (Met) / abschöpfen v (Oxidablagerungen), abkrammen v (Krätze), abkrätzen v, abschäumen v, abkrampen v (mechanisch), abschlacken v ‖ ~ (Nut) / entrahmen v, abrahmen v (die Sahne abschöpfen) ‖ ~ (Oils) / entgasen v, entschäumen v ‖ ~ n / dünne Haut (auf einer Flüssigkeit) ‖ ~ (Chem Eng) / Skim m (das nach dem Zentrifugieren von Naturlatex zurückgebliebene Serum) ‖ ~ (Met) / Krätze f (Abbrandprodukte, in der Hauptsache unlösliche Oxide des Basismetalls und seiner Legierungen), Schaum m, Oxidablagerungen f pl (Krätze), Garschaum m, Gekrätz n (bei NE-Metallen) ‖ ~ (Optics) / Bläschenstreifen m, Bläschenfahne f (Gaseinschlüsse) ‖ ~ **coat** (Build) / Deckschicht f, Sichtschicht f (des Außenputzes), Oberputz m, Abschlussschicht f, Glattstrich m (beim mehrlagigen Putz), Fertigputz m (A) ‖ ~ **core** (Foundry) / Siebkern m (scheibenförmiger oder viereckiger mit mehreren Bohrungen versehener Kern aus Kernformstoff oder Keramik, der in das Eingusssystem eingelegt wird, das Vollhalten des Eingusses beim Gießen erleichtert und zum Zurückhalten der Schlacke dient), Eingusskern m ‖ ~ **coulter** (Agric) / Vorschäler m (kleiner Pflugkörper ohne Anlage am Grindel oder Pflugrahmen, der eine mit Stoppeln und Unkraut durchsetzte Bodenoberfläche beim Pflügen recht tief unterbringt), Vorschneider m ‖ ~ **gate** (Met) / Schlackenabscheider m ‖ ~ **gate** (Met) s. also skimmer

**skimmed milk** (Nut) / entrahmte Milch (mit maximal 0,3% Fett), Magermilch f

**skimmed-milk powder** (Nut) / Magermilchpulver n

**skimmer** n (Agric) / Vorschäler m (kleiner Pflugkörper ohne Anlage am Grindel oder Pflugrahmen, der eine mit Stoppeln und Unkraut durchsetzte Bodenoberfläche beim Pflügen recht tief unterbringt), Vorschneider m ‖ ~ (Civ Eng) / Planierbagger m ‖ ~ (Ecol, Ships) / Ölabschöpfgerät n (zur Unfallbekämpfung) ‖ ~ (Eng) / Abstreifer m, Abstreicher m ‖ ~ (Hyd Eng) / Abstreifer m (Vorrichtung zum Entfernen der Grob- und Faserstoffe von der Rechenharke bei

Reinigung eines belegten Rechens) ‖ ~ (Met) / Krampstock *m*, Krammeisen *n* (zum Abkrammen der Schlacke), Krammstock *m* ‖ ~ (Met) / Überlauf *m*, Fuchs *m* (zur Trennung von der mitfließenden Schlacke) ‖ ~ (Nut) / Schaumlöffel *m* ‖ ~ (Nut) / Rahmlöffel *m*, Rahmkelle *f* ‖ ~ (Oils) / Skimmer *m*, Abschöpfeinrichtung *f* ‖ ~ (San Eng) / Schwimmschlammräumer *m* ‖ ~ (San Eng) / Abstreifer *m* (Vorrichtung, die verhindert, dass sich Schlamm an der Überfallkante von Nachklärbecken ablagert) ‖ ~ (San Eng) / Abheber *m* (Abwasser), Abschöpfer *m* (Abwasser) ‖ ~ (Spectr) / Skimmer *m* (in der Massenspektroskopie) ‖ ~ **bar** (Met) / Krampstock *m*, Krammeisen *n* (zum Abkrammen der Schlacke), Krammstock *m* ‖ ~ **block** (Glass) / Abschäumstein *m*, Abfeimstein *m*, Abfehmstein *m*, Abstreifstein *m* ‖ ~ **centrifuge** (with a knife-discharge) / Schälzentrifuge *f* (eine Vollmantelzentrifuge für besonders schwere, langsam filtrierende Güter) ‖ ~ **gate** (Glass) / Abschäumstein *m*, Abfeimstein *m*, Abfehmstein *m*, Abstreifstein *m* ‖ ~ **gate** (Met) / Schlackenabscheider *m* ‖ ~ **rod** (Met) / Krampstock *m*, Krammeisen *n* (zum Abkrammen der Schlacke), Krammstock *m*

**skim milk** (US) (Nut) / entrahmte Milch (mit maximal 0,3% Fett), Magermilch *f*

**skimming** *n* (the tin top film of a plastered ceiling or wall surface) (Build) / Deckschicht *f*, Sichtschicht *f* (des Außenputzes), Oberputz *m*, Abschlussschicht *f*, Glattstrich *m* (beim mehrlagigen Putz), Fertigputz *m* (A) ‖ ~ (Met) / Abstrich *m* (schwimmende Schicht auf der Oberfläche einer Metallschmelze, die abgezogen wird), Abzug *m* (abgezogene Oberflächenschicht) ‖ ~ **coat*** (Build) / Deckschicht *f*, Sichtschicht *f* (des Außenputzes), Oberputz *m*, Abschlussschicht *f*, Glattstrich *m* (beim mehrlagigen Putz), Fertigputz *m* (A) ‖ ~ **door** (Eng, Met) / Schlackentür *f* ‖ ~ **flight** (Aero) / Flug *m* in geringer Höhe ‖ ~ **float** (Build) / Reibbrett *n* (ein Werkzeug zur Putzverarbeitung von Hand, bestehend aus einem Brett mit Griff, das zum Verreiben des Putzes dient), Talosche *f* (S), Handbrett *n* (Putzbrett mit Handgriff), Reibscheibe *f* ‖ ~ **gate** (Met) / Schlackenabscheider *m* ‖ ~ **pocket** (Glass) / Abschäumvorbau *m*, Abschäumnische *f*, Abfeimnische *f*, Abfehmnische *f* ‖ ~ **rod** (Glass) / Abfehmeisen *n*, Abfeimeisen *n*

**skimmings** *pl* / Abgeschöpftes *n* (von der Oberfläche) ‖ ~ (Brew) / Schwimmgerste *f* ‖ ~ (Chem Eng) / Skimmings *pl* (aus dem abgeschöpften Schaum des Latex hergestellte, blasige Sheets von geringer Handelsqualität) ‖ ~ (Glass) / Skimmings *pl* (seitlich gerichtete Abwärtsströmungen in der Flachglaswanne, die oberflächliche Verunreinigungen, welche durch den Entnahmestrom nach vorne schwimmen, seitlich abführen und mit der bodennahen Rückströmung zum Quellpunkt vereinigen sollen) ‖ ~ (Met) / Krätze *f* (Abbrandprodukte, in der Hauptsache unlösliche Oxide des Basismetalls und seiner Legierungen), Schaum *m*, Oxidablagerungen *f pl* (Krätze), Garschaum *m*, Gekrätz *n* (bei NE-Metallen) ‖ ~ (Min Proc) / armes Zwischengut ‖ ~ (Nut) / Zuckerschaum *m* (zur Herstellung der vergorenen Maische bei der Rumbrennerei) ‖ ~ (Nut) / Skimmings *pl* (die bei Reinigung des Zuckerrohrsafts anfallen) ‖ ~ (Paper) / Abschaum *m* (auf der Schwarzlauge, der zur Gewinnung von Tallöls benutzt wird)

**skimming spoon** (Nut) / Rahmlöffel *m*, Rahmkelle *f* ‖ ~ **tank** (Oils) / Abschöpftank *m* (ein Teil des Wassereinpresssystems)

**skimobile** *n* (Autos) / Motorschlitten *m*, Schneemobil *n*, Snowmobil *n*

**skimpings** *pl* (Min Proc) / armes Zwischengut

**skim plough** (Agric) / Schälpflug *m* (zum Stürzen der Stoppeln) ‖ ~ **rubber** (Chem Eng) / Skim-Kautschuk *m* (aus Skim hergestellter Kautschuk)

**skin** *v* (Elec Eng) / abisolieren *v* (z.B. Kabel), abmanteln *v* (ein Kabel) ‖ ~ (Leather) / abhäuten *v*, enthäuten *v*, abdecken *v*, abziehen *v* (z.B. ein Pelztier) ‖ ~ (Leather) / abbalgen *v* (Hase, Kaninchen, Murmeltier und Haarraubwild) ‖ ~ (Leather) / abschwarten *v* ‖ ~ (Nut) / schälen *v*, abschinden *v*, pellen *v* ‖ ~ (Ships) / beplatten *v* (die Außenhaut) ‖ ~* *n* (Aero) / Außenhaut *f* (die äußere Wandung, Bespannung *f* (Stoff), Beplankung *f* (Holz), Behäutung *f* (Metall oder Kunststoff)) ‖ ~* (Aero) / Schale *f* (in der Sandwichbauweise) ‖ ~ (Autos) / Außenhaut *f* (der Karosserie) ‖ ~ (Eng) / Lage *f* (des Druckbehälters) ‖ ~ (Eng) / Außenoberfläche *f* ‖ ~ (Leather) / Schwarte *f* (Haut von Schwarzwild, Dachs und Murmeltier) ‖ ~* (Leather) / Fell *n* (mit Haaren bedeckte Tierhaut), Balg *m* (abgezogenes Fell von Hase, Kaninchen und Murmeltier sowie vom Haarraubwild) ‖ ~ (especially of smaller animals) (Leather) / Rohhaut *f*, Haut *f* ‖ ~* (Met) / Randschicht *f*, Oberflächenschicht *f*, Randzone *f* ‖ ~* (Met, Paint) / Haut *f* ‖ ~ (Nut) / Haut *f*, Pelle *f* (der Wurst) ‖ ~ (Nut) / (Obst-, Gemüse-)Schale *f* ‖ ~ (Nut) / Hülse *f* (von Früchten) ‖ ~ (Ships) / Außenhaut *f* ‖ ~ (Textiles) / Mantel *m* (eines Kernmantelfadens) ‖ **kind to the** ~ / hautfreundlich *adj*, hautschonend *adj* ‖ ~ **absorption** (Pharm, Physiol) / Resorption *f* durch die Haut, Hautresorption *f* ‖ ~ **blister** (Glass) / Oberflächenblase *f* (ein Glasfehler) ‖ ~ **compatibility** (Med) / Hautverträglichkeit *f* ‖ ~ **contact** (Med) / Hautkontakt *m*

**skin-core bicomponent fibres** (Spinning) / C/C-Bikomponentenfasertyp *m*, Bikomponentenfasern *f pl* vom C/C-Typ, Mantel-Kern-Bikomponentenfasern *f pl* (umeinander eingesponnen) (Mantel-Kern-Fasern)

**skin crack** (Foundry) / Oberflächenriss *m*, Riefe *f* (ein Gussfehler) ‖ ~ **decarburization** (Met) / Randentkohlung *f* (Abnahme des Kohlenstoffgehaltes in der Randschicht von Stählen durch oxidierende Gase), Oberflächenentkohlung *f* ‖ ~ **defect** (Materials) / Oberflächenfehler *m* (DIN ISO 8785) ‖ ~ **depth*** (Elec Eng) / Eindringtiefe *f* (bei Skineffekt) ‖ ~ **depth*** (Elec Eng) / Hautdicke *f* (beim Skineffekt) ‖ ~ **depth*** (Elec Eng) s. also depth of penetration ‖ ~**-diver** *n* / Taucher *m*, Sporttaucher *m* ‖ ~ **dose*** (Radiol) / Hautdosis *f* (Energiedosis in der Keimschicht der Haut) ‖ ~ **drag** (Aero, Phys) / Reibungswiderstand *m* (bei sehr schlanken und stromlinienförmigen Körpern), durch Luftreibung bewirkter Widerstand, Oberflächenwiderstand *m*, Schubwiderstand *m*

**skin-dried** *adj* (Foundry) / abgeflammt *adj* (Form), oberflächengetrocknet *adj* (Form)

**skin drying** (Foundry) / Abflammen *n*, Oberflächentrocknung *f* (der Form) ‖ ~ **effect*** (Elec Eng) / Stromverdrängung *f*, Skineffekt *m* (Effekt der Stromverdrängung aus dem Inneren von elektrischen Leitern an die Oberfläche, der bei hohen Frequenzen auftritt), Hautwirkung *f*, Hauteffekt *m* ‖ ~ **effect** (Oils) / Skineffekt *m* (Zone verringerter Permeabilität durch Spülungseinwirkung um ein Bohrloch) ‖ ~ **formation** (Paint) / Hautbildung *f* ‖ ~ **friction*** (Aero, Phys) / Oberflächenreibung *f*, Flächenreibung *f*, äußere Reibung ‖ ~ **friction** (Civ Eng) / Mantelreibung *f* (des Pfahls) ‖ ~ **glue size** / Hautleim *m* (aus tierischer Haut)

**skin-hardening** *n* (Met) / Randschichthärten) *n* (Härten mit auf die Randschicht beschränkter Austenitisierung - DIN EN 10 052), Randhärten *n* (Härteannahme an der Oberfläche), Oberflächenhärten *n*, Oberflächenhärtung *f*

**skin irritation** (Med, Textiles) / Hautreizung *f* (z.B. durch unpassende Kleidung)

**skinless** *adj* (Nut) / hautlos *adj* (Würstchen)

**skin-marking ink** (Chem, Med) / Hauttinte *f*

**skinner*** *n* (Elec Eng) / isoliertes Drahtende, isoliertes Teilstück einer abisolierten Kabelader

**skinning** *n* (Elec Eng) / Abisolieren *n* (mit der Abisolierzange oder mit dem Abisolierautomaten), Abmanteln *n*, Abmantelung *f* (wenn auch die Schutzhülle eines Kabels oder einer Leitung entfernt wird) ‖ ~ (Paint) / Hautbildung *f*

**skinny** *adj* (Textiles) / eng anliegend *adj*, hauteng *adj*, stark tailliert, knapp sitzend

**skin package** / Skinverpackung *f*, Skinpackung *f* (DIN 55 405)

**skin-packaging machine** / Hautverpackungsmaschine *f*, Skinverpackungsmaschine *f*

**skin-packing machine** / Hautverpackungsmaschine *f*, Skinverpackungsmaschine *f*

**skin pass** (Met) / Dressierstich *m* ‖ ~ **pass** *v* (Met) / kalt nachwalzen (dünnes Blech und Band), dressieren *v*

**skin-passed** *adj* (Met) / dressiert *adj*, kalt nachgewalzt

**skin passing** (Met) / Dressieren *n* (mit Stichabnahme kleiner als 3%), Nachwalzen *n* (mit geringer Formänderung), Kaltnachwalzen *n* (von Blechen und Bändern)

**skin-pass mill** (Met) / Glättwalzwerk *n*, Dressierwalzwerk *n*, Kaltnachwalzwerk *n* (Bleche und Bänder) ‖ ~ **rolling** (Met) / Dressieren *n* (mit Stichabnahme kleiner als 3%), Nachwalzen *n* (mit geringer Formänderung), Kaltnachwalzen *n* (von Blechen und Bändern)

**skin plate** / kunststoffverkleidetes Blech ‖ ~ **plating** (Ships) / Außenhaut *f* (aus Platten), Beplattung *f*, Außenhautbeplattung *f* ‖ ~ **rash(es)** (Med) / Hautreizungen *f pl* (mit Ätzen und Brennen - eine Berufskrankheit der Taucher und der Caissonarbeiter) ‖ ~ **resistance** (Elec Eng, Mech) / Hautwiderstand *m* ‖ ~ **sensibilization** (Physiol) / Hautsensibilisierung *f*

**skin-sensitive** *adj* (Textiles) / hautsympathisch *adj*

**skin test*** (Med) / Hauttest *m*

**skintight** *adj* (Textiles) / eng anliegend *adj*, hauteng *adj*, stark tailliert, knapp sitzend

**skintled** *adj* (brickwork) (Build) / unregelmäßig verlegt

**skin tracking** (Radar) / Radarverfolgung *f* mittels Oberflächenreflexion ‖ ~ **wool*** (Textiles) / Schlachtwolle *f*, Hautwolle *f*, Mazametwolle *f* (aus der Haut geschlachteter Tiere gelöste Wolle)

**skiodrome** *n* (Crystal) / Skiodrom *n* (Wanderweg der Punkte gleicher Schwingungsrichtung in optisch zweiachsigen Kristallen)

**skip** *v* / springen *v* (überspringen) ‖ ~ (Comp) / überlesen *v*, übergehen *v*, überspringen *v*, nicht beachten ‖ ~ (Agric) / Fehlstelle *f* (beim Drillen) ‖ ~ (Build, Civ Eng) / Schuttkübel *m* (für Sonderabfalltransport), Müllcontainer *m*, Müllkübel *m* ‖ ~ (Electronics, Eng) / Lotlücke *f* (beim Löten) ‖ ~ (For) / nicht abgerichtete Stelle (beim Einsatz von Abrichtfräsmaschinen) ‖ ~

1453

**skip**

(Met) / Kippkübel m ‖ ~ (Met, Mining) / Skip m, Fördergefäß n (Skip), Förderkorb m ‖ ~ (Mining) / Gefäß n ‖ ~ (Mining) / Abteufkübel m, Teufkübel m ‖ ~ (Paint) / Fehlstelle f (ein Anstrichfehler nach DIN EN ISO 4618), freigelassene Stelle (ein Anstrichfehler) ‖ ~* (Radio) / Sprung m, Reflexionssprung m, Skip m ‖ ~ (Rail) / Kippmulde f ‖ ~ (Weaving) / Webnest n, Nest n (ein Webfehler, der durch Reißen und Klammern von Kettfäden entsteht) ‖ ~ (Weaving) / harnischbedingter Webfehler ‖ ~ **area** (Radio) / Sprungzone f (die Fläche um den Sender, die durch Drehung eines Radius entsprechend der Sprungentfernung entsteht) ‖ ~ **box motion** (Weaving) / Überspringerwechsel m ‖ ~ **charging** (Met) / Kippkübelbegichtung f, Skipbegichtung f ‖ ~ **distance** (Eng) / Sprungabstand m (bei der Ultraschallprüfung) ‖ ~ **distance*** (Radio) / Sprungentfernung f (über tote Zone) ‖ ~ **draft** (Weaving) / überspringender Einzug, sprungweiser Einzug, springender Einzug ‖ ~ **elevator** (Met) / Skipaufzug m, Kippkübelaufzug m, Schrägaufzug m ‖ ~ **feed** (Eng) / Sprungvorschub m (Eilgang beim Sprungtischfräsen)

**skip-feed milling** (Eng) / Sprungtischfräsen n (von unterbrochenen Flächen), Sprungfräsen n

**skip formation** (Weaving) / Nesterbildung f (Webfehler, der durch Reißen und Klammern von Kettfäden entsteht), Nestbildung f ‖ ~ **frequency** (Radio) / Sprungfrequenz f ‖ ~ **haulage** (Mining) / Gefäßförderung f (in tonnlägigen Gruben) ‖ ~ **hoist** (Met) / Skipaufzug m, Kippkübelaufzug m, Schrägaufzug m ‖ ~ **hoisting** (Mining) / Gefäßförderung f (in Schachtfördergefäßen), Skipförderung f ‖ ~ **instruction** (Comp) / Überspringbefehl m, Nulloperationsbefehl m, NOP-Befehl m, Übersprungbefehl m

**ski plane** (Aero) / Flugzeug n mit Schneekufen, Schneekufen-Flugzeug n

**skip lorry** (Civ Eng) / Muldenkippwagen m, Muldenkipper m (Autoschütter)

**skipped filling thread** (Weaving) / Springschuss m, Überspringer m (ein Webfehler) ‖ ~ **stitch** (Textiles) / übersprungener Stich, Fehlstich m ‖ ~ **stitch** (Textiles) / ausgelassener Stich

**skipper** n (Ships) / Skipper m (Kapitän einer Jacht)

**skipping** n (Eng) / Springen n (Überspringen) ‖ ~ (Cinema) / ruckartiger Schwenk, unruhiger Schwenk ‖ ~ **motion** / Hüpfbewegung f, hüpfende Bewegung

**skipping-white** n (Comp) / ausschließlich aus weißen Bildpunkten bestehende Zeilen, die übersprungen werden

**skip teeth** (For) / offene Spitzwinkelzahnung (bei Sägen)

**skip-way** n (Mining) / Gefäßfördertrum n, Skipfördertrum m

**skip zone** (Radio) / Sprungzone f (die Fläche um den Sender, die durch Drehung eines Radius entsprechend der Sprungentfernung entsteht)

**skirt*** n (Eng) / Einfassung f, Rand m, Randabschluss m ‖ ~ (Eng) / Mantel m, Ummantelung f, Haube f ‖ ~ (Eng) / Bord n (des Behälters) ‖ ~ (Rail) / Gitterbehang m (einer Schranke) ‖ ~ **dipole*** (Telecomm) / Koaxialantenne f mit Sperrtopf

**skirting** n (Build) / Verkleidung f (des Heizkörpers) ‖ ~ (Build) / Sockelleiste f, Scheuerleiste f, Fußleiste f (Randabschluss des Fußbodens zu allen angrenzenden Bauteilen), Wischleiste f, Sesselleiste f, Abschlussleiste f ‖ ~ (Textiles) / Rockstoff m ‖ ~ **board*** (Build) / Sockelleiste f, Scheuerleiste f, Fußleiste f (Randabschluss des Fußbodens zu allen angrenzenden Bauteilen), Wischleiste f, Sesselleiste f, Abschlussleiste f ‖ ~**-board radiator** (Heat) / Sockelheizkörper m, Fußleisten-Heizkörper m, Heizleiste f ‖ ~ **leather** (Leather) / Sattler- und Geschirrleder n ‖ ~ **leather** (Leather) / Rindsleder n zum Einfassen von Sattelzeug

**skirtings** pl (Textiles) / Fußwolle f, Bauchwolle f, Vliesabriss m (DIN 60004)

**skirt leather** (Leather) / Borkefahlleder n

**skirt-roof** n (Build) / Zwischengeschossdachkranz m, Konsoldach n, Kragdach n (umlaufendes)

**skirt selectivity** (Telecomm) / Flankensteilheit f (einer Filterkurve) ‖ ~ **selectivity** (Telecomm) / optimale Trennschärfe

**ski-tow lift** (a ski lift) / Schleppflift m

**skittery** adj (Textiles) / schipprig adj (Färbung)

**skittle pot*** (a small, refractory glass-melting pot) (Glass) / Satzel m, Sätzel m ‖ ~ **pot*** (Glass) / kleiner Schmelzhafen (meistens für Spezialgläser)

**skive** v (Leather) / schärfen v (an Überlappungsstellen und Rändern abschrägen), anschärfen v, verschärfen v

**skived film** (Plastics) / Schälfolie f

**skiver** n (Leather) / Skiver n, Fleur f (sehr dünner, gegerbter Narbenspalt von Schaffellen)

**skiving** n (Eng) / Schneckenschälen n (der Zahnräder), Zahnradschälen n, Wälzschälen n (der Zahnräder) ‖ ~ **machine** (Eng) / Wälzschälmachine f (zum Wälzfräsen von Außen- und Innenverzahnungen) ‖ ~ **machine** (Leather) / Lederschärfmaschine f

**ski wax** / Skiwachs n (zur Behandlung von Laufflächen von Skiern), Schiwachs n

**Skolem function** (AI) / Skolem-Funktion f

**skolemization** n (AI) / Skolem-Eliminierung f (ein Verfahren, bei dem in einer Formel die Existenzquantoren mittels Skolem-Funktoren eliminiert werden), Skolemisierung f

**Skolem's paradox** (Maths) / Skolem'sches Paradoxon (nach T.M.A. Skolem, 1887-1963)

**Skraup's synthesis*** (Chem) / Skraup'sche Chinolinsynthese, Skraup-Synthese f (nach Z.H. Skraup, 1850 - 1910)

**skull** n (Eng, Met) / Schale f (beim direkten Strangpressen) ‖ ~ (Met) / Ofenbär m, Ofensau f, Sau f, Schlackenbär m (durch verfestigte Schlacke hervorgerufene Verstopfung in Hochöfen) ‖ ~ (in a converter) (Met) / Mündungsbär m ‖ ~ **cracker** (Build) / Abrissbirne f (ein birnenförmiger Stahlkörper, welcher bei bestimmten Abbruchverfahren, wie z.B. dem Einschlagen, zum Einsatz kommt), Fallbirne f

**skutterudite*** n (Min) / Skuterudit n

**sky** n (Astron, Meteor) / Himmelsgewölbe n, Himmel m ‖ ~ **beamer** / Skybeamer m (gebündelte /Laser/Lichtstrahlen am Himmel bei verschiedenen Veranstaltungen) ‖ ~**-blue** adj / himmelblau adj, azurblau adj (von der Farbe des wolkenlosen Himmels)

**SkyBridge** (Teleph) / SkyBridge (ein System für Satellitenmobilfunk)

**skycap** n (a porter at an airport) (Aero) / Gepäckträger m

**sky clear** (Aero, Meteor) / wolkenlos adj ‖ ~ **compass** (Nav) / Skykompass m (der zur Bestimmung einer Bezugsrichtung die Polarisation des Sonnenlichts /und damit auch das Sonnenazimut/ ausnutzt)

**skycrane** n (US) (Aero) / Kranhubschrauber m, fliegender Kran, Lastenhubschrauber m

**sky-diving** n (Aero) / Fallschirmsport m (ein Flugsport), Fallschirmspringen n (ein Flugsport)

**sky factor** (Build, Light) / Tageslichtquotient m (bei verglasten Fenstern im Innenraum), Himmelsfaktor m (der bei der Helligkeitsbeurteilung) ‖ ~ **fog** (Meteor, Photog) / Atmosphärentrübung f

**skying** n (Textiles) / Luftgang m (bei der Appretur) ‖ ~ **doctor** (Textiles) / Luftrakel f (zur Beschichtung)

**skylight** n (a dome, lantern, monitor, north light, patent glazing, or a saucer dome in a roof) (Arch, Build) / Oberlicht n (Dachoberlicht), Dachoberlicht n, Dachaufbau m ‖ ~ (Build) / Glasdach n ‖ ~ (Build) / Dachfenster n (liegendes), Dachliegefenster n (in der Dachfläche liegendes Klappfenster), Mansardendachfenster n, Atelierfenster n, Abatjour m (Fenster mit abgeschrägter Leibung) ‖ ~ (Build) / Dachausstiegfenster n ‖ ~ (Geophys) / Himmelslicht n (der sichtbare Teil der Himmelsstrahlung) ‖ ~ (Glass) / Spiegelglas n niedriger Qualität, Fensterglas n minderer Qualität ‖ ~ (Ships) / Skylight n (pl. -s) (Ober- oder Decklicht) ‖ ~ **filter** (Photog) / Skylightfilter n (leicht rötlich gefärbtes fotografisches Lichtfilter zur Absorption des ultravioletten und zur Abschwächung des blauen Lichtes) ‖ ~ **glass** (Glass) / Spiegelglas n niedriger Qualität, Fensterglas n minderer Qualität

**skyline** n (Arch) / Skyline f (charakteristische Silhouette einer aus der Ferne gesehenen Stadt) ‖ ~ (For) / Tragseil n (bei der Seilkranbringung), Hochseil n (für Langholz) ‖ ~ **cable logging** (For) / Seilkranbringung f

**sky lobby** (Arch) / Umsteigegeschoss n (des Hochhauses), von dem aus andere Aufzugbatterien die einzelnen Geschosse anfahren ‖ ~ **marshal** (Aero) / Sicherheitsbeauftragter m an Bord (bewaffneter) ‖ ~ **radiation** (Geophys) / Himmelsstrahlung f, indirekter Strahl

**skyrocket** v / in die Höhe schnellen (Preise)

**skyscraper** n (Build) / Wolkenkratzer m ‖ ~ s. also high-rise building ‖ ~ **molecule** (Chem) / Wolkenkratzermolekül n (bei Sandwichverbindungen)

**sky wave*** (Radio) / Raumwelle f (die sich vom Erdboden unbeeinflusst im Raum ausbreitet - DIN 45020)

**sky-wave communication** (Aero) / Raumwellenverbindung f, Raumwellenverkehr m ‖ ~ **synchronized loran** (Aero, Nav) / SS-Loran-System n

**sky-writer** n (Aero) / Himmelsschreiber m (zur Luftwerbung eingesetztes Flugzeug, das Flugfiguren in Form von Schriftzeichen fliegt und diese durch raucherzeugende Zusätze zu den Triebwerksabgasen sichtbar macht)

**SL** (shrinkage limit) (Civ Eng) / Wassergehalt m ohne Volumenverringerung, Schrumpfgrenze f (in der Bodenmechanik) ‖ ~ (superlattice) (Crystal) / Supergitter n (Folge von nm-dünnen, einkristallinen Kristallschichten), Überstrukturgitter n, Übergitter n (bei Mischkristallen und Legierungen), Superlattice n

$S^L$ (self-aligned superintegration logic) (Electronics) / selbstabgleichende Logik höchster Integrationsstufe

**SL** (sea level) (Surv) / Meereshöhe f, Seehöhe f

**SLA** (standard laboratory atmosphere) (Chem) / Normzustand m im Labor (Temperatur, Druck, Feuchtigkeit usw.)

**slab** v (Carp, For) / abschwarten v ‖ ~ (Mining) / abblättern v, abplatzen v, abschälen v, sich schalenförmig lösen (Gestein aus dem Streckenstoß) ‖ ~ vt / zu Platten verarbeiten ‖ ~* n (Carp, For) / Schwarte f, Schwartenbrett n ‖ ~ (Chem Eng) / Slab m (ein Koagulumkuchen für die Gummiherstellung) ‖ ~* (Civ Eng) / Steinplatte f ‖ ~* (Civ Eng) / Deckenplatte f, Deckentafel f ‖ ~ (For) / Rundschwarte f (Schwarte, die an ihrer "linken Seite" nicht von einer Säge gestreift worden ist) ‖ ~ (Met) / Bramme f (gegossenes metallisches festes Roherzeugnis mit etwa rechteckigem Querschnitt, dessen Breite mindestens doppelt so groß ist wie seine Dicke) ‖ ~ (Print) / Farbmischstein m, Farbtisch m ‖ ~ (Rail) / Schwellenplatte f ‖ ~ **and girder floor** (Build) / Rippendecke f (aus Plattenbalken gebildete Decke mit einem lichten Abstand der Rippen von höchstens 70 cm, bei denen kein statischer Nachweis für die Platten erforderlich ist), Stahlbetonrippendecke f ‖ ~ **and girder floor*** (Build) / Plattenbalkendecke f ‖ ~ **and girder floor** (Build) s. also joist ceiling

**slabbing** n / Abreißen n der feuerfesten Auskleidung (der obersten Schicht) ‖ ~* (Carp, For) / Schwartenabsägen n, Abschwarten n ‖ ~ (Mining) / Stoßabklappen n, Abbänken n, Abschälen n (des Stoßes) ‖ ~ **cut** (Mining) / Fächerkeileinbruch m, Fächereinbruch m (bei Sprengarbeiten) ‖ ~ **machine** (Mining) / Schräm- und Kerbmaschine f, Vortriebsschrämmaschine f ‖ ~ **mill** (Met) / Brammenstraße f, Brammenwalzwerk n

**slab bridge** (Civ Eng) / Plattenbrücke f (deren Hauptträger eine einfache Platte ist) ‖ ~ **casting** (Met) / Brammengießen n, Brammenguss m ‖ ~ **coil*** (Elec Eng) / Scheibenspule f, Flachspule f ‖ ~ **cooling wheel** (a wheel in which slabs are individually entered into pockets and moved through a water bath) (Met) / Brammen-Kühlrad n ‖ ~ **cork** / Presskorkplatte f (Dämmstoff) ‖ ~ **cutter** (Civ Eng) / Plattenduchlass m ‖ ~ **cutter** (Eng) / Walzenfräser m ‖ ~ **dielectric optical waveguide** (Electronics) / Schichtwellenleiter m ‖ ~ **extruder** (Chem Eng) / Slab-Extruder m (eine Spritzmaschine zur Herstellung von Fellen und Platten aus Gummimischungen) ‖ ~ **floor** (Build) / Plattendecke f (Massivdecke ohne Unterzüge) ‖ ~ **gel** (Chem) / Plattengel n, flaches Gel, Flachgel n ‖ ~ **grab** (Met) / Brammengreifzange f ‖ ~ **ingot** (Met) / Rohbramme f ‖ ~ **keel** (Ships) / Schutzkiel m, Scheuerkiel m ‖ ~ **milling** (Eng) / Walzenfräsen n, Walzfräsen n, Umfangfräsen n (bei dem die Fräserachse parallel zur Arbeitsfläche liegt) ‖ ~ **milling** (US) (Eng) / Planfräsen n (durch Umfangs- oder Stirnfräsen) ‖ ~ **milling cutter** (Eng) / Walzenfräser m ‖ ~ **mould** (Met) / Brammenform f, Brammenkokille f ‖ ~ **off** v (Carp, For) / abschwarten v ‖ ~ **pumping** (Civ Eng) / Plattenpumpen n (bei verkehrsbelasteten Deckenplatten auf durchfeuchtetem Grund) ‖ ~ **saw** (For) / Spaltsägemaschine f ‖ ~ **saw** (For) / Nachschnittsäge f ‖ ~ **serif** (Typog) / serifenbetonte Linear-Antiqua, Egyptienne f ‖ ~ **shuttering** (Build, Carp) / Schwartenbrettschalung f ‖ ~ **span** (Build) / Plattenfeld n (von Trägern überspannt) ‖ ~ **stone** (Civ Eng) / Steinplatte f

**slabwood** n (Carp, For) / Schwartenholz n

**slack** v (Autos) / lockern v (Sicherheitsgurt) ‖ ~ (Build) / löschen v (Kalk), ablöschen v (Kalk) ‖ ~ / Slack m (Differenz zwischen den vorhandenen und notwendigen Ressourcen eines Unternehmens) ‖ ~ (Cables) / Lose f (eines Kabels) ‖ ~* (Mining) / Gruskohle f (unter 10 mm), Kohlengrus m ‖ ~ (Mining) / Lösche f ‖ ~ (Mining) / Feinkohle f mit hohem Aschegehalt (Kesselkohle) ‖ ~ **adj** / spannungslos adj, schlaff adj (Seil) ‖ ~* / durchhängend adj ‖ ~ / locker adj, lose adj, schlaff adj (locker), nicht angezogen, schlackrig adj, schlapp adj (locker) ‖ ~ / entspannt adj (gespanntes Seil) ‖ ~ **become** / nachlassen v (locker werden) ‖ ~ **barrel** (Oils) / Barrel n (107 - 111 kg Paraffin) ‖ ~ **blocks** (Civ Eng) / Unterlegkeile m pl ‖ ~ **blown** (Glass) / nicht voll aufgeblasen ‖ ~ **byte** (Comp) / Füllbyte n (zwischen logischen Sätzen) ‖ ~ **coal** (Mining) / Gruskohle f (unter 10 mm), Kohlengrus m ‖ ~ **contact** (Elec Eng) / fehlerhafter Kontakt, Wackelkontakt m

**slacked lime** (Leather) / Fauläscher m, toter Äscher, fauler Äscher

**slacken** v / nachlassen v (locker werden) ‖ ~ (Autos) / lockern v (Sicherheitsgurt) ‖ ~ vt / entspannen v (gespanntes Seil)

**slack end** (Weaving) / schlaffer Faden

**slackener** n (Weaving) / Spannungsverminderer m, Spannschiene f

**slackening** n / Entspannung f (des gespannten Seiles), Nachlassen n (der Spannung) ‖ ~ **of the tape** (Mag) / lose Bandlage

**slack filling** (Weaving) / freigelegter Schussfaden

**slacking** n (Build) / Löschen n (von Kalk)

**slack-line cableway** (Civ Eng) / Schlaffseilkabelbagger m ‖ ~ **cableway** (Civ Eng) / Kratzbagger m mit zwei fahrbaren Türmen ‖ ~ **cableway excavator** (Civ Eng) / Schlaffseilkabelbagger m ‖ ~ **cableway excavator** (Civ Eng) / Kratzbagger m mit zwei fahrbaren Türmen

**slack mercerization** (Textiles) / Slack-Merzerisieren n, spannungslose Merzerisierung

**slackness loop** (Cables) / Bewegungsschleife f (eines Anschlusskabels)

**slack pick** (Weaving) / freigelegter Schussfaden ‖ ~ **roll** (Paper, Print) / lose gewickelte Rolle ‖ ~ **selvedge** (Weaving) / lockere Leiste, wellige Leiste ‖ ~ **sheet*** (Print) / durchhängende Papierbahn ‖ ~ **side** (of a belt) (Eng) / Leertrum m n (des Riemengetriebes) ‖ ~ **side** (Eng) / unterer Trum (als konstruktiver Teil des Bandförderers), ablaufender Trum (bei der Analyse der an den Umlenkrollen wirkenden Kräfte), schlaffer Trum ‖ ~ **side** (For) / offene (= rechte) Seite (bei Furnieren)

**slack-sized** adj (Paper) / schwach geleimt adj, mit schwacher Leimung

**slack strand** (Eng) / unterer Trum (als konstruktiver Teil des Bandförderers), ablaufender Trum (bei der Analyse der an den Umlenkrollen wirkenden Kräfte), schlaffer Trum ‖ ~ **tannage** (Leather) / Angerbung f (unvollständige), unvollständige Gerbung ‖ ~ **thread** (Weaving) / schlaffer Faden ‖ ~ **traffic** (Teleph) / schwacher Verkehr ‖ ~ **up** v / drosseln v, herabsetzen v, verringern v (Geschwindigkeit) ‖ ~ **variable** (Automation) / Schlupfvariable f ‖ ~ **warp** (Weaving) / schlaffer Faden ‖ ~ **water** (Ocean) / Stauwasser n (kurze Zeit des Gezeitenwechsels) ‖ ~ **-water navigation*** (Hyd Eng, Ships) / Flussschifffahrt f auf gestautem Wasser (auf der Kanalhaltung), Kanalschifffahrt f (mit Hilfe von Schleusungen), Schifffahrt f mit Hilfe von Schleusungen

**slack-water navigation** (Hyd Eng, Ships) s. also sluggish stream

**slack wax** / Fischer-Gatsch m, Paraffingatsch m (der beim Entparaffinieren entsteht), Gatsch m ‖ ~ **wax** (Oils) / Erdölwachs n

**slade** n (Agric) / Schleifsohle f (des Pflugs) ‖ ~* (Build) / geneigter Fußweg

**slag** v (Met) / entschlacken v, abschlacken v, ausschlacken v, Schlacke ziehen ‖ ~ vi (Met) / verschlacken vi, schlacken vi, zu Schlacke werden ‖ ~ n (Glass) / Herdglas n ‖ ~* (Met) / Schlacke f (Mischung aus Zuschlägen und Ablagerungen) ‖ ~ (a mixture of shale, clay, coal dust and other mineral waste produced during coal mining) (Mining) / hereingewonnenes Material ‖ ~ **bank** (Met) / Schlackenhalde f, Halde f (Schlackenhalde) ‖ ~ **bath** (Welding) / Schlackenbad n

**slag-bath gasification** (Mining) / Schlackenbadvergasung f

**slag bed** (Met) / Schlackenbett n ‖ ~ **blanket** (Welding) / Schlackendecke f ‖ ~ **brick** (Build) / Schlackenstein m ‖ ~ **cement*** (Build, Civ Eng) / Schlackenzement m, Hüttenzement m (der außer Portlandzementklinker als Hauptbestandteil auch Hüttensand enthält) ‖ ~ **channel** (Foundry, Met) / Schlackenlauf m (Kanal) ‖ ~ **cleaning** (Met) / Schlackenverarmung f ‖ ~ **concrete** (Build, Civ Eng) / Schlackenbeton m ‖ ~ **control** (Met) / Schlackenführung f, Schlackenarbeit f ‖ ~ **cover** (Welding) / Schlackendecke f ‖ ~ **depth** (Met) / Schlackenbadtiefe f ‖ ~ **discharge** (Met) / Schlackenabzug m (trocken oder flüssig) ‖ ~ **dump** (Met) / Schlackenhalde f, Halde f (Schlackenhalde) ‖ ~ **entrapment** (Foundry) / Schlackeneinschluss m ‖ ~ **fibre** / Schlackenfaser f (aus Schlacken gewonnener Faserstoff)

**slag-forming** adj (Met, Welding) / schlackenbildend adj ‖ ~ **agent** (Met, Welding) / Schlackenbildner m ‖ ~ **constituent** (Met, Welding) / Schlackenbildner m

**slag-free** adj / schlackenfrei adj

**slag-fuming process** (Met) / Schlackenverblaseverfahren n

**slagging** n (Met) / Verschlackung f, Schlackenbildung f (auch bei der Treibarbeit) ‖ ~ (Met) / Entschlackung f, Abschlackung f ‖ ~ (Met) / Schlackenabzug m (trocken oder flüssig) ‖ ~ **gasifier** / Schlackenbadgenerator m

**slaggy** adj / schlackenhaltig adj, schlackig adj, schlackenreich adj

**slag heap** (Met) / Schlackenhalde f, Halde f (Schlackenhalde) ‖ ~ **heap** (Mining) / Abraumhalde f, Abraumkippe f (über Tage angelegte Aufschüttung von Abraum), Halde f (künstliche Aufschüttung von Schlacke oder tauben Gesteinsmassen)

**slag-heap planting** (Met) / Haldenbegrünung f

**slag hole*** (Met) / Schlackenabstichloch n, Schlackenloch n, Schlackenstichloch n ‖ ~ **inclusion** (Foundry) / Schlackeneinschluss m ‖ ~ **ladle** (Met) / Schlackenpfanne f ‖ ~ **ladle car** (Met) / Schlackenpfannenwagen m ‖ ~ **lead** (Met) / Krätzblei n ‖ ~ **lime** / Hüttenkalk m

**slag-making** adj (Met, Welding) / schlackenbildend adj ‖ ~ **material** (Met, Welding) / Schlackenbildner m

**slag melting** (Met) / Schlackenschmelzen n ‖ ~ **mill** / Schlackenmühle f ‖ ~ **milling** / Schlackenmahlen n ‖ ~ **notch** (Met) / Schlackenform f (des Hochofens) ‖ ~ **off** v (Met) / entschlacken v, abschlacken v, ausschlacken v, Schlacke ziehen

**slag-off** n (Met) / Schlackenabzug m (trocken oder flüssig)

**slag pocket** (Met) / Schlackenfangmulde f ‖ ~ **pool** (Welding) / Schlackenbad n ‖ ~ **practice** (Met) / Schlackenführung f, Schlackenarbeit f ‖ ~ **removal** (Met) / Entschlackung f, Abschlackung f ‖ ~ **removal** (Met) / Schlackenabzug m (trocken oder flüssig) ‖ ~ **resistance** / Schlackenbeständigkeit f ‖ ~ **retainer** (Met) / Schlackenrückhaltevorrichtung f ‖ ~ **runner** (Met) / Schlackenrinne f ‖ ~ **sand** (Build, Foundry) / Schlackensand m ‖ ~ **skimmer** (Foundry) / Schlackenfang m ‖ ~ **skimmer** (Met) / Krampstock m, Krammeisen n

**slag**

(zum Abkrammen der Schlacke), Krammstock *m* ‖ ~ **spout** (Met) / Schlackenrinne *f* ‖ ~ **stream** (Met) / Schlackenstrom *m*
**slag-tap boiler** (Eng) / Schmelzkammerkessel *m*, Kessel *m* mit flüssiger Entaschung, Kessel *m* mit flüssigem Aschenabzug ‖ ~ **furnace** / Schmelzaschefeuerung *f*, Schmelzfeuerung *f* (für staubförmige Brennstoffe) ‖ ~ **hole** (Met) / Schlackenabstichloch *n*, Schlackenloch *n*, Schlackenstichloch *n*
**slag tapping** (Met) / Schlackenabstich *m* (Vorgang) ‖ ~ **tip** (Met) / Schlackenhalde *f*, Halde *f* (Schlackenhalde) ‖ ~ **trap** (Foundry) / Schlackenfang *m* ‖ ~ **tuyere** (Met) / Schlackenform *f* (des Hochofens) ‖ ~ **utilization** (Ecol, Met) / Schlackenverwertung *f* ‖ ~-**wool**\* *n* / Hüttenwolle *f*, Schlackenwolle *f*
**slake** *v* (Build) / löschen *v* (Kalk), ablöschen *v* (Kalk) ‖ ~ (Civ Eng, Geol) / zerbröckeln *v*, zerfallen *v*
**slaked lime** (Build) / gelöschter Kalk, Löschkalk *m* (Kalziumhydroxid), Kalkhydrat *n* (DIN 1060-1)
**slaking**\* *n* (Build) / Löschen *n* (von Kalk) ‖ ~ (Civ Eng, Geol) / Zerbröckeln *n*, Zerfallen *n* ‖ ~ **basin** (Build) / Löschbecken *n*, Kalklöschmulde *f* ‖ ~ **box** (Build) / Kalkkasten *m* ‖ ~ **box** (Build) / Löschbank *f* (ein Trog aus Holz oder Stahlblech zum Löschen des Kalks), Kalkrein *f* (A) ‖ ~ **pit** (Build) / Kalkgrube *f*, Kalkloch *n*, Löschgrube *f* (eine Kalkgrube) ‖ ~ **slag** (Met) / Zerfallsschlacke *f*
**SLAM** (Micros) / SLA-Mikroskop *n*, SLAM, Rastermikroskop *n* (mit einem Laser gekoppeltes Ultraschallmikroskop) ‖ ~ (supersonic low-altitude missile) (Mil) / niedrigfliegender Überschallflugkörper *m*, Überschallflugkörper *m* für niedrige Höhen
**slam** *v* / zuschlagen *v* (Tür), zuknallen *v* (Tür)
**slamming** *n* (Ships) / Slamming *n* (Aufschlagen des Schiffsbodens auf die Wasseroberfläche bei Seegang), hydrodynamische Stöße, Seeschlag *m* (Aufsetzen des Schiffsbuges im Wellental) ‖ ~ (US) (Teleph) / Slamming *n* (Abwerben von Telefonkunden durch einen alternativen Billiganbieter mit Hilfe aggressiver Methoden des Telemarketings) ‖ ~ **stile** (Build, Join) / Schlossbohle *f*, Schlossbrett *n* (der Tür)
**slam off** *v* (Weaving) / abschlagen *v*
**slam-off** *n* (Weaving) / Gewebebruch *m* ‖ ~ (Weaving) / Abschlag *m*, Abschlagen *n*
**slam-shut valve** / Schnellschlussarmatur *f* (nicht von Hand angetriebene Absperrarmatur mit extrem kurzer Schließzeit)
**slant** *v* / schräg verlaufen (Linie) ‖ ~ / abschrägen *v*, ausschrägen *v* ‖ ~ / sich neigen *v* ‖ ~ (Civ Eng) / abböschen *v* (z.B. Baugrube, Gelände), böschen *v* (mit einer Böschung versehen) ‖ ~ *n* / Schrägheit *f*, Obliquität *f* ‖ ~ (Mining) / tonnlägiger Tagesschacht, Schrägstrecke *f* ‖ ~ (Mining) / Diagonalstrecke *f* ‖ ~ *adj* / schräg *adj* ‖ ~ **azimuth recording**\* (TV) / Azimutaufzeichnung *f* (magnetische Speicherung von Bildsignalen durch ein Schreiben von Videospuren auf dem Videoband, wobei eine gegeneinander versetzte Neigung der Spalte der Videoköpfe angewendet wird) ‖ ~ **course line** (Aero) / Schrägkurslinie *f*
**slanted** *adj* / abgeschrägt *adj*, schräg *adj* (abfallend) ‖ ~ / geneigt *adj*, schräg *adj*, schief *adj*, schräg abfallend
**slanted-seat valve** (Eng) / Schrägsitzventil *n* (Armatur)
**slant height** (of a cone) (Maths) / Länge *f* der Mantellinie ‖ ~ **height** (Maths) / Höhe *f* der Seitenfläche (der Mantelfläche)
**slanting** *adj* / schräg *adj* ‖ ~ / geneigt *adj*, schräg *adj*, schief *adj*, schräg abfallend
**slant nailing** (Carp) / Schrägnagelung *f*, Schrägnageln *n* ‖ ~ **range**\* (Radar, Surv) / Schrägentfernung *f* ‖ ~ **rolling** (Met) / Schrägwalzen *n* (bei dem das Walzgut um die eigene Achse gedreht wird, wobei eine Axialbewegung des Werkstückes durch die Schrägstellung der Walzen zustande kommt - DIN 8583)
**slant-rolling machine** (Met) / Schrägwalzmaschine *f*
**slant track** (Acous, Mag) / Schrägspur *f* ‖ ~ **visibility** (Aero) / Schrägsicht *f*
**slant-visibility range** (Aero) / Schrägsichtweite *f*
**slant visual range** (Aero) / Schrägsichtweite *f* ‖ ~ **well drilling** (Oils) / Schrägbohren *n*
**slantwise polarization** (Elec, Phys, Radio) / diagonale Polarisation
**SLAP** (slot-allocation procedure) (Telecomm) / Verfahren *n* für die Zuweisung von Zeitrastern
**slap-back** (Acous) / Slapback *n* (Echo von der Rückwand eines Raumes)
**slapback** (US) (Acous) / Slapback *n* (Echo von der Rückwand eines Raumes)
**slap dash**\* (Build) / Steinputz *m* (mit Zugabe von gebrochenem Naturstein)
**slapper** *n* (Autos) / Spannschläger *m* (zum Ausgleichen von Dellen)
**slapping** *n* (Ships) / Klatschen *n* (des Wassers gegen ein Boot)
**SLAR** (side-looking airborne radar) (Aero, Mil, Radar) / Seitensichtbordradar *m n*
**slash** *v* / aufschlitzen *v* (mit dem Messer), schlitzen *v* ‖ ~ (Textiles) / kettschlichten *v* (nur Infinitiv oder Partizip), schlichten *v*

(kettschlichten) ‖ ~ *n* (US) (For) / Schlagabraum *m* (nach Beendigung des Holzeinschlags und Abtransport der ausgeformten Rohholzsorten bei den derzeitigen Erntemethoden auf der Schlagfläche zurückbleibendes Material, wie dünne Äste, Reisig und Grüngut), Schlagreste *m pl*, Schlagreisig *m*, Abraum *m* (beim Holzfällen und Abtransport) ‖ ~ (Typog) / Schrägstrich *m*, Slash *m* (pl. -s)
**slasher** *n* (Textiles) / Kettschlichtmaschine *f* (DIN 62 500) ‖ ~ (Textiles) / Schlichter *m* ‖ ~ **dyeing** (Textiles) / Färben *n* in der Schlichte, Schlichtefärben *n* ‖ ~ **dyeing machine** (Textiles) / Kettschlichtfärbemaschine *f*
**slashing** *n* / Aufschlitzen *n* (mit dem Messer), Schlitzen *n* ‖ ~ (For) / Zurückschneiden *n* unerwünschter Vegetation (im Auf- und Jungwuchs) ‖ ~ (US) (For) / unberäumte Schlagfläche ‖ ~ **compound** (Textiles) / Schlichtemittel *n*, Schlichte *f* (biologisch abbaubare Substanz, meistens für Baumwolle und Viskose-Filamentfasern)
**slash mark** (Typog) / Schrägstrich *m*, Slash *m* (pl. -s) ‖ ~ **pine** (For) / eine nordamerikanische Kiefer, die Pinazeen-Produkte liefert (Pinus elliottii Engelm.) ‖ ~ **pine** (For) / Karibische Kiefer (Pinus caribaea Morelet) ‖ ~ **pocket** (Textiles) / französische Tasche (steil, fast senkrecht eingeschnittene Tasche an Jeans) ‖ ~ **presentation** (Radar) / Balkenanzeige *f* ‖ ~-**sawing** *n* (For) / Fladerschnitt *m* (tangential geführter Schnitt - mit liegenden Jahrringen), tangentiale Holzschnitt
**slat**\* *n* (Aero) / Vorflügel *m* (fester oder ausfahrbarer Hilfsflügel an der Tragflügelvorderkante - ein Hochauftriebsmittel), Slat *n* (zur Profilveränderung und Vergrößerung der tragenden Fläche) ‖ ~ (Build) / Holzleiste *f* (des Rollladens), [Metall-, Kunststoff-]Profil (des Rollladens) *n*, Lamelle *f* (des Rollladens) ‖ ~\* (Carp) / Holzleiste *f*, Holzstab *m* ‖ ~ (Leather) / getrocknetes Schaffell *n* (Leather) / Schwitzblöße *f* ‖ ~ **conveyor**\* (Eng) / Plattenbandförderer *m*, Gliederbandförderer *m*
**slate** *v* (Build) / mit Schiefer eindecken, mit Schiefer decken ‖ ~ (Leather) / glätten *v* ‖ ~ *n* (Build) / Schiefertafel *f* (als Bedachungsstoff) ‖ ~ (Build, Geol) / Dachschiefer *m* (DIN EN 12 326, T 1 und 2) ‖ ~ (Cinema) / Szenentafel *f*, Szenenklappe *f*, Synchronklappe *f* (an der Kamera) ‖ ~ *attr* / schiefergrau *adj* ‖ ~ **axe**\* (Build) / Schieferdeckerbeil *n*, Punkteisen *n* (des Dachdeckers) ‖ ~ **black** (Mining, Paint) / Ölschwarz *n*, Schieferschwarz *n*, Mineralschwarz *n*, Erdschwarz *n* (ein Schieferton, als Pigment verwendet) ‖ ~-**blue** *adj* / schieferblau *adj* ‖ ~ **boarding**\* (Build) / Brettschalung *f* (des Schieferdaches), Schieferdachverschalung *f* ‖ ~ **clay** (Geol) / Schieferton *m*
**slate-coloured** *adj* / schieferfarbig *adj*, schieferfarben *adj*
**slate cramp**\* (Build) / Schwalbenschwanzschiefer *m* (großer) ‖ ~ **filler** (Paint) / Schiefermehl *n* (blättriger, gemahlener Tonschiefer, der als Zusatz zu Spachtelkitten und Schultafellacken verwendet wird) ‖ ~ **flour** (Chem Eng, Plastics) / Schiefermehl *n* (z.B. als Trennmittel)
**slate-grey** *adj* / schiefergrau *adj*
**slate hanging**\* (Build) / Wetterschutzverkleidung *f* mit Schiefer, Wandschieferverkleidung *f* ‖ ~ **knife** (Build) / Schieferdeckerbeil *n*, Punkteisen *n* (des Dachdeckers) ‖ ~ **nail** (Build) / Schiefernagel *m* ‖ ~ **oils** (Fuels) / Schieferöle *n pl* ‖ ~ **powder** (Paint) / Schiefermehl *n* (blättriger, gemahlener Tonschiefer, der als Zusatz zu Spachtelkitten und Schultafellacken verwendet wird) ‖ ~ **quarry** (Mining) / Schieferbruch *m*
**slater** *n* (Agric, Zool) / Assel *f* (Ordnung Isopoda) ‖ ~ (Build) / Schieferdecker *m* ‖ ~ **determinant** (Phys) / Slater-Determinante *f* (zur Beschreibung des quantenmechanischen Zustandes eines mikrophysikalischen Systems nach J. C. Slater, 1900-1976)
**slate ribbon** (a relict ribbon structure on the cleavage surface of slate, consisting of varicoloured and straight, wavy, or crumpled stripes) (Geol) / Schichtungsband *n*
**Slater orbital** (Phys) / Slater-Orbital *n*, Slater-Funktion *f* ‖ ~ **rules** (Chem) / Slater'sche Regeln (semiempirische Regeln zur Bestimmung effektiver Kernladungszahlen in Mehrelektronenatomen)
**slater's axe** (Build) / Schieferdeckerbeil *n*, Punkteisen *n* (des Dachdeckers)
**slating and tiling batten**\* (Carp) / Dachlatte *f* (die auf den Sparren aufliegt und die Dachdeckung trägt) ‖ ~ **nail** (Build) / Schiefernagel *m*
**slat pattern** (Textiles) / Slat-Muster *n* (bei der Slat-Technik der Tuftingmaschine)
**slatted box pallet** / Holzlattenbehälter *m* ‖ ~ **chain** (Agric) / Lattenband *n* (des Kartoffelförderers) ‖ ~ **drum** (Leather) / Lattentrommel *f* ‖ ~ **floor** (Build) / Lattenrostfußboden *m* ‖ ~ **floor** (Build) / Rostboden *m* ‖ ~ **lens**\* (Radio) / Rechteck-Rasterlinse *f*, Linse *f* mit gekreuzten Platten ‖ ~ **pattern** (Foundry) / Daubenmodell *n*

**slaty cleavage*** (Geol) / flächige Spaltbarkeit ‖ ~ **cleavage*** (Geol) / Transversalschieferung f (eine spezielle Form, vor allem erkennbar an der Einregelung flächiger Minerale, also nicht durch konkrete Flächen), Querschieferung f ‖ ~ (fibrous) **fracture** (Materials) / Schieferbruch m

**slaughter** v (Agric, Nut) / schlachten v, töten v (Tiere) ‖ ~ **deadweight** (Nut) / Schlachtgewicht n ‖ ~ **grease** (Nut) / Schlachtfett n

**slaughterhouse** n (Nut) / Schlachthof m, Schlachthaus n ‖ ~ **waste** (Agric, Nut) / Schlachtabfall m ‖ ~ **waste** (Agric, Nut) s. also offal ‖ ~ **waste water** (San Eng) / Schlachthofabwasser n (organisch hoch belastet und leicht fäulnisfähig)

**slaughter-warm** adj (Nut) / schlachtwarm adj (Fleisch)

**slaughter weight** (Nut) / Schlachtgewicht n

**slave** n (Aero, Nav) / Tochtersender m, Nebensender m, Nebenstation f ‖ ~ (Instr) / Slave m (gesteuertes Gerät) ‖ ~ (Mil) / Drohne f (Ziel- oder Aufklärungsdrohne) ‖ ~ **arm** (Eng) / Slave-Arm m (im Master-Slave-Manipulator) ‖ ~ **clock** / Nebenuhr f, Tochteruhr f (der Zentraluhranlage) ‖ ~ **clock** (Comp) / lokaler Taktgeber ‖ ~ **computer** (Comp) / Slave-Rechner m, Slave-Computer m (der vollständig unter der Kontrolle des Zentralrechners steht) ‖ ~ **con-rod** (Autos, Eng) / Hilfspleuel m, Nebenpleuel m ‖ ~ **cylinder** (Autos) / Nehmerzylinder m (bei der hydraulischen Kupplungsbetätigung) ‖ ~ **cylinder** (Autos) / Folgezylinder m

**slaved control** (Automation) / Nachführungssteuerung f

**slave drive** (Eng) / abhängiger Antrieb, Tochterantrieb m

**slaved tracking** (Automation) / Nachführungssteuerung f

**slave locomotive** (Rail) / ferngesteuerte Lokomotive ‖ ~ **monitor** (Comp) / Parallelanzeige f ‖ ~ **potentiometer** (Elec Eng) / Nachlaufpotentiometer n ‖ ~ **processor** (Comp) / Slave-Prozessor m, Slave-Processor m ‖ ~ **recorder** (Cinema) / Zuspielrecorder m (ein Teil des elektronischen Schnittplatzes) ‖ ~ **station** (Aero, Nav) / Tochtersender m, Nebensender m, Nebenstation f ‖ ~ **station** (Comp) / Unterstation f (eine an einer Mehrpunktverbindung betriebene Datenstation zu der Zeit, zu der sie aufgefordert ist, bestimmte Daten zu empfangen, und nachdem sie ihre Betriebsbereitschaft hierzu gemeldet hat - DIN 44302), Trabantenstation f, Empfangsstation f ‖ ~ **unit** (Photog) / Servoblitzauslöser m (zur drahtlosen Fernauflösung von Zusatz-Blitzgeräten)

**Slavianoff process** (Welding) / Lichtbogenschweißen n nach Slawjanow (der Lichtbogen brennt zwischen dem als abschmelzende Elektrode verwendeten Zusatzwerkstoff und dem Werkstück, wodurch ein gleichmäßiges Schmelzen beider erreicht wird), Slawjanow-Verfahren n, Slavianoff-Verfahren n, Lichtbogenschweißen n nach Slavianoff ‖ ~ **welding** (Welding) / Lichtbogenschweißen n nach Slawjanow (der Lichtbogen brennt zwischen dem als abschmelzende Elektrode verwendeten Zusatzwerkstoff und dem Werkstück, wodurch ein gleichmäßiges Schmelzen beider erreicht wird), Slawjanow-Verfahren n, Slavianoff-Verfahren n, Lichtbogenschweißen n nach Slavianoff

**slaving** n (Phys) / Referenzangleichung f, Festorientierung f (des Kreisels)

**slay** n (Weaving) / Lade f (zur Aufnahme der Weberschiffchen), Weblade f

**SLB** (sidelobe blanking) (Radar, Radio, Telecomm) / Nebenkeulenaustastung f

**SLBM** (submarine-launched ballistic missile) (Mil) / u-bootgestützter ballistischer Flugkörper

**SLC** (sidelobe cancellation) (Radar, Radio, Telecomm) / Nebenkeulenlöschung f

**SL cable** (Cables) / Dreibleimantelkabel n (dreiadriges Kabel mit einem Bleimantel über jeder Ader), Einzelbleimantelkabel n

**SLCM** (sea-launched cruise missile) (Mil) / seegestützter Marschflugkörper

**SLED** (single large expensive disk) (Comp) / SLED-Festplatte f (im Gegensatz zu RAID)

**sledge** n (Tools) / Vorschlaghammer m (großer, schwerer Schmiedehammer)

**sledge-hammer** n (Tools) / Fäustel m ‖ ~* (Tools) / Vorschlaghammer m (großer, schwerer Schmiedehammer)

**sledger*** n (Min Proc) / Vorbrecher m, Grobbrecher m (bis auf Korngröße von etwa 80 mm), Grobzerkleinerungsmaschine f

**sledge runner** / Gleitkufe f (z.B. bei Lastenschlitten), Kufe f (Gleitkufe), Rutschleiste f

**sled test** (Autos) / Schlittentest m (Crashtest auf Schlitten)

**sleek** v (Foundry) / polieren v (Sandform) ‖ ~ n (Glass, Optics) / Kratzer m (leichte mechanische Verletzung der polierten Glasoberfläche), Filasse f ‖ ~ (Optics, Photog) / feiner Kratzer (auf der Linsenfläche, der beim Polieren entstanden ist)

**sleeked dowlas** (Textiles) / Glanzleinen n, Glanzleinwand f

**sleeker*** n (Foundry) / Polierwerkzeug n, Polierknopf m, Glättwerkzeug n, Glätteisen n

**sleeking steel** / Polierstahl m (zum Polieren von Werkstücken aus Gold, Silber, Kupfer, Zinn, Zink, Blei und Messing unter Zusatz von Seifenwasser oder anderem Glänzmittel)

**sleek leather** (Leather) / Blankleder n (nach Fläche verkauftes, vegetabil gegerbtes Rindleder für Aktenmappen, Schulranzen, Koffer, Sattlerwaren)

**sleeper*** n (Build) / Schwelle f (für die Druckübertragung), Lagerschwelle f, Lagerbalken m, Schwellenbalken m, Knagge f (Anschlagteil) ‖ ~* (Build) / Lagerholz n (als Unterlage für Holzfußböden über Massivdecken) ‖ ~ (Build) / Deckenträgerrostschwelle f ‖ ~ (Rail) / Schlafwagen m ‖ ~* (Rail) / Gleisschwelle f, Eisenbahnschwelle f (Teil des Eisenbahnoberbaus), Querschwelle f, Schwelle f ‖ ~ **pile** (For) / Z-Stapel m (eine Stapelart für Gleisschwellen aus Holz), Schwellenstapel m (ein Luftstapel) ‖ ~ **pile** (Rail) / Schwellenstapel m ‖ ~ **spacing** (Rail) / Schwellenabstand m ‖ ~ **timber** (For, Rail) / Schwellenholz n ‖ ~ **wall*** (Build) / Unterzugunterstützungsmauer f (niedrige, unter der Oberfläche)

**sleep(y) gloss** (Paint) / Mattheit f (des Lackfilms), Glanzabfall m (bei dem Lackfilm)

**sleep inducer** (Pharm) / Hypnagogum n (pl. Hypnagoga), Hypnotikum n (pl. Hypnotika), Schlafmittel n

**sleepiness** n (of a gloss film) (Paint) / Mattheit f (des Lackfilms), Glanzabfall m (bei dem Lackfilm)

**sleeping car** (US) (Rail) / Schlafwagen m ‖ ~ **carriage** (Rail) / Schlafwagen m ‖ ~ **embers** / glimmende Asche, Glimmasche f ‖ ~ **pill** (Pharm) / Schlaftablette f ‖ ~ **policeman** (Autos, Civ Eng) / Rüttelschwelle f, "schlafender Polizist", Schwelle f (schlafender Polizist), Holperschwelle f (um die Autofahrer zu zwingen, langsam zu fahren), Temposchwelle f, Fahrbahnschwelle f ("schlafender Polizist") ‖ ~ **polymer** (Chem) / schlafendes Polymer (dessen Wachstumszentrum vorübergehend blockiert ist)

**sleep mode** / Stromsparschlafmodus m (ein Powermanagement-Modus), Pausenmodus m, Schlafmodus m, Stromsparmodus m

**sleeptimer** n (Electronics) / Sleeptimer m (zeitgesteuerte automatische Abschalteinrichtung in elektronischen Geräten), Einschlafschaltung f

**sleepy** adj / matt adj (Glanz) ‖ ~ (Min) / trübe adj ‖ ~ (Nut) / überreif adj (meistens Birnen)

**sleet** n (US) (Elec Eng, For) / Eisüberzug m (an Freileitungen, an Bäumen) ‖ ~ (US) (Meteor) / Glatteis n ‖ ~ (Meteor) / Graupeln f pl (durchsichtig: Frostgraupeln, undurchsichtig: Reifgraupeln) ‖ ~ (Meteor) / Schlackeregen m, Schneeregen m ‖ ~ (US) (Meteor) / Eiskörnchen n (im Eisregen) ‖ ~ (US) (Meteor) / körniger Eisregen

**sleet-proof** adj (Elec Eng) / eisgeschützt adj

**sleeve** n (prefabricated for application to pipe) (Eng) / Hülle f ‖ ~ v / umhüllen v (ein Rohr) ‖ ~ (Eng, Nuc Eng) / sleeven v (die Heizrohre) ‖ ~ n / Cover n (Schallplattenhülle) ‖ ~ (wind sleeve) (Aero) / Windsack m (zur weithin sichtbaren Anzeige der Bodenwindrichtung) ‖ ~* (Elec Eng, Eng) / Muffe f (ein Maschinenelement in Hohlzylinderform), Verbindungsmuffe f ‖ ~* (Eng) / Büchse f, Buchse f, Hülse f ‖ ~ (Eng) / Hülse f mit Längsteilung (der Bügelmessschraube) ‖ ~ (Eng) / Überschiebmuffe f, Überschiebungsmuffe f, U-Stück n (DIN 25824) ‖ ~ (Eng) / Decke f, Schutzhülse f (die einen dünnen Stempel umfasst, um sein Ausknicken zu verhindern) ‖ ~ (Eng, Surf) / Umhüllung f (von Rohren - im Werk hergestellter passiver Korrosionsschutz nach DIN 30 670 bis 30 675) ‖ ~ (Paint) / Rollwerkzeugbezug m, Bemantelung f des Rollwerkzeuges (Gummi, Schaumstoff, Lammfell, Filz), Walzenbezug m ‖ ~ (Radio) / Lambda-Viertel-Kuppler m ‖ ~ (Textiles) / Ärmel m ‖ ~ (Weaving) / Überzug m (für Textilspulen) ‖ ~ **bearing** (Elec Eng, Eng) / Gleitlager n (ungeteilt) ‖ ~ **coupling** (Eng) / Muffenkupplung f (eine starre Kupplung), Hülsenkupplung f (eine starre Kupplung) ‖ ~ **dipole*** (Radio) / Hülsendipol m, Rohrdipol m, Koaxialdipol m mit Sperrtopf ‖ ~ **dipole*** (Telecomm) / Koaxialdipol m mit Sperrtopf

**sleeve-dipole antenna** (Radio) / Hülsendipol m, Rohrdipol m, Koaxialdipol m mit Sperrtopf

**sleeve feed** (Eng) / Pinolenvorschub m ‖ ~ **for carded-yarn carding machine** (Spinning) / Nitschelhose f für die Streichgarnspinnerei (DIN 64 119) ‖ ~ **joint*** (Elec Eng) / Einsteckverbindung f ‖ ~ **joint** (Eng) / Muffenverbindung f

**sleeveless** adj (Textiles) / ärmellos adj

**sleeve lock** (Eng) / Pinolenklemmung f ‖ ~ **machine** (Textiles) / Ärmelmaschine f

**sleeve-monopole antenna** (Radio) / Lambda/4-Hülsenstrahler m, Koaxialantenne f mit Gegengewicht

**sleeve nut** (Eng) / Überwurfmutter f ‖ ~ **piece*** (Plumb) / kurzes Rohr, Metallring m

**sleeve-stub antenna** (Radio) / Lambda/4-Hülsenstrahler m, Koaxialantenne f mit Gegengewicht

**sleeve-type suppressor** (Elec Eng) / Entstörmuffe *f* (zum Einfügen in eine Hochspannungsleitung) ‖ ~ **valve** (I C Engs) / Hülsenschieber *m*
**sleeve-valve engine** (I C Engs) / Hülsenschiebermotor *m*, Rohrschiebermotor *m*
**sleeve wire** (Teleph) / c-Ader *f* ‖ ~ **wire** (Teleph) / Ader *f* zum Stöpselkörper, Ader *f* zur Stöpselhülse ‖ ~ **wrapping** / Banderoleneinschlag *m*, Banderolieren *n*
**sleeving** *n* (Cables) / Kabelumhüllung *f* ‖ ~ (Eng, Surf) / Umhüllung *f* (von Rohren - im Werk hergestellter passiver Korrosionsschutz nach DIN 30 670 bis 30 675)
**slender** *adj* (Build, Maths, Mech) / schlank *adj* ‖ ~ **beam** (Carp) / schlanker Balken
**slenderness ratio** / Schlankheitsgrad *m* (das Verhältnis der Länge zur Flüssigkeitstiefe bei einer Zentrifuge) ‖ ~ **ratio*** (Build, Civ Eng, Mech) / Schlankheitsgrad *m* (eines Stabes)
**slepton** *n* (Nuc) / Slepton *n*, s-Lepton *n*
**s-level*** *n* (Phys) / s-Niveau *n*
**slew** *v* / schwenken *v*, drehen *v* (mit einem Schwenk in eine andere Richtung oder Stellung bringen) ‖ ~ *n* (Comp) / schneller Sprung (schnelle Einnahme der Druckposition seitens des Druckers), Tabulatorsprung *m*
**slewable** *adj* / schwenkbar *adj*
**slew assembly** (Eng) / Schwenkwerk *n* (z.B. eines Laders)
**slewing** *n* (circular movement of a crane or other revolving machine) / Schwenkung *f*, Drehung *f*, Schwenkbewegung *f* ‖ ~ (Cinema) / seitlicher Schwenk (vom Kamerakran) ‖ ~ (Radar) / Schnellnachführung *f* ‖ ~ *adj* / schwenkbar *adj* ‖ ~ **bucket-chain excavator** (Civ Eng) / Eimerkettenschwenkbagger *m* ‖ ~ **gear** (Eng) / Drehwerk *n* (bei Kranen), Schwenkwerk *n* (bei Kranen) ‖ ~ **jib** (Eng) / Schwenkkran *m* ‖ ~ **loader** (Civ Eng) / Schwenklader *m* ‖ ~ **rate** (Electronics) / Slew Rate *f* (zeitliche Änderung der Ausgangsspannung eines Operationsverstärkers, wenn sein Eingang mit einem Spannungssprung oder einer periodischen Rechteckspannung angesteuert wurde), Anstiegsgeschwindigkeit *f* ‖ ~ **ring** (Civ Eng, Eng) / Drehkranz *m* (über Zahnkranz drehbare Verbindung zwischen Unter- und Oberbau von Baggern und Absetzern) ‖ ~ **tower crane** (Eng) / Turmdrehkran *m*
**slew range** (Civ Eng, Eng) / Schwenkbereich *m* (z.B. eines Krans) ‖ ~ **rate** (Electronics) / Slew Rate *f* (zeitliche Änderung der Ausgangsspannung eines Operationsverstärkers, wenn sein Eingang mit einem Spannungssprung oder einer periodischen Rechteckspannung angesteuert wurde), Anstiegsgeschwindigkeit *f*
**sley*** *n* (Weaving) / Lade *f* (zur Aufnahme der Weberschiffchen), Weblade *f*
**sleying** *n* (Weaving) / Reihen *n*, Blattstechen *n* (DIN 62500), Blatteinzug *m*, Kammstechen *n*
**sley movement** (Weaving) / Ladenbewegung *f* ‖ ~ **sword** (Weaving) / Ladenarm *m*, Ladenstelze *f*, Ladenschwinge *f*
**SLF capacitor** (straight-line frequency capacitor) (Telecomm) / frequenzgerader Kondensator (ein Drehkondensator), frequenzgerader Drehkondensator
**SLIC** (subscriber line interface circuit) (Teleph) / Schnittstelle *f* für den Anschluss analoger Fernsprechapparate an digitale Vermittlungen, SLIC
**slice** *v* / in Scheiben schneiden, zerschneiden *v* (in Scheiben) ‖ ~ (For) / messern *v*, abmessern *v* (Furniere) ‖ ~ *n* / abgeschnittene Scheibe, abgeschnittener Streifen ‖ ~ (Comp) / Bit-Slice *n*, Scheibe *f* (Prozessorelement für 2, 4 oder 8 Bits, das mit anderen zum Aufbau eines Mikroprozessors beliebiger Wortlänge zusammengeschaltet werden kann) ‖ ~ (Comp) / Slice-Baustein *m* (kaskadierbarer Baustein, Slice *m* (Element zum Aufbau eines Mikroprozessors mit mehreren Schaltkreisen) ‖ ~ (Comp, Electronics) / Scheibe *f* (beim Epitaxieverfahren) ‖ ~ (Electronics) / Wafer *m*, Scheibchen *n*, Slice *m* (aus Einkristall geschnitten oder abgesägt) ‖ ~ (Geol) / abgeschertes Schubpaket ‖ ~ (Mining) / Scheibe *f*, Abbauscheibe *f* ‖ ~ (Nut) / Scheibe *f*, Schnitte *f* ‖ ~* (Paper) / Austrittsspalt *m*, Ausflussschlitz *m* (des Stoffauflaufs) ‖ ~* (Paper) / Staulatte *f*, Stauvorrichtung *f* (bei offenen Stoffaufläufen) ‖ ~* (Radiol) / Körperquerschnittsbild *n* (in der Computertomografie) ‖ ~* (Paper) s. also lip
**sliced veneer** (For) / Messerfurnier *n* (das durch blattweises Abmessern gewonnen wurde)
**slice-processing facility** (Comp) / Chipverarbeitungsanlage *f*
**slicer** *n* (Elec Eng, Nut) / Schneidmaschine *f*, Schnitzelmaschine *f*, Schnitzelwerk *n* (ein Haushaltsgerät) ‖ ~ (For, Join) / Messermaschine *f*, Furniermessermaschine *f* ‖ ~ (Telecomm) / Doppelbegrenzer *m*
**slice up** *v* / in Scheiben schneiden, zerschneiden *v* (in Scheiben)
**slicing** *n* (For) / Messern *n*, Abmessern *n* (von Furnieren) ‖ ~* (Mining) / Scheibenbau *m* ‖ ~* (Mining) / Querbruchbau *m* ‖ ~ **and caving** (Mining) / Querbruchbau *m*
**slick** *n* (US) / Hochglanzzeitschrift *f* (elegante Zeitschrift auf Hochglanzpapier) ‖ ~ (Autos) / Slick *m* (pl. -s) (profilloser breiter Rennreifen für trockene Strecken), Slickreifen *m* (Rennreifen mit einer klebrigen Gummimischung, die bei starker Erhitzung ihre beste Haftfähigkeit erlangt) ‖ ~ *adj* / glitschig *adj*, glatt *adj* (glitschig), schlüpfrig *adj*
**slickenside(s)*** *n(pl)* (Geol) / Harnisch *m* (meistens mit parallelen Schrammen versehene Gesteinsfläche), Rutschharnisch *m*, Harnischstriemung *f*
**slickenside** *n* (Geol) / Rutschstreifen *m pl* (am Gestein)
**slickensided clay** (Geol) / zerruschelter Ton, steifer geklüfteter Ton
**slicker** *n* (Build) / Kartätsche *f* (ein altes Putzwerkzeug) ‖ ~* (Foundry) / Polierwerkzeug *n*, Polierknopf *m*, Glättwerkzeug *n*, Glätteisen *n* ‖ ~* (Leather) / Stoßeisen *n*, Schlicker *m* (rechteckige Glas-, Metall- oder auch Steintafel mit abgerundeten Kanten und zweigriffiger Halterung) ‖ ~ (Textiles) / Ölhaut *f* (leichte, dünne Regenmantelseide mit Öl- oder Kunststoffimprägnierung) ‖ ~ **fabric** (Textiles) / wasserdichter Regenmantelstoff
**slick magazine** (US) / Hochglanzzeitschrift *f* (elegante Zeitschrift auf Hochglanzpapier) ‖ ~ **sea** (Ocean) / ruhige See (ein Seezustand), glatte See
**slidable** (concertina) **lattice gate** (Build) / Scherengitter *n* (Abschrankung)
**slide** *v* / gleiten *v* ‖ ~ / schlittern *v* (auf Eis) ‖ ~ / rutschen *v*, ausrutschen *v* ‖ ~ / verschieben *v* (sich) ‖ ~ (Crystal) / gleiten *v* ‖ ~ (Rail) / galoppieren *v*, schleudern *vi*, gleiten *v* (Räder) ‖ ~ *n* / Zunge *f* (des Rechenschiebers), Schieber *m* (des Rechenschiebers) ‖ ~ (Eng) / schräge Förderrinne, Rutsche *f* (ein Fördermittel ohne mechanischen Antrieb), Schurre *f* (geneigte Auslaufrinne, Schrägrutsche *f* ‖ ~ (slide block) (Eng) / Gleitstück *n*, Gleitstein *m* ‖ ~ (Eng) / Schieber *m*, Läufer *m*, Schlitten *m* (verschiebbares Maschinenteil, das die Arbeits- oder Steuerbewegungen ausführt) ‖ ~ (For) / Riese *f* (Anlage, auf der das Holz in Hanglage durch die Schwerkraft befördert wird), Loite *f* (Holzrutsche), Riesbahn *f*, Holzriese *f* (Holzrutsche), Leite *f*, Holzrutsche *f* ‖ ~ (Geol) / Schuttfuß *m* (am Fuß eines Berghangs), Schutthalde *f* ‖ ~ (Geol) / Gekriech *n* (langsame Bergabbewegung der oberen Gehängepartien) ‖ ~* (Geol) / Verwerfung *f* (kleine schichtenparallele) ‖ ~ (Geol) / Gleitmarke *f*, Schleifmarke *f*, Kriechmarke *f* ‖ ~* (Geol) / [bankrechte] Schlechte *f*, Kluft *f* ‖ ~ (Micros) / Objektglas *n*, Objektträger *m* ‖ ~* (Mining) / Kluftletten *m* ‖ ~ (Paint) / Streichfähigkeit *f*, Streichbarkeit *f* (eines Anstrichstoffes) ‖ ~ (Photog) / Diapositiv *n*, Dia *n* ‖ ~ (Phys) / Gleiten *n*, Rutschen *n* ‖ ~ **angle** (Civ Eng) / Rutschwinkel *m* (der Böschung) ‖ ~**-back voltmeter** (Elec Eng) / Kompensationsvoltmeter *n* ‖ ~ **backwards** *v* / zurückschieben *v* (gleitend) ‖ ~ **bar*** (Eng) / Führungsstange *f*, Leitstange *f* ‖ ~ **bar** (Eng) / Gleitschiene *f* ‖ ~ **bar** (equipment in blooming and slabbing mills for pushing the rolling stock transverse to the direction of rolling with parallel side guards) (Met) / Verschiebelineal *n* ‖ ~ **bar** (US) (Tools) / Schiebegriff *m* (für Steckschlüsseleinsätze), Quergriff *m* ‖ ~ **bars*** (Eng) / Geradführung *f* (des Kreuzkopfes), Kreuzkopfführung *f* ‖ ~ **block** (Eng) / Gleitstück *n*, Gleitstein *m* ‖ ~ **block** (Eng) / Kulissenstein *m*, Führungsstein *m* ‖ ~ **box** (Paper) / Schiebeschachtel *f* ‖ ~ **bridge** (Elec Eng) / Brücke *f* mit Gleitkontakt ‖ ~ **carburettor** (I C Engs) / Schiebervergaser *m* ‖ ~ **change** (Photog) / Diawechsel *m* (im Diaprojektor) ‖ ~ **changer** (Photog) / Diawechsler *m* ‖ ~ **clip** (Micros) / Tischfeder *f* (eines Mikroskops) ‖ ~ **copier** (Photog) / Diakopierer *m* ‖ ~ **cutter** (Photog) / Diaschneidegerät *n* ‖ ~ **dia** (Photog) / Diaarchiv *n* ‖ ~ **down** *v* / hinabgleiten *v*, hinuntergleiten *v* ‖ ~ **down** *v* (an einer Böschung) / abrutschen *v* ‖ ~ **drawing** (Met) / Gleitziehen *n* (Durchziehen eines Werkstückes durch ein meist in sich geschlossenes, in Ziehrichtung feststehendes Ziehwerkzeug - DIN 8584) ‖ ~ **duplicator** (Photog) / Diaduplikator *m* ‖ ~ **fastener** (US) (Textiles) / Reißverschluss *m* (DIN 3416) (DIN 3416), Zippverschluss *m* (A), Zipper *m* (A), Zipp *m* (A) ‖ ~ **frame** (Photog) / Diarahmen *m*, Diarähmchen *n* ‖ ~ **guide** (Eng) / Geradführung *f* (des Kreuzkopfes), Kreuzkopfführung *f*
**slide-in module** (Electronics) / Einschub *m*, Einbausatz *m* (Einschub) ‖ ~ **refrigerating system** / Einschubkältesatz *m* (zum Einschieben in ein Gerät oder in eine Einrichtung) ‖ ~ **unit** (Electronics) / Einschub *m*, Einbausatz *m* (Einschub)
**slide library** / Diathek *f* (geordnete Diasammlung) ‖ ~ **mark** (Geol) / Gleitmarke *f*, Schleifmarke *f*, Kriechmarke *f* ‖ ~ **marker** (Photog) / Diaschreiber *m*
**slide-meter bridge** (Elec Eng) / Schleifdrahtmessbrücke *f* (Kleinmessbrücke für den allgemeinen Gebrauch)
**slide mount** (Photog) / Wechselrahmen *m* (für Diapositive) ‖ ~ **nut** (Eng) / Gleitmutter *f* ‖ ~ **of a bank** (Geol) / Rutsche *f* einer Böschung
**slide-out** *attr* / herausziehbar *adj*
**slide plate** (Textiles) / Schieberplatte *f* (z.B. bei der Nähmaschine) ‖ ~ **projection** (Photog) / Diaprojektion *f* (Projektion von Dias nach DIN

108, T 2), Diavorführung f ǁ **~ projector** (Light, Photog) / Diaprojektor m, Diaskop n, Diabildwerfer m
**slider** n (used to display and adjust continuous values) (Comp) / Bildlaufteld n, Bildlaufanzeige f, Schieberegler m ǁ **~** (Eng) / Gleitbacke f ǁ **~** (Textiles) / Schieber m, Schließer m (des Reißverschlusses)
**slide raft** (Aero) / Notrusche/Rettungsboot (Notrutsche, die bei einer Notwasserung auch als Schlauchboot verwendet werden kann) ǁ **~ rail** / Gleitleiste f (der Magnetschwebebahn) ǁ **~ rail** (Build, Join) / Laufschiene f, Gleitschiene f ǁ **~ rail** (Eng) / Gleitschiene f ǁ **~-rails** pl (Elec Eng) / Spannschienen f pl
**slider crank** (Eng) / Schubkurbel f
**slider-crank mechanism** (Eng) / Schubkurbelgetriebe n (z.B. bei Pressmaschinen)
**slide resistance*** (Elec Eng) / Schiebewiderstand m ǁ **~ rest*** (Eng) / Planschlitten m, Querschlitten m (der Drehmaschine)
**slide-ring seal** (Eng) / Gleitringdichtung f (bei Wälzlagern)
**slide rule*** / Rechenstab m, Rechenschieber m ǁ **~ rule*** s. also circular slide rule ǁ **~** (Eng) / Diapositiv-Abtaster m, Diaabtaster m ǁ **~ scanner** (TV) / Diapositiv-Abtaster m, Diaabtaster m
**slide-screw tuner** (Telecomm) / Schraubschieberabstimmer m (Hohlrohrleiter)
**slide show** (Photog) / Diaschau f, Diashow f, Slide-Show f ǁ **~ together** v / zusammenschieben v ǁ **~ valve** (I C Engs) / Schieber m (im Vergaser)
**slide-valve** n (Eng) / Steuerschieber m (in der Hydraulik) ǁ **~*** (Eng) / Steuerkolben m (der Dampfmaschine)
**slide viewer** (Photog) / Diabetrachter m (ein Leuchtkasten) ǁ **~ viewing wall** (Photog) / Dialeuchtwand f
**slideware** n (Comp) / Slideware f (in vielen Hochtechnologiebranchen verwendeter Jargon für nur oder auf bunten Folien existierende und/oder funktionierende Technologien, welche - besonders auf Messen oder Kongressen - von Führungspersönlichkeiten oder Produktmanagern eines Unternehmens gezeigt und als Produkt angekündigt werden)
**slideway** n (Eng) / Gleitbahn f, Fahrbahn f
**slide ways** (Ships) / Ablaufschlitten m, Stapellaufschlitten m, Ablaufbühne f ǁ **~ wire** (Elec Eng) / Messdraht m (einer Brückenschaltung) ǁ **~ wire*** (Elec Eng) / Schleifdraht m (z.B. der Schleifdrahtbrücke)
**slide-wire bridge** (Elec Eng) / Schleifdrahtmessbrücke f (Kleinmessbrücke für den allgemeinen Gebrauch)
**sliding** n (Rail) / Galoppieren n (der Räder), Gleiten n, Schlupf m, Schleudern n ǁ **~ adj** / verschiebbar adj (Gewicht) ǁ **~** / gleitend adj ǁ **~ agent** (Eng) / Gleitmittel n ǁ **~-armature starting motor** (Autos) / Anlasser m mit Schubanker, Schubankeranlasser m (Anker und Ritzel sind starr miteinander verbunden) ǁ **~ bearing** (Civ Eng, Eng) / Ausdehnungslager n (z.B. ein Brückenlager) ǁ **~ block** (Eng) / Gleitstück n, Gleitstein m ǁ **~ block** (Eng) / Gleitbacke f ǁ **~ bolt** (Build) / Vorreiber m (drehbarer Verschlussbolzen an einer Tür oder Klappe), Einreiber m (ein alter Fensterverschluss) ǁ **~ caisson*** (Hyd Eng, Ships) / Schiebetor n (einer Schleuse) ǁ **~ caisson*** (Ships) / Schwimmtor n, Torschiff n (eines Trockendocks oder einer Schleuse)
**sliding-calliper disk brake** (Autos) / Faustsattelscheibenbremse f, Faustsattelbremse f
**sliding contact*** (Elec Eng) / Schleifkontakt m, Gleitkontakt m ǁ **~ coupling** (Autos) / Schiebemuffe f, Schaltmuffe f (zur Zuschaltung des Allradantriebs) ǁ **~ door** (Autos, Build) / Schiebetür f ǁ **~ fit** (Eng) / Gleitsitz m, GS (Gleitsitz) ǁ **~ form** (Build, Civ Eng) / Gleitschalung f (die am Bauwerk hochgedrückt wird) ǁ **~ fracture** (Geol) / Schiebungsbruch m, Verschiebungsbruch m, Scherbruch m, Gleitbruch m ǁ **~ friction** (Mech) / Gleitreibung f (Bewegungsreibung in einer Berührungsfläche), gleitende Reibung ǁ **~ gate** (Hyd Eng, Ships) / Schiebetor n (einer Schleuse) ǁ **~ gear** (Eng) / Schieberad n (im Getriebe) ǁ **~-gear starting motor** (Autos) / Schubtriebstarter m, Anlasser m mit Schubtrieb, Schubtriebanlasser m (der Anlassermotor schaltet erst ein, wenn das Ritzel auf den Keilnuten der verlängerten Ankerwelle so weit vorgeschoben ist, dass es mit der Schwungradverzahnung in Eingriff steht)
**sliding-gear transmission** (US) (Autos) / Schieberädergetriebe n
**sliding glass door** (of the laboratory fume hood) (Chem) / Schiebefenster n (eines Abzugs) ǁ **~ grate** (Eng) / Schieberost m ǁ **~ heald** (Weaving) / Schieberlitze f ǁ **~ heddle** (Weaving) / Schieberlitze f ǁ **~ insert** / Zunge f (des Rechenschiebers), Schieber m (des Rechenschiebers) ǁ **~ jaw** (Eng, Tools) / Grundbacke f (Unterteil der geteilten Spannbacke) ǁ **~ key** (Eng) / Gleitfeder f (der Welle) ǁ **~ layer** (Eng) / Gleitschicht f (des Gleitlagers aus Mehrschicht-Verbundstoff) ǁ **~-mesh gearbox*** (Autos) / Schieberädergetriebe n ǁ **~ microtome** / Schlittenmikrotom n ǁ **~ motion** (Eng) / Bohrbewegung f (im Reibradgetriebe) ǁ **~ motion** (Mech) / Gleitbewegung f, gleitende Bewegung ǁ **~ mould process** (Plastics) / Extrusionsblasen n mit beweglichem Dorn und Seitwärtsbewegung des Blaswerkzeugs ǁ **~ needle plate** (Textiles) / gleitende Nadelplatte (für die Sliding-Needle-Technik) ǁ **~ pair** (Eng) / Schubgelenk n (als Getriebeteil) ǁ **~ pair** (Mech) / Gleitpaar n, Schiebepaar n, Prismenpaar n
**sliding-panel weir** (Hyd Eng) / Dammbalkenwehr n
**sliding piece** / Zunge f (des Rechenschiebers), Schieber m (des Rechenschiebers) ǁ **~ plate** (Eng) / Gleitplatte f ǁ **~ qualities** / Schmiegsamkeit f (Fähigkeit eines Gleitwerkstoffes, sich den Beanspruchungen - ohne bleibende Störung des Gleitverhaltens - durch elastische und elastisch-plastische Verformungen anzupassen)
**sliding/rolling ratio** (Eng) / Bohr-/Wälzverhältnis n (im Reibgetriebe)
**sliding roof** (Autos) / Sonnendach n, Schiebedach n, SD (Sonnendach) ǁ **~ sash*** (Build, Join) / Schiebefenster n (horizontal verschiebbar), waagerecht verschiebbarer Fensterrahmen ǁ **~ surface** (Aero) / Gleitfläche f (der Notrutsche) ǁ **~ surfaces** (Eng) / Gleitraum m (bei der Lagergestaltung) ǁ **~ table** (Eng) / Schiebetisch m (Zusatzeinrichtung an mechanischen und hydraulischen Großpressen für einen schnellen Werkzeugwechsel bzw. eine Werkzeugverschiebung) ǁ **~ T-bar** (Tools) / Schiebegriff m (für Steckschlüsseleinsätze), Quergriff m ǁ **~ T-handle** (Tools) / Schiebegriff m (für Steckschlüsseleinsätze), Quergriff m ǁ **~ time** (Work Study) / Gleitzeitarbeit f, gleitende Arbeitszeit
**sliding-vane compressor** (Eng) / Zellenverdichter m (ein Drehkolbenverdichter mit mehreren, die Arbeitsräume bildenden Drehkolben) ǁ **~ compressor** (Eng) / Vielzellenverdichter m ǁ **~ rotary pump** (Vac Tech) / Drehschieberpumpe f, Drehkolbenpumpe f, Drehschiebervakuumpumpe f
**sliding velocity** (Phys) / Gleitgeschwindigkeit f (Differenz der Tangentialgeschwindigkeiten der Körper im Berührungspunkt beim Gleiten) ǁ **~ ways*** (Ships) / Ablaufschlitten m, Stapellaufschlitten m, Ablaufbühne f ǁ **~ wear** (Eng) / Adhäsionsverschleiß m (bei dem in der Kontaktfläche der Reibpartner Haftverbindungen in Form von Mikroverschweißungen entstehen), Reibverschleiß m (Adhäsionsverschleiß), adhäsiver Verschleiß, Gleitverschleiß m (mechanischer Verschleißprozess, hervorgerufen durch Adhäsion) ǁ **~ wear** (Eng) / Reibverschleiß m (bei der Gleitreibung) ǁ **~ weight** (Eng) / Reiterchen n (Laufgewichtsstück), Laufgewichtsstück n, Laufgewicht n (DIN 1305), Reiter m, Reiterwägestück n ǁ **~ window** (Build) / Schiebefenster n (horizontal verschiebbar), waagerecht verschiebbarer Fensterrahmen
**slightly curved** / leicht gekrümmt ǁ **~ gas-cut mud** (Oils) / schwachvergaste Bohrspülung ǁ **~ polar** (Chem) / schwach polar ǁ **~ resistant** (For) / wenig resistent (nach DIN 68364) ǁ **~ soluble** (Chem) / schwach löslich
**slight sea** (Ships) / leicht bewegte See (ein Seezustand)
**SLIM** (single-sided linear motor) (Elec Eng) / einseitiger Linearmotor, Leitermotor m
**slim down** vt / gesundschrumpfen lassen (ein Unternehmen)
**slime** n (Bot, Zool) / Schleim m ǁ **~** (Chem, Min Proc) / Trübe f, Aufschlämmung f, feiner Schlamm ǁ **~** (Nut) / Scheideschlamm m (in der Zuckergewinnung), Saturationsschlamm m
**slimes** pl (Met, Min Proc) / Schlamm m ǁ **~*** (Min Proc) / Schlich m, Feingut n ǁ **~ smelting** (Met) / Elektrolytsilbergewinnung f aus Anodenschlamm (durch Umschmelzen zu Anodenplatten und anschließende Elektrolyse)
**slime starch** (Chem) / Schleimstärke f
**slim-fit** adj (Textiles) / angepasst adj
**slim hole** (Geol) / Bohrloch n kleinsten Durchmessers (z.B. bei stratigrafischen Proben), Engloch n ǁ **~-hole boring** (Oils) / Slim-Hole-Bohren n, Englochbohren n
**slimicide** n (Chem) / Schleimverhütungsmittel n, Schleimbekämpfungsmittel n
**sliminess** n / schleimige Beschaffenheit
**sliming** n (Min Proc) / nasses Feinstmahlen, Nassfeinstmahlen n
**slimline** n (Comp) / Slimline f (besonders flache Bauweise)
**slimming foods** (Nut) / energiereduzierte Lebensmittel, "Schlankheitskost" f
**slim rack** (Teleph) / Schmalgestell n
**slimy** adj / schlammig adj, schlammhaltig adj, voller Schlamm ǁ **~** (Bot, Zool) / schleimig adj (glitschig)
**sline** n (Mining) / Sargdeckel m (Steinfall aus dem Hangenden eines Abbaus)
**sling** v (Eng, Ships) / anschlagen v (Einzellasten am Lasthaken der Hebezeuge befestigen) ǁ **~** (Foundry) / slingern v, schleudern v (bei der Herstellung mittlerer und großer verlorener Formen) ǁ **~** (Ships) / stroppen v ǁ **~** n / Schlinge f ǁ **~** (Eng) / Rahmen m (Fang- oder Tragrahmen bei Aufzügen) ǁ **~** (Ships) / Stropp m (Anschlagmittel aus Hanf oder Draht) ǁ **~ chain** (Eng, Ships) / Anschlagkette f (ein Lastaufnahmemittel) ǁ **~ devices** (Ships) / Anschlagmittel n pl (Hilfsmittel zum Befestigen von Einzellasten am Lasthaken der Hebezeuge, z.B. Seile, Ketten, Stropps usw.)

**slinger**

**slinger** v (Ceramics, Glass) / slingern v (plastisches Gemenge bei Ofenreparaturen) || ~ (Foundry) / slingern v, schleudern v (bei der Herstellung mittlerer und großer verlorener Formen) || ~ n (Eng) / Anschläger m, Binder m (am Kran) || ~ **mixture** (Foundry) / Slingerformstoff m

**sling gears** (Ships) / Anschlagmittel n pl (Hilfsmittel zum Befestigen von Einzellasten am Lasthaken der Hebezeuge, z.B. Seile, Ketten, Stropps usw.)

**slinging** n (Ships) / Anschlagkosten pl, Schlingengeld n || ~ **wire** (Surf) / Einhängedraht m (zum Galvanisieren)

**sling load** (Ships) / gestroppte Hieve

**sling-man** n (Eng) / Anschläger m, Binder m (am Kran)

**sling psychrometer** (Meteor) / Schleuderpsychrometer n || ~ **transport** (Aero) / Lufttransport m mit Kran- oder Transporthubschraubern

**slink** n (lamb) / Slink n (pl. -s) (Fell von einem ungeborenen und/oder frühgeborenen Kalb oder Lamm)

**SLIP** (serial-line Internet protocol) (Comp) / SLIP-Protokoll n

**slip** v / gleiten v || ~ / rutschen v, ausrutschen v || ~ (Aero) / slippen v || ~ (Aero) / schieben v (in der Kurve nach innen) || ~ (Autos) / schleifen lassen (Kupplung) || ~ (Autos) / mahlen v (Räder) || ~ (Ceramics) / engobieren v || ~ (Crystal) / gleiten v || ~ (Crystal) / slippen v || ~ (Glass) / abrutschen v (Email) || ~ (Rail) / galoppieren v, schleudern vi, gleiten v (Räder) || ~ (Ships) / schlippen v, slippen v (z.B. Kette vom Schlepper) || ~ n / Schlicker m (Beschichtungsmedium für die Nassemaillierung) || ~ / Gleiteigenschaft f || ~ (Aero) / Slip m, Side-Slip m, Seitengleitflug m, Seitenrutsch m, Slippen n (eine Seitengleitbewegung, bei der das Flugzeug außer seiner Vorwärtsgeschwindigkeit eine seitliche Geschwindigkeitskomponente hat und sehr stark an Höhe verliert) || ~ (Aero) / Schlupf m (der Luftschraube - Differenz zwischen dem aufgrund des Einstellwinkels im Bezugsradius pro Umdrehung entstehenden Weg in axialer Richtung und dem tatsächlichen Weg), Slip m (eines Propellers) || ~ (Autos) / Schräglauf m || ~* (Build) / Nagelblock m || ~* (Build) / Einschieber m || ~* (Build) / eingelassene Nagelleiste, Dübelleiste f (etwa 23 x 11,5 cm) || ~ (Ceramics) / Gießmasse f, Gießschlicker m (mit Magerungsmitteln), Schlicker m (wässrige Aufschlämmung von Ton oder Kaolin) || ~ (Ceramics) / Engobe f (dünner Masseüberzug oder -anguss), Beguss m || ~* (Crystal, Met) / Abgleitung f, Gleiten n (an den Kristallgrenzen) || ~* (Elec Eng) / Schlupf m (das Zurückbleiben des Läufers) || ~ (slip speed) (Elec Eng, Eng) / Schlupfdrehzahl f || ~ (Eng, Mech) / Schlupf m (Zurückbleiben eines von zwei in Berührung stehenden bewegten Gegenständen oder Wälzkörpern) || ~ (For) / Riese f (Anlage, auf der das Holz in Hanglage durch die Schwerkraft befördert wird), Loite f (Holzrutsche), Riesbahn f, Holzriese f (Holzrutsche), Leite f, Holzrutsche f || ~ (Geol) / Paraklase f, Abschiebung f (Lithoklase mit Verschiebungsbetrag) || ~ (measured in the fault surface) (Geol) / Verschiebung f (zweier Punkte entlang einer Verschiebungsfläche) || ~ (Hyd Eng) / Becken n (Wasserstreifen zwischen zwei Piers oder Kais) || ~ (Met) / Stürzen n (der Gicht) || ~ (Mining, Oils) / Keilelement n (zur Sicherung der Verrohrung) || ~ (Paint) / Streichfähigkeit f, Streichbarkeit f (eines Anstrichstoffes) || ~ (Phys) / Gleiten n, Rutschen n || ~ (Phys) / Gleitfähigkeit f || ~* (Ships) / Slip m, Schlupf m (Unterschied zwischen theoretischer und tatsächlicher Fahrt, der einen Vortriebsverlust verursacht) || ~* (Ships) / Slip m (Anlage, um kleine Schiffe auf einer schiefen Ebene für Bodenreparaturen an Land zu ziehen), Aufschleppe f, Schlipp m || ~ (Ships) / Schlippe f (enger Gang zwischen zwei Hellingen oder in einem Dock) || ~* (TV) / vertikale Bildverschiebung || ~ (Geol) s. also landslip || ~ **additive** (Paint) / Slipadditiv n (das die Kratzerempfindlichkeit von Lackfilmen beim Berühren mit harten Gegenständen mindert) || ~ **additive** (Plastics) / Gleitmittel n || ~ **agent** (Paint) / Slipadditiv n (das die Kratzerempfindlichkeit von Lackfilmen beim Berühren mit harten Gegenständen mindert) || ~ **angle*** (Autos) / Rutschwinkel m || ~ **angle** (Autos) / Schräglaufwinkel m (Abweichung der Reifenrollrichtung von der Reifenumfangsrichtung durch Einwirkung von Querkräften, vor allem beim Kurvenfahren) || ~ **bands*** (Crystal, Met) / Gleitbände n pl || ~ **bands*** (Crystal, Met) s. also slip line || ~ **case** (Bind) / Buchkassette f, Schuber m (Schutzhülle aus Karton oder Pappe) || ~ **casting** (Ceramics) / Schlickergießen n, Schlickerguss m || ~ **circle** (Civ Eng, Hyd Eng) / Gleitkreis m (kreiszylindrische Gleitfläche nach Krey oder Fellenius)

**slip-circle method** (Civ Eng, Hyd Eng) / Gleitkreisverfahren n (bei der Grundbruchuntersuchung in der Bodenmechanik)

**slip cleavage** (Geol) / Scherungsschieferung f (gleichlaufende) || ~ **cleavage** (Geol) / S$_2$-Schieferung f, Runzelschieferung f, Schubklüftung f || ~ **clutch** (Eng) / Schlupfkupplung f || ~ **coating** (Ceramics) / Schlickerauftrag m || ~ **cover** (Textiles) / Schonbezug m (im Allgemeinen) || ~ **crack** (Pressriss m (bei Schichtstoffen) || ~ **direction** (Crystal) / Translationsrichtung f, Gleitrichtung f || ~ **dislocation** (Crystal) / konservative Bewegung, Gleitbewegung f (eine Versetzungsbewegung) || ~ **dock*** (Ships) / Schlippdock n, Aufschleppdock n || ~ **face** (Geol) / Rutschseite f (einer Düne) || ~ **feather*** (Carp) / Feder f, Spund m (bei Brettern oder Bohlen) || ~ **flask** (Foundry) / Abstreifformkasten m, Abstreifkasten m || ~ **flow*** (Aero, Phys) / Gleitströmung f, Schlüpfströmung f

**slip-form*** n (Civ Eng) / Gleitschalung f (die am Bauwerk hochgedrückt wird)

**slip forming** (Plastics) / Tiefziehen n mit gleitendem Niederhalter

**slip-form paver** (Civ Eng) / Slipform-Paver m, Gleitschalungsfertiger m (zur Herstellung von Zementbetonfahrbahndecken)

**slip forward** v / voreilen v (Walzen)

**slip-free** adj / gleitsicher adj, rutschsicher adj, rutschfest adj, Gleitschutz-, rutschhemmend adj, mit Gleitschutz, Antirutsch- || ~ (Eng) / schlupffrei adj || ~ (Eng) / rutschfrei adj

**slip-frequency voltage** (Elec Eng) / Schlupfspannung f

**slip friction clutch** (Eng) / Rutschkupplung f, Grenzkupplung f (eine Sicherheitskupplung) || ~ **gauge*** (Eng) / Parallelendmaß n (ein Längenmaß-Normal nach DIN 861), Endmaß n (mit rechteckigem Querschnitt und parallelen Messflächen - DIN EN ISO 3650) || ~ **geometry** (Crystal) / Gleitgeometrie f || ~ **glaze** (Ceramics) / Schlickerglasur f, Lehmglasur f || ~ **hook** (Ships) / Sliphaken m || ~ **in** v (Aero) / schieben v (in der Kurve nach innen) || ~ **jacket** (Foundry) / Überwurfrahmen m, Gießrahmen m, Rahmen m, Formrahmen m (bei kastenlosen Formen), Formenrahmen m || ~ **joint** (US) (Autos) / Verschiebegelenk n, Wellengelenk n mit Längenausgleich || ~ **joint** (Build) / verzahnte Fuge || ~ **joint** (Eng) / Steckverbindung f (von Rohren) || ~ **joint*** (Eng, Oils) / Ausdehnungskupplung f, Expansionskupplung f

**slip-joint pliers** (Eng, Plumb, Tools) / Montagezange f (mit langen Schenkeln) || ~ **pliers** (Tools) / Wasserpumpenzange f (mit Gleitgelenk), Rohrzange f (mit Gleitgelenk), Wapu-Zange f

**slip kiln** (Ceramics) / Schlickerofen m

**slip-lasted footwear** / Californiaschuhwerk n

**slip lid** (Eng) / Stülpdeckel m || ~ **line** (Crystal) / Gleitlinie f || ~ **line** (Electronics) / Synchronisierleitung f zwischen zwei Zählern, die den periodischen Messzyklus definiert || ~ **line** (Mech) / Gleitlinie (die an jedem Punkt in Richtung der größten örtlichen Schubspannung verläuft) || ~ **meter*** (Elec Eng) / Schlupfmesser m

**slip-off slope** (Hyd Eng) / Gleithang m (des Flusses)

**slip on** v / aufschieben v, aufstecken v (aufschieben)

**slip-on cover** / Stülpdeckel m (im Allgemeinen) || ~ **flange** (Eng) / Losflansch m, loser Flansch

**slip·on seat cover** (Autos) / Vollbezug m || ~ **out** v (Autos) / herausspringen v (Gang)

**slippage** n (Build) / Dachbahnverschiebung f (horizontal) || ~ (Crystal) / Slippage n (Versetzungsordnung auf Gleitlinien in (110)-Richtung) || ~ (Eng, Mech) / Schlupf m (Zurückbleiben eines von zwei in Berührung stehenden bewegten Gegenständen oder Wälzkörpern) || ~ (Phys) / Gleiten n, Rutschen n || ~ (Rail) / Galoppieren n (der Räder), Gleiten n, Schlupf m, Schleudern n || ~ (Textiles) / Verschieben n der Fäden, Verrutschen n der Fäden, Fadenschieben n (beim Nähen) || ~ (Textiles) / Gleiten n (des Fadens)

**slip painting** (Ceramics) / Engobemaltechnik f || ~ **paste** (Print) / Gleitpaste f (ein Druckhilfsmittel)

**slipped bank multiple*** (Teleph) / verschränktes (Kontakt)Vielfachfeld

**slipper*** n (Rail) / Gleisbremse f (zur mechanischen Geschwindigkeitsregelung der über einen Ablaufberg in die Richtungsgleise rollenden Eisenbahnwagen - meistens vom Ablaufrechner eines Stellwerks automatisch gesteuert) || ~ (Rail) / Hemmschuh m || ~ **block** (Eng) / Gleitstück n, Gleitstein m || ~ **brake*** (Elec Eng) / elektromechanische Schienenbremse || ~ **dip treatment** (Surf) / Slipper-Dip-Vorbehandlung f (Kombination aus Spritz- und Tauchvorbehandlung) || ~ **guides** (Eng) / Geradführung f (des Kreuzkopfes), Kreuzkopfführung f

**slipper-out winding gear** (Mining) / Nachlassvorrichtung f

**slipper piston*** (a light piston with its skirt cut away between the thrust faces, thus saving weight and reducing friction) (I C Engs) / Leichtkolben m (ausgesparter Leichtmetallkolben) || ~ **tank*** (Aero) / Abwurfbehälter m (Anordnung u.a. als Flügelspitzentank unter den Tragflächenspitzen, als Rumpfaußentank unter dem Rumpf), Droptank m || ~ **tank*** (Aero) / Außentank m

**slippery** adj / glitschig adj, glatt adj (glitschig), schlüpfrig adj || ~ (Textiles) / schlüpfrig adj (Griff) || ~ **Carriageway!** (GB) (Autos) / Rutschgefahr bei Nässe! (ein Verkehrszeichen) || ~ **elm** (For) / Rotulme f (Ulmus rubra Muhl.) || ~ **road** (Autos) / Schleudergefahr f (ein Verkehrszeichen) || ~ **when wet!** (US) (Autos) / Rutschgefahr bei Nässe!

**slipping** (Glass) / Abrutschen n (des Emails) || ~ (Phys) / Gleiten n, Rutschen n || ~ **agent** (Plastics) / Gleitmittel n || ~ **cut** (Mining) / Fächerkeileinbruch m, Fächereinbruch m (bei Sprengarbeiten)

**slip plane*** (Crystal) / Gleitebene f, Gleitspiegelebene f || ~ **possibility** (Materials) / Gleitmöglichkeit f (des Materials)

**slip-power recovery** (Elec Eng) / Rückgewinnung *f* der Schlupfleistung, Schlupfleistungsrückgewinnung *f*
**slip printer** (Comp) / Kassenbelegdrucker *m*, Bon-Drucker *m* (Kassenbelegdrucker) || **~ process** (Ceramics) / Nassaufbereitung *f* (mit erheblichen Zusätzen von Feuchtigkeit) || **~ proof*** (Typog) / Spaltenabzug *m*, Korrekturfahne *f*, Fahne *f*
**slip-proof property** (Build) / rutschhemmende Eigenschaft (eine Bodenbelags nach DIN 51 130)
**slip rate** (Eng) / Schlupf *m* (im Reibradgetriebe) || **~ regulator*** (Elec Eng) / Schlupfsteller *m* || **~ resistance** (Paint) / Gleitwiderstand *m* (bei Lackschichten) || **~ ring*** (Elec Eng) / Schleifring *m* (Stromsammelring)
**slip-ring assembly** (Elec Eng) / Schleifringkörper *m* || **~ induction motor** (Elec Eng) / Schleifringläufermotor *m*, Schleifringmotor *m*, Asynchron-Schleifringläufermotor *m*
**slip•-ring motor** (Elec Eng) / Schleifringläufermotor *m*, Schleifringmotor *m*, Asynchron-Schleifringläufermotor *m* || **~-ring rotor*** (Elec Eng) / Schleifringläufer *m* (eines Drehstromsynchronmotors), gewickelter Läufer
**slip-ring voltage** (Elec Eng) / Schleifringspannung *f*
**slip road** (Autos) / Auslaufzone *f* (Sicherheitsmaßnahme an der Rennstrecke) || **~ road** (GB) (Autos, Civ Eng) / Autobahnzubringerstraße *f*, Autobahnzubringer *m*, Zubringer *m* zur Anschlussstelle
**slip-sensitive power split** (Autos) / schlupfabhängige Antriebskraftverteilung
**slip sensor** (Civ Eng, Eng) / Rutschsensor *m* (zur Überwachung von Handhabungsobjekten in Greifern) || **~ sheet*** (Print) / Einschießbogen *m*
**slip-sheet** *v* (US)* (Bind) / einschießen *v*, durchschießen *v* (unbedruckte Blätter einfügen), interfoliieren *v* || **~ board** (Print) / Zwischenlagenkarton *m*, Durchschusskarton *m* (gegen Kräuselung und Rollen von Bögen)
**slip sill*** (Build, Join) / einsetzbare Fensterbank (nachträglich)
**slip-sole** *n* (Leather) / Halbsohle *f* (Lauffläche am Schuh)
**slip speed** (Elec Eng, Eng) / Schlupfdrehzahl *f* || **~ step** (Crystal) / Gleitstufe *f* (bei der plastischen Verformung kristalliner Stoffe), Gleitschritt *m*
**slipstick** *n* (US) / Rechenstab *m*, Rechenschieber *m*
**slip-stick effect** (Phys) / Slip-Stick-Effekt *m* (durch äußeren Kraftangriff hervorgerufene ruckartige Vorwärtsbewegung eines auf einer festen Unterlage flächig aufliegenden Körpers beim Übergang von Haftreibung in Gleitreibung) || **~ motion** (Eng) / Stotterbewegung *f* (durch den Slip-Stick-Effekt verursachte Bewegungsform)
**slip-stone*** *n* (Carp) / Abziehstein *m* (geformter für Stechbeitel) || **~** (Eng) / Abziehstein *m* in Messerklingenform
**slipstream*** *n* (Aero) / Propellerstrahl *m*, Luftschraubenstrahl *m* || **~** (Aero) / Fahrtwind *m* || **~** (Aero) / Gasstrahl *m* (des Marschtriebwerkes - der bei V/STOL-Flugzeugen ausgelenkt wird) || **~ erosion** (Aero) / Bodenerosion *f* infolge der Strahlflächenbelastung (z.B. bei Hubschraubern)
**slip switch** (Rail) / Kreuzungsweiche *f*, KW || **~ system** (Crystal) / Gleitsystem *n* (durch die Richtung in einer dichtest gepackten Ebene definiert) || **~ tester** (Paint) / Slipmessgerät *n* || **~ trace** (Crystal) / Gleitspur *f* || **~ tracing** (Ceramics) / Schlickermalerei *f* (eine Dekorationsmethode) || **~ trailer** (Ceramics) / Engobemalhorn *n* || **~ under** *v* / durchrutschen *v* (unter einem Hindernis) || **~ up** (Ships) / aufslippen *v* (ein Schiff mit einer Slipanlage aus dem Wasser ziehen)
**slipware** *n* (pottery decorated by the application and firing of slips) (Ceramics) / mit Schlickerornamenten verzierte Irdenware || **~** (Ceramics) / Irdenware *f* (die mit Schlickerornamenten verziert ist)
**slipway** *n* (Aero) / Ablaufbahn *f* (für Wasserflugzeuge) || **~*** (Ships) / Slip *m* (Anlage um kleine Schiffe auf einer schiefen Ebene für Bodenreparaturen an Land zu ziehen), Aufschleppe *f*, Schlipp *m* || **~** (Ships) / Stapelung *f* (z.B. auf der Helling)
**slip yoke** (Autos) / Gelenkgabel *f* mit Längsausgleich (mechanisches Getriebe, bei dem alle Glieder in Gelenken miteinander verbunden sind)
**SLIS technique** / SLIS-Technik *f* (Herstellung von Pb-Cu oder Pb-Ni-Verbundpulver)
**slit** *v* / längsteilen *v* (nur Infinitiv und Partizip) || **~** *n* / Spalt *m* (rechteckiger), Schlitz *m* (im Allgemeinen) || **~** / Einwurf *m* (eines Briefkastens) || **~ recording** (Acous) / Tonaufnahmespalt *m* (einer Lichttonkamera) || **~*** (Cinema) / Lichtspalt *m* (beim Lichtton) || **~** (Optics, Spectr) / Spalt *m*, Einfachspalt *m* (der das Lichtbündel begrenzt) || **~ adj** / geschlitzt *adj* (eingeschnitten) || **~ burner** (Eng) / Schlitzbrenner *m*
**slit-die extrusion** (Plastics) / Breitschlitzextrusion *f*
**slit edge** (Met) / Schnittkante *f* (mit der Kaltsäge geschnitten) || **~ film** (Plastics) / Folienbändchen *n* (aus der Folie geschnittenes Bändchen) || **~ gate** (Foundry) / Schlitzanschnitt *m* || **~ image** (Optics, Spectr) /

Spaltbild *n* (des Eintrittsspalts), Bild *n* des Spaltes, Abbildung *f* des Spaltes, Spaltabbildung *f* || **~ lamp** (Micros) / Spaltlampe *f* (Gullstrandlampe) || **~ opening** (Optics) / Spaltöffnung *f* || **~ planting** (For) / Spaltpflanzung *f*, Klemmpflanzung *f* || **~ pocket** (Textiles) / Schubtasche *f* (schräg angesetzte - vorn an Jacke, Mantel, Kleid ) || **~ strip** (Met) / längsgeteiltes Band || **~ tear resistance** (Materials) / Weiterreißfestigkeit *f* (mit der eingeschnittenen Probe - nach DIN 53507)
**slitter*** *n* (Paper, Print) / Längsschneider *m* || **~*** (Print) / Tellermesser *n*, Kreismesser *n*, Rundmesser *n* || **~** (Textiles) / Längsschneider *m*, Streifenschneider *m* || **~ marks** (Bind, Print) / Schneidzeichen *n pl*
**slitting** *n* (Eng) / Längsteilung *f*, Längstrennung *f*, Längsschneiden *n* || **~** (For) / Langschnittkreissägen *n*, Langschnittsägen *n* || **~** (Paper) / Längsschneiden *n* || **~ cutter** (Tools) / Schraubenschlitzfräser *m* (Werkzeug zum Fräsen der Schlitze in Schraubenköpfe, Bolzen usw.), Schlitzfräser *m* || **~ line** (Met) / Querteilanlage *f*, Querteillinie *f* || **~ pass** (Met) / Spaltstich *m* (erster Stich einer Kaliberreihe zum Walzen von Schienen)
**slit width** / Schlitzbreite *f* (im Allgemeinen), Spaltbreite *f* (im Allgemeinen)
**sliver** *n* / Splitter *m*, Span *m* || **~** (Met) / Walzsplitter *m* (auf dem Blech) || **~** (Paper) / Holzsplitter *m*, Splitter *m* (im Allgemeinen) || **~*** (Spinning) / Lunte *f* (schwach gedrehtes Vorband), Faserband *n* (DIN 64 050) || **~** (Spinning) / Kardenband *n*, Krempelband *n* || **~** (Textiles) / Band *n* (kardiertes, Kammzugband) || **~** (Spinning) / Spinnkanne *f*, Spinntopf *m* || **~ knitting** (Textiles) / Kammzugwirkerei *f* || **~ lap machine** (Spinning) / Bandwickelmaschine *f*, Bandwickler *m* (DIN 64 100) || **~ lapper** (Spinning) / Bandwickelmaschine *f*, Bandwickler *m* (DIN 64 100) || **~ purity** (Spinning) / Bandreinheit *f*
**sliver-to-yarn spinning** (Spinning) / Kurzspinnverfahren *n*
**SLM** (sound-level meter) (Acous) / Schallpegelmesser *m* (zur Messung des Schalldruckpegels im freien Schallfeld - DIN 1320)
**SLMP** (self-loading memory print) (Comp) / selbstladender Speicherauszug *m*
**slo-blo fuse** (Elec Eng) / träge Sicherung
**SLOC** *n* (source lines of code) (Comp) / SLOC *m pl* (ein Maßstab für die Länge von Programmen oder Programmteilen in ihrem Quellcode, der häufig bei der Beurteilung der Effektivität von Software herangezogen wird)
**Slocombe drill** (Eng) / Zentrierbohrer *m* (DIN 333)
**slo mo** (slow motion) (Cinema) / Zeitlupe *f*, Slow Motion *f*
**slop** *vi* (out of, from) / schwappen *v* || **~** *vt* / verschütten *v*, ausschütten *v* (Flüssigkeit), überlaufen lassen || **~** *n* / verschüttete Flüssigkeit || **~** (Ceramics) / Gießmasse *f*, Gießschlicker *m* (mit Magerungsmitteln), Schlicker *m* (wässrige Aufschlämmung von Ton oder Kaolin) || **~** (Oils) / Slop *n*, Slopöl *n* (Restöl, Abfallöl, rückgewonnenes Öl in der Raffinerie) || **~** (ready-made or cheap clothing) (Textiles) / billige Kleidung von der Stange
**slope** *v* / abschüssig sein (Gelände) || **~** / ansteigen *v* (Gelände) || **~** / abschrägen *v*, ausschrägen *v* || **~** / abfallen *v* (Civ Eng) / abböschen *v* (z.B. Baugrube, Gelände), böschen *v* (mit einer Böschung versehen) || **~ vi** / sich neigen *v* || **~ vt** (incline) / neigen *v*, senken *v* || **~** s. *aus* tilt || **~** *n* / Gefälle *n*, Neigung *f* || **~*** (Build) / ausgeschrägter Ziegel, abgeschrägter Ziegel, Schrägziegel *m* (z.B. Spitzkeil, Widerlagerstein) || **~** (Build, Geol) / Abdachung *f* || **~** (Civ Eng) / Hang *m* || **~** (Civ Eng) / Böschung *f*, Abböschung *f* (abgeböschte Stelle) || **~** (angle) (Civ Eng) / Böschungswinkel *m* (einer konkreten Böschung) || **~** (Elec) / Flanke *f* (der zeitliche Übergang zwischen zwei unterschiedlichen Signalwerten) || **~*** (Electronics) / Steilheit *f* (Steigung einer Kennlinie) || **~** (Geol) / Hang *m* (z.B. zum Skifahren) || **~*** (Maths) / Steigung *f* (einer Kurve, einer Kennlinie) || **~** (Maths, Phys) / Schräge *f* (Neigung), Schiefe *f* || **~** (Mining) / Schrägschacht *m* (der mehr als 25° zur Horizontalen verläuft), tonnlägiger Schacht, Tonnlagerschacht *m*, flacher Schacht || **~** (Optics) / Steilheit *f* (des Filters) || **~** (Welding) / Steigung *f* (der Naht) || **~ angle** (Civ Eng) / Böschungswinkel *m* (einer konkreten Böschung) || **~ brick** (Build) / ausgeschrägter Ziegel, abgeschrägter Ziegel, Schrägziegel *m* (z.B. Spitzkeil, Widerlagerstein) || **~ conductance** (Electronics) / Steilheit *f* (Steigung einer Kennlinie) || **~ correction*** (Surv) / Distanzkorrektur *f* durch Neigungsberücksichtigung, Neigungskorrektur *f* (bei der Entfernungsmessung) || **~ current** (Meteor) / Hangwind *m* || **~ current** (Ocean) / Gradientstrom *m*
**sloped** *adj* (Comp) / geneigt *adj* (Tastatur)
**slope detector** (Electronics) / Flankendiskriminator *m* (Resonanzkreisumformer - die einfachste Demodulatorschaltung zur Wiedergewinnung der Information aus einer frequenzmodulierten Schwingung) || **~ dook** (Mining) / Schrägstrecke *f* (fallend aufgefahren)
**sloped roman*** (Print, Typog) / kursive Antiqua, kursive runde Schrift
**sloped-sculpted** *adj* (Comp) / geneigt geformt (Tastatur)
**slope failure** (Civ Eng, Geol) / Hangrutschung *f* (das Abrutschen eines Erdkörpers mit geneigter Oberfläche infolge Ausschöpfen des

**slope**

Scherweiderstandes des Bodens und eventuell vorhandener konstruktiver Elemente), Böschungsbruch *m*, Böschungsrutsch *m* || **~ gauge** (Hyd Eng) / Treppenpegel *m* || **~ heading** (Mining) / Schrägstrecke *f* (schwebend aufgefahren) || **~ lift soaring** (Aero) / Hangsegelflug *m* || **~ of cutting** (Civ Eng) / Einschnittböschung *f*, Böschung *f* im Abtrag || **~ of stream** (Hyd Eng) / Flussgefälle *n*, Gefälle *n* (des Flusses), Stromgefälle *n* || **~ of the filter characteristic** (Optics) / Flankenabfall *m* der Filtercharakteristik || **~ of the ship's bottom** (Ships) / Aufkimmung *f* (seitliches Ansteigen des Schiffbodens gegen die Horizontale)
**sloper dipole** (Radio) / schräggestellter Halbwellendipol, Sloper *m*
**slope resistance*** (Electronics) / Innenwiderstand *m* || **~ road** (Mining) / einfallende Strecke
**slopes** *pl* (Geol) / Hang *m* (z.B. zum Skifahren)
**slope spring** (Geol) / Hangquelle *f* || **~ stability** (Civ Eng) / Böschungsstandfestigkeit *f* || **~ stabilization** (Civ Eng) / Böschungsbefestigung *f*, Böschungsverfestigung *f*, Böschungsstabilisierung *f* || **~ up** *v* / ansteigen *v* (Gelände) || **~ wash** (Agric, Geol) / Schichterosion *f* (in Denudationsvorgang), flächenhafte Abtragung, aquatische Denudation, Flächenerosion *f*, Flächenspülung *f* (auf relativ ebenem Gelände), Schichtfluterosion *f*, Sheet-Erosion *f*
**sloping** *adj* / abgeschrägt *adj*, schräg *adj* (abfallend) || / abfallend *adj* (z. B. Rampe) || **~** / geneigt *adj*, schräg *adj*, schief *adj*, schräg abfallend || **~** (Mining) / tonnlägig *adj* (75° bis 45° zur Waagrechten geneigt) || **~ arrow** (Comp) / schräger Pfeil || **~ grain** (For) / diagonal verlaufende Holzfaser, Schrägfaser *f* (ein Holzfehler) || **~ location** (Build) / Hanglage *f* || **~ pump** (Mining) / Vorortpumpe *f* (Pumpe, die das einen Betriebspunkt zulaufende Wasser abpumpt und der Hauptwasserhaltung zuführt)
**sloping-style standard lettering** (Print, Typog) / schräge Normschrift
**slop padding** (Textiles) / Pflatschen *n* (Aufbringen flüssiger Ausrüstungsmittel mittels Walzen auf dem Foulard) || **~ pump** (Oils) / Sloppumpe *f*
**slops** *pl* (waste water) (Ecol, San Eng) / Schmutzwasser *n* (im Haushalt), häusliches Schmutzwasser || **~** (Nut) / Brennereiabfälle *m pl*
**slosh** *v* (Space) / schwappen *v* (Treibstoff)
**sloshing*** *n* (Space) / Schwappen *n*, Treibstoffschwappen *n* (Schwingungen flüssiger Treibstoffe mit freier Oberfläche)
**slot** *v* / nuten *v*, schlitzen *v* || **~** (Eng) / aufschlitzen *v*, schlitzen *v* (einschneiden), schlitzlochen *v* || **~** (Eng) / rillen *v*, riffeln *v* (vertiefen) || **~** *n* / Spalt *m* (rechteckiger), Schlitz *m* (im Allgemeinen) || **~** / Schlitzeinwurf *m* / Fach *n* (der Brieftasche) || **~** / Einwurf *m* (eines Münzautomaten) || **~** (Aero) / Zeitraster *m* (zugewiesene Zeit) || **~** (right to land or take off) (Aero) / Start- und Landerecht *n* || **~** (AI) / Slot *m* (Argumentstelle in logischen bzw. propositionalen Repräsentationen) || **~** (AI) / Fach *n* (Variable eines Objekts) || **~** (for system expansion) (Comp) / Steckplatz *m*, Slot *m* (Steckplatz für Steckkarten, auf denen spezielle Baugruppen angeordnet sind, die zur Erweiterung der Grundstruktur eines Rechners dienen), Kartensteckplatz *m*, Einbauplatz *m* (für Erweiterungskarte) || **~** (Comp) / Externseitenrahmen *m* (in der virtuellen Speichertechnik) || **~** (Comp) / freier Platz (in einer Warteschlange) || **~*** (Elec Eng) / Nut *f* (für Wicklungen) || **~** (Eng) / Nut *f*, Kerbe *f* || **~** (in a fastener head) (Eng) / Schlitz *m* (über dem ganzen Schraubenkopf) || **~** (Eng, Join) / Rille *f* || **~** (cut up the edge of the door - for a mortise lock) (Join) / Ausnehmung *f* (für das Einsteckschloss in der Tür) || **~** (Mining) / Schlitz *m* (zwischen zwei Grubenbauen) || **~** (on the radio) (Radio) / Sendetermin *m* (im Programm) || **~** (Telecomm) / Schlitz *m* (Teil der äquatorialen Umlaufbahn eines Kommunikationssatelliten) || **~** (time slot) (Telecomm) / Zeitschlitz *m* (des Sprachkanals), Zeitlage *f*
**slot-allocation procedure** (Telecomm) / Verfahren *n* für die Zuweisung von Zeitrastern
**slot antenna*** (Radio) / Schlitzantenne *f* (eine Mikrowellenantenne), Schlitzstrahler *m* || **~ base** (Elec Eng) / Nutgrund *m* || **~ bottom** (Elec Eng) / Nutgrund *m* || **~ cell** (Elec Eng) / Nuthülse *f* || **~ closure by adhesive tape(s)** (Elec Eng) / Schlitzverklebung *f* || **~ coupling** (Telecomm) / Schlitzkopplung *f* (zweier Hohlleiter durch Schlitze) || **~ cutter** (Eng, Tools) / Schraubenschlitzfräser *m* (Werkzeug zum Fräsen der Schlitze in Schraubenköpfe, Bolzen usw.), Schlitzfräser *m* || **~ cutting** (Eng) / Schraubenschlitzen *n* || **~ depth** (Elec Eng) / Nuttiefe *f* || **~ die** (Plastics) / Schlitzdüse *f* || **~ discharge** (Elec Eng) / Nutraumentladung *f*
**slot-discharge analyser** (Elec Eng) / Nutraumentladungsmesser *m* || **~ analyzer** (US) (Elec Eng) / Nutraumentladungsmesser *m*
**slot end** (Elec Eng) / Nutausgang *m*, Nutaustritt *m*
**slot-fed dipole*** (Elec Eng) / schlitzgespeister Dipol
**slot filler** (AI) / Slotfiller *m* (spezifischer Merkmalswert), Slotfüller *m* || **~ filler** (Elec Eng) / Nutbeilage *f*, Nutfüllstück *n* || **~ flap** (Aero) / Schlitzklappe *f* (Profilveränderung und Strömungsbeeinflussung durch Spalt), Spaltklappe *f* (ein Hochauftriebsmittel) || **~ harmonic** (Elec Eng, Phys) / Nutenoberwelle *f*, Nutenharmonische *f*

**slot-head screwdriver** (Tools) / Schlitzschraubendreher *m*
**slot-hole arrangement** (Mining) / Sprengbild *n* (Anordnung der Bohrlöcher verschiedener Einbrucharten)
**slot insulation** (Elec Eng) / Nutisolierung *f* || **~ leakage*** (Elec Eng) / Nutstreuung *f*
**slot-line** *n* (Electronics) / Schlitzleitung *f*, Slotline *f* (spezielle Form einer Streifenleitung)
**slot lining** (Elec Eng) / Nutauskleidung *f* || **~ link*** (Eng) / Kulisse *f*, Steinführung *f* || **~ machine** (Eng) / Münzautomat *m*, [Waren-, Spiel-]Automat *m*, Geldautomat *m* (Waren-, Spiel-)
**slot-mask picture tube** (TV) / Inlineröhre *f*, Inline-Farbbildröhre *f*, Schlitzmaskenröhre *f* (mit drei nebeneinander in einer horizontalen Ebene des Halses der Bildröhre angeordneten Elektronenstrahlsystemen)
**slot matrix tube** (TV) / Inlineröhre *f*, Inline-Farbbildröhre *f*, Schlitzmaskenröhre *f* (mit drei nebeneinander in einer horizontalen Ebene des Halses der Bildröhre angeordneten Elektronenstrahlsystemen) || **~** (gas) **meter** / Münzgaszähler *m*, Gasautomat *m* (der mit einer Münze betätigt wird) || **~ meter** (Teleph) / Münzzähler *m* || **~ mill** (Eng) / Nuten-Schaftfräser *m*, Langlochfräser *m* || **~ milling** (Eng) / Nutenfräsen *n* || **~ mortise*** (Join) / Schlitz *m* der Schlitzzapfung || **~ opening** (Elec Eng) / Nutschlitz *m*, Nutenschlitz *m*, Nutenfenster *n* || **~ packing** (Elec Eng) / Nutbeilage *f*, Nutfüllstück *n* || **~ permeance*** (Elec Eng) / Nutleitwert *m* || **~ pitch** (Elec Eng) / Nutenschritt *m* || **~ pitch*** (Elec Eng) / Mikrowellenantenne), Schlitzstrahler *m* || **~ reader** (Comp) / Kartenleser *m* (mit manuellem Vorschub) || **~ reference point** (Aero) / Rasterbezugspunkt *m* || **~ ripple*** (Elec Eng) / Nutoberwellen *f pl*, Nutwellen *f pl* || **~ skewing factor** (Elec Eng) / Nutschrägungsfaktor *m* || **~ space factor** (Elec Eng) / Nutfüllfaktor *m* (Kupferquerschnitt geteilt durch Nutquerschnitt nach DIN 40121) || **~ sprayer** (Elec Eng) / Schlitzzerstäuber *m*
**slotted** *adj* / schlitzförmig *adj*, mit Schlitz || / geschlitzt *adj* (genutet) || **~ aerofoil*** (Aero) / Spaltflügel *m* (ein Hochauftriebsmittel), Schlitzflügel *m* || **~ armature** (Elec Eng) / Nutanker *m*, genuteter Anker || **~ armature** (Elec Eng) / genuteter Anker || **~ bit** (Tools) / Bit *n* für Schlitzschrauben, Schlitzklinge *f* || **~ burner** (Eng) / Schlitzbrenner *m* || **~ cable antenna** (Civ Eng, Radio) / abstrahlendes Kabel (zur Funkversorgung der Tunnels) || **~ capstan screw** (Eng) / Kreuzlochschraube *f* mit Schlitz, Plombierschraube *f* || **~ card** (Comp) / Schlitzlochkarte *f* (Nadellochkarte, in der die suchfähigen Merkmalsangaben durch Ausstanzen der Stege zwischen den vorgelochten Stellen zu Schlitzen dargestellt sind) || **~ cheese-head screw** (GB) (Eng) / Zylinderschraube *f* mit Schlitz (DIN 84) || **~ core*** (Elec Eng) / genutetes Ankerpaket
**slotted-core cable** (Cables) / Slotted-Core-Kabel *n* (LWL-Kabel, dessen Seele aus einem stabilen Kern mit helixförmigen Vertiefungen besteht, in denen eine oder mehrere Fasern liegen), Kammerkabel *n*
**slotted countersunk•-head screw** (GB) (Eng) / Senkschraube *f* mit Schlitz (DIN 918) || **~ cylindrical antenna** (Radio) / geschlitzte Zylinderantenne || **~ dipole** (Radio) / Schlitzdipol *m* || **~ disk** / Schlitzscheibe *f* || **~ flap*** (Aero) / Schlitzklappe *f* (Profilveränderung und Strömungsbeeinflussung durch Spalt), Spaltklappe *f* (ein Hochauftriebsmittel) || **~ head** (Eng) / Schlitzkopf *m* || **~ headless screw with chamfered end** (Eng) / Schaftschraube *f* mit Schlitz und Kegelkuppe (DIN 427) || **~ headless screw with flat chamfered end** (Eng) / Gewindestift *m* mit Schlitz, Schaft und Kegelkuppe || **~-head screw** (Eng) / Schlitzschraube *f* (DIN 918)
**slotted-head screwdriver** (Tools) / Schlitzschraubendreher *m*
**slotted hex nut** (Eng) / Kronenmutter *f* (Krone direkt in Mutter)
**slotted-hole screen** (Min Proc) / Schlitzlochsieb *n*
**slotted line** (Electronics) / Schlitzleitung *f*, Slotline *f* (spezielle Form einer Streifenleitung) || **~ line** (Telecomm) / geschlitzte Hohlrohrleitung, geschlitzter Wellenleiter || **~ line*** (Telecomm) / geschlitzte Messleitung || **~ link** (of a link motion) (Eng) / Kulisse *f* (Kulissensteuerung der Dampfmaschine) || **~ nozzle** (San Eng) / Schlitzstrahler *m* || **~ nut** (Eng) / Schlitzmutter *f* (DIN ISO 1891) || **~ oil control ring** (Autos) / Ölschlitzring *m* || **~ panhead screw** (Eng) / Flachkopfschraube *f* mit Schlitz || **~ ring** (Comp) / Slotted-Ring *m* (ein Netzwerkkonzept nach IEEE 802.6) || **~ round nut** (Eng) / Schlitzmutter *f* (DIN ISO 1891) || **~ round nut for sickle or hook spanner** (Eng) / Nutmutter *f* (DIN 1804 und DIN ISO 1891) || **~ section** (Telecomm) / geschlitzte Messleitung || **~ section** (Telecomm) / geschlitzte Hohlrohrleitung, geschlitzter Wellenleiter || **~ setscrew with a cup point** (Eng) / Gewindestift *m* mit Schlitz und Ringschneide (DIN 427) || **~ setscrew with a full dog point** (Eng) / Gewindestift *m* mit Schlitz und Zapfen (DIN 427) || **~ setscrew with cone point** (Eng) / Gewindestift *m* mit Schlitz und Spitze (DIN 427) || **~-type screwdriver** (Eng, Tools) / Schraubendreher *m* für Schlitzschrauben, Schlitzmutterndreher *m*, Schlitzmutterschlüssel *m* mit Griff || **~ waveguide** (Telecomm) / geschlitzte Hohlrohrleitung, geschlitzter

Wellenleiter ‖ **~ wing** (Aero) / Spaltflügel *m* (ein Hochauftriebsmittel), Schlitzflügel *m*

**slotter** *n* (Paper, Print) / Slotter *m* (Bogendruckmaschine, ein- oder mehrfarbig, zum Bedrucken von Wellpappenzuschnitten, welche getrennt auf einer Wellpappenanlage von der Rolle gefertigt werden) ‖ **~** (Tools) / Stoßmeißel *m*

**slot thermometer** (Elec Eng) / Nutthermometer *n* (das die Wicklungstemperatur überwacht)

**slotting** *n* (Eng) / Stoßen *n* (ein Zerspanungsverfahren nach DIN 8589, T 4) ‖ **~ and grooving machine** (Eng) / Nuten- und Langlochfräsmaschine *f* ‖ **~ cutter** (Join) / einseitig schneidender Fräser, Nutfräser *m* ‖ **~ end mill cutter** (Eng) / Nuten-Schaftfräser *m*, Langlochfräser *m* ‖ **~ machine**\* (Eng) / Stoßmaschine *f* (eine Werkzeugmaschine) ‖ **~ mill** (Eng) / Langlochfräser *m* (DIN 326 und 327) ‖ **~ side and face cutter** (Eng) / Nuten-Scheibenfräser *m* (DIN 1890) ‖ **~ tool**\* (used for cutting keyways) (Eng) / Nutenmeißel *m* (DIN 4981)

**slot wedge**\* (Elec Eng) / Nutverschlusskeil *m* ‖ **~ weld** (Welding) / Schlitznaht *f* (Schweißkehlnaht in einem Schlitz aufgeschweißter breiter Bleche)

**slough** *v* (Mining) / nachfallen *v* (im Bohrloch) ‖ **~** *n* (Ecol, Geol) / morastiger Grund, Sumpf *m* ‖ **~ off** *v* (the thread) (Weaving) / abschlagen *v* (den Faden)

**slough-off** *n* (Glass, Textiles) / verdickte Stelle (bei Glasfasern), Glasfaserverdickung *f* ‖ **~** (Spinning) / Garnverdickung *f*, Fadenverdickung *f*, Dickstelle *f* (eines Fadens)

**sloven** *n* (For) / Waldbart *m* (am gefällten Stamm), Bart *m*, Waldbär *m* (beim Fällen verursachte Beschädigung des Stammes), Waldspan *m* (am gefällten Stamm), Kamm *m* (am gefällten Stamm)

**slow** *adj* / langsam *adj* ‖ **~** / allmählich *adj* (Übergang) ‖ **~** (Chem) / reaktionsträge *adj*, reaktionsschwach *adj*, träge *adj* ‖ **~** (Photog) / mit niedriger Empfindlichkeit (Film)

**slow-access storage** (Comp) / Speicher *m* mit langer Zugriffszeit, langsamer Speicher

**slow-acting** *adj* / langsamwirkend *adj* ‖ **~ fertilizer** (Agric) / langsamwirkender Dünger, Depotdünger *m*, Langzeitdünger *m*, Vorratsdünger *m* ‖ **~ fuse** (Elec Eng) / träge Sicherung ‖ **~ relay**\* (Elec Eng, Telecomm) / Relais *n* mit Ansprechverzögerung, Relais *n* mit Anzugsverzögerung, Langzeitrelais *n* ‖ **~ relay** (Elec Eng, Telecomm) s. also timing relay

**slow-blow fuse** (Elec Eng) / träge Sicherung

**slow-break switch**\* (Elec Eng) / Messerschalter *m* (einfacher)

**slow-burning stove** / Dauerbrandofen *m*

**slow•-butt welding**\* (Welding) / Widerstandsstumpfschweißen *n* ‖ **~ combustion** (Heat) / flammenlose Verbrennung, stille Verbrennung (Oxidationsprozess, der ohne Flammenbildung vor sich geht)

**slow-combustion stove** / Dauerbrandofen *m*

**slow-curing adhesive** / langsamhärtender Klebstoff

**slow developer** (Photog) / langsam arbeitender Entwickler ‖ **~ down** *v* / drosseln *v*, herabsetzen *v*, verringern *v* (Geschwindigkeit) ‖ **~ down** *v* / verlangsamen *v* (z.B. eine Reaktion), verzögern *v* (verlangsamen) ‖ **~ down** (Autos) / verlangsamen *v* ‖ **~ down** (Nuc) / bremsen *v*, abbremsen *v*

**slow-draining** *adj* (Paper) / schmierig *adj* (Faserstoff)

**slow-drying** *adj* (Paint) / langsamtrocknend *adj*

**slow-growth process** (Powder Met) / Slow-growth-Prozess *m*

**slowing-down** *n* (Autos) / Verlangsamung *f* ‖ **~** (Nuc Eng) / Bremsung *f*, Abbremsung *f*

**slowing•-down area**\* (Nuc) / Bremsfläche *f* ‖ **~-down density**\* (Nuc) / Bremsdichte *f* ‖ **~-down length**\* (Nuc) / Bremslänge *f* ‖ **~-down power**\* (Nuc, Nuc Eng) / Bremsvermögen *n*, Neutronenbremsvermögen *n* (Lethargiezuwachs)

**slow motion** (Cinema) / Zeitlupe *f*, Slow Motion *f* ‖ **~-motion camera** (Cinema) / Zeitlupenkamera *f*, Zeitdehner *m*

**slow-motion screw** / Feinbewegungsschraube *f*

**slow-mover** *n* (Rail) / Schlechtläufer *m*, Wagen *m* mit hohem Laufwiderstand

**slow-moving traffic** (Autos) / zähflüssiger Verkehr

**slow-moving traffic lane** (GB) (Autos) / Kriechstreifen *m*, Kriechspur *f*

**slow-moving wagon** (Rail) / Schlechtläufer *m*, Wagen *m* mit hohem Laufwiderstand

**slowness** *n* / Langsamkeit *f*, Trägheit *f* (Langsamkeit) ‖ **~** (Paper) / Schmierigkeit *f* (eines Faserstoffes) ‖ **~** (Paper) / Entwässerungsneigung *f* (der Stoffsuspension), Mahlgrad *m* (bei der Zerfaserung der Hackschnitzel, Freeness *f*, Zerfaserungsgrad *m* ‖ **~** (Paper) s. also freeness

**slow neutron**\* (Nuc) / langsames Neutron (dessen kinetische Energie einen bestimmten Wert unterschreitet)

**slow-operating relay** (Elec Eng, Telecomm) / Relais *n* mit Ansprechverzögerung, Relais *n* mit Anzugsverzögerung, Langzeitrelais *n*

**slow paper** (Chem) / langsam laufendes Papier (in der Flüssigkeitschromatografie)

**slow-reacting** *adj* (Chem) / reaktionsträge *adj*, reaktionsschwach *adj*, träge *adj* ‖ **~ substance**\* (Biochem) / Slow-reacting-Substanz *f* (z.B. Leukotrien)

**slow** (neutron) **reactor** (Nuc Eng) / langsamer Reaktor ‖ **~ reactor**\* (Nuc Eng) / thermischer Reaktor (mit thermischen Neutronen) ‖ **~ reducer** (Paint) / Sommerverdünnung *f* (schwerflüchtige Verdünnung für Autoreparaturlacke) ‖ **~-release fertilizer** (Agric) / langsamwirkender Dünger, Depotdünger *m*, Langzeitdünger *m*, Vorratsdünger *m*

**slow-release formulation** (Agric, Chem, Pharm) / Controlled-Release-Formulierung *f* (ein Depotpräparat), CRF (ein Depotpräparat) ‖ **~ strip** / Slow-Release-Insektenstreifen *m* (eine Kunststoffplatte, die einen insektiziden Stoff enthält, der allmählich durch Verdunsten freigegeben wird)

**slow roll** (Aero) / langsame, gesteuerte Rolle ‖ **~-running adjustment** (Autos, I C Engs) / Leerlaufeinstellung *f*, Einstellen *n* des Leerlaufs

**slow-running cut-out**\* (Aero) / Treibstoffzufuhrunterbrecher *m* ‖ **~ jet** (Autos, I C Engs) / Leerlaufdüse *f*

**slow sand filter** (San Eng) / Langsam-Sand-Tiefenfilter *n* (mit Sand als Filtermittel) ‖ **~ sand filter** (for purifying sewage effluent) (San Eng) / Langsamfilter *n* (mit Schichten aus Sand und Kies)

**slow-scan television** (TV) / Schmalbandfernsehen *n*, SB-TV (Schmalbandfernsehen) ‖ **~ TV**\* (TV) / Schmalbandfernsehen *n*, SB-TV (Schmalbandfernsehen) ‖ **~ TV** (with a frame refresh rate of about 4 seconds)\* (TV) / ISDN-Bildübermittlung *f* (z.B. Fernskizzieren, Fernzeichnen, Festbild und langsames Bewegtbild)

**slow-setting adhesive** / langsamhärtender Klebstoff ‖ **~ cement** (Build, Civ Eng) / langsam erhärtender Zement (DIN 1164), L-Zement *m* ‖ **~ glass** (Glass) / langes Glas (mit breitem Verarbeitungstemperaturbereich)

**slow-speed engine** (Eng) / langsamlaufende Maschine, Langsamläufer *m* ‖ **~ starting** (Elec Eng) / Kriechanlassen *n*

**slow storage** (Comp) / Speicher *m* mit langer Zugriffszeit, langsamer Speicher ‖ **~ test** (Civ Eng) / dränierter Versuch, entwässerter Versuch, Langsamscherversuch *m*, D-Versuch *m* (in der Bodenmechanik) ‖ **~ train** (Rail) / Bummelzug *m*, Bummler *m*

**slow-vehicles lane** (Autos) / Fahrspur *f* für langsamfahrende Fahrzeuge

**slow-wave structure**\* (Elec Eng) / Verzögerungsleitung *f* für Mikrowellen

**SLQ printer** (super-letter-quality printer) (Comp) / Schönschreibdrucker *m* (gehobener Klasse), Briefqualitätsdrucker *m* (gehobener Klasse)

**SLR** (side-looking radar) (Aero, Mil, Radar) / Seitensichtradar *m n* (in einer bewegten Plattform mit einer Antennenkeule rund um die Seitenrichtung) ‖ **~** (single-lens reflex) (Photog) / einäugige Spiegelreflexkamera

**SL/RN process** (Met) / SL/RN-Verfahren *n* (ein Direktreduktionsverfahren - Stelco-Lurgi und Republic-Steel National)

**SL screened cable** (Cables) / Dreibleimantelkabel *n* (dreiadriges Kabel mit einem Bleimantel über jeder Ader), Einzelbleimantelkabel *n*

**SLSI** (superlarge-scale integration) (Electronics) / Integrationsgrad *m* SLSI (mit nach oben offener Skala), SLSI-Integrationsgrad *m*

**SLT** (shiga-like toxin) (Chem) / Verotoxin *n*, SLT (Verotoxin) ‖ **~** (solid-logic technology) (Electronics) / Technik *f* der integrierten Schaltkreise, Festkörperschaltungslogik *f*, Festkörperschaltkreislogik *f* ‖ **~ cabinet** (subscriber-line termination cabinet) (Telecomm, Teleph) / Teilnehmerschrank *m*

**S.L.-type cable** (Cables) / Mehrmantelkabel *n*, Dreibleimantelkabel *n* (Gleich- oder Einphasenstrom), Viermantelkabel *n* (Drehstrom)

**slub** *n* (Glass, Textiles) / verdickte Stelle (bei Glasfasern), Glasfaserverdickung *f* ‖ **~** (an abruptly thickened place in a yarn) (Spinning) / Garnverdickung *f*, Fadenverdickung *f*, Dickstelle *f* (eines Fadens) ‖ **~**\* (Spinning, Textiles) / Noppe *f* (erwünschter Effekt bei Noppengarnen und Noppenzwirnen)

**slubbed** *adj* (Textiles) / knotig *adj* (Gewebe)

**slubbing** *n* (Spinning) / Vorspinnen *n* ‖ **~**\* (Spinning) / Lunte *f* (schwach gedrehtes Vorband), Faserband *n* (DIN 64 050) ‖ **~ box** (card) (Spinning) / Grobhechelstrecke *f*

**slubby yarn** (Textiles) / Knoten-Effektgarn *n*, Noppen-Effektgarn *n*, Noppengarn *n*

**slub catcher** (Weaving) / Flusenentferner *m* ‖ **~ yarn** (Textiles) / Knoten-Effektgarn *n*, Noppen-Effektgarn *n*

**sludge** *v* / einschlämmen *v* ‖ **~** *n* (Chem Eng) / Sludge *m* (Bodensatz in Zentrifugen und Latexlagergefäßen) ‖ **~** (Ecol, Space) / Schlamm *m* (Abfall) ‖ **~**\* (Met, Min Proc) / Schlamm *m* ‖ **~** (Mining) / Bohrschlamm *m*, Bohrschlämm *m*, Bohrwurst *f*, Schmant *m* ‖ **~** (Nut) / Trub *m* (beim Wein, Bier), Geläger *n*, Weingeläger *n*, Hefe *f* (Bodensatz) ‖ **~** (Oils) / Sludge *m* ‖ **~** (San Eng) / Faulschlamm *m* (aerob oder anaerob stabilisierter) ‖ **~** (San Eng) / Schlamm *m* aus

1463

**sludge**

den biologischen Kläranlagen ‖ ~* (San Eng) / Klärschlamm *m*, Abwasserschlamm *m* (Rückstand bei der mechanischen Abwasserreinigung) ‖ ~ **acid** (Oils) / Abfallschwefelsäure *f* (Schwefelsäureraffination) ‖ ~ **activation** (San Eng) / Schlammbelebung *f* ‖ ~ **activity** (San Eng) / Schlammaktivität *f* ‖ ~ **age** (San Eng) / Schlammalter *n* ‖ ~ **ageing** (San Eng) / Schlammalterung *f*

**sludge-ash process** (San Eng) / Schlamm-Asche-Verfahren *n* (Verfahren zur künstlichen Schlammentwässerung, bei dem zur Konditionierung des zu entwässernden Materials Asche aus der Verbrennung des entwässerten Schlammes oder andere, z.B. Flugasche aus Kraftwerken zugesetzt wird)

**sludge basin** (San Eng) / Schlammbeet *n* (Anlage zur natürlichen Entwässerung von stabilisiertem Schlamm - DIN 4045), Schlammtrockenbeet *n*, Schlammbecken *n*, Schlammtrockenplatz *m* ‖ ~ **cake** (Chem Eng) / Filterkuchen *m* (meistens von der Filterpresse), Filterbelag *m*, Filterrückstand *m* ‖ ~ **collector** (San Eng) / Schlammfang *m* (DIN 4045), Schlammfänger *m*, Schlammsammelraum *m* ‖ ~ **combustion** (San Eng) / Schlammverbrennung *f* ‖ ~ **composting** (San Eng) / Schlammkompostierung *f* (ein aerober biologischer Vorgang) ‖ ~ **conditioning** (San Eng) / Klärschlammkonditionierung *f*, Schlammkonditionierung *f* (Vorbehandlung des Schlamms mit dem Ziel der Verbesserung der Entwässerbarkeit) ‖ ~ **dewatering** (San Eng) / Schlammentwässerung *f* (künstliche oder natürliche) ‖ ~ **digestion** (San Eng) / Schlammfaulung *f* (ein anaerober Prozess zur Klärschlammstabilisierung) ‖ ~ **digestion chamber** (San Eng) / Faulraum *m* (eines Emscherbrunnens), Faulkammer *f* ‖ ~ **disposal** (San Eng) / Schlammbeseitigung *f* (Maßnahmen zur schadlosen und dauerhaften Ablagerung, Vernichtung oder Verwertung des Schlammes - DIN 4045) ‖ ~ **dry solids** (San Eng) / Trockensubstanzgehalt *m* (DIN 4045), Schlammtrockenmasse *f*, Schlammtrockensubstanz *f* ‖ ~ **elutriation** (San Eng) / Schlammwaschung *f* ‖ ~ **flow** (San Eng) / Schlammablagerung *f*, Schlammbildung *f* ‖ ~ **formation test** (Oils) / Sludgetest *m* (Schlammabscheidung bei künstlicher Alterung unter Sauerstoffdruck für Transformatorenöle - ein Maß für die Alterungsneigung) ‖ ~ **gas*** (San Eng) / Faulgas *n* (beim anaeroben Abbau von Klärschlamm anfallendes Gas), Klärgas *n* ‖ ~ **gulper** (San Eng) / Schlammsauger *m* (zum Absaugen von sedimentiertem Schlamm vom Boden eines Absetzbeckens) ‖ ~ **handling** (San Eng) / Schlammbehandlung *f* (Aufbereitung von Schlamm aus Abwasseranlagen zu dessen Verwertung oder Beseitigung), Klärschlammbehandlung *f* (z.B. Eindickung, Entwässerung, Stabilisierung usw.) ‖ ~ **hopper** (San Eng) / Schlammtrichter *m* (in der Mitte eines runden Absetzbeckens) ‖ ~ **incidence** (San Eng) / Schlammanfall *m* ‖ ~ **incineration** (San Eng) / Schlammverbrennung *f* ‖ ~ **lagoon** (San Eng) / Schlammteich *m* (DIN 4045), Schlammlagerpaltz *m* ‖ ~ **liquor** (San Eng) / Faulraumwasser *n*, Schlammwasser *n* ‖ ~ **loading** (San Eng) / Schlammbelastung *f* (in der Klärtechnik der biologischen Abwasserreinigung nach dem Belebungsverfahren) ‖ ~ **of paint** (Paint) / Lackschlamm *m* (Substanz, die aus dem Overspray durch Lackkoagulierung und anschließenden Austrag aus den Spritzkabinenwasser entsteht) ‖ ~ **pasteurization** (San Eng) / Schlammpasteurisierung *f* (DIN 4045) ‖ ~ **pump** (Oils, San Eng) / Schlammpumpe *f*

**sludger*** *n* (Civ Eng) / Sandpumpe *f* ‖ ~* (Oils, San Eng) / Schlammpumpe *f*

**sludge rake** (San Eng) / Schlammkratzer *m* (Gerät zur Ausräumung des abgesetzten Schlammes in Absetzbecken oder Eindickern), Schlammräumer *m* ‖ ~ **reactivation** (San Eng) / Schlammregeneration *f* ‖ ~ **scraper** (San Eng) / Schlammkratzer *m* (Gerät zur Ausräumung des abgesetzten Schlammes in Absetzbecken oder Eindickern), Schlammräumer *m* ‖ ~ **scraper** (San Eng) / Räumschild *m*, Schlammschild *m* (die an einer Räumerbrücke befestigte Schiebevorrichtung, mit der der am Boden eines Absetzbeckens sedimentierte Schlamm zum Schlammtrichter geschoben wird), Schlammräumschild *m* ‖ ~ **secondary treatment** (San Eng) / Schlammnachbehandlung *f* ‖ ~ **tank** (San Eng) / Schlammtank *m*, Schlammbecken *n*, Schlammstapelbecken *n* ‖ ~ **test** (Oils) / Sludgetest *m* (Schlammabscheidung bei künstlicher Alterung unter Sauerstoffdruck für Transformatorenöle - ein Maß für die Alterungsneigung) ‖ ~ **thickening** (San Eng) / Schlammeindickung *f* (Entzug von Schlammwasser durch natürliche oder maschinell verstärkte Schwerkraftwirkung - DIN 4045) ‖ ~ **treatment** (San Eng) / Schlammbehandlung *f* (Aufbereitung von Schlamm aus Abwasseranlagen zu dessen Verwertung oder Beseitigung), Klärschlammbehandlung *f* (z.B. Eindickung, Entwässerung, Stabilisierung usw.) ‖ ~ **treatment capacity** (San Eng) / Schlammabbauleistung *f* ‖ ~ **withdrawal** (San Eng) / Schlammabzug *m* (z.B. aus dem Emscherbrunnen) ‖ ~ **worm** (San Eng, Zool) / Bachröhrenwurm *m* (Substratfresser verschmutzter Gewässer in Schlammröhren - Tubifex tubifex), Schlammröhrenwurm *m*, Tubifex *m* (pl. -fizes)

**sludging*** *n* / Einschlämmen *n* ‖ ~ (Elec Eng) / brauner Bodensatz (im Trafo) ‖ ~* (Hyd Eng) / Vollschlämmen *n* (von Ritzen) ‖ ~* (San Eng) / Schlammablagerung *f*, Schlammbildung *f*

**sludgy** *adj* / schlammig *adj*, schlammhaltig *adj*, voller Schlamm

**slue** *v* / schwenken *v*, drehen *v* (mit einem Schwenk in eine andere Richtung oder Stellung bringen)

**slug** *n* / Kondensatstoß *m*, Kondensatschwall *m* ‖ ~ / Lochbutzen *m* (technologisch bedingter Werkstückabfall bei der Herstellung durchgehender Öffnungen in Schmiedestücken durch Lochen) ‖ ~ (Ceramics) / Masseballen *m*, Hubel *m* (Halbzeug aus keramischer Masse) ‖ ~ (a small roughly shaped article for subsequent processing) (Ceramics) / Rohling *m* ‖ ~ (Ceramics) / Massenstrang *m* (endloser, der aus einem Tonschneider austritt), Massestrang *m* ‖ ~* (Elec Eng, Telecomm, Teleph) / Verzögerer *m* ‖ ~ (Electronics) / Slug *n* (ein Josephson-Element zur Messung kleiner Wechselströme und Magnetfelder) ‖ ~ (Eng) / Kaltpressrohling *m* ‖ ~ (Eng) / Anfahrblock *m* (Industrieofen) ‖ ~ (Eng, Met) / Blöckchen *n*, Stangenabschnitt *m*, Knüppelabschnitt *n*, Rohteil *n*, Formling *m*, Rohling *m* ‖ ~ (Foundry) / Gießrest *m* (beim Druckguss) ‖ ~ (Glass) / Perlen *f pl* (Fehler in Glasfaserprodukten) ‖ ~* (Nuc Eng) / Brennstoffstock *m* (kurzes, dickes Stab-BE), Brennstoffblock *m* (kurzer, dicker) ‖ ~ (Radio) / Spulenkern *m* (zur induktiven Abstimmung) ‖ ~ (Spinning) / Garnverdickung *f*, Fadenverdickung *f*, Dickstelle *f* (eines Fadens) ‖ ~* (Typog) / gegossene Zeile (der alten Zeilensetzmaschine) ‖ ~* (Typog) / Setzmaschinenzeile *f* ‖ ~ **bit** (Mining) / Hartmetallschneide *f* (als Einsatzschneide) ‖ ~ **composition** (Typog) / Zeilensatz *m* ‖ ~ **composition** (Typog) s. also line-casting machine ‖ ~ **flow** / schwallförmige Strömung (in Rohren)

**slugged bottom** (of a bottle or container) (Glass) / schiefer Boden, ungleicher Boden ‖ ~ **relay** (Telecomm) / Kupfermantelrelais *n* (ein Verzögerungsrelais), Relais *n* mit Kupferdämpfung ‖ ~ **wall** (Glass) / Wanddickenunterschied *m*

**slugging** *n* (Chem Eng) / Stoßen *n* (Pfropfenbildung in Wirbelschichten)

**sluggisch river** (a river with little flow or current) (Hyd Eng) / träges Fließgewässer, träge fließendes Gewässer

**sluggish** *adj* / strengflüssig *adj* (Material), zähflüssig *adj* ‖ ~ (Autos) / Schwamm-, träge *adj*, zäh *adj* (Ansprechen des Motors), schwammig *adj* (Ansprechen des Motors) ‖ ~ (Biochem) / langsam *adj* (Gärung bei Most) ‖ ~ (Chem) / reaktionsträge *adj*, reaktionsschwach *adj*, träge *adj* ‖ ~ (Textiles) / erschöpft *adj* (Küpe) ‖ ~ **starting** (Eng) / schwerfälliges Anfahren (einer Maschine), träges Anfahren (einer Maschine) ‖ ~ **stream** (Hyd Eng) / träges Fließgewässer, träge fließendes Gewässer

**slug lifting** (Oils) / intermittierende Gasliftförderung ‖ ~ **tuning*** (Radio) / Spulenkernabstimmung *f*, Permeabilitätsabstimmung *f*, induktive Abstimmung

**sluice** *v* (Hyd Eng) / spülen *v* ‖ ~ *n* (Hyd Eng) / Gerinne *n* (des Wasserrads) ‖ ~ (Hyd Eng) / Schwemmkanal *m*, Spülkanal *m* ‖ ~ (Hyd Eng) / Siel *m* (Durchlass in einem Damm) ‖ ~ (Hyd Eng) / Schleuse *f* (Klappe zum Stauen und zum Freigeben eines Wasserlaufs) ‖ ~* (Mining) / Auswaschrinne *f* (heute weitgehend durch automatisierte Aufbereitungsanlagen verdrängt), Waschrinne *f* ‖ ~ (Mining) / Gefluder *n* (Rinne zum Ableiten von Wasser) ‖ ~ (Min Proc) / Gerinne *n* ‖ ~ **box** (Mining) / Auswaschrinne *f* (heute weitgehend durch automatisierte Aufbereitungsanlagen verdrängt), Waschrinne *f* ‖ ~ **dam** (Hyd Eng) / Schützenwehr *n* ‖ ~ **gate*** (Hyd Eng) / Schütz *n* (senkrecht bewegbare Platte zur Regelung des durchströmenden Wassers oder zum Schließen eines Wehres), Schütze *f* ‖ ~ **gate** (Hyd Eng) / Sieltor *n* ‖ ~ **valve** (Eng) / Keilschieberventil *n*, Keilschieber *m* (mit verjüngtem Absperrkörper) ‖ ~ **valve** (Eng) / Absperrschieber *m* (z.B. ein Keilschieber)

**sluicing** *n* (Hyd Eng) / Spülen *n*, Spülverfahren *n* ‖ ~ (Mining) / hydromechanische Gewinnung (von Gold, von Kohle), Hydrogewinnung *f*, Hydroabbau *m* ‖ ~ (Min Proc) / Stromklassieren *n* (im Wasserstrom) ‖ ~ (Ships) / Schleusung *f* (von Schiffen), Schiffsschleusung *f*

**sluing** *n* / Schwenkung *f*, Drehung *f*, Schwenkbewegung *f*

**slum** *n* (fireclay containing a substantial amount of fine coal particles as an impurity) / mit Kohlenstaub verunreinigte Rohschamotte ‖ ~ (Geol) / toniger Schlamm ‖ ~ **clearance** (Build) / Elendsviertelabbruch *m*, Marginalviertelabbruch *m*

**slump** *n* (in demand, investment, production, sales) / starker Rückgang ‖ ~ (Build, Civ Eng) / Ausbreitmaß *n* (eine Infomation über die Konsistenz des Frischbetons, die mit dem Ausbreitversuch nach DIN 1048 bestimmt wird) ‖ ~ (Civ Eng) / Setzmaß *n* (Setzen des Kegels beim Betonausbreitversuch) ‖ ~* (Geol) / subaquatische Rutschung ‖ ~* (Geol) / Rutschung *f* (feuchte Massenbewegung an Hängen) ‖ ~* (Geol) s. also hill-creep ‖ ~ **in prices** / Preissturz *m* (plötzlicher), Preiseinbruch *m*, Slump *m* ‖ ~ **test** (Civ Eng) / Slump-Test *m* (Trichterversuch nach Abrams und ASTM C 143-74) ‖ ~ **test**\* (Civ Eng) / Setzprobe *f* (ein Messverfahren zur Bestimmung der Frischbetonkonsistenz) ‖ ~ **under water** (Geol) / subaquatisches Abgleiten, Subsolifluktion *f*, subaquatische Rutschung, Untergrundfließen *n*

**slung-span continuous beam** (Build, Civ Eng) / Gerber-Träger *m* (auf mehr als zwei Stützen durchlaufender Balken, bei dem durch Anordnung von Gelenken zwischen Unterteilungen des Balkens die statische Bestimmtheit des Trägers erzielt ist - nach H. Gerber, 1832-1912), Gelenkträger *m* (Gerber-Träger)

**slunk** *n* (Leather) / Auswurffell *n*

**slur** *v* (Print) / schmitzen *v* ‖ ~\* *n* (Print) / Schmitz *m* (Walzenschmitz, Farbschmitz, Druckschmitz und Fallschmitz) ‖ ~ **cam** (Textiles) / Kulierrössel *n*

**slurgalling** *n* (Textiles) / Platinenstreifen *m pl*, Zusammenziehen *n* der Maschen

**slurgalls** *pl* (Textiles) / Platinenstreifen *m pl*, Zusammenziehen *n* der Maschen

**slurry** *v* / aufschlämmen *v* ‖ ~ (Chem Eng) / anmaischen *v* (Kohle beim Hydrieren) ‖ ~ *n* / fest-flüssige Dispersion ‖ ~ / breiige Streichmasse, Brei *m* ‖ ~ (Agric) / Gülle *f* (natürlicher organischer Dünger, der sich aus Jauche, Kot und Wasser zusammensetzt - DIN 11 622), Flüssigmist *m*, Schwemmmist *m* ‖ ~ (Build) / pumpfähige Masse, dünner Brei *m* ‖ ~ (Chem Eng) / Waschmittelbrei *m*, Waschmittelansatz *m*, wässrige Masse aus Waschrohstoffen, Polyphosphaten und weiteren Substanzen (bei der Herstellung von Waschpulvern) ‖ ~ (Chem, Min Proc) / Trübe *f*, Aufschlämmung *f*, feiner Schlamm *m* ‖ ~\* (Met, Min Proc) / Flickmörtel *m* ‖ ~ (Mining) / Tontrübe *f* ‖ ~ (Mining) / Sprengschlamm *m*, Slurry *m* (schlammartiger breiiger Sprengstoff), Gelsprengstoff *m* ‖ ~ (Paint, Paper) / Slurry *m* (wässrige Suspension von Pigmenten und/oder Füllstoffen, die als Handelsform in der Papierindustrie üblich ist) ‖ ~ **bed** (Chem Eng) / Sprudelbett *n*, Sprudelschicht *f* (eine Variante der Wirbelschicht) ‖ ~ **blasting agent** (Mining) / Sprengschlamm *m*, Slurry *m* (schlammartiger breiiger Sprengstoff), Gelsprengstoff *m* ‖ ~ **channel** (Agric) / Treibmistkanal *m*, Schwemmkanal *m* (Treibmistkanal) ‖ ~ **coal** / Schlammkohle *f* ‖ ~**-fuel reactor** (Nuc Eng) / Suspensionsreaktor *m*, Reaktor *m* mit Schlammumwälzung, Reaktor *m* mit nasser Suspension ‖ ~ **nutrient** (Agric) / Güllenährstoff *m* ‖ ~ **oil** (Oils) / Schlammöl *n*

**slurry-packing method** (Chem) / Suspensionsverfahren *n* (in der Chromatografie), Einschlämmtechnik *f* (in der Chromatografie - zum Packen von Säulen) ‖ ~ **technique** (Chem) / Suspensionsverfahren *n* (in der Chromatografie), Einschlämmtechnik *f* (in der Chromatografie - zum Packen von Säulen)

**slurry pump** (Eng) / Aschebreipumpe *f* (bei den Generatoranlagen) ‖ ~ **pump** (Mining) / Breipumpe *f* ‖ ~ **reactor**\* (Nuc Eng) / Suspensionsreaktor *m*, Reaktor *m* mit Schlammumwälzung, Reaktor *m* mit nasser Suspension ‖ ~ **shield** (Civ Eng) / Flüssigkeitsschild *m* (bei dem die Ortsbrust durch eine Flüssigkeit abgestützt wird), Bentonitschild *m*, Suspensionsschild *m*, Hydroschild *m* (ein Flüssigkeitsschild im Tunnelbau) ‖ ~ **thrower** (Agric) / Gülleverregner *m* ‖ ~ **treatment** (Agric) / Schlammbeize *f* (des Saatguts)

**slush** *n* (Autos, Meteor) / Matsch *m* (Straßenmatsch, Schneematsch) ‖ ~ (Chem, Met, Paint) / Korrosionsschutzmittel *n*, Rostschutzmittel *n*, Konservierungsmittel *n* (temporäres - bei Eisen und Stahl) ‖ ~ (Meteor) / Schneeschlamm *m* (Schnee, der von Wasser durchtränkt ist und auf dem Land oder Eis liegt, oder eine zähe schwimmende Masse, die nach starkem Schneefall im abgekühlten Wasser entstanden ist) ‖ ~ **bath** (Chem) / Eisbad *n* ‖ ~ **casting** (Plastics) / Sturzguss *m*, Gießen *n* von Hohlkörpern (aus flüssigem, pastenförmigem, pulverförmigem Material), Sturzgießen *n*, Hohlkörpergießen *n*, Slushmoulding *n*, Pastengießen *n*, Slushverfahren *n*

**slushed joint** (Build) / verfüllte Mauerfuge, verschmierte Mauerfuge, verfüllte Fuge

**slusher** *n* (US) (Mining) / Schrapper *m*, Schrapperlader *m*, Schrapplader *m* (eine Lademaschine, die das Haufwerk auf der Sohle über eine Ladeschurre in ein nachgeschaltetes Fördermittel zieht)

**slush ice** / Eisbrei *m* (dichter, zäher Eisschlamm) ‖ ~ **ice** / Eisschlamm *m* (durch Schnee und kleine Eisteilchen im Wasser zusammengefügte bewegliche Eismassen) ‖ ~ **ice** (Meteor) / Schneeschlamm *m* (Schnee, der von Wasser durchtränkt ist und auf dem Land oder Eis liegt, oder eine zähe schwimmende Masse, die nach starkem Schneefall im abgekühlten Wasser entstanden ist)

**slushing** *n* (Mining) / Spülversatz *m* (mit Versatzgut) ‖ ~ (Paint) / Gießlackierung *f* (an unzugänglichen Stellen) ‖ ~ **compound**\* (Chem, Met, Paint) / Korrosionsschutzmittel *n*, Rostschutzmittel *n*, Konservierungsmittel *n* (temporäres - bei Eisen und Stahl) ‖ ~ **grease** (Met, Surf) / Korrosionsschutzfett *n*, Konservierungsfett *n* (gegen Korrosion) ‖ ~ **oil** (Chem, Met, Paint) / Rostschutzöl *n* (zum temporären Schutz)

**slush moulding**\* (Plastics) / Sturzguss *m*, Gießen *n* von Hohlkörpern (aus flüssigem, pastenförmigem, pulverförmigem Material), Sturzgießen *n*, Hohlkörpergießen *n*, Slushmoulding *n*, Pastengießen *n*, Slushverfahren *n* ‖ ~ **pit** (Oils) / Pumpsaugbecken *n*, Spülbecken *n* ‖ ~ **pond** (Oils) / Pumpsaugbecken *n*, Spülbecken *n* ‖ ~ **pulp**\* (Paper) / Dickstoff *m* ‖ ~ **pump**\* (Mining, Oils) / Spülpumpe *f* (einer Rotary-Bohranlage) ‖ ~ **up** *v* (Build) / verfüllen *v* (Fugen), verschmieren *v* (Fugen)

**slushy** *adj* (snow) / matschig *adj*

**s.m.** (statute mile) / Statute Mile *f* (= 1,6093472 km)

**SM** (statute mile) / Statute Mile *f* (= 1,6093472 km)

**Sm** (samarium) (Chem) / Samarium *n*, Sm (Samarium)

**SM** (software monitor) (Comp) / Software Monitor *m* (versorgt Anwender mit statistischen Daten der Systemleistung) ‖ ~ (security management) (Comp, Telecomm) / Security Management *n*, Sicherheitsmanagement *n*, SM (Sicherheitsmanagement), Sicherheitsverwaltung *f* (von Netzwerken) ‖ ~ (surface measure) (For) / ausgelegtes Maß, Flächenmaß *n*, Lagenmaß *n* (bei besäumten Brettern) ‖ ~ (strategic missile) (Mil) / strategischer Flugkörper ‖ ~ (service module) (Space) / Versorgungs- und Geräteteil *m*, Versorgungskabine *f*, Versorgungskapsel *f*

**smack** *v* (of) / schmecken *v* (nach)

**small** (Textiles) / klein *adj* (Kleidergröße), small *adj*, S (kleine Kleidergröße) ‖ **having a ~ surface area** / kleinflächig *adj* ‖ ~ **aircraft** (up to 5670 kg) (Aero) / Leichtflugzeug *n*, Kleinflugzeug *n* (mit etwa 5 670 kg Starthöchstgewicht)

**small-angle** (grain) **boundary** (Crystal, Met) / Kleinwinkelkorngrenze *f* (regelmäßig angeordnete Versetzungen), KWKG (Kleinwinkelkorngrenze), Mosaikblockgrenze *f* (die Zwischenräume sind durch zusätzliche Netzebenen aufgefüllt) ‖ ~ (grain) **boundary** (Crystal, Met) s. also subgrain boundary ‖ ~ **neutron scattering** (Nuc) / Neutronenkleinwinkelstreuung *f* ‖ ~ **X-ray scattering** (Radiol) / Röntgenkleinwinkelstreuung *f*, RKS

**small arm** (Mil) / Handfeuerwaffe *f* (bis 15 mm), Kleinwaffe *f* (bis 30 mm)

**small-batch production** (Work Study) / Kleinserienfertigung *f*

**small bayonet cap**\* (Elec Eng) / Sockel *m* Ba 16 ‖ ~ **bell** (Met) / kleine Glocke (eine Gichtglocke)

**small-block pavement** (Civ Eng) / Kleinpflasterdecke *f*

**small-bore system**\* (Build) / Kleinrohrheizung *f* (mit 15 mm-Rohren)

**small business** / Kleinunternehmen *n* ‖ ~ **business systems** (Comp) / mittlere Datentechnik (MDT), MDT ‖ ~ **cabinet** (TV) / Konsolette *f* ‖ ~ **calorie** (Heat) / 15-Grad-Kalorie *f*, Grammkalorie *f*, cal$_{15}$ (nicht mehr zugelassene Einheit der Wärmemenge = 4,1855 J) ‖ ~ **cap** (Typog) / Kapitälchen *n* (Großbuchstabe aus der Antiqua, aber nur von der Größe eines Kleinbuchstabens)

**small-capacity** *attr* (Cables) / niedrigpaarig *adj* (Kabel)

**small capital**\* (Typog) / Kapitälchen *n* (Großbuchstabe aus der Antiqua, aber nur von der Größe eines Kleinbuchstabens) ‖ ~ **circle**\* (Maths) / Kleinkreis *m* (der Kugel, der kein Großkreis ist), Nebenkreis *m* (Kreis auf der Kugel, der nicht Großkreis ist) ‖ ~ **computer** (Comp) / Kleinrechner *m*, Kleincomputer *m* ‖ ~ **Computer System Interface** (pronounced "scuzzy"; a logical interface between computer and peripherals; SCSI is a device and hardware-independent /bus/ standard released by ANSI) (Comp) / SCSI *n* (ein Bussystem für den PC und vergleichbare Rechner zum Anschluss von Peripheriegeräten) ‖ ~ **cone** (Met) / kleine Glocke (eine Gichtglocke) ‖ ~ **cordage** (Ships) / Kleintauwerk *n* ‖ ~ **Edison screw cap**\* (Elec Eng) / kleiner Schraubsockel (12,5 mm), Lampensockel *m* mit Elektrogewinde

**small-end** *n* (I C Eng) / Kolbenzapfenende *n* (des Pleuels), kolbenseitiges Kolbenstangenende (Pleuelkopf) ‖ ~ **bearing** (I C Engs) / Kolbenbolzenlager *n*, Pleuelkopflager *n* ‖ ~ **bush** (I C Engs) / Kolbenbolzenbuchse *f*, Pleuelbuchse *f* ‖ ~ **diameter** (For) / Zopfdurchmesser *m*, Oberstärke *f* (Zopfdurchmesser), ZD

**small-end-up** *attr* (Foundry) / normalkonisch *adj*, normal konisch (Block)

**smallest element** (Maths) / Nullelement *n* (einer halbgeordneten Menge), erstes Element, kleinstes Element (einer halbgeordneten Menge)

**small-grained** *adj* / grießig *adj* (Schüttgut)

**small hoist** (Eng) / Kleinhebezeug *n*

**smallholding rubber** (Chem Eng) / Bevölkerungskautschuk *m* (von Kleinbetrieben der Eingeborenen)

**small icemaker** / Kleineiserzeuger *m* ‖ ~ **iron fittings** (Rail) / Kleineisen *n pl* (Schienen-, Schwellen-)

**small-leaved** *adj* (Bot, For) / kleinblättrig *adj* ‖ ~ **elm** (For) / Feldulme *f* (Ulmus minor Mill. emend. Richens), Feldrüster *f*

**small lime**

**small lime** (Build, Chem) / zweitklassiger Branntkalk (mit Asche und Schlacke vermischt), Kalkasche f ‖ ~ **Magellanic Cloud** (Astron) / Kleine Magellan'sche Wolke (im Sternbild Tukan) ‖ ~ **make-up** attr (Cables) / niedrigpaarig adj (Kabel) ‖ ~ **nuclear ribonucleoprotein particle** (Biochem) / kleines nukleäres RNP, snRNP n ‖ ~ **office home office** (Comp, Telecom) / Small Office/Home Office (Marktbereich für halbprofessionelle Anwendungsbereiche, meistens für Freiberufler, SOHO (Small Office/Home Office) ‖ ~ **offset*** (Print) / Kleinoffset m ‖ ~ **offset press** (Print) / Kleinoffsetmaschine f (eine Offsetpresse), Kleinoffsetdrucker m (bis DIN A3) ‖ ~ **ore** (Min Proc) / Kleinerz n, Feinerz n, Grießerz n ‖ ~ **outline package** (Electronics) / SOP-Gehäuse n ‖ ~ **outline transistor** (Electronics) / Transistor m mit kleinen Abmessungen
**small-packer hide** (Leather) / Saladero-Haut f (Rindshaut), Small-Packer m
**small parts** / Kleinteile n pl
**small-parts storage box** / Kleinteilemagazin n, Kleinteilekasten m
**small-pattern** attr (Textiles) / kleinmustrig adj
**small period** (Chem) / Kurzperiode f, kurze Periode, kleine Periode (im Periodensystem der Elemente) ‖ ~ **peripheral unit** (Comp) / kleine periphere Einheit ‖ ~ **poles** (For) / schwaches Stangenholz ‖ ~ **poplar borer** (longicorn - Saperda populnea) (For) / Kleiner Pappelbock (ein Bockkäfer) ‖ ~ **poplar longhorn beetle** (For) / Kleiner Pappelbock (ein Bockkäfer)
**small-pore gel** (Chem) / engporiges Gel
**small-power motor** (Elec Eng) / Kleinmotor m (mit einer Nennleistung von 1,1 kW bei 1500 min⁻¹)
**small-print** attr / klein gedruckt adj
**small protection domain** (Comp) / Kompetenzbereich m mit beschränkten Befugnissen, Schutzbereich m mit beschränkten Zugriffsrechten ‖ ~ **ring** (Chem) / kleiner Ring
**smalls*** pl (Eng) / Unterlauf m, Feingut n (bei der Siebanalyse), Siebdurchgang m, Unterkorn n bei der Siebanalyse (DIN 66160), Siebfeines n (bei der Siebanalyse) ‖ ~ (Min Proc) / Schlich m, Feingut n
**small sample** (Stats) / kleine Stichprobe (nicht umfangreiche)
**small-scale** attr / kleinskaliert adj
**small-scale** attr / kleinformatig adj, Klein- (z.B. Betrieb)
**small-scale burning test** (Build) / Kleinbrennertest m (im Labor nach DIN 4102-1) ‖ ~ **experiment** / Kleinversuch m ‖ ~ **integration*** (Electronics) / Integrationsgrad m SSI, SSI-Schaltung f, Integration f kleinen Maßstabes, niedrigster Integrationsgrad (mindestens 10 Grundfunktionen bzw. 100 Bauelemente pro chip), SSI-Integrationsgrad m, Kleinintegration f ‖ ~ **refrigerating machine** / Kleinkältemaschine f (z.B. ein Kühlschrank) ‖ ~ **residential CHP** (Elec Eng) / Blockheizkraftwerk n, BHKW (Blockheizkraftwerk) ‖ ~ **site** (Build) / Kleinbaustelle f
**small-scale test** / Kleinversuch m
**small-scale trial** / Kleinversuch m
**small set pavement** (US) (Civ Eng) / Kleinpflasterdecke f ‖ ~ **shot** / Schrot m (für Feuerwaffen) ‖ ~ **side** (Maths) / Kathete f (im rechtwinkligen Dreieck)
**small-signal amplification** (Electronics) / Kleinsignalverstärkung f ‖ ~ **diode** (Electronics) / Signaldiode f kleiner Leistung ‖ ~ **electronics** (Electronics) / Kleinsignalelektronik f ‖ ~ **gain** (Electronics) / Kleinsignalverstärkung f ‖ ~ **parameter** (Electronics) / h-Kenngröße f, Hybridparameter m, h-Parameter m, h-Vierpolparameter m (Kenngröße bei der Vierpolersatzschaltbilddarstellung bei Transistoren) ‖ ~ **parameter*** (Electronics) / Kleinsignalkennwert m ‖ ~ **short-circuit input admittance** (Electronics) / Kurzschluss-Eingangsadmittanz f bei kleiner Aussteuerung
**small-sized** adj (Cables) / niedrigpaarig adj (Kabel) ‖ ~ **computer** (Comp) / Kleinrechner m, Kleincomputer m
**small-spot ESCA** (Spectr) / Fotoelektronenspektroskopie f mit Fokussierung
**small stuff** (US) (Ships) / Kleintauwerk n
**Smalltalk** n (Comp) / Smalltalk n (eine objektorientierte Programmiersprache, z.B. Smalltalk 80)
**small timbers** (For) / Kantholz n (zwischen 5 und 20 cm) ‖ ~ **to medium-size enterprise** (Work Study) / kleines oder mittelständisches Unternehmen ‖ ~ **tripod** (Photog) / Kleinstativ n ‖ ~ **tube** / Röhrchen n (für Tabletten) ‖ ~ **van** (Autos) / Kastenwagen m (ein Kleinlasttransporter), Kleintransporter m (mit Kastenaufbau)
**smallware loom** (Weaving) / Schmalwebmaschine f
**smallwares** pl (Textiles) / Galanteriewaren f pl, Kurzwaren f pl, Mercerie f (S) (kleinere Bedarfsartikel für die Schneiderei) ‖ ~* (Textiles) / Schmalgewebe n (bis zu 30 cm Breite), Bandware f, Bandgewebe n ‖ ~* (Textiles) / Bänder n pl ‖ ~* (Textiles) s. also dress trimmings and sundries
**smallware weaving** (Weaving) / Schmalweberei f
**small-waterplane-area twin-hull ship** (Ships) / Zweirumpfschiff n mit kleiner Wasserlinienfläche

**smallwood** n (For) / Dünnholz n
**smalt** n (Königsblau n (ein Co-K-Silikat) ‖ ~ (Glass) / Smalte f (ein Kobaltpigment - Kobaltkaliumsilikat), Schmalte f
**smaltine** n (a variety of skutterudite) (Min) / Smaltin m, Speiskobalt m, Smaltit m
**smaltite*** n (Min) / Smaltin m, Speiskobalt m, Smaltit m
**smaragdite*** n (Min) / Smaragdit m (Abart des Strahlsteins)
**smart** adj (Textiles) / dezent adj (Kleidung) ‖ ~ **airbag** (Autos) / intelligenter Airbag ‖ ~ **bomb** (Aero, Mil) / selbstgesteuerte oder gelenkte Bombe (z.B. die V-Geschosse) ‖ ~ **bomb** (Mil) / Lenkbombe f ‖ ~ **bomb** (Mil) / gelenkte Bombe (durch Laser, IR oder TV) ‖ ~ **building** (Build) / Gebäude n mit GLT-Anlage (Gebäudeleittechnik) ‖ ~ **building** (Build, Comp) / intelligentes Gebäude ‖ ~ **camera** (Cinema, Photog) / intelligente Kamera ‖ ~ **car** (Autos) / intelligentes Auto ‖ ~ **card** (a plastic card with a built-in microprocessor, used typically to perform financial transactions - ISO 7816) (Comp) / Smartcard f (eine Variante der Chipkarte), Smart Card f ‖ ~ **credit card** (Comp) / Computer-Kreditkarte f ‖ ~ **drone** (Mil) / intelligente Drohne (mit Mikroprozessoren) ‖ ~ **form** (Comp) / intelligentes Formular
**smart-icon bar** (Comp) / Smart-Icon-Leiste f
**smart interface** (Comp) / intelligente Schnittstelle ‖ ~ **label** / elektronische Etikette ‖ ~ **material** (Materials) / intelligenter Werkstoff m ‖ ~ **munition** (Mil) / intelligente Munition (die das Ziel selbst findet)
**Smartphone** n (Teleph) / Screenphon n (eine Weiterentwicklung des Telefons als Folge der Konvergenz)
**smart picture** (TV) / Smartbild n ‖ ~ **structure** (AI) / adaptives Struktursystem, intelligente Struktur (in der Mechatronik und Adaptronik)
**SmartSum** n (Comp) / AutoSum n, SpeedSum n, SmartSum n
**smart technology** (Electronics) / intelligente Technik ‖ ~ **terminal** (Comp) / intelligentes Terminal (das als eigenständige Arbeitsstation benutzt werden kann) ‖ ~ **transmitter** / Smart-Transmitter m (intelligenter Messumformer für industrielle Messtechnik)
**smartware** n (Comp) / Bedienungskomfort m (alle Anlagen dazu), Smartware f
**smash** v (Bind) / niederhalten v (einen Buchblock), abpressen v ‖ ~ vi (Ships) / zerschellen v ‖ ~ vt / zerschmettern vt, zerschlagen vt, zertrümmern vt, zerbrechen vt (entzweibrechen), einschlagen vt ‖ ~ n (Weaving) / Gewebebruch m ‖ ~ **in** v (Autos) / eindrücken v (ein Blechteil)
**smashing** n / Zertrümmerung f ‖ ~* (Bind) / Abpressen n, Niederhalten n (des Buchblocks)
**smash-up** n (Autos) / Zusammenstoß m, schwerer Unfall ‖ ~ (Autos, Rail) / schwerer Zusammenstoß
**S matrix** n (Phys) / S-Matrix f, Streumatrix f
**SMAVT** (satellite master antenna TV) (TV) / Fernsehen n mit Satelliten-Zentralantenne (Gemeinschafts-TV)
**smaze** n (Ecol) / Rauchnebel m
**SMC** (standard mean chord) (Aero) / mittlere Flügeltiefe ‖ ~ (Small Magellanic Cloud) (Astron) / Kleine Magellan'sche Wolke (im Sternbild Tukan) ‖ ~ (sheet moulding compound) (Plastics) / SMC n (glasfaserverstärkter Kunststoff mit längeren Glasfasern)
**SMD** (surface-mounted device) (Electronics) / SMD-Bauelement f (das "ohne Beinchen" direkt auf die Leiterplatte gelötet wird), SMD-Bauteil n, oberflächenmontiertes Bauteil, OMB (oberflächenmontiertes Bauteil) ‖ ~ (surface-mounted device) (Electronics) / ein in der SMD-Technik hergestelltes elektronisches Bauelement, SMD-Verbindung f (als Bauelement) ‖ ~ (soil moisture deficit) (Hyd Eng) / Bodenfeuchtedefizit n
**SMDAC** (single MAC dual attached concentrator) (Comp) / SMDAC m, Single MAC Dual Attached Concentrator m
**SMDE** (static-mercury-drop electrode) (Chem) / Quecksilbertropfenelektrode f mit statischem Tropfen, SMDE
**SMDR** (station message detailed recording) (Teleph) / Gebührenerfassung f
**SMDS** (Switched Multimegabit Data Service) (Comp) / Switched Multimegabit Data Service m (verbindungsloses Protokoll, das von Bellcore und regionalen Bell-Unternehmen entwickelt wurde; europäisches Pendant = CDBS), SMDS (Switched Multimegabit Data Service) ‖ ~ (Switched Megabit Data Service) (Comp) / SMDS n (LAN-Kopplungsdienst in den USA mit Datenübertragungsraten von bis zu 200 Mbit/s), Switched Megabit Data Service m ‖ ~ **network** (Comp) / SMDS-Netz n
**SME** (small to medium-size entreprise) (Work Study) / kleines oder mittelständisches Unternehmen
**smear** vi / schmieren vi, schmierig sein ‖ ~ / verwischen vi (sich) ‖ ~ / plastisch werden (z.B. Metall bei Bearbeitung) ‖ ~ vt / schmieren vt (auf etwas), aufschmieren v ‖ ~ / einschmieren vt, beschmieren vt, bestreichen vt (beschmieren) ‖ ~ (Print) / verschmieren vt (Schrift) ‖ ~ n (Eng, Print) / Verschmierung f ‖ ~ (Glass) / Oberflächensprung m

(am Flaschenhals) ‖ ~ (Glass) / Oberflächenriss *m* (am Hals einer Glasflasche), Haarriss *m* (auf dem Flaschenhals) ‖ ~ (Med, Micros) / Ausstrich *m*, Abstrich *m* ‖ ~ (Paper) / Schmutzfleck *m* ‖ ~ (Textiles) / Schmutzfleck *m*, Fleck *m* (Rost-, Schmutz-), Schmutzstelle *f* ‖ ~ (TV) / Fahneneffekt *m*, Fahnenbildung *f*, Fahnenziehen *n*, Nachziehfahne *f*
**smearing** *n* / Einschmierung *f*, Bestreichung *f*, Beschmierung *f*, Anschmierung *f* ‖ ~ (Eng, Print) / Verschmierung *f* ‖ ~ (Photog) / Verschwommenheit *f*, Verwaschenheit *f* ‖ ~ (Radar) / Zielverschmierung *f*
**smear interferogram** (TV) / Streifenverschiebungs-Interferogramm *n* ‖ ~ **metal*** (Eng) / zusammengeschmolzene Metallpartikeln (Abfall bei spanabhebender Bearbeitung)
**smear-resistant** *adj* (Print) / wischfest *adj*, wischbeständig *adj*
**smear test*** (Med) / Papanicolaou-Test *m* (Karzinomdiagnostik nach G.N. Papanicolaou, 1883-1962), Papanicolaou-Abstrich *m* ‖ ~ **test*** (Nuc Eng) / Reibeprüfung *f*, Wischtest *m*
**smeary** *adj* / verschmiert *adj* (Glas, Schrift) ‖ ~ / schmierig *adj* (im Allgemeinen) ‖ **be very ~** / leicht schmieren (Tinte, Farbe)
**smectic*** *adj* (Phys) / smektisch *adj* (Ordnungszustand in flüssigen Kristallen)
**smectite*** *n* (Min) / Smektit *m* (ein Bolus mit besonders reichlich Montmorillonit, aber auch mit Quarz und Kalzitstaub)
**Smekal crack** (Crystal) / Smekal-Riss *m* (nach A.G. Smekal, 1895-1959)
**smell** *vi vt* (Physiol) / riechen *v* ‖ ~ *v* (of) / duften *v* (nach) ‖ ~* *n* (Physiol) / Geruch *m* ‖ **with a revolting ~** / widerlich riechend, Übelkeit erregend (Geruch), widerwärtig *adj* (Geruch), übelriechend *adj*, ekelerregend *adj* (Geruch)
**smelling salt** (Pharm) / Riechsalz *n*
**smell nuisance** / Geruchsbelästigung *f* ‖ ~ **of burning** / Brandgeruch *m* (im Allgemeinen) ‖ ~ **of fish** (Nut) / Fischgeruch *m* ‖ ~ **of gas** / Gasgeruch *m* ‖ ~ **of mice** / Mäusegeruch *m* ‖ ~ **test** (Chem, San Eng) / Geruchsprüfung *f* (z.B. bei Rohrleitungen), Riechtest *m*, Geruchsprobe *f* (z.B. bei Abwasserleitungen)
**smelly** *adj* / widerlich riechend, Übelkeit erregend (Geruch), widerwärtig *adj* (Geruch), übelriechend *adj*, ekelerregend *adj* (Geruch)
**smelt** *v* (Met) / schmelzen *v*, einschmelzen *v* (auch Asche, Filterstaub und Schlacken) ‖ ~ (Met) / verhütten *v*, erschmelzen *v* ‖ ~ *n* (Met) / Schmelze *f* (Flüssigkeit in einem Schmelzofen)
**smelter** *n* (Met) / Schmelzerei *f*, Schmelzhütte *f*, Schmelze *f* (ein Industriebetrieb), Hütte *f* (Blei-, Kupfer-, Zink-) ‖ ~ (Met) / Schmelzer *m* ‖ ~ (Met) / Schmelzofen *m* (für Erz) ‖ ~ **smoke** (Met) / Hüttenrauch *m* (mit Flugstaub vermischte Abgase)
**smeltery** *n* (Met) / Schmelzerei *f*, Schmelzhütte *f*, Schmelze *f* (ein Industriebetrieb), Hütte *f* (Blei-, Kupfer-, Zink-)
**smelting** *n* (Met) / Schmelzen *n*, Schmelzung *f* ‖ ~* (Met) / Erschmelzen *n* (von Metallen), Verhütten *n*, Verhüttung *f* ‖ ~* (Met) / Einschmelzen *n* (von Schrott) ‖ ~* (Met) / Verschmelzung *f* (von Erzen) ‖ ~ **concentrate** (Met) / verhüttungsfähiges Konzentrat ‖ ~ **furnace** (Met) / Schmelzofen *m* (für Erz) ‖ ~ **furnace** (Met) s. also melting furnace ‖ ~ **heat** / Schmelzhitze *f* ‖ ~ **plant** (Met) / Schmelzerei *f*, Schmelzhütte *f*, Schmelze *f* (ein Industriebetrieb), Hütte *f* (Blei-, Kupfer-, Zink-) ‖ ~ **reduction process** (Met) / Schmelzreduktionsverfahren *n*
**SMH** (sewer manhole) (San Eng) / Kanalschacht *m*, Abwasserschacht *m*, Schacht *m* (Kanalschacht)
**Smiles rearrangement** (Chem) / Smiles-Umlagerung *f* (nach S. Smiles, 1877 - 1953)
**smiley** *n* (Comp) / Smiley *n* (Emoticon in Form eines kleinen, stilisierten, um 90° gegen den Uhrzeigersinn gedrehten Gesichtes), Smilie *n*
**smith** *n* / Schmied *m*, Hammerschmied *m*, Grobschmied *m* ‖ ~ **chart*** (Elec Eng) / Smith'sches Leitungsdiagramm, Smith-Diagramm *n* ‖ ~ **forging** (Eng) / Handschmieden *n*, Schmieden *n* von Hand, Schmiedearbeit *f* (manuelle)
**smithing** *n* (Eng) / Schmieden *n* (DIN 8583), Schmiedearbeit *f*
**smithsonite*** *n* (Min) / Edler Galmei, Zinkspat *m*, Smithsonit *m*, Karbonatgalmei
**smith welding** (Welding) / Gesenkschweißen *n* ‖ ~ **welding** (Welding) / Feuerschweißen *n* (das älteste Schweißverfahren - DIN 1910, T 2), Hammerschweißen *n*, Schmiedeschweißen *n*
**smithy** *n* / Schmiede *f* ‖ ~ **coal** / Schmiedekohle *f*
**smock** *v* (Textiles) / smoken *v* (eine Smokarbeit anfertigen) ‖ ~ *n* (Textiles) / Arbeitskittel *m*, Kittel *m*
**smock-frock** *n* (Textiles) / Arbeitskittel *m*, Kittel *m*
**smocking** *n* (Textiles) / Smokarbeit *f* (Näharbeit, bei der der Stoff durch einen Zierstich in kleine Fältchen gerafft wird)
**S-mode** *n* (Chem) / Schwefelbetrieb *m* (in der Gaschromatografie)
**smog** *n* (Ecol) / Smog *m* (Luftverunreinigung, die vor allem bei Inversionswetterlagen in Ballungsgebieten auftritt, SMoke + fOG - DIN ISO 4225) ‖ ~ **alarm** (Ecol) / Smogwarnung *f* ‖ ~ **area** (Ecol) / Smoggebiet *n* ‖ ~ **chamber** (Ecol) / Smogkammer *f* (ein fotochemischer Reaktor) ‖ ~ **detector** (Aero) / Nebeldetektor *m* (ein Sichtweitensensor) ‖ ~ **warning** (Ecol) / Smogwarnung *f*
**smokable** *adj* (Nut) / räucherfähig *adj*
**smokatron** *n* (Nuc Eng) / Smokatron *n*, Elektronenringbeschleuniger *m*, Ringtron *n* (Kollektivbeschleuniger, bei dem Ionen oder Protonen in einen Elektronenring eingeschossen werden)
**smoke** *v* / rauchen *v* ‖ ~ *vi* / qualmen *v* (Lampe) ‖ ~ *vt* (Agric, Chem, Ecol) / räuchern *v*, ausräuchern *v* (z.B. Ungeziefer) ‖ ~ (Chem Eng, Nut) / räuchern *vt*, selchen *v* (z.B. Fleisch- und Fischwaren) ‖ ~* *n* / Rauch *m* (nach der Verbrennung nach ISO 13 943) ‖ ~ (Nut) / Räucherrauch *m* ‖ **thick ~** / Qualm *m* (dichter, quellender Rauch) ‖ ~ **abstraction** (Build) / Rauchabführung *f* (Tätigkeit), Rauchabführung *f* ‖ ~ **aerosol** / Rauchaerosol *n* ‖ ~ **buoy** (Aero, Ships) / Rauchboje *f* (Teil der Rettungsbootausrüstung), Nebelboje *f* ‖ ~ **cage** (Nut) / Räucherwagen *m* ‖ ~ **candle** (Ships) / Rauchsignal *n* (schwimmfähig) ‖ ~ **chamber** (Build, Nut) / Räucherkammer *f* ‖ ~ **coil** (Build) / Rauchspirale *f*
**smoke-coloured** *adj* / rauchfarben *adj*, rauchfarbig *adj* (blaugrau wie Rauch)
**smoke column** / Rauchsäule *f* ‖ ~ **condensate** (ISO 4388) / Rauchkondensat *n* (Tabakrauchniederschlagung) ‖ ~ **consumer** (Ecol) / Rauchverzehrer *m*, Rauchvertilger *m* ‖ ~ **control** (Build) / Rauchbekämpfung *f* ‖ ~ **control** (Build, Civ Eng) / Brandbelüftung *f* (die bei Tunnelbränden gefahren wird), Brandlüftung *f*
**smoked** *adj* (Glass) / leicht entfärbt (nach dem Einsatz der reduzierenden Flamme)
**smoke damage** (Ecol, For) / Rauchschaden *m* ‖ ~ **density** (Ecol) / Rauchdichte *f* (DIN 50055) ‖ ~ **detector** / Rauchmelder *m* (Nebenmelder, der bei Vorhandensein einer bestimmten Rauchmenge selbsttätig eine Brandmeldung abgibt), Rauchspürgerät *n* ‖ ~ **development** / Rauchentwicklung *f* (DIN 4102, T 1)
**smoked glass** (Glass) / Rauchglas *n* ‖ ~ **herring** (US) (Nut) / Kipper *m* (kaltgeräucherter Hering oder Lachs)
**smoke discharge** (Build) / Rauchabzug *m* (Tätigkeit), Rauchabführung *f*
**smoked meat** (Nut) / Rauchfleisch *n*, Räucherfleisch *n*
**smoke-dry** *v* (Chem Eng, Nut) / räuchern *vt*, selchen *v* (z.B. Fleisch- und Fischwaren)
**smoked sheet** (rubber) (Chem Eng) / Sheetkautschuk *m*, Smoked Sheet (geräuchertes Rohkautschukfell)
**smoke extract** (Build) / Rauchabzug *m* (nach einem Brand - Anlage nach DIN 18320) ‖ ~ **extraction** (Build, Med) / Rauchabsaugung *f* ‖ ~ **flavour** (Nut) / Rauchbaroma *n*, Räucheraroma *n* ‖ ~ **float** (Meteor, Nav) / schwimmendes Rauchzeichen ‖ ~ **float** (US) (Ships) / Rauchsignal *n* (schwimmfähig)
**smoke-free** *adj* / rauchlos *adj*, rauchfrei *adj* ‖ ~ **compartment** (Rail) / Nichtraucherabteil *n*
**smoke-grey** *adj* / rauchgrau *adj*
**smoke hood** / Brandfluchthaube *f* (Maske zum Überziehen, die Atem-, Augen- und Kopfschutz bietet und gegen Qualm, Hitze und Partikel schützt)
**smokehouse** *n* (Build, Nut) / Räucherhaus *n*, Räucheranlage *f*
**smoke layering** / Rauchschichtung *f* (Mischung von rauchgashaltigen und -freien Zonen)
**smokeless** *adj* / rauchlos *adj*, rauchfrei *adj* ‖ ~ **fuel** (Fuels) / rauchloser Brennstoff, rußfreier Brennstoff ‖ ~ **powder** / rauchloses Pulver, rauchschwaches Pulver (ein Explosivstoff)
**smoke limit** (Fuels) / Rußgrenze *f*, Rauchgrenze *f* (Leistungsgrenze bei Dieselmotoren) ‖ ~ **mask** / Rauchmaske *f* ‖ ~ **nuisance** (Ecol) / Rauchbelästigung *f* ‖ ~ **number** (Aero, Ecol) / Rauchzahl *f* (ein Maß für den Partikelgehalt eines durch Rauch getrübten Abgasstrahls) ‖ ~ **number** (Ecol, Fuels) / Rußzahl *f* (Maß für den Ruß- und Staubgehalt im Abgas oder zur Kennzeichnung der Rußemissionen von Ölfeuerungen - DIN 51402-1), RZ (Rußzahl) ‖ ~ **out** *v* (Agric, Chem, Ecol) / räuchern *v*, ausräuchern *v* (z.B. Ungeziefer) ‖ ~ **outlet** (Build) / Rauchabzug *m* (nach einem Brand - Anlage nach DIN 18320) ‖ ~ **particle** (Ecol, Fuels) / Rauchpartikel *n* ‖ ~ **plant wood** (For) / Fisettholz *n* (ein Gelbholz aus Cotinus coggygria Scop.), Fisetholz *n* (aus dem Gemeinen Perückenstrauch) ‖ ~ **plume** / Rauchfahne *f* (im Allgemeinen) ‖ ~ **point** (Chem, Nut) / Rauchpunkt *m* (bei Fetten und Speiseölen) ‖ ~ **point*** (Chem, Oils) / Rußpunkt *m* (DIN 51406) ‖ ~ **product** (Nut) / Räucherware *f* (Fleisch) ‖ ~ **propagation** / Rauchgasausbreitung *f* ‖ ~ **rocket** (Eng) / Rauchentwickler *m* (eine Prüfvorrichtung), Rauchentwicklungsleitungsprüfer *m* (zur Dichtigkeitsprüfung von Abwasserleitungen) ‖ ~ **signal** (Telecomm) / Rauchsignal *n*, Rauchzeichen *n* ‖ ~ **spread** / Rauchgasausbreitung *f*
**smokestack** *n* (US) (Build) / Schornstein *m* (DIN 4705-1 - eingebaut oder frei stehend), Hausschornstein *m* (DIN 1860), Kamin *m*, Esse

**smokestack** f, Rauchfang m (A), Fang m (A) ‖ ~ (Build, Civ Eng) / Fabrikschornstein m
**smoke stain** (Paint) / Rauchfleck m
**smokestone** n (Min) / Rauchquarz m, Cairngormstone m, Rauchtopas m (nicht korrekte Bezeichnung im Schmucksteinhandel)
**smoke suppressant** (Chem Eng, Plastics) / Rauchgasunterdrücker m (z.B. Zinkoxid oder Zinkborat) ‖ **~ tanning** (Leather) / Rauchgasgerbung f ‖ **~ technique** (Phys) / Luftgeschwindigkeitsmessung f mit Hilfe von Rauchfahnen ‖ **~ test**\* (Build) / Rauchgasprüfung f (auf Undichtigkeit) ‖ **~ test** (Comp) / Feuerprobe f (Ersteinschaltung eines Geräts zur Funktionsprüfung) ‖ **~ test** (Ecol) / Rauchdichtemessung f (z.B. nach Ringelmann oder Bacharach)
**smoke-tinted glass** (Glass) / Rauchglas n
**smoke truck** (Nut) / Räucherwagen m ‖ **~ venting** (Build, Med) / Rauchabsaugung f ‖ **~ washing plant** / Rauchwäsche f (Anlage)
**smoking** n (Agric, Chem, Nut) / Räuchern n, Ausräuchern n ‖ **~ chamber** (Build, Nut) / Räucherkammer f ‖ **~ deterrent** (Chem) / Tabakentwöhnungsmittel n (z.B. Lobelin) ‖ **~ fire** (Ceramics) / Schmauchen n (der erste Abschnitt eines keramischen Brandes) ‖ **~ liquid** (Nut) / Räucheressenz f
**smoky** adj / qualmig adj, qualmend adj, rauchend adj ‖ **~** (Welding) / rußend adj (Schweißflamme) ‖ **~ quartz**\* (Min) / Rauchquarz m, Cairngormstone m, Rauchtopas m (nicht korrekte Bezeichnung im Schmucksteinhandel) ‖ **~ topaz** (Min) / Rauchquarz m, Cairngormstone m, Rauchtopas m (nicht korrekte Bezeichnung im Schmucksteinhandel)
**smolder** v (US) / schwelen v (bei Sauerstoffmangel)
**smooth** v (Civ Eng) / glätten v (die Betondecke), schließen v (die Betondecke) ‖ **~** (Elec Eng, Maths) / glätten v ‖ **~** (Eng) / schlichten v (mit der Schlichtfeile) ‖ **~** (Eng) / polieren v, glätten v (schlichten) ‖ **~** (a polished plate) (Glass) / feinschleifen v, savonnieren v ‖ **~** (Stats) / glätten v (statistische Reihen) ‖ **~** adj / rund adj (Lauf des Motors), gleichmäßig adj (Lauf des Motors) ‖ **~** / geräuschlos adj, ruhig adj (Lauf) ‖ **~** (nicht rau) ‖ **~** / geschmeidig adj (Fett) ‖ **~** / ungestört adj (z.B. eine Strömung) ‖ **~** (Eng) / ruckfrei adj (Beschleunigung) ‖ **~** (Maths) / glatt adj (Kurve, die keine Knicke und keine Unstetigkeiten hat) ‖ **~** (Maths) / glatt adj, stetig adj (glatt) ‖ **~** (Meteor) / böigkeitsfrei adj (Luft) ‖ **~** (Nut) / kremig adj (Geschmack), sahnig adj (Geschmack) ‖ **~** (Textiles) / glatt adj (Griff), schliffig adj (Griff) ‖ **~ ashlar**\* (Build) / fertigbearbeiteter Quaderstein ‖ **~ bark** (For) / Spiegelrinde f
**smooth-barked** adj (For) / glattrindig adj
**smooth compact deposit** (Surf) / glatter und dichter Niederschlag
**smooth-core armature** (Eng) / Turboglattanker m, nutenloser Anker (eines Turbogenerators) ‖ **~ motor** (Elec Eng) / Motor m ohne ausgeprägte Pole ‖ **~ rotor**\* (Elec Eng) / Vollpolläufer m ‖ **rotor**\* (Eng) / Turboglattanker m, nutenloser Anker (eines Turbogenerators)
**smooth-cut file** (Eng, Tools) / Schlichtfeile f (zum Glätten oder Abziehen)
**smooth drilling** (Mining, Oils) / Bohren n in weichen Schichten, Bohren n in gut bohrbarem Gestein
**smooth-drying** adj / glatttrocknend adj
**smoothed edge** (Glass) / feinbearbeitete Kante, feine Kante, feinmatte Kante
**smoother** n (Carp, Join, Tools) / Putzhobel m (Handhobel zum Putzen von Flächen und Schmalflächen und Bestoßen von Hirnflächen und Gehrungen) ‖ **~** (Elec Eng) / Glättungsglied n ‖ **~**\* (Foundry) / Polierwerkzeug n, Polierknopf m, Glättwerkzeug n, Glätteisen n
**smooth file** (Eng, Tools) / Schlichtfeile f (zum Glätten oder Abziehen) ‖ **~ fracture** (Min) / glatter Bruch (z.B. bei Glimmer)
**smoothing** n (Elec Eng) / Beruhigung f (einer Schwingung) ‖ **~** (Elec Eng, Maths) / Glättung f, Glätten n ‖ **~** (Eng) / Polieren n, Glätten n ‖ **~** (Stats) / Glätten n (der statistischen Reihen) ‖ **~** (Telecomm) / Traffic Shaping n (ein Mechanismus des Traffic Handling), Verkehrsgestaltung f (die Verwendung von Warteschlangen zum Begrenzen von Spitzen, die zu Stauungen im Netzwerk führen können) ‖ **~ beam** (Eng) / Abziehbohle f (des Straßenfertigers), Glättbohle f, Glättbalken m, Abgleichbohle f (Gerät oder Vorrichtung, um Frischbeton-Oberflächen eben und mit Deckenschluss herzustellen) ‖ **~ brush** (Build, Tools) / Tapezierbürste f ‖ **~ capacitor** (Elec Eng) / Glättungskondensator m (zur Glättung pulsierender Gleichspannung durch Ableitung des Wechselstromanteils) ‖ **~ choke**\* (Elec Eng) / Glättungsdrossel f ‖ **~ circuit**\* (Elec Eng) / Glättungsschaltung f, Glättungskreis m ‖ **~ circuit** (Radio) / Abflachschaltung f (ein Tiefpass zum Abflachen der Flankensteilheit von Sendeimpulsen), Abflacher m ‖ **~ factor** (Elec Eng) / Glättungsfaktor m ‖ **~ filter** (Elec Eng) / Welligkeitsfilter n, Glättungsfilter n (im Tiefpass), Brummfilter n ‖ **~ pass** (Met) / Polierstich m (beim Walzen), Glättstich m ‖ **~ plane** (Carp, Join, Tools) / Putzhobel m (Handhobel zum Putzen von Flächen und Schmalflächen und Bestoßen von Hirnflächen und Gehrungen) ‖ **~ plane**\* (Carp, Join, Tools) / Schlichthobel m (Handhobel zum Schlichten gerader, mit dem Schrupphobel grob geebneter Flächen) ‖ **~ press** (Paper) / Offsetpresse f (von der Trockenpartie), Glättpresse f ‖ **~ quality** (Telecomm) / Güte f der Glättung (bei Signalen) ‖ **~ roll** (Met) / Glättwalze f ‖ **~ rolling mill** (Met) / Glättwalzwerk n (zum Rohrglätten), Rohrglättwalzwerk n
**smooth leather** (Leather) / Glattleder n
**smoothness** n (Maths) / Stetigkeit f (der Kurve), Glattheit f ‖ **~** (Paper) / Glätte f (mechanische Oberflächenstruktur)
**smooth out** n (Paper, Print) / Luft ausstreichen (aus dem Papierstapel) ‖ **~ performance** (Autos) / Laufkultur f (gute) ‖ **~ running** (Autos) / Laufkultur f (gute) ‖ **~ running** (Eng) / Laufruhe f ‖ **~ running** (Eng) / ruhiger Lauf, gleichförmiger Lauf, ruhiger Gang ‖ **~ sea** (Ocean) / ruhige See (ein Seezustand), glatte See ‖ **~ sheath** (Cables) / glatter Mantel (ein Metallmantel ohne Wellung oder Rifflung) ‖ **~ side** (Eng) / obere Blechseite (beim Umformen) ‖ **~ skin** / glatte Außenhaut ‖ **~ starting** (Eng) / Sanftanlauf m (einer Maschine) ‖ **~ surface** (one that offers no resistance to the sliding of a body upon it) (Eng, Materials) / glatte Oberfläche ‖ **~ tube** (Hyd Eng) / hydraulisch glattes Rohr (wenn die Grenzschichtdicke größer ist als die Wanderhebungen)
**smooth-wall** attr / glattwandig adj ‖ **~ solidification** (Foundry) / glattwandige Erstarrung
**smooth-wheel roller** (Civ Eng) / Glattradwalze f
**smooth winding** (Elec Eng) / glatte Wicklung, ebene Wicklung ‖ **~ working** (Eng) / ruhiger Lauf, gleichförmiger Lauf, ruhiger Gang ‖ **~ zooming** (Cinema) / ruckfreies Zoomen
**smother** vt / ersticken v (Feuer)
**smoulder** v / schwelen v (bei Sauerstoffmangel)
**smouldering embers** / glimmende Asche, Glimmasche f
**smoulder•-proof** adj (Fuels) / nicht nachglimmend (Brennstoff) ‖ **~ stream** / Schwelstrom m (ein Teil des Tabaknebenstromrauches)
**SMOW** (standard mean ocean water) (Ocean) / SMOW n, SMOW-Wert m
**SMP** (symmetrical multiprocessing) (Comp) / symmetrisches Multiprocessing (Multiprocessing-Modus, bei dem Betriebssystem und Anwendungen je nach Bedarf auf einem oder mehreren Prozessoren ablaufen können)
**SMPTE\* = Society of Motion Picture and Television Engineers**
**SMR** (surface movement radar) (Aero, Radar) / Rollverkehrsradar m n, Radar m n für Bodenbewegungskontrolle
**SMS** (satellite multiservice system) (Telecomm) / Satelliten-Mehrdienstesystem n (Eutelsat) ‖ **≃** (Short Message Service) (Teleph) / Short-Message-Service m (Möglichkeit, Kurznachrichten an andere Mobilfunkteilnehmer zu verschicken), SMS (Short-Message-Service)
**SMT** (surface mount technology) (Electronics) / Oberflächenmontagetechnik f (Aufsetztechnik), Oberflächenaufbautechnik f, SMD-Technik f
**SMTP** (Simple Mail Transfer Protocol) (Comp) / Simple Mail Transfer Protocol n (Protokoll für den Austausch von Mail-Nachrichten (im ASCII-Format) zwischen Knotenrechnern), SMTP (Simple Mail Transfer Protocol)
**smudge** v / beschmutzen v ‖ **~**\* n (Build) / Rußleimanstrich m ‖ **~** (Paint) / Farbreste m pl ‖ **~** (Plastics) / Schmierstelle f (an Spritzlingen) ‖ **~** (Textiles) / Schmutzfleck m, Fleck m (Rost-, Schmutz-), Schmutzstelle f ‖ **~-proof** adj (Print) / wischfest adj, wischbeständig adj
**smudging** n (of colour) (Textiles) / Färbung f (ungewollte), Abfärbung f, Farbabgabe f, Abschmutzung f (mit Verfärbung)
**smudgy** adj / fleckig adj, befleckt adj, gefleckt adj, voller Flecken
**smust** (Ecol) / aus Rauch und Staub bestehende Luftverunreinigung
**smut** v / abfärben vi (Farbstoff), abschmutzen v, Farbe abgeben ‖ **~** n / Rußpartikel f, Rußflocke f ‖ **~**\* (Agric) / Flugbrand m (Weizen, Gerste, Hafer), Staubbrand m ‖ **~**\* (Agric) / Maisbrand m ‖ **~**\* (Agric, Bot) / Brandpilz m (Erreger von Brandkrankheiten) ‖ **~**\* (Agric, Bot) / Brand m (Getreidekrankheit), Brandkrankheit f, Getreidebrand m ‖ **~**\* (Mining) / erdige (minderwertige) Kohle (am Flözausbiss)
**smut-ball** n (Agric, Bot) / Brandbutte f
**smut fungus** (Agric, Bot) / Brandpilz m (Erreger von Brandkrankheiten)
**smutted** adj (Agric, Bot) / brandig adj (Getreide), brandbefallen adj, mit Brand befallen
**smutty** adj (Agric, Bot) / brandig adj (Getreide), brandbefallen adj, mit Brand befallen
**Smyth sewing** (Bind) / amerikanische Fadenheftung (nicht auf Gaze), Holländern n (zum provisorischen Heften von Broschüren und Buchblocks) ‖ **≃ sewing** (Bind) / Engländern n, Buchfadenheftung f ohne Gaze
**SN** (smoke number) (Aero, Ecol) / Rauchzahl f (ein Maß für den Partikelgehalt eines durch Rauch getrübten Abgasstrahls) ‖ **≃** (supernova) (Astron) / Supernova f (pl. -ovä), SN (Supernova) ‖ **≃**

(separation number) (Chem) / Trennzahl *f* (ein chromatografischer Parameter), TZ (Trennzahl)
**Sn** (tin) (Chem) / Zinn *n*, Sn (Zinn)
**SN** (snow) (Meteor) / Schnee *m* || ~ (source node) (Telecomm) / Quellensystem *n* || ~ (switching network) (Teleph) / Vermittlungsnetz *n* (ein Telekommunikationsnetz) || ~ (subscriber number) (Teleph) / Teilnehmerrufnummer *f*, Teilnehmernummer *f*, Rufnummer *f*, Anschlussnummer *f*, Fernruf *m* (Nummer)
**SNA** (Systems Network Architecture) (Comp, Telecomm) / Systems-Network-Architektur *f* (eine alte hoch entwickelte, jedoch nicht OSI-konforme IBM-Netzarchitektur), SNA (Systems Network Architecture)
**snag** *v* (For, Hyd Eng) / Hindernisse (Senkholz usw.) beseitigen (aus dem Flusslauf) || ~ *n* (For) / abständiger Baum, Dürrling *m*, Abständer *m*, Dürrständer *m* || ~ (For) / Aststumpf *m*, Aststummel *m* || ~ (For, Hyd Eng) / Senkholz *n* (beim Triften), Sinkholz *n* || ~ (a rent or tear in fabric) (Textiles) / Zieher *m*, Fadenzugstelle *f*, Snag *m* || ~ (Weaving) / Platzer *m*
**snagging** *n* (Eng) / Grobschleifen *n* || ~ (Eng) / Freihandschleifen *n*, Handschleifen *n* || ~ (For, Hyd Eng) / Entfernen oder Fällen abständiger Bäume an der Erdoberfläche oder im Wasser || ~ (Textiles) / Ziehen *n* || ~ (Textiles) / Snagging *n*, Zieheranfälligkeit *f* || ~ **properties** (Textiles) / Fadenzugstellenverhalten *n*, Fadenzugstellenempfindlichkeit *f* || ~ **resistance** (Textiles) / Zieherbeständigkeit *f*
**snag resistance** (Textiles) / Zieherbeständigkeit *f*
**snag-resistant** *adj* (Textiles) / zieherbeständig *adj*
**snail*** *n* (Horol) / Exzenter *m* || ~ **mail** (Comp) / Postsendung *f* (als Gegensatz zu E-Mail), Snail Mail *f* (herkömmliche Briefpost - verglichen mit E-Mail), Schneckenpost *f*, Sackpost *f* (Snail Mail)
**snake** *v* (Autos) / schlingern *v* (Zugfahrzeug und Caravan) || ~ *n* (Elec Eng) / Einziehband *n*, Einziehdraht *m* || ~ (For) / S-Schnitt *m*, Wellenschnitt *m* || ~ (For) / Waschbrettschnitt *m* (Schnittfehler, der beim Gattersägeschnitt der Schnittholzoberfläche das Aussehen eines Waschbretts in Form von schräg zur Schnittholzkante laufenden, in gleichen Perioden wiederkehrenden Wellen gibt), Hundsrippenschnitt *m* || ~ (Glass) / ungleichmäßige Dicke (des Tafelglases) || ~ (the progressive longitudinal cracking in continuous flat-glass operation) (Glass) / Längsriss *m*, Längsbruch *m* || ~ (Plumb) / Rohrreinigungsspirale *f* (heute meistens eine Motorspirale)
**snakebark maple** (For) / Davids Ahorn (Acer davidii Franch.)
**snake-cage resin** (Chem) / Schlangenkäfigharz *n* (amphoterer Ionenaustauscher beim Ionenverzögerungsverfahren)
**snaker** *n* (Eng) / Biegegesenk *n*, Vorkröpfgesenk *n*
**snakeskin** *n* (Ceramics) / Schlangenhautglasur *f* (die sich zu Inseln zusammengezogen hat) || ~ **glaze** (Ceramics) / Schlangenhautglasur *f* (die sich zu Inseln zusammengezogen hat)
**snakestone** *n* (Min) / Polierstein *m* (für Stuckmarmor), Abziehstein *m* (für Stuckmarmor), Schleifstein *m* (z.B. für Stuckmarmor)
**snake venom** (Med, Pharm) / Schlangengift *n*, Ophiotoxin *n* || ~-**wood*** *n* (For) / Letternholz *n*, Schlangenholz *n*, Buchstabenholz *n* (aus Piratinera guianensis Aubl.)
**snaking*** *n* (Aero) / Snaking *n* (eine Gierschwingung) || ~ (US) (For) / Schleifrücken *n*, Schleifen *n* (von Holzernte) || ~ (For) / Schnittfehler *m* durch verlaufende Sägen || ~ (the variation in the width of a sheet during the drawing of sheet glass) (Glass) / ungleichmäßige Dicke (des Tafelglases) || ~ (Glass) / Längsriss *m*, Längsbruch *m* || ~ *adj* / schlangenartig *adj*, gewunden *adj*, geschlängelt *adj*, schlangenförmig *adj*
**snaky** *adj* / schlangenartig *adj*, gewunden *adj*, geschlängelt *adj*, schlangenförmig *adj*
**snap** *v* (thread, yarn, wire, rope, cable) / durchreißen *v*, reißen *v* || ~ greifen *v* (schnell, ruckartig) || ~* (the line) (Build, Civ Eng) / schnappen lassen || ~ (Photog) / knipsen *v* || ~ *vi* (Eng) / einschnappen *v* || ~ *n* (Chem Eng) / Nerv *m* (des Kautschuks)
**SNAP** *n* (subnetwork access protocol) (Comp) / Subnetwork-Access-Protokoll *n*
**snap*** *n* (Eng) / Rachenlehre *f* (Bügel, an dessen Enden zwei sich gegenüberliegende, parallele Messflächen mit bekanntem Abstand angebracht sind - oft als Grenzlehre benutzt) || ~* (Eng) / Nietdöpper *m*, Döpper *m* (Kopfsetzer), Schellhammer *m*, Nietdöpper *m* || ~ (Meteor) / Kälteeinbruch *m* (infolge Advektion von Kaltluft)
**SNAP** *n* (Nuc Eng, Ships, Space) / Hilfs-Stromerzeugungsanlage *f* auf Kernenergiebasis, SNAP *f* (nukleare Energieerzeugungsanlage für geringe Leistung, z.B. für Raumfahrzeuge)
**snap** *n* (snapshot) (Photog) / Momentaufnahme *f*, Schnappschuss *m* (eine Momentaufnahme) || ~ (snap fastener) (Textiles) / Druckknopf *m*
**snap-acting thermostat** / Zweipunktthermostat *m*
**snap-action switch** / Schnappschalter *m* (mit Sprungantrieb), Schalter *m* mit Schnappeffekt

**snap-back** *n* (Horol) / Zurückstellen *n* der Stoppuhr auf Null
**snap-back coating** (Plastics) / Aufschrumpfen *n* (z.B. Bekleiden von Metallrohr mit Kunststoffschlauch)
**snap-back timing technique** (Work Study) / Einzelzeitverfahren *n* (bei Zeitstudien)
**snap back with a spring** (Eng) / zurückschnellen *v* || ~ **cage** (Eng) / Schnappkäfig *m* (DIN ISO 5593) || ~ **connection** (Eng) / Schnappverbindung *f* (formschlüssige Verbindung, bei der das Verbindungselement beim Fügen durch elastisches Formen in einem Durchbruch oder in einer Aussparung des zu fügenden Bauelements bzw. Gegenstücks einschnappt) || ~ **connector** (Eng) / Karabinerhaken *m* (mit einer federnden Zunge) || ~ **fastener** (Textiles) / Druckknopf *m* || ~ **flask** (Foundry) / Abschlagkasten *m*, Abziehkasten *m*, aufklappbarer Kasten || ~-**gauge** *n* (Eng) / Rachenlehre *f* (Bügel, an dessen Enden zwei sich gegenüberliegende, parallele Messflächen mit bekanntem Abstand angebracht sind - oft als Grenzlehre benutzt) || ~ **head** (Eng) / Halbrundkopf *m* (DIN ISO 1891) || ~ **header** (Build) / halber Stein, Zweitquartier *n*, Kopf *m* (ein Halbziegel)
**snap-head rivet** (Eng) / Halbrundniet *m* (DIN 660)
**snap hook** (Eng) / Karabinerhaken *m* (mit einer federnden Zunge)
**snap-in contact** (Electronics) / Einschnappkontakt *m*, Einrastkontakt *m* || ~ **terminal** (Electronics, Eng) / Klemmanschlussteil *n* || ~ **valve** (Autos) / Snap-in-Ventil *n* (des Reifens) || ~ **wiring** (Electronics) / Snap-in-Verdrahtung *f* (in der Quetschtechnik)
**snap line** (Build, Civ Eng) / Schlagleine *f*, Schlagschnur *f*, Kreideschnur *f* || ~ **link** (Eng) / Karabinerhaken *m* (mit einer federnden Zunge)
**snap-lock cover** (e.g. on PC drive bays) (Comp) / Klemmabdeckung *f*
**snap-off diode** (Electronics) / Snap-off-Diode *f* (ein Varaktor, der ähnlich wie die Step-Recovery-Diode arbeitet)
**snap off the throttle** (Autos) / Gaswegnehmen *n*, Gaslupfen *n* || ~ **off the throttle** (Autos) / Lastwechsel *m* (abrupter), Gaslupfen *n*, Gaswegnehmen *n* (abruptes)
**snap-on connection** (Electronics) / Schnappverbindung *f*, Schnappanschluss *m* || ~ **fixing** / Schnappbefestigung *f*
**snap-out form** (Print) / Schnelltrennsatz *m*
**snap-over** || ~ (Elec) / Wischer (kurzzeitige Entladung)
**snapped-bit key** (Tools) / Buntbartschlüssel *m*
**snapped header*** (Build) / halber Stein, Zweitquartier *n*, Kopf *m* (ein Halbziegel) || ~ **line** (Build, Civ Eng) / Schlagleine *f*, Schlagschnur *f*, Kreideschnur *f*
**snapping** *n* (Textiles) / Reißen *n* (des Fadens) || ~ **roll** (Agric) / Durchziehwalze *f* (Maispflückvorsatz)
**snap ring** (Eng) / Schnappring *n* || ~ **ring** (Eng) / Seeger-Sicherungsring *m*, Seeger-Ring *m* (ein Sicherungselement in Form eines offenen Federrings der Fa. Seeger-Orbis), Sg-Ring *m* (Seeger-Sicherungsring) || ~ **ring** (Eng) / Sicherungsring *m* (DIN 471 und 472), Sprengring *m* (DIN 5417) || ~ **roll** (Aero) / ungesteuerte Rolle, gerissene Rolle, Fassrolle *f* (eine Kunstflugfigur) || ~ **shears** (Met) / Reißschere *f* (Warmschere, die bei Störungen das Walzgut zwischen den Gerüsten festhält und zum Abreißen bringt)
**snapshot** *n* (unlike a Dynaset, a snapshot is a non-dynamic record set which cannot be updated) (Comp) / Snapshot *m* (MS Access) || ~* (Photog) / Momentaufnahme *f*, Schnappschuss *m* (eine Momentaufnahme) || ~ **dump** (the dump that shows the state of a program at some particular point in its execution) (Comp) / Momentaufnahme *f*, bereichsweiser (dynamischer) Speicherauszug || ~ **program** (Comp) / selektives Protokollprogramm || ~ **trace program** (Comp) / selektives Protokollprogramm
**snap switch*** / Schnappschalter *m* (mit Sprungantrieb), Schalter *m* mit Schnappeffekt
**snap-to guides** (Comp) / Positionierhilfen *f pl* (mit Ausrichtung an Objekten, am Gitter, an Hilfslinien) (Führungslinien auf dem Bildschirm, in die sich grafische Darstellungen automatisch einpassen lassen), Schnapper *m pl*
**snarl** *vt* / verheddern *v* || ~ *n* (Met) / Schlinge *f*, Windung *f* (Draht) || ~ (Met) / Drahtknoten *m* || ~* (Textiles) / Schlinge *f* (im einlaufenden Faden)
**snarling** *n* (Textiles) / Schlingenbildung *f* (Fehler), Schlingen *n* (Fehler) || ~ **tendency** (Textiles) / Schlingenanfälligkeit *f*
**snarls*** *pl* (Spinning) / Fadenschlingen *f pl* (Fehler)
**snarl-up** *n* (Autos) / Verkehrschaos *n*
**snarl yarn** (Spinning) / Schleifengarn *n* (Effektzwirn mit Schlaufen)
**snatch block** (Eng, Ships) / Unterflasche *f* (mit einem Loch versehener Seilrollenblock zur Befestigung z.B. an einem Gerüst)
**SNC** (stored-program NC) (Comp) / Speicher-NC *f* (numerische Steuerung, bei der ein Speicher die Programminformation übernimmt)
**SNCR** (selective non-catalytic reduction) (Chem Eng) / selektive nichtkatalytische Reduktion (eine Sekundärmaßnahme bei der Rauchgasentstickung), SNCR (selektive nichtkatalytische

## S/N curve

Reduktion), SNCR-Verfahren *n* (zur Entfernung von Stickoxiden aus Rauchgasen)
**S/N curve**\* (Materials, Mech) / Wöhler-Kurve *f* (aus Versuchen gewonnener Zusammenhang zwischen Spannungsamplitude und Anzahl der ertragbaren Lastwechsel - nach A. Wöhler, 1819-1914) ‖ ~ **diagram** (Materials, Mech) / Wöhler-Schaubild *n* (Lastspielzahl x Spannungsausschlag)
**sneak** *n* (Cinema) / Schleichen *n*, Kriechen *n* (ganz langsame Einblendung oder Ausblendung des Tons oder des Bildes)
**sneaker** *n* (a soft shoe worn for sports or casual occasions) / Sneaker *m* (meistens von Jugendlichen getragener Schuh, ein in Design und Material weiterentwickelter Turnschuh) ‖ ~ **net** (Comp) / Adidas-Netzwerk *n* (scherzhafte Bezeichnung für jede Art von Datentransport über Offline-Medien wie Disketten und Bänder), Turnschuh-Netzwerk *n* (Adidas-Netzwerk)
**sneck** *n* (in squared uncoursed rubble) (Build) / Füllstein *m* (im Bruchsteinmauerwerk), [keilförmiger] Hackelstein *m* ‖ ~\* (lifting-lever of a latch lock) (Join) / Drücker *m*
**snecked masonry wall** (Build) / Hackelsteinmauerwerk *n* ‖ ~ **rubble**\* (Build) / Bruchsteinmauerwerk *n* (mit Füllsteinen)
**sneezewood**\* *n* (For) / Niesholz *n* (Pteroxylon utile)
**Snell's law**\* (of refraction) (Phys) / Snellius'sches Brechungsgesetz (nach W. Snellius, 1580-1626)
**snezhura** *n* (Meteor) / Schneeschlamm *m* (Schnee, der von Wasser durchtränkt ist und auf dem Land oder Eis liegt, oder eine zähe schwimmende Masse, die nach starkem Schneefall im abgekühlten Wasser entstanden ist)
**SNF network** (Radio) / Gleichwellensender *m*
**SNG** (substitute natural gas) / Erdgasersatz *m*, Synthesenaturgas *n*, Tauschgas *n*, synthetisches Erdgas, Syntheseerdgas *n*, Ersatzerdgas *n*
**SNI** (subscriber network interface) (Comp) / Subscriber Network Interface *n* (Schnittstelle zwischen Anschlussleitung und Datex-M-Teilnehmernetz), SNI (Subscriber Network Interface)
**snick** *n* (Spinning) / dünne Stelle (im Garn)
**sniff** *v* (Chem) / abschnüffeln *v* (z.B. Chemikalien bei der Lecksuche)
**sniffing** *n* (Comp) / Sniffing *n* (unerlaubtes Mitlesen und Auswerten von Daten, die in einem Netz übertragen werden) ‖ ~ (Nut) / Schnüffeltechnik *f* (sensorische Analyse nach der gaschromatografischen Trennung der einzelnen Aromastoffe) ‖ ~ **agent** / Schnüffelstoff *m* (Gase, Lösungsmittel)
**snifting valve** (Eng) / Schnarchventil *n*, Schlotterventil *n*, Schnüffelventil *n*
**snip** *n* (a small piece of something that has been cut off) / Schnippel *m* *n*, Schnipsel *m* *n*
**snipe-nose pliers** (Tools) / Flachrundzange *f*, Spitzzange *f*, Telefonzange *f*
**sniperscope** *n* (Optics) / Sniperscope *n* (ein Bildwandler), Infrarotfernrohr *n*, Infrarotteleskop *n*
**snips** *pl* (Plumb) / Faustschere *f* (zum Blechschneiden), Blechschere *f* (eine Handschere), Handblechschere *f*
**snivitz** *n* (Comp) / kleines Problem (mit Hardware oder Software)
$S_N 1$ **mechanism** (Chem) / $S_N 1$-Mechanismus *m*
**SNMS** (sputtered neutral mass spectrometry) (Spectr) / Sekundärneutralteilchen-Massenspektrometrie *f* (eine Methode zur Oberflächen- und Tiefenprofilanalyse, wobei die durch Ionenbeschuss aus der Oberfläche ausgelösten neutralen Teilchen durch Elektronenstoß nachionisiert und dann in einem Massenspektrometer analysiert werden), SNMS (Sekundärneutralteilchen-Massenspektrometrie) ‖ ~ (secondary neutral particle mass spectrometry) (Spectr) / Sekundärneutralteilchen-Massenspektrometrie *f*
**SNOBOL** *n* (a programming language designed primarily for the manipulation of textual data) (Comp) / SNOBOL *n* (eine Programmiersprache zur String- und Listenverarbeitung)
**SN oil** / Solvent-Neutralöl *n*
**snooper** *n* (Radar) / Radardetektor *m* (gegen Radarfallen)
**snooperscope** *n* (Optics) / Sniperscope *n* (ein Bildwandler), Infrarotfernrohr *n*, Infrarotteleskop *n*
**snorkel**\* *n* (Mil, Ships) / Schnorchel *m*
**snort**\* *n* (GB) (Mil, Ships) / Schnorchel *m*
**snotter** *n* (Ships) / Augstropp *m* (ein Tau mit eingespleißtem Auge an jedem Ende)
**snout beetle** (US) (Agric, For, Zool) / Rüsselkäfer *m* (ein Pflanzenschädling, z.B. Kornkäfer, Kiefernrüßler usw.)
**snow** *v* (Meteor) / schneien *v* ‖ ~\* *n* (Meteor) / Schnee *m* ‖ ~ (Radar) / Hintergrundrauschen *n* ‖ ~\* (TV) / Schnee *m* (weiße Flecken), Grieß *m* ‖ ~ **and ice control** (Autos, Civ Eng) / Winterdienst *m*, Winterwartung *f* ‖ ~ **ball** (Textiles) / Faserflugknötchen *n*
**snow-bank** *n* (Meteor) / Schneeverwehung *f* ‖ ~ **digging** (Mining, Oils) / Bohren *n* in weichen Schichten, Bohren *n* in gut bohrbarem Gestein
**snowblower** *n* (Autos, Civ Eng) / Schneeschleuder *f* (ein Schneeräumgerät), Schneeschleudermaschine *f*

**snow board**\* (Build) / Schneefanggitter *n*, Schneefang *m* ‖ ~-**broth** (Autos, Meteor) / Schneebrei *m*, Schneematsch *m* ‖ ~ **cannon** (Eng) / Schnee-Erzeuger *m*, Schneekanone *f*, Beschneiungsmaschine *f* ‖ ~ **chain** (a tyre-chain) (Autos) / Schneekette *f*, Gleitschutzkette *f* ‖ ~ **clearing and gritting** (Autos, Civ Eng) / Winterdienst *m*, Winterwartung *f* ‖ ~ **clearing and salting** (US) (Autos, Civ Eng) / Winterdienst *m*, Winterwartung *f* ‖ ~ **clearing + defrosting + gritting** (Civ Eng) / Straßenwinterdienst *m*
**snow-clearing equipment** (Autos, Civ Eng) / Schneeräumgerät *n* ‖ ~ **machine** (Civ Eng, Rail) / Schneeräumer *m*, Schneeräumfahrzeug *n*
**snow concrete** (Autos, Meteor) / festgefahrener Schnee ‖ ~ (wind) **corrasion** (Geol) / Schneeschliff *m* ‖ ~ **cover** / Schneedecke *f*
**snow-covered** *adj* / schneebedeckt *adj*, schneeig *adj* (von Schnee bedeckt)
**snowcrete** *n* (Autos, Meteor) / festgefahrener Schnee
**snow damage** (Civ Eng, For) / Schneeschaden *m* ‖ ~ **density** (Meteor) / Schneedichte *f*
**snowdrift** *n* (Meteor) / Schneewehe *f*
**snowfall** *n* (Meteor) / Schneefall *m*, Schneien *n* ‖ ~ (Meteor) / Schnee *m* (als Niederschlagsmenge)
**snow fence** / Schneeschutzzaun *m*, Schneezaun *m*, Stellzaun *m* (der vor Schneeverwehungen schützen soll)
**snowfield** *n* (Geol) / Schneefeld *n* (größeres zusammenhängendes Gebiet mit dicker ebener Schneedecke)
**snowflake** *n* (Met) / Flockenriss *m* (durch Wasserstoffversprödung), Spannungsriss *m*
**snowflakes** *pl* (Print) / Missing-Dots *pl* (nicht vollständig oder überhaupt nicht ausdruckende Rasternäpfchen auf Tiefdruckerzeugnissen, die sich als farbfreie Stellen darstellen), Schneeflockeneffekt *m*
**snow-gauge** *n* (Meteor) / Schneemesser *m*, Nivometer *n*
**snow guard**\* (Build) / Schneefanggitter *n*, Schneefang *m* ‖ ~ **gun** (Eng) / Schnee-Erzeuger *m*, Schneekanone *f*, Beschneiungsmaschine *f*
**snowing** *n* (Meteor) / Schneefall *m*, Schneien *n*
**snow•line** *n* (Meteor) / Schneegrenze *f* ‖ ~ **load**\* (Civ Eng) / Schneelast *f* (ein Lastfall) ‖ ~ **machine** (Autos) / Motorschlitten *m*, Schneemobil *n*, Snowmobil *n*
**snow-making machine** (Eng) / Schnee-Erzeuger *m*, Schneekanone *f*, Beschneiungsmaschine *f*
**snow mantle** / Schneedecke *f*
**snowmelt** *n* (Hyd Eng, Meteor) / Schneeschmelze *f*
**snow•mobile** *n* (Autos) / Motorschlitten *m*, Schneemobil *n*, Snowmobil *n* ‖ ~-**out** (Ecol) / Snowout *m* (radioaktiver Niederschlag im Schnee infolge Bindung radioaktiver Schwebeteilchen aus der Atmosphäre) ‖ ~ **patch erosion** (Geol, Geophys) / Firnerosion *f*, Nivation *f*, Schnee-Erosion *f* (die auf der Wirkung des abgleitenden Firns oder Schnees beruhende Abtragung des Untergrunds) ‖ ~ **pellet** (Meteor) / Reifgraupel *f* (eine Graupelform)
**snowplough** *n* (Autos, Civ Eng, Rail) / Schneepflug *m* (ein Schneeräumgerät)
**snowplow** *n* (US) (Autos, Civ Eng, Rail) / Schneepflug *m* (ein Schneeräumgerät)
**snowquake** *n* (Geol) / Schneesetzung *f*
**snow-removal equipment** (Autos, Civ Eng) / Schneeräumgerät *n*
**snow-removal service** (Civ Eng, Rail) / Schneeräumdienst *m*
**snow-removing machine** (Civ Eng, Rail) / Schneeräumer *m*, Schneeräumfahrzeug *n*
**snow sample** (Meteor) / Schneeprobe *f* ‖ ~ **sampler** (Meteor) / Schneeausstecher *m* ‖ ~ **shovel** / Schneeschaufel *f*, Schneeschippe *f* ‖ ~ **shower** (Meteor) / Schneeschauer *m* (rasch vorübergehender Schneefall)
**snowslide** *n* (US) (Meteor) / Schneelawine *f*, Lawine *f*
**snow slush** *n* (Meteor) / Schneeschlamm *m* (Schnee, der von Wasser durchtränkt ist und auf dem Land oder Eis liegt, oder eine zähe schwimmende Masse, die nach starkem Schneefall im abgekühlten Wasser entstanden ist) ‖ ~ **stake** (Meteor) / Schneemesslatte *f*, Schneepegel *m*
**snowstorm** *n* (Meteor) / Schneesturm *m*
**snowsure** *adj* / schneesicher *adj* (Wintersportgebiet)
**snow thrower** (Autos, Civ Eng) / Schneeschleuder *f* (ein Schneeräumgerät), Schneeschleudermaschine *f* ‖ ~ **tremor** (Geol) / Schneesetzung *f* ‖ ~ **tube** (Meteor) / Schneeausstecher *m* ‖ ~ **tyre** (Autos) / Winterreifen *m*, M+S-Reifen *m* (der in Matsch und frischem oder schmelzendem Schnee bessere Fahreigenschaften gewährleisten kann als ein normaler Reifen)
**snow-washed denim** (Textiles) / Snow-washed-Denim *m* (mit Bleichstoffen bearbeitet)
**snow-white** *adj* / schneeweiß *adj*
**snow wine** (Nut) / Eiswein *m* (hochwertiger Weißwein, hergestellt aus ausgereiften, gefrorenen Trauben, die bei mindestens - 7° C gekeltert werden)

**snowy** *adj* (covered with snow) / schneebedeckt *adj*, schneeig *adj* (von Schnee bedeckt)
**SNR*** (signal/noise ratio) (Acous, Radio) / Störabstand *m* (Pegelunterschied zwischen dem Nutzpegel und einem Störpegel in dB), Rauschabstand *m* (Störabstand in dB zwischen dem Nutzpegel und dem Rauschpegel eines Empfängers oder einer Anlage L), Signal-Geräuschabstand *m*, Signal-Rausch-Verhältnis *n*, SNR (Maß zur Charakterisierung des durch Rauschen erzeugten Störpegels), Nutz-zu-Störleistung-Verhältnis *n* (das Verhältnis der Leistung eines Signals zur Störleistung im Funkkanal)
**S/N ratio*** (Acous, Radio) / Störabstand *m* (Pegelunterschied zwischen dem Nutzpegel und einem Störpegel in dB), Rauschabstand *m* (Störabstand in dB zwischen dem Nutzpegel und dem Rauschpegel eines Empfängers oder einer Anlage), Signal-Geräuschabstand *m*, Signal-Rausch-Verhältnis *n*, SNR (Maß zur Charakterisierung des durch Rauschen erzeugten Störpegels), Nutz-zu-Störleistung-Verhältnis *n* (das Verhältnis der Leistung eines Signals zur Störleistung im Funkkanal)
**SN-remnant** *n* (Astron) / Supernova-Überrest *m*, SN-Überrest *m*, Remnant *m*
**snRNP** (pronounced 'snurp') (Biochem) / kleines nukleäres RNP, snRNP *n*
**SNSH** (snow shower) (Meteor) / Schneeschauer *m* (rasch vorübergehender Schneefall)
**snub** *v* (Mining) / langsam herablassen (z.B. Wagen am Seil) || ~ (Mining) / erweitern *v* (Schram) || ~ (Oils) / festbinden *v* (Hochdruckleitungen mit beweglichen Verbindungen) || ~ *n* (Civ Eng) / Ankerelement *n* (Bodenverankerung), Anker *m*, Verankerung *f*
**snubber** *n* (Autos) / Federwegbegrenzung *f* (in der Nähe der oberen Stoßdämpferaufnahme), Anschlagpuffer *m* (oberer Anschlag zur Begrenzung des Einfedervorgangs) || ~ (Mech) / Puffer *m* (Anschlag- oder Schwingungsdämpfung)
**snubbing-post** *n* (Ships) / Poller *m* (niedrige Säule aus Metall, Holz oder Stahlbeton an Liegeplätzen oder an Deck zum Festmachen der Halteetaue oder Trossen - DIN 4054)
**snuff out** / ausblasen *v*, auspusten *v* (eine Kerze) || ~ **out** *v* (Oils) / auslöschen *v* (Feuer im Bohrloch), ersticken *v* (Feuer im Bohrloch)
**snug fit** (Eng) / Gleitsitz *m*, GS (Gleitsitz)
**Snyder-Fisher phantom** (Radiol) / MIRD-5-Phantom *n*, Snyder-Fisher-Phantom *n*
**SO** (spin orbital) (Nuc) / Spinorbital *n*
**SOA** (safe operating area) (Electronics) / Safe Operating Area *f* (bei der Bestimmung der Belastbarkeit des Transistors), erlaubter Arbeitsbereich, sicherer Arbeitsbereich (ohne Schäden am Bauelement) || ~ (spectrometric oil analysis) (Spectr) / spektrometrische Ölanalyse
**soak** *v* / tauchen *v* (bei Tauchreinigung) || ~ / einweichen *v* (durchnässen), durchnässen *v*, durchtränken *v* (einweichen) || ~ (Ceramics) / einsumpfen *v*, sumpfen *v* || ~ (Eng) / einwässern *v*, wässern *v* (in Wasser eintauchen) || ~ (Glass, Met) / gleichmäßig erwärmen (bei gleicher Temperatur), durchwärmen *v* (bei gleicher Temperatur), warm halten *v* (nur Infinitiv und Partizip) || ~ (away) (Hyd Eng) / versickern *v*, einsickern *v*, durchsickern *v*, sickern *v*, aussickern *v* || ~ (Leather) / einweichen *v* (den ursprünglichen Quellungszustand der konservierten Haut entsprechend der Haut am lebenden Tier wiederherstellen sowie Schmutz, Konservierungsmittel und lösliche Eiweißkörper entfernen), wässern *v* (um verknittete Lederteile zu glätten) || ~ (Textiles) / einweichen *v* (Wäsche)
**soakaway*** *n* (Build, San Eng) / Sickerschacht *m*, Versickerungsschacht *m* (für Oberflächenwasser), Sickerbrunnen *m* (für Oberflächenwasser, mit Schotter oder Kies gefüllt), Sickergrube *f*
**soak cleaning** / Tauchreinigung *f*
**soaker*** *n* (Plumb) / Kehlblech *n*, Wandanschlussblech *n*
**soaking** *n* / Tränken *n* (im Wasser), Tränkung *f* (im Wasser) || ~ / Tauchen *n* (bei der Tauchreinigung) || ~ (Ceramics) / Sumpfen *n* (ein altes Verfahren zum Aufschließen und gleichmäßigen Durchfeuchten von Tonen) || ~ * (Glass, Met) / gleichmäßige Erwärmung, Warmhalten *n*, Durchwärmen *n* (des Werkstücks im Ofen bei gleicher Temperatur) || ~ (Leather) / Weiche *f* (der konservierten Häute), Weichprozess *m* (der erste Arbeitsprozess in der Wasserwerkstatt) || ~ (Textiles) / Einweichen *n* || ~ **agent** (Chem, Textiles) / Einweichmittel *n* (beim Waschen) || ~ **bath** / Tauchbad *n* (zur Tauchreinigung) || ~ **bath** (Textiles) / Einweichbad *n* || ~ **bowl** (Textiles) / Einweichbottich *m* (der Wollwaschmaschine), Einweichbottich *m* || ~ **pit** (to obtain thorough wetting) (Ceramics) / Tonsumpf *m*, Sumpfgrube *f*, Sumpfbecken *n* || ~ **pit** (for cast glass) (Glass) / Abstehofen *n* (für offene Häfen) || ~ **pit** (for optical glass) (Glass) / Kühlhaube *f* || ~ **pit** (Met) / Ausgleichsgrube *f*, Tiefofen *m* || ~ **temperature** (Ceramics) / Garbrandtemperatur *f* (beim Glattbrand) || ~ **time** (Autos, Elec Eng) / Einwirkungszeit *f* (zwischen dem Füllen und der Inbetriebnahme einer trocken geladenen Batterie) || ~ **tub** (Textiles) / Einweichkufe *f* (der Wollwaschmaschine), Einweichbottich *m* || ~ **weight** (Leather) / Weichgewicht *n* || ~ **wet** (Textiles) / tropfnass *adj* (Kleidung)
**soak liquor** (Leather) / Weichwasser *n* || ~ **through** *v* (Print) / durchschlagen *v* (DIN 16 500) || ~ **up** (Textiles) / aufziehen *v* (Farbstoff), aufnehmen *v* (Farbstoff, Schlichte)
**soap** *v* / einseifen *v*, seifen *v*, abseifen *v* (auch bei der Leckprüfung) || ~* *n* (Build) / Ziegel *m* 23·5,7·6,7 cm, Lochziegel *m* 23·5,7·6,7 cm || ~* (Chem) / Seife *f* || ~ **aftertreatment** (Textiles) / Nachseifen *n* || ~ **bar** / Seifenstück *n*
**soapbark** *n* / Seifenrinde *f*, Panamarinde *f*, Quillajarinde *f* (von Quillaja saponaria Molina) || ~ **tree** (For) / Seifenbaum *m* (Quillaja saponaria Molina)
**soap base** (Chem) / Seifenbasis *f* (bei Schmierfetten), Verseifungsbais *f* (bei Schmierfetten)
**soap-berry** *n* (For) / Seifenbaum *m* (Sapindus saponaria L.) || ~ **tree** (For) / Seifenbaum *m* (Sapindus saponaria L.)
**soap•-boiler** *n* / Seifensieder *m* || ~ **brick** (a brick modified so that the width is one-half the standard dimension) (Build) / Meisterquartier *n* (ein längsgeteilter Ziegelstein), Riemchen *n* || ~ **bubble** / Seifenblase *f*
**soap-bubble analogy** (Materials, Mech) / Seifenhautanalogie *f*, Analogie *f* von Prandtl, Membrangleichnis *n*, Seifenhautgleichnis *n* || ~ **flowmeter** / Seifenblasen-Strömungsmesser *m* || ~ **testing** / Lecksuche *f* mittels Abseifens
**soap chalk** (Textiles) / Schneiderkreide *f* (gepresster Talk) || ~ **chromatography** (when organic counterions with long carbon chains are used) (Chem) / Seifenchromatografie *f* || ~ **de luxe** / Luxusseife *f* (mit bis zu 5% Parfümölen) || ~ **dish** (Build) / Seifenablage *f* || ~ **dispenser** / Seifenspender *m* || ~ **dressing** (Leather) / Seifenschmiere *f* (der Fahlleder)
**soaper** *n* / Seifensieder *m* || ~ (Textiles) / Einseifmaschine *f*, Seifmaschine *f*, Waschmaschine *f* (mit Seife)
**soap-film flowmeter** (Phys) / Seifenfilm-Strömungsmesser *m*
**soap finish** (Textiles) / Seifenausrüstung *f* || ~ **flakes** / Seifenflocken *f pl* (hochgetrocknete Festseifen, die man warm zu einem dünnen Film auswalzt und mit Messern zerschneidet; sie lösen sich infolge ihrer größeren Oberfläche im Waschwasser schnell auf) || ~ **flotation** (Min Proc) / Flotation *f* mit Seife(n) (als Sammler-Schäumer)
**soap-free** *adj* / seifenfrei *adj*
**soap grease** / Schmierfett *n* mit Seifendickungsmittel
**soapiness** *n* (Nut) / Seifigkeit *f* (beim mikrobiellen Verderb von Lebensmitteln)
**soaping** *n* / Einseifen *n*, Seifen *n*, Abseifen *n* (auch bei der Leckprüfung)
**soapless** *adj* / seifenfrei *adj*
**soap lubricant** / Seifenschmiermittel *n* || ~ **machine** (Textiles) / Einseifmaschine *f*, Seifmaschine *f*, Waschmaschine *f* (mit Seife) || ~ **powder** / Seifenpulver *n*
**soaprock** *n* (Ceramics, Min) / Steatit *m* (Speckstein)
**soap solution** / Seifenlösung *f* || ~ **spirit** (Chem) / Seifenspiritus *m* (aus Kaliseife und Ethanol)
**soapstock** *n* (Chem Eng) / Soapstock *m*, Seifenstock *m*, Seifenfluss *m*
**soapstone** *v* / talkumieren *v* (mit Talkum bestreuen, einpudern) || ~* *n* (Min) / Speckstein *m* (Talk in dichten weißen Aggregaten), Seifenstein *m* (Speckstein) || ~ (Surf) / Fettstein *m* (zum Abstreifen überschüssigen Zinns) || ~* (Min) s. also steatite
**soapsuds** *pl* (Textiles) / Seifenlauge *f*, Seifenbrühe *f* || ~ **check** / Abpinseln *n* (Überprüfung einer hergestellten Verbindung auf Dichtheit mittels schaumbildender Mittel), Abseifen *n* || ~ **check for leakage** / Lecksuche *f* mittels Abseifens
**soap thickener** (Chem) / Seifendickungsmittel *n* (bei Schmierfetten), Seifengelierungsmittel *n*, Seifenkonsistenzgeber *m*
**soap-tree** *n* (For) / Seifenbaum *m* (im Allgemeinen)
**soap water** / Seifenwasser *n* || ~**-works** *n pl* (Chem Eng) / Seifenfabrik *f*
**soapwort root** (Bot, Pharm) / Seifenwurzel *f* (aus Saponaria officinalis L.)
**soapy** *adj* / seifig *adj* || ~ **handle** (Textiles) / seifiger Griff || ~ **water** / Seifenwasser *n*
**soapy-water tightness check** / Lecksuche *f* mittels Abseifens
**soaring*** *n* (Aero) / [Thermik]Segelflug *m* || ~ **on standing wave** (Aero) / Wellensegelflug *m* (in größeren Höhen, im Aufwind auf der Leeseite lang gestreckter Gebirgszüge) || ~ **on thermal up-currents** (Aero) / Thermik-Segelflug *m* || ~ **sailplane** (Aero) / Segelflugzeug *n* (das sich besonders zum Thermiksegeln eignet)
**SOB** (start of block) (Comp) / Blockanfang *m*
**sobering agent** (Chem, Med) / Ernüchterungsmittel *n*
**SO₂-cabinet test** (Surf) / Kesternich-Test *m* (DIN EN ISO 6988), Kesternich-Prüfung *f* (ein Korrosionsprüfverfahren mit

**SO**

Schwitzwasser-Wechselklima und schwefeldioxidhaltiger Atmosphäre)
**SO character** (Comp) / Dauerumschaltungszeichen *n* (aus)
**social approach** / sozialpolitische Strategie (in der Drogenpolitik) ‖ ~ **costs** / volkswirtschaftliche Kosten (die von der Wirtschaft verursacht, jedoch von Dritten oder der Allgemeinheit getragen werden - z.B. Wasser- und Luftverschmutzung), Social Costs *pl* ‖ ~ **engineering** / Sozialtechnologie *f* (Anwendung des sozialwissenschaftlichen Wissens zur Lösung praktischer Fragestellungen der Gesellschaft), Social Engineering *n* (Einbeziehung sozialer Bedürfnisse des Menschen bei der Planung von Arbeitsplätzen und maschinellen Einrichtungen) ‖ ~ **engineering** s. also human engineering ‖ ~ **implication** / gesellschaftliche Auswirkung (z.B. der neuen Medien) ‖ ~ **marketing** (Work Study) / Marketing *n* mit sozialem Engagement ‖ ~ **security tribunal** / Sozialgericht *n* ‖ ~ **toxicant** (Chem, Nut) / Genussgift *n* ‖ ~ **tribunal** (US) / Sozialgericht *n*
**sociation** *n* (Bot, Ecol) / Soziation *f*
**society*** *n* (Bot) / Pflanzengesellschaft *f*, Phytozönose *f*, Sozietät *f* ‖ ~ **for Worldwide Interbank Financial Telecommunications** (Comp, Telecomm) / SWIFT (Gesellschaft zur Abwicklung des erdumspannenden beleglosen internationalen Zahlungsverkehrs, Devisengeschäfts und Datenaustausches zwischen den angeschlossenen Kreditinstituten)
**sock** *n* / auswechselbare Pflugkörperspitze (besonders bei Forstpflügen) ‖ ~ / Decksohle *f* (bei Schuhen), Deckbrandsohle *f*
**socket** *n* (Comp) / Socket *n* (bei Berkeley-UNIX der Aufsatzpunkt für netzwerkrelevante Systemaufrufe) ‖ ~* (GB) (Elec Eng) / Steckdose *f* (ein Teil der Steckvorrichtung), Dose *f* ‖ ~ (Elec Eng) / Buchse *f*, Steckbuchse *f* ‖ ~ (Electronics) / Fassung *f* ‖ ~ (Eng) / Aufnahmebohrung *f*, Aufnahmeloch *n* ‖ ~* (Eng, Plumb) / Rohrmuffe *f*, Muffe *f* (aufgeweitetes Rohrende), Aufweitung *f* (aufgeweitetes Ende eines Rohrs) ‖ ~ (Eng, Tools) / Steckschlüsseleinsatz *m*, Stecknuss *f*, Nuss *f* (Steckschlüsseleinsatz) ‖ ~ (Join) / Schwalbenschwanzfuge *f*, Fuge *f* mit Schwalbenschwanzprofil ‖ ~* (Mining) / Pfeife *f* (nach der Sprengung im Gestein stehen bleibendes Bohrlochteilstück) ‖ **12-point** ~ (Eng) / Innenzwölfzahn *m*, Innenzwölfkant *m*
**socket-and-spigot pipe** (Eng, Plumb) / Muffenrohr *n* ‖ ~ **pressure pipe** (Eng, Plumb) / Einschiebmuffendruckrohr *n*, Muffendruckrohr *n*
**socket box** (Cinema, Elec Eng) / Steckkasten *m* ‖ ~ **chisel*** (Carp, Join) / Stemmeisen *n*, Beitel *m* (meißelartiges Werkzeug mit rechteckigem Querschnitt zur Holzbearbeitung), Stecheisen *n* (mit seitlich abgeschrägten Fasern), Stechbeitel *m* ‖ ~ **connector** (Elec Eng) / Buchse *f*, Steckbuchse *f* ‖ ~ **cover** (Elec Eng) / Steckdosenschutz *m* ‖ ~ **end** (Eng) / Einschiebmuffe *f* ‖ ~ **flange** (Telecomm) / Steckflansch *m* ‖ ~ **head screw** (Eng) / Innensechskantschraube *m*, Inbusschraube *f* (Markenname) ‖ ~ **joint** (Civ Eng, Eng, Plumb) / Einschiebmuffenverbindung *f*, Muffenverbindung *f* (Rohrverbindung) ‖ ~ **option** (Comp) / Steckstellenauswahl *f* ‖ ~**-outlet** *n* (GB) (Elec Eng) / Steckdose *f* (ein Teil der Steckvorrichtung), Dose *f*
**socket-outlet adapter** (Elec Eng) / Mehrfachstecker *m*, Mehrfachsteckverbinder *m*, Vielfachstecker *m* ‖ ~ **adapter** (Elec Eng) / Doppelstecker *m*
**sockets, mount on** ~ (Comp) / sockeln *v*
**socket set** (Tools) / Steckschlüsselsatz *m* ‖ ~ **spanner*** (Eng, Tools) / Aufsteckschlüssel *m*, Steckschlüssel *m* ‖ ~ **welding end** (Eng) / Schweißmuffenanschluss *m* ‖ ~ (outlet) **with earthing contact** (Elec Eng) / Schutzkontaktsteckdose *f*, Schukosteckdose *f* ‖ ~ **wrench** (US) (Tools) / Aufsteckschlüssel *m*, Steckschlüssel *m*
**socle*** *n* (base-course of a wall) (Arch) / Sockel *m* (unterer Mauerteil, oft durch ein Sockelgesims abgesetzt)
**SOD** (superoxide dismutase) (Biochem) / Superoxid-Dismutase *f*, SOD (Superoxid-Dismutase)
**sod** *v* (cover with sods or pieces of turf) (Civ Eng, Ecol) / mit Rasen verkleiden, berasen *v*, begrünen *v* mit Rasensoden, andecken *v* mit Rasenplaggen ‖ ~ *n* (Agric) / Rasensode *f*, Rasenplatte *f*, Rasenplagge *f* ‖ ~ (Agric) / Grasnarbe *f*
**soda** *n* (Chem) / Soda *f* (Natriumkarbonat) ‖ ~ (Chem) / Natriumhydrogencarbonat *n*, Natriumhydrogenkarbonat *n*
**soda-acid extinguisher** (US) / Feuerlöscher *m* mit $Na_2CO_3 + H_2SO_4$ (in Deutschland nicht verwendet)
**soda alum** (Min) / Sodaalaun *m*, Natriumalaun *m*, Natronalaun *m*
**soda-ash*** *n* (Min Proc) / Sodaschmelze *f*, Schwarzschmelze *f*
**soda-boiled** *adj* (Chem Eng) / in Sodalauge ausgekocht
**soda bordeaux** (Agric) / Kupfersodabrühe *f* (ein Fungizid), Burgunder Brühe (ein Fungizid) ‖ ~ **cellulose** (US) (Chem) / Alkalizellulose *f*, Alkalicellulose *f* (Natroncellulose)
**soda-chlorine process** (Chem Eng) / Pomilio-Verfahren *n* (Aufschluss von Schilf und Stroh)

**soda crystals** (Chem) / Kristallsoda *f* (Natriumkarbonat-Dekahydrat), Waschsoda *f*, wasserhaltige Soda ‖ ~ **digester** (Paper) / Natronzellstoffkocher *m* ‖ ~ **feldspar** (Min) / Albit *m* (ein Natronfeldspat - Anfangsglied der Plagioklas-Reihe) ‖ ~ **felspar** (Min) / Natronfeldspat *m* (z.B. Albit) ‖ ~ **hornblende** (Min) / Natronhornblende *f*, Alkalihornblende *f*, Alkaliamphibol *m* (z.B. Arfvedsonit, Riebeckit) ‖ ~ **lake*** (Geol) / Natronsee *m* (mit NaCl und $Na_2SO_4$) ‖ ~ **lignin** (Bot, For) / Kraftlignin, Alkalilignin *n*, Sodalignin *n* ‖ ~ **lime** (Chem) / Natronkalk *m* (Ätznatron-Ätzkalk-Gemisch), Sodakalk *m*
**soda-lime(-silica) glass** (Glass) / Mondglas *n* (Flachglas, das durch Blasen einer Hohlkugel und Ausschleudern zu einer Scheibe von 16 bis 20 cm Durchmesser hergestellt wurde)
**soda-lime glass** (Glass) / Sodakalkglas *n*, Natronkalkglas *n*
**soda•-lime process** (Chem) / Kalk-Soda-Verfahren *n* (Wasserenthärtung) ‖ ~**-lime-silica glass*** (Glass) / Natron-Kalk-Kieselsäureglas *n*, Sodakalkglas *n*
**sodalite*** *n* (Min) / Sodalith *m* (ein Tektosilikat)
**soda microcline** (Min) / Anorthoklas *m* (trikliner Kali-Natronfeldspat), Mikroklinalbit *m* (ein Alkalifeldspat)
**sodamide*** *n* (Chem) / Natriumamid *n* ($NaNH_2$)
**soda niter** (US) (Chem, Min) / Nitronatrit *m* ($NaNO_3$), Natronsalpeter *m* ‖ ~ **nitre*** (Chem, Min) / Nitronatrit *m* ($NaNO_3$), Natronsalpeter *m* ‖ ~ **pulp** (Paper) / Natronzellstoff *m* (der durch Kochen pflanzlicher Rohstoffe mit Natronlauge erhalten wird) ‖ ~ **pulping process** (Paper) / Natronverfahren *n*
**SODAR*** *n* (sound detecting and ranging) (Aero, Meteor) / Sodar *m n* (ein Windmesssystem für die unteren Luftschichten)
**soda recovery*** (Paper) / Alkalirückgewinnung *f*, Natronrückgewinnung *f* ‖ ~ **vat** (Textiles) / Sodaküpe *f* ‖ ~ **water glass** (Chem Eng) / Natronwasserglas *n* (aus dem Schmelzfluss erstarrtes glasiges wasserlösliches Natriumsilicat), Natriumwasserglas *n*
**sodden** *adj* / durchgeweicht *adj* (z.B. Boden), völlig durchnässt ‖ ~ (Civ Eng) / voll Wasser gesogen, wassergesättigt *adj*, wasserdurchtränkt *adj*, durchnässt *adj* ‖ ~ (Nut) / nicht gut ausgebacken (Brot), klinschig *adj* (Brot)
**sodding** *n* (Civ Eng, Ecol) / Andeckung *f* mit Rasenplaggen, Berasung *f*, Rasenverkleidung *f*, Begrünung *f* mit Rasensoden
**Soddy's displacement law** (Chem, Nuc) / Fajans-Soddy'sche Verschiebungsregel, Fajans-Soddy'scher Verschiebungssatz, radioaktiver Verschiebungssatz
**Söderberg anode** (Elec Eng, Met) / Söderberg-Anode *f* ‖ ~ **electrode** (Elec Eng, Met) / Söderberg-Elektrode *f* (für Lichtbogenöfen - nach C.W. Söderberg, 1876 - 1955)
**sod field** (Aero) / Grasflugplatz *m*, Rasenplatz *m*
**sodicity** *n* (Agric, Chem) / Natriumgehalt *m* (des Bodens)
**sodium*** *n* (Chem) / Natrium *n*, Na (Natrium) ‖ ~ **abietate** (Chem) / Natriumabietat *n* ‖ ~ **acetate** (Chem) / Natriumacetat *n*, Natriumacetat *n* (Rotsalz) ‖ ~ **acetylide** (Chem) / Natriumacetylid *n*, Natriumacetylid *n* ‖ ~ **acid carbonate** (Chem) / Natriumhydrogencarbonat *n*, Natriumhydrogenkarbonat *n* ‖ ~ **acid chromate** (Chem, Photog, Surf) / Natriumdichromat(VI) *n* ($Na_2Cr_2O_7 \cdot 2H_2O$) ‖ ~ **acid fluoride** (Chem) / Natriumhydrogenfluorid *n* ‖ ~ **adipate** (Chem, Nut) / Natriumadipat *n* (E 356) ‖ ~ **alcoholate** (Chem) / Natriumalkoxid (Verbindung, in der formal der Wasserstoff einer alkoholischen OH-Gruppierung durch Natrium ersetzt ist), Natriumalkoholat *n* ‖ ~ **alginate** (Chem, Nut, Paint) / Natriumalginat *n* (E 401) ‖ ~ **alkoxide** (Chem) / Natriumalkoxid *n* (Verbindung, in der formal der Wasserstoff einer alkoholischen OH-Gruppierung durch Natrium ersetzt ist), Natriumalkoholat *n* ‖ ~ **alloy** (Met) / Natriumlegierung *f* ‖ ~ **alum** (Min) / Sodaalaun *m*, Natriumalaun *m*, Natronalaun *m* ‖ ~ **aluminate** (Chem, Glass) / Natriumaluminat *n* (DIN 19601) ‖ ~ **aluminium chlorhydroxylactate** (Chem) / Natriumaluminiumchlorhydroxylactat *n*, Natriumaluminiumchlorhydroxylactat *n* ‖ ~ **aluminium sulphate** (Chem) / Natriumaluminiumsulfat *n* ‖ ~ **aluminosilicate** (Chem) / Natriumaluminiumsilicat *n*, Natriumalumosilikat *n*, Natriumaluminiumsilicat *n*, Natriumalumosilikat *n* ‖ ~ **amalgam** (Chem) / Natriumamalgam *n* ‖ ~ **amide** (Chem) / Natriumamid *n* ($NaNH_2$) ‖ ~ **ammonium hydrogen phosphate*** (Chem) / Phosphorsalz *n*, Natriumammoniumhydrogenphosphat-4-Wasser *n* ‖ ~ **analyzer** (Chem) / Natriumanalysiergerät *n* ‖ ~ **anthranilate** (Chem) / Natriumanthranilat *n* ‖ ~ **antimonate** (Chem) / Natriumantimonat *n* ‖ ~ **arachinate** (Chem) / Natriumarachinat *n* (ein Schaumregulator) ‖ ~ **arsenate** (Chem) / Natriumarsenat *n* (V) ($Na_3AsO_4$), Trinatriumarsenat *n*, Natriumorthoarsenat *n* ‖ ~ **arsenite** (Chem) / Natriumarsenit *n*, Natriumarsenat(III) *n* ‖ ~ **ascorbate** (Chem, Nut, Pharm) / Natriumaskorbat *n*, Natriumascorbat *n* (E 301) ‖ ~ **azide** (Autos, Chem, Pharm) / Natriumazid *n* ($NaN_3$) ‖ ~ **barbitone** (Chem) / Veronal-Natrium *n* (Pufferlösung)
**sodium-base grease** / Natriumseifenfett *n* (ein Schmierfett), Natronseifenfett *n*, Natronfett *n*

**sodium behenate** (Chem) / Natriumbehenat n (ein Schaumregulator) ‖ ~ **bentonite** (Geol) / Natriumbentonit m, Wyoming-Bentonit m ‖ ~ **benzenecarboxylate** (Chem, Nut, Pharm) / Natriumbenzoat n (E 211) ‖ ~ **benzoate** (Chem, Nut, Pharm) / Natriumbenzoat n (E 211) ‖ ~ **bicarbonate** (Chem) / Natriumhydrogencarbonat n, Natriumhydrogenkarbonat n ‖ ~ **bifluoride** (Chem) / Natriumhydrogenfluorid n ‖ ~ **bismuthate** (Chem) / Natriumbismutat(V) n (NaBiO$_3$) ‖ ~ **bisulphate** (niter cake) (Chem) / primäres Natriumsulfat, Natriumhydrogensulfat n (NaHSO$_4$), Natriumbisulfat n ‖ ~ **boranate** (Chem) / Natriumborhydrid n, Natriumboranat n (NaBH$_4$), Natriumtetrahydridoborat n ‖ ~ **borohydride** (Chem) / Natriumborhydrid n, Natriumboranat n (NaBH$_4$), Natriumtetrahydridoborat n ‖ ~ **bromate** (NaBrO$_3$) (Chem) / Natriumbromat n ‖ ~ **bromide** (NaBr) (Chem) / Natriumbromid n ‖ ~ **carbolate** (Chem) / Natriumphenolat n ‖ ~ **carbonate** (Chem) / Natriumkarbonat n, Natriumcarbonat n ‖ ~ **carbonate** (Chem) s. also soda ‖ ~ **carbonate decahydrate** (Chem) s. also crystal carbonate ‖ ~ **carbonate decahydrate** (Chem) / Natriumcarbonat-Dekahydrat n (Kristallsoda), Natriumkarbonat-Dekahydrat n ‖ ~ **carboxymethylcellulose** (Chem) / Natriumcarboxymethylzellulose f, Natriumcarboxymethylcellulose f ‖ ~ **cellulose xanthate** (Chem, Plastics) / Natriumzellulosexanthogenat n, Natriumcellulosexanthogenat n ‖ ~ **channel** (Med, Physiol) / Natriumkanal m ‖ ~ **chlorate(V)** (Chem) / Natriumchlorat n (ein Totalherbizid) ‖ ~ **chlorate(I)** (Chem) / Natriumhypochlorit n ‖ ~ **chloride*** (Chem) / Natriumchlorid n (Kochsalz)
**sodium-chloride lattice** (Crystal) / Natriumchloridgitter n, Steinsalzgitter n ‖ ~ **structure** (Crystal, Electronics, Min) / Steinsalztyp m, Steinsalzstruktur f, NaCl-Typ m, NaCl-Struktur f, Natriumchloridtyp m, Natriumchloridstruktur f ‖ ~ **type** (Crystal, Electronics, Min) / Steinsalztyp m, Steinsalzstruktur f, NaCl-Typ m, NaCl-Struktur f, Natriumchloridtyp m, Natriumchloridstruktur f
**sodium chlorite** (Chem) / Natriumchlorit n ‖ ~ **chloroaurate** (Chem) / Natriumtetrachloroaurat n (III) (NaAu(CN)$_4$) ‖ ~ **chloroplatinate** (Chem) / Natriumhexachloroplatinat n (IV) ‖ ~ **chromate(VI)** (Chem) / Natriummonochromat n ‖ ~ **citrate** (Chem, Nut, Pharm) / Natriumzitrat n, Natriumcitrat n ‖ ~ **cocoate** (Chem) / Natriumsalz n der Kokosfettsäuren ‖ ~ **cold trap** (Nuc Eng) / Natriumkühlfalle f, Natriumkaltfalle f
**sodium-cooled** adj / natriumgekühlt adj
**sodium·-cooled exhaust valve** (I C Engs) / natriumgefülltes Ventil, natriumgekühltes Auslassventil ‖ ~**-cooled reactor*** (Nuc Eng) / natriumgekühlter Reaktor ‖ ~ **cyanate** (Chem) / Natriumcyanat n, Natriumzyanat n ‖ ~ **cyanide*** (Chem, Surf) / Natriumcyanid n, Natriumzyanid n ‖ ~ **cyclamate*** (Chem) / Natriumzyklamat n (ein Zuckeraustauschstoff), Natriumcyclamat n
**sodium-cycle softening** (Chem Eng) / Vollenthärtung f im Na-Austauscher, Zeolithenthärtung f, Enthärtung f im Natriumaustauscher
**sodium diacetate** (Chem, Nut) / Natriumdiazetat n, Natriumdiacetat n (E 262) ‖ ~ **dichromate** (Chem, Photog, Surf) / Natriumdichromat(VI) n (Na$_2$Cr$_2$O$_7$ . 2 H$_2$O) ‖ ~ **dihydrogenorthophosphate** (Chem) / primäres Natriumorthophosphat (NaH$_2$PO$_4$), Natriumdihydrogenphosphat n ‖ ~ **dihydrogenphosphate(V)** (Chem) / primäres Natriumorthophosphat (NaH$_2$PO$_4$), Natriumdihydrogenphosphat n ‖ ~ **dimethyldithiocarbamate** (Chem) / Natriumdimethyldithiocarbamat n ‖ ~ **dioxide** (Chem) / Natriumhyperoxid n (NaO$^2$), Natriumdioxid n ‖ ~ **diphosphate** (Chem, Nut) / Tetranatriumdiphosphat n (Na$_4$P$_2$O$_7$), Natriumpyrophosphat n ‖ ~ **dithionite** (Chem) / Natriumdithionit n (Na$_2$S$_2$O$_4$), Natriumhydrosulfit n, Natriumhydrodisulfit n ‖ ~ **diuranate** (Chem) / Natriumdiuranat n ‖ ~ **D-lines** (the very prominent closely spaced pair of yellow lines /near 589 nm/ that dominate the sodium emission spectrum, and are familiar in the glow of streetlights with sodium-vapour lamps) (Spectr) / Natrium-D-Linien f pl, Na-D-Linien f pl ‖ ~ **dodecyl sulphate*** (Biol, Chem, Textiles) / Natriumlaurylsulfat n, Natriumdodecylsulfat n, Natriumdodezylsulfat n, SDS (Natriumlaurylsulfat) ‖ ~ **dodecyl sulphate electrophoresis** (Biol) / SDS-Elektrophorese f (bei der das als Detergens zugesetzte Natriumlaurylsulfat die Moleküle der Analysenprobe bindet) ‖ ~ **error** / Alkalifehler m (der bei Glaselektroden einen niedrigeren pH-Wert vortäuscht) ‖ ~ **ethanoate** (Chem) / Natriumazetat n, Natriumacetat n (Rotsalz) ‖ ~ **ethoxide** (Chem) / Natriumethoxid n (NaOC$_2$H$_5$), Natriummethylat n ‖ ~ **ethylate** (Chem) / Natriumethoxid n (NaOC$_2$H$_5$), Natriummethylat n ‖ ~ **ethylxanthate** (Chem, Min Proc) / Natriumethylxanthat n ‖ ~ **exchanger** (Chem) / Natriumaustauscher m (ein Ionenaustauscher) ‖ ~ **felspar** (Min) / Natronfeldspat m (z.B. Albit) ‖ ~ **ferricyanide** (Chem) / Natriumhexacyanoferrat(III) n, Natriumhexazyanoferrat(III) n ‖ ~ **ferrocyanide** (Chem) / Natriumhexacyanoferrat(II) n, Natriumhexazyanoferrat(II) n ‖ ~ **fluorescein** (Chem) / Uranin n (Handelsbezeichnung für das Dinatriumderivat des Fluoresceins) ‖ ~ **fluoride** (Chem) / Natriumfluorid n (NaF) ‖ ~ **fluoroacetate** (Chem) / Natriumfluorazetat n, Natriumfluoracetat n ‖ ~ **fluorophosphate** (Ceramics, Chem, Pharm) / Natriumfluorophosphat n ‖ ~ **fluorosilicate** (Chem) / Natriumhexafluorosilikat n, Natriumhexafluorosilicat n (Na$_2$SiF$_6$), Natriumsilikofluorid n, Natriumsilicofluorid n ‖ ~ **fluosilicate** (Chem) / Natriumhexafluorosilikat n, Natriumhexafluorosilicat n (Na$_2$SiF$_6$), Natriumsilikofluorid n, Natriumsilicofluorid n ‖ ~ **folate** (Chem) / Natriumfolat n ‖ ~ **formaldehyde sulphoxylate** (Chem, Textiles) / Natriumformaldehydsulfoxylat n ‖ ~ **formate** (Chem) / Natriumformiat n (HCOONa) ‖ ~ **gold chloride** (Chem) / Natriumtetrachloroaurat n (III) (NaAu(CN)$_4$) ‖ ~**-graphite reactor** (Nuc Eng) / Na-Graphit-Reaktor m, NGR, Natrium-Graphit-Reaktor m ‖ ~ **grease** / Natriumseifenfett n (ein Schmierfett), Natronseifenfett n, Natronfett n ‖ ~ **halide** (a compound of sodium with a halogen) (Chem) / Natriumhalogenid n ‖ ~ **hexacyanoferrate(II)** (Chem) / Natriumhexacyanoferrat(II) n, Natriumhexazyanoferrat(II) n ‖ ~ **hexacyanoferrate(III)** (Chem) / Natriumhexacyanoferrat(III) n, Natriumhexazyanoferrat(III) n ‖ ~ **hexafluoroaluminate** (Chem) / Natriumhexafluoroaluminat n, Natriumfluoroaluminat n ‖ ~ **hexahydroxostannate** (Chem) / Natriumhexahydroxostannat n (IV), Präpariersalz n (Na$_2$(Sn(OH)$_6$)) ‖ ~ **hexametaphosphate** (Chem) / Natriumhexametaphosphat n ‖ ~ **hydride** (Chem) / Natriumhydrid n (NaH) ‖ ~ **hydridoborate** (Chem) / Natriumborhydrid n, Natriumboranat n (NaBH$_4$), Natriumtetrahydridoborat n ‖ ~ **hydrogen carbonate** (Chem) / Natriumhydrogencarbonat n, Natriumhydrogenkarbonat n ‖ ~ **hydrogen carbonate** (Chem) s. also soda ‖ ~ **hydrogen sulphate** (Chem) / primäres Natriumsulfat, Natriumhydrogensulfat n (NaHSO$_4$), Natriumbisulfat n ‖ ~ **hydrogen sulphide** (Chem) / Natriumhydrogensulfid n (NaSH . 2 H$_2$O) ‖ ~ **hydrosulphide** (Chem) / Natriumhydrogensulfid n (NaSH . 2 H$_2$O) ‖ ~ **hydrosulphite** (Chem) / Natriumdithionit n (Na$_2$S$_2$O$_4$), Natriumhydrosulfit n, Natriumhydrodisulfit n ‖ ~ **hydroxide** (dry, contaminated with soda) (Chem Eng, Paint) / Seifenstein m, Laugenstein m ‖ ~ **hydroxide*** (Chem, Nut) / Natriumhydroxid n (E 524) ‖ ~ **hydroxide*** (Chem) s. also caustic soda ‖ ~ **hypochlorite** (Chem) / Natriumhypochlorit n ‖ ~ **iodate** (Chem) / Natriumiodat n ‖ ~ **iodide** (Chem) / Natriumiodid n
**sodium-iodide detector** (Radiol) / Szintillationszähler m mit Natriumiodidkristall ‖ ~ **scintillation crystal*** (Radiol) / Natriumiodidkristall m (mit Thallium aktivierter anorganischer Szintillator), NaI-Kristall m ‖ ~ **scintillation detector** (Radiol) / Szintillationszähler m mit Natriumiodidkristall
**sodium lactate** (Chem, Med) / Natriumlaktat n, Natriumlactat n ‖ ~ **lauryl sulphate** (Biol, Chem, Textiles) / Natriumlaurylsulfat n, Natriumdodecylsulfat n, Natriumdodezylsulfat n, SDS (Natriumlaurylsulfat) ‖ ~ **lauryl sulphoacetate** (Chem) / Natriumlaurylsulfoacetat n, Natriumlaurylsulfoazetat n, Sulfoessigsäuredodecylester m, Sulfoessigsäuredodezylester m ‖ ~ **leakage** (Chem Eng) / Natriumschlupf m (bei Ionenaustauschern) ‖ ~ **light** (Aero) / Natriumlicht n ‖ ~ **light** (Aero) / Natriumfeuer n (Anflugfeuer) ‖ ~ **loop** (Nuc Eng) / Natriumkreislauf m ‖ ~ **malate** (Chem, Nut) / Natriummalat n (E 350) ‖ ~ **metabisulphite** (Chem) / Natriumpyrosulfit n, Natriumdisulfit n ‖ ~ **metaborate** (Chem) / Natriummetaborat n ‖ ~ **metagermanate** (Chem, Glass) / Natriummetagermanat n ‖ ~ **metasilicate** (Na$_2$SiO$_3$) (Chem) / Natriummetasilikat n (in Waschmitteln, Bleichlaugen und Reinigungsmitteln sowie zur Metallentfettung), Natriummetasilicat n ‖ ~ **metavanadate** (Chem) / Natriummetavanadat n, Natriummonovanadat n ‖ ~ **methoxide** (Chem) / Natriummethoxid n, Natriummethylat n, Natriummethanolat m ‖ ~ **methylate** (Chem) / Natriummethoxid n, Natriummethylat n, Natriummethanolat m ‖ ~ **molybdate** (Chem) / Natriummolybdat(VI) n, Dinatriummolybdat n ‖ ~ **monofluorophosphate** (Chem) / Natriummonofluorophosphat n ‖ ~ **monoxide** (Chem) / Natriumoxid n, Natriummonoxid n (Na$_2$O) ‖ ~ **morrhuate** (Chem) / Natriummorrhuat n (internationaler Freiname für die Na-Salze der Fettsäuren des Leberöls vom Kabeljau) ‖ ~ **naphthionate** (Chem) / Natriumnaphthionat n ‖ ~ **niobate** (Chem) / Natriumniobat n ‖ ~ **nitrate*** (Chem) / Natriumnitrat n ‖ ~ **nitrate*** (Chem) s. also Chile saltpetre ‖ ~ **nitrite** (Chem, Nut) / Natriumnitrit n (NaNO$_2$) ‖ ~ **nitroferricyanide** (Chem) / Nitroprussidnatrium n, Natriumnitroprussiat n, Natriumpentazyanonitrosylferrat(III) n, Natriumpentacyanonitrosylferrat(III) n ‖ ~ **nitroprusside** (Chem) / Nitroprussidnatrium n, Natriumnitroprussiat n, Natriumpentazyanonitrosylferrat(III) n, Natriumpentacyanonitrosylferrat(III) n ‖ ~ **oleate** (Chem, Med, Textiles) / Natriumoleat n ‖ ~ **oxalate** (Chem) / Natriumoxalat n (NaOOC-COONa), Dinatriumoxalat n ‖ ~ **oxide** (Chem) / Natriumoxid n, Natriummonoxid n (Na$_2$O) ‖ ~ **paraperiodate**

**sodium**

(white crystalline solid, soluble in concentrated sodium hydroxide solutions, used to wet-strengthen paper and to aid in tobacco combustion) (Chem) / Natriumhexaoxoperiodat $n$ ($Na_3H_2IO_6$), Natriumparaperiodat $n$ ‖ **~ pentaborate** (a white, water-soluble powder, used in glass-making, weed killers, and fireproofing compositions) (Chem) / Natriumpentaborat $n$ ($Na_2B\#01_0O_{16} \cdot 10 H_2O$) ‖ **~ pentachlorophenate** (Agric, Chem, For) / Natriumpentachlorphenolat $n$ ‖ **~ pentachlorphenate** (Chem, For) / Pentachlorphenolnatrium $n$ ‖ **~ pentacyanonitrosylferrate(III)** (Chem) / Nitroprussidnatrium $n$, Natriumnitroprussiat $n$, Natriumpentacyanonitrosylferrat(III) $n$, Natriumpentazyanonitrosylferrat(III) $n$ ‖ **~ perborate** (Chem) / Natriumperborat $n$ (entweder $NaBO_2 \cdot H_2O_2 \cdot 3H_2O$ oder $Na_2B_4O_7 \cdot H_2O_2 \cdot 9H_2O$) ‖ **~ percarbonate** (Chem) / Natriumperkarbonat $n$, Natriumpercarbonat $n$, Natriumcarbonat-Peroxohydrat $n$ ‖ **~ perchlorate** (Chem) / Natriumperchlorat $n$ ($NaClO_4 \cdot H_2O$) ‖ **~ periodate** (Chem) / Natriumperiodat $n$ ‖ **~ peroxide** (Chem) / Natriumperoxid $n$ ($Na_2O_2$), Natriumsuperoxid $n$ ‖ **~ peroxodisulphate** (Chem, Med) / Natriumperoxodisulfat $n$, Natriumpersulfat $n$ ‖ **~ persulphate** (Chem, Med) / Natriumperoxodisulfat $n$, Natriumpersulfat $n$ (als Handelsbezeichnung) ‖ **~ phenate** (Chem) / Natriumphenolat $n$ ‖ **~ phenolate** (Chem) / Natriumphenolat $n$ ‖ **~ phosphate** (Chem, Nut) / Natriumphosphat $n$ (E 339) ‖ **~ phosphate bead** (Chem) / Natriummetaphosphatperle $f$ (zum Nachweis bestimmter Metalle) ‖ **~ phosphinate** (Chem, Surf) / Natriumphosphinat $n$ (Reduktionsmittel beim stromlosen Vernickeln), Natriumhypophosphit $n$ ‖ **~ phosphotungstate** (Chem) / Natriumdodecawolframatophosphat $n$, Natriumdodekawolframatophosphat $n$ ‖ **~ plumbite process** (Oils) / Natriumplumbitverfahren $n$ ‖ **~ polymannuronate** (Chem, Nut, Paint) / Natriumalginat $n$ (E 401) ‖ **~ polyphosphate** (Chem) / Natriumpolyphosphat $n$ ‖ **~ polyphosphate** (Chem) s. also Graham's salt, Kurrol's salt and Maddrell's salt ‖ **~ polysulphide** (Chem) / Natriumpolysulfid $n$ (Natriumderivat der Sulfane) ‖ **~ polytungstate** (Chem) / Natriumpolywolframat $n$

**sodium-potassium alloy** (Met) / Natrium-Kalium-Legierung $f$, NaK-Legierung $f$, NaK ‖ **~ pump** (Biochem, Physiol) / Natriumpumpe $f$, Kalium-Natrium-Pumpe $f$ (für den Transport von Kalium- und Natriumionen in oder aus Zellen des Organismus), Natrium-Kalium-Pumpe $f$

**sodium propionate** (Chem, Nut) / Natriumpropionat $n$ (E 281) ‖ **~ pump** (Biochem, Physiol) / Natriumpumpe $f$, Kalium-Natrium-Pumpe $f$ (für den Transport von Kalium- und Natriumionen in oder aus Zellen des Organismus), Natrium-Kalium-Pumpe $f$ ‖ **~ pyrophosphate** (Chem, Nut) / Tetranatriumdiphosphat $n$ ($Na_4P_2O_7$), Natriumpyrophosphat $n$ ‖ **~ saccharin** (Chem) / Kristallose $f$ (Natriumsalz des Saccharins als Süßstoff) ‖ **~ salicylate** (Chem, Pharm) / Natriumsalizylat $n$, Natriumsalicylat $n$ ‖ **~ selenate** (Chem) / Natriumselenat $n$ ‖ **~ selenite** (Ceramics, Chem) / Natriumselenit $n$

**sodium-sensitive** adj / natriumempfindlich adj

**sodium sesquicarbonate** (Chem) / Trinatriumhydrogendicarbonat $n$, Trinatriumhydrogendikarbonat $n$ (z.B. im Badesalz) ‖ **~ sesquisilicate** (Chem) / Natriumsesquisilikat $n$, Natriumsesquisilicat $n$ ‖ **~ silicate** (Chem) / Natriumsilikat $n$, Natriumsilicat $n$ ‖ **~ silicate** (Chem Eng) / Natronwasserglas $n$ (aus dem Schmelzfluss erstarrtes glasiges wasserlösliches Natriumsilicat), Natriumwasserglas $n$ ‖ **~ silicoaluminate** (Chem) / Natriumaluminiumsilikat $n$, Natriumalumosilikat $n$, Natriumaluminiumsilicat $n$, Natriumalumosilicat $n$ ‖ **~ silicofluoride** (Chem) / Natriumhexafluorosilikat $n$, Natriumhexafluorosilicat $n$ ($Na_2SiF_6$), Natriumsilikofluorid $n$, Natriumsilicofluorid $n$ ‖ **~ soap** (Chem) / Natriumseife $f$

**sodium-soap grease** / Natriumseifenfett $n$ (ein Schmierfett), Natronseifenfett $n$, Natronfett $n$

**sodium spectrum** (Chem, Spectr) / Natriumspektrum $n$ ‖ **~ stannate** (Chem) / Natriumhexahydroxostannat(IV) $n$, Präpariersalz $n$ ($Na_2[Sn(OH)_6]$) ‖ **~ stearate** (Chem, Met, Textiles) / Natriumstearat $n$ (auch als Schmierstoff) ‖ **~ subsulphite** (Chem) / Natriumthiosulfat $n$ ‖ **~ succinate** (Chem, Pharm) / Natriumsukzinat $n$, Natriumsuccinat $n$

**sodium-sulfur-battery** (US) (Elec Eng) / Natrium-Schwefel-Akkumulator $m$, Natrium-Schwefel-Batterie $f$, NaS-Hochenergiebatterie $f$, Na-S-Batterie $f$

**sodium sulphate** (Chem, Nut) / Natriumsulfat $n$ (auch als Stellmittel bei Waschpulver, auch E 514) ‖ **~ sulphate** (Chem) s. also Glauber salt ‖ **~ sulphide** (Chem) / Natriummonosulfid $n$, Dinatriumsulfid $n$, Natriumsulfid $n$ ($Na_2S$)

**sodium-sulphide lime** (liquor) (Leather) / Schwefelnatriumäscher $m$ (mit Natriumsulfid als Anschärfmittel), Sulfidäscher $m$

**sodium sulphite** (Chem, Nut) / Natriumsulfit $n$ (E 221) ‖ **~ sulphocyanate** (Chem) / Natriumthiozyanat $n$, Natriumthiocyanat $n$

**sodium-sulphur-battery** (Elec Eng) / Natrium-Schwefel-Akkumulator $m$, Natrium-Schwefel-Batterie $f$, NaS-Hochenergiebatterie $f$, Na-S-Batterie $f$

**sodium sulphuret** (Chem) / Natriummonosulfid $n$, Dinatriumsulfid $n$, Natriumsulfid $n$ ($Na_2S$) ‖ **~ tallowate** (Chem) / Natriumsalz $n$ der Talgfettsäuren ‖ **~ tartrate** (Chem, Nut) / Natriumtartrat $n$ (zugelassen auch als Lebensmittelzusatzstoff - E 335) ‖ **~ TCA** (Chem) / Natriumtrichloroazetat $n$, Natriumtrichloroacetat $n$ ‖ **~ tetraborate** (Chem) / Natriumtetraborat $n$ ‖ **~ tetraborate decahydrate** (Chem) / Natriumtetraborat-Decahydrat $n$, Natriumtetraborat-Dekahydrat $n$ (Borax) ‖ **~ tetrafluoroborate** (Chem) / Natriumtetrafluoroborat $n$ ‖ **~ tetrahydridoborate** (Chem) / Natriumborhydrid $n$, Natriumboranat $n$ ($NaBH_4$), Natriumtetrahydridoborat $n$ ‖ **~ tetraphenylborate** (Chem) / Natriumtetraphenylborat $n$ (Kalignost - Reagens auf K, Rb, Cs und $NH_4$) ‖ **~ thioantimonate** (Chem) / s. also Schlippe's salt ‖ **~ thioantimonate** (Chem) / Natriumthioantimonat $n$ ‖ **~ thiocyanate** (Chem) / Natriumthiozyanat $n$, Natriumthiocyanat $n$ ‖ **~ thioglycolate** (Chem) / Natriumthioglykolat $n$, Natriumthioglycolat $n$ (Mercaptoessigsäure-Natriumsalz) ‖ **~ thiosulphate*** (Chem) / Natriumthiosulfat $n$ ‖ **~ thiosulphate*** (Chem) s. also hypo ‖ **~ trichloroacetate** (Chem) / Natriumtrichloroacetat $n$, Natriumtrichloroazetat $n$ ‖ **~ triphosphate** (Chem) / Natriumtripolyphosphat $n$ ($Na_5P_3O_{10}$), Pentanatriumtriphosphat $n$ (ein alter, heute nicht mehr benutzter Waschmittelinhaltsstoff) ‖ **~ tripolyphosphate** (Chem) / Natriumtripolyphosphat $n$ ($Na_5P_3O_{10}$), Pentanatriumtriphosphat $n$ (ein alter, heute nicht mehr benutzter Waschmittelinhaltsstoff) ‖ **~ tungstate** (Ceramics, Chem, Textiles) / Natriumwolframat $n$ ‖ **~ 12-tungstophosphate** (Chem) / Natriumdodecawolframatophosphat $n$, Natriumdodekawolframatophosphat $n$ ‖ **~ vanadate** (Chem) / Natriumvanadat $n$ (Trinatriummonovanadat oder Natriumvanadat) ‖ **~ vapour lamp*** (Elec Eng) / Natriumdampflampe $f$ (eine Gasentladungslichtquelle)

**sodium-wire press** (Chem) / Natriumpresse $f$

**sodium wolframate** (Ceramics, Chem, Textiles) / Natriumwolframat $n$ ‖ **~ xanthate** (Chem) / Natriumxanthat $n$, Natriumxanthogenat $n$ ‖ **~ xanthate** (Chem) s. also sodium ethylxanthate ‖ **~ xanthogenate** (Chem) / Natriumxanthat $n$, Natriumxanthogenat $n$ ‖ **~ zincate** (Chem) / Natriumzinkat $n$

**sod oil** (Chem, Leather) / Sämischgerber-Degras $m$, Weißgerber-Degras $m$ (der bei der Sämischgerbung durch Entfetten der trandurchtränkten Leder gewonnen wird)

**sodoku*** $n$ (Med) / Sodoku $n$, Rattenbissfieber $n$, Rattenbisskrankheit $f$

**SOD technology** (Electronics) / SOD-Technik $f$ (in der Diamant als Substrat für das Aufwachsen epitaktischer Siliziumschichten benutzt wird)

**sofar** $n$ (Nav) / Sofar $n$ (ein akustisches Ortungssystem)

**SOFC** (solid-oxide fuel cell) / Festoxid-Brennstoffzelle $f$, SOFC $f$ (Festoxid-Brennstoffzelle), oxidkeramische Brennstoffzelle

**soffione** $n$ (pl. soffioni) (Geol) / Soffione $f$ (postvulkanische Exhalation borsäurehaltiger Dämpfe)

**soffit** $n$ (visible underside of an arch, balcony, beam, corona, cornice, vault, or any exposed architectural element) (Build) / Unterseite $f$, Unterfläche $f$, Untersicht $f$ ‖ **~*** (Build) / Sturzunterfläche $f$ ‖ **~** (Build, Civ Eng) / Tunnelscheitel $m$, Gewölbescheitel $m$ ‖ **~** (Carp) / Balkenunterseite $f$

**soffita** $n$ (Build) / Unterseite $f$, Unterfläche $f$, Untersicht $f$

**soffit board** (Build) / Dachkastenunterseite $f$, Gesimsunterseite $f$ ‖ **~ board** (Build) / Verschalungsbrett $n$ (an einer Dachkastenunterseite)

**soffite** $n$ (Build) / Unterseite $f$, Unterfläche $f$, Untersicht $f$

**soffosian knob** (Geol) / Pingohydrolakkolith $m$, Aufeishügel $m$

**SOFIA** (Stratospheric Observatory for Infrared Astronomy) (Astron) / SOFIA $n$ (ein modernes Flugzeugobservatorium)

**soft** adj / weich adj (nicht fest) ‖ **~** (Chem, Ecol) / bioabbaubar adj, biologisch abbaubar (Waschmittel) ‖ **~*** (Electronics) / gasgefüllt adj, weich adj, nicht vollständig evakuiert (Röhre) ‖ **~** (Eng) / weichdichtend adj (Armatur) ‖ **~*** (Glass) / weich adj (leicht schmelzbar) ‖ **~** (Mining) / spröde adj, gebräch adj (leicht in kleinere Stücke zerfallend), leicht hereinbrechend (wenig standfest) ‖ **~** (drink) (Nut) / alkoholfrei adj ‖ **~** (Paper) / schmierig adj (Faserstoff) ‖ **~** (Photog) / weich adj (kontrastarm)

**soft-agar medium** (Bacteriol) / Weichagarmedium $n$ (ein Nährboden)

**soft annealing** (Met) / Weichglühen $n$ (DIN EN 10 052), sphäroidisierendes Glühen, Weichglühung $f$, Glühen $n$ auf kugeligen Zementit, GKZ-Glühen $n$, GKZ (Glühen auf kugeligen Zementit)

**softback** $n$ (Bind) / Softcover $n$ (ein Modewort für Taschenbuch) ‖ **~** (Bind) s. also paperback

**soft bark** (For) / Weichbast $m$, Bastparenchym $n$ ‖ **~ base** (Chem) / weiche Base (nach Pearson)

**softboard** $n$ (Build, Join) / weiche Faserplatte

**soft**•-**bound** n (Bind) / Softcover n (ein Modewort für Taschenbuch) ǁ ~ **brass** (Met) / Weichmessing n (kaltumformbar) ǁ ~ **break** (Comp) / automatischer Seitenwechsel (vom Programm generierter Seitenwechsel) ǁ ~ **button** (Comp) / Softbutton m (figurativer Taster, der mit dem Finger angetippt oder mit der Maus angeklickt werden kann) ǁ ~ **calender** (Paper) / Softglättwerk n, Softkalander m ǁ ~ **case** (Comp) / Tragetasche f aus Stoff (für die Notebooks), Stofftasche f (eine Tragetasche) ǁ ~ **cast iron** (Met) / weiches Gusseisen ǁ ~ **chemistry** (Chem) / sanfte Chemie ǁ ~ **cleaner** (Textiles) / Sanftreinigungsmittel n ǁ ~ **cleaning agent** (Textiles) / Sanftreinigungsmittel n ǁ ~ **coal** (Mining) / Steinkohle f mit 15-50% flüchtigen Bestandteilen, bituminöse Kohle (Esskohle, Fettkohle, Gaskohle, Gasflammkohle; Flammkohle) ǁ ~ **copy** (Comp) / Softcopy f (Datenträger, dessen Informationen nur für die Dauer der Übertragung zugänglich sind)

**softcover** n (Bind) / Softcover n (ein Modewort für Taschenbuch) ǁ ~ **attr** (Bind) / flexibel adj (Einband)

**soft detergent** (Chem, Ecol) / biologisch gut abbaubares Waschmittel ǁ ~ **disk** (Comp) / Softdisk f ǁ ~ **disk** (Comp) s. also floppy disk ǁ ~ **distemper** (Paint) / Leimfarbe f (mit wasserlöslichen Klebstoffen und Schlämmkreide als Pigment) ǁ ~ **dot** (Print, Typog) / Soft Dot n (Gegensatz zu Hard Dot), Soft-Dot-Verfahren n

**soft-drawn** adj (Met) / weichgezogen adj

**soft-drink caramel** (Nut) / Ammoniaksulfitzuckerkulör f (hergestellt durch kontrollierte Hitzeeinwirkung auf Kohlenhydrate mit ammonium- und sulfithaltigen Verbindungen), Ammoniumsulfitkulör f, SAC

**soften** v (Chem, Hyd Eng) / enthärten v (Wasser) ǁ ~ (Eng, Met) / entfestigen v (z.B. beim Dehnungswechselversuch) ǁ ~ (Photog) / soften v (weich zeichnen) ǁ ~ (Spinning) / avivieren v ǁ ~ (Spinning) / schmälzen v ǁ ~ vi / erweichen vi, weich werden ǁ ~ vt / aufweichen vt, erweichen vt, weich machen ǁ ~ (Chem, Plastics) / plastifizieren v, aufweichen vt, weich machen v, erweichen vt, knetbar machen, plastizieren v

**softener** n (Chem, Hyd Eng) / Enthärter m, Enthärtungsmittel n ǁ ~ (Chem, Textiles) / Weichmacher m (ein Textilhilfsmittel), Weichmachungsmittel n ǁ ~ (hog, badger) (Paint) / Schläger m (ein Pinsel zur Holzimitation) ǁ ~ (Spinning) / Quetschmaschine f (für die Jutespinnerei) ǁ ~ (Spinning, Textiles) / Avivagemittel n (z.B. Seife oder Öl) ǁ ~ (Textiles) / Softener m (Zusatz in der Schlichterei oder Appretur)

**softening** n / Aufweichen n, Erweichen n, Weichmachen n (im allgemeinen) ǁ ~ (Chem, Hyd Eng) / Enthärten n, Enthärtung f (des Trink- oder Betriebswassers) ǁ ~ (Eng, Met) / Entfestigung f ǁ ~* (Met) / Werkbleiraffination f (unter Luftzutritt), Seigern n und Raffinieren (von Werkblei) ǁ ~* (Textiles) / Avivage f (Weichmachen von Geweben durch Nachbehandlung mit Seifen und Ölen) ǁ ~ **agent** (Chem, Hyd Eng) / Enthärter m, Enthärtungsmittel n ǁ ~ **agent** (Spinning) / Avivagemittel n (z.B. Seife oder Öl) ǁ ~ **agent** (Textiles) / Weichspülmittel n, Weichspüler m (der den harten Griff der Wäsche beseitigen soll) ǁ ~ **agent** (Textiles) / Weichmacher m (ein Textilhilfsmittel), Weichmachungsmittel n ǁ ~ **finish** (Textiles) / weichmachende Ausrüstung ǁ ~ **of a spectrum** (Spectr) / Spektrumerweichung f, Erweichung f eines Spektrums ǁ ~ **point** (Ceramics) / [nominelle] Falltemperatur f, Erweichungstemperatur f, Erweichungspunkt m ǁ ~ **point** (Chem Eng, Phys) / Erweichungstemperatur f, ET (Erweichungstemperatur), Erweichungspunkt m, Softening point m (Temperaturangabe für einen Viskositätsfixpunkt) ǁ ~ **range** (Glass, Phys) / Erweichungsbereich m, Erweichungsintervall n ǁ ~ **temperature** (Chem Eng, Phys) / Erweichungstemperatur f, ET (Erweichungstemperatur), Erweichungspunkt m, Softening point m (Temperaturangabe für einen Viskositätsfixpunkt) ǁ ~ **under load** (Ceramics, Met) / Druckerweichung f (von keramischen Massen)

**soft error** (Comp) / Softfehler m (der gewöhnlich durch erneutes Lesen des Bandes behoben werden kann) ǁ ~ **error** (Electronics) / Softerror m (in der Halbleitertechnik) ǁ ~ **error** (Comp) s. also soft failure and transient error

**soft-face(d) hammer** (with hide, copper or plastic faces) (Tools) / Schonhammer m (für schonende Schläge)

**soft-fail** n (Electronics) / Softfail n (auf einem fehlgeleiteten Elektron beruhendes Versagen einer elektronischen Anlage)

**soft failure** (Comp) / Soft Failure f (sporadisch auftauchende Störung, die nach einer gewissen Zeit verschwindet und an einem anderen Ort im Rechnersystem erneut auftaucht) ǁ ~ **feel** (Textiles) / weicher Griff ǁ ~ **ferromagnetic material** (Elec Eng) / weichmagnetischer Werkstoff (ein Funktionswerkstoff), magnetisch weicher Werkstoff ǁ ~ **fibre** (Textiles) / Weichbastfaser f ǁ ~ **fibre** (Textiles) / Weichfaser f (z.B. Ramie) ǁ ~ **fibrebard** (Build, Join) / Holzfaserdämmplatte f, HFD (Holzfaserdämmplatte) ǁ ~ **fibreboard** (Build, Join) / weiche Faserplatte ǁ ~ **finish** (Textiles) / Avivage f (Weichmachen von Geweben durch Nachbehandlung mit Seifen und Ölen) ǁ ~ **fire** /

Feuer n mit geringer Luftzufuhr ǁ ~ **fire** (a flame with a deficiency of air) (Ceramics) / leichtes Feuer ǁ ~ **flame** (Welding) / weiche Flamme ǁ ~ **flash** (Electronics) / Überschlag m (bei Katodenstrahlröhren) ǁ ~-**focus lens**\* (Optics, Photog) / Weichzeichner m, Softlinse f (ein Objektivvorsatz) ǁ ~ **font**\* (Comp) / Softfont m (ladbarer Druckerfont), nachladbare Schrift ǁ ~ **fonts** (Comp) / herunterladbae Schriften, Softfonts m pl ǁ ~ **furnishings** (GB) (Textiles) / Raumtextilien und Teppiche, Haustextilien pl ǁ ~ **glass** (Glass) / Weichglas n, weiches Glas (mit niedriger Erweichungstemperatur) ǁ ~ **glass** (Glass) / weiches Glas (mechanisch) ǁ ~ **goods** (GB) (Textiles) / Textil n, Textilwaren f pl, Textilien pl (DIN 60000), Textilerzeugnisse n pl

**softgripper** n (Eng) / Softgreifer m (mehrgliedriger Fingergreifer für besonders hohe Flexibilitätsanforderungen)

**soft hail** (Meteor) / Graupeln f pl (durchsichtig: Frostgraupeln, undurchsichtig: Reifgraupeln) ǁ ~ **hail** (Meteor) s. also snow pellet ǁ ~ **handle** (Textiles) / weicher Griff ǁ ~ **handover** (handover procedure where a mobile station can be connected to more than one base station simultaneously) (Teleph) / Soft Handover m ǁ ~ **hardwood** (For) / weiches Laubholz (z.B. Tulpenbaum) ǁ ~ **hyphen** (Comp) / weicher Trennstrich, Bedarfstrennstrich m, Pseudotrennstrich m, bedingter Trennstrich, Trennfuge f (die nur dann vom Satzprogramm aktiviert wird, wenn am Zeilenende eine Trennung nötig ist) ǁ ~ **ionization** (Phys) / weiche Ionisierung f ǁ ~ **iron**\* (Met) / Weicheisen n (Magnetwerkstoff aus Reineisen) ǁ ~ **iron**\* (Met) s. also mild steel

**soft-iron** attr (Elec, Elec Eng) / weichmagnetisch adj, magnetisch weich ǁ ~ **armature** (Elec Eng) / Weicheisenanker m

**soft-iron instrument**\* (Elec Eng) / Dreheiseninstrument n (ein Messinstrument mit beweglichem Eisenteil, das vom Magnetfeld der feststehenden Spule abgelenkt wird), Weicheiseninstrument n

**soft-iron rotor** (Elec Eng) / Weicheisenanker m

**soft key** (Comp) / programmierbare Funktionstaste, Softtaste f, Softkey m (eine in ihrer Funktion programmierbare Taste) ǁ ~ **key** (Comp) s. also hard key

**soft-laid** adj / weichgeschlagen adj (Seil mit wenig Zusatzdrehungen), locker geschlagen (Tau)

**soft landing** (Aero, Space) / weiche Landung, Eierlandung f ǁ ~ **landscape** (Civ Eng, Ecol) / überwiegend aus natürlichen Elementen bestehende oder gestaltete Landschaft (ohne störende anthropogene Eingriffe) ǁ ~ **laser** (Med, Phys) / weicher Laser, Softlaser m ǁ ~ **lead** (Met) / Weichblei n ǁ ~ **limiter** (Comp) / weicher Begrenzer ǁ ~ **limiting** (Comp) / weiche Begrenzung ǁ ~ **machine check** (Comp) / weicher Maschinenfehler ǁ ~ **magnetic material** (Elec Eng) / weichmagnetischer Werkstoff (ein Funktionswerkstoff), magnetisch weicher Werkstoff ǁ ~ **missile base** (Mil) / nicht verbunkerte Flugkörperstellung ǁ ~ **mode** (Nuc) / Softmode m (ein Schwingungstyp der Atome eines Festkörpers), weiche Schwingung ǁ ~-**mud brick** (Ceramics) / Nasspressziegel m (bildsame, rieselfähige Pressmasse)

**soft-mud process** (Ceramics) / weichplastisches Verfahren

**softness**\* n / Weichheit f ǁ ~ (Paper) / Schmierigkeit f (eines Faserstoffes)

**soft packing** (Eng) / Weichpackung f, Weichdichtung f ǁ ~ **paint** (Paint) / Farberweichung f ǁ ~ **paraffin** (Chem) / Weichparaffin n (Schmelzpunkt 45 - 65 °C) ǁ ~ **paste** (Ceramics) / Weichporzellanmasse f, Weichmasse f (mit niedrigem Feldspatanteil)

**soft-paste porcelain** (Ceramics) / Weichporzellan n (mit niedrigem Feldspatanteil - Glühbrand bis 900° C, Glattbrand bis 1300° C)

**soft pitch** / Weichpech n (Erweichungspunkt 35 - 45° C) ǁ ~ **porcelain** (Ceramics) / Weichporzellan n (mit niedrigem Feldspatanteil - Glühbrand bis 900° C, Glattbrand bis 1300° C) ǁ ~ **proof** (Print) / Echtdarstellung f (am Bildschirm), Prüfdarstellung f (am Bildschirm), Softproof m ǁ ~ **radiation**\* (Radiol) / weiche Strahlung ǁ ~ **resin** (Brew) / Weichharz n (z.B. Humulone und Lupulone) ǁ ~ **resin** (Paint, Plastics) / Weichharz n (natürliches oder synthetisches Harz, das bei Normaltemperatur flüssig ist)

**soft-rock geology**\* (Geol) / Geologie f der Sedimentgesteine

**soft-roof convertible** (US) (Autos) / Kabriolett n (PKW mit zurückklappbarem Verdeck und versenkbaren Seitenfenstern), Kabrio n, offenes Auto, Cabrio n, Cabriolet n

**soft rot** (For) / Moderfäule f (besondere Form der Holzzerstörung durch Pilze mit Muschelbruch) ǁ ~ **rot**\* (For) / Weichfäule f (durch Schlauchpilze verursacht)

**soft-rot attack** (For) / Moderfäulebefall m

**soft rubber** / Weichgummi m (Kautschuk mit 1-4% Schwefel) ǁ ~ **sand** (Build) / weicher Sand, stumpfer Sand ǁ ~ **scrolling** (Comp) / weicher Bilddurchlauf (das übergangslose Verschieben eines Bildschirminhalts nach allen Richtungen)

**soft-sectored** adj (Comp) / weichsektoriert adj, softsektoriert adj (Diskette)

**soft sectoring**

**soft sectoring** (Comp) / Weichsektorierung f, Softsektorierung f (der Diskette) ‖ ~ **segment** (Chem) / Weichsegment n (eines Blockpolymers) ‖ ~ **selling** s. also hard selling ‖ ~ **shower** (Geophys) / weicher Schauer
**soft-sized** adj (Paper) / schwach geleimt adj, mit schwacher Leimung
**soft soap*** (made of less expensive plant oils by saponification with potassium lye) (Chem, Paint) / weiche Seife, Schmierseife f (Seife von streichfähiger Konsistenz, die aus billigen Pflanzenölen durch Verseifung mit Kalilauge hergestellt wird) ‖ ~ **solder*** (tinman's solder + plumber's solder) (Met, Plumb) / Weichlot n (DIN 1707) ‖ ~ **soldering** (Met, Plumb) / Weichlöten n (unterhalb etwa 450 °C), Weichlötverfahren n
**soft-solder joint** (Met, Plumb) / Weichlötverbindung f
**soft spot** (Met) / Weichfleck m (durch ungleichmäßige Abkühlung auf der Oberfläche des Härtegutes) ‖ ~ **steel** (Met) / weicher Stahl, Weichstahl m, Flussstahl m (Kohlenstoffgehalt höchstens 0,25 %) ‖ ~ **steel wire** (Met) / weicher Stahldraht ‖ ~ **stock** (Paper) / schmieriger Faserstoff, schmieriger Stoff (der langsam entwässert) ‖ ~ **sugar** (Nut) / brauner Zucker ‖ ~ **superconductor** (Elec) / Supraleiter m I, Supraleiter m 1. Art, weicher Supraleiter ‖ ~ **target** (an undefended target) (Mil) / Weichziel n, weiches Ziel ‖ ~ **tick** (Agric, Zool) / Lederzecke f, Saumzecke f (aus der Familie Argasidae) ‖ ~ **tissue** (Paper) / Tissue-Papier n (ein Hygienepapier - ganz oder überwiegend aus Zellstofffasern), Seidenpapier n (weiches, mehrlagiges, holzfreies Papier mit "gewebeartigem" Griff), Tissue n (DIN 6370) ‖ ~ **tube** (US) (Electronics) / weiche Röhre, Niedervakuumröhre f ‖ ~ **valve** (Electronics) / weiche Röhre, Niedervakuumröhre f ‖ ~ **velours** (Textiles) / Softvelours m ‖ ~ **volume** (Chem) / Soft Volume n (das Volumen der Fehlstellen in der Salzschmelze)
**software*** n (Comp) / Software f (DIN 44300 und 66230), SW (Software) ‖ ~ **administration** (Comp) / Softwareverwaltung f ‖ ~ **agreement** (Comp) / Software-Vertrag m
**software-based** adj (Comp) / softwaregestützt adj
**software clock** (Comp) / Softwaretakt m ‖ ~ **compatibility** (Comp) / Software-Kompatibilität f, Software-Verträglichkeit f
**software-compatible** adj (Comp) / software-kompatibel adj, software-verträglich adj
**software component** (Comp) / Softwarebaustein m, Softwarekomponente f
**software-configuration management** (Comp) / Software-Konfigurationsverwaltung f
**software contract** (Comp) / Software-Vertrag m ‖ ~ **control structure** (Comp) / Kontrollstruktur f einer Softwarearchitektur ‖ ~ **copyright** (Comp) / Software-Copyright n ‖ ~ **correction** (Comp) / Softwarekorrektur f, Programmkorrektur f ‖ ~ **developer** (Comp) / Software-Entwickler m ‖ ~ **development** (Comp) / Software-Entwicklung f ‖ ~ **development kit** (Comp) / Software Development Kit m n (Bibliothek von Softwarefunktionen eines technischen Systems, welche bausteinartig von Entwicklern zu individuellen Anwendungen zusammengesetzt werden können), SDK (Software Development Kit ) ‖ ~ **documentation** (Comp) / Software-Dokumentation f ‖ ~ **engineering** (Comp) / Software-Engineering n, Software-Technik f (Gesamtheit der Prinzipien, Methoden, Verfahren und Hilfsmittel für alle Arbeitsphasen der Programmerstellung) ‖ ~ **engineering environment** (a software system that provides support for the development, repair, and enhancement of software, and for the management and control of those activities) (Comp) / Software-Produktionsumgebung f, SPU (Software-Produktionsumgebung) ‖ ~ **enhancement** (Comp) / Software-Verbesserung f, Programmaktualisierung f ‖ ~ **environment** (Comp) / Software-Umgebung f ‖ ~ **ergonomics** (Comp) / Software-Ergonomie f (menschengerechte Gestaltung interaktiver Programmsysteme) ‖ ~ **fault** (Comp) / Software-Fehler m, Programmfehler m ‖ ~ **fault** (Comp) s. also bug ‖ ~ **flow control** (software-driven method to regulate the data flow between two devices) (Comp) / SW-Flusskontrolle f, SW-Handshaking n ‖ ~ **for manufacturing control** (Eng) / Fertigungssteuerungssoftware f ‖ ~ **house*** (Comp) / Software-Haus n (das System- und/oder Anwendersoftware entwickelt und herstellt) ‖ ~ **interface** (Comp) / Software-Schnittstelle f ‖ ~ **interlinking** (Comp) / Software-Verkopplung f ‖ ~ **interlock** (Comp) / Softwaresperre f ‖ ~ **interrupt** (Comp) / Software-Interrupt n ‖ ~ **library** (Comp) / Software-Bibliothek f ‖ ~ **library** (Comp) s. also program library ‖ ~ **licence agreement** (Comp) / Software-Lizenzvertrag m, Softwarenutzungsvertrag m ‖ ~ **license agreement** (US) (Comp) / Software-Lizenzvertrag m, Softwarenutzungsvertrag m ‖ ~ **localization** (Comp) / Software-Lokalisierung f ‖ ~ **maintenance** (Comp) / Software-Wartung f, Software-Pflege f, Wartung f von Software, Pflege f von Software ‖ ~ **measurement** (Comp) / Software-Metrie f (eine Wissenschaft, die die Programmeigenschaften quantifiziert) ‖ ~ **metrics** (Comp) / Software-Metrie f (eine Wissenschaft, die die Programmeigenschaften quantifiziert) ‖ ~ **modularity** (Comp) / Software-Modularität f ‖ ~ **monitor** (Comp) / Software Monitor m (versorgt Anwender mit statistischen Daten der Systemleistung) ‖ ~ **option** (Comp) / Software-Zusatz m ‖ ~ **package** (Comp) / Anwendersoftware f, Software-Paket n (vom Anlagenhersteller dem Anwender zur Verfügung gestelltes Programmpaket) ‖ ~ **performance evaluation** (Comp) / Software-Messung f ‖ ~ **piracy** (the process of copying commercial software and making it available to the general user community, either at a small fee or free) (Comp) / Softwarepiraterie f (unautorisiertes Kopieren und Inverkehrbringen von Computerprogrammen einerseits und die Nutzung derartiger Software andererseits), Raubkopieren n ‖ ~ **programming effort** (Comp) / Softwareprogrammieraufwand m ‖ ~ **project** (Comp) / Software-Projekt n ‖ ~ **provider** (Comp) / Software-Anbieter m ‖ ~ **quality** (Comp) / Software-Qualität f ‖ ~ **recovery** (Comp) / Softwareanlauf m ‖ ~ **reliability** (Comp) / Software-Zuverlässigkeit f ‖ ~ **safeguarding** (Comp) / Softwaresicherung f (Software zur Sicherung der Betriebsfähigkeit der Software) ‖ ~ **suite** (Comp) / Suite f ‖ ~ **support** (Comp) / Software-Unterstützung f ‖ ~ **technology** (Comp) / Software-Technologie f (als praktische Disziplin) ‖ ~ **tool** (a program that is employed in the development, repair, or enhancement of other programs or of hardware) (Comp) / Software-Werkzeug n, Werkzeug n (Programm, das das Entwerfen, Programmieren, Testen und Dokumentieren von Software unterstützt), Tool n (Software-Werkzeug)
**soft waste** (Spinning) / Vorspinnabfall m ‖ ~ **water*** (Chem) / weiches Wasser, Weichwasser n ‖ ~ **window coverings** (Textiles) / Gardinenstoffe + Vorhangstoffe und Dekostoffe m pl ‖ ~ **wire** (Elec Eng) / weichgeglühter Draht
**soft-wired control** (Comp, Eng) / CNC-Steuerung f, Computer-NC-Steuerung f ‖ ~ **N/C** (Comp, Eng) / CNC-Steuerung f, Computer-NC-Steuerung f
**softwood** n (For) / Weichholz n (z.B. Nadelhölzer, Erle, Pappel, Weide usw.) ‖ ~ (For) / Nadelholz n, Nadelbaumholz n ‖ ~ **pulp** (For, Paper) / Nadelholzzellstoff m
**soft X-radiation** (Radiol) / weiche Röntgenstrahlung (20,6 - 62 keV) kV) ‖ ~ **X-ray appearance potential spectroscopy** (Spectr) / Röntgenauftrittspotentialspektroskopie f, SXAPS (Röntgenauftrittspotentialspektroskopie) ‖ ~ **X-rays** (Radiol) / weiche Röntgenstrahlung (20,6 - 62 keV) kV)
**softy leather** (Leather) / Softy-Leder n (sehr weiches und schmiegsames Leder)
**SO-group** n (Nuc) / SO-Gruppe f
**SOH** (start of heading) (Telecomm) / Anfang m des Kopfes (ein CCITT-Steuerzeichen für Datenübertragung), Kopfanfang m
**SOHC engine** (I C Engs) / Motor m mit einer obenliegenden Nockenwelle (Direktantrieb hängender Ventile durch eine im Zylinderkopf gelagerte Nockenwelle), SOHC-Motor m (mit einer obenliegenden Welle)
**sohc engine** (I C Engs) / Motor m mit einer obenliegenden Nockenwelle (Direktantrieb hängender Ventile durch eine im Zylinderkopf gelagerte Nockenwelle), SOHC-Motor m (mit einer obenliegenden Welle)
**Sohio process** (Standard Oil of Ohio) (Chem Eng) / Sohio-Akrylnitril-Verfahren n (zur Erzeugung von Akrylnitril durch katalytische Oxidation von Propen und Ammoniak in einer Wirbelschicht aus Katalysatorpartikeln)
**söhngeite** n (Min) / Söhngeit m (einziges oxidisches Ga-Mineral)
**SOHO** (small office home office) (Comp, Telecomm) / Small Office/Home Office (Marktbereich für halbprofessionelle Anwendungsbereiche, meistens für Freiberufler), SOHO (Small Office/Home Office) ‖ ~ n (Solar Heliospheric Observatory) (Astron) / SOHO-Satellit m (1993 in die Sonnenumlaufbahn gebracht)
**soil** v (Agric) / Grünfutter (frisch gemähtes) verfüttern ‖ ~ (Civ Eng) / verfüllen mit Humusdecke, verfüllen v (mit vorhandenem Mutterboden) ‖ ~ (Textiles) / verschmutzen v, anschmutzen v ‖ ~ vi (Textiles) / verschmutzen v, anschmutzen v ‖ ~ (easily) / (leicht) schmutzig werden ‖ ~ vt / verunreinigen v, beschmutzen v (verunreinigen), verschmutzen v ‖ ~ n (Agric, Civ Eng) / Boden m ‖ ~ (Textiles) / Schmutz m, Schmutzablagerung f ‖ ~ (Textiles) / Schmutzfleck m, Fleck m (Rost-, Schmutz-), Schmutzstelle f ‖ ~ (Textiles) / Verschmutzung f, Anschmutzung f, Verunreinigung f
**soilability** n (Textiles) / Anschmutzbarkeit f ‖ ~ (Textiles) s. also soiling behaviour
**soilable** adj (Textiles) / anschmutzbar adj
**soil acid** (Agric) / Bodensäure f ‖ ~ **acidification** (Agric) / Bodenversauerung f (Erniedrigung des pH-Wertes eines Bodens durch den Eintrag oder die Bildung von Säuren),

Bodenversäuerung f ‖ **~ acidity** (Agric) / Bodenazidität f (pH-Wert des Bodens), Bodenacidität f
**soil-acting herbicide*** (Agric) / Bodenherbizid n, Wurzelherbizid n (Unkrautvernichtungsmittel, das über das Wurzelsystem wirkt)
**soil adherence** (Textiles) / Schmutzhaftung f ‖ **~ adsorption coefficient** / $K_{OC}$ (Bodenabsorptionskoeffizient) ‖ **~ aeration** (Agric) / Bodendurchlüftung f, Bodenbelüftung f ‖ **~ aerosphere** (Agric) / Bodenatmosphäre f
**soilage pocket** (Eng) / Tasche f (in einer nicht korrosionsgeschützten Konstruktion)
**soil aggregate** (Agric) / Aggregat n (von Bodenprimärteilchen), Bodenaggregat n (Zusammenballung von Bodenprimärteilchen) ‖ **~ air** (Agric, Geol, San Eng) / Bodenluft f (luftgefüllter Porenraum im Boden mit fraktaler Grenzfläche zur Bodenlösung), Grundluft f ‖ **~ ameliorant** (Agric) / Bodenstrukturverbesserungsmittel n, Bodenverbesserungsmittel (BVM) n, BVM ‖ **~ amelioration** (Agric) / Melioration f, Bodenmelioration f (DIN 4047-10), Bodenverbesserung f (Melioration) ‖ **~ analysis** / Bodenuntersuchung f (physikalische, chemische und biologische), Bodenanalyse f ‖ **~ application** (Agric) / Ausbringung f auf den Boden (von Pestiziden), Bodenausbringung f (von Pestiziden) ‖ **~ assessment** (Agric) / Bodenschätzung f, Bonitierung f (des Bodens) ‖ **~ association** (Agric) / Bodengesellschaft f (die Gesamtheit der Böden einer Landschaft bzw. eines Einzugsgebiets) ‖ **~ atmosphere** (Agric) / Bodenatmosphäre f ‖ **~ atmosphere** (Agric) s. also soil air ‖ **~ bacteria** (Agric, Bacteriol) / Bodenbakterien f pl ‖ **~ bearing capacity** (Build, Civ Eng) / Tragfähigkeit f (z.B. des Bodens), Belastungsfähigkeit f (z.B. des Bodens), Bodentragfähigkeit f ‖ **~ biology** (Agric, Biol) / Bodenbiologie f, Pedobiologie f ‖ **~ blister** (Geol) / Pingohydrolakkolith m, Aufeishügel m ‖ **~ borer*** (Civ Eng) / Bodenprobenehmer m, Bodenbohrer m (in der Bodenuntersuchung), Bodenprobenzieher m
**soilborne** adj (Agric) / bodenbürtig adj (Viren)
**soil-borne** adj (Med) / bodenübertragbar adj (Krankheit), bodenbürtig adj
**soilborne disease** (Med) / Infektionskrankheit, deren Keime durch den Boden verbreitet werden
**soil burial** (Civ Eng) / Einerdung f, Erdverlegung f, Eingrabung f
**soil-burial test** (Textiles) / Eingrabtest m, Erdfaulversuch m
**soil carrier** (Textiles) / Schmutzträger m (im Allgemeinen)
**soil-carrying capacity** (Textiles) / Schmutztragevermögen n (Eigenschaft der Waschflotte)
**soil-cement** n (Build, Civ Eng) / Zementverfestigung f (des Baugrunds) ‖ **~** (Civ Eng) / Bodenstabilisierung f (durch Bodenvermörtelung) ‖ **~** (Civ Eng) s. also soil stabilization
**soil cementation** (Build, Civ Eng) / Zementverfestigung f (des Baugrunds) ‖ **~ cementation** (Civ Eng) / Bodenstabilisierung f (durch Bodenvermörtelung) ‖ **~ chemistry** (Agric, Chem) / Bodenchemie f, Chemie f des Bodens ‖ **~ climate** / Bodenklima n (klimatische Verhältnisse im Erdboden, insbesondere bis in 1 m Tiefe) ‖ **~ colloid** (Agric) / Bodenkolloid n ‖ **~ colour** (the colouration of a soil, usually determinated by the type and quantity of various iron compounds and organic materials in it) (Agric, Geol) / Bodenfarbe f ‖ **~ column** (Agric, Geol) / Bodensäule m, Bodenmonolith m (nbei ungestörter Probenahme), Monolith m (Bodenmonolith) ‖ **~ compaction** (Civ Eng) / Bodenverdichtung f, Verdichtung f (des Bodens) ‖ **~ condition** (Agric) / Bodenzustand m, Bodenbeschaffenheit f ‖ **~ conditioner** (Agric) / Bodenstrukturverbesserungsmittel n, Bodenverbesserungsmittel (BVM) n, BVM ‖ **~ conditioning** (Build, Civ Eng) / Bodenverbesserung f, Bodenstrukturverbesserung f, Baugrundverbesserung f ‖ **~ conditions** (Civ Eng) / Bodenverhältnisse n pl ‖ **~ conductivity** (Cables, Elec Eng) / Bodenleitfähigkeit f ‖ **~ conservation** (Agric) / Bodenerhaltung f, Bodenpflege f ‖ **~ conservation** (Agric, Ecol) / Bodenschutz m (gegen Belastungen der Bodensubstanz und der Bodenstruktur) ‖ **~ consistency** (Agric) / Bodenkonsistenz f ‖ **~ consolidation** (Civ Eng) / Bodenverdichtung f, Verdichtung f (des Bodens) ‖ **~ contamination** (Agric) / Bodenkontamination f (der anthropogene Eintrag von Stoffen, die Bodenfunktionen beeinträchtigen können), Bodenverseuchung f ‖ **~ corrosion** / Bodenkorrosion f, Erdkorrosion f ‖ **~ corrosion test** / Bodenkorrosionsversuch m ‖ **~ corrosiveness** / Bodenkorrosivität f (Gesamtheit aller Einflussgrößen, die zu Korrosionserscheinungen an im Erdreich verlegten Bauteilen führen können), Bodenaggressivität f ‖ **~ corrosivity** / Bodenkorrosivität f (Gesamtheit aller Einflussgrößen, die zu Korrosionserscheinungen an im Erdreich verlegten Bauteilen führen können), Bodenaggressivität f ‖ **~ cover** (Agric, Civ Eng) / Bodendecke f ‖ **~ creep** (Geol) / Bodengekriech n, Bodenkriechen n ‖ **~ cultivation** (Agric) / Bodenbearbeitung f, Bodenbestellung f ‖ **~ decontamination** (Agric, Civ Eng) / Bodensanierung f, Bodenentseuchung f

**soil-decontamination centre** (Agric, Ecol) / Sanierungszentrum n (zur Reinigung von kontaminiertem Boden)
**soil degradation** (Agric) / Bodendegradation f (Veränderung von Bodeneigenschaften durch Eingriffe des Menschen, die zu einer Verminderung der natürlichen Ertragsleistung führen), Bodendegeneration f, Bodendegradierung f ‖ **~ discharge** (Geophys) / durch Kapillarwasser gespeiste Verdunstung ‖ **~ disinfection** (Agric, Civ Eng) / Bodensterilisation f, Bodendesinfizierung f, Bodendesinfektion f, chemische Bodenentseuchung ‖ **~ disinfestation** (Agric, Civ Eng) / Bodensterilisation f, Bodendesinfizierung f, Bodendesinfektion f, chemische Bodenentseuchung
**soiled** adj / verschmutzt adj ‖ **~ linen** (Textiles) / Schmutzwäsche f, schmutzige Wäsche (Waschgut im Anlieferzustand in der Wäscherei)
**soil embankment** (Civ Eng, Hyd Eng) / Erddamm m, Erdwall m, Erdschüttdamm m ‖ **~ erosion** (Agric, Ecol) / Bodenerosion f (die durch die Tätigkeit des Menschen über das natürliche Maß hinaus gesteigerte Abtragung vor allem des landwirtschaftlich genutzten Bodens durch Wasser und Wind), Soil-Erosion f, Bodenverheerung f, Bodenzerstörung f, Bodenauswaschung f (extreme) ‖ **~ evaluation** (Agric) / Bodenschätzung f, Bonitierung f (des Bodens) ‖ **~ evaporation** (Agric) / Bodenverdunstung f ‖ **~ exchange** (Civ Eng) / Bodenaustausch m (Umsetzen der verunreinigten Bodenmassen auf eine Sondermülldeponie und der ersatzweise Einbau nicht belasteten Bodens) ‖ **~ exhausting** (Agric) s. also soil impoverishment ‖ **~ exhaustion** (Agric) / Bodenerschöpfung f, Bodenmüdigkeit f ‖ **~ fatigue** (Agric) / Bodenerschöpfung f, Bodenmüdigkeit f (Absinken der Erträge), Bodenermüdung f ‖ **~ fertility** (Agric) / Ertragsfähigkeit f (des Bodens), Bodenfruchtbarkeit f (Fähigkeit, Erträge zu bringen), Produktivität f (des Bodens) ‖ **~ fertilization** (Agric) / Bodendüngung f ‖ **~ filter** (San Eng) / Bodenfilter n ‖ **~ filtration** (San Eng) / Bodenfiltration f (Entfernung von Abwasserinhaltsstoffen bei der Verrieselung von vorgereinigtem Abwasser im Untergrund) ‖ **~ flora*** (Bot) / Bodenflora f ‖ **~ flow** (Geol) / Solifluktion f, Bodenfließen n (infolge Porenwasserüberdrucks), Erdfließen n ‖ **~ fluction** (Geol) / Solifluktion f, Bodenfließen n (infolge Porenwasserüberdrucks), Erdfließen n ‖ **~ formation** (Geol) / Pedogenese f, Entstehung f der Böden, Entstehung f des Bodens, Bodenbildung f, Bodengenese f
**soil-forming** adj (Geol) / pedogenetisch adj, bodenbildend adj
**soil fraction** (Agric) / Bodenart f (nach der Korngrößenzusammensetzung) ‖ **~ fraction** (Agric) s. also soil texture ‖ **~ function** (Agric, Ecol) / Bodenfunktion f ‖ **~ genesis** (Geol) / Pedogenese f, Entstehung f der Böden, Entstehung f des Bodens, Bodenbildung f, Bodengenese f ‖ **~ geography** (Agric, Geog) / Bodengeografie f ‖ **~ grade** (Agric) / Bodenart f (nach der Korngrößenzusammensetzung) ‖ **~ group** (Agric) / Bodengruppe f (DIN 18 196) ‖ **~ hardness** (Agric, Civ Eng) / Bodenhärte f ‖ **~ heat** (Agric, Civ Eng) / Bodenwärme f
**soil-heat budget** (Agric) / Bodenwärmehaushalt m (Gesamtheit aller Komponenten, welche den Energiehaushalt des Erdbodens bestimmen) ‖ **~ flux** (Agric, Civ Eng) / Bodenwärmestrom m (negativer, positiver)
**soil heating** (hidden in floor) (Build) / Fußbodenheizung f (DIN EN 1264-1), Bodenheizung f ‖ **~ herbicide** (Agric) / Bodenherbizid n, Wurzelherbizid n (Unkrautvernichtungsmittel, das über das Wurzelsystem wirkt) ‖ **~-hiding fibre** (Textiles) / Faser f mit verminderter Schmutzsichtbarkeit
**soil-holding site** (Textiles) / Schmutzansatzstelle f
**soil horizon** (Agric) / Horizont m (Schicht des Bodenprofils), Bodenhorizont m ‖ **~ hygiene** (Agric) / Bodenhygiene f (alle Maßnahmen zur Beseitigung von Schaderregern und Krankheiten im Boden, um die Entwicklung gesunder Kulturpflanzen zu gewährleisten) ‖ **~ impoverishment** (Agric) / Bodenverarmung f ‖ **~ improvement** (Agric) / Melioration f, Bodenmelioration f (DIN 4047-10), Bodenverbesserung f (Melioration) ‖ **~ improvement** (Agric) s. also ground improvement ‖ **~ information system** / Bodeninformationssystem n (rationaler und zweckgerichteter Verbund von Techniken und Methoden zur Erfassung, Verarbeitung und Übertragung von Boden-Umweltdaten mit Menschen und Institutionen der Bodeninventur)
**soiling** n (Civ Eng) / Verfüllarbeiten f pl (mit vorhandenem Mutterboden bis zur ursprünglichen Geländehöhe - als Grobplanum), Mutterbodenauftrag m (nach Beendigung der Bauarbeiten), Verfüllarbeiten f pl mit einer Humusdecke ‖ **~** (Textiles) / Verschmutzung f, Anschmutzung f, Verunreinigung f ‖ **~ behaviour** (Textiles) / Anschmutzverhalten n (eine Eigenschaft der Textilien) ‖ **~ property** (Textiles) / Anschmutzbarkeit f ‖ **~ test** (Textiles) / Schmutztest m
**soil injection** (Agric) / Bodeninjektion f ‖ **~ inoculation** (Agric) / Bodenimpfung f ‖ **~ insect** (Agric, Zool) / Bodeninsekt n ‖ **~**

**soil**

**insecticide** (Agric) / Bodeninsektizid *n* (Mittel gegen die im Boden lebenden Entwicklungsstadien von Insekten) ‖ ~ **layer** (Agric, Geol) / Bodenschicht *f* ‖ ~ **legend** (Civ Eng) / Symbole *n pl* für die Bodenklassifizierung ‖ ~ **loading** (Agric) / Bodendruck *m* (z.B. der Zugtiere oder Landmaschinen auf den Boden) ‖ ~ **loosening** (Agric, Civ Eng) / Bodenlockerung *f* ‖ ~ **management** (Agric) / Bodenmanagement *n* ‖ ~ **map** (Agric, Surv) / Bodenkarte *f* ‖ ~ **mapping** (Agric, Cartography) / Bodenkartierung *f* ‖ ~ **mechanics*** (Civ Eng) / bautechnische Bodenkunde, Bodenmechanik *f*, Erdbaumechanik *f* ‖ ~ **microorganism** (Bacteriol) / Bodenmikroorganismus *m* ‖ ~ **mixing** (Agric, Civ Eng) / Durchmischung *f* von Bodenpartikeln ‖ ~ **moisture** (Agric, Geol) / Bodenfeuchte *f* (in den Kapillaren des Erdbodens), Bodenfeuchtigkeit *f* (wasserungesättigter Zustand in Bezug auf die höchste Wasserkapazität eines Bodens) ‖ ~ **moisture deficit** (Hyd Eng) / Bodenfeuchtedefizit *n* ‖ ~ **movement** (Agric, Geol) / Bodenbewegung *f* (Verlagerung von Boden und Verwitterungsmaterial aufgrund der Schwerkraft) ‖ ~ **nitrogen** (Agric) / Bodenstickstoff *m* (Sammelbezeichnung für den im Boden vorhandenen Stickstoff, wobei der Stickstoff der Bodenluft meist nicht einbezogen wird) ‖ ~ **nutrient** (Agric) / Bodennährstoff *m* (any of the various chemical elements found in soils which are essential for plant growth) ‖ ~ **order** (Agric, Geol) / Bodenklasse *f* ‖ ~ **oxygen** (Agric) / Bodensauerstoff *m* ‖ ~ **particle** (Agric) / Rußpartikel *f*, Rußflocke *f* ‖ ~ **particle** (Agric) / Bodenteilchen *n* ‖ ~ **pencil*** (Civ Eng) / Bodenprobenehmer *m*, Bodenbohrer *m* (in der Bodenuntersuchung), Bodenprobenzieher *m* ‖ ~ **permeability** (Agric, Civ Eng) / Bodendurchlässigkeit *f* (Fähigkeit des Bodens, Wasser und Luft durch das Porenvolumen zu transportieren) ‖ ~ **pesticide** (Agric, Ecol) / Bodenbiozid *n*, Bodenpestizid *n* ‖ ~ **petrification** (Agric) / Bodenversteinerung *f* ‖ ~ **physics** / Bodenphysik *f* ‖ ~ **pipe** (Build) / Fäkalienfallrohr *n* ‖ ~ **pipe*** (Build, Plumb, San Eng) / senkrechtes Abflussrohr, Fallrohr *n*, Fallleitung *f* (die das Abwasser einer Sammel- oder Grundleitung zuführt) ‖ ~ **pit** (a hole dug vertically through A- and B-horizons of a soil to expose a soil profile) (Agric, Geol) / Profilgrube *f* ‖ ~ **plant** (Bot, Geol) / bodenanzeigende Pflanze, bodenzeigende Pflanze, Zeigerpflanze *f*, Indikatorpflanze *f*, Leitpflanze *f*, Bodenzeiger *m* ‖ ~ **pollution** (Agric, Ecol) / Bodenverunreinigung *f*, Bodenverschmutzung *f* ‖ ~ **porosity** (Agric, Civ Eng) / Bodenporosität *f*, Porenvolumen *n* (in % des Gesamtbodenvolumens) ‖ ~ **pressure** (Civ Eng) / Erddruck *m* (aktive, passive oder ruhende Kraftwirkung; Kräfte, die der Boden auf die Rückseite einer Stützkonstruktion ausübt) ‖ ~ **probe** (Agric) / Bodensonde *f* ‖ ~ **profile** (Agric, Geol) / Bodenprofil *n* (senkrechter Schnitt durch den Boden mit Unterscheidung der einzelnen Zonen verschiedener Bodenbildungswirkung) ‖ ~ **property** (Agric) / Bodeneigenschaft *f*

**soil-protecting plant** (Biol, Ecol) / Bodenschutzpflanze *f*
**soil protection** (Agric, Ecol) / Bodenschutz *m* (gegen Belastungen der Bodensubstanz und der Bodenstruktur) ‖ ~ **reaction** (Agric, Chem) / Bodenreaktion *f* (Säuregrad eines Bodens, häufig in Form des pH-Wertes angegeben) ‖ ~ **redeposition** (Textiles) / Schmutzredeposition *f* ("Vergrauung"), Rückverschmutzung *f*, Rückanschmutzen *n*, Wiederaufziehen *n* von Schmutz, Waschvergrauung *f* ‖ ~ **release** (Textiles) / Soil-release *n*, Auswaschbarkeit *f* von Schmutzflecken, Schmutzauswaschbarkeit *f*
**soil-release agent*** (Textiles) / Soil-Release-Mittel *n*
**soil-release finish** (Textiles) / Soil-Release-Ausrüstung *f*, SR-Ausrüstung *f* (Spezialbehandlung von Textilien aus synthetischen Fasern und deren Mischungen mit nativen und regenerierten Zellulosefasern zur verbesserten Ablösung des Schmutzes bei wässriger Haushaltswäsche)
**soil-release polymer** (Chem) / Soil-Release-Polymer *n*
**soil-removing property** (Textiles) / Schmutzlösevermögen *n*
**soil-repellent** *adj* (Textiles) / fleckabstoßend *adj*, schmutzabstoßend *adj*, fleckengeschützt *adj*, schmutzabweisend *adj* (durch eine spezielle Ausrüstung)
**soil replacement** (Civ Eng) / Bodenaustausch *m* (Umsetzen der verunreinigten Bodenmassen auf eine Sondermülldeponie und der ersatzweise Einbau nicht belasteten Bodens) ‖ ~ **residue** (Agric) / Rückstand *m* im Boden ‖ ~ **residue** (Textiles) / Restschmutz *m* ‖ ~ **respiration** (Agric) / Bodenatmung *f* (Gasaustausch zwischen Boden- und atmosphärischer Luft) ‖ ~ **salination** (Agric) / Bodenversalzung *f* (Anreicherung von wasserlöslichen Salzen im Oberboden) ‖ ~ **salinity** (Agric) / Bodenversalzungsgrad *m*, Bodensalinität *f*, Salzhaltigkeit *f* des Bodens ‖ ~ **salinization** (Agric) / Bodenversalzung *f* (Anreicherung von wasserlöslichen Salzen im Oberboden) ‖ ~ **sample*** (Civ Eng) / Bodenprobe *f* (z.B. ungestörte) ‖ ~ **sampler*** (Civ Eng) / Bodenprobenehmer *m*, Bodenbohrer *m* (in der Bodenuntersuchung), Bodenprobenzieher *m* ‖ ~ **sampling** (Civ Eng) / Entnahme *f* von Bodenproben, Bodenprobenahme *f*

**soil-saving dam** (Hyd Eng) / niedriger (Erd)Damm zur Verhinderung der Bodenauswaschung ‖ ~ **dyke** (Hyd Eng) / niedriger (Erd)Damm zum Schutz der Bewässerungsfläche
**soil science** (Agric, Civ Eng) / Pedologie *f*, Bodenkunde *f* ‖ ~ **sequence** (Agric, Civ Eng, Ecol) / Bodensequenz *f* (regelhafte, kleinräumige Abfolge von Böden, vor allem an Hängen) ‖ ~ **series** (Agric, Civ Eng) / Bodenserie *f* ‖ ~ **sickness** (Agric) / Bodenerschöpfung *f*, Bodenmüdigkeit *f* (Absinken der Erträge), Bodenermüdung *f* ‖ ~ **skeleton** (Agric, Civ Eng) / Grobboden *m*, Bodenskelett *n* (grobkörnige Bestandteile des Bodens) ‖ ~ **solidification** (Civ Eng) / Bodenverfestigung *f* (künstliche Verbesserung der Festigkeitseigenschaften des Bodens), Bodenstabilisierung *f*, Bodenstabilisation *f* ‖ ~ **solution** (Agric) / Bodenlösung *f* (die flüssige Phase des Bodens, die aus dem Lösemittel Wasser und darin gelösten Stoffen besteht) ‖ ~ **stabilization** (Civ Eng) / Bodenverfestigung *f* (künstliche Verbesserung der Festigkeitseigenschaften des Bodens), Bodenstabilisierung *f*, Bodenstabilisation *f* ‖ ~ **stabilizer** (Civ Eng) / Bodenfestiger *m*, Bodenverfestiger *m* (der die Tragfähigkeit und die Frostbeständigkeit des Bodens erhöht), Bodenstabilisator *m* ‖ ~ **stabilizing machine** (Civ Eng) / Bodenvermörtelungsgerät *n* (im Straßenbau) ‖ ~ **stack** (Build, Plumb) / Entwässerungsfallrohr *n* ‖ ~ **stack** (Build, Plumb) s. also soil pipe ‖ ~ **sterilization** (Agric, Civ Eng) / Bodensterilisation *f*, Bodendesinfizierung *f*, Bodendesinfektion *f*, chemische Bodenentseuchung *f* ‖ ~ **structure*** (Agric, Geol) / Bodenstruktur *f* (Art und Weise der Zusammenlagerung der mineralischen und organischen Primärteilchen des Bodens unter Mitwirkung strukturbildender und strukturerhaltender Faktoren), Bodengefüge *n* ‖ ~ **substance** (Agric) / Bodensubstanz *f*
**soil-suspending property** (Textiles) / Schmutztragevermögen *n* (Eigenschaft der Waschflotte)
**soil suspension** (Civ Eng) / Bodensuspension *f* ‖ ~ **symbols** (Civ Eng) / Symbole *n pl* für die Bodenklassifizierung ‖ ~ **temperature** (Agric, Meteor) / Bodentemperatur *f* (Temperatur der Luft, gemessen entsprechend den WMO-Richtlinien in einer Thermometerhütte in 2 m über Grund) ‖ ~ **texture*** (Agric, Geol) / Bodentextur *f* (Anteil der einzelnen Korngrößen am Feinboden), Bodenkörnung *f* ‖ ~ **thermometer** (Meteor) / Bodenthermometer *n* ‖ ~ **trap** (Agric, Ecol, Geol) / Bodenfalle *f* (Rinnen oder Gruben am Unterhang von erosionsgefährdeten Geländebereichen, die verhindern, dass größere Mengen von Bodenmaterial in den Vorfluter gelangen und so einerseits dem Standort verloren gehen, andererseits im Gewässer Schaden anrichten)
**soil-treatment centre** (Agric, Ecol) / Sanierungszentrum *n* (zur Reinigung von kontaminiertem Boden)
**soil type** (Agric, Civ Eng) / Bodentyp *m* ‖ ~ **water** (Agric, Geol) / Bodenfeuchte *f* (in den Kapillaren des Erdbodens), Bodenfeuchtigkeit *f* (wasserungesättigter Zustand in Bezug auf die höchste Wasserkapazität eines Bodens) ‖ ~ **water** (Geol) / Bodenwasser *n* (Zustand der Wassersättigung oder -übersättigung des Bodens) ‖ ~ **water deficit** / Bodenwasserdefizit *n* ‖ ~ **waterlogging** (Agric) / Bodenvernässung *f*, Bodennässebildung *f*, Vernässung *f* (des Bodens)
**soil-water movement** (Geol) / Bodenwasserbewegung *f*
**soil wetness** (Agric, Civ Eng) / Bodennässe *f* (schädliche)
**soil-working equipment** (Agric) / Bodenbearbeitungsgeräte *n pl* (primäre und sekundäre)
**soil zone** (Agric) / Horizont *m* (Schicht des Bodenprofils), Bodenhorizont *m*
**SOJ** (stand-off jammer) (Mil, Radar, Radio) / im Hintergrund plazierter Störer (unabhängig vom Ziel)
**Sokolov camera** / Ultraschallkamera *f*, Sokolow-Kamera *f* (Ultraschallkamera)
**S.O.L.** (specific organic load) (Chem Eng) / spezifische organische Belastung (bei Ionenaustauschern)
**sol*** *n* (Chem) / Sol *n* (eine Feststoffdispersion)
**Solanaceae alkaloids** (Pharm) / Solanaceen-Alkaloide *n pl* (z.B. Scopolamin oder Atropin)
**solanesol** *n* (tobacco - with 9 isoprene units) (Chem) / Solanesol *n*, Betulanonaprenol *n*, Nonaisoprenol *n*
**solanidine** *n* (Chem) / Solanidin *n* (ein Steroidalkaloid)
**solanin** (Chem) / Solanin *n* (ein giftiges Steroidalkaloid der Nachtschattengewächse)
**solanine** *n* (Chem) / Solanin *n* (ein giftiges Steroidalkaloid der Nachtschattengewächse) ‖ ~ **bases** (Chem) / Solanumbasen *f pl*, Solaninbasen *f pl*
**solanum alkaloids** (Pharm) / Solanumalkaloide *n pl* (Gruppe von Steroidalkaloiden aus Nachtschattengewächsen), Solanumsteroidalkaloide *n pl* ‖ ~ **steroid alkaloids** (Pharm) / Solanumalkaloide *n pl* (Gruppe von Steroidalkaloiden aus Nachtschattengewächsen), Solanumsteroidalkaloide *n pl*

**solar** n (Arch, Build) / Dachkammer f, Dachstube f, Dachzimmer n ‖ ~ (Mining) / Bühne f (Schachtabsatz) ‖ ~ adj (Astron) / Sonnen-, Solar-, solar adj (zur Sonne gehörend, die Sonne betreffend, von ihr ausgehend) ‖ ~ **absorber** / Solarabsorber m (Kollektor ohne Isolierverglasung) ‖ ~ **absorptance** (Geophys) / Absorptionsgrad m der Sonneneinstrahlung (Verhältnis des absorbierten Strahlungsflusses zum einfallenden Strahlungsfluss) ‖ ~ **activity** (Astron) / Sonnentätigkeit f, Sonnenaktivität f ‖ ~ **aircraft** (Aero) / Sonnenkraftflugzeug n, Flugzeug n mit Sonnenenergieantrieb, Solarflugzeug n ‖ ~ **antapex*** (Astron) / Antapex m (pl. -apizes), Antiapex m (pl. -apizes) der Sonnenbewegung (der entgegengesetzte Punkt zu Apex) ‖ ~ **apex**\* (Astron) / Apex m (pl. Apizes) der Sonnenbewegung (Punkt, auf den sich das Sonnensystem mit einer Geschwindigkeit von 20 km/s hin bewegt) ‖ ~ **architecture** (Arch) / Solararchitektur f (welche die Nutzung der Sonnnenenergie berücksichtigt) ‖ ~ **array**\* (Astron) / Solarfeld n (Zusammenschaltung von PV-Modulen), Solarzellenanordnung f (z.B. als Solargenerator) ‖ ~ **atmosphere** (Astron) / Sonnenatmosphäre f

**solar-based electricity** / Solarstrom m

**solar battery**\* (Elec Eng, Electronics) / Solarbatterie f (eine Kombination mehrerer Solarzellen), Sonnenbatterie f, PV-Panel n ‖ ~ **battery**\* (Elec Eng, Electronics) s. also solar generator ‖ ~ **beam** (Geophys) / Sonnenstrahl m ‖ ~ **boiler** (Heat) / Sonnenheizkessel m ‖ ~ **calculator** / Solartaschenrechner m ‖ ~ **cell**\* (Electronics) / Solarzelle f (Oberbegriff für alle Arten von Halbleiterelementen, die Licht direkt in elektrische Energie umwandeln), Sonnenzelle f (ein optoelektronisches Bauelement), Fotovoltaikzelle f, PV-Zelle f (Fotovoltaikzelle) ‖ ~ **cell array**\* / Solarfeld n (Zusammenschaltung von PV-Modulen), Solarzellenanordnung f (z.B. als Solargenerator) ‖ ~ **cell current** (Elec Eng) / Solarzellenstrom m, Solarstrom m ‖ ~ **cell panel** (Elec Eng) / Solarpaneel n, Solarzellenpaneel n, Solarpanel n, Solarzellenausleger m ‖ ~ **collector** / Sonnenkollektor m (DIN 4757-3), Sonnenstrahlungssammler m (ein Kollektor), Solarkollektor m, Kollektor m (Sonnenkollektor) ‖ ~ **concentrator** / Sonnenkonzentrator m, Strahlungsbündler m, Konzentrator m (in der Heliotechnik) ‖ ~ **constant**\* (Phys) / Solarkonstante f (extraterrestrische Sonnenstrahlungsintensität - nach DIN 5031, T 8)

**solar-control glass** (Glass) / fototropes Glas (anorganisches Glas, das seine Lichtdurchlässigkeit den jeweiligen Lichtverhältnissen anpasst), fotochromes Glas (ein Sonnenschutzglas), fotochromatisches Glas ‖ ~ **glass** (Glass) / wärmedämmendes Glas (bei Sonneneinstrahlung)

**solar cooker** / Sonnenkocher m ‖ ~ **cooling** / Solarkühlung f (Nutzung der Sonnenenergie zur Kälteerzeugung) ‖ ~ **corona**\* (Astron) / Korona f (pl. -onen) / Sonnenkorona f, Corona f ‖ ~ **corona**\* (Astron) s. also corona ‖ ~ **day**\* (Astron, Meteor) / Sonnentag m (Zeitraum zwischen zwei aufeinander folgenden Durchgängen der Sonne durch den Meridian im Norden) ‖ ~ **dish** / Solarschüssel f (in der Heliotechnik) ‖ ~ **eclipse**\* (Astron) / Sonnenfinsternis f (totale oder partielle) ‖ ~ **electric generating system** (Elec Eng) / solarthermisches Kraftwerk, Sonnenkraftwerk n (z.B. Eurelios), Solarkraftwerk n ‖ ~ **electric generation facility** (Elec Eng) / solarthermisches Kraftwerk, Sonnenkraftwerk n (z.B. Eurelios), Solarkraftwerk n ‖ ~ **electricity** / Solarstrom m ‖ ~ **energy** (produced directly from the Sun's radiation) (Astron, Phys) / Sonnenenergie f, Solarenergie f

**solar-energy rocket** (Space) / Sonnenenergierakete f ‖ ~ **technology** / Solarenergietechnik f, Solartechnik f, Heliotechnik f

**solar engine** (Eng) / Solarmotor m, Sonnenmotor m, Sonnenkraftmaschine f ‖ ~ **engineering** / Solarenergietechnik f, Solartechnik f, Heliotechnik f ‖ ~ **faculae** (large bright areas in the photosphere of the Sun, whose temperatures are higher the the average of the Sun's surface) (Astron) / Fackelfelder n pl (erhitzte Gebiete in Fotosphäre und Chromosphäre, die heller als ihre Umgebung erscheinen), Fackeln f pl, Sonnenfackeln f pl ‖ ~ **farm** (Ecol, Elec Eng) / Sonnenfarm f (großflächige Einrichtung von zusammengeschalteten Solarzellen zur direkten Umwandlung von Sonnenenergie in elektrische Energie), Solarfarm f, Solarfarmanlage f ‖ ~ **flare**\* (Astron) / chromosphärische Eruption, Sonneneruption f, Flare m (pl. -s) (ein Strahlungsausbruch), Eruption f (chromosphärische)

**solar-flare effect** (Geophys, Radio) / Sonneneruptionseffekt m (plötzliche abnorme Verstärkung der Ionisation in der Ionosphäre der Erde als Folge einer chromosphärischen Eruption auf der Sonne), SID (Sonneneruptionseffekt)

**solar flocculi**\* (Astron) / Flocculi pl (K-Plages in der Chromosphäre) ‖ ~ **furnace** / [industrieller] Sonnenofen m, Solarofen m ‖ ~ **generator** / Solargenerator m (z.B. an Bord von wiederverwendbaren Raumtransportern), Solarzellengenerator m ‖ ~ **glass** (Glass) / Sonnenschutzglas n (ein Schutzglas)

**solar-grade silicon** (Chem) / Solarsilicium n (für die Solarenergietechnik), Solarsilizium n

**solar granulation**\* (Astron) / Granulation f (eine körnige Struktur der Fotosphäre der Sonne) ‖ ~ **grating** (Build) / Sonnenschutzgitterrost m ‖ ~ **grille** (Build) / Sonnenschutzgitterrost m ‖ ~ **heat** / Sonnenwärme f ‖ ~ **heating** (Heat) / Solarheizung f, Wärmeerzeugung f mit Sonnenenergie, Sonnenheizung f ‖ ~ **heating plant** (Heat) / Sonnenheizungsanlage f (DIN 4757) ‖ ~ **heating system** (Heat) / Sonnenheizsystem n, Solarheizsystem n ‖ ≃ **Heliospheric Observatory** (Astron) / SOHO-Satellit m (1993 in die Sonnenumlaufbahn gebracht) ‖ ~ **house** (dwelling-heating using energy from the sun's rays) (Build) / Sonnenhaus n, Solarhaus n ‖ ~ **hydrogen** / solarer Wasserstoff, Solarwasserstoff m

**solarimeter**\* n (Phys) / Solarimeter n (ein Schwarzflächenpyranometer)

**solar irradiance** (Geophys) / Sonnenbestrahlungsstärke f, Stärke f der Sonnenbestrahlung

**solarium** n (pl. -s or -ria) (Arch) / Sonnenterrasse n

**solarization**\* n (Glass, Photog) / Solarisation f (schwache Verfärbung des Glases durch längere Sonnenlichteinwirkung)

**solarize** v (Glass, Photog) / solarisieren v

**solar mass** (the mass of the sun used as a unit of mass, equal to 1.989 x $10^{30}$ kg) (Astron) / Sonnenmasse f ‖ ~ **mobile** / Solarmobil n (Elektrofahrzeug, das seine Antriebsenergie aus der Umwandlung von Sonnenenergie bezieht) ‖ ~ **module** (Elec Eng, Electronics) / Solarmodul n (die Zusammenschaltung von Solarzellen zu einem ebenen Sonnenenergiewandler) ‖ ~ **neutrino unit** (Astron) / Solar Neutrino Unit f, SNU (Einheit der Einfangrate) ‖ ~ **noise** (Astron) / solares Rauschen (kosmisches Rauschen, dessen Ursache die Sonne ist) ‖ ~ **oil**\* (Fuels) / Solaröl n (veraltete Bezeichnung für ein bei der Destillation von Braunkohlenteer anfallendes Mittelöl vom Siedebereich 144 - 255 °C) ‖ ~ **paddle** / Sonnenpaddel n, Solarpaddel n, Solarzellenausleger m ‖ ~ **panel**\* (Elec Eng) / Solarpaneel n, Solarzellenpaneel n, Solarpanel n, Solarzellenausleger m ‖ ~ **parallax**\* (Astron) / Sonnenparallaxe f (der Winkel, unter dem der Äquatorradius der Erde vom Sonnenmittelpunkt aus betrachtet erscheint) ‖ ~ **particle** (Phys) / solares Teilchen, Teilchen n von der Sonne ‖ ~ **pond** (a pool of very salty water in which convection is inhibited, allowing accumulation of energy from solar radiation in the lower layers) / Sonnenwärme-Speicherteich m (z.B. in Coya Sur/Chile) ‖ ~ **power** (Astron, Phys) / Sonnenenergie f, Solarenergie f

**solar-powered** adj / mit Sonnenenergieantrieb, sonnenenergiebetrieben adj ‖ ~ **aircraft** (Aero) / Sonnenkraftflugzeug n, Flugzeug n mit Sonnenenergieantrieb, Solarflugzeug n ‖ ~ **rocket** (Space) / Sonnenenergierakete f ‖ ~ **vehicle** / Solarfahrzeug n (sonnenenergiebetriebenes)

**solar power engineering** / Solarenergietechnik f, Solartechnik f, Heliotechnik f ‖ ~ **power plant** (Elec Eng) / solarthermisches Kraftwerk, Sonnenkraftwerk n (z.B. Eurelios), Solarkraftwerk n ‖ ~ **power satellite** (Elec Eng) / Sonnenkraftwerk n auf Erdumlaufbahn ‖ ~ **power station** (Elec Eng) / solarthermisches Kraftwerk, Sonnenkraftwerk n (z.B. Eurelios), Solarkraftwerk n ‖ ~ **prominences** (Astron) / Protuberanzen f pl (über die Chromosphäre der Sonne hinausragende glühende Gasmasse) ‖ ~ **propulsion rocket** (Space) / Sonnenenergierakete f ‖ ~ **pump** / Solarpumpe f ‖ ~ **radiance** (Geophys) / Sonnenstrahldichte f ‖ ~ **radiant exposure** (Geophys) / Sonnenstrahlung f, Solarstrahlung f ‖ ~ **radiation** (Geophys) / Sonnenstrahlung f, Solarstrahlung f ‖ ~ **radio noise**\* (Astron) / solares Rauschen (kosmisches Rauschen, dessen Ursache die Sonne ist)

**solar-responsive architecture** (Arch) / Solararchitektur f (welche die Nutzung der Sonnnenenergie berücksichtigt)

**solar roof** (Build) / Solardach n ‖ ~ **rotation**\* (Astron) / Sonnenrotation f, Rotation f der Sonne ‖ ~ **sail** (Space) / Sonnensegel n (zur Ausnutzung des Strahlungsdrucks der Sonne) ‖ ~ **salt** / durch Verdunsten von Meerwasser gewonnenes Salz ‖ ~ **screen** (Build) / Sonnenschutzwand f, Sonneneinstrahlungsschutzwand f, Schattenwand f (zum Schutz gegen die Sonneneinstrahlung) ‖ ~ **shingle** (Build) / Solarschindel f (mit Fotozellen für die Solarenergietechnik) ‖ ~ **spectrum** (Phys, Spectr) / Sonnenspektrum n ‖ ~ **spicules** (Astron) / Spikulen pl (die aus der solaren Chromosphäre herausschießen)

**solarstearine** n (Nut) / Schmalzstearin n, Solarstearin n

**solar system** (Astron) / Sonnensystem n ‖ ≃ **System**\* (Astron) / Sonnensystem n ‖ ~**-terrestrial** adj (Geophys) / solarterrestrisch adj (Physik)

**solar-terrestrial phenomena** (Geophys) / solarterrestrische Erscheinungen (Auswirkungen der Sonnenaktivität auf Vorgänge in der Erdatmosphäre und an der Erdoberfläche)

**solar thermal**

**solar thermal collector** / Sonnenkollektor *m* (DIN 4757-3), Sonnenstrahlungssammler *m* (ein Kollektor), Solarkollektor *m*, Kollektor *m* (Sonnenkollektor) ‖ **~ thermal power unit** (Elec Eng) / solarthermisches Kraftwerk, Sonnenkraftwerk *n* (z.B. Eurelios), Solarkraftwerk *n* ‖ **~ tile** (Build) / Solardachziegel *m* ‖ **~ time** (Astron, Meteor) / Sonnenzeit *f* ‖ **~ tower** / Sonnenturm *m* (in der Heliotechnik), Solarturm *m* ‖ **~ tower** (Astron) / Sonnenturm *m* (mit einem Turmteleskop zur Sonnenbeobachtung - z.B. der Einstein-Turm in Potsdam) ‖ **~ wall** / Trombe-Wand *f* (für die Heliotechnik) ‖ **~ water heating** (Build) / Warmwasserbereitung *f* mit Sonnenenergie ‖ **~ wind**\* (Astron) / Sonnenwind *m*, Solarwind *m*, solarer Wind (ständig von der Sonne abströmender Partikelstrom, der den interplanetaren Raum erfüllt und auch die Erde einhüllt - von der Sonde GENESIS untersucht) ‖ **~ year** (Astron) / tropisches Jahr (365 d 5 h 48 min 45,51 s), Sonnenjahr *n*, Solarjahr *n*
**solation**\* *n* (Chem, Phys) / Gel-Sol-Übergang *m*, Gel-Sol-Umwandlung *f*
**sol curve** (Phys) / Solkurve *f* (Fließkurve, die der niedrigeren Viskositätslage entspricht - DIN 1342, T 1)
**sold** *adj* / gebührenpflichtig *adj* (Dienstleitung - von dem Dienstleistenden her gesehen) ‖ **~ colour**\* (Comp) / Vollfarbe *f*
**solder** *v* (Electronics, Eng, Plumb) / löten *v* ‖ **~** *vi* (Eng, Plumb) / sich (gut) löten lassen ‖ **~**\* *n* (Met) / Lötmetall *n*, Lot *n* (Metalllegierungen oder Metalle, die zum Löten benutzt werden - DIN 8505)
**solderability** *n* (Electronics, Eng, Plumb) / Lötbarkeit *f* (DIN 8514, T 1), Löteignung *f*
**solderable** *adj* (Electronics, Eng, Plumb) / lötbar *adj*
**solder alarm device** (Eng, Met) / Schmelzlotmelder *m* ‖ **~ bath** (Plumb) / Lötbad *n* (Bad aus geschmolzenem Lot zur Anwendung beim Tauchlöten und Wellenlöten) ‖ **~ blob** (Electronics) / Lötperle *f* ‖ **~ bond** (Elec Eng) / Lötkontakt *m* ‖ **~ bridging** (Electronics, Eng, Plumb) / Lötbrückenbildung *f* ‖ **~ bump** (Electronics) / Lötkontakthügel *m*
**solder-coater-levelling process** (Electronics) / Lotauftrag- und -einebnungsverfahren *n*
**solder contact** (Elec Eng) / Lötkontakt *m*
**solder-covered wire**\* (Elec Eng) / Kupferdraht *m* mit deckender Lötschicht
**soldered can** (Met, Nut) / gelötete Dose ‖ **~ connection** (Electronics, Eng, Plumb) / Lötverbindung *f*, Lötanschluss *m* (die durch Löten hergestellt worden ist) ‖ **~ connexion** (Electronics, Eng, Plumb) / Lötverbindung *f*, Lötanschluss *m* (die durch Löten hergestellt worden ist) ‖ **~ joint** (Electronics, Eng, Plumb) / Lötstelle *f* ‖ **~ joint** (Electronics, Eng, Plumb) / Lötverbindung *f*, Lötanschluss *m* (die durch Löten hergestellt worden ist) ‖ **~ seam** (Eng, Plumb) / Lötfuge *f* (spezielle Form einer Lötstelle mit v- oder x-förmig zueinander angeordneten Fügeflächen), Lötnaht *f*
**solder extraction device** (Electronics) / Entlötgerät *n* ‖ **~ glass** (US) (a special glass that softens below about 485 °C, and that is used to join two pieces of higher-melting glass without deforming them) (Glass) / Zwischenglas *n* (zur Herstellung von Schmelzverbindungen zwischen Gläsern verschiedener Wärmedehnung) ‖ **~ glass** (Glass) / Glaslot *n*, Lötglas *n* (leicht schmelzendes, zum Löten geeignetes Glas) ‖ **~ in** *v* (Electronics) / einlöten *v*
**soldering**\* *n* (non-fusion welding) (Electronics, Eng, Plumb) / Lötung *f*, Löten *n* (DIN 8505) ‖ **~** (Met) / Ankleben *n* (beim Druckguss) ‖ **~-bit** *n* (Plumb) / Lötkolben *m* ‖ **~ copper** (Plumb) / Lötkolben *m* ‖ **~ defect** / Lötfehler *m* (DIN 8515, T 1), Fehler *m* an Lötverbindungen ‖ **~ embrittlement** (penetration by molten solder along grain boundaries of a metal with a resulting loss of mechanical properties) (Met, Welding) / Flüssigmetallversprödung *f* (interkristalline Zerstörung von Bauteilen beim Lötprozess), Versprödung *f* durch flüssige Metalle (an Schweiß- und Lötstellen), Lötbrüchigkeit *f*, Versprödung *f* von Metallen und Legierungen beim Kontakt mit anderen (spezifischen) schmelzflüssigen Metallen ‖ **~ eye** (Electronics) / Lötöse *f* ‖ **~ eye** (Electronics) / Lötauge *n* (ringförmiger Teil eines Leiterzuges auf einer Leiterplatte), Kontaktfleck *m* ‖ **~ eyelet** (Electronics) / Lötöse *f* ‖ **~ fluid** (Eng, Plumb) / Lötwasser *n* ‖ **~ fracture** (Met) / Lötbruch *m* (als Endphase der Lötbrüchigkeit) ‖ **~ furnace** / Lötofen *m* ‖ **~ grease** (Eng, Plumb) / Lötpaste *f*, Lötfett *n*, Verzinnungspaste *f* ‖ **~-gun** *n* / Lötpistole *f* ‖ **~-iron**\* *n* (Plumb) / Lötkolben *m*
**soldering-iron tip** (Plumb) / Lötspitze *f*
**soldering land** (Electronics) / Lötauge *n* (ringförmiger Teil eines Leiterzuges auf einer Leiterplatte), Kontaktfleck *m* ‖ **~ lug** (Elec Eng) / Lötfahne *f*, Fahne *f* (Lötfahne), Anschlussfähnchen *n*, Lötösenleiste *f* ‖ **~ machine** (Electronics) / Lötmaschine *f* ‖ **~ pad** (Electronics) / Anschlussfläche *f* (des Leiterbildes), Lötpad *n* (Anschlussfläche, speziell beim Verlöten oberflächenmontierter Bauteile, die häufig mit Bleizinn oder anderen Schutzschichten zum Erhalt der Lötfähigkeit versehen ist), Anschlussauge *n* (bei Leiterplatten) ‖ **~ paste** (Eng, Plumb) / Lötpaste *f*, Lötfett *n*, Verzinnungspaste *f* ‖ **~ pencil** / Kleinlötkolben *m* ‖ **~ pin** / Lötstift *m*, Lötanschlussstift *m* ‖ **~ point** / Lötpunkt *m*, Lötstelle *f* ‖ **~ pot** (Plumb) / Lötschale *f* ‖ **~ robot** (Eng, Plumb) / Lötroboter *m*, Industrieroboter *m* für Lötarbeiten (Eng, Plumb) ‖ **~ seam** (Eng, Plumb) / Lötfuge *f* (spezielle Form einer Lötstelle mit v- oder x-förmig zueinander angeordneten Fügeflächen), Lötnaht *f* ‖ **~ solution** (Eng, Plumb) / Lötwasser *n* ‖ **~ stone** / Salmiakstein *m* (Ammoniumchlorid), Lötstein *m* ‖ **~ tag** (Electronics) / Lötauge *n* (ringförmiger Teil eines Leiterzuges auf einer Leiterplatte), Kontaktfleck *m* ‖ **~ temperature** (Electronics, Eng, Plumb) / Löttemperatur *f* ‖ **~ terminal** / Lötanschluss *m* ‖ **~ tin** / Lötzinn *n* ‖ **~ tip** (Plumb) / Lötspitze *f* ‖ **~ water** (Eng, Plumb) / Lötwasser *n* ‖ **~ wire** / Lötdraht *m*
**solder joining** (Met) / Verbindungslöten *n* (Fügen durch Löten)
**solderless** *adj* / lötfrei *adj*, unverlötet *adj* ‖ **~ connection** (Electronics) / lötlose Verbindung, lötfreie Verbindung ‖ **~ joint** (Electronics) / lötlose Verbindung, lötfreie Verbindung ‖ **~ multiple** (Electronics) / lötstellenfreies Vielfach ‖ **~ wrap** (a technique whereby a solid conductor is mechanically wound around a terminal post having a series of edges) / lötfreie Drahtverbindung
**solder lug** (Elec Eng) / Lötfahne *f*, Fahne *f* (Lötfahne), Anschlussfähnchen *n*, Lötösenleiste *f* ‖ **~ pad** (Electronics) / Lötfläche *f* ‖ **~ pad** (Electronics) / Anschlussfläche *f* (des Leiterbildes), Lötpad *n* (Anschlussfläche, speziell beim Verlöten oberflächenmontierter Bauteile, die häufig mit Bleizinn oder anderen Schutzschichten zum Erhalt der Lötfähigkeit versehen ist), Anschlussauge *n* (bei Leiterplatten) ‖ **~ paint**\* (Eng) / aufstreichbare Lötmasse ‖ **~ pin** / Lötstift *m*, Lötanschlussstift *m* ‖ **~ point** / Lötpunkt *m*, Lötstelle *f* ‖ **~ powder** / Lötpulver *n* ‖ **~ preform** (Electronics) / Löttablette *f*, Lötpastille *f* ‖ **~ projection** (Electronics, Plumb) / Unebenheit *f* der Lötfläche (Fehler) ‖ **~ projection** (Electronics) / Lotvorsprung *m* (Lotbrückenbildung) ‖ **~ reflow** (Electronics) / Lötmittelrückfluss *m* ‖ **~ resist** (Electronics, Eng) / Lötabdecklack *m*, Lötstopplack ‖ **~ resistance** (Electronics) / Lötbeständigkeit *f* ‖ **~ resist mask** (Electronics) / Lötstoppmaske *f* (die die Leiterbahnen vor Korrosion und elektrischen Kurzschlüssen schützt), Lötmaske *f* ‖ **~ side** (Electronics) / Lötseite *f* (der Leiterplatte), Unterseite *f* (der Leiterplatte) ‖ **~ sleeve** (a heat-shrinkable tubing device) / Lötmuffe *f*, Lötverbindungsmuffe *f*, Lötmanschette *f* ‖ **~ slinger** (Electronics) / Lötschleuder *f*, Lötmittelschleuder *f* (zur Entfernung von überschüssigem Lot) ‖ **~ splash** (Electronics, Plumb) / Lotspritzer *m* ‖ **~ splatter** (Electronics, Plumb) / Lotspritzer *m* ‖ **~ spot** / Lötpunkt *m*, Lötstelle *f* ‖ **~ spread test** (Electronics, Plumb) / Lotausbreitungsprüfung *f*, Lotausbreitungstest *m* (Lötbarkeitsprüfung)
**solder-strappable** *adj* (Electronics) / durch Löten umschaltbar
**solder strength** (Electronics, Plumb) / Lötnahtfestigkeit *f* ‖ **~ sucker** (Electronics) / Entlötgerät *n* ‖ **~ tin** / Lötzinn *n* ‖ **~ void** (Electronics, Eng, Plumb) / Lötblase *f* ‖ **~ wetting** (Plumb) / Lotbenetzung *f* ‖ **~ wire** / Lötdraht *m*
**soldier**\* *n* (Build) / aufrechtstehende Ziegelschicht ‖ **~** (Civ Eng) / vertikales (verspreiztes) Verbauteil, senkrechtes Verbauteil (mit drucksicheren Brettern, Pfosten oder Bohlen) ‖ **~** (Mining) / Stempel *m* (verspreizter) ‖ **~ block** (Glass) / Palisadenblock *m* (langförmiger Bassinstein für Wannenöfen), Palisadenstein *m* ‖ **~ course** (a course of refractory brick set on end in the bottoms of some types of ladles, furnaces, and glass tanks) (Ceramics, Glass) / Steinlage *f* aus stehenden Steinen, stehende Schicht (von Steinen, in einem Schmelzofen)
**sole** *v* / besohlen *v* (Schuhe) ‖ **~** *n* / Sohle *f* (Lauffläche am Schuh) ‖ **~**\* (Build) / Schwelle *f* (für die Druckübertragung), Lagerschwelle *f*, Lagerbalken *m*, Schwellenbalken *m*, Knagge *f* (Anschlagteil) ‖ **~**\* (Carp, Join) / Sohle *f* (des Handhobels) ‖ **~**\* (Civ Eng, Eng) / Keil *m* (bei schräger Absteifung), Unterlagsstück *n* ‖ **~**\* (Eng, Ships) / Fundamentplatte *f* (eines Schiffsmotors) ‖ **~** (Geol) / Liegendfläche *f* (einer Sedimentschicht) ‖ **~** (Textiles) / Sohle *f* (des Strumpfes) ‖ **~ directly moulded** / direkt angeschäumte Sohle (bei Schuhen) ‖ **~ agency** / Alleinvertretung *f* ‖ **~ attachment** / Bodenbefestigung *f* (bei Schuhen)
**solebar** *n* (Rail) / Seitenlangträger *m*, Außenlangträger *m* (des Wagenuntergestells) ‖ **~ support** (Rail) / Sprengwerk *n* (Stahlkonstruktion unter den Langträgern der Eisenbahnwagen)
**sole cutting** (Leather) / Sohlenstanzen *n* ‖ **~ distributor** / Alleinverkäufer *m* ‖ **~ edge** (Leather) / Sohlenkante *f*, Sohlenrand *m*
**soleil** *n* (Textiles) / Soleil *m*, Rips-Soleil *m* ‖ **~ felt** (Textiles) / Schillerfilz *m*, hochglänzender Filz
**sole inking machine** / Sohlenfärbemaschine *f* ‖ **~ leather** (Leather) / Bodenleder *n*, Sohlenleder *n*, Sohl- und Vacheleder *n*, Sohlleder *n*, Unterleder *n*, Leder *n* für den Schuhunterbau
**sole-leather bend** (Leather) / Sohlledercroupon *m* (ein gegerbtes und zugerichtetes Leder aus dem Crouponteil einer Großviehhaut, besonders für die Laufsohle geeignet), Bodenleder-Croupon *m* ‖ **~ cuttings** (Leather) / Sohllederabfälle *n pl* ‖ **~ trimmings** (Leather) / Sohllederabfälle *n pl*
**sole mark**\* (Geol) / Schichtflächenmarke *f*, Sohlmarke *f*

**Solenhofen stone**\* (Geol) / Solnhofener Plattenkalk, Solnhofener Lithografiestein, Solnhofener Schiefer (Solnhofen, Mittelfranken)
**solenoid** n (Elec Eng) / Polrad n (der elektromagnetischen Kupplung) ‖ ~\* (an item consisting of one or more coils surrounding an iron core, in which the coil/s/ and the core are movable in relation to one another) (Elec Eng) / Zylinderspule f, Magnetspule f, Solenoid n (einlagige Wicklung eines dünnen Drahtes auf einem zylindrischen Kunststoffrohr)
**solenoidal field**\* (Elec Eng, Phys) / quellenfreies Feld ‖ ~ **magnetization**\* (Mag) / Kreismagnetisierung f ‖ ~ **spectrometer** (Nuc Eng) / Solenoidspektrometer n
**solenoid brake**\* (Elec Eng) / Magnetbremse f, Magnetlüfterbremse f ‖ ~ **field** (Phys) / quellenfreies Feld ‖ ~ **magnet** (Elec Eng) / eisenloser Magnet, Solenoidmagnet m ‖ ~**-operated switch**\* (Elec Eng) / Magnetschalter m ‖ ~**-operated valve** (Autos, Elec Eng) / Elektroventil n, elektromagnetisches Ventil, Magnetventil n ‖ ~ **relay**\* (Elec Eng) / Solenoidrelais n ‖ ~ **valve** (Autos, Elec Eng) / Elektroventil n, elektromagnetisches Ventil, Magnetventil n ‖ ~ **winding** (Elec Eng) / Magnetwicklung f
**sole piece**\* (Build) / Schwelle f (für die Druckübertragung), Lagerschwelle f, Lagerbalken m, Schwellenbalken m, Knagge f (Anschlagteil) ‖ ~ **piece** (Build, Carp) / Wandauflagequerholz n, Querauflageholz n ‖ ~ **piece** (Ships) / Hinterstevensohle f, Stevensohle f (der untere Teil eines Einschrauben-Hinterstevens) ‖ ~ **plate** / Gleitsohle f (des Bügelautomaten), Sohlenplatte f (des Bügelautomaten), Sohlplatte f ‖ ~ **plate** (Arch, Build, Civ Eng) / untere Gurtplatte, Flanschverstärkungsplatte f (untere - bei Profilträgern) ‖ ~ **plate**\* (Build) / Schwelle f (für die Druckübertragung), Lagerschwelle f, Lagerbalken m, Schwellenbalken m, Knagge f (Anschlagteil) ‖ ~ **plate**\* (Eng, Ships) / Fundamentplatte f (eines Schiffsmotors) ‖ ~ **profile** / Sohlenprofil n (bei Schuhen) ‖ ~ **proprietor** / Alleininhaber m
**soler** (Arch) / Dachkammer f, Dachstube f, Dachzimmer n ‖ ~ (Mining) / Bühne f (Schachtabsatz)
**solerone** n (Nut) / Soleron n (ein Aromastoff)
**sole roughing** / Sohlenaufrauen n, Sohlenrauen n ‖ ~ **split** (Leather) / Sohlenspalt m ‖ ~ **stitching** / Doppeln v (von Schuhsohlen) ‖ ~ **trimming** / Sohlenbeschneidung f (bei Schuhen) ‖ ~ **waist** (Leather) / Sohlengelenk n (bei Schuhen)
**solfatara**\* n (Geol) / Solfatare f (pl. -ren), Solfatare f
**solferino** (Chem) / Fuchsin n (ein Triphenylmethanfarbstoff), Methylfuchsin n
**sol-gel process** (Chem, Glass) / Gel-Glas-Verfahren n, Sol-Gel-Prozess m, Sol-Gel-Methode f
**solicit operation** (Comp) / Abrufoperation f
**solid** n (Geol, Mining) / Anstehendes n (Gestein, das in seinem natürlichen Verband leicht zugänglich ist) ‖ ~\* (Phys) / fester Körper, Festkörper m ‖ ~ adj / einfarbig adj, einfärbig adj (A) ‖ ~ / dicht adj, kompakt adj ‖ ~ / massiv adj, voll adj (massiv) ‖ ~ / ungeteilt adj, endlos adj (Dichtungsring) ‖ ~ / solid adj (Finanzierung), solide adj ‖ ~ (Autos) / unbelüftet adj (Bremsscheibe) ‖ ~ (Geol) / gesund adj (Gebirge), fest adj (Gebirge) ‖ ~ (Geol) / anstehend adj ‖ ~\* (Maths) / körperlich adj, räumlich adj ‖ ~ (Phys) / fest adj (Körper) ‖ ~ (Print) / ohne Durchschuss ‖ ~ (Textiles) / nervig adj, kernig adj (Griff) ‖ ~ **alcohol** (Fuels) / Hartspiritus m (mit Seifen oder Celluloseestern) ‖ ~ **aluminium capacitor** (Elec Eng) / SAL-Kondensator m, Solid-Aluminium-Kondensator m, Aluminiumkondensator m mit Festelektrolyt ‖ ~ **analytic geometry** (Maths) / analytische Geometrie des Raumes, räumliche analytische Geometrie ‖ ~ **angle** (Maths) / Raumwinkel m, räumlicher Winkel (in sr gemessen - DIN 1301 und 1315) ‖ ~ **axle** (Eng) / Vollachse f ‖ ~ **beam** (Build, Civ Eng) / Vollbalken m, massiver Balken ‖ ~ **bearing** (Eng) / Volllager n, einteiliges Lager ‖ ~ **bit** (Mining) / Vollbohrkrone f (die das Gestein im gesamten Bohrlochquerschnitt zerstört) ‖ ~ **bitumen** / Festbitumen n ‖ ~ **block** (with lightweight aggregate or foamed concrete) (Build) / Planblock m (Mauerstein mit dichtgefügten Flächen, meistens aus Gas- oder Leichtbeton) ‖ ~ **block** (Build) / Block m, Blockstein m, Stein m, Vollstein m (Bauelement) ‖ ~ **board** (Paper) / Vollpappe f (massive Pappe über 225 g/m² nach DIN 6730)
**solid-borne noise isolation** (Acous) / Körperschalldämmung f
**solid-borne sound** (Acous) / Körperschall m (Festkörperschall - DIN 1320)
**solid-bowl centrifuge** / sieblose Zentrifuge, Vollmantelzentrifuge f, Vollmantelschleuder f (in welcher der Schleuderraum durch einen ungelochten Mantel umgrenzt ist)
**solid brass** (Met) / Massivmessing n ‖ ~ **brick** (Build) / Mauervollziegel m, Vollziegel m ‖ ~ **building material** (Build) / Vollbaustoff m ‖ ~ **bushing** (Elec Eng) / Feststoffdurchführung f ‖ ~ **bushing** (of a friction bearing) (Eng) / Massivbuchse f ‖ ~ **cage** (Eng) / Massivkäfig m (des Lagers) ‖ ~ **carbon** (Light) / Homogenkohle f ‖ ~ **carbon dioxide** / Hartgas n (durch Abkühlung verfestigtes Kohlendioxid) ‖ ~ **carburizing** (Met) / Pulveraufkohlung f (wenn die Bauteile in Kohlepulvereingepackt sind), Aufkohlung f in festen Kohlungsmitteln, Pulveraufkohlen n ‖ ~ **casting** (the forming of ceramic ware by introducing a body slip into a porous mould usually consisting of two major sections, one section forming the contour of the outside and the other forming the contour of the inside of the ware, and allowing a solid cast to form between the two mould faces) (Ceramics) / Vollguss m, Kernguss m ‖ ~ **catalyst** (Chem) / fester Katalysator ‖ ~ **caustic paint remover** (3 parts of sodium hydroxide + 2 parts of soda) (Chem Eng, Paint) / Seifenstein m, Laugenstein m ‖ ~ **circuit** (Electronics) / integrierte Halbleiterschaltung, Halbleiterblockschaltung f, Festkörperschaltung f (aus einem einzigen homogenen Halbleiterblock), monolithische Schaltung ‖ ~ **circuit** (Electronics) / Festkörperschaltkreis m ‖ ~ **circular conductor** (Elec Eng) / eindrähtiger Rundleiter, Rundeinzeldrahtleiter m, RE-Leiter m
**solid-coated open tubular column** (Chem) / Dünnschichtkapillarsäule f, SCOT-Säule f (für die Kapillarchromatografie)
**solid colour**\* (Comp) / Vollfarbe f
**solid-colour fabric** (Textiles) / Unigewebe n ‖ ~ **stain** (For) / Farbbeize f
**solid conductor** (Elec Eng) / massiver Leiter, Massivleiter m, Volldraht m ‖ ~ **construction** (Build) / Massivbau m (Bauart, bei der als Bauhauptstoffe Beton, Stahlbeton, Natursteine, Mauerziegel und Kalksandsteine verwendet werden) ‖ ~ **cop** (Spinning) / Schlauchkötzer m
**solid-core insulator** (Elec Eng) / Vollkernisolator m
**solid coupling** (Eng) / feste Kupplung (angeschmiedete, angeschweißte oder angeschrumpfte)
**solid-crown bit** (Mining) / Vollbohrkrone f (die das Gestein im gesamten Bohrlochquerschnitt zerstört)
**solid cubic metre** (For) / Festmeter m n (alte Einheit zur Messung von Rohholz nach DIN 1301, T 3), Fm, fm ‖ ~ **cutter** (Eng) / einteiliger Fräser ‖ ~ **debris load** (Geol) / feste Sedimentteile (die in den Flüssen meistens durch Reptation transportiert werden - z.B. Flussgeröll) ‖ ~ **diffusion**\* (Met) / Festkörperdiffusion f, Diffusion f von Festkörpern
**solid-disk wheel** (Autos) / Vollscheibenrad n (wenn keine Löcher oder Schlitze in der Radscheibe sind)
**solid display** (Electronics) / Festkörperdisplay n ‖ ~ **door** (Build) / Volltür f ‖ ~ **drilling** (Mining) / kernloses Bohren, Vollbohren n (bei dem das Gestein auf der gesamten Bohrlochsohle zerstört wird) ‖ ~ **dyeing** (Textiles) / Unifärbung f ‖ ~ **electrolyte** (Surf) / fester Elektrolyt, Festelektrolyt
**solid-electrolyte battery** (Elec Eng) / Feststoffbatterie f ‖ ~ **capacitor** (Elec Eng) / Kondensator m mit Festelektrolyt ‖ ~ **sensor** / Festelektrolyt-Sensor m (ein chemischer Sensor)
**solid element** (Comp) / Flächenelement n (Formularia)
**solidensing** n (Chem, Phys) / Solidensation f, Desublimation f, Solidensieren n, Kondensation f eines Dampfes zu einem Feststoff
**solid expansion thermometer** / Metallausdehnungsthermometer n ‖ ~ **fibreboard** (Paper) / Vollpappe f (massive Pappe über 225 g/m² nach DIN 6730) ‖ ~ **filler rod** (Welding) / Massivdraht m (eine Lieferform des Zusatzwerkstoffs)
**solid-film bearing** (Eng) / Lager n mit Festschmierstoff (Gleitlager mit Feststoffschmierung) ‖ ~ **coating** (Eng) / Festfilmüberzug m (bei dem die Reibfläche mit einem Feststoff beschichtet wird, bevor das Teil in Betrieb genommen wird)
**solid floor**\* (Build, Civ Eng) / Massivdecke f (z.B. Gewölbe, Decke mit Stahlbetontragwerk - keine Holz- oder Stahldecke)
**solid-font character** (Comp) / Ganzzeichen n (das ein Drucker nicht aus Matrixpunkten zusammensetzen muss, sondern das als Ganzes vorhanden ist und nur angeschlagen wird) ‖ ~ **printer** (Comp) / Ganzzeichendrucker m, Typensatzdrucker m, Typendrucker m (ein mechanischer Drucker)
**solid forming** (Eng) / Massivumformung f (der Rohlinge oder Halbzeuge), Massivumformen n (z.B. Gesenkschmieden oder Prägen) ‖ ~ **fraction** (Paper) / Feststoffgehalt m (als Volumen), Feststoffvolumen n ‖ ~ **frame** (Mech) / Vollrahmen m ‖ ~ **friction** (Eng, Phys) / Festkörperreibung f (Stribeck-Kurve) ‖ ~ **fuel** (Fuels) / fester Brennstoff, Festbrennstoff m
**solid-fuel boiler** (Eng) / mit festen Brennstoffen gefeuerter Kessel
**solid•-gas chromatography** (Chem) / Fest-Gaschromatografie f ‖ ~ **gasoline** (US) (Fuels) / Hartbenzin n ‖ ~ **gauge** / Maßverkörperung f (DIN 13191-1) ‖ ~ **geology** (Geol) / Geologie f des Felsgrunds ‖ ~ **geometry** (Maths) / Stereometrie f (ein Teilgebiet der Geometrie, die Lehre von den räumlichen geometrischen Gebilden, insbesondere den Körpern), Raumgeometrie f ‖ ~ **glass door** (Build) / Vollglastür f ‖ ~ **glass rod** (of small to medium diameter) (Glass) / Glasstange f, Glasstab m ‖ ~ **gold** / massives Gold ‖ ~ **having curved surfaces** (Maths) / von gekrümmten Flächen begrenzter geometrischer Körper (z.B. Kugel oder Zylinder) ‖ ~ **head**\* (I C Engs) /

**solid**

angegossener Zylinderkopf ‖ ~ **heating bath** (Chem) / Festsubstanzbad n (ein Heizbad), Festsubstanz-Heizbad n
**solidification** n (Foundry, Met) / Erstarrung f (Übergang von Schmelzen in den festen Zustand) ‖ ~ (Phys) / Verfestigung f, Erstarrung f (Übergang vom flüssigen in den festen Aggregatzustand bei der Erstarrungstemperatur), Festwerden n ‖ ~ **enthalpy** (Phys) / Erstarrungsenthalpie f (eine Umwandlungsenthalpie) ‖ ~ **front** (Foundry) / Erstarrungsfront f ‖ ~ **heat** (Phys) / Erstarrungsenthalpie f (eine Umwandlungsenthalpie) ‖ ~ **modulus** (Foundry) / Erstarrungsmodul m (Verhältnis von Gussstückvolumen zu seiner Oberfläche) ‖ ~ **point** (Phys) / Erstarrungspunkt m (Temperatur, bei der ein flüssiger Stoff in den festen Zustand übergeht), EP (Erstarrungspunkt, z.B. von Gold, Silber, Zink) ‖ ~ **range*** (Chem, Phys) / Erstarrungsintervall n, Erstarrungsbereich m ‖ ~ **shrinkage** (Foundry) / Erstarrungsschrumpfung f, Erstarrungslunkerung f
**solidified butter oil** (Nut) / Butterschmalz n, Schmelzbutter f
**solidify** v / erstarren v, fest werden
**solid impingement erosion** (Geol) / Aufprallerosion f durch feste Stoffe, Erosion f durch Aufprall fester Stoffe ‖ ~ **injection*** (I C Engs) / luftlose Einspritzung (bei einer kompressorlosen Dieselmaschine), direkte Einspritzung
**solid-injection diesel engine** (I C Engs) / Dieselmotor m mit Strahleinspritzung, Dieselmotor m mit Direkteinspritzung, Direkteinspritzer m
**solid ion** (Phys) / Festion n ‖ ~ **ionization chamber** (Nuc) / feste Ionisationskammer (Kristallzähler)
**solidity*** n (Aero) / Völligkeit f (des Propellers), Ausfüllungsgrad m (des Propellers) ‖ ~ (Phys) / Körperlichkeit f ‖ ~ (Textiles) / Übereinstimmung f des Farbtons bei Mischfärbungen
**solid journal bearing** (Eng) / Augenlager n (ungeteiltes Stehlager für Hebemaschinen) ‖ ~**-laid cable** (Cables, Civ Eng) / in Kanälen verlegtes und vergossenes Kabel ‖ ~ **laser** (Phys) / Festkörperlaser m (dessen aktives Medium ein Festkörper ist) ‖ ~ **leather** (Leather) / Ganzleder n (das einschließlich etwaiger Verstärkungen, unbeschadet des als Futter verwendeten Materials, nur Leder ist) ‖ ~ **line** / ausgezogene Linie ‖ ~ **liner** (Eng) / Massivschale f (eines Lagers)
**solid-liquid extraction** (Chem, Chem Eng) / Extraktion f fest-flüssig, Fest-flüssig-Extraktion f ‖ ~ **interface** (Phys) / Grenzfläche f Festkörper-Flüssigkeit, Grenzfläche fest-flüssig, Festkörper-Flüssigkeit-Grenzfläche f
**solid•-logic technology** (Electronics) / Technik f der integrierten Schaltkreise, Festkörperschaltungslogik f, Festkörperschaltkreislogik f ‖ ~ **lubricant** (Eng) / Festschmierstoff m, Trockenschmiermittel n (z.B. Graphit, Molybdänsulfid)
**solid-lubricant binder** / Festschmierstoffbinder m
**solidly earthed** (Elec Eng) / starr geerdet ‖ ~ **earthed neutral system** (Elec Eng) / Sternpunkterdungssystem n ‖ ~ **grounded** (US) (Elec Eng) / starr geerdet
**solid masonry wall** (Build) / Vollmauer f (ohne Hohlräume) ‖ ~ **material** / Vollmaterial n (nicht hohl) ‖ ~ **matter** / Feststoff m ‖ ~ **matter*** (Typog) / kompresser Satz (der ohne Durchschuss hergestellt ist) ‖ ~ **model** / Volumenmodell n (Form zur Beschreibung räumlicher geometrischer Gebilde auf der Basis analytisch beschreibbarer Grundkörper oder das Objekt umhüllender Flächen), Körpermodell n, Festkörpermodell n, Bauklotzmodell n ‖ ~ **modelling** (Comp) / geometrisches Modellieren n ‖ ~ **newel*** (Build) / voller Treppenpfosten, volle Treppenspindel f ‖ ~ **non-metallic impurity** (Met) / feste nichtmetallische Verunreinigung, nichtmetallischer Einschluss f ‖ ~ **nutrient medium** (Bacteriol) / festes Nährmedium, Nährboden m, Substrat n ‖ ~ **of light distribution** (Light) / fotometrischer Körper, Lichtverteilungskörper m (Endpunkte sämtlicher Lichtstärkevektoren) ‖ ~ **of revolution** (Maths, Phys) / Drehkörper m, Umdrehungskörper m, Rotationskörper m
**solid-only phase** (Phys) / Nur-Feststoff-Phase f
**solid-oxide fuel cell** / Festoxid-Brennstoffzelle f, SOFC f (Festoxid-Brennstoffzelle), oxidkeramische Brennstoffzelle
**solid packing** (Mining) / Vollversatz m ‖ ~ **panel*** (Build) / bündige (Verkleidungs)Platte ‖ ~ **paraffin** (US) (Chem) / Hartparaffin n ‖ ~ **parapet** (Build) / massive Brüstung ‖ ~ (shell) **pattern** (Foundry) / Naturmodell n ‖ ~ **pattern** (Radio) / räumliches Strahlungsdiagramm (einer Antenne) ‖ ~ **pectin** (Nut) / Trockenpektin n, Pektinpulver n ‖ ~ **petrol** (Fuels) / Hartbenzin n ‖ ~ **phase** (Phys) / Festphase f, feste Phase
**solid-phase chemical dosimeter** (Radiol) / chemisches Festkörperdosimeter ‖ ~ **epitaxy** (Electronics) / Epitaxie f aus der festen Phase (bei der eine amorphe Halbleiterschicht epitaxial auf ein einkristallines Substrat bei Temperaturen aufgebracht wird, die unterhalb des Schmelzpunktes des Einzelmaterials oder unterhalb des eutektischen Punktes der beiden Materialien liegen), Festphasenepitaxie f ‖ ~ **fermentation** (Biochem) /

Festphasenfermentation f, Feststoff-Fermentation f ‖ ~ **microextraction** (Chem) / Festphasenmikroextraktion f ‖ ~ **peptide synthesis** (Chem) / Merrifield-Technik f (eine Form der Festphasentechnik nach R.B. Merrifield, geb. 1921), Merrifield-Verfahren n, Merrifield-Synthese f (eine Peptidsynthese) ‖ ~ **synthesis** (Chem) / Festphasenpeptidsynthese f ‖ ~ **synthesis** (Chem) s. also Merrifield technique
**solid piling** (For) / Stapeln n ohne Stapellatten (Holz ohne Zwischenräume) ‖ ~ **point** (Oils, Phys) / Stockpunkt m (die Temperatur, bei der ein Öl so steif wird, dass es unter der Einwirkung der Schwerkraft nicht mehr fließt - DIN 51583) ‖ ~ **pole*** (Elec Eng) / Massivpol m
**solid-polymer electrolyte technology** (Chem Eng) / SPE-Technologie f (Methode der Wasserstofferzeugung, bei der eine dünne Kunststofffolie sowohl die Funktion eines festen Elektrolyten als auch die der Gastrennung übernimmt) ‖ ~ **fuel cell** / Festpolymer-Brennstoffzelle f
**solid propellant*** (Space) / fester Raketentreibstoff ‖ ~ **propellant*** (Space) / Feststoff m (für chemische Triebwerke)
**solid-propellant rocket** (Space) / Feststoffrakete f
**solid•-propellant rocket engine** (Space) / Feststoffraketentriebwerk n ‖ ~ **punch** (Eng) / Austreiber m (Treibdorn), Durchschlag m, Dorn m (pl. Dorne) (Austreiber), Durchschläger m, Durchtreiber m ‖ ~ **rivet** (Eng) / Vollniet m ‖ ~ **rock** (Build, Civ Eng, Geol) / Festgestein n (DIN 18 300) ‖ ~ **rock** (Civ Eng) / gewachsener Fels (ein anstehendes Gestein) ‖ ~ **rocket booster** (Space) / Feststoff-Booster m, Feststoff-Boosterrakete f ‖ ~ **rocket fuel** (Space) / Feststoff m (für chemische Triebwerke) ‖ ~ **rocket propellant** (Space) / Feststoff m (für chemische Triebwerke) ‖ ~ **rubber** (Chem Eng) / Festkautschuk m
**solids** pl (Nut) / Trockensubstanz f, Trockenmasse f
**solid sample** / Feststoffprobe f
**solids capture** (Chem Eng, San Eng) / Feststoffabscheidung f ‖ ~ **content** / Festkörpergehalt m, Feststoffgehalt m (als Masse), Feststoffanteil m, Festgehalt m (als Masse) ‖ ~ **content** (Paint) / Festkörpergehalt m (der nicht flüchtige Anteil), nicht flüchtiger Anteil, nfA (nicht flüchtiger Anteil) ‖ ~ **content** s. also dry substance
**solid section** (Materials, Met) / Vollprofil n (mit vollem Querschnitt)
**solids flow** (Phys) / Feststoffströmung f
**solid-shade dyeing** (Textiles) / Unifärbung f
**solid shaft** (Eng) / Vollwelle f
**solid-shaft piston** (Autos) / Vollschaftkolben m (bei alten Motoren), Glattschaftkolben m
**solids-handling capacity** (Phys) / Feststoffdurchsatzleistung f ‖ ~ **pump** (Eng) / Feststoffpumpe f, Pumpe f zur Förderung von Feststoffen
**solid-shaped conductor** (Elec Eng) / eindrähtiger Sektorleiter, Sektor-Einzeldrahtleiter m
**solids mechanics** (Mech) / Festkörpermechanik f, Mechanik f fester Körper
**solid sol** (a colloid) (Chem) / Vitreosol n
**solid-solid interface** (Phys) / Grenzfläche f Festkörper-Festkörper, Grenzfläche f fest-fest ‖ ~ **interface** (Phys) / Fest-fest-Grenzfläche f
**solid solubility*** (Chem, Phys) / Festkörperlöslichkeit f, Löslichkeit f im festen Zustand ‖ ~ **solution*** (Chem, Phys) / feste Lösung (Mischkristalle oder Legierungen)
**solid-solution segregation** (Foundry, Met) / Mischkristallseigerung f
**solid spherical functions** (Maths) / räumliche Kugelfunktionen n ‖ ~ **spirit** (Fuels) / Hartspiritus m (mit Seifen oder Celluloseestern)
**solids pump** (Eng) / Feststoffpumpe f, Pumpe f zur Förderung von Feststoffen ‖ ~ **recovery** (Chem Eng, San Eng) / Feststoffabscheidung f ‖ ~ **separation** (Chem Eng, San Eng) / Feststoffabscheidung f
**solid stacking** (For) / Stapeln n ohne Stapellatten (Holz ohne Zwischenräume)
**solid-state** attr / Festkörper-, Festphasen- ‖ ~ **battery** (Elec Eng) / Solid-State-Batterie f, Feststoffbatterie f, Festkörperbatterie f
**solid-state circuit** (Electronics) / integrierte Halbleiterschaltung, Halbleiterblockschaltung f, Festkörperschaltung f (aus einem einzigen homogenen Halbleiterblock), monolithische Schaltung ‖ ~ **solid-state circuit** (Electronics) / Festkörperschaltkreis m ‖ ~ **credit-card-size memory** (Comp) / Festkörperspeicher f in der Größe einer Kreditkarte ‖ ~ **detector*** (Nuc Eng) / Halbleiterdetektor m, Halbleiterzähler m, Festkörperdetektor m, Oberflächensperrschichtzähler m (zum Nachweis oder zur Messung der Strahlung) ‖ ~ **device** (Electronics) / Bauelement n der Halbleiterelektronik, Halbleiterbauelement n (DIN 41785) ‖ ~ **dosemeter** (Radiol) / Festkörperdosimeter n (z.B. Glasdosimeter oder Thermolumineszenzdosimeter) ‖ ~ **electrode** / Allsolid-State ionenselektive Elektrode, Allsolid-State-Elektrode f (eine ionenselektive Elektrode) ‖ ~ **electronics** (Electronics) / Festkörperelektronik f ‖ ~ **ignition system** (Autos, I C Engs) / Halbleiterzündsystem n, Halbleiterzündung f ‖ ~ **image sensor*** (TV) / Festkörperbildsensor m, Halbleiterbildsensor m,

Detektormatrix f ∥ ~ **ionics** (Chem, Phys) / Festkörperionenleitung f ∥ ~ **laser** (Electronics, Phys) / Festkörperlaser m (dessen aktives Medium ein Festkörper ist) ∥ ~ **logic circuit** (Electronics) / volltransitorierte Logikschaltung ∥ ~ **maser*** (Electronics) / Festkörpermaser m ∥ ~ **melting** (Phys) / Schmelzen n des Festkörpers ∥ ~ **memory** (Comp) / Halbleiterspeicher m, Festkörperspeicher m ∥ ~ **nuclear track detector** (Nuc) / Festkörperspurdetektor m ∥ ~ **physics*** (Phys) / Festkörperphysik f (Teilgebiet der Physik, das sich mit den physikalischen Eigenschaften fester Körper und der theoretischen Deutung dieser Eigenschaften befasst) ∥ ~ **pickup*** (TV) / Festkörperbildsensor m, Halbleiterbildsensor m, Detektormatrix f ∥ ~ **polycondensation** (Chem) / Festkörperpolykondensation f, Festkörperpolykondensation f ∥ ~ **polymerization*** (Chem) / Festphasenpolymerisation f, Festkörperpolymerisation f ∥ ~ **printing** (Print) / Xerografie f (ein elektrostatisches Trockendruck- oder elektrofotografisches Verfahren) ∥ ~ **reaction** (Chem) / Festkörperreaktion f, Feststoffreaktion f (bei der mindestens ein Reaktand im festen Aggregatzustand ist) ∥ ~ **relay** (Elec Eng, Electronics) / elektronisches Relais, Halbleiterrelais n ∥ ~ **relay** (Electronics) / kontaktloses Relais, Festkörperrelais n ∥ ~ **sintering** / Festkörpersinterung f ∥ ~ **technique** (Chem) / Festphasentechnik f (bei der einer der Reaktionspartner in verfestigter Form zur Anwendung gebracht wird - z.B. die Merrifield-Technik), Festphasenverfahren n ∥ ~ **track recorder** (Nuc) / Festkörperspurdetektor m ∥ ~ **welding*** (Welding) / Diffusionsschweißen n, Schweißen n im festen Zustand

**solid stowing** (Mining) / Vollversatz m ∥ ~ **tool** (US) (Eng) / Drehling m (stabförmiges Werkzeug, meist aus Schnellarbeitsstahl mit rundem oder eckigem Querschnitt), Drehzahn m ∥ ~ **triangle** / Bezugsdreieck n, massives Dreieck (nach DIN 7184,T 1) ∥ **~-type cable*** (Cables) / einadriges Höchstädter-Kabel ∥ ~ **tyre** (Autos) / Vollgummireifen m (für hochbelastete Fahrzeuge mit niedriger Geschwindigkeit sowie für Standfahrzeuge)

**solid-tyred** adj (Autos) / vollgummibereift adj

**solidus*** n (Met) / Soliduskurve f (Kurvenzug, der in binären Systemen die Temperaturpunkte verbindet, bei denen ein Stoffgemisch vollständig erstarrt ist), Solidus m ∥ ~* (Typog) / Schrägstrich m, Slash m (pl. -s) ∥ ~ **curve** (Met) / Soliduskurve f (Kurvenzug, der in binären Systemen die Temperaturpunkte verbindet, bei denen ein Stoffgemisch vollständig erstarrt ist), Solidus m

**solid V belt** / Vollkeilriemen m ∥ ~ **vee belt** / Vollkeilriemen m ∥ ~ **wall(ing)** (Build) / Vollmauer f (ohne Hohlräume)

**solid-wall centrifuge** / sieblose Zentrifuge, Vollmantelzentrifuge f, Vollmantelschleuder f (in welcher der Schleuderraum durch einen ungelochten Mantel umgrenzt ist)

**solid waste management** (Ecol) / Beseitigung f und/oder Verwertung von festen Abprodukten ∥ ~ **water-glass** (Chem) / Wasserglas n in Stücken, Stückglas n (Wasserglas), Festglas n (Wasserglas)

**solid-web** attr (Civ Eng, Eng) / vollwandig adj (Träger)

**solid-webbed** adj (Civ Eng, Eng) / vollwandig adj (Träger)

**solid-web girder** (Civ Eng, Eng) / vollwandiger Träger, Vollwandträger m (mit voller Wandung zwischen den Gurten), Blechträger m

**solid wedge** (Eng) / starrer Keil (einteiliger Absperrkörper in Keilform) ∥ ~ **welding** (Welding) / Vollschweißen n (nicht Heften) ∥ ~ **wire** (Elec Eng) / massiver Leiter, Massivleiter m, Volldraht m ∥ ~ **wire** (Welding) / Massivdraht m (eine Lieferform des Zusatzwerkstoffs)

**solid-wire electrode** (Welding) / Massivdrahtelektrode f

**solid wood** (For, Join) / Vollholz n, Massivholz n, Ganzholz n

**solid-wood-core plywood** (Join) / Tischlerplatte f (DIN 68791), Verbundplatte f mit Vollholzmittellage

**solifluction*** n (Geol) / Solifluktion f, Bodenfließen n (infolge Porenwasserüberdrucks), Erdfließen n ∥ ~ **mantle** (Geol) / Fließerde f (bei der Solifluktion)

**solifluxion*** n (Geol) / Solifluktion f, Bodenfließen n (infolge Porenwasserüberdrucks), Erdfließen n

**soligen** n (Chem) / Soligen n (Blei-, Kobalt- und Mangansalze der Naphthensäure)

**soling** n (Civ Eng) / Tragschicht f (aus Grobschotter) ∥ ~ (Civ Eng) / Sauberkeitsschicht f ∥ ~ (Civ Eng) / Packlage f (Setzpacklage), Steinpackung f, Steinbett n

**solion** n (Chem, Phys) / Solion n (ein elektrochemisches Bauelement, das auf der Ionenbewegung in Lösungen beruht)

**soliquid** n (Chem) / disperses System aus flüssigem Dispersionsmittel und festem dispersem Anteil

**solitary coral** (a coral that does not form part of a colony) (Zool) / Einzelkoralle f, Hornkoralle f ∥ ~ **tree** (Cartography) / Solitärbaum m, Solitär m, einzeln stehender Baum ∥ ~ **tree** (Cartography, For) / Solitärbaum m, einzelnstehender Baum, Einzelbaum f ∥ ~ **wave** (Phys) / Einzelwelle f ∥ ~ **wave** (Phys) / solitäre Welle, Soliton n (nicht zerfließende Welle - dynamisch, optisch, topologisch)

**soliton*** n (Phys) / solitäre Welle, Soliton n (nicht zerfließende Welle - dynamisch, optisch, topologisch)

**sollar*** n (Build) / vom Sonnenlicht durchfluteter Raum in der obersten Etage ∥ ~ (Mining) / Bühne f (Schachtabsatz)

**Soller collimator** (Radiol) / Soller-Blende f (für die Röntgendiffraktometer) ∥ ≃ **slit** (Radiol) / Soller-Blende f (für die Röntgendiffraktometer)

**Solnhofen stone** (Geol) / Solnhofener Plattenkalk, Solnhofener Lithografiestein, Solnhofener Schiefer (Solnhofen, Mittelfranken)

**Solochrome black*** (Chem) / Solochrome-Schwarz n (ein Chromierungsfarbstoff der Firma ICI)

**solod** n (Agric) / Steppenbleicherde f (aus Solonetz entstanden), Solod m (ein Salzboden)

**solo flight** (Aero) / Alleinflug m ∥ ~ **motor cycle** (Autos) / Kraftrad n ohne Beiwagen, Solomaschine f

**solonchak** n (Agric, Geol) / Solontschak m (ein Salzboden), Weißalkaliboden m ∥ ≃ **soil** (Agric, Geol) / Solontschak m (ein Salzboden), Weißalkaliboden m

**solonets** n (Agric, Geol) / Solonez m, Solonetz m (ein Salzboden), Schwarzalkaliboden m (in der Ukraine)

**solonetz** n (Agric, Geol) / Solonez m, Solonetz m (ein Salzboden), Schwarzalkaliboden m (in der Ukraine) ∥ ≃ **soil** (Agric, Geol) / Solonez m, Solonetz m (ein Salzboden), Schwarzalkaliboden m (in der Ukraine)

**Soloth soil** (Agric) / Steppenbleicherde f (aus Solonetz entstanden), Solod m (ein Salzboden)

**solstice*** n (Astron) / Solstitium n (pl. -tien), [Sommer-, Winter-]Sonnenwende f

**solubility*** n (Chem) / Löslichkeit f ∥ ~ **behaviour** (Chem, Phys) / Löslichkeitsverhalten n (Löslichkeitseigenschaften) ∥ ~ **coefficient** (Chem, Phys) / Löslichkeitskoeffizient m (Maß für die Löslichkeit eines Gases in einer Flüssigkeit), Absorptionskoeffizient m (Ostwald'scher) ∥ ~ **curve*** (Chem) / Löslichkeitskurve f ∥ ~ **equilibrium** (Chem) / Löslichkeitsgleichgewicht n ∥ ~ **parameter** (a measure of the energy required to separate the molecules of a liquid) (Chem) / Löslichkeitsparameter m ∥ ~ **product*** (Chem) / L (ein Spezialfall des Ionenprodukts), Löslichkeitsprodukt (L) n (ein Spezialfall des Ionenprodukts)

**solubilization** n (Chem) / Solubilisierung f, Solubilisation f (Löslichmachung eines in einer bestimmten Flüssigkeit unlöslichen Stoffes durch Zusatz von Lösungsvermittlern) ∥ ~ **of coal** (Chem Eng) / Kohleaufschluss m

**solubilizer** n (Chem) / Lösungsvermittler m, Lösevermittler m, Solutizer m

**solubilizing power** (Chem) / Lösevermögen n (eines Lösungsmittels), Lösefähigkeit f

**soluble** adj (Chem) / solubel adj, löslich adj ∥ ~ (Chem) / dispergierbar adj (Öl), emulgierbar adj (Öl) ∥ ~ (Maths) / lösbar adj, auflösbar adj ∥ ~ **anode** / Lösungsanode f, Lösungselektrode f (in einem Elektrolyten) ∥ ~ **blue** (Chem, Textiles) / Wasserblau n (saurer Triarylmethanfarbstoff), Chinablau n ∥ ~ **castor oil** (Chem, Textiles) / Türkischrotöl n (sulfoniertes Rizinusöl) ∥ ~ **complex*** (Biochem, Med) / löslicher Antigen-Antikörper-Komplex ∥ ~ **cutting oil** (an oil-based fluid that can form a stable emulsion or colloidal suspension with water) (Eng) / Kühlmittelöl n, wasserlösliches (emulgierbares) Schneidöl ∥ ~ **glass** (Chem) / flüssiges Wasserglas ∥ ~ **group** (Maths) / metazyklische Gruppe, auflösbare Gruppe (mit einer Kompositionsreihe, in der die Faktorgruppen von je zwei aufeinander folgenden Normalteilern Abel'sch sind) ∥ ~ **gun-cotton** (Chem) / Kolloxylin n, Colloxylin n, Kollodiumwolle f, Collodiumwolle f, Lackwolle f (mit 10,5 - 12,2 Gew.-% Stickstoff) ∥ ~ **in acid(s)** (Chem) / säurelöslich adj ∥ ~ **in alcohol** (Chem) / alkohollöslich adj ∥ ~ **in cold medium** / kaltlöslich adj ∥ ~ **in fat** / fettlöslich adj ∥ ~ **oil** (Chem) / lösliches Öl ∥ ~ **oil*** (Eng) / Kühlmittelöl n, wasserlösliches (emulgierbares) Schneidöl ∥ ~ **RNA** (Biochem) / Transfer-Ribonukleinsäure f, Transfer-RNS f, Transfer-RNA f, Träger-RNS f, t-RNS f, Transfer-Ribonucleinsäure f, t-RNA f, sRNA f ∥ ~ **rock** (Geol) / lösliches Gestein ∥ ~ **starch*** (Chem) / lösliche Stärke, Speisestärke f, Dextrinstärke f

**solum** n (pl. -s or sola) (Agric, Geol) / Auslaugungszone + Ausfällungszone, A-B-Boden m, Boden m im engeren Sinne (A- und B-Horizonte)

**solute*** n (Chem) / aufgelöster Stoff, Gelöstes n, gelöster Stoff ∥ ~ **band** (Chem) / Bande f (im Chromatogramm oder Elektropherogramm), Substanzbereich m (im Chromatogramm oder Elektropherogramm) ∥ ~ **potential*** (Bot) / potentieller osmotischer Druck, osmotischer Wert ∥ ~ **retention** (Hyd, Med) / Retention f, Zurückhaltung f, Verhaltung f (auf Grund von Abflusshindernissen oder bei zeitlich veränderlichem Durchfluss) ∥ ~ **segregation** (Foundry) / Mischkristallseigerung f

**Solutier process** (Powder Met) / Solutier-Prozess m, Solutier-Verfahren n

**solution**

**solution** *n* / Erfüllung *f* (bei Aussageformeln) ‖ ~* (Chem) / Lösung *f*, Lsg. ‖ ~ (Maths) / Lösung *f* (einer Gleichung) ‖ ~ (Maths) / Integration *f*, Lösen *n* (einer Differentialgleichung) ‖ ~ (Med, Pharm) / Solution *f*, Solutio *f* (pl.-ones) ‖ ~ **adhesive** (Paint) / Kleblack *m* (streich- oder spritzfähige Lösung von organischen Klebgrundstoffen in flüchtigen organischen Lösungsmitteln), Lösungsmittelklebstoff *m* (DIN 16920) ‖ ~ **agitation** (Surf) / Badbewegung *f* ‖ ~ **annealing** (Met) / Lösungsglühen *n* (Beseitigung von Ausscheidungen), Homogenisieren *n*, Glühen *n* auf Gefügegleichgewicht (bei den NE-Metallen), homogenisierendes Glühen ‖ ~ **assistant** (Chem) / Lösungsvermittler *m*, Lösevermittler *m*, Solutizer *m* ‖ ~ **behaviour** (Chem, Phys) / Lösungsverhalten *n* ‖ ~ **bottom** (Geol) / Hartboden *m*, Hartgrund *m* (verkrusteter Sedimentationsgrund) ‖ ~ **by fusion** (Chem Eng) / Schmelzaufschluss *m* (offener, in Druckgefäßen) ‖ ~ **cavity** (Geol) / Lösungshohlraum *m* ‖ ~ **ceramic** (Ceramics) / keramisches Beschichtungsmittel ‖ ~ **ceramics** (a metal-salt solution applied to a surface which is converted to a ceramic or glassy coating when a flame is sprayed over the coated surface or the solution is sprayed on a hot surface, or both) / Lösungskeramik *f* (dünne Silikatschutzschichten) ‖ ~ **channels** (Geol) / Karren *pl* (häufigste Kleinform des Karstes), Schratten *f pl* ‖ ~ **chemistry** (Chem) / Lösungschemie *f* ‖ ~ **coating** / Beschichtung *f* aus Lösungen ‖ ~ **curve** (Maths) / Lösungskurve *f* (die grafische Darstellung der Lösung einer Differentialgleichung), Integralkurve *f*

**solution-dyed** *adj* (Textiles) / spinngefärbt *adj*, düsengefärbt *adj*, in der Spinnlösung gefärbt

**solution dyeing** (Textiles) / Massefärbung *f*, Spinnfärbung *f*, Düsenfärbung *f* (von Chemiefasern) ‖ ~ **formula** (Maths) / Lösungsformel *f* ‖ ~ **gas drive** (Geol, Mining, Oils) / Gasentlösungsdruck *m* (Expansionsdruck des im Öl gelösten Gases), Gasentlösungstrieb *m* (in einer Erdöllagerstätte) ‖ ~ **graph** (Comp) / Lösungsgraf *m* (vom Startknoten bis zum Endknoten) ‖ ~ **heat treatment*** (Met) / Lösungsglühen *n* (Beseitigung von Ausscheidungen), Homogenisieren *n*, Glühen *n* auf Gefügegleichgewicht (bei den NE-Metallen), homogenisierendes Glühen ‖ ~ **matrix** (Maths) / Lösungsmatrix *f* ‖ ~ **mining*** (Mining) / Aussolen *n* von Salzstöcken, Aussolung *f*, Lösungsabbau *m*, Untertagelaugung *f* ‖ ~ **NMR spectroscopy** (Spectr) / Lösungs-NMR-Spektroskopie *f* ‖ ~ **of electrolytes** (Surf) / Elektrolytlösung (ionenleitende wässrige Lösung) ‖ ~ **path** (AI) / Lösungsweg *m* (bei Problemen), Lösungspfad *m* ‖ ~ **phase** (Chem, Phys) / Lösungsphase *f* ‖ ~ **polymerization** (Chem) / Lösungspolymerisation *f* ‖ ~ **pressure** (Chem) / Lösungsdruck *m*, Lösungstension *f* ‖ ~ **set** (AI) / Wahrheitsmenge *f* ‖ ~ **space** (Maths) / Lösungsraum *m* ‖ ~ **spectrum** (Chem) / Lösungsspektrum *n* ‖ ~ **spinning** (Spinning) / Spinnen *n* aus Lösungen, Lösungsspinnverfahren *n*

**solution-state NMR** (Spectr) / Lösungs-NMR-Spektroskopie *f*

**solution strength** (Brew, Chem) / Lösungskonzentration *f* ‖ ~ **to be filtered** (Chem) / zu filternde Lösung *f* ‖ ~ **treatment** (Met) / Lösungsglühen *n* (Beseitigung von Ausscheidungen), Homogenisieren *n*, Glühen *n* auf Gefügegleichgewicht (bei den NE-Metallen), homogenisierendes Glühen ‖ ~ **tree** (Comp) / Lösungsbaum *m* (Lösungsgraf mit Baumstruktur)

**solutizer** *n* (Chem) / Lösungsvermittler *m*, Lösevermittler *m*, Solutizer *m* ‖ ~ **process** (Oils) / Solutizer-Prozess *m* (ein Süßungsverfahren für merkaptanhaltige Benzinfraktionen)

**solv** (solvent) (Chem) / Solvens *n* (pl. -zien od. -tia), Lösungsmittel *n*, Lösemittel *n*, Löser *m*

**solvable** *adj* (Chem) / solubel *adj*, löslich *adj* ‖ ~ (Maths) / lösbar *adj*, auflösbar *adj* ‖ ~ (Maths) / erfüllbar *adj* (eine Aussageform) ‖ ~ **group** (Maths) / metazyklische Gruppe, auflösbare Gruppe (mit einer Kompositionsreihe, in der die Faktorgruppen von je zwei aufeinander folgenden Normalteilern Abel'sch sind)

**solvate** *v* (Chem) / solvatieren *v*, solvatisieren *v* ‖ ~ *n* (Chem) / Solvat *n*, Solventraffinat *n*, Lösungsmittelraffinat *n*

**solvated electrons** (Chem) / solvatisierte Elektronen

**solvation*** *n* (Chem) / Solvatisierung *f*, Solvatation *f* (Anlagerung von Lösungsmittelmolekülen an gelöste Teilchen) ‖ ~ **energy** (Chem) / Solvatationsenergie *f* ‖ ~ **shell** (Chem) / Solvathülle *f* (Umhüllung der gelösten Moleküle oder Ionen mit den Molekülen des Lösungsmittels)

**solvatochromism** *n* (Chem) / Solvatochromie *f* (Erscheinung, dass sich bestimmte Stoffe bei Auflösung in verschiedenen Lösungsmitteln unterschiedlich färben)

**Solvay process** (Chem) / Solvay-Verfahren *n* (das wichtigste großtechnische Verfahren zur Gewinnung von Soda - nach E. Solvay, 1838-1922), Solvay-Soda-Verfahren *n* ‖ ~**'s ammonia soda process*** (Chem) / Solvay-Verfahren *n* (das wichtigste großtechnische Verfahren zur Gewinnung von Soda - nach E. Solvay, 1838-1922), Solvay-Soda-Verfahren *n*

**solve** *v* (Maths) / auflösen *v* (Gleichung, Klammer)

**solvency** *n* (Chem) / Lösungsvermögen *n* ‖ ~ (Chem) / Lösevermögen *n* (eines Lösungsmittels), Lösefähigkeit *f*

**solvent*** *n* (Chem) / Solvens *n* (pl. -zien od. -tia), Lösungsmittel *n*, Lösemittel *n*, Löser *m* ‖ ~ (Chem) / Trennmittel *n* (in der Chromatografie), Elutionsmittel *n* (in der Elutionstechnik der Gaschromatografie), Fließmittel *n* (mobile Phase in der Chromatografie), Laufmittelgemisch *n*, Laufmittel *n*, Entwickler *m* (in der Chromatografie) ‖ ~* (Paint) / Lösungsmittel *n* (DIN 53945) ‖ (**mobile**) ~ **system** (Chem) / Trennmittel *n* (in der Chromatografie), Elutionsmittel *n* (in der Elutionstechnik der Gaschromatografie), Fließmittel *n* (mobile Phase in der Chromatografie), Laufmittelgemisch *n*, Laufmittel *n*, Entwickler *m* (in der Chromatografie) ‖ ~ **action** (Chem) / Wirkung des Lösungsmittels *m*, Wirkungsweise *f* des Lösungsmittels ‖ ~ **adhesive** (Paint) / Kleblack *m* (streich- oder spritzfähige Lösung von organischen Klebgrundstoffen in flüchtigen organischen Lösungsmitteln), Lösungsmittelklebstoff *m* (DIN 16920) ‖ ~ **assistant** (Chem) / Lösungshilfsmittel *n* ‖ ~ **assistant** (Chem) / Lösungsvermittler *m*, Lösevermittler *m*, Solutizer *m* ‖ ~ **auxiliary** (Chem) / Lösungshilfsmittel *n*

**solvent-based adhesive** (Paint) / Kleblack *m* (streich- oder spritzfähige Lösung von organischen Klebgrundstoffen in flüchtigen organischen Lösungsmitteln), Lösungsmittelklebstoff *m* (DIN 16920)

**solvent boil** (Paint) / Kocher *m* (Folge der Kraterbildung), Kochblase *f* ‖ ~ **bonding** (Chem) / Lösungsmittelkleben *n*, chemisches Schweißen ‖ ~ **bonding** (Plastics) / Quellschweißen *n* (bei dem Lösungsmittel meist ohne zusätzliche Wärme angewendet werden) ‖ ~ **cage** (Chem) / Lösungsmittelkäfig *m* ‖ ~ **cementing** (Chem) / Lösungsmittelkleben *n*, chemisches Schweißen ‖ ~ **cleaning** (Chem Eng) / Reinigung *f* mit Lösungsmitteln, Reinigung *f* im Lösungsmittelbad ‖ ~ **cleanser** (Chem) / Kaltreiniger *m* (kalt zur Anwendung kommendes Reinigungsmittel, insbesondere zur Entfernung öliger oder fettiger Verschmutzungen von metallischen und lackierten Flächen) ‖ ~ **combination** (Chem) / Lösemittelkombination *f*, Lösungsmittelkombination *f* ‖ ~ **deasphalting** (Oils) / Lösungsmittelentasphaltierung *f* ‖ ~ **degreasing** (Chem, Paint) / Lösemittelentfettung *f*, Lösungsmittelentfettung *f*

**solvent-dependent** *adj* (Chem) / lösungsmittelabhängig *adj*

**solvent deresining** (Oils) / Lösungsmittelentasphaltierung *f* ‖ ~ **dewaxing** (Oils) / Lösungsmittelentparaffinierung *f*, Solventenwachsung *f*, Solventenparaffinierung *f* ‖ ~ **drying** (Oils) / Solventtrocknung *f*, Trocknung *f* mittels Lösungsmitteln ‖ ~ **emission** (Chem, Ecol) / Lösemittelemission *f* ‖ ~ **extraction** (Chem Eng) / Flüssig-flüssig-Extraktion *f*, Lösungsmittelextraktion *f*, Solventextraktion *f*, Extraktion *f* flüssig-flüssig ‖ ~ **fastness** (Chem) / Lösungsmittelechtheit *f* (DIN 54023)

**solvent-free** *adj* / lösungsmittelfrei *adj*, lösemittelfrei *adj* ‖ ~ **pigment printing** (Textiles) / benzinfreier Pigmentdruck

**solvent front** (Chem) / Fließmittelfront *f*, Front *f* (vordere Linie der mobilen Phase), Laufmittelfront *f* ‖ ~ **front** (Chem) / Lösungsmittelfront *f* (in der Chromatografie), Laufmittelfront *f*, Fließmittelfront *f* ‖ ~ **kerosin** (Chem) / Lösungspetroleum *n* (DIN 51636)

**solventless** *adj* / lösungsmittelfrei *adj*, lösemittelfrei *adj* ‖ ~ **coatings*** (Paint) / Lösungsmittelfreie Lacke

**solvent mixture** (Chem, Paint) / Lösungsmittelgemisch *n*, gemischtes Lösungsmittel, Lösemittelgemisch *n* (als Abbeizmittel), lösendes Abbeizmittel ‖ ~ **naphtha*** (Chem) / Solventnaphtha *n f* (Handelsbezeichnung für ein Lösungsbenzol - DIN 51633) ‖ ~ **neutral oil** / Solvent-Neutralöl *n* ‖ ~ **polymerization** (Chem) / Lösungspolymerisation *f* ‖ ~ **pop** (Paint) / Kochbläschen *n pl* (ein Anstrichfehler) ‖ ~ **power** (Paint) / Lösefähigkeit *f* (eines Lösungsmittels), Lösefähigkeit *f* ‖ ~ **processing*** (Textiles) / Lösungsmittelverfahren *n* ‖ ~ **raffinate** (Chem) / Solvat *n*, Solventraffinat *n*, Lösungsmittelraffinat *n* ‖ ~ **recovery** (Chem, Chem Eng) / Lösungsmittelrückgewinnung *f*, Lösemittelrückgewinnung *f* ‖ ~ **recycling** (Chem) / Lösemittel-Recycling *n* ‖ ~ **Red 1** (Nut) / Ceresrot *n* G, Sudanrot *n* G, Fettrot *n* G

**solvent-refined oil** (Chem) / Solvat *n*, Solventraffinat *n*, Lösungsmittelraffinat *n*

**solvent refining** (Oils) / Solventraffination *f*, Lösungsmittelraffination *f*, Raffination *f* mittels Lösungsmittel ‖ ~ **residue** (Chem) / Lösemittelrückstand *m* ‖ ~ **resistance** (Chem) / Lösungsmittelbeständigkeit *f*, Widerstandsfähigkeit *f* gegen Lösungsmittel ‖ ~ **shift** (Spectr) / Lösungsmittelverschiebung *f*, Solvent-Shift *m* ‖ ~**-soluble dyestuff** (Textiles) / lösungsmittellöslicher Farbstoff ‖ ~ **spray degreasing** (Surf) / Spritzentfettung *f* mit Lösemitteln ‖ ~ **strength** (Chem) / Lösungsmittelstärke *f* ‖ ~ **tanning** (Leather) / Lösungsmittelgerbung *f*

**solvent-thinned** *adj* (Chem, Paint) / mit Lösungsmittel verdünnt

**solvent** (-carrying) **trade** (Chem, Ships) / Solventfahrt *f* (Schiffstransport chemischer Güter höchster Gefahrenklasse) ‖ ~ **vapours** (Chem, Med) / Lösungsmitteldämpfe *m pl* ‖ ~ **washing** (Chem) / Abwaschen *n* mit Lösungsmitteln, Abwaschen *n* im Lösungsmittelbad ‖ ~ **welding** (Plastics) / Quellschweißen *n* (bei dem Lösungsmittel meist ohne zusätzliche Wärme angewendet werden) ‖ ≃ **Yellow 29** (Chem) / Ceresgelb *n* GRN ‖ ~ **yellow 2** (Chem) / Buttergelb *n* (4-(Dimethylamino)azobenzol), Dimethylgelb *n* (auch ein Indikator)
**solving** *n* (Maths) / Integration *f*, Lösen *n* (einer Differentialgleichung)
**solvolysis*** *n* (pl. solvolyses) (Chem) / Lyolysis *f*, Lyolyse *f*, Solvolyse *f*
**solvolytic** *adj* (Chem) / lyolytisch *adj*, solvolytisch *adj*
**solvophobic** *adj* (Chem) / solvophob *adj*
**solvus** *n* (Met, Phys) / Solvuslinie *f*, Löslichkeitslinie *f*, Segregationslinie *f* (in Schmelzdiagrammen) ‖ ~ **line** (Met, Phys) / Solvuslinie *f*, Löslichkeitslinie *f*, Segregationslinie *f* (in Schmelzdiagrammen)
**SOM** (start of message) (Telecomm) / Nachrichtenbeginn *m*
**soma*** *n* (pl. -s or -ta) (Zool) / Soma *n* (pl.-ta)
**somatic*** *adj* (Zool) / somatisch *adj* ‖ ~ **cell*** (Cyt) / Somazelle *f*
**somatoliberin** *n* (Biochem) / Somatoliberin *n* (ein Releasinghormon)
**somatomedin** *n* (Biochem) / SM (Somatomedin), Somatomedin *n* (ein Peptidhormon) ‖ ~ (Biochem) s. also insulin-like growth factor
**somatostatin** *n* (Biochem) / Somatostatin *n* (ein Hormon, das die Freisetzung des Somatoliberins hemmt)
**somatotropic hormone** (Biochem) / Somatotropin *n*, somatotropes Hormon, Wachstumshormon *n*, STH (somatotropes Hormon)
**somatotropin** *n* (Biochem) / Somatotropin *n*, somatotropes Hormon, Wachstumshormon *n*, STH (somatotropes Hormon) ‖ ~ **release-inhibiting factor** (Biochem) / Somatostatin *n* (ein Hormon, das die Freisetzung des Somatoliberins hemmt) ‖ ~ **releasing hormone** (Biochem) / Somatoliberin *n* (ein Releasinghormon)
**Somigliana dislocation** (Phys) / Somigliana-Versetzung *f* (Eigenspannungszustand im elastischen Kontinuum)
**sommaite*** *n* (Geol) / Sommait *m* (Leuzitmonzonit)
**Sommelet process** (Chem) / Sommelet-Reaktion *f* (eine Synthesereaktion für Aldehyde) ‖ ≃ **reaction** (Chem) / Sommelet-Reaktion *f* (eine Synthesereaktion für Aldehyde) ‖ ≃ **rearrangement** (Chem) / Sommelet-Umlagerung *f* (nach M.M.G. Sommelet, 1877-1952)
**Sommerfeld coefficient** (Eng) / Sommerfeld-Zahl *f* (dimensionslose Kennzahl zur Bestimmung des Betriebszustandes von ölgeschmierten Gleitlagern) ‖ ≃ **fine-structure constant** (Spectr) / Feinstrukturkonstante *f* (atomare Konstante - 7,297 352 533 . 10⁻³), Sommerfeld-Feinstrukturkonstante *f* (nach A. Sommerfeld, 1868-1951)
**Sommerfeld-Watson transformation** (Maths) / Watson-Sommerfeld'sche Transformation
**SOM signal** (Telecomm) / Nachrichtenanfangszeichen *n*, Nachrichtenanfangskriterium *n*
**son** *n* / Sohn *m* (ein Nachkomme in einem binären Baum) ‖ ~ s. also child
**sonant** *adj* (Acous) / stimmhaft *adj*
**sonar*** *n* (Acous) / Sonargerät *n*, Sonar *n* (Unterwasserschallmesssystem nach DIN 1320) ‖ ~ **background noise** (Acous) / Sonargrundgeräuschschall *m* (DIN 1320) ‖ ~ **self-noise** (Acous) / Sonareigengeräusch *n* (DINB 1320)
**sonde*** *n* (Meteor) / Sonde *f*
**sone*** *n* (Acous, Telecomm) / sone, Sone *n* (die phonometrische Einheit der Lautheit - nach DIN 1301, T 1 und DIN 45 630, T 1)
**SONET** (synchronous optical network) (Telecomm) / synchrones optisches Netz
**son file** (Comp) / Sohndatei *f*
**sonic** *adj* (Acous) / Ton-, Schall- ‖ ~ (Acous, Aero) / mit Schallgeschwindigkeit ‖ ~ s. also acoustic ‖ ~ **altimeter** (Aero) / akustischer Höhenmesser ‖ ~ **anemometer** (Meteor) / akustisches Anemometer
**sonicate** *v* (Acous) / durch Beschallung zerstören
**sonic bang** (Aero, Phys) / Überschallknall *m* ‖ ~ **barrier** (Aero, Phys) / Schallmauer *f* ‖ ~ **boom*** (Aero, Phys) / Überschallknall *m* ‖ ~ **delay line** / akustische Verzögerungsleitung ‖ ~ **depth finder** (Acous, Ships) / Echolot *n* (Gerät zur Messung der Wassertiefe), Behm-Lot *n* (nach A. Behm, 1880-1952) ‖ ~ **drilling** (Eng) / Ultraschallbohren *n* ‖ ~ **drying** / Ultraschalltrocknung *f* ‖ ~ **energy** (Acous) / Schallenergie *f* (von der Schallquelle in das Schallfeld abgegeben - nach DIN 1320) ‖ ~ **fatigue*** (Phys) / akustische Ermüdung ‖ ~ **log** (Oils) / Akustiklog *n* (Gerät zur Schichtgrenzenbestimmung in Bohrlöchern durch Messung der Laufzeit elastischer Wellen unter Einsatz einer Ultraschallquelle und eines Seismografen) ‖ ~ **log** (Ships) / Schalllog *n* (zur Messung der Geschwindigkeit über Grund) ‖ ~ **piledriver** (US) (Civ Eng) / Vibrationsramme *f*, Pfahlrüttelgerät *n* ‖ ~ **precipitation** / akustisches Abscheiden (bei Gasreinigung) ‖ ~ **pressure** (Acous) / Schalldruck *m* (DIN 1320), Schallwechseldruck *m* (in einem Volumenelement)
**sonics** *n* (Acous) / akustische Anlage (als Gesamtheit) ‖ ~* (Phys) / Sonik *f* (technische Anwendung von Schallschwingungen), Schalltechnik *f*
**sonic spark chamber** (Nuc) / akustische Funkenkammer, Funkenkammer *f* mit akustischer Lokalisierung ‖ ~ **speed** (Acous, Aero) / Schallgeschwindigkeit *f* (Ausbreitungsgeschwindigkeit einer Schallwelle nach DIN 1320) ‖ ~ **thermometer** (Phys) / akustisches Thermometer ‖ ~ **velocity** (Acous, Aero) / Schallgeschwindigkeit *f* (Ausbreitungsgeschwindigkeit einer Schallwelle nach DIN 1320) ‖ ~ **wave** (Acous) / Schallwelle *f* (DIN 1320)
**sonim** *n* (solid non-metallic impurity) (Met) / feste nichtmetallische Verunreinigung, nichtmetallischer Einschluss
**sonne** *n* (Nav) / Consolverfahren *n* (altes Funknavigationsverfahren für den Langstreckenbereich)
**Sonnenschein's reagent** (Chem) / Sonnenscheins Reagens (Phosphormolybdänsäure als Alkaloidreagens)
**sonnenseite** *n* (sunny side) (Geog, Geol) / Sonnenseite *f* (eines Berges)
**sonobuoy*** *n* (Radio, Ships) / Schallboje *f*, Sonoboje *f*, Schallfunktonne *f*
**sonocatalysis** *n* (pl. -lyses) (Chem) / Sonokatalyse *f*
**sonochemistry** *n* (Chem) / Sonochemie *f*, Ultraschallchemie *f* (Sonochemie, die sich ausschließlich mit den chemischen Wirkungen des Ultraschalls befasst ), Akustochemie *f* (ein Teilgebiet der physikalischen Chemie, das sich mit der Erzeugung von Schall durch chemische Reaktionen und mit der Beeinflussung chemischer Reaktionen durch Schall- und Ultraschallschwingungen befasst)
**sonogram*** *n* (Acous) / Sonogramm *n* (Darstellungsform des Amplitudenspektrums eines Schallsignals) ‖ ~ (a visual image produced from an ultrasound examination) (Materials, Med) / Ultraschallbild *n*, Sonogramm *n*, Echogramm *n*
**sonography** *n* (Materials, Med) / Sonografie *f*
**sonoluminescence** *n* (Phys) / Sonolumineszenz *f* (bei Anregung durch Schalleinstrahlung)
**sonolysis** *n* (pl. -lyses) (Chem) / Sonolyse *f*
**sonometer** *n* (Acous) / Monochord *n*
**sonoprobe** *n* / Sonoprobe *f* (für Echolotmessungen)
**sonora gum** / Sonoragummi *n* (aus dem immergrünen Kreosot-Strauch Larrea tridentata)
**sonority** *n* (Acous) / Klangreichtum *m*, Schallfülle *f*
**sonorous** *adj* (Acous) / tönend *adj* ‖ ~ (Acous) / sonor *adj*, klangvoll *adj* (Stimme) ‖ ~ **figures** (Acous) / Chladni'sche Klangfiguren *f pl* (nach E.F.F. Chladni, 1756-1827), Staubfiguren *f pl*, Chladni-Figuren *f pl*
**son tape** (Comp) / Sohnband *n* (Band der Sohngeneration)
**soot** *v* (Elec Eng) / verschmutzen *v* (Kontakte), verschmieren *v* (Kontakte) ‖ ~ *vi* / verrußen *v* (sich mit Ruß füllen oder bedecken), rußig werden ‖ ~ *vt* / verrußen *v* (mit Ruß füllen oder bedecken), berußen *v* ‖ ~ *n* / Ruß *m* (Schornsteinruß) ‖ ~ / Aufdampfniederschlag *m* (bei der Glasfaserherstellung, z.B. Ge Cl₄) ‖ ~ **blower** (Eng) / Rußbläser *m*, Bläser *m* (zur Reinigung der Kesselheizflächen) ‖ ~ **blowing** (Eng) / Rußblasen *n* (Reinigung des Dampferzeugers) ‖ ~ **catcher** / Rußfänger *m* ‖ ~ **door** (Build) / Aschenfalltür *f* (des Schornsteinsockels), Reinigungsklappe *f* (des Schornsteinsockels) ‖ ~ **door of a chimney** (Build) / Schornsteinreinigungstür *f*
**sooted** *adj* (Autos) / verrußt *adj* (Zündkerze) ‖ ~ **up** / verrußt *adj*, rußig *adj*
**soot-free** *adj* (Build) / rußfrei *adj* (z.B. Schornstein)
**sooting** *n* / Rußbildung *f* ‖ ~ (Build) / Versottung *f* (des Schornsteins auf Grund des Niederschlags der Rauchgase)
**soot remover** / Rußentferner *m*
**sooty** *adj* / rußgeschwärzt *adj* (Wand) ‖ ~ / verrußt *adj*, rußig *adj* ‖ ~ (Autos) / verrußt *adj* (Zündkerze) ‖ ~ **coal** / Rußkohle *f*
**SOP** (standard operating procedure) (Comp) / Standardprozedur *f* (die von einem Programm aufgerufen werden kann, ohne in diesem selbst deklariert sein zu müssen) ‖ ≃ (small outline package) (Electronics) / SOP-Gehäuse *n* ‖ ≃ (signalling opportunity pattern) (Telecomm) / Signalisierungsgelegenheitsmuster *n*, ausgewähltes Bitmuster
**sophisticated** *adj* (highly developed or complex) / ausgeklügelt *adj*, hochdifferenziert *adj*, kompliziert *adj*, hoch entwickelt *adj* (Maschine) ‖ ~ / phantasievoll *adj* (Dessin)
**sophorine** *n* (Chem, Pharm) / Laburnin *n*, Zytisin *n* (Alkaloide aus Laburnum anagyroides Medik., Sophora japonica, L., Baptisia tinctoria (L.) Vent. und Ulex europaeus L.), Cytisin *n*, Sophorin *n*, Baptitoxin *n*, Ulexin *n*
**soporific** *n* (Pharm) / Hypnagogum *n* (pl. Hypnagoga), Hypnotikum *n* (pl. Hypnotika), Schlafmittel *n*
**soppy** *adj* / durchgeweicht *adj* (z.B. Boden), völlig durchnässt
**sopraporta** *n* (Build) / Supraporte *f*, Soproporte *f* (das gerahmte Feld über einer Tür im vornehmen Wohnraum des Barock und Rokoko)

**sorb**

**sorb** *v* (Chem, Phys) / sorbieren *v*
**sorbate** *n* (Chem, Nut) / Sorbat *n* (Salz der Sorbinsäure - ein Konservierungsstoff nach E 200 bis E 202) ‖ ~ (Chem, Phys) / sorbierter (aufgenommener) Stoff, Sorptiv *n*, Sorbat *n* (der aufgenommene Stoff bei einer Sorption)
**sorbent** *n* (Chem, Phys, Nut) / Sorbens *n* (pl. -nzien od. -tia), Sorptionsmittel *n* ‖ ~ (oleophilic material) (Ecol) / Ölbindemittel *n*, Ölbinder *m* (der bei Ölschäden eingesetzt wird - nichtbrennbar)
**sorbic acid**\* (Chem, Nut) / Sorbinsäure *f* (der mit Abstand bedeutendste Konservierungsstoff - E 200 bis E 202)
**s-orbital** *n* (Phys) / s-Orbital *n* (Aufenthaltswahrscheinlichkeitsraum für s-Elektronen)
**sorbitan** *n* (Chem) / Sorbitan *n* (ein vierwertiger Alkohol, der durch Entzug von 1 Mol. Wasser aus Sorbit entsteht), Monoanhydrosorbit *n* ‖ ~ **ester** (Chem) / Sorbitanester *m*
**sorbite**\* *n* (Met) / Sorbit *m* (eine alte Bezeichnung für ein Gefüge - nach H.C. Sorby, 1826-1908)
**sorbitic** *adj* (Met) / sorbitisch *adj*
**sorbitol**\* *n* (Chem, Nut) / Sorbit *m* (ein sechswertiger Zuckeralkohol, aus Traubenzucker hergestellter Zuckeraustauschstoff - E 420)
**sorbitol-sorbose oxidation** (Biochem) / Sorbit-Sorbose-Oxidation *f*
**sorbose**\* *n* (Chem) / xylo-2-Hexulose *f*, Sorbose *f* (eine Ketohexose - Zwischenprodukt bei der Herstellung von Vitamin C), Sorbinose *f*
**Sorean's determinant** (Maths) / Sorean'sche Determinante (in der Nomografie)
**sorel cement** (used for interior flooring) (Build) / Magnesitbinder *m* (DIN 273), Magnesiabinder *m*, Magnesiazement *m*, Sorelmörtel *m*, Sorelzement *m* (kein Zement im Sinne der DIN 1164) ‖ ~**'s cement**\* (Build) / Magnesitbinder *m* (DIN 273), Magnesiabinder *m*, Magnesiazement *m*, Sorelmörtel *m*, Sorelzement *m* (kein Zement im Sinne der DIN 1164)
**Sörensen buffer** (Chem) / Sörensen-Puffer *m* (nach S.P.L. Sørensen, 1868-1939) ‖ ~**'s formol titration**\* (Chem) / Formoltitration *f*
**Soret effect**\* (Phys) / Ludwig-Soret-Effekt *m*, Soret-Effekt *m* (Thermodiffusion in kondensierten Phasen)
**sorghum** *n* (Agric, Nut) / Mohrenhirse *f* (Sorghum Moench), Sorgho *m*, Sorghum *n* (Sorghum Moench), Sorghumhirse *f* ‖ ~ (Nut) / Kaffernkorn *n* (Sorghum caffrorum (Retz.) P. Beauv.)
**sorgo** *n* (Nut) / Süßes Sorghum, Zuckerhirse *f* (Sorghum dochna (Forssk.) Snowden)
**soroborate** *n* (Min) / Soroborat *n*, Gruppenborat *n*
**sorosilicate**\* *n* (Min) / Sorosilikat *n*, Gruppensilikat *n* (z.B. Thortveitit)
**sorption**\* *n* (the taking-up or holding a material by adsorption, absorption, or both) (Chem, Phys) / Sorption *f* (Aufnahme eines Gases oder gelösten Stoffes durch einen anderen festen oder flüssigen Stoff) ‖ ~ **behaviour** (Phys) / Sorptionsverhalten *n* (von hygroskopischen Gütern) ‖ ~ **capacity** (Min) / T-Wert *m*, Sorptionskapazität *f* (Gesamtmenge an Kationen, die die Tonminerale anzulagern vermögen) ‖ ~ **capacity** (Phys) / Sorptionskapazität *f* (die Gasmenge in Litern, die 1 g Stoff zu sorbieren vermag, bzw. das Gasvolumen, bezogen auf Volumen Sorbat) ‖ ~ **getter** (Electronics) / Sorptionsgetter *m* (z.B. Tantal, Thorium usw.) ‖ ~ **isotherm** (Phys) / Sorptionsisotherme *f* (Beziehungen zwischen dem Wassergehalt und der Wasseraktivität) ‖ ~ **pump** (Vac Tech) / Sorptionspumpe *f* (eine Getterpumpe, bei der bei elektrisch neutrale Gasteilchen, die im Verlaufe ihrer Wärmebewegung auf geeignete sorptionsfähige Körper treffen, an oder in diesen festgehalten werden) ‖ ~ **trap** (Vac Tech) / Sorptionsfalle *f* (mit Molekularsieben oder anderen Sorptionsmitteln gefüllter besonderer Teil einer Vakuumanlage, der zur Erniedrigung des Enddruckes von ölgedichteten rotierenden Pumpen oder von Öldiffusionspumpen eingesetzt wird)
**sorptive** *adj* (Chem, Phys) / sorptiv *adj*
**sorrel tree** (For) / Sauerbaum *m* (Oxydendrum arboreum (L.) DC.)
**sort** *v* / sortieren *v* (DIN 1319, T 1) ‖ ~ (Min Proc) / verlesen *v*, lesen *v*, klauben *v*, auslesen *v*, sortieren *v* ‖ ~ (Nut) / verlesen *v*, auslesen *v* ‖ ~ **according to size** / nach der Größe sortieren ‖ ~ **algorithm** (Comp) / Sortieralgorithmus *m*
**sorted circle** (Geol) / Steinring *m* (im Strukturboden) ‖ ~ **net** (Geol) / Steinnetzboden *m* (ein Strukturboden) ‖ ~ **polygon** (Geol) / Steinnetz *n* (im Strukturboden)
**sorter** *n* / Endkontrolleur *m* ‖ ~ (Comp) / Sorter *m*, Sortiermaschine *f*, Sortierer *m* ‖ ~ (Comp) / Kopiensortiereinrichtung *f* (DIN 9780) ‖ ~ **pocket** (Comp) / Ablagefach *n* (der Sortiermaschine), Sortierfach *n*
**sort file** (Comp) / Sortierdatei *f* ‖ ~ **generator** (Comp) / Sortierprogrammgenerator *m*
**sortie** *n* (an operational flight by one aircraft) (Aero, Mil) / Flugeinsatz *m* (eines einzelnen Luftfahrzeugs), Kampfmission *f* ‖ ~ (Aero, Surv) / Reihe *f* von Luftbildaufnahmen (die während eines Flugeinsatzes gemacht wurde)
**sort in ascending or descending order** (Comp) / auf- oder absteigend sortieren

**sorting**\* *n* / Sortieren *n*, Sortierung *f* ‖ ~ (progressive reduction in size of particles forming the load of a stream as it flows towards the sea or other body of water) (Hyd Eng) / Kornabrieb *m* im fließenden Wasser ‖ ~ (Min Proc) / Sortierung *f* (eine Art Anreicherung) ‖ ~ (Min Proc) / Verlesen *n*, Lesen *n*, Klauben *n*, Auslesen *n*, Sortieren *n* (von Hand) ‖ ~ **by selection** (Comp) / Sortieren *n* durch Auswahl, Auswahlsortierung *f* ‖ ~ **gridiron** (Rail) / Gleisharfe *f* (Gleisentwicklung, bei der an ein Stammgleis mehrere, meist parallele Gleise angeschlossen werden) ‖ ~ **line** (For) / Sortierstrecke *f* ‖ ~ **needle** (Comp) / Sortiernadel *f* (für Lochkarten) ‖ ~ **program** (Comp) / Sortierprogramm *n*, Sort-Programm *n* ‖ ~ **value** (Comp) / Sortierwert *m* (z.B. Position eines Buchstabens im Alphabet)
**sort key** (Comp) / Sortierkriterium *n*, Sortierschlüssel *m*, Sortierbegriff *m*, Sortiermerkmal *n*
**sort-merge generator** (Comp) / Sortier-Misch-Programmgenerator *m*
**sort of train** (Rail) / Zuggattung *f* (z.B. Eil- oder Schnellzug) ‖ ~ **program** (Comp) / Sortierprogramm *n*, Sort-Programm *n* ‖ ~ **rod** (Comp) / Sortiernadel *f* (für Lochkarten)
**sorts** *pl* (Textiles) / sortierte Wollen gleicher Qualität ‖ ~\* (Typog) / Sonderzeichen *n pl* (Klasse grafischer Zeichen, die weder als Buchstaben, Dezimalziffern oder Blanks angesprochen werden können)
**SOS** (silicon on sapphire) (Electronics) / monolithisch integrierte Siliziumschaltung, die auf ein Substrat aus Saphir aufgetragen ist ‖ ~ (smooth O sides) (For) / SOS *f* (beidseitig nicht glatte poröse Faserplatte) ‖ ~ **bag** (with sharply creased fold) / Blockbeutel *m* (mit rechteckigem Boden und gefalzter eingelegter Falte)
**sosoloid** *n* (a system consisting of particles of a solid dispersed in another solid) (Chem) / Sosoloid *n*, Dispersion *f* von festen Teilchen
**SOS technology** (Electronics) / SOS-Technik *f* (heute kaum benutzt), SOS-Technologie *f*
**SOT** (stitched open tube) (Chem) / genähte Reaktionskapillare ‖ ~ (small outline transistor) (Electronics) / Transistor *m* mit kleinen Abmessungen ‖ ~ (start of text) (Telecomm) / Anfang *m* des Textes (ein CCITT-Steuerzeichen für Datenübertragung), Textanfang *m*
**sough**\* *n* (Civ Eng) / Böschungsdränage *f* (mit Abflussgraben)
**sound** *v* / erschallen *v*, erklingen *v*, ertönen *v* ‖ ~ (Ships) / peilen *v* (mit Peilstange oder Echolot) ‖ ~\* *n* (Acous) / Schall *m* ‖ ~\* (Acous) / Klanglaut *m*, Klang *m* (sinusförmige Schallschwingung im Hörbereich, die aus Grund- und Obertönen besteht - DIN 5483- 1) ‖ ~ (Acous) / Sound *m* (Klangwirkung) ‖ ~ (Cinema) / Tonseite *f* (des Skripts) ‖ ~ (Eng) / Sonde *f* ‖ ~ (a narrow stretch of water) (Ocean) / Meerenge *f*, Sund *m*, Meeresstraße *f* (zwischen zwei Meeren oder Meeresteilen) ‖ ~ *adj* / korrekt *adj* (Logikkalkül) ‖ ~ (Foundry) / einwandfrei *adj*, fehlerfrei *adj*, gesund *adj* (Gussstück) ‖ ~ (Geol) / gesund *adj* (Gebirge), fest *adj* (Gebirge) ‖ ~ **absorber** (Acous) / Schallabsorber *m*, Schallschlucker *m*
**sound-absorbing** *adj* (Acous) / schallschluckend *adj* ‖ ~ **brick** (Build) / Schallschutzziegel *m* (z.B. Poroton), Schallschluckziegel *m* ‖ ~ **wall** (Acous, Build) / Schallschluckwand *f* (mit schallschluckender Wandverkleidung)
**sound absorption** (Acous) / Schallabsorption *f* (Entzug von Schallenergie durch Schallableitung oder Umwandlung in eine andere Energieform - DIN 1320 und DIN 4109), Schallschluckung *f* ‖ ~ **absorption** (Build, Textiles) / Trittschall-Verbesserungsmaß *n* (bei Teppichen) ‖ ~ **advance** (Cinema) / Ton-Bild-Versatz *m* (beabsichtigter) ‖ ~ **analyser**\* (GB) (Acous) / Klanganalysator *m* ‖ ~ **analysis** (Acous) / Schallanalyse *f* (zur Untersuchung der spektralen Zusammensetzung von Schallschwingungen) ‖ ~ **analysis** (Acous) / Klanganalyse *f* (DIN 1311-1) ‖ ~ **analyzer** (US) (Acous) / Klanganalysator *m*
**sound-apparatus room** (Acous, Cinema, TV) / Tonregieraum *m*
**sound articulation** (Acous) / Lautverständlichkeit *f* ‖ ~ **attenuation** (Acous) / Schalldämpfung *f* (als Tätigkeit, als Ergebnis) ‖ ~ **barrier** (Aero, Phys) / Schallmauer *f* ‖ ~ **beam** (Acous) / Schallbündel *n* ‖ ~ **blaster** (Comp) / Soundblaster *m* (Soundkarte von Creative Labs, die als Quasi-Standard von vielen anderen Karten emuliert wird) ‖ ~ **blend** (Acous) / Klangverschmelzung *f* ‖ ~ **board** (Acous, Comp) / Soundkarte *f* (zusätzliche Steckkarte in PCs zur Verarbeitung externer oder Erzeugung interner Tonsignale - Musik, Geräusche), Soundboard *n*
**soundboard** *n* (Acous) / Resonanzboden *m* (bei den besaiteten Tasteninstrumenten), Schallboden *m* (des Musikinstruments), Klangboden *m*
**sound boarding**\* (Build) / Einschub *m* (Balken-, Decken-) ‖ ~ **boarding**\* (Carp) / Einschubdecke *f* (Holzbalkendecke mit Einschub) ‖ ~ **bridge**\* (Acous, Build) / Schallbrücke *f* ‖ ~ **broadcasting** (Radio) / Hörfunk *m*, Tonrundfunk *m* (auf Tonprogramme begrenzter Rundfunk) ‖ ~ **camera**\* (Cinema) / Bild-Ton-Kamera *f*, Tonfilmkamera *f*, Tonkamera *f* ‖ ~ **card** (Acous, Comp) / Soundkarte *f* (zusätzliche Steckkarte in PCs zur

Verarbeitung externer oder Erzeugung interner Tonsignale - Musik, Geräusche), Soundboard *n* ‖ ~ **carrier*** (Telecomm) / Tonträger *m* ‖ ~ **carrier attenuation** (TV) / Tontreppe *f*
**sound-carrier trap** (Telecomm) / Tonträgersperre *f*
**sound change-over** (Cinema) / Tonüberblendung *f* ‖ ~ **channel** (Acous) / Schallkanal *m* (DIN 1320) ‖ ~ **channel*** (TV) / Tonkanal *m* ‖ ~ **column** (Acous) / Lautsprechersäule *f*, Tonsäule *f* (stufenförmiges Gehäuse, das mehrere Lautsprecher enthält) ‖ ~ **conditioning** (Acous) / Schaffung *f* guter akustischer Verhältnisse ‖ ~ **conduction** (Acous) / Schallleitung *f* ‖ ~ **control** (Acous, Cinema, TV) / Tonregie *f*
**sound-control room** (Acous, Cinema, TV) / Tonregieraum *m*
**sound converter** (Acous) / Schallwandler *m* (im Allgemeinen) ‖ ~ **damping** (Acous) / Schalldämpfung *f* (als Tätigkeit, als Ergebnis) ‖ ~ **detecting and ranging** (Aero, Meteor) / Sodar *m n* (ein Windmesssystem für die unteren Luftschichten) ‖ ~ **detector** (Mil) / Horchgerät *n* ‖ ~ **direction finding** (Acous, Ships) / Schallortung *f* ‖ ~ **dose** (Acous, Med) / Schalldosis *f* ‖ ~ **editing** (Cinema) / Tonschnitt *m* ‖ ~ **editor** (Cinema) / Toncutter *m*, Tonschneider *m* ‖ ~ **effect** (Acous) / Klangeffekt *m* ‖ ~ **effect** (Cinema) / Schalleffekt *m*, Toneffekt *m*
**sound-effects operator** (Cinema) / Geräuschemacher *m*
**sound-effect technician** (Cinema) / Geräuschemacher *m*
**sound emission** (Acous) / Schallemission *f* (DIN 1320), akustische Emission ‖ ~ **emission analysis** (Materials) / Schallemissionsanalyse *f*, SEA (ein zerstörungsfreies Prüf- und Überwachungsverfahren) ‖ ~ **energy** (energy added to an elastic medium by the presence of sound, consisting of potential energy in the form of deviations from static pressure and of kinetic energy in the form of particle velocity) (Acous) / Schallenergie *f* (von der Schallquelle in das Schallfeld abgegeben - nach DIN 1320) ‖ ~ **energy density** (Acous) / Schallenergiedichte *f* (Quotient aus Schallenergie und zugehörigem Volumen - nach DIN 1320) ‖ ~ **energy flux** (Acous) / Schallenergiefluss *m*, Schallleistung *f* durch eine Fläche ‖ ~ **engineer** (Acous) / Tonmeister *m*, Tontechniker *m*, Toningenieur *m* (im Allgemeinen)
**sounder** *n* (Ocean, Ships) / Lot *n* (Gerät zum Messen der Wassertiefe) ‖ ~ (Teleg) / Klopfer *m*
**soundex search** (Comp) / phonetische Suche (damit lassen sich Zeichenfolgen suchen, deren korrekte Schreibweise unbekannt ist), Soundex-Suche *f*
**sound fading** (Cinema) / Tonüberblendung *f* ‖ ~ **field*** (Acous) / Schallfeld *n* (der von Schall erfüllte Raum nach DIN 1320)
**sound-field descriptor** (Acous) / Schallfeldgröße *f* ‖ ~ **quantity** (Acous) / Schallfeldgröße *f*
**sound file** (Acous) / Soundfile *n* ‖ ~ **film** (Cinema) / Tonfilm *m* ‖ ~ **gate** (Cinema) / Tonfenster *n* ‖ ~ **generator** (Acous) / Schallerzeuger *m* ‖ ~ **gobo** (Cinema) / Schallblende *f* ‖ ~ **head*** (Acous, Elec Eng, Mag) / Tonkopf *m*, Kopf *m* (z.B. ein Sprechkopf oder Hörkopf nach DIN 45 510) ‖ ~ **hole** (Acous) / Schallloch *n* (eines Musikinstruments) ‖ ~ **hole** (Acous, Arch) / Schallöffnung *f*, Schallloch *n* ‖ ~ **image*** (Cinema) / fotografierter Ton (Lichtton) ‖ ~ **immission** (Acous) / Schallimmission *f* (DIN 1320) ‖ ~ **impact** (Acous) / Schalllast *f* (DIN 1320), Belastungsschall *m* (Ausmaß des Schalles, der auf den Menschen einwirken kann /oder einwirken muss, ausgedrückt in physikalischen Größen) ‖ ~ **impression** (Acous) / Klangbild *n* ‖ ~ **impulse** (Acous) / Schallimpuls *m* (einmaliges Schallsignal von kurzer Dauer - DIN 1320)
**sounding** *n* (Cartography) / Tiefenpunkt *m* (ein Kartenzeichen zur Lageangabe) ‖ ~ (Ocean) / Loten *n*, Lotung *f* (Messen der Wassertiefe) ‖ ~ (Ships) / Peilung *f* (mit Peilstange oder Echolot) ‖ ~* (Surv) / Wassertiefe *f* ‖ ~ **balloon*** (Meteor) / Ballonsonde *f* (mit Messgeräten ausgerüsteter unbemannter Ballon für Messungen in verschiedenen Höhen), Sondenballon *m*, Registrierballon *m* ‖ ~ **board** (Acous) / Resonanzplatte *f* (bei Saiteninstrumenten) ‖ ~ **board** (Acous) / Resonanzboden *m* (bei den besaiteten Tasteninstrumenten), Schallboden *m* (des Musikinstruments), Klangboden *m* ‖ ~ **device** (Ships) / Lot *n* (Gerät zum Messen der Wassertiefe) ‖ ~ **lead** (Ships, Surv) / Senkblei *n* (heute aus Messing), Lot *n* ‖ ~ **line*** (Build, Surv) / Lotleine *f* ‖ ~ **pole** (Ships) / Peilstock *m* (markierter Holzstab zur Messung der Wassertiefe bis etwa 4 m, wobei die Länge des Peilstockes bis zu 6 m beträgt) ‖ ~ **probe*** (Acous) / Sonde *f* ‖ ~ **rocket*** (Astron, Meteor, Space) / Raketensonde *f* (unbemannte), Höhenforschungsrakete *f* ‖ ~ **rod** (Ocean) / Lotstange *f* (für flache Gewässer), Lotstock *m* ‖ ~ **rod** (Ships) / Peilstock *m* (markierter Holzstab zur Messung der Wassertiefe bis etwa 4 m, wobei die Länge des Peilstocks bis zu 6 m beträgt) ‖ ~ **sand** (Geol) / tönender Sand ‖ ~ **stick** (Ocean) / Lotstange *f* (für flache Gewässer), Lotstock *m* ‖ ~ **weight** (Ships, Surv) / Senkblei *n* (heute aus Messing), Lot *n* ‖ ~ **wire** (Ships) / Lotdraht *m* (der Lotmaschine)
**sound in solids** (Acous) / Körperschall *m* (Festkörperschall - DIN 1320) ‖ ~ **insulation** (Acous) / Schalldämmung *f* (Behinderung der Schallausbreitung) ‖ ~ **insulation** (Acous, Build) / Schalldämmung *f*,

Geräuschdämpfung *f* (als Baumaßnahme) ‖ ~ **insulation*** (Build) / Schallschutz *m* (DIN 4109)
**sound-insulation curve** (Acous, Build) / Schalldämmkurve *f*
**sound-in-sync transmission** (TV) / SIS-Übertragung *f*
**sound intensity*** (Acous) / Schallintensität *f* (Produkt aus Schalldruck und Schallschnelle - DIN 1320), Schallstärke *f* ‖ ~ **intensity level*** (Acous) / Schallintensitätspegel *m* (zehnfacher dekadischer Logarithmus des Verhältnisses der Schallintensität zur Bezugsschallleistung - DIN 1320) ‖ ~ **intensity probe** (Acous) / Schallintensitätssonde *f* (DIN 1320) ‖ ~ **intensity vector** (Acous) / Schallintensitätsvektor *m* (Vektor in Richtung des Energieflusses, dessen Skalarprodukt mit dem Flächennormalenvektor über die die Fläche gehende Energieflussdichte , d.h. die Energie geteilt durch die Fläche und durch die Zeit, ergibt - DIN 1320) ‖ ~ **knot** (For) / gesunder Ast, Gesundast *m* ‖ ~ **knot** (For) / Grünast *m*, grüner Ast ‖ ~ **level*** (Acous, Build) / Schallpegel *m* (DIN 1320) ‖ ~ **level*** (Acous, Build) s. also weighted sound pressure level
**sound-level meter*** (Acous) / Schallpegelmesser *m* (zur Messung des Schalldruckpegels im freien Schallfeld - DIN 1320)
**sound library** (Cinema) / Tonarchiv *n* ‖ ~ **location** (Acous, Ships) / Schallortung *f* ‖ ~ **locator** (Acous) / Schallortungsgerät *n* ‖ ~ **loop** (Cinema, TV) / Tonschleife *f* ‖ ~ **menu** (TV) / Tonmenü *n* ‖ ~ **mixer** (Acous, Electronics) / Mischpult *n* (Tonmischeinrichtung), Tonmischpult *n* ‖ ~ **mixing** (Acous, Cinema) / Tonmischung *f* (Originalton + Musik + Kommentar + zusätzliche Geräusche usw.) ‖ ~ **modulation** (Acous) / Tonmodulation *f* ‖ ~ **monitoring** (Cinema, Radio, TV) / Abhören *n* ‖ ~ **natural rock** (Civ Eng) / gewachsener Fels (ein anstehendes Gestein) ‖ ~ **negative** (Cinema) / Tonnegativ *n*
**sound-particle acceleration** (Acous) / Schallbeschleunigung *f* (DIN 1320) ‖ ~ **displacement** (Acous) / Schallausschlag *m* (Auslenkung eines schwingenden Teilchens aus der Ruhelage nach DIN 1320) ‖ ~ **velocity** (Acous) / Schallschnelle *f* (Wechselgeschwindigkeit eines schwingenden Teilchens - DIN 1320)
**sound pattern** (Acous) / Klangbild *n* ‖ ~ **pattern** (Acous) / Klangmuster *n* ‖ ~ **pick-up** (Acous) / Tonabnehmer *m* (magnetischer, dynamischer, piezoelektrischer), Aufnehmer *m*, Abtaster *m* ‖ ~ **positive** (Cinema) / Tonpositiv *n* ‖ ~ **power** (Acous) / Schallleistung *f* (Schallenergie pro Zeiteinheit, die durch eine bestimmte Fläche geht - DIN 1320) ‖ ~ **power level** (Acous) / Schallleistungspegel *m* ($L_p$; Einheit: Dezibel - DIN 1320)
**sound-presssure difference** (Acous) / Schalldruckdifferenz *f* (unterschiedliche Bestrahlungsstärke durch "Schattenwurf" des Kopfes)
**sound pressure*** (Acous) / Schalldruck *m* (DIN 1320), Schallwechseldruck *m* (in einem Volumenelement)
**sound-pressure calibrator** (Acous) / Kalibrator *m* für Schalldruck, Schalldruckkalibrator *m* ‖ ~ **level*** (Acous, Build) / Schalldruckpegel *m* (DIN 1320) ‖ ~ **reflection coefficient** (Acous) / Reflexionsfaktor *m* (der immer kleiner als 1 ist), Schallreflexionsfaktor *m* (DIN 1320) ‖ ~ **sensor** (Acous) / Schalldrucksensor *m* (Mikrofon, das auf Schalldruck mit seiner größten Empfindlichkeit anspricht)
**sound probe*** (Acous) / Schallsonde *f* ‖ ~ **program** (Telecomm) / Tonprogramm *n*
**sound-program circuit** (Telecomm) / Tonleitung *f*
**sound projector** (Cinema) / Tonfilmprojektor *m* (Filmprojektor für die Bildwiedergabe und Tonaufnahme und -wiedergabe) ‖ ~**-proof** *adj* (Acous) / schallgeschützt *adj*, schalldicht *adj*, geräuschundurchlässig *adj*
**sound-proof** *adj* (Cinema) / schalldicht *adj* (Filmkamera)
**soundproof box** (Acous, Build) / Schallschutzkabine *f* ‖ ~ **housing** (Cinema) / Schallschutzgehäuse *n*, schalldichtes Gehäuse, Schallschutzhaube *f*, Blimp *m* (geräuschdämpfendes Kameragehäuse)
**soundproofing** *n* (Build) / Schallschutz *m* (DIN 4109)
**sound propagation** (Acous) / Schallausbreitung *f* (DIN 1320)
**sound-propagation coefficient** (Acous) / Schallausbreitungskoeffizient *m* (DIN 1320)
**sound radio** (Radio) / Hörfunk *m*, Tonrundfunk *m* (auf Tonprogramme begrenzter Rundfunk) ‖ ~ **ranging** (Acous) / akustische Entfernungsmessung
**sound-rated door** (Acous, Build) / Schallschutztür *f* (DIN 4109)
**sound receiver** (Acous) / Schallaufnehmer *m* (Sensor für Schall), Schallempfänger *m* ‖ ~ **record(ing)** (Acous) / Tonaufzeichnung *f* ‖ ~ **recorder** (Acous) / Tonaufzeichnungsgerät *n*, Schallaufzeichnungsgerät *n*, Tonaufzeichnungsgerät *n* ‖ ~ **recording*** (Acous) / Schallaufzeichnung *f* ‖ ~ **recording** (Cinema) / Tonaufnahme *f* (einer Szene mit zugeordnetem Ton)
**sound-recording camera** (Cinema) / Bild-Ton-Kamera *f*, Tonfilmkamera *f*, Tonkamera *f* ‖ ~ **van** (Cinema, TV) / Tonwagen *m*
**sound reduction factor** (Acous) / Schalldämmmaß *n* (zehnfacher Zehnerlogarithmus des Kehrwertes des Schalltransmissionsgrades),

sound

Reduktionsmaß *n* ‖ **~ reduction factor** (Telecomm) / Übertragungsdämpfung *f* (zwischen einer Sende- und einer Empfangsantenne) ‖ **~ reduction index**\* (Acous) / Schalldämmmaß *n* (zehnfacher Zehnerlogarithmus des Kehrwertes des Schalltransmissionsgrades), Reduktionsmaß *n*
**sound-reflecting** *adj* (Acous) / schallreflektierend *adj*
**sound reflection**\* (Acous) / Schallreflexion *f*
**sound-reflection coefficient** (Acous) / Schallreflexionsgrad *m* (DIN 1320) ‖ **~ factor**\* (Acous) / Reflexionsfaktor *m* (der immer kleiner als 1 ist), Schallreflexionsfaktor *m* (DIN 1320)
**sound reinforcement** (Acous) / Tonverstärkung *f*, Schallverstärkung *f* (mit einer Lautsprecheranlage) ‖ **~ reinforcement system**\* (Acous) / Lautsprecheranlage *f*, Beschallungsanlage *f* ‖ **~ rejection** (Acous) / Tonunterdrückung *f* ‖ **~ reproducer** (Acous) / Tonwiedergabegerät *n* ‖ **~-reproducing system**\* (Acous) / Tonwiedergabesystem *n* ‖ **~ rock** (Geol) / gesunder Fels ‖ **~ roll** (Cinema) / Tonrolle *f* ‖ **~-sensitive flame** (Phys) / schallempfindliche Flamme, schallbeeinflusste Flamme (die Schallwellen treffen auf eine Membran) ‖ **~ sensor** (Acous) / auditiver Sensor (ein Sensor /Mikrofon/ zur Aufnahme von Schallwellen innerhalb des menschlichen Hörbereichs und zum Wandeln in elektrische Ströme) ‖ **~ sensor** (Acous) / Schallaufnehmer *m* (Sensor für Schall), Schallempfänger *m* ‖ **~ signal** (Acous) / akustisches Signal, Tonsignal *n*
**sound-signal appliance** (Ships) / Schallsignalanlage *f*
**sound source** (Acous) / akustischer Strahler, Schallstrahler *m*, Schallsender *m* ‖ **~ source** (Acous) / Schallquelle *f*, Schallgeber *m* ‖ **~ spectrograph**\* (Acous) / Schallspektrograf *m* ‖ **~ spectroscopy** (Acous) / Schallspektroskopie *f* ‖ **~ stack** (Acous) / Lautsprechersäule *f*, Tonsäule *f* (stufenförmiges Gehäuse, das mehrere Lautsprecher enthält) ‖ **~ stack** (Acous) s. also column speaker ‖ **~ steel** (Met) / blasenfreier Stahl
**sound-storing device** (Acous) / Schallspeicher *m*
**sound suppression** (Acous) / Tonunterdrückung *f* ‖ **~ suppressor** (Aero) / Schalldämpfer *m* ‖ **~ synthesis** (Acous) / Klangsynthese *f* ‖ **~ system** (Acous) / Soundsystem *n*, Soundanlage *f* (eine Stereoanlage)
**sound-system slot** (Autos) / Einbauschacht *m* (für Autoradio)
**sound take** (Acous) / Tonaufnahme *f* (einer Szene mit zugeordnetem Ton) ‖ **~ tape** (Acous) / Tonband *n* (Magnetband für Schallaufzeichnung), Tape *n m* ‖ **~ telegraphy** (Teleg) / Wechselstromtelegrafie *f*, WT ‖ **~ test** (Cinema) / Tonprobe *f* ‖ **~ test** (Materials) / Klangprüfung *f* (bei der die zu prüfenden Erzeugnisse angeschlagen werden) ‖ **~-track**\* *n* (Cinema) / Soundtrack *m*, Tonspur *f* (Licht- oder Magnet-)
**sound-track advance** (Cinema) / Ton-Bild-Versatz *m* (beabsichtigter)
**sound transducer** (Acous, Electronics) / elektroakustischer Wandler (der akustische Schwingungen in elektrische oder elektrische in akustische umwandelt - DIN 1320) ‖ **~ transmission coefficient** (of a partition) (Acous) / Schalltransmissionsgrad *m* (Verhältnis der durchgelassenen Schallleistung zur auftreffenden Schallleistung), Schalldurchlassgrad *m* ‖ **~ transmitter** (Acous) / Tonsender *m*, Schallsender *m* ‖ **~ trap** (Telecomm) / Tonträgersperre *f* ‖ **~ truck** (Acous, Cinema, Electronics) / Lautsprecherwagen *m* ‖ **~ turntable** (Cinema) / Tonteller *m* (eines Schneidetisches) ‖ **~ van** (Cinema, TV) / Tonwagen *m* ‖ **~ velocity**\* (Acous, Aero) / Schallgeschwindigkeit *f* (Ausbreitungsgeschwindigkeit einer Schallwelle nach DIN 1320) ‖ **~ velocity at rest** (Acous) / Ruheschallgeschwindigkeit *f* ‖ **~ visualizer** (Materials) / Schallsichtgerät *n* ‖ **~ volume** (Acous) / Schallfülle *f*, Klangumfang *m* ‖ **~-wave** (Acous) / Schallwelle *f* (DIN 1320) ‖ **~ workmanship** *f* / (bewährte) handwerkliche Qualität *f*, Ausführungsqualität *f*, Verarbeitungsgüte *f*, handwerkliche Ausführung (guter Qualität), Bearbeitungsgüte *f*
**soup** *n* (Oils) / Nitroglyzerin *n* für die Schießarbeiten ‖ **~ cube** (Nut) / Fleischbrühwürfel *m*, Bouillonwürfel *m*
**souple** *v* (Textiles) / souplieren *v* (Seide) ‖ **~ n** (Textiles) / souplierte Seide, Soupleseide *f* (teilweise entbastete) ‖ **~ silk** (Textiles) / souplierte Seide, Soupleseide *f* (teilweise entbastete)
**soup up** *v* (Autos) / tunen *v* (zur Leistungssteigerung), frisieren *v*
**sour** *v* / absäuern *v* (Wasserglaskitt, Zementmörtel) ‖ **~** (Nut) / sauer machen, säuern *v*, sauer stellen, ansäuern *v* ‖ **~ vi** (Agric) / versauern *vi* (Boden) ‖ **~** (Nut) / gerinnen *vi* (Milch) ‖ **~ adj** (Agric) / sauer *adj* (Boden) ‖ **~** (Nut) / sauer *adj*, herb *adj*, streng *adj*, scharf *adj* (im Geschmack) ‖ **~** (Oils) / doktorpositiv *adj*, sauer *adj*, mit positivem Doktortest
**source** *n* / Quelle *f* (der Information, des Flusses) ‖ **~**\* (Elec Eng) / Quelle *f* (Energie-, Spannungs-) ‖ **~** (Electronics) / Source *f* (Sourceanschluss, Sourceelektrode, Sourcezone nach DIN 41858), Quelle *f*, S-Pol *m* (bei Feldeffekttransistoren) ‖ **~** (Phys) / Quelle *f* (Singularität eines Feldes) ‖ **~** (Electronics) s. also drain ‖ **have its ~** / entspringen *v* (Heilquelle, Fluss) ‖ **~ address** (Comp) / Ursprungsadresse *f*, Quelladresse *f* ‖ **~ alphabet** (Comp) / zu kodierender Zeichenvorrat (dem ein anderer Zeichenvorrat nach bestimmten Zuordnungsvorschriften zugeordnet wird) ‖ **~**

**amplifier** (Electronics) / Sourceverstärker *m* (eine Grundschaltung bei Bipolar- und Feldeffekttransistoren) ‖ **~ and sink flow** (Phys) / Quellen- und Senkenströmung *f* (inkompressible Potentialströmung mit einem singulären Punkt im Zentrum, in dem je Zeiteinheit die Flüssigkeitsmenge Q entspringt bzw. verschwindet)
**source-based** *adj* (Chem) / herkunftsbezogen *adj* (z.B. Polymernomenklatur)
**source circuit** (Electronics) / Sourceschaltung *f* (bei Bipolar- und Feldeffekttransistoren) ‖ **~ code**\* (Comp) / Quellcode *m*, Quellkode *m*, Sourcecode *m*, Sourcekode *m* ‖ **~ code**\* (Comp) s. also source program ‖ **~ coding** (Comp) / Quellkodierung *f*, Quellcodierung *f*
**source-compatible** *adj* (Comp) / sourcekompatibel *adj* (Software)
**source compression coding** (Comp) / Quellkodierung *f*, Quellcodierung *f* ‖ **~ computer**\* (COBOL) (Comp) / Kompilierungsrechenanlage *f*, Kompilierungsanlage *f* ‖ **~ current** (Electronics) / Sourcestrom *m* ‖ **~ data** (Comp) / Erstdaten *pl*, Ursprungsdaten *pl*, Originaldaten *pl* (die auf einem Originalbeleg enthalten sind) ‖ **~ deck**\* (Comp) / Ursprungskartensatz *m*, Quellenprogrammkartensatz *m*, Primärprogrammkartenstapel *m* ‖ **~ decoding** (Comp) / Quelldekodierung *f*, Quelldecodierung *f* ‖ **~ document** (Comp) / Urbeleg *m*, Originalbeleg *m*, Erstbeleg *m*, Ursprungsbeleg *m*, Originaldokument *n*
**source-drain spacing** (Electronics) / Abstand *m* zwischen Quelle und Senke
**source encoding** (Comp) / Quellkodierung *f*, Quellcodierung *f* ‖ **~ erosion** (Geol) / Quellerosion *f* (Form der Erosion an den Quellen) ‖ **~ field** (Phys) / Quellenfeld *n* (Feldlinien) ‖ **~ file** (Comp) / Quelldatei *f* ‖ **~ file** (Comp) / Ausgangsdatei *f* ‖ **~ floppy-disk** (Comp) / Quelldiskette *f* ‖ **~ flow** (Phys) / Quellenströmung *f* ‖ **~ follower** (Electronics) / Sourcefolger *m* (eine Grundschaltung bei Bipolar- und Feldeffekttransistoren), Drainschaltung *f*, Quellenschaltung *f* ‖ **~ function** (Maths) / Quellenfunktion *f* (Green'sche Funktion) ‖ **~ function** (Maths) / Green'sche Funktion (zur Lösung von gewöhnlichen oder partiellen Differentialgleichungen bei vorgegebenen Randwerten - nach G. Green, 1793-1841), Elementarlösung *f* ‖ **~ image** (Light, Optics) / Lichtquellenbild *n* ‖ **~ impedance**\* (Elec Eng) / Quellimpedanz *f* ‖ **~ language** / Leitsprache *f* (in einem Wörterbuch), Ordnungssprache *f* (in der Ausgangslemmata geordnet sind), Ausgangssprache *f* (in einem Wörterbuch) ‖ **~ language**\* (Comp) / Quellsprache *f* (DIN 44 300), Primärsprache *f* ‖ **~ library** (Comp) / Primärprogrammbibliothek *f*, Primärbibliothek *f* ‖ **~ line** (Comp) / Quellprogrammzeile *f* ‖ **~ lines of code** (a metric that is count of source-language statements of the number of lines of a software module, package, or complete software system ) (Comp) / SLOC *m pl* (ein Maßstab für die Länge von Programmen oder Programmteilen in ihrem Quellcode, der häufig bei der Beurteilung der Effektivität von Software herangezogen wird) ‖ **~ listing** (Comp) / Programmprotokoll *n*, Programmliste *f* (Protokoll, das beim Compilerlauf entsteht) ‖ **~ machine** (Comp) / Kompilierungsrechenanlage *f*, Kompilierungsanlage *f* ‖ **~ material** / Ausgangsstoff *m*, Ausgangsmaterial *n*, Ausgangswerkstoff *m* ‖ **~ module** (Comp) / Quellenmodul, Quellmodul *n* ‖ **~ neutron** (Nuc) / Quellneutron *n* ‖ **~ node** (Telecomm) / Quellensystem *n* ‖ **~ of current** (Elec Eng) / Stromquelle *f* (z.B. DIN 5489) ‖ **~ of energy** / Energiequelle *f* (im Allgemeinen) ‖ **~ of error**(s) / Fehlerquelle *f* ‖ **~ of fugitive emissions** / diffuse Quelle (in der Luftreinhaltung - deren Volumenstrom nur geschätzt, nicht gemessen werden konnte) ‖ **~ of heat** (Geol, Heat) / Wärmequelle *f* ‖ **~ of ignition** (Phys) / Zündquelle *f* ‖ **~ of infection** (Comp) / Infektionsherd *m*, Infektionsquelle *f* ‖ **~ of light** (Light, Optics) / Lichtquelle *f* ‖ **~ of neutrons** (Nuc Eng) / Neutronenquelle *f* (ein Gerät oder Material, das Neutronen emittiert oder emittieren kann) ‖ **~ of sound** (Acous) / Schallquelle *f*, Schallgeber *m* ‖ **~ power** (Acous) / Schallleistung *f* (Schallenergie pro Zeiteinheit, die durch eine bestimmte Fläche geht - DIN 1320) ‖ **~ processor** (Comp) / Quellrechner *m* ‖ **~ program** (Comp) / Ursprungsprogramm *n*, Sourceprogramm *n*, Primärprogramm *n* ‖ **~ program** (Comp) / Quellprogramm *n* (DIN 66 257) ‖ **~ program library** (Comp) / Primärprogrammbibliothek *f*, Primärbibliothek *f* ‖ **~ range** (Nuc Eng) / Quellbereich *m*, Impulsbereich *m* (Neutronenflussmessung) ‖ **~ resistance**\* (Elec Eng) / Quellenwiderstand *m*, Eigenwiderstand *m* (einer Stromquelle) ‖ **~ rock** (Geol) / Muttergestein *n* (für primäres Gesteinsbitumen) ‖ **~ rock** (Geol, Oils) / Erdölmuttergestein *n* ‖ **~ room** (Acous) / Senderraum *m* ‖ **~ routing** (Telecomm) / Source-Routing *n* (Routing, bei dem die zu sendende Nachricht die Routing-Informationen im Header mitführt) ‖ **~ set** (Comp) / zu kodierender Zeichenvorrat (dem ein anderer Zeichenvorrat nach bestimmten Zuordnungsvorschriften zugeordnet wird)
**source-skin distance** *n* (Radiol) / Quellen-Oberflächen-Abstand *m*, QOA (Quellen-Oberflächen-Abstand)

**source slit** (Spectr) / Eintrittsspalt m ‖ ~ **strength**\* (Radiol) / Quellstärke f (Quotient aus der Anzahl der in einem Zeitintervall aus einer Strahlenquelle austretenden Quanten zu diesem Zeitintervall) ‖ ~ **text** / Ausgangstext m (bei der Übersetzung)

**sour cream** (Nut) / Sauerrahm m, Sourcream f ‖ ~ **crude** (Oils) / schwefelhaltiges Rohöl

**sourdough** n (Nut) / Sauerteig m (auf biologischem Wege spontan gesäuerter Mehlteig, das älteste Teiglockerungsmittel)

**sour gas**\* (Mining) / schwefelwasserstoffhaltiges Erdgas, Sauergas n ‖ ~ **gas** (Oils) / Sauergas n (schwefelreiches Erdgas mit über 1 Vol-% Schwefelwasserstoff) ‖ ~ **gasoline** (Oils) / merkaptanreiches Benzin ‖ ~ **gum** (For) / Waldtupelobaum m (Nyssa sylvatica Marshall)

**souring** (Ceramics) / Mauken n (in Mauk- oder Massekellern), Faulen n, Rotten n ‖ ~ (Nut) / Ansäuern n, Absäuern n, Sauerstellen n ‖ ~ (Nut) / Sauerwerden n (z.B. der Milch) ‖ ~ (Nut) / Stichigwerden n (des Weins)

**sourish** adj / säuerlich adj, angesäuert adj

**sour milk** (Nut) / Sauermilch f (durch Gärung geronnene, dickflüssige Milch)

**sourness** n (Chem) / Säurecharakter m, saure Beschaffenheit ‖ ~ (Nut) / Säure f (saurer Geschmacksbestandteil)

**sour refinery gas** (Oils) / Raffineriesauergas n

**sourwood** n (For) / Sauerbaum m (Oxydendrum arboreum (L.) DC.)

**souse** v (put in pickle or a marinade) (Nut) / einsäuern v, säuern v (Lebensmittel durch biologische Säuerung sauer und dadurch haltbar machen) ‖ ~ (Nut) / pökeln v, einpökeln v, in Lake pökeln ‖ ~ n (Nut) / Pökellake f (zur Nasspökelung), Lake f

**sousing** n (Nut) / Einsäuern n, Säuerung f

**sous vide** (Nut) / Vakuum-

**soutache** n (Textiles) / Soutache f (schmale geflochtene Schnur als Kleiderbesatz) ‖ ~ **braid** (Textiles) / Soutache f (schmale geflochtene Schnur als Kleiderbesatz)

**South -African jade** (Min) / Transvaal-Jade m (Grossular) ‖ ~ **African merino wool** (Textiles) / Kapwolle f (Sammelbegriff für feinste südafrikanische Farmerwolle des Merinotyps) ‖ ~ **American copal gum** (For) / Courbaril-Kopal m, Brasilkopal m, Amerikanischer Kopal (aus Hymenaea courbaril L.)

**southdown** n (Textiles) / Southdown-Wolle f (eine englische Kurzwolle erster Qualität, ursprünglich von den Schafen aus den South Down Hills in Hampshire und Sussex)

**south-east trade** (Meteor) / Südostpassat m (auf der Südhalbkugel)

**southern balsam fir** (For) / Frasertanne f (Abies fraseri (Pursh) Poir.), Fraser's Balsamtanne ‖ ~ **blot**\* (Gen) / Southern-Blotting n (die von E.M. Southern /geb. 1938/ entwickelte Methode zur Lokalisierung und Identifizierung von klonierten und genomischen DNA-Fragmenten mit Hilfe der Hybridisierungstechnik, Southern-Transfer m ‖ ~ **blot test** (Gen) / Southern-Blotting n (die von E.M. Southern /geb. 1938/ entwickelte Methode zur Lokalisierung und Identifizierung von klonierten und genomischen DNA-Fragmenten mit Hilfe der Hybridisierungstechnik, Southern-Transfer m ‖ ~ **blotting** (Gen) / Southern-Blotting n (die von E.M. Southern /geb. 1938/ entwickelte Methode zur Lokalisierung und Identifizierung von klonierten und genomischen DNA-Fragmenten mit Hilfe der Hybridisierungstechnik, Southern-Transfer m ‖ ~ **bluegum** (For) / Blaugummibaum m (Eucalyptus globulus Labill.), Fieberbaum m ‖ ~ **Cross**\* (Astron) / Südliches Kreuz (eine bekannte Konstellation des Südhimmels), Crux f (Australis), Kreuz n des Südens ‖ ~ **Lights** (Geophys) / Südlicht n (ein Polarlicht) ‖ ~ **pine** (For) / Sumpfkiefer f (Pinus palustris Mill.), Longleaf-Pine f (eine nordamerikanische Kieferart) ‖ ~ **Red Oak** (For) / Sichelblättrige Eiche (Quercus falcata Michx.)

**southing** n (Nav) / Südverlagerung f

**south key** (Comp) / Cursorpfeil m nach unten (Taste) ‖ ~ **point** (Astron) / südlicher Himmelspol ‖ ~ **pole**\* (Phys) / Südpol m (eines Magneten)

**south-seeking pole** (Phys) / Südpol m (eines Magneten)

**sow** v (Agric) / aussäen v, säen v, besäen v (Feld) ‖ ~ n (Met) / Ofenbär m, Ofensau f, Sau f, Schlackenbär m (durch verfestigte Schlacke hervorgerufene Verstopfung in Hochöfen) ‖ ~ (Met) / Massel f (große) ‖ ~ (Met) / Masselgraben m ‖ ~ (Met) / Masselgrabeneisen n

**sow-block** n (Eng) / Schabotteeinsatz m, Gesenkhalter m

**sow bug** (Agric, For) / Kellerassel f (Porcellio scaber Latr. - eine Landassel) ‖ ~ **channel** (Met) / Masselgraben m

**sower** n (Agric) / Sämaschine f

**sowing** n (Agric) / Aussaat f, Säen n (Tätigkeit), Saat f ‖ ~ **area** (Agric) / Aussaatfläche f ‖ ~ **machine** (Agric) / Sämaschine f ‖ ~ **season** (Agric) / Aussaatzeit f, Saatzeit f, Säzeit f ‖ ~ **time** (Agric) / Aussaatzeit f, Saatzeit f, Säzeit f

**sow iron** (Met) / Masselgrabeneisen n

**Soxhlet** (Chem) / Soxhlet m, Soxhlet-Apparat m (nach F. von Soxhlet, 1848-1926), Extraktionsapparat m nach Soxhlet, Soxhlet-Extraktor m (DIN 12602) ‖ ~ **apparatus**\* (Chem) / Soxhlet m, Soxhlet-Apparat m (nach F. von Soxhlet, 1848-1926), Extraktionsapparat m nach Soxhlet, Soxhlet-Extraktor m (DIN 12602) ‖ ~ **extraction apparatus** (Chem) / Soxhlet m, Soxhlet-Apparat m (nach F. von Soxhlet, 1848-1926), Extraktionsapparat m nach Soxhlet, Soxhlet-Extraktor m (DIN 12602) ‖ ~ **extractor** (Chem) / Soxhlet m, Soxhlet-Apparat m (nach F. von Soxhlet, 1848-1926), Extraktionsapparat m nach Soxhlet, Soxhlet-Extraktor m (DIN 12602)

**Soxhlet-Henkel degree** (Nut) / Soxhlet-Henkel-Grad m (Säuregrad von Milch), SH (Soxhlet-Henkel-Grad)

**soy** n (Nut) / Sojasauce f (chinesische, indonesische), Sojasoße f

**soya bean** (Nut) / Sojabohne f (aus Glycine max (L.) Merr.)

**soya-bean cake** (Agric) / Sojabohnenkuchen m (Futtermittel) ‖ ~ **glue** (For, Paper) / Sojabohnenleim m

**soya -bean oil** (Nut) / Sojaöl n ‖ ~ **glue** (For, Paper) / Sojabohnenleim m ‖ ~ **lecithin** (Nut) / Sojalecithin n, Sojalezithin n, Pflanzenlecithin n (aus Sojabohnen) ‖ ~ **meal** (Agric) / Sojaschrot m n

**soybean** n (Nut) / Sojabohne f (aus Glycine max (L.) Merr.) ‖ ~ **glue** (For, Paper) / Sojabohnenleim m ‖ ~ **lecithin** (Nut) / Sojalecithin n, Sojalezithin n, Pflanzenlecithin n (aus Sojabohnen) ‖ ~ **oil** (Nut) / Sojaöl n

**soycake** n (Agric) / Sojabohnenkuchen m (Futtermittel)

**soy coarse meal** (Agric) / Sojaschrot m n ‖ ~ **sauce** (Nut) / Sojasauce f (chinesische, indonesische), Sojasoße f

**SP**\* (soil pipe) (Build, Plumb, San Eng) / senkrechtes Abflussrohr, Fallrohr n, Fallleitung f (die das Abwasser einer Sammel- oder Grundleitung zuführt)

**S.P.** (softening point) (Ceramics) / [nominelle] Falltemperatur f, Erweichungstemperatur f, Erweichungspunkt m

**SP** (softening point) (Ceramics) / [nominelle] Falltemperatur f, Erweichungstemperatur f, Erweichungspunkt m ‖ ~ (saturated polyester) (Chem) / gesättigter Polyester, SP (gesättigter Polyester)

**S.P.** (softening point) (Chem Eng, Phys) / Erweichungstemperatur f, ET (Erweichungstemperatur), Erweichungspunkt m, Softening point m (Temperaturangabe für einen Viskositätsfixpunkt)

**SP** (softening point) (Chem Eng, Phys) / Erweichungstemperatur f, ET (Erweichungstemperatur), Erweichungspunkt m, Softening point m (Temperaturangabe für einen Viskositätsfixpunkt)

**Sp.** (spirit) (Chem, Pharm) / Spiritus m

**SP** (stack pointer) (Comp) / Stapelzeiger m, Stack-Pointer m, SP (Stack-Pointer), Kellerzeiger m (der die Adresse der nächsten verfügbaren Stapelstelle im Speicher enthält) ‖ ~ (space) (Comp) / Zwischenraumzeichen n, ZWR (Zwischenraumzeichen), Zwischenraum m (Zwischenraumzeichen nach DIN 66009) ‖ ~ (structured programming) (Comp) / strukturierte Programmierung ‖ ~ (space) (Comp, Print) / Zwischenraum m (DIN 66303), Leerstelle f, Space n

**SPA** (solar-powered aircraft) (Aero) / Sonnenkraftflugzeug n, Flugzeug n mit Sonnenenergieantrieb, Solarflugzeug n

**spa** n (Hyd Eng) / Heilquelle f (i.e.S.), Mineralquelle f

**space** v / Abstände halten ‖ ~ / in Abstand bringen ‖ ~ / räumlich aufteilen ‖ ~ (Typog) / spationieren v, sperren v ‖ ~ n / Zwischenraum m, Abstand m, Intervall n ‖ ~ (shelf space) / Regalfläche f (im Einzelhandelsgeschäft) ‖ ~\* (Astron, Space) / kosmischer Raum ‖ ~\* (Astron, Space) / Weltraum m (jenseits der Erdatmosphäre bzw. des Sonnensystems) ‖ ~ (Carp, Join) / Teilung f (der Zahnspitzen - bei einer Säge) ‖ ~ (Comp) / Zwischenraumzeichen n, ZWR (Zwischenraumzeichen), Zwischenraum m (Zwischenraumzeichen nach DIN 66009) ‖ ~\* (Comp, Print) / Zwischenraum m (DIN 66303), Leerstelle f, Space n ‖ ~\* (Electronics) / Kluft f (zwischen zwei Blöcken) ‖ ~ (Maths, Phys) / Raum m ‖ ~ (of time) (Phys) / Zeitspanne f (Dauer eines Vorgangs ohne Begrenzung durch Termine - z.B. zwei Monate) ‖ ~ (Print) / Anzeigenraum m, Anzeigenfläche f (in einer Zeitung) ‖ ~\* (Telecomm) / Zeichen n (im Ruhestrombetrieb) ‖ ~\* (Telecomm) / Space n (Kennzustand des Fernschreibsignals) ‖ ~\* (Teleg) / Signalzustand m "O" ‖ ~\* (Teleg) / Pause f (z.B. im Morsealphabet) ‖ ~\* (Typog) / Ausschluss m (Ausschlussstück nach DIN 16507) ‖ ~ **arrangement** (Crystal) / räumliche Anordnung ‖ ~ **available** / Raumangebot n (das zur Verfügung steht) ‖ ~ **bands**\* (Print) / Ausschlusskeile m pl (in Zeilensetz- und -gießmaschinen) ‖ ~ **bar** / Zwischenraumtaste f, Leertaste f (der Schreibmaschine) ‖ ~ **base** (Space) / Raumbasis f (große Raumstation mit bis zu 60 Besatzungsmitgliedern)

**space-based** adj (Mil, Space) / weltraumgestützt adj

**space between words** (Typog) / Wortzwischenraum m ‖ ~ **bias** (Telecomm) / Trennstromüberhang m (beim Fernschreiber) ‖ ~ **biology** (Biol, Space) / Raumfahrtbiologie f ‖ ~ **box**\* (Typog) / Spatienkästchen n ‖ ~ **capsule** (Space) / Raumkapsel f, Raumkabine f, Kapsel f, Kabine f ‖ ~ **character** (Comp) / Zwischenraumzeichen n, ZWR (Zwischenraumzeichen), Zwischenraum m (Zwischenraumzeichen nach DIN 66009) ‖ ~ **character** (Comp) s. also blank character ‖ ~ **charge**\* (Elec, Electronics, Phys) / Raumladung f (räumlich verteilte freie elektrische Ladung eines Vorzeichens)

**space-charge**

**space-charge cloud** (Electronics) / Raumladungswolke f ‖ ~ **current** (Electronics) / Raumladungsstrom m ‖ ~ **density** (Elec, Elec Eng) / Raumladungsdichte f (in C/m³ - nach DIN 1301, T 2, DIN 1304 und DIN 1324, T 1) ‖ ~ **limitation*** (Elec, Electronics) / Raumladungsbegrenzung f
**space-charge-limited diode** (Electronics) / SCL-Diode f
**space-charge-limited transistor** (Electronics) / SCL-Transistor m (ein "raumladungsbegrenzter" Transistor, der sich elektrisch wie eine Röhrentriode verhält, wobei die Basis ähnlich wie das Gitter als Steuerelektrode wirkt)
**space-charge spreading** (Elec, Phys) / Raumladungsausbreitung f ‖ ~ **zone** (Electronics) / Raumladungszone f
**space close cubical packing** (Crystal) / räumlich dichteste Kugelpackung ‖ ~ **coherence** (Phys) / räumliche Kohärenz ‖ ~ (radio)**communication** (Telecomm) / Nachrichtenübertragung f im Weltraum, Weltraumkommunikation f ‖ ~ **cone** (Phys) / Herpolhodiekegel m (der Rastkegel eines Kreisels), Rastpolkegel m (der von der momentanen Drehachse beschriebene Kreiskegel), Spurkegel m (Herpolhodiekegel), Festkegel m ‖ ~ **construction** (Aero) / Fachwerkbauweise f ‖ ~ **coordinates** (Maths) / räumliche Koordinaten
**spacecraft*** n (Space) / Raumfahrzeug n
**space current*** (Electronics) / Glühstrom m, Glühelektronenstrom m ‖ ~ **curvature** (Astron) / Raumkrümmung f ‖ ~ **curve** (Maths, Phys) / Raumkurve f, räumliche Kurve
**spaced** adj / mit Zwischenraum (angeordnet) ‖ ~ (Typog) / gesperrt adj ‖ ~ **antennae*** (Radio) / fadingmindernde Antennenkombination (voneinander getrennte Einzelantennen), Mehrfachantenne f ‖ ~ **antennas** (Radio) / fadingmindernde Antennenkombination (voneinander getrennte Einzelantennen), Mehrfachantenne f
**spaced-antennas reception** (Radio) / Empfang m mit Mehrfachantenne
**spaced cleavage** (closely) (Geol) / engständige Schieferung ‖ ~ **cleavage** (widely) (Geol) / weitständige Schieferung
**space defence** (Mil) / Verteidigung f im Weltall, Weltraumabwehr f, Weltraumverteidigung f ‖ ~ **diagonal** (Maths) / Raumdiagonale f (Strecke von einer Ecke eines Körpers zu einer gegenüberliegenden Ecke, wobei diese Strecke nicht Flächendiagonale ist) ‖ ~ **diagram** / räumliches Schaubild ‖ ~ **distribution** (Geol) / Gefüge n (von Gebirgskörpern) ‖ ~ **diversity** (Radio) / Raumdiversity-Empfang m ‖ ~ **diversity** (Radio) / Raumdiversität f, Raumdiversity f ‖ ~ **dividing** (Arch) / Raumgliederung f
**space-division multiplex** (Telecomm) / Raummultiplex n (verschiedene Nachrichten gleichzeitig über je eigene, räumlich getrennte Leitungen) ‖ ~ **switching** (Telecomm) / räumliche Durchschaltung f (Netze), Raummultiplexdurchschaltung f
**space division system** (Telecomm) / Raumvielfachsystem n
**spaced-loop direction-finder*** (Radio, Telecomm) / Doppelrahmenpeiler m
**space draft** (Weaving) / Kettfadeneinzug m in geordneter Reihenfolge
**spaced slating*** (Build) / Schieferdeckung f mit Zwischenräumen ‖ ~ **thread** (Eng) / Blechgewinde n (für Blechschrauben nach DIN 7970), Blechschraubengewinde n ‖ ~ **type** (Print) / Sperrdruck m
**space dyeing*** (Textiles) / Space Dyeing n (Streckenfärbung) ‖ ~ **effect** (Acous) / Raumwirkung f
**space-efficient** adj / Platz sparend adj, Raum sparend adj
**space element** (Maths) / Raumelement n (zur Berechnung von Rauminhalten von Körpern)
**space-enclosing** adj / raumumschließend adj
**space factor** (Elec Eng) / Eisenfüllfaktor m (reine Eisenlänge geteilt durch Blechpaketlänge ohne Kühlschlitze, nach DIN 40121), Füllfaktor m, Stapelfaktor m, Paketfaktor m ‖ ~ **factor** (Elec Eng) / Ausnutzungsgrad m (bei Spulen, Wicklungen)
**spacefarer** n (Space) / Raumfahrer m, Astronaut m (pl. -en), Kosmonaut m (pl. -en), Weltraumfahrer m
**spacefaring** n (Space) / Raumflug m, Raumfahrt f (als einzelner Einsatz), Weltraumflug m, Weltraumfahrt f (ein Raumflug)
**space feed** (Radar, Radio) / Strahlungsspeisung f (einer Reflektorantenne)
**spacefill** v (Comp, Print) / mit Blanks ausfüllen
**space-filling** adj (Maths) / flächenfüllend adj (Kurve) ‖ ~ **model** (Chem) / Kalottenmodell n (raumfüllenddes Atommodell)
**space-fixed coordinates** / raumfeste Koordinaten
**space flight** (Space) / Raumflug m, Raumfahrt f (als einzelner Einsatz), Weltraumflug m, Weltraumfahrt f (ein Raumflug) ‖ ~ **formula** (Chem) / Raumformel f (die auch die räumliche Geometrie deutlich machen soll), Stereoformel f (welche die räumliche Anordnung der Atome im Molekül darstellt) ‖ ~ **frame** (Civ Eng) / räumlicher Rahmen ‖ ~ **geology** (Geol) / Kosmogeologie f ‖ ~ **grid** (Arch, Build) / Raumraster m ‖ ~ **group*** (Crystal) / Raumgruppe f (Symmetriegruppe dreidimensional periodischer Gebilde, die nicht beliebig kleine Translationen als Symmetrieoperatoren enthält), Raumsymmetriegruppe f ‖ ~ **heater** (Build) / Raumheizer m, Raumheizkörper m ‖ ~ **heating** (Build) / Raumwärmeversorgung f
**space-heating system** (Build) / Raumheizung f (als Anlage)
**space in** v (Typog) / einbringen v ‖ ~ **industrialization** (Space) / Industrialisierung f des Weltraums, industrielle Nutzung des Weltraums ‖ ~ **integral** (Maths) / Volumenintegral n, Raumintegral n ‖ ~ **inversion** (Phys) / Raumspiegelung f, Paritätstransformation f ‖ ~ **joint** (Civ Eng) / Raumfuge f (über die ganze Höhe der Betonplatten reichende Fuge) ‖ ~ **junk** (Space) / Weltraumschrott m, Weltraummüll m (ausgediente Objekte der Raumfahrt und Bruchstücke davon, die nach Missionsende im Orbit verbleiben) ‖ ~ **key** / Zwischenraumtaste f, Leertaste f (der Schreibmaschine)
**Spacelab*** n (Space) / Spacelab n (eine Nutzlast des Raumtransporters; wieder verwendbares Weltraumlaboratorium)
**space lattice** (Build, Civ Eng) / räumliches Gittertragwerk ‖ ~ **lattice*** (Crystal) / Raumgitter n (sich periodisch wiederholende dreidimensionale Punktanordnung, räumliches Punktgitter ‖ ~ **launching site** (Space) / Startgelände n für Raumfahrzeuge (Großraketen) ‖ ~ **law** / Weltraumrecht n
**spacelike** adj (Phys) / raumartig adj
**space line** (Print) / Freizeile f, Leerzeile f (nicht bedruckte oder beschriftete Zeile zur Unterteilung des Textes) ‖ ~ **litter** (Space) / Weltraumschrott m, Weltraummüll m (ausgediente Objekte der Raumfahrt und Bruchstücke davon, die nach Missionsende im Orbit verbleiben) ‖ ~ **loading** (San Eng) / Raumbelastung f (in der Abwassertechnik - Quotient aus Fracht und Volumen nach DIN 4045)
**spaceman** n (Space) / Raumfahrer m, Astronaut m (pl. -en), Kosmonaut m (pl. -en), Weltraumfahrer m
**space medicine** (Med) / Raumfahrtmedizin f, Luft- und Raumfahrtmedizin f ‖ ~ **mine** (Mil) / Weltraummine f (eine Antisatellitenwaffe) ‖ ~ **mission launch centre** (Space) / Weltraumbahnhof m ‖ ~ **model** / Raummodell n ‖ ~ **motion** (Astron) / Raumbewegung f ‖ ~ **navigation** (Nav) / Raumflugnavigation f
**space-network polymer** (Chem) / räumlich vernetztes Polymer
**space-only operation** (Telecomm) / Space-only-Betrieb m (Fernschreibsignalübertragung mit nur einer Kennfrequenz)
**space out** v (Typog) / austreiben v (eine Zeile, um eine Verlängerung der Dimensionen der Satzkolumne zu erreichen), ausbringen v (Wortzwischenräume beim Setzen vergrößern), erweitern v (Wortzwischenräume über den Grundausschluss hinaus vergrößern) ‖ ~ **out** (Typog) / ausbringen v ‖ ~ **parallax*** (Acous) / Raumparallaxe f ‖ ~ **perception** (Acous) / räumliche Wahrnehmung ‖ ~ **perception** (Maths, Optics) / Raumempfindung f, visuelle Raumwahrnehmung ‖ ~ **permeability** (Mag) / magnetische Feldkonstante (im materiefreien Raum nach DIN 1324, T 1), Induktionskonstante f, absolute Permeabilität(skonstante) (des Vakuums) ‖ ~ **perspective** (Maths) / Raumperspektive f ‖ ~ **planning** (Build, Civ Eng) / Raumordnung f (Planung und Maßnahmen des Bundes und der Länder) ‖ ~ **platform** (Space) / Space Platform f (Weltraumplatform, die mit dem Raumtransporter gestartet wird)
**spaceport** n (Space) / Raumfahrtgelände n, Raketenstartanlage f (z.B. auf Cape Canaveral, in Baikonur oder Kourou), Startanlage f (als Gesamtkomplex), Startgelände n, Startplatz m (für Raketen), Startstellung f (für Raketen) ‖ ~ (Space) / Startgelände n für Raumfahrzeuge (Großraketen)
**space power plant** (Elec Eng, Space) / Kraftwerk n im Weltraum, Weltraumkraftwerk n ‖ ~ **probe** / Forschungsrakete f ‖ ~ **probe** (Space) / Raumsonde f (ein unbemannter Raumflugkörper für den interplanetaren Flug) ‖ ~ **probe astronomy** (Astron) / Sondenastronomie f ‖ ~ **program** (US) (Space) / Raumfahrtprogramm n ‖ ~ **program** (Space) / Raumfahrtprogramm n ‖ ~ **pulse** (Telecomm) / Leerschritt m
**space-qualified laser** (Phys) / Laser m für Satelliteneinsatz
**space quantization** (Phys) / Raumquantelung f, Raumquantisierung f
**spacer** n (Biochem) / Spacer-DNA f (Biochem) / Spacer m (ein DNS-Abschnitt) ‖ ~ (Build, Glass) / Abstandhalter m (der die Bewegung der Scheibe einschränkt und verhindert, dass sie im Dichtungsmittelbett nach innen oder nach außen wandern kann) ‖ ~ (Chem) / Spacer m (in der Merrifield-Technik) ‖ ~ (Chem) / Spacer m (eine kurze Kohlenstoffkette zwischen Matrix und Ligand in der Affinitätschromatografie) ‖ ~ (Chem) / Brückenglied n (mit dem der Ligand an den Träger gekoppelt wird), Spacer m (Brückenglied) ‖ ~ (Eng) / Abstandhalter m, Abstandsstück n, Abstandhalter m, Trennstück n, Trennelement n, Distanzstück n ‖ ~ (Glass) / Distanzklotz m (der die Berührung der Scheibenkante mit dem Falz verhindert) ‖ ~ **bar** (Mining) / Lenker m (am schreitenden Ausbau) ‖ ~ **block** (Eng) / Abstandhalter m, Abstandsstück n, Abstandhalter m, Trennstück n, Trennelement n, Distanzstück n ‖ ~ **DNA** (Biochem) / Spacer-DNA f
**space-reflection symmetry*** (Nuc) / Parität f (positive, negative)

**space required** / Flächenbedarf m, Platzbedarf m, Bedarf m an Stellfläche (für die Aufstellung der Maschine) || **~ research*** (Space) / Weltraumforschung f, Raumforschung f || **~ resolution** (Nuc) / räumliche Auflösung, Raumauflösung f (einer Driftkammer)
**spacer gel** (Chem) / Spacergel n || **~ shaft** (Elec Eng) / Zwischenwelle f (zwischen zwei Maschinen), Verbindungswelle f (zwischen zwei Maschinen) || **~ sleeve** (Eng) / Abstandshülse f
**space-saving** adj / Platz sparend adj, Raum sparend adj
**spaceship** n (Space) / Raumschiff n (Flugkörper für bemannte Flüge in den Weltraum und zu anderen Planeten)
**space shuttle** (Space) / Raumtransporter m (wiederverwendbarer - z.B. X-33), Raumfähre f (z.B. Hermes oder Sänger), Spaceshuttle m (pl.-s), Shuttle m (pl. -s) (Raumfähre) || **~ simulation** (Phys) / Raumsimulation f || **~ simulator** (Space) / Weltraumsimulationskammer f, Weltraumsimulator m || **~ sled** (Med) / Raumschlitten m (medizinische Experimentierplattform) || **~ station*** (Space) / Außenstation f, Raumstation f, Orbitalstation f, Weltraumstation f (ständiger Stützpunkt für die Raumfahrt außerhalb der Hochatmosphäre)
**spacesuit*** n (Space) / Raumanzug m (Schutzanzug für Raumfahrer)
**space suppression** (Comp, Print) / Unterdrückung f der Zwischenräume, Leerzeichenunterdrückung f || **~ system*** (Space) / Raumfahrtanlage f (komplettes geschlossenes System) || **~ system of forces** (Mech) / räumliches Kräftesystem || **~ tapering** (Radar, Radio) / Dichtebelegung f || **~ technology** (Space) / Raumflugtechnik f, Raumfahrttechnik f || **~ telescope** (Astron) / Weltraumteleskop n, Spacetelescop n (ein Spezialsatellit, der von einem Raumtransporter in die Umlaufbahn gebracht wird) || **~-time*** n (Phys) / Raum-Zeit f, Raumzeit f (vierdimensionale, für die Welt der Relativitätstheorie geltende Einheit, die aus den drei räumlichen Koordinaten und der Zeitkoordinate gebildet wird)
**space-time continuum** (Phys) / Raum-Zeit-Kontinuum n || **~ symmetry** (Phys) / Raum-Zeit-Symmetrie f, äußere Symmetrie (die mit Transformationen in Raum und Zeit verknüpft ist) || **~ world** (Phys) / Raum-Zeit-Welt f
**space trajectory** (Phys, Space) / Raumflugbahn f || **~ transportation system** (Space) / Raumtransportsystem n (z.B. mit einem Raumtransporter) || **~ travel** (Space) / Raumflug m, Raumfahrt f (als einzelner Einsatz), Weltraumflug m, Weltraumfahrt f (ein Raumflug) || **~ traveller** (Space) / Raumfahrer m, Astronaut m (pl. -en), Kosmonaut m (pl. -en), Weltraumfahrer m || **~ truss** (Build, Civ Eng) / Raumfachwerk n, starres Fachwerk, räumliches Fachwerk || **~ truss dome** (Build, Civ Eng) / Raumfachwerkkuppel f || **~ tug** (Space) / Raumschlepper m (raketengetriebenes Gerät, das den Raumtransporter ergänzt) || **~ vehicle*** (Space) / Raumfahrzeug n || **~ velocity*** (Astron) / Raumgeschwindigkeit f (eines kosmischen Objekts im Raum) || **~ walk** (Space) / Aussteigen n im Weltraum, Spaziergang m im All, Weltraumspaziergang m || **~ walk** (Space) s. also extravehicular activity
**spacewalk** v (Space) / im All spazieren, im Weltraum aussteigen
**space wave** (Mech) / Raumwelle f (im Innern eines dreidimensionalen Kontinuums nach DIN 1311-4) || **~ wave*** (Radio) / Raumwelle f (Summe der direkten und der bodenreflektierten Welle) || **~ wave*** (Radio) s. also sky wave
**Spaceway** n (ein System für Satellitenmobilfunk) (Teleph) / Spaceway m
**space weaponry** (Mil) / Weltraumwaffen f pl
**space-wound** adj (Elec Eng) / auf Abstand gewickelt || **~** (Elec Eng) / mit (auf) Abstand gewickelt (Spule)
**spachtel lace** (curtains) (Textiles) / Spachtelspitze f (Stickerei, bei der nach dem Sticken der nicht durch die Stickerei überdeckte Teil des Grundgewebes mit einer Schere herausgeschnitten wird)
**spacial** adj / Raum-, räumlich adj
**spacing** n / Zwischenraum m, Abstand m, Intervall n || **~** / Raumzuteilung f, Raumzumessung f || **~** (Arch) / Pfeilerweite f || **~** (Cinema) / Bildsteg m (Abstand vom Ende eines Bildfeldes zum Anfang des folgenden Bildfeldes in einer Filmrolle) || **~** (Elec Eng, Light) / Raumverteilung f der Lichtquellen || **~** (Electronics) / Spacingwert m, Spacing n (bei einer Farbkatodenstrahlröhre) || **~** (Teleg) / Trennung f (bei Fernschreibern), Zeichentrennung f (bei Fernschreibern) || **~** (Typog) / Spationierung f, Sperren n, Sperrung f || **~ current** (Teleg) / Zwischenzeichenstrom m, Trennstrom m || **~ drill** (Agric) / Einzelkorndrillgerät n, Präzisionsdrillmaschine f || **~ error** (Radar) / Antennenabstandsfehler m || **~ layer** / Trennschicht f || **~ material*** (Typog) / Blindmaterial n || **~ of nails** (Carp) / Nagelabstand m || **~ of trains** (Rail) / Zugfolgeabstand m, Zugfolge f (räumlicher Abstand) || **~ of wells** (Hyd Eng) / Brunnenabstand m || **~ piece** (Eng) / Abstandshalter m, Abstandsstück n, Abstandhalter m, Trennstück n, Trennelement n, Distanzstück n || **~ ring** (Eng) / Abstandsring m || **~ wave** (Telecom) / Zwischenzeichenwelle f, Pausenwelle f, negative Tastwelle
**spacious** adj / geräumig adj, spatiös adj, mit großem Raumangebot

**spacistor*** n (Electronics) / Spacistor m (eine Ausführungsform des Analogtransistors)
**spackling compound** (Paint) / Spachtelmasse f (DIN 55 945), Spachtel m f (Beschichtungsstoff zum Ausgleich von Unebenheiten bzw. Fehlern)
**spade** n (Agric, Instr, Tools) / Spaten m, Grabscheit n || **~ (with a round mouth)** (Agric, Tools) / Verpflanzungsspaten m || **~ (with a square blade)** (Tools) / Umgrabspaten m
**spadeable** adj (San Eng) / stichfest adj (Klärschlamm)
**spade drill** (Eng) / Flachbohrer m, Spitzbohrer m || **~ tuning*** (Radio) / magnetische Grobabstimmung
**spading** n (Civ Eng) / festes Andrücken (der Erde gegen das untere Umfangsdrittel des Rohrs beim Eingraben) || **~ fork** (Civ Eng) / Grabegabel f || **~ machine** (Agric) / Spatenmaschine f (zapfwellengetriebene)
**spadix*** n (pl. -ices) (Bot) / Kolben m, Spadix n (pl. -izes) (kolbig verdickte Blütenachse)
**SPAES** (spin-polarized Auger electron spectroscopy) (Spectr) / spinpolarisierte Auger-Elektronenspektroskopie
**spaghetti** n (Cinema) / Filmsalat m (in der Kamera) || **~** (Elec Eng) / Isolierschlauch m (dünner), Bougierohr n || **~ cables** (Cables, Comp) / Kabelsalat m || **~ code** (Comp) / Spaghetti-Kode m (abwertende Bezeichnung für Programme, die nicht nach Methoden und Techniken der modernen Software-Engineerings erstellt wurden), Spaghetti-Code m || **~ irrigation** / Tröpfchenbewässerung f (für Topfpflanzen)
**spall** v (Eng) / ausbröckeln v (z. B. durch Ermüdungsverschleß oder Wärmespannungen) || **~ vi** (Build, Civ Eng) / abblättern vi, absplittern vi, abplatzen vi || **~*** n (Build) / abgeplatztes Putzstück || **~*** (Build) / Zwicker m (um starke Fugen auszuzwickern), Steinsplitter m (zur Verkeilung des Natursteinmauerwerks) || **~*** (Build, Met) / Splitter m, Abschlagsplitter m, Bruchstück n || **~*** (Civ Eng) / Steinsplitter m (abgeplatzter) || **~** (a relatively thin curved piece of rock produced by exfoliation) (Geol) / Gesteinsabschlag m (durch Verwitterung abgespaltenes oder abgesprungenes, abgeblättertes Gesteinsbruchstück)
**spallation*** n (Nuc) / Spallation f, Kernzertrümmerung f, Kernzersplitterung f, Vielfachzerlegung f (eine Kernreaktion) || **~ neutron source*** (Nuc) / Spallationsneutronenquelle f (Gerät zur Erzeugung intensiver Neutronenströme durch Beschuss eines Schwermetalltargets mit einem hochenergetischen Protonenstrahl aus einem Linearbeschleuniger oder Synchrotron hoher Stromstärke), SNQ (Spallationsneutronenquelle)
**spall drain** (Hyd Eng) / Steindrän m (ein alter Sickerdrän)
**spalling** n (Build) / Putzmotte f, Kalkmännchen n, Treiber m (kraterförmige Aussprengung) || **~*** (Build, Civ Eng) / Abblättern n, Absplittern n, Abplatzen n || **~** (the chipping, cracking, or breaking of a refractory brick or unit in service which usually results in the detachment of a portion of the brick or unit to expose new surfaces ) (Ceramics, Eng, Met) / Spalling n || **~** (Eng) / Ausbröckeln n (von Materialteilchen durch Ermüdungsverschleiß) || **~** (US) (Geol) / Desquamation f (schuppen- oder schalenförmiges Abspringen von Teilchen der Gesteinsoberfläche, besonders bei Massengesteinen wie Granit), Abschuppung f (schalenförmige), schalige Verwitterung || **~** (Ceramics, Met) s. also structural spalling and thermal spalling
**spalls*** pl (Civ Eng) / Splitt m (maschinell zerkleinertes Gestein von etwa 5-32 mm Größe - DIN 4226-1)
**spam** v (Comp, Telecomm) / spammen v || **~ n** (irrelevant or inappropriate messages sent on the Internet to a large number of newsgroups or users) (Comp) / Spam n (pl. -s)
**spammer** n (Comp, Telecomm) / Spammer m
**spamming** n (Comp, Telecomm) / Spamming n (Massenversand von E-Mails), Zumüllen n (mit E-Mails)
**spamvertise** v (Comp) / werben mit Hilfe von Spams
**span** v / überspannen v (zwei Auflager) || **~ (with a bridge)** (Civ Eng) / überbrücken v (z.B. einen Fluss), eine Brücke schlagen, eine Brücke bauen || **~*** n (Aero) / Spannweite f (die Entfernung zwischen den äußersten Enden des Tragflügels, gemessen parallel zur Querachse des Flugzeugs) || **~** (Build, Civ Eng) / Stützweite f || **~*** (distance apart of two supports, especially as applied to the opening of an arch or the width of a space covered by a beam) (Civ Eng) / Spannweite f (der Abstand der Widerlager) || **~*** (Civ Eng) / Feld n, Öffnung f (zwischen zwei Pfeilern einer Brücke), Brückenöffnung f || **~*** (the distance between two transmission-line towers) (Elec Eng) / Spannweite f, Spannfeld n, Stützweite f, Mastfeld n, Mastabstand m (einer Freileitung) || **~*** (Elec Eng) / Wicklungssprung m || **~** (Eng) / Messbereich m || **~** (Phys) / Zeitspanne f (Dauer eines Vorgangs ohne Begrenzung durch Termine - z.B. zwei Monate) || **~** (Telecomm) / Span f (eine vollduplexbetriebene digitale Übertragungsleitung zwischen zwei digitalen Einrichtungen)

**Spandex**

**Spandex** n (a manufactured fibre in which the fibre-forming substance is a long-chain synthetic polymer comprised of at least 85% of a segmented polyurethane) (Textiles) / amerikanischer (geschützter) Gattungsname für die im Textilkennzeichnungsgesetz unter dem Begriff "Elastan" zusammengefassten Elastofasern
**spandrel\*** n (Arch) / Spandrille f (die dreieckige, auf einer Spitze stehende Fläche zwischen Bogen und seiner rechtwinkligen Einfassung) ‖ ~\* (Arch) / Gewölbezwickel m (ein überleitendes Element im Allgemeinen) ‖ ~ (Build) / Treppenuntermauerungsfläche f ‖ ~ (Civ Eng) / Zwickelfläche m (bei Bogenbrücken) ‖ ~ **beam** (Build) / Außenwandstützträger m, Brüstungsträger m (meist die Außenwandelemente tragend)
**spandrel-braced arch bridge** (Civ Eng) / aufgeständerte Bogenbrücke
**spandrel step\*** (Arch, Build) / Dreieckstufe f ‖ ~ **wall\*** (wall built over an arch, forming the spandrel) (Arch) / Gewölbestirnmauer f (Umfassungsmauer eines überwölbten Raumes), Stirnmauer f
**spandril** n (Arch) / Spandrille f (die dreieckige, auf einer Spitze stehende Fläche zwischen Bogen und seiner rechtwinkligen Einfassung) ‖ ~ (Arch) / Gewölbezwickel m (ein überleitendes Element im Allgemeinen)
**spangle** n (Surf) / Blumenmuster n, Eisblumenmuster n, Eisblumenstruktur f (der Metallschutzschicht) ‖ ~ (Textiles) / Flitter m, Paillette f (kleines glänzendes, gelochtes Metallblättchen für Applikationen)
**spangled braid** (Textiles) / Flitterborte f
**spangle finish** (Surf) / Flitterfinish n (auf Aluminium)
**spangles** pl (Surf) / Zinkblumenstruktur f (bei feuerverzinkten Blechen), Zinkblumenmuster n (bei feuerverzinkten Blechen), Zinkflitter m (auf der Oberfläche von feuerverzinkten Werkstücken)
**Spanish broom** (used in basketry) (Bot) / Pfriemenginster m (Spatium junceum L.), Spanischer Ginster ‖ ~ **cedar** (For) / Holz n der Zigarrenkistenzeder (Cedrela odorata L.) ‖ ~ **cedar wood** (For) / Zedrelaholz n (rotes, leicht spaltbares, aromatisch riechendes Holz der Zedrele /Cedrela odorata L./, das besonders für die Herstellung von Zigarrenkisten verwendet wird) ‖ ~ **chestnut** (For) / Edelkastanie f, Esskastanie f (Castanea sativa Mill.) ‖ ~ **fir** (For) / Spanische Tanne (Abies pinsapo Boiss.) ‖ ~ **grain** (US) (Leather) / Spaniennarben m (eine Zurichtart, bei der auf ein Fein- oder Polsterleder ein naturähnlicher Narben aufgepresst wird) ‖ ~ **lavender oil** / Spiköl n (das etherische Öl aus dem blühenden Kraut des Großen Speiks - Lavandula latifolia Medik.), Spiklavendelöl n (für krautig-frische Kompositionen), Nardenöl n ‖ ~ **mahogany** (For) / Mahagoniholz n (Westindisches - aus Swietenia mahagoni (L.) Jacq.), Westindisches Mahagoni ‖ ~ **red** / Spanischrot n (aus dem spanischen Roteisenstein) ‖ ~ **red** (Paint) / Spanischrot n ‖ ~ **red** (Textiles) / Spanischrot n (in Alkohol und Alkalien löslicher roter Farbstoff des Safflors) ‖ ~ **red oxide** (Paint) / Eisenoxidrot n (Caput mortuum, Polierrot, Englischrot, Marsrot) ‖ ~ **spike oil** / Spiköl n (das etherische Öl aus dem blühenden Kraut des Großen Speiks - Lavandula latifolia Medik.), Spiklavendelöl n (für krautig-frische Kompositionen), Nardenöl n ‖ ~ **tile** (Arch) / Klosterziegel m (Mönch oder Nonne) ‖ ~ **tiling** (Arch) / Priependeckung f (spanische Version), Mönch- und Nonnendeckung f ‖ ~ **topaz\*** (Min) / Madeira-Topas n, Gebrannter Kristall, Spanischer Topas (ein durch Erhitzen gelbbraun bis braunrot gewordener Amethyst) ‖ ~ **verbena oil** / Spanisches Verbenenöl (aus Thymus hiemalis) ‖ ~ **white** (Paint) / Pariser Weiß (feingemahlene Kreide)
**span loading\*** (Aero) / Belastung f der Spannweite, Spannweitenbelastung f
**spanned record** (Comp) / segmentierter Satz (einer Datei, in der jeder Satz auf mehrere, unmittelbar aufeinander folgende Blöcke aufgeteilt sein kann - DIN 66 239)
**spanner** n (GB)\* (Eng, Tools) / Schrauber m, Schraubenschlüssel m, Mutternschlüssel m, Schlüssel m ‖ ~ **cutter** (Eng, Tools) / Schlüsselfräser m (zum Fräsen des Maules von Schraubenschlüsseln) ‖ ~ **opening** (Eng) / Maulweite f
**spanning tree** (a subgraph of a connected graph) (Comp, Telecomm) / aufspannender Baum (eine schleifenfreie Teilmenge einer Netzwerk-Topologie), Gerüst n (eines gerichteten Grafen), spannende Arboreszenz (eines gerichteten Grafen), umfassender Baum
**spanning-tree process** (IEEE.802.1 D) (Comp, Telecomm) / Spanning-Tree-Verfahren n
**span of the coils** (Elec Eng) / Nutschritt m (bei der Wicklung elektrischer Maschinen), Wicklungsschritt m (relativer), Spulenweite f (in Nutteilungen) ‖ ~ **piece** (Carp) / Kehlbalken m (beim Kehlbalkendach), Hahnenbalken m (kurzer zweiter Kehlbalken bei sehr hohen Kehlbalkendächern), Katzenbalken m (kurzer zweiter Kehlbalken bei sehr hohen Kehlbalkendächern) ‖ ~ **pole\*** (to which the span wires are attached) (Elec Eng) /

Abspannmast m ‖ ~ **roof\*** (Build) / Satteldach n, Giebeldach n (nach zwei gegenüberliegenden Gebäudeseiten geneigtes Dach mit hochgeführten Giebelwänden an den zwei übrigen Seiten) ‖ ~ **saw\*** (Carp, For) / Spannsäge f, Gestellsäge f (für Zimmerleute) ‖ ~ **saw\*** (For) / Gestellsäge f (eine Handspannsäge), Strecksäge f (Handsäge mit hoher Blattvorspannung)
**spansule** n (Pharm) / Depotkapsel f (mit Depotpräparaten)
**span wire** (Elec Eng) / Spanndraht m (des Fahrdrahts der Straßenbahn oder des Obusses)
**span-worm** n (Agric, For) / Spannerraupe f
**spar\*** n (Aero) / Holm m (Hauptbauteil der Tragflügel und der Leitwerksflossen in Richtung der Spannweite) ‖ ~ (Build, Carp, Civ Eng) / Zwischensparren m (Leergebinde), Leersparren m ‖ ~ (Civ Eng) / Steinschlag m (z.B. für Terrazzo), Steinsplitter m (weiß oder natürlich leicht gefärbt) ‖ ~\* (For) / Rundholz n über 15,25 cm mittlere Stärke ‖ ~\* (Min) / Spat m (pl. Spate oder Späte) (vollkommen spaltendes Mineral) ‖ ~ (Ships) / Spiere f (Rundholz), Spier m n ‖ ~**-buoy** n (Ships) / Spierentonne f
**spare** n (Ceramics) / Einguss m (die Eingussöffnung), Einfüllöffnung m (bei Kern- und Vollguss) ‖ ~ (GB) (Eng) / Ersatzteil n (DIN 199) ‖ ~ **battery** (Elec Eng) / Reservebatterie f ‖ ~ **cable** (Cables) / Reservekabel n ‖ ~ **capacity** (Work Study) / freie Kapazität ‖ ~ **feeding** / Reserveeinspeisung f ‖ ~ **fuse** (Elec Eng) / Ersatzsicherung f ‖ ~ **key** (Autos) / Ersatzschlüssel m ‖ ~ **part** (Eng) / Ersatzteil n (DIN 199)
**spare-parts depot** / Ersatzteillager n ‖ ~ **list** / Ersatzteilliste f ‖ ~ **organization** / Ersatzteildienst m ‖ ~ **service** / Ersatzteildienst m
**spare PC part** (Comp) / PC-Ersatzteil n ‖ ~ **quad** (Cables) / Vorratsvierer m (bei Außenkabeln)
**spares car** (Autos) / Ersatzteilträger m (ein altes Auto zum Ausschlachten), Schlachtfahrzeug n
**spare seat** (Autos) / Notsitz m ‖ ~ **tyre** (Autos) / Ersatzreifen m ‖ ~ **wheel** (for temporary use) (Autos) / Notrad n (mit eingeschränkter Verwendbarkeit) ‖ ~ **wheel** (Autos) / Reserverad n (identisch mit den an einem Kfz verwendeten Rädern)
**spare-wheel tray** (Autos) / Reserveradmulde f (im Bodenblech), Reserveradwanne f ‖ ~ **trough** (Autos) / Reserveradmulde f (im Bodenblech), Reserveradwanne f ‖ ~ **well** (Autos) / Reserveradmulde f (im Bodenblech), Reserveradwanne f
**spare wire** (Cables) / Ersatzader f
**spar frame\*** (Aero) / Holmrahmen m
**sparge** v / besprengen v, sprengen v (Flüssigkeit verspritzen), versprengen v ‖ ~ (Brew) / anschwänzen v (durch Übergießen von Wasser die Würzstoffe ausfiltern) ‖ ~ **pipe** (Mining) / perforiertes Spülrohr
**sparger** n (Agric) / Sprenger m ‖ ~ (Agric) / Sprengrohr n, Sprührohr n ‖ ~ (Brew) / Anschwänzvorrichtung f ‖ ~ (Brew) / Anschwänzapparat m ‖ ~ (Mining) / perforiertes Spülrohr
**sparging\*** n (Brew) / Anschwänzen n
**sparingly soluble** (Chem) / schwer löslich adj, slö ‖ ~ **soluble** (Chem) / schwach löslich
**sparite** n (Geol, Min) / Sparit m (spätiger Kalzit- oder Aragonitzement)
**spark** v (Tools) / ausfunken v ‖ ~ vi / Funken sprühen, funken vi ‖ ~\* n (Autos, Elec Eng) / Zündfunke m ‖ ~\* (Autos, Elec Eng, Eng) / Funke m ‖ ~ **absorber\*** (Elec Eng) / Funkenlöscher m ‖ ~ **advance** (I C Engs) / Funkenvoreilwinkel m ‖ ~ **air gap** (Autos) / Luftfunkenstrecke f ‖ ~ **arrester** (Elec Eng) / Funkenableiter m ‖ ~ **arrester** (Foundry) / Funkenkammer f (am Kupolofen) ‖ ~ **breakaway** (I C Engs) / Funkenabriss m ‖ ~ **capacitor** (Elec Eng) / Funkenkondensator m ‖ ~ **catcher** (Elec Eng) / Funkenfänger m ‖ ~ **chamber\*** (Nuc, Nuc Eng) / Funkenkammer f (eine Gasspurkammer) ‖ ~ **coil\*** (I C Engs) / Zündspule f (ein Transformator in der Zündanlage eines Ottomotors nach DIN 72531 - Einzel- oder Zweifunkenzündspule) ‖ ~ **counter** (Nuc) / Funkenzähler m (ein Nachweisgerät für geladene Teilchen) ‖ ~ **current** (Elec Eng) / Funkenstrom m ‖ ~ **discharge** (Elec Eng) / Funkenentladung f (eine Form der Gasentladung) ‖ ~ **duration** (Autos, I C Engs) / Funkenbrenndauer f, Funkendauer f ‖ ~ **electromachining** (Eng) / Funkenerosion f (DIN 8590), funkenerosive Bearbeitung, Elektrofunkenerosion f, Funkenabtragen n (ein fertigungstechnisches Verfahren), Funkenerosionsbearbeitung f (ein funkenerosives Abtragen) ‖ ~ **energy** (Elec Eng) / Funkenenergie f ‖ ~ **eroder** (Elec Eng, Eng) / Abfunkmaschine f ‖ ~ **erosion\*** (Eng) / Funkenerosion f (DIN 8590), funkenerosive Bearbeitung, Elektrofunkenerosion f, Funkenabtragen n (ein fertigungstechnisches Verfahren), Funkenerosionsbearbeitung f (ein funkenerosives Abtragen) ‖ ~ **erosion** (I C Engs) / Zündkerzenabbrand m ‖ ~ **erosion generator** (Eng) / Erosionsgenerator m (der Funkenerosionsmaschine) ‖ ~ **erosion plant** (machine) (Eng) / Erodiermaschine f, Funkenerosionsanlage f, Funkenerosionsmaschine f (meistens Gesamtheit der Einrichtungen, wie Werkzeugmaschine + Generator + Aggregat für das Arbeitsmedium usw.) ‖ ~ **frequency\***

(Radio) / Funkenfrequenz f ‖ ~ **gap**\* (Elec Eng) / Funkenstrecke f (der Raum zwischen den Elektroden bei einer Funkenentladung)
**spark-gap modulation**\* (Telecomm) / Funkenstreckenmodulation f
**spark hardening** (Met) / Funkenhärten n (partielles Härten durch Funkenentladung) ‖ ~ **ignition** (I C Engs) / Fremdzündung f, Funkenzündung f ‖ ~-**ignition engine** (I C Engs) / Ottomotor m (DIN 1940)
**sparking**\* n (Autos, Elec Eng, Eng) / Funkenbildung f, Funken n ‖ ~ **adj** (Autos, Elec Eng, Eng) / funkenbildend adj ‖ ~ **contact**\* (Elec Eng) / Kurzschlusskontakt m ‖ ~ **distance** (Elec Eng) / Schlagweite f (einer Schutzfunkenstrecke) ‖ ~ **distance** (I C Engs) / Elektrodenabstand m ‖ ~ **distance in air** (Elec Eng) / Luftdurchschlagstrecke f, Luftstrecke f (die kürzeste Entfernung zwischen zwei leitenden Teilen mit unterschiedlichem Potential in Luft) ‖ ~ **limit**\* (Elec Eng) / Grenzlast f für funkenfreie Kommutierung ‖ ~ **plug**\* (I C Engs) / Zündkerze f (DIN 72 501, DIN 75 502), Kerze f (Zündkerze)
**sparking-plug body** (I C Engs) / Zündkerzengehäuse n, Kerzengehäuse n
**sparking•-plug suppressor** (I C Engs) / Zündkerzen-Entstörstecker m (zum unmittelbaren Aufstecken auf eine Zündkerze) ‖ ~ **potential**\* (Electronics, Phys) / Zündspannung f (nach dem Paschen'schen Gesetz) ‖ ~ **voltage** (Electronics, Phys) / Zündspannung f (nach dem Paschen'schen Gesetz)
**spark ionization** (Chem) / Funkenionisation f ‖ ~ **killer** (Elec Eng) / Funkenlöscher m
**sparkle** v / funkeln v, glitzern v ‖ ~ (wine and similar drinks) (Nut) / perlen v (moussieren), moussieren v (Getränk), schäumen v ‖ ~ **effect** (Paint) / Sparkle-Effekt m, Glitzereffekt m ‖ ~ **metal** (Met) / Stein m (mit 74% Cu)
**sparkless** adj / funkenfrei adj ‖ ~ **commutation**\* (Elec Eng) / funkenfreie Kommutierung, funkenfreie Stromwendung
**sparkling** n / Schäumen n (Aufbrausen), Brausen n, Aufbrausen n, Moussieren n, Sprudeln n ‖ ~ / Funkeln n, Glitzern n ‖ ~ **adj** / funkelnd adj, glitzernd adj ‖ ~ (Nut) / moussierend adj (Wein) ‖ ~ **wine** (Nut) / Schaumwein m (durch erste und zweite Gärung aus Tafelwein bzw. Qualitätswein gewonnenes Produkt, aus dem beim Öffnen der Flasche aus der Gärung stammendes oder zugesetztes Kohlendioxid entweicht)
**spark machining**\* (Eng) / Funkenerosion f (DIN 8590), funkenerosive Bearbeitung, Elektrofunkenerosion f, Funkenabtragen n (ein fertigungstechnisches Verfahren), Funkenerosionsbearbeitung f (ein funkenerosives Abtragen)
**sparkover** n (Elec Eng) / Überschlag m (eines Funkens), Funkenüberschlag m ‖ ~ (Elec Eng) / Ansprechen n (eines Ableiters) ‖ ~ **potential** (Electronics, Phys) / Zündspannung f (nach dem Paschen'schen Gesetz) ‖ ~ **test** (Elec Eng) / Überschlagsprüfung f
**spark photography**\* (Photog) / Funkenfotografie f ‖ ~ **plug** (I C Engs) / Zündkerze f (DIN 72 501, DIN 75 502), Kerze f (Zündkerze)
**spark-plug cable** (I C Engs) / Zündkerzenkabel n, Zündkerzenleitung f, Zündkabel n ‖ ~ **cap** (I C Engs) / Zündkerzenstecker m, Kerzenstecker m ‖ ~ **connector** (Autos, I C Engs) / Zündkerzenstecker m, Kerzenstecker m ‖ ~ **gap** (I C Engs) / Elektrodenabstand m ‖ ~ **gapping tool** (Autos, Tools) / Elektrodeneinsteller m, Elektrodenbieger m ‖ ~ **gauge** (Autos, I C Engs) / Zündkerzenlehre f ‖ ~ **lead** (Autos, I C Engs) / Zündkerzenkabel n, Zündkerzenleitung f, Zündkabel n ‖ ~ **seat** (Autos, I C Engs) / Zündkerzensitz m, Kerzensitz m ‖ ~ **shell** (US) (I C Engs) / Zündkerzengehäuse n, Kerzengehäuse n ‖ ~ **socket** (I C Engs) / Zündkerzen-Steckschlüsseleinsatz m, Zündkerzensteckschlüssel m, Kerzensteckschlüssel m ‖ ~ **spanner** (I C Engs, Tools) / Zündkerzenschlüssel m (ein Schraubenschlüssel), Kerzenschlüssel m ‖ ~ **thread** (Eng, I C Engs) / Zündkerzengewinde n ‖ ~ **wrench** (I C Engs, Tools) / Zündkerzenschlüssel m (ein Schraubenschlüssel), Kerzenschlüssel m
**spark quencher** (Elec Eng) / Funkenlöscher m ‖ ~ **quenching** / Funkenlöschung f (Maßnahme zur Vermeidung der beim Öffnen von induktiv belasteten Stromkreisen auftretenden hohen Überspannungen und der dadurch hervorgerufenen Öffnungsfunken an den Schalterkontakten) ‖ ~ **resistance**\* (Elec Eng) / Funkenwiderstand m ‖ ~ **spectrum** (Phys) / Funkenspektrum n ‖ ~ **stream** (Elec Eng) / Funkenbündel n ‖ ~ **test** (Chem Eng, Eng) / Abfunkversuch m, Schleiffunkenprobe f, Funkenprobe f, Funkenprüfung f, Schleiffunkenprüfung f, Funkenanalyse f (zur Grobsortierung von Stahllegierungen) ‖ ~ **voltage** (Autos) / Brennspannung f (zur Aufrechterhaltung des Zündfunkens nach Absinken der Zündspannung) ‖ ~ **voltage** (Elec Eng) / Funkenspannung f
**spar piece** (Carp) / Kehlbalken m (beim Kehlbalkendach), Hahnenbalken m (kurzer zweiter Kehlbalken bei sehr hohen Kehlbalkendächern), Katzenbalken m (kurzer zweiter Kehlbalken bei sehr hohen Kehlbalkendächern)
**Sparrow criterion** (Spectr) / Sparrow-Kriterium n (zwei Spektrallinien sind als aufgelöst zu betrachten, wenn die aus der Addition der Einzelintensitäten resultierende Intensitätskurve ein relatives Minimum besitzt) ‖ ~ **peck** (Build) / Pinseltupfoberflächengestaltung f (des Putzes) ‖ ~ **pecking** (Build) / Aufrauen n des Putzgrunds mit einem speziellen Hammer
**sparry** adj (Geol, Min) / spätig adj, spathaltig adj ‖ ~ **calcite** (Geol, Min) / Sparit m (spätiger Kalzit- oder Aragonitzement) ‖ ~ **iron** (Min) / Spateisen n, Spateisenstein m, Siderit m, Eisenspat m (Eisen(II)-karbonat) ‖ ~ **limestone** (Geol) / grobkristalliner Kalkstein
**sparse** adj (For) / weitständig adj, licht adj ‖ ~ **matrix** (Maths) / dünnbesetzte Matrix, verdünnte Matrix, schwach besetzte Matrix
**spar stump** (Aero) / Holmstummel m
**sparteine**\* n (Chem) / Spartein n (ein Chinolizidinalkaloid)
**spar varnish** (Paint) / Bootslack m (ein wasser- und wetterbeständiger Lack auf Ölgrundlage, bes. für Holzboote)
**spasmolytic** n (Pharm) / krampflösendes Mittel, Spasmolytikum n (pl.-lytika) ‖ ~ **agent** (Pharm) / krampflösendes Mittel, Spasmolytikum n (pl.-lytika)
**spate** n (GB) (Hyd Eng) / Hochwasser n, Überschwemmung f, Flut f ‖ **be in full** ~ (Hyd Eng) / Hochwasser führen ‖ ~ **rudder** (Ships) / Spatenruder n
**spathe**\* n (Bot) / Spatha f (pl. Spathen) (großes Hochblatt an der Basis von Blütenständen), Blütenscheide f
**spatial** adj / Raum-, räumlich adj ‖ ~ **arrangement** / räumliche Anordnung (allgemein) ‖ ~ **coherence** (Phys) / räumliche Kohärenz f ‖ ~ **coordinates** (Maths) / räumliche Koordinaten ‖ ~ **curve** (Maths, Phys) / Raumkurve f, räumliche Kurve ‖ ~ **dispersion** (Optics, Phys) / räumliche Dispersion ‖ ~ **distribution** / räumliche Verteilung ‖ ~ **effect** (Acous) / Raumwirkung f ‖ ~ **filtering**\* (Optics) / räumliches Filtern, räumliche Filterung ‖ ~ **framework structure** (Build, Civ Eng) / Raumfachwerk n, starres Fachwerk, räumliches Fachwerk ‖ ~ **frequency** (Optics) / Ortsfrequenz f (der Kehrwert einer räumlichen Periodenlänge) ‖ ~ **isomer** (Chem) / Stereoisomer n, Raumisomer n, Stereoisomeres n, Raumisomeres n ‖ ~ **isomerism** (Chem) / Stereoisomerie f, Raumisomerie f, räumliche Isomerie ‖ ~ **mechanism** (Eng) / räumliches Getriebe ‖ ~ **noise** (Optics) / Festmusterrauschen n ‖ ~ **pair** (Mech) / Raumpaar n, Elementenpaar n für räumliche Bewegung ‖ ~ **planning** (Build, Civ Eng) / Raumordnung f (Planung und Maßnahmen des Bundes und der Länder) ‖ ~ **resolution** (Nuc) / räumliche Auflösung, Raumauflösung f (einer Driftkammer) ‖ ~ **stereo** / Stereoweitwinkel m (Vergrößerung der Stereobasisbreite)
**spationaut**\* n (Space) / Raumfahrer m, Astronaut m (pl. -en), Kosmonaut m (pl. -en), Weltraumfahrer m
**spatio-temporal** adj (Phys) / raumzeitlich adj (z.B. Kohärenz)
**Spätlese** n (pl. -s or -n) (a category of German and Austrian white wine made from grapes that have been picked later than those for wine of ordinary kabinett quality, and so have achieved greater ripeness and strength - the equivalent term for Alsace wines is vendange tardive) (Nut) / Spätlese f
**spats** pl (Aero) / Radverkleidung f (röhrenförmige)
**spatter** v (Paint) / sprenkeln v ‖ ~ n (fluid pyroclasts) (Geol) / Schweißschlacke f ‖ ~ (Paint) / Farbspritzer m, Klecks m ‖ ~ (Welding) / Spritzer m pl (DIN EN ISO 6520), Schweißspritzer m pl ‖ ~ **finish**\* (Paint) / Sprenkeln n, Tüpfeln n (absichtlicher Effekt)
**spattering** (Met) / Spratzen n (plötzliches Entweichen gelöster Gase bei der Erstarrung von Metallschmelzen unter Bildung eines porösen Gusses) ‖ ~ (Met) / Verspritzen n, Spritzen n ‖ ~ (Paint) / Sprenkeln n, Tüpfeln n (absichtlicher Effekt) ‖ ~ (Paint) / luftzerstäubendes Spritzen, Niederdruckspritzen n, Niederdruck-Spritzverfahren n
**spatter of molten metal** (Welding) / Metallspritzer m
**spatula** n (Chem, Paint) / Spachtel m f (breiter) ‖ ~ (Med, Pharm) / Spatel m
**spatula-point, a** ~ (Chem) / Spachtelspitze f (als Mengenangabe)
**spatula-tipful, a** ~ (Chem) / Spachtelspitze f (als Mengenangabe)
**spawn** v (Zool) / laichen v ‖ ~\* n (Bot) / Hyphengeflecht n, Pilzbrut f ‖ ~\* (Zool) / Laich m, Fischlaich m
**SP band** (Acous) / Standard-Play-Band n (eine Tonbandsorte)
**SPBM** (single-point buoy mooring) (Oils) / Einpunktbojenfestmachsystem n
**SPC** (set-point control) (Automation) / SPC (eine Art Kaskadenregelung) ‖ ~ (space character) (Comp) / Zwischenraumzeichen n, ZWR (Zwischenraumzeichen), Zwischenraum m (Zwischenraumzeichen nach DIN 66009) ‖ ~ (stored-program control) (Telecomm) / speicherprogrammierbare Steuerung, speicherprogrammierte Steuerung , SPS (speicherprogrammierte Steuerung)
**SPCRS** (scratch-pad control register) (Comp) / Zwischenspeichersteuerregister n
**SP curve** (Mining) / Eigenpotentialkurve f (bei der Bohrlochmessung)

**SPE** (solid-phase epitaxy) (Electronics) / Epitaxie *f* aus der festen Phase (bei der eine amorphe Halbleiterschicht epitaxial auf ein einkristallines Substrat bei Temperaturen aufgebracht wird, die unterhalb des Schmelzpunktes des Einzelmaterials oder unterhalb des eutektischen Punktes der beiden Materialien liegen), Festphasenepitaxie *f*
**speaker** *n* (Acous) / Sprecher *m* ‖ **~** (Acous) / Lautsprecher *m* (DIN 1320) ‖ **~ box** (Acous) / Lautsprecherbox *f*, Box *f* ‖ **~ cabinet** (Acous) / Lautsprechergehäuse *n* (Holz)
**speaker-dependent** *adj* (Comp) / sprecherabhängig *adj* (Spracherkennungssystem)
**speaker grille** (Acous) / Lautsprechergrill *m* ‖ **~ housing** (Acous) / Lautsprechergehäuse *n* ‖ **~ identification** (Comp) / Sprecheridentifizierung *f* (in der Sprachverarbeitung)
**speaker-independent** *adj* (Comp) / sprecherunabhängig *adj* (Spracherkennungssystem)
**speaker-out** *n* (Acous, Comp) / Speaker-Ausgang *m*, Speaker-Ausgangsbuchse *f*
**speakerphone** *n* (Teleph) / Lauthörtelefon *n*
**speaker recognition** (Comp) / Sprechererkennung *f*
**speaking circuit** (Teleph) / Sprechstromkreis *m*, Sprechkreis *m* ‖ **~ clock** (GB) (Teleph) / Zeitansagegerät *n* (Schallspeichergerät, das dem Teilnehmer auf Anfrage die Uhrzeit bekannt gibt) ‖ **~ current** (Teleph) / Sprechstrom *m* ‖ **~ key** (Radio) / Sprechtaste *f* ‖ **~ pair*** (Teleph) / Sprechadern *f pl* ‖ **~ tube** (Mining) / Sprachrohr *n* (Schachtsignalisation)
**spear** *n* (Oils) / Birne *f* (zum Herausziehen eines Rohrelements), Fangspeer *m* ‖ **~** (Oils) / Speer *m* (ein Fanggerät)
**Spearfast cross-cut saw** (Tools) / Zugsäge *f* mit Gruppenzahnung
**Spearman's correlation coefficient** (Stats) / Stichprobenkorrelationskoeffizient *m* nach Spearman, Spearman'scher Rangkorrelationskoeffizient (nach Ch.E. Spearman, 1863-1945) ‖ **~ $\rho$** (Stats) / Stichprobenkorrelationskoeffizient *m* nach Spearman, Spearman'scher Rangkorrelationskoeffizient (nach Ch.E. Spearman, 1863-1945) ‖ **~ rank correlation coefficient** (Stats) / Stichprobenkorrelationskoeffizient *m* nach Spearman, Spearman'scher Rangkorrelationskoeffizient (nach Ch.E. Spearman, 1863-1945) ‖ **~ rho** (Stats) / Stichprobenkorrelationskoeffizient *m* nach Spearman, Spearman'scher Rangkorrelationskoeffizient (nach Ch.E. Spearman, 1863-1945)
**spearmint oil** (Nut) / Krauseminzöl *n* (aus Mentha spicata var. crispata L. oder Mentha cardiaca - zur Aromatisierung von Süßwaren, Kaugummi und Zahnpasten)
**spear pyrites*** (Min) / Speerkies *m* (eine Markasitvarietät - speerspitzenähnliche Zwillinge und Vierlinge)
**spec** (Eng) / Lastenheft *n*, Pflichtenheft *n*, Spezifikation *f*
**special** *n* / Sonderzubehör *n*, Sonderausstattung *f* ‖ **~** / Sonderausführung *f*, Sonderanfertigung *f* (von der Serienausführung abweichende Ausführung) ‖ **~** (Print) / Extrablatt *n*, Extraausgabe *f*, Sonderausgabe *f* (einmalige, einer Zeitung) ‖ **~** (Rail) / Sonderzug *m* ‖ **~** *adj* / Spezial-, Sonder-, speziell *adj* ‖ **~ adhesive** / Spezialklebstoff *m*, Spezialkleber *m* ‖ **~ boiling-point gasoline** (Fuels, Oils) / Siedegrenzenbenzin *n* (ein enggeschnittenes Benzin, das durch Siedebeginn und Siedeende charakterisiert ist) ‖ **~ boiling-point spirit** (Fuels, Oils) / Siedegrenzenbenzin *n* (ein enggeschnittenes Benzin, das durch Siedebeginn und Siedeende charakterisiert ist) ‖ **~ bonus** / Sonderzulage *f*, Lohnzuschlag *m* ‖ **~ casting** (Eng) / Formstück *n* ‖ **~ characters*** (Typog) / Sonderzeichen *n pl* (Klasse grafischer Zeichen, die weder als Buchstaben, Dezimalziffern oder Blanks angesprochen werden können) ‖ **~ design** / Sonderausführung *f*, Sonderanfertigung *f* (von der Serienausführung abweichende Ausführung) ‖ **~ drawing rights** / Sonderziehungsrechte *n pl* (Buchgeld auf Sonderkonten des Internationalen Währungsfonds, SZR (Sonderziehungsrechte)) ‖ **~ drive** (Eng) / Sonderantrieb *m*
**special-duty ship** (Ships) / Sonderschiff *n*, Spezialschiff *n* ‖ **~ vessel** (Ships) / Sonderschiff *n*, Spezialschiff *n*
**special edition** (Print) / Extrablatt *n*, Extraausgabe *f*, Sonderausgabe *f* (einmalige, einer Zeitung) ‖ **~ effect*** (optical, physical) (Cinema, TV) / Spezialeffekt *m*, Trickeffekt *m*, Trick *m*, Specialeffect *m* ‖ **~-effects generator*** (Cinema, TV) / Effektgenerator *m*, Trickmischer *m*
**special-effects man** (Cinema, TV) / Trickmeister *m*
**special emergency heat removal system** (Nuc Eng) / zusätzliches Notkühlsystem
**special-event charter** (Aero) / Charter *m* für besondere Veranstaltungen
**special flight** (Aero) / Flug *m* mit besonderer (gefährlicher) Fracht ‖ **~ font** (Typog) / Sonderschrift *f* ‖ **~ FX** (Cinema, TV) / Spezialeffekt *m*, Trickeffekt *m*, Trick *m*, Specialeffect *m* ‖ **~ gas constant** (Phys) / spezielle Gaskonstante, individuelle Gaskonstante, spezifische Gaskonstante ‖ **~ glass** (Glass) / Sonderglas *n* (Glas mit gegenüber üblichen /Massen/Gläsern abweichender Herstellung oder Verarbeitung bzw. Anwendung), Spezialglas *n* ‖ **~ grey iron** (Foundry) / Sondergrauguss *m* ‖ **~ household waste** (Ecol) / Problemabfall *m*, Problemmüll *m* (ein Siedlungsabfall)
**special-information signal** (Teleph) / Aufmerksamkeitssignal *n*
**special-interest group** (a group of users who use email to exchange views and information on a particular topic) (Comp) / Special Interest Group *f* ‖ **~ magazine** / Special-Interest-Zeitschrift *f* (für Leser mit besonderen Interessengebieten), Spezialzeitschrift *f* (keine echte Fachzeitschrift, sondern eher Zeitschrift für Hobbyisten)
**specialist** *n* / Fachmann *m*, Spezialist *m*, Expert *m*
**speciality** *n* / Fachgebiet *n* ‖ **~ goods** / Güter *n pl* des Spezialkaufs (z.B. Freizeitboote)
**specialize** *v* (in) / sich spezialisieren *v* (auf)
**specialized glossary** / Fachwörterglossar *n*
**special language** / Fachsprache *f*, Sprache *f* im Fach(gebrauch) ‖ **~ lens** (Optics) / Sonderobjektiv *n* ‖ **~ liner** (that provides a wiping action to remove wear products, etc.) (Comp) / Vlies *n* (an der Innenseite der Diskettenhülle) ‖ **~ model** / Sonderausführung *f*, Sonderanfertigung *f* (von der Serienausführung abweichende Ausführung) ‖ **~ offer** / Sonderangebot *n*, Spezialoffer *n*, Special Offer *n* ‖ **~ port** (Ships) / Spezialhafen *m* (auf den ausschließlichen Umschlag bestimmter Güter eingerichteter Hafen)
**special-position identification** (Radar) / Positionsidentifizierung *f*
**special-priority logic** (Comp) / Sonderprioritätslogik *f*, SPL
**special production** (Work Study) / Sonderanfertigung *f* (Herstellung)
**special-purpose computer** (Comp) / Spezialrechner *m*
**special-purpose grease** / Einbereichsfett *n*
**special-purpose lathe** (Eng) / Sonderdrehmaschine *f* ‖ **~ machine tool** (Eng) / Sonderwerkzeugmaschine *f* ‖ **~ motor** (Elec Eng) / Sondermotor *m*, Motor *m* für Sonderzwecke ‖ **~ robot** / Einzweckroboter *m*
**special radio service** (Radio) / Funksonderdienst *m* ‖ **~** (hazardous) **refuse** (Ecol) / Sondermüll *m* (Abfallstoffe, die nicht zusammen mit normalen Hausmüll und Gewerbeabfall schadlos beseitigt werden können und deshalb von der kommunalen Müllabfuhr ausgeschlossen werden, z.B. Altöl), Sonderabfall *m* (besonders überwachungsbedürftiger) ‖ **~ relativity*** (Phys) / spezielle Relativität (spezielle Relativitätstheorie) ‖ **~ report** (Aero, Meteor) / Special Report *m* (Flugwettermeldung in abgekürztem Klartext, die beim Auftreten spezieller Wetterbedingungen herausgegeben wird)
**special-risk flight** (Aero) / besonders gefährdeter Flug
**special rolling mill** (Met) / Sonderwalzwerk *n*
**special-shape brick** (Build) / Formstein *m* (eine Sonderanfertigung), Formziegel *m*
**special sorts** (Typog) / Sonderzeichen *n pl* (Klasse grafischer Zeichen, die weder als Buchstaben, Dezimalziffern oder Blanks angesprochen werden können) ‖ **~ steel** (Met) / Sonderstahl *m* (z.B. warmfest oder hitzebeständig) ‖ **~ steel** (Met) / Edelstahl *m* (legierter oder unlegierter Stahl, der sich durch besondere Gleichmäßigkeit und weitgehende Freiheit von nichtmetallischen Beimengungen gegenüber den Grund- und Qualitätsstählen auszeichnet - DIN EN 10 083-1)
**special-subject map** (Cartography) / Themakarte *f*, thematische Karte (z.B. Geologie, Vegetation, Klima, Bevölkerung, Wirtschaft), angewandte Karte (in der Erscheinungen und Sachverhalte zur Erkenntnis ihrer selbst dargestellt sind)
**special substitution** (Maths) / Ersetzung *f* (wenn in einem längeren Ausdruck nach Belieben substituiert oder nicht substituiert wird) ‖ **~ symbols** (Typog) / Sonderzeichen *n pl* (Klasse grafischer Zeichen, die weder als Buchstaben, Dezimalziffern oder Blanks angesprochen werden können) ‖ **~ test** / Sonderprüfung *f* ‖ **~ theory of relativity** (Phys) / spezielle Relativitätstheorie (die auf der Beobachtung gründet, dass die Vakuumlichtgeschwindigkeit konstant ist) ‖ **~ tool** (Tools) / Spezialwerkzeug *n* ‖ **~ toothing** (Eng) / Sonderverzahnung *f* ‖ **~ train** (Rail) / Sonderzug *m* ‖ **~ treatment steel** (Met) / Sonderstahl *m* (z.B. warmfest oder hitzebeständig)
**specialty** *n* (US) / Fachgebiet *n* ‖ **~ chemical** (Chem) / Feinchemikalie *f* (in geringem Umfang hergestellt , und meistens teuer) ‖ **~ goods** / Specialty-Goods *pl* (Güter des nicht alltäglichen Spezialbedarfs, z.B. spezielle Sportausrüstungen, Freizeitboote, Anlagen der Unterhaltungselektronik usw.) ‖ **~ lubricant** / Spezialschmierstoff *m*, Sonderschmierstoff *m* ‖ **~ paper** (Paper) / Spezialpapier *n* ‖ **~ tool** (Tools) / Spezialwerkzeug *n* ‖ **~ transformer** (Elec Eng) / Transformator *m* für Sonderzwecke, Transformator *m* für Sonderbetrieb
**special unit** / Sondereinheit *f* (gebräuchliche Einheit außerhalb der Einheiten des SI-Systems)
**special-use airspace** (military areas, prohibited areas, and restricted areas) (Aero, Mil) / Sperrgebiet *n* (im Allgemeinen)

**special waste** (Ecol) / Sondermüll *m* (Abfallstoffe, die nicht zusammen mit normalem Hausmüll und Gewerbeabfall schadlos beseitigt werden können und deshalb von der kommunalen Müllabfuhr ausgeschlossen werden, z.B. Altöl), Sonderabfall *m* (besonders überwachungsbedürftiger) || ~ **waste** (Ecol) s. also hazardous waste || ~ **wire** (Met) / Sonderdraht *m*, Spezialdraht *m*
**speciation*** *n* (Biol) / Artbildung *f*, Speziation *f*, Speciation *f* (Artbildung) || ~ (Chem) / Speciation *f* (Ermittlung des Bindungszustandes der nachgewiesenen Elemente bei der Spurenanalyse), Speziation *f*
**species*** *n* (pl. species) (Biol, Bot) / Art *f*, Spezies *f*, Species *f* || **of the same ~** (Biol) / artgleich *adj*
**species/area curve*** (Ecol) / Artenarealkurve *f*
**species diversity** (Biol, Ecol) / Artendiversität *f* (Artenmannigfaltigkeit eines Lebensraumes im Verhältnis zu den Individuenzahlen), Diversität *f* (von Arten), Artenvielfalt *f*, Artenreichtum *m*, Biodiversität *f* (Vielfalt der Arten in einem bestimmten Ökosystem) || ~ **of wood** (Bot, For) / Holzart *f*
**specific*** *adj* / spezifisch *adj* (DIN 5485 und 5490) || ~* (Biol) / Spezies-, arteigen *adj* || ~ (Eng) / bezogen *adj* (Übermaß, Spiel, Außermittigkeit, Abnahme) || ~ **acoustic impedance** (Acous) / Feldimpedanz *f* (spezifische Schallimpedanz - DIN 1320) || ~ **activity** (Biochem) / katalytische Aktivität (von Enzymen) || ~ **activity** (Radiol) / spezifische Aktivität || ~ (Comp) / echte Adresse, absolute Adresse, Maschinenadresse *f*
**specification*** *n* / Patentbeschreibung *f* || ~ (Eng) / Güteanforderung *f*, Anforderung *f* || ~* (book) / Lastenheft *n*, Pflichtenheft *n*, Spezifikation *f* || ~ **laid open to inspection** (A-publication) / Offenlegungsschrift *f* (im Patentwesen) || ~ **laid open to opposition** (B-publication) / Auslegeschrift *f* (im Patentwesen) || ~ **language** (Comp) / Spezifikationssprache (mit der ein System spezifiziert wird)
**specifications** *pl* / technische Daten || ~ / Kenndaten *n pl* (z.B. sicherheitstechnische) || ~ (Eng) / technische Lieferbedingungen || ~ (Eng) / Leistungsdaten *pl*
**specific burnup** (Nuc Eng) / spezifischer Abbrand || ~ **charge** (Phys) / Ladung-Masse-Verhältnis *n*, spezifische Ladung || ~ **code** (Comp) / absoluter Kode (Maschinenkode) || ~ **conductivity** (Elec) / spezifische elektrische Leitfähigkeit || ~ **consumption** / spezifischer Verbrauch || ~ **costs** / Einzelkosten *pl* || ~ **damping** (Telecomm) / spezifische Dämpfung, Dämpfungskoeffizient *m*, Dämpfungsbelag *m* || ~ **discharge** (Hyd Eng) / Abflussspende *f* (spezifisch), spezifischer Abfluss (je Flächeneinheit) || ~ **electric loading*** (Elec) / Strombelag *m* (elektrischer - eine Größe nach DIN 1301, T 2 und DIN 1324, T 1) || ~ **energy** (Hyd Eng) / spezifische Energie (aus mittlerer Tiefe und mittlerer Fließgeschwindigkeit eines Flusses ermittelt) || ~ **energy** (Phys) / spezifische Energie, spezifische Arbeit (in J/kg) || ~ **enthalpy** (Phys) / spezifische Enthalpie (DIN 1301, T 2) || ~ **entropy** (Phys) / spezifische Entropie (DIN 1301, T 2) || ~ **epithet** (Biol) / spezifisches Epitheton (bei den Namen auf der Art-Rangstufe) || ~ **fuel consumption*** (I C Engs) / spezifischer Kraftstoffverbrauch (dem Verbrennungsmotor zugeführte Kraftstoffmasse je Einheit der Leistung und der Zeit) || ~ **gas constant** (Phys) / spezifische Gaskonstante, spezielle Gaskonstante, individuelle Gaskonstante || ~ **gravity*** (Phys) / relative Dichte (wenn der Zustand des Bezugsstoffes der gleiche ist wie der des Versuchsstoffes - DIN 1306), Dichteverhältnis *n*, RD (relative Dichte) || ~ **gravity bottle*** (Chem) / Wägefläschchen *n* || ~ **heat capacity*** (Phys) / Artwärme *f*, spezifische Wärmekapazität (DIN 1301, T 2 und DIN 1345) || ~ **humidity** (Meteor) / spezifische Feuchtigkeit (Wasserdampfmenge in g, die in einem kg feuchter Luft enthalten ist) || ~ **impulse*** (Aero, Space) / spezifischer Schub, spezifischer Impuls (einer Antriebsanlage, bezogen auf Luftdurchsatz, Brennstoffdurchsatz, Konstruktionsmasse oder Stirnfläche) || ~ **ionization** (Phys) / Ionisationsstärke *f*, spezifische Ionisation
**specificity** *n* / Spezifizität *f*
**specific latent heat*** (Chem, Phys) / spezifische Umwandlungswärme || ~ **latent heat of sublimation** (Phys) / Sublimationsenthalpie *f* || ~ **loading** (per unit length) (Elec) / Strombelag *m* (elektrischer - eine Größe nach DIN 1301, T 2 und DIN 1324, T 1) || ~ **name*** (Biol) / Artbezeichnung *f*, Artname *m* || ~ **organic load** (Chem Eng) / spezifische organische Belastung (bei Ionenaustauschern) || ~ **permeability*** (Mag) / relative Permeabilität, Permeabilitätszahl *f* (DIN 1324, T 2) || ~ **power** (US)* (Nuc Eng) / Brennstoffleistung *f*, spezifische Wärmeleistung (des Brennstoffes) || ~ **pressure** (Eng) / Flächenpressung *f* (z.B. in kN/cm²) || ~ **quantity** (Phys) / massenbezogene Größe (DIN 1345), spezifische Größe (DIN 1345) || ~ **rate** (Chem) / spezifische Rate (charakteristische kinetische Größe in der Reaktionskinetik) || ~ **reaction** (Chem) / spezifische Reaktion (eine Nachweisreaktion, die unter Einhaltung bestimmter Versuchsbedingungen für einen Stoff kennzeichnend ist) || ~ **refraction*** (Chem) / spezifische Refraktion || ~ **resistance*** (Elec) / Resistivität *f* (DIN 1324, T 2), spezifischer elektrischer Widerstand (DIN 1324, T 2), Eigenwiderstand *m* || ~ **retention** (Civ Eng, Hyd Eng) / Wasserrückhaltevermögen *n* (des Bodens), Wasserhaltewert *m* || ~ **rotation*** (Chem, Phys) / spezifische Drehung, spezifisches Drehungsvermögen || ~ **speed** (Eng) / spezifische Drehzahl || ~ **surface*** (Powder Met) / spezifische Oberfläche || ~ **surface area** (Chem) / spezifische Oberfläche (einer dispersen Phase nach DIN 66160) || ~ **susceptibility** (Geol, Mag) / spezifische Suszeptibilität || ~ **thrust** (Aero, Space) / spezifischer Schub, spezifischer Impuls (einer Antriebsanlage, bezogen auf Luftdurchsatz, Brennstoffdurchsatz, Konstruktionsmasse oder Stirnfläche) || ~ **torque coefficient*** (Elec Eng) / Ausnutzungsziffer *f*, Esson-Ziffer *f* || ~ **viscosity** (Phys) / relatives Viskositätsinkrement || ~ **volume*** (Phys) / spezifisches Volumen (DIN 1306) || ~ **weight** (Aero, I C Engs) / Leistungsmasse *f*, Leistungsgewicht *n* (des Motors - in kg/kW) || ~ **weight** (Phys) / Wichte *f* (Quotient aus der Gewichtskraft und dem Volumen einer Stoffportion - DIN 1306) || ~ **yield** (Hyd Eng) / spezifische Ergiebigkeit (Verhältnis von Wasseraufnahme und -abgabe des Bodens)
**specified minimum yield strength** (Materials) / Mindeststreckgrenze *f* (der vom Hersteller eines Produktes oder Werkstoffes gewährleistete und meistens mittels zerstörender Prüfung stichprobenweise nachgewiesene Mindestwert der Streckgrenze)
**specified-time relay** (Elec Eng) / Relais *n* mit festgelegtem Zeitverhalten
**specify** *v* / vorschreiben *v*, angeben *v* (genau) || ~ / detailliert angeben, spezifizieren *v* || ~ / präzisieren *v*
**specimen** *n* / Warenprobe *f*, Sample *n* (Warenprobe) (pl. -s) || ~ (Materials) / Probe *f*, Probestück *n*, Probekörper *m*, Versuchskörper *m*, Prüfkörper *m*, Prüfling *m* || ~ (Phys) / Objekt *n*, Präparat *n* || ~ (Micros) / Probe *f* || ~ **chamber** (Micros) / Objektkammer *f* (des Elektronenmikroskops) || ~ **holder** (Materials) / Probenhalter *m* || ~ **holder** (Micros) / Objekthalter *m*
**specimen-insertion airlock** (Micros) / Objektschleuse *f* (im Elektronenmikroskop)
**specimen page** (Print) / Musterseite *f* || ~ **plane** (Micros) / Objektebene *f* || ~ **shape** (Materials) / Probenform *f* (DIN 50 125) || ~ **slide** (Micros) / Objektglas *n*, Objektträger *m* || ~ **stage** (Micros) / Mikroskoptisch *m*, Objekttisch *m*
**speck** *v* (Textiles) / sprenkeln *v* (mit Sprenkeln versehen), flecken *v*, tüpfeln *v* || ~ *n* (a small particle of a substance) / Unreinheit *f*, Körnchen *n* (Unreinheit) || ~ (Nut) / Faulstelle *f* (bei Obst) || ~ (Textiles) / Stippe *f* (lokal fixiertes einzelnes Farbstoffkörnchen und/oder Farbstoffagglomeration)
**speck-dyeing** *n* (Textiles) / Noppenfärben *n*
**speck-free dyeing** (Textiles) / stippenfreie Färbung (Kennzeichnung einer Unifärbung)
**specking** *n* (Textiles) / Verfleckung *f*, Fleckenbildung *f*
**speckle** *n* (Astron) / Speckle *n* (Fleck) || ~ (Radar) / Bildfluktuation *f* (Helligkeitsschwankung bei der Zielabbildung)
**speckled** *adj* / gefleckt *adj*, gesprenkelt *adj*, getüpfelt *adj*, besprenkelt *adj* || ~ (Nut) / stippig *adj* (Kernobst) || ~ **alder** (For) / Runzelblättrige Erle (Alnus rugosa (Du Roi) Spreng.)
**speckle holography** (Astron) / Speckle-Holografie *f* || ~ **interferometry*** (Astron, Optics) / Speckle-Interferometrie *f* (Verfahren zur Unterdrückung der durch die Luftunruhe bewirkten Bildverschlechterung), Fleckeninterferometrie *f* || ~ **noise** (Radar) / Bildfluktuation *f* (Helligkeitsschwankung bei der Zielabbildung) || ~ **noise** (Telecomm) / Modenrauschen *n* (Störeffekt in Multimodefasern) || ~ **pattern** (Astron) / Speckle-Muster *n*, Speckle-Pattern *n*, Speckle-Bild *n* || ~ **pattern** (Optics) / Fleckenbild *n*, Fleckenmuster *n* || ~ **photography** (Astron) / Speckle-Fotografie *f*
**speck of dust** / Staubteilchen *n*, Staubpartikel *n*, Staubkörnchen *n*, Staubkorn *n*
**specky** *adj* (Textiles) / spricklig *adj* (Druck, Färbung), fleckig *adj* (Färbung), mit Stippen (Färbung)
**specpure*** *adj* (Chem, Spectr) / spektroskopisch rein, spektralrein *adj*
**specs** (Eng) / technische Lieferbedingungen
**SPECT** (single-photon emission computed tomography) (Radiol) / Single-Photon-Emissionscomputertomografie *f*, SPET (Single-Photon-Emissionscomputertomografie)
**spectacle crown*** (Glass, Optics) / Brillenkronglas *n* || ~ **glass** (Glass, Optics) / Brillenglas *n*
**spectacles** *pl* (Aero) / Steuerhorn *n* (Steuergriffe an einer Speiche) || ~ (Optics) / ein augenoptisches Gerät, Brille *f*
**spectacle stone** (Min) / Marienglas *n* (Spalttafel von Gips), Jungfernglas *n* || ~ **valve** (Eng) / Brillenblindflansch *m* (miteinander verbundene kreisförmige und kreisringförmige Scheiben, die je nach Durchfluss oder Sperrung mit der jeweiligen Seite zwischen die Flansche einer Rohrverbindung eingebaut wird)
**spectator ion** (an ion that remains in solution after a reaction between other ions has taken place) (Chem) / Begleit-Ion *n*

**spectators'**

**spectators' terrace** (Aero) / Besucherterrasse *f* (des Flughafens)
**spectinomycin** *n* (Pharm) / Spectinomycin *n* (internationaler Freiname für ein Antibiotikum aus den Kulturen von Streptomyces spectabilis oder Streptomyces flavopersicus)
**spectral** *adj* (Spectr) / Spektral-, spektral *adj* ‖ ~ **accumulation** (Spectr) / Spektrenakkumulation *f* ‖ ~ **affinity** (Spectr) / Spektralaffinität *f* ‖ ~ **amplitude distribution** (Acous) / Amplitudenspektrum *n* (DIN 13320) ‖ ~ **analysis** (Chem, Phys, Spectr) / Spektralanalyse *f* (chemische - ein Teilgebiet der physikalischen Analyse), spektrochemische Analyse ‖ ~ **background** (Spectr) / Spektrenuntergrund *m*, spektraler Untergrund ‖ ~ **band** (Phys, Spectr) / Spektralbande *f* ‖ ~ **bandwidth** (Spectr) / spektrale Bandbreite ‖ ~ **catalogue** (Astron) / Spektralkatalog *m* ‖ ~ **centroid** (Phys) / Wellenlängenschwerpunkt *m*, Spektralschwerpunkt *m* ‖ ~ **characteristic*** (Phys, Spectr) / Spektralcharakteristik *f*, spektrale Charakteristik (Abhängigkeit von der Wellenlänge) ‖ ~ **class** (the classification of stars based on the spectrum of the light they emit) (Astron) / Spektraltyp *m*, Spektralklasse *f* (die sich aus der Einteilung der Sterne nach den Eigenschaften ihrer Spektren ergibt) ‖ ~ **classification** (Astron) / Spektralklassifikation *f* ‖ ~ **colour*** (Light, Spectr) / Spektralfarbe *f* ‖ ~ **component** (Phys, Spectr) / Spektralkomponente *f* (der Strahlung), Spektralanteil *m* ‖ ~ **curve** (Spectr) / Spektralkurve *f* ‖ ~ **density** (Phys) / spektrale Dichte der Strahlstärke, spektrale Strahldichte (DIN 5496) ‖ ~ **density** (Spectr) / Spektraldichte *f* ‖ ~ **diffusion** (Spectr) / spektrale Diffusion ‖ ~ **dispersion** (Spectr) / spektrale Zerlegung ‖ ~ **distribution** (Optics) / spektrale Verteilung (spektrale Dichte der Strahlungsgröße als Funktion der Wellenlänge - DIN 5031, T 8) ‖ ~ **editing** (Spectr) / Editing *n* ‖ ~ **efficiency** (UMTS) (Teleph) / spektrale Effizienz ‖ ~ **energy distribution** (Phys) / spektrale Dichte der Strahlstärke, spektrale Strahldichte (DIN 5496) ‖ ~ **feature** (Acous) / spektrales Merkmal ‖ ~ **filter** (Phys) / Spektralfilter *n* ‖ ~ **function** (Stats) / Spektralfunktion *f* ‖ ~ **ghosts** (Phys) / Gittergeister *m pl* (periodische Abweichungen der einzelnen Gitterfurchen von ihrer idealen Lage im Gitterspektrografen) ‖ ~ **hardening** (Phys, Spectr) / Spektrumhärtung *f*, Härtung *f* eines Spektrums ‖ ~ **hole burning** (Spectr) / spektrales Lochbrennen (Veränderung der Boltzmann'schen Geschwindigkeitsverteilung in einem Gas durch Absorption von monochromatischer Strahlung) ‖ ~ **index** (an exponential factor relating the flux density of a radio source to its frequency) (Radio) / spektraler Index ‖ ~ **interference** (Spectr) / spektrale Störung ‖ ~ **line*** (Phys, Spectr) / Spektrallinie *f* (DIN 5031, T 8) ‖ ~ **locus** (Optics) / Farbort *m*, Farbpunkt *m* (geometrischer Ort einer Farbvalenz, z.B. in der CIE-Normfarbtafel) ‖ ~ **luminous efficiency** (Optics) / spektraler Empfindlichkeitsgrad (des Auges) ‖ ~ **order** (Spectr) / Spektralordnung *f*, spektrale Ordnung ‖ ~ **pitch** (Acous) / Spektraltonhöhe *f* (DIN 1320) ‖ ~ **point** (Maths) / Spektralpunkt *m*, Punkt *m* des Spektrums ‖ ~ **power density** (Phys) / spektrale Leistungsdichtefunktion ‖ ~ **radiance** (Chem, Optics) / spektrale spezifische Lichtausstrahlung ‖ ~ **radiant excitance** (Spectr) / spektrale Strahldichte (spektrale Dichte der Strahlen) ‖ ~ **radius** (Maths) / Spektralradius *m* ‖ ~ **range** (Spectr) / Spektralgebiet *n*, Spektralbereich *m* ‖ ~ **region** (Spectr) / Spektralgebiet *n*, Spektralbereich *m* ‖ ~ **resolution** (Spectr) / spektrale Auflösung ‖ ~ **resolving power** (Spectr) / spektrales Auflösungsvermögen ‖ ~ **response** (the response of a device or material to monochromatic light as a function of a wavelength) (Optics, Spectr) / Spektralempfindlichkeit *f*, spektrale Empfindlichkeit ‖ ~ **sensitivity*** (Optics, Photo, Spectr) / Spektralempfindlichkeit *f*, spektrale Empfindlichkeit ‖ ~ **sensitivity curve** (Optics) / spektrale Empfindlichkeitskurve, Kurve *f* der spektralen Augenempfindlichkeit, spektrale Augenempfindlichkeitskurve ‖ ~ **sensitization** (Optics, Photog, Spectr) / Erhöhung *f* der spektralen Empfindlichkeit ‖ ~ **series*** (Phys, Spectr) / Spektralserie *f* ‖ ~**-shift-controlled reactor*** (Nuc Eng) / Reaktor *m* mit Spektralsteuerung, Spektraldriftreaktor *m* (in dem zur Steuerung oder zu anderen Zwecken das Neutronenspektrum über die Eigenschaften und Menge des Moderators verändert wird) ‖ ~ **slit width** (Optics) / spektrale Spaltbreite ‖ ~ **softening** (Phys, Spectr) / Spektrumerweichung *f*, Erweichung *f* eines Spektrums ‖ ~ **term** (Spectr) / Spektralterm *m*, Term *m* ‖ ~ **topology** (Maths) / Zariski-Topologie *f* (nach O. Zariski, 1899-1986), Spektraltopologie *f* ‖ ~ **transmission*** (Optics, Photog) / spektrale Transmission ‖ ~ **transmission factor** (Optics, Photog) / spektraler Durchlässigkeitsfaktor ‖ ~ **transmittance** (Optics, Photog) / spektraler Transmissionsgrad ‖ ~ **type*** (Astron) / Spektraltyp *m*, Spektralklasse *f* (die sich aus der Einteilung der Sterne nach den Eigenschaften ihrer Spektren ergibt) ‖ ~ **window** (Telecomm) / Rasterfenster *n*
**spectrator** *n* (Phys, Spectr) / Spektrator *m* (eine Analogrechenmaschine zur Spektrenauswertung)
**spectre of the Brocken*** (Meteor) / Brockengespenst *n* (Glorie)

**spectroanalysis** *n* (Chem, Phys, Spectr) / Spektralanalyse *f* (chemische - ein Teilgebiet der physikalischen Analyse), spektrochemische Analyse
**spectroanalytical** *adj* (Chem, Spectr) / spektralanalytisch *adj*
**spectro-angular cross section** (Nuc) / doppeltdifferentieller Wirkungsquerschnitt, raumwinkel- und energiebezogener Wirkungsquerschnitt (ein Streuquerschnitt)
**spectrobolometer** *n* (Astron) / Spektrobolometer *n*
**spectrochemical** *adj* (Chem) / spektrochemisch *adj* ‖ ~ **analysis** (Chem, Phys, Spectr) / Spektralanalyse *f* (chemische - ein Teilgebiet der physikalischen Analyse), spektrochemische Analyse ‖ ~ **series** (Chem) / spektrochemische Reihe (in der Ligandenfeldtheorie), Tsuchida-Reihe *f*
**spectrochemistry** *n* (Chem) / Spektrochemie *f*
**spectrodensitometer** *n* (Spectr) / Chromatogramm-Spektralfotometer *n*, DC-Scanner *m*
**spectrofluorimeter** *n* (Chem) / Spektrofluorimeter *n*, Fluoreszenzspektrometer *n*
**spectrofluorimetry** *n* (Chem) / Spektrofluorimetrie *f* (analytische Anwendung der Fluoreszenzspektroskopie)
**spectrofluorometer** *n* (an instrument for determining chemical concentration by fluorometric analysis using two monochromators: one to analyze the wavelength of strongest emission, and the other to select the wavelength of best excitation in the sample) (Chem) / Spektrofluorimeter *n*, Fluoreszenzspektrometer *n*
**spectrofluorometry** *n* (Chem) / Spektrofluorimetrie *f* (analytische Anwendung der Fluoreszenzspektroskopie)
**spectrogram** *n* (Chem, Materials, Phys, Spectr) / Spektrogramm *n* (ein aufgezeichnetes Spektrum)
**spectrograph*** *n* (Chem, Materials, Phys, Spectr) / Spektrograf *m* (Instrument zur Aufnahme und Auswertung von Emissions- und Absorptionsspektren)
**spectrographic** *adj* (Chem, Materials, Phys, Spectr) / spektrografisch *adj* ‖ ~ **analysis** (Chem, Phys, Spectr) / Spektralanalyse *f* (chemische - ein Teilgebiet der physikalischen Analyse), spektrochemische Analyse
**spectroheliogram*** *n* (Astron) / Spektroheliogramm *n* (die Aufnahme der Sonne im Licht einer einzigen Spektrallinie)
**spectroheliograph*** *n* (Astron, Optics) / Spektroheliograf *m* (Gerät zur Aufnahme von monochromatischen Sonnenbildern)
**spectrohelioscope*** *n* (Astron) / Spektrohelioskop *n* (zur unmittelbaren visuellen Beobachtung der Sonne in einem engen Spektralbereich)
**spectrometer** *v* (Spectr) / spektrometrieren *v* ‖ ~* *n* (Phys, Spectr) / Spektrometer *n* (Typ eines Spektralapparats)
**spectrometric** *adj* (Spectr) / spektrometrisch *adj* ‖ ~ **oil analysis** (Spectr) / spektrometrische Ölanalyse
**spectrometry** *n* (Phys, Spectr) / Spektrometrie *f* (quantitative Messung)
**spectrophotometer*** *n* (Phys) / Spektralfotometer *n* (eine Kombination aus Spektralapparat und Fotometer), Spektrofotometer *n*
**spectrophotometric** *adj* (Phys) / spektralfotometrisch *adj*, spektrofotometrisch *adj* ‖ ~ **detector** (Light) / fotometrischer Detektor ‖ ~ **titration** (Chem) / spektralfotometrische Titration, spektrofotometrische Titration
**spectrophotometry** *n* (Phys) / Spektralfotometrie *f*, Spektrofotometrie *f*
**spectropolarimeter** *n* (Chem) / Spektralpolarimeter *n*
**spectroradiometer*** *n* (Phys) / Spektralradiometer *n*, Spektroradiometer *n*
**spectroradiometric** *adj* (Phys) / spektralradiometrisch *adj*, spektroradiometrisch *adj*
**spectroscope*** *n* (Optics, Phys, Spectr) / Spektralapparat *m* (zur spektralen Zerlegung eines Strahls), Spektralgerät *n* ‖ ~* (Phys, Spectr) / Spektroskop *n* (in dem das Spektrum visuell beobachtet wird)
**spectroscopic** *adj* (Phys, Spectr) / spektroskopisch *adj*
**spectroscopically pure*** (Chem, Spectr) / spektroskopisch rein, spektralrein *adj*
**spectroscopic analysis** (Chem, Phys, Spectr) / Spektralanalyse *f* (chemische - ein Teilgebiet der physikalischen Analyse), spektrochemische Analyse ‖ ~ **binary*** (Astron) / spektroskopischer Doppelstern ‖ ~ **carbon** (Spectr) / Spektralkohle *f* ‖ ~ **displacement law** (Spectr) / spektroskopischer Verschiebungssatz
**spectroscopic-grade** *attr* (Chem, Spectr) / spektroskopisch rein, spektralrein *adj*
**spectroscopic lamp** (Phys, Spectr) / Spektrallampe *f* (eine Entladungslampe zur Erzeugung des Linienspektrums) ‖ ~ **parallax*** (Astron) / spektroskopische Parallaxe ‖ ~ **splitting factor** (Phys, Spectr) / g-Faktor *m* (atomarer), gyromagnetischer Faktor, Aufspaltungsfaktor *m*, Landé-Faktor *m* (nach A. Landé, 1888-1975)
**spectroscopist** *n* (Spectr) / Spektroskopiker *m*
**spectroscopy*** *n* (Phys, Spectr) / Spektroskopie *f* ‖ **2D NMR** ~ (Spectr) / zweidimensionale NMR-Spektroskopie, 2D NMR-Spektroskopie *f*
**spectrozonal film** (Photog) / Spektrozonalfilm *m* (mit unterschiedlich farbempfindlichen Spektralzonen)

**spectrum** *n* (pl. spectra or -s) (Acous) / Spektrum *n* (pl. Spektren oder Spektra) (DIN 13 320) ‖ ~ (pl. spectra or -s) (Maths) / Spektrum *n* (pl. Spektren oder Spektra) (die Menge aller singulären Elemente) ‖ ~* (pl. spectra or -s) (Maths, Phys, Spectr) / Spektrum *n* (pl. Spektren oder Spektra) (eine Folge von Intensitäts- oder Häufigkeitswerten einer Größe in Abhängigkeit von einer anderen Größe nach DIN 5031, T 8)
**spectrum accumulation** (Spectr) / Spektrenakkumulation *f* ‖ ~ **analyser*** (Chem, Electronics, Spectr) / Spektrumanalysator *m*, Frequenzspektrometer *n* (ein elektronisches Messgerät), Gerät *n* zur Spektralanalyse ‖ ~ **analysis** (Chem, Phys, Spectr) / Spektralanalyse *f* (chemische - ein Teilgebiet der physikalischen Analyse), spektrochemische Analyse ‖ ~ **analyzer** (US) (Chem, Electronics, Spectr) / Spektrumanalysator *m*, Frequenzspektrometer *n* (ein elektronisches Messgerät), Gerät *n* zur Spektralanalyse ‖ ~ **colour*** (Light, Spectr) / Spektralfarbe *f* ‖ ~ **component** (Phys, Spectr) / Spektralkomponente *f* (der Strahlung), Spektralanteil *m* ‖ ~ **density** (Spectr) / Spektraldichte *f* ‖ ~ **line*** (Spectr) / Spektrallinie *f* (DIN 5031, T 8) ‖ ~ **locus*** (Light, Optics) / Farbort *m*, Farbpunkt *m* (geometrischer Ort einer Farbvalenz, z.B. in der CIE-Normfarbtafel) ‖ ~**-luminosity diagram*** (Astron) / Farben-Helligkeits-Diagramm *n*, FHD (ein stellares Zustandsdiagramm) ‖ ~ **matrix** (Maths) / Spektralmatrix *f* ‖ ~ **occupancy** (Spectr) / Belegung *f* des Spektrums ‖ ~ **of activity** (Chem, Pharm) / Wirkungsbreite *f* (eines Medikaments, eines Pestizids) ‖ ~ **oscillator** (Telecomm) / Rasteroszillator *m* ‖ ~ **simulation** (Spectr) / Spektrensimulation *f* ‖ ~ **source lamp** (Phys, Spectr) / Spektrallampe *f* (eine Entladungslampe zur Erzeugung des Linienspektrums) ‖ ~ **subtraction** (Spectr) / Spektrensubtraktion *f* ‖ ~ **unfolding** (Spectr) / Spektrenentfaltung *f* ‖ ~ **variables** (Astron) / Alpha-Canum-Venaticorum-Sterne *m*, Spektrumveränderliche *m pl*, Spektrumvariable *m pl*
**specular** *adj* / spiegelglänzend *adj* ‖ ~ (Light, Min, Optics) / spiegelnd *adj* ‖ ~ **density*** (Photog) / die durch Remissionsmessung ermittelte Dichte (im gerichteten Licht) ‖ ~ **direction** (Optics) / spiegelnde Richtung *f* ‖ ~ **gloss** (Optics) / Spiegelglanz *m* ‖ ~ **haematite** (Min) / Eisenglanz *m*, Spekularit *m*, Specularit *m* ‖ ~ **iron*** (Min) / Eisenglanz *m*, Spekularit *m*, Specularit *m* ‖ ~ **iron*** (Min) s. also haematite ‖ ~ **iron ore** (Min) / Eisenglanz *m*, Spekularit *m*, Specularit *m*
**specularite** *n* (Min) / Eisenglanz *m*, Spekularit *m*, Specularit *m*
**specular pig iron** (Met) / Spiegeleisen *n* (ein weißes Sonderroheisen mit hohem Mangangehalt und glänzendem Bruch) ‖ ~ **point** (Radar) / Glanzpunkt *m* (verursacht durch Eckenreflektoren oder Spiegelreflektoren auf der Oberfläche eines Flächenziels innerhalb der Auflösungszelle) ‖ ~ **reflectance*** (Optics) / Remission *f* (Lichttechnik und Farbmetrik) ‖ ~ **reflection*** (Light, Phys) / regelmäßige Reflexion, spiegelnde Reflexion, reguläre Reflexion (an spiegelnden Oberflächen), gerichtete Reflexion (bei sehr ebenen Grenzflächen) ‖ ~ **reflector** (Optics) / spiegelnder Reflektor ‖ ~ **surface** (Optics) / spiegelnde Fläche
**speculum*** *n* (Met) / Spiegelmetall *n* (eine CuSn-Legierung), Kupfer-Zinn-Legierung *f* (im Verhältnis 2:1) ‖ ~ **alloy** (Met) / Spiegelmetall *n* (eine CuSn-Legierung), Kupfer-Zinn-Legierung *f* (im Verhältnis 2:1) ‖ ~**-metal** (Met) / Spiegelmetall *n* (eine CuSn-Legierung), Kupfer-Zinn-Legierung *f* (im Verhältnis 2:1)
**speech** *n* (Acous) / Sprechen *n*, Reden *n*, Rede *f*, Sprechsprache *f*, Sprache *f* (gesprochene)
**speech-accompanying facsimile** (Teleg) / sprachbegleitendes Fax
**speech act** / Sprechakt *m*, Redeakt *m*, Sprechhandlung *f* ‖ ~ **band** (for the transmission of speech) (Radio, Teleph) / Sprechfrequenzband *n* (Frequenzband zwischen 300 und etwa 3500 Hz), Sprachfrequenzband *n*, Sprachband *n* ‖ ~ **bus** (Comp) / sprachgesteuerter Highway ‖ ~ **channel** (Teleph) / trägerfrequenter Sprechweg, Sprachkanal *m*, Sprechkanal *m* ‖ ~ **circuit** (Teleph) / Sprechstromkreis *m*, Sprechkreis *m* ‖ ~ **clipping*** (Acous, Telecomm) / Sprachbeschneidung *f* ‖ ~ **coil** (GB) (Acous) / Schwingspule *f* (des Lautsprechers), Tauchspule *f* (des Lautsprechers, des Mikrofons) ‖ ~ **communication** (Telecomm) / Sprechverbindung *f* ‖ ~ **communication** (Teleph) / Sprachkommunikation *f*, Sprechverkehr *m*, Sprechbetrieb *m* ‖ ~ **current** (Telecomm) / Sprechstrom *m* ‖ ~ **current** (Teleph) / Sprechstrom *m* ‖ ~ **enrolment** (Comp) / Spracheintragung *f* (meistens zur gesprochenen Eingabe von Krankheitsberichten nach dem Kurzweil-System) ‖ ~ **filing** (Comp) / Sprachspeicherung *f*
**speech-filing system** (Comp) / Sprachspeichersystem *n*
**speech frequency*** (Radio, Telecomm) / Sprechfrequenz *f*, Sprachfrequenz *f* (zwischen 300 und 3500 Hz)
**speech-frequency band** (Radio, Teleph) / Sprechfrequenzband *n* (Frequenzband zwischen 300 und etwa 3500 Hz), Sprachfrequenzband *n*, Sprachband *n*

**speech generator** (Comp) / Sprachgenerator *m* ‖ ~ **highway** (Comp) / sprachgesteuerter Highway ‖ ~ **input** (Comp) / Spracheingabe *f*, akustische Dateneingabe, Eingabe *f* gesprochener Sprache ‖ ~ **intelligibility** (Comp, Teleph) / Sprachverständlichkeit *f* ‖ ~ **interference level** (Telecomm) / Sprachstörpegel *m* (Mittelwert der Oktavschalldruckpegel im mittleren Hörfrequenzbereich) ‖ ~ **inversion** (Telecomm) / Umkehrung *f* des Sprechfrequenzbandes (ein Verschlüsselungsverfahren) ‖ ~ **inverter** (Telecomm) / Sprachinverter *m* ‖ ~ **level** (Acous) / Sprachpegel *m*
**speech-modulated** *adj* (Telecomm) / sprachmoduliert *adj*
**speech multiplexer** (Telecomm) / Sprachmultiplexer *m*, SPMX (Sprachmultiplexer) ‖ ~**/noise ratio** (Acous, Radio) / Störabstand *m* (Pegelunterschied zwischen dem Nutzpegel und einem Störpegel in dB), Rauschabstand *m* (Störabstand in dB zwischen dem Nutzpegel und dem Rauschpegel eines Empfängers oder einer Anlage), Signal-Geräuschabstand *m*, Signal-Rausch-Verhältnis *n*, SNR (Maß zur Charakterisierung des durch Rauschen erzeugten Störpegels), Nutz-zu-Störleistung-Verhältnis *n* (das Verhältnis der Leistung eines Signals zur Störleistung im Funkkanal) ‖ ~ **output** (Comp) / Sprachausgabe *f* ‖ ~ **path** (Telecomm) / Sprechweg *m* (Übertragungsstrecke) ‖ ~ **path** (Telecomm) s. also speaking circuit ‖ ~ **path switching** (Telecomm) / Sprechwegdurchschaltung *f*
**speech-plus-duplex telegraphy** (Teleg) / Einlagerungstelegrafie *f*, ET
**speech power** (Acous) / Sprechleistung *f* ‖ ~ **processing** (Comp) / Sprechdatenverarbeitung *f* ‖ ~ **processing** (Comp) / Verarbeitung *f* gesprochener Sprache, Sprachsignalverarbeitung *f*, Sprechsignalverarbeitung *f* ‖ ~ **protection** (Telecomm) / Sprachschutz *m* ‖ ~ **quality** (Comp) / Sprachqualität *f*, Sprachgüte *f* ‖ ~ **quality measurement** (Telecomm) / Sprachgütemessung *f* (Messung der Sprachübertragungsgüte) ‖ ~ **recognition*** (AI, Comp) / Spracherkennung *f* (automatische) ‖ ~ **recording** (Acous) / Sprachaufzeichnung *f* ‖ ~ **sample** (Comp, Telecomm) / Sprachmuster *n* ‖ ~ **scrambler** (Telecomm) / Verwürfler *m* (zur Sprachverschleierung), Scrambler *m* (Schaltung oder Gerät zur Verhinderung des unbefugten Zugriffs auf Information, die durch Signale übertragen wird) ‖ ~ **scrambling** (Telecomm) / Sprachverschleierung *f* ‖ ~ **signal** (Teleph) / Sprachsignal *n*, Signal *n* gesprochener Sprache ‖ ~**-sounds** *pl* (Acous) / Laute *m pl* (akustisch wahrnehmbare Spracherscheinungen) ‖ ~ **storage** (Comp) / Speicherung *f* der Sprache ‖ ~ **synthesis** (Comp) / Sprachsynthese *f* (Generierung von kontinuierlichen akustischen Sprachäußerungen aus Textdaten) ‖ ~ **synthesizer*** (Comp) / Sprachsynthesizer *m*, Sprachsynthetisator *m* ‖ ~ **transmission** (Telecomm) / Sprachübertragung *f* ‖ ~ **understanding** (Comp) / Sprachverstehen *n*, Verstehen *n* gesprochener Sprache (von Äußerungen) ‖ ~ **wires** (Teleph) / Sprechadern *f pl*
**speed !** (Cinema) / Kamera läuft ! (das Kommando beim Beginn einer Aufnahme), Kamera ab! ‖ ~ *n* (Autos) / Gang *m* (erster, zweiter usw.), Geschwindigkeit *f* (Gang) ‖ ~* (Eng) / Drehzahl *f* (Geschwindigkeit) ‖ ~ (Med, Pharm) / Speed *n* (stimulierende, erregende, aufputschende Droge) ‖ ~* (Optics, Photog) / Öffnungsverhältnis *n* (Verhältnis des Durchmessers der Eintrittspupille zur Brennweite des Systems; Kehrwert der Blendenzahl), relative Öffnung, Öffnungszahl *f* ‖ ~* (Optics, Photog) / Lichtstärke *f* (größtes Öffnungsverhältnis eines Kameraobjektivs) ‖ ~ (Photog) / Lichtempfindlichkeit *f* (der Fotomaterialien), Empfindlichkeit *f* ‖ ~ (a scalar quantity) (Phys) / Geschwindigkeit *f* (als Skalargröße) ‖ ~ (Ships) / Fahrt *f* (Schiffsgeschwindigkeit) ‖ **as a function of** ~ (Eng) / drehzahlabhängig *adj* ‖ ~ **above the critical** (Eng) / überkritische Drehzahl
**speed-adjusting range** (Elec Eng) / Drehzahlstellbereich *m* (einer Antriebsmaschine)
**speed adjustment** (Elec Eng) / Drehzahleinstellung *f*, Drehzahlverstellung *f* (der Nenndrehzahl - gewünschte) ‖ ~ **alignment** / Drehzahlabgleich *m* ‖ ~ **below the critical** (Eng) / unterkritische Drehzahl ‖ ~ **brake** (Aero, Space) / Luftbremse *f*, Flugbremse *f*, aerodynamische Bremse, Luftwiderstandsbremse *f*, Landehilfe *f*, Bremsklappe *f*, Auftriebshilfe *f*, Starthilfe *f* ‖ ~ **calling** (Teleph) / Zielwahl *f* (ein Leistungsmerkmal) ‖ ~ **calling** (Teleph) / Kurzwahl *f* (Leistungsmerkmal bei Fernsprechern des öffentlichen Netzes) ‖ ~ **camera** / Geschwindigkeitsüberwachungskamera *f* (der Polizei) ‖ ~ **category** (Autos) / Geschwindigkeitskategorie *f* (bei Reifen) ‖ ~ **changer** (Eng) / Drehzahlverstelleinrichtung *f* ‖ ~ **cone** (Eng) / Konusscheibe *f*, Kegelscheibe (stufenlos verstellbar) ‖ ~ **control*** (Elec Eng) / Drehzahlregelung *f* (des Elektromotors), Drehzahlsteuerung *f* ‖ ~ **control adviser** (Aero) / rechnerunterstützte Anlage für die Geschwindigkeitsüberwachung (der Flugzeuge im Anflugsektor)
**speed-controllable** *adj* / drehzahlregelbar *adj*, mit Drehzahlregelung, mit Geschwindigkeitsregelung

**speed controller** (Automation) / Drehzahlregler m (im Allgemeinen) ‖ ~ **control range** (Elec Eng) / Drehzahlstellbereich m (einer Antriebsmaschine)
**speed-dependent** adj / geschwindigkeitsabhängig adj ‖ ~ (Eng) / drehzahlabhängig adj
**speed dialling** (Teleph) / Kurzwahl f (Leistungsmerkmal bei Nebenstellenanlagen) ‖ ~ **difference** (Eng) / Drehzahlunterschied m (z.B. bei zwei Wellen) ‖ ~ **droop** (Automation) / Ungleichmäßigkeitsgrad m (bei Wasserturbinen), Drehzahlabweichung f ‖ ~ **drop** (Automation, Eng) / Drehzahlabfall m
**speeder** n (Spinning) / Flyer m (DIN 64100), Vorspinnmaschine f (in der Feinspinnerei), Flügelspinnmaschine f, Fleier m
**speed error** (Ships) / Fahrtfehler m (beim Kreiselkompass) ‖ ~ **frame** (Spinning) / Flyer m (DIN 64100), Vorspinnmaschine f (in der Feinspinnerei), Flügelspinnmaschine f, Fleier m
**speed-frequency**\* n (Elec Eng) / Drehzahlfrequenz f, Umdrehungsfrequenz f (Produkt aus Drehzahl und Polpaarfrequenz)
**speed governing**\* (Elec Eng) / Geschwindigkeitsregelung f (der Antriebsmaschine), Drehzahlregelung f (der Antriebsmaschine) ‖ ~ **governor** (Automation) / Drehzahlregler m (im Allgemeinen) ‖ ~ **holding** (Elec Eng) / Drehzahlhaltung f ‖ ~-**increasing ratio** (Eng) / Übersetzung f ins Schnelle (als Verhältniszahl) ‖ ~ **indicator**\* (Eng, Phys) / Geschwindigkeitsmesser m ‖ ~ **indicator**\* (Eng, Phys) s. also tachometer ‖ ~ **limit** (Autos) / Höchstgeschwindigkeit f (zulässige), Tempolimit n, Geschwindigkeitsbegrenzung f, Geschwindigkeitsbeschränkung f ‖ ~ **limit** (Rail) / Streckenhöchstgeschwindigkeit f ‖ ~ **limiter** (Eng, I C Engs) / Drehzahlbegrenzer m ‖ ~ **nut** (Eng) / Blechschiebemutter f
**speedo** n (pl. speedos) (Autos) / Tachometer m, Tacho m, Geschwindigkeitsmesser m
**speed of advance** (Mining) / Abbaugeschwindigkeit f (Abbaufortschritt je Zeiteinheit) ‖ ~ **of dispersion** (Paint) / Dispergiergeschwindigkeit f ‖ ~ **of lift** (Eng) / Hubgeschwindigkeit f (ohne Last) ‖ ~ **of lift with load** (Eng) / Hubgeschwindigkeit f (mit Last) ‖ ~ **of light**\* (Light, Phys) / Lichtgeschwindigkeit f ‖ ~ **of light in vacuum** (Phys)\* / Vakuumlichtgeschwindigkeit f (DIN 5031, T 8), Lichtgeschwindigkeit f im Vakuum (299792458 ms⁻¹) ‖ ~ **of response** (Elec Eng) / Ansprechgeschwindigkeit f (Relais) ‖ ~ **of rotation**\* (Phys) / Umdrehungsgeschwindigkeit f ‖ ~ **of sound**\* (Acous, Aero) / Schallgeschwindigkeit f (Ausbreitungsgeschwindigkeit einer Schallwelle nach DIN 1320)
**speedometer** n (Autos) / Tachometer m, Tacho m, Geschwindigkeitsmesser m ‖ ~ (Eng) / Geschwindigkeitsanzeiger m, Geschwindigkeitsmesser m ‖ ~ **flexible cable drive** (Autos) / Tachowelle f
**speed per hour** / Stundengeschwindigkeit f
**speed-power product** (Electronics) / Produkt n aus Geschwindigkeit und Leistungsbedarf (Größe, die zum Vergleich von Digitalschaltungen herangezogen wird)
**speed ramp** (Autos, Civ Eng) / Rüttelschwelle f, "schlafender Polizist", Schwelle f (schlafender Polizist), Holperschwelle f (um die Autofahrer zu zwingen, langsam zu fahren), Temposchwelle f, Fahrbahnschwelle f ("schlafender Polizist") ‖ ~ **range** (Elec Eng, Eng) / Drehzahlbereich m ‖ ~ **range** (Eng) / Geschwindigkeitsbereich m ‖ ~ **rating** (Autos) / Geschwindigkeitskategorie f (bei Reifen) ‖ ~ **rating** (Photog) / Empfindlichkeitsangabe f (für fotografische Materialien) ‖ ~-**reducing ratio** (Eng) / Übersetzung f ins Langsame (als Verhältniszahl)
**speed-regulated steering assistance** (Autos) / geschwindigkeitsabhängige Lenkunterstützung, geschwindigkeitsabhängige Servolenkung
**speed-regulation characteristic** (Elec Eng, Eng) / Drehzahlverhalten n
**speed-related variable steering assistance** (Autos) / geschwindigkeitsabhängige Lenkunterstützung, geschwindigkeitsabhängige Servolenkung
**speed-restriction signal** (Rail) / Langsamfahrt-Signal n ‖ ~ **track** (Rail) / Langsamfahrstelle f, Langsamfahrstrecke f (die ständig oder vorübergehend nur mit verminderter Geschwindigkeit befahren werden darf)
**speed rise** (Automation) / Drehzahlanstieg m, Drehzahlerhöhung f
**speed-sensitive clutch** (Eng) / drehzahlgesteuerte Kupplung ‖ ~ **wiper system** (Autos) / geschwindigkeitsabhängige Anpressdruckregelung (bei Scheibenwischern)
**speedsizer** n (Paper) / Speedsizer m (Leimpresse für hohe Geschwindigkeiten)
**speed stability** (Elec Eng) / Drehzahlkonstanz f ‖ ~ **step** (Eng) / Stufensprung m, Drehzahlsprung m (Verhältnis zweier benachbarter Drehzahlen bei geometrisch gestuften Getrieben)
**speedster** n (Autos) / Speedster m (ein Spider)
**SpeedSum** n (Comp) / AutoSum n, SpeedSum n, SmartSum n
**speed symbol** (Autos) / Geschwindigkeitskennbuchstabe m (bei Reifen)

**speed-time curve**\* (Eng) / Geschwindigkeit-Zeit-Diagramm n
**speed-torque characteristic**\* (Elec Eng) / Drehzahl-Drehmoment-Kennlinie f
**speed-transparent** adj (Comp, Telecomm) / geschwindigkeitstransparent adj (ein Übertragungssystem)
**speed trap** / Radarfalle f ‖ ~ **under full load** (Eng) / Volllastdrehzahl f (einer Turbine) ‖ ~ **under no load** (Eng) / Leerlaufdrehzahl f ‖ ~ **under transition load** / Durchgangsdrehzahl f (höchste mögliche Drehzahl im Leerlauf) ‖ ~ **up** v / beschleunigen v (z.B. eine Reaktion) ‖ ~ **up** (Eng) / Drehzahl erhöhen
**speed-up** n (Automation) / Drehzahlanstieg m, Drehzahlerhöhung f
**speed variation** (Automation) / Drehzahländerung f, Geschwindigkeitsänderung f
**speedway** n (US) (Autos) / Schnellstraße f (mit Halteverbot), Kraftfahrstraße f (autobahnähnlich ausgebaut, jedoch nicht immer kreuzungsfrei), Kraftfahrzeugstraße f (mit Halteverbot), Schnellverkehrsstraße f ‖ ~ (Autos) / Speedway m, Dirt Track m
**speise**\* n (Met) / Speise f (Zwischenerzeugnis beim Verschmelzen von kobalt- und bleihaltigen Erzen)
**speiss**\* n (Met) / Speise f (Zwischenerzeugnis beim Verschmelzen von kobalt- und bleihaltigen Erzen)
**spelaeology**\* n (Geol) / Speläologie f, Höhlenkunde f, Höhlenforschung f
**speleologist** n (Geol) / Speläologe m, Höhlenforscher m
**speleology**\* n (Geol) / Speläologie f, Höhlenkunde f, Höhlenforschung f
**speleothems** pl (Geol) / karbonatische Höhlenablagerungen (auch Tropfsteine)
**spelk** n / parallelfaserige Asbestmasse
**spell** v / buchstabieren v ‖ ~ n (Meteor) / Periode f ‖ ~ (Meteor) / Einbruch m, Welle f (Kälte-, Hitze-)
**spellchecker** n (Comp) / Orthografieprogramm n, Rechtschreibkontrollprogramm n, Programm n zur Orthografieüberprüfung, Schreibfehlerprüfungsprogramm n, Spell Checker m, Rechtschreibprüfprogramm n
**spelling check** (Comp) / Orthografieüberprüfung f, Rechtschreibkontrolle f, Schreibfehlerprüfung f (automatische), Spelling Check m, Rechtschreibprüfung f ‖ ~ **checker** (Comp) / Orthografieprogramm n, Rechtschreibkontrollprogramm n, Programm n zur Orthografieüberprüfung, Schreibfehlerprüfungsprogramm n, Spell Checker m, Rechtschreibprüfprogramm n ‖ ~ **corrector** (Comp) / Orthografiekorrekturprogramm n, Korrekturprogramm n, Rechtschreibkorrekturprogramm n ‖ ~ **error** (Comp) / Rechtschreibfehler m, Schreibfehler m ‖ ~-**table** n (Telecomm) / Buchstabiertafel f (z.B. Fernsprech-Buchstabiertafel, Sprechfunk-Buchstabiertafel)
**spell out** v / buchstabieren v
**spelter**\* n (Met) / Hüttenzink n (mit etwa 97% Zn) ‖ ~ (Met, Plumb) / Hartlot n (DIN 8513), Schlaglot n (mit Silberzusatz) ‖ ~ **shakes** (Med) / Gießfieber n, Metalldampffieber n (kennzeichnende, aber harmlose Berufskrankheit), Gießerfieber n ‖ ~ **solder** (Met, Plumb) / Hartlot n (DIN 8513), Schlaglot n (mit Silberzusatz)
**spelunker** n (Geol) / Hobby-Speläologe m
**spencerite** n (Min) / Spencerit m (Zinkhydroxidorthophosphat-1,5-Wasser)
**spend** v / ausgeben v (verbrauchen) ‖ ~ / verbrauchen v (ausgeben), aufbrauchen v ‖ ~ / verbringen v (Zeit), zubringen v (Zeit) ‖ ~ (Leather, Textiles) / abarbeiten v (Flotte), auszehren v (Flotte)
**spending** n (Leather, Textiles) / Abarbeitung f (der Flotte), Auszehrung f
**spent** adj (Chem) / verbraucht adj, erschöpft adj (Lösung) ‖ ~ **acid** (Chem) / Abfallsäure f ‖ ~ **acid** (Chem Eng) / Dünnsäure f (verunreinigte Schwefelsäure, meistens aus der $TiO_2$-Herstellung) ‖ ~ **acid** (Oils) / Abfallschwefelsäure f (Schwefelsäureraffination) ‖ ~ **bath** (Photog) / erschöpftes Bad, gebrauchtes Bad, verbrauchtes Bad ‖ ~ **bath** (Textiles) / ausgezogenes Bad, ausgezehrtes Bad, erschöpfte Flotte ‖ ~ **fuel**\* (Nuc Eng) / ausgedienter Brennstoff, abgebrannter Brennstoff, abgereicherter Brennstoff ‖ ~ **fuel element** (Nuc Eng) / abgebranntes Brennelement ‖ ~ **fuel element disposal** (Nuc Eng) / Entsorgung f (nukleare) ‖ ~ **fuel element disposal centre** (Nuc Eng) / nukleares Entsorgungszentrum
**spent-fuel pit** (Nuc Eng) / Abklingbecken n, AKB (Abklingbecken), Brennelementlagerbecken n, Lagerbecken n (für abgebrannte Brennelemente) ‖ ~ **shipping cask** (Nuc Eng) / Brennelementtransportcontainer m (für verbrauchte Elemente), Brennelementtransportbehälter m (für abgebrannte Brennelemente) ‖ ~ **shipping flask** (Nuc Eng) / Brennelementtransportcontainer m (für verbrauchte Elemente), Brennelementtransportbehälter m (für abgebrannte Brennelemente)
**spent grains** (Agric, Brew) / Treber pl (Rückstände bei der Bierherstellung) ‖ ~ **hops** (Brew) / Hopfentreber pl ‖ ~ **liquor** (Paper) / Ablauge f (stark mit Wasser verdünnt) ‖ ~ **lye** (Chem) / Ablauge f

~ **mash** (Chem Eng) / Schlempe f (Rückstand einer Gärflüssigkeit von Kohlenhydraten, der nach Abdestillieren des Alkohols zurückbleibt) ‖ ~ **oil** / Gebrauchtöl n, Altöl n, Abfallöl n ‖ ~ **soap lye** (Chem) / Unterlauge f (wässrige, mit Glycerin - Seifenherstellung), Leimniederschlag m (Seifenherstellung)
**spergenite** n (Geol) / Spergenit m (Karbonatgestein mit sortierten Fossilfragmenten und mit weniger als 10% Quarz)
**sperm** n (Chem) / Walrat m n (weißer Amber aus dem Pottwal), Spermazeti n, Spermazet n, Cetaceum n ‖ ~ (Chem) / Walratöl n, Spermazetöl n, Spermöl n (das beim Abpressen von Walrat gewonnen wird) ‖ ~ (Gen) / Samenfaden m, Spermatozoon n (pl. -zoen), Spermium n (pl. -mien)
**spermaceti*** n (Chem) / Walrat m n (weißer Amber aus dem Pottwal), Spermazeti n, Spermazet n, Cetaceum n ‖ ~ **wax** (Chem) / Walrat m n (weißer Amber aus dem Pottwal), Spermazeti n, Spermazet n, Cetaceum n
**spermatocidal** adj (Med, Pharm) / spermienabtötend adj, spermizid adj
**spermatophyte** n (Bot) / Samenpflanze f, Spermatophyt m
**spermatozoon*** n (pl. -zoa) (Gen) / Samenfaden m, Spermatozoon n (pl. -zoen), Spermium n (pl. -mien)
**spermicidal** n (Med, Pharm) / spermienabtötend adj, spermizid adj
**spermidine** n (Biochem, Bot) / Spermidin n (biogenes Polyamin)
**spermine** n (Biochem, Bot) / Spermin n (biogenes Polyamin)
**sperm oil** (Chem) / Walratöl n, Spermazetöl n, Spermöl n (das beim Abpressen von Walrat gewonnen wird)
**speromagnetic** adj (Mag, Phys) / speromagnetisch adj
**sperrylite*** n (Min) / Sperrylith m (wichtiges Platinmineral in den Nickelmagnetkiesvorkommen)
**spessartine** n (Min) / Spessartin m (ein orangegelber bis braunroter Granat)
**spessartite*** n (Geol) / Spessartit m (lamprophyrisches Ganggestein, im Wesentlichen aus Plagioklas und Hornblende) ‖ ~ (Min) / Spessartin m (ein orangegelber bis braunroter Granat)
**spetches** pl (Leather) / Lederabfälle m pl zur Gewinnung des Hautleims
**SPE technology** (solid-polymer electrolyte technology) (Chem Eng) / SPE-Technologie f (Methode der Wasserstofferzeugung, bei der eine dünne Kunststoffolie sowohl die Funktion eines festen Elektrolyten als auch die der Gastrennung übernimmt)
**spew** n (Chem Eng) / Austrieb m (Gummiherstellung) ‖ ~ (Chem Eng, Met, Plastics) / Austrieb m, Pressgrat m (überstehender Werkstoffrand), Grat m ‖ ~ (Leather) / Ausschlag m ‖ ~ (Met) / Spucken n (Gasausbrüche bei erstarrenden Schmelzen)
**SPF** (simple process factor) (Nuc Eng) / elementarer Trennfaktor, Einzelprozessfaktor m
**SPFC** (solid-polymer fuel cell) / Festpolymer-Brennstoffzelle f
**SPF/DB*** (superplastic forming / diffusion bonding) (Aero) / SPFDB-Verfahren n
**sp. gr.** (specific gravity) (Phys) / relative Dichte (wenn der Zustand des Bezugsstoffes der gleiche ist wie der des Versuchsstoffes - DIN 1306), Dichteverhältnis n, RD (relative Dichte)
**SP group** (Nuc) / SP-Gruppe f, symplektische Gruppe
**Sphaerotilus natans** (Bacteriol, San Eng) / Sphaerotilus natans (eine Fadenbakterie, meistens in den Molkereiabwässern)
**sphagnicolous*** adj (Ecol) / torfmoosbewohnend adj
**sphagnum*** n (pl. sphagna) (Geog, Geol) / Torfmoos n, Sphagnum n, Sumpfmoos n
**sphagnum moss** (Geog, Geol) / Torfmoos n, Sphagnum n, Sumpfmoos n
**sphalerite*** n (Min) / Spalerit m, Zinkblende f
**sphene*** n (Min) / Titanit m, Sphen m
**sphenoid*** n (Crystal) / Sphenoid n (keilförmige Kristallform)
**spherator** n (Nuc Eng) / Spherator m
**sphere** n / Kugel f (eine allseitig geschlossene Fläche mit konstanter Krümmung) ‖ ~ **centre** (Maths) / Kugelmittelpunkt m ‖ ~ **closest packing** (Crystal) / räumlich dichteste Kugelpackung ‖ ~ **gap*** (Elec Eng) / Kugelfunkenstrecke f ‖ ~ **lamp** (Light) / Kugelleuchte f ‖ ~ **of activity** (of an enterprise) / Arbeitsgebiet n (eines Unternehmens) ‖ ~ **of curvature** (Maths) / Schmiegkugel f ‖ ~ **packing** (Crystal) / Kugelpackung f ‖ ~ **photometer** (Light) / Integralfotometer n, integrierendes Fotometer (mit Ulbrichtscher Kugel) ‖ ~ **pig** / Molchkugel f (die bei sonst nicht molchbaren Leitungen eingesetzt wird), Kugelmolch m
**spherical** adj / kugelförmig adj, sphärisch adj, Kugel-, kugelig adj (sphärisch) ‖ ~ (Optics) / achsensymmetrisch adj (Brillengläser) ‖ ~ **aberration*** (Optics) / sphärische Aberration ‖ ~ **angle** (Maths) / sphärischer Winkel, Kugelwinkel m ‖ ~ **annulus** (Maths) / Kugelring m ‖ ~ **anode** (Electronics) / kugelförmige Anode ‖ ~ **astronomy*** (Astron) / Astrometrie f, Positionsastronomie f ‖ ~ **Bessel function** (Maths) / sphärische Zylinderfunktion, Kugel-Zylinderfunktion f, Kugel-Bessel-Funktion f ‖ ~ **burr** (Eng) / Kugelfrässtift m ‖ ~ **cap** (bounded by one plane) (Maths) / Kugelkappe f, Kalotte f, Kugelhaube f, Kugelkalotte f ‖ ~ **capacitor** (Elec Eng) / Kugelkondensator m ‖ ~ **combustion chamber** (I C Engs) / kugelförmiger Brennraum, Kugelbrennraum m (bei Dieselmotoren) ‖ ~ **coordinates** (Maths, Surv) / Kugelkoordinaten f pl, sphärische Koordinaten, räumliche Polarkoordinaten ‖ ~ **curvature*** (Maths) / sphärische Krümmung ‖ ~ **curve** (Maths) / sphärische Kurve (Kurve auf einer Kugeloberfläche) ‖ ~ **end block** (gauge) (Eng) / Kugelendmaß f (ein Parallelendmaß) ‖ ~ **excess*** (Surv) / sphärischer Exzess (im Kugeldreieck) ‖ ~ **face follower** (Eng) / Kugelkopfstößel m, Kugelkopfhebel m (im Kurvengetriebe) ‖ ~ **feeder** (Foundry) / Kugelspeiser m ‖ ~ **feeder** (Glass) / Kugelspeiser m (für diskontinuierliche Formgebungsverfahren) ‖ ~ **geometry** (Maths) / Kugelgeometrie f, Geometrie f auf der Kugel, Sphärik f ‖ ~ **ground joint** (Chem, Glass) / Kugelschliffverbindung f ‖ ~ **harmonics** (Maths) / räumliche Kugelfunktionen ‖ ~ **harmonics method** (Phys) / Kugelfunktionsmethode f (bei der Multipolentwicklung) ‖ ~ **head** / Kugelkopf m ‖ ~ **indentation** (Materials) / Kugeleindruck m ‖ ~ **involute** (Maths) / Kugelevolvente f (DIN 3971) ‖ ~ **lapping machine** (Eng) / Kugelläppmaschine f ‖ ~ **layer** (zone) (Maths) / Kugelschicht f (zwischen zwei parallelen Ebenen) ‖ ~ **lens** (Optics) / sphärische Linse ‖ ~ **lune** (Maths) / Kugelzweieck n (die Kugeloberfläche des Kugelkeils), sphärisches Zweieck, Möndchen n ‖ ~ **mirror** (Optics) / sphärischer Spiegel ‖ ~ **part** (Eng) / Kugelkappe f (als konkrete Fläche eines Maschinenteils), Kugelkalotte f (als konkrete Fläche eines Maschinenteils) ‖ ~ **pendulum** (Phys) / Kugelpendel n, sphärisches Pendel ‖ ~ **plain radial bearing, joint type** (Eng) / Gleitlager n (DIN 648) ‖ ~ **plain radial bearing, joint type** (Eng) / Gelenklager n (DIN 648) ‖ ~ **polar coordinates*** (Maths, Surv) / Kugelkoordinaten f pl, sphärische Koordinaten, räumliche Polarkoordinaten ‖ ~ **polygon** (Maths) / sphärisches Polygon ‖ ~ **powder** (Powder Met) / kugeliges Pulver ‖ ~ **print-ball** / Kugelkopf m (der alten Schreibmaschine) ‖ ~ **print-head** / Kugelkopf m (der alten Schreibmaschine) ‖ ~ **projection** (Crystal) / Kugelprojektion f ‖ ~ **radiator*** (Radio) / Isotropstrahler m (eine Bezugsantenne bei der Angabe des Antennengewinns), Kugelstrahler m (der nach allen Richtungen mit gleicher Leistung abstrahlt) ‖ ~ **reflector** (Radar) / Kugelreflektor m (mit aspektunabhängigem Rückstreuquerschnitt) ‖ ~ **resonator** (Acous) / Kugelresonator m ‖ ~ **riser** (Foundry) / Kugelspeiser m ‖ ~ **roller bearing*** (Eng) / Tonnenlager n (ein Rollenlager nach DIN 635), Radialtonnenlager n, Ringtonnenlager n ‖ ~ **rotor** (Spectr) / kugelförmiges Molekül (in der Molekülspektroskopie) ‖ ~ **seat** (Eng) / kugeliger Sitz, Kugelsitz m
**spherical-seated bearing** (Eng) / kugelig gelagertes Lager, Lager n mit kugeligem Sitz
**spherical section** (Maths) / Kugelschnitt m ‖ ~ **sector** (Maths) / Kugelausschnitt m, Kugelsektor m ‖ ~ **segment** (Maths) / Kugelabschnitt m, Kugelsegment n ‖ ~ **segment of two bases** (bounded by two planes) (Maths) / Kugelschicht f (zwischen zwei parallelen Ebenen) ‖ ~ **shape** / Kugelform f ‖ ~ **shell** (Arch) / Halbschale f ‖ ~ **shell** (Maths) / Kugelschale f (zwischen den Oberflächen zweier konzentrischer Kugeln liegende Raumteil) ‖ ~ **sound source** (Acous) / Kugelschallquelle f, Schallquelle f mit Kugelcharakteristik ‖ ~ **surface** (Maths) / Kugeloberfläche f, Kugelfläche f, sphärische Fläche ‖ ~ **symmetry** (Phys) / Kugelsymmetrie f (Eigenschaft eines Systems, bei allen Drehungen um einen festen Punkt invariant zu sein) ‖ ~ **tank** / Kugeltank m, Kugelbehälter m (großer) ‖ ~ **triangle*** (Maths) / Kugeldreieck n, sphärisches Dreieck (Dreieck auf einer Kugeloberfläche) ‖ ~ **trigonometry** (Maths) / sphärische Trigonometrie (Lehre von der Berechnung sphärischer Dreiecke mit Hilfe von Winkelfunktionen) ‖ ~ **turning** (Eng) / Kugeldrehen n ‖ ~ **washer** (Eng) / Kugelscheibe f ‖ ~ **wave** (Acous) / Kugelwelle f (bei punktförmiger Schallquelle - DIN 1324, T 3), sphärische Welle ‖ ~ **weathering** (Geol) / Wollsackverwitterung f (der grobkörnigen Massengesteine), Matratzenverwitterung f ‖ ~ **wedge** (Maths) / Kugelkeil m (der von zwei Ebenen, die durch den Kugelmittelpunkt verlaufen, und den Kugeldurchmesser als Schnittgerade haben, ausgeschnitten wird) ‖ ~ **zone** (Maths) s. spherical cap and spherical segment
**sphericity** n (Geol) / Sphärizität f (Annäherung des Kornes an die Kugelgestalt) ‖ ~ (Nuc) / Kugelförmigkeit f (der Jets), Sphericity f
**spherics*** pl (Telecomm) / atmosphärisches Rauschen, atmosphärische Funkstörungen, Atmospherics pl, Sferics pl, Spherics pl
**spheric wave** (Acous) / Kugelwelle f (bei punktförmiger Schallquelle - DIN 1324, T 3), sphärische Welle
**spheriform** adj / kugelförmig adj, sphärisch adj, Kugel-, kugelig adj (sphärisch)
**spherocolloid** n (Chem) / globuläres Kolloid, Sphärokolloid n
**spheroid*** n (Maths) / Sphäroid n ‖ ~ adj / sphäroidal adj, rundlich adj (späroidisch), Kugel-, sphäroidisch adj
**spheroidal** adj / sphäroidal adj, rundlich adj (späroidisch), Kugel-, sphäroidisch adj ‖ ~ **galaxy** (Astron) / elliptische Galaxie (deren optisches Erscheinungsbild einer mehr oder weniger langgestreckten Ellipse ähnelt, im Grenzfall auch Kugelgestalt zeigt) ‖ ~ **graphite** (Met) / Globulargraphit m, Kugelgraphit m,

**spheroidal**

Sphärographit *m* ‖ ~ **graphite cast iron** (Met) / Gusseisen *n* mit Kugelgraphit (DIN 1693), Sphäroguss *m*, GGG (Gusseisen mit Kugelgraphit) ‖ ~ **jointing**\* (Geol) / kugelige Absonderungsklüftung ‖ ~ **state**\* (Phys) / sphäroidaler Zustand ‖ ~ **structure** (large rounded masses) (Geol) / sphäroidische Textur, Augentextur *f*, Kugeltextur *f* ‖ ~ **weathering** (a form of chemical weathering) (Geol) / Wollsackverwitterung *f* (der grobkörnigen Massengesteine), Matratzenverwitterung *f*
**spheroidite** *n* (Met) / kugeliger Zementit
**spheroidized carbide** (Met) / eingeformtes Karbid, koagulierter Zementit ‖ ~ **steel** (Met) / weichgeglühter Stahl
**spheroidizing**\* *n* (annealing with the aim of causing spheroidization of the precipitated carbides) (Met) / Weichglühen *n* (DIN EN 10 052), sphäroidisierendes Glühen, Weichglühung *f*, Glühen *n* auf kugeligen Zementit, GKZ-Glühen *n*, GKZ (Glühen auf kugeligen Zementit)
**spherometer**\* *n* (Instr, Optics) / Sphärometer *n* (zur Radienmessung von sphärisch gekrümmten Flächen)
**spheronizing** *n* (Powder Met) / Spheronizing-Prozess *m* (Krümelung von pulverförmigen Stoffen ohne Flüssigkeitszusatz)
**spherosiderite** *n* (Min) / Toneisenstein *m*, Sphärosiderit *m*
**spherulite**\* *n* (Geol) / Sphärolith *m* (rundliche, im Aufbau körnige, schalige oder oft radialstrahlige Gebilde)
**spherulitic** *adj* (Geol) / sphärolithisch *adj* ‖ ~ **graphite cast iron**\* (Met) / Gusseisen *n* mit Kugelgraphit (DIN 1693), Sphäroguss *m*, GGG (Gusseisen mit Kugelgraphit) ‖ ~ **texture**\* (Geol) / sphärolithische Textur
**sphinganine** *n* (Biochem, Chem) / Sphinganin *n* (langkettiger Aminoalkohol)
**sphingoid** *n* (Biochem) / Sphingoid *n*
**sphingolipid** *n* (Biochem) / Sphingolipid *n* (Acyllipid, das Sphingoid als Grundkörper enthält)
**sphingolipide** *n* (Biochem) / Sphingolipid *n* (Acyllipid, das Sphingoid als Grundkörper enthält)
**sphingomyelins**\* *pl* (Biochem) / Sphingomyeline *n pl* (Gruppe der Phosphosphingolipide)
**sphingosine**\* *n* (Biochem) / Sphingosin *n* (das verbreitetste Sphingoid in tierischem Gewebe)
**sp-hybridization** *n* (Chem) / sp-Hybridisation *f*, diagonale Hybridisation
**sphygmomanometer**\* *n* (Med) / Sphygmomanometer *n* (zur Messung des Blutdrucks)
**sphygmus**\* *n* (Med, Zool) / Puls *m*
**SPI** (single-point injection) (Autos) / Zentraleinspritzung *f* (mit zentralem Einspritzventil für alle Zylinder, z.B. Mono-Jetronic oder CFI) ‖ ~ (special-position identification) (Radar) / Positionsidentifizierung *f*
**spice** *v* (Nut) / würzen *v* ‖ ~ *n* (Nut) / Gewürz *n* (z.B. Früchte, Samen, Blüten, Rhizome usw.) ‖ ~ **extract** (Nut) / Gewürzextrakt *m n* ‖ ~ **plant** (Bot, Nut) / Gewürzpflanze *f*
**spicery** *n* (Nut) / Spezereien *pl*, Gewürzwaren *f pl*
**spices** *pl* (Nut) / Spezereien *pl*, Gewürzwaren *f pl*
**spicule** *n* (Min) / Nadel *f*
**spicules** *pl* (Astron) / Spikulen *pl* (die aus der solaren Chromosphäre herausschießen)
**spicy** *adj* (Nut) / würzig *adj* (Wein) ‖ ~ (Nut, Pharm) / pikant *adj*, gewürzt *adj* (gut), würzig *adj*
**spider**\* *n* (Acous) / Spinne *f* (Zentriermembran eines dynamischen Lautsprechers, [gewellte] scheibenförmige Zentrierung ‖ ~ (Autos) / Radkörper *m*, Radstern *m*, Stern *m* (Radkörper) ‖ ~ (Autos) / Spider *m* (ein Roadster) ‖ ~ (in a pug mill) (Ceramics) / Traverse *f* (im Kreiselbrecher) ‖ ~ (star-shaped fracture) (Ceramics, Glass) / sternförmiger Bruch, spinnennetzförmiger Riss, Spinne *f* ‖ ~\* (Cinema) / Kabelverbindungskasten *m* ‖ ~ (Cinema, Photog) / Stativspinne *f*, Bodenspinne *f* (Stativzubehör), Spinne *f* (Stativzubehör), Stativspreize *f* ‖ ~ (of the search engine) (Comp) / Crawler *m* (Suchmaschine der Suchmaschine), Spider *m* (in der Suchmaschine) ‖ ~ (Elec Eng) / Läufernabe *f* ‖ ~\* (Elec Eng) / Läuferstern *m* (der Synchronmaschine), Armstern *m*, Rotorstern *m* ‖ ~\* (Eng) / Katzenkopf *m*, Zwischenfutter *n*, Schraubenfutter *n* ‖ ~ (Eng) / Handkreuz *n*, Griffkreuz *n*, Drehkreuz *n*, Kreuzgriff *m* (DIN 6335), Griffstern *m* ‖ ~ (I C Engs) / Zapfenkreuz *n* (des Kreuzgelenks) ‖ ~ (Oils) / Keiltopf *m* (am Bohrlochkopf) ‖ ~ (Plastics) / Dornhalterblaskopf *m*, Steghalterkopf *m* ‖ ~ (grid) **bonding** (Electronics) / Spinnentechnik *f* (Anschlusstechnik bei integrierten Schaltungen) ‖ ~ **head** (Plastics) / Dornhalterblaskopf *m*, Steghalterkopf *m* ‖ ~ **man** (Build) / Stahlbaumonteur *m*, Stahlbauschlosser *m* ‖ ~ **shaft** (Elec Eng) / Stegwelle *f* (Welle mit aufgeschweißten Stegen für Läufer mit größerem Durchmesser) ‖ ~ **spanner**\* (Eng) / Kreuzschlüssel *m* (für Radmuttern), Radmutternkreuz *n*, Radkreuz *n*

**spider's web** (Glass) / Fadenkristalle *m pl* (ein Oberflächenfehler, der durch Feuchtigkeitseinwirkung entsteht), Krähenfüße *m pl*
**spider toxin** / Spinnengift *n* ‖ ~ **venom** / Spinnengift *n* ‖ ~**-web antenna** (Radar, Radio) / Fächerantenne *f*, Fächerstrahlantenne *f*, Fan-Beam-Antenne *f* ‖ ~ **wrench**\* (Eng) / Kreuzschlüssel *m* (für Radmuttern), Radmutternkreuz *n*, Radkreuz *n*
**spiegel** (Met) / Spiegeleisen *n* (ein weißes Sonderroheisen mit hohem Mangangehalt und glänzendem Bruch)
**spiegeleisen**\* *n* (Met) / Spiegeleisen *n* (ein weißes Sonderroheisen mit hohem Mangangehalt und glänzendem Bruch)
**spiegel iron** (Met) / Spiegeleisen *n* (ein weißes Sonderroheisen mit hohem Mangangehalt und glänzendem Bruch)
**spigot** *v* / verspunden *v* (Fass) ‖ ~ *n* (Brew) / Zapfen *m*, Spund *m*, Spundzapfen *m* (hölzerner Zapfen zum Verschließen des Spundlochs bei Fässern) ‖ ~\* (Electronics, Eng) / Führungszapfen *m*, Zentrierzapfen *m* (Sockelstift) ‖ ~ (Eng) / Einsteckrohr *n*, glattes Ende (des Muffenrohrs) ‖ ~ (Eng) / Einpass *m* (vorspringender Teil eines Bauelements, der in eine entsprechende Einpassöffnung in einem anderen Bauelement passt und zur Fixierung dient) ‖ ~ (of a die) (Eng) / Einspannzapfen *m* (DIN 9859) ‖ ~ (US) (Plumb) / Hahn *m* (pl. Hähne od. Hahnen) ‖ ~**-and-socket joint**\* (Civ Eng, Eng, Plumb) / Einschiebmuffenverbindung *f*, Muffenverbindung *f* (Rohrverbindung) ‖ ~ **fit** (Elec Eng, Eng) / Zentriervorrichtung *f*, Durchgangsloch *n* mit Zapfen ‖ ~ **nut** (Eng) / Überwurfmutter *f* (bei den Schraubverbindungen von Rohren)
**spike** *n* (Agric) / Zinke *f* (einer Zinkenegge) ‖ ~\* (Agric, Bot) / Ähre *f* (ein Blütenstand), Spica *f* (pl. Spicae) ‖ ~ (Autos) / Spike *m* (pl. -s) (im Autoreifen - in Deutschland verboten) ‖ ~ (Bacteriol) / Spike *m* (in der Virushülle) ‖ ~ (Elec Eng) / Zacke *f* (im Elektrokardiogramm) ‖ ~\* (Elec Eng) / Überschwingspitze *f*, Zacke *f* (beim Überschwingen) ‖ ~\* (Elec Eng) / Spannungsspitze *f* ‖ ~\* (Electronics) / Spitze *f* (ein Oberflächenfehler), Rauigkeitsspitze *f* ‖ ~ (Electronics) / Nadelimpuls *m* ‖ ~ (Electronics) / Spike *m* (impulsartige Relaxationsschwingung eines Laseroszillators) ‖ ~\* (a distortion in the form of a pulse waveform of relatively short duration, superimposed on an otherwise regular or desired pulse waveform) (Electronics) / Impulsspitze *f* ‖ ~\* (Eng) / großer Nagel (meistens über 10 cm Länge) ‖ ~ (Eng) / Schienennagel *m*, Hakennagel *m* ‖ ~ (Nuc) / Störzone *f*, Spike *m* ‖ ~ (Nuc, Nuc Eng) / Zusatz *m*, Tracer *m*, Spike *m* (markierter - in der Isotopenverdünnungsanalyse) ‖ ~ (Phys) / Spike *m* (Diskontinuität im Bändermodell) ‖ ~\* (Rail) / Schwellennagel *m* ‖ ~ (Spectr) / Spike *m* (Schreiberausschlag im IR-Spektrum) ‖ ~ (TV) / Fischchen *n* (kurze schwarze oder weiße Zeile auf dem Fersehbild - Störung beim Fernsehempfang) ‖ ~ (Typog) / Ahle *f* (für Korrekturen im Lektorat) ‖ ~ **cooling fin** (Autos) / Stachelkühlrippe *f* (geschlitzte Zylinderkühlrippe)
**spiked core** (Nuc Eng) / Saatelementcore *n*, gespickter Kern (mit örtlich angereichertem Brennstoff)
**spiked-core reactor** (Nuc Eng) / Saatelementreaktor *m*, Reaktor *m* mit Treiberzone(n)
**spiked harrow** (Agric) / Zinkenegge *f* (mit starren oder seltener gelenkigen Eggenfeldern, in die als Werkzeuge für Bodenbearbeitung Eggenzinken eingeschraubt sind)
**spike knot** (a knot cut at from 0 to 45° to the long axis of the limb) (For) / Querast *m* ‖ ~ **lavender oil** / Spiköl *n* (das etherische Öl aus dem blühenden Kraut des Großen Speiks - Lavandula latifolia Medik.), Spiklavendelöl *n* (für krautig-frische Kompositionen), Nardenöl *n*
**spikelet**\* *n* (Agric, Bot) / Ährchen *n* (ein Blütenstand), Ähre *f* (kleine)
**spike oil** / Spiköl *n* (das etherische Öl aus dem blühenden Kraut des Großen Speiks - Lavandula latifolia Medik.), Spiklavendelöl *n* (für krautig-frische Kompositionen), Nardenöl *n*
**spike-tooth harrow** (Agric) / Zinkenegge *f* (mit starren oder seltener gelenkigen Eggenfeldern, in die als Werkzeuge für Bodenbearbeitung Eggenzinken eingeschraubt sind)
**spiking** *n* / Spiking *n* (starker Anstieg eines Wertes) ‖ ~ (Electronics) / Bildung *f* einer Zacke ‖ ~ (Electronics, Phys) / Spiking *n* (Einschwingvorgänge, die zu Strukturen im Laserpuls führen) ‖ ~ (Nuc Eng) / Versetzen *n* mit einer radioaktiven Substanz (z.B. des Plutoniums)
**spiky** *adj* / dornig *adj*, bedornt *adj*, stachelig *adj*
**spile** *v* / verspunden *v* (Fass) ‖ ~ (US) (Civ Eng) / rammen *v*, pilotieren *v*, einrammen *v*, eintreiben *v* (Pfähle), treiben *v* (Pfähle) ‖ ~ *n* (Brew) / Zapfen *m*, Spund *m*, Spundzapfen *m* (hölzerner Zapfen zum Verschließen des Spundlochs bei Fässern) ‖ ~ (Civ Eng) / Holzpfahl *m* ‖ ~ (Civ Eng, Mining) / Getriebepfahl *m*
**spiling** (US) (Civ Eng) / Pfahltreiben *n*, Rammen *n*, Einrammen *n*, Rammarbeit *f* ‖ ~ *n* (Mining) / Getriebezimmerung *f* ‖ ~ (Mining) / Getriebearbeit *f* (söhlige)
**spilite**\* *n* (Geol) / Spilit *m* (Sammelbezeichnung für basische magmatische Gesteine)
**spilitic** *adj* (Geol) / spilitisch *adj*

**spill** v / verschütten v, ausschütten v (Flüssigkeit), überlaufen lassen ‖ ~ n (Civ Eng, Mining) / Getriebepfahl m ‖ ~ (Electronics) / Informationsverlust m (z.B. bei einer Speicherröhre) ‖ ~ (Hyd Eng) / Ausufern n ‖ ~ (Nuc Eng) / Freisetzung f von radioaktivem Material durch Unfall
**spillage** n / ausgelaufener Stoff ‖ ~ / Füllverlust m, Spritzverlust m (beim Füllen), überlaufende Menge (beim Füllen) ‖ ~ / Spillage f (Gewichtsverluste während des Transports) ‖ ~ / die verschüttete Menge (Flüssigkeit) ‖ ~ **sand** (Foundry) / Haufensand m
**spill burner**\* (Aero) / Rücklaufbrenner m ‖ ~ **control** (Ecol) / Ölunfallbekämpfung f
**spilled oil** / übergelaufenes Öl ‖ ~ **substance** / ausgelaufener Stoff
**spilling** n (Mining) / Getriebezimmerung f ‖ ~ (Mining) / Getriebebearbeit f (söhlige) ‖ ~ **breaker** (Ocean) / Brecher m (eine Sturzwelle), Sturzwelle f (hohe, sich überstürzende Welle), Sturzsee f, Sturzbrecher m
**spill light** (Optics, Photog) / Streulicht n (durch Lichtstreuung abgelenktes Licht) ‖ ~ **over** v / überlaufen v (Flüssigkeit)
**spill-over** n (impact) / Nebenergebnis n, Nebenwirkung f, neue Anregung, Spillover n ‖ ~ (Meteor) / Niederschlag m auf der Windschattenseite
**spill-over**\* n (in a switched system) (Teleph) / Überlauf m
**spill-over effect** / Spillover-Effekt m (unbeabsichtigte positive oder negative Wirkung eines Instruments der wirtschaftlichen Politik)
**spill response** (Ecol) / Ölunfallbekämpfungsmaßnahme f
**spill-return pressure jet atomizer** (Eng) / Rücklaufdruckzerstäuber m (mit breitem Arbeitsbereich)
**spill shield** (Elec Eng) / Raster m (bei Leuchten), Lichtraster m (bei Leuchten)
**spill-type burner** (Eng) / Rücklaufdruckzerstäuber m (mit breitem Arbeitsbereich)
**spillway**\* n (Hyd Eng) / Hochwasserentlastungsanlage f (Stauwerksüberlauf), Entlastungsbauwerk n ‖ ~ **dam**\* (Civ Eng, Hyd Eng) / Überfall m (überströmtes Bauwerk), Überlaufdamm m, Überlaufdeich m ‖ ~ **floor** (Hyd Eng) / Sturzsohle f, Sturzboden m, Wehrboden m
**spilosite** (Geol) / Spilosit m (Metamorphit an Diabaskontakten mit Schiefern)
**spilt grain** (Agric) / Ausfallgetreide n
**spin** v (Phys) / rotieren v (z.B. Kreisel) ‖ ~ (Textiles) / schleudern vt (um Feuchtigkeit zu entfernen) ‖ ~ vi / sich aufdrehen v, sich entdrallen v (ein Seil) ‖ ~ (Aero) / trudeln v, sich abtrudeln lassen ‖ ~ (Autos) / durchdrehen vi (Räder) ‖ ~ vt (Eng) / drücken v (Blech auf Drückmaschinen) ‖ ~ (Spinning) / verspinnen v (zu), spinnen v (Garn herstellen), erspinnen vt ‖ ~ (silk) (Spinning, Textiles) / filieren v (mehrere Grègefäden verzwirnen) ‖ ~ (Textiles) s. also spun ‖ ~\* n (Aero) / [steiles] Trudeln n (stationäre Flugzeugbewegung im stark überzogenen Zustand bei vollständig abgerissener Strömung; eine Kunstflugfigur), Vrille f (S) ‖ ~ (Autos) / Durchdrehen n (bei Gleitreibung der Räder) ‖ ~\* (Nuc) / Spin m (Eigendrehimpuls, Spinmoment von Elementarteilchen, Atomen und deren Kernen)
**spinacene**\* n (Chem) / Spinacen n, Squalen n (der wichtigste azyklische Triterpenkohlenwasserstoff)
**spinach green** adj / spinatgrün adj
**spin alignment** (Nuc) / Spinausrichtung f
**spinal lettering** (Bind) / Rückenbeschriftung f
**spin angular momentum** (Nuc) / Spindrehimpuls m (als Gegensatz zu Bahndrehimpuls)
**spinar** n (Astron) / Spinar m (eine Radiogalaxie)
**spin axis** (Aero) / Trudelachse f ‖ ~ **axis** (Eng) / Drehachse f, Umdrehungsachse f ‖ ~ **bath**\* (Chem Eng, Textiles) / Spinnbad n (bei der Herstellung von Chemiefasern) ‖ ~ **chute**\* (Aero) / Trudelfallschirm m ‖ ~ **coating** (Electronics, Optics) / Aufschleuderverfahren n, Schleuderbeschichtung f ‖ ~ **conservation** (Spectr) / Spinerhaltung f ‖ ~ **correlation** (Nuc) / Spinkorrelation f ‖ ~ **cross-over** (Mag) / Spinüberschneidung f ‖ ~-**damp** adj (Textiles) / schleuderfeucht adj ‖ ~ **decoupling** (Spectr) / Spinentkopplung f ‖ ~ **degeneracy** (Spectr) / Spinentartung f ‖ ~ **density** (Nuc) / Spindichte f
**spin-density wave** (Nuc) / Spindichtewelle f
**spindle** v / aufspindeln v ‖ ~\* n (Cyt) / Spindel f, Kernspindel f (bei der Zellteilung) ‖ ~ (Eng) / Spindel f (Welle mit Gewinde zum Antrieb oder zur Bewegung von Maschinenteilen), Arbeitsspindel f ‖ ~ (Eng) / Schaft m, Spindel f (eines Ventils) ‖ ~ (Eng) / Messspindel f (der Bügelmessschraube), Messbolzen m (der Bügelmessschraube) ‖ ~ (For) / Spindelstrauch m (Euonymus L.) ‖ ~ (For) / Holzdrehstück n, gedrechselter Artikel ‖ ~\* (Phys) / Achse f (z.B. Drehachse in der Getriebelehre) ‖ ~ (Spinning) / Spindel f ‖ ~ **bore** (hole bored through the main spindle) (Eng) / Spindelbohrung f ‖ ~ **bore diameter** (Eng) / Spindeldurchlass m (Durchmesser der Spindelbohrung), Spindelbohrungsdurchmesser m ‖ ~ **bush** (For) / Spindelstrauch m (Euonymus L.) ‖ ~ **carriage** (Eng) /
Spindelschlitten m (der Werkzeugmaschine) ‖ ~ **carrier** (Eng) / Frässchlitten m (DIN 8616) ‖ ~ **clearance** (Eng) / Spindeldurchlass m (Durchmesser der Spindelbohrung), Spindelbohrungsdurchmesser m ‖ ~ **drafting** (Spinning) / Spindelverzug m ‖ ~ **drive** / Spindelantrieb m (des Garagentors)
**spindle-drive motor** (Elec Eng, Eng) / Spindelantriebsmotor m
**spindle fibre**\* (Cyt) / Spindelfaser f ‖ ~ **head** (Eng) / Spindelkopf m (Teil der Hauptspindel, der aus dem Spindelkasten herausragt) ‖ ~ **hole** (Eng) / Spindelbohrung f ‖ ~ **mill** (Eng) / Spindelmühle f (mit Spindeln als Mahlkörpern) ‖ ~ **moulder**\* (Carp, Join) / [Untertischbauweise der] Formfräsmaschine f, Unterfräse f ‖ ~ **moulder** (For) / Unterfräsmaschine f, Tischfräsmaschine f ‖ ~ **nose** (Eng) / Spindelende n ‖ ~-**oil** (Eng) / Spindelöl n (besonders niedrig viskoses Schmieröl für schnelllaufende, leicht belastete Maschinenteile)
**spindle-shaped** adj (Biol) / fusiform adj, spindelförmig adj
**spindle sleeve** (Eng) / Pinole f (des Bohr- und Fräswerks) ‖ ~ **slide** (Eng) / Spindelschlitten m (der Werkzeugmaschine)
**spindle-speed function** (Eng) / Spindeldrehzahlfunktion f (DIN ISO 2806) ‖ ~ **function** (Eng) / Spindeldrehzahl f (bei der numerischen Steuerung nach DIN 66 257) ‖ ~ **preselection** (Eng) / Spindeldrehzahlvorwahl f
**spindle swing** (throat depth) (Eng) / Spindelausladung f ‖ ~ **tree** (For) / Spindelstrauch m (Euonymus L.) ‖ ~ **valve** (Eng) / T-Ventil n, Absperrventil n, Abstellventil n
**spin doubling** (Nuc) / Spinaufspaltung f
**spin-down** / Verlangsamung f (der Drehbewegung)
**spin-drawing** n (Spinning) / Spinnstrecken n, Streckspinnverfahren n, Streckspinnen n (wenn Spinnen und Verstrecken der Filamente zusammengefasst werden)
**spin-draw texturing**\* (Spinning, Textiles) / Spinnstrecktexturierung f
**spin drier** / Trockenzentrifuge f, Schleudertrockner m, Trockenschleuder f ‖ ~ **drier** (Textiles) / Wäscheschleuder f
**spin-dry** v (Textiles) / schleudern vt (um Feuchtigkeit zu entfernen)
**spin•-dry** adj (Textiles) / schleudertrocken adj, durch Schleudern getrocknet ‖ ~ **dryer** n (Textiles) / Wäscheschleuder f ‖ ~ **dyeing** (Textiles) / Massefärbung f, Spinnfärbung f, Düsenfärbung f (von Chemiefasern) ‖ ~ **dynamics** (Nuc) / Spindynamik f
**spine**\* n (Bind) / Rücken m, Buchrücken m (als Teil der Buchdecke) ‖ ~ (Bind) / Rücken m, Buchrücken m (als Teil des Buchblocks) ‖ ~ (Geol) / Lavadorn m ‖ ~ **binding bar** (Bind) / Klemmschiene f
**spin echo** (Spectr) / Spinecho n (beim Spinechoverfahren der NMR-Spektroskopie)
**spin-echo correlation spectroscopy** (Spectr) / Spinecho-Korrelationsspektroskopie f, SECSY ‖ ~ **resonance** (Spectr) / Spinechoresonanz f, SER (Spinechoresonanz) ‖ ~ **technique** (Nuc, Spectr) / Spinechomethode f, Spinechoverfahren n (in der NMR-Spektroskopie)
**spinel**\* n (Min) / Spinell m
**spine lettering** (Bind) / Rückentitel m
**spinelle** n (Min) / Spinell m
**spinel ruby**\* (Min) / Funkenstein m (roter Spinell), Rubinspinell m
**spine rounding** (Bind) / Rückenrunden n ‖ ~ **routing** (Bind) / Rückenfräsen n (bei der Klebebindung) ‖ ~ **taping** (Bind) / Fälzelung f
**spin etching** (Eng) / Schleuderätzen n (wenn das zu ätzende Werkstück durch das Ätzmittel bewegt wird bzw. wenn das Ätzmittel auf das feststehende Werkstück geschleudert wird)
**spin-exchange collision** (Nuc) / Spinaustauschstoß m (zwischen paramagnetischen Teilchen, der zu einer Änderung der Spinrichtung führt) ‖ ~ **force** (Nuc) / Bartlett-Kraft f (nach J.H. Bartlett, 1904- ), Spinaustauschkraft f
**spin finish** (Spinning) / Spinnpräparation f, Spinnzusatz m ‖ ~ **flip** (Nuc) / Umklappen n des Spins, Spinflip m (pl. -s) (Übergang des Spins eines Teilchens von einem Zustand in einen anderen) ‖ ~ **friction welding** (Plastics) / Reibschweißen n ‖ ~ **function** (Nuc) / Spinfunktion f, Spinwellenfunktion f ‖ ~ **glass** (Glass) / Spinglas n (Substanz, in der die magnetischen Elementarmomente in ungeordneter gegenseitiger Anordnung erstarrt sind) ‖ ~ **interaction(s)** (Nuc) / Spinwechselwirkungen f pl ‖ ~ **label** (Chem) / Spinlabel n (bei der Spinmarkierung), Spinsonde f ‖ ~ **labelling** (Chem) / Spinmarkierung f (Markierung von organischen Verbindungen mit solchen Tracern, die aufgrund eines ihnen eigenen Spins paramagnetisch sind), Spinlabelling n ‖ ~-**lattice relaxation** (Mag, Nuc) / longitudinale Relaxation, Spin-Gitter-Relaxation f (eine paramagnetische Relaxation) ‖ ~ **magnetic moment** (Mag, Nuc) / Spinmoment n, magnetisches Spinmoment (magnetisches Dipolmoment von Elementarteilchen, das mit deren Spindrehimpuls gekoppelt ist) ‖ ~ **magnetism** (Nuc) / Spinmagnetismus m ‖ ~ **matrices** (Nuc) / Pauli'sche Spinmatrizen, Pauli-Matrizen f pl, Spinmatrizen f pl ‖ ~ **multiplet** (Nuc) / Spinmultiplett m ‖ ~ **multiplicity** (Nuc) / Spinmultiplizität f

**spinnability**

**spinnability** *n* (Spinning) / Spinnbarkeit *f*, Verspinnbarkeit *f*, Spinnfähigkeit *f*, technischer Spinnwert
**spinnable** *adj* (Spinning) / verspinnbar *adj*, spinnbar *adj*, spinnfähig *adj*
**spinner*** *n* (Aero) / Haube *f* (des Propellers), Luftschraubenhaube *f*, Propellernabenhaube *f*, Spinner *m* ‖ ~ (Agric) / Schleuderrad *n*, Schleuderstern *m* (des Kartoffelroders) ‖ ~ (Radar) / Drehantenne *f* ‖ ~ (Spinning) / Spinnmaschine *f* ‖ ~ (Spinning) / Spinner *m* (Arbeiter) ‖ ~ (Textiles) / Wäscheschleuder *f*
**spinner-drier** *n* (Textiles) / Wäscheschleuder *f*
**spinneret*** *n* (Spinning) / Spinndüse *f*
**spinnerette*** *n* (Spinning) / Spinndüse *f*
**spinner•-gate*** *n* (Foundry) / Drehmassel *f* ‖ ~ **handle** (Tools) / Steckgriff *m* (mit Antriebsvierkant)
**spinner's waste** (Spinning) / Spinnereiabfall *m*, Spinnabfall *m*
**spinner-type sprinkler** (Agric) / Propellerregner *m*
**spinnery** *n* (Spinning) / Spinnerei *f* (Betrieb)
**spinney** *n* (pl. -s) (For) / Dickicht *n*, Dickung *f*, Gehölz *n*
**spinning** *n* / Schleudergang *m* (der Waschmaschine) ‖ ~ / Aufdrehen *n*, Entdrallen *n* (von Seilen) ‖ ~ (Autos) / Durchdrehen *n* (bei Gleitreibung der Räder) ‖ ~ (Cables) / Bespinnung *f* (mit Kordel, Garn), Umspinnung *f* ‖ ~* (Eng) / Drückwalzen *n*, Drücken *n*, Metalldrücken *n* (zum Herstellen von meist rotationssymmetrischen Hohlkörpern mit zylindrischer oder komplexer Mantellinie, Außenformdrücken *n* ‖ ~ (Phys) / schraubenförmige Drehung ‖ ~ (Space) / Drallstabilisierung *f* ‖ ~* (Spinning) / Verspinnen *n*, Spinnen *n*, Spinnerei *f* (Tätigkeit)
**spinning-band column** (an analytical distillation column inside of which is a series of driven, spinning bands; centrifugal action of the bands throws a layer of liquid onto the inner surface of the column; used as an aid in liquid-vapour contact) (Chem Eng) / Drehbandkolonne *f*
**spinning bath** (Chem Eng, Textiles) / Spinnbad *n* (bei der Herstellung von Chemiefasern) ‖ ~ **cabinet** (Spinning) / Spinnschacht *m* (heizbares Rohr bei dem Trockenspinnverfahren) ‖ ~ **cake** (Spinning) / Spinnkuchen *m* (DIN 61800) ‖ ~ **can** (Spinning) / Spinnkanne *f*, Spinntopf *m* ‖ ~ **chamber** (Spinning) / Spinnschacht *m* (heizbares Rohr bei dem Trockenspinnverfahren) ‖ ~ **count** (Spinning) / Spinn-Nummer *f*, Ausspinn-Nummer *f* ‖ ~ **covering twist** (Textiles) / Umspinnzwirn *m* ‖ ~ **disk** (Chem Eng) / Sprühscheibe *f* (sich schnell drehende Versprühvorrichtung in Scheiben-, Becher- oder Radform) ‖ ~ **dope** (Spinning) / Spinnlösung *f*
**spinning-drop tensiometer** (Phys) / Spinning-Drop-Tensiometer *n* (Gerät zur Messung extrem niedriger Werte der Grenzflächenspannung)
**spinning electron** (Nuc) / rotierendes Elektron (mit Eigendrehimpuls) ‖ ~ **fertilizer distributor** (Agric) / Schleuderdüngerstreuer *m*, Kreiselstreuer *m*, Zentrifugalstreuer *m*, Schleuderstreuer *m* ‖ ~ **frame** (Spinning) / Spinnmaschine *f* ‖ ~**-jenny*** *n* (Spinning) / Jenny-Maschine *f* (eine Feinspinnmaschine) ‖ ~ **lathe** (Eng) / Drückbank *f* (zum Metalldrücken), Drückmaschine *f*, Metalldrückbank *f*, Treibumformmaschine *f* ‖ ~ **limit** (Spinning) / Ausspinngrenze *f* ‖ ~ **lubricant** (Spinning) / Spinnschmälze *f*, Schmälze *f*, Spicköl *n*, Schmälzmittel *n* (z.B. für die Wollspinnereien), Spinnöl *n* ‖ ~ **machine** (Cables) / Umspinnmaschine *f* ‖ ~ **machine** (Spinning) / Spinnmaschine *f* ‖ ~ **mandrel** (Eng) / Drückform *f*, Drückfutter *n* ‖ ~ **material** (Spinning) / Spinngut *n* ‖ ~ **melt** (Spinning) / Spinnschmelze *f* (zähflüssige Schmelze von Ausgangsstoffen zur Herstellung von Chemiefaserstoffen) ‖ ~ **mill** (Spinning) / Spinnerei *f* (Betrieb) ‖ ~ **mule** (Spinning) / Selfaktor *m*, Wagenspinner *m*, Absetzspinner *m*, Selbstspinner *m* (in der Streichgarnspinnerei) ‖ ~**-number** *n* (Spinning) / ein Zahlenwert, der einen Hinweis auf die Ausspinngrenze der betreffenden Wolltype gibt ‖ ~ **of coloured yarns** (Spinning) / Buntspinnerei *f* ‖ ~ **oil** (Spinning) / Spinnschmälze *f*, Schmälze *f*, Spicköl *n*, Schmälzmittel *n* (z.B. für die Wollspinnereien), Spinnöl *n* ‖ ~ **paper** (Paper) / Spinnpapier *n* (DIN 6730) ‖ ~ **performance** (Spinning) / Spinnbarkeit *f*, Verspinnbarkeit *f*, Spinnfähigkeit *f*, technischer Spinnwert ‖ ~ **pot** (Spinning) / Spinnkanne *f*, Spinntopf *m* ‖ ~ **preparation** (Spinning) / Spinnereivorwerk *n* ‖ ~ **pump** (Spinning) / Spinnpumpe *f* ‖ ~ **reserve** (Elec Eng) / umlaufende Reserve (eines Generators), Leistungsreserve *f* (eines Generators) ‖ ~ **reserve** (Elec Eng) / mitlaufende Reserve ‖ ~ **solution** (Spinning) / Spinnlösung *f* ‖ ~ **speed** (Spinning) / Spinngeschwindigkeit *f*
**spinning-stretching process** (Spinning) / Spinnstrecken *n*, Streckspinnverfahren *n*, Streckspinnen *n* (wenn Spinnen und Verstrecken der Filamente zusammengefasst werden)
**spinning texturing** (Textiles) / Spinntexturierung *f* (von thermoplastischen Chemieseiden) ‖ ~ **tool** (Eng) / Drückstab *m* (ein Gegenwerkzeug bei Metalldrücken von Hand) ‖ ~ **top** (Radiol) / Bleikreisel *m* (Instrument zur näherungsweisen Messung der Schaltzeit bei Röntgengeneratoren) ‖ ~ **tube** (Spinning) /

Spinnschacht *m* (heizbares Rohr bei dem Trockenspinnverfahren) ‖ ~ **tunnel*** (Aero) / Trudelkanal *m* ‖ ~ **waste** (Spinning) / Spinnereiabfall *m*, Spinnabfall *m*
**spinodal curve** (Phys) / Spinodale *f* (Thermodynamik der Mehrstoffsysteme), Spinodalkurve *f* (die innerhalb der Binodalkurven liegt)
**spinode*** *n* (Maths) / Rückkehrpunkt *m* (1. oder 2. Art), Spitze *f* (wenn zwei Tangenten möglich sind, aber zusammenfallen)
**spin-off** *n* / Spin-off *m n*, Nebenprodukt *n* (eines neuen technischen Verfahrens) ‖ ~ (Eng, Work Study) / Spin-off *n* (Übernahme von bestimmten innovativen Verfahren oder Produkten in andere Technikbereiche) ‖ ~ (TV) / Spin-off *m n* (Fernsehproduktion, als Ableger einer erfolgreichen Serie, bei der bisherige Randfiguren als Hauptdarsteller fungieren)
**spin-on deposition** (Electronics, Optics) / Aufschleuderverfahren *n*, Schleuderbeschichtung *f*
**spin-only formula** (Nuc) / Nur-Spin-Formel (van-Vleck'sche Formel)
**spinor** *n* (Maths, Nuc) / Spinor *m* (mathematische Größe, die es gestattet, den Spin des Elektrons zu beschreiben)
**spin orbital** (Nuc) / Spinorbital *n*
**spin-orbit coupling** (an interaction between the orbital angular momentum and spin angular momentum of an electron /or set of electrons/ in an atom as a result of the magnetic moment that each creates) / Spin-Orbit-Kopplung *f* ‖ ~ **coupling*** (Nuc) / Spin-Bahn-Kopplung *f* (zwischen dem Spin und der mit einem Bahndrehimpuls verknüpften Bewegung, z.B. eines Elektrons) ‖ ~ **interaction** (Nuc) / Spin-Bahn-Wechselwirkung *f*
**spinor field** (Phys) / Spinorfeld *n*, spinorielles Feld
**spinorial charge** (Nuc) / Spinorladung *f*
**spin orientation** (Nuc) / Spinorientierung *f*
**spinose** *adj* (Bot) / spinös *adj*, dornig *adj*, dornenreich *adj*, mit Dornen ‖ ~* (Zool) / stachelig *adj*
**spinous** *adj* (Bot) / spinös *adj*, dornig *adj*, dornenreich *adj*, mit Dornen ‖ ~* (Zool) / stachelig *adj*
**spin-out** *n* (Autos) / Dreher *m* (um eigene Achse) ‖ ~ **limit** (Spinning) / Ausspinngrenze *f*
**spin pairing** (Nuc) / Spinpaarung *f* (Übergang eines Atoms in einen angeregten Zustand derart, dass aus zwei einzelnen Elektronen ein Paar mit entgegengesetzten Spinrichtungen entsteht) ‖ ~ **physics** (Nuc) / Spinphysik *f* ‖ ~ **polarization*** (Nuc) / Spinpolarisation *f*, Spinpolarisierung *f*
**spin-polarized atomic hydrogen** (Nuc) / spinpolarisierter atomarer Wasserstoff ‖ ~ **Auger electron spectroscopy** (Spectr) / spinpolarisierte Auger-Elektronenspektroskopie
**spin quantum number*** (Phys) / Spinquantenzahl *f* (Quantenzahl des Spins eines Teilchens) ‖ ~ **recovery** (Aero) / Abfangen *n* aus dem Trudeln ‖ ~ **refrigeration** (Nuc) / Spinrefrigeration *f* (eine Methode zur Erzeugung polarisierter Kerne), Spinkühlung *f* ‖ ~ **relaxation** (Nuc) / Spinrelaxation *f* (der Relaxationsprozess eines Spinsystems aus einem angeregten Zustand in seinen Gleichgewichtszustand) ‖ ~ **resonance** (Nuc) / Spinresonanz *f* (Oberbegriff für magnetische Kernresonanz und paramagnetische Elektronenresonanz)
**spin-safe** *adj* (Aero) / trudelsicher *adj*
**spin-spin coupling** (Spectr) / Spin-Spin-Kopplung *f* ‖ ~ **coupling constant** (Spectr) / Spin-Spin-Kopplungskonstante *f* ‖ ~ **coupling constant** (Spectr) / Kernspinkopplungskonstante *f*, Kopplungskonstante *f* (der Abstand benachbarter Einzellinien in einem Multiplett)
**spin-spin relaxation** (Mag, Nuc) / Spin-Spin-Relaxation *f* (eine paramagnetische Relaxation)
**spin-spin splitting** (Spectr) / Spin-Kopplungsaufspaltung *f*
**spin state** (Nuc) / Spinzustand *m* ‖ ~ **structure** (Nuc) / Spinstruktur *f* (magnetische Struktur in Festkörpern, deren magnetische Elementarmomente zu den Atomrümpfen gehören) ‖ ~ **system** (Nuc) / Spinsystem *n* (System der magnetischen Momente aller Teilchen der Probe) ‖ ~ **temperature** (Nuc) / Spintemperatur *f* (des Spinsystems) ‖ ~ **test** (Materials) / Schleuderversuch *m* (zur Untersuchung von Werkstoffen in strömenden Medien) ‖ ~ **texturing** (Textiles) / Spinntexturierung *f* (von thermoplastischen Chemieseiden)
**spinthariscope*** *n* (Radiol) / Spinthariskop *n*
**spin-tickling technique** (Spectr) / Spintickling-Technik *f* (spezielle Doppelresonanztechnik in der NMR-Spektroskopie)
**spin transistor** (Electronics) / Spintransistor *m* ‖ ~ **trap** (Chem) / Spinfalle *f* (der persistente Radikale bildende Radikalfänger) ‖ ~ **trapping** (Chem) / Spintrapping *n* (bei Spinmarkierungen)
**spintronics** *n* (Electronics, Phys) / Spintronik *f*
**spin tunnel** (Aero) / Trudelkanal *m* ‖ ~ **wave*** (Phys) / Spinwelle *f* (kollektive Elementaranregung von gekoppelten Systemen in Ferro-, Ferri- und Antiferromagneten) ‖ ~ **wave resonance** (Phys) / Spinwellenresonanz *f* ‖ ~ **welding** (Plastics) / Reibschweißen *n*
**spiny** *adj* / dornig *adj*, bedornt *adj*, stachelig *adj*

**spiral** *n* (Aero) / Spirale *f* (eine Kunstflugfigur) ‖ ~ (Astron) / Spiralgalaxie *f* ‖ ~ (Elec Eng, Eng) / Wendel *f* ‖ ~ (Eng) / Spiralfeder *f* (DIN 29 und 43801) ‖ ~* (Maths) / Spirale *f* (eine ebene Kurve) ‖ ~ *adj* / spiralförmig *adj*, Spiral-, spiralig *adj* ‖ ~ s. also helical ‖ ~ **accelerator** (Nuc, Nuc Eng) / Teilchenbeschleuniger *m* vom Spiraltyp, Spiralrückenbeschleuniger *m*, Spiralsektorbeschleuniger *m* ‖ ~ **ager** (Textiles) / Spiraldämpfer *m* ‖ ~ **angle** (Eng) / Spiralwinkel *m* (bei Zahnrädern) ‖ ~ **angle** (Eng) / Drallwinkel *m* (Steigungswinkel eines schraubenverzahnten Fräsers), Spiralwinkel *m* (bei Fräsern) ‖ ~ **antenna** (Radio) / Spiralantenne *f* (aus einem oder mehreren leitenden Drähten oder Streifen, die spiralförmig angeordnet sind) ‖ ~ **balance** / Federwaage *f* ‖ ~ **bevel gear** (Eng) / Bogenzahnkegelrad *n*, Spiralkegelrad *n* ‖ ~ **binder tape** (Cables) / Haltewendel *f*, Innenwendel *f* ‖ ~ **binding*** (Bind) / Spiralbindung *f* (ein fadenloses Bindeverfahren mit Draht- oder Kunststoffwendeln) ‖ ~ **bole** (For) / Schraubenwuchs *m* (des Stammes)
**spiral-bound** *adj* (Bind) / mit Spiralbindung
**spiral case** (Eng) / Spiralgehäuse *n* (z.B. der Kaplan-Turbine)
**spiral-case turbine** (Eng) / Spiralturbine *f* (eine Wasserturbine der Francis-Bauart)
**spiral casing** (Eng) / Spiralgehäuse *n* (z.B. der Kaplan-Turbine) ‖ ~ **chute** (Eng) / Wendelrutsche *f* ‖ ~ **chute** (Mining) / Wendel *f* ‖ ~ **computer tomography** / Spiralcomputertomografie *f*, SCT (Spiralcomputertomografie) ‖ ~ **conveyor** (Eng) / Schneckenförderer *m* (mechanischer Stetigförderer) ‖ ~ **countersink** (Eng, Tools) / Spiralsenker *m* (Dreischneider) ‖ ~ **dive** (Aero) / Spiralstechflug *m*, Spiralsturzflug *m* ‖ ~ **dowel** (Eng) / Spiralrillendübel *m* ‖ ~ **drawing frame** (Spinning) / Spiralstrecke *f*, Pressionsstrecke *f* ‖ ~ **flow** (Phys) / Spiralströmung *f*
**spiral-flow tank** (San Eng) / Umwälzungsbecken *n*, Umwälzbecken *n*, Durchlaufbelebungsbecken *n* (beim Belebungsverfahren)
**spiral four** (US) (Cables, Elec Eng) / Sternvierer *m* (vier miteinander verseilte Adern, von denen jeweils zwei diametral gegenüberliegende einen Leitungskreis bilden - DIN 57981, T 1), Sternviererkabel *n* ‖ ~ **four cable** (US) (Cables, Elec Eng) / Sternvierer *m* (vier miteinander verseilte Adern, von denen jeweils zwei diametral gegenüberliegende einen Leitungskreis bilden - DIN 57981, T 1), Sternviererkabel *n* ‖ ~ **galaxy*** (Astron) / Spiralgalaxie *f* ‖ ~ **gear*** (Eng) / Zylinderschraubenradpaar *n*, Zylinderschraubenradgetriebe *n* ‖ ~ **grain** (Bot, For) / Drehwuchs *m* (Holzfehler), Drehwüchsigkeit *f* (bei Holzpflanzen), Spiralwuchs *m*, Faserdrehung *f* (um die Stammachse)
**spiral-grained** *adj* (For) / drehwüchsig *adj*
**spiral growth** (Crystal) / Spiralwachstum *n* (beim Vorliegen einer Schraubenversetzung) ‖ ~ **heat exchanger** (Chem Eng, Eng) / Spiralwärmeübertrager *m*, Spiralwärmetauscher *m* ‖ ~ **hole** (Oils) / spiralförmiges Bohrloch ‖ ~ **instability*** (Aero) / Spiral-Instabilität *f* (z.B. bei der Steilspirale)
**spirality** *n* (Bot, For) / Drehwuchs *m* (Holzfehler), Drehwüchsigkeit *f* (bei Holzpflanzen), Spiralwuchs *m*, Faserdrehung *f* (um die Stammachse) ‖ ~ (Nuc) / Spiralität *f* (Schraubensinn der Elementarteilchen)
**spiral lead-in** (Acous) / Einlaufspirale *f* (der Schallplatte)
**spiralling** *n* (Electronics) / Wendeln *n* (der Lichtsäule in einer Leuchtstofflampe) ‖ ~ **particle** (Nuc) / Teilchen *n* auf einer Spiralbahn, sich auf einer Spiralbahn bewegendes Teilchen
**spiral milling** (Eng) / Schraubfräsen *n*, Drallfräsen *n*, Spiralfräsen *n* ‖ ~ **milling attachment** (Eng) / Schraubfräseinrichtung *f*, Spiralfräseinrichtung *f* (zum Fräsen von schraubenförmig verlaufenden Flächen bei Universalfräsmaschinen) ‖ ~ **moulding machine** (Join) / Spiralfräsmaschine *f* ‖ ~ **of Archimedes** (Maths) / archimedische Spirale ‖ ~ **orbit** (Chem, Nuc, Spectr) / Spiralbahn *f*, spiralförmige Bahn (z.B. in einem Spektrometer) ‖ ~ **pipe** (Met) / Spiralrohr *n* ‖ ~ **plate exchanger** (Chem Eng, Eng) / Spiralwärmeübertrager *m*, Spiralwärmetauscher *m* ‖ ~ **point** (Maths) / Strudelpunkt *m* (einer Kurvenschar) ‖ ~ **pump** (Eng) / Schneckenpumpe *f*, Wendelpumpe *f* ‖ ~ **ratchet screwdriver*** (Tools) / Drillschraubenzieher *m* (DIN 898), Schnellschraubenzieher *m* ‖ ~ **reader** (Nuc) / Spiral Reader *m* (zur automatischen Auswertung von Aufnahmen) ‖ ~ **reel*** (Photog) / Spuleneinsatz *m* (in der Entwicklungsdose), Entwicklungsdose *f* mit Spiralnuten ‖ ~ **reinforcement** (Build, Civ Eng) / Wendelbewehrung *f*, Spiralbewehrung *f*
**spiral-ridge accelerator** (Nuc Eng) / Teilchenbeschleuniger *m* vom Spiraltyp, Spiralrückenbeschleuniger *m*, Spiralsektorbeschleuniger *m*
**spiral roller*** (Print) / Farbübertragungswalze *f* ‖ ~ **rope** / Spiralseil *n* ‖ ~ **scanning** (TV) / spiralförmige Abtastung, Spiralabtastung *f* (auch im Bildfunk)

**spiral-seam tube** (Welding) / spiralgeschweißtes3 Rohr, spiralnahtgeschweißtes Rohr, schraubenliniennahtgeschweißtes Rohr
**spiral spring*** (Eng) / Spiralfeder *f* (DIN 29 und 43801) ‖ ~ **stair** (Build) / Wendeltreppe *f* (mit Treppenspindel), Spindeltreppe *f*
**spiral-staircase tower** (Arch) / Wendeltreppenturm *m* (z.B. in Blois)
**spiral stairs*** (Build) / Wendeltreppe *f* (mit Treppenspindel), Spindeltreppe *f* ‖ ~ **steamer** (Textiles) / Spiraldämpfer *m* ‖ ~ **stiffening** (Build) / Spiralversteifung *f* ‖ ~ **stirrer** (Chem Eng) / Schraubenspindelrührer *m* ‖ ~ **stirrer** (Eng, Nut) / Spiralrührer *m* ‖ ~ **thickening** (Bot, For) / Spiralverdickung *f* (schraubige Verdickung der Zellwand von Gefäßen oder Tracheiden) ‖ ~ **thread** (Eng) / Drall *m* (zur Selbsthemmung - bei einem Nagel) ‖ ~ **throw-out** (Acous) / Auslaufspirale *f* (der Schallplatte) ‖ ~ **time-base*** (Electronics) / Spiral-Zeitablenkung *f*
**spiral-twisted wire** / gezopfter Draht (für Bürsten)
**spiral twist wire cup brush** / gezopfte Topfbürste
**spiral-welded pipe** (Welding) / Spiralnahtrohr *n*
**spiral wood drill** (Carp) / Holzspiralbohrer *m*, Spiralbohrer *m* für Holz ‖ ~ **wound roller** (Eng) / Federrolle *f* (DIN ISO 5593) ‖ ~ **yarn** (Textiles) / Spiralgarn *n*
**spiramycin** (Pharm) / Spiramyzin *n*, Spiramycin *n* (ein Makrolidantibiotikum)
**spiran** *n* (Chem) / spirocyclische Verbindung, spirozyklische Verbindung, Spiroverbindung *f*, Spiran *n* (eine Verbindung, in der ein Kohlenstoffatom zwei Ringen gemeinsam angehört) ‖ ~ **polymer** (Chem) / spirozyklisches Polymer, spirocyclisches Polymer
**spire*** *n* (tall construction, circular, polygonal, or square on plan, rising from a roof, tower etc., terminating in a slender point, especially the tapering part of a church steeple) (Arch) / Turmspitze *f*, Turmdach *n* ‖ ~* (polygonal) (Arch) / Spitzturm *m* (über polygonalem Grundriss), Helmdach *n*, Dachhelm *n*, Helm *m*, Turmhelm *m*, Dachpyramide *f*, spitze Turmdachform (über polygonalem Grundriss) ‖ ~ (Arch) / Windung *f* (einer spiralförmigen Konstruktion) ‖ ~* (conical) (Arch) / Turmkegeldach *n*, kegeliges Turmdach, spitze Turmdachform (über kegeligem Grundriss)
**spirelet** *n* (small spire) (Arch, Build) / Dachreiter *m* (Türmchen auf dem Dachfirst, meist aus Holz)
**spiric curve** (Maths) / spirische Linie, spirische Kurve ‖ ~ **line** (Maths) / spirische Linie, spirische Kurve
**spirit*** *n* (Chem, Pharm) / Spiritus *m* ‖ ~ **blue** (Chem) / Anilinblau *n*, Spritblau *n* (Triphenylparafuchsin) ‖ ~ **duplicating*** (Print) / Hektografieverfahren *n*
**spiriting off** (For, Paint) / Polieren *n* (von Holz - mit spritlöslichen Kunstharzen in Mischung mit Schellack oder Zellulosenitrat) ‖ ~ **out** (For, Paint) / Polieren *n* (von Holz - mit spritlöslichen Kunstharzen in Mischung mit Schellack oder Zellulosenitrat)
**spirit level** (Build, Instr) / Wasserwaage *f* ‖ ~ **of ammonia** (Pharm) / weingeistige Ammoniaklösung, Spiritus Dzondzii, Liquor Ammonii caustici spirituosus ‖ ~ **off** *v* (For, Paint) / polieren *v* (mit spritlöslichen Kunstharzen in Mischung mit Schellack oder Zellulosenitrat), abpolieren *v* ‖ ~ **of hartshorn** (a solution of ammonia in water) (Pharm) / Hirschhorngeist *m*, Ammoniaklösung *f* (wässrige), Salmiakgeist *m*, Ammoniakflüssigkeit *f* (Liquor Ammonii caustici nach DAB 10) ‖ ~ **out** *v* (For, Paint) / polieren *v* (mit spritlöslichen Kunstharzen in Mischung mit Schellack oder Zellulosenitrat), abpolieren *v*
**spirits of wine** (Chem) / Weingeist *m* (Ethanol)
**spirit-soluble** *adj* / spritlöslich *adj*
**spirit stain*** (a solution of spirit-soluble dye as nigrosine, turmeric, gamboge etc. in industrial alcohol) (Build, For) / Spiritusbeize *f* (eine Holzbeize, der Schellack zugesetzt wurde), Schellackbeize *f* ‖ ~ **varnish*** (made by dissolving resins in industrial spirit) (Paint) / Spirituslack *m* (Klarlack nach DIN 55 945) ‖ ~ **vinegar** (Chem, Nut) / Alkoholessig *m*, weißer Essig, Spiritusessig *m*, Spritessig *m*
**spiro atom** (Chem) / Spiroatom *n* ‖ ~ **compound** (Chem) / spirocyclische Verbindung, spirozyklische Verbindung, Spiroverbindung *f*, Spiran *n* (eine Verbindung, in der ein Kohlenstoffatom zwei Ringen gemeinsam angehört)
**spirocyclic** *adj* (Chem) / spirozyklisch *adj*, spirocyclisch *adj*
**spiroid gear** (a type of worm gear which is conical in shape with the mating member a face-type gear) (Eng) / Spiroidgetriebe *n*
**spirometer*** *n* (Med) / Spirometer *n* (Messgerät, mit dem Atemvolumen, Reserveluft, Komplementärluft und Vitalkapazität bestimmt werden)
**spironolactone*** *n* (Med) / Spironolacton *n*, Spironolakton *n*
**spiro polymer*** (Chem) / Spiropolymer *n* (mit leiterähnlicher Struktur)
**spiropyran** *n* (Chem) / Spiropyran *n* (heterozyklische Spiroverbindung)
**spiro union** (Chem) / Spiroverknüpfung *f*
**spit** *v* (Met) / spratzen *v* ‖ ~ (Mining) / anzünden *v*, zünden *v* (Zündschnur) ‖ ~ (Nut) / spitten *v* (Fische oder Fischteile vor dem

**spit**
Räuchern auf Eisenstäbe spießen) || ~ *n* (Agric) / Spatentiefe *f* (beim Graben), Spatenstichtiefe *f* || ~ (Agric) / Spatenstich *m* || ~ (Geog, Geol) / Nehrung *f* (bei einem Haff oder einer Lagune - z.B. die Kurische Nehrung, zwischen Samland und Memel) || ~* (Geol) / Landspitze *f* (schmaler, ins Wasser ragender Landstreifen)
**spitout** *n* (Ceramics) / Ausspritzer *m* (Oberflächefehler im Dekorbrennofen)
**spitting** *n* (Ceramics) / Ausspritzer *m* (Oberflächefehler im Dekorbrennofen) || ~ (Met) / Spratzen *n* (plötzliches Entweichen gelöster Gase bei der Erstarrung von Metallschmelzen unter Bildung eines porösen Gusses)
**spittings** *pl* (Met) / feinkörniger Auswurf (eines Konverters)
**spittlebug** *n* (Agric, For, Zool) / Schaumzikade *f* (aus der Familie Cercopidae, z.B. Wiesen- oder Weiden-Schaumzikade)
**Spitzer collision frequency** (Nuc) / Spitzer'sche Stoßhäufigkeit (Elektronenstoßhäufigkeit)
**Spitzer's electron collision frequency** (Nuc) / Spitzer'sche Stoßhäufigkeit (Elektronenstoßhäufigkeit)
**spitzkasten*** *n* (Min Proc) / Klassierspitze *f*, Klassierkegel *m*, Spitzkasten *m*
**SPL** (sound-pressure level) (Acous, Build) / Schalldruckpegel *m* (DIN 1320)
**s-plane** *n* (Geol) / s-Fläche *f* (Gesteinsgefügefläche)
**splash** *v* (in irregular drops) / verspritzen *v*, spritzen *v* (umherspritzen) || ~ / bespritzen *v* (mit Wasser oder Schmutz) || ~ / klatschen *v* (Regen) || ~ *n* / Spritzer *m* || ~ / Spritzfleck *m* || ~ **baffle*** (Electronics) / Ablenkplatte *f* (eines Quecksilberdampfgleichrichters) || ~ **baffle** (Eng) / Schutzblech *n* (gegen Spritzer), Schutzwand *f* (gegen Spritzer), Spritzblech *n* || ~ **bar** / Tropfplatte *f* (des Tropfenfallkühlturms) || ~ **board** (Eng) / Schutzblech *n* (gegen Spritzer), Schutzwand *f* (gegen Spritzer), Spritzblech *n* || ~ **cooling** / Tropfenkühlung *f* || ~ **core** (Foundry) / Aufschlagkern *m* (ein Einlegekörper aus Kernsand im Einguss) || ~**-down** *n* (Space) / Wassern *n*, Wasserung *f* (eines Raumschiffs)
**splashed graphics** (Autos, Paint) / Splashed Graphics *pl*
**splash erosion** (Geol) / Spritzerosion *f* (eine Art Bodenerosion), Erosion *f* durch Regentropfenaufschlag, Erosion *f* durch Regen, Plantscherosion *f*, Planscherosion *f*, Splash-Erosion *f*
**splash-filled cooling tower** / Tropfenfallkühlturm *m*
**splash guard** (Autos) / Schmutzfänger *m*, Spritzklappe *f*, Schmutzabweiser *m* || ~ **guard** (Eng) / Spritzschutz *m*
**splash-head adapter** (Chem) / Tropfenfänger *m* (Reitmaieraufsatz), Reitmaieraufsatz *m*, Schaumbrecher *m* (Tropfenfänger)
**splash knot** (For) / Flügelast *m* (beim Schnittholz) || ~ **lubrication** / Tauchschmierung *m*, Tauchbadschmierung *f* || ~ **lubrication** / Ölschleuderschmierung *f*, Ölspritzschmierung *f* || ~ **page** (Comp, Telecomm) / Begrüßungsseite *f* (a Web page that is displayed for a few seconds followed by the display of the home page) || ~ **panel** (Eng) / Schutzblech *n* (gegen Spritzer), Schutzwand *f* (gegen Spritzer), Spritzblech *n*
**splashproof** *adj* (Elec Eng) / spritzwassergeschützt *adj* || ~ (Elec Eng) s. also surge-water tight || ~ **fitting*** (Light) / Außenarmatur *f*
**splash-type fill** ((US) / Tropfeinbau *m* (eines Nasskühlturms)
**splash-type lubrication** / Ölschleuderschmierung *f*, Ölspritzschmierung *f*
**splash-type packing** / Tropfeinbau *m* (eines Nasskühlturms)
**splashwater** *n* (Elec Eng) / Spritzwasser *n* (von oben bis zu 30° gegen die Waagerechte auftreffende Wassertropfen - DIN 40050)
**splat*** *n* (the cover strip over the joints of wallboards) (Build) / Fugendeckleiste *f*, Fugendeckstreifen *m*
**splatter** *v* (Paint) / sprenkeln *v* || ~ *n* (Paint) / Farbspritzer *m*, Klecks *m* || ~ (Telecomm) / Splatter *m* (Störung durch nichtlineare Verzerrungen)
**splattering** *n* (Comp) / Farbspritzen *n* (beim Druck) || ~ (Paint) / Sprenkeln *n*, Tüpfeln *n* (absichtlicher Effekt)
**splay** *v* / abschrägen *v*, ausschrägen *v* || ~ *n* (any surface, larger than a bevel or chamfer, making an oblique angle with another surface , such as a jamb of an aperture permitting more light to enter) (Build) / Ausschrägung *f* (z.B. einer Fensterlaibung), Abschrägung *m*, Schräge *f* || ~ (Build) s. also abat-jour || ~ **brick*** (Arch, Build) / ausgeschrägter Ziegel, abgeschrägter Ziegel, Schrägziegel *m* (z.B. Spitzkeil, Widerlagerstein)
**splayed** *adj* (Arch, Build) / schräg *adj*, abgeschrägt *adj* || ~ **coping*** (Build) / schräge Mauerabdeckung, Pultabdeckung *f* (einer Mauer) || ~ **ground*** (Build) / Putzuntergrund *m* mit Haltekanten || ~ **head** / Pilzkopf *m* (der Pilzsäule bei Pilzdecken) || ~ **jamb*** (Build) / schräge Laibung
**splaying arch*** (Arch, Build, Civ Eng) / Kegelgewölbe *n* (Tonnengewölbe mit endlichem Schnittpunkt der Scheitel- und Kämpferlinien)
**splay knot** (For) / Querast *m* || ~ **knot** (For) / Flügelast *m* (beim Schnittholz)
**splendent** *adj* (Min) / Glanz-, glänzend *adj*, leuchtend *adj*

**splent coal** / Splintkohle *f*, Splitterkohle *f*
**splice** *v* / verspleißen *v*, spleißen *v* (durch Verflechten miteinander verknüpfen), splissen *v* || ~ (Cinema) / zusammenkleben *v*, kleben *v* || ~ (with a fish-plate) (Rail) / verlaschen *v*, anlaschen *v* (durch Laschen verbinden - z.B. Schienen) || ~ (Textiles) / verstärken *v* (an Ferse und Zehen) || ~ *n* (Cables) / Spleiß *m* (Gesamtheit der Verbindungen der Leiterenden) || ~ (Carp, For) / Verblattung *f*, Überblattung *f* (Stoß), Blattstoß *m*, Blatt *n* (pl. -e) (schräges, gerades), Verbindungsstoß *m* (schräger), Schrägverband *m*, Schäftverbindung *f*, Schäftung *f* (mit einem keilförmigen Übergreifungsstoß), Schäften *n*, Anschäften *n* || ~* (Cinema) / Klebstelle *f* || ~ (Glass, Textiles) / Klebstelle *f* (dicke) || ~ **bump** (Cinema) / Klebstellengeräusch *n*, Klebstellenknacken *n*, Geräusch *n* an der Klebstelle
**spliced joint*** (Elec Eng) / Spleißverbindung *f*, Spleißstelle *f*, Spleiß *m*
**splice piece** (Carp) / Verstärkungsplatte *f*, Verstärkungsband *n* (bei Holzverbindungen) || ~ **piece*** (Rail) / Schienenlasche *f*, Stoßlasche *f*, Flachlasche *f* (Stahlprofil zur Verbindung von Schienenstößen - DIN 5901 und 5902), Lasche *f* || ~ **plate** (Carp) / Verstärkungsplatte *f*, Verstärkungsband *n* (bei Holzverbindungen)
**splicer*** *n* (Cinema) / Filmklebegerät *n*, Filmklebeautomat *m*, Klebepresse *f*, Filmklebepresse *f* || ~ (For, Join) / Furnierzusammensetzmaschine *f*, Furnierverleimmaschine *f* || ~ (Telecomm) / Spleißgerät *n* (zur Herstellung eines Spleißes zwischen den Fasern eines LWL)
**splicing** *n* (Gen) / Genspleißen *n*, Spleißen *n* || ~ (Optics) / Spleißen *n* (zweier LWL) || ~ (Rail) / Verlaschen *n*, Anlaschen *n*, Verlaschung *f* || ~ (Ships) / Verspleißen *n*, Spleißen *n*, Splissen *n* || ~ (Textiles) / Verstärkung *f* (an Ferse und Zehen) || ~ **losses** (Telecomm) / Spleißverluste *m pl* || ~ **resistance** (Textiles) / Spleißfestigkeit *f* (bei Chemiefasern) || ~ **stitch** (Textiles) / Verstärkungsmasche *f* || ~ **tape** (Cinema) / Filmklebestreifen *m*
**spline** *v* (Eng) / Keilprofile bearbeiten (fräsen, wälzfräsen, wälzstoßen) || ~* *n* (Eng) / Keilnut *f* (Keilwellenprofil) || ~* (Eng) / Keilwellenverbindung *f* || ~ (Eng) / K-Profil *n* (Verbindungsart von Welle und Nabe), Polygonprofil *n* || ~ (Instr) / Kurvenlineal *n* (z.B. Burmester-Kurve), Kurvenzeichner *m* (mathematisches Zeichengerät), Spline *n* (biegsames Kurvenlineal, das man zum Zeichnen einer glatten Kurve durch vorgegebene Punkte benutzt), Kurvenschablone *f* (biegsames Kurvenlineal) || ~ (Maths) / Spline *m* (Lineal) || ~ (Maths) / Spline *n* (eine mathematisch beschreibbare Kurve der glattesten Verbindung von diskreten Stützpunkten) || ~ (Ships) / Straklatte *f* || ~ **curve** (Maths) / Spline *n* (eine mathematisch beschreibbare Kurve der glattesten Verbindung von diskreten Stützpunkten)
**splined bore** (Eng) / Keilnabe *f* (DIN 5462) || ~ **hub** (Autos) / Zentralverschlussnabe *f*, Kerbnabe *f* || ~ **joint** (Eng) / Zahn- und Keilverbindung *f* || ~ **shaft** (a shaft provided with several long feather ways) (Eng) / Keilwelle *f*, K-Profil-Welle *f*, Keilnutenwelle *f* || ~ **sliding sleeve** (Autos) / Schiebehülse *f* mit Zahnprofil (der Kardanwelle)
**spline function** (Maths) / Spline-Funktion *f* (eine zur Interpolation verwendete reelle Funktion) || ~ **hob** (Eng) / Keilwellenwälzfräser *m* || ~ **hub** (Autos) / Zentralverschlussnabe *f*, Kerbnabe *f* || ~ **interpolation** (Maths) / Spline-Interpolation *f*, S-Interpolation *f* || ~ **milling machine** (Eng) / Keilwellenfräsmaschine *f*
**splint** *n* / Splitter *m*, Span *m* || ~ / Splintkohle *f*, Splitterkohle *f* || ~ / gespaltenes Material (z.B. Weidenrute - für Matten und Korbwaren) || ~ **coal** / Splintkohle *f*, Splitterkohle *f*
**splinter** *vi* (For, Min) / leicht splittern, aufsplittern *vi* || ~ *n* / Splitter *m*, Span *m* || ~ / abgesprungenes Stück, Abgesprungenes *n*
**splinter-free** *adj* (For) / ausrissfrei *adj* (z.B. Sägeschnitt), splitterfrei *adj*
**splinter of glass** (Glass) / Glassplitter *m* || ~ **of stone** (Civ Eng) / Steinsplitter *m* (einzelner)
**splintery** *adj* (For) / splitterig *adj*, splittrig *adj*, splitternd *adj* (Holz), leicht splitternd || ~ **fracture** (Min) / splittriger Bruch (z.B. bei Quarz oder Alunit)
**splint-pin hole** (Eng) / Splintloch *n*
**splint-woven work** / Flechtware *f*, Korbware *f* (aus gespaltenen Materialien)
**split** *v* / spalten *v*, aufspalten *v* || ~ / splitten *v* (Kapazität nach DIN 9751 unterteilen) || ~ / spalten *v* (Holz, Haut, Leder) || ~ (Autos) / aufschlitzen *v* (Kolbenring) || ~ (Chem) / spalten *v* (einen Ring) || ~ (Comp) / aufteilen *v* (Bildschirm in verschiedene Bereiche), teilen *v* (Bildschirm) || ~ (Eng) / zuschneiden *v* (Dichtring) || ~ (Phys) / aufspalten *v* (Spektrallinien) || ~ (Spectr) / spalten *v*, aufspalten *v* || ~ *vt* / platzen lassen (z.B. Nähte) || ~ *n* / Spalt *m* (rechteckiger), Schlitz *m* (im Allgemeinen) || ~ / Spaltfuge *f*, Spaltung *f* (Spaltfuge) || ~ (Build) / dreibeiniger (Gerüst)Bock (aus Stahl) || ~ (Build) / Spaltfuge *f* (bei Dachsparren) || ~ (Chem) / Teilstrom *m*, Abzweig *m* (in der Chromatografie) || ~ (Eng) / Längsriss *m* (Draht) || ~ (For) / Spaltriss *m* (der nach der Fällung aus Kernriss entsteht) || ~ (Leather) /

Spaltleder n ‖ ~ (Materials) / Spaltriss m ‖ ~ (Mining) / Wetterscheider m ‖ ~* (Mining) / oberer oder unterer Teil eines (durch ein Zwischenmittel) geteilten Kohlenflözes ‖ ~ (Telecomm) / Unterbrechung f (eines Signals) ‖ ~ (Textiles) / Split m (maschenstäbchengerechte Verbindung von 2 verschiedenen Materialien) ‖ ~ (Weaving) / Splitleiste f, Schnittleiste f (Gewebe mit 2 oder mehr Stoffbahnen, deren Zwischenleisten mit einem Perlkopf abgebunden sind) ‖ ~ adj / Spalt-, gespalten adj ‖ ~ / zweiteilig adj (geteilt), zweigeteilt adj (geteilt), geteilt adj ‖ ~ / rissig adj, rissbehaftet adj, gesprungen adj, gerissen adj ‖ ~* (Build) / gespalten adj (Spalierlatte) ‖ ~ **after the chrome tannage** (Leather) / spalten aus dem Chrom (im chromgegerbten Zustand), chromspalten v (nur Infinitiv und Partizip)
**split-anode magnetron*** (Electronics) / Schlitzanodenmagnetron n, Zweischlitzmagnetron n
**split ballot** / gegabelte Befragung (in der Umfrageforschung) ‖ ~**-beam CRT*** (Electronics) / Spaltstrahlröhre f ‖ ~ **bearing*** (Eng) / geteiltes Lager ‖ ~ (journal) **bearing*** (Eng) / Deckellager n (ein in der Wellenrichtung geteiltes Stehlager für Hebemaschinen nach DIN 505) ‖ ~ **billets** (For) / Scheitholz n (durch Aufspalten von Rundlingen gewonnene, meist 1 m lange Holzstücke, die in Schichtmaßen aufbereitet werden), Klobenholz n, Spaltholz n (Scheitholz) ‖ ~ **brush** (Elec Eng) / Zwillingsbürste f, Spreizbürste f ‖ ~ **bump** (Cinema) / Klebstellengeräusch n, Klebstellenknacken n, Geräusch n an der Klebstelle
**split-cavity mould** (Plastics) / mehrteiliges Presswerkzeug, mehrteiliges Werkzeug, Werkzeug n mit geteilten Backen
**split charter** (Aero) / Split-Charter f m (wenn sich mehrere Charterer die Plätze im Flugzeug teilen) ‖ ~ **clinker flag** (Build, Ceramics) / Spaltplatte f (glasiertes Bauelement) ‖ ~ **clinker flag** (Ceramics) s. also split tile ‖ ~ **collar** (Eng) / geteilte Überschiebmuffe
**split-coloured paper** (Paper) / einseitig farbiges Papier (ein Buntpapier)
**split compressor*** (Aero) / geteilter Kompressor (Axialgasturbine)
**split-compressor engine** (Aero) / zweiwelliges TL-Triebwerk, TL-Triebwerk n in Zweiwellenbauart
**split concentric cables** (Cables) / geteilt-konzentrische Kabel ‖ ~**-conductor cable*** (Cables) / Segmentleiter m
**split-conductor protection*** (Elec Eng) / Parallelzweigschutz m, Querdifferentialschutz m
**split-core current transformer** (Elec Eng) / Zangenstromwandler m, Dietze-Anleger m, Zangenanleger m, Amperezange f
**split coupling** (Eng) / Schalenkupplung f (DIN 115) ‖ ~ **course*** (Build) / Längshalbziegelschicht f
**split-course technique** (Radiol) / Split-Technik f (bei der Bestrahlungsplanung)
**split crankcase*** (I C Engs) / geteiltes Kurbelgehäuse ‖ ~ **delivery** / Lieferung f in Teilmengen ‖ ~ **die** (Powder Met) / geteilte Matrize, geteiltes Presswerkzeug (Pulverpresse) ‖ ~ **drum** (Spinning) / Schlitztrommel f (rotierender Fadenführer bei Spulmaschinen)
**split-duct printing unit** (Print) / Druckwerk n mit geteiltem Farbkasten
**split fibre** (Spinning) / Spaltfaser f, Splitfaser f ‖ ~ **fibre yarn** (Textiles) / Spleißfasergarn n
**split-field magnet** (Nuc) / Spaltfeldmagnet m, SFM (Spaltfeldmagnet) ‖ ~ **motor** (Elec Eng) / Spaltpolmotor m (ein Einphasen-Asynchronmotor geringer Leistung nach DIN 42005) ‖ ~ **motor** (Elec Eng) / Spaltpolmotor m ‖ ~ **motor** (Elec Eng) / Zweifeldmotor m ‖ ~ **rangefinder** (Photog) / Schnittbildentfernungsmesser m (in dem zwei gleichgerichtete Halbbilder des Zieles erzeugt werden)
**split film** (Plastics) / Folienbändchen n (aus der Folie geschnittenes Bändchen) ‖ ~ **fitting*** (Elec Eng) / geteiltes Fitting ‖ ~ **flap*** (Aero) / Spreizklappe f (ein Hochauftriebsmittel zur Profilveränderung an der Unterseite) ‖ ~**-flow reactor*** (Nuc Eng) / Reaktor m mit geteiltem Kühlmittelfluss ‖ ~ **fraction*** (Typog) / Bruchziffer f mit Querstrich ‖ ~ **frame** (Cinema) / Schachtelbild n, Mehrfachbild n
**split-friction road surface** (Autos, Civ Eng) / Fahrbahn f von unterschiedlicher Griffigkeit, Fahrbahnbelag f mit unterschiedlicher Reibwerten
**split gate** (Radar) / Split Gate n (bei Differenztorbildung) ‖ ~ **gene** (Gen) / Mosaikgen n ‖ ~ **half method** (Comp) / Schnittstellenmethode f (Fehlersuchverfahren, bei dem die Messung an einer Schnittstelle in der Mitte des Signalweges erfolgt)
**splithead** n (an adjustable support) (Build) / dreibeiniger (Gerüst)Bock (aus Stahl)
**splitheads** pl (Paint) / Arbeitsgerüst n (einfaches, meist zusammenklappbares)
**split image** / Teilbild n, geteiltes Bild (in technischer oder künstlerischer Absicht) ‖ ~ **image** (Photog) / Schnittbild n ‖ ~ **image** (TV) / Bildvervielfachung f, geteiltes Bild (durch fehlerhafte Synchronisation) ‖ ~**-image rangefinder*** (Photog) / Schnittbildentfernungsmesser m (in dem zwei gleichgerichtete Halbbilder des Zieles erzeugt werden) ‖ ~ **in the blue** (Leather) / spalten aus dem Chrom (im chromgegerbten Zustand), chromspalten v (nur Infinitiv und Partizip) ‖ ~ **keeper** (Autos) / Kegelstück n (Ventilbefestigungselement), Ventilkegelstück n, Ventilkeil m ‖ ~ **knitting** (Plastics) / Split Knitting n (Verarbeitung von Folienbändchen zu Maschenware) ‖ ~ **leather** (Leather) / Spaltleder n ‖ ~ **lens** (Optics) / Halblinse f
**split-level house** (Build) / Wohnhaus n (meistens Doppelhaus) mit versetzten Geschossebenen
**split-lock washer** (Eng) / Federring m (eine Schraubensicherung nach DIN 127)
**split lot** (Work Study) / Teillos n (bei der Losteilung) ‖ ~ **mould** (Foundry) / geteilte Form ‖ ~ **mould** (Glass) / zweiteilige Form (formgebendes Werkzeug), Schüttform f ‖ ~ **mould** (Plastics) / mehrteiliges Presswerkzeug, mehrteiliges Werkzeug, Werkzeug n mit geteilten Backen ‖ ~ **off** v / abspalten v
**split-off system part** (i.e. part that is split from the system) (Comp) / Teilsystem n
**split pair** (Optics) / Spaltpaar n ‖ ~ **pattern** (Foundry) / getrenntes Modell, geteiltes (zweiteiliges) Modell ‖ ~**-phase*** n (Elec Eng) / Hilfsphase f, Spaltphase f ‖ ~**-phase motor** (Elec Eng) / Hilfsphasenmotor m, Spaltphasenmotor m, Einphasen-Asynchronmotor m mit Hilfsphasenwicklung
**split-phase winding** (Elec Eng) / gespaltene Phasenwicklung
**split•-pin*** n (Eng) / Splint m (DIN EN ISO 1234), Vorstecker m (zur Sicherung eines Maschinenteiles) ‖ ~**-pole converter*** (Elec Eng) / Spaltpolumformer m (ein Einankerumformer)
**split-port furnace** (Glass) / Schlitzofen m (ein Hafenofen)
**split prop shaft** (Autos) / geteilte Kardanwelle, zweiteilige Kardanwelle ‖ ~ **pulley** (Eng) / geteilte Riemenscheibe (meistens zweiteilige)
**split-range control** (Automation) / Split-Range-Regelung f
**split ratio** (Chem) / Teilstromverhältnis n, Split-Verhältnis n (Gaschromatografie) ‖ ~ **rear-seat backrest** (Autos) / geteilte umklappbare Rücksitzlehne ‖ ~ **reel** (Cinema) / auseinanderschraubbare Filmspule ‖ ~ **retannage** (Leather) / Spaltnachgerbung f ‖ ~ **rim** (Autos) / geteilte Felge ‖ ~ **rim** (Eng) / geteilter Radkranz (z.B. eines Schwungrads) ‖ ~**-ring clutch** (Eng) / Klemmhülsenkupplung f
**split-ring connector** (Carp) / Balkenverbindungsringeisen n, Holzbalkenverbindungsringeisen n ‖ ~ **core lifter** (Mining) / Kernfänger m (beim Tiefbohren), Kernfangring m, Kernheber m
**split rotor** (Elec Eng) / geteilter Rotor
**splits*** pl (Build) / Plättchen n pl (Formsteine), Längshalbziegel m pl ‖ ~ (Paint) / Arbeitsgerüst n (einfaches, meist zusammenklappbares)
**split screen** (Autos) / geteilte Frontscheibe ‖ ~ **screen** (Comp) / gefensterter Bildschirm, geteilter Bildschirm, Mehrfeldbildschirm m
**split-screen technology** (Comp) / Split-Screen-Technik f (gleichzeitige Verarbeitung von Text und Daten auf einem multifunktionalen geteilten Bildschirm)
**split** (coal) **seam** (Mining) / Kohlenflöz n mit mächtigen Zwischenmitteln ‖ ~ **second** / Bruchteil m einer Sekunde, Sekundenbruchteil m ‖ ~**-seconds chronograph*** (Horol) / Stoppuhr f (die Sekundenbruchteile misst) ‖ ~ **selvedge** (Weaving) / Splitleiste f, Schnittleiste f (Gewebe mit 2 oder mehr Stoffbahnen, deren Zwischenleisten mit einem Perlkopf abgebunden sind) ‖ ~ **shot** (Cinema) / Schachtelbild n, Mehrfachbild n ‖ ~**-skirt piston** (Autos, I C Engs) / Schlitzmantelkolben m (z.B. T-Schlitzkolben, U-Schlitzkolben, Querschlitzkolben), Schlitzkolben m ‖ ~ **sleeve** (Eng) / geteilte Überschiebmuffe ‖ ~ **spoon sampler** (Civ Eng) / Schlitzsonde f (zur Schlagsondierung) ‖ ~ **spray** (Paint) / Strahlspalten n (Einstellfehler der Spritzpistole)
**split-stator variable capacitor** (Elec Eng) s. also butterfly capacitor ‖ ~ **variable capacitor** (Elec Eng) / Split-Stator-Drehkondensator m, Drehkondensator m ohne Rotoranschluss (mit getrenntem Stator)
**split stream** (Hyd) / Teilstrom m ‖ ~ **switch** (Rail) / Zungenweiche f ‖ ~ **synthesis** (Chem) / geteilte Synthese
**splittable** adj / spaltbar adj ‖ ~ (Spinning) / splitbar adj, spaltbar adj (Faser)
**split-table reactor** (Nuc Eng) / Split-Table-Reaktor m, STR (Split-Table-Reaktor)
**split tee** (Eng) / geteiltes T-Stück (aus zwei Teilen bestehendes Abzweigstück)
**splitter** n (Chem) / Gasmengenstromteiler m (am Ende der Trennsäule) ‖ ~ (Elec Eng) / Verteiler m / Konstruktion zur Aufnahme von Löt- und Trennleisten) ‖ ~ (For) / Spaltkeil m (hinter einem Kreissägeblatt angebrachter Stahlblechkeil zur Offenhaltung der Schnittfuge und somit gegen Klemmungen und Rückschlag des Holzes) ‖ ~ (Hyd Eng) / Schneide f (in der Mitte der becherartigen Schaufel der Pelton-Turbine) ‖ ~ (Oils) / Splitter m (einfacher Fraktionierturm, der nur ein Kopfprodukt und ein Bodenprodukt voneinander trennt) ‖ ~ (Optics) / Teilungsplatte f (in der

**splitter**
Interferometrie) ‖ ~ (Telecomm) / Verteiler *m* (einer GGA-Anlage) ‖ ~ (TV) / Signalverteiler *m* (beim Kabelfernsehen) ‖ ~ **plate** (Optics) / Teilungsplatte *f* (in der Interferometrie) ‖ ~ **ratio** (Chem) / Teilstromverhältnis *n*, Split-Verhältnis *n* (Gaschromatografie)
**split tile** (Build, Ceramics) / keramische Spaltplatte (DIN 18166)
**splitting** *n* / Spalten *n*, Spaltung *f*, Aufspalten *n*, Aufspaltung *f* ‖ ~ (Crystal, Geol, Min) / Spaltung *f* ‖ ~ (Mining) / Teilung *f* (von Wetterströmen) ‖ ~ (Phys, Spectr) / Aufspaltung *f* (von Spektrallinien) ‖ ~ (Spectr) / Spalten *n* ‖ ~ (Telecomm) / Verbindungsaufspalten *n* (ein Übermittlungsereignis) ‖ ~ **damage** (Leather) / Spaltfehler *m* ‖ ~ **field** (Maths) / Zerfällungskörper *m* (eines Polynoms), Wurzelkörper *m* ‖ ~ **into partial fractions** (Maths) / Partialbruchzerlegung *f* ‖ ~ **key** (Teleph) / Abtrennschalter *m* ‖ ~ **of a spectral line** (Spectr) / Aufspaltung *f* einer Spektrallinie, Linienaufspaltung *f* (bei Spektrallinien)
**splitting-off** *n* / Abspaltung *f*
**splitting prisma** (Optics) / Teilerprisma *n* ‖ ~ **ratio** (Chem) / Teilstromverhältnis *n*, Split-Verhältnis *n* (Gaschromatografie) ‖ ~ **ratio\*** (Nuc Eng) / Schnitt *m*, Aufteilungsverhältnis *n*, Teilungskoeffizient *m* ‖ ~ **resistance** (For) / Spaltfestigkeit *f*
**splittings** *pl* (Elec Eng) / Spaltglimmer *m*
**splitting test** / Rissprobe *f* ‖ ~ **test** (For) / Spaltprüfung *f* ‖ ~ **time** (Teleph) / Auftrennzeit *f*
**splitting-up** *n* (of trains) (Rail) / Zugauflösung *f*, Zugzerlegung *f* ‖ ~ (Telecomm) / Abbereitung *f*
**splitting wedge** (For) / Spaltkeil *m* (zum Holzhacken)
**split treatment** / Split-Verfahren *n* (zur Entkarbonisierung des Wassers)
**split-type heat pump** (Eng, Heat) / Split-Wärmepumpe *f*, Wärmepumpe *f* mehrgehäusiger Bauweise, Wärmepumpe *f* in Split-Bauweise
**split washer** (Eng) / Federring *m* (eine Schraubensicherung nach DIN 127) ‖ ~ **washer** (Eng) / Federring *m* (DIN ISO 1891), Federring Form A (DIN 127) ‖ ~ **weaving** (Plastics) / Split Weaving *n* (Verweben von thermoplastischen Folienbändchen aus Niederdruck-Polyethylen oder Polypropylen)
**splitwood** *n* (For) / Spaltholz *n*
**split yarn** (Spinning) / Spaltfasergarn *n*, fibrilliertes Garn
**splodgy** *adj* / fleckig *adj*, befleckt *adj*, gefleckt *adj*, voller Flecken
**SP logging** (spontaneous-potential logging) (Mining) / Eigenpotentialmethode *f*, Eigenpotentialmessung *f*
**splotchy** *adj* / fleckig *adj*, befleckt *adj*, gefleckt *adj*, voller Flecken
**spluttering** *n* (the popping of glaze fragments) (Ceramics) / Abplatzen *n* der Glasur (im Brennofen)
**SPM** (session protocol machine) (Comp) / Protokollmaschine *f* der Schicht der Kommunikationssteuerung
**spm** (I C Engs) / Hübe *m pl* je Minute, Hubzahl *f* je Minute
**SPME** (solid-phase microextraction) (Chem) / Festphasenmikroextraktion *f*
**SPMX** (speech multiplexer) (Telecomm) / Sprachmultiplexer *m*, SPMX (Sprachmultiplexer)
**spodic** *adj* (soil horizon) (Agric, Geol) / mit Aluminiumoxiden und organischen Stoffen angereichert (Bodenhorizont)
**spodium** *n* (Pharm) / Knochenkohle *f* (adsorbierende), Carbo *m* ossium, Spodium *n*
**spodogram\*** *n* (Bot) / Spodogramm *n* (bei der mikroskopischen Aschenanalyse), Aschenbild *n*
**spodosol** *n* (Agric) / Spodosol *m* (podsolierter Boden)
**spodumene\*** *n* (Min) / Spodumen *n* (ein Augit - wichtiger Rohstoff für Lithiumsalze)
**spoil** *vi* (Nut) / verderben *vi* (durch längeres Aufbewahrtwerden über die Dauer der Haltbarkeit hinaus schlecht, ungenießbar werden), schlecht werden ‖ ~\* *n* (Civ Eng) / vorhandener, überschüssiger (nicht gebrauchter) Erdaushub ‖ ~ (Civ Eng, Mining) / Abraumgut *n*, Abraum *m*
**spoilage** *n* (Eng) / Ausschussverluste *m pl* ‖ ~ (Nut) / Verderb *m* (von Lebensmitteln) ‖ ~\* (Print) / Makulatur *f* (Fehldrucke, Fehlbogen, die beim Druck oder durch Beschädigung entstanden sind)
**spoil bank\*** (Civ Eng) / Seitenablagerung *f* ‖ ~ **bank** (Mining) / Abraumhalde *f*, Abraumkippe *f* (über Tage angelegte Aufschüttung von Abraum), Halde *f* (künstliche Aufschüttung von Schlacke oder tauben Gesteinsmassen)
**spoiled** *adj* (Nut) / verdorben *adj* (Lebensmittel) ‖ ~ **grain** (Leather) / wilder Narben ‖ ~ **masonry** (Build) / Mauerwerksschaden *m* ‖ ~ **sheet** (Print) / Schmutzbogen *m*, Fehlbogen *m*, Makulaturbogen *m*
**spoiler\*** *n* (Aero) / Interzeptor *m*, Störklappe *f* (auf der Tragflächenoberseite), Spoiler *m* (der den Auftrieb mindert) ‖ ~ (Autos) / Spoiler *m* (ein die Aerodynamik beeinflussendes Element der Karosserie), Windleitblech *n*
**spoil heap** (Mining) / Abraumhalde *f*, Abraumkippe *f* (über Tage angelegte Aufschüttung von Abraum), Halde *f* (künstliche Aufschüttung von Schlacke oder tauben Gesteinsmassen) ‖ ~ **heap fire** (Mining) / Haldenbrand *m*

**spoils\*** *pl* (Print) / Makulatur *f* (Fehldrucke, Fehlbogen, die beim Druck oder durch Beschädigung entstanden sind) ‖ ~\* (Print) / Zuschussbogen *m pl*
**spoilt** *adj* (Nut) / verdorben *adj* (Lebensmittel)
**spoke** *n* / Speiche *f*, Radspeiche *f* ‖ ~ / Speiche *f* (im Speichenrad eines Seilnetzkühlturms) ‖ ~ (Astron) / Speiche *f* (im B-Ring des Saturns) ‖ ~ (Autos) / Speiche *f* (des Lenkrads) ‖ ~ (Radar, TV) / Spoke *n* (Radeffekt - eine Störerscheinung auf dem Bildschirm) ‖ ~ (Ships) / Spake *f* (eine der zapfenförmig über den Rand hinausreichenden Speichen des Steuerrads)
**spoken dialogue** (Acous, Cinema) / gesprochener Dialog ‖ ~ **message** (Telecomm) / Sprachdurchsage *f*
**spokeshave** *n* (Carp, For) / Ziehmesser *n*, Schnitzmesser *n* (ein Handentrinder), Reifmesser *n*, Zugmesser *n* ‖ ~ (for shaping curved edges) (Join) / Kantenhobel *m* (mit seitlichen Griffen), Schabhobel *m*, Stuhlhobel *m* ‖ ~ (Join) / Schabehobel *m*, Schabhobel *m*
**spoke wheel** (Autos) / Speichenrad *n*
**spoking** *n* (Radar, TV) / Spoke *n* (Radeffekt - eine Störerscheinung auf dem Bildschirm)
**sponge** *v* (with a damp sponge) (Ceramics) / verschwämmen *v*, verputzen *v* (Dekor mit einem Schwamm) ‖ ~\* *n* (Ceramics, Zool) / Schwamm *m* ‖ ~ (US) (Chem Eng) / Reinigungsmasse *f*, Reinigermasse *f*, Gasreinigungsmasse *f* ‖ ~ (Paint) / Tupfschwamm *m*, Schwammtupfer *m* ‖ ~ **cloth** (Textiles) / grobes Gazegewebe ‖ ~ **cloth** (Textiles) s. also ratiné ‖ ~ **coke** / Schwammkoks *m* ‖ ~ **glass** (Glass) / Schaumglas *n* (mit Porenanteil von etwa 95 Vol.-%) ‖ ~ **gold** (Met) / Schwammgold *n*, Moosgold *n* ‖ ~ **grease** / Schwammfett *n* ‖ ~ **iron** (Met) / Eisenschwamm *m*
**sponge-iron powder** (Met) / Eisenschwammpulver *n*
**spongelike** *adj* / Schwamm-, schwammig *adj*, spongiös *adj*
**sponge off** *v* (Ceramics) / verschwämmen *v*, verputzen *v* (Dekor mit einem Schwamm) ‖ ~ **rubber** / Schwammgummi *m* (ein Zellgummi) ‖ ~ **stippling** (Paint) / Tupfen *n* mit dem Schwammtupfer, Stupfen *n* (mit dem Tupfschwamm)
**spongiose** *adj* / Schwamm-, schwammig *adj*, spongiös *adj*
**spongiosis** *n* (Met) / graphitische Korrosion (von Gusseisen), Spongiose *f* (selektiver Angriff am Gusseisen nach DIN 50900, T 1), Graphitierung *f*
**spongoline** *n* (Geol) / Spongolit *m* (Sediment aus Schwammresten)
**spongolite** *n* (Geol) / Spongolit *m* (Sediment aus Schwammresten)
**spongy** *adj* / Schwamm-, schwammig *adj*, spongiös *adj* ‖ ~ (Autos) / Schwamm-, träge *adj*, zäh *adj* (Ansprechen des Motors), schwammig *adj* (Ansprechen des Motors) ‖ ~ (Mining) / locker *adj* (Hangendes) ‖ ~ **lead** (Met) / Bleischwamm *m* ‖ ~ **mesophyll** (Bot) / Schwammparenchym *n* (in bifazialen Laubblättern) ‖ ~ **parenchyma** (Bot) / Schwammparenchym *n* (in bifazialen Laubblättern) ‖ ~ **platinum\*** (Chem, Chem Eng) / Platinschwamm *m* (ein Platinkatalysator) ‖ ~ **rot** (For) / Weichfäule *f* (durch Schlauchpilze verursacht)
**sponson\*** *n* (Aero) / Schwimmstummel *m*
**sponsor** *v* / sponsern *v* (als Sponsor veranstalten oder finanzieren), fördern *v* (finanziell) ‖ ~ *n* / Geldgeber *m*, Sponsor *m* ‖ ~ (Radio, TV) / Werbungstreibender *m*
**sponsored television** (TV) / gesponserte Fernsehsendung, Werbefernsehen *n*
**spontaneous** *adj* / spontan *adj*, von selbst (entstanden) ‖ ~ **combustion** (Agric, Eng) / Spontanzündung *f*, Selbstentzündung *f*, Selbstzündung *f* ‖ ~ **emission\*** (Phys) / Spontanemission *f* (ohne äußere Einwirkung), spontane Emission *f* ‖ ~ **fission\*** (Nuc) / Spontanspaltung *f*, spontane Spaltung (der schwersten Atomkerne) ‖ ~ **generation\*** (Biol) / Abiogenese *f* ‖ ~ **heating** (Heat) / Selbsterwärmung *f*, Selbsterhitzung *f* ‖ ~ **ignition** (Agric, Eng) / Spontanzündung *f*, Selbstentzündung *f*, Selbstzündung *f* ‖ ~ **ignition temperature\*** (Heat) / Selbstentzündungstemperatur *f*, Selbstzündtemperatur *f*
**spontaneously broken symmetry** (Phys) / spontan gebrochene Symmetrie
**spontaneous magnetization** (Elec Eng, Mag) / spontane Magnetisierung (die in Ferro- und Ferrimagnetika ohne Einwirkung eines Magnetfeldes innerhalb der Weiss'schen Bezirke existierende Magnetisierung) ‖ ~ **mutation** (Gen) / Spontanmutation *f* ‖ ~ **nuclear fission** (Nuc, Nuc Eng) / spontane Kernspaltung ‖ ~ **polarization** (Phys) / spontane Polarisation
**spontaneous-potential curve** (Mining) / Eigenpotentialkurve *f* (bei der Bohrlochmessung) ‖ ~ (well) **logging** (Mining) / Eigenpotentialmethode *f*, Eigenpotentialmessung *f* ‖ ~ **method** (Geol, Mining) / Eigenpotentialmethode *f*, Eigenpotentialmessung *f*
**spontaneous radiation** (Phys) / spontane Strahlung ‖ ~ **symmetry breaking** (Phys) / spontane Symmetriebrechung
**spoof** *v* (Electronics, Mil) / Ziele vortäuschen (Eloka)
**spoofer** *n* (Electronics, Mil) / Zielvortäuscher *m* (Eloka)
**spoofing** *n* (Comp) / Spoofing *n* (beim Spoofing wird vorgetäuscht, dass ein Paket von einer Adresse stammt, welche es in Wirklichkeit nicht

verschickt hat) ‖ ~ (Electronics, Mil) / Vortäuschung f von Zielen, Mehrfachzielerzeugung f, Zielvortäuschung f (Eloka) ‖ ~ **traffic** (Electronics, Mil) / Vortäuschung f von Zielen, Mehrfachzielerzeugung f, Zielvortäuschung f (Eloka)
**spoof jamming** (Electronics, Mil) / Vortäuschung f von Zielen, Mehrfachzielerzeugung f, Zielvortäuschung f (Eloka)
**spool** v (Comp) / ausspoolen v (Druckdateien vor dem eigentlichen Druck in einen Pufferspeicher spielen, um den Rechner während des Druckvorganges für andere Aufgaben frei zu haben), ausspulen v ‖ ~ (Spinning) / spulen v ‖ ~ n (Carp) / Abstandsstück n ‖ ~ (GB) (Cinema) / Spule f (Tonband-, Band-, Film-), Teller m (Tonband-) ‖ ~* (Elec Eng) / Spulenkörper m, Spulenkasten m ‖ ~ (Spinning, Textiles) / Spule f (ein Einzelfadenspeicher), voller Garnträger
**spool-box** n (GB) (Cinema) / Aufwickelmagazin n, Aufwickeltrommel f (eines Laufbildwerfers)
**spool core** (Acous, Cinema) / Spulenkern m, Wickelkern m, Filmkern m, Bobby m
**spooler** n (Comp) / Spooler m (Kontrollroutine des Betriebssystems für die Abarbeitung von Ein-/Ausgabeaufgaben, unabhängig vom jeweils laufenden Programm) ‖ ~ (Spinning) / Spulmaschine f
**spooling*** n (the use of auxiliary storage as a buffer storage to reduce processing delays when transferring data between peripheral equipment and the processors of a computer) (Comp) / SPOOL-Betrieb m, Spulbetrieb m (automatisierte Ein- oder Ausgabe von oder auf langsame(n) Peripheriegeräte(n) über schnelle externe Speicher wie Magnetbänder oder -platten), Spoolbetrieb m, Spooling n, Spulen n ‖ ~ **frame** (Spinning) / Spulmaschine f ‖ ~ **oil** (Spinning) / Spulöl n (zum Spulfähigmachen von Garnen)
**spoolless coil** (Elec Eng) / kastenlose Spule
**spool of thread** (Textiles) / Garnrolle f (der Nähmaschine) ‖ ~ **out** v (Comp) / ausspoolen v (Druckdateien vor dem eigentlichen Druck in einen Pufferspeicher spielen, um den Rechner während des Druckvorganges für andere Aufgaben frei zu haben), ausspulen v ‖ ~ **pin** (Textiles) / Garnrollenhalter m, Spulspindel f (der Nähmaschine) ‖ ~ **production department** / Spulerei f (Produktionsabteilung zur Herstellung von Spulen) ‖ ~ **spindle** (Cinema) / Spulenzapfen m (bei Filmprojektoren)
**spool-wound** adj (Elec Eng, Textiles) / spulengewickelt adj
**spoon** n (Chem) / Löffel m (ein Laborgerät) ‖ ~ **bit** (Build, Carp) / Zapfenlochbohrer m, Dübelbohrer m, Dübellochbohrer m ‖ ~ **bit** (Carp, Join) / Löffelbohrer m, Bürstenholzbohrer m (Maschinen- und Handbohrer mit halbrund ausgehöhltem, löffelförmigem Schneidenteil - z.B. zum Bohren von Sprossenlöchern in Leiterbäumen und Herstellen von Holzrädern) ‖ ~ **bit** (Civ Eng) / Löffelbohrer m ‖ ~ **proof** (a specimen of molten glass from a ladle) (Glass) / Schöpfprobe f
**sporadic** adj / sporadisch adj, verstreut vorkommend ‖ ~ **building** (Build) / Streubebauung f ‖ ~ **E*** (Geophys, Meteor) / sporadische E-Schicht (Es-Erscheinung), Es-Schicht f ‖ ~ **E-layer*** (Geophys, Meteor, Phys) / sporadische E-Schicht (Es-Erscheinung), Es-Schicht f ‖ ~ **E-skip** (Radio) / sporadischer E-Sprungeffekt ‖ ~ **fault** / sporadischer Fehler ‖ ~ **meteor** (Astron) / Sternschnuppe f ‖ ~ **meteor** (Astron) / Nichtstrommeteor m, sporadischer Meteor
**sporangium*** n (pl. -gia) (Bot) / Sporangium n (pl. -gien) (Sporenbildner und -behälter)
**spore*** n (Bot) / Spore f (mikroskopisch kleine Fortpflanzungszelle der Pilze)
**sporicidal** adj (Textiles) / sporizid adj (Ausrüstung)
**sporicide** adj (Textiles) / sporizid adj (Ausrüstung)
**sporinite** n (Geol, Mining) / Sporinit m (ein Kohlenmazeral)
**sporogenous*** adj (bot) / sporogen adj, Sporen bildend adj
**sport*** n (Bot) / Knospenmutation f ‖ ~ (Bot, Gen) / Sprossmutation f ‖ ~ (Gen) / Mutante f (Tier oder Pflanze als Ergebnis einer spontanen Mutation) ‖ ~ **parachuting** (Aero) / Fallschirmsport m (ein Flugsport), Fallschirmspringen n (ein Flugsport)
**sports car** (Autos) / Sportwagen m (mit sportlicher Zweckform)
**sportscast** n (Radio, TV) / Sportsendung f (Sportkanal)
**sports facility** (Build) / Sportanlage f ‖ ~ **finder** (Photog) / Albada-Sucher m (nach L.E.W. van Albada), Sportsucher m (ein alter Leuchtsucher) ‖ ~ **steering wheel** (Autos) / Sportlenkrad n
**sportster** n (Autos) / Sportwagen m (mit sportlicher Zweckform)
**sportswear** n (Textiles) / Sportswear n, Sportkleidung f
**sport utility** (Autos) / Sport-Utility-Car m
**sport-utility car** (Autos) / Sport-Utility-Car m ‖ ~ **vehicle** (Autos) / Sport-Utility-Car m
**sporulation*** n (Bot) / Sporenbildung f, Sporulation f
**spot** v / punktförmig auftragen ‖ ~ / einwinken v (z.B. den Kran- oder Baggerführer) ‖ ~ / tüpfeln v, punktieren v ‖ ~ / betupfen v, abtupfen v ‖ ~ / erkennen v (Fehler) ‖ ~ (Photog) / ausflecken v, helle Stellen abdecken ‖ ~ (Photog) / durch einen Punkt kennzeichnen (Diarähmchen zwecks richtiger Orientierung) ‖ ~ vi / Flecke bekommen, Tupfen annehmen, fleckig werden ‖ ~ vt / beflecken v, beschmutzen v, fleckig machen ‖ ~ n (Autos) / Sucher m (schwenkbarer Zusatzscheinwerfer), Suchscheinwerfer m ‖ ~ (Build) / Mörtelbrett n (Mörtelmischtisch), Ablageplatte f für den frischen Putzmörtel (etwa 1 m² groß), Mörtelmischtisch m ‖ ~ (Cinema, Photog) / Spotlight n (Stichlicht mit 10-20°), Punktscheinwerfer m, Punktlicht n, Spot m (Punktscheinwerfer) ‖ ~* (Electronics) / Leuchtfleck m (auf dem Schirm der Oszillografenröhre), Lichtpunkt m, Leuchtpunkt m ‖ ~ (Eng) / Anschlussfläche f (DIN 40804) ‖ ~ (Meteor) / Wind m an einem bestimmten Punkt ‖ ~ (commercial) (Radio, TV) / Werbesendezeit f, Zeitdauer f einer Werbesendung ‖ ~ (Textiles) / Schmutzfleck m, Fleck m (Rost-, Schmutz-), Schmutzstelle f ‖ ~ (Textiles) / Tüpfchen n, Tupfen m ‖ ~ (TV) / Spot m (Werbetext, Werbekurzfilm) ‖ ~ **advertising** (Radio, TV) / Radio- oder Fernsehwerbung in lokalen Sendern, lokale Radio- oder Fernsehwerbung ‖ ~ **analysis** (Chem) / Tüpfelanalyse f, Tüpfelprobe f, Tüpfelmethode f, Tüpfelprüfung f, Spotanalyse f ‖ ~ **application** (Agric) / nesterweises Ausbringen, nestweise Applikation (z.B. von Pestiziden) ‖ ~**-beam antenna** (Telecomm) / superdirektive Antenne, Punktstrahlantenne f, Spot-Beam-Antenne f ‖ ~ **blasting** (Build, Paint) / Spot-Strahlen m (ein übliches Druckluft- oder Feuchtstrahlen, bei dem nur einzelne Flecken, z.B. Rost- oder Schweißstellen in einer sonst intakten Beschichtung, gestrahlt werden) ‖ ~ **board** (Build) / Mörtelbrett n (Mörtelmischtisch), Ablageplatte f für den frischen Putzmörtel (etwa 1 m² groß), Mörtelmischtisch m ‖ ~ **carbon** (Paper) / Fleckkarbon n (mit teilkarbonisierten Zonen) ‖ ~ **check** / stichprobenartige Überprüfung ‖ ~ **check** / Prüfung f an Ort und Stelle, Prüfung f am Einsatzort
**spot-check** v / stichprobenartig überprüfen
**spot elevation** (US) (Cartography) / Höhenpunkt m (ein Kartenzeichen zur Lageangabe) ‖ ~ **elevation** (US) (Surv) / Höhenpunkt m, Höhe f eines Punktes ‖ ~ **face*** (Eng) / plangesenkte Oberfläche (z.B. Naben- oder Flanschfläche) ‖ ~ **facing** (Eng) / Anstirnen n ‖ ~ **facing** n (Eng) / Flachsenken n, Plansenken n, Stirnsenken n, Flachsenkverfahren n, Plansenkverfahren n, Stirnsenkverfahren n
**spotfacing cutter** (US) (Eng) / Plansenkkopf m, Stirnsenkkopf m
**spot-film device** (Radiol) / Zielnahmegerät n (im Röntgenapparat)
**spot finishing** (Paint) / Punktausbesserung f, Ausflecken n (von schadhaften Stellen) ‖ ~ **fire** / Springfeuer n, durch Funkenflug verursachtes Nebenfeuer ‖ ~ **galvanometer** (Elec Eng) / Lichtmarkengalvanometer n ‖ ~ **height** (Cartography) / Höhenpunkt m (ein Kartenzeichen zur Lageangabe) ‖ ~ **height** (Surv) / Höhenpunkt m, Höhe f eines Punktes ‖ ~**-hover** n (Aero) / stationärer Schwebeflug (des Hubschraubers), Schweben n, Schwebe f ‖ ~ **indicator** (Chem) / Tüpfelindikator m (für die Maßanalyse) ‖ ~ **infestation** (Agric, For) / lokal begrenzter Befall (durch Schädlinge) ‖ ~ **jammer** (Mil, Radar, Radio) / Schmalbandstörer m, schmalbandiger Störer ‖ ~ **jamming** (Mil, Radar, Radio) / Schmalbandstören m (ELOKA), schmalbandiges Stören ‖ ~ **kerning** (Comp, Typog) / manuelles Unterschneiden
**spotlamp** n (Autos) / Weitstrahler m (ein Zusatzscheinwerfer) ‖ ~ (Elec Eng) / Punktstrahllampe f
**spot level*** (Surv) / Einzelablesung f, Einzelhöhe f (bei den Nivellierarbeiten) ‖ ~ **lifter** (Textiles) / Detachiermittel n, Fleckenentfernungsmittel n, Fleckenreiniger m, Fleckenentferner m
**spotlight** n (Autos) / Sucher m (schwenkbarer Zusatzscheinwerfer), Suchscheinwerfer m ‖ ~ (Cinema, Photog) / Spotlight n (Stichlicht mit 10-20°), Punktscheinwerfer m, Punktlicht n, Spot m (Punktscheinwerfer) ‖ ~ (Elec Eng) / Punktstrahllampe f ‖ ~ **mode** (with antenna adjustment towards the target, generally with varying scan angle for long time-on-target to improve detection) (Radar) / Scheinwerfermodus m
**spot meter*** (Photog) / Spotbelichtungsmesser m, Spotmesser m, Spotmeter n, Punktbelichtungsmesser m (Messung nur in einem kleinen Fleck des Motives) ‖ ~ **metering** (Photog) / Spotmessung f (mit dem Spotbelichtungsmesser), Spotbelichtungsmessung f (eine fast punktgenaue Belichtungsmessmethode, bei der der Messwinkel auf bis zu 1° reduziert wird) ‖ ~ **of mould** (For) / Stockfleck m ‖ ~ **out** v (Surf) / ausblühen v, ausschlagen v (nachträglich bei elektrochemisch hergestellten Schutzschichten) ‖ ~ **out** vt (Photog, Print) / ausflecken v (die Filmvorlage) ‖ ~ **plate** (Chem) / Tüpfelplatte f (Porzellanplatte mit näpfchenartigen Vertiefungen) ‖ ~ **priming*** (Paint) / Punktausbesserung f, Ausflecken n (von schadhaften Stellen) ‖ ~ **prompt vessel** (Ships) / spotpromptes Schiff (sofort verfügbares Schiff, das unverzüglich ladebereit sein kann) ‖ ~ **punch** (Comp) / Lochzange f, Locher m für Korrekturen von Hand ‖ ~ **quantity** / Spotmenge f (außerhalb längerfristiger Lieferverträge gehandelte Menge z.B. von Erdgas oder Erdöl) ‖ ~ **removal** (Textiles) / Detachur f, Detachieren n ‖ ~ **remover** (Textiles) / Detachiermittel

**spot**
*n*, Fleckenentfernungsmittel *n*, Fleckenreiniger *m*, Fleckenentferner *m* ‖ ~ **retouching** (Print) / Spotretusche *f*
**spots** *pl* (Textiles) / Spots *n pl* (shantungartige Unregelmäßigkeiten bei Herrentuchen, durch Garnverdickungen hervorgerufen)
**spot spacing** (Welding) / Punktabstand *m* ‖ ~ **speed**\* (TV) / Abtastgeschwindigkeit *f* ‖ ~ **synthesis** (Chem) / Flecksynthese *f*, Spotsynthese *f*
**spotted** *adj* / tüpfelig *adj*, getupft *adj* ‖ ~ (Weaving) / punktiert *adj*, gepunktet *adj* ‖ ~ **gum**\* (For) / Spotted Gum *m*, Urara *n* (Eucalyptus maculata Hook.)
**spotter** *n* (US) (Civ Eng) / Einweiser *m* (des Kran- oder Baggerführers), Einwinker *m* (des Kran- oder Baggerführers) ‖ ~ (Eng) / Einweiser *m* am Baggerabwurf (der zum Baggerpersonal gehört) ‖ ~ (Eng) / Anschläger *m*, Binder *m* (am Kran) ‖ ~ (Textiles) / Detachiermittel *n*, Fleckenentfernungsmittel *n*, Fleckenreiniger *m*, Fleckenentferner *m*
**spot test** (Chem) / Tüpfelanalyse *f*, Tüpfelprobe *f*, Tüpfelmethode *f*, Tüpfelprüfung *f*, Spotanalyse *f*
**spotting** *n* / Beflecken *n*, Beschmutzen *n* ‖ ~ / Betupfen *n*, Abtupfen *n* ‖ ~ (Autos, Paint) / Beilackierung *f* (punktuelle) ‖ ~ (Light, Optics) / Punktanstrahlung *f* ‖ ~ (Oils) / Setzen *n* einer Pille (eine Flüssigkeitsmenge in einen gewünschten Bereich im Bohrloch bringen, um z.B. das Bohrgestänge freizubekommen) ‖ ~ (Paint) / Fleckenbildung *f* ‖ ~ (Textiles) / Detachur *f*, Detachieren *n* ‖ ~ **drill**\* (Eng) / Anbohrer *m*
**spotting-in** (Paint) / Punktausbesserung *f*, Ausflecken *n* (von schadhaften Stellen)
**spotting out** (Surf) / Ausblühen *n*, Fleckenbildung *f* (nachträgliche - auf der elektrochemisch hergestellten Schicht), Ausschlagen *n*
**spotting-out** *n* (Photog, Print) / Ausflecken *n* (der Filmvorlage)
**spotting plate** (Chem) / Tüpfelplatte *f* (Porzellanplatte mit näpfchenartigen Vertiefungen)
**spot transaction** / Spotgeschäft *n* (gegen sofortige Kasse und Lieferung), Spot *m* (Geschäft)
**spotty** *adj* (Leather) / fleckig *adj* ‖ ~ (Min) / eingesprengt *adj* ‖ ~ **dyeing** (Textiles) / Färbung *f* mit Stippenbildung, Färbung *f* mit Fleckenbildung, scheckige Färbung
**spot-weld** *v* (Welding) / punktschweißen *v*, punkten *v* ‖ ~ **drill** (Welding) / Schweißpunktbohrer *m*
**spot-welded flange** (Welding) / Punktsteg *m* (bei zusammengepunkteten Blechteilen)
**spot-welding**\* *n* (Welding) / Punktschweißen *n* (eine Art Widerstandspressschweißen), Punkten *n*, Widerstandspunktschweißen *n*
**spot-weld remover** (Welding) / Schweißpunktbohrer *m* ‖ ~ **seam** (Welding) / Punktnaht *f* (eine Schweißnahtform)
**spot wind** (Meteor) / Wind *m* an einem bestimmten Punkt ‖ ~ **wobble**\* (TV) / Zeilenwobbelung *f* (bei der Zeilenunterdrückung)
**spout** *v* (Geol) / spucken *v* (Asche und Lava) ‖ ~ *n* / Schnauze *f* (z.B. einer Kanne), Tülle *f*, Spritztülle *f* ‖ ~ / Schnabel *m*, Ausguss *m* (an Kannen) ‖ ~ (Agric) / Auswurfbogen *m* (des Feldhäckslers) ‖ ~ (Eng) / Schurre *f* (z.B. Entladungsschurre) ‖ ~ (For) / kleiner gewinkelter Aluminiumstreifen, der beim Zapfen von Latex in die Rinde gesteckt wird ‖ ~ (which carries the orifice, revolving tube, and needle) (Glass) / Spout *m* (ein Teil des Speiserkopfes), Speiserauslauföffnung *f* ‖ ~ (Glass) / Auslassöffnung *f* (der Speiserrinne), Spout *m* ‖ ~ (Glass) / Überlaufstein *m* ‖ ~ (Met) / Pfannenschnauze *f* ‖ ~ (Met) / Ausgussrinne *f*, Abstichrinne *f* ‖ ~ **brush** (Paint) / Winkelpinsel *m*, Kniepinsel *m*, Spantenpinsel *m*
**spouted** *adj* / mit Spritztülle, mit Schnauze ‖ ~ **bed** (Chem Eng) / Sprudelbett *n*, Sprudelschicht *f* (eine Variante der Wirbelschicht)
**spouting well** (Oils) / Springquelle *f* (sprudelnde Erdölquelle), Springer *m*
**SPR** (surface-penetration radar) (Radar) / Oberflächendurchdringungsradar *m n*, Georadar *m n*, Bodenradar *m n* ‖ ~ (solid-propellant rocket) (Space) / Feststoffrakete *f*
**sprag** *v* (Foundry) / stecken *v* (Formstifte) ‖ ~ *n* (Eng) / Fangecke *f*, Fanglaschenaufsatz *m* (bei einer Boxpalette) ‖ ~ (Mining) / Hemmschuh *m* ‖ ~\* (Mining) / Strebestempel *m*, Strebestempel *m* ‖ ~\* (Mining) / Spreize *f*, Strebe *f* ‖ ~ **clutch**\* (Autos) / Freilaufkupplung *f*
**spraing** *n* (Agric) / Pfropfenbildung *f* (und Fleischigkeit - eine Krankheit der Kartoffelknollen)
**sprawl** *n* (the expansion of an urban or industrial area into the adjoining countryside in a way perceived to be disorganized and unattractive) (Arch) / Siedlungsbrei *m*, Zersiedlung *f* der Stadtrandgebiete (ungeplante flächenhafte Ausdehnung von Städten)
**spray** *v* / verstäuben *v* (Flüssigkeit), sprühen *v*, zerstäuben *v*, verspritzen *v*, versprühen *v*, sprayen *v* ‖ ~ / übersprühen *v*, besprühen *v* (mit Spritzmitteln) ‖ ~ / einsprayen *v*, sprayen *v* ‖ ~ / verdüsen *v*, düsen *v* (verdüsen - eien Flüssigkeit), aufdüsen *v*, bedüsen *v* (besprayen) ‖ ~ / abbrausen *v*, abspritzen *v* ‖ ~ (Agric, Met, Paint) / verspritzen *v*, spritzen *v* ‖ ~ (Ceramics) / glasieren *v* (durch Besprühen oder Spritzen) ‖ ~ (Paint) / spritzlackieren *v*, spraylackieren *v* (nur Infinitiv und Partizip) ‖ ~ *n* / Brause *f*, Brausekopf *m*, Tülle *f* ‖ ~ / Spray *m n* (Flüssigkeit, die mit Hilfe eines unter Druck stehenden Gerätes versprüht wird) ‖ ~ (a liquid preparation) / Sprühmittel *n*, Sprühflüssigkeit *f* ‖ ~ / Spritzmittel *n*, Spritzflüssigkeit *f* ‖ ~ / aufgelöster Düsenstrahl, Sprühstrahl *m*
**sprayability** *n* / Versprühbarkeit *f*, Verspritzbarkeit *f*, Spritzbarkeit *f* (im Allgemeinen) ‖ ~ (Autos, Paint) / Überspritzbarkeit *f* (formal Unterbegriff der "Überarbeitbarkeit", der sich auf das Auftragsverfahren Spritzen bezieht, in der Praxis aber, weil stärker problembezogen, weit häufiger, als jener verwendet wird)
**sprayable** *adj* / verspritzbar *adj*, spritzbar *adj*, versprühbar *adj*
**spray absorber** (Chem, Chem Eng) / Sprühabsorber *m* ‖ ~ **adhesive** / sprühbarer Klebstoff, Sprühkleber *m* (in Form von Sprays) ‖ ~ **aerator** (San Eng) / Spülstrahlbelüfter *m* (beim Belebungsverfahren) ‖ ~ **angle** / Spritzwinkel *m* ‖ ~ **application** (Met, Paint) / Spritzverfahren *n*, Spritztechnik *f*, Spritzen *n*, Spritzlackieren *n* ‖ ~ **application** (Paint, Surf) / Sprühauftrag *m*, Sprühapplikation *f* ‖ ~ **arc** (Welding) / Sprühlichtbogen *m* (feintropfiger -, der ins Schweißbad geschleudert wird) ‖ ~ **arrester** (Elec Eng) / Überspannungsableiter *m* (mit einem Wasserstrahl von einem geerdeten Rohr zum spannungsführenden Leiter) ‖ ~ **arrester**\* (Elec Eng) / Spritzschutzdeckel *m*
**spray-bake oven** (Autos, Paint) / Einbrennlackierkabine *f*, Einbrennlackierofen *m* (für Reparaturlackierungen)
**spray barrow** (Agric) / Karrenspritze *f* (ein Pflanzensprühgerät) ‖ ~ **beam** (Met) / Spritzbalken *m* (des Zunderwäschers) ‖ ~ **bell** (Paint) / Sprühglocke *f* (in Rotationsanlagen), Zerstäuberglocke *f* ‖ ~ **bonding** (Textiles) / Sprühverfestigung *f*, Binden *n* durch Aufsprühen ‖ ~ **boom** (Oils) / Sprühbaum *m* (für Dispergierungsmittel auf Wasserbasis) ‖ ~ **booth** (Paint) / Spritzkabine *f* (allseitig geschlossene Spritzanlage), Spritzbox *f* ‖ ~ **can** (Paint) / Sprühdose *f*, Spraydose *f* ‖ ~ **canopy** (Paint) / Sprühschleier *m*, Spritzschleier *m* ‖ ~ **cleaning** / Spritzreinigung *f* ‖ ~ **coating** (process) (Met, Paint) / Spritzverfahren *n*, Spritztechnik *f*, Spritzen *n*, Spritzlackieren *n* ‖ ~ **coating** (Plastics) / Sprühbeschichten *n* (Plastspritzen), Spritzdüsenauftragverfahren *n*, Flammspritzen *n* ‖ ~ **column** (Chem Eng) / Sprühkolonne *f* (in der die geschlossene Gasphase von einer zerteilten Flüssigkeitsphase durchsetzt wird) ‖ ~ **concentrate** (Chem, Chem Eng) / Spritzkonzentrat *n* ‖ ~ **cone** / Sprühkegel *m* ‖ ~ **cooler** / Rieselkühler *m*, Berieselungskühler *m* ‖ ~ **cooling** / Sprühkühlung *f* (mit einer feinzerstäubten Flüssigkeit) ‖ ~ **damage** (Agric) / Spritzschaden *m* (durch Pestizide verursacht) ‖ ~ **dampening** (Textiles) / Einsprengen *n* (z.B. vor dem Bügeln) ‖ ~ **decoration** (Ceramics) / Spritzdekor *m* ‖ ~ **degreasing** (Paint, Surf) / Spritzentfetten *n*, Spritzentfettung *f* ‖ ~ **designing** (Textiles) / Spritzdessinierung *f*, Spritzbemusterung *f* ‖ ~ **discharge**\* (Elec Eng, Min Proc) / Sprühentladung *f* ‖ ~ **disk** (Chem Eng) / Sprühscheibe *f* (sich schnell drehende Versprühvorrichtung in Scheiben-, Becher- oder Radform) ‖ ~ **distance** (Paint) / Spritzabstand *m* (Abstand der Spritzdüse bzw. der Spritzpistole vom Werkstück) ‖ ~ **drier** (Chem Eng) / Kurzzeittrockner *m*, Zerstäubungstrockner *m*, Trockenturm *m* (für Zerstäubungstrocknung), Sprühturm *m* (für Zerstäubungstrocknung) ‖ ~ **drying**\* (Chem Eng) / Zerstäubungstrocknung *f*, Sprühtrocknung *f* (z.B. zu Trockenmilch) ‖ ~ **dust** (Paint, Surf) / Spritznebel *m*, Farbnebel *m*, Spritzstaub *m*, Farbstaub *m*
**spray-dust loss** (Paint) / Lacknebelverlust *m* (beim Spritzlackieren), Spritzverlust *m*, Overspray *m n*, Lackverlust *m* durch Spritznebel (und durch die das Objekt verfehlenden Spritzstrahlen), Übersprühverlust *m*
**spray-dyed paper** (Paper) / Spritzpapier *n*, Sprengpapier *n*
**sprayed** *adj* (Paint, Surf) / gespritzt *adj* ‖ ~ **asbestos** / Spritzasbest *m* ‖ ~ **concrete** (Build) / Torkretbeton *m* (nach der Firma Torkret GmbH, Essen), Spritzbeton *m* (DIN 18551), Torkret *m* ‖ ~ **granular material** (Plastics) / Sprühgranulat *n* ‖ ~ **non-woven** (Textiles) / Sprühvlies *n* ‖ ~ **rubber** (Chem Eng) / Spritzkautschuk *m* (durch Versprühen des Latex im Heißluftstrom) ‖ ~ **web** (Textiles) / Sprühvlies *n* ‖ ~ **wiring** (Electronics) / aufgespritzte Schaltung, gespritzte Schaltung
**spray effect** (Leather) / Anspritzeffekt *m* (erhöhte Lederstellen dunkler zurichten als die tief liegenden) ‖ ~ **eliminator** / Tropfenabscheider *m*, Tropfenfang *m* (eine Schikane im Kühlturm), Tröpfchenabscheider *m* (im Kühlturm)
**sprayer** *n* (Aero, Agric) / Spritzflugzeug *n*, Sprühflugzeug *n* (in der Landwirtschaftsfliegerei) ‖ ~ (Agric) / Spritzgerät *n* (mit dem Spritzbrühen verspritzt werden), Spritze *f* (für Pflanzenschutz) ‖ ~ (Instr, Med) / Vernebler *m* (bei der Inhalation), Sprüher *m*, Atomiseur *m*, Zerstäuber *m* ‖ ~ **burner** (Eng) / Wirbelstrombrenner *m*, Wirbelbrenner *m*

**spray etching** (Eng) / Sprühätzen n (Aufsprühen des Ätzmittels auf das zu ätzende Werkstück) ‖ ~ **etching equipment** (Electronics) / Sprühätzeinrichtung f ‖ ~ **filler** (Paint) / Spritzfüller m ‖ ~ **foaming** (Plastics) / Schaumsprühen n (bei der Herstellung von geschäumten Überzügen oder Auskleidungen) ‖ ~ **fog** (Agric) / Sprühnebel m ‖ ~ **fog** (Paint, Surf) / Spritznebel m, Farbnebel m, Spritzstaub m, Farbstaub m ‖ ~ **forging** (Met) / Sprühschmiedeprozess m, Spritzschmiedeverfahren n (Formteilherstellung durch Metallversprühen in Gesenke und Schmieden) ‖ ~ **freezing** (process) / Sprühgefrieren n, Sprühgefrierverfahren n ‖ ~ **gun*** (Build, Civ Eng) / Farbsprühgerät n (eine Handdruckpumpe zum Versprühen von wässrigen Anstrichmitteln, Kalkmilch und Imprägnierstoffen) ‖ ~ **gun** (Civ Eng, Paint) / Spritzpistole f, Farbenzerstäuber m, Spritzapparat m, Farbspritzpistole f, Lackierpistole f

**spray-gun body** (Paint) / Spritzpistolenkörper m ‖ ~ **head** (Paint) / Spritzpistolenkopf m ‖ ~ **nozzle** (Eng, Paint) / Druckzerstäuberdose f, Sprühdüse f, Spritzdüse f

**spray hardening** (Met) / Sprühhärtung f, Sprühabschrecken n, Sprühvergütung f

**spray-head** n / Brause f, Brausekopf m, Tülle f

**spray•-head** n (Paint) / Sprühkopf m (der Spritzpistole oder der Aerosoldruckdose), Spritzkopf m ‖ ~ **hose** (Agric) / Spritzschlauch m

**spraying*** n / Metallspritzen n (ein thermisches Spritzverfahren), Metallspritzverfahren n, Spritzmetallisieren n ‖ ~ / Spritzen n (im Allgemeinen) ‖ ~ (Aero, Agric) / Spritzen n (mit 0,15 bis 0,30 mm Tropfengröße), Sprühen n (mit 0,05 bis 0,15 mm Tropfengröße) ‖ ~ (Agric) / Verregnung n ‖ ~ (Ceramics) / Spritzverfahren n (zum Aufbringen keramischer Suspensionen oder zur Verformung keramischer Massen) ‖ ~ (Electronics) / Spritzverspiegelung n (gedruckte Schaltungen) ‖ ~* (Met, Paint) / Spritzverfahren n, Spritztechnik f, Spritzen n, Spritzlackieren n ‖ ~ (Plastics) / Sprühbeschichten n (Plastspritzen), Spritzdüsenauftragverfahren n, Flammspritzen n ‖ ~ **agent** (Chem) / Sprühreagens n, Sprühreagenz n ‖ ~ **aircraft** (Aero, Agric) / Spritzflugzeug n, Sprühflugzeug n (in der Landwirtschaftsfliegerei) ‖ ~ **angle** / Spritzwinkel m ‖ ~ **can** / Streudose f ‖ ~ **consistency** (Paint) / Spritzviskosität f, Arbeitsviskosität f (beim Spritzen), Verarbeitungsviskosität f (eines Beschichtungsstoffs) ‖ ~ **distance** (Paint) / Spritzabstand m (Abstand der Spritzdüse bzw. der Spritzpistole vom Werkstück) ‖ ~ **paint** (Paint) / Anstrichstoff m zum Spritzen ‖ ~ **pistol** (Civ Eng, Paint) / Spritzpistole f, Farbenzerstäuber m, Spritzapparat m, Farbspritzpistole f, Lackierpistole f ‖ ~ **range** (Agric) / Wurfweite f (bei einem Regner) ‖ ~ **rod** / Spritzdraht m (beim Metallspritzen) ‖ ~ **stand** (Paint) / Spritzstand m (dreiseitig umschließende Spritzstelle zum Absaugen und Abscheiden von Spritznebel), Farbspritzstand m ‖ ~ **viscosity** (Paint) / Spritzviskosität f, Arbeitsviskosität f (beim Spritzen), Verarbeitungsviskosität f (eines Beschichtungsstoffs)

**spray injury** (Agric) / Spritzschaden m (durch Pestizide verursacht) ‖ ~ **irrigation** (Agric) / Verregnung f ‖ ~ **irrigation** (Agric) / Beregnung f, Regnerverfahren n, Regnerbewässerung f ‖ ~ **irrigation of sewage** (Agric, San Eng) / Abwasserverregnung f (künstliche Verregnung von Abwasser auf Landflächen, um durch Versickern das Abwasser zu reinigen, wobei die Bodenschichten als Filter wirken) ‖ ~ **jet** / aufgelöster Düsenstrahl, Sprühstrahl m ‖ ~ **jet** (Paint) / Spritzstrahl m ‖ ~ **lance** (Agric) / Sprühlanze f ‖ ~ **lime** (Build) / pulverförmig gelöschter Kalk, Kalkstaub m ‖ ~ **line** (Agric) / Regnerleitung f, Regnerstrang m ‖ ~ **lubrication** (Eng) / Ölverspühung f (zum Schmieren), Sprühschmierung f (bei Ölen) ‖ ~ **mist** (Agric) / Sprühnebel m ‖ ~ **mist** (Paint, Surf) / Spritznebel m, Farbnebel m, Spritzstaub m, Farbstaub m

**spray-mist sensitivity** (Paint) / Spritznebelempfindlichkeit f (Eigenschaft einer Lackschicht, nach dem Lackauftrag Spritznebel aufzunehmen, die dann Oberflächenstörungen wie Stippen erzeugen)

**spray neutralization** (Chem Eng) / Sprühneutralisation f (Verfahren zur Herstellung von Anionensidpulvern) ‖ ~ **nozzle** (Eng, Paint) / Druckzerstäuberdose f, Sprühdüse f, Spritzdüse f ‖ ~ **of fresh water** / Frischwassersprühstrahl m ‖ ~ **oil** / Sprühöl n ‖ ~ **on** v (Paint) / aufspritzen v (eine Schutzschicht) ‖ ~ **painting** (Met, Paint) / Spritzverfahren n, Spritztechnik f, Spritzen n, Spritzlackieren n ‖ ~ **painting technique** (Met, Paint) / Spritzverfahren n, Spritztechnik f, Spritzen n, Spritzlackieren n

**spray-pak column** (Chem Eng) / Spraypak-Kolonne f, Siebbodenkolonne f mit schräggestellten Siebböden

**spray pattern** (Paint) / Spritzbild n (die Form des an der Spritz- oder Sprühpistole austretenden Spritzstrahls, z.B. Rundstrahl), Strahlbild n ‖ ~ **phosphate coating** / Spritzphosphatieren n ‖ ~ **phosphating** / Spritzphosphatieren n ‖ ~ **plant** (Paint) / Spritzstelle f, Spritzanlage f ‖ ~ **plaster** (Build) / Spritzputz m (dreilagig aufgetragener Außenputz) ‖ ~ **pond** (Eng) / Kühlbecken n, Kühlteich m (mit Sprühdüsen - für Zirkulationswasser) ‖ ~ **pool** (Eng) / Kühlbecken n, Kühlteich m (mit Sprühdüsen - für Zirkulationswasser) ‖ ~ **powder** (Paint) / Spritzpulver n ‖ ~ **pretreatment** (prior to painting) (Paint) / Spritzvorbehandlung f ‖ ~ **printing** (Textiles) / Spritzdruck m (meistens mit Metallschablonen aus Zinkblech), Jetprinting n (ein Spritzdruckverfahren) ‖ ~ **quenching** (Met) / Sprühhärtung f, Sprühabschrecken n, Sprühvergütung f ‖ ~ **retouching** (Print) / Spritzretusche f ‖ ~ **robot** (Paint) / Farbspritzroboter m, Spritzroboter m

**sprays** pl (Astron) / Sprays pl (aktive Protuberanzen, die aus der Chromosphäre ausgeschleudert werden)

**spray solution** / Sprühlösung f ‖ ~ **stand** (Paint) / Spritzstand m (dreiseitig umschließende Spritzstelle zum Absaugen und Abscheiden von Spritznebel), Farbspritzstand m ‖ ~ **swathe** (Agric) / Sprühschleier m ‖ ~ **test** (Textiles) / Spraytest m (Prüfmethode für Wasserschutz-Imprägnierung - nach AATCC 22-1971) ‖ ~ **test** (Textiles) / Beregnungsversuch m, Beregnungsprobe f ‖ ~ **tower*** (Chem Eng) / Sprühwäscher m ‖ ~ **tower** (Chem Eng) / Kurzzeittrockner m, Zerstäubungstrockner m, Trockenturm m (für Zerstäubungstrocknung), Sprühturm m (für Zerstäubungstrocknung) ‖ ~ **transfer** (Welding) / sprühregenartiger Werkstoffübergang ‖ ~ **transfer arc** (Welding) / Sprühlichtbogen m (feintropfiger -, der ins Schweißbad geschleudert wird) ‖ ~ **unit** (Paint) / Spritzeinrichtung f, Spritzgerät n, Spritzaggregat n ‖ ~ **-up technique** (Plastics) / Faserspritzverfahren n ‖ ~ **wall** (Paint) / Spritzwand f (Spritzanlage ohne Seitenwände)

**spray-wash** v / abspritzen v (waschen)

**spray washer** (Chem Eng) / Sprühwäscher m ‖ ~ **wax** / Sprühwachs n (zum Ansprühen) ‖ ~ **welding** (Welding) / Spritzschweißen n ‖ ~ **wet** v (Paint) / nass auf nass spritzen, nass in nass spritzen ‖ ~ **zone** (Bot, Geol, Zool) / Epilitoral n (Spritzzone des Uferbereiches mit gelegentlicher kurzfristiger Wasserbenetzung) ‖ ~ **zone** (Paint) / Spritzzone f (einer Oberflächenbehandlungsanlage)

**spread** v / ausbreiten v, verteilen v (über eine Fläche) ‖ ~ (Agric) / streuen v (Dünger) ‖ ~ (Chem) / spreiten v ‖ ~ (Nut) / streichen v (auftragen) ‖ ~ (Nut) / aufstreichen v (Aufstrich) ‖ ~ (Paint) / verlaufen v ‖ ~ n / Lücke f, Spalt m ‖ ~* (Ecol) / Ausbreitung f (in neue Gebiete) ‖ ~ (Eng) / Sprung m (an einem Schrägstirnrad nach DIN 3960) ‖ ~ (For) / Klebstoffeinsatzmasse f (für Faser- und Spanplatten) ‖ ~ (For) / Klebstoffauftrag m, Kleberauftrag m ‖ ~ (Met) / Breitung f, Breiten n ‖ ~* (Print) / volle Satzspiegelbreite ‖ ~* (Print) / Doppelseite f (zwei gegenüberliegende Seiten als grafische Einheit) ‖ ~* (Print) / doppelseitige Abbildung (Zeichnung) ‖ ~ (Print) / doppelseitige Anzeige ‖ ~ (Radio) / Streuung f (einer Peilung), Scattering n ‖ ~ (Stats) / Varianz f (mittlere quadratische Abweichung einer Zufallsvariablen von ihrem Erwartungswert), Streuung f, mittlere quadratische Abweichung, Dispersion f (alte Bezeichnung für Varianz) ‖ ~ (Stats) / Streubereich m

**spreadability** n (Nut) / Streichfähigkeit f

**spreadable** adj (Nut) / streichfähig adj ‖ ~ **life** (Paint) / Pot-Life n, Gebrauchsdauer f, Topfzeit f (die Zeit, in welcher Zwei- und Mehrkomponentenlacke verarbeitungsfähig bleiben), Gebrauchszeit f ‖ ~ **table fat** (Nut) / Streichfett n

**spreadboard** n (Spinning) / Spreader m (Anlegemaschine in der Flachsspinnerei), Anlegemaschine f

**spread coating** (Plastics) / Streichverfahren n

**spreader** n / Lastaufnahmemittel n (am Portalstapler) ‖ ~ (Aero, Agric) / Agrarflugzeug n zum Stäuben und Streuen ‖ ~ (Chem) / Streichgerät n (für Dünnschichtplatten), Beschichtungsgerät n ‖ ~ (Civ Eng) / Betonverteilergerät n, Betonverteiler m ‖ ~ (Eng) / Schmierstoffverteilernut f ‖ ~ (Glass) / Gemengeverteiler m ‖ ~ (Mining) / Spreize f, Strebe f ‖ ~ (Mining) / Absetzer m (spezielle Bauart des Gurtförderers mit großer Wurfweite - verwendet zum Aufschütten von Kippen oder Halden), Platzbelader m ‖ ~ (Plastics) / Streichmaschine f (zur Gummierung von Textilien) ‖ ~* (Radio) / Rahe f (der Antenne) ‖ ~ (Ships) / Spreader m (Tragrahmen als spezielles Lastaufnahmemittel für Container) ‖ ~ (Spinning) / Spreader m (Anlegemaschine in der Flachsspinnerei), Anlegemaschine f ‖ ~ (Textiles) / Ausbreiter m (DIN 64990), Breithalter m (der Veredlungsmaschine) ‖ ~ (Textiles) / Spreizer m, Spreize f ‖ ~ **box** (Cables) / Aufteilungsmuffe f ‖ ~ **box** (Civ Eng) / Verteilerkasten m (für Schotter, Splitt, Kies) ‖ ~ **roller** / Auftragswalze f (bei Klebeaggregaten), Auftragwalze f (bei Klebeaggregaten) ‖ ~ **stoker** (For) / Spreaderfeuerung f, Spreader Stoker m, Streufeuerung f, Rostfeuerung f mit Einstreuung des Brennstoffs (Wanderrost mit rückläufiger Bewegung und mit Wurfbeschickung) ‖ ~ **wheel** (For) / Spaltkeil m (hinter einem Kreissägeblatt angebrachter Stahlblechkeil zur Offenhaltung der Schnittfuge und somit gegen Klemmungen und Rückschlag des Holzes)

**spread factor*** (Chem) / Diffusionskoeffizient m (DIN 41 852) ‖ ~ **factor** (width of the rolling stock after the pass in relationship to its

**spread**

initial width) (Met) / Breitgrad m ‖ **~ head** (of a column) / Pilzkopf m (der Pilzsäule bei Pilzdecken)

**spreading** n / Spreizbewegung f, Spreizung f ‖ **~** (Agric) / Streuung f (des Düngers) ‖ **~** (Chem) / Spreitung f (eines unlöslichen festen oder flüssigen Stoffes auf einer Festkörper- oder Flüssigkeitsfläche) ‖ **~** (Ecol) / Ausbreitung f (in neue Gebiete) ‖ **~** (enlargement of the rolling stock width during rolling, expressed by the spread factor) (Met) / Breitung f, Breiten n ‖ **~** (Paint) / Verlauf m (eines noch flüssigen Anstriches, um Unebenheiten auszugleichen) ‖ **~** (UMTS) (Teleph) / Spreizung f (Kanalisierung und Verwürfelung der Kanäle) ‖ **~ box** (Cables) / Aufteilungsmuffe f ‖ **~ box** (Civ Eng) / Verteilerkasten m (für Schotter, Splitt, Kies) ‖ **~ capacity*** (Paint) / Ergiebigkeit f (Größe der Fläche, die mit der Mengeneinheit eines Anstrichstoffes mit einem Anstrich in vereinbarter Schichtdicke theoretisch versehen werden kann), Ausgiebigkeit f ‖ **~ code** (Telecomm) / Kanalisierungscode m (eine orthogonale Codefolge, die zur Kanalisierung eingesetzt wird), Kanalisierungskode m, Spreizungscode m, Spreizcode m, Spreizungskode m, Spreizkode m ‖ **~ factor** (Pharm) / Diffusionsfaktor m, Hyaluronidase f, Hyaluronat-Glykanhydrolase f, Ausbreitungsfaktor m (der die Ausbreitung der wirksamen Substanz erhöht) ‖ **~ fire** / Flugfeuer n (durch Luftbewegung umherfliegende brennende Stoffteile) ‖ **~ grounds** / Einstauteich m (Erdbecken auf Rieselfeldern zur vorübergehenden Stauung von Abwasser, wenn die Verrieselung z.B. bei starkem Frost nicht möglich ist) ‖ **~ head** (For) / Formkopf m (der Streumaschine), Streukopf m ‖ **~ jet** (San Eng) / Luftstrom, der in mehreren Richtungen abströmt ‖ **~ machine** (For) / Streumaschine f (Aggregat zur Bildung eines Spanvlieses bzw. einer Schicht im Bereich der Formstation der Spanplattenanlage) ‖ **~ machine** (Plastics) / Streichmaschine f (zur Gummierung von Textilien) ‖ **~ machine** (Spinning) / Spreader m (Anlegemaschine in der Flachsspinnerei), Anlegemaschine f ‖ **~ of the beam** (Phys) / Strahlverbreiterung f, Verbreiterung f des Strahls ‖ **~ power** (Paint) / Ergiebigkeit f (Größe der Fläche, die mit der Mengeneinheit eines Anstrichstoffes mit einem Anstrich in vereinbarter Schichtdicke theoretisch versehen werden kann), Ausgiebigkeit f ‖ **~ property** (Nut) / Streichfähigkeit f ‖ **~ rate** (Paint) / Ergiebigkeit f (Größe der Fläche, die mit der Mengeneinheit eines Anstrichstoffes mit einem Anstrich in vereinbarter Schichtdicke theoretisch versehen werden kann), Ausgiebigkeit f ‖ **~ resistance** (Electronics) / Widerstand m des Stromweges durch den Halbleiter vom punktförmigen Anschlusskontakt zur Sperrschicht ‖ **~ resistance** (Electronics) / Ausbreitungswiderstand m

**spreading-resistance sensor** (Electronics) / Ausbreitungswiderstandssensor m (Temperatursensor, der die Temperaturabhängigkeit des Ausbreitungswiderstandes eines monokristallinen Siliciumkristalls zum Ermitteln der Temperatur nutzt)

**spread of fire** / Brandausbreitung f ‖ **~ of potential** (Surf) / Potentialverteilung f (über eine zu schützende Oberfläche) ‖ **~ quantity** (in kg) (Civ Eng) / Einbaugewicht n (in kg)

**spreadsheet** n (Comp) / Tabellenkalkulationsprogramm n, Tabellenkalkulationsdatei f ‖ **~** (Comp) / Spreadsheet n (Arbeitsblatt eines Tabellenkalkulationsprogramms), Kalkulationstabelle f ‖ **~ package** (Comp) / Software für Tabellenkalkulation f ‖ **~ program** (Comp) / Tabellenkalkulationsprogramm n, Tabellenkalkulation f ‖ **~ program** (Comp) / Kalkulationsprogramm n

**spread signal** (Comp, Telecomm, Teleph) / gespreiztes Signal ‖ **~ spectrum*** (Phys, Spectr, Telecomm) / Spread-Spektrum n, gedehntes Spektrum (mit großem Zeit-Bandbreiteprodukt), Spreizspektrum n, gespreiztes Spektrum, SS (Spread-Spektrum)

**spread-spectrum modulation** (Mil, Telecomm) / Spread-Spektrum-Modulation f, SSM (Spread-Spektrum-Modulation) ‖ **~ multiple access** (Telecomm) / Multiplexverkehr m mit Mehrfachzugriff im ausgedehnten Spektrum

**spread stitches** (Textiles) / Poren f pl, Löcher n pl, Nadelstiche m pl, Krater m pl (Fehler)

**spready** adj (Leather) / mit großem Flächenmaß, groß adj (und dünn - Haut)

**SP register** (Intel CPU register holding the stack offset address) (Comp) / SP-Register n

**Sprengel pump** (Vac Tech) / Sprengel-Pumpe f

**SPR engine** (solid-propellant rocket engine) (Space) / Feststoffraketentriebwerk n

**Sprenkle straightener** (Phys) / Lochplattengleichrichter m (Strömungsgleichrichter in Form einer mit vielen Bohrungen versehenen Platte, die senkrecht zur Strömung in den Rohrquerschnitt eingebracht wird, aber auch die Kombination mehrerer Platten, Sprenkle-Gleichrichter m

**sprig** v (Foundry) / Formerstifte stecken ‖ **~ n** (For) / kleiner Zweig ‖ **~*** (Foundry) / Formerstift m, Sandstift m

**spring** v / springen v ‖ **~ vi** / federn vi ‖ **~** (Arch) / sich wölben v ‖ **~** (For) / springen v, aufplatzen v (Holz) ‖ **~ vt** (Eng) / federn vt (mit Federn versehen), abfedern vt ‖ **~ n** (Astron, Ocean, Ships) / Springtide f, Springflut f, Springgezeit f ‖ **~*** (Eng) / Feder f (Sprungfeder - Zug- oder Druckfeder) ‖ **~** (For) / Längskrümmung f der Schmalfläche (von Schnittholz) ‖ **~** (Geol) / Quelle f (ein Ort eines eng begrenzten Grundwasseraustritts - DIN 68 150-1) ‖ **~ action** (Eng) / Federwirkung f ‖ **~-actuated** adj (Eng) / federbetätigt adj, mit Federbetätigung

**spring-actuated** adj (Eng) / selbstschließend adj (durch Feder)

**spring a leak** / einen Riss bekommen, ein Leck bekommen ‖ **~ assembly** (Eng) / Federpaket n ‖ **~ assembly** (Telecomm) / Federbank f ‖ **~ back** v (Materials, Phys) / zurückprallen v, abprallen v, zurückspringen v (federnd), rückfedern v ‖ **~-back*** n (Bind) / Sprungrücken m (z.B. bei Geschäftsbüchern) ‖ **~-back*** (Eng) / Rückfederung f

**spring-back file** (Bind) / Klemmmappe f (in deren Rückenbereich Stahlfedern eingearbeitet sind, die ein Einklemmen von Blättern, Lagen usw. ermöglichen)

**spring•balance*** n (Chem) / Federwaage f ‖ **~ balance valve** (Eng) / federbelastetes Sicherheitsventil, Sicherheitsventil n mit Federbelastung, Federsicherheitsventil n ‖ **~ band** (Eng, Met) / Federband n (DIN 17224) ‖ **~ bank** (Eng) / Federpaket n

**spring-beard needle** (Textiles) / Spitzennadel f (DIN 62150, 62151 und 62152)

**spring belt pulley** (Comp) / Pesenrad n ‖ **~ binder** (Bind) / Klemmmappe f (in deren Rückenbereich Stahlfedern eingearbeitet sind, die ein Einklemmen von Blättern, Lagen usw. ermöglichen) ‖ **~ bolt** (Build) / Falle f (Riegel des Türschlosses)

**springborne** adj (Eng) / gefedert adj (Achse)

**spring-bow compass** / Schnellverstellzirkel m

**spring bows*** / Nullenzirkel m (zum Zeichnen von Kreisen sehr kleiner Durchmesser) ‖ **~ bows*** / Schnellverstellzirkel m ‖ **~ brake** (Eng) / Federbremse f ‖ **~-cap oiler** (Eng) / Klappdeckelöler m (DIN 3410) ‖ **~ catch** (Eng) / Schnappverschluss m ‖ **~ centre** (Eng) / federnde Spitze ‖ **~ characteristic** (Eng) / Federcharakteristik f, Federkennlinie f ‖ **~ clamp** (Micros) / Objektklammer f ‖ **~ clip** (Autos) / Federklammer f, Federklemme f ‖ **~ clip** (Chem) / Quetschhahn m (Schraubklemme, federnde Metallschlinge) ‖ **~ clip** (Micros) / Objektklammer f ‖ **~ compressor** (Build, Eng) / Federspanner m, Federschraube f ‖ **~ connector strip** (Electronics) / Federleiste f ‖ **~ constant** (Eng) / Federkonstante f ‖ **~ contact** (Elec Eng) / Federkontakt m, federnder Kontakt ‖ **~ control*** (Eng) / Federsteuerung f, Federbetätigung f ‖ **~ corner cramp** (Join) / Gehrungsspannklammer f (in der Bilderrahmenproduktion) ‖ **~ corner cramp** (Join) / Gehrungsspannklammer f, Leimklammer f ‖ **~ cramp*** (Build, Eng) / Federspanner m, Federschraube f ‖ **~ dividers with fine adjustment** / Teilzirkel m ‖ **~ dog** (Join) / Gehrungsspannklammer f, Leimklammer f ‖ **~ dog** (Join) / Gehrungsspannklammer f (in der Bilderrahmenproduktion) ‖ **~ drive** (Eng) / Federantrieb m ‖ **~ equinox** (Astron) / Frühlings-Tagundnachtgleiche f, Frühlingsäquinoktium n

**springer*** n (lowest stone of an arch on the impost) (Arch, Build) / Kämpferstein m, Anfänger m (der erste Stein des Bogens), Anfangsstein m, Anwölber m ‖ **~** (Nut) / Flatterbombage f

**spring excursion** (Autos) / Federungsweg m, Federweg m ‖ **~ eye** (Eng) / Federauge n ‖ **~ fen** (Geol) / Quellmoor n ‖ **~ fertilizer** (Agric) / Frühjahrsdünger m ‖ **~ flood** (Hyd Eng) / Frühjahrshochwasser n ‖ **~ force** (Eng) / Federkraft f (einer Feder) ‖ **~ hammer** (Eng) / Federhammer m (ein Freiformschmiedehammer, bei dem zwischen Bär und Antrieb ein Blattfederpaket geschaltet ist) ‖ **~ hanger** (Autos) / Federlager n, Federbock m, Federaufnahme f

**spring-hard** adj (Eng) / federhart adj

**springiness** n (Eng) / Federung f (als Eigenschaft) ‖ **~** (Spinning) / Sprungkraft f (Arbeitsvermögen des Garns), Arbeitsvermögen n (des Garns)

**springing** n / Springen n ‖ **~*** (Arch, Build) / Kämpferstein m, Anfänger m (der erste Stein des Bogens), Anfangsstein m, Anwölber m ‖ **~*** (Arch, Build) / Kämpferfläche f, Kämpferpunkt m ‖ **~** (of an arch or vault) (Civ Eng) / Bogenkämpfer m (Widerlager eines Bogens) ‖ **~** (Eng) / Leckspringen n ‖ **~** (Mining) / Auskesseln n (Bohrloch) ‖ **~ level** (Arch, Build) / Kämpferhöhe f ‖ **~ line*** (Arch, Build) / Kämpferlinie f

**spring lever** (Micros) / Objektklammer f ‖ **~ lifter** (Mining) / Kernfänger m (beim Tiefbohren), Kernfangring m, Kernheber m ‖ **~ load-deflection curve** (Eng) / Federkennlinie f ‖ **~-loaded** adj (Eng) / federbelastet adj, mit Federbelastung, mit Federdruck

**spring-loaded** adj (Eng) / federgelagert adj ‖ **~ contact** (Elec Eng) / Federkontakt m, federnder Kontakt ‖ **~ (mechanical) governor** (Automation) / fliehkraftgesteuerter Drehzahlregler, Fliehkraftregler m (mechanische Regeleinrichtung), mechanischer Drehzahlregler

Zentrifugalregulator m, Zentrifugalregler m ‖ ~ **idler*** (Print) / Tänzerwalze f
**spring loaded in compression** (Eng) / Druckfeder f (DIN 29) ‖ ~ **loaded in tension** (Eng) / Zugfeder f ‖ ~ **loading** (Eng) / Federdruck m ‖ ~ **lock** (Eng) / Federverschluss m ‖ ~ **manometer** (Phys) / Federmanometer n
**spring-mass system** (Mech) / Feder-Masse-System n
**spring mechanism** (Eng) / Federwerk n ‖ ~ **motor** (Cinema, Eng) / Federwerk n (als Antrieb) ‖ ~ **motor drive** (Cinema) / Federwerkantrieb m (bei alten Schmalfilmkameras) ‖ ~ **mount** (Autos) / Federfuß m (der Autoantenne) ‖ ~ **needle*** (Textiles) / Spitzennadel f (DIN 62150, 62151 und 62152) ‖ ~ **of mineral water** (Hyd Eng, Space) / Heilquelle f (i.e.S.), Mineralquelle f ‖ ~ **open** v / aufspringen v (Tür) ‖ ~**-operated** adj (Eng) / federbetätigt adj, mit Federbetätigung ‖ ~ **pad** (Eng) / Federunterlage f, federnde Unterlage f ‖ ~ **pawl*** (Eng) / federnde Sperrklinke, Federklinke f ‖ ~ **picking** (Weaving) / Federschlag m ‖ ~ **points*** (Rail) / auffahrbare Weiche mit Rückführung der Zungen, Rückfallweiche f, Federrückfallweiche f ‖ ~ **power hammer** (Eng) / Federhammer m (ein Freiformschmiedehammer, bei dem zwischen Bär und Antrieb ein Blattfederpaket geschaltet ist) ‖ ~ **pressure** (Eng) / Federdruck m ‖ ~ **pressure gauge** (Phys) / Federmanometer n ‖ ~ **pressure pad** (Cinema) / federnde Filmandruckplatte ‖ ~ **pressure plate** (Cinema) / federnde Filmandruckplatte f ‖ ~ **rate** (Eng) / Federsteifigkeit f (Steigung der Federkennlinie), Federrate f (DIN 2089), Federsteife f
**springs** pl (Eng) / Federung f (Gesamtheit von Federn)
**spring safety valve*** (Eng) / federbelastetes Sicherheitsventil, Sicherheitsventil n mit Federbelastung, Federsicherheitsventil n ‖ ~ **sealing washer** (Eng) / federnde Dichtscheibe f ‖ ~ **set** (For) / Kippschrank m (seitliches Herauskippen des oberen Drittels des Zahnes), Biegeschrank m
**spring-set tooth** (For, Tools) / geschränkter Sägezahn
**spring shackle** (Eng) / Federlasche f, Federgehänge n (einer Blattfeder) ‖ ~ **steel** (Met) / Federstahl m (Stahl für Federn, welcher sich vor allem durch eine hohe Elastizitätsgrenze, eine hohe Dauerfestigkeit und eine gute Zähigkeit auszeichnet - DIN 4620 und DIN 17 221)
**spring-steel wire** (Eng, Met) / Federstahldraht m (blanker Draht aus Federstahl - DIN 17 223) ‖ ~ **wire** (Eng, Met) s. also spring wire
**spring stiffness** (Eng) / Federsteifigkeit f (Steigung der Federkennlinie), Federrate f (DIN 2089), Federsteife f ‖ ~ **stiffness** (Eng) s. also spring rate ‖ ~ **stop** (Eng) / federnder Anschlag ‖ ~ **subjected to bending** (Eng) / Biegefeder f ‖ ~ **subjected to torsion** (Eng) / Torsionsfeder f, Drehungsfeder f, Verdrehfeder f, Drehfeder f (mit der gleichen Form wie zylindrische Schraubenfedern, wobei die Enden als Schenkel abgebogen sind) ‖ ~ **tab** (Aero) / federgesteuertes Hilfsruder, federbetätigtes Hilfsruder, Federruder n
**spring-tempered** adj / federhart adj
**spring tide*** (Astron, Ocean, Ships) / Springtide f, Springflut f, Springgezeit f
**spring-tine harrow*** (Agric) / Federzinkenegge f ‖ ~ **reel** (Agric) / Pick-up-Haspel f (einer Halmfruchterntemaschine), Federzinkenhaspel f
**spring-tooth drag** (Agric) / Federzahnegge f ‖ ~ **harrow** (Agric) / Federzahnegge f
**spring travel** (the movement which takes place when a spring is subjected to load; apart from load, the travel depends on spring dimensions and material properties) (Autos) / Federungsweg m, Federweg m
**spring-type ring-roll mill** (Eng) / Federrollenmühle f (zur Gruppe der Ringmühlen zählendes Mahlaggregat)
**spring U-bolt** (Autos) / Federbride f ‖ ~ **washer** (a washer which consists of a steel ring cut through and bent to a slow helical curve) (Eng) / Federscheibe f (DIN 137) ‖ ~ **washer** (Eng) s. also lock washer and plain washer ‖ ~ **washer with safety ring** (Eng) / Federring m mit Schutzmantel (eine Schraubensicherung nach DIN 6913) ‖ ~ **water** / Quellwasser n ‖ ~ **winding** (Eng) / Federwickeln n ‖ ~ **wire** (Eng, Met) / Federdraht m (DIN 17 224) ‖ ~ **wood*** (For) / Frühlingsholz n, Frühjahrsholz n, Frühholz n, Maiholz n, Weitholz n ‖ ~**-wound motor** (Cinema) / Federwerkantrieb m (bei alten Schmalfilmkameras)
**springy** adj / federnd adj ‖ **be** ~ / federn vi ‖ ~ **handle** (Textiles) / sprungelastischer Griff, quellender Griff, elastischer Griff
**sprinkle** v / besprengen v, sprengen v (Flüssigkeit versprühen), versprengen v ‖ ~ (on) / aufstreuen v ‖ ~ (Agric) / verregnen v
**sprinkled edge** (Bind) / Sprengschnitt m (ein Farbschnitt) ‖ ~ **paper** (Paper) / gespritztes Papier (ein Buntpapier)
**sprinkler** n / Brause f, Brausekopf m, Tülle f ‖ ~ (Agric) / Regner m (Gerät, das zum Beregnen von Pflanzen dient), Regengerät n ‖ ~ (Agric) / Sprenger m ‖ ~ (Agric) / Rasensprenger m, Sprenger m (Rasensprenger), Sprinkler m ‖ ~* (Build) / Sprinkleranlage f (eine Feuerlöschanlage) ‖ ~ (Eng) / Wurffeuerung f ‖ ~ (Spinning) / Sprinkler m (Teil der Anlage zur Feuchterhaltung der Luft) ‖ ~ (TV) / Sprinkleranlage f, Regenanlage f ‖ ~ **can** / Streudose f ‖ ~ **irrigation** (Agric) / Beregnung f, Regnerverfahren n, Regnerbewässerung f ‖ ~ **system** (Build) / Sprinkleranlage f (eine Feuerlöschanlage)
**sprinkle with sugar** (Pharm) / anzuckern v (Dragées)
**sprinkling** n (Agric) / Verregnung f ‖ ~ **stoker** (Eng) / Wurffeuerung f
**sprite** n (a user-definable pattern of pixels that can be moved about as an entity on a display screen by program commands) (Comp) / Sprite n (eine zusammengehörende Gruppe von Pixels), Shape n, Mob m (ein frei programmierbares Objekt in hochauflösender Grafik)
**s-process** n (Astron) / s-Prozess n (langsame Neutronenabsorption)
**sprocket*** n (Carp) / aufgenagelter Aufschiebling ‖ ~* (Cinema) / Filmtransportrolle f, Zahnrolle f, Filmzahntrommel f, Transportrolle f ‖ ~* (Cinema) / Wickelrolle f (eines Laufbildwerfers) ‖ ~ (Comp) / Kettenrad n ‖ ~ (Comp) / Stachel m (des Stachelrads) ‖ ~ (Eng) / Zahntrommel f ‖ ~ (Eng) / Zahn m (des Kettenrads), Kettenradzahn m ‖ ~* (Eng) / Kettenrad n (Zahnrad für Triebstockverzahnung, bei der die Bolzen in einer Kette angeordnet sind) ‖ ~ **chain** (a chain of flat links between whose sides the projections of a sprocket wheel engage) (Eng) / Laschenkette f, Gelenkkette f (meistens eine Zahnkette) ‖ ~ **drum** (Cinema) / Filmtransportrolle f, Zahnrolle f, Filmzahntrommel f, Transportrolle f ‖ ~ **drum printer** (Cinema) / Zahnkranz-Kopiermaschine f (eine Kontaktkopiermaschine)
**sprocketed** adj / perforiert adj (Film)
**sprocket-feed fanfold stationery** (Paper) / Faltpapier n mit Führungslochrand
**sprocket hole*** (Cinema, Photog) / Perforationsloch n, Perforation f, Transportloch n ‖ ~ **hole** (Comp) / Führungsloch n, Transportloch n, Vorschubloch n (für den Papiertransport) ‖ ~ **hole pitch** (Comp) / Transportsporteilung f ‖ ~ **hum** (Cinema) / Perforationsgeräusch n ‖ ~ **noise*** (Cinema) / Perforationsgeräusch n ‖ ~ **nose** (For) / Umlenkstern m, Umlaufstern m, Umlenkrolle f (der Sägeschienenspitze) ‖ ~ **printer** (Cinema) / Zahnkranz-Kopiermaschine f (eine Kontaktkopiermaschine) ‖ ~ **wheel** (Cinema) / Filmtransportrolle f, Zahnrolle f, Filmzahntrommel f, Transportrolle f ‖ ~ **wheel** (Comp) / Kettenrad n ‖ ~ **wheel*** (Eng) / Zahntrommel f ‖ ~ **wheel*** (Eng) / Kettenrad n (Zahnrad für Triebstockverzahnung, bei der die Bolzen in einer Kette angeordnet sind) ‖ ~ **wheel*** (Eng) / Kettenrolle f, Kettennuss f (bei Gliederketten)
**sprout** v (Agric) / aufgehen v, auflaufen v (Saat) ‖ ~ (Bot, Brew) / sprießen v, sprossen v, keimen v ‖ ~ (Met) / spratzen v ‖ ~ n (Agric, Bot) / Schössling m (bei Sträuchern), Schoss m ‖ ~ (Bot) / Spross m, Schoss m, Sprössling m ‖ ~ (Brew) / Spross m
**sprouted grain** (Agric) / Auswuchsgetreide n
**sprout forest** (For) / Niederwald m, Ausschlagwald m (hervorgegangen aus Stockausschlag, schlafenden Augen der Stämme oder aus Wurzelbrut) ‖ ~ **forest management** (For) / Niederwaldbetrieb m, Ausschlagholzbetrieb m, Ausschlagwaldbetrieb m
**sprouting** n (Agric) / Auswuchs m (vorzeitiges Keimen des Getreides) ‖ ~ (Agric) / Aufgehen n, Auflaufen n ‖ ~ (Bot, Brew) / Sprießen n, Keimen n ‖ ~ (Met) / Spratzen n (plötzliches Entweichen gelöster Gase bei der Erstarrung von Metallschmelzen unter Bildung eines porösen Gusses) ‖ ~ **grain** (Agric) / Auswuchsgetreide n
**sprout inhibitor** (Bot, Chem, Nut) / keimhemmendes Mittel, Keimhemmungsmittel n (für Speise- und Futterkartoffeln) ‖ ~ **suppressant** (Bot, Chem, Nut) / keimhemmendes Mittel, Keimhemmungsmittel n (für Speise- und Futterkartoffeln)
**spruce*** n (For) / Fichte f (meistens Gemeine Fichte) ‖ ~ **bark beetle** (For, Zool) / Großer Achtzähniger Fichtenborkenkäfer, Großer Buchdrucker (Ips typographus L.) ‖ ~ **bell moth** (For, Zool) / Fichtennestwickler m
**spruce-green** adj / tannengrün adj (dunkelgrün)
**spruce longhorn** (For, Zool) / Fichtensplintbock m (Tetropium castaneum L.) ‖ ~ **oil** / Hemlocktannennadelöl n (in Koniferenöl), Schierlingstannennadelöl n, Spruce-Tannennadelöl n, Spruceöl n ‖ ~ **shaving reaction** (Chem) / Fichtenspanreaktion f (nach Runge) ‖ ~ **tanning bark** (For, Leather) / Fichtengerbrinde f
**spruce-wood** n (For) / Fichtenholz n, Rotfichtenholz n
**sprue*** n (Foundry) / Einguss m (Teil des Eingusssystems) ‖ ~* (Plastics) / Anguss m (beim Spritzgussverfahren), Anschnitt m ‖ ~ **gate** (Plastics) / Stangenanguss m (beim Spritzgießen) ‖ ~ **gating** (Plastics) / Stangenanguss m (beim Spritzgießen)
**sprueing** n (Foundry) / Abschlagen n des Gießsystems
**sprueless** adj (Plastics) / angusslos adj ‖ ~ **moulding** (Plastics) / angussloses Spritzen
**sprue pin** (Foundry) / Verteilerzapfen m (Druckguss) ‖ ~ **puller gate** (Plastics) / Abreißanschnitt m (Spritzgießen)
**spruing** n (Foundry) / Abschlagen n des Gießsystems

1511

**sprung**

**sprung fork** (Autos) / Pendelgabel f (für Motorräder) ‖ ~ **mass** (Autos) / (ab)gefederte Masse ‖ ~ **weight** (Autos) / (ab)gefedertes Gewicht
**SPS** (Standard Positioning System) (Autos, Nav) / Standard-Positioning-Service m ‖ ~* (solar power satellite) (Elec Eng) / Sonnenkraftwerk n auf Erdumlaufbahn ‖ ~* (Super Proton Synchrotron) (Nuc) / Super-Protonensynchrotron n, SPS (z.B. beim CERN in Genf)
**SPU** (small peripheral unit) (Comp) / kleine periphere Einheit
**spud** v (Agric) / jäten v ‖ ~ (Mining) / vorbohren v (anbohren), anbohren v, spudden v, ansetzen v (beim Bohren) ‖ ~ n (Agric) / Jätmesser n, Unkrautstecher m, Spaten m (schmaler) ‖ ~ (Civ Eng, Ships) / Ankerpfahl m, Haltepfahl m, fester Pfahl (ein Ankerpfahl) ‖ ~ (Eng) / Gasleitung f (eines Brenners) ‖ ~ (Mining) / Spatenmeißel m
**spudding** n (Mining, Oils) / Vorbohren n, Spudden n, Ansetzen n (beim Bohren) ‖ ~ (Ships) / Fallenlassen n (des Ankers) ‖ ~ **bit*** (Mining) / Spatenmeißel m
**spud in** v (Mining) / vorbohren v (anbohren), anbohren v, spudden v, ansetzen v (beim Bohren)
**spud-in** n (Oils) / Beginn m des Bohrprogramms
**spud vibrator** (Build, Civ Eng) / Flaschenrüttler m (ein Innenrüttler)
**spue** n (Chem Eng) / Austrieb m (Gummiherstellung) ‖ ~ (Chem Eng, Met, Plastics) / Austrieb m, Pressgrat m (überstehender Werkstoffrand), Grat m ‖ ~ (Leather) / Ausschlag m
**spume** n / Schaum m (Gischt), Gischt m / schäumendes Wasser
**spumescent** adj (Nut) / schäumend adj, schaumig adj
**spumous** adj (Nut) / schäumend adj, schaumig adj
**spumy** adj (Nut) / schäumend adj, schaumig adj
**spunbonded** n (Textiles) / Spinnvlies n (ein textiles Flächengebilde, das direkt aus der Schmelze oder aus Lösungen fadenbildender Polymeren hergestellt wird), Spunbond n (textiles Flächengebilde, bei dem endlose Synthetic-Fäden, vor allem Polyester, an ihren Kreuzungspunkten verschweißt werden), Elementarfadenvliesstoff m, Spinvliesstoff m ‖ ~ **non-woven** (Textiles) / Spinnvlies n (ein textiles Flächengebilde, das direkt aus der Schmelze oder aus Lösungen fadenbildender Polymeren hergestellt wird), Spunbond n (textiles Flächengebilde, bei dem endlose Synthetic-Fäden, vor allem Polyester, an ihren Kreuzungspunkten verschweißt werden), Elementarfadenvliesstoff m, Spinvliesstoff m
**spun brightening** (Textiles) / Spinnaufhellung f ‖ ~ **casting** (Foundry) / Schleuderguss m (eine Gießart, bei der unter der Einwirkung der Zentrifugalkraft gegossen wird und unter deren Einwirkung auch die Erstarrung abläuft), Schleudergießen n, Zentrifugalguss m, GZ, Schleudergießverfahren n ‖ ~ **concrete** (Civ Eng) / Schleuderbeton m (der durch Schleudern in rotierenden Hohlkörperformen verdichtet wird)
**spun-concrete pipe** (Civ Eng) / Schleuderbetonrohr n
**spun*-dyed*** adj (Textiles) / spinngefärbt adj, düsengefärbt adj, in der Spinnlösung gefärbt ‖ ~ **glass** (Glass) / gesponnenes Glas, Glasgespinst n ‖ ~ **glass** (Glass) / übersponnenes Glas
**spun-like yarn** (Spinning) / Spunlike-Garn n
**spun roving** (Plastics, Textiles) / Spinn-Roving m ‖ ~ **silk*** (Textiles) / Schappeseide f (aus Seidenabfällen, nicht abhaspelbaren Kokonteilen und aus Wildseiden), Florettseide f, Schappe f ‖ ~ **thread** (Spinning) / Gespinst n (ein gesponnenes Garn), Spinnfasergarn n (DIN 60900, T 6) ‖ ~ **wool** (Spinning) / Wollgarn n ‖ ~ **yarn** (Ships) / Schiemannsgarn n (für Fasertauwerk) ‖ ~ **yarn*** (Spinning) / Gespinst n (ein gesponnenes Garn), Spinnfasergarn n (DIN 60900, T 6)
**spur** n (Build, Elec Eng) / Klettereisen n, Steigeisen n (auch in Schächten und Kaminen) ‖ ~ (Carp) / kurze Strebe ‖ ~ (Carp, Join) / Vorschneidezahn m (des Zentrumbohrers), Vorschneider m (des Zentrumbohrers) ‖ ~ (a triangular item of kiln furniture) (Ceramics) / Hahnenfuß m (ein Brennhilfsmittel) ‖ ~ (Elec Eng) / kurze Abzweigleitung ‖ ~ (Eng) / lange Stütze, Stab m ‖ ~ (an underwater ledge or projection from an ice wall or iceberg) (Geol) / Unterwasserriff n (eines Eisbergs) ‖ ~* (Geol) / Ausläufer m (des Gebirges) ‖ ~* (Geol) / Gebirgssporn m ‖ ~ (Hyd Eng) / Buhne f (vom Ufer aus in das Wasser hineingebauter Dammkörper (DIN 4054), Flussbuhne f ‖ ~ (Nuc) / Ionisationszentrum n ‖ ~ (a cluster of ionized molecules near the path of an energetic charged particle, consisting of the molecule ionized directly by the charged particle, and secondary ionizations produced by electrons released in the primary ionization ; it usually forms a side track from the path of the particle) (Nuc) / Spur m ‖ ~ (short branch track leading from the main track, and connected with it, at one end only) (Rail) / Nebengleis n (bei Fabrikanschluss)
**spur-beam** n (Build, Carp) / Wandauflagequerholz n, Querauflageholz n
**spur cable** (Cables) / Stichkabel n, Abzweigkabel n ‖ ~ **drill** (Agric) / Nockenradsämaschine f ‖ ~ **gear*** (Eng) / Geradstirnrad n (DIN 3960) ‖ ~ **gear** (Eng) / Geradverzahnung f ‖ ~ **gearing*** (Eng) / Evolventen-Geradstirnradpaar n ‖ ~ **gear with pitch displacement** (Eng) / V-Rad n (Stirnrad mit Profilverschiebung nach DIN 3960)

**spurion** n (Nuc) / Spurion n
**spurious** adj / Fehl-, falsch adj, Falsch-, unecht adj ‖ ~ / störend adj (von vorgegebenen Parametern abweichend) ‖ ~ **counts*** (Nuc, Nuc Eng, Radiol) / parasitäre Zählereignisse, falsche Impulse, falsche Zählstöße ‖ ~ **effect** / ungewollte Wirkung, Nebeneffekt m, Nebenwirkung f ‖ ~ **electromotive force** (Elec Eng) / Streu-EMK f ‖ ~ **emission** (Radio) / Nebenaussendung f (von Funksendern) ‖ ~ **emission** (Telecomm) / unerwünschte Ausstrahlung, Streustrahlung f ‖ ~ **light** (Optics, Photog) / Streulicht n (durch Lichtstreuung abgelenktes Licht) ‖ ~ (free) **oscillation** (Acous, Phys) / wilde Schwingung ‖ ~ **oscillation*** (Elec, Phys) / wilde Schwingung, Störschwingung f, parasitäre Schwingung ‖ ~ **peak** (Chem) / Geisterpeak m (in der Gaschromatografie), Fremdpeak m, Störpeak m ‖ ~ **printing** (Acous, Mag) / Kopiereffekt m ‖ ~ **pulses*** (Nuc, Radiol) / parasitäre Zählereignisse, falsche Impulse, falsche Zählstöße ‖ ~ **radiation** (Radio) / Nebenaussendung f (von Funksendern) ‖ ~ **radiation*** (Telecomm) / unerwünschte Ausstrahlung, Streustrahlung f ‖ ~ **resonance** (Acous) / unerwünschte Resonanz, Nebenresonanz m (unerwünschte), Störresonanz f ‖ ~ **scattering** (Nuc) / falsche Streuung ‖ ~ **switch-off** (Telecomm) / ungewolltes Abschalten ‖ ~ **target** (Radar) / Falschziel n (durch eine Störung vorgetäuschtes Ziel, das nicht Gegenstand der Suche, Verfolgung oder Vermessung ist - auch ein falsch zugeordnetes Ziel)
**spurling gate** (Ships) / Deckskluse f, Kettenrohrkluse f, Kettenrohrdecksklüse f ‖ ~ **pipe** (Ships) / Deckskluse f, Kettenrohrkluse f, Kettenrohrdecksklüse f
**spur pile** (Civ Eng) / Schrägpfahl m
**spurrite*** n (Min) / Spurrit m (ein Silikat)
**spur stone** (Build) / Prellstein m, Radabweiser m (Stein zum Schutz der Hausecken oder Protallaibungen gegen Beschädigung durch Fahrzeuge), Radstoßer m ‖ ~ **teeth** (Eng) / Geradverzahnung f ‖ ~ **unit** (TV) / Signalverteiler m (beim Kabelfernsehen)
**sputter** v (Met) / spratzen v ‖ ~ (Vac Tech) / sputtern v (im Vakuum) ‖ ~ **cathode** (Electronics) / Zerstäuberkatode f ‖ ~ **coating** (Electronics, Surf) / Beschichtung f durch Vakuumzerstäubung, Sputtern n (Ionenplattieren mit einer Katodenzerstäubung als Dampfquelle), Sputtering n, Zerstäubung f von Festkörpern durch Ionenbeschuss, Vakuumzerstäuben n, Vakuumbestäuben n
**sputtered neutral mass spectrometry** (Spectr) / Sekundärneutralteilchen-Massenspektrometrie f (eine Methode zur Oberflächen- und Tiefenprofilanalyse, wobei die durch Ionenbeschuss aus der Oberfläche ausgelösten neutralen Teilchen durch Elektronenstoß nachionisiert und dann in einem Massenspektrometer analysiert werden), SNMS (Sekundärneutralteilchen-Massenspektrometrie)
**sputtering** n (Electronics, Surf) / Sputtern n (Abtragen einer Festkörperoberfläche durch Ionenbeschuss), Ionenätzen n ‖ ~* (Electronics, Surf) / Beschichtung f durch Vakuumzerstäubung, Sputtern n (Ionenplattieren mit einer Katodenzerstäubung als Dampfquelle), Sputtering n, Zerstäubung f von Festkörpern durch Ionenbeschuss, Vakuumzerstäuben n, Vakuumbestäuben n ‖ ~ (Met) / Spratzen n (plötzliches Entweichen gelöster Gase bei der Erstarrung von Metallschmelzen unter Bildung eines porösen Gusses)
**sputter-ion pump** (Vac Tech) / Penning-Pumpe f, Ionenzerstäuberpumpe f (eine Ionengetterpumpe), IZ-Pumpe f (Ionenzerstäuberpumpe) ‖ ~ **pump** (Vac Tech) s. also ion getter pump
**sp vol** (Phys) / spezifisches Volumen (DIN 1306)
**SPX** (simplex) (Teleg) / Simplexsystem n
**spy camera** (Photog) / Spionagekamera f
**spyhole** n (Build) / Spion m (ein Bohrung in senkrechter Türachse von Wohnungseingangstüren zur Erlangung von Durchsicht nach außen - DIN 68 706-1), Guckloch n
**spy mirror** (Optics) / halbdurchlässiger Spiegel, Spionspiegel m, Einwegspiegel m
**SQ** (squint quoin) (Build) / spitzwinklige Mauerecke
**sq** (Eng) / Rechtwinkligkeit f (nach DIN 7184, T 1)
**SQ** (silvering quality) (Glass) / Spiegelqualität f (des Belegglases), Belegqualität f (des Glases) ‖ ~ (squall) (Meteor) / Bö f
**SQC** (single-quantum coherence) (Phys) / Einquantenkohärenz f
**SQE** (signal quality error) (Comp, Telecomm) / Heartbeat m (bei einer an ein LAN nach dem Ethernet-Standard angeschlossene Station ein Signal von der Medium Attachment Unit, das angibt, ob die Erkennung einer Kollision noch korrekt arbeitet)
**SQL*** (Structured Query Language) (Comp) / Structured Query Language f (von IBM entwickelte Standard-Abfragesprache für Datenbanken), SQL (eine Standard-Abfragesprache für Datenbanken), relationale strukturierte Abfragesprache ‖ ~ **server** (database server supporting SQL queries) (Comp) / SQL-Server m

**squab** n (GB) (Autos) / Rücken- oder Seitenlehne f (gepolsterte) ‖ ~ (GB) (the padded side or back of a vehicle seat) (Autos) / Seitenlehne f, Rückenlehne f
**squad car** (GB) / Funkstreifenwagen m, Streifenwagen m, Einsatzwagen m (der Polizei)
**squalane** n (Chem) / Squalan n (2,6,10,15,19,23-Hexamethyltetracosan)
**squalene*** n (Chem) / Spinacen n, Squalen n (der wichtigste azyklische Triterpenkohlenwasserstoff)
**squall*** n (Meteor) / Bö f ‖ ~ **line** (Meteor) / Böenlinie f (Verbindungslinie aller Orte mit böigem Wetter), Böenfront f
**squama*** n (pl. -ae) (Bot, Zool) / Schuppe f, Squama f (pl. -ae)
**squarability** n (Maths) / Quadrierbarkeit f
**squarable set** (Maths) / quadrierbare Menge
**square** v / rechteckig oder quadratisch beschneiden (behauen, zurichten) ‖ ~ (Electronics) / in Rechteckwellen umwandeln, in Rechteckwellen umwandeln ‖ ~ (Electronics) / Rechteckimpulse formen ‖ ~ (For) / besäumen v (Baumkanten entfernen) ‖ ~ (Maths) / quadrieren v (in die 2. Potenz erheben, mit einem Quadratnetz überziehen), ins Quadrat erheben ‖ ~ n / Vorderkante f (Stehkante) ‖ ~ (US) (Build) / quadratischer Häuserblock, Karree n (pl. -s) ‖ ~ (Build) / quadratförmige Bedachungsfläche von 9,29 m² ‖ ~ (try square) (Carp) / Anschlagwinkel m (von 90°), Winkel m (Messwerkzeug mit einer Anschlagkante), Schreinerwinkel m, Winkelmaß m mit Anschlag ‖ ~ (Cart, Cartography, Surv) / Planquadrat n (eine Fläche, die in topographischen Karten durch zwei jeweils benachbarte waagerechte und senkrechte Gitterlinien begrenzt wird) ‖ ~ (US) (Eng) / Vierkant n m (am Schraubenschaft) ‖ ~ (Eng) / quadratischer Handamboss ‖ ~* (For) / Kantholz n von quadratischem Querschnitt ‖ ~ (For, Join) / Kantel f (Zuschnitt mit quadratischem oder rechteckigem Querschnitt) ‖ ~ (Maths) / zweite Potenz, Quadrat n (zweite Potenz), Quadratzahl f ‖ ~* (Maths) / Quadrat n (Figur) ‖ ~ (Met) / Vierkantstahl m, Quadratstahl m ‖ ~ (Surf) / quaderförmige Anode (für Anodentaschen), Würfel m ‖ ~ adj / Quadrat-, quadratisch adj ‖ ~ / kantig adj (z.B. Stein) ‖ ~ / square adj, sq (Vorsatz zum Bilden der zweiten Potenz von Einheiten) ‖ ~ (Eng) / flach adj (Gewinde) ‖ ~ (Maths) / rechtwinklig adj, rektangulär adj
**squareability** n (Maths) / Quadrierbarkeit f
**square back** (Bind) / flacher Rücken, Flachrücken m, gerader Rücken ‖ ~ **brackets** (Typog) / eckige Klammern ‖ ~**-braided packing** (Eng) / Zopfgeflecht n (Weichpackung) ‖ ~ **butt weld** (Welding) / I-Naht f (eine Stumpfnaht DIN 1912, T 5), I-Stumpfnaht f
**square-core coil** (Elec Eng) / Rechteckspule f
**square coupler** (Eng) / Verbindungsvierkant n m (für Schraubendreher nach DIN 3122) ‖ ~ **cutter block** (For) / Vierkantmesserwelle f
**squared** adj / kantig adj (z.B. Stein) ‖ ~ (Paper) / kariert adj
**square dome** (Arch) / Kuppelgewölbe n über quadratischem Grundriss, Kuppel f (mit einem Quadrat als Grundrissfigur) ‖ ~ **dovetail** (joint) (Carp, For) / Fingerzinkenverbindung f (eine Holzlängsverbindung)
**squared paper** (Paper) / kariertes Papier, Millimeterpapier n ‖ ~ **rubble** (coursed) (Build) / Schichtenmauerwerk n (regelmäßiges, aus Naturstein) ‖ ~ **shoulder** (Leather) / unköpfiger Hals ‖ ~ **timber** (For) / Kantholz n von quadratischem Querschnitt
**square-edging** n (For) / Besäumen n (Entfernen der Baumkanten)
**square engine** (I C Engs) / quadratischer Motor (wenn das Verhältnis zwischen Hub und Bohrung 1 ist), Motor m mit quadratischem Hubverhältnis ‖ ~ **file** (Tools) / Vierkantfeile f ‖ ~ **folding*** (Bind) / Kreuzbruchfalzung f
**square-four engine** (I C Engs) / Quadratmotor m (zwei Parallelzweizylinder mit zwei Kurbelwellen, die hintereinander angeordnet und durch Zahnräder oder Kette verbunden sind)
**square-free number** (Maths) / quadratfreie Zahl
**square grind** (For) / Geradschliff m (bei Maschinensägeblättern) ‖ ~ **groove** (Met) / Quadratkaliber n, quadratisches Kaliber, Vierkantkaliber n
**square-grooved weld** (Welding) / I-Naht f (eine Stumpfnaht DIN 1912, T 5), I-Stumpfnaht f
**square head** (Eng) / Vierkantkopf m (der Schraube), Würfelkopf m
**square-head bolt** (Eng) / Vierkantschraube f (DIN ISO 1891) ‖ ~ **bolt with collar** (Eng) / Vierkantschraube f mit Bund (DIN ISO 1891) ‖ ~ **bolt with collar and half dog point** (Eng) / Vierkantschraube f mit Bund und Ansatzkuppe (DIN ISO 1891)
**square-hewn stone** (Build) / Quader m, Quaderstein m
**square-integrable function** (Maths) / quadratintegrable Funktion, quadratisch integrierbare Funktion
**square key** (Eng) / Quadratkeil m, quadratischer Keil ‖ ~ **law** (Phys) / quadratisches Entfernungsgesetz, fotometrisches Entfernungsgesetz, Abstandsgesetz n (quadratisches), Enfernungsgesetz n (quadratisches), Entfernungsquadratgesetz n (das Entfernungsquadrat im Nenner des fotometrischen Grundgesetzes)

**square-law capacitor*** (Elec Eng) / Drehkondensator m mit quadratischer Kennlinie, nierenförmiger Drehkondensator, Nierenplattenkondensator m ‖ ~ **demodulator*** (Elec Eng) / quadratischer Detektor ‖ ~ **detector*** (Elec Eng) / quadratischer Detektor
**square-law rectifier*** (Elec Eng) / quadratischer Gleichrichter, Effektivwertgleichrichter m (mit einer Schaltungsanordnung, bei der das quadratische Kennliniengebiet eines Bauelements mit nichtlinearer Charakteristik durch die gleichzurichtende Größe gesteuert wird)
**square-loop ferrite** / Rechteckferrit m (Magnetwerkstoff mit rechteckiger Hysteresekurve, z.B. Ni-Zn-Co-Ferrit)
**square matrix** (Maths) / quadratische Matrix ‖ ~ **measure** (Maths) / Flächenmaß n (Einheit zur Angabe des Flächeninhalts) ‖ ~ **meter** (US) / Quadratmeter n m ‖ ~ **metre** (Eng) / Quadratmeter n m ‖ ~ **neck** (Eng) / Vierkantansatz m, Nase f der Hammerschraube ‖ ~ **neck** (Eng) / Schaft m mit Vierkant (DIN ISO 1891) ‖ ~ **neck carriage bolt** (Eng) / Flachrundschraube f mit Vierkantansatz
**squareness** n / quadratische Beschaffenheit ‖ ~ / Rechteckigkeit f ‖ ~ (Eng) / Rechtwinkligkeit f (nach DIN 7184, T 1) ‖ ~ **ratio** (Comp, Mag) / Rechteckigkeitsverhältnis n (bei Ferriten)
**square-nose boring tool** (Eng) / Innen-Eckdrehmeißel m (DIN 4974)
**square-nosed trowel** (Foundry) / Polierschaufel f mit geradem Blatt
**square-nose hand vice** (Eng) / schmalmauliger Feilkloben ‖ ~ **turning tool** (Eng) / Eckdrehmeißel m (DIN 4978)
**square number** (Maths) / zweite Potenz, Quadrat n (zweite Potenz), Quadratzahl f ‖ ~ **nut** (Eng) / Vierkantmutter f ‖ ~ **parachute** (Aero) / Fallschirm m mit quadratischer Kappe ‖ ~ **pass** (Met) / Quadratkaliber n, quadratisches Kaliber, Vierkantkaliber n ‖ ~ **picture tube** (TV) / Rechteckbildröhre f ‖ ~ **plain taper key** (Eng) / Quadratkeil m, quadratischer Keil
**square-planar complex** (a complex with four ligands arranged in the geometrical shape of a square) (Chem) / quadratisch-planarer Komplex
**square point** (Eng) / viereckiger Ansatz (bei Schrauben)
**squarer** n (Electronics) / Quadrator m, Quadrierglied n, quadrierendes Glied ‖ ~ (Electronics) / Rechteckgeber m
**square roof** (Arch) / Winkeldach n (Firstwinkel = 90°) ‖ ~ **root*** (Maths) / Quadratwurzel f (mit dem Wurzelexponenten n = 2)
**square-root sign** (Typog) / Quadratwurzelzeichen n ‖ ~ **subroutine** (Comp) / Quadratwurzelprogramm n
**squares*** (Bind) / Deckelkante f
**square sail** (Ships) / Rahsegel n ‖ ~ **search** (Aero) / Quadratsuchverfahren n
**square-section plug** (Telecomm) / Segmentstecker m
**square semi-finished product** (Met) / quadratisches Halbzeug (Euronorm 79-69) ‖ ~ **shank** (of a rotating tool) (Eng, Tools) / Vierkantschaft m (DIN 10) ‖ ~ **socket** (in screw head) (Eng) / Innenvierkant n ‖ ~ **spanner** (Eng) / Vierkantschlüssel m ‖ ~ **staff*** (Join) / Rechteckdeckleiste f ‖ ~ **steel** (Met) / Vierkantstahl m, Quadratstahl m ‖ ~ **stern** (Ships) / Spiegelheck n, Plattgatt-Heck n
**square-taper washer** (Eng) / I-Scheibe f (DIN 434)
**square thread*** (Eng) / Flachgewinde n (mit Rechteckprofil) ‖ ~ **timber stock** (For) / Vorratskantholz n (in jeweils anfallenden handelsüblichen Abmessungen) ‖ ~ **turning** (Join) / Kantigdrehen n (Verfahren zum Querprofilieren kantiger Säulen) ‖ ~ **up** v (Electronics) / in Rechteckwellen umformen, in Rechteckwellen umwandeln ‖ ~ **wave*** (Electronics) / Rechteckwelle f
**square-wave function** (Electronics) / Rechteckwellenfunktion f ‖ ~ **generator** (Electronics) / Rechteckwellengenerator m (ein Messgenerator) ‖ ~ **polarograph** (Chem, Elec Eng) / SW-Polarograf m, Rechteckwellenpolarograf m, Square-Wave-Polarograf m ‖ ~ **polarography** (Chem, Elec Eng) / Rechteckwellenpolarografie f, Square-Wave-Polarografie f (bei der zusätzlich zur konstanten Gleichspannung kleine rechteckförmige Spannungsimpulse an die Elektrode angelegt werden), SW-Polarografie f ‖ ~ **response** (TV) / Sprungantwort f ‖ ~ **signal** (Electronics) / Sprungsignal n
**square wire** (Met) / Vierkantdraht m ‖ ~ **workpiece** (For, Join) / Kantel f (Zuschnitt mit quadratischem oder rechteckigem Querschnitt) ‖ ~ **wrench** (US) (Eng) / Vierkantschlüssel m
**squaric acid** (Chem) / Quadratsäure f
**squaring** n (For) / Besäumen n (Entfernen der Baumkanten) ‖ ~ **amplifier** (Radio) / Rechteckverstärker m ‖ ~ **band** (Spinning) / Kreuzschnur f ‖ ~ **shears*** (Met) / Schopfschere f (z.B. eine Kreismesser-, Pendel- oder Kurbelschere) ‖ ~ **the circle** (Maths) / Quadratur f des Kreises
**s quark** (Nuc) / Strangequark n (eine Quarkart), s-Quark n, Squark n
**squark** n (Nuc) / Strangequark n (eine Quarkart), s-Quark n, Squark n
**squash** v / zerdrücken v, zerstampfen v ‖ ~ / zusammenquetschen v ‖ ~ vt / zusammendrücken v, zerquetschen vt ‖ ~ n (Electronics) / Quetschfuß m (einer Röhre) ‖ ~ (Nut) / Fruchtbrei m ‖ ~ **bug** (Agric) / Kürbiswanze f (Anasasa tristis)

**squashy** *adj* / matschig *adj*, breiig *adj*, breiartig *adj*
**squat** *n* (Autos) / Anfahrnicken *n* (beim Anfahren oder Beschleunigen) ‖ ~ (Cornwall, England) (Geol) / Erznest *n*, Erztasche *f* ‖ ~ (Geol) / Zinnerz *n* (meistens verquarztes)
**squatter settlement** / Hausbesetzersiedlung *f*, Piratensiedlung *f*
**squatting** *n* (Ceramics) / Erweichen *n*, Einsacken *n* (eines keramischen Stückes bei zu hoher Temperatur)
**squawk** *n* (Radar) / Transponder *m* (Empfangs-Sendegerät, das nach dem Abfrage-Antwort-System arbeitet)
**squawker** *n* (Acous) / Mitteltonlautsprecher *m*, Mitteltöner *m*
**squeak** *v* / quietschen *v* (Türband) ‖ ~ / kreischen *v* (Tür in den Angeln), knarren *v*
**squeal** *v* (Autos) / quietschen *v* (Reifen, Bremsen)
**squealer** *n* / Auskocher *m* (eine Sprengladung)
**squeal of the wheel** (Autos, Rail) / Quietschen *n* des Rades, Radquietschen *n*
**squeegee** *v* (Print, Textiles) / rakeln *v* (beim Siebdruck) ‖ ~ *n* / Quetscher *m* (Gummiwalze), Quetschwalze *f*, Abquetschwalze *f* ‖ ~ (Autos) / Zwischengummi *m* (des Luftreifens) ‖ ~* (Photog) / Rollenquetscher *m* ‖ ~ (Print, Textiles) / Rakel *f* (für Siebdruck) ‖ ~ **mark** (Print, Textiles) / Rakelabdruck *m* (beim Siebdruck) ‖ ~ **oil** (a mixture of organic materials employed as the suspension vehicle in screening inks and pastes) (Print) / Siebdrucköl *n* ‖ ~ **paste** (Print) / Siebdruckpaste *f*, Farbpaste *f* (für den Siebdruck) ‖ ~ **roller** / Quetscher *m* (Gummiwalze), Quetschwalze *f*, Abquetschwalze *f*
**squeezable waveguide** (Elec, Phys, Telecomm) / Quetschmessleitung *f*, Quetschhohlleiter *m* (ein an den Breitseiten geschlitzter Präzisionsrechteckhohlleiter mit relativ großer Baulänge, der zur Messung des Anpassungsfaktors bzw. des Welligkeitsfaktors von Hohlleiterbauteilen dient)
**squeeze** *v* / quetschen *v* (drücken, pressen, ausdrücken, zerdrücken) ‖ ~ / abpressen *v* (durch Pressen entfernen) ‖ ~ / zusammenquetschen *v* ‖ ~ (Civ Eng, Mining, Oils) / verpressen *v*, einpressen *v* (Zement in ein Bohrloch), druckzementieren *v* (Bohrlöcher) ‖ ~ (Foundry) / pressformen *v* (nur Infinitiv oder Partizip) ‖ ~ *n* (Civ Eng, Mining, Oils) / Verpressen *n*, Einpressen *n* von Zement (in ein Bohrloch), Druckzementierung *f* (von Bohrlöchern) ‖ ~ (Geol) / Auskeilen *n* (einer Schicht) ‖ ~ (Med) / Barotrauma *n*, Druckausgleichsunfall *m* ‖ ~ (Mining) / Absenkung *f* des Hangenden ‖ ~* (Print) / Druckkraft *f* ‖ ~ (Print, Textiles) / Rakel *f* (für Siebdruck) ‖ ~ **bottle** (Plastics) / Spritzflasche *f* (aus weichem Kunststoff), Quetschflasche *f* (als Packung) ‖ ~ **casting** (Eng, Foundry, Met) / Flüssigpressen *n* (Urformverfahren zur Fertigung von Formteilen aus metallischen Schmelzen durch Pressen), Gießpressen *n* (z.B. bei faserverstärkten Metallen bei Drücken bis 120 Mpa), Pressgießen *n* ‖ ~ **casting** (Foundry) / Squeeze Casting *n* (eine Kombination aus Kokillengießverfahren und anderen Gießverfahren) ‖ ~ **cementing** (Civ Eng, Mining, Oils) / Verpressen *n*, Einpressen *n* von Zement (in ein Bohrloch), Druckzementierung *f* (von Bohrlöchern)
**squeezed juice** (Nut) / Presssaft *m* (Zuckergewinnung) ‖ ~ **print*** (Cinema) / anamorphotisch aufgenommener Film (z.B. CinemaScope)
**squeeze head** (Foundry) / Pressplatte *f* ‖ ~ **job** (Civ Eng, Mining, Oils) / Verpressen *n*, Einpressen *n* von Zement (in ein Bohrloch), Druckzementierung *f* (von Bohrlöchern) ‖ ~ **out** *v* / ausdrücken *v* (durch Drücken herausholen), herauspressen *v*, herausdrücken *v*, auspressen *v*, ausquetschen *v*
**squeezer** *n* / Quetscher *m* (Gummiwalze), Quetschwalze *f*, Abquetschwalze *f* ‖ ~* (Foundry) / Pressmaschine *f*, Pressformmaschine *f* (für die Maschinenformerei)
**squeeze roller** / Quetscher *m* (Gummiwalze), Quetschwalze *f*, Abquetschwalze *f* ‖ ~ **track*** (Acous, Cinema) / Lichttonstreifen *m* (beim Intensitäts-, Longitudinal- und Transversalverfahren)
**squeezing** *n* (Civ Eng, Mining, Oils) / Verpressen *n*, Einpressen *n* von Zement (in ein Bohrloch), Druckzementierung *f* (von Bohrlöchern) ‖ ~ (Foundry) / Nachdruck *m* (beim Druckguss) ‖ ~ **effect** (Textiles) / Abquetscheffekt *m* (ein Maß bei der Textilausrüstung), AE (Abquetscheffekt), Absaugeffekt *m* (ein Maß für den nach dem Verlassen des Foulards in der Ware verbleibende Feuchtigkeit in %), Flottenaufnahme *f* (Abquetscheffekt) ‖ ~ **machine** (Foundry) / Pressmaschine *f*, Pressformmaschine *f* (für die Maschinenformerei)
**squeezy bottle** / Plastikflasche *f* (weiche)
**squegging** *n* (Electronics) / Instabilität *f* (des Oszillators) ‖ ~ (Telecomm) / periodische Instabilität, Pendeln *n* (eines Oszillators) ‖ ~ **oscillator** (Telecomm) / Pendeloszillator *m*
**squelch*** *n* (Electronics) / [automatische] Rauschsperre *f*, Geräuschsperre *f*, Squelch *n* (Baugruppe eines Sende-Empfangsgeräts zur Unterdrückung des Rauschens)
**squib** *n* (explosive device used in the ignition of a rocket) (Space) / Zünder *m* (bei Feststoffraketen), Anzündinitiator *m*
**squibbing** *n* (Mining) / Auskesseln *n* (Bohrloch)

**squid*** *n* (Aero) / Squid *m* *n*, Schluckform *f* ‖ ~* (Phys) / supraleitendes Interferometer, supraleitender Quanteninterferenzdetektor, Quanteninterferometer *n* (ein kryoelektronisches Messinstrument), quantenmechanisches Interferometer, Squid *n* (ein Josephson-Element)
**squill** *n* (sea squill) (Bot, Pharm) / Meerzwiebel *f* (Weiße, Rote - Urginea maritima /L./ Baker)
**squinch*** *n* (Arch) / Trompe *f* (Bogen, der die oberen Ecken eines quadratischen Raumes überbrückt), Trichternische *f*, Trichtergewölbe *n*
**squint*** *n* (Build) / Formstein *m* für spitzwinklige Ecken, Spitzziegel *m* ‖ ~* (Med, Optics) / Strabismus *m*, Schielen *n* (Abweichen des Augen oder eines Auges aus der Parallelstellung) ‖ ~* (Radio) / Winkelfehler *m*, Schielen *n* ‖ ~ **angle** (Radar) / Keulensteuerwinkel *m* ‖ ~ **angle** (Radio) / Schielwinkel *m* (der Antenne) ‖ ~ **error** (Radar) / Schielfehler *m* (antennenbedingte Winkelabweichung der Hauptkeulenrichtung vom Sollwert) ‖ ~ **mode** (Radar) / Absuchmodus *m* ‖ ~ **quoin*** (Build) / spitzwinklige Mauerecke
**squirrel-cage impeller** (Chem Eng) / Trommelkreiselrührer *m*, Zyklonrührer, Ekato-Korbkreiselrührer *m*
**squirrel-cage motor*** (Elec Eng) / Käfigläufermotor *m* (die häufigste Ausführung der Wechselstrom-Induktionsmaschine), Kurzschlussläufermotor *m*, Kurzschlussankermotor *m*, KL (Kurzschlussläufermotor) ‖ ~**-cage rotor*** (Elec Eng) / Käfigläufer *m* (Läuferbauform, bei der Leiterstäbe aus Kupfer oder Aluminium in die Nuten des Rotors eingebettet und an ihren Enden durch Kurzschlussringe verbunden sind), Kurzschlussläufer *m*, Käfiganker *m* ‖ ~**-cage winding*** (Elec Eng) / Käfigwicklung *f* ‖ ~ **grey** / fehgrau *adj*
**squirt** *vi* (cause a liquid to be ejected from a small opening in something in a thin, fast stream or jet) / spritzen *vi*, hervorsprudeln *vi*, hervorspritzen *vi* ‖ ~ **can** (Eng) / Ölkännchen *n*
**squirted filament** (Elec Eng) / gespritzter Glühfaden
**squish** *n* (Autos) / Quetschwirbel *m* ‖ ~ **band** (Autos) / Quetschzone *f* (im Brennraum) ‖ ~ **combustion chamber** (Autos) / Quetschkopf *m* (eingezogener Zylinderbrennraum, mit dem eine gesteuerte Wirbelung des Kraftstoff-Luft-Gemisches erreicht werden kann)
**squishy** *adj* (Nut) / zermatscht *adj* (Obst), zermantscht *adj* (Obst)
**squitter** *n* (random output pulses) (Radar) / Antwort *f* ohne Abfrage, unerwünschte Transponderauslösung
**Sr** (strontium) (Chem) / Strontium *n*, Sr (Strontium)
**SR** (synthetic rubber) (Chem Eng, Plastics) / Synthesekautschuk *m*, SK (Synthesekautschuk), synthetischer Kautschuk, Kunstkautschuk *m* ‖ ~ (saturable reactor) (Elec Eng) / Sättigungsdrossel *f*
**sr*** (steradian) (Maths) / Steradiant *m* (pl. -en), sr (Steradiant - DIN 1301, T 1 und DIN 1315) (gesetzliche abgeleitete SI-Einheit für den Raumwinkel)
**SR** (soil release) (Textiles) / Soil-release *n*, Auswaschbarkeit *f* von Schmutzflecken, Schmutzauswaschbarkeit *f*
**SRAAM** (short-range air-air missile) (Mil) / Kurzstrecken-Luft-Luft-Flugkörper *m*
**SR agent** (soil-release agent) (Textiles) / Soil-Release-Mittel *n*
**SRAM** (static RAM) (Comp) / statisches RAM, SRAM *n* (statisches RAM)
**S.R.B.** (straight-run benzine) (Oils) / SR-Benzin *n*, Destillatbenzin *n*, Rohbenzin *n*, Topbenzin *n*, Straightrun-Benzin *n*, Destillatbenzin *n*
**SR.D** (Dolby Stereo Digital) (Acous, Cinema) / Dolby Stereo Digital
**SRD** (superluminescent diode) (Electronics) / superstrahlende Diode, Superlumineszenzdiode *f*, Hochleistungs-LED *f* ‖ ~ (soil redeposition) (Textiles) / Schmutzredeposition *f* ("Vergrauung"), Rückverschmutzung *f*, Rückanschmutzen *n*, Wiederaufziehen *n* von Schmutz, Waschvergrauung *f*
**SRE** (surveillance radar equipment) (Radar) / Mittelbereichs-Rundsichtradaranlage *f* (mit einer Reichweite über 300 km)
**S¹ reaction** (Chem) / S¹-Reaktion *f* (bei der nukleophilen Substitution)
**S² reaction** (Chem) / S²-Reaktion *f* (bei der nukleophilen Substitution)
**SR finish** (Textiles) / Soil-Release-Ausrüstung *f*, SR-Ausrüstung *f* (Spezialbehandlung von Textilien aus synthetischen Fasern und deren Mischungen mit nativen und regenerierten Zellulosefasern zur verbesserten Ablösung des Schmutzes bei wässriger Haushaltswäsche) ‖ ~ **flip-flop** (Electronics) / SR-Flipflop *n* ‖ ~ **flip-flop** (Electronics) / RS-Flipflop *n* (bistabile Kippschaltung), SC-Flipflop *n*
**SRH** (somatotropin releasing hormone) (Biochem) / Somatoliberin *n* (ein Releasinghormon)
**S.R.H.S. bath** (Surf) / SRHS-Chromelektrolyt *m*
**SRIF** (somatotropin release-inhibiting factor) (Biochem) / Somatostatin *n* (ein Hormon, das die Freisetzung des Somatoliberins hemmt)
**Sri Lanka satinwood** (For) / Ostindisches Satinholz (von dem Rautengewächs Chloroxylon swietenia DC.)

**s-RNA** (Biochem) / Transfer-Ribonukleinsäure f, Transfer-RNS f, Transfer-RNA f, Träger-RNS f, t-RNS f, Transfer-Ribonucleinsäure f, t-RNA f, sRNA f
**SRO** (single-resonant optical parametric oscillator) (Electronics) / einfachresonanter optischer parametrischer Oszillator
**S rotor** (Savonius rotor) (Autos, Elec Eng) / Savonius-Rotor m (der Windkraftanlage - nach Sigurd Savonius)
**SRP** (signal-recognition particle) (Biochem) / Signalerkennungspartikel n f (ein Nucleoprotein), SEP (Signalerkennungspartikel) || ~ (synthetic-fibre reinforced plastic) (Plastics) / Synthesefaser-Kunststoff m, synthesefaserverstärkter Kunststoff || ~ (self-reinforcing plastic) (Plastics) / selbstverstärkender Kunststoff m, SVK (selbstverstärkender Kunststoff)
**SRS** (slow-reacting substance) (Biochem) / Slow-reacting-Substanz f (z.B. Leukotrien) || ~ (simple random sampling) (Stats) / reine Zufallsauswahl
**S rules** (Chem) / S-Sätze m pl (standardisierte Sicherheitsratschläge)
**SR variables** (Astron) / halbregelmäßige Veränderliche (eine Untergruppe der Pulsationsveränderlichen)
**SS** (solid solution) (Chem, Phys) / feste Lösung (Mischkristalle oder Legierungen)
**SS#7** (signalling system No. 7) (Comp) / Zeichengabesystem Nr. 7, Nummer f 7 (ein Zeichengabesystem), Zentralkanalzeichengabe f nach Nr. 7, ZZG7 n (ein Zeichengabesystem)
**SS** (stack segment) (Comp) / Stapelsegmentregister n
**S.S.** (soft-sized) (Paper) / schwach geleimt adj, mit schwacher Leimung
**SS** (steamship) (Ships) / Dampfer m, Dampfschiff n || ~ (switching system) (Telecomm) / Vermittlungssystem n || ~ **acid** (Chem) / SS-Säure f (eine Buchstabensäure - eine Aminonaphtholsulfonsäure)
**SSB** (single-sideband) (Radio, Telecomm) / Einseitenband n, ESB (Einseitenband) || ~ **filter** (Radio, Telecomm) / Einseitenbandfilter n, SSB-Filter n || ~ **HF transceiver** (Radio) / Einseitenband-Kurzwellensprechfunkgerät n || ~ **modulation** (Radio, Telecomm) / Einseitenbandmodulation f, EM (Einseitenbandmodulation)
**S/S conjugated fibres** (Spinning) / Seite-an-Seite-Bikomponentenfasern f pl, S/S-Bikomponentenfasern f pl, S/S-Bikonstituentenfasern f pl (mit zwei Polymeren nebeneinander)
**SSCR** (spectral-shift-controlled reactor) (Nuc Eng) / Reaktor m mit Spektralsteuerung, Spektraldriftreaktor m (in dem zur Steuerung oder zu anderen Zwecken das Neutronenspektrum über die Eigenschaften und Menge des Moderators verändert wird)
**SSD** (source-skin distance) (Radiol) / Quellen-Oberflächen-Abstand m, QOA (Quellen-Oberflächen-Abstand)
**SSESCA** (small-spot ESCA) (Spectr) / Fotoelektronenspektroskopie f mit Fokussierung
**SSF** (service switching function) (Telecomm) / Service-Switching-Funktion f (im intelligenten Netz)
**S-shaped** adj / S-förmig adj || ~ **distribution** (Stats) / S-förmige Verteilung
**s-shell electron** (Nuc) / s-Elektron n (der s-Unterschale)
**SSI** (small-scale integration) (Electronics) / Integrationsgrad m SSI, SSI-Schaltung f, Integration f kleinen Maßstabes, niedrigster Integrationsgrad (mindestens 10 Grundfunktionen bzw. 100 Bauelemente pro chip), SSI-Integrationsgrad m, Kleinintegration f || ~ (system simulator interface) (Teleph) / Systemsimulatorschnittstelle f, SSI (Systemsimulatorschnittstelle)
**SSID** (service set identifier) (Comp) / SSID f (Code, der in drahtlosen LANs festlegt, dass nur Teilnehmer mit derselben SSID kommunizieren können)
**SSIT** (semi-submarine icebreaking tanker) (Ships) / SSIT-Tanker m (ein Halbtaucher)
**SSJ** (self-screening jammer) (Mil, Radar) / Störer, der m vom Ziel selbst mitgeführt wird
**SSM** (surface-to-surface missile) (Mil) / Boden-Boden-Flugkörper m || ~ (spread-spectrum modulation) (Mil, Telecomm) / Spread-Spektrum-Modulation f, SSM (Spread-Spektrum-Modulation)
**SSMA** (spread-spectrum multiple access) (Telecomm) / Multiplexverkehr m mit Mehrfachzugriff im ausgedehnten Spektrum
**SSNTD** (solid-state nuclear track detector) (Nuc) / Festkörperspurdetektor m
**SSO** (spurious switch-off) (Telecomm) / ungewolltes Abschalten
**SSP** (single-sweep polarography) (Chem) / Singlesweep-Polarografie f, Katodenstrahlpolarografie f, SSP || ~ (service switching point) (Comp, Telecomm) / Dienstevermittlungspunkt m (im intelligenten Netz)
**SSR** (solid-state relay) (Elec Eng, Electronics) / elektronisches Relais, Halbleiterrelais n || ~ (solid-state relay) (Electronics) / kontaktloses Relais, Festkörperrelais n || ~* (secondary surveillance radar) (Radar) / Sekundärflugsicherungsradar m n
**SSSD** (safe sight stopping distance) (Autos) / Haltesichtweite f (DIN 67 524), Anhaltesichtweite f
**SST*** (supersonic transport) (Aero) / Überschallverkehr m
**S star** (Astron) / S-Stern m (Riese mit gleichen Temperaturen wie die M-Sterne)
**SSTR** (solid-state track recorder) (Nuc) / Festkörperspurdetektor m
**SSTV** (slow-scan television) (TV) / Schmalbandfernsehen n, SB-TV (Schmalbandfernsehen)
**SSU** (Saybolt second Universal) / Saybolt-Universalsekunde f (eine alte amerikanische Einheit der kinematischen Viskosität)
**s-surface** n (Geol) / s-Fläche f (Gesteinsgefügefläche)
**SS user** (session service user) (Telecomm) / SS-Benutzer m, Benutzer m des Dienstes der Kommunikationssteuerung
**ST** (source text) / Ausgangstext m (bei der Übersetzung) || ~ (standard time) (Astron) / Normalzeit f (die für ein bestimmtes Gebiet geltende Einheitszeit), Standardzeit f (die bürgerliche Ortszeit des Meridians, der bei der Festlegung einer Zonenzeit zugrunde gelegt wird) || ~ (softening temperature) (Chem Eng, Phys) / Erweichungstemperatur f, ET (Erweichungstemperatur), Erweichungspunkt m, Softening point m (Temperaturangabe für einen Viskositätsfixpunkt) || ~ (segment table) (Comp) / Segmenttafel f || ~ (steam turbine) (Eng) / Dampfturbine f (DIN 4303)
**St** (Stefan number) (Heat) / Stark-Zahl f, Stefan-Zahl f (im deutschen Sprachraum weniger gebräuchliche dimensionslose Kennzahl, die bei der Untersuchung des Wärmeübergangs durch Strahlung benutzt wird)
**ST** (stratus) (Meteor) / Stratus m (pl. Strati) (Schichtwolke), St (Stratus)
**St*** (stratus) (Meteor) / Stratus m (pl. Strati) (Schichtwolke), St (Stratus)
**ST** (surface tension) (Phys) / Oberflächenspannung f (bei Flüssigkeiten, Gasen und Festkörpern in der Grenzfläche - DIN 13310) || ~ (standard temperature) (Phys) / Standardtemperatur f, Normtemperatur f, Normaltemperatur f
**stab** v (Build) / griffig machen, aufrauen v (den Putzgrund) || ~ n (Bind) / Heftloch n
**stabbing*** n (Bind) / seitliche Drahtheftung von zwei Seiten (mit versetzter Klammer) || ~* (Build) / Aufrauen n des Putzgrundes (für die nächste Putzlage) || ~* (Bind) s. also flat stitching
**stabilator*** n (Aero) / vollbewegliche Höhenflosse, Stabilator m, Taileron n (wenn die gesamte Höhenflosse bewegt wird)
**stability*** n / Stabilität f (des Systems oder des Prozesses) || ~ (to) / Beständigkeit f (gegen) || ~* (static) (Build, Mech) / Standfestigkeit f, Standvermögen n, Standsicherheit f || ~ (Civ Eng) / Standsicherheit f (von Böschungen und Geländesprüngen nach DIN 4084) || ~ (Electronics) / Kippsicherheit f || ~ (Eng, Mech) / Standsicherheit f (Quotient des Kipp- und des Standmomentes), Stabilität f || ~ (Nut) / Haltbarkeit f || ~ (Textiles) / Maßhaltigkeit f || ~ **augmentation system** (Aero) / Dämpfungsregler m || ~ **augmenter** (Aero) / Dämpfungsregler m || ~ **boundary** (Phys) / Separatrix f (pl. -izes), Begrenzungskurve f des Stabilitätsbereichs (in der Phasenebene), Trennphasenbahn f || ~ **constant** (Chem) / Stabilitätskonstante f, Komplexbildungskonstante f || ~ **criterion** / Stabilitätskriterium n (eines dynamischen Systems) || ~ **derivatives*** (Aero) / Stabilitätsderivativa n pl || ~ **energy** (Meteor) / Stabilitätsenergie f || ~ **factor** (Radio) / Stabilitätsfaktor m || ~ **field** (Min) / Stabilitätsfeld n || ~ **limit** (Elec Eng, Mech) / Stabilitätsgrenze f || ~ **margin** (Automation) / Stabilitätsreserve f || ~ **moment** (Mech) / Standmoment n (bei der Berechnung der Standsicherheit) || ~ **of motion** (Nuc) / Bewegungsstabilität f, Stabilität f der Bewegung (eines geladenen Teilchens) || ~ **of shape** (Textiles) / Formbeständigkeit f || ~ **problem** (Mech) / Stabilitätsproblem n || ~ **range** (Work Study) / Stabilitätsbereich m (in dem trotz der unterschiedlichen Wirkung der Einflüsse die Stabilität des Fertigungsprozesses gewährleistet wird)
**stabilivolt*** n (Electronics) / Stabilovoltröhre f
**stabilization*** n / Stabilisierung f || ~ (Civ Eng) / Sicherung f (Abstützung des Tunnelraumes, die diesen für eine begrenzte Zeit vor dem Einstürzen schützt) || ~ (Civ Eng) / Verfestigung f (des Bodens) || ~ (Met) / Stabilisierung f || ~* (Radio) / Konstanthaltung f || ~ **energy** / Stabilisierungsenergie f (Resonanzenergie) || ~ **energy** (Chem) / Delokalisierungsenergie f || ~ **lagoon** (Ecol) / Stabilisierungsbecken n (z.B. in einem Belebtschlammverfahren) || ~ **network** (Comp) / Stabilisierungsnetz n || ~ **of banks** (or batters) **by planting or live vegetation** (Civ Eng, Hyd Eng) / Lebendbau m, Lebendverbau m, Lebendverbauung f || ~ **of sludge** (San Eng) / Schlammstabilisation f, Schlammstabilisierung f (DIN 4045) || ~ **paper** (used in CRT photocomposition, etc.) (Comp) /

**stabilization**

Stabilisationspapier n ‖ ~ **pond** (Ecol) / Stabilisierungsbecken n (z.B. in einem Belebtschlammverfahren)
**stabilize** v / stabilisieren v ‖ ~ (Civ Eng) / verfestigen v (den Boden) ‖ ~ (Met) / stabilisieren v (DIN 17014, T 1) ‖ ~ (Nut) / ausbauen v (Wein) ‖ ~ (Radio) / konstanthalten v
**stabilized dune** (Geol) / befestigte Düne (ingenieurbiologisch) ‖ ~ **electrophoresis** (in a fixed supporting medium) (Chem) / Trägerelektrophorese f, Elektrophorese f auf Trägern, Elektropherografie f, Elektrochromatografie f ‖ ~ **false-twist yarn** (Spinning) / stabilisiertes Falschdrahtgarn (bei dem die auf mechanischem Wege erzielte Kräuselung durch nachträgliche Wärmeeinwirkung in der Weise thermisch fixiert wird, dass die Dehnung auf 35 - 40% reduziert wird) ‖ ~ **feedback amplifier**\* (Electronics) / gegengekoppelter Verstärker, durch Gegenkopplung stabilisierter Verstärker ‖ ~ **gasoline** (Chem) / stabilisiertes Benzin, Stabilbenzin n ‖ ~ **glass**\* (Glass) / stabilisiertes Glas ‖ ~ **platform** (Space, Telecomm) / stabilisierte Plattform ‖ ~ **winding** (Elec Eng) / Ausgleichswicklung f (eine zusätzliche Wicklung in geschlossener Dreieckschaltung), Stabilisierungswicklung f
**stabilizer** n (Aero) / vollbewegliche Höhenflosse, Stabilator m, Taileron n (wenn die gesamte Höhenflosse bewegt wird) ‖ ~ (Aero) / Höhenflosse f (feststehende Flosse des Höhenleitwerks, an der das Höhenruder befestigt ist) ‖ ~ (Build, Civ Eng) / Stabilisierer m (ein Betonzusatzmittel zur Verminderung des Absonderns des Anmachwassers nach DIN 1045), ST (Stabilisierer) ‖ ~\* (Chem) / Antikatalysator m, negativer Katalysator ‖ ~\* (Chem, Plastics) / Stabilisator m (Stoff, der zu unerwünschten Reaktionen oder Veränderungen neigenden Substanzen oder Stoffsystmen zugesetzt wird, um den Ablauf dieser unerwünschten Vorgänge wirksam zu verhindern bzw. zu verzögern), Stabilisierungsstoff m, Stabilisierungsmittel n ‖ ~ (Oils) / Stabilisator m, Stabilisierkolonne f ‖ ~\* (Photog) / Stabilisator m ‖ ~ **bar** (Autos) / Stabilisator m, Querstabilisator m ‖ ~ **for whipped cream** (Nut) / Sahnehaltemittel n, Sahnestandmittel n ‖ ~ **link** (Autos) / Druckstange f (zwischen Stabilisator und unterem Querlenker) ‖ ~ **tube**\* (Electronics) / Stabilisatorröhre f (eine Ionenröhre)
**stabilizing agent** (Build, Civ Eng) / Stabilisierer m (ein Betonzusatzmittel zur Verminderung des Absonderns des Anmachwassers nach DIN 1045), ST (Stabilisierer) ‖ ~ **choke**\* (Elec Eng) / Stabilisierungsdrossel f ‖ ~ **parachute** (Aero, Mil) / Stabilisierungsfallschirm m ‖ ~ **tank** (Ships) / Schlingertank m (eine Stabilisierungseinrichtung) ‖ ~ **treatment** (Met) / Stabilisieren f (DIN EN 10 052), Stabilisierungsbehandlung f ‖ ~ **winding** (Elec Eng) / Ausgleichswicklung f (eine zusätzliche Wicklung in geschlossener Dreieckschaltung), Stabilisierungswicklung f ‖ ~ **winding** (Elec Eng) s. also tertiary winding
**stable** v (Rail) / abstellen v (Zug, Lokomotive) ‖ ~ vt (Agric) / im Stall halten ‖ ~ (Agric) / einstallen v ‖ ~ n (Agric) / Stall m (Pferdestall), Stallgebäude n ‖ ~ (Mining) / Stall m (am Strebende) ‖ ~\* adj / stabil adj, beständig adj, fest adj (beständig) ‖ ~\* adj (statically) / standfest adj, standsicher adj ‖ ~ (Nut) / haltbar adj ‖ ~ (Textiles) / maßhaltig adj (Gewebe) ‖ ~ **air** (Meteor) / stabile Luftschichtung f ‖ ~ **call** (Teleph) / Verbindung f im Gesprächszustand, bestehende Verbindung
**stable-crumb structure** (Agric) / Ackergare f (Zustand eines Bodens in stabiler Krümelstruktur), Gare f, Bodengare f
**stable-dimension** attr / formstabil adj, formbeständig adj
**stable door** (Build) / zweiteilige Tür (horizontal geteilt), quergeteilte Tür, Klöntür f ‖ ~ **equilibrium**\* (Mech) / stabiles Gleichgewicht ‖ ~ **gasoline** (Chem) / stabilisiertes Benzin, Stabilbenzin n ‖ ~ **in storage** / lagerbeständig adj, lagerungsbeständig adj ‖ ~ **isotope** (non-radioactive) (Chem, Nuc) / stabiles Isotop ‖ ~ **local oscillator** (Electronics) / stabiler Überlagerungsoszillator, frequenzkonstanter Überlagerer ‖ ~ **nucleus** (Nuc) / stabiler Kern ‖ ~ **orbit** (Nuc Eng) / stabile Bahn, Sollbahn f ‖ ~ **oscillation** f (Telecomm) / stabile Schwingung ‖ ~ **particle** (Nuc) / stabiles Teilchen, langlebiges Teilchen ‖ ~ **platform**\* (Space, Telecomm) / stabilisierte Plattform ‖ ~ **state** / stabiler Zustand (im Allgemeinen) ‖ ~ **state** (Mech) / Gleichgewichtszustand m ‖ ~ **type of distribution** (Stats) / stabiler Verteilungstyp
**stachydrine** n (Chem) / Stachydrin n (ein Pyrrolidinalkaloid)
**stachyose**\* n (Chem) / Lupeose f, Cicerose f, Stachyose f (ein Tetrasaccharid)
**stack** v / einstapeln v, stapeln v, auf Stapel absetzen, aufstapeln v, aufschichten v ‖ ~ / übereinanderschichten v, aufeinanderschichten v, aufschichten v (stapeln) ‖ ~ (Civ Eng, Mining) / verstürzen v (Abraum), verkippen v ‖ ~ (Comp) / im Stapelspeicher einspeichern, in den Stapelspeicher eingeben, im Kellerspeicher abspeichern ‖ ~ (Mining) / aufhalden v (Kohle) ‖ ~ n (a group of fuel cells) / Stapel m, Stack m (Stapwel von Brennstoffzellen) ‖ ~ (Aero) / Wartestapel m, Warteschleifen f pl (deren Gesamtheit im gestaffelten Warteraum) ‖ ~ (Aero) / [gestaffelter] Warteraum m ‖ ~ (Agric) / Schober m, Feime f, Feim m, Dieme f (Feime), Diemen m, Miete f (Feime) ‖ ~ (Agric) / Stapel m (von Ballen) ‖ ~ (chimney stack) (Build) / Schornstein m (mit mehreren Schornsteinzügen), Schornsteingruppe f ‖ ~ (Comp) / Keller m (eine lineare Liste, bei der nur die Operationen "Einfügen bzw. Löschen eines Listenelements", und zwar nur an einem Ende der Liste, durchgeführt werden können) ‖ ~ (Comp) / Stack m (Pufferbereich für DMA-Transfers) ‖ ~ (Comp, Maths) / Stapelspeicher m (kaskadierbarer), Kellerspeicher m (DIN 44300), Stack m (lineares Speichermedium) ‖ ~\* (Eng, For, Nuc) / Stapel m ‖ ~ (Geog) / Brandungspfeiler m ‖ ~ (Geol) / Stapelung f (Seismik) ‖ ~ (an isolated, pillarlike rocky island, detached from a headland by wave erosion) (Geol, Ocean) / durch Wellenerosion abgegliederte Felsnadel ‖ ~ (Met) / Schacht m (des Hochofens) ‖ ~ (**factory**) ~ (Build, Civ Eng) / Fabrikschornstein m
**stackable** adj / stapelbar adj (Stückgüter)
**stack casting** (Foundry) / Etagenguss m (Abguss mehrerer aufeinander gestapelter Formen, die treppenartig so aufeinander gesetzt werden, dass nur die Eingüsse frei bleiben) ‖ ~ **computer** (Comp) / Kellerrechner m (in dem die internen Informationskomponenten durch Hardware-Keller verwaltet werden) ‖ ~ **cutting** (Welding) / Paketschnitt m, Paketbrennschneiden n
**stacked** adj / gestapelt adj (übereinander) ‖ ~ **antenna** (Radio) / Mehretagenantenne f, Etagenantenne f, gestockte Antenne ‖ ~ **array**\* (Radio) / Antennenkombination f mit vertikal angeordneten Einzelantennen
**stacked-beam forming** (Radar, Radio) / Staffelkeulenbildung f ‖ ~ **radar** (Radar) / Mehrkeulenradar m n, Mehrkeulenradargerät n
**stacked job processing** (Comp) / sequentielle Bearbeitung (Jobbearbeitung) ‖ ~ **wood** (For) / Schichtholz n (Rohholz in Stößen aufgeschichtet - Volumenangabe in m$^3$)
**stack effect** (Eng) / Kaminwirkung f
**stacker** n (Comp) / Stacker m (automatischer Kassettenwechsler; die enthaltenen Magnetbänder können sequentiell getauscht werden) ‖ ~ (Comp) / Ablagefach n (z.B. für Druckerpapier), Ablage f (des Druckers) ‖ ~ (Eng) / Stapeleinrichtung f, Stapler m ‖ ~ (Eng) / Handstapler m ‖ ~ (Eng) / Stapler m (ein Flurförderer), Stapelgerät n, Stapelmaschine f ‖ ~ (Eng) / fahrbarer Stapelförderer ‖ ~ (Glass) / Kühlofenbeschicker m, Eintragmaschine f (für den Bandentspannungsofen) ‖ ~ (Mining) / Absetzer m (spezielle Bauart des Gurtförderers mit großer Wurfweite - verwendet zum Aufschütten von Kippen oder Halden), Platzbelader m ‖ ~ **crane** (Eng) / Stapelkran m (ein Brückenkran mit Drehlaufkatze zur Bedienung von Lagerräumen)
**stack error** (Comp) / Kellerfehler m
**stacker truck** (Eng) / Hubstapler m
**stack gas** (Build) / Schornsteingas n (im Abgaschornstein) ‖ ~ **gas** (Ecol) / Rauchgas n, Abgas n (das den Rohrstutzen des Ofens verlassende Verbrennungsgas) ‖ ~ **grain-to-grain** (Leather) / Narben auf Narben stapeln ‖ ~ **height** / Stapelhöhe f (konkrete)
**stacking** n / Einstapeln n, Stapeln n (standsicheres Übereinanderstellen von Stückgütern als spezielle Lagerungsart), Stapelung f, Aufstapeln f ‖ ~ (Civ Eng, Mining) / Verstürzen n (von Abraum), Verkippen n ‖ ~ (Comp) / Kellerung f ‖ ~ (Crystal) / Stapelung f ‖ ~ (Crystal) s. also stacking possibility ‖ ~ **cup** / Stapelnapf m (z.B. an Behältern) ‖ ~ **disorder** (Crystal) / Stapelfehler m (ein Flächendefekt zwischen zwei Partialversetzungen), Stapelungsfehler m (ein flächenhafter Gitterbaufehler, der durch die Abweichung von der Schichtenfolge paralleler Netzebenen bei bestimmten Kristallstrukturen bedingt ist) ‖ ~ **elevator** (Agric) / stapelnder Höhenförderer (heute durch den Universalförderer verdrängt) ‖ ~ **factor** (Elec Eng) / Kernfüllfaktor m (beim Transformator und bei Eisendrosseln) ‖ ~ **factor** (Elec Eng) / Eisenfüllfaktor m (reine Eisenlänge geteilt durch Blechpaketlänge ohne Kühlschlitze, nach DIN 40121), Füllfaktor m, Stapelfaktor m, Paketfaktor m ‖ ~ **fault**\* (Crystal) / Stapelfehler m (ein Flächendefekt zwischen zwei Partialversetzungen), Stapelungsfehler m (ein flächenhafter Gitterbaufehler, der durch die Abweichung von der Schichtenfolge paralleler Netzebenen bei bestimmten Kristallstrukturen bedingt ist) ‖ ~ **gel** (Chem) / Spacergel n ‖ ~ **height** / Stapelhöhe f (konkrete) ‖ ~ **machine** (Eng) / Stapler m (ein Flurförderer), Stapelgerät n, Stapelmaschine f ‖ ~ **pallet** / Stapelpalette f ‖ ~ **possibility** (Crystal) / Stapelungsmöglichkeit f (bei polytypen Strukturvarianten) ‖ ~ **pressure** (Mech) / Stapeldruck m (mechanisch-statische Beanspruchung, die durch den Druck anderer, über den jeweiligen Packstack befindlicher Güter hervorgerufen wird) ‖ ~ **sequence** (Crystal) / Stapelfolge f ‖ ~ **truck** (Eng) / Stapler m (ein Flurförderer), Stapelgerät n, Stapelmaschine f
**stack instruction** (Comp) / Kellerbefehl m ‖ ~ **stapelwender** m ‖ ~ **limit** (Comp) / Stackgrenze f ‖ ~ **limit register** (Comp) / Stackgrenzregister n ‖ ~ **losses** (Eng) / Schornsteinverluste m pl, Kaminverluste m pl ‖ ~ **mixing** (Textiles) / Mischung f aus Aufschichtung ‖ ~ **mould** (Plastics) / Etagenwerkzeug n ‖ ~ **moulding** (Foundry) / Stapelguss m (Herstellung von Gussteilen in waagerecht

geteilten verlorenen Formen, die senkrecht übereinander gestapelt und mit einem gemeinsamen Einlauf verbunden sind) ‖ ~ **of disks** (Comp) / Magnetplattenstapel *m*, Plattenstapel *m* (DIN 66001) ‖ ~ **of sheets** (Met) / Blechpaket *n* (Feinblech) ‖ ~ **overflow** (Comp) / Stacküberlauf *m* (tritt auf, wenn ein Programm mehr Platz auf dem Stack benutzt, als zugewiesen wurde), Stapelüberlauf *m* ‖ ~ **overrun** (Comp) / Stacküberlauf *m* (tritt auf, wenn ein Programm mehr Platz auf dem Stack benutzt, als zugewiesen wurde), Stapelüberlauf *m* ‖ ~ **pointer** (Comp) / Stapelzeiger *m*, Stack-Pointer *m*, SP (Stack-Pointer), Kellerzeiger *m* (der die Adresse der nächsten verfügbaren Stapelstelle im Speicher enthält)

**stack-pointer register** (Comp) / SP-Register *n*

**stack pollutant** (Ecol) / Schadstoff *m* aus den Rauchgas- und Abgasschornsteinen ‖ ~ **process** (Chem Eng) / Fällungsverfahren *n*, französisches Verfahren (Bleiweißherstellung) ‖ ~ **register** (Comp) / Stackregister *n* (zur vorübergehenden Stapelung von Daten und Rücksprungadressen für Unterroutinen und Unterbrechungsprogramme) ‖ ~ **segment** (Comp) / Stapelsegmentregister *n* ‖ ~ **storage** (Comp, Maths) / Stapelspeicher *m* (kaskadierbarer), Kellerspeicher *m* (DIN 44300), Stack *m* (lineares Speichermedium) ‖ ~ **vent** (Build) / Lüftungsöffnung *f* (in der Dachdecke)

**stactometer** *n* (Chem, Phys) / Stalagmometer *n* (Gerät zur Messung der Oberflächenspannung einer Flüssigkeit)

**stade** *n* (Geol) / Stadium *n* (Zeitabschnitt einer Vereisungsperiode mit vorübergehendem Vorstoß des Eises), Stadial *n* (Zeit besonderer Kälte innerhalb einer Eis- oder Kaltzeit)

**stadia** *n* (Surv) / Distanzlatte *f* (bei der optischen Streckenmessung), Entfernungsmesslatte *f* ‖ ~ (Surv) / Entfernungsmessung *f* mit Latte ‖ ~ **hairs**\* (Surv, Telecomm) / Distanzmessfäden *m pl*, Distanzmessstriche *m pl*

**stadial** *n* (Geol) / Stadium *n* (Zeitabschnitt einer Vereisungsperiode mit vorübergehendem Vorstoß des Eises), Stadial *n* (Zeit besonderer Kälte innerhalb einer Eis- oder Kaltzeit)

**stadia lines**\* (Surv, Telecomm) / Distanzmessfäden *m pl*, Distanzmessstriche *m pl*

**stadial moraine** (Geol) / Rückzugsmoräne *f*

**stadia rod**\* (Surv) / Distanzlatte *f* (bei der optischen Streckenmessung), Entfernungsmesslatte *f* ‖ ~ **station** (Surv) / Lattenstandpunkt *m* ‖ ~ **wires** (Surv, Telecomm) / Distanzmessfäden *m pl*, Distanzmessstriche *m pl* ‖ ~ **works** (Surv) / Tachymetrie *f*

**staff**\* *n* (Build) / Putzkantenschutzleiste *f* (winkelförmiges Profil, bestehend in der Regel aus verzinktem Stahlblech oder Kunststoff zum Einbau in den Putz als Schutz von Außenecken), Eckschutzleiste *f*, Eckschutzschiene *f*, Eckschutzprofil *n* ‖ ~ (Build) / Gips-Faser-Mischung *f* ‖ ~ (Cinema) / Stab *m* (Regie-, Aufnahme-) ‖ ~ (Horol) / Unruhwelle *f* (an der die Spiralfeder befestigt ist) ‖ ~ (graduated) (Surv) / Latte *f* ‖ ~ (Surv) / Stab *m* ‖ ~\* (Surv) / Nivellierlatte *f* (mit Strich- oder Felderteilung) ‖ ~ (Surv) / Messlatte *f* (Messstab mit verschiedenfarbigen Teilungsstrichen und Marken) ‖ ~ (Work Study) / Belegschaft *f*, Personal *n* ‖ ~ **angle**\* (Build) / Putzkantenschutzleiste *f* (winkelförmiges Profil, bestehend in der Regel aus verzinktem Stahlblech oder Kunststoff zum Einbau in den Putz als Schutz von Außenecken), Eckschutzleiste *f*, Eckschutzschiene *f*, Eckschutzprofil *n* ‖ ~ **bead**\* (Build) / abgerundete Eckschutzleiste *f* ‖ ~ **gauge** (Hyd Eng) / Lattenpegel *m* (im Gewässer eingebaute Messlatte zur Ablesung in Zeitintervallen) ‖ ~ **graduation** (Surv) / Lattenteilung *f*

**staffing** *n* / Ausstattung *f* mit Personal ‖ ~ **pattern** (Work Study) / Personalprofil *n* (des Unternehmens) ‖ ~ **shortage** / Arbeitskräftemangel *m*, Personalmangel *m*

**staff intercept** (Surv) / Ablesewert *m* an der Messlatte ‖ ~ **locator system** (Teleph) / Personenrufanlage *f*

**staffman**\* *n* (Surv) / Vermessungsgehilfe *m*, Messgehilfe *m*

**Staffordshire blue** (Build) / Eisenschmelzklinker *m*, Eisenklinker *m*

**staff paging system** (Teleph) / Personenrufanlage *f* ‖ ~ **planning** (Work Study) / Personalplanung *f* ‖ ~ **promotion** / Staff-Promotion *f* (Maßnahmen der Verkaufsförderung durch Schulung des Personals) ‖ ~ **reduction** (Work Study) / Stellenabbau *m*, Personalabbau *m* ‖ ~ **shortage** / Arbeitskräftemangel *m*, Personalmangel *m* ‖ ~ **space flight** (Space) / bemannter Raumflug (mit einer ganzen Besatzung)

**stage** *n* (Aero) / Flugabschnitt *m* ‖ ~\* (Build, Civ Eng) / Arbeitsbühne *f*, Arbeitsplattform *f*, Arbeitsfläche *f*, Bedienungsbühne *f* ‖ ~ (Elec Eng) / Kaskade *f* ‖ ~ (Elec Eng, Eng) / Stufe *f* ‖ ~ (Eng, Nuc Eng) / Trennstufe *f*, Einzeltrennstufe *f* ‖ ~\* (Geol) / Stufe *f* (ein stratigrafischer Abschnitt) ‖ ~ (relative to a fixed datum or plane of reference) (Hyd Eng) / Wasserstand *m* (eines Flusses), Wasserspiegelhöhe *f* (eines Flusses) ‖ ~ (Micros) / Mikroskoptisch *m*, Objekttisch *m* ‖ ~ (Space) / Stufe *f* (einer mehrstufigen Rakete)

**stage-discharge curve** (Hyd Eng) / Druckhöhe-Abflussmenge-Diagramm *n*

**staged system** (San Eng) / Kaskade *f* (Reaktor aus nacheinander durchflossenen einzelnen Reaktionsräumen - DIN 4045), Kaskadenreaktor *m*

**stage flat** (Cinema) / Kulisse *f* ‖ ~ **gain** (Elec Eng) / Stufenverstärkung *f* (bei mehrstufigen Verstärkern) ‖ ~ **micrometer**\* (Micros) / Objektmikrometer *n* ‖ ~ **micrometer disk** (Micros) / Objektmessplatte *f* ‖ ~ **of flight** (Aero) / Flugabschnitt *m* ‖ ~ **of youth** (Geol) / Jugendstadium *n* (z.B. bei der Erosion) ‖ ~ **recorder** (Hyd Eng) / Schreibpegel *m* (der mit einer Schreibeinrichtung zur fortlaufenden selbsttätigen Aufzeichnung des Wasserstandes ausgestattet ist), Pegelschreiber *m*, Limnigraf *m* ‖ ~ **rope** / Bühnenseil *n* ‖ ~ **separation factor**\* (Nuc Eng) / Trennfaktor *m* einer Stufe, Trennfaktor *m* einer Einzelstufe ‖ ~ **turbine** (Eng) / Stufenturbine *f*

**stagflation** *n* / Stagflation *f* (Zustand einer Volkswirtschaft, bei dem die Wachstumsrate des realen Sozialprodukts gleich Null ist, gleichzeitig jedoch die Preise steigen und die Arbeitslosigkeit zunimmt)

**stagger** *n* / staffeln *v* (z.B. Häuser bei der Bebauung), versetzen *v* ‖ ~ / torkeln *v*, taumeln *v* ‖ ~ (Aero) / staffeln *v* (die Tragflächen) ‖ ~ (Eng) / gegeneinander versetzen (z.B. Niete), versetzt anordnen ‖ ~\* *n* (Aero) / Staffelung *f* (der Tragflächen)

**staggered** *adj* (Geol) / staffelförmig *adj* ‖ ~ **circuit** (Elec Eng) / versetzte Schaltung ‖ ~ **conformation**\* (Chem) / gestaffelte Konformation (bei der alle Wasserstoffatome größtmöglichen Abstand voneinander haben - z.B. bei Ethan) ‖ ~ **Flemish bond**\* (Build) / flämischer Verband, polnischer Verband, gotischer Verband ‖ ~ **joint** (Build) / versetzte Fuge ‖ ~ **mill** (Met) / Cross-Country-Walzwerk *n*, Zickzackwalzwerk *n*, Zickzackstraße *f* (eine offene Walzstraße) ‖ ~ **pulse-repetition frequency** (Radar, Telecomm) / versetzte Impulsfolgefrequenz, gestaffelte Impulsfolgefrequenz (mit periodischer oder pseudozufälliger Änderung) ‖ ~ **riveting** (Eng) / Zickzacknietung *f*

**staggered-slot rotor** (Elec Eng) / Wechselstabläufer *m*, Staffelläufer *m* mit versetzten Nuten

**staggered tube bank** (Eng) / versetztes Rohrbündel (im Kessel) ‖ ~ **tuning**\* (Radio) / versetzte Abstimmung (z.B. bei gekoppelten Schwingkreisen) ‖ ~ **work time** (Work Study) / Gleitzeitarbeit *f*, gleitende Arbeitszeit

**staggering** *n* / Staffelung *f*, Versetzung *f* ‖ ~ / Torkeln *n*, Taumeln *n* ‖ ~\* (Elec Eng) / Bürstenverschiebung *f* aus der neutralen Zone ‖ ~ (For) / Saumschlag *m* (waldbauliche Technik zur natürlichen Verjüngung eines Waldbestandes durch Anlegung von schmalen Kahlstreifen durch meist an der vom Wind abgekehrten Seite beginnende Hiebe /Ziel ist die Verjüngung im Schutz des benachbarten Altholzes/) ‖ ~ (Telecomm) / Kanalversetzung *f* ‖ ~ **joint** (Build) / versetzte Fuge

**stagger of contact wire** (Elec Eng, Rail) / Zickzack *m* der Fahrleitung (Verwendung von Fahrleitungsmasten abwechselnd mit langem und kurzem Ausleger) ‖ ~ **-tuned amplifier**\* (Radio) / Breitbandresonanzverstärker *m*

**stagger-tuned amplifier stages** (Radio) / gegeneinander verstimmte Verstärkerstufen

**stag-headed** *adj* (For) / zopftrocken *adj*, wipfeldürr *adj*, gipfeldürr *adj* (Baum)

**stag-headedness** *n* (Bot, For) / Gipfeldürre *f* (das von der Spitze ausgehende Verdorren von Bäumen und Sträuchern), Zopftrocknis *f*, Wipfeldürre *f*, Spitzendürre *f*

**staging** *n* / körperliche Bereitstellung (von Werkstoffen) ‖ ~\* (temporary) (Build, Civ Eng) / Arbeitsbüh ‖ ~\* (Space) / Stufentrennung *f* (bei mehrstufigen Raketen) ‖ ~ **vehicle** (Space) / Mehrstufenrakete *f*, mehrstufige Rakete, Stufenrakete *f*

**stagnant** *adj* / stagnierend *adj* ‖ ~ **water** (Geol, Mining) / Standwasser *n* (untertägige Wasseransammlung in Verwerfungszonen oder Klüften oder in alten Grubenbauen) ‖ ~ **water** (Hyd Eng) / stehende Gewässer *n pl*

**stagnating** *adj* / stagnierend *adj*

**stagnation** *n* (Mech) / Stau *m* (Verzögerung des Strömungsmediums vor Staupunkten) ‖ ~ **point**\* (Aero) / Staupunkt *m* (ein Punkt an der Oberfläche eines umströmten Körpers, in dem die Geschwindigkeit auf Null verzögert wird) ‖ ~ **pressure** (Aero) / Staudruck *m*, Gesamtdruck *m* (im Staupunkt) ‖ ~ **temperature** (Aero) / Stautemperatur *f*

**stagnicolous**\* *adj* (Biol, Ecol) / stagnikol *adj* (stehende Gewässer bewohnend)

**stain** *v* / abfärben *vi* (Farbstoff), abschmutzen *v*, Farbe abgeben ‖ ~ (For) / beizen *v* ‖ ~ (Glass) / färben *v*, anfärben *v* (mit färbenden Substanzen) ‖ ~ (Micros) / beizen *v* ‖ ~ (Micros) / färben *v*, anfärben *v* ‖ ~ *vi* / Flecke bekommen, Tupfen annehmen, fleckig werden ‖ ~ *vt* / beflecken *v*, beschmutzen *v*, fleckig machen ‖ ~ *n* (an imperfection such as chemical corrosion of the glass or ceramic coating surface) (Ceramics, Glass) / Oberflächenfehler *m* (keine mechanische

**stain**

Beschädigung) ‖ ~ (Chem) / Färbemittel n ‖ ~ (a discolouration) (For) / Verfärbung f (als Fehler, z.B. Bläue), Holzverfärbung f (durch Mikroorganismen, Chemikalien, Metalle usw.) ‖ ~ (chemical corrosion on surface of the glass) (Glass) / Korrosionsfleck m (Oberflächenfehler durch chemischen Angriff) ‖ ~ (Glass) / Beize f (z.B. Kupferbeize, Silberbeize) ‖ ~ (Join) / Holzbeize f (zur Holzveredlung), Möbelbeize f, Beize f ‖ ~ (Micros) / Farbstoff m, Mikrofarbstoff m ‖ ~ (Textiles) / Schmutzfleck m, Fleck m (Rost-, Schmutz-), Schmutzstelle f
**stainable** adj (For, Glass) / beizbar adj ‖ ~ (Micros) / färbbar adj
**stain due to contamination with water** (Textiles) / Wasserfleck m (als negative Erscheinung) ‖ **~ due to water spotting** (Paint, Textiles) / Wasserfleck m (ISO 8498)
**stained** adj / fleckig adj, befleckt adj, gefleckt adj, voller Flecken ‖ ~ **edge** (Bind, Print) / Farbschnitt m ‖ ~ **glass** (Glass) / Farbglas n, Buntglas n ‖ ~**-glass window** (Build, Glass) / Farbglasfenster n ‖ ~ **in the solid** (Glass) / in der Masse gefärbt (z.B. Filterglas) ‖ ~ **wool** (Textiles) / verfärbte (beschmutzte) Wolle ‖ ~ **wool** (Textiles) / Brandwolle f
**stainer*** n (Paint) / Abtönpaste f (hochpigmentierte Volltonfarbe mit hochviskosem Bindemittel, in Tuben oder Plastikbeuteln lieferbar)
**stain-free** adj / fleckenfrei adj ‖ ~ **drying** / fleckenfreies Trocknen (metallischer Werkstücke)
**staining** n / Beflecken n, Beschmutzen n ‖ ~ / Verfärbung f (punktuelle) ‖ ~ (For) / Beizen n ‖ ~ (Glass) / Beizen n (oberflächliches transparentes Einfärben von klar durchsichtigen Gläsern mit Färbemitteln - z.B. Gelb- oder Rotbeize) ‖ ~ (Glass) / Erblindung f, Blindwerden n ‖ ~ (Micros) / Färbung f, Anfärbung f, Färben n ‖ ~ (Textiles) / Färbung f (ungewollte), Abfärbung f, Farbabgabe f, Abschmutzung f (mit Verfärbung) ‖ ~ **class** (Glass, Optics) / Verwitterungsklasse f (bei optischen Gläsern), Fleckenempfindlichkeit f (in Klassen unterteilt) ‖ ~ **defect** (Textiles) / Fleckenbildung f beim Färben ‖ ~ **fungi** (For) / holzverfärbende Pilze (DIN EN 335-1 - meist Ascomyceten und Fungi imperfecti) ‖ ~ **method** (Micros) / Färbetechnik f ‖ ~ **power*** (Chem) / Färbevermögen n ‖ ~ **strength** (Chem) / Färbevermögen n
**stainless** adj / fleckenfrei adj ‖ ~ (Met) / nicht rostend, rostbeständig adj, rostfrei adj (Eisen und Stahl) ‖ ~ **steel*** (Met) / nicht rostender Stahl (eine Sammelbezeichnung nach DIN EN 10 020), rostbeständiger Stahl, Stainless Steel m, rostfreier Stahl
**stain of oil** / Ölfleck m ‖ ~ **protector** (For) / Mittel n gegen Verfärbung von Holzteilen (Verpackung, Fördermittel) ‖ ~**-release** n (Textiles) / erleichterte Auswaschbarkeit von Flecken ‖ ~**-release finish** (Textiles) / Fleckenschutzausrüstung f, Schmutz abweisende Ausrüstung ‖ ~ **removal** (Textiles) / Detachur f, Detachieren n ‖ ~ **remover** (Textiles) / Detachiermittel n, Fleckenentfernungsmittel n, Fleckenreiniger m, Fleckenentferner m ‖ ~**-repellent** adj (Textiles) / fleckabstoßend adj, schmutzabstoßend adj, fleckengeschützt adj, schmutzabweisend adj (durch eine spezielle Ausrüstung) ‖ ~**-resistant** adj (Textiles) / fleckabstoßend adj, schmutzabstoßend adj, fleckengeschützt adj, schmutzabweisend adj (durch eine spezielle Ausrüstung)
**stair** n (a single step) (Build) / Treppenstufe f (im Allgemeinen), Trittstufe f ‖ ~ **carpet(ing)** (Build, Textiles) / Teppichläufer m
**staircase** n (Build) / Treppenraum m (der für eine Treppe vorgesehene Raum - DIN 18 064), Treppenhaus n ‖ ~ (Build, Carp) / Treppe f (DIN 18064), Stiege f, Treppenanlage f (Stufenanlage mit mehr als drei Steigungen) ‖ ~ (Build) s. also well ‖ ~ **avalanche photodiode** (Electronics) / Staircase-Avalanche-Fotodiode f (rauscharme Lawinenfotodiode mit niedriger Betriebsspannung, in der die Ladungsträgerbeschleunigung in mehreren Stufen durch Banddiskontinuitäten erfolgt), Staircase-Lawinenfotodiode f ‖ ~ **configuration** (Build, Carp) / Treppenform f ‖ ~ **energy dependence** (Electronics) / treppenförmige Energiefunktion ‖ ~ **energy function** (Electronics) / treppenförmige Energiefunktion ‖ ~ **function** (Maths) / Treppenfunktion f (eine reellwertige Funktion, deren Definitionsbereich sich in endlich viele konstante Intervalle zerlegen läßt) ‖ ~ **housing jig** (Carp, Tools) / Treppenwangenfräser m ‖ ~ **lighting** (Build, Elec Eng) / Treppenhausbeleuchtung f ‖ ~ **method** (Materials) / Treppenstufenverfahren n (Versuchsauswertung) ‖ ~ **of locks** (Hyd Eng) / Kuppelschleuse f, Koppelschleuse f ‖ ~ **polarography** (Chem) / Treppenstufenpolarografie f ‖ ~ **pulse** (Electronics) / Treppenimpuls m ‖ ~ **signal** (Electronics) / Treppensignal n (das in Abhängigkeit von der Zeit die Form einer Treppenfunktion annimmt), Treppenfunktionssignal n ‖ ~ **signal** (TV) / Graukeilsignal n ‖ ~ **voltage** (Elec Eng) / Treppenspannung f (Spannung in der Form einer Treppenfunktion)
**stair clip** (Build) / Treppenläuferklammer f
**stairhead** n (Build) / Austritt m (einer Treppe)
**stair horse** (Carp) / Treppenholm m (Treppenteil, das die Stufen trägt oder unterstützt - DIN 18 064), Treppenbalken m, Treppenlaufträger m

**stairlift** n (a lift in the form of a chair that can be raised or lowered at the edge of a domestic staircase, used for carrying a person who is unable to go up or down the stairs) (Build) / Treppenlift m (für Behinderte), Treppenlifter m
**stair opening** (Build, Carp) / Treppenloch n (die Öffnung einer Geschoßdecke oder Balkenlage, durch die eine Treppe führt) ‖ ~ **post** (Build) / Treppenpfosten m, Podestpfosten m, Geländerpfosten m, Antrittspfosten m ‖ ~ **rod** (for fixing) (Build) / Treppenstange f (die den Teppich hält), Treppenläuferhaltestange f
**stair-rod dislocation** (Crystal) / Cottrell-Lomer-Versetzung f (eine nicht gleitfähige Versetzung)
**stairs** pl (Build, Carp) / Treppe f (DIN 18064), Stiege f, Treppenanlage f (Stufenanlage mit mehr als drei Steigungen) ‖ ~ **carpeting** (Build, Textiles) / Treppenbelag m (Teppiche)
**stair shaft** (Build, Carp) / Treppenloch n (die Öffnung einer Geschoßdecke oder Balkenlage, durch die eine Treppe führt)
**stairs matting** (Build, Textiles) / Stufenmatte f (zum Schutz der Treppenstufen)
**stair string** (Build, Carp) / Treppenwange f (DIN 18 064), Wange f (Treppenwange) ‖ ~ **stringer** (Build, Carp) / Treppenwange f (DIN 18 064), Wange f (Treppenwange)
**stairway** n (Build, Carp) / Treppe f (DIN 18064), Stiege f, Treppenanlage f (Stufenanlage mit mehr als drei Steigungen)
**stairwell** n (Build) / Treppenloch n, Treppenöffnung f (zwischen den Lichtwangen einer mehrläufigen Treppe) ‖ ~ (Build) / Treppenauge n (vom Treppenlauf umschlossener freier Raum - DIN 18 064-1)
**stake** n (Agric) / anpfahlen v (junge Bäume), an einen Baumpfahl binden ‖ ~ (Eng) / verkerben v, verbinden v durch Kerben ‖ ~ (Eng, Met) / verkerben v (Bleche), durch Kerben fügen v (Bleche) ‖ ~ (Leather) / stollen v ‖ ~ n / Pfosten m (senkrechte Holzstütze), Ständer m ‖ ~ / Pfahl m (im Allgemeinen) ‖ ~ (Agric) / Baumpfahl m ‖ ~ (Autos, Rail) / Runge f ‖ ~ (beakhorn, hatchet, square) (Eng) / kleiner Handamboss ‖ ~ (Surv) / abstecken v (eine Trasse), trassieren v
**staked nut** (Autos, Eng) / Kragenmutter f (z.B. als Einstellmutter am Radlager)
**staker** n (Leather) / Stollrad n
**staking*** n (Eng) / Verkerben n, Verbindung f durch Kerben ‖ ~ (Eng) / Vernieten n (Umformen von Nietschäften durch Stauchen ihrer Schaftenden mit Nietstempel zum Verbinden von Teilen) ‖ ~* (Eng, Met) / Fügen n (der Bleche) durch Kerben ‖ ~ (Leather) / Stollen n (Lederweichmachen) ‖ ~ (Surv) / Abstecken n (einer Trasse), Trassieren n ‖ ~ **machine** (Leather) / Stollmaschine f (zum Weichmachen der Leder)
**staking-out of curves** (Rail) / Kurvenabsteckung f
**stalactite*** n (Geol) / Stalaktit m (von der Höhlendecke wachsender Tropfstein)
**stalactited work** (Arch) / Stalaktitwerk n, Muqarnas f (zellenartige architektonische Glieder der islamischen Baukunst), Mukarnas f
**stalactite vault** (Arch) / Stalaktitengewölbe n (Gewölbeform der islamischen Baukunst, die aus Stalaktiten zusammengesetzt ist - Sonderform des Zellengewölbes) ‖ ~ **work** (Arch) / Stalaktitwerk n, Muqarnas f (zellenartige architektonische Glieder der islamischen Baukunst), Mukarnas f
**stalactitic** adj (Geol) / stalaktitisch adj
**stalacto-stalagmite** n (Geol) / Stalagnat m, Tropfsteinsäule f
**stalagmite*** n (Geol) / Stalagmit m (vom Boden nach oben wachsender Tropfstein)
**stalagmitic** adj (Geol) / stalagmitisch adj
**stalagmometer*** n (Chem, Phys) / Stalagmometer n (Gerät zur Messung der Oberflächenspannung einer Flüssigkeit)
**stale** adj / stickig adj (Luft) ‖ ~ / verbraucht adj (Luft), schlecht adj (Luft) ‖ ~ (Nut) / nicht mehr ganz frisch (Fisch) ‖ ~ (Nut) / geschmacklos adj, ohne Geschmack, fad adj, schal adj, abgestanden adj ‖ ~ (Nut) / altbacken adj (nicht mehr frisch, trocken - Brot) ‖ ~ **flavour** (Brew, Nut) / Alterungsgeschmack m, Altgeschmack m ‖ ~ **lime** (Leather) / alter Kalkäscher
**staling*** n (Bot) / Bodenverseuchung f ‖ ~ (Nut) / Altgeschmacksausbildung f, geschmackliche Alterung ‖ ~ (Nut) / Altbackenwerden n
**stalk** n (Agric, Bot) / Halm m (Getreide) ‖ ~ (Bot) / Stiel m (die oberirdische Sprosse bei Kräutern), Stängel m (krautig bleibende Sprossachse oder auch die später verholzende Sprossachse im krautigen, primären Zustand) ‖ ~ (of a tee-section) (Build, Civ Eng) / Steg m (an Profilstählen und Stahlträgern) ‖ ~ (Civ Eng) / [senkrechte] Stahlbeton-Stützwand f (der Winkelstützmauer) ‖ ~ **chopper** (Agric) / Stängelzerkleinerer m ‖ ~ **fibre** (Textiles) / Stängelfaser f (St) (aus den Stängeln oder der Rindenschicht gewonnene Faser), St (aus den Stängeln oder der Rindenschicht gewonnene Faser)
**stalk-like** adj (Crystal) / stängelartig adj

**stalk separator** (Nut) / Entrappungsmühle *f* (bei der Weinherstellung) ‖ ~ **silage** (Agric) / Halmfuttersilage *f* ‖ ~ **strength** (Agric, Bot) / Stängelfestigkeit *f*
**stalky taste** (Nut) / Kammgeschmack *m* (ein Weinfehler), Rappengeschmack *m*
**stall** *v* (Autos) / sterben *v*, absterben *v*, ausgehen *v* (Motor) ‖ ~ (Autos) / liegen bleiben *v*, stehen bleiben *v* ‖ ~* *vi* (Aero) / abreißen *vi* (Strömung), sich ablösen *v* (Strömung) ‖ ~ (Aero) / durchsacken *v* (beim Flug) ‖ ~* (Autos) / ausgehen *v*, ersticken *v*, stehen bleiben *vi* ‖ ~* *vt* (Aero) / überziehen *vt* (ein Flugzeug in den Bereich zu großer Anstellwinkel steuern) ‖ ~* (Autos) / abwürgen *vt* (Motor) ‖ ~* *n* (Aero) / Durchsacken *n* (wenn die Strömung an der Oberseite des Tragflügels abreißt und sich dadurch der Auftrieb wesentlich vermindert) ‖ ~* (Aero) / Abreißen *n* (der Strömung), Ablösen *n* (der Strömung) ‖ ~* (Aero) / Überziehen *n* (zu großer Anstellwinkel als Fehler des Piloten), Stall *n* (überzogener Flugzustand) ‖ ~ (Comp) / Stall *n* (wenn das System überbeansprucht wird), Überbeanspruchung *f* (des Systems) ‖ ~* (Eng) / Stehenbleiben *n* (der Maschine infolge Überlastung) ‖ ~* (Eng) / Strömungsabriss *m* (bei Verdichtern) ‖ ~* (Mining) / Knapp *m* (in der Strebfront) ‖ ~* (Mining) / Kurzstreb *m*, Abbauraum *m* ‖ ~* (Mining) s. also pillar-and-stall system ‖ **the airfoil is ~ed** (Aero) / abreißen, die Strömung reißt am Flügel ab, der Flügel ist überzogen ‖ ~ **angle** (Aero) / Höchstauftriebswinkel *m*, kritischer Anstellwinkel, Strömungsabreißwinkel *m*, Abreißwinkel *m*
**stallboard riser** (Build) / Schaufensterbrüstung *f*
**stall control** (Aero) / Stallregelung *f* (bei der die Drehzahlregelung kleiner Rotoren durch konstruktionsbedingten Strömungsabriss an den Rotorblättern erfolgt) ‖ ~ **dive** (Aero) / Abkippen *n* (ungewollte Rollbewegung um die Längsachse - durch Abreißen der Strömung und Zusammenbrechen des Auftriebs an nur einer Flügelhälfte infolge eines zu großen Anstellwinkels) ‖ ~ **diving** (Aero) / Abkippen *n* (ungewollte Rollbewegung um die Längsachse - durch Abreißen der Strömung und Zusammenbrechen des Auftriebs an nur einer Flügelhälfte infolge eines zu großen Anstellwinkels)
**stalled motor** (Elec Eng) / durch Überlasten blockierter Motor, "erstickender" Motor ‖ ~ **rotor** (Elec Eng) / festgebremster Läufer, blockierter Rotor, festgebremster Rotor
**stall fence** (Aero) / Grenzschichtzaun *m* (10 bis 20 cm hoher Blechsteg, der das Abwandern der Grenzschicht nach den Flügelspitzen verhindert)
**stalling** *n* (Aero) / Geschwindigkeitsverlust *m* (mit starkem Auftriebsverlust) ‖ ~ **angle** (Aero) / Höchstauftriebswinkel *m*, kritischer Anstellwinkel, Strömungsabreißwinkel *m*, Abreißwinkel *m* ‖ ~ **at idle** (Autos) / Absterben *n* im Leerlauf ‖ ~ **capability** (Aero) / Überziehflugfähigkeit *f* ‖ ~ **speed*** (Aero, Phys) / Überziehgeschwindigkeit *f* (beim Stall = $v_s$), Abreißgeschwindigkeit *f* (der Strömung) ‖ ~ **torque*** (Elec Eng) / Stillsetzmoment *n*, abgebremstes Drehmoment
**stall riser*** (Build) / Schaufensterbrüstung *f* ‖ ~ **speed** (Eng) / Festbremsdrehzahl *f* (Prüfwert des Strömungswandlers, ermittelt in der Standprüfung) ‖ ~ **test** (of the starter) (Autos) / Kurzschlusstest *m* ‖ ~ **torque** (Eng) / Festbremsmoment *n* (bei Strömungswandlern) ‖ ~ **turn** (Aero) / Turn *m*, hochgezogene Kehrtkurve (eine Kunstflugfigur) ‖ ~ **-warning indicator** (Aero) / Überziehwarnanlage *f*, Stallwarngerät *n*, Durchsackwarngerät *n*
**STALO** (stable local oscillator) (Electronics) / stabiler Überlagerungsoszillator, frequenzkonstanter Überlagerer
**stamen*** *n* (pl. -s or stamina) (Bot) / Staubgefäß *n*, Stamen *n* (pl. -mina), Staubblatt *n*
**stamp** *v* / stempeln *v* ‖ ~ / prägen *v*, einprägen *v* ‖ ~ (Eng) / mit Schlagzeichen kennzeichnen ‖ ~ (Met) / stanzen *v* (mit einem Stempel) ‖ ~* (Min Proc) / pochen *v* (Erz) ‖ ~* (Min Proc, Mining) / stampfen *v*, zerstampfen *v* ‖ ~ (Nut) / ausformen *v* (Butter) ‖ ~ (Print) / aufdrucken *v* ‖ ~ (Textiles) / gaufrieren *v* (Plüsch) ‖ ~ *n* / Stampfplatte *f* ‖ ~ / Stempel *m* (im Büro) ‖ ~ / Prägestempel *m* ‖ ~* (Min Proc) / Pochstempel *m*, Stampfer *m* ‖ ~ **battery** (Min Proc) / Pochwerk *n*, Pochanlage *f*, Pochsatz *m*
**stamped part** (Eng) / Stanzling *m*, Prägeteil *n*, Stanzteil *n* ‖ ~ **wiring** (Elec Eng) / gestanzte Schaltung
**stamper** *n* (Acous) / Sohnplatte *f*, Sohn *m* (Negativ mit erhabener Rillenschrift)
**stamping** *n* / Stempeln *n* ‖ ~ / Kennzeichnung *f* mit Schlagzeichen ‖ ~* (Elec Eng) / Trafoblech *n* ‖ ~* (Elec Eng) / Lamelle *f*, Blechlamelle *f* ‖ ~ (Eng) / Stanzling *m*, Prägeteil *n*, Stanzteil *n* ‖ ~ (Eng) / Einprägen *n* (z.B. von Zeichen oder Bildern), Prägen *n* (z.B. von Zeichen und Bildern) ‖ ~ (Met) / Stanzen *n* (mit einem Stempel) ‖ ~ (Min Proc) / Pochen *n* (von Erz) ‖ ~ (Min Proc, Mining) / Stampfen *n*, Zerstampfen *n* ‖ ~ (Plastics) / Hohlprägen *n* (mit unregelmäßigen Konturen) ‖ ~ **die** (Eng) / Formstanze *f* ‖ ~ **enamel** (Paint) / Stanzlack *m* (Metalleinbrennlack, mit dem Blechtafeln einschichtig deckend im Spritz- oder Walzauftrag lackiert werden) ‖ ~ **ink** / Stempelfarbe *f*, Stempelkissenfarbe *f* ‖ ~ **ink** (Ceramics) / Stempellack *m* (für wiederkehrende Dekore) ‖ ~ **mill** (Min Proc) / Pochwerk *n*, Pochanlage *f*, Pochsatz *m* ‖ ~ **ore** (Min Proc, Mining) / Pocherz *n* ‖ ~ **press** (Bind) / Prägepresse *f* ‖ ~ **press** (Eng) / Stempelpresse *f* ‖ ~ **press** (Eng) / Prägepresse *f* (eine Kaltmassivpresse) ‖ ~ **roller** (Ceramics) / Stempelrolle *f* (für Kantendekore)
**stampings** *pl* (Met) / Stanzteile *n* *pl*, Stanzartikel *m* *pl*
**stamp-mark** *v* (Eng) / mit Schlagzeichen kennzeichnen
**stamp-marking** *n* / Kennzeichnung *f* mit Schlagzeichen
**stamp mill** (Min Proc) / Pochwerk *n*, Pochanlage *f*, Pochsatz *m*
**stamp-pad ink** / Stempelfarbe *f*, Stempelkissenfarbe *f*
**stamps** *pl* (Min Proc) / Pochwerk *n*, Pochanlage *f*, Pochsatz *m*
**stamp slotting** (Eng) / Stempelstoßen *n* (Stoßvorgang, bei dem der Stoßmeißel während des letzten Teils des Arbeitshubes so geführt wird, dass eine konkave Werkstückfläche entsteht), Stempelhobeln *n*
**stance** *n* (Physiol, Work Study) / Körperhaltung *f* (z.B. beim Feilen)
**stanchion** *n* (Agric) / Boxentrenngitter *n* (im Stall), Standbegrenzung *f* ‖ ~ (Autos, Rail) / Runge *f* ‖ ~* (Civ Eng) / Stahlstütze *f*
**stanchions** *pl* (Arch) / Stabwerk *n* (unter dem Maßwerk gotischer Fenster)
**stand** *v* / widerstandsfähig sein, standhalten *v*, widerstehen *v* ‖ ~ (upright) / stehen *v* (aufrecht) ‖ ~ / stillstehen *v*, unbewegt sein ‖ ~ (Ships) / anliegen *v* ‖ ~ *n* / Regal *n* (Gestell), Stellage *f* (Lagerungsmittel für Stückgüter) ‖ ~ / Stillstand *m*, Stand *m* (Stillstand) ‖ ~ / [Messe-, Taxi-]Stand *m* ‖ ~ (Aero) / Standplatz *m* (Stand) ‖ ~ (Agric) / Feldbestand *m* ‖ ~ (Agric) / Stand *m*, Box *f* ‖ ~* (Bot) / Pflanzenbestand *m* ‖ ~ (Bot, For) / Bestand *m* (Baumbestand, Pflanzenbestand) ‖ ~ (Chem) / Stativ *n* (im Labor) ‖ ~ (Comp) / Ständer *m* (Drucker, Bildschirm) ‖ ~ (Mech) / Bock *m* (zum Auswuchten) ‖ ~ (Met) / Walzgerüst *n*, Gerüst *n* (in einem Walzwerk) ‖ ~ (Micros) / Tubusträger *m*, Stativ *n* ‖ ~ (of drill) (Oils) / Gestängezug *m* ‖ ~ (Textiles) / Standigkeit *f* (beim Flor)
**standage** *n* (Mining) / Pumpensumpf *m*, Schachtsumpf *m*, Sumpf *m*
**stand-alone** *attr* (Comp) / Einzelplatz-, Einplatz-, selbständig *adj* (Rechner), autonom *adj* (Arbeitsplatzrechner)
**stand-alone** *attr* (hardware or software) (Comp) / Stand-alone-, betriebssystemunabhängig *adj* ‖ ~ **computer system** (Comp) / unabhängiges Rechnersystem, Stand-alone-Betrieb *m*, Inselbetrieb *m* (nicht vernetzter Betrieb) ‖ ~ **language** (Comp) / selbständige (Datenmanipulations)Sprache ‖ ~ **operation** (Comp) / Inselbetrieb *m* (nicht vernetzter Betrieb), Stand-alone-Betrieb *m* ‖ ~ **system** (includes all of those pieces of equipment which contain the operating system, the software packages and the disk file at the workstation ) (Comp) / dezentrales System, Einplatzsystem *n*
**standard*** *n* / Standard *m* (Normal) ‖ ~ / Richtlinie *f* ‖ ~* (specification + Code of practice) / Norm *f* (z.B. DIN-Norm, DIN 820, T 21) ‖ ~ (US) (Agric) / Grindel *m* (des Pflugs), Grendel *m*, Pflugbaum *m* ‖ ~ (Chem) / Standard *m* (Substanz), Standardsubstanz *f* ‖ ~* (Eng) / primärer Etalon, Normal *m* (das bei den obersten Behörden der Länder bereitgehalten wird) ‖ ~* (Eng) / Maßverkörperung *f* (DIN 1319, T 2 und DIN 2257, T 1) ‖ ~* (For, Ships) / Standard *m* (z.B. St. Petersburger, Gotenburger) ‖ ~* (Met) / Aloi *m*, Feingehalt *m*, Feinheit *f*, Feine *f*, Korn *n* (bei Edelmetallen) ‖ ~ *attr* / Norm-, genormt *adj* ‖ ~ / standardmäßig *adj* (Ausrüstung) ‖ ~ / Standard-, standardisiert *adj*, in Regelbauart ‖ ~ / Referenz- ‖ **as a ~ feature** / standardmäßig *adj* (Ausrüstung) ‖ ~ **8** (Cinema) / Normalachtfilm *m*, Doppelachtfilm *m*, Doppelacht *f* (ein Schmalfilm) ‖ ~ **acceleration of free fall** (Phys) / Norm(al)fallbeschleunigung *f* ‖ ~ **acceleration of gravity** (Phys) / Norm(al)fallbeschleunigung *f* ‖ ~ **addition method** (Chem) / Aufstockmethode *f* (bei den Analysenproben), Standardzumischmethode *f* ‖ ~ **application** / Standardanwendung *f* ‖ ~ **atmosphere** (Meteor) / Standardatmosphäre *f* ‖ ~ **beam approach system*** (Aero) / SBA-Landefunkfeuersystem *n* (ein altes Instrumentenanflugsystem) ‖ ~ **bogie** (Rail) / Regeldrehgestell *n* ‖ ~ **book number** (Print) / internationale Standard-Buchnummer (die seit 1973 jedes neu erscheinende Buch erhält - DIN 1462), ISBN *f* (internationale Standard-Buchnummer) ‖ ~ **brick** (Build, Ceramics) / Normalstein *m* ‖ ~ **calomel electrode*** (Chem) / Standardkalomelelektrode *f* ‖ ~ **capacitor** (Elec Eng) / Kapazitätsnormal *n* (Maßverkörperung der elektrischen Kapazität), Normalkondensator *m* ‖ ~ **cell*** (Elec) / Normalelement *n* (galvanisches Element mit hochkonstanter elektrischer Spannung), Weston-Normalelement *n* (ein Cadmiumelement), Weston-Standardelement *n* (nach E. Weston, 1850-1936) ‖ ~ **cell design** (Electronics) / Standardzellentwurf *m* (ein automatisches Entwurfverfahren für integrierte Schaltungen), Polyzellentwurf *m* ‖ ~ **cement** (Civ Eng) / Normzement *m* (z.B. nach DIN 1164) ‖ ~ **chamber** (Radiol) / Standardkammer *f* (Ionisationskammer zur Absolutmessung von Strahlendosen in Röntgeneinheiten), Standardionisationskammer *f* ‖ ~ **character** (Typog) / Standardzeichen *n* ‖ ~ **chemical pump** (Chem Eng) / chemische

**standard**

Normpumpe (DIN 24 256) ‖ **~ chromaticity diagram** (Phys) s. also CIE diagram ‖ **~ chromaticity diagram** (Phys) / Normfarbtafel *f* (DIN 5033) ‖ **~ CIE observer** (Light, Optics) / Normalbeobachter *m* (ein theoretischer farbmetrischer Beobachter, dessen Empfindlichkeitssensoren den von der CIE festgelegten Normspektralwertfunktionen entsprechen - DIN 5033-1), CIE Standard Observer *m* ‖ **~ cinch** (Cinema, Electronics) / Standard-Cinch-Stecker *m* (meistens im Hi-Fi-Bereich) ‖ **~ class** (Aero) / Standardklasse *f* (bei Segelflugmeisterschaften) ‖ **~ clearance** (Civ Eng) / Normalprofil *n* ‖ **~ colours** / Normfarben *f pl* (Gelb, Magenta, Zyan) ‖ **~ communication socket** (Telecomm) / einheitliche Kommunikationssteckdose *f* ‖ **~ concerned with methods of test and analysis** / Prüfnorm *f* ‖ **~ conditions** (Phys) / Normalbedingungen *f pl*, Normzustand *m* (vereinbarter Bezugszustand nach DIN 1343), Standardbedingungen *f pl* ‖ **~ cone crusher** / Symon-Kegelbrecher *m* (ein von den Brüdern Symon entwickelter Flachkegelbrecher zur Mittelzerkleinerung von Hartgut), Flachkegelbrecher *m* ‖ **~ configuration** (Comp) / Standardkonfiguration *f* (Standardzusammenstellung aus mehreren Optionen), Standardausrüstung *f* ‖ **~ conformity** / Normenkonformität *f* ‖ **~ costs** / Standardkosten *pl*, Normkosten *pl* (Standardkosten als Vorgabe), Richtkosten *pl* ‖ **~ cubic foot** / Kubikfuß *m* unter Normalbedingungen (Normaltemperatur = 60 °F, Normaldruck) ‖ **~ data format** (Comp) / Standarddatenformat *n* (Cobol) ‖ **~ datum** (Surv) / Normalhöhe *f* ‖ **~ density** (Phys) / Normdichte *f* (Dichte eines Gases im Normzustand - DIN 1306) ‖ **~ design** (Eng) / Standardauslegung *f*, Standardkonstruktion *f*, Standardausführung *f* ‖ **~ desk telephone** (Teleph) / Fernsprechtischapparat *m* in Regelausführung ‖ **~ deviation** / Reproduzierbarkeit *f*, Präzision *f* (in der Analytik) ‖ **~ deviation*** (Stats) / Standardabweichung *f*, Stichprobenstreuung *f* ‖ **~ device** (Comp, Electronics) / Standardbaustein *m*, Katalogbaustein *m*, Serienbaustein *m*, Standardelement *n* ‖ **~ diameter** (Eng) / Normaldurchmesser *m* ‖ **~ dimension** / Normmaß *n* (DIN 3) ‖ **~ dimension** (Eng) / Standardmaß *n*

**standard-dimensioned motor** (Elec Eng) / Normmotor *m*
**standard double combustion cycle** (I C Engs) / Seiliger-Prozess *m* (eine Kombination aus Gleichraum- und Gleichdruckprozess) ‖ **~ electrode** (Chem) / Standardelektrode *f*, Standardbezugselektrode *f* ‖ **~ electrode potential*** (Chem) / Standardbezugs-EMK *f*, elektrochemisches Standardpotential, Standardelektrodenpotential *n* (wenn sich die Elektrode im Normzustand befindet), Normalpotential *n* ‖ **~ enthalpy of formation** (Chem) / Standardbildungsenthalpie *f* ‖ **~ equipment** / Standardausrüstung *f* ‖ **~ error** (Maths) / Standardabweichung *f* (des Mittelwertes), mittlerer quadratischer Fehler (des Mittelwertes), Standardfehler *m* (des Mittelwertes) ‖ **~ error of the difference** (Stats) / Standardfehler *m* der Differenz (zweier Stichprobenmittelwerte) ‖ **~ error of the mean** (Stats) / Standardfehler *m* des Mittelwertes ‖ **~ features** / serienmäßiger Lieferumfang (z.B. bei Autos) ‖ **~ file** (Comp) / Standarddatei *f* ‖ **~ film stock** (Cinema) / Normalrohfilm *m* ‖ **~ filter*** (Cinema, Photog) / Normalfilter *n* ‖ **~ fire** / Normbrand *m* (Brandbelastung entsprechend DIN 4102, T 2) ‖ **~ folding instrument** (Paper) / Falzapparat *m* (zur Ermittlung des Falzwiderstands) ‖ **~ font** (Comp) / Standardschriftart *f* ‖ **~ form** (Maths) / kanonische Darstellung (wenn man die gleichen Primzahlen zu Primzahlpotenzen zusammenfasst und nach wachsenden Basen ordnet), kanonische Zerlegung ‖ **~ form** (Maths) / Normalform *f* (einer algebraischen Gleichung) ‖ **~ form** (Maths) / Potenzschreibweise *f* (Darstellung der Zahlen als Produkt von Potenzen) ‖ **~ frequency*** (Elec Eng) / Eichfrequenz *f*, Normalfrequenz *f* ‖ **~ frequency generator** (Elec Eng) / Frequenzstandard *m*, Normalgenerator *m*, Normalfrequenzgenerator *m*, Frequenznormal *m* (Generator) ‖ **~ function*** (Comp) / Standardfunktion *f* ‖ **~ gauge** (Ecol) / Standard-Gauge *n* (in Großbritannien gebräuchliches Staubauffanggerät für Staubniederschlagsmessungen) ‖ **~ gauge*** (Rail) / Normalspur *f*, Regelspur *f*, Vollspur *f* (Spurweite für Eisenbahngleise mit einem Abstand der beiden Fahrschienen von 1435 mm)

**standard-gauge railway** (Rail) / Normalspurbahn *f*, Vollbahn *f*
**Standard(ized) General Markup Language*** (Comp) / Standard(ized) General Markup Language (Datenformat-Standard zum Austausch strukturierter Dokumente zwischen Textsystemen und Document-Publishing-Systemen - ISO 8879), SGML (Standardized General Markup Language)
**standard Gibbs energy of formation** (Chem) / Standardbildungsenthalpie *f* ‖ **~ gravity** (Geophys) / Ortsfaktor *m* (Normalschwere am jeweiligen Ort, z.B. in 45° Breite = 980, 619050 cm/s$_2$) ‖ **~ gravity** (Geophys) / Normalschwere *f* ‖ **~ gravity** (Phys) / Fallbeschleunigung *f* (als Normwert) ‖ **~ ground** (Chem, Glass) / Normschliff *m*, NS ‖ **~ ground joint** (Chem, Glass) /

Normschliffverbindung *f* ‖ **~ group** (Maths) / Standardgruppe *f* ‖ **~ half-cell potential** (Chem) / Standardbezugs-EMK *f*, elektrochemisches Standardpotential, Standardelektrodenpotential *n* (wenn sich die Elektrode im Normzustand befindet), Normalpotential *n* ‖ **~ hardboard** (Build, Join) / normalharte Faserplatte, normal harte Faserplatte ‖ **~ hydrogen electrode** (Chem) / Standardwasserstoffelektrode *f*, Normalwasserstoffelektrode *f*, Wasserstoffnormalelektrode *f*, SHE ‖ **~ illuminant*** (Light) / Normlichtart *f* (DIN 5031, T 8) ‖ **~ illuminant A** (Light) / Normlichtart *f* A (DIN 5031, T 8) ‖ **~ illuminant B** (Light) / Normlichtart *f* B (DIN 5031, T 8) ‖ **~ ink** (Print) / Normdruckfarbe *f* (ISO 2845 und 2846) ‖ **~ instrument** (Elec Eng, Instr) / Laborinstrument *n* höchster Genauigkeit, Eichinstrument *n* ‖ **~ instrument departure route** (Aero) / Standard-Instrumentenabflugstrecke *f* ‖ **~ interface** (Comp) / Normschnittstelle *f*, Standardschnittstelle *f*, Standardinterface *n* ‖ **~ intermediate frequency** (Radio) / Normzwischenfrequenz *f* ‖ **~ I/O** (Comp) / direkte Ein-/Ausgabe ‖ **~ ionization chamber** (Radiol) / Standardkammer *f* (Ionisationskammer zur Absolutmessung von Strahlendosen in Röntgeneinheiten), Standardionisationskammer *f*
**standardization** *n* / Normung *f* (z.B. DIN, ASTM, BSI, ISO, CEN, CENELEC, AFNOR)
**standardize** *v* / standardisieren *v* (im Rahmen der Baukastensystematik), normalisieren *v* ‖ **~** / normen *v* (z.B. DIN oder BSI) ‖ **~** / typisieren *v*, typen *v* (Erzeugnisse) ‖ **~** (Chem) / einstellen *v* (Chemikalien)
**standardized** *adj* / Norm-, genormt *adj* ‖ **~ conditions** (of temperature and pressure) (Phys) / Normalbedingungen *f pl*, Normzustand *m* (vereinbarter Bezugszustand nach DIN 1343), Standardbedingungen *f pl* ‖ **~ distribution** (Stats) / standardisierte Verteilung, Standardverteilung *f* ‖ **~ form** / Standardformular *n*, Rahmenvordruck *m* ‖ **~ light source** (Light) / Normallichtquelle *f*, Normlichtquelle *f* ‖ **~ normal distribution** (Stats) / standardisierte Normalverteilung, normierte und zentrierte Normalverteilung, N(0,1)-Verteilung *f*, Standardnormalverteilung *f* ‖ **~ plug connection** (Elec Eng) / Normsteckverbindung *f* ‖ **~ powdered opium** (Pharm) / eingestelltes Opiumpulver ‖ **~ random variable** (Stats) / standardisierte Zufallsgröße, standardisierte Zufallsvariable ‖ **~ sound source** (Acous) / Normschallquelle *f*
**standard knot*** (For) / Astgröße *f* unter 40 mm ‖ **~ laboratory atmosphere** (Chem) / Normzustand *m* im Labor (Temperatur, Druck, Feuchtigkeit usw.) ‖ **~ lamp** (Heat) / geeichte Glühlampe (des Teilstrahlungspyrometers) ‖ **~ lamp** (Light) / Stehlampe *f* ‖ **~ length** / Regellänge *f* ‖ **~ leno** (Textiles) / Leinwanddreher *m*, Halbdreher *m* ‖ **~ lens** (Photog) / Normalobjektiv *n*, Standardobjektiv *n* (mit einem maximal genutzten Bildwinkel zwischen 40° und 55°) ‖ **~ lettering** (Typog) / Normschrift *f* (DIN 6776) ‖ **~ light source** (Light) / Normallichtquelle *f*, Normlichtquelle *f* ‖ **~ load** (Build) / Regellast *f* (genormte Lastannahme, die der Berechnung von Bauwerken zugrunde zu legen ist) ‖ **~ logic** (AI) / klassische Logik ‖ **~ man** (Radiol) / Standardmensch *m* ‖ **~ mat** (customer) (Civ Eng) / Listenmatte *f* (Betonstahlmatte, die der Konstrukteur je nach Bedarf und Notwendigkeit nach den Vorschriften der Herstellerfirma selbst konstruieren kann) ‖ **~ mean chord*** (Aero) / mittlere Flügeltiefe ‖ **~ mean ocean water** (Ocean) / SMOW *n*, SMOW-Wert *m* ‖ **~ measurement*** (Build) / Aufmessung *f* nach den Regeln der Royal Institution of Chartered Surveyors und National Federation of Building Trade Employers ‖ **~ method of measurement** (Build) / Aufmessung *f* nach den Regeln der Royal Institution of Chartered Surveyors und National Federation of Building Trade Employers ‖ **~ microphone** (Acous) / Standardmikrofon *n* (dessen Übertragungskoeffizient durch eine Primärkalibrierung bestimmt wurde) ‖ **~ microphone** (Telecomm) / Eichmikrofon *n*, Normalmikrofon *n* ‖ **~ milling** (Eng) / Gegenlauffräsen *n* (DIN 3002) ‖ **~ mineral** (Min) / Normmineral *n*, normativer Mineralbestand, Standardmineral *n* ‖ **~ model** (Phys) / Standardmodell *n* ‖ **~ modular brick** (Build, Ceramics) / Ziegel *m* in Normalformat ‖ **~ module** (Electronics) / Standardbaustein *m* ‖ **~ multipin plug** (Elec Eng) / vielpoliger Normstecker *m* ‖ **~ normal distribution*** (Stats) / standardisierte Normalverteilung, normierte und zentrierte Normalverteilung, N(0,1)-Verteilung *f*, Standardnormalverteilung *f* ‖ **~ notation** / Standardnotation *f* ‖ **~ observer** (Light, Optics) / Normalbeobachter *m* (ein theoretischer farbmetrischer Beobachter, dessen Empfindlichkeitssensoren den von der CIE festgelegten Normspektralwertfunktionen entsprechen - DIN 5033-1), CIE Standard Observer *m* ‖ **~ observer** (Phys) / Normalbeobachter *m* ‖ **~ operating environment** (Eng) / Normklima *n* (für den Betrieb einer Maschine) ‖ **~ operating procedure** (Comp) / Standardprozedur *f* (die von einem Programm aufgerufen werden kann, ohne in diesem selbst deklariert sein zu müssen) ‖ **~ orifice** (Phys) / Normdüse *f* ‖ **~ orifice** (Phys) / Normblende *f* ‖ **~ oxidation-reduction potential**

(Chem) / Standardredoxpotential n ‖ ~ **packaging** / handelsübliche Verpackung ‖ ~ **page**\* (Print) / Standardseite f ‖ ~ **paragraphs** (Comp) / vorformulierte Sätze oder Absätze (bei der Textverarbeitung - Textbausteine) ‖ ~ **part** (Eng) / Standardteil n, Normteil n ‖ ~ **penetration resistance** (Civ Eng) / Proctorwert m ‖ ~ **performance** (Work Study) / Normalleistung f, Bezugsleistung f (REFA-Normalleistung) ‖ ~ **plug** (Elec Eng) / Normstecker m ‖ ≗ **Positioning Service** (Autos, Nav) / Standard-Positioning-Service m ‖ ≗ **Positioning System** (Autos, Nav) / Standard-Positioning-Service m ‖ ~ **potential** (Elec Eng) / Standardpotential n (Gleichgewichtspotential für eine Elektrodenreaktion, bei der die Reaktionspartner im Standardzustand vorliegen) ‖ ~ **pressure** (Phys) / Normdruck m (101325 Pa) ‖ ~ **product term** (Comp) / Minterm m (Darstellung einer Schaltfunktion als Konjunktion von Variablen, wobei jede davon entweder bejaht oder negiert wird) ‖ ~ **program** (Comp) / Standardprogramm n ‖ ~ **programming** (Comp) / normierte Programmierung, Standardprogrammierung f ‖ ~ **propagation**\* (Radio) / Normalausbreitung f ‖ ~ **radio atmosphere**\* (Radio) / normale Radioatmosphäre ‖ ~ **rating** (Work Study) / Standardleistungsgrad m ‖ ~ **reaction enthalpy** (Chem) / Standard-Reaktionsenthalpie f ‖ ~ **reagent** (Chem) / Titrans n (pl. -antien), Titersubstanz f, Titrant m (pl. -s oder -en) ‖ ~ **(reference) atmosphere**\* (for testing) (Materials) / Normalklima n (DIN 50014 und 53802), Normklima n, Normatmosphäre f ‖ ~ **reference material** (distributed and certified by the appropriate national institute for standardization) / Standardbezugsmaterial n, Standardreferenzmaterial n ‖ ~ **reference position** (Elec Eng) / Normbezugslage f (z.B. bei Schaltgeräten) ‖ ~ **reference substance** (Chem) / Standardbezugssubstanz f ‖ ~ **refraction**\* (Radio) / Normalbrechung f ‖ ~ **resistance** (Elec Eng) / Normalwiderstand m (Eigenschaft) ‖ ~ **(calibration) resistor** (Elec Eng) / Normalwiderstand m (Festwiderstand höchster Genauigkeit und Konstanz zur Realisierung der Einheit des elektrischen Widerstandes)

**standards** pl (Build, For) / Rundholzstangen f pl (für Baugerüste), Gerüstbäume m pl, Rüstbäume m pl (meistens vollholzige Nadelholzstangen), Gerüststangen f pl, Gerüstständer m pl

**standard sample** / Standardprobe f, Normalprobe f ‖ ~ **sand** (Build, Foundry, Met) / Normsand m

**standards converter**\* (TV) / Zeilenumsetzer m, Normenwandler m (z.B. 525/60 in 625/50), Normwandler m ‖ ~ **engineer** / Normeningenieur n, Sachbearbeiter m in der Normenabteilung (in der Normenstelle)

**standard service** (Comp, Telecomm) / Basisdienst m, Grunddienst m, Standarddienst m ‖ ~ **setting** (Build) / Normsteife f (bei der Prüfung des Erstarrungsverhaltens des Zements) ‖ ~ **ship** (Ships) / Regelschiff n ‖ ~ **signal** (Telecomm) / Einheitssignal n (stetiges Signal, das sich innerhalb bestimmter genormter Grenzen bewegt) ‖ ~ **signal generator**\* (Radio) / Messsender m (ein Hochfrequenzgenerator mit einstellbarer Frequenz hoher Stabilität und großem Abstimmbereich), Prüfsender m ‖ ~ **size** / Normalgröße f ‖ ~ **size** / Normgröße f ‖ ~ **size** (Cinema) / Standardformat n, Normalfilmformat n ‖ ~ **size** (Textiles) / Konfektionsgröße f

**standard-size motion picture camera** (Cinema) / Normalfilmkamera f

**standard software** (Comp) / Standardsoftware f (für Standardaufgaben) ‖ ~ **software for order processing** (Comp) / Standardsoftware f für Auftragsabwicklung ‖ ~ **solenoid**\* (Elec Eng) / Standardsolenoid n ‖ ~ **solution** (Chem) / Standardlösung f, Maßlösung f (bei der Titration), Titerlösung f ‖ ~ **solution**\* (Chem) s. also normal solution ‖ ~ **sound source** (Acous) / Normschallquelle f ‖ ~ **specification**\* / Standard m (Normal) ‖ ~ **state** (Phys) / Standardzustand m ‖ ~ **state** (Phys) s. also standard conditions ‖ ~ **strength** (Materials) / Normfestigkeit f ‖ ~ **subroutine** (Comp) / normiertes Unterprogramm (NUP), NUP ‖ ~ **subroutine** (Comp) / Standardunterprogramm n ‖ ~ **sum term** (Comp) / Maxterm m (Darstellung einer Schaltfunktion als Disjunktion von Variablen, wobei jede davon entweder bejaht oder negiert wird) ‖ ~ **taper** / Normkegel m (nach DIN 2080) ‖ ~ **taper** (Glass) / genormter Schliff ‖ ~ **temperature** (Phys) / Standardtemperatur f, Normtemperatur f, Normaltemperatur f ‖ ~ **temperature and pressure** (Chem, Phys) / physikalische Normalbedingungen (0 °C und 101325 Pa) ‖ ~ **temperature and pressure**\* (Phys) / Normalbedingungen f pl, Normzustand m (vereinbarter Bezugszustand nach DIN 1343), Standardbedingungen f pl ‖ ~ **terminal arrival route** (Aero) / Standard-Instrumenteneinflugstrecke f ‖ ~ **test engine** (Fuels) / Prüfmotor m (zur Prüfung von Klopffestigkeit von Kraftstoffen, z.B. ein CFR-Motor) ‖ ~ **test panel** (Paint) / Norm-Probenplatte f (DIN EN ISO 1514) ‖ ~ **test specimen** (Materials) / Norm-Probekörper m ‖ ~ **time** (Astron) / Normalzeit f (die für ein bestimmtes Gebiet geltende Einheitszeit), Standardzeit f (die bürgerliche Ortszeit des Meridians, der der Festlegung einer Zonenzeit zugrunde gelegt wird) ‖ ~ **time system** (Work Study) / Entlohnung f nach Vorgabezeiten ‖ ~ **uncertainty** (Crystal) / Unsicherheit f (bei den Lageparametern in der Kristallstrukturanalyse) ‖ ~ **value** (recommended) / Richtwert m ‖ ~ **voltage** (Elec Eng) / Normalspannung f ‖ ~ **volume** (Phys) / Normvolumen n (DIN 1343) ‖ ~ **weave** (Weaving) / Grundbindung f (Leinwand-, Köper- und Atlasbindung) ‖ ~ **Weston cadmium cell** (Elec) / Normalelement n (galvanisches Element mit hochkonstanter elektrischer Spannung), Weston-Normalelement n (ein Cadmiumelement), Weston-Standardelement n (nach E. Weston, 1850-1936) ‖ ~ **wheel** (Autos) / serienmäßiges Rad, Standardrad n, Serienrad n ‖ ~ **winch** (Eng) / Serienhebezeug n ‖ ≗ **Wire Gauge** (GB) (Eng, Met) / Drahtlehre f (Stahlplatte mit Einschnitten oder Löchern zum Messen von Drahtdurchmessern)

**stand by** v / bereit sein (ohne zu arbeiten - Sendestation) ‖ ~ **by** (Radio, Telecomm) / zuhören v (dauernd - die Empfangsstation), auf Empfang bleiben

**standby** n / Reserve f, Bereitschaft f ‖ ~ / Stand-by n (Bereitschaftsdienst) ‖ ~ (Comp) / Reserverechner m ‖ ~ **channel** (Telecomm) / Schutzkanal m (eine Richtfunk-Grundleitung für Ersatz) ‖ ~ **computer** (Comp) / Reserverechner m ‖ ~ **computer** (Comp) / Bereitschaftsrechner m ‖ ~ **connection** (Elec Eng) / Reservezuschaltung f ‖ ~ **energy** / zusätzliche Energie(quelle) ‖ ~ **feeding** / Reserveeinspeisung f ‖ ~ **generating set** (Elec Eng) / Notstromaggregat n, Notstromgenerator m, Reservegenerator m, Bereitschaftsaggregat n ‖ ~ **generator** (Elec Eng) / Notstromaggregat n, Notstromgenerator m, Bereitschaftsaggregat m ‖ ~ **lighting** (Elec Eng, Light) / Ersatzbeleuchtung f (eine Notbeleuchtung, die für die Weiterführung des Betriebes über einen begrenzten Zeitraum ersatzweise die Aufgabe der allgemeinen künstlichen Beleuchtung übernimmt - DIN 5035-5), Sicherheitsbeleuchtung f (von der Stromversorgung der Hauptbeleuchtung unabhängige Beleuchtung im Sinne der Ersatzbeleuchtung) ‖ ~ **losses**\* (Elec Eng) / Bereitschaftsverluste m pl ‖ ~ **mode** (Comp) / Stand-by-Modus m (in Stand-by-Modus wird die Festplatte abgeschaltet und der Prozessortakt reduziert, die Stromsparschaltung des Monitors wird aktiviert; dieser Modus ist für kurze Unterbrechungen der Arbeit ausgelegt und wird nach einer definierten Inaktivitätszeit aktiviert) ‖ ~ **mode** (Teleph) / Stand-by-Betrieb m (der Zustand, in dem ein Handy nicht benutzt wird, aber eingeschaltet und empfangsbereit ist) ‖ ~ **power** (Elec Eng) / Reserveleistung f, Reserve f ‖ ~ **redundancy** (Stats) / kalte Reserve (Reserveelemente arbeiten zunächst überhaupt nicht und müssen bei Ausfall des arbeitenden Elements erst zugeschaltet werden) ‖ ~ **switch** (Elec Eng) / Bereitschaftsschalter m ‖ ~ **system** (Comp, Elec Eng) / Stand-by-System n, Bereitschaftssystem n ‖ ~ **system** (Eng) / Stand-by-System n (redundante Einheiten werden jeweils erst nach dem Ausfall der Grundeinheit bzw. der vorgesehenen Ersatzeinheit in Betrieb genommen) ‖ ~ **test** / Gegenuntersuchung f ‖ ~ **time** (Work Study) / Bereitschaftszeit f ‖ ~ **vessel** (Oils, Ships) / Bereitschaftsboot n, Hilfsschiff n (an Ort und Stelle), Stand-by-Boot n (Rettungseinrichtung beim Offshore-Bohren)

**stand camera** (Photog) / Stativkamera f ‖ ~ **casting** (Foundry) / Standguss m (kein Schleuderguss), Schwerkraftguss m (Standguss), Schwerguss m ‖ ~ **development** (Photog) / Standentwicklung f

**standfast dyeing machine** (Textiles) / Standfast-Färbemaschine f ‖ ~ **dyeing machine** (Textiles) s. also molten-metal dyeing

**stand in** v (Ships) / auf Einlaufkurs liegen, auf Land zu steuern

**standing** n / Standplatz m (Stand) ‖ ~ adj / Steh-, stehend adj, aufrecht adj, vertikal adj (stehend) ‖ ~ **baffle** (Hyd Eng) / Stauwand f (des Wehrs) ‖ ~ **corn** (Agric) / Getreide n auf dem Halm ‖ ~ **crop** (Agric) / Ernte f auf dem Halm, stehende Ernte ‖ ~ **crop**\* (Agric, Ecol) / Standing Crop f (derjenige Teil der Biomasse, z.B. einer Population oder eines Ökosystems, der zu einem bestimmten Zeitpunkt vorhanden ist und abgeerntet werden kann) ‖ ~ **crop biomass** (Ecol) / Phytomasse + Zoomasse f ‖ ~ **current**\* (Telecomm) / Ruhestrom m ‖ ~ **dead tree** (For) / abständiger Baum, Dürrling m, Abständer m, Dürrständer m ‖ ~ **end** (Weaving) / Stehfaden m ‖ ~ **formes**\* (Typog) / Stehsatz m ‖ ~ **matter** (Typog) / Stehsatz m

**standing-off dose**\* (Radiol, Work Study) / Versetzungsdosis f

**standing order** / Dauerauftrag m ‖ ~ **power** (Build, Mech) / Standfestigkeit f, Standvermögen n, Standsicherheit f ‖ ~ **rigging** (Ships) / stehendes Gut (Tauwerk der Takelage, das mit Spannschrauben festgesetzt ist) ‖ ~ **start** (Autos) / stehender Start (bei Beschleunigungsmessungen) ‖ ~ **timber** (For) / Holz n auf dem Stamme, Holz n auf dem Stock, stehendes Holz, anstehendes Holz ‖ ~ **time** (Mining, Nut) / Stehzeit f ‖ ~ **tower** (Arch) / Aussichtsturm m ‖ ~ **traffic** (Autos) / ruhender Verkehr ‖ ~ **type** (Typog) / Stehsatz m ‖ ~ **water level** (Hyd Eng) / Brunnenspiegelhöhe f ‖ ~ **wave**\* (Telecomm) / stehende Welle, Stehwelle f

**standing-wave detector** (Telecomm) / Stehwellenanzeiger *m*, Stehwellendetektor *m* ‖ ~ **indicator** (Telecomm) / Stehwellenanzeiger *m*, Stehwellendetektor *m* ‖ ~ **meter** (Telecomm) / Stehwellenanzeiger *m*, Stehwellendetektor *m*
**standing-wave ratio**\* (Telecomm) / Welligkeitsfaktor *m* (DIN 1344), Stehwellenverhältnis *n*, SWV (Stehwellenverhältnis)
**standing-wave ratio** (Telecomm) / Stehwellenfaktor *m* (Kehrwert des Welligkeitsfaktors), Anpassungsfaktor *m* (bei der Wellenwiderstandsanpassung)
**standing ways**\* (Ships) / Ablaufbahn *f* (der Helling), Stapellaufbahn *f*
**stand-insulator**\* *n* (Elec Eng) / Isolierfuß *m*
**stand microphone** (Acous) / Ständermikrofon *n*
**stand-off insulator** (Elec Eng) / Abstandsisolator *m* ‖ ~ **intelligence** (Mil, Radar) / Fernaufklärung *f* ‖ ~ **jammer** (Mil, Radar, Radio) / im Hintergrund plazierter Störer (unabhängig vom Ziel) ‖ ~ **missile** (Mil) / Abstandsflugkörper *m*, Standoff-Flugkörper *m* (außerhalb der gegnerischen Waffenwirkung gestarteter FK)
**stand-off-pin female connector** (Electronics) / Federleiste *f*
**standoff-pin male connector** (Elec Eng) / Messerleiste *f* (ein Mehrfachstecker)
**stand-off sensing** (Photog, Radar, Space) / Remote Sensing *n*, Fernerkundung *f* (fotografische und allgemein physikalische Datengewinnung aus Luft- und Raumfahrzeugen) ‖ ~ **weapons** (Mil) / Abstandswaffen *f pl* (ferngelenkte oder zielsuchende Flugkörper oder Raketen für den Luft-Boden-Einsatz, welche in so großem Abstand vom Ziel ausgelöst werden können, dass das angreifende Flugzeug nicht in den Bereich der zum Objektschutz eingesetzten Flugabwehrsysteme einzudringen braucht), Luft-Boden-Lenkwaffen *f pl* (die ohne Bodenunterstützung mit einem Navigationssystem ausgerüstet sind)
**stand oil**\* / Standöl *n* (ein ausschließlich durch Erhitzen eingedicktes, trocknendes Öl)
**stand-on** *attr* (Eng) / stehend *adj* (Fahrerplatz bei den Flurförderzeugen)
**stand on the course** (Ships) / denselben Kurs weiterhalten ‖ ~ **on the course** (Ships) / den Kurs steuern ‖ ~ **pipe**\* (Eng) / Standrohr *n* (des Unterflurhydranten) ‖ ~ **pipe**\* (Eng) / [stehendes] Überlaufrohr *n*
**standpipe** *n* / Steigrohr *n*, Standrohr *n* (z.B. einer Sprühdose)
**standpost hydrant** / Überflurhydrant *m* (DIN 3222)
**stand proud** (Eng) / herausragen *v* (z.B. Nägel) ‖ ~ **reading glass** (Optics) / Stand-Leseglas *n*
**St Andrew•'s bond** (Build) / holländischer Verband, Blockverband *m* mit versetzten Fugen, Kreuzverband *m* ‖ ~ **Andrew's cross** (Arch) / Andreaskreuz *n*
**stand sheet**\* (Build) / rahmenloses Fenster, Festfenster *n*, feststehendes Fenster
**standstill**\* *n* / Stillstand *m*, Stand *m* (Stillstand) ‖ ~ **locking** (Elec Eng) / Stillstandkleben *n*, Stillstandskleben *n* ‖ ~ **torque**\* (Elec Eng) / Festbremsmoment *n*
**stand up** *v* (Civ Eng, Mining) / standfest sein (z.B. die Firste)
**stand-up collar** (Textiles) / Stehkragen *m*
**stand upright** / hoch stehend verladen und/oder lagern (Aufschrift auf der Kiste) ‖ ~ **up to wear** / verschleißfest sein
**Stanford Research Institute Problem Solver** (AI) / Problemlöser *m* des Stanford Research Institute, STRIPS
**stank** *v* (to seal off or make watertight, especially with clay) (Hyd Eng) / wasserdicht machen
**stannane**\* *n* (Chem) / Stannan *n*, Zinnwasserstoff *m*, Zinnhydrid *n*
**stannary** *n* (Mining) / Zinnbergwerk *n*
**stannate** *v* / stannieren *v* (die Randschicht eines Werkstücks mit Zinn anreichern) ‖ ~ **(IV)**\* *n* (Chem) / Stannat(IV) *n* ‖ ~ **Stannat** *n* (Salz der in freiem Zustand nicht bekannten Oxosäuren des Zinns) ‖ ~ **(II)**\* (Chem) / Hydroxostannat(II) *n* ‖ ~ **plating bath** (Surf) / Stannatelektrolyt *m* ‖ ~ **plating solution** (Surf) / Stannatelektrolyt *m*
**stannic** *adj* (Chem) / Zinn(IV)- (Stanni-) ‖ ~ **acid** (Chem) / Zinnsäure *f* (im Allgemeinen) ‖ ~**(IV) acid**\* (Chem) / Metazinnsäure *f* (SnO$_2$ · H$_2$O) ‖ ~ **anhydride** (Chem) / Zinndioxid *n* (SnO$_2$), Zinn(IV)-oxid *n* ‖ ~ **chloride** (Chem) / Zinntetrachlorid *n*, Zinn(IV)-chlorid *n* (SnCl$_4$) ‖ ~ **chromate** (Chem) / Zinn(IV)-chromat *n* ‖ ~ **fluoride** (Chem) / Zinntetrafluorid *n* (SnF$_4$), Zinn(IV)-fluorid *n* ‖ ~ **iodide** (Chem) / Zinn(IV)-iodid *n*, Zinntetraiodid *n* ‖ ~ **oxide**\* (Chem) / Zinndioxid *n* (SnO$_2$), Zinn(IV)-oxid *n* ‖ ~ **sulphide** (Chem) / Zinn(IV)-sulfid *n* (SnS$_2$) ‖ ~ **tin** (Chem) / vierwertiges Zinn
**stanniferous** *adj* (Geol) / zinnführend *adj*, zinnhaltig *adj*
**stannite**\* *n* (Chem) / Hydroxostannat(II) *n* ‖ ~\* (Min) / Zinnkies *m*, Stannit *m*, Stannin *m*
**stannous** *adj* (Chem) / Zinn(II)- (Stanno-) ‖ ~ **chloride** (Chem) / Zinndichlorid *n*, Zinn(II)-chlorid *n* (SnCl$_2$) ‖ ~ **chromate** (Chem) / Zinn(II)-chromat *n* ‖ ~ **fluoride** (Chem, Med) / Zinndifluorid *n* (SnF$_2$), Zinn(II)-fluorid *n* ‖ ~ **hydroxide**\* (Chem) / Zinn(II)-hydroxid *n* ‖ ~ **oxalate** (Chem) / Zinn(II)-oxalat *n* ‖ ~ **oxide** (Chem) / Zinn(II)-oxid *n* (SnO), Zinnmonoxid *n* ‖ ~ **pyrophosphate** (Chem) / Zinn(II)-pyrophosphat *n* ‖ ~ **sulphate** (Chem, Surf) / Zinn(II)-sulfat *n* ‖ ~ **sulphide** (Chem) / Zinn(II)-sulfid *n* (SnS) ‖ ~ **tin** (Chem) / zweiwertiges Zinn
**stannylene** *n* (Chem) / Stannylen *n*
**St Anthony's fire**\* (Chem, Med) / Kribbelkrankheit *f*, Ergotismus *m*, St. Antons-Brand *m*, St.-Antonius-Feuer *n*
**Stanton number**\* (Phys) / Stantonzahl *f* (St oder St' - DIN 1341 und 5491 - nach Th.E. Stanton, 1865-1931)
**staph** *n* (Bacteriol) / Staphylokokkus *m* (pl. -kokken)
**staphylococcus** *n* (pl. -cocci) (Bacteriol) / Staphylokokkus *m* (pl. -kokken)
**staple** *v* (with wire-staples) / heften *v* (mit Klammern) ‖ ~ (Bind) / drahtheften *v* ‖ ~ (Spinning, Textiles) / Elementarfäden auf Stapel schneiden oder reißen ‖ ~ (Textiles) / nach Stapel sortieren ‖ ~ *n* / Klammer *f* (zum Zusammenhalten oder Befestigen) ‖ ~ (Bind) / Drahtheftklammer *f*, Klammer *f*, Heftdrahtklammer *f* ‖ ~ (Build) / Krampe *f* (Befestigungsmittel für Putzträger usw.), Kettel *m f* ‖ ~ (Eng) / Drahtkrampe *f* (zum Annageln von Drähten usw.) ‖ ~ (Mining) / Blindschacht *m* (seigerer Grubenbau, der zwei oder mehrere Sohlen miteinander verbindet oder den Zugang von einer Sohle zu einem Flöz herstellt), Stapelschacht *m* ‖ ~ (main or important element of a diet) (Nut) / Grundnahrungsmittel *n*, Hauptnahrung *f* ‖ ~ (Textiles) / Stapel *m*, Stapellänge *f* ‖ ~ (Mining) s. also **winze** ‖ ~ **conveyor** (Eng) / Stapelförderer *m*
**stapled** *adj* (Textiles) / schurig *adj* (Wolle)
**staple fastening** / Heften *n* mit Klammern, Klammerheftung *f*, Drahtheftung *f* (mit Klammern) ‖ ~ **fibre**\* (Textiles) / Spinnfaser *f* (Textilfaser begrenzter Länge nach DIN 60001), Stapelfaser *f* (längenbegrenzte verspinnbare Faser) ‖ ~ **fibre yarn** (Spinning) / Stapelfasergarn *n* ‖ ~ **gun** (a hand-held mechanical tool for driving staples into a hard surface) (Build) / Heftpistole *f* ‖ ~ **gun** (Textiles) / Agraffenpistole *f* ‖ ~ **pit** (Mining) / Blindschacht *m* (seigerer Grubenbau, der zwei oder mehrere Sohlen miteinander verbindet oder den Zugang von einer Sohle zu einem Flöz herstellt), Stapelschacht *m*
**stapler** *n* (a device for fastening together sheets of paper with a staple or staples) / Heftapparat *m* (ein Bürogerät), Hefter *m* (ein Bürogerät) ‖ ~ (Bind) / Drahtheftmaschine *f* (mit Klammern)
**staple rayon** (Textiles) / Viskosefilamentkurzfaser *f*, Stapelzellwolle *f*, Viskosespinnfaser *f*
**staple-side lasting** / Littleway-Verfahren *n* (der Schuhfabrikation), Seitenklammerzwicken *n* ‖ ~ **lasting machine** / Seitenklammerzwickmaschine *f* (für das Littleway-Verfahren der Schuhfabrikation)
**stapling** *n* (with wire-staples) / Heften *n* mit Klammern, Klammerheftung *f*, Drahtheftung *f* (mit Klammern) ‖ ~ (Bind) / Drahtheftung *f* (mit Klammern), Klammerheftung *f*
**STAR** (Aero) / Standard-Instrumenteneinflugstrecke *f*
**star** *n* (Typog) / mit einem Stern(chen) auszeichnen ‖ ~\* *n* (Astron) / Stern *m* ‖ ~\* (Nuc) / Emulsionsstern *m* (Kernspuremulsion), Zertrümmerungsstern *m* in der Kernspuremulsion, Stern *m* (in der Kernspuremulsion) ‖ ~\* (Photog) / Bahnspur *f* (in der empfindlichen Schicht) ‖ ~ (Typog) / Asteriskus *m* (pl. Asterisken), Sternchen *n*, Stern *m* ‖ **4-~ fuel** (Autos) / Super-Ottokraftstoff *m*, Superkraftstoff *m* (EN 228), Superbenzin *n*, Super *n* (Benzin) ‖ **2-~ fuel** (Autos, Fuels) / Normalottokraftstoff *m*, Normalbenzin *n*, Normal *n* (Benzin) ‖ **4-~ petrol** (GB) (Autos) / Super-Ottokraftstoff *m*, Superkraftstoff *m* (EN 228), Superbenzin *n*, Super *n* (Benzin) ‖ **2-~ petrol** (Autos, Fuels) / Normalottokraftstoff *m*, Normalbenzin *n*, Normal *n* (Benzin) ‖ ~ **antenna** (Radio) / Sternantenne *f* ‖ ~ **atlas** (Astron) / Sternatlas *m* (pl. -se oder -atlanten) (Sammlung von Sternkarten)
**starboard** *n* (Aero, Ships) / Steuerbord *n* (rechte Seite in Bezug auf die Längsachse, von hinten nach vorn gesehen) ‖ ~ **side** (Aero, Ships) / Steuerbord *n* (rechte Seite in Bezug auf die Längsachse, von hinten nach vorn gesehen)
**starburst** *n* (Photog) / Stern *m* (bei fotografischen Effekten) ‖ ~ **galaxy** (Astron) / Starburst-Galaxie *f*, Sternentstehungsgalaxie *f* ‖ ~ **polymer** (Chem) / Starburst-Polymer *n*, Sternpolymer *n*, Radialpolymer *n*
**star catalogue** (Astron) / Uranometrie *f*, Sternkatalog *m* (systematisch geordnetes Sternverzeichnis)
**starch** *v* (Textiles) / steifen *v* (mit Stärke), stärken *v* (mit Stärke) ‖ ~\* *n* (Bot, Chem) / Stärke *f* (Reservekohlenhydrat einer großen Zahl von Pflanzen) ‖ ~ (Nut) / stärkereiches Lebensmittel ‖ ~\* (Nut, Pharm) / Amylum *n* ‖ ~ (Textiles) / Stärke *f* ‖ ~ **acetate** (Chem) / azetylierte Stärke (ein Stärkeester), acetylierte Stärke, Stärkeacetat *n* (E 1420), Stärkeazetat *n* ‖ ~ **adhesive** / Stärkeleim *m* ‖ ~ **adipate** (Chem) / Stärkeadipat *n* (ein Stärkeester)
**star chart**\* (Astron) / Sternkarte *f*, Himmelskarte *f*
**starch-based sweetener** (Nut) / Stärkeverzuckerungsprodukt *n*
**starch blue** / Königsblau *n* (ein Co-K-Silikat) ‖ ~ **breakdown** (Chem) / Stärkeabbau *m* ‖ ~ **citrate** (Chem) / Stärkecitrat *n* (ein Stärkeester),

Stärkezitrat n ‖ ~ **conversion** (Chem) / Stärkeverzuckerung f, Stärkehydrolyse f, Konversion f der Stärke
**starch-conversion product** (Nut) / Stärkeverzuckerungsprodukt n
**starch degradation** (Chem) / Stärkeabbau m
**starch-degrading** adj (Chem, Nut) / stärkespaltend adj, stärkeabbauend adj, amylolytisch adj
**star check** (a heart check in which the separation extends in more that one direction from the pith) (For) / sternartiger Kernriss, Sternriss m, Strahlenriss m
**starch equivalent** / Stärkewert (St.w.) m, St.w. ‖ ~ **ester** (Chem) / Stärkeester m (Umsetzungsprodukt von Stärke mit anorganischen und organischen Säuren) ‖ ~ **ether** (Chem) / Stärkeether m (durch Veretherung der Hydroxygruppen der Glucose-Einheiten der Stärke erhaltenes Produkt) ‖ ~ **finishing film** (Textiles) / Stärkeappreturfilm m ‖ ~ **flour** (Nut) / Stärkemehl n (Handelsbezeichnung für reine Stärke, welche als Lebensmittel verwendet wird) ‖ ~ **fluid** (Chem) / dünnkochende Stärke ‖ ~ **glue** (adhesive) / Stärkeleim m ‖ ~ **glue** (US) / Stärkekleister m ‖ ~ **grain**\* (Bot) / Stärkekorn n, Stärkekörnchen n ‖ ~ **granule** (Bot) / Stärkekorn n, Stärkekörnchen n ‖ ~ **gum** (Chem) / Dextrin n (Abbauprodukt der Stärke) ‖ ~ **hydrolysis product** (Chem) / Stärkehydrolyseprodukt n ‖ ~ **liquefaction** (Biochem) / Stärkeverflüssigung f ‖ ~ **lump** (Weaving) / Schlichtstelle f (ein Gewebefehler) ‖ ~ **milk** (Chem) / Stärkemilch f (Suspension von nativer Stärke) ‖ ~ **nitrate** (Chem) / Stärkenitrat n, Nitrostärke f (ein Sprengstoff) ‖ ~ **paper** (Chem) / Stärkepapier n (ein Indikatorpapier) ‖ ~ **paste** / Stärkekleister m ‖ ~ **phosphate** (Chem, Nut) / Stärkephosphat n (Ester der Stärke mit Phosphorsäure) ‖ ~ **preparation** / Stärkeaufbereitung f ‖ ~ **sheath**\* (Bot) / Stärkescheide f ‖ ~ **size** (Textiles) / Stärkeschlichte f ‖ ~ **sizing** (Paper) / Stärkeleimung f ‖ ~ **sugar** (Nut) / Stärkezucker m ‖ ~ **syrup** (Chem, Nut) / Glukosesirup m (mit mindestens 20% Glukose in der Trockenmasse), Stärkesirup m, Stärkeverzuckerungssirup m, Glucosesirup m ‖ ~ **turbidity** (Brew) / Kleistertrübung f ‖ ~ **unit** (Agric) / Stärkeeinheit f (in der Tierfütterung), StE (Stärkeeinheit)
**starchy** adj (Chem, Nut) / stärkehaltig adj, stärkeführend adj, stärkeartig adj ‖ ~ **biomass** (Ecol) / stärkehaltige Biomasse
**star classification** (GB) (Fuels) / Einteilung f des Ottokraftstoffs nach der Oktanzahl (5 Sterne = 100, 4 Sterne = 97, 3 Sterne = 94, 2 Sterne = 90) ‖ ~ **closure** (Comp) / Sternoperation f (Iteration) ‖ ~ **cloud** (Arch, Astron) / Sternwolke f (homogene Ansammlung von Milliarden alten, kühlen Sternen) ‖ ~ **cluster**\* (Astron) / Sternhaufen m
**star-connected** adj (Elec Eng) / sterngeschaltet adj
**star connection**\* (Elec Eng) / Sternschaltung f (DIN 40 108) ‖ ~ **coupler** (Telecomm) / Sternkoppler m (für sternförmige passive Lichtwellenleiternetze) ‖ ~ **coupler** (Comp, Telecomm) s. also hub ‖ ~ **cut** (Glass) / Sternschnitt m
**star-delta connection** (Elec Eng) / Sterndreieckschaltung f ‖ ~ **connexion** (Elec Eng) / Sterndreieckschaltung f ‖ ~ **starter**\* (Elec Eng) / Sterndreieckanlasser m, Sterndreieckstarter m (Motorstarter für einen Drehstrommotor, der so ausgeführt ist, dass die Wicklungen des Ständers beim Anlauf in Stern geschaltet und dann für den Betrieb in Dreieck umgeschaltet werden) ‖ ~ **switch** (Elec Eng) / Sterndreieckschalter m
**star dresser** (with star-shaped metal cutters) (Eng) / Abrichträdchen n (ein Handabrichtwerkzeug) ‖ ~ **drift** (Astron) / Bewegungssternhaufen m, Sternstrom m, Bewegungshaufen m ‖ ~ **drill** (US) (Build, Tools) / Sternmeißel m
**stardusting** (Surf) / Mikrorauigkeit f (einer metallischen Schutzschicht)
**star-dyeing machine** (Textiles) / Färbestern m (DIN 64 990), Stern m (ein Färbeapparat)
**star finder** (Astron) / Sternfinder m (ein Gerät zur Ermittlung des Namens eines unbekannten Fixsterns) ‖ ~ **frame** (Textiles) / Färbestern m (DIN 64 990), Stern m (ein Färbeapparat) ‖ ~ **gear** (Eng) / Sternrad n (des Sternradgetriebes) ‖ ~ **grounding** (Elec Eng) / sternförmige Erdung ‖ ~ **handle** (Eng) / Handkreuz n, Griffkreuz n, Drehkreuz n, Kreuzgriff m (DIN 6335), Griffstern m ‖ ~ **identifier** (Astron) / Sternfinder m (ein Gerät zur Ermittlung des Namens eines unbekannten Fixsterns)
**Stark, fourth-order** ~ **effect** (Phys, Spectr) / Stark-Effekt m vierter Ordnung ‖ ~ **broadening** (Phys, Spectr) / Stark-Verbreiterung f (Spektrallinienverbreiterung - nach J. Stark, 1874-1957) ‖ ~ **effect**\* (Phys, Spectr) / Stark-Effekt m (ein elektrooptischer Effekt nach J. Stark, 1874-1957) ‖ ~**-Einstein equation**\* (Chem) / fotochemisches Äquivalentgesetz, Einstein'sches Äquivalentgesetz, Stark-Einstein'sches Äquivalentgesetz, Quantenäquivalentgesetz n
**Stark-Einstein law** (Chem) / fotochemisches Äquivalentgesetz, Einstein'sches Äquivalentgesetz, Stark-Einstein'sches Äquivalentgesetz, Quantenäquivalentgesetz n

**Stark number** (Heat) / Stark-Zahl f, Stefan-Zahl f (im deutschen Sprachraum weniger gebräuchliche dimensionslose Kennzahl, die bei der Untersuchung des Wärmeübergangs durch Strahlung benutzt wird) ‖ ~ **shift** (Spectr) / Stark-Verschiebung f (eine Spektrallinienverschiebung)
**star light** / Sternenlicht n
**starlike region** (Maths) / Sterngebiet n (der komplexen Ebene)
**starling** n (Civ Eng, Hyd Eng) / Pfeilervorkopf m, Vorkopf m (die meist spitz zulaufende und gegen den Flusslauf gerichtete Schmalseite eines Brückenpfeilers), Wellenbrecher m (bei Brücken), Pfeilerkopf m, Pfeilerhaupt n, Sporn m, Strompfeilerkopf m ‖ ~ (Hyd Eng) / Pfeilerschutz m
**starlit** adj / sternenklar adj, sternenhell adj
**starlite**\* n (Min) / Starlit m (durch Brennen blau gefärbter Zirkon)
**star magnitude**\* (Astron) / Magnitudo f (pl. -dines), mag. (Magnitudo), astronomische Größenklasse (eines Gestirns) ‖ ~ **magnitude**\* (Astron) / Helligkeit f (ein Maß für die Strahlung eines Himmelskörpers) ‖ ~ **map** (Astron) / Sternkarte f, Himmelskarte f ‖ ~ **mark** (Ceramics, Glass) / sternförmiger Bruch, spinnennetzförmiger Riss, Spinne f
**star-mesh transformation**\* (Telecomm) / Sterndreieckübertragung f
**star network**\* (Telecomm) / Sternnetz n ‖ ~ **point**\* (Elec Eng) / Sternpunkt m (DIN 40 108), Erdpunkt m, Nullpunkt m ‖ ~ **polygon** (Maths) / Sternvieleck n, Sternpolygon n ‖ ~ **polymer** (Chem) / Starburst-Polymer n, Sternpolymer n, Radialpolymer n ‖ ~ **polymer** (Chem) s. also dendrimer ‖ ~ **production** (Nuc) / Sternbildung f, Sternerzeugung f ‖ ~ **program** (Comp) / frei entwickeltes Programm, das bereits beim ersten Probelauf einwandfrei funktioniert ‖ ~**-quad**\* n (Cables, Elec Eng) / Sternvierer m (vier miteinander verseilte Adern, von denen jeweils zwei diametral gegenüberliegende einen Leitungskreis bilden - DIN 57981, T 1), Sternviererkabel n
**starred glaze** (a partially devitrified glaze in which star-shaped crystals develop at the surface during firing) (Ceramics) / teilweise entglaste Glasur mit sternförmigen Kristallausscheidungen ‖ ~ **signature**\* (Bind, Print) / Sekunde f (auf der dritten Seite eines Werkdruckbogens angebrachte Signatur, die mit einem Sternchen versehen ist)
**starring** n (Ceramics) / sternförmige Rissbildung
**star ruby**\* (Min) / Sternrubin m (mugelig geschliffener Rubin)
**starry** adj / sternenklar adj, sternenhell adj ‖ ~ / sternförmig adj
**star sapphire**\* (Min) / Sternsaphir m (mugelig geschliffener Saphir) ‖ ~ **shake**\* (For) / sternartiger Kernriss, Sternriss m, Strahlenriss m
**star-shaped** adj (Biol) / radiär adj, multilateral adj, polysymmetrisch adj, aktinomorph adj, strahlig adj ‖ ~ **cut** (Glass) / Sternschnitt m ‖ ~ **domain** (Maths) / Sterngebiet n (der komplexen Ebene) ‖ ~ **fracture** (Ceramics, Glass) / sternförmiger Bruch, spinnennetzförmiger Riss, Spinne f ‖ ~ **heat dissipator** (Elec Eng) / Kühlstern m
**star shells** / Leuchtmunition f ‖ ~ **signature** (Bind, Print) / Sekunde f (auf der dritten Seite eines Werkdruckbogens angebrachte Signatur, die mit einem Sternchen versehen ist) ‖ ~ **spectrum** (Astron) / Sternspektrum n
**star-star** attr (Elec Eng) / Stern-Stern- ‖ ~ **connection** (Elec Eng) / Stern-Stern-Schaltung f
**star steamer** (Textiles) / Sterndämpfer m ‖ ~ **stream** (Astron) / Bewegungssternhaufen m, Sternstrom m, Bewegungshaufen m ‖ ~ **streaming**\* (Astron) / Bewegungssternhaufen m, Sternstrom m, Bewegungshaufen m
**start** v (a fire) / legen v (Brand) ‖ ~ (the bath) / ansetzen v (Bad) ‖ ~ / anfangen v ‖ ~ (Autos) / starten v ‖ ~ (Chem) / initiieren v, starten v, einleiten v (eine Reaktion) ‖ ~ (Eng) / anlaufen v (eine Anlage) / anfahren v (eine Anlage) ‖ ~ n / Anfang m ‖ ~ (Aero, Autos) / Start m ‖ ~ (Chem) / Initiation f, Start m (Anfang einer Reaktion), Einleitung f (einer Reaktion)
**start-and-end tag** (Comp) / Beginn- und Endemarkierung f
**start and store** v (Eng) / anfahren und speichern (bei den IR) ‖ ~ **bit** (Comp) / Startbit n (DIN 44302) ‖ ~ **codon** (Gen) / Initiatorcodon n, Startcodon n, Initiatorkodon n, Startkodon n ‖ ~ **date** / Starttermin m
**starter** n (Agric) / Startdünger m, Starterdünger m ‖ ~\* (Autos, Elec Eng) / Anlasser m, Starter m ‖ ~ (Elec Eng) / Motoranlasser m, Motorstarter m ‖ ~ (Electronics) / Glimmstarter m, Glimmzünder m, Starter m (einer Leuchtstofflampe) ‖ ~\* (Electronics) / Zündelektrode f ‖ ~ (Nut) / Säurewecker m (bei der Milchproduktion) ‖ ~ **bar** (Build, Civ Eng) / Anschlussbewehrungsstab m ‖ ~ **battery** (Autos) / Starterbatterie f (DIN 72310) ‖ ~ **capacitor** (Elec Eng) / Anlaufkondensator m (beim Kondensatormotor) ‖ ~ **capacitor motor** (Elec Eng) / Motor m mit Kondensatorhilfsphase, Einphasenmotor m mit Anlaufkondensator, Anlaufkondensatormotor m, Kondensatormotor m (mit dem Motoranlasskondensator) ‖ ~

**starter**

**culture** (Nut) / Starterkultur f (eine Mikroorganismenkultur, die man zur Reifung bestimmter Käse- und Wurstsorten zusetzt) || ~ **electrode** (Electronics) / Zündelektrode f || ~ **fertilizer** (Agric) / Startdünger m, Starterdünger m || ~ **frame** (Build) / Schalungsfuß m || ~ **gap**\* (Electronics) / Zündstrecke f (der Gasentladungslampe) || ~ **generator** (Autos) / Startergenerator m || ~ **heater** (Nut) / Säureweckerapparat m || ~ **interlock** (Autos) / Anlasssperre f, Startsperre f || ~ **kit** (Comp) / vollständiges Entwicklungssystem, das mit einem Typ des Mikroprozessors aufgebaut ist, für die die Programme erstellt werden sollen || ~ **pinion** (Autos) / Starterritzel n || ~ **ring gear** (Autos) / Schwungradzahnkranz m (des Starters), Anlasserzahnkranz m, Starterzahnkranz m || ~ **solution** (Photog) / Starterlösung f (meist aus Essigsäure und Kalium- bzw. Natriumbromid bestehende Lösung, die bei Zusatz zur Lösung des Entwicklerregenerators den gebrauchsfertigen Entwickleransatz ergibt - für Röntgenfilme) || ~ **step** (Elec Eng) / Anlassstufe f || ~ **voltage**\* (Electronics) / Zündspannung f (der Gasentladungslampe)
**star test** (Astron, Optics) / Sterntest m
**start floppy-disk** (Comp) / Quelldiskette f || ~ v **from rest** (Eng) / anlaufen v (eine Anlage), anfahren v (eine Anlage)
**starting** n / Anlaufen n (eines Prozesses) || ~ **aid** / Starthilfe f || ~ **aid** / Anlasshilfe f (bei kalten Dieselmotoren), Startpilot m (Anlasshilfe bei Dieselmotoren) || ~ **air pilot valve** (Autos) / Startpilot m (Anlasshilfe bei Dieselmotoren), Anlasssteuerschieber m (Anlasshilfe bei Dieselmotoren) || ~ **and storage** (Eng) / Anfahren n und Speichern (ein Programmierverfahren bei den IR) || ~ **capacitance** (Elec Eng) / Anlaufkondensator m (beim Kondensatormotor) || ~ **capacitor** (Elec Eng) / Anlaufkondensator m (beim Kondensatormotor) || ~ **carburettor** (I C Engs) / Startvergaser m || ~ **circuit** (Elec Eng) / Anlasserkreis m, Anlasserstromkreis m, Anlasserschaltung f || ~ **current** (Elec Eng) / Anschwingstrom m (eines Oszillators) || ~ **current**\* (Elec Eng) / Anlaufstrom m (DIN 42005), Anlassstrom m || ~ **end** (Welding) / Zündende n (der Elektrode) || ~ **form** / Ausgangsform f (für die Weiterbearbeitung nach DIN 8560), Anfangsform f || ~ **formulation** (Chem) / Rahmenrezeptur f, Richtrezeptur f || ~ **frequency** (Elec Eng) / Anlasshäufigkeit f || ~ **friction** (Autos) / Losbrechmoment n (des Stoßdämpfers) || ~ **friction** (Eng) / Anlaufreibung f, Anfahrreibung f, Starttreibung f || ~ **friction** (Phys) / Haftreibung f (maximale, nach deren Überschreiten gerade das Gleiten eintritt), Ruhereibung f (zwischen ruhenden Körpern), Reibung f der Ruhe, statische Reibung f, ruhende Reibung f || ~ **handle** (Autos) / Anlasskurbel f || ~ **interlock** (Autos) / Anlasssperre f, Startsperre f || ~ **line** (Chem) / Startlinie f (in der Flüssigkeitschromatografie) || ~ **material** (Chem Eng) / Ausgangsmaterial n, Edukt n (Ausgangsmaterial) || ~ **motor** (Autos) / Anwurfmotor m (DIN 42005) || ~ **motor** (US) (Autos, Elec Eng) / Anlasser m, Starter m || ~ **node** (AI) / Startknoten m (in der Grafentechnik), Anfangsknoten m || ~ **point** / Ausgangspunkt m, Startpunkt m || ~ **point** (Chem) / Startpunkt m (in der Flüssigkeitschromatografie) || ~ **position** / Anfangslage f || ~ **position** / Ursprungslage f, Ausgangsstellung f, Startstellung f || ~ **power** (Autos) / Startleistung f || ~ **power** (Elec Eng) / Anlaufleistung f || ~ **reaction** (Chem) / Startreaktion f (einleitender Reaktionsschritt, z.B. bei Kettenreaktionen) || ~ **resistance**\* (Elec Eng) / Anlasswiderstand m || ~ **run** (Autos) / Anlauf m (beim Start) || ~ **sequence** (Elec Eng) / Anlassfolge f, Einschaltfolge f || ~ **sheet**\* (Met) / Starterblech n, Mutterblech n || ~ **step** (Build) / Antrittsstufe f (die erste Stufe einer Treppe nach DIN 18 064), erste Stufe (eines Treppenlaufs) || ~ **switch** (Elec Eng) / Anlassschalter m || ~ **switch** (Electronics) / Glimmstarter m, Glimmzünder m, Starter m (einer Leuchtstofflampe) || ~ **tank** (Brew) / Anstellbottich m, Angärgefäß n || ~ **taper** (US) (Eng) / Anschnitt m (der Reibahle)
**starting-temperature rise** (Elec Eng) / Anlauferwärmung f
**starting torque**\* (Elec Eng, Eng) / Anlaufmoment n (das Drehmoment, das eine Kraftmaschine bei der Drehzahl Null aufbringen kann) || ~ **torque** (Mech) / Anfahrdrehmoment n || ~ **trouble** (Autos) / Startschwierigkeit f || ~ **tub** (Brew) / Anstellbottich m, Angärgefäß n || ~ **unloader** (Eng) / Anlaufentlaster m (im oder am Verdichter)
**starting-up time**\* (Nuc Eng) / Inbetriebsetzungzeit f, Anfahrzeit f (des Reaktors)
**starting voltage**\* (Electronics) / Zündspannung f (der Gasentladungslampe) || ~ **voltage** (of a radiation counter tube) (Nuc) / Einsatzspannung f || ~ **winding**\* (Elec Eng) / Anlasswicklung f, Hilfsphasenwicklung f (z.B. bei den Spaltphasenmotoren) || ~ **with model year 2007** / ab Baujahr 2007, ab Modelljahr 2007
**start leader** (Cinema) / Startband n, Filmstartband n
**startle reaction** (Aero, Autos) / Schreckreaktion f (des Fahrers, des Flugzeugführers)
**start line** (Chem) / Startlinie f (in der Flüssigkeitschromatografie) || **~-mark** (Cinema) / Startmarke f, Startzeichen n || ~ **menu** (Comp) / Eröffnungsmenü n || ~ **node** (AI) / Startknoten m (in der Grafentechnik), Anfangsknoten m || ~ **of block** (Comp) / Blockanfang m || ~ **off** v (Autos) / anfahren v || ~ **of heading** (Telecomm) / Anfang m des Kopfes (ein CCITT-Steuerzeichen für Datenübertragung), Kopfanfang m || ~ **of message** (Telecomm) / Nachrichtenbeginn m
**start-of-message signal** (Telecomm) / Nachrichtenanfangszeichen n, Nachrichtenanfangskriterium n
**start of program** (Automation, Comp, Eng) / Programmanfang m (Beginn eines CNC-Programms, gekennzeichnet durch das Prozentzeichen %) || ~ **of seam** (Welding) / Nahtanfang m
**start-of-selection signal** (Teleph) / Wähleinleitungszeichen n
**start of text** (Telecomm) / Anfang m des Textes (ein CCITT-Steuerzeichen für Datenübertragung), Textanfang m || ~ **of the season** / Vorsaison f || ~ **of the shower** (Nuc) / Ausgangspunkt m des Schauers m || ~ **of track** (Mag) / Spuranfang m || ~ **of winding** (Elec Eng) / Wicklungsanfang m, Wicklungseingang m || ~ **of yielding** (Materials) / Fließbeginn m (Übergang von elastischer zu plastischer Verformung) || ~ **on** v / anbrechen v (Dose, Packung)
**star-toothed harrow** (Agric) / Sterngliederegge f
**star topology** (Comp, Telecomm) / Sterntopologie f
**start organization** (Comp) / Startorganisation f || ~ **pilot** (Autos) / Startpilot m (Anlasshilfe bei Dieselmotoren), Anlasssteuerschieber m (Anlasshilfe bei Dieselmotoren) || ~ **point** (Chem) / Startpunkt m (in der Flüssigkeitschromatografie)
**start-polarity element** (Comp, Telecomm) / startpolarer Schritt
**star tracker** (Astron) / Sternverfolger m, Sternpeiler m
**start reaction** (Chem) / Startreaktion f (einleitender Reaktionsschritt, z.B. bei Kettenreaktionen) || ~ **record** (Telecomm) / Anfangssatz m (PCM-Daten) || ~ **signal** (Telecomm) / Startsignal n || ~ **spinning** (Spinning) / anspinnen v (in der Anfangsphase) || **~-stop**\* n (Teleg) / Start-Stopp-System n, Geh-Steh-Verfahren n || **~-stop system** (Teleg) / Start-Stopp-System n, Geh-Steh-Verfahren n
**start-stop transmission** (Telecomm) / Asynchronverfahren n (ein Gleichlaufverfahren), Start-Stopp-Verfahren n (der Beginn der Übertragung eines jeden Zeichens wird dem Empfänger durch einen Startschritt signalisiert und damit ein Synchronzustand zwischen Sender und Empfänger während der Übertragung des Zeichens hergestellt)
**start time** (Comp) / Beschleunigungszeit f (Magnetbandtechnik) || ~ **time** (Comp) / Startzeit f (DIN 66010)
**start-to-leak pressure** (Eng) / Ansprechdruck m (bei Armaturen)
**start up** v (without a jerk) / anfahren v (stoßfrei) || ~ **up** (Eng) / in Betrieb setzen (Maschine), in Betrieb nehmen || ~ **up** (Eng) / anlaufen v (eine Anlage), anfahren v (eine Anlage) || ~ **up** (Eng, Phys) / in Bewegung setzen, in Gang setzen || ~ **up** vi (I C Engs) / anspringen v
**start-up** n / Anlaufen n (eines Prozesses) || ~ / Inbetriebnahme f, Inbetriebsetzung f || ~ (of a system) (Comp) / Start m (eines Systems), Hochfahren n (eines Systems) || ~ (Elec Eng, Eng) / Hochlaufen n, Hochlauf m (linearer, exponentieller), Hochtouren n, Hochfahren n || ~ (Eng, Nuc Eng) / Anfahrvorgang m (z.B. bei einer Turbine) || ~ (Glass) / Anziehen n (des Glasbandes) || ~ **accident** (Nuc Eng) / Anfahrstörfall m, Anfahrunfall m || ~ **brazier** (Glass) / Tempervorbau m || ~ **burner** (Eng) / Zündbrenner m || ~ **capital** / Startkapital n || ~ **flash tank** (Eng) / Anfahrentspanner m
**start-up procedure**\* (Eng, Nuc Eng) / Anfahrvorgang m (z.B. bei einer Turbine), Anfahren n
**start-up time**\* (Nuc Eng) / Inbetriebsetzungzeit f, Anfahrzeit f (des Reaktors)
**star turret** (Eng) / Sternrevolver m, Sternrevolverkopf m (Teil des Werkzeugträgers der Revolverdrehmaschine und der Revolverbohrmaschine), Sattelrevolverkopf m
**star-type network** (Telecomm) / Sternnetz n
**starvation** n (Agric) / Mangel m an Nährstoffen, Hungern n || ~ (Brew) / Hungerzustand m (der Hefe)
**starved** adj (Paint) / saugfähig adj, saugend adj (Oberfläche) || ~ **gold** (Glass) / sehr dünner Goldüberzug || ~ **joint** (Carp, Join) / verhungerte Klebfuge || ~ **joint** (a glue joint that is poorly bonded because of an insufficient quantity of glue) (For) / schlechte Klebstelle (infolge Klebstoffmangels) || ~ **lubrication** (Eng) / Mangelschmierung f
**star voltage**\* (Elec Eng) / Sternspannung f (zwischen einem Außenleiter und dem Sternpunkt - nach DIN 40108) || ~ **wheel** (Autos) / Nachstellritzel n (für Trommelbremsen) || ~ **wheel** (Eng) / Handkreuz n, Griffkreuz n, Drehkreuz n, Kreuzgriff m (DIN 6335), Griffstern m || ~ **wheel** (Eng) / Sternrad n, Schaltstern m (ein Handrad mit Speichen), Sterngriff m, Stern m || ~ **wheel**\* (Horol) / Stern m
**star-wheel dibbler** (Agric) / Pflanzlochstern m || ~ **harrow** (Agric) / Sternwälzegge f, Sternkrümelwalze f, Zackenkrümler m, Notzonegge f || ~ **mechanism** (Eng) / Sternradgetriebe n, Sternradschaltgetriebe m (Schaltgetriebe zur Umwandlung einer stetigen Drehbewegung des Antriebs in eine durch Stillstände unterbrochene Abtriebsbewegung) || ~ **rake** (Agric) / Sternradrechwender m

**stasis*** n (pl. stases) (Med) / Stase f
**Stassano furnace** (Elec Eng) / Stassano-Ofen m (ein indirekter Lichtbogenofen)
**stassfurtite*** n (Min) / Staßfurtit m (ein Tiefborazit)
**state*** n / Zustand m, Status m ‖ ~ / Lage f, Stand m, Zustand m (als qualitätsmäßige Angabe), Beschaffenheit f ‖ ~ **control** (Automation) / Zustandsregelung f
**state-correlation diagram** / Zustands-Korrelationsdiagramm n
**state diagram** (Comp) / Zustandsdiagramm n (grafisch dargestellte Zustandstabelle) ‖ ~ **equation** (Phys) / Zustandsgleichung f (Beziehung zwischen thermodynamischen Zustandsgrößen)
**stateful** adj (Comp) / statusbetont adj (Prozess oder System)
**state function*** (Phys) / Zustandsfunktion f ‖ ~ **graph** (Comp) / Erreichbarkeitsgraf m (ein gerichteter Wurzelgraf in der Theorie der nebenläufigen Prozesse)
**stateless** adj (Comp) / statusarm adj (Prozess oder System)
**statement** n / Darstellung f (Formulierung, z.B. eines Gesetzes) ‖ ~ / Erklärung f (Äußerung, Statement) ‖ ~ (AI, Maths) / Aussage f (wahr oder falsch - in der Logik), Proposition f ‖ ~ (Comp) / Statement n (einzelner Befehl in einem Programm) ‖ ~ (Comp) / Anweisung f (bei höheren Programmiersprachen - ALGOL, PL/1, FORTRAN) ‖ ~ (Maths) / Ansatz m (Formulieren einer Textaufgabe in einer zur Lösung führenden Gestalt) ‖ ~ **completion** (Comp) / Statement Completion f (Programmeditorfunktion, die automatisch häufig benutzte Statements vervollständigt) ‖ ~ **form** (Maths) / Aussageform f ‖ ~ **label** (Comp) / Anweisungsmarke f ‖ ~ **name** (Comp) / Anweisungsname m ‖ ~ **number*** (Comp) / Anweisungsnummer f
**statements field** (Comp) / Anweisungsfeld n
**state of acceleration** (Mech) / Beschleunigungszustand m (eine Übertragungsfunktion der Gelenkgetriebe) ‖ ~ **of aggregation** (Chem, Phys) / Zustandsart f, Formart f, Aggregatzustand m (fester, flüssiger, gasförmiger), Zustandsform f der Materie ‖ ~ **of charge of a battery** (Autos, Elec Eng) / Batterieladezustand m, Ladezustand m (der Batterie) ‖ ~ **of manufacture** (Aero) / Herstellerstaat m ‖ ~ **of matter** (Chem, Phys) / Zustandsart f, Formart f, Aggregatzustand m (fester, flüssiger, gasförmiger), Zustandsform f der Materie ‖ ~ **of plane strain** (Mech) / ebener Dehnungszustand, EDZ (ebener Dehnungszustand) ‖ ~ **of plane stress** (Mech) / ebener Spannungszustand, ESZ (ebener Spannungszustand) ‖ ~ **of registry** (Aero) / Eintragungsstaat m ‖ ~ **of rest** (Phys) / Ruhezustand m ‖ ~ **of saturation** (Chem) / Sättigungszustand m ‖ ~ **of sea** (Meteor, Ocean) / Meereszustand m, Seezustand m, Zustand m der See ‖ ~ **of sea** (Ocean) / Seegang m (die winderzeugten Kapillar- und Schwerewellen) ‖ ~ **of sky** (Aero, Meteor) / Zustand m des Himmels ‖ ~ **of strain*** (Mech) / Dehnungszustand m ‖ ~ **of stress** (Mech) / Spannungszustand m ‖ ~ **of the art** / Stand m der Technik (bei Prüfung der Neuheit)
**state-of-the art product** / Spitzenprodukt (moderner Technik)
**state of velocity** (Mech) / Geschwindigkeitszustand m (eine Übertragungsfunktion der Gelenkgetriebe) ‖ ~ **parameter** (Phys) / Zustandsgröße f (in der Thermodynamik) ‖ ~ **probability** (Phys) / Zustandswahrscheinlichkeit f ‖ ~ **quantity** (Phys) / Zustandsgröße f (DIN 1345) ‖ ~ **space** (Comp) / Zustandsraum m (meist abgeschlossenes, mehrdimensionales Gebiet, das durch den Statusvektor aufgespannt wird) ‖ ~ **table** (Comp) / Zustandstabelle f (Zusammenhang zwischen den Eingaben und dem gegenwärtigen Zustand sowie den Ausgaben und dem nächsten Zustand von Speicherelementen in Schaltnetzwerken) ‖ ~ **trigger** (Comp, Electronics) / Zustandstrigger m ‖ ~ **variable** (Phys) / Zustandsvariable f (in der Thermodynamik)
**state-variable filter** (Electronics) / State-Variable-Filter n (Filterstruktur, die man durch direkte Simulation der Zustandsgrößen eines gegebenen LC-Filternetzwerks gewinnt)
**static*** adj (Mech) / statisch adj, ruhend adj ‖ ~ **air tank** (Autos) / Reifenfüllvorrichtung f
**statical** adj (Mech) / statisch adj, ruhend adj
**statically determinate** adj (frame) (Mech) / statisch bestimmt ‖ ~ **excited** (Elec Eng) / statisch erregt ‖ ~ **indeterminate** (Mech) / statisch unbestimmt ‖ ~ **indeterminate frame** (Mech) / statisch unbestimmtes Rahmentragwerk, statisch unbestimmter Rahmen ‖ ~ **overdeterminate** adj (Mech) / statisch überbestimmt
**statical stability*** (Ships) / statische Stabilität (durch Gleichgewicht von krängendem und aufrichtendem Moment)
**static balancer*** (Elec Eng) / Mittelpunktstransformator m ‖ ~ **balancing** (Elec Eng) / statische Auswuchtung ‖ ~ **bed** (Chem Eng) / Festbett n (z.B. beim katalytischen Kracken, Feststoffbett n ‖ ~ **bending** (For) / statische Biegung ‖ ~ **breeze** (Elec) / elektrostatischer Wind, elektrischer Wind, Ionenwind m ‖ ~ **calorimeter** (Phys) / statisches Kalorimeter ‖ ~ **capacitor*** (Elec Eng) / Kondensator m zur Verbesserung des Leistungsfaktors ‖ ~ **characteristic*** (Electronics) / statische Kennlinie (z.B. einer Elektronenröhre) ‖ ~ **check** (Comp) / statische Prüfung, Zustandsprüfung f ‖ ~ **contact** (Eng) / feste Verbindung ‖ ~ **contact seal** (Eng) / Dichtung f (zwischen ruhenden Flächen), Berührungsdichtung (als ebene Flachdichtung), ruhende Dichtung (an ruhenden Flächen) ‖ ~ **convergence*** (TV) / statische Konvergenz ‖ ~ **converter** (Elec Eng) / Stromrichter m (Gleichrichter, Wechselrichter und Umrichter nach DIN 41750) ‖ ~ **discharge head** (Eng) / geodätische Förderhöhe (einer Pumpe) ‖ ~ **dump** (Comp) / statischer Speicherauszug ‖ ~ **electricity*** (Elec) / statische Elektrizität ‖ ~ **eliminator** (Textiles) / Ionisator m (Gerät zur Ableitung der elektrostatischen Aufladung von Faserstoffen) ‖ ~ **equilibration** (Eng) / statische Auswuchtung ‖ ~ **equilibrium** (Chem, Mech) / statisches Gleichgewicht ‖ ~ **error** (Comp) / statischer Fehler ‖ ~ **fatigue** (Glass) / statische Ermüdung ‖ ~ **field** (Phys) / statisches Feld (wenn die Feldgröße an jedem Punkt im Raum zeitlich konstant bleibt), Gleichfeld n ‖ ~ **flip-flop** (Electronics) / statisches Flipflop
**static-free** adj (Elec Eng) / statikfrei adj, aufladungsfrei adj
**static friction*** (the value of the limiting friction just before slipping occurs) (Phys) / Haftreibung f (maximale, nach deren Überschreiten gerade das Gleiten eintritt), Ruhereibung f (zwischen ruhenden Körpern), Reibung f der Ruhe, statische Reibung, ruhende Reibung ‖ ~ **grizzly** (Min Proc) / fest eingebauter Rost ‖ ~ **head** (Eng) / geodätische Förderhöhe (einer Pumpe) ‖ ~ **head** (Mech) / statisches Druckgefälle, statische Druckhöhe ‖ ~ **hold-up** (Chem Eng) / Betriebsinhalt m, Hold-up m, Haftinhalt m, Ruheinhalt m (z.B. der Kolonne) ‖ ~ **image** (a background image) (Comp) / Anzeigehintergrund m (grafische Datenverarbeitung) ‖ ~ **impedance*** (Elec) / elektrostatische Impedanz ‖ ~ **induction transistor** (Electronics) / statischer Influenztransistor (ein JFET mit sehr kurzer Gateelektrode), SIT (statischer Influenztransistor)
**staticizer** n (Comp) / Serienparallelumsetzer (SPU) m, SP-Umsetzer m, Serienparallelwandler m, SPU (DIN 44300)
**staticizing** n (Comp) / Befehlsübernahme f (bei Zentraleinheiten)
**static Kraemer drive** (Elec Eng) / untersynchrone Stromrichterkaskade f, Krämer-Stromrichterkaskade f ‖ ~ **Kraemer system** (Elec Eng) / untersynchrone Stromrichterkaskade, Krämer-Stromrichterkaskade f ‖ ~ **lift** (Aero) / statischer Auftrieb (bei Luftfahrzeugen leichter als Luft) ‖ ~ **limit** (Phys) / Grenzfläche f der Stationarität (bei der Kerr-Lösung) ‖ ~ **line*** (Aero) / [mit dem Luftfahrzeug verbundene] Aufziehleine f ‖ ~ **load** (Build, Civ Eng, Mech) / statische Belastung, ruhende Belastung ‖ ~ **load capacity** (Eng) / statische Tragfähigkeit (eines Lagers) ‖ ~ **loading** (Build, Civ Eng, Mech) / statische Belastung, ruhende Belastung ‖ ~ **load rating** (Eng) / statische Tragzahl (bei Lagern) ‖ ~ **machine*** (Elec Eng) / elektrostatischer Generator (ein Bandgenerator oder eine Elektrisiermaschine) ‖ ~ **magnetization curve** (Elec Eng, Mag) / statische Magnetisierungskurve ‖ ~ **magnetizing curve** (Elec Eng, Mag) / statische Magnetisierungskurve ‖ ~ **memory*** (Comp) / statischer Speicher
**static-mercury-drop electrode** (Chem) / Quecksilbertropfenelektrode f mit statischem Tropfen, SMDE
**static mixer** (Chem Eng) / statischer Mischer ‖ ~ **momentum** (Mech) / statisches Moment, lineares Moment, Moment n erster Ordnung ‖ ~ **noise** (Elec Eng) / statisches Rauschen ‖ ~ **off-load voltage** (Elec Eng) / Ruhespannung f (bei galvanischen Zellen) ‖ ~ **on-state voltage** (Electronics) / Durchlassspannung f (bei Thyristoren) ‖ ~ **opening** (Aero) / seitliche Staurohröffnung (für den statischen Druck) ‖ ~ **phasor** (Elec Eng) / ruhender Zeiger (DIN 5438, T 3) ‖ ~ **pressure*** (Aero, Hyd) / Statikdruck m, statischer Druck (in der Bernoulli'schen Druckgleichung) ‖ ~ **pressure head** (Mech) / statisches Druckgefälle, statische Druckhöhe ‖ ~ **-pressure tube*** (Aero) / Strömungssonde f zur Messung des statischen Druckes ‖ ~ **RAM** (Comp) / statisches RAM, SRAM n (statisches RAM) ‖ ~ **random-access memory** (Comp) / statisches RAM, SRAM n (statisches RAM) ‖ ~ **relay** (Elec Eng) / statisches Relais
**statics*** n (the branch of mechanics that deals with the equilibrium of forces on bodies at rest /or moving at a uniform velocity in a straight line/) (Mech) / Statik f
**static seal** (Eng) / Dichtung f (zwischen ruhenden Flächen), Berührungsdichtung (als ebene Flachdichtung), ruhende Dichtung (an ruhenden Flächen)
**statics of rigid bodies** (Mech) / Statik f starrer Körper, Stereostatik f
**static stability*** (Aero) / statische Stabilität ‖ ~ **stall torque** (Elec Eng) / Stillstandsmoment n, Drehmoment n bei festgebremstem Läufer ‖ ~ **storage** (Comp) / statischer Speicher ‖ ~ **store** (Comp) / statischer Speicher ‖ ~ **strength** (Materials) / statische Festigkeit (Bruchspannung, die das Material bei langsam anwachsender Belastung erreicht) ‖ ~ **system** (Mech) / statisches System ‖ ~ **test** (Build, Eng, Materials) / Prüfung f bei ruhender Belastung ‖ ~ **test** (Ecol) / statischer Test (Toxizitätstest, bei dem kein Austausch des Mediums stattfindet oder wenn doch, dann nur nach längeren Intervallen) ‖ ~ **test** (Materials, Mech) / statische Prüfung, statischer

**static**

Versuch || ~ **thrust**\* (Aero) / Standschub *m* (ohne Vorwärtsbewegung des Flugzeugs) || ~ **torque** (Elec Eng) / Stillstandsmoment *n*, Drehmoment *n* bei festgebremstem Läufer || ~ **tube** (Aero) / Strömungssonde *f* zur Messung des statischen Druckes

**static-tube instrument** (Meteor) / Staugerät *n* (zur aerodynamischen Windmessung)

**static vent**\* (Aero) / statisches Luftloch || ~ **voltage** (Elec Eng) / Ruhespannung *f* (bei galvanischen Zellen) || ~ **welding machine** (Welding) / nichtrotierendes Schweißgerät, statische Schweißmaschine || ~ **wheel imbalance** (Autos) / Seitenschlag *m* (Lateralschwingungen des Rad/Reifen-Systems), statische Radunwucht

**statimeter** *n* (Aero) / Messgerät *n* zur Standschubmessung

**station** *n* / Stelle *f*, Station *f* || ~ (Agric) / Großfarm *f* (in Australien) || ~ (Autos) / Haltestelle *f* || ~ (Comp) / Datenstation *f* (DIN 44 302), DST (Datenstation) || ~\* (Elec Eng) / Station *f*, Werk *n*, [i.e.S.] Kraftwerk *n*, Elektrizitätswerk *n*, E-Werk *n* || ~\* (Eng) / Arbeitsplatz *m* (der Fließstraße) || ~\* (Eng) / Werkzeugaufnahme *f*, Spannstelle *f* (am Revolverkopf) || ~ (GB) (Mil) / Militärflughafen *m*, Airbase *f*, Luftstützpunkt *m*, Luftwaffenstützpunkt *m*, Flugstützpunkt *m*, Fliegerhorst *m* || ~ (Mining) / Anschlag *m* (an dem Förderwagen auf- und abgeschoben werden oder Personen den Förderkorb betreten oder verlassen können) || ~ (Nav, Ships) / Station *f* (eines Schiffes auf See) || ~\* (Radio, Telecomm) / Funkstation *f*, Station *f*, Funkstelle *f* (Sender oder Empfänger) || ~ (a building) (Rail) / Bahnhofsgebäude *n*, Empfangsgebäude *n* || ~ (Surv) / Station *f* (Festpunkt auf einer abgesteckten Strecke) || ~\* (Surv) / geodätischer Punkt, Punkt *m*, Netzpunkt *m* || ~ (Surv) / Vermessungspunkt *m* || ~ (Surv, Telecomm) / Beobachtungsstandpunkt *m* || ~ (Telecomm) / Vermittlungsknoten *m* || ~ (Teleph) / Sprechstelle *f* (Nebenstellenanlage) || ~ (subscriber's station) (Teleph) / Fernsprechanschluss *m*, Teilnehmersprechstelle *f* || ~ (Teleph) / Vermittlungsamt *n*, Amt *n* || ~ (Work Study) / Station *f* (der Transfer- oder Fertigungsstraße) || ~ (**railroad**) (Rail) / Bahnhof *m* (bauliche Anlage mit Bahnhofsgebäude, Lagerhalle usw.), Station *f*, Bf. (Bahnhof), Bhf. (Bahnhof) || ~ **get out of** ~ (Ships) / aus dem Ruder laufen || ~ **address** (Comp) / Stationsadresse *f*

**stationary** *adj* / ortsfest *adj*, stationär *adj*, feststehend *adj*, ortsgebunden *adj*, nichtbewegt *adj* || ~ (Eng) / ortsfest *adj* (Lünette) || ~ (Phys) / stationär *adj* (zeitlich unveränderlich als Folge eines dynamischen, statischen oder statistischen Gleichgewichts) || ~ **assembly** (Eng) / stationäre Montage || ~ **bicycle** / Heimtrainer *m* (stationäres Fahrrad) || ~ **blades** (Aero, Eng) / Leitschaufeln *f pl* (einer Turbine) || ~ **casting** (Foundry) / Standguss *m* (kein Schleuderguss), Schwerkraftguss *m* (Standguss), Schwerguss *m* || ~ **comb** (Spinning) / Festkamm *m* || ~ **compressor** (Eng) / stationärer Verdichter || ~ **contact** (Autos) / Ambosskontakt *m* (feststehender Kontakt des Unterbrechers) || ~ **creep** (Eng, Materials, Met) / zweites Kriechstadium, stationäres Kriechen, sekundäres Kriechen (mit praktisch konstanter Kriechrate), Kriechen *n* mit gleich bleibender Geschwindigkeit || ~ **crosshead** (US) (Eng) / Querhaupt *n* (ein Teil des Presserahmens) || ~ **EAN scanner** (Comp) / stationärer Leser (für Strichkode) || ~ **engine** (I C Engs) / ortsfester Motor, Stationärmotor *m*, Standmotor *m*, stationärer Motor || ~ **flame** (wenn das zuströmende Frischgas gerade die Geschwindigkeit der Verbrennung hat) || ~ **flight** (Aero) / Schwebeflug *m* (eines Hubschraubers) || ~ **focal plane** (Optics) / feststehende Brennebene, unveränderliche Brennebene || ~ **Fourdrinier** (Paper) / stationäre Siebpartie (einer Langsiebpapiermaschine) *f* || ~ **front** (Meteor) / ortsfeste Front, stationäre Front || ~ **goods** (Textiles) / ruhende Ware (beim Färben) || ~ **grate** (Rail) / fester Rost (kein Wanderrost) || ~ **grid** (Radiol) / Streustrahlenraster *m* für unbewegte Anwendung (mit Aluminium als Zwischenmedium), Lysholm-Raster *m*, stehender Streustrahlenraster, unbewegte Streustrahlenblende || ~ **information source** (Telecomm) / stationäre Nachrichtenquelle || ~ **jaw** (Eng) / Gehäusebrechbacke *f* || ~ **limit** (Phys) / Grenzfläche *f* der Stationarität (bei der Kerr-Lösung) || ~ **liquid phase** (Chem) / flüssige stationäre Nachrichtenquelle || ~ **message source** (Telecomm) / stationäre Nachrichtenquelle || ~ **orbit**\* (Space) / stationäre Bahn (bei Satelliten) || ~ **orbit**\* (Space) s. also synchronous orbit || ~ **pattern noise** (Optics) / Festmusterrauschen *n* || ~ **phase** (Chem) / stationäre Phase (in der Chromatografie) || ~ **plasma** (Plasma Phys) / stationäres Plasma (das sich über einen hinreichend langen Zeitraum im gleichen stabilen Zustand befindet) || ~ **point**\* (Maths) / stationärer Punkt || ~ **process** (Stats) / stationärer Prozess (wenn der endlichdimensionalen Verteilungen gegen Zeitverschiebung unempfindlich sind) || ~ **robot** (Eng) / ortsfester Roboter || ~ **satellite** (Space, Telecomm) / geosynchroner Satellit, Synchronsatellit *m* (auf der Erdumlaufbahn), synchroner Satellit, geostationärer Satellit, stationärer Satellit || ~ **state** (Chem, Phys) / Stationärzustand *m*, stationärer Zustand (jeder Zustand eines physikalischen Systems, der gekennzeichnet ist durch zeitliche Konstanz gewisser Beobachtungsgrößen im Sinne eines dynamischen oder statistischen Gleichgewichts) || ~ **support** (Eng) / Stehsetzstock *m* (Bauteil zur Abstützung eines langen Werkstücks), Lünette *f* (ortsfeste) *m* || ~ **target** (Mil, Radar) / Festziel *n* (ohne Bewegung) || ~ **traffic** (Autos) / ruhender Verkehr || ~ **vehicle** (Autos) / abgestelltes Fahrzeug, stehendes Fahrzeug || ~ **vortex** (Phys) / Standwirbel *m*, stationärer Wirbel || ~ **wave**\* (Telecomm) / stehende Welle, Stehwelle *f*

**station barometer** (Meteor) / Stationsbarometer *n* (im Wetterdienst verwendetes Quecksilberbarometer zur Luftdruckmessung) || ~ **break** (US) (Radio) / Funkstille *f*, Sendepause *f* || ~ **call** (Teleph) / Prüfplatzverbindung *f* || ~ **concourse** (Arch, Rail) / Bahnhofshalle *f* || ~ **concourse** (Rail) / Bahnhofshalle *f*

**stationery** *n* (Paper) / Papierwaren *f pl*, Schreibwaren *pl* || ~ **document** (Comp) / Formulardatei *f*

**station forced busy** (Teleph) / Anrufschutz *m* (Leistungsmerkmal bei Endgeräten oder Nebenstellenanlagen), Ruhe *f* vor dem Telefon || ~ **format** (Radio) / Radioprogrammtypus *m*, Programmcharakter *m* (z.B. nur Nachrichten, Sport, ethnische Minderheiten) || ~ **ground** (US) (Elec Eng) / Betriebserde *f* || ~ **guarding** (Teleph) / Anrufschutz *m* (Leistungsmerkmal bei Endgeräten oder Nebenstellenanlagen), Ruhe *f* vor dem Telefon

**station-identification request** (Telecomm) / Kennungsabfrage *f*

**station•-identification signal** (Radio, TV) / Pausenzeichen *n*, Stationskennzeichen *n* || ~ **in distress** (Radio) / Funkstelle *f* in Not

**stationing** *n* (Oils) / Positionierung *f* (dynamische) || ~ **in kilometres** (Rail) / Kilometrierung *f*

**station inspector** (Rail) / Fahrdienstleiter *m* (der die Zugfolge eigenverantwortlich regelt) || ~ **keeping**\* (Space) / Einhaltung *f* der Umlaufbahn (nach einem Manöver oder während eines Manövers) || ~ **key** (Telecomm) / Stationstaste *f*, Stationsschalter *m* || ~ **manager** (Comp) / Stationsmanager *m*, STM || ~ **message detailed recording** (Teleph) / Gebührenerfassung *f* || ~ **pointer**\* (Nav) / Doppeltransporteur *m*, Doppelwinkelmesser *m* || ~ **premises** (Rail) / Nebenanlagen *f pl* (des Bahnhofs) || ~ **roof** (a roof carried on a single row of stanchions) (Autos, Build, Ships) / Vordach *n*, Schutzdach *n*, Schirmdach *n* || ~ **roof** (Build, Rail) / Bahnhofsdach *n* || ~ **scanning** (Radio) / Sendersuchlauf *m* (in Funkempfängern)

**stations cycle polling feature** (Comp) / Stationsabruf (in der Datenfernverarbeitung)

**station staff** (Surv) / Bake *f*

**station-type drill** (Eng) / Schalttrommel-Bohrmaschine *f*

**station wagon** (US) (Autos) / Kombinationskraftwagen *m*, Kombiwagen *m*, Kombi *m*

**station-wagon derivative** (Autos) / Kombiversion *f* (einer Limousine)

**statistic** *n* (a fact or piece of data) (Stats) / Messziffer *f*, Messzahl *f* || ~ (Stats) / statistische Tatsache || ~\* (Stats) / Stichprobenfunktion *f*, statistische Maßzahl

**statistical** *adj* (Stats) / statistisch *adj* || ~ **average** (Stats) / statistisches Mittel || ~ **copolymer** (Chem) / statistisches Kopolymer (dem Polymernamen wird das Infix 'stat' hinzugefügt), statistisches Copolymer || ~ **decision theory** (Stats) / statistische Entscheidungstheorie || ~ **error**\* (Radiol) / statistischer Fehler || ~ **hypothesis** (Stats) / statistische Hypothese || ~ **inference** (AI, Stats) / Rückschluss *m*, Inferenz *f*, statistische Inferenz (der Schluss von der Stichprobe auf die Grundgesamtheit, aus der die Stichprobe stammt) || ~ **inferencing** (Stats) / statistische Schlussweise, Schlussfolgerung *f* anhand eines Stichprobenverfahrens || ~ **interpretation** (Stats) / statistische Interpretation (z.B. der Schrödinger'schen Wellenfunktion) || ~ **linear element** (Chem) / statistisches Fadenelement (zur Beschreibung der Knäueleigenschaften von Makromolekülen) || ~ **mechanics**\* (Phys) / statistische Mechanik || ~ **model** (Nuc) / Fermi-Gas-Modell *n*, Thomas-Fermi-Modell *n*, statistisches Modell (ein Kernmodell) || ~ **model** (Stats) / statistisches Modell || ~ **multiplexer** (Telecomm) / statistischer Multiplexer (Multiplexer für die optimale Zuteilung des Übertragungsweges) || ~ **multiplexing** (Telecomm) / Statistical Multiplexing *n* (eine Technik, bei der Informationen aus mehreren logischen Kanälen über einen einzigen physikalischen Kanal übertragen werden können) || ~ **multiplexor** (Telecomm) / statistischer Multiplexer (Multiplexer für die optimale Zuteilung des Übertragungsweges) || ~ **noise** (Elec Eng) / statistisches Rauschen || ~ **package** (Comp) / statistisches Programmpaket || ~ **physics** (Phys) / statistische Physik, Statistik *f* (ein Teilgebiet der theoretischen Physik) || ~ **physics** (Phys) s. also statistical mechanics || ~ **population** (Mech, Stats) / statistische Gesamtheit, statistisches Ensemble || ~ **quality control** / statistische Qualitätskontrolle, SQK || ~ **statement** (Stats) / statistische Aussage || ~ **thermodynamics** (Phys) / statistische Thermodynamik (Gleichgewichtsstatistik) || ~ **time division multiplexing**\* (Telecomm) / Statistical Multiplexing *n* (eine Technik, bei der Informationen aus mehreren logischen Kanälen über einen einzigen physikalischen Kanal übertragen werden können) || ~ **universe** (Mech, Stats) / statistische Gesamtheit, statistisches

Ensemble ‖ ~ **weight**\* (Phys) / thermodynamische Wahrscheinlichkeit (Maxwell-Boltzmann-Statistik) ‖ ~ **weight** (Stats) / statistisches Gewicht
**statistic parameter** (Stats) / statistischer Parameter
**statistics** *n* (Stats) / Statistik *f* ‖ ~ **of stochastic processes** (Stats) / Statistik *f* stochastischer Prozesse
**statmux** *n* (Telecomm) / statistischer Multiplexer (Multiplexer für die optimale Zuteilung des Übertragungsweges)
**stator**\* *n* (Aero, Autos) / Leitschaufelkranz *m*, Leitrad *n*, Leitvorrichtung *f*, Leitapparat *m* (stillstehende Bauelemente einer Verdichter- oder Turbinenstufe) ‖ ~\* (Elec Eng) / Ständer *m* (DIN 42005), Stator *m* ‖ ~ (Eng) / Leitrad *n* (des Druckmittelgetriebes) ‖ ~ **blade**\* (Aero, Autos) / Leitschaufel *f* ‖ ~ **blade** (Eng) / Statorschaufel *f* (bei Verdichtern) ‖ ~ **core**\* (Elec Eng) / Ständereisen *n*, Ständerblechpaket *n*, Statorpaket *n* (der magnetisch aktive Eisenkreis des Stators)
**stator-core lamination** (Elec Eng) / Ständerblechung *f*, Statorblechung *f*
**stator frame** (Elec Eng) / Ständergehäuse *n*
**stator-roller clutch** (Autos) / Leitradfreilauf *m*
**stator-rotor starter**\* (Elec Eng) / Schleifringläuferanlasser *m* mit Ständerschalter
**stator slot** (Elec Eng) / Ständernut *f* ‖ ~ **starter** (Elec Eng) / Ständeranlasser *m* ‖ ~ **vane** (Aero, Autos) / Leitschaufel *f* ‖ ~ **winding**\* (Elec Eng) / Ständerwicklung *f* (DIN 42005), Statorwicklung *f*
**statuary bronze** (Met) / Statuenbronze *f*, Architekturbronze *f* (für die Bildhauerkunst), Bronze *f* (für die Bronzekunst) ‖ ~ **marble** (Geol) / Bildhauermarmor *m*
**status** *n* / Zustand *m*, Status *m* ‖ ~ (Comp, Telecomm) / Status *m* ‖ ~ **bar** (Comp) / Statusleiste *f* (in Microsoft Windows) ‖ ~ **bit** (Comp) / Statusbit *n*, Zustandsbit *n* ‖ ~ **description** (Telecomm) / Zustandsbeschreibung *f* ‖ ~ **display** (Comp) / Statusanzeige *f* (des allgemeinen Zustands eines Systems) ‖ ~ **flag** (Comp) / Statusanzeige *f* (Zustandsanzeige innerhalb des Registers eines Prozessors), Zustandsflag *f* ‖ ~ **II network** (Telecomm) / Status-II-Netz *n* (z.B. festgeschaltete Verbindungen oder Mietleitungen) ‖ ~ **indication** / Zustandsanzeige *f* ‖ ~ **I network** (Telecomm) / Status-I-Netz *n* (z.B. ein Telefon- oder ISDN-Netz) ‖ ~ **Information Frame** (Comp) / Status Information Frame *m*, SIF (Status Information Frame) ‖ ~ **line** (Comp) / Statuslinie *f* ‖ ~ **message** (Comp) / Zustandsmeldung *f* ‖ ~ **quo hormone** (Biochem) / Juvenilhormon *n* (ein Häutungshormon), Larvalhormon *n*, JH *n* (glanduläres Insektenhormon) ‖ ~ **register** (Comp) / Statusregister *n* (einer Zentraleinheit), Zustandsregister *n* (das die Informationen über aktuelle Zustände eines Prozessors oder Peripheriebausteine beinhaltet), STR (Statusregister) ‖ ~ **report** (Teleph) / Zustandsmeldung *f* ‖ ~ **request** (Comp, Telecomm) / Statusabfrage *f* ‖ ~ **signal** (Comp) / Zustandsmeldung *f* ‖ ~ **signal** (Comp) / Statussignal *n* ‖ ~ **vector** (Comp) / Statusvektor *m*, Zustandsvektor *m* (DIN 1311-3) ‖ ~ **word** (Comp) / Statuswort *n*, Zustandswort *n*
**statute mile**\* / Statute Mile *f* (= 1,6093472 km)
**statutory** *adj* / gesetzlich *adj* (z.B. Auflagen), behördlich *adj* ‖ ~ **copy** (Print) / Pflichtexemplar *n* (für die Bibliotheken) ‖ ~ **obligation to report** (to inform) / Anzeigepflicht *f*
**Staudinger equation** (Phys) / Staudinger-Gleichung *f* (zur Berechnung der Molekularmasse makromolekularer Stoffe aus viskosimetrischen Daten) ‖ ~ **index** (Phys) / Staudinger-Index *m* (nach H. Staudinger, 1881-1965 - DIN 1342, T 1), Grenzviskositätszahl *f*, GVZ (Grenzviskositätszahl)
**Stauffer grease** (Eng) / Staufferfett *n* (Schmierfett für gering belastete Gleitlager, mit niedrigem Tropfpunkt)
**staunch** *adj* / luftdicht *adj*, hermetisch *adj*
**staurolite**\* *n* (Min) / Staurolith *m* (ein Nesosilikat)
**stave** *n* / zerschlagen *v* (ein Fass) ‖ ~ *vi* (Ships) / leckschlagen *v* ‖ ~ *n* (Build) / Sprosse *f* (zwischen den Holmen der Leiter), Leitersprosse *f*, Sprießel *n* (A), Sprissel *n* (A) ‖ ~ (Join) / Daube *f*, Fassdaube *f* (für die Wandung des Holzgefäßes), ‖ ~ (Weaving) / Geschirr *n* (Gesamtzahl der Schäfte), Webgeschirr *n*, Schaftwerk *n*
**stave-bending machine** / Fassdaubenbiegemaschine *f*
**stave cooler** (Met) / Kühlplatte *f*, Stave *f* (zur Kühlung eines Schachtofens)
**stave-jointing machine** (Join) / Daubenfügemaschine *f*
**stave oak** (For) / Weißeiche *f* (Quercus alba L.)
**stavesacre seed(s)** (Pharm) / Stephanskörner *n pl*, Rattenpfeffer *m*, Läusekörner *n pl* (aus Delphinium staphisagria L.)
**stave-shaping machine** (Join) / Daubenfräsmaschine *f*
**staving** *n* (Eng, Met) / Kümpeln *n* (Schließen der Rohrenden)
**stay** *v* (Civ Eng) / verspannen *v*, abspannen *v* ‖ ~ *n* (Aero) / Aufenthaltsdauer *f* ‖ ~\* (Build, Eng) / Kreuzstrebe *f*, Diagonale *f*, Schräge *f*, Spreize *f*, Diagonalstab *n* ‖ ~ (Civ Eng, Eng) / Verankerung *f* ‖ ~ (Eng) / Stehbolzen *m* (Schraubenbolzen mit Gewinden an beiden Enden) ‖ ~ (Paper) / Eckenverbindung *f* (bei festen Schachteln) ‖ ~**-bar** *n* / Haltestange *f* ‖ ~**-bar** (Arch, Build) / Zuganker *m* ‖ ~ **bolt** (Eng) / Stehbolzen *m* (Schraubenbolzen mit Gewinden an beiden Enden)
**stay-bolt tap** (Tools) / Stehbolzengewindebohrer *m*
**stay clear of machine!** / Aufenthalt im Gefahrenbereich verboten!
**stay-down key** (Comp) / arretierbare Taste ‖ ~ **time** / Haltezeit *f* (während der die Sperrwirkung einer Kupferfalle nach dem Ausheizen anhält)
**stayed link chain** (Eng) / Stegkette *f*
**staying** *n* (Civ Eng, Eng) / Verankerung *f* ‖ ~ (Paper) / Eckversteifung *f*, Eckenverstärkung *f* (bei festen Schachteln) ‖ ~ **time** / Standzeit *f* (in einem Ofen)
**stay-in-lane system** (US) (Autos) / Stay-in-Lane-System *n* (bei dem derjenige Kraftfahrer das Risiko beim Überholen trägt, der den Fahrstreifen wechselt)
**stay log** (For) / Stay-Log *n* (Spannbalken zum Exzentrischschälen von Schälfurnierblöcken)
**stay-log cutting** (For) / Staylog-Schälen *n* (Herstellung von Exzenterschälfurnier) ‖ ~ **slicing** (For) / Staylog-Schälen *n* (Herstellung von Exzenterschälfurnier)
**staypak** *n* (For, Join) / Pressholz *n* (für Werkzeuggriffe und Gießereimodelle)
**stay paper** (Paper) / Eckenverbindepapier *n* ‖ ~ **tap**\* (Eng) / sehr langer Gewindebohrer ‖ ~ **tape** (Textiles) / Verstärkungsband *n* (bei Näharbeiten), schmales Einfassband ‖ ~ **tube**\* (Eng) / Halterohr *n*
**stay-up ability** (Aero) / Vermögen, bei Motor(en)ausfall die Höhe zu halten
**stay vanes** (Hyd Eng) / Stützschaufeln *f pl*, Vorleitschaufeln *f pl* (der Kaplanturbine) ‖ ~ **wire**\* (Civ Eng, Elec Eng) / Spanndraht *m*, Abspanndraht *m*
**STB** (set-top box) (TV) / Set-Top-Box *f*, STB (Set-Top-Box), Set-Top-Terminal *m n*, STT (Set-Top-Terminal)
**STBY** (standby) / Reserve *f*, Bereitschaft *f*
**STC** (sensitivity time control) (Aero, Radar) / Nahechodämpfung *f* (bei Wetterradaranlagen), Sensitivity-Time-Control *f* (laufzeitabhängige Verstärkungsregelung)
**STD** (subscriber trunk dialling) (Teleph) / Selbstwählferndienst *m*, Teilnehmerfernwahl *f*, Selbstwählfernverkehr *m*, Fernwahl *f* (automatische), SWFD (Selbstwählferndienst), SWF-Dienst *m*
**STDM**\* (statistical time division multiplexing) (Telecomm) / Statistical Multiplexing *n* (eine Technik, bei der Informationen aus mehreren logischen Kanälen über einen einzigen physikalischen Kanal übertragen werden können)
**Steadicam**\* *n* (a lightweight mounting for a film camera which keeps it steady for filming when hand-held or moving) (Cinema) / Steadicam *n* (abgefedertes Tragstativ), Schwebestativ *n*
**steadiness** *n* / Stetigkeit *f* (Beständigkeit) ‖ ~ (Automation) / Stabilität *f*
**steadite** *n* (Met) / Steadit *m* (Eutektikum in phosphorhaltigem Graugus - nach J.E. Stead, 1851-1923)
**steady**\* *n* (Eng) / Stehsetzstock *m* (Bauteil zur Abstützung eines langen Werkstücks), Lünette *f* (ortsfeste) ‖ ~ *adj* / ruhig *adj*, beständig *adj*, gleichförmig *adj* ‖ ~ (Aero) / gleichmäßig *adj* (Anflug, Flug) ‖ ~ **component** (Elec Eng) / Gleichanteil *m* ‖ ~ **current** (Elec Eng) / stationärer Strom, Ruhestrom *m*, Dauerstrom *m* ‖ ~ **flow**\* (Phys) / stationäre Strömung (eine Flüssigkeitsströmung, wenn das Geschwindigkeitsfeld der Strömung zeitunabhängig ist)
**steadying band** (Spinning) / Kreuzschnur *f* ‖ ~ **resistance**\* (Elec Eng) / Beruhigungswiderstand *m* (ein Vorschaltwiderstand)
**steady leg** (Autos) / Ausdrehstütze *f* (bei Anhängern), Kurbelstütze *f* ‖ ~ **pin**\* (Eng) / Passstift *m* ‖ ~ **rest** (Eng) / Stehsetzstock *m* (Bauteil zur Abstützung eines langen Werkstücks), Lünette *f* (ortsfeste) ‖ ~**-rest follower** (Eng) / Stehsetzstock *m* (Bauteil zur Abstützung eines langen Werkstücks), Lünette *f* (ortsfeste) ‖ ~ **running** (Eng) / Laufruhe *f* ‖ ~ **short-circuit current** (Elec Eng) / Dauerkurzschlussstrom *m* ‖ ~ **state** (Biol, Chem) / Stationärzustand *m*, Steady-State *m* (z.B. chemischer Gleichgewichtszustand, Fließgleichgewichtszustand), Steadystate *m*, Homöostase *f*, stationärer Gleichgewichtszustand (offener Systeme) ‖ ~ **state**\* (Telecomm) / eingeschwungener Zustand
**steady-state approximation** (Phys) / quasistationäre Näherung ‖ ~ **cosmology** (Astron) / Steady-State-Kosmologie *f* (eine alte kosmologische Theorie), Theorie *f* des stationären Kosmos ‖ ~ **creep** (Eng, Materials, Met) / zweites Kriechstadium, stationäres Kriechen, sekundäres Kriechen (mit praktisch konstanter Kriechrate), Kriechen *n* mit gleich bleibender Geschwindigkeit ‖ ~ **deviation** (Automation) / bleibende Regelabweichung ‖ ~ **error** (Automation) / bleibende Regelabweichung ‖ ~ **heat conduction** (Phys) / stationäre Wärmeleitung (DIN 1341) ‖ ~ **potential** (Phys) / Ruhepotential *n* (DIN 50 900-2) ‖ ~ **process model** (Comp) / stationäres Prozessmodell ‖ ~ **response** (Automation) / statisches Verhalten (ein Übertragungsverhalten)

**steady-state**

**steady•-state theory**\* *n* (Astron) / Steady-State-Kosmologie *f* (eine alte kosmologische Theorie), Theorie *f* des stationären Kosmos ‖ **~-state value** (Automation) / Beharrungswert *m* (eines Signals), Dauerwert *m* (eines Signals)
**steady-state value** (Phys) / Wert *m* im eingeschwungenen Zustand ‖ **~ value** (Phys) / Beharrungswert *m* (Wert einer an sich veränderlichen physikalischen Größe eines im Beharrungszustand befindlichen dynamischen Systems)
**stealth**\* *n* (Aero, Mil, Radar) / Stealth *n*, Signaturdämpfung *f*, Rückstreureduktion *f* (verringerte Entdeckbarkeit) ‖ **~ bra** (Autos) / Antiradar-Schutzhülle *f* (auf der Fronthaube), Tarnkappe *f* (gegen Radarkontrollen) ‖ **~ firewall** (Comp) / Stealth-Firewall *f* ‖ **~ technique** (Mil) / Stealth-Technik *f* (verschiedenartige technische Maßnahmen und Mittel, mit deren Hilfe die Ortung militärischer Objekte erschwert oder verhindert werden soll), Tarnkappentechnik *f* ‖ **~ virus** (a type of virus which attempts to nullify or confuse any attempt to detect it) (Comp) / Tarnkappenvirus *m n*, Stealth-Virus *n*
**steam** *v* (Agric) / dämpfen *v* (Futterkartoffeln) ‖ **~** (Textiles) / dekatieren *v* (Dampfdekatur) ‖ **~** (Textiles) / dämpfen *v* ‖ **~** *vi* / dampfen *v* ‖ **~** *vt* (Build, Eng) / dämpfen *v* (mit Wasserdampf behandeln), mit Dampf behandeln ‖ **~**\* (no plural) (Phys) / Dampf *m* (Wasserdampf), Wasserdampf *m*
**steamable in place** (Med, San Eng) / dampfsterilisierbar *adj* in eingebautem Zustand
**steam accumulator**\* (Eng) / Dampfspeicher *m* (Gleichdruckspeicher, Gefällespeicher) ‖ **~ admission** (Eng) / Dampfeintritt *m* (Vorgang)
**steam-age** *v* (Textiles) / dämpfen *v*
**steam ager** (Textiles) / Dämpfer *m*, Dämpfapparat *m*
**steam-aging** *n* (Textiles) / Dämpfung *f* (von Geweben)
**steam air heater** / Dampf-Luftvorwärmer *m* (bei Dampferzeugern), Dampfluvo *m* ‖ **~ and dry iron** / Dampftrockenbügelautomat *m*
**steam-atomizing oil-burner** (Eng) / Ölbrenner *m* mit Dampfzerstäubung, Dampfzerstäubungsölbrenner *m*
**steam bath** (Chem) / Dampfbad *n* (ein Heizbad) ‖ **~ bending** (Join) / Heißbiegen *n* (von Holz nach dem Dämpfen) ‖ **~ blasting** (Paint, Surf) / Dampfstrahlen *n* (Vorbehandlungsverfahren für Beschichtungsarbeiten auf mineralischen Untergründen) ‖ **~ blister** / Dampfblase *f*
**steam-blown asphalt** / geblasener Asphalt, Chemoasphalt *m* (mit Wasserdampf geblasener künstlicher Asphalt)
**steam boiler** (Eng) / Dampfkessel *m*, Kessel *m* ‖ **~ boiler**\* (Eng) / Dampferzeuger *m*, DE (Dampferzeuger) ‖ **~-box** *n* (Eng, Rail) / Schieberkasten *m* ‖ **~-box** (Textiles) / Dämpfkasten *m*, Dämpfkammer *f* ‖ **~ bronze** (Met) / Kupfer-Zinn-Zink-Legierung *f* (mit 88% Cu, 6% Sn, 4,5% Zn und 1,5% Pb) ‖ **~ bubble** / Dampfblase *f* ‖ **~ calender** (Textiles) / Dämpfkalander *m* ‖ **~ calorimeter** (Phys) / Dampfkalorimeter *n*, Kondensationskalorimeter *n* ‖ **~ car**\* (Eng) / Dampfwagen *m* ‖ **~ channel** (Plastics) / Dampfkanal *m* ‖ **~ chest**\* (Eng) / Einströmteil *m* (einer Dampfturbine - z.B. ein Einströmstutzen oder eine Einlassbüchse) ‖ **~ chest**\* (Eng) / Einströmkasten *m* (bei Kraftmaschinen) ‖ **~ chest**\* (Eng, Rail) / Schieberkasten *m* ‖ **~ chest** (Textiles) / Dämpfkasten *m*, Dämpfkammer *f*
**steam-clean** *v* / dampfstrahlen *v* (reinigen - nur Infinitiv und Partizip)
**steam cleaning** (Eng) / Dampfreinigung *f* ‖ **~ cleaning** (Paint) / Dampfstrahlreinigen *n*, Dampfstrahlen *n* (ein Reinigungsverfahren), Dampfstrahlreinigung *f* ‖ **~-coal**\* *n* (Mining) / Kesselkohle *f*, Esskohle *f* ‖ **~ cock** (Eng) / Dampfhahn *m*, Dampfabsperrhahn *m* ‖ **~ coil** / Dampfheizschlange *f* ‖ **~ colour** (Textiles) / Dampffarbe *f* (die durch Dämpfen entwickelt oder fixiert wird) ‖ **~ condenser** (Eng) / Kondensator *m* (der Kondensationsdampfmaschine) ‖ **~ conditioning** (Agric, Nut) / Dampfkonditionierung *f* (von Getreide) ‖ **~ consumption** / Dampfverbrauch *m* ‖ **~ cracker** (Oils) / Steamkracker *m*, Steamcracker *m* (ein Röhrenspaltofen) ‖ **~ cracking** (Chem) / Dampfspaltung *f* ‖ **~ cracking** (Oils) / Dampfcracken *n* (Kohlenwasserstoffspaltung unter Zusatz von Wasserdampf), Dampfkracken *n*, Steam-crack-Verfahren *n*, Steamcracken *n*, Steamcracking *n*, Mitteltemperaturpyrolyse (MTP) *f*, MTP ‖ **~ crane** (Eng) / Dampfkran *m* ‖ **~ curing** (Build, Civ Eng) / Dampfhärtung *f* (Wärmebehandlung des Betons) ‖ **~ curing** (Civ Eng) / Dampfhärtung *f* (von silikatischen Baustoffen), Dampfnachbehandlung *f* (von Betonerzeugnissen) ‖ **~ curing** (Civ Eng) s. also autoclaving ‖ **~ cushion** (Eng) / Dampfpolster *n* ‖ **~-cylinder oil** (Eng) / Dampfzylinderöl *n* ‖ **~ demand** (Eng) / Dampfbedarf *m* ‖ **~ distillation**\* (Chem) / Wasserdampfdestillation *f* (eine Form der Trägerdestillation)
**steam-distilled pine oil** / Wurzelharz *n*, Holzterpentinöl *n*, Holzkolophonium *n*, Wurzelterpentinöl *n*, Pine Oil *n* (aus harzhaltigen Stubben und Wurzelholz), Pineöl *n* (für presiwerte Parfümierungen) ‖ **~ wood turpentine** / durch Wasserdampfdestillation gewonnenes Terpentinöl
**steam dome**\* (Eng, Rail) / Dampfdom *m*
**steam-driven** *adj* (Eng) / dampfgetrieben *adj*, mit Dampfantrieb
**steam drum** (Eng) / Dampftrommel *f* (der Dampfturbine) ‖ **~ drum internal fittings** (Eng) / Dampftrommeleinbauten *m pl* ‖ **~ drying** (For) / Heißdampftrocknung *f*, HD-Trocknung *f* ‖ **~ dump** (Nuc Eng) / Dampfabblasen *n* (in den Kondensator), Abblasen *n* (von Dampf zum Kondensator) ‖ **~ economizer**\* (Eng) / Ekonomiser *m* (für Speisewasser), Eko *m* (Ekonomiser), Economiser *m* (zur Vorwärmung von Luft bzw. Speisewasser oder zur Erzeugung von Niederdruckdampf)
**steamed batch** (Textiles) / Dämpfcharge *f*
**steamed-up** *adj* / beschlagen *adj* (Fensterscheibe)
**steam ejector** (Eng) / Ejektor *m* (absaugende Dampfstrahlpumpe), Saugstrahlpumpe *f*, Strahlsaugpumpe *f*, Strahlsauger *m* (absaugende Dampfstrahlpumpe), Dampfstrahlpumpe *f* (absaugende) ‖ **~ ejector** (Vac Tech) / Wasserdampfstrahlpumpe *f* (mit Wasserdampf als Treibmittel) ‖ **~-ejector refrigerating machine** / Dampfstrahlkälteanlage *f* ‖ **~-electric generating set**\* (Elec Eng) / dampfbetriebener Stromerzeuger
**steam-electric power station** (Elec Eng) / Dampfkraftwerk *n* (mit Wasserdampf betriebenes Wärmekraftwerk)
**steam emulsion number** (Chem) / Dampfemulsionszahl *f* (Maß für Emulgierbarkeit) ‖ **~ engine**\* (Eng) / Dampfmaschine *f* ‖ **~ engine** (Rail) / Dampflokomotive *f*, Dampflok *f* ‖ **~ entry** (Eng) / Dampfeintritt *m* (Vorgang)
**steamer** *n* (Ships) / Dampfer *m*, Dampfschiff *n* ‖ **~** (GB) (Textiles) / Dämpfer *m*, Dämpfapparat *m* ‖ **~ column** (Agric) / Dämpfkolonne *f* (zum Einsilieren der Futterkartoffeln)
**steam exhaust** (Eng) / Dampfaustritt *m* (Vorgang) ‖ **~ extraction** (Eng) / Dampfentnahme *f* ‖ **~ fastness** (Textiles) / Dämpfechtheit *f* ‖ **~ finish** (Paper) / Dampfbearbeitung *f* (eines hochsatinierten Papiers) ‖ **~ fitter** (Build, San Eng) / Installateur *m* (für Heizung, Lüftung und Sanitärtechnik) ‖ **~ flooding** (Oils) / Dampfflutverfahren *n*, Dampffluten *n*, Dampfinjektion *f* (Einpressen des heißen Dampfs in ölhaltige Gesteinsschichten) ‖ **~ fog** (Meteor) / Dampfnebel *m*, Verdunstungsnebel *m* ‖ **~ gas** / stark überhitzter Wasserdampf ‖ **~ gas recirculation** (Oils) / SGR-Prozess *m* (bei der Schieferölgewinnung) ‖ **~-gauge**\* *n* (Eng) / Dampfdruckmesser *m* (an einem Dampfkessel)
**steam-generating heavy-water reactor**\* (Nuc Eng) / dampferzeugender Schwerwasserreaktor, SGHWR (dampferzeugender Schwerwasserreaktor) ‖ **~ unit** (Eng) / Dampferzeuger *m*, DE (Dampferzeuger)
**steam generation** (Eng) / Dampferzeugung *f*, Dampfentwicklung *f* ‖ **~ generator**\* (Eng) / Dampferzeuger *m*, DE (Dampferzeuger) ‖ **~-hammer** *n* (Eng) / Dampfhammer *m* (ein Freiform-Schmiedehammer, meist in Zweiständerbauart) ‖ **~ header** (Eng) / Dampfsammler *m* (bei Kesseln) ‖ **~ heating** (Build) / Dampfheizung *f* (mit Wasserdampf als Wärmeträger), Dampfbeheizung *f*, Wasserdampfheizung *f*
**steaming** *n* (Chem) / Gasen *n*, Gasung *f* (bei der Wassergaserzeugung) ‖ **~** (Eng) / Dampfeinblasen *n* ‖ **~** (Textiles) / Dämpfung *f* (von Geweben) ‖ **~** (Textiles) / Dampfdekatur *f* (ein Appreturvorgang mit der Dekatiermaschine) ‖ **~** (Textiles) / Dämpferpassage *f* ‖ **~ cylinder** (Textiles) / Dämpfzylinder *m* ‖ **~ fog** (Meteor) / Seerauch *m* (ein Verdunstungsnebel)
**steaming-out** *n* / Ausdämpfen *n*
**steaming pit** (For) / Dämpfgrube *f* (für die Wärmebehandlung des Furnierholzes)
**steam injector**\* (Eng) / Injektor *m* (eine Dampfstrahlpumpe bei Dampferzeugern) ‖ **~ inlet** (Eng) / Dampfeintrittsöffnung *f* ‖ **~ iron** / Dampfbügelautomat *m*, Elektrodampfbügeleisen *n* ‖ **~ ironing dummy** (Textiles) / Dämpfpuppe *f*, Dämpfbüste *f* ‖ **~-jacket**\* *n* (Eng) / Dampfmantel *m*
**steam-jacketed** *adj* (Eng) / mit Dampfmantel
**steam jet** (Eng) / Dampfstrahl *m*
**steam-jet ejector** (Eng) / Ejektor *m* (absaugende Dampfstrahlpumpe), Saugstrahlpumpe *f*, Strahlsaugpumpe *f*, Strahlsauger *m* (absaugende Dampfstrahlpumpe), Dampfstrahlpumpe *f* (absaugende)
**steam-jet-operated** *adj* / dampfstrahlbetrieben *adj*
**steam-jet refrigerating machine** / Dampfstrahlkälteanlage *f*
**steam-jet texturing** (Spinning, Textiles) / Steam-Jet-Methode *f* (ein Bauschverfahren für Polyamide), Düsenblasverfahren *n* (ein Bauschverfahren mit überhitztem Wasserdampf)
**steam lance** (Oils) / Dampflanze *f* ‖ **~ lap**\* (Eng) / äußere Schieberdeckung, Einlassdeckung *f* ‖ **~ leakoff** / Dampfverlust *m* ‖ **~-line** *n* / Dampfleitung *f*
**steam-line** *n* (Eng) / leicht fallende obere Linie im Indikatordiagramm der Dampfmaschine (beim Einströmen des Dampfs)

1528

**steam locomotive*** (Rail) / Dampflokomotive f, Dampflok f ‖ ~ **mains** (Eng) / Dampfschiene f, Dampfhauptleitung f ‖ ~ **meter** (Eng) / Dampfmesser m, Dampfmengenmesser m ‖ ~ **mist** (Meteor) / Dampfnebel m, Verdunstungsnebel m ‖ ~ **moisture** (Phys) / Dampffeuchte f, Dampffeuchtigkeit f, Dampfnässe f
**steam-moulding process** (Plastics) / Dampfstoßverfahren n (bei expandierbarem Polystyrol)
**steam navvy** (GB) (Civ Eng) / Dampflöffelbagger m ‖ ~ **nozzle*** (Eng) / Dampfdüse f ‖ ~ **out** v / ausdampfen v ‖ ~ **outlet** (Eng) / Dampfaustrittsöffnung f ‖ ~ **output** (Eng) / Kesselleistung f (t/h) ‖ ~ **output** (Eng) / Dampfleistung f (der erzeugte Massenstrom) ‖ ~ **oven** (Chem) / Dampftrockenapparat m ‖ ~ **peeling** (Nut) / Dampfschälung f, Dampfschälen n ‖ ~ **piledriver** (Civ Eng) / Dampframme f ‖ ~ **pilehammer** (Civ Eng) / Dampframme f ‖ ~ **pipe** (Eng) / Dampfrohr n
**steam-piston pump** (Eng) / Dampfkolbenpumpe f
**steam-point** n (Phys) / Dampfpunkt m (Gleichgewichtstemperatur zwischen reinem Wasser und Wasserdampf bei einem Druck von 101324,72 Pa - einer der beiden Fundamentalpunkte der Temperaturskale)
**steam ports*** (Eng) / Dampföffnungen f pl, Dampfkanäle m pl ‖ ~ **power plant** (Elec Eng) / Dampfkraftwerk n (mit Wasserdampf betriebenes Wärmekraftwerk) ‖ ~ **press** (Textiles) / Dampfpressmaschine f ‖ ~ **pressing unit** (Textiles) / Dampfpressmaschine f ‖ ~ **pressure** (Eng) / Dampfdruck m
**steam-pressure above atmosphere** (Eng) / Dampfüberdruck m ‖ ~ **reducer** (Eng) / Dampfdruckminderventil n ‖ ~ **reducing valve** (Eng) / Dampfdruckminderventil n
**steam-proof** adj / dampfbeständig adj (Material, Erzeugnis) ‖ ~ / dampfdicht adj
**steam pump** (Eng) / Dampfpumpe f, Dampfkolbenpumpe f ‖ ~ **purging** / Dampfausblasung f (Brenner) ‖ ~ **purification** (Eng) / Dampfreinigung f ‖ ~ **purity** (Eng) / Dampfreinheit f ‖ ~ **quality** (Eng) / Dampfgehalt m (am Austritt) ‖ ~ **raising** (Eng) / Dampferzeugung f, Dampfentwicklung f
**steam-raising unit** (Eng) / Dampferzeuger m, DE (Dampferzeuger)
**steam rating** (Eng) / Dampfleistung f (der erzeugte Massenstrom) ‖ ~ **refining** (Oils) / Destillation f ‖ ~ **reformer** (Min Proc) / Röhrenspaltofen m, RSO ‖ ~ **reforming** (Oils) / Dampfreforming n (technisch wichtiges Verfahren zur Herstellung von Wasserstoff und wasserstoffhaltigen Gasgemischen ), Dampfreformieren n, Dampfreformierung f ‖ ~ **reversing gear*** (Eng) / Dampfsteuerung f (als Anlage) ‖ ~ **rocket** / Heißwasserrakete f ‖ ~-**roller** n (Civ Eng) / Dampfwalze f ‖ ~ **rope excavator** (Eng) / Dampfseilbagger m
**steam-sampling valve** (Eng) / Dampfprobeentnahmeventil n
**steam separator*** (Eng) / Dampfabscheider m ‖ ~ **separator*** (Eng) s. also steam trap
**steamship** n (Ships) / Dampfer m, Dampfschiff n
**steam-shovel** n (Civ Eng) / Dampflöffelbagger m
**steam-side** attr (Eng) / dampfseitig adj
**steam space** (Eng) / Dampfraum m (über der Flüssigkeit) ‖ ~ **space loading** (Eng) / Dampfraumbelastung f ‖ ~ **strainer** (Eng) / Dampfsieb n (in der Rohrleitung, der Turbine) ‖ ~ **superheater** (Eng) / Dampfüberhitzer m ‖ ~ **superheating** (Eng) / Dampfüberhitzung f ‖ ~ **supply** / Dampfzuführung f ‖ ~ **surge** / Dampfstoß m (z.B. bei einem Dampfbügelautomaten) ‖ ~ **tables*** (Eng) / Dampftabellen f pl, Dampftafeln f pl ‖ ~ **tapping** (Eng) / Dampfentnahme f ‖ ~ **temperature** / Dampftemperatur f ‖ ~ **tempering** (Tools) / Dampfanlassen n (von gehärteten Werkzeugen)
**steam-tight** adj / dampfdicht adj
**steam trace heating** / Dampfbegleitung f, Dampfbegleitheizung f ‖ ~ **traction** (Rail) / Dampftraktion f ‖ ~ **trap** / Kondenswasserabscheider m ‖ ~ **trap*** (Eng) / Kondensationswasserableiter m, Kondensatableiter m ‖ ~ **trap*** (Eng) s. also float-operated steam trap ‖ ~ **treatment** (Build, Civ Eng) / Dampfbehandlung f (des Betons durch ungespannten Dampf) ‖ ~ **treatment** (Eng) / Dampfbehandlung f (im Allgemeinen) ‖ ~ **turbine*** (Eng) / Dampfturbine f (DIN 4303) ‖ ~ **turbine oil** / Dampfturbinenöl n ‖ ~ **up** v / beschlagen v (sich) (Glas), sich trüben v
**steam-up** n / Beschlag m (feuchter Niederschlag, z.B. an Fenstern, Scheiben)
**steam valve** (Eng) / Dampfventil n ‖ ~ **velocity** (Eng) / Dampfgeschwindigkeit f (z.B. bei Dampfturbinen), Dampfdurchflussgeschwindigkeit f ‖ ~ **vent** / Dampföffnung f (des Dampftrockenbügelautomaten) ‖ ~ **void** / Dampfblase f ‖ ~ **washing** (Nut) / Dampfdecke f (Zuckergewinnung)
**steam-water mixture** / Dampf-Wasser-Gemisch n
**steam well** (Geol) / Dampfbohrung f ‖ ~ **wetness** (Phys) / Dampffeuchte f, Dampffeuchtigkeit f, Dampfnässe f
**steamy** adj / voll Wasserdampf ‖ ~ (Meteor) / dunstig adj

**steaning*** n (Civ Eng) / Verkleidung f, Verblendung f, Bekleidung f, Auskleidung f, Füttern n eines (Brunnen)Schachtes (mit Holz, Stein oder Metall)
**steapsin*** n (Biochem) / Steapsin n (eine Lipase)
**stearamide** n (Chem, Oils) / Stearinsäureamid n, Octadecansäureamid n, Oktadekansäureamid n, Stearamid n
**stearate** n (Chem, Nut) / Stearat n (Salz oder Ester der Stearinsäure)
**stearate-coated** adj / zinkstearatbeschichtet adj (Schleifpapier)
**stearate soap** (Chem) / Stearatseife f, Stearinseife f (Salz der Stearinsäure)
**stearic acid*** (Chem) / Stearinsäure f ‖ ~ **acid amide** (Chem, Oils) / Stearinsäureamid n, Octadecansäureamid n, Oktadekansäureamid n, Stearamid n
**stearin*** n (Chem) / Stearin n (meistens Tristearin) ‖ ~ **pitch** (Chem Eng) / Stearinpech n (eine zähe bis harte, schwarze Masse, die beim Destillieren von Fettsäuren als letzter Rückstand verbleibt) ‖ ~ **soap** (Chem) / Stearatseife f, Stearinseife f (Salz der Stearinsäure)
**stearolic acid** (Chem) / Stearolsäure f
**stearoyl chloride** (Chem) / Octadecansäurechlorid n, Oktadekansäurechlorid n, Stearinsäurechlorid n, Stearoylchlorid n
**stearyl alcohol** (Chem) / Stearylalkohol m, Octadecylalkohol m, Oktadezylalkohol m, Octadecanol n, Oktadekanol n
**steatite*** n (Ceramics, Min) / Steatit m (Speckstein) ‖ ~ **ceramics** / Steatitkeramik f ‖ ~ **porcelain** (Ceramics, Elec Eng) / keramischer Isolierstoff aus Steatit ‖ ~ **porcelain** (Ceramics) / Steatitporzellan n ‖ ~ **talc** (Ceramics, Min) / Steatit m (Speckstein) ‖ ~ **whiteware** (Ceramics, Elec Eng) / keramischer Isolierstoff aus Steatit ‖ ~ **whiteware** (with magnesium metasilicate) (Ceramics) / Steatitweißware f
**Steckel mill** (four-high reversing mill for hot rolling of strip) (Met) / Steckel-Walzwerk n (ein Breitbandwalzwerk mit Brems- und Haspelzug) ‖ ~ **rolling** (Met) / Walzen n auf dem Steckel-Walzwerk
**steel*** n (Met) / Stahl m ( DIN EN 10020) ‖ ~ (Tools) / Wetzstahl m, Abschärfmesser n ‖ ~ **arch** (Mining) / stählerner Ausbaubogen, Streckenbogen m aus Stahl
**steel-armoured** adj / stahlgepanzert adj ‖ ~ **conduit tube** (Met) / Stahlpanzerrohr n
**steel backing** (Eng) / Stahlstützkörper m (z.B. bei Anlaufscheiben) ‖ ~ **ball** (Materials) / Stahlkugel f (für die Brinellhärteprüfung - HBS) ‖ ~ **ball** (Met) / Stahlluppe f
**steel-band conveyor** (Eng) / Stahlbandförderer m ‖ ~ **coupling** (Eng) / Stahlbandkupplung f (mit einer progressiven Kennlinie, da sich der Anliegepunkt der schlangenförmig gewundenen Stahlfederbänder entsprechend der gegenseitigen Verdrehung der Kupplungshälften verändert) ‖ ~ **tightener** / Kesselspanner m (für Wärmedämmarbeiten)
**steel-bar bushed roller chain** / Buchsenkette f (Gliederkette, deren Laschen über in Buchsen geführte Bolzen zusammengehalten werden - z.B. eine Fahrradkette - DIN 8164)
**steel-belted radial** (Autos) / Stahlgürtelreifen m
**steel bender** (Civ Eng) / Bewehrungsflechter m, Betonstahlbieger m, Eisenbieger m (A)
**steel-blue** adj / stahlblau adj
**steel bridge** (Civ Eng) / Stahlbrücke f
**steel-bridge road** (Civ Eng) / Stahlhochstraße f (eine typisierte Stahlbrücke)
**steel bronze** (Met) / Kupfer-Zinn-Legierung f (mit 92% Cu und 8% Sn) ‖ ~ **brush** (Tools) / Stahlbürste f ‖ ~ **cable** / Stahlseil n
**steel-cable conveyor belt** (Eng) / Gummigurt m mit Stahlseileinlage(n), Fördergurt m mit Stahlseileinlage, Stahlseileinlage(n)band n ‖ ~ **reinforced belt** (Eng) / Gummigurt m mit Stahlseileinlage(n), Fördergurt m mit Stahlseileinlage, Stahlseileinlage(n)band n
**steel carbon content** (Met) / Kohlenstoffgehalt m des Stahls ‖ ~ **casing** (Met) / Stahlpanzer m (des Hochofens) ‖ ~ **caster** (Foundry) / Stahlgießer m ‖ ~ **casting** (Foundry) / Stahlgussteil n, Stahlgussstück n ‖ ~ **casting** (Foundry) / Stahlgießen n, Stahlguss m, Stahlgießverfahren n
**steel-chips filter** (Chem Eng, Eng) / Stahlspänefilter n (zur Desoxidation des aufzubereitenden Kesselwassers)
**steel-clad** adj / stahlplattiert adj
**steel comb** (Paint) / Stahlkamm m (ein Kammzugwerkzeug) ‖ ~ **composition** (Met) / Stahlzusammensetzung f ‖ ~ **conduit screw thread** (Eng) / Stahlpanzerrohrgewinde n (DIN 40430) ‖ ~ **construction** (Build, Civ Eng) / Stahlbaukonstruktion f, Stahlbau m (Tätigkeit und Konstruktionen -DIN 18800), Stahlkonstruktion f ‖ ~ **converter** (Met) / Konverter m, Birne f (ein metallurgischer Schmelzofen für das Blasstahlverfahren) ‖ ~ **convertor** (Met) / Konverter m, Birne f (ein metallurgischer Schmelzofen für das Blasstahlverfahren) ‖ ~ **cooling tower** (Build, Chem Eng) / Stahlkühlturm m (Kühlturm mit einem Stahlgehäuse) ‖ ~ **cooling tower** (cased with steel, aluminium-coated panels) (Chem Eng) / Stahlskelettturm m (dessen Mantel aus einer mit Aluminium

**steel**

verkleideten Stahlkonstruktion besteht) ‖ **~ cord** (Autos, Textiles) / Stahlkord m (Verstärkungseinlage von Stahlgürtelreifen), Stahlcord m ‖ **~ core** (Cables) / Stahlader f
**steel-cored aluminium*** (Elec Eng, Met) / Stahlaluminium n (z.B. für Freileitungen) ‖ **~ aluminium conductor** (Elec Eng) / Stahlaluminiumseil n ‖ **~ aluminium rope** (Elec Eng) / Stahlaluminiumseil n
**steel*-cored copper conductor*** (Elec Eng) / Kupferstahldraht m ‖ **~ cylinder** (Welding) / Stahlflasche f (z.B. für Azetylen)
**steel-disk wheel** (Autos) / Stahlrad n, Stahlscheibenrad n
**steel emery** (Met) / Stahlschleifmittel n ‖ **~ engraving** (Print) / Siderografie f, Stahlstichdruck m ‖ **~ engraving** (Print) / Stahlstich m ‖ **~ erector** (Build) / Stahlbaumonteur m, Stahlbauschlosser m ‖ **~ facing** / Verstählen n (Beschichten mit Stahl), Verstählung f ‖ **~ fibre** (Spinning) / Stahlfaser f (als antistatische Beimischungskomponente)
**steel-fibre reinforced sprayed concrete** (Civ Eng) / Stahlfaserspritzbeton m (DIN 18 551)
**steel film** (Cinema) / Stahl-Einstellfilm m (der als Lehre beim Einstellen einer Tonfilmeinrichtung dient) ‖ **~ fixer** (Build, Civ Eng) / Betonstahlverleger m ‖ **~ fixer** (Civ Eng) / Bewehrungsflechter m, Betonstahlbieger m, Eisenbieger m (A) ‖ **~ flatway** (Civ Eng) / Stahlflachstraße f (eine Behelfsfahrbahn) ‖ **~ for cold forming** (Met) / Stahl m zum Kaltumformen (Prägen, Massivumformen und Fließpressen) ‖ **~ for general structural purposes** (Met) / Grundstahl m (Euronorm 20/74), Massenstahl m (unlegierter Stahl, der nicht für die Wärmebehandlung bestimmt ist), allgemeiner Baustahl ‖ **~ forging** (Eng) / Schmiedestück n aus Stahl (DIN 7521 und 7522) ‖ **~ for hardening and tempering** (Met) / Vergütungsstahl m (DIN EN 10 083-1) ‖ **~ for hot forming** (Met) / Stahl m für Warmumformen (Schmieden und Pressen) ‖ **~ forms** (Civ Eng) / Stahlschalung f (Systemschalung für die Herstellung von Decken und Wänden aus Ortbeton sowie Fertigteilen aller Art) ‖ **~ formwork** (Civ Eng) / Stahlschalung f (Systemschalung für die Herstellung von Decken und Wänden aus Ortbeton sowie Fertigteilen aller Art) ‖ **~ foundry** (Foundry, Met) / Stahlgießerei f (Produktionsanlage zur Herstellung von Gussstücken aus Stahlguss) ‖ **~ frame** (Build) / Stahlskelett n
**steel-grey** adj / stahlgrau adj
**steel grit** (Foundry) / Stahlsand m, Stahlkies m (zum Abstrahlen)
**steel-grit blasting** (Foundry) / Abstrahlen n (mit Stahlsand oder Stahlkies), Stahlsandstrahlen n, Stahlkiesstrahlen n, Schrotstrahlreinigung f
**steeling** n / Verstählen n (Beschichten mit Stahl), Verstählung f
**steel ingot** (Met) / Stahlblock m, Rohstahlblock m ‖ **~ jacket** (Met) / Stahlpanzer m (des Hochofens) ‖ **~-making*** n (Met) / Stahlerzeugung f, Stahlproduktion f
**steel-making pig iron** (Met) / Stahlroheisen n
**steelmaking slag** (Met) / Stahlwerksschlacke f
**steel manufacture** (Met) / Stahlerzeugung f, Stahlproduktion f
**steel-mesh runway** (Aero) / Stahlmattenpiste f
**steel mill crane** (Met) / Hüttenwerkskran m, Hüttenkran m ‖ **~ mould** (Foundry) / Stahlform f, Stahlkokille f ‖ **~ of tonnage grade** (Met) / Grundstahl m (Euronorm 20/74), Massenstahl m (unlegierter Stahl, der nicht für die Wärmebehandlung bestimmt ist), allgemeiner Baustahl ‖ **~ pallet** (Ceramics) / Stahlbossierscheibe f
**steel-panel radiator** (Build) / Stahlblechradiator m
**steel pipe** (Met) / Stahlrohr n ‖ **~ pipe-type cable** (Cables) / Stahlrohrkabel n, Kabel n im Stahlrohr, Rohrdruckkabel n, Rohrkabel n
**steel-pipe welding** (Welding) / Stahlrohrschweißverfahren n
**steel plate** (Met) / Stahlplatte f ‖ **~ plate** (> 5 mm) (Met) / Stahlblech n (Grobblech über 4,76 mm)
**steel-plate auxiliary road** (Civ Eng) / Stahlflachstraße f (eine Behelfsfahrbahn) ‖ **~ roadway** (Civ Eng) / Stahlflachstraße f (eine Behelfsfahrbahn)
**steel polisher** / Polierstahl m (zum Polieren von Werkstücken aus Gold, Silber, Kupfer, Zinn, Zink, Blei und Messing unter Zusatz von Seifenwasser oder anderem Glänzmittel) ‖ **~ printing** (Ceramics) / Stahldruck m (ein Einfarbendruck, bei dem die Motive auf den glasierten, glattgebrannten Scherben im Umdruckverfahren aufgetragen werden) ‖ **~ radial tyre** (Autos) / Stahlgürtelreifen m
**steel-reinforced copper cable** (Cables) / Kupferstahlkabel n
**steel remelting process** (Met) / Stahlumschmelzverfahren n (sekundärmetallurgischer Prozess) ‖ **~ reworking plant** (Met) / Stahlnachbehandlungsanlage f ‖ **~ rod(s)** (for reinforced concrete) (Civ Eng) / Betonstabstahl m (gerippt oder glatt -DIN 488, T2) ‖ **~ rope** / Stahlseil n ‖ **~ rule** / Stahllineal n (Formverkörperung der Geraden) ‖ **~ section** (Met) / Formstahl m (nicht mehr üblicher Begriff für große I-, U- und H-Profile) ‖ **~ set** (Mining) / Stahltürstock m, stählerner Türstock (I-Träger für die Kappe, H-Träger für Stempel und Unterzüge) ‖ **~ sheet** (Met) / Stahlblech n (Fein- bis Mittelblech bis 4,76 mm) ‖ **~ sheet pile** (Civ Eng) / Stahlspundbohle f ‖ **~ sheet piling** (of interlocking rolled-steel sections) (Civ Eng) / Stahlspundwand f ‖ **~ shell** (Met) / Stahlpanzer m (des Hochofens) ‖ **~ shot** (Foundry) / Stahlsand m, Stahlkies m (zum Abstrahlen) ‖ **~ skeleton** (Build) / Stahlskelett n ‖ **~ smelting process** (Met) / Stahlerschmelzunsgverfahren n ‖ **~ stack** (Build) / Schornstein m aus Stahl (DIN 4133), Stahlschornstein m ‖ **~ strap** / Stahlreifen m (am Fass) ‖ **~ strip** (Met) / Stahlblechband n, Stahlband n (ein Walzstahl-Fertigerzeugnis) ‖ **~ structure** (Build, Civ Eng) / Stahlbaukonstruktion f, Stahlbau m (Tätigkeit und Konstruktionen -DIN 18800), Stahlkonstruktion f ‖ **~-tank rectifier*** (Elec Eng) / Ventil n mit Eisengefäß, Eisengleichrichter m ‖ **~ tape** (Met) / Stahlband n (zur Bewehrung) ‖ **~ tape*** (Surv) / Stahlbandmaß n, Bandmaß n (Stahl oder Invar), Stahlmessband n ‖ **~ thrust belt** (Autos) / Schubgliederband n (zur Übertragung des Drehmoments durch Schub), Metalltreibriemen m ‖ **~ tower*** (Elec Eng) / Stahlmast m (ein Hochspannungsmast) ‖ **~ trowel** (Build) / Estrichschwert m (zur Estrichglättung von Hand) ‖ **~ tube** (Met) / Stahlrohr n
**steel-tube welding** (Welding) / Stahlrohrschweißverfahren n
**steel type** (Met) / Stahlsorte f (Grund-, Qualitäts- und Edelstahl) ‖ **~ Type D** (Met) / Stahlsorte D (entspricht in den Härtegraden T-1 bis T-4 in etwa den Weißblech- bzw. Feinstblechsorten nach DIN 1616 der Härtegrade T 50 bis T 65) ‖ **~ wheel** (Autos) / Stahlrad n, Stahlscheibenrad n
**steel-wheeled roller** (Civ Eng) / Bodenverdichtungswalze f
**steel wire** (Met) / Stahldraht m (meistens ein harter kaltgezogener Stahldraht)
**steel-wire pieces** (Eng, Foundry) / Stahldrahtkorn n (ein Strahlmittel), Drahtkorn n (Hilfsstoff zum Putzen von Gieß- und Schmiedestücken) ‖ **~ rope** (Eng) / Drahtseil n (aus Stahldrähten geschlagenes Seil - DIN 3051)
**steel with little segregation** (Met) / seigerungsarmer Stahl ‖ **~ wool** (Paint) / Stahlwolle f (Schleifmittel, z.B. bei Schleiflackierungen), Schleifwolle f
**steelwork** n (Met) / Stahlwaren f pl
**steelworker** n (Met) / Stahlkocher m (i.e.S.), Stahlarbeiter m, Stahlwerker m
**steelworks** n (pl) (Met) / Stahlwerk n (ein Schmelzbetrieb + ein Gießbetrieb), Stahlhütte f
**steely** adj (Brew) / glasig adj (Malz)
**steelyard** n (Eng) / römische Schnellwaage, Laufgewichtswaage f, Läuferwaage f ‖ **~ machine** (Eng) / römische Schnellwaage, Laufgewichtswaage f, Läuferwaage f
**steely malt** (Brew) / Glasmalz n
**Steenbeck condition** (Nuc Eng) / Steenbeck-Bedingung f (zweite Grundbedingung des Betatrons)
**steening** n (the lining of a well or soakaway with stones or bricks laid usually dry, sometimes with mortar) (Civ Eng) / Verkleidung f, Verblendung f, Bekleidung f, Auskleidung f, Füttern n eines (Brunnen)Schachtes (mit Holz, Stein oder Metall)
**Steenrod algebra** (Maths) / Steenrod'sche Algebra
**steep** v / durchdringen v (mit Flüssigkeit), tränken v, durchtränken v, imbibieren v ‖ **~** (Brew) / einweichen v (Malz), einwässern v (Malz), weichen v ‖ **~** (Cables) / imprägnieren v ‖ **~** (Eng) / einwässern v, wässern v (in Wasser eintauchen) ‖ **~** (Textiles) / einweichen v (Wäsche) ‖ **~** adj / Steil-, steil adj ‖ **~** (Mining) / steil einfallend adj
**steepage** n (Brew) / Weichprozess m (Mälzerei)
**steep-banked attitude** (Aero) / steile Querlage
**steep belt conveyor** (Eng) / Steilbandförderer m ‖ **~ conveyor** (Eng) / Steilförderer m
**steep-dipping** adj (Mining) / steil einfallend adj
**steep drop** (Materials) / Steilabfall m (der Kerbschlagarbeit von Metallen)
**steepest descent method** (Maths) / Methode f des steilsten Abstiegs (ein Abstiegsverfahren), Sattelpunktmethode f
**steep-gradient belt conveyor** (Eng) / Steilbandförderer m
**steep hill** (downwards) (Autos) / Gefälle (ein Verkehrszeichen), Gefällstrecke f (ein Verkehrszeichen) ‖ **~ hill** (upwards) (Autos) / Steigung (ein Verkehrszeichen)
**steeping** n / Tränken n, Tränkung f, Durchtränkung f ‖ **~** (Brew) / Weichprozess m (Mälzerei) ‖ **~** (Brew) / Einweichen n, Einwässerung f (des Malzes) ‖ **~** (For) / Tauchverfahren n (ein Holzschutzverfahren) ‖ **~*** (Textiles) / Einweichen n
**steeple** n (collective term embracing a church tower and spire together) (Arch) / Spitzturm m (im Allgemeinen) ‖ **~ head** (Eng) / Kegelspitzkopf m (z.B. eines Niets)
**steeply inclined** (Mining) / steil einfallend adj ‖ **~ raked** (Autos) / stark geneigt (Windschutzscheibe)
**steepness** n / Steilheit f ‖ **~ of the edge** (Telecomm) / Flankensteilheit f (des Impulses) ‖ **~ of the skirts** (Telecomm) / Flankensteilheit f (Funktionsverlauf der Filterflanken) ‖ **~ of the transmission edge** (Optics) / Steilheit f der Absorptionskante
**steep seam** (Mining) / steiles Flöz, stark einfallendes Flöz

**steep-sided** *adj* / steilwandig *adj* (Tal)
**steep sight** (Optics) / Steilsicht *f* ‖ ~ **slope** (Civ Eng) / steile Böschung ‖ ~ **slope** (Geol) / Steilabhang *m* ‖ ~ **stairs** (Build) / Steiltreppe *m* (DIN 18 056), Sambatreppe *f* ‖ ~ **turn** (Aero) / Steilkurve *f* (meistens über 60°) ‖ ~ **twill** (Weaving) / Steilgratköper *m*, Steilköper *m* (mit steilen Gratlinien)
**steer** *v* (Aero) / steuern *v* ‖ ~ (Autos) / lenken *v*, steuern *v* (lenken), fahren *v* (ein Kraftfahrzeug) ‖ ~ (Ships) / steuern *v*
**steerability** *n* (Autos) / Lenkfähigkeit *f*
**steerable antenna*** (Radio) / steuerbare Antenne, verstellbare Antenne, Antenne *f* mit schwenkbarer Charakteristik, Antenne *f* mit schwenkbarer Strahlungsrichtung ‖ ~ **axle** (Autos) / gelenkte Achse, lenkbare Achse
**steerable-beam antenna** (Radio) / steuerbare Antenne, verstellbare Antenne, Antenne *f* mit schwenkbarer Charakteristik, Antenne *f* mit schwenkbarer Strahlungsrichtung
**steerage** *n* (Ships) / Steuern *n*, Steuerung *f* ‖ ~ (Ships) / Steuerfähigkeit *f*
**steerageway** *n* (Ships) / Steuerfahrt *f* (Fahrt, bei der ein Schiff gerade noch steuerfähig ist)
**steered axle** (Autos) / gelenkte Achse, lenkbare Achse
**steerer** *n* (Ships) / Rudergänger *m*, Rudergast *m*, Rudersmann *m* ‖ ~ **tug** (Ships) / Steuerschlepper *m*
**steer hide** (Leather) / Ochsenhaut *f*
**steering** *n* (Ships) / Steuern *n*, Steuerung *f* ‖ ~ **actuating cylinder** (Aero) / Lenkzylinder *m* (des Bugfahrwerks) ‖ ~ **actuator** (Aero) / Lenkzylinder *m* (des Bugfahrwerks) ‖ ~ **angle** (Autos) / Einschlagwinkel *m* (der Vorderräder), Lenkwinkel *m* ‖ ~ **arm*** (Autos) / Lenkhebel *m* ‖ ~ **arm*** (Autos) / Spurstangenhebel *m*, Spurhebel *m*
**steering-arm stop** (Autos) / Lenkhebelanschlag *m*
**steering assembly** (Autos) / Lenkung *f* (als Anlage) ‖ ~ **assistance** (Autos) / Servolenkung *f* (mit hydraulisch verstärkter Betätigungskraft), Hilfskraftlenkung *f*
**steering-axis inclination** (Autos) / Spreizungswinkel *m*, Spreizung *f* (Winkel zwischen der Achse des Achsschenkelbolzens und einer Ebene, senkrecht zur Standebene des Fahrzeugs und parallel zu dessen Längsachse)
**steering axle** (Autos) / Lenkachse *f* ‖ ~ **box** (Autos) / Lenkgetriebe *n* (DIN 70023) ‖ ~**-box*** *n* (Autos) / Lenkgehäuse *n* (DIN 70023) ‖ ~**-column** (Autos) / Lenksäule *f* (DIN 70023)
**steering-column jacket** (Autos) / Mantelrohr *n* (der Steuersäule, feststehend) ‖ ~ **shift** (Autos) / Lenkradschaltung *f*
**steering command** (Aero) / Steuerkommando *n* ‖ ~ **compass** (Nav, Ships) / Steuerkompass *m* ‖ ~ **control** (Autos) / Lenkfähigkeit *f* ‖ ~ **cylinder** (Aero) / Lenkzylinder *m* (des Bugfahrwerks) ‖ ~ **damper** / Lenkungsdämpfer *m*, Schwingungsdämpfer *m* (zur Vermeidung von Lenkschwingungen) ‖ ~ **engine** (Ships) / Rudermaschine *f* (ein Teil der Ruderanlage) ‖ ~ **engine** (Ships) s. also steering-gear ‖ ~ **flat** (Ships) / Rudermaschinenraum *m* ‖ ~ **force** (Autos) / Lenkkraft *f* ‖ ~ **free play** (Autos) / Lenkungsspiel *n* ‖ ~ **gear** (Autos) / Lenkgetriebe *n* (DIN 70023) ‖ ~ **gear** (Ships) / Ruderanlage *f* ‖ ~ **gear shaft** (Autos) / Lenkwelle *f* (DIN 70023) ‖ ~ **geometry** (Autos) / Lenkgeometrie *f*, Lenkungsgeometrie *f* ‖ ~ **kickback** (Autos) / Verreißen *n* (des Lenkrads - bei einem großen Hindernis auf der Straße, gegen das man fährt) ‖ ~ **kickback** (Autos) / Lenkungsstöße *m pl* ‖ ~ **knuckle** (Autos) / Achsschenkel *m* (gelenkte Achse) ‖ ~ **lever** (Autos) / Lenkhebel *m* ‖ ~ **linkage** (Autos) / Lenkgestänge *n* ‖ ~ **lock** (Autos) / Lenkradschloss *m*, Lenkschloss *n* (Lenkungsverriegelung) ‖ ~ **looseness** (Autos) / Schwammigkeit *f* der Lenkung, zu hohe Lenkelastizität *f* ‖ ~ **pinion** (Autos) / Lenkritzel *n* (bei der Zahnstangenlenkung) ‖ ~ **repeater** (Nav, Ships) / Steuerkompasstochter *f*, Steuertochter *f* ‖ ~ **rod*** (Autos) / Lenkschubstange *f*, Lenkstange *f* ‖ ~ **roll radius** (Autos) / Lenkrollhalbmesser *m*, Lenkrollradius *m* ‖ ~ **shaft** (Autos) / Lenkwelle *f* (DIN 70023) ‖ ~ **spindle** (Autos) / Lenkspindel *f* ‖ ~ **stand** (Ships) / Steuerstand *m* ‖ ~ **system** / Lenkung *f* (Vorrichtung) ‖ ~ **wheel** (Autos) / Lenkrad *n*, Volant *m n*, Steuerrad *n*, Steuer *n* ‖ ~ **wheel and brake lock** (Autos) / Krückstock-Diebstahlsicherung *f* ‖ ~**-wheel cover** (Autos) / Lenkradhülle *f*
**steering-wheel puller** (Autos) / Lenkradabzieher *m* (ein Kfz-Spezialwerkzeug) ‖ ~ **revolution** (Autos) / Lenkradumdrehung *f*
**steering wheel to pedal lock** (Autos) / Lenkradschloss *n* (Rohrverbindung des Lenkrads mit dem Pedal)
**steersman** *n* (Ships) / Rudergänger *m*, Rudergast *m*, Rudersmann *m*
**steeve** *n* (Ships) / Steigung *f*, Neigungswinkel *m* (des Bugspriets) ‖ ~ (Ships) / Ladebaum *m*, Spiere *f* (kurze mit Block an einem Ende, zum Zusammenpressen und Verstauen einer Ballenladung im Laderaum)
**Stefan-Boltzmann constant*** (Phys) / Stefan-Boltzmann'sche Strahlungskonstante (nach J. Stefan, 1835-1893, und L. Boltzmann, 1844-1906 - DIN 5031-8) ‖ ≃ **law*** (Phys) / Stefan-Boltzmann'sches Strahlungsgesetz (DIN 5031-8)

**Stefan number** (Heat) / Stark-Zahl *f*, Stefan-Zahl *f* (im deutschen Sprachraum weniger gebräuchliche dimensionslose Kennzahl, die bei der Untersuchung des Wärmeübergangs durch Strahlung benutzt wird)
**Stefan's law** (Phys) / Stefan-Boltzmann'sches Strahlungsgesetz (DIN 5031-8)
**Steffen process** (Nut) / Steffen-Brühverfahren *n* (in der Zuckerfabrikation) ‖ ≃ **scalding process** (Nut) / Steffen-Brühverfahren *n* (in der Zuckerfabrikation)
**steganography** *n* (the process of sending a secret message by embedding it within some text of graphics) (Comp, Telecomm) / Steganografie *f* (Wissenschaft der Verschleierung der Information durch chemische und physikalische Hilfsmittel)
**Steiner's theorem** (Mech) / Satz *m* von Steiner (nach J. Steiner, 1796 - 1863), Steiners'cher Satz (Zusammenhang zwischen den im Trägheitstensor zusammenfassbaren Trägheits- bzw. Zentrifugalmomenten für einen beliebigen Bezugspunkt mit den entsprechenden Momenten für den Schwerpunkt), Steiner'scher Verschiebesatz ‖ ≃ **three-cusped hypocycloid*** (Maths) / dreispitzige Hypozykloide (mit drei Rückkehrpunkten), Steiner'sche Kurve ‖ ≃ **tricusp*** (Maths) / dreispitzige Hypozykloide (mit drei Rückkehrpunkten), Steiner'sche Kurve
**Steinheil lens** (Astron) / Okular *n* nach Steinheil (monozentrisches Okular aus einer dreifach verkitteten Linse) ‖ ≃ **lens** (Optics) / Steinheil-Objektiv *n* (nach H.A. Steinheil, 1832-1893)
**steining*** *n* (Civ Eng) / Verkleidung *f*, Verblendung *f*, Bekleidung *f*, Auskleidung *f*, Füttern *n* eines (Brunnen)Schachtes (mit Holz, Stein oder Metall)
**Steinitz exchange theorem** (Maths) / Steinitzer Austauschsatz (in der linearen Algebra - nach E. Steinitz, 1871 - 1928)
**steinkern** *n* (Geol) / Steinkern *m* (eines Fossils), Innenabguss *m*
**Steinmann trinity*** (Geol) / Steinmann-Trinität *f* (eine Gesteinskombination, die als Beweis für ozeanische Kruste und damit für konvektive Plattengrenzen angesehen wird)
**Steinmetz coefficient*** (Mag) / Hysteresebeiwert *m* (eine Jordan'sche Konstante), Hysteresekoeffizient *m* der Steinmetz-Formel, Steinmetz-Koeffizient *m* (nach Ch.P. Steinmetz, 1865-1923)
**STEL** (short-term exposure limit) (Radiol) / STEL *m* (die Konzentration, der Beschäftigte kurzzeitig exponiert sein können)
**stela** *n* (pl. -lae) (Arch) / Stele *f* (frei stehende, mit Relief oder Inschrift versehene Platte oder Säule - besonders als Grabdenkmal)
**stele** *n* (Arch) / Stele *f* (frei stehende, mit Relief oder Inschrift versehene Platte oder Säule - besonders als Grabdenkmal) ‖ ~* (Bot) / Zentralzylinder *m* (mit allen Leitungsbahnen), Stele *f*
**stellar** *adj* (Astron) / Stern-, Sternen-, stellar *adj* ‖ ~ **association** (Astron) / Sternassoziation *f* (lockere Gruppe von gemeinsam entstandenen, physikalisch ähnlichen Sternen) ‖ ~ **astronomy** (Astron) / Stellarastronomie *f* (Teilgebiet der Astronomie, das sich mit den Sternen befasst) ‖ ~ **atmosphere** (Astron) / Sternatmosphäre *f*
**stellarator*** *n* (Nuc Eng) / Stellarator *m* (ein Gerät zum Studium der Kernfusion)
**stellar evolution*** (Astron) / Sternentwicklung *f* ‖ ~ **guidance** (Nav) / Astronavigation *f* (unter Verwendung von Messdaten angepeilter Himmelskörper), astronomische Navigation ‖ ~ **interferometer*** (Astron, Phys) / Sterninterferometer *n* (zur Messung des Winkelabstandes eines Doppelsterns sowie zur Bestimmung des Durchmessers eines Sterns), Phaseninterferometer *n* ‖ ~ **magnitude*** (Astron) / Magnitudo *f* (pl. -dines), mag. (Magnitudo), astronomische Größenklasse (eines Gestirns) ‖ ~ **magnitude*** (Astron) / Helligkeit *f* (ein Maß für die Strahlung eines Himmelskörpers) ‖ ~ **position** (Astron) / Position *f* des Himmelskörpers (die von der Astrometrie ermittelt wird) ‖ ~ **rotation** (Astron) / Rotation *f* der Sterne ‖ ~ **spectrum** (Astron) / Sternspektrum *n* ‖ ~ **statistics** (Astron) / Stellarstatistik *f* ‖ ~ **system** (Astron) / Galaxis *f* (pl. Galaxien), Galaxie *f*, Sternsystem *n* ‖ ~ **vault** (with ribs, including liernes and tiercerons, forming a star-shaped pattern of ribs) (Arch) / Sterngewölbe *n* ‖ ~ **vault** (Arch) s. also net vaulting ‖ ~ **wind** (Astron) / stellarer Wind, Sternwind *m*
**stellate*** *adj* / sternförmig *adj*
**Stellite*** *n* (Met) / Stellit *m* (ein gegossenes Hartmetall)
**St. Elmo's fire** (Elec) / Elmsfeuer *n* (bei Gewitterluft auftretende elektrische Lichterscheinung an hohen, spitzen Gegenständen, wie z.B. Masten), St.-Elms-Feuer *n*, Sankt-Elms-Feuer *n*
**STEM*** (scanning transmission electron microscope) (Micros) / Durchstrahlungs-Rasterelektronenmikroskop *n*
**stem** *v* / stopfen *v* (Sprengloch) ‖ ~ (Hyd Eng) / einstauen *v*, anstauen *v*, eindämmen *v*, eindeichen *v*, abdämmen *v*, dämmen *v*, absperren *v*, zudämmen *v*, stauen *v*, aufstauen *v* ‖ ~ (Mining) / besetzen *v* (Sprengbohrlöcher mit Besatz) ‖ ~ (Nut) / entrappen *v* (Beeren von den Traubenstielen vor der Kelterung) ‖ ~ (Nut) / entstielen *v* ‖ ~ *n* / Stiel *m* (eines Trichters) ‖ ~ (Agric, Bot) / Halm *m* (Getreide) ‖ ~* (Bot) / Stiel *m* (die oberirdische Sprosse bei Kräutern), Stängel

**stem**

(krautig bleibende Sprossachse oder auch die später verholzende Sprossachse im krautigen, primären Zustand) ‖ ~* (Bot, For) / Stamm *m*, Baumstamm *m* ‖ ~ (of a tee-section) (Build, Civ Eng) / Steg *m* (an Profilstählen und Stahlträgern) ‖ ~ (Chem, Phys) / Messfaden *m* (eines Flüssigkeitsausdehnungsthermometers), Messkapillare *f* (eines Thermometers) ‖ ~ (Chem, Phys) / Stab *m* (des Stabthermometers) ‖ ~ (Civ Eng) / [senkrechte] Stahlbeton-Stützwand *f* (der Winkelstützmauer) ‖ ~ (Electronics) / Fuß *m* (einer Glühlampe) ‖ ~ (Electronics, Nuc Eng) / Deehals *m*, Deehalterung *f*, Hals *m* des Dee ‖ ~ (Eng) / Schaft *m*, Spindel *f* (eines Ventils) ‖ ~ (Eng) / Halm *m* (des Schlüssels), Schaft *m* (des Schlüssels) ‖ ~* (For) / Baumschaft *m* (der Stammteil bis zum Kronenansatz - bei wipfelschäftigen Bäumen bis zum Gipfel), Schaft *m* ‖ ~ (Nut) / Stiel *m* (zwischen Fuß und Kelch eines Glases) ‖ ~ (Oils) / Schwerstange *f* (beschwertes Gestängerohr mit dickerer Rohrwandung unmittelbar über dem Bohrkopf zum Erzeugen des erforderlichen Andrucks auf der Bohrlochseite bei Großlochbohrungen) ‖ ~ (Ships) / Vorsteven *m*, Vordersteven *m* ‖ ~* (Typog) / Typenkörper *m*, Schaft *m* (der Teil einer Drucktype, der den Kopf mit dem Schriftbild trägt)

**STEM** *n* (shaped-tube electrolytic machining) (Eng) / elektrochemisches Feinbohren

**stem bar*** (Ships) / Vorsteven *m*, Vordersteven *m* ‖ ~ **cell** (Biol, Cyt) / Stammzelle *f* ‖ ~ **correction*** (Chem, Phys) / Fadenkorrektur *f* (Berichtigung des Anzeigefehlers beim Flüssigkeitsausdehnungsthermometer) ‖ ~ **curve** (For) / Schaftkurve *f* ‖ ~ **fibre** (Textiles) / Stängelfaser *f* (aus den Stängeln oder der Rindenschicht gewonnene Faser), St (aus den Stängeln oder der Rindenschicht gewonnene Faser)

**stemflow** *n* (For) / Stammablauf *m* (Niederschlagsmenge, die den Erdboden über die Baumstämme erreicht), Stammabfluss *m*

**stem form** (For) / Stammform *f*, Schaftform *f*

**stem-like taste** (Nut) / Kammgeschmack *m* (ein Weinfehler), Rappengeschmack *m*

**stemma** *n* (pl. stemmata) / Stemma *n* (pl. Stemmata), Baumdiagramm *n*, Baumgraf *m*

**stemmer** *n* (Nut) / Entstielmaschine *f* ‖ ~ (Nut) / Entrappungsmühle *f* (bei der Weinherstellung)

**stemming** *n* / Ankämpfen *n* (gegen Strom, Sturm usw.) ‖ ~ (Mining) / Besatz *m* (von Sprengbohrlöchern) ‖ ~ **algorithm** (Comp) / Algorithmus *m* zur Suffixentfernung, Stammrückführungsalgorithmus *m* ‖ ~ **machine** (Nut) / Entstielmaschine *f*

**stemmy taste** (Nut) / Kammgeschmack *m* (ein Weinfehler), Rappengeschmack *m*

**stempipe*** *n* (Oils) / Gestängerohr *n* (beim Erdölbohren)

**stem post** (Ships) / Vorsteven *m*, Vordersteven *m* ‖ ~ **press** (Elec Eng) / Quetschung *f* (des Tellerrohrs der Glühlampe) ‖ ~ **radiation** (Radiol) / außerfokale Strahlung, extrafokale Strahlung, Stielstrahlung *f* (Röntgenstrahlung, die nicht vom Röhrenbrennfleck ausgeht) ‖ ~ **rust** (Agric) / Halmrost *m* (durch Puccinia graminis), Stängelrost *m* ‖ ~ **screw thread** (Eng) / Spindelgewinde *n* (bei Ventilen) ‖ ~ **sealing** (Eng) / Spindelabdichtung *f* (bei Ventilen, z.B. mit Stopfbuchse, mit Rundringen usw.) ‖ ~ **spirality** (Eng) / Schraubenwuchs *m* (des Stammes) ‖ ~ **square cap** (Eng) / Vierkantschoner *m* ‖ ~ **stabilizer** (Agric) / Halmfestiger *m* ‖ ~ **stitch** (Textiles) / Stielstich *m* (beim Stricken) ‖ ~ **tube** (Elec Eng) / Tellerrohr *n* (in der Glühlampe) ‖ ~ **volume** (For) / Schaftholzvolumen *n* (Rauminhalt eines Baumschaftes vom Stockabschnitt bis zum Gipfel - ohne Äste)

**stench** *n* / Gestank *m* ‖ ~ **trap** (San Eng) / Trap *m*, Geruchsverschluss *m*, Geruchsverschluss *m*, Siphon *m*, U-Verschluss *m*

**stencil** *v* (Paint) / schablonieren *v*, mit Schablone beschriften ‖ ~* *n* / Vervielfältigungsmatrize *f*, Matrize *f* (z.B. eine Wachsmatrize im Schablonendruck) ‖ ~* (Electronics, Print) / Schablone *f* (z.B. für den künstlerischen Siebdruck) ‖ ~ (Paint) / Schablone *f* ‖ ~ **brush** (Paint) / Schablonierpinsel *m*, Pinsel *m* zur Schablonenbeschriftung ‖ ~ **duplicator** / Schablonen-Vervielfältigungsmaschine *f*, Schablonenvervielfältiger *m* ‖ ~ **duplicator copy paper** (Paper) / Saugpostpapier *n*, Abzugpapier *n* (für Schablonenvervielfältiger, nach DIN 6730) ‖ ~ **lettering guide** / Schriftschablone *f*

**stencilling** *n* (Ceramics) / Schablonenmalerei *f* ‖ ~ (Paint) / Schablonieren *n*

**stencil mask** (Electronics) / Schablonenmaske *f* ‖ ~ **mask** (Print) / Abdeckschablone *f* (für das Abdeckschablonen-Verfahren) ‖ ~ **paper** (Paper) / Schablonenpapier *n*, Matrizenpapier *n* ‖ ~ **pen** (tubular) / Trichterfeder *f* (mit Federdraht und Röhrchen), Schablonenfeder *f* ‖ ~**-plate** *n* (Paint) / Schablone *f* ‖ ~ **position** / Einstellung *f* des Farbbandzoneneinstellers (der Schreibmaschine) zum Beschriften von Matrizen ‖ ~ **scanner** (Electronics) / Schablonenbrenngerät *n*

**stenecious** *adj* (Biol, Ecol) / stenök *adj* (spezialisiert, nicht anpassungsfähig - Art), stenopotent *adj*

**Stengel process** (Chem Eng) / Stengel-Verfahren *n* (Herstellung von Ammoniumnitrat)

**stenobathic** *adj* (Ecol, Zool) / stenobath *adj* (nur in einem begrenzten Tiefenbereich eines Gewässers lebend)

**stenode circuit** (Radio) / hochselektiver Quarz#+filterkreis (in der ZF-Stufe eines Überlagerungsempfängers)

**stenoecic** *adj* (Biol, Ecol) / stenök *adj* (spezialisiert, nicht anpassungsfähig - Art), stenopotent *adj*

**stenographic pool** / Stenografiedienst *m* (heute meistens in einem Textverarbeitungssekretariat)

**stenohaline*** *adj* (Biol, Ecol) / stenohalin *adj* (empfindlich gegenüber Änderungen des Salzgehalts)

**stenothermal** *adj* (Biol, Ecol) / stenotherm *adj* (nur bei gleich bleibenden Umgebungstemperaturen lebensfähig)

**stenothermic** *adj* (Biol, Ecol) / stenotherm *adj* (nur bei gleich bleibenden Umgebungstemperaturen lebensfähig)

**stenotopic** *adj* (Biol, Ecol) / stenotop *adj* (auf engem, relativ gleichartigem Raum vorkommend)

**stenotype** *n* / Stenografiermaschine *f*, Kurzschriftmaschine *f* ‖ ~ **machine** / Stenografiermaschine *f*, Kurzschriftmaschine *f*

**stenter*** *n* (Textiles) / Spannrahmen *m*, Rahmenmaschine *f*, Trockenrahmen *m*, Spannmaschine *f*

**stentering chain** (Textiles) / Spannkette *f* (DIN 64 990)

**stentorphone*** *n* (Acous) / Druckkammerlautsprecher *m*

**step** *v* / staffeln *v* (z.B. Häuser bei der Bebauung), versetzen *v* ‖ ~ (Civ Eng) / abstufen *v*, terrassieren *v*, abtreppen *v* ‖ ~ (Eng, Met) / absetzen *v* (eine sprunghafte Querschnittsabnahme beim Recken eines Freischmiedestücks erzielen) ‖ ~ *n* / Schritt *m* ‖ ~ / Stufe *f*, Absatz *m* ‖ ~ / Knick *m* ‖ ~ (Build) / Stufe *f* (der Stufenleiter) ‖ ~ (Autos) / Absetzkante *f* (der mit einer Absetzzange im Blech ausgeformte Absatz) ‖ ~ (Build) / Sprosse *f* (zwischen den Holmen der Leiter), Leitersprosse *f*, Sprießel *n* (A), Sprissel *n* (A) ‖ ~ (Build) / Treppenstufe *f* (im Allgemeinen), Trittstufe *f* ‖ ~ (Chem) / Stufe *f* (in dem Reaktionsablauf) ‖ ~ (Chem) / Teilschritt *m* (einer Reaktion) ‖ ~ (Comp, Telecomm) / Schritt *m* (ein Signal bestimmter Dauer oder der zeitliche Abstand zwischen zwei Taktimpulsen) ‖ ~ (Eng) / Stauraum *m* (bei einem hydrostatischen Stauraum-Axiallager) ‖ ~ (Geol) / Staffel *f* (geologische Störung), Stufe *f* (geologische Störung) ‖ ~ (Geol) / Absatz *m* (Unterbrechung einer Fläche, wie z.B. bei einem Berghang) ‖ ~ (Geol) / Staffelbruch *m* (eine geologische Störung), Treppenverwerfung *f*, Schollentreppe *f* ‖ ~ (Optics, Photog) / Stufe *f* (des Stufenkeils) ‖ ~ (Chem) s. also elementary reaction

**step*, in** ~ (Elec Eng) / synchron *adj*, in Phase, im Gleichlauf, im Tritt

**step, no** ~ (Aero) / Nicht belasten!, Nicht betreten! (Aufschrift auf der Tragfläche) ‖ ~ **aeration** (San Eng) / Stufenbelüftung *f* (eine Betriebsweise des Belebungsverfahrens) ‖ ~ **aeration** (San Eng) / Stufenbelüftung *f* (verteilte Abwasserzuführung)

**step-and-repeat assembly** (Print) / Repetiermontage *f* ‖ ~ **camera** / Repetierkamera *f*, Repeatkamera *f* ‖ ~ **camera** (Electronics, Photog) / Step-and-Repeat-Kamera *f* (für die Fotolithografie, für Mikropublikationen)

**step approximation** (Maths) / schrittweise Approximation ‖ ~ **attenuator** (Telecomm) / Stufendämpfer *m*

**step-back relay** (Elec Eng) / Rückfallrelais *n* ‖ ~ **relay** (Elec Eng) / Rückschaltrelais *n* ‖ ~ **welding** (Welding) / Pilgerschrittschweißen *n*, Pilgerschrittschweißung *f*

**step bearing** (Eng) / Fußlager *n*, Spurlager *n*

**step-by-step** *attr* / schrittweise *adv* ‖ ~ **excitation** (Phys) / stufenweise Anregung ‖ ~ **movement** / schrittweise Bewegung ‖ ~ **operation** (Comp) / Einzelschrittbetrieb *m*, Schrittbetrieb *m* ‖ ~ **selector** (Teleph) / Schrittschaltwähler *m* ‖ ~ **switch** (Teleph) / Schrittschalter *m* ‖ ~ **system** (Teleph) / Schrittschaltwählersystem *n*, Strowger-System *n*

**step change** / sprunghafte Änderung ‖ ~ **chuck** (Eng) / Stufenfutter *n* ‖ ~ **climb** (Aero) / Stufensteigflug *m* ‖ ~ **cone pulley** (Eng) / Stufenscheibe *f*, mehrstufige Riemenscheibe *f* ‖ ~ **countersink/boring tool** (Eng) / Stufensenker *m* ‖ ~ **curve of cumulative frequencies** (Stats) / Treppenkurve *f* der Summenhäufigkeiten ‖ ~ **down** (Elec Eng) / heruntertransformieren *v* ‖ ~**-down transformer*** (Elec Eng) / Abwärtstransformator *m*, Abspanntransformator *m* ‖ ~ **drill** (Eng) / Stufenbohrer *m* (mit mehreren Schneidteilen von verschiedenen Durchmessern) ‖ ~ **drilling** (Eng) / stufenweises Vorbohren (Kegelstiftbohrung) ‖ ~ **drilling** (Eng) / Herstellung *f* abgesetzter Bohrungen ‖ ~ **elution** (Chem) / Stufenentwicklung *f* (mit unterschiedlichen mobilen Phasen)

**step-fault*** *n* (one of a series of parallel faults with successive falls like steps) (Geol) / Staffelbruch *m* (eine geologische Störung), Treppenverwerfung *f*, Schollentreppe *f*

**step function** (Electronics) / Sprungfunktion *f* (ein Standardeingangssignal) ‖ ~ **function** (Maths) / Sprungfunktion *f* (Verallgemeinerung der Heaviside-Funktion) ‖ ~ **function*** (Maths) / Treppenfunktion *f* (eine reellwertige Funktion, deren

Definitionsbereich sich in endlich viele konstante Intervalle zerlegen läßt)
**step-function response** (Automation) / Sprungantwort $f$ (Verfahren, um das zeitliche Verhalten eines Bauelements zu untersuchen)
**step grate** (Eng) / Treppenrost $m$ ‖ ~ **growth** (Chem) / Stufenwachstum $n$ (bei Hochpolymeren)
**step-growth polymerization** (Chem) / Additionspolymerisation $f$ (als Stufenreaktion), Stufenwachstumspolymerisation $f$
**stephanite*** $n$ (Min) / Stephanit $m$, Sprödglaserz $n$, Schwarzgültigerz $n$ (Antimon(III)-silbersulfid)
**step height** (Chem) / Stufenhöhe $f$ (eines Integralchromatogramms)
**step-index fibre** (Optics, Telecomm) / Stufenfaser $f$ (eine Lichtleitfaser, deren Brechzahl sich in radialer Richtung sprunghaft verändert - DIN 58140-1), Stufenindexfaser $f$, Stufenprofilfaser $f$, Stufenprofil-LWL $m$ ‖ ~ **optical fibre** (Optics, Telecomm) / Stufenfaser $f$ (eine Lichtleitfaser, deren Brechzahl sich in radialer Richtung sprunghaft verändert - DIN 58140-1), Stufenindexfaser $f$, Stufenprofilfaser $f$, Stufenprofil-LWL $m$ ‖ ~ **profile** / Stufenprofil $n$ (bei dem sich der Brechungsindex der Faser in diskreten Stufen ändert), Stufenindexprofil $n$
**STEP interface** (standard for the exchange of product data) (Comp, Eng) / Schnittstelle $f$ STEP, STEP-Schnittstelle $f$
**step-iron*** $n$ (Build, Elec Eng) / Klettereisen $n$, Steigeisen $n$ (auch in Schächten und Kaminen)
**step joint** (For) / Versatz $m$ (für Rund- und Kanthölzer geeignete Verbindung)
**stepladder** $n$ / Stufenstehleiter $f$, Stehleiter $f$, Malerleiter $f$, Haushaltsleiter $f$, Treppenleiter $f$, Doppelleiter $f$, Bockleiter $f$, Stufenleiter $f$ ‖ ~ **polymer** (Chem) / Halbleiterpolymer $n$ (durch Einfachbindungen unterbrochene doppeltlineare Kette)
**step landing** (Aero) / Stufenlandung $f$ (bei Wasserflugzeugen)
**stepless** adj / stufenlos adj
**steplessly adjustable** (Eng) / stufenlos einstellbar, stufenlos regulierbar, stufenlos stellbar ‖ ~ **variable drive** (Eng) / stufenlos einstellbares Getriebe, stufenloser Antrieb, Kraftwagengetriebe $n$, Getriebe $n$ mit stufenlos veränderbarer Übersetzung
**step-like stress** (Mech) / sprungartige Beanspruchung
**step milling** (Eng) / Stufenfräsen $n$ ‖ ~ **motor** (Eng) / Steppermotor $m$, Stepper $m$, Schrittmotor $m$ (impulsgesteuerter Motor, dessen Welle sich bei jedem Impuls um einen durch die Konstruktion festgelegten konstanten Winkelbetrag dreht) ‖ ~ **mould** (Carp) / Teilbrett $n$ (zum Anreißen von Treppenwangen), Winkelbrett $n$, Lehrbrettchen $n$, Treppenprofilschablone $f$
**step-out** $n$ (Geol) / Move-out $n$ (in der angewandten Seismik), Differenz $f$ in der Ankunftszeit einer seismischen Reflexion zwischen zwei benachbarten Spuren ‖ ~ **time** (Geol) / Move-out $n$ (in der angewandten Seismik), Differenz $f$ in der Ankunftszeit einer seismischen Reflexion zwischen zwei benachbarten Spuren ‖ ~ **well** (Oils) / Orientierungsbohrung $f$, Bewertungsbohrung $f$
**steppe** $n$ (Agric, Geol) / Steppe $f$
**stepped** adj / stufenförmig adj, abgestuft adj, abgesetzt adj, gestuft adj ‖ ~ **addressing** (Comp) / implizite Adressierung, Fortschaltungsadressierung $f$ ‖ ~ **climb** (Aero) / Stufensteigflug $m$ ‖ ~ **collet chuck** (Eng) / Stufenspannzange $f$
**stepped-cone pulley** (Eng) / Stufenscheibe $f$, mehrstufige Riemenscheibe
**stepped cone pulley** (Eng) / Konusscheibe $f$, Kegelscheibe $f$ (stufenlos verstellbar) ‖ ~ **drum** (Eng) / Stufentrommel $f$ (der Turbine) ‖ ~ **face** (Crystal) / S-Fläche $f$ (mit 1 PBC) ‖ ~ **flashing** (Plumb) / abgetreppte Verwahrung, abgestufte Verwahrung $f$ ‖ ~ **foundation** (Build, Civ Eng) / abgetrepptes Fundament, Stufenfundament $n$ ‖ ~ **hillside building** (Build) / Terrassenhaus $n$
**stepped-index fibre*** (Optics, Telecomm) / Stufenfaser $f$ (eine Lichtleitfaser, deren Brechzahl sich in radialer Richtung sprunghaft verändert - DIN 58140-1), Stufenindexfaser $f$, Stufenprofilfaser $f$, Stufenprofil-LWL $m$
**stepped oxide** (Electronics) / abgestuftes Oxid (unterschiedlich dicke Silizium(II)-oxidschichten auf einem Substrat) ‖ ~ **piston** (Eng) / Stufenkolben $m$, Differentialkolben $m$ (z.B. einer Kolbenpumpe)
**stepped-piston compressor** (Eng) / Stufenkolbenverdichter $m$ (ein Kreuzkolbenverdichter)
**stepped pulley** (Eng) / Stufenscheibe $f$, mehrstufige Riemenscheibe ‖ ~ **punch** (Eng) / abgesetzter Stempel (mit mehr als einem formgebenden Durchmesser) ‖ ~ **reamer** (Eng) / Stufenreibahle $f$ ‖ ~ **resistance** (Elec Eng) / abgestufter Widerstand ‖ ~ **rim** (Autos) / Schrägschulterfelge $f$ ‖ ~ **scraper ring** (I C Engs) / Nasenring $m$ (Verdichtungsring mit Ölabstreifwirkung) ‖ ~ **speed** (Eng) / gestufte Drehzahl ‖ ~ **tapered plug** (Eng) / Mehrstufenkegel $m$ ‖ ~ **twill** (Textiles) / Stufenköper $m$
**stepper motor** (Eng) / Steppermotor $m$, Stepper $m$, Schrittmotor $m$ (impulsgesteuerter Motor, dessen Welle sich bei jedem Impuls um einen durch die Konstruktion festgelegten konstanten Winkelbetrag dreht)
**stepping** $n$ / Staffelung $f$, Versetzung $f$ ‖ ~* (Civ Eng) / Abstufung $f$, Abtreppung $f$ (bei der Gründung) ‖ ~* (Surv) / Staffelung $f$ ‖ ~ adj / stufenförmig adj, abgestuft adj, abgesetzt adj, gestuft adj ‖ ~ **motor*** (Eng) / Steppermotor $m$, Stepper $m$, Schrittmotor $m$ (impulsgesteuerter Motor, dessen Welle sich bei jedem Impuls um einen durch die Konstruktion festgelegten konstanten Winkelbetrag dreht) ‖ ~ **relay** (Elec Eng) / Schrittrelais $n$ ‖ ~ **stone** / Trittstein $m$ (im Garten) ‖ ~ **stone** (Build) / Trittplatte $f$ (im Garten)
**stepping-stone algorithm** (Comp) / Stepping-Stone-Algorithmus $m$ (zur Lösung des Transportproblems)
**step piston** (Eng) / Stufenkolben $m$, Differentialkolben $m$ (z.B. einer Kolbenpumpe)
**steppization** $n$ (Agric, Geol) / Versteppung $f$
**step-platform ladder** / Tritt $m$ (transportable Kleintreppe)
**step principle** (Space) / Stufenprinzip $n$ (des Raketenaufbaus) ‖ ~ **printer*** (Cinema) / Schrittkopiermaschine $f$, Fensterkopiermaschine $f$ ‖ ~ **pulley** (Eng) / Konusscheibe $f$, Kegelscheibe $f$ (stufenlos verstellbar) ‖ ~ **pulley** (Eng) / Stufenscheibe $f$, mehrstufige Riemenscheibe ‖ ~ **rate** (Elec Eng) / Steprate $f$, Schrittgeschwindigkeit eines Schrittmotors ‖ ~ **rate** (Elec Eng) / Staffeltarif $m$ ‖ ~**-rate prepayment meter*** (Elec Eng) / Staffeltarif-Münzautomat $m$ ‖ ~ **reaction** (Chem) / Stufenreaktion $f$, zusammengesetzte Reaktion
**step-recovery diode** (Electronics) / Speicherschaltdiode $f$, Step-Recovery-Diode $f$ (ein Varaktor)
**step rocket** (Space) / Mehrstufenrakete $f$, mehrstufige Rakete, Stufenrakete $f$
**steps** pl / Stufenstehleiter $f$, Stehleiter $f$, Malerleiter $f$, Haushaltsleiter $f$, Treppenleiter $f$, Doppelleiter $f$, Bockleiter $f$, Stufenleiter $f$
**step scanning** (Radar) / schrittweises Absuchen (mit schrittweiser Bewegung der Hauptkeule) ‖ ~ **stool** / Tritt $m$ (transportable Kleintreppe)
**step-stool** $n$ / Leiterhocker $m$
**step-stress test** (Materials) / Step-stress-Test $m$ (eine zerstörende Zuverlässigkeitsprüfung), Step-Stress-Prüfung $f$
**step-strobe marker** (Radar) / Stufenmessmarke $f$
**step structure** / Stufenstruktur $f$ ‖ ~ **tablet** (Optics, Photog) / Stufenkeil $m$, Stufengraukeil $m$ (mit stufenweise zunehmender Absorption) ‖ ~ **tablet** (Photog) / Belichtungskeil $m$ (zur Ermittlung der Belichtungszeiten) ‖ ~ **up** $v$ / steigern $v$ (Leistung, Produktion), erhöhen $v$ ‖ ~ **up** (Elec Eng) / hoch transformieren $v$, herauf transformieren $f$ ‖ ~**-up instrument*** (Elec Eng, Instr) / Messinstrument $n$ mit unterdrücktem Nullpunkt
**step-up lime liquor** (Leather) / Mehrstufenäscher $m$
**step•-up transformer*** (Elec Eng) / Aufwärtstransformator $m$, Aufspanntransformator $m$ ‖ ~ **voltage** (Elec Eng) / Schrittspannung $f$ (Berührungsspannung von Fuß zu Fuß) ‖ ~ **wedge*** (Optics, Photog) / Stufenkeil $m$, Stufengraukeil $m$ (mit stufenweise zunehmender Absorption)
**stepwise approximation** (Maths) / sukzessive Approximation (schrittweise Verbesserung von Näherungswerten oder Näherungsfunktionen durch wiederholte Anwendung eines Verfahrens) ‖ ~ **development** / Stufenentwicklung $f$ ‖ ~ **refinement** (Comp) / stufenweise Auflösung (bei der strukturierten Programmierung verwendete Methode der Programmentwicklung, Programmdokumentation und Programmierung unter stufenweise erfolgender Verfeinerung einer zunächst umfassenden Beschreibung des zu programmierenden Systems)
**sterad** $n$ (Maths) / Steradiant $m$ (pl. -en), sr (Steradiant - DIN 1301, T 1 und DIN 1315) (gesetzliche abgeleitete SI-Einheit für den Raumwinkel)
**steradian*** $n$ (Maths) / Steradiant $m$ (pl. -en), sr (Steradiant - DIN 1301, T 1 und DIN 1315) (gesetzliche abgeleitete SI-Einheit für den Raumwinkel) ‖ ~ (Maths) / Raumwinkelmaß $f$
**steradiance** $n$ (Optics) / Strahldichte $f$ (DIN 5031, T 1 und 5496)
**steradiancy** $n$ (Optics) / Strahldichte $f$ (DIN 5031, T 1 und 5496)
**Sterba antenna*** (Radio) / Sterba-Antenne $f$ (die aus zwei im Abstand von $\lambda/2$ angeordneten Dipollinien besteht) ‖ ~ **curtain array** (Radio) / Sterba-Antenne $f$ (die aus zwei im Abstand von $\lambda/2$ angeordneten Dipollinien besteht)
**stercobilin** $n$ (Biochem, Physiol) / Sterkobilin $n$, Stercobilin $n$ (L-Urobilin)
**sterculia gum** (Nut, Pharm) / Karayagummi $n$ $m$, Indischer Tragant, Sterkuliagummi $n$ $m$, Sterculiagummi $n$ $m$ (meist aus Sterculia urens Roxb.)
**stere*** $n$ (For) / Ster $m$ (Raummeter), Raummeter $m$ $n$ (m$^3$ geschichtetes Holz einschließlich der Luftzwischenräume nach DIN 1301, T 3)
**stereo** $n$ (Acous) / Stereoanlage $f$ ‖ ~ (Optics, Photog) / Stereoskop $n$ ‖ ~ (Print) / Stereotypieplatte $f$, Stereo $n$, Stereotypplatte $f$ ‖ ~* adj

**stereo**

(Acous) / Stereo-, Raum-, stereofonisch *adj*, stereofon *adj* ǁ ~ (Optics, Photog) / stereoskopisch *adj*
**stereobase** *n* (Acous) / Basisbreite *f* (der Abstand zwischen den beiden Stereolautsprecherboxen), Stereobasis *f*
**stereobata** *n* (pl. -batae) (Arch) / Stereobat *m* (pl. -en) (abgestufter Unterbau eines griechischen Tempels)
**stereobate** *n* (Arch) / Stereobat *m* (pl. -en) (abgestufter Unterbau eines griechischen Tempels)
**stereoblock polymer** (Chem) / Stereoblockpolymer *n*
**stereocamera\*** *n* (Photog) / Stereokamera *f* (eine Tubuskamera mit zwei Objektiven und doppelter Bildbühne, mit zwei Zentralverschlüssen oder mit Doppelschlitzverschluss)
**stereo cassette player** (Acous, Radio) / Walkman *m* (pl. -men oder -s), Kassettenplayer *m* (Kassettenrekorder)
**stereo/cassette receiver** (Radio) / Vollstereokombination *f*
**stereochemical** *adj* (Chem) / stereochemisch *adj* ǁ ~ **descriptor** (Chem) / Stereodeskriptor *m* (ein Präfix), Deskriptor *m* (ein Präfix in der Stereochemie)
**stereochemistry\*** *n* (Chem) / Stereochemie *f* (ein Teilgebiet der Chemie, das sich mit dem räumlichen Aufbau der Moleküle, den Abständen der Atome und Atomgruppierungen und den Bindungswinkeln befasst)
**stereocomparator** *n* (Optics) / Stereokomparator *m* (terrestrische Fotogrammetrie und Aerotriangulation)
**stereodescriptor** *n* (Chem) / Stereodeskriptor *m* (ein Präfix), Deskriptor *m* (ein Präfix in der Stereochemie)
**stereo effect** (Optics, Photog) / Stereoeffekt *m*
**stereoelectronic** *adj* (Chem) / stereoelektronisch *adj* ǁ ~ (Kontrolle)
**stereoformula** *n* (Chem) / Raumformel *f* (die auch die räumliche Geometrie deutlich machen soll), Stereoformel *f* (welche die räumliche Anordnung der Atome im Molekül darstellen)
**stereogenic centre** (Chem) / stereogenes Zentrum, Stereozentrum *n* ǁ ~ **centre** (Chem) s. also chiral centre ǁ ~ **element** (Chem) / stereogenes Element ǁ ~ **unit** (Chem) / stereogene Einheit (Struktureinheit in einem Molekül, welche als Ursache für das Auftreten von Stereoisomeren gilt)
**stereogram\*** *n* (Photog, TV) / Stereogramm *n*, Stereobildpaar *n* (stereoskopische Halbbilder)
**stereograph\*** *n* (Photog, TV) / Stereogramm *n*, Stereobildpaar *n* (stereoskopische Halbbilder)
**stereographic net** (Crystal, Geog) / Wulff'sches Netz, Wulff-Netz *n* (ein Gradnetz nach G.W. Wulff, 1863-1925) ǁ ~ **projection** (Crystal, Geog) / stereografische Projektion, konforme azimutale Abbildung (spezielle, umkehrbar eindeutig, winkeltreue Abbildung einer Kugelfläche auf eine Ebene, die senkrecht steht zu dem Durchmesser der Kugel, der das Projektionszentrum enthält)
**stereoheterotopic** *adj* (Chem) / stereoheterotop *adj* ǁ ~ **group** (Chem) / stereoheterotope Gruppe
**stereo image** (Optics, Photog) / Raumbild *n*, Stereobild *n*
**stereoisomer** *n* (Chem) / Stereoisomer *n*, Raumisomer *n*, Stereoisomeres *n*, Raumisomeres *n*
**stereoisomeric** *adj* (Chem) / stereoisomer *adj*
**stereoisomerism\*** *n* (Chem) / Stereoisomerie *f*, Raumisomerie *f*, räumliche Isomerie
**stereo jack base** (Acous) / Stereo-Klinkensockel *m*
**stereolithography** *n* (Comp) / Stereolithografie *f*
**stereome\*** *n* (Bot) / Stützgewebe *n*, Stereom *n*, Festigungsgewebe *n* (Kollenchym und Sklerenchym)
**stereometer** *n* / Volumenometer *n*, Stereometer *n*
**stereometry** *n* (Maths) / Stereometrie *f* (ein Teilgebiet der Geometrie, die Lehre von den räumlichen geometrischen Gebilden, insbesondere den Körpern), Raumgeometrie *f*
**stereomicrophone** *n* (Acous) / Stereomikrofon *n*
**stereomicroscope** *n* (Micros) / Stereomikroskop *n* (zur räumlichen Beobachtung der Objekte)
**stereo model** / Stereomodell *n* (nach A.S. Dreiding, 1919-) ǁ ~ **net** (Wulff net) (Crystal, Geog) / Wulff'sches Netz, Wulff-Netz *n* (ein Gradnetz nach G.W. Wulff, 1863-1925)
**stereophonic\*** *adj* (Acous) / Stereo-, Raum-, stereofonisch *adj*, stereofon *adj* ǁ ~ **recording** (Acous) / stereofonische Aufnahme, Stereoaufzeichnung *f*, Stereoaufnahme *f* ǁ ~ **recording\*** (Acous) / Stereoschrift *f* (zweikanaliges Tonaufzeichnungsverfahren für Schallplatten) ǁ ~ **sound** (Acous, Radio, TV) / Stereoton *m*, Raumklang *m*, Raumton *m* ǁ ~ **sound** (Acous, Radio, TV) s. also surround sound
**stereophony\*** *n* (Acous) / Stereofonie *f*, Stereo *n*
**stereophotogrammetry** *n* (Surv) / Stereofotogrammetrie *f*, Raumbildmessung *f* (die mit der Doppelbildmessung arbeitet)
**stereophotography** *n* (Photog) / Raumbildfotografie *f*, Stereofotografie *f* (Nachamung des plastischen Sehens durch die Fotografie)
**stereo picture** (Optics, Photog) / Raumbild *n*, Stereobild *n* ǁ ~ **plate** (Print) / Stereotypieplatte *f*, Stereo *n*, Stereotypplatte *f*

**stereoplotter** *n* (Aero, Cartography) / stereokartografische Auswertungsmaschine, Stereokartiergerät *n*
**stereoplotting machine** (Aero, Cartography) / stereokartografische Auswertungsmaschine, Stereokartiergerät *n*
**stereoprojector** *n* (Cinema) / Raumbildwerfer *m*, Stereoprojektor *m*
**stereopsis** *n* (Optics, Physiol) / stereoskopisches Sehen, räumliches Sehen, plastisches Sehen, binokulares Sehen
**stereopticon** *n* / Doppeldiaprojektor *m*, bei dem ein Bild in das nächste übergeblendet wird
**stereoregular** *adj* (Chem) / stereoregulär *adj*
**stereoregularity** *n* (Chem) / Stereoregularität *f*
**stereoregular polymer\*** (Chem) / stereoreguläres Polymer
**stereorubber** *n* (Chem Eng) / Stereokautschuk *m* (ein Synthesekautschuk)
**stereoscope\*** *n* (Optics, Photog) / Stereoskop *n*
**stereoscopic** *adj* (Optics, Photog) / stereoskopisch *adj* ǁ ~ **camera\*** (Photog) / Stereokamera *f* (eine Tubuskamera mit zwei Objektiven und doppelter Bildbühne, mit zwei Zentralverschlüssen oder mit Doppelschlitzverschluss) ǁ ~ **high-power microscope** (Micros) / stark vergrößerndes Stereomikroskop ǁ ~ **model** / Raummodell *n* ǁ ~ **model** (e.g. of Dreiding) / Stereomodell *n* (nach A.S. Dreiding, 1919-) ǁ ~ **pair** (Photog, TV) / Stereogramm *n*, Stereobildpaar *n* (stereoskopische Halbbilder) ǁ ~ **parallax** (Optics) / stereoskopische Parallaxe ǁ ~ **photograph** (Photog) / Stereoaufnahme *f* ǁ ~ **photography** (Photog) / Raumbildfotografie *f*, Stereofotografie *f* (Nachamung des plastischen Sehens durch die Fotografie) ǁ ~ **rangefinder** (Optics) / Raumbildentfernungsmesser *m* ǁ ~ **vision** (Optics, Physiol) / stereoskopisches Sehen, räumliches Sehen, plastisches Sehen, binokulares Sehen
**stereoscopy\*** *n* (Optics, Photog) / Raumbildverfahren *n*, Stereoskopie *f* (DIN 19040, T 8)
**stereoselective** *adj* (Chem) / stereoselektiv *adj* ǁ ~ **reaction** (Chem) / stereoselektive Reaktion (bei der von zwei oder mehr möglichen Stereoisomeren jeweils eines bevorzugt gegenüber den anderen entsteht oder reagiert) ǁ ~ **synthesis** (Chem) / stereoselektive Synthese
**stereoselectivity** *n* (Chem) / Stereoselektivität *f*
**stereo set** (Acous) / Stereoanlage *f*
**stereoslide** *n* (Photog) / Stereodiapositiv *n*, Stereodia *n*
**stereo sound** (Acous, Radio, TV) / Stereoton *m*, Raumklang *m*, Raumton *m* ǁ ~ **speaker** (Acous) / Stereobox *f*
**stereospecific** *adj* (Chem) / stereospezifisch *adj*
**stereospecificity** *n* (Chem) / Stereospezifizität *f* (ein Sonderfall der Stereoselektivität)
**stereospecific polymer** (Chem) / stereospezifisches Polymer ǁ ~ **polymerization** (Chem) / stereospezifische Polymerisation ǁ ~ **reaction** (Chem) / stereospezifische Reaktion (bei der von zwei oder mehr möglichen Stereoisomeren jeweils eines ausschließlich entsteht oder reagiert)
**stereospectrogram** *n* (Chem) / Stereospektrogramm *n*
**stereo system** (Acous) / Stereoanlage *f* ǁ ~ **television** (TV) / Drei-D-Fernsehen *n*, Stereofernsehen *n*, Stereo-TV *f*, 3-D-Fernsehen *n*
**stereotomy** *n* (Build) / Stereotomie *f* (Steinschnitt bei Gewölbe- und Treppenkonstruktionen)
**stereotype** *v* (Print) / stereotypieren *v* ǁ ~\* *n* (Print) / Stereotypieplatte *f*, Stereo *n*, Stereotypplatte *f* ǁ ~ **alloy** (Met, Print) / Stereometall *n* (für Bleistereos) ǁ ~ **dry mat** (Paper, Typog) / Maternpappe *f*, Prägekarton *m*, Matrizenpappe *f*
**stereovision** *n* (Optics, Physiol) / stereoskopisches Sehen, räumliches Sehen, plastisches Sehen, binokulares Sehen
**steric** *adj* / Raum-, räumlich *adj* ǁ ~ (Chem) / sterisch *adj* ǁ ~ **effect** (Chem) / sterischer Effekt ǁ ~ **exclusion** (Chem) / sterischer Ausschluss ǁ ~ **factor** (Chem) / sterischer Faktor, Wahrscheinlichkeitsfaktor *m* (Reaktionskinetik) ǁ ~ **hindrance\*** (Chem) / sterische Hinderung ǁ ~ **stabilization** (Chem, Paint) / sterische Stabilisierung (von adsorbierten Polymeren an Pigment- und Füllstoffteilchen gegen Flockung)
**sterilant** *n* (Chem) / Sterilisierungsmittel *n*, Sterilans *n* (pl. -anzien)
**sterile\*** *adj* (Biol) / unfruchtbar *adj* (nicht fortpflanzungsfähig), steril *adj* ǁ ~ (Biol, Med) / steril *adj* (hygienisch), keimfrei *adj* ǁ ~ (Mining) / unergiebig *adj*, unhaltig *adj* ǁ ~ **area** (Aero) / sicherheitskontrollierter Bereich (des Abfertigungsgebäudes) ǁ ~ **filter** (Chem Eng) / Entkeimungsfilter *n* (zur Beseitigung von Mikroorganismen aus Flüssigkeiten), Sterilfilter *n* ǁ ~ **filtration** (Chem Eng) / Entkeimungsfiltration *f*, Sterilfiltration *f* (Methode zur Konservierung von Flüssigkeiten) ǁ ~ **insect release method** (Biol, Ecol) / Autozidverfahren *n*, Autizidverfahren *n* (biologische Schädlingsbekämpfung bei Insekten mit geschlechtlicher Vermehrung) ǁ ~ **line connector** (Chem Eng, Pharm) / Sterilkupplung *f* (lösbare Verbindung zwischen Rohren und Schläuchen bzw. Armaturen in der Fermentations-, Pharma- und Medizintechnik) ǁ

**~ male technique** (Biol, Ecol) / Autozidverfahren n, Autizidverfahren n (biologische Schädlingsbekämpfung bei Insekten mit geschlechtlicher Vermehrung) ‖ **~ rock** (Mining) / Gangart f, Gangmineral n
**sterilisation** n (Biol) / Sterilisierung f, Sterilisation f (DIN 58946, T 1), Entkeimung f, Keimfreimachung f
**sterility** n (Biol, Med) / Sterilität f, Keimfreiheit f
**sterilization*** n (Biol) / Sterilisierung f, Sterilisation f (DIN 58946, T 1), Entkeimung f, Keimfreimachung f ‖ **~ by filtration** (Chem Eng) / Entkeimungsfiltration f, Sterilfiltration f (Methode zur Konservierung von Flüssigkeiten) ‖ **~ paper** (Paper) / Sterilisierpapier n
**sterilize** v (Aero) / stilllegen v (eine Piste) ‖ **~** (Biol) / entkeimen v, sterilisieren v
**sterilized milk** (Nut) / Sterilmilch f
**sterling silver** (Met) / Sterlingsilber n (925 fein)
**S terminal** (Cinema) / Hosidenbuchse f (Anschlussmöglichkeit am Kamerarecorder oder Videorecorder), Y/C-Buchse f
**stern** n (Ships) / Heck n, Schiffshinterteil n ‖ **~** (Ships) / Heckaufschleppe f ‖ **~-frame** n (Ships) / Hintersteven m, Achtersteven m
**Stern-Gerlach experiment*** (Nuc) / Stern-Gerlach-Versuch m (O. Stern, 1888-1969, und W. Gerlach, 1889-1979)
**stern-heavy** adj (Ships) / hecklastig adj, achterlastig adj
**stern landing** (Aero) / Hecklandung f (bei Wasserflugzeugen) ‖ **~ layer** (Chem, Phys) / Helmholtz'sche Doppelschicht (eine Schicht der elektrochemischen Doppelschicht), starre elektrochemische Doppelschicht, Stern-Doppelschicht f ‖ **~ layer** (Chem, Phys) / Helmholtz'sche Doppelschicht (eine Schicht der elektrochemischen Doppelschicht), starre elektrochemische Doppelschicht, Stern-Doppelschicht f ‖ **~ light** (Aero) / Hecklicht n ‖ **~ light** (Aero) / Heckleuchte f
**sternpost*** n (Ships) / Rudersteven m (bei Einschraubenschiffen)
**stern ramp** (Ships) / Heckaufschleppe f ‖ **~ tube** (Ships) / Stevenrohr n ‖ **~ tube bulkhead** (Ships) / Stopfbuchsenschott n
**sternutator** n (Chem) / Nasen-Rachen-Reizstoff m, Reizgas n, Niesmittel n, Niesreizstoff m
**sternway** n (Ships) / Fahrt f achteraus, Rückwärtsfahrt f
**steroid*** n (Chem) / Steroid n ‖ **~** adj (Chem) / Steroid-
**steroidal** adj (Chem) / Steroid- ‖ **~ alkaloids** (Pharm) / Steroidalkaloide n pl (z.B. Solanum- oder Salamanderalkaloide)
**steroid alkaloids** (Pharm) / Steroidalkaloide n pl (z.B. Solanum- oder Salamanderalkaloide) ‖ **~ antibiotic** (Pharm) / Steroidantibiotikum n (z.B. Fusidinsäure) ‖ **~ chemistry** (Chem) / Steroidchemie f ‖ **~ hormone*** (Biochem) / Steroidhormon n ‖ **~ sapogenin** (Chem) / Steroidsapogenin n ‖ **~ saponin** (Chem) / Steroidsaponin n
**sterol*** n (Chem) / Sterol n, Sterin n
**sterro metal** (Met) / Sterrometall n (Legierung aus 60% Cu, 38% Zn und 2% Fe), Eichmetall n ‖ **~ metal** (Met) s. also Muntz metal
**stertorous** adj (noisy and laboured) (Med) / stertorös adj (Atmung)
**S-test** n (Civ Eng) / dränierter Versuch, entwässerter Versuch, Langsamscherversuch m, D-Versuch m (in der Bodenmechanik)
**stet*** (Typog) / bleiben: bleibt! (bei aus Versehen falsch korrigierten Stellen)
**stethoscope** n (I C Engs) / Stethoskop n (ein Horchgerät), Motordiagnosegerät n (ein Horchgerät)
**Stetter reaction** (Chem) / Stetter-Reaktion f (nach K.O. Stetter, geb. 1941)
**stevedore** n (Ships) / Umschlagarbeiter m, Schauermann m (Hafen-, Kaiarbeiter für Lade- und Löschbetrieb), Stauer m, Stevedor m ‖ **~ pallet** / Rücksprungpalette f
**stevedore's knot** (a stopper knot similar to a figure eight knot but with one or more extra turns) (Ships) / Schauermannsknopf m, Schauermannsknoten m, doppelter Achtknoten
**Stevenson screen*** (Meteor) / Jalousiehütte f, Thermometerhütte f (mit jalousieartigen Seitenwänden), englische Hütte (mit weißgestrichenen Wänden, Boden und Dach - nach Th. Stevenson, 1818-1887), Stevenson-Hütte f
**Stevens rearrangement** (Chem) / Stevens-Umlagerung f (quartärer Ammoniumverbindungen)
**stevioside** n (Nut) / Steviosid n (Glykosid aus den Blättern der Stevia rebaudiana /Bertoni/ Hemsl. - in Deutschland als Süßstoff nicht zugelassen)
**stew** v (Nut) / dünsten v (mit wenig Flüssigkeit oder Fett garen), dämpfen v, schmoren v (kurz anbraten und dann in Brühe oder Fond langsam gar werden lassen), braisieren v ‖ **~** n (Cinema) / Geräusch n bei der Filmwiedergabe
**stewardess** n (Aero) / Flugbegleiterin f, Airhostess f (weibliches Bedienungspersonal in Flugzeugen), Stewardess f (pl. -dessen), Flughostess f (pl. -tessen) (A)
**Stewart platform** (Eng) / Hexapod m (Parallelstruktur mit sechs Freiheitsgraden)

**STH** (somatotropic hormone) (Biochem) / Somatotropin n, somatotropes Hormon, Wachstumshormon n, STH (somatotropes Hormon)
**stibialism** n (Med) / Antimonvergiftung f
**stibic*** adj (Chem) / Antimon(V)-
**stibiconite** n (Min) / Stibiconit m (Antimonocker)
**stibide** n (Chem) / Antimonid n (Metallverbindung des Antimons)
**stibine*** n (Chem, Electronics) / Antimonwasserstoff m, Stibin n, Stiban n
**stibious*** adj (Chem) / Antimon(III)-
**stibnite*** n (Min) / Antimonit m (wichtigstes Erz zur Gewinnung von Antimon), Antimonglanz m, Stibnit m, Grauspießglanz m
**stibonium salt** (Chem) / Stiboniumsalz n
**stichtite*** n (Min) / Stichtit m
**stick** v (Autos) / haken v ‖ **~ vi** / festsitzen vi, sich verklemmen v, stecken bleiben vi, hängen bleiben vi ‖ **~** (Elec Eng) / kleben vi (Kontakte), hängen v (Kontakte) ‖ **~** (Join) / klemmen vi (Tür) ‖ **~** (Phys) / haften v, anhaften v, adhärieren v ‖ **~ vt** / stechen v (mit einer Nadel), durchstechen vt, anstechen v, aufstechen v ‖ **~** / kleben vt, einkleben vt ‖ **~** n / Stecken m, Stock m, Stab m ‖ **~** (Aero) / Steuerhebel m, Steuerknüppel m, Knüppel m (der Knüppelsteuerung bei Starrflügelflugzeugen) ‖ **~** (Chem) / Stab m (des Kugel-Stab-Modells) ‖ **~** (Eng) / Abrichtstab m ‖ **~** (piece of furniture) (Typog) / Steg m
**stick-and-rag work*** (Build) / faserbewehrter Gussputz
**stick circuit** (Electronics) / Haltestromkreis m ‖ **~ control** (Aero) / Knüppelsteuerung f ‖ **~ electrode** (Welding) / Stabelektrode f (zum Lichtbogenschweißen nach DIN 1913), stabförmige Elektrode ‖ **~ electrode welding** (Welding) / Schweißen n mit Stabelektroden, Elektrodenschweißen n ‖ **~ electrode welding** (Welding) s. also manual metal-arc welding
**sticker** n / Klebstoff m (nach DIN 16920 entweder chemisch oder physikalisch abbindend), Klebemittel n, Kleber m ‖ **~** (an adhesive label or notice, generally printed or illustrated) / Aufkleber m, Klebezettel m, Klebeetikett n, Aufklebezettel m ‖ **~** (For) / Stapellatte f, Stapelleiste f (bei der Holztrocknung) ‖ **~** (Weaving) / Spannstelle f ‖ **~ price** / Regalpreis m ‖ **~ price** (US) (the advertised retail price of an article) / Verkaufspreis m (auf einem Preisschild angegebener Preis), ausgezeichneter Preis (auf einem Preisschild)
**stick force*** (Aero) / Knüppelkraft f, Knüppelbetätigungskraft f
**stickiness** n (Paint) / Kleben n (Klebrigkeit)
**sticking** n (Foundry) / Haften n (des Gussstücks in der Form) ‖ **~** (I C Engs) / Ringstecken n ‖ **~** (Oils) / Festwerden n (des Gestänges) ‖ **~** (Paint) / leichtes Kleben ‖ **~** (Welding) / Festkleben n (der Elektrode), Kleben n (der Elektrode), Festschweißen n (der Elektrode), Festbrennen n (der Elektrode) ‖ **~ contact** (Elec Eng) / hängender Kontakt, klebender Kontakt ‖ **~ friction** (Phys) / Haftreibung f (maximale, nach deren Überschreiten gerade das Gleiten eintritt), Ruhereibung f (zwischen ruhenden Körpern), Reibung f der Ruhe, statische Reibung, ruhende Reibung ‖ **~ knife** (Nut) / Stechmesser n (zum Schlachten) ‖ **~ picture** (TV) / Nachbild n ‖ **~ probability*** (Nuc) / Haftwahrscheinlichkeit f ‖ **~ tendency** / Klebeneigung f ‖ **~ voltage*** (Electronics, TV) / Sperrspannung f (eines Bildschirms)
**stick-lac** n (Paint) / Stocklack m (Schellackkruste samt umschlossenem Zweig)
**Stickland reaction** (Chem) / Stickland-Reaktion f (eine paarweise Umwandlung von Aminosäuren)
**stick model** (Chem) / Kugel-Stab-Modell n (ein Molekülmodell, bei dem nur die Bindungswinkel exakt stimmen) ‖ **~ on v** / aufkleben v, ankleben v ‖ **~ on vi** / kleben v (an einer Sache), ankleben vi ‖ **~ on vt** / ankleben vt
**stick-on label** / Aufkleber m, Klebezettel m, Klebeetikett n, Aufklebezettel m
**stick pusher*** (Aero) / Knüppelnachdrück-Vorrichtung f ‖ **~ shaker*** (Aero) / Steuersäulenrüttler m ‖ **~ shift** (US) (Autos) / Knüppelschaltung f, Mittelschaltung f
**stick-slip effect** (Eng) / Stick-slip-Effekt m (ruckendes Gleiten von Maschinenschlitten bei sehr langsamen Bewegungen)
**stick•-slip motion*** (Eng) / Stick-slip-Bewegung f, Ruckgleiten n, ruckendes Gleiten ‖ **~ through v** / durchstecken v ‖ **~ together** s. also glue together ‖ **~ together v** / zusammenkleben v
**stickum** n (US) / klebrige Substanz
**stick up** v (Ceramics) / garnieren v (Teile aus bildsamer Masse zu dem gewünschten Körper mit Hilfe von Garnierschlicker bzw. -masse aneinandersetzen)
**stick-up initial** (Typog) / Initial n mit Oberlänge ‖ **~ slip** (Ceramics) / Garnierschlicker m
**sticky** adj / klebrig adj, klebend adj ‖ **~** (Meteor) / feuchtwarm adj, schwül adj ‖ **~** (Paint) / klebrig adj ‖ **~ band** (For) / Leimring m, Fanggürtel m ‖ **~ contaminants** (Paper) / Stickies pl (klebrige Vereunreinigungen beim Recycling, Kleber m pl (Stickies)) ‖ **~ ends*** (of a DNA double helix at which a few unpaired nucleotides of one strand extend beyond the other) (Gen) / kohäsive Enden,

**sticky**

klebrige Enden ‖ ~ **side** / Klebfläche f (einer Klebverbindung) ‖ ~ **snow** (Meteor) / Pappschnee m ‖ ~ **tape** (GB) / Klebeband n, Haftklebeband n
**stiction**\* n (Phys) / Haftreibung f (maximale, nach deren Überschreiten gerade das Gleiten eintritt), Ruhereibung f (zwischen ruhenden Körpern), Reibung f der Ruhe, statische Reibung, ruhende Reibung
**Stiefel disk piercer** (Met) / Scheibenlochwalzwerk n nach Stiefel ‖ ≃ **mill** (Met) / Stiefelstraße f (eine Rohrwalzstraße), Stiefel-Walzwerk n (ein Stopfenwalzwerk), Rohrwalzwerk n nach Stiefel, Kegellochapparat m nach Stiefel ‖ ≃ **rolling mill** (Met) / Stiefelstraße f (eine Rohrwalzstraße), Stiefel-Walzwerk n (ein Stopfenwalzwerk), Rohrwalzwerk n nach Stiefel, Kegellochapparat m nach Stiefel
**Stieltjes integral** (Maths) / Stieltjes'sches Integral (eine Verallgemeinerung des Riemann'schen Integrals - nach Th.J. Stieltjes, 1856-1894), Stieltjes-Integral n
**stiff** adj / steif adj (unbiegsam) ‖ ~ (Build) / dick angemacht ‖ ~ (Mech) / biegesteif adj (ohne Änderung der Form beim Biegen) ‖ ~ (Ships) / steif adj (mit großem Aufrichtungsvermögen) ‖ **be** ~ (Autos) / haken v ‖ ~ **cabin** (Autos) / gestaltfester Fahrgastraum, steife Fahrgastzelle ‖ ~ **cardboard** (Paper) / knickfester Karton
**stiff-chain polymer** (Chem) / kettensteifes Polymer
**stiff double collar** (Textiles) / Stehumlegekragen m
**stiffen** v (Build, Carp) / versteifen v, aussteifen v ‖ ~ (Build, Carp) s. also brace
**stiffened expanded metal**\* (Build, Civ Eng) / versteiftes Streckmetall
**stiffened-shell construction** (Aero) / Halbschalenbauweise f, Semimonocoque-Bauweise f
**stiffened suspension bridge**\* (Civ Eng, Eng) / versteifte Hängebrücke, Hängebrücke f mit Versteifungsträger
**stiffener** n / Kappe f (meistens Hinterkappe - am Schuh) ‖ ~ \* (Aero) / Versteifungsteil n, Versteifungsglied n, Versteifungselement n (z.B. eine Versteifungsrippe) ‖ ~ (Eng, Mech) / Steife f (um das Ausknicken des dünnen Stegblechs zu verhindern) ‖ ~ (Mech) / Aussteifungseinlage f, Versteifungseinlage f, steife Einlage ‖ ~ (Textiles) / Steifeinlage f, steife Einlage ‖ ~ (Textiles) s. also stiffening (cloth)
**stiffening** n / Aussteifung f, Versteifung f ‖ ~ (Leather) / Verstrammen n (Zug-/Dehnungsverhalten) ‖ ~ (Mech) / Aussteifungseinlage f, Versteifungseinlage f, steife Einlage ‖ ~ (Textiles) / Griffappretur f, griffgebende Appretur ‖ ~ (cloth) (Textiles) / Steifgaze f, Futtergaze f, Futtermull m (mit steifender Appretur versehener Einlagefutterstoff) ‖ ~ **against buckling** (Mech) / Knickaussteifung f ‖ ~ **finish** (Textiles) / Steifappretur f, Steifausrüstung f, Hartappretur f ‖ ~ **girder** (of a suspension bridge) (Civ Eng) / Verstärkungsträger m ‖ ~ **sheet** (Eng) / Versteifungsblech n ‖ ~ **treatment** (Textiles) / Steifappretur f, Steifausrüstung f, Hartappretur f ‖ ~ **truss** (Civ Eng) / Versteifungsträger m (der Hängebrücke) ‖ ~ **truss action** (Build, Civ Eng) / versteifende Fachwerkwirkung
**stiff equations** (Maths) / steifes Differentialgleichungssystem
**stiff-fissured clay** (Geol) / zerruschelter Ton, steifer geklüfteter Ton
**stiff frame** (Mech) / steifer Rahmen, biegesteifer Rahmen, starrer Rahmen, Rahmen m (mit biegesteifer Verbindung zwischen Stielen und Riegeln), Steifrahmen m, Stabwerk n
**stiffleg derrick** (Eng) / unverspannter Derrickkran
**stiff-mud brick** (Ceramics) / Nasspressziegel m (krümelige bis granulierte Pressmasse)
**stiff-mud process** (Ceramics) / bildsames Verfahren, plastisches Verfahren
**stiffness** n (Acous) / Auslenkkraft f (der Abtastnadel), Steifigkeit f ‖ ~ \* (Materials, Mech) / Steife f (Eigenschaft z.B. bei Bau- und Werkstoffen), Steifigkeit f, Steifheit f (Widerstand gegen elastische, statische oder dynamische Verformung, Steifvermögen n (eines Werkstoffs oder Bauteils) ‖ ~ **criterion**\* (Aero) / Steifigkeitskriterium n ‖ ~ **in torsion** (Mech) / Verdrehungssteifigkeit f ‖ ~ **under flexure** (Mech) / Biegesteifheit f, Biegesteifigkeit f (DIN 53362)
**stiff-plastic** adj / steifplastisch adj, steifbildsam adj ‖ ~ (Ceramics) / halbplastisch adj ‖ ~ (Civ Eng) / schwachplastisch adj (Beton)
**stiff saw** (Join, Tools) / Steifsäge f (Sammelbegriff für Sägen mit einem steifen Blatt, das nur an einem Ende gehalten wird) ‖ ~ **ship**\* (Ships) / steifes Schiff ‖ ~ **system** (Maths) / steifes Differentialgleichungssystem
**stifling** adj (Mining) / stickend adj (Wetter)
**stigma** n (Bot) / Narbe f (der Blütenpflanzen), Stigma n (pl. -s oder -ta)
**stigmasterol** n (Chem) / Stigmasterol n, Stigmasterin n (ein pflanzliches Sterol)
**stigmatic** adj (Optics) / stigmatisch adj, punktzentrisch adj (Abbildung)
**stigmatism** n (Spectr) / Stigmatismus m
**stigmator** n (Med, Optics) / Stigmator m (der axialen Astigmatismus korrigiert)

**stilb**\* n (Light) / Stilb n, sb (nicht mehr zugelassene Einheit der Leuchtdichte = $10^4$ cd/m$^2$)
**stilbene**\* n (Chem, Textiles) / Stilben n (1,2-Diphenylethylen) ‖ ~ **dyestuff** (Chem) / Stilbenfarbstoff m
**stilbite**\* n (Min) / Stilbit m (ein Blätterzeolith), Desmin m, Strahlzeolith m
**stilboestrol**\* n (Chem, Pharm) / Stilbestrol n, Diethylstilbestrol n, Diethylstilböstrol n (ein synthetisches Östrogen)
**stile** n (Build, Carp) / Holm m (der Leiter), Leiterholm m, Leiterbaum m
**S-tile** n (Build, Ceramics) / Pfanne f, Pfanne f S (in Form eines liegenden S), Dachpfanne f (eine Dachziegelform)
**stile**\* n (Join) / Höhenfries m außen (Holzfüllungstür), Langfries m, Senkrechtfries m (ein Rahmenteil der Holztür)
**Stiles-Crawford effect**\* (Optics) / Stiles-Crawford-Effekt m
**still**\* n (Chem, Chem Eng) / Destillationsapparat m, Destillierapparat m, Destillator m ‖ ~ (Chem Eng) / Blase f (zum Verdampfen oder zur diskontinuierlichen Destillation), Destillationsblase f, Destillationsgefäß n, Destillierblase f ‖ ~ (Cinema) / Still n, Standfoto n (bei Filmaufnahmen eine Fotografie, die Einrichtung, Kostümierung und Arrangement jeder Kameraeinstellung für die weiteren Dreharbeiten und für Werbezwecke festhält), Standbild n, Werkfoto n, Einzelbildvergrößerung f ‖ ~ (Cinema) s. also frozen picture ‖ ~ adj / ruhend adj, unbewegt adj, ruhig adj ‖ ~ (Nut) / still adj (kohlensäurefrei oder mit nur wenig Kohlensäure - Getränk)
**stillage** n / Ladebock m ‖ ~ / Ladepritsche f, Ladeplatte f ‖ ~ \* (Elec Eng) / Akkuständer m, Akkuhalter m
**still air** (Aero) / ruhige Luft ‖ ~ **camera** (Photog) / Stehbildkamera f, Standbildkamera f ‖ ~ **camera** (Photog) / Fotoapparat m, fotografischer Apparat, Foto m
**Stille reaction** (Chem) / Stille-Reaktion f
**still frame** (Cinema) / angehaltenes Bild, stehendes (angehaltenes) Bild, Bildstillstand m ‖ ~ **head** / Destillieraufsatz m (der obere Teil des Destillierapparates), Destillationskopf m, Destillationsaufsatz m ‖ ~ **image** (Photog) / stehendes (unbewegtes) Bild, Stehbild n
**stilling basin** (Hyd Eng) / Tosbecken n (mit Schikanen), Sturzbecken n, Absturzbecken n, Beruhigungsbecken n ‖ ~ **chamber** (Aero) / Vorkammer f (des Windkanals) ‖ ~ **chamber** (Hyd Eng) / Toskammer f
**stillingia oil** / Stillingiatalgöl n, Talgbaumsamenöl n (aus dem Chinesischen Talgbaum - Sapium sebiferum (L.) Roxb.), Stillingiatalg m
**stilling pool** (Hyd Eng) / Tosbecken n (mit Schikanen), Sturzbecken n, Absturzbecken n, Beruhigungsbecken n ‖ ~ **well** (Hyd Eng) / Brunnen m mit Beruhigungsschacht
**still photographer** (Cinema) / Standbildfotograf m
**still-picture camera** (Photog) / Stehbildkamera f, Standbildkamera f ‖ ~ **memory** (TV) / Bildspeicher m ‖ ~ **transmission** (Telecomm) / Festbildkommunikation f, Bildtelegrafie f (Festbildübrtragung von Halbtonbildern mit beliebigen Grauwerten)
**still pot** (Chem Eng) / Blase f (zum Verdampfen oder zur diskontinuierlichen Destillation), Destillationsblase f, Destillationsgefäß n, Destillierblase f ‖ ~ **projection** / Stehbildprojektion f (bei Dias) ‖ ~ **projection** (Cinema) / Einzelbildprojektion f, Stillstandsprojektion f (bei Filmprojektoren) ‖ ~ **projector** (Photog) / Stehbildwerfer m, Stehbildprojektor m (DIN 1940, T 10)
**Stillson** n (Eng, Tools) / Stillson-Schlüssel m, Schwedenzange f, Schwede m ‖ ~ ≃ **wrench** (Eng, Tools) / Stillson-Schlüssel m, Schwedenzange f, Schwede m
**stillstand** n / Stillstand m, Stand m (Stillstand)
**still video camera** (Photog) / Still-Video-Kamera f (elektronische Stehbildkamera) ‖ ~~**water navigation**\* (Hyd Eng, Ships) / Flussschifffahrt f auf gestautem Wasser (auf der Kanalhaltung), Kanalschifffahrt f (mit Hilfe von Schleusungen), Schifffahrt f mit Hilfe von Schleusungen
**stilpnomelane**\* n (Min) / Stilpnomelan m (ein Phyllosilikat)
**stilpnosiderite** n (Min) / Stilpnosiderit m (ein Limonit)
**stilt** n ‖ ~ (Agric) / Riester m, Sterz m (Führungs- und Haltevorrichtung am Pflug, Pflugsterz m ‖ ~ (a tripod-like setter with sharp points at the end of each arm on which glazed ware is placed and fired) (Ceramics) / Dreifuß m (ein Brennhilfsmittel)
**stilted arch**\* (Arch) / gestelzter Bogen
**stilt-type tractor** (Agric) / Hochradschlepper m, Portalschlepper m, Stelzenschlepper m (im Allgemeinen), Portaltraktor m (im Allgemeinen)
**stimulant** n (Pharm) / Anregungsmittel n, Stimulans n (pl. Stimulanzien od. Stimulantia), Analeptikum n (pl. -ika) ‖ ~ (Surf) / Stimulator m (Agens, das die Korrosion beschleunigt)
**stimulate** v / beschleunigen v, fördern v (z.B. Korrosion) ‖ ~ (Phys) / anregen v, induzieren v, stimulieren v
**stimulated emission**\* (Phys) / induzierte Emission, stimulierte Emission, angeregte Emission (nach dem Einfall der auslösenden

Strahlung) ‖ ~ **Raman spectroscopy** (Phys) / induzierte Raman-Spektroskopie
**stimulating agent** (Surf) / Stimulator *m* (Agens, das die Korrosion beschleunigt)
**stimulation*** *n* / Stimulierung *f*, Stimulation *f* ‖ ~ (Phys) / Anregung *f* (der Emission)
**stimulator** *n* (Surf) / Stimulator *m* (Agens, das die Korrosion beschleunigt)
**stimulus** *n* (pl. stimuli) (Automation, Comp, Electronics) / Auslöseimpuls *m*, Trigger *m*, Triggerimpuls *m* ‖ ~ (pl. stimuli)* (Physiol) / Reiz *m*, Anreiz *m*, Stimulus *m* (pl. -muli)
**stimulus-response coupling** (Physiol) / Reiz-Antwort-Kopplung *f*
**sting** *n* (Aero, Autos) / Modellarm *m* (im Windkanal)
**stinger** *n* (Oils, Ships) / Stinger *m* (eine abfallende Rampe, welche die Leitung beim Offshore-Bohren stützt oder zum Rohrverlegen dient)
**stinger-equipped lay barge** (Oils, Ships) / Rohrverlegebarge *f* mit Stinger
**sting out** *v* (Glass, Met) / ausflammen *v*
**sting-out** *n* (Glass, Met) / Ausflammen *m* (Austreten heißer Flammengase aus Öffnungen und Leckstellen konventioneller Schmelzöfen)
**stink** *v* / stinken *v* ‖ ~ *n* / Gestank *m* ‖ ~ **damp*** (Mining) / schwefelwasserstoffhaltige Wetter, stinkende Wetter
**stinking cedar** (For) / Stinkzeder *f* (Torreya taxifolia Arn.), Stinkeibe *f* ‖ ~ **nutmeg** (For) / Nusstragende Stinkeibe (Torreya nucifera (L.) Siebold et Zucc.) ‖ ~ **smut** (Bot) / Stinkbrand *m*, Weizensteinbrand *m*, Steinbrand *m*, Schmierbrand *m* (verursacht durch Tilletia tritici)
**stinkstone** *n* (Min) / Stinkstein *m* (durch Bitumen verunreingtes Mineral)
**stinkwood*** *n* (For, Join) / Stinkwood *n*, Stinkholz *n* (Ocotea bullata E. Mey.) ‖ ~ **tree** (For) / Essia *n* (Combretodendron africanum Exell), Abalé *n*, ESS (Essia)
**stint** *n* (Mining) / Tagessoll *n*, Schichtsoll *n* ‖ ~ (Mining) / Knapp *m* (in der Strebfront)
**stipe*** *n* (Bot) / Stiel *m* (z.B. bei Pilzen)
**stipoverite** *n* (Min) / Stishovit *m* (Höchstdruckmodifikation des $SiO_2$), Stischowit *m*
**stipple** *v* (in drawing, painting, engraving) / punktieren *v*, punktrastern *v* ‖ ~ (Paint) / stupfen *v* (mit einer Stupfbürste oder mit einem Tupfschwamm), tupfen *v*
**stippled finish** (Glass) / Nörpelung *f*, Körnung *f*, Punktkörnung *f*
**stippler*** *n* (Paint) / Tupfer *m* (Pinsel-, Gummi-), Stupfbürste *f*
**stippling*** *n* (Paint) / Stupfen *n*, Tupfen *n* ‖ ~ (Print) / Punktschraffierung *f* (Tätigkeit)
**stipulated by the authorities** / behördlich vorgeschrieben
**stir** *v* / umrühren *v*, rühren *v*, durchrühren *v* ‖ ~ (Chem) / schütteln *v* (Flüssigkeiten) ‖ ~ (a bath) (Met) / Schmelze umrühren ‖ ~ **in** / einrühren *v* ‖ ~ **into** (Nut) / verrühren *v*
**Stirling boiler** (Eng) / Stirlingkessel *m* (Dreitrommelsteilrohrkessel) ‖ ~ **cycle** (I C Engs) / Stirling-Prozess *m* (der theoretische Vergleichprozess zum Stirling-Motor ist gekennzeichnet durch eine isotherme Verdichtung, eine isochore Wärmezufuhr, eine isotherme Expansion und eine isochore Wärmeabfuhr) ‖ ~ **engine*** (Eng) / Stirling'sche Luftmaschine (nach R. Stirling, 1790-1878), Philips-Stirling-Motor *m*, Stirling-Motor *m* (entweder doppelt wirkend oder Verdränger-) ‖ ~ **process** (I C Engs) / Stirling-Prozess *m* (der theoretische Vergleichprozess zum Stirling-Motor ist gekennzeichnet durch eine isotherme Verdichtung, eine isochore Wärmezufuhr, eine isotherme Expansion und eine isochore Wärmeabfuhr) ‖ ~**'s approximation*** (Maths, Stats) / Stirlingsche Formel, Stirling-Formel *f* (Näherungsformel zur Berechnung von n! - nach J. Stirling, 1692-1770) ‖ ~**'s formula** (Maths, Stats) / Stirlingsche Formel, Stirling-Formel *f* (Näherungsformel zur Berechnung von n! - nach J. Stirling, 1692-1770) ‖ ~**'s interpolation formula** (Maths) / Interpolationsformel *f* von Stirling (für Interpolation im Inneren)
**Stirling's number** (Maths) / Stirling'sche Zahl (nach J. Stirling, 1692-1770)
**stirred-mercury-pool amperometry** (Chem) / Amperometrie *f* mit gerührter Quecksilberelektrode
**stirred tank** (Chem Eng) / Rührkessel *m* (kontinuierlicher, diskontinuierlicher), Rührgefäß *n* ‖ ~ **tank reactor** (Chem Eng) / Rührkesselreaktor *m*, RKR (Rührkesselreaktor), Rührreaktor *m*, Rührfermenter *m*, RKR
**stirrer** *n* (Ceramics) / Löser *m* (ein Rührwerk zum Aufschlämmen bzw. Mischen von bildsamen Rohstoffen, Massekuchen, Glasuren usw.) ‖ ~ (Eng) / Rührer *m* (DIN 28131), Rührwerk *n* (schnell- oder langsamlaufendes) ‖ ~ (stirring arm) (Eng) / Rührschaufel *f*, Rührarm *m*
**stirring arm** (Eng) / Rührschaufel *f*, Rührarm *m* ‖ ~ **paddle** (Eng) / Rührschaufel *f*, Rührarm *m* ‖ ~ **rod** (Chem) / Rührstab *m* ‖ ~ **tank** (Chem Eng) / Rührkessel *m* (kontinuierlicher, diskontinuierlicher), Rührgefäß *n*
**stirrup*** *n* (Civ Eng) / Bügel *m* (im Stahlbetonbau), Bewehrungsbügel *m*
**stir together** *v* (Nut) / verrühren *v* ‖ ~ **up** (Phys) / aufwirbeln *v*
**stishovite*** *n* (Min) / Stishovit *m* (Höchstdruckmodifikation des $SiO_2$), Stischowit *m*
**stitch** *v* (the outsole) / doppeln *v* (Schuhsohle annähen) ‖ ~ (Bind) / heften *v* (mit Heftdraht) ‖ ~ (Textiles) / nähen *v* ‖ ~ (Textiles) / steppen *v*, absteppen *v* ‖ ~ (Bind) s. also wire-stitch ‖ ~ *n* (Textiles) / Masche *f* (der Maschenware nach DIN ISO 7839) ‖ ~* (Textiles) / Stich *m* (beim Nähen oder Sticken) ‖ ~**-bonded fabric** (Textiles) / Nähwirkstoff *n* (textiles Flächengebilde, das durch Einbinden von Fäden in ein flächiges Grundmaterial entsteht), Nähgewirk *n* ‖ ~ **bonding** (Electronics) / Stitchbonden *n* (mit dem Anheften des Anschlussdrahtes) ‖ ~ **bonding** (Textiles) / Nähwirkverfahren *n* (z.B. Arachne, Malimo, Malipol, Maliwatt)
**stitch-bonding machine** (ISO 8640-4) (Textiles) / Nähwirkmaschine *m*
**stitch density** (Textiles) / Stichdichte *f* ‖ ~ **density*** (Textiles) / Maschendichte *f* (bei Maschenwaren) ‖ ~ **design** (Textiles) / Stichmuster *n* ‖ ~ **down** (Textiles) / absteppen *v* (z.B. Falten)
**stitchdown shoe** / Flexibelschuh *m*, Stitchdownschuh *m*
**stitched mop** (Eng) / gesteppte Scheibe ‖ ~ **open tube** (Chem) / genähte Reaktionskapillare ‖ ~ **twill** (Weaving) / Mehrgratköper *m* (eine erweiterte Köpergrundbindung), zusammengesetzter Köper
**stitch elasticity** (Textiles) / Stichelastizität *f* ‖ ~ **formation** (Textiles) / Stichbildung *f* (beim Nähen)
**stitch-forming action** (Textiles) / Stichbildung *f* (beim Nähen)
**stitch gauge** (Textiles) / Maschenfeinheit *f*
**stitching*** *n* (Bind) / Heften *n* (mit Heftdraht) ‖ ~ (Textiles) / Näherei *f*, Nähen *n*, Näharbeit *f* ‖ ~ (Textiles) / Steppen *n*, Absteppen *n* ‖ ~ **gauze** (Bind) / Heftgaze *f* ‖ ~ **machine** (Textiles) / Steppmaschine *f* ‖ ~ **on the move** (Bind) / fliegende Heftung, Heftung *f* während des Transports ‖ ~ **warp** (Weaving) / Bindekette *f*
**stitch nail*** (Build) / Heftnagel *m* ‖ ~ **pattern** (Textiles) / Stichmuster *n* ‖ ~ **regulator** (Textiles) / Stichsteller *m* (bei Nähmaschinen) ‖ ~ **setting** (Textiles) / Fadeneinzug *m* (bei Nähmaschinen), Sticheinzug *m* (in das Nähgut) ‖ ~ **together** (Textiles) / zusammennähen *v* ‖ ~ **type** (Textiles) / Stichart *f* ‖ ~ **welding*** (Welding) / Steppen *n*, Steppnahtschweißen *n*
**stitch-wheel** *v* / ränderisen *v*, rändrieren *v*, roulettieren *v* (beim Ausputzen der Schuhe)
**STK** (stack) (Comp) / Keller *m* (eine lineare Liste, bei der nur die Operationen "Einfügen bzw. Löschen eines Listenelements", und zwar nur an einem Ende der Liste, durchgeführt werden können)
**St Lucie cherry** (For) / Felsenkirsche *f* (Prunus mahaleb L.), Steinweichsel *f*
**STM** (short-term memory) / Kurzzeitgedächtnis *n* (des Menschen), KZG (Kurzzeitgedächtnis) ‖ ~ (scanning tunnelling microscope) (Micros) / Tunnelmikroskop *n* (mit einer feinen Metall-Sondenspitze als Tunnelkontakt), Rastertunnelmikroskop *n* (von Rohrer und Binnig), RTM (Rastertunnelmikroskop)
**STMT** *n* (statement) (Comp) / Anweisung *f* (bei höheren Programmiersprachen - ALGOL, PL/1, FORTRAN)
**STN** (supertwisted nematic) (Electronics) / supertwisted nematisch *adj* (Display mit dem 270°-Verdrillungswinkel der nematischen Phase) ‖ ~ **cell** (Electronics) / STN-Zelle *f* (eine Flüssigkristallzelle)
**STO** (Slater orbital) (Phys) / Slater-Orbital *n*, Slater-Funktion *f*
**stoa** *n* (pl. stoae or stoas)* (Arch) / Stoa *f* (pl. Stoen) (eine Säulenhalle)
**Stobbe reaction** (Chem) / Stobbe-Kondensation *f*, Stobbe-Reaktion *f* (von Bernsteinsäureester - nach H. Stobbe, 1860-1938)
**stochastic*** *adj* (Stats) / stochastisch *adj* ‖ ~ **approximation** (Stats) / stochastische Approximation ‖ ~ **automaton** (Comp) / stochastischer Automat ‖ ~ **bound** (Stats) / stochastische Schranke (für die Verteilungsfunktion interessierender Parameter) ‖ ~ **calculus** (Stats) / Stochastik *f* (Wahrscheinlichkeitsrechnung + Statistik nach DIN 1303, T 2) ‖ ~ **differential equation** (Maths, Stats) / stochastische Differentialgleichung ‖ ~ **dynamic programming** (Stats) / stochastische dynamische Optimierung (nach R. Bellman) ‖ ~ **integral** (Maths) / stochastisches Integral ‖ ~ **language** (Comp) / stochastische Sprache (die durch einen erkennenden endlichen stochastischen Automaten beschrieben werden kann) ‖ ~ **matrix** (Stats) / stochastische Matrize ‖ ~ **model** (as distinguished from deterministic model) (Stats) / stochastisches Modell (bei dem die Variablen nicht streng deterministisch durch mathematisch-physikalische Gesetzmäßigkeiten verbunden sind) ‖ ~ **noise*** (Acous) / stochastisches Rauschen, Rauschschall *m* (DIN 1320), zufällig verteiltes Rauschen ‖ ~ **process** (a sequence of random variables such that the order in which they are recorded is significant - a time series is an obvious example) (Stats) / stochastischer Prozess, zufälliger Prozess ‖ ~ **process continuous in probability** (Stats) / stochastisch stetiger Prozess
**stochastics** *n* (Stats) / Stochastik *f* (Wahrscheinlichkeitsrechnung + Statistik nach DIN 1303, T 2)

1537

**stochastic signal** (Telecomm) / stochastisches Signal ‖ ~ **simulation** (Comp, Maths) / stochastische Simulation
**stock** n / Inventar n, Lagerbestand m ‖ ~ / [Waren]Lager n (Bestand) ‖ ~ / Bestand m, Vorrat m, Lagerbestand m, Lagervorrat m ‖ ~ / Gut n (zu bearbeitendes) ‖ ~* (Acous) / Aufnahmematerial n (für Schallplattenherstellung) ‖ ~ (Agric) / Viehbesatz m (in Großvieheinheiten) ‖ ~ (farm animals) (Agric) / Viehbestand m, Vieh n, lebendes Inventar ‖ ~* (Bot) / [Baum-, Pflanzen-]Strunk m ‖ ~ (Carp, Join) / Handgriff m, Griff m, Stiel m, Halter m ‖ ~* (Carp, Join) / Hobelkasten m, Kasten m (des Hobels) ‖ ~ (Chem) / Ansatz m ‖ ~ (Chem Eng) / Kautschukmischung f, Mischung f (vor der Vulkanisation), Rohmischung f, Stock m ‖ ~ (photographic film that has not been exposed or processed) (Cinema) / Rohfilm m, Filmaufnahmematerial n ‖ ~ (Cinema) / Fundus m (Bestand an Kostümen, Kulissen usw.) ‖ ~ / Einsatzmaterial n für weitere Stufen ‖ ~ (For) / Blockholz n (in handelsüblichen Abmessungen), Blockbalken m pl ‖ ~* (Geol) / Stock m (magmatisch) ‖ ~ (Met) / Rohling m (Walzgut) ‖ ~ (Met) / Möller m, Gicht f, Hochofenmöller m (Beschickungsmenge bei intermittierender Beschickung des Hochofens) ‖ ~ (Met) / Material n (z.B. Kupferbarren) ‖ ~ (Paper) / Ganzzeug n, Ganzstoff m, Papierstoff m (fertiger), Papiermasse f, Papierbrei m (meistens aus Hadern) ‖ ~ (Paper) / Rohstoff m für die Papiererzeugung, Stoff m (für die Papiererzeugung), Papierrohstoff m, Papierfaserstoff m, Faserrohstoff m ‖ ~* (Print) / Druckträger m, Bedruckstoff m (Träger des Druckes) ‖ ~ (Rail) / rollendes Material, Betriebsmittel n pl, Fahrzeugpark m ‖ ~ (Ships) / Stock m (des Ankers) ‖ **from** ~ / ab Lager (eine Liefervereinbarung) ‖ **in** ~ / vorrätig adj ‖ **out of** ~ (Print) / nicht am Lager (zurzeit nicht lieferbar)
**stockade** v (fortify) / einpfählen v
**Stockbarger process** (Crystal) / Stockbarger-Verfahren n (verbesserte Bridgman-Methode der Kristallzüchtung), Bridgman-Stockbarger-Verfahren n (der Kristallzüchtung)
**stock beating** (Paper) / Stoffmahlen n (Zerfaserung), Mahlen n (Zerfasern), Stoffmahlung f ‖ ~ **blender** (Chem Eng) / Stockblender m (in der Kautschukverarbeitung) ‖ ~ **breeding** (Agric) / Viehwirtschaft f, Viehhaltung f, Viehzucht f ‖ ~ **brush*** (Build) / Annetzbürste f ‖ ~ **car** (US) (Autos) / Serienfahrzeug n ‖ ~ **car** (Autos) / Wagen m am Lager (der nicht überführt werden muss) ‖ ~ **car** (Autos) / Stock Car m (Fahrzeug für Wettbewerbe auf geschlossenen Strecken) ‖ ~ **car** (US) (Rail) / Viehwagen m ‖ ~ **chest*** (Paper) / Stoffbütte f, Bütte f (bei der Stoffaufbereitung) ‖ ~ **coal** (Mining) / Haldenkohle f ‖ ~ **composition** (Paper) / Stoffzusammensetzung f ‖ ~ **composition** (Paper) s. also furnish ‖ ~ **coverage time** (Work Study) / Lagereindeckungszeit f ‖ ~ **delivery order** (Work Study) / Lagerversandauftrag m ‖ ~ **development** / Bestandsaufbau m (z.B. bei Dokumenten)
**stock-dyed** adj (Textiles) / in der Flocke gefärbt, flockengefärbt adj ‖ ~ (Textiles) / in der Wolle gefärbt, wollfarbig adj
**stock dyeing** (Paper) / Färbung f in der Masse ‖ ~ **dyeing** (Textiles) / Färbung f in der Flocke, Flockenfärbung f
**stocked** adj (For) / bestockt adj
**stocker** n (Agric) / Mastvieh n
**stock exchange** / Effektenbörse f (für Wertpapiere) ‖ ~ **flow** (Paper) / Stofffluss m ‖ ~ **height** (For) / Stockhöhe f, Stubbenhöhe f
**Stockholm pine tar** (Chem Eng) / Schwedischer Meilerteer, Stockholmer Teer (aus Skandinavien kommender Meilerteer aus harzreichem Nadelholz) ‖ ≏ **tar** (Chem, Chem Eng) / Schwedischer Meilerteer, Stockholmer Teer (aus Skandinavien kommender Meilerteer aus harzreichem Nadelholz)
**stockhouse** n (Met) / Mölleranlage f, Möllergebäude n
**stocking** n / Lagerhaltung f ‖ ~ / Besatz m (eines Süßgewässers mit Jungfischen) ‖ ~ (Agric) / Viehbesatz m (in Großvieheinheiten) ‖ ~ **cutter** (US) (Eng) / Zahnformvorfräser m ‖ ~ **of spare parts** / Ersatzteilhaltung f ‖ ~ **rate** (Agric) / Besatzstärke f (bei der Weidenutzung)
**stockings and socks** (Textiles) / Strumpfware(n) f(pl)
**stocking setting machine** (Textiles) / Strumpffixiermaschine f, Strumpfformmaschine f
**stock in transit** (Work Study) / Unterwegsbestand m (stichtagbezogener tatsächlicher Bestand an Material, Erzeugnissen, Handelswaren und Teilen zwischen den Erfassungsstellen bzw. Kostenstellen) ‖ ~ **item** / Lagerposition f
**stockkeeping** n / Lagerhaltung f ‖ ~ **model** / Lagerhaltungsmodell n (ein Teilgebiet des Operations-Researchs) ‖ ~ **unit** / Lagerposition f
**stockless anchor*** (Ships) / Patentanker m (z.B. Hall- oder Grusonanker)
**stock list** / Lagerliste f ‖ ~ **lumber** (For) / Blockholz n (in handelsüblichen Abmessungen), Blockbalken m pl ‖ ~ **market** / Aktienmarkt m ‖ ~ **movement file** (Comp, Work Study) / Lagerbewegungsdatei f (Sammlung aller Daten eines Lagers, die die Lagerbewegung des Lagergutes hinsichtlich der Einlagerung und der Abgänge permanent erfasst und ausweist) ‖ ≏ **notation** (Chem) / Stock'sche Bezeichnungsweise (bei der Angabe der Mengenverhältnisse der Bestandteile) ‖ ≏ **number** (Chem) / Stock'sche Zahl (der Wertigkeit), Stock-Zahl f ‖ ~ **of fish** (Ecol, Hyd Eng) / Fischbestand m ‖ ~ **on hand** / [Waren]Lager n (Bestand) ‖ ~ **order** (Work Study) / Lagerauftrag m (in der Lagerverwaltung)
**stock-out item** / Lagerposition f mit Nullbestand
**stockpile** v (raw materials) / horten v ‖ ~ / Vorräte anlegen (z.B. von strategischen Materialien), bevorraten v ‖ ~* n (Min Proc, Mining) / Halde f, Vorratshalde f (Reservevorrat, Reservebestand, Bevorratungsform) ‖ ~ s. also dump
**stockpiling** n / Bevorraten n, Bevorratung f ‖ ~ / Stockpiling n, Vorratshaltung f (wichtiger Rohstoffe, Waffen usw.) durch den Staat, Anlegen n von Vorräten ‖ ~ **machine** (Mining) / Haldengerät n
**stock preparation plant** (Paper) / Stoffaufbereitungsanlage f
**stock-proof** adj (Agric) / viehsicher adj (Zaun)
**stock pump** (Paper) / Stoffpumpe f ‖ ~ **rail*** (Rail) / Backenschiene f (gerade oder dem Zweiggleis entsprechend gekrümmte feststehende Schiene der Zungenvorrichtung einer Weiche) ‖ ~ **recovery** (Paper) / Stoffrückgewinnung f ‖ ~ **reserve** (Work Study) / Sicherheitsbestand m (Bestand bzw. Vorrat an Artikeln, Zulieferteilen, Ersatzteilen, Waren, der für die reibungslose Durchführung der Produktion, der Instandhaltung oder Versorgung der Bevölkerung eine spezielle Sicherheit bieten soll) ‖ ~ **rod** (Met) / Gichtsonde f, Möllersonde f
**stock-room** / Lager n (Raum)
**stockroom** n (Chem) / Lagerraum m, Lager n (Raum)
**stocks*** pl (Build) / gewöhnliche Ziegel ‖ ~* (Ships) / Stapelung f (z.B. auf der Helling) ‖ ~ (Textiles) / Walke f, Walkmaschine f
**stock shot** (Cinema) / Fremdfilmaufnahme f, Fremdfilmmaterial n ‖ ~ **shot** (Cinema, Photog) / Archivaufnahme f
**stock-sized** adj (Paper) / stoffgeleimt adj
**stock solution** (Chem) / Vorratslösung f ‖ ~ **solution** (Chem) / Grundlösung f, Stammlösung f ‖ ~ **steel** (Met) / (genormte) Stahlsorten am Lager ‖ ~ **suspension** (Paper) / Stoffsuspension f, Faseraufschwemmung f, Stoffaufschwemmung f ‖ ≏ **system** (Chem) / Stock-System n (in der anorganisch-chemischen Nomenklatur - nach A. Stock, 1876-1946)
**stocktaking** n / Lageraufnahme f, Inventur f, Bestandsaufnahme f (als Tätigkeit), Inventarisation f, Inventarerrichtung f, Inventarisierung f, Aufnahme f der Bestände, Inventaraufnahme f
**stock tank** (Oils) / Lagertank m ‖ ~ **turnover** / Lagerumschlag m ‖ ~ **value** / wertmäßiger Lagerbestand ‖ ~ **waste** (Cinema) / Verschnitt m (unbelichtete Filmabfälle) ‖ ~ **water** (Agric, Hyd Eng) / Wasser n für die Viehtränke
**stockwork*** n (Geol, Mining) / stockförmige Erzlagerstätte, Erzstockwerk n, Erzkörper m größerer Tiefenerstreckung
**stockyard** n (Ships) / Store m, Vorratslager n
**Stoddard solvent** (dry cleaning) (Chem, Chem Eng) / Stoddard-Solvent n (als Reinigungs- und Lösungsmittel benutzte Erdölfraktion) ‖ ≏ **solvent** (Chem) s. also mineral spirits
**stodgy** adj (Nut) / schwer verdaulich
**stoep*** n (Build) / Vorhalle f (offene Veranda), offene Veranda
**stoicheiometric** adj (GB) (Autos, Chem) / stöchiometrisch adj ‖ ~ **formula** (GB) (Autos, Chem) / stöchiometrische Formel, einfachste Formel, Verhältnisformel f
**stoicheiometry** n (GB) (Chem) / Stöchiometrie f (ein Arbeitsgebiet der Chemie)
**stoichiometric** adj (Autos, Chem) / stöchiometrisch adj ‖ ~ **air** (Eng) / stoichiometrischer Luftbedarf (eine dimensionslose Kennzahl, welche angibt, wie viel kg Luft zur vollständigen Umsetzung von einem kg Kraftstoff notwendig ist), theoretischer Luftbedarf (für die Verbrennung) ‖ ~ **compound** (Chem) / stöchiometrische Verbindung, daltonide Verbindung, Daltonid n ‖ ~ **factor** (Chem) / stöchiometrischer Faktor, stöchiometrische Zahl (DIN 13 345), stöchiometrischer Koeffizient ‖ ~ **formula** (Chem) / stöchiometrische Formel, einfachste Formel, Verhältnisformel f ‖ ~ **mixture** (Chem) / stöchiometrische Mischung (mit stöchiometrischem Verhältnis) ‖ ~ **number** (Chem) / stöchiometrischer Faktor, stöchiometrische Zahl (DIN 13 345), stöchiometrischer Koeffizient ‖ ~ **point** (Chem) / stöchiometrischer Punkt ‖ ~ **valency** (Chem) / stöchiometrische Wertigkeit
**stoichiometry*** n (Chem) / Stöchiometrie f (ein Arbeitsgebiet der Chemie)
**stokehold** n (Ships) / Heizraum m, Kesselraum m
**stoker** n (Eng) / Stoker m (Unterschubrost einer Feuerung) ‖ ~ (Eng) / Heizer m (Arbeiter)
**stoker-fired boiler** (Eng) / Rostkessel m
**stokers' cramps** (Med) / Heizerkrampf m
**stokes** n (pl. stokes)* (Phys) / Stokes n, St (nicht mehr zugelassene Einheit der kinematischen Viskosität = $10^{-4}$ m$^2$/s)

**Stokes' formula** (Phys) / Stokes'sche Formel (für die Kugelumströmung), Stokes'sches Reibungsgesetz, Widerstandsgesetz n (über die Fallgeschwindigkeit von kugelförmigen Körpern in Flüssigkeiten und Gasen)
**Stokes' integral theorem** (Maths) / Stokes'scher Integralsatz (Zusammenhang zwischen einem Oberflächenintegral und einem Kurvenintegral), Integralsatz m von Stokes
**Stokes' law** (Chem Eng) / Stokes-Gesetz n (in der Sedimentationsanalyse - nach Sir G.G. Stokes, 1819 - 1903), Stokes'sches Gesetz || ~ **law*** (Phys) / Stokes'sche Formel (für die Kugelumströmung), Stokes'sches Reibungsgesetz, Widerstandsgesetz n (über die Fallgeschwindigkeit von kugelförmigen Körpern in Flüssigkeiten und Gasen) || ~ **lines*** (Phys, Spectr) / Stokes'sche Linien (Raman-Linien mit niedrigerer Frequenz) || ~ **rule** (Phys) / Stokes'sche Regel (die Wellenlänge der Fotolumineszenzstrahlung ist in der Regel größer als die des erregenden Lichtes) || ~ **scattering** (Phys) / Stokes-Streuung f (Brillouin-Streuung, bei der das einfallende Phonon ein weiteres Phonon erzeugt) || ~ **spectrum** (Spectr) / Stokes-Spektrum n || ~ **theorem*** (Maths) / Stokes'scher Integralsatz (Zusammenhang zwischen einem Oberflächenintegral und einem Kurvenintegral), Integralsatz m von Stokes
**stoking** n / kontinuierliches Sintern, Sintern n in Durchlauföfen, Bandsinterung f
**STOL aircraft*** (Aero) / STOL-Flugzeug n, Kurzstartflugzeug n, Kurzstarter m, STOL n
**stolen-vehicle tracking system** (Autos) / Ortungssystem n für gestohlene Fahrzeuge
**stolon** n (Bot) / Ausläufer m, Stolon m (pl. -en), Stolo m (pl. -nen)
**stolport** n (Aero) / STOL-Flugplatz m
**stolzite** n (Min) / Stolzit m, Scheelbleierz n
**stoma*** n (pl. -s or -ta) (Bot) / Stoma n (pl. -ta) (regulierbare Pore)
**stomachic** n (Pharm) / Stomachikum n (pl. -chika)
**stomach insecticide*** (Chem) / Fraßgift n für Insekten (ein Insektizid) || ~ **stone** (Geol) / Magenstein m, Bezoarstein m
**stomatal transpiration** (Bot) / stomatäre Transpiration
**stone** v (Nut) / entsteinen v (Steinfrüchte), entkernen v, aussteinen v || ~ n / Stein m || ~ (a shaped piece of stone for grinding or sharpening, as a grindstone, millstone, or whetstone) (Eng) / Schleifstein m (zum Wetzen und Abziehen), Wetzstein m, Abziehstein m || ~ (Geol) / Eisenstein m (eisenreiches Sedimentgestein) || ~ (Glass) / Steinchen n (Tonsteinchen, das im Glas gelöst wird, aber als Fremdstoff sichtbar bleibt) || ~ (Horol, Instr) / Stein m (im Lager der Uhr), Lagerstein m (DIN 8256) || ~ (Min) / Edelstein m (besonders seltene und schöne Kristallbildung von Mineralien, die zu Schmuckzwecken verwendet wird - als Rohware) || ~ (Nut) / [Obst]Kern m, Stein m (von Steinobst) || ~* (Print, Typog) / Schließplatte f (zum Formschließen) || ~ attr / Stein-, steinern adj, aus Stein || ~ (Geol) / Stein-
**stone-breaking works** / Schotterwerk n
**stone-built building** (Build) / Steinbau m
**stone catcher** (Agric) / Steinfangmulde f (des Mähdreschers) || ~ **catcher** (Nut) / Steinfänger m (z.B. bei der Rübenzuckergewinnung)
**Stone-Čech compactification** (Maths) / Stone-Čech'sche Kompaktifizierung f (nach E. Čech, 1893 - 1960)
**stone cell*** (Bot) / Steinzelle f, Sklereide f, Sclereide f || ~ **chip** (Civ Eng) / Steinsplitter m (einzelner)
**stone-chip damage** (Autos) / Steinschlagschaden m
**stone chippings** (Civ Eng) / Splitt m (maschinell zerkleinertes Gestein von etwa 5-32 mm Größe - DIN 4226-1)
**stone-chip protection** (Autos) / Steinschlagschutz m (als Maßnahme)
**stone chips** (Civ Eng) / Splitt m (maschinell zerkleinertes Gestein von etwa 5-32 mm Größe - DIN 4226-1) || ~ **chisel** (Build) / Steinmeißel m || ~ **circle** (Geol) / Steinring m (im Strukturboden) || ~ **cladding** (Build) / Werksteinbekleidung f || ~ **coal** (Mining) / Anthrazitkohle f, Anthrazit m (Handelsbezeichnung für hochwertige, gasarme Steinkohle im Allgemeinen)
**stonecutter** n (Build) / Steinhauer m, Steinbildhauer m
**stonecutter's chisel** (Build) / Zahneisen n
**stone cutting** (Build) / Steinschnitt m, Steinmetzarbeit f || ~ **deflector** (Autos) / Schürze f (Splittschutz) || ~ **desert** (Geol) / Felswüste f, Schuttwüste f || ~ **drain** (Hyd Eng) / Steindrän m (ein alter Sickerdrän) || ~ **dresser** (Build) / Steinhauer m, Steinbildhauer m || ~ **dust** (Mining) / Gesteinsstaub m || ~ **-dust barrier** (Mining) / Gesteinsstaubsperre f (heute durch Wassertrogsperre abgelöst) || ~ **dusting** (Mining) / Gesteinsstaubverfahren n || ~ **engraving** (Print) / Steingravur f (eine Lithografietechnik) || ~ **facing** (Civ Eng, Hyd Eng) / Steinverkleidung f, Natursteinverblendung f
**stone-fall** n (Geol) / Steinschlag m (von Felswänden herabstürzende Gesteinstrümmer), Steinfall m
**stone field** (Geol) / Felsenmeer n, Blockmeer n || ~ **flakes** (Civ Eng) / Splitt m (maschinell zerkleinertes Gestein von etwa 5-32 mm Größe - DIN 4226-1) || ~ **fruit** (Bot, Nut) / Steinfrucht f (Obstsorten aus der Gattung Prunus), Steinobst n
**stone-grey** adj / steingrau adj
**stone grinding** / Steinvermahlung f
**stone-ground** adj (Nut) / steingemahlen adj || ~ **wood** (Paper) / Steinschliff m
**stone groundwood** (Paper) / [mechanischer] Holzschliff m (DIN 6730), [mechanisches] Holzstoff m, Holzmasse f || ~ **guard** (Autos) / Schürze f (Splittschutz)
**stoneguard** n (Autos) / Steinschlagschutz m (Blech- oder Kunststoffteil)
**stone head*** (Civ Eng, Mining) / Gesteinsstrecke f (beim Abteufen) || ~ **head** (Mining) / festes Gebirge (beim Schachtabteufen) || ~ **insulator** (Elec Eng) / Steinzeugisolator m || ~ **iron** (Astron) / Stein-Eisen-Meteorit m (z.B. Lithosiderit) || ~ **lifter** (Agric) / Steinrodepflug m
**stoneman** n (Mining) / Vortriebshauer m (in Gesteinsstrecken)
**stonemason** n (Build) / Steinmetz m (der Mauerwerk aus Natursteinen errichtet)
**stone milling** / Steinvermahlung f
**stoneness** n / Steinigkeit f, Gehalt m an Steinen
**stone net** (Geol) / Steinnetz n (im Strukturboden) || ~ **picker** (Agric) / Entsteinungsmaschine f, Steinsammler m || ~ **pine** (For) / Zirbelkiefer f, Arve f (Pinus cembra L.) || ~ **pine** (For) / Pinie f (Pinus pinea L.)
**stone-pit** n (Mining) / Steinbruch m
**stone pitching** (Civ Eng) / Packlage f (Setzpacklage), Steinpackung f, Steinbett n || ~ **pitching** (Civ Eng, Hyd Eng) / Steinverkleidung f, Steinverblendung f, Natursteinverblendung f || ~ **polygon soil** (Agric, Geol) / Polygonboden m (vor allem in Frostmusterboden in Dauerfrostgebieten), Polygonalboden m || ~ **printing** / Steindruck m || ~ **quarrying** (Mining) / Steingewinnung f
**stoner** n / Steinausleser m || ~ (Nut) / Entkerner m, Auskernmaschine f, Entsteiner m
**stone revetment** (Civ Eng, Hyd Eng) / Steindeckwerk n || ~ **ring** (Geol) / Steinring m (im Strukturboden) || ~ **river** (Geol) / Bergsturzmasse f, Blockstrom m || ~ **run** (Geol) / Bergsturzmasse f, Blockstrom m || ~ **-saw** (Build) / Diamantsägemaschine f (für weichere Gesteinsarten), Marmorsägemaschine f || ~ **-saw*** n (Build) / Steinsägeblatt n, Marmorsägeblatt n || ~ **slab** (Civ Eng) / Steinplatte f || ~ **stripes** (Geol) / Steinstreifen m pl (im Strukturboden) || ~ **structure** (Build) / Steinbau m || ~ **tongs*** / Steinschere f, Teufelsklaue f (zum Versetzen der Werksteine) || ~ **tongs*** (Build) s. also crampon || ~ **trap** (Agric) / Steinfangmulde f (des Mähdreschers) || ~ **turf** (Geol) / Schwarztorf m
**stoneware*** n (Ceramics) / Steinzeug n || ~* (Ceramics, San Eng) / Feinsteinzeug n || ~ **clay** (Ceramics) / Steinzeugton m || ~ **pipe** (Ceramics) / Steinzeugrohr n, Grobsteinzeugrohr n
**stonewashed** adj (Textiles) / stonewashed adj (Auswaschen von Jeansartikeln zusammen mit kleinen Bimssteinen, wodurch ein großflächiger Abscheueffekt, vor allem in Nahtpartien, erzielt wird) || ~ (Textiles) s. also moon-washed
**Stone-Weierstrass theorem** (Maths) / Satz m von Stone-Weierstraß (nach M.H. Stone, 1903 - 1989)
**stonewood** n (For) / Holz von Callistemon salignus (Sm.) DC. oder Tarrietia actinophylla
**stoneworker** n (Build) / Steinhauer m, Steinbildhauer m
**Stoney gate** (Hyd Eng) / Stoney-Schütz n, Rollschütz n
**stoning** n (by means of an abrasive rubbing stone) (Ceramics) / Abschleifen n der (überschüssigen) Glasur || ~ (Civ Eng, Hyd Eng) / Einsatz m von Bruchstein gegen die Erosion der Ufer || ~ (Glass) / Steinchenbildung f || ~ (Nut) / Entsteinung f (von Steinfrüchten), Entkernung f (von Steinfrüchten) || ~ **machine** (Nut) / Entsteinmaschine f
**stony** adj / Stein-, steinern adj, aus Stein || ~ / steinig adj || ~ **iron meteorite** (Astron) / Stein-Eisen-Meteorit m (z.B. Lithosiderit) || ~ **meteorite*** (Astron) / Steinmeteorit m, Meteorstein m, Aerolith m
**stool** n (Met) / Bodenstein m (des Hochofens)
**stoop** n (US) (Arch) / Eingangstreppe f (meistens überdacht) || ~* (Build) / Vorhalle f (offene Veranda), offene Veranda || ~ (Mining) / Pfeiler m (Lagerstättenteil, der das Dach für bestimmte Zeit stützen soll und nach Erfüllung dieser Aufgabe selbst abgebaut wird)
**stop** v / verspunden v (Fass) || ~ / stoppen v, anhalten v, stillsetzen v, halten v (anhalten) || ~ / einstellen v (Zahlungen) || ~ (Autos) / anhalten vt, zum Stehen bringen || ~ (Eng) / abstellen v, abschalten v || ~ (Eng) / arretieren v, verrasten v, einrasten v, verriegeln v, sperren v (arretieren) || ~ (Met) / stopfen v (Stichloch) || ~ vt (test job) (Comp) / anhalten vt (Prüfauftrag) || ~ n (e.g. refuelling stop) (Aero) / Landung f (jeglicher Art, auch Zwischenlandung), Zwischenlandung f || ~ (Automation) / Wegbegrenzung f, Stellwegbegrenzung f || ~ (Autos, Rail) / Halt m (von Verkehrsmitteln), Anhalten n (von Verkehrsmitteln), Aufenthalt m (von Verkehrsmitteln) || ~ (Autos, Rail) / Halt n (Haltsignal) || ~

**stop**

(Build, Glass) / Glashalteleiste f ‖ ~* (Carp, Eng, Join) / Anschlag m (Bauteil zur Bewegungsbegrenzung), Knagge f, Begrenzungsanschlag m ‖ ~* (Carp, Join) / Türanschlag m (zum Offenhalten der Tür), Türöffnungsbegrenzer m, Türpuffer m (Stoß- oder Belastungsfänger aus Gummi oder Kunststoff) ‖ ~ (Eng) / Verrastung f, Arretierung f, Verriegelung f, Sperrung f ‖ ~ (Met) / Vorstoß m (Anschlag zum Anhalten des Walzgutes an einer bestimmten Stelle der Fördereinrichtung) ‖ ~ (Optics, Photog) / Aperturblende f (die die Bildhelligkeit regelt), Öffnungsblende f ‖ ~* (Optics, Photog) / Blende f (im Objektiven), Diaphragma n (pl. -gmen), Abblendvorrichtung f ‖ ~ (Rail) / Haltepunkt m, Haltestelle f
**stop-action replay** (TV) / Standbildwiedergabe f
**stop-and-check** attr (Eng) / absperrbar adj (Rückschlagventil) ‖ ~ **valve** (Eng) / absperrbares Rückschlagventil
**stop and give way** (Autos) / Halt - Vorfahrt gewähren (ein Verkehrszeichen)
**stop-and-go driving** (Autos) / Stop-and-go-Verkehr m (in der Stadt), stockender Verkehr ‖ ~ **traffic** (Autos) / Stop-and-go-Verkehr m (in der Stadt), stockender Verkehr
**stop-and-proceed signal** (Rail) / permissives Haltesignal
**stop and stay** (Rail) / absolutes Halt (unbedingtes Haltsignal für alle Zug- und Rangierfahrten)
**stop-and-stay signal** (Rail) / absolutes Haltsignal
**stop band** (Optics) / Sperrbereich m, Sperrgebiet n (Filter) ‖ ~ **band*** (Telecomm) / Sperrbereich m (Frequenzfilter), Filtersperrbereich m ‖ ~-**bath*** n (Photog) / Unterbrecherbad n, Stoppbad n (mit Essigsäurelösung) ‖ ~ **bit** (Comp) / Stop-Bit n, Stoppbit n (DIN 44302) (für die asynchrone serielle Datenübertragung) ‖ ~ **block** (Rail) / Radvorleger m ‖ ~ **block** (Rail) / Prellbock m (am Ende des Stumpfgleises)
**stopcock** n (Chem, Glass) / Kegelhahn m (ein Glashahn für Laborgeräte nach DIN 12 540 und 12 541) ‖ ~* (Plumb) / Absperrhahn m (DIN 74 293), Sperrhahn m ‖ ~ **grease** (Eng) / Hahnfett n
**stop-cocking** n (Oils) / abwechselndes Schließen und Öffnen (einer Eruptivsonde - um den Gasdruck zu erhöhen)
**stop codon*** (Gen) / Stoppcodon n, Terminationskodon n, Terminationscodon n (Folge von drei Nukleotiden in der mRNS, die die Beendigung und Freisetzung eines während der Proteinbiosynthese gebildeten Polypeptids signalisiert), Stop-Codon n ‖ ~ **collar** (Eng) / Anlaufbund m
**stop-cylinder*** n (Print) / Stoppzylinderpresse f, Stoppzylinderschnellpresse f
**stop·-cylinder press** (Print) / Stoppzylinderpresse f, Stoppzylinderschnellpresse f ‖ ~ **dog** (Eng) / Anschlagnase f ‖ ~ **dog** (Eng, Tools) / Anschlagkloben m (als Gegenlager des Spannklobens) ‖ ~ **down*** v (Optics, Photog) / abblenden v ‖ ~ **down** (Phys) / ausblenden v (einen Spektralbereich)
**stop-drill** (Eng) / Bohrer m mit Tiefenanschlag
**stope*** n (Mining) / Abbauhohlraum m (in der Erzgrube), abgebauter Raum, abgebautes Feld ‖ ~* (Mining) / Abbau m (Stelle der Erzgewinnung und der Verladung), Abbauort n (pl. -örter), Ort n (pl. Örter)
**stoped-out workings** (Mining) / Abbauhohlraum m (in der Erzgrube), abgebauter Raum, abgebautes Feld
**stop element** (Comp) / Stop-Bit n, Stoppbit n (DIN 44302) (für die asynchrone serielle Datenübertragung) ‖ ~ **end** (Civ Eng) / Arbeitsfugenbrett n, Tagesabschlussstopp m, Tagesendfuge f
**stop-end** n (Aero) / Stoppende n (der Piste) ‖ ~ (of an eaves gutter) (Build, Plumb) / Rinnenende n, Rinnenendstück n
**stoper** n (Mining) / Bohrmaschine f in Abbaukammern
**stop for non-traffic purposes** (Aero) / nichtgewerbliche Landung
**stopgap** n / Notbehelf m ‖ ~ **measure** / Notmaßnahme m
**stop gate** (Hyd Eng) / Segmenttor n (der Schleuse) ‖ ~ **in** v (Optics, Photog) / aufblenden v
**stoping*** n (Geol) / Stoping n, Übersichbrechen n (bei der Aufstemmungshypothese), Aufstemmen n (von Magma) ‖ ~ **drill** (Mining) / Bohrmaschine f in Abbaukammern ‖ ~ **width** (Mining) / Abbauhöhe f
**stop instruction** (Comp) / Haltinstruktion f, Stoppbefehl m, Programmstoppbefehl m, Haltbefehl m ‖ ~ **joint** (Cables) / Sperrmuffe f ‖ ~-**lamp** n (Autos) / Bremsleuchte f
**stopless potentiometer** (Elec Eng) / Umlaufpotentiometer n
**stop-light** n (Autos) / Bremslicht n, Stopplicht n
**stop-light** n (Autos) / rotes Verkehrslicht, Rotlicht n, Rot n (Ampel)
**stop line** (Autos) / Haltelinie f (auf der Fahrbahn), Haltlinie f
**stop-log** n (Hyd Eng) / Dammbalken m (zum Aufbau eines Notverschlusses bei Ausbesserungsarbeiten von Deichscharten, Schleusen und Wehren oder eines behelfsmäßigen Staukörpers)
**stop·-lug** n (Eng) / Anschlagnase f ‖ ~ **motion** (Textiles) / Fadenwächter m (ein elektronisches Fadenlaufüberwachungsgerät) ‖ ~ **motion** (disconnecting) **device** (Eng) / Ausrücker m (Maschinenelement zum Außerbetriebsetzen von rotierenden Maschinenteilen) ‖ ~ **moulding*** (Arch) / auslaufende Verzierung ‖ ~-**number** (Optics, Photog) / Öffnungszahl f, Blendenzahl f k, f-Blende f, Blendenstufe f, Blendenwert m, Öffnungsverhältnis n (der Kehrwert der relativen Öffnung nach DIN 4521) ‖ ~ **off** v (Surf) / abdecken v
**stop-off** n (Aero) / Stop-over m, Zwischenlandung f (Unterbrechung unbestimmter Länge), Zwischenhalt m ‖ ~ **coating** (Elec Eng, Surf) / Abdeckung f (isolierende), Schutzschicht f (für Gestelle oder nicht zu galvanisierende Werkstückteile) ‖ ~ **device** (Eng) / Absperrorgan n (zusammenfassende Bezeichnung für Hahn, Klappe, Schieber und Ventil)
**stop out** v (Print) / maskieren v, abdecken v (z.B. beim Formätzen)
**stop-out** n (Print) / Maskierung f, Abdeckung f (z.B. beim Formätzen)
**stopover** n / Stop-over m, Fahrtunterbrechung f, Reiseunterbrechung f ‖ ~ (Aero) / Stop-over m, Zwischenlandung f (Unterbrechung unbestimmter Länge), Zwischenhalt m
**stoppage** n / Arbeitsniederlegung f (kurzfristige - als Streikmaßnahme) ‖ ~ (Comp) / Absturz m eines Systems (mit der Folge von Soft- und Hardwareschäden) ‖ ~ **of payments** / Zahlungseinstellung f
**stopped·-down metering** (Photog) / Lichtmessung f bei Arbeitsblende, Arbeitsblendenmessung f ‖ ~ **end*** (Build) / Wandanschluss m
**stopped-flow method** (a method for studying chemical reactions in which the reactants are rapidly mixed, then abruptly stopped after a very short time) (Chem) / Strömungsmethode f (zur Ermittlung der Reaktionsgeschwindigkeit)
**stopped housing** (Join) / abgesetzte Nutverbindung ‖ ~ **mortise*** (Carp) / blindes Zapfenloch
**stopper** n (Brew) / Zapfen m, Spund m, Spundzapfen m (hölzerner Zapfen zum Verschließen des Spundlochs bei Fässern) ‖ ~ (Build) / Puffer m ‖ ~ (Chem) / Polymerisationsstopper m, Polymerisationsabstoppmittel n, Abstoppmittel n ‖ ~* (Electronics) / Entkopplungsglied n ‖ ~ (Eng) / Ausrücker m (Maschinenelement zum Außerbetriebsetzen von rotierenden Maschinenteilen) ‖ ~ (Eng) / Stopfen m, Stöpsel m, Pfropfen m, Verschlussstopfen m ‖ ~ (Eng) / Verschlussstück n, Verschlusselement n ‖ ~ (Foundry) / Stopfen m (der Stopfenpfanne) ‖ ~ (Glass) / Vorsatzkuchen m, Kuchen m (Schamotteplatte, die die Einsatzöffnung verschließt) ‖ ~ (Ships) / Stopper m ‖ ~ **contamination** (Chem) / Stöpselverunreinigung f, Stopfenverunreinigung f
**stopper-head** n (Foundry) / Stopfen m (der Stopfenpfanne)
**stoppering** n (Glass) / Stopfenschliff m
**stopper rod** (Met) / Stopfenstange f (bei der Abstricharbeit am Schmelzofen)
**stop pin** (Build) / Anschlagstift m
**stopping** n (Autos) / Feinspachtel m (für Feinarbeiten bei Karosseriereparaturen) ‖ ~ (Build, Glass, Paint) / Kitt m ‖ ~ (For) / Spachtelmasse f, Spachtel m ‖ ~* (For, Paint) / Füllspachtel m f, Holzfüllmasse f, Holzkitt m ‖ **no** ~ (Autos) / Halteverbot (ein Verkehrszeichen) ‖ ~ **compound** / Füllkitt m (Füllmasse) ‖ ~ **distance** (Autos) / Anhalteweg m (Bremsweg plus Reaktionsweg)
**stopping-down** n (Optics, Photog) / Abblenden n, Abblendung f
**stopping knife** (Build, Glass, Paint) / Kittmesser n ‖ ~ **motion*** (Textiles) / Absteller m, Abstellvorrichtung f ‖ ~-**off*** (Elec Eng, Surf) / Abdeckung f, Abdecken n ‖ ~ **of random processes** (Stats) / Stoppen n stochastischer Prozesse ‖ ~-**out*** n (Photog, Print) / Abdecken n (des Negativs) ‖ ~ **point** / Haltepunkt m (z.B. bei Flurförderzeugen) ‖ ~ **potential*** (Electronics) / Bremspotential n, Bremsspannung f ‖ ~ **power*** (Nuc) / Bremsvermögen n (bei geladenen Teilchen) ‖ ~ **sight distance** (Autos) / Haltesichtweite f (DIN 67 524), Anhaltesichtweite f ‖ ~ **train** (Rail) / Vorortzug m, Nahverkehrszug m ‖ ~ **train** (GB) (Rail) / Bummelzug m, Bummler m
**stop-plank** n (Hyd Eng) / Dammbalken m (zum Aufbau eines Notverschlusses bei Ausbesserungsarbeiten von Deichscharten, Schleusen und Wehren oder eines behelfsmäßigen Staukörpers)
**stop press*** (Typog) / Raum m für letzte Meldungen ‖ ~ **setting** (Optics, Photog) / Blendeneinstellung f ‖ ~ **signal** (Rail) / Haltsignal n, Haltesignal n ‖ ~ **signal** (Telecomm) / Stoppsignal n (DIN 66010), Stoppschritt m (Stoppsignal bei Betrachtung des zeitlichen Ablaufs) ‖ ~ **sleeve** (Autos) / Fesselhülse f (für gefesselte Kolbenfeder) ‖ ~ **street** (Autos) / Stoppstraße f ‖ ~ **switch** (Autos) / Bremslichtschalter m ‖ ~-**tar knotting** (Paint) / Absperrmittel n gegen das Durchschlagen von Teer und Kreosot ‖ ~ **time** (Comp) / Stoppzeit f (DIN 66010) ‖ ~ **up** v / zumachen v (Loch) ‖ ~ **valve*** (Eng) / T-Ventil n, Absperrventil n, Abstellventil n ‖ ~ **valve** (Plumb) / Absperrhahn m (DIN 74 293), Sperrhahn m ‖ ~ **valves** (Eng) / Absperrarmatur f, Durchgangsarmatur f
**stopwatch*** n (Horol) / Stoppuhr f ‖ ~ **time study** (Work Study) / Arbeitszeitstudie f, Zeitstudie f
**stopway** n (Aero) / Stoppbahn f, Stoppfläche f ‖ ~ (Ships) / Stoppweg m, Stoppweglänge f, Stoppstrecke f (die von einem Schiff benötigte Strecke, um mit rückwärts gehender Maschine aus der Fahrt zum Stillstand gebracht zu werden)

**stop-weld** *n* (Paint, Welding) / isolierender Abdeckanstrichstoff (für Schweißarbeiten)
**stop word** (Comp) / Stoppwort *n* (das bei einem maschinellen Verfahren der inhaltlichen Erfassung von Texten ignoriert werden soll), Negativwort *n*
**storable** *adj* / lagerfähig *adj*, lagerungsfähig *adj*
**storage** *n* / Lagerung *f*, Einlagerung *f*, Lagern *n* ‖ ~ / Lagerraum *m* ‖ ~ / Einspeicherung *f*, Speicherung *f* ‖ ~ / Bevorraten *n*, Bevorratung *f* ‖ ~ / Aufbewahrung *f* ‖ ~ / Lagergeld *n*, Lagergebühr *f*, Lagermiete *f* ‖ ~ / Lagerhaltung *f* ‖ ~* (Comp) / Speicher *m*, Memory *n* ‖ **~ address** (Comp) / Speicheradresse *f*, Adresse *f* eines Speicherplatzes ‖ **~ allocation** (Comp) / Speicherplatzzuteilung *f* ‖ **~ allocation** (Fortran) (Comp) / Speicherverwaltung *f* ‖ **~ and warehousing** / Lagerung *f* (als wirtschaftliche Tätigkeit) ‖ **~ area** (Work Study) / Lagerfläche *f* (Grundfläche des Lagers) ‖ **~ area network** (Comp) / Speichernetzwerk *n* (in dem Datenspeicher als eigenständige Geräte und nicht als Peripherie verwendet werden, wodurch sich direkte Zugriffe ermöglichen lassen) ‖ **~ battery*** (Elec Eng) / Akkumulator *m* (DIN 40729), Akku *m*, Akkumulatorenbatterie *f*, Sammelbatterie *f* (galvanisches Sekundärelement), Batterie *f* (Sekundärzelle nach DIN 40729) ‖ **~ battery of iron-nickel type** (Elec Eng) / Nickel-Eisen-Akkumulator *m* (ein alkalischer Akkumulator), Eisen-Nickel-Akkumulator *m*, Edison-Akkumulator *m*, NiFe-Akkumulator *m*, Nickel-Eisen-Batterie *f*, Stahlakkumulator *m* ‖ **~ bin** / Lagersilo *m n* (ein Vorratssilo) ‖ **~ bin** (Civ Eng) / Vorratsbunker *m*, Bunker *m* (Vorratsraum), Silo *m n* ‖ **~ bottle** (Chem) / Vorratsflasche *f* ‖ **~ box** (Autos) / Ablagefach *n* (auf Mittelkonsole, mit Deckel), Ablagebox *f* ‖ **~ bunker** (Civ Eng) / Vorratsbunker *m*, Bunker *m* (Vorratsraum), Silo *m n* ‖ **~ bus system** (Teleph) / Speicherleitungssystem *n* ‖ **~ cabinet** (for small parts) / Kleinteilemagazin *n*, Kleinteilekasten *m* ‖ **~ capacitor** (Elec Eng) / Speicherkondensator *m* ‖ **~ capacity** (Civ Eng, Hyd Eng) / Fassungsvermögen *n*, Kapazität *f* (der Kanalhaltung, des Wasserspeichers), Stauraum *m* ‖ **~ capacity*** (Comp) / Speicherkapazität *f* (Arbeitsspeicher), Speichermaßzahl *f* ‖ **~ capacity** (Hyd Eng) / Fassungsvermögen *n* ‖ **~ capacity** (Work Study) / Puffermöglichkeit *f*, Lagermöglichkeit *f* (zwischen den einzelnen Arbeitsplätzen oder Arbeitssystemen) ‖ **~ capacity** (Work Study) / Lagerkapazität *f* (Gütermenge, die gleichzeitig in einem Lager aufbewahrt werden kann) ‖ **~ capacity of a sewer** (San Eng) / Kanalstauraum *m* (DIN 4045) ‖ **~ card** (Comp) / Speicherkarte *f* (Karte mit Speicher, z.B. Telefonkarte oder Karte für die Digitalkameras /z.B. Compact/Flash/) ‖ **~ cathode-ray tube** (Electronics) / Speicherröhre *f*, Memory-tube *f* ‖ **~ cell** (Bot, For) / Speicherzelle *f*, Parenchymzelle *f* ‖ **~ cell** (Comp) / Speicherzelle *f*, Zelle *f* (Speicherzelle) ‖ **~ cell** (Comp) s. also storage element ‖ **~ cellulose** (Biochem) / Reservezellulose *f* (ein Speicherstoff) ‖ **~ charge(s)** / Lagergeld *n*, Lagergebühr *f*, Lagermiete *f* ‖ **~ chest** (Paper) / Vorratsbehälter *m*, Stapelbütte *f* ‖ **~ climate** / Lagerklima *n* ‖ **~ coefficient** (of an aquifer) (Hyd Eng) / Rückhaltefaktor *m* ‖ **~ compliance** (Phys) / Speicherkomplianz *f* (DIN 13 343) ‖ **~ converter** (I C Engs) / Speicherkatalysator *m* (für die Schadstoffnachbehandlung) ‖ **~ cost** / Lagergeld *n*, Lagergebühr *f*, Lagermiete *f* ‖ **~ costs** (Work Study) / Lagerkosten *pl*, Lagerungskosten *pl* ‖ **~ CRT** (Electronics) / Speicherröhre *f*, Memory-tube *f* ‖ **~ cycle** (Hyd Eng) / Speicherperiode *f* ‖ **~ depreciation** / Qualitätsminderung *f* durch Lagerung ‖ **~ depreciation** (Elec Eng) / Leistungsverminderung *f* durch Lagerung (z.B. bei Batterien) ‖ **~ device** (Comp) / Speicher *m*, Memory *n* ‖ **~ element** (Comp) / speichernden Schaltglied, Speicherelement *n* (z.B. einer Speicherzelle), Speicherglied *n*
**storage-energy constant** (Elec Eng, Phys) / Trägheitskonstante *f* (Maß für das Trägheitsmoment einer Drehfeldmaschine)
**storage/excavation ratio** (Hyd Eng) / Speicherausbaugrad *m*, Speicherverhältnis *n*
**storage facilities** (Work Study) / Lagerausrüstung *f* ‖ **~ head** (Plastics) / Staukopf *m*, Speicherkopf *m*, Akkukopf *m* (der Hohlkörperblasmaschine) ‖ **~ heater*** (GB) (Elec Eng) / Elektrospeicherofen *m* ‖ **~ hierarchy** (Comp) / Speicherhierarchie *f* ‖ **~ horizon** (Oils) / Speicherhorizont *m* (Schicht porösen und durchlässigen Gesteins, die von einer gasdichten Deckschicht überlagert ist, so dass es zur Anreicherung von Gas bzw. Öl kommen kann), Speicherschicht *f* ‖ **~ image** (Comp) / Speicherabbild *n* (einer Struktur in CHILL) ‖ **~ image dump** (Comp) / Speicherausdruck (bei Systemfehlern) ‖ **~ in permeable rock** (Geol, Mining) / Porenspeicherung *f* (von Erdgas) ‖ **~ in underground cavities** (Geol, Mining) / Hohlraumspeicherung *f* ‖ **~ level** (Hyd Eng) / Stauhöhe *f*, Stauspiegel *m* ‖ **~ life** / Lagerfähigkeit *f* (die Eigenschaft von Erzeugnissen, Rohstoffen usw., ohne chemische oder physikalische Veränderung eine bestimmte Lagerzeit zu überstehen), Haltbarkeit *f* ‖ **~ life** / Lagerbeständigkeit *f*, Lagerhaltigkeit *f*, Lagerzeit *f* (als Zeiteinheit) ‖ **~ life expires** / lagerfähig bis zum.... (Aufschrift auf der Packung) ‖ **~ location** (Comp) / Speicherplatz *m*, Arbeitsspeicherplatz *m*, Speicherzelle *f* (bei einem wortorganisierten Speicher eine Gruppe von Speicherelementen, die im Maschinenwort aufnimmt - nach DIN 44300) ‖ **~ loss** / Lagerungsverlust *m*, Lagerschwund *m*, Lagerverlust *m* ‖ **~ management** (Comp) / Speicherplatzverwaltung *f* ‖ **~ map** (Comp) / Speicherbelegung *f* (bildliche Darstellung, aus der in Form von Speicheradressen hervorgeht, welche Speicherbereiche bereits belegt sind und welche Speicherbereiche dem Anwender für Programme und/oder Daten noch zur Verfügung stehen), Speicherplan *m*, Speicherübersicht *f* ‖ **~ matrix** (Comp) / Speichermatrix *f* ‖ **~ medium** (Comp) / Speichermedium *n* ‖ **~ medium** (Comp) / Datenträger *m* (ein physisches Mittel, auf dem Daten aufbewahrt werden können) ‖ **~ operation** (Comp) / Speicheroperation *f* ‖ **~ organization** (Comp) / Speicherorganisation *f* ‖ **~ oscillograph** (Electronics) / Speicheroszillograf *m*, Blauschreiber *m* (mit einer Blauschriftspeicherröhre) ‖ **~ oscilloscope*** (an instrument that is used to measure fast non-repetitive signals) (Electronics, Instr) / Speicheroszilloskop *n* (mit Blauschrift- oder Sichtspeicherröhren) ‖ **~ pest** (Agric, Nut, Textiles) / Vorratsschädling *m* (vorwiegend tierische Schädlinge, aber auch einige Pilze) ‖ **~ pond** (San Eng) / Schlammteich *m* (DIN 4045), Schlammlagerpalatz *m* ‖ **~ position** (Comp) / Speicherstelle *f* (Teil eines Speichers zur Aufnahme eines Zeichens nach DIN 44300) ‖ **~ power station** (Elec Eng) / Speicherkraftwerk *n* (ein Wasserkraftwerk)
**storage-programmable robot** / speicherprogrammierbarer Roboter
**storage protection** (the mechanisms, both hardware and software, ensuring that processes access storage in a controlled manner) (Comp) / Speicherschutz *m*, Speicherbereichsschutz *m* ‖ **~ protein** (Biochem) / Speicherprotein *n* (z.B. Eialbumin, Milchkasein usw.) ‖ **~ rack** / Regal *n* (Gestell), Stellage *f* (Lagerungsmittel für Stückgüter) ‖ **~ ratio** (Hyd Eng) / Speicherausbaugrad *m*, Speicherverhältnis *n* ‖ **~ register** (Comp) / Speicherregister *n* ‖ **~ reservoir** (Hyd Eng) / Staubecken *n* (von einer Stauanlage und dem Gelände umschlossener Raum zum Stauen von Wasser) ‖ **~ reservoir** (Hyd Eng) / Wasserspeicher *m*, Speicher *m*, Wehrteich *m*, Wasserreservoir *n* ‖ **~ ring** (Nuc Eng) / Speicherring *m* (ein Vakuumgefäß zur Speicherung von hochenergetisch elektrisch geladenen Teilchen) ‖ **~ room** / Lagerraum *m* (einzelner Raum für die Lagerung, z.B. eine Lagerhalle) ‖ **~ rot** (For) / Lagerfäule *f* (bei unrichtiger Lagerung des Holzes durch Pilze hervorgerufene Zerstörung des Holzes) ‖ **~ silo** / Lagersilo *m n* (ein Vorratssilo) ‖ **~ size** (Comp) / Speicherkapazität *f* (Arbeitsspeicher), Speichermaßzahl *f* ‖ **~ space** / Lagerraum (Raum, Platz, Fläche für die Lagerung) ‖ **~ space occupancy** (Eng) / Lagerplatzbelegung *f* ‖ **~ stability** / Lagerbeständigkeit *f*, Lagerungsbeständigkeit *f* (als physikalische Erscheinung) ‖ **~ structure language** (Comp) / Speicherstruktursprache *f* ‖ **~ system** (Plastics) / Speichersystem *n* (beim Blasformverfahren) ‖ **~ test** / Lagerungstest *m* ‖ **~ time** (Electronics) / Haltbarkeitsdauer *f* (als Zeitangabe), Haltbarkeit *f* ‖ **~ time** (Electronics) / Speicherzeit *f* ‖ **~ time** (Electronics) / Spannungsnachlaufzeit *f* (bei Thyristoren) ‖ **~ tissue** (For) / Speicherparenchym *n*, Speichergewebe *n* (ein Holzgewebe) ‖ **~ tube*** (Electronics) / Speicherröhre *f*, Memory-tube *f* ‖ **~-type camera tube** (TV) / Ikonoskop *n* (ursprüngliche Zworykin'sche Bildaufnahmeröhre - heute durch Superorthikon ersetzt) ‖ **~ typewriter** / Speicherschreibmaschine *f* ‖ **~ varactor** (Electronics) / Speicherschaltdiode *f*, Speicherdiode *f*, Ladungsspeicherdiode *f* ‖ **~ water heater** / Speicher-Wassererwärmer *m*, Heißwasserspeicher *m*, Warmwasserspeicher *m* ‖ **~ well** (Oils) / Speicherbohrung *f* ‖ **~ yard** *n* / Lagerplatz *m*, Stapelplatz *m* ‖ **~ zone** (Ships) / Lagerzone *f* (flächenmäßige Aufteilung der Lager eines Seehafens quer zur Kaikante)
**storax** *n* (For) / Storaxbaum *m* (Gattung Styrax), Styraxbaum *m*, Styrax *m* ‖ **~** (Pharm) / Styrax *m* (Exsudat aus Holz und Rinde des Amberbaums), Storax *m*
**storax-tree** *n* (For) / Storaxbaum *m* (Gattung Styrax), Styraxbaum *m*, Styrax *m*
**store** *v* / speichern *v* (Energie) ‖ **~** / lagern *v*, einlagern *v* (Ware im Lager) ‖ **~** / aufbewahren *v* ‖ **~** / Vorräte anlegen (z.B. von strategischen Materialien), bevorraten *v* ‖ **~** (data) (Comp) / einspeichern *v*, speichern *v* ‖ **~** / Lager *n* (Raum) ‖ **~** / Bestand *m*, Vorrat *m*, Lagerbestand *m*, Lagervorrat *m* ‖ **~** (US) / Laden *m* (des Einzelhandels), Geschäft *n*, Einzelhandelsgeschäft *n*, Ladenlokal *n* ‖ **~*** (GB) (Comp) / Speicher *m*, Memory *n* ‖ **~*** (Electronics) / Speicherröhre *f*, Memory-tube *f* ‖ **~** (Ships) / Store *m*, Vorratslager *n*
**store-and-forward mode** (Comp) / Speicherbetrieb *m* ‖ **~ principle** (Comp) / Teilstreckenverfahren *n* (Vermittlungsprinzip der Speichervermittlung, bei dem der Datenfluss von der Quelle zur

**store-and-forward**

Senke unterbrochen wird, indem die Daten in Vermittlungsknoten komplett zwischengespeichert werden und später weitergeleitet werden), Teilstreckenvermittlung f, Stafettenwahlprinzip n (ein paketaustauschendes Verfahren) || **~ switching** (Comp, Telecomm) / Speichervermittlung f (Vorgang), Nachrichten-Speichervermittlung f || **~ switching** (Comp) / Teilstreckenvermittlung f, Teilstreckenbetrieb m, Staffetenvermittlung f || **~ technique** (Comp) / Teilstreckenverfahren n (Vermittlungsprinzip der Speichervermittlung, bei dem der Datenfluss von der Quelle zur Senke unterbrochen wird, indem die Daten in Vermittlungsknoten komplett zwischengespeichert werden und später weitergeleitet werden), Teilstreckenvermittlung f, Stafettenwahlprinzip n (ein paketaustauschendes Verfahren)
**store capacity** (Work Study) / Lagerkapazität f (Gütermenge, die gleichzeitig in einem Lager aufbewahrt werden kann) || **~ cattle** (Agric) / Mastvieh n
**stored charge** (Elec) / gespeicherte Ladung || **~ charge** (Electronics) / Sperrverzögerungsladung f (bei Kapazitätsdioden) || **~ component** (part) (Eng, Work Study) / Lagerteil n || **~ energy** (Phys) / gespeicherte Energie
**stored-energy drive** (Eng) / Speicherantrieb m (der Presse) || **~ operation** (Elec Eng) / Betätigung f durch Speicherantrieb || **~ welding** (Welding) / Kondensator(entlade)schweißen n || **~ welding machine** (Welding) / Speichermaschine f (für Widerstandsschweißen)
**stored message** (Telecomm) / gespeicherte Mitteilung
**store-door delivery service** / Haus-Haus-Verkehr m
**stored-products protection** / Vorratsschutz m
**stored program*** (Comp) / gespeichertes Programm || **~-program computer** (Comp) / speicherprogrammierte Rechenanlage, speicherprogrammierte Datenverarbeitungsanlage
**stored-program control** (Telecomm) / speicherprogrammierbare Steuerung, speicherprogrammierte Steuerung , SPS (speicherprogrammierte Steuerung)
**stored•-program NC** (Comp) / Speicher-NC f (numerische Steuerung, bei der ein Speicher die Programminformation übernimmt) || **~ text** (Comp) / gespeicherter Text
**store flutter** (Aero) / Außenlastflattern n, Außenlastflatterschwingungen f pl
**storehouse** n / Warenlager n || **~** / Lagerhaus n, Lager n (ein Gebäude), Speicher m, Lagerhalle f
**storekeeper** n (US) / Ladenbesitzer m
**store location*** (Comp) / Speicherplatz m, Arbeitsspeicherplatz m, Speicherzelle f (bei einem wortorganisierten Speicher eine Gruppe von Speicherelementen, die ein Maschinenwort aufnimmt - nach DIN 44300)
**storeman** n (pl. -men) / Lagerist m (pl. -en)
**store owner** (US) / Ladenbesitzer m || **~ protection** (Comp) / Speicherschutz m, Speicherbereichsschutz m
**storeroom** n / Lager n (Raum) || **~** / Lagerraum m || **~** (Build) / Abstellraum m
**store stock** (Agric) / Mastvieh n
**storey** n (Build) / Geschoss n, Etage f, Stockwerk n, Stock m || **~** (For) / Bestandesschicht f, Baumschicht f || **~ height** (Build) / Geschosshöhe f (DIN 4174)
**storey-high** adj (Build) / geschosshoch adj
**storey rod*** (Build) / Messlatte f (fürs Anreißen der Stufen an der Wange)
**storing** n / Lagerung f, Einlagerung f, Lagern n || **~** / Einspeicherung f, Speicherung f || **~** / Aufbewahrung f || **~ capacity** (Work Study) / Puffermöglichkeit f, Lagermöglichkeit f (zwischen den einzelnen Arbeitsplätzen oder Arbeitssystemen)
**storm*** n (between strong gale and violent storm) (Meteor, Radio) / schwerer Sturm (Beaufortgrad 10) || **~** (Radio) / Sturm m || **~ area** (Meteor) / Sturmzone f || **~ beach** (Ocean) / Hochwasserstrand m || **~ belt** (Meteor) / Sturmzone f || **~ centre*** (Meteor) / Sturmzentrum n || **~ choke** (Oils) / Sicherheitsventil n
**stormcoat** n (Textiles) / Allwettermantel m
**storm damage** / Sturmschaden m || **~ door** (an additional outer door for protection in bad weather or winter) (Build) / Wintertür f, Windfangtür f || **~ drain** (San Eng) / Niederschlagswasserkanal m (Kanalisationsrohr), Regenwasserkanal m || **~ drain** (San Eng) / Regenwasserleitung f
**Stormer's theory** (Phys) / Størmer'sche Theorie (des Polarlichts - nach F.C.M. Størmer, 1874-1957)
**storm flap** (Textiles) / verdeckter Frontverschluss (z.B. bei Lederjacken) || **~ flood** (Ocean) / Sturmhochwasser n || **~ flow** (Hyd Eng, Meteor) / Regenabfluss m (starker - nach DIN EN 752-1) || **~ ladder** (Ships) / Lotsentreppe f, Sturmleiter f (Zugang zum Schiff als Strickleiter mit viereckigen Sprossen zum Ersteigen des Schiffs von einem Boot aus) || **~ lane** (Meteor) / Sturmzone f || **~ low** (Meteor) / Sturmtief n, Sturmwirbel m, Sturmzyklone f
**storm-proof** adj / sturmfest adj (z.B. Waldbestand), sturmsicher adj

**storm rainfall** (Meteor) / Sturmregen m
**storm-resistant** adj / sturmfest adj (z.B. Waldbestand), sturmsicher adj
**storm run-off** (Hyd Eng, Meteor) / Regenabfluss m (starker - nach DIN EN 752-1) || **~ sewer** (San Eng) / Niederschlagswasserkanal m (Kanalisationsrohr), Regenwasserkanal m || **~ sewer** (San Eng) / Regenwasserleitung f || **~ surge** (a rising of the sea as a result of wind and atmospheric pressure changes associated with storm) (Ocean) / Windwelle f beim Sturm, Sturmwelle f || **~-tide** n (Meteor, Ocean, Ships) / Sturmflut f (an Meeresküsten und Tidenflüssen) || **~ wall** (Civ Eng, Hyd Eng) / Brüstungsmauer f (die eine Fahrbahn auf der Dammkrone wasserseitig schützt) || **~ warning** (Meteor) / Sturmwarnung f || **~ water** (Meteor, San Eng) / Niederschlagswasser n (Regen- und Schmelzwasser in der Kanalisation)
**storm-water discharge** (Hyd Eng, Meteor) / Regenabflussspende f || **~ overflow** (Hyd Eng) / Regenüberlauf m (Entlastungsbauwerk im Mischsystem ohne Speicherraum nach DIN 4045) || **~ overflow tank** (Hyd Eng) / Regenüberlaufbecken n (DIN 4045) || **~ sedimentation tank** (San Eng) / Regenklärbecken n (Absetzbecken für Regenwasser im Trennsystem nach DIN 4045), RKB (Regenklärbecken) || **~ sewer** (San Eng) / Niederschlagswasserkanal m (Kanalisationsrohr), Regenwasserkanal m
**storm•-water tank*** (Civ Eng, Hyd Eng) / Regenwasserbecken n, Regenbecken n || **~ wave** (Ocean) / Windwelle f beim Sturm, Sturmwelle f || **~ window*** (US) (Build) / Vorfenster n, Außenfenster n (bei einem Doppelfenster), Winterfenster n || **~ window*** (Build) s. also dormer
**stormy** adj (Nut) / stürmisch adj (Gärung)
**story** n (US) (Build) / Geschoss n, Etage f, Stockwerk n, Stock m || **~** (US) (For) / Bestandesschicht f, Baumschicht f
**storyboard** n (Cinema, TV) / Storyboard n (pl. -s) (zeichnerische oder fotografische Skizzierung /mit Standfotos/ des Ablaufs einer Werbesendung oder eines Drehbuchs), Ablaufplan m (Storyboard)
**story height** (US) (Build) / Geschosshöhe f (DIN 4174) || **~ method** (Chem) / Story-Methode f (Ringreaktionen zur Synthese von makrocyclischen Verbindungen) || **~ pole** (Build) / Messlatte f (fürs Anreißen der Stufen an der Wange) || **~ shot** (Cinema) / Handlungsmontage f
**stout-walled** adj / dickwandig adj
**stove** v (Agric, Chem, Ecol) / räuchern v, ausräuchern v (z.B. Ungeziefer) || **~** (Nut) / warm halten || **~** (Paint) / in einem Ofen trocknen || **~** (Paint) / einbrennen v (Beschichtungsstoffe) || **~** (Textiles) / schwefeln v (Wolle), mit Schwefeldampf bleichen || **~** n / Trockenraum m, Trockenofen m (im Allgemeinen) || **~** (GB) (used expecially for the cultivation of tropical exotics) (Agric) / Treibhaus n (in dem Gewächse getrieben werden), Warmhaus n (beheiztes - ab 18 °C), temperiertes Gewächshaus (beheiztes - 12-18 °C) || **~** (Autos, Paint) / Einbrennofen m (in der Lackieranlage) || **~** (Build, Heat) / Ofen m (für Heiz- und Kochzwecke), Raumheizkörper m (Ofen) || **~** (Ceramics) / Brennofen m || **~** (Textiles) / Schwefelkammer f, Schwefelkasten m (für die Bleiche) || **~** (for drying) (Textiles) / Kammertrockner m || **~ bolt** (US) (Eng) / Schlitzschraube f mit grobgängigem Gewinde (Rundkopf oder versenkt und mit Vierkantmutter), Senkschraube f mit Längsschlitz, Rundkopfschraube f mit Längsschlitz || **~ drying** (Textiles) / Kammertrocknen n
**stove-enamel** n (Paint) / ofentrocknender Lack, Einbrennlack m (der bei Temperaturen zwischen 100° und 250° C gehärtet wird)
**stove-pipe** n (Build) / Ofenrohr n
**stovetop ware** (US) (Ceramics, Glass) / kochfestes Geschirr, Kochgeschirr n
**stoving*** n (Ceramics, Paint) / Ofentrocknung f || **~** (Leather) / Brut f (bei Sämischgerbung) || **~*** (Paint) / Einbrennen n (Wärmehärtung von Beschichtungsstoffen) || **~** (Textiles) / Schwefelbleiche f, Schwefelkammerbleiche f, Schwefeln n (Bleichen von Wolle) || **~** adj (Paint) / ofentrocknend adj || **~ chamber** (Textiles) / Schwefelkammer f, Schwefelkasten m (für die Bleiche) || **~ enamel** (GB) (Paint) / ofentrocknender Lack, Einbrennlack m (der bei Temperaturen zwischen 100° und 250° C gehärtet wird) || **~ finish** (Paint) / ofentrocknender Lack, Einbrennlack m (der bei Temperaturen zwischen 100° und 250° C gehärtet wird) || **~ material** (Paint) / ofentrocknender Lack, Einbrennlack m (der bei Temperaturen zwischen 100° und 250° C gehärtet wird) || **~ oven** (Autos, Paint) / Einbrennofen m (in der Lackieranlage) || **~ temperature** (Paint) / Einbrenntemperatur f
**stow** v (Mining) / versetzen v, Versatz einbringen || **~** (Ships) / verstauen v (unterbringen in einem Raum), stauen v (verladen)
**stowage** n (space for stowing) / Stauraum m (z.B. im Auto) || **~** (Ships) / Verstauen n, Stauen v || **~ compartment** (Aero) / Staufach n || **~ diagram** (Ships) / Stauungsplan m, Stauplan m || **~ factor*** (Ships) / Staufaktor m, Staumaß n der Gutart (der Ladung), Staukoeffizient m || **~ factor*** (Ships) / Räumte f (das Verhältnis der zur Verfügung stehenden

Laderauminhalts eines Schiffes in Kubikmetern zur Tragfähigkeit in Tonnen) ‖ ~ **plan** (Ships) / Stauungsplan *m*, Stauplan *m* ‖ ~ **shelf** (Autos) / Ablagefach *n*, Ablage *f* ‖ ~ **space** / Stauraum *m* (z.B. im Auto)
**stowing** *n* (Mining) / Versatz *m* (Verfüllen der beim Abbau von Lagerstätten entstandenen Hohlräume, Bergeversatz *m*, Trockenversatz *m* (Vorgang)) ‖ ~ **plan** (Aero) / Beladungsplan *m*, Beladeplan *m*
**STP** (shielded twisted pair) (Cables) / STP-Kabel *n* (mit paarweise abgeschirmten und verdrillten Adern) ‖ ≙ (spanning-tree process) (Comp, Telecom) / Spanning-Tree-Verfahren *n*
**s.t.p.**\* (standard temperature and pressure) (Phys) / Normalbedingungen *f pl*, Normzustand *m* (vereinbarter Bezugszustand nach DIN 1343), Standardbedingungen *f pl*
**STP**\* (standard temperature and pressure) (Phys) / Normalbedingungen *f pl*, Normzustand *m* (vereinbarter Bezugszustand nach DIN 1343), Standardbedingungen *f pl*
**St. Petersburg problem** (Maths, Stats) / Petersburger Problem *n* (ein Zufallsexperiment mit unendlich großem Erwartungswert) ‖ ≙ **Petersburg standard** (For) / [St. Petersburger] Standard *m* (für Schnittholz = 4,642 m³)
**STPP** (sodium tripolyphosphate) (Chem) / Natriumtripolyphosphat *n* (Na₅P₃O₁₀), Pentanatriumtriphosphat *n* (ein alter, heute nicht mehr benutzter Waschmittelinhaltsstoff)
**STR** (stirred tank reactor) (Chem Eng) / Rührkesselreaktor *m*, RKR (Rührkesselreaktor), Rührreaktor *m*, Rührfermenter *m*, RKR ‖ ≙ (split-table reactor) (Nuc Eng) / Split-Table-Reaktor *m*, STR (Split-Table-Reaktor)
**strabismus**\* *n* (Med, Optics) / Strabismus *m*, Schielen *n* (Abweichen der Augen oder eines Auges aus der Parallelstellung)
**straddle** *v* / überfahren *v* (Last - Portalstapler) ‖ ~ (Comp, Print) / mehrspaltige Überschrift, mehrspaltiger Rubrikkopf, mehrspaltiger Rubriktitel, mehrspaltiger Tabellenkopf ‖ ~ **carrier** (Eng) / Sitzportalhubwagen *m*, Portalhubwagen *m* ‖ ~ **carrier** (Eng) / Van-Carrier *m* (zum Bewegen von Containern auf dem Terminal, Portalstapler *m*, Portalfahrzeug *n* ‖ ~ **carrier** (For) / Torlader *m* ‖ ~ **carrier truck** (US) (Eng) / Van-Carrier *m* (zum Bewegen von Containern auf dem Terminal, Portalstapler *m*, Portalfahrzeug *n* ‖ ~ **harvester** (Agric) / Portalerntemaschine *f*, Überkronenerntemaschine *f* (für Obst) ‖ ~ **milling**\* (Eng) / gleichzeitiges Fräsen von zwei (planparallelen) Seitenflächen ‖ ~ **railway** (Eng) / Sattelbahn *f* (z.B. Alwegbahn) ‖ ~ **scaffold**\* (Build) / Hängebockgerüst *n* (meistens für Schornsteinreparaturen), Schornsteingerüst *n* ‖ ~ **truck** (Eng) / Sitzportalhubwagen *m*, Portalhubwagen *m*
**straddle-type sprinkler** (Agric) / Stelzradregner *m*
**straddle-type tractor** (Agric) / Hochradschlepper *m*, Portalschlepper *m*, Stelzenschlepper *m* (im Allgemeinen), Portaltraktor *m* (im Allgemeinen)
**straddle-type tree tractor** (Agric) / Portaltraktor *m* (für den Obstbau), Portalschlepper *m* (für den Obstbau)
**straddling dowel** (Build) / Spreizdübel *m* ‖ ~ **tree tractor** (Agric) / Portaltraktor *m* (für den Obstbau), Portalschlepper *m* (für den Obstbau)
**strafe** *v* (Aero, Mil) / mit Bordkanonen im Tiefflug angreifen
**straggling**\* *n* (Nuc) / Straggling *n* (Energieverteilung) ‖ ~\* (Nuc) / Schwankung *f*, Streuung *f* (statistische) ‖ ~ (Stats) / Varianz *f* (mittlere quadratische Abweichung einer Zufallsvariablen von ihrem Erwartungswert), Streuung *f*, mittlere quadratische Abweichung, Dispersion *f* (alte Bezeichnung für Varianz)
**straight** *n* (Civ Eng) / Zwischengerade *f* (zwischen zwei Kurven) ‖ ~ *adj* / ohne Additive (Schmieröl) ‖ ~ / geradlinig *adj*, gerade *adj* ‖ ~ / rein *adj* (ohne Zusatzstoffe) ‖ ~ (Eng) / geradverzahnt *adj*, geradeverzahnt *adj* ‖ ~ (For) / zweischnürig *adj* (geradschäftiger Stamm, der in jeder Richtung durch ebene Längsschnitte zerlegt werden kann) ‖ ~ (Nut) / unverschnitten *adj* (Whisky) ‖ ~ (Nut) / unverdünnt *adj*, rein *adj* (alkoholische Getränke) ‖ „**which preserves ~ lines** (Maths) / geradentreu *adj* (Abbildung) ‖ ~ **air brake** (US) / nichtselbsttätige Druckluftbremse, direktwirkende Bremse ‖ ~ **angle**\* (Maths) / gestreckter Winkel *m* ‖ ~ **arch**\* (Arch) / scheitrechter Bogen (ein gemauerter Sturz über einer Öffnung ganz oder fast ohne Stich)
**straight-arm paddle agitator** (Chem Eng) / einfacher Balkenrührer
**straight-arm paddle mixer** (Chem Eng) / einfacher Balkenrührer
**straight-back handsaw with open handle** (Join) / Fuchsschwanz *m* (eine Handsteifsäge mit trapezförmigem Sägeblatt), Fuchsschweif *m* (eingriffige Säge mit breitem, nach vorn schmaler werdendem Blatt), Biberschwanz *m* ‖ ~ **tooth** (Eng) / Winkelzahn *m* (eines Fräsers)
**straight bank multiple**\* (Teleph) / gerades (Kontakt)Vielfachfeld
**straight-bar knitting** (Textiles) / Flachwirken *n* ‖ ~ **machine**\* (Textiles) / Flachwirkmaschine *f*

**straight binary code** (Comp) / reiner Binärkode, reiner Binärcode, 8-4-2-1- Kode *m*, Acht-vier-zwei-eins-Kode *m* ‖ ~ **blast-furnace gas** (Met) / unvermischtes Hochofengas
**straight-boled** *adj* (For) / geradschäftig *adj* (Baum)
**straight box wrench** (US) (Tools) / gerader Ringschlüssel ‖ ~ **brackets** (Stats) / Absolutstriche *m pl* ‖ ~ **bridge** (Civ Eng) / gerade Brücke ‖ ~ **chain** (Chem) / geradlinige (unverzweigte) Kette, gerade Kette ‖ ~-**chain** *attr* (Chem) / unverzweigt *adj*, gradkettig *adj*, geradkettig *adj*, mit gerader Kette
**straight-chain formula** (Chem) / geradkettige Formel
**straight circulation** (Mining, Oils) / Normalspülung (durch das Gestänge), direkte Spülung ‖ ~ **coal gas** / Steinkohlengas *n*, Kohlengas *n* ‖ ~ **coupling** (Eng) / geradlinige (Längs)Verbindung (eine Rohrverbindung) ‖ ~ **crack** (For) / gerader Riss (im Schnittholz) ‖ ~ **cup grinding wheel** (Eng) / gerade Topfschleifscheibe (DIN 69139) ‖ ~ **cut** (Cinema) / harter Schnitt, Cutschnitt *m*
**straight-cut** *adj* (Eng) / geradverzahnt *adj*, geradeverzahnt *adj*
**straight•-cut system** (along a path parallel to the linear or circular machine ways) (Automation, Eng) / Streckensteuerung *f* (DIN 66025) ‖ ~ **edge** (Build, Carp) / Waagscheit *n*, Richtlatte *f*, Richtholz *n*, Setzlatte *f*, Wiegelatte *f*, Richtscheit *n* (gerades Lineal, z.B. glatt gehobeltes Holz) ‖ ~ **edge** (Eng) / Tuschierlineal *n* ‖ ~ **edge** (Eng) / Haarlineal *n* (zum Prüfen der Ebenheit von Flächen) ‖ ~ **edge** (Eng) / Zeichenstab *m* (der Zeichenmaschine) ‖ ~ **edge** (Foundry) / Abstreichlineal *n* ‖ ~ **edge** (Maths) / Lineal *n* (zur Konstruktion von geometrischen Figuren)
**straight-eight**\* *n* (I C Engs) / Achtzylinder-Reihenmotor *m*
**straighten** *v* (Autos) / ausbeulen *v* (Karosserie) ‖ ~ (Civ Eng, Hyd Eng) / begradigen *v* (den Wasserlauf, die Strecke) ‖ ~ (in the die) (Eng) / richten *v* (entgratete Schmiedestücke im Gesenk) ‖ ~ (Eng, Met) / richten *v* (Blech,Stab,Rohr), geradrichten *v*, planieren *v* (Blech)
**straightened panel** (Autos) / ausgebeultes Blech (nach der Reparatur)
**straightener** *n* (Eng, Met) / Richtmaschine *f* (die Halbzeuge richtet) ‖ ~ (Phys) / Strömungsgleichrichter *m* (Bauteil, das zur Erzeugung eines der Strömung in einem geraden Rohr vergleichbaren Strömungsprofils in den Rohrquerschnitt eingebracht wird)
**straighteners**\* *pl* (Aero) / Wabengleichrichter *m* (vor der Messstrecke im Windkanal)
**straightening** *n* (in the die) (Eng) / Richten *n* (im Gesenk) ‖ ~ (Eng, Met) / Richten *n* (von Blech,Stab, Rohr), Richtarbeiten *f pl* ‖ ~ **anvil** (For) / Richtamboss *m* (für das Richten und Spannen von Sägeblättern) ‖ ~ **by bending** (Eng) / Biegerichten *n* ‖ ~ **hammer** (Autos) / Ausbeulhammer *m* ‖ ~ **hammer** (For, Tools) / Richthammer *m* (zum Richten und Spannen von Sägeblättern) ‖ ~ **kit** (Autos, Tools) / Richtsatz *m* ‖ ~ **machine** (Eng, Met) / Richtmaschine *f* (die Halbzeuge richtet) ‖ ~ **machine** (Eng, Met) / Richtapparat *m*, Rollenrichtapparat *m* (in der Blechbearbeitung) ‖ ~ **plate** (Eng, Met) / Richtplatte *f* ‖ ~ **press** (Eng, Met) / Richtpresse *f* (Presse zum Biegen von Schmiede- und Walzwerkerzeugnissen zur Beseitigung von unerwünschten Krümmungen in einer oder zwei Achsen) ‖ ~ **set** (Autos, Tools) / Richtsatz *m*
**straight fabric** (Textiles) / reines Gewebe (als Gegensatz zu Mischgewebe)
**straight-faced** *adj* (I C Engs) / mit zylindrischer Lauffläche (Kolbenring)
**straight fertilizer** (Agric) / Einzeldünger *m*, Einnährstoffdünger *m* ‖ ~ **flight** (Aero) / Geradeausflug *m* ‖ ~ **flight** (Arch) / gerade Treppe, gerader Treppenlauf (eine Treppenform) ‖ ~-**flow system**\* (Aero) / Gleichstrombrennkammer *f*
**straight-flow turbine** (Eng) / Straflo-Turbine *f* (spezielle Bauform von axial durchströmten Turbinen, bei der Turbine und Generator eine Einheit bilden - Laufrad und Generator liegen unmittelbar zusammen)
**straight-fluted** *adj* / geradnutig *adj*, geradgenutet *adj*
**straight-flute drill**\* (Eng) / geradnutiger Bohrer, Bohrer *m* mit geraden Nuten
**straightforward** *adj* / klar *adj* (Anweisung), einfach *adj* (Anwendung)
**straight gas utility** (US) (Fuels) / Gasversorgungsunternehmen *n*, GVU (Gasversorgungsunternehmen) ‖ ~ **grain** (Leather) / Langnarben *m* ‖ ~ **grinding wheel** (Eng) / gerade Schleifscheibe (DIN 69120) ‖ ~ **guide** (Eng) / Geradführung *f* (bei Werkzeugmaschinen) ‖ ~ **head** (an extruder head) (Plastics) / Längsspritzkopf *m* (der Spritzmaschine), Geradeauskopf *m*
**straight-in approach** (Aero) / Geradeausanflug *m*
**straight insertion sort** (Comp) / Sortieren *n* durch Auswahl, Auswahlsortierung *f* ‖ ~ **joint**\* (Build) / Stoßfuge *f* auf Stoßfuge ‖ ~ **joint** (Cables) / Verbindungsmuffe *f* (die Kabel gleicher Bauart und gleichen oder unterschiedlichen Leiterquerschnitts verbindet) ‖ ~ **knurling** (Eng) / Rändeln *n* (ein Aufrauverfahren, z.B. bei Muttern, Schraubenknöpfen, Bedienungsknöpfen usw. - DIN 8583, T 5) ‖ ~

**straight**

**lime liquor** (Leather) / Weißkalkäscher *m* (reiner) ‖ **~ line** (Maths) / Gerade *f* (Grundgebilde der räumlichen und ebenen Geometrie)
**straight-line** *attr* / geradlinig *adj*, gerade *adj*
**straight-line capacitor**\* (Elec Eng) / kapazitätsgerader Drehkondensator, kapazitätsproportionaler Kondensator
**straight-line coding** (Comp) / gestreckte Programmierung (im Gegensatz zur "zyklischen Programmierung" ) ‖ **~ control** (Automation, Eng) / Streckensteuerung *f* (bei Robotern) ‖ **~ definition** (Comp) / Geradendefinition *f* ‖ **~ frequency capacitor**\* (Radiol, Telecom) / frequenzgerader Kondensator (ein Drehkondensator), frequenzgerader Drehkondensator ‖ **~ guide** (Eng) / Geradführung *f* (bei Werkzeugmaschinen) ‖ **~ mechanism** (Eng, Mech) / Geradführung *f* (in der Kinematik) ‖ **~ motion** (Mech) / geradlinige Bewegung ‖ **~ wavelength capacitor**\* (Elec Eng, Telecom) / wellengerader Drehkondensator ‖ **~ ways** (Eng) / Geradführung *f* (bei Werkzeugmaschinen)
**straight liquor** (Leather) / unmaskierte Brühe ‖ **~ magazine** (Photog) / Geradmagazin *n* (des Diaprojektors) ‖ **~ matter** (Typog) / glatter Satz ‖ **~ multiple** (Teleph) / gerades (Kontakt)Vielfachfeld ‖ **~ nailing** (Carp) / Geradnagelung *f*
**straightness** *n* (Eng) / Geradheit *f* (auch nach DIN 7184, T 1) ‖ **~ (For)** / Schnürigkeit *f* (die Geradschäftigkeit eines Baumstammes) ‖ **~ tolerance** (Eng) / Geradheit *f* (auch nach DIN 7184, T 1)
**straight-pane hammer**\* (the wedge is parallel to the shaft) (Tools) / Pinhammer *m*, Kreuzhammer *m*, Kreuzschlaghammer *m* (die Finne ist parallel zum Stiel)
**straight-peened hammer** (Tools) / Pinhammer *m*, Kreuzhammer *m*, Kreuzschlaghammer *m* (die Finne ist parallel zum Stiel)
**straight pin** (Eng) / Zylinderstift *m* (DIN 7) ‖ **~ pipe thread for loose-fitting mechanical joints with locknuts** (US) (Eng) / zylindrisches Rohrgewinde für mechanische Verbindungen mit Gegenmutter ‖ **~ polarity** (Welding) / Minuspolung *f*, normale Polung (Lichtbogenschweißen) ‖ **~ receiver**\* (Radio) / Geradeausempfänger *m* ‖ **~ reliming** (Leather) / Kalknachäscher *m* (mit Weißkalk) ‖ **~ run** (Civ Eng, Rail) / gerade Wegstrecke
**straight-run**\* *n* (Print) / nichtgesammelte Produktion, einfache Produktion (beim Rollendruck) ‖ **~ benzine** (Oils) / SR-Benzin *n*, Destillatbenzin *n*, Rohbenzin *n*, Topbenzin *n*, Straightrun-Benzin *n*, Destillatbenzin *n*
**straight-run gasoline** (Oils) / SR-Benzin *n*, Destillatbenzin *n*, Rohbenzin *n*, Topbenzin *n*, Straightrun-Benzin *n*, Destillatbenzin *n*
**straight-run production** (Print) / nichtgesammelte Produktion, einfache Produktion (beim Rollendruck)
**straight-run stock** (Oils) / unzersetzter Destillationsrückstand (als Einsatzmaterial für weitere Stufen)
**straight-seat valve** (Eng) / Geradsitzventil *n* (Armatur)
**straight section** / Geradstück *n* (z.B. bei einer Hängebahn) ‖ **~ shank** (Eng) / Zylinderschaft *m* (z.B. eines Bohrers oder Stirnfräsers) ‖ **~ shank reamer** (Eng) / Maschinenreibahle *f* (DIN 208, DIN 212)
**straight-sided press** (Eng) / Zweiständerpresse *f*, Doppelständerpresse *f* ‖ **~ shavehook** (Paint) / Dreikantschaber *m*
**straight six** (I C Engs) / Sechszylinder-Reihenmotor *m* ‖ **~ slide rule** / Rechenstab *m*, Rechenschieber *m*
**straight-stemmed** *adj* (For) / geradschäftig *adj* (Baum)
**straight stitch** (Textiles) / Geradstich *f* ‖ **~-stitch sewing machine** (Textiles) / Geradstichnähmaschine *f*
**straight-tab gating** (Plastics) / Vorkammerverfahren *n* mit geradem Anguss
**straight thread** (Eng) / zylindrisches Gewinde ‖ **~ throat** (Glass) / bodengleicher Durchlass, nicht versenkter Durchlass
**straight-through lane** (Autos) / durchgehender Fahrstreifen ‖ **~ muffler** (Autos) / Absorptionsschalldämpfer *m* (ein Auspuffschalldämpfer) ‖ **~ side styling** (of the body) (Autos) / Pontonkarosserie *f* ‖ **~ valve** (Eng) / Durchgangshahn *m* ‖ **~ valve** (Eng) s. also straight-way valve
**straight tie** (Weaving) / gerade Schnürung
**straight-tip connector** (Comp, Electronics) / Straight-Tip-Stecker *m* (eine Weiterentwicklung des BNC-Steckers)
**straight tooth** (Eng) / Geradzahn *m*
**straight-toothed** *adj* (Eng) / geradverzahnt *adj*
**straight-tube bundle-type heat exchanger** (Eng) / Geradrohrbündelwärmeaustauscher *m* ‖ **~ microscope** (Micros) / Mikroskop *n* mit Geradtubus
**straight-type cable**\* (Cables) / einadriges Höchstädter-Kabel
**straight-up-and-down filament**\* (Elec Eng) / Langdraht-Leuchtdraht *m*
**straightway** *attr* / geradnutig *adj*, geradgenutet *adj*
**straightways** *pl* (Eng) / Geradführung *f* (bei Werkzeugmaschinen)
**straightway valve** (Eng) / Durchgangsventil *n*
**straight-weight engine oil** / Einbereichsöl *n*, Einbereichsmotorenöl *n*
**straight wheel** (Eng) / gerade Schleifscheibe (DIN 69120) ‖ **~-wing aircraft** (Aero) / Flugzeug *n* mit gerader Tragfläche

**strain** *v* (Chem, Pharm) / perkolieren *v*, kolieren *v* ‖ **~ (Leather)** / spannen *v* ‖ **~ (Met)** / recken *v* (bei Zugumformung) ‖ **~ (Nut)** / schleudern *v* (Honig) ‖ **~ (Nut)** / kolieren *v*, durchschlagen *v*, durchseihen *v*, seihen *v*, sieben *v* ‖ **~ (Pharm)** / kolieren *v* (mit dem Koliertuch), perkolieren *v* ‖ **~ n** (Agric, Zool) / Zuchtlinie *f*, Linie *f* (Zuchtlinie) ‖ **~**\* (Agric, Zool) / Stamm *m*, Schlag *m* (Teilgruppe einer Haustierrasse) ‖ **~**\* (Bacteriol, Bot, Micros, Zool) / Stamm *m*, Kulturstamm *m* (von Mikroorganismen), Bakterienstamm *m* ‖ **~**\* (Bot) / Sorte *f*, Kulturvarietät *f* ‖ **~** (a variant of a computer virus) (Comp) / Virusvariante *f* ‖ **~**\* (Eng, Mech, Phys) / Beanspruchung *f* (auf einen Körper wirkende verformende Spannung) ‖ **~** (Geol) / Deformation *f*, Strain *m* ‖ **~** (Glass) / Verspannung *f* ‖ **~**\* (the description of the intensity of deformation) (Mech) / Verformung *f* (Gestalt- und Volumenänderung eines Körpers nach DIN 13316 und 13343), Deformation *f*, Formänderung *f* (Deformation), Umformung *f* (Deformation) ‖ **~** (Mech) / Dehnung *f* (bei Zugbeanspruchung) ‖ **~ ageing**\* (Met) / Reckalterung *f* (Alterung bei ferritischem Stahl als Folge einer Kaltverformung) ‖ **~ amplitude** (Mech) / Verformungsamplitude *f* ‖ **~ analysis** (photoelastic) (Mech, Optics) / Elastooptik *f* (als Verfahren), Spannungsoptik *f* (als experimentelles Verfahren der Spannungsanalyse) ‖ **~ axis** (Geol) / Deformationsachse *f* ‖ **~ coefficient** (Materials, Mech) / Dehnungskoeffizient *m*, Dehnungszahl *f*, Dehnzahl *f*
**strain-dependent** *adj* (Materials, Mech) / dehnungsabhängig *adj* ‖ **~ resistor** (Elec Eng) / dehnungsabhängiger Widerstand (ein Bauteil)
**strain disk**\* (Glass) / Spannungsscheibe *f*, Prüfscheibe *f* für Spannungen, spannungsnormale Scheibe
**strained crystal** (Crystal) / Kristall *m* unter Last ‖ **~ lattice** (Crystal) / verzerrtes Gitter, deformiertes Gitter
**strain ellipsoid** (an ellipsoid in the deformed state that is derived from a sphere in the undeformed state) (Crystal, Mech) / Strain-Ellipsoid *n*, Deformationsellipsoid *n* (Bezugskörper zur Veranschaulichung der durch homogene elastische Deformationen hervorgerufenen Veränderungen von Volumen und Achsenverhältnis eines Kristalls) ‖ **~ energy** (Mech) / Formänderungsenergie *f* (DIN 13316), Deformationsenergie *f*, Verformungsenergie *f* ‖ **~ energy** (Mech) s. also energy of deformation
**strainer** *n* (Chem Eng, Plastics) / Strainer *m* (eine Spritzmaschine), Siebspritzmaschine *f* ‖ **~ (Eng)** / Saugkorb *m* (am Eintrittsstutzen von Pumpenleitungen befindliches Siebgefäß zur Aufnahme von Fremdkörpern) ‖ **~ (Eng)** / Siebfilter *n*, Seiher *m*, Sieb *n*, Filtersieb *n* ‖ **~ (Eng)** / Einlaufseiher *m* (am Ende von Rohrleitungen, die Wasser aus offenen Gewässern ansaugen) ‖ **~ (Eng, Nut)** / Durchschlag *m* (Sieb), Seiher *m*, Sieb *n* (Durchschlag) ‖ **~ (Nut)** / Passiersieb *n* ‖ **~**\* (Paper) / Sortiersieb *n* ‖ **~ core** (Foundry) / Siebkern *m* (scheibenförmiger oder viereckiger mit mehreren Bohrungen versehener Kern als Kernformstoff oder Keramik, der in das Eingusssystem eingelegt wird, das Vollhalten des Eingusses beim Gießen erleichtert und zum Zurückhalten der Schlacke dient), Eingusskern *m* ‖ **~ gate** (Foundry) / Siebzulauf *m* ‖ **~ with offset spiders** (Plastics) / Dornhalter *m* mit versetzten Stegen
**strain-free** *adj* (Geol) / entspannt *adj*
**strain-free** *adj* (Mech) / verspannungsfrei *adj*, spannungsfrei *adj*
**strain-free lattice** (Crystal) / verspannungsfreies Gitter
**strain gauge**\* (Electronics) / Dehnmessstreifen *m*, Dehnungsmessstreifen *m* (ein passiver Messwandler), DMS *m* (Dehnungsmessstreifen), Widerstandsdehnungsmessstreifen *m* (ein Ohm'scher Messgrößenumformer), Widerstandsdehnungsmesser *m* (mit dem Dehnungsmessstreifen) ‖ **~ gauge**\* (Instr, Mech) / Dehnungsmesser *m* (elektrischer), Dehnungsmessgerät *n* (bei Zugbeanspruchung)
**strain-hardening**\* *n* (Met) / Verfestigung *f* durch Verformung, Verfestigung *f* (durch Kaltbearbeitung - Tätigkeit), Kaltverfestigung *f* (der Metalle), Umformverfestigung *f*
**strain-hardness** *n* (Met) / Verfestigung *f* (durch Kaltbearbeitung - Ergebnis), Kaltverfestigung *f* (Ergebnis)
**strain history** (Materials, Mech) / Formänderungsgeschichte *f*
**strain-induced** *adj* (Mech) / dehnungsinduziert *adj* ‖ **~ ageing** (Met) / Reckalterung *f* (Alterung bei ferritischem Stahl als Folge einer Kaltverformung) ‖ **~ corrosion** (Surf) / dehnungsinduzierte Korrosion (z.B. an Dampfkesseln) ‖ **~ precipitation** (Met) / dehnungsinduzierte Ausscheidung
**straining** *n* (Eng, Met) / Recken *n* (bei Zugumformung) ‖ **~ (Leather)** / Zwecken *n* (von Pelzwaren) ‖ **~ (Leather)** / Spannen *n* ‖ **~ (Pharm)** / Kolieren *n*, Perkolieren *n* ‖ **~ cloth** / Seihtuch *n* ‖ **~ machine** (Nut) / Passiermaschine *f* ‖ **~ sill**\* (Build) / Verstrebungsschwelle *f*
**strain insulator**\* (Elec Eng) / Abspannisolator *m* ‖ **~ in the drivetrain** (Autos) / Versperrung *f* im Antriebsstrang, Verspannungen *f pl* im Antriebsstrang ‖ **~ in the transmission** (Autos) / Versperrung *f* im Antriebsstrang, Verspannungen *f pl* im Antriebsstrang
**strainless** *adj* (Mech) / verspannungsfrei *adj*, spannungsfrei *adj*

**strain line** (Mech) / Kraftwirkungslinie f
**strainlining** n (Ceramics) / Absplittern n (der gebrannten Glasur vom Scherben), Craquelé n, Abspringen n (der Glasur), Krakelee n (Krakelüren)
**strain of the rivet** (Eng) / Nietbeanspruchung f
**strainometer** n (Instr, Mech) / Dehnungsmesser m (elektrischer), Dehnungsmessgerät n (bei Zugbeanspruchung)
**strain point** (Glass) / unterer Kühlpunkt, untere Kühltemperatur, 15-Stunden-Entspannungstemperatur || ~ **point** (Glass) / unterer Entspannungspunkt (ein Viskositätsfixpunkt), untere Entspannungstemperatur || ~ **proportion rule** (Materials, Mech) / Dehnungsanteilregel f || ~ **rate** (Mech) / Verzerrungsgeschwindigkeit f || ~ **rate** (Phys) / Dehngeschwindigkeit f (erste zeitliche Ableitung der Dehnung nach DIN 1342, T 1), Dehnungsgeschwindigkeit f || ~ **rate partitioning** (Materials) / Aufteilung f (von zeitabhängigen Kriech- und Relaxationsprozessen) || ~ **ratio** (Mech) / Verzerrungsverhältnis n, Dehnungsverhältnis n || ~ **relief** (Cables) / Entspannungsbogen m || ~ **resolution** (Mech) / Dehnungsempfindlichkeit f, Verzerrungsempfindlichkeit f || ~ **seismometer** (Geol) / Strain-Seismometer n || ~ **sensitivity** (Mech) / Dehnungsempfindlichkeit f, Verzerrungsempfindlichkeit f
**strain-slip cleavage*** (Geol) / $S_2$-Schieferung f, Runzelschieferung f, Schubklüftung f
**strain softening** (Met) / Umformentfestigung f, Kaltentfestigung f, Entfestigung f durch Verformung, Entfestigung f (durch Kaltbearbeitung - Tätigkeit) || ~ **tensor** (Mech) / Verformungstensor m, Formänderungstensor m, Verzerrungstensor m, Deformationstensor m (DIN 13343) || ~ **test** (Chem Eng) / Strain-Test m (Bestimmung der Dehnung von Gummiproben unter konstanter Last) || ~ **wave** (in solids) (Mech) / Verformungswelle m, Deformationswelle f || ~ **work** (Phys) / volumenbezogene Verformungsarbeit, Verformungsarbeit f (volumenbezogen - nach DIN 13 343)
**strait(s)** n pl (Ocean) / Meerenge f, Sund m, Meeresstraße f (zwischen zwei Meeren oder Meeresteilen)
**strait work*** (Mining) / enge Strecke
**strake** n (Aero) / in der Nähe des Rumpfes weit zur Rumpfspitze vorgezogene Flügelvorderkante (bei Hybridflügeln) || ~ (Agric, For) / Greifer m (am Greiferrad) || ~ (Min Proc) / Waschbühne f, [geneigter] Waschtrog m, Schwemmrinne f || ~ (Min Proc) / Gerinne n, Rinne f || ~ (Ships) / Gang m (Reihe längsschiffs verlaufender Stahlplatten oder Planken der Außenhaut) || ~* (Ships) / Strak n (der Verlauf der Kurven des Linienrisses), Straak n || ~ **wheel** (Agric, For) / Greiferrad n (eines Traktors) || ~ **wing** (Aero) / Strake-Flügel m, Hybridflügel m
**strand** v (Cables, Eng) / verseilen v, schlagen v (ein Seil, ein Tau) || ~ (Elec Eng) / verlitzen v (Draht) || ~ (Ships) / festkommen v, auf Grund geraten, auf Grund laufen, auf Grund kommen, auflaufen v || ~ (Ships) / stranden v || ~ n / Kardeele n (eines Kabelschlagseiles nach DIN 83305 und 83306), Schenkel m (eines Kabelschlagseiles) || ~ (Elec Eng) / Strang m (Leitung aus grobem Draht) || ~* (Elec Eng) / Drahtlitze f (auch in der Seilerei), Litze f (Bestandteil eines Drahtkabels, das selbst wiederum aus vielen verbundenen Einzeldrähten besteht) || ~* (Elec Eng) / Einzelleiter m (eines verseilten Leiters) || ~ (Eng) / Trum m n (eines Bandförderers) || ~ (Eng) / Strang m, Kettenstrang m || ~ (For) / Langspan m || ~ (Foundry) / Strang m (beim Stranggussz) || ~ (Eng) / Strang m || ~ (Spinning) / Strang m (Aufmachungsart des Rohmaterials bei Anlieferung an die Weberei), Garnstrang m, Garnsträhne f, Strähn m, Strähne f, Strahn m || ~ (Spinning) / Spinnfaden m || ~ (Geol) s. beach and shore
**strandboard** n (For, Join) / Strandboard n, Spanplatte f mit orientierten Spänen, orientiert gestreute Platte (anisotrope), OSB (Spanplatte mit orientierten Spänen)
**strand break** (Gen) / Strangbruch m || ~ **carrier** (Textiles) / Klöppel m (Garnträger beim maschinellen Flechten) || ~ **casting** (Foundry) / Bandgießen n
**strand-casting plant** (Foundry) / Bandgießanlage f
**strand-cast slab** (Met) / Riegel m, Mutterbramme f (stranggegossene)
**strand cutter** (Plastics) / Stranggranulator m (Maschine zum Granulieren thermoplastischer Stränge)
**stranded cable*** (Elec Eng) / verseiltes Kabel || ~ **caisson*** (Civ Eng) / Schwimmkasten m || ~ **car** / steckengebliebener Fahrkorb (des Aufzugs) || ~ **circular conductor** (Cables) / mehrdrähtiger Rundleiter, RM-Leiter m, Rundmehrdrahtleiter m, Rundseil n || ~ **conductor** (Elec Eng) / Leiterseil n || ~ **conductor*** (Elec Eng) / mehrdrähtiger Leiter (wobei die Drähte nicht gegeneinander isoliert sind)
**strandedness** n (Biochem) / Strangform f (bei Sequenzen)
**stranded shaped conductor** (Elec Eng) / mehrdrähtiger Sektorleiter, Sektor-Mehrdrahtleiter m || ~ **timber** (For, Hyd Eng) / gestrandetes Triftholz, Strandholz n || ~ **wire** (Elec Eng) / mehrdrähtiger Leiter (wobei die Drähte nicht gegeneinander isoliert sind) || ~ **wire rope** / Litzenseil n (eine Drahtkabelart)
**strander** n (Cables, Eng) / Schlagmaschine f (in der Seilerei), Seilschlagmaschine f, Seildrehmaschine f, Seilflechtmaschine f, Verseilmaschine f
**stranding** n (Cables, Eng) / Verseilung f, Seilen n, Seilschlagen n, Schlagen n, Zusammenschlagen n (von Seilen) || ~ (For, Hyd Eng) / Strandung f (Hängenbleiben von Triftholz an den Rändern der Triftstraße) || ~ (Ships) / Auflaufen n (Festkommen auf Grund) || ~ (Cables) s. also rope making || ~ **cage** (Cables) / Verseilkorb m || ~ **effect*** (Cables) / Verseilfaktor m
**strand insulation** (Elec Eng) / Teilleiterisolation f
**strandline** n (Geol) / Uferlinie f, Strandlinie f
**strand rolling** (Met) / blockloses Walzen, Strangwalzen n, Gießwalzen n
**strands** pl (For, Join) / schlanke Holzspäne zur Herstellung der OSB-Platten
**strand-type pig caster** (Met) / Gießband n
**strange** adj (Bot) / gesellschaftsfremd adj (Spezies) || ~* (Nuc) / seltsam adj (Teilchen) || ~ **attractor** (the fractal trajectory in phase space followed by chaotic non-linear systems for some values of initial parameters as time tends to infinity) (Maths, Phys) / seltsamer Attraktor, chaotischer Attraktor
**strangelet** n (Nuc) / Strangelet n
**strangeness*** n (Nuc) / Seltsamkeit f (ladungsartige Quantenzahl), Strangeness f (Fremdheitsquantenzahl) || ~ **number** (a quantum number associated with subatomic particles that is conserved in the strong and electromagnetic interactions, but not in the weak interaction) (Nuc) / Seltsamkeit f (ladungsartige Quantenzahl), Strangeness f (Fremdheitsquantenzahl)
**strange particles** (Nuc) / seltsame Teilchen pl, Strange Particles pl || ~ **quark** (a flavour of quark) (Nuc) / Strangequark n (eine Quarkart), s-Quark n, Squark n
**strangler*** n (I C Engs) / Choke m, Luftklappe f
**strap** v / umreifen v (z.B. ein Fass oder einen Drahtring) || ~ / umbinden v, abbinden v (mit Band), zusammenschnüren v || ~ / festbinden v, festschnallen v || ~ (Comp, Elec Eng) / rangieren v (mit der Drahtbrücke) || ~ (with a fish-plate) (Rail) / verlaschen v, anlaschen v (durch Laschen verbinden - z.B. Schienen) || ~ n (of the goggles) / Kopfband n (der Schutzbrille - meistens verstellbar) || ~* (Carp) / Verstärkungsplatte f, Verstärkungsband n (bei Holzverbindungen) || ~ (Elec Eng) / Kopplungsbügel m || ~ (Elec Eng) / Drahtbrücke f || ~ (Electronics) / leitende Brücke f (bei den Anodensegmenten des Vielschlitzmagnetrons) || ~ (Electronics) / Drahtbügel m (des Magnetrons) || ~ (Eng) / Lasche f (ein Verbindungsstück) || ~ (Eng) / Gurt m, Gurtband n || ~ (Eng) / Umreifungsband n (am Fass), Spannband n (am Fass), Fassband n (ein Umreifungsband) || ~ (Eng) / Band n (der Bandbremse) || ~ (Photog) / Gurt m
**S-trap*** n (San Eng) / Geruchverschluss m mit zweifachem Bogen
**strap brake** (Eng) / Bandbremse f
**strap-down attitude reference assembly** (Aero) / flugkörperfest eingebautes Lagebezugssystem
**strap filter wrench** (Autos) / Ölfilterbandschlüssel m || ~ **hammer** (Eng) / Riemenfallhammer m (ein Gesenkschmiedehammer mit flexiblem Riemen als Huborgan) || ~ **hinge*** (Build) / Langband n (ein Türband) || ~ **leather** (Leather) / Blankleder n (nach Fläche verkauftes, vegetabil gegerbtes Rindleder für Aktenmappen, Schulranzen, Koffer, Sattlerwaren)
**strapless** adj (Textiles) / trägerlos adj
**strappable** adj (Elec Eng) / rangierbar adj (mit Drahtbrücken)
**strapped** adj / festgebunden adj, festgeschnallt adj || ~ (Comp) / eingelegt adj (Systemkennung)
**strapper** n (Eng) / Umreifungsmaschine f
**strapping*** n (Build) / Auflattung f, Lattenrost m, Putztragelattenwerk n, Stuckaturschalung f || ~* (Electronics) / Koppelleitung f, Drahtbügelkopplung f (leitende Brücken über den Anodensegmenten bei Vielschlitzmagnetronen) || ~ (Eng) / Umreifung f (mit einem Reifen) || ~ (Rail) / Verlaschen n, Anlaschen n, Verlaschung f || ~ (Telecomm) / Blankverdrahtung f || ~ (Textiles) / Gurtstoff m || ~ **equipment** (Met) / Binde-Einrichtung f (zum Umreifen von aufgewickelten Drahtringen oder Bandrollen) || ~ **machine** (Eng) / Umreifungsmaschine f
**strappings** pl (Join) / Unterbau m, Unterkonstruktion f (für die Holzverkleidung)
**strap rolling-up mechanism** (Build) / Gurtroller m || ~ **spanner** (Tools) / Bandschlüssel m, Gurtschlüssel m || ~ **wrench** (Tools) / Bandschlüssel m, Gurtschlüssel m
**Strasbourg turpentine** / Straßburger Terpentin (von der Weißtanne)
**strass*** n (Chem, Glass) / Strass m (Nachahmung von Diamanten durch hochbleihaltiges Glas - nach G.F. Stras, 1700-1773), Mainzer Fluss

**Strassman-type**

**Strassman-type cutter** (Eng) / Fräser *m* mit Schruppverzahnung, Schruppfräser *m*
**strata bolt** (Mining) / Gebirgsanker *m* (vorgefertigte Stahlstange, die über Haftelemente oder mittels Kunstharzen, ins Bohrloch eingebracht, befestigt wird und zum Zusammendübeln nicht zusammenhängender Schichten oder zum Aufhängen loser Gesteinsschalen am festen Gebirge dient - DIN 21 521-1) || ~ **bolting** (Mining) / Gebirgsverankerung *f* || ~ **bolting** (Mining) / Ankerausbau *m* (im Hangenden) || ~ **chart** (Stats) / Schichtenkarte *f* (des Zeitreihenverlaufs) || ~ **compass** (Geol) / Gefügekompass *m*
**stratameter** *n* (Oils) / Stratameter *n* (Instrument zur Feststellung von Bohrlochabweichungen aus der vorgegebenen Richtung)
**strategic** *adj* / strategisch *adj* (Spiel, Rohstoff, Waffe)
**strategical** *adj* / strategisch *adj* (Spiel, Rohstoff, Waffe)
**strategic arms limitation** (Mil) / Begrenzung *f* von strategischen Waffen || ~ **Arms Limitation Talks** (Mil) / zweiseitige Gespräche (USA und Russland) über die Begrenzung der strategischen Waffensysteme || ~ **behaviour** / strategisches Verhalten || ~ **(medium) bomber** (Mil) / [mittlerer] strategischer Bomber *m* || ~ **bomber** (Mil) / Fernbomber *m* || ~ **missile** (Mil) / strategischer Flugkörper *m* || ~ **navigation** (Nav) / strategische Navigation || ~ **offensive nuclear delivery vehicle** (Mil) / strategisches offensives Kernwaffeneinsatzmittel || ~ **Petroleum Reserve** (US) (emergency petroleum store maintained by the United States Department of Energy) (Mil, Oils) / Strategische Rohölreserve || ~ **reconnaissance aircraft** (Mil) / strategischer Aufklärer, F-Aufklärer *m*, Fernaufklärer *m*
**strategy** *n* (AI, Maths) / Strategie *f* (in der Spieltheorie) || ~ **game** (AI) / Strategiespiel *n* || ~ **space** (AI) / Strategieraum *m*
**straticulate** *adj* (Geol) / in dünnen Schichten geordnet
**stratification** *n* / Schichtung *f* (Stratifikation), Stratifikation *f* || ~ (Agric) / Stratifikation *f* (schichtweise Einlagerung von Saatgut in feuchtem Sand zur Beschleunigung der Keimung) || ~ (Autos) / Schichtladung *f*, Ladungsschichtung *f* || ~ (Chem) / Schichtung *f* (der Harzsäule) || ~* (Ecol) / Stratifikation *f* (eines Lebensraumes) / Schichtung *f* (vertikale, eines Lebensraumes) || ~* (Geol) / schichtförmige Lagerung, Schichtung *f* || ~* (the division of a population into parts, which are called strata) (Stats) / Schichtung *f* (der Grundgesamtheit in mehrere in sich möglichst homogene Teilgrundgesamtheiten) || ~ **after selection** (Stats) / nachträgliche Schichtung, Schichtung *f* nach erfolgter Auswahl || ~ **factor** (Stats) / Schichtungsvariable *f* || ~ **of air space** (Aero) / Schichtung *f* des Luftraums || ~ **variable** (Stats) / Schichtungsvariable *f*
**stratified** *adj* (Mining) / bankig *adj*, gebankt *adj*, geschichtet *adj*, schichtig *adj* || ~ **bed** (Chem) / Schichtbett *n* || ~**-charge engine** (Autos) / Schichtladungsmotor *m* / Schichtlademotor *m* (mit programmierter Verbrennung, Schichtlademotor *m* || ~ **language** (that cannot be used as its own metalanguage) (Comp) / geschichtete Sprache || ~ **leaf spring** (Eng) / geschichtete Blattfeder || ~ **random sampling** (Stats) / geschichtetes Stichprobenverfahren || ~ **sample** (Stats) / geschichtete Stichprobe || ~ **sampling** (Stats) / geschichtetes Stichprobenverfahren
**stratiform** (Meteor) / schichtwolkenartig *adj* || ~ (Mining) / bankig *adj*, gebankt *adj*, geschichtet *adj*, schichtig *adj* || ~* (Zool) / schichtförmig *adj*, schichtenförmig *adj* || ~ **cloud** (Meteor) / Schichtwolke *f*, stratiforme Wolke
**stratify** *v* / schichten *v* (aufeinander legen) || ~ (Agric) / stratifizieren *v* (Saatgut oder Steckhölzer) || ~ (divide the population into relatively homogeneous subpopulations /strata/ according to some characteristic of the populations elements) (Stats) / schichten *v*
**stratigraphic** *adj* (Geol) / stratigrafisch *adj*
**stratigraphical** *adj* (Geol) / stratigrafisch *adj* || ~ **break*** (Geol) / stratigrafische Unterbrechung, Schichtlücke *f*, Lücke *f* (stratigrafische)
**stratigraphic break** (Geol) / stratigrafische Unterbrechung, Schichtlücke *f*, Lücke *f* (stratigrafische) || ~ **column** (Geol) / Schichtenfolge *f* || ~ **column*** (Geol) / geologisches Profil, Schicht(en)folge *f* || ~ **facies** (Geol) / sedimentäre Fazies (erkannt aus Litho- und Biofazies des Gesteins) || ~ **geology** (the science of rock strata) (Geol) / Stratigrafie *f* (ein Teilgebiet der Geologie), Schichtenkunde *f* || ~ **trap** (Oils) / stratigrafische Falle
**stratigraphy*** *n* (Geol) / Stratigrafie *f* (ein Teilgebiet der Geologie), Schichtenkunde *f*
**stratochamber** *n* (Aero) / Höhenkammer *f*
**stratocumulus*** *n* (pl. stratocumuli) (Meteor) / Stratokumulus *m*, Stratocumulus *m*, SC
**stratopause** *n* (Geophys, Meteor) / Stratopause *f* (oberste Schicht der Stratosphäre)
**stratosphere*** *n* (Geophys, Meteor) / Stratosphäre *f* (die statisch stabile Schicht oberhalb der Tropopause) || ~ **balloon** (Aero) / Stratosphärenballon *m*
**Stratospheric Observatory for Infrared Astronomy** (Astron) / SOFIA *n* (ein modernes Flugzeugobservatorium)

**stratotype** *n* (Geol) / Stratotyp *m*
**stratovolcano** *n* (pl. -oes) (Geol) / Stratovulkan *m*, gemischter Vulkan
**stratum** *n* (pl. strata)* (Geol) / Schicht *f* (durch Trennflächen unterteilte Ablagerung von Sedimentgestein) || ~ (pl. strata) (Geol) / Subzone *f* || ~ (pl. strata) (a subpopulation or a section of a population which is designated in advance of the sample selection, and from which a sample is selected independently) (Stats) / Teilgesamtheit *f*, Teilgrundgesamtheit *f*, Schicht *f* (Teilgrundgesamtheit) || ~ **contours*** (Geol) / Streichlinien *f pl* || ~ **marker bolt** (Mining) / Messanker *m* (ein Gebirgsanker) || ~ **spring** (Geol) / Schichtquelle *f* || ~ **spring** (Geol) / Schichtquelle *f*
**stratus*** *n* (pl. strati) (Meteor) / Stratus *m* (pl. Strati) (Schichtwolke), St (Stratus)
**Straumanis method** (Crystal) / Straumanis-Jevins-Verfahren *n* (eine Variante des Debye-Scherrer-Verfahrens), Straumanis-Methode *f* (bei der Kristallstrukturanalyse)
**Strauss test** (Chem, Surf) / Strauß-Test *m* (mit Kupfersulfat und Schwefelsäure auf interkristalline Korrosion - DIN 50914)
**straw** *n* (Agric) / Strohhalm *m* || ~ (Agric, Build, Paper) / Stroh *n* || ~ **bale** (Agric) / Strohballen *m* || ~ **baler** (Agric) / Strohballenpresse *f*
**strawberry-coloured** *adj* / erdbeerfarben *adj*
**strawboard*** *n* (Paper) / Strohpappe *f* (DIN 6730)
**straw cellulose** (Chem Eng, Paper) / Strohzellstoff *m* (voll aufgeschlossener), Strohzellulose *f*, Zellstoff *m* aus Stroh, Strohstoff *m* (gelber) || ~ **chopper** (Agric) / Strohhäcksler *m* || ~ **collector** (Agric) / Strohsammler *m*
**straw-coloured** *adj* / strohfarbig *adj*, strohfarben *adj*, paille *adj*
**straw cutter** (Agric) / Strohreißer *m* || ~ **fibre** / Strohfaser *f*
**straw-like** *adj* (Nut) / strohig *adj* (Geschmack) || ~ **handle** (Textiles) / strohiger Griff, Strohgriff *m*
**straw line** (a lightweight line, normally synthetic-fibre rope, used to pull heavier pulling lines which in turn are used to pull the conductor) (Elec Eng) / Vor-Vorseil *n* (bei der Montage von Freileitungsseilen) || ~ **manuring** (Agric) / Strohdüngung *f* || ~ **matting** (Civ Eng) / Strohmatte *f* (zum Abdecken von frischen Betonflächen im Rahmen der Nachbehandlung)
**straw-mulch** *n* (Agric) / Strohmulch *m* (ein Deckmulch)
**straw oil** (Oils) / Absorptionsöl *n* (zur Gasreinigung), hochsiedende Erdölfraktion zur Gasreinigung || ~ **paper** (Paper) / Strohpapier *n*, Gelbstrohpapier *n* (geringwertiges Packpapier) || ~ **paper** (a quality writing paper) (Paper) / Strohpapier *n* (unter Verwendung des Strohzellstoffs hergestelltes hochwertiges Schreibpapier) || ~ **pulp** (Paper) / Strohzellstoff *m* (voll aufgeschlossener), Strohzellulose *f*, Zellstoff *m* aus Stroh, Strohstoff *m* (gelber) || ~ **roof** (a kind of thatch) (Build) / Strohdach *n*
**straw-rope*** *n* (Foundry) / Strohseil *n*
**straw shaker** (Agric) / Strohschüttler *m*, Schüttler *m* (des Mähdreschers - meistens ein Hordenschüttler) || ~ **skimmer** (Agric) / Stroheinleger *m* (bei Pflügen) || ~ **walker** (Agric) / Strohschüttler *m*, Schüttler *m* (des Mähdreschers - meistens ein Hordenschüttler) || ~ **wine** (Nut) / Strohwein *m* (aus Trauben, die nach der Lese zum Trocknen aufgehängt oder auf Stroh oder Schilf ausgebreitet werden)
**strawy** *adj* (Nut) / strohig *adj* (Geschmack)
**straw-yellow** *adj* / strohgelb *adj*
**stray** *v* (Elec Eng, Optics, Phys) / streuen *v* || ~ *n* (Elec Eng) / Streuinduktivität *f* (z.B. bei Transformatoren) || ~ **capacitance** (Electronics) / Querkapazität *f* (Tunneldioden) || ~ **capacitance** (Electronics, Radio) / Streukapazität *f* || ~ **coupling** (Phys) / parasitäre Kopplung || ~ **current** (Elec Eng) / Irrstrom *m*, Reststrom *m* (eines Elektrolytkondensators), vagabundierender Strom, Fremdstrom *m* (der sich von einer elektrischen Anlage aus unbeabsichtigt ausbreitet), Kriechstrom *m* (Strom zwischen spannungsführenden Teilen auf der Oberfläche eines Isolierkörpers), Leckstrom *m* (im Allgemeinen), Ableitungsstrom *m* (bei einer Doppelleitung durch die Isolation zum Nachbarleiter oder zur Erde fließender Strom), Streustrom *m* (der aus stromführenden Leitern in den Erdboden unbeabsichtigt austretende Strom)
**stray-current corrosion** (Elec Eng, Surf) / Streustromkorrosion *f*, Fremdstromkorrosion *f*
**strayed aircraft** (Aero) / vom Kurs signifikant abgewichenes Luftfahrzeug
**stray electron** (Nuc) / vagabundierendes Elektron || ~ **field*** (Elec Eng) / Streufeld *n*, Störfeld *n* durch Streuungen || ~ **flux*** (Elec Eng) / Streufluss *m* (in den Wechselstrommaschinen und in den Transformatoren) || ~ **induction*** (Elec Eng) / Streuflussinduktion *f* || ~ **losses*** (Elec Eng) / Zusatzverluste *m pl* (die nicht oder nur ungenau lokalisierbar sind) || ~ **noise caused by coupling** (Comp) / eingekoppelte Störung *f* || ~ **radiation** (Nuc, Radiol) / Störstrahlung *f* (an einem Ort außerhalb des Nutzstrahlenkegels auftretende unerwünschte Strahlung)

**strays*** *pl* (US) (Telecomm) / atmosphärisches Rauschen, atmosphärische Funkstörungen, Atmospherics *pl*, Sferics *pl*, Spherics *pl*
**stray signal** (Telecomm) / Streusignal *n*
**streak*** *n* / Streifen *m* (dünner, unregelmäßiger) || ~ (Cinema, Glass, Photog) / Schliere *f* || ~* (Min) / Strich *m* (Strichfarbe auf dem Probierstein) || ~ (Surf) / Streifen *m* (ein Galvanisierfehler) || ~ (Textiles) / Farbfalte *f* (ein Warenfehler) || ~ **camera** (Electronics, Photog) / Streak-Kamera *f* (ein Fotodetektor, mit dem der zeitliche Verlauf von sehr kurzen Lichtimpulsen registriert werden kann - Einsatz in der Hochgeschwindigkeitsfotografie)
**streaked** *adj* (Geol) / bankstreifig *adj* || ~ (Nut) / durchwachsen *adj* (Fleisch)
**streaking** *f* (Autos) / Schlierenbildung *f* (auf Windschutzscheiben) || ~ *n* / Streifung *f*, Streifenbildung *f* || ~ (Bacteriol) / Nährbodeninokulation *f* || ~* (TV) / Fahneneffekt *m*, Fahnenbildung *f*, Fahnenziehen *n*, Nachziehfahne *f*
**streak lightning** (Meteor) / Linienblitz *m* || ~ **plate** (Min) / Strichtafel *f* (unglasiertes Porzellan)
**streaks** *pl* (Autos) / Schlieren *f pl* (auf Windschutzscheibe)
**streaky** *adj* (Nut) / durchwachsen *adj* (Fleisch) || ~ **bacon** (Nut) / Frühstücksspeck *m*, Bacon *m* (leicht durchwachsener und angeräucherter Speck), Dörrfleisch *n*, Dürrfleisch *n*
**stream** *n* / Strom *m*, Strömung *f* || ~ (Geog, Hyd Eng) / Strom *m* || ~ (Geol, Hyd, Hyd Eng) / Wasserlauf *m*, Fließgewässer *n* || ~ (Phys) / Strahl *m* (von Wasser, Kraftstoff, Luft, Gas, Anstrichstoff) || **be on ~** (Elec Eng) / am Netz sein (Kraftwerk) || ~ **adjustment** (Hyd Eng) / natürliche Stromveränderung
**stream-anchor*** *n* (Ships) / Stromanker *m*
**stream-barker** *n* (For) / Wasserstrahlschälmaschine *f*, Wasserstrahlentrinder *m* (z.B. Streambarker oder Hansel-Entrinder), Wasserstrahlentrindungsmaschine *f*
**stream-barker** *n* (For) / Streambarker *m* (eine Wasserstrahlentrindungsmaschine)
**stream barking** (For) / Wasserstrahlentrindung *f* || ~ **capture** (Geol) / Flussanzapfung *f* (durch rückschreitende Erosion bewirktes Eingreifen eines Flusses in das Tal eines anderen Flusses), Anzapfung *f* || ~ **channel** (Hyd Eng) / Flussbett *n* || ~ **counter** (Nuc) / Einzelpartikelanalysator *m* nach dem Durchflussprinzip || ~ **days** (Eng) / Betriebsstunden *f pl* (z.B. jährliche) || ~ **design** (I C Engs) / Strahldesign *n* (bei Einspritzanlagen) || ~ **double refraction** (Optics) / Strömungsdoppelbrechung *f* (die durch die in einem Schergefälle eintretende Orientierung anisometrischer Teilchen hervorgerufene optische Doppelbrechung) || ~ **editor** (Comp) / Stream-Editor *m* (a text editor in which the entire text is treated as a single stream or string even when it is broken for viewing purposes) (Comp) / Stream-Editor *m* (Editor unter Linux)
**streamer** *n* (Comp) / Streamer *m*, Cartridge-Streamer *m* (eine Magnetbandeinheit mit vollautomatischer Bandeinfädelung, die der Datensicherung dient) || ~ (Elec Eng) / Streamer *m* (Ionisierungswelle) || ~ (Geol) / Leuchtfaden *m*, Streamer *m* || ~ (Geol) / Streamer *m* (seeseismischer Kabelbaum) || ~ (Print) / Balkenüberschrift *f*, Aufmacher *m* || ~ **chamber** (Nuc) / Streamerkammer *f* (eine Gasspurkammer) || ~ **discharge** (Elec Eng) / Streamerentladung *f* (stromstarke Gasentladung) || ~ **drive** (Comp) / Streamerlaufwerk *n*
**streamering** *n* (Elec Eng) / Leuchtfaden *m*, Streamer *m*
**stream erosion** (Geol) / fluviatile Erosion, Flusserosion *f*
**streamer paper** (Paper) / Luftschlangenpapier *n* || ~ **tape** (Comp) / Streamerband *n*, Streamertape *n m*, Streamermagnetband *n*
**stream factor*** (Chem Eng) / Betriebsfaktor *m* || ~ **feeder*** (Print) / Schuppenanleger *m* (mit einem Saugerpaar am Bogenende) || ~ **filament** (Phys) / Stromfaden *m* (der flüssige Inhalt der Stromröhre bei Rohrströmungen idealer Flüssigkeiten)
**stream-flow power plant** (Elec Eng, Hyd Eng) / Laufwasserkraftwerk *n* (zur Nutzung der in den Flüssen und Bächen enthaltenen potentiellen und kinetischen Energie), Laufkraftwerk *n*
**stream function** (Maths, Phys) / Strömungsfunktion *f* (in der Strömungslehre), Stromfunktion *f* (die ein rein horizontales Stromfeld in einer Fläche beschreibt) || ~ **gradient** (Hyd Eng) / Flussgefälle *n*, Gefälle *n* (des Flusses), Stromgefälle *n* || ~ **gravel** (Geol) / Flussgeröll *n* (durch bewegtes Wasser transportierte oder abgelagerte Gesteinsbruchstücke), Flussgeschiebe *n*, Geschiebe *n* (von der Strömung eines Fließgewässers mitgeführte Feststoffe), fluviatiles Geröll, Geröll *n*
**streaming** *n* (Comp, Telecomm) / Streaming *n* (bezeichnet im WWW des Internets die kontinuierliche Übertragung und Präsentation zum Nutzer von Audio- und Videodaten mit dem Ziel, einer Echtzeitübertragung nahe zu kommen) || ~ **birefringence** (Optics) / Strömungsdoppelbrechung *f* (die durch die in einem Schergefälle eintretende Orientierung anisometrischer Teilchen hervorgerufene optische Doppelbrechung)

**streaming-current detector** (Paint) / Streaming-Current-Detektor *m* (zur Bestimmung der effektiven Oberflächenladung von Pigmenten und Füllstoffen durch Titration mit einem Polyelektrolyten)
**streaming effect** (Nuc) / Strahlungstransport *m* durch Kanäle und Spalte, Strahlungsströmung *f*, Kanalwirkung *f* || ~ **Hg-electrode** / strömende Quecksilberelektrode || ~ **mode** (Comp) / Streaming-Betrieb *m*, Streaming-Modus *m* (bei Magnetbandgeräten) || ~ **of radiation** (Nuc) / Strahlungstransport *m* durch Kanäle und Spalte, Strahlungsströmung *f*, Kanalwirkung *f* || ~ **operation** (Comp) / Streaming-Betrieb *m*, Streaming-Modus *m* (bei Magnetbandgeräten) || ~ **potential*** (Chem, Phys) / Strömungspotential *n* (eine elektrokinetische Erscheinung) || ~ **tape** (Comp) / Streamerband *n*, Streamertape *n m*, Streamermagnetband *n* || ~ **tape transport** (Comp) / Streamerbandtransport *m*
**streamline** *v* / stromlinienförmig gestalten || ~* *n* (Phys) / Stromlinie *f* (die in einem bestimmten Augenblick an jeder Stelle von den Geschwindigkeitsvektoren tangiert wird) || ~ **burner*** (Eng) / Fächerbrenner *m*
**streamlined** *adj* / modern *adj* (Formgebung), ohne Schnörkel (Formgebung) || ~ / rationell *adj* (Vereinfachung der Organisation) || ~ (Eng) / Stromlinien-, stromlinienförmig *adj*, windschlüpfig *adj*, windschnittig *adj* (z.B. Karosserie), strömungsgünstig *adj*
**streamline flow** (Phys) / Schichtenströmung *f* (eine laminare Strömung nach DIN 1342, T 1) || ~ **motion*** (Phys) / zirkulationsfreie Potentialströmung *f* || ~ **of gas** (Phys) / Gasfaden *m*
**streamlining** *n* / Verschlankung *f* (der Verwaltung) || ~ / Vereinfachung *f*, Befreiung *f* von überflüssigen Elementen || ~ / Stromlinienformgebung *f* || ~ (Eng) / Stromlinienverkleidung *f* || ~ (Work Study) / Rationalisierung *f* (der Organisation)
**stream of air** / Luftstrom *m* || ~ **of paint** (of the spray gun) (Paint) / Spritzstrahl *m* || ~ **ore** (Mining) / Wascherz *n* (Seifenerz), Seifenerz *n* || ~ **placer** (Mining) / fluviatile Seife || ~ **potential** (Chem, Phys) / Strömungspotential *n* (eine elektrokinetische Erscheinung) || ~ **retting** (Textiles) / Flussröste *f* (eine biologische Röste *f* im fließenden Wasser || ~ **robbery** (Geol) / Flussanzapfung *f* (durch rückschreitende Erosion bewirktes Eingreifen eines Flusses in das Tal eines anderen Flusses), Anzapfung *f* || ~ **socket** (Comp) / Stream-Socket *m* || ~ **terrace** (Geol) / Flussterrasse *f* || ~ **tin*** (Mining) / Seifenzinn *n* (aus fluviatilen Seifen) || ~ **transport** (Geol) / fluviatiler Transport || ~ **transportation** (Geol) / fluviatiler Transport || ~ **tube** (Phys) / Stromröhre *f* (die Gesamtheit der durch eine kleine geschlossene Kurve gehenden Stromlinien)
**Strecker aldehyde** (Chem) / Strecker-Aldehyd *m* || ~ **synthesis** (Chem) / Strecker-Synthese *f* (zur Darstellung von α-Aminosäuren - nach A. Strecker, 1822-1871)
**street** *n* (Aero, Hyd) / Kármán'sche Wirbelstraße (eine regelmäßige Anordnung rechts- und linksdrehender Wirbel hinter stumpfen Körpern - nach T.v.Kármán, 1881-1963), Wirbelstraße *f* (nach Kármán) || ~ (Arch) / Straßenzug *m* || ~ (Autos, Civ Eng) / Straße *f* (in der Stadt), Stadtstraße *f*, Innerortsstraße *f*
**streetcar** *n* (US) / Straßenbahnwagen *m* || ~ **line** (US) / Trambahn *f*, Straßenbahn *f*
**street cleaner** (Autos) / Kehrfahrzeug *n* || ~ **cleaning** (Civ Eng, San Eng) / Straßenreinigung *f*
**street-cleaning lorry** (Autos) / Kehrfahrzeug *n*
**street corner** (Civ Eng) / Straßenecke *f* || ~ **elbow** (Eng, Plumb) / Winkelstück *n* mit einseitiger Muffe (ein Ansatzrohrstück) || ~ **ell** (Eng, Plumb) / Winkelstück *n* mit einseitiger Muffe (ein Ansatzrohrstück) || ~ **fitting** (Eng, Plumb) / Übergangsstück *n* mit einseitiger Muffe, Übergangsstück *n* mit einseitiger Gewindeanschluss || ~ **front** (Build) / Front *f* (meistens die Vorderseite eines Gebäudes), Straßenfront *f*, Fassade *f* (Stirnseite) || ~ **furniture** (anything erected on pavements or streets, including bollards, iron railings,lamp posts, post boxes, street-signes, and telephone kiosks) (Autos, Civ Eng) / Straßenausstattung *f* (Verkehrssignalanlagen, Notrufsäulen, Wegweiser, Beleuchtung, Fahrbahnmarkierung), Straßenausrüstung *f*, Straßenzubehör *n* || ~ **gully** (San Eng) / Straßenablauf *m* (DIN 1213 und 4052), Regenablauf *m*, Gully *m n*, Einlaufschacht *m* || ~ **hydrant** / Überflurhydrant *m* (DIN 3222) || ~ **inlet** (US) (San Eng) / Straßenablauf *m* (DIN 1213 und 4052), Regenablauf *m*, Gully *m n*, Einlaufschacht *m* || ~ **lamp** / Straßenlampe *f* (der innerstädtischen Beleuchtung), Straßenleuchte *f*, Straßenlaterne *f* || ~ **lighting** (Elec Eng) / Straßenbeleuchtung *f*
**street-lighting luminaire** / Straßenlampe *f* (der innerstädtischen Beleuchtung), Straßenleuchte *f*, Straßenlaterne *f*
**street line** (Build) / Straßenfluchtlinie *f*, Straßenbegrenzungslinie *f* || ~ **price** (Comp) / Straßenpreis *m* (Endverkaufspreis des Fachhandels, üblicherweise niedriger als der Listenpreis des Herstellers) || ~ **refuge** (Autos, Civ Eng) / Schutzinsel *f*, Fußgängerschutzinsel *f*, Fußgängerinsel *f*, Leitinsel *f*

**streets**

**streets*** *pl* (Typog) / Gasse *f* (fehlerhafter Zwischenraum, der über mehrere Zeilen geht)
**street sprinkler** (Autos) / Sprengwagen *m* ‖ ~ **sweeper** (Autos, Civ Eng) / Straßenkehrmaschine *f*, Kehrmaschine *f* ‖ ~ **tee** (Eng, Plumb) / T-Stück *n* mit einseitiger Muffe ‖ ~ **washing** (Civ Eng) / Straßenwaschung *f*
**streetwear** *n* (Textiles) / Alltagskleidung *f*, Streetwear *f*
**street with restricted motor traffic** (Autos) / verkehrsberuhigte Straße
**Strehl definition** (Optics) / Definitionshelligkeit *f* (Bildgütemerkmal, z.B. bei fotolithografischen Hochleistungsobjektiven) ‖ ~ **intensity (ratio)** (Optics) / Definitionshelligkeit *f* (Bildgütemerkmal, z.B. bei fotolithografischen Hochleistungsobjektiven)
**Streicher test** (Chem) / Oxalsäuretest *m*, Streicher-Test *m*
**strength** *n* / Stärke *f* ‖ ~ (Chem) / Konzentration *f* (einer Lösung nach DIN 1310), Dichte *f* (einer Lösung) ‖ ~ (Glass) / Dicke *f* (des Tafelglases, des Flachglases) ‖ ~ (Materials, Mech) / Festigkeit *f* (Formänderungswiderstand) ‖ ~ (Mil) / Personalbestand *m* (der Streitkräfte) ‖ ~ (Pharm) / Wirkungsstärke *f* ‖ ~ **behaviour** (Materials) / Festigkeitsverhalten *n* ‖ ~ **calculation** (Eng, Materials, Mech) / Festigkeitsberechnung *f* ‖ ~ **degradation** (Materials) / Festigkeitsabfall *m*, Festigkeitsabbau *m* ‖ ~ **depending on design** (Materials) / Gestaltfestigkeit *f*, Dauerhaltbarkeit *f* (eine Art Tragfähigkeit)
**strengthen** *v* / verstärken *v*, stärken *v* (verstärken)
**strengthening ring round the chimney** (Build) / Schornsteinverstärkungsring *m* ‖ ~ **tissue** (Bot) / Stützgewebe *n*, Stereom *n*, Festigungsgewebe *n* (Kollenchym und Sklerenchym)
**strength in the dry state** (Textiles) / Trockenfestigkeit *f* ‖ ~ **in the wet state** (Textiles) / Nassfestigkeit *f* ‖ ~ **limit** (Materials, Mech) / Festigkeitsgrenze *f*, Endfestigkeit *f* ‖ ~ **of acids*** (Chem) / Säurestärke *f*, Säurekonzentration *f* ‖ ~ **of a glue joint** (Join) / Festigkeit *f* der Klebeverbindung ‖ ~ **of coke** (Min Proc, Mining) / Koksfestigkeit *f* ‖ ~ **of materials** (Eng, Materials) / Werkstofffestigkeit *f* ‖ ~ **of materials** (theory) (Materials, Mech) / Festigkeitslehre *f* (ein Teilgebiet der technischen Mechanik) ‖ ~ **of the wind** (Meteor) / Windstärke *f* (z.B. nach der Beaufort-Skala) ‖ ~ **property** (Materials) / Festigkeitseigenschaft *f* ‖ ~ **theory** (a branch of applied mechanics) (Materials, Mech) / Festigkeitslehre *f* (ein Teilgebiet der technischen Mechanik)
**strength-to-weight ratio** (Spinning) / Feinheitsfestigkeit *f*, Reißlänge *f*
**streptococcus** *n* (pl. -cocci) (Biol) / Streptokokkus *m* (pl. -kokken), Streptococcus *m* (pl. -cocci), Streptokokke *f*
**streptokinase*** *n* (Biochem, Pharm) / Streptokinase *f* (von Streptokokken gebildetes Enzym)
**streptomycin*** *n* (Pharm) / Streptomyzin *n*, Streptomycin *n* (ein Oligosaccharid- Antibiotikum)
**stress** *n* (Geol) / Stress *m*, Spannung *f* (starker gerichteter Druck, der bei gebirgsbildenden Vorgängen auftritt) ‖ ~* (Mech) / mechanische Spannung (DIN 1301-2) ‖ ~* (Met) / Beanspruchung *f* (unterhalb der E-Grenze) ‖ ~* (Met) / Spannung *f*
**stress-accelerated** *adj* (Surf) / spannungsgefördert *adj* (Korrosion)
**stress acoustics** (Acous, Materials) / Spannungsakustik *f* (Lehre von den Eigenschaften eines Stoffes bei Schalleinwirkung - in der Werkstoffprüfung Verfahren zum Sichtbarmachen von Spannungen in Bauteilen unter Verwendung von Ultraschallwellen) ‖ ~ **amplitude** (Mech) / Schwingbreite *f* der Spannung, Spannungsamplitude *f* ‖ ~ **analysis** (Mech) / Spannungsanalyse *f* (an Bauteilen), Spannungsberechnung *f*
**stressbed** *n* (Civ Eng) / Spannbett *n* (Schalung im Fertigteilwerk), Spannbahn *f*
**stress-coat process** (Paint) / Stress-Coat-Verfahren *n* (spezielles Reißlackverfahren)
**stress concentration*** (Mech) / Spannungskonzentration *f*, Spannungsanhäufung *f* ‖ ~ **condition** (Build, Mech) / Beanspruchungsfall *m* ‖ ~ **cone** (Cables) / Wickelkeule *f* (kegelförmige Isolierung auf der Isolierhülle) ‖ ~ **corrosion*** / Spannungskorrosion *f*
**stress-corrosion crack** / Spannungskorrosionsriss *m*, SRK-Riss *m*, SpRK-Riss *m* ‖ ~ **cracking** (Surf) / Spannungsrisskorrosion *f* (DIN 50 900), SpRK (Spannungsrisskorrosion) ‖ ~ **cracking** (Materials, Surf) / Korrosionsbruch *m* (durch elektrochemische Oberflächenwirkung) ‖ ~ **cracking** / Spannungskorrosionsbruch *m* (durch Zugspannung bei atmosphärischer Korrosion)
**stress crack** (Materials) / Spannungsriss *m* (im Allgemeinen) ‖ ~ **crack corrosion** (Surf) / Spannungsrisskorrosion *f* (DIN 50 900), SpRK (Spannungsrisskorrosion)
**stress-cracking resistant** (Materials) / spannungsrissbeständig *adj*
**stress cycle** (Materials, Mech) / Schwingungsperiode *f* (des belasteten Probestabes) ‖ ~ **cycle** (Materials, Mech) / Lastspiel *n* (beim Dauerversuch)
**stress-cycle diagram** (Materials, Mech) / Wöhler-Schaubild *n* (Lastspielzahl x Spannungsausschlag)

**stress diagram*** (Eng, Mech) / Kräfteplan *m*, Kräftediagramm *n* ‖ ~ **distribution** (Mech) / Spannungsverteilung *f*, Spannungsverlauf *m*
**stressed** *adj* (Acous) / betont *adj* ‖ ~**-skin construction*** (Aero) / Schalenbauweise *f* (mit tragender Außenhaut)
**stressed-skin structure** (Aero) / Schalenbauweise *f* (mit tragender Außenhaut)
**stresses in the forming zone** (Eng) / Spannungen *f pl* in der Umformzone
**stress factor** / Belastungsfaktor *m*, Stressfaktor *m* (bei der Ausfallratenberechnung) ‖ ~ **factor** (Med, Work Study) / Stressfaktor *m*, Stressor *m* ‖ ~ **fibre*** (Biol) / Stressfaser *f* ‖ ~ **field** (Geol) / Stressfeld *n* ‖ ~ **field** (Mech) / Spannungsfeld *n* ‖ ~ **function** (Mech) / Spannungsfunktion *f* ‖ ~ **history** (Materials) / Spannungsgeschichte *f* (von Werkstoffen) ‖ ~ **hypothesis** (Mech) / Spannungshypothese *f* ‖ ~ **imposed on body due to applied force** (causing acceleration or deceleration) (Mech) / Andruckbelastung *f*
**stressing cycle** (Materials) / Beanspruchungszyklus *m* ‖ ~ **head** (Civ Eng) / Spannkopf *m* ‖ ~ **jack** (Civ Eng) / Spannpresse *f* (für Spannbeton) ‖ ~ **tendon** (Civ Eng) / Spannglied *n* (Zugglied aus hochwertigem Spannstahl, das Vorspannung erzeugt)
**stress-intensity factor*** (Mech) / Spannungsintensitätsfaktor *m* (in der Bruchmechanik)
**stress lines** (Materials, Mech) / Spannungstrajektorien *f pl*, Spannungslinien *f pl* ‖ ~ **marks*** (Photog) / Abnutzungsspuren *f pl*, Schleifspuren *f pl* ‖ ~ **mineral** (Min) / Stressmineral *n* (das sich dem Stressfeld anpasst, z.B. Disthen) ‖ ~**-number curve*** (Materials, Mech) / Wöhler-Kurve *f* (aus Versuchen gewonnener Zusammenhang zwischen Spannungsamplitude und Anzahl der ertragbaren Lastwechsel - nach A. Wöhler, 1819-1914)
**stress-optical** *adj* (Mech, Optics) / spannungsoptisch *adj*
**stress peak** (Elec Eng, Mech) / Spannungsspitze *f* ‖ ~ **rate** (Mech) / Beanspruchungsgeschwindigkeit *f* ‖ ~ **redistribution** (Mech) / Spannungsumlagerung *f* ‖ ~ **relaxation*** (Eng, Mech) / Spannungsrelaxation *f* (zeitabhängiger Abbau der zur Aufrechterhaltung einer bestimmten Ausgangsverformung erforderlichen Spannung)
**stress-relaxation test** (Materials, Met) / Spannungsrelaxationsversuch *m*, Relaxationsversuch *m*, Entspannungsversuch *m*
**stress relief** (Chem Eng, Met) / Entspannen *n*, Entspannung *f* (zum Abbau von inneren Spannungen), Spannungsentlastung *f* ‖ ~ **relief*** (Eng, Mech) / Spannungsabbau *m*, Spannungsminderung *f* ‖ ~ **relief*** (Met) / Spannungsarmglühen *n* (DIN EN 10 052), Spannungsfreiglühen *n*, Entspannungsglühen *n*, Ausglühen *n* (Spannungsarmglühen)
**stress-relief annealing*** (Met) / Spannungsarmglühen *n* (DIN EN 10 052), Spannungsfreiglühen *n*, Entspannungsglühen *n*, Ausglühen *n* (Spannungsarmglühen)
**stress relief crack** (Materials) / Relaxationsriss *m* ‖ ~ **relieving*** (Chem Eng, Met) / Entspannen *n*, Entspannung *f* (zum Abbau von inneren Spannungen), Spannungsentlastung *f* ‖ ~ **relieving** (Eng, Mech) / Spannungsabbau *m*, Spannungsminderung *f*
**stress-relieving drilling** (Mining) / Entspannungsbohren *n* (eine Entspannungsmaßnahme)
**stress rupture** / Spannungsbruch *m* (im Allgemeinen) ‖ ~ **rupture** (Materials) / Zeitstandbruch *m*
**stress-rupture test** (Materials, Met) / Zeitstandbruchversuch *m*
**stress•-sampling test** (Materials) / Stress-Sampling-Test *m* (eine zerstörende Zuverlässigkeitsprüfung) ‖ ~ **singularity** (Mech) / Spannungssingularität *f* ‖ ~ **state** (Mech) / Spannungszustand *m* ‖ ~**-strain curve*** (Materials, Met) / Spannung-Dehnung-Kurve *f*, Spannung-Dehnung-Diagramm *n* (grafische Darstellung der Abhängigkeit der Spannung von der Dehnung, ermittelt am Zugstab unter steigender Belastung bis zum Bruch)
**stress-strain diagram** (Materials) / Spannung-Dehnung-Kurve *f*, Spannung-Dehnung-Diagramm *n* (grafische Darstellung der Abhängigkeit der Spannung von der Dehnung, ermittelt am Zugstab unter steigender Belastung bis zum Bruch)
**stress tensor** (Mech) / Spannungstensor *m* (DIN 13316 und 13343)
**stress-time diagram** (Mech) / Spannung-Zeit-Diagramm *n*
**stress vector** (Mech) / Spannungsvektor *m* ‖ ~ **zone*** (Mining) / Spannungszone *f*, Zone *f* erhöhter Beanspruchung
**stretch** *v* / tauten *v* (spannen) ‖ ~ / überdehnen *v* (z.B. Seilzug) ‖ ~ (Comp) / strecken *v* (Buchstaben in der Breite und in der Höhe) ‖ ~ (Eng) / treiben *v* (Hohlteile aus Blech durch Schläge mit einem Treibhammer) ‖ ~ (Met) / schweifen *v* (Blechstreifen umformen) ‖ ~ (Met) / recken *v* (bei Zug-Druck-Umformung) ‖ ~ (out of shape) (Textiles) / sich ausbeulen *v*, ausleiern *v* ‖ ~ *vi* (Phys) / sich dehnen *vi*, sich ausdehnen *vi*, sich ziehen *vi*, sich strecken *vi* ‖ ~ *vt* / spannen *vt*, straff ziehen, straffen *v* ‖ ~ (the elastic) / weiten *vt*, ausweiten *vt* ‖ ~ (Materials, Mech) / verstrecken *vt*, strecken *vt*, dehnen *v* (linear) ‖ ~ *n* / Strecke *f* (Straßen- oder Wegstrecke) ‖ ~* (Cinema) / Einkopierung *f* von Bildstillstand (um den Zeitlupeneffekt zu erzielen) ‖ ~

1548

(Materials, Mech) / Verstrecken n, Verstreckung f, Strecken n (Längen zum Vergrößern der Werkstücksabmessung in Kraftrichtung - DIN 8585), Streckung f, Recken n (mit großem Reckgrad), Reckung f (bei Zug-Druck-Umformung) ‖ ~ (Phys) / Streckenschwingung f (IR-Spektrometrie) ‖ ~ (Phys, Spectr) / Valenzschwingung f, v-Schwingung f, Streckschwingung f (eines Moleküls, die in der Valenzrichtung der miteinander gebundenen Atome erfolgt und zu Atomabstandsänderungen führt) ‖ ~ (Textiles) / Stretch m (pl. -es) (hochelastische Web- und Wirkwaren)
**stretchable** adj / streckbar adj, dehnbar adj (linear), ausziehbar adj (in die Länge) ‖ ~ **in the warp** (Textiles) / kettelastisch adj ‖ ~ **in the weft** (Textiles) / schusselastisch adj ‖ ~ **paper** (Paper) / hochdehnbares Papier
**stretch at break** (Eng) / Bruchdehnung f (Dehnung nach dem Bruch in % der Anfangslänge - DIN 50145) ‖ ~ **break converter** (Spinning) / Kabelreißmaschine f (DIN 64100) ‖ ~ **breaking**\* (Spinning) / Reißen n ‖ ~ **breaking converter** (Spinning) / Kabelreißmaschine f (DIN 64100)
**stretch-broken top** (Spinning) / Reißband n
**stretched aircraft** (Aero) / gestreckte Version eines Luftfahrzeugs ‖ ~ **filling** (Weaving) / Spannfaden m in Schussrichtung, Spannschuss m (Webfehler) ‖ ~ **graph** / aufgespannter Graf
**stretcher** n (Acous, Electronics) / Stretcher m (ein Netzwerk im Dolby-System) ‖ ~\* (Build) / Läufer m (als Gegensatz zu Binder) ‖ ~ (Mining) / waagerechte Spannvorrichtung, horizontale Spannsäule, horizontale Bohrsäule (für den Gesteinsbohrer) ‖ ~ (Textiles) / Ausbreiter m (DIN 64990), Breithalter m (der Veredelungsmaschine) ‖ ~ **bond**\* (Build) / Läuferverband m ‖ ~ **course** (Build) / Läuferschicht f (eine Mauerschicht) ‖ ~ **levelling** (Eng) / Streckrichten n (Umformen durch Zugkraft zum Herstellen ebenen Halbzeugs) ‖ ~ **strains** (Met) / Fließfiguren f pl (bei Stählen mit ausgeprägter Streckgrenze zu Beginn der plastischen Verformung auf den blanken Teilen auftretende schmale, verformte Zonen), Lüders'sche Linien f pl, Fließlinien f pl
**stretch fabric** (Textiles) / Stretchgewebe n (Querelastik) ‖ ~-**forming**\* n (Eng) / Streckformen n, Streckziehen n (DIN 8585), Reckziehen n (eines flachen oder stabförmigen Zuschnitts)
**stretching** n / Weiten n, Ausweiten n ‖ ~ (Comp) / Strechen n, Dehnen n (in der grafischen Datenverarbeitung), Strecken n (Buchstaben in der Breite und in der Höhe) ‖ ~ (Eng) / Treiben n (mit dem Treibhammer) ‖ ~ (Materials, Mech) / Verstrecken n, Verstreckung f, Strecken n (Längen zum Vergrößern der Werkstücksabmessung in Kraftrichtung - DIN 8585), Streckung f, Recken n (mit großem Reckgrad), Reckung f (bei Zug-Druck-Umformung) ‖ ~ (Maths) / Streckung f (axiale, zentrische) ‖ ~ (Met) / Schweifen n (Blechstreifen nach DIN 8583, T 3) ‖ ~ (Phys) / Streckenschwingung f (IR-Spektrometrie) ‖ ~ (Phys, Spectr) / Valenzschwingung f, v-Schwingung f, Streckschwingung f (eines Moleküls, die in der Valenzrichtung der miteinander gebundenen Atome erfolgt und zu Atomabstandsänderungen führt) ‖ ~ **bond**\* (Build) / Läuferverband m ‖ ~ **course** (Build) / Läuferschicht f (eine Mauerschicht) ‖ ~ **force constant** (Chem) / Valenzkraftkonstante f ‖ ~ **frequency** (Phys) / Valenzfrequenz f ‖ ~ **rate** (Materials, Mech) / Streckgrad m ‖ ~ **rolls** (For) / Spannwalzmaschine f (zum Strecken von Zonen bei Band- und Gattersägeblättern), Walzapparat m ‖ ~ **vibration**(s) (Phys, Spectr) / Valenzschwingung f, v-Schwingung f, Streckschwingung f (eines Moleküls, die in der Valenzrichtung der miteinander gebundenen Atome erfolgt und zu Atomabstandsänderungen führt)
**stretch limo** (Autos) / Stretchlimousine f ‖ ~ **limousine** (Autos) / Stretchlimousine f
**stretch-out** n (Nuc Eng) / Stretch-out n, Verlängerung f des Brennstoffzyklus
**stretch package** (for produce, poultry and pallet wraps) / Straffpackung f
**stretch-reducing facility** (Met) / Streckaggregat n
**stretch reduction rolling** (Met) / Streckreduzierwalzverfahren n (ein Reduzierwalzverfahren zur Herstellung verhältnismäßig dünner Stahlrohre, bei dem das Rohr in verschiedenen, nacheinander angeordneten Gerüsten durch Änderung der Geschwindigkeiten der Walzen in die Länge gezogen, dass heißt gestreckt wird) ‖ ~ **seam** (Textiles) / Stretchnaht f
**stretch-spinning** n (Spinning) / Spinnstrecken n, Streckspinnverfahren n, Streckspinnen n (wenn Spinnen und Verstrecken der Filamente zusammengefasst werden)
**stretch text** (Comp) / Stretchtext m ‖ ~ **texturizing** (Spinning) / Strecktexturierung f (um die Dehnbarkeit und Elastizität zu steigern) ‖ ~ **yarn**\* (a generic term for thermoplastic filament or spun yarns having a high degree of potential elastic stretch and rapid recovery, and characterized by a high degree of yarn curl) (Spinning) / Stretchgarn n ‖ ~ **zone** (Materials, Mech) / Stretchzone f, Dehnzone f (vor der Rissfront)

**Stretford process** (Chem Eng, Ecol) / Stretford-Verfahren n (zur Entschwefelung von Gasen)
**strewing method** / Aufstreumethode f (zur Korrosionsprüfung)
**stria** (pl. striae) (Arch) / Riefe f, Furche f (kleine) ‖ ~ n (pl. striae)\* / Streifen m (dünner, unregelmäßiger) ‖ ~ (pl. striae) (Arch) / Steg m (zwischen zwei Einkehlungen einer kannelierten Säule) ‖ ~ (pl. striae) (Glass) / Fadenschliere f (mit einem geringen Querschnitt, in der Regel unter 1 mm, die sich in einer Vorzugsrichtung erstreckt)
**stria**\* n (pl. striae) (Textiles) / Schliere f
**striae** pl (Electronics) / Schlieren f pl ‖ ~ (Electronics) / leuchtende Streifen (bei elektrischer Entladung) ‖ ~\* (Geol) / Gletscherschrammen f pl ‖ ~\* (Min) / Streifung f (z.B. des Pyrits)
**striate** adj (Geol) / gestreift adj, streifig adj ‖ ~ (Med) / gestreift adj
**striated** adj (Geol) / gestreift adj, streifig adj ‖ ~ (Med) / gestreift adj ‖ ~ **ground** (Geol) / Streifenboden m (ein Strukturboden) ‖ ~ **soil** (Geol) / Streifenboden m (ein Strukturboden)
**striation** n / Streifung f, Streifenbildung f ‖ ~ / Streifen m pl, Streifung f ‖ ~ / Friktionsstreifen m pl (die bei der Reibung entstehen) ‖ ~ (Crystal, Min) / Striation f (Manifestation der lokalen Schwankungen von Kristalldefekten in Einkristallen) ‖ ~\* (Electronics) / Bildung f von leuchtenden Streifen (bei elektrischer Entladung)
**striations** pl (Geol) / Gletscherschrammen f pl
**striation wear** (Eng) / Furchungsverschleiß m
**Stribeck curve** / Stribeck-Kurve f (die die Reibungszustände darstellt - nach R. Stribeck, 1861-1950)
**strickle** v (Foundry) / schablonieren v, schablonenformen v (nur Partizip und Infinitiv) ‖ ~ (Foundry) / abstreichen v (mit einer Abstreichlatte), glatt streichen v ‖ ~ n (Foundry) / Schabloniereinrichtung f, Schabloniervorrichtung f, Schablone f ‖ ~ **arm** (Foundry) / Fahne f (der Schablonierverrichtung) ‖ ~ **board**\* (Foundry) / Schablonierbrett n, Drehschablone f ‖ ~ **core box** (Foundry) / Kernkasten m mit Ziehschablone
**strickling** n (Foundry) / Schablonenformerei f, Schablonieren n, Schablonenformen n (mit der Dreh- oder Ziehschablone)
**strict** adj / stringent adj, streng adj (Regel, Anforderung) ‖ ~ **implication** / strikte Implikation, strenge Implikation (eine Aussagenverbindung) ‖ ~ **inequality**\* (Maths) / strikte Ungleichung, strenge Ungleichung
**striction line** (Maths) / Kehllinie f (bei Regelflächen) ‖ ~ **line** (of a family of curves) (Maths) / Striktionslinie f (einer Kurvenschar zugeordnete Linie, längs derer benachbarte Scharkurven einen extremalen Abstand haben)
**strictly decreasing function** (Maths) / streng monoton fallende Funktion, eigentlich antitone Funktion ‖ ~ **increasing function** (Maths) / streng monoton wachsende Funktion
**strict majorant** (Maths) / strikte Majorante ‖ ~ **minorant** (Maths) / strikte Minorante
**strident** adj (Acous) / durchdringend adj, schrill adj, grell adj (durchdringend laut), gell adj (Ton), gellend adj
**striding level**\* (Surv) / Reiterlibelle f, Reitlibelle f
**stridor** n (Med) / Stridor m (pfeifendes Atemgeräusch)
**strike** v / auftreffen (auf) v ‖ schlagen v, anschlagen v ‖ ~ / streiken v ‖ ~ / münzen v, prägen v (Münzen) ‖ ~ (Build, Civ Eng) / ausschalen v (als Gegensatz zu einschalen), entschalen v ‖ ~ (Build, Civ Eng) / ausrüsten v, Gerüst oder Rüstung abbauen ‖ ~ (Cinema) / abbauen v (Dekorationen) ‖ ~ (Elec Eng) / zünden v (einen Lichtbogen) ‖ ~ (Foundry) / abstreichen v (mit einer Abstreichlatte), glatt streichen v ‖ ~ (Foundry) / schablonieren v, schablonenformen v (nur Partizip und Infinitiv) ‖ ~ (discover by drilling or mining) (Geol, Min, Mining) / fündig werden v (eine Lagerstätte auffinden) ‖ ~ (Mining) / ausziehen v (Stempel) ‖ ~ (Mining, Oils) / stoßen v (auf), antreffen v (Erdöl in einer Aufschlussbohrung), finden v ‖ ~ (Elec Eng, Surf) / stromlos abgeschiedene Grundschicht ‖ ~ (Elec Eng, Surf) / Zwischenschicht f (meist stromlos abgeschieden) ‖ ~ (Eng) / Aufschlag m, Schlag m ‖ ~\* (Geol, Mining) / Streichen n (Richtung, die die Schnittlinie einer Lagerstätte mit der Horizontalebene hat), Streichrichtung f (rechtwinklig zum Einfallen) ‖ ~ (Mil) / Schlag m (gegen feindliche Ziele) ‖ ~ (Nut) / Sud m (Zuckerfabrikation) ‖ ~ (Surf) / Strike m (Verfahren bzw. Elektrolyte zum Abscheiden der ersten Schicht, besonders auf passiven Oberflächen ‖ ~ (Work Study) / Streik m, Ausstand m (eine Kampfmaßnahme der Arbeitnehmer) ‖ ~ **be on** ~ / streiken v ‖ **on the** ~ (Mining) / streichend adj
**strike-anywhere matches** / Überallzünder m pl (mit Tetraphosphortrisulfid), Überall-Zündhölzer n pl
**strike back** v / zurückschlagen v (Flamme) ‖ ~ **component** (Geol) / söhlige Schubweite f ‖ ~ **fault**\* (Geol) / Längsverwerfung f ‖ ~ **fund** / Streikkasse f
**strike-in** n (Print) / Wegschlagen n (der Druckfarben)
**strike incidence** / Streikhäufigkeit f
**strike-in contact** (Elec Eng, Rail) / Einschaltkontakt m
**strike into the lens** (Photog) / in das Objektiv fallen ‖ ~ **lines**\* (Geol) / Streichlinien f pl ‖ ~ **off** v (Foundry) / abschlagen v (Formkasten,

**strike**

Kernkasten) ‖ ~ **out** / durchstreichen *v* (Angaben im Formular) ‖ ~ **out** (Comp, Typog) / ausstreichen *v* (aus dem Text)
**strike-out contact** (Elec Eng, Rail) / Ausschaltkontakt *m* ‖ ~ **font** (Comp) / durchgestrichene Schrift (bei der alle einzelnen Buchstaben durchgestrichen sind - z.B. für Korrekturarbeiten)
**strike pay** (money paid to strikers by their trade unions) / Streikgeld *n* ‖ ~**-plate** *n* (Carp, Join) / Schließblech *n* (ein Türbeschlag nach DIN 18 251)
**striker** *n* (Eng) / Zuschläger *m*, Hilfsschmied *m*, Schmiedehelfer *m* (beim Handschmieden) ‖ ~ (Eng, Materials) / Schlagwerk *n* (für die Schlagversuche - z.B. ein Pendelschlagwerk mit einer Finne, wie bei der Charpy-Prüfmaschine) ‖ ~* (Paint) / Winkelpinsel *m*, Kniepinsel *m*, Spantenpinsel *m* ‖ ~ **knob** / Schlagknopf *m*, Schlagbolzen *m* (des Handfeuerlöschers) ‖ ~ **plate** (Carp, Join) / Schließblech *n* (ein Türbeschlag nach DIN 18 251)
**strike-shift fault** (Geol) / Blattverschiebung *f*, Transversalverschiebung *f*, Seitenverschiebung *f*, Horizontalverschiebung *f*
**strike slip** (Geol) / söhlige Schubweite
**strike-slip fault*** (Geol) / Blattverschiebung *f*, Transversalverschiebung *f*, Seitenverschiebung *f*, Horizontalverschiebung *f*
**strike stream** (Geol) / subsequenter Fluss, Nachfolgefluss *m* ‖ ~ **through** *v* / durchstreichen *v* (Angaben im Formular) ‖ ~ **through** (Comp, Typog) / ausstreichen *v* (aus dem Text) ‖ ~ **through** (Paint) / durchschlagen *v* (Untergrund oder alter Anstrich) ‖ ~**-through*** *n* (Print) / durchgeschlagener Druck
**strike-through font** (Comp) / durchgestrichene Schrift (bei der alle einzelnen Buchstaben durchgestrichen sind - z.B. für Korrekturarbeiten)
**strike up** *v* (Foundry) / schablonieren *v*, schablonenformen *v* (nur Partizip und Infinitiv)
**strikewise** *adj* (Mining) / streichend *adj*
**striking*** *n* (Build, Civ Eng) / Ausschalung *f*, Entschalung *f* ‖ ~* (Build, Civ Eng) / Ausrüstung *f*, Abbau *m* der Rüstung (des Gerüsts) ‖ ~ (Ceramics) / Farbänderung *f* (des Emails) ‖ ~ (Cinema) / Abbau *m* (von Dekorationen) ‖ ~ (Elec Eng) / Zündung *f* (eines Lichtbogens) ‖ ~* (Foundry) / Abstreichen *n*, Glattstreichen *n* ‖ ~* (Foundry) / Schablonenformerei *f*, Schablonieren *n*, Schablonenformen *n* (mit der Dreh- oder Ziehschablone) ‖ ~ (Mining) / Auszug *m* (eines Stempels) ‖ ~* (Surf) / Strike *m* (Verfahren bzw. Elektrolyte zum Abscheiden der ersten Schicht, besonders auf passiven Oberflächen) ‖ ~ **compressor** (Powder Met) / Schlagverdichter *m* ‖ ~ **edge** (Eng, Materials, Met) / Hammerfinne *f* (des Pendelschlagwerks), Hammerschneide *f* (des Pendelschlagwerks) ‖ ~ **force** (Comp) / Anschlagstärke *f* (bei mechanischen Druckern) ‖ ~ **force control** / Anschlagstärkeeinstellung *f* (auf der Schreibmaschine), Anschlagstärkesteuerung *f* ‖ ~ **hammer** (Eng) / Schlagbär *m*
**striking-off** *n* (Foundry) / Abstreichen *n*, Glattstreichen *n*
**striking plate** (Carp, Join) / Schließblech *n* (ein Türbeschlag nach DIN 18 251) ‖ ~ **potential*** (Electronics) / Zündspannung *f* (der Gasentladungslampe) ‖ ~**-through** *n* (Paint) / Durchschlagen *n* (des Untergrunds oder des alten Anstrichs - DIN 55945) ‖ ~**-up** *n* (Foundry) / Abstreichen *n*, Glattstreichen *n* ‖ ~ **up*** *n* (Foundry) / Schablonenformerei *f*, Schablonieren *n*, Schablonenformen *n* (mit der Dreh- oder Ziehschablone) ‖ ~ **velocity** (Eng) / Schlaggeschwindigkeit *f* ‖ ~ **voltage*** (Electronics) / Zündspannung *f* (der Gasentladungslampe) ‖ ~ **wedge*** (Civ Eng) / Doppelkeil *m* (um ein Absenken der Schalung beim Ausschalen zu ermöglichen) ‖ ~ **wedges*** (Civ Eng) / Unterlegkeile *m pl* ‖ ~ **weight** (Eng) / Schlagmasse *f*
**string** *v* (Elec Eng) / ziehen *v* (eine Freileitung) ‖ ~ (Elec Eng) / verlegen *v* (Drähte) ‖ ~ (Electronics) / aufreihen *v*, auffädeln *v* (z.B. Ferritkerne zur Matrix) ‖ ~ / Bindfaden *m* (zu Verpackungs- und technischen Zwecken), Kordel *f*, Schnur *f*, Strick *m*, Spagat *m* (A) / Leine *f* ‖ ~ (Acous) / Saite *f* ‖ ~ (Astron) / String *m* (pl. -s) / kosmische Saite (fadenförmiges Relikt aus der Frühzeit des Universums) ‖ ~ (Build) / Schnur *f* (beim Mauern, Pflastern, zur Absteckung der Baugrube auf Schnurböcken, Fluchtschnur *f*, Mauerschnur *f*) ‖ ~* (Build, Carp) / Treppenwange *f* (DIN 18 064), Wange *f* (Treppenwange) ‖ ~* (in a light-valve) (Cinema) / Stahlsaite *f* (des dynamischen Lichthahns), Metallbändchen *n* (des magnetischen Lichthahns) ‖ ~* (Comp) / Folge *f* (von Symbolen, Verarbeitungsanweisungen), Reihe *f* (von Ziffern), String *m* (pl. -s) (geordnete Teilfolge eines zu verarbeitenden Datenbestandes) ‖ ~* (Comp) / Kette *f* (von linear strukturierten Elementen oder Zeichen) ‖ ~* (Elec Eng) / Isolatorkette *f* (DIN 57 746-1), Kette *f* (von Isolatoren) ‖ ~ (of pipes and tubes)* (Eng, Oils) / Tour *f* (von Rohren), Fahrt *f* (von Rohren), Rohrtour *f*, Strang *m* (von Rohren), Rohrstrang *m* ‖ ~ (Glass) / Fäden *m pl* (Tropfen von abschmelzenden Wannensteinen, die sich nicht mit der Glasmasse verschmelzen lassen) ‖ ~ (drill string) (Oils) / Gestängestrang *m* ‖ ~ (Phys) / String *m* (pl. -s) (theoretisches Gebilde in der Stringtheorie) ‖ ~ (Phys) / String *m* (pl. -s) (bei magnetischen Monopolen) ‖ ~ **analysis** (Comp) / Kettenanalyse *f* (Zerlegung eines Satzes in seine Elementarketten, wie z.B. Satzkern und seine Adjunkte) ‖ ~ (Comp) / Stringarray *n m* ‖ ~ **bead** (Welding) / Strichraupe *f* ‖ ~**-board** *n* (Build, Carp) / Treppenwange *f* (DIN 18 064), Wange *f* (Treppenwange) ‖ ~ **chart*** (Elec Eng) / Durchhangsdiagramm *n* ‖ ~ **construction** (Maths) / Fadenkonstruktion *f* (einer Ellipse), Gärtnerkonstruktion *f* (einer Ellipse) ‖ ~ **course*** (Arch) / Stockgurt *m*, Gurtgesims *n* (das den Bau zwischen den einzelnen Geschossen umzieht), Stockwerkgesims *n*, Kordongesims *n* (A), Kordonsims *n* ‖ ~ **course*** (Arch, Build) / auskragende Ziegelschicht ‖ ~ **delimiter** (Comp) / Begrenzungszeichen *n* in einer Zeichenfolge ‖ ~ **device** (Comp) / Textgeber *m* (ein Eingabegerät, das als Ergebnis einen Text liefert) ‖ ~ **efficiency*** (Elec Eng) / Kettenwirkungsgrad *m* (bei Isolatoren) ‖ ~ **electrometer*** (Elec Eng) / Saitenelektrometer *n*
**stringent** *adj* / stringent *adj*, streng *adj* (Regel, Anforderung)
**stringer*** *n* (Aero) / Stringer *m* (Längsversteifung in Schalenbauteilen) ‖ ~ (supporting a step of a stair) (Build, Carp) / Treppenwange *f* (DIN 18 064), Wange *f* (Treppenwange) ‖ ~* (Build, Civ Eng) / Längsträger *m* (Stab, Bogen, Balken), Längsbalken *m* ‖ ~ (Foundry) / zeilenartiger Einschluss ‖ ~ (Geol) / Erztrum *n*, Erzschnur *f* ‖ ~ (Geol) / Äderchen *n* (in Gesteinen) ‖ ~* (Nuc Eng) / Brennelementenbündel *n*, Brennstoffbündel *n*, Brennstabbündel *n* ‖ ~ (Ships) / Stringer *m* (längsschiffs verlaufendes Bauteil an Bordwänden und in Decks) ‖ ~ (in zippers - the tape, bead, and element assembly that constitutes one side of a chain) (Textiles) / Hälfte *f* der Reißverschlusszahnkette ‖ ~ (US) (Welding) / Wurzellage *f* (bei Mehrlagenschweißungen erzeugte erste Schweißgutschicht - DIN 1912-1), Wurzelnaht *f* ‖ ~ **bead** (US) (Welding) / Wurzellage *f* (bei Mehrlagenschweißungen erzeugte erste Schweißgutschicht - DIN 1912-1), Wurzelnaht *f* ‖ ~ **board** / Zwischenbrett *n* (bei Paletten)
**string function** (Comp) / Zeichenkettenfunktion *f* ‖ ~ **galvanometer** (Cinema) / dynamischer Lichthahn (im Longitudinal- und Transversalverfahren) ‖ ~ **galvanometer*** (Elec Eng) / Saitengalvanometer *n* (nach dem niederländischen Physiologen W. Einthoven, 1860-1927 benannt) ‖ ~ **generation** (Comp) / Bildung *f* von Strings (beim Sortieren)
**stringing** *n* (Paint) / Netzbildung *f* (unerwünschtes Pigmentausschwimmen auf der Oberfläche von Lacken und Lackfilmen) ‖ ~ (Textiles) / Fadenziehen *n*, Netzbildung *f* (Stoffdruck)
**string insulator** (Elec Eng) / Kettenisolator *m* ‖ ~ **lasting** / Fadenwicken *n* (Schuhfabrikation) ‖ ~ **manipulation** (Comp) / Stringbehandlung *f* ‖ ~ **operator** (Comp) / Zeichenkettenoperator *m*, Verkettungsoperator *m*
**stringpiece** *n* (Ocean) / Brückenbaum *m* (an der Pier)
**string quotes** (Comp) / Zeichenfolgeklammern *f pl* ‖ ~ **test** (Nut) / Fadenprobe *f* (bei der Zuckerherstellung) ‖ ~ **theory** (Phys) / Stringtheorie *f*
**string-type sealing** (Eng) / Schnurdichtung *f*
**string variable** (Comp) / Stringvariable *f* (alphanumerische Zeichenkette) ‖ ~ **vibration** (Phys) / Saitenschwingung *f* ‖ ~ **warp machines** (Textiles) / Schärmaschinen *f pl* für Tüllherstellung
**stringy** *adj* (Eng, Phys) / viskos *adj*, viskös *adj*, zäh *adj*, zähflüssig *adj* ‖ ~ (material) (Materials) / lang spanend ‖ ~ (Nut) / holzig *adj* (Pflanzenteil, Frucht) ‖ ~ (Nut) / fadenziehend *adj* (seimig, seimig *adj*) ‖ ~ (Nut) / sehnig *adj*, faserig *adj*, flechsig *adj*, zäh (Fleisch) ‖ ~ (Textiles) / strähnig *adj* (Baumwolle) ‖ ~ (Textiles) / fadenziehend *adj* (beim Stoffdruck) ‖ ~ **floppy** (Comp) / Stringy-Floppy *f* (eine Kassette mit einem Endlosband, die sich wie eine Diskette benutzen lässt) ‖ ~ **knots** (Glass) / Fäden *m pl* (Tropfen von abschmelzenden Wannensteinen, die sich nicht mit der Glasmasse verschmelzen lassen) ‖ ~ **selvedge** (Weaving) / lockere Leiste, wellige Leiste ‖ ~ **wool** (Textiles) / filzige Wolle (mit der beim Entschweißen entstandenen Verfilzung), leicht verfilzte Wolle (DIN 60004)
**strip** *v* / abziehen *v* (eine Oberflächenschicht entfernen) ‖ ~ *v*, ablösen *v*, abstreifen *v* (Agric) / schleißen *v* (Federn) ‖ ~ (Build, Civ Eng) / ausschalen *v* (als Gegensatz zu einschalen), entschalen *v* ‖ ~ (Chem) / herunterlösen *v* (z.B. Pflanzenschutzmittelrückstände) ‖ ~ (Chem Eng) / strippen *v* ‖ ~ (Comp, Photog, Print) / strippen *v* ‖ ~ (Elec Eng) / abisolieren *v* (z.B. Kabel), abmanteln *v* (ein Kabel) ‖ ~ (Eng) / überdrehen *v* (Gewinde) ‖ ~ (Eng) / zerlegen *v* (DIN 8591), abbauen *v*, demontieren *v*, abmontieren *v*, auseinander nehmen *v*, auseinander bauen *v* ‖ ~ (Eng) / abrüsten *v* ‖ ~ (Eng) / ausreißen *v* (aus dem Gewinde) ‖ ~ (For) / reppeln *v* (entrinden von Hand mit dem Stoßschäler), schippen *v*, schnitzen *v* (entrinden), rändeln *v* (entrinden) ‖ ~ (For) / abbeizen *v* ‖ ~ (For) / entrinden *v* (+ entasten, entasten + entrinden) ‖ ~ (For) / entrinden *v*, schälen *v* ‖ ~ (Foundry) / abheben *v* (Formkasten vom Modell) ‖ ~ (Glass) / entformen *v* ‖ ~ (Leather) / entgerben *v* nicht gebundene Gerbstoffe, Fettungs- und Beschwerungsmittel entfernen) ‖ ~ (Mining) / abtragen *v* (Deckgebirge), abräumen *v* ‖ ~ (Mining) / bloßlegen *v* (im Tagebau), freilegen *v* (im Tagebau) ‖ ~ (Paint) /

1550

ablösen v (eine Lackschicht) ‖ ~ (San Eng) / strippen v (die Bakterienmasse) ‖ ~ (Surf) / entmetallisieren v (einen Metallüberzug elektrolytisch ablösen), den galvanischen Überzug entfernen, entplattieren v, abziehen v (einen galvanischen Überzug) ‖ ~ (Textiles) / abziehen v (gefärbte Textilien mit farbstoffablösenden oder farbstoffzerstörenden Mitteln behandeln) ‖ ~ n (Aero) / Streifen m (an der Piste) ‖ ~ (Aero, Surv) / Flugstreifen m (bei der Luftbildmessung) ‖ ~ (US) (a main road in or leading out of a town, lined with shops, restaurants, and other facilities) (Autos) / Ausfallstraße f ‖ ~ (Electronics) / Stripline f, Streifenleitung f, Bandleitung f ‖ ~ (For) / Leiste f, Stab m ‖ ~ (For) / Stapellatte f, Stapelleiste f (bei der Holztrocknung) ‖ ~ (Met) / Band n, Blechband n (kalt oder warm gewalzt), Streifen m ‖ ~ (up to and including 4,78 x 610 mm) (Met) / Bandstahl m (zu Bändern ausgewalzter Stahl) ‖ ~ (Spinning, Textiles) / Abschlagplatine f ‖ ~ (deplating bath) (Surf) / Maschenbildungswerkzeug f ‖ ~ (deplating bath) (Surf) / Entmetallisierungsbad n (zum Ablösen von Metallüberzügen), Entmetallisierungselektrolyt m ‖ **organically coated sheet and** ~ (Surf) / Blech n und Band mit organischer Beschichtung (ein- oder beidseitig) ‖ ~ **anodizing** (Surf) / kontinuierliche Anodisation, Bandanodisation f ‖ ~ **away** v / abziehen v (eine Oberflächenschicht entfernen)

**strip-bark** v (For) / reppeln v (entrinden von Hand mit dem Stoßschäler), schippen v, schnitzen v (entrinden), rändeln v (entrinden)

**strip building** (Build) / Reihenbebauung f ‖ ~ **butt welding machine** (Welding) / Bandstumpfschweißmaschine f ‖ ~ **casting** (Foundry) / Bandgießen n

**strip-casting plant** (Foundry) / Bandgießanlage f

**strip-chart recorder** / Bandschreiber m (ein Registriergerät) ‖ ~ **recorder** (Comp) / Streifenschreiber m ‖ ~ **recorder** (Instr) / Linienschreiber m (ein Messschreiber mit kontinuierlicher Registrierung)

**strip coal** (Mining) / Tagebaukohle f ‖ ~ **coating** (Paint) / Bandbeschichten n (von Stahl- und Aluminiumbändern), Breitbandbeschichtung f (Spezialform der Metallackierung), Coil-Coating n (zur Beschichtung von Blechbahnen durch Aufwalzen von Anstrichstoffen), Spulenbeschichtung f, Bandbeschichtung f ‖ ~ **coiler** (Met) / Bandhaspel f (Maschine, die Band zu einer Rolle mit aufeinander liegenden Kanten aufwickelt oder eine Rolle abwickelt ) ‖ ~ **conductor** (Elec Eng) / Bandleiter m ‖ ~ **cropping** (US) (cultivation in which different crops are sown in alternate strips to prevent soil erosion) (Agric) / Streifenanbau m (zur Erosionsminderung) ‖ ~ **crown** (Met) / Bandüberhöhung f (beim Walzen von Blechen und Bändern) ‖ ~ **down** v (Eng) / zerlegen v (DIN 8591), abbauen v, demontieren v, abmontieren v, auseinander nehmen v, auseinander bauen v

**stripe** v / mit Streifen versehen, mit Streifen bemalen, streifen vt ‖ ~ (Autos) / linieren v (dünne Zierlinien auf der Karosserie) ‖ ~ (Textiles) / ringeln v ‖ ~ n / Streifen m (auch im Papier) ‖ ~* (Acous, Cinema) / Magnetspur f, Magnettonspur f ‖ ~ (Cinema) / Soundtrack m, Tonspur f (Licht- oder Magnet-) ‖ ~ (Geol) / Streifen m (Strukturboden) ‖ ~ (Textiles) / Schliere f ‖ ~ (Textiles, Weaving) / Bande f (ein Webfehler) ‖ ~ **attr** / gestreift adj, streifig adj

**striped** adj / gestreift adj, streifig adj ‖ ~ **damask** (Textiles) / Streifendamast m, Streifensatin m (ein Bettwäschestoff für Oberbett- und Kissenbezüge) ‖ ~ **grain** (For) / Streifentextur f, gestreifte Textur (z.B. bei Sapelli oder Zingana) ‖ ~ **ground** (Geol) / Streifenboden m (ein Strukturboden) ‖ ~ **silvering** (Glass) / in Streifen versilbertes Glas ‖ ~ **soil** (Geol) / Streifenboden m (ein Strukturboden)

**stripe filter*** (TV) / Streifenfilter n (bei Farbkatodenstrahlröhren) ‖ ~ **laser** (Phys) / Streifenlaser m ‖ ~ **laser diode** (Phys) / Streifenlaserdiode f

**strip electrode** (Welding) / Bandelektrode f (Schweißzusatzwerkstoff mit rechteckigem Querschnitt)

**stripe pattern** (Textiles) / Streifenmuster n, Streifenmusterung f

**striper** n (Autos) / Liniergerät n (zum Auftrag dünner Zierlinien auf der Karosserie) ‖ ~ (Textiles) / Ringelapparat m, Ringeleinrichtung f

**stripe rust** (Agric, Chem) / Gelbrost m (an Getreide), Streifenrost m (eine Rostkrankheit - Puccinia striiformis glumarum (Schm.) Erikss.)

**strip felling** (For) / Saumschlag m (waldbauliche Technik zur natürlichen Verjüngung eines Waldbestandes durch Anlegung von schmalen Kahlstreifen durch meist an der vom Wind abgekehrten Seite beginnende Hiebe /Ziel ist die Verjüngung im Schutz des benachbarten Altholzes/) ‖ ~ **flooring** (Build, Carp) / Brettelboden m (A), Riemenfußboden m, Schiffsboden m ‖ ~ **footing** (Build) / Streifengründung f (eine Flächengründung) ‖ ~ **footing** (Build) / Gründungsstreifen m (für eine Flächengründung) ‖ ~ **foundation** (Build) / Streifengründung f (eine Flächengründung) ‖ ~ **galvanizing** (Surf) / Bandstahlverzinkung f, Bandverzinkung f ‖ ~ **heating** (Join) /

Bandheizung f (bei der Verleimung) ‖ ~ **in** v (Comp, Print) / einstrippen v, aufstrippen v

**striping** n (Cinema, TV) / Bespurung f ‖ ~ (Comp) / Striping n (RAID-Level 0) ‖ ~ (Textiles) / Streifenmuster n, Streifenmusterung f ‖ ~ **attachment** (Textiles) / Ringelapparat m, Ringeleinrichtung f ‖ ~ **wheel** (Autos) / Liniergerät n (zum Auftrag dünner Zierlinien auf der Karosserie)

**strip light** (Cinema) / Soffittenlicht n ‖ ~ **lighting** (Cinema) / Soffittenbeleuchtung f

**stripline*** n (Electronics) / Stripline f, Streifenleitung f, Bandleitung f ‖ ~* (Electronics) s. also slot-line ‖ ~ **filter** (Electronics) / Stripline-Filter n

**strip map** (Cartography) / Bandkarte f (mit sehr langem Hoch- oder Querformat)

**strip-map mode** (with fixed scan angle) (Radar) / Streifenmodus m (mit festem Keulensteuerwinkel)

**strip-mask process** (Cartography) / Strip-Mask-Verfahren n

**strip mill** (Met) / Bandstahl-Walzwerk n, Bandwalzwerk n (Breit-, Mittel- und Schmalband) ‖ ~ **mining** (Mining) / Strip-Mining n (Abbauverfahren im Tagebaubetrieb, bei dem der Abbau in Form eines Grabens quer zu seiner Längserstreckung fortschreitet, wobei der Abraum auf kürzestem Wege mit Hilfe von Schürfkübelbaggern in den leeren Abbauraum versetzt wird) ‖ ~ **mining** (Mining) / Abbau m von bloßgelegtem Ausbiss ‖ ~ **mining** (Mining) / Gewinnung f mit Bagger ‖ ~ **model** (Phys) / Streifenmodell n (Modellvorstellung in der Plastizitätstheorie - nach Siebel und von Kármán)

**strip-moulding machine** (Foundry) / Abhebeformmaschine f (Press- und Rüttelformmaschine ohne Wendevorrichtung)

**strip off** v / abziehen v (eine Oberflächenschicht entfernen) ‖ ~ **of jacks** (Telecomm) / Klinkenstreifen m

**strippable** adj / abziehbar adj, ablösbar adj, abstreifbar adj (obere Schicht) ‖ ~ (Mining) / tagebauwürdig adj, im Tagebau zu gewinnen ‖ ~ **coatings** (Paint) / abstreifbare Überzüge, Schutzlackfilme m pl (Abziehlacke) ‖ ~ **lacquer** (Paint) / Abziehlack m (auf elastischem Untergrund) ‖ ~ **photographic emulsion** (Nuc, Photog) / Abziehemulsionsschicht f, Strippingemulsion f

**strip package** / Streifenverpackung f ‖ ~ **parison** (Plastics) / bandartiger Vorformling

**stripped** adj (Mining) / freigelegt adj (im Tagebau), bloßgelegt adj ‖ ~ **atom*** (Phys) / hochionisiertes Atom, elektronenberaubtes Atom, vollständig ionisiertes Atom, Strippingatom n (hochionisiertes Atom) ‖ ~ **merge** (Comp) / Mischen n ohne Folgeadressfeld ‖ ~ **neutron** (Nuc) / abgestreiftes Neutron, Strippingneutron n ‖ ~ **version** (Autos) / Grundversion f (eines Wagens), Einfachversion f (eines Wagens) ‖ ~ **water** (Chem) / entgastes Wasser

**stripper** n / Abscheider m ‖ ~ (Agric, Civ Eng) / Maschine f zum Abziehen der Bodenpflanzendecke ‖ ~ (Agric, Textiles) / Stripper m (eine Baumwollpflückmaschine) ‖ ~ (Chem) / Abtriebssäule f (derjenige Teil der Trennsäule, der sich zwischen Verdampfer und Zulauf befindet) ‖ ~ (Chem Eng, Oils) / Stripper m (Rektifizierkolonne, in der man hochsiedende Stoffe temperaturschonend verarbeitet), Strippersäule f ‖ ~ (Elec Eng) / Abisolierzange f ‖ ~ (Elec Eng) / Abisoliermaschine f, Abisolierautomat m ‖ ~ (Met) / Stripper m (eine Blockabstreifvorrichtung in Stahlwerken) ‖ ~ (Met) / Abstreifer m (der das glatte Lösen des Walzguts bewirken soll) ‖ ~* (Nuc) / Abstreifer m ‖ ~ (side) (Oils) / Seitenturm m, Nebenturm m (eine Hilfskolonne) ‖ ~ (Oils) / Melksonde f, Stripperbohrung f (mit weniger als 10 Barrels je Tag) ‖ ~ (Spinning) / Wender m (einer Kammwollkrempel) ‖ ~ (Welding) / Mittelfuge f (DIN 1912) ‖ ~ **and worker** (Spinning) / Wende- und Arbeitswalze f ‖ ~ **anode** (Surf) / Mutterblechanode f ‖ ~ **bay** (Met) / Stripperhalle f ‖ ~ **column** (Chem) / Suppressorsäule f (eine zweite Ionenaustauschersäule in der Detektionseinheit der Ionenchromatografie mit Suppressortechnik) ‖ ~ **crane** (Met) / Stripperkran m, Blockziehkran m, Blockabstreiferkran m ‖ ~ **harvester** (Agric) / Ährendrescher m, Ährenstripper m ‖ ~ **plate** (Met) / Abstreifplatte f (beim Walzen von Blechen)

**strippers*** pl (Print) / Bogenabstreicher m

**stripper well** (Oils) / Melksonde f, Stripperbohrung f (mit weniger als 10 Barrels je Tag)

**stripping** n / Ablösen n, Ablösung f (z.B. von alten Tapeten) ‖ ~ (Build, Civ Eng) / Ausschalung f, Entschalung f ‖ ~ (the first layer of the soil) (Build, Civ Eng) / Abtragung f des Mutterbodens ‖ ~ (Chem) / Abstreifen n, Ausdämpfen n (bei der Destillation) ‖ ~ (Chem) / Austreiben n (Desorption gelöster Gase aus Flüssigkeiten oder von festen Grenzflächen) ‖ ~ (Civ Eng) / Abziehen n der Bodenpflanzendecke, Abtragen n der Vegetationsschicht ‖ ~ (Civ Eng) / Abgrabung f (Veränderung der Erdoberfläche durch Entnahme von Boden- und Gesteinsmassen) ‖ ~* (Comp, Photog, Print) / Strippen n (zeilengenaues Einfügen von Textänderungen in fertige Fotosatzfilme), Stripping n ‖ ~ (Elec Eng) / Abisolieren n (mit

**stripping**

der Abisolierzange oder mit dem Abisolierautomaten), Abmanteln n, Abmantelung f (wenn auch die Schutzhülle eines Kabels oder einer Leitung entfernt wird) || ~ (Eng) / Überdrehen n (Gewinde), Ausreißen n (der Gewindegänge) || ~ (For) / Schälung f (der Korkeiche) || ~ (Foundry) / Abstreifen n (einer Kokille) || ~ (of a flask) (Foundry) / Abheben n (des Formkastens vom Modell) || ~* (Mining) / Abtragen n (des Deckgebirges im Tagebau), Abräumen n || ~* (Mining) / Bloßlegung f (im Tagebau), Freilegung f (im Tagebau) || ~ (Nuc) / Rückextraktion f (Brennstoffaufarbeitung) || ~* (Nuc) / Strippingreaktion f, Abstreifreaktion f (Kernreaktion, die durch Wechselwirkung von Deuteronen mit Atomkernen ausgelöst wird) || ~ (Nuc, Nuc Eng) / Wäsche f (Brennstoffaufarbeitung) || ~* (Print) / Montage f || ~ (San Eng) / Stripping n (Austreiben flüchtiger Inhaltsstoffe aus Abwasser mit Dampf, z.B. durch Gasaustausch - DIN 4045) || ~* (Surf) / Entmetallisieren n (elektrolytisches Ablösen von Metallüberzügen), Entplattierung f, Abziehen n (eines galvanischen Überzugs) || ~ (Textiles) / Abziehen n (von Färbungen und Appreturen) || ~ **agent** (Acous, Surf) / Trennmittel n (elektrisch leitender Überzug bei der Herstellung der Vaterplatte) || ~ **agent** (Textiles) / Entfärbungshilfsmittel n, Entfärber m, Abziehmittel n || ~ **bar** (Textiles) / Abschlagbarre f (bei Raschelmaschinen) || ~ **bay** (Met) / Stripperhalle f || ~ **column** (Chem Eng, Oils) / Stripper m (Rektifizierkolonne, in der man hochsiedende Stoffe temperaturschonend verarbeitet), Strippersäule f || ~ **column** (Nuc) / Abstreifer m || ~ **film** (Comp, Photog, Print, Typog) / Strippingfilm m, Abziehfilm m, Strippingfilm m (dessen Schicht sich im nassen und im trockenen Zustand als feines, zähes Häutchen abziehen lässt) || ~ **knife** (Cables) / Kabelmesser n || ~ **knife** (Paint) / Abkratzspachtel m, Abziehspachtel m || ~ **knife** (Paint) / Stoßspachtel m, Malerspachtel m || ~ **oil** (Oils) / Waschöl n (Absorptionsöl), Absorptionsöl n || ~ **pliers** (Elec Eng) / Abisolierzange f || ~ **polarography** (Chem, Elec Eng) / inverse Polarografie, Inverspolarografie f, Kemula-Polarografie f

**strippings** pl (Mining) / Abraum m (das auszuräumende taube Gestein od. die Bodenmassen, welche die abbauwürdigen Erze, Kohlen usw. bedecken)

**stripping shovel** (Mining) / Abraumlöffelbagger m || ~ **tongs** (Elec Eng) / Abisolierzange f || ~ **voltammetry** (Chem) / Inversvoltammetrie f, inverse Voltammetrie, Voltammetrie f mit hängender Tropfelektrode || ~ **zone** (Chem Eng) / Abtriebsteil m, Abstreifzone f (einer Destillations- bzw. Rektifizierkolonne)

**strip rolling mill** (Met) / Bandstahl-Walzwerk n, Bandwalzwerk n (Breit-, Mittel- und Schmalband) || ~ **rolling mill for tyres** (Met, Rail) / Radreifenwalzwerk n, Bandagenwalzwerk n

**STRIPS** (Stanford Research Institure Problem Solver) (AI) / Problemlöser m des Stanford Research Institute, STRIPS

**strips** pl (timber assortment) (For) / Schmalware f (Bretter von 7-17 cm) || ~ (Spinning) / Strips pl (kurze Fasern, die auf einer Spinnereimaschine durch Arbeitswalzen abgestreift werden)

**strip shears** (Met) / Streifenschere f (Rundmesserschere mit paralleler Achsenstellung des Messerpaares zueinander und zur Blechebene) || ~ **solder** (Eng) / Lotband n || ~ **specimen** (Surf) / Streifenprobe f, Prüfstreifen m || ~ **steel** (Met) / Bandstahl m (zu Bändern ausgewalzter Stahl) || ~ **tension** (Met) / Bandzug m (vor und hinter dem Walzspalt auf das Band einwirkende Zugkräfte beim Walzen von Band) || ~ **test** (Materials, Textiles) / Zugfestigkeitsprüfung f der Streifenprobe || ~ **test piece** (For) / Trennschnittprobe f (ein Prüfkörper zur Beurteilung der Deformation des Trocknungsgutes nach der Trocknung)

**strip-type transmission line** (Electronics) / Stripline f, Streifenleitung f, Bandleitung f

**strip waste** (Spinning) / Ausputz m || ~ **welding** (Plastics) / Warmgasschweißen n mit Deckstreifen || ~ **windows** (Build) / Fensterband n (mehrere in einer Reihe bandartig unmittelbar nebeneinander liegende schmale Fenster, Bandfenster n || ~-**wound** attr (Elec Eng) / mit Flachdrahtwicklung, mit Flachkupferwicklung

**stripy** adj / gestreift adj, streifig adj

**strip zinc** (Met) / Zinkband n (DIN 9772)

**strobe*** n / Stroboskop n (optische Vorrichtung zum Messen von Frequenzen und zum Sichtbarmachen periodischer Bewegungsabläufe hoher Frequenz) || ~* (Aero, Electronics) / Messimpuls m (von Kollisionswarnsystemen abgestrahlt) || ~* (Electronics) / Strobe m (ein Impuls, der aus einem Signal ein Stück herausblendet, welches mit seiner Dauer übereinstimmt) || ~ (US) (Photog) / Röhrenblitz m, Elektronenblitz m || ~ (Radar) / Peillinie f (als Richtung zu einem Ziel, einem Störer oder einem Funkfeuer) || ~ **lamp** (Optics) / Stroboskoplampe f (eine Blitzröhre), Lichtblitzstroboskop n || ~ **light** (Aero) / Blitzlicht n (ein Antikollisionslicht) || ~ **light** (I C Engs) / Zündlichtpistole f, Stroboskop n || ~ **line** (Radar) / Messlinie f || ~ **marker*** (Radar) / Markierimpuls m || ~ **marker** (Radar) / Messmarke f || ~

**photography** (Photog) / Strobochromatografie f, Stroboskopfotografie f (Aufnahmetechnik, in der bei offenem Kameraverschluss und mit Hilfe einer intermittierenden Beleuchtung in dunklen Räumen Bewegungsabläufe in mehreren Phasen auf einem Bild sichtbar gemacht werden) || ~ **propagation time** (Comp) / Strobe-Laufzeit f || ~ **pulse** (Electronics) / Taktimpuls m, Strobe-Impuls m || ~ **pulse** (Radar) / Markierimpuls m || ~ **tracking** (Radar) / Richtungsverfolgung f (einer Strahlungsquelle oder eines Ziels beim Ausfall der Information über die Entfernung , zum Beispiel bei einem unmodulierten Dauerstrichradar)

**strobile*** n (Bot, For) / Zapfen m (bei Nadelhölzern), Strobilus m (pl. -li)

**strobilurin** n (Pharm) / Strobilurin n (ein Antibiotikum)

**strobilus*** n (pl. -bili) (Bot, For) / Zapfen m (bei Nadelhölzern), Strobilus m (pl. -li)

**strobing** n (Electronics) / Stroben n, Impulsausblenden n

**stroboscope*** n / Stroboskop n (optische Vorrichtung zum Messen von Frequenzen und zum Sichtbarmachen periodischer Bewegungsabläufe hoher Frequenz)

**stroboscopic** adj (Optics) / stroboskopisch adj

**stroboscopical** adj (Optics) / stroboskopisch adj

**stroboscopic disk** (Optics) / Stroboskopscheibe f, stroboskopische Scheibe || ~ **effect** (Optics) / stroboskopischer Effekt || ~ **lamp** (Optics) / Stroboskoplampe f (eine Blitzröhre), Lichtblitzstroboskop n || ~ **photography** (Photog) / Stroboblitzfotografie f, Stroboskopfotografie f (Aufnahmetechnik, in der bei offenem Kameraverschluss und mit Hilfe einer intermittierenden Beleuchtung in dunklen Räumen Bewegungsabläufe in mehreren Phasen auf einem Bild sichtbar gemacht werden) || ~ **photography** (Photog) s. also schlieren photography and spark photography

**Stroeder scrubber** (Chem Eng) / Ströderwäscher m, Kreuzschleierwäscher m

**stroke** n (Aero) / Federweg m (eines Federbeins) || ~ (Aero) / Einfederung f (eines Federbeins) || ~ (Comp) / Anschlag m (auf der Tastatur), Tastenanschlag m || ~ (Comp) / Strich m (optische Zeichenerkennung) || ~ (Comp) / Segment n (grafisches Element) || ~ (Electronics) / Hinlauf m || ~ (Eng) / Stoß m, Hieb m, Schlag m || ~ (Eng) / Strich m (Feilstrich) || ~ (Eng) / Weg m, Durchbiegung f (der Feder) || ~* (I C Engs) / Kolbenhub m (Abstand zwischen den beiden Totpunkten des Kolbens), Hub m (die Wegstrecke des Kolbens zwischen seinen zwei Tot- oder Umkehrpunkten) || ~ (I C Engs) / Takt m (Hub als Phase innerhalb des Gesamtablaufs) || ~ (Mining) / Auszug m (eines Stempels) || ~ (Paint, Typog) / Strich m || ~ (Typog) / Schrägstrich m, Slash m (pl. -s) || ~ **alteration** (Eng) / Hubverstellung f

**stroke/bore ratio** (I C Engs) / Hubverhältnis n (DIN 1940), Bohrung/Hub-Verhältnis n, Hub-Bohrung-Verhältnis n

**stroke character generator** (Comp) / Strichzeichengenerator m || ~ **counter** (Eng) / Hubzähler m

**stroked*** adj (Build) / behauen adj (mit Rillenmuster - Naturstein)

**stroke device** (Comp) / Stricheingabegerät n || ~ **direction** (For) / Zugrichtung f (bei der Säge) || ~ **font** (Comp) / Strichrasterschrift f (eine digitale Schrift, die nicht aus Rasterpunkten, sondern aus Strichen zusammengesetzt ist) || ~ **range** (Eng) / Hubbereich m (der durch die Endlagen der Hubbewegung abgegrenzt ist)

**strokes per minute** (I C Engs) / Hübe m pl je Minute, Hubzahl f je Minute

**stroke wheel** (Print) / Ausstreichrad n (der Bogenanlage) || ~ **width** (Comp, Typog) / Schriftstärke f (eines Schriftzeichens)

**stroking** n (I C Engs) / Hubvergrößerung f || ~ **speed** (I C Engs) / Hübe m pl je Minute, Hubzahl f je Minute

**stromatolite*** n (Geol) / Stromatolith m (Kalkausscheidungen mariner Algen)

**stromatoporoid limestone*** (Geol) / Stromatoporenkalk m

**Stromberg carburettor** (Autos) / Stromberg-Vergaser m (ein Firmenname)

**Strombolian eruption*** (Geol) / strombolianische Tätigkeit (Ausstoßen von Dampf- und Aschenwolken, Auswurf von Schlacken und Bomben)

**Strombolian-type eruption** (Geol) / strombolianische Tätigkeit (Ausstoßen von Dampf- und Aschenwolken, Auswurf von Schlacken und Bomben)

**stromeyerite** n (Min) / Stromeyerit m, Silberkupferglanz m

**Strömgren sphere** (Astron) / Strömgren-Sphäre f (strahlungsionisierte Zone)

**strong** adj / stark adj || ~ / fest adj (Schuh, Gestein, Werkstoff) || ~ (Materials) / widerstandsfähig adj, beständig adj || ~ (Nut) / stark adj (Kaffee, Tee, Geruch), kräftig adj || ~ **acid** (Chem) / starke Säure (nach dem Dissoziationsgrad) || ~-**acid number** (Chem) / Gehalt m an starken (aggressiven) Säuren || ~ **base** (Chem) / starke Base (nach dem Dissoziationsgrad) || ~ **breeze** (Meteor) / starker Wind (Beaufortgrad 6) || ~ **clay*** (Build, Ceramics) / plastischer Ton || ~

**convergence** (Maths) / starke Konvergenz ‖ ~ **coupling** (Nuc, Phys) / starke Kopplung, feste Kopplung
**strong-coupling model** (Nuc, Phys) / Modell $n$ mit starker (fester) Kopplung
**strong electrolyte*** (Chem, Elec Eng, Surf) / starker Elektrolyt ‖ ~ **eluting solvent** (Chem) / Lösungsmittel $f$ mit großer Elutionsstärke, Lösungsmittel $n$ mit starker Elutionskraft ‖ ~ **focusing** (Nuc, Nuc Eng) / starke Fokussierung, Prinzip $n$ des alternierenden Gradienten, AG-Prinzip $n$, AG-Fokussierung $f$ ‖ ~ **gale** (Meteor) / Sturm $m$ (Beaufortgrad 9) ‖ ~ **ground** (Civ Eng, Mining) / standfestes Gebirge, standfestes Gestein ‖ ~ **interaction*** (Nuc) / starke Wechselwirkung ‖ ~ **law of large numbers** (Maths) / starkes Gesetz der großen Zahlen
**strongly connected graph** (Comp) / stark zusammenhängender Graf (wenn von jedem Knoten zu jedem anderen Knoten mindestens ein gerichteter Weg existiert) ‖ ~ **corrosion-resistant** (Surf) / hochkorrosionsresistent *adj*, hochkorrosionsfest *adj*, hochkorrosionsbeständig *adj* ‖ ~ **sized** (Paper) / voll geleimt, stark geleimt, mit starker Leimung
**strong nuclear force** (Nuc) / starke Wechselwirkung ‖ ~ **point** (Mil) / befestigte Feldstellung, Stützpunkt $m$ (befestigte Feldstellung)
**strongroom** $n$ / Safeanlage $f$, Tresoranlage $f$ ‖ ~ **concrete** (Build) / Tresorbeton $m$ (Beton B 55 mit Zuschlägen aus Kiessand oder Hartgestein)
**strong sewage** (San Eng) / dickes Abwasser, konzentriertes Abwasser ‖ ~ **topology** (Maths) / starke Topologie ‖ ~ **wool** (Textiles) / grobe, extralange Wolle
**strontia** $n$ (Chem) / Strontian $n$ (SrO), Strontianerde $f$ ‖ ~ (Chem) s. also strontium oxide
**strontianite** $n$ (Min) / Strontianit $m$ (Strontiumkarbonat, isotyp mit Aragonit)
**strontium 90** (Chem) / künstliches radioaktives Isotop $^{90}$Sr, Strontium 90 $n$ ‖ ~* $n$ (Chem) / Strontium $n$, Sr (Strontium) ‖ ~ **acetate** (Chem) / Strontiumacetat $n$, Strontiumazetat $n$ ‖ ~ **age** (Geol) / Strontiumalter $n$ (absolutes Alter, nach der Rubidium-Strontium-Methode bestimmt) ‖ ~ **boride** (Chem) / Strontiumborid $n$ ($SrB_6$) ‖ ~ **bromide** (Chem) / Strontiumbromid $n$ ‖ ~ **carbonate** (Chem) / Strontiumkarbonat $n$, Strontiumcarbonat $n$ ($SrCO_3$) ‖ ~ **chlorate** (Chem) / Strontiumchlorat $n$ ($Sr(ClO_3)_2$) ‖ ~ **chloride** (Chem) / Strontiumchlorid $n$ ($SrCl_2$) ‖ ~ **chromate** (Chem, Paint) / Strontiumchromat $n$ ($SrCrO_4$) ‖ ~ **dating** (Geol) / radiometrische Altersbestimmung nach der Rubidium-Strontium-Methode ‖ ~ **dioxide** (Chem) / Strontiumperoxid $n$ ‖ ~ **fluoride** (Chem) / Strontiumfluorid $n$ ($SrF_2$) ‖ ~ **hydrate** (Chem) / Strontiumhydroxid $n$ ‖ ~ **hydroxide** (Chem) / Strontiumhydroxid $n$ ‖ ~ **monosulphide** (Chem) / Strontiumsulfid $n$ (als blau leuchtendes Pigment für Leuchtfarben gebraucht) ‖ ~ **nitrate** (Chem) / Strontiumnitrat $n$ ‖ ~ **oxide** (Chem) / Strontiumoxid $n$ ‖ ~ **peroxide** ($SrO_2$) (Chem) / Strontiumperoxid $n$ ‖ ~ **sulphate** (Chem, Paint) / Strontiumsulfat $n$ ‖ ~ **sulphide** (Chem) / Strontiumsulfid $n$ (als blau leuchtendes Pigment für Leuchtfarben gebraucht) ‖ ~ **titanate** (Chem, Electronics) / Strontiumtitanat $n$ ($SrTiO_3$) ‖ ~ **unit*** (Nuc) / Strontiumeinheit $f$ ‖ ~ **yellow** (Paint) / Strontiumgelb $n$ (ein Chromatpigment) ‖ ~ **zirconate** (Chem) / Strontiumzirkonat $n$
**strophanthin** $n$ (Pharm) / Strophanthin $n$ (herzwirksames Glykosid aus den Samen von Strophanthusarten), Strophanthusglykosid $n$
**strophanthin-G** $n$ (Pharm) / g-Strophanthin $n$, Ouabain $n$ (ein Strophanthusglykosid)
**strophoid** $n$ (Maths) / Strophoide $f$ (eine rationale Kurve)
**Strouhal number** (Phys) / Strouhal-Zahl $f$, Sr (charakteristische Kenngröße der Strömungstechnik bzw. der Strömungsakustik - nach Č. Strouhal, 1850-1923)
**Strowger selector** (Teleph) / Viereckwähler $m$ (ein altes Wählersystem), Hebdrehwähler $m$, HDW (Hebdrehwähler), Strowger-Wähler $m$ ‖ ~ **system** (Teleph) / Schrittschaltwählersystem $n$, Strowger-System $n$
**str. tol.** (Eng) / Geradheit $f$ (auch nach DIN 7184, T 1)
**struck*** *adj* (Build) / mit abgestrichenen Lagerfugen ‖ ~* (Build, Civ Eng) / abgebaut *adj* (Gerüst) ‖ ~ **by a virus** (Comp) / virusbefallen *adj*, virusbehaftet *adj*, durchseucht *adj* (mit Viren) ‖ ~ **capacity** (Mining) / Füllmenge $f$ bei gestrichener Oberfläche (eines Wagens)
**struck-joint pointing*** (Build) / Wasser abweisende Ausfugen (abgeschrägtes), Ausfugen $n$ mit Wasser abweisender Fugenausbildung, Fugenausbildung $f$ mit schräg nach unten oder oben verlaufender Fugenfläche
**struck line** (Build, Civ Eng) / Schlagleine $f$, Schlagschnur $f$, Kreideschnur $f$
**structogram** $n$ (Comp) / Nassi-Shneiderman-Diagramm $n$ (zur grafischen Beschreibung von Algorithmen oder Programmen), Struktogramm $n$
**structronics** $n$ (Eng) / Strukturlehre $f$
**structurable** *adj* / strukturierbar *adj*
**structural** *adj* / Struktur-, strukturell *adj* ‖ ~ / Bau-, Konstruktions-, baulich *adj*, konstruktiv *adj* ‖ ~ (Build) / Trag-, tragend *adj* (z.B.

**structural**

Konstruktion) ‖ ~ **adhesive** (a bonding agent) / Strukturklebstoff $m$, Konstruktionsklebstoff $m$, Montageklebstoff $m$ ‖ ~ **ambiguity** / strukturelle Mehrdeutigkeit $f$ ‖ ~ **analysis** (Build, Mech) / Statik $f$ (als Gesamt von statischen Berechnungen) ‖ ~ **analysis** (Crystal) / Strukturanalyse $f$, Strukturaufklärung $f$ (z.B. Kristallstrukturanalyse, Röntgenstrukturanalyse) ‖ ~ **analysis** (Geol) / tektonische Analyse ‖ ~ **attribute** (Comp) / Strukturierungsattribut $n$, Strukturattribut $n$ ‖ ~ **bracing** (Eng) / Bandagen $f\,pl$ (Versteifungen der Kesselwand) ‖ ~ **ceramics** (Build, Ceramics) / Baukeramik $f$ ‖ ~ **ceramics** (Ceramics) / Strukturkeramik $f$ (die passive Eigenschaften, wie z.B Festigkeit, Härte, Verschleißbeständigkeit, sehr häufig in Kombination mit chemischer und thermischer Beständigkeit, besitzt) ‖ ~ **change** / Strukturänderung $f$ ‖ ~ **change** / Strukturwandel $m$ ‖ ~ (**inorganic**) **chemistry** (Chem) / Strukturchemie $f$ ‖ ~ **clay** (Build, Ceramics) / Ton $m$ für Baukeramik ‖ ~ **compound** (Bot) / Gerüstsubstanz $f$ ‖ ~ **constituent** (Geol) / Gefügebestandteil $m$ ‖ ~ **corrosion** (Build) / Korrosion $f$ an tragenden Bauteilen, strukturelle Korrosion, Sicherheit gefährdende Rostschäden an tragenden Bauteilen ‖ ~ **crystallography** (Crystal) / Kristallstrukturanalyse $f$ ‖ ~ **damping*** (Aero) / strukturelle Dämpfung ‖ ~ **defect** (Crystal, Geol, Met) / Gefügefehler $m$ (gröberer dreidimensionaler Kristallbaufehler, z.B. Poren, Gaslunker) ‖ ~ **description** (Comp) / Strukturbeschreibung $f$ (von einem Parser) ‖ ~ **design** / Bemessung $f$, konstruktiver Entwurf ‖ ~ **drawing** (Build) / Bauzeichnung $f$ (DIN 1356), Zeichnung $f$ für das Bauwesen ‖ ~ **drawing** (Eng) / Konstruktionszeichnung $f$ (DIN 199, T 1) ‖ ~ **element** / Strukturelement $n$ (eine Relation) ‖ ~ **element** / Strukturelement $n$, Strukturelement $n$ (als konkrete Realisierung) ‖ ~ **element** (Build, Eng) / Konstruktionselement $n$, Konstruktionseinheit $f$ ‖ ~ **element** (Eng) / Bauelement $n$, Aufbauelement $n$ ‖ ~ **engineer** (Build) / Stahlbauer $m$ ‖ ~ **engineer** (Build) / Bautechniker $m$ ‖ ~ **engineer** (Build) / Statiker $m$ ‖ ~ **engineering** (Build) / Bautechnik $f$ ‖ ~ **engineering** (Civ Eng) / Tiefbau $m$ ‖ ~ **fabric** (Geol) / Gefüge $n$ ‖ ~ **fabric** (Textiles) / Strukturgewebe $n$ (fülliges und für den Sommer meist poröses Gewebe in Bindungen, die eine mustermäßig erhabene Oberfläche und oft einen kernigen Griff hervorrufen) ‖ ~ **foam*** (Plastics) / Integralschaumstoff $m$ (DIN 7726), Strukturschaumstoff $m$ ‖ ~ **foam moulding** (Plastics) / Thermoplastschaum-Guss $m$, TSG (Thermoplastschaum-Guss), Integralschaum-Guss $m$ ‖ ~ **gene*** (Gen) / Strukturgen $n$ ‖ ~ **geology** (the branch of geology that deals with the description, representation, and analysis of structures , chiefly on a moderate to small scale) (Geol) / Strukturgeologie $f$ ‖ ~ **glass** (US) (Build) / Glasbaustein $m$ (DIN 18175), Glasziegel $m$, Glasstein $m$, Glasbauelement $n$, Glasblock $m$, Betonglas $n$ (als lichtdurchlässiges Element nach DIN 4243) ‖ ~ **glass** (US) (Build, Glass) / Bauglas $n$, Glas $n$ im Bauwesen (DIN EN 572) ‖ ~ **glass** s. also window glass ‖ ~ **isomerism** (Chem) / Konstitutionsisomerie $f$ (wenn Isomere unterschiedliche Konstitutionsformeln besitzen), Strukturisomerie $f$ ‖ ~ **laminated timber** (For, Join) / Brettschichtholz $n$ (ein Bauteil aus mindestens drei Holzbrettlagen, die vorwiegend parallel zur Faserrichtung verleimt sind - DIN EN 386 und 390- 392), BSH (Brettschichtholz nach DIN EN 386 und 390-392)
**structurally bounded editor** (Comp) / strukturgebundener Editor ‖ ~ **sound** (Build) / mit guter Bausubstanz ‖ ~ **viscous** (Phys) / strukturviskos *adj*
**structural-materials industry** (Build) / Baustoffindustrie $f$
**structural mechanics** (Geol, Mining) / Gefügemechanik $f$ ‖ ~ **member** (Build) / Bauglied $n$ ‖ ~ **mill** (Met) / Formstahlwalzwerk $n$, Formstahlstraße $f$ (zum Warmwalzen von Halbzeug zu großen I-, U- und H-Profilen, Gleisoberbauerzeugnissen oder Spundwanderzeugnissen), Profilstahlwalzwerk $n$ ‖ ~ **module** (Arch) / Rastermaß $n$ ‖ ~ **noise** (Radio) / Strukturrauschen $n$ (des Bandes)
**structural-noise factor** (Acous) / Körperschallmaß $n$
**structural parts list** (which reproduces product structure with all assemblies and components) (Work Study) / Struktur-Stückliste $f$ ‖ ~ **plate** (Build, Mech) / Platte $f$ (als Gegenstand von statischen Berechnungen - DIN 1045) ‖ ~ **polymer** (Plastics) / Strukturpolymer $n$ (ein Hochleistungspolymer) ‖ ~ (**clay**) **product(s)** (Build, Ceramics) / Baukeramik $f$ (als Erzeugnis) ‖ ~ **rigidity** (Met) / Struktursteifigkeit $f$ ‖ ~ **riveting** (Civ Eng) / Nietung $f$ im Stahlbau ‖ ~ **safety** (Build) / Sicherheit $f$ von Bauwerken ‖ ~ **section** (Met) / Formstahl $m$ (nicht mehr üblicher Begriff für große I-, U- und H-Profile) ‖ ~ **shape** (Met) / Profil $n$, Form $f$ ‖ ~ **spalling** (resulting from stresses caused by differential changes in the structure of a refractory unit) (Ceramics, Met) / Absplittern $n$ (infolge thermisch bedingter Spannungen in der Struktur feuerfester Steine), Abspalten $n$ (infolge thermisch bedingter Spannungen) ‖ ~ **stage** (Geol) / Strukturstufe $f$ ‖ ~ **statics** (Build, Mech) / Statik $f$ (als Gesamt von statischen Berechnungen) ‖ ~ **steel** (Build, Civ Eng, Met) / Baustahl $m$ (unlegiert oder niedriglegiert nach DIN 17006, DIN 17100) ‖ ~ **steel engineering** (Build) / Stahlbau $m$ (Technik) ‖ ~ **steel for mines** (Met, Mining) / Grubenausbauprofil $m$

**structural**

(warmgewalztes Profil mit I- oder U-ähnlichem Querschnitt), Grubenausbaustahl *m* ‖ ~ **steel tubing** (Civ Eng) / Stahlhochprofilbau *m* ‖ ~ **steelwork** (Build, Civ Eng) / Stahlbaukonstruktion *f*, Stahlbau *m* (Tätigkeit und Konstruktionen -DIN 18800), Stahlkonstruktion *f* ‖ ~ **stiffness** (Mech) / Struktursteifigkeit *f* ‖ ~ **timber** (Build) / Konstruktionsholz *n*, Bauholz *n* für den Hochbau, Rahmenholz *n* ‖ ~ **timber** (Build, For) / Baurundholz *n* (DIN 4074, T 2) ‖ ~ **timber** (US) (Build, For) / Bauholz *n* ‖ ~ **trap** (Oils) / tektonische Falle, strukturelle Falle ‖ ~ **unemployment** / strukturelle Arbeitslosigkeit ‖ ~ **viscosity** (Phys) / strukturviskoses Fließverhalten, Scherentzähung *f*, Bingham'sches Fließen, Strukturviskosität *f* (die insbesondere bei Hochpolymeren auftretende Erscheinung, dass die Viskosität mit zunehmender Verformungsgeschwindigkeit abnimmt - DIN 1342-1) ‖ ~ **wall** (Build) / lasttragende Wand, Tragwand *f*, tragende Wand
**structure** *v* / strukturieren *v* ‖ ~ / Struktur *f* (ein Gesamt an Formelementen eines Systems, die durch Strukturprinzipien bestimmt werden) ‖ ~ / Gefüge *n* (Bau und Beschaffenheit) ‖ ~ (Build) / Bau *m*, Konstruktion *f* (das Gebaute), Bauwerk *n* ‖ ~ (Civ Eng) / Rohbau *m* (beim Stahlhochbau) ‖ ~ (Civ Eng) / Kunstbau *m* (z.B. eine Brücke) ‖ ~ (Comp) / Struktur *f* ‖ ~ (Geol) / Struktur *f* (eine geologische Bauform) ‖ ~ (Leather) / Stellung *f* (der Haut) ‖ ~ (Met) / Gefüge *n* (Verband der Körner) ‖ ~ (Textiles) / Bindung *f* (eines Gestricks) ‖ ~ **adhesive** (Eng) / Strukturklebstoff *m*, Konstruktionsklebstoff *m* ‖ ~ **amplitude** (Crystal) / Strukturamplitude *f* (Betrag des Strukturfaktors) ‖ ~ **analysis** (Crystal) / Strukturanalyse *f*, Strukturaufklärung *f* (z.B. Kristallstrukturanalyse, Röntgenstrukturanalyse) ‖ ~ **assessment** (Met, Min) / Gefügeauswertung *f*
**structure-based** *adj* (Chem) / strukturbezogen *adj* (z.B. Polymernomenklatur)
**structure-borne** *adj* (Acous) / Körper- (festkörperübertragen), festkörperübertragen *adj* ‖ ~ **noise factor** (Acous) / Körperschallmaß *n* ‖ ~ **noise insulation** (Acous) / Körperschalldämmung *f* ‖ ~ **noise receptance** (Acous) / Körperschalladmittanz *f*
**structure-borne sound** (Acous) / Körperschall *m* (Festkörperschall - DIN 1320)
**structure-borne sound detector** / Körperschallmelder *m* (eine Alarmanlage) ‖ ~ **sound in ships** (Ships) / vom Schiffskörper erzeugtes Geräusch
**structure cell** (Crystal) / Einheitszelle *f*, Elementarzelle *f* (kleinste Atomanordnung, die den Gittertyp hinsichtlich der Gitterkonstanten und der Winkel zwischen den Gittervektoren vollständig beschreibt) ‖ ~ **change** / Strukturwandel *m* ‖ ~ **chart** (Comp) / Nassi-Shneiderman-Diagramm *n* (zur grafischen Beschreibung von Algorithmen oder Programmen), Struktogramm *n*
**structured analysis and design technique** (Comp) / SADT-Methode *f* ‖ ~ **chart** (Comp) / Nassi-Shneiderman-Diagramm *n* (zur grafischen Beschreibung von Algorithmen oder Programmen), Struktogramm *n* ‖ ~ **data** (Comp) / strukturierte Daten
**structure determination** (Chem) / Strukturermittlung *f*, Strukturaufklärung *f*, Konstitutionsaufklärung *f*
**structured fabric** (Textiles) / Strukturgewebe *f* (fülliges und für den Sommer meist poröses Gewebe in Bindungen, die eine mustermäßig erhabene Oberfläche und oft einen kernigen Griff hervorrufen) ‖ ~ **language** (Comp) / strukturierte Sprache *f* ‖ ~ **program** (Comp) / Strukturprogramm *n* ‖ ~ **programming**\* (Comp) / strukturierte Programmierung ‖ ≃ **Query Language**\* (Comp) / Structured Query Language *f* (von IBM entwickelte Standard-Abfragesprache für Datenbanken, SQL (eine Standard-Abfragesprache für Datenbanken), relationale strukturierte Abfragesprache ‖ ~ **set** (Maths) / strukturierte Menge
**structure elucidation** (Chem) / Strukturermittlung *f*, Strukturaufklärung *f*, Konstitutionsaufklärung *f* ‖ ~ **factor** (Crystal) / Strukturfaktor *m* (Fourier-Koeffizient der dreidimensional periodischen Dichteverteilung eines Kristalls)
**structure-insensitive** *adj* (Chem) / strukturunempfindlich *adj* (Reaktion)
**structure instability** (Comp) / Strukturinstabilität *f* (Instabilität eines Systems, die in seiner Struktur begründet ist und durch Verändern der Strukturparameter in vorgegebenen Grenzen nicht behoben werden kann) ‖ ~ **integration** / Strukturintegration *f* (in der Adaptronik)
**structureless** *adj* / gefügelos *adj*
**structure load** (Build) / Bauwerkslast *f* ‖ ~ **needling** (Textiles) / Strukturvernadelung *f*
**structure-sensitive** *adj* (Chem) / strukturempfindlich *adj* (Reaktion)
**structuring** *n* / Strukturierung *f*, Gliederung *f* ‖ ~ **program** (Comp) / Strukturierungsprogramm *n*
**strut** *v* (Build, Carp) / verstreben *v*, abspreizen *v*, versteifen *v*, abstreben *v*, absteifen *v* ‖ ~ *n* (Aero) / Federbein *n* (z.B. Öl-, Öl-Luft-), Fahrwerkfederbein *n* (mit gedämpft federnder Aufhängung der Räder) ‖ ~\* (Build, Carp) / Stütze *f*, Baustütze *f*, Abstützung *f* (lotrechte), Steife (lotrecht stehender Druckstab) ‖ ~ (Build, Carp) / Stichbalken *m* (ein Balkenabschnitt, der mit einem Ende auf der Mauer oder am Unterzug aufliegt und dessen anderes Ende mit Brustzapfen in einen Wechsel eingelassen ist) ‖ ~\* (inclined) (Build, Carp, Civ Eng) / Strebe *f*, Spreize *f*, Druckstrebe *f* ‖ ~\* (Build, Civ Eng) / Verstrebungselement *n*, Aussteifungselement *n*, Absteifungselement *n* ‖ ~ (for trench timbering) (Civ Eng) / Grabenspreize *f* ‖ ~\* (Eng) / lange Stütze, Stab *m* ‖ ~ (Mining) / Stempel *m*, Grubenstempel *m* (Stützelement aus Holz /wenig nachgiebig/, Stahl und Leichtmetall /nachgiebig/) ‖ ~ **bracing** (Carp) / Sprengwerk *n* (einfaches oder doppeltes), abgesprengter Träger (im Dach- oder Deckentragwerk), abgesprengter Spannbalken ‖ ~ **camera** (Photog) / Spreizenkamera *f* ‖ ~ **frame** (Carp) / Sprengwerk *n* (einfaches oder doppeltes), abgesprengter Träger (im Dach- oder Deckentragwerk), abgesprengter Spannbalken ‖ ~**-framed beam** (Carp) / Sprengwerkbalken *m*, Sprengwerkbalkenträger *m*, Sprengwerkträger *m*
**struts** *pl* (Build) / Strebewerk *n*
**strutted frame** (Carp) / Sprengwerk *n* (einfaches oder doppeltes), abgesprengter Träger (im Dach- oder Deckentragwerk), abgesprengter Spannbalken
**strutting**\* *n* (Build) / Verstrebung *f*, Abstrebung *f* (durch Streben)
**Strutt map** (Mech) / Strutt'sche Karte (für nichtlineare Schwingungen)
**struvite**\* *n* (Min) / Struvit *m*
**strychnine** *n* (Chem, Pharm) / Strychnin (Indolalkaloid des Brechnussbaumes bzw. der Ignatiusbohne) ‖ ~ **bases**\* (Chem, Pharm) / Strychninbasen *f pl*
**strychnos alkaloids** (Chem, Pharm) / Strychnosalkaloide *n pl* (z.B. Strychnin, Curare oder Bruzin) ‖ ~ **seed** (Pharm) / Brechnuss *f*, Semen *n* Strychni, Nux *f* vomica (reifer Same des Strychninbaums)
**STS** (special steel) (Met) / Sonderstahl *m* (z.B. warmfest oder hitzebeständig) ‖ ~ ≃ (space transportation program) (Space) / Raumtransportsystem *n* (z.B. mit einem Raumtransporter)
**STTL** (Schottky transistor-transistor logic) (Electronics) / Schottky-TTL *f* (eine Schaltkreisfamilie), STTL *f* (Schottky-TTL)
**Stuart-Briegleb atomic model** (Chem) / Stuart-Briegleb-Modell *n* (nach H.A. Stuart, 1899-1974, und G. Briegleb, 1905-1991)
**stub** *v* (For) / stockroden *v* (nur Infinitiv oder Partizip), Stöcke roden ‖ ~ / Belegabriss *m* (der Teilbeleg für die Kasse) ‖ ~ (Bind) / Buchfalz *m* ‖ ~ (Bind, Print) / Falz *m* (zur Verstärkung der Biegestellen und zum Einkleben von Tafeln, Karten, Bildern usw.), Fälzel *m* (mitgehefteter Papier- oder Leinenstreifen, an den Tafeln oder sonstige Blätter angeklebt sind) ‖ ~\* (Build) / Nase *f* (Vorsprung an einem Dachziegel, der sich gegen die Dachlatte legt und den Ziegel am Abgleiten hindert) ‖ ~ (Comp) / Trennleiste *f* (in einem Block oder Schnelltrennsatz) ‖ ~ (Paper, Print) / Rollenpapierrest *m*, Rollenrest *m* ‖ ~ (Radio) / Stub *m* (Leitungsstück zur Kompensation von Blindkomponenten der KW-Antennen) ‖ ~\* (Radio) / Stichleitung *f* ‖ ~\* (Telecomm) / Blindleitung *f* (bei Wellenleitern) ‖ ~ (Welding) / Stummel *m* (der Elektrode), Elektrodenrest *m* ‖ ~ **acme screw thread** (US) (Eng) / flaches Trapezgewinde *f* ‖ ~ **aerial** (Radio) / Stichleitungsantenne *f*, Stub-Antenne *f* ‖ ~ **antenna**\* (Radio) / Stichleitungsantenne *f*, Stub-Antenne *f* ‖ ~ **axle**\* (Autos) / Achszapfen *m* ‖ ~ **beam** (Carp) / Kurzbalken *m*
**stubbing** *n* (For) / Stockrodung *f*
**stubble** *n* (Agric) / Stoppel *f* (Halmrest)
**stubble-breaking** *n* (Agric) / Stoppelsturz *m*, Stoppelumbruch *m*, Schälen *n* (Stoppelsturz)
**stubble cleaner** (Agric) / Schälpflug *m* (zum Stürzen der Stoppeln)
**stubble-cleaning** *n* (Agric) / Stoppelsturz *m*, Stoppelumbruch *m*, Schälen *n* (Stoppelsturz)
**stubble-clearing** *n* (Agric) / Stoppelsturz *m*, Stoppelumbruch *m*, Schälen *n* (Stoppelsturz)
**stubble crop** (Agric) / Stoppelfrucht *f* (nach der Ernte einer früh reifenden Hauptfrucht ohne Umpflügen ausgesäte Zwischenfrucht zur herbstlichen Nutzung, z.B. Hülsenfrüchtler) ‖ ~ **field** (Agric) / Stoppelfeld *n*, Stoppel *f* (Feld) ‖ ~ **mulching system** (Agric) / Stubble-Mulching-System *n*, Stoppelmulchverfahren *n* ‖ ~ **plough** (Agric) / Schälpflug *m* (zum Stürzen der Stoppeln)
**stubbling** *n* (Agric) / Stoppelsturz *m*, Stoppelumbruch *m*, Schälen *n* (Stoppelsturz)
**stubborn** *adj* / hartnäckig *adj* (Fleck)
**stub card** (Comp) / Abrisskarte *f*, Kurzlochkarte *f*, perforierte Karte ‖ ~ **feeder** (Radio) / Stichanschluss *m* ‖ ~ **float** (Aero) / Schwimmerstummel *m*
**stub-line** *n* (Radio) / Stichleitung *f*
**stub matching** (Telecomm) / Anpassen *n* mittels Stichleitung ‖ ~ **network** (Telecomm) / Stub-Netzwerk *n* (mit nur einer einzigen Verbindung zu einem Router) ‖ ~ **out** *v* (For) / stockroden *v* (nur Infinitiv oder Partizip), Stöcke roden ‖ ~ **pile** (Civ Eng) / Kurzpfahl *m*

1554

‖ ~ **plane**\* (Aero) / Stummelflügel m ‖ ~ **point** (Textiles) / stumpfe Spitze (der Nadel) ‖ ~ **set** (Print) / Schnelltrennsatz m ‖ ~ **shaft** (Eng) / Wellenstumpf m
**Stub's wire gauge** (Met) / BWG-Drahtlehre f (eine alte Drahtlehre von No. 4/0 bis 36 = 0,454" bis 0,004")
**stub tenon**\* (Carp) / blinder Zapfen
**stub-tooth gear**\* (Eng) / Stumpfzahnrad n (mit Stumpfverzahnung)
**stub tuner** (Radio) / Abstimmstichleitung f ‖ ~ **tuning** (Telecomm) / Anpassen n mittels Stichleitung
**stub-type drill** (Eng) / Splintlochbohrer m (Spiralbohrer mit üblicher Arbeitslänge, aber nur halber Schneidteillänge zur Erhöhung seiner Steifheit)
**stub up** v (For) / stockroden v (nur Infinitiv oder Partizip), Stöcke roden ‖ ~ **wing** (Aero) / Stummelflügel m
**stuc**\* n (Build) / Steinimitation f (z.B. Marmorstuck) ‖ ~ (Build) / Stuck m (eine aus Gips, Kalk und Sand bestehende, rasch härtende Masse zur Formung von Plastiken und Ornamenten an verputzten Wänden, Gewölben und Decken)
**stucco** v (Build) / Stuck anbringen, mit Stuck verzieren ‖ ~ n (pl. -s or stuccoes) (common stucco, internal stucco) (Build) / Stuck m (eine aus Gips, Kalk und Sand bestehende, rasch härtende Masse zur Formung von Plastiken und Ornamenten an verputzten Wänden, Gewölben und Decken) ‖ ~ (pl. -s or stuccoes) (Build) / Stuckplastik f (geschnitten oder gedrechselt) ‖ ~\* (pl. -s or stuccoes) (Build) / [glatter, geglätteter] Außenputz m, Glattputz m (ein Außenwandputz)
**stucco ceiling** (Arch, Build) / Stuckdecke f
**stuccoer** n (Arch, Build) / Stuckator m, Stuckateur m
**stucco lustro** (pl. -stri) (Arch) / Stuccolustro m (eine Technik der Wandverkleidung) ‖ ~ **worker** (Arch, Build) / Stuckator m, Stuckateur m
**stuck** adj (Biochem) / langsam adj (Gärung bei Most) ‖ **get** ~ / verkleben vi ‖ **get** ~ / festsitzen vi, sich verklemmen v, stecken bleiben vi, hängen bleiben vi ‖ ~ **moulding**\* (Build) / Stuckplastik f (geschnitten oder gedrechselt)
**stuck-on** n (Glass) / angeklebtes Glas, angeklebte Glasteilchen ‖ ~ **particles** (Glass) / angeklebtes Glas, angeklebte Glasteilchen ‖ ~ **press** (Leather) / Ago-Presse f (zur Sohlenklebung)
**stuck rod** (Nuc Eng) / verklemmter Stab, stecken gebliebener Stab
**stuckthroat** n (Leather) / Schächtschnitt m ‖ ~ (Leather) / Rohhaut f von der rituellen (jüdischen) Schlachtung (durch Schächtschnitt)
**stud** v / mit Nägeln beschlagen, mit Nägeln markieren, benageln v ‖ ~ n (Autos) / Spike m (pl. -s) (im Autoreifen - in Deutschland verboten) ‖ ~ (Build) / Bolzen m (für Bolzenschießgeräte) ‖ ~ (Build, Carp) / Stütze f, Baustütze f, Abstützung f (lotrechte), Steife (lotrecht stehender Druckstab) ‖ ~\* (Build, Carp) / Stiel m, Pfosten m, Säule f, Ständer m (senkrecht stehende Stütze in Holzkonstruktionen), Vertikale f, Vertikalstab m ‖ ~ (Build, Carp) / Jochsäule f ‖ ~ (Civ Eng) / Markierungsnagel m (heute meistens aus Kunststoff) ‖ ~\* (Eng) / Stiftschraube f (DIN 938 bis DIN 948), Stehbolzen m ‖ ~ (Eng) / Steg m (der Kette), Kettensteg m ‖ ~ (Nuc Eng) / Druckbehälter-Deckelschraube f, Deckelschraube f, Verschlussschraube f (des Deckels) ‖ ~ **arc welding** (Welding) / Lichtbogenanschweißen n, Bolzenlichtbogenschweißen n ‖ ~ **axle** (Autos) / Achszapfen m ‖ ~ **bolt** (Eng) / Stiftschraube f (DIN 938 bis DIN 948), Stehbolzen m ‖ ~ **bolt** (Eng) / Gewindebolzen m (DIN 976)
**studded chain** (a chain with stud links) (Eng) / Stegkette f ‖ ~ **tyre** (Autos) / Spikesreifen m, Spikereifen m (in Deutschland verboten)
**studding** n (of a slag-tap furnace) / Bestiftung f (einer Schmelzkammer)
**stud end** (Eng) / Einschraubende n (einer Stiftschraube)
**studentization** n (Stats) / Studentisierung f
**studentized range** (Stats) / studentisierte Variationsbreite
**student pilot** (Aero) / Flugschüler m
**Student's t-distribution** (Stats) / Student'sche Verteilung, Student-Verteilung f, t-Verteilung f (von W.S. Gosset (Pseudonym: Student) 1907-1908 angegebene Verteilung einer stetigen Zufallsvariablen - DIN 1319-3)
**Student's-test** n (Stats) / Student-Test m, t-Test m (ein Signifikanztest)
**Student's t-test** (Stats) / Student-Test m, t-Test m (ein Signifikanztest)
**stud gun** (Build) / Bolzenschießgerät n, Bolzenschießer m, Bolzensetzapparat m, Bolzenschussgerät m ‖ ~ **hole** (Autos) / Bolzenloch n (für die Radbefestigung)
**studio** n / Studio n ‖ ~ (Acous, Radio, TV) / Aufnahmeraum m, Aufnahmestudio n ‖ ~ (Build) / Atelierwohnung f, Studio n (abgeschlossene Einzimmerwohnung) ‖ ~ (Cinema) / Filmstudio n, Filmatelier n, Studio n, Filmaufnahmestudio n ‖ ~ (Radio, TV) / Senderaum m, Sendesaal m, Sendestudio n, Studio n ‖ ~ **apartment** (US) (Build) / Atelierwohnung f, Studio n (abgeschlossene Einzimmerwohnung) ‖ ~ **area** (Cinema) / Filmgelände n, Studiogelände n, Ateliergelände n ‖ ~ **attendant** (Cinema, TV) / Studiowart m ‖ ~ **backlot** (Cinema) / Filmgelände n, Studiogelände n, Ateliergelände n ‖ ~ **broadcast** (Radio, TV) / Studiosendung f ‖ ~ **camera** (Cinema, Photog) / Studiokamera f ‖ ~ **flat** (Build) / Atelierwohnung f, Studio n (abgeschlossene Einzimmerwohnung) ‖ ~ **lamp** (Cinema, Photog) / Studiolampe f ‖ ~ **lighting** (Cinema, Photog) / Studiobeleuchtung f, Atelierbeleuchtung f ‖ ~ **lot** (Cinema) / Filmgelände n, Studiogelände n, Ateliergelände n ‖ ~ **manager** (Cinema, TV) / Aufnahmeleiter m (der für die organisatorische Vorbereitung und für die Durchführung zuständig ist) ‖ ~ **microphone** (Acous, Radio, TV) / Studiomikrofon n, Ateliermikrofon n ‖ ~ **quality machine** (Acous) / Studiogerät n ‖ ~ **shot** (Cinema, TV) / Studioaufnahme f ‖ ~ **videoconference** (TV) / Studiovideokonferenz f ‖ ~ **window** (Build) / Atelierfenster n
**stud mill** (For) / Kantholz-Kreissägemaschine f
**stud-mounted diode** (Electronics) / Schraubdiode f
**stud partition**\* (Carp) / Gerippetrennwand f, Gerippewand f, Lattentrennwand f (leichte Trennwand nach DIN 4103)
**studs** pl (Civ Eng) / Nägel m pl, Bodenrückstrahler m pl, Markierungsnägel m pl
**stud shooting** (Build) / Bolzenschießen n ‖ ~ **welding** (Welding) / Bolzenschweißen n, Bolzenschweißung f, Dübelschweißung f ‖ ~ **welding gun** (Welding) / Bolzenschweißpistole f ‖ ~ **with undercut** (Eng) / Stiftschraube f mit Freistich (DIN ISO 1891)
**study** n (Build) / Arbeitszimmer n ‖ ~ **of mechanisms** (Mech) / Getriebelehre f (technische Kinematik)
**stuff** v (Eng) / füllen v, beladen v (Container) ‖ ~ (Leather) / schmieren v (fetten) ‖ ~ (Nut) / füllen v (mit einer Farce), farcieren v ‖ ~ (Textiles) / füttern v, ausfüttern v, polstern v, auspolstern v, ausstopfen v ‖ ~\* n (Build) / Innenputz m ‖ ~\* (Build) / Putzmasse f ‖ ~\* (For) / Blockholz n (in handelsüblichen Abmessungen), Blockbalken m pl ‖ ~ (Geol) / verwachsenes Erz, mit Gangart verhaftetes Erz ‖ ~ (Paper) / Ganzzeug n, Ganzstoff m, Papierstoff m (fertiger), Papiermasse f, Papierbrei m (meistens aus Hadern) ‖ ~ **chest** (Paper) / Maschinenbütte f
**stuffed derivative** (Crystal) / gestopfte abgeleitete Phase
**stuffer** n (US) (Eng, Plastics) / hydraulische Strangpresse, Kolbenstrangpresse f ‖ ~ (Nut) / Füllmaschine f (für Wurstwaren) ‖ ~ **box**\* (Spinning) / Stauchkammer f
**stuffer-box crimping** (Spinning) / Stauchkammertexturierung f, Stauchkammerverfahren n (ein Texturierverfahren) ‖ ~ **method** (Spinning) / Stauchkammertexturierung f, Stauchkammerverfahren n (ein Texturierverfahren) ‖ ~ **process** (Spinning) / Stauchkammertexturierung f, Stauchkammerverfahren n (ein Texturierverfahren)
**stuffer-crimped yarn** (Spinning) / Stauchgarn n (im Stauchkammerverfahren hergestelltes Bauschgarn)
**stuffer yarn** (Textiles) / Füllfaden m (bei Teppichen)
**stuffing** n (Elec Eng) / Stuffing-Technik f (Kompensation von Taktfrequenzabweichungen) ‖ ~ (Leather) / Schmieren (Fetten) ‖ ~ (Nut) / Füllen n (von Wurstwaren), Farcieren n, Füllung f (z.B. bei Geflügel) ‖ ~ (Nut) / Füllsel n, Farce f (Füllung für Fleisch oder Fisch - aus gehacktem Fleisch), Fleischfarce f ‖ ~ (Paper) / Kalanderfärbung f, Oberflächenfärbung f im Kalander ‖ ~ **bit** (Comp, Telecomm) / Stopfbit n, Anpassungsbit n ‖ ~**-box**\* n (Eng) / Stopfbuchse f (eine Bewegungsdichtung für zylindrische Körper bei Rotations- und Axialbewegungen)
**stuffing-box expanding joint** (Eng) / Dehnungsstopfbuchse f ‖ ~ **gland** (Eng) / Stopfbuchsenbrille f, Stopfbuchsbrille f ‖ ~ **packing** (Eng) / Stopfbuchsenpackung f, Stopfbuchspackung f (Weich- oder Metall-) ‖ ~ **seal** (Eng) / Stopfbuchsendichtung f
**stuffing-drum** n (Leather) / Schmierfass n (zum Warmfetten) ‖ ~ **machine** (Nut) / Füllmaschine f (für Wurstwaren) ‖ ~ **mixture** (Leather) / Tafelschmiere f (zum Kaltfetten)
**stuffy** adj / stickig adj (Luft) ‖ ~ (Nut) / stickig adj (Fleischreifung) ‖ ~ **meat ageing** (Nut) / stickige Fleischreifung
**stug** v (Build) / griffig machen, aufrauen v (den Putzgrund)
**stugging**\* n (Build) / Aufrauen n des Putzgrundes (für die nächste Putzlage)
**stuke**\* n (Build) / [glatter, geglätteter] Außenputz m, Glattputz m (ein Außenwandputz)
**stull** n (Mining) / Spreize f, Strebe f ‖ ~ (Mining) / Holzbühne f, Arbeitsbühne f (meistens in steilen Ganglagerstätten)
**stum** vt (Nut) / umgären v (Wein durch Zusatz von Most wieder zum Gären bringen) ‖ ~ n (Nut) / Most m (aus frischen Weintrauben), Traubenmost m
**stump** v (For) / stockroden v (nur Infinitiv oder Partizip), Stöcke roden ‖ ~ n (Arch) / Turmansatz m ‖ ~ (Bot) / Stumpf m, Baumstumpf m, Stubben m ‖ ~ (For) / Fällungsort m (wenn auf das Rücken bezogen)
**stumpage** n (For) / Holz n auf dem Stamme, Holz n auf dem Stock, stehendes Holz, anstehendes Holz ‖ ~ (For) / Stockholz n

**stumper** *n* (Civ Eng, For) / eine Zusatzeinrichtung vor dem Schild (z.B. einer Planierraupe) für Baumfällarbeiten ‖ ~ (For) / Stockrodegerät *n*, Baumstockrodegerät *n*, Stubbenroder *m*
**stump extraction** (For) / Stockrodung *f* ‖ ~ **grubber** (For) / Stockrodegerät *n*, Baumstockrodegerät *n*, Stubbenroder *m* ‖ ~ **grubbing** (For) / Stockrodung *f*
**stumping-off** *n* (Hyd Eng) / vorbeugendes Abholzen (eine Art Flussräumung)
**stump puller** (For) / Stockrodegerät *n*, Baumstockrodegerät *n*, Stubbenroder *m* ‖ ~ **pulling** (For) / Stockrodung *f* ‖ ~ **removal** (For) / Stockrodung *f* ‖ ~ **rot** (For) / Stammfäule *f* ‖ ~ **veneer** (For) / Wurzelfurnier *n* (z.B. Bruyère)
**stumpwood** *n* (For) / Stockholz *n*
**stun** *vt* (Nut) / betäuben *v* (Tiere vor der Schlachtung)
**stunt end** (vertical shuttering placed across a wall, slab, or trench to form a construction joint which ends the day's concreting) (Civ Eng) / Arbeitsfugenbrett *n*, Tagesabschlussstopp *m*, Tagesendfuge *f* ‖ ~ **flight** (Aero) / Kunstflug *m* ‖ ~ **flying** (Aero) / Kunstfliegen *n*, Luftakrobatik *f*, Aerobatik *f*
**stuntman** *n* (pl. -men) (Cinema) / Stuntman *m* (pl. -men) (Double für gefährliche, akrobatische o. Ä. Szenen)
**stupp** *n* (Met) / Stupp *f* (aus Quecksilber, Quecksilbersalzen, Flugstaub, Ruß und Teer bestehender Staub)
**sturdiness** *n* / Unempfindlichkeit *f*, Robustheit *f*, Widerstandsfähigkeit *f* (gegen Beschädigung oder Störung)
**sturdy** *adj* / widerstandsfähig *adj*, robust *adj*, unempfindlich *adj* (gegen Bechädigung oder Störung) ‖ ~ (Bind) / haltbar *adj* (Einband), strapazierfähig *adj* (Einband)
**Sturm-Liouville problem** (Maths) / Sturm-Liouville'sches Eigenwertproblem
**Sturm sequence** (Maths) / Sturm-Kette *f*
**Sturm's theorem*** (Maths) / Sturm'scher Satz (nach Ch. Sturm, 1803-1858), Sturm-Satz *m*
**sturzstrom** *n* (the most catastrophic of all forms of mass movement) (Geol) / Sturzstrom *m* (beim Bergsturz)
**Stüve diagram*** (Meteor) / Stüve-Diagramm *n* (Abszisse = lineare Skale der Lufttemperatur, Ordinate = nichtlineare Luftdruckskale, die annähernd einer linearen Höhenskale entspricht - nach G. Stüve, 1888-1935)
**St Venant principle** (Mech) / St.-Venant'sches Prinzip, Saint-Venant-Prinzip *n* (nach A.Barré de Saint-Venant, 1797-1886) ‖ ~ **Venant torsion** (Mech) / St.-Venant'sche Torsion, reine Torsion
**S-twill** *n* (Weaving) / S-Grat-Köper *n*, Linksgratköper *m*, S-Köper *m* (wenn die Köpergrate von rechts nach links gehen)
**S-twist*** *n* (Spinning, Textiles) / S-Draht *m*, s-Draht *m*, S-Drehung *f* (DIN 60 900)
**S-twisted yarn** (Spinning) / (Woll)Garn *n* mit S-Drehung
**STX** (start of text) (Telecomm) / Anfang *m* des Textes (ein CCITT-Steuerzeichen für Datenübertragung), Textanfang *m*
**style** *v* (Textiles) / dressieren *v* (in eine bestimmte, dem menschlichen Körper angepasste Form bringen) ‖ ~ (-li or -uses) (Arch, Build) / Stil *m*, Baustil *m* ‖ ~* (Join) / Höhenfries *m* außen (Holzfüllungstür), Langfries *m*, Senkrechtfries *m* (ein Rahmenteil der Holztür) ‖ ~ (Textiles) / Schnitt *m* (modischer), Fasson *f* ‖ ~ **of the house*** (Print) / hausinterne Gestaltungsanweisungen (wenn der Kunde keine eigenen Vorschläge liefert)
**styling** *n* / Styling *n* (äußere Gestaltung, Formgebung)
**stylish** *adj* / geschmackvoll *adj*, elegant *adj* ‖ ~ (Textiles) / modisch *adj*, fashionabel *adj*, fashionable *adj*
**stylobate*** *n* (Arch) / Stylobat *m* (pl. -en) (oberste Stufe des Stereobats)
**stylolite*** *n* (Geol) / Stylolith *m* (pl. -e oder -en) (zapfenähnliches, meist seitlich längsgerieftes Gebilde in Kalksteinen)
**stylotypite** *n* (Min) / Antimonfahlerz *n*, dunkles Fahlerz, Tetraedrit *m*
**stylus*** *n* (pl. -li or -uses) (Acous) / Schneidstichel *m* (Schallplattenherstellung) ‖ ~* (-li or -uses) (Acous) / Nadel *f* (für einen alten Plattenspieler), Abtastnadel *f* (für einen alten Plattenspieler) ‖ ~* (pl. -li or -uses) (Comp) / Magnetgriffel *m* ‖ ~ (pl. -li or -uses) (Eng) / Taster *m* (des Messgerätes, der die Oberfläche des Prüfstückes während des Messvorgangs berührt) ‖ ~ (US) (Eng) / Taststift *m*, Fühlstift *m*, Schreibspitze *f* ‖ ~ **force** (Acous) / Nadelauflagekraft *f*, Auflagekraft *f* der Nadel (beim Plattenspieler) ‖ ~ **instrument** (Eng) / Tastschnittgerät *n* (zur Bestimmung der Oberflächenrauheit) ‖ ~ **pressure** (Acous) / Nadelauflagekraft *f*, Auflagekraft *f* der Nadel (beim Plattenspieler) ‖ ~ **printer** (Comp) / Nadeldrucker *m*, Drahtdrucker *m* (mit Drahtstiften) ‖ ~ **printer** (Comp) s. also matrix printer
**S-type continuous casting machine** (Foundry) / Stranggieß-Kreisbogenanlage *f* (mit geraden und geraden Kokillen), Bogenstranggießanlage *f*
**styphnate** *n* (Chem) / Styphnat *n*
**styphnic acid** (Chem) / Styphninsäure *f* (2,4,6-Trinitroresorcin)

**styptic*** *adj* (Med) / hämostyptisch *adj*, styptisch *adj*, adstringent *adj*, hämostatisch *adj*, blutstillend *adj* ‖ ~ **cotton** (Med) / Eisenchloridwatte *f*
**styracine** *n* (Chem) / Styracin *n*, Styrazin *n*, Zimtsäurecinnamylester *m*, Cinnamylcinnamat *n*, Zinnamylzinnamat *n*
**styrax** *n* (For) / Storaxbaum *m* (Gattung Styrax), Styraxbaum *m*, Styrax *m* ‖ ~ (Pharm) / Styrax *m* (Exsudat aus Holz und Rinde des Amberbaums), Storax *m*
**styrenate** *v* (Chem) / styrolisieren *v*
**styrenated alkyd** (Chem) / styrolisiertes Alkydharz
**styrenation** *n* (Chem) / Styrolisierung *f* (Einsatz von Styrol)
**styrene*** *n* (Chem) / Vinylbenzol *n*, Phenylethylen *n*, Styrol *n* (Phenylethylen), Styren *n*
**styrene-acrylonitrile copolymers** (Chem) / SAN-Kopolymere *n pl*, SAN-Copolymere *n pl*, Styrolakrylnitrilkopolymere *n pl*, Styrolacrylnitrilcopolymere *n pl*
**styrene•-butadiene rubber*** (Plastics) / Butadien-Styrol-Kautschuk *m*, Styrol-Butadien-Kautschuk *m* ‖ ~ **modification** (Chem) / Styrolisierung *f* (Einsatz von Styrol) ‖ ~ **resin*** (a synthetic resin) (Plastics) / Styrolharz *n*
**Styroflex** *n* (Cables, Plastics) / Styroflex *n* (Polystyrol in Folienform)
**Styrofoam** *n* (Plastics) / Polystyrolschaum *m* (z.B. Styropor oder Hostapor), Schaumpolystyrol *n*, expandierbares Polystyrol, EPS (expandierbares Polystyrol), geschäumtes Polystyrol
**styrylpyrone** *n* (Pharm) / Styrylpyron *n* (ein Naturstoff, wie z.B. Kava)
**SU** (subunit) / Untereinheit *f* ‖ ~ (special unitary group) (Maths, Phys) / SU(n)-Gruppe *f*, spezielle unitäre Gruppe ‖ ~ (strontium unit) (Nuc) / Strontiumeinheit *f*
**Suakin gum** / Suakingummi *n* (Arabisches Gummi aus Acacia stenocarpa Hochst. oder Acacia seyal Delile)
**Suari fat** (Nut) / Savarienfett *n* (aus den Nüssen des Caryocar nuciferum L.), Butternussfett *n*
**suave** *adj* (Nut) / lieblich *adj* (Wein), mild *adj* (Wein)
**SUB** (subaddressing) (Comp) / Subadressierung *f* (Euro-ISDN-Leistungsmerkmal), SUB (Subadressierung) ‖ ~ (substitute character) (Comp) / Substitutionszeichen *n* (DIN 66 303), Ersatzzeichen *n*
**sub** *n* (Mining) / Teilsohle *f* (die nur in einem Teil des Grubengebäudes aufgefahren ist)
**subacidity** *n* (Med) / Hypoazidität *f*, Hypoacidität *f* (verminderter, unternormaler Säuregehalt), Hypazidität *f* (verringerter Säuregehalt des Magensaftes), Subazidität *f*, Hypacidität *f*, Subacidität *f*
**subacute*** *adj* (Med) / subakut *adj* ‖ ~ **toxicity** (Med) / subakute Toxizität *f*
**subadditive** *adj* (Maths) / subadditiv *adj*, unteradditiv *adj* ‖ ~ **function*** (Maths) / unteradditive Funktion (Maßfunktion), subadditive Funktion ‖ ~ **set function** (Maths) / unteradditive Funktion (Maßfunktion), subadditive Funktion
**subaddress** *v* (Comp) / subadressieren *v* ‖ ~ *n* (Comp) / Subadresse *f*
**subaddressing** *n* (Comp) / Subadressierung *f* (Euro-ISDN-Leistungsmerkmal), SUB (Subadressierung) ‖ ~ **feature** (Comp) / Subadressierung *f* (Euro-ISDN-Leistungsmerkmal), SUB (Subadressierung)
**subaerial** *adj* / subaerisch *adj* (an der Erdoberfläche, an freier Luft gebildet, auftretend), subaeril *adj*
**subalgebra** *n* (Maths) / Teilalgebra *f*, Unteralgebra *f*
**subalkaline** *adj* (Chem) / schwach alkalisch
**subalpine fir** (For) / Westamerikanische Balsamtanne, Felsengebirgstanne *f* (Abies lasiocarpa (Hook.) Nutt.)
**subangular** *adj* (Geol) / kantengerundet *adj*
**subaperture** *n* (Radar) / Teilapertur *f*
**subaquatic** *adj* (Geol) / Unterwasser-, subaquatisch *adj*, subaqual *adj*
**subaqueous** *adj* (Geol) / Unterwasser-, subaquatisch *adj*, subaqual *adj* ‖ ~ **gliding** (Geol) / subaquatisches Abgleiten, Subsolifluktion *f*, subaquatische Rutschung, Untergrundfließen *n* ‖ ~ **loudspeaker*** (Acous) / Unterwasserlautsprecher *m* ‖ ~ **microphone*** (Acous, Geol, Phys) / Hydrophon *n* (Schallwandler, der ein zum akustischen Signal analoges elektrisches Signal erzeugt - DIN 1320), Unterwasserhorchgerät *n*, Unterwassermikrofon *n*, Unterwasserschallempfänger *m*, Hydrofon *n* ‖ ~ **solifluction** (Geol) / subaquatisches Abgleiten, Subsolifluktion *f*, subaquatische Rutschung, Untergrundfließen *n* ‖ ~ **tunnel** (Civ Eng) / Unterwassertunnel *m*
**subarch** *n* (Arch) / Nebenbogen *m*
**subarea** *n* (Chem, Elec Eng) / Teilgebiet *n*
**subarray** *n* (Radar) / Untergruppe *f* (bei Gruppenantennen)
**subartesian water** (Geol) / pseudoartesisches Grundwasser, aufsteigendes Grundwasser
**subassembly*** *n* (two or more basic parts which form a portion of an assembly or a unit, replaceable as a whole, but having a part or parts which are individually replaceable ) (Electronics, Eng) / Untergruppe *f*

(Teilzusammenbau), Montagegruppe f ‖ ~ (Eng) / Vormontage f, Teilmontage f
**subatmospheric pressure** (Eng) / Unterdruck m ‖ ~ **pressure** s. also vacuum
**subatomic*** adj / subatomar adj (z.B. Physik) ‖ ~ **particle** (Nuc) / subatomares Teilchen (im Allgemeinen)
**subaudible** adj (Acous, Physiol) / infraakustisch adj, unterhalb des Hör(frequenz)bereichs
**subaudio frequency*** (Acous) / unhörbar tiefe Frequenz, Frequenz, die unterhalb des für Musik oder Sprache benutzten Frequenzbereichs liegt, nicht aber unbedingt im Infraschallbereich ‖ ~ **telegraphy** (Teleg) / Unterlagerungstelegrafie f, Telegrafieverfahren n auf unter 300 Hz liegenden Frequenzen
**subband** n (Electronics, Telecomm) / Teilband n ‖ ~ **coding** (Telecomm) / Codierung f nach Aufspaltung in Teilbänder, Kodierung f nach Aufspaltung in Teilbänder
**subbase** n (US) (Build) / Sockelleiste f, Scheuerleiste f, Fußleiste f (Randabschluss des Fußbodens zu allen angrenzenden Bauteilen), Wischleiste f, Sesselleiste f, Abschlussleiste f ‖ ~ (Civ Eng) / Tragschicht f (untere), Unterbauschicht f ‖ ~ (Maths) / Subbasis f ‖ ~ **course** (Civ Eng) / Tragschicht f (untere), Unterbauschicht f
**subbasement** n (Build) / Tiefkellergeschoss n, zweites unterirdisches Geschoss, zweites Kellergeschoss (das ganz unter der Erdoberfläche liegt)
**subbing** n (Agric) / Unterflurbewässerung f, UFB (Unterflurbewässerung) ‖ ~ (Photog) / Substratschicht f (eines Films), Zwischenschicht f
**subbituminous coal** (>31% volatile matter) (Fuels, Mining) / Gasflammkohle f (mit 35-40% an Flüchtigem) ‖ ~ **coal** (Mining) / subbituminöse Kohle (eine Art Braunkohle) ‖ ~ **coal** ( > 33% volatile matter) (Mining) / Gaskohle f (Streifenkohle mit etwa 28-35% Gehalt an Flüchtigem)
**subcadmium neutrons** (Nuc) / Subkadmium-Neutronen n pl (deren kinetische Energie die der Kadmium-Schwellenenergie unterschreitet), Subcadmium-Neutronen n pl
**subcapillary** adj / subkapillar adj
**subcarbonate** n (Chem) / basisches Karbonat, basisches Carbonat
**subcarrier*** n (Telecomm, TV) / Zwischenträger m (ein bei Mehrfachmodulation als modulierendes Signal benutzter Modulationsträger oder ein Modulationsprodukt), Hilfsträger m, Subcarrier m
**subceiling** n (Mil) / partielle Höchstgrenze (z.B. bei strategischen Offensivwaffen), Teilhöchstgrenze f (z.B. bei strategischen Offensivwaffen), Teilobergrenze f, partielle Obergrenze
**subcell** n (Comp) / Unterzelle f
**subchannel** n (Telecomm) / Unterkanal m
**subchronic** adj (Ecol) / subchronisch adj
**subchunk** n (a chunk in a chunk) (Comp) / Subchunk m
**subcircuit*** n (Elec Eng) / Teilschaltung f
**subclaim** n / Unteranspruch m (Patentanspruch, mit dem im Kennzeichen eines selbständigen Anspruchs angegebene Merkmale in vorteilhafter Weise konkretisiert werden)
**subclass** n / Unterklasse f, Subklasse f
**subclimax*** n (Bot) / Subklimax f
**subclutter visibility** (Radar) / Zielerkennbarkeit f in Störechos, Zielerkennbarkeit f gegenüber Bodenechos
**subcollector** n (Electronics) / Subkollektor m (bei integrierten Schaltungen)
**subcompact** n (Autos) / Miniwagen m ‖ ~ **car** (Autos) / Miniwagen m
**subcompartment** n (Ecol) / Subkompartiment n (ein Teil eines einzelnen Kompartiments)
**subconcrete** n (Build) / Unterbeton m (unter der Estrichschicht in Räumen, deren Fußboden unmittelbar auf das Erdreich aufgebracht wird)
**subconsole** n (Comp) / Nebenbedienungsplatz m
**subcontinent** n (Geog) / Subkontinent m (z.B. Vorderindien, Arabien)
**subcontractor** n / Zulieferbetrieb m, Zulieferer m, Unterlieferant m ‖ ~ / Subunternehmer m (der vom Hauptunternehmer beauftragt ist, Teile des Gesamtauftrages auf dessen Rechnung auszuführen - DIN 8402), Nachunternehmer m, Nachauftragnehmer m
**subcool** v / unterkühlen v
**subcooled** adj / unterkühlt adj
**subcosmic** adj (Astron) / subkosmisch adj (Strahlung)
**subcritical** adj (Aero) / subkritisch adj (Flügel) ‖ ~* (Nuc) / unterkritisch adj (Zustand eines Kernreaktors) ‖ ~ **assembly** (Nuc) / unterkritische Anordnung ‖ ~ **crack growth** (Materials) / unterkritisches Risswachstum, subkritisches Risswachstum ‖ ~ **flow** (Hyd, Hyd Eng, Phys) / strömender Abfluss ‖ ~ **flow** (flow in open channel in which Froude number is smaller than unity) (Hyd, Hyd Eng, Phys) / Strömen n
**subcriticality** n (Nuc) / unterkritischer Zustand, Unterkritikalität f
**subcritical wing** (Aero) / subkritischer Flügel

**subcrust*** n (Civ Eng) / Bettungsschicht f, Bettung f (beim Klinkerpflaster) ‖ ~* (Civ Eng) / Sandbett n (im Straßenbau) ‖ ~* (Civ Eng) / Sammelbegriff für Schichten zwischen Tragschichtplanum und Unterbau für verschiedene Zwecke
**subcrustal** adj (Geol) / subkrustal adj (unterhalb der Erdkruste gelegen oder entstanden)
**subculture*** n (Biol, Bot) / Subkultur f (Nach- oder Folgekultur von Mikroorganismen, die durch Abimpfung von der Ausgangskultur auf einen frischen Nährboden entsteht)
**subcutaneous** adj (Med, Pharm) / subkutan adj ‖ ~ **tissue** (Leather, Zool) / Unterhautgewebe n
**subcuticular residue** (Agric, Ecol) / subkutikulärer Rückstand (von Pflanzenschutzmitteln)
**subcutis** n (Leather, Zool) / Unterhaut f, Subcutis f, Subkutis f
**subdirectory** n (a directory that is itself pointed to by an entry in a in a directory) (Comp) / Unterverzeichnis n, Subdirectory n, untergeordnetes Verzeichnis
**subdivide** v / unterteilen v
**subdivision** n / Unterteilung f (im Allgemeinen) ‖ ~ (Bot) / Unterabteilung f, Subdivision f ‖ ~ (US) (Build) / Ausweisung f, Parzellierung f, Erschließung f (eines neuen Baugebiets) ‖ ~ (Maths) / Unterteilung f (eines Intervalls) ‖ ~ **of building works** (Build) / Baulos n (bei umfangreichen Bauleistungen)
**subdomain** n (Comp) / Domain f unter einer Domain, Unterdomäne f, Unterdomain f ‖ ~ (Comp, Telecomm) / Subdomain f, Subdomäne f ‖ ~ (Maths) / Teilbereich m, Unterbereich m
**subduction** n (Geol) / Subduktion f (der Platte in der Subduktionszone), Abtauchen n ‖ ~ **zone*** (Geol) / Subduktionszone f
**subdued** adj / gedämpft adj (Licht, Farbe) ‖ ~ / dezent adj (Beleuchtung) ‖ ~ (Textiles) / dezent adj (Farbe), subtil adj (Farbton), diskret adj (Farbe) ‖ ~ **colour** / getrübte Farbe, gedämpfte Farbe ‖ ~ **light** (Light) / gedämpftes Licht
**subdwarf** n (Astron) / Unterzwerg m (im Hertzsprung-Russell-Diagramm) ‖ ~ **star** (Astron) / Unterzwerg m (im Hertzsprung-Russell-Diagramm)
**subeconomic** adj (Geol, Mining) / wirtschaftlich nicht abbauwürdig
**subentry** n / Untereintrag m (z.B. in einer Liste, in einem Wörterbuch)
**suberane** n (Chem) / Zykloheptan n, Cycloheptan n, Suberan n
**suberic acid** (Chem) / Korksäure f, Suberinsäure f, Octandisäure f, Oktandisäure f
**suberification** n (Bot) / Verkorkung f (sekundäre Änderung der Zellwand)
**suberin*** n (Bot) / Suberin n, Korkstoff m
**suberization*** n (Bot) / Verkorkung f (sekundäre Änderung der Zellwand)
**suberol** n (Chem) / Suberol n, Suberylalkohol m
**suberosis** n (pl. -oses) (Med) / Suberose f, Korkstaublunge f
**suberyl alcohol** (Chem) / Suberol n, Suberylalkohol m
**subexchange** n (Telecomm) / Unteramt n
**subfactorial*** n (Maths) / Kombination f
**subfamily** n (Bot, Zool) / Unterfamilie f (Subfamilia)
**subfeeder** n (Elec Eng) / Verteilungsleitung f, Nebenspeiseleitung f
**subfield** n (Maths) / Teilkörper m, Unterkörper m (eine Teilmenge eines Körpers)
**subfile** n (Comp) / Teildatei f
**subfilter** n (Optics) / Teilfilter n
**subfloor** n (Build) / Unterboden m, Unterbau m ‖ ~* (Build, Carp) / Blindboden m, Blendboden m
**subfluvial cable** (Cables) / Flusskabel n
**subfolder** n (a folder contained in a folder) (Comp) / Unterordner m
**subframe** n (AI) / Subframe m ‖ ~ (Autos) / Fahrschemel m ‖ ~ (Build) / Rahmengerüst n ‖ ~ (Comp) / Unterrahmen m, Subrahmen m
**subgelisol** n (Geol) / Niefrostboden m (unter dem Dauerfrostboden)
**subgenus** n (pl. subgenera) (Biol, Bot) / Untergattung f (subgenus)
**subgeostrophic wind** (Meteor) / subgeostrophischer Wind, untergeostrophischer Wind
**subgiant star** (Astron) / Unterriese m (im Hertzsprung-Russell-Diagramm)
**subglacial** adj (Geol) / unterglazial adj, subglazial adj, subglaziär adj ‖ ~ **stream** (Geol) / subglazialer Bach
**subgoal** n / Teilziel n ‖ ~ (AI) / Subziel n
**subgrade** n (the natural ground below a road) (Civ Eng) / Untergrund m (der natürliche Boden unter der Straße) ‖ ~ (Civ Eng) / Unterbaukrone f, Planum n (Grenzfläche zwischen Oberbau und Unterbau), planierter Erdkörper, Feinplanum n ‖ ~ (Civ Eng) / Unterbau m (der Straße - aufgeschütteter Dammkörper) ‖ ~ (Rail) / Planum n ‖ ~ (US) (Rail) / Bahndamm m ‖ ~ **grader** (Civ Eng) / Planumfertiger m
**subgrain** n (Crystal, Met) / Subkorn n (solcher Gitterbereich, der einen Einkristall oder ein durch Großwinkelkorngrenzen begrenztes Korn

1557

**subgrain**

nochmals aufteilt) ‖ **~ boundary** (Crystal, Met) / Subkorngrenze f ‖ **~ size** (Crystal, Met) / Subkorngrenze f (als Größenordnung)
**subgraph** n (a portion of a graph G obtained by either eliminating edges from G and/or eliminating some vertices and their associated edges) / Teilgraf m, Untergraf n, Subgraf m
**subgraywacke** n (Geol) / Subgrauwacke f
**subgroup** n (Chem) / Nebengruppe f (im Periodensystem, z.B. Cu, Ag und Au in Gruppe I) ‖ **~** (Maths) / Untergruppe f
**subharmonic*** n (Acous) / Subharmonische f (DIN 1311, T 1), Unterwelle f ‖ **~*** adj (Acous) / subharmonisch adj ‖ **~ frequency** (a frequency of which the fundamental frequency is an integral multiple, such as half-order) (Phys, Telecomm) / subharmonische Frequenz ‖ **~ function** (Maths) / subharmonische Funktion ‖ **~ oscillation** (Phys) / subharmonische Schwingung, harmonische Unterschwingung, Unterschwingung f ‖ **~ resonance** (Acous, Mech) / subharmonische Resonanz
**subhead** n (Cinema, Print) / Untertitel m ‖ **~** (Print) / Zwischenüberschrift f
**subheading** n (Cinema, Print) / Untertitel m ‖ **~** (Print) / Zwischenüberschrift f
**subhedral*** adj (Geol) / hypidiomorph adj (nur teilweise eigengestaltige Ausbildung von Mineralen in magmatischen Gesteinen)
**subhorizontal** adj / fast waagerecht
**subhumid** adj / subhumid adj (Klimazone)
**subhydrous coal** (Fuels, Mining) / wasserstoffarme Kohle, Kohle f mit niedrigem Wasserstoffgehalt, subhydrierte Kohle (z.B. Fusit)
**subimage** n (Photog) / Subbild n, Teilbild n
**subinterface** n (Comp) / Unterschnittstelle f (eine von mehreren virtuellen Schnittstellen einer einzigen physikalischen Schnittstelle)
**subirrigation** n (Agric) / Unterflurbewässerung f, UFB (Unterflurbewässerung)
**subjacent** adj (Geol) / unterlagernd adj, tiefer gelegen (unter einer anderen Schicht), darunterliegend adj
**subject** v / aussetzen v (einer Einwirkung) ‖ **~** n / Bereich m (bei einer Klassifikation), Objekt n (bei einer Klassifikation) ‖ **~ characteristic** / Sachmerkmal n (definierte Eigenschaft eines Objekts) ‖ **~ contrast** (luminance range of the subject matter) (Photog) / Objektkontrast m, Leuchtdichtenumfang m ‖ **~ subjected to continuous load** (Eng, Materials, Mech) / dauerbelastet adj
**subject field** / Fachgebiet n ‖ **~ index** (Print) / Sachregister n, Sachwörterverzeichnis n, Sachwortverzeichnis n, Sachindex m, Sachwortregister n ‖ **~ indication** (Telecomm) / Anzeige f des Betreffs (bei der Mitteilungsübermittlung)
**subjective** adj / subjektiv adj (Bewertung, Prüfung) ‖ **~ camera** (Cinema) / subjektive Kamera (Aufnahmetechnik, bei der alle Einstellungen aus der Sicht eines Betrachters aufgenommen werden) ‖ **~ camera treatment** (Cinema) / Substitution f (eine Aufnahmetechnik, die dem Zuschauer den subjektiven Blick eines Schauspielers vermittelt) ‖ **~ information** (Comp, Stats) / subjektive Information f ‖ **~ noise meter*** (Acous) / subjektiver Geräuschmesser ‖ **~ photometer** (Light) / visuelles Fotometer, subjektives Fotometer
**subject matter of the invention** (US) / Gegenstand m der Erfindung ‖ **~ to pattern approval** / bauartzulassungspflichtig adj ‖ **~ to prior sale** / Zwischenverkauf vorbehalten (eine Handelsklausel in Kaufvertragsangeboten) ‖ **~ to wear** / verschleißbehaftet adj, verschleißbeansprucht adj ‖ **~ tree** (Comp) / Themenbaum m (Online-Publishing)
**subjob** n (Comp) / Unterauftrag m
**subjoint** n (Geol) / Nebenkluft f
**subkiloton nuclear weapon** (Mil) / Kernsprengkörper m im Sub-kt-Bereich
**subkingdom** n (Bot) / Unterreich n (subregnum)
**sublaminar flow** (Phys) / sublaminare Strömung
**sublance** f (Met) / Hilfslanze f, Messlanze f, Probelanze f
**subland drill** (Eng) / Stufenbohrer m (mit mehreren Schneidteilen von verschiedenen Durchmessern)
**sublaptop** n (Comp) / Sublaptop m
**sub-LATA** n (Telecomm) / Sub-LATA n (eine Unterteilung des LATAs)
**sublattice** n (Crystal) / Teilgitter n
**sublayer** n (Electronics) / Teilschicht f ‖ **~** (Geol) / Unterschicht f, unterlagernde Schicht
**sublease** n / Untervermietung f
**sublethal** adj (Pharm) / subletal adj (Dosis, Faktor), fast tödlich
**sublevel** n (Mining) / Ort n (pl. Örter) (Teilsohle in der stark geneigten und steilen Lagerung) ‖ **~** (Mining) / Teilsohle f (die nur in einem Teil des Grubengebäudes aufgefahren ist) ‖ **~** (Nuc) / Subniveau n, Unterniveau n (von Elektronen) ‖ **~ caving*** (Mining) / Teilsohlenbruchbau n (wenn die Schichten unterhöhlt und zum Einsturz gebracht werden), Etagenbruchbau m ‖ **~ stoping*** (Mining) / Teilsohlenbau m
**sublicence** n / Unterlizenz f
**sublimable** adj (Chem, Phys) / sublimierbar adj

**sublimate** v (Chem, Phys) / sublimieren v ‖ **~*** n (Chem, Phys) / Sublimat n (Produkt der Sublimation), Sublimationsprodukt n
**sublimation*** n (Chem, Phys) / Sublimation f, Sublimieren n ‖ **~ curve** (Chem, Phys) / Sublimationskurve f, Sublimationsdruckkurve f ‖ **~ drying** / Vakuumsublimationstrocknung f ‖ **~ drying** s. also freeze-drying ‖ **~ from the frozen state** / Gefriertrocknung f (schonende Konservierung), Lyophilisation f, Sublimationstrocknung f, Gefrieren n nach Vortrocknen, Dehydrogefrieren n ‖ **~ point** (Chem, Phys) / Sublimationspunkt m, Sublimationstemperatur f, Sbp. ‖ **~ pressure** (Phys) / Sublimationsdruck m ‖ **~ pump** (Vac Tech) / Verdampferpumpe f, Sublimationspumpe f (eine Getterpumpe) ‖ **~ temperature** (Chem, Phys) / Sublimationspunkt (Sbp.) m, Sublimationstemperatur f, Sbp.
**sublimator** n (Chem Eng, Phys) / Sublimator m, Sublimationsapparat m, Sublimieranlage f
**sublimed blue lead** (Chem, Paint) / Bleigrau n (basisches Bleipigment) ‖ **~ white lead*** (Chem, Paint) / Sulfatbleiweiß n (basisches Bleisulfat - ein altes, nicht mehr benutztes Weißpigment)
**sublime olive oil** (Nut) / Jungfernöl n (Olivenöl, das ohne Pressung aus den Früchten austritt), Huile vierge m, natives Olivenöl (das ohne weiteres zum Verzehr geeignet ist)
**sublimer** n (Chem Eng, Phys) / Sublimator m, Sublimationsapparat m, Sublimieranlage f
**subliminal** adj (Physiol) / unterschwellig adj (Reiz), subliminal adj ‖ **~ advertising** / unterschwellige Werbung (die die Umworbenen unterhalb der Schwelle ihrer bewussten Wahrnehmung zu beeinflussen versucht)
**subliming ablator** (Space) / Ablationswerkstoff m für die Sublimationskühlung
**subline** n (Comp) / Subzeile f (= 6 Mikrozeilen) ‖ **~ method** (Comp) / Subzeilenverfahren n
**subliquidus temperature segregation** (Met) / Seigerung f unterhalb der Liquidustemperatur
**sublittoral** n (Bot, Ecol, Geog, Ocean) / sublitoraler Seebereich, Flachseebereich m, Sublitoral n (an Meeresküsten der Bereich, der auch bei Niedrigwasser wasserbedeckt ist, aber durch starke Wasserbewegung und viel Licht charakterisiert wird) ‖ **~** adj (Geol, Ocean) / sublitoral adj, nahe der Küste liegend ‖ **~ zone*** (Bot, Ecol, Geog, Ocean) / sublitoraler Seebereich, Flachseebereich m, Sublitoral n (an Meeresküsten der Bereich, der auch bei Niedrigwasser wasserbedeckt ist, aber durch starke Wasserbewegung und viel Licht charakterisiert wird)
**sublot** (Work Study) / Teillos n (bei der Losteilung)
**sublunar point** (Astron) / Sublunarpunkt m
**sub-machine-gun** n (Mil) / Maschinenpistole f
**submacro** n (Comp) / Untermakro m
**submagic number** (Nuc) / submagische Zahl
**submarginal ore*** (Mining) / Erz n aus der z.Z. nicht bauwürdigen (=unrentablen) Lagerstätte
**submarine** n (Mil) / U-Boot n, Uboot n, Unterseeboot n ‖ **~** adj (Geol, Ocean) / submarin adj, unterseeisch adj, untermeerisch adj ‖ **~ acoustics** (under the surface of the sea) (Acous) / Unterwasserakustik f ‖ **~ aerial** (Radio) / U-Boot-Antenne f ‖ **~ antenna** (Radio) / U-Boot-Antenne f ‖ **~ blasting** / Unterwassersprengung f ‖ **~ cable** (Cables) / Seekabel n, Überseekabel n, Unterwasserkabel n (für die See)
**submarine-cable terminal** (Cables) / Seekabelendstelle f, SKE f (Seekabelendstelle, z.B. Westerland auf Sylt oder Burg auf Fehmarn)
**submarine camera** (Cinema, Photog) / Unterwasserkamera f ‖ **~ canyon*** (Geol) / submariner Canyon (vom Schelf in den Kontinentalhang) ‖ **~ drilling** (Oils) / Unterwasserbohrung f (in der See) ‖ **~ geology** (Geol) / Meeresgeologie f, marine Geologie
**submarine-launched ballistic missile** (Mil) / u-bootgestützter ballistischer Flugkörper ‖ **~ intercontinental missile** (Mil) / u-bootgestützter interkontinentaler Flugkörper
**submarine periscope** (Mil, Optics) / Periskop n, Sehrohr n (bei Ubooten) ‖ **~ pipeline** (Oils) / Unterwassererdölleitung f ‖ **~ repeater** (Cables) / Seekabelverstärker m, Unterwasserverstärker m (bei Seekabeln) ‖ **~ throat** (Glass) / versenkter Durchlass, tiefer Durchlass ‖ **~ volcano** (Geol) / untermeerischer Vulkan ‖ **~ weathering** (Geol) / Halmyrolyse f (submarine Verwitterung)
**submarining** n (Autos) / Submarining n, Durchrutschen n (unter dem Beckengurt bei einem Frontalaufprall)
**submartingale** n (Stats) / Submartingal n, wachsendes Halbmartingal
**submaster** n (Electronics) / Tochtermaske f (Kopie einer Muttermaske, die zur Herstellung von Arbeitsmasken dient) ‖ **~ controller** (Automation) / geführter Regler (bei der Kaskadenregelung)
**submatrix** n (Maths) / Teilmatrix f, Untermatrix f ‖ **~** (Maths) / Submatrix f
**submenu** n (Comp) / Submenü n, Untermenü n

**submerge** *vt* / eintauchen *vt*, untertauchen *vt*, tauchen *vt*, eintunken *v* ‖ ~ / unter Wasser setzen ‖ ~ (cause or allow to sink) / versenken *v*
**submerged** *adj* / submers *adj*, untergetaucht *adj*, Tauch- ‖ ~ (Ships) / versunken *adj* (Schiff) ‖ ~ (Welding) / verdeckt *adj*
**submerged-arc furnace** (Met) / Tauchelektroden-Lichtbogenschmelzofen *m* ‖ ~ **heating** (Elec Eng) / Erwärmung *f* mit unterdrücktem Lichtbogen ‖ ~ **semi-automatic welding** (Welding) / Schlauchschweißung *f* ‖ ~ **strip welding** (Welding) / Unterpulver-Bandschweißen *n* ‖ ~ **welding*** (Elec Eng, Welding) / Unterpulverschweißverfahren *n* (verdeckter Lichtbogen brennt zwischen einer blanken Drahtelektrode unter einer Schicht Schweißpulver), Unterpulverschweißen *n*, UP-Schweißung *f* (verdecktes Lichtbogenschweißen), UP-Schweißen *n*, Ellira-Schweißen *n* (ein verdecktes Lichtbogenschweißen)
**submerged burner** (Heat) / Tauchbrenner *m*
**submerged-coil condenser** (Eng) / Tauchverflüssiger *m* (für Kältemitteldampf)
**submerged combustion** (Heat) / Tauchverbrennung *f* ‖ ~ **combustion system** (Heat) / Tauchbrennsystem *n* (mit Tauchbrennkammer) ‖ ~ **contact aerator** (Ecol, San Eng) / Tauchkörper *m* (in der Abwasserreinigung) ‖ ~ **culture** (Bacteriol, Biol) / Submerskultur *f* (Tiefenkultur von Mikroorganismen in Nährlösungen unter starker Belüftung und Durchmischung)
**submerged-culture method** (Biol) / Submersverfahren *n*, Submerged-Culture-Verfahren *n*, Tieftankmethode *f* (ein Verfahren der technischen Mikrobiologie), Tieftankverfahren *n* (in der Mikrobiologie)
**submerged filter** (San Eng) / überstautes Filter
**submerged-foil hydrofoil** (Ships) / Tragflächenboot *n* mit vollgetauchten Tragflügeln
**submerged overfall** (Hyd Eng) / unvollkommener Überfall (wenn es nicht zm Schießen kommt)
**submerged-production system** (Oils) / Fördereinrichtung *f* (auf dem Meeresboden, die automatisch überwacht und ferngesteuert wird)
**submerged throat** (Glass) / versenkter Durchlass, tiefer Durchlass
**submerged-turbine aeration** (San Eng) / Turbinenbelüftung *f* (in der Abwasserreinigung)
**submerged weir** (Hyd Eng) / Grundwehr *n* (Wehrkrone liegt unter dem Unterwasserspiegel)
**submergence** *n* (Agric) / Überstau *m* (ein Bewässerungsverfahren), Grabenüberstau *m* ‖ ~ (Eng) / Eintauchtiefe *f* (der Pumpe), Tauchtiefe *f* ‖ ~ (Geol) / Überschwemmung *f* ‖ ~ (Geol) / Bodensenkung *f*
**submerse** *vt* / eintauchen *vt*, untertauchen *vt*, tauchen *vt*, eintunken *v*
**submersed** *adj* (Bot) / submers *adj*, untergetaucht *adj* (Wasserpflanze)
**submersible** *adj* / tauchfähig *adj* ‖ ~ / überflutbar *adj* ‖ ~ **bridge** (Civ Eng, Hyd Eng) / überflutbare Brücke ‖ ~ **drilling rig** (Oils) / flutbare Bohrinsel ‖ ~ **motor** (Elec Eng) / überflutbarer Motor, Tauchmotor *m*, Unterwassermotor *m*, U-Motor *m* ‖ ~ **pump** (Eng) / Tauchpumpe *f*, Unterwasserpumpe *f*
**submersion** *n* / Eintauchen *n*, Untertauchen *n*, Submersion *f* ‖ ~ (Geol) / Überschwemmung *f* ‖ ~ **patenting** (Met, Surf) / Tauchpatentieren *n* (Patentieren, bei dem der Ring oder Bund als Ganzes in das Abkühlmittel getaucht wird-DIN 17 014, T 1) ‖ ~ **patenting** (Met, Surf) s. also bath patenting ‖ ~ **process** (Biol) / Submersverfahren *n*, Submerged-Culture-Verfahren *n*, Tieftankmethode *f* (ein Verfahren der technischen Mikrobiologie), Tieftankverfahren *n* (in der Mikrobiologie)
**submetallic lustre** (Min) / Halbmetallglanz *m*, metallartiger Glanz ‖ ~ **sheen** (Min) / Halbmetallglanz *m*, metallartiger Glanz
**submicroanalysis** *n* (Chem) / Submikroanalyse *f* (bei Erfassungsbereich bis $10^{-10}$ g)
**submicrometer technology** (Electronics) / Submikrometertechnik *f*, Submikrontechnik *f*
**submicron*** *n* (Micros, Phys) / Submikron *n* (das für das Lichtmikroskop nicht mehr wahrnehmbare oder auflösbare Teilchen) ‖ ~ **MOS** (Electronics) / MOS im Submikrometerbereich
**submicroscopic** (Micros, Phys) / submikroskopisch *adj* (Teilchen im Lichtmikroskop)
**submillimeter astronomy** (Astron) / Submillimeterastronomie *f* (ein Teilgebiet der Infrarotastronomie), Submillimeterwellenastronomie *f* ‖ ~ **spectroscopy** (Spectr) / Submillimeterspektroskopie *f* (eine Art Hochfrequenzspektroskopie)
**submillimetric waves*** (Telecomm) / Sub-mm-Wellen *f pl*, Submillimeterwellen *f pl*, SMMW (Submillimeterwellen)
**subminiature camera** (Photog) / Miniaturkamera *f*, Kleinstbildkamera *f* (Bildgröße kleiner als 18x24 mm, Filmbreite 16 mm oder schmaler) ‖ ~ **camera** (Photog) / Kleinbildkamera *f* (Filmformat kleiner als 35 mm) ‖ ~ **connector** (Electronics) / Subminiatursteckverbinder *m*
**subminiaturization** *n* (Electronics, Eng) / Subminiaturisierung *f*
**submission** *n* (Telecomm) / Sendeübergabe *f*

**sub-mm waves** (Telecomm) / Sub-mm-Wellen *f pl*, Submillimeterwellen *f pl*, SMMW (Submillimeterwellen)
**submodular** *adj* (Electronics) / submodular *adj* (Struktur)
**submodule** *n* (Comp, Maths) / Untermodul *m*, Teilmodul *m*, Submodul *m*
**submolecule** *n* (Chem) / Submolekül *n*
**submonoid** *n* (Maths) / Untermonoid *n*
**submultiple** *n* (a number that can be divided exactly into a specified number) (Maths) / Teil *m*, Bruchteil *m* (ganzzahliger), Submultiplum *n* (z.B. einer Einheit, z.B. Dezibel zu Bel) ‖ ~ (Maths) / Vorsatz *m* (mit einem Minusvorzeichen)
**submunition** *n* (a small weapon or device that is part of a larger warhead and separates from it prior to impact) (Mil) / Submunition *f*
**subnanosecond** *attr* / unterhalb des Nanosekundenbereichs
**subnet** *n* (Comp, Telecomm) / Unternetz *n*, Subnetz *n* (untergeordnetes Netz, das Netzwerksegment), Teilnetz *n*
**subnetwork** *n* (a collection of OSI end systems and intermediate systems under the control of a single administrative domain and utilizing a single network access protocol) (Comp) / Teilnetz *n* (DIN ISO 7498) ‖ ~ (Comp, Telecomm) / Unternetz *n*, Subnetz *n* (untergeordnetes Netz, das Netzwerksegment), Teilnetz *n* ‖ ~ (Telecomm) / Inselnetz *n* ‖ ~ **access protocol** (Comp) / Subnetwork-Access-Protokoll *n*
**subnormal*** *n* (Maths) / Subnormale *f* ‖ ~ *adj* (Maths) / subnormal *adj* ‖ ~ **glow discharge** (Electronics) / subnormale Glimmentladung ‖ ~ **pressure** (Hyd Eng) / Unterdruck *m*
**subnotebook** *n* (a computer that is smaller than a notebook but larger than a palmtop or personal digital assistant) (Comp) / Subnotebook *m*, Subnotizbuchcomputer *m*
**subnuclear** *adj* (Nuc, Phys) / subnuklear *adj*
**subobject** *n* (Maths) / Unterobjekt *n* ‖ ~ (Maths) / Subobjekt *n*
**suboceanic** *adj* (Ocean) / subozeanisch *adj* ‖ ~ s. also submarine
**suboffice** *n* (Telecomm) / Unteramt *n*
**suboptimal** *adj* / suboptimal *adj* (z.B. mit einem niedrigen Fehlerprozentsatz)
**suboptimization** *n* / Suboptimierung *f* (z.B. Optimierung eines Teilsystems)
**suborbital flight** (Space) / suborbitaler Flug (unterhalb der Zirkulargeschwindigkeit)
**suborder** *n* (Bot, Zool) / Unterordnung *f* (subordo)
**subordinate** *adj* / untergeordnet *adj* ‖ ~ **program** (Comp) / Nebenprogramm *n* ‖ ~ **series** (Phys, Spectr) / Nebenserie *f* (Spektrum)
**suboutcrop*** *n* (Geol) / verdecktes Ausstreichen
**suboxide** *n* (Chem) / Suboxid *n* (Oxid, das je Atom des oxidbildenden Elements weniger Sauerstoff enthält, als es der normalen Wertigkeit entspricht)
**subpage** *n* (Comp, Telecomm) / Blatt *n* (bei Btx)
**subparabolic** *adj* (Maths) / subparabolisch *adj*
**subparallel** *adj* (Geol, Maths) / fast parallel
**subpermafrost water** (Geol) / Wasser *n* unter dem Dauerfrostboden
**subpolar** *adj* (Geog) / subpolar *adj*, polnah *adj*, nahe dem Pol gelegen
**subpopulation** *n* (Stats) / Teilgesamtheit *f*, Teilgrundgesamtheit *f*, Schicht *f* (Teilgrundgesamtheit)
**subpress*** *n* (Eng) / Säulengestell *n* (Unterplatte, Oberplatte, Führungssäulen, Einspannzapfen), Säulenführungsgestell *n*
**subproblem** *n* / Teilproblem *n*
**subprogram*** *n* (Comp) / Unterprogramm *n*, UP (Unterprogramm)
**subproportional*** *adj* (Photog) / subproportional *adj* (Abschwächer - der vor allem niedrige Schwärzungen abschwächt)
**subquark** *n* (Nuc) / Subquark *n*
**subrack** *n* (Electronics) / Baugruppenträger *m* (DIN 43 350), BGT (Baugruppenträger)
**subrange** *n* / Unterbereich *m*, Teilbereich *m*
**subrate** *n* (transmission rate below 64 kbits/s) (Comp) / Subrate *f*
**subrate-cross-connect unit** (Comp) / Subraten-Crossconnect *n*
**subrecent** *adj* (Geol) / subrezent *adj*
**subreflector** *n* (Optics) / Hilfsspiegel *m*, Fangspiegel *m* (des Teleskops) ‖ ~ (Radar, Radio) / Subreflektor *m* (der Reflektorantenne nach Gregory)
**subrefraction** *n* (Telecomm) / Unternormalbrechung *f*
**subrepertory** *n* (Comp) / Unterzeichenvorrat *m*
**subriver tunnel** (Civ Eng) / Tunnel *m* unter dem Fluss (ein Unterwassertunnel)
**subrosion** *n* (Geol) / Subrosion *f* (Auslaugung und Auflösung von Salzgesteinen unter der Erdoberfläche durch die Grundwässer)
**subroutine** *n* (Comp) / Unterprogramm *n*, UP (Unterprogramm) ‖ ~* (Comp) / Subroutine *f* ‖ ~ **call** (Comp) / Unterprogrammaufruf *m*, Unterprogrammsprungbefehl *m* ‖ ~ **library** (Comp) / Unterprogrammbibliothek *f* ‖ ~ **management** (Comp) / Unterprogrammverwaltung *f* ‖ ~ **parameter** (Comp) / Parameter *m* eines Unterprogramms

**subsample**

**subsample** *n* (Stats) / Teilstichprobe *f*, Unterprobe *f*
**subsampling** *n* (Electronics) / Unterabtastung *f*, Dezimation *f* (bei der Videosignalabtastung) ‖ ~ (Stats) / Teilstichprobenverfahren *n*
**subsatellite** *n* (Astron, Space) / Subsatellit *m* (Satellit eines Trabanten) ‖ ~ (Space) / der von einem Satelliten (einer Raumfähre, einem Raumtransporter) gestartete Satellit ‖ ~ **point** (Space) / Subsatellitenpunkt *m* (derjenige Punkt der Erdoberfläche, der von der Verbindungslinie Satellit - Erdmassenmittelpunkt durchstoßen wird), subsatellitärer Punkt
**subsaturation** *n* (Chem, Geol, Phys) / Untersättigen *n*, Untersättigung *f*
**subschema** *n* (Comp) / Teilschema *n*
**subscriber** *n* / Subskribent *m* (pl. -en), Abonnent *m* (pl. -en) ‖ ~ (Teleph) / Fernsprechteilnehmer *m*, Teilnehmer *m* ‖ ~ **dialling** (Teleph) / Selbstwählverkehr *m* ‖ ~ **direct dialling** (Teleph) / Selbstwählverkehr *m* ‖ ~ **drop** (Teleph) / Endleitung *f* (die die Endeinrichtung eines öffentlichen Netzes mit einer Endstelle verbindet) ‖ ~ **identity module** (Teleph) / SIM-Karte *f* (Teilnehmerkennungsmodul), Teilnehmerkennungsmodul *n*, Chipkarte *f* (SIM) ‖ ~ **installation** (Telecomm) / kundeneigene Einrichtungen, Teilnehmereinrichtung *f* (eine kundeneigene Endeinrichtung) ‖ ~ **interface** (Teleph) / Teilnehmerschnittstelle *f* ‖ ~ **interface unit** (Telecomm) / Teilnehmerschnittstelle *f* (teilnehmerseitiger Netzabschluss des Systems) ‖ ~ **line interface circuit** (Teleph) / Schnittstelle *f* für den Anschluss analoger Fernsprechapparate an digitale Vermittlungen, SLIC
**subscriber-line termination cabinet** (Telecomm, Teleph) / Teilnehmerschrank *m*
**subscriber meter** (Teleph) / Gesprächszähler *m*, Gesprächszeitmesser *m* ‖ ~ **network interface** (Comp) / Subscriber Network Interface *n* (Schnittstelle zwischen Anschlussleitung und Datex-M-Teilnehmernetz), SNI (Subscriber Network Interface) ‖ ~ **number** (Teleph) / Teilnehmerrufnummer *f*, Teilnehmernummer *f*, Rufnummer *f*, Anschlussnummer *f*, Fernruf *m* (Nummer)
**subscriber-originated traffic** (Telecomm) / Teilnehmerursprungsverkehr *m*
**subscriber's cable** (Teleph) / Teilnehmerkabel *n*, Ortsanschlusskabel *n*, OAsk (Ortsanschlusskabel)
**subscriber set** (Teleph) / Teilnehmerapparat *m* ‖ ~'s **extension station**\* (Teleph) / Teilnehmernebenstelle *f*, Nebenstelle *f* mit freier Amtswahl ‖ ~'s **jack**\* (Telecomm) / Antwortklinke *f*, Teilnehmerklinke *f* ‖ ~'s **line**\* (Teleph) / Anschlussleitung *f*, Asl (Anschlussleitung), Teilnehmeranschlussleitung *f*, Teilnehmerleitung *f* ‖ ~'s **main station** (Teleph) / HA, Einzelanschluss *m*, Teilnehmerhauptanschluss *m*, Hauptanschluss *m* ‖ ~'s (telephone) **number** (Teleph) / Teilnehmerrufnummer *f*, Teilnehmernummer *f*, Rufnummer *f*, Anschlussnummer *f*, Fernruf *m* (Nummer) ‖ ~'s **station**\* (Teleph) / Fernsprechanschluss *m*, Teilnehmersprechstelle *f* ‖ ~'s **tap** (Teleph, TV) / Teilnehmerabzweigung *f* ‖ ~ **trunk dialling**\* (Teleph) / Selbstwählferndienst *m*, Teilnehmerfernwahl *f*, Selbstwählfernverkehr *m*, Fernwahl *f* (automatische), SWFD (Selbstwählferndienst), SWF-Dienst *m*
**subscript** *n* (Comp, Print) / tiefstehendes Zeichen, tiefgestelltes Zeichen ‖ ~ (Comp, Print, Typog) / tiefstehender Index, Index *m* (pl. -e oder -dizes) (tiefstehende Buchstaben, Ziffern oder Formelteile)
**subscripted** *adj* (Comp, Print) / tiefgestellt *adj*, tiefgesetzt *adj*, tiefstehend *adj* ‖ ~ **character** (Comp, Print) / tiefstehendes Zeichen, tiefgestelltes Zeichen ‖ ~ **value** (Comp) / indizierter Wert ‖ ~ **variable**\* (ALGOL) (Comp) / indizierte Variable ‖ ~ **variable** (Maths) / Variable *f* mit unterem Index
**subscripting** *n* (Comp) / Indizierung *f*
**subscription** *n* / Subskription *f*, Abonnement *n* ‖ ~ **code** (Comp) / Abonnement-Code *m* ‖ ~ **television** (TV) / Abonnementfernsehen *n*, Pay-TV *n* (Fernsehprogramm eines Privatsenders, das gegen eine Gebühr und mithilfe eines Decoders empfangen werden kann), Bezahlfernsehen *n*, Gebührenfernsehen *n*
**subsea completion** (Oils) / Gesamtinstallation *f* auf dem Meeresgrund (ein Verfahren zur Erschließung eines Erdölvorkommens bei Offshorebohrungen) ‖ ~ **control valve** (Oils) / Unterwassersteuerventil *n* ‖ ~ **installation** (Oils) / Unterwasseranlage *f*
**subsemigroup** *n* (Maths) / Unterhalbgruppe *f*, Teilhalbgruppe *f*
**subsequence** *n* (Maths) / Teilfolge *f*
**subsequent** *adj* / nachfolgend *adj* ‖ ~ **coat** (Paint) / Folgeanstrich *m* (Schicht) ‖ ~ **conveyor** (Eng) / abförderndes Band ‖ ~ **dialling** (Teleph) / Nachwahl *f* ‖ ~ **processing** (Work Study) / Weiterverarbeitung *f* ‖ ~ **river**\* (Geol) / subsequenter Fluss, Nachfolgefluss *m* ‖ ~ **stream** (Geol) / subsequenter Fluss, Nachfolgefluss *m* ‖ ~ **treatment** / Nachbehandlung *f*, Nachbearbeitung *f*
**subseries** *n* (Bot) / Subserie *f* (subseries)

**subset**\* *n* (Maths) / Teilmenge *f*, Untermenge *f* ‖ ~ (Teleph) / Fernsprechanschluss *m*, Teilnehmersprechstelle *f* ‖ ~ (Teleph) / Teilnehmerapparat *m*
**subshaft** *n* (Mining) / Blindschacht *m* (seigerer Grubenbau, der zwei oder mehrere Sohlen miteinander verbindet oder den Zugang von einer Sohle zu einem Flöz herstellt), Stapelschacht *m* ‖ ~ (Mining) / weitergeteufter Tagesschacht
**subshell** *n* (Nuc) / Unterschale *f*
**subside** *v* / absacken *v* ‖ ~ / sinken *v* (Wasser, Flut, Fluss) ‖ ~ (Build) / nachgeben *v* (z.B. Baugrund)
**subsidence** *n* / Niederschlag *m* (Bodensatz), Bodensatz *m*, Satz *m* (Niederschlag), Sediment *n*, Bodenkörper *m*, Bodenniederschlag *m*, Ablagerung *f* (das Abgelagerte) ‖ ~\* (Build, Civ Eng) / Setzen *n*, Setzung *f*, Setzungsverhalten *n* ‖ ~\* (Build, Civ Eng) / Einsturz *m* ‖ ~\* (Build, Civ Eng) / Einsinken *n*, Absacken *n*, Sacken *n*, Sackung *f*, Zusammensacken *n*, Senkung *f*, Setzung *f* ‖ ~\* (sinking or downward settling) (Geol) / Senkung *f* ‖ ~ (Geol) / Bodensenkung *f* ‖ ~ (Meteor) / Absinken *n* (einer Luftmasse) ‖ ~ (Mining) / Absenken *n* (z.B. von Hangendschichten nach dem Abbau von Flözen - durch Gebirgsdruck), Absinken *n*, Absenkung *f* ‖ ~\* (Rail) / Einsenkung *f* (des Gleises) ‖ ~ **break** (Build, Civ Eng) / Setzriss *m* ‖ ~ **damage** (Build, Mining) / Setzungsschaden *m*, Senkungsschaden *m* ‖ ~ **earthquake** (Geol) / Einsturzbeben *n* ‖ ~ **of the roof** (Mining) / Absenkung *f* des Hangenden ‖ ~ **ratio** (Automation) / Dämpfungsverhältnis *n* (bei schwacher Dämpfung)
**subsidiaries** *pl* (Typog) / Anhang *m* (Schlussbogen als Gegensatz zum Titelbogen)
**subsidiary** *n* / Tochtergesellschaft *f*, Tochterfirma *f* ‖ ~ *adj* / subsidiär *adj*, Hilfs-, unterstützend *adj* ‖ ~ **company** / Tochtergesellschaft *f*, Tochterfirma *f* ‖ ~ **feature** / zusätzliches Merkmal (einer Maschine) ‖ ~ **risk** / Nebengefahr *f* ‖ ~ **runway** (Aero) / Nebenpiste *f* ‖ ~ **transport** (Mining) / Abbaustreckenförderung *f* (hauptsächlich zum Anschlag)
**subsidize** *v* / subventionieren *v*, bezuschussen *v*
**subsidizing** *n* / Subventionierung *f* (staatliche), Bezuschussung *f*
**subsieve fraction** (Eng) / Unterlauf *m*, Feingut *n* (bei der Siebanalyse), Siebdurchgang *m*, Unterkorn *n* bei der Siebanalyse (DIN 66160), Siebfeines *n* (bei der Siebanalyse) ‖ ~ **material** (Eng) / Unterlauf *m*, Feingut *n* (bei der Siebanalyse), Siebdurchgang *m*, Unterkorn *n* bei der Siebanalyse (DIN 66160), Siebfeines *n* (bei der Siebanalyse) ‖ ~ **powder** (Eng) / Feinstpulver *n* (das das feinste Sieb passiert)
**subsilicate** *n* (Chem) / Oxidsilikat *n*, Oxidsilicat *n*
**subsistence agriculture** (Agric) / Subsistenzlandwirtschaft *f* (Landwirtschaft, die den Eigenbedarf deckt), Selbstversorgungslandwirtschaft *f* ‖ ~ **farming** (Agric) / Subsistenzlandwirtschaft *f* (Landwirtschaft, die den Eigenbedarf deckt), Selbstversorgungslandwirtschaft *f*
**subsoil** *n* (Agric) / Unterboden *m* (im Allgemeinen) ‖ ~\* (Agric, Geol) / Unterboden *m*, Ausfällungszone *f*, Einwaschungszone *f*, Einschwemmungshorizont *m*, Illuvialhorizont *m*, B-Horizont *m*, Anreicherungshorizont *m*, Einwaschungshorizont *m* (des Bodenprofils) ‖ ~ (Build, Civ Eng) / Boden *m* (als Baugrund), Baugrund *m* (Gesamtheit der Erdstoffschichten, die der Belastung durch Bauwerke eine Tragkraft entgegensetzen und dementsprechend beansprucht werden - DIN 1054, DIN 4017 und DIN 4020), Baugrundboden *m* ‖ ~ **drain**\* (Civ Eng) / Unterflurdrän *m*
**subsoiler** *n* (Agric, Civ Eng) / Unterbodenlockerer *m*, Untergrundlockerer *m*, Bodenmeißel *m*
**subsoiling** *n* (Agric, Civ Eng) / Unterbodenlockerung *f*, Untergrundlockerung *f*
**subsoil irrigation** (Agric) / unterirdische Verrieselung, Untergrundberieselung *f*, Untergrundverrieselung *f* ‖ ~ **tillage** (Agric, Civ Eng) / Unterbodenlockerung *f*, Untergrundlockerung *f*
**subsolar point** (Astron) / Subsolarpunkt *m*, subsolarer Punkt
**subsolidus equilibrium** (Met) / Subsolidusgleichgewicht *n*, Gleichgewicht *n* unter Solidus ‖ ~ **region** (Met) / Bereich *m* unter Solidus, Subsolidusbereich *m*
**subsolifluction** *n* (Geol) / subaquatisches Abgleiten, Subsolifluktion *f*, subaquatische Rutschung, Untergrundfließen *n*
**subsolution** *n* (Geol) / Subsolution *f* (subaquatische Auflösung von Karbonatgesteinen am Meeresboden)
**subsonic**\* *adj* (Phys) / untertonfrequent *adj*, infraschall-, Infraschall- ‖ ~ **airfoil** (Aero) / Unterschallprofil *n* ‖ ~ **airplane** (Aero) / Unterschallflugzeug *n* ‖ ~ **filter** (Acous) / Subsonic-Filter *n*, Rumpelfilter *n* ‖ ~ **flow** (Phys) / Unterschallströmung *f* (bis 0,8 Mach), Strömung *f* im Unterschallbereich ‖ ~ **frequency** (Acous) / unhörbar tiefe Frequenz, Frequenz, die unterhalb des für Musik oder Sprache benutzten Frequenzbereichs liegt, nicht aber unbedingt im Infraschallbereich ‖ ~ **speed**\* (Aero) / Unterschallgeschwindigkeit *f*

**subspace** *n* (Maths) / Unterraum *m* (ein Raum, der aus einer Teilmenge und der darauf induzierten Struktur eines Raumes besteht) ‖ **~** (Maths) / Teilraum *m* ‖ **~ transformation** (Maths, Radar) / Teilraumumwandlung *f*
**subspecies*** *n* (Bot, Zool) / Unterart *f* (Rasse), Subspezies *f*, ssp.
**subspectrum** *n* (Spectr) / Subspektrum *n*
**subsplit process** (Telecomm) / Subsplit-Verfahren *n* (in der Breitbandtechnik)
**substage** *n* (Micros) / Mikroskopierleuchte *f*, Beleuchtungsapparat *m* (unter dem Mikroskoptisch bei Durchlichtmikroskopen; am Mikrotubus bei Auflicht) ‖ **~ condenser** (Micros) / Durchlichtkondensor *m* (des Mikroskops) ‖ **~ illuminator** (Micros) / Mikroskopierleuchte *f*, Beleuchtungsapparat *m* (unter dem Mikroskoptisch bei Durchlichtmikroskopen; am Mikrotubus bei Auflicht)
**substance** *n* / Substanz *f* (eine aristotelische Seinskategorie) ‖ **~*** (Chem) / Substanz *f*, Stoff *m* ‖ **~*** (Glass) / Gewicht *n* (des Flachglases in g pro Fläche) ‖ **~*** (Paper) / flächenbezogene Masse (DIN 6730), Flächenmasse *f* (in g/m$^2$), Flächengewicht *n*, Quadratmetermasse *f* (von Papier, Karton oder Pappe), Grammatur *f* ‖ **~*** (Glass) s. also strength ‖ **~ identification** (Chem) / Substanzidentifizierung *f* ‖ **~ of unknown or variable composition** (Ecol) / UVCB-Stoff *m* (Altstoff, der als unzulänglich definiert gilt und nicht durch eine vollständige chemische Formel dargestellt werden kann) ‖ **~ tolerance** (Glass) / Dickentoleranz *f* ‖ **~ under analysis** (Chem) / Analysensubstanz *f* (während der Analyse)
**substandard** *attr* / minderwertig *adj*, von minderer Qualität, geringwertig *adj* ‖ **~ film stock** (Cinema) / Schmalrohrfilm *m* ‖ **~ instrument*** (Elec Eng, Instr) / Laborinstrument *n* geringerer Genauigkeit ‖ **~ vessel** (Ships) / Substandardschiff *n* (meistens "billige Flaggen")
**substantial** *adj* / groß *adj* (z.B. Presskraft)
**substantiate** *v* (a claim, a statement) / untermauern *v*
**substantiating test** (Aero) / Prüfung *f* zum Nachweis
**substantive dye*** (Textiles) / Direktfarbstoff *m*, direkt aufziehender Farbstoff, substantiver Farbstoff, Substantivfarbstoff *m* (wasserlöslicher Farbstoff, der auf Zellulosefasern direkt aufzieht)
**substantivity*** *n* (Textiles) / Substantivität *f* (bei Farbstoffen oder Textilhilfsmitteln)
**substate** *n* (Nuc) / Teilzustand *m*, Substate *m*
**substation** *n* (Comp) / Abonnentenstation *f* ‖ **~*** (Elec Eng) / Unterstation *f*, Unterwerk *n*, Station *f* ‖ **~*** (Teleph) / Fernsprechanschluss *m*, Teilnehmersprechstelle *f*
**substellar point*** (Astron) / substellarer Punkt, Substellarpunkt *m*
**substituent** *n* (Chem) / Substituent *m* (pl. -en)
**substitutable** *adj* / substituierbar *adj*, austauschbar *adj* (substituierbar)
**substitute** *v* / auswechseln *v*, ersetzen *v*, austauschen *v*, substituieren *v* ‖ **~** (Chem) / substituieren *v* ‖ **~*** *n* / Ersatz *m* (Lieferung einer ähnlichen Ware) ‖ **~** / Surrogat *n* ‖ **~ character** (Comp) / Substitutionszeichen *n* (DIN 66 303), Ersatzzeichen *n* ‖ **~ energy** (Ecol) / Alternativenergie *f* (z.B. Sonne, Wind, Wasser) ‖ **~ fuel** (Autos, Fuels) / alternativer Kraftstoff (z.B. Wasserstoff oder Ethanol), Alternativkraftstoff *m*, Ausweichkraftstoff *m*, Ersatzkraftstoff *m* ‖ **~ material** (Eng) / Austauschwerkstoff *m*, Austauschstoff *m*, Alternativmaterial *n* ‖ **~ natural gas** / Erdgasersatz *m*, Synthesenaturgas *n*, Tauschgas *n*, synthetisches Erdgas, Syntheseerdgas *n*, Ersatzerdgas *n* ‖ **~ recipient** (Telecomm) / stellvertretender Empfänger
**substitution** *n* / Substitution *f* (in der Logik) ‖ **~** / Auswechslung *f*, Austausch *m*, Ersetzung *f* ‖ **~** / Ersatz *m*, Ersetzung *f*, ersatzweise Verwendung ‖ **~*** (Chem) / Substitution *f* ‖ **~** (Maths) / Substitution *f* (einer Variablen) ‖ **~** (Maths) / Einsetzung *f* (in einem Term oder in einer Aussageform)
**substitutional** *adj* / substitutionell *adj*, stellvertretend *adj*, Ersatz- ‖ **~ alloy** (Met) / Substitutionslegierung *f* ‖ **~ atom** (Phys) / substituiertes Atom ‖ **~ braking** (Elec Eng, Rail) / ablösende Bremsung ‖ **~ disorder** (Crystal) / Substitutionsbaufehler *m* ‖ **~ impurity** (Crystal, Electronics) / Substitutionsstörstelle *f* ‖ **~ lattice** (Crystal) / Substitutionsgitter *n* ‖ **~ mixed crystal** (Crystal, Phys) / Substitutionsmischkristall(e) *m(pl)* (wenn einige Grundstoffatome des Kristallgitters durch Fremdatome ersetzt werden), Austauschmischkristall(e) *m pl*, SMK (wichtigste Klasse der festen Lösungen in kristallinen Systemen) ‖ **~ resistance*** (Elec Eng) / Ersatzwiderstand *m* ‖ **~ solid solution** (Crystal, Phys) / Substitutionsmischkristall(e) *m(pl)* (wenn einige Grundstoffatome des Kristallgitters durch Fremdatome ersetzt werden), Austauschmischkristall(e) *m pl*, SMK (wichtigste Klasse der festen Lösungen in kristallinen Systemen)
**substitution balance** (Eng) / Waage *f* (nach dem Substitutionsprinzip arbeitend) ‖ **~ by addition** (Crystal) / Additionssubstitution *f* ‖ **~ by subtraction** (Crystal) / Subtraktionssubstitution *f* ‖ **~ conduction** (Elec Eng) / Substitutionsleitung *f* ‖ **~ field module** (Electronics) / Substitutionsfeldmodul *n* ‖ **~ formula** (Maths) / Substitutionsregel *f* ‖ **~ isomerism** (Chem) / Stellungsisomerie *f*, Substitutionsisomerie *f* (eine Form der Strukturisomerie) ‖ **~ lattice** (Crystal) / Substitutionsgitter *n* ‖ **~ method** (Maths) / Substitutionsverfahren *n* (zur Lösung eines linearen Gleichungssystems mit zwei Gleichungen und zwei Variablen), Einsetzmethode *f*, Substitutionsmethode *f*, Einsetzungsverfahren *n* ‖ **~ reaction** (Chem) / Substitutionsreaktion *f*, Verdrängungsreaktion *f* ‖ **~ rule** (Maths) / Substitutionsregel *f* ‖ **~ weighing** (Phys) / Borda'sche Wägung (nach Ch. de Borda, 1733-1799), Substitutionswägung *f* (bei der der Hebel der Hebelwaage auf beiden Hebelarmen stets gleichmäßig belastet ist)
**substitutive name** (Chem) / Substitutionsname *m* (bei dem der angeführte Substituent ein H ersetzt, wie z.B. Chlorbenzol, Iodethan oder Ethanol)
**substoichiometric** *adj* (Chem) / substöchiometrisch *adj*
**substorm** *n* (Geophys) / Substurm *m* (magnetosphärischer)
**substrate*** *n* (Biochem, Biol) / Substrat *n* (jede, bei einer Katalysatorreaktion mit dem Katalysator umgesetzte Stoffart) ‖ **~*** (Ceramics, Electronics, Glass, Surf) / Substrat *n* (Träger, Trägermaterial), Grundwerkstoff *m* ‖ **~** (BS 2951, P. 2 : 1975) (Vac Tech) / Substrat *n* (DIN 28400, T 4), Beschichtungsgut *n*
**substrate-binding centre** (Biochem) / Substratbindungszentrum *n* ‖ **~ centre** (Biochem) s. also active centre ‖ **~ site** (Biochem) / Substratbindungszentrum *n*
**substrate current** (Electronics) / Substratstrom *m*
**substrate-fed logic** (Electronics) / substratgespeiste Logik (integrierte Injektionslogik)
**substrate for printing** (Print) / Bedruckstoff *m* (Material bzw. Werkstoff, dessen Oberfläche in einem Druckverfahren bedruckt sowie unter Umständen lackiert oder beschichtet werden kann - DIN 16500) ‖ **~ inhibition** (Biochem) / Substrathemmung *f* (Hemmung der katalytischen Reaktion eines Enzyms durch sein eigenes, im Überschuss vorhandenes Substrat), Substratüberschusshemmung *f* ‖ **~ metal** (Surf) / Substratmetall *n* ‖ **~ pigment** (Paint) / Substratfarbe *f* (Pigment, das auf nassem Wege auf ein Substrat niederschlägt oder mit Füllstoffen versehen wird) ‖ **~ specificity** (Chem) / Substratspezifität *f* ‖ **~ wetting** (Paint) / Untergrundbenetzung *f*
**substratosphere** *n* (Geophys, Meteor) / Substratosphäre *f* (der untere Teil der Stratosphäre) ‖ **~** (Meteor) s. also tropopause
**substratum** *n* (pl. -ata) (Geol) / Unterschicht *f*, unterlagernde Schicht ‖ **~** (pl. -ata) (Geol) / Unterlage *f* (von Überschiebungsdecken) ‖ **~** (pl. -ata) (Photog) / Substratschicht *f*, Zwischenschicht *f* ‖ **~** (pl. -ata) **of old rock** (Geol) / Urgebirge *n*, Grundgebirge *n* (meist aus metamorphen Gesteinen und Tiefengesteinen), Grundgestein *n*
**substring** *n* (Comp) / Teilkette *f*, Substring *m* ‖ **~** (Comp, Phys) / Teilstring *m* ‖ **~ variable** (Comp) / Substringvariable *f*
**substructure** *n* / Substruktur *f* ‖ **~** (Civ Eng, Ships) / Unterbau *m* ‖ **~** (Glass) / Unterofen *m* (alle Teile eines Glasschmelzofens, die sich üblicherweise unter Hüttenflur befinden) ‖ **~** (Maths) / Untergebilde *n*, Unterstruktur *f*
**subsubatomic particle** (quark) (Nuc) / Elementarteilchen *n* (mit drittelzahliger elektrischer Elementarladung)
**subsubmicron** *n* / Amikron *n* (mikroskopisch unsichtbares Schwebeteilchen)
**subsum** *n* (Maths) / Teilsumme *f*, Partialsumme *f*
**subsumption** *n* / Subsumtion *f* (beim Theorembeweisen)
**subsurface** *n* / oberflächennaher Bereich, oberflächennahe Zone ‖ **~ attr** / Untergrund-, Unterflur-, unterirdisch *adj*, subterran *adj* ‖ **~** (Mining) / untertägig *adj* ‖ **~ blowhole** (Foundry) / Randblase *f* ‖ **~ corrosion** (Eng) / innere Korrosion, Innenkorrosion *f* (z.B. von Behältern und Rohren) ‖ **~ crack** (Materials) / Bruch *m* unter der Oberfläche ‖ **~ drain** (Civ Eng) / Unterflurdrän *m* ‖ **~ float** (Hyd Eng) / Tiefenschwimmer *m* ‖ **~ geology** (Geol) / Tiefengeologie *f*, Untergrundgeologie *f* ‖ **~ ice** / Grundeis *n* ‖ **~ irrigation** (Agric) s. also subirrigation ‖ **~ irrigation** (Agric) / unterirdische Verrieselung, Untergrundberieselung *f*, Untergrundverrieselung *f* ‖ **~ radar** (Radar) / Oberflächendurchdringungsradar *m n*, Georadar *m n*, Bodenradar *m n* ‖ **~ rusting** (Paint, Surf) / Unterrostung *f* (Korrosionsangriff unter einer unbeschädigten Beschichtung), Rostunterwanderung *f*, Unterschichtkorrosion *f* ‖ **~ storage** (Geol) / Untertagespeicherung *f* (von Rohöl oder Erdgas), Untergrundspeicherung *f*, unterirdische Speicherung ‖ **~ water** (Geol) / Bodenwasser *n* (Zustand der Wassersättigung oder -übersättigung des Bodens)
**subsynchronous*** *adj* (Elec Eng) / untersynchron *adj*, subsynchron *adj* ‖ **~ cascade** (Elec Eng) / untersynchrone Kaskade, subsynchrone Kaskade *f* ‖ **~ communications satellite** (Space) / subsynchroner Kommunikationssatellit ‖ **~ static converter cascade** (Elec Eng) / untersynchrone Stromrichterkaskade, Krämer-Stromrichterkaskade *f*

**subsystem** *n* / Teilsystem *n*, Untersystem *n*, Subsystem *n* (Bestandteil eines Gesamtsystems) ‖ ~ (Space) / Subsystem *n*, Teilsystem *n*
**subsystem-level integration** (Electronics) / Integration *f* auf Subsystemebene
**subtangent*** *n* (Maths) / Subtangente *f*
**subtask** *n* (Comp) / Subtask *m*, sekundäre Aufgabe, Unteraufgabe *f*, sekundärer Task
**subtend*** *v* (Maths) / gegenüberliegen *v* (z.B. die längere Seite dem größeren Winkel in einem Dreieck)
**subtense bar*** (Surv, Telecomm) / Basislatte *f* (bei der optischen Streckenmessung) ‖ ~ **technique** (Surv) / optische Streckenmessung (mit der Basislatte)
**subterminal** *adj* (Biochem) / subterminal *adj* (Oxidation)
**subterranean** *adj* (Geol) / Untergrund-, Unterflur-, unterirdisch *adj*, subterran *adj* ‖ ~ **river** (Geol) / unterirdischer Fluss, Höhlenfluss *m* ‖ ~ **stream** (Hyd Eng) / unterirdischer Wasserlauf *m* ‖ ~ **water** (Civ Eng, Geol, Hyd Eng, San Eng) / Grundwasser *n* (das dicht unter der Erdoberfläche bis in größere Tiefen die Bodenhohlräume zusammenhängend ausfüllende Wasser - DIN 4049, T 3, DIN EN 752-1)
**subtilin** *n* (Pharm) / Subtilin *n* (ein Peptidantibiotikum)
**subtitle** *v* (Cinema, Print, TV) / untertiteln *v*, mit Untertiteln versehen ‖ ~* *n* (Cinema, Print) / Untertitel *m* ‖ ~ (Cinema, TV) / Untertitel *m* (eingeblendete Übersetzung) ‖ ~ **cue sheet*** (Cinema) / Untertitelungsliste *f*
**subtle** *adj* (Textiles) / geschmeidig *adj* (Griff), fließend *adj* (Griff)
**subtopia** *n* (GB) (Build) / zersiedelte und chaotisch bebaute Stadtrandzone
**subtotal** *n* (Comp, Maths) / Zwischensumme *f*, Zwischenergebnis *n*, laufende Summe ‖ ~ (Maths) / Teilsumme *f*, Partialsumme *f*
**subtotals capability** (Comp) / Möglichkeit *f* der Zwischensummenbildung
**subtrace analysis** (Chem) / Subspurenanalyse *f*
**subtract** *v* (Maths) / subtrahieren *v*, abziehen *v*, abrechnen *v*, absetzen *v*
**subtracter** *n* (Comp) / Subtrahierwerk *n*, Subtrahierglied *n*, Subtrahierer *m*, Subtrahiereinrichtung *f* ‖ ~ (Electronics) / Subtrahierkreis *m* (ein digitaler Schaltkreis)
**subtraction*** *n* (Maths) / Subtraktion *f* (Umkehroperation der Addition) ‖ ~ **lattice** (Crystal) / Subtraktionsgitter *n* ‖ ~ **unit** (Comp) / Subtrahierwerk *n*, Subtrahierglied *n*, Subtrahierer *m*, Subtrahiereinrichtung *f*
**subtractive amplifier** (Electronics) / Subtraktivverstärker *m* ‖ ~ **colour*** (Phys) / subtraktive Farbe, Subtraktionsfarbe *f* ‖ ~ **colour mixture** (Light, Optics) / subtraktive Farbmischung (ein physikalisch-optischer Vorgang) ‖ ~ **etching** (Electronics) / Subtraktivätzung *f* ‖ ~ **method** (Electronics) / subtraktives Verfahren (der Leiterplattenherstellung) ‖ ~ **name** (Chem) / Subtraktivname *m* (mit Endungen -en oder -in sowie mit Vorsilben Anhydro-, Dehydro-, Desoxy- oder Nor-, bei denen also ein Bestandteil des Stammnamens abzuziehen ist), Subtraktionsname *m* ‖ ~ **primaries** (Light) / subtraktive Grundfarben ‖ ~ **printed circuit board** (Electronics) / Subtraktivleiterplatte *f* (im Subtraktivverfahren hergestellt) ‖ ~ **process** (Electronics) / Subtraktivverfahren *n* (zur Herstellung von Leiterplatten) ‖ ~ **process*** (Photog) / subtraktives Farbverfahren, subtraktives Verfahren
**subtractor** *n* (Comp) / Subtrahierwerk *n*, Subtrahierglied *n*, Subtrahierer *m*, Subtrahiereinrichtung *f* ‖ ~ (Electronics) / Subtrahierkreis *m* (ein digitaler Schaltkreis) ‖ ~* (Photog) / Subtraktivfilter *n*
**subtrahend*** *n* (Maths) / Subtrahend *m* (pl. -en) (Zahl, die von einer anderen Zahl abgezogen wird)
**subtransient reactance*** (Elec Eng) / subtransiente Reaktanz (bei einer Synchronmaschine im nichtstationären Betrieb, nach DIN 40120)
**subtree** *n* (Comp) / Teilbaum *m*, Unterbaum *m*
**subtropical** *adj* (Geog) / subtropisch *adj* ‖ ~ **forest** (For) / subtropischer Regenwald *m* ‖ ~ **forest** (For) s. also cloud forest and laurel forest
**subtropics** *pl* (Geog) / Subtropen *pl*
**subulate*** *adj* (Bot) / pfriemlich *adj*, pfriemartig *adj*
**subunit** *n* / Untereinheit *f* ‖ ~ (Chem) / Protomer *n* (kleinste identische Untereinheit von oligomeren Proteinen), Protomeres *n*
**suburb** *n* (US) (Arch) / Satellitenstadt *f*, Trabantenstadt *f* (baulich in sich geschlossene Stadt mittlerer Größe in der Nachbarschaft einer Großstadt, mit der sie durch leistungsfähige Verkehrsmittel eng verbunden ist - meistens eine Wohnstadt, z.B. die New Towns bei London) ‖ ~ (Arch) / Vorstadt *f*, Vorort *m* ‖ ~ (US) (Arch) / Suburb *f* (amerikanische Trabantenstadt)
**suburbanization** *n* (Arch) / Suburbanisierung *f*, Suburbanisation *f* (flächenhafte Verstädterung des Umlandes einer Stadt)
**suburban train** (Rail) / Vorortzug *m*, Nahverkehrszug *m*
**suburbia** *n* (Arch) / Suburbia (Gesamtheit der um die großen Industriestädte gelegenen Trabanten- und Schlafstädte - in Bezug auf ihre äußere Erscheinung und die für sie typischen Lebensformen der Bewohner)
**subvolcanic** *adj* (Geol) / subvulkanisch *adj* ‖ ~ **rocks** (Geol) / hypabyssische Gesteine (in geringer Tiefe erstarrte magmatische Schmelzen)
**subway** *n* (Civ Eng) / Subway *f*, Unterführung *f* (Verkehrsweg, der unter einer Brücke oder einem anderen Verkehrsweg hindurchführt) ‖ ~ (Civ Eng) / begehbarer Leitungskanal, Durchgangskanal *m* ‖ ~ (US) (Rail) / Untergrundbahn *f*, U-Bahn *f* ‖ ~ (Civ Eng) s. also crawlway, creep trench and flyunder
**subweb** *n* (AI) / Subweb *n* (bei semantischen Netzen), Teilweb *n*
**subwoofer** *n* (Acous) / Subwoofer *m* (Lautsprecher, der ausschließlich tiefste Töne wiedergibt), Tiefsttontieflautsprecher *m* ‖ ~ (Acous) s. also woofer
**subword** *n* (Comp) / Unterwort *n*
**subzero** *adj* (Phys) / unter null Grad (Temperatur) ‖ ~ **temperature** (Phys) / Minustemperatur *f* (unter dem Gefrierpunkt), Temperatur *f* unter null Grad ‖ ~ **treatment** / Tieftemperaturbehandlung *f* (unter dem Gefrierpunkt) ‖ ~ **treatment** (Met) / Tieftemperaturbehandlung *f* (Nachbehandlung gehärteter Stähle bei Temperaturen bis zu -180 °C), Tiefkühlen *n* (von gehärteten Stählen nach DIN EN 10 052)
**subzone** *n* (Comp) / Subzone *f*
**SU-carburettor** *n* (Autos) / SU-Vergaser *m* (ein Firmenname - ein Gleichdruckvergaser)
**succeed** *v* (in an order relation) (Maths) / nachfolgen *v*
**succeeding** *adj* / sukzessiv *adj*, nacheinander folgend *adj*, aufeinander folgend *adj*
**successful bidder** (US) / erfolgreicher Bieter ‖ ~ **tenderer** / erfolgreicher Bieter
**succession*** *n* (Biol, Ecol) / Nacheinanderfolge *f*, Aufeinanderfolge *f*, Abfolge *f* ‖ ~ (Bot) / Vegetationsabfolge *f*, Sukzession *f*
**successive** *adj* / sukzessiv *adj*, nacheinander folgend *adj*, aufeinander folgend *adj* ‖ ~ **approximation** (Maths) / sukzessive Approximation (schrittweise Verbesserung von Näherungswerten oder Näherungsfunktionen durch wiederholte Anwendung eines Verfahrens) ‖ ~ **coat** (Paint) / Folgeanstrich *m* (Schicht) ‖ ~ **contrast** (Optics) / Sukzessivkontrast *m* (Nachbild) ‖ ~ **reaction** (Chem) / Sukzessivreaktion *f*
**successor** *n* (AI, Comp) / Nachfolger *m* (in einem Baum) ‖ ~ **function** (Comp) / Nachfolgefunktion *f* ‖ ~ **program** (Comp) / Folgeprogramm *n*, Nachfolgeprogramm *n*
**success probability** (Stats) / Erfolgswahrscheinlichkeit *f* (nach einem Bernoulli-Schema) ‖ ~ **ratio** / Erfolgsquotient *m* ‖ ~ **tree** (AI) / Erfolgsbaum *m* (Darstellung der logischen Verknüpfung von Basisereignissen, die zu dem Ergebnis "Erfolg" führen)
**succinamic acid*** (Chem) / Bernsteinsäuremonoamid *n*, Sukzinamidsäure *f*, Succinamidsäure *f*
**succinate** *n* (a salt or ester of succinic acid) (Chem) / Succinat *n*, Sukzinat *n* (Salz oder Ester der Bernsteinsäure)
**succindialdehyde** *n* (Chem) / Bernsteinsäuredialdehyd *m*, Succinaldehyd *m*, Sukzindialdehyd *m*, Butandial-(1,4) *n*
**succinic acid*** (Chem, Nut) / Bernsteinsäure *f* (E 363), Butandisäure *f* ‖ ~ **acid dehydrogenase** (Biochem) / Succinatdehydrogenase *f* (ein oligomeres Flavinenzym des Krebs-Zyklus zur Oxidation von Sukzinat zu Fumarat), Bernsteinsäuredehydrogenase *f*, Sukzinatdehydrogenase *f* ‖ ~ **anhydride** (Chem, Nut, Pharm) / Bernsteinsäureanhydrid *n* (Tetrahydrofuran-2,5-dion) ‖ ~ **dehydrogenase** (Biochem) / Succinatdehydrogenase *f* (ein oligomeres Flavinenzym des Krebs-Zyklus zur Oxidation von Sukzinat zu Fumarat), Bernsteinsäuredehydrogenase *f*, Sukzinatdehydrogenase *f*
**succinimide** *n* (Agric, Chem) / Bernsteinsäureimid *n*, Succinimid *n*, Sukzinimid *n* (2,5-Pyrrolidindion)
**succinite*** *n* / Bernstein *m* (ein fossiles Harz), Sukzinit *m*, Succinit *m* (baltischer Bernstein) ‖ ~* (Min) / bernsteinfarbiger Grossular
**succinonitrile** *n* (Chem) / Bernsteinsäuredinitril *n*, Sukzinonitril *n*, Succinonitril *n*
**succinylate** *v* (Chem) / sukzinylieren *v*, succinylieren *v*
**succinyl chloride** (Chem) / Succinylchlorid *n*, Sukzinylchlorid *n*, Bernsteinsäuredichlorid *n*, Butandioyldichlorid *n*
**succinylcholine** *n* (Pharm) / Sukzinylcholin *n*, Succinylcholin *n* ‖ ~ **chloride** (Chem, Pharm) / Suxamethoniumchlorid *n*, Bernsteinsäurebischolinesterdichlorid *n*, Succinylcholinchlorid *n*, Sukzinylcholinchlorid *n*
**succulent*** *adj* (Bot) / saftig *adj* (Sukkulente), saftreich *adj* (sukkulent), sukkulent *adj* (fleischig-saftig) ‖ ~ **feed** (Agric) / Saftfutter *n*
**SU(3)$_c$-group** *n* (Nuc) / Farbsymmetriegruppe *f*, SU(3)$_c$-Gruppe *f*
**suck** *v* / einsaugen *v*, saugen *v*, ansaugen *v*
**suck-and-blow process** (Glass) / Saug-Blas-Verfahren *n*, SB-Verfahren *n*
**suck away** *v* / absaugen *v*

**suck-down wind tunnel** (Aero) / Suck-down-Windtunnel m (mit einem Vakuumbehälter, der durch eine Messstrecke hindurch aus der Atmosphäre aufgefüllt wird)
**sucked-in air** (Eng) / angesaugte Luft
**sucker** n / Saugknopf m || ~ (Elec Eng) / Zeitrelais n mit Glyzerindämpfung, Verzögerungseinrichtung f mit Bremszylinder || ~ (Eng) / Plungerkolben m (saugender) || ~ **rod** (Eng, Oils) / Pumpstange f, Pumpgestänge n
**suck in** v / einsaugen v, saugen v, ansaugen v
**sucking booster*** (Elec Eng) / Saugdynamo m, negative Boostermaschine || ~ **coil** (Elec Eng) / Tauchkernspule f
**suck off** v / absaugen v || ~ **up** / einsaugen v, saugen v, ansaugen v || ~ **up** / aufsaugen v (Staub, Feuchtigkeit)
**sucralose** n (Nut) / Sucralose f (ein Süßstoff), Chlorsucrose f, Trichlorgalactosaccharose f
**sucrase** n (Chem) / Invertase f (β-Fructofuranosidase)
**sucrate** n (Chem) / Saccharat n (Trivialname für Salze der D-Glucarsäure), Glucarat n
**sucrochemical** n (a chemical made from a feedstock derived from sucrose extracted from sugar cane or sugar beet) (Chem) / Sucrochemikalie m, Sukrochemikalie f || ~ adj (Chem) / sucrochemisch adj, sukrochemisch adj
**sucrochemistry** n (Chem) / Sucrochemie f (Erforschung der Einsatzmöglichkeiten der Saccharose als Rohstoff), Sukrochemie f
**sucroclastic** adj (Biochem) / saccharosespaltend
**sucrol*** n (Chem) / Dulcin n, Dulzin n, Sucrol n, Sukrol n (4-Ethoxyphenylharnstoff - als Süßstoff nicht zugelassen)
**sucrose*** n (table sugar) (Chem, Nut) / Sacharose f, Saccharose f (wichtigstes Disaccharid), Sucrose f, Sukrose f, Rohrzucker m (im Allgemeinen), Rübenzucker m (im Allgemeinen) || ~ **ester** (Chem) / Zuckerester m (Saccharosepolyester von Fettsäuren), Saccharoseester m, SPE (Saccharosepolyester) || ~ **octaacetate** (Chem, Paint, Paper, Plastics) / Saccharoseoktaazetat n (ein Zuckerester), Saccharoseoctaacetat n, Sucroseoctaacetat n, Sukroseoktaazetat n || ~ **texture** (Geol) / zuckerkörnige Struktur
**sucrosic** adj (Chem) / Zucker-
**suction** n / Einsaugen n, Einsaugung f, Saugen n, Saugung f, Ansaugen n, Ansaugung f || ~ (Phys) / Saugzug m, Sog m (unterdruckbedingte saugende Wirkung in einem Fluid oder Gas)
**suction-air chamber** (Eng) / Saugwindkessel m (in Saugleitungen) || ~ **vessel** (Eng) / Saugwindkessel m (in Saugleitungen)
**suction bend** (Eng) / Saugkrümmer m || ~ **boring** (Civ Eng) / Saugbohren n (z.B. bei Herstellung von Bohrbrunnen) || ~ **box*** (Paper) / Sauger m, Saugkasten m || ~ **branch** (Eng) / Saugstutzen m (der Pumpe) || ~ **capacity** (Eng) / Schluckvermögen n, Schluckfähigkeit f (bei Verdichterlaufrädern) || ~ **couch** (Paper) / Sauggautsche f || ~ **couch roll*** (Paper) / Siebsaugwalze f, Saugwalze f (in der Siebpartie der Papiermaschine) || ~ **counterflush drilling** (Civ Eng) / Saugbohren n (z.B. bei Herstellung von Bohrbrunnen) || ~ **cup** / Saugnapf m, Gummisauger m || ~ **cup** (Paint) / Saugbecher m, Behälter m der Druckluftspritzpistole (beim Saugsystem), Saugtopf m
**suction-cup spray gun** (Paint) / Spritzpistole f mit Saugspeisung, Druckluftspritzpistole f (beim Saugsystem), Saugbecherpistole f, Saugtopfpistole f
**suction-cutter dredger** (Civ Eng) / Fräsbagger m, Schneidkopfsaugbagger m, Cuttersauger m, Cutterbagger m, Saugbagger m mit Schneidkopf
**suction dredger*** (Civ Eng) / Saugbagger m, Pumpenbagger m || ~ **face** (Aero) / Saugseite f (des Flügels, der Luftschraube) || ~ **face** (Eng) / Saugseite f (einer Pumpe)
**suction-face** attr (Eng) / saugseitig adj
**suction fan** (Eng) / saugender Ventilator || ~ **feed(ing)** (Paint) / Saugspeisung f (der Spritzpistole)
**suction-feed cup** (Paint) / Saugbecher m, Behälter m der Druckluftspritzpistole (beim Saugsystem), Saugtopf m
**suction feeder** (Glass) / Saugspeiser m || ~ **feeder** (Print) / Sauganleger m
**suction-feed gun** (Paint) / Spritzpistole f mit Saugspeisung, Druckluftspritzpistole f (beim Saugsystem), Saugbecherpistole f, Saugtopfpistole f
**suction feeding** (Glass) / Saugspeisung f || ~ **filter** / Saugfilter n (mit Unterdruck arbeitendes Filter) || ~ **flap** (Aero) / angeblasene Klappe || ~ **flow** (Phys) / Saugströmung f || ~ **force** (Bot) / Saugkraft f || ~ **former board machine** (Paper) / Saugformer-Kartonmaschine f || ~ **gripper** (Eng) / Sauggreifer m (eines IR) || ~ **head** (the head or height to which a pump can lift water, on the suction side, by atmospheric pressure) (Eng) / Saughöhe f || ~ **hose** / Saugschlauch m, Saugleitung f (Schlauch) || ~ **lift** (Eng) / Saughöhe f || ~ **line** (Autos, Eng) / Saugleitung f || ~ **line** (San Eng) / Saugrohrstrang m || ~ **nozzle** (Eng) / Saugstutzen m (der Pumpe) || ~ **pad** / Saugnapf m, Gummisauger m || ~ **pipe** (Civ Eng) / Saugrohr n (des Saugbaggers) || ~ **pipe** (Eng) / Saugrohr n (im Allgemeinen) || ~ **pipette** (Chem) / Saugpipette f || ~ **port** (Eng) / Saugmund m (der Pumpe) || ~ **power** (Eng) / Saugleistung f || ~ **press** (Paper) / Saugpresse f || ~ **press roll** (Paper) / Saugpresswalze f || ~ **process** (Glass) / Saug-Blas-Verfahren n, SB-Verfahren n || ~ **pump** (Eng) / Saugpumpe f || ~ **rate** (Build) / Saugfähigkeit f (des Ziegels) || ~ **roll*** (Paper) / Saugwalze f || ~ **side** (Aero) / Saugseite f (des Flügels, der Luftschraube) || ~ **side** (Eng) / Saugseite f (einer Pumpe)
**suction-side** attr (Eng) / saugseitig adj
**suction stroke** (I C Engs) / Ansaughub m (im Viertaktzyklus), Saughub m || ~ **surface** (Paint) / saugende Oberfläche || ~ **valve** (of a pump)* (Eng) / Saugventil n (einer Pumpe) || ~ **valve** (I C Engs) / Saugventil n, Einlassventil n || ~ **vortex** (Hyd) / Saugwirbel m, Saugstrudel m (Saugkraft, die auf einen umströmten Körper durch Ausbildung eines Unterdruckgebiets wirkt) || ~ **vortex** (Ships) / Sog m || ~ **wave** (Autos) / Saugwelle f (im Auspuff) || ~ **wave** (Hyd Eng) / Füllschwall m
**suction-wind load** (Build) / Soglast f
**sudden change in temperature** (Phys) / plötzlicher Temperaturwechsel m || ~ **change of pressure** (Eng, Phys) / Drucksprung m || ~ **contraction** (Hyd Eng) / plötzliche Rohreinengung (Fließquerschnittsverminderung) || ~ **drop in efficiency** / Leistungsknick m || ~ **engine failure** (Aero) / plötzlicher Triebwerksausfall || ~ **enhancement of atmospherics** (Geophys, Radio) / Erhöhung f der Feldstärke der Atmospherics || ~ **failure** / Spontanausfall m (eines Systems) || ~ **failure** (Stats) / Sprungausfall m (statistisch nicht vorhersehbar - z.B. durch Bruch oder Kurzschluss) || ~ **fall in profits** / Ertragseinbruch m || ~ **fall in temperature** (Phys) / Temperatursturz m || ~ **frequency deviation** (Geophys, Radio) / kurzzeitige Frequenzabweichung von Normalfrequenzübertragungen auf dem Funkwege || ~ **interruption** / plötzliche Unterbrechung || ~ **ionospheric disturbance** (Geophys, Radio) / Sonneneruptionseffekt m (plötzliche abnorme Verstärkung der Ionisation in der Ionosphäre der Erde als Folge einer chromosphärischen Eruption auf der Sonne), SID (Sonneneruptionseffekt) || ~ **load** (Mech) / stoßartige Belastung || ~ **onset of cold weather** (Meteor) / Kälteeinbruch m (infolge Advektion von Kaltluft) || ~ **onset of warm weather** (Meteor) / Wärmeeinbruch m || ~ **outburst** (Mining) / plötzlicher Einbruch (Gas, Wasser) || ~ **short circuit** (Elec Eng) / Stoßkurzschluss m
**sudorific*** n (Pharm) / Sudoriferum n (pl. -fera), Diaphoretikum n (pl. -tika), schweißtreibendes Arzneimittel, Hidrotikum n (pl. -tika) (schweißtreibendes Arzneimittel) || ~* adj (Pharm) / sudorifer adj, diaphoretisch adj, schweißtreibend adj
**suds•** v / schäumen v (von Waschmitteln) || ~ pl (Textiles) / Seifenlauge f, Seifenbrühe f
**sudsing performance** (of a detergent) / Schäumkraft f (eines Waschmittels)
**sudsy water** / Seifenwasser n
**suede** v (Leather) / veloursschleifen v (nur Infinitiv oder Partizip), veloutieren v || ~ (Textiles) / velourieren v, velourisieren v (Maschenware für Wäschestoffe) || ~ n (Leather) / Suèdeleder n, Dänischleder n || ~ (Leather) / Rauleder n || ~ (Textiles) / Wildlederimitation f || ~ **calf** (Leather) / Kalbsvelours m (mit einem samtartigen Schliff auf der Fleischseite) || ~**-cloth** n (Textiles) / Wildlederimitation f
**suede-cloth** n (Textiles) / Velours de Laine m (Kammgarn oder Streichgarn aus Wolle - ein Gewebe mit Unterschuss), Velours m (dickes Wollstreichgarngewebe mit gerauter samtartiger Oberfläche - ein Doppelgewebe)
**suede crock** (Leather) / Schleifstaub m (Veloursleder)
**suede-dressed** adj (Leather) / auf Velours zugerichtet
**suede finish** (Leather) / Schleifen n (Zurichtung von chrom- und alaungegerbten Veloursledern) || ~ **finish** (Textiles) / Veloursausrüstung f || ~ **finish** (Textiles) / Velourieren n (von Maschenwaren für Wäschestoffe), Velourisieren n || ~ **paper** (Paper) / Velourspapier n, Plüschpapier n, Samtpapier n || ~ **split** (Leather) / Veloursspalt m
**sueding** n (Textiles) / Velourieren n (von Maschenwaren für Wäschestoffe), Velourisieren n
**suet** n (Nut) / Nierenfett n, Talg m (Hammel oder Rind) || ~ (Nut) s. also tallow
**suevite** n (Geol) / Suevit m (eine vor allem im Bereich des Nördlinger Rieses vorkommende Brekzie mit ungeschmolzenem Kristallgestein in Gestalt von fladenartigen Glasbomben)
**suffer corrosion** / korrodieren vi (der Korrosion unterliegen)
**sufficiency criterion** (AI) / Hinlänglichkeitskriterium n (in der Kognitionswissenschaft), Suffizienzkriterium n
**sufficient** adj (Maths, Stats) / hinreichend adj, erschöpfend adj, suffizient adj || ~ **estimating function** (Stats) / hinreichende Schätzfunktion, suffizienter statistischer Schätzer || ~ **estimator** (Stats) / hinreichende Schätzfunktion, suffizienter statistischer Schätzer || ~ **reason rule** / Satz m vom zureichenden Grund (principium rationis sufficientis)

**suffix**

**suffix** *n* (Chem, Comp, Maths) / Suffix *n* ‖ ~ (Comp, Print, Typog) / tiefstehender Index, Index *m* (pl. -e oder -dizes (tiefstehende Buchstaben, Ziffern oder Formelteile) ‖ ~ **dialling** (Teleph) / Nachwahl *f* ‖ ~ **notation** (Comp) / Postfixnotation *f*, Postfixschreibweise *f*, umgekehrte polnische Notation, UPN (umgekehrte polnische Notation)
**suffix-removal algorithm** (Comp) / Algorithmus *m* zur Suffixentfernung, Stammrückführungsalgorithmus *m*
**suffocating** *adj* (Mining) / stickend *adj* (Wetter)
**suffocation** *n* (Med) / Erstickung *f*, Ersticken *n*
**Suffolk latch** (Join) / Daumendrücker *m*, Drückerfalle *f* (an den Türen)
**SU(3)$_f$-group** *n* (Nuc) / Flavoursymmetriegruppe *f*, SU(3)$_f$ -Gruppe *f*
**sugar** *n* (Chem) / verzuckern *v*, sacharifizieren *v*, saccharifizieren *v*, in Zucker verwandeln ‖ ~ (Pharm) / anzuckern *v* (Dragées) ‖ ~ *vt* (sweeten with sugar) (Nut) / zuckern *v*, mit Zucker süßen (od. bestreuen) ‖ ~* *n* (Chem) / Zucker *m* ‖ ~ (Glass) / Schmutzfleck *m* ‖ **left-handed** ~ (Nut) / L-Zucker *m* ‖ ~ **acid** (Chem) / Zuckersäure *f* (zur Lactonbildung neigende Polyhydroxycarbonsäure) ‖ ~ **alcohol** (Chem) / Zuckeralkohol *m* (im Allgemeinen) ‖ ~ **anhydride** (Chem) / Zuckeranhydrid *n* ‖ ~ **beet** (Agric, Bot) / Zuckerrübe *f* (Beta vulgaris var. altissima Döll)
**sugar-beet chips** (Agric, Nut) / Zuckerrübenschnitzel *n pl* (vor der Extraktion), Rübenschnitzel *n pl* (vor der Extraktion), Schnitzel *n pl* (nicht ausgelaugte) ‖ ~ **cossettes** (Agric, Nut) / Zuckerrübenschnitzel *n pl* (vor der Extraktion), Rübenschnitzel *n pl* (vor der Extraktion), Schnitzel *n pl* (nicht ausgelaugte) ‖ ~ **harvester*** (Agric) / Zuckerrüben-Erntemaschine *f* ‖ ~ **pulp** (Agric, Nut) / extrahierte Schnitzel, ausgelaugte Zuckerrübenschnitzel, Schnitzel *n pl* (abgepresste, ausgelaugte)
**sugarberry** *n* (For) / Glattblättriger Zürgelbaum, Celtis laevigata Willd.
**sugar bloom** (Nut) / Zuckerreif *m* (auf der Oberfläche der Schokolade) ‖ ~ **candy** (Nut) / Kandiszucker *m* (weißer, brauner), Zuckerkand *m*, Zuckerkandis *m*, Zuckerkandl *m* (A), Kandis *m*, Kandelzucker *m* ‖ ~ **cane** (Bot, Nut) / Zuckerrohr *n* (Saccharum L. sp.)
**sugar-cane wax** (Nut) / Zuckerrohrwachs *n* (kutikulares Wachs an der Oberfläche der Zuckerrohrstängel)
**sugar charcoal*** (Chem) / Zuckerkohle *f* (poröse Kohle aus Karamell) ‖ ~ **coating** (Nut) / Zuckerguss *m* ‖ ~ **coating** (Nut) / Glasur *f*, Zuckerglasur *f*, Glace *f* ‖ ~ **coating** (Pharm) / Zuckerüberzug *m* (bei Dragés) ‖ ~ **cone** (Nut) / Hutzucker *m*, Zuckerhut *m* ‖ ~ **content** (Chem) / Zuckergehalt *m* ‖ ~ **crop** (Agric, Bot) / zuckerliefernde Kultur ‖ ~ **cube** (Nut) / Zuckerwürfel *m* ‖ ~ **dicarboxylic acid** (Chem) / Zuckerdicarbonsäure *f*, Zuckerdikarbonsäure *f* ‖ ~ **ester** (Chem) / Zuckerester *m* (Saccharosepolyester von Fettsäuren), Saccharoseester *m*, SPE (Saccharosepolyester) ‖ ~ **ether** (Chem) / Zuckerether *m* ‖ ~ **factory** (Nut) / Zuckerfabrik *f*
**sugar-factory lime** (Nut) / Scheidekalk *m*
**sugar fragmentation** / Zuckerzerfall *m* ‖ ~-**house** *n* (Nut) / Zuckerhaus *n* (derjenige Teil einer Rohzuckerfabrik, in dem die Zuckerlösung zu festem Zucker umgearbeitet wird), Rohzuckerfabrik *f*
**sugar-house** *n* (Nut) / Ahornzuckerfabrik *f* ‖ ~ **molasses** (Nut) / Zuckerdicksaft *m*, Ablaufsirup *m* (in der Rohzuckerfabrikation)
**sugarloaf** *n* (Nut) / Hutzucker *m*, Zuckerhut *m*, Brotzucker *m*
**sugar lump** (Nut) / Zuckerwürfel *m* ‖ ~ **maple** (For) / Zuckerahorn *m* (Acer saccharum Marshall) ‖ ~ **off** *v* (Nut) / zur Kristallisation eindicken (Ahornsirup) ‖ ~ **off** (Nut) / auf Korn kochen (Ahornsaft) ‖ ~ **of lead** (Chem) / Blei(II)-azetat *n*, Blei(II)-acetat *n*, Bleidiazetat *n*, Bleidiacetat *n*, Bleizucker *m* ‖ ~ **palm** (For) / Molukken-Zuckerpalme *f* (Arenga pinnata (Wurmb) Merr.) ‖ ~ **phosphate** (Chem) / Zuckerphosphat *n*
**sugar-phosphate backbone** (Biochem) / Rückgrat *n* (die sich wiederholende Abfolge von Phosphat und 2-Desoxy-D-ribofuranose in der DNA)
**sugar•-pine** *n* (Chem, For) / Zuckerkiefer *f* (Pinus lambertiana Douglas) ‖ ~ **plant*** (Agric, Bot) / zuckerliefernde Pflanze, Zuckerpflanze *f* ‖ ~ **refinery** (Nut) / Zuckerfabrik *f* ‖ ~-**refinery** *n* (Nut) / Zuckerraffinerie *f*, Weißzuckerfabrik *f* ‖ ~ **refractometer** (device to read refraction indices of sugar solutions) (Chem, Nut) / Zuckerrefraktometer *n* ‖ ~ **series** (Chem) / Zuckerreihe *f* ‖ ~ **soap*** (Paint) / Ablaugmittel *n*, ablaugendes Mittel (alkalisches (alkalisches Abbeizmittel) ‖ ~ **solution** (Chem) / Zuckerlösung *f* ‖ ~ **sorghum** (Nut) / Süßes Sorghum, Zuckerhirse *f* (Sorghum dochna (Forssk.) Snowden) ‖ ~ **spew** (Leather) / Zuckerausschlag *m* (weißliche Ausschwitzung von Zuckerstoffen auf der Lederoberfläche) ‖ ~ **substitute** (Nut) / Zuckeraustauschstoff *m* (der anstelle von Saccharose zur Süßung von Lebensmitteln verwendet wird - z.B. Isomalt, Mannit, Sorbit) ‖ ~ **substitute** (Nut) s. also non-nutritive sweetener ‖ ~ **surfactant** (Chem) / Zuckertensid *n* ‖ ~ **tester** (Nut) / Gerät *n* zur Bestimmung des Zuckergehaltes (z.B. ein Taschenrefraktometer bei Obstsäften)
**sugar-wrap paper** (Nut, Paper) / Zuckerpapier *n*

**suggested formulation** (Paint) / Rahmenrezeptur *f* (vom Hersteller), Richtrezeptur *f*
**suggestion system** (Work Study) / betriebliches Vorschlagswesen
**suggestive advertising** / Suggestivwerbung *f* ‖ ~ **copy** / suggestiver Werbetext
**Suhl effect*** (Electronics) / Suhl-Effekt *m* (der auf dem Zusammenwirken eines äußeren magnetischen und elektrischen Feldes auf die Bewegung von injizierten Ladungsträgern in einem Halbleiter beruht)
**SU HS4 carburettor** (Autos) / SU-Vergaser HS4 (ein Gleichdruckvergaser)
**suicide control** (Elec Eng) / Selbstmordschaltung *f* (eine Schaltung des selbsterregten Gleichstromnebenschlussgenerators, z.B. zum Abbau der Remanenz bei der Leonard-Schaltung) ‖ ~ **enzyme** (Biochem) / Selbstmordenzym *n* ‖ ~ **inhibitor** (Biochem) / Selbstmordinhibitor *m* ‖ ~ **substrate** (Biochem) / Suizidsubstrat *n*, trojanisches Substrat
**suint** *n* (Textiles) / Wollschweiß *m*, Fettschweiß *m* (der Schafrohwolle), Wollschmiere *f*
**suitability** *n* (Eng) / Eignung *f* (z.B. für Drosselung - bei Ventilen) ‖ ~ **for welding** (joint can be produced by reason of the properties of the material) (Welding) / Schweißeignung *f* (z.B. des Stahls - auf der Basis des Kohlenstoffäquivalents ermittelt)
**suitable** *adj* / geeignet *adj*, passend *adj* ‖ ~ **design for coating** (Paint) / beschichtungsgerechte Gestaltung ‖ ~ *adj* **for coating** (Paint) / beschichtungsgerecht *adj* ‖ ~ **for day-to-day use** / alltagstauglich *adj* ‖ ~ **for everyday purposes** / alltagstauglich *adj* ‖ ~ **for hot work** (Eng, Met) / warmverformbar *adj* ‖ ~ **for processing** / verarbeitungsgerecht *adj* ‖ ~ **for robots** / robotergerecht *adj* ‖ ~ **for tropical climate** (service) / tropenbeständig *adj*, tropenfest *adj* (funktionstüchtig unter tropischen Klimabedingungen), in Tropenausführung, tropengeeignet *adj*, tropentauglich *adj* ‖ ~ **for use** / gebrauchstauglich *adj* (Produkt)
**suitcase board** (Paper) / Koffer(hart)pappe *f* (zur Herstellung von billigen Koffern) ‖ ~ **rock** (Oils) / unproduktive Formation (bei deren Vorhandensein "die Koffer gepackt werden")
**suite** *n* (Build) / Suite *f* (Zimmerflucht in einem erstklassigen Hotel) ‖ ~ (Comp) / Suite *f* ‖ ~ (Geol) / Sippe *f* (magmatische Gesteine gleicher Abkunft und Zusammensetzung) ‖ ~ (Join) / Garnitur *f* (Möbel) ‖ ~ (Teleph) / Gestellreihe *f*, GRh
**suiting** *n* (Textiles) / Anzugstoff *m*
**suit length** (Textiles) / Kleidercoupon *m* (abgemessenes Stück Stoff), Kleiderkupon *m*, Kupon *m*, Coupon *m*
**sulfadiazine** *n* (US) (Pharm) / Sulfadiazin *n*
**sulfate*** *n* (US) (Chem) / Sulfat *n* (M$^1_2$SO$_4$)
**sulfenic acid** (Chem) / Sulfensäure *f*
**sulfide** *n* (US) (Chem) / Sulfid *n* (primäres oder sekundäres)
**Sulfinol process** (Chem Eng) / Sulfinol-Prozess *m* (zur Entfernung saurer Gasbestandteile)
**sulfonamide** *n* (US) (Pharm) / Sulfonamid *n* (Amidderivat der Sulfonsäure - ein Chemotherapeutikum)
**sulfotep*** *n* (Chem) / Sulfotep *n* (Insektizid und Akarizid)
**sulfur** (US)* (Chem) / Schwefel *m*, Sulfur *n*, S (Schwefel) ‖ ~ **colors** (US) (Chem) / Schwefelfarbstoffe *m pl*
**sulfurizer** *n* (US) (Agric) / Schwefler *m*
**sullage*** *n* (Hyd Eng) / Schlammablagerung *f* in Flüssen ‖ ~ **water** (San Eng) / Haushaltsabwässer *n pl*, häusliche Abwässer, häusliches Abwasser
**sulpha** *n* (Pharm) / Arzneimittel *n* auf Sulfonamidbasis, Sulfonamidpräparat *n*
**sulphacetamide** *n* (Pharm) / Sulfacetamid *n*, Sulfazetamid *n* (Kurzzeit-Sulfonamid)
**sulphacid** *n* (Chem) / Sulfonsäure *f* (z.B. Benzol-, Benzoldi- oder Aminobenzol-)
**sulphadiazine** *n* (a sulphonamide antibiotic used to treat meningococcal meningitis) (Pharm) / Sulfadiazin *n*
**sulphadimidine** *n* (Pharm) / Sulfadimerazin *n*, Sulfadimidin *n*
**sulpha drug** (Pharm) / Arzneimittel *n* auf Sulfonamidbasis, Sulfonamidpräparat *n*
**sulphaguanidine** *n* (Pharm) / Sulfanilguanidin *n*, Sulfaguanidin *n*
**sulphamate** *n* (Pharm) / Sulfamat *n* (Salz oder Ester der Sulfamidsäure), Amidosulfat *n*
**sulphamerazine** *n* (Pharm) / Sulfamerazin *n* (Langzeit-Sulfonamid), Sulfamethyldiazin *n* ‖ ~ (Pharm) s. also sulphadimidine
**sulphamethoxazole** *n* (a sulphonamide antibiotic used chiefly to treat respiratory and urinary tract infections, and as a component of the preparation co-trimoxazole ) (Pharm) / Sulfamethoxazol *n* (Mittelzeit-Sulfonamid), Sulfisomezol *n*
**sulphametoxypyridazine** *n* (Pharm) / Sulfamethoxypyridazin *n*
**sulphamic acid*** (Chem) / Sulfamidsäure *f*, Amidoschwefelsäure *f*
**sulphamide*** *n* (Chem) / Sulfuryldiamid *n*, Sulfamid *n*, Schwefelsäurediamid *n*

**sulphane*** *n* (Chem) / Sulfan *n* (ein kettenförmiger Polyschwefelwasserstoff)
**sulphanilamide** *n* (Pharm) / Sulfanilamid *n* (p-Aminobenzolsulfonamid)
**sulphanilic acid*** (4-amino-benzenesulphonic acid) (Chem) / Sulfanilsäure *f*
**sulphapyridine** *n* (Pharm) / Sulfapyridin *n* (4-Aminobenzolsulfonsäure)
**sulphatase** *n* (Biochem) / Sulfatase *f* (zu den Esterasen gehörendes Enzym)
**sulphate • (IV)** *n* (Chem) / Sulfit *n* ‖ ~* (Chem) / Sulfat *n* ($M^I_2SO_4$) ‖ ~ **attack** (Chem, Civ Eng) / Sulfatangriff *m* (Gefügelockerung und Zerreiben des Betons), Sulfattreiben *n* ‖ ~ **board** (Paper) / Kraftpappe *f* ‖ ~ **cellulose** (Paper) / Sulfatzellulose *f*, Sulfatzellstoff *m*
**sulphated ash** (Oils) / Sulfatasche *f* ‖ ~ **castor oil** (Chem, Textiles) / Türkischrotöl *n* (sulfoniertes Rizinusöl)
**sulphate digester** (Paper) / Sulfatzellulosekocher *m*, Sulfatzellstoffkocher *m*
**sulphated oil** / sulfiertes Öl, sulfatiertes Öl
**sulphate hardness** (Chem) / Sulfathärte *f* (des Wassers) ‖ ~ **masking** (Leather) / Sulfatmaskierung *f* (Modifizierung von Sulfatgerbstoffen mit organischen Säuren) ‖ ~ **mineral** (Min) / Sulfat *n* (Salz der Schwefelsäure - Mineral), Sulfatmineral *n* (eine Mineralklasse) ‖ ~ **of ammonia*** (Chem) / Ammoniumsulfat *n* ‖ ~ **of iron*** (Chem) / Eisensulfat *n* (im Allgemeinen) ‖ ~ **of lead*** (Chem) / Bleisulfat *n*, Blei(II)-sulfat *n* ‖ ~ **pitch** (Chem) / Tallölpech *n*, Sulfatpech *n* (vom Tallöl) ‖ ~ **process** (Chem Eng) / Sulfatprozess *m* (Verfahren zur Herstellung von Titandioxidpigmenten aus titanhaltigen Erzen), Schwefelsäureverfahren *n* ‖ ~ **process** (Paper) / Sulfatverfahren *n* (alkalisches Aufschlussverfahren zur Gewinnung von Zellstoff) ‖ ~ **pulp** (Paper) / Sulfatzellstoff *m* (nach dem Sulfatverfahren gewonnener Zellstoff - DIN 6730), Kraftzellstoff *m* (hochfester Sulfatzellstoff)
**sulphate-reducing bacteria** (Bacteriol, San Eng) / Desulfurikanten *pl*, sulfatreduzierende Bakterien
**sulphate-resisting** *adj* (Civ Eng) / mit hohem Sulfatwiderstand (Zement) ‖ ~ **cement** (Build, Civ Eng) / HS-Zement *m*, Zement *m* mit hohem Sulfatwiderstand (entweder Portland- oder Hochofenzement - DIN 1164 -1)
**sulphate respiration** (Biol) / Sulfatatmung *f* ‖ ~ **roasting** (Met) / sulfatisierendes Rösten (wenn aus den sulfidischen Bestandteilen des Aufgabegutes weitgehend Sulfate entstehen, die gut wasserlöslich sind), sulfatisierende Röstung ‖ ~ **scab** (Glass) / Sulfatblase *f* (ein Glasfehler) ‖ ~ **titration** (Chem) / Sulfattitration *f* ‖ ~ **turpentine** / Sulfat-Terpentinöl *n*, Sulfat-Holzterpentinöl *n* ‖ ~ **wood pulp** (Paper) / Sulfatzellstoff *m* (nach dem Sulfatverfahren gewonnener Zellstoff - DIN 6730), Kraftzellstoff *m* (hochfester Sulfatzellstoff) ‖ ~ **wood pulp** (Paper) s. also kraft pulp ‖ ~ **wood turpentine** / Sulfat-Terpentinöl *n*, Sulfat-Holzterpentinöl *n*
**sulphathiazole** *n* (Pharm) / Sulfathiazol *n*
**sulphatide** *n* (Biochem, Chem) / Sulfatid *n* (Schwefelsäureester der Zerebroside)
**sulphating** *n* (Elec Eng) / Sulfation *f*, Sulfatisierung *f* (Bildung von kristallinem Blei(II)-sulfat im Bleiakkumulator infolge natürlicher Alterung oder mangelhafter Ladung, begleitet von Kapazitätsverlust), Sulfatation *f*, Blei(II)-sulfatbildung *f* ‖ ~ **roasting** (Met) / sulfatisierendes Rösten (wenn aus den sulfidischen Bestandteilen des Aufgabegutes weitgehend Sulfate entstehen, die gut wasserlöslich sind), sulfatisierende Röstung
**sulphation** *n* (Chem) / Sulfierung *f* (Verfahren zur Herstellung von Aniontensiden) ‖ ~ (Chem) / Sulfatierung *f*, Sulfatieren *n* (Veresterung von Alkoholen mit Schwefelsäure) ‖ ~* (Elec Eng) / Sulfation *f*, Sulfatisierung *f* (Bildung von kristallinem Blei(II)-sulfat im Bleiakkumulator infolge natürlicher Alterung oder mangelhafter Ladung, begleitet von Kapazitätsverlust), Sulfatation *f*, Blei(II)-sulfatbildung *f* ‖ ~ **factor** (Biochem) / SM (Somatomedin), Somatomedin *n* (ein Peptidhormon)
**sulphenamide** *n* (Chem) / Sulfenamid *n*
**sulphenic acid** (Chem) / Sulfensäure *f*
**sulphidation** *n* (Chem) / Sulfidierung *m* (Einführung von Schwefel in Form von Thiol- oder Sulfidgruppen in organische Verbindungen)
**sulphide*** *n* (Chem) / Sulfid *n* (primäres oder sekundäres) ‖ ~ (Chem) / Thioether *m*, organisches Sulfid (R-S-R') ‖ ~ **contraction** (Chem) / Sulfidkontraktion *f* ‖ ~ **dyes** (Chem) / Schwefelfarbstoffe *m pl* ‖ ~ **dyestuffs** (Chem) / Schwefelfarbstoffe *m pl* ‖ ~ **glass** (Glass) / Sulfidglas *n* (ein Chalkogenidglas) ‖ ~ **inclusion** (Met) / Sulfideinschluss *m* ‖ ~ **lime** (liquor) (Leather) / Schwefelnatriumäscher *m* (mit Natriumsulfid als Anschärfmittel), Sulfidäscher *m* ‖ ~ **mineral** (Min) / Sulfid *n* (mineralogische Verbindung Schwefel + Metall, z.B. Blende, Kies usw.), Sulfidmineral *n* ‖ ~ **ore** (Min) / sulfidisches Erz, Sulfiderz *n* ‖ ~ **ore** (Mining) / Schwefelerz *n* ‖ ~ **precipitation** (Chem) / Sulfidfällung *f* ‖ ~ **stain** (Leather) / Sulfidfleck *m* ‖ ~ **toning*** (Photog) / Schwefeltonung *f* (mit Natriumsulfidlösung)
**sulphide-type inclusion** (Met) / Sulfideinschluss *m*
**sulphidic** *adj* (Chem) / sulfidisch *adj*, schwefelhaltig *adj* (sulfidisch)
**sulphidize** *v* (Met) / sulfidieren *v*
**sulphidizing** *n* (Met) / Sulfidieren *n* (Anreichern der Randschicht eines Werkstückes, in der Regel aus Stahl oder Gusseisen, mit Schwefel durch thermochemische Behandlung), Sulfidierung *f*
**sulphinate** *n* (Chem) / Sulfinat *n* (Salz oder Ester der Sulfinsäure) ‖ ~ (Chem) / Dithionit *n* (Salz der dithionigen Säure)
**sulphine** *n* (Chem) / Sulfin *n* (S-Oxid der Thioaldehyde und -ketone)
**sulphinic acid*** (Chem) / Sulfinsäure *f*
**sulphinyl** *n* (Chem) / Sulfinylgruppe *f* (Atomgruppierung SO) ‖ ~ **bromide** (Chem) / Thionylbromid *n* ‖ ~ **group** (Chem) / Sulfinylgruppe *f* (Atomgruppierung SO)
**sulphite** *v* (Chem) / sulfitieren *v*, schwefeln *v* (sulfitieren) ‖ ~ (Nut) / mit schwefliger Säure behandeln (bei der Zuckergewinnung) ‖ ~ (Nut) / schwefeln *v* (mit verflüssigtem Schwefeldioxid) ‖ ~* *n* (Chem) / Sulfit *n* ‖ ~ **board** (Paper) / Sulfitkarton *m* ‖ ~ **cooking acid** (Paper) / Sulfitkochsäure *f* ‖ ~ **digester** (Paper) / Sulfitzellulosekocher *m*, Sulfitzellstoffkocher *m* ‖ ~ **liquor** (Paper) / Sulfitablauge *f* ‖ ~ **lye** (Paper) / Sulfitablauge *f* ‖ ~ **packaging paper** (Paper) / ZP-Papier *n* (DIN 6730), Sulfitzellstoff-Packpapier *n* ‖ ~ **paper** (Paper) / Sulfitpapier *n*, Sulfitmischpapier *n* ‖ ~ **process*** (Paper) / Sulfitverfahren *n*, Sulfitaufschluss *m* (saures Aufschlussverfahren zur Gewinnung von Zellstoff) ‖ ~ **pulp** (Paper) / Sulfitzellstoff *m* (DIN 6730), Bisulfitzellstoff *m* (nach dem Sulfitverfahren gewonnener Zellstoff) ‖ ~ **pulping** (acid pulp digestion) (Paper) / Sulfitverfahren *n*, Sulfitaufschluss *m* (saures Aufschlussverfahren zur Gewinnung von Zellstoff) ‖ ~ **spirits** / Sulfitsprit *m* (der durch Vergären von Sulfitablauge gewonnen wird) ‖ ~ **turpentine** / Sulfit-Terpentinöl *n*, Sulfit-Holzterpentinöl *n* ‖ ~ **waste liquor** (Paper) / Sulfitablauge *f* ‖ ~ **wood pulp*** (Paper) / Sulfitzellstoff *m* (DIN 6730), Bisulfitzellstoff *m* (nach dem Sulfitverfahren gewonnener Zellstoff) ‖ ~ **wood turpentine** / Sulfit-Terpentinöl *n*, Sulfit-Holzterpentinöl *n* ‖ ~ **wrapping** (Paper) / Hanfpapier *n*, Tauenpapier *n* (holzfreies oder leicht holzhaltiges, scharf satiniertes Packpapier, im Allgemeinen aus Sulfitzellstoff, meist getönt, teilweise auch gemustert)
**sulphiting** *n* (Nut) / Schwefeln *n* (mit verflüssigtem Schwefeldioxid
**sulpho acid** (Chem) / Sulfonsäure *f* (z.B. Benzol-, Benzoldi- oder Aminobenzol-) ‖ ~ **acid** (Chem) / Thiosäure *f* (Säure, die sich von einer Oxosäure durch Ersatz von Sauerstoff durch Schwefel ableitet)
**sulphobetaine** *n* (Chem) / Sulfobetain *n*, Sultain *n*
**sulphocarbanilide** *n* (Chem Eng, Pharm) / Thiokarbanilid *n* (1,3-Diphenylthioharnstoff), Thiocarbanilid *n*
**sulphochloride tannage** (Leather) / Sulfochloridgerbung *f* (Gerbung mit sulfochlorierten Kohlenwasserstoffen in Verbindung mit der Lederfettung)
**sulphochlorinate** *v* (Chem) / sulfochlorieren *v*, chlorsulfonieren *v*
**sulphocyanate** *n* (Chem) / Thiocyanat *n* (Salz und Ester der Thiocyansäure), Thiozyanat *n*, Rhodanid *n*
**sulphocyanic acid** (Chem) / Thiocyansäure *f*, Thiozyansäure *f*, Rhodanwasserstoffsäure *f*
**sulphocyanide*** *n* (Chem) / Thiocyanat *n* (Salz und Ester der Thiocyansäure), Thiozyanat *n*, Rhodanid *n*
**sulpho fatty acid ester** (Chem) / Estersulfonat *n*, Sulfofettsäureester *m*
**sulphofication** *n* (Agric) / Sulfurikation *f* (mikrobielle Oxidation von organisch gebundenem Schwefel zu Sulfat)
**sulpholane** *n* (Chem, Oils, Textiles) / Tetramethylensulfon *n*, Tetrahydrothiophen-1,1-dioxid *n*, Sulfolan *n*, Thiolan-1,1-dioxid *n*
**sulphonamide*** *n* (Pharm) / Sulfonamid *n* (Amidderivat der Sulfonsäure - ein Chemotherapeutikum) ‖ ~ **P** (Pharm) / Sulfanilamid *n* (p-Aminobenzolsulfonamid)
**sulphonate** *v* (Chem) / sulfonieren *v*, sulfurieren *v* ‖ ~ *n* (Chem) / Sulfonat *n* (Salz und Ester der Sulfonsäure)
**sulphonated castor oil** (Chem, Textiles) / Türkischrotöl *n* (sulfoniertes Rizinusöl) ‖ ~ **oil** / sulfuriertes Öl, sulfoniertes Öl
**sulphonation*** *n* (Chem) / Sulfonieren *n*, Sulfonierung *f*, Sulfurieren *f*, Sulfurierung *f* (Einführung der Sulfogruppe in organische Verbindungen)
**sulphone*** *n* (an organic compound containing a sulphonyl group linking two organic groups) (Chem) / Sulfon *n*
**sulphonic acid*** (Chem) / Sulfonsäure *f* (z.B. Benzol-, Benzoldi- oder Aminobenzol-)
**sulphonic-acid ester** (Chem) / Sulfonsäureester *m*
**sulphonitriding** *n* (Met) / Sulfonitrieren *n* (Anreichern der Randschicht eines Werkstückes, in der Regel aus Stahl oder Gusseisen, mit Stickstoff und Schwefel durch thermochemische Behandlung)

**sulphonium**

**sulphonium compound** (Chem) / Sulfoniumverbindung f (eine Oniumverbindung) || **~ salt** (Chem) / Sulfoniumsalz n
**sulphonyl chloride** (Chem) / Sulfonylchlorid n, Sulfochlorid n
**sulphonylurea*** n (Pharm) / Sulfonylharnstoff m || **~ herbicide** (Agric, Chem) / Sulfonylharnstoffherbizid n
**sulphophile element** (Geophys) / sulfophiles Element
**sulphosalicylic acid** (Chem) / Sulfosalizylsäure f, Sulfosalicylsäure f
**sulphosalt** n (Min) / Sulfosalz n (gemischtes Metallarsenid- und Metallantimonsulfid, z.B. Fahlerz oder Spießglanz)
**sulphosuccinamate** n (Chem) / Sulfosuccinamat n, Sulfosukzinamat n, Sulfobernsteinsäureamid n
**sulphosuccinate** n (Chem) / Sulfosuccinat n, Sulfosukzinat n, Sulfobernsteinsäureester m
**sulphoxidation** n (Chem Eng) / Sulfoxidation f (von Paraffinen)
**sulphoxide*** n (Chem) / Sulfoxid n ($R_2SO$) (ein Synergist)
**sulphoxylate** n (Chem) / Sulfoxylat n
**sulphoxylic acid*** (Chem) / Sulfoxylsäure f
**sulphur** v (Chem) / schwefeln v (im Allgemeinen) || **~** (Nut) / schwefeln v (mit verflüssigtem Schwefeldioxid) || **~*** n (Chem) / Schwefel m, Sulfur n, S (Schwefel) || **~ acid** (Chem) / Schwefelsäure (Typ $H_2SO_n$ + Typ $H_2S_2O_n$) || **~ amino acid** (Biochem) / schwefelhaltige Aminosäure || **~ analysis** (Chem) / Schwefelanalyse f
**sulphurate** v (Chem) / schwefeln v (im Allgemeinen)
**sulphurated** adj (Chem, Nut) / geschwefelt adj, mit Schwefel behandelt || **~ lime** (Pharm) / Kalkschwefelleber f, Calcium sulphuratum Hahnemanni || **~ potash** (Pharm) / Badeschwefel m, Kalischwefelleber f (technisches Kaliumsulfid)
**sulphuration** n (Chem) / Sulfurierung f (Oberbegriff für das Einführen schwefelhaltiger Gruppen in organische Verbindungen), Schwefeln n, Schwefelung f (im Allgemeinen)
**sulphur bacteria*** (Bacteriol, San Eng) / Schwefelbakterien f pl (die Schwefelwasserstoff zu Schwefel oxidieren), Thiobakterien f pl || **~ bichloride** (Chem) / Schwefel(II)-chlorid n, Schwefeldichlorid n || **~ black** (Chem) / schwarzer Schwefelfarbstoff, Schwefelschwarz n || **~ bloom** (Chem Eng) / Schwefelausblühung f (bei Vulkanisaten) || **~ bridge** (Chem Eng) / Schwefelbrücke f (z.B. bei der Vulkanisation), Schwefelvernetzungsbrücke f, S-Brücke f || **~ bromide** (Chem) / Dischwefeldibromid n ($S_2Br_2$), Schwefelbromid n || **~ burner** (Chem Eng) / Schwefelofen m || **~ cement*** (Build) / Schwefelzement m (ein säurefester Kitt), Schwefelkitt m || **~(II) chloride** (Chem) / Schwefel(II)-chlorid n, Schwefeldichlorid n
**sulphur-coated urea** (Agric) / schwefelumhüllter Harnstoff (ein langsam löslicher Dünger)
**sulphur compound** (Chem) / Schwefelverbindung f
**sulphur-containing** adj (Chem) / schwefelhaltig adj
**sulphur content** (Chem) / Schwefelgehalt m || **~ curing** (Chem Eng) / Schwefelvulkanisation f, Vulkanisation f mit Schwefel || **~ cycle** (Chem, Ecol) / Schwefelkreislauf m || **~ dichloride** (Chem) / Schwefel(II)-chlorid n, Schwefeldichlorid n || **~ dichloride dioxide** (Chem) / Sulfurylchlorid n (das Dichlorid der Schwefelsäure, $SO_2Cl_2$) || **~ dioxide*** (Chem) / Schwefeldioxid n ($SO_2$), Schwefel(IV)-oxid n || **~ duster** (Agric) / Schwefler m || **~ dyes** (Chem) / Schwefelfarbstoffe m pl || **~ dyestuffs** (Chem) / Schwefelfarbstoffe m pl
**sulphuretted hydrogen*** (Chem) / Schwefelwasserstoff m, Hydrogensulfid n ($H_2S$)
**sulphur factice** (Chem Eng) / Schwefelfaktis m || **~ flowers** (Chem) / Schwefelblüte f (Sulfur sublimatum), Schwefelblume f, Schwefelblumen f pl, sublimierter Schwefel || **~ fluoride** (Chem) / Schwefelfluorid n || **~(VI) fluoride** (Chem, Electronics) / Schwefel(VI)-fluorid n, Schwefelhexafluorid n
**sulphur-free** adj (Chem) / schwefelfrei adj
**sulphur fungus** (Bot) / Schwefelporling m (Parasit der Laubbäume - Laetiporus sulphureus (Bull.: Fr.) Murr) || **~ halide** (Chem) / Schwefelhalogenid n || **~ hexafluoride** (Chem, Electronics) / Schwefel(VI)-fluorid n, Schwefelhexafluorid n
**sulphur-hexafluoride circuit breaker** (Elec Eng) / Schwefelhexafluorid-Leistungsschalter m, $SF_6$-Leistungsschalter, $SF_6$-Schalter m
**sulphur hydride*** (Chem) / Sulfan n (ein kettenförmiger Polyschwefelwasserstoff)
**sulphuric•(IV) acid** (Chem) / schweflige Säure || **~ acid*** (Chem) / Schwefelsäure f
**sulphuric-acid anodizing** (process) (Surf) / GS-Verfahren n, Gleichstrom-Schwefelsäure-Verfahren n
**sulphuric acid dimethyl ester** (Chem) / Dimethylsulfat n, Schwefelsäuredimethylester m || **~ acid ester** (Chem) / Schwefelsäureester m
**sulphuric-acid oxalic-acid anodizing** (process) (Surf) / GSX-Verfahren n, Gleichstrom-Schwefelsäure-Oxalsäure-Verfahren n
**sulphuric•-acid treatment** (Oils) / Schwefelsäureraffination f (von Erdöldestillaten), Säureraffination f || **~ anhydride*** (Chem) / Schwefeltrioxid n, Schwefel(VI)-oxid n, Schwefelsäureanhydrid n || **~ ester** (Chem) / Schwefelsäureester m
**sulphuring** n (Nut) / Schwefeln n (mit verflüssigtem Schwefeldioxid)
**sulphur iodine** (Chem) / Diioddisulfid n ($I_2S_2$)
**sulphurisation** n (GB) (Chem) / Sulfurierung f (Oberbegriff für das Einführen schwefelhaltiger Gruppen in organische Verbindungen), Schwefeln n, Schwefelung f (im Allgemeinen) || **~** (GB) (Chem) / Reaktion f von elementarem Schwefel oder Schwefeldichlorid mit organischen Verbindungen, Sulfidierung f || **~** (GB) (Met) / Aufschwefeln n, Aufschwefelung f (des Eisens während des Schmelzprozesses im Kupolofen)
**sulphurise** v (GB) (Chem) / schwefeln v (im Allgemeinen)
**sulphurization** n (Chem) / Sulfurierung f (Oberbegriff für das Einführen schwefelhaltiger Gruppen in organische Verbindungen), Schwefeln n, Schwefelung f (im Allgemeinen) || **~** (Chem) / Reaktion f von elementarem Schwefel oder Schwefeldichlorid mit organischen Verbindungen, Sulfidierung f || **~** (Met) / Aufschwefeln n, Aufschwefelung f (des Eisens während des Schmelzprozesses im Kupolofen)
**sulphurize** v (Chem) / schwefeln v (im Allgemeinen)
**sulphurized** adj (Chem, Nut) / geschwefelt adj, mit Schwefel behandelt || **~ oil** / geschwefeltes Öl (mit Schwefelsäure behandelt)
**sulphurizer** n (Agric) / Schwefler m
**sulphur kiln** (Nut) / Schwefelofen m (in der Zuckerfabrikation)
**sulphurless** adj (Chem) / schwefelfrei adj
**sulphur mine** (Mining) / Schwefelgrube f || **~ monobromide** (Chem) / Dischwefeldibromid n ($S_2Br_2$), Schwefelbromid n || **~ monochloride** (Chem) / Dischwefeldichlorid n, Schwefelmonochlorid n || **~ monoxide** (Chem) / Schwefelmonoxid n (SO), Schwefel(II)-oxid n
**sulphur-mud flow** (Geol) / Schwefelschlammstrom m
**sulphur number** (Chem, Oils) / Schwefelzahl f (mg S/100 ml Probe) || **~ oil** / Sulfuröl n (aus den Olivenölrückständen mit Schwefelkohlenstoff extrahiert), Orujoöl n, Nachmühlenöl n (ein minderwertiges Olivenöl, mit Schwefelkohlenstoff extrahiert)
**sulphurous** adj / schwefelgelb adj || **~ acid*** (Chem) / schweflige Säure || **~ acid anhydride** (Chem) / Schwefeldioxid n ($SO_2$), Schwefel(IV)-oxid n || **~ anhydride** (Chem) / Schwefeldioxid n ($SO_2$), Schwefel(IV)-oxid n || **~ oxychloride** (Chem) / Thionylchlorid n ($SOCl_2$), Schwefligsäuredichlorid n || **~ smell** / Schwefelgeruch m
**sulphur(II) oxide** (Chem) / Schwefelmonoxid n (SO), Schwefel(II)-oxid n
**sulphur•(IV) oxide** (Chem) / Schwefeldioxid n ($SO_2$), Schwefel(IV)-oxid n || **~(VI) oxide*** (Chem) / Schwefeltrioxid n, Schwefel(VI)-oxid n, Schwefelsäureanhydrid n
**sulphur-oxidizing** adj (Bacteriol) / schwefeloxidierend adj (Bakterie)
**sulphur oxyacid** (Chem) / Schwefelsauerstoffsäure f, Schwefeloxosäure f (deren Moleküle Schwefel als Zentralatom enthalten) || **~ oxychloride** (Chem) / Thionylchlorid n ($SOCl_2$), Schwefligsäuredichlorid n || **~ pitting** / Sulfatdelle f (ein Emailfehler) || **~ pockmarks** (Met) / Schwefelpocken f pl (Zunderausblühungen mit hohem Sulfidgehalt) || **~ point** (the boiling point of sulphur) (Phys) / Schwefelpunkt m (444,6 °C - bis 1990 einer der vier primären Fixpunkte der internationalen Temperaturskale), Schwefelsiedepunkt m || **~ polypore** (Bot) / Schwefelporling m (Parasit der Laubbäume - Laetiporus sulphureus (Bull.: Fr.) Murr) || **~ print** (Met) / Baumannabdruck m, Baumann'sche Schwefelprobe (Nachweis der Schwefelseigerung), Schwefelabdruck m || **~ removal** (Chem) / Desulfurierung f, Desulfurieren n, Entschwefeln n, Entschwefelung f, Schwefelentfernung f
**sulphur-shy** adj (Agric) / empfindlich gegen Schwefel(präparaten) adj, schwefelscheu adj
**sulphur•-sodium accumulator** (Autos) / Schwefel-Natrium-Batterie f || **~ spew** (Leather) / Schwefelausschlag m (gelblichweiße Ausschwitzung auf Chromleder) || **~ spring** (Geol) / Schwefelquelle f || **~ subchloride** (Chem) / Dischwefeldichlorid n, Schwefelmonochlorid n || **~ tanning** (Leather) / Schwefelgerbung f || **~ taste** (Nut) / Schwefelgeschmack m (des Weins) || **~ tetrachloride** (Chem) / Schwefeltetrachlorid n ($SCl_4$) || **~ toning** (Photog) / Schwefeltonung f (im Allgemeinen) || **~ trioxide*** (Chem) / Schwefeltrioxid n, Schwefel(VI)-oxid n, Schwefelsäureanhydrid n || **~ vapour** (Chem) / Schwefeldampf m
**sulphury** adj (Nut) / überschwefelt adj, mit Schwefelgeruch (Wein)
**sulphur-yellow** adj / schwefelgelb adj
**sulphuryl chloride** (Chem) / Sulfurylchlorid n (das Dichlorid der Schwefelsäure, $SO_2Cl_2$) || **~ dichloride** (Chem) / Sulfurylchlorid n (das Dichlorid der Schwefelsäure, $SO_2Cl_2$)
**sulphydrate** n (Chem) / Sulfhydrat n (wässrige Lösung von Hydrogensulfiden)
**sulphydryl group** (Chem) / Sulfhydrylgruppe f, Mercaptogruppe f, Merkaptogruppe f, Thiolgruppe f
**sultry** adj (hot and humid) (Meteor) / gewitterschwül adj

**sulvanite** *n* (Min) / Sulvanit *m* (ein Vanadiummineral)
**Sulzer boiler** (Eng) / Sulzer-Kessel *m*, Sulzer-Einrohr-Kessel *m* || ~ **packing** (Chem Eng) / Sulzer-Packung *f* (ein Kolonneneinbauteil)
**sum** *n* (Maths) / Summe *f* (Ergebnis einer Addition), Wert *m* der Summe
**sumac** *n* (Bot) / Gerbersumach *m*, Sumach *m*, Färbersumach *m* (besonders von Rhus coriaria L.)
**sumach** *v* (Leather) / sumachieren *v* || ~ (Bot) / Gerbersumach *m*, Sumach *m*, Färbersumach *m* (besonders von Rhus coriaria L.) || ~ **retannage** (Leather) / Nachsumachierung *f*
**sumac wax** / Sumachtalg *m*, japanisches Bienenwachs, Japantalg *m* (aus dem Talgsumach /Rhus succedanea L./ oder aus dem Lacksumach /Rhus verniciflua Stokes/ gewonnen), Japanwachs *n*, Cera *f* japonica
**Sumatra camphor** / Borneokampfer *m* (d-Borneol), Baroskampfer *m*, Sumatrakampfer *m*, Malayischer Kampfer (aus Dryanops aromatica Gaertn.)
**sumbul oil** (Chem) / Sumbulöl *n* (von Ferula moschata (Reinsch) Kozo-Polj.)
**sum by rows** (Maths) / Zeilensumme *f* (bei Doppelreihen oder Matrizen) || ~ **check** (Comp) / Summenprüfung *f*, Summenkontrolle *f*, Summenprobe *f* || ~ **frequency** (Acous, Spectr) / Summenfrequenz *f*
**sumi ink** / [chinesische] Tusche *f*, schwarze Tusche
**summability** (Maths) / Summabilität *f*, Summierbarkeit *f*
**summable** *adj* (Maths) / summierbar *adj*, summabel *adj*
**summary** *n* / Überblick *m*, Zusammenfassung *f* || ~ **card** (Comp) / Summenkarte *f* || ~ **of reinforcement** (Build, Civ Eng) / Stahlauszug *m* (tabellarische Zusammenstellung aller Stähle eines Bewehrungsplanes) || ~ **parameter** (Chem) / Summenparameter *m* || ~ **punching** (Comp) / Summenstanzen *n*
**summation** *n* (Maths) / Zusammenzählen *n* (Bildung einer Summe), Zusammenzählung *f*, Summierung *f*, Summation *f* || ~ (Maths) s. also addition || ~ **check*** (Comp) / Summenprüfung *f*, Summenkontrolle *f*, Summenprobe *f* || ~ **convention** (Maths) / Einstein'sche Summationskonvention, Summationskonvention *f* (Übereinkunft, dass über zwei Indizes, die in einem Ausdruck doppelt auftreten, summiert wird, ohne dass ein Summenzeichen ausführlich hingeschrieben wird) || ~ **formula** (Chem) / Summenformel *f* || ~ **instrument*** (Elec Eng) / summierendes Messinstrument || ~ **panel*** (Elec Eng) / Summenzählertafel *f* || ~ **sign** (Maths) / Summenzeichen *n* || ~ (Acous) / Summenton *m* || ~ **tone*** (Acous) / Summationston *m* (eine Art Kombinationston)
**summator** *n* (Instr) / Summiereinrichtung *f* || ~ (Telecomm) / Summierer *m*
**summer** *n* (Carp) / Rähm *m*, Rahmholz *n*, Oberschwelle *f* (einer Fachwerkwand), Bundbalken *m*, Wandpfette *f* || ~ (Carp) / Riegel *m* (horizontales Trag- oder Aussteifelement) || ~ (Comp) / Summator *m*, Summierer *m* || ~ **clip** (Textiles) / Sommerschur *f*
**summerdark** *n* (Textiles) / Summerdark *m* (sommerlich-leichtes Gewebe in warmen, dunklen Farben)
**summer draught*** (Ships) / Sommerfreibord-Tiefgang *m*, Sommertiefgang *m* (der dem Sommerfreibord entspricht) || ~ **felling** (For) / Sommerfällung *f* || ~ **freeboard** (Ships) / Sommerfreibord *m* || ~**-grade oil** (Autos) / Sommeröl *n*
**summering** (Ceramics) / Aussommern *n*, Sommern *n* (der rohen Tonschollen)
**summer-load waterline*** (Ships) / Sommer-Tiefladelinie *f*
**summer-savory oil** / Bohnenkrautöl *n* (aus dem Sommerbohnenkraut = Satureja hortensis L.)
**summer solstice*** (Astron) / Sommersolstitium *n*, Sommersonnenwende *f* (am 21./22. Juni) || ~ **time** / Sommerzeit *f* (die im Sommerhalbjahr meist um eine Stunde gegen die Einheits- oder Zonenzeit vorverlegte Uhrzeit) || ~**-tree** *n* (Carp) / Rähm *m*, Rahmholz *n*, Oberschwelle *f* (einer Fachwerkwand), Bundbalken *m*, Wandpfette *f*
**summer-tree** (Carp) / Riegel *m* (horizontales Trag- oder Aussteifelement)
**summer valley** / Sommerloch *n* (ein Nachfragetief)
**summerweight fabric** (Textiles) / Sommergewebe *n* (meistens hellfarbig, das sich durch eine gute Luftdurchlässigkeit, durch hohe Wasserdampfdurchlässigkeit und/oder gutes Feuchteaufnahmevermögen auszeichnet)
**summer wood*** (For) / Spätholz *n*, Sommerholz *n*, Engholz *n*
**summing amplifier** (Comp, Electronics) / Summierverstärker *m* || ~ **circuit** (Automation) / Additionsschaltung *f* || ~ **circuit** (Telecomm) / Summierer *m* || ~ **element** (Automation, Comp) / Summierglied *n* || ~ **integrator** (Comp, Telecomm) / Summierintegrator *m*, summierender Integrator, summierender Integrierverstärker || ~ **integrator** (Telecomm) / Summator *m* (diskretes Analog des Integrators) || ~ **junction** (Electronics) / Additionsverbindung *f* || ~ **network** (Elec Eng) / summierende Schaltung, Summationsschaltung *f* || ~ **point** (Automation) / Additionsstelle *f* (Ort im Signalflussbild, wo zwei oder mehr Signale algebraisch addiert werden) || ~ **point** (Telecomm) / Summierpunkt *m*, Summenpunkt *m*
**summit** *n* / Gipfel *m* (Scheitel) || ~ (Civ Eng) / Kuppe *f* (der Fahrbahn) || ~ **canal*** (Hyd Eng) / Scheitelkanal *m* || ~ **concordance** (Geol) / Gipfelhöhenkonstanz *f* || ~ **plateau** (Geol) / Gipfelplateau *n* || ~ **reach** (Hyd Eng) / Scheitelhaltung *f* (eines Kanals)
**Sumner method** (Nav) / Standlinienmethode *f* von Sumner
**sum of angles** (Maths) / Winkelsumme *f* (z.B. 360° in einem Viereck) || ~ **of infinite series*** (Maths) / Summe *f* bis Unendlich || ~ **of products** (of deviations from the mean) (Stats) / Summe *f* der Abweichungsprodukte, Produktsumme *f* || ~ **of squares** (the sum of squared values) (Maths) / Quadratsumme *f* || ~ **of squares** (the sum of the squared deviations of a set of elements about their mean) (Stats) / Summe *f* der Abweichungsquadrate || ~ **of states** (Phys, Stats) / Planck'sche Zustandssumme, Zustandssumme *f* (in der Quantenstatistik) || ~ **of the digits** (Maths) / Quersumme *f* (die Summe der Ziffern einer ganzen Zahl) || ~ **over states** (Phys, Stats) / Planck'sche Zustandssumme, Zustandssumme *f* (in der Quantenstatistik)
**sump*** *n* (Autos) / Kurbelgehäuseunterteil *m*, Ölsumpf *m* (tiefste Stelle im Kurbelgehäuse bzw. Ölwanne von Viertaktmotoren), Ölwanne *f* (DIN 6260) || ~* (Civ Eng) / Auffangbecken *n*, Sammelgrube *f*, Sumpf *m* || ~ (Foundry) / Abstichgrube *f*, Abstechherd *m* || ~* (Mining) / Pumpensumpf *m*, Schachtsumpf *m*, Sumpf *m* || ~ (Nuc Eng) / Sumpf *m* (eines Containments) || ~ (Nuc Eng) / Reaktorgebäudesumpf *m*, Gebäudesumpf *m* || ~ (Paint) / Anstrichmittelbecken *n* (beim Fluten)
**sum parameter** (Chem) / Summenparameter *m* || ~ **pattern** (Radar) / Summencharakteristik *f* || ~ **pattern** (Radio) / Summendiagramm *n* || ~ **peak** (Chem) / Summenpeak *m*
**sumper** *n* (Mining) / Einbruchschuss *m* (beim Schachtabteufen)
**sumping shot** (Mining) / Einbruchschuss *m* (beim Schachtabteufen)
**Sumpner test*** (Elec Eng, Met) / Transformatorenprüfung *f* im Rückarbeitsverfahren || ~ **wattmeter*** (Elec Eng) / elektrodynamisches Wattmeter mit Eisenkern
**sump pit** (Mining) / Pumpensumpf *m*, Schachtsumpf *m*, Sumpf *m* || ~ **pump** (Mining) / Wasserhaltungspumpe *f* (kleine) || ~ **throat** (Glass) / versenkter Durchlass, tiefer Durchlass
**sum rule** (Maths) / Summenregel *f* || ~ **signal** (Acous) / Summensignal *n* (in der Stereophonie) || ~ **to infinity** (Maths) / Summe *f* bis Unendlich || ~ **total** (Comp, Maths) / Endsumme *f*, Gesamtsumme *f*, Summe *f* der Summen
**sun** *n* (Astron) / Sonne *f* (Zentralkörper im Allgemeinen) || ~* *n* (Astron) / Sonne *f* (als Zentralkörper unseres Planetensystems) || ~ *attr* (Astron) / Sonnen-, Solar-, solar *adj* (zur Sonne gehörend, die Sonne betreffend, von ihr ausgehend)
**sun-and-planet gear** (Eng) / Sonnenrad *n* (in einem Planetengetriebe nach DIN 3998) || ~ **gear(ing)** (Eng) / Planetengetriebe *n* (rotationssymmetrisches Zahnradgetriebe nach DIN 3998), Umlaufgetriebe *n*, Umlaufrädergetriebe *n* (DIN 3998)
**sun arc** (Cinema) / Jupiterlampe *f* (eine alte Bogenlampe)
**sunbeam** *n* (Geophys) / Sonnenstrahl *m*
**sunblind** *n* (Autos) / Jalousie *f* || ~ (Build) / Sonnenrollo *n* (pl. -s) || ~ (Build) / Markise *f*
**sun canopy** (Build) / Sonnendach *n* || ~ **crack*** (Geol) / Trockenriss *m* (Schrumpfungsriss im Boden bei natürlicher Austrocknung) || ~ **curing** (Tobacco) / Sonnentrocknung *f* (von Tabak) || ~ **deck** (Build) / Sonnendach *n* || ~ **deck** (Ships) / Sonnendeck *n* || ~ **dog** (Astron) / Nebensonnenhalo *m*, Nebensonne *f* (eine Art des Halos) || ~**-dried** *adj* / an der Sonne getrocknet, sonnengetrocknet *adj*
**sun-dried brick** (Build) / Luftstein *m* (an der Luft getrockneter Mauerstein), Luftziegel *m*
**sundries** *pl* (items or oddments not mentioned individually) / verschiedene kleine Waren (Kurzwaren), diverse (kleine) Artikel
**sun drying** / Freilufttrocknung *f*, Trocknen *n* an der Luft
**sundtite** *n* (Min) / Andorit *m*
**sun energy** (radiated by the Sun) (Astron, Phys) / Sonnenenergie *f*, Solarenergie *f*
**sun-energy rocket** (Space) / Sonnenenergierakete *f*
**sunett** *n* (Nut) / Acesulfam-K *n* (ein moderner Süßstoff - E 950)
**sun evaporation** / Sonnenverdunstung *f*
**sunfast** *adj* (US) (Textiles) / sonnenecht *adj* (z.B. Gardinenstoff), sonnenfest *adj*, sonnenbeständig *adj*, sonnenlichtbeständig *adj*
**sun flight** (Aero) / Solarflug *m*
**sunflower oil** (Nut, Paint) / Sonnenblumenöl *n*, Sonnenblumenkernöl *n*
**sunflower-seed oil** (Nut, Paint) / Sonnenblumenöl *n*, Sonnenblumenkernöl *n*
**sun gear*** (GB) (Eng) / Sonnenrad *n* (in einem Planetengetriebe nach DIN 3998)
**sunglasses** *pl* (Optics) / Sonnenbrille *f*
**sun gun** (Cinema) / Handleuchte *f* (kleine)
**sunk** *adj* / eingelassen *adj*, versenkt *adj*

**sunken** *adj* / eingelassen *adj*, versenkt *adj* ‖ ~ (Build) / eingesunken *adj* (Fuge) ‖ ~ **cord** (Bind) / eingelassene Heftschnur, eingelassener Heftbund, unsichtbarer Bund ‖ ~ **joint** (usually the result of localized shrinkage in the edge-jointed layer) (For) / Eindellung *f* (der Decklage bei Sperrholz) ‖ ~ **pipe for cable(s)** (Cables) / Kabeldüker *m* ‖ ~ **road** (Civ Eng) / Straße *f* im Einschnitt, Straße *f* im Abtrag
**sunken-tube method** (Civ Eng) / Einschwimmverfahren *n* (Sonderbauweise für den Bau von Unterwassertunneln), Absenkverfahren *n* (im Tunnelbau) ‖ ~ **tunnel** (Civ Eng) / eingeschwommener Tunnel (im Einschwimmverfahren gebauter Tunnel)
**sunk face*** (Build) / ausgearbeitete Ansichtsfläche (eines Steins), vertiefte Sichtfläche ‖ ~ **fence*** (Build) / versenkter Grenzzaun (der nicht die Aussicht stört) ‖ ~ **joint** (Bind) / Falz *m* (tiefer Gelenk zwischen dem Buchrücken und dem Buchdeckel) ‖ ~ **key*** (a key which is sunk into keyways in both hub and shaft) (Eng) / Einlegekeil *m* (mit runden Stirnflächen - DIN 6886), Nutenkeil *m* ‖ ~ **matter** (Typog) / der infolge des Vorschlags vertieft beginnende Satz ‖ ~ **spot** (Plastics) / Einfallstelle *f* (ein Spritzgussfehler), Einsackstelle *f* ‖ ~ **switch** (Elec Eng) / Unterputzschalter *m*, Einlassschalter *m*
**sunlamp** *n* (Med) / Quarzlampe *f* ("Höhensonne"), Bestrahlungslampe *f* (mit Quarzbrenner), Kunstsonne *f*
**sunlight** *n* (Light, Optics, Photog) / Sonnenlicht *n* ‖ ~ **flavour** (Nut) / Lichtgeschmack *m* (Bier, Milch), Sonnenlichtgeschmack *m* (ein Aromafehler der Milch)
**sunlit** *adj* / sonnenbestrahlt *adj*
**sun-loving plant** (Bot) / Sonnenpflanze *f* (mit großem Lichtbedürfnis), Starklichtpflanze *f*, Heliophyt *m* (pl.-en)
**sunn** *n* (Bot, Textiles) / Ostindischer Hanf, Bombayhanf *m*, Bengalischer Hanf, Sunnhanf *m*, Sunn *m* (DIN 60 001-1), SN (Sunn), Bengalhanf *m* (Crotalaria juncea L.) ‖ ~ **hemp** (Bot, Textiles) / Ostindischer Hanf, Bombayhanf *m*, Bengalischer Hanf, Sunnhanf *m*, Sunn *m* (DIN 60 001-1), SN (Sunn), Bengalhanf *m* (Crotalaria juncea L.)
**sunny** *adj* / sonnig *adj*
**sun opal** (Min) / Feueropal *m*, Sonnenopal *m* ‖ ~ **paddle** / Sonnenpaddel *n*, Solarpaddel *n*, Solarzellenausleger *m* ‖ ~ **pillar*** (Astron, Meteor) / Lichtsäule *f* (ein Halo in Form einer vertikalen weißen Säule über und unter Sonne) ‖ ~ **plant*** (Bot) / Sonnenpflanze *f* (mit großem Lichtbedürfnis), Starklichtpflanze *f*, Heliophyt *m* (pl.-en)
**sunproof** *adj* (Textiles) / sonnenecht *adj* (z.B. Gardinenstoff), sonnenfest *adj*, sonnenbeständig *adj*, sonnenlichtbeständig *adj*
**sun protection factor** (Chem, Med) / Lichtschutzfaktor *m*, LSF (Lichtschutzfaktor)
**sunray** *n* (Geophys) / Sonnenstrahl *m* ‖ ~ **lamp** (Med) / Quarzlampe *f* ("Höhensonne"), Bestrahlungslampe *f* (mit Quarzbrenner), Kunstsonne *f*
**sunrise industry** / zukunftsträchtige Industrie (mit guter Zukunftsperspektive)
**sunroof** *n* (top) (Autos) / Faltdach *n*, Klappverdeck *n* (herunterklappbares) ‖ ~ (Autos) / Sonnendach *n*, Schiebedach *n*, SD (Sonnendach)
**sun scald** (Bot, For) / Sonnenbrand *m* (Schädigung pflanzlichen Gewebes durch zu starke Sonnenbestrahlung - eine Erscheinung der Phytopathologie) ‖ ~ **scald** (For) / Rindenbrand *m* (bei sonnenexponierten Baumstämmen) ‖ ~ **scorch** (Bot, For) / Sonnenbrand *m* (Schädigung pflanzlichen Gewebes durch zu starke Sonnenbestrahlung - eine Erscheinung der Phytopathologie) ‖ ~ **scorch** (For) / Rindenbrand *m* (bei sonnenexponierten Baumstämmen)
**sunscreen** *n* (Chem, Med) / Sonnenschutzmittel *n* (z.B. Öl oder Lotion - ein Lichtschutzmittel für menschliche Haut) ‖ ~ **agent** (Chem) / Wirkstoff *m* des Sonnenschutzmittels
**sunseeker*** *n* (Space) / Sonnensensor *m*
**Sunset yellow FCF** (Nut) / Gelborange *n* S (ein orangeroter Farbstoff für Getränke und Süßwaren - E 110)
**sunshade** *n* / Sonnenschirm *m* ‖ ~ (Cinema, Photog) / Gegenlichtblende *f*, Sonnenblende *f*
**sunshine** *n* (Meteor) / Sonnenschein *m* ‖ ~ s. also sunlight ‖ ~ **duration** (Meteor) / Sonnenscheindauer *f* ‖ ~ **recorder*** (Meteor) / Sonnenscheinautograf *m* ‖ ~ **roof** (Autos) / Sonnendach *n*, Schiebedach *n*, SD (Sonnendach)
**sun simulator** (Astron) / Sonnensimulator *m*
**sunspot*** *n* (Astron) / Sonnenfleck *m* ‖ ~ **cycle** (Astron) / Sonnenfleckenzyklus *m* (etwa 11 Jahre)
**sun spots** (Print) / Sonnen *f pl* (Fehlerscheinung bei der Tiefdruck-Formenherstellung, hervorgerufen von Staubpartikeln, die sich bei der Rasterkopie zwischen Pigmentpapierschicht und Raster festgesetzt haben)
**sunstone*** *n* (Min) / Aventurinfeldspat *m*, Sonnenstein *m*

**sunstroke*** *n* (Med) / Insolation *f* (Sonnenstich), Sonnenstich *m* (Folge einer längeren Sonneneinstrahlung)
**sun's way** (Astron) / Translationsbahn *f* der Sonne
**sun-synchronous** *adj* (Astron) / heliosynchron *adj*, sonnensynchron *adj*
**suntan preparation** (Chem, Med) / Sonnenschutzmittel *n* (z.B. Öl oder Lotion - ein Lichtschutzmittel für menschliche Haut)
**sun tracking** (Astron) / Sonnengangnachführung *f* ‖ ~ **visor** (Autos) / Sonnenblende *f* (gepolstert und schwenkbar) ‖ ~ **visor vanity mirror** (Autos) / Make-up-Spiegel *m* in der Sonnenblende ‖ ~ **wheel*** (Eng) / Sonnenrad *n* (in einem Planetengetriebe nach DIN 3998)
**sup** (Electronics) / Bremsgitter *n*, Schutzgitter *n* (Hilfsgitter bei Leistungsröhren)
**Supadriv** *n* (Tools) / Kreuzschlitz *m* (Supadriv), Supadriv-Kreuzschlitz *m* (bei Schraubwerkzeugen)
**Supaglypta** *n* (Build) / Supaglypta *f* (eine stark geprägte Strukturtapete aus Baumwollfasern)
**super** *v* (superpose) / übereinander anordnen, überlagern *v*, übereinander legen *v* ‖ ~ *n* / Superqualität *f* ‖ ~ **(US)** (Cinema) / Komparse *m*, Statist *m*, Statistin *f* ‖ ~ (Paper) / Illustrationsdruckpapier *n* ‖ ~ (Photog, Print) / Übereinanderkopie *f*, Übereinandermontieren *n* ‖ ~**-8*** (Cinema) / Super-8-mm-Film *m* (ein Schmalfilm)
**superabsorbent** *adj* (Phys) / mit großer Absorptionsfähigkeit, supersaugfähig *adj*
**superacid** *n* (Chem) / Supersäure *f* (mit extremer Protonierungsaktivität), Superacid *n* (dessen Acidität größer ist als diejenige von 100%iger Schwefelsäure)
**super acid gas** (Oils) / Supersauergas *n* (schwefelreiches Erdgas)
**superacidity** *n* (Med) / Superacidität *f* (übermäßiger Säuregehalt), Hyperacidität *f*, Hyperazidität *f*, Superazidität *f* (vermehrter Säuregehalt des Magensaftes)
**superacid solution** (Chem) / übersaure Lösung (wenn a$_H$ größer ist als 1)
**superacoustic** *adj* (Acous) / oberhalb des (übertragenen) Hörfrequenzbereichs
**superactinide elements** (Chem) / Superactinoide *n pl*, Superactinide *n pl* (mit Ordnungszahlen 122-153)
**superactinides** *pl* (Chem) / Superactinoide *n pl*, Superactinide *n pl* (mit Ordnungszahlen 122-153)
**superadditive function*** (Maths) / superadditive Funktion, oberadditive Funktion (Maßfunktion) ‖ ~ **set function** (Maths) / superadditive Funktion, oberadditive Funktion (Maßfunktion)
**superadditivity** *n* (Maths) / Superadditivität *f*
**superaerodynamics*** *n* (Aero) / Superaerodynamik *f* (Strömungen in der hohen Atmosphäre)
**superallowed transition** (Phys) / übererlaubter Übergang, stark erlaubter Übergang
**superalloy*** *n* (Met) / Superalloy *n* (hochlegierte, hochtemperaturfeste Mehrstofflegierung, wie z.B. Inconel, Nimonic oder Hastelloy), Superlegierung *f* (die noch bei hohen Temperaturen beständig ist)
**superantigen*** *n* (Biochem) / Superantigen *n*
**superaudio frequency*** (Acous, Telecomm) / unhörbar hohe Frequenz, Frequenz, die oberhalb des für Musik oder Sprache benutzten Frequenzbereichs liegt ‖ ~ **frequency*** (Acous) / eine Frequenz, die oberhalb des für Sprache und Musik benutzten Frequenzbereiches liegt, nicht aber unbedingt im Ultraschallbereich ‖ ~ **telegraphy** (Teleg) / Überlagerungstelegrafie *f*
**superballoon** *n* (Autos) / Superballonreifen *m* (PKW-Niederdruckreifen mit großem Volumen, Luftdruck 1,2 bis 1,8 at) ‖ ~ **tyre** (Autos) / Superballonreifen *m* (PKW-Niederdruckreifen mit großem Volumen, Luftdruck 1,2 bis 1,8 at)
**superbanana regime** (Nuc Eng) / Superbananenregime *n*
**superbase** *n* (Chem) / Superbase *f*
**superbeam microphone** (Acous, Ecol, Physiol) / scharf bündelndes Mikrofon
**superbrightener** *n* (Textiles) / Superbrightener *m* (gute Chlorbeständigkeit in der Waschflotte und hohe Chlor- und Lichtechtheit)
**supercalender** *n* (Paper) / Superkalander *m*, Glättkalander *m*
**supercalendered paper*** (Paper) / Illustrationsdruckpapier *n* ‖ ~ **paper*** (Paper) / SC-Papier *n*, hochsatiniertes Papier
**supercapillary** *adj* (Geol) / superkapillar *adj*
**supercarburization** *n* (Met) / Überkohlung *f* (ein Wärmebehandlungsfehler)
**supercargo** *n* (Ships) / Superkargo *m* (auf einem Schiff mitfahrender Vertreter des Befrachters, dessen Interessen er wahrnimmt)
**supercavitating** *adj* (Phys, Ships) / überkavitierend *adj*, vollkavitierend *adj* ‖ ~ **propeller** (Ships) / überkavitierender Propeller, Superkavitationspropeller *m* (im überkavitierenden Bereich arbeitende Schiffsschraube für Hochgeschwindigkeitswasserfahrzeuge)

**supercavitation** *n* (Ships) / Überkavitation *f*, Superkavitation *f*
**supercharge** *v* (Autos) / überladen *v* (den Zylinder) ‖ ~ (Autos) / nachladen *v* (Zweitaktmotoren) ‖ ~ (I C Engs) / aufladen *v*, vorverdichten *v* (die Ladung durch die Ladepumpe) ‖ ~ *n* (I C Engs) / Ladedruck *m*, Aufladung *f* (Druck)
**supercharged engine** (I C Engs) / Ladermotor *m*, Auflademotor *m*
**supercharge method** (Fuels) / ASTM-D 909-Methode *f* (zur Bestimmung der Oktanzahl von Flugkraftstoffen)
**supercharger\*** *n* (I C Engs) / Auflagegerät *n*, Lader *m* (Luftverdichter), Aufladegebläse *n*
**supercharging\*** *n* (I C Engs) / Aufladung *f* (DIN 1940), Vorverdichtung *f* (durch den Lader) ‖ ~ **pressure** (I C Engs) / Ladedruck *m*, Aufladung *f* (Druck)
**superchemical fuel** (Space) / superchemischer Treibstoff (z.B. atomarer und metallischer Wasserstoff, metastabiles Helium)
**superchip** *n* (Comp, Electronics) / Superchip *m* (mit einer Kapazität von mehreren Millionen Bits) ‖ ~ (Electronics) s. also layered chip
**superchlorinate** *v* (San Eng) / hochchloren *v*
**supercirculation\*** *n* (Aero) / Überzirkulation *f*
**superclass** *n* / Oberklasse *f*, Superklasse *f*
**supercluster\*** *n* (Astron) / Supergalaxienhaufen *m*, Superhaufen *m* (von Galaxien)
**supercolour** *n* (Nuc) / supersymmetrische Technicolour, Superfarbe *f*, Supercolour *f*
**supercompression** *n* (Eng) / Überverdichtung *f*, Überkomprimierung *f* ‖ ~ **engine** (I C Engs) / hochkomprimierter Motor, hochverdichteter Motor, Motor *m* mit hoher Kompression
**supercomputer\*** *n* (Comp) / Supercomputer *m* (mit mehr als 10 Milliarden Gflops), Großrechner *m* (mit höchstem Leistungsvermögen), Höchstleistungsrechner (z.B. Blue Gene aus dem Hause IBM)
**superconducting** *adj* (Phys) / supraleitend *adj*, supraleitfähig *adj* ‖ ~ **alloy** (Met) / supraleitende Legierung ‖ ~ **amplifier\*** (Electronics) / supraleitender Verstärker ‖ ~ **cable** (Cables) / Supraleiterkabel *n*, supraleitendes Kabel ‖ ~ **generator** (Elec Eng) / supraleitender Generator ‖ ~ **low-inductance undulatory galvanometer** (Electronics) / Slug *n* (ein Josephson-Element zur Messung kleiner Wechselströme und Magnetfelder) ‖ ~ **magnet\*** (Electronics) / supraleitender Magnet (aus harten Supraleitern) ‖ ~ **memory\*** (Comp) / supraleitender Schichtspeicher, Kryogenspeicher *m*, kryogenischer Speicher, Kryospeicher *m*, Tieftemperaturspeicher *m* (der bei der Temperatur von flüssigem Helium arbeitet), Supraleitungsspeicher *m* ‖ ~ **quantum interference device\*** (Phys) / supraleitendes Interferometer, Quanteninterferenzdetektor, Quanteninterferometer *n* (ein kryoelektronisches Messinstrument), quantenmechanisches Interferometer, Squid *n* (ein Josephson-Element) ‖ ~ **state** (Elec) / supraleitender Zustand, Supraleitungszustand *m* ‖ ~ **Supercollider** (Nuc, Nuc Eng) / Super-Protonenkollisionsmaschine *f*, SCC, Superconducting Supercollider *m* (ein amerikanischer Teilchenbeschleuniger)
**super-conduction** *attr* (Elec) / höchstleitfähig *adj* (z.B. Gasruß)
**superconductive** *adj* (Phys) / supraleitend *adj*, supraleitfähig *adj*
**superconductivity\*** *n* (Elec, Phys) / Supraleitung *f*, Supraleitfähigkeit *f*
**superconductor\*** *n* (a class of materials which lose their resistance to the flow of direct current when cooled below a characteristic transition temperature, the critical temperature) (Elec) / Supraleiter *m*
**superconductor\*, type I** ~ (Elec) / Supraleiter *m* I, Supraleiter *m* 1. Art, weicher Supraleiter ‖ **type II** ~ (Elec) / Supraleiter *m* 2. Art (nicht idealer), nicht idealer Supraleiter 2. Art, Supraleiter *m* II, harter Supraleiter
**supercontinent** *n* (Geol) / Urkontinent *m* (in der Kontinentalverschiebungstheorie)
**supercool** *v* / unterkühlen *v*
**supercooled\*** *adj* / unterkühlt *adj* ‖ ~ **fog** (Aero, Meteor) / Eisnebel *m*, Frostrauch *m* ‖ ~ **structure** (Met) / Unterkühlungsgefüge *n*
**supercop** *n* (Weaving) / Superkops *m* (eine Riesenspule, die an schützenlosen Webmaschinen als Schussvorlagekörper eingesetzt wird)
**supercosmic radiation** (Astron) / ultraharte kosmische Strahlung, superkosmische Strahlung
**supercritical** *adj* (Aero) / superkritisch *adj* (Flügel) ‖ ~\* (Nuc, Nuc Eng) / überkritisch *adj* (Zustand eines Kernreaktors) ‖ ~ **assembly** (Nuc) / überkritische Anordnung ‖ ~ **carbon dioxide** (Nut) / überkritisches Kohlendioxid (zur Extraktion von Cholesterin aus Milchfett und zur Entkoffeinierung) ‖ ~ **flow** (Hyd, Hyd Eng, Phys) / Schießen *n* (Froude-Zahl > 1) (schießender Abfluss) ‖ ~ **fluid** (Chem, Phys) / überkritisches Fluid (auch in der Chromatografie), überkritische Flüssigkeit ‖ ~ **fluid chromatography** (Chem) / Chromatografie *f* mit überkritischen Fluiden, superkritische Fluidchromatografie (ein chromatografisches Verfahren, bei dem Gase im superkritischen Zustand als mobile Phase benutzt werden), SFC (superkritische Fluidchromatografie), Fluid-Chromatografie *f* (in der Gase im superkritischen Zustand als mobile Phase benutzt werden) ‖ ~ **fluid extraction** (Chem) / Extraktion *f* mit überkritischen Fluiden ‖ ~ **gas** (Phys) / überkritisches Gas (unter hohem Druck und hoher Temperatur)
**supercriticality** *n* (Nuc) / überkritischer Zustand, Überkritikalität *f*
**supercritical wing** (Aero) / superkritischer Flügel (mit erhöhter kritischer Machzahl), SKF (superkritischer Flügel)
**supercrustal** *adj* (Geol) / superkrustal *adj*
**supercurrent** *n* (Elec, Phys) / Suprastrom *m* (der in einem Supraleiter dauernd fließende elektrische Strom)
**superdeep** *adj* (Oils) / übertief *adj*, supertief *adj* (Bohren)
**superdense theory** (Astron) / Big-Bang-Kosmologie *f*, Urknallkosmologie *f*
**superdiagonal** *plt* (Comp) / superdiagonal *adj*
**superdirectivity** *n* (Radio) / Optimalgewinn *m* (der Antenne)
**superdominance** *n* (Gen) / Superdominanz *f*, Überdominanz *f*
**superduty** *attr* (Ceramics) / hochfeuerfest *adj* ‖ ~ **silica brick** (Ceram, Ceramics, Met) / Silikastein *m* in Stahlwerksqualität (für höchste Temperaturbeanspruchung)
**supered titles** (Cinema) / einkopierte Titel *m pl*
**super-eight mm film** (Cinema) / Super-8-mm-Film *m* (ein Schmalfilm)
**superelastic** *adj* / überelastisch *adj* (oberhalb der Elastizitätsgrenze), superelastisch *adj*
**superelasticity** *n* (Met) / Superelastizität *f* (z.B. bei Formgedächtnislegierungen)
**superelevation\*** *n* (Civ Eng, Rail) / Überhöhung *f* (Anordnung der beiden Fahrschienen eines Eisenbahngleises im Gleisbogen in unterschiedlichem Niveau - zur Aufnahme der Fliehkraftwirkung) ‖ ~ **of the curve** (Rail) / Kurvenüberhöhung *f* ‖ ~ (**connecting**) **ramp** (Rail) / Überhöhungsrampe *f*
**superexchange** *n* (Chem, Mag) / Superaustausch *m* ‖ ~ **interaction** (Nuc) / Superaustauschwechselwirkung *f*
**superfamily** *n* (Zool) / Überfamilie *f*, Superfamilia *f* (pl. -ae)
**superfast** *adj* (Elec Eng) / superflink *adj* (Schmelzeinsatz) (Sicherung)
**superfat** *v* / überfetten *v*
**superfatted soap** (Chem, Med) / überfettete Seife, überfettete Feinseife
**superfatting** *adj* / rückfettend *adj* (z.B. Waschmittel) ‖ ~ **agent** / Rückfettungsmittel *n* (für trockene, strapazierte Haut), Überfettungsmittel *n*
**superficial** *adj* / oberflächlich *adj*, superfiziell *adj*, Oberflächen- ‖ ~ (Mining) / oberirdisch *adj*, Oberflächen-, obererdig *adj*, über Tage ‖ ~ **deposit\*** (Geol) / oberflächennahe Lagerstätte, Oberflächenablagerung *f* ‖ ~ **deposit\*** (Geol) s. also drift
**superficially porous** / oberflächenporös *adj*
**superficial radiation therapy\*** (Radiol) / Oberflächentherapie *f* (mit ionisierender Strahlung, deren Dosisleistung in den ersten Millimetern Gewebetiefe auf wenige Prozent der Oberflächendosisleistung reduziert ist)
**superficies** *n* (an obsolete term) (Maths) / Fläche *f*
**superfield** *n* (Nuc) / Superfeld *n*
**superfine** *adj* / hochfein *adj*, Feinst-, extrafein *adj*, superfein *adj* ‖ ~ **drawing** (Met) / Feinstzug *m* (beim Ziehen von Drähten)
**superfines** *pl* / Feinstanteil *m* (bei der Siebanalyse)
**superfine sugar** (US) (Nut) / Streuzucker *m*
**superfinishing\*** *n* (Eng) / Kurzhubhonen *n* (DIN 8589-14), Schwingschleifen *n*, Superfinish *n*, Superfinish-Verfahren *n*, Feinziehschleifen *n* ‖ ~ **machine** (Eng) / Kurzhubhonmaschine *f*, Feinziehschleifmaschine *f*
**superfluid\*** *adj* (Phys) / supraflüssig *adj*, superflüssig *adj*, suprafluid *adj*, superfluid *adj*
**superfluidity\*** *n* (Phys) / Supraflüssigkeit *f*, Suprafluidität *f*, Superflüssigkeit *f*, Superfluidität *f* (Eigenschaft von Quantenflüssigkeiten) ‖ ~ **model** (Phys) / Supraleitungsmodell *n*, Suprafluiditätsmodell *n*
**supergene** *n* (Gen) / Supergen *n* (aus mehreren Genen bestehender Abschnitt eines Chromosoms) ‖ ~ *adj* (Geol) / deszendent *adj* (Lagerstätte) ‖ ~ **enrichment\*** (Geol) / supergene Erzanreicherung, sekundäre Anreicherung (in der Verwitterungszone), Anreicherung *f* durch deszendente Lösungen ‖ ~ **sulphide zone** (Mining) / Zementationszone *f*
**supergeostrophic wind** (Meteor) / supergeostrophischer Wind, übergeostrophischer Wind
**supergiant** *n* (Astron) / Überriese *m* (im Hertzsprung-Russell-Diagramm), Übergigant *m* (pl. -en) ‖ ~ **star\*** (Astron) / Überriese *m* (im Hertzsprung-Russell-Diagramm), Übergigant *m* (pl. -en)
**superglacial** *adj* (Geol) / die Gletscheroberfläche betreffend *adj*
**superglue\*** *n* (Chem) / Cyanacrylatklebstoff *m*, Zyanakrylatkleber *m*, Sekundenkleber *m*, Blitzkleber *m* (Einkomponenten-Reaktionsklebstoff)

**supergravity**

**supergravity**\* n (Phys) / Supergravitation f (hypothetische Erweiterungen der Gravitation zu supersymmetrischen Theorien, die neben dem masselosen Graviton mit dem Spin s = 2 noch /mindestens/ ein masseloses Gravitino mitt dem Spin s = 3/2 enthält und sich als Eichfeldtheorie einer geeigneten Supersymmetrie auffassen lässt)
**supergrid**\* n (Elec Eng) / Höchstspannungsnetz n, Freileitungsnetz n (von 275 kV und 380 kV) || ~ (Electronics) / Supergitter n, Supergrid n
**supergroup** n (Maths) / Übergruppe f, Obergruppe f || ~\* (Telecomm) / Sekundärgruppe f (fünf Primärgruppen in der Frequenzmultiplex-Übertragungstechnik) || **5-~** (Telecomm) / Tertiärgruppe f (fünf Sekundärgruppen in der Frequenzmultiplex-Übertragungstechnik) || **15-~** (Telecomm) / Quartärgruppe f (in der Frequenzmultiplex-Übertragungstechnik)
**supergroup-band channel** (Telecomm) / Übergruppenkanal m
**super hank** (Textiles) / Breitstrang n
**superhardboard** n (Build, Join) / extraharte Faserplatte, Extrahartplatte f (eine Holzfaserplatte), HF/E || ~ (Build) / schwere Hartfaserplatte
**superharmonic** n (Acous) / Superharmonische f (DIN 1311, T 1) || ~ **adj** (Acous) / superharmonisch adj
**superheat** v / überwärmen v, überheizen v, überhitzen v || ~\* n (Aero) / Überhitzungstemperatur f || ~ (Phys) / Überhitzungswärme f || ~ **boiling-water reactor** (Nuc Eng) / integrierter Siedewasserüberhitzungsreaktor, Siedewasserreaktor m mit nuklearer Überhitzung
**superheated steam**\* (Eng) / Heißdampf m, überhitzter Dampf || ~ **steam reactor** (Nuc Eng) / Heißdampfreaktor m, HDR (Heißdampfreaktor)
**superheater** n (Eng) / Dampfüberhitzer m, Überhitzer m (eine Baugruppe des Dampfkessels)
**superheating** n / Überhitzung f, Überheizung f
**superheating-free** adj (Met) / überhitzungsfrei adj
**superheavy boson** (Nuc) / X-Boson n || ~ **element** (Chem) / überschweres Element, superschweres Element, Supertransuran n (hypothetisches Transactinoid mit Kernladungszahl > 109 - bis Mitte 2005 nicht nachgewiesen) || ~ **element** (Chem) s. also superactinide elements and transactinides || ~ **ion linear accelerator** (Nuc Eng) / Superhilac m, Linearbeschleuniger m für überschwere Ionen
**superhelix** n (pl. -helices) (Biochem, Gen) / Superhelix f (pl. -helices) (durch Verdrillen entstandene Struktur doppelsträngiger DNA)
**superhet**\* n (Radio, Telecomm) / Überlagerungsempfänger m, Superhet m, Superheterodynempfänger m, Super m
**superheterodyne receiver** (Radio, Telecomm) / Überlagerungsempfänger m, Superhet m, Superheterodynempfänger m, Super m || ~ **reception** (Radio, Telecomm) / Heterodynempfang m, Überlagerungsempfang m, Schwebungsempfang m
**superheterodyning** n (Radio) / Überlagerung f
**superhet receiver**\* (Radio, Telecomm) / Überlagerungsempfänger m, Superhet m, Superheterodynempfänger m, Super m
**super-Higgs mechanism** (Nuc) / Super-Higgs-Mechanismus m (bei Gravitinos)
**superhigh frequency** (Radar, Radio) / superhohe Frequenz (zwischen 3 - 30 GHz), Superhochfrequenz f, SHF (Superhochfrequenz - 3 - 30 GHz)
**superhigh-speed steel** (Eng, Met) / Schnellstahl m für höchste Schnittgeschwindigkeiten, Hochleistungsschnellstahl m, HHS (Hochleistungsschnellstahl)
**superhighway** n (US) (Autos) / Autobahn f || ~ (Comp) / Datenautobahn f, Infobahn f, Informationshighway m, Datenhighway m
**superhilac** n (Nuc Eng) / Superhilac m, Linearbeschleuniger m für überschwere Ionen
**superhump** n (Astron) / Superhump m (periodische Oszillation bei einer Zwergnova)
**superimpose** v / übereinander anordnen, überlagern v, übereinander legen v || ~ (Cinema) / einkopieren v (Filmtitel) || ~ (Comp, Radar) / einblenden v || ~\* (Photog, Print) / übereinander kopieren v
**superimposed-arc plasma torch** (Eng, Plasma Phys) / Plasmabrenner m mit überlagertem Bogen
**superimposed back-pressure** (Eng) / Fremdgegendruck m (bei Sicherheitsventilen) || ~ **circulation** (Eng) / überlagerte Umwälzung (in einem Zwangdurchlaufkessel) || ~ **load** (Build) / Verkehrslast f (als Gegenteil zu der ständigen Belastung aus Eigengewicht - DIN 1055, T 3), zeitweilige Belastung, temporäre Last (vorwiegend ruhend) || ~ **load** (a live load which is imposed by building regulations on the design of floors) / Verkehrsdeckenlast f || ~ **pattern** (Autos) / Oszillogramm n aller Zylinder ineinandergeschrieben || ~ **print** (Cinema) / Kopie f mit Untertiteln, Fußtitelkopie f || ~ **telegraphy** (Teleg) / Überlagerungstelegrafie f || ~ **titles** (Cinema) / einkopierte Titel m pl || ~ **(river) valley** (Geol) / epigenetisches Tal
**superimposition** n (Automation) / Aufschaltung f || ~ (Comp, Radar) / Einblendung f || ~ (Photog, Print) / Übereinanderkopie f,
Übereinandermontieren n || ~ (Phys) / Überlagerung f (von Wellen) || ~\* (Print) / Folienpressen n, Pressen n || ~ **exposure** (Photog) / Doppelbelichtung f, Zweitbelichtung f
**superindustrial** adj / superindustriell adj (Gesellschaft)
**super in sync** (Cinema, TV) / synchronisierte Überblendung mit Ton
**superintendent** n (US) (Build, Civ Eng) / Bauleiter m, Baustellenleiter m || ~ (Eng) / Betriebsleiter m
**Superinvar** n / Superinvar n (ein Bimetallwerkstoff - 58 % Fe, 42 % Ni)
**super-ion conductor** (Phys) / Superionenleiter m (Festkörper, der in einem breiten Temperaturintervall unterhalb des Schmelzpunktes eine den flüssigen Elektrolyten und Salzschmelzen vergleichbare reine Ionenleitfähigkeit besitzt und die Leitfähigkeit normaler Ionenkristalle um etwa 20 Größenordnungen übertrifft), Supraionenleiter m
**superionic conductor** (Phys) / Superionenleiter m (Festkörper, der in einem breiten Temperaturintervall unterhalb des Schmelzpunktes eine den flüssigen Elektrolyten und Salzschmelzen vergleichbare reine Ionenleitfähigkeit besitzt und die Leitfähigkeit normaler Ionenkristalle um etwa 20 Größenordnungen übertrifft), Supraionenleiter m
**superior** adj / Qualitäts-, hochwertig adj || ~\* / höherliegend adj, höherstehend adj || ~\* (Bot) / oberständig adj || ~ (Print) / hochgestellt adj, hochstehend adj, hochgesetzt adj || ~ **conjunction** (Astron) / obere Konjunktion || ~ **letter**\* (Comp, Print, Typog) / hochstehender Buchstabe || ~ **mirage** (Meteor) / Luftspiegelung f (nach oben) || ~ **planets** (Astron) / obere Planeten (Mars bis Pluto) || ~ **processing rubber** (Chem Eng) / Perfektkautschuk m, SP-Kautschuk m (ein Spezialkautschuk) || ~ **space** (Maths) / Originalraum m, Oberbereich m
**superjacent** adj (Geol) / aufliegend adj, darüberliegend adj
**superlarge computer** (Comp) / Größtrechner m, Jumbo-Computer m
**superlarge-scale integration** (Electronics) / Integrationsgrad m SLSI (mit nach oben offener Skala), SLSI-Integrationsgrad m || ~ **integration** (Electronics) / Höchstintegrationsgrad m, Integration f höchsten Grades (über 3 000 000 Bauelemente auf einem Halbleiterplättchen)
**superlattice** n (Crystal) / Supergitter n (Folge von nm-dünnen, einkristallinen Kristallschichten), Überstrukturgitter n, Übergitter n (bei Mischkristallen und Legierungen), Superlattice n
**super-letter-quality printer** (Comp) / Schönschreibdrucker m (gehobener Klasse), Briefqualitätsdrucker m (gehobener Klasse)
**superload** n (Build) / Verkehrslast f (als Gegenteil zu der ständigen Belastung aus Eigengewicht - DIN 1055, T 3), zeitweilige Belastung, temporäre Last (vorwiegend ruhend)
**superlogical quantifier** (AI) / Quantor m höherer Ebene
**superluminal velocity** (Phys) / Überlichtgeschwindigkeit f
**superluminescent diode** (Electronics) / superstrahlende Diode, Superlumineszenzdiode f, Hochleistungs-LED f
**supermagnetism** n (Nuc) / Supramagnetismus m
**Supermalloy** n (Elec Eng, Met) / Supermalloy m (79,5 % Ni, 15,5 % Fe und 5 % Mo - ein weichmagnetischer Magnetwerkstoff) || ~ (Elec Eng, Met) s. also permalloy
**supermarket trolley** / Einkaufswagen m
**supermartingale** n (Stats) / Supermartingal n, fallendes Halbmartingal
**supermaster-group** n (Telecomm) / Quartärgruppe f (in der Frequenzmultiplex-Übertragungstechnik)
**supermicro** n (Comp) / Supermikrocomputer m
**supermicrocomputer** n (Comp) / Supermikrocomputer m
**supermolecule** n (Chem) / Übermolekül n, supermolekulares System
**supermultiplet** n (Phys) / Supermultiplett n
**supernatant** n (Chem) / überstehende Flüssigkeit, Überstand m (bei entmischten Flüssigkeitsgemischen), Schwimmdecke f (z.B. in einem Gärungsbottich) || ~ adj / überstehend adj (Flüssigkeit) || ~ **liquid**\* (Chem) / überstehende Flüssigkeit, Überstand m (bei entmischten Flüssigkeitsgemischen), Schwimmdecke f (z.B. in einem Gärungsbottich) || ~ **liquor** (Chem) / überstehende Flüssigkeit, Überstand m (bei entmischten Flüssigkeitsgemischen), Schwimmdecke f (z.B. in einem Gärungsbottich) || ~ **zone** (San Eng) / Klarwasserzone f (im Nachklärbecken die obere Zone feststofffreien, gereinigten Abwassers)
**super news** (Paper) / hochwertiges Zeitungspapier (für Tiefdruck)
**supernormal stimulus** (Biol) / übernormaler Auslöser
**supernova**\* n (pl. -ae) (Astron) / Supernova f (pl. -ovä), SN (Supernova)
**supernumerary** n (Cinema) / Komparse m, Statist m, Statistin f || ~ adj / überzählig adj || ~ **rainbow** (Meteor, Phys) / sekundärer Regenbogen, Interferenzregenbogen m
**superopaque** adj (Paint) / hochdeckend adj, superopak adj
**superorder** n (Bot, Zool) / Überordnung f (Superordo), höhere Ordnung (im Allgemeinen)
**superosculation** n (Maths) / Superoskulation f (bei Kurven zweiter Ordnung)

**superoxide** n (Chem) / Superoxid n || ~* (Chem) / Hyperoxid n || ~ **anion*** (Chem) / Hyperoxidanion n, Peroxidanion n || ~ **dismutase** (Biochem) / Superoxid-Dismutase f, SOD (Superoxid-Dismutase)
**super package** (Spinning) / Raketenspule f (DIN 61800), FS-Spule f (Großspule, die den Garnvorrat vieler Einzelkopse fasst)
**superparamagnetism*** n (Phys) / Superparamagnetismus m (magnetisches Verhalten sehr kleiner ferromagnetischer Teilchen, das charakterisiert ist durch einen eindeutigen Zusammenhang zwischen dem gemessenen Wert der Magnetisierung und dem Feld)
**superpermafrost water** (Geol) / Wasser n über dem Dauerfrostboden
**superphantom telegraphy** (Teleg) / Achtertelegrafie f
**superphosphate*** n (Agric, Chem) / Superphosphat n (Phosphorsäuredüngemittel mit etwa 16% $P_2O_5$)
**superphosphoric acid** (Agric, Chem) / Superphosphorsäure f (Nassphosphorsäure mit 70% $P_2O_5$)
**superplastic forming / diffusion bonding*** (Aero) / SPFDB-Verfahren n
**superplasticity** n (Materials, Met) / Superplastizität f (extrem hohen plastischen Umformgrad ermöglichende Eigenschaft von Metallen und Legierungen)
**superpolyamide** n (Chem) / Superpolyamid n (ein Superpolymer)
**superpolyester** n (Chem) / Superpolyester m (ein Superpolymer)
**superpolymer** n (Chem) / Superpolymer n (veraltete Bezeichnung für Polymere mit relativ hohen Molmassen und ausgeprägten Werkstoffeigenschaften)
**superport** n (Ships) / Tiefwasserhafen m für Supertanker
**superpose** v / übereinander anordnen, überlagern v, übereinander legen v
**superposed circuit** (Telecomm) / Viererkreis m, Viererleitung f, Phantomschaltung f, Phantomleitung f, Phantomkreis m, Phantomstromkreis m
**superposition** n (Phys) / Überlagerung f (von Wellen) || ~ (Telecomm) / Überlagerung f (z.B. bei Phantomleitungen) || ~ **of tensile stresses during bending** (Eng) / Überlagerung f von Zugspannungen beim Biegen || ~ **principle** (Phys) / Superpositionsprinzip n, Superpositionsprinzip n (DIN 1342, T 1), Superpositionssatz m, Überlagerungsprinzip n || ~ **theorem*** (Phys) / Unabhängigkeitsprinzip n, Superpositionsprinzip n (DIN 1342, T 1), Superpositionssatz m, Überlagerungsprinzip n
**superpotential** n (Nuc) / Superpotential n
**superpressure*** n (Aero) / Überdruck m || ~ (Eng, Phys) / Höchstdruck m (über 100 MPa) || ~ **compressor** (Eng) / Höchstdruckverdichter m
**superprint** v (Geol) / überprägen v
**superproportional** adj (Photog) / superproportional adj (Abschwächer - setzt hauptsächlich die hohen Schwärzungen herab)
**Super Proton Synchrotron*** (Nuc, Nuc Eng) / Super-Protonensynchrotron n, SPS (z.B. beim CERN in Genf)
**superpurity** n / höchste Reinheit || ~ **solvent** (Chem) / Reinstlösemittel n
**superquality** n / Superqualität f
**super-quick-acting** adj (Elec Eng) / superflink adj (Schmelzeinsatz) (Sicherung)
**superradiant diode** (Electronics) / superstrahlende Diode, Superlumineszenzdiode f, Hochleistungs-LED f || ~ **light** (Photog) / superstrahlendes Licht (intensiver Lichtblitz sehr kurzer Impulsdauer /etwa 2 ns/, der durch einen mit schnellen Elektronen gepumpten Laserprozess in Halbleiterstoffen erzeugt wird - in der Hochgeschwindigkeitsfotografie)
**superradiation** n (Nuc) / Superstrahlung f (bei Lasern)
**superreaction** n (Radio) / Pendelrückkopplung f, Superregeneration f
**superrefraction*** n (Meteor, Radar) / übernormale Brechung, Überstandard-Brechung f || ~ (Optics) / Superbrechung f
**superrefractory** adj (Ceramics) / hochfeuerfest adj
**superregeneration*** n (Radio) / Pendelrückkopplung f, Superregeneration f
**superregenerative amplifier** (Electronics, Radio) / Superregenerativverstärker m
**superregenerative receiver*** (Radio) / Superregenerativempfänger m, Pendelrückkopplungsempfänger m
**superresolution** n (Optics, Radar) / Superauflösung f
**supersaturate** v (Chem, Phys) / übersättigen v
**supersaturated solution** (Chem) / übersättigte Lösung
**supersaturation*** n (Chem, Phys) / Übersättigen n, Übersättigung f (ein metastabiler Zustand)
**superscalar** adj (an architectural approach for high-performance computation where a number of instructions are simultaneously accessed from memory and, where data dependency constraints allow, are issued for simultaneous execution by multiple independent pipelines, thus giving an enhanced instruction execution rate) (Comp) / superskalar adj
**superscript** n (Comp, Print, Typog) / hochstehender Index, Index m (pl. -e oder -dizes) (hochstehende Buchstaben, Ziffern oder Formelteile) || ~ (Comp, Print) / hochgestelltes Zeichen, hochstehendes Zeichen

**superscripted** adj (Print) / hochgestellt adj, hochstehend adj, hochgesetzt adj || ~ **character** (Comp, Print) / hochgestelltes Zeichen, hochstehendes Zeichen || ~ **variable** (Maths) / Variable f mit oberem Index
**superselection rules** (Nuc) / Superauswahlregeln f pl
**supersensitive** adj / überempfindlich adj
**superset** n (Maths) / Obermenge f
**supershift key** (Comp) / Supershift-Taste f (eine zusätzliche Shift-Taste, die weitere Kodekombinationen ermöglicht)
**supersign** n (AI) / Superzeichen n (in der Kybernetik)
**superslide** n (Photog) / großformatiges Dia
**superslurper** n (Chem, Med, Paper) / Superslurper m (ionisches Polymer, dessen Wasserabsorptionskapazität durch Elektrolyte sehr stark reduziert wird)
**super smart card** (Comp, Electronics) / Superchipkarte f
**supersoluble** adj (Maths) / überauflösbar adj (Gruppe)
**supersolvable** adj (Maths) / überauflösbar adj (Gruppe)
**supersonic*** adj (Phys) / Überschall-, supersonisch adj || ~ **aircraft** (Aero) / Überschallflugzeug n || ~ **airfoil** (Aero) / Überschallprofil n || ~ **air gun** (Weaving) / Überschall-Luftpistole f || ~ **bang** (Aero, Phys) / Überschallknall m || ~ **boom** (Aero, Phys) / Überschallknall m || ~ **compressor** (Aero, Eng) / Überschallverdichter m || ~ **flight** (Aero) / Überschallflug m || ~ **flow** (Phys) / Überschallströmung f, Strömung f im Überschallbereich || ~ **frequency** (Acous) / Ultraschallfrequenz f, Überhörfrequenz f || ~ **frequency** (Radio) / Nachverstärkungsfrequenz f || ~ **low-altitude missile** (Mil) / niedrigfliegender Überschallflugkörper, Überschallflugkörper m für niedrige Höhen
**supersonics** n (Phys) / Ultraschall-Lehre f
**supersonic sounding set** (Eng, Ships) / Ultraschall-Lot n || ~ **speed*** (Aero) / Überschallgeschwindigkeit f || ~ **transport** (Aero) / Überschallverkehr m || ~ **tunnel** (Aero) / Überschallkanal m, Windkanal m für Überschallgeschwindigkeiten || ~ **wind tunnel*** (Aero) / Überschallkanal m, Windkanal m für Überschallgeschwindigkeiten
**superstall*** n (Aero) / unkontrollierter überzogener Flugzustand (mit dem Leitwerk in der abgelösten Strömung des Flügels)
**superstandard refraction** (Meteor, Radar) / übernormale Brechung, Überstandard-Brechung f
**superstation** n (US) (TV) / Supersender m (für drahtloses Fernsehen, dessen Programm zugleich auch über Satellit an verschiedene Kabelfernsehsysteme übertragen wird)
**superstore** n / Großmarkt m
**superstring** n (Nuc) / Superstring m || ~ **theory** (Nuc) / Superstringtheorie f (eine Quantentheorie)
**superstructure** n (Civ Eng, Eng) / Oberbau m, Oberwagen m (bei einem Bagger) || ~* (Civ Eng) / Oberbau m (ein Teil der Straßenbefestigung - Tragschichten und Decke) || ~* (Civ Eng) / Überbau m || ~ (Crystal) / Überstruktur f (Fernordnung bei Mischkristallen und Legierungen) || ~ (Eng) / Oberwagen m (bei Kranen) || ~ (Glass) / Oberofen m (Gesamtheit aller Teile eines Glasschmelzofens, die sich üblicherweise oberhalb des Hüttenflurs befinden) || ~ (Glass) / Oberbau m (Gesamtheit aller Teile des Oberofens einer Wanne oberhalb der Wannenbassins, z.B. Seitenwände, Stirnwände, Gewölbe, Zwischengewölbe, Vorbauten) || ~* (Ships) / Aufbau m (Decksaufbau), Decksaufbau m || ~ **deck** (Ships) / Aufbaudeck n, Aufbautendeck n (über dem Hauptdeck) || ~ **frame** (Ships) / Aufbauspant n
**supersulphated cement*** (BS 4248) (Civ Eng) / Sulfathüttenzement m, SHZ (in der BRD nicht mehr hergestellt)
**supersymmetric** adj (Nuc) / supersymmetrisch adj || ~ **particle** (Nuc) / supersymmetrisches Teilchen, SUSY-Teilchen n || ~ **technicolor** (Nuc) / supersymmetrische Technicolour, Superfarbe f, Supercolour f
**supersymmetrization** n (Nuc) / Supersymmetrisierung f
**supersymmetry*** n (Astron, Nuc) / Supersymmetrie f (kontinuierliche innere Symmetrie), SUSY (Supersymmetrie) || ~ **algebra** (Astron, Nuc) / Supersymmetriealgebra n
**supersynchronous** adj (Elec Eng) / übersynchron adj, supersynchron adj || ~ **cascade** (Elec Eng) / übersynchrone Kaskade, supersynchrone Kaskade
**supersynthesis** n (Astron) / Supersynthese f
**supertanker** n (Ships) / Supertanker m (mit Tragfähigkeit über 100 000 t Erdöl)
**superthermal** adj (Nuc) / superthermisch adj
**supertoxic** adj / ultragiftig adj, extrem giftig
**supertoxin** n (Chem, Med) / Supertoxin n
**super tractor oil universal** (Fuels) / STOU-Öl n (ein Traktorenöl)
**supertransactinoid** n (Chem) / überschweres Element, superschweres Element, Supertransuran n (hypothetisches Transactinoid mit Kernladungszahl > 109 - bis Mitte 2005 nicht nachgewiesen)

**supertransuranic**

**supertransuranic** *n* (Chem) / überschweres Element, superschweres Element, Supertransuran *n* (hypothetisches Transactinoid mit Kernladungszahl > 109 - bis Mitte 2005 nicht nachgewiesen)
**super-turnstile antenna** (Radio) / Super-Turnstile-Antenne *f* (wenn zwei Schmetterlingsantennen zu einer Drehkreuzantenne zusammengeschaltet werden)
**supertwisted birefringence effect cell** (Electronics) / SBE-Zelle *f* (eine Flüssigkristallzelle) ‖ **~ nematic** (Electronics) / supertwisted nematisch *adj* (Display mit dem 270°-Verdrillungswinkel der nematischen Phase) ‖ **~ nematic cell** (with rod-shaped crystals) (Electronics) / STN-Zelle *f* (eine Flüssigkristallzelle)
**supertwisting** *n* (Crystal) / Überdrehung *f*
**superunification** *n* (Phys) / Supervereinheitlichung *f*
**super versatility** / extrem hohe vielseitige Verwendungsmöglichkeit
**supervise** *v* / überwachen *v*, kontrollieren *v*
**supervising sound editor** (Acous) / Tonmeister *m*, Tontechniker *m*, Toningenieur *m* (am Allgemeinen)
**supervision** *n* / Überwachung *f* (z.B. von Prozessabläufen), Kontrolle *f* ‖ **~** / Aufsicht *f* (Überwachung), Beaufsichtigung *f* ‖ **~** (Build) / Bauüberwachung *f* (meistens durch Werksabnahme) ‖ **~** (Teleph) / Überwachung *f*, UEB ‖ **~ position** (Telecomm) / Überwachungsplatz *m*
**supervisor** *n* / Supervisor *m* (externer Berater im sozialen Bereich) ‖ **~** / Aufseher *m*, Inspektor *m*, Aufsichtsorgan *n* ‖ **~** (Comp) / Supervisor *m* (Ablaufteil des Organisationsprogramms) ‖ **~** (Comp) / Supervisor *m* (eine Steuerroutine mit bestimmten Aufgaben - z.B. Verwalter eines Mehrbenutzersystems oder eines Netzwerkes) ‖ **~\*** (Comp) / Supervisor *m* ‖ **~ call** (Comp) / ORG-Aufruf *m* ‖ **~ call** (Comp) / Aufruf *m* an das Organisationsprogramm, Organisationsprogrammaufruf *m* ‖ **~ call** (Comp) s. also interrupt ‖ **~ program\*** (Comp) / Supervisor *m*
**supervisory** *adj* / Aufsicht-, Aufsichts-, aufsichtführend *adj* ‖ **~ button** (Telecomm) / Überwachungstaste *f* ‖ **~ control\*** (Elec Eng) / Fernsteuerung *f* ‖ **~ routine** (Comp) / Supervisor *m* (eine Steuerroutine mit bestimmten Aufgaben - z.B. Verwalter eines Mehrbenutzersystems oder eines Netzwerkes)
**supervoltage therapy** (Med, Radiol) / Megavolttherapie *f*, Hochvolttherapie *f*, Supervolttherapie *f*, Hochenergiestrahlentherapie *f*
**superwide-angle lens** (Photog) / Überweitwinkelobjektiv *n*, Superweitwinkelobjektiv *n* (Bildwinkel meistens größer als 100°)
**superwide tyre** (Autos) / superbreiter Reifen
**supple** *adj* / geschmeidig *adj*, biegsam *adj* ‖ **~** (Textiles) / geschmeidig *adj* (Griff), fließend *adj* (Griff)
**supplemental** *adj* / Ergänzungs-, ergänzend *adj* ‖ **~ air** (Physiol) / Exspirationsreservevolumen *n*, ERV (Exspirationsreservevolumen) ‖ **~** (air) **carrier** (Aero) / Bedarfsluftfahrtunternehmen *n*, Bedarfsluftverkehrsunternehmen *n* ‖ **~ chords\*** (Maths) / Supplementärsehnen *f pl*, Ergänzungssehnen *f pl* ‖ **~ cooling** (in a wet cooling tower) / Ablaufkühlung *f* ‖ **~ wet cooling tower** / Ablaufkühlturm *m* (der lediglich für Ablaufkühlung ausgelegt ist)
**supplementary\*** *adj* / Ergänzungs-, ergänzend *adj* ‖ **~ angles\*** (Maths) / Supplementwinkel *m pl* (die am Schnittpunkt zweier Geraden liegenden Nebenwinkel), Ergänzungswinkel *m pl* ‖ **~ cable** (Comp) / Zusatzkabel *n*, ZK (Zusatzkabel) ‖ **~ flight** (Aero) / Verdichtungskurs *m* ‖ **~ lens\*** (Photog) / Vorsatzlinse *f* (z.B. für Nah- und Trickaufnahmen) ‖ **~ maintenance time** (Eng) / Zeit *f* für zusätzliche Wartung ‖ **~ parallelogram** (Maths) / Ergänzungsparallelogramm *n* ‖ **~ pyramid** (Maths) / Ergänzungspyramide *f* (zu dem Pyramidenstumpf) ‖ **~ service** (Comp, Telecomm) / Dienstmerkmal *n* (ergänzende Eigenschaft bei Mehrwertdiensten) ‖ **~ service** (Telecomm) / Zusatzdienst *m* (wenn eine bestimmte Dienstleistung an einen konkreten Dienst gebunden ist) ‖ **~ twins** (Min) / Ergänzungszwillinge *m pl* ‖ **~ unit** / ergänzende Einheit zu den SI-Einheiten (Radiant und Steradiant) ‖ **~ volume** (Bind, Print) / Ergänzungsband *m*
**supplementation** *n* (Nut) / Verbesserung *f* (durch Nährstoffe), Anreicherung *f* (mit Nährstoffen)
**supplied by others** (Build) / bauseitig *adj* (Leistungen)
**supplier** *n* / Ausrüster *m*, Lieferant *m*, Lieferfirma *f*, Anbieter *m* ‖ **~** (supply ship) (Ships) / Versorger *m* (Versorgungsschiff), Versorgungsschiff *n*
**supplies** *pl* / Zufuhr *f* (zugeführtes Material)
**supply** *v* / liefern *v*, bereitstellen *v*, beschaffen *v* ‖ **~** *vt* / versorgen *v*, ausstatten *v*, beliefern *v* ‖ **~** *n* / Versorgung *f* (mit Material, mit Energie), Zufuhr *f* (von Material) ‖ **~** / Lieferung *f*, Anlieferung *f* (Versorgung), Bereitstellung *f*, Beschaffung *f* ‖ **~** (Heat) / Zufuhr *f*, Zuführung *f* (von Wärme) ‖ **~ and demand** (in economic models) / Angebot und Nachfrage ‖ **~ area** / Versorgungsgebiet *n* (im Allgemeinen) ‖ **~ battery** (Elec Eng) / Speisebatterie *f* ‖ **~ bin** (Civ Eng) / Vorratsbunker *m*, Bunker *m* (Vorratsraum), Silo *m n* ‖ **~ boat** (Ships) / Versorger *m* (Versorgungsschiff), Versorgungsschiff *n* ‖ **~ chain** / Wertschöpfungskette *f*
**supply-chain management** (Chem) / Lieferkettenmanagement *n*
**supply circuit** (Elec Eng) / Speisestromkreis *m* ‖ **~ contract** / Liefervertrag *m* ‖ **~ contract** / Lieferauftrag *m* (bei Ausschreibungen) ‖ **~ current** (Electronics) / Stromaufnahme *f* (bei TTL-Schaltungen) ‖ **~ dropping** (Aero, Mil) / Abwerfen *n* von Versorgungsgütern ‖ **~ flow** (Eng) / Förderstrom *m* (bei Pumpen) ‖ **~ frequency\*** (Elec Eng) / Netzfrequenz *f* (GB: 50 Hz, US: 60 Hz, Aero: 400 Hz) ‖ **~ industry** / Zulieferindustrie *f*, Zuliefererindustrie *f*
**supplying** *n* / Lieferung *f*, Anlieferung *f* (Versorgung), Bereitstellung *f*, Beschaffung *f*
**supply inlet damper** (Civ Eng) / Frischluftdrossel *f* (an Zuluftöffnungen installierte Klappe, die ein konstantes Einströmen von Luft gewährleisten soll), Frischluftblech *n* (in Zuluftöffnungen) ‖ **~ line** (Elec Eng) / Versorgungsleitung *f* ‖ **~ line** (Elec Eng) / Energieleitung *f*, Speiseleitung *f*, Stromzuleitung *f*, Feeder *m*, Zuleitung *f*, Leitung *f* (elektrische - als Anlage) ‖ **~ line** (Elec Eng) / Energieleitung *f*, Speiseleitung *f*, Stromzuleitung *f*, Feeder *m*, Zuleitung *f*, Leitung *f* (elektrische - als Anlage) ‖ **~ meter\*** (Elec Eng) / Stromverbrauchszähler *m* ‖ **~ outlet** (San Eng) / Zuluftauslass *m* ‖ **~ parachute** (Aero) / Lastenfallschirm *m* ‖ **~ pipe** (Plumb) / Hausanschlussrohr *n*, Verbraucheranschlussrohr *n*, Anschlussrohr *n* ‖ **~ point\*** (Build, Elec Eng) / Brennstelle *f* (Decken-, Wand-), Stromanschlusspunkt *m* ‖ **~ pressure** (Eng) / Betriebsdruck *m* (in der Versorgungsleitung) ‖ **~ reel** (Cinema) / Abwickelspule *f* (eines Laufbildwerfers oder eines Tonbandgeräts) ‖ **~ ship** (Ships) / Versorger *m* (Versorgungsschiff), Versorgungsschiff *n*
**supply-side economics** / angebotsorientierte Wirtschaftspolitik
**supply source** / Bezugsquelle *f* ‖ **~** / Vorwickel-Filmzahntrommel *f* (des Laufbildwerfers) ‖ **~ station\*** (Elec Eng) / Kraftwerk *n* ‖ **~ terminal\*** (Elec Eng) / Anschlussklemme *f* (für Netzstrom) ‖ **~ unbalance** (Eng) / Lieferunwucht *f* (der Schleifscheibe bei Auslieferung an den Kunden) ‖ **~ voltage** (Elec Eng) / Versorgungsspannung *f* ‖ **~ voltage\*** (Elec Eng) / Netzspannung *f*, Speisespannung *f*, Leitungsspannung *f*, Betriebsspannung *f* (Leitungsspannung) ‖ **~ voltage rejection ratio** (Elec Eng) / Unterdrückung *f* der Wirkung von Versorgungsspannungsänderungen (als Verhältnisgröße) ‖ **~ voltage sensitivity** (Elec Eng) / Empfindlichkeit *f* gegen Versorgungsspannungsänderungen
**support** *v* / unterhalten *v* (Verbrennung) ‖ **~** / aufständern *v* ‖ **~** / stützen *v*, abstützen *v* ‖ **~** (Civ Eng, Mining) / ausbauen *v*, verbauen *v* ‖ **~** *n* (Arch, Civ Eng) / Pfeiler *m* ‖ **~** (Build, Carp, Civ Eng) / Stütze *f* (aufrechtes, meist stabförmiges Bauglied, das je nach seinem Querschnitt als Säule oder als Pfeiler bezeichnet wird), Abstützung *f*, Auflage *f*, Auflager *n* (Stelle, an der ein Tragwerk an der Unterkonstruktion aufliegend und die von ihm belastet wird) ‖ **~** (Build, Civ Eng) / Auflager *n* ‖ **~** (Chem) / Träger *m* (hochdispersiver katalytisch wirksamer Stoff) ‖ **~** (Chem) / Träger *m* (z.B. für Katalysatoren) ‖ **~** (Civ Eng) / Seilbahnstütze *f* ‖ **~** (Civ Eng, Mining) / Ausbau *m* (Stützelemente zum Offenhalten bergmännischer Hohlräume aus Metall, Beton, Holz oder Stein), Verbau *m* ‖ **~** (Elec Eng) / Haltedraht *m* (der den Leuchtkörper der Glühlampe hält) ‖ **~** (Eng) / Halter *m*, Träger *m*, Halterung *f* ‖ **~** (Eng) / Säule *f*, Ständer *m*, Gestell *n* (im Allgemeinen) ‖ **~** (Maths) / Träger *m* (einer reellwertigen Funktion) ‖ **~** (Mech) / Stützglied *n* ‖ **~** (Photog) / Unterlage *f* (z.B. Polyethylenterephthalat) ‖ **~ attr** (Build) / Trag-, tragend *adj* (z.B. Konstruktion)
**supportable** *adj* / erträglich *adj* (Lärm, Klima)
**support arch** (Mining) / Ausbaubogen *m* ‖ **~ beam** (Eng) / Stützträger *m* (der beidseitig gelagert ist) ‖ **~ bearing** (Mech) / Stützlagerung *f* (wenn jede Lagerstelle die Axialkraft nach je einer Richtung übernimmt)
**support-coated capillary column** (Chem) / Dünnschichtkapillarsäule *f*, SCOT-Säule *f* (für die Kapillarchromatografie)
**supported at both ends** (Build) / frei aufliegend (Träger, Platte) ‖ **~ catalyst** (Autos, Chem) / Trägerkatalysator *m* ‖ **~ flange joint** (Chem) / Klemmflansch *m* ‖ **~ on three sides** (Eng) / dreiseitig gelagert ‖ **~ price** / Stützungspreis *m*, subventionierter Preis (z.B. bei Agrarprodukten) ‖ **~ reagent** (Chem) / Trägerreagens *n*
**support engineer** (Comp) / Support-Techniker *m* ‖ **~ force** (Mech) / Stützkraft *f*, Auflagerkraft *f*, Stützreaktion *f*, Auflagerreaktion *f* (in den Lagern durch die eingeprägten Kräfte verursachte Reaktion), Lagerdruck *m* ‖ **~ index** (Mech) / Stützziffer *f* (die sich aus der Last-Dehnungs-Kurve ergibt)
**supporting cable** (Eng) / Tragseil *n* ‖ **~ construction** (Build) / Unterkonstruktion *f* (des Dachaufbaus) ‖ **~ electrolyte** (Surf) / Leitsalz *n* (Alkalisalz, das die Leitfähigkeit des Bades erhöht und die Dissoziation der Metallsalze beeinflusst), Leitelektrolyt *m*, LE (Leitelektrolyt) ‖ **~ facility** (Eng) / Hilfsanlage *f* ‖ **~ film** (Cinema) /

Beifilm *m* ‖ ~ **force** (Mech) / Stützkraft *f*, Auflagerkraft *f*, Stützreaktion *f*, Auflagerreaktion *f* (in den Lagern durch die eingeprägten Kräfte verursachte Reaktion), Lagerdruck *m* ‖ ~ **formwork** (Build) / Bohlen- und/oder Schalbretterkranz *m* (beim Betonieren) ‖ ~ **framework** (Build, Civ Eng) / Traggerüst *n* ‖ ~ **guideway** (Eng) / Tragführung *f* (an der Werkzeugmaschine) ‖ ~ **industry** (Eng) / Zulieferindustrie *f*, Zuliefererindustrie *f* ‖ ~ **line** (Maths) / Stützgerade *f* ‖ ~ **member** (Mech) / Stützglied *n* ‖ ~ **roll(er)** (Eng) / Stützrolle *f* ‖ ~ **root** (Bot, For) / Stützwurzel *f* ‖ ~ **rope** (Build) / Seilträger *m* (z.B. bei frei überdachten Hallen) ‖ ~ **shell** (Eng) / Stützschale *f* (des Gleitlagers) ‖ ~ **structure** (Build, Civ Eng) / Tragkonstruktion *f*, Tragwerk *n* (System aus Trägern oder anderen Bauelementen, das die Wirkungen aus ständigen Lasten, Verkehrs- und Nutzlasten aufnimmt und an die Auflager überträgt), Stützkonstruktion *f*, tragende Konstruktion ‖ ~ **surfaces** (Aero) / Tragwerk *n* (alle tragenden Flächen, die den Auftrieb liefern) ‖ ~ **tissue** (Bot) / Stützgewebe *n*, Stereom *n*, Festigungsgewebe *n* (Kollenchym und Sklerenchym) ‖ ~ **trestle** (Met) / Tiegelschere *f* ‖ ~ **wall** (Mining) / Mauerfuß *m* (Stützmauer beim Abteufen eines Schachtes) ‖ ~ **width** (Eng) / tragende Breite ‖ ~ **wires** / Haltedrähte *m pl*
**support moment** (Mech) / negatives Biegemoment ‖ ~ **of the weld pool** (Welding) / Badsicherung *f* (zur Auflockerung einer mangelfreien Wurzel) ‖ ~ **parameter** (Mech) / Stützziffer *f* (die sich aus der Last-Dehnungs-Kurve ergibt) ‖ ~ **pillar** (Mining) s. also pillar ‖ ~ **pillar** *n* (Build, Carp, Civ Eng) / Stütze *f* (aufrechtes, meist stabförmiges Bauglied, das je nach seinem Querschnitt als Säule oder als Pfeiler bezeichnet wird), Abstützung *f*, Auflage *f*, Auflager *n* (Stelle, an der ein Tragwerk an der Unterkonstruktion aufliegt und die von ihm belastet wird) ‖ ~ **plate** (Chem) / Einsatz *m* (im Exsikkator) ‖ ~ **price** / Stützungspreis *m*, subventionierter Preis (z.B. bei Agrarprodukten) ‖ ~ **ring** (Chem) / Halterung *m* ‖ ~ **ring** (Elec Eng) / Halterung *m*, Stützring *m* ‖ ~ **robot** / Ständerroboter *m* (Industrieroboter in Ständerbauweise mit vorzugsweise translatorischen Bewegungen) ‖ ~ **rod** (Autos) / Motorhaubenstütze *f* ‖ ~ **set** (AI) / Stützmenge *f* (für die Set-of-Support-Strategie), Unterstützungsmenge *f* ‖ ~ **software program** (Comp) / Supportsoftware-Programm *n* ‖ ~ **structure** (Build, Civ Eng) / Tragkonstruktion *f*, Tragwerk *n* (System aus Trägern oder anderen Bauelementen, das die Wirkungen aus ständigen Lasten, Verkehrs- und Nutzlasten aufnimmt und an die Auflager überträgt), Stützkonstruktion *f*, tragende Konstruktion ‖ ~ **wire** (Elec Eng) / Haltedraht *m* (der den Leuchtkörper der Glühlampe hält)
**suppress** *v* (Comp, Maths) / unterdrücken *v* ‖ ~ **(noise)** (Elec Eng) / entstören *v*
**suppressant** *n* / Feuerlöschmittel *n* (zum Löschen eines Brandes)
**suppressed antenna** (Aero, Radio) / versenkte Antenne, Flushantenne *f* (die nicht über die Montageflächen hinausragt)
**suppressed-carrier modulation** (Radio) / Modulation *f* mit unterdrücktem Träger
**suppressed carrier system*** (Radio) / Übertragung *f* mit unterdrückter Trägerwelle ‖ ~ **sideband** (Radio) / Fehlseitenband *n* (bei der Einseitenbandmodulation) ‖ ~ **weir** (a measuring weir) (Hyd Eng) / Überfall *m* ohne Seiteneinschnürung, Überlauf *m* ohne Seiteneinschnürung, Wehr *n* ohne Seitenkontraktion ‖ ~ **zero** (Instr) / unterdrückter Nullpunkt (der Skala) ‖ **~-zero instrument*** (Elec Eng, Instr) / Messinstrument *n* mit unterdrücktem Nullpunkt
**suppression** *n* / Unterdrückung *f* ‖ ~ (Comp, Maths) / Unterdrückung *f* ‖ ~ (Gen) / Suppression *f* (das Verschwinden einer Mutation im Erscheinungsbild, ohne dass eine Rückmutation erfolgt ist) ‖ ~ (Phys) / Abbau *m* (des Druckes) ‖ ~ **capacitor** (Elec Eng) / Entstörkondensator *m*, Entstörungskondensator *m* ‖ ~ **filter** (Elec Eng) / Sperrfilter *n*, Sperrkreisfilter *n* ‖ ~ **of noise** (Acous, Ecol, Med) / Lärmbekämpfung *f* ‖ ~ **pool** (Nuc Eng) / Kondensationsbecken *n* (Druckabbausystem)
**suppressor** *n* (Aero) / Schalldämpfer *m* ‖ ~ (Chem) / Suppressorsäule *f* (eine zweite Ionenaustauschersäule in der Detektionseinheit der Ionenchromatografie mit Suppressortechnik) ‖ ~* / Entstörvorrichtung *f*, Entstörgerät *n*, Entstörer *m*, Entstörstecker *m* ‖ ~ (Gen) / Suppressorgen *n*, Suppressor *m* ‖ ~ **cell*** (Biol) / Suppressorzelle *f* ‖ ~ **circuit** (Electronics) / TSE-Beschaltung *f* (bei Halbleiterventilen), Trägerstaueffekt *m* ‖ ~ **column** (Chem) / Suppressorsäule *f* (eine zweite Ionenaustauschersäule in der Detektionseinheit der Ionenchromatografie mit Suppressortechnik)
**suppressor-column ion chromatography** (Chem) / Zweisäulentechnik *f* (der Ionenchromatografie)
**suppressor grid** (Electronics) / Bremsgitter *n*, Schutzgitter *n* (Hilfsgitter bei Leistungsröhren) ‖ **~-grid modulation*** (Electronics) / Bremsgittermodulation *f* ‖ ~ **mutation** (Gen) / Suppressormutation *f*
**suppress zero** *v* / entnullen *v*
**supra-aural** *adj* / supraaural *adj* (auf dem Ohr aufliegend)

**suprafacial** *adj* (Chem) / suprafacial *adj* (Prozess - bei sigmatropen Wanderung eines H-Atoms), suprafazial *adj*
**supraliminal advertising** / oberschwellige Werbung (die im Gegensatz zur unterschwelligen Werbung an die bewußte Wahrnehmung der Umworbenen gerichtet ist)
**supralittoral** *n* (Bot, Ecol, Geog, Zool) / Supralitoral *n* (Uferbereich ohne direkte Wasserberührung, aber mit einem vom Gewässer geprägten feuchten Mikroklima)
**supramolecular chemistry** (Chem) / supramolekulare Chemie
**supramolecule** *n* (Chem) / Übermolekül *n*, supermolekulares System
**supramyl process** (Chem Eng) / Supramylverfahren *n* (ein energiesparendes Verfahren zum kontinuierlichen Stärkeaufschluss)
**supraneuston** *n* (Ecol) / Epineuston *n* (Lebensgemeinschaft auf dem Oberflächenhäutchen der Gewässer, dem Luftleben angepasst)
**supratenuous fold** (Geol) / Beule *f* (Schichtverdünnung am Kopf der Aufwölbung gegenüber den Flanken)
**suprathermal** *adj* (Nuc) / superthermisch *adj*
**supravital staining** (Micros) / Supravitalfärbung *f* (eine Art Vitalfärbung), supravitale Färbung
**supremum** *n* (pl. -s or suprema) (Maths) / größte obere Schranke, obere Grenze, Supremum *n* (pl. Suprema) ‖ ~* (pl. -s or suprema) (Maths) / obere Grenze, Supremum *n* (pl. Suprema), kleinste obere Schranke
**supremum formation** (Maths) / Supremumsbildung *f*
**surah** *n* (Textiles) / Surah *m* (ein Seidenköper), Surahseide *f*
**suramin*** *n* (Pharm) / Suramin *n* (Germanin)
**surbase** *n* (Build) / obere Wandsockelleiste, obere Abschlussleiste der Wandtäfelung
**surbased arch** (Arch) / Bogen *m*, dessen Stichhöhe kleiner ist als eine halbe Spannweite (z.B. ein Segmentbogen) ‖ ~ **vault** (Arch) / gedrücktes Gewölbe, abgeflachtes Gewölbe
**surcharge** *v* / überbelasten *v* ‖ ~ / mit Zuschlag belegen ‖ ~ *n* / Aufschlag *m* (Verteuerung des Preises) ‖ ~ / Zuschlag *m* (Gebühr), Zuschlaggebühr *f* ‖ ~* / Preisaufschlag *m* ‖ ~* (Civ Eng) / Überkopfmassen *f pl* (bei Stützmauern)
**surcharged** *adj* / zuschlagpflichtig *adj*, mit Zuschlag ‖ ~ **earth** (Civ Eng) / Überkopfmassen *f pl* (bei Stützmauern)
**surcharge (flood) storage** (Hyd Eng) / außergewöhnlicher Hochwasserspeicherraum
**surd*** *adj* (Maths) / irrational *adj*
**sure-footed** *adj* (Autos) / spursicher *adj*
**surf** *v* (Comp) / surfen *v* (spielerisch, ziellos die Online-Dienste benutzen) ‖ ~ *n* (Ocean) / Meeresbrandung *f*, Brandung *f*
**surface** *v* (Aero) / erstellen *v* (Pistenbelag) ‖ ~ (Build, Paint) / spachteln *v*, aufspachteln *v*, aufziehen *v* ‖ ~ (Carp, For, Join) / abrichten *v*, hobeln *v* (abrichten) ‖ ~ (Eng) / die Oberfläche behandeln ‖ ~ *n* / Oberfläche *f* (im Allgemeinen, technische - nach DIN 4760) ‖ ~ (Maths) / Fläche *f* (Oberfläche) ‖ ~ *attr* / oberflächlich *adj*, superfiziell *adj*, Oberflächen- ‖ ~ (Mining) / oberirdisch *adj*, Oberflächen-, obererdig *adj*, über Tage ‖ ~ **near the** ~ / oberflächennah *adj*, in Oberflächennähe ‖ ~ **ablation** (Space) / Oberflächenabtragung *f*, Ablation *f* ‖ ~ **abrasion** / Oberflächenabrieb *m* ‖ ~ **acoustic wave*** (Acous, Radar) / akustische Oberflächenwelle
**surface-acoustic-wave device** (Telecomm) / akustisches Oberflächenwellenbauelement, AOW-Bauelement *n*, SAW-Bauelement *n*
**surface acoustic wave filter** (Telecomm) / akustoelektrisches Filter (ein akustisches Oberflächenbauelement)
**surface-active** *adj* (Chem, Phys) / oberflächenaktiv *adj*, grenzflächenaktiv *adj*
**surface-active agent** (Chem, Phys) / oberflächenaktiver Stoff, grenzflächenaktiver Stoff, Tensid *n* (ein Bestandteil von Detergenzien), Surfactant *n m* (DIN 53908)
**surface-active detergent** (Chem, Phys) / oberflächenaktiver Stoff, grenzflächenaktiver Stoff, Tensid *n* (ein Bestandteil von Detergenzien), Surfactant *n m* (DIN 53908)
**surface activity*** (Chem, Phys) / Oberflächenaktivität *f* (z.B. bei Aktivkohle, Kieselgel und den Bleicherden), Grenzflächenaktivität *f* (DIN EN ISO 862), Kapillarflächenaktivität *f* ‖ ~ **aeration** (San Eng) / Oberflächenbelüftung *f* (in der Abwasserbehandlung)
**surface-aeration tank** (San Eng) / Oberflächenbelüftungsbecken *n* (in der Abwasserbehandlung)
**surface aerator** (San Eng) / Oberflächenbelüfter *m* (Gerät, das beim Belebungsverfahren Sauerstoff durch Erzeugung starker Turbulenz an der Beckenoberfläche und durch Versprühen von Abwasser in die Luft einträgt) ‖ ~ **alloying** (Met) / Oberflächenlegieren *n* ‖ ~ **analysis** (Chem, Phys) / Oberflächenanalyse *f* (z.B. AES, LEED oder RHEED), Oberflächenanalytik *f* ‖ ~ **appearance** (Materials) / Aussehen *n* der Oberfläche ‖ ~ **appearance** s. also finish and surface condition ‖ ~ **atom** (Chem, Nuc) / Oberflächenatom *n* ‖ ~ **attack** (Surf) / Oberflächenangriff *m* (des korrodierenden Mediums) ‖ ~

1573

**surface**

**backscattering differential** (Acous) / Oberflächenrückstreumaß n (DIN 1320) ‖ ~ **backscattering strength** (Acous) / Oberflächenrückstreumaß n (DIN 1320) ‖ ~ **barrier*** (Electronics) / Randschicht f, Oberflächenbarriere f, Oberflächenpotentialschwelle f, Oberflächensperrschicht f ‖ ~**-barrier transistor** (Electronics) / Randschichttransistor m, Surface-Barrier-Transistor m
**surface-based duct** (Radio) / Oberflächendukt m, Oberflächenduct m, Oberflächenleitschicht f
**surface beacon** (Aero) / Bodenfunkfeuer n ‖ ~ **blowing** (Met) / Oberwindfrischen n, Blasen n von oben (bei Kleinkonvertern) ‖ ~ **bonding** (Textiles) / Oberflächenverfestigung f (der Textilverbundstoffe) ‖ ~ **bonding strength** (Paper) / Oberflächenfestigkeit f, Rupffestigkeit f ‖ ~ **boundary layer** (Meteor) / planetarische Grenzschicht, atmosphärische Grenzschicht (die unterste Schicht im Aufbau der Atmosphäre, in der aufgrund der Rauigkeit der Erdoberfläche und der daraus resultierenden Reibung eine ungeordnete turbulente Strömung vorherrscht) ‖ ~ **boundary layer*** (Meteor) / Prandtlschicht f, bodennahe Grenzschicht (die unterste, der laminaren Bodenschicht aufliegende Schicht der atmosphärischen Grenzschicht von einigen Dekametern Mächtigkeit) ‖ ~ **box** (Eng, San Eng) / Straßenkappe f (des Unterflurhydranten nach DIN 4055) ‖ ~ **box cover** (Eng) / Straßenkappendeckel m ‖ ~ **casing*** (Oils) / Ankerrohrfahrt f, Ankertour f ‖ ~ **catalysis** (Chem) / heterogene Katalyse, Kontaktkatalyse f, Grenzflächenkatalyse f, Oberflächenkatalyse f
**surface-channel charge-coupled device** (Electronics) / Oberflächen-Ladungsverschiebeschaltung f (Ladungsverschiebeschaltung in MOS-Technik)
**surface charge*** (Elec Eng) / Oberflächenladung f ‖ ~**-charge-coupled device** (Electronics) / Oberflächen-Ladungsverschiebeschaltung f (Ladungsverschiebeschaltung in MOS-Technik)
**surface-charge density** (Elec Eng) / Flächenladungsdichte f (in $C/m_2$), Oberflächenladungsdichte f, Oberflächendichte f der Ladung ‖ ~ **effect** (Electronics) / S-Effekt m ‖ ~ **transistor** (Electronics) / SCT-Element n, oberflächengesteuerter Transistor (Steuerung der Oberflächenrekombination und damit des Stromverstärkungsfaktors mittels Feldelektrode), Oberflächenladungstransistor m
**surface check** (For) / Oberflächenriss m ‖ ~ **check** (Glass) / Oberflächenriss m ‖ ~ **chemistry*** (Chem, Phys) / Oberflächenchemie f ‖ ~ **cleaning** / Oberflächenreinigung f ‖ ~ **coating** / Oberflächenüberzug m, Oberflächenbeschichtung f ‖ ~ **coating** (Optics, Photog) / Oberflächenvergütung f ‖ ~ **coefficient of heat transfer** (Heat) / Wärmeübergangskoeffizient m ‖ ~ **colour** (Light, Optics) / Körperfarbe f, Aufsichtfarbe f, Oberflächenfarbe f
**surface-coloured** adj (Paper) / oberflächengefärbt adj
**surface combustion*** (Heat) / Oberflächenverbrennung f (Oxidation) ‖ ~ **compactor** (Civ Eng) / Oberflächenverdichter m ‖ ~ **compound** (Chem) / Oberflächenverbindung f ‖ ~ **concentration** / Oberflächenkonzentration f ‖ ~ **concentration excess*** (Chem) / Konzentrationsüberschuss m in der Oberflächenschicht ‖ ~ **condenser*** (Eng) / Oberflächenkondensator m (in dem der Dampf an von Kühlmittel durchflossenen Rohrleitungen kondensiert - das Kondensat wird dann zum Speisewasser zurückgeführt) ‖ ~ **condition** (Materials) / Oberflächenzustand m, Oberflächengüte f (meistens ohne Bearbeitung), Oberflächenbeschaffenheit f (im Allgemeinen) ‖ ~ **conductivity*** (Phys) / Oberflächenleitfähigkeit f, Oberflächenleitvermögen n
**surface-contact rectifier** (Elec Eng) / Flächengleichrichter m
**surface contamination** / Oberflächenverunreinigung f
**surface-controlled avalanche** (Electronics) / Steuerung der Oberflächendurchbruchspannung (eines pn-Übergangs mittels Feldelektrode) ‖ ~ **avalanche transistor** (Electronics) / Lawinentransistor m mit Steuerung der Durchbruchspannung ‖ ~ **transistor** (Electronics) / SCT-Element n, oberflächengesteuerter Transistor (Steuerung der Oberflächenrekombination und damit des Stromverstärkungsfaktors mittels Feldelektrode), Oberflächenladungstransistor m
**surface-conversion coat(ing)** (Surf) / Umwandlungsschicht f, Konversionsschicht f (eine Oberflächenschutzschicht)
**surface cooling** (Elec Eng) / Oberflächenkühlung f (bei der das Kühlmittel entlang der - meist durch Kühlrippen vergrößerten - Gehäuseoberfläche geführt wird) ‖ ~ **course** (Aero) / Oberflächenschicht f (der Piste), Belag m (der Piste) ‖ ~ **coverage** (Chem, Phys) / Oberflächenbelegung f (bei der Adsorption), Belegung der Festkörperoberfläche (bei der Adsorption) ‖ ~ **crack** (Build, Eng) / Oberflächenriss m, Anriss m (Vorstadium eines Risses in der Bauteiloberfläche) ‖ ~ **crack** (Foundry) / Oberflächenriss m, Riefe f (ein Gussfehler) ‖ ~ **craft** (Ships) / Überwasserschiff n ‖ ~ **culture** (Bacteriol) / Emerskultur f (von Mikroorganismen auf der Oberfläche von Nährlösungen oder festen Nährböden, so dass ein schneller Gasaustausch erfolgen kann), Oberflächenkultur f, Deckenkultur f ‖ ~ **current** (Phys) / Oberflächenstrom m ‖ ~ **curvature** (Maths) / Flächenkrümmung f ‖ ~ **curve** (Hyd Eng) / Wasserspiegellinie f (bei einem Wasserlauf) ‖ ~ **decarburization** (Met) / Randentkohlung f (Abnahme des Kohlenstoffgehaltes in der Randschicht von Stählen durch oxidierende Gase), Oberflächenentkohlung f ‖ ~ **defect** (Crystal) / Oberflächenfehler m, zweidimensionaler Gitterbaufehler (mit flächenhafter Ausdehnung, z.B. Stapelfehler), Oberflächendefekt m (Stufen, Löcher), flächenhafte Gitterfehlstelle (am häufigsten die Korngrenzen), zweidimensionale Gitterstörung, Flächendefekt m, Flächenfehler m ‖ ~ **defect** (Materials) / Oberflächenfehler m (DIN ISO 8785) ‖ ~ **density*** (Materials) / Oberflächendichte f ‖ ~ **density** (Phys) / flächenbezogene Masse, Massenbedeckung f (in $kg/m^2$) ‖ ~ **density of charge*** (Elec, Phys) / Ladungsbedeckung f, Flächenladungsdichte f (DIN 1301, T 2, DIN 1304) ‖ ~ **deposit** (Geol) / oberflächennahe Lagerstätte, Oberflächenablagerung f ‖ ~ **detention** (Agric, Civ Eng) / Oberflächenrückhaltung f (des Regenwassers) ‖ ~ **developer** (Photog) / Oberflächenentwickler m, Ausgleichsentwickler m ‖ ~ **diffusion** (Phys) / Oberflächendiffusion f ‖ ~ **dipole layer** (Med) / Oberflächendipolschicht f (adsorbierte und orientierte Dipole auf der Oberfläche der elektrochemischen Doppelschicht) ‖ ~ **disinfectant** (Med) / Oberflächendesinfektionsmittel n (DIN EN 13 713 19) ‖ ~ **disruption** (Materials) / Oberflächenzerrüttung f
**surfaced lumber** (For) / Hobelware f, gehobeltes Holz, abgerichtetes Holz, besäumtes Schnittholz
**surface drag** (Aero, Phys) / Oberflächenreibung f, Flächenreibung f, äußere Reibung ‖ ~ **drainage** (Agric) / Oberflächendränung f ‖ ~ **dressing** (a wearing surface) (Civ Eng) / Oberflächenüberzug m ‖ ~**-dry** adj (Paint) / oberflächentrocken adj (DIN EN ISO 1517)
**surfaced timber** (Carp) / zugerichtetes Holz, Hobelware f, hobeltes Schnittholz ‖ ~ **timber** (For) / Hobelware f, gehobeltes Holz, abgerichtetes Holz, besäumtes Schnittholz
**surface duct** (Radio) / Oberflächendukt m, Oberflächenduct m, Oberflächenleitschicht f ‖ ~ **(high) dump** (Mining) / Hochkippe f
**surface-dyed** adj (Paper) / oberflächengefärbt adj
**surface effect** (Materials) / Oberflächeneinfluss m ‖ ~ **effect** (Phys) / Oberflächeneffekt m
**surface-effect ship** (Ships) / Luftkissenschiff n, Hovercraft n, Surface-Effekt-Schiff n, SES-Schiff n
**surface•-effect vehicle** (Aero) / Luftkissenfahrzeug n, Bodeneffektfluggerät n, Bodeneffektgerät n, Hovercraft n (bei dem ein Gebläse ein gegen die Umgebung abgedichtetes Gebiet höheren Drucks bildet) ‖ ~ **electrode** (Med) / Oberflächenelektrode f ‖ ~ **emitter** (Phys) / Oberflächenstrahler m, Flächenstrahler m (Oberflächenstrahler)
**surface-emitting LED** (Electronics) / flächenstrahlende LED, lichtemittierende Diode mit Oberflächenemission, Flächenemitter-LED f
**surface energy*** (Phys) / Oberflächenenergie f ‖ ~ **energy*** (Phys) / freie Oberflächenenergie (bei Festkörpern) ‖ ~ **engineering** (Surf) / Oberflächentechnik f (Oberflächenschutz + Oberflächenveredelung)
**surface-enhanced Raman spectroscopy** (Spectr) / SERS-Methode f (der Raman-Spektroskopie), oberflächenverstärkte Raman-Spektroskopie
**surface equipment** (Mining) / Tagesanlage f (bauliche oder maschinelle) ‖ ~ **equipment** (Oils) / übertägige Ausrüstung, Übertageausrüstung f ‖ ~ **etching** (Oils) / Oberflächenätzen n, Oberflächenätzung f ‖ ~ **evaporation** (Phys) / Oberflächenverdunstung f
**surface-evenness inspection** (Eng, Materials) / Ebenheitsprüfung f, Planheitsprüfung f
**surface exposed to the wind** (Build) / Windangriffsfläche f (als konkrete Oberfläche)
**surface-extended X-ray absorption fine structure** (Electronics) / Feinstruktur f der Röntgenabsorption von Oberflächen in einem weiteren Energiebereich, oberflächenverstärkte Röntgenabsorptions-Feinstruktur
**surface fatigue** (Materials) / Oberflächenermüdung f ‖ ~ **fatigue wear** (Eng, Materials) / Ermüdungsverschleiß m (der oberflächennahen Bereiche) ‖ ~ **field-effect transistor** (Electronics) / Oberflächenfeldeffekttransistor m ‖ ~ **fillet** / Verrundungsfläche f (Übergangsfläche zwischen zwei oder mehreren Flächen) ‖ ~ **film** / Oberflächenschicht f (hauchdünne) ‖ ~ **film** (om the surface of the filter) (San Eng) / Filterhaut f (auf der Oberfläche der Sandkörner im Filter) ‖ ~ **film** (Surf) / Deckschicht f (aus Korrosionsprodukten) ‖ ~ **filter** (Chem, Phys) / Oberflächenfilter n ‖ ~ **filter** (San Eng) / Flächenfilter n (z.B. Langsamfilter) ‖ ~ **filtration** (Chem, Phys) / Oberflächenfiltration f (wenn die Teilchen auf der Oberfläche des Filtermittels als zusammenhängender Filterkuchen abgesetzt werden), Kuchenfiltration f ‖ ~ **finish** (Eng) / Oberflächenbeschaffenheit f (DIN ISO 1302),

Oberflächenausführung f, Oberflächengüte f (nach der Bearbeitung), Finish n, Oberflächenfinish n || ~ **finishing by the vibratory impact of abrasive materials** (Eng) / Gleitspanen n || ~ **fire** (For) / Bodenfeuer n (ein Waldbrand im Bodenüberzug) || ~ **flaw** (Materials) / Oberflächenfehler m (DIN ISO 8785) || ~ **flaw** (Materials) / Oberflächenanriss m || ~ **flaw specimen** (Materials) / Probe f mit Oberflächenfehler || ~ **float** (Hyd Eng) / Oberflächenschwimmer m || ~ **foil** / Finishfolie f || ~ **force** (Mech) / Oberflächenkraft f (die nicht im Inneren wirkt) || ~ **force** (Phys) / Flächenkraft f || ~ **forces** (Phys) / Bindungskräfte f pl (z.B. bei der Elektronenemission) || ~ **friction** (Aero, Phys) / Oberflächenreibung f, Flächenreibung f, äußere Reibung || ~ **friction drag*** (Aero, Phys) / Reibungswiderstand m (bei sehr schlanken und stromlinienförmigen Körpern), durch Luftreibung bewirkter Widerstand, Oberflächenwiderstand m, Schubwiderstand m
**surface-gap spark plug** (I C Engs) / Gleitfunkenzündkerze f, Gleitfunkenkerze f
**surface-gap-type plug** (I C Engs) / Gleitfunkenzündkerze f, Gleitfunkenkerze f
**surface gauge*** (Carp, Eng, Tools) / Parallelreißer m, Reißstock m, Höhenreißer m || ~ **generator** (Comp) / Flächengenerator m (eine Funktionseinheit, welche die kodierte Repräsentation in die Form einer Fläche umwandelt) || ~ **geology** (Geol) / Oberflächengeologie f, Geländegeologie f || ~ **geometry** (Eng) / Oberflächengeometrie f || ~ **gloss** / Oberflächenglanz m || ~ **grinding** (the grinding or abrading of a plane surface) (Eng) / Flachschleifen n, Planschleifen n (DIN ISO 603), Planschleifen n (Schleifen ebener Flächen, wobei das Werkzeug die Schnittbewegung und das Werkstück die Vorschubbewegung ausführen), Planschliff m || ~-**grinding machine** (Eng) / Planschleifmaschine f, Flachschleifmaschine f || ~ **ground zero** (Mil, Nuc Eng) / Bodennullpunkt m (der genau unterhalb der Stelle lag, wo in größerer Höhe die Atombombe explodierte), Nullpunkt m (Ground Zero), Ground Zero m n, Detonationsnullpunkt m (der lotrecht unter oder über dem Detonationspunkt liegende Punkt auf der Erdoberfläche) || ~ **handling** (of materials) / Flurförderung f (Beförderung von Lasten im innerbetrieblichen Transport mit Flurfördermitteln), Flurtransport m
**surface-hardening*** n (Met) / Randschichthärten n (Härten mit auf die Randschicht beschränkter Austenitisierung - DIN EN 10 052), Randhärten n (Härteannahme an der Oberfläche), Oberflächenhärten n, Oberflächenhärtung f || ~ **steel** (Met) / Stahl m für Randschichthärtung
**surface hardness** (Materials) / Oberflächenhärte f || ~ **harmonic** (Maths) / Kugelfunktion f, Kugelflächenfunktion f
**surface-heat budget** (Agric) / Bodenwärmehaushalt m (Gesamtheit aller Komponenten, welche den Energiehaushalt des Erdbodens bestimmen) || ~ **flux** (Agric, Civ Eng) / Bodenwärmestrom m (negativer, positiver)
**surface heat** (release) **rate** (Heat) / Heizflächenbelastung f (Wärmestromdichte an der Heizfläche) || ~ **heat release** (Heat) / Heizflächenbelastung f (Wärmestromdichte an der Heizfläche) || ~ **hydrant** / Überflurhydrant m (DIN 3222) || ~ **ignition** / Oberflächenzündung f || ~ **ignition** (Autos) / Glühkopfzündung f || ~ **image** (Photog) / Oberflächenbild n
**surface-induced dissociation spectrum** (Spectr) / SID-Spektrum n (in der Massenspektrometrie)
**surface inspection** (Eng, Materials) / Oberflächenprüfung f || ~ **installation** (Build, Elec Eng) / Aufputzmontage f, Verlegung f auf Putz, Aufputzverlegung f || ~ **installation** (Mining) / Tagesanlage f (bauliche oder maschinelle) || ~ **integral** (Maths) / Flächenintegral n, Gebietsintegral n (n = 2), Gebietenintegral n || ~ **inversion** (Meteor) / Bodeninversion f || ~ **ionization** (Nuc) / Oberflächenionisation f, Oberflächenionisierung f || ~ **irradiation*** (Radiol) / Oberflächenbestrahlung f || ~ **irrigation** (Agric) / Stau- und Rieselverfahren n, Flächenbewässerung f || ~ **irrigation** (San Eng) / Hangberieselung f (in der Abwasserbehandlung) || ~ **lapping** (Eng) / Planläppen n || ~ **layer** / Randschicht f (im Allgemeinen) || ~ **layer** / Oberflächenschicht f (im Allgemeinen) || ~ **layer** (Electronics) / Raumladungsrandschicht f, Randschicht f (z.B. Verarmungs- oder Anreicherungsrandschicht) || ~ **layer** (Surf) / Deckschicht f (aus Korrosionsprodukten) || ~ **leakage** (Elec Eng) / Fremdschichtüberschlag m (durch die Fremdschicht hervorgerufene vollständige Überbrückung des Isolators durch einen Lichtbogen) || ~ **leakage** (Elec Eng) / Kriechen n (von Strömen), Oberflächenableitung f || ~ **level** (Chem) / Oberflächenniveau n, Oberflächenterm m || ~ **lifetime** (Electronics) / Oberflächenlebensdauer f, Lebensdauer f an der Oberfläche (eines Halbleiterkristalls) || ~ **light** (Optics) / Auflicht n, auffallendes Licht || ~ **lights** (Aero) / Unterflurfeuer n pl (z.B. der Startbahnbefeuerung) || ~ **load** (Aero) / Strahlflächenbelastung f (des Bodens - bei Hubschraubern) || ~ **loading*** (Aero) / Flächenbelastung f (Verhältnis des Fluggewichts eines Flugzeuges zu seiner Flügelfläche) || ~ **lustre** / Oberflächenglanz m || ~ **mark** (scratch, score mark, machining mark) (Materials) / Oberflächenschaden m (mechanischer) || ~ **measure** (Eng) / Rauheitsmessgröße f, Rauheitswert m, Rauwert m (jede anhand von Oberflächenschnitten definierte Messgröße zur quantitativen Kennzeichnung der Rauheit) || ~ **measure*** (For) / ausgelegtes Maß, Flächenmaß n, Lagenmaß n (bei besäumten Brettern) || ~ **meter** (Eng) / Oberflächenmessgerät n || ~ **metrology** / Rautiefenmessung f (als Disziplin) || ~ **migration** (Crystal) / Oberflächenwanderung f || ~ **mine** (Mining) / Tagebauanlage f, Tagebau m (Anlage) || ~ **mining** (Mining) / Tagebaubetrieb m, Tagebauförderung f, Förderung f im Tagebau || ~ **mirror** (Optics) / Vorderflächenspiegel m, Oberflächenspiegel m (mit reflektierender Vorderfläche) || ~ **model** (Comp) / Flächenmodell n (Darstellung eines dreidimensionalen Körpers durch Begrenzungsflächen) || ~ **moisture** (Mining) / Oberflächenfeuchtigkeit f, Oberflächenwasser n, Oberflächenfeuchte f || ~ **moisture** (Mining) / Haftwasser n (in der Kohle)
**surface-mount(ed) device** (Electronics) / Oberflächenbauteil n (das "ohne Beinchen" direkt auf die Leiterplatte gelötet wird), SMD-Bauteil n, oberflächenmontiertes Bauteil, OMB (oberflächenmontiertes Bauteil) || ~ **device** (Electronics) / ein in der SMD-Technik hergestelltes elektronisches Bauelement, SMD-Verbindung f (als Bauelement)
**surface-mounted** adj (Join) / aufliegend adj (z.B. Möbelschloss), Aufschraub- || ~ **hinge** (Build) / Aufschraubband n, aufschraubbarer Scharnier || ~ **lock** (Build, Join) / Aufschraubschloss n, Kastenschloss n, aufgesetztes Schloss, Anbauschloss n, Aufsetzschloss n || ~ **luminaire** (US) (Light) / Deckenleuchte f
**surface mounting** (Build, Elec Eng) / Aufputzmontage f, Verlegung f auf Putz, Aufputzverlegung f || ~ **mounting** (Build, Join) / Aufschraubung f (des Möbelschlosses) || ~ **mounting** (Electronics, Eng) / Oberflächenmontage f || ~ **mount technology** (Electronics) / Oberflächenmontagetechnik f (Aufsetztechnik), Oberflächenaufbautechnik f, SMD-Technik f || ~ **movement** (Aero) / Bodenbewegung f || ~ **movement radar** (Aero, Radar) / Rollverkehrsradar m n, Radar m n für Bodenbewegungskontrolle || ~ **noise*** (Acous) / Nadelgeräusch n (bei alten Plattenspielern) || ~ **noise*** (Acous) / Abspielgeräusch n (einer Schallplatte), Grundgeräusch n (einer Schallplatte) || ~ **of discontinuity** (Geol, Phys) / Sprungfläche f, Diskontinuitätsfläche f, Unstetigkeitsfläche f || ~ **of discontinuity** (Aero, Phys) / Unstetigkeitsfläche f || ~ **of fifth order** (Maths) / Fläche f 5. Ordnung || ~ **of no strain** (Mech) / neutrale Fläche, Spannungsnullfläche f || ~ **of revolution** (Maths) / rotationssymmetrische Fläche f || ~ **of revolution** (Maths) / Drehfläche f, Rotationsfläche f || ~ **of the melt** (Glass) / Glasspiegel m (in dem Wannenofen) || ~ **of water** / Wasserfläche f (als Flächenmaß) || ~ **orientation** (Maths, Phys) / Oberflächenorientierung f
**surface-overflow rate** (San Eng) / Oberflächenbeschickung f (Wasser- bzw. Schlammvolumen, das, auf Zeit und wirksame Oberfläche bezogen, z.B. einem Eindicker, Tropfkörper oder einem Nachklärbecken zugeführt wird)
**surface paddle** (San Eng) / Wurfstrahlbelüfter m (beim Belebungsverfahren)
**surface(d) paper** (Paper) / gestrichenes Papier (z.B. Kunstdruck- und Chromopapier), Streichpapier n
**surface-penetration radar** (Radar) / Oberflächendurchdringungsradar m n, Georadar m n, Bodenradar m n
**surface phenomenon** (Phys) / Oberflächenerscheinung f || ~ **physics** (Phys) / Oberflächenphysik f (ein Spezialgebiet der Festkörperphysik), Physik f der Oberfläche(n)
**surface-piercing hydrofoil** (Ships) / halbgetauchter Tragflügel || ~ **propeller** (Ships) / teilgetauchter Propeller
**surface pipe** (Oils) / Standrohr n || ~ **pipes*** (Oils) / Ankerrohrfahrt f, Ankertour f || ~ **planer** (For, Join) / Abrichthobelmaschine f (mit unten liegender Messerwelle, die mit ihrem Scheitel zwischen zwei Tischlippen hobelt)
**surface-planing and edge-jointing machine** (Join) / Winkelkantenabrichtmaschine f
**surface-planing-and-thicknessing machine** (For, Join) / Abrichtdickenhobelmaschine f
**surface plate*** (Eng) / Tuschierplatte f (Verkörperung der Ebene) || ~ **plate** (Typog) / Richtplatte f || ~ **potential** (Phys) / Oberflächenpotential n || ~ **pressure*** (Chem) / Oberflächendruck m || ~ **pretreatment** (Paint) / Oberflächenvorbehandlung f, Oberflächenvorbereitung f || ~ **printing** (Print) / Flachdruck m (Steindruck + Zinkdruck + Offsetdruck + Lichtdruck) || ~ **probe** (Materials) / Oberflächenprüfkopf m (Materialprüfung mit Ultraschall) || ~ **profile** (Eng) / Flächenform f (Formtoleranz nach DIN 7184, T 1) || ~ **protection** (Surf) / Oberflächenschutz m || ~ **quality** (Materials) / Oberflächenzustand m, Oberflächengüte f

1575

**surface**

(meistens ohne Bearbeitung), Oberflächenbeschaffenheit f (im Allgemeinen) || ~ **quality conventional sign** (Eng) / Oberflächengütezeichen n || ~ **quality symbol** (Eng) / Oberflächengütezeichen n
**surfacer** n (Autos, Paint) / Füller m || ~ (For, Join) / Abrichthobelmaschine f (mit unten liegender Messerwelle, die mit ihrem Scheitel zwischen zwei Tischlippen hobelt) || ~ (a pigmented filler composition applied to a slightly uneven surface and which, when sanded down, presents a smooth level surface upon which the paint system is applied) (Paint) / Spachtelmasse f (DIN 55 945), Spachtel m f (Beschichtungsstoff zum Ausgleich von Unebenheiten bzw. Fehlern)
**surface reactor** (Chem Eng) / Oberflächenreaktor m (speziell entwickelter Bioreaktor, der zur Kultivierung von Mikroorganismen in Oberflächenkulturen geeignet ist) || ~ **recombination velocity**$^*$ (Electronics) / Oberflächenrekombinationsgeschwindigkeit f || ~ **reflection** (Optics) / Oberflächenspiegelung f, Oberflächenreflexion f || ~ **region** / Oberflächenbereich m, Oberflächenbezirk m || ~ **removal** (Eng, Materials) / Oberflächenabtragung f, Oberflächenabtrag m, Abtragung f der Oberflächenschicht
**surface-removal agent** (Nut) / Schälmittel n (für Obst, Kartoffel und Gemüsen - z.B. KOH oder NaOH) || ~ **rate** (Surf) / Abtragswert m, Abtragungsrate f (der Korrosion), Abtragsrate v
**surface resistance** (Elec Eng) / Oberflächenwiderstand m (bei Isolierstoffen) || ~ **resistivity**$^*$ (Phys) / spezifischer Oberflächenwiderstand m || ~ **rolling** (Eng, Met) / Glattwalzen n der Oberfläche || ~ **roughness** (Eng) / Oberflächenrauheit f (DIN 4762), Gestaltabweichung f 3. - 5. Ordnung (DIN 4761 - Rillen, Riefen, Schuppen, Kuppen) || ~ **roughness** (Eng) s. also surface texture
**surface-roughness data for drawings** (Eng) / Zeichnungsangaben für Oberflächen f pl
**surface run-off** (Hyd Eng) / Oberflächenabfluss m (Abschwemmung), oberirdischer Abfluss (auf Bodenoberfläche - die Gesamtmenge) || ~ **saponification** (Textiles) / oberflächliches Verseifen, oberflächiges Verseifen, S-Finish n || ~ **sealing** (Civ Eng) / Oberflächenbehandlung f (mit einem bituminösen Bindemittel oder mit bituminösen Schlämmen)
**surface-set diamond bit** (Oils) / mit Steinen besetzter Diamantbohrmeißel
**surface ship** (Ships) / Überwasserschiff n || ~ **shrinkage** (Foundry) / Außenlunker m || ~ **sizing** (Paper) / Oberflächenleimung f (im Allgemeinen) || ~ **slidability** (Textiles) / Oberflächengleitfähigkeit f (der Fasern) || ~ **socket** (Elec Eng) / Aufputzsteckdose f || ~ **sound pressure level** (Acous) / Messflächenschalldruckpegel m (DIN 1320) || ~ **spherical harmonic** (Maths) / Kugelfunktion f, Kugelflächenfunktion f || ~ **state** (Electronics) / Oberflächenzustand m (für Elektronen im Energiebändermodell an der Halbleiteroberfläche)
**surface-state density** (Electronics) / Oberflächenzustandsdichte f
**surface storage** (Agric, Civ Eng) / Oberflächenrückhaltung f (des Regenwassers) || ~ **strength**$^*$ (Paper) / Oberflächenfestigkeit f (im Allgemeinen) || ~ **tack** (Autos, Paint) / klebrige Oberfläche (ein Spachtelfehler) || ~ **tangent** (Maths) / Flächentangente f || ~ **temperature** (Meteor) / Temperatur f am Erdboden (in 5 cm über Grund) || ~ **temperature** (Meteor) / Bodentemperatur f (in 2 m Höhe) || ~ **tension**$^*$ (Phys) / Oberflächenspannung f (bei Flüssigkeiten, Gasen und Festkörpern in der Grenzfläche - DIN 13310)
**surface-tension depressant** (Min Proc) / Drücker m, drückender Zusatz (regelndes Schwimmmittel) || ~ **depressant** (Chem, Phys) / oberflächenaktiver Stoff, grenzflächenaktiver Stoff, Tensid n (ein Bestandteil von Detergenzien), Surfactant n m (DIN 53908)
**surface-tension-depressing** adj (Phys) / oberflächenspannungsvermindernd adj
**surface-tension gradient** (Chem, Phys) / Gradient m der Oberflächenspannung (z.B. beim Marangoni-Effekt)
**surface texture** (Eng) / Oberflächenstruktur f, Oberflächenfeinstruktur f (die Rauheit einer technisch hergestellten Oberfläche, wie sie sich beim Betrachten darstellt) || ~ **texture of a rolled product** (Met) / Walztextur f || ~ **texture roughness index number** (Eng) / Rauheitsmessgröße f, Rauheitswert m, Rauwert m (die anhand von Oberflächenschnitten definierte Messgröße zur quantitativen Kennzeichnung der Rauheit) || ~ **tillage** (Agric) / Flachbodenbearbeitung f
**surface-to-air** attr (Aero, Mil) / Boden-Bord-, Boden-Luft-
**surface-to-air missile** (Mil) / Boden-Luft-Flugkörper m, Boden-Luft-Lenkwaffe f
**surface-to-subsurface missile** (Mil) / Schiff-Unterwasser-Flugkörper m
**surface-to-surface missile** (Mil) / Boden-Boden-Flugkörper m
**surface traction** (Aero, Phys) / Oberflächenreibung f, Flächenreibung f, äußere Reibung || ~ **transfer impedance** (Cables) / Kopplungswiderstand m (bei der Verkabelung ein Maß für die Güte der Schirmung von einzelnen Aderpaaren) || ~ **treating** / Oberflächenbehandlung f (im Allgemeinen), Flächenbehandlung f (Oberflächenbehandlung) || ~ **treatment** / Oberflächenbehandlung f (im Allgemeinen), Flächenbehandlung f (Oberflächenbehandlung) || ~ **treatment** (Civ Eng) / Oberflächenbehandlung f (mit einem bituminösen Bindemittel oder mit bituminösen Schlämmen)
**surface-treatment agent** (Nut) / Oberflächenbehandlungsmittel n
**surface trimmer for soles** / Sohlenfräsmaschine f || ~ **twist** (Spinning) / Manteldrehung f
**surface-type probe** (Materials) / Oberflächenprüfkopf m (Materialprüfung mit Ultraschall)
**surface ventilation** (Elec Eng) / Oberflächenkühlung f (bei der das Kühlmittel entlang der - meist durch Kühlrippen vergrößerten - Gehäuseoberfläche geführt wird) || ~ **vibrator** (Civ Eng) / Oberflächenrüttler m (ein Verdichtungsgerät nach DIN 4235) || ~ **viscosity** / Oberflächenviskosität f || ~ **warship** (Mil) / Überwasserkriegsschiff n || ~ **water** (Geol, Hyd) / Oberflächenwasser n (DIN 4046)
**surface-water-free moisture** (Mining) / grobe Feuchtigkeit (der Kohle nach DIN 51 718)
**surface waterproofer** (Eng) / wasserbeständiger Belagstoff || ~ **waterproofer** (Paint) / Absperrmittel n (DIN 55945), Isoliermittel n || ~ **waterproofer** (Paint) / wasserbeständiger Anstrichstoff || ~ **waterproofer** (Paint) s. also sealing primer || ~ **wave**$^*$ (Geol, Phys) / Oberflächenwelle f || ~ **wave**$^*$ (Geophys) / L-Welle f, Oberflächenwelle f (eine Erdbebenwelle) || ~ **wave**$^*$ (Radio) / Oberflächenwelle f, Ductwelle f || ~ **weather chart** (Meteor) / Bodenwetterkarte f || ~ **weathering** (Build, Paint, Surf) / Oberflächenverwitterung f || ~ **wind**$^*$ (Meteor) / Bodenwind m (Luftbewegung in der bodennahen Luftschicht und im hindernisfreien Gelände) || ~ **wiring**$^*$ (Build, Elec Eng) / Aufputzmontage f, Verlegung f auf Putz, Aufputzverlegung f
**surfacing** n / Oberflächenbehandlung f (im Allgemeinen), Flächenbehandlung f (Oberflächenbehandlung) || ~ / verschleißfeste Auflage (durch Schweißen oder Spritzen) || ~ (Aero) / Oberflächenschicht f (der Piste), Belag m (der Piste) || ~ (Aero) / Erstellung f des Pistenbelags || ~ (Civ Eng) / Verschleißdeckeneinbau m, Deckeneinbau m || ~ (Eng) / Plandrehen n (bei dem am Werkstück eine Planfläche erzeugt wird) (DIN 8589, T 1), Stirndrehen n, Querdrehen f || ~ (Paint) / Spachteln n (mit der Spachtelmasse) || ~ adj / deckschichtbildend adj || ~ **alloy** (Welding) / Aufschweißlegierung f, Auftragsschweißlegierung f || ~ **and thicknessing planer** (For, Join) / Abrichtdickenhobelmaschine f || ~ **by welding** (Welding) / Auftragsschweißen n (Aufschweißen von Zusatzstoff nach DIN 1910-1) || ~ **course** (Civ Eng) / Oberbauschicht f || ~ **head** (Eng) / Plandrehkopf m (zum Plandrehen und Ausdrehen kurzer Werkstücke) || ~ **material** (Eng) / Belagstoff m, Auskleidungsstoff m, Verkleidungsstoff m, Beschichtungsmaterial n || ~ **table** (Join) / Auflagetisch m (der Abrichtmaschine) || ~ **table lip plate** (Join) / Tischlippe f (das der Messerwelle zugewandte Tischende des Auflagetischs, z.B. bei Abrichtmaschinen)
**surfactant**$^*$ n (Chem, Phys) / oberflächenaktiver Stoff, grenzflächenaktiver Stoff, Tensid n (ein Bestandteil von Detergenzien), Surfactant n m (DIN 53908) || ~ **flooding**$^*$ (Oils) / chemisches Fluten (mit Tensiden)
**surfactant-polymer flooding** (Oils) / Polymerfluten n (zur Steigerung des Entölungsgrades von Erdöllagerstätten)
**surfer** n (Comp) / Surfer m (im Internet)
**surfer-friendly** adj (Comp) / surferfreundlich adj
**surficial** adj / oberflächlich adj, superfiziell adj, Oberflächen- || ~ **deposit** (Geol) / oberflächennahe Lagerstätte, Oberflächenablagerung f || ~ **geology** (Geol) / Geologie f der unverfestigten Massen || ~ **rock creep** (Geol) / Gekriech n (langsame Bergabbewegung der oberen Gehängepartien)
**surfing** n (Comp) / Surfing n (spielerisches, zielloses Benutzen von Online-Diensten)
**Surform file** (Tools) / Surform-Raspel f
**surf zone** (Ecol, Geol) / Spritzwasserzone f || ~ **zone** (Ocean) / Brandungszone f
**surge** v (Eng) / pumpen v (Verdichter) || ~ (at calm or when lying at moorings) (Ships) / dümpeln v (durch Seegang oder Dünung - bei Windstille oder vor Anker) || ~ n / Hochgehen n (des Drucks), Anschwellen n (des Drucks) || ~$^*$ (Aero, Autos, I C Engs) / Pumpen n (instabiler Betriebszustand bei Strömungsmaschinen, Verdichterpumpen n || ~ (Astron) / Surge n (Materieauswurf bei chromosphärischen Eruptionen) || ~ (voltage of an impulsive wave) (Elec Eng) / Stoßspannung f, Impulsspannung f, Spannungsstoß m, Überspannungsstoß m, Stromstoß m || ~$^*$ (Elec Eng) / Sprungwelle f || ~$^*$ (Elec Eng) / Überspannungswelle f || ~ (Eng, Hyd) / Wasserschlag m (das sich als harter, metallischer Schlag auswirkende Zusammenstürzen eines wassergefüllten Hohlraumes in einer

Rohrleitung), Wasserstoß *m*, Druckstoß *m*, Schlag *m* (in hydraulischen Systemen) || ~ (positive) (Hyd) / Schwall *m* (instationärer, sich vorwärts schiebender Strömungszustand in Gerinnen mit freiem Wasserspiegel) || ~ (Ocean) / Windwelle *f* beim Sturm, Sturmwelle *f* || ~ **absorber**\* (Elec Eng) / Wellenschlucker *m* (ein Überspannungsableiter) || ~ **amplitude** (Elec Eng) / Stoßamplitude *f* || ~ **arrester**\* (Elec Eng) / Überspannungsschutzgerät *n*, Überspannungsableiter *m* || ~ **bin**\* (Min Proc, Mining, Oils) / Auffangbunker *m*, Zwischenbunker *m*, Ausgleichsbunker *m* (zur Vergleichmäßigung von Förderströmen), Stoßbunker *m* || ~ **capacitor** (Elec Eng, Met) / Stoßstromkondensator *m* || ~ **chamber** (Hyd Eng) / Kammerwasserschloss *n*, Schwallraum *m*
**surge-crest ammeter**\* (Elec Eng) / Stahlstäbchen-Amperemeter *n* (zur Bestimmung von Blitzstromstärken)
**surge current** (Elec, Elec Eng) / Überstrom *m* (Stoßstrom) || ~ **diverter** (Elec Eng) / Überspannungsschutzgerät *n*, Überspannungsableiter *m* || ~ **generator**\* (Elec Eng) / Stoßgenerator *m* (Impulsgenerator zur Erzeugung von hohen Stoßspannungen und Stoßströmen) || ~ **guard** (Elec Eng) / Pendelsperre *f* (bei Schutzrelais) || ~ **hopper** (Min Proc, Mining, Oils) / Auffangbunker *m*, Zwischenbunker *m*, Ausgleichsbunker *m* (zur Vergleichmäßigung von Förderströmen), Stoßbunker *m* || ~ **impedance** (Elec) / Wellenwiderstand *m* (das geometrische Mittel aus Kurzschluss- und Leerlaufwiderstand) || ~ **modifier**\* (Elec Eng) / Wellenschlucker *m* (ein Überspannungsableiter) || ~ **point**\* (I C Engs) / Pumpbeginn *m* (Punkt, an dem das Pumpen beginnt)
**surge-power generator** (Elec Eng) / Stoßleistungsgenerator *m* (ein Synchrongenerator)
**surge-proof** (Electronics) / kurzschlussfest *adj* (Halbleiterelement)
**surge protection** (Elec Eng) / Überspannungsschutz *m* (Gesamtheit der Maßnahmen zum Schutz von Leitungen, Anlagen und Betriebsmitteln gegen Überspannung) || ~ **protector** (Elec Eng) / Überspannungsschutzeinrichtung *f*, Überspannungsschutz *m* (vor plötzlich auftretender Stoßspannung) || ~ **relay** (Elec Eng) / Stromstoßrelais *n*
**surgery wool** (Med) / Verbandwatte *f*, Watte *f* (für medizinische Zwecke)
**surge suppressor** (Elec Eng) / Überspannungsschutzeinrichtung *f*, Überspannungsschutz *m* (vor plötzlich auftretender Stoßspannung) || ~ **tank** (Aero) / Belüftungstank *m* (meist in den äußeren Flügeln) || ~ **tank**\* (Hyd Eng) / Wasserschloss *n* (kammerförmige Anlage in Druckwasserleitungen) || ~ **tank**\* (Min Proc, Mining, Oils) / Auffangbunker *m*, Zwischenbunker *m*, Ausgleichsbunker *m* (zur Vergleichmäßigung von Förderströmen), Stoßbunker *m* || ~ **tank** (Nuc Eng) / Puffertank *m*, Stoßtank *m*, Ausgleichsbehälter *m*, Volumenausgleichsbehälter *m* || ~ **voltage** (Elec Eng) / Stoßspannung *f*, Impulsspannung *f*, Spannungsstoß *m*, Überspannungsstoß *m*, Stromstoß *m*
**surge-water tight** (Elec Eng) / schwallwassergeschützt *adj*
**surgical bandage** (Med, Textiles) / Verbandstoff *m* || ~ **bandage** (Med, Textiles) / Verbandmaterial *n* || ~ **cloth** (Med, Textiles) / Verbandmaterial *n* || ~ **cotton wool** (Med) / Verbandwatte *f*, Watte *f* (für medizinische Zwecke) || ~ **silk** (Med) / Nahtseide *f* || ~ **spirit**\* (Pharm) / Wundbenzin *n* (zur Reinigung von Wundrändern geeignetes Benzin), Petroleumbenzin *n*
**surging**\* *n* (Aero, Autos, I C Engs) / Pumpen *n* (instabiler Betriebszustand bei Strömungsmaschinen), Verdichterpumpen *n* || ~ (Autos, Ships) / Geschwindigkeitsschwankung *f* (Beschleunigung und/oder Verlangsamung) || ~ **breaker** (Ocean) / Brecher *m* (eine Sturzwelle), Sturzwelle *f* (hohe, sich überstürzende Welle), Sturzsee *f*, Sturzbrecher *m*
**surimi** *n* (Nut) / Surimi *n* (minderwertiges Zwischenprodukt aus zermahlenem Fischfleisch bei der Herstellung typischer japanischer Fischereierzeugnisse)
**Surinam cockroach** (Med, Nut) / Surinamesische Schabe (Pycnoscelis surinamensis), Gewächshausschabe *f* || ~ **quassia** (For) / Quassiaholzbaum *m*, Quassia *f* (Quassia amara L.)
**surjection** *n* (Maths) / Surjektion *f* (eindeutige Abbildung einer Menge A auf einer Menge B)
**surjective** *adj* (Maths) / surjektiv *adj* (bei einer Projektion in eine mathematische Menge alle Elemente dieser Menge als abbildende Elemente aufweisend) || ~ **mapping** (Maths) / Surjektion *f* (eindeutige Abbildung einer Menge A auf einer Menge B)
**surmounted arch** (Arch) / gestelzter Bogen
**surplus** *n* (of) / Überschuss *m* (an) || ~ **capacity** / Überkapazität *f*, Überschusskapazität *f* || ~ **channel** (Hyd Eng) / Entlastungskanal *m* || ~ **energy** / Überschussenergie *f* || ~ **gas** / Überschussgas *n*
**surprint** *v* (Print) / aufdrucken *v* || ~ (Print) / Aufdruck *m*
**surprisal value** / Überraschungswert *m*
**surprise attack** (Mil) / Überraschungsangriff *m*
**surrosion** *n* (Eng, Surf) / Korrosion *f* unter haftenden Korrosionsprodukten

**surround** *v* / umgeben *v*, umschließen *v*, umringen *v* || ~ / umranden *v*, einfassen *v* || ~ *n* / Einfassung *f*, Rand *m*, Randabschluss *m* || ~ (Arch) / Dekorationsrahmen *m* || ~ (a chimney piece in front of a fireplace) (Build) / Kaminumrandung *f*
**surrounding** *adj* / umliegend *adj*
**surroundings** *pl* / Umgebung *f* || ~ (the rest of the universe) (Astron) / physikalische Objekte außerhalb des Systems || ~ **luminance** (Light) / Umfeldleuchtdichte *f*
**surround loudspeaker** (Acous) / Surroundlautsprecher *m*
**surrounds for openings** (Build) / Rahmenkonstruktion *f* für die Wandöffnungen (z.B. Fensterrahmen, Überdeckungen usw.)
**surround sound** (Acous) / Raumschall *m* || ~ **with walls** (Build) / ummauern *v*
**surveillance** *n* (Nuc) / Überwachung *f* (der Radioaktivität) || ~ **program** (Comp) / Supervisor *m* (eine Steuerroutine mit bestimmten Aufgaben - z.B. Verwalter eines Mehrbenutzersystems oder eines Netzwerkes) || ~ **radar**\* (Aero, Radar) / Rundsichtradar *n m* || ~ **radar** (Aero, Radar) / Sicherungsradar *m n* || ~ **radar**\* (Radar) / Überwachungsradar *m n* || ~ **radar controller** (Aero, Radar) / Rundsichtradarkontrollor *m* (A), Rundsichtradarlotse *m*, Rundsichtradarverkehrsleiter *m* (S) || ~ **radar equipment** (Radar) / Mittelbereichs-Rundsichtradaranlage *f* (mit einer Reichweite über 300 km) || ~ **TV** (TV) / Überwachungsfernsehen *n*
**survey** *v* (Surv) / vermessen *v*, eine Geländeaufnahme machen || ~ *n* / Überblick *m*, Übersicht *f* (Darstellung) || ~ (Astron) / Survey *m* (Durchmusterung des Himmels mit instrumentellen Hilfsmitteln) || ~ (Nuc) / Überwachung *f* (der Radioaktivität) || ~ (Stats) / Survey *m* (Umfrage in der Markt- und Meinungsforschung) || ~ (a study or investigation of a population, usually human beings or economic, social or political institutions) (Stats) / Erhebung *f* (die Beschaffung des Urmaterials) || ~ (Surv) / Vermessung *f* (Aufnahme) || ~ (Surv) / Geländeaufnahme *f*, Feldaufnahme *f* || ~ (Stats) s. also census of population
**surveying**\* *n* (Surv) / Vermessung *f* (Tätigkeit), Vermessungsarbeit *f* || ~ **instrument** (Surv) / geodätisches Instrument oder Gerät, Vermessungsgerät *n*
**survey maps and plans** (Mining) / Risswerk *n* (DIN 21 900) || ~ **method** (Stats) / Erhebungsmethode *f* (z.B. Befragung), Erhebungstechnik *f*
**surveyor** *n* (Arch) / Architekt *m* (ausführender) || ~ (Ships) / Inspektor *m* (einer Klassifikationsgesellschaft, amtlicher) || ~ (Surv) / Vermesser *m*, Geometer *m*, Vermessungsingenieur *m*, Feldmesser *m*, Landmesser *m*, Landvermesser *m*
**surveyor's chain** (Surv) / Messkette *f* (heute nicht mehr gebraucht)
**surveyor service** (Ships) / Surveyor-Dienst *m* (Kontrolle der Laderäume der Transportmittel sowie der Lagerplätze in Seehäfen durch Kontrollfirmen)
**surveyor's staff** (Surv) / Messlatte *f* (Messstab mit verschiedenfarbigen Teilungsstrichen und Marken) || ~ **transit** (Surv) / Theodolit *m* (DIN 18 718), Präzisionstheodolit *m*
**survey party** (Mining) / Messtrupp *m* || ~ **party** (Surv) / Vermessungstrupp *m* || ~ **plan** (Surv) / Vermessungsriss *m* (DIN 18702) || ~ **population** (Stats) / Erhebungsgesamtheit *f*, Erhebungsmasse *f*
**survey(ing) vessel** (Ships) / Vermessungsschiff *n*
**survey work during construction** (Civ Eng) / baubegleitende Untersuchungen (Prüfungen, Messungen und Versuche einschließlich der ingenieurgeologischen Dokumentation, die während der Bauausführung zur Überprüfung der vorausgesetzten Verhältnisse, zur Beobachtung des Verhaltens von Baugrund, Grundwasser und Bauwerk und zur Überprüfung der Tragfähigkeit von Gründungselementen ausgeführt werden - DIN 4020)
**survivability** *n* (Eng) / Überlebensfähigkeit *f* (von Einrichtungen) || ~ (Med) / Überlebensmöglichkeit *f*, Überlebenschance *f* (bei Menschen) || ~ (Eng) s. also survival probability
**survivable aircraft accident** (Aero) / Luftfahrzeugunfall *m* mit Überlebensmöglichkeit
**survival curve**\* (Radiol) / Überlebenskurve *f* || ~ **equipment** (Aero) / Notausrüstung *f* (Sammelbegriff für die Hilfsmittel im Flugzeug, die zur Rettung von Passagieren und Besatzung in Notfällen dienen), Rettungsausrüstung *f* || ~ **function** (Elec Eng) / Bestandsfunktion *f* (Zusammenhang zwischen relativem Bestand und Zeit - DIN 40042) || ~ **kit** (Aero) / Notausrüstung *f* (Sammelbegriff für die Hilfsmittel im Flugzeug, die zur Rettung von Passagieren und Besatzung in Notfällen dienen), Rettungsausrüstung *f* || ~ **probability** (Eng) / Überlebenswahrscheinlichkeit *f* (komplementäre Größe zur Ausfallwahrscheinlichkeit) || ~ **rocket** (Aero) / Rettungsrakete *f* || ~ **time** / Überlebensdauer *f*
**surviving probability** (Eng) / Überlebenswahrscheinlichkeit *f* (komplementäre Größe zur Ausfallwahrscheinlichkeit)
**susceptance**\* *n* (Elec) / Blindleitwert *m* (der Kehrwert des Blindwiderstands im Wechselstromkreis - DIN 40 110), Suszeptanz *f* (DIN 5489)

**susceptibility**

**susceptibility*** *n* / Suszeptibilität *f* ‖ ~ (to) / Empfindlichkeit *f* (gegen) ‖ ~ (to) / Anfälligkeit *f* (für) ‖ ~ **effect** (Spectr) / Suszeptibilitätseffekt *m* (in der NMR-Spektroskopie) ‖ ~ **to fungal degradation** / Pilzanfälligkeit *f* ‖ ~ **to hot cracking** (Met) / Warmsprödigkeit *f*, Warmbrüchigkeit *f*, Heißbrüchigkeit *f* ‖ ~ **to sensitization** (Crystal, Met) / Kornzerfallsempfindlichkeit *f*, erhöhte Kornzerfallsanfälligkeit

**susceptible** *adj* / suszeptibel *adj* ‖ ~ (to) / empfindlich *adj* (gegen) ‖ ~ (to) / anfällig *adj* (für) ‖ ~ **of industrial application** / gewerblich anwendbar (Erfindung) ‖ ~ **to cold cracking** (Met, Welding) / kaltrissig *adj* ‖ ~ **to cold cracking** (Met) / kaltbrüchig *adj* ‖ ~ **to cold cracking** / kaltrissempfindlich *adj* ‖ ~ **to cold cracks** (Met, Welding) / kaltrissig *adj* ‖ ~ **to corrosion** (Surf) / korrosionsempfindlich *adj*, korrosionsanfällig *adj*, korrosionsfähig *adj*, korrodierbar *adj* ‖ ~ **to cracking** (Materials) / rissanfällig *adj* ‖ ~ **to erosion** (Agric, Geol) / erosionsempfindlich *adj*, anfällig für die erosive Wirkung, erosionsempfindlich *adj*, erodierbar *adj* ‖ ~ **to hot cracking** (Foundry, Met) / heißrissanfällig *adj*, warmrissig *adj*, warmrissanfällig *adj*, warmrissempfindlich *adj* ‖ ~ **to hot cracking** (Met) / warmbrüchig *adj*, heißbrüchig *adj*, warmspröde *adj* ‖ ~ **to hot cracks** (Foundry, Met) / heißrissanfällig *adj*, warmrissig *adj*, warmrissanfällig *adj*, warmrissempfindlich *adj* ‖ ~ **to hot fracture** (Met) / warmbrüchig *adj*, heißbrüchig *adj*, warmspröde *adj* ‖ ~ **to rusting** (Eng) / rostanfällig *adj*

**susceptor** *n* (energy-absorbing device generally used to transfer heat to another load) (Electronics) / Heizer *m* ‖ ~ **phase advancer*** (Elec Eng) / Nebenschluss-Phasenkompensator *m*

**suspect** *adj* / fehlerverdächtig *adj*

**suspected-error** *attr* / fehlerverdächtig *adj*

**suspected sabotage** / Sabotageverdacht *m*

**suspend** *v* / aufhängen *v* ‖ ~ / einstellen *v* (Zahlungen) ‖ ~ (bring into suspension) (Chem) / suspendieren *v*, aufschlämmen *v*, aufschwemmen *v* ‖ ~ (Teleph) / sperren *v* (Anschluss) ‖ ~ *vt* / aussetzen *v* (z.B. Atomversuche) ‖ ~ **command** (Comp) / Pausierbefehl *m* (bei tragbaren Rechnern)

**suspended apparatus for dyeing** (Textiles) / Hängefärbeapparat *m* (DIN 64 990) ‖ ~ **arch** (Glass, Met) / Hängegewölbe *n* ‖ ~ **boiler** (Eng) / eingehängter Kessel ‖ ~ **ceiling** (Build) / untergehängte Decke, Hängedecke *f* ‖ ~ **ceiling** (Build) / eingehängte Decke, abgehängte Decke (die als Putz- oder Akustikdecke unter die Rohdecke gehängt wird) ‖ ~ **ceiling** (Build) s. also false ceiling ‖ ~ **centrifuge** / Hängezentrifuge *f* ‖ ~ **construction** (Build) / Hängekonstruktion *f* (ein Bauwerk, bei dem äußere Lasten vornehmlich durch Zugbeanspruchungen von Stäben und Seilen abgetragen werden) ‖ ~ **deck** (Civ Eng) / freitragende Fahrbahn (welche durch Hängegurte getragen wird) ‖ ~ **dust** / Schwebstaub *m* (mit einer Korngröße unter 10 Mikrometer) ‖ ~ **electrode** (Met) / Elektrode *f* in hängender Ausführung (in den Elektroschmelzöfen)

**suspended-frame weir** (Hyd Eng) / senkrecht verschiebliche Wehrfalle

**suspended load** (Hyd Eng) / Schweb *m*, Flusstrübe *f*, Schwimmstoff *m* ‖ ~ **luminaire** (US) (Light) / Pendelleuchte *f*, Hängeleuchte *f*, Hängelampe *f* ‖ ~ **matter** / Schwebstoff *m* (Feststoffe in Flüssigkeiten, die durch Turbulenz in Schwebe gehalten werden - DIN 4045), suspendierter Stoff ‖ ~ **multi-storey block** (Arch) / mehrstöckiges Hängehaus ‖ ~ **particle** (Phys) / Schwebeteilchen *n*, Schwebepartikel *m* ‖ ~ **program** (Comp) / angehaltenes Programm ‖ ~ **rail** (Eng) / Hängeschiene *f* ‖ ~ **railway** (Rail) / Schienenschwebebahn *f*, Hängebahn *f*, H-Bahn *f* ‖ ~ **roof** (Build, Civ Eng) / Hängedach *n* ‖ ~ **scaffold*** (scaffold suspended by means of ropes or chains and capable of being lowered or raised by such means) (Build) / Hängegerüst *n* (DIN 4420-3) ‖ ~ **sediment** (that is carried in suspension by the turbulent components of the fluid or by Brownian movement) / Schwebstoff *m* (Feststoffe in Flüssigkeiten, die durch Turbulenz in Schwebe gehalten werden - DIN 4045), suspendierter Stoff ‖ ~ **solid** / Schwebstoff *m* (Feststoffe in Flüssigkeiten, die durch Turbulenz in Schwebe gehalten werden - DIN 4045), suspendierter Stoff ‖ ~ **solid particles** (Build) / Abschlämmbares *n* ‖ ~ **solids** (Build) / Abschlämmbares *n* ‖ ~ **span*** (Build) / Einhängefeld *n* (z.B. der Auslegerbrücke), Einhängeträger *m* (der Auslegerbrücke) ‖ ~ **structure** (Build) / Hängekonstruktion *f* (ein Bauwerk, bei dem äußere Lasten vornehmlich durch Zugbeanspruchungen von Stäben und Seilen abgetragen werden)

**suspended-substrate line** (Electronics) / Suspended-Substrate-Leitung *f* (eine Streifenleitung)

**suspended truss** (Build, Carp) / Hängewerk *n* ‖ ~ (subsurface) **water** (Geol) / vadoses Wasser (in der Erdkruste zirkulierendes, dem Wasserkreislauf angehörendes (v.a. Grund-)Wasser, das aus Sicker- und Niederschlagswasser entsteht), Kreislaufwasser *n* (vadoses Wasser) ‖ ~ **water** (Geol) / ruhendes Porensaugwasser

**suspender** *n* (Chem, Paint) / Suspensionsmittel *n*, Suspendiermittel *n* ‖ ~ (a vertical hanger in a suspension bridge, by which the road is carried on the cables) (Civ Eng) / Hänger *m*, Hängestange *f* (der echten Hängebrücke) ‖ ~ **pit** (Leather) / Farbgrube *f* (im Farbengang)

**suspenders** *pl* (initial tannage in pits with weak liquors) (Leather) / Farbengang *m* (Angerung in Gruben mit abgearbeiteten, dünnen Gerbbrühen)

**suspender set** (Leather) / Farbengang *m* (eine Anordnung von mehreren Gruben, die mehrmals benutzte gerbstoffarme, aber nicht gerbstofffreie Gerbbrühen enthalten - der Versenk- oder Versatzgerbung vorgeschaltet)

**suspending agent** (Chem, Paint) / Suspensionsmittel *n*, Suspendiermittel *n*

**suspensibility** *n* (Phys) / Schwebefähigkeit *f* (einer Suspension)

**suspension*** *n* (Autos) / Radaufhängung *f* ‖ ~* (Chem) / Suspension *f* (großdisperses System), Aufschlämmung *f*, Aufschwemmung *f* ‖ ~ (Chem, Min Proc) / Trübe *f*, Aufschlämmung *f*, feiner Schlamm ‖ ~ (Civ Eng, Mil) / Aussetzung *f* (z.B. von Kernwaffenversuchen) ‖ ~* (Eng) / Aufhängung *f* ‖ (**temporary**) ~ **of a driving licence** / Fahrverbot *n* (vom Gericht ausgesprochen) ‖ ~ **agent** (Chem, Paint) / Suspensionsmittel *n*, Suspendiermittel *n* ‖ ~ **bracket** (Rail) / Federbock *m* ‖ ~ **bridge*** (Civ Eng) / Hängebrücke *f* ‖ ~ **cable** (Civ Eng) / Hängeseil *n*, Hängekabel *n* (einer Hängebrücke) ‖ ~ **cable anchor*** (Civ Eng) / Aufhängeseilverankerung *f*, Hängekabelverankerung *f* ‖ ~ **clamp** (Elec Eng) / Hängeklemme *f* ‖ ~ **crane** (Eng) / Hängekran *m* (Brückenkran mit Einträgerbrücke) ‖ ~ **culture*** (Biol) / Suspensionskultur *f* ‖ ~ **current** (Ocean) / Trübstrom *m*, Suspensionsstrom *m*, Trübestrom *m*, Trübungsstrom *m* (Gemisch aus Wasser und festen Gesteinsbestandteilen der Verwitterung und der Abtragung) ‖ ~ **ferry** (Ships) / Schwebefähre *f* ‖ ~ **fixture** (Eng) / Aufhänger *m*, Aufhängeteil *n* ‖ ~ **galvanometer** (Elec Eng) / Galvanometer *m* mit Spannbandlagerung ‖ ~ **insulator*** (Elec Eng) / Hängeisolator *m* (an Masten u. Ä. befestigter Isolierkörper zum Tragen von Leitungsseilen) ‖ ~ **insulator string** (Elec Eng) / Hängekette *f* (eine Isolatorkette mit Armaturen, die am unteren Ende die Last von einem Leiterseil oder mehreren Leiterseilen aufnehmen soll), Kette *f* aus Hängeisolatoren ‖ ~ **link** (Autos) / Lenker *m* (Radaufhängung) ‖ ~ **load** (Hyd Eng) / Schweb *m*, Flusstrübe *f*, Schwimmstoff *m* ‖ ~ **lug** (Eng) / Anhängeöse *f* ‖ ~ **monorail** (Civ Eng) / Einschienenhängebahn *f* ‖ ~ **of navigation** (Ships) / Einstellung *f* der Schifffahrt ‖ ~ **of payments** / Zahlungseinstellung *f* ‖ ~ **polymerization** (Chem) / Suspensionspolymerisation *f*, Perlpolymerisation *f*, Kornpolymerisation *f* ‖ ~ **railway** (Rail) / Schwebebahn *f* (ein Beförderungsmittel) ‖ ~ **reactor** (Nuc Eng) / Suspensionsreaktor *m*, Reaktor *m* mit Schlammumwälzung, Reaktor *m* mit nasser Suspension ‖ ~ **roasting** (Met) / Blitzröstung *f* (bei der das feinvermahlene, abzuröstende Gut in einer hocherhitzten Reaktionskammer herabfällt, während ihm die Röstluft entgegenströmt), Schweberöstung *f*, Suspensionsröstung *f* ‖ ~ **spring** (Eng) / Tragfeder *f* ‖ ~ **strand** (Elec Eng, Telecomm) / Leiterseil *n* (Freileitung), Freileitungsseil *n*, Seil *n* (Freileitungsseil) ‖ ~ **strut** (Autos) / Federbein *n* (z.B. McPherson) ‖ ~ **subframe** (Autos) / Fahrschemel *m* ‖ ~ **switch** (Elec Eng) / Hängeschalter *m*, [hängender] Schnurschalter *m* ‖ ~ **travel** (Autos) / Federungsweg *m*, Federweg *m*

**suspensoid*** *n* (Chem) / Suspensoid *n* (ein kolloides System), Suspensionskolloid *n*

**Sussex garden-wall bond*** (Build) / Gartenmauerverband *m* (drei Strecker, ein Binder)

**sussexite** *n* (Min) / Sussexit *m* (ein Borat)

**sustain** *v* / stützen *v*, tragen *v* ‖ ~ / halten *v* (Geschwindigkeit) ‖ ~ (Mech) / standhalten *v*, aushalten *v* (Belastung) ‖ ~ (a field) (Phys) / aufrechterhalten *v* (ein Feld) ‖ ~ *n* (an effect or facility on a keyboard or electronic instrument whereby a note can be sustained after the key is released) (Acous) / Sustain *n* ‖ ~ (Acous) / Sustain *n* (Zeit des Abfallens des Tons bis zu einem vorbestimmten Niveau beim Synthesizer)

**sustainable development** (Ecol) / nachhaltige Entwicklung (Artikel 20a des Grundgesetzes), dauerhafte tragfähige Entwicklung, Sustainable Development *n*, nachhaltige zukunftsverträgliche Entwicklung, anhaltende Entwicklung ‖ ~ **energy supply** / nachhaltige Energieversorgung

**sustained-action brake** (Eng) / Dauerbremse *f*

**sustained-depression extinguisher** / Dauerdrucklöscher *m*

**sustained deviation** (Automation) / bleibende Regelabweichung ‖ ~ **earth fault** (Elec Eng) / Dauererdschluss *m* ‖ ~ **load** (Eng, Materials, Mech) / konstante Belastung, bleibende Belastung, Dauerbelastung *f* ‖ ~ **loading** (Civ Eng) / dauernde Beanspruchung, Dauerbeanspruchung *f* ‖ ~ **loading** (Eng, Materials) / Dauerbelastung *f* (Tätigkeit) ‖ ~ **oscillations*** (Phys, Telecomm) / ungedämpfte Schwingungen (von außen aufrechterhalten) ‖ ~ **overloading** (Civ Eng) / Dauerüberlastung *f*

**sustained-release drug** (Pharm) / Depotpräparat *n* (zur länger anhaltenden Wirkung von Arzneimitteln entwickelte Arzneiform)

~ **formulation** (Agric, Chem, Pharm) / Controlled-Release-Formulierung f (ein Depotpräparat), CRF (ein Depotpräparat) ‖ ~ **penicillin** (Pharm) / Depotpenizillin n, Depotpenicillin n
**sustained short-circuit current** (Elec Eng) / Dauerkurzschlussstrom m ‖ ~ **short-circuit test** (Elec Eng) / Dauerkurzschlussprüfung f ‖ ~ **speed** / Dauergeschwindigkeit f ‖ ~ **tone** (Acous) / Dauerton m ‖ ~ **use** / nachhaltige Nutzung
**sustainer** n (Aero) / Marschtriebwerk n ‖ ~ **engine** (Aero) / Marschtriebwerk n
**sustaining program** (US) (Radio, TV) / Programm n ohne Werbesendungen
**SUSY** (Nuc) / Supersymmetrie f (kontinuierliche innere Symmetrie), SUSY (Supersymmetrie)
**Sutherland formula** (Phys) / Sutherland-Formel f ‖ ≃ **model** (Phys) / Sutherland-Modell n (ein Molekülmodell der Gastheorie)
**Sutro weir** (Hyd Eng) / Messwehr n nach Sutro (Durchfluss ist proportional zur Überfallhöhe)
**suture** n (Geol) / Sutur f
**sutured** adj (Geol) / suturiert adj (Kornverzahnung)
**suxamethonium chloride** (Chem, Pharm) / Suxamethoniumchlorid n, Bernsteinsäurebischolinesterdichlorid n, Succinylcholinchlorid n, Sukzinylcholinchlorid n
**Suzuki effect** (Crystal) / Suzuki-Effekt m (Anreicherung von Atomen einer Legierungskomponente in Stapelfehlerbereichen) ‖ ≃ **reaction** (Chem) / Suzuki-Kupplung f, Suzuki-Reaktion f
**SV** (system virus) (Comp) / Systemvirus m n, SV (Systemvirus)
**S.V.** (sluice valve) (Eng) / Absperrschieber m (z.B. ein Keilschieber) ‖ ≃ (stop valve) (Plumb) / Absperrhahn m (DIN 74 293), Sperrhahn m
**Sv** (sievert) (Radiol) / Sievert n, Sv (Sievert - DIN 1301, T 1) (J/kg; gesetzliche abgeleitete SI-Einheit der Äquivalentdosis - nach dem schwedischen Physiker R.M. Sievert, 1896-1966)
**SV** (space vehicle) (Space) / Raumfahrzeug n
**SVA** (shared virtual area) (Comp) / gemeinsam benutzbarer virtueller Bereich
**Svala switch** (Comp) / Svala-Schalter m (Zeitmultiplexsystem)
**S value** (Chem) / Svedberg-Einheit f (= $10^{-13}$ s - nach T. Svedberg, 1884-1971), Svedberg n (nicht gesetzliche Einheit für den Sedimentationskoeffizienten)
**S-value**[*] n (Nuc Eng) / S-Wert n
**SVC** (switched virtual circuit) (Comp) / Switched Virtual Circuit m, SVC (Switched Virtual Circuit) ‖ ≃ (supervisor call) (Comp) / Aufruf m an das Organisationsprogramm, Organisationsprogrammaufruf m
**svedberg** n (Chem) / Svedberg-Einheit f (= $10^{-13}$ s - nach T. Svedberg, 1884-1971), Svedberg n (nicht gesetzliche Einheit für den Sedimentationskoeffizienten) ‖ ≃ **equation** (Chem, Phys) / Svedberg-Gleichung f (der relativen Molekülmasse eines sedimentierenden Teilchens) ‖ ≃ **unit** (Chem) / Svedberg-Einheit f (= $10^{-13}$ s - nach T. Svedberg, 1884-1971), Svedberg n (nicht gesetzliche Einheit für den Sedimentationskoeffizienten)
**S-video** n (Telecomm) / S-Video n (Verfahren zur Übertragung von Videobildern)
**SW** (software) (Comp) / Software f (DIN 44300 und 66230), SW (Software) ‖ ≃ (switch) (Comp) / Verteiler m (beim Programmieren, z.B. in ALGOL) ‖ ≃ (separative work) (Nuc) / Trennarbeit f (in der Isotopentrennung), TA (Trennarbeit) ‖ ≃ (stud welding) (Welding) / Bolzenschweißen n, Bolzenschweißung f, Dübelschweißung f
**swab** v (Foundry) / einstreichen v (der Schlichte) ‖ ~ (Med) / betupfen v ‖ ~[*] n (Bacteriol, Med) / Abstrich m (auf sterilem Watteträger), Abstrichpräparat n ‖ ~[*] (Med) / Wattebausch m, Wattetupfer m, Tampon m, Tupfer m
**swabbing** n (Foundry) / Einstreichen n (Schlichte) ‖ ~ (Glass) / Formensteinung f ‖ ~ **pig** (Eng) / Bürstenmolch m (Stahlträger mit Bürsten und Manschetten)
**swab in** v (Oils) / kolben v, ankolben v ‖ ~ **test** (a low-voltage test in which an electrical discharge is fanned across a porcelain-enamelled surface to detect a discontinuity in the coating by means of a spark concentrating in the discontinuity) (Ceramics) / Swab-Test m
**swage** v / clinchen v, klinchen v (die Aerosolverpackung) ‖ ~ (Met) / stauchen v (in einer Hohlform) ‖ ~ (Met) / rundhämmern v (nur Infinitiv und Partizip, mit Hämmermaschinen anspitzen ‖ ~ (Met) / einziehen v (Querschnitt von Hohlkörpern verkleinern) ‖ ~ (Tools) / stauchen v (Zahnspitzen schränken) ‖ ~[*] n (For) / Gesenk n (Stahlblock, in den als Gravur die Gegenform des Schmiedestücks eingearbeitet ist), Schmiedegesenk n (Werkzeug zum Gesenkschmieden) ‖ ~ (Tools) / Stauchvorrichtung f, Stauchwerkzeug n (zur Schränkung der Zahnspitzen) ‖ ~[*] (Tools) / Schlagwerkzeug n ‖ ~ **block** (Eng) / Lochplatte f, Gesenkplatte f ‖ ~ **block** (Eng) / Gesenkblock m ‖ ~ **bolt** (Build) / Ankerbolzen m ‖ ~ **die** (Eng) / Gesenk n (Stahlblock, in den als Gravur die Gegenform des Schmiedestücks eingearbeitet ist), Schmiedegesenk n (Werkzeug zum Gesenkschmieden) ‖ ~ **lining** (Civ Eng, Hyd Eng) / Swage-Lining-Verfahren n (bei Sanierung von Rohrleitungen)

**swager** n (Eng) / Streckgesenk n
**swage-setting** n (For) / Schränkung f durch Stauchen von Sägezähnen (auf der Stauchmaschine oder mit dem Handstauchapparat)
**swage-set tooth** (For, Tools) / gestauchter Sägezahn
**swaging** n (Met) / Anspitzen n mit Hämmermaschinen, Rundhämmern n ‖ ~[*] (Met) / Einziehen n (Verkleinern der Querschnitte von Hohlkörpern, z.B. Rohren) ‖ ~ (Tools) / Stauchen n, Stauchung f
**swainsonine** n (Chem, Pharm) / Swainsonin n (ein Indolizidinalkaloid)
**swale** n (Geol) / Bodensenke f (flache, meistens morastige) ‖ ~ (Geol) / Grundmoränentümpel m
**swallet** n (Geol) / Katavothre f, Schwinde f, Flussschwinde f, Ponor m (pl. -e) (in Karstgebieten), Schlundloch n
**swallow hole** (Geol) / Schluckloch n (Stelle, an der ein Teil des Abflusses versickert), Schwalgloch n ‖ ~ **hole** (Geol) / Katavothre f, Schwinde f, Flussschwinde f, Ponor m (pl. -e) (in Karstgebieten), Schlundloch n
**swallowtail**[*] n (Carp, Join) / Schwalbenschwanzzinke f (in der Schwalbenschwanzverbindung), Schwalbenschwanz m, Schwalbe f, Zapfen m
**swallow well** (San Eng) / Schluckbrunnen m, Sickerbrunnen m
**swamp** v (Hyd Eng) / überfluten v, überschwemmen v, inundieren v, fluten v ‖ ~ n (Ecol, Geol) / morastiger Grund, Sumpf m ‖ ~ (Geol) / Moor n (organischer Nassboden - Lagerstätte von Torf und ihre Vegetationsdecke), Fehn n, Fenn n, Filz m, Moos n (Moor), Bruch m n (pl. Brüche oder Brücher), Ried n, Venn n ‖ ~ (Mining) / Flözvertiefung f, Flözverdrückung f ‖ ~ **chestnut oak** (For) / Korbeiche f (Quercus michauxii Nutt.) ‖ ~ **cypress** (For) / Zweizeilige Sumpfzypresse (Taxodium distichum (L.) Rich.) ‖ ~ **formation** (Geol) / Versumpfung f, Sumpfbildung f
**swamping resistance** (Elec Eng) / temperaturabhängiger Vorwiderstand, Temperaturausgleichswiderstand m, Serienwiderstand m mit kleinem Temperaturkoeffizienten (in Messgeräten)
**swamps** pl / Swamps pl (nasse, poröse, nach Entwässerung fruchtbare Böden)
**swamp tupelo** (For) / Waldtupelobaum m (Nyssa sylvatica Marshall) ‖ ~ **white oak** (For) / Zweifarbige Eiche (Quercus bicolor Willd.)
**swampy** adj (Geol) / morastig adj, sumpfig adj
**swanboy** n (Textiles) / Swanboy n (dickes moltonähnliches Baumwollgewebe)
**Swan cube**[*] (Light) / Fotometerwürfel m
**swan-neck** n (Plumb) / Schwanenhals m (ein Segmentbogen im Fallrohranschluss), S-Stück n ‖ ~ (Plumb) / Doppelbogen m (ein S-förmiges Rohr), Etagenbogen m (S-förmige Verlegung einer senkrechten Rohrleitung unter Verwendung geeigneter Formstücke zur Herstellung eines erforderlichen Versatzes in der Lotrechten, in der Regel infolge baulicher Zwänge), Sprungstück n ‖ ~ attr (Eng) / gekröpft adj (Meißel)
**swan-necked** adj (Eng) / gekröpft adj (Meißel)
**swan-necked tool** (Eng, Tools) / gekröpfter Meißel, gekröpfter Drehmeißel
**swan-necked tool** (Eng, Tools) / gekröpfter Hobelmeißel (DIN 4957), Schwanenhals m (im Hobelmeißel)
**swan-neck insulator**[*] (Elec Eng) / Haken-Stützenisolator m
**swan-neck jib** (Eng) / Knickausleger m (bei Kranen) ‖ ~ **torch** (Welding) / Schwanenhalsbrenner m
**swansdown** n (Textiles) / Swandown m (baumwollener Barchent in Leinwand- oder Köperbindung) ‖ ~ **twill** (Weaving) / Köper m im Grätenmuster
**swanskin** n (Textiles) / Swanskin m (feiner weicher geköperter Flanell aus Baumwolle) ‖ ~ (Textiles) s. also swanboy
**swap** v (Comp) / umwälzen v, austauschen v (die Arbeitsmengen von Adressräumen austauschen) ‖ ~ n (Telecomm) / Dienstewechsel m (z.B. Telefon zu Telefax) ‖ ~ **body** (Autos) / Wechselaufbau m, Wechsellader m
**swapfile** n (Comp) / Auslagerungsdatei f, Swap-Datei f
**swap in** v (Comp) / einwälzen v, einlagern v (die Arbeitsmenge eines Adressraumes umlagern) ‖ ~ **out** (Comp) / austransferieren v, auslagern v (einen Teil des Arbeitsspeicherinhalts auf einem peripheren Speicher vorübergehend speichern), ausspeichern v, auswälzen v (die Arbeitsmenge eines Adressraumes)
**swapped plot** (Radar) / vertauschte Zielmeldung (durch falsche Spurzuordnung von benachbarten Zielen)
**swapping** n (Comp) / Swapping n (ein Seitenaustauschverfahren), abwechselndes Ein- und Auslagern
**swap tape** (Comp) / Datenträgeraustauschband n ‖ ~ **time** (Comp) / Datentransferzeit f
**swarf** n (Acous) / Materialreste m pl nach dem Plattenschneiden, Abfall m (des Schneidstichels) ‖ ~[*] (Eng) / Schleifschlamm m

**swarm** v (Agric, Zool) / schwärmen v (Insekten) ‖ ~ n (Agric, Zool) / Schwarm m (z.B.Heuschrecken)
**Swarts reaction** (Chem) / Swarts-Reaktion f (Umsetzung von Chlor- oder Bromalkanen mit anorganischen Fluoriden zu Fluoralkanen - nach F. Swarts, 1866-1940)
**swash** n (Acous) / Platschen n, Schwappen n ‖ ~ (Hyd Eng) / Auflauf m (von Wellen) ‖ ~ (Ocean) / Auflaufen n der Wellen ‖ ~ **letters**\* (Typog) / Zierbuchstaben m pl (verschnörkelte, meist kursive Buchstaben) ‖ ~ **mark** (Geol) / Spülmarke f, Spülbogen m (Sedimentgefüge) ‖ ~ **plate**\* (Eng) / Taumelscheibe f (runde Scheibe, deren Ebene schräg zu ihrer Drehachse steht) ‖ ~ **plate** (US) (Ships) / Schlagplatte f, Schlagwasserplatte f
**swash-plate pump** (Eng) / Taumelscheibenpumpe f, Taumelscheibenmaschine f (Antriebswelle und Trommel gleichachsig, Trommel feststehend, Antrieb der Stützscheibe)
**swatch** n (Paper) / Musterstreifen m, Probestreifen m ‖ ~\* (Textiles) / Musterabschnitt m, Stoffmuster n, Stoffabschnitt m (als Muster)
**swatchbook** n (Comp) / Musterbuch n (für Schriften, Farben)
**swath** v (Agric) / einschwaden v (breit liegendes Heu zusammenziehen), schwaden v (in Schwaden ablegen), auf Schwad mähen ‖ ~ n (Agric) / Schwad m n (der beim Mähen in Schnittbreite zu Boden fallende Pflanzenbestand), Schwaden m, Schwade f (abgemähtes, in einer Reihe liegendes Gras, Getreide o.Ä.) ‖ ~ (Radar, Surv) / Messstreifen m (Anteil des Radarbildes, das auf der Erdoberfläche gemessen wird, besonders beim Seitensichtradar mit der Messstreifenlänge parallel und der Messstreifenbreite orthogonal zur Vorwärtsrichtung), Bodenstreifen m ‖ ~ **aerator** (Agric) / Schwadlüfter m
**swathe** n (Agric) / Schwad m n (der beim Mähen in Schnittbreite zu Boden fallende Pflanzenbestand), Schwaden m, Schwade f (abgemähtes, in einer Reihe liegendes Gras, Getreide o.Ä.) ‖ ~ (For) / Schneise f, Gestell n (schneisenartig ausgehauenes Waldstück), Jagenlinie f
**swather** n (Agric) / Schwadmäher m
**swathing band** (Textiles) / Wickelband n, Wickelbandage f
**swath rake** (Agric) / Schwadverleger m, Schwader m, Schwadrechen m (Einzweck-Heuwerbemaschine), Schwadenrechen m ‖ ~ **reaper** (Agric) / Schwadmäher m
**SWATH ship** (Ships) / Zweirumpfschiff n mit kleiner Wasserlinienfläche
**swath turner** (Agric) / Schwadwender m, Schwadenwender m
**S wave** (a type of seismic body wave)\* (Geol, Geophys) / S-Welle f (Transversalwelle beim Erdbeben), Scherungswelle f, Scherwelle f (transversale Raumwelle)
**sway** n (Autos) / Querversatz m (ein Rahmenschaden) ‖ ~ **bar** (Autos) / Stabilisator m, Querstabilisator m ‖ ~ **brace** (Build) / Windstrebe f, Windrispe f, Windlatte f
**swaying** n (Ships) / seitliches Schwingen
**sway rod**\* (Build) / Windstrebe f, Windrispe f, Windlatte f
**SWC** (significant weather chart) (Aero, Meteor) / Luftfahrtkarte f mit signifikanten Wettererscheinungen, Significant-Weather-Chart m n (Karte bedeutsamer Wettererscheinungen)
**swealing** n (Textiles) / Farbwanderung f
**sweat** vi / schwitzen v ‖ ~ vt / ausschwitzen vt (etwas - z.B. Harz) ‖ ~ n / Kondenswasser n (das sich aus seiner Dampfphase unterhalb seines Taupunktes durch Kondensation bildet), Schwitzwasser n, Schweißwasser n, Kondensat n (Kondenswasser), Tauwasser n ‖ ~ (Foundry) / Schwitzperle f (ein Gussfehler) ‖ ~ (Foundry) / Spritzkugel f (ein Gussfehler) ‖ ~ (condensation) (Textiles) / Schweiß m
**sweatband** n (Leather, Textiles) / Schweißleder n (im Hut)
**sweat cooling**\* (Aero, Chem Eng) / Transpirationskühlung f, Schwitzkühlung f (eine Sonderform der Schleierkühlung)
**sweating** n (Chem Eng) / Schwitzung f, Schwitzen n (Entparaffinierungsverfahren) ‖ ~ (Chem Eng, Leather) / Schwitzverfahren n (ein Haarlockerungsverfahren), Anschwitzen n ‖ ~\* (Eng) / Reiblöten n (bei den die Verbindung zwischen Lot und Werkstück durch Verreiben erfolgt) ‖ ~\* (Eng) / Feuerlöten n, Heißlöten n ‖ ~ (Leather) / Schwitzen n (einer leichten Fäulnis aussetzen, um die Haare zu lockern), Schwitze f (enzymatische Enthaarung) ‖ ~ (Paint) / Ausschwitzen n (das Wandern von Bestandteilen eines Anstriches an die Anstrichoberfläche, die dadurch klebrig wird - DIN 55945) ‖ ~ (Paint) / Glanzstelle f (nach dem Schleifen) ‖ ~ (Paint) s. also sweating-back ‖ ~-**back** n (Paint) / Wiederklebrigwerden n
**sweat mark** (Ceramics) / Schweißfleck m (Fehler bei der Edelmetalldekoration) ‖ ~ **resistance** (Textiles) / Schweißechtheit f (DIN 54020) ‖ ~ **spot** (Ceramics) / Schweißfleck m (Fehler bei der Edelmetalldekoration) ‖ ~ **transport** (Textiles) / Schweißtransport m
**Swede saw** (For) / eine kanadische Bügelsäge
**Swedish detail ruling pen** / Schwedenfeder f ‖ ~ **green** (Chem) / Scheele'sches Grün (ein altes giftiges Kupferpigment - ein Gemenge von normalen und basischen Kupfer(II)-arseniten), Scheeles Grün (nach C.W. Scheele, 1742-1786) ‖ ~ **iron**\* (Met) / Schweißstahl m (mit bestimmten Parametern) ‖ ~ **pine oil** / Schwedisches Kienöl ‖ ~ **plug mill** (Met) / Schwedenwalzwerk n (zum Auswalzen gelochter Rohlinge zu nahtlosen Rohren über Stopfen) ‖ ~ **putty** (Paint) / Leimspachtelmasse f, Leimspachtel m f (mit Kreide oder sonstigen Füllstoffen verdickte spachtelfähige Leimlösung) ‖ ~ **turpentine** f / Schwedisches Kienöl
**sweep** v / überstreichen v, bestreichen v ‖ ~ / absuchen v (mit Scheinwerfern) ‖ ~ (Build) / fegen v, kehren v (Schornstein) ‖ ~ (Build, Paint) / sweepen v (Beschichtungen oder Überzüge reinigen und/oder aufrauen) ‖ ~ (Electronics) / wobbeln v ‖ ~ (Electronics) / abtasten v ablenken, ablenken v ‖ ~ (Foundry) / schablonieren v, schablonenformen v (nur Partizip und Infinitiv) ‖ ~ (Radar) / bestreichen v ‖ ~ n (to determine advertising rates) / Werbeträgeranalyse f (ein Bericht) ‖ ~\* (Aero) / Pfeilwinkel m, Pfeilformwinkel m, Pfeilung f (zur Verringerung der vertikalen Anströmgeschwindigkeit), Flügelpfeilung f ‖ ~ (Build, Paint) / Sweep-Strahlen n, Sweepen n (Beschichtungen und Überzüge nur an der Oberfläche reinigen und aufrauen oder eine Oberflächenschicht so abtragen, dass die Beschichtung oder der Überzug weder punktuell durch Einschläge von Strahlmittelkörnern beschädigt noch bis zum Untergrund abgestrahlt wird - DIN 55 928-4) ‖ ~ (Chem, Phys, Spectr) / Durchfahren n eines Spektrums, Sweep m ‖ ~ (Electronics) / Zeitablenkung f, Sweep m ‖ ~ (Electronics) / Ablenkung f ‖ ~ (Eng) / Drehwinkel m (bei Robotern) ‖ ~ (For) / Säbelwuchs m (Form der Krummschäftigkeit) ‖ ~ (Foundry) / Schablonierbrett n, Drehschablone f ‖ ~ **across** v (Astron) / überstreichen v (z.B. gleiche Fläche im 2. Kepler'schen Gesetz) ‖ ~ **amplifier** (Electronics) / Kippverstärker m (für sich langsam ändernde Gleichspannungen)
**sweepback**\* n (Aero) / positive Pfeilung
**sweep blasting** (Build, Paint) / Sweep-Strahlen n, Sweepen n (Beschichtungen und Überzüge nur an der Oberfläche reinigen und aufrauen oder eine Oberflächenschicht so abtragen, dass die Beschichtung oder der Überzug weder punktuell durch Einschläge von Strahlmittelkörnern beschädigt noch bis zum Untergrund abgestrahlt wird - DIN 55 928-4) ‖ ~ **blasting** (Build, Paint) s. also spot blasting ‖ ~ **circuit** (Electronics) / Zeitablenkschaltung f ‖ ~ **circuit**\* (Electronics) / Kippschaltung f, Kippkreis m ‖ ~ **circuit**\* (Electronics) / Ablenkkreis m, Ablenkschaltung f ‖ ~ **coil** (Spectr) / Sweepspule f (in der kernmagnetischen Resonanzspektroskopie) ‖ ~ **coil** (Spectr) / Sweep-Spule f (eines NMR-Spektrometers) ‖ ~ **current** (Electronics) / Kippstrom m ‖ ~ **delay** (Electronics) / Hinlaufverzögerung f (beim Oszilloskop)
**sweeper**\* n (Electronics, Telecomm) / Wobbler m (ein Signalgenerator), Wobbelsender m, Wobbelgenerator m ‖ ~ (Eng) / Abstreifdichtung f
**sweeper-sprinkler** n (Civ Eng) / Straßenkehrmaschine f mit Wassersprühanlage
**sweep generator** (Electronics, Telecomm) / Wobbler m (ein Signalgenerator), Wobbelsender m, Wobbelgenerator m ‖ ~ **generator** (in an oscilloscope) (Electronics) / Kippgenerator m, Zeitablenkgerät n (Oszillograf), Zeitablenkgenerator m, Zeitablenkeinrichtung f, Zeitbasisgerät n, Ablenkgenerator m ‖ ~ **hand** (Horol) / Zentralsekundenzeiger m
**sweeping** n (Build, Paint) / Sweep-Strahlen n, Sweepen n (Beschichtungen und Überzüge nur an der Oberfläche reinigen und aufrauen oder eine Oberflächenschicht so abtragen, dass die Beschichtung oder der Überzug weder punktuell durch Einschläge von Strahlmittelkörnern beschädigt noch bis zum Untergrund abgestrahlt wird - DIN 55 928-4) ‖ ~ (Electronics) / Durchlauf m (Wobbler), Wobbeln n ‖ ~ (Telecomm) / Wobbeln n (periodische Frequenzänderung einer Wechselgröße durch eine Frequenz, die wesentlich geringer ist) ‖ ~ **adj** / weitgehend adj (Änderung), tiefgreifend adj (Änderung) ‖ ~ **arm** (Ecol, Ships) / Seitenarm m (des Mehrzweckschiffes zur Ölunfallbekämpfung) ‖ ~ **frequency** (Telecomm) / Wobbelfrequenz f ‖ ~ **powder** / Kehrpulver n, Kehrmehl n, Kehrspäne m pl
**sweepings** pl / Kehrgut n, Kehrabfall m, Kehricht f, Fegsel n
**sweeping waste** / Kehrgut n, Kehrabfall m, Kehricht f, Fegsel n
**sweep out** v (Astron) / überstreichen v (z.B. gleiche Fläche im 2. Kepler'schen Gesetz) ‖ ~ **over** (Astron) / überstreichen v (z.B. gleiche Fläche im 2. Kepler'schen Gesetz) ‖ ~ **range** (Electronics) / Wobbelhub m ‖ ~ **rate** (Electronics) / Wobbelgeschwindigkeit f
**sweeps** pl / Werbeträgeranalyse f (ein Bericht) ‖ ~\* / abgekehrte Überstände (bei Blattmetallen)
**sweep-saw**\* n (For, Tools) / Schweifsäge f (eine Gestellsäge mit einem unter 20 mm breiten Sägeblatt)
**sweep-second hand** (Horol) / Zentralsekundenzeiger m
**sweep template** (Foundry) / Schablonierbrett n, Drehschablone f ‖ ~ **voltage** (Electronics) / Zeitablenkspannung f ‖ ~ **voltage** (Electronics)

Kippspannung f ‖ ~ **width** / Sweep-Weite f (durchfahrener Frequenzbereich)
**sweet** adj / süß adj ‖ ~* (Glass) / leicht zu verarbeitend adj (Glas), leicht verarbeitbar ‖ ~ (US) (Nut) / ungesalzen adj (Butter) ‖ ~ (Oils) / doktornegativ adj, süß adj, gesüßt adj (mit negativem Doktortest) ‖ **become** ~ (Nut) / süß werden ‖ ~ **basil oil** (Nut) / Basilikumöl n (aus dem Kraut des Ocimum basilicum L.) ‖ ~ **bay oil** / Lorbeeröl n ‖ ~ **birch** (For) / Zuckerbirke f (Betula lenta L.) ‖ ~ **chestnut** (For) / Edelkastanie f, Esskastanie f (Castanea sativa Mill.) ‖ ~ **cistus oil** (Chem) / Cistrosenöl n, Zistrosenöl n ‖ ~ **coal** (Mining) / schwefelfreie Kohle
**sweetcorn** n (US) (Nut) / Zuckermais m
**sweet-cream butter** (Nut) / Süßrahmbutter f (der auch nach der Herstellung keine Bakterienkultur zugesetzt wurde)
**sweet crude** (Oils) / schwefelfreies Rohöl, süßes Rohöl ‖ ~ **curdling** (Nut) / Süßgerinnung f (von Milch)
**sweeten** v (Chem Eng, Oils) / süßen v (um Schwefelverbindungen zu entfernen bzw. in Disulfide zu überführen) ‖ ~ (Leather) / süßen v (den natürlichen Säurevorrat des normalen Vegetabilgerbstoffs durch Neutralisation verringern, um die Adstringenz herabzusetzen) ‖ ~ (Nut) / süßen v, absüßen v ‖ ~ vi (Nut) / süß werden
**sweetener** n (Nut) / Sweetener m (süß schmeckende Verbindung mit energetischem Wert = Süßungsmittel oder ohne energetischen Wert = Süßstoffe)
**sweetening** n (the conversion of the mercaptans present in sour gasoline into non-smelling sulphides) (Chem Eng, Oils) / Süßen n (Entschwefelung von Kohlenwasserstoffen aus der Erdöldestillation), Süßverfahren n, Süßung f ‖ ~ **off** (Nut) / Absüßen n, Absüßung f (bei der Zuckerfabrikation) ‖ ~ **power** (Nut) / Süßkraft f (des Süßstoffs)
**sweeten off** v (Nut) / absüßen v (bei der Zuckerfabrikation)
**sweet flag oil** / Kalmusöl n, Oleum n Calami aethereum (das etherische Öl des Rhizoms des Acorus calamus L.), Calmusöl n ‖ ~ **gas** / Süßgas n (vermarktungsfähiges Erdgas) ‖ ~ (natural) **gas** / Süßgas n (unter 2 Vol.-% Kohlendioxid, kein Schwefelwasserstoff), schwefelwasserstofffreies Erdgas (mit unter 2 Vol.-% Kohlendioxid, entschwefeltes Erdgas) ‖ ~ **gasoline** (Oils) / gesüßtes (merkaptanfreies) Benzin ‖ ~ **glass** (Glass) / langes Glas (mit breitem Verarbeitungstemperaturbereich) ‖ ~ **gum**\* (For) / Amerikanischer Amberbaum (Liquidambar styraciflua L.), Satinnussbaum m, Sweetgum m
**sweetgum** n (For) / Holz n des Amerikanischen Amberbaums
**sweetish** adj / süßlich adj
**Sweetland filter** (Chem Eng) / Sweetland-Filter n (ein Blattfilter), Sweetland-Filterpresse f ‖ ≃ **filter press** (Chem Eng) / Sweetland-Filter n (ein Blattfilter), Sweetland-Filterpresse f
**sweet marjoram oil** / Majoranöl n, Meiranöl n (etherisches Öl aus Origanum majorana L.) ‖ ~ **mash** (Nut) / süße Maische, Süßmaische f
**sweetness** n (Nut) / Süßgeschmack m ‖ ~ **equivalent** (Nut) / Süßkraft f (des Süßstoffs) ‖ ~ **intensity** (Nut) / Süßkraft f (des Süßstoffs) ‖ ~ **potency** (Nut) / Süßkraft f (des Süßstoffs) ‖ ~ **value** (Nut) / Süßkraft f (des Süßstoffs)
**sweet nitre** (Chem, Pharm) / versüßter Salpetergeist, Spiritus Aetheris nitrosi (ein altes Koronarpharmakon) ‖ ~ **orange oil** / Orangenöl n (aus süßen Orangen), süßes Orangenöl, Orangenschalenöl n (aus süßen Orangen) ‖ ~ **pepper** (For) / edelsüßer Paprika ‖ ~ **potato** (Nut) / Batate f (zuckerhaltige stärkereiche Knolle der Ipomoea batatas (L.) Lam.), Süßkartoffel f ‖ ~ **roasting** (Met) / Totrösten n, Totröstung f ‖ ~ **scent** (Nut) / Wohlgeruch m (süßlicher) ‖ ~ **sorghum** (Nut) / Süßes Sorghum, Zuckerhirse f (Sorghum dochna (Forssk.) Snowden) ‖ ~ **taste** (Nut) / Süßgeschmack m ‖ ~ **water** (Nut) / Absüßwasser n (bei der Zuckerfabrikation) ‖ ~ **whey** (Nut) / Süßmolke f
**sweetwood bark** (Pharm) / Cascarillarinde f, Kaskarillarinde f (aus dem Kaskarillabaum - Croton eluteria oder cascarilla Benn.)
**sweet wort** (Brew) / ungehopfte Würze
**swell** v (Acous) / schwellen v (anschwellen, abschwellen - Ton) ‖ ~ vi / schwellen vi, anschwellen vi, quellen vi, aufquellen vi ‖ ~ vi / hervorbrechen vi (Quelle) ‖ ~ / bauschen vi ‖ ~ / blähen vi (z.B. Koks), aufblähen v ‖ ~ (Foundry) / treiben vi (Form) ‖ ~ (Mining) / treiben v (Kohle bei Verkokung) ‖ ~ (Nut) / sich aufblähen, bombieren v (Konservendosen) ‖ ~ vt / quellen lassen, anschwellen lassen ‖ ~ / aufblasen vt, auftreiben vt ‖ ~ / zum Schwellen bringen ‖ ~ n (Eng) / Druckberührung f (des Stempels mit dem Werkstück) ‖ ~* (Min Proc, Mining) / Volumenzunahme f zwischen gewachsenem und gebrochenem Zustand, Schüttung f ‖ ~ (Ocean) / Schwell m (von weither kommende Dünung, die sich bis in Häfen und Flussmündungen fortsetzt) ‖ ~ (Ocean) / Dünung f ‖ ~ (Weaving) / Kastenzunge f, Schützenkastenzunge f
**swellability** n / Quellvermögen n, Quellfähigkeit f, Quellbarkeit f

**swellable** adj / quellfähig adj, quellbar adj
**swell-and-etch laminate** (Plastics) / harzbeschichtetes Laminat, harzbeschichteter Schichtpressstoff (in Additivtechnik hergestellt)
**swell-butted** adj (For) / mit starkem Stammfuß (Erdstamm)
**swelled rule**\* (Typog) / englische Linie
**swelling** n (Nut) / Schwellen n, Anschwellen n, Quellen n, Aufquellen n (unter Einfluss von Wasser bzw. einer anderen Flüssigkeit) ‖ ~ / Blähen n, Aufblähen n ‖ ~ / Wulst m f ‖ ~ (Arch) / Entasis f (pl. -sen) (das kaum merkliche Dickerwerden des Schaftes antiker Säulen nach der Mitte), Entase f (pl. Entasen) ‖ ~ (Foundry) / Treiben n ‖ ~ (Mining) / Sohlenhebung f, Sohlenauftrieb m, Aufblähen n der Sohle, Sohlenblähen n ‖ ~ (Mining) / Treiben n (der Kohle bei Verkokung) ‖ ~* (Nuc Eng) / Schwellen n (Volumenzunahme des Kernbrennstoffs), Aufquellen n, Swelling n (Volumenzunahme) ‖ ~ (Nut) / Bombage f (Aufwölben einer Konservendose infolge Gasentwicklung bei verdorbenem Inhalt) ‖ ~ (Paint) / Quellung f (von Anstrichstoffen nach DIN 55 945) ‖ ~ (Phys) / Quellung f (unbegrenzte, begrenzte) ‖ ~ adj / wachsend adj, steigend adj (Flut) ‖ ~ (Mining) / treibend adj (Kohle) ‖ ~ **agent** / Quellungsmittel n (im Allgemeinen) ‖ ~ **behaviour** / Quellverhalten n ‖ ~ **capacity** / Quellvermögen n, Quellfähigkeit f, Quellbarkeit f ‖ ~ **clay** (Build) / Blähton m (ein künstlicher Zuschlagstoff) ‖ ~ **index** (Quellwert m ‖ ~ **index** (Mining) / Blähungsgrad m, Blähgrad m (Maß für das Backvermögen von Steinkohlen, bestimmt durch Vergleich einer Tiegelprobe in einem genormten Tiegel mit Standardprofilen) ‖ ~ **index** (Mining) / Blähzahl f (der Kohle) ‖ ~ **pit** (Leather) / Schwellfarbe f (Farbengang) ‖ ~ **pressure** (Civ Eng, Geol) / Schwellkraft f, Quellungsdruck m (in der Ingenieurgeologie, z.B. beim Tunnelbau) ‖ ~ **pressure** (For) / Quellungsdruck m (der aufgewandt werden müsste, um bei Absorption von Wasser die Ausdehnung des Holzes zu verhindern) ‖ ~ **resistance** (Chem) / Quellbeständigkeit f, Quellfestigkeit f (Ausmaß der Kräfte, die zwischen den beim Verstrecken von Bündeln möglichst parallel aneinandergelagerten Kettenmolekülen wirksam werden) ‖ ~ **starch** (Nut) / Quellstärke f, verkleisterte Stärke, gelatinierte Stärke ‖ ~ **stress** (For) / Quellungsdruck m (der aufgewandt werden müsste, um bei Absorption von Wasser die Ausdehnung des Holzes zu verhindern) ‖ ~ **test** (Chem, Civ Eng, Materials, Met) / Quellprobe f, Quellversuch m ‖ ~ **tone** (Acous) / Schwellton m ‖ ~ **value** / Quellmaß n ‖ ~ **value** / Quellwert m
**swell leather** (Leather, Weaving) / Webstuhlbremsleder n (im Schützenkasten des Webstuhls)
**swell-proof finish** (Textiles) / Quellfestausrüstung f, Quellfestappretur f
**swell-resistant** adj / quellbeständig adj, quellfest adj ‖ ~ **finish** (Textiles) / Quellfestausrüstung f, Quellfestappretur f
**swell-starch flour** (Nut) / Quellmehl n (verkleistertes Mehl als Backhilfsmittel)
**SW end** (Eng) / Schweißmuffenanschluss m
**swept** adj (aircraft wing) (Aero) / Pfeil-, gepfeilt adj (Flügel)
**swept-back** attr (Aero) / Pfeil-, gepfeilt adj (Flügel) ‖ ~ **wing** (Aero) / Pfeilflügel m (Tragflügel für schnelle Flugzeuge) ‖ ~ **wing with positive sweepback** (Aero) / Pfeilflügel m mit starker positiver Pfeilung ‖ ~ **wing with semipositive sweepback** (Aero) / Pfeilflügel m mit schwacher positiver Pfeilung
**swept•-forward wing** (Aero) / vorgepfeilter Flügel, Flügel m mit negativer Pfeilung ‖ ~ **jammer** (Mil, Radar) / wobbelnder Störer (ein schmalbandiger Störer, der einen größeren Frequenzbereich überstreicht) ‖ ~ **volume** (Autos, Eng, I C Engs) / Hubraum m (eines Zylinders), Hubvolumen n
**Swerling model** (which describes the amplitude fluctuation) (Radar) / Swerling-Modell n
**Swern oxidation** (Chem) / Swern-Oxidation f
**swerve** v (Autos) / ausweichen v (abrupt), ausscheren v (z.B. beim plötzlichen Bremsen des Vordermanns) ‖ ~ n (an abrupt change of direction) (Autos) / Schlenker m
**SWG**\* (Standard Wire Gauge) (Eng, Met) / Drahtlehre f (Stahlplatte mit Einschnitten oder Löchern zum Messen von Drahtdurchmessern) ‖ ≃ (stone-ground wood) (Paper) / Steinschliff m
**SWIFT** n (Society for Worldwide Interbank Financial Telecommunications) (Comp, Telecomm) / SWIFT (Gesellschaft zur Abwicklung des erdumspannenden beleglosen internationalen Zahlungsverkehrs, Devisengeschäfts und Datenaustausches zwischen den angeschlossenen Kreditinstituten)
**swift** n (Spinning) / Haupttrommel f der Karde, Haupttromel f der Kammwollkrempel ‖ ~ (Spinning) / Haspel f m, Weife f (zum Umweifen), Haspeltrommel f, Krone f, Windekrone f ‖ ~ (Textiles) / Tambour m (mit Stahlzähnen besetzte Trommel der Karde) ‖ ~ **test** (Nut) / Swift-Test m
**swiggs** n (Nuc) / s-Wiggs n, Wiggsino n
**swill** v / spülen v (waschen), abspülen v, durchspülen v, ausspülen v ‖ ~ n (Agric, Ecol) / Küchenabfälle m pl (als Schweinefutter), Spülicht n

**swim** v / schwimmen v
**swimming-pool reactor*** (Nuc Eng) / Swimmingpool-Reaktor m, Schwimmbadreaktor m, Wasserbeckenreaktor m, Pool-Reaktor m
**swimming-pool treatment chemical** (Chem) / Schwimmbadpflegemittel n
**swimming roller** (Textiles) / schwimmende Walze
**swing** v / schwenken v, drehen v (mit einem Schwenk in eine andere Richtung oder Stellung bringen) ‖ ~ / schwingen v ‖ ~ (Eng) / schaukeln v ‖ ~ (Ships) / schwoien v (ankerndes Schiff), schwojen v ‖ ~ n / Schwenkung f, Drehung f, Schwenkbewegung f ‖ ~* (Aero, Autos) / Ausbrechen n (aus der Fahrtrichtung) ‖ ~* (Eng) / Spitzenhöhe f (Abstand zwischen Spitze und Bett der Drehmaschine) ‖ ~ (Eng) / Ausladung f (Abstand der Spindelachse vom Bohrmaschinengestell) ‖ ~ (Instr) / Ausschlag m, Ausschlagen n (bei Zeigern) ‖ ~ (Mech) / Auslenkung f (Entfernen eines schwingungsfähigen Körpers aus seiner Ruhelage; der Betrag, um den ausgelenkt wird) ‖ ~ (Radio) / [Peil]Unsicherheitswinkel m, Minimumbreite f ‖ ~* (Telecomm) / Hub m (Spitze-Spitze) ‖ ~ attr / schwenkbar adj ‖ ~ **amplitude** (Phys) / Schwingweite f (bei Pendeln) ‖ ~ **arm** (Eng) / Schwenkarm m
**swing-arm sprinkler** (Agric) / Schwingregner m
**swing-axle** n (Autos) / Pendelachse f (eine alte Bauart der Hinterachse) ‖ ~ (Autos) s. also single-wishbonetype swing axle and trailing-arm-type swing axle
**swing back*** (Photog) / schwenkbare Rückwand ‖ ~ **back*** (Photog) / Schwenkrahmen m (neigbarer Mattscheibenrahmen) ‖ ~ **bed** (Ships) / Schlingerbett n, Schlingerkoje f ‖ ~ **berth** (Ships) / Schlingerbett n, Schlingerkoje f ‖ ~ **bridge** (Eng) / gleicharmige Drehbrücke (eine bewegliche Brücke)
**swingby** n (Space) / Fly-by n, Swing-by n (Technik in der Raumfahrt, bei der die Freiflugbahn eines Raumflugkörpers bei Annäherung an einen Planeten durch dessen Gravitation und Bewegung geändert wird)
**swing check valve** (Eng) / Rückschlagklappe f ‖ ~ **cot** (Ships) / Schlingerbett n, Schlingerkoje f ‖ ~ **cut** (Mining) / Fächerkeileinbruch m, Fächereinbruch m (bei Sprengarbeiten) ‖ ~ **door** (Build) / Pendeltür f, Schwingflügeltür f, Schwingtür f (mit zwei ausschwingenden Türblättern) ‖ ~ **drawbridge** (Eng) / gleicharmige Drehbrücke (eine bewegliche Brücke)
**swinger** n (Elec Eng) / bewegliche Kontaktfeder, Wechselkontaktfeder f (eines Kontaktsatzes)
**swing frame** (Autos) / Schwingrahmen m (eine Hinterradgabelkonstruktion für Motorräder) ‖ ~ **frame** (Eng) / Schere f (der Drehmaschine) ‖ ~ **front*** (Photog) / schwenkbares Objektivbrett ‖ ~ **gate** (Rail) / Drehschraube f ‖ ~ **grinding** (Eng) / Pendelschleifen n
**swinging** n / Schwenkung f, Drehung f, Schwenkbewegung f ‖ ~ / Schwingen n ‖ ~ (Eng) / Schaukeln n ‖ ~ adj / schwenkbar adj ‖ ~ **agent** (Comp, Telecomm) / Swinging Agent m (ein Mitarbeiter in einem Communications Centre) ‖ ~ **arm** (Eng) / Schwenkarm m ‖ ~ **base** (Aero) / Stelle, an der die Luftfahrzeuge (am Boden) drehen können (ein Teil des Rollfelds) ‖ ~ **blade** (Eng) / Schwingmesser n ‖ ~ **choke*** (Elec Eng) / Schwingdrossel f ‖ ~ **door** (US) (Build) / Pendeltür f, Schwingflügeltür f, Schwingtür f (mit zwei ausschwingenden Türblättern) ‖ ~ **grippers*** (Print) / Schwinggreifer m pl ‖ ~ **jaw** (Eng) / bewegliche Brechbacke (des Backenbrechers), Schwingen-Brechbacke f ‖ ~ **of the pipe** (Glass) / Schwenken n der Pfeife ‖ ~ **post*** (Build) / Türpfosten m (zum Einhängen des Tores) ‖ ~ **shackle** (Eng) / Federlasche f, Federgehänge n (einer Blattfeder)
**swing-jib crane** (Eng) / Kran m mit Drehausleger
**swingle** v (Textiles) / schwingen v (mit der Flachsschwinge bearbeiten) ‖ ~ n (Textiles) / Schwinge f, Flachsschwinge f, Schwingmaschine f
**swingled flax** (Textiles) / Schwingflachs m
**swingle tow** (Textiles) / Hechelwerg n
**swingletree** n (Agric) / Zugscheit n, Ortscheit n, Sielscheit n
**swing lift** / Swing-Lift m (bordgebundene Umschlagseinrichtung für Container-Transportfahrzeuge) ‖ ~ **loader** (Civ Eng) / Schwenkschaufellader m ‖ ~ **loader** (Mining) / Schwenkarmlader m, Schwenkgreiflader m ‖ ~ **out** v / ausschwenken v (nach außen)
**swing-out** attr / ausschwenkbar adj (nach außen) ‖ ~ **mirror** / ausschwenkbarer Spiegel
**swing plough** (Agric) / Schwingpflug m
**swing-roof arc furnace** (Met) / Lichtbogenofen m mit Schwenkdeckel
**swing-round** n (Autos) / Drehung f (unfreiwillige - in die Gegenrichtung)
**swing saw** (For) / Pendelkreissäge f ‖ ~ **stopper** (Nut) / Bügelverschluss m (ein Dauerverschluss auf der Flaschenmündung) ‖ ~ **tow** (Textiles) / Schwingwerg n
**swing-type check valve** (Eng) / Rückschlagklappe f
**swing-wing*** n (Aero) / veränderbare Tragflügelgeometrie, veränderliche Tragflügelgeometrie, veränderliche Pfeilung
**swing-wing** n (Aero) / Schwenkflügel m

**swipe reader** (US) (Comp) / Kartenleser m (mit manuellem Vorschub)
**S-wire** n (Telecomm) / Prüfleitung f, Messleitung f
**swirl** v / wirbeln v ‖ ~ n / Wirbel m ‖ ~ (Phys) / Drall m (bei der Strömung) ‖ ~ **chamber*** (I C Engs) / Wirbelkammer f (Nebenbrennraum im Zylinderkopf des Dieselmotors)
**swirl-chamber diesel engine** (I C Engs) / Dieselmotor m mit Luftwirbelkammer (mit zweigeteiltem Brennraum), Wirbelkammerdieselmotor m, Wirbelkammermotor m
**swirl duct** (I C Engs) / Drallkanal m, Dralleinlasskanal m (bei Dieselmotoren)
**swirl-free** adj (Phys) / drallfrei adj (Strömung)
**swirl harrow** (Agric) / Wirbelegge f ‖ ~ **marks** (Paint) / Schleifspuren f pl (ein Lackfehler nach dem Schwingschleifen) ‖ ~ **mat** (Glass, Textiles) / Ringelmatte f, Swirl-Matte f (eine Textilglasmatte) ‖ ~ **nozzle** (Autos, I C Engs) / Dralldüse f ‖ ~ **pot** (Autos) / Schwalltopf m (in Kraftstoffbehältern), Swirl-Pot m ‖ ~ **up** v (Phys) / aufwirbeln v ‖ ~ **vane*** (Aero) / Wirbelblech v
**swish cut** (Cinema) / harter Schnitt, Cutschnitt m ‖ ~ **pan** (Cinema) / Verreißschwenk m, [sehr] schneller Schwenk, Reißschwenk m, Wischer m
**swishtail** n (Aero) / abbremsen v (durch Seitenruderbetätigung)
**Swiss embroidery** (Textiles) / Stickereispitze f (Schweizer Stickerei), Schweizer Stickerei
**swissing** n (Textiles) / Swissen n, Druckkalandern n, Kalandrieren n (unter Hitze und Druck)
**Swiss lapis*** (Min) / Schweizer Lapis (ein rissiger, mit Berliner Blau gefärbter Quarz, der eine Imitation des Lapislazuli darstellt) ‖ ~ **lapis*** (Min) s. also German lapis ‖ ~ **machine** (Textiles) / Schiffchen-Stickautomat m ‖ ~ **pine** (For) / Zirbelkiefer f, Arve f (Pinus cembra L.) ‖ ~ **screw thread*** (Eng) / altes metrisches Gewinde mit einem Flankenwinkel von 47° 30' ‖ ~ **stone pine** (For) / Zirbelkiefer f, Arve f (Pinus cembra L.)
**Swiss-type automatic** (lathe)* (Eng) / Langdrehautomat m (eine einspindlige Drehmaschine)
**switch** v (Comp) / den binären Zustand ändern ‖ ~ (Comp, Electronics) / switchen v ‖ ~ (Comp, Telecomm) / vermitteln v ‖ ~ (Elec Eng) / schalten v (auch beim Relais, beim Ansprechvorgang) ‖ ~ (US) (Rail) / auf ein anderes Gleis verschieben, rangieren v ‖ ~ (TV) / zappen v, schnell umschalten (z.B. mit Hilfe der Fernbedienung), dauernd umschalten (um ein interessantes Programm zu suchen), abschießen v (von Werbespots durch schnelles Umschalten), switchen v (zappen), hoppen v (zappen) ‖ ~ n (Aero, Autos, Elec Eng) / Schaltarmatur f ‖ ~ (Comp) / Verteiler m (beim Programmieren, z.B. in ALGOL) ‖ ~ (Comp) / Programmschalter m, Schalter m (bei logischen Verknüpfungen) ‖ ~ (Comp, Electronics) / Switch m (im LAN- und WAN-Bereich) ‖ ~ (Comp, Telecomm) / Vermittlungseinrichtung f, Switch m (technische Baueinheit, in der Vermittlungsfunktionen ausgeführt werden) ‖ ~* (Elec Eng) / Schalter m (zum Umschalten oder Unterbrechen von Stromkreisen) ‖ ~* (mechanical) (Elec Eng) / Lastschalter m (VDE 0600, T 107) ‖ ~ (Met) / Weiche f (zum Ablenken des Walzgutes in unterschiedliche Richtungen) ‖ ~* (US) (Rail) / Weiche f
**switchable** adj (Elec Eng) / schaltbar adj, durchschaltbar adj
**switchback turn** (Rail) / Spitzkehre f (besondere Art der Trassierung einer Eisenbahnstrecke, bei der zur Überwindung von Höhenunterschieden die Bahn in einem Stumpfgleis endet und danach in einem abzweigenden Gleis weiter ansteigt bzw. abfällt)
**switch base*** (Elec Eng) / Schaltergrundplatte f ‖ ~ **bay** (Elec Eng) / Schaltfeld n ‖ ~ **blade** (Elec Eng) / Schaltmesser n ‖ ~ **blade*** (Rail) / Weichenzunge f, Zunge f (Teil der Zungenschiene)
**switchboard** n (Comp) / Switchboard n ‖ ~* (Elec Eng) / Schalttafel f (der Teil einer Schaltanlage, der auf einer senkrechten Tafel die erforderlichen Betätigungs-, Überwachungs- und Messgeräte enthält) ‖ ~ (Teleph) / Vermittlungsschrank m ‖ ~ **instrument** (Elec Eng) / Schalttafelinstrument n ‖ ~ **operator** (Teleph) / Vermittlungskraft f, "Vermittlung" f, Bedienungsperson f in der Telefonzentrale, Telefonist m, Telefonistin f ‖ ~ **panel*** (Elec Eng) / Schalttafelfeld n (eine Baueinheit zwischen zwei aufeinander folgenden senkrechten Begrenzungen der Schalttafel)
**switch •-box*** n (Elec Eng) / Schaltkasten m ‖ ~ **cabinet** (Elec Eng) / Schaltschrank m ‖ ~ **cable** (Elec Eng) / Umschaltkabel n ‖ ~ **capacity** (Elec Eng) / Nennleistung f (eines Schalters) ‖ ~ **contact** (Elec Eng) / Schalterkontakt m ‖ ~ **cover** (Elec Eng) / Schalterdeckel m ‖ ~ **cubicle** (Automation, Electronics, Eng) / Schaltschrank m (z.B. bei Werkzeugmaschinen) ‖ ~**-desk*** n (Elec Eng) / Schaltpult n (eine schräg angeordnete Schalttafel)
**switch-disconnector** n (Elec Eng) / Lasttrenner m (der in der Offenstellung die Trennbedingungen erfüllt), Lasttrennschalter m (VDE 0670, T 3)
**switched, not ~** (Telecomm) / nicht vermittelt adj, festgeschaltet adj
**switched-capacitor filter** (Electronics) / Schalter-C-Filter n

**switched connection** (Telecomm) / Wählverbindung f (die über eines der öffentlichen Netze durch Anwählen eines Teilnehmers zustande kommt - als Gegensatz zur Festverbindung) ‖ **~ connexion** (GB) (Telecomm) / Wählverbindung f (die über eines der öffentlichen Netze durch Anwählen eines Teilnehmers zustande kommt - als Gegensatz zur Festverbindung) ‖ **~ line** (Comp) / Wählleitung f (DIN 44302) ‖ **≃ Megabit Data Service** (Comp) / SMDS n (LAN-Kopplungsdienst in den USA mit Datenübertragungsraten von bis zu 200 Mbit/s), Switched Megabit Data Service m ‖ **≃ Multimegabit Data Service*** (US) (Comp) / Switched Multimegabit Data Service m (verbindungsloses Protokoll, das von Bellcore und regionalen Bell-Unternehmen entwickelt wurde; europäisches Pendant = CDBS), SMDS (Switched Multimegabit Data Service) ‖ **~ network** (Telecomm) / Wählnetz n (Kommunikationsnetz, bei dem die Verbindung durch Anwahl des Teilnehmers hergestellt wird) ‖ **~ network** (Telecomm) / vermitteltes Netz (auf Wählleitung bei Ausfall der Standleitung) ‖ **~ (telecommunication) system** (Telecomm) / Wählsystem n, Wählersystem n ‖ **~ virtual circuit** (Comp) / Switched Virtual Circuit m, SVC (Switched Virtual Circuit)
**switch element** (Elec Eng) / Schaltkreiselement n, Schaltelement n, Schaltungselement n
**switcher** n (Cinema, TV) / Bildmischer m, Bildtechniker m ‖ **~** (Rail) / Rangierlokomotive f, Verschiebelokomotive f, Schiebelokomotive f ‖ **~** (TV) / Zapper m (der ständig auf andere Programme umschaltet), Switcher m
**switch-fuse** n (Elec Eng) / Lastschalter m mit Sicherungen (VDE 0660 T 107) ‖ **~*** (Elec Eng) / Schaltsicherung f, Einsatzsicherung f
**switchgear*** n (Elec Eng) / Schaltvorrichtung f, Schaltgerät n ‖ **~*** (Elec Eng) / Schaltanlagen f pl und/oder Schaltgeräte für Energieverteilung n ‖ **~ and control gear** (Elec Eng) / Schaltanlage f ‖ **~ equipment** (Elec Eng) / Schaltanlage f (technische Einrichtung) ‖ **~ oil** (Elec Eng) / Schalteröl n (eine Isolierflüssigkeit) ‖ **~ operating pressure** (Elec Eng) / Schalterbetriebsdruck m ‖ **~ pillar*** (Elec Eng) / Schaltsäule f ‖ **~ technique** (Elec Eng) / Schaltanlagetechnik f (als Theorie und Tätigkeit)
**switch gene** (Gen) / Schaltgen n ‖ **~ heating** (Rail) / Weichenheizung f
**switch-hook** (Teleph) / Gabelumschalter m, Hakenumschalter m
**switch in** v (Elec Eng) / zuschalten v
**switching*** n (Comp, Telecomm) / Vermittlung f ‖ **~*** (Elec Eng) / Schaltvorgang m, Schaltung f (als Tätigkeit), Schalten n, Umschalten n, Umschaltung f ‖ **~ action** (Elec Eng) / Schaltvorgang m, Schaltung f (als Tätigkeit), Schalten n, Umschalten n, Umschaltung f ‖ **~ algebra** (Electronics) / Schaltalgebra f (Boole'sche Algebra für binäre Schaltungen), Schaltungsalgebra f ‖ **~ amplifier** (Telecomm) / Schaltverstärker m (z.B. Schmitt-Trigger) ‖ **~ capacity** (Elec Eng) / Schaltkapazität f ‖ **~ centre** (Telecomm) / Vermittlungsstelle f, Vermittlungsamt n ‖ **~ characteristics** (Elec Eng) / Schaltverhalten n, Schalteigenschaften f pl, Schaltcharakteristik f ‖ **~ circuit** (Elec Eng) / Schaltkreis m (Anordnung von Bauelementen zur Realisierung einer komplexen Funktion) ‖ **~ command** (Elec Eng) / Schaltbefehl m (Befehl zum Fernschalten) ‖ **~ component** (Comp, Electronics) / Koppelbaustein m ‖ **~ computer** (Comp) / Vermittlungsrechner m, Vermittlungsprozessor m ‖ **~ cycle** (Elec Eng) / Schaltspiel n (Betätigung von einer Schaltstellung in die andere und zurück) ‖ **~ delay** (Elec Eng) / Schaltverzögerung f ‖ **~ device** (Elec Eng) / Schaltvorrichtung f, Schaltgerät n ‖ **~ diode** (Electronics) / Schaltdiode f (meist Siliciumdiode zum Einsatz in der Digitaltechnik), Signaldiode f ‖ **~ electronics** (Comp, Electronics) / Koppelelektronik f (bei Hybridrechnern) ‖ **~ element** (Elec Eng) / Schaltglied n (das den Stromfluss bewirkende Bauteil) ‖ **~ engine** (Rail) / Rangierlokomotive f, Verschiebelokomotive f, Schiebelokomotive f ‖ **~ foil** / Schaltfolie f (Sensorfolie nach taktilem Wirkprinzip, indem eine punktförmige Krafteinwirkung auf der Folie Schaltvorgänge auslöst) ‖ **~ function** (Comp, Elec Eng) / Schaltfunktion f ‖ **~ gate** (Electronics) / Schalter m ‖ **~ matrix** (Elec Eng) / Koppelvielfaches n (in dem kommende und gehende Leitungen über elektromechanische oder elektronische Kontakte verbunden sind), KV (Koppelvielfaches) ‖ **~ matrix** (Telecomm) / Koppelfeld n, KF (Koppelfeld), Koppelmatrix f
**switching-matrix control module** (Telecomm) / Koppelfeldsteuerungsbaugruppe f, KS (Koppelfeldsteuerungsbaugruppe)
**switching mechanism** (Elec Eng) / Schaltvorrichtung f, Schaltgerät n ‖ **~ network** (Comp) / Koppelanordnung f, KAN (Koppelanordnung) ‖ **~ network** (Telecomm) / Koppeleinrichtung f (Anordnung von Koppelelementen zum Verbinden von Leitungen) ‖ **~ network** (Teleph) / Vermittlungsnetz n (ein Telekommunikationsnetz) ‖ **~ node** (Telecomm) / Vermittlungsknoten m ‖ **~ number** (Elec Eng) / Schaltzahl f (eines Relais - die Anzahl der Schaltspiele) ‖ **~ office** (Telecomm) / Vermittlungsstelle f, Vermittlungsamt n ‖ **~ operation** (Elec Eng) / Schaltvorgang m, Schaltung f (als Tätigkeit), Schalten n, Umschalten n, Umschaltung f ‖ **~ point** (Elec Eng) / Umschaltpunkt m (geometrischer Ort der Realisierung einer Schaltinformation), Schaltpunkt m ‖ **~ program** (Comp) / Vermittlungsprogramm n ‖ **~ pulse** (Elec Eng) / Schaltimpuls m ‖ **~ quality** (Telecomm) / Vermittlungsgüte f ‖ **~ relay** (Elec Eng) / Schaltrelais n (das bestimmungsgemäß mit entweder einem höheren Wert als dem Ansprechwert oder einem niedrigeren Wert als dem Rückfallwert erregt wird) ‖ **~ relay** (Telecomm) / Koppelrelais n ‖ **~ sequence** (Elec Eng) / Schaltfolge f (bei einem Schaltwerk)
**switching-sequence schedule** (Elec Eng) / Schaltfolgeplan m, Schaltfolgediagramm n
**switching speed** (Elec Eng) / Schaltgeschwindigkeit f ‖ **~ station** (Elec Eng) / Verteilerwerk n, Verteileranlage f (Kombination von Verteilern) ‖ **~ substation** (Elec Eng) / Schaltstation f (kleine Schaltanlage zur Elektroenergieverteilung auf der Mittelspannungsebene, die vor Ort oder ferngesteuert wird) ‖ **~ surge** (Elec Eng) / Schaltüberspannung f (z.B. beim Einschalten von langen Leitungen und Kabeln und beim Ausschalten kleiner induktiver Ströme) ‖ **~ system** (Telecomm) / Vermittlungssystem n ‖ **~ time** (Elec Eng) / Schaltzeit f (Ansprechzeit + Prellzeit) ‖ **~ torque** (Elec Eng) / Schaltmoment n, Umschaltmoment n ‖ **~ transistor*** (Electronics) / Schalttransistor m (kontaktloser elektronischer Schalter auf der Basis eines Transistors - Bipolar- oder Feldeffekttransistor, der als elektronischer Schalter in der Digitaltechnik verwendet wird) ‖ **~ tube** (Electronics) / Schaltröhre f ‖ **~ unit** (Comp, Telecomm) / Vermittlungseinheit f (ISDN) ‖ **~ unit** (Elec Eng) / Durchschalteeinheit f ‖ **~ unit** (Telecomm) / Koppelgruppe f, KG (Koppelgruppe) ‖ **~ valve** (Eng) / Schaltventil n ‖ **~ voltage** (Elec Eng) / Schaltspannung f
**switching-weight balance** / Schaltgewichtswaage f (Hebelwaage, bei welcher die dezimal gestuften Gewichtsstücke durch Betätigen von mit Anzeigevorrichtungen versehenen Schaltknöpfen aufgelegt bzw. aufgehängt werden können)
**switchless adapter card** (Comp) / jumperlose Adapterkarte ‖ **~ configuration** (Comp, Electronics) / jumperlose Konfiguration
**switch-level simulation** (Electronics) / Schaltersimulation f
**switch lever** (Elec Eng) / Schalthebel m ‖ **~ lever** (US) (Rail) / Weichenhebel m, Weichenstellhebel m ‖ **~ localizer** (Rail) / Weichengrenzzeichen n ‖ **~ lock** (Rail) / Weichensperre f ‖ **~ locking** (Rail) / Weichensperre f ‖ **~ lubrication** (Rail) / Weichenschmierung f ‖ **~ machine** (Rail) / Weichenstellvorrichtung f
**switchman** n (US) / Weichensteller m, Weichenwärter m ‖ **~** (US) (Rail) / Stellwerkswärter m
**switch motor** (Rail) / Weichenmotor m ‖ **~ off** v (Elec Eng) / ausmachen v (Licht) ‖ **~ off** (Elec Eng) / ausschalten v, abschalten v, auf null stellen v ‖ **~ off** (Eng) / abstellen v (Motor, Wasser, Gas) ‖ **~ off** (Eng) / abstellen v ‖ **~ off** (Teleph) / trennen v ‖ **~ oil** (Elec Eng) / Schalteröl n ‖ **~ oil** (Elec Eng) / Schalteröl n (eine Isolierflüssigkeit) ‖ **~ on** v (Elec Eng) / zuschalten v ‖ **~ on** (Elec Eng) / einschalten v, anschalten v (Licht) ‖ **~ on** (Elec Eng) / anmachen v (Licht) ‖ **~ over** (Elec Eng, Telecomm) / umschalten v
**switch-over** n (Elec Eng, Telecomm) / Umschaltung f, Umschalten n ‖ **~ attr** (Elec Eng, Telecomm) / Umschalt- ‖ **~ logic** (Elec Eng, Telecomm) / Umschaltlogik f, UMML, Umschaltelogik f ‖ **~ valve** (Eng) / Umschaltventil n
**switch panel*** (Elec Eng) / Schaltbrett n ‖ **~ plate*** (Elec Eng) / Schalterabdeckplatte f, Abdeckplatte f für Schalter, Abdeckrahmen m ‖ **~ point** (Rail) / Weichenzunge f, Zunge f (Teil der Zungenschiene) ‖ **~ position** (Elec Eng) / Schalterstellung f, Schaltstellung f ‖ **~ room** (Elec Eng) / Schaltraum m ‖ **~ section** (Rail) / Weichenabschnitt m ‖ **~-starter*** n (Elec Eng) / Anlassschalter m ‖ **~ station** (Elec Eng) / Schaltwerk n (Hochspannungsschaltanlage, die von einer Schaltwarte aus zentral gesteuert wird) ‖ **~ tank** (Elec Eng) / Schaltergefäß n, Schalterkessel m ‖ **~ through** v (Telecomm) / durchschalten v ‖ **~ tower** (Rail) / Turmstellwerk n (eine Stellwerksbauform)
**switchyard** n (Elec Eng) / Freiluftschaltanlage f, Freiluftunterstation f ‖ **~** (Rail) / Rangierbahnhof m, Verschiebebahnhof m
**swivel** v / schwenken v, drehen v (mit einem Schwenk in eine andere Richtung oder Stellung bringen) ‖ **~** n / Schwenkung f, Drehung f, Schwenkbewegung f ‖ **~** (Build) / Wirbel m (ein Beschlag, Fensterwirbel m ‖ **~** (an item of "travelling" equipment) (Oils) / Spülkopf m (Einrichtung, die das Drehen des Bohrgestänges gestattet) ‖ **~** (Ships) / Wirbel m (ein Teil des Wirbelschäkels) ‖ **~** (Weaving) / Broschierschiffchen n ‖ **~ arm** (Eng) / Schwenkarm m
**swivelase** n (Biochem) / entschraubendes Protein, Unwinding-Protein n
**swivel bridge** (Eng) / gleicharmige Drehbrücke (eine bewegliche Brücke) ‖ **~ castor** (Eng) / Schwenkrolle f ‖ **~ coupling** (Build) / Gelenkkupplung f, Drehkupplung f (für schiefwinklige Rohranschlüsse) ‖ **~ fabric** (Textiles) / Lanziergewebe n (so gemustert, dass die Figuren durch die ganze Stoffbreite hindurchgehen), Lancé m, lanziertes Gewebe, lanciertes Gewebe, Lanciergewebe n ‖ **~ guide** (Eng) / Schrägführung f (des

swivel

Frässchlittens einer Wälzfräsmaschine) ‖ ~ **head** (Eng) / Drehsupport *m*, Kippsupport *m* (der Drehmaschine) ‖ ~ **hook** (Eng) / drehbarer Haken ‖ ~ **joint** (Build, Eng) / Drehgelenk *n*, Scharnier *n* (häufigste Form von Bewegungsbeschlägen für Türen) ‖ ~ **joint** (Eng) / Drehgelenk *n* (eines IR) ‖ ~ **joint** (Eng) / Drehgelenkverbindung *f*

**swivel-joint robot** (Eng) / Drehgelenkroboter *m* (ein IR, dessen Kopplungsstellen zwischen den einzelnen Baugruppen überwiegend als Drehgelenke ausgebildet sind), Schwenkgelenkroboter *m*

**swivelling** *n* / Schwenkung *f*, Drehung *f*, Schwenkbewegung *f* ‖ ~ *adj* / schwenkbar *adj* ‖ ~ **arm** (Eng) / Ausleger *m* (der Radialmaschine) ‖ ~ **bolster** (Rail) / Drehschemel *m* (Gestell auf besonderen Eisenbahngüterwagen) ‖ ~ **lever** (Eng) / Schwinge *f* (ein Getriebeglied) ‖ ~ **lever** (Eng) / Schwenkhebel *m* ‖ ~ **locking bolt** (Build) / Vorreiber *m* (drehbarer Verschlussbolzen an einer Tür oder Klappe), Einreiber *m* (ein alter Fensterverschluss) ‖ ~ **nozzle** (Aero) / Schwenkdüse *f* (des Strahlumlenkers) ‖ ~ **propeller*** (Aero) / schwenkbare Luftschraube (bei den Senkrechtstartern) ‖ ~ **roof** (Rail) / Schwenkdach *n* ‖ ~ **table** (Eng) / Schwenktisch *m* (schwenkbarer Werkstückträger bei Universalfräsmaschinen) ‖ ~ **wheel** (Eng) / schwenkbares Rad

**swivel mixer** (Plumb) / Einhandbatterie *f*, Einhandmischbatterie *f*, Einhandmischer *m*

**swivel-mount(ed)** (Eng) / schwenkbar montiert, schwenkbar angeordnet

**swivel nut** (Eng) / Überwurfmutter *f* (bei den Schraubverbindungen von Rohren) ‖ ~**-pin*** *n* (Autos) / Achsschenkelbolzen *m*

**swivel-pin** *n* (Eng) / Drehzapfen *m*

**swivel plough** (Agric) / Kippflug *m* ‖ ~ **range** (Eng) / Schwenkbereich *m* (im Allgemeinen) ‖ ~ **ring** (Rail) / Drehpfanne *f* ‖ ~ **screen** (Comp) / schwenkbarer Bildschirm ‖ ~ **shackle** (Ships) / Wirbelschäkel *m* (der Kette) ‖ ~ **shuttle** (Weaving) / Broschierschiffchen *n* ‖ ~ **socket wrench** (Tools) / Gelenkschlüssel *m* (Schraubenschlüssel mit beweglichen Steckschlüsselenden), Gelenksteckschlüssel *m* ‖ ~ **table** (Eng) / Schwenktisch *m* (schwenkbarer Werkstückträger bei Universalfräsmaschinen) ‖ ~ **tap** (Eng) / Schwenkhahn *m* ‖ ~ **tool-holder** (Eng, Tools) / Schwenkmeißelhalter *m* (der Hobel- und Stoßmaschine) ‖ ~ **truck** (US) (Rail) / Drehgestell *n* (der Lokomotive nach DIN 25 604) ‖ ~ **weave** (Weaving) / Bindung *f* in Broché ‖ ~ **weaving** (Weaving) / Broschierweberei *f*, Broché-Weben *n*

**SWL** (sulphite waste liquor) (Paper) / Sulfitablauge *f* ‖ ≜ (short-wave listener) (Radio) / Kurzwellenhörer *m*

**swollen gel bead** (Chem) / gequollene Gelperle (in der Gelchromatografie)

**sword** *n* (For) / Schwert *n* (der Schwertkettensäge), Sägeschwert *n*, Sägeschiene *f*, Führungsschiene *f* (der Kettensägemaschine)

**sword-blade share** (Agric) / Rasierklingenschar *n*

**sword chain saw** (For) / Schwertkettensägemaschine *f*

**sworn expert** / beeidigter Sachverständiger

**SWOT analysis** (a study undertaken by an organization to identify its internal strengths and weaknesses, as well as its external opportunities and threats) (Work Study) / SWOT-Analyse *f* (die aus einer Stärken-Schwächen-Analyse und einer Chancen-Risiko-Analyse besteht - ein Instrument des strategischen Managements)

**SWP** (square-wave polarography) (Chem, Elec Eng) / Rechteckwellenpolarografie *f*, Square-Wave-Polarografie *f* (bei der zusätzlich zur konstanten Gleichspannung kleine rechteckförmige Spannungsimpulse an die Elektrode angelegt werden), SW-Polarografie *f*

**SWR** (standing-wave ratio) (Telecomm) / Welligkeitsfaktor *m* (DIN 1344), Stehwellenverhältnis *n*, SWV (Stehwellenverhältnis)

**SWU** (switching unit) (Comp, Telecomm) / Vermittlungseinheit *f* (ISDN) ‖ ≜ (switching unit) (Elec Eng) / Durchschalteeinheit *f* ‖ ≜ (separative work unit) (Nuc Eng) / Urantrennarbeit *f* (bei der Isotopentrennung), UTA (Urantrennarbeit) ‖ ≜ (switching unit) (Telecomm) / Koppelgruppe *f*, KG (Koppelgruppe)

**swung dash** (Typog) / Tilde *f* (ein diakritisches Zeichen im Spanischen und im Portugiesischen, ein lexikografisches Zeichen nach DIN 2336)

**SXAPS** (soft X-ray appearance potential spectroscopy) (Spectr) / Röntgenauftrittspotentialspektroskopie *f*, SXAPS (Röntgenauftrittspotentialspektroskopie)

**sycamore*** *n* (For) / Nordamerikanische Platane (Platanus occidentalis L.), Abendländische Platane, Morgenländische Platane ‖ ~* (US) (For) / Bastardplatane *f*, Gewöhnliche Platane (Platanus x hispanica Münch.), Ahornblättrige Platane ‖ ~* (true sycamore) (For) / Bergahorn *m* (Acer pseudoplatanus L.) ‖ ~ **maple** (For) / Bergahorn *m* (Acer pseudoplatanus L.)

**sycomore** *n* (For) / Sykomore *f*, Maulbeerfeigenbaum *m*, Eselsfeige *f* (Ficus sycomorus L.) ‖ ~ **fig** (For) / Sykomore *f*, Maulbeerfeigenbaum *m*, Eselsfeige *f* (Ficus sycomorus L.)

**Sydney bluegum** (For) / Blaugummibaum *m* (Eucalyptus globulus Labill.), Fieberbaum *m*

**syenite*** *n* (Geol) / Syenit *m* (ein körniges Tiefengestein) ‖ ~**-porphyry*** *n* (Geol) / Syenitporphyr *m* (porphyrisches Ganggestein mit gleichem Mineralbestand wie Syenit)

**syenodiorite*** *n* (Geol) / Monzonit *m* (ein Tiefengestein)

**syllabic** *adj* / Silben-, syllabisch *adj* ‖ ~ **articulation** (US) (Acous, Telecomm) / Logatomverständlichkeit *f* (Prozentsatz der korrekt erkannten Logatome bei einem Verständlichkeitstest)

**syllabification** *n* (Comp) / Zerlegung *f* in Silben

**syllable articulation*** (Teleph) / Silbenverständlichkeit *f* ‖ ~ **division** (Comp, Typog) / Silbentrennung *f*

**syllogism** *n* / Syllogismus *m* (Form des logischen Schlusses)

**sylphon bellows** / Blasebalg *m* ‖ ~ **bellows** (Autos, Eng) / Wellrohr *n*, [gewellter] Balg *m*, Faltenbalg *m*, Balgfeder *f*, Faltenrohr *n* ‖ ~ **bellows*** (of the aneroid barometer) (Meteor) / Aneroiddose *f*, Vidie-Dose *f* (meistens aus Kupfer-Beryllium gefertigtes flaches dünnwandiges dosenförmiges Gefäß von 3 - 15 mm Höhe und 30 - 200 mm Durchmesser, aus dem die Luft teilweise ausgepumpt wurde - nach L.Vidie, 1805 - 1866), Druckdose *f*, Aneroidkapsel *f*

**sylvanite*** *n* (Min) / Sylvanit *m*, Schrifterz *n*, Weißgolderz *n* (Silbergoldtellurid)

**sylvester** *n* (Mining) / Raubgerät *n*, Raubvorrichtung *f* ‖ ≜ **determinant** (Maths) / Sylvester'sche Determinante ‖ ≜ **matrix** (Maths) / Sylvester-Matrix *f*

**Sylvester's law of inertia** (Maths) / Trägheitssatz *m* (von Sylvester), Sylvester-Satz *m* (nach J.J. Sylvester, 1814-1897)

**sylvestrene** *n* (Chem) / Sylvestren *n* (ein zyklisches Terpen)

**sylvic acid** (Chem) / Sylvinsäure *f* ‖ ~ **acid** s. also abietic acid ‖ ~ **oil** (Paper) / Tallöl *n* (Nebenprodukt bei der Zellstoffgewinnung aus Nadelhölzern), flüssiges Harz (Tallöl)

**sylviculture** *n* (For) / Waldbau *m* (ohne Plural) ‖ ~ (For) / Forstkultur *f*

**sylvine*** *n* (Min) / Sylvin *m* *n* (Kaliumchlorid)

**sylvinite*** *n* (Geol) / Sylvinit *n* (Kalirohsalz mit hohem Anteil an Steinsalz und Sylvin)

**sylvite*** *n* (Min) / Sylvin *m* *n* (Kaliumchlorid)

**Symba process** (Chem Eng) / Symba-Prozess *m* (zur Herstellung von Biomasse aus Stärke)

**symbiont*** *n* (Biol) / Symbiont *m* (pl. -en) (Partner einer Symbiose)

**symbiosis*** *n* (pl. symbioses) (Biol) / Symbiose *f* (ein enges räumliches Zusammenleben artverschiedener Organismen, aus dem alle Partner einen Vorteil ziehen)

**symbiotic nitrogen fixation** (Bacteriol, Ecol) / Stickstofffixierung *f* durch symbiotische Mikroorganismen, symbiontische Stickstoffbindung ‖ ~ **object** (Astron) / symbiotischer Stern (veränderlicher Stern, in dessen Spektrum im Wesentlichen zwei Strahlungsquellen mit sehr unterschiedlichen Temperaturen hervorstechen)

**symbol*** *n* / Sinnbild *n* (DIN 66001), Symbol *n* (Ding, Bild, sprachliches Zeichen, das für ein anderes steht, ein anderes vertritt - DIN 44300) ‖ ~* (for use in formulae) / Formelzeichen *n* (DIN 1304)

**symbol code** (Comp) / Symbolcode *m*, Symbolkode *m* ‖ ~ **error** (Telecomm) / Schrittfehler *m* (bei der Übertragung) ‖ ~ **for a unit** / Einheitszeichen *n* (z.B. nach DIN 1301, T 1)

**symbolic** *adj* / symbolisch *adj* ‖ ~ **address*** (Comp) / symbolische Adresse (Speicherstelle im RAM, die nur über die Adressenumwandlung bzw. unter Verwendung von Symbolen angesprochen werden kann) ‖ ~ **addressing** (an addressing scheme whereby reference to an address is made by some convenient symbol that /preferably/ has some relationship to the meaning of the data expected to be located at that address) (Comp) / symbolische Adressierung ‖ ~ **expression** (AI) / S-Ausdruck *m* ‖ ~ **language** (Chem) / Formelsprache *f* ‖ ~ **language** (Comp) / Symbolsprache *f*, symbolische Programmiersprache ‖ ≜ **Link file format** (Comp) / SYLK-Format *n* ‖ ~ **logic*** (Maths) / mathematische Logik, symbolische Logik ‖ ~ **method*** (Elec Eng) / symbolisches Verfahren ‖ ~ **program** (Comp) / symbolisches Programm ‖ ~ **programming*** (Comp) / symbolische Programmierung ‖ ~ **programming language** (Comp) / Symbolsprache *f*, symbolische Programmiersprache

**symbolise** *v* (GB) / symbolisieren *v*

**symbolize** *v* / symbolisieren *v*

**symbol manipulation** (Comp) / Symbolmanipulation *f* ‖ ~ **of equivalence** (Maths) / Äquivalenzzeichen *n*, Entsprichtzeichen *n*

**symbology** *n* (AI) / Lehre *f* vom Zeichen, Lehre *f* vom Symbol, Zeichenlehre *f*

**symbol processing** (AI, Comp) / Symbolverarbeitung *f* ‖ ~ **rate** (Telecomm) / Schrittrate *f* (bei der Übertragung) ‖ ~ **table*** (Comp) / Symboltabelle *f* (die der Übersetzung bzw. der Verarbeitung von Bezeichnungen der Variablen, Konstanten u.a. Elemente eines Programms dient)

**symclosene** *n* (Chem, Textiles) / Trichlorisocyanursäure *f*, TCC (Trichlorisocyanursäure), TCICA (Trichloroisocyanursäure), Symclosen *n*
**symmedian** *n* (Maths) / Symmediane *f* (Spiegelbild einer Seitenhalbierenden eines Dreiecks an der durch dieselbe Ecke gehenden Winkelhalbierenden)
**symmetric** *adj* / symmetrisch *adj*
**symmetrical**\* *adj* / symmetrisch *adj* ‖ ~ **about a line** (Maths) / axialsymmetrisch *adj*, achsensymmetrisch *adj* (Figur, welche durch Achsenspiegelung an einer Gerade auf sich abgebildet werden kann) ‖ ~ **about a point** (Maths) / punktsymmetrisch *adj* ‖ ~ **about a point** (Maths) s. also centrosymmetric ‖ ~ **analysis** (Autos) / Symmetriemessung *f* ‖ ~ **antenna** (Radio) / symmetrische Antenne (z.B. mittengespeister Dipol) ‖ ~ **arrangement** (Telecomm) / Aufbausymmetrie *f* (DIN 40 148, T 2) ‖ ~ **channel** (Telecomm) / symmetrischer Kanal ‖ ~ **complete graph** / vollständiger Graf (wenn je zwei verschiedene Knoten eines ungerichteten Grafen durch eine Kante verbunden sind) ‖ ~ **components**\* (Elec Eng) / symmetrische Komponenten ‖ ~ **distribution** (Stats) / symmetrische Verteilung ‖ ~ **double-heterojunction diode** (Electronics) / Laserdiode *f* mit vier Heteroübergängen ‖ ~ **fold** (Geol) / symmetrische Falte (gleichschenklige Falte) ‖ ~ **function** (Maths) / symmetrische Funktion (gerade, ungerade) ‖ ~ **grading**\* (Telecomm) / gleichmäßige Staffelung ‖ ~ **group** (Maths) / symmetrische Gruppe (volle Permutationsgruppe) ‖ ~ **lens** (Optics) / symmetrisches Objektiv ‖ ~ **lumped network** (Elec Eng) / symmetrisches Netzwerk aus Einzelbauteilen ‖ ~ **matrix** (Maths) / symmetrische Matrix (DIN 5486) ‖ ~ **multiprocessing** (Comp) / symmetrisches Multiprocessing (Multiprocessing-Modus, bei dem Betriebssystem und Anwendungen je nach Bedarf auf einem oder mehreren Prozessoren ablaufen können) ‖ ~ **network**\* (Elec Eng) / symmetrisches Netzwerk ‖ ~ **pennant cycle** (Elec Eng) / symmetrische Wimpelschaltung ‖ ~ **short-circuit**\* (Elec Eng) / nicht verlagerter Kurzschluss ‖ ~ **squaring** (Autos) / Symmetriemessung *f* ‖ ~ **terminal voltage** (Elec Eng) / symmetrische Klemmenspannung, symmetrische Funktstörspannung ‖ ~ **transducer** (Electronics) / symmetrischer Wandler ‖ ~ **turnout** (Rail) / symmetrische Weiche ‖ ~ **two-port network** (Elec) / längssymmetrisches Zweitor
**symmetric diaphragm** / symmetrische Membrane ‖ ~ **difference** (Maths) / Kontravalenz *f*, Diskrepanz *f*, symmetrische Differenz (DIN 5473) ‖ ~ **flip-flop** (Electronics) / T-Flipflop *n* (mit nur einer einzigen Eingangsvariablen - bei Anliegen eines H-Signals) ‖ ~ **function** (Maths) / symmetrische Funktion (gerade, ungerade) ‖ ~ **group** (Maths) / symmetrische Gruppe (volle Permutationsgruppe) ‖ ~ **key encryption** (system) (Comp) / Private-Key-Verfahren *n* (mit nur einem Schlüssel zur Verschlüsselung und Entschlüsselung, symmetrisches Verfahren (ein kryptografisches Verfahren zur Verschlüsselung und Entschlüsselung) ‖ ~ **matrix** (Maths) / symmetrische Matrix (DIN 5486) ‖ ~ **membrane** / symmetrische Membrane ‖ ~ **relation**\* (Maths) / symmetrische Relation (logische) ‖ ~ **rotor** (Spectr) / zylindersymmetrisches Molekül (in der Molekülspektroskopie)
**symmetric-top molecule** (Chem, Spectr) / symmetrisches Kreiselmolekül (in der Rotationsspektroskopie), symmetrischer Kreisel (ein Molekül)
**symmetrizable** *adj* (Maths) / symmetrisierbar *adj*
**symmetrization** *n* (Phys) / Symmetrisierung *f*, Symmetrierung *f*
**symmetry**\* *n* (Crystal, Maths) / Symmetrie *f* ‖ ~ **(Eng)** / Symmetrie *f* (DIN 7184, T 1) ‖ ~\* (axial) (Maths) / Spiegelung *f* (an einer Geraden, an einer Ebene)
**symmetry axes** (Geol) / Gefügekoordinaten *f pl* ‖ ~ **axis** (Maths) / Symmetrieachse *f*, Spiegelungsachse *f* ‖ ~ **breaking** (Astron, Nuc, Phys) / Symmetriebrechung *f*, Symmetriebrechen *n* (Verletzung einer Symmetrie von physikalischen Zuständen oder Naturgesetzen - explizite oder spontane, Symmetriebruch *m* ‖ ~ **centre** (Crystal) / Symmetriezentrum *n*, Inversionszentrum *n* ‖ ~ **centre** (Maths) / Symmetriezentrum *n*, Zentralpunkt *m* (bei der Zentralsymmetrie) ‖ ~ **class**\* (Crystal) / Symmetrieklasse *f*, Kristallklasse *f* (insgesamt 32) ‖ ~ **coordinates** (Geol) / Gefügekoordinaten *f pl* ‖ ~ **element** (Chem, Crystal, Maths) / Symmetrieelement *n* (erster Art = Drehachse, zweiter Art = Spiegelebene, Inversionszentrum und Drehspiegelachse)
**symmetry-equivalent** *adj* (Maths) / symmetrieäquivalent *adj* (Punkt, Gerade, Ebene, Fläche oder Teile eines Körpers)
**symmetry group** (Crystal) / Punktgruppe *f* (Symmetrieklasse), Punktsymmetriegruppe *f* ‖ ~ **group** (Maths) / Symmetriegruppe *f* ‖ ~ **group** (Maths) s. also point group ‖ ~ **law** (Phys) / Symmetriegesetz *n* ‖ ~ **of oscillation** (Phys) / Schwingungssymmetrie *f* ‖ ~ **operation** (Chem, Crystal) / Symmetrieoperation *f* (einfach oder zusammengesetzt) ‖ ~ **parameter** (Maths) / Symmetrieparameter *m* ‖ ~ **plane** (Crystal) / Spiegelebene *f*, Symmetrieebene *f*, Spiegelungsebene *f* (Symmetrieelement einer räumlichen Spiegelung) ‖ ~ **principle**

(Phys) / Symmetrieprinzip *n* ‖ ~ **species** (the label of the irreducible representation of a molecular point group) (Chem) / Symmetrierasse *f* ‖ ~ **transformation** (Maths) / Symmetrietransformation *f* ‖ ~ **translation** (Crystal) / Symmetrietranslation *f*
**Symon's cone crusher** / Symon-Kegelbrecher *m* (ein von den Brüdern Symon entwickelter Flachkegelbrecher zur Mittelzerkleinerung von Hartgut), Flachkegelbrecher *m*
**sympathetic oscillation** (Mech) / Mitschwingung *f*, Resonanzschwingung *f* ‖ ~ **pendulum** (Phys) / sympathisches Pendel (mit mehreren Pendelkörpern) ‖ ~ **reaction**\* (Chem) / induzierte Reaktion ‖ ~ **retrogression** (Hyd Eng) / Wasserspiegelabsenkung *f* im Hauptfluss durch verminderte Nebenzuflüsse ‖ ~ **strike** / Sympathiestreik *m* (zur Unterstützung anderer Streikender) ‖ ~ **string** (Acous) / Sympathiesaite *f*, Resonanzsaite *f*, Aliquotsaite *f* ‖ ~ **vibration** (Mech) / Mitschwingung *f*, Resonanzschwingung *f*
**sympatholytic** *n* (Pharm) / Sympathikolytikum *n* (pl. -tika), Sympatholytikum *n* (pl. -tika), Adrenolytikum *n* (pl. -tika) ‖ ~ *adj* (Pharm) / sympathikolytisch *adj*, sympatholytisch *adj*
**sympathomimetic** *n* (Pharm) / Sympathomimetikum *n* (pl. -gika), Sympathomimetikum *n* (pl. -tika), Adrenergikum *n* (pl. -gika) ‖ ~\* *adj* (Pharm) / sympathikomimetisch *adj*, sympathomimetisch *adj*, sympathikusanregend *adj*
**sympathoplegic** *adj* (Pharm) / sympathikoplegisch *adj*, sympathoplegisch *adj*, sympathikushemmend *adj*
**sympathy strike** / Sympathiestreik *m* (zur Unterstützung anderer Streikender)
**sympatric**\* *adj* (Ecol, Zool) / sympatrisch *adj*
**sympatry** *n* (Ecol, Zool) / Sympatrie *f* (Pflanzen- und Tierverbreitung mit Überlappung von Arten)
**sympiezometer** *n* (Phys) / zwei in entgegengesetzter Richtung angeordnete Pitotrohre
**symplectic** *adj* (Maths, Min) / symplektisch *adj* ‖ ~ **geometry** (Maths) / symplektische Geometrie ‖ ~ **group** (Nuc) / SP-Gruppe *f*, symplektische Gruppe
**symport** *n* (Biol, Chem, Phys) / Symport *m* (gekoppelter Transport von zwei verschiedenen Molekülen oder Ionen durch eine biologische Membran)
**symposium** *n* (pl. symposiums or symposia) / Symposium *n* (pl. -sien)
**symptom**\* *n* (Med) / Symptom *n*
**symptomatic mineral** (Geol) / typomorphes Mineral, Indexmineral *n*
**symptomatology** *n* (Med) / Symptomatologie *f*, Semiologie *f* (Lehre von den Krankheitszeichen)
**symptom complex** (Med) / Syndrom *n* (Symptomenkomplex, Krankheitsbild mit mehreren charakteristischen Symptomen)
**sym-trioxane** *n* (Chem) / Trioxymethylen *n*, 1,3,5-Trioxan *n* (das Trimere des Formaldehyds)
**synaeresis** *n* (pl. synaereses) (Chem) / Synäresis *f*, Synärese *f* (das Altern von Gelen makromolekularer Verbindungen und von Koagulationsstrukturen)
**synapse**\* *n* (AI, Biol) / Synapsis *f* (pl. -pses), Synapse *f* (Berührungsstelle, Übergangsstelle)
**synapsis** *n* (pl. -pses) (AI, Biol) / Synapsis *f* (pl. -pses), Synapse *f* (Berührungsstelle, Übergangsstelle) ‖ ~\* (pl. -pses) (Gen) / Synapsis *f* (pl. -pses) (Paarung homologer Chromosomen bei der Meiose)
**sync** *n* (Cinema, Comp, Elec Eng, TV) / Synchron-, synchron *adj*, gleichläufig *adj* ‖ ~\* *n* (Cinema, Comp, Elec Eng, TV) / Synchronisierung *f*, Synchronisation *f* ‖ ~ **character** (Telecomm) / Synchronzeichen *n* ‖ ~ **check** (Comp) / Gleichlaufprüfung *f* ‖ ~ **circuit** (Elec Eng) / Gleichlaufschaltung *f*, Synchronisierungsschaltung *f*
**synchro**\* *n* (Automation, Electronics) / Drehmelder *m* (ein Übertragungssystem, das auf elektrischem Wege Winkelstellungen und Drehmomente übertragen, in elektrische Größen umsetzen und ineinander überführen kann), Synchro *m*
**synchrocyclotron**\* *n* (Nuc, Nuc Eng) / frequenzmoduliertes Zyklotron, Synchrozyklotron *n* (ein Teilchenbeschleuniger), Phasotron *n*
**synchro differential transmitter** (Elec Eng, Telecomm) / Drehmelderdifferentialgeber *m*, Differentialsynchroübertrager *m* ‖ ~ **generator** (Electronics) / Drehmeldegeber *m*
**synchromesh cone** (Autos) / Gleichlaufkonus *m* (ein Teil der Konuskupplung), Synchronkegel *m*, Gleichlaufkegel *m* ‖ ~ **gear**\* (Autos) / Synchrongetriebe *n* (mit einer Gleichlaufschaltung ausgestattetes Wechselgetriebe) ‖ ~ **gear** (Eng) / Gleichlaufgetriebe *n* (z.B. Vorschubantrieb des Frästisches über Spindel und Mutter mit Ausgleich des axialen Spiels für das Gleichlauffräsen) ‖ ~ **transmission** (US) (Autos) / Synchrongetriebe *n* (mit einer Gleichlaufschaltung ausgestattetes Wechselgetriebe)
**synchronal** *adj* / Synchron-, synchron *adj*, gleichläufig *adj*
**synchronic** *adj* / Synchron-, synchron *adj*, gleichläufig *adj*
**synchronism**\* *n* (Comp, Eng, Telecomm) / Synchronität *f*, Synchronismus *m*, Gleichlauf *m* (zwangsweiser) ‖ ~ **check** (Comp) / Gleichlaufprüfung *f*

**synchronization**

**synchronization*** n (Cinema, Comp, Elec Eng, TV) / Synchronisierung f, Synchronisation f ‖ ~ (Comp) / Einsynchronisation f (Einstellung des Schreib-/Lesekopfs) ‖ ~ **bay** (Telecomm) / Frequenzsteueranlage f (der Senderkette) ‖ ~ **compression** (TV) / Zusammendrückung f der Synchronisierung f (Comp) / Gleichlaufabweichung f ‖ ~ **error** (TV) / Synchronisationsfehler m (im Allgemeinen) ‖ ~ **mark** (Cinema) / Synchronmarke f, Synchronzeichen n ‖ ~ **signal** (Electronics) / Sync-Zeichen n, Synchronisiersignal n
**synchronize** v (Cinema, Elec Eng, TV) / synchronisieren v ‖ ~ (Comp) / einsynchronisieren v (den Schreib-/Lesekopf einstellen)
**synchronized lights** (US) (Autos) / grüne Welle (im Kraftfahrzeugverkehr) ‖ ~ **satellite** (Space) / synchronisierter Satellit (dessen Umlaufzeit so abgestimmt ist, dass er einen gewissen charakteristischen Punkt der Umlaufbahn zum bestimmten Zeitpunkt durchläuft) ‖ ~ **transmitter** (Telecomm) / Gleichwellensender m
**synchronizer** n (Cinema) / Synchronumroller m (bei der Schnittbearbeitung) ‖ ~* (Comp) / Synchronisiergerät n, Synchronisator m, Synchronisationsglied n, Synchronisiereinrichtung f ‖ ~* (Elec Eng) / Synchronoskop n (ein Prüfgerät zur Bestimmung des Synchronismus zweier Drehstromsysteme), Phasenvergleicher m ‖ ~ **cone** (Autos) / Gleichlaufkonus m (ein Teil der Konuskupplung), Synchronkegel m, Gleichlaufkegel m
**synchronizing*** n (Elec Eng) / Synchronisierung f (als Tätigkeit), Synchronisation f ‖ ~ **character** (Telecomm) / Synchronzeichen n ‖ ~ **circuit** (Elec Eng) / Gleichlaufschaltung f, Synchronisierungsschaltung f ‖ ~ **code** (Comp) / fremdsynchronisierter Kode ‖ ~ **cone** (Autos) / Gleichlaufkonus m (ein Teil der Konuskupplung), Synchronkegel m, Gleichlaufkegel m ‖ ~ **interface** (Comp) / Synchronisierschnittstelle f ‖ ~ **pilot** (Telecomm) / Gleichlaufpilot m ‖ ~ **pulse*** (TV) / Synchronsignal n, Synchronisiersignal n, Gleichlaufsignal n, Synchronisierimpuls m, S-Signal n, Synchronisationsimpuls m ‖ ~ **pulse distribution amplifier** (TV) / Impulsverteiler m ‖ ~ **reactor** (Elec Eng) / Synchronisierungsdrossel f ‖ ~ **signal*** (TV) / Synchronsignal n, Synchronisiersignal n, Gleichlaufsignal n, Synchronisierimpuls m, S-Signal n, Synchronisationsimpuls m
**synchronizing-signal level** (TV) / Synchronwert m (Höchstwert des Synchronsignals), S-Wert m
**synchronizing torque*** (Elec Eng) / synchronisierendes Moment
**synchronometer** n (Elec Eng) / Synchronmesser m ‖ ~* (Elec Eng) / Frequenzzähler m
**synchronous** adj / Synchron-, synchron adj, gleichläufig adj ‖ ~ **acceleration** (Elec Eng) / Frequenzhochlauf m ‖ ~ **amplifier** (Elec Eng) / Synchronverstärker m ‖ ~-**asynchronous motor*** (Elec Eng) / synchronisierter Asynchronmotor, Synchroninduktionsmotor m ‖ ~ **booster converter** (Elec Eng) / Einankerumformer-Zusatzmaschine f ‖ ~ **buffer** (Comp) / Synchronpuffer m ‖ ~ **capacitor*** (Elec Eng) / Synchron-Blindleistungsmaschine f (DIN 42005), Synchron-Phasenschieber m (DIN 42005) ‖ ~ **check** (Comp) / Gleichlaufprüfung f ‖ ~ **clock** (Elec Eng) / Synchronuhr f ‖ ~ **clock pulse generator** (Comp) / Synchrontaktgeber m ‖ ~ **communications controller** (Telecomm) / Steuergerät n für synchrone Übertragung ‖ ~ **communications satellite*** (Space) / synchroner Kommunikationssatellit, geostationärer Kommunikationssatellit ‖ ~ **computer*** (in which the timing of all operations is controlled by equally spaced signals from a clock) (Comp) / Synchronrechner m ‖ ~ **converter*** (Elec Eng) / Einankerumformer m, EAU (Einankerumformer) ‖ ~ **converter*** (Elec Eng) / synchroner Motorgenerator ‖ ~ **counter** (Electronics) / Synchronzähler m (bei dem alle Flipflops durch den eingehenden Taktimpuls gleichzeitig angesteuert werden) ‖ ~ **data-link control*** (Comp) / synchrone Datenübertragungssteuerung ‖ ~ **data transmission** (Comp) / synchrone Datenübertragung ‖ ~ **demodulator** (Radio) / Synchrondetektor m, Synchrongleichrichter m ‖ ~ **detector*** (Radio) / Synchrondetektor m, Synchrongleichrichter m ‖ ~ **digital hierarchy** (Telecomm) / synchrone digitale Hierarchie (eine spezielle digitale, transparente und leistungsstarke Multiplex-Übertragungstechnik für Glasfaser-Fernleitungen und hochkapazitive Richtfunkstrecken) ‖ ~ **DRAM** (Comp) / Synchron-DRAM n, SDRAM n ‖ ~ **drive** (Elec Eng) / Synchronantrieb m ‖ ~ **dynamic RAM** (Comp) / Synchron-DRAM n, SDRAM n ‖ ~ **edit** (Cinema) / Duettschnitt m (bei Videos) ‖ ~ **garbling** (Aero) / Störung f durch synchrone Antworten, Schlüsselverwirrung f durch synchrone Antworten (SSR) ‖ ~ **gate*** (Comp) / Synchrontor n ‖ ~ **generator*** (Elec Eng) / Synchrongenerator m (Maschine zur Erzeugung von Wechselstrom, wobei Drehzahl und Wechselstromfrequenz einander proportional sind) ‖ ~ **idle** (Comp) / Synchronisierung f (DIN 66303) ‖ ~ **idle character** (Comp) / SYN-Zeichen n, Synchronisierzeichen n ‖ ~ **impedance*** (Elec Eng) / Synchronimpedanz f ‖ ~ **induction motor***

(Elec Eng) / synchronisierter Asynchronmotor, Synchroninduktionsmotor m ‖ ~ **logic** / synchrone Logik ‖ ~ **machine*** (Elec Eng) / Synchronmaschine f (Synchrongenerator oder Synchronmotor) ‖ ~ **motor*** (Elec Eng) / Synchronmotor m (dessen Drehzahl der synchronen Drehzahl entspricht - ohne Schlupf) ‖ ~ **operation** (Comp, Elec Eng) / synchroner Lauf, Synchronbetrieb m ‖ ~ **optical network** (Telecomm) / synchrones optisches Netz ‖ ~ **orbit*** (Space) / Synchronorbit m (eines Satelliten um die Erde) ‖ ~ **pumping** (Electronics, Phys) / synchrones Pumpen (bei Lasern) ‖ ~ **reactance*** (Elec Eng) / Nullreaktanz f (Kenngröße einer Synchronmaschine), synchrone Reaktanz ‖ ~ **reactions** (Chem) / konzertierte Reaktionen, Synchronreaktionen f pl ‖ ~ **rotation** (Astron) / gebundene Rotation, synchrone Rotation ‖ ~ **satellite** (Space, Telecomm) / geosynchroner Satellit, Synchronsatellit m (auf der Erdumlaufbahn), synchroner Satellit, geostationärer Satellit, stationärer Satellit ‖ ~ **signal** (Electronics) / Synchronsignal n, Gleichlaufsignal n ‖ ~ **speed** (Elec Eng) / synchrone Drehzahl, Synchrondrehzahl f ‖ ~ **starting** (Elec Eng) / Frequenzhochlauf m ‖ ~ **time motor** (Elec Eng) / Synchronuhrmotor m ‖ ~ **transmission** (mode) (Comp) / synchrone Übertragung (DIN 44302), Synchronübertragung f (eine Übertragungsart, bei der alle Binärzeichen in einem festen Zeitraster liegen) ‖ ~ **working** (Comp, Elec Eng) / synchroner Lauf, Synchronbetrieb m
**synchro receiver** (Elec Eng, Electronics) / Drehmeldeempfänger m (Nachstelleinrichtung für Winkel) ‖ ~ **resolver** (Automation) / Drehwinkelgeber m, Resolver m (nach dem Induktionsprinzip arbeitendes Messsystem mit direkter Winkelwerterfassung)
**synchroscope** n (Autos) / Synchroskop n ‖ ~* (Elec Eng) / Synchronoskop n (ein Prüfgerät zur Bestimmung des Synchronismus zweier Drehstromsysteme), Phasenvergleicher m
**synchro-system** n (Elec Eng, Eng) / elektrische Welle
**synchro-tie** n (Elec Eng, Eng) / elektrische Welle
**synchro transmitter** (Electronics) / Drehmeldegeber m
**synchrotron*** n (Nuc Eng) / Synchrotron n (z.B. SSC in Dallas) ‖ ~ **radiation*** (Nuc Eng) / Synchrotronstrahlung f (polarisierte elektromagnetische Strahlung, die von Elektronen in Kreisbeschleunigern emittiert wird, wenn sie in den Magneten senkrecht zu ihrer Flugrichtung abgelenkt werden)
**syncing** n (Elec Eng) / Synchronisierung f (als Tätigkeit), Synchronisation f
**sync leader** (Cinema) / Synchronstartband n
**synclinal** adj (Chem) / synclinal adj, synklinal adj ‖ ~ (Geol) / synklinal adj, muldenartig adj ‖ ~ **axis** (Geol) / Synklinalachse f, Muldenachse f ‖ ~ **closure** (Geol) / Muldenbecken n, Trog m ‖ ~ **limb** (Geol) / Muldenschenkel m, Muldenflügel m ‖ ~ **spring** (Geol) / Muldenquelle f ‖ ~ **turn** (Geol) / Muldenbiegung f ‖ ~ **valley** (Geol) / Muldental n
**syncline*** n (Geol) / Synklinale f (die Einbiegung einer Falte), Synkline f, Mulde f
**synclinorium** n (Geol) / Synklinorium n (pl. Synklinorien)
**sync mark** (Comp) / Synchronisierungsmarke f ‖ ~ **pulse*** (TV) / Synchronsignal n, Synchronisiersignal n, Gleichlaufsignal n, Synchronisierimpuls m, S-Signal n, Synchronisationsimpuls m
**syncrude** n (Oils) / Syncrude n, synthetisches Erdöl, synthetisches Öl
**sync separator** (TV) / Separator m (mit dem aus einem Fernsehsignal-Gemisch das Synchronsignal vom Bildsignal mit Austastung wieder abgetrennt werden kann) ‖ ~ **signal** (TV) / Synchronsignal n, Synchronisiersignal n, Gleichlaufsignal n, Synchronisierimpuls m, S-Signal n, Synchronisationsimpuls m ‖ ~ **trap** (Telecomm) / Synchronfalle f
**syndesis** n (Gen) / Synapsis f (pl. -pses) (Paarung homologer Chromosomen bei der Meiose)
**syndet** n (Chem) / Syndet n, Detergens n (pl. -tia, -tien oder -zien) (veralteter Oberbegriff für konfektionierte gebrauchsfertige Waschmittel oder Geschirrreinigungsmittel), synthetisches Tensid ‖ ~ **soap** / Syndetseife f (tensidhaltige Seife)
**syndiazo compounds*** (Chem) / Syndiazoverbindungen f pl
**syndicate** n / Interessengemeinschaft f, Konsortium n (pl. -tien)
**syndiotactic*** adj (Chem) / syndiataktisch adj, syndiotaktisch adj ‖ ~ **polymer** (Chem) / syndiotaktisches Polymer
**syndiotaxy** n (Chem) / Syndiataxie f, Syndiotaxie f
**syndrome*** n (Med) / Syndrom n (Symptomenkomplex, Krankheitsbild mit mehreren charakteristischen Symptomen)
**synduct motor** (Elec Eng) / Elektromotor m mit senkrechter Welle
**syndyotactic** adj (Chem) / syndiataktisch adj, syndiotaktisch adj
**syndyotaxy*** n (Chem) / Syndiataxie f, Syndiotaxie f
**syneclise** n (a negative cratonic structure of large areal extent) (Geol) / Syneklise f (großräumige Senkungsform auf einem Kraton)
**synecology*** n (Biol) / Synökologie f, Biozönotik f (Lehre von der Beziehung der Organismen zueinander)
**synectics** n / Synektik f (dem Brainstorming ähnliche Methode zur Lösung von Problemen)

**syneresis** *n* (US)* (Chem) / Synäresis *f*, Synärese *f* (das Altern von Gelen makromolekularer Verbindungen und von Koagulationsstrukturen)
**synergic curve** (Space) / Oberth-Kurve *f*, Synergiekurve *f* (optimale Aufstiegsbahnkurve)
**synergism*** *n* (Ecol) / Synergismus *m* (gegenseitige Beeinflussung mehrerer Wirk- und Schadstoffe im Sinne einer gesteigerten oder neuartigen Wirkung)
**synergist*** *n* (Biol, Chem, Pharm) / Synergist *m* (z.B. Sulfoxid)
**synergistic** *adj* (Biol, Chem, Pharm) / synergistisch *adj* ‖ ~ **effect** (Ecol) / Synergismus *m* (gegenseitige Beeinflussung mehrerer Wirk- und Schadstoffe im Sinne einer gesteigerten oder neuartigen Wirkung)
**synergy** *n* (Ecol) / Synergismus *m* (gegenseitige Beeinflussung mehrerer Wirk- und Schadstoffe im Sinne einer gesteigerten oder neuartigen Wirkung) ‖ ~ **curve** (Space) / Oberth-Kurve *f*, Synergiekurve *f* (optimale Aufstiegsbahnkurve)
**SYN flooding** (Comp) / SYN-Flooding *n* (eine Möglichkeit, einen Denial of Service in auf TCP- und IP-basierenden Netzen zu erreichen), TCP-SYN-Flooding *n*
**synform** *n* (a fold which closes downward) (Geol) / Synform *f*
**synfuel** *n* (Fuels) / Synfuel *n* (Brenn- oder Kraftstoff, der nicht aus Erdöl oder Erdgas hergestellt worden ist), synthetischer Brenn- oder Kraftstoff
**syngas** *n* (Chem) / Synthesegas *n* (Mischung aus CO, N und $H_2$)
**syngenesis** *n* (pl. -geneses) (Geol) / Syngenese *f*
**syngenetic*** *adj* (Geol) / syngenetisch *adj* (Bildung, die gleichzeitig mit ihrer Umgebung entstanden ist)
**synkinematic** *adj* (Geol) / synkinematisch *adj* ‖ ~ (Geol) s. also syntectonic and synorogenic
**synmetal** *n* / Synmetal *n*, synthetisches Metall
**synodic** *adj* (Astron) / synodisch *adj* ‖ ~ **month*** (Astron) / synodischer Monat (von Neumond zu Neumond = 29,53 d) ‖ ~ **period*** (Astron) / synodische Umlaufzeit ‖ ~ **satellite** (Space) / synodischer Erdsatellit (der um die Erde in der Entfernung von 0,84 der Mond-Erde-Achse kreist)
**synonym** *n* (Comp) / Synonym *n* (bedeutungsgleiches oder -ähnliches Wort)
**synoptic** *adj* / synoptisch *adj*
**synoptical** *adj* / synoptisch *adj*
**synoptic chart*** (Meteor) / synoptische Wetterkarte ‖ ~ **display** / Prozessfließbild *n* (grafische Darstellung des aktuellen Zustandes einer Anlage in einer Leitwarte) ‖ ~ **meteorology*** (Meteor) / synoptische Meteorologie, Synoptik *f*
**synorogenic** *adj* (Geol) / synorogen *adj*
**synperiplanar** *adj* (Chem) / synperiplanar *adj*
**synproportionation** *n* (Chem) / Komproportionierung *f*, Synproportionierung *f* (das Gegenteil der Disproportionierung)
**synsedimentary** *adj* (Geol) / synsedimentär *adj* ‖ ~ **fault** (Geol) / synsedimentäre Verwerfung
**syntactic** *adj* (Comp) / syntaktisch *adj* ‖ ~ (Plastics) / syntaktisch *adj* (Schaum)
**syntactical** *adj* (Comp) / syntaktisch *adj* ‖ ~ **error** (Comp) / Syntaxfehler *m*, syntaktischer Fehler
**syntactic analysis** (Comp) / syntaktische Analyse ‖ ~ **consistency** / syntaktische Widerspruchsfreiheit ‖ ~ **rule** (Comp) / syntaktische Regel, Syntaxregel *f*
**syntactics** *n* / Syntaktik *f* (ein Teilgebiet der Semiotik)
**syntan** *n* (Chem, Leather) / Syntan *n*, synthetischer Gerbstoff
**syntannin** *n* (Chem, Leather) / Syntan *n*, synthetischer Gerbstoff
**syntax*** *n* (Comp) / Syntax *f* (System von Regeln einer Sprache) ‖ ~ (Comp) / Parser *m* (ein Programm, das eine syntaktische Analyse durchführt), syntaktischer Analysierer ‖ ~ **analyser** (GB) (Comp) / Parser *m* (ein Programm, das eine syntaktische Analyse durchführt), syntaktischer Analysierer ‖ ~ **analysis*** (Comp) / syntaktische Analyse ‖ ~ **analyzer** (Comp) / Parser *m* (ein Programm, das eine syntaktische Analyse durchführt), syntaktischer Analysierer ‖ ~ **check** (Comp) / Syntaxprüfung *f* ‖ ~ **checking** (Comp) / Syntaxprüfung *f* ‖ ~ **colouring** (Comp) / farbige Syntaxdarstellung (Compiler-Feature, das es erlaubt, die Elemente des Sourcecodes zur Erhöhung der Übersichtlichkeit farblich unterschiedlich darzustellen) ‖ ~ **diagram** (Comp) / Syntaxgraf *m* (anschauliche Darstellung der Grammatik einer problemorientierten Programmiersprache)
**syntax-directed editor** (Comp) / syntaxgesteuerter Editor (zum Edieren von Programmtext)
**syntax error** (Comp) / Syntaxfehler *m*, syntaktischer Fehler
**syntaxis** *n* (pl. syntaxes) (local gathering of different mountain chains in a narrow bundle) (Geol, Mining) / Scharung *f* (von selbständigen Faltengebirgsästen oder ganzen Faltensträngen)
**syntax tree** (Comp) / syntaktischer Baum (zum Parsing), Syntaxbaum *m*
**syntectite** *n* (Geol) / hybrides Gestein, Syntexit *m*

**syntectonic** *adj* (geologic process or event occurring during any kind of tectonic activity) (Geol) / syntektonisch *adj*
**syntexis** *n* (Geol) / Syntexis *f* (Aufnahme von festem Nebengesteinsmaterial durch ein Magma)
**synthesis** *n* (pl. syntheses) (Chem) / Synthese *f* ‖ ~ **gas** (Chem) / Synthesegas *n* (Mischung aus CO, N und $H_2$) ‖ ~ **of mechanisms** (Mech) / Getriebesynthese *f* ‖ ~ **of speech** (Comp) / Sprachsynthese *f* (Generierung von kontinuierlichen akustischen Sprachäußerungen aus Textdaten) ‖ ~ **of urea** (Chem Eng) / Harnstoffsynthese *f* ‖ ~ **test** (Comp) / Synthesetest *m* (zur Prüfung der Wirksamkeit einer Bildzerlegungsprozedur)
**synthesize** *v* (Chem) / synthetisieren *v*, durch Synthese herstellen, synthetisch herstellen, auf synthetischem Wege darstellen
**synthesized gene** (Gen) / synthetisches Gen
**synthesizer** *n* (Comp, Electronics) / Synthesizer *m* (ein Gerät zur elektronischen Musik-, Geräusch- und Spracherzeugung) ‖ ~ (Elec Eng, Electronics) / Synthesizer *m* (zur Erzeugung sehr reiner, sinusförmiger Wechselspannungen), Frequenzsynthesizer *m*, Normalfrequenzgenerator *m* (mit Frequenzsynthese) (Schaltung zur Erzeugung von Schwingungen sehr hoher Frequenzkonstanz und sehr geringen Oberwellen- und Nebenwellengehaltes), Synthesizer *m*
**synthetic** *n* (Chem Eng) / Syntheseprodukt *n*, Synthetik *n*, synthetisch gewonnene Substanz ‖ ~ *adj* / Synthese-, synthetisch *adj* ‖ ~ (Geol) / homothetisch *adj*, synthetisch *adj*, gleichsinnig *adj* ‖ ~ (Min) / synthetisch *adj* (Edelstein) ‖ ~ **address** (Comp) / errechnete Adresse, synthetische Adresse ‖ ~ **alcohol** (Chem) / Synthesealkohol *m*, Synthesesprit *m* ‖ ~ **ammonia process** (Chem Eng) / Ammoniaksynthese *f* ‖ ~ **aperture** (Radar) / synthetische Apertur (die Lateralbewegung des Antennenträgers wird ausgenutzt, um eine Vergrößerung gegenüber der realen Antennenapertur zu erreichen)
**synthetic-aperture focussing technique** (Materials) / Technik *f* der synthetischen Apertur
**synthetic aperture radar*** (Radar) / Radar *m n* mit synthetischer Apertur (zur Erdbeobachtung und -überwachung), SAR *n* (Radar mit synthetischer Apertur)
**synthetic-aperture radar mode** (Radar) / Radarmodus *m* mit synthetischerApertur
**synthetic chemist** (Chem) / Synthesechemiker *m* ‖ ~ **chemistry** (Chem) / Synthesechemie *f* ‖ ~ **circuit** (Elec Eng) / synthetische Prüfschaltung, synthetische Schaltung (zur Prüfung des Schaltvermögens von Leistungsschaltern) ‖ ~ **display** (Radar) / synthetische Darstellung, synthetische Anzeige ‖ ~ **environment** (Chem) / Synthesenumfeld *n* ‖ ~ **equivalent** (Chem) / Syntheseäquivalent *n*
**synthetic-fibre optics** (Optics) / Kunststofffaseroptik *f* ‖ ~ **reinforced plastic** (Plastics) / Synthesefaser-Kunststoff *m*, synthesefaserverstärkter Kunststoff
**synthetic fibres*** (Textiles) / Synthetiks *pl*, Synthetics *pl*, Synthesefasern *f pl* (nicht auf Zellulosebasis), synthetische Chemiefasern ‖ ~ **flight trainer** (Aero) / Instrumentenflugübungsgerät *n* ‖ ~ **fuel** (Fuels) / Synfuel *n* (Brenn- oder Kraftstoff, der nicht aus Erdöl oder Erdgas hergestellt worden ist), synthetischer Brenn- oder Kraftstoff ‖ ~ **gene** (Gen) / synthetisches Gen ‖ ~ **geometry** (Maths) / synthetische Geometrie (axiomatisch begründete Geometrie, meistens als Gegensatz zu analytischer Geometrie) ‖ ~ **image** (Comp) / synthetisches Bild ‖ ~ **iron** (Met) / synthetisches Roheisen (das nicht aus Eisenerzen, sondern durch Aufkohlen von Stahlschrott im offenen Elektroschachtofen gewonnen wird) ‖ ~ **language** (Comp) / synthetische Sprache ‖ ~ **leather** (Chem, Leather) / Chemieleder *n* ‖ ~ **lubricant** / synthetischer Schmierstoff, synthetisches Schmiermittel ‖ ~ **metal** / Synmetal *n*, synthetisches Metall ‖ ~ **moulding sand** (Foundry) / synthetischer Sand (ein Formsand) ‖ ~ **natural gas** / Erdgasersatz *m*, Synthesenaturgas *n*, Tauschgas *n*, synthetisches Erdgas, Syntheseerdgas *n*, Ersatzerdgas *n* ‖ ~ **oil** (Chem Eng) / Syntheseöl *n*, Synthetiköl *n* (künstliches Öl mit günstiger Viskosität und höherer Alterungsbeständigkeit), synthetisches Öl ‖ ~ **organic detergent** (Chem) / Syndet *n*, Detergens *n* (pl. -tia, -tien oder -zien) (veralteter Oberbegriff für konfektionierte gebrauchsfertige Waschmittel oder Geschirrreinigungsmittel), synthetisches Tensid ‖ ~ **paint*** (Paint) / Kunstharzlack *m*, KH-Lack *m* ‖ ~ **paint resin** (Paint) / Lackkunstharz *n* (Lackbindemittel, dessen essentielle Komponente ein rein synthetisches Produkt oder ein chemisch abgewandelter Naturstoff ist) ‖ ~ **paper*** (Paper) / synthetisches Papier, Synthesefaserpapier *n* (DIN 6730), Kunststoffpapier *n* (flächiger, im Wesentlichen aus Chemiefasern bestehender Werkstoff) ‖ ~ **polymer** (Chem) / synthetisches Polymer ‖ ~ **resin*** (a synthetic substance physically similar to natural resin) (Plastics) / Kunstharz *n* (DIN 55 958), synthetisches Harz ‖ ~-**resin adhesive*** (Plastics) / Kunstharzklebstoff *m*, Klebstoff *m* auf Kunstharzbasis (z.B. Epoxid- und ungesättigte Polyesterharze), synthetischer Klebstoff

**synthetic-resin**

**synthetic-resin based plaster** (Build) / Kunstharzputz m ‖ ~ **bearing** (Eng) / Kunstharzlager n ‖ ~ **binder** (Foundry) / Kunstharzbinder m ‖ ~ **film** / Kunstharzfilm m (ein mit Reaktionsharzen imprägniertes und vorkondensiertes Spezialpapier) ‖ ~ **pattern** (Foundry) / Kunstharzmodell n ‖ ~ **plaster** (Build) / Kunstharzputz m
**synthetic reverberation** (Acous) / künstlicher Nachhall, künstlicher Hall ‖ ~ **rope** / Kunstfaserseil n ‖ ~ **rubber**\* (Chem Eng, Plastics) / Synthesekautschuk m, SK (Synthesekautschuk), synthetischer Kautschuk, Kunstkautschuk m ‖ ~ **ruby**\* (Min) / synthetischer Rubin
**synthetics** pl (Textiles) / Synthetiks pl, Synthetics pl, Synthesefasern f pl (nicht auf Zellulosebasis), synthetische Chemiefasern
**synthetic sand**\* (Foundry) / synthetischer Sand (ein Formsand) ‖ ~ **sapphire**\* (Min) / synthetischer Saphir ‖ ~ **soling** (Plastics) / Kunststoffbesohlung f (von Schuhen) ‖ ~ **speech signal** (Comp) / synthetisches Sprachsignal ‖ ~ **spinel**\* (Min) / synthetischer Spinell (meistens aquamarinfarbig) ‖ ~ (**organic**) **tannin** (Chem, Leather) / Syntan n, synthetischer Gerbstoff ‖ ~ **tile** (Build) / synthetischer Baustein (meistens aus Kunststoff mit entsprechender Oberflächenbehandlung) ‖ ~ **trainer** (Aero) / Instrumentenflugübungsgerät n ‖ ~ **training** (Aero) / Instrumentenflugübung f ‖ ~ **video map** (Aero) / synthetische Bildschirmlandkarte ‖ ~ **wax** / synthetisches Wachs (teil-, voll-)
**synthol process** (Chem Eng) / Kellogg-Synthese f (Synthol-Verfahren), Flugstaubsynthese f nach dem Synthol-Verfahren (eine Art Fischer-Tropsch-Synthese)
**synthon** n (Chem) / Synthon n (Fragment bei der retrosynthetischen Analyse)
**syntonize** v (Elec Eng, Radio) / abstimmen v (Frequenzen)
**synusia**\* n (pl. -ae) (Ecol) / Synusie f (Teilgesellschaft von Organismen verschiedener Artzugehörigkeit), Teilbiozönose f
**syphon**\* n / Siphon m, Siphonrohr n ‖ ~ (Eng) / Kondensatsammler m ‖ ~ **bellows**\* (Eng) / Wellrohrfeder f, Wellrohrmembran f
**Syquest drive** (Comp) / Syquest-Laufwerk n
**Syracuse problem** (Maths) / Syrakus-Problem n
**Syrian garnet**\* (Min) / Almandin m (ein Eisentongranat)
**syringa aldehyde** (For) / Syringaaldehyd m (aromatischer Aldehyd, der bei der alkalischen Nitrobenzoloxidation von Laubholzligninen neben Vanillin und p-Oxybenzaldehyd entsteht)
**syringe** n (Chem) / Injektionsspritze f (in der Chromatografie), Kolbenspritze f, Spritze f (für chromatografische Zwecke) ‖ ~ (Med) / Injektionsspritze f, Spritze f ‖ ~ **pump** (Chem) / Spritzenpumpe f (für die Chromatografie)
**syrozem** n (Agric, Civ Eng, Geol) / Syrosem n (Rohboden der gemäßigten Breiten), Syrosjom n
**syrup** n (Nut) / Zuckersirup m (64%ige Lösung von Saccharose in Wasser) ‖ ~ (Nut, Pharm) / Sirup m
**syrup-like** adj / sirupartig adj, sirupös adj
**syrupy** adj / sirupartig adj, sirupös adj
**SYS** (sysop) (Comp) / Systemoperator m, Sysop m (der Betreuer einer Mailbox)
**sysertskite** n (Min) / Iridosmium n (mit > 55% Os), Syssertskit m
**sysgen** n (Comp) / Systemgenerierung f ‖ ~ (Comp) / Systemgenerator m, SG (Systemgenerator)
**sysop** n (Comp) / Systemoperator m, Sysop m (der Betreuer einer Mailbox)
**syssiderite** n (Meteor) / Siderolith m (ein Stein-Eisen-Meteorit)
**system**\* n / System n (eine Ordnungsform, die die Elementegesamt in einen Strukturzusammenhang bringt) ‖ ~\* (Autos, Ships) / System n (Netz von Transportwegen und Leitungen) ‖ ~\* (Elec Eng, Eng) / Anlage f (Gesamtheit von Maschinen oder Maschinenanordnungen gleicher Funktion, z.B. eine Förderanlage), System n ‖ ~ (Geol) / Formation f (stratigrafische) ‖ **not affiliated with a specific** ~ / systemunabhängig adj ‖ ~ **administration** (Comp, Telecomm) / Systemverwaltung f ‖ ~ **administration and maintenance function** (Comp, Telecomm) / systembetriebstechnische Funktion ‖ ~ **administrator** (Comp, Telecomm) / Systemverwalter m, Systemadministrator m ‖ ~ **administrator** (Comp, Telecomm) s. also system operator ‖ ~ **architecture** (the structure and relationship among the components of a system) (Comp) / Systemarchitektur f
**systematic** adj / systematisch adj (in einem System verfolgend, einem System innewohnend, auf einem Lehrgebäude beruhend, klassifizierend) ‖ ~ / planmäßig adj, methodisch adj, planvoll adj ‖ ~ **deviation** / systematische Abweichung (in der Messtechnik nach DIN 1319, T 3) ‖ ~ **error** (Maths) / regelmäßiger Fehler, systematischer Fehler (DIN 1319, T 3) ‖ ~ **failure** / systematischer Ausfall (eines Systems - in der Zuverlässigkeitstheorie) ‖ ~ **fraction** (Maths) / systematischer Bruch, Systembruch m ‖ ~ **name** (that consists of selected syllables, letters, numbers and graphic symbols expressing the structure at a constitutional and configurational level) (Chem) / systematischer Name (in der chemischen Nomenklatur - Gegensatz: Trivialname)
**systematics**\* n (Biol) / Systematik f (Einordnung der Lebewesen in das System des Pflanzen- oder Tierreiches)

**systematic sample** (Stats) / systematische Stichprobe ‖ ~ **sampling** (Stats) / systematisches Stichprobenverfahren (nach dem Stichprobenerhebungsschema) ‖ ~ **survey** / systematische Übersicht
**systematise** v (GB) / systematisieren v (in ein System bringen)
**systematize** v / systematisieren v (in ein System bringen)
**system availability** / Systemverfügbarkeit f ‖ ~ **behaviour** (Comp) / Systemverhalten n ‖ ~ **blending** (Spinning) / Systemmischung f (als Gegensatz zu Intimmischung)
**system-board** n (Electronics) / Grundplatine f (Leiterplatte, in deren Sockel weitere Karten eingesteckt werden können), Mutterleiterplatte f, Trägerleiterplatte f (in deren Sockel weitere Karten eingesteckt werden können), Motherboard n (eine Leiterplatte)
**system boundary** / Systemgrenze f ‖ ~ **building**\* (Build) / industrielle Bauweise, industrielles Bauen, Industriebau m ‖ ~ **bus** (Comp) / Systembus m (Gesamtheit von Datenbus und Adressbus inklusive der dazugehörigen Steuerleitungen innerhalb eines Systems) ‖ ~ **bus buffer** (Teleph) / Systembuspuffer m ‖ ~ **camera** (Photog) / Systemkamera f (für Objektiv-, Film- und Formatwechsel, z.B. Combiphot Automatic Leitz) ‖ ~ **case** (Comp) / Systemgehäuse n ‖ ~ **chart** (Comp) / Systemablaufplan m ‖ ~ **clock** (Comp) / Systemtakt m ‖ ~ **clock pulse** (Comp) / Systemtakt m ‖ ~ **combination** / Systemkombination f ‖ ~ **complexity measure** (Comp) / Systemkomplexitätsmaß n ‖ ~ **component** / Systemkomponente f ‖ ~ **configuration** (Comp) / Systemkonfiguration f, Anlagenkonfiguration f ‖ ~ **control** (Comp) / Systemsteuerung f ‖ ~ **control command** (Comp) / Systemsteuerungsbefehl m
**system-controllable plain-paper copier** / systemtechnisch ansteuerbarer Normalpapierkopierer
**system conversion program** (Comp) / Systemumstellungsprogramm n ‖ ~ **crash**\* (system failure that requires at least operator intervention and often some maintenance before system running can resume) (Comp) / Systemcrash m, Systemzusammenbruch m, Systemabsturz m (eine abnormale Beendigung des Systemablaufs), Systemausfall m ‖ ~ **definition** (Comp) / Systembeschreibung f
**system-dependent** adj (Comp) / systemabhängig adj (Software), anlagenspezifisch adj (Software)
**system description** (Comp) / Systembeschreibung f ‖ ~ **design** (i.e., the process of defining the hardware and software architectures, components, modules, interfaces, and data for a system to satisfy specified system requirements) (Comp) / Systementwurf m, Systemauslegung f (als Vorgang im Sinne von Systemplanung) ‖ ~ **design** (Comp) / Systemaufbau m ‖ ~ **designer** (Comp) / Systemplaner m ‖ ~ **developer** (Comp) / Systementwickler m ‖ ~ **development** (Comp) / Systementwicklung f (umfassender als Systementwurf) ‖ ~ **dictionary** (Comp) / Systemlexikon n (zur Korrekturhilfe in Textsystemen) ‖ ~ **disk** (Comp) / Systemplatte f ‖ ~ **diskette** (Comp) / Systemdiskette f ‖ ~ **display** / Systemanzeige f, Systemdisplay n ‖ ~ **documentation** (containing all characteristics of a system) (Comp) / Systemdokumentation f ‖ ~ **earth** (Elec Eng) / Betriebserde f (Netz) ‖ ~ **earth** (Telecomm) / Fernmeldebetriebserde f, FE (Fernmeldebetriebserde)
**systemeering** n (AI, Comp, Maths) / infologische Modellierung, Infologie f
**system effectiveness** / Systemwirksamkeit f ‖ ~ **engineering**\* (Automation) / Systemtechnik f, Systems Engineering n ‖ ~ **equations** (Maths) / Gleichungssystem n (lineares, nicht lineares), simultanes System von Gleichungen, gleichzeitige Gleichungen, simultane Gleichungen ‖ ~ **failure** (Comp) / Systemcrash m, Systemzusammenbruch m, Systemabsturz m (eine abnormale Beendigung des Systemablaufs), Systemausfall m ‖ ~ **feature** / Systemmerkmal n ‖ ~ **file** (Comp) / Systemdatei f (die zur Funktion eines Systems notwendig ist) ‖ ~ **for nuclear auxiliary power** (Nuc Eng, Ships, Space) / Hilfs-Stromerzeugungsanlage f auf Kernenergiebasis, SNAP f (nukleare Energieerzeugungsanlage für geringe Leistung, z.B. für Raumfahrzeuge) ‖ ~ **frequency** (Elec Eng) / Netzfrequenz f (GB: 50 Hz, US: 60 Hz, Aero: 400 Hz) ‖ ~ **function key** (Comp) / Systemfunktionstaste f ‖ ~ **generation** (Comp) / Systemgenerierung f ‖ ~ **generator** (Comp) / Systemgenerator m, SG (Systemgenerator) ‖ ~ **ground** (Comp) / Betriebserde f (DIN 66020, T 1) ‖ ~ **ground** (Elec Eng) / Betriebserde f (Netz) ‖ ~ **hacker** (a person who obtains unauthorized access through information networks to computer systems) (Comp) / Hacker m (in fremde Rechnersysteme illegal eindringender Computerbesitzer) ‖ ~ **house** (Comp) / Systemhaus n (spezialisiertes Unternehmen zur Erstellung von Programmen für bestimmte Hardware-Systeme) ‖ ~ **house** (Comp) s. also software house
**systemic**\* adj (Agric, Chem, Ecol) / systemisch adj (Herbizid) ‖ ~ **fungicide** (Agric, Chem) / systemisches Fungizid
**system-independent** adj / systemunabhängig adj
**system input file** (Comp) / Systemeingabedatei f ‖ ~ **integration** (Comp, Work Study) / Systemintegration f (Zusammenfassung von

Teilsystemen bzw. Einzelfunktionen zu einem Gesamtsystem) ‖ ~ **integrity** (Comp) / Systemintegrität *f* (aufeinander abgestimmtes Zusammenwirken der Elemente des Sicherungssystems und der reibungslose Ablauf von Kontrollroutinen, die die innere Stabilität des Systems herbeiführen) ‖ ~ **interface** (Comp) / Systemoberfläche *f*
**systemise** *v* (GB) / systematisieren *v* (in ein System bringen)
**systemize** *v* / systematisieren *v* (in ein System bringen)
**systemless** *adj* / systemlos *adj*, ohne System
**system library** (Comp) / Systembibliothek *f*, Systemprogrammbibliothek *f* ‖ ~ **loading** (Comp) / Laden *n* des Systems ‖ ~ **log** (Comp) / Systemlog *n*, Systemprotokoll *n* ‖ ~ **management** (Comp) / Systemmanagement *n* (DIN ISO 7498), Systemverwaltung *f* ‖ ~ **manager** (Comp) / Systemverwalter *m* ‖ ~ **matrix** (Mech) / Systemmatrix *f* (bei Schwingungssystemen) ‖ ~ **notice** (Comp, Telecomm) / Systemmeldung *f* (Meldung des Betriebssystems) ‖ ~ **of beams and joints in star forms** (Carp) / Sternbalkenlage *f* ‖ ~ **of binders and joists** (plane) (Carp) / Balkenlage *f* (Gesamtheit aller Balken in einer waagrechten Ebene) ‖ ~ **of buttresses and flying buttresses** (Arch) / Strebewerk *n* (Gesamtheit der Pfeiler und Mauervorlagen, die den Seitenschub der Gewölbe auffangen) ‖ ~ **of coplanar forces** (Mech) / Kräftesystem *n* in der Ebene, ebenes Kräftesystem ‖ ~ **of crystals*** (Crystal) / Kristallsystem *n* (kubisch, hexagonal, tetragonal, rhombisch, monoklin, triklin) ‖ ~ **of equations** (Maths) / Gleichungssystem *n* (lineares, nicht lineares), simultanes System von Gleichungen, gleichzeitige Gleichungen, simultane Gleichungen ‖ ~ **of forces** (Mech) / Kräftesystem *n*, Kraftsystem *n*, Kraftgruppe *f* ‖ ~ **of highways** (Autos, Civ Eng) / Straßensystem *n* ‖ ~ **of imprimitivity** (Maths) / Imprimitivitätssystem *n* ‖ ~ **of linear equations** (Maths) / lineares Gleichungssystem ‖ ~ **of** (coal) **mining** (Mining) / Abbauverfahren *n* ‖ ~ **of nested intervals** (Maths) / Intervallschachtelung *f* (eine Folge von Intervallen) ‖ ~ **of pulleys** (Eng) / Flaschenzug *m*, Rollenzug *m* ‖ ~ **of rigid bodies** (Mech) / System *n* starrer Körper ‖ ~ **of simultaneous equations** (Maths) / Gleichungssystem *n* (lineares, nicht lineares), simultanes System von Gleichungen, gleichzeitige Gleichungen, simultane Gleichungen ‖ ~ **of units** / Einheitensystem *n* (DIN 1313), Maßsystem *n* (Einheitensystem) ‖ ~ **operator** (Comp) / Systemoperator *m*, Sysop *m* (der Betreuer einer Mailbox) ‖ ~ **operator** (Teleph) / Systembetreiber *m*
**system-oriented** *adj* (Comp) / systemtechnisch *adj* ‖ ~ **software** (Comp) / systemnahe Software
**system parameter** (Radar) / Systemparameter *m* (Kenngröße zur Beschreibung eines Radargeräts, Senders oder Empfängers) ‖ ~ **peak** (Chem, Spectr) / Systempeak *m* ‖ ~ **peripherals** (Comp) / Systemperipherie *f* ‖ ~ **planner** (Comp) / Systemplaner *m* ‖ ~ **point** (Elec Eng) / Systempunkt *m* (z.B. Anschluss- oder Knotenpunkt nach DIN 40 108) ‖ ~ **predicate** / Systemprädikat *n* ‖ ~ **production time** (Comp) / Produktionszeit *f* (die für den Anwender verfügbar ist) ‖ ~ **program** (Comp) / Systemprogramm *n* ‖ ~ **recovery time** / Wiederanlaufzeit *f* (bis zur Wiederherstellung des gewünschten Zustandes) ‖ ~ **reliability** / Systemzuverlässigkeit *f*, Zuverlässigkeit *f* des Systems ‖ ~ **request** (Comp) / Systemabfrage *f* ‖ ~ **requirements** (Comp) / Systemanforderungen *f pl* (Mindestanforderungen eines Programmes an das System, um ablaufen zu können) ‖ ~ **research** / Unternehmensforschung *f*, Operationsforschung *f*, Operations-Research *n f*, OR (zweckmäßiges Vorbereiten, Durchführen, Kontrollieren und Einschätzen von Entscheidungen mit Hilfe von mathematischen Methoden) ‖ ~ **residence** (Comp) / Systemresidenz *f*
**system-residence disk** (Comp) / Systemplatte *f*
**system residence volume** (Comp) / Datenträger *m* der Systemresidenz (auf dem das eigentliche Betriebssystem und der gesamte zugehörige Supervisorkode untergebracht werden)
**system-resident** *adj* (Comp) / systemresident *adj*
**system resilience** (the ability of a computer system to continue to function correctly despite the existence of a fault or faults in one or more of its component parts) (Comp) / dynamisches Störausgleichverhalten ‖ ~ **response** / Systemreaktion *f*
**systems analysis*** (Comp) / Systemanalyse *f* ‖ ~ **analyst*** (Comp) / Systemanalytiker *m* ‖ ~ **approach** (Comp) / systemanalytischer Ansatz ‖ ~ **definition** / Systemdefinition *f* (als Phase eines Projekts) ‖ ~ **design** (Comp) / Systementwurf *m*, Systemauslegung *f* (als Vorgang im Sinne von Systemplanung) ‖ ~ **design** (Comp) / Systemaufbau *m* ‖ ~ **engineer** (Comp) / Systemberater *m* ‖ ~ **engineering** (Automation) / Systemtechnik *f*, Systems Engineering *n*
**system service** (Comp) / Systemservice *n* ‖ ~ **serviceability** / Systemzuverlässigkeit *f*, Zuverlässigkeit *f* des Systems
**systems flowchart** (Comp) / Systemablaufplan *m*
**system shell** (AI) / Expertensystemschale *f*, Rahmen-XS *n*, Expertensystemhülle *f*, Rahmenexpertensystem *n* (Expertensystem ohne anwendungsspezifisches Wissen), Shell *f* (eines Expertensystems), Expertensystemshell *f* ‖ ~ **short circuit** (Elec Eng) / Netzkurzschluss *m* ‖ ~ **simulator interface** (Teleph) / Systemsimulatorschnittstelle *f*, SSI (Systemsimulatorschnittstelle)
**Systems Network Architecture** (Comp, Telecomm) / Systems-Network-Architektur *f* (eine alte hoch entwickelte, jedoch nicht OSI-konforme IBM-Netzarchitektur), SNA (Systems Network Architecture)
**system software** (designed for a specific computer system or family of computer systems to facilitate the operation and maintenance of the computer system and associated programs) (Comp) / Systemsoftware *f*, Basissoftware *f*
**system-specific** *adj* (Comp) / systemgebunden *adj*, nicht systemübergreifend
**systems programmer*** (a person who specializes in systems programming and low-level software, such as operating systems, compilers, communication systems, and database management systems) (Comp) / Systemprogrammierer *m* (der Betriebssysteme, Software für Rechnernetze oder Datenbanken herstellt oder ändert) ‖ ~ **selling** (Comp) / Systemgeschäft *n* (Kauf bzw. Verkauf von aufeinander abgestimmten und miteinander zu einem System verknüpften Teilleistungen, z.B. verschiedener Hard- und Softwarekomponenten eines DV-Systems) ‖ ~ **software*** (Comp) / Systemsoftware *f*, Basissoftware *f* ‖ ~ **specification** / Systemdefinition *f* (als Phase eines Projekts)
**system standard interface** (Comp) / Systemschnittstelle *f* ‖ ~ **start** (Comp) / Systemstart *m* ‖ ~ **state** / Systemzustand *m* ‖ ~ **status** / Systemzustand *m* ‖ ~ **support** (Comp) / Systemunterstützung *f* ‖ ~ **switched-off time** / Abschaltzeit *f* des Systems (in der es abgeschaltet, aber betriebsfähig ist)
**systems zoo** (Comp) / Systemzoo *m* (eine heterogene, historisch gewachsene Hard- und Softwarelandschaft in Unternehmen oder sonstigen Institutionen)
**system tape** (Comp) / Systemband *n* ‖ ~ **test** (Comp) / Gesamttest *m* (Systemtest), Systemtest *m* (eine Testphase bei der Programmerstellung) ‖ ~ **test time** (Comp) / Betriebssystem-Testzeit *f* (in der das Betriebssystem und die Dienstprogramme gepflegt und getestet werden) ‖ ~ **time** (Comp) / Systemzeit *f* ‖ ~ **track** (Comp) / Systemspur *f* (die ausschließlich für den Gebrauch durch das System reserviert ist) ‖ ~ **tractor** (Agric) / Systemschlepper *m* ‖ ~ **tuning** (Comp) / System-Tuning *n* ‖ ~ **unit** (Electronics, Eng) / Systemeinheit *f* ‖ ~ **variable** (Comp) / Systemvariable *f* ‖ ~ **virus** (Comp) / Systemvirus *m n*, SV (Systemvirus) ‖ ~ **voltage insulation** (Elec Eng) / äußere Isolation (Luftstrecken und Oberflächen fester Isolationen von Betriebsmitteln in Luft) ‖ ~ **warning** (Comp, Telecomm) / Systemwarnung *f*
**systolic algorithm** (Comp) / systolischer Algorithmus ‖ ~ **array** (an extension of the pipeling approach to processor design) (Comp) / systolisches Feld (Rechnerarchitektur für hochparallele Verarbeitung nach dem SIMD-Prinzip, bei der eine große Anzahl gleichartiger Prozessoren regelmäßig angeordnet und nur mit ihren Nachbarn verschaltet ist)
**systyle*** *n* (Arch) / Systylos *m* (Säulenstellung, deren Interkolumnium zwei untere Säulendurchmesser beträgt) ‖ ~* (Arch) s. also intercolumniation
**syzygy*** *n* (a point of opposition or conjunction of a planet, or the Moon, with the Sun) (Astron) / Syzygie *f*, Syzygium *n* (pl. -gien)
**szaskaite** *n* (Min) / Edler Galmei, Zinkspat *m*, Smithsonit *m*, Karbonatgalmei *m*
**Szilard-Chalmers process*** (Nuc) / Szilard-Chalmers-Verfahren *n* (nach L. Szilard, 1898-1964, und T.A. Chalmers)
**SZ stranding** (Cables) / SZ-Verseilung *f*

# T

**T / T** (nach DIN ISO 1629 ein Gruppenbuchstabe für Kautschuke mit Schwefel in der Polymerkette)
**T** (transport layer) (Comp, Telecomm) / Transportschicht *f* (Schicht 4 im OSI-Referenzmodell), T (Transportschicht im OSI-Referenzmodell)
**T** (tesla) (Elec) / Tesla *n* (gesetzliche abgeleitete SI-Einheit der magnetischen Flussdichte = 1 Wb/m$^2$; nach dem kroatisch-amerikanischen Physiker Nikola Tesla, 1856-1943), T (Tesla - DIN 1301, T 1)
**T*, 2,4,5-*** (Agric) / 2,4,5-T *n* (Spritz- und Streumittel zur Unkrautbekämpfung in Pflanzenkulturen)
**TA** (technical assistance) / technische Hilfe, technische Unterstützung
**Ta** (tantalum) (Chem) / Tantal *n*, Ta (Tantal)
**TA** (Ecol) / Technologiebewertung *f*, Technikbewertung *f*, Technikfolgenbewertung *f* (eines Projekts), Technikfolgenabschätzung *f*, TA ǁ ~ (Elec Eng) / Prüfstrom *m* (bei Wirkverbrauchszählern)
**TAB** (tape-automated bonding) (Electronics) / automatisches Folienbondverfahren
**tab** *v* / tabellarisieren *v*, tabellieren *v* ǁ ~ (Comp) / tabulieren *v* (auch auf der Schreibmaschine) ǁ ~ *n* / Aufreißband *n* ǁ ~ / Reiter *m*, Tab *m*, Fahne *f* (der Leitkarte in der Kartei) ǁ ~ / Lasche *f* (des Schuhs) ǁ ~* (Aero) / Hilfsruder *n* ǁ ~ (Autos) / Befestigungslasche *f*, Lasche *f* (zur punktuellen Befestigung eines Blechteils an ein anderes), Blechlasche *f* (zur Befestigung) ǁ ~ (Comp) / Tabulator *m* (auch der Schreibmaschine) ǁ ~ (Eng) / Lappen *m* (der Sicherungsscheibe nach DIN 93) ǁ ~ (Eng) / Klammer *f* ǁ ~ (Plastics) / Vorkammer *f* (im Angusssystem) ǁ ~ (Plumb) / Deckstreifen *m*
**Tabasco mahogany** (For) / Honduras-Mahagoni *n* (Swietenia macrophylla King), Tabasco-Mahagoni *n*, Nikaragua-Mahagoni *n*
**tabby** *n* (pl. -ies) (tabby weave) (Weaving) / Leinwandbindung *f*, Tuchbindung *f*
**tabby-back corduroy** (Textiles) / Manchester *m*, Manchestersamt *m*, Manchesterstoff *m* (ein breitgerippter Kordsamt) ǁ ~ **corduroy** (Textiles) s. also corduroy and Genoa cord
**tabby weave** (Weaving) / Leinwandbindung *f*, Tuchbindung *f*
**TABC** (tabulator character) (Comp) / Tabulatorzeichen *n* (DIN 66257)
**Taber abrader** (an instrument for measuring the resistance of surfaces to abrasion consisting of loaded abrasive wheels rotating on the surface being tested) (Materials, Textiles) / Taber-Scheuerprüfgerät *n*, Scheuerprüfgerät *n* nach Taber
**tabetisol** *n* (Geol) / Tabetisol *n* (nichtgefrorener Boden zwischen Permafrost und jährlicher Frostzone - in Russland)
**tab hinge** / Klappenscharnier *n* ǁ ~ **key** (Comp) / Tabuliertaste *f*, Tabulortortaste *f* (auch der Schreibmaschine), Tabtaste *f*
**table** *n* / Tafel *f* ǁ ~ (Agric) / Schneidwerk *n* (der Erntemaschine) ǁ ~ (Build) / horizontaler Mauervorsprung ǁ ~ (Build) / Gesimsvorsprung *m* (vorspringende horizontale Platte), Gesimsüberstand *m* ǁ ~ (Build, Met) / Flansch *m* (des T-Profils) ǁ ~ (Carp, Join) / Hakenblatt *n* (hakenförmige Überblattung) ǁ ~* (Eng) / Tisch *m* ǁ ~* (Maths, Print) / Tabelle *f* (tabellarische Aufstellung) ǁ ~ (Met) / Rollgang *m* (Stetigförderer für schwere Lasten - mit Einzel- oder Gruppenantrieb) ǁ ~ (Min) / Tafel *f* (Schliffform eines Diamanten) ǁ ~ (Min Proc) / Herd *m* (Fläche, die bei der Erzaufbereitung durch ihre schwache Neigung und stoßweise Bewegung eine Materialtrennung bewirkt) ǁ ~ (Textiles) / Bahnlänge *f* ǁ ~ **address memory** (Comp) / Tabellenadressspeicher *m* ǁ ~ **casting** (process) (Glass) / Tischwalzverfahren *n*, Tischverfahren *n*
**table-cloth paper** (Paper) / Tischtuchpapier *n*
**table-covering cloth** (Plastics, Textiles) / Tischbezugsstoff *m*, Tischbelagstoff *m*
**table definition** (Print) / Tabellendefinition *f*
**table-driven** *adj* (Comp) / tabellengesteuert *adj*
**table dyeing** (Leather) / Bürstfärbung *f* (ein Zurichtprozess) ǁ ~ **editor** (Comp) / Tabelleneditor *m* ǁ ~ **field** (Comp, Print) / Tabellenfeld *n* ǁ ~ **filter** (Chem Eng) / Planfilter *n*, Tellerfilter *n*, Schüsselfilter *n* ǁ ~ **format** (Comp) / Tabellenformat *n* ǁ ~ **generator** (Comp) / Tabellengenerator *m* ǁ ~ **glassware** (Glass) / Tischglas *n*, Geschirrglas *n* ǁ ~ **joint** (Carp, Join) / Französischer Keil (eine Holzlängsverbindung), Schaffhausener Schloss, Hakenblattverbindung *f* ǁ ~ **lamp** (Light) / Tischlampe *f*
**tableland** *n* (Geol) / Tafelrestberg *m*, Tafelland *n*

**table line** (Print) / Tabellenzeile *f* ǁ ~ **look-up** (Comp) / Tabellenlesen *n*, Tabellensuchen *n* ǁ ~ **matter*** (Typog) / Tabellensatz *m* ǁ ~ **microphone** (Acous) / Tischmikrofon *n* ǁ ~ **mountain** (a flat-top mountain) (Geol) / Tafelberg *m* (eine isolierte, plateauartige Bergform, z.B. in Kapstadt), Mesa *f* (Tafelberg - in spanischsprachigen Ländern und den USA) ǁ ~ **mountain** (Geol) s. also mesa ǁ ~ **of contents** (Print) / Inhaltsverzeichnis *n* ǁ ~ **offset** (Eng) / Tischversetzung *f*, Tischversatz *m* ǁ ~ **of milling machine** (Eng) / Fräsmaschinentisch *m*, Frästisch *m* ǁ ~ **of modules** (Comp, Electronics) / Modulübersicht *f* ǁ ~ **of strata*** (Geol) / Formationstabelle *f* ǁ ~ **oil** (Nut) / Tafelöl *n* (qualitativ hochwertiges Speiseöl) ǁ ~ **positioning** (Eng) / Tischpositionierung *f* ǁ ~ **rolls*** (Paper) / Registerwalzen *f pl* ǁ ~ **row** (Print) / Tabellenzeile *f* ǁ ~ **run** (Leather) / Ledersorten von Qualitätseinstufung (die aus der Gerberei kommen), nicht sortiertes Leder (aus der Gerberei) ǁ ~ **salt** (Nut) / Tafelsalz *n* (besonders rein, im Korn gleichmäßig) ǁ ~ **saw** (Join) / Tischkreissäge *f*, Tischkreissägemaschine *f*
**tablespoonful** *n* (pl. tablespoonfuls) (Pharm) / Esslöffel(voll) *m*, EL (Esslöffel)
**table stand** (Cinema, Photog) / Tischstativ *n*, Babystativ *n*, Bodenstativ *n* ǁ ~ **storage** (Comp) / Tabellenspeicher *m* ǁ ~ **sugar** (Nut) / Haushaltszucker *m* ǁ ~ **sugar** (Nut) s. also sucrose
**tablet** *n* (Build) / horizontaler Mauervorsprung ǁ ~ (Build) / Gesimsvorsprung *m* (vorspringende horizontale Platte), Gesimsüberstand *m* ǁ ~* (Comp) / Tablett *n* (ein grafisches Eingabegerät) ǁ ~ (Join) / Tafel *f* (Lieferungsform von Leim) ǁ ~* (Pharm, Plastics) / Tablette *f* ǁ ~ **disintegrant** (Pharm) / Zerfallhilfsmittel *n* (für Tabletten) ǁ ~ **disintegrant** (Pharm) / Tablettensprengmittel *n*
**table telephone** (Teleph) / Tischfernsprecher *m*, Tischapparat *m*
**table-top paper** (Paper) / Tischtuchpapier *n*
**table-top photography** (Photog) / Tabletop-Fotografie *f* (Aufnahmetechnik mit Nivellier-Tischstativ)
**table-top printer** (Comp) / Tischdrucker *m* ǁ ~ **refrigerator** (Eng) / Tischkühlschrank *m* ǁ ~ **sweetener** (Nut) / Tafelsüßstoffzubereitung *f*
**tablet** (writing) **paper** (US) (Paper) / Schreibpapier *n*, Postpapier *n* ǁ ~ **paper** (Paper) / Notizbuchpapier *n*, Notizbücherpapier *n*
**table travel** (Eng) / Tischbewegung *f*
**tabletting** *n* (Pharm, Plastics) / Tablettierung *f*, Tablettieren *n* ǁ ~ **aid** (Pharm) / Tablettierhilfsmittel *n* (z.B. bei Brausetabletten)
**table-type horizontal boring and milling** (facing) **machine** (Eng) / Tischbohrwerk *n*, Tischbohr- und -fräswerk *n* (Waagerecht-Bohr und Fräswerk mit einem auf dem Maschinenbett geführten Werkstücktisch) ǁ ~ **machine** (Eng) / Plattenbohrwerk *n*
**table vice** (Eng) / Bankschraubstock *m*
**tableware** *n* (Ceramics) / Geschirrporzellan *n* ǁ ~ (Ceramics, Glass) / Tafelgeschirr *n* ǁ ~ (Glass) / Tischglas *n*, Geschirrglas *n*
**table** (mineral) **water** (Nut) / Tafelwasser *n* (künstliches Mineralwasser)
**tab lock washer** (Eng) / Sicherheitsscheibe *f* mit Lappen, Scheibe *f* mit Lappen (DIN 93)
**tabloid newspaper*** (Print) / kleinformatiges Massenblatt, kleinformatige (Boulevard)Zeitung
**tab memory** (Comp) / Tabulatorspeicher *m*
**taboo frequency** (Radio) / gesperrte Frequenz, Schweigefrequenz *f*
**tab setting** (Comp) / Tabulatorsetzen *n*, Setzen *n* von Tabulatoren ǁ ~ **stop** (Comp) / Tabulatorstopp *m* (DIN 66 254), Tabstop *m* ǁ ~ **-to-tab printing** (Cinema) / Kopieren *n* von Klammer zu Klammer
**tabtoxin** *n* (Bot) / Tabtoxin *n* (ein Phytotoxin, das die Wildfeuerkrankheit der Tabakpflanze auslöst), Wildfeuertoxin *n*
**tabular** *adj* / tabellarisch *adj*, in Tabellenform ǁ ~ / tafelförmig *adj* ǁ ~ (Geol) / plattenförmig *adj*, plattig *adj*, bankförmig *adj* ǁ ~ **alumina** (Ceramics, Elec Eng, Min) / Alpha-Aluminiumoxid *n* (Korund) ǁ ~ **crystal** (Crystal) / Tafelkristall *n* ǁ ~ **display** / tabellarische Anzeige, tabellarische Darstellung ǁ ~ **field** (Comp, Print) / Tabellenfeld *n* ǁ ~ **matter*** (Typog) / Tabellensatz *m* ǁ ~ **root** (Bot, For) / Brettwurzel *f* ǁ ~ **spar*** (Min) / Wollastonit *m* (Kalziummetasilikat), Tafelspat *m* ǁ ~ **value** / Tabellenwert *m*
**tabulate** *v* / tabellarisieren *v*, tabellieren *v* ǁ ~ (Comp) / tabulieren *v* (auch auf der Schreibmaschine)
**tabulating paper** (Paper) / Tabellierpapier *n*
**tabulation** *n* / tabellarische Aufstellung ǁ ~ (Comp) / Tabulieren *n* (Verlagern der Beschriftungsstelle auf eine vorherbestimmte Zeichenstelle - DIN 66254) ǁ ~ **character** (Comp) / Tabulatorzeichen *n* (DIN 66257) ǁ ~ **paper** (Paper) / Tabellierpapier *n* ǁ ~ **stop** (Comp) / Tabulatorstopp *m* (DIN 66 254), Tabstop
**tabulator** *n* (Comp) / Tabulator *m* (auch der Schreibmaschine) ǁ ~* (Comp) / Tabellierer *m*, Tabelliermaschine *f* ǁ ~ **character** (Comp) / Tabulatorzeichen *n* (DIN 66257) ǁ ~ **clear key** / Tabulatorlöschtaste *f* (der Schreibmaschine) ǁ ~ **key** (Comp) / Tabuliertaste *f*, Tabulatortaste *f* (auch der Schreibmaschine), Tabtaste *f* ǁ ~ **setting** (Comp) / Tabulatorsetzen *n*, Setzen *n* von Tabulatoren

**tabun** *n* (a tasteless odourless nerve gas) (Chem) / Tabun *n* (Dimethylphosphoramidocyanidsäureethylester - ein Kampfstoff)
**tab washer with long tab** (Eng) / Sicherheitsscheibe *f* mit Lappen, Scheibe *f* mit Lappen (DIN 93)
**TAC** (thermal air cleaner) (Autos) / Thermostat-Luftfilter *n*, thermostatgesteuerter Luftfilter, thermostatgeregeltes Luftfilter, Luftfilter *n* mit Ansaugtemperaturregelung (zur Abgasentwicklung)
**tacamahac** *n* / Tacamahac *m* (Sammelbezeichnung für wohlriechende Harze verschiedener Pflanzen, z.B. Bursera, Calophyllum, Populus und Protium), Tacamahak *m*, Takamahak *m* ‖ ~ / Gommart-Harz *n*, Amerikanisches Elemi (aus Bursera simaruba (L.) Sarg.) ‖ ~ s. also balsam poplar
**tacamahaca** *n* / Tacamahac *m* (Sammelbezeichnung für wohlriechende Harze verschiedener Pflanzen, z.B. Bursera, Calophyllum, Populus und Protium), Tacamahak *m*, Takamahak *m*
**tacan** *n* (Mil, Nav) / TACAN *n* (ein Mittelstrecken-Funkortungsverfahren mit Standlinien: Gerade und Kreis)
**tacheometer*** *n* (Instr, Surv) / Tachymeter *n*, Tacheometer *n* (ein theodolitähnliches, als Zielwinkelentfernungsmesser ausgebildetes Gerät zur geodätischen Schnellmessung)
**tacheometric surveying** (Surv) / Tachymetrie *f*
**tacheometry*** *n* (Surv) / Tachymetrie *f* ‖ ~ **with an optical wedge** (Surv) / Keildistanzmessung *f* (vor einen Teil des Objektivs eines Theodolitfernrohres wird ein streifenförmiger Glaskeil gebracht)
**tachiol** *n* (Chem) / Tachiol *n* (Silberfluorid)
**tachistoscope** *n* (Optics, Photog) / Tachistoskop *n*
**tachogenerator** *n* (Elec Eng) / Tachogenerator *m* (Generator, der Wechsel- oder Gleichstrom drehzahlabhängig erzeugt und abgibt)
**tachograph** *n* (Autos) / Tachograf *m*, Fahrtschreiber *m*, Fahrtenschreiber *m*
**tachometer*** *n* (Autos) / Drehzahlmesser *m* ‖ ~ (Eng) / Tachogenerator *m* (z.B. eines Industrieroboters)
**tachometric electrometer** (Elec Eng) / tachometrisches Elektrometer
**tachydrite** *n* (Min) / Tachydrit *m*, Tachyhydrit *m* (störende Beimengung in Kalisalzlagern)
**tachyhydrite** *n* (Min) / Tachydrit *m*, Tachyhydrit *m* (störende Beimengung in Kalisalzlagern)
**tachykinin** *n* (Biochem) / Tachykinin *n* (Oligopeptid - z.B. Eledoisin), TK
**tachylite*** *n* (Geol) / Tachylit *m* (ein Basaltglas), Tachylyt *m*
**tachylyte*** *n* (Geol) / Tachylit *m* (ein Basaltglas), Tachylyt *m*
**tachymeter*** *n* (Instr, Surv) / Tachymeter *n*, Tacheometer *n* (ein theodolitähnliches, als Zielwinkelentfernungsmesser ausgebildetes Gerät zur geodätischen Schnellmessung)
**tachymetry** *n* (Surv) / Tachymetrie *f*
**tachyon*** *n* (Nuc) / Tachyon *n* (hypothetisches Teilchen, das sich von Natur aus stets mit Überlichtgeschwindigkeit bewegen soll)
**tacitron** *n* (Electronics) / Tacitron *n* (mit Xenon gefülltes und über das Gitter auch nach der Zündung steuerbares Thyratron)
**tack** *v* / täcksen *v* (Schuhe) ‖ ~ / anheften *v* (mit Zwecken), anzwecken *n* ‖ ~ (Textiles) / riegeln *v*, anriegeln *v*, verriegeln *v* ‖ ~ (Welding) / heftschweißen *v* (nur Infinitiv und Partizip), heften *v* ‖ ~ *n* / Konfektionsklebrigkeit *f*, Autohäsion *f*, Eigenklebrigkeit *f*, Selbsthaftung *f* ‖ ~ / Täcks *m* (ein Schuhmachernagel), Tacks *m* ‖ ~* (Eng) / Stift *m*, Zwecke *f* ‖ ~ (For) / Kaltklebrigkeit *f* (von Klebstoffen) ‖ ~ (Leather) / Sattelzeug *n* ‖ ~ (Pharm, Print) / Zügigkeit *f* (auch von Salben und Salbengrundlagen), Tack *m* (Widerstand von Buch- und Offsetdruckfarben) ‖ ~* (Print) / Zähigkeit *f* (von Druckfarben) ‖ ~ **cloth** (Paint) / Staubbindetuch *n* (DIN EN ISO 4618), Lackierstaubtuch *n*
**tacker** (Tools) / Tacker *m* (Handwerkzeug mit einem Schlagstößel zum Einbringen von U-förmigen Metallklammern und kurzen Nägeln), Handheftgerät *n*
**tack-free** *adj* (Paint) / klebfrei *adj* ‖ ~ **dry** (Paint) / nicht mehr klebrig (Anstrich) ‖ ~ **dry** (Paint) s. also touch-dry ‖ ~ **time** (Paint) / Antrocknungszeit *f* (Trocknungszeit bis zum klebfreien Film)
**tackifier** *n* / Klebrigmacher *m* (Stoff zur Erhöhung der Klebrigkeit von Gummimischungen) ‖ ~ (Chem Eng) / Tackifier *m* (Additiv zu Elastomeren, das deren Tack erhöht), Klebrigmacherharz *n* (Tackifier)
**tackiness** *n* (Paint) / Kleben *n* (Klebrigkeit)
**tacking** *n* (Textiles) / Riegeln *n*, Anriegeln *n*, Verriegelung *f* ‖ ~ (Welding) / Heftschweißen *n*, Heften *n* (Schweißpunkte oder kurze Schweißnähte) ‖ ~ **point** (Welding) / Heftpunkt *m*, Heftstelle *f*
**tackle** *v* (lift heavy objects) (Ships) / taljen *v* ‖ ~ *n* (Eng) / Hebezeug *n* ‖ ~ (with definite ratios of the lifted weight) (Eng) / Faktorenflaschenzug *m* ‖ ~ (Paper) / Bemessarung *f* (beim Holländer), Messgarnierung *f*, Garnierung *f* (der Maschinen der Stoffaufbereitung) ‖ ~ (Ships) / Talje *f* (ein Flaschenzug) ‖ ~ (Weaving) / Geschirr *n* (Kamm) ‖ ~ **block** (Eng, Ships) / Taljeblock *m*, Taljenblock *m*
**tackoscope** *n* (Pharm, Print) / Tackmeter *n*

**tack rag*** (Paint) / Staubbindetuch *n* (DIN EN ISO 4618), Lackierstaubtuch *n* ‖ ~ **rivet** (Eng) / Heftniet *m* ‖ ~ **weld** (Welding) / Heftnaht *f* ‖ ~ **welding*** (Welding) / Heftschweißen *n*, Heften *n* (Schweißpunkte oder kurze Schweißnähte)
**tacky** *adj* / klebig *adj*, klebend *adj* ‖ ~ (Paint) / klebrig *adj* ‖ ~* (Print) / zügig *adj* (Druckfarbe)
**tac-line** *n* (Maths) / Stützgerade *f*
**taconite** *n* (a low-grade iron ore) (Geol) / Taconit *m*, Takonit *m*, Taconiterz *n* (metamorphes Bändereisenerz aus dem Gebiet des Oberen Sees / Nordamerika), Takoniterz *n*
**tactic** *adj* (Chem) / taktisch *adj*
**tactical** *adj* (Mil) / taktisch *adj* ‖ ~ **aircraft** (Aero, Mil) / taktisches Kampfflugzeug (Angriffs- oder Abfangflugzeug, das im Gegensatz zu den strategischen Bombern ohne Betankung in der Luft über einen nur begrenzten Aktionsradius verfügt) ‖ ~ **aircraft** (Aero, Mil) / Kampfflugzeug *n*, Frontflugzeug *n* ‖ ~ **air navigation system** (Mil, Nav) / TACAN *n* (ein Mittelstrecken-Funkortungsverfahren mit Standlinien: Gerade und Kreis) ‖ ~ **fighter** (Aero, Mil) / taktisches Kampfflugzeug (Angriffs- oder Abfangflugzeug, das im Gegensatz zu den strategischen Bombern ohne Betankung in der Luft über einen nur begrenzten Aktionsradius verfügt) ‖ ~ **level** / dispositive Ebene (der Leitung) ‖ ~ **navigation** (Mil) / taktische Navigation ‖ ~ **nuclear weapon** (Mil) / taktischer Atomsprengkörper (für Kurz- und Mittelstrecken-Einsätze)
**tactic block** (Chem) / taktischer Block (bei Blockpolymeren)
**tacticity*** *n* (Chem) / Taktizität *f* (Anordnung der Stereoisomeriezentren in der Hauptkette eines Makromoleküls), Tacticität *f*
**tactic movement*** (Biol) / Taxis *f* (pl. Taxen), Taxie *f* (von freibeweglichen pflanzlichen oder tierischen Organismen - z.B. Chemo- oder Fototaxis) ‖ ~ **polymer** (Chem) / taktisches Polymer
**tactics** *n* / Taktik *f* (auch in der Spieltheorie)
**tactile** *adj* / taktil *adj* (Sensor des Industrieroboters) ‖ ~* (Physiol) / taktil *adj* (den Tastsinn betreffend), haptisch *adj* ‖ ~ **sense** (Physiol) / Tastsinn *m* ‖ ~ **sensor** / taktiler Sensor (der bei Berührung Kräfte, Momente oder Formen erfasst und in ein äquivalentes elektrisches Signal umwandelt), Tastsensor *m* (bei Industrierobotern)
**tactite** *n* (Geol) / Taktit *m*, Skarn *n*, Tactit *m* (ein Gestein im Bereich von Kontaktlagerstätten)
**tactoid*** *n* (Chem, Phys) / Taktoid *n*
**tactosol*** *n* (Chem, Phys) / Taktosol *n* (mit Parallelanordnung der Partikeln)
**TAD** (telephone answering device) (Teleph) / Anrufbeantworter *m* (eigenes Zusatzgerät oder als Kombigerät), AB (Anrufbeantworter)
**tadpoles** *pl* (Eng) / Kometenschweife *m pl* (unerwünschte Poliermarken)
**taenia** *n* (pl. taeniae) (Arch) / Taenia *f* (pl. Taenien) (Leiste am Architrav der dorischen Ordnung)
**taenite*** *n* (Astron, Min) / Taenit *m* (Ni-reiches Bandeisen)
**TAE socket** (German analogue line socket) (Teleph) / Telefonanschlusseinheit *f* (Steckersystem der Telekom für den analogen Telefonanschluss, TAE (Telefonanschlusseinheit)
**Tafel line** (Chem) / Tafel-Gerade *f* (wenn man die Stromdichte logarithmisch gegen die Überspannung aufträgt) ‖ ~ **reaction** (during electrolysis) (Chem) / Tafel-Reaktion *f* ‖ ~ **rearrangement** (Chem) / Tafel-Umlagerung *f* ‖ ~ **slope** (Chem, Surf) / Tafel-Neigung *f*, Neigung *f* der Tafel-Geraden ‖ ~ **slope** (Elec) / Tafel-Steigung *f*
**taffeta*** *n* (Textiles) / Taft *m*, Taffet *m* (Gewebe aus Naturseide oder Chemiefaserfilamenten)
**taffrail** *n* (a rail round the ship's stern) (Ships) / Heckreling *f*, Achtergeländer *n* ‖ ~ **log*** (Ships) / Patentlog *n*
**tafoni** *plt* (Geol) / Tafoni *plt* (durch natürliche Verwitterungsvorgänge entstandene, unregelmäßige Hohlräume in Gesteinen bis Zimmergröße, besonders in wechselfeuchtem Klima mit mehrmonatiger Trockenperiode)
**Taft equation** (Chem) / Taft-Gleichung *f* (eine LFE-Beziehung) ‖ ~ **joint*** / [ineinander verspitzte] Lötverbindung *f* ‖ ~ **joint*** (Plumb) / Schmierlötverbindung *f* (von zwei Bleirohren)
**tag** *v* / etikettieren *v*, mit Etikette versehen ‖ ~ (Chem, Nuc) / markieren *v* ‖ ~ (Comp) / taggen *v* (einen Text mit Hilfe von Tags strukturieren) ‖ ~ *n* / Etikette *f*, Bezeichnungsschild *n*, [Klebe-, Anhänge-]Zettel *m*, Etikett *n*, Anhänger *m* ‖ ~ (Aero) / Gepäckabschnitt *m* ‖ ~ (US) (Autos) / Kennzeichenschild *n*, Nummernschild *n* ‖ ~ (Build) / Faltblechrand *m* (am Dach), Blechschiene *f* ‖ ~ (Comp) / Tag *m n* (Markierung oder Trennzeichen zur Kennzeichnung variabler Datensätze) ‖ ~* (Comp) / Identifizierungskennzeichen *n* (elektronisches) ‖ ~ (a closing speech to the audience) (Radio, TV) / kurze Absage am Ende einer Programmsendung
**tagatose** *n* (Chem) / Tagatose *f* (eine Ketohexose)
**tag block*** (Elec Eng) / Lötstreifenverbinder *m*, Lötleiste *f* ‖ ~ **board** (Paper) / Anhängerkarton *m*, Etikettenkarton *m* (für Anhängeretiketten) ‖ ~ **closed-cup tester** (Chem) / Tagliabue-Tiegel

**tag**

*m*, geschlossener Flammpunktprüfer nach Tagliabue, Tag-Flammpunktprüfer *m* ‖ ~ **cloth** (Textiles) / Etikettenstoff *m*
**tagetes oil** / Tagetesöl *n* (gewonnen durch Wasserdampfdestillation aus dem blühenden Kraut von Tagetes minuta L. und Tagetes erecta L.)
**tag field** (Comp) / Tag-Feld *n* (Markierung oder Trennzeichen zur Kennzeichnung variabler Datensätze)
**tagged architecture** (Comp) / Tagged-Architektur *f* (in der die Daten gewisse Zusatzinformationen enthalten) ‖ ~ **atom** (Nuc) / Traceratom *n*, Indikatoratom *n*, markiertes Atom ‖ ~ **compound** (Chem) / markierte Verbindung ‖ ~ **image file format** (an image file format developed by a set of companies chaired by Aldus, standardized by ISO) (Comp) / TIFF-Format *n*, TIFF *n* (von Aldus entwickelter, erweiterbarer Standard für die Beschreibung und Speicherung von Rasterbildern), TIF-Format *n* (Dateiformat zum Speichern von digitalen Bildern mit Graustufen oder in Farbe, mit oder ohne Komprimierung)
**tagger**\* *n* (Met) / dünnes Feinblech (Stahl oder Zinn)
**tagging** *n* / Etikettierung *f*, Etikettieren *n* ‖ ~ (AI) / Markierung *f* mit typisierender Information, Attribuierung *f* ‖ ~ (Chem, Comp) / Tagging *n* ‖ ~ (Chem, Nuc) / Markierung *f*, Markieren *n* ‖ ~ (Phys) / Tagging *n* (von α-Quanten)
**tagilite** *n* (Min) / Tagilit *m*, Pseudomalachit *m*, Phosphorkupfererz *n* (strahlig-faserige Aggregate in traubig-nieriger Form)
**tag-knotting machine** / Etikettenfadenknotenmaschine *f*
**Tagliabue closed tester** (Chem) / Tagliabue-Tiegel *m*, geschlossener Flammpunktprüfer nach Tagliabue, Tag-Flammpunktprüfer *m*
**tag memory** (Comp) / Etikettenspeicher *m* ‖ ~ **sort** (Comp) / Adresslisten-Sortieren *n*, Sortieren *n* mit Adressausgabe ‖ ~ **switching** (Comp, Telecomm) / Tag-Switching *n* (bei Datenpaketen)
**tag-tying machine** / Etikettenknüpfmaschine *f*
**tagua nut** (Bot) / Elfenbeinnuss *f* (der Phytelephas macrocarpa Ruiz et Pav.), Steinnuss *f*
**Tagushi Sn$_2$ sensor** / Tagushi-Sn$_2$-Sensor *m*
**Tahitian chestnut** (For) / Tahitikastanie *f* (Inocarpus fagifer (Parkinson ex Du Roi) Fosberg))
**tail** *v* (Build) / einspannen *vt* (Träger) ‖ ~\* *n* (Aero) / Heck *n* (Heckteil des Rumpfes), Rumpfheck *n* ‖ ~ (Astron) / Schweif *m* (eines Kometen) ‖ ~\* (Bind, Typog) / Fußsteg *m* (weißer Papierrand bei Büchern, der vom Fußschnitt bis zum Satzspiegel reicht) ‖ ~\* (Build) / eingespannter Teil der Steinstufe ‖ ~ (Build) / Ende *n* (des Dachziegels, der Schieferplatte) ‖ ~ (Carp, Join) / Schwalbenschwanzfeder *f* ‖ ~\* (Chem Eng, Zool) / Schwanz *m* ‖ ~ (Cinema) / Schlusssequenz *f*, Schlussszene *f* ‖ ~\* (Cinema, Photog) / Filmende *n* ‖ ~ (Comp) / letzte Eintragung (in einem Protokoll) ‖ ~ (Eng) / hinteres Ende ‖ ~ (Eng) / Mitnehmerlappen *m* ‖ ~ (Gen, Med) / Schwanzteil *m* (eines Virus) ‖ ~ (Hyd Eng) / ruhiges Wasser unter der Stromschnelle ‖ ~ (US)\* (Min Proc) / Abgänge *m pl*, Berge *m pl*, Aufbereitungsberge *m pl* (die meistens als heizwertarmes Abfallprodukt verstromt werden können), Tailings *pl* ‖ ~ (of a distribution) (Stats) / Verteilungsende *n* ‖ ~ **back** *v* (Autos) / sich stauen (Verkehr)
**tailback** *n* (Autos) / Verkehrsstau *m*, Verkehrsstauung *f*, Stau *m* (Verkehrsstau)
**tailband**\* *n* (Bind) / Kapital *n* (unteres), unteres Kapitalband, Kapitalband *n* (unten)
**tail bay**\* (Hyd Eng) / Unterwasser *n* (Gewässerstrecke unterhalb einer Staustufe oder Schleuse), unter Haltung ‖ ~ **beam** (US)\* (Build, Carp) / Stichbalken *m* (ein Balkenabschnitt, der mit einem Ende auf der Mauer oder auf dem Unterzug aufliegt und dessen anderes Ende mit Brustzapfen in einen Wechsel eingelassen ist) ‖ ~ **bit** (Comp) / Nachlaufbit *n*, Abschlussbit *n*
**tailboard** *n* (GB) (Autos) / hintere Bordwand (eines LKW), Ladeklappe *f*, hintere Klappe (eines LKW)
**tail boom**\* (Aero) / Leitwerksträger *m* ‖ ~ **boom** (Aero) / Heckausleger *m* (des Hubschraubers) ‖ ~ **cable** (Teleph) / Fernanschlusskabel *n*, FAsk (Fernanschlusskabel)
**tail-cap antenna** (Radio) / kapazitiv beschwerte Antenne, dachbelastete Antenne, Dachkapazitätsantenne *f*, Antenne *f* mit Dachkapazität (meist vertikale Halbdipolantenne mit zusätzlichem Metallkörper an der Spitze, womit die effektive Antennenhöhe vergrößert wird)
**tail chute**\* (Aero) / Heckschirm *m* (kein Bremsschirm) ‖ ~ **circuit** (Elec Eng, Electronics) / Modemverbindung *f* ‖ ~ **cone**\* (Aero) / Heckkonus *m* ‖ ~ **control surface** (Aero) / Heckruder *n* ‖ ~ **cord** (Textiles) / Platinenschnur *f* (bei Maschenbildungswerkzeugen) ‖ ~ **down** *v* (Build) / einspannen *vt* (Träger) ‖ ~**-down landing**\* (Aero) / Landung *f* mit großem Anstellwinkel
**taildragger** *n* (Aero) / Flugzeug *n* mit Heckspron oder Heckrad, Luftfahrzeug *n* mit einem Schleifsporn
**tail drum** (Eng) / Umlenktrommel *f*, Umkehrtrommel *f*, Hecktrommel *f* (eines Gurtbandförderers - auch mit Spannfunktion)
**tailed cotton** (Textiles) / zähe Baumwolle

**tail edge** (Bind) / Fußkante *f*, Schwanzkante *f* ‖ ~ **edge** (Bind) / Fußschnitt *m*, Schwanzschnitt *m* ‖ ~ **end** / Ausgangsstufe *f* (eines Prozesses) ‖ ~ **end** (Nuc Eng) / Tail-End *n* (letzter Verfahrensschritt der Wiederaufarbeitung zur Herstellung der an die Brennelementehersteller abzugebenden Endprodukte)
**tail-end roller** (Eng) / Umlenkrolle *f* (eines Gurtbandförderers)
**taileron** *n* (Aero) / vollbewegliche Höhenflosse, Stabilator *m*, Taileron *n* (wenn die gesamte Höhenflosse bewegt wird)
**tail fin** (Aero) / Seitenflosse *f* (Flosse des Seitenleitwerks) ‖ ~**-first aircraft**\* (Aero) / Ente *f*, Entenflugzeug *n* (bei dem das Höhenleitwerk an der Rumpfspitze angebracht ist und einen größeren Einstellwinkel hat als der Tragflügel) ‖ ~ **gas** (Oils) / Endgas *n*, Restgas *n*, Rückstandsgas *n* (bei der Erdölverarbeitung)
**tailgate** *v* (drive too closely behind another vehicle) (Autos) / drängeln *v*, zu dicht auffahren ‖ ~ *n* (Autos) / Heckklappe *f*, Hecktür *f* (bei Kombis) ‖ ~ (US) (Autos) / hintere Bordwand (eines LKW), Ladeklappe *f*, hintere Klappe (eines LKW) ‖ ~\* (Hyd Eng) / unteres Schleusentor, Niedertor *n*, Untertor *n*
**tail gear** (Aero) / Heckradfahrwerk *n*, Heckradfahrwerk *n*, Spornradfahrwerk *n* (starr oder einziehbar) ‖ ~ **heaviness**\* (Aero) / Schwanzlastigkeit *f*, Hecklastigkeit *f* ‖ ~ **heaviness** (Autos) / Schwanzlastigkeit *f* (Anhänger, Caravan)
**tail-heavy** *adj* (Aero) / hecklastig *adj*
**tail in** *v* (Build) / einspannen *vt* (Träger)
**tailing**\* *n* (Build) / Einspannung *f* ‖ ~ (Chem) / Schwanzbildung *f*, Streifenbildung *f*, Schweifbildung *f*, Kometbildung *f*, Tailing *n* (Ausbildung einer in der Laufrichtung diffus begrenzten Zone in der Papier- und Dünnschichtchromatografie) ‖ ~ (Gen) / Tailing *n* (Anfügen einer Reihe von identischen Nucleotiden an die Enden von Restriktionsfragmenten von DNS) ‖ ~ (Teleg, TV) / Nachziehen *n*, Zieheffekt *m* ‖ ~ (Textiles) / Endenablauf *m* (beim Färben), Endablauf *m* ‖ ~ (in a pattern) (Textiles) / Stelle *f* ohne Farbe
**tailing-down**\* *n* (Build) / Einspannung *f*
**tailing-in**\* *n* (Build) / Einspannung *f*
**tailing ion** (Chem) / Endion *n* (bei der Isotachophorese)
**tailings** *pl* (US) (Agric) / Spreu *f* (der beim Dreschen von Getreide und Hülsenfrüchten anfallende Abfall), Kaff *n*, Überkehr *f* ‖ ~ (Chem Eng) / Nachlauf *m* (bei der Destillation), Ablauf *m* (dritte Fraktion bei der Destillation) ‖ ~ (Min Proc) / Überlaufprodukt *n*, Überlauf *m* (beim Klassieren) ‖ ~\* (Min Proc) / Abgänge *m pl*, Berge *m pl*, Aufbereitungsberge *m pl* (die meistens als heizwertarmes Abfallprodukt verstromt werden können), Tailings *pl* ‖ ~ (Oils) / Restöl *n*, Rückstandsöl *n*, Rückstand *m*, Residuum *n* (pl. -duen) ‖ ~ **auger** (Agric) / Überkehrschnecke *f* (des Mähdreschers) ‖ ~ **dam** (Min Proc) / Schlammteich *m* ‖ ~ **pond** (Min Proc) / Schlammteich *m*
**tail ion** (Chem) / Endion *n* (bei der Isotachophorese) ‖ ~ **joist**\* (Build, Carp) / Stichbalken *m* (ein Balkenabschnitt, der mit einem Ende auf der Mauer oder auf dem Unterzug aufliegt und dessen anderes Ende mit Brustzapfen in einen Wechsel eingelassen ist) ‖ ~ **lamp** (Autos) / Schlussleuchte *f* (ein Einzelteil), Rückleuchte *f*, Heckleuchte *f* ‖ ~ **lamp** (Rail) / Schlusslaterne *f*, Zugschlussleuchte *f* ‖ ~**-leader**\* *n* (Cinema) / Endband *n* (Schutzfilmstreifen am Ende einer Rolle)
**tailless aeroplane** (Aero) / Nurflügler *m*, Nurflügelflugzeug *n* (Luftfahrzeug, bei dem die Baugruppen Rumpf und Leitwerk in der üblichen Form fehlen), fliegender Flügel, schwanzloses Flugzeug ‖ ~ **aircraft**\* (Aero) / Nurflügler *m*, Nurflügelflugzeug *n* (Luftfahrzeug, bei dem die Baugruppen Rumpf und Leitwerk in der üblichen Form fehlen), fliegender Flügel, schwanzloses Flugzeug
**tail light** (Autos) / Schlusslicht *n* (optische Erscheinung), Rücklicht *n*, Hecklicht *n* ‖ ~ **light** (Rail) / Schlusslaterne *f*, Zugschlussleuchte *f* ‖ ~ **line** (a communication line which connects two modems ) (Elec Eng, Electronics) / Modemverbindung *f* ‖ ~ **liquor** (Leather) / Endbrühe *f* (Farbengang) ‖ ~ **load** (Aero) / Hecklast *f*, Heckleitwerklast *f* ‖ ~ **loading gate** (Aero) / Heckladepforte *f* (eines Hubschraubers)
**tailloir** *n* (Arch) / Kapitelldeckplatte *f* (quadratische), Abakus *m* (pl. Abakus)
**tail margin** (Bind, Typog) / Fußsteg *m* (weißer Papierrand bei Büchern, der vom Fußschnitt bis zum Satzspiegel reicht) ‖ ~ **off** *v* (Phys) / allmählich abklingen (Schwingungen)
**tailor** *v* / nach Maß arbeiten, anpassen *v* (maßgerecht), passend machen ‖ ~ (Textiles) / schneidern *v*
**tailored blank** (Eng) / Tailored Blank *n* (maßgeschneiderter Feinblechzuschnitt aus Streifen verschiedener Dicke und Festigkeit, lasergeschweißt)
**tailor-made** *adj* (Textiles) / Schneider- (maßgeschneidert), maßgeschneidert *adj*, nach Maß angefertigt
**tailor-made polymer** (Chem) / Modellpolymer *n* (maßgeschneidertes, molekular einheitliches) ‖ ~ **suit** (Textiles) / Maßanzug *m*

1592

**tailor's canvas** (Textiles) / Schneiderleinen n (z.B. Steifleinen, Wattierleinen) ‖ ~ **chalk** (Textiles) / Schneiderkreide f (gepresster Talk) ‖ ~ **twist** (Spinning) / starker Seidenzwirn
**tail parachute** (Aero) / Heckschirm m (kein Bremsschirm)
**tailpiece** n (Agric) / Streichschiene f (des Pflugs) ‖ ~ (US) (Build, Carp) / Stichbalken m (ein Holzabschnitt, der mit einem Ende auf der Mauer oder auf dem Unterzug aufliegt und dessen anderes Ende mit Brustzapfen in einen Wechsel eingelassen ist) ‖ ~* (Typog) / Schlussstück n, Schlussvignette f, Schlusskupfer n, Schlusslinie f
**tailpipe** n (Aero) / Strahlrohr n (des Turbinentriebwerkes) ‖ ~ (Autos) / Auspuffendrohr n, Endrohr n (Auspuff - Anschraub- oder Anschweiß-), Abgasrohr n ‖ ~ **cutter** (Autos) / Ketten-Rohrschneider n (zum Abtrennen von Auspuffrohren) ‖ ~ **emissions** (Autos) / Endrohrabgaswerte m pl, Abgaswerte m pl am Endrohr, am Endrohr gemessene Abgaswerte
**tailplane*** n (Aero) / Höhenflosse f (feststehende Flosse des Höhenleitwerks, an der das Höhenruder befestigt ist)
**tail post** (Aero) / Hecksütze f (am Boden) ‖ ~ **pulley** (Eng) / Umlenktrommel f, Umkehrtrommel f, Hecktrommel f (eines Gurtbandförderers - auch mit Spannfunktion) ‖ ~ **pulley** (Eng) s. also tail-end roller ‖ ~ **race*** (Hyd Eng) / Unterkanal m (meistens ein Freispiegelkanal), Ablaufkanal m (ein Triebwasserkanal), Unterwasserkanal m (ein Triebwasserkanal) ‖ ~ **race*** (Hyd Eng) / Untergraben m (des Kraftwerks)
**tail-rope** (For) / Rückholseil n (der Seilbringungsanlage) ‖ ~ (Mining) / Gegenseil n, Hinterseil n (am Bremsberg) ‖ ~ (Mining) / Unterseil n (der Schachtförderanlage)
**tail-rotor*** n (Aero) / Steuerschraube f (des Hubschraubers), Heckrotor m, Heckschraube f, Ausgleichsschraube f (des Hubschraubers)
**tails** pl (Chem) / am schwersten flüchtige Bestandteile bei der Lösungsmittelverdunstung ‖ ~ (Chem Eng) / Nachlauf m (bei der Destillation), Ablauf m (dritte Fraktion bei der Destillation) ‖ ~* (Min Proc) / Abgänge m pl, Berge m pl, Aufbereitungsberge m pl (die meistens als heizwertarmes Abfallprodukt verstromt werden können), Tailings pl ‖ ~* (Nuc Eng) / Tails pl, abgereicherte Fraktion, Abfall m (bei der Anreicherung von Isotopen) ‖ ~ (Paint, Surf) / Finger m pl (Fehler beim Airless-Spritzen)
**tail sheave** (Mining) / Umlenkscheibe f ‖ ~ **shock wave** (Aero, Phys) / Schwanzwelle f (ein Verdichtungsstoß an der Profilhinterkante)
**tailsitter** n (Aero) / Heckstarter m, Heckstartflugzeug n
**tail skid*** (Aero) / Hecksporn m, Schleifsporn m, Sporn m
**tail-skid shoe** (Aero) / Spornkörper m mit Spornplatte (des Schleifsporns)
**tail slide*** (Aero) / Abrutschen n (beim Steilflug) ‖ ~ **slide*** (Aero) / Männchen n (eine Kunstflugfigur)
**tails out** (Cinema) / falsch herum gespult (Film)
**tails-out** n (Cinema) / Aufwicklung f mit dem Endband vorne
**tailspout** (Autos) / Auspuffendrohr n, Endrohr n (Auspuff - Anschraub- oder Anschweiß-), Abgasrohr n ‖ ~ **emissions** (Autos) / Endrohrabgaswerte m pl, Abgaswerte m pl am Endrohr, am Endrohr gemessene Abgaswerte
**tail-standing aircraft** (Aero) / Heckstarter m, Heckstartflugzeug n
**tailstock*** n (Eng) / Reitstock m (Baugruppe zum Zentrieren von Werkstücken, vorwiegend an Spitzendreh- und Außenrundschleifmaschinen) ‖ ~ **barrel** (Eng) / Reitstockhülse f ‖ ~ **quill** (Eng) / Pinole f (die z.B. die Reitstockspitze trägt) ‖ ~ **sleeve** (Eng) / Reitstockhülse f
**tails up** (Cinema) / falsch herum gespult (Film)
**tails-up** n (Cinema) / Aufwicklung f mit dem Endband vorne
**tail surface** (Aero) / Leitfläche f
**tail-to-tail polymerization** (Chem) / Schwanz-Schwanz-Polymerisation f
**tail trimmer*** (Build) / Randstreichbalken m ‖ ~ **undercarriage** (Aero) / Heckradfahrwerk n, Heckfahrwerk n, Spornradfahrwerk n (starr oder einziehbar) ‖ ~**unit*** n (complete) (Aero) / Heckleitwerk n, Leitwerk n ‖ ~**unit with outboard fins** (Aero) / Endscheibenleitwerk n
**tailwater** n (Hyd Eng) / Unterwasser n (Gewässerstrecke unterhalb einer Staustufe oder Schleuse), untere Haltung
**tail wave** (Aero) / Heckwelle f
**tailwheel*** n (retractable, steerable, fixed, castoring) (Aero) / Spornrad n (bei alten, nicht mit einem Bugfahrwerk ausgestatteten Flugzeugen), Heckrad n
**tail•-wheel landing gear*** (Aero) / Heckradfahrwerk n, Heckfahrwerk n, Spornradfahrwerk n (starr oder einziehbar) ‖ ~**wind** n (Aero) / Rückenwind m ‖ ~ **wool** (Textiles) / Schwanzwolle f
**taint** vi (Nut) / verderben vi, schlecht werden (z.B. Fleisch) ‖ ~ n / Geruchsfehler m (penetranter) ‖ ~ (Nut) / Fremdaroma n, Off-Flavour m (negative Geruchs- und/oder Geschmacksabweichungen), Fehlgeruch m, Fremdgeruch m, Fremdton m, Aromafehler m, Beigeschmack m ‖ ~ (Nut) / Stich m

**Tainter gate** (a gate located on the spillway crest of a dam with a curved upstream face which is horizontally pivoted) (Hyd Eng) / Segmentverschluss m (des Segmentwehrs)
**Takagi equation** (Crystal) / Takagi-Gleichung f
**Takata reaction** (Chem, Med) / Takata-Reaktion f (zur Untersuchung des Eiweißgehaltes von Serum oder Liquor), Takata-Ara-Reaktion f
**take** v / einschlagen v (Kurs, Richtung) ‖ ~ (Autos) / nehmen v (Kurve) ‖ ~ (Maths) / annehmen v (einen Wert) ‖ ~ (Ships) / kapern v, aufbringen v (ein Schiff) ‖ ~ n (Acous) / Probeaufnahme f (der Schallplatte) ‖ ~ (Cinema, TV) / Aufnahme f, Take m n, Szenenaufnahme f ‖ ~ **a bearing** (Nav, Radar, Radio) / peilen v, anpeilen v ‖ ~ **a licence** / Lizenz nehmen
**take-apart** attr (Eng) / zerlegbar adj
**take away** v (Maths) / auflösen v (Klammern - durch Rechenoperationen entfernen) ‖ ~ **away** (Nut) / mitnehmen v (fertigzubereitete Lebensmittel)
**takeaway** attr (Nut) / zum Mitnehmen (Essen) ‖ ~ **food** (Nut) / fertigzubereitete Lebensmittel (Gerichte) für den Sofortverzehr ‖ ~ **price** / Mitnahmepreis m
**take-back** n (Autos) / Rücknahme f (von Altfahrzeugen)
**take down** v / abnehmen v, herunternehmen v ‖ ~ **down** (Build, Civ Eng) / ausrüsten v, Gerüst oder Rüstung abbauen ‖ ~ **down** (Build, Civ Eng) / schleifen vt (- habe geschleift - Wall, Festung), abreißen v, abtragen v, niederreißen v (Gebäude), abbrechen v (ein altes Haus), demolieren v ‖ ~ **down** (Eng) / zerlegen v (DIN 8591), abbauen v, demontieren v, abmontieren v, auseinander nehmen v, auseinander bauen v ‖ ~ **down** (Eng) / abrüsten v ‖ ~ **down** (Eng) / abhängen v (z.B. von einem Haken) ‖ ~ **down** (For) / fällen v (Bäume), einschlagen v, hauen v, schlagen v ‖ ~ **down** (Print) / tiefer setzen (eine Zeile)
**take-down** n (Weaving) / Warenabzug m, Abzug m ‖ ~ attr (Eng) / zerlegbar adj
**take from the dump** (Mining) / abhalden v (aus der Halde entnehmen) ‖ ~ **from the stock** (Mining) / abhalden v (aus der Halde entnehmen)
**take-home pay** (Work Study) / Nettolohn m
**take in** v / ansaugen v (Luft) ‖ ~ **in** / aufnehmen v, fassen v ‖ ~ **in** / einschließen v (umfassen), umfassen v ‖ ~ **in** (Textiles) / enger machen (Kleider) ‖ ~ **in** (Typog) / einbringen v ‖ ~ **number** (Cinema) / Einstellungsnummer f ‖ ~ **off** v / abziehen v (Folie) ‖ ~ **off** (its hinges - door) / ausheben v, aushängen v (Tür) ‖ ~ **off** / wegnehmen v, abnehmen v ‖ ~ **off** (Aero) / abheben v, starten v ‖ ~ **off** (for) (Aero) / abfliegen v (nach) ‖ ~ **off** (in a fast car) (Autos) / anfahren v ‖ ~ **off** (Eng) / abhängen v (z.B. von einem Haken) ‖ ~ **off** (Print) / auslegen v ‖ ~ **off** (Textiles) / abziehen v (gefärbte Textilien mit farbstoffablösenden oder farbstoffzerstörenden Mitteln behandeln)
**take-off** n / rasche wirtschaftliche Entwicklung (in den Schwellenländern)
**take-off** n (Aero) / Start m (Abheben), Take-off n m (pl. -s)
**take-off** (Eng) / Entnahme f ‖ ~ (TV) / Tonunterdrückung f (Bildteil) ‖ ~ **assist** (Aero) / Starthilfe f
**take•-off clearance** (Aero) / Startfreigabe f, Abflugfreigabe f ‖ ~**-off climb area** (Aero) / Abflugsektor m ‖ ~**-off distance** (Aero) / Startstrecke f (Bodenstrecke) ‖ ~**-off distance available** (Aero) / verfügbare Startstrecke ‖ ~**-off distance required** (Aero) / erforderliche Startstrecke ‖ ~**-off drum** (Cinema) / Vorwickelrolle f ‖ ~**-off force** (when unwinding fabrics) (Textiles) / Abzugskraft f ‖ ~**-off knock** (Aero) / Anfahrklopfen n ‖ ~**-off monitoring system** (Aero) / Startüberwachungsanlage f ‖ ~**-off power** (Aero) / Startleistung f ‖ ~**-off reel** (Cinema) / Abwickelspule f (eines Laufbildwerfers oder eines Tonbandgeräts) ‖ ~**-off rocket** (Aero) / Startrakete f ‖ ~**-off roller** (Cinema) / Vorwickelrolle f ‖ ~**-off run** (from brake-release to end of ground run plus one-third of airborne distance to screen height) (Aero) / Startlauf m (bis zu der Hindernisfreigrenze)
**take-off run available** (Aero) / verfügbare Startlaufstrecke ‖ ~ **run required** (Aero) / erforderliche Startlaufstrecke ‖ ~ **safety speed** (Aero) / Sicherheitsstartgeschwindigkeit f, sichere Abhebegeschwindigkeit ‖ ~ **sequence** (Aero) / Startfolge f ‖ ~ **shudder** (Autos) / Anfahrschütteln n, Beschleunigungsschütteln n ‖ ~ **speed** (Aero) / Abhebegeschwindigkeit f (bei der das Abheben des Flugzeugs vom Boden möglich ist)
**take-off sprocket wheel** (Cinema) / Nachwickelrolle f
**take-off time** (Aero) / Abflugzeit f
**take•-off weight** (Aero) / Abflugmasse f, Startmasse f ‖ ~ **on** v / einstellen v, anstellen v (Arbeiter) ‖ ~ **on** / eine Beschäftigung annehmen, den Dienst antreten ‖ ~ **on** (Maths) / annehmen v (einen Wert) ‖ ~ **or pay** / Mindestabnahmeverpflichtung f (Vertrag, bei dem sich der Käufer verpflichtet, eine Mindestmenge /Gas/ zu einem bestimmten Preis zu übernehmen oder Zahlungen an den Lieferanten zu leisten, auch wenn er das Produkt /Gas/ nicht übernimmt), TOP-Verpflichtung f, Take-or-Pay-Verpflichtung f ‖ ~ **out** v / erwerben v (Patent, Lizenz) ‖ ~ **out** / entziehen v (Wasser) ‖ ~ **out** (Foundry) / herausnehmen v, entnehmen v, herauslösen v (aus der

**take**

Form) ‖ ~ **out** (Textiles) / herausmachen v, entfernen v (Flecke) ‖ ~ **out** (Typog) / ausbringen v
**take-out** n (a mechanical device for removing a finished glass article from a glass-forming machine) (Glass) / Entnahmevorrichtung f (der Glasmaschine) ‖ ~ (Glass) / Entnahme f (aus dem Ofen)
**takeout** attr (US) (Nut) / zum Mitnehmen (Essen) ‖ ~ **food** (US) (Nut) / fertigzubereitete Lebensmittel (Gerichte) für den Sofortverzehr
**take-over** n / Übernahme f (Firmenübernahme), Take-over n (pl. -s) ‖ ~ **bid** / Übernahmeangebot n, Take-over-Angebot n (z.B. beim Kauf eines Betriebes)
**taker-in** (Glass) / Einträger m (der das Stück von der Pfeife trennt und zum Kühlofen bringt) ‖ ~ (Glass) / Einträger m (in der manuellen Fertigung) ‖ ~ (Textiles) / Vorreißer m (der Walzenkrempel)
**take the ground** (Ships) / trocken fallen v (bei Ebbe) ‖ ~ **the ground** (Ships) / Grundberührung haben ‖ ~ **the minutes** / protokollieren v ‖ ~ **up** (Autos) / greifen v (Kupplung) ‖ ~ **up** (Eng) / nachstellen v (Lager) ‖ ~ **up** (Phys) / aufnehmen v (z.B. Flüssigkeiten oder Gase) ‖ ~ **up** (Textiles) / aufziehen v (Farbstoff), aufnehmen v (Farbstoff, Schlichte) ‖ ~ **up** (Weaving) / aufwinden v (Ware), aufwickeln v (Ware) ‖ ~ **up** (Weaving) / einarbeiten v (die Länge der eingewebten Fäden prozentual kürzen), einweben v ‖ ~ **up** (Weaving) / aufbäumen v, zetteln v, bäumen v
**take-up** n (Spinning) / Aufrollspule f, Auflaufspule f, Aufnahmespule f, Aufwickelspule f, Aufwindespule f ‖ ~ (Weaving) / Aufwinden n (Ware), Aufwickeln n (Ware), Aufrollen n ‖ ~ (Weaving) / Einarbeiten n, Einweben n (prozentuelle Längenänderung der durch die Einbindungsbögen verkürzten eingewebten Fäden, bezogen auf die gestreckte Fadenlänge) ‖ ~ **bobbin** (Spinning) / Aufrollspule f, Auflaufspule f, Aufnahmespule f, Aufwickelspule f, Aufwindespule f ‖ ~ **magazine** (Cinema) / Aufwickelmagazin n, Aufwickeltrommel f (eines Laufbildwerfers) ‖ ~ **motion*** (Weaving) / Warenschaltung f (die das schrittweise Weiterbewegen der vom Kettbaum abgegebenen Kettfäden und das Aufwickeln des fertigen Gewebes auf den Warenbaum bewirkt), Warenregulator m ‖ ~ **motion*** (Weaving) / Warenaufwickelvorrichtung f, Aufwindevorrichtung f ‖ ~ **plate** (Cinema) / Aufwickelteller m, Wickelteller m ‖ ~ **pulley** (Eng) / Spanntrommel f, Umlenktrommel f (zum Spannen des Fördergurtes)
**take-up reel** (Cinema) / Aufwickelspule f, Aufwickelrolle f (eines Laufbildwerfers oder eines Tonbandgeräts)
**take-up speed** (Spinning) / Aufspulgeschwindigkeit f, Auflaufgeschwindigkeit f ‖ ~ **sprocket** (Cinema) / Nachwickel-Filmzahntrommel f (eines Laufbildwerfers
**taking** n (Pharm) / Einnahme f (von Arzneimitteln) ‖ ~ **down** (Build, Civ Eng) / Abbruch m, Demolition f, Demolierung f, Abreißen n (Demolition), Zerstörung f, Abtragung f, Niederreißung f, Abriss m (von baulichen Anlagen) ‖ ~ **down** (Build, Civ Eng) / Ausrüstung f, Abbau m der Rüstung (des Gerüsts) ‖ ~**-off*** n (Build, Civ Eng) / Ermitteln n der Massen, Mengenberechnung f, Massenermittlung f, Mengenermittlung f
**taking-up** n / Aufnahme f (z.B. bei der Sorption oder von Flüssigkeiten überhaupt) ‖ ~ (Weaving) / Warenaufwindung f ‖ ~ **motion** (Weaving) / Warenschaltung f (die das schrittweise Weiterbewegen der vom Kettbaum abgegebenen Kettfäden und das Aufwickeln des fertigen Gewebes auf den Warenbaum bewirkt), Warenregulator m
**Talalay process** (Chem Eng) / Talalay-Prozess m (zur Erzeugung von Schaumgummi ohne mechanische Schäumung - nach J.A. Talalay, 1882 - 1961)
**Talbot's law** (Optics) / Talbot'sches Gesetz (nach W.H.F. Talbot, 1800 - 1877)
**talc** n (Min) / Talk m, Talkum n ‖ **non-asbestos** ~ (Pharm) / asbestfreier Talk (für Arzneimittel und Kosmetika)
**talca gum** / Suakingummi n (Arabisches Gummi aus Acacia stenocarpa Hochst. oder Acacia seyal Delile)
**talcosis** n (pl. -ses) (Med) / Talkose f (Staublungenerkrankung infolge Ablagerung von Talk oder Magnesiumsilikat in der Lunge)
**talcum** n / Talkpuder m (feiner weißer Talk als Streupulver), Talkum n (als Streupuder), Federweiß n ‖ ~ (Min) / Talk m, Talkum n ‖ ~ **powder** / Talkpuder m (feiner weißer Talk als Streupulver), Talkum n (als Streupuder), Federweiß n
**talent scout** (a person whose job is to search for talented performers who can be employed or promoted) / Talentsucher m
**talha gum** / Suakingummi n (Arabisches Gummi aus Acacia stenocarpa Hochst. oder Acacia seyal Delile)
**talh gum** / Suakingummi n (Arabisches Gummi aus Acacia stenocarpa Hochst. oder Acacia seyal Delile)
**tali** n (For) / Tali n (gelbliches bis rotbraunes Holz von Erythrophleum ivorense A. Chev. oder Erythrophleum micranthum Harms)
**talik** n (Geol) / Tabetisol n (nichtgefrorener Boden zwischen Permafrost und jährlicher Frostzone - in Russland)

**talipot** n (For) / Talipotpalme f (die Schopfpalme Corypha umbraculifera L.) ‖ ~ **palm** (For) / Talipotpalme f (die Schopfpalme Corypha umbraculifera L.)
**talk-back circuit** (Telecomm) / Gegensprechschaltung f
**talk•-back circuit*** (TV) / Kommandoleitung f ‖ ~ **button** (Radio) / Sprechtaste f ‖ ~**-down*** n (Aero, Radar) / GCA-Anflug m, bodenseitig kontrollierter Anflug, GCA-Landung f, bodengeführte Landung (z.B. mit Präzisionsanflugradar) (beim GCA-Verfahren)
**talker** n (Comp) / Talker m, Sprecher m (Funktionseinheit, die Daten in das Busnetz abgibt) ‖ ~ **echo** (Telecomm) / Sprecherecho n, Gegenecho n
**talki gum** / Suakingummi n (Arabisches Gummi aus Acacia stenocarpa Hochst. oder Acacia seyal Delile)
**talking book** (Electronics) / Hörbuch n ‖ ~ **circuit** (Teleph) / Sprechstromkreis m, Sprechkreis m ‖ ~ **film** (Cinema) / Tonfilm m ‖ ~ **picture** (Cinema) / Tonfilm m ‖ ~ **test** (Cinema, TV) / Sprechprobe f, Ansprechen n, Stimmprobe f
**talk mode** (Telecomm) / Talk-Modus m (bei der elektronischen Kommunikation) ‖ ~ **structure** (AI) / Gesprächsstruktur f
**talktime** n (Teleph) / Dauergesprächszeit f
**tall** adj (Bot) / von hohem Wuchs, hoch gewachsen adj
**tallate** n (Chem) / Tallat n (Metallseife aus Tallölfettsäuren)
**tall-boy*** n (Build) / Windkappe f (Schornsteinaufsatz), Schornsteinaufsatz m (zur Verbesserung der Schornsteinwirkung), Schornsteinkappe f, Windhutze f, Helm m (des Schornsteins)
**tall building** (Build) / Hochhaus n (Gebäude, dessen oberste Decke mehr als 22 m über der Geländeoberkante liegt) ‖ ~ **oil** (a generic name for a number of products obtained from the manufacture of wood pulp by the alkali process) (Paper) / Tallöl n (Nebenprodukt bei der Zellstoffgewinnung aus Nadelhölzern), flüssiges Harz (Tallöl) ‖ ~ **oil** s. also sulphate pitch and Swedish turpentine
**tall-oil fatty acid** (Chem, Paint) / Tallölfettsäure f
**tall oil pitch** (Chem) / Tallölpech n, Sulfatpech n (vom Tallöl
**tall-oil soap** (Chem) / Tallölseife f
**tallol** n (Paper) / Tallöl n (Nebenprodukt bei der Zellstoffgewinnung aus Nadelhölzern), flüssiges Harz (Tallöl)
**tallow** n (a hard fatty substance made from rendered animal fat, used in making candles and soap) (Chem, Nut) / Talg m (Fett von Wiederkäuern), Unschlitt n
**tallowate** n (Chem) / Talgfettsäureester m ‖ ~ (Chem) / Salz n der Talgfettsäuren
**tallowiness** n / Talgigwerden n (von Fetten)
**tallow pencil** / Fettstift m ‖ ~**-seed oil** (from Chinese tallow tree) / Stillingiatalgöl n, Talgbaumsamenöl n (aus dem Chinesischen Talgbaum - Sapium sebiferum (L.) Roxb.), Stillingiatalg m ‖ ~ **tin** (Met) / Schmierzinn n
**tallow-wood** n (For) / Tallow-Wood n (Eucalyptus microcorys F. Muell.) ‖ ~* (For) / Tallowwood n (Eucalyptus microcorys F. Muell.)
**tallowy** adj / talgig adj, talgartig adj
**tall resin** / Tallharz n (Naturharz, das durch fraktionierte Destillation mit Wasserdampf aus rohem Tallöl gewonnen wird)
**tally** v (Ships) / tallieren v (Stückzahl der Güter prüfen) ‖ ~ **clerk** (Ships) / Tallyman m (pl. -men) (Kontrolleur, der beim Be- und Entladen von Schiffen die Stückzahl der Güter prüft), Tallymann m (pl. -leute)
**tallying** n (Ships) / Tallierung f (eine Dienstleistung der Ladekontrolle im Seehafen)
**tally light** (TV) / Tallylicht n (ein Kontrolllicht bei Kameras), Signallampe f (an Fernsehkameras)
**tallyman** n (pl. -men) (Ships) / Tallyman m (pl. -men) (Kontrolleur, der beim Be- und Entladen von Schiffen die Stückzahl der Güter prüft), Tallymann m (pl. -leute)
**tally of blows** (Civ Eng) / Hitze f (beim Rammen)
**talmi gold** / Talmi n (schwach vergoldeter Tombak)
**talose*** n (Chem) / Talose f (eine Hexose)
**talus** n (Build) / Wandneigung f (unten stärker) ‖ ~* (pl. -es) (Civ Eng) / Böschung f mit einem natürlichen Böschungswinkel ‖ ~* (pl. -es) (Geol) / Talus m (in der Umgebung von Riffen abgelagertes Schuttmaterial)
**talus-creep** n (Geophys) / Schuttwandern n, Schuttkriechen n
**talus material** (Geol) / Hangschutt m, Gehängeschutt m ‖ ~ **slope** (Civ Eng) / Böschung f mit einem natürlichen Böschungswinkel ‖ ~ **wall*** (Build) / geneigte Wand, Anlaufwand f
**TAM** (television audience measurement) (TV) / Ermittlung f der Fernsehzuschauerzahlen, Messung f der Einschaltquote
**tamarack** n (For) / Amerikanische Lärche (Larix laricina (Du Roi) K. Koch), Sumpflärche f ‖ ~ (For) / Tamarakholz n, Tamarak n (Holz der Amerikanischen Lärche - Larix laricina (Du Roi) K. Koch), Sumpflärchenholz n
**tamarind seed gum** (Nut) / Tamarindenkernmehl n
**tamarugite** n (Min) / Tamarugit m (Entwässerungsprodukt des Mendozits)

**tambour** *n* (Arch) / Trommel *f* (einer Säule) ‖ ~ (Arch) / Tambour *m*, Trommel *f* (zwischen Zwickeln und Kuppel) ‖ ~ (Build) / Drehtürgehäuse *n* ‖ ~ (Textiles) / Tambur *m* (Sticktrommel) ‖ ~ **lace** (Textiles) / Tamburspitze *f*, auf Tüll gestickte Spitze, auf dem Tamburrahmen hergestellte Limerickspitze
**tame** *adj* (Agric) / veredelt *adj* (Pflanze), kultiviert *adj* (Pflanze)
**tamed frequency modulation** (Telecomm) / "gezähmte" Frequenzmodulation, TFM (tamed frequency modulation)
**Tammann rule** (Chem, Met) / Tammann-Regel *f* (intermetallische Verbindungen werden nicht gebildet zwischen Metallen derselben Gruppe des Periodensystems) ‖ ~'**s temperature**\* (Heat) / Tammann-Temperatur *f* (nach G. Tammann, 1861-1938)
**Tamm-Dancoff equation** (Nuc) / Tamm-Dancoff-Gleichung *f*
**Tamm state** (Crystal) / Tamm-Zustand *m* (nach I. Je. Tamm, 1895 - 1971)
**tammy** *n* (Textiles) / Etamine *f*, Etamin *n m* ‖ ~ **cloth** / [textiles] Siebgewebe *n*, Siebtuch *n*, Gesiebe *n*
**tamo** *n* (For) / Tamo *n* (Holz der Japanischen Esche) ‖ ~ (For) s. also Japanese ash
**tamoxifen**\* *n* (Pharm) / Tamoxifen *n* (internationaler Freiname für ein zytostatisches und antiöstrogenes Mittel)
**tamp**\* *v* (Build, Civ Eng) / stampfen *v*, feststampfen *v* ‖ ~\* (Civ Eng, Mining) / verdämmen *v* (Schussbohrungen), Bohrlöcher stopfen, Sprengbohrlöcher besetzen ‖ ~ (Mining) / besetzen *v* (Sprengbohrlöcher mit Besatz) ‖ ~\* (Rail) / stopfen *v* (Schwellen, Gleise)
**tamped concrete** (Build) / Stampfbeton *m* ‖ ~ **volume** / Stampfvolumen *n* (DIN 55943)
**tamper** *v* (Nut) / manipulieren *v* (eine Lebensmittelpackung) ‖ ~ *n* (Build, Civ Eng) / Abziehbohle *f* (des Straßenfertigers), Glättbohle *f*, Glättbalken *m*, Abgleichbohle *f* (Gerät oder Vorrichtung, um Frischbeton-Oberflächen eben und mit Deckenschluss herzustellen) ‖ ~ (Mil, Nuc Eng) / Tamper *m* (ein massiver Neutronenreflektor in Kernwaffen, der bei der Explosion durch seine Trägheit die Expansion des Spaltmaterials verzögert)
**tamper-evident** *adj* / sicherheitsverschlossen *adj* (Packung)
**tamper-indicative** *adj* / sicherheitsverschlossen *adj* (Packung)
**tampering** *v* / unsachgemäßer Eingriff (meistens böswilliger)
**tamper-proof** *adj* (made so that it cannot be interfered with or changed) / missbrauchssicher *adj*, gegen unbefugte Eingriffe gesichert, gegen unbefugte Manipulation (Verstellung) geschützt, verfälschungssicher *adj*, gegen unsachgemäße Eingriffe geschützt
**tamper-proof** *adj* / unverletzlich *adj* (eine Anlage) ‖ ~ **carburettor** (I C Engs) / Abgasvergaser *m* (der einen niedrigeren CO-Wert der Abgase über eine lange Laufzeit gewährleistet)
**Tampico fibre** (Textiles) / Istlefaser *f*, Ixtlefaser *f* (meistens aus der "Hundertjährigen Aloe" - Agave lechuguilla Torr.) ‖ ~ **hemp** (Textiles) / Istlefaser *f*, Ixtlefaser *f* (meistens aus der "Hundertjährigen Aloe" - Agave lechuguilla Torr.)
**tampin**\* *n* (Plumb) / Hartholzkonus *m*, Rohrweiter *m* (Bleirohrverlegung)
**tamping**\* *n* (Build, Civ Eng) / Feststampfen *n*, Stampfen *n* ‖ ~ (Mining) / Besatz *m* (von Sprengbohrlöchern) ‖ ~ (Rail) / Stopfen *n* (von Schwellen und Gleisen) ‖ ~ (Rail) / Gleisstopfen *n*, Stopfen *n* ‖ ~ **bar** (Mining) / Besatzstock *m*, Ladestock *m* (zum Einführen von Sprengstoffpatronen und Besatz in ein Bohrloch) ‖ ~ **machine** (Rail) / Gleisstopfmaschine *f*, Stopfmaschine *f* ‖ ~ **rod** (Mining) / Besatzstock *m*, Ladestock *m* (zum Einführen von Sprengstoffpatronen und Besatz in ein Bohrloch) ‖ ~ **roller** (Civ Eng) / Bodenverdichtungswalze *f* ‖ ~ **roller** (US) (Civ Eng) / Schaffußwalze *f* (ein Bodenverdichtungsgerät)
**tampon** *v* (Print) / einfärben *v* (mit einem Tampon), tamponieren *v* ‖ ~\* *n* (Med) / Tampon *m* (z.B. ein Gazebausch) ‖ ~ (Print) / Druckerballen *m*, Ballen *m*, Farbballen *m*, Tampon *m* (Druckerballen) ‖ ~ **plating** (Elec Eng) / Tampongalvanisieren *n* (mit einem Tampon, der die Anode darstellt und gleichzeitig den Elektrolyten aufnimmt - z.B. zur Reparatur und Ausbesserung von beschädigten und verschlissenen Teilen) ‖ ~ **printing** (Print) / Tampondruck *m* (ein indirekter Tiefdruck) ‖ ~ **printing ink** (Print) / Tamponprintdruckfarbe *f*
**TAN** (total acid number) (Chem) / Gesamtsäurezahl *f* (Maß für die freie Gesamtsäure in mg KOH/1g Probesubstanz) ‖ ~ (transaction number) (Comp) / Transaktionsnummer *f* (beim Online-Banking), TAN (Transaktionsnummer)
**tan** *v* (Leather) / gerben *v* ‖ ~ *adj* / lohbraun *adj*, lohfarben *adj*, lederbraun *adj*
**tanacetone** *n* (Chem) / Tanaceton *n* (Gemisch von Thujon und Isothujon), Tanazeton *n*
**tan-bark** *n* (Leather) / Gerbrinde *f* ‖ ~ **iron** (For, Leather) / Loheisen *n* (zum Lohschälen des Holzes - Dauner, Sächsisches, Thüringer)
**tan-chord angle** (between a chord and a tangent) (Maths) / Sehnentangentenwinkel *m*

**tan-coloured** *adj* / lohbraun *adj*, lohfarben *adj*, lederbraun *adj*
**tan δ** (Elec Eng) / Verlustfaktor *m* (der reziproke Wert des Gütefaktors DIN 1344)
**tandem** *n* (Elec Eng) / Kaskade *f* ‖ ~\* (Telecomm) / Tandem *n* ‖ ~ **accelerator** (Elec Eng) / Tandembeschleuniger *m* (ein zweistufiger van-de-Graaf-Generator), Tandem *n* ‖ ~ **axle** (Autos) / Tandemachse *f* (bei Vierradanhängern) ‖ ~ **central office** (US) (Teleph) / Knotenamt *n*, Knotenvermittlungsstelle *f* (in einem Sternnetz), KVSt ‖ ~ **connexion** (Elec Eng) / Villard-Schaltung *f*, Kaskadenschaltung *f* ‖ ~ **converter** / Tandemwandler *m* (Sensorbaustein als Gasflusssensor) ‖ ~ **cylinder** / Tandemzylinder *m* (pneumatischer Kraftspannantrieb mit zwei hintereinander angeordneten Kolben) ‖ ~ **data circuit** (Comp) / Tandemdatenverbindung *f* ‖ ~ **dialling** (Teleph) / Durchgangswahl *f* ‖ ~ **disk harrow** (Agric) / zweireihige Doppelscheibenegge, Scheibenegge *f* in Tandemform, Tandemscheibenegge *f* ‖ ~ **electrostatic accelerator** (Elec Eng) / Tandembeschleuniger *m* (ein zweistufiger van-de-Graaf-Generator), Tandem *n* ‖ ~ **engine**\* (Eng) / Tandemmaschine *f* ‖ ~ **exchange**\* (Teleph) / Knotenamt *n*, Knotenvermittlungsstelle *f* (in einem Sternnetz), KVSt ‖ ~ **exchange**\* (Teleph) / Durchgangsvermittlungsstelle *f* (Vermittlung ohne angeschlossene Teilnehmer), Durchgangsamt *n*, Transitamt *n* (Transit Exchange), Transitvermittlungsstelle *f* ‖ ~ **furnace** (Met) / Tandemofen *m* (kippbarer Siemens-Martin-Ofen mit zwei Herden nebeneinander) ‖ ~ **gear configuration** (Aero) / Tandemfahrwerk *n* (an jedem Fahrwerksbein befinden sich zwei oder mehr gleiche Räder hintereinander) ‖ ~ **generator** (Elec Eng) / Tandembeschleuniger *m* (ein zweistufiger van-de-Graaf-Generator), Tandem *n* ‖ ~ **mass spectrometer** (Spectr) / Tandemmassenspektrometer *n*, MS/MS-System *n*, Tandemspektrometer *n* ‖ ~ **master cylinder** (Autos) / Tandemhauptzylinder *m* (bei Zweikreisbremsanlagen) ‖ ~ **mill**\* (Met) / Tandemstraße *f* ‖ ~ **mirror** (Plasma Phys) / Tandemspiegel *m* (ein Spezialfall des magnetischen Spiegels) ‖ ~ **office** (US) (Teleph) / Knotenamt *n*, Knotenvermittlungsstelle *f* (in einem Sternnetz), KVSt ‖ ~ **region** (Gen) / Tandemregion *f* ‖ ~ **roller** (Civ Eng) / Tandemwalze *f* ‖ ~-**rotor helicopter** (Aero) / Tandemhubschrauber *m* (mit 2 Rotoren in Tandemanordnung) ‖ ~ **rotors** *pl* (Aero) / Rotoren *m pl* in Tandemanordnung ‖ ~ **seating** (Aero) / Tandemanordnung *f* der Sitze ‖ ~ **selection** (Teleph) / Gruppenwahl *f* für Durchgangsverkehr, doppelte Vorwahl ‖ ~ **turnout** (Rail) / Doppelweiche *f*, DW (Doppelweiche) ‖ ~ **turnout diverging from opposite hand** (Rail) / zweiseitige Doppelweiche, unsymmetrische beidseitig abzweigende Doppelweiche ‖ ~ **turnout diverging from same hand** (Rail) / einseitig abzweigende Doppelweiche, einseitige Doppelweiche
**tandem-wheel gear** (Aero) / Tandemfahrwerk *n* (an jedem Fahrwerksbein befinden sich zwei oder mehr gleiche Räder hintereinander)
**tandem working**\* (Teleph) / Tandembetrieb *m* ‖ ~ **zigzag harrow** (Agric) / Gelenkegge *f* (eine alte Zinkenegge)
**T-and-G board** (Carp) / Riemen *m* (langes, schmales Brett mit Nuten, besonders für Fußböden)
**tang**\* *n* (Carp, Join) / Angel *f* (der spitz zulaufende Fortsatz zur Befestigung des Handgriffs, des Sägeblattes usw.) ‖ ~\* (Carp, Join, Tools) / Heftzapfen *m* (eines Handwerkzeuges) ‖ ~ (Eng) / Mitnehmer *m* (an einer Welle) ‖ ~ (Eng) / Austreiblappen *m* (des Kegelschafts des Bohrers), Mitnehmer *m* (des Zylinderschafts des Bohrers) ‖ ~ (Eng, Tools) / angespitztes Ende ‖ ~ (Typog) / Anguss *m*, Gusszapfen *m*
**tangelo** *n* (Bot, Nut) / Tangelo *f* (Kreuzung von Tangerine und Grapefruit)
**tangency** *n* (Maths) / Berührung *f* (von Kurven, Flächen)
**tangent**\* *n* (Maths) / Tangentenebene *f*, Tangentialebene *f* ‖ ~\* (Maths) / Tangente *f*, Berührungslinie *f* (Tangente) ‖ ~\* (Maths) / Tangens *m* (eine der trigonometrischen Funktionen), Tangensfunktion *f* ‖ ~ **distance**\* (Surv) / Tangentenabstand *m* ‖ ~ **galvanometer**\* (Geophys) / Tangentenbussole *f*
**tangential** *adj* / tangential *adj* ‖ ~ **acceleration** (Phys) / Tangentialbeschleunigung *f*, Bahnbeschleunigung *f* (die ein Körper auf einer Kreisbahn in tangentialer Richtung erfährt) ‖ ~ **cut** (Biol) / Tangentialschnitt *m* ‖ ~ **developable** (Maths) / Tangentenfläche *f* ‖ ~ **feed** (Eng) / tangentialer Vorschub, Tangentialvorschub *m* (beim Tangentialfräsen) ‖ ~ **field**\* (Optics) / tangentiales Bildfeld ‖ ~ **firing system** (Eng) / Tangentialfeuerung *f*
**tangential-flow scavenging** (I C Engs) / Schnürle-Spülung *f*, Umkehrspülung *f* (spezielles Spülverfahren zum Ladungswechsel bei Zweitaktmotoren)
**tangential focus**\* (Optics) / Tangentialschnitt *m* ‖ ~ **force** (Phys) / Tangentialkraft *f* ‖ ~ **hobbing** (Eng) / Tangentialfräsen *n* ‖ ~ **keys** (a pair of taper keys with one side largely sunk in the hub and the other in the shaft, the two keys facing in opposite direction) (Eng) /

**tangential**

Tangentkeile *m pl* (zwei um 120° versetzte Keilpaare mit seitlichen Anzug - DIN 271 und 272) || ~ **landing** (Aero) / Tangentiallandung *f*, Flachlandung *f* || ~ **leaf spring** (Autos) / Tangentialblattfeder *f* (der Kupplung) || ~ **plane** (Maths) / Tangentenebene *f*, Tangentialebene *f* || ~ **section** (Biol, For) / Tangentialschnitt *m* || ~ **section** (For) / Sehnenschnitt *m*, Tangentialschnitt *m* (das Ergebnis des tangentialen Holzschnitts), Fladenschnitt *m* (das Ergebnis) || ~ **shrinkage** (For) / Tangentialschwindung *f* || ~ **tracking control** (Electronics) / tangentiale Spursteuerung (bei Bildplattenspielern) || ~ **turning tool** (Eng) / Tangentialdrehmeißel *m* || ~ **twist** (For) / tangentialer Drehwuchs || ~ **vector** (Maths) / Tangentenvektor *m* (bei Raumkurven, bei Flächen) || ~ **velocity** (Eng) / Tangentialgeschwindigkeit *f* || ~ **wave** (Geophys) / S-Welle *f* (Transversalwelle beim Erdbeben), Scherungswelle *f*, Scherwelle *f* (transversale Raumwelle)
**tangent keys** (Eng) / Tangentkeile *m pl* (zwei um 120° versetzte Keilpaare mit seitlichen Anzug - DIN 271 und 272) || ~ **keyway** (Eng) / Tangentkeilnut *f* (DIN 268) || ~ **law** (Maths) / Tangenssatz *m* || ~ **line** (Maths) / Tangente *f*, Berührungslinie *f* (Tangente) || ~ **modulus*** (Mech) / Tangentmodul *m*, Tangentenmodul *m* (beim Knicken im unelastischen Bereich) || ~ **plane** (Maths) / Tangentenebene *f*, Tangentialebene *f* || ~ **plane** (Maths) / rektifizierende Ebene (bei begleitenden Dreibein) || ~ **point*** (Civ Eng, Rail, Surv) / Übergangspunkt *m* (Krümmungsanfangs- oder Krümmungsendpunkt) || ~ **point** (Surv) / Tangentenpunkt *m*, Tangentialpunkt *m* || ~ **polygon** (Maths) / Tangentenpolygon *n* || ~ **scale*** (Elec Eng) / Tangentenskale *f* || ~ **screw*** (Surv) / Feineinstellschraube *f* || ~ **space** (Maths) / Tangentialraum *m*, tangierender Vektorraum || ~ **surface** (Maths) / Tangentenfläche *f* || ~ **theorem** (Maths) / Tangentsatz *m* (am Kreis) || ~ **vector space** (Maths) / Tangentialraum *m*, tangierender Vektorraum
**tangerine** *n* (Bot, Nut) / Tangerine *f* (Citrus reticulata Blanco) || ~ *adj* (a deep orange-red colour) / zinnoberrot *adj*, leuchtend rotgelb
**tang-green** *n* / Tang *n* (helles Olivgrün)
**tangible** *adj* / greifbar *adj*, fühlbar *adj* (bei Berührung) || s. also tactile || ~ **assets** / materielle Wirtschaftsgüter, materielle Vermögensgegenstände, Sachanlagen *f pl* (als Bilanzposten)
**tangibles** *pl* / materielle Wirtschaftsgüter, materielle Vermögensgegenstände, Sachanlagen *f pl* (als Bilanzposten)
**tangile** *n* (For) / Tanguile *n* (Holz der Shorea curtisii oder Shorea pauciflora King)
**tangle** *v* / verflechten *v*, miteinander verschlingen || ~ *vi* (Textiles) / sich verheddern *v*, sich verfilzen *v* || ~ *vt* (Textiles) / verschlingen *v* (miteinander), verwirbeln *v* (miteinander verschlingen), verwirren *v* || ~ *n* / Verschlingung *f* (wirres Knäuel), Gewirr *n* || ~ **(Crystal)** / Knäuel *m n* (bei der Versetzung), Versetzungsknäuel *m* || ~ **(Weaving)** / Webnest *n*, Nest *n* (ein Webfehler, der durch Reißen und Klammern von Kettfäden entsteht) || ~ **formation** (Weaving) / Nesterbildung *f* (Webfehler, der durch Reißen und Klammern von Kettfäden entsteht), Nestbildung *f*
**tanglelace** *v* (Spinning, Textiles) / verwirbeln *v* (bei Texturierung)
**tanglelacing** *n* (Spinning) / Verwirbelung *f* (Texturieren ohne Verdrehungstendenz)
**tango** *attr* / zinnoberrot *adj*, leuchtend rotgelb
**tangor** *n* (Bot, Nut) / Tangor *f* (Kreuzung von Tangerine und Orange)
**tanguile** *n* (For) / Tanguile *n* (Holz der Shorea curtisii oder Shorea pauciflora King)
**Tanguis cotton** (Textiles) / Tanguis-Baumwolle *f* (von einer perennierenden Staude stammende peruanische Baumwollsorte, die Fasern von hohem Weißgrad ergibt)
**tangy** *adj* (Nut) / mit scharfem Beigeschmack
**tanh*** *n* (hyperbolic tangent) (Maths) / Hyperbeltangens *m*, Tangens hyperbolicus *m*, tanh (Hyperbeltangens)
**tank** *v* (Fuels) / nachtanken *v*, Kraftstoff aufnehmen, tanken *v*, auftanken *v* (neu), betanken *vt* || ~ / Flüssigkeitsbehälter *m*, (offener) Behälter *m*, Reservoir *n* || ~ / Zisterne *f* (Sammel- und Speicherbehälter - meistens für Niederschlagswasser) || ~ / Badbehälter *m* || ~ (Agric) / Saatkasten *m* (der Einzelkornsämaschine), Vorratsbehälter *m* (der Drillmaschine) || ~ (Build, Civ Eng) / Wanne *f* (bei der Wannengründung), Gründungswanne *f* (Bauwerk mit Abdichtung gegen von außen drückendes Wasser) || ~ (Cinema) / Schallschutzzelle *f* || ~ (Elec Eng) / Kessel *m* (des Öltransformators) || ~ (Eng) / Tank *m*, [geschlossener] Behälter *m* (für Flüssigkeiten, Großbehälter *m* || ~ (Glass) / Wannenbassin *n* (Teil des Oberofens von Wannenöfen, das die Glasschmelze aufnimmt), Bassin *n* (der Wanne) || ~ (Hyd Eng) / Becken *n* || ~ (Mil) / Panzer *m* || ~ (Photog) / Entwicklerdose *f*, Entwicklungsdose *f*, Filmentwicklungstank *m*, Tank *m* || ~ (Telecomm) / Tank *m*
**tankage** *n* / Tankreinigungsrückstand *m* || ~ / Gebühr *f* für die Aufbewahrung (Lagerung) in Behältern || ~ / Tankfüllung *f* (Menge), Tankinhalt *m* || ~ / Aufbewahrung *f* in (Groß)Behältern ||

~ (Agric) / Tiermehl *n* (in Deutschland zur Verfütterung verboten), Kadavermehl *n*, Tierkörpermehl *n* || ~ (Eng) / Fassungsvermögen *n* eines Behälters, Behälterinhalt *m* || ~ (Nut) / Fleischmehl *n*, Fleischknochenmehl *n* || ~ (Space) / mitgeführte Treibstoffmenge, Tankinhalt *m*
**tank battery** (Oils) / Tankbatterie *f* (mehrere Lagertanks) || ~ **block** (Glass) / Wannenstein *m* || ~ **block** (Glass) s. also flux block || ~ **bottoms** / Tankrückstand *m*, Tankbodenrückstand *m* || ~ **bottom wax** / Tankbodenwachs *n* || ~ **cap** (Autos) / Verschlussdeckel *m*, Tankklappe *f*, Tankverschluss *m*, Einfüllkappe *f*, Einfüllverschluss *m*, Kraftstofftankklappe *f*, Kraftstofftankdeckel *m*, Tankdeckel *m* (des Benzinbehälters) || ~ **capacitance** (Elec Eng) / Kapazität *f* eines Schwingkreises || ~**-car** (Rail) / Kesselwagen *m* (ein Güterwagen - nach DIN 26015) || ~ **circuit*** (a resonant electronic circuit that consists of a capacitor and an inductor connected in parallel) (Electronics, Telecomm) / Oszillatorschwingkreis *m*, Tankkreis *m* || ~ **circuit** (Radio) / Viertelwellenleitung *f* (als Frequenzstabilisator in UKW-Kreisen) || ~ **cleaning** / Tankreinigung *f* || ~ **container** / Tankcontainer *m*
**tank-deck corrosion** (Surf) / Dampfphasenkorrosion *f* in Tankern
**tank destroyer** (Mil) / Jagdpanzer *m* || ~ **development** (Photog) / Tankentwicklung *f* || ~ **dike** / Tankumwallung *f*, Tankwall *m* (meistens ein Erdwall) || ~ **drop** (Glass) / Gewölbetropfen *m* || ~ **engine** (Rail) / Tenderlokomotive *f*
**tanker** *n* (an aircraft) (Aero) / Tankflugzeug *n*, Tankerluftfahrzeug *n*, Lufttanker *m* || ~ (a road vehicle) (Autos) / Tankwagen *m*, Behälterfahrzeug *n*, Silofahrzeug *n* (Kesselwagen für den Transport flüssiger oder staubförmiger Güter), Tankfahrzeug *n*, Tanklastkraftwagen *m* (Kesselwagen für den Transport flüssiger oder staubförmiger Güter) || ~ / Tankzug *n*, Tanklastzug *m* || ~ (Mil) / Betriebsstofftransporter *m* || ~* (a ship) (Ships) / Tankschiff *n*, Tanker *m* || ~ **hatch** (Ships) / Tankerluke *f* || ~ **terminal** (Ships) / Tankerterminal *m n*
**tank farm** (a large area (group) of oil or gas storage tanks) (Oils) / Tankfarm *f*, Tankanlage *f*, Tanklager *n*, Konzentration *f* von Öltanks, Sammelstation *f* (von Erdöltanks) || ~ **furnace*** (Glass) / Glaswannenofen *m*, Glasschmelzwanne *f*, Wannenofen *m*, Wanne *f* || ~ **glass** (Glass) / Glas(gemenge) *n* für die Wannenschmelze || ~ **glass** (glass melted in a large tank as distinct from a pot) (Glass) / Wannenglas *n* (in dem Wannenofen gewonnen)
**tanking** *n* / Lagern *n* im Tank || ~* (Build) / Dichtungsmaterial *n* (wasserdruckhaltendes) für Tiefbau || ~ (Build, Civ Eng) / Wannengründung *f* (wenn die Sohlenplatte und Außenwände einen zusammenhängenden wannenförmigen Gründungskörper bilden, dessen äußerer Mantel aus einer wasserdruckhaltenden Dichtung besteht) || ~* (Build, Civ Eng) / Wannenabdichtung *f* (bei der Wannengründung)
**tank landing craft** (Mil) / Panzerlandungsboot *n* || ~ **line*** (Radio) / Viertelwellenleitung *f* (als Frequenzstabilisator in UKW-Kreisen) || ~ **lining** / Behälterauskleidung *f* || ~ **lorry** (Autos) / Tankwagen *m* || ~ **losses** (Elec Eng) / Kesselverluste *m pl* (Zusatzverluste in inaktiven Teilen des Transformators) || ~ **melting** (Glass) / Wannenschmelze *f* (Vorgang) || ~ **mix** (Agric) / Tankmischung *f* (z.B. von Pflanzenschutzmitteln) || ~ **neck** (Glass) / Wannenhals *m* || ~ **overflow structure** (Civ Eng) / Beckenüberlauf *m* (vor einem Regenüberlaufbecken angeordneter Überlauf, der nach dessen Füllung anspringt - DIN 4045), BÜ (Beckenüberlauf) || ~ **process** (Nut) / Charmat-Verfahren *n*, Tankgärung *f* (bei der Sektherstellung) || ~ **reactor*** (Nuc Eng) / Tankreaktor *m* || ~ **ship** (Ships) / Tankschiff *n*, Tanker *m* || ~ **sprayer** (a pressure tank on wheels) (Civ Eng) / Straßenbau-Bitumenspritzmaschine *f*, Teerspritzgerät *n* (selbstfahrendes), Teerspritzmaschine *f*, Bitumensprengwagen *m*, Tankspritzgerät *n* || ~ **sump** / Behältersumpf *m* || ~ **towing test** (Ships) / Schleppversuch *m*, Modellschleppversuch *m* (im Tank) || ~ **truck** (US) (Autos) / Kesselwagen *m* || ~ **truck** (Autos) / Tankwagen *m*, Behälterfahrzeug *n*, Silofahrzeug *n* (Kesselwagen für den Transport flüssiger oder staubförmiger Güter), Tankfahrzeug *n*, Tanklastkraftwagen *m* (Kesselwagen für den Transport flüssiger oder staubförmiger Güter) || ~ **truck** (Autos) / Tankzug *m*, Tanklastzug *m* || ~ **vacuum cleaner** / Kesselstaubsauger *m* || ~ **voltage** (the total voltage between the anode and cathode of a plating bath or electrolytic cell during electrolysis) (Surf) / Badspannung *f*, Badbetriebsspannung *f* || ~ **waggon** (Rail) / Kesselwagen *m* (ein Güterwagen - nach DIN 26015)
**tan-liquor*** *n* (Leather) / Gerbstoffbrühe *f*, Gerbbrühe *f*
**tannage** (Leather) / Gerbverfahren *n*, Gerbung *f*, Gerberei *f* (Tätigkeit) || ~ **in situ** (Leather) / Gerbung *f* in situ (in die Haut eingebrachte Gerbstoffvorprodukte werden durch chemische Umwandlung zur Gerbung aktiviert)
**tannase** *n* (Leather) / Tannase *f* (gerbstoffspaltendes Enzym), Tannin-Acylhydrolase *f*
**tannate** *n* (Chem, Leather) / Tannat *n* (Salz oder Ester des Tannins)

**tanner** *n* (Chem, Med) / Sonnenschutzmittel *n* (z.B. Öl oder Lotion - ein Lichtschutzmittel für menschliche Haut) ‖ ~ (Leather) / Gerber *m*, Lederer *m* (A)
**tanner's bark** (Leather) / Gerbrinde *f* ‖ ~ **bark** (Leather) s. also ground bark ‖ ~ **sumac(h)** (Bot) / Gerbersumach *m* (Rhus coriaria L.) ‖ ~ **wool** (Leather) / Schwödewolle *f*, Gerberwolle *f* (in einem chemischen Verfahren bei der Lederherstellung gewonnene Schafwolle), Kalkwolle *f*
**tannery** *n* (Leather) / Gerberei *f*, Lohgerberei *f* (ein Handwerksbetrieb) ‖ ~ **oil** (Leather) / Gerböl *n* ‖ ~ **run** (Leather) / Ledersorten ohne Qualitätseinstufung (die aus der Gerberei kommen), nicht sortierte Leder (aus der Gerberei) ‖ ~ **waste** (Leather) / Gerbereiabfall *m* ‖ ~ **waste water** (Ecol, San Eng) / Gerbereiabwasser *n*
**tannic** *adj* (For, Leather) / gerbstoffhaltig *adj*, tanninhaltig *adj*, gerbsäurehaltig *adj* ‖ ~ **acid*** (Chem, Leather) / Tannin *n*, Gerbsäure *f* (pflanzlicher Gerbstoff)
**tanniferous** *adj* (For, Leather) / gerbstoffhaltig *adj*, tanninhaltig *adj*, gerbsäurehaltig *adj*
**tannin*** *n* (Chem, Leather) / Tannin *n*, Gerbsäure *f* (pflanzlicher Gerbstoff) ‖ ~ (Leather) / Vegetabilgerbstoff *m*, Pflanzengerbstoff *m* ‖ ~* (Chem, Leather) s. also gallotannic acid ‖ ~ **bottom mordant** (Textiles) / Gerbstoffvorbeize *f* (Tannin, nachträgliche Behandlung mit Brechweinstein)
**tanning** *n* (Leather) / Gerbverfahren *n*, Gerbung *f*, Gerberei *f* (Tätigkeit) ‖ ~* (Leather) / Tannieren *n* ‖ ~ (Photog) / Gerbung *f* ‖ ~ **agent** (Chem, Leather) / Gerbstoff *m* ‖ ~ **auxiliary** (Chem, Leather) / Gerbereihilfsmittel *n*, Gerbhilfsmittel *n* (z.B. zum Weichen, Äschern und Pickeln) ‖ ~ **bleach** (Photog) / Gerbbleichung *f* ‖ ~ **developer*** (Photog, Typog) / Gerbentwickler *m*, gerbender Entwickler ‖ ~ **drum** (Leather) / Gerbfass *n* (aus Kiefern- oder Lärchenholz) ‖ ~ **extract** (Leather) / Gerbstoffauszug *m*, Gerbextrakt *m* (zähflüssig oder pulverförmig) ‖ ~ **liquor** (Leather) / Gerbstoffbrühe *f*, Gerbbrühe *f* ‖ ~ **machine** (Leather) / Gerbmaschine *f* ‖ ~ **material** (Leather) / Gerbmittel *n* (Naturstoffe oder synthetisch hergestelte Produkte, die gerbend wirkende Substanzen enthalten) ‖ ~ **material with neutralizing effect** (Leather) / Neutralisationsgerbstoff *m* ‖ ~ **oil** (Leather) / Gerböl *n* ‖ ~ **paper** (Leather) / Schleifpapier *n* (meistens mit Siliziumkarbid - das dem Leder ein tuchartiges Aussehen und einen veloursartigen Griff gibt) ‖ ~ **substance** (Chem, Leather) / Gerbstoff *m* ‖ ~ **sumac(h)** (Bot) / Gerbersumach *m* (Rhus coriaria L.)
**tannometer** *n* (Leather) / Gerbsäuremesser *m*
**tannoy** *n* (GB) (a type of public-address system) (Acous) / Lautsprecheranlage *f*, Beschallungsanlage *f*
**tan•-ooze** *n* (Leather) / Gerbstoffbrühe *f*, Gerbbrühe *f* ‖ ~ **penetration** (Leather) / Durchgerbung *f* ‖ ~-**pit** *n* (Leather) / Gerbgrube *f* ‖ ~ **shade** (Textiles) / Lederbraunton *m* ‖ ~ **stain** (Leather) / Gerbstoffleck *m*
**tansy oil** / Rainfarnöl *n*, Tanazetöl *n* (aus Tanacetum vulgare (L.))
**tantalate** *n* (Chem) / Tantalat *n*
**tantalic** *adj* (Chem) / Tantal-, (meistens) Tantal(V)- ‖ ~ **acid anhydride** (Chem) / Tantalsäureanhydrid *n*, Tantalpentoxid *n*, Tantal(V)-oxid *n*, Ditantalpentoxid *n* ‖ ~ **chloride** (Chem) / Tantalpentachlorid *n* (Ta Cl$_5$)
**tantalite*** *n* (Min) / Tantalit *n* (Ta-reichstes Glied der Columbit-Reihe)
**tantalous** *adj* (Chem) / Tantal-, (meistens) Tantal(III)-
**tantalum*** *n* (Chem) / Tantal *n*, Ta (Tantal)
**tantalum-bead capacitor** (Elec Eng) / Tantal-Elektrolytkondensator *m* (dessen Anodenbelag aus gesintertem Tantalpulver besteht), Tantalkondensator *m* (ein Elektrolytkondensator mit Ta$_2$O$_5$)
**tantalum capacitor*** (Elec Eng) / Tantal-Elektrolytkondensator *m* (dessen Anodenbelag aus gesintertem Tantalpulver besteht), Tantalkondensator *m* (ein Elektrolytkondensator mit Ta$_2$O$_5$) ‖ ~ **carbide** (TaC - melting at 3875 °C) (Chem) / Tantalkarbid *n*, Tantalcarbid *n* ‖ ~ **chloride** (Chem) / Tantalpentachlorid *n* (TaCl$_5$) ‖ ~ **electrode** / Tantalelektrode *f* ‖ ~ **electrolytic capacitor** (Elec Eng) / Tantal-Elektrolytkondensator *m* (dessen Anodenbelag aus gesintertem Tantalpulver besteht), Tantalkondensator *m* (ein Elektrolytkondensator mit Ta$_2$O$_5$) ‖ ~ **nitride** (melting at 3360 °C) (Chem) / Tantalnitrid *n* (TaN) ‖ ~(**V**) **oxide** (Ta$_2$O$_5$) (Chem) / Tantalsäureanhydrid *n*, Tantalpentoxid *n*, Tantal(V)-oxid *n*, Ditantalpentoxid *n* ‖ ~ **pentachloride** (TaCl$_5$) (Chem) / Tantalpentachlorid *n* (Ta Cl$_5$) ‖ ~ **pentoxide** (Chem) / Tantalsäureanhydrid *n*, Tantalpentoxid *n*, Tantal(V)-oxid *n*, Ditantalpentoxid *n* ‖ ~ **rectifier** (Electronics) / Tantalgleichrichter *m*
**T antenna*** (Radio) / T-Antenne *f* (einfache Form einer kapazitiv verkürzten, beschwerten Antenne)
**tan thoroughly** (Leather) / durchgerben *v*
**T-antigens*** *pl* (Med) / T-Antigene *n pl*
**tan•-vat** *n* (Leather) / Gerbgrube *f* ‖ ~ **with the wool on** (Leather) / gerben *v* in der Wolle
**tanwood** *n* (For, Leather) / Gerbholz *n*, gerbstoffhaltiges Holz (das zur Extraktgewinnung verwendet wird)

**tan-yard** *n* (Leather) / Gerberei *f*, Lohgerberei *f* (ein Handwerksbetrieb)
**tanzanite** *n* (Min) / Tansanit *m* (blauer Zoisit)
**TAP** (test acces port) (Electronics) / Test Access Port *m*, TAP (Test Access Port)
**tap** *v* / abzapfen *v* (Flüssigkeit abziehen) ‖ / fassen *v* (Quelle) ‖ ~ / erschließen *v* (neue Märkte, neue Resourcen) ‖ ~ / anzapfen *v* (ein Fass), anstechen (ein Bierfass) ‖ ~ (Elec Eng) / anzapfen *v*, abgreifen *v* ‖ ~ (Eng) / Innengewinde schneiden (Gewindebohrer) ‖ ~ (Eng) / leicht klopfen, antippen *v*, leicht schlagen ‖ ~ (For) / zapfen *v* (Latex) ‖ ~ (For) / anzapfen *v* (Bäume beim Harzen), harzen *vt* (Bäume) ‖ ~ (Foundry, Met) / abstechen *v* ‖ ~ (Glass) / ablassen *v*, auslaufen lassen *v* ‖ ~ (Telecomm) / sich einschalten *v* (in eine Leitung) ‖ ~ *n* (Elec Eng) / Anzapfung *f*, Abgriff *m* (die Anzapfung eines Bauelementes mit einem räumlich verteilten charakteristischen Parameter an einer Stelle, an der nur ein Teil dieses Parameters wirksam ist) ‖ ~ (Electronics) / Tap *n* (ein Anschlussstück) ‖ ~* (Eng) / Gewindebohrer *m* ‖ ~ (Eng) / leichter Schlag (z.B. um Blech auszubeulen) ‖ ~* (Eng, For) / Fasshahn *m* (kleiner Zapfhahn), Pipe *f* [A] ‖ ~ (Foundry, Met) / Abstichmenge *f* (bei einem Abstich) ‖ ~ (Plumb) / Hahn *m* (pl. Hähne od. Hahnen)
**tapa** *n* (Textiles) / Tapa *f* (Stoff aus dem Bast bestimmter exotischer Bäume) ‖ ~ **cloth** (Textiles) / Tapa *f* (Stoff aus dem Bast bestimmter exotischer Bäume)
**tap changer** (an apparatus for changing the connection to an electrical transformer from one tap to another, so as to vary the turns ratio and hence control the output voltage under a varying load) (Elec Eng) / Stufenschalter *m* (Einrichtung zum Einstellen auf Anzapfungen einer Wicklung unter Spannung und bei Last), Anzapfumschalter *m* (bei Transformatoren) ‖ ~ **changing*** (Elec Eng) / Transformatorstufenschaltung *f* ‖ ~ **cinder** (Met) / Rohschlacke *f* ‖ ~ **connector** / Hahnstück *m* (des Schlauchs) ‖ ~ **density*** (Powder Met) / Klopfdichte *f*
**tape** *v* (Acous, Comp, Mag) / auf Band aufnehmen, aufzeichnen *v* (auf Band) ‖ ~ (Build, Surv) / mit Bandmaß messen ‖ ~ (Cables) / umbandeln *v*, umwickeln *v*, bewickeln *v*, umspinnen *v* (mit Schmalband), wickeln *v* (mit Band), umhüllen *v* ‖ ~ *vt* / mit Band umwickeln ‖ ~ (Comp, Mag) / auf Band ausgeben ‖ ~ *n* (a strip of paper or plastic coated with adhesive and sold in a roll, used to stick things together) / Klebeband *n*, Haftklebeband *n* ‖ ~ (US) / Wälzband *n*, Rollband *n* (das auf einem Rollbogen abwälzt) ‖ ~ / Streifband *n*, Packungsbanderole *f*, Banderole *f* ‖ ~* (Acous, Comp, Mag) / Band *n* (pl. Bänder), Tape *n m* ‖ ~* (Build) / Bandmaß *n*, Rollbandmaß *n*, Messband *n* (DIN 6403), Maßband *n* (bedrucktes Messband in Stahl- oder Kunststoffgehäuse) ‖ ~ (Electronics) / Gurt *m* (zur Bestückung) ‖ ~ (Plastics) / Folienbändchen *n* (aus der Folie geschnittenes Bändchen) ‖ ~ (Teleg) / Tape *n* (Papierstreifen zum Aufzeichnen empfangener Morsesignale - heute obsolet), Streifen *m* ‖ ~ (Textiles) / Band *n* (beim Reißverschluss) ‖ ~ (Textiles) / Webbändchen *n* (z.B. für Teppichträger) ‖ ~ **armour** (Cables) / Bandbewehrung *f*
**tape-automated bonding** (Electronics) / automatisches Folienbondverfahren
**tape block** (Comp) / Bandblock *m* (auf Magnetband gespeicherter Block nach DIN 66010) ‖ ~ **bootstrap routine** (Comp) / Bandstartroutine *f*, Magnetband-Startroutine *f* ‖ ~ **cable** (Cables) / Flachkabel *n*, Bandkabel *n* ‖ ~ **carrier bonding** (Electronics) / Folienbondverfahren *n*, Folienbonden *n* ‖ ~ **cartridge** (Comp) / Datenkassette *f*, Cartridge *f*, Magnetband-Cartridge *f* ‖ ~ **cleaner** (Comp, Mag) / Bandreiniger *m* ‖ ~ **composition** (Comp, Print) / lochstreifengesteuerter Satz ‖ ~ **condenser** (Spinning) / Florteiler *m* (DIN 64100), Riemchenflorteiler *m* ‖ ~ **counter** (Acous, Mag) / Bandzählwerk *n* ‖ ~ **cupping** / Bandwölbung *f* (bei Magnetbändern) ‖ ~ **deck*** (Acous) / Tapedeck *n* (Tonbandgerät ohne eigenen Verstärker und Lautsprecher), Kassettendeck *n* ‖ ~ **direction indicator** (Acous) / Laufrichtungsanzeige *f* (z.B. bei Kassetten-Abspielgeräten)
**tape-disk operating system** (Comp) / Band-Platte-Betriebssystem *n*, BPBS (Band-Platte-Betriebssystem)
**tape divider** (Spinning) / Florteiler *m* (DIN 64100), Riemchenflorteiler *m* ‖ ~ **drive** (Comp, Mag) / Bandantrieb *m* (im Allgemeinen) ‖ ~ **drive*** (Comp, Mag) / Magnetbandlaufwerk *n* (DIN 66010), Bandlaufwerk *n*, Laufwerk *n* (eines Magnetbandgerätes) ‖ ~ **driving motor** (Acous, Mag) / Tonmotor *m* (des Tonbandgerätes) ‖ ~ **edit** (Acous, Comp, Mag) / Magnetbandabzug *m*, Bandabzug *m* ‖ ~ **editing** (Acous, Comp) / Bandaufbereitung *f* ‖ ~ **editing** (Acous, Mag) / Bandaufbereitung *f*, Magnetbandaufbereitung *f* ‖ ~ **ends** (Textiles) / Bandüberstände *m pl* (beim Reißverschluss) ‖ ~ **feed** (Acous, Comp) / Bandvorschub *m* ‖ ~ **feed** (Comp) / Bandtransport *m* ‖ ~ **feed** (device) (Comp) / Laufwerk *n* (bei Lochstreifenabtaster bzw. Lochstreifenlocher), Lochstreifen-Vorschubeinrichtung *f*, Vorschubeinrichtung *f* (bei Lochstreifengeräten) ‖ ~ **feed** (Comp,

**tape**

Teleg) / Lochstreifenvorschub m, Streifenvorschub m ‖ ~ **fibre** (Textiles) / Folienfaser f ‖ ~ **file** (Comp) / Banddatei f ‖ ~ **format** (Comp) / Magnetbandformat n, Bandformat n ‖ ~ **frame** (Textiles) / Kettschlichtmaschine f (DIN 62 500) ‖ ~ **gauge** (Hyd Eng) / Bandmaßpegel m ‖ ~ **goods** (Textiles) / Schmalgewebe n (bis zu 30 cm Breite), Bandware f, Bandgewebe n ‖ ~ **header label** (Comp) / Bandanfangsetikett n, Bandvorsatz m ‖ ~ **hiss** (extraneous high-frequency background noise during the playing of a tape recording) (Acous, Comp, Mag) / Bandzischen n ‖ ~ **is on speed** (Cinema) / Ton läuft! (Antwort auf "Ton ab!") ‖ ~ **is on speed** (Cinema) / MAZ läuft (Antwort des MAZ-Technikers auf "MAZ ab!") ‖ ~ **joint**\* (Build) / Armierungsgewebe n, Rissbrücke f (in Armierungskleber eingebettet - zur Überbrückung arbeitender Risse) ‖ ~ **label** (Comp) / Magnetbandetikett n, Bandetikett n ‖ ~ **lace** (Textiles) / genähte Spitze, Nadelspitze f (eine Stickerei, die nur mit Nadel und Faden hergestellt wird) ‖ ~ **lace** (Textiles) / Bandspitze f ‖ ~ **length** (Comp, Mag) / Bandlänge f

**tapeless** adj (Textiles) / bandlos adj (Reißverschluss) ‖ ~ **jointer** (veneer splicer) (For, Join) / Furnierfugenheftmaschine f ohne Papierklebestreifen ‖ ~ **numerical control** (Eng) / lochbandlose numerische Steuerung, lochstreifenlose numerische Steuerung

**tape librarian** (Comp, Mag) / Magnetbandarchivar m, Bandarchivar m ‖ ~ **library** (Acous, Comp, Mag) / Magnetbandbibliothek f, Magnetbandarchiv n, Bandbibliothek f, Bandarchiv n ‖ ~ **loom** (Weaving) / Bandwebstuhl m, Bandwebmaschine f, Getau n (zur Herstellung von Schmalgeweben bis zu einer Höchstbreite von etwa 400 mm) ‖ ~ **machine** (Acous, Mag) / Tonbandgerät n, Bandgerät n ‖ ~ **man** (Cinema) / EB-Techniker m (Ton- und MAZ-Techniker bei Videoproduktionen) ‖ ~ **management** (Comp) / Magnetbandverwaltung f ‖ ~ **mark** (Comp, Mag) / Bandabschnittsmarke f, Abschnittsmarke f, Bandmarke f, AM (Abschnittsmarke)

**tapemaster** n (Electronics) / Bandabklebevorrichtung f (Kontaktkamm)

**tape measure** (Build) / Bandmaß n, Rollbandmaß n, Messband n (DIN 6403), Maßband n (bedrucktes Messband in Stahl- oder Kunststoffgehäuse) ‖ ~ **memory** (Comp) / Magnetbandspeicher m ‖ ~ **merging** (Comp) / Bandverschmelzung f ‖ ~ **motion** (Acous, Comp, Mag) / Bandbewegung f ‖ ~ **movement** (Acous, Comp, Mag) / Bandbewegung f ‖ ~ **noise** (Acous, Mag) / Bandrauschen n ‖ ~**-operated** adj / bandgesteuert adj ‖ ~ **operating system** (Comp) / Bandbetriebssystem n, BBS (Bandbetriebssystem) ‖ ~ **pen** (Electronics) / Bandschreiber m (zum Entwerfen von Leiterplatten mit Selbstklebebändern) ‖ ~ **positioning** (Comp) / Magnetbandpositionierung f, Bandpositionierung f ‖ ~ **printer** (Comp) / Banddrucker m (ein mechanischer Drucker) ‖ ~ **printer** (Teleg) / Streifendrucker m, Streifenschreiber m

**taper** v / zulaufen v (schmal, eng, spitz) ‖ ~ n / Taper m (Querschnittsanpasser für Lichtleitkabel mit sich änderndem Faserkerndurchmesser) ‖ ~ (Eng) / Kegeligkeit f (Bohrung, Kolben, Lagerzapfen), Konizität f ‖ ~\* (Eng) / Verjüngung f (meistens von Pyramidenformen), Kegelverhältnis n (bei runden Körpern), Kegel m ‖ ~ (Eng) / Gesenkschräge f ‖ ~ (Eng, Plumb) / Übergangsmuffe f, Übergangsstück n, Übergangsrohr n, Übergangsformstück n, Reduzierstück n, Reduzierhülse f, Taper m, Reduzierverschraubung f, Überstück n (ein Formstück) ‖ ~ (For) / Abholzigkeit f (Verjüngung des Rundholzes vom Stammende ausgehend in Richtung Zopfende in Zentimetern je Meter), Abformigkeit f, Abschäftigkeit f ‖ ~ (Foundry, Plastics) / Anzug m ‖ ~ (Optics) / Lichtleitkegel m (konischer Lichtleitstab nach DIN 58140, T 1), konische Faser (LWL) ‖ ~ (of a waveguide) (Telecomm) / Hohlleiterübergangsstück n (zwischen Hohlleitern verschiedener Querschnitts) ‖ ~ **7 : 24** (Eng) / ISO-Steilkegel m, Steilkegel m (DIN 2079) ‖ ~ **angle** (Eng) / Kegelwinkel m ‖ ~ **clamping sleeve** (Eng) / Spannhülse f (zur kraftschlüssigen Verbindung von Welle und Nabe)

**tape reader**\* (Comp) / Streifenabtaster m, Lochstreifenleser m, Streifenleser m ‖ ~ **record** (Acous) / Bandaufnahme f (Ergebnis), Bandaufnahme m (Ergebnis) ‖ ~ **recorder** (Acous, Mag) / Tonbandgerät n, Bandgerät n ‖ ~ **recording** (Acous, Comp, Mag) / Bandaufnahme f (Verfahren), Bandaufzeichnung f (Verfahren), Aufzeichnung f auf Band

**tapered** adj / zugespitzt adj (zusammenlaufend), zulaufend adj (verjüngt), spitz zusammenlaufend ‖ ~ (Electronics) / getapert adj (Metallfolie als Polarisationsdreher) ‖ ~ (Eng) / keilartig adj ‖ ~ (Eng) / flachspitz adj (Feile) ‖ ~ (Eng) / verjüngt adj (kegelig zugespitzt), kegelig adj, konisch adj ‖ ~ (For) / abholzig adj, abformig adj, abschäftig adj (nach der Spitze zu stark abnehmend - Baumstamm) ‖ ~ (Textiles) / tailliert adj (Hemd) ‖ ~ (Eng) s. also wedge-shaped ‖ ~ **aeration** (San Eng) / abgestufte Sauerstoffzuführung (beim Belebungsverfahren) ‖ ~ **compression ring** (Eng, I C Engs) / Minutenring m, Rechteckring m mit kegeliger Lauffläche ‖ ~ **copolymer** (Chem) / Gradientenkopolymer n, Gradientencopolymer n ‖ ~ **double-cantilever beam specimen** (Materials) / konische Doppelbalkenbiegeprobe, TDCB-Probe f ‖ ~ **edge** (Build) / abgefaste Kante (z.B. bei Gipsplatten) ‖ ~ **grooved pin** (Eng) / Kegelkerbstift m (DIN 1471) ‖ ~ **joint** (Chem) / Kegelschliffverbindung f ‖ ~ **pole piece** (Elec Eng) / konischer Polschuh ‖ ~ **roller bearing**\* (Eng) / Kegelrollenlager n (DIN 720) ‖ ~ **slip joint** (Join) / Keilschlitzverbindung f ‖ ~ **structural reamer** (US) (Eng) / Nietlochreibahle f (DIN 311) ‖ ~ **tap** (Oils) / Fangdorn m (ein Fanggerät) ‖ ~ **teeth** (Eng) / konische Verzahnung ‖ ~ **transmission line** (Telecomm) / keilförmiger Wellenleiter ‖ ~ **waveguide** (Telecomm) / keilförmiger Wellenleiter ‖ ~ **wing** (Aero) / Trapezflügel m (bei dem die Flügeltiefe von der Flügelwurzel am Rumpf nach dem Flügelende zu allmählich abnimmt) ‖ ~ **worm** (Eng) / Kegelschnecke f (zur Paarung mit Globoidkegelrad)

**tape reel** (Acous, Mag) / Magnetbandrolle f (DIN 66029) ‖ ~ **relay** (a method used for relaying messages between transmitting and receiving stations, using perforated tape as the intermediate storage) (Telecomm) / Teilstreckensystem n ‖ ~ **reproduction** (Acous) / Bandwiedergabe f ‖ ~ **resistance** (Leather) / Abklebbarkeit v (des Zurichtfilms)

**taper-faced** adj (I C Engs) / mit kegeliger Lauffläche (Kolbenring) ‖ ~ (rectangular) **ring** (Eng, I C Engs) / Minutenring m, Rechteckring m mit kegeliger Lauffläche

**taper file** (Eng) / Spitzfeile f

**taper-flat** adj (Eng) / flachspitz adj (Feile)

**taper gauge** (Eng, Instr) / Kegellehre f ‖ ~ **gib** (Eng) / Keilnachstellleiste f, Keilleiste f

**taper-ground saw** (Join) / Fuchsschwanz m (eine Handsteifsäge mit trapezförmigem Sägeblatt), Fuchsschweif m (eingriffige Säge mit breitem, nach vorn schmaler werdendem Blatt), Biberschwanz m ‖ ~ **saw** s. also compass-saw

**tapering** n (Eng) / Balligkeit f (gewollte Abweichung einer Zahnflanke von der theoretischen Flankenfläche - verstärkte Krümmung nach DIN 3960) ‖ ~ (Eng) / Verjüngung f, Zuspitzung f ‖ ~ (Eng) / Anzug m (bei Keilen nach DIN 6886) ‖ ~ (Radar, Radio) / Aperturbelegung f (für eine bestimmte Antennencharakteristik) ‖ ~ adj (For) / abholzig adj, abformig adj, abschäftig adj (nach der Spitze zu stark abnehmend - Baumstamm) ‖ ~ **amplitude distribution** (Radio) / abfallende Amplitudenverteilung

**taper key**\* (Eng) / Keil m (für die Keilwellenverbindung) ‖ ~ **key**\* (Eng) / Treibkeil m (DIN 6886), Keil m mit Anzug

**taper-leaf spring** (Autos) / Parabelfeder f (eine Blattfeder)

**taper·-loaded cable** (Cables) / an den Enden schwächer bespultes Kabel ‖ ~ **nipple** (Eng) / Rohrdoppelnippel m ‖ ~ **off** v / spitz zusammenlaufen

**tape roll** / Klebebandrolle f (DIN 55 405) ‖ ~ **row** (Acous, Mag) / Bandsprosse f (des Magnetbandes nach DIN 66 010 )

**taper pin**\* (a short round metal rod having a small degree of taper which enables it to act as a stop or wedge when driven into a hole) (Eng) / Kegelstift m (DIN 1), konischer Stift

**taper-pin drill** (Eng) / Stiftlochbohrer m (kegeliger Spiralbohrer zum Bohren von kegeligen Stiftlöchern - DIN 1898)

**taper pipe** (Eng, Plumb) / Übergangsmuffe f, Übergangsstück n, Übergangsrohr n, Übergangsformstück n, Reduzierstück n, Reduzierhülse f, Taper m, Reduzierverschraubung f, Überstück n (ein Formstück) ‖ ~ **pipe thread for drill tubes** (Eng) / kegeliges Gestängerohrgewinde (DIN 4941 und 20314) ‖ ~ **planing** (Eng) / Kegelhobeln n ‖ ~ **plug** (Eng) / Hahnküken n, Küken n, Absperrkörper m (des Hahns)

**taper-plug valve** (Eng) / Hahn m mit konischem Küken

**taper ratio** (Aero) / Zuspitzung f (Verhältnis der Spitzentiefe zur Wurzeltiefe) ‖ ~ **reamer** (Eng) / Kegelreibahle f (DIN 9), Stiftloch-Reibahle f ‖ ~ **reducer sleeve** (Eng) / Kegelhülse f ‖ ~ **screw thread** (Eng) / kegeliges Gewinde (DIN 158), Kegelgewinde n (meist Kegel 1:16) ‖ ~ **seat** (Eng) / kegeliger Dichtsitz (der Zündkerze), Kegeldichtsitz m, Kegelsitz m ‖ ~ **seat** (Autos) / Kegelbund m (z.B. von Radschrauben) ‖ ~ **shank** (Eng) / Kegelschaft m (kegeliger Teil eines Werkzeugs, mit dem es eingespannt wird = DIN 1412) ‖ ~ **sleeve** (Eng) / Kegelhülse f ‖ ~ **tap**\* (Eng) / Vorschneider m, Gewindebohrer m Nr. 1 ‖ ~ **thread** (Eng) / kegeliges Gewinde (DIN 158), Kegelgewinde n (meist Kegel 1:16)

**taper-threaded** adj (Eng) / mit Kegelgewinde

**taper turning** (Eng) / Konischdrehen n, Kegeldrehen n ‖ ~**-turning attachment**\* (Eng) / Kegeldrehvorrichtung f, Kegelleitapparat m

**tape run** (Cinema) / Bandlaufanzeige f (eine Kontrolllampe im Sucher von Videorekordern)

**tapes** pl (Bind) / Bünde m pl (flache), Heftbünde m pl (flache) ‖ ~\* (Print) / Transportbänder n pl

**tape scrubbing** (Acous, Mag) / Qualitätsverbesserung f der Bandaufnahme (nachträgliche), Nachbearbeitung f einer Bandaufnahme ‖ ~ **sealant** (Build) / Dichtungsstreifen m, Dichtungsband n (gummiertes) ‖ ~ **selector** (Mag, Radio) / Bandselektor m (zur Anpassung an verschiedene Bandsorten)

**selvedge** (Textiles) / bandartiger Geweberand, Bandrand m ‖ ~ **slippage** (Comp) / Magnetbandschlupf m, Bandschlupf m ‖ ~ **sort** (Comp, Mag) / Bandsortieren n ‖ ~ **sorting** (Comp, Mag) / Bandsortieren n ‖ ~ **speed** (Acous, Mag) / Bandgeschwindigkeit f (mit der ein Magnetband am Schreib-/Lesekopf als Magnetbandstation vorbeigeführt wird - DIN 66010) ‖ ~**-splicer** n (Cinema) / Tape-Klebepresse f ‖ ~ **start** (Acous, Comp, Mag) / Bandanlauf m ‖ ~ **station** (Comp) / Magnetbandeinheit f (innerhalb von Speichersystemen), Bandeinheit f (Magnetbandeinheit) ‖ ~ **streamer** (Comp, Mag) / Magnetbandstreamer m ‖ ~ **stretching** (Acous, Comp, Mag) / Banddehnung f (eines Tonbandes), Magnetbanddehnung f

**tapestry*** n (pl. -ries) (Textiles) / Jacquardpolstermöbelstoff m ‖ ~ (pl. -ries) (Textiles) / Wandteppich m, Tapisserie f ‖ ~ (pl. -ries) (Textiles) / Tapetengewebe n, gewirkte Tapete(n) ‖ ~ (pl. -ries) (Textiles) / Tapestry-Teppich m (kettgemusterter Rutenteppich mit unaufgeschnittenem Pol /Tapestry-Brüssel/ oder mit aufgeschnittenem Flor /Tapestry-Velours/) ‖ ~ **bricks*** (Build) / rustikale Baukeramik, Rustikaziegel m pl, [bunte] Ziegel mit rauer Oberfläche ‖ ~ **carpet** (Textiles) / Wandteppich m, Tapisserie f ‖ ~ **moth** (Textiles) / Tapetenmotte m (Trichophaga tapetzella) ‖ ~ **yarn** (Spinning) / Tapisseriegarn n

**tape tension** (Comp, Mag) / Bandspannung f ‖ ~ **test** (Paint) / Klebebandprüfung f, Klebebandmethode f, Klebstreifentest m (zur Prüfung der Haftfestigkeit) ‖ ~ **test** (Surf) / Tape-Test m, Tesatest m (halbquantitatives Verfahren zur Messung der Haftfestigkeit) ‖ ~ **thickness** (Acous, Mag) / Banddicke f

**tape-to-tape** (Acous, Comp, Mag) / Band-Band- ‖ ~ **dubbing** (Acous, Comp, Mag) / Kopieren n von Band zu Band, Bandumschnitt m (Kopieren von Band zu Band)

**tape transmitter** (Teleg) / Lochstreifensender m ‖ ~ **transport** (Comp) / Bandtransport m ‖ ~ **transport mechanism** (Comp, Mag) / Magnetbandlaufwerk n (DIN 66010), Bandlaufwerk n, Laufwerk n (eines Magnetbandgerätes) ‖ ~ **travel** (Acous, Mag) / Laufrichtung f des Bandes ‖ ~ **travel** (Acous, Mag) / Bandlauf m ‖ ~ **unit** (Acous, Electronics) / Magnetbandmaschine f ‖ ~ **unit** (Comp) / Magnetbandeinheit f (innerhalb von Speichersystemen), Bandeinheit f (Magnetbandeinheit) ‖ ~ **weaving** (Weaving) / Bortenweberei f (Tätigkeit)

**tape-wound core** (Comp) / bandgewickelter Kern, Bandkern m, Schnittbandkern m

**tap•-field control*** (Elec Eng) / Drehzahlregelung f mittels Anzapfung der Feldwicklung ‖ ~**-field motor*** (Elec Eng) / Hauptschlussmotor m mit angezapftem Feld ‖ ~ **funnel** (Chem) / Tropftrichter m (Glasgefäß mit Hahn nach DIN 12 566 und 12 567) ‖ ~ **grease** (Eng) / Hahnfett n ‖ ~ **hole** (Brew, Join) / Spundloch n (am Fass), Zapfloch n ‖ ~ **hole** (Eng) / Gewindeloch n, Gewindebohrung f, Einschraubloch n ‖ ~ **hole*** (Foundry, Met) / Stichloch n, Abstichloch n, Abstichöffnung f

**tap-hole gun** (Met) / Stichlochstopfmaschine f ‖ ~ **mixture** (Met) / Stichlochmasse f, Abstichlochstopfmasse f, Stichlochstopfmasse f

**taphrogenesis*** n (pl. -neses) (Geol) / Taphrogenese f (Genese von Großgräben und Großgrabensystemen)

**taphrogeny** n (Geol) / Taphrogenese f (Genese von Großgräben und Großgrabensystemen)

**TAPI** n (Comp, Teleph) / TAPI n (eine von der Firma Microsoft definierte Programmierschnittstelle zur Nutzung verschiedener ISDN-Leistungsmerkmale)

**tap in** v / einbeziehen v (z.B. in das Straßennetz)

**taping** n (Acous, Comp, Mag) / Bandaufnahme f ‖ ~ (Cables) / Umbandelung f, Umwicklung f, Bespinnung f ‖ ~ (Cables) / Schmalbandbewicklung f, Umspinnung f mit Band (als Außenschutz), Bandumspinnung f, Bewicklung f mit Band ‖ ~ (Surv) / Bandaufnahme f, Bandmessung f ‖ ~ **machine** (For) / Taping-Maschine f (Spezialmaschine, mit der gefügte Furnierblätter durch Klebstreifen zusammengeheftet werden)

**tapioca** (Nut) / Maniokmehl n, Tapioka f (teilverkleisterte gereinigte Stärke aus Maniokwurzeln - Manihot esculenta Crantz), Kassawamehl n ‖ ~ **plant** (Bot) / Maniok m (Manihot esculenta Crantz), Kassawa f, Cassawa f, Kassave f, Mandioka f ‖ ~ **snow** (Meteor) / Graupeln f pl (durchsichtig: Frostgraupeln, undurchsichtig: Reifgraupeln)

**tapiolite*** n (Min) / Tapiolit m (Mischkristalle wie Tantalit, aber tetragonal; ein Trirutil)

**tapisserie** n (Textiles) / Wandteppich m, Tapisserie f

**tap ladle** (Foundry, Met) / Abstichpfanne f ‖ ~ **machine** (Powder Met) / Klopfapparat m, Klopfeinrichtung f ‖ ~ **off** v / abklopfen v (entfernen), abschlagen v

**tapped bush** (Eng) / Gewindebuchse f ‖ ~ **coil** (Elec Eng) / angezapfte Spule, Abzweigspule f ‖ ~ **control** (Automation) / Einsteller m mit Abgriff ‖ ~ **field** (Elec Eng) / angezapftes Feld ‖ ~ **fitting** (Eng) / Fitting n (an den Enden mit Innengewinde versehenes Rohrverbindungsstück), Rohrverschraubungsstück n ‖ ~ **hole** (Eng) / Gewindeloch n, Gewindebohrung f, Einschraubloch n

**tapped-out** adj (For) / geharzt adj (Baum)

**tapped potentiometer function generator** (Electronics) / Funktionsgeber m mit angezapftem Potentiometer (bei dem über einen Servoantrieb der Schleifer eines Potentiometers proportional zur Eingangsgröße eingestellt wird) ‖ ~ **resistor** (Elec Eng) / Anzapfwiderstand m, Widerstand m mit Anzapfung ‖ ~ **tee** (Eng, Plumb) / T-Stück n mit Innengewinde ‖ ~ **turbine** (Eng) / Entnahmeturbine f (Dampfturbine mit geregelter Dampfentnahme) ‖ ~ **winding** (Elec Eng) / angezapfte Wicklung

**tappet*** n (I C Engs) / Ventilstößel m (zwischen Nocken und Ventil), Stößel m ‖ ~ (Weaving) / Exzenter m ‖ ~ **loom** (Weaving) / Exzenterwebstuhl m, Exzenterstuhl m ‖ ~ **nose** (Weaving) / Schlagnase f (des Schlagexzenters) ‖ ~ **shaft** (Weaving) / Schlagwelle f (DIN 63000), Unterwelle f (zum Aufnehmen der Schlagkurvenscheiben), Triebwelle f (zum Aufnehmen der Schlagexzenter)

**T.A.P.P.I. degree of whiteness** (Paper) / Tappi-Weißgrad m (Technical Association of the Pulp and Paper Industry)

**tapping** n / Anbohrung f (Herstellung eines Abzweigs /ohne Gasaustritt/ an einer Rohrleitung unter Betriebsdruck) ‖ ~* (Elec Eng) / Anzapfung f, Abgriff m (die Anzapfung eines Bauelementes mit einem räumlich verteilten charakteristischen Parameter an einer Stelle, an der nur ein Teil dieses Parameters wirksam ist) ‖ ~* (Eng) / Gewindebohren n (eines Innengewindes mit einem Gewindebohrer), Gewindeschneiden n in Bohrungen ‖ ~ (For) / Harzung f, Harzen n, Harzgewinnung f, Lebendharzung f (mit Harzlachte) ‖ ~* (Foundry, Met) / Abstich m (Ablassen der Schmelze aus metallurgischen Öfen), Abstechen n ‖ ~ (Glass) / Ablassen n, Auslaufenlassen n (der Wanne) ‖ ~ (Hyd Eng) / Anzapfung f (der Wasserleitung) ‖ ~ (For) s. also cupping ‖ ~ **a spring** (Hyd Eng) / Quellfassung f ‖ ~ **attachment** (Eng) / Gewindebohreinrichtung f ‖ ~ **bar** (Met) / Absticheisen n, Sticheisen n, Spieß m, Abstichspieß m ‖ ~ **box** (Elec Eng) / Dose f (Verbindungsmaterial zur festen Verbindung von Leitungen und zum Abzweigen von Strompfaden), Abzweigdose f (Verteilerdose), Verbindungsdose f, Abzweigkasten m ‖ ~ **cock** (Eng, For) / Fasshahn m (kleiner Zapfhahn), Pipe f [A] ‖ ~ **cup** (For) / Harzsammelgefäß n (bei Lebendharzung), Harzauffanggefäß n, Auffangbecher m, Latexbecher m, Auffanggefäß n, Sammelbecher m (beim Zapfen von Latex oder Weichharz) ‖ ~ **cut** (For) / Zapfschnitt m (um Latex zu gewinnen) ‖ ~ **factor** (For) / Anzapfungsfaktor m ‖ ~**-hole*** (Foundry, Met) / Stichloch n, Abstichloch n, Abstichöffnung f ‖ ~ **incision** (For) / Zapfschnitt m (um Latex zu gewinnen) ‖ ~ **machine** / Anbohrgerät n (zur Herstellung eines Abzweigs an einer unter Betriebsdruck stehenden Rohrleitung) ‖ ~ **noise** (Acous) / Klopfgeräusch n ‖ ~ **point** (Elec Eng) / Anzapfstelle f ‖ ~ **rod** (Met) / Absticheisen n, Sticheisen n, Spieß m, Abstichspieß m ‖ ~ **screw** (Eng) / selbstschneidende Schraube, selbstschneidende Gewindeschraube ‖ ~ **screw** (Eng) / Blechschraube f (DIN 918) ‖ ~ **screw thread** (Eng) / Blechgewinde n (für Blechschrauben nach DIN 7970), Blechschraubengewinde n

**tapping-screw type AB point** (Eng) / Blechschraubenspitze f ‖ ~ **type B point** (Eng) / Blechschraubenzapfen m

**tapping spout** (Met) / Ausgussrinne f, Abstichrinne f ‖ ~ **unit** (Eng) / Gewindebohreinheit f

**tap plate** (Tools) / Gewindeschneidkluppe f, Schneidkluppe f (für das Herstellen größerer Gewinde aus dem Vollen)

**tap-proof** adj (Telecomm) / abhörsicher adj, abfangsicher adj

**TA process** (time-averaging process) (Spectr) / Time-Averaging-Verfahren n

**taproot*** n (Bot) / Pfahlwurzel f

**tap selector** (Elec Eng) / Feinwähler m (zur Vorwahl von Anzapfungen - er kann den Strom führen, nicht aber schalten) ‖ ~ **switch** (Elec Eng) / Stufenschalter m (Einrichtung zum Einstellen auf Anzapfungen einer Wicklung unter Spannung und bei Last), Anzapfumschalter m (bei Transformatoren)

**tap-to-tap time** (Met) / Zeit f von Abstich zu Abstich

**tap•-water** n / Leitungswasser n ‖ ~ **with reduced shank** (Eng) / Überlaufgewindebohrer m (DIN 374 und 2183) ‖ ~ **wrench** (US) (Tools) / Gewindeschneidkluppe f, Schneidkluppe f (für das Herstellen größerer Gewinde aus dem Vollen)

**TAR** (terminal area surveillance radar) (Aero, Radar) / Nahverkehrsbereichsradar m n, Flugplatzrundsichtradar m n, Nahkontrollbezirksradar m n, Platzrundsichtradar m n ‖ ~ (tethered-aerostat radar) (Radar) / Ballonradar m n

**tar** v / teeren v ‖ ~* n / Teer m ‖ ~ (Med) / Teer m (Inhaltsstoffe der Kondensatphase beim Rauchen)

**tara** n (Leather) / Tara f (Gerbmittel aus Caesalpinia spinosa (Molina) Kuntze)

**tar acid** (Chem) / Teersäure f

**tara**

**tara gum** (Nut) / Taragummi *n* (ein Galaktomannan aus Caesalpinia spinosa (Molina) Kuntze), Tarakernmehl *n*, Peruanisches Johannisbrotkernmehl
**tar asphalt** / Pechbitumen *n*, Teerasphalt *m* (im Allgemeinen)
**taraxacum** *n* (Pharm) / Löwenzahnwurzel *f* (aus Taraxacum officinale Wiggers)
**tar base** (Chem) / Teerbase *f*
**tar-bearing dolomite** (Met) / Teerdolomit *m*
**tar/bitumen asphalt** (Civ Eng) / Teerasphaltbeton *m* (für Straßenbau) ‖ ~ **concrete** (Civ Eng) / Teerasphaltbeton *m* (für Straßenbau)
**tar black** (Civ Eng, For) / Steinkohlenteeröl *n* (Bestandteil des Straßenpechs) ‖ ~ **board** (Build) / Teerpappe *f* (Dach- oder Abdichtungspappe) ‖ ~ **boiler** (Civ Eng) / Teerkessel *m*, Teerkocher *m*
**tar-bonded dolomite** (Met) / Teerdolomit *m*
**tarbuttite**\* *n* (Min) / Tarbuttit *m*
**tar camphor** (Chem) / Naphthalin *n* ‖ ~ **cancer** (Med) / Teerkrebs *m*
**tar-cleaning tube** (Chem Eng) / Teervorlage *f*
**tar (brown) coal** (Mining) / Schwelkohle *f* (bitumenreiche Braunkohle zur Braunkohleschwelung) ‖ ~ **coke** (Chem Eng) / Pechkoks *m* (der durch Erhitzen von Steinkohlenteerpech unter Luftabschluss gewonnen wird)
**tar-collecting main** (Chem Eng) / Teervorlage *f*
**tar concrete** (Civ Eng) / Teerbeton *m* (für Straßenbau)
**tar-cork felt** (Build) / Bitumenkorkfilz *m*
**tar distillation** (Chem Eng) / Teerdestillation *f* ‖ ~ **dolomite** (Met) / Teerdolomit *m*
**tare** *v* / tarieren *v* (Waage) ‖ ~\* *n* / Taragewicht *n*, Tara *f* (Masse der Verpackung einer Ware) ‖ ~\* *n* / Leermasse *f* (eines Containers) ‖ ~ (Agric, Bot) / Wicke *f* (Vicia L.) ‖ ~\* (Build, Eng) / Eigenlast *f* ‖ ~ **balance** / Tarierwaage *f*
**tar emulsion** (Civ Eng) / Bitumenemulsion *f* (kationische, anionische)
**tare weight** / Taragewicht *n*, Tara *f* (Masse der Verpackung einer Ware)
**tar extractor** (Chem Eng) / Teerabscheider *m*, Teerscheider *m* ‖ ~ **felt** (mopped with hot coal tar) (Build) / Teerpappe *f* (Dach- oder Abdichtungspappe)
**Targa format** (an uncompressed image file for 24 bit colour images, defined by Truevision Inc.) (Comp) / Targa-Format *n* (Grafikformat, das hauptsächlich bei der professionellen Bildverarbeitung Einsatz findet), TGA-Format *n*
**target** *n* / Ziel *n* (im Allgemeinen) ‖ ~ (planned) / Planziel *n*, Plansoll *n* ‖ ~ (Chem) / Zielstruktur *f* (beim wirkungsorientierten Screening) ‖ ~\* (Electronics) / Target *n*, Speicherplatte *f* (einer Speicherröhre, einer Kameraröhre) ‖ ~\* (Electronics) / Antikatode *f*, Anode *f*, Target *n*, Auftreffplatte *f* (der Röntgenröhre) ‖ ~ (Electronics, Phys) / Target *n* (ein Stoff, den man der Einwirkung /gebündelter/ elektromagnetischer Strahlung aussetzt) ‖ ~\* (Nuc, Phys) / Target *n* (ein Medium bei Streu-, Stoß- und Umwandlungsprozessen), Prallplatte *f* ‖ ~ (Optics) / Testtafel *f* (bei der Seh- oder Objektivprüfung), Testobjekt *n* ‖ ~\* (Radar) / Ziel *n* ‖ ~ (Space) / Zielraumfahrzeug *n* (beim Docking) ‖ ~ (Surf) / Target *n* (Beschichtungswerkstoff beim Vakuumbeschichten), Beschichtungswerkstoff *m* (beim Vakuumbeschichten) ‖ ~ (Surv) / Zielmarke *f*, Zielpunkt *m*, Zieltafel *f*
**targetable** *adj* (Mil) / lenkbar *adj* (z.B. Tochtergefechtskopf)
**target acquisition** (Mil, Radar) / Zielerfassung *f* ‖ ~ **acquisition radar** (Radar) / Zielerfassungsradar *n*, Akquisitionsradar *m* ‖ ~ **alphabet** (Comp) / Zeichenvorrat *m* für die Kodierung (der nach bestimmten Zuordnungsvorschriften dem zu kodierenden Zeichenvorrat zugeordnet wird) ‖ ~ **altitude** (Radar) / Zielhöhe *f* ‖ ~ **angle** (Radiol) / Anodenwinkel *m*, Anodenneigungswinkel *m* (zwischen der Anodenfläche im Brennfleck und dem Zentralstrahl) ‖ ~ **area** (Mil) / Zielbereich *m* ‖ ~ **aspect angle** (Radar) / Aspektwinkel *m* des Zieles ‖ ~ **audience** (Cinema) / Zielpublikum *n* (bei der Werbung), Adressatengruppe *f* ‖ ~ **car** (Cinema) / gefilmtes Fahrzeug *n* ‖ ~ **category** (Radar) / Zielklasse *f* ‖ ~ **cell**\* (Med) / Targetzelle *f*, Zielzelle *f*
**target-centre marking** (to identify the focus of the echo sequence of a target on the scope, e.g. as radial beam) (Radar) / Zielmittenmarkierung *f*
**target date** / vorgesehener Termin ‖ ~ **decision** (Radar) / Zielentscheidung *f* ‖ ~ **depth** (Mining) / Endteufe *f*, ET (Endteufe) ‖ ~ **designator** (Mil) / Zieldesignator *m*, Zielbeleuchtungsgerät *n*, Zielbeleuchter *m* ‖ ~ **diagram**\* (Elec Eng) / Diagramm *n* zur Überprüfung des gleichmäßigen Verhaltens einer Reihe von Glühlampen ‖ ~ **diagram** (Mil) / Trefferbild *n* ‖ ~ **discrimination** (Radar) / Zielauflösung *f* ‖ ~ **disk** (Comp) / Zieldiskette *f* ‖ ~ **distance** (Mil, Radar) / Zielentfernung *f* ‖ ~ **distance** (Surv) / Zielweite *f* ‖ ~ **drone** (Mil) / Zieldrohne *f* ‖ ~ **electrode** (Electronics) / Auffänger *f*, Anode *f*, Target *n*, Auftreffplatte *f* (der Röntgenröhre) ‖ ~ **electrode** (Electronics) / Auffänger *m* (zum Ionennachweis in dem Massenspektrometer) ‖ ~ **extension** (Radar) / Zielausdehnung *f* ‖ ~ **extraction** (Radar) / Zielextraktion *f* (mit einem Detektor) ‖ ~ **file**

(Comp) / Zieldatei *f* ‖ ~ **fluctuation** (Radar) / Zielfluktuation *f* (Schwankung der Zielparameter, wenn das Phasenzentrum bei einer Änderung des Aspektwinkels, durch Zielvibration oder Windeinflüsse und damit auch in Abhängigkeit von der Zeit wandert) ‖ ~ **function** (Maths) / Zielfunktion *f* (bei einer Optimierung) ‖ ~ **group** / Zielgruppe *f* (bei Werbemaßnahmen) ‖ ~ **imaging** (display of a target for classification purposes) (Radar) / Zielabbildung *f* ‖ ~ **information** (Mil) / Zielinformation *f* ‖ ~ **language** / Zuordnungssprache *f* (in einem Wörterbuch - in der die Entsprechungen zugeordnet sind) ‖ ~ **language** (Comp) / Zielsprache *f* (natürliche Sprache, in die übersetzt wird) ‖ ~ **location** (Nav, Radar) / Fremdortung *f* eines Zieles ‖ ~ **machine** (Comp) / Gastsystem *n* (bei der Emulation) ‖ ~ **mapping** (Radar) / Zielabbildung *f* ‖ ~ **noise** (random variations) (Radar) / Zielrauschen *n*, Zielgeräusch *n* ‖ ~ **nucleus** (Nuc) / Targetkern *m*, beschossener Kern, Zielkern *m*
**target-oriented screening** (Chem) / wirkungsorientiertes Screening
**target parameter** (Radar) / Zielparameter *m* ‖ ~ **path** (Radar) / Zielbahn *f* ‖ ~ **plane** (Aero, Mil, Nav) / Zielflugzeug *n* ‖ ~ **plate** (Electronics) / Target *n*, Speicherplatte *f* (einer Speicherröhre, einer Kameraröhre) ‖ ~ **plot** (Radar) / Zielmeldung *f* (die von einem Ziel stammt) ‖ ~ **position** (Eng) / Zielposition *f* (numerische Steuerung) ‖ ~ **processor** (Comp) / Zielprozessor *m* (für den ein Cross-Compiler einen übersetzten Kode erzeugt) ‖ ~ **program** (Comp) / Maschinenprogramm *n* (ein Programm in einer Maschinensprache nach DIN 44300, T 1), Objektprogramm *n* (das vom Compiler übersetzte Quellenprogramm), Zielprogramm *n* (wenn die entsprechende Zielsprache die Maschinensprache ist) ‖ ~ **rod**\* (Surv) / Nivelliermesslatte *f* mit Ableseschieber ‖ ~ **scintillation** (Radar) / Zielfluktuation *f* (Schwankung der Zielparameter, wenn das Phasenzentrum bei einer Änderung des Aspektwinkels, durch Zielvibration oder Windeinflüsse und damit auch in Abhängigkeit von der Zeit wandert) ‖ ~ **set** (Comp) / Zeichenvorrat *m* für die Kodierung (der nach bestimmten Zuordnungsvorschriften dem zu kodierenden Zeichenvorrat zugeordnet wird) ‖ ~ **space** (Maths) / Zielraum *m* (in dem abgebildet wird) ‖ ~ **splitting** (Radar) / Zielspaltung *f* (in mehrere Meldungen von einem Ziel mit unterschiedlichen Ortskoordinaten) ‖ ~ **staff** (Surv) / Nivelliermesslatte *f* mit Ableseschieber ‖ ~ **strength**\* (Acous) / Treffplattenintensität *f* ‖ ~ **text** / Zieltext *m* (bei der Übersetzung) ‖ ~ **theory**\* (Radiol) / Treffertheorie *f* (biophysikalische Theorie zur Interpretation der Dosis-Wirkungs-Beziehung bei der biologischen Strahlenwirkung) ‖ ~ **track** (Radar) / Zielspur *f* ‖ ~ **tracking** (Mil) / Zielverfolgung *f* ‖ ~ **tracking radar** (Radar) / Verfolgungsradar *m n*, Zielverfolgungsradar *m n* ‖ ~ **trajectory** (Radar) / Zielbahn *f* ‖ ~ **transmitter** (Nav) / Messsender *m* ‖ ~ **transmitter** (Radar) / Prüfsender *m*, Radarprüfsender *m* ‖ ~ **vector** (Radar) / Zielvektor *m* (zur Kennzeichnung der Geschwindigkeit und der Vorwärtsrichtung eines Ziels)
**tar-gravel roofing** (Build) / Teerdachpappe *f* (besandete)
**tarichatoxin** *n* (Chem) / Tetrodotoxin *n* (ein Fischgift, z.B. Fugu-Gift der Kugelfische), Tarichatoxin *n* (ein Chinazolinalkaloid), TTX (Tetrodotoxin)
**tariff** *n* / Tarif *m* (Zolltarif) ‖ ~ (Elec Eng) / Strombezugstariftabelle *f* ‖ ~ (Elec Eng) / Strombezugstarif *m*, Stromtarif *m* ‖ ~ **quota** (Telecomm) / Zollkontingent *n* ‖ ~ **zone** (Telecomm) / Gebührenzone *f* ‖ ~ **zoner** (Teleph) / Tarifgerät *n*
**tarlatan** *n* (Textiles) / Steifgaze *f*, Tarlatan *m* (ein leicht und durchsichtig gewebtes leinwandbindiges Baumwoll- oder Zellwollgewebe, teilweise mit Lahnschüssen, stark appretiert)
**tarmac** *v* (Civ Eng) / eine Teermakadamschicht einbauen ‖ ~ *n* (paved apron) (Aero) / Vorfeld *n*, Hallenvorfeld *n*, Abfertigungsfeld *n* ‖ ~\* *n* (Civ Eng) / Teermakadam *m n* (ein Straßenbelag)
**tarmacadam**\* *n* (Civ Eng) / Teermakadam *m n* (ein Straßenbelag)
**tarmacking** *n* (Civ Eng) / Einbau *m* einer Teermakadamschicht
**tarn** *n* (Geol) / Karsee *m*
**tarnish** *v* / anlaufen *v* (bei der Korrosion von Metallen) ‖ ~\* *n* / Anlaufen *n* (bei der Korrosion von Metallen) ‖ ~ / Trübung *f* (glänzender Metalloberflächen) ‖ ~ (Glass) / Erblindung *f*, Blindwerden *n*
**tarnished** *adj* / blind *adj* (Oberfläche)
**tarnishing** *n* / Anlaufen *n* (bei der Korrosion von Metallen)
**tarnish prevention** / Anlaufschutz *m* (bei Silberwaren)
**tarnish-resistant** *adj* / anlaufbeständig *adj* (z.B. Silberwaren)
**tarnish-resisting** *adj* / anlaufbeständig *adj* (z.B. Silberwaren)
**taro** *n* (Nut) / Taro *m*, Wasserbrotwurzel *f* (essbare Wurzelknolle der Colocasia esculenta (L.) Schott oder Colocasia esculenta 'Antiquorum')
**tar oil** (Chem) / Teeröl *n* (ölige Flüssigkeit, die bei der fraktionierten Destillation des Teeres entsteht)
**tarp** *n* (Textiles) / Persenning *f* (pl. -e(n) oder -s) (leinwandbindiges Jutegewebe, doppelfädige Kette, einfacher Schuss, hauptsächlich

für Säcke), Tarpaulin *m* (Packmaterial und Futterstoff), geteertes Segeltuch, Wagentuch *n*, Presenning *f*
**tar paper** (Build, Paper) / bituminiertes Papier, Bitumenpapier *n*, Pechpapier *n*, Teerpapier *n* (mit Kohlenteer behandelt) || ~ **paper** (a heavy paper) (Build, Paper) / Teerpappe *f* || ~ **paper** s. also asphalt paper
**tarpaulin** *n* (Textiles) / Persenning *f* (pl. -e(n) oder -s) (leinwandbindiges Jutegewebe, doppelfädige Kette, einfacher Schuss, hauptsächlich für Säcke), Tarpaulin *m* (Packmaterial und Futterstoff), geteertes Segeltuch, Wagentuch *n*, Presenning *f*
**tar pit** (a trap set for spammers) (Comp) / Spam-Filter *n* || ~ **pit**\* (Geol) / Asphaltgrube *f* || ~ **pitch** / Teerpech *m*
**tarragona** *n* (Paint) / Eisenoxidrot *n* (Caput mortuum, Polierrot, Englischrot, Marsrot)
**tarragon oil** (Nut) / Estragonöl *n* (auch z.B. Parfümherstellung in frisch würzigen Kompositionen), Esdragonöl *n* (etherisches Öl der Artemisia dracunculus L.) || ~ **vinegar** (Nut) / Estragonessig *m*
**tarras** *n* (Build, Geol) / Trass *m*, Duckstein *m* (trachytischer Tuff - DIN 51043)
**tarred canvas** / geteertes Segeltuch || ~ **chippings** (Civ Eng) / Teersplitt *m* || ~ **felt** (Build) / Teerpappe *f* (Dach- oder Abdichtungspappe) || ~ **string** / Teerstrick *m* (Dichtung)
**tar remover** (Chem, Textiles) / Teerentferner *m*
**tarring** *n* / Teeren *n*, Teerung *f*
**tarry** *adj* / teerhaltig *adj*, teerig *adj*, teerartig *adj* || ~ / nach Teer riechend (oder schmeckend) || ~ **tip** (Textiles) / Pechspitze *f* (Verunreinigung auf textilem Material, die auf Pech zur Kennzeichnung von Schafen zurückzuführen ist)
**tar sand** (a sand body that is large enough to hold a commercial reserve of asphalt - it may be an oil sand from which the lighter volatiles have escaped) (Geol) / Ölsand *m* (im Allgemeinen), Teersand *m* (erdölführender Sand)
**tar-saturated felt** (Build) / Teerpappe *f* (Dach- oder Abdichtungspappe)
**tar separator** (Chem Eng) / Teerabscheider *m*, Teerscheider *m*
**tarsia**\* *n* (For, Join) / Intarsie *f*, großflächige Holzeinlegearbeit, Intarsia *f* (Säge- oder Messerverfahren)
**Tarski's axiom for inaccessible sets** (Maths) / Unerreichbarkeitsaxiom *n*, Tarski'sches Axiom der unerreichbaren Mengen (nach A. Tarski, 1901 - 1983)
**tar soap** (Med) / Teerseife *f* (antiseptisch wirkende medizinische Seife mit Zusätzen von Holzteer)
**tart** *adj* (Nut) / sauer *adj*, herb *adj*, streng *adj*, scharf *adj* (im Geschmack)
**tartan** *n* (Textiles) / Tartan *m* (ein Tuch der Bergschotten)
**tartar** *n* (Chem) / Weinstein *m* || ~ **emetic**\* (Chem) / Brechweinstein *m*
**tartaric, (+)-~ acid** (Chem) / rechtsdrehende Weinsäure, Rechtsweinsäure *f* || ~ **acid**\* (Ceramics, Chem, Photog, Textiles) / Weinsteinsäure *f*, Weinsäure *f* (E 334), 2,3-Dihydroxybernsteinsäure *f*
**tartrate**\* *n* (Chem) / Tartrat *n* (Salz oder Ester der vier strukturisomeren Formen der Weinsäure)
**tartrazine** (Chem, Nut, Textiles) / Tartrazin *n* (saurer Pyrazolonfarbstoff - E 102), Hydrazingelb *n* O, Echtwollgelb *n*, Echtlichtgelb *n*
**tartronic acid** (Chem) / Tartronsäure *f*, Hydroxymalonsäure *f*
**tarviated**\* *adj* (Civ Eng) / teergebunden *adj* (Straßenbelag)
**TAS** (true airspeed) (Aero) / Eigengeschwindigkeit *f*, Fahrt *f*, wahre Fluggeschwindigkeit *f* || ~ (tetraaryl silicate) (Chem) / Tetraarylsilicat *n*, Tetraarylsilikat *n* || ~ (telephone-answering service) (Teleph) / Fernsprechauftragsdienst *m*, Telefonauftragsdienst *m*, Auftragsdienst *m*
**TASI**\* (time-assignment speech interpolation) (Telecomm) / zeitmultiplexierte Sprachübertragung, TASI *n* (ein Zeitmultiplexverfahren bei transozeanischen Fernsprechkabeln und -satellitenverbindungen)
**task** *n* (Comp) / Rechenprozess *m* (Abwicklung eines Programms auf einem Prozessrechensystem; Durchführung einer Automatisierungsaufgabe mit Hilfe eines Automatisierungsprogramms) || ~ (Comp) / Aufgabe *f*, Task *m* (eine Arbeitseinheit für die Zeintraleinheit aus der Sicht des Steuerprogramms), Prozess *m* || ~ (Comp) s. also job || ~ **adequacy** (Comp) / Aufgabenangemessenheit *f* || ~ **analysis** (Comp) / Task-Analyse *f*, Aufgabenanalyse *f* || ~ **bar** (Comp) / Taskleiste *f* (auf der Benutzeroberfläche von Windows)
**task-critical** *adj* (Comp) / taskabhängig *adj*
**task decomposition** (AI, Comp) / Aufgabendekomposition *f*, Task-Dekomposition *f*, Aufgabenzerlegung *f*
**task-dependent** *adj* (Comp) / taskabhängig *adj*
**task dispatcher** (Comp) / Aufgabensteuerungsroutine *f*, Task-Zuteiler *m* || ~ **domain** (AI) / Aufgabenbereich *m* (bei Expertensystemen), Aufgabenrahmen *m*
**task-independent** *adj* (Comp) / taskunabhängig *adj*

**task knowledge** (AI) / Aufgabenwissen *n* || ~ **list** (Comp) / Task-Liste *f* || ~ **management** (Comp) / Aufgabenverwaltung *f*, Task-Management *n*, Prozessverwaltung *f*
**task-noncritical** *adj* (Comp) / taskunabhängig *adj*
**task-oriented lighting** (Light) / arbeitsplatzorientierte Beleuchtung
**task queue** (Comp) / Aufgabenwarteschlange *f* || ~ **space** (AI) / Aufgabenraum *m*
**task-specific** *adj* (AI) / aufgabenspezifisch *adj*
**task swapping**\* (Comp) / Aufgabenwechsel *m* || ~ **switching**\* (Comp) / Aufgabenwechsel *m* || ~ **variable** (Maths) / Zielvariable *f*, gesuchte Variable
**Tasmanian bluegum** (For) / Holz *n* des Blaugummibaumes (Eucalyptus globulus Labill.) || ~ **bluegum** (For) / Blaugummibaum *m* (Eucalyptus globulus Labill.), Fieberbaum *m*
**tasmanite**\* *n* (Geol) / Tasmanit *m* (Zwischenstufe zwischen Kännelkohle und Ölschiefer)
**tassel** *n* (Textiles) / Quaste *f*, Troddel *f*
**taste** *v* (of) / schmecken *v* (nach) || ~ *vt* (Nut) / abschmecken *v* || ~ *n* (Nuc) / Taste *m*, Geschmack *m* || ~ (Physiol) / Geschmack *m* (pl. -äcke) (einer der fünf Sinne), Geschmackssinn *m* (Fähigkeit, Geschmack wahrzunehmen), Schmecksinn *m* || **neutral in** ~ (Nut) / geschmacksneutral *adj*
**taste-bud** *n* (Physiol) / Geschmacksknospe *f*
**tasteful** *adj* (Nut) / wohlschmeckend *adj*, schmackhaft *adj*, lecker *adj*
**taste-impairing** *adj* (Nut) / geschmackbeeinträchtigend *adj*
**tasteless** *adj* (Nut) / geschmacklos *adj*, ohne Geschmack, fad *adj*, schal *adj*, abgestanden *adj*
**taste modifier** (Nut) / Geschmackswandler *m* (der eine bestimmte Geschmacksrichtung verändern kann), Geschmacksumwandler *m* || ~ **of lees** (Nut) / Hefegeschmack *m* (des Weins) || ~ *v* **of the cork** (Nut) / nach Korken schmecken (Wein) || ~ **threshold value** / Geschmacksschwellenwert *m*
**tasting** *n* (Nut) / Sensorik *f*, sensorische Analyse, Sinnenprüfung *f*, organoleptische Prüfung, sensorische Untersuchung, sensorische Prüfung, Sinnenprobe *f*, Sensorik *f* (zur Beurteilung sensorischer Merkmale von Lebensmitteln - Aussehen, Klarheit, Geruch, Geschmack, DIN 10056)
**tasty** *adj* (Nut) / wohlschmeckend *adj*, schmackhaft *adj*, lecker *adj*
**TAT** (transatlantic trunk) (Telecomm) / Transatlantik-Kabel *n* (im Nordatlantik)
**TATA box** (Gen) / TATA-Box *f* (DNA-Konsensussequenz im Bereich von Promotoren), Hogness-Box *f* (nach D.S. Hogness, geb. 1925), Goldberg-Hogness-Box *f*
**T-AT-shot point** (Geol) / Aufzeit *f* (bei dem Aufzeitschießen)
**T-attenuator**\* *n* (Elec Eng) / T-Dämpfungsglied *n*
**tattersall** *n* (Textiles) / zweifarbige Fadenkaromusterung, Deckkaromusterung *f* (Tattersall) || ~ **check** (Textiles) / zweifarbige Fadenkaromusterung, Deckkaromusterung *f* (Tattersall)
**tatting** *n* (Textiles) / Frivolität *f* (Besatzspitze) || ~ (Textiles) / Schiffchenarbeit *f*, Frivolitätenarbeit *f*, Okkiarbeit *f*, Occhiarbeit *f* || ~ **cotton** (Spinning) / Frivolitätenzwirn *m*
**tau meson** (Nuc) / K-Meson *n*, Kaon *n* (instabiles Elementarteilchen aus der Familie der Mesonen)
**taun** *n* (For) / Kasai *n* (Pometia pinnata J.R. Forst. et G. Forst.)
**tau neutrino** (Nuc) / Tau-Neutrino *n*
**taungya**\* *n* (Agric, Ecol) / Taungya-System *n* (des Waldfeldbaus in den Tropen)
**tauon**\* *n* (Nuc) / Tauon *n* (ein Lepton), Tauteilchen *n*, überschweres Elektron (ein Lepton) || ~ **neutrino** (a lepton) (Nuc) / Tau-Neutrino *n*
**tau particle** (the most massive lepton) (Nuc) / Tauon *n* (ein Lepton), Tauteilchen *n*, überschweres Elektron (ein Lepton)
**taupe** *adj* (Textiles) / taupe *adj*, maulwurffarben *adj*, maulwurfsgrau *adj*
**taurine** *n* (Biochem, Nut, Pharm) / Taurin *n*
**taurocholic acid** (Biochem, Physiol) / Taurocholsäure *f* (eine zu den Steroiden gehörende Gallensäure)
**taut** *adj* / straff *adj*, gespannt *adj* || ~ / gespannt *adj*, straff *adj*, prall *adj* (gespannt)
**taut-line inclinometer** (Geol, Mining) / Spannseil-Neigungsgerät *n*
**tautochrone** *n* (Maths) / Tautochrone *f* (Kurve konstanter Fallzeit bis zum tiefsten Punkt, unabhängig vom Ausgangspunkt)
**tautology** *n* / Tautologie *f* (aussagenlogische Identität)
**tautomeric** *adj* (Chem) / tautomer *adj* || ~ **equilibrium** (Chem) / Tautomeriegleichgewicht *n*
**tautomerism**\* *n* (Chem) / Tautomerie *f*
**tautomerization** *n* (Chem) / Tautomerisierung *f*
**tautomerize** *v* (Chem) / tautomerisieren *v*
**tautozonal** *adj* (Crystal) / tautozonal *adj* (Fläche)
**taut strand** (Eng) / straffer Trum || ~ **tape contact** (Telecomm) / Lochstreifenspannkontakt *m*
**tawa**\* *n* (For) / Tawaholz *n* (aus Beilschmiedia tawa)

**tawing** *n* (Leather) / Weißgerbung *f*, Alaungerbung *f* (Mineralgerbung mit Aluminiumsalzen)
**tawny** *adj* / lohbraun *adj*, lohfarben *adj*, lederbraun *adj*
**tax** *n* / Steuer *f*
**taxable** *adj* / steuerpflichtig *adj* ‖ ~ **horse power** (Autos) / Steuerleistung *f* in PS
**taxane** *n* (Pharm) / Taxan *n*
**tax-deductible** *adj* / steuerlich absetzbar, steuerlich abzugsfähig
**tax disc** (Autos) / Steuerplakette *f* für Kraftfahrer ‖ ~ **evasion** / Steuerflucht *f* ‖ ~ **exemption** / Steuerbefreiung *f*, Steuerfreiheit *f*
**taxi** *v* (Aero) / rollen *v* (am Boden, z.B. von der Landebahn) ‖ **~-channel marker*** (Aero) / Zufahrtsrinnenmarker *m* ‖ ~ **clearance** (Aero) / Rollfreigabe *f*
**taxifolin** *n* (Chem, For) / Taxifolin *n* (ein Flavonoid), Distylin *n*, Dihydroquerzetin *n*, Dihydroquercetin *n*
**taxi-holding position** (Aero) / Rollhalteort *m*
**taxiing** *n* (Aero) / Rollen *n* (auf den Rädern) ‖ ~ **guidance system** (Aero) / Rollleitsystem *n*
**taxi light** (Aero) / Rollscheinwerfer *m* (der während der Benutzung der Rollbahn eingeschaltet wird)
**taximeter** *n* (Autos) / Taxameter *m n* (Fahrpreisanzeiger)
**taxine** *n* (Chem, For) / Taxin *n* (in Nadeln, Zweigen und im Holz der Eibe vorkommendes Alkaloid)
**taxis*** *n* (pl. taxes) (Biol) / Taxis *f* (pl. Taxen), Taxie *f* (von freibeweglichen pflanzlichen oder tierischen Organismen - z.B. Chemo- oder Fototaxis)
**taxi track** (not necessarily paved)* (Aero) / Taxiway *f m*, Rollbahn *f* (zum Erreichen und Verlassen der Start- und Landebahn), Rollweg *m* ‖ **~-track lights*** (Aero) / Rollbahnbefeuerung *f*
**taxiway** (paved) (Aero) / Taxiway *f m*, Rollbahn *f* (zum Erreichen und Verlassen der Start- und Landebahn), Rollweg *m* ‖ ~ **light** (Aero) / Rollbahnfeuer *n* ‖ ~ **lighting** (Aero) / Rollbahnbefeuerung *f*, Rollbahnfeuer *n pl* ‖ ~ **lights** (Aero) / Rollbahnbefeuerung *f*, Rollbahnfeuer *n pl*
**tax lease** / steuerbegünstigtes Leasing
**taxoid** *n* (Chem) / Taxoid *n* (durch Sauerstoff funktionalisiertes Taxan)
**taxol** *n* (Pharm) / Taxol *n*
**taxon*** *n* (pl. taxa) (Biol) / Taxon *n* (pl. Taxa) (Gruppe von Lebewesen, die als Einheit der Systematik dient)
**taxonomic** *adj* (Biol) / taxonomisch *adj* ‖ ~ **unit** (Biol, Bot) / taxonomische Einheit
**taxonomy*** *n* (Biol) / Taxonomie *f*
**tax rating** (Autos) / Steuerklasse *f* ‖ ~ **relief** / Steuererleichterung *f* (z.B. für schadstoffarme Autos), steuerliche Entlastung
**taxus alkaloids** (Pharm) / Taxusalkaloide *n pl* (Bezeichnung für Taxol- und Taxanderivate, die Stickstoffatome enthalten)
**tax year** / Steuerjahr *n*
**taxying** *n* (Aero) / Rollen *n* (auf den Rädern)
**Taylor diffusion** (Phys) / Taylor-Diffusion *f* (die bei der Bewegung einer in einem Flüssigkeitsstrom eingebrachten Substanzprobe in einer Kapillare eintretende Ausbreitung dieser Probe in axialer Richtung) ‖ ≃ **effect** (Phys) / Taylor-Säule *f* (eine relativ stabile Flüssigkeitssäule, die sich in einer rotierenden Flüssigkeit über einem Hindernis bildet) ‖ ≃ **factor** (Crystal) / Taylor-Faktor *m* (in der Theorie der Plastizität von Vielkristallen)
**taylorism** *n* (Work Study) / Taylor-System *n*, Taylorismus *m* (nach F.W. Taylor, 1856 - 1915)
**Taylor-Langmuir effect** (Phys) / Taylor-Langmuir-Effekt *m* (die Ionisation von Atomen beim Aufprall auf glühende Metalloberflächen)
**Taylor principle** (Eng) / Taylor'scher Grundsatz (Gestaltung und Anwendung von Lehren zur Prüfung von Passteilen nach DIN 2257, T 1) ‖ ≃ **series** (Maths) / Taylor'sche Reihe, Taylorreihe *f*
**Taylor's series*** (Maths) / Taylor'sche Reihe, Taylorreihe *f* ‖ ≃ **theorem** (Maths) / Taylor'scher Satz, Taylor-Satz *m* (nach B. Taylor, 1685-1731)
**Taylor system** (Work Study) / Taylor-System *n*, Taylorismus *m* (nach F.W. Taylor, 1856 - 1915)
**TAZ diode** (Electronics) / TAZ-Unterdrücker-Diode *f*
**Tb** (terbium) (Chem) / Terbium *n*, Tb (Terbium)
**TB** (tail bit) (Comp) / Nachlaufbit *n*, Abschlussbit *n* ‖ ≃ (terabyte) (Comp) / Terabyte *n*, TB (Terabyte)
**Tb** (terabyte) (Comp) / Terabyte *n*, TB (Terabyte)
**TBAH** (tetrabutylammonium hydroxide) (Chem, Spectr) / Tetrabutylammoniumhydroxid *n*, TBAH (Tetrabutylammoniumhydroxid), TBAOH (Tetrabutylammoniumhydroxid)
**T-bar lift** (a ski lift) / Bügellift *m* ‖ ≃ **lift** s. also poma
**TBC*** (time-base corrector) (Acous) / Time-Base-Korrektor *m*, Zeitfehlerausgleicher *m* (digitaler - bei Schrägspur-Videoaufzeichnungen)
**TBD** (track-before-detect) (Radar) / Verfolgung *f* vor Entdeckung

**T-beam*** *n* (Civ Eng) / Plattenbalken *m* (stabförmiges Tragwerk nach DIN 1045)
**T-beam** *n* (Civ Eng, Met) / T-Stahl *m*, T-Träger *m* ‖ ≃ (Civ Eng, Met) s. also T-section
**TBH** (1,2,3,4,5,6-hexachlorocyclohexane) (Agric, Chem, Ecol) / Hexachlorcyclohexan *n* (z.B. Lindan), Hexachlorzyklohexan *n*, HCH (Hexachlorcyclohexan), HCCH, Benzolhexachlorid *n*, BHC (Benzolhexachlorid), HCH-Mittel *n*, Hexa *n* (in der BR Deutschland verboten)
**T.B.L.** (triple bottom line) (Ecol) / Triple Bottom Line (die drei gleichrangigen Ziele von der nachhaltigen Entwicklung)
**TBN** (total base number) / Totalbasenzahl *f* (Säuremenge, die notwendig ist, um die basischen Anteile des Öls zu neutralisieren) ‖ ≃ (total base number) (Chem) / Maß für den Alkaligehalt (ausgedrückt in mg KOH als Äquivalent für die zur Neutralisation aufgewandte Säuremenge / 1 g Probesubstanz), Gesamtbasenzahl *f*
**TBO*** (time between overhauls) (Aero) / Abstand *m* zwischen Überholungen, Zeit *f* zwischen Überholungen, Laufzeit *f*
**tbo*** (Aero) / Abstand *m* zwischen Überholungen, Zeit *f* zwischen Überholungen, Laufzeit *f*
**T-bolt*** *n* (Eng) / T-Nutenschraube *f* (DIN 787)
**T-bone anode** (Surf) / T-Bone-Anode *f* (besonders geeignet für Elektrolyte, die mit Lufteinblasung betrieben werden)
**TBP*** (tributyl phosphate) (Chem, Nuc Eng, Paint, Plastics) / Tributylphosphat *n*, Phosphorsäuretributylester *m*, TBP (Tributylphosphat) ‖ ≃ (time-bandwidth product) (Radar) / Zeit-Bandbreite-Produkt *n*
**tbs** (tablespoonful) (Pharm) / Esslöffel(voll) *m*, EL (Esslöffel)
**tbsp.** (tablespoonful) (Pharm) / Esslöffel(voll) *m*, EL (Esslöffel)
**TBT** (tetrabutyl titanate) (Chem, Paint) / Tetrabutyl-orthotitanat *n* (ein Titansäureester), Tetrabutyltitanat *n* (Bindemittel für hochhitzebeständige Anstrichmittel), TBT (Tetrabutyltitanat)
**TBTF** (tributytin fluoride) (Chem, For) / Tributylzinnfluorid *n* (Mikrobizid und Holzschutzmittel), TBTF (Tributylzinnfluorid)
**TBTO** (tributyltin oxide) (Chem) / Tributylzinnoxid *n*, Hexabutyldistannoxan *n*, TBTO (Tributylzinnoxid)
**T-butt joint** (Welding) / T-Stoß *m* (DIN 1912, T 1)
**TC** (technical committee) / technisches Komitee, TK (technisches Komitee) ‖ ≃ (technical concentrate) (Agric, Chem, Ecol) / Vorlösung *f* (im Pflanzenschutz gebräuchliche Bezeichnung für eine Werkstofflösung, die nicht als solche angewendet, sondern zur industriellen Herstellung von Formulierungen verwendet wird)
**Tc** (technetium) (Chem) / Technetium *n*, Tc (Technetium)
**TC** (total carbon) (Chem, Ecol) / Gesamtkohlenstoff *m* (Summe des organisch und anorganisch gebundenen Kohlenstoffs in gelösten und ungelösten Stoffen) ‖ ≃ (total cholesterol) (Chem, Med) / Gesamtcholesterin *n* ‖ ≃ (transmission control character) (Comp) / Datenübertragungssteuerzeichen *n* (DIN 66 303), Übertragungssteuerzeichen *n* ‖ ≃ (time constant) (Elec Eng, Phys) / Zeitkonstante *f* (Maß für die Geschwindigkeit, mit der sich die Ausgangsgröße eines Bauelements ihrem Endwert nähert, nachdem eine sprunghafte Änderung der Eingangsgröße aufgetreten ist) ‖ ≃ (thermocompression) (Electronics) / Thermokompression *f* (Verbindung von Halbleiterelementen bei hoher Temperatur und unter Druck) ‖ ≃ (trigger counter) (Nuc) / Triggerzähler *m* ‖ ≃ (temperature coefficient) (Phys) / Temperaturkoeffizient *m* (die relative Änderung einer physikalischen Größe bei einer Temperaturänderung um 1 K), TK-Wert *m*, Temperaturbeiwert *m*
**TCA** (trichloroacetic acid) (Chem) / Trichlorethansäure *f*, Trichloressigsäure *f* (die stärkste der Chloressigsäuren), TCA (Trichloressigsäure) ‖ ≃ **cycle*** (Biochem) / Krebs-Zyklus *m*, Citronensäurezyklus *m*, Zitronensäurezyklus *m*, Trikarbonsäurezyklus *m*, Tricarbonsäurezyklus *m* (von Sir H.A. Krebs [1900-1981] entdeckt)
**T4 carrier** (a leased-line connection capable of carrying data at 274 176 Mbit/s) (Telecomm) / T4-Carrier *m*
**TC bonding** (Electronics) / Thermokompressionskontaktierung *f*, Thermobonden *n*, Thermokompressionsschweißen *n* (eine Art Mikroschweißen) ‖ ≃ **character** (Comp) / Übertragungssteuerzeichen *n*
**TCD** (thermal conductivity detector) (Chem) / Wärmeleitfähigkeitsdetektor *m* (für die gaschromatografische Spurenanalyse), WLD (für die gaschromatografische Spurenanalyse) ‖ ≃ **alcohol** (Chem, Paint) / TCD-Alkohol *m* (ein Löse- und Extraktionsmittel)
**T-cell*** *n* (Biochem, Cyt, Physiol) / T-Zelle *f* (eine zu den Lymphozyten gehörende Zelle, die vorwiegend an der zellulären Immunität beteiligt ist und einige niedermolekulare Substanzen produziert), T-Lymphozyt *m*
**TCF** (total-chlorine free) (Paper) / totalchlorfrei *adj* (gebleichter Kraftzellstoff), chlorfrei gebleicht

**TCH** (traffic channel) (Teleph) / Nutzkanal *m*, Sprechkanal *m*, TCH (Nutzkanal bei Mobiltelefonen)
**Tchebycheff's differential equation** (Maths) / Tschebyschow'sche Differentialgleichung || ~ **inequality** (Maths) / Čebyšev'sche Ungleichung, Tschebyschow'sche Ungleichung || ~ **polynomials** (Maths) / Tschebyscheff-Polynome *n pl*, Tschebyschow-Polynome *n pl* (eine für die Approximation und für das Gaußsche Quadraturverfahren wichtige Polynomklasse)
**tchitola** *n* (For) / Tchitola *n* (das Holz des Oxystigma oxyphyllum J. Léonard)
**TCI** (transistor ignition) (Autos) / Transistorzündung *f* (elektronische Zündung im Ottomotor)
**TCM** (trellis-coded modulation) (Telecomm) / Trelliscodemodulation *f* (Kombination von Faltungscodierung und Modulation ), Trelliskodemodulation *f* || ~ (time-compression multiplexing) (Telecomm) / Zeitkompressionsmultiplex *n*, Pingpongschema *n* (bei der wechselseitigen Übertragung von hochratigen Datenpaketen)
**TCNB** (tecnazene) (Chem) / Tecnazen *n* (ein Fungizid)
**TCNE**\* (tetracyanoethylene) (Chem) / Ethentetracarbonitril *n*, Tetracyanoethylen *n*, Tetrazyanoethylen *n*, Tetracyanethen *n*, Ethentetracarbonitril *n*, Ethentetrakarbonitril *n*, TCNE (Tetracyanethen)
**TC network** (Telecomm) / Telekommunikationsnetz *n*, TK-Netz *n*, Fernmeldenetz *n* (z.B. ein Telefonnetz), Nachrichtennetz *n*
**T-connected transformer** (an assembly used to transfer energy from a three-phase circuit to a two-phase-circuit, or vice versa) (Elec Eng) / Scott-Transformator *m*
**T connector** (Eng, Plumb) / T-Stück *n*, T-Verbindungsstutzen *m*, T-Verbindungsstück *n* (ein Fitting)
**TCP** (tricresyl phosphate) (Autos, Chem, Plastics) / Phosphorsäuretrikresylester *m* (ein Weichmacher), Phosphorsäuretricresylester *m*, Trikresylphosphat *n*, Tricresylphosphat *n*, TKP (Trikresylphosphat), TCP (Tricresylphosphat) || ~ (transmission control protocol) (Comp) / Transportprotokoll *n* (DIN ISO 7498), Datenübertragungsprotokoll *n* || ~ (Thermofor continuous percolation) (Oils) / Thermofor-Prozess *m* (ein Bleichungsprozess), Thermofor-Continuous-Percolation *f*, TCP (Thermofor-Continuous-Percolation) || ~ (tool-centre point) (Welding) / Tool-Center-Point *m*, Lichtbogenfußpunkt *m*, Lichtbogenmittelpunkt *m*, TCP
**TCP/IP**\* (the set of protocols which enable communication over the Internet) (Comp) / TCP/IP *n* (vom US Department of Defense definierte Protokolle für Verbindungen und Datenaustausch in heterogenen Rechnernetzen)
**TCP SYN attack** (Comp, Telecomm) / TCP-SYN-Angriff *m*
**T cracks** / T-Risse *m pl* (die sich aus zwei geraden senkrecht zueinander stehenden Rissen zusammensetzen und die Form eines "T" bilden)
**t-critical one-tail** (Stats) / kritischer t-Wert bei einseitigem t-Test
**T.C. spark plug** (I C Engs) / Temperaturmess-Zündkerze, Thermoelement-Zündkerze *f*
**T.C.U.** (tight close-up) (Cinema) / Makroaufnahme *f*, knappe Nahaufnahme
**TCXO** (temperature-compensated crystal oscillator) (Electronics) / temperaturkompensierter Quarzoszillator
**TD** (target depth) (Mining) / Endteufe *f*, ET (Endteufe)
**TDAD** (traffic data administration) (Comp, Telecomm) / Verkehrsdatenverwaltung *f*
**TDC** (totally decentralized control) (Automation) / völlig dezentralisierte Steuerung || ~ (top dead centre) (I C Engs) / deckelseitiger Totpunkt (DIN 1940), oberer Totpunkt, äußerer Totpunkt (von der Kurbelwelle abliegender Umkehrpunkt), OT
**TDCB specimen** (Materials) / konische Doppelbalkenbiegeprobe, TDCB-Probe *f*
**TD/CDMA** (time-divison/code-division multiple access) (Telecomm) / Time-Division/Code-Division Multiple Access *m*
**TDC mark** (I C Engs) / OT-Markierung *f*
**TDD** (time-division multiplex) (Telecomm) / Zeitduplex *n*, Zeitgetrenntlageverfahren *n* (ein Pingpongschema für Ortsanschlussleitung, ISDN-B-Kanal)
**TDI** (toluene diisocyanate) (Chem) / Toluoldiisocyanat *n*, Toluylendiisozyanat *n*, TDI (TDI-65, TDI-80, TDI-100 - Toluoldiisocyanat)
**t-distribution**\* *n* (Maths, Stats) / Student'sche Verteilung, Student-Verteilung *f*, t-Verteilung *f* (die von W.S. Gosset (Pseudonym: Student) 1907-1908 angegebene Verteilung einer stetigen Zufallsvariablen - DIN 1319-3)
**TDM** (time-division multiplex) (Telecomm, Teleph) / Zeitmultiplex *n* (zeitlich gestaffelte Übertragung verschiedener voneinander unabhängiger pulsmodulierter Signale über dasselbe Frequenzband), TDM (Zeitmultiplex)

**TDMA**\* (time-division multiple access) (Comp, Telecomm, TV) / TDMA-Verfahren *n* (Mehrfachzugriffsverfahren auf Zeitmultiplexbasis), Vielfachzugriff *m* im Zeitmultiplex, zeitüberlappter Mehrfachzugriff, zeitüberlappter Mehrfachzugriff, Zeitvielfachzugriff *m*, Zeitmultiplex *n* mit Vielfachzugriff
**TDOA** (time difference of arrival) (Radar) / Laufzeitdifferenz *f*
**TDOS** (tape-disk operating system) (Comp) / Band-Platte-Betriebssystem *n*, BPBS (Band-Platte-Betriebssystem)
**t-d process** (Nuc Eng) / t-d-Prozess *m* (eine Art Kernfusion, bei der beschleunigte Atomkerne des überschweren Wasserstoffs, die Tritonen, mit Deuteriumatomen, den Atomen des schweren Wasserstoffs, wechselwirken), t-d-Reaktion *f*
**TDR** (time-domain reflectometry) (Cables) / TDR-Verfahren *n* (Messverfahren, das die Grundlage für Kabeltester bildet)
**t-d reaction** (Nuc Eng) / t-d-Prozess *m* (eine Art Kernfusion, bei der beschleunigte Atomkerne des überschweren Wasserstoffs, die Tritonen, mit Deuteriumatomen, den Atomen des schweren Wasserstoffs, wechselwirken), t-d-Reaktion *f*
**TDRS(S)** (tracking and data relay satellite (system)) (Space) / TDR-Satellit *m* (1983 zum ersten Mal von der NASA in die Umlaufbahn gebracht)
**TDS** (total dissolved solids) (Chem) / Eindampfrückstand *m* (in der Wasseranalyse), Verdampfungsrückstand *m*
**TDY** (temporary duty) (Mil) / zeitlich begrenzter Einsatz
**TDZ** (touchdown zone) (Aero) / Aufsetzzone *f*
**TE** (trailing edge) (Aero) / Flügelhinterkante *f*, Hinterkante *f* (des Tragflügels, der Leitwerke)
**Te** (tellurium) (Chem) / Tellur *n*, Te (Tellur)
**TE** (toxic equivalent) (Chem, Pharm) / Toxizitätsäquivalent *n*, toxisches Äquivalent || ~ (text editor) (Comp) / Texteditor *m*, Textaufbereitungssystem *n* || ~ (terminal equipment) (Comp, Telecomm) / Endgerät *n*, Endstellengerät *n*, Endeinrichtung *f* || ~ (trailing edge) (Telecomm) / fallende Flanke (des Impulses), Hinterflanke *f* (des Impulses), Rückflanke *f* (des Impulses)
**tea** *n* (Nut) / Tee *m* || ~ **bag paper** (Paper) / Teebeutelpapier *n*
**teaberry oil** / Gaultheriaöl *n*, Wintergrünöl *n* (etherisches Öl aus den Blättern der Gaultheria procumbens L.)
**TEAC** (tetraethylammonium chloride) (Chem) / Tetraethylammoniumchlorid *n*, TEAC (Tetraethylammoniumchlorid)
**tea-ceremony problem** (AI) / Teezeremonieproblem *n*
**teach** *v* / unterweisen *v*, Unterricht geben, lehren *v* (unterrichten), unterrichten *v* || ~ **box** (Comp) / Teach-Box *f* (tragbares Bedienungsgerät für die Vor-Ort-Programmierung) || ~ **box** (Eng) / Teach-in-Tableau *n* (pl. -s) (bewegliches tragbares Handgerät für die Programmierung von Industrierobotern), Hängetafel *f* (ein Bedienteil eines Industrieroboters) || ~ **gun** (Eng) / Teach-in-Tableau *n* (pl. -s) (bewegliches tragbares Handgerät für die Programmierung von Industrierobotern), Hängetafel *f* (ein Bedienteil eines Industrieroboters)
**teaching laboratory** (Chem) / Ausbildungslabor *n*, Lehrlabor *n* || ~ **machine** (Comp) / Lehrmaschine *f*, Lehrautomat *m* || ~ **method** (AI) / Lehrmethode *f*, Lehrverfahren *n* || ~ **program** (Comp) / Lehrprogramm *n* || ~ **reactor** (Nuc Eng) / Forschungsreaktor *m* (dessen Kernstrahlung vorwiegend als Forschungswerkzeug für Grundlagen- oder angewandte Forschung dient, unabhängig von der Nennleistung), FR (Forschungsreaktor)
**teach-in process** (Welding) / Teach-in-Verfahren *n*, Anfahren *n* (von Punkten) und Speichern (bei Schweißrobotern) || ~ **programming** (Comp) / Teach-in-Programmierung *f* (eine Möglichkeit der Roboterprogrammierung)
**TEA chloride** (tetraethylammonium chloride) (Chem) / Tetraethylammoniumchlorid *n*, TEAC (Tetraethylammoniumchlorid)
**teach pendant** (Eng) / Teach-in-Tableau *n* (pl. -s) (bewegliches tragbares Handgerät für die Programmierung von Industrierobotern), Hängetafel *f* (ein Bedienteil eines Industrieroboters)
**teachware** *n* (Comp) / Teachware *f* (Unterrichts-, Lernprogramme), Courseware *f*
**tea-dust glaze** (an opaque, iron oxide-bearing stoneware glaze of greenish colour) (Ceramics) / Teestaubglasur *f*
**teak** *n* (For) / Teakbaum *m* (Tectona grandis L.) || ~\* (For) / Teakholz *n*, Teak *n* || ~ **brown** / siena *adj* (sienabraun), sienabraun *adj*, sienafarben *adj*, sienafarbig *adj*
**teakwood** *n* (For) / Teakholz *n*, Teak *n*
**TEA laser** (transverse-excited atmosphere laser) (Phys) / quererregter Laser, TEA-Laser *m* (Gaslaser, bei dem die Gasentladung quer zur Laserachse angeregt wird)
**teaming** *n* (Civ Eng) / Materialtransport *m* vom Einschnitt zum Auftrag
**team light** (TV) / Teamlicht *n* (Grundlicht für die aktuelle Berichterstattung)

**team-orientated** *adj* (Work Study) / teamorientiert *adj* (Arbeiter)
**teamster** *n* (US) (Autos) / LKW-Fahrer *m*, Fernfahrer *m*, Trucker *m*
**tea oil** (Paint) / Teesamenöl *n* (Sasanqua-Öl oder Tsubaki-Öl)
**teapot ladle** (Foundry) / Teekannenpfanne *f*, Siphonpfanne *f*
**tear** *n* / Einreißen *n* ‖ ~ (Glass) / abgerissene Klebstelle, Kleberriss *m* ‖ ~ (Paint) / Tropfen *m* (beim Tauchlackieren), Lacktropfen *m*, Träne *f* ‖ ~ (Textiles) / Riss *m* (im Gewebe) ‖ ~ **away** (Build) / abreißen *v* (z.B. eine Tapete) ‖ ~ **down** *v* (Eng) / zerlegen *v* (DIN 8591), abbauen *v*, demontieren *v*, abmontieren *v*, auseinander nehmen *v*, auseinander bauen *v* ‖ ~ **down** (Eng) / abrüsten *v*
**tear-down hook** (Eng) / Abbruchhaken *m* (am Bagger)
**teardrop balloon** (Aero, Meteor) / tropfenförmiger Ballon
**tear-drop flooring** (Build) / Tränenblech *n* (als Bodenbelag) ‖ ~ **turn** (Aero) / Verfahrenskurve *f* (tropfenförmige)
**teardrop turn** (Aero) s. also base turn
**tearer** *n* (Spinning) / Reißer *m* (DIN 64164)
**tear factor**\* (Paper) / flächengewichtsbezogener Durchreißwiderstand ‖ ~ **fault**\* (Geol) / Blattverschiebung *f*, Transversalverschiebung *f*, Seitenverschiebung *f*, Horizontalverschiebung *f* ‖ ~-**gas**\* *n* (Chem, Mil) / gasförmiger Augenreizstoff, Tränengas *n*, Augenreizstoff *m* (gasförmiger)
**tear-growth resistance** (Materials) / Weiterreißwiderstand *m*, Weiterreißfestigkeit *f* (von Elastomeren)
**tear growth test** (Textiles) / Weiterreißversuch *m* (an textilen Flächengebilden)
**tearing** *n* / Einreißen *n* ‖ ~ / Reißen *n*, Zerreißen *n* ‖ ~ (TV) / Zeilenreißen *n* (die örtlich und zeitlich unregelmäßige Verlagerung von Zeilen in horizontaler Richtung als Folge gestörter Horizontalsynchronisation) ‖ ~ **instability** (Plasma Phys) / Tearing-Instabilität *f* (eine resistive Plasmainstabilität) ‖ ~ **machine** (Spinning) / Reißer *m* (DIN 64164) ‖ ~ **strength** (Materials, Mech) / Reißlänge *f* (Länge eines aufgehängten Stabes, bei der dieser unter seinem Eigengewicht reißen würde) ‖ ~ **strength** (Materials) / Einreißfestigkeit *f*, Zerreißfestigkeit *f* (bei der Ermittlung der Reißlänge), Reißfestigkeit *f* ‖ ~ **strength** (Textiles) / Reißkraft *f*
**tear-off coupon** / Abreißgutschein *m*, Abreißkupon *m*, abtrennbarer Gutschein *m* ‖ ~ **pack** / Aufreißpackung *f*
**tear plate** (a ribbed plate) (Met) / Tränenblech *n* (geripptes Blech, dem spitz auslaufende ellipsenförmige Erhebungen aufgewalzt sind)
**tear-propagation resistance** (Materials) / Weiterreißwiderstand *m*, Weiterreißfestigkeit *f* (von Elastomeren)
**tear resistance** (Materials) / Einreißfestigkeit *f*, Zerreißfestigkeit *f* (bei der Ermittlung der Reißlänge), Reißfestigkeit *f* ‖ ~ **resistance** (Textiles) / Einreißfestigkeit *f*, Einreißwiderstand *m* ‖ ~ **seam** (Autos) / Reißnaht *f* (am Airbag) ‖ ~ **strength** (Materials) / Weiterreißwiderstand *m*, Weiterreißfestigkeit *f* (von Elastomeren) ‖ ~ **strength** (Materials) / Einreißfestigkeit *f*, Zerreißfestigkeit *f* (bei der Ermittlung der Reißlänge), Reißfestigkeit *f* ‖ ~ **string** / Aufreißfaden *m*, Abreißfaden *m* (bei der Verpackung) ‖ ~ **strip** / Aufreißstreifen *m* (bei der Verpackung)
**teart** *n* (Agric) / Molybdänose *f* (Vergiftung der Wiederkäuer durch abnorm hohen Gehalt der Weidepflanzen an Molybdän)
**tear test** (Chem Eng) / Weiterreißversuch *m* (der Gummiproben) ‖ ~ **testing** (Materials, Textiles) / Einreißfestigkeitsprüfung *f* ‖ ~ **up** *v* (Civ Eng) / aufreißen *v* (Fahrbahn) ‖ ~ **up** (For) / ausreißen *v* (Baum)
**teary** *adj* (Mining) / spröde *adj*, gebräch *adj* (leicht in kleinere Stücke zerfallend, leicht hereinbrechend (wenig standfest)
**tease** *v* (Leather) / zupfen *v* (die Fleischseite mechanisch bearbeiten, um längere Lederfasern zu erzielen) ‖ ~ (Textiles) / aufrauen *v*, rauen *v* (Tuch)
**teased** *adj* (Textiles) / geraut *adj* (Stoff)
**teasel** *n* (Bot, Textiles) / Weberkarde *f* (Dipsacus sativus (L.) Honck.)
**teaser** *n* / Teaser *m* (Neugier weckendes Werbeelement) ‖ ~ (of the teaser transformer) (Elec Eng) / Hilfswicklung *f*, Hilfsphasenwicklung *f* ‖ ~ (Glass) / Heizer *m* (des Wannenofens) ‖ ~ (Radio, TV) / Programmhinweis *m* (mit Programmausschnitten, die geeignet sind, die Neugierde der Hörer/Zuschauer zu wecken) ‖ ~ (Spinning) / Reißer *m* (DIN 64164) ‖ ~ **transformer** (Elec Eng) / Phasenwandeltransformator *m*
**teaspoonful** *n* (pl. teaspoonfuls) (Pharm) / Teelöffel(voll) *m* (bei Flüssigkeiten etwa 5 ml), TL (Teelöffel(voll))
**tea tannin** (Nut) / Teegerbstoff *m* ‖ ~ **tree** (a Australasian flowering shrub or small tree with leaves that are sometimes used for tea - genus Leptospermum) (For) / Teebaum *m*
**tea-wrapping paper** (Paper) / Tee-Verpackungspapier *n*
**teazel** *n* (Bot, Textiles) / Weberkarde *f* (Dipsacus sativus (L.) Honck.)
**teazer** *n* (Glass) / Heizer *m* (des Wannenofens)
**teazle**\* *n* (Bot, Textiles) / Weberkarde *f* (Dipsacus sativus (L.) Honck.)
**Tebbe-Grubbs reagent** (Chem) / Tebbe-Grubbs-Reagens *n*
**techie** *n* (someone who has either hardware or software skills) (Comp) / Computerspezialist *m*, Techie *m*
**technetium**\* *n* (Chem) / Technetium *n*, Tc (Technetium)

**technic** *n* (US) / Technik *f* (als praktisches Verfahren), Verfahren *n*, Methode *f*
**technical** *adj* / technisch *adj* ‖ **for ~ reasons** / aus technischen Gründen ‖ ~ **aid** (Nut) / Verarbeitungshilfe *f*, technischer Hilfsstoff ‖ ~ **assistance** / technische Hilfe, technische Unterstützung ‖ ~ **biology** (Biol) / Ingenieurbiologie *f*, technische Biologie ‖ ~ **chemistry** (Chem Eng) / chemische Technologie, technische Chemie ‖ ~ **college** / Technikum *n* (pl. -ika), Ingenieurschule *f* ‖ ~ **committee** / technisches Komitee, TK (technisches Komitee) ‖ ~ **concentrate** (Agric, Chem, Ecol) / Vorlösung *f* (im Pflanzenschutz gebräuchliche Bezeichnung für eine Werkstofflösung, die nicht als solche angewendet, sondern zur industriellen Herstellung von Formulierungen verwendet wird) ‖ ~ **details** / technische Einzelheiten ‖ ~ **digestion limit** (San Eng) / technische Faulgrenze (technischer Abbaugrad bei Faulung nach DIN 4045) ‖ ~ **drawing** / technisches Zeichnen
**technical-grade** *attr* (any of a number of purity standards for chemicals and chemical products) (Chem) / technisch *adj* (Reinheitsgrad der Chemikalien)
**technical•-grade solvent** (Chem) / technisches Lösemittel, technisches Lösungsmittel ‖ ~ **illustration** / technische Illustration ‖ ~ **illustration** s. also technical drawing ‖ ~ **instruction** / technische Anleitung
**technicalities, avoid ~** / vermeiden Sie den übermäßigen Fachjargon (Rat an die technischen Redakteure)
**technicality** *n* / technischer Fachausdruck, technischer Terminus ‖ ~ / technische Einzelheit, technische Besonderheit ‖ ~ / Technische (das)
**technicalization** *n* / Technisierung *f*
**technical language** / Fachsprache *f*, Sprache *f* im Fach(gebrauch) ‖ ~ **modification report** (Civ Eng, Eng) / Änderungsmitteilung *f* ‖ ~ **monofil** (Textiles) / Draht *m* (eine endlose Kunststofffaser, die zu grob ist, um die Verspinnbarkeit als Eigenschaft aufzuweisen) ‖ ~ **monofilament** (Textiles) / Draht *m* (eine endlose Kunststofffaser, die zu grob ist, um die Verspinnbarkeit als Eigenschaft aufzuweisen) ‖ ~ **nickel** (Met) / Hüttennickel *n* (DIN 1701) ‖ ~ **obsolescence** / Veralten *n* durch technischen Fortschritt, technisches Veralten ‖ ~ **office protocol** (Comp) / Kommunikationsprotokoll *n* für technische Büros (einheitliches) ‖ ~ **Rules for Dangerous Substances** (Ecol, Med) / Technische Regeln für Gefahrstoffe, TRGS (Technische Regeln für Gefahrstoffe) ‖ ~ **school** (GB) / Fachhochschule *f*, FH ‖ ~ **support** / technische Unterstützung ‖ ~ **support** (Comp) / Support *m* (technische Unterstützung von Software- oder Hardware-Kunden durch Hersteller oder Händler) ‖ ~ **term** / technischer Fachausdruck, technischer Terminus ‖ ~ **tin** (Met) / Hüttenzinn *n* (DIN 1704) ‖ ~ **white oil** (Nut, Textiles) / Weißöl *n* (hochraffinierte Mineralölfraktion)
**technician** *n* (full or lower secondary education) / Techniker *m* (Berufsschule + Technikerschule oder Fachschule)
**technicization** *n* / Technisierung *f*
**Technicolor**\* *n* (Cinema) / Technicolor *n* (ein älteres Kinofarbfilmverfahren) ‖ ~ *n* (Nuc) / Technicolour *f*, Technicolor *f* ‖ ~ **Technifarbe** *f*
**technicolour** *n* (Nuc) / Technicolour *f*, Technicolor *f*, Technifarbe *f* ‖ ~ **interaction** (Nuc) / Technicolour-Wechselwirkung *f*
**technics** *pl* / technische Einzelheiten ‖ ~ / Technik *f* (als Theorie)
**technihadron** *n* (Nuc) / Technihadron *n*
**technipion** *n* (Nuc) / Technipion *n*
**techniquark** *n* (Nuc) / Techniquark *n*
**technique** *n* / Technik *f* (als praktisches Verfahren), Verfahren *n*, Methode *f*
**technocracy** *n* / Technokratie *f* (Vorherrschaft der Technik/er/ über Politik und Wirtschaft)
**technologic** *adj* / technisch *adj*
**technological** *adj* / technologisch *adj* ‖ ~ / technisch *adj* ‖ ~ **gap** / technologische Lücke (zwischen verschiedenen Ländern bzw. Ländergruppen), Lücke *f* im Stand der Technik
**technology**\* *n* / Technik *f* (als Theorie) ‖ ~\* / Technologie *f*, Verfahrenskunde *f* ‖ ~ **assessment** (Ecol) / Technologiebewertung *f*, Technikbewertung *f*, Technikfolgenbewertung *f* (eines Projekts), Technikfolgenabschätzung *f*, TA ‖ ~ **transfer** / Technologietransfer *m* (in die Praxis, in die Entwicklungsländer) ‖ ~ **without an interesting name** (Comp, Photog) / TWAIN *n* (standardisierte Softwareschnittstelle für Scanner, über die sich Scannerfunktionen steuern lassen), TWAIN-Schnittstelle *f*
**technosphere** *n* (Ecol) / technische Umwelt
**tech talk** (Comp, Telecomm) / Tech-Talk *m* (die Sprache, in der sich erfahrene Programmierer usw. unterhalten und die sich allgemein durch die Verwendung von Abkürzungen und Fachbegriffen auszeichnet)
**Teclu burner** (Chem) / Teclubrenner *m* (nach dem österreichischen Chemiker N. Teclu, 1839-1916)

**tecnazene** n (Chem) / Tecnazen n (ein Fungizid)
**tecnetron** n (Electronics) / Tecnetron n (Feldeffekt-Unipolar-Transistor aus einem zylindrischen Halbleiterstück)
**tectofacies** n (Geol) / Tektofazies f
**tectogenesis** n (pl. -neses) (Geol) / Tektogenese f ‖ ~ (pl. -neses) (Geol) / Orogenese f (Gebirgsbildung)
**tectonic*** adj (Geol) / tektonisch adj ‖ ~ **analysis** (Geol) / tektonische Analyse ‖ ~ **breccia** (formed essentially in place by mechanical fragmentation as a result of folding or faulting) (Geol) / Reibungsbrekzie f (entstanden durch Reibung an Verwerfungsflächen), tektonische Brekzie ‖ ~ **cycle** (Geol) / tektonischer Zyklus ‖ ~ **overpressure** (Geol) / tektonischer Überdruck (Überlagerung hydrostatischer Spannungen durch gerichtete Spannungen)
**tectonics** n (Arch, Build) / Tektonik f (Baukonstruktionslehre) ‖ ~* (Geol) / Tektonik f (Lehre vom Bau der Erdkruste und den Bewegungen und Kräften, die diesen erzeugt haben)
**tectonic valley** (Geol) / tektonisches Tal
**tectonism** n (Geol) / Diastrophismus m (Gesamtheit der tektonischen Deformation der Erdkruste) ‖ ~ (Geol) / Krusteninstabilität f ‖ ~ (Geol) / tektonische Aktivität (eines regionalen Strukturelements)
**tectonite** n (Geol) / Tektonit m (durch tektonische Beanspruchung verändertes Gestein) ‖ ~ **fabric** (Geol) / Tektonitgefüge n
**tectonophysics** n (Geol) / Tektonophysik f
**tectonosphere** n (Geol) / Tektonosphäre f (Zone der Erde, in der tektonische Bewegungen stattfinden)
**tectoquinone** n (2-methyl anthraquinone) (Chem) / Tectochinon n
**tectosilicate*** n (Min) / Tetraeder-Gerüstsilikat n, Tektosilikat n, Gerüstsilikat n (z.B. Albit)
**tectosphere** n (Geol) / Tektosphäre f
**tectotope** n (Geol) / Tektotop n
**ted** v (Agric) / zetteln v
**TEDA** (triethylene diamine) (Chem) / Triethylendiamin n (1,4-Diazabicyclo[2.2.2]octan; DABCO)
**tedder** n (Agric) / Zetter m (Maschine zum Lockern und Lüften von frisch gemähtem Grünfutter und zum Heuwenden)
**tedding** (Agric) / Zetten n (Breitwerfen und Auflockern der Mähschwade)
**teddy-bear cloth** (Textiles) / Teddy m (leichter flauschiger Plüsch für warme Kinder- und Damenmäntel)
**tee** vt (Eng, Plumb) / abzweigen v ‖ ~* n (Eng, Plumb) / T-Stück n, T-Verbindungsstutzen m, T-Verbindungsstück n (ein Fitting) ‖ ~ (Met) / T-Stahl m (ein Walzstahlprofil) ‖ ~ **beam** (Civ Eng) / Plattenbalken m (stabförmiges Tragwerk nach DIN 1045) ‖ ~ **beam** (Civ Eng, Met) / T-Stahl m, T-Träger m ‖ ~ **bolt*** (Eng) / T-Nutenschraube f (DIN 787) ‖ ~ **coupler** (Telecomm) / T-Koppler m (ein LWL-Sternkoppler mit 3 Toren) ‖ ~ **handle** (Eng) / Knebelgriff m
**tee-head** n (Eng) / Hammerkopf m (der Schraube - DIN ISO 1891)
**tee•-headed bolt** (Eng) / T-Nutenschraube f (DIN 787) ‖ ~ **hinge*** (Build) / Kreuzband n (als Beschlag), Zungenband n (als Beschlag)
**tee-iron** n (Met) / T-Stahl m (ein Walzstahlprofil)
**tee joint** (Cables) / T-Muffe f (zur Verbindung eines Abzweigkabels mit einem Hauptkabel, wobei die Achsen beider Kabel annähernd im rechten Winkel zueinander stehen) ‖ ~ **joint*** (Elec Eng) / Abzweigungsmuffe f ‖ ~ **joint** (a joint in which members meet at right angle, forming a T) (Welding) / T-Stoß m, T-Verbindung f
**teel oil** (Nut) / Sesamöl n (von Sesamum indicum L.), Gergeliöl n, Gingelyöl n
**TEELS** (transmission electron energy loss spectrometry) (Spectr) / Transmissions-Energieverlust-Spektrometrie f
**teem** v (Glass) / den Hafen ausgießen ‖ ~* (Glass, Met) / vergießen v, abgießen v, gießen v
**teemer** n (Glass) / Hafengießmann m
**teeming** n (Met) / Abguss m (Stahlblockguss) ‖ ~ **crane** (Foundry) / Gießkran m (der Gießpfannen transportiert und kippt)
**Teepol*** n (Chem) / Teepol n (Warenzeichen von Shell für grenzflächenaktive sekundäre Alkylsulfate)
**tee rest*** (For, Join) / T-Auflage f (der Holzdrehbank)
**teergrube** n (Comp) / Spam-Filter m
**tee section** (Met) / T-Profil n (zur Gruppe der warmgewalzten Profile zählendes Langerzeugnis, dessen Querschnitt an den Buchstaben T erinnert)
**tee-section** n (Met) / T-Stahl m (ein Walzstahlprofil)
**tee slot** (Eng) / T-Nut f (DIN 650 und DIN 851)
**tee-slot cutter** (Eng) / T-Nutenfräser m (DIN 851), Schaftfräser m für T-Nuten
**tee square** (Eng) / Reißschiene f, Handreißschiene f ‖ ~ **union** (Eng) / T-Verschraubung f
**teevee** n (TV) / Television f, Fernsehen n

**teff** n (Agric) / Zwerghirse f (Eragrostis tef (Zuccagni) Trotter), Äthiopisches Liebesgras ‖ ~ **grass** (Agric) / Zwerghirse f (Eragrostis tef (Zuccagni) Trotter), Äthiopisches Liebesgras
**Teflon*** n (Plastics) / Teflon n (Polytetrafluorethylen der Firma Du Pont de Nemours) ‖ ~ **shakes** (Chem, Med) / Polymerenfieber n (eine arbeitsbezogene grippeähnliche Erkrankung, die bei der Arbeit mit Polytetrafluorethylen entstehen kann), Polymerdampffieber n
**TEG** (taeraethylene glycol) (Chem) / Tetraethylenglykol n, Tetraglykol n ‖ ~ (triethylene glycol) (Chem) / Triethylenglykol n (2,2'-Ethylendioxydiethanol), Triethylenglycol n, Triglykol n, Triglycol n, TEG (Triethylenglycol)
**TEGFET** n (Electronics) / TEGFET-Transistor m (extrem schneller Feldeffekttransistor mit Heterostruktur)
**tegula** n (pl tegulae) (Build) / Nonnenziegel m, Nonne f (für die Mönch-Nonnendeckung)
**teg wool** (Textiles) / Wolle f von zweijährigen Schafen
**t.e.h.p.*** (Aero) / gesamte äquivalente Bremsleistung
**TEI burn** (Space) / Brennstufe f zum Eintauchen in eine Erdumlaufbahn
**teichoic acid** (Biochem, Cyt) / Teichonsäure f (Baustein der Membran- und Zellwand grampositiver Bakterien)
**teinochemistry** n (Chem) / Teinochemie f (Zweig der physikalischen Chemie, der sich mit der Erzeugung von mechanischer Energie durch chemische Reaktionen befasst)
**tekko** n (Build) / Seidentapete f, Tekko f
**Teklan*** n (Plastics, Textiles) / Teklan n (modifizierte Akrylfaser aus 60% Akrylnitril und 40% Vinylidenchlorid, besonders für Damenoberbekleidung)
**tektite*** n (Geol) / Tektit m (Glasmeteorit, Moldavit, Australit, Bouteillenstein)
**tektosilicate*** n (Min) / Tetraeder-Gerüstsilikat n, Tektosilikat n, Gerüstsilikat n (z.B. Albit)
**TEL** (tetraethyl lead) (Chem) / Tetraethylblei n, Bleitetraethyl n, TEL (Tetraethylblei) ‖ ~ (transporter-erector-launcher) (Mil) / Transporter-Aufrichter-Starter m
**telamon** n (pl. telamones) (Arch) / Atlant m (pl. Atlanten), Atlas m (pl. Atlasse od. Atlanten), Gigant m (pl. -en), Telamon m (pl. -en) (kraftvolle männliche Stützfigur für vorspringende Bauteile)
**telautography** n (Telecomm) / Bildfernschreiben n
**telco** n (Telecomm) / Telekommunikationsunternehmen n
**tele-*** / tele-, Fern-, Tele-, fern- (ein Präfix)
**tele-*** s. also long-range
**tele-ad** n (Print) / telefonisch aufgegebene Anzeige
**teleassistance** n / Fernkundendienst m
**teleautograph** n (Telecomm) / Bildfernschreiber m
**teleautography** n (Telecomm) / Bildfernschreiben n
**telebanking** n (Comp, Telecomm) / Telebanking n (Abwicklung von Bankgeschäften über Post und Telekommunikation), Direktbanking n, Telefonbanking n
**telebox service** (Telecomm) / Teleboxdienst m (Nachrichtenvermittlungsdienst, über den Informationen in eine Datenbank eingespeichert und von den Nutzern /telefonisch/ abgerufen werden können)
**telecamera** n (Photog) / Kamera f mit Teleobjektiv ‖ ~ (TV) / Fernsehkamera f
**Telecard** n (Teleph) / Telefonkarte f, Telefonwertkarte /A/ f, Telecard f
**telecast** v (TV) / im Fernsehen bringen, über (im) Fernsehen übertragen, über (im) Fernsehen ausstrahlen ‖ ~ n (TV) / Fernsehübertragung f (trägerfrequente Fortleitung und Verteilung des Bildsignals beim Fernsehen zusammen mit dem zum Bild gehörenden Begleitton bis zum Fernsehempfänger)
**telecaster** n (TV) / Fernsehansagerin f, Fernsehansager m
**telecentric** adj (Optics) / telezentrisch adj ‖ ~ **stop*** (Optics) / telezentrische Blende
**teleceptor*** n (Biol) / Telerezeptor m, Fernrezeptor m
**telecine** n (projector) (TV) / Fernsehbildprojektor m, Projektionsgerät n für Zwischenfilm-Fernsehbetrieb, Filmübertragungsanlage f ‖ ~ (room) (TV) / Filmgeberraum m, Filmabtasterraum m ‖ ~* (TV) / Filmabtaster m, FAT (Filmabtaster), Filmscanner m, Filmgeber m ‖ ~ **equipment** (TV) / Filmabtaster m, FAT (Filmabtaster), Filmscanner m, Filmgeber m
**tele-cinema** n (TV) / Fernsehbildprojektor m, Projektionsgerät n für Zwischenfilm-Fernsehbetrieb, Filmübertragungsanlage f
**telecine scanner** (TV) / Filmabtaster m, FAT (Filmabtaster), Filmscanner m, Filmgeber m
**telecommanding** n (Automation) / Fernbedienung f, Fernsteuerung f
**telecommunication*** n (Telecomm) / fernmeldetechnische Übertragung, Fernmeldeverkehr m ‖ ~* (Telecomm) / Telekommunikation f (der Austausch von Informationen bzw. Nachrichten über größere Entfernungen mit Hilfe von Telekommunikationsmitteln), TK ‖ ~ **circuit** (Telecomm) / Telekommunikationsleitung f

**telecommunications**

**telecommunications** pl (Telecomm) / Fernmeldewesen n ‖ ~ (Telecomm) / Schwachstromtechnik f, Nachrichtentechnik f, Fernmeldetechnik f, Kommunikationstechnik f, Telekommunikationstechnik f ‖ ~ **cable** (Telecomm) / Nachrichtenkabel n, Fernmeldekabel n ‖ ~ **company** (Telecomm) / Telekommunikationsunternehmen n ‖ ~ **engineering** (Telecomm) / Kommunikationstechnik f
**telecommunication service** (Telecomm) / Telekommunikationsdienst m
**telecommunications link** (Telecomm) / Nachrichtenverbindung f ‖ ~ **network** (Telecomm) / Telekommunikationsnetz n, TK-Netz n, Fernmeldenetz n (z.B. ein Telefonnetz), Nachrichtennetz n ‖ ~ **office** (Telecomm) / Fernmeldeamt n, FA ‖ ~ **payload** (Telecomm) / nachrichtentechnische Nutzlast
**telecommunication tower** (Telecomm) / Fernmeldeturm f
**telecommuter** n (Comp) / Telearbeiter m
**telecommuting** n (Comp) / Telearbeit f (Mitarbeiter eines Unternehmens arbeiten zu Hause, sind jedoch über Kommunikationsleitungen mit ihrem Büro verbunden), Teleheimarbeit f, Teleworking n, Homeworking n ‖ ~ **worker** (Comp) / Telearbeiter m
**telecompressor** n (Optics) / Telekompressor m (eine in den Strahlengang eines Fernrohrs eingeschaltete Sammellinse, welche dessen effektive Brennweite zugunsten eines größeren Öffnungsverhältnisses und Gesichtsfeldes verringert) ‖ ~ (Optics) s. also Shapley lens
**telecomputing** n (Comp) / Datenfernübertragung f, DFÜ (Datenfernübertragung), Telecomputing n
**teleconference** n (Comp, Telecomm) / Telekonferenz f (Oberbegriff für Fernsprechkonferenz, Videokonferenz und Bildfernsprechkonferenz) ‖ ~ (Teleph) / Fernsprechkonferenz f (Zusammenschaltung von mehr als zwei Fernsprechteilnehmern)
**teleconferencing** n (Comp, Telecomm, TV) / Abhaltung f einer Telekonferenz
**telecontrol** n (Automation) / Fernbedienung f, Fernsteuerung f ‖ ~ **host** (Comp) / Fernwirkkopf m (in der Fernwirktechnik Rechner, der die Fernwirktelegramme auf das LAN des Prozessleitsystems umsetzt) ‖ ~ **message** (Comp) / Fernwirktelegramm n ‖ ~ **network** (Comp) / Fernwirknetz n ‖ ~ **receiver** (Comp) / Fernwirkempfänger m ‖ ~ **terminal** (Telecomm) / Fernwirkendeinrichtung f ‖ ~ **transmitter** (Comp) / Fernwirksender m
**teleconverter*** n (Optics) / Telekonverter m, Teleextender m (eine in Verbindung mit einem Okular benutzte Linse, welche die effektive Brennweite vergrößert)
**telecooperation** n (Comp) / Telekooperation f (Zusammenarbeit zwischen verschiedenen selbständigen Unternehmen)
**telecopier** n (a Xerox trade name) (Comp, Telecomm) / Telefax n, Fernkopierer m (DIN 32742, T 1), Fernkopiergerät n ‖ ~ **facsimile reseiver** (Comp, Telecomm) / Fernkopier-Empfangsgerät n
**telecopy** v (Comp, Telecomm) / fernkopieren v ‖ ~ n (Comp, Telecomm) / Fernkopie f, Telekopie f
**telecopying** n (Comp, Telecomm) / Fernkopieren n, Telekopieren n
**telecottage** n (Comp) / Telearbeitsplatz m
**telecottaging** n (with the implication that the worker is based in a rural environment) (Comp) / Telearbeit f (Mitarbeiter eines Unternehmens arbeiten zu Hause, sind jedoch über Kommunikationsleitungen mit ihrem Büro verbunden), Teleheimarbeit f, Teleworking n, Homeworking n
**telecounter** n / Fernzähler m
**Teledesic** n (Teleph) / Teledesic n (ein System des Satellitenmobilfunks)
**telediagnosis** n (Med, Telecomm) / Ferndiagnose f
**telediagnostic centre** (Comp) / Ferndiagnosezentrum n, Fernwartungszentrum n
**teledrive** n (Comp) / Fernantrieb m
**tele-extender*** n (Optics) / Telekonverter m, Teleextender m (eine in Verbindung mit einem Okular benutzte Linse, welche die effektive Brennweite vergrößert)
**telefacsimile** n (Comp, Telecomm) / Fernkopieren n, Telekopieren n ‖ ~ (Telecomm) / Faksimile n (Fernkopieren + Bildtelegrafie)
**telefax** n (Comp, Telecomm) / Fernkopieren n, Telekopieren n ≙ ~ (Telecomm) / Telefax n (öffentlicher TK-Dienst der Deutschen Bundespost) ‖ ~ **machine** (Comp, Telecomm) / Telefax n, Fernkopierer m (DIN 32742, T 1), Fernkopiergerät n
**telefilm*** n (TV) / Fernsehfilm m
**telegenic*** adj (TV) / für die Fernsehübertragung geeignet, telegen adj (für Fernsehaufnahmen geeignet)
**telegram** n (Teleg) / Telegramm n (in Deutschland nicht mehr /Juni 2005/ benutzt) ‖ ~ **style** (Teleg) / Telegrammstil m (früher bei Abfassung von Telegrammen)
**telegraph** v (Teleg) / telegrafieren v ‖ ~ n (Teleg) / Telegraf m ‖ ~ **alphabet** (Teleg) / Telegrafenalphabet n ‖ ~ **channel** (Teleg) / Telegrafiekanal m ‖ ~ **circuit** (Teleg) / Telegrafenleitung f ‖ ~ **code** (Teleg) / Telegrafenkode m ‖ ~ **distortion** (Teleg) / Schrittverzerrung f, Zeichenverzerrung f

**telegraphese** n (Teleg) / Telegrammstil m (früher bei Abfassung von Telegrammen)
**telegraphic** adj (Teleg) / telegrafisch adj ‖ ~ **address** (Teleg) / Telegrammadresse f, Drahtanschrift f ‖ ~ **equation** (Phys) / Telegrafengleichung f (verallgemeinerte Wellengleichung)
**telegraphing** n (For) / Oberflächenunruhe f (auf hochglänzenden Oberflächen beschichteter Spanplatten in schräg einfallendem Licht sichtbare Verzerrungen von Spiegelbildern, die durch kleinste Unebenheiten verursacht werden) ‖ ~ (For) / Durchschlagen n, Durchzeichnen n (von beschichteten Spanplatten), Durchscheinen n (von Tägerkonstruktionen durch Deckfurnier) ‖ ~ (Materials) / Oberflächenunruhe f (die ihren Ursprung in den inneren Schichten eines Schichtstoffs hat)
**telegraph key** (Radio, Teleg) / Morsetaste f ‖ ~ **modulation** (Teleg) / Telegrafiemodulation f ‖ ~ **noise** (Teleg) / Telegrafiergeräusch n ‖ ~ **paper** (Paper) / Telegrafenpapier n ‖ ~ **pole** (Teleg) / Telegrafenstange f, Telegrafenmast m, Abspannmast m (aus Holz) ‖ ~ **receiver** (Teleg) / Empfänger m ‖ ~ **relay** (Teleg) / Telegrafenrelais n ‖ ~ **repeater** (Teleg) / Telegrafenübertragungseinrichtung f, Telegrafenwiederholer n ‖ ~ **sender** (Teleg) / Telegrafensender m ‖ ~ **speed** (Teleg) / Telegrafiergeschwindigkeit f, Schrittgeschwindigkeit f ‖ ~ **transmission** (Telecomm, Teleg) / Fernschreibübertragung f (nach dem Telegrafieprinzip) ‖ ~ **transmitter** (Teleg) / Telegrafensender m ‖ ~ **transmitter** (Teleg) / Geber m ‖ ~ **word** (Telecomm) / Fernschreibwort n ‖ ~ **word** (Teleg) / Wort n (in der Telegrafie)
**telegraphy*** n (Teleg) / Telegrafie f ‖ ~* (Teleg) / Telegrafentechnik f ‖ ~ **soundless, for aural receiving** (Radio) / Telegrafie, tonlos, für Hörempfang
**telegration** n (Telecomm) / integriertes Fernmelde- und Informationssystem
**teleguided missile*** (Mil) / Fernlenkwaffe f
**teleguiding** n / Fernlenkung f (Fernsteuerung und Fernüberwachung von ortsveränderlichen Objekten)
**teleindication** n (Automation) / Fernanzeige f
**tele-irradiation** n (Radiol) / Fernfeldbestrahlung f, Fernbestrahlung f (ein Verfahren der Röntgenbestrahlung)
**telelearning** n / Distance Learning n (alle Anwendungen, bei denen eine Telekommunikationsinfrastruktur für Anwendungen aus den Bereichen Fortbildung und Erziehung zur Verfügung gestellt wird, um räumlich voneinander getrennte Lehrer und Schüler zu verbinden), Telelearning n, Teletraining n
**telelens** n (Optics, Photog) / Teleobjektiv n (dessen Baulänge infolge eines zerstreuenden Hintergliedes kürzer als die Brennweite ist), Objektiv n langer Brennweite (dessen Brennweite die vorgesehene Diagonale der Bildgröße merklich überschreitet - mit einem genutzten Bildwinkel kleiner als 20°)
**teleloading** n (Comp) / Fernladen n (eines Programms), Fernprogrammeingabe f
**telemaintenance** n (Eng) / Fernwartung f
**telemarketing** n / Telemarketing n (Einsatz von Telekommunikationssystemen im Rahmen eines Marketing-Mix zur Beeinflussung des Kommunikationsverhaltens der Nachfrager), Telefonmarketing n (aktives, passives)
**telematics** n (Comp, Telecomm) / Telematik f (Kombination von Datenverarbeitung und Fernmeldetechnik)
**telematic service** (Comp, Telecomm) / Telematikdienst m
**telemedicine** n (Comp, Med, Telecomm) / Telemedizin f (Einsatz von Mitteln der Telekommunikation zu medizinischen Zwecken, z.B. zur Diagnostik)
**telemessage** n (GB) (Teleg, Teleph) / Telegramm n (meistens nur im Inland - per Telefon oder Telex)
**telemeter** v / fernmessen v, Messdaten übertragen ‖ ~* n (Automation, Elec Eng) / Fernmessanlage f, Fernmesseinrichtung f, Fernmessgerät n ‖ ~* (Surv) / Entfernungsmesser m, Telemeter n
**telemetering** n (Automation, Telecomm) / Fernübertragung f von Messdaten (automatische), Fernmessung f, Fernmesstechnik f, Telemetrie f (automatische Fernübertragung von Messdaten)
**telemetry*** n (Automation, Telecomm) / Fernübertragung f von Messdaten (automatische), Fernmessung f, Fernmesstechnik f, Telemetrie f (automatische Fernübertragung von Messdaten) ‖ ~* (Surv) / Streckenmessung f, Entfernungsmessung f, Distanzmessung f, Telemetrie f (Entfernungsmessung) ‖ ~ **encryption** / Verschlüsselung f der Telemetriedaten
**telemonitoring** n / Fernüberwachung f (Anwendung der Fernwirktechnik zur Überwachung von Anlagen, Geräten oder Vorgängen von räumlich getrennter Stelle) ‖ ~ (TV) / Fernsehüberwachung f
**telenewspaper** n (Comp, Telecomm) / Faksimilezeitung f (Sonderfall von Telefax, bei dem eine "Zeitung" nachrichtentechnisch übermittelt und beim Empfänger als Kopie auf einem Papierbogen wiedergegeben wird)

**teleoperator** n (Eng) / ferngesteuertes Gerät ‖ ~ (Eng) / Teleoperator m (ferngesteuerter Manipulator), Telemanipulator m ‖ ~ (Space) / Teleoperator m (Antriebsaggregat zum Transport von Satelliten vom Raumtransporter)
**telephone** v (Teleph) / fernsprechen v, telefonieren v ‖ ~ n (Teleph) / Fernsprecher m, Fernsprechapparat m, FeAp (Fernsprechapparat), Telefonapparat m, Telefon n (Fernsprecher) ‖ ~ attr (Teleph) / Fernsprech-, fernmündlich adj, telefonisch adj ‖ ~ **amplifier** (Teleph) / Telefonverstärker m ‖ ~ **answering device** (Teleph) / Anrufbeantworter m (eigenes Zusatzgerät oder als Kombigerät), AB (Anrufbeantworter)
**telephone-answering machine*** (Teleph) / Anrufbeantworter m (eigenes Zusatzgerät oder als Kombigerät), AB (Anrufbeantworter) ‖ ~ **service** (Teleph) / Fernsprechauftragsdienst m, Telefonauftragsdienst m, Auftragsdienst m ‖ ~ **set** (Teleph) / Anrufbeantworter m (eigenes Zusatzgerät oder als Kombigerät), AB (Anrufbeantworter)
**telephone banking** (Comp, Telecomm) / Telebanking n (Abwicklung von Bankgeschäften über Post und Telekommunikation), Direktbanking n, Telefonbanking n
**telephone-based videotex** (Telecomm, TV) / Bildschirmtext m (altes dialogfähiges System - heute T-Online), Btx (Bildschirmtext), BTX, Bildschirmtextsystem n (interaktiver - z.B. Prestel und Viewdata in GB, Télétel in Frankreich, Teledata in Deutschland, Viditel in den Niederlanden und Telidon in Kanada)
**telephone book** (Teleph) / Telefonbuch n, Teilnehmerverzeichnis n, Fernsprechbuch n
**telephone-book paper** (Paper) / Fernsprechbücherpapier n
**telephone booth** (GB) (Teleph) / Fernsprechzelle f (öffentliche), Fernsprechkabine f, Fernsprechautomat m, Telefonzelle f ‖ ~ **box** (GB) (Teleph) / Fernsprechzelle f (öffentliche), Fernsprechkabine f, Fernsprechautomat m, Telefonzelle f ‖ ~ **call** (Teleph) / Gespräch n, Gesprächsverbindung f, Anruf m, Telefongespräch n
**telephone-caller identification** (Teleph) / Identifizierung f des Anrufers, Anruferidentifikation f, Anruferidentifizierung f, Caller-ID m, Rufererkennung f
**telephone calling equipment** (Teleph) / Anrufeinrichtung f ‖ ~ **card** (Teleph) / Telefonkarte f, Telefonwertkarte /A/ f, Telecard f ‖ ~ **channel** (Teleph) / Telefonkanal m, Fernsprechkanal m, Gesprächskanal m ‖ ~ **charge** (Teleph) / Fernsprechgebühr f ‖ ~ **circuit** (Teleph) / Fernsprechkreis m, Fernsprechleitung f ‖ ~ **communication** (Teleph) / Telefonbetrieb m, Fernsprechbetrieb m, Fernsprechkommunikation f, Fernsprechübertragung f ‖ ~ **computer** (Teleph) / Fernsprechwählautomat m ‖ ~ **conference** (Teleph) / Fernsprechkonferenz f (Zusammenschaltung von mehr als zwei Fernsprechteilnehmern) ‖ ~ **connection** (Teleph) / Fernsprechverbindung f ‖ ~ **data service** (Teleph) / Telefondatendienst m ‖ ~ **directory** (Teleph) / Telefonbuch n, Teilnehmerverzeichnis n, Fernsprechbuch n
**telephone-directory paper** (Paper) / Fernsprechbücherpapier n
**telephone distribution cable** (Teleph) / Teilnehmerkabel n, Ortsanschlusskabel n, OAsk (Ortsanschlusskabel) ‖ ~ **exchange central** (US) (Teleph) / Fernsprechamt n, Fernsprechvermittlung f, Zentrale f, Vermittlungsstelle f ‖ ~ **feed circuit** (Teleph) / Fernsprechstromversorgungskreis m ‖ ~ **influence factor*** (Teleph) / Fernsprechstörfaktor m, Fernsprechformfaktor m ‖ ~ **interference factor*** (Teleph) / Fernsprechstörfaktor m, Fernsprechformfaktor m ‖ ~ **kiosk** (GB) (Teleph) / Fernsprechzelle f (öffentliche), Fernsprechkabine f, Fernsprechautomat m, Telefonzelle f ‖ ~ **line** (Teleph) / Fernsprechkreis m, Fernsprechleitung f ‖ ~ **link** (Teleph) / Telefonverbindung f ‖ ~ **marketing** Telemarketing n (Einsatz von Telekommunikationssystemen im Rahmen eines Marketing-Mix zur Beeinflussung des Kommunikationsverhaltens der Nachfrager), Telefonmarketing n (aktives, passives) ‖ ~ **network** (Teleph) / Fernsprechnetz n (das umfangreichste, öffentliche Fernmeldenetz) ‖ ~ **number** (Teleph) / Teilnehmerrufnummer f, Teilnehmernummer f, Rufnummer f, Anschlussnummer f, Fernruf m (Nummer) ‖ ~ **operator** (Teleph) / Vermittlungskraft f, "Vermittlung" f, Bedienungsperson f in der Telefonzentrale, Telefonist m, Telefonistin f ‖ ~ **outlet** (Teleph) / Telefonanschlussdose f ‖ ~ **party** (US) (Teleph) / Fernsprechteilnehmer m, Teilnehmer m ‖ ~ **receiver** (Teleph) / Hörer m, Fernhörer m, Telefonhörer m, Fernsprechhörer m ‖ ~ **selling** / Telefonverkauf m, Teleselling n (eine Vertriebsform) ‖ ~ **set** (Teleph) / Fernsprecher m, Fernsprechapparat m, FeAp (Fernsprechapparat), Telefonapparat m, Telefon n (Fernsprecher) ‖ ~ **set for disabled persons** (Teleph) / Behinderten-Fernsprechapparat m ‖ ~ **station** (Teleph) / Sprechstelle f, Fernsprechstelle f, Teilnehmerfernsprechstelle f ‖ ~ **subscriber** (Teleph) / Fernsprechteilnehmer m, Teilnehmer m ‖ ~ **switching system** (Teleph) / Fernsprechvermittlungssystem n ‖ ~ **traffic** (Teleph) / Telefonbetrieb m, Fernsprechbetrieb m, Fernsprechkommunikation f, Fernsprechübertragung f ‖ ~ **transmitter** (Teleph) / Sprechkapsel f (des Handapparats) ‖ ~ **transmitter** (Teleph) / Sprechkapsel f (des Handapparats) ‖ ~ **user part** (Teleph) / Telefonanwenderteil m, Telefonbenutzerteil m
**telephonic** adj (Teleph) / Fernsprech-, fernmündlich adj, telefonisch adj
**telephonist** n (GB) (Teleph) / Vermittlungskraft f, "Vermittlung" f, Bedienungsperson f in der Telefonzentrale, Telefonist m, Telefonistin f
**telephony*** n (Teleph) / Telefonie f, Fernsprechwesen n, Fernsprechtechnik f, Fernsprechen n
**telephoto** n (Optics, Photog) / Teleobjektiv n (dessen Baulänge infolge eines zerstreuenden Hinterglieds kürzer als die Brennweite ist), Objektiv n langer Brennweite (dessen Brennweite die vorgesehene Diagonale der Bildgröße merklich überschreitet - mit einem genutzten Bildwinkel kleiner als 20°) ‖ ~ (Photog) / Telefotografie f, Fernfotografie f ‖ ~ **attachment** (Photog) / Televorsatz m ‖ ~ **attachment** (with a collective front component and a dispersive rear component) (Photog) / Teleansatz m
**telephotographic** adj (Photog) / telefotografisch adj ‖ ~ **camera** (Photog) / Kamera f für Fernaufnahmen ‖ ~ **lens** (Optics, Photog) / Teleobjektiv n (dessen Baulänge infolge eines zerstreuenden Hinterglieds kürzer als die Brennweite ist), Objektiv n langer Brennweite (dessen Brennweite die vorgesehene Diagonale der Bildgröße merklich überschreitet - mit einem genutzten Bildwinkel kleiner als 20°)
**telephotography*** n (Photog) / Telefotografie f, Fernfotografie f
**telephoto lens*** (Optics, Photog) / Teleobjektiv n (dessen Baulänge infolge eines zerstreuenden Hinterglieds kürzer als die Brennweite ist), Objektiv n langer Brennweite (dessen Brennweite die vorgesehene Diagonale der Bildgröße merklich überschreitet - mit einem genutzten Bildwinkel kleiner als 20°)
**telephotometer** n (Aero) / Sichtmessgerät n, Transmissometer n (z.B. zur Ermittlung der Landebahnsicht)
**teleport** n (a centre providing interconnections between different forms of telecommunications, especially one which links satellites to ground-based communications) (Telecomm) / Teleport m (privates Zugangsnetz zu einem Satellitennetz) ‖ ~ (Telecomm) / Teleport m (Gebäudekomplex mit komplexem Telematikverbund für mietende Unternehmen)
**telepresence** m (Comp) / Telepräsenz f (virtuelle Realität)
**teleprinter*** n (Teleg) / Fernschreiber m ‖ ~ **network** (Teleg) / Fernschreibnetz n
**teleprocessing** n (Comp) / Datenfernverarbeitung f ‖ ~ (Comp, Print) / Teleprocessing n (Anschluss verschiedener Druckereien über Fernsprech- oder Telexkabel an eine Datenverarbeitungsanlage) ‖ ~ (Comp) s. also telematics ‖ ~ **system** (Comp) / DFV-System n, Datenfernverarbeitungssystem n
**teleprogramming** n (Comp) / Teleprogrammierung f (dezentrale Programmierung)
**teleprompter*** n (Cinema, TV) / Teleprompter m (Vorrichtung, die es Fernsehmoderatoren und -ansagern ermöglicht, beim Blick in die Studiokamera Texte ablesen zu können - optischer Souffleur)
**telepublishing** n (Comp, Print) / Telepublishing n
**telereceptor*** n (Biol) / Telerezeptor m, Fernrezeptor m
**telerecord** v (TV) / fazen v
**telerecording*** n (TV) / Fernsehaufzeichnung f (Überspielung von Magnetbändern auf Film), Filmaufzeichnung f, FAZ (Filmaufzeichnung)
**telereservation** n (Comp) / Fernbuchung f, Fernreservierung f
**telerobotic camera** (Cinema, Photog) / robotergeführte Kamera
**teleroentgenogram** n (Radiol) / Teleröntgenogramm n (Röntgenaufnahme, die mit großem Brennfleck-Objekt-Abstand angefertigt wurde), Teleaufnahme f
**telescope** v / Teleskop ausfahren, austeleskopieren v ‖ ~ vt (Eng) / ausfahren vt (z.B. einen Ausleger) ‖ ~ n (Nuc) / Zählrohrteleskop n, Teleskop n (Zählrohrkombination) ‖ ~* (Optics) / Fernrohr n, Teleskop n (Fernrohr) ‖ ~* (Optics) s. also radio telescope ‖ ~ **objective** (Optics) / Fernrohrobjektiv n
**telescopic** adj / Teleskop-, teleskopisch adj ‖ / ausziehbar adj, zusammenschiebbar adj, ineinander schiebbar adj ‖ ~ **antenna** (Radio) / Teleskopantenne f ‖ ~ **boom** (Eng) / Teleskopausleger m ‖ ~ **bridge** (Aero) / ausziehbare Fluggastbrücke ‖ ~ **compensator** (Civ Eng, Eng) / Gleitrohrkompensator m (zum Dehnungsausgleich bei Rohrleitungen) ‖ ~ **floor stand** (Cinema) / ausziehbares Bodenstativ, ausziehbares Lampenstativ (ein Bodenstativ), Klappstativ n ‖ ~ **gasholder** (Eng) / Teleskopgasbehälter m ‖ ~ (hydraulic) **prop** (Mining) / Teleskopstempel m (hydraulischer Stempel in Schreitausbaueinheiten, dessen Innenstempel aus einem hydraulisch verlängerbaren Doppelrohr besteht, um die Verstellhöhe und damit die Anpassung an größere Schwankungen der Flözmächtigkeit zu verbessern), ausziehbarer Stempel (Teleskopstempel) ‖ ~ **shaft*** (Eng) / Teleskopwelle f ‖ ~ **shock absorber** (Autos) / Teleskopstoßdämpfer m ‖ ~ **sight** (Surv) / Visierfernrohr n, Richtfernrohr n ‖ ~ **stars** (Astron) / nur durch ein

1607

**telescopic**

Fernrohr erkennbare Sterne ‖ ~ **tube** (Eng) / Teleskoprohr n ‖ ~ **type door** (Join) / Ausziehtür f, Teleskoptür f
**telescoping** n (Geol, Mining) / Telescoping n (bei den aus hochliegenden Magmenherden stammenden subvulkanisch-hydrothermalen Erzlagerstätten) ‖ ~ **antenna** (Radio) / Teleskopantenne f ‖ ~ **mast** / Teleskopmast m (eines Gabelstaplers) ‖ ~ **sliding guard** (Eng) / Teleskopblech n (Späneschutz für die Führungsbahnen an Werkzeugmaschinen) ‖ ~ **spindle** (Eng) / Konsolspindel f, Teleskopspindel f (des Konsolgetriebes)
**teleseism** n (Geol) / Fernbeben n
**teleseismic** adj (Geol) / teleseismisch adj
**teleselling** n / Telefonverkauf m, Teleselling n (eine Vertriebsform)
**teleservice** n (Telecomm) / standardisierter Dienst (für die direkte Teilnehmer-Teilnehmer-Kommunikation mit Festlegung der Kommunikationsfunktionen einschließlich der Endgeräte, wie Fernsprechen, Telefax und Faksimile)
**teleservices** pl (Comp) / Teledienste m pl (Standarddienste, höhere Dienste und Sonderdienste)
**teleshopping** n (Comp, TV) / Homeshopping n (eine Vertriebsform), Teleshopping n (per Internet), Electronic Shopping n
**telesoftware** n (Comp) / Telesoftware f (die über die Bildschirmtextzentrale zur Anwendung im Btx-Terminal abgerufen werden kann)
**telespection** n / Telespektion f (Fernerkundung, -beobachtung und -messung aus Flugzeugen und Satelliten)
**telestation** n (TV) / Fernsehsender m (für den Fernsehrundfunk), Fernsehstation f
**teleswitch** v / fernschalten v
**teleswitching** n (Elec Eng) / Fernschalten n
**teleteaching** n (Comp) / Teleteaching n (Einsatz von Telekommunikationsdiensten und Inhouse-Netzen zur Lehre im universitären Bereich), Fernunterricht m
**Teletex** n (Comp) / Teletex (Ttx) n, Büroferschreiben n, Ttx ‖ ~ **terminal** (Telecomm) / Teletex-Endgerät n
**teletherapy**\* n (Radiol) / Ferntherapie f, Teletherapie f
**telethermal** adj (Min) / telethermal adj (Temperaturbereich der Mineralausscheidung unterhalb etwa 100 °C) ‖ ~ **ore deposit** (Geol, Mining) / telethermale Erzlagerstätte (die in großer Entfernung vom Magma bei sehr niedriger Temperatur entstanden ist)
**telethermometer** n (Phys) / Fernthermometer n
**telethon** n (to raise money for a charity) (TV) / Mammutsendung f (meistens zugunsten von Wohlfahrtsorganisationen), Fernsehgroßveranstaltung f (meistens zugunsten von Wohlfahrtsorganisationen)
**teletube** n (TV) / Bildröhre f
**teletype broadcast** (Aero) / Fernschreibrundsendung f ‖ ~ **message** (Teleg) / Fernschreibmeldung f ‖ ~ **paper** (Paper) / Fernschreibpapier n
**teletypesetting**\* n (Typog) / Fernsatz m (System für automatischen Zeilensatz durch Trennung des Setzvorganges von der Setz- und Gießmaschine)
**teletypewriter** n (US)\* (Teleg) / Fernschreiber m
**teletyping** n (Telecomm) / Fernschreiben n (Tätigkeit)
**televiewer** n (TV) / Fernsehzuschauer m, Fernsehteilnehmer m
**televise** v (TV) / im Fernsehen bringen, über (im) Fernsehen übertragen, über (im) Fernsehen ausstrahlen
**television** n (TV) / Fernsehrundfunkempfänger m, Fernsehempfänger m, Fernsehapparat m, Fernseher m ‖ ~\* (TV) / Television f, Fernsehen n ‖ ~ **(broadcasting)**\* (TV) / Fernsehrundfunk m, Fernsehfunk m ‖ ~ **attr** / Fernseh- ‖ ~ **aerial** (TV) / Fernsehantenne f
**televisional** adj / Fernseh-
**television antenna** (TV) / Fernsehantenne f
**televisionary** adj / Fernseh-
**television audience measurement** (TV) / Ermittlung f der Fernsehzuschauerzahlen, Messung f der Einschaltquote ‖ ~ **broadcast** (TV) / Fernsehübertragung f (trägerfrequente Fortleitung und Verteilung des Bildsignals beim Fernsehen zusammen mit dem zum Bild gehörenden Begleitton bis zum Fernsehempfänger) ‖ ~ **broadcasting** (TV) / Fernsehrundfunk m ‖ ~ **broadcast station** (TV) / Fernsehsender m (für den Fernsehrundfunk), Fernsehstation f ‖ ~ **cable**\* (TV) / Fernsehkabel n ‖ ~ **camera**\* (TV) / Fernsehkamera f ‖ ~ **camera tube** (TV) / Bildaufnahmeröhre f, Fernsehaufnahmeröhre f, Aufnahmeröhre f ‖ ~ **chain** (TV) / Fernsehkette f ‖ ~ **channel**\* (TV) / Fernsehkanal m (ein genau festgelegter Anteil im Fernsehfrequenzbereich zur Übertragung eines Fernsehrundfunkprogramms)
**television-channel spacing** (TV) / Fernsehkanalabstand m ‖ ~ **translator** (TV) / Fernsehumsetzer m, Kanalumsetzer m, Fernsehkanalumsetzer m (ein Füllsender)
**television field frame**\* (TV) / Fernsehbild n (beim Zeilensprungverfahren) ‖ ~ **frame** (TV) / Fernsehbild n ‖ ~ **frequency converter** (TV) / Fernsehumsetzer m, Kanalumsetzer m, Fernsehkanalumsetzer m (ein Füllsender) ‖ ~ **image** (TV) / Fernsehbild n ‖ ~ **interference** (TV) / Fernsehstörung f ‖ ~ **licence fee** (TV) / Fernsehgebühren f pl ‖ ~ **line** (TV) / Fernsehzeile f ‖ ~ **microscope** (Micros) / Fernsehmikroskop n ‖ ~ **network** (TV) / Fernsehnetz n, Fernsehübertragungsnetz n ‖ ~ **OB van** (TV) / Fernsehübertragungswagen m ‖ ~ **picture** (TV) / Fernsehbild n ‖ ~ **picture tube** (TV) / Bildröhre f ‖ ~ **print** (Cinema) / Sendekopie f für das Fernsehen ‖ ~ **probe** (Space) / Fernsehsonde f ‖ ~ **rebroadcasting station** (TV) / Fernsehumsetzer m, Kanalumsetzer m, Fernsehkanalumsetzer m (ein Füllsender) ‖ ~ **receive-only system** (TV) / Satellitenreceiver m, Satellitenfernsehempfänger m ‖ ~ **receiver**\* (TV) / Fernsehrundfunkempfänger m, Fernsehempfänger m, Fernsehapparat m, Fernseher m ‖ ~ **reception** (TV) / Fernsehempfang m ‖ ~ **relay station** (TV) / Relaisstation f (beim Fernsehen) ‖ ~ **repeater** (TV) / Relaisstation f (beim Fernsehen) ‖ ~ **robot** (Space) / Fernsehsonde f ‖ ~ **satellite** (TV) / Fernsehsatellit m, Fernsehrundfunksatellit m ‖ ~ **sensor** / Fernsehsensor m (Anordnung optischer Sensoren als bildverarbeitendes System, das zum automatischen Klassifizieren und Lageerkennen unterschiedlicher Objekte anwendbar ist) ‖ ~ **set**\* (TV) / Fernsehrundfunkempfänger m, Fernsehempfänger m, Fernsehapparat m, Fernseher m ‖ ~ **signal** (TV) / Fernsehsignal n ‖ ~ **sound transmitter** (TV) / Fernsehtonsender m ‖ ~ **standard** (TV) / Fernsehnorm f (CCIR mit 625 Zeilen und 50 Halbbildern, USA mit 525 Zeilen und 60 Halbbildern) ‖ ~ **standards converter** (TV) / Fernsehnormwandler m, Fernsehnormumsetzer m ‖ ~ **station** (TV) / Fernsehsender m (für den Fernsehrundfunk), Fernsehstation f ‖ ~ **studio** (TV) / Fernsehstudio n ‖ ~ **system** (for remote monitoring and supervision) (Electronics, TV) / Fernauge n (zur Überwachung bei geschlossener Kanalbauweise) ‖ ~ **system converter** (TV) / Zeilenumsetzer m, Normenwandler m (z.B. 525/60 in 625/50), Normwandler m ‖ ~ **system for sewers** (Civ Eng, San Eng) / Kanalfernauge n ‖ ~ **transmission** (TV) / Fernsehübertragung f (trägerfrequente Fortleitung und Verteilung des Bildsignals beim Fernsehen zusammen mit dem zum Bild gehörenden Begleitton bis zum Fernsehempfänger) ‖ ~ **transmitter** (TV) / Fernsehbildsender m ‖ ~ **transmitter**\* (TV) / Fernsehsender m ‖ ~ **transposer** (TV) / Fernsehumsetzer m, Kanalumsetzer m, Fernsehkanalumsetzer m (ein Füllsender) ‖ ~ **tube** (TV) / Bildröhre f
**televisual** adj / Fernseh-
**televoting** n (Comp, Telecomm) / Televotum n (ein Dienst des IN), Televoting n
**telework** n (Comp) / Telearbeit f (Mitarbeiter eines Unternehmens arbeiten zu Hause, sind jedoch über Kommunikationsleitungen mit ihrem Büro verbunden), Teleheimarbeit f, Teleworking n, Homeworking n
**teleworker** n (Comp) / Telearbeiter m
**teleworking** n (Comp) / Telearbeit f (Mitarbeiter eines Unternehmens arbeiten zu Hause, sind jedoch über Kommunikationsleitungen mit ihrem Büro verbunden), Teleheimarbeit f, Teleworking n, Homeworking n
**telewriter** n (Telecomm) / Bildfernschreiber m
**telewriting** n (Telecomm) / Bildfernschreiben n
**telex** v (Telecomm) / fernschreiben v (mit dem Fernschreiber), telexen v ‖ ≏ n (Telecomm) / Telex m, TX, Fernschreibdienst m, Telexsystem n ‖ ~\* n (Telecomm) / Telex m, TX, Fernschreibdienst m, Telexsystem n ‖ ~ **communication circuit** (Telecomm) / Fernschreibleitung f (Telex) ‖ ~ **destination code** (Telecomm) / Telexnetzkennzahl f
**Telfener rack** (Civ Eng) / Telfener Zahnstange
**telfer line** (Civ Eng) / Hängebahn f (mit E-Katzen)
**Telidon** n / Telidon n (kanadisches Videotex-System)
**telinite** n (Min, Mining) / Telinit m (ein Mazeral)
**Telink** n (Comp) / Telink n (Protokoll, das hauptsächlich bei FIDO-Mailboxen eingesetzt wird)
**teller counter terminal** (Comp) / Schalterterminal n (in einer Bank)
**Teller-Redlich rule** (Nuc) / Produktregel f von Teller und Redlich
**teller workstation** (Comp) / Schalterarbeitsplatz m (in einer Bank)
**tell-tale** n (Build) / Rissbewegungsanzeiger m (z.B. ein Glasplättchen oder eine Mörtelbrücke) ‖ ~ (Instr) / Anzeigeinstrument n, anzeigendes Messinstrument, anzeigendes Messgerät (DIN 1319, T 2), Anzeiger m, Anzeigeeinrichtung f, Anzeigegerät n ‖ ~ **lamp** (Elec Eng) / Kontrolllämpchen n, Warnleuchte f, Warnlampe f, Kontrollleuchte f, Kontrolllampe f
**tellurate** n (Chem) / Tellurat n (Salz der Oxosäuren des Tellurs - entweder (IV)- oder (VI)-) ‖ ~**(IV)** (Chem) / Tellurit n (Salz der tellurigen Säure)
**telluric acid** (Chem) / Orthotellursäure f, Tellursäure f (H$_6$TeO$_6$) ‖ ~ **bismuth** (Min) / Tellurobismutit m ‖ ~ **current**\* (Elec Eng) / Erdstrom m (DIN 40 108), tellurischer Strom
**telluric-current prospecting** (Geol, Oils) / Tellurik f
**telluric lines**\* (Astron) / tellurische Linien (Spektrallinien oder -banden, die beim Durchgang des Lichts durch die Erdatmosphäre

dem Sonnen-, Stern- bzw. Planetenspektrum aufgeprägt werden) ‖ ~ **ochre** (Min) / Tellurit m (TeO₂)
**telluride**\* n (Chem) / Tellurid n (Salz des Tellurwasserstoffs)
**tellurite** n (Chem) / Tellurit n (Salz der tellurigen Säure) ‖ ~\* (Min) / Tellurit m (TeO₂) ‖ ~ **glass** (Glass, Optics) / Telluritglas n (ein optisches Glas)
**tellurium**\* n (Chem) / Tellur n, Te (Tellur) ‖ ~ **dichloride** (Chem) / Tellur(II)-chlorid n ‖ ~ **dioxide** (Chem) / Tellur(IV)-oxid n, Tellurdioxid n (TeO₂) ‖ ~ **hydride** (Chem) / Tellurwasserstoff m (TeH₂), Tellan n ‖ **~(IV) oxide** (Chem) / Tellur(IV)-oxid n, Tellurdioxid n (TeO₂) ‖ **~(VI) oxide** (Chem) / Tellur(VI)-oxid n, Tellurtrioxid n (TeO₃) ‖ ~ **oxoacid** (Chem) / Oxosäure f des Tellurs ‖ ~ **trioxide** (Chem) / Tellur(VI)-oxid n, Tellurtrioxid n (TeO₃)
**tellurobismuth**\* n (Min) / Tellurobismutit m
**tellurometer**\* n (Surv) / Tellurometer n (elektronisches Mikrowellen-Streckenmessgerät mit Phasenwinkeldifferenzmessung)
**tellurous acid** (Chem) / tellurige Säure
**Telnet**\* n (Comp) / Telnet n (TCP/IP-Dienstprogramm und -Protokoll zum Aufbau einer Terminal-Emulation)
**telomer** n (Chem) / Telomerisat n, Telomeres n, Telomer n (Produkt der Telomerisation)
**telomerase** n (Biochem) / Telomerase f
**telomere**\* n (Gen) / Telomer n (Endabschnitt eines Chromosoms)
**telomerization** n (Chem) / Telomerisation f (eine besondere Form der Polymerisation)
**telophase**\* n (Cyt, Gen) / Telophase f (Endphase der Zellteilung)
**telpher line** (Civ Eng) / Hängebahn f (mit E-Katzen) ‖ ~ **line** (Civ Eng) s. also monorail
**Telsmith breaker** (Eng) / Telsmith-Kreiselbrecher m
**telvar** n (Agric) / Telvar n (Totalherbizid aus Monuron zur Verwendung auf Nichtkulturland)
**TEM** (Chem, Pharm) / Tretamin n (ein Cytostatikum) ‖ ~\* (transmission electron microscope) (Micros) / Durchstrahlungselektronenmikroskop n, Elektronendurchstrahlungsmikroskop n, Transmissionselektronenmikroskop n, TEM (Transmissionselektronenmikroskop)
**temazepam**\* n (Pharm) / Temazepam n (internationaler Freiname eines Tranquilizers)
**temblor** n (US) (Geol, Geophys) / Erdbeben n
**tembusu** n (a heavy hardwood) (For) / Tembusu n (Fagraea ssp.)
**Temex** n (telemetry exchange - telecontrol service of the Deutsche Bundespost) (Telecomm) / Temex n (Übermittlung von Fernwirksignalen zwischen privaten End- und Leitstellen - ein Dienst der Deutschen Bundespost), TEMEX-Dienst m
**TEM mode** (Telecomm) / transversal-elektromagnetischer Mode, TEM-Typ m, TEM-Mode m (Wellenleiter)
**temnisation** n (GB) (Glass) / partielle Vorspannung, Temnisation f
**temnization** n (Glass) / partielle Vorspannung, Temnisation f
**TE mode** (Telecomm) / TE-Typ m, TE-Mode m, H-Typ m (Wellenleiter)
**temoe lawak** (For) / Temoe Lawak (Rhizom der Curcuma zedoaria (Christm.) Roscoe), Temoe Leak
**témoin**\* n (Civ Eng) / Erdkegel m
**temp** (Phys) / Temperatur f (physikalische Basisgröße mit der SI-Einheit Kelvin - DIN 1345 und 13346)
**tempa spare** (Autos) / Hochdrucknotrad n, Hochdruckrad n ‖ ~ **spare wheel** (Autos) / Hochdrucknotrad n, Hochdruckrad n
**temp co** (Phys) / Temperaturkoeffizient m (die relative Änderung einer physikalischen Größe bei einer Temperaturänderung um 1 K), TK-Wert m, Temperaturbeiwert m
**temper** v / mäßigen v, mildern v, temperieren v (mäßigen) ‖ ~ / mit Wasser anmachen, mit angemessener Menge Wasser versetzen ‖ ~ (Acous) / temperieren v ‖ ~ (Agric, Nut) / netzen v (Getreide) ‖ ~ (Eng, Met) / anlassen v (DIN EN 10 052) ‖ ~ (For) / härten v (Faserplatten) ‖ ~ (Foundry) / anfeuchten v (Formsand) ‖ ~\* (Glass) / verspannen v, härten v, vorspannen v, abschrecken v ‖ ~ (Nut) / durch Verdünnen auf richtige Konzentration einstellen (alkoholische Getränke) ‖ ~ (Nut) / temperieren v (Schokoladenmasse) ‖ ~ n (Met) / Kohlenstoffgehalt m des Stahls
**tempera** n / Temperamalerei f, Tempera f (Temperamalerei) ‖ ~ (Paint) / Temperafarbe f (Künstlerfarbe mit in Wasser verdünntem Eigelb, Leim oder Honig als Bindemittel, die nach dem Trocknen wasserunlöslich ist), Tempera f (Künstlerfarbe) ‖ ~ (Paint) / Tempera f (Technik der Malerei mit Temperafarben)
**temperament** n (Acous) / Temperatur f, temperierte Stimmung (bei Tasteninstrumenten)
**temperance** n (Bacteriol) / Temperenz f (bei Phagen)
**temperate** adj / gemäßigt adj, mild adj (Klima) ‖ ~ (Bot) / temperat adj (Zone) ‖ ~ **glacier** (Geol) / nicht gefrorenen Untergrund überfahrender Gletscher ‖ ~ **glasshouse** (Agric) / temperiertes Haus (12 - 18 °C), temperiertes Glashaus ‖ ~ **martensite** (Met) /

Anlassmartensit m ‖ ~ **phage**\* (Gen) / temperenter Phage, temperierter Phage ‖ ~ **rainforest** (For) / subtropischer Regenwald
**temperature**\* n (Phys) / Temperatur f (physikalische Basisgröße mit der SI-Einheit Kelvin - DIN 1345 und 13346) ‖ **7.6** ~ (Glass) / Littleton-Punkt m, Erweichungspunkt m nach Littleton, $0^{7\cdot6}$-Temperatur f ‖ **13.0** ~ (Glass) / Entspannungstemperatur f (im Allgemeinen) ‖ ~ **accountability** (Aero) / Temperaturberücksichtigung f (bei Konstruktion und Betrieb) ‖ ~ **autostabilizing non-linear dielectric element** (Electronics) / TGS-Element n, Tandel n ‖ ~ **balance** (Phys) / Temperaturausgleich m ‖ ~ **change** (Phys) / Temperaturänderung f ‖ ~ **characteristic** (Phys) / Temperaturkennlinie f ‖ ~ **coefficient**\* (Phys) / Temperaturkoeffizient m (die relative Änderung einer physikalischen Größe bei einer Temperaturänderung um 1 K), TK-Wert m, Temperaturbeiwert m
**temperature-compensated crystal oscillator** (Electronics) / temperaturkompensierter Quarzoszillator
**temperature compensation** (Surv) / Temperaturkorrektur f, Temperaturkompensation f ‖ ~ **compensator** (Autos) / Düsenthermostat m, Temperaturausgleichsthermostat m (bei SU-Vergasern) ‖ ~ **control** / Temperaturführung f (Beeinflussung - als aktive Tätigkeit) ‖ ~ **control** (with feedback) / Temperaturregelung f ‖ ~ **control** (without feedback) (Automation) / Temperatursteuerung f
**temperature-controlled hot forming** (Met) / temperaturgeregelte Warmumformung
**temperature correction**\* (Surv) / Temperaturkorrektur f, Temperaturkompensation f ‖ ~ **curve** (Phys) / Temperaturkurve f ‖ ~ **cycle**\* (Nuc Eng) / Temperaturwechsel m, Temperaturzyklus m ‖ ~ **cycle resistance** (Materials) / Temperaturwechselbeständigkeit f, Wärmewechselbeständigkeit f, TWB (Temperaturwechsaelbeständigkeit)
**temperature-dependent** adj (Chem, Phys) / temperaturabhängig adj
**temperature determination** (Phys) / Temperaturbestimmung f, Temperaturermittlung f ‖ ~ **difference** (Phys) / Temperaturunterschied m, Temperaturdifferenz f (DIN 1345 und 13346) ‖ ~ **drop** (Phys) / Temperaturabfall m, Temperaturabnahme f, Temperaturrückgang m ‖ ~ **endurance** (Elec Eng) / Wärmebeständigkeit f (z.B. der Isolierstoffe)
**temperature-enthalpy chart** (Phys) / i,T-Diagramm n, Enthalpie-Temperatur-Diagramm n (ein Mollier-Diagramm)
**temperature-entropy chart** (Phys) / Temperatur-Entropie-Diagramm n ‖ ~ **chart** (Phys) / T,s-Diagramm n (ein Zustandsdiagramm) ‖ ~ **diagram** (Phys) / T,s-Diagramm n (ein Zustandsdiagramm)
**temperature equalization** / Temperaturabgleich m (z.B. zwischen Messgerät, Prüfling und Messnormal) ‖ ~ **excursion** (Eng) / Temperaturüberschreitung f, Übertemperatur f ‖ ~ **gauge** (Autos) / Kühlwassertemperatur-Messeinrichtung f ‖ ~ **gradient** (Phys) / Temperaturgradient m (die räumliche Änderung der Temperatur in einem thermodynamischen System)
**temperature-humidity index** (Physiol) / Behaglichkeitsziffer f, Comfort-Index m
**temperature-indicating crayon** (Paint) / Temperaturmessfarbstift m, Temperaturmessstift m, Thermokreide f ‖ ~ **paint** (Paint) / Temperaturmessfarbe f, temperaturanzeigende Anstrichfarbe, Thermokolorfarbe f
**temperature-insensitive** adj (Chem, Phys) / temperaturunempfindlich adj
**temperature inversion**\* (Meteor) / Inversion f, Temperaturumkehr f ‖ ~ **jump method** (Chem) / Temperatursprungmethode f (zur Untersuchung der Reaktionsmechanismen schneller Reaktionen) ‖ ~ **lapse rate**\* (Meteor) / negativer Temperaturgradient ‖ ~ **lever** (Autos) / Heizungshebel m
**temperature-limited**\* adj (Electronics) / temperaturbegrenzt adj
**temperature logging** (Oils) / Temperaturmessung f (im Bohrloch), Bohrlochtemperaturmessung f ‖ ~ **measuring** (Phys) / Temperaturmessung f ‖ ~ **monitoring** (Automation) / Temperaturüberwachung f, Temperaturkontrolle f ‖ ~ **of the piston** (I C Engs) / Kolbentemperatur f ‖ ~ **of the soil** (Agric, Meteor) / Bodentemperatur f (Temperatur der Luft, gemessen entsprechend den WMO-Richtlinien in einer Thermometerhütte m 2 m über Grund) ‖ ~ **profile** / Temperaturführung f (als Ergebnis), Temperaturverlauf m
**temperature-programmed chromatography** (Chem) / Chromatografie f mit Temperaturgradient, Chromatografie f mit programmierter Temperatur ‖ ~ **gas chromatography** (Chem) / temperaturprogrammierte Gaschromatografie, Gaschromatografie f mit programmierter Temperatur
**temperature equalization** / Temperaturabgleich m (z.B. zwischen Messgerät, Prüfling und Messnormal)
**temperature radiation** (Heat) / Temperaturstrahlung f (Wärmestrahlung, bei der sich der Strahler und Empfänger im

**temperature**

thermodynamischen Gleichgewicht befinden - DIN 1341) || **~ range** (Phys) / Temperaturbereich *m* || **~ recorder** (Meteor, Phys) / Thermograf *m*, registrierendes Thermometer, Temperaturschreiber *m* || **~ regime** (Agric) / Temperaturregime *n* (des Bodens) || **~ regulation** (Physiol) / Temperaturregulation *f*, Thermoregulation *f*, Wärmeregulation *f* || **~ resistance** (Phys) / Temperaturbeständigkeit *f* || **~ ripple** / Temperaturwelligkeit *f* (Schwankung der Innentemperatur als Folge des Regelvorganges bei gleich bleibenden Betriebsbedingungen) || **~ rise** (Phys) / Temperaturanstieg *m*, Temperatursteigerung *f*, Temperaturzunahme *f*
**temperature-rise rate** (Phys) / Temperaturanstiegsgeschwindigkeit *f*
**temperature scale** (Phys) / Temperaturskale *f*, Temperaturskala *f* || **~ sense** (Physiol) / Temperatursinn *m* (Fähigkeit eines Lebewesens, Temperaturunterschiede wahrzunehmen), Temperaturempfinden *n*, Wärmesinn *m*
**temperature-sensitive** *adj* (Chem, Phys) / temperaturempfindlich *adj*
**temperature sensor** (Phys) / Temperatursensor *m*, Temperaturfühler *m* || **~ setting** (Eng) / Temperatureinstellung *f* || **~ stability** (Phys) / Temperaturbeständigkeit *f*
**temperature-stable** *adj* / temperaturbeständig *adj* || **~ / klimasicher** *adj* (z.B. Kassettengehäuse)
**temperature steel** (Met) / temperaturwechselbeständiger Stahl || **~ survey** (Oils) / Temperaturmessung *f* (im Bohrloch), Bohrlochtemperaturmessung *f* || **~ valve** (Eng) / Thermoventil *n* (das temperaturgesteuert öffnet und schließt) || **~ wave** (Phys) / Temperaturwelle *f* || **~ well logging** (Oils) / Temperaturmessung *f* (im Bohrloch), Bohrlochtemperaturmessung *f*
**temper brittleness*** (Met) / Anlasssprödigkeit *f* (DIN 10 052), Anlassversprödung *f* (Abnahme der Zähigkeit beim Anlassen, insbesondere von Martensit) || **~-carbon** *n* (Met) / Temperkohle *f* (beim Temperguss ausgeschiedener Kohlenstoff) || **~ colour*** (Met) / Anlauffarbe *f*, Anlassfarbe *f* (die zur Temperaturbestimmung benutzt werden kann)
**tempered hardboard** (Build, For, Join) / wärmebehandelte (vergütete) Faserplatte *f*, gehärtete Faserplatte, getemperte Faserplatte || **~ safety glass** (Glass) / thermisch vorgespanntes Glas, vorgespanntes Sicherheitsglas (durch thermisches Abschrecken)
**temper embrittlement** (Met) / Anlasssprödigkeit *f* (DIN 10 052), Anlassversprödung *f* (Abnahme der Zähigkeit beim Anlassen, insbesondere von Martensit) || **~ etching** (Met) / Anlassätzen *f* || **~-hardening*** *n* (Met) / Aushärtung *f* bei erhöhter Temperatur, Vergütung *f* bei höherer Temperatur
**tempering** *n* (Agric, Nut) / Konditionierung *f* (von Getreide), Abstehen *n* (von Getreide) || **~*** (Eng, Met) / Anlassen *n* (DIN EN 10 052) || **~** (For) / Wärmebehandlung *f* (von Faserplatten), Härten *n* (Faserplattenvergütung) || **~** (Foundry) / Anfeuchten *n* (von Formsand) || **~** (Glass) / Verspannen *n*, Härten *n*, thermische Verfestigung, Vorspannen *n*, Abschrecken *n* || **~** (Nut) / Temperieren *n* (der Schokoladenmasse bei 27 - 29 °C) || **~** (Plastics) / Temperung *f*, Tempern *n* || **~** (Textiles) / Milderung *f*, Zusatz *m* (Färberei) || **~ furnace** (Met) / Anlassofen *m*, Nachwärmofen *m* || **~ oil** (Met) / Anlassöl *n* || **~ pan** (a mechanical, pan-type mixer in which clays and bodies are blended with water to working consistencies) (Ceramics) / Nassmischer *m* || **~ steel** (Met) / Vergütungsstahl *m* (DIN EN 10 083-1)
**temper mill** (Met) / Dressierwalzwerk *n* (um die Fließfiguren zu vermeiden), Nachwalzwerk *n* || **~ rolling** (Met) / Dressierwalzen *n*, Nachwalzen *n* (um die Fließfiguren zu vermeiden) || **~ rolling mill** (Met) / Dressierwalzwerk *n* (um die Fließfiguren zu vermeiden), Nachwalzwerk *n* || **~ screw** (Mining) / Nachlassvorrichtung *f*
**tempest** *n* (Comp) / elektromagnetische Abstrahlung im freien Raum oder auf Leitungen (unerwünscht bei Geräten, die sicherheitsempfindlichen Klartext verarbeiten)
**tempestite** *n* (Geol) / Tempestit *m*, Sturmflutablagerung *f*
**tempest-proof** *adj* (Comp, Mil) / tempestsicher *adj* (Gerät, das sicherheitsempfindlichen Klartext verarbeitet)
**tempilstick** *n* (a crayon that, when applied to a surface, indicates when the surface temperature exceeds a given value by changing colour) (Paint) / Temperaturmessfarbstift *m*, Temperaturmessstift *m*, Thermokreide *f*
**template*** *n* / Schablone *f*, Lochschablone *f* || **~** (Biochem) / Matrize *f* (ein Makromolekül, das die Struktur eines anderen Makromoleküls bestimmt) || **~*** (Build, Civ Eng) / Auflagerbank *f*, Auflagerplatte *f*, Auflagerstein *m*, Polsterstein *m* || **~** (Chem) / Templat(e) *n* || **~** (Comp) / Dokumentvorlage *f* (bei Textprogrammen) || **~** (Comp) / Eintragsmaske *f* (bei einem Datenbankprogramm), Eingabemaske *f* || **~** (Comp) / Tastaturschablone *f* || **~** (Eng) / Nachformschablone *f*, Leitkurve *f* (ein Formspeicher) || **~*** (Eng) / Leitlineal *n* (zum Drehen von Kegeln) || **~** (Foundry, Textiles) / Schablone *f*, Kernschablone *f* || **~** (Textiles) / Zuschneideschablone *f* || **~ effect** (Chem) / Template-Effekt *m* (bei organischen Reaktionen in Gegenwart von Metall-Ionen) || **~ matching** (Comp) / Schablonenvergleich *m* || **~ moulding** (Foundry) / Schablonenformerei *f*, Schablonieren *n*, Schablonenformen *n* (mit der Dreh- oder Ziehschablone) || **~ polymerization** (Chem) / Template-Polymerisation *f*, Matrizenpolymerisation *f* || **~ reaction** (Chem) / Matrizenreaktion *f* || **~ RNA** (Biochem) / Messenger-Ribonukleinsäure *f*, Messenger-RNS *f*, Boten-RNS *f*, m-RNS *f* || **~ synthesis** (Chem) / Template-Synthese *f* || **~ tracer** (Welding) / Leitrolle *f*
**temple*** *n* (Weaving) / Breithalter *m*, Tempel *m*, Breitrichter *m* (zur Ausbreitung der Ware vor der Aufwicklung auf den Warenbaum) || **~ mark** (Textiles, Weaving) / Breithaltermarkierung *f*, Breithalterschaden *m* (ein Webfehler), Breithalterfleck *m*
**templet** *n* / Schablone *f*, Lochschablone *f* || **~** (Foundry) / Schablone *f*, Kernschablone *f*
**tempolabile*** *adj* (Chem) / zeitlich unbeständig
**temporal** *adj* / Temporal-, zeitlich *adj* || **~ coherence** (Phys) / zeitliche Kohärenz *f* || **~ knowledge** (AI) / zeitliches Wissen || **~ logic** / Temporallogik *f* (zweiwertige Logik mit zeitgebundener Gültigkeit), chronologische Logik, Zeitlogik *f*, temporale Logik || **~ resolution** (Comp, Ecol, Spectr) / zeitliches Auflösungsvermögen, Zeitauflösung *f*, zeitliche Auflösung || **~ spare wheel** (Autos) / Notrad *n* (mit eingeschränkter Verwendbarkeit)
**temporary** *adj* / vorübergehend *adj*, temporär *adj*, zeitweilig *adj* (Zulassung) || **~** / provisorisch *adj* || **~ adhesive** / Temporärkleber *m*, Temporärklebstoff *m* || **~ admission** / befristete Zulassung || **~ bolt** (Eng) / Montageschraube *f* || **~ bridge** (Civ Eng) / Behelfsbrücke *f* || **~ corrosion protection** (Surf) / temporärer Korrosionsschutz (passive Schutzmaßnahme) || **~ data set** (Comp) / temporäre Datei (DIN 66 230) || **~ duty** (Mil) / zeitlich begrenzter Einsatz || **~ emanation and spurious transmission** (Comp) / elektromagnetische Abstrahlung im freien Raum oder auf Leitungen (unerwünscht bei Geräten, die sicherheitsempfindlichen Klartext verarbeiten) || **~ file** (Comp) / temporäre Datei (DIN 66 230) || **~ file** (Comp) s. also work file || **~ film*** (Met) / zeitweiliger Rostschutz (beim Versand), temporäre Schutzhaut, Folienlack *m* (als temporärer Schutz) || **~ hardness*** (can be removed by boiling) (Chem) / Karbonationen *n pl* der Erdalkalien (im Wasser), Karbonathärte *f* (des Wassers), temporäre Härte, vorübergehende Härte (Magnesiahärte des Wassers), KH || **~ licence plate** (Autos) / rotes Kennzeichen (für Überführungs- und Probefahrten) || **~ magnetism** (Phys) / temporärer Magnetismus, flüchtiger Magnetismus, vorübergehender Magnetismus || **~ memory*** (Comp) / schneller Hilfsspeicher, Zwischenspeicher *m* || **~ mould** (Foundry) / verlorene Form (die nach dem Gießen zerstört wird) || **~ protective coating** / temporäre Schutzschicht || **~ rail** (Rail) / Passschiene *f*, Passstück *n* || **~ register** (Comp) / Zwischenregister *n* || **~ stop** (Acous, Mag) / Schnellstopp *m* (am Tonbandgerät) || **~ storage** (Comp) / schneller Hilfsspeicher, Zwischenspeicher *m* || **~ storage** (Comp) / Zwischenspeicherung *f* || **~ storage** (Eng) / zeitweilige Lagerung || **~ support** (Civ Eng) / Sicherung *f* (Abstützung des Tunnelraumes, die diesen für eine begrenzte Zeit vor dem Einstürzen schützt) || **~ threshold shift*** (TTS) (Acous) / rückbildbare Verschiebung der Hörschwelle, zeitweilige Hörschwellenverschiebung || **~ traffic lights** (Autos) / transportable Lichtsignalanlage || **~ traffic signals** (Autos) / transportable Lichtsignalanlage || **~ water connection** / provisorischer Wasseranschluss || **~ way*** (Civ Eng) / Oberbau *m* von Baubahnen (für zeitweilige Benutzung)
**TEM wave** (Elec Eng, Telecomm) / Lecher-Welle *f*, Leitungswelle *f*, TEM-Welle *f* (DIN 1324-3), L-Welle *f*
**tenable** *adj* / stichhaltig *adj*, haltbar *adj* (These)
**tenacious** *adj* (Agric, Civ Eng) / bindig *adj*, kohäsiv *adj*, schwer *adj* (Boden) || **~** (Materials) / zäh *adj*
**tenacity** *n* (Agric, Civ Eng) / Bindigkeit *f* (des Bodens) || **~** (Bacteriol, Ecol) / Tenazität *f* (Widerstandsfähigkeit von Mikroorganismen gegenüber unbelebten Umweltfaktoren) || **~** (Materials) / Zähigkeit *f* (das plastische Formänderungsvermögen bis zum Bruch - DIN 1342-1), Tenazität *f* || **~ at upper force level** (Textiles) / feinheitsbezogene Höchstzugkraft, Feinheitsfestigkeit *f*
**tend** *v* (to) (Maths) / streben *v* (gegen), zustreben *v* (dem Grenzwert)
**tendency** *n* (to) / Neigung *f* (zu) || **~** (Stats) / Tendenz *f* || **~ chart** (Meteor) / Tendenzkarte *f* (Karte der 3-stündigen Luftdruckänderung) || **~ equation** (Meteor) / Drucktendenzgleichung *f* (die angibt, wie sich der Luftdruck an einer bestimmten Bezugsfläche in der Atmosphäre in Abhängigkeit vom augenblicklichen Wind- und Dichte- bzw. Temperaturfeld ändert), Tendenzgleichung *f* || **~ roll** (Plastics) / indirekt angetriebene Laufwalze || **~ to crack** (Materials) / Rissneigung *f* || **~ to hardening** (Materials, Met) / Härtungsneigung (Aufhärtbarkeit und Einhärtbarkeit einer Stahlsorte nach DIN 8528-2) || **~ to sing** (Radio, Telecomm) / Pfeifneigung *f*

**tender** *n* / Ausschreibung *f* (bei der Vergabe von Aufträgen der öffentlichen Hand) ‖ ~ / Angebot *n* (bei Ausschreibungen) ‖ ~ (Mil, Ships) / Tender *m* (Hilfsfahrzeug der Marine) ‖ ~ (Oils) / Tender *m* (eine längsseits einer Bohrplattform verankerte Barge) ‖ ~ (Rail) / Tender *m* (von der Dampflokomotive mitgeführter Vorratsbehälter für Brennstoff und Speisewasser) ‖ ~ *adj* / weich *adj* (schwach), schwach *adj*, empfindlich *adj*, mürbe *adj*, zart *adj*, zerbrechlich *adj* ‖ ~ (Nut) / zart *adj*, mürbe *adj* (Fleisch) ‖ ~ (Ships) / rank *adj* (von geringer Stabilität) ‖ **by** ~ / durch Ausschreibung (auf dem Submissionswege) ‖ **put out to** ~ / eine Ausschreibung veranstalten ‖ ~ **documents** / Ausschreibungsdokumentation *f*, Ausschreibungsunterlagen *f pl*
**tenderizer** *n* (Nut) / Mürbmacher *m*, Zartmacher *m*, Tenderizer *m*, Fleischzartmacher *m* (pflanzliches proteolytisches Enzym, das nach dem Einspritzen das Fleisch schneller zum Reifen bringt)
**tenderometer** *n* (Nut) / Reifegradmesser *m* (bei Früchten und Gemüse)
**tender spot** (Textiles) / Schwachstelle *f* (im Stoff)
**tending falling** (US) (For) / Pflegehieb *m* ‖ ~ **felling** (For) / Pflegehieb *m* ‖ ~ **of thicket** (For) / Dickungspflege *f* ‖ ~ **throwing** (For) / Pflegehieb *m*
**tendon** *n* (Civ Eng) / Vorspannglied *n* im vorgespannten Balken ‖ ~ (Civ Eng) / Spannglied *n* (Zugglied aus hochwertigem Spannstahl, das Vorspannung erzeugt)
**tendril climber** (Bot) / Rankenpflanze *f* (eine Kletterpflanze)
**tenebrescence*** *n* (Min) / reversible Farbänderung (z.B. bei Hackmanit)
**tenebrionid** *n* (Zool) / Schwarzkäfer *m* (Mitglied der Familie)
**Tenebrionidae** *pl* (darkling beetles) (Zool) / Schwarzkäfer *m pl* (Familie von Käfern), Dunkelkäfer *m pl*
**tenebrionide flour beetle** (Agric, Zool) / Getreidenager *m* (Tenebrioides mauritanicus L.)
**tenement** *n* (US) (Build) / abgeschlossene Wohneinheit ‖ ~ (a house divided into and let as separate residences) (Build) / Mietskaserne *f* ‖ ~ **block** (Build) / Mietskaserne *f* ‖ ~ **house** *n* (Build) / Mietskaserne *f*
**Teneriffe embroidery** (Textiles) / Teneriffa-Stickerei *f* (eine Art Lochstickerei) ‖ ~ **lace** (Textiles) / Teneriffa-Arbeit *f*, Paraguay-Spitze *f*, Teneriffa-Spitze *f*, Sonnenspitze *f*, Nandutispitze *f*, Sols *pl* (eine Durchbrucharbeit)
**tenfold** *adj* / zehnfach *adj*
**tenia** *n* (US) (Arch) / Taenia *f* (pl. Taenien) (Leiste am Architrav der dorischen Ordnung)
**tenkawang** *n* (Nut) / Borneotalg *m* (Kakaobutterersatzstoff), Tenkawangfett *n*
**tennantite*** *n* (an important ore of copper) (Min) / Tennantit *m*, Arsenfahlerz *n*, lichtes Fahlerz
**tenner** *n* (Cinema, Light) / 10kW-Lampe *f*
**tennis flannel** (Textiles) / Tennisflannel *m*
**tenon** *v* (Carp) / zapfen *v*, Zapfen schneiden, mit Zapfen versehen ‖ ~* *n* (Carp) / Zapfen *m* (zugearbeitetes Holzende) ‖ **~-and-slot mortise*** (Carp, Join) / Verklauung *f*, Schlitzzapfung *f*, [offene] Zapfen- und Schlitzverbindung *f*
**tenoner** *n* (Carp, Join) / Zapfenschneidemaschine *f* (einseitige, doppelseitige)
**tenon hole** (Carp, Join) / Zapfenloch *n*, Stemmloch *n* (für Zapfen), gestemmter Einschnitt für Zapfen
**tenoning machine** (Carp, Join) / Zapfenschneidemaschine *f* (einseitige, doppelseitige)
**tenon saw** (Carp) / Zapfensäge *f* ‖ ~ **saw*** (Join) / Feinsäge *f*
**tenor** *n* (Mining) / durchschnittlicher Metallgehalt (eines Erzes)
**tenorite*** *n* (Min) / Melakonit *m*, Tenorit *m* (Kupfer(II)-oxid), Schwarzkupfererz *n*
**ten's complement** (Maths) / Zehnerkomplement *n*
**tens complement** (Maths) / Zehnerkomplement *n*
**tenside** *n* (Chem, Phys) / oberflächenaktiver Stoff, grenzflächenaktiver Stoff, Tensid *n* (ein Bestandteil von Detergenzien), Surfactant *m* (DIN 53908) ‖ ~ **flooding** (ternary oil recovery) (Oils) / Tensidfluten *n*
**tensile** *adj* / streckbar *adj*, dehnbar *adj* (linear), ausziehbar *adj* (in die Länge) ‖ ~ (Mech) / zugbelastbar *adj* ‖ ~ **axis** (Materials, Mech) / Zugspannungsachse *f* ‖ ~ **bar** (Eng, Materials) / Zerreißstab *m* (für den Zugversuch), Zugprobe *f* (meistens runde) ‖ ~ **behaviour** (Mech) / Verhalten *n* bei Zugbeanspruchung ‖ ~ **creep strength** (Materials) / Zeitstandzugfestigkeit *f* ‖ ~ **deformation** (Eng) / Zugumformen *n* (DIN 8582 und 8585) ‖ ~ **elasticity** (Phys) / Zugelastizität *f* (DIN 53835) ‖ ~ **elasticity modulus** (Materials) / Zug-E-Modul *m* ‖ ~ **force** (Eng, Materials) / Zugkraft *f* (bei der Ermittlung der Zugfestigkeit) ‖ ~ **forming** (Eng) / Zugumformen *n* (DIN 8582 und 8585) ‖ ~ **fracture** (Eng, Materials) / Zugbruch *m* ‖ ~ **load** (Eng) / Zuglast *f* ‖ ~ **loading** (Eng) / Zugbelastung *f* ‖ ~ **modulus*** (Mech) / Zugmodul *n* ‖ ~ **performance** (Materials, Mech) / Zug-/Dehnungsverhalten *n* ‖ ~ **reinforcement** (Civ Eng) / Zugbewehrung *f* (die ausschließlich auf Zug beansprucht wird)
**tensile-shear strength** (Eng, Materials, Mech) / Scherzugfestigkeit *f*

**tensile specimen** (Materials) / Zerreißstab *m* (für den Zugversuch), Zugprobe *f* (meistens runde) ‖ ~ **strain** (Mech) / Zugverformung *f* ‖ ~ **strain** (Eng) s. also linear strain ‖ ~ **strength** (the maximal tensile load a specimen can resist) (Eng, Materials, Mech) / Zugfestigkeit *f* (die beim Zugversuch auftretende Höchstkraft geteilt durch den ursprünglichen Querschnitt - z.B. DIN EN 10 113, in N/mm$_2$), Zerreißfestigkeit *f* (Zugdehnung) ‖ ~ **strength*** (Textiles) / Höchstzugkraft *f* (DIN 53815), Zugfestigkeit *f* (DIN 53404) ‖ ~ **stress*** (Eng, Materials, Mech) / Zugspannung *f* ‖ ~ **stress** (Materials, Mech) / Beanspruchung *f* auf Zug, Zugbeanspruchung *f* ‖ ~ **stress** (Phys) / Dehnspannung *f* (DIN 1342-1) ‖ ~ **stress** (Plastics) / Spannung *f* (DIN EN ISO 527-1) ‖ ~ **stress at break** (Plastics) / Bruchspannung *f* (DIN EN ISO 527-1) ‖ ~ **stress field** (Eng, Mech) / Zugspannungsfeld *n* ‖ ~ **stress rate** (Materials) / Beanspruchungsgeschwindigkeit *f* (bei Schnellzerreißversuchen) ‖ ~ **stress-strain curve** (Eng, Materials) / Zerreißbild *n* ‖ ~ **test*** (Eng, Materials) / Zugversuch *m* (DIN EN 10 002), Zerreißprüfung *f* ‖ ~ **testing** (Materials, Textiles) / Zugprüfung *f* (an Fasern, an Garnen) ‖ ~ **testing machine*** (Eng, Materials, Met) / Zugfestigkeitsprüfgerät *n*, Zerreißmaschine *f*, Zugprüfmaschine *f* (DIN 51 221) ‖ ~ **test on strips of textile fabrics** (Textiles) / Streifenzugprüfung *f* (DIN 53 857) ‖ ~ **yield point** (Materials) / Streckgrenze *f* beim Zugversuch nach DIN EN 10 025, Einheit N/mm$_2$
**tensimeter*** *n* (Chem) / Tensimeter *n* (ein Dampfdruckmesser)
**tensiometer** *n* / Tensiometer *n* (zur Bestimmung der Oberflächen- oder Grenzflächenspannung) ‖ ~ (Agric, Hyd Eng) / Tensiometer *n* (zur Bestimmung der Bodenfeuchte)
**tension** *v* (Eng, Met) / spannen *v* ‖ ~ *n* / Straffheit *f* ‖ ~* (now obsolete) (Elec, Elec Eng) / elektrische Spannung (DIN 1324, T 1), Spannung *f* (in V) ‖ ~ (Materials, Mech) / Spannung *f* (Messgröße der mechanischen Beanspruchung nach DIN 13316) ‖ ~ **area** (Build, Civ Eng) / Zugzone *f* (z.B. beim Spannbeton) ‖ ~ **arm** (Comp) / Spannbügel *m* ‖ ~ **band** / Zugband *n* (des Riemens) ‖ ~ **bush for external application** (Eng) / Aufspannbuchse *f* (für Lagerungen - DIN 1499) ‖ ~ **bush for internal application** (Eng) / Einspannbuchse *f* (für Lagerungen - DIN 1498) ‖ ~ **carriage** / Spannwagen *m* (bei Seilbahnen) ‖ ~ **crack** (Materials) / Zugspannungsriss *m* ‖ ~ **deformation** (Eng) / Zugumformen *n* (DIN 8582 und 8585) ‖ ~ **diagonal** (Mech) / Zugdiagonale *f*
**tensioned** *adj* / gespannt *adj*, straff *adj*, prall *adj* (gespannt)
**tensioner** *n* (Eng) / Spannvorrichtung *f*, Spanneinrichtung *f*, Nachspannvorrichtung *f*, Nachspanneinrichtung *f* ‖ ~ **system** (Oils) / Abspannsystem *n* (zur Aufrechterhaltung gleich bleibender Zugspannung)
**tension fault** (Geol) / disjunktive Dislokation, Disjunktionsbruch *m* ‖ ~ **fault** (Geol) / Zerrungsbruch *m* ‖ ~ **force** (Eng, Materials) / Zugkraft *f* (bei der Ermittlung der Zugfestigkeit)
**tensioning** *n* (Materials, Mech) / Beanspruchung *f* auf Zug, Zugbeanspruchung *f* ‖ ~ **cord** (of the bow-saw) (Carp, For, Join) / Spannschnur *f* (der Spannsäge) ‖ ~ **device** (Eng) / Spannvorrichtung *f*, Spanneinrichtung *f*, Nachspannvorrichtung *f*, Nachspanneinrichtung *f* ‖ ~ **idler** (Eng) / Spannrolle *f* (des Riementriebs) ‖ ~ **spring** (Autos) / Anlagefeder *f* (in Trommelbremsen)
**tension insulator** (Elec Eng) / Abspannisolator *m* ‖ ~ **insulator*** (Elec Eng) / Zugisolator *m* (ein Freileitungsisolator)
**tension-leg platform** (Oils) / vorgespannte schwimmende Plattform (für Offshorebohrungen), Plattform *f* mit Spannseilen
**tension member** (Build, Eng) / zugbeanspruchtes Element, Zugglied *n* ‖ ~ **pin*** (Eng) / Spannstift *m* (DIN 1481) ‖ ~ **plate lock-up*** (Print) / Zugspannungsverschluss *m*, Platten-Zugspannsystem *n* ‖ ~ **post** (Mag) / Spannstütze *f* (eines Laufwerks)
**tension-pressure forming** (Eng, Met) / Zugdruckumformen *n* (Umformen eines festen Körpers, wobei der plastische Zustand im Wesentlichen durch eine zusammengesetzte Zug- und Druckbeanspruchung erreicht wird - DIN 8584)
**tension rod*** (Eng, Met) / gezogener Stab, Zugstab *m* ‖ ~ **roller** (Eng) / Spannwalze *f* ‖ ~ **set** (Chem Eng) / Zugverformungsrest *m* (die bleibende Deformation bzw. der plastische Anteil von Vulkanisaten unter Zugbeanspruchung)
**tension-shear strength** (Materials) / Scherzugfestigkeit *f*
**tension sleeve** (Build, Eng) / Spannmutter *f* mit Rechts- und Linksgewinde, Spannschlossmutter *f* (DIN ISO 1891), Spannschloss *n* (Vorrichtung zum Spannen von Drähten, Seilen und Zugstangen) ‖ ~ **spring** (Eng) / Spannfeder *f* ‖ ~ **spring** (Eng) / Zugfeder *f* ‖ ~ **station** (Eng) / Spannstation *f* (Seilbahn, Förderer) ‖ ~ **steel** (Build, Civ Eng) / Zugglied *n* (auf Zug beanspruchte Bewehrung im Stahlbetonbau) ‖ ~ **test** (Materials) / Zugversuch *m* (DIN EN 10 002), Zerreißprüfung *f* ‖ ~ **testing machine** (Materials) / Zugfestigkeitsprüfgerät *n*, Zerreißmaschine *f*, Zugprüfmaschine *f* (DIN 51 221) ‖ ~ **wood*** (For) / Zugholz *n* (ein helles Reaktionsholz auf der Oberseite von Laubhölzern)

tension-wood

**tension-wood fibre** (For) / Zugholzfaser f
**tension zone** (Geol) / Zerrungsgebiet n
**tensive** adj / Spannung hervorrufend
**tensometer** n (Agric, Hyd Eng) / Tensiometer n (zur Bestimmung der Bodenfeuchte) ‖ ~* (Eng, Instr, Mech) / Dehnungsmesser m (mechanischer), Tensometer n
**tensor*** n (Maths, Phys) / Tensor m (DIN 1303 - eine mathematisch-physikalische Größe, die im Allgemeinen eine Funktion des Ortes und der Zeit ist und eine Verallgemeinerung des Vektorbegriffes darstellt) ‖ ~ (Rail) / Gerät n zur Längenanpassung von durchgehend geschweißten Schienen (bei sehr niedrigen Temperaturen) ‖ ~ **algebra** (Maths) / Tensoralgebra f (ein Teil des Tensorkalküls) ‖ ~ **analysis** (Maths) / Tensoranalysis f (ein Teil des Tensorkalküls) ‖ ~ **arm** (Eng) / Tensorarm m (Bewegungseinheit mit elefantenrüsselähnlicher Beweglichkeit - bei IR) ‖ ~ **calculus** (Maths) / Tensorrechnung f, Tensorkalkül m ‖ ~ **density** (Maths) / Tensordichte f ‖ ~ **equation** (Maths, Phys) / Tensorgleichung f
**tensoresistive effect** (Electronics) / Piezowiderstandseffekt m, Spannungswiderstandeffekt m
**tensor field** (Phys) / Tensorfeld n, tensorielles Feld ‖ ~ **force*** (Nuc Eng) / Tensorkraft f (eine besondere Wechselwirkungskraft)
**tensorial** adj (Maths, Phys) / tensoriell adj ‖ ~ **mapping** (Maths) / tensorielle Abbildung f ‖ ~ **power** (Maths) / tensorielle Potenz, Tensorpotenz f ‖ ~ **sum** (Maths) / tensorielle Summe
**tensor invariant** (Maths) / Tensorinvariante f ‖ ~ **meson** (Nuc) / Tensormeson n ‖ ~ **of order n** (Maths) / Tensor m (n-ter Stufe) ‖ ~ **of rank n** (Maths) / Tensor m (n-ter Stufe) ‖ ~ **product** (of vector spaces, modules) (Maths) / Tensorprodukt n, tensorielles Produkt ‖ ~ **quantity** (Phys) / tensorielle Größe (DIN 1313)
**tens place** (Maths) / Zehnerstelle f
**tentacle exchanger** (Chem) / Tentakelaustauscher m (zur Trennung von Biopolymeren)
**tentative track** (Radar) / Spurkeim m
**tent canvas** (Textiles) / Zeltleinwand f, Zeltstoff m ‖ ~ **cloth** (Textiles) / Zeltbahngewebe n
**tented arch** (Arch) / Vorhangbogen m, Sternbogen m ‖ ~ **waggon** (Rail) / gedeckter Güterwagen (mit Plane)
**tenter*** n (Textiles) / Spannrahmen m, Rahmenmaschine f, Trockenrahmen m, Spannmaschine f ‖ ~ **frame** (Textiles) / Spannrahmen m, Rahmenmaschine f, Trockenrahmen m, Spannmaschine f
**tenterhook willow** (Spinning) / Krempelwolf m (Maschine)
**tentering chain** (Textiles) / Spannkette f (DIN 64 990)
**tent fabric** (Textiles) / Zeltbahngewebe n
**tenth-value layer** (Nuc Eng) / Zehntelwertschichtdicke f, Zehntelwertdicke f ‖ ~ **thickness*** (Nuc Eng) / Zehntelwertschichtdicke f, Zehntelwertdicke f
**tentlike roof** (Build) / Zeltdachkonstruktion f, Zeltdach n, Pyramidendach n ‖ ~ **roofing** (Build) / Zeltdachkonstruktion f (Vorgang)
**tenuazonic acid** (Chem) / Tenuazonsäure f
**tenure** n (Work Study) / Dauerstellung f
**teosinte** n (Agric, Bot, Nut) / Teosinte f (in Mittelamerika beheimatetes hochwüchsiges Süßgras, das als Grünfutter verwendet wird - Zea mexicana (Schrad.) Reeves et Mangelsd.), Raynagras n
**TEP** (triethyl phosphate) (Chem) / Triethylphosphat n, Phosphorsäuretriethylester m
**tepa** n (Chem) / Tepa n (ein Chemosterilans)
**tepal*** n (Bot) / Perigonblatt n, Tepalum n (pl. -len)
**tephigram*** n (Meteor) / Tephigramm n (thermodynamisches Diagramm zur Auswertung aerologischer Aufstiege)
**tephra*** n (Geol) / Tephra f (Vulkanoklastit)
**tephrite*** n (Geol) / Tephrit m (ein Basalt)
**tephritic** adj (Geol) / tephritisch adj
**tephrochronology** n (Geol) / Tephrochronologie f (Methode, die in Gebieten mit größter aschefördernden Vulkanismus stratigrafische Zeitgliederungen mittels Typisierung und Parallelisierung von vulkanischen Aschen vorzunehmen erlaubt)
**tephroite*** n (Min) / Tephroit m ($Mn_2SiO_4$)
**tepid** adj / verschlagen adj, lauwarm adj, überschlagen adj (Wasser)
**TEPP** (tetraethyl pyrophosphate) (Chem) / Tetraethyldiphosphat n (Insektizid und Aphizid - heute nicht mehr gebräuchlich), TEPP (Tetraethyldiphosphat, ein Insektizid und Aphizid - heute nicht mehr gebräuchlich)
**tera-*** / T, Tera-, tera- (Kurzzeichen, Vorsatz für Einheiten mit selbständigem Namen, bedeutet den Faktor $10^{12}$)
**terabyte** n (Comp) / Terabyte n, TB (Terabyte)
**teracrylic acid** (Chem) / Terakrylsäure f, Teracrylsäure f
**teraflops** pl (Comp) / TFLOPS pl, Teraflops pl (Maß der Leistungsfähigkeit eines Rechners in Bezug auf Fließkommaoperationen)

**terahertz*** n (Elec) / Terahertz n, THz ($10^{12}$ Hz), Fresnel n (veraltete Einheit)
**tera-scale integration** (Electronics) / Integrationsgrad m mit mindestens $10^{12}$ Funktionen je Chip, Integrationsgrad m TSI
**teratogen*** n (Gen, Pharm) / teratogenes Mittel, Teratogen n
**teratogenic** adj (Gen, Pharm) / teratogen adj, Missbildungen hervorrufend
**teratogeny** n (Gen, Pharm) / Teratogenese f
**teratolite*** n (Min) / Teratolith m (eine Varietät des Bols), sächsische Wundererde
**terbia** n (Chem) / Terbinerde f, Terbia f ($Tb_2O_3$)
**terbium*** n (Chem) / Terbium n, Tb (Terbium) ‖ ~ **molybdate** (Chem) / Terbiummolybdat n ‖ ~ **oxide** (Chem) / Terbium(III)-oxid n ($Tb_2O_3$)
**terbutryn** n (used for weed control for wheat, barley, and grain orghum) (Agric, Chem) / Terbutryn n (ein Herbizid)
**tercom*** n (terrain-contour matching) (Mil) / TERCOM f (ein Lenkverfahren für militärische Flugkörper), Geländekonturvergleich m ‖ ~ **computer** (Mil) / TERCOM-Rechner m
**terdentate** adj (Chem) / dreizähnig adj (Ligand)
**terebanthene** n (Paint) / Tereben n (Lösungsmittel und Verdünner)
**terebene** n (Paint) / Tereben n (Lösungsmittel und Verdünner)
**terebine*** n (Paint) / Tereben n (Lösungsmittel und Verdünner)
**terebinth** n (For) / Terpentinpistazie f (Pistacia terebinthus L.)
**teredo** n (navalis) (Zool) / Schiffsbohrmuschel f, Schiffsbohrwurm m (eine Bohrmuschel), Pfahlwurm m (Teredo navalis)
**TERENA** n (Trans-European Research and Education Networking Association) (Comp) / TERENA f (Dachorganisation aller europäischen Betreiber von Wissenschaftsnetzen - mit Sitz in Amsterdam)
**terephthalic acid*** (Chem) / Terephthalsäure f, 1,4-Benzoldicarbonsäure f, 1,4-Benzoldikarbonsäure f
**terete*** adj (Bot) / rundstielig adj, stielrund adj, walzenförmig adj
**teri pod** (Leather) / Terischote f (gerbstoffreiche Hülse der Caesalpinia digyna Rottler), Tarihülse f
**term** n / Terminus m (pl. -ini) (festgelegte /Fach/Bezeichnung) ‖ ~ / Term m (sprachliches Zeichen, das nicht die Funktion einer Aussage hat) ‖ ~ / Benennung f (aus mindestens einem Wort bestehende Bezeichnung eines Begriffs in der Fachsprache - DIN 199) ‖ ~ (Maths) / Term m (Zahlenausdruck, Rechenausdruck) ‖ ~ (Maths) / Proportional n (einer Proportion), Glied n, Term m ‖ ~ (Phys) / Term m (Zahlenwert der Energie eines mikrophysikalischen Systems) ‖ **3-~ controller** (Automation) / proportional-integral wirkender Regler mit Vorhalt, PID-Regler m, Proportional-Integral-Differential-Regler m ‖ ~ **algebra** (Maths) / Termalgebra f, Wortalgebra f (in der Semantik)
**termbank** n (Comp) / Terminologiebank f, Terminologiedatenbank f (eine Datenbank, in der terminologische Daten nach einem vorgegebenen Eintragsschema gespeichert sind)
**term by term integration** (Maths) / gliedweise Integration ‖ ~ **diagram*** (Nuc) / Energieschema n, Termschema n, Termsystem n, Niveauschema n, Energieniveauschema n, Energieniveaudiagramm n
**terminal** n (Aero) / Airterminal m n, Terminal m n (Halle auf einem Flughafen, in der die Fluggäste abgefertigt werden), Abfertigungshalle f, Abfertigungsgebäude n ‖ ~ (Cables) / Endenverschluss m, Endanaschluss m ‖ ~* (Comp) / Terminal n, Datenendplatz m, Datenendgerät n, Daten(end)station f (DIN 44302) ‖ ~ (Comp) / terminales Zeichen ‖ ~ (Elec Eng) / Pol m (Anschlussstelle einer Gleichspannungs- oder Gleichstromquelle), Polkopf m, Polbolzen m (der Batterie) ‖ ~ (Elec Eng) / Anschlussklemme f, Verbindungsklemme f, Klemme f (DIN 4899), Pol m (DIN 4899) ‖ ~* (Elec Eng) / Endglied n, Netzwerkpol m, Endpol m ‖ ~ (connexion)* (Elec Eng) / Anschluss m ‖ ~ (Maths) / Endschenkel m (eines orientierten Winkels) ‖ ~ (Rail) / Sackbahnhof m, Kopfbahnhof m ‖ ~ (Rail) / Endstation f, Endbahnhof m ‖ ~ (Ships) / Terminal m n (ein Umschlagplatz) ‖ ~ (Telecomm) / übergeordneter Begriff für die technische Einrichtung am Ende eines Übertragungsweges ‖ ~* (Telecomm) / Endgerät n (DIN 33853) ‖ ~ (Teleph) / Endamt n ‖ ~ adj / endständig adj, End-, terminal adj ‖ ~ **access point** (Comp) / Terminal Access Point m (in einem Ethernet-Netzwerk), TAP (Terminal Access Point) ‖ ~ **adapter** (Telecomm) / Terminaladapter m, Endgeräteanpassungseinrichtung f ‖ ~ **adaption** (Telecomm) / Endgeräteanpassung f ‖ ~ **aerodrome** (Aero) / Bestimmungsflughafen m (beim Abschluss von Transportverträgen anzugebendes Ziel der Reise bzw. Beförderung), Endflughafen m ‖ ~ **airport** (Aero) / Bestimmungsflughafen m (beim Abschluss von Transportverträgen anzugebendes Ziel der Reise bzw. Beförderung), Endflughafen m ‖ ~ **area surveillance radar** (Aero, Radar) / Nahverkehrsbereichsradar m n, Flugplatzrundsichtradar m n, Nahkontrollbezirksradar m n, Platzrundsichtradar m n ‖

**ternary**

**assignment** (Comp, Electronics) / Klemmenbelegung f ‖ ~ **atom** (Chem) / endständiges Atom ‖ ~ **balance** (Telecomm) / Nachbild n ‖ ~ **balance return loss** (Telecomm) / Nachbildfehlerdämpfung f ‖ ~ **ballistics** (a branch of ballistics dealing with the motion and behaviour of projectiles at the termination of their flight, or in striking and penetrating a target) (Mil) / Endballistik f (Wirkungsmechanismen der verschiedenen Geschossarten beim Auftreffen auf Zielobjekten) ‖ ~ **bar**\* n (Autos, Elec Eng) / Plattenverbinder m, Polbrücke f (zur Verbindung der Platten eines Plattensatzes nach DIN 40729) ‖ ~ **block** (Elec Eng, Electronics) / Klemmenblock m, Anschlussklemmenblock m ‖ ~ **board** (Elec Eng) / Klemmenbrett n, Klemmbrett n ‖ ~ **board** (Electronics) / Anschlussbrett n ‖ ~ **box** (Elec Eng) / Klemmenkasten m, Klemmkasten m ‖ ~ **building** (Aero) / Airterminal m n, Terminal m n (Halle auf einem Flughafen, in der die Fluggäste abgefertigt werden), Abfertigungshalle f, Abfertigungsgebäude n ‖ ~ **connection** (Elec Eng) / Anklemmen n ‖ ~ **convergence** (Comp, Teleph) / Endgerätekonvergenz f (z.B. Handy, Screenphone) ‖ ~ **decision** / abschließende Entscheidung ‖ ~ **depot** (US) (Rail) / Sackbahnhof m, Kopfbahnhof m ‖ ~ **device** (Telecomm) / Endgerät n (DIN 33853) ‖ ~ **diagram** (Elec Eng) / Anschlussplan m ‖ ~ **disconnection** (Elec Eng) / Abklemmen n ‖ ~ **distributor** (Teleph) / Endverzweiger m, EVz ‖ ~ **emulation** (feature of communication programs to make a PC act like a specific terminal type) (Comp) / Terminalemulation f (wenn ein Terminal das Verhalten eines anderen kopiert) ‖ ~ **emulator** (Comp) / Terminalemulator m ‖ ~ **equipment**\* (Comp, Telecomm, Teleph) / Endgerät n, Endstellengerät n, Endeinrichtung f ‖ ~ **exchange** (Teleph) / Endamt n ‖ ~ **facility** (Aero) / Airterminal m n, Terminal m n (Halle auf einem Flughafen, in der die Fluggäste abgefertigt werden), Abfertigungshalle f, Abfertigungsgebäude n ‖ ~ **falling velocity** (Chem, Min Proc) / Gleichgewichtssinkgeschwindigkeit f, Endfallgeschwindigkeit f ‖ ~ **fittings** (Elec Eng) / Abschlussgarnitur f ‖ ~ **group** (Chem) / endständige Gruppe, Endgruppe f ‖ ~ **identification code** (Telecomm) / Anschlusskennung f (bei Fernschreibern) ‖ ~ **impedance**\* (Elec, Elec Eng) / Abschlussimpedanz f ‖ ~ **installation** (Comp, Telecomm) / Endgerät n, Endstellengerät n, Endeinrichtung f ‖ ~ **intelligence** (Comp) / Terminalintelligenz f ‖ ~ **interface** (Comp, Telecomm) / Terminalschnittstelle f ‖ ~ **keyboard** (Comp) / Terminaltastatur f ‖ ~ **line** (Maths) / Endschenkel m (eines orientierten Winkels) ‖ ~ **lug**\* (Elec Eng) / Anschlusslasche f, Anschlussöse f, Anschlussfahne f
**terminally guided submunition** (Mil) / endphasengelenkte Submunition
**terminal module** (Telecomm) / Klemmenbaustein m ‖ ~ **moraine** (Geol) / Endmoräne f, Stirnmoräne f ‖ ~ **node** (AI) / terminaler Knoten, Endknoten m ‖ ~ **node** (AI, Comp) / terminaler Knoten (eines Baumes), Endknoten m, Blatt n (eines Baumes - ein Knoten, der keine Nachfolger hat) ‖ ~ **nut** (I C Engs) / Anschlussmutter f (der Zündkerze) ‖ ~ **pad** (Electronics) / Anschlussfläche f (des Leiterbildes), Lötpad n (Anschlussfläche, speziell beim Verlöten oberflächenmontierter Bauteile, die häufig mit Bleizinn und anderen Schutzschichten zum Erhalt der Lötfähigkeit versehen ist), Anschlussauge n (bei Leiterplatten) ‖ ~ **pair** (Elec Eng) / Klemmenpaar n (DIN 4899) ‖ ~ **per line** (Teleph) / Anschluss m je Anschlussleitung ‖ ~ **per station** (Teleph) / Anschluss m je Sprechstelle ‖ ~ **pillar**\* (Elec Eng, Rail) / Schaltsäule f zwischen Speisekabel und Bahnanschluss ‖ ~ **pin** (Comp, Electronics, Telecomm) / Anschlusspin m, Pin m ‖ ~ **pole**\* (Elec Eng) / Endmast m (ein Abspannmast) ‖ ~ **portability** (Telecomm) / Umstecken n am Bus (ISDN-Leistungsmerkmal), Gerätewechsel m, Endgeräteportabilität f ‖ ~ **post** (Autos, Elec Eng) / Endpol m (der Autobatterie) ‖ ~ **screw** (Elec Eng) / Anschlussschraube f ‖ ~ **screw** (Eng) / Spannschraube f ‖ ~ **server** (Comp) / Terminalserver m (der die nichtintelligenten Terminals im Netz versorgt) ‖ ~ **side** (Elec Eng) / Endschenkel m (eines orientierten Winkels) ‖ ~ **solubility** (Chem, Phys) / Grenzlöslichkeit f ‖ ~ **speed** (Phys) / Endgeschwindigkeit f ‖ ~ **state** / Endzustand m ‖ ~ **station** (Comp) / Datenstation f (DIN 44 302), DST (Datenstation) ‖ ~ **station** (Rail) / Sackbahnhof m, Kopfbahnhof m ‖ ~ **station** (Rail) / Endstation f, Endbahnhof m ‖ ~ **strip** (Elec Eng, Electronics) / Klemmleiste f, Anschlussklemmleiste f ‖ ~ **stud** (I C Engs) / Anschlussbolzen m (der Zündkerze) ‖ ~ **symbol** (Comp) / Endsymbol n (bei Algorithmen) ‖ ~ **temperature** (Electronics) / Anschlusstemperatur f ‖ ~ **tower**\* (Elec Eng) / Endmast m (ein Abspannmast) ‖ ~ **user** n (Comp) / Benutzer m (der Benutzerstation), Datenstationsbenutzer m ‖ ~ **velocity** (Phys) / Endgeschwindigkeit f ‖ ~ **vertex** (AI, Comp) / terminaler Knoten (eines Baumes), Endknoten m, Blatt n (eines Baumes - ein Knoten, der keine Nachfolger hat) ‖ ~ **voltage**\* (Elec Eng) / Klemmenspannung f, Klemmspannung f ‖ ~ **VOR** (Aero) / VOR n für den Landeanflug, TVOR ‖ ~ **yoke**\* (Autos, Elec Eng) / Plattenverbinder m, Polbrücke f (zur Verbindung der Platten eines Plattensatzes nach DIN 40729)

**terminate** v / abschließen v (am Ende) ‖ ~ adj (Maths) / abbrechend adj, mit endlich vielen Gliedern ‖ ~ **and stay resident program** (Comp) / Terminate-and-stay-resident-Programm n, TSR-Programm n, speicherresidentes Programm (das in den Arbeitsspeicher geladen und per Tastenkombination aktiviert oder deaktiviert wird)
**terminated level**\* (Teleph) / Pegel m bei abgeschlossener Leitung
**terminating** adj (Maths) / abbrechend adj, mit endlich vielen Gliedern ‖ ~ **decimal** (Maths) / endlicher Dezimalbruch, abbrechender Dezimalbruch ‖ ~ **diode** (Electronics) / Abschlussdiode f ‖ ~ **exchange** (Telecomm) / Zielvermittlungsstelle f (an die die Verkehrssenken angeschlossen sind, welche das Ziel von Nachrichtenverbindungen sind) ‖ ~ **immittance of a port** (Elec, Elec Eng) / Abschlussimmittanz f eines Tores ‖ ~ **impedance** (Elec Eng) / Abschlussimpedanz f
**termination** n / Ende n, Schluss m ‖ ~ / Abbruch m, Ende n (Abbruch) ‖ ~ (Biochem) / Termination f (bei der Translation) ‖ ~ (Cables) / Endenverschluss m, Endenabschluss m ‖ ~ (Chem) / Termination f (ein Schritt, der bei lebenden Polymeren fehlt) ‖ ~ (Chem) / Termination f (Beendigung einer Reaktionssequenz, insbesondere bei Kettenreaktionen), Kettenbruch m, Beendigung f des Kettenwachstums ‖ ~\* (Elec Eng) / Abschluss m, Abschlusswiderstand m ‖ ~ **codon** (Gen) / Stoppcodon n, Terminationskodon n, Terminationscodon n (Folge von drei Nukleotiden in der mRNS, die die Beendigung und Freisetzung eines während der Proteinbiosynthese gebildeten Polypeptids signalisiert), Stop-Codon n ‖ ~ **condition** (Comp) / Abbruchbedingung f ‖ ~ **of a file** (Comp) / Dateiende n ‖ ~ **post** (Electronics) / Anschlussstift m (für Wickel- und Klammertechnik)
**terminator**\* n (Astron) / Terminator m (die Trennlinie zwischen beleuchtetem und unbeleuchtetem Gebiet auf der Oberfläche des Mondes oder eines Lichtphasen zeigenden Planeten) ‖ ~ (Comp) / Terminator m (Abschlusswiderstand bei SCSI-Bussen) ‖ ~ (Comp) / Abschlusssymbol n (in einem Programmablaufplan) ‖ ~ (Comp) / Nachbereiter m, Terminator m ‖ ~ (Gen) / Terminatorsequenz f, Terminator m ‖ ~ **board** (Comp) / Systemanschlussbaugruppe f
**terminologisation** n (GB) / Terminologisierung f
**terminologization** n / Terminologisierung f
**terminology** n / Terminologie f (DIN 2330) ‖ ~ (data) **bank** (Comp) / Terminologiebank f, Terminologiedatenbank f (eine Datenbank, in der terminologische Daten nach einem vorgegebenen Eintragsschema gespeichert sind)
**terminus** n (pl. termini or terminuses) (Rail) / Sackbahnhof m, Kopfbahnhof m ‖ ~ (pl. termini or terminuses) (Rail) / Endstation f, Endbahnhof m
**termite attack** (Build) / Termitenbefall m (DIN EN 335-1), Befall m durch Termiten ‖ ~ **damage** (Build) / Termitenschaden m ‖ ~ **-proof** adj (Build) / termitenbeständig adj, termitenresistent adj
**termite-resistant** adj (Build) / termitenbeständig adj, termitenresistent adj
**termite shield**\* (Build) / Termitenschutzschild m, Termitenschutzschicht f, Termitenschild m
**termiticidal** adj (Chem, Zool) / termitizid adj, termitentötend adj, termitenabtötend adj
**term multiplet** (Nuc) / Termmultiplett n ‖ ~ **of** (or for) **delivery** / Lieferfrist f ‖ ~ **of lease** / Mietdauer f (bei Leasing-Verträgen) ‖ ~ **of patent** / Dauer f des Patents (20 Jahre)
**termolecular**\* adj (Chem) / trimolekular adj, termolekular adj
**term reduction** (AI) / Termreduktion f (bei der Arbeit mit Termersetzungssystemen)
**terms of delivery** / Lieferungsbedingungen f pl, Lieferbedingungen f pl ‖ ~ **of payment** / Zahlungsbedingungen f pl ‖ ~ **of trade** / Handelsklauseln f pl, handelsübliche Vertragsformeln, handelsübliche Vertragsklauseln (z.B. ab Fabrik, fob, fas, frei Bahnhof, frei Waggon)
**term splitting** (Nuc) / Termaufspaltung f ‖ ~ **symbol** / Termsymbol n, Termbezeichnung f
**ternary**\* adj (Chem, Eng, Met) / ternär adj, dreifach adj ‖ ~ (Maths) / dreistellig adj, ternär adj (Prädikat) ‖ ~ **alloy** (Met) / ternäre Legierung, Dreistofflegierung f, Dreikomponentenlegierung f ‖ ~ **code** (Comp) / Ternärcode m, Ternärkode m ‖ ~ **collision** (Phys) / Dreierstoß m (wenn drei Körper zusammenstoßen) ‖ ~ **compound** (Chem) / ternäre Verbindung (aus drei chemischen Elementen oder drei Molekül- bzw. Ionensorten), Dreikomponentenverbindung f ‖ ~ **diagram**\* (Met, Phys) / Zustandsdiagramm n eines ternären Systems, ternäres Zustandsdiagramm, Phasendiagramm n eines Dreistoffsystems, Dreiecksdiagramm n ‖ ~ **fission** (Nuc, Nuc Eng) / Dreifachspaltung f, ternäre Spaltung, ternäre Kernspaltung ‖ ~ **logic** / Dreiwertlogik f (Digitalschaltung, deren Ausgang neben den beiden /aktiven/ Zuständen L und H noch einen dritten, inaktiven oder hochohmigen Zustand annehmen kann), Trilevel-Logik f ‖ ~ **mixture** (Chem) / ternäres Gemisch, Dreistoffgemisch n ‖ ~ **nomenclature** (Biol) / ternäre Nomenklatur ‖

1613

**ternary**

**~ system** (Maths) / Ternärsystem n (mit der Basis 3) ‖ **~ system\*** (Met) / Dreistoffsystem n, Dreikomponentensystem n, ternäres System

**terne** n (a lead alloy having a composition of 10 - 20% tin and 80 - 90% lead - used to coat iron or steel surfaces ) (Met, Surf) / Blei-Zinn-Legierung f ‖ **~ coating** (Surf) / Terne-Beschichtung f (feuermetallisch aufgebrachte Bleischutzschicht mit Zinnzusatz) ‖ **~ metal\*** (Met) / Blei-Zinn-Legierung f (80 % Pb, 18 % Sn und 1 1/2 bis 2 % Sb), Rohrblei n ‖ **~ plate\*** (sheet of iron or steel coated with a lead-tin alloy containing small amounts of antimony) (Eng) / Terneblech n

**terotechnology** n (Eng) / Terotechnologie f, Instandhaltungs- und Wartungstechnik f [wissenschaftliche], Terotechnik f

**terpadiene\*** n (Chem) / Terpadien n

**terpene\*** n (Bot, Chem) / Terpen n (Polymerisationsprodukt des Kohlenwasserstoffs Isopren) ‖ **~ alcohol** (Chem) / Terpenalkohol m ‖ **~ hydrocarbon** (Chem) / Terpenkohlenwasserstoff m ‖ **~ hydrochloride** (Pharm) / Camphora f artificialis, Camphoricin n, künstlicher Kampfer

**terpeneless** adj (Chem) / terpenfrei adj

**terpene-phenol resin** (Chem) / Terpen-Phenol-Harz n (DIN 16 916, T 1)

**terpene resin** (Chem) / Terpenharz n (ein Kohlenwasserstoffharz) ‖ **~ solvent** (Chem) / Terpenlösungsmittel n

**terpenoid** n (Chem) / Terpenoid n, terpenoide Verbindung ‖ **~ compound** (Chem) / Terpenoid n, terpenoide Verbindung

**terphenyl** n (Chem) / Terphenyl n, Diphenylbenzol n (o-, m- und t-)

**terpin** n (Chem) / Terpin n (p-Menthan-1,8-diol)

**terpinene** n (Chem) / Terpinen n (monozyklischer Monoterpenkohlenwasserstoff)

**terpineol\*** n (Chem) / Terpineol n (monozyklischer Monoterpenalkohol - p-Menth-1-en-8-ol)

**terpin hydrate** (Pharm) / Terpinum n hydratum, Terpinhydrat n

**terpinolene** n (Chem) / Terpinolen n (Bestandteil vieler etherischer Öle)

**terpolymer** n (Chem) / Terpolymer n (Copolymer aus drei verschiedenen Monomeren), Terpolymeres n (ternäres Copolymerisat)

**terpolymerization** n (Chem) / Terpolymerisation f (Polymerisation, bei der Terpolymere gebildet werden)

**terprom\*** n (Mil) / TERCOM f (ein Lenkverfahren für militärische Flugkörper), Geländekonturvergleich m

**terra** n (pl. terrae) (Astron) / Terra f (pl. Terrae) (eine Oberflächenformation des Erdmondes)

**terrace** v (Build, Civ Eng) / Terrassen anlegen, terrassieren v ‖ **~ n** (Build) / Reihenhaus n (das mit anderen gleichartigen Häusern ohne Bauabstand verbunden ist), RH (Reihenhaus), Kettenhaus n ‖ **~** (Build) / Flachdach n (begehbares Terrassendach) ‖ **~** (Build, Civ Eng, Geol) / Terrasse f, Absatz m (im Gelände) ‖ **~** (in unconsolated material) (Civ Eng, Mining) / Strosse f ‖ **~ cultivation** (Agric) / Terrassenanbau m, Terrassenkultur f

**terraced house** (Build) / Reihenhaus n (das mit anderen gleichartigen Häusern ohne Bauabstand verbunden ist), RH (Reihenhaus), Kettenhaus n

**terrace house** (Build) / Reihenhaus n (das mit anderen gleichartigen Häusern ohne Bauabstand verbunden ist), RH (Reihenhaus), Kettenhaus n

**terracette** n (Geol) / Erdleiste f, Rasenstufe f (Bodenfließen am Hang)

**terracing** n (Agric, Civ Eng, Ecol) / Hangpflügen n (in der Höhenschichtlinie) ‖ **~** (Civ Eng) / Terrassierung f (künstliche Abstufung steiler Hänge) ‖ **~ cut** (Civ Eng) / Terrassenschnitt m

**terracotta\*** n (Build, Ceramics) / Terrakotte f, Terrakotta f (pl. -tten) (ein keramisches Erzeugnis aus gebranntem Ton mit porösem, wetterfestem, nicht durchscheinendem, bei 900 bis 1000 °C braunrot bis braun gebranntem Scherben, meist ohne Glasur) ‖ **~ attr** / terrakottafarben adj, terrakotta adj, ziegelrot adj

**terra fusca** (Agric, Geol) / Terra fusca f, Kalksteinbraunlehm m (ein Bodentyp)

**terrain** n / Gelände n

**terrain-avoidance radar** (which provides assistance to a pilot for navigation around obstacles by displaying obstacles at or above the pilot's altitude) (Radar) / Hinderniswarnradar m n, Bodenhindernisradar m n

**terrain clearance** (Autos) / Bodenfreiheit f (DIN 70020) ‖ **~ clearance altimeter** (Aero) / Höhenmesser m (zum Messen des Abstandes über dem momentan überflogenen Gelände) ‖ **~ clearance** (warning) **indicator** (Aero, Radio) / radioelektrischer Höhenmesser, Höhenwarnanzeiger m

**terrain-contour matching\*** (Mil) / TERCOM f (ein Lenkverfahren für militärische Flugkörper), Geländekonturvergleich m ‖ **~ matching system** (Mil) / Bodenfolgesystem n

**terrain correction** (Surv) / Geländekorrektur f ‖ **~ echo(es)** (Radar) / Bodenecho n (durch Rückstreuung am Erdboden einschlieslich Bebauung, Vegetation und Niederschlag), Bodenclutter m, Störflecke m pl durch Bodenechos

**terrain-following radar** (which works with the aircraft flight-control system to provide low-level flight following the contour of the earth's surface at some given altitude) (Radar) / Geländefolgeradar m n, Terrainfolgeradar n

**terrain mapping** (Radar) / Geländeabbildung f ‖ **~ model** (Geog, Geol) / Geländemodell n ‖ **~ pattern** (Geog, Surv) / Geländegestalt f, Geländegestaltung f, Geländeausformung f ‖ **~ point** (Surv) / Geländepunkt m

**terrain-profile matching\*** (Mil) / TERCOM f (ein Lenkverfahren für militärische Flugkörper), Geländekonturvergleich m

**terra japonica** (Leather) / Gelbes Katechu, Gambirkatechu n, Gambir m (ein wertvoller Gerbstoff aus Uncaria gambir (Hunter) Roxb.)

**Terramycin** n (Pharm) / Oxytetrazyklin n (Hydroxyderivat des Tetracyclins), Oxytetracyclin n, Terramycin n, Terramyzin n, Terramycyn n

**terrane** n (Geol) / System n (stratigrafisches), Formation f

**terra rossa** (Geol) / Terra rossa f (mediterrane Roterde), Kalksteinrotlehm m (ein Bodentyp) ‖ **~ sigillata** (Ceramics) / Terra sigillata f (dünnwandiges römisches Tafelgeschirr aus Ton mit glänzend rotbraunem Schlickerüberzug), Samische Ware

**terrazzo\*** n (Build) / Terrazzo m (it. Terrazzi) (Zementestrich mit Zusatz von eingewalztem mehrfarbigem Steinschlag, dessen Oberfläche nach Erhärten geschliffen wird)

**terrestrial** adj / die Erde betreffend, Erd-, terrestrisch adj, auf dem Festland gebildet ‖ **~** s. also terrigenous ‖ **~ antenna** (Telecomm) / Erdantenne f (z.B. λ-langes Erdkabel als OMEGA-Antenne) ‖ **~ coordinates** (in terms of latitude and longitude) (Cartography) / geografische Koordinaten (Angaben im Winkelmaß zur Festlegung von Punkten auf der Erdoberfläche, bezogen auf den Äquator und einen Nullmeridian) ‖ **~ deposit** (Geol) / kontinentale Ablagerung ‖ **~ electricity** (Geol) / Erdelektrizität f, erdelektrisches Feld, Geoelektrizität f, terrestrische Elektrizität ‖ **~ equator\*** (Geog) / Erdäquator m (der größte Breitenkreis des Erdellipsoids oder der Erdkugel) ‖ **~ iron** (Geol) / terrestrisches Eisen ‖ **~ magnetism\*** (Geog, Geophys, Phys) / Erdmagnetismus m, Geomagnetismus m ‖ **~ meridian** (an imaginary great circle drawn round the Earth that passes through both poles) (Geog, Surv) / Meridian m (geometrischer Ort aller Oberflächenpunkte mit konstanter geografischer Länge), Meridianlinie f ‖ **~ navigation** (Nav) / terrestrische Navigation (mit Hilfe von Ortungsverfahren, die auf visueller Beobachtung von terrestrischen Objekten beruht), Sichtnavigation f ‖ **~ planet** (Astron) / erdähnlicher Planet (Merkur, Venus, Erde, Mars), terrestrischer Planet, erdartiger Planet ‖ **~ poles\*** (Geog) / Pole der Erde m pl, Erdpole m pl ‖ **~ radiant energy** (Meteor) / die in die Atmosphäre abgestrahlte Wärmeenergie der Erde, terrestrische Strahlung, Erdstrahlung f ‖ **~ radiation\*** (Meteor) / die in die Atmosphäre abgestrahlte Wärmeenergie der Erde, terrestrische Strahlung, Erdstrahlung f ‖ **~ radiation exposure** (Ecol) / terrestrische Strahlenexposition ‖ **~ refraction** (Meteor, Optics) / irdische Refraktion, terrestrische Strahlenbrechung, terrestrische Refraktion (Brechung der Lichtstrahlen beim Durchgang durch erdnahe Luftschichten) ‖ **~ scintillation** (Optics) / terrestrische Szintillation ‖ **~ telescope\*** (Optics) / Erdfernrohr n, terrestrisches Fernrohr ‖ **~ television** (TV) / terrestrisches Fernsehen ‖ **~ TV** (TV) / terrestrisches Fernsehen ‖ **~ water** (Geol) / terrestrisches Wasser

**terre verte** (Paint) / Grünerde f (natürliches Magnesiumeisensilikat, wie z.B. Veronesergrün oder Böhmische Grünerde)

**terricolous** adj (Bot) / im (oder auf dem) Boden lebend, terrikol adj

**terrigenous** adj (Geol) / terrigen adj, chersogen adj (in oder auf der Erdkruste oder aus Festlandsmaterial entstanden) ‖ **~ deposits** (Geol) / terrigene Ablagerungen f pl, Flachseeablagerungen f pl ‖ **~ sediments\*** (Geol) / terrigene Ablagerungen f pl, Flachseeablagerungen f pl

**territorial sea** (Geog) / Küstenmeer n, Küstengewässer n ‖ **~ waters** (Geog) / Territorialgewässer n pl (Meeresteile, die der Herrschaft des Uferstaates unterstehen, aber anderen Staaten für die Durchfahrt offen stehen)

**territory\*** n (Geog) / Territorium n, Gebiet n

**terro-metallic clinkers** (Ceramics) / schwarze Klinker m pl

**terry cloth** (Textiles) / Webfrottierware f, Frottierstoff m, Frottiergewebe n (ein- oder beidseitig mit Schlingen versehenes Kettflorgewebe für Hand- und Badetücher, Bademäntel und modische Strandbekleidung) ‖ **~ fabric\*** (Textiles) / Webfrottierware f, Frottierstoff m, Frottiergewebe n (ein- oder beidseitig mit Schlingen versehenes Kettflorgewebe für Hand- und Badetücher, Bademäntel und modische Strandbekleidung) ‖ **~ loom** (Weaving) / Frottierwebmaschine f, Frottierwebstuhl m, Frottéwebmaschine f ‖ **~ towelling** (Textiles) / Webfrottierware f, Frottierstoff m, Frottiergewebe n (ein- oder beidseitig mit Schlingen versehenes Kettflorgewebe für Hand- und Badetücher, Bademäntel und

modische Strandbekleidung) ‖ ~ **velvet** (Textiles) / Frisésamt *m*, Samt *m* mit unaufgeschnittenem Pol ‖ ~ **weave** (Weaving) / Frottierbindung *f* (zur Herstellung von Schlingengeweben mit 2 Kettfadensystemen)
**tersulphide** *n* (Chem) / Trisulfid *n*
**tert-butyl alcohol** (Chem, Fuels, Paint) / tert-Butanol *n*, tert-Butylalkohol *m*
**tert-butylmethoxyphenol** (Chem, Nut) / tert-Butylmethoxyphenol *n*, tert-Butylhydroxyanisol *n*, BHA (ein Antioxidans - E 320)
**tertiary** *adj* / Tertiär-, tertiär *adj* ‖ ~ **air** / Tertiärluft *f*, Drittluft *f* ‖ ~ **alcohols**\* (Chem) / tertiäre Alkohole ‖ ~ **alloy** (Met) / ternäre Legierung, Dreistofflegierung *f*, Dreikomponentenlegierung *f* ‖ ~ **amines**\* (Chem) / tertiäre Amine ‖ ~ **calcium phosphate** (Chem) / Calciumphosphat *n* ($Ca_3(PO_4)_2$), Kalziumphosphat *n*, Tricalciumphosphat *n*, Trikalziumphosphat *n*, tertiäres Kalziumphosphat, tertiäres Calciumphosphat ‖ ~ **carbon atom** (Chem) / tertiäres Kohlenstoffatom ‖ ~ **cementite** (Met) / Tertiärzementit *m* (beim Abkühlen von der Perlittemperatur unterhalb 723 °C) ‖ ~ **colours**\* / Tertiärfarben *f pl* ‖ ~ **compound** (Chem) / tertiäre Verbindung ‖ ~ **creep** (until failure occurs) (Eng, Materials, Met) / drittes Kriechstadium, tertiäres Kriechen *n*, Tertiärkriechen *n*, Kriechen *n* mit zunehmender Geschwindigkeit, beschleunigtes Kriechen (mit erst allmählichem, dann beschleunigtem Wiederanstieg der Kriechrate bis zum Bruch)
**tertiary-energy driven heat pump** (Heat) / Tertiärwärmepumpe *f* (die innerhalb eines Energiekreislaufs zur Wärmerückgewinnung dient - z.B. bei der Klimatisierung von Großgebäuden)
**tertiary lamella** (For) / Tertiärwand *f*, Tertiärlamelle *f* ‖ ~ **magnesium phosphate** (Chem, Pharm) / Trimagnesiumphosphat *n* (tertiäres Magnesiumphosphat), dreibasiges Magnesiumphosphat ‖ ~ **memory** (Comp) / Tertiärspeicher *m* (bei Rechnersystemen mit Speicherhierarchie) ‖ ~ **production**\* (Oils) / tertiäre Gewinnung, tertiäre Gewinnungsphase (dem Flutwasser werden Chemikalien zugesetzt oder das Erdöl wird in der Lagerstätte erwärmt), Tertiärförderung *f*, tertiäre Fördertechnik ‖ ~ **recovery**\* (Oils) / tertiäre Gewinnung, tertiäre Gewinnungsphase (dem Flutwasser werden Chemikalien zugesetzt oder das Erdöl wird in der Lagerstätte erwärmt), Tertiärförderung *f*, tertiäre Fördertechnik ‖ ~ **recrystallization** (Met) / tertiäre Rekristallisation ‖ ~ **sodium phosphate** (Chem) / Trinatrium(ortho)phosphat *n* ($Na_3PO_4$), tertiäres Natriumphosphat ‖ ~ **structure** (Biochem) / Tertiärstruktur *f* (der Proteine) ‖ ~ **treatment** (of waste-water) (San Eng) / weitergehende Abwasserreinigung (Verfahren oder Verfahrenskombinationen, welche in ihrer Reinigungswirkung über die herkömmliche, in der Regel mechanisch-biologische Abwasserreinigung hinausgehen und insbesondere solche Stoffe eliminieren, die im Ablauf einer mechanisch-biologischen Kläranlage noch enthalten sind - DIN 4045), dritte Reinigungsstufe ‖ ~ **triangle** (Surv) / Dreieck *n* dritter Ordnung ‖ ~ **triangulation** (Surv) / Triangulation *f* dritter Ordnung (mit den Netzen III. Ordnung) ‖ ~ **wall** (For) / Tertiärwand *f*, Tertiärlamelle *f* ‖ ~ **winding**\* (Elec Eng) / Tertiärwicklung *f*
**tervalent**\* *adj* (Chem) / trivalent *adj*, dreiwertig *adj*
**tervariant**\* (Phys) / trivariant *adj*, dreifachfrei *adj*, tervariant *adj*, mit drei Freiheitsgraden
**Terylene**\* *n* (Chem) / Terylene *n* (ein Polyesterfaserstoff der ICI Fibres Ltd.), Terylen *n*
**Terzaghi analogy** (Civ Eng) / Terzaghi-Analogie *f* (nach K. Terzaghi, 1883-1963)
**Tesca's shear stress hypothesis** (Mech) / Schubspannungshypothese *f* (eine Festigkeitshypothese beim Gleitbruch - nach Tesca)
**teschenite**\* *n* (Geol) / Teschenit *m* (ein Alkaligestein)
**tesla**\* *n* (Elec) / Tesla *n* (gesetzliche abgeleitete SI-Einheit der magnetischen Flussdichte = 1 $Wb/m^2$; nach dem kroatisch-amerikanischen Physiker Nikola Tesla, 1856-1943), T (Tesla - DIN 1301, T 1) ‖ ~ **coil**\* (Elec Eng) / Teslaspule *f* (Sekundärspule des Teslatransformators) ‖ ~ **current** (Elec Eng) / Teslastrom *m* ‖ ~ **transformer** (Elec Eng) / Teslatransformator *m* (eine Anordnung zur Erzeugung hochfrequenter Wechselspannungen von sehr großer Amplitude)
**tesselate** *v* (Maths) / parkettieren *v*, kacheln *v*
**tesselation** *n* (the division of smooth surfaces into polygons that fit together like a mosaic) (Maths) / Parkettierung *f*, Kachelung *f*, Überdeckung *f* der Ebene (überlappungsfreie vollständige - mit regulären Vielecken)
**tessella**\* *n* (pl. tessellae) (Arch) / Mosaikstein *m* (für römische Mosaiken)
**tessellated pavement**\* (Build) / Mosaikfußboden *m*
**tessellation** *n* / mosaikartige Musterung *n* (Maths) / Parkettierung *f*, Kachelung *f*, Überdeckung *f* der Ebene (überlappungsfreie vollständige - mit regulären Vielecken)
**tessera**\* *n* (pl. tesserae) (Arch) / Mosaikstein *m* (für römische Mosaiken)

**tesseral** *adj* (Maths) / tesseral *adj* ‖ ~ **harmonic** (Maths) / tesserale Kugelfunktion ‖ ~ **Legendre function** (Maths) / tesserale Kugelfunktion
**test** *v* / prüfen *v* (DIN 1319, T 1), testen *v*, erproben *v* ‖ ~ / versuchen *v*, experimentieren *v*, Versuche anstellen ‖ ~ *n* (using standard methods) / Prüfung *f*, Test *m*, Erprobung *f* ‖ ~\* / Versuch *m*, Experiment *n* ‖ ~ (Chem) / Versuchssubstanz *f*, Testsubstanz *f*, Probesubstanz *f* (Reagens) ‖ **in situ** ~ / Prüfung *f* an Ort und Stelle, Prüfung *f* am Einsatzort
**testa**\* *n* (pl. -ae) (Bot) / Testa *f* (pl. -ae), Samenschale *f*
**testable** *adj* / prüfbar *adj*, den (die, das) man prüfen kann
**test access** (Comp) / Prüfanschaltung *f* ‖ ~ **access point** (Comp) / Testpunkt *m* ‖ ~ **access port** (Electronics) / Test Access Port *m*, TAP (Test Access Port)
**test(ing) acid** (Chem) / Prüfsäure *f* (z.B. Salpetersäure)
**test aerial** (Radio) / Messantenne *f* ‖ ~ **aerosol** / Prüfaerosol *n* ‖ ~ **amperes** (Elec Eng) / Prüfstrom *f* (bei Wirkverbrauchszählern) ‖ ~ **animal** (Biol, Pharm) / Versuchstier *n* ‖ ~ **antenna** (Radio) / Messantenne *f* ‖ ~ **area** (Autos, Elec Eng) / Testareal *n*, Versuchsgelände *n*, Testgelände *n*, Prüfpolygon *n* ‖ ~ **arrangement** / Versuchsanordnung *f* ‖ ~ **atmosphere** (Materials) / Prüfklima *n* (Normklima für Prüfungen) ‖ ~ **ban** (Mil, Nuc Eng) / Teststopp *m* (nach dem Teststoppabkommen) ‖ ~-**ban treaty** (Mil, Nuc Eng) / Teststoppabkommen *n*, Atomteststoppabkommen *n* ‖ ~ **bar** (Foundry, Materials) / Probestab *m* ‖ ~ **bar** (Materials) / Probestab *m* ‖ ~ **bay** (Elec Eng) / Prüffeld *n* (DIN 57104) ‖ ~ **beam** (Civ Eng, Materials) / Probebalken *m* (Probekörper für die Untersuchung der Biegezugfestigkeit des Betons) ‖ ~ **bed**\* (Aero, Eng, Materials) / Prüfstand *m* ‖ ~ **bed** (Comp) / Komplex *m* von Testdatensätzen ‖ ~ **bed** (Comp) / Testumgebung *f* (für die Prüfung eines Programms) ‖ ~ **bench** (Aero, Eng, Materials) / Prüfstand *m* ‖ ~ **board** (Comp) / Testbaugruppe *f*, TBG (Testbaugruppe) ‖ ~ **board**\* (Elec Eng) / Prüfschrank *m*, Prüfplatz *m* ‖ ~ **booklet** / Prüfbuch *n* ‖ ~ **boring** (Oils) / Aufschlussbohrung *f* (Tätigkeit), Explorationsbohrung *f* ‖ ~ **by spotting** (Chem) / tüpfeln *v* ‖ ~ **call** (Teleph) / Probeanruf *m*, Prüfverbindung *f*, Probeverbindung *f* ‖ ~ **car** (Autos) / Testwagen *m* ‖ ~ **card** (Comp) / Prüfkarte *f* ‖ ~ **card**\* (TV) / Fernsehtestbild *n*, Testbild *n* ‖ ~ **case** (Comp) / Testdatensatz *m* ‖ ~ **case generator** (Comp) / Testdatengenerator *m* ‖ ~ **certificate** / Prüfattest *n*, Prüfzeugnis *n*, Prüfschein *m*, Prüfbescheinigung *f* ‖ ~ **chart**\* (TV) / Fernsehtestbild *n*, Testbild *n* ‖ ~ **circuit** (Elec Eng) / Prüfschaltung *f*, Prüfstromkreis *m*, Prüfkreis *m* ‖ ~ **cock** (Eng) / Probierhahn *m* (meistens am niedrigsten und am höchsten Füllstand eines Behälters) ‖ ~ **code** (Comp, Telecomm) / Testtext *m*, Versuchstext *m*, Prüftext *m* (der zu Prüfzwecken übertragen wird) ‖ ~ **coil** (Elec Eng) / Prüfspule *f*, Tastspule *f*, Suchspule *f*, Sondenspule *f* ‖ ~ **conditions** (Materials) / Prüfbedingungen *f pl*, Versuchsbedingungen *f pl* ‖ ~ **coupon** (Foundry) / Probestück *n* (angegossenes) ‖ ~ **cube** (Civ Eng) / Probewürfel *m* (aus einer Mischung hergestellter Betonwürfel zur Bestimmung der Druckfestigkeit des zur Verarbeitung kommenden Betons) ‖ ~ **current** (Elec Eng) / Prüfstrom *m* (bei Wirkverbrauchszählern) ‖ ~ **cycle** (Autos) / Prüfzyklus *m*, Testzyklus *m* ‖ ~ **cylinder** (Civ Eng, Materials) / Probezylinder *m* (Probekörper aus Beton) ‖ ~ **data**\* / Prüfwerte *m pl*, Versuchswerte *m pl*, Prüfdaten *pl*, Testdaten *pl* ‖ ~ **data generator** (Comp) / Testdatengenerator *m* ‖ ~ **desk**\* (Teleph) / Prüfpult *n*, Prüftisch *m* ‖ ~ **distribution** (Stats) / Testverteilung *f* (bei statistischen Prüfverfahren) ‖ ~ **document** (Comp) / Prüfbeleg *m* ‖ ~ **drilling** (Oils) / Aufschlussbohrung *f* (Tätigkeit), Explorationsbohrung *f* ‖ ~ **drive** (Autos) / Probefahrt *f*
**test-drive** *v* (Autos) / Probe fahren *v* (nur Infinitiv und Partizip)
**test dummy** (Comp) / Test-Dummy *m* (Platzhalter für noch nicht programmierte Moduln, um den Test einzelner Komponenten zu ermöglichen) ‖ ~ **duration** / Prüfdauer *f*
**tested well capacity** (Hyd Eng) / durch Versuch ermittelte (maximale) Brunnenschüttung
**testee** *n* / Testperson *f*
**test engineering** / Prüftechnik *f* (als Fach und Geräteausrüstung) ‖ ~ **environment** (Comp) / Komplex *m* von Testdatensätzen
**tester** *n* / Prüfer *m* (Person) ‖ ~ / Pröbchen *n*, (Gratis)Probe *f* ‖ ~ (Instr) / Prüfgerät *n*, Testgerät *n*, Tester *m*
**test evaluation** (Stats) / Testauswertung *f*, Versuchsauswertung *f* ‖ ~ **explosion** (Mil) / Versuchsexplosion *f* ‖ ~ **exposure** (Photog) / Probebelichtung *f*, Testbelichtung *f*, Belichtungsprobe *f* ‖ ~ **fabric** (specially made for fastness testing) (Materials, Textiles) / Testgewebe *n* ‖ ~ **facility** / Prüfanlage *f*, Prüfeinrichtung *f* (größere) ‖ ~ **film** (Cinema) / Testfilm *m* ‖ ~ **finger** (Elec Eng) / Prüffinger *m* (starrer, beweglicher) ‖ ~ **fish** (Ecol, Zool) / Testfisch *m* (z.B. Goldorfe, Regenbogenforelle oder Elritze) ‖ ~ **fixture** (Elec Eng) / Prüfvorrichtung *f* (kleinere) ‖ ~ **flight** (made to observe the performance of a new aircraft or spacecraft) (Aero) / Versuchsflug *m*, Testflug *m*

**test-fly**

**test-fly** v (Aero) / einen Testflug durchführen
**test for accuracy** (Instr) / Genauigkeitsprüfung f || ~ **for acid traces** (Textiles) / Säurespurennachweis m (Test) || ~ **force** (Materials) / Prüfkraft f || ~ **for convergence** (Maths) / Konvergenzkriterium n (Angabe von Bedingungen, unter denen vor allem eine Reihe einen Grenzwert besitzt) || ~ **for power equality** (Maths) / Test m auf Gleichheit (der Mengen) || ~ **for weldability** (Welding) / Schweißbarkeitsversuch m, Schweißbarkeitsprüfung f || ~ **frequency** (Telecomm) / Messfrequenz f || ~ **function** (Electronics) / Testfunktion f (ein bestimmter zeitlicher Verlauf eines Signals, das auf den Eingang eines Übertragungsgliedes gegeben wird mit dem Ziel, aus dem zeitlichen Verlauf des Ausgangssignals auf das Zeitverhalten des Übertragungsgliedes zu schließen) || ~ **gas** (Instr) / Prüfgas n (zum Justieren der gasanalytischen Instrumente verwendetes Gas bekannter Zusammensetzung) || ~ **glass** (Optics) / Probeglas n (zur Bestimmung der Ebenheit einer Fläche) || ~ **head** (Electronics) / Prüfkopf m, Testhead m
**testimonial advertising** (Radio, TV) / Testimonial n, Testimonial-Werbung f (mit Aussagen und Urteilen bestimmter Personen) || ~ **commercial** (Radio, TV) / Testimonial-Werbesendung f (Bekundung von Zufriedenheit eines tatsächlichen oder fiktiven Kunden mit einem Produkt oder einer Dienstleistung)
**testing** n / Prüfung f, Test m, Erprobung f || ~ **and inspection equipment** / Prüfanlage f || ~ **apparatus** (Instr) / Prüfgerät n, Testgerät n, Tester m || ~ **conditions** (Materials) / Prüfbedingungen f pl, Versuchsbedingungen f pl || ~ **engineer** / Prüftechniker m, Prüfingenieur m || ~ **facility** / Prüfanlage f, Prüfeinrichtung f (größere) || ~ **finger** (Elec Eng) / Prüffinger m (starrer, beweglicher) || ~ **force** (Materials) / Prüfkraft f || ~ **ground** (Autos, Elec Eng) / Testareal n, Versuchsfeld n, Versuchsgelände n, Testgelände n, Prüfpolygon n || ~ **installation** / Prüfstrecke f, Prüfstand m || ~ **lab** (Chem) / Prüflabor n, Prüflaboratorium n || ~ **laboratory** (Chem) / Prüflabor n, Prüflaboratorium n || ~ **machine** * (Eng) / Prüfmaschine f || ~ **method** / Prüfverfahren n, Testverfahren n || ~ **of materials** (Materials) / Werkstoffprüfung f, Materialprüfung f || ~ **of metallic materials** (metals) (Materials) / Prüfung metallischer Werkstoffe || ~ **of textiles** (Materials, Textiles) / Textilprüfung f (DIN 60000 - physikalisch-technologische, chemische und biologische) || ~ **pig** / Prüfmolch m (z.B. ein Lecksuchmolch) || ~ **plant** / Prüfanlage f || ~ **position** * (Telecomm) / Prüfplatz m || ~ **prior to despatch** / Prüfung f vor der Auslieferung || ~ **prior to dispatch** / Prüfung f vor der Auslieferung || ~ **process** / Prüfverfahren n, Testverfahren n || ~ **room** / Prüfraum m || ~ **set** * (Elec Eng) / Prüfvorrichtung f (größere) || ~ **sieve** / Prüfsieb n (zur Durchführung der Siebprobe), Analysensieb n || ~ **station** (Elec Eng) / Prüffeld n (DIN 57104) || ~ **transformer** * (Elec Eng) / Prüftransformator m (zum Prüfen des Isolieröls und der Wicklungen elektrischer Maschinen und Geräte auf Isolationsfestigkeit nach VDE)
**test inhibit acknowledgement** (Comp) / Testsperrquittung f, TSPQ (Testsperrquittung) || ~ **inhibit signal** (Comp) / Testsperre f, TSP || ~ **item** / Prüfgegenstand m || ~ **item** (Instr) / Prüfobjekt n, Prüfgegenstand m, Prüfling m (z.B. eine Maschine oder ein Gerät, deren Eigenschaften durch Prüfen ermittelt werden) || ~ **item** s. also test-piece || ~ **jack** * (Teleph) / Prüfklinke f || ~ **jig** (Elec Eng) / Prüfvorrichtung f (größere) || ~ **job** (Comp, Telecomm) / Prüfauftrag m || ~ **key** / Prüftaste f || ~ **kit** (Chem) / Testkit m (analytischer) || ~ **lamp** (Elec Eng) / Prüflampe f || ~ **line** (TV) / Prüfzeile f (eine festgelegte Zeile in der Vertikalaustastlücke, die eine oder mehrere Prüfsignale zur Überwachung der Übertragseinrichtung während der laufenden Programmsendungen enthält)
**testliner** n (Paper) / Testliner m (für Deckschichten von Wellpappe oder Vollpappe - DIN 6730) || ~ **board** (Paper) / Testliner m (für Deckschichten von Wellpappe oder Vollpappe - DIN 6730)
**test load** (Aero, Eng) / Prüflast f, Prüfbelastung f || ~ **load** (Autos) / Prüflast f (Bruttozuladung zum fahrfertigen Kraftfahrzeug in kg) || ~ **load** (Autos) s. also proof load || ~ **log** / Prüfbericht m, Versuchsprotokoll n || ~ **log** (Comp) / Testprotokoll n || ~ **market** / Testmarkt m (ein lokaler oder regionaler Markt, der dazu dient, die Marktchancen eines neuen Produkts vor seiner Einführung im Gesamtmarkt zu testen) || ~ **material** (Materials) / Untersuchungsgut n (das zu untersuchen ist) || ~ **medium** / Prüfmedium n || ~ **method** / Prüfmethode f || ~ **mode** (Comp) / Testbetrieb m || ~ **module** (Comp) / Testbaugruppe f, TBG (Testbaugruppe) || ~ **object** (Instr) / Prüfobjekt n, Prüfgegenstand m, Prüfling m (z.B. eine Maschine oder ein Gerät, deren Eigenschaften durch Prüfen ermittelt werden) || ~ **of goodness of fit** (Stats) / Anpassungstest m (z.B. Kolmogorow- oder Chi-Quadrat-Anpassungstest) || ~ **of randomness** (Stats) / Zufälligkeitstest m (ein statistischer Test) || ~ **of significance** (Stats) / Signifikanztest m || ~ **of trend** (Stats) / Trendtest m || ~ **on spiral course** (Ships) / Spiraltest m (Manövertest zur Einschätzung der Steuerfähigkeit und der Gierstabilität) || ~ **oscillator** (Radio) / Messsender m (ein Hochfrequenzgenerator mit einstellbarer Frequenz hoher Stabilität und großem Abstimmbereich), Prüfsender m
**testosterone** * n (Biochem, Chem, Gen, Med) / Testosteron n (ein männliches Geschlechtshormon)
**test out** v / ausprüfen v, austesten v, durchprüfen v || ~ **panel** / Prüfblech n (z.B. für die Hull-Zelle) || ~ **panel** (Paint) / Probenplatte f (für die Prüfung von Beschichtungen) || ~ **paper** (Chem) / Reagenzpapier n, Indikatorpapier n, Testpapier n || ~ **pattern** (Optics) / Testmarke f, Testbild n, Mire f || ~ **pattern** (Optics) / Testfigur f, Testobjekt n (z.B. Liniengitter, Kreisfigur, Sektorenraster) || ~ **pattern** (Print) / Testvorlage f (Anordnung von Testfiguren und Prüftafeln zum Feststellen der Bildqualität über das gesamte Bild) || ~ **pattern** * (TV) / Fernsehtestbild n, Testbild n || ~ **pattern generator** (TV) / Testbildgeber m || ~ **piece** (a sample of material on which tests are carried out) (Materials) / Probe f, Probestück n, Probekörper m, Versuchskörper m, Prüfkörper m, Prüfling m || ~ **pilot** (Aero) / Testpilot m (der Testflüge durchführt), Versuchspilot m, Einflieger m || ~ **pit** (US) (Civ Eng, Mining) / Schürfschacht m, Schürfloch n, Schürfgrube f, Sondierschacht m || ~ **plan** (Comp) / Testvordruck m || ~ **plug** (Elec Eng) / Prüfstecker m || ~ **point** / Prüfstelle f || ~ **point** / Messpunkt m (Prüfpunkt) || ~ **point** (Teleph) / Prüfpunkt m || ~ **pressure** (Eng, Materials) / Prüfdruck m || ~ **print** (Print) / Probeabdruck m, Probeabzug m, Kontrollabzug m, Kontrollausdruck m, Andruck m (zur Kontrolle) || ~ **prod** (Elec Eng) / Prüfspitze f (für die Baugruppenprüftechnik) || ~ **program** (Comp) / Testprogramm n, Prüfprogramm n, Überwacher m (Programm zur Prüfung neu eingelesener Programme) || ~ **proof** (Chem) / Prüfnachweis m || ~ **range** / Prüfbereich m, Messbereich m || ~ **range** (Mil) / Erprobungsgebiet n || ~ **reaction** (Chem) / Nachweisreaktion f || ~ **receiver** (Radio) / Messempfänger m, Prüfempfänger m || ~ **record** / Prüfbericht m, Versuchsprotokoll n || ~ **record** * (Acous) / Messplatte f || ~ **reference year** (Meteor) / Testreferenzjahr n (für einen Ort oder für eine Klimaregion aus 12 Einzelmonaten/ Januar bis Dezember/ verschiedener Jahre synthetisch erzeugtes, aus stündlichen Datensätzen bestehendes Datenkollektiv) || ~ **register** (Comp) / Prüfregister n || ~ **report** / Prüfungsnachweis m, Prüfungsbericht m, Prüfungsprotokoll n || ~ **request** / Testanforderung f, Prüfauftrag m || ~ **response spectrum** (Elec Eng) / Prüfantwortspektrum n || ~ **result** (the value obtained by carrying out the complete protocol of the test method once, being either a single test determination or an average or other specified combination of a specified number of test determinations) / Prüfergebnis n, Testergebnis n, Versuchsergebnis n || ~ **rig** / Prüfanlage f, Prüfstand m || ~ **rig** / Prüfanordnung f, Versuchsanordnung f, Testaufbau m || ~ **rig** (Aero, Eng, Materials) / Prüfstand m || ~ **rig** (Elec Eng) / Prüfvorrichtung f (größere) || ~ **rod** (Materials) / Probestab m || ~ **room** (Chem) / Prüfraum m || ~ **run** / Probebetrieb m, Probelauf m, Testlauf m, PB || ~ **run** (Autos) / Probefahrt f || ~ **run** (Rail) / Messfahrt f || ~ **schedule** (Eng, Nuc Eng) / Testprogramm n, Prüfprogramm n || ~ **screen** / Prüfsieb n (zur Durchführung der Siebprobe), Analysensieb n || ~ **section** / Probestrecke f || ~ **section** (Aero) / Messstrecke f (z.B. in einem Windkanal) || ~ **selector** * (Telecomm) / Prüfwähler m || ~ **sensitivity** / Prüfempfindlichkeit f || ~ **sequence** / Prüfablauf m, Prüffolge f, Testfolge f || ~ **set** / Prüfanordnung f, Versuchsanordnung f, Testaufbau m || ~ **set-up** / Prüfanordnung f, Versuchsanordnung f, Testaufbau m || ~ **sheet** (Paint) / Prüfblech n (Probenplatte aus Blech) || ~ **sieve** (BS 410) / Prüfsieb n (zur Durchführung der Siebprobe), Analysensieb n || ~ **signal** (Automation, Telecomm) / Testsignal n, Prüfsignal n (zur Untersuchung des dynamischen Verhaltens von Übertragungsgliedern und Regelkreisen) || ~ **site** / Aufstellungsort m (bei Korrosionsprüfungen), Versuchsort m, Prüfort m (bei Korrosionsprüfungen)
**test-soiled fabric** (Textiles) / Gewebe n mit Testanschmutzung, Schmutztestgewebe n
**test solution** (Chem) / Prüflösung f, Probelösung f, Untersuchungslösung f (die zu untersuchende Lösung) || ~ **specification** / Prüfvorschrift f || ~ **specimen** (Materials) / Probe f, Probestück n, Probekörper m, Versuchskörper m, Prüfkörper m, Prüfling m || ~ **stand** (Aero, Eng, Materials) / Prüfstand m || ~ **state** (Comp, Eng) / Prüfzustand m || ~ **station** (Teleph) / Messplatz m || ~ **statistic** (variable) (Stats) / Testgröße f, Testkriterium n || ~ **stick** (Chem) / Teststäbchen n (für Umwelt- und Wasseranalytik) || ~ **strip** (Cinema) / Testband n, Normbenzugsband n || ~ **strip** (Materials, Textiles) / Streifenprobe f (für die Zugfestigkeitsprüfung), Probestreifen m || ~ **strip** (Med, Pharm) / Teststreifen m || ~ **substance** (Chem) / Versuchssubstanz f, Testsubstanz f, Probesubstanz f (Reagens) || ~ **tannage** (Leather) / Probegerbung f (Typkonformität) || ~ **terminal** * (Elec Eng) / Prüfklemme f, Testklemme f || ~ **the flatness** (with a straight edge or a surface plate) (Eng) / tuschieren v || ~ **track** (Autos) / Teststrecke f (Fahrbahn) || ~ **track** (Comp) / Prüfspur f || ~ **tube**

Prüfröhrchen *n* (eines Gasspürgeräts) ‖ ~ **tube** (Chem) / Reagenzglas *n*, Probierglas *n*
**test-tube brush** (Chem) / Reagenzglasbürste *f* ‖ ~ **clamp** (Chem) / Reagenzglasklemme *f* ‖ ~ **holder** (Chem) / Reagenzglasklemme *f* ‖ ~ **rack** (Chem) / Reagenzglasgestell *n*
**test under hydraulic pressure** (Eng) / Wasserdruckversuch *m*, Wasserdruckprobe *f* (mit Wasser als Prüfmedium), Abdrückversuch *m* (ein Innendruckversuch mit Wasser oder Öl als Druckmedium - DIN 50 104) ‖ ~ **vehicles**\* (Aero) / Prüfgerät *n pl*, Prüfraketen *f pl* ‖ ~ **viewing** (TV) / Abnahmevorführung *f* ‖ ~ **voltage** (Elec Eng) / Prüfspannung *f*
**tetanus**\* *n* (Med) / Wundstarrkrampf *m*, Tetanus *m*
**tetany**\* *n* (Med) / Tetanie *f*
**tetartohedral** *adj* (Crystal) / tetartoedrisch *adj*, viertelflächig *adj* ‖ ~ **class** (Crystal) / tetartoedrische Klasse (Kristallklasse des kubischen Kristallsystems), tetartoidische Klasse
**tetartoid** *n* (Min) / Tetartoid *n* (tetraedrisches Pentagondodekaeder - z.B. Ullmannit und Langbeinit)
**tether** *n* (Autos) / Tankdeckelbefestigung *f* (meist flexibler Kunststoffriemen)
**tethered-aerostat radar** (Radar) / Ballonradar *m n*
**tethered satellite**\* (Space) / Satellit *m* am Halteseil
**Tetmajer's equation** (Mech) / Tetmajer-Gleichung *f* (beim Knicken im unelastischen Bereich) ‖ ~ **line** (Mech) / Tetmajer-Gerade *f* (im Knickspannungsdiagramm)
**tetra-**\* / Tetra-, tetra- (Bestimmungswort von Zusammensetzungen mit der Bedeutung "vier")
**tetraalkyltin** *n* (Chem) / Tetraalkylzinn *n*
**tetraaminoethylene** *n* (Chem) / Tetraaminoethylen *n*
**tetraaryl silicate** (Chem) / Tetraarylsilicat *n*, Tetraarylsilikat *n*
**tetrabasic** *adj* (Chem) / vierbasig *adj*, vierbasisch *adj* (Säure)
**tetraborate** *n* (Chem) / Tetraborat *n*
**tetraboric acid**\* (Chem) / Tetraborsäure *f* (in freiem Zustand nicht nachweisbare Polyborsäure), Heptoxotetraborsäure *f*
**tetrabromoethane** *n* (Chem) / Tetrabromethan *n*
**tetrabromomethane** *n* (Chem) / Tetrabromkohlenstoff *m*, Tetrabrommethan *n*
**tetrabromophthalic anhydride** (Chem, Textiles) / Tetrabromphthalsäureanhydrid *n*, TBPA (Tetrabromphthalsäureanhydrid)
**tetrabutylammonium hydroxide** (Chem, Spectr) / Tetrabutylammoniumhydroxid *n*, TBAH (Tetrabutylammoniumhydroxid), TBAOH (Tetrabutylammoniumhydroxid) ‖ ~ **salt** (Chem) / Tetrabutylammoniumsalz *n*
**tetrabutylthiuram monosulphide** (used as rubber accelerator) (Chem) / Tetrabutylthiurammonosulfid *n*
**tetrabutyltin** *n* (Chem) / Tetrabutylzinn *n* (eine zinnorganische Verbindung)
**tetrabutyl titanate** (Chem, Paint) / Tetrabutyl-orthotitanat *n* (ein Titansäureester), Tetrabutyltitanat *n* (Bindemittel für hochhitzebeständige Anstrichmittel), TBT (Tetrabutyltitanat)
**tetracaine** *n* (Pharm) / Tetrakain *n* (ein Lokalanästhetikum), Tetracain *n* ‖ ~ **hydrochloride** (a loca anaesthetic) (Pharm) / Tetrakainhydrochlorid *n*, Tetracainhydrochlorid *n*
**tetracene** *n* (Chem) / Tetrazen *n* (ein Initialsprengstoff), Tetracen *n*
**tetrachloride** *n* (Chem) / Tetrachlorid *n*
**tetrachloroauric(III) acid** (Chem) / Tetrachlorogold(III)-säure *f* (die wichtigste Goldverbindung)
**tetrachlorobenzene** *n* (Chem, Ecol) / Tetrachlorbenzol *n* (ein aromatischer Chlorkohlenwasserstoff)
**tetrachlorodibenzo-p-dioxin, 2,3,7,8-~** (Chem) / Tetrachlordibenzodioxin *n* (ein Derivat des 1,4-Dioxins mit starker mutagener, teratogener und kanzerogener Wirkung), "Seveso"-Dioxin *n*, 2,3,7,8-Tetrachlordibenzo-1,4-dioxin *n*, TCDD
**tetrachloroethane**\* *n* (Chem) / 1,1,2,2-Tetrachlorethan *n*, Acetylentetrachlorid *n*, Azetylentetrachlorid *n* (nicht brennbares technisches Lösungsmittel)
**tetrachloroethene**\* *n* (Chem) / Tetrachlorethylen *n* (DIN 53 978), Tetrachlorethen *n* (ein LHKW), Perchlorethen *n*, Per (Perchlorethen), Perchlorethylen *n*
**tetrachloroethylene**\* *n* (Chem) / Tetrachlorethylen *n* (DIN 53 978), Tetrachlorethen *n* (ein LHKW), Perchlorethen *n*, Per (Perchlorethen), Perchlorethylen *n*
**tetrachloromethane**\* *n* (Chem) / Tetrachlormethan *n* (ein LHKW), Tetrachlorkohlenstoff *m* ($CCl_4$), Tetra *m* (ein Halogenmethan), Kohlenstofftetrachlorid *n*
**tetrachloropalladous acid** / Tetrachloropalladium(II)-säure *f*
**tetrachlorophthalate resin** (Chem) / Tetrachlorphthalatharz *n*, TCP-Harz *n*
**tetrachlorophthalic acid** (Chem) / Tetrachlorphthalsäure *f* ‖ ~ **anhydride** (Chem) / Tetrachlorphthalsäureanhydrid *n*

**tetrahedrane**

**tetrachloroplatinic acid** (Chem) / Tetrachloroplatin(II)-säure *f*, Hydrogentetrachloroplatinat(II) *n*
**tetrachlorosilane**\* *n* (Chem) / Tetrachlorsilan *n*, Siliciumtetrachlorid *n*, Siliziumtetrachlorid *n*, Silizium(IV)-chlorid *n*
**tetrachoric** *adj* (Stats) / tetrachorisch *adj*
**tetrachromatic** *adj* / vierfarbig *adj*
**tetracid** *adj* (Chem) / viersäurig *adj* (Base)
**tetracoordinate(d)** *adj* (Chem) / vierfach koordiniert, vierfach koordinativ gebunden, mit vier koordinativen Bindungen
**tetracosactide** *n* (Pharm) / Tetracosactid *n* (internationaler Freiname für ein synthetisches Polypeptid), Tetrakosaktid *n*
**tetracosanoic acid** (Chem) / Tetracosansäure *f*
**tetracovalent** *adj* (Chem) / koordinativ vierwertig
**tetracyanoethene**\* *n* (Chem) / Ethentetracarbonitril *n*, Tetracyanoethylen *n*, Tetrazyanoethylen *n*, Tetracyanethen *n*, Ethentetracarbonitril *n*, Ethentetrakarbonitril *n*, TCNE (Tetracyanethen)
**tetracyanoethylene**\* *n* (Chem) / Ethentetracarbonitril *n*, Tetracyanoethylen *n*, Tetrazyanoethylen *n*, Tetracyanethen *n*, Ethentetracarbonitril *n*, Ethentetrakarbonitril *n*, TCNE (Tetracyanethen)
**tetracyclic** *adj* (Chem) / tetrazyklisch *adj*, tetracyclisch *adj*
**tetracycline**\* *n* (Pharm) / Tetrazyklin *n*, Tetracyclin *n* (ein Breitbandantibiotikum)
**tetrad** *n* (Bacteriol) / Tetrade *f* (Kokken in einer Viererbruppe) ‖ ~\* (Biol, Gen) / Tetrade *f* ‖ ~ (Chem) / vierwertige Atomgruppe ‖ ~ (a group of four bits or pulses, used to express a decimal or hexadecimal number in binary form) (Comp) / Tetrade *f*, 4-Bit-Einheit *f* ‖ ~ **axis** (Crystal) / vierzählige (Drehungs)Achse, Tetragyre *f* (um 90°) ‖ ~ (Maths, Nuc) / Tetrade *f* ‖ ~ **code** (Comp) / tetradischer Kode (Binärkode mit vierstelligen Wörtern), Tetradenkode *m*, Tetradencode *m*
**tetradecane** *n* (Chem) / Tetradecan *n*, Tetradekan *n*
**tetradecanoic acid**\* (Chem) / Tetradecansäure *f*, Tetradekansäure *f*, Myristinsäure *f* (als Glyzerinester in Muskatbutter, Milchfett und Kokosfett, als Zetylester in Walrat und Wollfett)
**tetradentate** *adj* (Chem) / vierzähnig *adj* (Ligand), vierzählig *adj* (Ligand)
**tetradeuterocompound** *n* (Chem, Nuc) / tetradeuterierte Verbindung, vierfach deuteriumsubstituierte Verbindung
**tetradimensional** *adj* (Maths, Phys) / vierdimensional *adj*
**tetradymite**\* *n* (Min) / Tetradymit *m*, Tellurbismut *m*
**tetraethylammonium chloride** (Chem) / Tetraethylammoniumchlorid *n*, TEAC (Tetraethylammoniumchlorid)
**tetraethylene glycol** (Chem) / Tetraethylenglykol *n*, Tetraglykol *n*
**tetraethyl lead** (Chem) / Tetraethylblei *n*, Bleitetraethyl *n*, TEL (Tetraethylblei) ‖ ~ **pyrophosphate** (Chem) / Tetraethyldiphosphat *n* (Insektizid und Aphizid - heute nicht mehr gebräuchlich), TEPP (Tetraethyldiphosphat, ein Insektizid und Aphizid - heute nicht mehr gebräuchlich)
**tetraethylthiuram disulphide (TETD, TTD)** (Chem) / Tetraethylthiuramdisulfid (TETD) *n* (internationaler Freiname: Disulfiram), TETD (internationaler Freiname: Disulfiram)
**tetrafluoroborate** *n* (Chem) / Tetrafluoroborat *n*, Fluoroborat *n*, Fluoborat *n*
**tetrafluoroboric acid** (Chem) / Fluoroborsäure *f* ($HBF_4$), Tetrafluoroborsäure *f*, Borfluorwasserstoffsäure *f*
**tetrafluoroethene**\* *n* (Chem) / Tetrafluorethen *n*, Tetrafluorethylen *n*, Perfluorethen *n* ($CF_2=CF_2$)
**tetrafluoroethylene**\* *n* (Chem) / Tetrafluorethen *n*, Tetrafluorethylen *n*, Perfluorethen *n* ($CF_2=CF_2$)
**tetrafluoromethane** *n* (Chem) / Kohlenstofftetrafluorid *n* ($CF_4$), Tetrafluorkohlenstoff *m*, Tetrafluormethan *n*
**tetrafluorosilane**\* *n* (Chem) / Siliciumtetrafluorid *n*, Siliciumtetrafluorid *n*, Silizium(IV)-fluorid *n*, Silicium(IV)-fluorid *n*, Tetrafluorsilan *n*
**tetrafunctional** *adj* (Chem) / tetrafunktionell *adj*, tetrafunktional *adj*
**tetragonal** *adj* (Chem) / Tetragonal-, tetragonal *adj* (DIN 13316)
**tetragonality** *n* (Crystal) / Tetragonalität *f*
**tetragonal system**\* (Crystal) / tetragonales Kristallsystem
**tetragyre** *n* (Crystal) / vierzählige (Drehungs)Achse, Tetragyre *f* (um 90°)
**tetrahedral** *adj* (Maths) / Tetraeder-, vierflächig *adj*, tetraedrisch *adj* ‖ ~ **angle** (Maths) / Tetraederwinkel *m* ‖ ~ **co-ordinates** (Maths) / Tetraederkoordinaten *f pl* ‖ ~ **model** (Chem) / Tetraedermodell *n* (des Kohlenstoffs) ‖ ~ **number** (a figurate number) (Maths) / Tetraederzahl *f*, Pyramidenzahl *f* ‖ ~ **pentagonal dodecahedron** (Min) / Tetartoid *n* (tetraedrisches Pentagondodekaeder - z.B. Ullmannit und Langbeinit) ‖ ~ **site** (Crystal) / Tetraederlücke *f* (in kubischen Gittern)
**tetrahedrane** *n* (Chem) / Tetrahedran *n* (ein platonischer Kohlenwasserstoff)

**tetrahedrite**

**tetrahedrite*** *n* (Min) / Antimonfahlerz *n*, dunkles Fahlerz, Tetraedrit *m*
**tetrahedron*** *n* (pl. -s or -hedra) (four triangular faces) (Crystal, Maths) / Tetraeder *n* (reguläres), dreiseitige Pyramide
**tetrahydrate** *n* (Chem) / Tetrahydrat *n*
**tetrahydric** *adj* (containing four hydroxyl groups in the molecule) (Chem) / vierwertig *adj* (Alkohol) ∥ ~ **alcohol** (Chem) / vierwertiger Alkohol
**tetrahydrocannabinol** *n* (Pharm) / Tetrahydrocannabinol *n* (farbloses, halluzinogenes Öl aus Haschisch und Marihuana), THC (ein Cannabinoid)
**tetrahydrofolic acid** (Biochem) / Tetrahydrofolsäure *f* (ein Koenzym), THF (Tetrahydrofolsäure), $H_4$-Folat *n*
**tetrahydrofuran*** *n* (Chem) / Tetramethylenoxid *n*, Tetrahydrofuran *n*, Oxolan *n*, THF (Tetrahydrofuran)
**tetrahydrofurfuryl alcohol** (Chem) / Tetrahydro-2-furanmethanol *n*, Tetrahydrofurfurylalkohol *m* (ein Furanderivat, meistens als Lösungsmittel verwendet), THFA
**tetrahydronaphthalene*** *n* (Chem) / Tetralin *n*, 1,2,3,4-Tetrahydronaphthalin *n* (ein partiell hydrierter aromatischer Kohlenwasserstoff)
**tetrahydropyrrole** *n* (Chem) / Pyrrolidin *n* (Tetramethylenimin), Tetrahydropyrrol *n*
**tetrahydrothiophene** *n* (Chem) / Tetramethylensulfid *n*, Tetrahydrothiophen *n*, THT (Tetrahydrothiophen)
**tetrahydroxo-monoxodiboric(III) acid** (Chem) / Tetraborsäure *f* (in freiem Zustand nicht nachweisbare Polyborsäure), Heptoxotetraborsäure *f*
**tetrahydroxyadipic acid** (Chem) / Mucinsäure *f*, Schleimsäure *f*, Muzinsäure *f*
**tetrahydroxyhexanedioic acid** (Chem) / Galaktarsäure *f* (systematische Bezeichnung für Schleimsäure), Galactarsäure *f*, Galakotzuckersäure *f*, Galactozuckersäure *f*
**tetraiodide** *n* (Chem) / Tetraiodid *n*
**tetraiodomethane** *n* (Chem) / Tetraiodmethan *n*, Kohlenstofftetraiodid *n*
**tetrajunction transistor** (Electronics) / Doppeltransistor *m* mit vier Grenzschichten npnpn, Tetrajunction-Transistor *m* (mit vier Sperrschichten in der Zonenfolge npnpn)
**tetrakisazo dyestuff** (Chem) / Tetrakisazofarbstoff *m*
**tetrakishexahedron** *n* (pl. -s or tetrakishexahedra) (Crystal) / Tetrakishexaeder *n* (vierundzwanzigflächige Kristallform), Pyramidenwürfel *m*
**tetralin*** *n* (Chem) / Tetralin *n*, 1,2,3,4-Tetrahydronaphthalin *n* (ein partiell hydrierter aromatischer Kohlenwasserstoff)
**tetramer** *n* (Chem) / Tetramer *n*, Tetrameres *n*
**tetramerize** *v* (Chem) / tetramerisieren *v*
**tetramethyldiaminobenzophenone** *n* (Chem) s. also Michler's ketone ∥ ~ (Chem) / Tetramethyl-4,4'-diaminobenzophenon *n*
**tetramethylene** *n* (Chem) / Tetramethylen *n*, Cyclobutan *n*, Zyklobutan *n* (ein Kohlenwasserstoff der Cycloalkanreihe)
**tetramethylenediamine** *n* (Chem) / Tetramethylendiamin *n*, Putreszin *n* (Tetramethylendiamin), Putrescin *n*
**tetramethylene oxide*** (Chem) / Tetramethylenoxid *n*, Tetrahydrofuran *n*, Oxolan *n*, THF (Tetrahydrofuran) ∥ ~ **sulphide** (Chem) / Tetramethylensulfid *n*, Tetrahydrothiophen *n*, THT (Tetrahydrothiophen) ∥ ~ **sulphone** (Chem, Oils, Textiles) / Tetramethylsulfon *n*, Tetrahydrothiophen-1,1-dioxid *n*, Sulfolan *n*, Thiolan-1,1-dioxid *n*
**tetramethyl lead** (Chem) / Tetramethylblei *n*, Bleitetramethyl *n* ∥ ~ **rhodamine isothiocyanate*** (Chem, Med) / Tetramethylrhodaminisothiocyanat *n*, Tetramethylrhodaminisothiozyanat *n*
**tetramethylsilane*** *n* (Chem, Chem) / Tetramethylsilan *n*, TMS (Tetramethylsilan), Siliziumtetramethyl *n*, Siliciumtetramethyl *n*
**tetramethylthiuram monosulphide** (containing a $R_2$NCS radical) (Agric, Chem) / Tetramethylthiurammonosulfid *n* (auch als Ultrabeschleuniger in der Kautschukindustrie)
**tetramethylurea** *n* (Chem) / Tetramethylharnstoff *m*
**tetramic acid** (Chem) / Tetramsäure *f*
**tetrammine copper(II) sulphate(VI)** (Chem) / Tetramminkupfer(II)-sulfat *n*
**tetramorphous*** *adj* (Chem, Crystal) / tetramorph *adj*
**tetraneutrons** *pl* (clusters of neutrons bound together in fours) (Nuc) / Tetraneutronen *n pl*
**tetranitromethane** *n* (Chem, Space) / Tetranitromethan *n*, TNM
**tetraodontoxin** *n* (Chem) / Tetrodotoxin *n* (ein Fischgift, z.B. Fugu-Gift der Kugelfische), Tarichatoxin *n* (ein Chinazolinalkaloid), TTX (Tetrodotoxin)
**tetraose*** *n* (Chem) / Tetrose *f* (Monosaccharid mit vier Sauerstoffatomen)
**tetraoxide** *n* (Chem) / Tetroxid *n*

**tetraoxophosphoric(V) acid** (Chem, Nut) / Orthophosphorsäure *f* (E 338)
**tetraoxorhenic•(VI) acid** (Chem) / Rheniumsäure *f* (eine Oxosäure) ∥ ~(VII) **acid** (Chem) / Perrheniumsäure *f*, Rhenium(VII)-säure *f* (eine Oxosäure)
**tetraoxosilicate** *n* (Chem) / Orthosilikat *n*, Orthosilicat *n*
**tetraoxosulphuric(VI) acid** (Chem) / Schwefelsäure *f*
**tetrapack** *n* / Tetrapak *n*
**Tetra Pak** (a type of plasticized cardboard carton for packing milk and other drinks, folded from a single sheet into a box shape) / Tetrapak *n*
**tetrapeptide** *n* (Biochem) / Tetrapeptid *n* (Peptid mit vier Aminosäureeinheiten)
**tetraphenyltin** *n* (Chem) / Tetraphenylzinn *n*
**tetraphosphorus** *n* (Chem) / Tetraphosphor *m* ∥ ~ **trisulphide** (Chem) / Tetraphosphortrisulfid *n* ($P_4S_3$), Phosphorsesquisulfid *n*
**tetraploid*** *adj* (Gen) / tetraploid *adj*, mit vierfachem Chromosomensatz
**tetrapod** *n* (Hyd Eng, Ocean) / Tetrapode *m* (sperriger Betonformkörper ohne Bewehrung, der hauptsächlich im Seewasserbau zum Schutz der Ufer und Molen gegen Brandungsangriffe eingesetzt wird)
**tetrapolymer** *n* (Chem) / Tetrapolymer *n*, Tetrapolymeres *n* (Kopolymer aus vier verschiedenen Monomeren)
**tetrapyrrole** *n* (Chem) / Tetrapyrrol *n*
**tetrarsenic tetrasulphide** (Chem) / Arsensulfid *n* ($As_4S_4$)
**tetrasaccharide** *n* (Chem) / Tetrasaccharid *n*, Tetrasacharid *n*
**tetrasilane** *n* (Chem) / Tetrasilan *n*
**tetrasodium pyrophosphate** (Chem, Nut) / Tetranatriumdiphosphat *n* ($Na_4P_2O_7$), Natriumpyrophosphat *n*
**tetrasomy** *n* (Biol, Gen) / Tetrasomie *f* (das vierfache Auftreten eines bestimmten Chromosoms im sonst diploiden Chromosomenbestand von Zellen oder Individuen - eine Chromosomenanomalie)
**tetrasulphur tetranitride** (Chem) / Tetraschwefeltetranitrid *n* ((SN)$_4$)
**tetraterpene** *n* (Chem) / Tetraterpen *n* (aus acht Isopreneinheiten aufgebautes Terpen)
**tetrathiofulvalene** *n* (Chem) / Tetrathiofulvalen *n*, TTF (Tetrathiofulvalen)
**tetrathionic acid** (Chem) / Tetrathionsäure *f* (eine Polythionsäure)
**tetrathiophen-1,1-dioxide** *n* (Chem, Oils, Textiles) / Tetramethylsulfon *n*, Tetrahydrothiophen-1,1-dioxid *n*, Sulfolan *n*, Thiolan-1,1-dioxid *n*
**tetratomic** *adj* (Chem, Nuc) / vieratomig *adj*
**tetravaccine** *n* (Med) / Tetravakzine *f*, Vierfachvakzine *f*
**tetravalent*** *adj* (having a valency of four) (Chem) / vierwertig *adj*, tetravalent *adj*
**tetraxial** *adj* / vierachsig *adj*, tetraxial *adj*
**tetrazene** *n* (Chem) / Tetrazen *n* (ein Initialsprengstoff), Tetracen *n*
**tetrazine** *n* (Chem) / Tetrazin *n* (heterozyklischer Sechsring mit vier Stickstoffatomen)
**tetrazo dyes*** (Textiles) / Disazofarbstoffe *m pl*, Bisazofarbstoffe *m pl*
**tetrazole*** *n* (Chem) / Tetrazol *n*
**tetrazolium salts** (Biol, Chem) / Tetrazoliumsalze *n pl* (ein Reduktionsindikator)
**tetrazotization** *n* (Chem) / Tetrazotieren *n*, Tetrazotierung *f*
**tetritol** *n* (Chem) / Tetrit *m* (vierwertiger Zuckeralkohol)
**tetrode*** *n* (Electronics) / Tetrode *f* (vier Elektroden + zwei Gitter), Zweigitterröhre *f* (eine Mehrgitterröhre) ∥ ~ **thyristor** (Electronics) / Thyristortetrode *f* (beidseitig steuerbarer Thyristor) ∥ ~ **transistor*** (Electronics) / Tetrodentransistor *m*
**tetrodonotoxin** *n* (Chem) / Tetrodotoxin *n* (ein Fischgift, z.B. Fugu-Gift der Kugelfische), Tarichatoxin *n* (ein Chinazolinalkaloid), TTX (Tetrodotoxin)
**tetrodotoxin** *n* (Chem) / Tetrodotoxin *n* (ein Fischgift, z.B. Fugu-Gift der Kugelfische), Tarichatoxin *n* (ein Chinazolinalkaloid), TTX (Tetrodotoxin)
**tetrose*** *n* (Chem) / Tetrose *f* (Monosaccharid mit vier Sauerstoffatomen)
**tetryl*** *n* (Chem) / Methylpikrylnitramin *n*, Tetryl *n* (N-Methyl-N,2,4,6-tetranitroanilin), CE
**T.E.U.** (twenty-foot equivalent unit) (Ships) / T.E.U. (ein veraltetes Vergleichsmaß zur statistischen Erfassung der Containereinheiten, z.B. bei Vermessung von Schiffen)
**TEU** (Ships) / T.E.U. (ein veraltetes Vergleichsmaß zur statistischen Erfassung der Containereinheiten, z.B. bei Vermessung von Schiffen)
**tevatron** *n* (Nuc) / Tevatron *n*
**TE wave*** (Telecomm) / TE-Welle *f* (DIN 1324-3), H-Welle *f*
**tex*** *n* (Spinning, Textiles) / Tex *n*, tex *n* (längenbezogene Masse von textilen Fasern und Garnen), Feinheit *f* im Tex-System (DIN 60900, 60905 und 1301, T 1)
**Texas poplar** (For) / Fremont-Pappel *f* (Populus fremontii) ∥ ~ **steers** (usually side-branded steer hides of a narrow close compact pattern, plump, and not necessarily from Texas) (Leather) / Ochsenhäute *f pl*

(ursprünglich aus Texas) ‖ ~ **tower** (Radar) / Radarturm *m* des Frühwarnsystems (vor der Meeresküste aufgebaut)
**texel** *n* (Comp, Photog) / Texel *n* (Gruppe von vier Texturelementen)
**texrope** *n* (US) (Eng) / Keilriemen *m* (DIN 2215)
**tex-system** *n* (1000 m yarn weigh 1 gram) (Spinning) / Tex-System *n* (der Garnfeinheit nach DIN 60900, 60905 and 1301, T 1)
**text** *v* (Comp) / simsen *v* ‖ ~* *n* (Comp) / Text *m* (in der Textverarbeitung) ‖ ~* (Typog) / Text *m* (der eigentliche Inhalt von Büchern, im Gegensatz zur Titelei, zum Bildanhang usw.), Grundschriftteil *m* ‖ ~ **addition** (Comp) / Textergänzung *f* ‖ ~ **alignment** (Comp) / Textausrichtung *f* ‖ ~ **analysis** (Comp) / Textanalyse *f*
**text-and-graphics integration** (Comp, Print) / Zusammenmischen *n* von Text und Grafik
**text base** (Comp) / Textkorpus *n* (pl. -ora), Korpus *n* (pl. -ora), Corpus *n* (pl. -ora) (Grundgesamtheit der Texte) ‖ ~ **block** (Comp, Print) / Textblock *m* ‖ ~ **block** (Print) / Textblock *m*
**textbook** *n* (of, on) / Lehrbuch *n* (z.B. der Physik)
**text box** (sizeable field into which the user can type text) (Comp) / Textfeld *n* ‖ ~ **character** (Comp) / Textzeichen *n* ‖ ~ **communication(s)** (Comp) / Textkommunikation *f* (DIN 32743), Textverkehr *m* ‖ ~ **compression** (Comp) / Textkompression *f* ‖ ~ **conversion** (Comp) / Textkonvertierung *f* (z.B. wenn Texte von anderen Systemen übernommen werden) ‖ ~ **correction** (Comp) / Textbearbeitung *f* (Korrektur durch entsprechende Programme), Textkorrektur *f* ‖ ~ **creation** (Comp) / Texterstellung *f* (ursprüngliche) ‖ ~ **creation** (Comp) s. also text production ‖ ~ **data** (Comp) / Textdaten *pl* ‖ ~ **density** (Comp, Print) / Textdichte *f* ‖ ~ **derivation** (Comp) / Textderivation *f* (Erstellung eines neuen, abhängigen Textes, z.B. bei den Abstracts) ‖ ~ **editing** (Comp) / Textbearbeitung *f* (inhaltliche), Textgestaltung *f* ‖ ~ **editing and processing** (Comp) / [automatische] Textverarbeitung *f*
**text-editing system** (Comp) / Texteditor *m*, Textaufbereitungssystem *n*
**text editor** (Comp) / Texteditor *m*, Textaufbereitungssystem *n* ‖ ~ **element** (Comp) / Textelement *n* ‖ ~ **entry** (Comp) / Texteingabe *f*, Texterfassung *f* ‖ ~ **exchange** (Comp) / Textaustausch *m*
**textfax** *n* (Telecomm) / Textfax *n* (punktweise Übertragung von Bildern und zeichenkodierte Übertragung von Text)
**text/fax server** (Telecomm) / Textfax-Server *m*
**text field** (Comp) / Textfeld *n*, Textfenster *n* ‖ ~ **figure** (Print) / Textabbildung *f* ‖ ~ **file** (which contains only printable characters) (Comp) / Textdatei *f* ‖ ~ **formatter** (Comp) / Textformatierungsprogramm *n* ‖ ~ **formatting program** (Comp) / Textformatierungsprogramm *n* ‖ ~ **handling** (Comp) / Textbearbeitung *f* (Behandlung von Textdateien) ‖ ~ **header** (Comp) / Textkopf *m* ‖ ~ **highlighting** (Comp) / Highlighting *n* des Texts, Texthervorhebung *f* durch stärkere Helligkeit
**textile*** *n* (Textiles) / Stoff *m* (fertig ausgerüstetes Gewebe), Gewebe *n*, Ware *f*, Tuch *n* (pl. Tuche), textiles Flächengebilde, Zeug *n*, textile Fläche (gewebte) ‖ ~ *adj* (Textiles) / Textil-, textil *adj* ‖ ~ **auxiliary** (Textiles) / Textilhilfsmittel *n* ‖ ~ **belt** (Textiles) / textiles Gurtband, Textilgurt *m*, Textilband *n*, Gewebefördergurt *m* (des Gurtbandförderers) ‖ ~ **binding** (Bind) / Gewebeeinband *m* ‖ ~ **care** (Textiles) / Textilpflege *f* ‖ ~ **chemistry** (Chem, Textiles) / Textilchemie *f* ‖ ~ **concrete** (Civ Eng) / Textilbeton *m* (dem als Zuschlag Stofffetzen beigemischt werden) ‖ ~ **dye** (Chem, Textiles) / Textilfarbstoff *m* ‖ ~ **dyestuff** (Chem, Textiles) / Textilfarbstoff *m* ‖ ~ **fabric** (woven) (Textiles) / Stoff *m* (fertig ausgerüstetes Gewebe), Gewebe *n*, Ware *f*, Tuch *n* (pl. Tuche), textiles Flächengebilde, Zeug *n*, textile Fläche (gewebte) ‖ ~ **fibres** (Textiles) / Textilfasern *f pl* (verspinnbare Fasern), textile Faserstoffe, Textilfaserstoffe *m pl*, textile Fasern ‖ ~ **finishing** (Textiles) / Textilveredlung *f*, Textilausrüstung *f*, TV ‖ ~ **floor covering** (Textiles) / textiler Bodenbelag (DIN/ISO 61151) ‖ ~ **glass** (Glass, Textiles) / Textilglas *n* (Sammelbegriff für Glasfasern und Glasfasererzeugnisse nach DIN 61850) ‖ ~ **industry** (Textiles) / Textilgewerbe *n*, Textilindustrie *f* ‖ ~ **insert** (Textiles) / Gewebeeinlage *f* ‖ ~ **labelling** (Textiles) / Textilkennzeichnung *f* ‖ ~ **machine** (Eng, Textiles) / Textilmaschine *f* ‖ ~ **oil** (Spinning) / Schmälzmittel *n*, Textilband *n* (Fasern oder Zweizylinderspinnerei) ‖ ~ (fibre) **plant** (Bot, Textiles) / Textilpflanze *f* (Faserpflanze, die der Textilindustrie verspinnbare Fasern liefert) ‖ ~ **printing** (Textiles) / Stoffdruck *m* (als Tätigkeit), Zeugdruck *m*, Textildruck *m* ‖ ~ **products** (Textiles) / Textil *n*, Textilwaren *f pl*, Textilien *pl* (DIN 60000), Textilerzeugnisse *n pl* ‖ ~ **raw material** (Textiles) / textiler Rohstoff ‖ ~ **ribbon** (Textiles) / Band *n*
**textiles*** *pl* (Textiles) / Textil *n*, Textilwaren *f pl*, Textilien *pl* (DIN 60000), Textilerzeugnisse *n pl*
**textile screw pine** (For) / Pandanuspalme *f* (Pandanus tectorius Parkinson ex Du Roi) ‖ ~ **soap** (Textiles) / Textilseife *f* ‖ ~ **tape** (Elec Eng, Textiles) / Textilband *n*, Gewebeband *n*
**text illustration** (Print) / Textabbildung *f* ‖ ~ **imprinting** (Print) / Texteindruck *m* ‖ ~ **input** (Comp) / Texteingabe *f*, Texterfassung *f* ‖ ~ **label** (Comp) / Textkennung *f* ‖ ~ **legibility** (Comp) / Textlesbarkeit *f*

**textless background** (Cinema) / Titel-Background *m*, Titelhintergrund *m*
**text mail** (Comp) / Textspeicherung und -verteilung *f* ‖ ~ **mail** (Comp) / Text Mail *n* (ISDN) ‖ ~ **management system** (Comp) / Textverwaltungssystem *n* ‖ ~ **manipulation** (Comp) / Textbearbeitung *f* (Behandlung von Textdateien) ‖ ~ **manual** (Comp) / Texthandbuch *n* ‖ ~ **marker** / Markierung *f* im Text ‖ ~ **matter** (Comp) / Textdaten *pl*
**text-message** *v* (Comp) / simsen *v*
**text mode** (Comp) / Textmodus *m* (wenn nur alphanumerische Texte verarbeitet werden können) ‖ ~ **module** (Comp) / Textbaustein *m* (in der Textverarbeitung) ‖ ~ **module library** (Comp) / Textbausteinbibliothek *f*
**Textor** *n* (Nuc Eng) / Textor *m* (ein Tokamak)
**text-oriented** *adj* (Comp) / textbezogen *adj* ‖ ~ (specialized) **glossary** (Comp) / textbezogene Fachwörterliste (Liste von Fachwörtern mit ihren zielsprachigen Entsprechungen, die sich ausschließlich auf einen zu übersetzenden Text beziehen, gewöhnlich nach der Reihenfolge ihres Auftretens im Originaltext sortiert)
**text output** (Comp) / Textausgabe *f* (z.B. auf Papier), Ausgabe *f* von Text ‖ ~ **paper** (US) (Paper, Print) / Buchdruckpapier *n*, Werkdruckpapier *n*
**text-processable format** (Comp) / textverarbeitbares Format
**text processing*** (Comp) / Textbe- und -verarbeitung *f* (besonders in Verlagen und Zeitungsredaktionen) ‖ ~ **processing*** (Comp) s. also word processing ‖ ~ **processing system** (on mainframe computers) (Comp) / textverarbeitendes System (DIN 2140-1), Textsystem *n* (DIN 2140-1), Textautomat *m* ‖ ~ **processor** (Comp) / textverarbeitendes System (DIN 2140-1), Textsystem *n* (DIN 2140-1), Textautomat *m* ‖ ~ **production** (Comp) / Textproduktion *f* ‖ ~ **programming** (Comp) / Textprogrammierung *f* ‖ ~ **reception** (Comp) / Textrezeption *f*
**text-related** *adj* (Comp) / textbezogen *adj*
**text-repellent** *adj* (Comp) / keinen Text zulassend (ein Bereich auf dem Bildschirm)
**text retrieval** (Comp) / Freitextretrieval *n*, Textretrieval *n* (eine Form der Informationswiedergewinnung) ‖ ~ **scanner** (Comp, Electronics) / Textscanner *m* ‖ ~ **section** (Typog) / Text *m* (der eigentliche Inhalt von Büchern, im Gegensatz zur Titelei, zum Bildanhang usw.), Grundschriftteil *m* ‖ ~ **string** (to be searched for in a text) (Comp) / Suchwort *n* (Zeichenfolge, nach der in einem Text gesucht wird) ‖ ~ **terminal** (Comp) / Textstation *f* (telexfähiges Textbearbeitungssystem) ‖ ~ **tool** (Comp) / Textwerkzeug *n* ‖ ~ **transfer** (Comp) / Textübertragung *f*, Textübermittlung *f*, Texttransfer *m* ‖ ~ **transmission** (Comp) / Textübertragung *f*, Textübermittlung *f*, Texttransfer *m*
**textual corpus** (Comp) / Textkorpus *n* (pl. -ora), Korpus *n* (pl. -ora), Corpus *n* (pl. -ora) (Grundgesamtheit der Texte) ‖ ~ **data** (Comp) / Textdaten *pl* ‖ ~ **data bank** (Comp) / Textdatenbank *f* ‖ ~ **data base** (Comp) / Textdatenbank *f* ‖ ~ **part** (Comp) / Textteil *m*
**text understanding** (AI, Comp) / Textverstehen *n*
**text-understanding machine** (AI, Comp) / textverstehende Maschine
**text unit** (Comp) / Texteinheit *f*
**textural finish** (Build) / Strukturputz *m* ‖ ~ **property** (Nut) / strukturbildende Eigenschaft (z.B. von Pektinen) ‖ ~ **triangle** (Civ Eng) / Dreiecksdiagramm *n* der Körnungsarten (nach Feret; bei der Bodenklassifikation), Körnungsartendreieck *n*
**texture** *v* (Comp) / strukturieren *v* (Hintergrund) ‖ ~ (Spinning) / texturieren *v*, strukturieren *v*, modifizieren *v* ‖ ~ *n* (Comp) / Textur *f* (Merkmal bei der Bildsegmentierung in der Bildverarbeitung) ‖ ~ (Crystal, Met) / Textur *f* (Häufigkeitsverteilung der Kristallite eines Vielkristalls bezüglich ihrer kristallografischen Orientierung) ‖ ~ (For) / Struktur *f* (das charakteristische Bild einer Holzart) ‖ ~* (Geol) / Struktur *f* (geometrische Beziehungen zwischen den konstituierenden Mineralen eines Gesteins) ‖ ~* (Geol, Min) / Textur *f* (räumliche Anordnung und Verteilung der Gemengteile in einem Gestein) ‖ ~ (Materials, Mech) / Textur *f* (struktureller Feinbau, bei welchem eine ausgeprägte statistische Anisotropie auftritt - DIN 13 316) ‖ ~ (Paint) / Textur *f* (Verhalten des Pigmentes bei der Dispergierung) ‖ ~* (Photog) / Oberflächenstruktur *f* (eines Papierbildes) ‖ ~ **bricks#*** (Build) / rustikale Baukeramik, Rustikaziegel *m pl*, [bunte] Ziegel mit rauer Oberfläche
**textured board** (Build, Join) / Faserplatte *f* mit strukturierter Oberfläche ‖ ~ **concrete** (Arch, Build, Civ Eng) / Strukturbeton *m* (Ergebnis einer gezielten Formgebung der Schalung oder der nachträglichen Bearbeitung der Betonoberfläche oder der Gestaltung von Frischbetonflächen), strukturierter Sichtbeton ‖ ~ **fibreboard** (Build, For, Join) / Faserplatte *f* mit strukturierter Oberfläche ‖ ~ **plaster** (Build) / Strukturputz *m* ‖ ~ **protein** (Nut) / texturiertes Protein ‖ ~ **sheet** (Elec Eng) / Texturblech *n* (im Allgemeinen) ‖ ~ **sheet** (Elec Eng) s. also Goss-textured sheet ‖ ~ **spun** *adj* (Spinning) / spinntexturiert *adj* (Garn) ‖ ~ **spun yarn** (Spinning) / spinntexturiertes Garn,

**textured**

texturiertes Garn (durch ein Texturierverfahren permanent verformtes Kräusel- bzw. Stretchgarn - ein Bauschgarn) || ~ **vegetable protein**\* (Nut) / TVP $n$ (aus pflanzlichen Proteinen hergestelltes fleischartiges Lebensmittel), texturiertes Pflanzeneiweiß, vegetabilisches Fleisch, Sojafleisch $n$, Kunstfleisch $n$ (aus pflanzlichen Proteinen) || ~ **yarn** (a generic term for filament or spun yarns) (Spinning) / spinntexturiertes Garn, texturiertes Garn (durch ein Texturierverfahren permanent verformtes Kräusel- bzw. Stretchgarn - ein Bauschgarn)
**textured-yarn fabric** (Textiles) / Texturé $n$ (Gewebe aus texturierten Garnen)
**texture effect** (Textiles) / Struktureffekt $m$ || ~ **element** (Comp, Photog) / Texturelement $n$ || ~ **element** (Comp, Photog) s. also texel || ~ **goniometer** (Crystal) / Texturgoniometer $n$ (Gerät zur Messung von Polfiguren mit Hilfe der Beugung von Röntgenstrahlen oder von Neutronen)
**textureless** adj / gefügelos adj
**texture of drawing** (Met) / Ziehtextur $f$ (bevorzugte Orientierung der Kristallite in Bezug auf die Richtung der größten Formänderung als Folge des Ziehprozesses) || ~ **paint** (Paint) / plastischer Anstrichstoff, Plastikanstrichstoff $m$ || ~ **paint**\* (Paint) / Effektlack $m$ (z.B. Hammerschlaglack, Narbenlack, Fadenlack, Kleckerlack usw.)
**texturing** $n$ (Spinning) / Texturieren $n$ (physikalisches und/oder chemisches Verändern von Fäden zur Erhöhung ihres Volumens und/oder ihrer elastischen Dehnung), Strukturieren $n$, Modifizieren $n$ || ~ **aid** (Paint) / Strukturhilfsmittel $n$ (zur Erzielung einer bestimmten Oberflächenstruktur)
**texturize** $v$ (Nut) / texturieren $v$ || ~ (Spinning) / texturieren $v$, strukturieren $v$, modifizieren $v$
**texturized food** (Nut) / texturierte Lebensmittel (nach dem Spinn- oder Extrusionsprozess) || ~ **mat** (Plastics) / nachbehandelte Matte für Presszwecke || ~ **protein** (Nut) / texturiertes Protein
**texturizer** $n$ (Nut) / Strukturierungsmittel $n$, Texturizer $m$ (ein Sammelbegriff für Hydrokolloide, die als strukturgebende Stoffe in der Lebensmittelproduktion eingesetzt werden)
**texturizing** $n$ (Spinning) / Texturieren $n$ (physikalisches und/oder chemisches Verändern von Fäden zur Erhöhung ihres Volumens und/oder ihrer elastischen Dehnung), Strukturieren $n$, Modifizieren $n$ || ~ **agent** (Nut) / Strukturierungsmittel $n$, Texturizer $m$ (ein Sammelbegriff für Hydrokolloide, die als strukturgebende Stoffe in der Lebensmittelproduktion eingesetzt werden)
**text widget** (Comp) / Text-Widget $n$ || ~ **window** (Comp) / Textfenster $n$
**TFA** (trifluoroacetic acid) (Chem) / Trifluoressigsäure $f$ (eine der stärksten organischen Säuren)
**TFE** (tetrafluoroethylene) (Chem) / Tetrafluorethen $n$, Tetrafluorethylen $n$, Perfluorethen $n$ ($CF_2=CF_2$)
**T-fitting** $n$ (Eng, Plumb) / T-Stück $n$, T-Verbindungsstutzen $m$, T-Verbindungsstück $n$ (ein Fitting)
**T-flip-flop** $n$ (Electronics) / T-Flipflop $n$ (mit nur einer einzigen Eingangsvariablen - bei Anliegen eines H-Signals)
**TFM** (tamed frequency modulation) (Telecomm) / "gezähmte" Frequenzmodulation, TFM (tamed frequency modulation)
**TFMS** (trifluoromethanesulphonic acid) (Chem) / Trifluormethansulfonsäure $f$
**TFR** (terrain-following radar) (Radar) / Geländefolgeradar $m$ $n$, Terrainfolgeradar $m$ $n$
**TF radar** (terrain-following radar) (Radar) / Geländefolgeradar $m$ $n$, Terrainfolgeradar $m$ $n$
**TFS** (text/fax server) (Telecomm) / Textfax-Server $m$ || ≈ (toll-free service) (Teleph) / Service $m$ für Gebührenübernahme durch B-Teilnehmer (entspricht dem Service 130 der Deutschen Telekom), Gebührenübernahme $f$ durch den B-Teilnehmer
**TFT** (thin-film transistor) (Electronics) / Dünnfilmtransistor $m$, Dünnschichttransistor $m$ || ≈ (thin-film technology) (Electronics) / Dünnfilmtechnik $f$, Dünnschichttechnik $f$ (auf ein isolierendes Substrat werden dünne isolierende, halbleitende und leitende Schichten aufgebracht, mit denen die elektronischen Bauelemente und die Verbindungsleitungen realisiert werden) || ≈ **colour display** (Comp) / TFT-Farbbildschirm $m$
**TFT-LCD-AM display** (Comp, Electronics) / TFT-LCD-AM-Display $n$
**TFTP** (Trivial File Transfer Protocol) (Comp) / Trivial File Transfer Protocol $n$ (ähnlich wie FTP, nur wird keine Überprüfung der Benutzeridentität vorgenommen)
**TFTR**\* (Tokamak Fusion Test Reactor) (Nuc Eng) / Fusions-Testreaktor $m$ in Princeton (USA)
**TG** (transformational grammar) (AI) / Transformationsgrammatik $f$
**T.G.** (tongued and grooved) (Carp) / gespundet adj
**t & g** (tongued and grooved) (Carp) / gespundet adj
**TGA** (thermal gravimetric analysis) (Chem) / Thermogravimetrie $f$, TG (Thermogravimetrie), thermogravimetrische Analyse (gravimetrische Verfolgung der Masseänderung einer Probe, solange diese einem Temperaturprogramm unterworfen wird - DIN 51 006) || ≈ **format** (Comp) / Targa-Format $n$ (Grafikformat, das hauptsächlich bei der professionellen Bildverarbeitung Einsatz findet), TGA-Format $n$
**TGA-L** (thioglycolic-acid lignin) (Chem, For) / Thioglycolsäurelignin $n$, Thioglykolsäurelignin $n$
**t/glass** $n$ (Autos) / Wärmeschutzverglasung $f$, Colorverglasung $f$
**$T_g$-point**\* $n$ (Glass, Plastics) / Glaspunkt $m$, Einfriertemperatur $f$ (bei Abkühlung), Glasübergangstemperatur $f$ (DIN 7724), Transformationstemperatur $f$, Erweichungstemperatur $f$ (bei Erwärmung), Tg
**TGS** (triglycin sulphate) (Chem, Spectr) / Triglycinsulfrat $n$, TGS (Triglycinsulfat), Triglyzinsulfat $n$
**TGSM** (terminally guided submunition) (Mil) / endphasengelenkte Submunition
**Th** (thorium) (Chem) / Thorium $n$, Th (Thorium)
**thalassocratic** adj (Geol) / thalassokratisch adj, thalassokrat adj, thalattokratisch adj, thalattokrat adj
**thalattogenic** adj (Geog, Geol) / thalassogen adj (durch das Meer entstanden)
**Thales circle** (Maths) / Thaleskreis $m$ (der Umkreis eines rechtwinkligen Dreiecks - nach Thales von Milet, um 625 - um 547 v.Chr.)
**thalidomide**\* $n$ (Pharm) / Thalidomid $n$ (phthalyl-glutaminsäure-imidhaltiges Sedativum - heute verboten)
**thallate** $n$ (Chem) / Thallat $n$
**thallic** adj (Chem) / Thallium(III)-
**thallium**\* $n$ (Chem) / Thallium $n$, Tl (Thallium) || ~ **acetate** (Chem) / Thalliumazetat $n$, Thalliumacetat $n$
**thallium-activated sodium iodide detector** (Radiol) / Natriumiodidkristall $m$ (mit Thallium aktivierter anorganischer Szintillator), NaI-Kristall $m$
**thallium(I) bromide** (Chem) / Thallium(I)-bromid $n$
**thallium • (I) carbonate** (Chem) / Thallium(I)-carbonat $n$, Thallium(I)-karbonat $n$ ($Tl_2CO_3$ - das einzige in Wasser leicht lösliche Schwermetallkarbonat) || ~ **(I) chloride** (Chem) / Thallium(I)-chlorid $n$ || ~ **(III) chloride** (Chem) / Thallium(III)-chlorid $n$ || ~ **disease** (Med) / Thalliumvergiftung $f$ (Schädigungen des Nervensystems, des Verdauungstraktes, der Nieren und der Haut)
**thallium(I) formate** (Chem) / Thallium(I)-formiat $n$ (z.B. in der Clerici'schen Lösung)
**thallium(I) hydroxide** (Chem) / Thallium(I)-hydroxid $n$
**thallium(I) iodide** (Chem) / Thallium(I)-iodid $n$
**thallium malonate** (Chem) / Thalliummalonat $n$ (z.B. in der Clerici'schen Lösung) || ~ **monoxide** (Chem) / Thallium(I)-oxid $n$ ($Tl_2O$)
**thallium(I) oxide** (Chem) / Thallium(I)-oxid $n$ ($Tl_2O$)
**thallium • (III) oxide** (Chem, Glass) / Thallium(III)-oxid $n$ ($Tl_2O_3$) || ~ **poisoning** (Med) / Thalliumvergiftung $f$ (Schädigungen des Nervensystems, des Verdauungstraktes, der Nieren und der Haut) || ~ **(I) sulphate** (Chem) / Thallium(I)-sulfat $n$ (ein Rodentizid) ($Tl_2SO_4$ - ein Rodentizid) || ~ **(III) sulphate** (Chem) / Thallium(III)-sulfat $n$ (zur Holzimprägnierung und Saatgutbeizung)
**thallium(III) trifluoroacetate** (Chem) / Thallium(III)-trifluoracetat $n$, Thallium(III)-trifluorazetat $n$, TTFA (Thallium(III)-trifluorazetat)
**thallotoxicosis** $n$ (pl. -ses) (Med) / Thalliumvergiftung $f$ (Schädigungen des Nervensystems, des Verdauungstraktes, der Nieren und der Haut)
**thallous** adj (Chem) / Thallium(I)- || ~ **bromide** (Chem) / Thallium(I)-bromid $n$ || ~ **carbonate** (Chem) / Thallium(I)-carbonat $n$, Thallium(I)-karbonat $n$ ($Tl_2CO_3$ - das einzige in Wasser leicht lösliche Schwermetallkarbonat) || ~ **chloride** (Chem) / Thallium(I)-chlorid $n$ || ~ **hydroxide** (Chem) / Thallium(I)-hydroxid $n$ || ~ **iodide** (Chem) / Thallium(I)-iodid $n$ || ~ **oxide** (Chem) / Thallium(I)-oxid $n$ ($Tl_2O$) || ~ **sulphate** (Chem) / Thallium(I)-sulfat $n$ (ein Rodentizid) ($Tl_2SO_4$ - ein Rodentizid)
**thallus** $n$ (pl. thalli) (Bot) / Thallus $m$ (pl. Thalli) (vielzelliger Vegetationskörper der niederen Pflanzen)
**thalofide** $n$ (Chem, Electronics) / Thallofid $n$ (teiloxidiertes $Tl_2O$ für Fotozellen) || ~ **cell**\* (Electronics) / Thallofidzelle $f$, Thalliumsulfid-Widerstandszelle $f$ (mit teiloxidiertem $Tl_2S$)
**thalweg**\* $n$ (Geol) / Talweg $m$ (die Verbindungslinie der tiefsten Punkte in einem Flussbett) || ~\* (Geol) / Talform $f$, Talverlauf $m$
**THAM** (tromethamine) (Chem, Pharm) / Trometamol $n$ (internationaler Freiname für Tris(hydroxymethyl)-aminomethan), THAM (Trometamol), Tris $n$, Trispuffer $m$
**thanatocoenosis**\* $n$ (Geol) / Thanatozönose $f$ (an einem Fundort lagernde Fossilien aus verschiedenen Lebensbereichen)
**T-handle** $n$ (Eng) / Knebelgriff $m$ || ≈ (Eng, Tools) / Steckschlüssel $m$ (für Unterflurarmaturen)
**thanks** $n$ (Comp) / danke!
**thatching**\* $n$ (Build) / weiche Bedachung (Stroh, Rohr)

**thaumatin** *n* (Nut) / Thaumatin *n* (ein Proteingemisch als Süßstoff und Geschmacksverstärker - E 957)
**thaw** *vt* (Heat) / auftauen *v*, tauen *v*, abtauen *v* ‖ **~** *n* (Meteor) / Tauwetter *n* ‖ **~ drip** (Nut) / Auftausaft *m*
**thawed soil** (Civ Eng) / Auftauboden *m*
**thawing*** *n* (Heat) / Auftauen *n*, Tauen *n*, Abtauen *n* ‖ **~ salt** (Civ Eng) / Tausalz *n* (z.B. vergälltes Steinsalz), Auftausalz *n* (im Straßenwinterdienst verwendetes Salz, das Schnee- und Eisschichten zum Auftauen bringt), Streusalz *n*
**thaw rigor** (Nut) / Taurigor *n* (eine rasche Muskelkontraktion bei sehr schnell eingefrorenem schlachtfrischem Fleisch) ‖ **~ weather** (Meteor) / Tauwetter *n*
**THC** (total hydrocarbons) (Ecol) / Summenwert *m* aller Kohlenwasserstoffe ‖ **~** (tetrahydrocannabinol) (Pharm) / Tetrahydrocannabinol *n* (farbloses, halluzinogenes Öl aus Haschisch und Marihuana), THC (ein Cannabinoid)
**THD** (total harmonic distortion) (Radio, Telecomm) / Gesamtklirrfaktor *m*
**T-head** *n* (Eng) / Hammerkopf *m* (der Schraube - DIN ISO 1891) ‖ **~ bolt** (Eng) / Hammerschraube *f* (DIN 918)
**theanine** *n* (Chem, Nut) / Theanin *n*
**theater** *n* (US) (Acous, Build) / Hörsaal *m* (größerer)
**theatre** *n* (lecture theatre) (Acous, Build) / Hörsaal *m* (größerer) ‖ **~ fader** (Cinema, Elec Eng) / Saalregler *m* ‖ **~ main** (Elec Eng) / Notstromnetzwerk *n* für Theater ‖ **~ nuclear weapon** (Mil) / taktischer Atomsprengkörper (für Kurz- und Mittelstrecken-Einsätze) ‖ **~ sound effect** (Acous) / Theater-Sound-Effekt *m* (realistische, dreidimensionale Klangwirkung) ‖ **~ television** (TV) / Großwand-Betriebsfernsehen *n* (z.B. bei Sportveranstaltungen)
**theatrical film** (Cinema) / Industriefilm *m*, industrieller Dokumentationsfilm
**thebaine** *n* (Pharm) / Thebain *n*, Paramorphin *n* (ein Opiumalkaloid)
**THEED** (transmission high-energy electron diffraction) (Electronics) / THEED (eine Methode zur Untersuchung der Dünnschichten, die auf Durchstrahlungsmikroskopie mit Hilfe von energiereichen Elektronen beruht)
**theft of computer time** (Comp) / Zeitdiebstahl *m* (rechnerspezifisches Delikt, das sich auf die unbefugte Benutzung von DV-Anlagen bezieht) ‖ **~ of** (electrical) **energy** (Elec Eng) / Stromentwendung *f*, Energieentziehung *f* ‖ **~ protection** / Diebstahlsicherung *f* (als ein Maßnahmenbündel)
**theine** *n* (Pharm) / Tein *n*, Thein *n* (ein Alkaloid)
**Theisen disintegrator** (Chem Eng) / Desintegrator-Gaswäscher *m* nach Theisen, Theisen-Gaswäscher *m*
**T helper cell** (Cyt) / T-Helfer-Lymphozyt *m*
**thematic map** (Cartography) / Themakarte *f*, thematische Karte (z.B. Geologie, Vegetation, Klima, Bevölkerung, Wirtschaft), angewandte Karte (in der Erscheinungen und Sachverhalte zur Erkenntnis ihrer selbst dargestellt sind) ‖ **~ pages** (Comp) / thematische Seiten (Online-Publishing)
**theme** *n* / Thema *n*, Tenor *m* (Betonung auf der ersten Silbe!) (z.B. der Werbung) ‖ **~ music** (Radio, TV) / Erkennungsmelodie *f* (einer Sendung)
**themogravimetric analysis** (Chem) / Thermogravimetrie *f*, TG (Thermogravimetrie), thermogravimetrische Analyse (gravimetrische Verfolgung der Masseänderung einer Probe, solange diese einem Temperaturprogramm unterworfen wird - DIN 51 006)
**thenardite*** *n* (Min) / Thenardit *n* (ein wasserfreies Natriumsulfat)
**Thenard's blue** / Cobaltblau *n* (ein Mischphasenpigment), Kobaltblau *n* (ein Kobaltaluminat), Kobaltultramarin *n*, Thenard-Blau *n* (nach L.J. Baron Thenard, 1777-1857), Dumonts Blau
**thenoyltrifluoroacetone** *n* (Chem) / Thenoyltrifluorazeton *n*, Thenoyltrifluoraceton *n*, TTA (Thenoyltrifluoraceton)
**theobroma oil** (Nut) / Kakaobutter *f* (Fett der Kakaobohne), Oleum *n* Cacao, Kakaofett *n*, Kakaoöl *n*
**theobromine** *n* (Pharm) / Theobromin *n* (3,7-Dimethylxanthin - ein Purinalkaloid)
**theodolite*** *n* (Surv) / Theodolit *m* (DIN 18 718), Präzisionstheodolit *m*
**theophylline*** *n* (Pharm) / Theophyllin *n* (1,3-Dimethylxanthin - ein Purinalkaloid)
**theorem*** *n* (Maths, Phys) / Theorem *n*, Lehrsatz *m*, Satz *m* ‖ **Jeffreys ~** (Meteor) / Jeffreys-Theorem *n* (nach Sir H. Jeffreys, 1891-1989) ‖ **~ of Frobenius** (Maths) / Frobenius-Satz *m* (nach F.G. Frobenius, 1849-1917) ‖ **~ of moments** (Mech) / Momentensatz *m*, zweiter Impulssatz (ein starrer Körper kann drehungsfrei sein, wenn die Summe aller Drehmomente verschwindet) ‖ **~ of Pappus** (for a degenerate conic section) (Maths) / Pappus-Pascal-Satz *m* (ein Sonderfall des Pascal-Satzes), spezieller Pascal-Satz ‖ **~ of Poincaré** (Maths) / Poincaré'scher Satz, Satz *m* von Poincaré (über äußere Differentialformen - nach H. Poincaré, 1854-1912) ‖ **~ of the chords** (Maths) / Sehnensatz *m* (ein Spezialfall des Sekantensatzes) ‖ **~ of Tychonoff** (Maths) / Tychonoff-Satz *m* (ein topologischer Produktraum ist genau dann quasikompakt bzw. kompakt, wenn die Faktoren quasikompakt oder kompakt sind) ‖ **~ prover** (AI, Comp) / Theorembeweiser *m*, Beweisprogramm *n* ‖ **~ proving** (AI, Maths) / Theorembeweis *m*
**theoretic** *adj* / theoretisch *adj*
**theoretical** *adj* / theoretisch *adj* ‖ **~ air** (Eng) / stoichiometrischer Luftbedarf (eine dimensionslose Kennzahl, welche angibt, wie viel kg Luft zur vollständigen Umsetzung von einem kg Kraftstoff notwendig ist), theoretischer Luftbedarf (für die Verbrennung) ‖ **~ conditions of the cycle** (Eng) / Vergleichsprozess *m* (bei einem Indikatordiagramm) ‖ **~ density** (Nuc) / theoretische Dichte, TD (theoretische Dichte)
**theoretically correct mixture** (Chem) / stöchiometrische Mischung (mit stöchiometrischem Verhältnis)
**theoretical physics** (Phys) / theoretische Physik ‖ **~ plate*** (Chem Eng) / theoretischer Boden, idealer Boden, theoretische Stufe (der Destillationskolonne) ‖ **~ shape** / Sollform *f*, Idealform *f* ‖ **~ supply** (Eng) / theoretischer Förderstrom (bei Hydropumpen)
**theory** *n* / Theorie *f*, Lehre *f* ‖ **~ of algorithms** (Comp, Maths) / Algorithmentheorie *f*, Theorie *f* der Algorithmen ‖ **~ of continental drift** (Geol) / Theorie *f* der Kontinentalverschiebung, Theorie *f* der Kontinentaldrift (nach A. Wegener, 1880-1930) ‖ **~ of descent** (Gen) / Abstammungslehre *f* ‖ **~ of elasticity** (Mech) / Elastizitätslehre *f* (ein Teilgebiet der Festigkeitslehre) ‖ **~ of errors** (Maths) / Fehlerrechnung *f*, Fehlertheorie *f* (ein Teilgebiet der angewandten Mathematik) ‖ **~ of functions** (Maths) / Funktionentheorie *f*, komplexe Analysis ‖ **~ of games** (Comp, Maths) / Spieltheorie *f*, Theorie *f* der strategischen Spiele (ein Teilgebiet der Kybernetik, das sich mit solchen Spielen beschäftigt, deren Ergebnis nicht nur vom Zufall abhängt, sondern auch von den Strategien der Spieler - nach Johann Baron von Neumann) ‖ **~ of graphs** (Maths) / Grafentheorie *f* (ein Teilgebiet der Kombinatorik) ‖ **~ of hyperbolic functions** (Maths) / Theorie *f* der hyperbolischen Funktionen ‖ **~ of information** (Comp, Telecomm) / Informationstheorie *f* ‖ **~ of invariants** (Maths) / Invariantentheorie *f* ‖ **~ of learning** (AI, Comp) / Lerntheorie *f* ‖ **~ of light** (Light, Phys) / Lichttheorie *f* ‖ **~ of models** / Modelltheorie *f* ‖ **~ of numbers** (Maths) / Zahlentheorie *f* (die die Eigenschaften natürlicher Zahlen untersucht) ‖ **~ of plasticity** (Mech) / Plastizitätstheorie *f* (ein Teilgebiet der Kontinuumsmechanik) ‖ **~ of queue(s)** (Comp, Maths, Telecomm) / Warteschlangentheorie *f*, Bedienungstheorie *f* (ein Teilgebiet der Unternehmensforschung) ‖ **~ of queue(s)** (Comp, Maths, Telecomm) s. also traffic theory ‖ **~ of reliability** / Zuverlässigkeitstheorie *f*, Sicherheitstheorie *f* ‖ **~ of representation** (Maths) / Darstellungstheorie *f* ‖ **~ of signal detection** (Comp, Telecomm) / Signaldetektionstheorie *f* ‖ **~ of structures** (Build) / Statik *f* (als Lehrfach) ‖ **~ of turbulence** (Phys) / Turbulenztheorie *f* ‖ **~ of vibration(s)** (Phys) / Schwingungslehre *f* (DIN 1311)
**theralite*** *n* (Geol) / Theralith *n* (ein Tiefengestein) ‖ **~*** (Geol) s. also essexite
**therapeutic** *n* (Pharm) / Therapeutikum *n* (pl. -tika), Heilmittel *n*, therapeutisch wirksamer Stoff ‖ **~*** *adj* (Med, Pharm) / therapeutisch *adj* ‖ **~ agent** (Pharm) / Therapeutikum *n* (pl. -tika), Heilmittel *n*, therapeutisch wirksamer Stoff ‖ **~ ratio*** (Radiol) / Therapieverhältnis *n*
**therapy** *n* (Med) / Therapie *f*, Behandlung *f*
**therapy-resistant** *adj* (Med) / therapieresistent *adj*
**therblig** *n* (an elemental motion) (Work Study) / Therblig *n* (von F.B. Gilbreth /1868-1924/ durch Umkehrung seines Namens gebildete Bezeichnung für die Klassifizierung des Hauptzwecks einer Bewegung, z.B. Suchen, Finden, Halten usw. - insgesamt 17)
**thermac** *n* (Autos) / Thermostat-Luftfilter *n*, thermostatgeregeltes Luftfilter, thermostatgeregeltes Luftfilter, Luftfilter *n* mit Ansaugtemperaturregelung (zur Abgasentwicklung)
**thermactor** *n* (Autos) / Thermoreaktor *m* (Abgasreinigungseinrichtung zur thermischen Nachverbrennung von CO und HC)
**thermal*** *n* (Aero, Meteor) / Thermikschlauch *m* (ein Aufwindfeld) ‖ **~*** (Aero, Meteor) / thermischer Aufwind, Thermik *f* ‖ **~** *adj* (Heat) / Wärme-, Thermo-, thermisch *adj*, kalorisch *adj* ‖ **~ action** (Heat) / Wärmeeinwirkung *f*, Wärmeeinfluss *m* ‖ **~ ageing** / thermische Alterung, Wärmealterung *f*, thermisches Altern ‖ **~ agitation** (Phys) / thermische Bewegung, Temperaturbewegung *f*, Wärmebewegung *f* ‖ **~ agitation noise** (Comp, Electronics, Telecomm) / Widerstandsrauschen *n*, Nyquist-Rauschen *n*, Stromrauschen *n*, thermisches Rauschen (durch die Wärmebewegung des Ladungsträgers), thermisches Zufallsrauschen *n* ‖ **~ air cleaner** (Autos) / Thermostat-Luftfilter *n*, thermostatgesteuertes Luftfilter, thermostatgeregeltes Luftfilter, Luftfilter *n* mit Ansaugtemperaturregelung (zur Abgasentwicklung)
**thermal-air propulsion** (Aero) / Staustrahlantrieb *m*

**thermal ammeter**

**thermal ammeter**\* (Elec Eng) / Hitzdrahtstrommesser $m$, Hitzdrahtamperemeter $n$ ‖ ~ **analysis**\* (Chem, Met) / thermische Analyse (die über temperaturabhängige Änderungen von ausgewählten Eigenschaften Rückschlüsse auf das untersuchte System zieht - DIN 51 005), Thermoanalyse $f$, TA (Thermoanalyse) ‖ ~ **balance** (Chem Eng) / Wärmebilanz $f$ ‖ ~ **barrier** (Aero, Phys) / Hitzeschwelle $f$, Hitzemauer $f$, Wärmemauer $f$ ‖ ~ **black** (Chem Eng) / Thermalruß $m$ (ein Industrieruß), Spaltruß $m$, Thermal Black $n$ ‖ ~ **bonding** (Textiles) / Thermofusion $f$ ‖ ~ **boring** (Civ Eng, Oils) / thermisches Bohren, Thermobohren $n$, Düsenstrahlbohren $n$ ‖ ~ **breakdown** (Elec Eng, Electronics) / thermischer Durchbruch (unbegrenztes Anwachsen der inneren Ersatztemperatur bzw. der Sperrschichttemperatur infolge Abhängigkeit der Verlustleistung von der Temperatur - DIN 41862) ‖ ~ **breakdown** (Electronics) / thermische Zerstörung, thermische Instabilität, thermischer Selbstmord (eines Halbleiterelements bei Temperaturerhöhung) ‖ ~ **capacity** (Heat, Phys) / effektive Wärmekapazität (des Kalorimeters), Wasserwert $m$ (ein Gerätefaktor für Kalorimeterteile) ‖ ~ **capacity**\* (Phys) / Wärmekapazität $f$ (die Wärme, die zur Erwärmung eines Körpers um 1 K notwendig ist - DIN 1301, T 2 und 1345) ‖ ~ **capture** (Nuc) / thermischer Einfang, Einfang $m$ thermischer Neutronen ‖ ~ **carbon black** (Chem Eng) / Thermalruß $m$ (ein Industrieruß), Spaltruß $m$, Thermal Black $n$ ‖ ~ **case-to-ambient resistance** (Elec Eng, Electronics) / äußerer Wärmewiderstand (Kühlkörperwärmewiderstand, gekapseltes Bauelement) ‖ ~ **catastrophe** (Electronics) / thermische Zerstörung, thermische Instabilität, thermischer Selbstmord (eines Halbleiterelements bei Temperaturerhöhung) ‖ ~ **circuit-breaker**\* (Elec Eng) / Thermoauslöser $m$, thermischer Schutzauslöser (Vorrichtung, die bei unzulässig hohen Temperaturen schaltet) ‖ ~ **classification of insulation** (Elec Eng) / Klassifizierung $f$ der Isolierstoffe nach Wärmebeständigkeitsklassen ‖ ~ **coefficient of expansion** (Heat) / Wärmeausdehnungszahl $f$ (der berechenbare Wert der jeweiligen Wärmedehnung), Wärmedehnzahl $f$, thermischer Ausdehnungskoeffizient, Wärmeausdehnungskoeffizient $m$ ‖ ~ **column**\* (Nuc Eng) / thermische Säule $n$ ‖ ~ **comparator**\* (Phys) / Wärmeleitungsvergleichsgerät $n$ ‖ ~ **compression** (Electronics) / Thermokompression $f$ (Verbindung von Halbleiterelementen bei hoher Temperatur und unter Druck) ‖ ~ **conductance** (Phys) / Wärmeleitwert $m$ (DIN 1304 und 40121), thermischer Leitwert

**thermal-conduction sensor** / Wärmeleitungssensor $m$ (elektrisch geheiztes Sensorelement, das durch die Wärmeleitung eines ihn umströmenden Mediums abgekühlt wird und dessen Widerstand sich dadurch messbar ändert)

**thermal conductivity**\* (Build, Heat) / Wärmeleitfähigkeit $f$ (DIN 1341), thermische Leitfähigkeit ‖ ~ **conductivity detector** (Chem) / Wärmeleitfähigkeitsdetektor $m$ (für die gaschromatografische Spurenanalyse), WLD (für die gaschromatografische Spurenanalyse) ‖ ~ **conductivity vacuum gauge** s. also bimetallic strip gauge, Pirani gauge, thermistor gauge and thermocouple gauge ‖ ~ **conductivity vacuum gauge** (Vac Tech) / Wärmeleitungsvakuummeter $n$ (im Allgemeinen) ‖ ~ **convection** (Meteor) / thermische Konvektion ‖ ~ **converter**\* (Elec Eng) / thermoelektrischer Energiewandler, thermoelektrischer Wandler (ein Energiewandler), thermoelektrischer Konverter, Seebeck-Element $n$ ‖ ~ **converter**\* (Elec Eng) / Thermoumformer $m$ (ein mit einem Heizdraht verbundenes Thermoelement zum Messen von Gleich- und Wechselströmen) ‖ ~ **converter** (Elec Eng) s. also thermoelement ‖ ~ **copier** / Thermokopierer $m$, Thermokopiergerät $n$ ‖ ~ **crack** (Eng, Welding) / Heißriss $m$ ‖ ~ **cracking** (Oils) / thermisches Kracken (heute praktisch ohne Bedeutung) ‖ ~ **cross** (Eng) / Thermokreuz $n$ (Anordnung von Thermoelementen zum Messen der Stromstärke) ‖ ~ **cross section**\* (Nuc) / Wirkungsquerschnitt $m$ für thermische Neutronen, thermischer Wirkungsquerschnitt, thermischer Neutronenquerschnitt ‖ ~ **crown** (Met) / thermische Balligkeit (auf Wärmedehnung und ungleichmäßige Temperatur des Walzenballens beruhende Balligkeit, die während des Walzprozesses entsteht und sich in Abhängigkeit der Walzparameter verändert) ‖ ~ **current** (Aero) / aufsteigender Luftstrom bei Aufwind ‖ ~ **cut-out**\* (Elec Eng) / Thermoauslöser $m$, thermischer Schutzauslöser (Vorrichtung, die bei unzulässig hohen Temperaturen schaltet) ‖ ~ **cutting** (Eng) / thermisches Trennen, thermisches Schneiden (z.B. Brenn- oder Lichtbogenschneiden nach DIN 2310, T 1) ‖ ~ **cycle** (Materials) / Temperatur-Zeit-Folge $f$ ‖ ~ **cycle**\* (Phys) / Temperaturwechsel $m$, Temperaturzyklus $m$ ‖ ~ **cycling** (Materials) / Temperaturwechselbeanspruchung $f$, thermische Wechselbeanspruchung ‖ ~ **death-point**\* (Biol, Nut) / Abtötungstemperatur $f$

**thermal-death time** (Bacteriol) / thermale Abtötungszeit (bei Mikroorganismen)

**thermal decomposition** (Phys) / thermische Zersetzung, Hitzezersetzung $f$, Hitzezerlegung $f$ ‖ ~ **decomposition black** (Chem Eng) / Thermalruß $m$ (ein Industrieruß), Spaltruß $m$, Thermal Black $n$ ‖ ~ **degradation** (Chem, Nut, Pharm) / thermische Schädigung ‖ ~ **degradation** (Phys) / thermische Zersetzung, Hitzezersetzung $f$, Hitzezerlegung $f$

**thermal-delay relay** (Elec Eng) / Relais $n$ mit thermischer Verzögerung ‖ ~ **valve** (Autos) / Thermoverzögerungsventil $n$, Verzögerungsventil $n$ (in den Abgasrückführungssystemen)

**thermal desorption** (Chem, Phys) / thermale Desorption, thermische Desorption, TD (thermische Desorption), Thermodesorption $f$

**thermal-desorption mass spectrometry** (Spectr) / Thermodesorptions-Massenspektrometrie $f$

**thermal detector**\* (Elec Eng) / Thermodetektor $m$, thermoelektrischer Detektor ‖ ~ **dielectric breakdown** (Elec Eng) / thermischer dielektrischer Durchschlag, Wärmedurchschlag $m$ ‖ ~ **dielectric breakdown voltage** (Elec Eng) / thermische (dielektrische) Durchschlagsspannung ‖ ~ **diffusion**\* (Nuc Eng, Phys) / Thermodiffusion $f$ ‖ ~ **diffusion area** (Nuc Eng) / Diffusionsfläche $f$ für thermische Neutronen ‖ ~ **diffusivity**\* (Heat) / Temperaturleitfähigkeit $f$, Temperaturleitzahl $f$ ($m^2 S^{-1}$)

**thermal-discontinuity layer** (Acous, Ecol, Ocean) / Temperatursprungschicht $f$ (DIN 1320), thermische Sprungschicht, Thermokline $f$

**thermal dissociation**\* (Chem) / thermische Dissoziation (reversibler Zerfall einer Verbindung durch Zuführung von thermischer Energie) ‖ ~ **effect** (Heat) / Wärmeeinwirkung $f$, Wärmeeinfluss $m$ ‖ ~ **efficiency**\* (Phys) / thermischer Wirkungsgrad (z.B. in Kreisprozessen) ‖ ~ **efficiency of the Carnot cycle** (Phys) / Carnot'scher Wirkungsgrad (im Carnot'schen Kreisprozess) ‖ ~ **electromotive force** (Elec Eng) / thermoelektrische Kraft, Thermospannung $f$ (elektrische Spannung zwischen zwei Kontaktstellen zweier unterschiedlicher elektrischer Leiter, die sich auf verschiedener Temperatur befinden), Thermokraft $f$, Seebeck-Koeffizient $m$, Thermo-EMK $f$ ‖ ~ **e.m.f.** (Elec Eng) / thermoelektrische Kraft, Thermospannung $f$ (elektrische Spannung zwischen zwei Kontaktstellen zweier unterschiedlicher elektrischer Leiter, die sich auf verschiedener Temperatur befinden), Thermokraft $f$, Seebeck-Koeffizient $m$, Thermo-EMK $f$ ‖ ~ **emission** (of electrons from a hot metal surface) (Electronics) / thermische Elektronenemission, Glühemission $f$, Glühelektronenemission $f$, Thermoemission $f$

**thermal-emission coefficient** (Electronics) / thermischer Emissionsfaktor

**thermal endurance** (Elec Eng) / Dauerwärmefestigkeit $f$, Wärmestandfestigkeit $f$, Langzeitwärmeverhalten $n$ (von Isolierwerkstoffen) ‖ ~ **energy** (Phys) / Wärmeenergie $f$, thermische Energie (Wärme, innere Energie, Enthalpie)

**thermal-energy flow chart** (Heat) / Wärmeflussbild $n$, Wärmeflussdiagramm $n$

**thermal equation of state** (Phys) / thermische Zustandsgleichung ‖ ~ **equator** (Meteor) / thermischer Äquator, Wärmeäquator $m$ ‖ ~ **equilibrium** (Phys) / thermisches Gleichgewicht, Wärmegleichgewicht $n$ (Ende der Wärmeübertragung) ‖ ~ **exchange** (Heat) / Wärmeübertragung $f$ (durch Leitung, Konvektion und Strahlung nach DIN 1341), Wärmetransport $m$, Wärmeaustausch $m$ ‖ ~ **excitation**\* (Nuc) / thermische Anregung ‖ ~ **expansion** (Phys) / Wärmedehnung $f$ (Vergrößerung des Stoffvolumens bei Zufuhr von Wärme), Wärmeausdehnung $f$, thermische Ausdehnung, thermische Dehnung ‖ ~ **expansion coefficient** (Heat) / Wärmeausdehnungszahl $f$ (der berechenbare Wert der jeweiligen Wärmedehnung), Wärmedehnzahl $f$, thermischer Ausdehnungskoeffizient, Wärmeausdehnungskoeffizient $m$ ‖ ~ **fabric** (Textiles) / wärmeisolierender Stoff, Gewebe $n$ mit großem Wärmehaltungsvermögen ‖ ~ **fatigue** (Materials) / thermische Ermüdung (als Folge einer periodischen Änderung der Temperaturverteilung in einer Probe), Ermüdung $f$ durch Wärmebeanspruchung ‖ ~ **fire-indicator** / Thermomelder $m$ (eine Brandwarn- und Meldeanlage) ‖ ~ **fission** (Nuc Eng) / thermische Spaltung (durch thermische Neutronen) ‖ ~ **fission factor** (Nuc Eng) / thermischer Spaltungsfaktor ‖ ~ **flasher**\* (Phys) / thermische Blinkschalteinrichtung ‖ ~ **flow** (Heat) / Wärmestrom $m$ (als Vorgang nach DIN 1341), Wärmefluss $m$ ‖ ~ **flux** (Nuc) / Fluss $m$ der thermischen Neutronen, thermischer Fluss (ein Neutronenfluss)

**thermal-flux vector** (Heat) / Wärmeflussvektor $m$

**thermal fusing** (Comp, Print) / thermische Fixierung (bei Laserdruckern), Thermofixierung $f$ ‖ ~ **gradient furnace** / Ofen $m$ mit konstantem Temperaturgefälle ‖ ~ **gravimetric analysis**\* (Chem) / Thermogravimetrie $f$, TG (Thermogravimetrie), thermogravimetrische Analyse (gravimetrische Verfolgung der Masseänderung einer Probe, solange diese einem

Temperaturprogramm unterworfen wird - DIN 51 006) ‖ ~ **hole boring** (Eng) / Sauerstoffbohren n, Brennbohren n, Bohren n mit der Sauerstofflanze ‖ ~ **hysteresis** (Met) / Temperaturhysterese f, thermische Hysterese ($A_c$- und $A_r$- Punkte) ‖ ~ **imaging*** (Optics, Photog) / IR-Thermografie f, Infrarotthermografie f (ein Fernerkundungsverfahren) ‖ ~ **imaging** (Phys) / Wärmebildaufnahme f, thermische Bildaufnahme, Temperaturregistrierung f, Temperaturschreibung f (Wärmebildaufnahme) (mit dem Thermografen) ‖ ~ **imaging*** (Print) / Thermografie f (Sofortdruckverfahren zur Herstellung von Kopien unter Verwendung wärmeempfindlicher Schichten auf Papier) ‖ ~ **imaging and laser designating unit** (Mil) / Wärmebild- und Laserzielmarkierungsgerät n ‖ ~ **impedance** (Electronics) / Wärmewiderstand m ‖ ~ **inactivation** (Phys) / thermische Inaktivierung, Hitzeinaktivierung f ‖ ~ **inertia*** (Nuc Eng) / Wärmeträgheit f, thermische Trägheit (reziproke Temperaturanstiegsrate) ‖ ~ **instability*** (Elec Eng) / Wärmeunbeständigkeit f ‖ ~ **instrument*** (Elec Eng) / Bimetallinstrument + Hitzdrahtinstrument n ‖ ~ **insulance** (Build, Civ Eng, Heat) / Wärmedämmwiderstand m, Wärmedurchgangswiderstand m ‖ ~ **insulation** (Build, Heat) / wärmetechnische Isolierung, Wärmedämmung f, Wärmeisolierung f ‖ ~ **insulation** (Build) / Wärmeschutz m (alle Maßnahmen nach DIN 4108-2) ‖ ~ **ionization** (Phys) / thermische Ionisation, Thermoionisation f ‖ ~ **ionization** (Phys) s. also surface ionization and thermoelectric emission

**thermalization** n (Chem) / Thermalisierung f (der Moleküle durch Abgabe von Überschussenergie in Form von Rotations- und Schwingungsquantenzahlen - in der Fotochemie) ‖ ~* (Nuc Eng) / Thermalisierung f (von Neutronen nach DIN 25401, T 2), Neutronenthermalisierung f (das Einstellen des thermischen Gleichgewichts zwischen Neutronen und ihrer Umgebung), Neutronenbremsung f auf thermische Geschwindigkeit ‖ ~ (Spectr) / Thermalisierung f (bei dem Übergang eines Moleküls vom Grund- in den angeregten Singulett- und Triplettzustand)

**thermalize** v (Nuc Eng) / auf thermische Geschwindigkeit abbremsen (Neutronen), thermalisieren v (Neutronen)

**thermal jacket** (Chem Eng) / Wärmemantel m ‖ ~ **jet engine** (Aero) / Heißstrahlmotor m, Heißstrahltriebwerk n ‖ ~ **lag** (Met) / Temperaturhysterese f, thermische Hysterese ($A_c$- und $A_r$- Punkte) ‖ ~ **lag** (Nuc Eng) / Wärmeträgheit f, thermische Trägheit (reziproke Temperaturanstiegsrate) ‖ ~ **laminating** (Textiles) / Flammbondieren n, Flammkaschieren n, Flammverfahren n (als Gegensatz zum Klebeverfahren) ‖ ~ **leakage factor*** (Nuc Eng) / thermischer Verlustfaktor ‖ ~ **life** (Elec Eng) / thermische Lebensdauer ‖ ~ **lift** (Aero, Meteor) / thermischer Aufwind, Thermik f ‖ ~ **limit*** (Elec Eng) / Grenzerwärmung f, Erwärmungsgrenze f, thermische Höchstlast, Grenzübertemperatur f ‖ ~ **load** (Ecol, Heat) / Wärmebelastung f, thermische Belastung f ‖ ~ **load capacity** (Heat) / thermische Belastbarkeit, Wärmebelastbarkeit f ‖ ~ **logging** (Oils) / Temperaturmessung f (im Bohrloch), Bohrlochtemperaturmessung f ‖ ~ **loss** (Heat) / Wärmeverlust m, Wärmeabgabe f

**Thermalloy** n (Elec Eng, Met) / Thermalloy n (eine weichmagnetische Legierung)

**thermally actuated contact** (Elec Eng) / Thermokontakt m ‖ ~ **oxidized soya-bean oil** (Nut) / Oxystearin n (E 479), geblasenes Sojaöl, oxidiertes Sojaöl

**thermal metal spraying** / Metallspritzen n (ein thermisches Spritzverfahren), Metallspritzverfahren n, Spritzmetallisieren n ‖ ~ **metamorphism*** (Geol) / Thermometamorphose f (Variante der Kontaktmetamorphose), Thermalmetamorphose f ‖ ~ **metamorphism*** (Geol) s. also contact metamorphism ‖ ~ **microphone*** (Radio) / Hitzdrahtmikrofon n ‖ ~ **monitor** (Heat, Instr) / Wärmewächter m ‖ ~ **motion** (Phys) / thermische Bewegung, Temperaturbewegung f, Wärmebewegung f ‖ ~ **neutron*** (Nuc) / thermisches Neutron

**thermal-neutron activation analysis** (Nuc) / Aktivierungsanalyse f mit thermischen Neutronen

**thermal neutron flux** (Nuc) / Fluss m der thermischen Neutronen, thermischer Fluss (ein Neutronenfluss) ‖ ~ **noise*** (Comp, Electronics, Telecomm) / Widerstandsrauschen n, Nyquist-Rauschen n, Stromrauschen n, thermisches Rauschen (durch die Wärmebewegung des Ladungsträgers), thermisches Zufallsrauschen ‖ ~ **non-leakage probability** (Nuc) / Verbleibwahrscheinlichkeit f für ein thermisches Neutron ‖ ~ **ohm*** (Phys) / kalorisches Ohm (alte Einheit des Wärmewiderstandes im thermischen Ohm'schen Gesetz des Wärmeleitens = 0,86 K/W; DIN 1301-3), thermisches Ohm ‖ ~ **output** (Eng) / Wärmeleistung f (z.B. eines Kessels) ‖ ~ **oxidation** (Chem) / Thermooxidation f, Wärmeoxidation f

**thermal-oxidative** adj (Chem) / thermooxidativ adj

**thermal paper** (Paper) / Thermopapier n ‖ ~ **performance** (of a cooling tower) (Eng) / Kühlleistung f (eines Kühlturms) ‖ ~ **phosphate** (Agric, Chem, Nut) / kondensiertes Phosphat (Meta- oder Poly-), Glühphosphat n, Schmelzphosphat n ‖ ~ **plasma** (Plasma Phys) / thermisches Plasma ‖ ~ **plasma** (Plasma Phys) / Hochdruckplasma n ‖ ~ **pollution*** (Ecol) / Wärmebelastung f (meistens durch Abwärme) ‖ ~ **pollution*** (Ecol, Hyd Eng) / Wärmebelastung f (Belastung der Gewässer mit technischer Abwärme) ‖ ~ **polymerization** (Chem) / thermische Polymerisation ‖ ~ **power** (Heat) / Wärmekraft f, Wärmeenergie f (nutzbare) ‖ ~ **precipitator*** / Thermalabscheider m, Thermalpräzipitator m (Staub) ‖ ~ **printer*** (Comp, Print) / Thermodrucker m ‖ ~ **print head*** (Comp) / Thermokopf m (eines Thermodruckers), Thermodruckkopf m (eines Thermotransferdruckers), Thermoleiste f (eines Thermotransferdruckers) ‖ ~ **property** (Materials) / thermische Eigenschaft (eines Werkstoffs) ‖ ~ **property of state** (Phys) / thermische Zustandsgröße ‖ ~ **protection** / Wärmeschutz m (Schutz vor Überhitzung) ‖ ~ **protection** (Build, Heat) / wärmetechnische Isolierung, Wärmedämmung f, Wärmeisolierung f ‖ ~ **protection** (Elec Eng) / Übertemperaturschutz m, Temperaturüberwachung f (Übertemperaturschutz) ‖ ~ **radiation*** (Heat) / Wärmestrahlung f (als Phänomen im Allgemeinen) ‖ ~ **radiator** (Phys) / Temperaturstrahler m (DIN 5031, T 8) ‖ ~ **rating** (Eng) / Auslegung f für eine (Grenz)Temperatur (einer Apparatur) ‖ ~ **reactor** (Autos) / Thermoreaktor m (Abgasreinigungseinrichtung zur thermischen Nachverbrennung von CO und HC) ‖ ~ **reactor*** (Nuc Eng) / thermischer Reaktor (mit thermischen Neutronen) ‖ ~ **receiver*** (Acous) / Thermofon n, Thermophon n (eine zur Eichung von Mikrofonen geeignete Normalschallquelle - heute restlos veraltet) ‖ ~ **reforming*** (Chem Eng, Oils) / thermischer Reformierungsprozess, thermisches Reformieren, thermisches Reforming (mit Erhitzung unter Druck) ‖ ~ **relay*** (Elec Eng) / Thermorelais n (z.B. mit Bimetall), thermisches Relais ‖ ~ **resilience** (Plastics) / Thermorückfederung f ‖ ~ **resistance*** (Elec Eng) / Wärmewiderstand m (der reziproke Wert der Wärmedurchgangszahl), thermischer Widerstand (DIN 1341) ‖ ~ **resistance** (k/W) (Phys) / Wärmeleitwiderstand m ‖ ~ **resistivity** (Elec Eng) / spezifischer Wärmewiderstand ‖ ~ **response*** (Nuc Eng) / Wärmereaktion f, Temperaturanstiegsrate f ‖ ~ **runaway*** (Electronics) / thermische Zerstörung, thermische Instabilität, thermischer Selbstmord (eines Halbleiterelements bei Temperaturerhöhung) ‖ ~ **shield*** (Nuc Eng) / thermischer Schild, thermische Abschirmung ‖ ~ **shock*** (Heat) / Thermoschock m, Wärmestoß m, Wärmeschock m, thermischer Schock (schroffer Temperaturwechsel) ‖ ~ **shock** (Materials) / Wärmeschock m

**thermal-shock resistance*** (Materials) / Thermoschockfestigkeit f, Thermoschockbeständigkeit f ‖ ~ **resistance** (Materials) / Temperaturwechselbeständigkeit f, Wärmewechselbeständigkeit f, TWB (Temperaturwechsaelbeständigkeit) ‖ ~ **stress** (Materials) / Thermoschockbeanspruchung f ‖ ~ **test** (Glass) / Wärmeschockprüfung f, Abschreckprüfung f

**thermal siphon*** (Eng) / Thermosiphon m ‖ ~ **soaring** (Aero) / Thermik-Segelflug m ‖ ~ **soup** (Astron) / thermische Suppe (in der Big-Bang-Theorie) ‖ ~ **spalling** (Ceramics, Mech) / Aufspalten n durch Temperatureinwirkung (von feuerfesten Steinen) ‖ ~ **spike*** (Nuc) / thermische Störzone (DIN 25401), thermischer Spike ‖ ~ **spray*** / thermisches Spritzen (Flammspritzen, Lichtbogenspritzen, Detonationsspritzen, Plasmaspritzen) ‖ ~ **spraying*** / thermisches Spritzen (Flammspritzen, Lichtbogenspritzen, Detonationsspritzen, Plasmaspritzen) ‖ ~ **spraying** (Paint) / Heißspritzen n (mit auf 70 bis 80° C erwärmtem Lack) ‖ ~ **spraying** (Paint) s. also metal spraying, warm spraying ‖ ~ **spring** (Geol) / hyperthermische Quelle (mit Wassertemperatur über 50° C), Akratotherme f, Thermalquelle f, Therme f (mit Wassertemperatur über 36,7° C), warme Quelle ‖ ~ **spring** (Glass) / Quellpunkt m, Quellbereich (Bereich aufsteigender Glasströmungen in Glasschmelzaggregaten) ‖ ~ **stability** (Heat, Materials) / Wärmestabilität f ‖ ~ **stability** (Phys) / thermische Stabilität ‖ ~ **starter** (Electronics) / Glimmstarter m, Glimmzünder m, Starter m (einer Leuchtstofflampe) ‖ ~ **station*** (Elec Eng) / Wärmekraftwerk n, thermisches Kraftwerk ‖ ~ **stratification** (Geol) / Wärmeschichtung f ‖ ~ **stress** (Materials, Mech) / Wärmespannung f (Eigenspannung in Festkörpern mit ungleichmäßiger Temperaturverteilung), thermische Spannung, Temperaturspannung f ‖ ~ **stress** (Mech, Phys) / Wärmebeanspruchung f, thermische Beanspruchung

**thermal-stress crack** (Materials, Mech) / Wärmespannungsriss m ‖ ~ **cracking** (Materials, Mech) / Wärmespannungsrissbildung f

**thermal titration** (Chem) / thermometrische Titration, enthalpometrische Titration ‖ ~ **transfer printer*** (Comp, Print) / Thermotransferdrucker m ‖ ~ **transfer printing** (Textiles) / Thermodruckverfahren n, Thermodruck m (mit Folien als Farbträger), Wärmeumdruck m ‖ ~ **transfer printing** (Comp, Print,

**thermal transmittance**

Textiles) / Thermotransferdruck *m* (mit einem Zwischenträger), Thermodiffusionsdruck *m* ‖ **~ transmittance** (Phys) / Wärmedurchlässigkeit *f*, Wärmedurchlasszahl *f*, Wärmedurchgangszahl *f* (DIN 4108) ‖ **~ transpiration** (Vac Tech) / thermische Transpiration ‖ **~ transpiration** (Vac Tech) s. also thermodiffusion ‖ **~ treatment** (Met) / Wärmebehandlung *f* (DIN EN 10052, z.B. Glühen, Härten, Anlassen) ‖ **~ trip*** (Elec Eng) / Thermoauslöser *m* (ein Relais), thermischer Auslöser ‖ **~ trip*** (Elec Eng) s. also thermal circuit-breaker ‖ **~ tripping** (Elec Eng) / thermische Auslösung ‖ **~ tuning*** (Radio) / thermische Abstimmung ‖ **~ underwear** (Textiles) / Rheumawäsche *f* ‖ **~ unit*** (Phys) / Wärmeeinheit *f* ‖ **~ up-current** (Aero, Meteor) / Thermikschlauch *m* (ein Aufwindfeld) ‖ **~ upgrading** (Met) / pyrometallurgische Anreicherung ‖ **~ utilization factor*** (Nuc) / thermische Nutzung (DIN 25401), thermischer Nutzfaktor, Faktor *m* der thermischen Ausnutzung, Faktor *m* der thermischen Nutzung (Ausnutzungsgrad für thermische Neutronen) ‖ **~ vacuum switch** (Autos, Ecol) / Thermounterdruckschalter *m* ‖ **~ vibration*** (Phys) / Wärmeschwingung *f* ‖ **~ vulcanization** (Chem Eng) / Thermovulkanisation *f* (kontinuierliche, diskontinuierliche) ‖ **~ waste** (Phys) / Verlustwärme *f*, abgegebene Wärme ‖ **~ waste** (Phys) s. also waste heat ‖ **~ wind*** (Meteor) / thermischer Wind, Thermalwind *m*, Scherwind *m*

**thermel** *n* (Instr) / thermoelektrisches Gerät (Messgerät)

**thermic** *adj* (Heat) / Wärme-, Thermo-, thermisch *adj*, kalorisch *adj* ‖ **~ boring** (boring holes into concrete by means of a high temperature, produced by a steel lance packed with steel wool which is ignited and kept burning by oxyacetylene or other gas) (Civ Eng, Welding) / thermisches Bohren, Thermobohren *n*, Düsenstrahlbohren *n* ‖ **~ energy** (Phys) / Wärmeenergie *f*, thermische Energie (Wärme, innere Energie, Enthalpie) ‖ **~ incineration** (Ecol) / thermische Nachverbrennung (ein Abluftreinigungsverfahren), TNV (thermische Nachverbrennung) ‖ **~ incineration by using regenerative heat exchanger** (Ecol) / regenerative Nachverbrennung (in einer dem Regenerator nachgeschalteten Brennkammer), RNV *f* (regenerative Nachverbrennung) ‖ **~ lance** (with a jet of oxygen) (Civ Eng, Eng, Welding) / Sauerstofflanze *f* (ein ummanteltes Sauerstoffgebläse mit Stahlseele zum schnellen Durchbrennen von Metallplatten und Beton- und Stahlbeton- und Mauerwerkswänden)

**thermion*** *n* (Phys) / Thermion *n*

**thermionic** *adj* (Electronics) / glühelektrisch *adj*, thermionisch *adj* ‖ **~ amplifier*** (Electronics) / Röhrenverstärker *m* ‖ **~ cathode*** (Electronics) / Glühkatode *f* (z.B. Bariumkatode) ‖ **~ converter** (Elec Eng, Phys) / Thermionikelement *n*, thermionischer Umwandler, Glühkatodenwandler *m*, thermionischer Konverter, thermionischer Wandler, thermionischer Energiewandler (zur direkten Umwandlung thermischer Energie in elektrische Energie) ‖ **~ current*** (Electronics) / Glühstrom *m*, Glühelektronenstrom *m* ‖ **~ detector** (Chem) / Thermionisationsdetektor *m*, thermionischer Detektor (für die gaschromatografische Spurenanalyse, vorwiegend für P und N), TID ‖ **~ diode** (Electronics) / heiße Diode ‖ **~ element** (Elec Eng, Phys) / Thermionikelement *n*, thermionischer Umwandler, Glühkatodenwandler *m*, thermionischer Konverter, thermionischer Wandler, thermionischer Energiewandler (zur direkten Umwandlung thermischer Energie in elektrische Energie) ‖ **~ emission*** (Electronics) / thermische Elektronenemission, Glühemission *f*, Glühelektronenemission *f*, Thermoemission *f* ‖ **~ fuel-cell** (Electronics) / Thermionikelement *n* ‖ **~ generator** (Elec Eng, Electronics) / thermionischer Generator, Thermionikgenerator *m* (in Reihe geschaltete Thermionikelemente) ‖ **~ reactor** (Nuc Eng) / Thermionikreaktor *m*, Reaktor *m* mit thermionischen Wandlern ‖ **~ rectifier*** (Elec Eng, Electronics) / Glühkatodengleichrichter *m*, Glühkatodenventil *n*

**thermionics*** *n* (Electronics, Phys) / Lehre *f* von der thermischen Elektronenemission

**thermionic tube*** (Electronics) / Elektronenröhre *f* (mit glühelektrischem Effekt), Glühkatodenröhre *f* ‖ **~ vacuum tube** (Electronics) / Elektronenröhre *f* (mit glühelektrischem Effekt), Glühkatodenröhre *f* ‖ **~ valve*** (Electronics) / Elektronenröhre *f* (mit glühelektrischem Effekt), Glühkatodenröhre *f* ‖ **~ work function*** (Electronics) / thermische Austrittsarbeit, Austrittsarbeit *f* bei der Glühemission

**thermistor*** *n* (Electronics) / Thermistor *m* (Heiß- oder Kaltleiter) ‖ **~ gauge** (Vac Tech) / Wärmeleitungsvakuummeter *n* (bei dem der Messdraht als Heißleiterwiderstand ausgebildet ist) ‖ **~ sensor** / Thermistormessfühler *m*

**thermit** *n* (Met, Welding) / Thermit *n* (ein Gemisch von Eisenoxiden und Aluminiumpulver, bei dessen Verbrennung sehr hohe Temperaturen entstehen)

**thermite*** *n* (Met, Welding) / Thermit *n* (ein Gemisch von Eisenoxiden und Aluminiumpulver, bei dessen Verbrennung sehr hohe Temperaturen entstehen)

**thermit(e) process** (Met) / Goldschmidt-Verfahren *n* (zur Herstellung von Ferrolegierungen - nach H. Goldschmidt, 1861 - 1923), aluminothermisches Verfahren, Aluminothermie *f*

**thermit welding** (Welding) / aluminothermisches Schweißen, Thermitschweißen *n*

**thermization** (Nut) / Wärmebehandlung *f* unterhalb der Pasteurisationstemperatur, Thermisierung *f* (von Milch)

**thermoacoustometry** *n* (Chem, Met) / Thermoakustometrie *f* (eine Methode der thermischen Analyse)

**thermoactinic** *adj* (Phys) / thermaktin *adj*

**thermoadhesive** *adj* / thermoadhäsiv *adj*

**thermoammeter*** *n* (Elec Eng) / Thermoamperemeter *n*

**thermoanalysis** *n* (Chem, Met) / thermische Analyse (die über temperaturabhängige Änderungen von ausgewählten Eigenschaften Rückschlüsse auf das untersuchte System zieht - DIN 51 005), Thermoanalyse *f*, TA (Thermoanalyse)

**thermoanalytical** *adj* (Chem, Met) / thermoanalytisch *adj*

**thermobalance** *n* (Chem) / Thermowaage *f* (die Gewichtsänderungen in Abhängigkeit von der Erwärmung der Probe registriert, z.B. in der Thermogravimetrie)

**thermobarometry** *n* (Geol) / Geothermobarometrie *f*, Thermobarometrie *f* (Arbeitsgebiet der Petrologie, das aus Druck-Temperatur-Diagrammen die Bildungsbedingungen von metamorphen Gesteinen berechnet)

**thermobimetal** *n* (Elec Eng) / Thermobimetall (DIN 1715-1)

**thermobonding** *n* (Textiles) / Thermofusion *f*

**thermocaloric effect** (Phys) / thermokalorischer Effekt (Umkehrung des mechanokalorischen Effekts)

**thermochemical** *adj* (Chem) / thermochemisch *adj* ‖ **~ mixture** (Chem) / Wärmemischung *f* (Substanzgemisch, das aufgrund chemischer Reaktionen allmählich Wärme entwickelt - Gegensatz: Kältemischung) ‖ **~ treatment** (Met) / thermochemische Behandlung (Wärmebehandlung, bei der die chemische Zusammensetzung eines Werkstoffs durch Ein- oder Ausdiffundieren eines oder mehrerer Elemente absichtlich geändert wird), TCB (thermochemische Behandlung)

**thermochemistry*** *n* (Chem) / Thermochemie *f*, chemische Thermodynamik

**thermochromism** *n* (Chem) / Thermochromie *f* (Auftreten von reversiblen Farbänderungen bei Temperaturänderungen)

**thermocline*** *n* (Acous, Ecol, Ocean) / Temperatursprungschicht *f* (DIN 1320), thermische Sprungschicht, Thermokline *f*

**thermocoagulation** (Phys) / Hitzekoagulierung *f*, Koagulierung *f* durch Hitze

**thermocolour pencil** (Paint) / Temperaturmessfarbstift *m*, Temperaturmessstift *m*, Thermokreide *f*

**thermocompression** *n* (Electronics) / Thermokompression *f* (Verbindung von Halbleiterelementen bei hoher Temperatur und unter Druck) ‖ **~ bonding** (Electronics) / Thermokompressionskontaktierung *f*, Thermobonden *n*, Thermokompressionsschweißen *n* (eine Art Mikroschweißen)

**thermocompressor** *n* / Thermokompressor *m*

**thermocouple*** *n* (Elec Eng) / Thermopaar *n* (ein Thermoelement) ‖ **~ bimetal** (Elec Eng) / Thermobimetall (DIN 1715-1) ‖ **~ converter** (Elec Eng) / thermoelektrischer Energiewandler, thermoelektrischer Wandler (ein Energiewandler), thermoelektrischer Konverter, Seebeck-Element *n* ‖ **~ element** (Elec Eng) / Thermoelement *n* (ein Messwandler, der zur Temperaturmessung im Bereich von etwa 100 bis zu 3200 K herangezogen wird und Wärmeenergie direkt in elektrische Energie umwandelt), Thermokreuz *n* ‖ **~ gauge** (Vac Tech) / Thermoelementwärmeleitungsvakuummeter *n*, Wärmeleitungsvakuummeter *n* (bei dem der Messdraht als Thermoelement ausgebildet ist) ‖ **~ instrument** (Instr) / thermoelektrisches Gerät (Messgerät) ‖ **~ meter*** (Elec Eng) / Thermoelement-Instrument *n* ‖ **~ pyrometer** (Elec Eng) / thermoelektrisches Pyrometer

**thermocross** *n* (Elec Eng) / Thermokreuz *n* (Anordnung von Thermoelementen zum Messen der Stromstärke)

**thermocurable compound** (Plastics) / härtbare Formmasse (früher Pressmasse)

**thermocurrent** *n* (Elec Eng) / Thermostrom *m* (z.B. beim Seebeck-Effekt), thermoelektrischer Strom

**thermodiffusion** *n* (Heat, Nuc Eng, Phys) / Thermodiffusion *f* ‖ **~** s. also Dufour effect and Soret effect

**thermoduric*** *adj* (Bacteriol) / thermodur *adj* (Mikroorganismus)

**thermodynamic** *adj* (Phys) / thermodynamisch *adj*

**thermodynamical** *adj* (Phys) / thermodynamisch *adj*

**thermodynamic control** (Chem) / thermodynamische Kontrolle (der chemischen Reaktion) ‖ **~ cycle** (Phys) / thermodynamischer

Kreisprozess, Wärmekreisprozess *m* || **~ energy** (Heat) / innere Energie (Kurzzeichen U) || **~ equilibrium** (Phys) / thermodynamisches Gleichgewicht || **~ function** (Phys) / thermodynamisches Potential, thermodynamische Funktion || **~ potential*** (Phys) / thermodynamisches Potential, thermodynamische Funktion || **~ principle** (Phys) / Hauptsatz *m* der Thermodynamik || **~ probability** (Phys) / thermodynamische Wahrscheinlichkeit (Maxwell-Boltzmann-Statistik)
**thermodynamics*** *n* (Phys) / Thermodynamik *f* (DIN 1345)
**thermodynamic scale of temperature*** (Phys) / thermodynamische Temperaturskale, absolute Temperaturskala, thermodynamische Kelvin-Temperaturskale (mit der Einheit Kelvin), TKTS (thermodynamische Temperaturskale)
**thermodynamics of irreversible processes** (Phys) / Thermodynamik *f* irreversibler Prozesse || **~ of substances** (Phys) / Stoffthermodynamik *f*
**thermodynamic steam trap** (Eng) / thermodynamischer Kondensatableiter || **~ temperature** (Phys) / absolute Temperatur (DIN 1345), Kelvin-Temperatur *f*, thermodynamische Temperatur (DIN 1345 und 5498)
**thermoelastic** *adj* (Phys) / thermoelastisch *adj*
**thermoelasticity** *n* (Phys) / Thermoelastizität *f* (Gesamtheit der thermoelastischen Erscheinungen)
**thermoelectric** *adj* (Elec Eng, Phys) / thermoelektrisch *adj* || **~ arm** (Elec Eng) / Schenkel *m* des Thermoelements || **~ battery** (Elec Eng) / Thermobatterie *f* || **~ cooling*** (Phys) / thermoelektrische Kühlung (unter Ausnutzung des Peltier-Effekts), Peltier-Kühlung *f* || **~ cooling device** (Phys) / thermoelektrisches Kühlelement, Halbleiterkühlelement *n* (nach dem Peltier-Effekt), Peltier-Kühlelement *n* || **~ couple** (Elec Eng) / Thermopaar *n* (ein Thermoelement) || **~ cross** (Elec Eng) / Thermokreuz *n* (Anordnung von Thermoelementen zum Messen der Stromstärke) || **~ current** (Elec Eng) / Thermostrom *m* (z.B. beim Seebeck-Effekt), thermoelektrischer Strom || **~ effect*** (Phys) / thermoelektrischer Effekt (Seebeck-Effekt, Peltier-Effekt, Bridgman-Effekt, Thomson-Effekt, Benedicks-Effekt) || **~ force** (Elec Eng) / thermoelektrische Kraft, Thermospannung *f* (elektrische Spannung zwischen zwei Kontaktstellen zweier unterschiedlicher elektrischer Leiter, die sich auf verschiedener Temperatur befinden), Thermokraft *f*, Seebeck-Koeffizient *m*, Thermo-EMK *f* || **~ generator** (a device that converts thermal energy into electric energy by direct interaction of a heat flow and the charge carriers in an electric circuit, and that requires for this process the existence of a temperature difference in the electric circuit) (Elec Eng) / thermoelektrischer Generator || **~ generator** (Elec Eng) / thermoelektrischer Energiewandler, thermoelektrischer Wandler (ein Energiewandler), thermoelektrischer Konverter, Seebeck-Element *n*
**thermoelectricity*** *n* (Elec Eng) / Thermoelektrizität *f*
**thermoelectric leg** (Elec Eng) / Schenkel *m* des Thermoelements || **~ module** (Electronics) / Peltier-Element *n* (ein thermoelektrisches Bauelement), Halbleiter-Peltier-Element *n* (als Kühl- oder Heizelement benutzt) || **~ power*** (Elec Eng) / thermoelektrische Kraft, Thermospannung *f* (elektrische Spannung zwischen zwei Kontaktstellen zweier unterschiedlicher elektrischer Leiter, die sich auf verschiedener Temperatur befinden), Thermokraft *f*, Seebeck-Koeffizient *m*, Thermo-EMK *f* || **~ pyrometer*** (Elec Eng) / thermoelektrisches Pyrometer || **~ refrigerator** (Elec Eng) / thermoelektrischer Kühlschrank (mit thermoelektrischer Kältesatz) || **~ series** (Elec Eng) / thermoelektrische Spannungsreihe || **~ traction** (Rail) / thermoelektrische Zugförderung || **~ voltage** (Elec Eng) / thermoelektrische Kraft, Thermospannung *f* (elektrische Spannung zwischen zwei Kontaktstellen zweier unterschiedlicher elektrischer Leiter, die sich auf verschiedener Temperatur befinden), Thermokraft *f*, Seebeck-Koeffizient *m*, Thermo-EMK *f*
**thermoelectroluminescence*** *n* (Phys) / Elektrothermolumineszenz *f* (Anregung meistens durch Elektronenstoß)
**thermoelectromagnetometry** *n* (Chem) / Thermoelektromagnetometrie *f* (thermische Analyse mit optischen und röntgenografischen Methoden)
**thermoelectrometry** *n* (Chem) / Thermoelektrometrie *f* (eine Methode der thermischen Analyse, mit der man die Änderung der elektrischen Leitfähigkeit und/oder Kapazität untersucht)
**thermoelectron** *n* (Electronics, Nuc) / das ausgetretene Elektron bei der Glühemission
**thermoelement** *n* / ein Draht des Thermoelements (z.B. Kupfer, Konstantan usw.) || **~** (Elec Eng) / Thermoelement *n* (ein Messwandler, der zur Temperaturmessung im Bereich von etwa 100 bis zu 3200 K herangezogen wird und Wärmeenergie direkt in elektrische Energie umwandelt), Thermokreuz *n* || **~*** (Elec Eng) s. also thermal converter

**thermoexpansion** *n* (Phys) / Wärmedehnung *f* (Vergrößerung des Stoffvolumens bei Zufuhr von Wärme), Wärmeausdehnung *f*, thermische Ausdehnung, thermische Dehnung
**thermofission** *n* (Nuc Eng) / thermische Spaltung (durch thermische Neutronen)
**thermofix** *v* (Textiles) / thermofixieren *v*
**thermofixation** *n* (Textiles) / Thermofixieren *n* (von Farbstoffen)
**thermofixing** *n* (Textiles) / Thermofixieren *n* (von Farbstoffen)
**Thermofor catalytic cracking** (Oils) / Thermofor-Catalytic-Cracking *n* (ein Fließbettverfahren zur Herstellung von Krackbenzin), TCC-Verfahren *n* || **~ continuous percolation** (Oils) / Thermofor-Prozess *m* (ein Bleichungsprozess), Thermofor-Continuous-Percolation *f*, TCP (Thermofor-Continuous-Percolation)
**thermoforming** *n* (Plastics) / Thermoformen *n*, Thermoformverfahren *n*, Thermoformung *f*, Warmformen *n*, Warmformung *f*
**thermogalvanic** *adj* (Surf) / thermogalvanisch *adj* || **~ corrosion** (Surf) / thermogalvanische Korrosion, thermoelektrische Korrosion
**thermogalvanometer*** *n* (Elec Eng) / thermoelektrisches Galvanometer, Thermogalvanometer *n*
**thermogram** *n* (Optics, Phys) / Thermogramm *n*, Wärmebild *n*, Aufzeichnung *f* des Thermografen
**thermograph*** *n* (Meteor, Phys) / Thermograf *m*, registrierendes Thermometer, Temperaturschreiber *m* || **~** (Optics, Phys) / Wärmebildgerät *n*
**thermographic analysis** (Chem, Met) / thermische Analyse (die über temperaturabhängige Änderungen von ausgewählten Eigenschaften Rückschlüsse auf das untersuchte System zieht - DIN 51 005), Thermoanalyse *f*, TA (Thermoanalyse) || **~ detector** (Mil) / Wärmebilddetektor *m* || **~ paper** (Paper) / Thermopapier *n*
**thermography** *n* / [Fern]Messung *f* der Wärmebelastung (der Gewässer) || **~*** (Med, Photog, Phys) / Infrarotthermografie *f*, Thermografie *f* (berührungsfreies Verfahren der Infrarottechnik, um die Temperaturverteilung auf Oberflächen zu ermitteln) || **~** (Phys) / Wärmebildaufnahme *f*, thermische Bildaufnahme, Temperaturregistrierung *f*, Temperaturschreibung *f* (Wärmebildaufnahme) (mit dem Thermografen) || **~*** (Print) / Thermografie *f* (Sofortdruckverfahren zur Herstellung von Kopien unter Verwendung wärmeempfindlicher Schichten auf Papier)
**thermogravimetric** *adj* (Chem) / thermogravimetrisch *adj*
**thermogravimetry** *n* (Chem) / Thermogravimetrie *f*, TG (Thermogravimetrie), thermogravimetrische Analyse (gravimetrische Verfolgung der Masseänderung einer Probe, solange diese einem Temperaturprogramm unterworfen wird - DIN 51 006)
**thermogravitational column** (Chem Eng) / Clusius-Dickel'sches Trennrohr, Trennrohr nach Clusius-Dickel (nach K.Clusius, 1903-1963, und G.Dickel, 1913- )
**thermohaline** *adj* (Ocean) / thermohalin *adj*
**thermohydraulic** *adj* (Phys) / thermohydraulisch *adj*
**thermohydraulics** *n* (Phys) / Thermohydraulik *f* (Strömungsvorgänge in Flüssigkeiten unter Berücksichtigung thermischer Eigenschaften)
**thermohygrograph** *n* (Meteor) / Thermohygrograf *m* (in der Thermometerhütte untergebrachte, aus einem Thermografen und einem Hygrografen bestehende Instrumentenkombination zur selbsttätigen Aufzeichnung von Lufttemperatur und relativer Luftfeuchte auf einer gemeinsamen Registriertrommel)
**thermo-indicator paint** (Paint) / Temperaturmessfarbe *f*, temperaturanzeigende Anstrichfarbe, Thermokolorfarbe *f* || **~ paint** (Paint) s. also thermocolour pencil
**thermo ink** (Comp) / Thermotinte *f*
**thermojunction*** *n* (Elec Eng) / Thermopaar *n* (ein Thermoelement)
**thermokarst** *n* (with hollows produced by the selective melting of permafrost) (Geol) / Thermokarst *m*
**thermokinetic** *adj* (Chem, Phys) / thermokinetisch *adj* || **~ analysis** (a kind of enthalpimetric analysis) (Chem) / kinetische Enthalpietitration
**thermolabile** *adj* (Biol, Chem) / thermolabil *adj*, wärmeunbeständig *adj*
**thermolability** *n* (Biol, Chem) / Thermolabilität *f*, Wärmeunbeständigkeit *f*
**thermoluminescence*** *n* (Light) / Thermolumineszenz *f* || **~ dosimeter** (Radiol) / Thermolumineszenzdosimeter *n* (ein Festkörperdosimeter)
**thermoluminescent** *adj* (Light) / Thermolumineszenz-, thermolumineszent *adj* || **~ dating** / Thermolumineszenzdatierung *f*, Altersbestimmung *f* mit Hilfe der Thermolumineszenz (der keramischen Scherben), Altersbestimmung *f* aus Thermolumineszenzdaten || **~ dosemeter** (Radiol) / Thermolumineszenzdosimeter *n* (ein Festkörperdosimeter)
**thermolysis*** *n* (pl. thermolyses) (Chem, Phys) / Thermolyse *f* (durch thermische Dissoziation bewirkter spontaner Zerfall oder gezielte Spaltung organischer Verbindungen)

**thermomagnetic** adj (Mag) / thermomagnetisch adj ‖ ~ **effect**\* (Heat) / thermomagnetischer Effekt (z.B. Righi-Leduc-Effekt, Ettingshausen-Nernst-Effekt) ‖ ~ **effect**\* (Heat) s. also magneto-caloric effect

**thermomagnetometry** n / Thermomagnetometrie f (eine Methode der thermischen Analyse)

**thermomagneto-optical technology** (Electronics) / thermomagnetooptische Technik, TMO-Technik f

**thermomechanical** adj / thermomechanisch adj ‖ ~ **analysis** (Phys) / thermomechanische Analyse, TMA (thermomechanische Analyse) ‖ ~ **effect** (Phys) / thermomechanischer Effekt ‖ ~ **pulp** (Paper) / thermomechanischer Holzstoff (DIN 6730), TMP-Zellstoff m ‖ ~ **treatment** (Met) / thermomechanische Behandlung (eine Verbindung von Umformvorgängen mit Wärmebehandlungen, um bestimmte Werkstoffeigenschaften zu erzielen), TMB (thermomechanische Behandlung)

**thermomechanometry** n / Thermomechanometrie f (eine Methode der thermischen Analyse, welche die Änderung mechanischer Eigenschaften untersucht)

**thermometamorphism** n (Geol) / Thermometamorphose f (Variante der Kontaktmetamorphose), Thermalmetamorphose f

**thermometer**\* n (Heat, Phys) / Thermometer n ‖ ~ **glass** (Glass) / Thermometerglas n ‖ ~ **pocket** / Thermometertasche f ‖ ~ **screen** (Meteor) / Beobachtungshütte f, Hütte f (englische), Thermometerhütte f (im Allgemeinen) ‖ ~ **shelter** (Meteor) / Beobachtungshütte f, Hütte f (englische), Thermometerhütte f (im Allgemeinen) ‖ ~ **stem** (Phys) / Thermometermesskapillare f

**thermometric body** (Ceramics, Met) / Temperaturmesskörper m (z.B. Segerkegel) ‖ ~ **conductivity** (Heat) / Temperaturleitfähigkeit f, Temperaturleitzahl f ($m^2 S^{.1}$) ‖ ~ **device** (Ceramics, Met) / Temperaturmesskörper m (z.B. Segerkegel) ‖ ~ **scale**\* (Phys) / Thermometerskale f, Thermometerskala f ‖ ~ **substance** (Phys) / Thermometersubstanz f (der zur Temperaturmessung benutzte Stoff in einem Thermometer) ‖ ~ **titration** (Chem) / thermometrische Titration, enthalpometrische Titration

**thermometry**\* n (Phys) / Temperaturmessung f mit Hilfe des Thermometers (bis etwa 500 ° C), Thermometrie f

**thermomicroscopy** n / Thermomikroskopie f (eine Art Thermooptometrie)

**thermonasty**\* n (Bot) / Thermonastie f

**thermonatrite** n (Min) / Thermonatrit m

**thermonuclear** adj (Mil, Nuc) / thermonuklear adj ‖ ~ **bomb** (Mil) / thermonukleare Bombe, Wasserstoffbombe f, Fusionsbombe f, Kernfusionsbombe f ‖ ~ **energy**\* (Nuc Eng) / thermonukleare Energie, Fusionsenergie f, Kernfusionsenergie f ‖ ~ **reaction**\* (Nuc) / thermonukleare Reaktion (DIN 25401) ‖ ~ **weapon** (Mil) / thermonuklearer Sprengkörper

**thermooptometry** n (Chem) / Thermooptometrie f (eine Methode der thermischen Analyse)

**thermoosmosis** n (pl. -osmoses) (Chem, Phys) / Thermoosmose f (Stofftransport durch eine Membran als Folge einer beiderseits unterschiedlichen Temperatur)

**thermooxidized soya-bean oil** (Nut) / Oxystearin n (E 479), geblasenes Sojaöl, oxidiertes Sojaöl ‖ ~ **soybean oil** (Nut) / thermooxidiertes Sojaöl

**thermopane unit** (Build, Glass) / Thermoscheibe f (des Fensters)

**thermoperiodism**\* n (Bot) / Thermoperiodismus m

**thermophil** adj (Bacteriol, Bot) / thermophil adj, wärmeliebend adj

**thermophile**\* adj (Bacteriol, Bot) / thermophil adj, wärmeliebend adj ‖ ~ **digestion** (Ecol, San Eng) / thermophiler Abbauprozess (biologische Reinigung hochkonzentrierter Abwässer)

**thermophilic**\* adj (Bacteriol, Bot) / thermophil adj, wärmeliebend adj

**thermophilous**\* adj (Bacteriol, Bot) / thermophil adj, wärmeliebend adj

**thermophone**\* n (Acous) / Thermofon n, Thermophon n (eine zur Eichung von Mikrofonen geeignete Normalschallquelle - heute restlos veraltet)

**thermophoresis** n (pl. -reses) (Phys) / Thermophorese f (Bewegungsvorgänge kleiner Teilchen in einem Temperaturgefälle)

**thermophysical** adj (Phys) / thermophysikalisch adj, wärmephysikalisch adj

**thermopile**\* n (Elec Eng) / Thermosäule f (mehrere elektrisch in Reihe und thermisch parallel geschaltete Thermoelemente), Thermokette f

**thermoplastic**\* n (Plastics) / thermoplastischer Kunststoff, Thermoplast m (DIN 7724, T 1, 7730 und 9724), Plastomer n, Elastoplast m ‖ ~\* adj (Plastics) / thermoplastisch adj ‖ ~ **adhesive** / plastomerer Klebstoff, thermplastischer Klebstoff ‖ ~ **binding**\* (Bind) / Klebebindung f ‖ ~ **composite** (Plastics) / thermoplastischer Kunststoffverbund ‖ ~ **elastomer**\* (Chem Eng) / thermoplastisches Elastomer, thermoplastischer Kautschuk (ein Elastomer, das ohne Vulkanisation bei Raumtemperatur elastische, kautschukähnliche Eigenschaften besitzt, jedoch bei höherer Temperatur thermoplastisch verformbar ist), TPE (thermoplastisches Elastomer) ‖ ~ **foam moulding** (Plastics) / Thermoplastschaumguss m, TSG (Thermoplastschaumguss)

**thermoplasticity** n (Plastics) / Thermoplastizität f, Wärmeplastizität f

**thermoplastic plate**\* (Print) / Stereo n aus Thermoplast ‖ ~ **putty** (Build) / elastische Dichtungsmasse (für Verglasungsarbeiten) ‖ ~ **resin** (Plastics) / thermoplastischer Kunststoff, Thermoplast m (DIN 7724, T 1, 7730 und 9724), Plastomer n, Elastoplast m ‖ ~ **rubber** (Chem Eng) / thermoplastisches Elastomer, thermoplastischer Kautschuk (ein Elastomer, das ohne Vulkanisation bei Raumtemperatur elastische, kautschukähnliche Eigenschaften besitzt, jedoch bei höherer Temperatur thermoplastisch verformbar ist), TPE (thermoplastisches Elastomer)

**thermoplate** n (Comp) / Thermoplatte f (für Computer-to-Plate)

**thermoreception** n (Physiol) / Thermorezeption f

**thermoregulator**\* n (Heat) / Wärmeregler m ‖ ~ (Heat) s. also thermostat

**thermorelay** n (Elec) / Thermorelais n (zur Verstärkung von Galvanometerausschlägen bei der Messung kleinster elektrischer Ströme)

**thermoremanent magnetism** (Geol) / Thermoremanenz f (bei der Abkühlung magmatischer Schmelzen)

**Thermos** n / Thermosflasche f (Handelsname für ein Dewar-Gefäß), Thermogefäß n ‖ ~ **bottle** (US) / Thermosflasche f (Handelsname für ein Dewar-Gefäß), Thermogefäß n

**thermoscreen** n (Meteor) / Beobachtungshütte f, Hütte f (englische), Thermometerhütte f (im Allgemeinen)

**thermosenescence** n / thermische Alterung, Wärmealterung f, thermisches Altern

**thermosensitive element** (Phys) / Temperatursensor m, Temperaturfühler m

**thermoset**\* n (Plastics) / Duroplast m, Duromer n, härtbares Harz ‖ ~ **plastic** (Plastics) / Duroplast m, Duromer n, härtbares Harz

**thermosetting** n (Textiles) / Thermofixieren n (von thermoplastischen Chemiefasern bzw. der aus ihnen hergestellten Textilien) ‖ ~ adj / warmhärtbar adj, hitzehärtbar adj ‖ ~ heißhärtend adj, heißabbindend adj, heißverfestigend adj ‖ ~ **adhesive** (Chem) / warmhärtender Klebstoff, hitzehärtbarer Klebstoff ‖ ~ **composition** (Plastics) / Duroplast m, Duromer n, härtbares Harz ‖ ~ **plastic**\* (Plastics) / Duroplast m, Duromer n, härtbares Harz ‖ ~ **plate**\* (Print) / Stereo n aus Duroplast ‖ ~ **resin** (Plastics) / Duroplast m, Duromer n, härtbares Harz

**Thermos flask** n / Thermosflasche f (Handelsname für ein Dewar-Gefäß), Thermogefäß n

**thermoshock** n (Heat) / Thermoschock m, Wärmestoß m, Wärmeschock m, thermischer Schock (schroffer Temperaturwechsel)

**thermosiphon**\* n (Eng) / Thermosiphon m ‖ ~\* (Heat) / Wärmeumlauf m (natürlicher)

**thermosite** n (Build) / Thermosit m (leichte, geschäumte Hochofenschlacke)

**thermosol dyeing method** (Textiles) / Thermosolieren n, Thermosolverfahren n (ohne Carrier arbeitendes Trockenfixierverfahren zum kontinuierlichen Färben und Bedrucken von Synthesefasern)

**thermosoling** n (Textiles) / Thermosolieren n, Thermosolverfahren n (ohne Carrier arbeitendes Trockenfixierverfahren zum kontinuierlichen Färben und Bedrucken von Synthesefasern)

**thermosol method** (Textiles) / Thermosolieren n, Thermosolverfahren n (ohne Carrier arbeitendes Trockenfixierverfahren zum kontinuierlichen Färben und Bedrucken von Synthesefasern) ‖ ~ **process** (Textiles) / Thermosolieren n, Thermosolverfahren n (ohne Carrier arbeitendes Trockenfixierverfahren zum kontinuierlichen Färben und Bedrucken von Synthesefasern)

**thermosol/thermofixation dyeing process** (Textiles) / Thermosol/Thermofixierverfahren n, TT-Färbeverfahren n

**thermosonic bonding** (Electronics) / Thermosonikschweißen n (eine Art Mikroschweißen)

**thermosphere**\* n (Astron, Geophys, Meteor) / Thermosphäre f (Region oberhalb der Mesopause, in der die Temperatur mit der Höhe im Allgemeinen zunimmt)

**thermospraying** n / thermisches Spritzen (Flammspritzen, Lichtbogenspritzen, Detonationsspritzen, Plasmaspritzen)

**thermospray interface** (Chem) / Thermospray-Interface n (Zwischenglied für Kopplungen Gaschromatografie - Massenspektrometrie) ‖ ~ **ionization** (Spectr) / Thermospray-Ionisation f, TSI (Thermospray-Ionisation), TSPI (eine Ionisierungsmethode) ‖ ~ **mass spectrum** (Spectr) / Thermospray-Massenspektrum n

**thermostable** adj / thermostabil adj (z.B. Enzym) ‖ ~\* (Bacteriol, Phys) / hitzeresistent adj, thermoresistent adj (z.B. Mikroorganismen bei der Pasteurisation) ‖ ~\* (Chem, Phys) / wärmebeständig adj (nicht

durch Wärme zersetzbar), thermisch beständig ‖ ~ (Heat, Materials) / wärmestabil adj, wärmebeständig adj
**thermostat**\* n (Heat, Phys) / Thermostat m (DIN 58966, T 1)
**thermostatic** adj (Phys) / thermostatisch adj, Thermostat- ‖ ~ **air cleaner** (Autos) / Thermostat-Luftfilter n, thermostatgesteuertes Luftfilter, thermostatgeregeltes Luftfilter, Luftfilter n mit Ansaugtemperaturregelung (zur Abgasentwicklung) ‖ ~ **radiator valve** (Build) / Thermostatventil n (an Heizkörpern - zur Einzelraumregelung) ‖ ~ **radiator valve** / Heizkörperventil n
**thermostatics** n (Phys) / Thermostatik f (Teilgebiet der Thermodynamik)
**thermostatic steam trap** (Eng) / Thermostat-Kondensatableiter m, thermostatisch geregelter Kondensatableiter ‖ ~ **switch** (Heat) / Thermostatschalter m
**thermoswitch** n (Elec Eng) / Thermoschalter m (zumeist Bimetallschalter), Temperaturschalter m
**thermosyphon** n (Eng) / Thermosiphon m
**thermotherapy** n (Med) / Wärmebehandlung f, Wärmetherapie f, Thermotherapie f
**thermotolerant**\* adj (Biochem, Bot) / thermotolerant adj
**thermotopography** n / Topothermografie f, Thermotopografie f (Veranschaulichung des Temperaturverlaufs auf größeren Flächen)
**thermotropic** adj (Phys) / thermotrop adj ‖ ~ **liquid crystal** (Chem, Electronics) / thermotropisch flüssiger Kristall, thermotropischer Flüssigkristall ‖ ~ **phase** (Crystal) / thermotrope Phase
**thermotropy** n (Phys) / Thermotropie f (Änderung einer Stoffeigenschaft unter der Einwirkung einer Temperaturänderung)
**thermovalve** n (Eng) / Thermoventil n (das temperaturgesteuert öffnet und schließt)
**thermovariable** adj (I C Engs) / thermovariabel adj, mit variablem Abstand (Elektroden der Zündkerze)
**thermoviscous fluid** (Phys) / thermoviskose Flüssigkeit (bei der der Spannungstensor vom Deformationsgeschwindigkeitstensor und vom Temperaturgradienten abhängig ist)
**thermowell** n (Autos) / Temperaturmessstutzen m (mit dem Temperatursensor)
**therophyte**\* n (Bot) / Einjahrspflanze f, Einjährige f, einjährige Pflanze, Annuelle f, Therophyt m (pl. -en)
**thesaurus** n (pl. thesauri or -es) / Thesaurus m (pl. -en oder -ri) (eine geordnete Menge von Bezeichnungen, die ein offenes System zur fach- und/oder problemorientierten Klassifizierung und Ordnung von Begriffen bilden - DIN 1463) ‖ ~ **program** (Comp) / Thesaurusprogramm n
**theta functions** (Maths) / Thetafunktionen f pl
**thetagram** n (Meteor) / Thetagramm n (Diagrammpapier mit linearer Temperaturskale als Abszisse und linearer Druckskale als Ordinate zur Auswertung aerologischer Aufstiege), Schinze-Diagramm n (nach G. Schinze, 1899 - 1982)
**theta pinch**\* (current-carrying coils run round the plasma and the magnetic field is axial) (Nuc Eng) / Theta-Pinch m (magnetisches Kompressionsverfahren zur Erzeugung eines Plasmas sehr hoher Temperatur) ‖ ~ **solvent#**\* (Chem) / Theta-Lösemittel n (z.B. Heptan für 1,4-Polybutadien) ‖ ~ **temperature** (Chem) / Flory-Temperatur f (einer Polymerlösung nach P.J. Flory, 1910-1985), Thetatemperatur f
**Thevenin equivalent resistance** (Elec Eng) / Zweipolersatzwiderstand m ‖ ≃ **generator** (Elec) / Helmholtz'scher Ersatzgenerator, Zweipolquelle f ‖ ≃-**Helmholtz theorem** (Elec Eng) / Thevenin'sches Theorem (nach L. Thevenin, 1857 - 1926), Helmholtz'scher Satz (der Zweipoltheorie), Satz m von Helmholtz (von der Ersatzspannungsquelle), Satz m von der Ersatzquelle ‖ ≃'s **theorem**\* (Elec Eng) / Thevenin'sches Theorem (nach L. Thevenin, 1857 - 1926), Helmholtz'scher Satz (der Zweipoltheorie), Satz m von Helmholtz (von der Ersatzspannungsquelle), Satz m von der Ersatzquelle
**thexyl borane** (Chem) / Thexylboran n (1,1,2-Trimethylpropylboran)
**THF** (tetrahydrofolic acid) (Biochem) / Tetrahydrofolsäure f (ein Koenzym), THF (Tetrahydrofolsäure), $H_4$-Folat n ‖ ≃ (tetrahydrofuran) (Chem) / Tetramethylenoxid n, Tetrahydrofuran n, Oxolan n, THF (Tetrahydrofuran)
**thi-**\* (Chem) / Thia-, Thi- (eine Vorsilbe, die zur Kennzeichnung schwefelhaltiger Verbindungen verwendet wird)
**THI** (temperature-humidity index) (Physiol) / Behaglichkeitsziffer f, Comfort-Index m
**thiabendazole** n (Agric, Nut, Pharm) / Thiabendazol n (auch als Konservierungsstoff und Fruchtbehandlungsmittel - E 233), TBZ (thiabendazol)
**thiaborane** n (Chem) / Thiaboran n
**thiacetic acid** (Chem) / Thioessigsäure f, Thioacetsäure f
**thiamide**\* n (Chem) / Thiocarbonsäureamid n, Thiokarbonsäureamid n, Thioamid n

**thiamin**\* n (a water-soluble antineuritic vitamin) (Biochem, Pharm) / Thiamin n, Vitamin n $B_1$, Aneurin n
**thiamine** n (Biochem, Pharm) / Thiamin n, Vitamin n $B_1$, Aneurin n ‖ ~ **diphosphate** (Biochem, Pharm) / Aneurinpyrophosphat n, APP (Aneurinpyrophosphat), Thiaminpyrophosphat n, TPP (Thiaminpyrophosphat), Thiamindiphosphat n, Cocarboxylase f, Kokarboxylase f (Diphosphorsäureester von Thiamin) ‖ ~ **hydrochloride** ($C_{12}H_{18}Cl_2N_4OS$) (Pharm) / Thiaminchlorid-Hydrochlorid n ‖ ~ **pyrophosphate** (Biochem, Pharm) / Aneurinpyrophosphat n, APP (Aneurinpyrophosphat), Thiaminpyrophosphat n, TPP (Thiaminpyrophosphat), Thiamindiphosphat n, Cocarboxylase f, Kokarboxylase f (Diphosphorsäureester von Thiamin)
**thianaphthene** n (Chem) / Benzo-[-b-]-thiophen n, Thionaphthen n
**thiazide diuretics**\* (Med) / Thiaziddiuretika n pl (eine Gruppe von Saluretika)
**thiazine**\* n (Chem) / Thiazin n ‖ ~ **dyestuffs** (Textiles) / Thiazinfarbstoffe m pl (die sich von Phenothiazin herleiten)
**thiazole**\* n (Chem) / Thiazol n ‖ ~ **dyestuffs**\* (Chem, Textiles) / Thiazolfarbstoffe m pl
**thiazoline** n (Chem) / Dihydrothiazol n
**thick** adj / dick adj ‖ ~ / trüb adj, trübe adj (Flüssigkeit) ‖ ~ (Geol, Meteor, Mining) / mächtig adj ‖ ~ (Nut) / dick adj ‖ ~ (Phys) / halbflüssig adj, dickflüssig adj, zähflüssig adj ‖ ~ **edge** (Paint) / Fettkante f (aus herabgelaufenem Anstrichstoff)
**thicken** v (Chem Eng, Paint) / eindicken v ‖ ~ (Chem, Nut, Phys) / verdicken v (eine Flüssigkeit), inspissieren v, eindicken v ‖ ~ (Nut) / verdicken v, andicken v, ansämen v ‖ ~ (Nut) / binden v (Suppen, Soßen), legieren v (Suppen und Soßen mit Ei, Sahne oder Mehl eindicken) ‖ ~ vi (Geol) / Mächtigkeit zunehmen, mächtiger werden
**thickener**\* n (Chem Eng) / Eindicker m (Apparat, Eindickmittel) ‖ ~\* (Chem, Nut, Paint, Phys) / Verdickungsmittel n, viskositätserhöhendes Mittel, Dickungsmittel n, Quellmittel n ‖ ~ (San Eng) / Eindicker m (z.B. Stand- oder Durchlaufeindicker nach DIN 4045)
**thickening** n / Dickflüssigwerden n ‖ ~ / Dickenzunahme f (von Schichten) ‖ ~ (Chem Eng) / Eindicken n (das Abtrennen von feinkörnigem Gut aus einer dünnen Suspension durch Absetzen des spezifisch schweren Feststoffes unter dem Einfluss der Schwer- oder Fliehkraft mit dem Ziel, den Feststoff möglichst vollständig aus der Flüssigkeit abzuscheiden) ‖ ~ (Chem, Phys) / Verdicken n (einer Flüssigkeit), Inspissation f ‖ ~ (Paint) / Eindickung f ‖ ~ **agent** / Bindemittel n (zum Andicken und Binden von Flüssigkeiten) ‖ ~ **agent** (Chem, Nut, Paint, Phys) / Verdickungsmittel n, viskositätserhöhendes Mittel, Dickungsmittel n, Quellmittel n
**thicket** n (For) / Dickicht n, Dickung f, Gehölz n
**thick film**\* (Chem, Electronics) / Dickfilm m, Dickschicht f
**thick-film capacitor** (Elec Eng) / Dickschichtkondensator m ‖ ~ **lubrication**\* (Eng) / hydrodynamische Schmierung f (Trennung von Kontaktpartnern durch einen flüssigen Schmierfilm, der durch die Relativbewegung erzeugt wird), vollflüssige Schmierung (mittels Flüssigkeiten nach DIN ISO 4378-3), Vollschmierung f, Schmierung f durch hydrodynamische Kräfte (Schmierungszustand, bei dem durch die Relativbewegung der Reibpartner im Reibspalt ein unter Druck stehender Schmierfilm aufgebaut wird, der die Oberflächen der Reibpartner vollständig voneinander trennt) ‖ ~ **process** (Eng) / Hydrafilm-Prozess m (indirektes Strangpressen), Hydrafilm-Verfahren n ‖ ~ **resistor** (Elec Eng) / Dickfilmwiderstand m, Dickschichtwiderstand m ‖ ~ **technology** (Electronics) / Dickfilmtechnik f, Dickschichttechnik f
**thick juice** (Nut) / Dicksaft m (mit 61-67% Zucker bei der Zuckerherstellung) ‖ ~ **lens** (Optics) / dicke Linse ‖ ~ **mash** (Brew) / Dickmaische f (bei dem Dreimaischverfahren)
**thick-matter pump** (Chem Eng) / Dickstoffpumpe f
**thickness** n / Trübheit f, Trübung f ‖ ~ / Dicke f ‖ ~ (Geol, Mining) / Mächtigkeit f (bankrechter Abstand zwischen den Grenzflächen einer Schicht) ‖ ~ (Meteor) / Mächtigkeit f (von Wolken) ‖ ~ (Weaving) / Warendichte f, Gewebedichte f, Dichte f, Fadendichte f (DIN 53853), Einstellung f
**thickness-chord ratio**\* (Aero) / Dickenverhältnis n, Profildickenverhältnis n
**thickness copy** (Bind, Print) / Umfangband m (der die Stärke des Buches veranschaulicht), Stärkeband m ‖ ~ **dummy**\* (Bind, Print) / Umfangband m (der die Stärke des Buches veranschaulicht), Stärkeband m ‖ ~ **gauge** (Eng) / Dickenlehre f ‖ ~ **gauging** / Dickenmessung f
**thicknessing machine** (For, Join) / Dickenhobelmaschine f, Dickenfräsmaschine f
**thickness measurement** / Dickenmessung f ‖ ~ **moulding**\* (Arch) / Traufenleiste f (unter dem Traufgesims) ‖ ~ **of a boundary layer** / Grenzschichtdicke f ‖ ~ **of a wall** (Build) / Wanddicke f, Mauerdicke f, Mauerstärke f, Wandstärke f ‖ ~ **of the body of the book** (Bind) / Buchblockstärke f ‖ ~ **of the profile** (Aero) / Profildicke f ‖ ~ **of**

1627

**thickness**

**wall(s)** / Dickwandigkeit f ‖ ~ **planer** (For, Join) / Dickenhobelmaschine f, Dickenfräsmaschine f ‖ ~ **ratio** (Aero) / Dickenverhältnis n, Profildickenverhältnis n ‖ ~ **reduction** (Join, Met) / Dickenabnahme f ‖ ~ **tolerance** (Glass) / Dickentoleranz f
**thick oil** (Paint) / Dicköl n ‖ ~ **place** (Spinning) / Dickstelle f (Faserdurchmesser in Mikrometern) ‖ ~ **ripping** (Met) / Grobdrahtvorziehen n
**thickset** n (For) / Dickicht n, Dickung f, Gehölz n
**thick sheet glass** (Glass) / Dickglas n (DIN 1249) ‖ ~ **side leathers** (Leather) / schwere (pflanzlich gegerbte) Rindshäute ‖ ~ **slurry** / Dickschlamm m ‖ ~ **smoke** / Qualm m (dichter, quellender Rauch) ‖ ~ **source**\* (Nuc) / dicke Quelle ‖ ~ **space**\* (Typog) / Drittelspatie f ‖ ~ **target**\* (Nuc) / dickes Target
**thick-wall** attr / dickwandig adj ‖ ~ **chamber**\* (Nuc Eng) / dickwandige Ionisationskammer
**thick-walled** adj / dickwandig adj
**thick-wall ionization chamber** (Nuc Eng) / dickwandige Ionisationskammer
**thick window glass** (Glass) / Dickglas n (Fensterglas im Dickenbereich von 4,5 bis 21 mm) ‖ ~ **wire ethernet**\* (Comp) / 10 Base 5\* n, Thick Ethernet n (LANs), Yellow Cable n
**thief** n / Stechheber m (zur Entnahme von Flüssigkeiten) ‖ ~ (Surf) / Blende f (in der Galvanotechnik verwendete Einrichtung zur Herabsetzung unzulässig hoher Stromdichte an strombegünstigten Stellen/Spitzen und Kanten, die zum Anbrennen führen könnte), Stromblende f (zum Abschirmen von Kanten in der Galvanotechnik), Abblendeinrichtung f ‖ ~ **hatch** (Oils) / Probenahmeluke f (des Öltanks) ‖ ~ **knot** (Ships) / Diebesknoten m (ähnlich Reffknoten) ‖ ~ **sampler**\* (Powder Met) / Proberohr n, rohrförmiger Probenehmer ‖ ~ **tube** (Oils) / Stechheber m (zur Entnahme von Flüssigkeiten) ‖ ~ **zone** (a very porous formation downhole into which drilling mud is lost) (Oils) / Schluckzone f (in welche die Formationszuflüsse einwandern können)
**Thiele melting-point apparatus** (Chem) / Thiele-Schmelzpunktapparat m (nach J. Thiele, 1865-1918) ‖ ≙ **modulus** (Chem) / Thiele-Modul m (für eine in einem porösen Katalysator ablaufende heterogen-katalysierte chemische Reaktion) ‖ ≙ **reagent** (Chem) / Thieles Reagens (Natriumphosphinat)
**Thiel-Stoll solution** (Min, Min Proc) / Thiel-Stoll-Lösung f (gesättigte wässrige Lösung von Bleiperchlorat - als Schwerflüssigkeit zur Bestimmung der Dichte von Mineralien)
**thienamycins** pl (Pharm) / Thienamycine n pl, Thienamyzine n pl
**thienyl group** (Chem) / Thienylgruppe f
**thiepin** (Chem) / Thiepin n
**thieving** n (of excess current from edges) (Surf) / Ableitung f
**thigh-bag** n (Autos) / Beintasche f (bei Motorrädern)
**thigh-high** adj (Textiles) / oberschenkelhoch adj
**thigh support** (Autos) / Oberschenkelauflage f (des Sitzes) ‖ ~ **wool** (Textiles) / Keulenwolle f, Schenkelwolle f, Beinwolle f
**thigmonasty** n (Bot) / Thigmonastie f, Rankenbewegung f
**thigmotropism**\* n (Bot) / Thigmotropismus m (Wachstumskrümmung nach der berührten Seite hin)
**thiirane** n (Chem) / Thiiran n, Ethylensulfid n (das einfachste Thiiran) ‖ ~ (Chem) / Episulfid n (eine alte Bezeichnung für komplizierte Thiirane - heute Epithio-)
**thill** n (Mining) / Sohle f (der Teil des Grubenraumes, auf dem der Bergmann im Abraum steht oder in der Strecke fährt)
**thimble** n / Kausche f (an einem Tauende; für Drahtseile DIN 3090 und 3091), Seilkausche f, Kausch f, Seilkausch f ‖ ~ (Build) / Mantelhülse f, Schornsteinanschlusshülse f (Rauchrohr, Ofenrohr) ‖ ~ (a conical refractory item of kiln furniture with a projection at its bottom on which ware is supported during the decorative fire) (Ceramics) / Fingerhut m (ein Brennhilfsmittel) ‖ ~ (for extracting) (Chem) / Hülse f ‖ ~ (Comp) / Typenkorb m ‖ ~ (Eng) / Trommel f mit Teilung (der Bügelmessschraube), Mantelhülse f (der Bügelmessschraube) ‖ ~ (a refractory shape used for stirring a pot-made optical glass) (Glass) / Rührer m ‖ ~ (Nuc Eng) / Fingerhut-Führungsrohr n, Fingerhutrohr n, Führungsrohr n ‖ ~\* (Plumb) / kurzes Rohr, Metallring m ‖ ~ **ionization chamber**\* (Nuc Eng) / Fingerhutkammer f (eine Ionisationskammer), Kleinstionisationskammer f ‖ ~ **printer** (Comp) / Typenkorbdrucker m ‖ ~ **tube** (Nuc Eng) / Fingerhut-Führungsrohr n, Fingerhutrohr n, Führungsrohr n ‖ ~ **wheel** (Comp) / Typenkorb m
**thin** v (Agric) / ausdünnen v, auslichten v ‖ ~ (Maths, Paint) / verdünnen v ‖ ~ (Paint) / verschneiden v ‖ ~ vi (Geol) / an Mächtigkeit verlieren, dünner werden ‖ ~ vt (For) / auslichten v, durchforsten v, lichten vt ‖ ~ adj / dünn adj ‖ ~ (Paint) / dünnflüssig adj ‖ ~ / schwach adj ‖ ~ / mager adj, arm adj (Boden) ‖ ~ (Aero, Phys) / dünn adj (Luft) ‖ ~ (Geol) / geringmächtig adj ‖ ~ (Nut) / dünn adj (wässrig) ‖ **in ~ layers** (Geol) / dünnbankig adj
**thin-banded** adj (Geol) / dünngebändert adj
**thin-bedded** adj (Geol) / dünnbankig adj

**thin-bed mortar** (Build) / Dünnbettmörtel m (ein spezieller Mauermörtel)
**thin-bodied** adj / dünnflüssig adj (Öl)
**thin-boiling starch** (Chem) / dünnkochende Stärke
**thin client** (in a client/server architecture, a client computer that performs little or no data processing) (Comp) / Thin-Client m
**thin-coat(ing) phosphating** (Surf) / Dünnschichtphosphatierung f
**thin-crowned** adj (For) / lichtkronig adj
**thindown** n (Nuc) / Degradation f (eines Teilchens)
**thin end** (Weaving) / fehlerhaftes Kettgarn ‖ ~ **filling** (Weaving) / dünner Schussfaden ‖ ~ **film**\* (Chem, Electronics) / Dünnfilm m, Dünnschicht f ‖ ~ **film** (thickness not exceeding 10 μm) (Surf) / Schicht f (beim Vakuumbeschichten nach DIN 28400, T 4) ‖ ~**-film capacitor**\* (Elec Eng) / Dünnfilmkondensator m
**thin-film friction** (Phys) / Grenzreibung f (ein Sonderfall der Festkörperreibung)
**thin-film lubrication**\* / Teilschmierung f (unvollständige Schmierung)
**thin-film memory**\* (a magnetic memory) (Comp) / Dünnfilmspeicher m, Dünnschichtspeicher m, Magnetschichtspeicher m ‖ ~ **reactor** (Chem Eng) / Dünnschichtreaktor m
**thin•-film resistor**\* (Elec Eng) / Dünnschichtwiderstand m (meist als NiCr- oder Poly-Si-Schichten realisiert), Dünnfilmwiderstand m ‖ ~**-film solar cell** (Electronics) / Dünnschichtsolarzelle f (z.B. GaAs oder CdS) ‖ ~**-film technology** (Electronics) / Dünnfilmtechnik f, Dünnschichttechnik f (auf ein isolierendes Substrat werden dünne isolierende, halbleitende und leitende Schichten aufgebracht, mit denen die elektronischen Bauelemente und die Verbindungsleitungen realisiert werden) ‖ ~**-film transistor** (Electronics) / Dünnfilmtransistor m, Dünnschichttransistor m
**thin-film transistor colour display** (Comp) / TFT-Farbbildschirm m ‖ ~ **transistor liquid-crystal active-matrix display** (Comp, Electronics) / TFT-LCD-AM-Display n
**T-hinge** n (Build) / Kreuzband n (als Beschlag), Zungenband n (als Beschlag)
**thin juice** (Nut) / Dünnsaft m (das klare Filtrat mit 11-14% Zucker bei der Zuckerherstellung), Grünsaft m
**think factory** / Denkfabrik f (Gruppe von Fachleuten)
**thinking distance** (Autos) / Reaktionsweg m (Anhalteweg minus Bremsweg)
**think-tank** n / Denkfabrik f (Gruppe von Fachleuten)
**thin layer** / Dünnschicht f, dünne Schicht
**thin-layer chromatography**\* (Chem) / Dünnschichtchromatografie f, DC (Dünnschichtchromatografie) ‖ ~ **evaporation** (Chem Eng) / Dünnschichtverdampfung f ‖ ~ **evaporator** (Chem Eng) / Dünnschichtverdampfer m ‖ ~ **lubricant coating** / dünner Schmierfilm
**thin lens** (Optics) / dünne Linse
**thin-mercury-film electrode** / Quecksilberfilmelektrode f, Hg-Filmelektrode f
**thinnability** n (For) / Durchforstbarkeit f ‖ ~ (Paint) / Verdünnbarkeit f
**thinnable** adj (For) / durchforstbar adj ‖ ~ (Paint) / verdünnbar adj
**thinned glue solution** (Join, Paper) / Leimtränke f (stark verdünnter Leim) ‖ ~ **stand** (For) / Durchforstungsbestand m
**thinner** n (Agric) / Ausdünner m, Pflanzenausdünner m (z.B. ein Rübenlichter), Ausdünngerät n ‖ ~\* (Chem, Paint) / Verschnittmittel n (für Lösemittel - DIN EN 971-1) ‖ ~\* (Chem, Paint) / Verdünnungsmittel n, Verdünner m
**thinness of walls** / Dünnwandigkeit f
**thinning** n (For) / Durchforstung f (Entnahme von Bäumen aus einem Bestand nach bestimmten waldbautechnischen Gesichtspunkten, um für die verbleibenden Bestandsglieder bessere Wuchsbedingungen zu schaffen, auch Durchreiserung) ‖ ~ (Geol) / Verdrückung f, Dünnerwerden n (einer Schicht), Verdünnung f (einer Schicht) ‖ ~ (Maths, Paint) / Verdünnen n, Verdünnung f ‖ ~ (Paint) / Kantenflucht f (Neigung des flüssig aufgebrachten Lackes, aufgrund seiner Oberflächenspannung vor den Kanten einen Wulst zu bilden, wodurch sich die Lackschichtdicke auf der Kante selbst verringert), Kantenschwund m ‖ ~ (Radar, Radio) / Verdünnung f (mit unregelmäßiger Anordnung der Antennenelemente, mit geringer Dichte als in einer voll besetzten Gruppenantenne, bei der die Elemente allgemein auf einem Raster von einer halben Wellenlänge angeordnet sind) ‖ ~ **agent** (Agric) / Ausdünnungsmittel n (zur Ausdünnung der Blüte und des Fruchtansatzes) ‖ ~ **agent** (Chem, Paint) / Verdünnungsmittel n, Verdünner m
**thinning-away** n (Geol) / Auskeilen n (einer Schicht)
**thinning-off** n (Geol) / Auskeilen n (einer Schicht)
**thinning-out** n (Geol) / Auskeilen n (einer Schicht) ‖ ~ (Paint) / Kantenflucht f (Neigung des flüssig aufgebrachten Lackes, aufgrund seiner Oberflächenspannung vor den Kanten einen Wulst zu bilden, wodurch sich die Lackschichtdicke auf der Kante selbst verringert), Kantenschwund m

**thinnings** *pl* (For) / Durchforstungsholz *n*, Ausforstungsholz *n*, Dünnholz *n* aus Durchforstungen
**thin nut** (Eng) / Flachmutter *f* ‖ **~ out** *v* (Agric) / ausdünnen *v*, auslichten *v* ‖ **~ out** (For) / auslichten *v*, durchforsten *v*, lichten *vt* ‖ **~ pick** (Weaving) / dünner Schussfaden ‖ **~ place** (Spinning) / Dünnstelle *f* (Faserdurchmesser in Mikrometern)
**thinprint paper** (Paper) / Dünndruckpapier *n* (im Allgemeinen)
**thin section** (Geol, Min) / Dünnschliff *m*
**thin-section** *v* (Geol, Min) / einen Dünnschliff vorbereiten (für mikroskopische Untersuchungen)
**thin server** (a client/server architecture in which most of an application is run on the client machine, which is called a fat client, with occasional data operations on a remote server) (Comp) / Thin-Server *m* ‖ **~ set** (Maths) / dünne Menge ‖ **~ sheet glass** (Glass) / Dünnglas *n* (im Allgemeinen, nach DIN 1249) ‖ **~ shell** (Build, Civ Eng) / Schale *f* (gekrümmtes Flächentragwerk geringer Dicke) ‖ **~ slab** (Met) / Dünnbramme *f* ‖ **~ source\*** (Nuc) / dünne Quelle ‖ **~ space\*** (Typog) / Fünftelgeviert *n* ‖ **~ space\*** (Typog) / dünnes Spatium (pl. Spatien) (im alten Bleisatz) ‖ **~ spot** (Weaving) / Streifen *m* (ein Fehler bei textilen Flächengebilden)
**thin-stratified** *adj* (Geol) / dünnbankig *adj*
**thin surfacing** (with bitumen) (Civ Eng) / Schwarzdecke *f* (bis 38 mm), bituminöser Teppich ‖ **~ target\*** (Nuc) / dünnes Target ‖ **~-wall** *attr* / dünnwandig *adj*
**thin-wall bearing** (Eng) / Dünnwandlager *n* ‖ **~ casting** (Foundry) / Dünnguss *m* ‖ **~ chamber\*** (Nuc Eng) / dünnwandige Ionisationskammer
**thin-walled** *adj* / dünnwandig *adj*
**thin-walled tube** (Eng) / dünnwandiger Hohlquerschnitt
**thin-wall ionization chamber** (Nuc Eng) / dünnwandige Ionisationskammer
**thin window** (display) (Comp) / Einzeilendisplay *n*, einzeilige Anzeige ‖ **~ window glass** (Glass) / Dünnglas *n* (Fensterglas im Dickenbereich von 0,6 bis 2 mm) ‖ **~ wire ethernet\*** (Comp) / 10 Base 2 *n* (benannt nach den, verglichen mit Thick Ethernet dünneren und sehr viel billigeren, aber auch in ihrer Reichweite beschränkten Cheapernet-Kabel), Thin Ethernet *n*, dünnes Ethernet
**thio\*-** (Chem) / Thio- (ein Vorsatz, der in den systematischen Namen den Ersatz eines Sauerstoffatoms durch ein Schwefelatom kennzeichnet)
**thioacetal** *n* (Chem) / Thioazetal *n*, Thioacetal *n* (Gruppenbezeichnung für die Schwefelanaloga der Acetale und der Halbacetale, die aus Aldehyden oder Ketonen und Thiolen oder Sulfiden entstehen können) ‖ **~** (Chem) s. also mercaptal and mercaptol
**thioacetamide** *n* (Chem) / Thioazetamid *n*, Thioacetamid *n*
**thioacetic acid** (Chem) / Thioessigsäure *f*, Thioacetsäure *f*
**thio-acid\*** *n* (Chem) / Thiosäure *f* (Säure, die sich von einer Oxosäure durch Ersatz von Sauerstoff durch Schwefel ableitet)
**thio-alcohol\*** *n* (Chem) / Thioalkohol *m* (ein Thiol), Merkaptan *n*, Merkaptan *n*
**thioaldehyde** *n* (Chem) / Thioaldehyd *m*
**thioamide\*** *n* (Chem) / Thiocarbonsäureamid *n*, Thiokarbonsäureamid *n*, Thioamid *n*
**thiobarbiturate** *n* (Pharm) / Thiobarbiturat *n* (Derivat der 2-Thiobarbitursäure)
**2-thiobarbituric acid** (Chem) / 2-Thiobarbitursäure *f*, TBA (Thiobarbitursäure)
**thiocarbamate** *n* (Chem) / Thiocarbamat *n* (Salz und/oder Ester der im freien Zustand nicht bekannten Thiocarbamidsäure), Thiokarbamat *n*
**thiocarbamic acid hydrazide** (Chem, Photog) / Thiosemikarbazid *n*, Thiosemicarbazid *n*, Thiokarbamidsäurehydrazid *n*, Thiocarbamidsäurehydrazid *n*, Aminothioharnstoff *m*
**thiocarbamide\*** *n* (Chem) / Thiokarbamid *n*, Thiocarbamid *n*, Thioharnstoff *m*
**thiocarbanil** *n* (Chem, Med) / Isothiozyansäurephenylester *m*, Isothiocyansäurephenylester *m*, Phenylsenföl *n*, Phenylisothiozyanat *n*, Phenylisothiocyanat *n*
**thiocarbanilide** *n* (Chem Eng, Pharm) / Thiokarbanilid *n* (1,3-Diphenylthioharnstoff), Thiocarbanilid *n*
**thiocarbonate** *n* (Chem) / Thiokarbonat *n*, Thiocarbonat *n*
**thiocarbonic acid** (Chem) / Thiokohlensäure *f*
**thiocarbonyl** *n* (Chem) / Thiokarbonyl *n* (Komplex mit der Gruppe CS), Thiocarbonyl *n* ‖ **~ complex** (Chem) / Thiokarbonyl *n* (Komplex mit der Gruppe CS), Thiocarbonyl *n*
**thiocarboxylic acid** (Chem) / Thiocarbonsäure *f*, Thiokarbonsäure *f*
**thiochrome** *n* (Chem, Pharm) / Thiochrom *n* (eine vom Vitamin $B_1$ abgeleitete Verbindung)
**thioctic acid** (Biochem) / Thioctsäure *f*, Thioktsäure *f*, Thioctansäure *f*, Thioktansäure *f*, $\alpha$-Liponsäure *f*, Lip (Liponsäure)
**thiocyanate\*** *n* (Chem) / Thiocyanat *n* (Salz und Ester der Thiocyansäure), Thiozyanat *n*, Rhodanid *n*

**thiocyanic acid** (Chem) / Thiocyansäure *f*, Thiozyansäure *f*, Rhodanwasserstoffsäure *f*
**thiocyanogen number** (Chem, Nut) / rhodanometrische Iodzahl (eine Kennzahl der Fette und fetten Öle), Rhodanzahl (RaZ) *f*, RaZ ‖ **~ value** (Chem, Nut) / rhodanometrische Iodzahl (eine Kennzahl der Fette und fetten Öle), Rhodanzahl (RaZ) *f*, RaZ
**thiodiazole** *n* (Chem) / Thiodiazol *n*
**thiodiglycol** *n* (Chem) / Thiodiglycol *n* (2-2'-Thiodiethanol), Thiodiglykol *n*
**thiodiglycolic acid** (Chem) / Thiodiessigsäure *f*, Thiodiglycolsäure *f*, Thiodiglykolsäure *f*
**thio-ether\*** *n* (Chem) / Thioether *m*, organisches Sulfid (R-S-R')
**thioethyl alcohol** (Chem) / Ethanthiol *n*, Ethylmerkaptan *n*, Ethylmercaptan *n*, Thioethanol *n*, Ethylthioalkohol *m*, Ethylhydrosulfid *n* (der wichtigste Thioalkohol, ein Kakosmophor)
**thiofuran** *n* (Chem) / Thiophen *n* (eine fünfgliedrige heterozyklische Verbindung mit einem Schwefelatom im Ring), Thiofuran *n*
**thioglucoside glucohydrolase** (Biochem) / Myrosinase *f* (eine Hydrolase), Thioglucosidase *f* (eine Hydrolase), Thioglukosidase *f*
**thioglycerol** *n* (Chem) / Thioglycerol *n*, Thioglyzerol *n*
**thioglycolic acid\*** (Chem) / Thioglykolsäure *f*, Thioglycolsäure *f*, Merkaptoessigsäure *f*, Mercaptoessigsäure *f*
**thioglycolic-acid lignin** (Chem, For) / Thioglycolsäurelignin *n*, Thioglykolsäurelignin *n*
**thioindigo** *n* (Chem) / Thioindigorot *n* B, Thioindigo *m n*, Schwefelindigo *m n* (Küpenrot B, Anthrarot B)
**thioindigoid dye** (Chem) / Thioindigorot *n* B, Thioindigo *m n*, Schwefelindigo *m n* (Küpenrot B, Anthrarot B)
**thioindigo pigment** (Paint) / Thioindigopigment *n*
**thioketone** *n* (Chem) / Thioketon *n*
**Thiokol\*** *n* (Plastics) / Thiokol *n* (Warenzeichen der Fa. Morton International für Polysulfidelastomere)
**-thiol** (Chem) / -thiol (Suffix, das die Verbindungen mit der Gruppe -SH kennzeichnet) ‖ **~** *n* (Chem) / Thioalkohol *m* (ein Thiol), Mercaptan *n*, Merkaptan *n* ‖ **~** (Chem) / Thiol *n* (organische Schwefelverbindung, die die Thiolgruppe enthält)
**thiolactic acid** (an oil with a disagreable odour - used in toiletry preparation) (Chem) / 2-Thiomilchsäure *f* (eine Mercaptopropionsäure)
**thiolate** *n* (Chem) / Thiolat *n*, Thioalkoholat *n*, Thiophenolat *n* (Metallsalz der Thiole und Thiophenole)
**thiol group** (Chem) / Sulfhydrylgruppe *f*, Mercaptogruppe *f*, Merkaptogruppe *f*, Thiolgruppe *f*
**thiolysis** *n* (pl. -lyses) (Chem) / Thiolyse *f* (Spaltung im flüssigen Schwefelwasserstoff)
**thiomalic acid** (Chem, Eng) / Thioäpfelsäure *f*, Mercaptobernsteinsäure *f*, Merkaptobernsteinsäure *f*, Merkaptobutandisäure *f*, Mercaptobutandisäure *f*
**thiomersal** *n* (Chem, Pharm) / Thiomersal *n* (eine quecksilberorganische Verbindung)
**thiomersalat** *n* (Chem, Pharm) / Thiomersal *n* (eine quecksilberorganische Verbindung)
**thionaphthene** *n* (Chem) / Benzo-[-b-]-thiophen *n*, Thionaphthen *n*
**thionation** *n* (Chem) / Thionierung *f* (Substitution eines Sauerstoffatoms durch ein Schwefelatom in einem Molekül)
**thionine** *n* (Biol, Micros) / Katalysin *n*, Thionin *n*
**thionyl** *n* (Chem) / Thionylgruppe *f* ( =SO; in Halogenverbindungen) ‖ **~ bromide** (Chem) / Thionylbromid *n* ‖ **~ chloride** (Chem) / Thionylchlorid *n* ($SOCl_2$), Schwefligsäuredichlorid *n*
**thiopental** *n* (US) (Pharm) / Thiopental *n*, Thiopenton *n*, Thiomebumal *n* ‖ **~ sodium** (Chem, Pharm) / Thiopental-Natrium *n*
**thiopentone** *n* (a sulphur-containing barbiturate drug used as a general anaesthetic and hypnotic, and /reputedly/ as a truth drug) (Pharm) / Thiopental *n*, Thiopenton *n*, Thiomebumal *n* ‖ **~ sodium** (Chem, Pharm) / Thiopental-Natrium *n*
**thiophen\*** *n* (Chem) / Thiophen *n* (eine fünfgliedrige heterozyklische Verbindung mit einem Schwefelatom im Ring), Thiofuran *n*
**thiophene** *n* (Chem) / Thiophen *n* (eine fünfgliedrige heterozyklische Verbindung mit einem Schwefelatom im Ring), Thiofuran *n*
**thiophenol** *n* (Chem) / Thiophenol *n* (eine farblose, widerlich riechende Flüssigkeit - ein Thiol), Phenylmercaptan *n*, Phenylmerkaptan *n*, Benzolthiol *n*
**thiophile element** (Geophys) / sulfophiles Element
**thiophosgene** *n* (Chem) / Thiophosgen *n* (eine hochtoxische rote Flüssigkeit mit üblem Geruch)
**thiophosphate** *n* (Chem) / Thiophosphat *n*
**thiophosphoric acid** (Chem) / Thiophosphorsäure *f* ‖ **~ anhydride** (Chem) / Tetraphosphordekasulfid *n* ($P_4S_{10}$), Tetraphosphordecasulfid *n*, Phosphor(V)-sulfid *n*, Phosphorpentasulfid *n*
**thioplast** *n* (Plastics) / Polysulfidkautschuk *m*, Thioplast *m*, PR (Polysulfidkautschuk)

**thioredoxin** n (Biochem) / Thioredoxin n (metallfreies Redoxin)
**thioridazine** n (Pharm) / Thioridazin n (ein Tranquilizer)
**thiosalicylic acid** (Chem) / Thiosalizylsäure f, Thiosalicylsäure f
**thiosemicarbazide** n (Chem, Photog) / Thiosemikarbazid n, Thiosemicarbazid n, Thiokarbamidsäurehydrazid n, Thiocarbamidsäurehydrazid n, Aminothioharnstoff m
**thiosulphate** n (Chem) / Thiosulfat n (Salz oder Ester der in wässriger Lösung unbeständigen Thioschwefelsäure)
**thiosulphonate** n (Chem) / Thiosulfonat n
**thiosulphonic acid** (Chem) / Thiosulfonsäure f
**thiosulphuric acid**\* (Chem) / Thioschwefelsäure f ($H_2S_2O_3$ - als Komplexbildner eingesetzt)
**thiotep**\* n (Chem) / Sulfotep n (Insektizid und Akarizid)
**thiotepa** n (Chem) / Thiotepa n (ein Chemosterilans)
**thiouracil** n (Biochem, Chem, Pharm) / 2-Thiouracil n (ein Antagonist des Uracils)
**thiourea**\* n (Chem) / Thiokarbamid n, Thiocarbamid n, Thioharnstoff m ‖ ~ **resin**\* (Chem) / Thioharnstoffharz n
**thiourethane** n (thiocarbamic acid ester) (Chem) / Thiourethan n
**thiram** n (Agric, Chem Eng) / Thiram n (ein Fungizid und Saatbehandlungsmittel aus der Substanzklasse der Thiuram-Derivate), TMTD (Tetramethyl-thiuram-disulfid)
**third** n (Telecomm) / Terz f (ein Frequenzmaßintervall nach DIN 13 320), Drittteloktave f ‖ ~-**angle projection**\* (Eng) / ISO-Methode f A (der Darstellung in Zeichnungen), amerikanische Darstellungsweise (in dem Dreitafelverfahren), amerikanische Projektion
**third-bobbin drawing box** (Spinning) / Vorfeinrotteur m, Avantfinisseur m (beim französischen Vorbereitungsverfahren in der Kammgarnspinnerei)
**third-class lever** (Mech) / Winkelhebel m ‖ ~ **lever** (Mech) / einarmiger Hebel (bei dem der Kraftarm näher dem Drehpunkt liegt), einseitiger Hebel (bei dem der Kraftarm näher beim Drehpunkt liegt), einarmiger Hebel mit Lastangriff außerhalb des Kraftangriffs
**third countries** / Drittländer n pl (bei Investitionen) ‖ ~ **cross fold unit** (Bind) / Dreibruchfalzwerk n ‖ ~ **Generation GSM** (Radio, Telecomm) / GSM n der dritten Generation (universelles mobiles Telekommunikationssystem) ‖ ~ **harmonic** (Phys) / dritte Harmonische, zweite Oberschwingung ‖ ~ **law of thermodynamics** (Phys) / Nernst'scher Wärmesatz (3. Hauptsatz der Thermodynamik), Nernst'sches Wärmetheorem, dritter Hauptsatz der Thermodynamik ‖ ~ **octave** (Telecomm) / Terz f (ein Frequenzmaßintervall nach DIN 13 320), Drittteloktave f
**third-octave band** (Telecomm) / Terzband n ‖ ~ **filter** (Telecomm) / Terzfilter n
**third-order determinant** (Maths) / dreireihige Determinante ‖ ~ **lever** (Mech) / einarmiger Hebel (bei dem der Kraftarm näher dem Drehpunkt liegt), einseitiger Hebel (bei dem der Kraftarm näher beim Drehpunkt liegt), einarmiger Hebel mit Lastangriff außerhalb des Kraftangriffs ‖ ~ **triangle** (Surv) / Dreieck n dritter Ordnung ‖ ~ **triangulation** (Surv) / Triangulation f dritter Ordnung (mit den Netzen III. Ordnung)
**third party, fire, and theft** (cover) (Autos) / Teilkaskoversicherung f, Teilkasko f
**third-party, fire and theft insurance** (Autos) / Fahrzeugteilversicherung f, Teilkaskoversicherung f ‖ ~ **call** (Teleph) / Dreierverbindung f ‖ ~ **field inspection** (Build) / Bauüberwachung f durch Kunden auf der Baustelle ‖ ~ **inspection** (Build) / Bauüberwachung f durch Kunden im Werk ‖ ~ (liability) **insurance** (Autos) / Kfz-Haftpflichtversicherung f, Kraftfahrzeug-Haftpflichtversicherung f ‖ ~ **maintenance** (any maintenance carried out by an organization that is neither the supplier nor the owner of equipment) / Herstellerwartung f (für Eigen- und Fremdsysteme) ‖ ~ **only insurance** (Autos) / Kfz-Haftpflichtversicherung f, Kraftfahrzeug-Haftpflichtversicherung f
**third-port induction** (I C Engs) / kolbengesteuerter Einlass (eines Zweitaktmotors)
**third rail** (Elec Eng, Rail) / Stromschiene f (in der Elektrotraktion), dritte Schiene, Kontaktschiene f (bei einem Verkehrssystem mit Zwangsführung) ‖ ~-**rail system**\* (Elec Eng, Rail) / Stromschienensystem n, Stromzuführung f durch dritte Schiene ‖ ~ **sound** (Phys) / dritter Schall (in hauchdünnen Oberflächenschichten des supraflüssigen Heliums)
**third-tap**\* n (Eng) / Fertigschneider m, Gewindebohrer m Nr. 3 (beim dreiteiligen Satz)
**Thirring model** (Nuc) / Thirring-Modell n (nach W. Thirring, geb. 1927)
**thirty** n (Radio, TV) / Dreißigsekunden-Werbespot m, Werbesendung f von 30 Sekunden Dauer
**Thistle board** (Build) / (in etwa) Rigipsplatte f ‖ ~ **funnel**\* (Chem) / Trichterrohr n, Glockentrichter m

**thiuram** n (Chem, Chem Eng) / Thiuram n (Thiuramsulfid) ‖ ~ **disulphide** (Chem) / Thiuramdisulfid n (Vulkanisationsbeschleuniger und Fungizid)
**thixocasting** n (Foundry) / Gießen n von teilerstarrten Legierungen, Thixocasting n
**thixotrope**\* n (Chem) / thixotropes Gel
**thixotropic** adj (Chem, Paint) / thixotrop adj ‖ ~ **agent** (Chem, Paint) / Thixotropiermittel n ‖ ~ **paint** (Paint) / thixotroper Lack ‖ ~ **varnish** (Paint) / thixotroper Lack
**thixotroping agent** (Chem, Paint) / Thixotropiermittel n
**thixotropy**\* n (Chem, Paint) / Thixotropie f (die bei mechanischen Einwirkungen eintretende "Verflüssigung" von Gelen oder Pasten, die vorher steif und zäh waren - DIN 1342, T 1)
**thole** n (Ships) / Dolle f
**tholeiite**\* n (Geol) / tholeiitischer Basalt, Tholeiit m, Tholeyit m (basaltähnliches Ergussgestein)
**tholos** n (pl. tholoi) (Arch) / Tholos f (pl. -loi oder -len) (antiker Rundtempel, dessen Cella von einem Säulenkranz umgeben war)
**Thoma cavitation coefficient** (Eng) / Thoma-Kennzahl f (zur Beurteilung der Kavitationsgefahr)
**Thomas cinder** (Met) / Thomasschlacke f, basische Schlacke ‖ ~ **converter** (Met) / Thomasbirne f, Thomaskonverter m ‖ ~ **cyclotron** (Nuc Eng) / Isochronzyklotron n nach Thomas, Thomas-Zyklotron n (nach L.H. Thomas, 1903-1992)
**Thomas-Gilchrist process**\* (Met) / Thomasverfahren n (Stahlerzeugung in einem Konverter mit basischem Futter - heute restlos veraltet)
**Thomas lime** / Thomaskalk m ‖ ~ **meal** (Agric, Met) / Thomasmehl n (nach S.G. Thomas, 1850-1885), Thomasphosphat n (fein zermahlene, als Düngemittel verwendete Thomasschlacke) ‖ ~ **phosphate** (Agric, Met) / Thomasmehl n (nach S.G. Thomas, 1850-1885), Thomasphosphat n (fein zermahlene, als Düngemittel verwendete Thomasschlacke) ‖ ~ **process** (Met) / Thomasverfahren n (Stahlerzeugung in einem Konverter mit basischem Futter - heute restlos veraltet) ‖ ~ **resistor**\* (Elec Eng) / Standard-Manganinwiderstand m nach Thomas
**Thomas-shim cyclotron** (Nuc Eng) / Isochronzyklotron n nach Thomas, Thomas-Zyklotron n (nach L.H. Thomas, 1903-1992)
**Thomas slag** (Met) / Thomasschlacke f, basische Schlacke
**Thompson submachine gun** (Mil) / eine Art Maschinenpistole (nach J.T. Thompson)
**Thomson bridge** (Elec Eng) / Thomson-Brücke f (eine Gleichstrommessbrücke), Doppelmessbrücke f nach Thomson ‖ ~ **coefficient** (Elec Eng) / Thomson-Koeffizient m (der Proportionalitätsfaktor beim Thomson-Effekt) ‖ ~ **cross section** (Phys) / Thomson-Wirkungsquerschnitt m (für die Thomson-Streuung) ‖ ~ **effect** (Elec Eng) / Thomson-Effekt m (ein thermoelektrischer Effekt) ‖ ~ **heat** (Elec Eng, Phys) / Thomson-Wärme f (beim Thomson-Effekt)
**thomsonite**\* n (Min) / Thomsonit m (ein Faserzeolith)
**Thomson scattering**\* (Phys) / Thomson-Streuung f, klassische Streuung (von unpolarisierten Lichtwellen) ‖ ~ **scattering cross section** (Phys) / Thomson-Wirkungsquerschnitt m (für die Thomson-Streuung)
**Thomson's formula** (Elec Eng) / Thomson-Formel f, Thomson-Kirchhoff-Gleichung f, Kirchhoff-Formel f, Thomson'sche Schwingungsgleichung (Zusammenhang zwischen Induktivität, Kapazität und Resonanzfrequenz)
**thong** n (US) / Sandale f mit Zehenriemchen ("Dianette") ‖ ~ (Leather) / Lederkordel f, Lederstreifen m (schmaler), Lederschnur f ‖ ~ **hole** (Textiles) / Öffnung f in dem Zugstück (des Reißverschlusses)
**Thorex process** (Nuc Eng) / Thorex-Verfahren n (zur Wiederaufbereitung verbrauchter Kernbrennstoffe, die ursprünglich angereichertes Uran und Thorium 232 als Brutstoff enthalten hatten)
**thoria** n (Chem) / Thorerde f, Thoria f ($ThO_2$)
**thorianite**\* n (Min) / Thorianit m (ein radioaktives Mineral)
**thoriate** v / thorieren v
**thoriated cathode**\* n (Electronics) / thorierte Katode ‖ ~ **emitter** (Elec Eng) / Wolframglühfaden m mit Thoriumzusatz ‖ ~ **filament** (Electronics) / Heizfaden m mit Thoriumschicht ‖ ~ **tungsten filament** (Elec Eng, Electronics) / Wolframglühfaden m mit Thoriumzusatz
**thoride**\* n (Chem, Nuc) / Thorid n (Mitglied einer Teilreihe mit Thorium)
**thorin** n (Chem) / Naphtharson n, Thorin n, Thoron n (ein Reagens)
**thorite**\* n (Min) / Thorit m (radioaktives Thoriumorthosilikat)
**thorium**\* n (Chem, Nuc) / Thorium n, Th (Thorium) ‖ ~ **anhydride** (Chem, Met, Nuc Eng) / Thoriumdioxid n ($ThO_2$), Thorium(IV)-oxid n ‖ ~ **breeder** (Nuc Eng) / Thoriumbrüter m (dessen brütbarer Stoff Thorium ist) ‖ ~ **breeder reactor** (Nuc Eng) / Thoriumbrüter m (dessen brütbarer Stoff Thorium ist) ‖ ~ **carbide** (Chem) /

Thoriumkarbid n (ThC oder ThC$_2$), Thoriumcarbid n (Chem) / Thoriumchlorid n (ThCl$_4$) ǁ **~ chloride** (Chem) / Thoriumchlorid n (ThCl$_4$) ǁ **~ decay series** (Chem) / Thoriumzerfallsreihe f (eine radioaktive Familie), Thoriumreihe f, Th-Zerfallsreihe f ǁ **~ dioxide** (Chem, Met, Nuc Eng) / Thoriumdioxid n (ThO$_2$), Thorium(IV)-oxid n ǁ **~ fluoride** (Ceramics, Chem) / Thoriumfluorid n (ThF$_4$) ǁ **~ fuel** (Nuc Eng) / Thoriumbrennstoff m ǁ **~-fuelled pebble-bed reactor** (Nuc Eng) / Thoriumkugelhaufenreaktor m ǁ **~ high-temperature reactor** (Nuc Eng) / Thorium-Hochtemperaturreaktor m, THTR (Thorium-Hochtemperaturreaktor) ǁ **~ lead** (Chem) / Thoriumblei n (das Bleiisotop Pb 208)
**thorium(IV) nitrate** (Chem) / Thorium(IV)-nitrat n
**thorium • (IV) oxide** (Chem, Met, Nuc Eng) / Thoriumdioxid n (ThO$_2$), Thorium(IV)-oxid n ǁ **~ oxide** (Chem, Met, Nuc Eng) / Thoriumdioxid n (ThO$_2$), Thorium(IV)-oxid n ǁ **~(IV) oxide** (Chem) s. also thoria ǁ **~ reactor*** (Nuc Eng) / Thoriumbrüter m (dessen brütbarer Stoff Thorium ist) ǁ **~ series*** (Chem) / Thoriumzerfallsreihe f (eine radioaktive Familie), Thoriumreihe f, Th-Zerfallsreihe f ǁ **~ tetrachloride** (Chem) / Thoriumchlorid n (ThCl$_4$) ǁ **~ tetranitrate** (Chem) / Thoriumtetranitrat n (Th(NO$_3$)$_4$)
**thorium-uranium cycle** (Nuc Eng) / Thorium-Uran-Zyklus m, Thorium-Uran-Kreislauf m
**thorn** n (Bot) / Stachel m ǁ **~*** (Bot) / Dorn m (pl. Dornen oder Dörner) ǁ **~ bush** (For) / Dornbusch m (eine Gehölzformation), Trockenbusch m, Dorngehölze n pl ǁ **~ forest** (For) / Dornbusch m (eine Gehölzformation), Trockenbusch m, Dorngehölze n pl
**thornproof*** adj (Agric, Textiles) / ausreißfest adj (Gewebe - z.B. beim Einsatz in einem Dorngestrüpp)
**thorn scratch** (Leather) / Dornheckenriss m, Dornriss m, Heckenriss m (mechanische Verletzung der Rohhaut)
**Thornthwaite index** (Agric, Bot) / Feuchteindex m, Feuchtigkeitszahl f
**thorny** adj / dornig adj, bedornt adj, stachelig adj ǁ **~** (Bot) / spinös adj, dornig adj, dornenreich adj, mit Dornen
**thoron*** n (Nuc) / Thoron n, Thoriumemanation f (alter Name für das Radonisotop 220)
**thoroughfare** n (Autos) / Durchfahrt f ǁ **~** (Autos) / Hauptstraße f (für den Verkehr in einer Stadt)
**thorough infection** (Comp) / Durchseuchung f (mit Viren)
**thoroughly infected** (Comp) / virusbefallen adj, virusbehaftet adj, durchseucht adj (mit Viren)
**thorough mixing** / Durchmischen n, Durchmischung f
**Thorpe ratio** (Ceramics) / Thorpe-Verhältnis n (zur Bestimmung der Löslichkeit einer Fritte auf Grund der Verhältnisse aus den molekularen Mengen) ǁ **~ reaction** (Chem) / Thorpe-Reaktion f (nach Sir J.F. Thorpe, 1872 - 1940) ǁ **~ test** (Ceramics) / Thorpe-Prüfung f (zur Bestimmung der Löslichkeit einer Fritte aufgrund der Verhältniszahl aus den molaren Mengen)
**thortveitite*** n (Min) / Thortveitit m (ein wichtiges Scandium-Mineral)
**thou*** n / Mil n (10$^{-3}$ inch)
**thought experiment** / Gedankenexperiment n
**Thoulet's solution** (Chem, Min, Min Proc) / Thoulet's Lösung (äußerst giftige Schwerflüssigkeit zur Bestimmung der Dichte von Mineralien und zur Trennung von Mineralgemischen - nach M.J.O. Thoulet, 1843 - 1936)
**thousand-corn weight** (Agric, Brew) / Tausendkornmasse f, TKM (Tausendkornmasse)
**thousands place** (Maths) / Tausenderstelle f
**Thr** (threonine) (Biochem) / Threonin n (eine proteinogene, essentielle Aminosäure), L-Threonin n, Thr (eine proteinogene, essentielle Aminosäure)
**THR** (transhorizon radar) (Radar) / Überhorizontradar m n
**thrasher** n (Agric) / Dreschmaschine f
**thrashing** n (Comp) / Systemüberlastung f ǁ **~** (Comp) / Flattern n (in einem System mit virtuellem Speicher), Thrashing n ǁ **~** (intentional, deliberate) (Comp) / Zusammenbrechenlassen n des Systems (um z.B. durch den Speicherauszug zu geschützten Daten zu gelangen) ǁ **~ Paper** (Paper) / Hadernreschen n (Trockenreinigung des Hadernmaterials in den Hadernreschern) ǁ **~** (Textiles) / Lumpenreinigung f, Hadernstäuben n ǁ **~ drum** (Agric) / Dreschtrommel f
**thraustics** n (Materials) / Thraustik f (spezielle Technologie spröder Werkstoffe)
**thread*** n (Spinning) / Zwirn m (DIN 60 000) ǁ **~** v (beads, pearls) / aufreihen v ǁ **~** (Cinema) / einlegen v (Film), einfädeln v (Film) ǁ **~** (Comp, Textiles) / einfädeln v ǁ **~** (Eng) / Gewinde fertigen, Gewinde herstellen ǁ **~** n / dünner Streifen (Farbe, Licht) ǁ **~** (a series of postings to a newsgroup which all refer to one topic) (Comp) / Thread m ǁ **~** (Comp) / Thread m (in einem Task), Handlungsfaden m (der durch einen Satz von Registerinhalten, einen separaten Befehlszähler sowie einen Stack-Pointer beschrieben wird) ǁ **~*** (Eng) / Gewinde n (ISO 5408) ǁ **~** (Geol) / sehr dünnes Mineraltrum ǁ **~** (Hyd) / Stromstrich m (Linie der größten Oberflächenfließgeschwindigkeiten entlang einer Fließgewässerstrecke) ǁ **~** (Spinning) / Faden m (Sammelbegriff für Garne und Zwirne) ǁ **~** (Textiles) / Faden m (der Nähmaschine) ǁ **~ angle** (Eng) / Flankenwinkel m (der die verschiedenen Gewindearten unterscheiden kann) (DIN 2244) ǁ **~ brake** (Weaving) / Fadenbremse f, Fadenspanner m, Fadendämmvorrichtung f ǁ **~ break** (Textiles) / Fadenriss m, Fadenreißen n (Nähmaschine) ǁ **~ break** (Weaving) / Fadenbruch m ǁ **~ breakage** (Weaving) / Fadenbruch m ǁ **~ breaking** (Textiles) / Fadenriss m, Fadenreißen n (Nähmaschine) ǁ **~ carrier** (Weaving) / Fadenführer m (DIN 62500), Garnausgeber m ǁ **~ chasing** (Eng) / Gewindestrehlen n ǁ **~ cleaner** (Weaving) / Fadenreiniger m (mechanischer oder elektrischer) ǁ **~ clipper** (Textiles) / Fadenabschneidemaschine f (die in der Bekleidungsindustrie zum Entfernen von überstehenden Stoffenden und Fäden an fertigen Kleidungsstücken dient)
**thread-clipping machine** (Textiles) / Fadenabschneidemaschine f (die in der Bekleidungsindustrie zum Entfernen von überstehenden Stoffenden und Fäden an fertigen Kleidungsstücken dient)
**thread composite** (Textiles) / Fadenverbundstoff m (aus flächenförmiger Textilie und Fäden) ǁ **~ count** (Weaving) / Fadenzahl f ǁ **~ counter** (Weaving) / Fadenzähler m, Fadendichtezähler m
**thread-counting instrument** (Weaving) / Fadenzähler m, Fadendichtezähler m
**thread crest** (Eng) / Gewindespitze f (DIN 2244) ǁ **~ cutter** (Textiles) / Fadenabschneidemaschine f (die in der Bekleidungsindustrie zum Entfernen von überstehenden Stoffenden und Fäden an fertigen Kleidungsstücken dient) ǁ **~ cutting** (Eng) / Gewindeschneiden n (mit Schneideisen oder Schneidkluppen)
**thread-cutting attachment** (Eng) / Gewindeschneideinrichtung f ǁ **~ machine** (Eng) / Gewindeschneidmaschine f, Gewindeherstellmaschine f ǁ **~ screw** (Eng) / Gewindeschneidschraube f, Schneidschraube f (DIN 7513 - die selbst das Gewinde in das Kernloch schneidet) ǁ **~ screw** (Eng) / gewindeschneidende Schraube ǁ **~ tool** (Tools) / Gewindedrehmeißel m
**thread depth** (Eng) / Gewindetiefe f (DIN 13) ǁ **~-dial indicator*** (Eng) / Gewindeganganzeiger m ǁ **~ diameter** (Eng) / Gewindedurchmesser m ǁ **~ die cutting** (Eng) / Gewindeschneiden n mit dem Schneidkopf
**threaded** adj (Eng) / Gewinde-, mit Gewinde ǁ **~ assembly** (Eng) / Schraubenverbindung f (im Allgemeinen) ǁ **~ bolt** (Eng) / Gewindebolzen m (DIN 976) ǁ **~ bushing** (Eng) / Gewindebuchse f ǁ **~ code** (Comp) / gefädelter Kode ǁ **~ connection** (Eng) / Verschraubung f, Schraubverbindung f, Gewindeverbindung f ǁ **~ coupling** (a coupling mechanism utilizing matching screw threads for mating and unmating of cylindrical connectors or devices) (Eng) / Schraubkopplung f ǁ **~ cover** (Eng) / Schraubdeckel m ǁ **~ electrode** (for spot welding) (Welding) / Schraubenelektrode f ǁ **~ ferrule** (Cables) / Schraubstutzen m ǁ **~ fitting** (Eng) / Fitting n (an den Enden mit Innengewinde versehenes Rohrverbindungsstück), Rohrverschraubungsstück n ǁ **~ graphite electrode** / Graphitelektrode f mit Gewinde ǁ **~ hole** (Eng) / Gewindeloch n, Gewindebohrung f, Einschraubloch n ǁ **~ hose coupling** / Schlauchverschraubung f (mit einer Schlauchkupplung)
**threaded-in winding** (Elec Eng) / Fädelwicklung f, Wicklung f in geschlossenen Spulen
**threaded joint** (Eng) / Verschraubung f, Schraubverbindung f, Gewindeverbindung f ǁ **~ nail** (Eng) / Schraubnagel m ǁ **~ nipple** (Eng) / Gewindenippel m ǁ **~ pin** (Eng) / Madenschraube f, Gewindestift m (kopflose Schraube mit Schlitz oder Innensechskant, bei der sich das Gewinde im Ggs. zur Schaftschraube über den ganzen Bolzen erstreckt) ǁ **~ pipe** (Eng, Met) / Gewinderohr n (DIN 2440 und 2441) ǁ **~ rod** (Eng) / Gewindestange f ǁ **~ socket** (Eng) / Schraubmuffe f ǁ **~ specimen end** (Materials) / Gewindekopf m (bei der Zugprüfung) ǁ **~ tree** (Comp) / Fädelung f (Speicherungsform für binäre Bäume) ǁ **~ tube** (Met) / Gewinderohr n (DIN 2440 und 2441)
**thread electrometer** (Elec Eng) / Fadenelektrometer n ǁ **~ end** (Eng) / Gewindeende n
**threader** n (Textiles) / Einfädler m (DIN 64685), Einfädelapparat m, Einfädelvorrichtung f
**thread eyelet** (Textiles) / Fadenauge n, Fadenöse f ǁ **~ file** (Tools) / Gewindefeile f ǁ **~ flank** (the side of the thread) (Eng) / Flanke f (gerader Teil des Gewindeprofils, der nicht zur Schraubenachse parallel ist), Gewindeflanke f (DIN 2244) ǁ **~ form** (Eng) / Gewindeform f
**thread-forming screw** (Eng) / gewindefurchende Schraube, gewindeformende Schraube
**thread gauge** (Eng) / Gewindelehre f (Prüflehre für Außen- oder Innengewinde) ǁ **~ generating** (Eng) / Gewinde-Abwälzschneiden n, Abwälz-Gewindeschneiden n (mit einem Schneidrad) ǁ **~ grinding*** (Eng) / Gewindeschleifen n (DIN 8589, T 2) ǁ **~ groove** (Eng) /

**thread**

Gewinderille f ‖ ~ **guide** (Spinning) / Fadenführer m (vom Antrieb getriebene Baugruppe, die die Fadenschwingung und die Fadenverlegung bewirkt) ‖ ~ **guide** (Weaving) / Fadenführer m (DIN 62500), Garnausgeber m
**threading*** n (Cinema) / Einlegen n (des Films in ein Gerät und Bereitstellung zum Filmlauf), Einfädelung f (des Films) ‖ ~ (Comp, Textiles) / Einfädeln n ‖ ~ (Eng) / Gewindeherstellung f, Gewindefertigung f, Gewindefertigen n ‖ ~ **die** (Eng) / Gewindebacke f ‖ ~ **die cutting** (Eng) / Gewindeschneiden n mit dem Schneidkopf ‖ ~ **lathe** (Eng) / Gewindedrehmaschine f ‖ ~ **machine** (Eng) / Gewindeschneidmaschine f, Gewindeherstellmaschine f ‖ ~ **machine** (Eng) / Gewindebearbeitungsmaschine f
**threading-up*** n (Cinema) / Einlegen n (des Films in ein Gerät und Bereitstellung zum Filmlauf), Einfädelung f (des Films) ‖ ~ (Comp, Textiles) / Einfädeln n
**thread insert** (Eng) / Gewindeeinsatz m (z.B. Helicoil) ‖ ~ **insert** (Eng) / Gewindebüchse f (ein Hohlkörper, der sich beim Eindrehen in eine Bohrung sein Gewinde selbst schneidet)
**thread-lasted** adj / fadengezwickt adj (Schuh)
**thread layer** (Textiles) / Fadenlage f ‖ ~ **lead** (Eng) / Gewindesteigung f ‖ ~ **length** (Eng) / Gewindelänge f ‖ ~ **length of the stud** (Eng) / Gewindelänge f des Einschraubendes
**threadless** (perfect) **binding** (Bind) / Lumbecken n (fadenlose Klebebindung nach E. Lumbeck, 1886 - 1979), Lumbeck-Verfahren n ‖ ~ **binding** (Bind) / Klebebindung f
**thread lever** (Textiles) / Fadenhebel m, Fadengeber m, Fadenaufzieher m, Fadenleger m (bei Nähmaschinen)
**thread-like** adj / Faden-, fadenförmig adj ‖ ~ **molecule** (Chem) / Linearmolekül n, Fadenmolekül n
**thread milling** (Eng) / Gewindefräsen n
**thread-milling machine** (Eng) / Gewindefräsmaschine f, Schneckenfräsmaschine f (ein- oder zweispindlige Maschine zur Gewinde- und Schneckenherstellung mit Scheiben- oder Fingerfräsern)
**thread minor diameter** (Eng) / Gewindekerndurchmesser m ‖ ~ **of current** (Hyd Eng) / Streichlinie f (eines Flusses) ‖ ~ **oscillation** (Spinning) / Fadenschwingung f (eine Bewicklungsbewegung) ‖ ~ **out** (Weaving) / fehlender Kettfaden ‖ ~ **peeling** (Eng) / Gewinde-Schlagzahnfräsen n, Gewinde-Einzahnfräsen n, Gewindewirbeln n (eine Verfahrensvariante des Fräsens), Gewindeschälen n (auf der Gewindeschälmaschine) ‖ ~ **pendulum** (Maths, Phys) / Fadenpendel n (physikalische Näherung eines mathematischen Pendels) ‖ ~ **pendulum** (Maths, Phys) s. also simple pendulum ‖ ~ **pitch** (Eng) / Gewindeteilung f, Teilung f (DIN 13; bei eingängigem Gewinde = Steigung, bei n-gängigem Gewinde = Steigung/n) ‖ ~ **plate** (Weaving) / Fadenführer m (DIN 62500), Garnausgeber m ‖ ~ **plug gauge** (Eng) / Gewindelehrdorn m ‖ ~ **plug gauge** (Eng) / Gewindelehrdorn m (für Muttergewinde) ‖ ~ **production** (Eng) / Gewindeherstellung f, Gewindefertigung f, Gewindefertigen n ‖ ~ **profile** (Eng) / Gewindeprofil n (der Umriss eines Gewindes im Achsschnitt nach DIN 2244) ‖ ~ **reach** (Eng) / Verschraubungslänge f, Einschraublänge f (DIN 13), Einschraubtiefe f ‖ ~ **regulator** (Textiles) / Fadenregulator m (der Nähmaschine) ‖ ~ **repair insert** (Eng) / Gewindebüchse f (ein Hohlkörper, der sich beim Eindrehen in eine Bohrung sein Gewinde selbst schneidet) ‖ ~ **ring gauge** (Eng) / Gewindelehrring m (für Bolzengewinde) ‖ ~ **rolling*** (Eng) / Gewindewalzen n (DIN 8583, T 2), Gewinderollen n
**thread-rolling die** (Eng) / Gewinderollbacke f, Gewindewalzbacke f ‖ ~ **mandril** (Eng) / Gewindewalzdorn m
**thread root** (Eng) / Gewindegrund m (DIN 13 und 2244) ‖ ~ **run-out** (Eng) / Gewindeauslauf m (DIN 76)
**thread-sewing** n (Bind) / Fadenheften n, Fadenheftung f
**thread shape** (Eng) / Gewindeprofil n (der Umriss eines Gewindes im Achsschnitt nach DIN 2244) ‖ ~ **specification** (Eng) / Gewindebezeichnung f ‖ ~ **spinning** (Eng) / Gewindedrücken n (von Rundgewinden an dünnwandigen Hohlkörpern)
**thread-suction clearing system** (Spinning) / Fadenabsauganlage f
**thread take-up lever** (Textiles) / Fadenhebel m, Fadengeber m, Fadenaufzieher m, Fadenleger m (bei Nähmaschinen) ‖ ~ **tapper** (Eng) / Gewindebohreinrichtung f ‖ ~ **tension** (Textiles) / Fadenspannung f (der Nähmaschine) ‖ ~ **tensioner** (Textiles) / Fadenregulator m (der Nähmaschine) ‖ ~ **thermometer** (Phys) / Fadenthermometer n ‖ ~ **tolerance** (Eng) / Gewindetoleranz f ‖ ~ **traverse grinding** (Eng) / Gewindelängsschleifen n ‖ ~ **trimmer** (Textiles) / Fadenabschneidemaschine f (die in der Bekleidungsindustrie zum Entfernen von überstehenden Stoffenden und Fäden an fertigen Kleidungsstücken dient)
**thread-trimming machine** (Textiles) / Fadenabschneidemaschine f (die in der Bekleidungsindustrie zum Entfernen von überstehenden Stoffenden und Fäden an fertigen Kleidungsstücken dient)

**thread turning** (Eng) / Gewindedrehen n (Schraubdrehen mit Vorschubbewegung parallel zur Drehachse des Werkstücks zur Herstellung von Außen- und Innengewinde mit Gewindemeißel) ‖ ~ **undercut** (Eng) / Gewindefreistich m (DIN 918) ‖ ~ **up** v (Cinema) / einlegen v (Film), einfädeln v (Film) ‖ ~ **whirling** (Eng) / Gewinde-Schlagzahnfräsen n, Gewinde-Einzahnfräsen n, Gewindewirbeln n (eine Verfahrensvariante des Fräsens), Gewindeschälen n (auf der Gewindeschälmaschine)
**thread-whirling cutter** (Eng) / Wirbelmeißel m (im Messerkopf einsetzbarer Formmeißel zum Gewindewirbeln)
**thread wire** (Spinning) / Fadenführer m (in Form eines gebogenen Drahtes)
**three-action controller** (Automation) / proportional-integral wirkender Regler mit Vorhalt, PID-Regler m, Proportional-Integral-Differential-Regler m
**three-address instruction** (Comp) / Zwei-plus-Eins-Adressbefehl m, Dreiadressbefehl m ‖ ~ **machine** (Comp) / Dreiadressmaschine f
**three-aisled basilica** (Arch) / dreischiffige Basilika
**three-alpha process** (Astron) / Salpeter-Prozess m, Tripel-Alpha-Prozess m, Drei-$\alpha$-Prozess m (energieliefernder Kernprozess nach E.E. Salpeter, geb. 1924)
**three-ammeter method*** (Elec Eng) / Dreiamperemeterverfahren n, Dreistrommesserverfahren n, Dreiamperemeter-Leistungsmessung f
**three-arm protractor** (Nav) / Doppeltransporteur m, Doppelwinkelmesser m
**three-aspect signal** (Telecomm) / dreibegriffiges Signal
**three-axis working** (Eng) / Dreiachsenbetrieb m, Dreiachsenbearbeitung f
**three-ball joint** (Autos) / Dreikugelgelenk n (ein Verschiebegelenk mit achsparallelen, geraden Laufbahnen)
**three-banded spectrum** (Spectr) / Dreibandenspektrum n
**three-bath** (dry cleaning) (Textiles) / Dreibadverfahren n (Chemischreinigung)
**three-bay bascule bridge** (Civ Eng) / Dreifeld-Klappbrücke f
**three-beam balance** (Chem) / Dreihebelwaage f
**three-bladed rotor** / dreiblättriger Rotor, Dreiblattrotor m (einer Windkraftanlage)
**three-blade rotor** / dreiblättriger Rotor, Dreiblattrotor m (einer Windkraftanlage)
**three-body collision** (Phys) / Dreierstoß m (wenn drei Körper zusammenstoßen)
**three-body problem*** (Astron) / Dreikörperproblem n
**three-bolt latch lock** (Build) / Dreifallenschloss n
**three-box body** (GB) (Autos) / Stufenheck n
**three-carbon-type tautomerism** (Chem) / Dreikohlenstofftautomerie f
**three-cavity klystron** (Electronics) / Dreikammerklystron n, Dreikreisklystron n, Dreiresonatorklystron n
**three-centre bond** (Chem) / Dreizentrenbindung f, Dreielektronenbindung f
**three-centred arch*** (Arch) / dreifach zentrierter Bogen
**three-coat plaster** (Build) (render, float and set) (Build) / dreilagiger Putz, dreischichtiger Putz, dreilagiger Außenputz (DIN 18550)
**three-coat work*** (Build) / dreilagiger Putz, dreischichtiger Putz, dreilagiger Außenputz (DIN 18550)
**three-colour** attr / trichromatisch adj, Dreifarben-, dreifarbig adj, trikolor adj
**three•-colour process*** (Photog) / Dreifarbenprozess m ‖ ~-**colour process*** (Print) / Dreifarbendruck m
**three-column press** (Eng) / Dreiständerpresse f ‖ ~ **transformer** (Elec Eng) / Dreischenkeltransformator m
**three-compartment mill** / Dreikammerverbundmühle f
**three-component bearing** (Eng) / Dreistofflager n (die mit der Stahlstützschale verbundene Lagermetallschicht wird noch mit einer galvanisch aufgebrachten Weißmetallschicht zur Verbesserung des Laufverhaltens versehen) ‖ ~ **system** (Met) / Dreistoffsystem n, Dreikomponentensystem n, ternäres System ‖ ~ **waterborne coating** (Paint) / Dreikomponentenwasserlack m (ein System zweier Reaktivkomponenten, dem als dritte Komponente vor der Applikation vollentsalztes Wasser zur Verdünnung zugesetzt wird)
**three-conductor cable** (Cables) / Dreier m (eines Schaltkabels) ‖ ~ **cable** (Cables) / dreiadriges Kabel, Dreifachkabel n
**three-cone roller bit** (Mining) / Dreirollenmeißel m (für Tiefbohrungen)
**three-core cable*** (Cables) / dreiadriges Kabel, Dreifachkabel n
**three-cornered scraper** (Eng) / Dreikantschaber m
**three-cusp** attr (Maths) / dreispitzig adj (z.B. Steiner'sche Kurve)
**three-cusped** adj (Maths) / dreispitzig adj (z.B. Steiner'sche Kurve)
**three-cutter machine** (Bind) / Dreimessermaschine f
**three-cycle plant** (Nuc Eng) / Dreikreisanlage f (schneller Brüter)

**three-cylinder cotton spinning** (Spinning) / Dreizylinderspinnerei *f* (Baumwollfeinspinnerei) ‖ ~ **yarn** (Spinning) / Dreizylindergarn *n* (im Baumwollspinnverfahren hergestelltes Garn hoher oder mittlerer Feinheit)
**three-D** (Maths, Phys) / dreidimensional *adj* (DIN 1311, T 4), räumlich *adj* (dreidimensional)
**three-decibel coupler** / Kurzschlitzrichtkoppler *m*
**three-digit** *attr* / dreistellig *adj* (Zahl)
**three-dimensional** *adj* / plastisch *adj* (nicht flächenhaft)
**three-dimensional** *adj* (Maths, Phys) / dreidimensional *adj* (DIN 1311, T 4), räumlich *adj* (dreidimensional)
**three-dimensional, a mode of** ~ **representation in which two dimensions are represented at the same scale, while the third dimension is represented at a 0<q<1-scale** (the planes so represented are drawn with an angle of 45° between them) / Kavalierriss *m* (ein Schrägriss), Kavalierperspektive *f* ‖ ~ **array** / dreidimensionale Anordnung ‖ ~ **blading** (Eng) / räumlich verwundene Schaufeln, 3D-Beschaufelung *f* (bei Laufrädern) ‖ ~ **chip** (Electronics) / dreidimensionaler Chip, geschichteter Chip ‖ ~ **circuit** (Elec Eng) / dreidimensionale Schaltung ‖ ~ **continuum** (Phys) / dreidimensionales Kontinuum (z.B. Halbraum, Quader - nach DIN 1311-4) ‖ ~ **disorder** (Crystal, Electronics) / dreidimensionale Gitterstörung ‖ ~ **effect** (Acous) / Raumwirkung *f*
**three-dimensional film** (Cinema) / Drei-D-Film *m*, dreidimensionaler Film, Stereofilm *m*, 3-D-Film *m*, Raumfilm *m*
**three-dimensional flow** (Phys) / dreidimensionale Strömung, räumliche Strömung ‖ ~ **graphics** (Comp) / dreidimensionale Grafik ‖ ~ **lattice** (Crystal) / dreidimensionales Gitter ‖ ~ **model** / dreidimensionales Modell ‖ ~ **motion** (Mech) / räumliche Bewegung, dreidimensionale Bewegung ‖ ~ **multilink suspension** (Autos) / dreidimensional wirkende Mehrlenkerachse ‖ ~ **polymer** (Chem) / dreidimensionales Polymer, Gitterpolymer *n* ‖ ~ **printing** (Print) / dreidimensionaler Druck (mit plastischer Bildwirkung), 3-D-Druck *m* ‖ ~ **radar** (measuring range, azimuth and elevation with a pencil beam) (Radar) / dreidimensionaler Radar, 3D-Radarsystem *n* ‖ ~ **radio position-finding** (Radar) / dreidimensionale Funkortung ‖ ~ **search radar** (Radar) / Drei-D-Suchradar *m n* ‖ ~ **space** (Maths) / dreidimensionaler Raum ‖ ~ **stress** (Mech) / dreidimensionaler Spannungszustand ‖ ~ **vision** (Optics, Physiol) / stereoskopisches Sehen, räumliches Sehen, plastisches Sehen, binokulares Sehen ‖ ~ **visualization** / dreidimensionale Visualisierung
**three-directional fold** (Bind) / Dreibruchfalz *m*
**three-disc screw press** (Eng) / Dreischeibenspindelpresse *f*
**three-edged** *adj* (For) / dreiseitig besäumt
**three-eights rule**\* (Maths) / Newton'sche 3/8-Regel
**three-electrode arrangement** (Chem) / Dreielektrodenanordung (bei elektrochemischen Untersuchungen) ‖ ~ **circuit** (Chem) / Dreielektrodenschaltung *f* ‖ ~ **configuration** (Chem) / Dreielektrodenanordnung (bei elektrochemischen Untersuchungen)
**three-electrode valve** (Electronics) / Triode *f*
**three-electron bond**\* (Chem) / Dreizentrenbindung *f*, Dreielektronenbindung *f*
**three-end twill** (Weaving) / dreibindiger Köper, dreischäftiger Köper
**three-engine** *attr* / dreimotorig *adj*, Dreimotoren-
**three-faced stone** (a ventifact) (Geol) / Dreikanter *m* (Windkanter mit drei Kanten)
**three-F bomb** (Mil) / Dreiphasenkernbombe *f*, Drei-F-Bombe *f*, kombinierte A- und H-Bombe
**three-field system** (Agric) / Dreifelderwirtschaft *f* (Bewirtschaftung einer Flur in dreijährigem Wechsel)
**three-figure** *attr* / dreistellig *adj* (Zahl)
**three-finger glove** (Textiles) / Dreifingerhandschuh *m* (DIN 61532)
**threefold degenerate** (Phys) / dreifach entartet ‖ ~ **Europa card** (Comp) / Dreifacheuropakarte *f* (367 mm x 160 mm)
**three-harness twill** (Weaving) / dreibindiger Köper, dreischäftiger Köper
**three-head system** (Acous) / Dreikopf-Technik *f* (bei Doppelkassettendecks)
**three-high mill**\* (Met) / Triowalzwerk *n*
**three-hinged arch**\* (Build, Civ Eng) / Dreigelenkbogen *m* (mit gekrümmten Stäben) ‖ ~ **frame** (Build, Civ Eng) / Dreigelenkrahmen *m* (mit geknickten Stäben) ‖ ~ **truss** (Build) / Dreigelenkbinder *m*
**three-in-one component system** (automatic record changer, cassette deck, and stereo receiver) (Acous) / Dreifachkompaktanlage *f* (Phono-Kassetten-Steuergerät)
**three-input adder**\* (Comp) / Volladdierglied *n*, Addierglied *n*, Volladdierer *m*
**three input subtractor** (Comp) / Vollsubtrahierer *m*
**three-jaw chuck**\* (Eng) / Dreibackenfutter *n* ‖ ~ **concentric chuck** (Eng) / Dreibackenfutter *n*
**three-jet aeroplane** (Aero) / dreistrahliges Flugzeug, Trijet *m*, Flugzeug *n* mit drei Strahltriebwerken

**three-j number** (Phys) / Wigner'sches Drei-Jot-Symbol (bei der Vektoraddition von Drehimpulsen), 3j-Symbol *n*, Drei-Jot-Symbol *n*
**three-kiloparsec arm** (Astron) / Drei-Kiloparsec-Arm *m* (etwa 11500 Lichtjahre vom Milchstraßenzentrum entfernt liegender Spiralarm, dessen 21-cm-Strahlung bis zu etwa 20° galaktischer Länge nachweisbar ist)
**three-knife trimmer** (Bind) / Dreimessermaschine *f*
**three-layer board** (Paper) / Triplexkarton *m* (DIN 6730) ‖ ~ **compound material** (Eng) / Dreischichtverbundwerkstoff *m* ‖ ~ **mineral** (Min) / Dreischichtmineral *n* ‖ ~ **structure** (Min) / Dreischichtstruktur *f*
**three-legged** *adj* / dreibeinig *adj* (z.B. Derrick) ‖ ~ **derrick** (Eng) / Dreibeinkran *m* (ohne Seilverspannung), dreibeiniger Derrick
**three-level laser** (Electronics, Phys) / Drei-Niveau-Laser *m* ‖ ~ **logic** / Dreizustandslogik *f* (Digitalschaltung, deren Ausgang neben den beiden /aktiven/ Zuständen L und H noch einen dritten, inaktiven oder hochohmigen Zustand annehmen kann), Trilevel-Logik *f*
**three•-level maser**\* (Electronics, Phys) / Drei-Niveau-Maser *m*, Drei-Niveau-System *n* des Masers ‖ ~**-light window**\* (Build) / dreiteiliges Fenster, Dreilichtfenster *n*
**three-lipped core drill** (Eng) / dreischneidiger Spiralsenker, Dreischneider *m*
**three-litre car** (Autos) / Dreiliterwagen *m*
**three-man board** (Aero) / dreiköpfiger Vorstand (eines Unternehmens) ‖ ~ **crew** (Aero, Ships) / dreiköpfige Besatzung
**three-mash method** (Brew) / Dreimaischverfahren *n*
**three-mode controller** (Automation) / proportional-integral wirkender Regler mit Vorhalt, PID-Regler *m*, Proportional-Integral-Differential-Regler *m*
**three-molecule reaction** (Chem) / trimolekulare Reaktion
**three-parameter liquid** (Phys) / Drei-Parameter-Flüssigkeit *f* (DIN 13 343), Jeffreys-Flüssigkeit *f* ‖ ~ **solid** (Phys) / Drei-Parameter-Festkörper *m* (DIN 13 343), Poynting-Thomson-Körper *m*
**three-part** *attr* / dreiteilig *adj*, aus drei Teilen
**three-party conference** (Teleph) / Dreierkonferenz *f* (ISDN-Leistungsmerkmal) ‖ ~ **service** (Teleph) / Dreierkonferenz *f* (ISDN-Leistungsmerkmal)
**three-(gas-)pass boiler** (Eng) / Dreizugkessel *m*
**three-path machine** (Eng) / Dreiwegmaschine *f* (eine Sondermaschine)
**three-phase**\* *attr* (Elec Eng, Phys) / dreiphasig *adj*, Dreiphasen- ‖ ~ **a.c. motor vehicle** (Elec Eng, Rail) / Drehstromtriebfahrzeug *n* ‖ ~ **a.c. plasma furnace** (Met) / Drehstromplasmaofen *m* ‖ ~ **a.c. traction** (Elec Eng, Rail) / Drehstromzugförderung *f* ‖ ~ **armature** (Elec Eng) / Drehstromanker *m* ‖ ~ **asynchronous motor** (Elec Eng) / Drehstromasynchronmotor *m*, DS-ASM *m* (Drehstromasynchronmotor), Drehstrominduktionsmotor *m* ‖ ~ **bridge** (Elec Eng) / Drehstrombrücke *f* ‖ ~ **bridge circuit** (Elec Eng) / Drehstrombrückenschaltung *f* ‖ ~ **bushing** (Elec Eng) / Drehstromdurchführung *f* ‖ ~ **cage motor** / Drehstromkäfigläufermotor *m*, Drehstromkurzschlussläufermotor *m* ‖ ~ **circuit** (Elec Eng) / Drehstromkreis *m* ‖ ~ **current** (Elec Eng) / Dreiphasenstrom (DIN 40 110), Drehstrom *m*, Kraftstrom *m* (für elektrische Antriebe) ‖ ~ **fluidized-bed reactor** (Chem Eng) / Dreiphasenwirbelbettreaktor *m*
**three-phase generator** (Elec Eng) / Drehstromgenerator *m*
**three-phase harvesting** (Agric) / Dreiphasenernte *f* (z.B. eine Rübenernte)
**three•-phase induction motor**\* (Elec Eng) / Drehstromasynchronmotor *m*, DS-ASM *m* (Drehstromasynchronmotor), Drehstrominduktionsmotor *m* ‖ ~**-phase induction regulator**\* (Elec Eng) / Drehstrominduktionsregler *m*
**three-phase motor** (Elec Eng) / Drehstrommotor *m* ‖ ~ **network** (Elec Eng) / Drehstromnetz *n* (DIN 13 321), Drehstromsystem *n* ‖ ~ **six wire system**\* (Elec Eng) / Drehstromsystem *n* in offener Schaltung ‖ ~ **squirrel-cage motor** / Drehstromkäfigläufermotor *m*, Drehstromkurzschlussläufermotor *m* ‖ ~ **synchronous machine** (Elec Eng) / Drehstromsynchronmaschine *f*, DS-SM *f* (Drehstromsynchronmaschine) ‖ ~ **synchronous motor** (Elec Eng) / Drehstromsynchronmotor *m*, DSM (Drehstromsynchronmotor), Drehstromsynchronmaschine *f* ‖ ~ **system** (Elec Eng) / Drehstromnetz *n* (DIN 13 321), Drehstromsystem *n* ‖ ~ **three-wire system** (Elec Eng) / Dreileitersystem *n* ohne Sternpunktleiter, Drehstromdreileitersystem *n*, Drehstromsystem *n* ohne Nullleiter ‖ ~ **transformer** (Elec Eng) / Drehstromtransformator *m*, Dreiphasentransformator *m*
**three-piece** *attr* / dreiteilig *adj*, aus drei Teilen
**three-pinned arch** (Build, Civ Eng) / Dreigelenkbogen *m* (mit gekrümmten Stäben)
**three-pin plug**\* (Elec Eng) / Dreipolstecker *m*, dreipoliger Stecker, Dreifachstecker *m*

**three-pin**

**three-pin socket with switch** (Elec Eng) / Dreipolsteckdose f mit Schalter
**three-pit liming** (Leather) / Dreistufenäscher m
**three-plane projection** (Maths) / Dreitafelverfahren n, Dreitafelprojektion f (DIN 6)
**three-plus-one address code** (Comp) / Drei-plus-Eins-Adresskode m, Vieradresskode m || **~ address instruction** (Comp) / Drei-plus-Eins-Adressbefehl m, Vieradressbefehl m
**three-point adder**\* (Comp) / Volladdierglied n, Addierglied n, Volladdierer m || **~ bending** (Materials) / Dreipunktbiegen m (mit einer 3PB-Probe) || **~ bending test** (Materials) / Dreipunktbiegeversuch m || **~ bend** (load) **specimen** (Materials) / Dreipunktbiegeprobe f (eine Probenform), 3PB-Probe f || **~ bend test** (Materials) / Dreipunktbiegeversuch m || **~ circuit** (Electronics) / Dreipunktschaltung f (induktive, kapazitive) || **~ connection** (Electronics) / Dreipunktschaltung f (induktive, kapazitive) || **~ fixing** (Eng) / Dreipunktbefestigung f || **~ (implement) hitch** (Agric) / Dreipunktanbau m (für das Anbringen eines Anbaugerätes am Heck des Ackerschleppers)
**three-point landing**\* (Aero) / Dreipunktlandung f
**three-point linkage** (Agric) / Dreipunktanbau m (für das Anbringen eines Anbaugerätes am Heck des Ackerschleppers) || **~ measuring** (Instr) / Dreipunktmessung f (Antastart bei der Durchmessermessung von zylindrischen Werkstücken) || **~ problem**\* (Surv) / Dreipunktproblem n || **~ regulator** (Automation) / Dreipunktregler m
**three-point safety belt** (Autos) / Dreipunkt-Sicherheitsgurt m (der häufigste Sicherheitsgurt), Dreipunktgurt m, 3-Punkt-Gurt m
**three-point seat belt** (Autos) / Dreipunkt-Sicherheitsgurt m (der häufigste Sicherheitsgurt), Dreipunktgurt m, 3-Punkt-Gurt m
**three•-point switch**\* (Elec Eng) / Dreiwegeschalter m || **~-pole** attr (Elec Eng) / dreipolig adj
**three-pole switch** (Elec Eng) / dreipoliger Schalter
**three-port engine** (Autos) / Dreikanalmotor m (ein Zweitaktmotor)
**three-position control** / Groß/Klein-Regelung f (eine Gasregelung) || **~ controller** (Automation) / Dreipunktregler m
**three-pulse canceller** (Radar) / Doppellöschstufe f || **~ quadruple connection** (Elec Eng) / Zwölfpulsbrücke f
**three-quarter brick** (Build) / Dreiviertelstein m, Dreiquartier n
**three-range winding** (Elec Eng) / dreietagige Wicklung
**three-roll calender** (Paper, Textiles) / Dreiwalzenkalander m
**three-roller bending machine** (Met) / Dreiwalzenbiegemaschine f || **~ plate-bending machine** (Met) / Dreiwalzenblechbiegemaschine f, Dreiwalzenrundmaschine f, Dreiwalzenblechrundmaschine f || **~ yarn** (Spinning) / Dreizylindergarn n (im Baumwollspinnverfahren hergestelltes Garn hoher oder mittlerer Feinheit)
**three-roll mill** (Paint) / Dreiwalzenstuhl m, Dreiwalze f (eine Dispergiermaschine), Walzenstuhl m, Dreiwalzenanreibmaschine f
**three-shaft twill** (Weaving) / dreibindiger Köper, dreischäftiger Köper
**three-sided** adj / dreiseitig adj
**three-side moulding machine** (For) / Dreiseitenfräsmaschine f || **~ trimmer** (with one knife only) (Bind) / Dreischneider m (Bücherbeschneidemaschine, die nur mit einem Messer arbeitet)
**three-spindle drilling machine** (Eng) / dreispindlige Bohrmaschine
**three-spin system** (Spectr) / Dreispinsystem n
**three-square engineers' file** (Eng, Tools) / Dreikantfeile f || **~ file** (Eng, Tools) / Dreikantfeile f || **~ scraper** (Eng) / Dreikantschaber m
**three-stack motor** (Elec Eng) / Motor m mit drei Blechpaketen (ein Schrittmotor)
**three-stage amplifier** (Electronics) / dreistufiger Verstärker || **~ coating system** (Autos, Paint) / Dreischichtaufbau m || **~ harvesting** (Agric) / Dreiphasenernte f (z.B. eine Rübenernte) || **~ screw** (Plastics) / Dreistufenschnecke f (eine Extruderschnecke)
**three-start thread** (Eng) / dreigängiges Gewinde
**three-state driver** (Comp) / Treiber m in Dreizustandslogik || **~ logic** / Dreizustandslogik f (Digitalschaltung, deren Ausgang neben den beiden /aktiven/ Zuständen L und H noch einen dritten, inaktiven oder hochohmigen Zustand annehmen kann), Trilevel-Logik f || **~ output** (Comp) / Ausgang m mit Drittzustand, Three-State-Ausgang m || **~ technique** (Electronics) / Tristate-Technik f, Three-State-Technik f (eine Abart der TTL-Technik)
**three-step controller** (Automation) / Dreipunktregler m
**three-term control action** (Automation) / PID-Verhalten n
**three-term controller** (Automation) / proportional-integral wirkender Regler mit Vorhalt, PID-Regler m, Proportional-Integral-Differential-Regler m
**three-terminal network** (Elec Eng) / Dreipolschaltung f, dreipoliges Netzwerk
**three-throw pump** (Eng) / Drillingspumpe f (eine Kolbenpumpe mit drei Zylindern und drei von einer gemeinsamen Kurbelwelle betätigten Kolbenstangen)
**three-throw turnout** (Rail) / Doppelweiche f, DW (Doppelweiche)

**three-torch** attr / dreiflammig adj
**three-to-two folder**\* (Print) / Falzapparat m mit zwei rotierenden Zylindern, deren Umfangsverhältnis 3 : 2 ist (bei Rollenrotationsmaschinen)
**three-valued logic** (AI) / dreiwertige Logik
**three-vane impeller** (Eng, San Eng) / Dreikanalrad n (spezielles Laufrad einer Abwasserkreiselpumpe mit drei Leitschaufeln)
**three•-voltmeter method**\* (Elec Eng) / Dreivoltmeterverfahren n, Dreispannungsmesserverfahren n || **~-wattmeter method**\* (Elec Eng) / Dreiwattmeterverfahren n, Dreileistungsmesserverfahren n
**three-way box** (Acous, Electronics) / Dreiwegelautsprecher m, Dreiwegebox f (ein Lautsprecher) || **~ catalyst**\* (Autos) / Dreiwegekatalysator m (chemische Funktionseinheit) || **~ catalytic converter** (Autos) / Dreiwegekatalysator m (als Bauteil der Auspuffanlage mit Sondenregelung) || **~ cock** (Eng) / Dreiwegehahn m || **~ dump truck** (Autos) / Dreiseitenkipper m || **~ speaker** (Acous) / Dreiwegelautsprecher m || **~ speaker** (with cross-over) (Acous) / Dreiwegebox f (mit Frequenzweichen) || **~ strap** (Carp) / Dreifachverbindungsknotenstück n (Holzträgerfachwerk)
**three-way switch**\* (Elec Eng) / Dreiwegeschalter m
**three-way switch** (Rail) / Dreiwegeweiche f || **~ tap** (Eng) / Dreiwegehahn m || **~ tipper** (Autos) / Dreiseitenkipper m || **~ valve** (Eng) / Dreiwegeventil n
**three-wheel** attr / dreirädrig adj
**three-winding transformer** (Elec Eng) / Dreiwicklungstransformator m
**three-wire meter**\* (Elec Eng) / Dreileiterzähler m
**three-wire system**\* (Elec Eng) / Dreileitersystem n
**three-wire system of thread measurement** (Eng) / Dreidrahtgewindemessung f, Dreidrahtmethode f (zur Bestimmung des Flankendurchmessers bei Gewinden)
**threonine**\* n (Biochem, Chem) / Threonin n (eine proteinogene, essentielle Aminosäure), L-Threonin n, Thr (eine proteinogene, essentielle Aminosäure)
**threose**\* n (Chem) / Threose f (eine Tetrose)
**threshable** adj (Agric) / druschfähig adj
**thresher** n (Agric) / Dreschmaschine f
**threshing** n (Agric) / Drusch m, Dreschen n || **~** (Comp) / Zusammenbrechenlassen n des Systems (um z.B. durch den Speicherauszug zu geschützten Daten zu gelangen) || **~ cylinder** (US) (Agric) / Dreschtrommel f || **~ drum** (Agric) / Dreschtrommel f || **~ machine** (Agric) / Dreschmaschine f
**threshold**\* n (Acous, Aero, Physiol, Psychol) / Schwelle f || **~**\* (Build, Join) / Schwelle f (bei der Tür), Bodenschwelle f || **~ amplitude**\* (Electronics) / Schwellenamplitude f || **~ case** / Grenzfall m || **~ circuit** (Elec Eng) / Schwellenwertschaltung f (Glieder mit Ansprechschwellen) || **~ concentration** (Chem, Nut) / Mindestkonzentration f, Schwellenwertkonzentration f (unterhalb der der Geschmack oder der Duft nicht wahrnehmbar sind) || **~ contrast bar** (Aero) / Schwellenkontrastbalken m || **~ current**\* (Electronics) / Schwellenstrom m || **~ detector** (Radiol) / Schwellenwertdetektor m (dessen Messprinzip auf der Schwellenwertreaktion beruht) || **~ dose**\* (Radiol) / Schwellenwertdosis f (die kleinste Energiedosis, die eine bestimmte Wirkung hervorruft) || **~ (electrode) potential** (Elec Eng) / Grenzpotential n (kritisches Elektrodenpotential) || **~ element** (Comp) / Schwellenwertschaltelement n, Schwellenglied n, Glied n mit Ansprechschwelle, Schwellwertelement n, Schwellenelement n (z.B. eine Tunneldiode) || **~ energy** (Chem, Nuc) / Schwellenenergie f (unterhalb welcher eine bestimmte Reaktion nicht stattfinden kann) || **~ energy** (Phys) / Energieschwellenwert m || **~ frequency** (Elec, Nuc) / untere Grenzfrequenz f || **~ gate** (Comp) / Schwellenwertschaltelement n, Schwellenglied n, Glied n mit Ansprechschwelle, Schwellwertelement n, Schwellenelement n (z.B. eine Tunneldiode) || **~ level** / Schwellenpegel m, unterer Grenzpegel || **~ lights**\* (Aero) / Schwellenfeuer n pl || **~ limit value** (concentration expression for airborne substances which have no adverse effects to most people on a daily basis) (Ecol, Med) / Grenzwert m (Wirkungsschwelle), maximale Arbeitsplatzkonzentration || **~ logic** (Comp) / Schwellenwertlogik f || **~ odour concentration** (San Eng) / Geruchsschwellenkonzentration f (Konzentration eines Geruchsstoffes, eventuell nach Verdünnung mit geruchsstofffreier Luft, die von 50% der Probanden noch wahrgenommen wird) || **~ of detectability** (Physiol) / untere Empfindlichkeitsgrenze, Reizschwelle f || **~ of discomfort** (Acous) / Unbehaglichkeitsschwelle f, Störschwelle f || **~ of feeling** (Acous) / Fühlschwelle f || **~ of hearing** (Acous, Physiol) / Hörschwelle f (untere - Schalldruck, der vom menschlichen Gehör gerade noch wahrgenommen wird - DIN 1320) || **~ of pain**\* (Acous) / Schmerzgrenze f (Schalldruckpegel oberhalb 120 dB bzw. Lautstärken oberhalb 120 phon), Schmerzschwelle f (DIN 1320) || **~ of sensation** (Physiol) / Empfindungsschwelle f || **~ of sound** (Acous, Physiol) / Hörschwelle f (untere - Schalldruck, der vom menschlichen

Gehör gerade noch wahrgenommen wird - DIN 1320) || ~ **of sound audibility**\* (Acous, Physiol) / Hörschwelle f (unterer Schalldruck, der vom menschlichen Gehör gerade noch wahrgenommen wird - DIN 1320) || ~ **reaction** (Nuc) / Schwellenwertreaktion f, endotherme Kernreaktion, Schwellenreaktion f (Kernreaktion, die erst dann auftreten kann, wenn die kinetische Energie des auftreffenden Teilchens eine Energieschwelle überschreitet) || ~ **shift** (Acous) / Hörschwellenverschiebung f || ~ **stress** (Mech) / Grenzspannung f (mechanische) || ~ **treatment**\* (Chem, Chem Eng) / Schwellenwertverfahren n, Phosphatimpfverfahren n (Korrekturbehandlung von Speise- und Kesselwässern) || ~ **value** (Ecol, Maths, Radiol) / Schwellenwert m (kleinster Wert einer Größe, der als Ursache für eine erkennbare Wirkung ausreicht) || ~ **value** (Electronics, Instr) / Ansprechwert m (DIN 1319, T 2) || ~ **voltage** (Electronics) / Schwellenspannung f (der Wert der elektrischen Spannung über den Anschlüssen einer elektronischen Anordnung, welcher mindestens nötig ist, damit ein merklicher Strom fließt) || ~ **voltage**\* (Electronics) / Schleusenspannung f (Diode, Thyristor) || ~ **voltage** (of an enhancement-type field-effect transistor) (Electronics) / Schwellenspannung f (eines Anreicherungs-FET), Threshold-Spannung f (bei deren Erreichen ein Umschaltvorgang ausgelöst wird), Schwellenspannung f || ~ **voltage** (Nuc) / Schwellenspannung f || ~ **zone** (Civ Eng) / Einsichtstrecke f (Teil des Tunnels, der unmittelbar hinter der Tunneleinfahrt beginnt und für den im Vergleich zu der übrigen Tunnelstrecke am Tage eine verhältnismäßig hohe und gleichmäßige Leuchtdichte gefordert wird)

**thribble stand** (Oils) / Dreifachzug m (wenn ein Gestängezug an jeder dritten Verbindung getrennt wird)

**thrill** v (Eng) / ränderieren v, rändeln v (aufrauen)

**thrilling** n (Eng) / Rändeln n (ein Aufrauverfahren, z.B. bei Muttern, Schraubenknöpfen, Bedienungsknöpfen usw. - DIN 8583, T 5)

**throat** n / Einschnürung f, enge Stelle, Engstelle f || ~ / Taille f (engster Schalenquerschnitt eines hyperbolischen Kühlturms) || ~ (of a horn) (Acous) / Trichterhals m (z.B. bei einem Exponentialtrichter) || ~ (Acous, Med) / Kehle f, Gula n (pl. -ae) || ~\* (Build) / Unterschneidung f (die als Wassernase dient), Wassernase f || ~ (Eng) / Hals m, Kehle f || ~\* (Eng) / Ausladung f (der Presse) || ~ (Eng) / Rachen m (der Lehre) || ~\* (For) / Zahnlücke f (bei Sägezähnen), Zahnlückengrund m (abgerundeter - bei Sägen) || ~\* (Glass) / Durchlass m (zwischen der Läuterungs- und der Arbeitswanne) || ~ (Leather) / Kehle f || ~ (Met) / Beschickungsöffnung f (des Schachtofens), Begichtungsöffnung f, Gicht f (des Hochofens) || ~ (Rail) / Spurkranzkante f || ~ (Welding) / Schweißnahtdicke f, Dicke f der Schweißnaht f || ~\* (Glass) s. also straight throat and submarine throat || ~ **clearance** (Eng) / Ausladung f (der Presse)

**throat-closing device** (Met) / Gichtverschluss m

**throat cover** (Glass) / Durchflussabdeckung f || ~ **dust** (Met) / Gichtstaub m, Hochofenstaub m

**throated** adj / verengt adj, eingeschnürt adj, gekehlt adj, mit Einschnürung

**throatless chamber** (Aero) / zylindrische Brennkammer (ohne Einschnürung)

**throat microphone**\* (Acous) / Kehlkopfmikrofon n || ~ **of a crusher** (Eng) / Brechspalt m (bei Brechern) || ~ **of a fillet weld** (Welding) / Kehlnahtdicke f

**throats** pl (Textiles) / Ketteneinlauf m (des Reißverschlussschiebers)

**throat stopper** (Met) / Gichtstopfen m || ~ **thickness** (Welding) / Nahtdicke f (diejenige Dicke einer Schweißnaht, die zur Festigkeitsberechnung von Schweißverbindungen verwendet wird - DIN EN 12 345), Nahthöhe f (mit der Nahtüberhöhung )

**throat-type press** (Eng) / C-Gestell-Presse f (z.B. eine Exzenterpresse)

**throaty** adj (Autos) / kehlig adj (Auspuffsound)

**thrombin**\* n (Biochem) / Fibrinogenase f, Thrombin n (ein Fibrinferment aus Prothrombin)

**thrombocyte**\* n (Cyt) / Thrombozyt m (pl. -en), Blutplättchen n, Thrombocyt m (pl. -en)

**thromboxanes** pl (Physiol) / Thromboxane n pl (cyclische Eicosanoide, die in allen Körpergeweben vorkommen), TX

**throstle** n (Spinning) / Ringspinnmaschine f, Drossel f (DIN 63602), Ringspinner m

**throttle** v / drosseln v (Durchfluss, Leistung vermindern) || ~ **back** / drosseln v (Durchfluss, Leistung vermindern)

**throttle-control cable** (Autos) / Gaszug m (ein Bowdenzug)

**throttle down** v / drosseln v (Durchfluss, Leistung vermindern) || ~ **gauge** (I C Engs, Tools) / Einstelllehre f (für Vergaserdüsen), Düsenlehre f (für Vergaser) || ~ **icing** (Aero) / Vergaservereisung f || ~ **lever** (US) (Aero) / Leistungshebel m (Bedienhebel im Cockpit, der unmittelbar den Schub des Triebwerks bestimmt) || ~ **lift-off** (Autos) / Lastwechsel m (abrupter), Gaslupfen n, Gaswegnehmen n (abruptes) || ~ **response** (Autos) / Gasannahme f

**throttle-return check** (I C Engs) / Drosselklappenschließverzögerer m (bei Drosselklappenvergasern), Drosselklappenschließdämpfer m

**throttle solenoid** (Autos, I C Engs) / Drosselklappenrelais n (ein Elektromagnet, der über einen Hebel auf die Drosselklappe wirkt) || ~ **surge chamber** (Hyd Eng) / Drosselwasserschloss n || ~ **twist grip** (Autos) / Drehgasgriff m (beim Handgas), Drehgriff m || ~ **valve** (Autos) / Drosselschieber m (Automatikgetriebesteuerung), Drosselventil n || ~ **valve**\* (Eng) / Drosselventil n, Drosselklappe f, Drossel f || ~ **valve** (I C Engs) / Drosselklappe f (im Ansaugtrakt), DK (Drosselklappe)

**throttling**\* n / Drosselung f (des Durchflusses, der Leistung) || ~ **calorimeter**\* (Eng) / Drosselkalorimeter n (zur Bestimmung des Feuchtigkeitsgehaltes von Wasserdampf) || ~ **control** (US) / Groß/Klein-Regelung f (eine Gasregelung) || ~ **disk** (Eng) / Drosselkegel m (konisch, parabolisch und als Nadelkegel)

**through-and-through sawing** (For) / Einfachschnitt m parallel zur Stammlängsachse, Scharfschnitt m, Blockschnitt m

**through arch** (Civ Eng) / Bogen m mit angehängter Fahrbahn (die unterhalb des Bogens liegt) || ~ **arch** (Civ Eng) s. also through bridge || ~ **beam** (Build, Carp) / durchgehender Balken || ~ **bolt** (Build, Eng) / Zuganker m (auf Zug beanspruchter Bolzen zur Befestigung von Maschinen, Verankerung von Bauwerken) || ~ **bolt** (Elec Eng) / Langschraube f || ~ **bolt** (Elec Eng, Eng) / Durchsteckschraube f, durchgehender Bolzen || ~ **bond** (Chem) / Through-Bond n (über mehrere Sigmabindungen)

**through-bond interaction** (Chem) / Through-Bond-Wechselwirkung f (eine Proximitätseffekt)

**through brake** / nichtselbsttätige Druckluftbremse, direktwirkende Bremse || ~ **bridge**\* (Civ Eng) / Trogbrücke f, Brücke f mit unten liegender Fahrbahn || ~ **bridle joint** (Join) / Bügelzapfenverbindung f || ~ **car** (Rail) / Kurswagen m

**through-check** n (Materials) / durchgehender Riss

**through-checking** n (Aero) / Durchabfertigung f (von Fluggästen)

**through coach** (Rail) / Kurswagen m

**through-connect** v (Teleph) / durchstellen v (ein Telefongespräch), durchschalten v

**through-connection** n (Telecomm) / Durchschaltung f, Durchgangsverbindung f, Durchverbindung f

**through-connexion** n (GB) (Telecomm) / Durchschaltung f, Durchgangsverbindung f, Durchverbindung f

**through-crack** n (Materials) / durchgehender Riss

**through-cracked plate** (Materials) / Platte f mit durchgehendem Riss

**through-dialling** n (Teleph) / Selbstwählferndienst m, Teilnehmerfernwahl f, Selbstwählfernverkehr m, Fernwahl f (automatische), SWFD (Selbstwählferndienst), SWF-Dienst m

**through-drill** v (Eng) / durchbohren v

**through-exchange** n (Teleph) / Durchgangsvermittlungsstelle f (Vermittlung ohne angeschlossene Teilnehmer), Durchgangsamt n, Transitamt f (Transit Exchange), Transitvermittlungsstelle f

**throughfall** n (the part of rainfall or other precipitation which falls to the forest floor from the canopy) (For) / Kronendurchlass m (bei Regen)

**through fare** (Aero) / Durchgangstarif m || ~ **flange** (Telecomm) / Durchgangsflansch m

**through-flight** n (Aero) / durchgehender Flug

**throughflow** n / Durchfluss m (im Allgemeinen nach DIN 5476)

**through-hardening** n (Met) / Durchhärtung f (Härteannahme über den Querschnitt nach DIN EN 10 052), Volumenhärten n, durchgreifendes Härten

**through heating** (Heat) / Durchwärmung f || ~**-hole** n (Eng) / durchgehendes Loch, Durchgangsloch n, Durchgangsbohrung f

**through-hole plating** (Electronics) / Durchkontaktieren n (die leitende Verbindung von Leiterbahnen beiderseitiger Leiterplatten)

**through-joint** n (Cables) / Durchgangsmuffe f (für Ölkabel)

**through level**\* (Telecomm) / absoluter Spannungspegel || ~ **lintel** (Build) / wandstarker Sturz, Vollwandsturz m

**through-metallized circuit** (Electronics) / durchmetallisierte Schaltung, durchkontaktierte Schaltung || ~ **hole** (Electronics) / durchplattiertes Loch, durchmetallisiertes Loch, durchgalvanisiertes Loch (bei gedruckten Schaltungen), durchkontaktiertes Loch (durch welches Leiter auf beiden Seiten einer Leiterplatte oder Leiter innerhalb der Leiterschichten einer Mehrlagenschaltung elektrisch miteinander verbunden sind), metallisiertes Loch

**through middle** / Zwischensohle f (eine durchgehende Sohle)

**through-plated circuit** (Electronics) / durchmetallisierte Schaltung, durchkontaktierte Schaltung || ~ **hole** (Electronics) / durchplattiertes Loch, durchmetallisiertes Loch, durchgalvanisiertes Loch (bei gedruckten Schaltungen), durchkontaktiertes Loch (durch welches Leiter auf beiden Seiten einer Leiterplatte oder Leiter innerhalb der Leiterschichten einer Mehrlagenschaltung elektrisch miteinander verbunden sind), metallisiertes Loch

**through plating**

**through plating** (Electronics) / Durchkontaktieren n (die leitende Verbindung von Leiterbahnen beiderseitiger Leiterplatten) ‖ ~ **position** (Elec Eng) / Durchgangsstellung f (eines Schalters)
**throughput** n / Durchsatz m (z.B. eines Schmelzofens oder einer chemischen Anlage) ‖ ~ (characters/s) (Comp) / Datendurchsatz m ‖ ~* (Eng) / Durchsatz m (Stoffmenge, die in einer bestimmten Zeit eine Anlage durchläuft), Durchsatzmenge f ‖ ~ (Eng) / Leistung f (des Bandförderers) ‖ ~ (Eng) / pV-Durchfluss m ‖ ~ (Hyd) / Durchsatz m (die eine Rohrleitung passierende Fluidmenge), Durchflussmenge f, Durchfluss m (Quotient aus dem Flüssigkeitsvolumen, das einen bestimmten Fliessquerschnitt durchfließt, und der dazu benötigten Zeit) ‖ ~ **time** (Met) / Durchsatzzeit f ‖ ~ **time** (Work Study) / Durchlaufzeit f, DLZ
**through-rate** n (Aero) / Durchgangsrate f
**through scavenging** (US) (Autos) / Gleichstromspülung f (mit Auslassventilen, mit Gegenkolben - bei Zweitaktmotoren)
**through-shake** n (For) / durchgehender Riss (ein Holzfehler)
**through sole** / Zwischensohle f (eine durchgehende Sohle) ‖ ~ **space** (Chem) / Through-Space n
**through-space interaction** (Chem) / Through-Space-Wechselwirkung f (ein Proximitätseffekt)
**through-station** n (Rail) / Durchgangsbahnhof m
**through-stone*** n (Build) / Durchbinder m (bei schwächeren Mauern durch die ganze Mauerstärke), Ankerstein m (Durchbinder), Kopfbinder m
**through street** (Autos) / Durchgangsstraße f, Durchgangsstrecke f ‖ ~ **street** (Autos) / Vorfahrtsstraße f (in der Stadt)
**through-tenon** n (Carp) / durchgehender Zapfen, Vollzapfen m
**through-the-lens metering** (Optics, Photog) / Innenmessung f (Belichtungsmessung), TTL-Messung f
**through-the-thickness crack** (Materials) / durchgehender Riss
**through-thickness direction** / Dickenrichtung f (einer Platte) ‖ ~ **tension testing** (Materials) / Zugversuch m in Dickenrichtung (über die ganze Materialdicke)
**through-tipping waggon** (Civ Eng) / Muldenkippwagen m, Muldenkipper m (Autoschütter)
**through-traffic** n (Autos) / Durchgangsverkehr m, Transitverkehr n
**through-train** n (Rail) / Eilzug m, E-Zug m
**through-transmission sound testing** (Materials) / Durchschallungsverfahren n (Materialprüfung mit Ultraschall) ‖ ~ **system** (Materials) / Durchschallungsverfahren n (Materialprüfung mit Ultraschall)
**throughway** n (Autos) / Durchgangsstraße f, Durchgangsstrecke f ‖ ~ (Autos) / Schnellstraße f (mit Halteverbot), Kraftfahrstraße f (autobahnähnlich ausgebaut, jedoch nicht immer kreuzungsfrei), Kraftfahrzeugstraße f (mit Halteverbot), Schnellverkehrsstraße f
**through-welding** n (Welding) / Durchschweißen n
**throw** v / werfen v, schleudern vt ‖ ~ / schütten v (Wasser) ‖ ~ / bauen v, schlagen v (Brücke) ‖ ~ (on a potter's wheel) (Ceramics) / drehen v, töpfern v (drehen) ‖ ~ (Ceramics) / freidrehen v, formen v (rotationssymmetrische Gefäße mit der Töpferscheibe) ‖ ~ (Cinema) / nachziehen v (Schärfe) ‖ ~ (Eng) / umlegen v (Hebel - ein- oder ausschalten, ein- oder ausrücken) ‖ ~ (Optics) / projizieren v ‖ ~ (Rail) / abstoßen v (beim Rangieren) ‖ ~ (Spinning) / zwirnen v (Seide), moulinieren v, mulinieren v (filierte Grègefäden zu Organsin verzwirnen) ‖ ~ n / Wurfweite f ‖ ~* (Cinema) / Projektionsabstand m, Bildwurfweite f, Bildwurftiefe f ‖ ~* (Elec Eng) / Wicklungssprung m ‖ ~* (Eng) / Exzentrizität f (ganzer od. halber Exzenterhub), Exzenterhub m ‖ ~* (of the crank)* (Eng) / Kurbelradius m (Abstand der Pleuellagerzapfenmitte zur Kurbelwellenmitte), Hubradius m ‖ ~ (horizontal) (Geol, Mining) / Sprunghöhe f (Größe der Vertikalkomponente des Verwerfungsbetrages an einem tektonischen Sprung), Verwurf m ‖ ~ (Instr) / Ausschlag m, Ausschlagen n (bei Zeigern) ‖ ~ (Phys) / Wurf m ‖ ~ (San Eng) / Luftstromlänge f im Raum (Klimaanlage)
**throwaway*** n (Print) / Werbezettel m, Reklamezettel m, Wurfsendung f, Druckerzeugnis n zum Wegwerfen ‖ ~ **bottle** / Einwegflasche f ‖ ~ **insert** (Eng) / Wendeschneidplatte f (eine Wegwerfplatte mit mehreren Schneidkanten aus Hartmetall oder Keramik - DIN 4968 und 4969) ‖ ~ **package** / Einwegverpackung f, Wegwerfverpackung f
**throwaways** pl / Wegwerfartikel m pl, Einwegartikel m pl
**throwback*** n (Acous, Electronics) / akustische Kopplung zwischen Mikrofon und Lautsprecher
**throw in** v (Typog) / ablegen v (in der Handsetzerei)
**throwing** n (Ceramics) / Freidrehen n, Formen n (von rotationssymmetrischen Gefäßen mit der Töpferscheibe) ‖ ~ (Rail) / Abstoßen n (ein Rangierverfahren) ‖ ~ **frame** (Spinning) / Moulinierapparat m, Moulinierzwirnmaschine f
**throwing-in** n (Typog) / Ablegen n (des Satzes beim Handsatz)
**throwing oil** (Spinning) / Spulöl n (zum Spulfähigmachen von Garnen) ‖ ~ **power** (Paint) / Umgriff m (eines Elektrotauchanstrichstoffs beim elektrophoretischen Lackieren) ‖ ~ **power*** (of a plating solution)

(Surf) / Streuvermögen n, Streukraft f, Streufähigkeit f, Tiefenwirkung f (eines Elektrolyten - mit der Haring-Zelle gemessen)
**thrown side** (Geol) / gesunkener Flügel ‖ ~ **silk** (Textiles) / Mulinee m, Moulinézwirn m, Moulinierseide f, Mouliné m, Spaltgarn n, Moulinégarn n, gezwirnte Seide
**throw off** v / abschleudern v, abspritzen v (Öl) ‖ ~ **off** (Print) / abstellen v (Druck)
**throw-off** n (Print) / Druckabsteller m (Mechanismus, bei dem eine Druckmaschine leer läuft, ohne zu drucken)
**throw on** v (Print) / anstellen v (Druck) ‖ ~ **out** (Eng) / loskuppeln v, ausklinken v, ausrücken v, lösen v
**throw-out*** n (Bind) / herausklappbare Karte, herausklappbare Abbildung, ausklappbare Karte, ausklappbare Abbildung ‖ ~ **bearing** (Autos) / Kupplungsausrücklager n, Ausrücklager n (der Kupplung), Kupplungsdrucklager n ‖ ~ **spiral** (Acous) / Auslaufrille f, Ausschaltrille f (der Schallplatte)
**throw-over relay** (Electronics) / Kipprelais n (Schaltrelais mit zwei Stellungen, die bei Abschalten der Wirkungsgröße jeweils in der letzten Stellung verbleiben)
**throws** pl (Eng) / Unterlauf m, Feingut n (bei der Siebanalyse), Siebdurchgang m, Unterkorn n bei der Siebanalyse (DIN 66160), Siebfeines n (bei der Siebanalyse)
**throws-in** pl (Print) / Beilagen f pl
**throwster*** n (Textiles) / Seidenzwirner m, Zwirner m (Seide)
**throw the car into reverse** (Autos) / den Rückwärtsgang einlegen
**throw-weight** n (Mil) / Wurfgewicht n ‖ ~ (Space) / Nutzlast f eines ballistischen Flugkörpers
**thrum*** n (Spinning) / Garnabfall m ‖ ~ (waste) (Textiles) / Fussel f m, Faserflaum m ‖ ~ (Weaving) / Trumm n (am Ende der Kette)
**thrums** pl (Weaving) / Knüpfenden n pl (bei der Verarbeitung der Baumwolle)
**thrum waste** (Spinning) / Garnabfall m
**thruput*** n (Eng) / Durchsatz m (Stoffmenge, die in einer bestimmten Zeit eine Anlage durchläuft), Durchsatzmenge f
**thrust*** n (Aero) / Schub m (Vortriebskraft), Schubkraft f ‖ ~* (Arch, Build) / Gewölbeschub m, Kämpferdruck m (die Kraft, mit der ein Gewölbe oder ein Bogenträger auf seine Widerlager seitlich nach außen drückt) ‖ ~ (Build) / Schub m, Seitenschub m (horizontale Komponente eines Kraftverlaufs innerhalb eines Mauerwerks) ‖ ~ (Civ Eng) / horizontaler Druck, seitlicher Druck (z.B. an der Stützmauer), horizontale Kraft (bei dem waagrechten Verbau der Baugrube) ‖ ~ (Eng) / [Bohrmeißel]Druck m ‖ ~ **accuracy** (Tools) / Planlaufgenauigkeit f ‖ ~ **augmentation** (Aero) / Schubkraftverstärkung f, Schubverstärkung f ‖ ~ **axis** (Aero) / Schubachse f ‖ ~ **barrel** (Space) / Struktur, die den Raketenschub auffängt ‖ ~ **bearing** (Eng) / Axiallager n, Axialdrucklager n (in dem die Kräfte längs der Achse wirken), Längslager n ‖ ~ **block** (Eng) / Tragring m (bei Axiallagern) ‖ ~ **braking** (Space) / Bremsschub m ‖ ~ **build-up** (Aero) / Schubaufbau m, Schubzunahme f ‖ ~ **chamber*** (Space) / Brennkammer f (mit Düse, Zünder und Einspritzsystem) ‖ ~ **cleavage** (Geol) / Druckschlechten f ‖ ~ **coefficient** (Aero) / Schubbeiwert m, Schubkoeffizient m (bei Strahltriebwerken) ‖ ~ **collar** (Eng) / Spurscheibe f (ringförmiger Teil einer Welle oder eine mit dieser verbundene Scheibe im Bereich einer Gleitlagerung oder Führung, zur axialen Kraftübertragung - DIN ISO 4378-1) ‖ ~ **control** (Aero) / Schubsteuerung f ‖ ~ **cup** (part of cam follower or rocker arm) (I C Eng) / Druckpfanne f (DIN ISO 7967- 3) ‖ ~ **cutback** (Aero) / Schubdrosselung f ‖ ~ **cut-off** (Aero) / Schubabschaltung f, Schubrücknahme f ‖ ~ **cut-off** (Autos) / Schubstoffzufuhr im Schiebebetrieb) ‖ ~ **decay** (Aero) / Schubabfall m ‖ ~ **deflector** (Aero) / Schubumkehrer m (Klappen, welche den Abgasstrom schräg nach vorn umlenken, um Schubumkehr zu erzeugen), Schubumlenkaggregat n, Umkehreinrichtung f (für die Schubumkehr) ‖ ~ **deflector** (Aero) / Schubdeflektor m ‖ ~ **deflexion*** (Aero, Space) / Strahlumlenkung f (Veränderung der Richtung des Schubvektors eines Raketen- oder eines Strahltriebwerks durch Strahlumlenkung), Schubvektorsteuerung f ‖ ~ **equalizer** (Aero) / Schubausgleicher m
**thruster** n (Elec Eng) / Bremslüfter m (Teil der Sicherheitsbremse in Fördertechnik und Fahrzeugbau), Bremslüftgerät n ‖ ~ (Oils) / Schuberzeugungsanlage f, Schiffsschraube f (zur dynamischen Positionierung) ‖ ~ (Space) / [leistungsschwaches] [Raketen]Triebwerk, schwaches Korrekturtriebwerk
**thrust face** (Eng) / Druckfläche f ‖ ~ **fault** (Geol) / Aufschiebung f (in der Tektonik) ‖ ~ **force** (Tools) / Rückkraft f ‖ ~ **half-washer** (Eng) / Anlaufhalbscheibe f, Gleitlagerhalbscheibe f (Teil einer Gleitlagerscheibe) ‖ ~ **in** v (Met) / einstoßen v (den nicht angespitzten Ziehgutanfang durch das Ziehwerkzeug durchdrücken) ‖ ~ **into orbit** (Space) / in eine Umlaufbahn einschießen, in eine Umlaufbahn bringen

1636

**thrust-journal bearing** (Eng) / Axial-Radial-Lager *n* (Belastung sowohl in axialer als auch in radialer Richtung)
**thrust lever** (GB) (Aero) / Leistungshebel *m* (Bedienhebel im Cockpit, der unmittelbar den Schub des Triebwerks bestimmt)
**thrust-limited** *adj* (Aero) / schubbegrenzt *adj* (z.B. Kurvengeschwindigkeit)
**thrust loading*** (Aero) / Schubbelastung *f* || ~ **moraine** (Geol) / Stauchmoräne *f*, Stauchwall *m* (eine Moräne) || ~ **nozzle** (Aero) / Schubdüse *f* (strömungstechnisches Bauteil zur möglichst verlustarmen Umwandlung von Druckenergie in Geschwindigkeitsenergie)
**thrustor** *n* (Elec Eng) / Bremslüfter *m* (Teil der Sicherheitsbremse in Fördertechnik und Fahrzeugbau), Bremslüftgerät *n* || ~ (Oils) / Schuberzeugungsanlage *f*, Schiffsschraube *f* (zur dynamischen Positionierung) || ~ (Space) / [leistungsschwaches] [Raketen]Triebwerk, schwaches Korrekturtriebwerk
**thrust-pad bearing** (Eng) / Gegenlager *n* (zweites Stützlager für den Fräserdorn)
**thrust plane** (Geol) / Schubfläche *f*, Schubbahn *f* (Gleitfläche, auf der eine tektonische Decke bewegt worden ist) || ~ **plane*** (Geol) / Überschiebungsfläche *f* || ~ **power** (Aero) / Schubleistung *f* || ~ **rating** (Aero) / Schubklasse *f* || ~ **rating** (Eng) / Belastung *f* in Achsrichtung (zulässige - des Lagers) || ~ **reverser*** (a mechanism to control and reverse the aircraft engine propulsive thrust) (Aero) / Schubumkehrer *m* (Klappen, welche den Abgasstrom schräg nach vorn umlenken, um Schubumkehr zu erzeugen), Schubumlenkaggregat *n*, Umkehreinrichtung *f* (für die Schubumkehr) || ~ **slice** (Geol) / abgeschertes Schubpaket || ~ **spoiler** (Aero) / Schubumkehrer *m* (Klappen, welche den Abgasstrom schräg nach vorn umlenken, um Schubumkehr zu erzeugen), Schubumlenkaggregat *n*, Umkehreinrichtung *f* (für die Schubumkehr) || ~ **termination** (Aero) / Schubabschaltung *f*, Schubrücknahme *f* || ~ **terminator** (Space) / Schubabschalter *m* || ~ **tilting** (Aero, Space) / Schubvektorsteuerung *f*, Schubregelung *f* (wenn nur die Größe des Schubvektors verändert wird) || ~ **vector control** (Aero, Space) / Schubvektorsteuerung *f*, Schubregelung *f* (wenn nur die Größe des Schubvektors verändert wird) || ~ **vectoring** (an attitude-control design whereby the direction of the main thruster of the vehicle - and thus its velocity vector - can be changed) (Aero, Space) / Schubvektorsteuerung *f*, Schubregelung *f* (wenn nur die Größe des Schubvektors verändert wird) || ~ **washer** (Autos) / Anlaufscheibe *f* || ~ **washer** (Eng) / Anlaufscheibe *f*, Gleitlagerscheibe *f* (zur Aufnahme von Axialkräften) || ~**/weight ratio*** (Aero) / Schub-Masse-Verhältnis *n*, Schubverhältnis *n* (Schub/Startmasse)
**thruway** *n* (US) (Autos) / Schnellstraße *f* (mit Halteverbot), Kraftfahrstraße *f* (autobahnähnlich ausgebaut, jedoch nicht immer kreuzungsfrei), Kraftfahrzeugstraße *f* (mit Halteverbot), Schnellverkehrsstraße *f* || ~ (US) (Autos) / Durchgangsstraße *f*, Durchgangsstrecke *f*
**THS** (trimmable horizontal stabilizer) (Aero) / Trimmruder *n*
**THT** (tetrahydrothiophene) (Chem) / Tetramethylensulfid *n*, Tetrahydrothiophen *n*, THT (Tetrahydrothiophen)
**THTR** (thorium high-temperature reactor) (Nuc Eng) / Thorium-Hochtemperaturreaktor *m*, THTR (Thorium-Hochtemperaturreaktor)
**thucholite** *n* (Min) / Thucholith *m* (pseudomorphosierte Uranpechkristalle)
**Thue system** (Comp) / Thue-System *n* (ein Semi-Thue-System, das zu jeder Semi-Thue-Produktion die zur inverse Produktion enthält)
**thuja** *n* (For) / Lebensbaum *m* (Thuja L. sp.)
**thujane** *n* (Chem) / Sabinan *n*, Thujan *n* (Grundkörper der Bicyclo[3.1.0]-hexan-Monoterpene)
**thujanole** *n* (Chem) / Thujanol *n* (bizyklischer Monoterpenalkohol mit Thujanstruktur)
**thujan-3-one** *n* (Chem) / Thujan-3-on *n*, Thujon *n*
**thuja oil** (Chem) / Zedernblätteröl *n* (meist von Thuja occidentalis L.), Thujaöl *n* (aus dem Abendländischen Zedernbaum)
**thujol** *n* (Chem) / Thujol *n*, Thujylalkohol *m* (z.B. im Wermut- oder Salbeiöl)
**thujone** *n* (Chem) / Thujan-3-on *n*, Thujon *n*
**thujyl alcohol** (Chem) / Thujol *n*, Thujylalkohol *m* (z.B. im Wermut- oder Salbeiöl)
**thulite*** *n* (Min) / Thulit *m* (rosaroter Zoisit)
**thulium*** *n* (Chem) / Thulium *n*, Tm (Thulium)
**thulium(III) oxalate** (Chem) / Thulium(III)-oxalat *n* ($Tm_2(C_2O_4)_3 \cdot 6 H_2O$) || ~ **oxide** (Chem) / Thulium(III)-oxid *n* ($Tm_2O_3$)
**thumb** *v* / drücken *v* (mit dem Daumen) || ~ / umblättern *v* (mit dem Dauemn) || ~ / durchblättern *v* (ein Buch mit dem Daumen)
**thumbed, be** ~ / abgegriffen sein (Buch)
**thumb-index** *n* (Bind) / [eingeschnittenes] Daumenregister *n*, Griffregister *n*, Daumenindex *m*

**thumb-indexed** *adj* (Bind) / mit Daumenindex, mit Daumenregister || ~ **edition** (Bind, Print) / Ausgabe *f* mit Daumenregister
**thumb latch** (Join) / Daumendrücker *m*, Drückerfalle *f* (an den Türen)
**thumbnail crack** (Materials) / Daumennagelriss *m* (Biegeprobe)
**thumbnailing** *n* (Comp) / Miniaturdarstellung *f*
**thumbnail view** (e.g. of faxed pages or word-processor documents) (Comp, Photog) / daumennagelgroße Vorschauansicht (von Fotos, Bildern, Illustrationen oder ganzen Seitenlayouts zur Übersicht und zur Unterstützung der Auswahl), stark verkleinerte Darstellung (z.B. von Fotos oder Bildern)
**thumb nut** (Eng) / Flügelmutter *f* (DIN 315 und 918) || ~ **nut** (Eng) / Kordelmutter *f*, Rändelmutter *f* (DIN 467) || ~ **rest** (Autos) / Daumenablage *f* (am Lenkrad)
**thumbscrew** *n* (Eng) / mit den Fingern anzuziehende Schraube (Flügelschraube, Rändelschraube) || ~ (US) (Eng) / Flügelschraube *f* (DIN 316)
**thumbtack** *n* (US) / Reißzwecke *f*, Reißnagel *m*, Reißbrettstift *m*
**thumb through** / durchblättern *v* (ein Buch mit dem Daumen)
**thumbwheel** *n* (Comp) / Rändelscheibe *f* || ~ **switch** (Electronics, Eng) / Dekadenschalter *m* (ein digitales Eingabeelement mit 10 Schaltstellungen zur Handeingabe von Ziffern einer Dekade an NC-Maschinen)
**thump** *n* (Acous) / dumpfes Schlaggeräusch, dumpfes Schlagen || ~ (Telecomm) / Klopfen *n*, Klopfton *m* (ein Geräusch) || ~ (Teleg) / Telegrafiergeräusch *n*
**thumping** *n* (repetitive dull heavy impulsive noise) (Acous) / dumpfes Schlaggeräusch, dumpfes Schlagen
**thunder*** *n* (Meteor) / Donner *m* (als Folge einer Blitzentladung)
**thundercloud** *n* (Meteor) / Gewitterwolke *f* || ~ (Meteor) / Kumulonimbus *m*, Cumulonimbus *m*, Cb
**thunderhead** *n* (Meteor) / ambossähnliche Wolke (Cumulonimbus incus), Incus *m*, inc, Ambosswolke *f* (eine voll entwickelte Gewitterwolke)
**thunder shake** (For) / Faserstauchung *f* (bei gefälltem Holz) || ~ **shake** (For) / Blitzriss *m* (ein Holzschaden)
**thunderstorm*** *n* (Meteor) / Gewitter *n* || ~ **cell** (Meteor) / Gewitterzelle *f* || ~ **day** (Meteor) / Gewittertag *m* (an dem im Verlauf von 24 Stunden mindestens ein Gewitter beobachtet wurde) || ~ **electricity** (Elec) / Gewitterelektrizität *f*
**thunking** *n* (Comp) / Thunking *n* (konvertiert 16-Bit-Werte in 32-Bit-Äquivalente und sorgt damit dafür, dass die Dienste des Kernels sowohl 16-Bit- als auch 32-Bit-Anwendungen zur Verfügung gestellt werden können)
**thuringite*** *n* (Min) / Thuringit *m* (ein Chlorit)
**thurl** *n* (Mining) / Durchhieb *m*
**thurming** *n* (Join) / Kantigdrehen *n* (Verfahren zum Querprofilieren kantiger Säulen)
**Thury screw thread*** (Eng) / altes metrisches Gewinde mit einem Flankenwinkel von 47° 30' || ~ **system*** (Elec Eng) / Gleichstromübertragungssystem *n* mit konstantem Strom
**Thy** (thymine) (Biochem) / Thymin *n* (5-Methyluracil), Thy (Thymin)
**Thybet wool** (Textiles) / Tibet *m* (pl. -e) (eine Reißwollqualität aus ungewalkten Tuchen), Thybet-Reißwolle *f* (aus neuen Stoffen, insbesondere aus den Abfällen der Kleidungsfabrikation), Tybet *m*
**thylosis** *n* (pl. thyloses) (For) / Thylle *f*, Füllzelle *f*
**Thylox process** (Chem Eng) / Thylox-Verfahren *n* (zur Entfernung von Schwefelwasserstoff)
**thyme camphor** (Chem, Pharm) / Thymol *n* (p-Cymen-3-ol), Thymiankampfer *m* (aus den etherischen Ölen verschiedener Thymianarten) || ~ **oil** (Nut, Pharm) / Thymianöl *n* (aus verschiedenen Thymianvarietäten)
**thymidine** *n* (Biochem, Chem) / Thymidin *n*, dThd, dT (ein Nucleosid)
**thymine*** *n* (Biochem) / Thymin *n* (5-Methyluracil), Thy (Thymin)
**thymocyte*** *n* (Med) / Thymozyt *m* (pl. -en), Thymocyt *m* (pl. -en)
**thymol*** *n* (Chem, Pharm) / Thymol *n* (p-Cymen-3-ol), Thymiankampfer *m* (aus den etherischen Ölen verschiedener Thymianarten) || ~ **blue** (Chem, Med) / Thymolblau *n* (Thymolsulfonphthalein als Indikator) || ~ **iodid** (Chem) / Thymoliodid *n*, Iodthymol *n*
**thymolphthalein*** *n* (Chem) / Thymolphthalein *n* (ein pH-Indikator)
**thymosin*** *n* (Physiol) / Thymosin *n* (zu den Thymushormonen gehörendes Polypeptid)
**thymus-derived lymphocyte** (Med) / T-Lymphozyt *m* (pl. -en), T-Lymphocyt *m* (pl. -en)
**thyrator** *n* (Electronics) / Thyrator *m* (ein Vierschichttransistor)
**thyratron*** *n* (Electronics) / Thyratron *n* (durch ein oder mehrere Gitter steuerbare Ionenröhre mit Glühkatode), Stromtor *n* (gasgefülltes)
**thyristor*** *n* (Electronics) / Thyristor *m* (steuerbares Vierschichtelement mit den drei Anschlusselektroden nach DIN 41 786) || ~ **converter** (Electronics) / Thyristorstromrichter *m*, Thyristorkonverter *m* || ~ **effect** (Electronics) / Thyristoreffekt *m*
**thyristor-fed motor** (Elec Eng) / Stromrichtermotor *m*

**thyristor switch** (Electronics) / Thyristorschalter *m* (mit antiparallel geschalteten Thyristoren)
**Thyrite** *n* (Electronics) / Thyrit-Widerstand *m*, Thyrit *m* (ein spannungsabhängiger Widerstand) ‖ ~* *n* (Electronics) / Thyrit-Widerstand *m*, Thyrit *m* (ein spannungsabhängiger Widerstand)
**thyrocalcitonin** *n* (Biochem) / Kalzitonin *n* (ein Polypeptidhormon - Antagonist des Parathormons), Calcitonin *n*, Thyreokalzitonin *n*, Thyreocalcitonin *n*
**thyroglobulin** *n* (Physiol) / Thyreoglobulin *n*
**thyroid hormone** (Biochem) / Schilddrüsenhormon *n* (Thyroxin und Triiodthyronin), Thyroidhormon *n*
**thyroid-stimulating hormone** (Biochem, Med) / thyreotropes Hormon, Thyreotropin *n*, thyreoidstimulierendes Hormon, TSH, Thyrotropin *n*, Thyrotrophin *n*
**thyroliberin** *n* (Biochem, Med) / Thyrotropin-Releasing-Hormon *n*, Thyroliberin *n*, TRH (Thyrotropin-Releasing-Hormon)
**thyronine** *n* (Biochem, Med) / Thyronin *n* (ein Schilddrüsenhormon)
**thyrostatic** *n* (Pharm) / Thyreostatikum *n* (pl. -tika) (das die Schilddrüsenfunktion hemmt)
**thyrotrophin** *n* (Biochem, Med) / thyreotropes Hormon, Thyreotropin *n*, thyreoidstimulierendes Hormon, TSH, Thyrotropin *n*, Thyrotrophin *n*
**thyrotropic hormone** (Biochem, Med) / thyreotropes Hormon, Thyreotropin *n*, thyreoidstimulierendes Hormon, TSH, Thyrotropin *n*, Thyrotrophin *n* ‖ ~ **hormone-releasing factor** (Biochem, Med) / Thyrotropin-Releasing-Hormon *n*, Thyroliberin *n*, TRH (Thyrotropin-Releasing-Hormon)
**thyrotropin** *n* (Biochem, Med) / thyreotropes Hormon, Thyreotropin *n*, thyreoidstimulierendes Hormon, TSH, Thyrotropin *n*, Thyrotrophin *n*
**thyrotropin-releasing hormone** (Biochem, Med) / Thyrotropin-Releasing-Hormon *n*, Thyroliberin *n*, TRH (Thyrotropin-Releasing-Hormon)
**thyroxine** *n* (Biochem, Med) / $T_4$, Thyroxin *n* (ein Schilddrüsenhormon) Tetraiod-L-Thyronin *n*
**THz** (terahertz) (Elec) / Terahertz *n*, THz ($10^{12}$ Hz), Fresnel *n* (veraltete Einheit)
**Ti** (titanium) (Chem) / Titan *n*, Ti (Titan), Titanium *n*
**tiama** *n* (For) / Tiama-Mahagoni *n*, Tiama *n* (aus Entandrophragma angolense (Welw.) C. DC.), Edinam *n*, TIA (Tiama-Mahagoni)
**TIAS** *n* (true indicated airspeed) (Aero) / wahre/angezeigte Fluggeschwindigkeit
**Tibet cloth** (Textiles) / Tibet *m* (ein weicher Kleiderstoff aus dem Haar der Kaschmirziege oder als Imitat aus feinem Wollkammgarn) ‖ ~ **wool** (Textiles) / Tibet *m* (pl. -e) (eine Reißwollqualität aus ungewalkten Tuchen), Thybet-Reißwolle *f* (aus neuen Stoffen, insbesondere aus den Abfällen der Kleidungsfabrikation), Tybet *m*
**TiBP** (triisobutyl phosphate) (Chem) / Triisobutylphosphat *n*, TiBP (Triisobutylphosphat)
**TIC** (total ion current) (Chem) / Totalionenstrom *m* ‖ ~ (total inorganic carbon) (San Eng) / Total Inorganic Carbon *n*, gesamter anorganisch gebundener Kohlenstoff, gesamtinorganischer Kohlenstoff
**tick** *v* / ticken *v* ‖ ~ / abhaken *v* (bei Vergleich, Nachprüfung) ‖ ~ *n* (Cartography) / Passermarke *f* ‖ ~ (a parasitic arachnid) (Med, Zool) / Holzbock *m* (gemeiner), Waldzecke *f* (Ixodes ricinus), Zecke *f* ‖ ~ (Telecomm) / Ton *m* eines Zeitzeichens ‖ ~ (Textiles) / Inlettstoff *m* (sehr dichtes, echtfarbiges, meist köperbindiges Baumwollgewebe, auch die daraus hergestellte Hülle zur Aufnahme von Federn und Daunen für Betten und Kissen), Inlett *n*, Bettdrell *m*
**ticker** *n* (Elec) / Ticker *m*, Schwingungshammer *m* ‖ ~* (Teleg) / Börsentelegraf *m*, Börsen-Streifendrucker *m*, Streifendrucker *m* (z.B. für die Börse) ‖ ~ (Teleph) / Tickerzeichen *n* (Warteton)
**ticket** *v* / mit Preisschildern versehen ‖ ~ *n* (Aero) / Ticket *n* (pl. -s), Flugschein *m* ‖ ~ (an official notice of a traffic offence) (Autos) / Strafzettel *m* (bei Verkehrsverstößen), Strafmandat *n* ‖ ~ (Comp) / Abrisskarte *f*, Kurzlochkarte *f*, perforierte Karte ‖ ~ **board** (with safety or antifalsification features) (Paper) / Fahrkartenpappe *f* ‖ ~ **counter** (Aero) / Ticketschalter *m*
**ticket-dating by machine** / automatische Fahrscheinentwertung
**ticketing** *n* (Teleph) / Festhalten *n* der Gesprächsdaten
**ticket-issuing device** (Rail) / Fahrkartenausgabemaschine *f* (DIN 24 970), Fahrscheinautomat *m*
**ticket machine** (Rail) / Fahrkartenausgabemaschine *f* (DIN 24 970), Fahrscheinautomat *m* ‖ ~ **tax** (Aero) / Flugscheinsteuer *f*
**ticking** *n* (repetitive impulsive clinking noise) (Acous) / Ticken *n* (schnelle, meistens gleichmäßige Aufeinanderfolge von kurzen, hellen, leicht metallisch klingenden Tönen) ‖ ~ (Textiles) / Drell *m*, Drillich *m*, Zwillich *m*, Zwilch *m* ‖ ~ (Textiles) / Inlettstoff *m* (sehr dichtes, echtfarbiges, meist köperbindiges Baumwollgewebe, auch die daraus hergestellte Hülle zur Aufnahme von Federn und Daunen für Betten und Kissen), Inlett *n*, Bettdrell *m* ‖ ~ **tone** (Teleph) / Tickerzeichen *n* (Warteton)
**tickler coil** (Electronics) / Rückkopplungsspule *f* im Anodenkreis ‖ ~ **machine** (Weaving) / Deckmaschine *f*
**tick mark** (Comp, Typog) / Hochkomma *n* ‖ ~ **off** *v* / abhaken *v* (bei Vergleich, Nachprüfung) ‖ ~ **over** / leer laufen *v*
**tickover** *n* (Eng) / Leerlauf *m* (mit niedrigster Drehzahl) ‖ ~ (I C Engs) / Leerlauf *m* (Vorgang)
**ticks** *pl* (Zool) / Zecken *f pl* (auffallend große Milben - Ektoparasiten an Wirbeltieren), Ixodida *pl*
**TICT** (twisted intramolecular charge transfer) (Chem) / intramolekularer Ladungstransfer mit Verdrillung um die CN-Bindung (zur Stabilisierung), TICT-Zustand *m*, Twisted-Intramolecular-Charge-Transfer *m*
**TID** (touch input device) (Comp) / Tasteingabevorrichtung *f*
**tidal** *adj* (Ocean) / Gezeiten- ‖ ~ **tide** (a basin for boats which is accessible or navigable only at high tide) (Ocean) / Tidebecken *n*, Flutbecken *n* ‖ ~ **bore** (Hyd Eng) / Schwallwelle *f* (durch die Tide hervorgerufen) ‖ ~ **current** (the upstream current generated in narrow channels and shallow estuaries with the rise of the tide) (Ocean) / Gezeitenstrom *m*, Gezeitenströmung *f*
**tidal-current ellipse** (Ocean) / Gezeitenstromellipse *f*
**tidal curve** (Ocean) / Tidekurve *f* (Ausschnitt der Gezeitenkurve zwischen zwei Niedrigwassern) ‖ ~ **dock** (which has no gates, so that the water level inside is the same as that of the outside tides) (Ships) / Tidebecken *n* ‖ ~ **energy** (Ocean) / Energie *f* von Ebbe und Flut, Gezeitenenergie *f* ‖ ~ **fall** (Ocean) / Tidenfall *m* ‖ ~ **flat** (Geol) / Gezeitenmarsch *f*, Wattboden *m* ‖ ~ **flood** (Meteor, Ocean, Ships) / Sturmflut *f* (an Meeresküsten und Tidenflüssen) ‖ ~ **flow** (Autos) / dem Verkehrsstrom angepasstes System der Verkehrsführung ‖ ~ **friction*** (Astron, Hyd Eng) / Gezeitenreibung *f* (die Reibung der durch die Gezeiten bewegten Wassermassen der Erde) ‖ ~ **gate** (Hyd Eng, Ocean) / Fluttor *n*, Gezeitentor *n* ‖ ~ **lift** (Ocean) / Tidenhub *m* (Höhendifferenz zwischen Hoch- und Niedrigwasser), Tidehub *m*, Gezeitenhub *m* (Mittel aus Tidenstieg und Tidenfall) ‖ ~ **limit** (Ocean) / Tidegrenze *f* (Einflussgrenze der Gezeiten und der Gezeitenströme in Flüssen) ‖ ~ **marsh** (Geol) / Gezeitenmarsch *f*, Wattboden *m* ‖ ~ **mud** (drained) (Geol) / Klei *m* (entwässerter Schlick in den Marschen) ‖ ~ **outlet** (Ocean) / Priel *m* (schmaler Wasserlauf im Watt) ‖ ~ **power** (Ocean) / Energie *f* von Ebbe und Flut, Gezeitenenergie *f* ‖ ~ **power plant** (Elec Eng, Ocean) / Gezeitenkraftwerk *n* ‖ ~ **power station** (Elec Eng, Ocean) / Gezeitenkraftwerk *n* ‖ ~ **race** (Ocean) / Gezeitenstrom *m*, Gezeitenströmung *f* ‖ ~ **range** (difference in altitude between high and low tidal surface) (Ocean) / Tidenhub *m* (Höhendifferenz zwischen Hoch- und Niedrigwasser), Tidehub *m*, Gezeitenhub *m* (Mittel aus Tidenstieg und Tidenfall) ‖ ~ **rise** (Ocean) / Tidenstieg *m* ‖ ~ **river** (a river whose lower part for a considerable distance is influenced by the tide of the body of water into which it flows) (Hyd Eng, Ocean) / Tidenfluss *m*, Gezeitenfluss *m* ‖ ~ **silts** (Geol, Ocean) / Wattenschlick *m* (Ocean, Ships) / Gezeitenfall *f* (Ergebnisse der Gezeitenvorausberechnung) ‖ ~ **volume*** (Physiol) / Atemvolumen *n*, Atemzugvolumen *n* ‖ ~ **wave** (Ocean) / Gezeitenwelle *f*
**tide*** *n* (Astron, Ocean, Ships) / Tide *f* (der Ablauf der Gezeiten zwischen den beiden benachbarten Niedrigwassern) ‖ ~ **gate** (Hyd Eng, Ocean) / Fluttor *n*, Gezeitentor *n* ‖ ~ **gauge*** (Ocean, Surv) / Tidemesser *m*, Gezeitenpegel *m*, Flutmesser *m*
**tide-generating** *adj* (Ocean) / gezeitenerzeugend *adj* (Kraft)
**tideland** *n* (US) (Ocean) / Watt *n* (pl.-en) (seichter Streifen des Meeresbodens, der bei Ebbe ganz oder teilweise trocken liegt - besonders an der Nordsee)
**tidelands** *pl* (US) (Ocean) / Watt *n* (pl.-en) (seichter Streifen des Meeresbodens, der bei Ebbe ganz oder teilweise trocken liegt - besonders an der Nordsee)
**tide prediction** (Ocean, Ships) / Gezeitenvorausberechnung *f* ‖ ~ **rips** (Ocean, Ships) / Gezeitenkräuselung *f* (Logbuchstabe T.) ‖ ~ **table** (Ocean, Ships) / Gezeitentafel *f* (Ergebnisse der Gezeitenvorausberechnung)
**tidewater energy** (Ocean) / Energie *f* von Ebbe und Flut, Gezeitenenergie *f*
**tideway** *n* (a channel in which a tide runs, especially the tidal part of a river) (Hyd Eng, Ocean, Ships) / Gezeitenstrecke *f*
**tie** *v* / schnüren *v* (Paket), zuschnüren *v* (Paket) ‖ ~ / binden *v*, abbinden *v* ‖ ~ (into bundles or bunches) / bündeln *v* (zusammenschnüren) ‖ ~ (Textiles) / verschnüren *v*, binden *vt*, anbinden *v*, knüpfen *v* ‖ ~ (Weaving) / anknüpfen *v*, einknüpfen *v*, anschnüren *v* ‖ ~ (with tie bands) (Weaving) / abbinden *v* (Garnstränge), fitzen (Garnstränge mit Fitzbändern unterbinden), strängen *v* ‖ ~ *n* (Build, Carp) / Dachbalken *m* (eines Sparrendachs) ‖ ~* (Build, Eng) / zugbeanspruchtes Element, Zugglied *n* ‖ ~ (Carp) / Zange *f* (bei einem Pfettendach) ‖ ~ (Comp) / Steg *m* (Perforation)

1638

~ (Mining) / Kappe f (beim Rahmenausbau) ‖ ~* (US) (Rail) / Gleisschwelle f, Eisenbahnschwelle f (Teil des Eisenbahnoberbaus), Querschwelle f, Schwelle f
**tie-and-dye** n (Textiles) / Bandanatechnik f (zur Erzielung von Batikeffekten), Bandhanatechnik f, Tie Dyeing n, Knotenfärbung f (beim Knüpfbatik)
**tieback** n (Weaving) / Spannstelle f
**tie bag** / Knotenbeutel m ‖ ~ **band** (Spinning) / Fitzband n, Fitzfaden m (durch den ein Strang während des Haspelns in Gebinde unterteilt abgebunden worden ist) ‖ ~ **bar** (Build, Civ Eng) / Ankerstab m (für Spannbeton) ‖ ~ **bar** (Eng) / warmliegende Bandage (Versteifung der Kesselwand), heiße Bandage ‖ ~ **bar** (Geol) / Sandbarre f zwischen einer Insel und dem Festland, Inselnehrung f, Tombolo m
**tie-bar** n (Civ Eng) / Anker m (der ein Öffnen der Längsfugen und Abwandern der Platten verhindern soll - bei Betonfahrbahndecken)
**tie-beam*** n (Build, Carp) / Spannbalken m (z.B. eines Hängewerksdachs)
**tie-beam*** n (Build, Carp) / Zugband n, Zuganker m
**tie-beam*** n (at the wall-plate level) (Build, Carp) / Dachbalken m (eines Sparrendachs)
**tie-beam** n (Carp) / Zange f (bei einem Pfettendach)
**tie clip microphone** (Acous) / Ansteckmikrofon n (Krawatte) ‖ ~ **clip mike** (Acous) / Ansteckmikrofon n (Krawatte)
**tied** adj / zweckgebunden adj (z.B. Kredit) ‖ ~ (owned by a brewery and bound to supply the products produced or specified by that brewery) (Brew, Nut) / an eine bestimmte Brauerei gebunden (Gaststätte) ‖ ~ **arch** (Arch) / Bogenträger m mit Zugband ‖ ~ **carpet** (Textiles) / Knüpfteppich m ‖ ~ **foundry** (Foundry) / Gießerei f für Eigenbedarf ‖ ~ **letters*** (Typog) / Ligatur f (zwei oder mehrere auf einer Drucktype oder einer Setzmaschinenmatrize vereinigte Buchstaben)
**tie down** v (Autos) / zurren v, verzurren v
**tie-down strap** (Autos) / Zuggurt m, Verzurrgurt m, Zurrgurt m ‖ ~ **straps** (Autos) / Gepäckspinne f
**tied to ground** (Build, Eng) / bodenverankert adj
**tie-dyed batik** (Textiles) / Knüpfbatik m, Abbindebatik m
**tie-dyeing** n (Textiles) / Bandanatechnik f (zur Erzielung von Batikeffekten), Bandhanatechnik f, Tie Dyeing n, Knotenfärbung f (beim Knüpfbatik)
**tie in** v (with) / passen v (zu etwas)
**tie-in book** / Buch n zu einem Film (zu einer Fersehserie usw.)
**tie iron** (Build) / Maueranker m (bei Schalenmauern), Mauerschließe f, Zugschließe f (bei Schalenmauern) ‖ ~ **line** (Met) / Konode f (in Phasendiagrammen - Verbindungslinie zwischen zwei Punkten, die die Zusammensetzung von zwei im Gleichgewicht befindlichen Phasen angibt) ‖ ~ **line** (in a phase diagram) (Phys) / Verbindungsgerade f (in einem Phasendiagramm), Verbindungslinie f (in einem Phasendiagramm) ‖ ~ **line*** (Teleph) / Querverbindung f, Querverbindungsleitung f ‖ ~ **line** (Teleph) / Querleitung f, QL (Querleitung)
**tiemannite** n (Min) / Selenquecksilber n, Tiemannit m (Quecksilber(II)-selenid)
**tie member** (Build, Eng) / zugbeanspruchtes Element, Zugglied n
**tie-on label** / Etikette f, Bezeichnungsschild n, [Klebe-, Anhänge-]Zettel m, Etikett n, Anhänger m
**tie plate** (Rail) / Unterlagsplatte f (zwischen Schwelle und Schiene)
**tier** v / übereinanderschichten v, aufeinanderschichten v, aufschichten v (stapeln) ‖ ~ n (Arch) / Sitzreihenetage f (in einem Amphitheater, in einem Theater) ‖ ~ (US) (Build) / Schale f (einer Schalenmauer), Mauerwerksschale f (eines zweischaligen Mauerwerks), Wandfläche f (einer Hohlwand), Wandschale f (einer Hohlwand) ‖ ~ (Elec Eng) / Etage f (Schaltschrank) ‖ ~ (Mil) / Staffel f (in dem Mehrfach-Flugkörperabwehrsystem)
**tierceron** n (rib rising from one of the main springing-points to a position on the ridge-rib) (Arch) / Nebenrippe f, Tertiärrippe f (z.B. bei einem Sterngewölbe)
**tiered array** (Radio) / Antennenkombination f mit vertikal angeordneten Einzelantennen
**tie-ridge** n (Agric) / Furchenrain m (beim Pflügen nicht erfasster Streifen)
**tiering** n / Einstapeln n, Stapeln n (standsicheres Übereinanderstellen von Stückgütern als spezielle Lagerungsart), Stapelung f, Aufstapeln n
**tie rod** (Autos) / Spurstange f (Bauelement zur Übertragung der Lenkkraft und der Lenkbewegung auf die Räder) ‖ ~ **rod*** (Mech) / gezogener Stab, Zugstab m ‖ ~ **shoe** / Schnürschuh m, Bindeschuh m
**Tietze extension theorem** (Maths) / Tietze'scher Erweiterungssatz (nach H.F.F. Tietze, 1880 - 1964)
**tie-up** (directions for weaving) (Weaving) / Stuhlzettel m (Hebeplan der Kettfäden)

**tie up** v / schnüren v (Paket), zuschnüren v (Paket) ‖ ~ **up** (Weaving) / gallieren v ‖ ~ **up** (Weaving) / einbinden v
**tie-up** n (Weaving) / Gallierung f (Beschnürung, als Harnischeinzug zur Webereivorbereitung zählend), Harnischgallierung f, Harnischschnürung f
**tie wall*** (Arch) / aussteifende Wand, Aussteifwand f ‖ ~ **wire** (Civ Eng) / Rödeldraht m (Verbindungsmittel für das Verknüpfen von Bewehrung) ‖ ~ **wire** (Elec Eng) / Bandagendraht m ‖ ~ **wire*** (Elec Eng, Electronics) / Bindedraht m
**TIF*** (telephone interference factor) (Teleph) / Fernsprechstörfaktor m, Fernsprechformfaktor m
**TIFF** (tagged image file format) (Comp) / TIFF-Format n, TIFF n (von Aldus entwickelter, erweiterter Standard für die Beschreibung und Speicherung von Rasterbildern), TIF-Format n (Dateiformat zum Speichern von digitalen Bildern mit Graustufen oder in Farbe, mit oder ohne Komprimierung)
**tiffany** n (gauze) (Textiles) / Mull m (dünnes, weitmaschiges Baumwollgewebe), Gaze f (Verbandmull) ‖ ~ **glass** (Glass) / Tiffany-Glas n (nach L.C. Tiffany, 1848 - 1933) ‖ ~ **glass** (Glass) s. also Favrile glass ‖ ~ **technology** (Glass) / Tiffany-Technik f (Herstellung von Lampen, Glasbildern und Gewächshäusern)
**Tiffeneau rearrangement** (Chem) / Tiffeneau-Umlagerung f, Demjanow-Reaktion f
**TIFF file** (Comp) / TIFF-Datei f
**TIG*** (tungsten inert-gas welding) (Welding) / WIG-Schweißen n, Wolfram-Inertgas-Schweißen n (Schutzgas-Lichtbogenschweißen mit einem Edelgas als Schutzgas und nicht abschmelzender Elektrode aus Wolfram), WSG (Wolframschutzgasschweißen), Wolframschutzgasschweißen n
**tige** n (Arch) / Schaft m, Säulenschaft m
**tiger** v (Textiles) / aufrauen v, rauen v (Tuch) ‖ ~'s **eye** (Min) / Tigerauge n (ein Schmuckstein - verquarzter Krokydolith)
**tiger-skin plush** (Textiles) / Tigerplüsch m
**tight** adj / schwergängig adj (Lenkung, Kupplung) ‖ ~ (free from leaks according to a given specification) / dicht adj (nicht leck), leckagefrei adj ‖ ~ / straff adj, gespannt adj ‖ ~ / pünktlich adj (Sendung, die die vorgegebene Zeit einhält) ‖ ~ / festsitzend adj, fest adj ‖ ~ (Eng) / eng adj (Toleranz) ‖ ~ **back** (Bind) / fester Buchrücken, fester Rücken (als Gegensatz zu hohlem Rücken), Rücken m ohne Rückenstreifen, angeklebter Rücken ‖ ~ **backbone** (Bind) / fester Buchrücken, fester Rücken (als Gegensatz zu hohlem Rücken), Rücken m ohne Rückenstreifen, angeklebter Rücken ‖ ~ **binding** (Nuc, Phys) / starke Kopplung, feste Kopplung
**tight-binding approximation** (Nuc, Phys) / Näherung f mit starker Kopplung (bei der Berechnung der Bandstruktur) ‖ ~ **model*** (Nuc, Phys) / Modell n mit starker (fester) Kopplung
**tight close-up** (Cinema) / Ganzgroßaufnahme f ‖ ~ **close-up** (Cinema) / Makroaufnahme f, knappe Nahaufnahme f ‖ ~ **coupling*** (Elec Eng) / enge Kopplung ‖ ~ **coupling** (Nuc, Phys) / starke Kopplung, feste Kopplung ‖ ~ **cure** (Chem Eng) / Ausvulkanisieren n
**tight-edged reel*** (Paper, Print) / deformierte Papierrolle (an den Kanten)
**tighten** v / spannen vt, straff ziehen, straffen v ‖ ~ vt (Eng) / festziehen v (z.B. eine Mutter), anziehen vt (fest - eine Mutter) ‖ ~ **by hand** (Eng) / handfest anziehen (Schraube)
**tight end** (Weaving) / Spannfaden m in Kettrichtung, Spannkette f (Webfehler)
**tightener** n (Eng) / Spanner m (Riemen-, Ketten-) ‖ ~ (Eng) / Aufziehvorrichtung f
**tightening friction** (Eng) / Anzugsreibung f (bei der Mutter) ‖ ~ **key** (Eng) / Gegenkeil m (im Allgemeinen) ‖ ~ **pulley** (Eng) / Spannrolle f (des Riementriebs)
**tighten up** v (Cinema) / zusammenschneiden v (eine Kopie)
**tight filling** (Weaving) / Spannfaden m in Schussrichtung, Spannschuss m (Webfehler) ‖ ~ **fit** (Eng) / Haftsitz m (Übergangspassung) ‖ ~ **fit** (Eng) / Treibsitz m, TS (Treibsitz)
**tight-fitting** adj (Textiles) / eng anliegend adj, hauteng adj, stark tailliert, knapp sitzend
**tight grain** (Leather) / fester Narben, anliegender Narben ‖ ~ **ion pair** (Chem) / Kontaktionenpaar n (durch Lösemittel nicht trennbar) ‖ ~ **knot** (For) / fester Ast (im Holz) ‖ ~ **knot** (For) / Grünast m, grüner Ast ‖ ~ **knot** (For) s. also intergrown knot
**tightly adherent** / festhaftend adj ‖ ~ **twisted** (Textiles) / hart gedreht adj, fest gezwirnt adj
**tight mill** (Met) / engestelltes Walzwerk
**tightness** n / Straffheit f ‖ ~ (Eng) / Dichtheit f, Dichtigkeit f ‖ ~ **check** (Eng) / Dichtheitsprüfung f (DIN EN 1330-8), Dichtigkeitsprüfung f, Lecktest m (Dichtheitsprüfung), Lecksuche f ‖ ~ **of grain** (Leather) / Festnarbigkeit f, Narbenfestigkeit f
**tight pick** (Weaving) / Spannfaden m in Schussrichtung, Spannschuss m (Webfehler) ‖ ~ **roll** (Paper, Print) / hart gewickelte (feste) Rolle
**tight-rope limit switch** (Elec Eng, Eng) / Straffseilschalter m

**tight running**

**tight running fit** (Eng) / enger Laufsitz
**tights** *pl* (Textiles) / Strumpfhose *f*
**tight sheathing** (Carp) / Spundschalung *f* (genagelte) ‖ ~ **side** (Eng) / Lasttrum *m n* (des Riemengetriebes) ‖ ~ **side** (Eng) / oberer Trum (als konstruktiver Teil des Bandförderers), Arbeitstrum *m* (bei Angabe des Abstands der Tragrollen), auflaufender Trum (bei der Analyse der an den Umlenkrollen wirkenden Kräfte) ‖ ~ **side** (For) / geschlossene (= linke) Seite (des Rundschäl- oder Messerfurniers) ‖ ~ **split** (For) / nicht klaffender Riss (bei Rundholz und Furnieren) ‖ ~ **spot** (Spinning) / geschlossene Stelle ‖ ~ **stacking** (For) / Stapeln *n* ohne Stapellatten (Holz ohne Zwischenräume) ‖ ~ **strand** (Eng) / Zugseite *f* (einer Kette, eines Riemens) ‖ ~ **strand** (Eng) / oberer Trum (als konstruktiver Teil des Bandförderers), Arbeitstrum *m* (bei Angabe des Abstands der Tragrollen), auflaufender Trum (bei der Analyse der an den Umlenkrollen wirkenden Kräfte) ‖ ~ **warp** (Weaving) / Spannfaden *m* in Kettrichtung, Spannkette *f* (Webfehler) ‖ ~ **weave** (Textiles) / dichtes Gewebe, fest eingestelltes Gewebe, dichtgeschlagenes Gewebe ‖ ~ **weft** (Weaving) / Spannschuss *m*, Schussspanner *m* ‖ ~ **winding** (Paper) / klanghartes Aufwickeln, dichtes Aufwickeln
**tiglic acid** (Chem) / Tiglinsäure *f* (eine Methyl-2-butensäure)
**tigonin** *n* (Chem) / Tigonin *n* (ein Steroidsaponin)
**TIG welding** (tungsten inert-gas welding) (Welding) / WIG-Schweißen *n*, Wolfram-Inertgas-Schweißen *n* (Schutzgas-Lichtbogenschweißen mit einem Edelgas als Schutzgas und einer nicht abschmelzenden Elektrode aus Wolfram, WSG (Wolframschutzgasschweißen), Wolframschutzgasschweißen *n*
**TII** / Europäische Vereinigung für den Transfer industrieller Information (der EU)
**tikor** *n* (Nut) / Kurkumastärke *f*, Ostindisches Arrowroot (aus Curcuma angustifolia Roxb.), Curcumastärke *f*, Malabar-Arrowroot *n*, Tikormehl *n*, Shotistärke *f*
**tilde** *n* (Typog) / Tilde *f* (ein diakritisches Zeichen im Spanischen und im Portugiesischen, ein lexikografisches Zeichen nach DIN 2336)
**tile** *v* (Build) / mit Ziegeln decken ‖ ~ (Build) / Fliesen legen, mit Fliesen auslegen, kacheln *v* ‖ ~ (Comp) / nebeneinander anordnen (Fenster) ‖ ~ (Maths) / parkettieren *v*, kacheln *v* ‖ ~* *n* (Build) / Dachziegel *m* (DIN 456) ‖ ~* (Build) / Fliese *f*, Kachel *f* ‖ ~* (TV) / monochromer Mosaikeffekt ‖ ~* (Build) s. also agricultural drain
**tile-and-a-half tile*** (Build) / eineinhalbfacher Dachziegel ‖ ~ **tile*** (Build) s. also verge tile
**tile creasing*** (Build) / Wandkopfabdichtung *f* (aus Dachziegeln)
**tile-cutting jig** (Tools) / Fliesenschneidmaschine *f* ‖ ~ **machine** (Tools) / Fliesenschneidmaschine *f*
**tiled display** (Comp) / gekachelter Bildschirm ‖ ~ **valley** (Build) / Dachkehle *f* mit Kehlziegeln ‖ ~ **windows** (arrangement of windows which do not overlap) (Comp) / nebeneinander angeordnete Fenster
**tile hanging*** (wall-finish of hung tiles) (Build) / Verblendung *f* (von Außenseiten der Backsteinbauten), Verkleidung *f* (von Mauern) ‖ ~ **hanging** (Build) / Dachziegelwandverkleidung *f* ‖ ~ **hanging*** (Build) / Plattenwandverkleidung *f*, Wandplattenverkleidung *f* ‖ ~ **option** (Comp) / Tiling *n* ‖ ~ **ore*** (Min) / Ziegelerz *n* (Rotkupfererz als Verwitterungsprodukt, insbesondere von Kupferkies, gemengt mit pulverigem Limonit)
**tiler** *n* (Build) / Dachdecker *m* ‖ ~ (Build) / Fliesenleger *m*
**tile-red** *adj* / terrakottafarben *adj*, terrakotta *adj*, ziegelrot *adj*
**tiler work** (Build) / Fliesenarbeiten *f pl*
**tiling** *n* (Build) / Wandbelag *m* (Platten, Fliesen) ‖ ~ (Build) / Fliesenlegen *n* ‖ ~ (Build, Ceramics) / Fliesenbelag *m* ‖ ~ (Comp) / Tiling *n* ‖ ~ (Maths) / Parkettierung *f*, Kachelung *f*, Überdeckung *f* der Ebene (überlappungsfreie vollständige - mit regulären Vielecken) ‖ ~ **batten*** (Carp) / Dachlatte *f* (die auf den Sparren aufliegt und die Dachdeckung trägt)
**till** *v* (Agric) / bebauen *v*, bewirtschaften *v*, bestellen *v*, bearbeiten *v* (Boden) ‖ ~ *n* / Geldschub *m* (in den Kassenterminals) ‖ ~* (Geol) / Geschiebelehm *m*, Blocklehm *m* ‖ ~* (Geol) / Till *m* (abgelagerter Gesteinsschutt)
**tillage** *n* (Agric) / Bodenbearbeitung *f*, Bodenbestellung *f* ‖ ~ (Agric) / bestelltes Land, Kulturboden *m*, bearbeiteter Boden ‖ ~ **equipment** (Agric) / Bodenbearbeitungsgeräte *n pl*, Ackergeräte *n pl* ‖ ~ **implements** (Agric) / Bodenbearbeitungsgeräte *n pl*, Ackergeräte *n pl*
**tillandsia fibre** (Textiles) / Tillandsiafaser *f* (z.B. Spanisches Moos, Baumhaar, Louisianamoos)
**tilled land** (Agric) / bestelltes Land, Kulturboden *m*, bearbeiteter Boden ‖ ~ **stove** (a storage heater) / Kachelofen *m* (ein Speicherofen)
**tiller** *n* (Agric) / Trieb *m* (einer Getreidepflanze) ‖ ~ (Agric) / Rotorfräse *f*, Bodenfräse *f*, Ackerfräse *f* (ein Bodenbearbeitungsgerät) ‖ ~ (Eng) / Deichsel *f* (zur Lenkung des Flurförderzeugs) ‖ ~ (Ships) / Pinne *f* (waagerechter Hebel zum Bedienen des Steuerruders auf Booten), Ruderpinne *f* ‖ ~ **flat** (Ships) / Rudermaschinenraum *m*
**tillering** *n* (Agric) / Bestockung *f* (von Getreide)

**tilleul** *n* / Lindgrün *n* ‖ ~ (For) / Linde *f* (Tilia L.)
**tilleul-green** *n* / Lindgrün *n*
**tilling harrow** (Agric) / Ackeregge *f*, Grobegge *f* (meistens mit Vierkantzinken)
**tillite*** *n* (Geol) / Tillit *m* (Geschiebemergel oder verfestigter Geschiebelehm) ‖ ~* (Geol) s. also boulder clay
**till management** (Comp) / Kassenverwaltung *f* (in der Bank)
**Tillman's equilibrium** / Kalk-Kohlensäure-Gleichgewicht *n* (eines karbonatharten Wassers nach DIN 38404, T 10) ‖ ~ **reagent** (Chem) / Tillmans Reagens (2,6-Dichlorphenol-indophenol-natrium)
**til oil** (Nut) / Sesamöl *n* (von Sesamum indicum L.), Gergelöl *n*, Gingelyöl *n*
**tilt** *v* / verkanten *v*, kanten *v* ‖ ~ (Civ Eng) / tilten *v* (den Schild quer neigen), verschwenken *v* (den Schild des Dozers) ‖ ~ (Eng) / abkippen *v* (eine Schraube verbiegen) ‖ ~ *vi* (in a lateral direction) / kippen *v*, neigen *v*, schräg stellen ‖ ~ *n* / Kippen *n*, Neigen *n*, Schrägstellen *n* (Kippen) ‖ ~ (Eng) / Verkantung *f* ‖ ~ (Aero, Surv) / Querneigung *f* (Drehung der Kamera um die Längsachse des Luftfahrzeugs) ‖ ~ (Cinema) / Senkrechtschwenkung *f*, Vertikalschwenk *m*, senkrechter Schwenk, Tilt *m* ‖ ~ (Telecomm) / Dachschräge *f* (eines Impulses - negative, positive)
**tiltable** *adj* / kippbar *adj*, neigbar *adj* ‖ ~ **barrel** (for polishing) (Surf) / Glockenapparat *m* (zum Polieren von schüttfähigen Massenartikeln) ‖ ~ **screen** (Comp) / neigbarer Bildschirm
**tilt-and-swivel screen** (Comp) / kipp- und drehbarer Bildschirm, neig- und schwenkbarer Bildschirm
**tilt angle** (Aero, Surv) / Querneigungswinkel *m* ‖ ~ (**grain**) **boundary** (Crystal) / Neigungskorngrenze *f* (bei der die Drehachse in der Korngrenzenfläche liegt), Kippgrenze *f* (eine Kleinwinkelkorngrenze mit einer vertikalen Aneinanderreihung von äquidistanten Stufenversetzungen)
**tilt-dozer** *n* (Civ Eng) / Planierraupe *f* mit heb- und senkbarem Schild, Tiltdozer *m*
**tilted** *adj* / schräggestellt *adj*, schief *adj* ‖ ~ **bottle** (Glass) / schiefe Flasche (mit der Achsabweichung) ‖ ~ **cable plane** (Civ Eng) / geneigte Seilebene (einer Schrägseilbrücke) ‖ ~ **position** / Schräglage *f*, Schrägstellung *f*, Schiefstellung *f*
**tilter** *n* (Eng, Mining) / Kipper *m* (Kreis- und Roll-, Zweiseiten- usw.), Wagenkippvorrichtung *f*, Kippvorrichtung *f* (zum Entleeren von normalen Förderwagen) ‖ ~ (Met) / Kantapparat *m*, Kantvorrichtung *f*, Kanter *m* (im Walzwerk)
**tilt error** / Kippfehler *m* (systematischer Fehler, der durch Kippbewegungen in den Führungsbahnen von Messgeräten entsteht) ‖ ~ **error** (Photog) / Neigungsfehler *m*
**tilth** *n* (Agric) / Kulturzustand *m* des Bodens ‖ ~ (Agric) / Bodenbearbeitung *f*, Bodenbestellung *f* ‖ ~ (Agric) / Ackerkrume *f*, Bodenkrume *f* (der Mutterboden des Ackers) ‖ ~ (Agric) / Ackergare *f* (Zustand eines Bodens in stabiler Krümelstruktur), Gare *f*, Bodengare *f* ‖ ~ (Agric) / bestelltes Land, Kulturboden *m*, bearbeiteter Boden
**tilt-hammer** *n* (Eng) / Hebelhammer *m*
**tilt head** (Cinema, Photog) / Neigekopf *m*, Neiger *m*, Kinoneiger *m*, Kameraneiger *m* (ölgelagerter Kamerastativkopf)
**tilthtop soil** (Agric) / Ackerkrume *f*, Bodenkrume *f* (der Mutterboden des Ackers)
**tilting** *n* / Kippen *n*, Neigen *n*, Schrägstellen *n* (Kippen) ‖ ~ / Verkantung *f* ‖ ~ (Eng, I C Eng) / Verkanten *n*, Ecken *n* ‖ ~ *adj* / schwenkbar *adj* (um einen Zapfen) ‖ ~ / kippbar *adj*, neigbar *adj* ‖ ~ **arbour** (For) / neigbare Sägenwelle (z.B. der Tisch-Kreissägemaschine) ‖ ~ **burner** (Eng) / Schwenkbrenner *m* ‖ ~ **device** (Civ Eng, Mining) / Tilteinrichtung *f* (hydraulisch betätigte Vorrichtung zum Verschwenken des Schildes einer Planierraupe) ‖ ~ **disk** (Eng) / Klappenteller *m* (z.B. bei Drosselklappen)
**tilting-drum mixer** (Civ Eng) / Kipptrommel-Betonmischer *m*, Kipptrommelmischer *m* (Entleeren durch Neigen der Trommelachse)
**tilting-duct VTOL** (Aero) / Kipptriebwerk-Flugzeug *n* (ein Senkrechtstarter)
**tilting edge** (Mech) / Kippkante *f* (bei der Berechnung der Standsicherheit)
**tilting-engine VTOL** (Aero) / Kipptriebwerk-Flugzeug *n* (ein Senkrechtstarter)
**tilting fillet*** (Carp) / Aufschiebling *m* (ein Ausgleichsstück, das den Übergang zwischen der Sparrenschräge und den überstehenden Enden der Dachbalken vermittelt) ‖ ~ **floor** (Brew) / Kipphorde *f* (in der Mälzerei) ‖ ~ **flume** (Hyd) / Kipprinne *f* (bei wasserbaulichen Modellen) ‖ ~ **furnace** / kippbarer Ofen, Kippofen *m* ‖ ~ **gate** (Hyd Eng) / Klapptor *n* (der Schleuse) ‖ ~ **head** (Cinema, Photog) / Neigekopf *m*, Neiger *m*, Kinoneiger *m*, Kameraneiger *m* (ölgelagerter Kamerastativkopf)
**tilting-head pump** (Eng) / Schrägachsenpumpe *f*

**tilting jet nozzle** (Aero, Mil) / Schwenkdüse f ‖ **~ level*** (Surv) / Kippregel f (DIN 18718) ‖ **~ level** (Surv) / Nivellierinstrument n mit Kippschraube (und Libelle) ‖ **~ moment** (Mech) / Kippmoment n (bei der Berechnung der Standsicherheit) ‖ **~ mould** (Foundry) / Kippform f ‖ **~ pad** (Eng) / Kippsegment n (eines Lagers)
**tilting-pad journal bearing** (Eng) / Radial-Kippsegmentlager n ‖ **~ thrust bearing** (Eng) / Axial-Kippsegmentlager n
**tilting-pan filter** (Chem Eng) / Prayon-Filter n (eine Nutsche)
**tilting propeller** (Aero) / Schwenkluftschraube f ‖ **~ table** (Met) / Wipptisch m (Einrichtung zur Übergabe des Walzgutes von einer Walzebene zu anderen bei Anstich und Auslauf an Dreiwalzengerüsten), Kipptisch m ‖ **~ train** (Rail) / Neigezug m (Eisenbahnzug mit computerunterstützter, gleisbogenabhängiger Wagenkastensteuerung, die mittels eines Fliehkraftausgleichs /Neigung der Reisezugwagen zur Innenseite/ auf kurvenreichen Strecken hohe Reisegeschwindigkeiten ermöglicht), Pendolino m ‖ **~ wing** (Aero) / Schwenkflügel m
**tilt over** v (Met) / im Kaliber umschlagen ‖ **~ pouring** (Foundry) / Kippgießen n ‖ **~ roof*** (Build, Civ Eng) / flaches Tonnendach
**tilt-rotor aircraft** (Aero) / Kipprotorflugzeug n (ein Senkrechtstarter), Schwenkrotorflugzeug n ‖ **~ VTOL** (Aero) / Kipprotorflugzeug n (ein Senkrechtstarter), Schwenkrotorflugzeug n
**tilts and swings** (Photog) / Verstellmöglichkeiten f pl (bei Fachkameras)
**tilt screen** (Comp) / neigbarer Bildschirm ‖ **~ sensor** / Neigungssensor m (bei dem die Winkelstellung, d.h. der Neigungswinkel eines Körpers, zur Positionserfassung ausgenutzt wird) ‖ **~ steering wheel** (Autos) / verstellbares Lenkrad
**tilt/swivel screen** (Comp) / kipp- und drehbarer Bildschirm, neig- und schwenkbarer Bildschirm
**tilt-tainer** n / Tiltcontainer m
**tilt-top** n (Cinema, Photog) / Neigekopf m, Neiger m, Kinoneiger m, Kameraneiger m (ölgelagerter Kamerastativkopf) ‖ **~ container** / Open-Top-Container m, Tilt-Top-Container m, Oben-ohne-Container m
**tilt-type barrel** (for polishing) (Surf) / Glockenapparat m (zum Polieren von schüttfähigen Massenartikeln)
**tilt-up construction** (method) (Build) / Plattenaufrichtbauweise f, Tilt-up-Bauweise f
**tilt wing*** (Aero) / Kippflügel m
**tilt-wing aircraft** (Aero) / Kippflügelflugzeug n (ein Senkrechtstarter), Kippflügler m (ein Convertiplan) ‖ **~ VTOL** (Aero) / Kippflügelflugzeug n (ein Senkrechtstarter), Kippflügler m (ein Convertiplan)
**TIM** (triose phosphate isomerase) (Biochem) / Triosephosphatisomerase f, TIM (Triosephosphatisomerase)
**timber** v (Build, Civ Eng) / einschalen v, verschalen v (mit Schalbrettern) ‖ **~** (Civ Eng) / versteifen v (mit Holz), aussteifen v (mit Holz) ‖ **~** (Civ Eng, Mining) / ausbauen v, verbauen v ‖ **~** (Mining) / verzimmern v, auszimmern v, in Holz ausbauen, zimmern v ‖ **~** n (GB)* (For) / Holz n (Bauholz, Grubenholz) ‖ **~ age** (For) / Holzalter n ‖ **~ balance** (For) / Holzbilanz f (Aufkommen - Verbrauch)
**timber-breeding** adj (Zool) / holzbrütend adj
**timber brick*** (Build) / Dübelstein m (aus Holz), eingemauerter Holzklotz für Befestigungszwecke, Nagelblock m ‖ **~ bridge** (Arch, Carp) / Holzbrücke f (DIN 1074) ‖ **~ building** (Build) / Holzgebäude n ‖ **~ carrier** (Ships) / Holzfrachter m, Holzfrachtschiff n, Holztransportschiff n ‖ **~ column** (Carp, Civ Eng) / Holzpfeiler m (lotrechte Stütze) ‖ **~ compass** (For) / Fallrichtungsanzeiger m, Fällungskompass m ‖ **~ connector*** (Carp) / stählernes Verbindungsmittel (z.B. Stahllasche oder Stahldollen) ‖ **~ connector** (For) / Metalldübel m (für Dübelverbindungen im Holzbau) ‖ **~ construction** (Build) / Holzbau m (Bauwerk aus Holz), Holzbaukonsruktion f ‖ **~ construction** (Carp) / Zimmerwerk m ‖ **~ construction** (Carp) / Holzbauwerk n (DIN EN 594 und 595) ‖ **~ crop** (For) / Holzaufkommen n ‖ **~ cruiser** (For) / Taxator m, Forstschätzer m ‖ **~ defect** (For) / Fehler m des Holzes, Holzfehler m (im Allgemeinen)
**timber-destroying** adj (For, Zool) / holzzerstörend adj (Schädling, Pilz)
**timber drawer** (Mining) / Raubgerät n, Raubvorrichtung f ‖ **~ drawing** (Mining) / Rauben n des Ausbaus (im Untertagebetrieb)
**timbered** adj (For) / baumbestanden adj, mit Baumbestand, mit Bäumen bewachsen ‖ **~ construction** (Build) / Holzbau m (Bauwerk aus Holz), Holzbaukonsruktion f ‖ **~ construction** (Carp) / Zimmerverband m
**timberer** n (For, Mining) / Stempelsetzer m ‖ **~** (Mining) / Zimmerling m, Zimmerhauer m
**timber export** (For) / Holzausfuhr f, Holzexport m ‖ **~ floor** (Build) / Holzfußboden m (Bretter, Parkett) ‖ **~ floor** (Build, Carp) / Holzbalkendecke f, Holzdecke f ‖ **~ frame** (Build, Carp) / Holzrahmen m ‖ **~-framing** n (Build) / Fachwerkbauart f (mit hölzernem Stabwerk), Skelettbauart f (mit hölzernem Stabwerk)

**timber-getter** n (in Australia) (For) / Holzfäller m, Holzhacker m, Holzhauer m, Holzarbeiter m
**timber grader** (For) / Schnittholzsortiermaschine f ‖ **~ harvest** (For) / Holzernte f ‖ **~ import** (For) / Holzeinfuhr f, Holzimport m
**timber-importing country** (For) / Holzeinfuhrland n, Holzzuschussbedarfsland n
**timbering*** n (Civ Eng) / Verschalung f (der Baugrube), Verbau m (der Baugrube mit Brettern oder Bohlen nach DIN 18303), Ausschalung f, Einschalung f (Verbau) ‖ **~*** (Civ Eng, Mining) / Ausbau m (Stützelemente zum Offenhalten bergmännischer Hohlräume aus Metall, Beton, Holz oder Stein), Verbau m ‖ **~** (Mining) / Zimmerung f, Grubenzimmerung f, Grubenausbau m (mit Holz als Ausbaumaterial)
**timber insect** (Zool) / Holzinsekt n ‖ **~ in the rough** (For) / Rohholz n ‖ **~ in the round** (For) / Rundholz n (DIN EN 13 556)
**timberland** n (US) (For) / bewaldete Zone, Waldzone f, Waldland n, Waldgelände n (mit Nutzholz)
**timber-line** n (For) / Waldgrenze f (Linie, an der der Wald aufgrund von Klima- oder Bodenverhältnissen als geschlossenes Ganzes aufhört)
**timber-line*** n (For) s. also tree line
**timberman** n (pl. -men) (US) (For) / Holzfäller m, Holzhacker m, Holzhauer m, Holzarbeiter m ‖ **~** (pl. -men) (For, Mining) / Stempelsetzer m ‖ **~** (pl. -men) (Mining) / Zimmerling m, Zimmerhauer m
**timber measure** (For) / Holzmaß n ‖ **~ of commercial value** (For) / Nutzholz n ‖ **~ panelling** (Join) / Vertäfelung f (als Tätigkeit), Täfelung f (als Tätigkeit), Täfeln f ‖ **~ pile** (Civ Eng) / Holzpfahl m
**timber-preserving method** (For) / Einbringverfahren n (zum Auf- und Einbringen von Holzschutzmitteln nach DIN 52 175)
**timber scaffolder** (Build) / Holzgerüstbauer m (z.B. von Stangen- oder Leitergerüsten) ‖ **~ structure** (Carp) / Holzbauwerk n (DIN EN 594 und 595) ‖ **~ trade** (For) / Holzhandel m ‖ **~ trade and industry** (For) / Holzwirtschaft f, Holzindustrie f, Holzgewerke n pl ‖ **~ trailer** (For) / Langholzanhänger m
**timber-tree** n (For) / Nutzholzbaum m
**timber-truss bridge** (Civ Eng) / Holzfachwerkbrücke f
**timberwork** n (Build) / Holzkonstruktion f, Holzgebälk n
**timber-yard** n (For) / Holzlager n, Holzlagerplatz m, Holzplatz m
**timbre*** n (Acous) / Timbre n (Klangfarbe, besonders der Singstimme), Klangfarbe f (Anzahl und Stärke der Teiltöne nach DIN 1320)
**time*** n (Astron, Phys) / Zeit f (DIN 1301, T 1) ‖ **~** (Horol, Phys) / Uhrzeit f (EN 28 601) ‖ **~, dose and fractionation factor** (Radiol) / Fraktionierungsfaktor m, TDF-Faktor m ‖ **in due ~** / termingerecht adj ‖ **on ~** attr / termingerecht adj
**time-acquisition terminal** (Comp) / Zeiterfassungsterminal n
**time allowance** (Work Study) / Pufferzeit f ‖ **~ and zone meter** (Telecomm) / Zeitzonenzähler m, ZZZ (Zeitzonenzähler) ‖ **~ arrow** (Phys) / Zeitpfeil m
**time-assignment speech interpolation*** (Telecomm) / zeitmultiplexierte Sprachübertragung, TASI n (ein Zeitmultiplexverfahren bei transozeanischen Fernsprechkabeln und -satellitenverbindungen)
**time average** (Phys, Stats) / Zeitmittel n (der Mittelwert einer physikalischen Größe über zeitlich aufeinander folgende Zustände eines Systems), zeitliches Mittel ‖ **~-averaged** adj (Phys, Stats) / zeitlich gemittelt
**time-averaging process** (Spectr) / Time-Averaging-Verfahren n
**time axis** (Phys) / Zeitachse f ‖ **~ balance** / Zeitbilanz f
**time-bandwidth product** (Radar) / Zeit-Bandbreite-Produkt n
**time base*** (Electronics) / Zeitbasislinie f ‖ **~ base*** (Electronics) s. also sweep
**time-base amplifier** (Electronics) / Ablenkverstärker m ‖ **~ circuit** (Electronics) / Zeitablenkschaltung f ‖ **~ corrector** (Acous) / Time-Base-Korrektor m, Zeitfehlerausgleicher m (digitaler - bei Schrägspur-Videoaufzeichnungen) ‖ **~ deflection** (Electronics) / Zeitablenkung f, Kipp m ‖ **~ extension** (Electronics) / Zeitbasisdehnung f ‖ **~ generator*** (which generates a periodic sawtooth voltage) (Electronics) / Kippgenerator m, Zeitablenkgerät n (Oszillograf), Zeitablenkgenerator m, Zeitablenkeinrichtung f, Zeitbasisgerät n, Ablenkgenerator m ‖ **~ range** (Materials) / Justierbereich m (eines Ultraschallprüfgerätes)
**time belt** (US) (Geog, Telecomm) / Zone f (Zonenzeit), Zeitzone f ‖ **~ between overhauls*** (Aero) / Abstand m zwischen Überholungen, Zeit f zwischen Überholungen, Laufzeit f ‖ **~ between regenerations** (Chem) / Laufzeit f (des Ionenaustauschers zwischen zwei Wiederbelebungen)
**timecard** n (Work Study) / Stechkarte f
**time change item** (Aero, Eng) / Fristaustauschteil n, Fristwechselteil n ‖ **~ characteristics** / Zeitangaben f pl ‖ **~ check** / Uhrenvergleich m ‖ **~ circuit** (Elec Eng) / Zeitsteuerungsschaltung f, Zeitgeberschaltung f, Zeitschaltung f ‖ **~ clock** (automatic recording clock) (Work Study) / Stechuhr f, Arbeitskontrolluhr f, Stempeluhr f ‖ **~ code** (Cinema) / Time-kode m, Time-code m, Zeitkode m (der bei der Aufnahme mit

**time**

aufgezeichnet wird - bei Camcordern) ‖ ~ **code**\* (Elec Eng) / Zeitkode *m* ‖ ~ **coherence** (Phys) / zeitliche Kohärenz
**time-compression multiplexing** (Telecomm) / Zeitkompressionsmultiplex *n*, Pingpongschema *n* (bei der wechselseitigen Übertragung von hochratigen Datenpaketen)
**time-consolidation curve** (Civ Eng) / Zeit-Setzungs-Linie *f* (in der Bodenmechanik)
**time constant**\* (Elec Eng, Phys) / Zeitkonstante *f* (Maß für die Geschwindigkeit, mit der sich die Ausgangsgröße eines Bauelements ihrem Endwert nähert, nachdem eine sprunghafte Änderung der Eingangsgröße aufgetreten ist) ‖ **~-consuming** *adj* / zeitraubend *adj*, zeitaufwendig *adj*
**time-continuous** *adj* (Stats) / zeitstetig *adj*
**time contraction** (Phys) / Zeitkontraktion *f* ‖ ~ **course** (Chem) / zeitlicher Ablauf (einer Reaktion)
**timed** *adj* / zeitlich festgelegt ‖ ~ / zeitlich gebunden, zeitlich aufeinander abgestimmt ‖ ~ / getaktet *adj* ‖ ~ **approach** (Aero) / zeitgesteuerter Anflug
**time data** / Zeitangaben *f pl*
**timed call** (Teleph) / Gespräch *n* mit Zeitzählung
**time delay** / Zeitverzögerung *f*, Verzögerung *f*, Zeitverzug *m*
**time-delay circuit** (Telecomm) / Verzögerungsschaltung *f* ‖ ~ **contactor relay** (Elec Eng) / verzögertes Hilfsschütz
**time•-delay relay**\* (Elec Eng) / Verzögerungsrelais *n* (Schaltrelais ohne Einstellskala), verzögertes Relais ‖ ~ **dependence** / Zeitabhängigkeit *f* ‖ **~-dependent** *adj* / zeitabhängig *adj*, abhängig von der Zeit, zeitlich abhängig
**time-dependent quantity** / zeitabhängige Größe (DIN 5483, T 3) ‖ ~ **Schrödinger equation** (Phys) / zeitabhängige Schrödinger-Gleichung
**time determination** (Work Study) / Zeitermittlung *f* ‖ ~ **difference of arrival** (Radar) / Laufzeitdifferenz *f* ‖ ~ **dilatation** (Phys) / Zeitdilatation *f*, Einstein-Dilatation *f*, Zeitdehnung *f* (relativistische) ‖ ~ **dilation**\* (Phys) / Zeitdilatation *f*, Einstein-Dilatation *f*, Zeitdehnung *f* (relativistische) ‖ ~ **discriminator**\* (Electronics) / Zeitdiskriminator *m* (ein Schaltkreis der Impulstechnik) ‖ ~ **display** / Zeitanzeige *f*, Uhrzeitanzeige *f* ‖ ~ **dither** (Electronics) / Zeitdither *n* (zeitlich unregelmäßig sich wiederholender Vorgang)
**time-division/code-division multiple access** (Telecomm) / Time-Division/Code-Division Multiple Access *m*
**time-division duplex** (Telecomm) / Zeitduplex *n*, Zeitgetrenntlageverfahren *n* (ein Pingpongschema für Ortsanschlussleitung, ISDN-B-Kanal) ‖ ~ **multiple access**\* (Comp, Telecomm, TV) / TDMA-Verfahren *n* (Mehrfachzugriffsverfahren auf Zeitmultiplexbasis), Vielfachzugriff *m* im Zeitmultiplex, zeitüberlappter Mehrfachzugriff, zeitüberlappter Mehrfachzugriff, Zeitvielfachzugriff *m*, Vielfachzugriff *n* mit Vielfachzugriff
**time-division multiplex**\* (Telecomm, Teleph) / Zeitmultiplex *n* (zeitlich gestaffelte Übertragung verschiedener voneinander unabhängiger pulsmodulierter Signale über dasselbe Frequenzband), TDM (Zeitmultiplex)
**time-division multiplexing**\* (Telecomm, Teleph) / Zeitmultiplexbetrieb *m* ‖ ~ **multiplex operation** (Telecomm, Teleph) / Zeitmultiplexbetrieb *m* ‖ ~ **multiplex terminal** (Telecomm) / Zeitmultiplexanschluss *m* ‖ ~ **switching** (Telecomm) / Zeitmultiplexdurchschaltung *f*
**time domain** (Maths, Telecomm) / Zeitbereich *m*, Originalbereich *m*, Oberbereich *m* (z.B. der Laplace-Transformation) ‖ ~ **domain** (Spectr) / Zeitdomäne *f*
**time-domain method** (Automation) / Zeitbereichsverfahren *n* ‖ ~ **reflectometer** (Optics) / Zeitdomänenreflektometer *n* ‖ ~ **reflectometry** (Telecomm) / TDR-Verfahren *n* (Messverfahren, das die Grundlage für Kabeltester bildet) ‖ ~ **reflectometry** (Cables) / Reflexionszeitmessung *f* (der Laufzeit kurzer Impulse in einem Kabel)
**timed print** (Cinema) / lichtbestimmte Kopie, Korrekturkopie *f* ‖ ~ **pulse** (Phys) / zeitlich definierter Impuls ‖ ~ **recall** (Teleph) / Wiederanruf *m* nach Zeit
**time-duration-modulated pulse train** (Telecomm) / dauermodulierter Puls (DIN 5483, T 1)
**time element** (Elec Eng) / Verzögerungsglied *n* (das das Eingangssignal verzögert weitergibt), Verzögerungselement *n* ‖ ~ **element** (Elec Eng) / Schaltzeit *f* (Verzugszeit des Schalters) ‖ ~ **element** (Elec Eng) / Zeiteinstellung *f* ‖ ~ **event** / Zeitevent *m n* ‖ ~ **exposure** (Photog) / Zeitaufnahme *f* ‖ ~ **exposure**\* (Photog) / Zeitbelichtung *f* ‖ ~ **fence** (Work Study) / vorgegebener fester Zeitraum
**time-flow parameter** (San Eng) / Zeitabflussfaktor *m* (in Kanalnetzen)
**time frame** (Work Study) / Zeitrahmen *m* ‖ ~ **function** (Phys) / Zeitfunktion *f* (z.B. ein Schwingungsbild - Funktion, deren unabhängige Veränderliche die Zeit ist) ‖ ~ **history** / zeitlicher Verlauf (einer Kurve), Zeitverlauf *m* (z.B. einer Funktion)
**time-in** *n* (Electronics) / Zeitverzögerung *f* (voreingestelltes Zeitintervall, in dem ein Triggerereignis nicht erkannt wird)

**time-independent** *adj* / zeitunabhängig *adj*, unabhängig von der Zeit, zeitlich unabhängig
**time-independent Schrödinger equation** (Phys) / zeitunabhängige Schrödinger-Gleichung
**time integral** / Zeitintegral *n* ‖ ~ **interval** / Zeitabstand *m*, Zeitintervall *n*
**time-invariant** *adj* (Automation) / zeitinvariant *adj*, zeitunveränderlich *adj* ‖ ~ **flow** (Phys) / stationäre Strömung (eine Flüssigkeitsströmung, wenn das Geschwindigkeitsfeld der Strömung zeitunabhängig ist)
**time lag** / Timelag *m* (zeitliche Verschiebung zwischen der Änderung wirtschaftlicher Größen und der dadurch bewirkten Änderung anderer ökonomischer Größen) ‖ **~-lag device** (Elec Eng) / Verzögerungsglied *n* (das das Eingangssignal verzögert weitergibt), Verzögerungselement *n*
**time-lag relay** (Elec Eng) / Zeitrelais *n* (mit beabsichtigtem Zeitverhalten), verzögertes Relais, Zeitverzugsrelais *n*
**time-lapse photography** (Cinema) s. also undercrank ‖ ~ **recorder** (Acous) / Zeitraffer-Videorekorder *m*
**time•-lapse shooting** (Cinema) / Zeitrafferaufnahme *f* ‖ ~ **law** (Chem) / Zeitgesetz *n* (lineares, parabolisches - bei Oxidations-, Diffusions- und Korrosionsvorgängen)
**timeless** *adj* / zeitlos *adj*
**timelike** *adj* (Phys) / zeitartig *adj* (raumzeitliche Lage zweier Weltpunkte) ‖ ~ **vector** (Phys) / zeitartiger Vektor
**time-limit, the ~ expired on 1st October 2007** / die Frist ist am 1. Oktober 2007 abgelaufen
**time•-limit attachment**\* (Elec Eng) / Zeitauslöseeinrichtung *f* ‖ ~ **limiter** (Elec Eng) / Zeitablaufwerk *n* ‖ **~-limit relay**\* (Elec Eng) / Zeitbegrenzungsrelais *n* ‖ ~ **line** / Timeline *n* (Ablaufprogramm von wissenschaftlichen oder technischen Prozessen)
**time-line chain** (Maths) / zeitachsenorientierte Kette
**timeliness** *n* (Comp) / Aktualität *f* (der Daten)
**time lock** / Zeitschloss *n* ‖ ~ **management** (Comp) / Zeitverwaltung *f* ‖ ~ **mark** (Electronics) / Zeitmarke *f* (Oszillograf) ‖ ~ **marker** (Electronics) / Zeitmarke *f* (Oszillograf)
**time-mark generator** (Electronics) / Zeitmarkengenerator *m* (Signalgenerator zur Erzeugung der für die Eintastung von Zeitmarken in ein Oszillogramm erforderlichen Spannung), Zeitmarkengeber *m*
**time marking** (Electronics) / Zeitmarkierung *f*
**time-matched** *adj* / zeitlich angepasst
**time measurement** (Work Study) / Zeitmessung *f*, Zeitaufnahme *f*
**time-measuring instrument** (Instr) / Zeitmesser *m*, Zeitmessgerät *n*
**time•-meter**\* *n* (Elec Eng) / Betriebsstundenzähler *m* ‖ ~ **needed** (Work Study) / Zeitaufwand *m*, Zeitbedarf *m* ‖ ~ **of adaptation** (Med) / Adaptationszeit *f*, Anpassungszeit *f* ‖ ~ **of arrival system** (Oils) / Laufzeitsystem *n* (ein akustisches Positionierungssystem) ‖ ~ **of demurrage** (Ships) / Nachliegezeit *f* ‖ ~ **of departure** (Aero) / Abflugzeit *f* ‖ ~ **of evacuation** (Vac Tech) / Evakuierungszeit *f*, Pumpzeit *f* ‖ ~ **of exposure** (Materials) / Einwirkdauer *f*, Einwirkungsdauer *f* ‖ ~ **off in lieu** / Freizeit *f* (als Ersatz z.B. für Überstunden) ‖ ~ **of flight** (Nuc) / Flugzeit *f* (eines Teilchens), Laufzeit *f* (eines Teilchens)
**time-of-flight analyzer** (Nuc) / Laufzeitanalysator *m* ‖ ~ **mass spectrometer** (Nuc, Spectr) / Flugzeitmassenspektrometer *n*, Laufzeitmassenspektrometer *n* ‖ ~ **method** (Nuc) / Flugzeitmethode *f*, Laufzeitmethode *f* (zur Identifizierung und Klassifizierung von Teilchen der Kernstrahlung) ‖ ~ **monochromator** (Phys) / Flugzeitmonochromator *m* ‖ ~ **spectrometer**\* (Nuc, Spectr) / Flugzeitspektrometer *n*, Laufzeitspektrometer *n*
**time of operation** / Betriebsdauer *f*, Betriebszeit *f* (einer Anlage) ‖ ~ **of origin** (Telecomm) / Sendezeit *f* ‖ ~ **of set** (Build) / Erstarrungszeit *f* (von Beton nach DIN 1164) ‖ ~ **of set** (Build, Civ Eng) / Abbindedauer *f* ‖ ~ **of vibration** (Phys) / Schwingungsdauer *f* (die Zeitspanne zwischen zwei aufeinander folgenden gleichsinnigen Durchgängen des schwingenden Körpers durch die stabile Gleichgewichtslage - DIN 1301, T 2), Periodendauer *f* (Schwingungsdauer), Periode *f* der Schwingung
**time-on-target** *n* (Radar) / Zielbeobachtungszeit *f*
**time-ordered product** (Phys) / chronologisches Produkt, zeitgeordnetes Produkt, T-Produkt *n* (von zeitabhängigen Operatoren)
**time-out** *n* (Telecomm) / Timeout *n* (ein Kontrollsignal, welches besagt, dass eine Aktion in einem technischen System abgebrochen werden soll, weil die hierfür normalerweise benötigte Zeit abgelaufen ist ), Überschreiten *n* des Zeitlimits (meistens mit einem Warnsignal angezeigt) ‖ ~ (Telecomm) / Zeitüberwachung *f* (nach Zeitvorgaben) ‖ ~ (Telecomm) / Zeitabschaltung *f*, Zeitsperre *f*
**time over target** (Aero, Mil) / Zeit *f* über Ziel ‖ ~ **path** (Comp) / Zeitstrecke *f* ‖ ~ **per unit** (Work Study) / Zeit *f* je Einheit (Teil der Auftragszeit)
**time-phased order point** (Work Study) / terminabhängiger Bestellpunkt

**timepiece*** n (Horol) / Uhr f (ohne Schlagwerk) ‖ ~ (Instr) / Zeitmesser m, Zeitmessgerät n
**time-proportional** adj / zeitproportional adj
**time-pulse metering** (Teleph) / Zeitimpulszählung f
**time quantization** (Phys) / Zeitquantelung f, Zeitquantisierung f
**timer** n / Lichtbestimmer m ‖ ~ / Zeiteinrichtung f, Verzögerungseinrichtung f ‖ ~* (in equipment) (Automation, Elec Eng) / Taktgeber m (Zeitschalter), Zeitschalter m ‖ ~ (Electronics) / Zeitglied n (Baustein, der das Zeitverhalten von Signalen ändert) ‖ ~ (Horol) / Kurzzeitwecker m, Kurzzeituhr f, Kurzzeitmesser m ‖ ~ (Instr) / Zeitmesser m, Zeitmessgerät n
**time reaction** (Chem) / Zeitreaktion f (z.B. die Landolt-Reaktion) ‖ ~ **recording** / Zeiterfassung f (im Allgemeinen)
**time-related** adj / zeitbezogen adj ‖ ~ **quantity** / zeitbezogene Größe (DIN 5476)
**time relay** (Elec Eng) / Zeitrelais n (mit beabsichtigtem Zeitverhalten), verzögertes Relais, Zeitverzugsrelais n
**timer element** (Electronics) / Zeitgeberelement n
**time resolution** (Comp, Ecol, Spectr) / zeitliches Auflösungsvermögen, Zeitauflösung f, zeitliche Auflösung
**time-resolved spectroscopy** (Spectr) / zeitaufgelöste Spektroskopie
**time response** (an output, expressed as a function of time) (Automation) / Zeitverhalten n, Zeitcharakteristik f
**timer event** (Electronics) / Zeitgeberanreiz m
**time reversal** (Phys) / Zeitumkehr f (Inversion der Zeitkoordinate)
**time-reversal symmetry** (the symmetry transformation in which time is reversed) (Phys) / Zeitumkehrsymmetrie f
**time sampling** / Timesampling n, Zeitstichprobe f (systematische, in regelmäßigen Zeitabständen durchgeführte Beobachtung zur Ermittlung von bestimmten Abläufen und Verhaltensweisen) ‖ ~ **-saving** adj / zeitsparend adj ‖ ~ **scale** (Comp, Electronics) / Zeitmaßstab m, Zeitskala f (geschlossenes System einer Folge von jeweils gleichen, messbaren Intervallen zur Einteilung der als homogenes, beliebig teilbares Kontinuum aufgefassten Zeit)
**timescale*** n (Geol) / Zeitskale f, Zeitskala f
**time schedule** (AI, Automation, Work Study) / Zeitplan m, Terminplan m
**time-schedule closed-loop control** (Automation) / Zeitplanregelung f ‖ ~ **maintenance** (Eng, Work Study) / planmäßige Wartung, planmäßig vorbeugende Instandhaltung (nach einem Zeitplan), vorbeugende Wartung (nach einem Zeitplan), PVI (planmäßig vorbeugende Instandhaltung) ‖ ~ **open-loop control** (Automation) / Zeitplansteuerung f
**time scheduling** (AI, Automation, Work Study) / Zeitplanung f, Terminplanung f ‖ ~ **segment** / Periode f, Zeitspanne f, Zeitabschnitt m (ohne Unterbrechung - DIN 69900), Zeitdauer f ‖ ~ **series** (Maths, Stats) / Zeitreihe f (in Abhängigkeit von der Zeit erstellte Folge von Beobachtungsergebnissen eines quantitativen Merkmals)
**time-series analysis** (Maths, Stats) / Zeitreihenanalyse f
**timeshare** n / Time-Sharing n (Eigentum an einer Ferienwohnung, das für eine festgelegte Zeit des Jahres gilt)
**time-sharing*** n (Comp) / Time-Sharing n (Benutzung einer Datenverarbeitungsanlage durch mehrere Benutzer mit eigenen Ein- und Ausgabegeräten, wobei alle Benutzer dasselbe System und dieselben Dateien benutzen), Teilnehmerbetrieb m
**time-sharing** n (Comp) / zeitgesteuertes Multitasking, Zeitscheiben-Multitasking n ‖ ~ **option** (Comp) / Zeitscheibenverfahren n ‖ ~ **system** (Comp) / Teilnehmerrechensystem n (DIN 44300), Mehrfachbenutzersystem n
**time shift*** (Phys, TV) / zeitliche Versetzung, Zeitversetzung f
**time-shifted** adj / zeitversetzt adj (Bearbeitung)
**times-hundred microscope** (Micros) / Mikroskop n mit hundertfacher Vergrößerung
**time signal** (Telecomm) / Zeitzeichen n
**time-signal transmission** (Telecomm) / Zeitzeichensender m, Zeitsender m
**time slice*** (Comp) / Time-Slice f, Zeitscheibe f (elementares Zeitintervall, während dessen die Betriebsmittel einer Rechenanlage konkurrierenden Programmen bzw. mehreren Nutzern vom Betriebssystem zugeteilt werden) ‖ ~ **slice** (Telecomm) / Zeitschlitz m (des Sprachkanals), Zeitlage f
**time-sliced multitasking** (Comp) / zeitgesteuertes Multitasking, Zeitscheiben-Multitasking n
**time slicing** (Comp) / Time-Slicing n (ein Teilnehmerbetrieb), Zeitscheibenverfahren n ‖ ~ **slicing** (Telecomm) / Zeitschachtelung f ‖ ~ **slot** (Telecomm) / Zeitschlitz m (des Sprachkanals), Zeitlage f
**time-slot code** (Comp) / Zeitschlitzkode n, Zeitschlitzcode m ‖ ~ **interchange** (Telecomm) / Zeitlagenwechsel m
**time span** (Phys) / Zeitspanne f (Dauer eines Vorgangs ohne Begrenzung durch Termine - z.B. zwei Monate) ‖ ~ **spectrum** (Phys) / Zeitspektrum n

**times table** (Maths) / Multiplikationstafel f, Cayley'sche Tafel (nach A. Cayley, 1821-1895)
**time staggering** / Zeitstaffelung f ‖ ~ **stamp** (Comp) / Time-Stamp m (pl. -s) (der als Attribut an Nachrichten, Daten, Aufträge usw. angefügt wird, um in Netzwerken, Betriebssystemen und Datenbanksystemen eine Synchronisation paralleler Aktivitäten zu ermöglichen), Zeitstempel m, Zeitmarke f ‖ ~ **standard** (Work Study) / Vorgabezeit f, Zeitnorm f, Zeitnormativ n (der analytisch-experimentell ermittelte, technologisch notwendige Zeitaufwand zur Ausführung einer Arbeitsverrichtung unter Beachtung des Leistungsbezugsmaßes) ‖ ~ **study** (Work Study) / Arbeitszeitstudie f, Zeitstudie f ‖ ~ **study man** (Work Study) / Zeitnehmer m ‖ ~**-switch*** (Elec Eng) / Zeitschalter m ‖ ~**-switch*** n (Elec Eng, Photog) / Schaltuhr f (DIN 44 858), Timer m, Zeitschaltuhr f, Zeitschaltwerk n
**timetable** n / Fahrplan m, Kursbuch n ‖ ~ (Aero) / Flugplan m (Verkehrsflugplan) ‖ ~ **problem** (Comp, Maths) / Stundenplanproblem n
**time-temperature-austenitization diagram** (Met) / ZTA-Schaubild n, Zeit-Temperatur-Austenitisierungs-Schaubild n, ZTA-Diagramm n
**time•-temperature-transformation diagram*** (Met) / ZTU-Schaubild n, ZTU-Diagramm n (in dem das Umwandlungsvermögen von Stählen nach dem Austenitisieren bei isothermem Halten auf verschiedenen Temperaturen oder bei kontinuierlicher Abkühlung dargestellt wird), Zeit-Temperatur-Umwandlungsschaubild n ‖ ~ **tick** (Telecomm) / Ton m eines Zeitzeichens ‖ ~ **to climb** (Aero) / Steigzeit f ‖ ~ **to market** (Work Study) / Entwicklungszeit f (eines neuen Produkts)
**time-transgressive** adj (Geol) / diachron adj (im geologischen Alter differierend), diachronisch adj
**time undervoltage protection** (Elec Eng) / Unterspannungszeitschutz m ‖ ~ **unit** / Zeiteinheit f (aus der Zeitmessung hervorgehende Größe zur Einteilung der Zeit nach DIN 1301-1)
**time-variant** adj (Automation) / zeitvariant adj, zeitveränderlich adj ‖ ~ **signal** (Telecomm) / zeitlich veränderliches Signal
**time-varying field accelerator** (Nuc Eng) / Wechselfeldbeschleuniger m (in dem die Teilchen unter Einhaltung bestimmter Phasenbeziehungen wiederholt der Wirkung hochfrequenter elektrischer Wechselfelder ausgesetzt sind - z.B. Betatron)
**time-wage** n (Work Study) / Zeitlohn m ‖ ~ **rate** (Work Study) / Stundenlohnsatz m
**time-weighted average** (Radiol, Stats) / zeitlicher mittlerer Grenzwert
**time weighting** (Phys) / Zeitbewertung f ‖ ~**work** n (Work Study) / Zeitlohnarbeit f, nach Zeit bezahlte Arbeit, mit dem Zeitlohn bezahlte Arbeit
**timework rate** (Work Study) / Stundenlohnsatz m
**time yield limit** (Materials) / Zeitdehngrenze f ‖ ~ **zero plus quality** / Qualität f mit Zeitdimension (eines Erzeugnisses)
**time-zero quality** (Eng) / Auspackqualität f, 0-km-Qualität f (eines Erzeugnisses)
**time zone** (Geog, Telecomm) / Zone f (Zonenzeit), Zeitzone f
**timing** n / Zeitgabe f ‖ ~ / Zeitsteuerung f, zeitliche Steuerung, Zeiteinstellung f ‖ ~ / Zeitberechnung f ‖ ~ / Timing n (Festlegung eines Zeitpunktes im Rahmen einer Abfolge), zeitliche Festlegung ‖ ~ / Timing n (zeitliches Abstimmen von Abläufen) ‖ ~ (Cinema, Photog) / Lichtbestimmung f (im Labor) ‖ ~* (I C Engs) / Einstellen n (der Einspritzpumpe zum Motor) ‖ ~ (Work Study) / Zeitmessung f, Zeitaufnahme f ‖ ~ **belt** (I C Engs) / Steuerzahnriemen m (zur Ventilsteuerung nach DIN ISO 7967-3) ‖ ~ **belt** (Eng) s. also toothed belt ‖ ~ **chain*** (I C Engs) / Steuerkette f (zur Ventilsteuerung nach DIN ISO 7967-3) ‖ ~ **circuit** (Elec Eng) / Zeitsteuerungsschaltung f, Zeitgeberschaltung f, Zeitschaltung f ‖ ~ **circuitry** (Elec Eng) / Zeitschaltung f (als Sammelname der Bauteile) ‖ ~ **diagram** (Autos, I C Engs) / Steuerdiagramm n ‖ ~ **element** (Electronics) / Zeitglied n (Baustein, der das Zeitverhalten von Signalen ändert) ‖ ~ **gear*** (I C Engs) / Steuergetriebe n (Mechanismus der Ventilsteuerung) ‖ ~ **generator** (Comp) / Synchronisiereinheit f (DIN 44302), Synchronisierungseinheit f ‖ ~ **indicator** (I C Engs) / Zündzeitpunktmarke f (z.B. auf Steuergehäusedeckel) ‖ ~ **light** (I C Engs) / Zündlichtpistole f, Stroboskop n ‖ ~ **mark** (I C Engs) / Zündmarke f ‖ ~ **mark** (I C Engs) / Einstellmarkierung f (für die Steuerzeiten) ‖ ~ **relay** (Elec Eng) / Zeitrelais n (mit beabsichtigtem Zeitverhalten), verzögertes Relais, Zeitverzugsrelais n ‖ ~ **sensor** (Autos) / Timing-Sensor m (intelligenter Kraftfahrzeugsensor als präzises Einspritzsystem), Zeitgebersensor m ‖ ~ **technique** (Work Study) / Verfahren n bei Zeitaufnahmen und Zeitstudien (z.B. Einzelzeit- oder Fortschrittszeitverfahren) ‖ ~ **verifier** (Electronics) / Zeitablaufüberprüfungsgerät n ‖ ~ **washer*** (Horol) / Regulierscheibchen n
**Timken bearing** (US) (Eng) / Kegelrollenlager n (DIN 720) ‖ ~ **wear test** (Eng, Materials) / Verschleißprüfung f nach Timken, Timken-Verschleißtest m

**tin**

**tin** v (Met, Surf) / verzinnen v ‖ ~ (Nut) / in Dosen einpacken ‖ ~ (Nut) / eindosen v, in Dosen konservieren ‖ ~* n (Chem) / Zinn n, Sn (Zinn) ‖ ~ (Met) / Zinn n (DIN 1704) ‖ ~ (Nut) / Büchse f, Dose f (Getränke-, Konserven-), Konservenbüchse f, Konservendose f ‖ ~ **alloy*** (Met) / Zinnlegierung f ‖ ~ **ash** (a mixture of tin oxide and lead oxide used as an opaciefier in glazes) (Ceramics) / Zinnäscher m ‖ ~ **ash** (Chem) / Zinnasche f (Zinndioxid) ‖ ~ **bath** (Surf) / Zinnschmelze f (beim Feuerverzinnen) ‖ ~ **bath** (Surf) / Zinnelektrolyt m, Verzinnungselektrolyt m, Zinnbad n
**tin-bearing** adj (Geol) / zinnführend adj, zinnhaltig adj
**tin binding of reed** (Weaving) / Zinnbund m des Webblattes ‖ ~ **bisulphide** (Chem) / Zinn(IV)-sulfid n (SnS$_2$) ‖ ~ **bronze** (Met) / Kupfer-Zinn-Legierung f (DIN 1718), Zinnbronze f (mit 1 - 25% Zinn)
**tincal*** n (Min) / Borax m, Tinkal m (aus Kaschmir und Tibet)
**tincalconite** n (Min) / Tinkalkonit m, Tincalconit m, Mohavit m (ein Soroborat)
**tin can** (Nut) / Büchse f, Dose f (Getränke-, Konserven-), Konservenbüchse f, Konservendose f ‖ ~**(II) chloride** (Chem) / Zinndichlorid n, Zinn(II)-chlorid n (SnCl$_2$) ‖ ~**(IV) chloride** (Chem) / Zinntetrachlorid n, Zinn(IV)-chlorid n (SnCl$_4$)
**tin(II) chromate** (Chem) / Zinn(II)-chromat n
**tin coat** (Surf) / Zinnüberzug m, Zinnschicht f (eine Korrosionsschutz- und Einlaufschicht), Zinnauflage f, Zinnschutzschicht f ‖ ~ **coating** (Surf) / Zinnüberzug m, Zinnschicht f (eine Korrosionsschutz- und Einlaufschicht), Zinnauflage f, Zinnschutzschicht f ‖ ~ **cry** / Zinnschrei m (knirschendes Geräusch beim Biegen eines Zinnstabes), Zinngeschrei n ‖ ~ **crystals** (Chem) / Zinn(II)-chlorid-2-Wasser n ‖ ~ **crystal size** (Min) / Zinnkristallgröße f
**tinction** n / Tinktion f (Färbung) ‖ ~ s. also dyeing
**tinctorial power** (Photog) / Anfärbevermögen n, Färbevermögen n, Färbekraft f ‖ ~ **strength** (Paint) / Farbstärke f (des Pigments)
**tincture** v / färben v (leicht), tingieren v (leicht färben) ‖ ~ n (Pharm) / Tinktur f (ein [farbiger] Extrakt), Tinctura f (pl. Tincturae), Tct ‖ ~ **of iodine** (Pharm) / Iodtinktur f (ethanolhaltige Iodlösung)
**tin deposit** (Surf) / Zinnüberzug m, Zinnschicht f (eine Korrosionsschutz- und Einlaufschicht), Zinnauflage f, Zinnschutzschicht f
**tinder** n (For) / Echter Zunderschwamm (Fomes fomentarius), Echter Feuerschwamm (ein holzzerstörender Porling) ‖ ~ **fungus** (For) / Echter Zunderschwamm (Fomes fomentarius), Echter Feuerschwamm (ein holzzerstörender Porling)
**tin dichloride** (tin salts, tin crystals) (Chem) / Zinndichlorid n, Zinn(II)-chlorid n (SnCl$_2$) ‖ ~ **difluoride** (Chem, Med) / Zinndifluorid n (SnF$_2$), Zinn(II)-fluorid n ‖ ~ **dioxide** (Chem) / Zinndioxid n (SnO$_2$), Zinn(IV)-oxid n
**tine** n (Agric) / Zinke f, Zinken m
**tines** pl / Zähne m pl (eines Greifers), Greiferzähne m pl
**tin file** (Tools) / Zinnfeile f (mit Einhieb)
**tin(IV) fluoride** (Chem) / Zinntetrafluorid n (SnF$_4$), Zinn(IV)-fluorid n
**tin(II) fluoride** (Chem, Med) / Zinndifluorid n (SnF$_2$), Zinn(II)-fluorid n
**tinfoil** v / mit Stanniol belegen, mit Stanniol bedecken ‖ ~ / in Stanniol einpacken ‖ ~ n / Zinnfolie f, Blattzinn n, Stanniol n (dünn ausgewalztes Zinn)
**tinge** n / färben v (leicht), tingieren v (leicht färben) ‖ ~ (Textiles) / Färbung f (leicht), Anflug m (leichte Färbung als Eigenschaft), Stich m (Färbung)
**tinged** adj (Textiles) / tinged adj (fleckig oder dunkel verfärbt - Rohbaumwolle) ‖ ~ **cotton** (Textiles) / Tinged m (fleckige oder dunkel verfärbte Baumwolle)
**tin-glazed ware** (Ceramics) / Zinnglasurware f (z.B. Delft)
**tingle** n (Build) / Halter m ‖ ~* (Plumb) / Deckstreifen m
**tin-greasing emulsion** (Nut) / Trennemulsion f
**ting-tang** n (Horol) / Viertelstundenschlagwerk n (mit zwei Glocken)
**tinguaite** n (Geol) / Tinguait m (Alkalisyenit)
**tin hat** (Oils) / Schutzhelm m ‖ ~**(IV) hydride*** (Chem) / Stannan n, Zinnwasserstoff m, Zinnhydrid n
**tin(II) hydroxide*** (Chem) / Zinn(II)-hydroxid n
**tin-indium oxide** (Chem, Electronics) / Zinn-Indium-Oxid n
**tin(IV) iodide** (Chem) / Zinn(IV)-iodid n, Zinntetraiodid n
**tin iodide** (SnI$_4$) (Chem) / Zinn(IV)-iodid n, Zinntetraiodid n ‖ ~ **lactate** (Chem) / Zinnlaktat n, Zinnlactat n ‖ ~ **loading** (Textiles) / Zinnbeschwerung f ‖ ~ **lustre** (Ceramics) / Perllüster m, Irislüster m
**tinman** n (Plumb) / Feinblechner m (der mit Feinblechen arbeitet) ‖ ~'s **solder** (Plumb) / Zinn-Blei-Lot n (ein Weichlot mit etwa 65% Sn)
**tinmen's shears** (Plumb) / Blechschere f (für Weißblech)
**tin miner** (Mining) / Zinnerzbergmann m ‖ ~ **monosulphide** (Chem) / Zinn(II)-sulfid n (SnS) ‖ ~ **mordant** (Textiles) / Zinnbeize f (z.B. Zinnoxalat, Zinnacetat)
**tinned conductor** (Elec Eng) / verzinnter Leiter ‖ ~ **meat** (Nut) / Dosenfleisch n, Büchsenfleisch n

**tinner** n (Mining) / Zinnerzbergmann m ‖ ~ (Plumb) / Feinblechner m (der mit Feinblechen arbeitet)
**tinner's rivet** (Eng) / Klempnerniet m ‖ ~ **snips** (Plumb) / Blechschere f (für Weißblech)
**tin-nickel*** n (Surf) / Zinn-Nickel-Auftrag m (als Oberflächenschicht)
**tinning** n (GB) (Nut) / Eindosen n, Konservierung f in Dosen, Konservenfabrikation f ‖ ~ (GB) (Nut) / Dosenabfüllung f
**tinny** adj (Leather) / blechig adj (Leder)
**tin opener** (GB) / Dosenöffner m (DIN 44954, T 1) ‖ ~ **ore mine** (Mining) / Zinnbergwerk n ‖ ~ **oxalate** (Chem) / Zinn(II)-oxalat n
**tin(II) oxide** (Chem) / Zinn(II)-oxid n (SnO), Zinnmonoxid n
**tin(IV) oxide** (Chem) / Zinndioxid n (SnO$_2$), Zinn(IV)-oxid n
**tin-oxide gas sensor** / Zinnoxid-Gassensor m (der über eine Leitfähigkeitsänderung zum Nachweis von reduzierenden Gasen geeignet ist)
**tin peroxide** (Chem) / Zinndioxid n (SnO$_2$), Zinn(IV)-oxid n ‖ ~ **pest** / Zinnpest f (an alten Zinngeräten) ‖ ~ **placer** (Geol) / Zinnseife(n) f (pl), Zinnsteinseife(n) f(pl) ‖ ~ **plague** / Zinnpest f (an alten Zinngeräten)
**tinplate** v (Met, Surf) / verzinnen v ‖ ~ n (Met) / Zinnblech n (grobes) ‖ ~* (Met, Surf) / Weißblech n (verzinntes Schmiedeeisen mit etwa 0,4 Gew.-% Zinnauflage - DIN 1616)
**tin protosulphide** (Chem) / Zinn(II)-sulfid n (SnS) ‖ ~ **pyrites*** (Min) / Zinnkies m, Stannit m, Stannin m ‖ ~ **salt** (Chem) / Zinnsalz n (Dihydrat des Zinn(II)-chlorids) ‖ ~ **salt** (Chem) / Zinnsalz n (Dihydrat des Zinn(II)-chlorids) ‖ ~ **salts** (Chem) / Zinnsalz n (Dihydrat des Zinn(II)-chlorids)
**tinsel** n (a sheet of metal) / Lahngold n, Rauschgold n, Knittergold n, Knistergold n, Flittergold n (beim Anfassen knisterndes gewalztes Messingfeinblech mit goldähnlicher Farbe) ‖ ~ (Textiles) / Plätte f (leonischer Flachdraht), Lahn m (flach geplätteter Metalldraht, der allein oder als Umwicklung von textilen Garnen für die Erzeugung von Lamé, Brokaten usw. verwendet wird - DIN 60 001-2), Lametta n (pl. -s) (dünngewalzte Aluminiumfolie), Lame f ‖ ~ **yarn*** (Spinning, Textiles) / mit Lahn umsponnenes Garn
**tin sheet** (Met) / Weißblech n (Feinblech) ‖ ~ **sheet** (Met) / Zinnblech n (dünnes)
**tinsmith** n (Plumb) / Feinblechner m (der mit Feinblechen arbeitet)
**tin-snips** n (Plumb) / Blechschere f (für Weißblech)
**tin solder** / Zinnlot n
**tin-stone*** n (Min) / Kassiterit m, Zinnstein m, Cassiterit m
**tin striking** (Surf) / Vorverzinnen n (elektrochemisches) ‖ ~**(II) sulphate** (Chem, Surf) / Zinn(II)-sulfat n ‖ ~**(IV) sulphide** (Chem) / Zinn(IV)-sulfid n (SnS$_2$) ‖ ~**(II) sulphide** (Chem) / Zinn(II)-sulfid n (SnS) ‖ ~**(IV) sulphide** (Chem) s. also ormolu
**tint** v / färben v (leicht), tingieren v (leicht färben) ‖ ~ (Paint, Textiles) / abtönen v, nuancieren v, abstufen v (die Farbtöne) ‖ ~ n / Kennfarbe f (DIN 5381 - z.B. auch bei Zementen) ‖ ~* (Paint, Textiles) / Farbton m, Buntton m (DIN 5033-1), Farbtönung f, Ton m (Farbton) ‖ ~ (Print) / hellgetönte Färbung, Tangierraster m ‖ ~ (Textiles) / Färbung f (leicht), Anflug m (leichte Färbung als Eigenschaft), Stich m (Färbung) ‖ ~ **base** (Paint) / Abtönpaste f (hochpigmentierte Volltonfarbe mit hochviskosem Bindemittel, in Tuben oder Plastikbeuteln lieferbar) ‖ ~ **drawing** (Comp) / monochrome Malerei, Camaieu f (monochrome Malerei)
**tinted** adj (Autos) / getönt adj (Scheiben), Color- ‖ ~ **board** (Paper) / Buntkarton m ‖ ~ **cardboard** (Paper) / Buntpappe f ‖ ~ **paper** (Paper) / Tonpapier n, getöntes Papier ‖ ~ **windows** (Autos) / Wärmeschutzverglasung f, Colorverglasung f
**tinter** n (Paint) / Abtönpaste f (hochpigmentierte Volltonfarbe mit hochviskosem Bindemittel, in Tuben oder Plastikbeuteln lieferbar) ‖ ~ (Print) / Einfärbwerk n (der Endlosformulardruckmaschine)
**T interchange** (Autos, Civ Eng) / Trompete f (eine Autobahnabzweigung)
**tin tetrachloride** (Chem) / Zinntetrachlorid n, Zinn(IV)-chlorid n (SnCl$_4$) ‖ ~ **tetrafluoride** (Chem) / Zinntetrafluorid n (SnF$_4$), Zinn(IV)-fluorid n ‖ ~ **tetraiodide** (Chem) / Zinn(IV)-iodid n, Zinntetraiodid n
**tintinaite** n (Min) / Tintinait m (Pb-Si-Sulfosalz)
**tinting** n (Cartography) / Tuschen n (einer Kartenfläche) ‖ ~* (Paint, Textiles) / Abtönen n, Abtönung f, Nuancierung f, Abstufung f der Farbtöne ‖ ~ (Paint, Textiles) / Abtönmittel n ‖ ~ **agent** (Paint, Textiles) / Abtönmittel n ‖ ~ **bath** (Paint) / Abtönbad n ‖ ~ **paste** (Paint) / Abtönpaste f (hochpigmentierte Volltonfarbe mit hochviskosem Bindemittel, in Tuben oder Plastikbeuteln lieferbar) ‖ ~ **power** (Chem) / Färbevermögen n ‖ ~ **strength** (Chem) / Färbevermögen n ‖ ~ **strength** (Paint) / Farbstärke f (des Pigments)
**tinting-strength matching** (Paint) / Farbstärkeangleich m (auf der Grundlage der Kubelka-Munk-Theorie)
**tinting unit** (Print) / Einfärbwerk n (der Endlosformulardruckmaschine)
**tintometer** n (Chem) / Tintometer n

**tin-vanadium yellow** (80 to 90% of tin oxide and 10 to 20% of vanadium oxide) (Ceramics, Chem) / Zinn-Vanadium-Gelb *n*
**T invariance** (Phys) / T-Invarianz *f*, Zeitumkehrinvarianz *f*
**tin wiping** (Surf) / Wischverzinnen *n* (Herstellen einer Schicht durch Aufschmelzen und Verwischen von Zinn auf den Trägerstoff)
**tiny-mesh** *attr* / engmaschig *adj* (Sieb)
**tiny-protected contact** (Elec Eng) / Tiny-protected-Koppelpunkt *m*, Tip-Kontakt *m*
**tin-zinc**\* *n* (Met) / Zinn-Zink-Auftrag *m*
**TIO** (tin-indium oxide) (Chem, Electronics) / Zinn-Indium-Oxid *n*
**tip** *v* / kippen *v*, neigen *v*, schräg stellen ‖ ~ (GB) (Ecol) / ablagern *v* (auf der Deponie) ‖ ~ (Eng) / kippen *v* (stürzen) ‖ ~ *n* / Ende *n* (Spitze), Spitze *f* ‖ ~ (Aero) / Tiptank *m* (ein Abwurfbehälter unter den Tragflächenspitzen), Flügelendtank *m* ‖ ~ (Civ Eng) / Spitze *f* (des Pfahls) ‖ ~ (Comp) / Tipp *m* (besonders markierter Textabschnitt in Handbüchern, in dem praktische Hinweise oder Beispiele für die Durchführung einer Aufgabe gegeben werden) ‖ ~ (GB)\* (Ecol, San Eng) / Mülldeponie *f* (eine Abfallentsorgungsanlage), Deponie *f* (geordnete, wilde, unter Tage, über Tage), Mülladeplatz *m*, Müllgrube *f* ‖ ~ (Electronics) / Pumpspitze *f* (zum Evakuieren einer Röhre) ‖ ~ (For) / Zahn *m* (einer Raspel) ‖ ~ (raised part of the grain) (Leather) / Narbenkuppe *f*, Kuppe *f* (Narben) ‖ ~ (Met) / Zipfel *m* (beim Tiefziehen) ‖ ~\* (Mining) / Abraumhalde *f*, Abraumkippe *f* (über Tage angelegte Aufschüttung von Abraum), Halde *f* (künstliche Aufschüttung von Schlacke oder tauben Gesteinsmassen) ‖ ~ (Paint) / Fahne *f* (der Borste) ‖ ~ (Teleph) / Steckerspitze *f* ‖ ~\* (Tools) / gelötete, eingesetzte oder geschweißte Schneidplatte, Schneidplatte *f* (z.B. aus Hartmetall - nach DIN 4950 und 4966), Schneidplättchen *n*, Plättchen *n* (Schneidplättchen) ‖ **do not** ~ / Nicht kanten! (Aufschrift auf der Kiste) ‖ ~ **area** (US) (Eng) / Zahnkopffläche *f* (des Zahnrades)
**tip-cat folder**\* (Print) / Tuckerfalzapparat *m*
**tip circle** (Eng) / Kopfkreis *m* (DIN 3960) ‖ ~ **clearance** (Eng) / Kopfspiel *n* (Abstand des Kopfkreises vom Fußkreis des Gegenrades - bei Zahnrädern nach DIN 3960) ‖ ~ **cone** (Eng) / Kopfkegel *m* (DIN 3998) ‖ ~ **cylinder** (Eng) / Kopfzylinder *m* (Hüllzylinder der Verzahnung) ‖ ~ **diameter** (Eng) / Kopfkreisdurchmesser *m* ‖ ~ **dipping** (Surf) / Schmelztauchen *n* (Herstellen einer Schicht durch Eintauchen des Werkstücks in die Schmelze des Schichtmetalls - nach DIN 50 902), Feuermetallisieren *n*, Schmelztauchbeschichten *n*, Schmelztauchmetallisieren *n*, Schmelztauchverfahren *n* ‖ ~ **drive** (Aero) / Blattspitzenantrieb *m* (der Tragschraube bei Rotorflugzeugen)
**tip-driven rotor** (Aero) / Rotor *m* mit Blattspitzenantrieb, Reaktionsrotor *m*
**tip grade** (US) (Civ Eng) / Eindringtiefe *f* (der Pfähle bei Pfahlgründungen) ‖ ~ **in** *v* (Bind, Print) / einkleben *v* (Beilagen)
**tip-in** *n* (Bind) / eingeklebte Einlage
**tipless bulb** (Electronics) / spitzenloser Kolben (der Elektronenröhre)
**tip lorry** (Autos) / Kippfahrzeug *n* (mit mechanisch oder hydraulisch abkippbarer Ladefläche), Kipper *m*, Kipp-LKW *m* ‖ ~ **node** (AI, Comp) / terminaler Knoten (eines Baumes), Endknoten *m*, Blatt *n* (eines Baumes - ein Knoten, der keine Nachfolger hat) ‖ ~ **on** *v* (Bind, Print) / aufkleben *v* ‖ ~ **out** (water, sand, coal) / ausschütten *v* ‖ ~ **over** / umwerfen *v*, umstürzen *vt*, umstoßen *v* ‖ ~ **over** (Mech) / umkippen *v*, kippen *v* ‖ ~ **paper** (Paper) / Hutmacherpapier *n* ‖ ~**-path plane**\* (Aero) / Blattspitzenebene *f* (bei den Hubschraubern)
**tipped circular-saw blade** (For, Tools) / hartmetallbestücktes Kreisblatt, Permanentkreissägeblatt *n* ‖ ~ **paper** (Comp) / Papier *n* auf Trägerband
**tipper** *n* (Autos) / Kippfahrzeug *n* (mit mechanisch oder hydraulisch abkippbarer Ladefläche), Kipper *m*, Kipp-LKW *m* ‖ ~ (Eng, Mining) / Kipper *m* (Kreis- und Roll-, Zweiseiten- usw.), Wagenkippvorrichtung *f*, Kippvorrichtung *f* (zum Entleeren von normalen Förderwagen) ‖ ~ (Mining) / Wipper *m* (zum Entladen von Förderwagen) ‖ ~ **truck** (Autos) / Kippfahrzeug *n* (mit mechanisch oder hydraulisch abkippbarer Ladefläche), Kipper *m*, Kipp-LKW *m*
**tipping** *n* (GB) (Ecol) / Schuttabladen *n*, Müllablagerung *f*, Ablagern *n* von Müll, Ablagerung *f* auf der Deponie, Abfallablagerung *f* (z.B. auf der Deponie) ‖ ~ (Eng) / Kippen *n*, Stürzen *n* ‖ ~ **body** (Autos) / Kipppritsche *f* ‖ ~ **bucket** (Met) / Kippkübel *m* ‖ ~ **car** (Civ Eng) / kippfähiger Wagen, Kipplore *f*, Seitenentleerwagen *m* (kleiner - auf Schienen) ‖ ~ **edge** (Met) / Kippkante *f* ‖ ~ **fee** (San Eng) / Deponiekosten *pl* (für die Ablagerung auf der Deponie) ‖ ~ **floor** (Brew) / Kipphorde *f* (in der Mälzerei)
**tipping-in**\* *n* (Bind, Print) / Einkleben *n* (von Bogenteilen, Bildern, Karten u.a. innerhalb eines Buchbinderbogens)
**tipping stage** (Met) / Sturzbühne *f* ‖ ~ **trough** / Pendelrutsche *f* ‖ ~ **waggon** (Civ Eng) / kippfähiger Wagen, Kipplore *f*, Seitenentleerwagen *m* (kleiner - auf Schienen)

**tipple**\* *n* (Eng, Mining) / Kipper *m* (Kreis- und Roll-, Zweiseiten- usw.), Wagenkippvorrichtung *f*, Kippvorrichtung *f* (zum Entleeren von normalen Förderwagen)
**tippler** *n* (Mining) / Wipper *m* (zum Entladen von Förderwagen)
**tip printing** (Textiles) / Schleifdruck *m*
**tippy** *adj* (Nut) / mit vielen Blattspitzen (Tee) ‖ ~ (Textiles) / schipprig *adj* (Färbung) ‖ ~ **wool**\* (Textiles) / an der Spitze stärker angefärbte Wolle (Fehler)
**tip relief** (Eng) / Zurücknahme *f* (beim Zahnradprofil)
**tips** *pl* / Obergut *n* (bei der Einzelblatternte der Tabakpflanze)
**tip-sheared** *adj* (Textiles) / tip-sheared *adj* (bei Teppichboden - Muster, die sich durch die unterschiedliche Lichtbrechung auf Schlingen- oder Velourspflor ergeben)
**tip speed** (Aero) / Geschwindigkeit *f* der Spitzen (Luftschraube, Rotorblätter, Turbinenschaufeln) ‖ ~ **surface** (Eng) / Kopfmantelfläche *f* (DIN 868) ‖ ~**-tank** *n* (Aero) / Tiptank *m* (ein Abwurfbehälter unter den Tragflächenspitzen), Flügelendtank *m*
**tiptoe pump** / Tretpumpe *f* (eine Luftpumpe), Fußpumpe *f*, Fußluftpumpe *f*
**tip-up seat** / Klappsitz *m* ‖ ~ **seat** (Autos) / Schwiegermuttersitz *m* (Notsitz im Heck zum Aufklappen) ‖ ~ **wash basin** (Autos) / Klappwaschbecken *n* (in den Caravans)
**tip-wing aircraft** (Aero) / Tipprflügelflugzeug *n* (ein Senkrechtstarter), Kippflügler *m* (ein Convertiplan)
**tip-wire** *n* (Teleph) / Ader *f* zur Stöpselspitze
**TIR** (total indicator reading) (Eng) / Mittigkeitsausschlag *m*
**tirage cork** (Nut) / Tiragekorken *m* (für Sektflaschen) ‖ ~ **cork** (Nut) / Füllkork *m* (für Schaumwein)
**tire** *v* (US) (Autos) / Reifen aufziehen ‖ ~ *n* (US) (Autos) / Reifen *m*, Luftreifen *m*, Pneumatik *m* *f*, Pneu *m* ‖ ~ (US) (Rail) / Radreifen *m* (auf den Radkörper von Eisenbahnrädern aufgeschrumpfter und mit Sprengring gesicherter Stahlreifen), Bandage *f*
**Tirill regulator** (Elec Eng) / Tirillregler *m* (für Generatorspannungen)
**tirodite**\* *n* (Min) / Tirodit *m* (manganhaltiger Cummingtonit)
**tirolite** *n* (Min) / Tirolit *m*, Kupferschaum *m* ‖ ~ (Min) s. also trichalcite
**T-iron**\* *n* (Civ Eng) / T-Eisen *n*
**tirtey** *n* (Textiles) / Tirtey *m* (billiger Buckskin für Arbeitshosen)
**TISAB** *n* (total-ionic strength adjustment buffer) (Chem) / Pufferlösung *f* zur Ionenstärkeeinstellung
**tisane** *n* (Pharm) / Tisane *f* (eine Arzneiform, die im Wesentlichen einem Infusum entspricht, meist durch Sirup, Honig oder Zucker gesüßt)
**Tischenko reaction** (Chem) / Tischtschenko-Reaktion *f* (zur Disproportionierung aliphatischer Aldehyde)
**tissue**\* *n* (Biol) / Gewebe *n* ‖ ~ (Paper) / Tissue-Papier *n* (ein Hygienepapier - ganz oder überwiegend aus Zellstofffasern), Seidenpapier *n* (weiches, mehrlagiges, holzfreies Papier mit "gewebeartigem" Griff), Tissue *n* (DIN 6730) ‖ ~ **bank** (Med) / Gewebebank *f* (Vorratsstelle für konserviertes menschliches Gewebematerial, das für Transplantationen bereitgehalten wird) ‖ ~ **culture**\* (Biol, Med) / Gewebekultur *f*, Gewebezüchtung *f* (eine Arbeitstechnik der Zytologie und der Histologie) ‖ ~ **dose**\* (Radiol) / Gewebedosis *f*, Ionendosis *f* im Gewebe
**tissue-equivalent** *adj* (Radiol) / gewebeäquivalent *adj*
**tissue•-equivalent material**\* (Biol, Radiol) / Phantom *n* (festes oder flüssiges gewebeäquivalentes Medium zur Simulierung der Wechselwirkung ionisierender Strahlung in biologischen Objekten), Phantomsubstanz *f* ‖ ~ **hormone** (Biochem, Physiol) / Gewebshormon *n* ‖ ~ **intolerance** (Med) / Histoinkompatibilität *f*, Gewebeunverträglichkeit *f*, Gewebsunverträglichkeit *f* ‖ ~ **paper** *n* (Paper) / Tissue-Papier *n* (ein Hygienepapier - ganz oder überwiegend aus Zellstofffasern), Seidenpapier *n* (weiches, mehrlagiges, holzfreies Papier mit "gewebeartigem" Griff), Tissue *n* (DIN 6730) ‖ ~ **section** (Micros) / Gewebeschnitt *m* ‖ ~ **tolerance** (Med) / Histokompatibilität *f*, Gewebsverträglichkeit *f*, Geweberverträglichkeit *f* ‖ ~ **towel** (Paper, Textiles) / Zelltuchhandtuch *n* ‖ ~ **typing**\* (Med) / Gewebetypisierung *f*
**tit** *n* (Eng) / Erhebung *f* im Mikroprofil (einer Oberfläche), Peak *m*, Rauheitsspitze *f* (Oberflächenrauheit), Rauigkeitsspitze *f*, Rauigkeitspeak *m* ‖ ~ (an imperfection consisting of a protrusion on a glass article) (Glass) / Zipfel *m*, Zapfen *m* (ein Glasfehler)
**Titan** (Astron) / Titan *m* (der größte Mond des Saturns)
**titanate**\* *n* (Chem) / Titanat *n*, Titansäureester *m*
**titanaugite**\* *n* (Min) / Titanaugit *m* (mit bis 5% Ti)
**Titan crane** (Eng) / schwerer Dampfkran
**titanellow** (Chem) / Titan(III)-oxid *n*
**titania**\* *n* (Chem) / Titanerde *f* (TiO$_2$) ‖ ~ (Chem, Nut, Paint) / Titandioxid *n* (als Lebensmittelfarbstoff = E 171), Titan(IV)-oxid *n*
**titania-coated electrode** (Welding) / Titandioxidelektrode *f*
**titania electrode** (Welding) / Titandioxidelektrode *f* ‖ ~ **porcelain** (a vitreous, white, technical porcelain in which titanium dioxide is the essential crystalline phase) (Ceramics) / Titanporzellan *n* (mit TiO$_2$) ‖

**titania**

~ **whiteware** (ceramic whiteware in which titanium dioxide is the essential crystalline phase) (Ceramics) / Titanweißware f (mit $TiO_2$)
**titanic** adj (Chem) / Titan-, (meistens) Titan(IV)- ‖ ~ **acid** (Chem) / Titan(IV)-oxidhydrat n, Titansäure f, Titandioxidhydrat n ‖ ~ **anhydride** (Chem, Nut, Paint) / Titandioxid n (als Lebensmittelfarbstoff = E 171), Titan(IV)-oxid n ‖ ~ **chloride** (Chem, Leather, Textiles) / Titan(IV)-chlorid n, Titantetrachlorid n ‖ ~ **hydroxide** (Chem) / Titan(IV)-oxidhydrat n, Titansäure f, Titandioxidhydrat n ‖ ~ **oxide** (Chem, Nut, Paint) / Titandioxid n (als Lebensmittelfarbstoff = E 171), Titan(IV)-oxid n
**titaniding** n (Surf) / elektrolytisches Diffusionsbeschichten mit Titan über Titanfluorid als Zwischenschicht
**titaniferous** adj (Geol, Mining) / titanhaltig adj (Erz) ‖ ~ **iron ore**\* (Min) / Ilmenit m (Eisen(II)-metatitanat), Titaneisenerz n, Titaneisen n
**titanite**\* n (Min) / Titanit m, Sphen m
**titanium**\* n (Chem) / Titan n, Ti (Titan), Titanium n ‖ ~ **alloy** (Met, Space) / Titanlegierung f (hexagonale, zweiphasige und kubisch raumzentrierte - nach DIN 17 860 bis 17 864) ‖ ~ **boride** (Ceramics, Chem) / Titandiborid n ($TiB_2$) ‖ ~ **carbide** (Chem) / Titancarbid n, Titankarbid n (TiC) ‖ ~ **carbonitride** (Chem) / Titankarbonitrid n, Titancarbonitrid n ‖ ~**(II) chloride** (Chem) / Titandichlorid n, Titan(II)-chlorid n ‖ ~**(IV) chloride** (Chem, Leather, Textiles) / Titan(IV)-chlorid n, Titantetrachlorid n ‖ ~**(III) chloride** (Chem, Textiles) / Titan(III)-chlorid n, Titantrichlorid n ‖ ~ **complex grease** / Titan-Komplexseifenfett n
**titanium-cored wire** / Titankernlot n
**titanium diboride** (Ceramics, Chem) / Titandiborid n ($TiB_2$) ‖ ~ **dichloride** (Chem) / Titandichlorid n, Titan(II)-chlorid n ‖ ~ **dioxide**\* (Chem, Nut, Paint) / Titandioxid n (als Lebensmittelfarbstoff = E 171), Titan(IV)-oxid n
**titanium-dioxide electrode** (Welding) / Titandioxidelektrode f
**titanium enamel** / Titanemail n ‖ ~ **hydride** (Chem) / Titanhydrid n ‖ ~ **nitride** (Chem) / Titan(III)-nitrid n, Titannitrid n (TiN) ‖ ~ **oxalate** (Chem) / Titan(III)-oxalat n ‖ ~ **(III) oxide** (Chem) / Titan(III)-oxid n ‖ ~**(IV) oxide**\* (Chem, Nut, Paint) / Titandioxid n (als Lebensmittelfarbstoff = E 171), Titan(IV)-oxid n ‖ ~ **peroxide** (Chem) / Titan(III)-oxid n ‖ ~ **pigment** (Paint) / Titanpigment n ‖ ~ **plasma gun** (Plasma Phys) / Titanplasmakanone f
**titanium-sapphire laser** (Phys) / Titan-Saphir-Laser m (ein Festkörperlaser)
**titanium sesquisulphate** (Chem, Textiles) / Titan(III)-sulfat n ‖ ~ **sheet** (Met) / Titanblech n ‖ ~ **slag** (Met, Paint) / Titanschlacke f ‖ ~ **sponge** (Chem) / Titanschwamm m ‖ ~ **tetrachloride** (Chem, Leather, Textiles) / Titan(IV)-chlorid n, Titantetrachlorid n ‖ ~ **trichloride** (Chem, Textiles) / Titan(III)-chlorid n, Titantrichlorid n ‖ ~ **trioxide** (Chem) / Titan(III)-oxid n ‖ ~ **tungstate** (Chem) / Titanwolframat n ‖ ~ **white** (Paint) / Titanweiß n (Mischpigment, dessen wesentlicher farbbestimmender Anteil Titandioxid ist) ‖ ~ **yellow** (Chem, Paint) / Titangelb n, Thiazolgelb n ‖ ~ **yellow** (Chem, Paint) s. also Clayton yellow
**titanizing**\* n (Glass) / Titanisierung f (mit Titandioxid), Zusatz m von $TiO_2$ bei der Glasherstellung (z.B. zur Gelbfärbung usw.)
**titanocenes** pl (Chem) / Titanocene n pl (titanorganische Verbindungen mit Cyclopentadienyl-π-Liganden, die einen sandwichähnlichen Aufbau haben)
**titanomagnetite** n (Chem) / Titanomagnetit m (titanreicher Magnetit)
**titanometry** n (Chem) / Titanometrie f (eine oxidimetrische Methode der Maßanalyse)
**titanous** adj (Chem) / (meistens) Titan(III)-, Titan- ‖ ~ **chloride** (Chem, Textiles) / Titan(III)-chlorid n, Titantrichlorid n ‖ ~ **oxalate** (Chem) / Titan(III)-oxalat n ‖ ~ **sulphate** (Chem, Textiles) / Titan(III)-sulfat n
**titanyl** n (Chem) / Titanyl n ‖ ~ **sulphate** (Chem) / Titanoxidsulfat n
**titer** n (US) (Chem) / Titer m (Gehalt einer Maßlösung nach DIN 32625) ‖ ~ (US) (Chem) / Titer m (Temperatur, bei der die Schmelze eines Fettes oder ein fettes Öl erstarrt)
**Titian red** / Tizianrot n
**titin** n (Biochem) / Titin n, Connectin n
**Titius-Bode law**\* (Astron) / Titius-Bode'sche Beziehung, Bode-Titius'sche Beziehung, Titius-Bode'sche Reihe (Regel, die die mittleren Abstände der Planeten von der Sonne beschreibt - nach J.D. Titius, 1729-1796, und J.E. Bode, 1747-1826)
**title** n (Cinema, Print) / Titel m, Haupttitel m ‖ ~ **bar** (Comp) / Titelleiste f ‖ ~ **block** (Eng) / Zeichnungsschriftfeld n, Schriftfeld n (bei Zeichnungen - DIN 6771, T 1) ‖ ~ **domain** (Comp) / Gültigkeitsbereich m eines Namens (DIN ISO 7498) ‖ ~ **drum** (Cinema) / Rolltitelgerät n, Titelrolle f ‖ ~ **generator** (Cinema) / Titelgerät n ‖ ~ **link** (Cinema) / Einsatztitel m (zwischen zwei Szenen) ‖ ~ **option** (Comp) / externe Dateinamenangabe
**title-page** n (Print, Typog) / Titelblatt n (DIN 1429)
**titler** n (Cinema) / Titelgerät n
**title roll** (Cinema) / Rolltitelgerät n, Titelrolle f ‖ ~ **sheet** (Print, Typog) / Titelbogen m (mit Schmutztitel, Haupttitel, Impressum, Vorwort usw.) ‖ ~ **signature**\* (Print, Typog) / Titelbogen m (mit Schmutztitel, Haupttitel, Impressum, Vorwort usw.)
**titling** n (Cinema) / Betitelung f ‖ ~ **font**\* (Typog) / Titelschrift f
**titrand** n (substance that is analysed in a titration) (Chem) / Titrand m (pl. -en)
**titrant** n (Chem) / Titrans n (pl. -antien), Titersubstanz f, Titrant m (pl. -s oder -en)
**titratable alkali** (Textiles) / titrierbares Alkali (einer alkalischen Reinigungslösung)
**titrate** v (Chem) / titrieren v
**titrating beaker** (Chem) / Titrierbecher m ‖ ~ **burette** (Chem) / Titrierbürette f
**titration**\* n (Chem) / Titration f, Titrieren n ‖ ~ **agent** (used for analytical titration) (Chem) / Titrans n (pl. -antien), Titersubstanz f, Titrant m (pl. -s oder -en) ‖ ~ **cell** (Chem) / Titrationszelle f ‖ ~ **curve** (Chem) / Titrationskurve f ‖ ~ **error** (Chem) / Titrierfehler m, Titrationsfehler m ‖ ~ **plot** (Chem) / Titrationsdiagramm n ‖ ~ **spectrum** (Chem) / Titrationsspektrum n ‖ ~ **table** (Chem) / Titriertisch m
**titrator** n (Chem) / Titrimeter n
**titre**\* n (Bacteriol) / Titer m ‖ ~\* (Chem) / Titer m (Gehalt einer Maßlösung nach DIN 32625) ‖ ~ (Chem) / Titer m (Temperatur, bei der die Schmelze eines Fettes oder ein fettes Öl erstarrt) ‖ ~ (Spinning, Textiles) / Titer m (längenbezogene Masse - heute vom Tex-System verdrängt)
**ti tree** (For) / Teebaum m
**titrigraph** n (Chem) / aufzeichnendes Titriergerät
**titrimeter**\* n (Chem) / Titrimeter n
**titrimetric** adj (Chem) / titrimetrisch adj (durch Titration), maßanalytisch adj ‖ ~ **standard** (Chem) / Ursubstanz f, Urtitersubstanz f ‖ ~ **standard substance** (Chem) / Ursubstanz f, Urtitersubstanz f
**titrimetry** n (Chem) / Maßanalyse f, Titrimetrie f, Volumetrie f, volumetrische Analyse, Titrieranalyse f
**tjaele** n (Geol) / Bodeneis n, Tjäle f
**tjäle** n (Geol) / Bodeneis n, Tjäle f
**T joint** (Cables) / T-Muffe f (zur Verbindung eines Abzweigkabels mit einem Hauptkabel, wobei die Achsen beider Kabel annähernd im rechten Winkel zueinander stehen)
**T-junction** n (a junction in the shape of a 'T', in particular a road junction at which one road joins another at right angles without crossing it) (Autos, Civ Eng) / T-förmige Einmündung ‖ ≙ (Elec Eng) / T-Verzweigung f
**TK** (toolkit) (Comp) / Toolbox f (Sammlung von ergänzenden Programmeinheiten), Toolkit m n
**TL** (transmission loss) (Acous) / Schalldämmaß n (zehnfacher Zehnerlogarithmus des Kehrwertes des Schalltransmissionsgrades), Reduktionsmaß n
**Tl** (thallium) (Chem) / Thallium n, Tl (Thallium)
**TL** (target language) (Comp) / Zielsprache f (natürliche Sprache, in die übersetzt wird)
**T³L** (transistor-transistor-transistor logic) (Electronics) / T³ (Transistor-Transistor-Transistor-Logik, Transistor-Transistor-Transistor-Logik f, TTTL (Transistor-Transistor-Transistor-Logik)
**TL** (thermoluminescence) (Light) / Thermolumineszenz f
**TLA** (trilaurylamine) (Chem) / Trilaurylamin n, TLA (Trilaurylamin)
**TLC** (thin-layer chromatography) (Chem) / Dünnschichtchromatografie f, DC (Dünnschichtchromatografie) ‖ ≙ **fluorimetry** (Chem) / DC-Fluorimetrie f ‖ ≙ **foil** (Chem) / DC-Folie f ‖ ≙ **scanner** (Spectr) / Chromatogramm-Spektralfotometer n, DC-Scanner m
**TLD** (top-level domain) (Comp, Telecomm) / Top-Level-Domain f ‖ ≙ (thermoluminescence dosimeter) (Radiol) / Thermolumineszenzdosimeter n (ein Festkörperdosimeter)
**TLLC** (thin-layer lubricant coating) / dünner Schmierfilm
**TLP** (tension-leg platform) (Oils) / vorgespannte schwimmende Plattform (für Offshorebohrungen), Plattform f mit Spannseilen
**TLR camera** (twin-lens reflex camera) (Photog) / zweiäugige Spiegelreflexkamera
**TLU** (table look-up) (Comp) / Tabellenlesen n, Tabellensuchen n
**TLV** (threshold limit value) (Ecol, Med) / Grenzwert m (Wirkungsschwelle), maximale Arbeitsplatzkonzentration
**T-lymphocyte** n (Med) / T-Lymphozyt m (pl. -en), T-Lymphocyt m (pl. -en)
**Tm** (Thulium) (Chem) / Thulium n, Tm (Thulium)
**TM** (Turing machine) (Comp) / Turingmaschine f (nach A.M. Turing (1912-1954) benannte idealisierte Rechenmaschine, die den Begriff des mechanischen oder algorithmischen Rechenverfahrens präzisiert) ‖ ≙ (tape mark) (Comp, Mag) / Bandabschnittsmarke f, Abschnittsmarke f, Bandmarke f, AM (Abschnittsmarke)

**TMA** (trimethylamine) (Chem) / Trimethylamin n ‖ ≃ (trimellitic acid) (Chem) / 1,2,4-Benzoltricarbonsäure f, 1,2,4-Benzoltrikarbonsäure f, Trimellithsäure f, Trimellitsäure f
**TMC** (traffic-message channel) (Autos, Radio) / Traffic-Message-Channel m (Kanal für den Verkehrsfunk), Verkehrsfunkkanal m, Verkehrsdurchsagekanal m
**TMFE** (thin-mercury-film electrode) / Quecksilberfilmelektrode f, Hg-Filmelektrode f
**TML** (tetramethyl lead) (Chem) / Tetramethylblei n, Bleitetramethyl n ‖ ≃ (terminal) (Comp) / Terminal n, Datenendplatz m, Datenendgerät n, Daten(end)station f (DIN 44302)
**TMM** (trimethoxymethyl melamine) (Chem) / Trimethoxymethylmelamin n, TMM (Trimethoxymethylmelamin)
**TM mode** (Telecomm) / transversal-magnetischer Mode, TM-Typ m, TM-Mode m (Wellenleiter)
**TMO technology** (Electronics) / thermomagnetooptische Technik, TMO-Technik f
**TMP** (thermomechanical pulp) (Paper) / thermomechanischer Holzstoff (DIN 6730), TMP-Zellstoff m
**TMR** (triplicated modular system) (Comp) / TMR-System n ‖ ≃ **system** (Comp) / TMR-System n
**TMS** (tetramethylsilane) (Aero, Chem) / Tetramethylsilan n, TMS (Tetramethylsilan), Siliziumtetramethyl n, Siliciumtetramethyl n ‖ ≃ (trimethylsilyl) (Chem) / Trimethylsilyl n, TMS (Trimethylsilyl)
**TMT** (thiram) (Agric, Chem Eng) / Thiram n (Fungizid und Saatbehandlungsmittel aus der Substanzklasse der Thiuram-Derivate, TMTD (Tetramethyl-thiuram-disulfid) ‖ ≃ (thermomechanical treatment) (Met) / thermomechanische Behandlung (eine Verbindung von Umformvorgängen mit Wärmebehandlungen, um bestimmte Werkstoffeigenschaften zu erzielen), TMB (thermomechanische Behandlung)
**TMTD** (Agric, Chem Eng) / Thiram n (Fungizid und Saatbehandlungsmittel aus der Substanzklasse der Thiuram-Derivate, TMTD (Tetramethyl-thiuram-disulfid)
**TMU** (tetramethylurea) (Chem) / Tetramethylharnstoff m
**TMV** (tobacco mosaic virus) (Agric) / Tabakmosaikvirus n m, TMV (Tabakmosaikvirus)
**TM wave*** (Telecomm) / E-Welle f, TM-Welle f (Wellenleiter - DIN 1324-3)
**TN** (troponin) (Biochem) / Troponin n, Tn (Troponin)
**T.N.A.** (2,4,6-trinitroaniline) (Chem) / Pikramid n (2,4,6-Trinitroanilin)
**TNB** (trinitrobenzene) (Chem) / Trinitrobenzol n (ein Trinitroderivat des Benzols)
**TN cell** (twisted nematic cell) (Electronics) / TN-Zelle f, Flüssigkristall-Drehzelle f, Twistzelle f (eine Flüssigkristallzelle)
**TND** (twisted nematic display) (Comp, Electronics) / verdrillte nematische Sichtanzeige, TN-Anzeige f (mit TN-Zellen)
**TNDT** (nil-ductility transition temperature) (Materials, Met) / Sprödbruchübergangstemperatur f, Nil-Ductility-Transition-Temperatur f, Übergangstemperatur f (bei der Sprödbruchprüfung)
**T-network*** n (Elec Eng, Telecomm) / T-Schaltung f, T-Zweitor n, T-Netz n, T-Glied n (ein Zweitor aus drei, zu einem Stern zusammengeschalteten Impedanzen im Längszweig und einer Impedanz im Querzweig, Zweitor n in T-Schaltung
**TNF cachectin** (Biochem) / Tumor-Nekrose-Faktor m, Cachectin n
**TN-LCD** (twisted nematic display) (Comp, Electronics) / verdrillte nematische Sichtanzeige, TN-Anzeige f (mit TN-Zellen)
**T-notch filter** (Radio) / T-Notch-Filter n (ein Lochfilter zur Unterdrückung von Störträgern)
**TN protective scheme** (Elec, Elec Eng) / TN-Netz n (mit einem direkt geerdeten Punkt; die Körper der elektrischen Anlage sind über Schutzleiter bzw. PEN-Leiter mit diesem Punkt verbunden), Mehrfachschutzerdung f
**TNT*** (trinitrotoluene) (Chem) / Trinitrotoluol n, Tritol n, Trotyl n, TNT (Trinitrotoluol)
**TO** (take-off) (Aero) / Start m (Abheben), Take-off n m (pl. -s) ‖ ≃ (transistor outlines) (Electronics) / Transistorabmessungen f pl
**toad's-eye tin*** (Min) / Holzzinn n (ein ehemals gelförmiger, aber stets feinkristallin gewordener Zinnstein in glaskopfartigen Massen, oft mit achatartiger heller und dunkler brauner Bänderung)
**toadstool** n / Giftpilz m
**toad venom** (Chem) / Krötengift n (ein biogenes Gift, z.B. Bufotoxin)
**to-and-fro aerial ropeway** (Civ Eng) / Drahtseilbahn f mit Pendelbetrieb, Pendelseilbahn f
**toast** vt (Comp) / zum Absturz bringen
**toasted** adj (Comp) / aufgehängt adj (Rechner), blockiert adj, abgestürzt adj
**tobacco additive** / Tabakzusatzstoff m ‖ ≃ **alkaloid** (Chem) / Tabakalkaloid n ‖ ≃ **amblyopia*** (Med) / Tabakamblyopie f ‖ ≃ **brown** / tabakbraun adj, tabakfarben adj ‖ ≃ **component** / Tabakinhaltsstoff m ‖ ≃ **deterrent** (Med) / Tabakentwöhnungsmittel n ‖ ≃ **liquor** (Agric) / Tabakextrakt m n (Spritzmittel gegen saugende Insekten im Zierpflanzenbau) ‖ ≃ **mosaic virus** (Agric) / Tabakmosaikvirus n m, TMV (Tabakmosaikvirus) ‖ ≃ **oil** / Tabaksamenöl n
**tobacco-seed oil** / Tabaksamenöl n
**tobacco smoke** / Tabakrauch m ‖ ≃ **water** (Agric) / Tabakextrakt m n (Spritzmittel gegen saugende Insekten im Zierpflanzenbau)
**tobermorite** n (Min) / Tobermorit m (ein CSH-Mineral)
**Tobias acid** (Chem) / Tobiassäure f (eine Naphthylaminsulfonsäure)
**Tobin bronze*** (Met) / Kupfer-Zink-Legierung f (mit etwa 60% Cu, 39,25% Zn und 0,75% Sn) ‖ ≃ **bronze*** (Met) s. also Admiralty brass
**TOC** (table of contents) (Print) / Inhaltsverzeichnis n ‖ ≃ (total organic carbon) (San Eng) / Total Organic Carbon n (Kenngröße für den Gehalt von organisch gebundenem Kohlenstoff in Abwasser), gesamter organisch gebundener Kohlenstoff (ISON 6107/2), gesamtorganischer Kohlenstoff (besteht aus dem gelösten und dem partikulären Kohlenstoff)
**TO can** (the leads are arranged in a circle in the base - frequently used for bipolar ICs) (Electronics) / TO-Gehäuse n (genormte Gehäuseform für Transistoren und integrierte Schaltungen)
**tocopherol*** n (an antisterility vitamin) (Biochem, Pharm) / Vitamin n E (Tokopherol), Tocopherol n (ein fettlösliches Vitamin), Fruchtbarkeitsvitamin n
**tocopheryl acetate** (Chem) / Tocopherylazetat n, Tocopherylacetat n, Tokopherylazetat n
**TOD** (take-off distance) (Aero) / Startstrecke f (Bodenstrecke)
**TODA** (take-off distance available) (Aero) / verfügbare Startstrecke
**Todd-AO*** n (Cinema) / Todd-AO-Verfahren n (ein Breitwandverfahren nach M. Todd, 1907-1958)
**todorokite*** n (Min) / Todorokit m
**TODR** (take-off distance required) (Aero) / erforderliche Startstrecke
**toe** n / Kappe f (meistens versteifte Vorderkappe - am Schuh) ‖ ≃ (Civ Eng) / Böschungsfuß m ‖ ≃ (Civ Eng) / Spitze f (des Pfahls) ‖ ≃ (the lowest part of a dam) (Hyd Eng) / Dammfuß m ‖ ≃ (Mining) / Vorgabe f, Längenvorgabe f (der größte Abstand einer Sprengladung von der nächsten freien Fläche) ‖ ≃* (Photog) / Kurvendurchhang m, Fuß m, Durchhang m (der Schwärzungskurve) ‖ ≃ (of crossing) (Rail) / Herzstückspitze f (bei Weichen) ‖ ≃ (Welding) / Übergang m (vom Schweißgut zum Grundmaterial)
**toeboard** n (Autos) / Fußblech n ‖ ≃ (Build) / Fallschutzbrett n (um eine Plattform oder um ein Dach), Fußleiste f (um eine Plattform oder um ein Dach)
**toecap** n / Vorderkappe f (eines Schuhs)
**toe clip** (a clip on a bicycle pedal to prevent the foot from slipping) / Pedalhaken m, Fußhalter m (DIN ISO 8090)
**toe-in*** n (Autos) / Vorspur f (die Einwärtsdrehung der Mittelebene der Räder gegenüber der Fahrzeuglängsachse) ‖ ≃ **angle** (Aero) / Einwärtswinkel m (von Pistenfeuern)
**toe level** (Civ Eng) / Eindringtiefe f (der Pfähle bei Pfahlgründungen) ‖ ≃ **line** (Civ Eng) / Eindringtiefe f (der Pfähle bei Pfahlgründungen)
**toe-nailing** n (Carp) / Schrägnagelung f, Schrägnageln n
**toe of a hole** (Mining, Oils) / Bohrlochtiefstes n, Bohrlochsohle f ‖ ≃ **of the brush** (Elec Eng) / auflaufende Bürstenkante, Bürstenvorderkante f ‖ ≃ **of the frog** (Rail) / Herzstückanfang m
**toe-out** n (Autos) / Nachspur f ‖ ≃ **angle** (Autos) / Nachspurwinkel m
**toe•-out on turns** (Autos) / Spurdifferenzwinkel m ‖ ≃ **plate** (Build) / Fallschutzbrett n (um eine Plattform oder um ein Dach), Fußleiste f (um eine Plattform oder um ein Dach)
**Toepler pump** (Vac Tech) / Toepler-Pumpe f (eine Quecksilberluftpumpe nach A.J.I. Toepler, 1836-1912)
**TOF** (time of flight) (Nuc) / Flugzeit f (eines Teilchens), Laufzeit f (eines Teilchens) ‖ ≃ **mass spectrometer** (Spectr) / Flugzeitmassenspektrometer n, Laufzeitmassenspektrometer n
**to-from indicator** (Aero) / Leitweganzeiger m
**TOF spectrometer** (Nuc, Spectr) / Flugzeitspektrometer n, Laufzeitspektrometer n
**tofu** n (a curd made from mashed soya beans) (Nut) / Tofu m, Sojaquark m
**toggle*** n (Electronics) / bistabile Kippschaltung, Flipflop-Schaltung f, Flipflop n (pl. -flops), bistabiles Kippglied, bistabile Kippstufe f ‖ ≃ (Eng) / Kniehebel m (Gelenkmechanismus) ‖ ≃ **drive** (Eng) / Kniehebelantrieb m ‖ ≃ **flip-flop** (Electronics) / T-Flipflop n (mit nur einer einzigen Eingangsvariablen - bei Anliegen eines H-Signals) ‖ ≃ **joint*** (Eng) / Kniehebel m (Gelenkmechanismus) ‖ ≃ **joint*** (Eng) s. also bell crank ‖ ≃ **linkage** (Eng) / Kniegelenkgetriebe n ‖ ≃ **plate** (Eng) / Druckstück n (z.B. bei einem Backenbrecher) ‖ ≃ **press*** (Eng) / Kniehebelpresse f (weggebundene mechanische Presse, bei der die Presskraft von der Kurbelwelle über einen Kniehebel auf den Stößel übertragen wird) ‖ ≃ **switch** (Elec Eng) / Kellogg-Schalter m, Kipphebelschalter m, Kippschalter m, Tumbler-Schalter m
**toile** n (Textiles) / Toile n (aus Schappe- oder Kunstseide)
**toilet cleaner** / Sanitärreiniger m (alkalischer, saurer), WC-Reiniger m, Toilettenreiniger m

**toilet-cleaning**

**toilet-cleaning vehicle** (Aero) / Fäkalienwagen *m*, Toilettenwagen *m*
**toilet disinfectant** / Sanitärreiniger *m* (alkalischer, saurer), WC-Reiniger *m*, Toilettenreiniger *m* ‖ ~ **paper** (Paper) / Toilettenpapier *n* ‖ ~ **seat** (Build) / Klosettbrille *f* ‖ ~ **soap** (hard soap made from the purest, most odourless fats, along with pigments and perfumes) / Feinseife *f*, Toilettenseife *f* ‖ ~ **tissue** (Paper) / Toilettenpapier *n*
**tokamak**\* *n* (Nuc Eng) / Tokamak *m* (von den russischen Physikern A.D. Sacharow und I.E. Tamm entwickelte Experimentieranlage für die Fusionsforschung) ‖ ≃ **Fusion Test Reactor**\* (Nuc Eng) / Fusions-Testreaktor *m* in Princeton (USA)
**token** *n* (Comp) / Sendeberechtigung *f* (Online-Publishing) ‖ ~ (Comp) / Token *n* (eine zwischen zwei aufeinander folgenden Wortbegrenzungszeichen stehende Zeichenfolge) ‖ ~ (indicating dynamic properties) (Comp) / Balken *m* (im Petrinetz ein vereinfachter Knoten, der Ereignisse kennzeichnet, die den Übergang von einem Zustand in den nächsten bewirken) ‖ ~ (Comp) / Textwort *n* (jede in einem Text vorkommende, nicht durch Begrenzungszeichen unterbrochene Folge von alphanumerischen Zeichen - in der linguistischen Statistik) ‖ ~ (Comp, Telecomm) / Token *n* (ein Datenpuffer mit Adress- und Steuerzeichen der Token-Ring- und Busarchitektur) ‖ ~ (Comp, Telecomm) / Token *n* (ein Bitmuster, das ständig in einer Richtung das Ring- oder Busnetzwerk durchläuft) ‖ ~ **bus** (according to IEEE 802.4) (Comp, Telecomm) / Token-Bus *m* ‖ ~ **passing** (Comp, Telecomm) / Token-Passing-Verfahren *n*, Token Passing *n*, Weiterreichen *n* von Kontrollinformationen (ein Zugriffsverfahren für lokale Netze mit Ringstruktur) ‖ ~ **ring** (according to IEEE 802.5) (Comp, Telecomm) / Token-Ring *m* (ein in Ring-Topologie aufgebautes LAN)
**tol.** (Chem) / Toluol *n* (aromatischer Kohlenwasserstoff), Methylbenzol *n*
**tolan** *n* (Chem) / Tolan *n* (Diphenylacetylen - ein arensubstituiertes Ethinderivat)
**tolbutamide**\* *n* (Pharm) / Tolbutamid *n* (internationale Bezeichnung für Antidiabetika)
**tolerable** *adj* / tolerabel *adj*, tolerierbar *adj*, zulässig *adj* (tolerabel) ‖ ~ / erträglich *adj* (Lärm, Klima)
**tolerance** *v* / tolerieren *v* (Abweichungen) ‖ ~ (Eng) / Toleranzen eintragen ‖ ~\* *n* (Eng) / Toleranz *f* (DIN 7182, T 1) ‖ ~\* (Eng) / Abmaß *n* (als zulässige Größe) ‖ ~\* (Eng) / Toleranzfeld *n* (das Intervall zwischen Höchstmaß und Mindestmaß nach DIN 7182, T 1) ‖ ~\* (Med) / Toleranz *f* (begrenzte Widerstandsfähigkeit des Organismus gegenüber schädlichen äußeren Einwirkungen, insbesondere gegenüber Giftstoffen oder Strahlen) ‖ **with no** ~ (Eng) / toleranzfrei *adj* ‖ ~ **analysis** (Electronics) / Toleranzanalyse *f* ‖ ~ **class** (Eng) / Toleranzklasse *f* ‖ ~ **compliance** (Eng) / Toleranzhaltigkeit *f*
**tolerance-compliant** *adj* (Eng) / toleranzhaltig *adj*
**tolerance dose** (Radiol) / Toleranzdosis *f* ‖ ~ **dose** (Radiol) / maximal zulässige Äquivalentdosis
**toleranced size** (Eng) / Passmaß *n* (ein Nennmaß, das mit einem ISO-Kurzzeichen oder mit Abmaßen versehen ist)
**tolerance frame** (Eng) / Toleranzrahmen *m* (DIN ISO 1101) ‖ ~ **limit** (Ecol) / Toleranzgrenze *f* (die niedrigste $O_2$-Konzentration bzw. die höchste Schadstoffkonzentration, die unbegrenztes Überleben erlaubt) ‖ ~ **limit** (Eng) / Toleranzgrenze *f* ‖ ~ **of form** (Eng) / Formtoleranz *f* (DIN 7184, T 1) ‖ ~ **of size** (Eng) / Maßtoleranz *f* (DIN 7184, T 1) ‖ ~ **of the fit** (Eng) / Passtoleranz *f* (zwischen der Toleranzen von Welle und Bohrung nach DIN 7182, T 1) ‖ ~ **on position** (Eng) / Lagetoleranz *f* (die die Abweichungen der Lage zweier oder mehrerer Bauteile zueinander begrenzt - DIN 7184, T 1) ‖ ~ **on run-out** (Eng) / Lauftoleranz *f* ‖ ~ **on squareness** (Eng) / Rechtwinkligkeit *f* (nach DIN 7184, T 1) ‖ ~ **on symmetry** (Eng) / Symmetrie *f* (DIN 7184, T 1) ‖ ~ **to garbage** (Ecol) / Müllverträglichkeit *f* ‖ ~ **zone** (Eng) / Toleranzraum *m*
**tolerancing** *n* (Eng) / Toleranzeintragung *f*
**tolerate** *v* / dulden *v* (gestatten), erlauben *v*, gestatten *v*
**tolerogen** *n* (Biochem) / Tolerogen *n* (ein Antigen in der Immunologie) ‖ ~\* *adj* (Biochem) / tolerogen *adj*
**tolerogenic** *adj* (Biochem) / tolerogen *adj*
**tolidine** *n* (Chem) / Tolidin *n* (Dimethylbenzidin)
**toll** *n* (Autos) / Straßenbenutzungsgebühr *f* (z.B. auf italienischen, tschechischen und französischen Autobahnen), Straßengebühr *f*, Straßenmaut *f*, Maut *f* (auf deutschen und österreichischen Autobahnen) ‖ ~ (US) (Teleph) / Gebühr *f* (für ein Ferngespräch) ‖ ~ **board** (Teleph) / Schnellverkehrsschrank *m* ‖ ~ **call** (US) (Teleph) / Ferngespräch *n* ‖ ~ **call** (GB)\* (Teleph) / Ferngespräch *n* innerhalb eines Hauptamtsbezirks ‖ ~ **centre** (Teleph) / Knotenvermittlungsstelle *f*
**Tollens' aldehyde test** (Chem) / Tollens-Probe *f* (nach B.Ch. Tollens, 1842-1918) ‖ ~ ≃ **reagent** (ammoniacal solution of silver nitrate)

(Chem) / Tollens-Reagens *n* (zum Zuckernachweis durch Reduktion von Metallionen)
**Toller pole** (Nuc) / Toller-Pol *m*
**toll-free service** (Teleph) / Service *m* für Gebührenübernahme durch B-Teilnehmer (entspricht dem Service 130 der Deutschen Telekom), Gebührenübernahme *f* durch den B-Teilnehmer
**toll line** (Teleph) / Fernleitung *f* (hoch kapazitive Verbindung im Fernnetz), Trunk *f*
**toll-line dialing** (US) (Teleph) / Selbstwählferndienst *m*, Teilnehmerfernwahl *f*, Selbstwählfernverkehr *m*, Fernwahl *f* (automatische), SWFD (Selbstwählferndienst), SWF-Dienst *m*
**toll network** (US) (Elec Eng) / Fernnetz *n*, Fernleitungsnetz *n* ‖ ~ **office** (US) (Teleph) / Fernvermittlungsstelle *f*, Fernamt *n*
**toll-road** *n* (Autos) / Mautstraße *f* (A), Mautstrecke *f* (A), gebührenpflichtige Autobahn
**toll saver** (Teleph) / Toll-Saver *m* (ein Leistungsmerkmal von Anrufbeantwortern; dabei wird bei der Fernabfrage dem abfragenden Anrufer mitgeteilt, ob Anrufe abzuhören sind oder nicht, indem im ersten Falle nach zweimaligem Klingeln der Anruf entgegengenommen wird und sonst fünfmal geklingelt wird) ‖ ~ **sticker** (Autos) / Autobahnvignette *f*, Autobahnplakette *f* ‖ ~ **television**\* (TV) / Abonnementfernsehen *n*, Pay-TV *n* (Fernsehprogramm eines Privatsenders, das gegen eine Gebühr und mithilfe eines Decoders empfangen werden kann), Bezahlfernsehen *n*, Gebührenfernsehen *n*
**tolu** *n* (Chem) / Tolubalsam *m* (aus Myroxylon balsamum (L.) Harms)
**tolualdehyde** *n* (Chem) / Tolualdehyd *m* (Methylbenzaldehyd)
**Tolu balsam**\* (Chem) / Tolubalsam *m* (aus Myroxylon balsamum (L.) Harms)
**toluene**\* *n* (Chem) / Toluol *n* (aromatischer Kohlenwasserstoff), Methylbenzol *n*
**toluene-3,4-dithiol** *n* (Chem) / Toluol-3,4-dithiol *n*
**toluene diisocyanate**\* (Chem) / Toluoldiisocyanat *n*, Toluylendiisozyanat *n*, TDI (TDI-65, TDI-80, TDI-100 - Toluoldiisocyanat) ‖ ~ **sulphonate** (Chem) / Toluolsulfonat *n* (Lösungsvermittler und Stellmittel bei Waschpulver)
**toluenesulphonyl chloride** (Chem) / Toluolsulfonylchlorid *n*, Toluolsulfochlorid *n*
**toluidine**\* *n* (Chem) / Toluidin *n* ‖ ~ **blue** (Chem) / Toluidinblau *n*
**tolunitrile** *n* (Chem) / Tolunitril *n* (Methylbenzonitril)
**toluol**\* *n* (Chem) / Toluol *n* (aromatischer Kohlenwasserstoff), Methylbenzol *n*
**toluylene blue** (Chem) / Toluylenblau *n* ‖ ~ **diisocyanate** (Chem) / Toluoldiisocyanat *n*, Toluylendiisozyanat *n*, TDI (TDI-65, TDI-80, TDI-100 - Toluoldiisocyanat) ‖ ~ **red** (Chem) / Toluylenrot *n*, Neutralrot *n* (ein Phenazinfarbstoff)
**tolyl aldehyde** (Chem) / Tolylaldehyd *m*
**tolylene diisocyanate**\* (Chem) / Toluoldiisocyanat *n*, Toluylendiisozyanat *n*, TDI (TDI-65, TDI-80, TDI-100 - Toluoldiisocyanat)
**tomatin** *n* (Chem) / Tomatin *n* (Tomatenalkaloid)
**tomatine** *n* (Chem) / Tomatin *n* (Tomatenalkaloid)
**tomato pulp** (Nut) / Tomatenmark *n*
**tomato-red** *adj* (Chem) / tomatenrot *adj*
**tombac** *n* (Met) / Tombak *m* (Messing mit über 70% Cu)
**tombolo** *n* (pl. tombolos) (Geol) / Sandbarre *f* zwischen einer Insel und dem Festland, Inselnehrung *f*, Tombolo *m*
**tome** *n* (Bind) / Band *m* (eines mehrbändigen Werkes) (pl. Bände) ‖ ~ (Bind) / Wälzer *m* (großes, dickes Buch)
**tommy** *n* (Tools) / Drehstift *m* (für Steckschlüssel), Knebel *m* (DIN ISO 1891) ‖ ~ **bar**\* (Eng, Tools) / Drehstift *m* (für Steckschlüssel), Knebel *m* (DIN ISO 1891)
**tommy-gun** *n* (Mil) / eine Art Maschinenpistole (nach J.T. Thompson)
**tommy screw** (Eng) / Knebelschraube *f* (DIN ISO 1891)
**tomograph** *n* (Geophys, Med, Radiol) / Tomograf *m*
**Tomonaga-Schwinger picture** (Nuc) / Wechselwirkungsbild *n*, Wechselwirkungsdarstellung *f*, Tomonaga-Darstellung *f*, Tomonaga-Bild *n* (nach S.I. Tomonaga, 1906-1979)
**ton**\* *n* (long, short) / Tonne *f* (eine alte angelsächsische Einheit der Masse)
**tonal** *adj* (Acous) / tonal *adj* ‖ ~ **assessment** (Acous) / Tonwertbeurteilung *f* ‖ ~ **fusion** (Acous) / Klangverschmelzung *f*
**tonalite**\* *n* (Geol) / Tonalit *n* ‖ ~\* (Geol) s. also quartz-diorite
**tonality** *n* / Grundton *m* ("atmosphärische Verpackung") der Werbeaussage
**tonalizer** *n* (Radio, Telecomm) / Tonhöhenregler *m*, Klangregler *m*, Klangfarberegler *m*, Tonblende *f*, Klangeinsteller *m*
**tonal modification** (Photog) / Tonwertkorrektur *f* ‖ ~ **range** (Acous) / Tonumfang *m* (bei Musikinstrumenten und bei der menschlichen Singstimme) ‖ ~ **range** (Photog) / Tonwertumfang *m*, Tonwertbereich *m* ‖ ~ **scale** (Acous, Radio, Telecomm) / Tonwertskale *f* ‖ ~ **separation**

(Photog) / Posterisierung *f* (Trennung der Töne) || ~ **value** (Acous, Radio, Telecomm) / Tonwert *m* || ~ **value** (Photog, Typog) / Grauwert *m*
**tone** *n* (a musical or vocal sound with reference to its pitch, quality, and strength) (Acous) / Ton *m*, Tonlaut *m* || ~* (Acous) / Klanglaut *m*, Klang *m* (sinusförmige Schallschwingung im Hörbereich, die aus Grund- und Obertönen besteht - DIN 5483- 1) || ~ (Paint, Textiles) / Farbton *m*, Buntton *m* (DIN 5033-1), Farbtönung *f*, Ton *m* (Farbton) || ~* (Physiol) / Tonus *m* (pl. -ni) (der durch Nerveneinfluss ständig wachgehaltene Spannungszustand der Gewebe, besonders der Muskeln) || ~ **arm** (Acous) / Tonarm *m* (schwenkbarer Arm des Plattenspielers)
**tone-arm balance** (Acous) / Tonarmwaage *f*
**toneburst** *n* (used in testing the transient response of audio components) (Acous, Telecomm) / Tonimpuls *m*, Kurzton *m* (zu Prüfzwecken)
**tone caller** (Teleph) / Tonruf *m* (Ergebnis) || ~ **chroma** (Acous) / Tonigkeit *f*, Tonqualität *f*, Toncharakter *m*, Chroma *n* || ~ **colour** (quality of sound) (Acous) / Timbre *n* (Klangfarbe, besonders der Singstimme), Klangfarbe *f* (Anzahl und Stärke der Teiltöne nach DIN 1320) || ~ **control** (Radio, Telecomm) / Tonhöhenregler *m*, Klangregler *m*, Klangfarberegler *m*, Tonblende *f*, Klangeinsteller *m* || ~ **control** (Radio, Telecomm) / Klangregelung *f*, Klangfarbenregelung *f*, Klangeinstellung *f*, Klangfarbeneinstellung *f*, Klangfarbenbeeinflussung *f*
**tone-control aperture** (Radio, Telecomm) / Tonwertblende *f*
**tone control circuit*** (Telecomm) / Klangregelschaltung *f* || ~ **copy** (Print) / Halbtonvorlage *f* || ~ **correction** (Acous) / Klangfarbenkorrektur *f*, Tonveredlung *f*, Klangverbesserung *f* || ~ **correction** (Photog) / Tonwertkorrektur *f* || ~ **decoder** (Teleph) / Tondekoder *m*, Tondecoder *m* || ~ **dialler** (Teleph) / Tonsender *m*, Tonedialer *m* (Gerät, das auf Knopfdruck Töne erzeugt, welche in den Hörer eines Telefons eingespeist werden können und die gleichen Frequenzen haben wie beim Tonwahlverfahren), Tongenerator *m*
**tone-dialling telephone** (Teleph) / Fernsprecher *m* für Mehrfrequenzwahl
**tone down** *v* / abschwächen *v* (Farbe) || ~ **generator** (Acous, Comp) / Tongenerator *m* || ~ **illustration** (Print) / Halbtonbild *n* || ~ **impulse** (Acous) / Tonimpuls *m* (Ton, dessen Amplitude einen impulsförmigen Zeitverlauf hat - DIN 5483, T 1)
**tone-in-tone dyeing** (Textiles) / Ton-in-Ton-Färbung *f* (Unifärbung bei Mischgeweben bzw. Garnmischungen)
**tone-on-tone dyeing** (Textiles) / Ton-in-Ton-Färbung *f* (Unifärbung bei Mischgeweben bzw. Garnmischungen)
**tone quality** (the characteristic of a musical tone that distinguishes one musical instrument from another playing the same tone) (Acous) / Timbre *n* (Klangfarbe, besonders der Singstimme), Klangfarbe *f* (Anzahl und Stärke der Teiltöne nach DIN 1320) || ~ **quality** (Acous) / Tonigkeit *f*, Tonqualität *f*, Toncharakter *m*, Chroma *n*
**toner*** *n* / Toner *m* (pigmentiertes Pulver, das im elektrografischen Verfahren zur Bild- und Schrifterzeugung verwendet wird), Farbpulver *n* (Xerografie)
**tone range** (Acous) / Tonumfang *m* (bei Musikinstrumenten und bei der menschlichen Singstimme)
**toner bottle** / Tonerflasche *f* || ~ **cartridge** / Tonerkartusche *f*
**tone ringer** (Teleph) / Tonruf *m* (Ergebnis) || ~ **ringing** (Teleph) / Tonruf *m* (Vorgang)
**toner powder** (Print) / Tonerpulver *n* || ~ **solution** / Tonerlösung *f*
**tone separation** (Photog) / Tontrennung *f*
**tone-wedge set** (Phys) / Graukeil *m* (keilartiges Lichtfilter zur stetig einstellbaren Lichtabschwächung), Neutralkeil *m* (wenn beide Keile aus Neutralglas sind)
**tongs*** *pl* (Tools) / Zange *f* (ein Handwerkszeug) || ~ **hold** (Eng) / Zangenende *n* (eines Rohlings oder eines Schmiedestücks)
**tong-test ammeter*** (Elec Eng) / Zangenstromwandler *m*, Dietze-Anleger *m*, Zangenanleger *m*, Amperezange *f*
**tongue** *v* (Carp) / eine Feder anhobeln || ~ (For) / Federn (in Brettern) ausarbeiten || ~ *n* (in a shoe) / Zunge *f* (des Schuhes) || ~ (Agric) / Druckplatte *f* (der Tränke) || ~* (Carp) / Feder *f*, Spund *m* (bei Brettern oder Bohlen) || ~ (Eng) / äußerste Rohrende (bei Rohrverbindungen) || ~ (a long, low promontory) (Geol) / Landzunge *f* || ~* (Zool) / Zunge *f*
**tongue-and-groove board** (Carp) / Riemen *m* (langes, schmales Brett mit Nuten, besonders für Fußböden)
**tongue•-and-groove joint*** (Carp, Join) / Nut- und Federverbindung *f*, Spundung *f* (eine Nut- und Federverbindung), Nut-Feder-Verbindung *f* (mit angestoßener Feder) || ~ **blade** (Rail) / Zungenschiene *f* (zur Seite hin bewegliche Schiene der Weiche)
**tongued, grooved and beaded board** (For) / Stabbrett *n* || ~, **grooved and V-jointed boards** (For) / Fasebretter *n pl* || ~ **and grooved** (Carp) / gespundet *adj*
**tongued-and-grooved floorboard** (Carp) / Riemen *m* (langes, schmales Brett mit Nuten, besonders für Fußböden) || ~ **floorboards** (up to 10 x 80 cm) (Build, Carp) / Brettelboden *m* (A), Riemenfußboden *m*, Schiffsboden *m* || ~ **joint** (Carp, Join) / Nut- und Federverbindung *f*, Spundung *f* (eine Nut- und Federverbindung), Nut-Feder-Verbindung *f* (mit angestoßener Feder) || ~ **rough board** (Carp) / Rauspundbrett *n*, Rauspund *m* (auf den Breitseiten ungehobeltes, jedoch an den Kanten bearbeitetes, in der Regel mit Nut und Feder, zuweilen auch mit Wechselfalz versehenes Nadelholzbrett der geringsten Güteklasse des bearbeiteten Schnittholzes)
**tongued-and-trenched joint** (Carp) / einfache Federverbindung, Nutverbindung *f* mit Feder
**tongued joint** (Carp) / Nut-Feder-Verbindung *f* (mit eingeschobener Feder), Nut-Nut-Verbindung *f* || ~ **mitre** (Carp) / stumpfe Gehrung mit Hirnholzfeder
**tongue load** (Autos) / Stützlast *f* (bei Anhängern), Deichsellast *f* || ~ **lock** (Autos, Build) / Zungenschloss *n*, Zungenverschluss *m* || ~ **plate** (Autos) / Schließteil *n*, Schlosszunge *f* (bei Sicherheitsgurten) || ~ **rail** (Rail) / Zungenschiene *f* (zur Seite hin bewegliche Schiene der Weiche)
**tongue-tear test** (Textiles) / Zungenweiterreißversuch *m*
**tonguing-and-grooving machine** (For) / Nut- und Federfräsmaschine *f*
**tonguing plane** (Join) / Federhobel *m* (ein Handhobel)
**tonic** *n* (the first note in a scale which, in conventional harmony, provides the keynote of a piece of music) (Acous) / Tonika *f* (der Grundton einer Tonart, die nach ihm benannt wird) || ~ *adj* (Acous) / betont *adj* || ~ (Pharm) / tonisierend *adj*, tonisch *adj*, kräftigend *adj*, stärkend *adj* || ~ **train** (Radio) / unterbrochene ungedämpfte Wellen
**toning*** *n* (Photog) / Tonen *n* (direktes, indirektes), Tonung *f*, Farbtonen *n*, Farbtonung *f*
**tonish** *adj* (Textiles) / modisch *adj*, fashionabel *adj*, fashionable *adj*
**tonka bean** / Tonkabohne *f* (von Dipteryx-Arten)
**ton-kilometer** *n* / Tonnenkilometer *m* (Maßeinheit für die Transportleistungen im Güterverkehr, die die Beförderung einer Last von einer Tonne Masse über eine Wegstrecke von einem Kilometer bezeichnet), tkm
**tonnage** *n* / Produktion *f* in Tonnen, Ausstoß *m* in Tonnen || ~ (Met) / Charge in Tonnen *f* (bei Schmelzöfen) || ~ (Mining) / Förderleistung *f* in Tonnen || ~ (Ships) / Raumzahl *f* (Brutto-, Netto-), RZ, Raumgehalt *m* || ~ **breadth*** (Ships) / Vermessungsbreite *f* || ~ **certificate** (Ships) / Schiffsmessbrief *m* || ~ **depth*** (Ships) / Vermessungstiefe *f* || ~ **formula** (Ships) / Vermessungsformel *f* || ~ **of a train** (Rail) / Zuggewicht *n*, Zuglast *f* || ~ **oxygen** (Met) / technischer Sauerstoff (bis 99,8% $O_2$) || ~ **steel** (Met) / Grundstahl *m* (Euronorm 20/74), Massenstahl *m* (unlegierter Stahl, der nicht für die Wärmebehandlung bestimmt ist), allgemeiner Baustahl
**tonne*** *n* / Tonne *f* (1000 kg - eine Einheit der Masse außerhalb des SI)
**tonneau** *n* (pl. -s or -x) (Autos) / Fahrgastraum *m* (im Heck von offenen Fahrzeugen)
**tonne•-kilometer** *n* / Tonnenkilometer *m* (Maßeinheit für die Transportleistungen im Güterverkehr, die die Beförderung einer Last von einer Tonne Masse über eine Wegstrecke von einem Kilometer bezeichnet), tkm || ~ **per day** (Work Study) / Tagestonne *f* (Angabe der Produktionsrate nach DIN 1301, T 3), tato || ~ **per year** / Jahrestonne *f* (ein Maß für die innerhalb eines Jahres geförderten oder verarbeiteten Tonnen an Rohstoffs o.ä.), Jato *f* (eine normwidrige Abkürzung für Jahrestonne)
**tonometer*** *n* (Med) / Tonometer *n* (zur Messung des Augeninnendrucks)
**tonoplast** *n* (Bot) / Tonoplast *m* (innere Zellmembran)
**tonstein** *n* (a compact argillaceous rock, commonly occurring as a thin band in a carboniferous seam) (Geol, Mining) / Tonstein *m*
**tonus*** *n* (Physiol) / Tonus *m* (pl. -ni) (der durch Nerveneinfluss ständig wachgehaltene Spannungszustand der Gewebe, besonders der Muskeln)
**tony** *adj* (US) (Textiles) / modisch *adj*, fashionabel *adj*, fashionable *adj*
**TOO** (time of origin) (Telecomm) / Sendezeit *f*
**tool** *v* (Civ Eng) / bearbeiten *v* (Werksteine) || ~ (Eng, Tools) / mit Werkzeug bearbeiten, bearbeiten *v* (mit Werkzeug) || ~ (Eng, Tools) / mit Werkzeug versehen, ausrüsten *v*, mit Werkzeug bestücken || ~ (Tools) / bestücken *v* (mit Werkzeugen) || ~ *vt* / fahren *v* (einen Wagen) || ~ *n* (Agric) / Gerät *n* (zur Bodenbearbeitung) || ~ (software tool) (Comp) / Software-Werkzeug *n*, Werkzeug *n* (Programm, das das Entwerfen, Programmieren, Testen und Dokumentieren von Software unterstützt), Tool *n* (Software-Werkzeug) || ~ (Eng) / Arbeitsgerät *n* || ~ (Eng, Tools) / Meißel *m* (Dreh-, Hobel-) || ~ (Tools) / Werkzeug *n* || ~ **allowance** (Work Study) / Werkzeugwechselzeit *f* || ~ **angle** (Eng) / Werkzeugwinkel *m* (DIN 6581), Winkel *m* an der Schneide
**tool-approach motion** (Eng) / Anstellbewegung *f* (zwischen Werkzeugschneide und Werkstück - DIN 6580)
**tool-bag** *n* (Tools) / Werkzeugtasche *f*

**toolbar** *n* (Agric) / Werkzeugschiene *f*, Werkzeugträger *m* (des Vielfachgeräts) || ~ (Agric) / Ackerschiene *f* (am Heck des Traktors oder zwischen den Enden der Unterlenker des Dreipunktanbaus) || ~ (Agric) / Ackerschiene *f* (am Heck des Traktors oder zwischen den Enden der Enden des Werkzeugs) || ~ (Comp) / Symbolleiste *f*
**tool bit** (Tools) / gelötete, eingesetzte oder geschweißte Schneidplatte, Schneidplatte *f* (z.B. aus Hartmetall - nach DIN 4950 und 4966), Schneidplättchen, Plättchen *n* (Schneidplättchen)
**toolbox** *n* (a set of software tools, probably from several vendors, not necessarily as closely related or providing as full coverage of the software life cycle as a toolkit) (Comp) / Toolbox *f* (Sammlung von ergänzenden Programmeinheiten), Toolkit *m n* || ~ (Tools) / Werkzeugkiste *f*, Werkzeugkasten *m*, Werkzeugkoffer *m*
**tool breakage** (Tools) / Werkzeugbruch *m* || ~ **cabinet** (Tools) / Werkzeugschrank *m* || ~ **carriage** (in any automatically operated machine) (Eng) / Werkzeugschlitten *m* (geradlinig verschiebbarer Werkzeugträger an Werkzeugmaschinen) || ~ **carrier** (Agric) / Geräteträger *m* (Sonderbauart des Schleppers) || ~ **carrier** (Eng, Tools) / Werkzeughalter *m* || ~ **carrier slide** (Eng) / Meißelhalterschlitten *m*
**tool-centre point** (Welding) / Arbeitspunkt *m* (bei den Schweißrobotern) || ~ **point** (Welding) / Tool-Center-Point *m*, Lichtbogenfußpunkt *m*, Lichtbogenmittelpunkt *m*, TCP
**tool change** (Eng, Tools) / Werkzeugwechsel *m*
**tool-change NC system** (Eng, Work Study) / Werkzeugwechselsystem *n* mit numerischer Steuerung
**tool changing** (Eng, Tools) / Werkzeugwechsel *m* || ~ **clapper** (Eng) / Meißelklappe *f* (zur Aufnahme des Hobel- bzw. Stoßwerkzeuges), Meißelklappe *f* || ~ **coding** (Tools) / Werkzeugkodierung *f* (z.B. bei CNC) || ~ **compensation** (Eng, Tools) / Werkzeugkorrektur *m* (DIN ISO 2806) || ~ **coordinates** (Automation) / Koordinaten *f pl* des Werkzeugs || ~ **coordinates** (Eng) / Werkzeugkoordinaten *f pl* || ~ **cutting-edge angle** (Eng) / Einstellwinkel *m* (Winkel zwischen der Arbeitsebene und der Werkzeug-Schneidenebene, gemessen in der Werkzeugbezugsebene) || ~ **cutting-edge plane** (Eng) / Werkzeugschneidenebene *f* (eine Ebene durch den ausgewählten Schneidenpunkt, tangential zur Werkzeugschneide und senkrecht zur Werkzeugbezugsebene - DIN 6581) || ~ **cutting-edge plane** (Eng) / Eckenwinkel *m* (bei Zerspanwerkzeugen nach DIN 6581) || ~ **design** (Eng) / Werkzeugkonstruktion *f*
**tool-diameter offset** (Automation) / Werkzeugdurchmesserversatz *m* (bei numerischer Steuerung)
**tool dresser** (Oils) / Bohrmeißelinstandhalter *m* || ~ **dresser** (Oils) s. also tool grinder
**tooled ashlar\*** (Build) / bearbeiteter Quader || ~ **finish** (Build) / nutgeschlagene Steinoberfläche, senkrechte Rillen (auf dem Werkstein)
**tool edge** (Eng, Tools) / Schneide *f* (DIN 8588), Werkzeugschneide *f*
**tool-edge wear** (Tools) / Schneidenverschleiß *m*
**tooled joint** (Build) / zweckmäßige Fugenausbildung (entweder konkave oder V-förmige) || ~ **V joint** (Build) / V-förmige Fugenausbildung
**tool electrode** (Eng) / Werkzeugelektrode *f* (z.B. beim elektrochemischen Abtragen)
**tool-engaging lug** (Tools) / Werkzeugeingriffansatz *m*
**tool engineering** (Eng) / Werkzeugbau *m* (als Lehrfach) || ~ **failure** (Eng) / Erliegen *n* des Werkzeugs (meist plötzlich eintretender Verlust der Schneidhaltigkeit durch Abscheren oder Ausbrechen der Schneide)
**tool-free** *adj* (Eng) / ohne Einsatz des Werkzeugs (Reparatur oder Wartung)
**tool function** (Eng) / Werkzeugaufruf *m* (bei CNC-Maschinen) || ~ **function** (Tools) / Werkzeugfunktion *f* (DIN ISO 2806) || ~ **geometry** (Eng) / Schneidengeometrie *f* || ~ **grinder** (Eng) / Werkzeugschleifer *m* || ~ **grinding** (Eng) / Werkzeugschleifen *n*
**tool-grinding machine** (Eng) / Werkzeugschärfmaschine *f*
**tool head** (Eng) / Messerkopf *m* || ~ **holder** (Eng) / Klemmmuffe *f* || ~ **holder** (Eng, Tools) / Werkzeughalter *m* || ~ **holder** (Eng) / Klemmhalter *m* (zum Drehen)
**tool-holder** *n* (Eng) / Meißelhalter *m* (ein Werkzeugspanner) || ~ **slide** (Eng) / Meißelschlitten *m* (der Hobelmaschine)
**tool-holding device** (Eng) / Werkstückspannzeug *n*, Werkstückspannvorrichtung *f*
**toolhouse** *n* (US) (Tools) / Werkzeugschuppen *m*, Geräteschuppen *m*
**toolie** *n* (Oils) / Bohrmeißelinstandhalter *m*
**tool included angle** (Eng) / Eckenwinkel *m* (bei Zerspanwerkzeugen nach DIN 6581)
**tooling\*** *n* (Bind) / Handprägung *f* || ~* (Bind) / Deckenverzierung *f* (von Hand), Handverzierung *f* der Buchdecke || ~ (Eng, Tools) / Werkzeugsatz *m* (für bestimmte Aufgaben) || ~ (Tools) / Werkzeuge *n pl* (als Sammelbegriff), Ausstattung *f* (mit Werkzeugen und Maschinen), Werkzeugausrüstung *f*, Werkzeugbestückung *f*, Ausrüstung *f* (mit Werkzeugen und Maschinen) || ~ **hole** (Electronics, Eng) / Aufnahmeloch *n*
**tool-in-hand system** (Eng) / Werkzeugbezugssystem *n* (Werkzeugbezugsebene + Werkzeugorthogonalebene + Werkzeugschneidenebene nach DIN 6581)
**tool joint** (Oils) / Gestängeverbinder *m*, Tooljoint *m*
**toolkit** *n* (AI) / vorgefertigte Expertensystemkomponenten, Werkzeugsystem *n* (Vielfalt von Wissensrepräsentationsschemen und Inferenzmechanismen zur Entwicklung von Expertensystemen) || ~ (usually from the single vendor) (Comp) / Toolbox *f* (Sammlung von ergänzenden Programmeinheiten), Toolkit *m n*
**tool life** (expressed in quantity units) (Eng) / Standmenge *f* (Anzahl der Werkstücke, die in einer Vorrichtung hergestellt werden können, bis die Form über die zulässige Toleranz hinaus verschlissen ist) || ~ **life** (Eng, Tools) / Werkzeuglebensdauer *f* || ~ **life** (expressed in time units) (Eng, Tools) / Lebensdauer *f* des Werkzeugs, Standzeit *f* (Standvermögen des Zerspanungswerkzeugs, ausgedrückt in Zeiteinheiten), Werkzeugstandzeit *f* (eine Standgröße eines Zerspanungswerkzeugs) || ~ **magazine** (Eng, Tools) / Werkzeugmagazin *n*
**toolmaker\*** *n* (Eng) / Werkzeugmacher *m*
**toolmakers' lathe** (Eng) / Mechanikerdrehmaschine *f* || ~ **lathe** (Eng) / Werkzeugmacherdrehmaschine *f*
**toolmaker's vice** (Eng) / Universalschraubstock *m* || ~ **vise\*** (Eng) / Universalschraubstock *m*
**toolmaking** *n* (Eng, Tools) / Werkzeugbau *m* (Herstellung von Werkzeugen)
**tool management** / Toolmanagement *n*, Werkzeugverwaltung *f* (mit automatischem Werkzeugaustausch zwischen dem Magazin an der Bearbeitungseinheit und einem zentralen Werkzeuglager) || ~ **manipulator** (Eng) / Werkzeugmanipulator *m* || ~ **manufacturing** (Eng, Tools) / Werkzeugbau *m* (Herstellung von Werkzeugen) || ~ **mark** (Geol) / Gegenstandsmarke *f* (Sedimentgefüge) || ~ **material** / Werkzeugwerkstoff *m* || ~ **nipper** (Mining) / Materialzusteller *m* || ~ **offset** (Automation) / Werkzeugkorrektur *f* (bei der numerischen Steuerung) || ~ **order** (Tools, Work Study) / Werkzeugleihschein *m* || ~ **orthogonal clearance** (Eng) / Freiwinkel *m* (zwischen der Freifläche des Schneidkeils eines Zerspanwerkzeuges und der Werkzeug-Schneidenebene im Werkzeug-Bezugssystem - DIN 6581) || ~ **orthogonal plane** (Eng) / Werkzeugorthogonalebene *f* (eine Ebene durch den ausgewählten Schneidenpunkt, senkrecht zur Werkzeugbezugsebene und senkrecht zur Werkzeugschneidenebene - DIN 6581), Werkzeugkeilmessebene *f* || ~ **path** (Eng) / Werkzeugbahn *f* (bei numerischer Steuerung)
**tool-path** *n* (Automation, Eng) / Werkzeug-Verfahrweg *m* (numerische Steuerung), Werkzeugweg *m*
**tool post** (Eng) / Meißelhalter *m* (ein Werkzeugspanner) || ~ **post\*** (Eng, Tools) / Werkzeughalter *m* || ~ **-post grinder\*** (Eng) / Supportschleifer *m*
**toolpusher\*** *n* (field supervision of drilling operations) (Oils) / Oberbohrmeister *m*, schichtführender Bohrmeister
**tool rack** (Tools) / Werkzeugbrett *n*, Werkzeugregal *n* || ~ **reference plane** (Eng) / Werkzeugbezugsebene *f* (eine Ebene durch den ausgewählten Schneidenpunkt, senkrecht zur angenommenen Schnittrichtung nach DIN 6581) || ~ **reference point** (Eng) / Werkzeugbezugspunkt *m* (Lagebeschreibung zwischen der Schneidenecke eines Drehmeißels und dem Werkzeugträger durch Angabe der Abstandsmaße in X- und Z-Richtung zwischen der theoretischen Schneidenecke und dem Werkzeugbezugspunkt)
**tool-rest** *n* (Eng) / Aufspannschlitten *m*, Support *m* (Werkzeugspanner)
**tool-room** *n* (Work Study) / Werkzeuglager *n*
**tools** *pl* (Comp) / Software-Entwicklungswerkzeuge *n pl*
**tool section** (Eng) / Drehling *m* (stabförmiges Werkzeug, meist aus Schnellarbeitsstahl mit rundem oder eckigem Querschnitt), Drehstahl *m* || ~ **shank** (Eng, Tools) / Werkzeugschaft *m* || ~ **sharpener** (Eng) / Werkzeugschärfmaschine *f* || ~ **shed** (Tools) / Werkzeugschuppen *m*, Geräteschuppen *m*
**tool-shop** *n* (Eng) / Werkzeugmacherei *f* (+ Vorrichtungsbauwerkstatt)
**tool steel\*** (Met) / Kaltarbeits-, Warmarbeits- und Schnellarbeitsstahl nach DIN EN ISO 4957
**tool-storage unit** (Eng, Tools) / Werkzeugspeicher *m* (in FFS)
**tool tip** (Tools) / gelötete, eingesetzte oder geschweißte Schneidplatte, Schneidplatte *f* (z.B. aus Hartmetall - nach DIN 4950 und 4966), Schneidplättchen *n*, Plättchen *n* (Schneidplättchen) || ~ **track** / Geräteträger *m* (z.B. über dem Arbeitsplatz) || ~ **transport** (Tools) / Werkzeugtransport *m* || ~ **wear** (Tools) / Werkzeugverschleiß *m* || ~ **working life** (Eng, Tools) / Nutzungsvermögen *n*, Gesamtlebensdauer *f* (eines Werkzeugs)
**tooth** *v* (Join) / abzahnen *v* (mit dem Zahnhobel), mit dem Zahnhobel bearbeiten || ~ (Paint) / griffig machen (den Anstrichgrund),

aufrauen *v* (den Anstrichgrund) ‖ ~* (pl. teeth) / Zacke *f*, Zacken *m* ‖ ~ (pl. teeth) / Zinke *f*, Zinken *m* ‖ ~* (pl. teeth) (Eng) / Messer *n* (des Messerkopfes) ‖ ~* (pl. teeth) (Eng) / Zahn *m* ‖ ~ (Paint) / Rauigkeit *f* (des Untergrunds) ‖ ~ (Paint) / aufgerauter Grund *m* ‖ ~ (Paper) / Körnung *f* (der Oberfläche), Korn *n* (Beschaffenheit der Oberfläche), Rauigkeit *f* ‖ ~ (pl. teeth) (Textiles) / Krampe *f* (des Reißverschlusses) ‖ ~ **accuracy** (Eng) / Verzahnungsgenauigkeit *f* (DIN 3961 bis 3967)

**toothache tree** (For) / Zahnwehholz *n* (aus Zanthoxylum americanum Mill.)

**tooth alignment** (Eng) / Flankenrichtung *f* (links- oder rechtssteigend - bei Zahnrädern im Allgemeinen) ‖ ~ **angle** (Eng) / Zahnwinkel *m* ‖ ~ **back** (For, Tools) / Zahnrücken *m* (diejenige Seite des Sägezahnes, die nach dem Schnittvorgang bei Verlassen des Werkstückes diesem zugekehrt ist) ‖ ~ **chamfer** (Eng) / Zahnkantenanfasen *n*, Zahnkantenabrundung *f*, Zahnkantenausschrägung *f*

**tooth-chamfering machine** (Eng) / Zahnkantenfräsmaschine *f*, Zahnkantenanfassmaschine *f*, Zahnkantenabrundmaschine *f*

**tooth contact** (US) (Eng) / Zahneingriff *m* ‖ ~ **contact pattern** (Eng) / Tragbild *n* (die sich unter Belastung ausbildende Druckfläche an den Zahnflanken) ‖ ~ **crest** (Eng) / Zahnkopf *m* ‖ ~ **crest cone** (Eng) / Kopfkegel *m* (um die Radachse nach DIN 3971) ‖ ~ **damage** (Eng) / Zahnschaden *m* ‖ ~ **distance** (Eng) / Zahnabstand *m* (nach DIN 3960)

**toothed belt** (Autos) / Zahnriemen *m* (z.B. zum Antrieb der obenliegenden Nockenwelle) ‖ ~ **belt** (Eng) / Zahnriemen *m* (im Allgemeinen) ‖ ~ **clutch** (Eng) / schaltbare Zahnkupplung

**toothed-disk mill** (Eng) / Zahnscheibenmühle *f*

**toothed feed roller** (Spinning) / Zuführwalze *f*, Stachelwalze *f* (eine Zuführwalze) ‖ ~ **harrow** (Agric) / Zinkenegge *f* (mit starren oder seltener gelenkigen Eggenfeldern, in die als Werkzeuge für Bodenbearbeitung Eggenzinken eingeschraubt sind)

**toothed-lock washer** (Eng) / Zahnscheibe *f* (eine Schraubensicherung nach DIN 6797)

**toothed plate** (connector) (Build, Carp) / Bulldog-Dübel *m* (ein Krallendübel), Bulldog-Verbinder *m* ‖ ~ **ring** (Build, Carp) / Krallenringdübel *m*, Krallendübel *m* (ringförmiger Dübel, der beidseitig mit spitzen Krallen ausgestattet ist, welche bestimmungsgemäß in die zu verbindenden Hölzer eingreifen, wodurch kraftschlüssige Verbindungen entstehen) ‖ ~ **roller** (Spinning) / Zuführwalze *f*, Stachelwalze *f* (eine Zuführwalze) ‖ ~ **wheel*** (Eng) / Zahnrad *n* (im Getriebe), Getrieberad *n* ‖ ~ **wrack** (Bot) / Sägetang *m* (Fucus serratus)

**tooth engagement** (Eng) / Zahneingriff *m* ‖ ~ **error** (Eng) / Verzahnungsabweichung *f*

**tooth-face offset** (Eng) / Spanflächenabstand *m* (von der Fräserachse im Fräserstirnschnitt nach DIN 8000)

**tooth flank** (Eng) / Zahnflanke *f*, Seitenfläche *f* des Zahnes) ‖ ~ **form** (Eng) / Zahnform *f* (Gestalt des Zahnes in Projektion auf die Blattebene nach DIN 8000) ‖ ~ **gap** (Eng) / Zahnlücke *f* (Leerraum zwischen zwei benachbarten Zähnen)

**tooth-gap hardening** (Met) / Zahnlückenhärten *n*

**tooth gullet** (Eng) / Zahngrund *m* (zwischen zwei Zähnen gelegenes Stück des Radkörpers) ‖ ~ **height** (Eng) / Zahnhöhe *f* (nach DIN 3960)

**toothing** *n* (at the end of a wall) (Build) / Verzahnung *f* (Mauerwerksanschluss an Wandenden oder wenn eine Innenwand auf eine Außenwand stößt) ‖ ~ (Eng, Horol) / Zahnradfertigung *f*, Zahnradherstellung *f*, Verzahnen *n*, Verzahnungsherstellung *f* ‖ ~ **pair** (Eng) / Paarverzahnung *f* ‖ ~ **plane*** (Join, Tools) / Zahnhobel *m* (Handhobel zum Egalisieren von Flächen und Aufrauen zu verleimender Flächen)

**toothings** *pl* (Build) s. also tusses

**tooth line** (For) / Zahnspitzenlinie *f* ‖ ~ **locking mechanism** (Eng) / Zahngesperre *n*

**tooth-lock washer** (Eng) / Zahnscheibe *f* (eine Schraubensicherung nach DIN 6797)

**tooth number** / Zähnezahl *f* ‖ ~ **portion** (Eng) / Zahnungsteil *m* (der Räumnadel) ‖ ~ **profile** (Eng) / Zahnprofil *n* (DIN 3960) ‖ ~ **profile** (Eng) s. also tooth form

**tooth-profile modification** (Eng) / Profilverschiebung *f* (bei Zahnrädern nach DIN 3960)

**tooth projection** (a spring or swage set) (For) / Zahnseitenüberstand *m* (durch Schränkung oder Stauchung - bei den Sägeblättern) ‖ ~ **ratio*** (Elec Eng) / Nuten-Zahn-Verhältnis *n* ‖ ~ **ripple*** (Elec Eng) / Nutoberwellen *f pl*, Nutwellen *f pl* ‖ ~ **root** (Eng) / Zahnfuß *m* (Teil des Zahnes zwischen Teilzylinder und Fußzylinder) ‖ ~ **root cone** (Eng) / Fußkegel *m* (Kegel um die Radachse, der von der Fußfläche gebildet wird - DIN 3971) ‖ ~ **root surface** (Eng) / Zahnlückengrundfläche *f* (des Zahnrades) ‖ ~ **sector** (Eng) / Zahnbogen *m*, Zahnsegment *n* ‖ ~ **space** (Eng) / Zahnlücke *f* (Leerraum zwischen zwei benachbarten Zähnen) ‖ ~ **span measurement** (Eng) / Zahnweite *f* (nach DIN 3960) ‖ ~ **thickness*** (Eng) / Zahndicke *f* (DIN 3960) ‖ ~ **thickness angle** (Eng) / Zentriwinkel zu dem Bogen, der von den Flankenlinien eines Zahnes auf dem Planradteilkreis begrenzt wird - DIN 3971) ‖ ~ **tip** (Eng) / Zahnspitze *f* (oberster Teil des Zahnkopfes)

**tooth-to-tooth pitch error** (Eng) / Teilungssprung *m* (DIN 3960)

**tooth trace** (Eng) / Flankenlinie *f* (Schnittlinien der Rechts- und Linksflanken mit dem Teilzylinder nach DIN 3960) ‖ ~ **undercut** (Eng) / Zahnunterschnitt *m* ‖ ~ **washer** (Eng) / Zahnscheibe *f* (eine Schraubensicherung nach DIN 6797) ‖ ~ **width** (Eng) / Zahnbreite *f* (DIN 3960), Verzahnbreite *f*

**toothwort** *n* (Bot) / Gewöhnliche Schuppenwurz (Lathraea squamaria L.)

**TOP** (technical office protocol) (Comp) / Kommunikationsprotokoll *n* für technische Büros (einheitliches)

**top** *v* / überragen *v* ‖ ~ / krönen *v*, bedecken *v* ‖ ~ (Agric) / köpfen *v* (Zuckerrübe) ‖ ~ (Chem Eng) / herausdestillieren *v* ‖ ~ (Leather) / übersetzen *v* (sauer gefärbte Leder mit basischen Farbstoffen) ‖ ~ (Met) / schopfen *v* (nicht mehr verwendbare Enden von Rohlingen, Formstahl und Blechen abschneiden), abschopfen *v* (Blockenden abschneiden) ‖ ~ (Mining) / anhäufen *v* (Kohle auf dem Förderwagen) ‖ ~ (Nut) / belegen *v* (z.B. mit Früchten, Tomaten usw.) ‖ ~ (Nut) / beifüllen *v* ‖ ~ (Nut) / glasieren *v* ‖ ~ (Oils) / toppen *v* ‖ ~ (Ships) / abtoppen *v* (die Beladung eines Ladungstanks beenden) ‖ ~ (Textiles) / nachfärben *v*, überfärben *v* ‖ ~ *vt* / nachschalten *v* (eine Anlage einer anderen) ‖ ~ *n* / oberes Ende, Oberteil *n* (oberes Ende) ‖ ~ / obere Fläche ‖ ~ / Spitze *f* (Gipfel) ‖ ~ / Krone *f* (eines Stahlbetonkühlturms - divergente, konvergente) ‖ ~ (Acous) / Höhe *f* ‖ ~ (Autos) / Dach *n* ‖ ~ (Autos) / Verdeck *n* (bewegliches Dach) ‖ ~ (Bind) / Oberschnitt *m*, Kopfschnitt *m* ‖ ~ (Bot) / oberirdischer Teil (einer Pflanze) ‖ ~ (Chem Eng) / Kopfprodukt *n* (das bei der Destillation über Kopf abgeht und durch Kondensation gewonnen wird), Kopfdestillat *n* ‖ ~ (For) / Krone *f*, Baumkrone *f* ‖ ~ (For) / Wipfel *m*, Gipfel *m* ‖ ~ (For) / Zopfende *n* (oberes Stammende als Gegensatz zu Stockende), Zopfstück *n*, Zopfblock *m*, Zopf *m* ‖ ~ (Meteor) / Obergrenze *f* (einer Wolke) ‖ ~ (Mining) / Hangendes *n* (über einer Bezugsschicht) ‖ ~ (Mining) / Firste *f* (einer söhligen oder geneigten Strecke oder eines Aufbruchs) ‖ ~ (Rail) / Krone *f* (Ballast) ‖ ~ (Ships) / Mars *m f* (Mastplattform als Abschluss des Untermastes) ‖ ~ (Ships) / Topp *m* (oberes Ende von Mast und Stengen) ‖ ~* (Spinning) / Kammzugband *n*, Zug *m*, Kammzug *m* (Produkt der Kämmmaschine) ‖ ~ (Telecomm) / Dach *n* (eines Impulses) ‖ ~ (Textiles) / Top *n* (pl. -s), Oberteil *n* (ärmelloses) ‖ ~* (Spinning) s. also combed sliver

**TOP accident** (Nuc Eng) / Überlaststörfall *m*

**TO package** (transistor outline package) (Electronics) / TO-Gehäuse *n* (genormte Gehäuseform für Transistoren und integrierte Schaltungen)

**top apron** (Spinning) / Oberriemchen *n* (des Streckwerkes nach DIN 64 050)

**topaz*** *n* (Min) / Topas *m*

**topazolite*** *n* (Min) / Topazolith *m* (hellgelbe bis hellgrüne klare Kristalle des Minerals)

**topaz quartz** (Min) / Zitrin (Quarzvarietät), Citrin *m*, Quarztopas *m*

**top beam*** (Carp) / Kehlbalken *m* (beim Kehlbalkendach), Hahnenbalken *m* (kurzer zweiter Kehlbalken bei sehr hohen Kehlbalkendächern), Katzenbalken *m* (kurzer zweiter Kehlbalken bei sehr hohen Kehlbalkendächern) ‖ ~ **bell** (Met) / obere Glocke ‖ ~ **blanket*** (Print) / Deckbogen *m*, Spannbogen *m* ‖ ~ **blanket*** (Print) / Obertuch *n* ‖ ~ **blast** (Met) / Oberwind *m* ‖ ~ **blasting** (Met) / Oberwindfrischen *n*, Blasen *n* von oben (bei Kleinkonvertern) ‖ ~ **blowing** (Met) / Oberwind *m* ‖ ~ **blowing** (Met) / Oberwindfrischen *n*, Blasen *n* von oben (bei Kleinkonvertern) ‖ ~ **blowing** (Met) / Aufblasen *n* (z.B. von Reaktionsmitteln im Konverterbetrieb) ‖ ~**-blown converter** (Met) / Aufblaskonverter *n*

**top-blown rotary converter** (Met) / rotierender Aufblaskonverter

**top boom** (Arch, Civ Eng) / Obergurt *m* (der in einem Fachwerk oder Vollwandträger örtlich höher gelegene der beiden Gurte) ‖ ~ **box** (Foundry) / Oberkasten-Formteil *n* (Oberteil einer verlorenen Kastenform), Formoberteil *n*, Oberkasten *m* ‖ ~ **break** (For) / Gipfelbruch *m*, Wipfelbruch *m* (meistens durch Schneefall) ‖ ~ **capacitor antenna** (Radio) / kapazitiv beschwerte Antenne, dachbelastete Antenne, Dachkapazitätsantenne *f*, Antenne *f* mit Dachkapazität (meist vertikale Halbdipolantenne mit zusätzlichem Metallkörper an der Spitze, womit die effektive Antennenhöhe vergrößert wird) ‖ ~ **carrier** (Autos) / Dachgepäckträger *m* ‖ ~ **casing*** (Oils) / Standrohr *n* (die Rohrtour mit dem größten Durchmesser, welche in einer Bohrung gebraucht wird)

**top-cast** *v* (Foundry) / fallend gießen

**top casting** (Foundry) / fallende Gießweise (bei der das flüssige Gießgut von oben in den Formhohlraum einströmt), fallender Guss, Kopfguss *m* ‖ ~ **chime** / Griffrand *m* (bei zylindrischen Fässern) ‖ ~

chord (Arch, Civ Eng) / Obergurt *m* (der in einem Fachwerk oder Vollwandträger örtlich höher gelegene der beiden Gurte)
top-chroming *n* (Textiles) / Nachchromierung *f*
top-closing device (Met) / Gichtverschluss *m*
top cloth (Weaving) / Oberware *f*
top-cloth weave (Weaving) / Bindung *f* der Oberware
top coal (Mining) / Oberbank *f* (eines Flözes)
topcoat *n* (Build) / ober(st)e Schicht, Oberschicht *f* ‖ ~ (Paint) / Deckschicht *f* (DIN 50 900-1), Deckanstrich *m* (der die unteren Anstrichschichten vor äußeren chemischen und physikalischen Einflüssen schützen und ästhetischen Anforderungen genügen muß), Schlussanstrich *m* (abschließender Anstrich eines Anstrichsystems), DS (Deckschicht)
top-coat oven (Paint) / Deckschichttrockner *m* (ein Lacktrockenofen), Decklacktrockner *m*
topcoat pigment (Paint) / Pigment *n* für Deckanstriche ‖ ~ varnish (Paint) / Überzugslack *m*
top comb (Spinning) / Festkamm *m* ‖ ~ copy / [maschinengeschriebenes] Original *n* ‖ ~ dead centre* (I C Engs) / deckelseitiger Totpunkt (DIN 1940), oberer Totpunkt, äußerer Totpunkt (von der Kurbelwelle abliegender Umkehrpunkt), OT
top-dead-centre mark (I C Engs) / OT-Markierung *f*
top deck / Deckplatte *f* (Palette), Oberdeck *n* (Palette) ‖ ~ diameter (For) / Zopfdurchmesser *m*, Oberstärke *f* (Zopfdurchmesser), ZD ‖ ~ die (Eng) / Obergesenk *n* (Werkzeughälfte, die am Hammerbär bzw. Pressenstößel befestigt wird), Gesenkoberteil *n*
top-down design (Comp) / Top-down-Entwicklung *f*, Top-down-Methode *f*, Top-down-Verfahren *n* (eine Entwurfsmethode in der Programmierungstechnik) ‖ ~ driving (Autos) / Offenfahren *n* (mit offenem Verdeck) ‖ ~ parsing (Comp) / Top-down-Verfahren *n* (bei der Syntaxanalyse) ‖ ~ principle (Comp) / Top-down-Prinzip *n* (Zerlegung einer Aufgabe in Teilaufgaben zum Bilden von Hierarchien)
top-dress *v* (Agric) / kopfdüngen *v* (nur Infinitiv und Partizip), Kopfdünger ausbringen
top•-dressing *n* (Agric) / Kopfdüngung *f* ‖ ~ drive (Eng) / Obenantrieb *m* (z.B. für Rührbehälter)
top-dry *adj* (For) / zopftrocken *adj*, wipfeldürr *adj*, gipfeldürr *adj* (Baum)
top-dye *v* (Textiles) / nachfärben *v*, überfärben *v*
top dyeing (Textiles) / Kammzugfärben *n*, Kammzugfärberei *f* ‖ ~ edge (Bind) / Oberkante *f*, Kopfkante *f* ‖ ~ edge (Bind) / Oberschnitt *m*, Kopfschnitt *m* ‖ ~ edge (Build, Civ Eng) / Oberkante *f* (die Kante selbst), OK ‖ ~ ejection (Plastics) / Abdrücken *n* von oben (aus dem Gesenk), Abstreifen *n* vom Stempel ‖ ~ electrode (I C Engs) / Dachelektrode *m* (der Zündkerze) ‖ ~ end / Deckel *m* (der Dose) ‖ ~ end (of rpm range) (Autos) / oberer Drehzahlbereich ‖ ~ end (For) / Zopfende *n* (oberes Stammende als Gegensatz zu Stockende), Zopfstück *n*, Zopfblock *m*, Zopf *m*
top-end diameter (For) / Zopfdurchmesser *m*, Oberstärke *f* (Zopfdurchmesser), ZD ‖ ~ performance (Autos) / Leistung *f* im oberen Drehzahlbereich ‖ ~ power (Autos) / Leistung *f* im oberen Drehzahlbereich
top event (random output pulses from a transponder caused by ambient noise, or by an intentional random triggering system but not by the interrogation pulses) / unerwünschtes Ereignis (als Spitze des Fehlerbaumes - DIN 25 424) ‖ ~ feed (Textiles) / Obertransport *m* (bei Nähmaschinen - eine Nähgutvorschubart, bei der die Vorschubbewegung auf der Nähgutoberseite eingeleitet wird) ‖ ~ feeding (Eng) / Beschickung *f* von oben, Auftrag *m* von oben ‖ ~ felt (Paper) / Oberfilz *m* ‖ ~ fermentation (Brew) / Obergärung *f* ‖ ~-fermenting yeast (Brew) / obergärige Hefe, Oberhefe *f* (die bei 15-20 °C gärt), Oberhefen *f pl* ‖ ~ film (of yeast) (Nut, Textiles) / Schimmel *m* (von Schimmelpilzen gebildeter weißlicher Belag), Kahmhaut *f* (durch hefeähnliche Pilze gebildete grauweiße Haut auf gärenden oder faulenden Flüssigkeiten) ‖ ~ film (Paint) / Deckschicht *f* (DIN 50 900-1), Deckanstrich *m* (der die unteren Anstrichschichten vor äußeren chemischen und physikalischen Einflüssen schützen und ästhetischen Anforderungen genügen muß), Schlussanstrich *m* (abschließender Anstrich eines Anstrichsystems), DS (Deckschicht) ‖ ~ finish (Leather) / Deckappretur *f* ‖ ~ firing (Eng) / Beheizung *f* von oben, Oberbeheizung *f*, Deckenheizung *f* ‖ ~ fitting (Nuc Eng) / Kopfstück *n* (eines Brennelementbündels, einer Brennstoffkassette)
top-flame furnace (Glass) / Oberflammofen *m* (ein Hafenofen)
topformer process (Plastics) / Topformer-Verfahren *n* (Spritzprägen + Thermoformung)
topforming *n* (Plastics) / Topformer-Verfahren *n* (Spritzprägen + Thermoformung)
top fuller (Eng, Tools) / Kehlhammer *m*, Ballhammer *m* ‖ ~ gasoline (Oils) / SR-Benzin *n*, Destillatbenzin *n*, Rohbenzin *n*, Topbenzin *n*, Straightrun-Benzin *n*, Destillatbenzin *n* ‖ ~ gate (Mining) / obere Abbaustrecke, Kopfstrecke *f* ‖ ~ gear (Autos) / höchster Gang ‖ ~ girth* (For) / Zopfumfang *m*
top-grade *attr* / Qualitäts-, hochwertig *adj*
top grain (US) (Leather) / Narbenspalt *m*
top-grip feed (Textiles) / Zangentransport *m* (bei Nähmaschinen)
Topham box (Spinning) / Spinnzentrifuge *f*
top hamper* (Ships) / Toptakelage *f*, obere Takelage ‖ ~ hat filter (Photog) / Top-Hat-Filter *n* ‖ ~ header (Autos) / Wasserkasten *m* (des Kühlers - oberer) ‖ ~ heading (Mining) / Vorgriffsbau *m* (oberste Scheibe beim Festenbau in Stufen)
top-heading method (Civ Eng) / belgische Bauweise (eine geschlossene Tunnelbauweise), Unterfangungsbauweise *f*
top-heavy *adj* (Ships) / oberlastig *adj*, topplastig *adj*
TO phonon (Phys) / transversal-optisches Phonon
top-hung window (Build) / Klappfenster *n* ‖ ~ window-sash* (Build) / Klappflügel *m* (meistens nach außen öffnend)
topic *n* (AI, Comp) / Thema *n* (die von einem DDE-Server offerierte Servicefunktion) ‖ ~ *adj* (Chem) / top *adj* (Gruppe)
topical *adj* (Med, Pharm) / topisch *adj* (örtlich, äußerlich - von der Anwendung und Wirkung bestimmter Arzneimittel) ‖ ~ anaesthetic (Med, Pharm) / Lokalanästhetikum *n* (Mittel zur örtlichen Betäubung) ‖ ~ magnetic resonance (Chem, Spectr) / Topical-Magnetresonanz *f* (spezielle Technik der NMR-Spektroskopie zur Untersuchung am lebenden Organismus)
topic group (Chem) / tope Gruppe
topicity *n* (Chem) / Topizität *f* (topografische Beziehung zwischen konstitutionell und konfigurativ identischen Gruppen oder Atomen innerhalb eines Moleküls)
top installation (Build) / Dachaufstellung *f*, Aufstellung *f* auf dem Dach ‖ ~ jaw (Eng, Tools) / Aufsatzbacke *f* (auf die Grundbacke eines Spannfutters aufgeschraubte gehärtete oder ungehärtete Spannbacke) ‖ ~ land (Eng) / Zahnkopffläche *f* (des Zahnrades) ‖ ~ land (I C Engs) / Feuersteg *m* (oberster Kolbensteg, thermisch am höchsten belastet) ‖ ~ layer (screed) (Build) / Gehbelag *m* ‖ ~ layer (Mining) / Oberbank *f* (eines Flözes) ‖ ~ layer (Mining) / Abraum *m* (das auszuräumende taube Gestein od. die Bodenmassen, welche die abbauwürdigen Erze, Kohlen usw. bedecken) ‖ ~ layer (Paint) / Deckschicht *f* (DIN 50 900-1), Deckanstrich *m* (der die unteren Anstrichschichten vor äußeren chemischen und physikalischen Einflüssen schützen und ästhetischen Anforderungen genügen muß), Schlussanstrich *m* (abschließender Anstrich eines Anstrichsystems), DS (Deckschicht) ‖ ~ layer (Surf) / Abschlussschicht *f* ‖ ~ leaf (Mining) / Oberbank *f* (eines Flözes)
topless driving (Autos) / Offenfahren *n* (mit offenem Verdeck)
top level (Build, Civ Eng) / Oberkante *f* (Fläche), OK
top-level domain (Comp, Telecomm) / Top-Level-Domain *f*
top lift / Oberfleck *m* (des Schuhabsatzes), Absatzoberfleck *m*, Deckfleck *m* (des Schuhabsatzes) ‖ ~ light (Optics) / Auflicht *n*, auffallendes Licht ‖ ~ lighting (Light) / Deckenbeleuchtung *f*, Beleuchtung *f* von oben ‖ ~ limit (Eng) / Größtmaß *n* (bei Passungen) ‖ ~ limiting size (Eng) / Größtmaß *n* (bei Passungen) ‖ ~ link (Agric) / Oberlenker *m* (ein Teil des Dreipunktanbaus)
top-loaded vertical antenna (Radio) / kapazitiv beschwerte Antenne, dachbelastete Antenne, Dachkapazitätsantenne *f*, Antenne *f* mit Dachkapazität (meist vertikale Halbdipolantenne mit zusätzlichem Metallkörper an der Spitze, womit die effektive Antennenhöhe vergrößert wird)
top-loader *n* / Toplader *m* (Kassetten- oder Videorekorder, dessen Kassettenfach und Bedienelemente sich im Gegensatz zum Frontlader auf der waagerechten Oberseite des Geräts befinden) ‖ ~ cassette (Comp) / Topladekassette *f*
top loader gun (US) (Paint) / Fließbecherspritzpistole *f*
top-loading *adj* (Chem) / oberschalig *adj* (Waage) ‖ ~ washer / Toplader *m* (ein Waschautomat)
top log (For) / Zopfende *n* (oberes Stammende als Gegensatz zu Stockende), Zopfstück *n*, Zopfblock *m*, Zopf *m*
topman *n* (pl. -men) (Build) / Abbrucharbeiter *m*
top management / Topmanagement *n* (die oberste Leitungsebene in einem Unternehmen) ‖ ~ mark (Ocean, Ships) / Toppzeichen *n* (Aufsatz des Seezeichens)
topmark *n* (Ocean, Ships) / Toppzeichen *n* (Aufsatz des Seezeichens)
topness *n* (Nuc) / Truth *f* (ladungsartige Quantenzahl von Elementarteilchen)
top note (Nut) / Spitze *f* (Aroma)
TOPO (trioctylphosphine oxide) (Chem) / Trioctylphosphanoxid *n*, Trioktylphosphanoxid *n*, TOPO (Trioctylphosphanoxid)
topocentric *adj* (Astron) / topozentrisch *adj* (auf den Beobachtungsort als Mittelpunkt bezogen)
topochemical *adj* (Chem) / topochemisch *adj* ‖ ~ polymerization (Chem) / topochemische Polymerisation, gitterkontrollierte Polymerisation
topochemistry* *n* (Chem) / Topochemie *f* (Wechselbeziehungen zwischen Chemie und Raum)

**top of a dam** (Hyd Eng) / Dammkrone f || ~ **of a wall** (Build, Hyd Eng) / Mauerkrone f || ~ **of salt plug** (Geol) / Salzspiegel m (durch das Lösungsvermögen der Sickerwässer bestimmte obere Grenze eines Salzstocks)
**top-of-the-line model** (Autos) / Spitzenmodell n || ~ **technology** / Spitzentechnik f (im Weltmaßstab), High-Tech n f, Hochtechnologie f, Spitzentechnologie f, hoch entwickelte Technik
**topogenic** adj (Geol) / topogen adj (lagebedingt entstanden, z.B. von einem Flachmoor im Bereich des Grundwassers)
**topographic** adj / lagerichtig adj (Darstellung nach DIN 40719) || ~ (Electronics, Geog, Surv) / topografisch adj
**topographical** adj (Electronics, Geog, Surv) / topografisch adj || ~ **surveyor** (Surv) / Vermesser m, Geometer m, Vermessungsingenieur m, Feldmesser m, Landmesser m, Landvermesser m
**topographic character of the surface** (Eng) / Oberflächencharakter m (DIN 4671), Oberflächengestalt f || ~ **correction** (Surv) / Geländekorrektur f || ~ **divide** (Hyd Eng) / Wasserscheide f (Grenzlinie zwischen zwei Abfluss- oder Niederschlagsgebieten) || ~ **map** (Cartography) / topografische Karte (komplexe Abbildung der Landschaft)
**topography*** n (Electronics, Geog, Surv) / Topografie f
**top oil** (Eng) / Obenschmieröl n
**topoisomer** n (Chem) / Topoisomer (topologisches Isomer)
**topoisomerase*** n (Biochem) / Topoisomerase f
**topological** adj (Chem, Comp, Maths) / topologisch adj || ~ **algebra** (Maths) / topologische Algebra || ~ **conservation law** (Nuc) / topologisches Erhaltungsgesetz || ~ **dynamics** (Maths) / topologische Dynamik || ~ **field** (Maths) / topologischer Körper || ~ **group** (Maths) / topologische Gruppe || ~ **homeomorphism** (Maths) / Homöomorphismus m, topologische Abbildung || ~ **isomerism** (Chem) / topologische Isomerie
**topologically contained space** (Maths) / topologisch enthaltener Raum || ~ **equivalent** (Maths) / topologisch äquivalent
**topological mapping** (Maths) / Homöomorphismus m, topologische Abbildung || ~ **monopole** (Nuc) / topologischer Monopol (in nichtabelschen Eichfeldtheorien), t'Hooft-Polyakov-Monopol m || ~ **polymer** (Chem) / topologischer Polymer (ein Spezialfall der Austauschreaktion) || ~ **quantum number** (Phys) / topologische Quantenzahl, Windungszahl f || ~ **ring** (Maths) / topologischer Ring || ~ **semi-group** (Maths) / topologische Halbgruppe || ~ **space*** (Maths) / topologischer Raum || ~ **structure** (Maths) / topologische Struktur || ~ **transformation** (Maths) / Homöomorphismus m, topologische Abbildung
**topologize** v (Maths) / topologisieren v
**topology** n (Comp) / Topologie f (Stern, Baum, Ring, Bus) || ~ (Comp, Electronics) / Topologie f (geometrische Anordnung der Schaltfunktionen und Leiterbahnen auf dem Halbleiterkristall), Lage f (der Elemente in integrierten Schaltungen) || ~* (Maths) / Topologie f || ~ **of nets** (Elec) / Topologie f der Netze
**topomerization** n (Chem) / degenerierte Isomerisierung, Topomerisierung f
**toponium** n (Nuc) / Toponium n (gebundenes System aus Top- und Antitop-Quark)
**topotactic** adj (Chem, Crystal) / topotaktisch adj
**topotaxis** n (Chem, Crystal) / Topotaxie f (Reaktion innerhalb eines Festkörpers, bei der die kristallografischen Orientierungen des Endproduktes in Beziehung zu denen des Ausgangsmaterials stehen)
**topotaxy** n (Chem, Crystal) / Topotaxie f (Reaktion innerhalb eines Festkörpers, bei der die kristallografischen Orientierungen des Endproduktes in Beziehung zu denen des Ausgangsmaterials stehen)
**topothermography** n / Topothermografie f, Thermotopografie f (Veranschaulichung des Temperaturverlaufs auf größeren Flächen)
**top out** v / auffüllen v || ~ **paintwork** (Paint) / äußere (oberste) Anstrichschicht (des Anstrichsystems) || ~ **panel** (Autos) / Dachblech n
**topped crude** (Oils) / Topped Crude n, Toprückstand m || ~ **crude oil** (Oils) / Topped Crude n, Toprückstand m
**top piece** / Oberfleck m (des Schuhabsatzes), Absatzoberfleck m, Deckfleck m (des Schuhabsatzes)
**topping** n (Agric) / Köpfen (der Zuckerrübe) || ~ (Build) / Ausgleichsschicht f (eine Estrichschicht), Estrich m (DIN 18 560), Ausgleichsestrich m (DIN 18 202-5) || ~ (Build) / ober(st)e Schicht, Oberschicht f || ~ (Build, Civ Eng) / Aufbeton m (auf ein bereits vorhandenes Bauteil aufgebrachter Frischbeton), Ausgleichsbeton m, Ausgleichsschicht f, Überbeton m || ~ (concrete) (Build, Civ Eng) / Verschleißbetonlage f || ~ (Civ Eng) / Verschleißdecke f (oberste Schicht der Fahrbahndecke), Verschleißschicht f (oberste mit Hartzuschlägen bzw. Hartstoffen hergestellte Schicht einer Verkehrsfläche) || ~ (Eng) / Abgleichen n (mit der Feile) || ~ (Foundry) / Abschlagen n des verlorenen Kopfes || ~ (temporary) (Hyd Eng) / Aufkadung f (vorübergehende Erhöhung eines Deiches bei steigendem Wasser durch leicht zu beschaffende Baustoffe) || ~ (Leather) / Übersetzen n (sauer gefärbter Leder mit basischen Farbstoffen) || ~ (Met) / Schopfen n (Abtrennen fehlerhafter Werkstofflängen aus dem ehemaligen Blockkopf und -fuß beim Blockwalzen und Blockschmieden), Abschopfen n || ~ (Nut) / Beifüllen n || ~ (Oils) / Toppen n (Destillieren unter Atmosphärendruck), Toppdestillation f, Normaldruckdestillation f || ~ (Textiles) / Überfärben n, Überfärbung f, Nachdecken n (Überfärben), Nachfärben n, Nachfärbung f (einer Komponente in Faserstoffmischungen) || ~ adj (Arch) / Abschluss-, bekrönend adj || ~ **coat** (Build) / Ausgleichsschicht f (2. Schicht), zweite Unterputzschicht (beim dreilagigen Außenputz), Zwischenputzlage f || ~ **coat** (Build, Civ Eng) / Verschleißbetonlage f || ~ **colour** (Textiles) / Nuancierfarbe f || ~ **knife** (Agric) / Köpfmesser n (einer Rübenvollerntemaschine f (einer Rübenvollerntemaschine) || ~ **lift** (Ships) / Hanger m (Ladegeschirr) || ~ **lift winch** (Ships) / Hangerwinde f (DIN ISO 6555)
**topping-out** n / Auffüllen n || ~ **ceremony** (Build, Carp) / Richtfest n (traditionell bei der Neuerrichtung eines Gebäudes und nach Errichtung des Dachstuhls vom Bauherrn ausgerichtete Feier für die bisher am Bau beteiligten Handwerker, Planer usw.), Gleichenfeier f (A), Firstfeier f (A), Dachgleichenfeier f (A), Hebmal n (Richtfest)
**topping plant** (Oils) / Toppanlage f (atmosphärische Destillationsanlage) || ~ **power station** (Elec Eng) / Vorschaltkraftwerk n
**toppings** pl (Nut) / Weizennachmehl n || ~ pl (Nut) / Nachmehl n || ~ (Textiles) / Hechelwerg n
**topping turbine** (Eng) / Vorschaltturbine f
**topping-up** n / Auffüllen n
**topping-up** n (Elec Eng) / Nachgießen n, Nachfüllen n (des destillierten Wassers in die Batterie)
**topping-up** n (Eng) / Nachspeisung f (des Kessels)
**topping winch** (Ships) / Hangerwinde f (DIN ISO 6555)
**top plate** (Eng) / Kopfplatte f (Träger der Aufnahmeplatte für einen Schneidstempel)
**topple over** v / umwerfen v, umstürzen vt, umstoßen v || ~ **over** (Mech) / umkippen v, kippen v || ~ **over** vi / überschlagen vi (Waage)
**top•-pour** v (Foundry) / fallend gießen || ~ **pouring** (Foundry) / fallende Gießweise (bei der das flüssige Gießgut von oben in den Formhohlraum einströmt), fallender Guss, Kopfguss m
**top-pouring pig iron ladle** (Met) / Roheisenpfanne f mit Obenentleerung
**top priority** (Comp) / höchste Priorität || ~ **priority call** (Teleph) / Blitzgespräch n || ~ **protection** (For) / Zopfschutz m (Maßnahmen zur Verhinderung von Zerstörungen der den Witterungseinflüssen besonders ausgesetzten Zopfteile von Masten, Stangen usw.) || ~ **quark** (Nuc) / Truth-Quark n, Top-Quark n (das sechste, schwerste Quarkteilchen), t-Quark n || ~ **rail** (Eng) / Joch n (der Hobel- und Stoßmaschine) || ~ **rail** (Eng) / Querjoch n, Querhaupt n (zur Verbindung der Ständerenden bei Portalfräsmaschinen) || ~ **rake*** (Eng) / Spitzenspanwinkel m (bei Schneidwerkzeugen)
**top-revolving crane** (Eng) / Obendreher m (ein Turmdrehkran, dessen Ausleger mit Hilfe eines Drehkranzes und einer Glockenkonstruktion auf der Spitze des Turmes drehbar angeordnet ist)
**top roll** (Met) / Oberwalze f (z.B. eines Walzgerüsts)
**tops** pl (red deal) / Zopfware f (nicht mehr handelsübliches Kiefernschnittholzsortiment, das an nur die Forderung "gesund" und Krümmung bis 4 cm auf 2,50 m gestellt wurde) || ~ (Met) / Kopfprodukt n (beim Orford-Verfahren) || ~ (Oils) / Toppprodukte n pl
**topset beds*** (Geol) / oberste Schichten (Ablagerungen - eines Deltas), Dachschichten f pl (von Deltaablagerungen)
**top shed** (Weaving) / Oberfach n || ~ **shed** (Weaving) / Hochfach n (bei der Fachbildung)
**top-shedding Jacquard loom** (Weaving) / Jacquardmaschine f für Hochfach, Hochfach-Jacquardmaschine f
**top sheet*** (Print) / Deckbogen m, Spannbogen m || ~ **sheet** (Welding) / Oberblech n (bei der Überlappungsschweißung) || ~ **shot*** (Cinema, TV) / Draufsicht f, Aufnahme f von oben || ~ **shot** (Mining) / Firstschuss m || ~ **side** (Paper) / Oberseite f, Filzseite f, Schönseite f (eines Papiers nach DIN 6730)
**topside sounder** (Radar, Radio) / Topside-Sounder m (eine Ionosonde) || ~ **sounding** (Radar, Radio) / Topside-Sondierung f (Untersuchung der Ionosphäre von einem Satelliten aus, dessen Bahn oberhalb der Ionosphärenschichten verläuft)
**topsides paint** (Paint, Ships) / Überwasserschiffsanstrichstoff m, Oberwasseranstrichfarbe f
**top slice** (Mining) / oberste Scheibe (im Abbau) || ~ **slicing** (Mining) / Querbruchbau m || ~ **slicing** (a method of stopping and cover

**top slide**

**caving** (Mining) / Teilsohlenbau *m* (von oben nach unten) ‖ ~ **slide** (Eng) / Oberschlitten *m* (der Hobelmaschine)
**topslung boiler** (Eng) / eingehängter Kessel
**topsoil** *n* (Agric) / Ackerkrume *f*, Bodenkrume *f* (der Mutterboden des Ackers) ‖ ~ (Agric, Build, Civ Eng) / Mutterboden *m*, Oberboden *m* (DIN 18 300), Muttererde *f* (Ackerkrume und der A-Horizont) ‖ ~ (Agric, Build) s. also eluvial horizon
**topsoiling** *n* (topsoil redeposition) (Agric, Build, Civ Eng) / Andecken *n* von Mutterboden
**topsoil plough** (Agric) / Schälpflug *m* (zum Stürzen der Stoppeln)
**top spindle moulder** (Carp, Join) / Oberfräse *f* (Fräsmaschine für die Holzbearbeitung, deren Spindel oberhalb des Werkstücks gelagert ist und mit Schaftfräsern das Holz von oben bearbeitet), Oberfräsmaschine *f* ‖ ~ **steam** (Eng) / Oberdampf *m*
**top-stitch** *v* (Textiles) / durchnähen *v*
**top-stitching** *n* / Einsteppen *n*, Einnähen *n* (von Schuhfutter) ‖ ~ / Kantieren *n* (von Schuhen), Kantensteppen *n*
**top-stone** (Build) / Abdeckstein *m*, Abschlussstein *m* (oben)
**top-supported boiler** (Eng) / eingehängter Kessel
**top surface** / Oberfläche *f* (z.B. Oberkante Fußboden) ‖ ~ **temperature** (Met) / Gichttemperatur *f* (im Hochofen)
**top-to-bottom parsing technique** (Comp) / Top-to-Bottom-Verfahren *n* (eine Parsing-Technik)
**top unloader** (Agric) / Obenentnahmefräse *f*, Obenentnahmevorrichtung *f* (im Hochsilo) ‖ ~ **up** *v* / auffüllen *v* ‖ ~ **up** / auffrischen *v* (Bäder) ‖ ~ **up** (Elec Eng) / nachgießen *v*, nachfüllen *v* (das destillierte Wasser in die Batterie) ‖ ~ **up** (Eng) / nachspeisen *v* (den Kessel)
**top-up and fill-up data** (Autos) / Füllmengen *f pl* (nach dem Handbuch)
**top view** / Draufsicht *f* (DIN 6, T 1), Grundriss *m*, erste Projektion, Ansicht *f* von oben ‖ ~ **water** (Hyd Eng, Oils) / Hangendwasser *n* ‖ ~ **web** (Weaving) / Oberware *f* ‖ ~ **wire** (Paper) / Obersieb *n* (z.B. bei der Inverform-Maschine)
**topwood** *n* (For) / Zopfware *f* (nicht mehr handelsübliches Kiefernschnittholzsortiment, an das nur die Forderung "gesund" und Krümmung bis 4 cm auf 2,50 m gestellt wurde)
**topworking** *n* (Agric, For) / Kronenveredelung *f* (bei Bäumen), Pfropfen *n* in die Krone
**top-work surface** / Arbeitsplatte (z.B. bei den Hausgeräten), Küchen-Arbeitsplatte *f*, Arbeitsfläche *f*
**top yeast** (Brew) / obergärige Hefe, Oberhefe *f* (die bei 15-20 °C gärt), Oberhefen *f pl*
**toquilla** *n* (Textiles) / Blattstreifen *m pl* von der Panamapalme (Carludovica palmata Ruiz et Pav.)
**tor** *n* (Geol) / Rundbuckel *m*, Rundhöcker (durch Glazialerosion entstandener Felshügel) ‖ ~ (Geol) / Felsturm *m*, Felsburg *f* (hoher felsiger Hügel)
**TORA** (take-off run available) (Aero) / verfügbare Startlaufstrecke
**torbanite*** *n* (Min) / Bituminit *m*, Torbanit *m* (Bogheadkohle von Torbane Hill, Schottland)
**torbernite*** *n* (Min) / Torbernit *m* (Kupferuranglimmer), Chalkolith *m*
**torch** *v* (Vac Tech) / engasen mittels Gasflamme, ausheizen mittels Gasflamme ‖ ~ *n* (Eng, Welding) / Brenner *m* (Schneid- oder Schweißbrenner) ‖ ~ (GB) (Light) / Taschenlampe *f*, Taschenleuchte *f* ‖ ~ **angle** (Welding) / Brenneranstellwinkel *m*, Brennereinstellwinkel *m* ‖ ~ **brazing** / Flammlöten *n* (hart) ‖ ~ **brazing*** (Eng, Plumb) / Löten *n* mit Schweißbrenner, Brennerlöten *n*, Gaslöten *n* ‖ ~ **carriage** (Welding) / Schweißwagen *m* (automatisches Schweißgerät) ‖ ~ **deseaming** (Foundry) / Brennflämmen *n*, Flämmen *n* (autogenes), Brennputzen *n*, Flämmputzen *n* (von Gussstücken) ‖ ~ **igniter*** (Aero) / Fackelzünder *m*
**torching** *n* (Build) / Mörtelverstrich *m* (der waagerechten Schieferplattenfugen), Auszementieren *n* der waagerechten Schieferplattenfugen (von innen) ‖ ~ (Vac Tech) / Entgasen *n* (einer Vakuumanlage während des Pumpprozesses) mittels Gasflamme, Ausheizen *n* mittels Gasflamme
**torch nozzle** (Welding) / Brennerdüse *f*
**torchon** *n* (Textiles) / Torchon *m* (Klöppelspitzengrund aus engen, viereckigen Maschen oder Zellen)
**torch soldering** / Flammlöten *n* (weich)
**torductor** *n* / Torduktor *m* (magnetoelastischer Sensor, der insbesondere zum Erfassen des Drehmoments an umlaufenden Wellen eingesetzt wird)
**tore** *n* (For) / Torus *m* (pl. Tori) (des Hoftüpfels) ‖ ~ (Maths) / Torus *m*, Kreiswulst *m f*, Kreistorus *m*, Ringfläche *f*
**toreutics** *n* / Toreutik *f* (Kunst der Metallbearbeitung auf kaltem Wege - durch Ziselieren, Hämmern usw.)
**toric** *adj* (Maths, Optics) / torisch *adj* (brechende Fläche bei Brillengläsern) ‖ ~ **glass** (Optics) / Punktalglas *n* ‖ ~ **lens** (Optics) / sphärotorisches Glas (Brillenglas), torisches Glas ‖ ~ **lens** (Optics) / torische Linse

**torispherical end** (Eng) / Klöpperboden *m* (des Kessels nach DIN 28011 und 28012) ‖ ~ **head** (Eng) / Klöpperboden *m* (des Kessels nach DIN 28011 und 28012)
**tormenter** *n* (Cinema) / schallschluckende Wand
**tormentil root** (Bot, Pharm) / Tormentillwurzel *f* (aus der Potentilla erecta (L.) Raeusch. = Blutwurz, Aufrechtes Fingerkraut)
**tormentor** *n* (Cinema) / schallschluckende Wand
**tornado*** *n* (pl. -s or -es) (Meteor) / Tornado *m* (pl. -s) (kleinräumiger, den Großtromben zugeordneter verheerender Wirbelsturm, der meistens in den Staaten des Mittleren Westens der USA entsteht)
**torn grain** (For) / ausgerissene Faser, eingerissene Faser ‖ ~ **perforation** (Cinema) / eingerissene Perforation
**toroid*** *n* (Elec Eng) / Ringspule *f*, Toroid *n*, Toroidspule *f* ‖ ~* (Maths) / Toroid *n* ‖ ~* (Nuc) / torusförmiger Beschleunigungsraum, Toroidentladung *f* (im Betatron) ‖ ~* (Maths) s. also torus
**toroidal** *adj* / toroidal *adj*, torusförmig *adj* ‖ ~ (Maths, Optics) / torisch *adj* (brechende Fläche bei Brillengläsern) ‖ ~ **coil** (Elec Eng) / Ringspule *f*, Toroid *n*, Toroidspule *f* ‖ ~ **discharge** (Elec) / Toroidentladung *f*, elektrodenlose Entladung, Ringentladung *f* (elektrodenlose Hochfrequenzentladung), toroidale Entladung ‖ ~ (magnetic) **field** (Nuc Eng) / toroidales Magnetfeld ‖ ~ **sealing ring** (Eng) / Rundschnurring *m*, O-Ring *m* (DIN 3770), Runddichtring *m* ‖ ~ **surface** (Maths) / Oberfläche *f* eines Torus ‖ ~ **surface*** (Optics) / torische Fläche ‖ ~ **winding*** (Elec Eng) / Ringwicklung *f*
**toroid core** (Mag) / Ringkern *m* (ringförmiger Ferritkern)
**torpedo** *n* (pl. torpedoes) (Mil) / Torpedo *m* ‖ ~ (pl. torpedoes) (Photog) / Videoschlitten *m* (für die Unterwasserfotografie) ‖ ~ (pl. torpedoes) (Plastics) / Torpedo *m* (Materialverdrängungskopf), Pinole *f* ‖ ~ **head** (Plastics) / Pinolenblaskopf *m*, Torpedoblaskopf *m* ‖ ~ **ladle** (Met) / Torpedopfanne *f* (fahrbarer Vorratssammelbehälter zum Sammeln und Transportieren mehrerer Hochofenabstiche - Fassungsvermögen bis zu 300 t)
**torque*** *n* (Mech) / Drehmoment *n* (vektorielle physikalische Größe), Torsionsmoment *n* ‖ ~ (Spinning) / Drall *m*, Torsion *f*, Draht *m*, Drehung *f* ‖ ~ **adjustment** (Eng) / Drehmomenteinstellung *f* (z.B. bei Elektrowerkzeugen) ‖ ~ **amplifier*** (Elec Eng) / Drehmomentverstärker *m* ‖ ~ **characteristic** (Eng) / Drehmomentverlauf *m* (grafisch dargestellt), Drehmomentcharakteristik *f* ‖ ~ **converter*** (Eng) / Drehmomentwandler *m*, Drehmomentenwandler *m* (Getriebe im Allgemeinen) ‖ ~ **converter housing** (Autos) / Getriebeglocke *f* (bei Automatikgetriebe), Anflanschglocke *f* ‖ ~ **curve** (Eng) / Drehmomentverlauf *m* (grafisch dargestellt), Drehmomentcharakteristik *f* ‖ ~ **cushion springs** (Autos) / Torsionsdämpfer *m* (in der Kupplungsscheibe) ‖ ~ **diagram** (Eng, Mech) / Drehmomentdiagramm, Drehmomentendiagramm *n* ‖ ~ **driver** (Tools) / Automatic-Schraubendreher *m*, Drehmomentschraubendreher *m*, Drehmomentschraubenzieher *m* ‖ ~ **equation** (Mech) / Drehmomentgleichung *f* ‖ ~ **gradient** (Mech) / Drehmomentgefälle *n* ‖ ~ **limiter*** (Aero, Eng) / Drehmomentbegrenzer *m* ‖ ~ **link*** (Aero) / Federbeinschere *f*, Spurgabel *f*
**torquemeter*** *n* (Eng) / Torsiometer *n*, Torsionsmomentenmesser *m*, Drehmomentmesser *m* (Messung des Drehmoments an Wellen), Drehmomentmessgerät *n*
**torque motor*** (Elec Eng) / Drehmomentmotor *m* (DIN 42005), Torquemotor *m* (ein Gleichstrommotor) ‖ ~ **pulley** (Materials) / Drehscheibe *f* (für Torsionsversuche) ‖ ~ **pulsation** (Phys) / Drehmomentpendelung *f*
**torquer** *n* (Mech) / Drehmomenterzeuger *m*
**torque rise** (Eng) / Drehmomentüberhöhung *f* ‖ ~ **rise** (Eng) / Drehmomentanstieg *m*
**torque-sensitive clutch** (Eng) / drehmomentgeschaltete Kupplung
**torque sensor** (Electronics, Mech) / Drehmomentsensor *m*, Drehmomentaufnehmer *m* ‖ ~ **spanner*** (Civ Eng, Mech, Tools) / Drehmomentschlüssel *m* (DIN 898) ‖ ~ **stabilizer** (Autos) / Drehstabstabilisator *m* ‖ ~ **steer** (Autos) / Antriebszerren *n* (in der Lenkung bei Fronttrieblern), Antriebseinflüsse *m pl* (bei Fronttrieblern)
**torque-time diagram** (Mech) / Drehmoment-Zeit-Diagramm *n*, M/t-Diagramm *n*
**torque tube** (Autos) / Schubrohr *n* (beim Hinterachsantrieb)
**torque-tube drive** (Autos) / Schubrohr-Hinterachse *f*
**torque value** (Autos) / Durchzugswert *m* ‖ ~ (-limiting) **wrench** (Tools) / Drehmomentschlüssel *m* (DIN 898)
**torquey** *adj* (I C Engs) / durchzugskräftig *adj* (Motor), durchzugsstark *adj*, drehmomentstark *adj*
**torque yarn** (a stretch yarn that, when permitted to hang freely, rotates in the direction of the nonrelieved torque resulting from previous deformation) (Spinning) / torsionsbauschtes Garn (ein Stretchgarn), Torque-Garn *n* (modifiziertes Falschdrahtgarn), tordiertes Garn

**TORR** (take-off run required) (Aero) / erforderliche Startlaufstrecke
**torr*** n (Phys) / Torr n (Zeichen), Torr (nicht mehr zugelassene Einheit des Druckes = 1,33322 mbar
**torrefy** v (Nut) / rösten v
**torrent** n (Geol) / Wildbach m, Gießbach m, Torrente m (pl. -n) (im Mittelmeerraum) ‖ ~ (Hyd Eng) / Strom m (reißender)
**torrential** adj (Geol) / wildbachartig adj, gießbachartig adj ‖ ~ **rainstorm** (Meteor) / Wolkenbruch m ‖ ~ **stream** (Geol) / Wildbach m, Gießbach m, Torrente m (pl. -n) (im Mittelmeerraum) ‖ ~ **water** (Meteor) / sintflutartige Wassermassen
**torrenticole** adj (Ecol, Geol) / torrentikol adj, lotisch adj (stark bewegte Gewässer, Sturzbäche bewohnend)
**Torricellian vacuum*** (Phys) / Torricelli'sches Vakuum, Torricelli'sche Leere (nach E. Torricelli, 1608-1647), Torricelli'scher Raum
**Torricelli's law** (Phys) / Torricelli-Theorem n, Torricelli-Ausflussformel f (Ausströmen aus einem Gefäß unter dem Einfluss der Schwere) ‖ ~ **law of efflux** (Phys) / Torricelli-Theorem n, Torricelli-Ausflussformel f (Ausströmen aus einem Gefäß unter dem Einfluss der Schwere) ‖ ~ **theorem** (Phys) / Torricelli-Theorem n, Torricelli-Ausflussformel f (Ausströmen aus einem Gefäß unter dem Einfluss der Schwere)
**torse grain** (Bot, For) / Drehwuchs m (Holzfehler), Drehwüchsigkeit f (bei Holzpflanzen), Spiralwuchs m, Faserdrehung f (um die Stammachse)
**torse-grained** adj (For) / drehwüchsig adj
**Torsen differential** (Autos) / Torsendifferential n, Schneckenraddifferential n
**torsiograph*** n (Eng) / Torsiograf m (Instrument zur Messung und Aufzeichnung der Torsionsschwingungen rotierender Maschinenteile), Torsionsschwingungsschreiber m, Drehschwingungsschreiber m
**torsiometer** n (Eng) / Torsionsmesser m, Verdrehungsmesser m ‖ ~ (Eng) / Torsiometer n, Torsionsmomentenmesser m, Drehmomentmesser m (Messung des Drehmoments an Wellen), Drehmomentmessgerät n
**torsion*** n (Maths, Mech) / Torsion f, Verwindung f, Windung f (zweite Krümmung) ‖ ~* (Mech) / Torsion f (DIN 13316)
**torsional buckling** (Mech) / Biegedrillknicken n, Torsionsknicken n, Drillknicken n ‖ ~ **compliance** (Mech) / Kehrwert m der Torsionssteifigkeit ‖ ~ **damper** (Eng) / Torsionsdämpfer m, Drehschwingungsdämpfer m ‖ ~ **fatigue loading** (Materials, Mech) / Torsionsdauerbeanspruchung f ‖ ~ **fatigue strength** (Materials) / Torsionswechselfestigkeit f ‖ ~ **force** (Mech) / Verdrehkraft f ‖ ~ **force** (Mech) / Drehkraft f, drehende Kraft f ‖ ~ **impact** (Phys) / Drehstoß m ‖ ~ **load** (Mech) / Torsionsbelastung f
**torsionally elastic** (Mech) / drehelastisch adj ‖ ~ **rigid** (Mech) / verwindungssteif adj, drehungssteif adj, drehsteif adj, torsionssteif adj (DIN 13316) ‖ ~ **stiff** (Mech) / verwindungssteif adj, drehungssteif adj, drehsteif adj, torsionssteif adj (DIN 13316)
**torsional moment** (Mech) / Torsionsmoment n (DIN 13316) ‖ ~ **moment** (Mech) / Drehmoment n (vektorielle physikalische Größe), Torsionsmoment n ‖ ~ **moment of area** (Mech) / Torsionsflächenmoment n ‖ ~ **pendulum** (Materials, Phys) / Drehpendel m, Torsionspendel n ‖ ~ **reaction** (Mech) / entgegenwirkendes Drehmoment ‖ ~ **rigidity** (Mech) / Verwindungssteifheit f, Drehungssteifheit f, Drehsteifheit f, Torsionssteifheit f, Torsionssteifheit f (DIN 13316) ‖ ~ **stiffness** (Mech) / Verwindungssteifheit f, Drehungssteifheit f, Drehsteifheit f, Torsionssteifheit f, Torsionssteifheit f (DIN 13316) ‖ ~ **strength** (Mech) / Verdrillfestigkeit f, Torsionsfestigkeit f, Verdrehungsfestigkeit f, Verdrehfestigkeit f, Drehfestigkeit f, Drallfestigkeit f ‖ ~ **stress** (Materials, Mech) / Torsionsbeanspruchung f, Verdrehungsbeanspruchung f, Verdrehbeanspruchung f, Drehbeanspruchung f, Drallbeanspruchung f, Verdrillbeanspruchung f ‖ ~ **test** (Eng, Materials) / Verdrehungsversuch m, Verdrehversuch m, Torsionsversuch m (eine mechanisch-technologische Prüfung - statische, dynamische) ‖ ~ **vibration** (Mech) / Drillschwingung f, Drehschwingung f, Torsionsschwingung f ‖ ~ **vibration test** (Materials) / Torsionsschwingversuch m, Torsionsschwingungsversuch m ‖ ~ **vibration test** (Plastics) / Torsionsschwingversuch m, Torsionsschwingungsversuch m (DIN 53445)
**torsion and buckling** (Mech) / Biegedrillknicken n, Torsionsknicken n, Drillknicken n ‖ ~ **balance*** (Phys) / Torsionswaage f (Federwaage, die die Last aus der Verformung einer Torsionsfeder ermittelt), Drehwaage f ‖ ~ **bar** (Autos) / Torsionsstab m, Drehstab m, Drehstabfeder f (DIN 2091)
**torsion-bar power steering** (Autos) / Kugelmutter-Hydrolenkung f (eine Servolenkung)
**torsion•-bar spring** (Autos) / Torsionsstab m, Drehstab m, Drehstabfeder f (DIN 2091) ‖ ~**-bar suspension*** (Autos) / Drehstabfederung f ‖ ~ **beam** (Autos) / Torsionsstab m, Drehstab m, Drehstabfeder f (DIN 2091) ‖ ~ **crimping** (Spinning) / Torsionsbauschung f (ein Texturierverfahren), Torsionskräuselung f (z.B. Helanca-Verfahren) ‖ ~ **damper** (Eng) / Torsionsdämpfer m, Drehschwingungsdämpfer m ‖ ~ **fatigue fracture** (Materials, Mech) / Torsionsschwingbruch m ‖ ~ **fault** (Geol) / Blattverschiebung f, Transversalverschiebung f, Seitenverschiebung f, Horizontalverschiebung f ‖ ~ **force** (Mech) / Verdrehkraft f ‖ ~ **fracture** (Eng, Materials) / Verdrehungsbruch m, Torsionsbruch m, Verdrehbruch m
**torsion-free** adj (Mech) / verdrehungsfrei adj, torsionsfrei adj, torsionslos adj
**torsion galvanometer*** (Elec Eng) / Torsionsgalvanometer n ‖ ~ **head** (Eng, Mech) / Torsionskopf m (zur Messung der Grenzflächenspannung) ‖ ~ **isomerism** (Chem) / Torsionsisomerie f
**torsionless** adj (Mech) / verdrehungsfrei adj, torsionsfrei adj, torsionslos adj
**torsion magnetometer** (Geophys, Mag, Materials) / Torsionsmagnetometer n ‖ ~ **meter** (Eng) / Torsionsmesser m, Verdrehungsmesser m ‖ ~ **meter*** (Eng) / Torsiometer n, Torsionsmomentenmesser m, Drehmomentmesser m (Messung des Drehmoments an Wellen), Drehmomentmessgerät n ‖ ~ **overload fracture** (Mech) / Torsionsgewaltbruch m ‖ ~ **pendulum*** (Materials, Phys) / Drehpendel n, Torsionspendel n ‖ ~ **per unit length** (Mech) / Drillung f (Verdrehung pro Längeneinheit)
**torsion-resistant** adj (Mech) / verwindungssteif adj, drehungssteif adj, drehsteif adj, torsionssteif adj
**torsion set** (For) / Drehschrank m (seitliches Herausdrehen des oberen Drittels des Zahnes an der Zahnbrust) ‖ ~ **spring** (Eng) / Torsionsfeder f, Drehungsfeder f, Verdrehfeder f, Drehfeder f (mit der gleichen Form wie zylindrische Schraubenfedern, wobei die Enden als Schenkel abgebogen sind) ‖ ~ **strength** (Mech) / Verdrillfestigkeit f, Torsionsfestigkeit f, Verdrehungsfestigkeit f, Verdrehfestigkeit f, Drehfestigkeit f, Drallfestigkeit f ‖ ~ **test** (Materials) / Verdrehungsversuch m, Verdrehversuch m, Torsionsversuch m (eine mechanisch-technologische Prüfung - statische, dynamische) ‖ ~ **texturizing** (Spinning) / Torsionsbauschung f (ein Texturierverfahren), Torsionskräuselung f (z.B. Helanca-Verfahren) ‖ ~ **vibration test** (Plastics) / Torsionsschwingversuch m, Torsionsschwingungsversuch m (DIN 53445) ‖ ~ **viscometer** (Phys) / Torsionsviskosimeter n ‖ ~ **viscosimeter** (Phys) / Torsionsviskosimeter n ‖ ~ **wire** (Eng, Mech) / Torsionsdrahtbügel m (zur Messung der Grenzflächenspannung)
**torso** n (pl. torsos) (Space) / selbstständiger Teil des Raumanzuges (oberer, unterer) ‖ ~ **mountain** (Geol) / Härtling m (ein auf Grund seiner Widerstandsfähigkeit gegenüber Abtragung und Verwitterung über seine Umgebung herausragender Einzelberg), Monadnock m
**tortoiseshell** n / Schildpatt n (abgelöste Hornplatte vom Panzer verschiedener Schildkrötenarten)
**tortricid** n (Agric, Zool) / Wickler m (Familie Tortricidae)
**tortrix** n (pl. tortrices) (Agric, Zool) / Wickler m (Familie Tortricidae) ‖ ~ **moth** (Agric, Zool) / Wickler m (Familie Tortricidae)
**tortuosity** n / Schlängelung f, Tortuosität f ‖ ~ **factor** (Chem) / Krümmungsfaktor m (in der Diffusionstheorie)
**tortuous** adj / schlangenartig adj, gewunden adj, geschlängelt adj, schlangenförmig adj ‖ ~ **flow** (Phys) / turbulente Strömung (ungeordnete Bewegung von Flüssigkeits- oder Gasteilchen), Flechtströmung f
**torula** n (Pharm) / Torula utilis f, Torulahefe f (die in großem Maßstab zur Gewinnung von Futterhefen gezüchtet wird) ‖ ~ **yeast** (Pharm) / Torula utilis f, Torulahefe f (die in großem Maßstab zur Gewinnung von Futterhefen gezüchtet wird)
**torus** n (pl. tori or -ses) (Arch) / Torus m (halbrunder Wulst an der Basis der ionischen und korinthischen Säulen) ‖ ~ (pl. tori or -ses) (For) / Torus m (pl. Tori) (des Hoftüpfels) ‖ ~* (pl. tori or -ses) (Maths) / Torus m, Kreiswulst m f, Kreistorus m, Ringfläche f ‖ ~ (pl. tori or -ses) (Nuc Eng) / Torus m (des Stellarators) ‖ ~ (pl. tori or -ses) (Phys) / ringförmige Vakuumkammer, Torus m
**TORX screw** (Eng) / TORX-Schraube f
**TOS** (tape operating system) (Comp) / Bandbetriebssystem n, BBS (Bandbetriebssystem)
**TOSCOAL process** / TOSCOAL-Verfahren n (eine moderne Kohleschwelung)
**toss bombing*** (Mil) / Bombenschleuderwurf m
**tossing*** n (Min Proc) / Eindicken n (des Konzentrats)
**tosyl*** n (Chem) / Tosyl n (aus der Toluol-4-sulfonsäure abgeleitete Atomgruppe), Tosil n
**tosylate** n (Chem) / Tosylat n, Tosilat n
**tosylation** n (Chem) / Tosylierung f (Einführung des Tosylrestes in Moleküle), Tosilierung f
**TOT** (take-off time) (Aero) / Abflugzeit f ‖ ~ (time over target) (Aero, Mil) / Zeit f über Ziel

1655

## total

**total** *v* (Maths) / zusammenrechnen *v*, hinzuaddieren *v*, addieren *v*, zusammenzählen *v* ‖ ~ *n* (Comp, Maths) / Endsumme *f*, Gesamtsumme *f*, Summe *f* der Summen ‖ ~ *adj* / gesamt *adj*, total *adj*, Gesamt-, Total- ‖ ~ **absorption coefficient** (Nuc Eng) / Schwächungskoeffizient *m* (DIN 1304) ‖ ~ **acid number** (Chem) / Gesamtsäurezahl *f* (Maß für die freie Gesamtsäure in mg KOH/1g Probesubstanz) ‖ ~ **air-gas mixture**\* (Fuels) / Gas-Luft-Gemisch *n* für vollständige Verbrennung ‖ ~ **angular momentum** / Gesamtdrehimpuls *m* (eines physikalischen Systems), Gesamtdrall *m* ‖ ~ **angular momentum quantum number** (Phys) / Gesamtdrehimpulsquantenzahl *f* ‖ ~ **audience** (Radio, TV) / Gesamtzahl *f* (Hörer, Zuschauer) ‖ ~ **base number** / Totalbasenzahl *f* (Säuremenge, die notwendig ist, um die basischen Anteile des Öls zu neutralisieren) ‖ ~ **base number** (Chem) / Maß für den Alkaligehalt (ausgedrückt in mg KOH als Äquivalent für die zur Neutralisation aufgewandte Säuremenge / 1 g Probesubstanz), Gesamtbasenzahl *f* ‖ ~ **bit stream** (Comp) / Gesamtbitfluss *m* ‖ ~ **blurring** (Photog) / totale Unschärfe ‖ ~ **body burden**\* (Radiol) / maximal zulässige Ganzkörperbelastung ‖ ~ **body burden**\* (Radiol) / Ganzkörperbelastung *f*, Ganzkörperbestrahlungsdosis *f* ‖ ~ **braking time** (Autos, Eng) / Bremsdauer *f* ‖ ~ **carbon** (Chem, Ecol) / Gesamtkohlenstoff *m* (Summe des organischen und anorganischen gebundenen Kohlenstoffs in gelösten und ungelösten Stoffen) ‖ ~ **characteristic value** / Summenkennwert *m*
**total-chlorine free** (Paper) / totalchlorfrei *adj* (gebleichter Kraftzellstoff), chlorfrei gebleicht
**total cholesterol** (Chem, Med) / Gesamtcholesterin *n* ‖ ~ **clearing time** (Elec Eng) / Ausschaltdauer *f* (bei Sicherungen) ‖ ~ **composite error** (US) (Eng) / Sammelfehler *m* (gleichzeitige Auswirkung von Form- und Lagefehlern der Zahnflanken) ‖ ~ **concentration** (Chem, Ecol) / Gesamtkonzentration *f* ‖ ~ **connected load** (Elec Eng) / Gesamtanschlusswert *m*
**total-consumption burner** (Eng) / Direktzerstäuberbrenner *m*
**total contact ratio** (Eng) / Gesamtüberdeckung *f* (bei Zahnrädern) ‖ ~ **count** (Stats) / Vollerhebung *f*, Totalerhebung *f* (wenn die Stichprobe der Grundgesamtheit gleicht) ‖ ~ **count** (Stats) s. also census of population ‖ ~ **cross section**\* (Nuc) / totaler Wirkungsquerschnitt, Gesamtquerschnitt *m* ‖ ~ **curvature** (Maths) / Gauß'sche Krümmung (Produkt aus den beiden Hauptkrümmungen einer Fläche), Gauß'sches Krümmungsmaß ‖ ~ **cyanide** (Chem) / Gesamtzyanid *n*, Gesamtcyanid *n* (die in einer Lösung vorhandene Gesamtmenge an Cyanid = gebundenes + freies Cyanid) ‖ ~ **differential**\* (Maths) / vollständiges Differential, totales Differential ‖ ~ **discharge** (Elec Eng) / Tiefentladung *f* (einer Batterie) ‖ ~ **discharge head** (Eng) / Gesamtförderhöhe *f* (der Pumpe) ‖ ~ **displacement** (Geol) / Verschiebung *f* (zweier Punkte entlang einer Verschiebungsfläche) ‖ ~ **dissolved solids** (Chem) / Eindampfrückstand *m* (in der Wasseranalyse), Verdampfungsrückstand *m* ‖ ~ **eclipse** (Astron) / Dauer *f* der totalen Finsternis ‖ ~ **eclipse** (Astron) / totale Finsternis ‖ ~ **electron binding energy**\* (Nuc) / Gesamtbindungsenergie *f* des Elektrons, totale Elektronenbindungsenergie ‖ ~ **enumeration** (Stats) / Vollerhebung *f*, Totalerhebung *f* (wenn die Stichprobe der Grundgesamtheit gleicht) ‖ ~ **equivalent brake horsepower**\* (Aero) / gesamte äquivalente Bremsleistung ‖ ~ **fat** (Nut) / Gesamtfettgehalt *m* ‖ ~ **field** (Geophys) / Totalintensität *f* (der als magnetische Flussdichte oder Feldstärke angegebene Gesamtbetrag des erdmagnetischen Feldes) ‖ ~ **hardness** (of water) (Chem) / Summe *f* Erdalkalien, Gesamthärte *f* (des Wassers), G.H. ‖ ~ **harmonic distortion** (Radio, Telecomm) / Gesamtklirrfaktor *m* ‖ ~ **head**\* (static pressure + dynamic pressure) (Aero) / Staudruck *m*, Gesamtdruck *m* (im Staupunkt) ‖ ~ **head** (Eng) / Gesamtförderhöhe *f* (der Pumpe) ‖ ~-**head tube** (Aero) / Strömungssonde *f* zur Messung des Gesamtdruckes (Pitotrohr, Kammsonde) ‖ ~ **height** (a surface parameter) (Eng) / Rautiefe *f* (DIN 4762) ‖ ~ **herbicide** (Agric, Chem) / Totalherbizid *n* (das jeglichen Pflanzenwuchs vernichtet - z.B. Natriumchlorat), Totalunkrautvertilgungsmittel *n* ‖ ~ **hydrocarbons** (Ecol) / Summenwert *m* aller Kohlenwasserstoffe
**total-immersion test** / Dauertauchversuch *m* (eine Korrosionsprüfung)
**total impulse**\* (Aero, Space) / Gesamtimpuls *m* ‖ ~ **indicator reading** (Eng) / Mittigkeitsausschlag *m* ‖ ~ **inorganic carbon** (San Eng) / Total Inorganic Carbon *n*, gesamter anorganisch gebundener Kohlenstoff, gesamtanorganischer Kohlenstoff ‖ ~ **installed load** (Elec Eng) / Gesamtanschlusswert *m* ‖ ~ **intensity** (Geophys) / Totalintensität *f* (der als magnetische Flussdichte oder Feldstärke angegebene Gesamtbetrag des erdmagnetischen Feldes) ‖ ~ **internal reflection**\* (the reflection of a ray from a boundary with an optically less dense medium at an angle that permits no refracted ray) (Optics, Phys) / [innere] Totalreflexion *f* ‖ ~ **ion current** (Chem) / Totalionenstrom *m*
**total-ionic strength adjustment buffer** (Chem) / Pufferlösung *f* zur Ionenstärkeeinstellung

**totality** *n* (Astron) / Dauer *f* der totalen Finsternis ‖ ~ (Astron) / Totalität *f* (Vollständigkeit einer Finsternis)
**totalizator** *n* (Meteor) / Totalisator *m*, Niederschlagssammler *m* (ein Niederschlagsmesser in entlegenen Gebieten, der in bestimmten Zeitabständen abgelesen wird - meistens mit einem Nipher-Ring)
**totalize** *v* / summieren *v* (Zähler, Relais) ‖ ~ (Maths) / summieren *v* (eine Summe bilden), aufsummieren *v*
**totalizer** *n* (Meteor) / Totalisator *m*, Niederschlagssammler *m* (ein Niederschlagsmesser in entlegenen Gebieten, der in bestimmten Zeitabständen abgelesen wird - meistens mit einem Nipher-Ring)
**totalizing meter** (Teleph) / Summenzähler *m*, SUZ
**total length** (Eng) / Gesamtlänge *f* (des Bohrers nach DIN 1412) ‖ ~ **load** (Hyd Eng, San Eng) / Feststofftrieb *m* ‖ ~ **losses**\* (Elec Eng) / Gesamtverluste *m pl* (DIN 42005)
**total-loss lubrication** (Autos, Eng, Fuels) / Frischölschmierung *f* (durch Zusatz des Motoröls zum Kraftstoff), Verbrauchsschmierung *f* (beim Zweitaktmotor)
**total loss of power** (Nuc) / Totalspannungsausfall *m*, TSA, vollständiger Ausfall der normalen Stromversorgung
**totally bounded set** (Maths) / präkompakte Menge, totalbeschränkte Menge ‖ ~ **chlorine-free bleaching** (Paper) / TCF-Bleiche *f* ‖ ~ **decentralized control** (Automation) / völlig dezentralisierte Steuerung ‖ ~ **disconnected set** (Maths) / punkthafte Menge, total unzusammenhängende Menge ‖ ~ **enclosed fan-cooled machine** (Elec Eng) / oberflächenbelüftete Maschine (geschlossene Maschine mit Außenlüfter und Frischluftzuführung) ‖ ~ **enclosed motor**\* (Elec Eng) / [völlig] geschlossener Motor *m* ‖ ~ **enclosed type** (Elec Eng) / geschlossene Bauart ‖ ~ **ordered set** (Maths) / total geordnete Menge, Kette *f*, Ordnung *f*, linear geordnete Menge ‖ ~ **reflecting prism** (Optics) / totalreflektierendes Prisma ‖ ~ **symmetric vibration**(s) (Spectr) / totalsymmetrische Schwingungen (die bezüglich aller Symmetrieelemente des Moleküls symmetrisch sind)
**total magnification** (Optics) / Gesamtvergrößerung *f* ‖ ~ **mass stopping power** (Nuc) / totales Massenbremsvermögen ‖ ~ **miscibility** / unbeschränkte Mischbarkeit, unbegrenzte Mischbarkeit ‖ ~ **moisture content** (Mining) / Gesamtwassergehalt *m* (bei der Immediatanalyse nach DIN 51718) ‖ ~ **moisture content of the proximate analysis sample** (Mining) / Analysenfeuchtigkeit *f* (bei der Immediatanalyse nach DIN 51718) ‖ ~ **number of inhabitants and population equivalent** (Ecol, San Eng) / Einwohnerwert *m* (Summe aus Einwohnerzahl und Einwohnergleichwert - DIN 4045) ‖ ~ **organic carbon** (San Eng) / Total Organic Carbon *n* (Kenngröße für den Gehalt von organisch gebundenem Kohlenstoff in Abwasser), gesamter organisch gebundener Kohlenstoff (ISON 6107/2), gesamtorganischer Kohlenstoff (besteht aus dem gelösten und dem partikulären Kohlenstoff) ‖ ~ **oxidation** (stabilization of sludge) (San Eng) / Schlammstabilisation *f*, Schlammstabilisierung *f* (DIN 4045) ‖ ~ **pitch error** (Eng) / Summenteilungsfehler *m* (DIN 3960) ‖ ~ **pressure** (Aero) / Staudruck *m*, Gesamtdruck *m* (im Staupunkt) ‖ ~ **pressure** (Phys) / Gesamtdruck *m*, Totaldruck *m*
**total-pressure head** (Aero) / Staudruckgeber *m*, Druckgeber *m* des Staudruck-Fahrtmessers
**total**·**-pressure tube** (Aero) / Strömungssonde *f* zur Messung des Gesamtdruckes (Pitotrohr, Kammsonde) ‖ ~ **print run** (Print) / Auflagendruck *m* (Fertigungsphase im Druckvorgang), Fortdruck *m*, Druckauflage *f* ‖ ~ **productive maintenance** (Work Study) / Total Productive Maintenance *n*, TPM (Total Productive Maintenance) ‖ ~ **quality management** (Work Study) / Total Quality Management *n* (ein mehrdimensionales und funktionsübergreifendes Konzept, bei dem es um die Optimierung der Qualität von Produkten und Dienstleistungen auf den verschiedenen Ebenen eines Unternehmens durch Einbeziehung aller Mitarbeiter und stärkere Kundenorientierung geht), TQM (Total Quality Management)
**total-radiation pyrometer** (Heat) / Gesamtstrahlungspyrometer *n*
**total reflection** (Optics, Phys) / Totalreflexion *f* (vollständige Reflexion von Wellen an der Grenzfläche eines Mediums)
**total-reflection prism** (Optics) / totalreflektierendes Prisma
**total reflux** (Chem Eng) / totaler Rücklauf, totaler Rückfluss ‖ ~ **running costs** / Gesamtbetriebskosten *pl* ‖ ~ **series equivalent resistance** (Electronics) / Ersatz-Serienwiderstand *m* (bei Tunneldioden) ‖ ~ **solids** / Gesamttrockensubstanz *f*, Gesamttrockenmasse *f* ‖ ~ **solids** (Chem Eng) / Gesamtfestsubstanz *f*, Kautschuktrockensubstanz *f* ‖ ~ **spin** (Nuc) / Gesamtspin *m* ‖ ~ **spin quantum number** (Nuc) / Gesamtspinquantenzahl *f*
**total-step iteration** (Maths) / Gesamtschrittverfahren *n* (zur Lösung linearer Gleichungssysteme) ‖ ~ **iteration** (Maths) s. also Seidel method
**total sulphur** (content) (Chem) / Gesamtschwefelgehalt *m* ‖ ~ **sulphur** (Chem Eng) / totaler Schwefel (der im Vulkanisat enthaltene Gesamtschwefel bestehend aus der chemischen Form und der Herkunft) ‖ ~ **synthesis** (Chem) / Totalsynthese *f* ‖ ~ **test** (Comp) / Gesamttest *m* (Systemtest), Systemtest *m* (eine Testphase bei der Programmerstellung) ‖ ~ **tool life** (Eng, Tools) / Nutzungsvermögen *n*,

Gesamtlebensdauer f (eines Werkzeugs) ‖ ~ **traffic volume** (Telecomm) / Gesamtverkehr m ‖ ~ **variation** (Maths) / totale Variation, absolute Variation ‖ ~ **volume of discharged water during dry-weather period** (San Eng) / Trockenwetterabflusssumme f (DIN 4045)
**totem pole circuit** (Electronics) / Totem-Pole-Schaltung f (eine Endstufenschaltung bei integrierten Digitalschaltungen)
**totipotency**\* n (Biol, Bot) / Totipotenz f (der Zellen)
**tottering contact** (Elec Eng) / fehlerhafter Kontakt, Wackelkontakt m
**tot up** v / aufaddieren v
**touch** v / in Berührung kommen ‖ ~ vt / betasten v, berühren v ‖ ~ n (Comp) / Anschlag m (auf der Tastatur), Tastenanschlag m ‖ ~ (Plumb) / Talg m ‖ ~ (Textiles) / Griff m
**touch-and-close fastener** (Textiles) / Haftverschluss m (DIN 3415)
**touch-and-go** n (Aero) / Aufsetzen n und Durchstarten ‖ ~ **landing** (Aero) / Aufsetzen n und Durchstarten
**touch button** (Automation, Electronics) / Sensortaste f (ein Schaltelement) ‖ ~ **control** / Taststeuerung f, Tippsteuerung f ‖ ~ **control button** (Automation, Electronics) / Sensortaste f (ein Schaltelement) ‖ ~ **dimmer** (Elec Eng) / Sensordimmer m ‖ ~ **down** (Aero) / aufsetzen v (beim Landen)
**touchdown** n (Aero) / Aufsetzen n (beim Landen) ‖ ~ **point** (Aero) / Aufsetzpunkt m ‖ ~ **zone** (Aero) / Aufsetzzone f
**touch•-dry** adj (Paint) / handtrocken adj, angezogen adj, berührungstrocken adj ‖ ~ **in** v (Paint) / vorspritzen v (z.B. Hohlräume vor dem elektrostatischen Beschichten)
**touching-up** n (Paint) / Ausflecken n, Ausbessern n (punktuelles)
**touch input device** (Comp) / Tasteingabevorrichtung f ‖ ~**-mark** n / Zinnmarke f
**touch-needle** n (Materials) / Ritznadel f (zur Härteprüfung), Härtestift m (zur Ritzhärteprüfung)
**touch of the goods** (Textiles) / Warengriff m
**touchpad** n (an alternative pointing device) (Comp) / Sensortastenfeld n, Touchpad n
**touch paper** (Paper) / Zündpapier n (pyrotechnisches Zündmittel) ‖ ~ **potential** (voltage) (Elec Eng) / Berührungsspannung f (die Spannung, welche bei der elektrischen Durchströmung eines Menschen oder Nutztieres zwischen den Berührungspunkten auftritt) ‖ ~ **screen** (Comp) / Tastbildschirm m, berührungssensitiver Bildschirm, Berührungsbildschirm m, Sensorbildschirm m (reagiert auf Antippen), Kontaktbildschirm m, Touchscreen m
**touch-screen terminal** (Comp) / Terminal n mit Berührungsbildschirm
**touch-sensitive** adj / berührungsempfindlich adj, berührungssensitiv adj ‖ ~ **keyboard** (Comp) / Folientastatur f (bei der zwei Folien übereinander angebracht sind), Folientastenfeld n, Membrantastatur f ‖ ~ **screen** (Comp) / Tastbildschirm m, berührungssensitiver Bildschirm, Berührungsbildschirm m, Sensorbildschirm m (reagiert auf Antippen), Kontaktbildschirm m, Touchscreen m
**touch sensor** / taktiler Sensor (der bei Berührung Kräfte, Momente oder Formen erfasst und in ein äquivalentes elektrisches Signal umwandelt), Tastsensor m (bei Industrierobotern) ‖ ~ **starting** (Welding) / Berührungszündung f
**touchstone**\* n (Geol) / Lydit m (schwarzer Kieselschiefer), Probierstein m (eine Kieselschieferart)
**touch switch** (Elec Eng) / Berührungsschalter m, Sensorschalter m ‖ ~ **terminal** (Comp) / Terminal n mit Berührungsbildschirm ‖ ~ **time** / Kontaktzeit f, Berührungszeit f
**touchtone dialling** (Teleph) / tonfrequente Tastenwahl
**touchtone set** (Teleph) / Fernsprechapparat m mit Tastenwahl
**touch-typing** n / Blindschreiben n (mit zehn Fingern auf der Schreibmaschine)
**touch typist** / Zehnfingermaschinenschreibkraft f ‖ ~ **up** v (Paint) / beilackieren v (den Lack nachbessern), ausflecken v, ausbessern v (punktuell)
**touch-up applicator** (Paint) / Lackstift m (zur punktuellen Ausbesserung der lackierten Oberfläche) ‖ ~ **paint** (Paint) / Ausbesserungslack m ‖ ~ **pen** (Paint) / Lackstift m (zur punktuellen Ausbesserung der lackierten Oberfläche) ‖ ~ **pencil** (Paint) / Lackstift m (zur punktuellen Ausbesserung der lackierten Oberfläche) ‖ ~ **spraying** (Autos, Paint) / Beispritzen v (kleiner Flecken)
**touch welding** (Welding) / Berührungsschweißen n
**touchwood** n (For) / Zunderholz n (heute obsolet) ‖ ~\* (For) / schwammiges, brüchiges Holz, faules Holz
**tough** adj / hochbelastbar adj, hochbeansprucht adj ‖ ~ / streng adj (Kontrolle) ‖ ~ (Materials) / widerstandsfähig adj, beständig adj ‖ ~ (Materials) / zäh adj ‖ ~ (Materials) / sprödbruchunempfindlich adj ‖ ~ (Nut) / sehnig adj, faserig adj, flechsig adj, zäh adj (Fleisch)
**toughen** vt / zäh(er) machen
**toughened** adj / zähelastisch adj (Klebstoff) ‖ ~ (Chem) / kautschukmodifiziert adj (z.B. Polystyrol) ‖ ~ **glass**\* (Glass) / vorgespanntes Glas (durch thermisches Abschrecken oder durch chemische Veränderungen der Oberfläche), Einscheiben-Sicherheitsglas n, ESG, gehärtetes Glas, Hartglas n (vorgespanntes)
**toughening** n (Glass) / Verspannen n, Härten n, thermische Verfestigung, Vorspannen n, Abschrecken n
**tough fibre** (Textiles) / zähe Faser
**toughness** n (Materials) / Widerstandsfähigkeit f, Widerstandskraft f, Beständigkeit f ‖ ~\* (resistance to fracture by blows) (Materials, Met) / Zähigkeit f (das plastische Formänderungsvermögen bis zum Bruch - DIN 1342-1), Tenazität f
**tough-pitch**\* attr (Met) / Gar-, zähgepolt adj (Kupfer, 0,2-0,5 % Sauerstoffgehalt)
**tough-pitch copper** (Met) / zähgepoltes Kupfer
**tough poling** (Met) / Zähpolen n (letzte Arbeitsstufe der pyrometallurgischen Kupfergewinnung, bei der die Reduktion letzter Kupferoxidreste mit Anthrazit oder Holzkohle bedeckt wird)
**tough-rubber sheathing** (Cables) / Gummischlauch m, Gummimantel m
**tour** n (Oils) / Schicht f
**tourer** n (Autos) / Tourer m, Tourencaravan m (mit einer Aufbaulänge bis etwa 4,50 m) ‖ ~ (Autos) / Tourenwagen m
**tourill** n (Chem Eng) / Tourill n (pl. -s) (ein Absorptionsgefäß)
**touring car** (Autos) / Tourenwagen m ‖ ~ **caravan** (Autos) / Tourer m, Tourencaravan m (mit einer Aufbaulänge bis etwa 4,50 m) ‖ ~ **computer** (Autos) / Touring-Computer m ‖ ~ **range** (Autos) / Aktionsradius m
**tourist class** (Aero, Ships) / Economyklasse f, Touristenklasse f (eine preiswerte Reiseklasse)
**tourmaline**\* n (Min) / Turmalin m (ein Ringsilikat) ‖ ~ **tongs** (Min) / Turmalinzange f (zwei Turmalinplatten als Polarisationsinstrument - heute außer Gebrauch gekommen)
**tourmalinization**\* n (Geol) / Turmalinisierung f
**tournament** n / Turnier n (in der Grafentheorie)
**tournant oil** / Tournantöl n (Olivenöl, das durch lange Lagerung einen hohen Gehalt an freien Fettsäuren erhalten hat - Vorläufer des Türkischrotöls)
**Tournay carpet** (Textiles) / Tournaiteppich m, Tournai m (nach der Technik des Brüssels mit eingelegten Ruten - aus Tournai/Hennegau) ‖ ~ **carpet** (Textiles) s. also Wilton
**tour of duty** (Mil) / Verwendung f (z.B. dreimonatige ~) ‖ ~ **of inspection** / Kontrollgang m (Vorgang) ‖ ~ **operator** / Reiseveranstalter m ‖ ~ **organizer** / Reiseveranstalter m
**tous-les-mois** n (Nut) / Neusüdwales-Arrowroot n, Cannastärke f, Achirastärke f, Kannastärke f, Tolomanstärke f, Tous-les-Mois n, Queensland-Arrowroot n (aus dem Rhizom der Canna edulis Ker-Gawl.)
**Toussaint's formula** (Geophys) / Toussaint'sche Formel (zur Bestimmung der Temperatur in der freien Atmosphäre unterhalb der Tropopause)
**tow** v (Aero) / schleppen v (mit dem Schlepper) ‖ ~ (Autos) / abschleppen v ‖ ~ (Ceramics, Glass) / Kanten bearbeiten, glatt schleifen v (Kanten) ‖ ~ (Ships) / schleppen v, bugsieren v (schleppen) ‖ ~ (Ships) / treideln v (ein Schiff vom Ufer mit menschlicher oder tierischer Kraft vorwärts bewegen) ‖ ~ (Ships) / tauen v (ein Schiff) ‖ ~ n (Spinning) / Spinnband n (ein verziehbares Faserband, das unter Wahrung der Parallellage der auf unterschiedliche oder gleiche Länge gerissenen oder geschnittenen Fasern eines Kabels entstanden ist - DIN 60 001- 2) ‖ ~ (Spinning) / Towgarn n (Werggarn, bestehend aus kurzen Fasern aus Flachs, Hanf oder sonstigen Hartfasern), Werggarn n ‖ ~\* (Spinning, Textiles) / Kabel n (DIN 60001), Spinnkabel n (aus einer Vielzahl von Endlosfasern), Elementarfadenkabel n ‖ ~ (Textiles) / Werg n (kurzer Wirrfaserabfall beim Hecheln von Bastfasern), Hede f, Kuder m (S), Kauder m (S) ‖ ~ (Spinning) s. also sliver
**towability** n (Autos) / Rollfähigkeit f ‖ ~ (Autos) / Nachlaufeigenschaften f pl (eines Anhängers)
**towable** adj (Autos) / rollfähig adj (Auto)
**tow away** v (Autos) / abschleppen v ‖ ~ **bale** (Textiles) / Kabelballen m ‖ ~ **baling press** (Textiles) / Kabelballenpresse f ‖ ~ **ball** (Autos) / Kugelkopf m (einer Anhängerkupplung), Anhängerkugelkopf m
**tow-bar** n (Autos) / Abschleppstange f
**tow-behind accessory** (Agric) / Anhängegeräte n pl
**towboat** n (Ships) / Bugsierschlepper m, Schlepper m
**tow-cable** n (Autos) / Abschleppseil n (ein Drahtseil - DIN 76033)
**towcar** n (Autos) / Schleppfahrzeug n (beim Abschleppen) ‖ ~ (Autos) / Zugfahrzeug n (für einen Anhänger)
**towed decoy** (Mil, Radar) / geschleppter Zielköder ‖ ~ **scraper** (Civ Eng) / Anhängeschürfmaschine f ‖ ~ **start** (Aero) / Schleppstart m (eines Segelflugzeugs) ‖ ~ **vehicle** (Autos) / Anhängefahrzeug n für Kraftfahrzeuge, Trailer m, Anhänger m ‖ ~ **weight** (Autos) / Anhängergewicht n, Anhängermasse f

**towelling** *n* (Paper) / gekrepptes Handtuchpapier ‖ ~ (Textiles) / Handtuchware *f*
**towel paper** (Paper) / gekrepptes Handtuchpapier ‖ ~ **rail** (Build) / Handtuchhalter *m* (Stange) ‖ ~ **ribbon** (Comp) / Farbtuch *n* (bei Druckern) ‖ ~ **weave** (Weaving) / Frottierbindung *f* (zur Herstellung von Schlingengeweben mit 2 Kettfadensystemen)
**tower** *n* (Paper) / Turm *m* (der Solaranlage, der Windkraftanlage) ‖ ~ (Aero) / Kontrollturm *m* (des Flughafens), Tower *m* (des Flughafens), Controltower *m* (zur Überwachung des Flugverkehrs) ‖ ~ (Arch) / Turm *m* ‖ ~ (Chem Eng) / Kolonne *f* ‖ ~ (Comp) / Tower *m* (Gehäuse), Towergehäuse *n* (Standmodell) ‖ ~* (Elec Eng) / Fernleitungsmast *m*, Hochspannungsmast *m* ‖ ~ **acid** (Paper) / Turmsäure *f* ‖ ~ **ager** (Textiles) / Turmdämpfer *m* ‖ ~ **antenna** (Radio) / Mastantenne *f* (Gittermast), Einmastantenne *f* ‖ ~ **antenna** (Radio) s. also tower radiator ‖ ~ **block** (Civ Eng) / Turmhaus *n* (mit betonter Vertikalentwicklung auf kleiner Grundfläche) ‖ ~ **bolt*** (Build) / Schubriegel *m* ‖ ~ **crane*** (Eng) / Turmkran *m* ‖ ~ **diffuser** (Chem Eng) / Diffusionsturm *m* ‖ ~ **earthing** (Elec Eng) / Masterdung *f* ‖ ~ **excavator** (a cableway excavator) (Civ Eng) / Kabelbagger *m*, Kabelseilbagger *m*, Seilbagger *m* ‖ ~ **extension** (Eng) / Turmstück *n* (zur Aufstockung des Turmes bei Turmdrehkranen) ‖ ~ **fermenter** (Brew) / Bierreaktor *m*, Gärturm *m* ‖ ~ **fermentor** (Brew) / Bierreaktor *m*, Gärturm *m* ‖ ~ **grounding** (US) (Elec Eng) / Masterdung *f* ‖ ~ **hand** (Oils) / Bühnenmann *m* (auf der Gestängebühne)
**towering** *n* (Optics) / Auftürmen *n* (optische Täuschung, welche die Senkrechten länger erscheinen lässt)
**tower karst** (Geol) / Turmkarst *m* ‖ ~ **launcher** (Space) / Startturm *m*
**towerman** *n* (pl. -men) (Ecol, For) / Waldbrandbeobachter *m*, Feuerwächter *m* (im Walde)
**tower-mounted winder** (Mining) / Turmfördermaschine *f*
**tower packing** (Chem) / Füllung *f*, Füllkörper *m pl* (z.B. Raschig- oder Pall-Ringe), Füllmaterial *n* (der Destillationskolonne, der Trennsäule) ‖ ~ **pincers for cutting wire netting** (Tools) / Monierzange *f* (DIN 5242), Rabitzzange *f*, Flechterzange *f* ‖ ~ **radiator** (Radio) / selbstschwingender Mast, Maststrahler *m* ‖ ~ **silo** (Agric) / Hochsilo *m* *n*, Turmsilo *m* *n* ‖ ~ **slewing crane** (Eng) / Turmdrehkran *m* ‖ ~ **telescope** (Astron) / Sonnenturm *m*, Turmteleskop *n*
**tower-type digester** (San Eng) / Faulturm *m* (beheizter Spezialreaktor) ‖ ~ **winder** (Mining) / Turmfördermaschine *f*
**tow feed** (Spinning) / Kabelabzug *m*
**towhead** *n* (Geol) / Sandbarre *f* (lang gestreckte, aus Sand bestehende, rückenartige Untiefe), Sandrücken *m*
**tow-hook** *n* / Schlepphaken *m* ‖ ~ **traveller** / Schleppbügel *m* (für Schlepphaken)
**towing** *n* (Ceramics, Glass) / Glattschleifen *n* (der Kanten), Kantenbearbeitung *f* ‖ ~ **aeroplane** (Aero) / Schleppflugzeug *n* (z.B. zum Starten von Segelflugzeugen, meistens leistungsstarkes Sportflugzeug)) ‖ ~ **basin** (Ships) / Schleppversuchsbecken *n*, Schlepprinne *f*, Schleppversuchsanlage *f* (in der hydrodynamische Vorgänge an Modellen untersucht werden) ‖ ~ **cable** (Ships) / Schlepptrosse *f* (stählerne) ‖ ~ **capacity** (Autos) / Zuglast *f*, Anhängelast *f* (Kapazität) ‖ ~ **car** (Autos) / Zugfahrzeug *n* (für einen Anhänger) ‖ ~ **conveyor** (Eng) / Schleppwagenförderer *m* ‖ ~ **eye** (Aero) / Schleppanschluss (an dem das Flugzeug geschleppt werden kann) ‖ ~ **fitting** (Aero) / Schleppanschluss (an dem das Flugzeug geschleppt werden kann) ‖ ~ **gear** (Autos) / Zugmaul *n* ‖ ~ **gear** (Ships) / Schleppgeschirr *n* ‖ ~ **hook** / Zughaken *m* ‖ ~ **lug** (Aero) / Schleppanschluss (an dem das Flugzeug geschleppt werden kann) ‖ ~ **lug** (Autos) / Abschleppöse *f* ‖ ~ **path** (Hyd Eng) / Treidelweg *m*, Leinpfad *m*, Treidelpfad *m*, Treppelweg *m* ‖ ~ **rope** (Autos) / Abschleppseil *n* (ein Kunststoffseil nach DIN 76033) ‖ ~ **rope** (Ships) / Schlepptau *n* ‖ ~ **tank** (Ships) / Schleppversuchsbecken *n*, Schlepprinne *f*, Schleppversuchsanlage *f* (in der hydrodynamische Vorgänge an Modellen untersucht werden) ‖ ~ **tank facility** (Ships) / Schleppversuchsbecken *n*, Schlepprinne *f*, Schleppversuchsanlage *f* (in der hydrodynamische Vorgänge an Modellen untersucht werden) ‖ ~ **tank test** (Ships) / Schleppversuch *m*, Modellschleppversuch *m* (im Tank) ‖ ~ **tug** (Aero, Autos) / Flugzeugschlepper *m* (auf dem Flughafen) ‖ ~ **vehicle** (Aero, Autos) / Flugzeugschlepper *m* (auf dem Flughafen) ‖ ~ **warp** (Ships) / Kurrleine *f* (zum Aussetzen, Schleppen und Einholen eines geschleppten Fanggeräts) ‖ ~ **winch** (Ships) / Schleppwinde *f*
**tow lift** (Autos) / Abschleppen *n* mit angehobenen Vorderrädern
**towline** *n* (Autos) / Abschleppseil *n* (ein Kunststoffseil nach DIN 76033) ‖ ~ (Ships) / Schlepptau *n*
**tow linen** (Textiles) / Wergleinen *n*
**town-and-country tyre** (Autos) / Allroundreifen *m*, Mehrzweckreifen *m*
**town car** (US) (Autos) / Limousine *f* ‖ ~ **centre** (Arch) / Stadtzentrum *n*, Innenstadt *f*

**Townend ring*** (Aero) / Townend-Ring *m* (Verkleidung von Sternmotoren in Form eines Ringes mit Profilquerschnitt)
**town gas*** / Stadtgas *n* (Brenngas der öffentlichen Gasversorgung) ‖ ~ **house** (Build) / Reihenhaus *n* (das mit anderen gleichartigen Häusern ohne Bauabstand verbunden ist), RH (Reihenhaus), Kettenhaus *n* ‖ ~ (street) **map** (Cartography) / Stadtkarte *f*, Stadtplan *m* ‖ ~ **planning** (Arch) / städtebauliche Planung, Stadtplanung *f*, urbanistische Planung, Städteplanung *f*
**townscape** *n* (Arch) / Stadtbild *n* (im Allgemeinen), städtische Landschaft
**Townsend avalanche*** (Phys) / Townsend-Lawine *f* ‖ ~ **coefficient*** (Nuc) / Ionisierungskoeffizient *m*, Ionisierungszahl *f*, Townsend-Koeffizient *m* ‖ ~ **discharge*** (Elec Eng, Nuc) / Dunkelentladung *f* (elektrische Gasentladung bei sehr niedrigen Stromstärken und ohne merkliche Lichtemission), Townsend-Entladung (nach Sir J.S.E. Townsend, 1868-1957) ‖ ~ **ionization coefficient** (Nuc) / Ionisierungskoeffizient *m*, Ionisierungszahl *f*, Townsend-Koeffizient *m*
**township** *n* (Surv) / nordamerikanisches Flächenmaß (9,32 x $10^7$ m²)
**towpath** *n* (Hyd Eng) / Treidelweg *m*, Leinpfad *m*, Treidelpfad *m*, Treppelweg *m*
**tow rope** (Autos) / Abschleppseil *n* (ein Kunststoffseil nach DIN 76033) ‖ ~ **rope** (Ships) / Schlepptau *n*
**towrope** *n* (Ships) / Schleppleine *f*
**tow-rope attachment point** (Autos) / Abschleppseilanschlussstelle *f*
**tows** *pl* / faserige Abfälle
**tow service** (Autos) / Abschleppdienst *m* ‖ ~ **target** *n* (Aero, Mil) / Schleppziel *n* ‖ ~**-to-top converter** (Spinning) / Kabel-Kammzug-Konverter *m*, Spinnbandkonverter *m*
**tow-to-top cutting system** (Spinning) / Schneidkonverterverfahren *n* ‖ ~ **method** (Spinning) / Konverterverfahren *n*, Converterverfahren *n*, Spinnbandverfahren *n*, Kabelkonvertierungsmethode *f* ‖ ~ **process** (Spinning) / Konverterverfahren *n*, Converterverfahren *n*, Spinnbandverfahren *n*, Kabelkonvertierungsmethode *f*
**tow-to-yarn process** (Spinning) / Direktspinnen *n*, Direktspinnverfahren *n*
**tow tractor** (Aero) / Schlepper *m* ‖ ~ **tractor** (Autos) / Zugmaschine *f* (als Flurförderer), Zugschlepper *m* (in einem Flurfördersystem)
**tow-truck service** (Autos) / Abschleppdienst *m*
**tow yarn** (flax or hemp yarn) (Spinning) / Towgarn *n* (Werggarn, bestehend aus kurzen Fasern aus Flachs, Hanf oder sonstigen Hartfasern), Werggarn *n*
**toxaemia*** *n* (Med) / Toxämie *f*, Toxhämie *f* (Blutvergiftung)
**toxalbumin** *n* (Biochem) / Toxalbumin *n* (eiweißartiger Giftstoff)
**toxaphene** *n* (technical chlorinated camphene)* (Chem) / Toxaphen *n* (als Pflanzenschutzmittel nicht mehr zugelassen)
**toxemia*** *n* (Med) / Toxämie *f*, Toxhämie *f* (Blutvergiftung)
**toxic** *n* (Pharm) / Toxikum *n* (pl. Toxika), toxischer Stoff, Giftstoff *m*, Gift *n* ‖ ~ *adj* (Chem) / giftig *adj*, toxisch *adj*
**toxicant** *n* (Pharm) / Toxikum *n* (pl. Toxika), toxischer Stoff, Giftstoff *m*, Gift *n*
**toxic dump** (Ecol) / Giftmülldeponie *f* ‖ ~ **equivalent** (value) (Chem, Pharm) / Toxizitätsäquivalent *n*, toxisches Äquivalent
**toxicity** *n* / Toxizität *f*, Giftigkeit *f*, toxische Erscheinung ‖ ~ **test** (Ecol) / Toxizitätstest *m* (ISO 6107-3) ‖ ~ **through oral ingestion** (Med) / Giftigkeit *f* bei Einnahme ‖ ~ **to fish** (Ecol, San Eng) / Fischgiftigkeit *f* (abwasserabgabenrelevanter Parameter, der nach dem Abwasserabgabengesetz unter Verwendung der juvenilen Goldorfe /Leuciscus idus melanotus/ als Testfisch bestimmt wird), Fischtoxizität *f*
**toxic limit** (Ecol, For) / Giftwert *m* (z.B. von Holzschutzmitteln) ‖ ~ **limit concentration** (Ecol) / toxische Grenzkonzentration, TGK (toxische Grenzkonzentration)
**toxicological** *adj* / toxikologisch *adj*
**toxicology*** *n* (Med) / Toxikologie *f* (Lehre von den Giften und Vergiftungen)
**toxicopectic** *adj* (Med) / giftbindend *adj*, toxinfixierend *adj*, giftneutralisierend *adj*
**toxic potential** / Toxizität *f*, Giftigkeit *f*, toxische Erscheinung ‖ ~ **rubbish** (Ecol) / Giftmüll *m* ‖ ~ **substance** (used in buildings) (Build, Ecol) / Wohngift *n* ‖ ~ **substance** (Med) / Schadstoff *m*, gesundheitsschädlicher (giftiger) Stoff ‖ ~ **to bees** (Ecol) / bienengefährlich *adj* (gefährlich für Bienen) ‖ ~ **waste** (Ecol) / Giftmüll *m*
**toxic-waste dump** (Ecol) / Giftmülldeponie *f* ‖ ~ **tip** (Ecol) / Giftmülldeponie *f*
**toxiferine** *n* (Pharm) / Toxiferin *n* (ein Curare-Alkaloid)
**toxigenic** *adj* (Pharm) / toxigen *adj*, toxogen *adj*
**toxin*** *n* (Physiol) / Toxin *n* (giftiges Stoffwechselprodukt von Mikroorganismen, Pflanzen oder Tieren)
**toxoid*** *n* (Med) / Anatoxin *n* (das durch Wärmeeinwirkung und Formolzusatz gewonnene Toxoid), Toxoid *n* (entgiftetes Toxin)

**toxophoric group** (Biochem) / toxophore Gruppe (Träger der Giftwirkung), Effektomer n
**toy(s)** n pl / Spielzeug n (DIN EN 71)
**toy transformer** (Elec Eng) / Spielzeugtransformator m
**TP** (teleprocessing) (Comp) / Datenfernverarbeitung f ‖ ≙ (text processing) (Comp) / Textbe- und -verarbeitung f (besonders in Verlagen und Zeitungsredaktionen) ‖ ≙ (transaction processing) (Comp) / Transaktionsverarbeitung f ‖ ≙ (true position) (Eng) / Position f (DIN 7184-1) ‖ ≙ (turning-point) (Surv) / Anschlusspunkt m ‖ ≙ (test point) (Teleph) / Prüfpunkt m
**t.p.a.** (tonne per year) / Jahrestonne f (ein Maß für die innerhalb eines Jahres geförderten oder verarbeiteten Tonnen eines Rohstoffs o.ä.), Jato f (eine normwidrige Abkürzung für Jahrestonne)
**t/p.a.** / Jahrestonne f (ein Maß für die innerhalb eines Jahres geförderten oder verarbeiteten Tonnen eines Rohstoffs o.ä.), Jato f (eine normwidrige Abkürzung für Jahrestonne)
**TPA** (terephthalic acid) (Chem) / Terephthalsäure f, 1,4-Benzoldicarbonsäure f, 1,4-Benzoldikarbonsäure f
**T-pad** n (Elec Eng) / T-Dämpfungsglied n
**T-parameter equivalent circuit** (Elec Eng) / Ersatzschaltung f in T-Form
**TP band** (Acous) / Dreifachspielband n (eine Tonbandsorte)
**TPDR** (transponder) (Nav, Telecomm) / Transponder m (aktives Funkantwortgerät), automatisches Antwortgerät (die Kombination aus einem Empfänger, einem Umsetzer und einem Sender)
**TPE** (thermoplastic elastomer) (Chem Eng) / thermoplastisches Elastomer, thermoplastischer Kautschuk (ein Elastomer, das ohne Vulkanisation bei Raumtemperatur elastische, kautschukähnliche Eigenschaften besitzt, jedoch bei höherer Temperatur thermoplastisch verformbar ist), TPE (thermoplastisches Elastomer) ‖ ≙ **boot** (thermoplastic elastomer boot) (Autos) / TPE-Faltenbalg m
**T-peel test** (Materials) / Winkelschälversuch m (bei Metallklebungen)
**TPF** (text-processable format) (Comp) / textverarbeitbares Format
**TP filter** (travelling-pan filter) (Chem Eng) / Wandernutsche f, Kastenbandfilter n, Bandzellenfilter n
**TPGC** (temperature-programmed gas chromatography) (Chem) / temperaturprogrammierte Gaschromatografie, Gaschromatografie f mit programmierter Temperatur
**tpi** (tracks per inch) (Acous, Comp, Mag) / Spuren f pl je Zoll
**T-piece** n (Eng, Plumb) / T-Stück n, T-Verbindungsstutzen m, T-Verbindungsstück n (ein Fitting)
**tpk** (turnpike) (Autos) / Mautstraße f (A), Mautstrecke f (A), gebührenpflichtige Autobahn ‖ ~ (turnpike) (Autos) / Turnpike f (pl. -s) (Bezeichnung bestimmter US-amerikanischer Autobahnen)
**T-plane** f (Crystal) / Gleitebene f, Gleitspiegelebene f
**TPM** (third-party maintenance) / Herstellerwartung f (für Eigen- und Fremdsysteme)
**tpm** (Eng) / Umdrehungen f pl je Minute, U/min, Drehzahl f pro Minute
**TPM** (total productive maintenance) (Work Study) / Total Productive Maintenance n, TPM (Total Productive Maintenance)
**TPO** (triphenylphosphine oxide) (Chem) / Triphenylphosphinoxid n, TPO (Triphenylphosphinoxid)
**tps** (transmutations per second) (Nuc) / Kernzerfallsakte m pl je Sekunde (veraltete Einheit der Aktivität radioaktiver Strahlung)
**TPS steel** (Met) / TPS-Stahl m (warmgewalztes scharfkantiges T-Profil mit parallelen Flanschen und Stegen - DIN 59 051)
**T.P.T.G. oscillator** (Electronics) / Huth-Kühn-Oszillator m
**TQF** (triple quantum filter) (Chem, Phys) / Tripelquantenfilter n
**TQM** (total quality management) (Work Study) / Total Quality Management n (ein mehrdimensionales und funktionsübergreifendes Konzept, bei dem es um die Optimierung der Qualität von Produkten und Dienstleistungen auf den verschiedenen Ebenen eines Unternehmens durch Einbeziehung aller Mitarbeiter und stärkere Kundenorientierung geht), TQM (Total Quality Management)
**t quark** (Nuc) / Truth-Quark n, Top-Quark n (das sechste, schwerste Quarkteilchen), t-Quark n
**TR** (thermoplastic rubber) (Chem Eng) / thermoplastisches Elastomer, thermoplastischer Kautschuk (ein Elastomer, das ohne Vulkanisation bei Raumtemperatur elastische, kautschukähnliche Eigenschaften besitzt, jedoch bei höherer Temperatur thermoplastisch verformbar ist), TPE (thermoplastisches Elastomer) ‖ ≙ (tyre rubber) (Chem Eng) / Tyre Rubber n (Allzweck-NK-Typ mit guten Verarbeitungseigenschaften, ursprünglich für die Reifenindustrie entwickelt), Reifenkautschuk m ‖ ≙ (tannery run) (Leather) / Ledersorten ohne Qualitätseinstufung (die aus der Gerberei kommen), nicht sortierte Leder (aus der Gerberei)
**trabeation** n (Arch) / Architravbau m, Trägerbauwerk n (ohne gewölbeartige Elemente - mit Trägern und Stützen)

**trabeculae** pl (For) / Trabeculae f pl (stäbchen- oder spindelförmige Verdickungen der Zellwand verschiedener Nadelhölzer, in radialer Richtung in das Lumen hineinragend und oft die Tangentialwände miteinander verbindend)
**trace** v / zeichnen v (Form, Linien) ‖ ~ / durchpausen v, durchzeichnen v, abpausen v ‖ ~ / entwerfen v (grob skizzieren) ‖ ~ n / Spur f (im Allgemeinen) ‖ ~* (Chem) / Spur f (Vorhandensein einer Mikromenge) ‖ ~ (Comp) / Trace n (eine Betriebsart des Rechners) ‖ ~ (Comp, Eng) / Ablaufverfolgung f (Überwachung des Programmlaufes mit Hilfe eines Tracers), Trace n (Aufzeichnung der Programmschritte) ‖ ~ (the sum of the entries in the main diagonal) (Maths) / Spur f (Summe der Diagonalelemente einer quadratischen Matrix), Diagonalsumme f ‖ ~ (Maths) / Spurgerade f (der [nichtleere] Durchschnitt zweier nicht zusammenfallender Ebenen) ‖ ~ (of a moving target) (Radar) / Bildspur f
**traceability** n (Work Study) / Rückverfolgbarkeit f, Zurückverfolgung f (eines Teils während des Fertigungszyklus - durch besondere Kennzeichnung), Rückverfolgung f
**traceable** adj / pausfähig adj ‖ ~ (Chem) / nachweisbar adj, detektierbar adj, erkennbar adj ‖ ~ (Work Study) / rückverfolgbar adj (z.B. der Weg eines Werkstücks im Fertigungszyklus)
**trace amount** (Chem) / Spurengehalt m ‖ ~ **analysis** (Chem) / Spurenanalyse f (Teilgebiet der Analyse, das sich mit der Bestimmung von Bestandteilen befasst, die in Mengen unter 0,01% in der Probe enthalten sind) ‖ ~ **chemistry** (Chem) / Chemie f der Spurenelemente ‖ ~ **comb** (Textiles) / Stechkamm m der Raschelmaschine ‖ ~ **contamination** (San Eng) / Verunreinigung f durch Spurenstoffe ‖ ~ **element*** (an element required in minute amounts for normal growth of organisms) (Agric, Biol, Chem, Nut) / Spurenelement n ‖ ~ **element** (Min) / Spurenelement n ‖ ~ **element fertilizer** (Agric) / Spurenelementdüngemittel n ‖ ~ **equivalence** (Comp) / Trace-Äquivalenz f (in der Theorie der nebenläufigen Prozesse) ‖ ~ **fossil*** (Geol) / Spurenfossil n (der Ichnologie) ‖ ~ **function** (Maths) / Spurfunktion f ‖ ~ **heating** (Chem Eng) / Begleitheizung f (ein Heizsystem, das ein in einer Rohrleitung zu transportierendes Medium auf einer bestimmten vorgegebenen Temperatur hält - z.B. in Produktleitungen von Tanklagern), Begleitung f (Begleitheizung) ‖ ~ **initiation** (Radar) / Spurinitiierung f
**traceless** adj (Chem) / spurlos adj (Abspaltung)
**trace line** (Maths) / Spurgerade f (der [nichtleere] Durchschnitt zweier nicht zusammenfallender Ebenen) ‖ ~ **nutrients** (Ecol, Nut) / Mikroelemente n pl, Mikronährstoffe m pl, Spurennährstoffe m pl ‖ ~ **organics** (Chem, Ecol, San Eng) / organische Mikroverunreinigungen, im Spurenbereich auftretende organische Verunreinigungen ‖ ~ **over** v / durchpausen v, durchzeichnen v, abpausen v ‖ ~ **particle** / Spurenpartikel n f (z.B. in Explosivstoffen) ‖ ~ **point** (Maths) / Spurpunkt m (der [nichtleere] Durchschnitt einer Geraden mit einer Ebene, in der die Gerade nicht liegt), Durchstoßpunkt m ‖ ~ **program** (Comp) / Tracer m (Programm zur schrittweisen Protokollierung der Ausführung eines Programms), Protokollprogramm n, Überwacher m (für die Überwachung des Programmlaufs)
**tracer** n (male) / Pauszeichner m ‖ ~ / Kopierer m ‖ ~ / Fahrstift m (des Fahrarms des Polarplanimeters) ‖ ~ (Aero) / Laufverfolger m (international vereinheitlichtes Formular des kommerziellen Verkehrs) ‖ ~ (Chem, Nuc) / Tracer m (ein Stoff, der durch eine bestimmte Eigenschaft erkennbar ist und der in kleinen Mengen einem anderen Stoff beigefügt wird, damit Verteilung oder Lage des letzteren bestimmt werden kann) ‖ ~ (Comp) / Tracer m (Programm zur schrittweisen Protokollierung der Ausführung eines Programms), Protokollprogramm n, Überwacher m (für die Überwachung des Programmlaufs) ‖ ~ (Eng) / Taststift m, Fühlstift m, Schreibspitze f ‖ ~ (Hyd) / Tracer m (bei Durchflussmessungen), Spurstoff m, Markierungsstoff m (bei Durchflussmessungen) ‖ ~ (Mil) / Lichtspurgeschoss n, Leuchtspurgeschoss n (in dessen Boden sich ein Leuchtsatz befindet, dessen Abbrennen die Flugbahn sichtbar macht) ‖ ~ (Textiles) / Kopierrädchen n
**trace range** (Chem) / Spurenbereich m
**tracer atom*** (Nuc) / Traceratom n, Indikatoratom n, markiertes Atom ‖ ~ **chemistry*** (Chem) / Tracerchemie f ‖ ~ **control** (Eng) / Nachführsteuerung f, Nachformsteuerung f (bei der die Werkzeugbewegung von einer Leitkurve oder -fläche gesteuert wird) ‖ ~ **element*** (Chem, Nuc) / Markierungselement n, Indikatorelement n, Tracer m ‖ ~ **fibre** (Textiles) / Kennfaser f ‖ ~ **finger** (Eng) / Taststift m, Fühlstift m, Schreibspitze f ‖ ~ **gas** (Build, Civ Eng) / Gas n für Dichtigkeitsprüfung, Spürgas n ‖ ~ **laboratory** (Nuc) / Tracerlaboratorium n, Tracerlabor n ‖ ~ **method** (Chem, Med) / Tracerverfahren n, Tracermethode f, Indikatormethode f, Leitisotopenmethode f ‖ ~ **milling** (US) (Eng) / Nachformfräsen n, Kopierfräsen n (mit der Übertragung der Form eines Nachformbezugsstücks)

1659

**tracer-milling machine** (US) (Eng) / Nachformfräsmaschine *f*
**trace routine** (Comp) / Tracer *m* (Programm zur schrittweisen Protokollierung der Ausführung eines Programms), Protokollprogramm *n*, Überwacher *m* (für die Überwachung des Programmlaufs)
**tracer point** (Eng) / Taststift *m*, Fühlstift *m*, Schreibspitze *f* ‖ ~ **shell** (Mil) / Lichtspurgeschoss *n*, Leuchtspurgeschoss *n* (in dessen Boden sich ein Leuchtsatz befindet, dessen Abbrennen die Flugbahn sichtbar macht) ‖ ~ **thread** (Cables) / Firmenkennfaden *m* (z.B. nach dem Farbkode des CENELEC), Kennfaden *m* ‖ ~ **tool** (Tools) / Nachformdrehmeißel *m*, Kopierdrehmeißel *m*
**tracery** *n* (Arch) / Maßwerk *n* (aus geometrischen Figuren bestehendes Ornament gotischer Bauwerke zur Füllung von Fensterbögen und zur Gliederung von Wandflächen)
**tracheid**\* *n* (Bot, For) / Tracheide *f* (in dem Leitbündel)
**tracheidal** *adj* (Bot, For) / tracheidal *adj*
**tracheide**\* *n* (Bot, For) / Tracheide *f* (in dem Leitbündel)
**tracht** *n* (the totality of the forms of the crystal, independent of their relative importance) (Crystal) / Kristalltracht *f*, Tracht *f*
**trachyandesite**\* *n* (Geol) / Trachyandesit *m* (Zwischenglied zwischen Trachyt und Andesit)
**trachybasalt**\* *n* (Geol) / Trachybasalt *m*
**trachyte**\* *n* (Geol) / Trachyt *m* (ein Ergussgestein)
**trachytic** *adj* (Geol) / trachytisch *adj*
**tracing**\* *n* / Durchpausen *n*, Durchzeichnen *n* (als Tätigkeit) ‖ ~ (Instr) / Aufzeichnung *f* (eines Detektors, eines Messinstruments) ‖ ~ \* (Print) / Pause *f*, Lichtpause *f*, Zeichnungskopie *f* (als Ergebnis) ‖ ~ **arm** / Fahrarm *m* (des Polarplanimeters) ‖ ~ **cloth** / Pausleinen *n* ‖ ~ **distortion** (Acous) / Rillenverzerrung *f* (eine nichtlineare Verzerrung, die bei der Abtastung einer mechanischen Tonaufzeichnung dadurch verursacht wird, dass der Abtaststift der Tonrillenachse nicht genau folgt) ‖ ~ **distortion** (Acous) / Spurverzerrung *f* (bei Schallplatten) ‖ ~ **linen** / Pausleinen *n* ‖ ~ **paper** (Paper) / Transparentzeichenpapier *n* (zur Herstellung pausbarer Zeichnungen nach DIN 6730) ‖ ~-**paper** *n* (Paper) / Pauspapier *n* ‖ ~ **pin** (Eng) / Taststift *m*, Fühlstift *m*, Schreibspitze *f* ‖ ~ **routine** (Comp) / Tracer *m* (Programm zur schrittweisen Protokollierung der Ausführung eines Programms), Protokollprogramm *n*, Überwacher *m* (für die Überwachung des Programmlaufs) ‖ ~ **slide** (Eng) / Nachformsupport *m*, Nachformschlitten *m* ‖ ~ **switch** (Teleph) / Fangschalter *m* ‖ ~ **tissue** (Paper) / Transparentzeichenpapier *n* (zur Herstellung pausbarer Zeichnungen nach DIN 6730) ‖ ~ **wheel** / Pausrädchen *n* (zum Durchstechen einer Pause) ‖ ~ **wheel** (Textiles) / Kopierrädchen *n*
**track** *v* / nachsteuern *v* (Ziel verfolgen) ‖ ~ / verfolgen *v* (Bahn, Ziel) ‖ ~ (Cinema, TV) / fahren *v* (mit der Kamera) ‖ ~ (Comp) / Spur *f* (derjenige Bereich eines flächenhaften Speichermediums, auf dem die Informationen bitseriell gespeichert sind) ‖ ~ (Electronics) / trassieren *v* (Leiterplatten) ‖ ~\* *n* (Acous, Comp, Mag) / Spur *f* (bei Lochstreifen, Magnetbändern und Magnetplatten) ‖ ~\* (Aero) / Spurbreite *f*, Spurweite *f* ‖ ~ (Aero) / Flugweg *m* über Grund, Flugroute *f*, Kurs *m* über Grund ‖ ~ (Autos) / Spurweite *f* (der Abstand der Reifenmitten an einer Achse) ‖ ~ (a continuous articulated metal band around the wheels of a heavy vehicle such as a tank, intended to facilitate movement over rough or soft ground) (Autos, Civ Eng, Eng, Mil) / Gleiskette *f*, Raupenkette *f*, Raupe *f* (Raupenkette), Kette *f* (Raupenkette) ‖ ~ (Chem) / Spur *f*, Bahn *f* (in der Chromatografie) ‖ ~ (Cinema) / Hilfstonspur *f* ‖ ~ (Cinema, TV) / Kamerafahrt *f*, Fahrt *f* (der Kamera) ‖ ~ (Comp) / Track *m* (pl. -s) ‖ ~ (Elec, Elec Eng) / Kriechspur *f* (sichtbare Spuren an Isolierstoffen) ‖ ~ (on a complex backplane) (Electronics) / Leiterbahn *f* (auf der Leiterplatte), Leiterzug *m* (einer gedruckten Schaltung) ‖ ~ (Eng) / Führungsschiene *f* (bei Fahrkorbtüren), Laufschiene *f* (bei Fahrkorbtüren) ‖ ~ (round, elliptical, Gothic or plane track on which the joint balls or rollers move in an oscillatory manner) (Eng) / Laufbahn *f* ‖ ~ (Mining) / Gasse *f* (im Streb), Feld *n* ‖ ~ (Nuc) / Nebelkammerspur *f*, Nebelspur *f* ‖ ~\* (Nuc) / Kernspur *f*, Bahnspur *f* (entlang der Flugbahn), Spur *f* (Teilchenspur) ‖ ~ (Nuc Eng) / Racetrack *m f*, Rennbahn *f* ‖ ~ (Phys) / Bahn *f* ‖ ~ (a series of associated plots in a given coordinate system) (Radar) / Spur *f*, Track *m* (pl. -s) ‖ ~ (Rail) / Gleis *n*, Gleiskörper *n* ‖ ~ (Ships) / Route *f*, Track *m* (pl. -s) (viel befahrener Seeweg)
**trackability** *n* (Acous) / Trackability *f* (mechanische Abtastfähigkeit eines Tonabnehmersystems) ‖ ~ (Acous) / Spurfolgevermögen *n*, Abtastfähigkeit *f*
**track address** (Comp) / Spuradresse *f*, Hausadresse *f* ‖ ~ **adjustment** (Autos) / Spureinstellung *f* (z.B. bei einem Traktor)
**trackage** *n* (Rail) / Gleisanlage *f* ‖ ~ (US) (Rail) / Bahnnetz *n*, Eisenbahnnetz *n*
**track alignment** (Autos) / Radausfluchtung *f* ‖ ~ **angle** (Aero) / Kurswinkel *m* über Grund ‖ ~ **arc** (path travelled by a wheel) (Autos) / Spurkreis *m* ‖ ~ **area** (Rail) / Gleisbereich *m* ‖ ~ **assembly** (Rail) / Gleismontage *f* ‖ ~ **association** (Radar) / Spurzuordnung *f*
**trackball** *n* (a pointing device that consists of a ball supported on bearings so that it is free to rotate in any direction but is restricted within a socket so that less than half of its surface is exposed) (Comp) / Trackball *m* (Eingabevorrichtung für DV-Geräte), Rollkugel *f* (zur Eingabe einer Position in der grafischen Datenverarbeitung)
**track ballast** (Rail) / Schotterballast *m* ‖ ~ **bar** (Autos) / Panhardstab *m* (bei der De-Dion-Achse, bei der starren Hinterachse - nach R. Panhard, 1841-1908) ‖ ~ **beacon** (Ships) / Richtbake *f* (ein Seezeichen)
**trackbed** *n* (Rail) / Bettung *f*, Gleisbettung *f* (die Schicht auf der die Gleisanlage verlegt wird)
**track-before-detect** *n* (a technique using a low detection threshold with reduction of false plots) (Radar) / Verfolgung *f* vor Entdeckung
**track-bound** *adj* / gleisgebunden *adj* ‖ ~ s. also tracked and railborne ‖ ~ **truck** (Eng) / Gleisflurförderer *m*
**track brake** (Elec Eng, Rail) / Schienenbremse *f* (eine Eisenbahnbremse) ‖ ~ **branching** (Radar) / Spurverzweigung *f* ‖ ~ **cable** (Civ Eng) / Tragseil *n* (der Zweiseil-Umlaufbahn), Haupttragseil *n* (einer Seilbahn) ‖ ~ **chamber** (Nuc Eng) / Spurenkammer *f* (z.B. Nebel-, Funken- oder Blasenkammer), Spurkammer *f* (ein Detektor) ‖ ~ **change** (Rail) / Gleiswechsel *m* ‖ ~ **circuit** (Elec Eng, Rail) / Gleisstromkreis *m*
**track-circuit** *v* (Elec Eng, Rail) / mit Gleisstromkreisen ausrüsten
**track cleaner** (Rail) / Gleisbettreinigungsmaschine *f* ‖ ~ **conductor** (Rail) / Linienleiter *m* ‖ ~ **covariance matrix** (Radar) / Spurkovarianzmatrix *f* (zur Spurverarbeitung) ‖ ~ **crawl search** (Aero) / Streckensuchverfahren *n* ‖ ~ **curve** (Rail) / Gleisbogen *m* ‖ ~ **curve** (Rail) s. also curved track ‖ ~ **deflection** / Fahrbahndurchbiegung *f* (bei der Magnetschwebebahn) ‖ ~ **density** (in tracks per inch) (Comp) / Spurdichte *f* (in tpi) ‖ ~ **development** (Rail) / Gleisentwicklung *f*
**tracked** *adj* / trassengebunden *adj* (Landfahrzeug), spurgebunden *adj* (Landfahrzeug), schienengebunden *adj*, geführt *adj* (Luftkissenfahrzeug) ‖ ~ / Schienen- (Bahn), spurgeführt *adj* (Verkehr), schienengebunden *adj*, spurgebunden *adj* (Verkehr) ‖ ~ (Eng) / Raupen-, Gleisketten- (Fahrzeug) ‖ ~ **tractor** (Autos, Civ Eng) / Vollraupe *f* (ein Schlepper), Kettentraktor *m*, Raupenschlepper *m*, Gleiskettenzugmaschine *f*
**track element** (Comp) / Spurelement *n* ‖ ~ **environment** (Rail) / Gleisbereich *m* ‖ ~ **equipment** (Rail) / Oberbaumaterial *n* ‖ ~ **equipment** (Rail) / Streckenbau- und -instandhaltungsgerät *n*
**tracker** *n* (Acous) / Spurführung *f* (bei der Schallplattenherstellung) ‖ ~ *n* (Autos) / Tracker *m* (Ortungssystem für gestohlene Fahrzeuge) ‖ ~ *n* (Cinema, TV) / Dollyfahrer *m*, Kamerafahrer *m* ‖ ~ (Mil) / Zielverfolgungsgerät *n* ‖ ~ **ball** (Comp) / Trackball *m* (Eingabevorrichtung für DV-Geräte), Rollkugel *f* (zur Eingabe einer Position in der grafischen Datenverarbeitung) ‖ ~ **wires**\* (Elec Eng, Rail) / Fernbedienungsdrähte *m pl* (für die Zugbetätigung)
**track for damaged wagons** (Rail) / Schadwagengleis *n* ‖ ~ **for either direction working** (Rail) / Gleis *n* für den Gleiswechselbetrieb ‖ ~ **formation** (Rail) / Planum *n* ‖ ~ **formation** (Rail) / Bahnkörper *m* ‖ ~ **gap** (Acous) / Spurzwischenraum *m* ‖ ~ **gauge** (Rail) / Spur *f*, Spurweite *f* (der Schienen eines Gleises) ‖ ~ **gauge** (Rail) / Spurmaß *n*, Spurlehre *f* (zum Nachmessen der Spurweite des Gleises) ‖ ~ **girder** / Fahrbalken *m* (einer Hängebahn) ‖ ~ **guidance** (Aero) / Hilfe *f* für die Kurseinhaltung über Grund ‖ ~ **guide**\* (Aero) / Kursführungsanlage *f*
**track-guided** *adj* / trassengebunden *adj* (Landfahrzeug), spurgebunden *adj* (Landfahrzeug), schienengebunden *adj*, geführt *adj* (Luftkissenfahrzeug)
**track guiding** (Rail) / Spurführung *f* (die ein Fahrzeug entlang eines vorgegebenen Fahrkurses führt) ‖ ~ **haulage** (Mining) / Gleisförderung *f*, gleisgebundene Förderung
**track-holding** *adj* (Autos) / spursicher *adj*
**track indicator** (Agric) / Spurreißer *m* (umklappbarer - der Traktor-Drillmaschine), Spuranzeiger *m* ‖ ~ **inductor** (Rail) / Gleismagnet *m*
**tracking** *n* (Acous) / Rillenführung *f* ‖ ~ (Acous) / Tracking *n* (Spurtreue), Spureinstellung *f* (bei der Wiedergabe auf einem Videorecorder) ‖ ~ (Acous, Mag, Telecomm) / Spureinstellung *f* (bei Tonbandgeräten, Plattenspielern) ‖ ~ (Aero) / Kursflug *m* ‖ ~ (Astron) / siderische Nachführung *n* (Astron, Automation, Comp) / Nachführung *f* ‖ ~ (Autos) / Spurtreue *f* (des Anhängers) ‖ ~ (Cinema) / Verfolgungsschwenk *m* ‖ ~ (Cinema, TV) / Kamerafahrt *f*, Fahrt *f* (der Kamera) ‖ ~\* (Elec) / Kriechwegbildung *f*, Kriechspurbildung *f* ‖ ~ (Eng) / Tracking *n* (bei Industrierobotern) ‖ ~\* (Radar) / Zielverfolgung *f*, Verfolgung *f*, Folgen *n* ‖ ~\* (Space) / Verfolgung *f*, Bahnverfolgung *f* ‖ ~\* (of ganged circuits) (Telecomm) / Gleichlauf *m*

**tracking ability** (Acous) / Trackability f (mechanische Abtastfähigkeit eines Tonabnehmersystems) ‖ **~ ability** (Acous) / Spurfolgevermögen n, Abtastfähigkeit f ‖ **~ accuracy** (Comp) / Spurhaltung f ‖ **~ and data relay satellite*** (system) (Space) / TDR-Satellit m (1983 zum ersten Mal von der NASA in die Umlaufbahn gebracht) ‖ **~ antenna** (Radar) / Zielfolgeantenne f (zur Verfolgung eines bewegten Zieles) ‖ **~ antenna** (Space) / Zielverfolgungsantenne f ‖ **~ back** (Cinema, TV) / Kameraabfahrt f, Kamerarückfahrt f, Kamerafahrt rückwärts ‖ **~ cross** (Comp) / Nachführkreuz n ‖ **~ current** (Elec Eng) / Irrstrom m, Reststrom m (eines Elektrolytkondensators), vagabundierender Strom, Fremdstrom m (der sich von einer elektrischen Anlage aus unbeabsichtigt ausbreitet), Kriechstrom m (Strom zwischen spannungsführenden Teilen auf der Oberfläche eines Isolierkörpers), Leckstrom m (im Allgemeinen), Ableitungsstrom m (bei einer Doppelleitung durch die Isolation zum Nachbarleiter oder zur Erde fließender Strom), Streustrom m (der aus stromführenden Leitern in den Erdboden unbeabsichtigt austretende Strom) ‖ **~ dolly** (Cinema, TV) / Schienenwagen m (ein Kamerawagen) ‖ **~ error** (Acous) / Verfehlen n der Spur (Rille), Verlassen n der Spur ‖ **~ error** (Acous) / Spurfehler m, Abtastfehler m (wenn die Tangente der Rille und die Schwingachse des Abtaststiftes nicht übereinstimmen) ‖ **~ error** (Acous) / Spurfehlwinkel m (der Nadel des Plattenspielers) ‖ **~ error** (Automation) / Folgefehler m ‖ **~ filter** (Electronics) / Nachlauffilter n ‖ **~ filter** (Space) / Mitlauffilter n ‖ **~ force** (Acous) / Auflagekraft f (des Tonarms) ‖ **~ in** (Cinema, TV) / Kameraanfahrt f, Kamerafahrt vorwärts ‖ **~ out** (Cinema, TV) / Kameraabfahrt f, Kamerarückfahrt f, Kamerafahrt rückwärts ‖ **~ radar** (Radar) / Verfolgungsradar m n, Zielverfolgungsradar n ‖ **~ resistance** (Elec Eng) / Kriechstromfestigkeit f (Widerstandsfähigkeit des Isolierstoffes gegen Kriechspurbildung nach DIN 53480) ‖ **~ shot*** (Cinema) / Fahraufnahme f (vom fahrenden Kamerawagen aus) ‖ **~ station** (Space) / Tracking-Station f (eine Bodenstation) ‖ **~ study** / Tracking-Studie f (Feststellung der Wirkung von Werbekampagnen durch Interviews wechselnder Personen einer Zielgruppe) ‖ **~ symbol** (Comp) / Nachführsymbol n (in der grafischen Datenverarbeitung) ‖ **~ system** (Astron, Space) / Nachführungssystem n, Nachführsystem n, Nachlaufsteuerungssystem n ‖ **~ while scanning** (Radar) / Zielverfolgungs- und Suchradar(system) n, Verfolgung f im Suchbetrieb (zur Spurbildung aufgrund von Meldungen beim periodischen Absuchen), permanente automatische Kontrolle der Zielverfolgung ‖ **~ window** (Radar) / Erwartungsgebiet n, Extraktionsfenster n
**track initiation** (Radar) / Spurinitiierung f (infolge von mindestens zwei Meldungen als Spurkeim) ‖ **~ inspection railcar** (Rail) / Gleiskraftwagen m ‖ **~ keeping** (Rail) / Spurführung f (die ein Fahrzeug entlang eines vorgegebenen Fahrkurses führt)
**tracklayer** n (Rail) / Bahnunterhaltungsarbeiter m, Rottenarbeiter m, Streckenarbeiter m ‖ **~** (US) (Rail) / Gleisverleger m (Arbeiter)
**track-laying** n (Rail) / Gleisverlegung f, Schienenlegen n, Gleisbau m, Gleislegen n
**track-laying** adj (Eng) / Raupen-, Gleisketten- (Fahrzeug)
**track-laying machine** (Rail) / Gleisbaumaschine f ‖ **~ machine** (Rail) / Gleislegemaschine f ‖ **~ tractor** (Autos, Civ Eng) / Vollraupe f (ein Schlepper), Kettentraktor m, Gleiskettenzugmaschine f
**track layout** (Rail) / Gleisplan m
**trackless** adj / gleislos adj, nicht gleisgebunden ‖ **~ haulage** (Mining) / gleislose Förderung ‖ **~ trolley** (US) (Autos) / Oberleitungsomnibus m (leitungsgebundenes Elektrostraßenfahrzeug), Fahrleitungsomnibus m, Obus m
**track made good** (Aero) / geflogener Kurs über Grund ‖ **~ magnet** (Rail) / Gleismagnet m ‖ **~ maintenance** (Rail) / Gleisinstandhaltung f, Gleishaltung f, Gleisunterhaltung f ‖ **~ maker** / Gleisbauer m
**trackman** n (pl. -men) / Gleisbauer m ‖ **~** (pl. -men) (US) (Rail) / Bahnunterhaltungsarbeiter m, Rottenarbeiter m, Streckenarbeiter m ‖ **~** (pl. -men) (Rail) / Gleisverleger m (Arbeiter)
**track motorcar** (Rail) / Draisine f, Dräsine f
**track-mounted** adj / gleisgebunden adj
**track occupation** (Rail) / Gleisbesetzung f, Gleisbelegung f ‖ **~ of lightning** (Geophys, Meteor) / Blitzbahn f, Blitzkanal m ‖ **~ on ballast bed** (Rail) / Schottergleis n, Schotterbettgleis n
**track-on-jam** n (Radar) / Richtungsverfolgung f (einer Strahlungsquelle oder eines Ziels beim Ausfall der Information über die Entfernung, zum Beispiel bei einem unmodulierten Dauerstrichradar)
**track organization** (Mag) / Verteilung f der Spuren ‖ **~ panel** (Rail) / Gleisjoch n (in der Länge einer Regelschiene montiertes fertiges Gleisstück) ‖ **~ pattern** (Electronics) / Leiterzugbild n ‖ **~ plan** (Rail) / Gleisplan m ‖ **~ plotter** (Aero) / Kursschreiber m ‖ **~ processing** (Radar) / Spurverarbeitung f
**track-recording car** (Rail) / Gleismesswagen m (zum Überprüfen der Gleisgeometrie und Überwachen des Gleiszustandes)

**track relay*** (Elec Eng) / Gleisrelais n ‖ **~ relaying** (Rail) / Gleiserneuerung f (Ersatz eines Gleises durch Neustoffe) ‖ **~ relaying** (with old serviceable material) (Rail) / Gleisauswechslung f (unter Verwendung alter, brauchbarer Stoffe) ‖ **~ renewal** (Rail) / Gleiserneuerung f, Gleisumbau m ‖ **~ repairs** (Rail) / Gleisarbeiten f pl (Ausbesserungsarbeiten an den Gleisen) ‖ **~ rod*** (Autos) / Spurstange f (Bauelement zur Übertragung der Lenkkraft und der Lenkbewegung auf die Räder)
**track-round** n (Cinema) / Kreisfahrt f
**track section** (Rail) / Streckenabschnitt m, Strecke f (Streckenabschnitt)
**track-sectioning cabin** (Rail) / Schaltstation f
**track-sensitive target** (Nuc) / spurempfindliches Target
**track separation** (Aero) / Kursstaffelung f über Grund ‖ **~ smoothing** (Radar) / Spurglättung f
**tracks per inch** (Acous, Comp, Mag) / Spuren f pl je Zoll
**track spike** (Eng) / Schienennagel m, Hakennagel m ‖ **~ splitting** (into several branches caused by position-finding errors) (Radar) / Spurverzweigung f ‖ **~ stability** (Radar) / Spurfestigkeit f
**tracksuit** n (Textiles) / Trainingsanzug m
**track system** (Rail) / Gleisanlage f ‖ **~ tenacity** (Radar) / Spurfestigkeit f
**track-type tractor** (Autos, Civ Eng) / Vollraupe f (ein Schlepper), Kettentraktor m, Raupenschlepper m, Gleiskettenzugmaschine f
**track vehicle** (Eng) / Gleiskettenfahrzeug n, Raupenkettenfahrzeug n, Raupenfahrzeug n, Kettenfahrzeug n ‖ **~ welded without a gap** (Rail) / lückenlos verschweißtes Gleis
**track-while-scan*** (Radar) / Zielverfolgungs- und Suchradar(system) n, Verfolgung f im Suchbetrieb (zur Spurbildung aufgrund von Meldungen beim periodischen Absuchen), permanente automatische Kontrolle der Zielverfolgung
**trackwork** n (work involved in constructing or maintaining railway track) (Rail) / Gleisarbeiten f pl
**tract** n (an area of indefinite extent, typically a large one) / Landstrich m, Gebiet n (Landstrich) ‖ **~*** (Zool) / Trakt m (pl. -e), Traktus m (pl. Traktus), Tractus m (pl. Tractus )
**tractable** adj / leicht bearbeitbar
**Tracta joint** (Autos) / Tracta-Gelenk n (ein altes französisches Festgelenk)
**tractile** adj / streckbar adj, dehnbar adj (linear), ausziehbar adj (in die Länge)
**traction** n (Autos, Rail) / Zug m, Ziehen n ‖ **~** (Autos, Ships) / Zugleistung f (Zugkraftentwicklung), Traktion f ‖ **~** (of the bed load) (Geol) / Reptation f (Schieben von Sedimentteilen am Boden), Bodentransport m ‖ **~** (Rail) / Zugförderung f, Traktion f
**tractional load** (Geol) / Flussgeröll n (durch bewegtes Wasser transportierte oder abgelagerte Gesteinsbruchstücke), Flussgeschiebe n, Geschiebe n (von der Strömung eines Fließgewässers mitgeführte Feststoffe), fluviatiles Geröll n
**traction battery*** (Elec Eng) / Fahrzeugbatterie f ‖ **~ current** (Elec Eng, Rail) / Fahrstrom m, Bahnstrom m, BS (Bahnstrom), Triebstrom m, Bahnbetriebsstrom m ‖ **~ diesel engine** (Rail) / Dieselfahrmotor m ‖ **~-engine** n (Eng) / Zugmaschine f ‖ **~ fluid** / Reibradöl n ‖ **~ generating station** (Elec Eng) / Bahnkraftwerk n (für die elektrische Zugförderung) ‖ **~ generator*** (Elec Eng, Rail) / Bahngenerator m, Fahrstromgenerator m ‖ **~ lamp** (Elec Eng) / Fahrzeugglühlampe f ‖ **~ load** (Elec Eng, Rail) / Bahnbelastung f, Bahnlast f ‖ **~ load** (Geol, Hyd Eng) / Geschiebelast f ‖ **~ motor*** (Elec Eng, Rail) / Bahnmotor m, Fahrmotor m, Fahrzeugmotor m ‖ **~ oil** / Reibradöl n ‖ **~ rope*** (Civ Eng) / Zugseil n (der Zweiseil-Umlaufbahn) ‖ **~ sand** (Rail) / Streusand m (zum Verhindern des Durchdrehens der Treibräder bei schweren Anfahrten und des Gleitens der Räder beim Bremsen) ‖ **~ sanding equipment** (Rail) / Triebfahrzeugbesandungseinrichtung f ‖ **~ technology** (Rail) / Traktionstechnik f
**traction-wheel** n (Rail) / Antriebsrad n, Treibrad n, Triebrad n
**tractive effort*** (Agric, Eng, Rail) / Zugkraft f (am Radumfang) ‖ **~ force** / Schleppkraft f (des Wassers, des Schnees) ‖ **~ force*** (Agric, Eng, Rail) / Zugkraft f (am Radumfang) ‖ **~ power** (Autos) / Durchzugskraft f, Durchzugsvermögen n ‖ **~ resistance** (Rail) / Fahrwiderstand m (z.B. Roll- oder Steigungswiderstand)
**tract of forest** (For) / Waldgebiet n
**tractor*** n (Aero) / Zugschraube f, Zugpropeller m ‖ **~** (Autos) / Zugmaschine f (Straßenzugmaschine, Ackerschlepper), Traktor m (Zugmaschine), Trecker m, Motorschlepper m ‖ **~** (Comp) / Traktor m (Stachelrädervorrichtung bei Druckern, die für einen Papiervorschub mit konstant exaktem Abstand sorgt), Vorschubraupe f ‖ **~ aeroplane** (Aero) / Zugpropellerflugzeug n ‖ **~ airplane** (Aero) / Zugpropellerflugzeug n ‖ **~ airscrew** (Aero) / Zugschraube f, Zugpropeller m ‖ **~ driver** (Autos) / Traktorist m, Schlepperführer m, Schlepperfahrer m ‖ **~ feed*** (paper drive) (Comp) / Raupenvorschub m, Traktorvorschub m ‖ **~ feeder** / Endlospapiereinzug m (der Schreibmaschine)

**tractor-feed**

**tractor-feed printer** (Comp) / Drucker *m* mit Stachelwalzenantrieb, Drucker *m* mit Traktor
**tractor fuel** (Fuels) / Traktorenkraftstoff *m* ‖ ~ **hole** (Comp) / Führungsloch *n*, Vorschubloch *n* (für den Raupenvorschub) ‖ ~ **loader** (Civ Eng) / Traktor *m* mit Ladeschwinge oder Drehkran (ein Fahrlader mit einem Traktorfahrwerk), Traktorenlader *m* ‖ ~ **lube oil** / Traktorenschmieröl *n* (vorwiegend legiertes Motorenöl)
**tractor-mounted frontloader** (Agric) / Frontlader *m* am Schlepper ‖ ~ **implements** (Agric) / Anbaugeräte *n pl*, Traktoranbaugeräte *n pl* ‖ ~ **loader** (Civ Eng) / Traktor *m* mit Ladeschwinge oder Drehkran (ein Fahrlader mit einem Traktorfahrwerk), Traktorenlader *m*
**tractor mower** (Agric) / Schleppermähwerk *n* ‖ ~ **oil** (Fuels) / Traktorenöl *n* (im Allgemeinen) ‖ ~ **operator** (Autos) / Traktorist *m*, Schlepperführer *m*, Schlepperfahrer *m* ‖ ~ **plough**\* (Agric) / Schlepperpflug *m* (DIN 11051) ‖ ~ **propeller** (Aero) / Zugschraube *f*, Zugpropeller *m* ‖ ~ **shovel** (Civ Eng) / Schaufellader *m* ‖ ~ **shovel on crawler tracks** (Civ Eng) / Raupenlader *m*
**tractor-trailer** *n* (Autos) / Lastzug *m* (LKW mit Anhänger) ‖ ~ (Autos) / Schleppzug *m*, Schlepper und Anhänger ‖ ~ (US) (Autos, Civ Eng) / Sattelkraftfahrzeug *n* (Sattelzugmaschine + Sattelanhänger), Sattelzug *m*
**tractor/trailer system** (Autos) / Schleppzug *m*, Schlepper und Anhänger
**tractor vaporizing oil** (Fuels) / Traktorenpetrol *n*, Traktorenkerosin *n*, Traktorenpetroleum *n* ‖ ~ **winch** (Agric) / Schlepperwinde *f*, Traktorwinde *f*
**tractory** *n* (Maths) / Traktorie *f* (Kurve, deren Tangenten von einer zweiten Kurve stets im gleichen Abstand vom jeweiligen Tangentenberührungspunkt geschnitten werden)
**tractrix**\* *n* (pl. tractrices) (Maths) / Traktrix *f* (pl. -izes), Schleppkurve *f*, Hundekurve *f*
**trade** *n* / Gewerbe *n* (als Erwerbszweig) ‖ ~ / handwerklicher Beruf ‖ ~ / Handel *m* (als wirtschaftlicher Tätigkeitsbereich), Geschäft *n* (als Beruf), Gewerbe *n* (als Tätigkeitsbereich und Beruf) ‖ ~ (Build) / Baugewerk *n* ‖ ~ (Meteor) / Passat *m*, Passatwind *m* ‖ ~ **advertising** / Händlerwerbung *f* (Gesamtheit der Werbemaßnahmen für Konsumgüter, mit denen Produzenten Groß-, Zwischen- und Einzelhändler ansprechen) ‖ ~ **binding** (Bind) / Verlagseinband *m* (ein vom Verlag in Auftrag gegebener Einband, der maschinell in größerer Auflage gefertigt wird) ‖ ~ **cumulus** (Meteor) / Passatkumulus *m*, Passatcumulus *m* ‖ ~ **cycle** / Konjunkturzyklus *f* ‖ ~ **directory** / Branchenadressbuch *n* ‖ ~ **effluent**\* (San Eng) / gewerbliches Abwasser, industrielles Abwasser, Industrieabwasser *n*, betriebliches Schmutzwasser (DIN EN 752-1)
**trade-in** *n* / Inzahlungnahme *f* (z.B. eines alten Wagens) ‖ ~ **car** (Autos) / in Zahlung gegebener Wagen ‖ ~ **value** / Wiederverkaufswert *m*
**trade item** (any product or service upon which there is a need to retrieve predefined information at any point in the supply chain) / Artikel *m*
**trademark** *n* / [eingetragenes] Warenzeichen *n* (in der Warenzeichenrolle), geschütztes Markenzeichen
**trademarked article** / Markenartikel *m*
**trademark protection** / Zeichenschutz *m*, Markenschutz *m*, Warenzeichenschutz *m*
**trade name** / Handelsbezeichnung *f* (der Ware), Handelsname *m*
**trade-off**\* *n* / Überschreitungsausgleich *m* (bei miteinander verbundenen abhängigen Größen)
**trade plate** (Autos) / rotes Kennzeichen (für Überführungs- und Probefahrten)
**trader** *n* (Ships) / Handelsschiff *n*
**trade secret** / Betriebsgeheimnis *n*, Geschäftsgeheimnis *n*
**tradesman** *n* (pl. -men) / Handwerker *m* ‖ ~ (pl. -men) (skilled worker in a specific trade, e.g. bricklayer, carpenter, electrician, painter) (Work Study) / Facharbeiter *m*
**trade terms** / Handelsklauseln *f pl*, handelsübliche Vertragsformeln, handelsübliche Vertragsklauseln (z.B. ab Fabrik, fob, fas, frei Bahnhof, frei Waggon) ‖ ~ **waste water** (San Eng) / gewerbliches Abwasser, industrielles Abwasser, Industrieabwasser *n*, betriebliches Schmutzwasser (DIN EN 752-1) ‖ ~ **wind**\* (Meteor) / Passat *m*, Passatwind *m*
**trade-wind cumulus** (Meteor) / Passatkumulus *m*, Passatcumulus *m* ‖ ~ **desert** (Geog, Geol) / tropische Wüste, Passatwüste *f* ‖ ~ **inversion** (Meteor) / Passatinversion *f*
**trading area** / Absatzgebiet *n* ‖ ~ **port** (Ships) / Handelshafen *m* ‖ ~ **stamp paper** (Paper) / Rabattmarkenpapier *n*
**trading-up** *n* / Trading-up *n* (Maßnahmen von Marketing besonders von Handelsbetrieben zur Verbesserung des Leistungsstandards, um die Kundenbindung zu erhöhen sowie höhere Preise durchsetzen und höhere prozentuale Handelsspannen erzielen zu können)
**traffic** *n* (the persons or goods transportated) / Verkehrsleistung *f* (in Personen- oder Tonnenkilometern), Verkehrsarbeit *f*, Verkehrsaufwand *m* ‖ ~ / Verkehr *m* (materieller) ‖ ~ / Besucherfluss *m*, Kundenverkehr *m* (Personen, die innerhalb eines Zeitraums ein Geschäft betreten) ‖ ~ (Autos, Ships) / Betrieb *m* ‖ ~ (Telecomm) / Verkehr *m* ‖ ~ **no through** ~ (Autos) / Keine Durchfahrt!, Durchfahrt verboten!, Kein Durchgang !
**trafficability** *n* (Civ Eng) / Befahrbarkeit *f* (Straße, Gelände) ‖ ~ (Civ Eng) / Begehbarkeit *f* (einer Straße, eines Geländes) ‖ ~ (Civ Eng) / Verkehrsbelastbarkeit *f* (eines Geländes)
**trafficable** *adj* / marktfähig *adj* (für den /Massen/Absatz geeignet), marktgängig *adj* (leicht absetzbar) ‖ ~ / begehbar *adj* (Straße, Gelände) ‖ ~ (Civ Eng) / befahrbar *adj* (Straße, Gelände) ‖ ~ s. also **accessible**
**traffic accident** / Verkehrsunfall *m* ‖ ~ **announcement** (Autos, Radio) / Verkehrsdurchsage *f*, Radiodurchsage *f* an Fahrer, Durchsage *f* für Autofahrer
**traffic-bearing shoulder** (Civ Eng) / befahrbares Bankett (befestigter Seitenstreifen)
**traffic bottleneck** (Autos) / Verkehrsengpass *m*
**traffic-calmed zone** (Autos) / verkehrsberuhigte Straße
**traffic calming** (Autos) / Verkehrsberuhigung *f*
**traffic-calming feature** (Autos) / Verkehrsberuhigungsmaßnahme *f*
**traffic census** (Autos) / Verkehrserhebung *f*, Verkehrszählung *f* ‖ ~ **channel** (Teleph) / Nutzkanal *m*, Sprechkanal *m*, TCH (Nutzkanal bei Mobiltelefonen) ‖ ~ **circle** (US) (Autos) / Kreisverkehr *m* (bauliche Gestaltung), Kreisel *m*, Verkehrskreisel *m*, Verteilerkreis *m* ‖ ~ **circuit** (Aero) / Platzrunde *f* (meistens als Bestandteil der Landung) ‖ ~ **circulation map** (Cartography) / Verkehrskarte *f* ‖ ~ **clutter** (Radar) / Verkehrsecho *n* (von einem bewegten Fahrzeug) ‖ ~ **cone** (Autos) / Lübecker Hut (aufgestellt während der Straßenarbeiten und bei Umleitungen), Leitkegel *m*, Pylon *m* (pl, -en) ‖ ~ **congestion** (Teleph) / Verkehrsstau *m*, Verkehrsstauung *f* ‖ ~ **control** (Autos) / Verkehrsleitung *f*, Verkehrsmanagement *n* (alle Maßnahmen zur Steuerung des Verkehrs), Verkehrslenkung *f*, Verkehrsführung *f* ‖ ~ **control** (Autos) / Verkehrssteuerung *f* ‖ ~ **control centre** (Autos) / Verkehrsleitzentrale *f*, Leitzentrale *f* (zur Sicherstellung oder Unterstützung einer günstigen Abwicklung des Verkehrsablaufs) ‖ ~ **control computer** (Autos, Comp) / Verkehrsrechner *m* (der das Verkehrsaufkommen und die Fahrgeschwindigkeit misst) ‖ ~ **controller** (Rail) / Fahrdienstleiter *m* (der die Zugfolge eigenverantwortlich regelt) ‖ ~ **count** (Autos) / Monitoring *n* (des Verkehrs), Verkehrsmessung *f* ‖ ~ **count** (Autos) / Verkehrserhebung *f*, Verkehrszählung *f* ‖ ~ **data** (Comp, Telecomm) / Verkehrsmessdaten *pl*, Verkehrsdaten *pl* ‖ ~ **data administration** (Comp, Telecomm) / Verkehrsdatenverwaltung *f* ‖ ~ **demand** / Verkehrsbedarf *m* ‖ ~ **density** (Autos) / Verkehrsaufkommen *n*, Verkehrsstärke *f*, Verkehrsdichte *f*, Verkehrsmenge *f* ‖ ~ **distributor** (Teleph) / Anrufverteiler *m* ‖ ~ **engineering** / Verkehrstechnik *f* (im Allgemeinen) ‖ ~ **engineering** (Civ Eng) / Straßenverkehrstechnik *f* (eine Fachrichtung des Hoch- und Tiefbaus) ‖ ~ **engineering** (Telecomm) / Traffic Handling *n* (Oberbegriff für eine ganze Reihe von Maßnahmen in paketvermittelnden Netzen zur Sicherstellung einer gewünschten Quality of Service für eine bestimmte Anwendung bzw. einen bestimmten Dienst), Verkehrsabwicklung *f* ‖ ~ **facilities** (Civ Eng) / Verkehrsbauten *m pl* ‖ ~ **flash** (Radio) / Verkehrsmeldung *f* ‖ ~ **flow** (Autos) / Verkehrsfluss *m* ‖ ~ **flow**\* (Teleph) / Verkehrswert *m* ‖ ~ **guidance** (Autos) / Verkehrsleitung *f*, Verkehrsmanagement *n* (alle Maßnahmen zur Steuerung des Verkehrs), Verkehrslenkung *f*, Verkehrsführung *f* ‖ ~ **guidance system** (Autos, Civ Eng) / Verkehrsleitsystem *n*, Verkehrsbeeinflussungsanlage *f*, VBA (Verkehrsbeeinflussungsanlage) ‖ ~ **handling** (Telecomm) / Traffic Handling *n* (Oberbegriff für eine ganze Reihe von Maßnahmen in paketvermittelnden Netzen zur Sicherstellung einer gewünschten Quality of Service für eine bestimmte Anwendung bzw. einen bestimmten Dienst), Verkehrsabwicklung *f* ‖ ~ **helicopter** / Verkehrshubschrauber *m* (ein Polizeihubschrauber zur Verkehrsüberwachung aus der Luft) ‖ ~ **hold-up** (Autos) / Verkehrsstau *m*, Verkehrsstauung *f*, Stau *m* (Verkehrsstau) ‖ ~ **hours** (Work Study) / Geschäftszeit *f*, Geschäftsstunden *f pl* ‖ ~ **indicator** (Autos) / Fahrtrichtungsanzeiger *m* (elektromagnetisches Gerät, welches den beabsichtigten Richtungswechsel eines Kraftfahrzeugs anzeigt), Richtungsanzeiger *m* ‖ ~ **in illegal waste** (Ecol, San Eng) / Mülltourismus *m* ‖ ~ **intensity** (measured in erlangs) (Teleph) / Verkehrswert *m* ‖ ~ **interchange** (Autos, Civ Eng) / Kreuzung *f* (in mehreren Ebenen mit Über- und Unterführungen bzw. Brücken), Kreuzungsbauwerk *n* ‖ ~ **island** (Autos, Civ Eng) / Verkehrsinsel *f* ‖ ~ **jam** (Autos) / Verkehrsstau *m*, Verkehrsstauung *f*, Stau *m* (Verkehrsstau)
**trafficking** *n* (Civ Eng) / Verkehrsbelastung *f*
**traffic lane** (Autos) / Spur *f* (auf Autobahnen) ‖ ~ **light** / Verkehrssignal *n* ‖ ~ **light(s)** (Autos) / Lichtsignalanlage *f*, Wechsellichtzeichenanlage *f*, Verkehrsampel *f*, Ampelanlage *f*,

Ampel f, Lichtzeichenanlage f ‖ **~ load** (Autos) / Verkehrsaufkommen n, Verkehrsstärke f, Verkehrsdichte f, Verkehrsmenge f ‖ **~ load** (Civ Eng) / Verkehrsbelastung f ‖ **~ load** (Teleph) / Verkehrslast f
**traffic-load coefficient** (Civ Eng) / Verkehrsbelastungszahl f, VB
**traffic loop detector** (a vehicle detector) (Autos) / Verkehrsdetektor m (Sensor zur Gewinnung von Informationen über den Verkehr) ‖ **~ management** / Terminkoordination f, Terminplanung f (in einer Werbeagentur) ‖ **~ management** (Autos) / Verkehrsleitung f, Verkehrsmanagement n (alle Maßnahmen zur Steuerung des Verkehrs), Verkehrslenkung f, Verkehrsführung f ‖ **~ manager** / Terminüberwacher m (in einer Werbeagentur) ‖ **~ message** (Autos, Radio) / Verkehrsdurchsage f, Radiodurchsage f an Fahrer, Durchsage f für Autofahrer
**traffic-message channel** (Autos, Radio) / Traffic-Message-Channel m (Kanal für den Verkehrsfunk), Verkehrsfunkkanal m, Verkehrsdurchsagekanal m
**traffic meter**\* (Teleph) / Verkehrszähler m ‖ **~ monitoring** (Autos) / Monitoring n (des Verkehrs), Verkehrsmessung f ‖ **~ news** (Autos, Radio) / Verkehrsnachrichten f pl ‖ **~ noise** / Verkehrslärm m ‖ **~ obstruction** (Autos) / Verkehrsbehinderung f ‖ **~ occupancy** (Telecomm) / Verkehrsbelegung f ‖ **~ offence** (Autos) / Verkehrsverstoß m ‖ **~ offender** (Autos) / Verkehrssünder m ‖ **~ offered** (Telecomm) / Verkehrsangebot n, Angebot n (Verkehrsangebot) ‖ **~ padding** (Comp) / Scheinverkehr m (Authentifizierung) ‖ **~ paint** (Paint) / Straßenmarkierungslack m (meistens Spritzlack auf der Basis von Kunstharzkombinationen), Straßenmarkierungsfarbe f, Markierungsfarbe f für den Straßenverkehr (mit Rutilpigment) ‖ **~ performance** / Verkehrsleistung f (in Personen- oder Tonnenkilometern), Verkehrsarbeit f, Verkehrsaufwand f ‖ **~ pilot** (Autos) / Verkehrslotse m ‖ **~ policing** (Telecomm) / Traffic Policing n (ein Mechanismus des Traffic Handling) ‖ **~ radar** (Radar) / Verkehrsradar m n ‖ **~ report** (Radio) / Verkehrsmeldung f ‖ **~ road** / Transportweg m (Straße), Beförderungsweg m (im Allgemeinen) (Straße) ‖ **~ safety** (Autos) / Verkehrssicherheit f, Sicherheit f im Straßenverkehr ‖ **~ shaping** (Telecomm) / Traffic Shaping n (ein Mechanismus des Traffic Handling), Verkehrsgestaltung f (die Verwendung von Warteschlangen zum Begrenzen von Spitzen, die zu Stauungen im Netzwerk führen können) ‖ **~ shedding** (Telecomm) / Verkehrsausdünnung f ‖ **~ sign** (Autos) / Verkehrszeichen n, Verkehrsschild (mit Verkehrszeichen) ‖ **~ signal** / Verkehrssignal n ‖ **signal** (Autos) / Lichtsignalanlage f, Wechsellichtzeichenanlage f, Verkehrsampel f, Ampelanlage f, Ampel f, Lichtzeichenanlage f ‖ **~ signal** (Rail) / Lichtzeichenanlage f ‖ **~ snarl** (Autos) / Verkehrschaos n ‖ **~ space** (carriageway) (Civ Eng) / Verkehrsraum m ‖ **~ statistics** (Stats) / Verkehrsstatistik f ‖ **~ stream** / Verkehrsstrom m ‖ **~ stream** s. also traffic flow ‖ **~ structures** (Civ Eng) / Verkehrsbauten m pl ‖ **~ survey** (Autos) / Verkehrserhebung f, Verkehrszählung f ‖ **~ theory** (Comp, Telecomm) / Verkehrstheorie f (eine Unterdisziplin der Nachrichten- und Vermittlungstechnik, die sich mit den ursprünglichen Eigenschaften von Verkehr in einem Netz sowie deren Beeinflussung durch vermittlungs- und netztechnische Einrichtungen beschäftigt), Nachrichtenverkehrstheorie f ‖ **~ unit**\* (Teleph) / Erlang n (eine Einheit der Nachrichtentechnik für die mittlere Intensität des Verkehrs während einer bestimmten Zeitspanne - nach A.K. Erlang, 1878-1929), Erl (Erlang), Verkehrseinheit f ‖ **~ volume** (Autos) / Verkehrsaufkommen n, Verkehrsstärke f, Verkehrsdichte f, Verkehrsmenge f ‖ **~ warden** (female) / Politesse f, die die Parkuhren überwacht
**tragacanth** n (Nut) / Tragantgummi n (ein Pflanzengummi aus Astragalus-Arten - E 413), Tragant m (ein Pflanzengummi)
**tragacantine** n (uronic acid) (Chem) / Tragacantinsäure f (ein Bestandteil des Tragants), Tragacantin n
**trail** v (Autos) / schleppen v, ziehen v ‖ **~ vi** (Rail) / sich ziehen v (Rauch hinter der Dampflokomotive) ‖ **~ n** (continuous horizontal running enrichment of vine leaves, tendrils, stalks, and grapes) (Arch) / Weinrebenornament n ‖ **~** (mechanical) (Autos) / Nachlaufstrecke f (Abstand zwischen Reifenaufstandfläche und Schnittpunkt der Lenkachse mit der Fahrbahnoberfläche, parallel zur Längsachse gemessen), Nachlaufversatz m ‖ **~**\* (Autos) / Betrag m des Nachlaufs ‖ **~** (Geol) / Schleifspur f, Gleitspur f, Kriechspur f ‖ **~** (Geol) s. also track
**trailable points** (Rail) / auffahrbare Weiche, aufschneidbare Weiche
**trailblazing invention** / bahnbrechende Erfindung, Durchbruch m (im übertragenen Sinne)
**trailed implements** (Agric) / Anhängegeräte n pl
**trailer** n (US) (Autos) / Wohnwagen m (Reisewohnwagen), Wohnanhänger m, Caravan m (DIN 7941) ‖ **~** (Autos) / Anhängefahrzeug n für Kraftfahrzeuge, Trailer m, Anhänger m ‖ **~** (Autos) / Trailer m (z.B. zum Transport kleiner Segel- oder Motorboote) ‖ **~** (Autos, Ships) / Trailer m (Container auf Sattelaufliegern oder LKW-Anhängern mit festmontiertem Kofferaufbau) ‖ **~**\* (Cinema) / Endband n (Schutzfilmstreifen am Ende einer Rolle) ‖ **~**\* (Cinema) / Vorreklame f, Werbevorspann m, Trailer m (Werbevorspann für einen neuen Film) ‖ **~** (Cinema) / Nachspann m ‖ **~**\* (Cinema) / Trailer m (nicht belichteter Filmstreifen am inneren Ende einer Filmrolle) ‖ **~** (Comp) / Nachspann m (DIN 66223, T 3) ‖ **~** (Comp) / Endetikett n, Trailer-Etikett n ‖ **~** (Geol) / Nachläufer m (beim Erdbeben) ‖ **~** (Rail) / Beiwagen m (mehrachsiger, antriebsloser Wagen zur Beförderung von Personen sowie z.T. von Nutzlast, der ausschließlich vom Triebwagen bewegt wird und keinen Steuerstand besitzt) ‖ **~ address** (Comp) / Nachsatzadresse f ‖ **~ ball** / Kugelkopf m (einer Anhängerkupplung), Anhängerkugelkopf m ‖ **~ braked** (Autos) / Anhängelast gebremst ‖ **~ camp** (US) / Campingplatz m (für Wohnwagen) ‖ **~ car** (Rail) / Beiwagen m (mehrachsiger, antriebsloser Wagen zur Beförderung von Personen sowie z.T. von Nutzlast, der ausschließlich vom Triebwagen bewegt wird und keinen Steuerstand besitzt) ‖ **~ card** (Comp) / Folgekarte f ‖ **~ court** (US) / Campingplatz m (für Wohnwagen) ‖ **~ dredger** (Civ Eng) / Schleppkopfsaugbagger m ‖ **~ hitch** (Agric, Autos) / Anhängerkupplung f, AHK ‖ **~ hitch** (Autos) / Anhängekupplung f, Anhängevorrichtung f ‖ **~ hitch ball** (Autos) / Kugelkopf m (einer Anhängerkupplung), Anhängerkugelkopf m ‖ **~ jack** (Autos) / Stützbock m (für Anhänger) ‖ **~ label** (Comp) / Endetikett n, Trailer-Etikett n ‖ **~ nose weight** (Autos) / Stützlast f (bei Anhängern), Deichsellast f ‖ **~ park** (US) / Campingplatz m (für Wohnwagen) ‖ **~ plough** (Agric, Cables) / Anhängepflug m ‖ **~ record** (Comp) / Nachsatz m ‖ **~ stabilizer** (Autos) / Schlingerstabilisator m ‖ **~ tent** (Autos) / Zeltcaravan m ‖ **~ tow socket** (Autos) / Anhängersteckdose f ‖ **~ truck** (US) (Autos) / Lastzug m (LKW mit Anhänger) ‖ **~ unbraked** (Autos) / Anhängelast ungebremst
**trailing** n (Ceramics) / Malen n mit Engobe auf noch feuchtem engobiertem Untergrund (eine Dekorationsmethode) ‖ **~** (Chem) / Schwanzbildung f, Streifenbildung f, Schweifbildung f, Kometbildung f, Tailing n (Ausbildung einer in der Laufrichtung diffus begrenzten Zone in der Papier- und Dünnschichtchromatografie) ‖ **~** (TV) / Faheneffekt m, Fahnenbildung f, Fahnenziehen n, Nachziehfahne f ‖ **~ action**\* (Autos) / Nachlaufeffekt m, Einstellung f des Nachlaufs ‖ **~ antenna** (Elec Eng) / Schleppantenne f
**trailing-arm-type swing axle** (Autos) / Schwingachse f (eine Achsaufhängung, die sich beim Durchfedern auf einem Kreisbogen bewegt, aber im Unterschied von der Pendelachse den Anlenkpunkt vor der Radmitte hat, wobei die kreisbogenförmige Bewegung in Richtung Fahrzeuglängsachse erfolgt)
**trailing axle** (Autos) / Nachlaufachse f ‖ **~ axle**\* (Rail) / Folgeachse f, hintere Laufachse, nachlaufende Achse ‖ **~ blade** (Paper) / Schleppschaber m, Glättschaber, federnde Messerrakel
**trailing-blade centrifuge** / Schälzentrifuge f (eine Vollmantelzentrifuge für besonders schwere, langsam filtrierende Güter) ‖ **~ coating** (Paper) / Glättschaberstreichen n, Rakelstreichverfahren n, Bladestreichen n ‖ **~ process** (Plastics) / Schleppschaberverfahren n, Schlepprakelverfahren n
**trailing cable** (Cables) / Schleppkabel n, Schleppleitung f ‖ **~ cable**\* (Cables) / Stromzuführungskabel n (ein Gerätekabel) ‖ **~ cable** (Elec Eng, Eng) / Steuerkabel n, Steuerleitung f (des Aufzugs) ‖ **~ capacity** (Autos) / Zuglast f, Anhängelast f (Kapazität) ‖ **~ dredger** (Civ Eng) / Schleppkopfsaugbagger m ‖ **~ edge**\* (Aero) / Flügelhinterkante f, Hinterkante f (des Tragflügels, der Leitwerke) ‖ **~ edge** (Comp) / rechter Rand der Karte (für Prüfkerbung vorgesehen) ‖ **~ edge** (Comp) / Hinterkante f (der Karte) ‖ **~ edge** (Elec Eng) / Austrittskante f (der Bürste), ablaufende Kante, hintere Kante (der Bürste) ‖ **~ edge**\* (Elec Eng) / Hinterkante f (der Bürste), ablaufende Kante ‖ **~ edge**\* (Elec Eng) / fallende Flanke (des Impulses), Hinterflanke f (des Impulses), Rückflanke f (des Impulses) ‖ **~ end** (i.e., logical end of the tape) (Comp, Mag) / Bandende n ‖ **~ flank** (Eng) / Spielflanke f, nicht tragende Flanke (bei Zahnrädern) ‖ **~ flap**\* (Aero) / Landeklappe f (an der Hinterkante) ‖ **~ link** (Autos) / Längslenker m (Achse gezogen)
**trailing-link axle** (Autos) / Längslenkerachse f ‖ **~ suspension** (Autos) / Längslenkerachse f
**trailing load** (Autos) / Anhängelast f (als Last selbst) ‖ **~ pad** (Comp) / Auffüllzeichen n, das nach der Information gesendet wird (bei der Datenfernübertragung) ‖ **~ points**\* (GB) (Rail) / stumpfbefahrene Weiche ‖ **~ pole horn**\* (Elec Eng) / ablaufende Polkante ‖ **~ pole tip** (Elec Eng) / ablaufende Polkante ‖ **~ shoe** (Autos) / Ablaufbacke f (der Trommelbremse), Sekundärbacke f ‖ **~ suction-cutter dredger** (Civ Eng) / Schleppkopfsaugbagger m ‖ **~ switch** (US) (Rail) / stumpfbefahrene Weiche ‖ **~ truck** (Rail) / hinterer Laufradsatz
**trailing-type antenna** (Elec Eng) / Schleppantenne f
**trailing vortex**\* (Aero) / freier Wirbel (ein materiell existierender Wirbel, der sich kräftefrei in der Strömung bewegt) ‖ **~ vortex**\*

**trailing**
(Aero) s. also wake ‖ **~ wheel** (Autos) / nichtangetriebenes Rad ‖ **~ wheel*** (Rail) / Hinterrad n, hinteres Laufrad, hinteres Rad
**trail of smoke** / Rauchfahne f (im Allgemeinen) ‖ **~ rope** (Aero) / Schleppseil n (Ballon)
**trails** pl (Astron) / verlängertes Bild eines Sterns (wenn mit Kameras ohne Nachführung fotografiert wird)
**trail-view mirror** (Autos) / Caravanspiegel m
**train** n (Astron) / Schweif m (heller - eines Kometen) ‖ **~** (road train) (Autos) / Lastkraftwagenzug m mit Sattelauflieger und Anhängern (ein australischer Begriff) ‖ **~** (Autos) / Zug m, Kolonne f (von Wagen) ‖ **~*** (Eng) / Strang m (z.B. Antriebs-) ‖ **~** (Rail) / Zug m
**trainable** adj (Work Study) / ausbildungsfähig adj (Arbeiter)
**train announcing point** (Rail) / Zugmeldestelle f ‖ **~ brake*** (Rail) / Zugbremse f ‖ **~ cartridge** (Comp) / Typenkassette f ‖ **~ control*** (Rail) / Zugbeeinflussung f (Eisenbahnsicherung) ‖ **~ crew** (Rail) / Zugbegleitpersonal n ‖ **~ describer*** (Rail) / Zuglaufanzeiger m ‖ **~ describer*** (Rail) / Zugmeldeeinrichtung f ‖ **~ dispatching** (Rail) / Zugabfertigung f
**trained labour** / Fachkräfte f pl ‖ **~ tree** (Agric) / Formbaum m
**trainee** n / Trainee m (der innerhalb eines Unternehmens eine praktische Ausbildung in allen Abteilungen erhält und auf eine spätere Tätigkeit in einer dieser Abteilungen vorbereitet wird), Praktikant m (pl. -en) ‖ **~** (Work Study) / Auszubildender m, Lehrling m, Azubi m ‖ **~ curriculum** / Ausbildungsprogramm n, Programm n für die Auszubildenden ‖ **~ pilot** (Aero) / Flugschüler m
**trainer** n / Instruktor m, Ausbilder m ‖ **~** (Aero) / Schulflugzeug n
**train-ferry** n (Rail) / Eisenbahnfähre f (Trajekt)
**train-ferry** n (Ships) / Trajekt m n (Eisenbahnfährschiff)
**train formation** (Rail) / Zugzusammenstellung f, Zugbildung f ‖ **~ formation diagram** (Rail) / Zugbildungsplan m ‖ **~ formation plan** (Rail) / Zugbildungsplan m
**training*** n / Unterricht m, Schulung f, Einarbeitung f ‖ **~*** / Ausbildung f ‖ **~** (Elec) / Training n (Supraleiter) ‖ **~** (Hyd Eng) / Kanalisierung f (von Flüssen), Kanalisation f ‖ **~** (Met) / Trainieren n (Einprägen der gewünschten Form bei Formgedächtnislegierungen) ‖ **~ adviser** / Ausbildungsberater m ‖ **~ airplane** (Aero) / Übungsflugzeug n, Ausbildungsflugzeug n ‖ **~ approach** (Aero) / Übungsanflug m, Ausbildungsanflug m ‖ **~ centre** / Ausbildungszentrum n ‖ **~ construction** (for the regulation and training of rivers) (Hyd Eng) / Regelungsbauwerk n (in einem natürlichen oberirdischen Fließgewässer), Regulierungsbauwerk n ‖ **~ film** (Cinema) / Lehrfilm m ‖ **~ flight** (Aero) / Ausbildungsflug m, Übungsflug m ‖ **~ manual** / Ausbildungshandbuch n ‖ **~ program** / Ausbildungsprogramm n, Programm n für die Auszubildenden ‖ **~ reactor** (Nuc Eng) / Kernreaktor m für Lehrzwecke, Ausbildungsreaktor m, Lehrreaktor m ‖ **~ robot** / Schulungsroboter m (der zu Ausbildungs-, Schulungs- und Trainingszwecken von Bedienern und Programmierern genutzt wird) ‖ **~ scheme** / Ausbildungsprogramm n, Programm n für die Auszubildenden ‖ **~ sequence** (Comp, Telecomm) / Trainingssequenz f (Bezeichnung für die vor einer Datenübertragung zwischen Modems und Faxgeräten automatisch ablaufende Prozedur, bei der spezielle Datenmuster als Trainingssequenz über die Leitung geschickt werden, um die Übertragungsqualität zu ermitteln und Übertragungsparameter bei den beteiligten Endgeräten optimal einzustellen) ‖ **~ sequence** (Comp, Telecomm) / Training-Sequenz f ‖ **~ set** (AI, Comp) / Lernstichproben f pl (für die Mustererkennung) ‖ **~ shop** / Lehrwerkstatt f ‖ **~ software** (Comp) / Teachware f (Unterrichts-, Lernprogramme), Courseware f ‖ **~ vessel** (Ships) / Ausbildungsschiff n, Lehrschiff n ‖ **~ wall** (Hyd Eng) / Leitdamm m (geschütteter Damm am Ufer eines Flusses, der die Strömung leitet) ‖ **~ wall** (Hyd Eng) / Parallelwerk n (ein Längswerk), Leitwerk n ‖ **~ wheels** / Lernstützräder n pl (bei einem Kinderfahrrad) ‖ **~ works*** (Hyd Eng) / Flussregelung f, Regulierungsarbeiten f pl (am Fluss), Flussregulierung f, Gewässerausbau m, Flussbau m (Regulierungsarbeiten)
**train in the opposite direction** (Rail) / entgegenkommender Zug, Gegenzug m ‖ **~-kilometre** n (Rail) / Zugkilometer m ‖ **~ length** (Rail) / Zuglänge f ‖ **~ load** / geschlossener Zug ‖ **~ load** (Rail) / Zuggewicht n, Zuglast f ‖ **~ number indicator** (Rail) / Zugnummernmeldeanlage f, Zugnummernanzeiger m ‖ **~ of barges** (Ships) / Schleppzug m (in der Binnenschifffahrt) ‖ **~ of gears** (Eng) / Räderwerk n, Räderzug m (zur Kräfteübertragung) ‖ **~ of stones** (Geol) / Bergsturzmasse f, Blockstrom m ‖ **~-oil** n / Walöl n, Waltran m
**train-operated** adj (Rail) / zugbedient adj (Weiche)
**train order** (Rail) / Zugfolge f (Reihenfolge) ‖ **~ performance processor** (Comp, Rail) / Zugfahrtrechner m ‖ **~ printer** (Comp) / Gliederdrucker m (Kettendrucker, bei dem jedes Kettenglied mehrere Drucktypen trägt) ‖ **~ radio** (telephony) (Rail, Telecomm) / Zugfunk m (öffentlicher und nichtöffentlicher) ‖ **~ resistance** (Rail) / Fahrwiderstand m (z.B. Roll- oder Steigungswiderstand) ‖ **~ stop**

(Rail) / Zughalt m ‖ **~ tail system** (Rail) / Zugschlussmeldeanlage f ‖ **~ telephone** (Rail, Teleph) / Zugtelefon n (heute fast obsolet)
**trajectory** n (Astron) / Meteorbahn f, Meteorspur f ‖ **~** (Eng, Mech) / Flugbahn f (die während der gesamten Bewegungsdauer durch Steuerkräfte und Veränderung von Antriebs- und Auftriebskräften beeinflusst werden kann) ‖ **~*** (Maths, Space) / Trajektorie f, Bahn f ‖ **~** (Mech) / Wurfbahn f ‖ **~*** (Meteor) / Trajektorie f (eines individuellen Luftteilchens während eines längeren Bewegungsablaufs), Luftbahn f ‖ **~** (Mil) / Geschossbahn f (Flugbahn eines Geschosses) ‖ **~ model** (Ecol) / Flugbahnmodell n
**tram** n / Straßenbahnwagen m ‖ **~*** (Mining) / Hund m (kleiner kastenförmiger Förderwagen), Hunt m, Grubenwagen m, Förderwagen m (der Grubenbahn), Wagen m (Hund) ‖ **~** (Spinning) / Trameseide f, Trame f (leicht gedrehte, als Schussfaden verwendete Naturseide), Schussseide f
**tramcar** n / Straßenbahnwagen m
**tram gauge** / Messlineal n
**tramline** n / Trambahn f, Straßenbahn f
**tramlines*** pl (visible brushmarks) (Paint) / Streifigkeit f, Streifen m pl (Pinselstriche)
**trammel** n (Glass) / Rundschneidgerät n ‖ **~** (Maths) / Ellipsenzirkel m (zur Konstruktion einer Ellipse), Ellipsograf m, Ellipsenzeichner m
**trammels** pl / Stangenzirkel m (Zirkel mit einem langen Arm, an dessen einem Ende der Schwenkzapfen und am anderen Ende die Zeichenvorrichtung befestigt ist, zum Zeichnen großer Kreise oder zum Abstecken großer Strecken)
**tram motor coach** (Elec Eng) / Triebwagen m (der Straßenbahn)
**tramp** n (Autos) / Trampeln n (der Starrachse) ‖ **~** (a cargo vessel) (Ships) / Trampschiff n, Trampdampfer m, Tramp m (pl. -s) ‖ **~ element** (Chem, Met) / Trampelement n, Fremdelement n (schädliches - in einer Legierung), Begleitelement n (unerwünschtes - in einer Legierung) ‖ **~ element** (Met) / Begleiter m, Erzbegleiter m, Begleitelement n (in Rohstoffen zur Metallgewinnung, z.B. P, S, N, H)
**tramping** n (Autos) / Trampeln n (der Starrachse) ‖ **~** (Foundry) / Verdichten n durch Festtreten (Formsand) ‖ **~** (Ships) / Trampschifffahrt f (eine Betriebsform der Handelsschifffahrt)
**tramp iron*** (Min Proc) / Fremdeisen n, schädliche Eisenteile, Fremdeisenteile n pl
**tramp-iron separator** (Min Proc) / Eisenabscheider m, Eisenscheider m, Eisenausscheider m, Schutzmagnet m
**trample** v (Agric) / zertreten v, zertrampeln v (z.B. Gras), niedertreten v
**trampling damage** (Agric) / Trittschaden m (z.B. durch Vieh)
**tramp material** (Chem Eng, Met) / Fremdgut n, Fremdmaterial n ‖ **~ metal detector** (Min Proc) / Eisenabscheider m, Eisenscheider m, Eisenausscheider m, Schutzmagnet m ‖ **~ shipping** (Ships) / Trampschifffahrt f (eine Betriebsform der Handelsschifffahrt) ‖ **~ steamer** (Ships) / Trampschiff n, Trampdampfer m, Tramp m (pl. -s)
**tramroad** n (Mining) / Förderstrecke f (für Gleisförderung)
**tram silk** (Spinning) / Trameseide f, Trame f (leicht gedrehte, als Schussfaden verwendete Naturseide), Schussseide f ‖ **~ system** / Trambahn f, Straßenbahn f
**tramway** n / Trambahn f, Straßenbahn f ‖ **~** (Civ Eng, Eng) / Zweiseilschwebebahn f, Zweiseil-Luftseilbahn f (mit zwei Tragseilen und einem Zugseil) ‖ **~ stop** / Haltestelle f von Schienenfahrzeugen (in der Stadt)
**TR and ATR tube*** (Electronics, Radar) / Sperrröhre f (eine Hochfrequenz-Gasentladungsröhre in einer Hochfrequenzleitung)
**tranexamic acid** (Chem, Pharm) / Tranexamsäure f (ein Antifibrinolytikum)
**trank** n (Pharm) / Tranquilizer m (schwach: Ataraktikum; stark: Neuroleptikum), Tranquillans n (pl. -anzien), Downer m
**trannie** n (US) (Autos) / Getriebe n (mit veränderbarer Übersetzung), Schaltgetriebe n ‖ **~** (GB) (Radio) / Transistorradio n
**tranny** n (pl. trannies) (US) (the transmission in a motor vehicle) (Autos) / Getriebe n (mit veränderbarer Übersetzung), Schaltgetriebe n ‖ **~** (pl. trannies) (GB) (Radio) / Transistorradio n
**tranquilizer** n (US) (Pharm) / Tranquilizer m (schwach: Ataraktikum; stark: Neuroleptikum), Tranquillans n (pl. -anzien), Downer m
**tranquilliser** n (GB) (Pharm) / Tranquilizer m (schwach: Ataraktikum; stark: Neuroleptikum), Tranquillans n (pl. -anzien), Downer m
**tranquillizer** n (Pharm) / Tranquilizer m (schwach: Ataraktikum; stark: Neuroleptikum), Tranquillans n (pl. -anzien), Downer m
**trans-*** (Chem) / trans-, transständig adj, in Transstellung (in der Stereochemie)
**transactinide elements** (Chem) / Transactinoide n pl (chemische Elemente mit den Ordnungszahlen über 104), Transaktinidenelemente n pl
**transactinides** pl (Chem) / Transactinoide n pl (chemische Elemente mit den Ordnungszahlen über 104), Transaktinidenelemente n pl
**transactinoids** pl (Chem) / Transactinoide n pl (chemische Elemente mit den Ordnungszahlen über 104), Transaktinidenelemente n pl

**transaction*** *n* (Comp) / Transaktion *f*, Vorgang *m* (Abarbeitung eines in sich geschlossenen Auftrags, den der Benutzer der Transaktionsanwendung erteilt) || **~ code** (Comp) / Transaktionskode *m*, Transactionscode *m*, TAC (Transactionscode) || **~ data** (Comp) / Bewegungsdaten *pl* || **~ file*** (Comp) / Änderungsdatei *f*, Bewegungsdatei *f* || **~ job** (Comp) / Transaktionsauftrag *m* || **~ memory** (Comp) / Transaktionsspeicher *m* || **~ number** (Comp) / Transaktionsnummer *f* (beim Online-Banking), TAN (Transaktionsnummer) || **~ processing*** (Comp) / Transaktionsverarbeitung *f* || **~ record** (Comp) / Änderungssatz *m*, Bewegungssatz *m*, Veränderungssatz *m* || **~ sublayer** (Telecomm) / Transaktionssubschicht *f* || **~ tape** (Comp) / Änderungsband *n*
**transactor** *n* (Comp) / Benutzer *m* (der Benutzerstation), Datenstationsbenutzer *m*
**transacylase** *n* (Biochem) / Transacylase *f*, Acyltransferase *f*, Transazylase *f*
**transadmittance** *n* (Elec Eng) / Transadmittanz *f* (bei einem Vierpol) || **~*** (Electronics) / Durchgangsscheinleitwert *m*, komplexe Steilheit (bei Elektronenröhren), Gegenscheinleitwert *m* || **~** (Elec Eng) s. also transconductance
**transaminase*** *n* (Biochem) / Transaminase *f* (eine Transferase), Aminotransferase *f*
**transamination*** *n* (Biochem, Chem) / Transaminierung *f* (die Übertragung der Aminogruppe von Aminosäuren auf Ketosäuren)
**transannular** *adj* (Chem) / transannular *adj* || **~ interaction** (Chem) / transannulare Wechselwirkung (ein Proximitätseffekt) || **~ tension** (Chem) / transannulare Spannung
**transatlantic trunk** (Telecomm) / Transatlantik-Kabel *n* (im Nordatlantik)
**transatmospheric vehicle*** (Aero) / Fahrzeug *n* für die Flüge innerhalb und außerhalb der Erdatmosphäre
**transaxial tomography*** (Radiol) / Transversaltomografie *f*
**transaxle construction** (Autos) / Transaxle-Bauweise *f* (von Kfz mit Frontmotor und Hinderradantrieb, bei der das Getriebe an der Hinterachse angeordnet ist) || **~ housing** (Autos) / Getriebegehäuse *n* (bei Frontantrieb)
**transborder data flow** (Comp) / grenzüberschreitender Datenfluss
**trans-2-butenoic acid** (Chem) / Crotonsäure *f* (einfach ungesättigte, unverzweigte Fettsäure), Krotonsäure *f*
**transcedental extension of a field** (Maths) / transzedente Körpererweiterung
**transceiver*** *n* (Comp, Telecomm) / Transceiver *m* (ein kombiniertes Sende- und Empfangsgerät), Sender-Empfangsgerät *n*, Sender-Empfänger *m* || **~** (Materials) / Einschwinger-Prüfkopf (bei Ultraschallprüfungen nach DIN EN 1330-4)
**transcendence** *n* (Maths) / Transzendenz *f*
**transcendency** *n* (Maths) / Transzendenz *f*
**transcendent** *adj* (Maths) / transzendent *adj* (als Gegenteil zu algebraisch)
**transcendental** *adj* (Maths) / transzendent *adj* (als Gegenteil zu algebraisch) || **~ function*** (Maths) / transzendente Funktion (eine nichtalgebraische Funktion) || **~ number** (Maths) / transzendente Zahl (z.B. die Kreiszahl e)
**transcendent equation** (Maths) / transzendente Gleichung || **~ number** (Maths) / transzendente Zahl (z.B. die Kreiszahl e)
**trans-citral** *n* (Chem) / Geranial *n*, Zitral *n* A, Citral *n* A, trans-Zitral *n*, trans-Citral *n*
**transcoder** *n* (TV) / Transkoder *m* (zur Umsetzung der Farbinformation eines Systems in ein anderes), Transcoder *m*
**transconductance** *n* (a real part of the transadmittance) (Elec Eng) / Vorwärtssteilheit *f*, Vorwärtskurzschluss-Übertragungsadmittanz *f* || **~** (US)* (Electronics) / Steilheit *f* (Steigung einer Kennlinie)
**transcontainer** *n* (Ships) / Trans-Container *m* (der ISO-Abmessungsreihe 1)
**transcontinental** *adj* (Geog) / transkontinental *adj* (einen Erdteil durchziehend, durchquerend)
**transcortin** *n* (Biochem) / corticosteroidbindendes Globulin, CBG (corticosteroidbindendes Globulin), kortikosteroidbindendes Globulin, Transkortin *n*, Transcortin *n*
**transcribe** *v* / umschreiben *v* (lautgetreu übertragen), transkribieren *v*
**transcriber** *n* (a device used to transfer information from one medium to another) (Comp) / Umschreiber *m*
**transcriptase** *n* (Biochem, Gen, Gen) / Transkriptase *f*, Transcriptase *f*, RNS-Polymerase *f* (Enzym, das an einer DNS-Matrize den Aufbau von RNS aus Ribonukleosidtriphosphaten katalysiert), RNA-Polymerase *f*
**transcription** *n* / Umschrift *f*, Transkription *f* (lautgetreue Übertragung einer Schrift in eine andere Schrift, z.B. nach DIN 1460, 31635 oder 31636) || **~*** (Acous, Radio) / Mitschreiben *n* || **~*** (Biochem, Gen) / Transkription *f* (der genetischen Information), Transcription *f* || **~** (Mag) / Herstellung *f* eines Mitschnitts (auf einem Tonband) || **~ activator** (Gen) / Enhancer *m*

**transcrystalline** *adj* / transkristallin *adj* || **~ corrosion** (Materials, Surf) / transkristalline Korrosion, Kornzerfall *m* (Korrosion) || **~ failure*** (Materials, Met) / transkristalliner Bruch, intrakristalliner Bruch
**transcrystallization** *n* (Crystal, Met) / Transkristallisation *f* (Ausbildungsform des Makrogefüges, wie es nach der Erstarrung entstehen kann)
**transcurrent fault** (Geol) / Blattverschiebung *f*, Transversalverschiebung *f*, Seitenverschiebung *f*, Horizontalverschiebung *f*
**transdiode** *n* (Electronics) / Transdiode *f* (als Diode geschalteter Transistor)
**trans-2-dodecenedioic acid** (Chem) / Traumatinsäure *f* ([E]-2-Dodecendisäure)
**transduce** *v* (Comp, Electronics) / wandeln *v*
**transducer*** *n* (Automation, Comp, Elec Eng, Electronics) / Transducer *m*, Wandler *m* (eine Vorrichtung, die eine am Eingang liegende zeitlich veränderliche physikalische Größe in eine am Ausgang abgreifbare, der Eingangsgröße äquivalente Größe umwandelt - Umformer und Umsetzer) || **~** (Elec Eng) / Messwandler *m* (der eine Messgröße in eine andere umwandelt - z.B. bei der Fernübertragung), Messumformer *m* || **~ bridge** (Electronics) / Geberbrücke *f*
**transduction** *n* (Electronics) / Wandlung *f* (Mess-) || **~*** (Gen) / Transduktion *f* (Übertragung von genetischem Material von einer Bakterienzelle in eine andere mittels Bakteriophagen)
**transductor*** *n* (Elec Eng) / Transduktor *m* (gleichstromvormagnetisierbare Drosselspule)
**transearth injection burn** (Space) / Brennstufe *f* zum Eintauchen in eine Erdumlaufbahn
**transect*** *n* (Bot) / Vegetationstransekt *n* (zur Vegetationsanalyse), Vegetationsprofil *n*, Transekt *n* (Probestreifen zur Vegetationsanalyse)
**trans-effect** *n* (Chem) / Trans-Effekt *m* (trans-dirigierender Einfluss der Liganden)
**transept*** *n* (Arch) / Querschiff *n*, Querhaus *n*, Transept *m* *n* || **~ pillar** (Arch) / Vierungspfeiler *m*
**transesterification** *n* (Chem) / Umesterung *f*
**transesterify** *v* (Chem) / umestern *v*
**transfect** *v* (Gen) / transfizieren *v*
**transfection*** *n* (Gen, Med) / Transfektion *f* (eine spezielle Form der Transformation, Umstimmung der Gene)
**transfer** *v* / weitergeben *v* (Handhabeobjekte) || **~** (Comp) / übertragen *v* (Daten) || **~** (Eng) / weitergeben *v* (von einer Bearbeitungsposition in eine andere) || **~** (Phys) / übertragen *v* (Wärme, Elektronen), transportieren *v* || **~** (Teleph) / weitergeben *v* (ein Gespräch) || **~** (Teleph) / umlegen *v* (eine bestehende Verbindung) || **~** (Textiles) / umdrucken *v* || **~** *n* (Acous) / Übertragung *f* (auf ein neues Medium), Überspielung *f* (auf ein neues Medium) || **~** (Aero) / Transfer *m* (Reise eines Fluggastes oder Beförderung einer Luftfrachtsendung, die über den Zwischenlandeflughafen hinausgeht und bei der das Flugzeug und/oder das Luftverkehrsunternehmen gewechselt werden) || **~** (Agric, Bot) / Transfer *m* (z.B. eines radioaktiven Stoffes in die Nutzpflanzen) || **~** (Automation) / Umschaltung *f*, Hand - Automatik *f* || **~** (Autos) / Überströmen *n* (bei Zweitaktmotoren) || **~** (Ceramics) / Abziehbild *n* (Buntdruck, der vom Druckpapier auf nicht unmittelbar bedruckbare Porzellan- und Steingutoberflächen übertragen wird) || **~** (the moment when the concrete is stressed and some of the load is transferred from the steel to the concrete) (Civ Eng) / Vorspannungskraftübertragung *f* (beim Spannbeton) || **~*** (Comp) / Kopiereffekt *m*, Echoeffekt *m*, Kopierecho *n* || **~** (Comp) / Transfer *m* (in der maschinellen Sprachübersetzung) || **~** (Elec Eng, Telecomm) / Übertragung *f* || **~** (Electronics) / Übernahme *f* (Zündung von Gasentladungsstrecken) || **~** (device for cross-transport of the rolling stock into the position required for rolling) (Met) / Schlepper *m* (Einrichtung zum Quertransport des Walzgutes in die zum Walzen erforderliche Lage), Querschlepper *m* || **~** (Nuc) / Transfer *m* (z.B. der Radionukliden) || **~** (Phys) / Übertragung *f* (von Wärme), Transport *m* (von Wärme, Elektronen) || **~** (Phys) / Transfer *m* (gleichzeitig ablaufende Auf- und Abbauprozesse und Transportvorgänge, z.B. durch eine Membran in zwei Richtungen oder zwischen zwei Phasen) || **~*** (Print) / Umdruck *m* || **~** (Ships) / Umschlag *m*, Umladung *f*, Güterumschlag *m* (z.B. Schiene/Straße) || **~** (Space) / Übergang *m* (bei Raumflügen) || **~** (Surf) / Überheben *n* (in der Galvanotechnik) || **~** (Teleph) / Umlegung *f*, Umlegen *n* (Leistungsmerkmal bei Nebenstellenanlagen) || **~** (Textiles) / Transferdruck *m*, Umdruck *m* (durch Erhitzen oder Pressen) || **~** (Aero) s. also transit
**transferable quantity of the fluid** (turbulent flow) (Phys) / Turbulenzballen *m* (einheitlich bewegte Fluidmasse auf dem Prandtl-Mischungsweg)
**transfer admittance*** (Elec) / Kernleitwert *m* (nach R. Feldtkeller, 1901-1981)

**transferase**

**transferase**\* *n* (Biochem) / Transferase *f* (eine Hauptklasse der Enzyme)
**transfer baggage** (Aero) / Umladegepäck *n* ‖ **~ box** (Autos) / Verteilergetriebe *n* ‖ **~ case** (Autos) / Verteilergetriebe *n* ‖ **~ characteristic** (Electronics) / Transfercharakteristik *f* (der Verlauf der Ausgangsspannung von Schaltgliedern beim Übergang vom High-(H-)Zustand in den Low-(L-)Zustand und umgekehrt, wenn die Eingangsspannung nicht sprunghaft, sondern stetig geändert wird) ‖ **~ characteristic** (TV) / $I_a$-$V_g$-Kennlinie *f* ‖ **~ characteristic**\* (Electronics) / Übertragungskennlinie *f* (im Allgemeinen) ‖ **~ characteristic**\* (Electronics) / Steuerkennlinie *f* (bei einem Transistor) ‖ **~ coating** (Textiles) / Transferbeschichtung *f* ‖ **~ coefficient** (Chem) / Durchtrittsfaktor *m* (z.B. in der Butler-Volmer-Gleichung) ‖ **~ coefficient** (Phys) / Transportkoeffizient *m* ‖ **~ constant** (Telecomm) / Übertragungsfaktor *m*, Übertragungsmaß *n* ‖ **~ design** (Textiles) / Ausdeckmuster *n*, Maschenübertragungsmuster *n*, Transfermuster *n* ‖ **~ efficiency** (Paint) / Auftragswirkungsgrad *m* (Wirkungsgrad von Applikationsverfahren) ‖ **~ ellipse**\* (Space) / Übergangsellipse *f* (eine Übergangsbahn)
**transference** *n* (Chem, Phys) / Überführung *f* (in der Elektrochemie) ‖ **~ number** (Chem) / Überführungszahl *f* (das Verhältnis der Leitfähigkeit einer Ionensorte zur Gesamtleitfähigkeit eines Elektrolyten)
**transfer factor** (Biochem, Med) / Elongationsfaktor *m*, Transferfaktor *m* (ein katalytisch wirkendes Protein), T-Faktor *m* ‖ **~ factor** (Telecomm) / Übertragungsfaktor *m*, Übertragungsmaß *n* ‖ **~ feeder** (Eng) / Weitergabeeinrichtung *f* (eine Fördereinrichtung) ‖ **~ ferry** (Ships) / Übersetzfähre *f* ‖ **~ function**\* (Automation) / Übertragungsfunktion *f*, Überführungsfunktion *f* ‖ **~ function** (Elec) / Transferfunktion *f*, Übertragungsfunktion *f* (Quotient aus der Laplace-Transformierten eines Ausgangssignals und der Laplace-Transformierten des entsprechenden Eingangssignals) ‖ **~ function**\* (Telecomm) / Übergangsfunktion *f*
**transfer-function pole** (Automation) / Pol *m* der Übertragungsfunktion
**transfer gate** (Electronics) / Transfergate *n*, Übertragungstor *n* (eine Transistoranordnung) ‖ **~ gear** (US) (Autos) / Verteilergetriebe *n* ‖ **~ glass** (Glass) / Hafenrohglas *n* ‖ **~ gold** (leaf) / Transfergold *n* (Blattgold, das an der Seidenpapierunterlage leicht befestigt ist), Abziehgold *n*, Sturmgold *n* ‖ **~ hammer** (Weaving) / Spulenausstoßvorrichtung *f* (an Webautomaten) ‖ **~ impedance**\* (Elec) / reziproker Kernleitwert (nach R. Feldtkeller) ‖ **~ impedance** (Telecomm) / Übertragungsimpedanz *f*, Übertragungswiderstand *m* ‖ **~ instruction** (Comp) / Transferbefehl *m*, Transportbefehl *m* ‖ **~ instrument**\* (Elec Eng) / frequenzunabhängiges Messgerät (für Gleich- und Wechselstrom) ‖ **~ ladle** (Foundry) / Verteilergefäß *n*, Zwischenpfanne *f*, Zwischenbehälter *m* (beim Stranggusss) ‖ **~ lettering system**\* (Typog) / Anreibeschrift *f*, Anreibebuchstaben *m pl*, Verfahren *n* zur Übertragung von Einzelbuchstaben und Zeichen (mittels eines spezialbeschichteten Transparentpapiers - z.B. Letraset), Anreibbuchstaben *m pl*, Haftschrift *f* ‖ **~ line**\* (Eng, Work Study) / Transferstraße *f*, Fließstraße *f* mit automatischem Werkstücktransport, Fertigungskette *f* (vollautomatische - mit starrer Verkettung der Stationen) ‖ **~ machine**\* (Eng) / Transfermaschine *f* (in der vollautomatischen Fließstraße) ‖ **~ manoeuvre** (Space) / Übergangsmanöver *n* ‖ **~ matrix** (Telecomm) / Übertragungsmatrix *f* ‖ **~ method** (Electronics) / Transfermethode *f* (Leiterplattenherstellung nach dem Übertragungsprinzip)
**transfermium element** (Chem) / Transfermiumelement *n* (mit den Ordnungszahlen über 101)
**transfer moulding** (Chem Eng) / Transfer-Moulding *n*, Fließformen *n* (Formverfahren, bei dem die Gummimischung erst beim Schließen der Formen durch den hierbei erforderlichen Druck aus einem Füllraum durch Kanäle in die Pressform transportiert wird) ‖ **~ moulding**\* (Plastics) / Spritzpressen *n* (Formen der Formmasse derart, dass die in einer Druckkammer für einen Spritzpressvorgang enthaltene Masse unter Wärmeeinwirkung plastisch erweicht und unter dem Druck des Stempels durch einen oder mehrere Kanäle in den Hohlraum eines vorher geschlossenen Werkzeugs gepresst wird - DIN 16 700), Transferpressen *n* ‖ **~ of control** (Aero) / Kontrollübergabe *f*, Übergabe *f* der Verkehrsleitung (S) ‖ **~ of data** (Comp) / Datenübertragung *f* (zwischen den einzelnen Teilen einer DVA am gleichen Ort), Datentransfer *m*, Datenübermittlung *f* ‖ **~ of fuel** (Nuc Eng) / Schleusen *n* von BE ‖ **~ of material** / Materialübertragung *f* (während des Reibvorganges) ‖ **~ of radar control** (Aero) / Übergabe *f* der Radarkontrolle, Übergabe *f* der Radarleitung (S) ‖ **~ of technology** / Technologietransfer *m* (in die Praxis, in die Entwicklungsländer) ‖ **~ orbit** (Space) / Übergangsbahn *f* (auf der ein Raumflugkörper von einer Umlaufbahn in eine andere gebracht wird - z.B. nach Hohmann) ‖ **~ paper** (Paper) / Umdruckpapier *n* (DIN 6730), Übertragungspapier *n*, Abziehpapier *n* ‖ **~ paper** (Photog) / Übertragungspapier *n* (für das Sofortbildverfahren) ‖ **~ pattern** (Textiles) / Ausdeckmuster *n*, Maschenübertragungsmuster *n*, Transfermuster *n* ‖ **~ pipette** (Chem) / Vollpipette *f* ‖ **~ plunger** (Plastics) / Spritzkolben *m* (Spritzpressen) ‖ **~ polarization** (Phys) / Durchtrittsüberspannung *f* (die durch einen gehemmten Ladungsdurchtritt an einer Elektrode entsteht), Durchtrittspolarisation *f* (ein Elektrodenvorgang), Aktivierungspolarisation *f* (ein Elektrodenvorgang) ‖ **~ port** (I C Engs) / Überströmschlitz *m* (bei Zweitaktmotoren) ‖ **~ port**\* (Nuc Eng) / Zugangsöffnung *f* (in Glove-boxes) ‖ **~ pot** (Plastics) / Füllraum *m* ‖ **~ press** (Eng) / Transferpresse *f* ‖ **~ press** (US) (Eng) / Stufenpresse *f* (eine mechanische Presse), Mehrstempelpresse *f* ‖ **~ press** (Print) / Umdruckpresse *f*, Aufziehpresse *f* ‖ **~ pricing** / System *n* innerbetrieblicher Verrechnungspreise ‖ **~ printing** (Textiles) / Transferdruck *m*, Umdruck *m* (durch Erhitzen oder Pressen) ‖ **~ printing** (Textiles) / Transferdruckverfahren *n*, Umdruckverfahren *n* ‖ **~ printing** (Textiles) s. also heat transfer printing ‖ **~ printing** (Photog) / Umdruckverfahren *n* ‖ **~ process** (Textiles) / Umkehrverfahren *n* (zur Beschichtung von dehnbaren und elastischen Textilien), Transferverfahren *n* ‖ **~ proof** (Print) / Umdruckabzug *m* ‖ **~ prover** (Chem, Elec Eng) / Transfernormal *n* (Gasmessung) ‖ **~ reaction** (Chem, Elec Eng) / Durchtrittsreaktion *f* (in einer Brennstoffzelle)
**transferred-arc plasma torch** (Eng, Plasma Phys) / Plasmabrenner *m* mit übertragenem Bogen, direkter Plasmabrenner (bei dem das elektrisch leitende Werkstück als Anode geschaltet ist)
**transferred-electron oscillator** (Electronics) / Oszillator *m* mit Elektronenübertragung
**transfer resistance** (Telecomm) / Übertragungsimpedanz *f*, Übertragungswiderstand *m*
**transferrin** *n* (Biochem) / Transferrin *n* (ein Eisentransporteiweiß), Serotransferrin *n*
**transfer ring** (Glass) / Greiferring *m* (am Külbel)
**transferring enzyme** (Biochem) / Transferase *f* (eine Hauptklasse der Enzyme)
**transfer RNA**\* (Biochem) / Transfer-Ribonukleinsäure *f*, Transfer-RNS *f*, Transfer-RNA *f*, Träger-RNS *f*, t-RNS *f*, Transfer-Ribonucleinsäure *f*, t-RNA *f*, sRNA *f* ‖ **~ stitch pattern** (Textiles) / Ausdeckmuster *n*, Maschenübertragungsmuster *n* ‖ **~ trip scheme** (Elec Eng) / Mitnahmeschaltung *f* (Schutz)
**transfinite numbers**\* (Maths) / transfinite Zahlen (Kardinalzahlen, Ordinalzahlen)
**transfinites** *pl* (Maths) / transfinite Zahlen (Kardinalzahlen, Ordinalzahlen)
**Transfluxor** *n* (Electronics) / Transfluxor *m* (ein elektronisches Bauelement, aus dem Ferritringkern entwickelt)
**transform** *v* / umwandeln *v* (in) ‖ **~** / transformieren *v* ‖ **~** / umformen *v*, umbilden *v*, Form ändern ‖ **~** / umwandeln *v* (z.B. in eine andere Modifikation), umsetzen *v* ‖ **~** (Elec Eng) / transformieren *v*, umspannen *v* ‖ **~** (Maths) / umformen *v* (eine Gleichung) ‖ **~** (Maths) / abbilden *v* (auf) ‖ **~** (Maths) / transformieren *v* ‖ **~**\* *n* (Maths) / Transformation *f* ‖ **~**\* (Maths) / Transformierte *f*
**transformable** *adj* / umwandelbar *adj*
**transformation** *n* / Umwandlung *f*, Umsetzung *f* (Umwandlung) ‖ **~**\* / Überführung *f*, Umwandlung *f* (im Allgemeinen) ‖ **~**\* / Umbildung *f* ‖ **~**\* (Biol, Bot, Elec Eng, Glass) / Transformation *f* ‖ **~** (Elec Eng) / Transformation *f*, Umspannung *f* ‖ **~** (Gen) / Transformation *f* ‖ **~** (Maths) / Umformung *f* (einer Gleichung) ‖ **~** (Maths) / Transformation *f* ‖ **~**\* (Maths) / Abbildung *f*, Zuordnung *f* ‖ **~**\* (Met, Nuc) / Umwandlung *f* ‖ **~** (Phys) / Übergang *m* (als Prozess)
**transformational grammar** (AI) / Transformationsgrammatik *f* ‖ **~ programming** (Comp) / transformationelle Programmierung (bei der ein Programm schrittweise durch Anwendung von Programmtransformationen aus einer formalen Spezifikation entwickelt wird)
**transformation code** (Comp) / Konvertierungskode *m*, Konvertierungscode *m* ‖ **~ constant**\* (Nuc) / Zerfallskonstante *f* ‖ **~ heat** (Phys) / Umwandlungswärme *f* (die bei jedem Phasenübergang 1. Art freigesetzt oder verbraucht wird), Umwandlungsenthalpie *f* (Erstarrungs-, Verdampfungs-, Kondensations- und Sublimationsenthalpie), latente Wärme ‖ **~ into steppes** (Agric, Geol) / Versteppung *f* ‖ **~ matrix** (Maths) / Koeffizientenmatrix *f* (der Transformation), Transformationsmatrix *f* (bei einer Koordinatentransformation - DIN 13321) ‖ **~ of coordinates** (Maths) / Koordinatentransformation *f* (Umrechnung von Koordinatenwerten eines Koordinatensystems in ein anderes) ‖ **~ of coordinates** (Maths) / Koordinatentransformation *f* (z.B. Lorentz- oder Hauptachsentransformation) ‖ **~ point** (Chem) / Umwandlungspunkt *m* ‖ **~ point**\* (Glass) / Transformationspunkt *m*, Transformationstemperatur *f*, Glastemperatur *f* ‖ **~ point**\* (Glass) s. also $T_g$-point ‖ **~ range** / Umwandlungsbereich *m*, Transformationsbereich *m* ‖ **~ ratio**\* (Elec Eng) / Übersetzungsverhältnis *n* ( (des Transformators nach DIN 5479)

Windungsverhältnis n ‖ ~ **rule** (AI, Maths) / Transformationsregel f ‖ ~ **series** (Nuc) / radioaktive Familie, radioaktive Zerfallsreihe ‖ ~ **series** (Nuc) / radioaktive Familie, Zerfallsreihe f ‖ ~ **stress** (Met) / Umwandlungsspannungen f pl (Eigenspannungen in gehärteten Teilen infolge der Volumenzunahme bei der Martensitumwandlung - sie überlagern sich mit Wärmespannungen) ‖ ~ **temperature** (Glass) / Transformationspunkt m, Transformationstemperatur f, Glastemperatur f ‖ ~ **temperature*** (Eng, Met) / Umwandlungstemperatur f ‖ ~ **temperature range** / Umwandlungsbereich m, Transformationsbereich m ‖ ~ **theory** (Phys) / Transformationstheorie f (von Dirac und Jordan) ‖ ~ **to principal axes** (Maths) / Hauptachsentransformation f (eine Koordinatentransformation) ‖ ~ **twin** (Crystal) / Umwandlungszwilling m
**transform coding** (Comp) / Transformationskodierung f (eine Quellenkodierung)
**transformer** n / Umspanner m (bei größeren Einheiten in der Stromversorgung) ‖ ~* (Acous, Telecomm) / Übertrager m (ein Transformator zur Übertragung von Tonfrequenzspannungen) ‖ ~* (Elec Eng) / Transformator m (DIN 57 532-1), Trafo m, Umspanner m (für Stromversorgung) ‖ ~* (Eng) / Maschine f mit mechanischer Kraftverstärkung (z.B. ein Hebelwerk) ‖ ~ **board** (Elec Eng, Paper) / Transformatorpappe f ‖ ~ **board** (Elec Eng) / Pressspan m (für Transformatorenbau) ‖ ~ **booster*** (Elec Eng) / Längstransformator m (zur Spannungserhöhung), Transformator m mit Spannungserhöhung ‖ ~ **booster*** (Elec Eng) / Transformator-Zusatzregler m ‖ ~ **bridge** (Elec Eng) / Transformatorbrücke f, Übertragerbrücke f ‖ ~ **cable-terminating box** (Cables, Elec Eng) / Transformatorkabelanschlusskasten m ‖ ~ **cascade** (Elec Eng) / Transformatorkaskade f (zur Erzeugung hoher Wechselspannung) ‖ ~ **coil** (Elec Eng) / Transformatorspule f ‖ ~ **connection** (Elec Eng) / Schaltung f eines Transformators (z.B. Stern, Dreieck usw.) ‖ ~ **core*** (Elec Eng) / Transformatorkern m
**transformer-coupled** adj (Elec Eng) / transformatorgekoppelt adj
**transformer coupling*** (Elec Eng) / Transformatorkopplung f ‖ ~ **earthing switch** (Elec Eng) / Transformatorerdungsschalter m ‖ ~ **electromotive force** (Elec) / elektromotorische Kraft der Ruhe, Transformations-EMK f ‖ ~ **loss** (Elec Eng) / Transformatorverlustleistung f, Transformatorverlust m ‖ ~ **oil*** (Elec Eng) / Transformatoröl n (eine Isolierflüssigkeit), Trafoöl n ‖ ~ **plate*** (Elec Eng, Met) / Transformatorenblech n (ein Magnetwerkstoff), Transformatorblech n (ein Elektroblech) ‖ ~ **protection** (system) (Elec Eng) / Transformatorschutzsystem n, Transformatorschutz m ‖ ~ **ratio*** (Elec Eng) / Übersetzungsverhältnis n ( (des Transformators nach DIN 5479), Windungsverhältnis n ‖ ~ **sheet** (Elec Eng, Met) / Transformatorenblech n (ein Magnetwerkstoff), Transformatorblech n (ein Elektroblech) ‖ ~ **stampings*** (Elec Eng) / Transformatorenblechschnitte m pl ‖ ~ **substation** (Elec Eng) / Umspannwerk n, Umspannstation f, Transformatorenstation f, Transformator-Unterwerk n ‖ ~ **tank*** (Elec Eng) / Transformatorkessel m ‖ ~ **tap** (Elec Eng) / Transformatorabzweig m (eine Anschlussschaltung für einen Transformator, bestehend aus Leistungsschalter, Lastschalter oder Sicherung einschließlich umfangreicher Schutzeinrichtungen) ‖ ~ **tapping*** (Elec Eng) / Transformatoranzapfung f ‖ ~ **vault** (Elec Eng) / Transformator(en)zelle f ‖ ~ **voltage** (Elec Eng) / Transformatorspannung f ‖ ~ **winding*** (Elec Eng) / Transformatorwicklung f
**transform fault*** (Geol, Ocean) / Transformstörung f (Horizontalverschiebung des Ozeanbodens), Transformverwerfung f, Verschiebungsbruch m, Querbruch m (von ozeanischen Rücken)
**transforming station*** (Elec Eng) / Umspannwerk n, Umspannstation f, Transformatorenstation f, Transformator-Unterwerk n
**transformism** n (Geol) / Transformismus m (Theorie der Bildung magmatischer Gesteine durch Metamorphose)
**transfusion*** n (Med) / Transfusion f, Bluttransfusion f ‖ ~ (Phys) / Transfusion f (Diffusion von Gasen durch eine poröse Scheidewand) ‖ ~ **reaction*** (Med) / Transfusionszwischenfall m ‖ ~ **set** (Med) / Transfusionsbesteck n
**transgenic*** adj (Gen) / transgen adj ‖ ~ **animal** (Gen) / transgenes Tier ‖ ~ **tree** (Bot, For) / transgener Baum
**transgranular** adj / transkristallin adj ‖ ~ **stress-corrosion cracking** (Materials, Surf) / transkristalline Spannungsrisskorrosion
**transgress** v (Geol) / transgredieren v
**transgressing sea** (Geol) / transgredierendes Meer
**transgression** n (Gen) / Transgression f ‖ ~* (Geol, Ocean) / Transgression f (Vorrücken des Meeres in Landgebiete), positive Strandverschiebung
**transgressive** adj (Geol) / transgressiv adj ‖ ~ **overlap** (Geol) / übergreifende Lagerung, transgressive Lagerung, Submergenzdecke f, transgredierende Schichtlagerung

**transhipment** n (Ships) / Umschlag m, Umladung f, Güterumschlag m (z.B. Schiene/Straße)
**transhorizon echo** (Radar) / Transhorizontecho n ‖ ~ **propagation** (Radio) / Transhorizontausbreitung f (eine Funkwellenausbreitung), Überhorizontausbreitung f (auf der Scatterstrecke) ‖ ~ **radar** (Radar) / Überhorizontradar m n ‖ ~ **range** (Radar) / Überhorizontreichweite f ‖ ~ **target** (Radar) / Ziel n jenseits des Radarhorizonts
**transhumance** n (the seasonal or periodic migration of pastoral farmers and their livestock in search of grazing) (Agric) / Transhumanz f (spezifische Form der halbnomadischen Fernweidewirtschaft, bei der Viehherden zwischen weit voneinander entfernten Gebieten im jahreszeitlichen Klimarhythmus wechseln - in den Mittelmeerländern und in den USA /Utah/)
**transient** n (Astron) / transitorische Röntgenquelle ‖ ~ (Chem) / Intermediat n (ein kurzlebiger Zwischenstoff bei komplexen Reaktionen), Transient m (pl. -en) (z.B. Radikale oder Radikalionen) ‖ ~ (Elec Eng) / Transiente f, Ausgleichsvorgang m, Übergangsvorgang m, flüchtiger Vorgang, Übergangsprozess m (bei einer Änderung des Zustandes eines Systems) ‖ ~* (Elec Eng) / momentane Überspannung ‖ ~* adj / Übergangs-, transient adj ‖ ~ (Chem) / intermediär adj, transient adj, unbeständig adj, labil adj (z.B. Radikale) ‖ ~ **absorption Zener diode** (Electronics) / TAZ-Unterdrücker-Diode f ‖ ~ **condition** (Eng) / Übergangszustand m (bei numerischer Steuerung) ‖ ~ **copy** (Comp) / Softcopy f (Datenträger, dessen Informationen nur für die Dauer der Übertragung zugänglich sind) ‖ ~ **cornering** (Autos) / Grenzbereich m, Kurvengrenzbereich m (wenn die Haftgrenze der Reifen beim Kurvenfahren fast erreicht ist) ‖ ~ **creep** (Eng, Materials, Met) / erstes Kriechstadium, primäres Kriechen, Übergangskriechen n (mit stark abnehmender Kriechrate) ‖ ~ **distortion*** (Telecomm) / Sprungverzerrung f, Verzerrung f durch Ein- und Ausschwingen ‖ ~ **disturbance** / kurzzeitige Störung ‖ ~ **earth leakage** (Elec Eng) / Erdschlusswischer m ‖ ~ **effect*** (Phys) / Einschwingvorgang m (bei erzwungenen Schwingungen - der Bewegungsablauf bis zum Abklingen der freien Schwingung) ‖ ~ **equilibrium*** (Nuc) / laufendes Gleichgewicht (wenn die Aktivität eines Gliedes größer ist als die des vorhergehenden; ein radioaktives Gleichgewicht) ‖ ~ **error** (Comp) / transienter Fehler, behebbarer Fehler, vorübergehender Fehler ‖ ~ **event tree** / Ereignisablaufbaum m ‖ ~ **fault** (Elec Eng) / vorübergehender Fehler ‖ ~ **flow** (Phys) / Strömung f in der Übergangsphase, Übergangsströmung f ‖ ~ **fluidity** (Phys) / Abklingfluidität f (DIN 13 343) ‖ ~ **noise** (Telecomm) / Geräusch n durch Einschwingvorgänge ‖ ~ **overpower accident** (Nuc Eng) / Überlaststörfall m ‖ ~ **phenomenon** (Elec Eng) / Transiente f, Ausgleichsvorgang m, Übergangsvorgang m, flüchtiger Vorgang, Übergangsprozess m (bei einer Änderung des Zustandes eines Systems) ‖ ~ **poisoning** (Nuc Eng) / instationäre Vergiftung ‖ ~ **reactance*** (Elec Eng) / Transientreaktanz f, transiente Reaktanz f ‖ ~ **recorder** (Electronics) / Transientenspeicher m (zur schnellen digitalen Speicherung und Analyse elektrischer Messsignale), Transientenrecorder m ‖ ~ **response** (Automation) / Übertragungsverhalten n (zeitabhängiger Zusammenhang zwischen der Änderung der Ein- und Ausgangsgröße) ‖ ~ **response** (Automation) / Übergangsverhalten n (der zeitliche Verlauf des Ausgangssignals eines technischen oder kybernetischen Systems während eines Ausgleichsvorgangs) ‖ ~ **response** (Elec Eng) / vorübergehendes Ansprechen (z.B. des Relais) ‖ ~ **stability*** (Elec Eng) / dynamische Stabilität, Stabilität f bei dynamischen Vorgängen ‖ ~ **stability** (Phys) / transiente Stabilität ‖ ~ **state*** (Telecomm) / Einschwingzustand m ‖ ~ **thermal impedance** (Electronics) / thermische Übergangsimpedanz (Impulswärmeimpedanz bei einem Halbleiterventil), transiente Wärmeimpedanz ‖ ~ **vibration** (Telecomm) / Ein- m (und/oder) Ausschwingvorgang m ‖ ~ **wave** (Geol) / Einschwingwelle f (Seismik) ‖ ~ **wave** (Telecomm) / Wanderwelle f (leitungsgebundene) ‖ ~ **X-ray source** (Astron) / transitorische Röntgenquelle
**transillumination*** n (Med, Optics) / Durchlichtbetrachtung f, Durchleuchtung f
**transimpedance** n (Electronics) / Transimpedanz f (Vierpol)
**transinformation** n (Comp) / Transinformation f ‖ ~ **content** (Comp) / Transinformationsgehalt m (DIN 44301)
**trans isomer** (Chem) / trans-Isomer(es) n
**transistor*** n (Electronics) / Transistor m (DIN 41855) ‖ ~ (Radio) / Transistorradio n ‖ ~ **ageing** (Electronics) / Transistoralterung f ‖ ~ **amplifier*** (Electronics) / Transistorverstärker m ‖ ~ **can** (Electronics) / Transistorgehäuse n ‖ ~ **case** (Electronics) / Transistorgehäuse n ‖ ~ **circuit** (Electronics) / Transistorschaltung f ‖ ~ **drift** (Electronics) / Aussteuerungsdrift f (durch den Grad der Aussteuerung eines Transistors bedingte Änderung der Transistoreigenschaften) ‖ ~ **equivalent circuit*** (Electronics) / Transistorersatzschaltbild n ‖ ~

**transistorise**

**ignition** (Autos) / Transistorzündung *f* (elektronische Zündung im Ottomotor)
**transistorise** *v* (GB) (Electronics) / transistorieren *v*, transistorisieren *v*, mit Transistoren bestücken
**transistorize** *v* (Electronics) / transistorieren *v*, transistorisieren *v*, mit Transistoren bestücken
**transistorized coil ignition** (Autos) / Transistorzündung *f* (elektronische Zündung im Ottomotor) || ~ **voltmeter** (Elec Eng) / Verstärkervoltmeter *n*
**transistor lead** (Electronics) / Transistorzuleitung *f* || ~ **memory** (Comp) / Halbleiterspeicher *m*, Festkörperspeicher *m* || ~ **noise** (Electronics) / Transistorrauschen *n* || ~ **outlines** (Electronics) / Transistorabmessungen *f pl* || ~ **parameters** (Electronics) / Transistorparameter *m pl*, Transistorkenngrößen *f pl*, Transistor-Signalkenngrößen *f pl* || ~ **pentode** (Electronics) / Transistorpentode *f* || ~ **physics** (Electronics, Phys) / Transistorphysik *f* || ~ **pulse-electrode converter** (Electronics) / Transistorpulsumrichter *m* || ~ **radio** (Radio) / Transistorradio *n* || ~ **technology** (Electronics) / Transistortechnologie *f*, Transistortechnik *f* || ~ **tetrode** (Electronics) / Transistortetrode *f* (mit zwei Basiselektroden) || ~ **thermometer** (Electronics) / Transistorthermometer *n* || ~**-transistor logic** (Electronics) / T²L (transistor-transistor logic), Transistor-Transistor-Logik *f*, TTL (Transistor-Transistor-Logik) || ~ **T ²L** (Transistor-Transistor-Logik) || ~**-transistor-transistor logic** (Electronics) / T³ (Transistor-Transistor-Transistor-Logik), Transistor-Transistor-Transistor-Logik *f*, TTTL (Transistor-Transistor-Transistor-Logik) || ~ **voltmeter** (Electronics) / Transistorvoltmeter *n* (analoger Spannungsmesser)
**transit** *vt* (Surv) / durchschlagen *v* (Fernrohr) || ~ *n* / Transit *m* (im Transithandel), Durchfuhr *f* || ~ (Aero) / Transit *m* (Reise eines Fluggastes oder Beförderung einer Luftfrachtsendung, die über den Zwischenlandeflughafen hinausgeht und bei der das Flugzeug und/oder das Luftverkehrsunternehmen nicht gewechselt werden) || ~* (Astron) / Durchgang *m*, Passage *f* || ~ (transit instrument) (Astron) / Durchgangsinstrument *n*, Passageinstrument *n* || ~* (Astron) / Transit *m* (bei Bedeckungsveränderlichen - wenn der kleinere Stern vor dem größeren steht) || ~ (Autos) / Durchfahrt *f* || ~ (Surv) / Theodolit *m* mit durchschlagbarem Fernrohr, Tachymetertheodolit *m* || ~* (Surv) / Umschlagen *n*, Durchschlagen *n*, Umlegen *n* (des Fernrohrs) || ~ (Aero) s. also transfer || ~ **advertising** / Verkehrsmittelwerbung *f* || ~ **angle*** (Electronics) / Laufzeitwinkel *m* || ~ **bearing** (Ships) / Deckpeilung *f* (bei der zwei Objekte, die in einer Linie stehen, beobachtet werden) || ~ **call** (Teleph) / Durchgangsgespräch *n* || ~ **circle*** (Astron) / Meridiankreis *m* (ein astronomisches Winkelmessinstrument)
**Transite pipe** (Build, Civ Eng) / Asbestzementrohr *n* (für Haustechnik und Tiefbau - DIN 19800 und 19850)
**transit exchange** (Teleph) / Durchgangsvermittlungsstelle *f* (Vermittlung ohne angeschlossene Teilnehmer), Durchgangsamt *n*, Transitamt *n* (Transit Exchange), Transitvermittlungsstelle *f* || ~ **flight** (Aero) / Durchflug *m* || ~ **frequency** (Electronics) / Transitfrequenz *f* (die maximale Frequenz eines Transistors, wobei noch die höchstmögliche Verstärkung sichergestellt ist) || ~ **instrument** (Astron) / Durchgangsinstrument *n*, Passageinstrument *n*
**transition*** *n* (Aero) / Transition *f*, Transitionsflug *m* (Übergang vom Schwebeflug in den Horizontalflug bei Senkrechtstartern) || ~ (Aero, Phys) / Umschlag *m* (der Übergang von der laminaren Strömungsform in die turbulente) || ~ (Comp) / Transition *f* (Knoten in einem Petri-Netz) || ~ (from state 1 to state 10) (Electronics) / Kippen *n* (einer Kippstufe) || ~ (Gen) / Transition *f* (spontaner oder durch Basenanaloga induzierter Ersatz einer Pyrimidin- oder einer Purinbase durch eine andere an einer oder mehreren Stellen des DNS-Stranges eines Gens) || ~ (Phys) / Übergang *m* (als Prozess) || ~ (Surv) / Übergang *m* (z.B. bei Linienführung von der Geraden zur Kurve)
**transitional packaging** / Übergangsverpackung *f*
**transition beds** (Geol) / Übergangsschichten *f pl* || ~ **behaviour** (Materials, Nuc) / Übergangsverhalten *n* || ~ **curve** (Civ Eng, Rail, Surv) / Übergangsbogen *m* (von der Bogenkrümmung in die Gerade mit einem flachen Bogenstück), Übergangskurve *f*, Kurve *f* mit Klothoide || ~ **diameter** (Eng) / Innendurchmesser *m* der Auflagefläche || ~ **dipole moment** (Phys) / Übergangsdipolmoment *n* || ~ **distance** (between pulley and full troughing angle) (Eng) / Aufmuldungslänge *f* (bei Bändern) || ~ **duration** (Phys) / Übergangsdauer *f* (DIN 5438 - 1) || ~ **element*** (Chem) / Übergangselement *n*, Übergangsmetall *n* (das im Grundzustand oder in wichtigen Oxidationsstufen partiell gefüllte d- oder f-Niveaus hat) || ~ **energy** (Electronics) / Transitionsenergie *f*, Übergangsenergie *f* || ~ **fit*** (over- or undersize) (Eng) / Übergangspassung *f* (Über- oder Untermaß nach DIN 7182) || ~ **flow** (Chem Eng, Vac Tech) / Gemischtströmung *f* (Knudsen-Effekt), Knudsen-Strömung *f* (Nichtkontinuumströmung - nach M.H.Ch. Knudsen, 1871-1949) || ~ **frequency** (Electronics) / Transitgrenzfrequenz *f* (bei der die Kleinsignal-Kurzschlussstromverstärkung auf 1 extrapoliert ist - bei Bipolartransistoren) || ~ **frequency*** (Electronics) / Transitfrequenz *f* (die maximale Frequenz eines Transistors, wobei noch die höchstmögliche Verstärkung sichergestellt ist) || ~ **function** (Maths) / Transitionsfunktion *f*, Übergangsfunktion *f* || ~ **heat** (Phys) / Umwandlungswärme *f* (die bei jedem Phasenübergang 1. Art freigesetzt oder verbraucht wird), Umwandlungsenthalpie *f* (Erstarrungs-, Verdampfungs-, Kondensations- und Sublimationsenthalpie), latente Wärme || ~ **interval** (of an indicator) (Chem) / Umschlagsintervall *n* (ein Konzentrationsbereich, in dem das Auge die Änderung am Indikator wahrnimmt) || ~ **joint** (Cables) / Übergangsmuffe *f* (die Kabel unterschiedlicher Bauart verbindet) || ~ **length** (Eng) / Aufmuldungslänge *f* (bei Bändern) || ~ **matrix** (Stats) / Übergangsmatrix *f* (Matrix der Übergangswahrscheinlichkeiten einer Markow'schen Kette) || ~ **metal*** (Chem) / Übergangselement *n*, Übergangsmetall *n* (das im Grundzustand oder in wichtigen Oxidationsstufen partiell gefüllte d- oder f-Niveaus hat)
**transition-metal cluster** (Chem) / Übergangselementcluster *m* || ~ **complex** (Chem) / Übergangsmetallkomplex *m* || ~ **hydride** (Chem) / Übergangsmetallhydrid *n*, Übergangshydrid *n* || ~ **nitride** (Chem) / metallartiges Nitrid (z.B. VN, CrN) || ~ **oxide glass** (Glass) / Übergangsmetalloxidglas *n* (halbleitendes Glas mit eingebauten Übergangsmetalloxiden)
**transition net** (AI) / Übergangsnetzwerk *n* || ~ **network** (AI) / Übergangsnetzwerk *n* || ~ **period** / Übergangsperiode *f* || ~ **point*** (Aero, Phys) / Umschlagpunkt *m* (derjenige Punkt im Verlauf einer Stromlinie, in dem die bis dorthin laminare Strömung in die turbulente Form umschägt) || ~ **point** (Chem) / Umwandlungspunkt *m* || ~ **point** (Chem, Met) / peritektischer Punkt (bei inkongruent schmelzenden Verbindungen) || ~ **point** (Phys) / Sprungtemperatur *f* (eines Supraleiters), Übergangstemperatur *f* (eines Supraleiters) || ~ **potential** (Phys) / Übergangspotential *n* || ~ **probability*** (Nuc, Stats) / Übergangswahrscheinlichkeit *f* (die auf die Zeiteinheit bezogene Wahrscheinlichkeit dafür, dass ein physikalisches System von einem quantenmechanischen Zustand in einen anderen übergeht) || ~ **radiation** (Phys) / Übergangsstrahlung *f* (elektromagnetische Strahlung, die beim Durchgang schneller, energiereicher Teilchen durch die Grenzfläche zweier Medien mit verschiedenen Dielektrizitätskonstanten /und damit unterschiedlichen Brechzahlen/ auftreten kann, insbesondere auch an der Grenzfläche eines Festkörpers zum Vakuum) || ~ **range** (Materials, Phys) / Übergangsbereich *m* || ~ **range** (Met) / Knickpunkt *m*, Übergangsbereich *m* (bei Legierungen) || ~ **region*** (of a doped semiconductor) (Electronics) / Übergangszone *f*, Übergangsgebiet *n* || ~ **region** (Materials) / Streugebiet *n* (der Kerbschlagarbeit/Temperatur-Kurve) || ~ **resistor*** (Elec Eng) / Überschaltwiderstand *m* (Transformatorwicklung), Überbrückungswiderstand *m* || ~ **series** (Chem) / Übergangsreihe *f* (im Periodensystem) || ~ **shadow** (Light) / Übergangsschatten *m* (bei flächigen Lichtquellen) || ~ **signal** (Spectr) / Übergangssignal *n*, metastabiler Peak, Signal *n* metastabiler Ionen || ~ **state*** (Chem) / Übergangszustand *m* (Reaktionskinetik)
**transition-state analogues** (Biochem) / Übergangsanaloga *n pl* || ~ **theory** (Chem) / Eyring'sche Theorie *f* (des Reaktionsablaufs - nach H. Eyring, 1901 - 1981), Theorie *f* des Übergangszustands, TÜZ (Theorie des Übergangszustands), Theorie *f* des aktivierten Komplexes
**transition stop*** (Elec Eng) / Zwischenschaltstellung *f* || ~ **system** (Comp) / Transitionssystem *n* (der nebenläufigen Prozesse) || ~ **temperature** (Chem) / Einfriertemperatur *f*, Übergangstemperatur *f* (bei hochpolymeren Stoffen) || ~ **temperature** (Materials, Met) / Übergangstemperatur *f* (bei der die Kerbschlagzähigkeit eines Stahls einen Steilabfall erfährt) || ~ **temperature** (at which a substance becomes superconducting)* (Phys) / Sprungtemperatur *f* (eines Supraleiters), Übergangstemperatur *f* (eines Supraleiters) || ~ **zone** (Phys) / Übergangszone *f*
**transitive*** *adj* (Maths) / transitiv *adj* || ~ **closure** (Maths) / transitive Erweiterung, Transitivitätshülle *f* || ~ **relation** (Maths) / transitive Relation
**transitivity** *n* (Maths) / Transitivität *f* (Eigenschaft einer zweistelligen Relation R auf einer Menge M, die transitiv ist, d.h., für alle a, b, c aus M folgt aus aRb und bRc stets aRc) || ~ **class** (Maths) / Orbit *m* (pl. -s), Transitivitätsklasse *f*
**transit landing** (Aero) / Zwischenlandung *f* (Zwischenhalt auf einem langen Flug) || ~ **line** (Elec Eng) / Transitleitung *f* (zur Übertragung von Elektroenergie)
**transitman*** *n* (US) (Surv) / Bedienungsperson *f* des Tachymetertheodolits

**transit-mixed concrete** (Build, Civ Eng) / fahrzeuggemischter Transportbeton (der nach DIN 1045 in Mischfahrzeugen zur Baustelle befördert und in diesen auch gemischt wird, und zwar während der Fahrt oder nach Eintreffen auf der Baustelle)
**transit mixer** (Build, Civ Eng) / Transportbetonmischer *m*, Transportmischer *m*, Mischerfahrzeug *n* (Beton), Mischfahrzeug *n* (Beton)
**transitory** *adj* / kurzdauernd *adj*, transitorisch *adj* ‖ ~ s. also temporary
**transit passenger** (Aero) / Transitfluggast *m* ‖ ~ **peptide** (amino-terminal extension of precursors to chloroplast proteins which is encoded by nuclear DNA and synthesized in the cytoplasm) (Biochem) / Transitpeptid *n* ‖ ~ **phase angle** (Electronics) / Laufzeitwinkel *m* ‖ ~ **physician** (Autos, Med) / Durchgangsarzt *m* (Arzt für Chirurgie oder Orthopädie mit besonderen Erfahrungen bei der Behandlung von Unfallverletzungen, der die Erstversorgung durchführt) ‖ ~ **rub** (Glass) / Scheuerfleck *m*, Hantierungskratzer *m* (Verpackung und Transport) ‖ ~ **storage** (Comp) / Durchlaufspeicher *m* ‖ ~ **tetany**\* (Agric) / Eisenbahnkrankheit *f* (besonders bei hochtragenden Kühen), Transporttetanie *f*, Eisenbahnfieber *n*, Reisefieber *n* ‖ ~ **theodolite**\* (Surv) / Theodolit *m* mit durchschlagbarem Fernrohr, Tachymetertheodolit *m* ‖ ~ **through-connected signal** (Telecomm) / Durchschaltekennzeichen *n* ‖ ~ **time** (Elec Eng) / Umschlagzeit *f* (eines Relais) ‖ ~ **time**\* (Electronics, Phys) / Laufzeit *f* ‖ ~ **time**\* (Electronics) / Laufzeit *f* (der Elektronen von Katode zu Anode) ‖ ~ **time** (Geol) / Laufzeit *f* (der seismischen Wellen)
**transit-time sensor** / Laufzeitsensor *m*
**transit traffic** (Autos) / Durchgangsverkehr *m*, Transitverkehr *m* ‖ ~ **way** (Autos) / Durchgangsstraße *f*, Durchgangsstrecke *f* ‖ ~ **way** (Autos) / Durchfahrtstraße *f*, Transitstraße *f*
**transketolase** *n* (Biochem) / Transketolase *f* (Enzym des Kohlenhydratstoffwechsels, das im Pentosephosphatzyklus die Transketolierung katalysiert)
**translaser** *n* (Electronics) / Translaser *m* (Transistor und Laser als optisch gekoppeltes Schaltelement)
**translate** *v* (i.e., to move a display image on the display surface from one location to another location) (Comp) / verschieben *v* ‖ ~ (Telecomm) / umwerten *v*, umsetzen *v*
**translating cam** (Eng) / Schieber *m* (Nocken beim Kurvengetriebe), Kurvenschieber *m* ‖ ~ **program** (Comp) / Übersetzer *m* (DIN 44300), Übersetzerrogramm *n*, Übersetzungsprogramm *n*
**translation** *n* (+ interpreting) / Translation *f* (Dolmetschen + Übersetzen) ‖ ~ (Biochem) / Eiweißsynthese *f*, Proteinsynthese *f*, Proteinbiosynthese *f*, Translation *f* ‖ ~\* (Biochem, Cyt) / Translation *f* ("Übersetzung" der in der Basensequenz der m-RNS gespeicherten genetischen Information in die Aminosäuresequenz der zu bildenden Proteine) ‖ ~\* (Biochem, Cyt) / Translation *f* (die eigentliche Synthese der Proteine, welche im Zytoplasma an den Ribosomen stattfindet) ‖ ~ (Crystal) / Translation *f* (Parallelverschiebung eines Kristallgitters in Richtung einer der Gittergeraden, und zwar um den Abstand zweier Gitterpunkte) ‖ ~ (a transformation that consists of a shift of spatial coordinates) (Maths) / Parallelverschiebung *f*, Translation *f* ‖ ~ (Maths, Phys) / Translation *f* (DIN 13317), Translationsbewegung *f*, Schiebung *f*, Verschiebung *f* (DIN 13316 und 13317) (räumliche Bewegung von Massepunktsystemen in einer bestimmten Richtung, wobei alle Massepunkte jeweils gleiche Verschiebungen erfahren) ‖ ~ (Telecomm) / Umwertung *f* (Signalisierung), Umsetzung *f* ‖ ~ **fully automatic** ~ (Comp) / Maschinenübersetzung *f*, automatische Sprachübersetzung, maschinelle Sprachübersetzung (die Maschine übersetzt allein)
**translational acceleration** (Mech) / Verschiebungsbeschleunigung *f* ‖ ~ **energy** (Phys) / Translationsenergie *f* ‖ ~ **fault** (Geol) / Parallelverwerfung *f* ‖ ~ **morphology** (Electronics) / kristalliner Aufbau, bei dem sich die einzelnen Zonen und deren Abgrenzungen deutlich (vom Grundmaterial) abheben ‖ ~ **motion** (Mech) / translatorische Bewegung ‖ ~ **shell** (Arch) / Translationsschale *f* ‖ ~ **spectroscopy** (Spectr) / Translationsspektroskopie *f*
**translation gliding** (Crystal) / Zwillingsgleitung *f* (eine homogene Gitterdeformation) ‖ ~ **gliding** (Crystal) / Translation *f* (Parallelverschiebung eines Kristallgitters in Richtung einer der Gittergeraden, und zwar um den Abstand zweier Gitterpunkte) ‖ ~ **group** (Crystal, Maths) / Translationsgruppe *f* ‖ ~ **invariance** (Phys) / Translationsinvarianz *f* ‖ ~ **lattice** (Crystal) / Translationsgitter *n* (dreidimensional-periodische Punktanordnung, die durch Translationen mit sich selbst zur Deckung gebracht werden kann) ‖ ~ **memory** (z.B. Déjà Vu, Trados oder Wordfast) (Comp) / Translation Memory *n* (System, welches neue mit bereits bearbeiteten/übersetzten/Texten abgleicht) ‖ ~ **of languages** (AI, Comp) / Sprachübersetzung *f* ‖ ~ **plane** (Maths) / Translationsebene *f* (eine affine Ebene) ‖ ~ **shell** (Arch) / Translationsschale *f* ‖ ~ **surface** (Maths) / Schiebfläche *f*, Translationsfläche *f* (eine Fläche des euklidischen Raumes, die durch Parallelverschiebung einer Kurve längs einer so genannten Leitkurve erzeugt werden kann) ‖ ~ **symmetry** (Maths) / Translationssymmetrie *f* ‖ ~ **table** (Comp) / Umsetzungstafel *f*, Umsetzungstabelle *f* ‖ ~ **vector** (Crystal, Maths) / Translationsvektor *m*

**translator**\* *n* (Comp) / Übersetzer *m* (DIN 44300), Übersetzerrogramm *n*, Übersetzungsprogramm *n* ‖ ~ (Telecomm) / Umwerter *m*, Umwertespeicher *m* (Signalisierung), Umsetzer *m* ‖ ~ (Telecomm) / Zuordner *m*
**translatory fault** (Geol) / Parallelverwerfung *f* ‖ ~ **motion** (Phys) / Translation *f* (DIN 13317), Translationsbewegung *f*, Schiebung *f*, Verschiebung *f* (DIN 13316 und 13317) (räumliche Bewegung von Massepunktsystemen in einer bestimmten Richtung, wobei alle Massepunkte jeweils gleiche Verschiebungen erfahren)
**transliterate** *v* / transliterieren *v*
**transliteration** *n* / Transliteration *f* (buchstabengetreue Wiedergabe eines Wortes in einer anderen Schrift - DIN 1460)
**translocated herbicide**\* (Agric, Bot, Chem, Ecol) / translokal wirkendes Herbizid (das nur mit einem Teil einer Pflanze in Kontakt kommen muss und sich dann auf die gesamte Pflanze ausdehnt, einschließlich der Wurzel) ‖ ~ **herbicide**\* (Agric, Bot, Chem, Ecol) s. also translocation
**translocation** *n* / Translokation *f*, Verlagerung *f* ‖ ~ (Biochem) / Translokation *f* (bei der Eiweißsynthese) ‖ ~ (Bot) / Translokation *f*, Transport *m* von Wasser und Mineralstoffen (in der Pflanze) ‖ ~\* (Gen) / Translokation *f* (eine strukturelle Chromosomenaberration)
**translucence** *n* (Comp) / Transluzenzeigenschaften *f pl* (von realen Objekten) ‖ ~ (Optics) / Transluzenz *f*, Lichtdurchlässigkeit *f*
**translucency** *n* (Comp) / Transluzenzeigenschaften *f pl* (von realen Objekten) ‖ ~ (Optics) / Transluzenz *f*, Lichtdurchlässigkeit *f*
**translucent**\* *adj* (permitting the passage of light in such a way that there is some scattering and diffusion so that an object cannot be seen clearly through the substance, e.g. frosted glass) (Optics) / durchscheinend *adj*, lichtdurchlässig *adj*, transluzent *adj*, transluzid *adj* ‖ ~ **drawing paper** (Paper) / Transparentzeichenpapier *n* (zur Herstellung pausbarer Zeichnungen nach DIN 6730) ‖ ~ **glass** (Glass) / durchscheinendes Glas, Glas *n* mit diffuser Reflexion (sandgestrahlt, eisblumiert oder einseitig mattiert) ‖ ~ **tracing paper** (Paper) / Transparentzeichenpapier *n* (zur Herstellung pausbarer Zeichnungen nach DIN 6730)
**translucid** *adj* (Meteor) / translucidus *adj* (Wolke) ‖ ~ (Optics) / durchscheinend *adj*, lichtdurchlässig *adj*, transluzent *adj*, transluzid *adj*
**translunar** *adj* (Astron, Space) / translunar *adj* (jenseits des Mondes bzw. der Erdmondbahn - von der Erde aus gesehen)
**transmarine** *adj* (Ocean) / überseeisch *adj*, Übersee-, transmarin *adj*
**transmembrane potential** (Biol) / Membranpotential *n* (Potentialdifferenz zwischen Membranseiten)
**transmetallation** *n* (Chem) / Transmetallierung *f* (eine Reaktionsweise bei metallorganischen Verbindungen)
**transmethylase** *n* (Biochem) / Methyltransferase *f*, Transmethylase *f*
**transmethylation** *n* (Chem) / Transmethylierung *f* (Übertragung der Methylgruppe)
**trans-methylbutenedioic acid** (Chem) / Mesaconsäure *f*, Methylfumarsäure *f*
**transmission** *n* / Übersendung *f*, Übermittlung *f*, Übergabe *f* (Übermittlung) ‖ ~ (Acous, Eng) / Durchschallung *f* (des Prüfstücks) ‖ ~ (Autos) / Getriebe *n* (mit veränderbarer Übersetzung), Schaltgetriebe *n* ‖ ~\* (Autos, Eng) / Kraftübertragungsverlauf *m*, Kraftverlauf *m* ‖ ~ (Ecol) / Ausbreitung *f* der Schadstoffe in der Luft, Transmission *f* (Emission + Immission), Luftverfrachtung *f* (der Schadstoffe) ‖ ~ (Eng) / Vorgelege *n*, Transmission *f* (eine alte Anlage zum Antrieb mehrerer Arbeitsmaschinen mit Riemengetrieben) ‖ ~ (Eng, Phys) / Kraftübertragung *f* ‖ ~ (Gen) / Transmission *f* (in der Molekularbiologie) ‖ ~ (Light, Optics) / Lichtdurchlässigkeit *f*, Durchlässigkeit *f*, Transmission *f* ‖ ~ (Optics) / Durchgang *m* (von Strahlen) ‖ ~\* (Optics, Phys) / Transmission *f* (als Eigenschaft) ‖ ~ (Phys) / Transmission *f* (im Allgemeinen - Hindurchlassen einer Strahlung) ‖ ~ (Radio, Telecomm, TV) / Übertragung *f*, Sendung *f* ‖ ~ (Spectr) / Transmission *f* (Durchlässigkeit einer Probenlösung für das Messlicht) ‖ ~ (Telecomm) / Übermittlung *f*, Übermittlungsvorgang *m* ‖ ~ (Telecomm) / Absetzen *n* (einer Nachricht) ‖ ~ (Gen) s. also expression ‖ ~ **band** (Telecomm) / Durchlassbereich *m* (des Frequenzfilters), Durchlassband *n* (nutzbare Bandbreite) ‖ ~ **band**\* (Telecomm) / Übertragungsfrequenzbereich *m*, Übertragungsfrequenzband *n* ‖ ~ **bandwidth** (Telecomm) / Übertragungsbandbreite *f* ‖ ~ **belt** (Eng) / Treibriemen *m* (zur Übertragung von Drehbewegung und Drehmoment von einem Antriebsmotor auf eine oder mehrere Werkzeugwellen), Transmissionsriemen *m* ‖ ~ **block** (Comp) / Übertragungsblock *m* ‖ ~ **brake** (Eng) / Getriebebremse *f* ‖ ~ **bridge**\* (Teleph) / Speisebrücke *f* ‖ ~ **by friction** (Eng) / Reibschlussverbindung *f* ‖ ~ **capability** (Telecomm) /

**transmission**

Übertragungsmöglichkeit f ‖ ~ **capsule** (Teleph) / Sprechkapsel f (des Handapparats) ‖ ~ **chain**\* (Eng) / Kraftübertragungskette f, Treibkette f, Transmissionskette f ‖ ~ **channel** (Comp, Telecomm) / Nachrichtenkanal m, Übertragungskanal m (für Signale, Daten)
**transmission-class expulsion-type arrester** (Elec Eng) / Löschrohrableiter m (Freileitungstyp)
**transmission coefficient** (Optics, Phys) / Durchlässigkeitsgrad m (bezüglich der Vielfachreflexion korrigiert), Durchlässigkeitsfaktor m ‖ ~ **coefficient** (Geophys) / Transmissionskoeffizient m (Maß für die spektrale Durchlässigkeit der Atmosphäre), Transmission f (in %) ‖ ~ **coefficient**\* (Nuc) / Durchdringungswahrscheinlichkeit f ‖ ~ **constant** (Agric, Hyd Eng) / Durchlässigkeitsbeiwert m, Durchlässigkeitsziffer f (z.B. im Darcy'schen Gesetz) ‖ ~ **control** (Autos) / Getriebesteuerung f (als Tätigkeit) ‖ ~ **control character** (Comp) / Übertragungssteuerzeichen n ‖ ~ **control character** (Comp) / Datenübertragungssteuerzeichen n (DIN 66 303), Übertragungssteuerzeichen n ‖ ~ **control protocol** (Comp) / Transportprotokoll n (DIN ISO 7498), Datenübertragungsprotokoll n ‖ ~ **Control Protocol/Internet Protocol** (Comp) / TCP/IP n (vom US Department of Defense definierte Protokolle für Verbindungen und Datenaustausch in heterogenen Rechnernetzen) ‖ ~ **density** (Optics, Photog) / optische Dichte (für Schwarzweißschichten), Schwärzung f ‖ ~ **dynamometer**\* (Eng) / Torsionsdynamometer n, Verdrehkraftmesser m ‖ ~ **echelon** (Optics) / Transmissionsstufengitter n (ein Beugungsgitter) ‖ ~ **electron energy loss spectrometry** (Spectr) / Transmissions-Energieverlust-Spektrometrie f ‖ ~ **electron energy loss spectrometry** (Spectr) / Transmissions-Energieverlust-Spektrometrie f ‖ ~ **electron microscope**\* (Micros) / Durchstrahlungselektronenmikroskop n, Elektronendurchstrahlungsmikroskop n, Transmissionselektronenmikroskop n, TEM (Transmissionselektronenmikroskop) ‖ ~ **error** (Telecomm) / Übertragungsfehler m ‖ ~ **experiment**\* (Nuc) / Transmissionsexperiment n, Durchgangsversuch m, Durchstrahlungsversuch m ‖ ~ **extension housing** (Autos) / Getriebefortsatz m ‖ ~ **factor** (Phys) / Transmissionsgrad m (DIN 5496) ‖ ~ **factor** (Phys) / Transmissionsfaktor m (der natürliche Logarithmus seines Kehrwerts = natürliche Extinktion) ‖ ~ **factor** (when penetrating the target) (Radar) / Transmissionsfaktor m ‖ ~ **frame** (Comp) / Übertragungsrahmen m (ISO 2382/25) ‖ ~ **frequency** (Telecomm) / Durchgangshäufigkeit f (bei Signalen) ‖ ~ **gain**\* (Telecomm) / Übertragungsleistungsverstärkung f, Übertragungsgewinn m ‖ ~ **gas line** / Ferngasleitung f ‖ ~ **gate** (Electronics) / Transmissionsgate n (eine Schaltung zur bidirektionalen Signalübertragung, insbesondere aus zwei parallel geschalteten komplementären MOSFET) ‖ ~ **gate** (Electronics) / Durchlasstor n ‖ ~ **grating** (Optics) / Transmissionsgitter n (ein Beugungsgitter) ‖ ~ **high-energy electron diffraction** (Electronics) / THEED (eine Methode zur Untersuchung der Dünnschichten, die auf Durchstrahlungsmikroskopie mit Hilfe von energiereichen Elektronen beruht) ‖ ~ **housing** (Autos) / Getriebegehäuse n ‖ ~ **identification** (Aero, Telecomm) / Übermittlungskennung f ‖ ~ **input shaft** (Autos) / Getriebeeingangswelle f, Getriebeantriebswelle f ‖ ~ **level**\* (Telecomm) / Übertragungspegel m (relativer Leistungspegel) ‖ ~ **line** (Comp, Telecomm) / Nachrichtenkanal m, Übertragungskanal m (für Signale, Daten) ‖ ~ **line**\* (Elec Eng) / Freileitung f (oberirdisch geführte), Oberleitung f ‖ ~ **line**\* (Elec Eng) / Übertragungsleitung f ‖ ~-**line amplifier**\* (Telecomm) / Kettenverstärker m (DIN 44400)
**transmission-line tower** (Elec Eng) / Leitungsmast m
**transmission link** (Telecomm) / Übertragungsabschnitt m ‖ ~ **loss**\* (Acous) / Schalldämmmaß n (zehnfacher Zehnerlogarithmus des Kehrwertes des Schalltransmissionsgrades), Reduktionsmaß n ‖ ~ **loss**\* (Telecomm) / Übertragungsdämpfung f (zwischen einer Sende- und einer Empfangsantenne) ‖ ~ **lost** (Telecomm) / Verlust m, Dämpfung f ‖ ~ **main shaft** (Autos) / Getriebehauptwelle f ‖ ~ **measuring set**\* (Telecomm) / Dämpfungsmesser m, Pegelmesser m ‖ ~ **microscope** (Micros) / Durchlichtmikroskop n, Durchstrahlungsmikroskop n ‖ ~ **mode**\* (Telecomm) / Übertragungsart f (als Typ), Übertragungsverfahren n ‖ ~ **monitor** (Elec Eng, Telecomm) / Sendemonitor m ‖ ~ **network** (Telecomm) / Übertragungsnetz n (z.B. für elektrische Energieübertragung) ‖ ~ **noise** (Autos) / Getriebemahlen n ‖ ~ **oil** / Getriebeöl n, Transmissionsöl n ‖ ~ **output shaft** (Eng) / Getriebeabtriebswelle f, Abtriebswelle f, Endwelle f, Ausgangswelle f, Abgangswelle f (z.B. des Getriebes) ‖ ~ **output shaft** (Autos) / Getriebeabtriebswelle f, Getriebeausgangswelle f ‖ ~ **path** (Telecomm) / Übertragungsweg m, Übertragungsstrecke f, Link m ‖ ~ **pipeline** / Transportleitung f (eine Rohrleitung) ‖ ~ **power** (Radar, Radio) / Sendeleistung f ‖ ~ **primaries**\* (TV) / die drei Grundsignale ‖ ~ **quality** (Teleph) / Übertragungsgüte f (beim Mobilfunk) ‖ ~ **range** (Telecomm) / Übertragungsbereich m ‖ ~ **rate** (Telecomm) / Übertragungsrate f

(Menge der übertragenen Informationen pro Zeiteinheit) ‖ ~ **rate** (Telecomm) s. also transmission speed ‖ ~ **ratio** (Eng) / Übersetzungsverhältnis n (Getriebe gesamt) ‖ ~ **ratio**\* (Phys) / Transmissionsgrad m (DIN 5496) ‖ ~ **route** (Telecomm) / Übertragungsweg m, Übertragungsstrecke f, Link m ‖ ~ **selector lever** (Autos) / Fahrbereichswählhebel m (Automatikgetriebe), Wählhebel m (Automatikgetriebe) ‖ ~ **shelf** (Teleph) / Übertragungsbucht f ‖ ~ **sonography** (Med) / Transmissionssonografie f (ein Verfahren der Ultraschalldiagnostik) ‖ ~ **spectrum** (Spectr) / Transmissionsspektrum n ‖ ~ **speed** (Telecomm) / Übertragungsgeschwindigkeit f ‖ ~ **speed** (Telecomm) / Sendegeschwindigkeit f (z.B. des Fernschreibers) ‖ ~ **system** (Telecomm) / Übertragungssystem n (im Allgemeinen nach DIN 40148) ‖ ~ **tower**\* (Elec Eng) / Fernleitungsmast m, Hochspannungsmast m ‖ ~ **tunnel** (Autos) / Wellentunnel m, Kardantunnel m (bei Hinterradantrieb)
**transmission-tunnel lining** (Autos) / Getriebetunnelverkleidung f
**transmission unit** (Telecomm) / Übertragungseinheit f ‖ ~ **via satellite** (Radio) / Satellitenfunk m (Weitverkehrsfunkverbindung mit Satelliten als Relaisstellen) ‖ ~ **voltage** (Telecomm) / Übertragungsspannung f ‖ ~ **whine** (Autos) / Getriebejaulen n
**transmissive mixer** (Telecomm) / Durchgangsmischer m
**transmissivity** n (Phys) / Transmissionsgrad m (DIN 5496)
**transmissometer** n (located along a runway) (Aero) / Sichtmessgerät n, Transmissometer n (z.B. zur Ermittlung der Landebahnsicht)
**transmit** v (Radio, Telecomm) / senden v ‖ ~ (Radio, Telecomm, TV) / übertragen v, senden v ‖ ~ (Telecomm) / absetzen v (Nachricht) ‖ ~ **by television** (TV) / im Fernsehen bringen, über (im) Fernsehen übertragen, über (im) Fernsehen ausstrahlen ‖ ~ **end** (Telecomm) / Sendeseite f ‖ ~ **power** (Radar, Radio) / Sendeleistung f
**transmit-receive switch** (Electronics, Radar) / Sende-Empfangs-Schalter m
**transmit**•**-receive tube**\* (Electronics) / Empfängersperröhre f ‖ ~ **signal** (Telecomm) / Sendesignal n
**transmittal data** (Comp) / gesendete Daten, Sendedaten pl ‖ ~ **mode** (Telecomm) / Sendebetrieb m (DIN 44302), Sendezustand m, Sendemodus m
**transmittance**\* n (Optics, Phys) / Transmission f (als Anteilwert), Transmissionsgrad m, Transmittivität f ‖ ~ (Phys) / Transmissionsgrad m (DIN 5496) ‖ ~ (Phys) / Durchlässigkeitsgrad m (bezüglich der Vielfachreflexion korrigiert), Durchlässigkeitsfaktor m ‖ ~ (Spectr) / Transmissionsvermögen n
**transmittancy** n (Optics) / genäherte Transmission f ‖ ~ (Phys) / Transmissionsgrad m (DIN 5496)
**transmitted colour** f (Oils) / Durchsichtsfarbe (von Mineralölen, als Gegensatz zur Aufsichtsfarbe) ‖ ~ **data** (Comp) / gesendete Daten, Sendedaten pl ‖ ~ **dialling** (Comp, Teleph) / abgesetzte Wahl (zuerst Null mit Wählscheibe, dann Tastaturwahl) ‖ ~ **intensity** (Light) / austretende Lichtintensität ‖ ~ **light** (Light) / Durchlicht n
**transmitted-light microscope** (Micros) / Durchlichtmikroskop n, Durchstrahlungsmikroskop n ‖ ~ **optical diffraction system** (Eng) / Durchlichtmessverfahren n (bei der digitalen Positionswerterfassung)
**transmitted polarized light** (Light) / durchfallendes polarisiertes Licht ‖ ~ **pulse** (in radar) (Radar) / Sendeimpuls m ‖ ~ **signal** (Telecomm) / Sendesignal n
**transmitter** n (Automation) / Transmitter m, Einheitsmessumformer m (in der Messeinrichtung), Messwertumformer m ‖ ~ (Biochem, Med, Physiol) / Transmitter m (Neurotransmitter), Übertragersubstanz f, Neurotransmitter m (Nervenübertragerstoff) ‖ ~\* (Comp, Radio, Telecomm) / Sender m ‖ ~ (Teleg) / Geber m ‖ ~ (Teleph) / Sprechkapsel f (des Handapparats) ‖ ~ **capsule** (Teleph) / Sprechkapsel f (des Handapparats) ‖ ~ **distance** (Radar, Radio) / Senderabstand m ‖ ~ **frequency** (Radio) / Senderfrequenz f ‖ ~ **inset** (Teleph) / Sprechkapsel f (des Handapparats) ‖ ~ **memory** (Comp) / Sendespeicher m ‖ ~ **muting** (Radio) / Senderabschaltung f
**transmitter-receiver pair** (Telecomm) / Sende-Empfangseinrichtung f ‖ ~ **pair** (Telecomm) s. also transceiver
**transmitter responder** (Nav, Telecomm) / Transponder m (aktives Funkantwortgerät), automatisches Antwortgerät (die Kombination aus einem Empfänger, einem Umsetzer und einem Sender) ‖ ~ **signal element timing** (Telecomm) / Sendeschrittakt m ‖ ~ **tube** (Radio) / Senderöhre f ‖ ~ **tube rating** (Radio) / Senderöhren-Betriebsart f
**transmitting** adj (Optics) / durchlässig adj ‖ ~ **aerial** (Radio) / Sendeantenne f ‖ ~ **antenna** (Radio) / Sendeantenne f ‖ ~ **bus-bar** (Telecomm) / Sendesammelschiene (SSA) f, SSA ‖ ~ **memory** (Comp) / Sendespeicher m ‖ ~ **plant** (Radio) / Sendeanlage f ‖ ~ **range** (Radio) / Sendegebiet n, Sendebereich m ‖ ~ **reference loss** (Telecomm) / Sendebezugsdämpfung f, SBD ‖ ~ **station** (Comp, Radio, Telecomm) / Sender m ‖ ~ **station** (Telecomm) / Sendestelle f, Sendestation f ‖ ~

**terminal** (Comp) / Sendeterminal n ‖ ~ **tube** (Radio) / Senderöhre f ‖ ~ **valve**\* (Radio) / Senderöhre f
**transmittivity**\* n (Optics, Phys) / spezifische Durchlässigkeit
**transmontan** adj (Geog) / transmontan adj (jenseits der Berge)
**transmutation**\* n (Chem) / Transmutation f, Elementumwandlung f, Stoffumwandlung f ‖ ~ (Maths) / Transmutation f (Transformation einer Abbildung) ‖ ~ (Nuc) / Kernumwandlung f ‖ ~ **doping** (Electronics) / Transmutierungsdotierung f ‖ ~ **glaze** (a flambé or flow glaze containing copper to produce a variegated appearance) (Ceramics) / Transmutationsglasur f
**transmutations** pl **per second** (Nuc) / Kernzerfallsakte m pl je Sekunde (veraltete Einheit der Aktivität radioaktiver Strahlung)
**transnational data flow** (Comp) / grenzüberschreitender Datenfluss ‖ ~ **data processing** (Comp) / grenzüberschreitende Datenverarbeitung
**transoceanic** adj (Ocean) / transozeanisch adj (jenseits des Ozeans liegend, über den Ozean hinweg)
**transoid** adj (Chem) / transoid adj ‖ ~ **conjugation** (Chem) / transoide Konjugation
**transom**\* n (Join) / Fenstersprosse f (in einem Sprossenfenster) ‖ ~\* (Join) / Kämpfer m, Fensterkämpfer m, Querholz n, Losholz n, Riegel m (DIN 68 121-1) (bei Fenstern feststehender, waagrecht durchlaufender Riegel zwischen oberen und unteren Flügeln)
**transome** n (Join) / Fenstersprosse f (in einem Sprossenfenster)
**transom stern** (Ships) / Spiegelheck n, Plattgatt-Heck n ‖ ~ **window** (Build) / Oberlicht n (oberhalb des normalen Fensters)
**transonic** adj (Acous) / transsonisch adj, schallnah adj ‖ ~ **flow** (Phys) / transsonische Strömung (bei der die Machzahl in den Grenzen 0,8 bis 1,3 liegt), schallnahe Strömung ‖ ~ **potential flow** / transsonische Potentialströmung ‖ ~ **range**\* (Aero) / schallnaher Geschwindigkeitsbereich (0,8 - 1,3 Mach) ‖ ~ **tunnel** (Aero) / transsonischer Windkanal, Transschall-Windkanal m (z.B. ETW in Köln-Porz, Transkanal m (ein Windkanal)
**transparence** n (Acous) / Durchsichtigkeit f (bei musikalischen Darbietungen nach DIN 1320)
**transparency** n / Folie f (Bildfolie, Arbeitstransparent) ‖ ~ (Aero) / Verglasung f ‖ ~ (Comp) / Bitfolgetransparenz f, Bitfolgeunabhängigkeit f ‖ ~ (Comp, Optics) / Transparenzeigenschaft f (von realen Objekten und Gasen) ‖ ~\* (Optics) / Transparenz f (Lichtdurchlässigkeitsgrad), Durchlassgrad m ‖ ~ (Paper) / Transparenz f ‖ ~ (Photog) / Transparentkopie f ‖ ~ (Radio) / Durchlässigkeit f (z.B. für HF-Übertragungen) ‖ ~ **film** (with removable sensing stripe) / Overheadfolie f (mit ablösbarem Sensorstreifen), Folie f für Overheadprojektion ‖ ~ **of reasoning** (AI) / Transparenz f des Schließens, Durchsichtigkeit f der Schlussfolgerung ‖ ~ **viewing wall** (Photog) / Dialeuchtwand f
**transparent** adj (permitting the passage of light in such a way that objects can be seen clearly through the substance) / durchsichtig adj ‖ ~ (Comp) / bitfolgetransparent adj, bitfolgeunabhängig adj ‖ ~ (Optics) / Klarsicht-, transparent adj (durchscheinend, lichtdurchlässig) ‖ ~ (Photog, Print) / lasierend adj (Farbe) ‖ ~ **colour varnish** (Paint) / Lacklasur f (mit höherem Festkörpergehalt), Dickschichtlasur f ‖ ~ **container** / Klarsichtdose f (aus durchsichtigem Material) ‖ ~ **copying process** (Photog) / Durchlichtungsverfahren n ‖ ~ **ink** (Print) / Lasurfarbe f
**transparentize** v / durchsichtig machen (z.B. Papier)
**transparentizing** n (Textiles) / Transparentausrüstung f, Transparentierung f (ein Ausrüstungsverfahren für Baumwollbatiste)
**transparent lacquer** (Paint) / Transparentlack m (mit Farbstoffen angefärbter Klarlack) ‖ ~ **leather** (Leather) / Transparentleder n (z.B. zur Bespannung von Trommeln) ‖ ~ **man** (Comp) / gläserner Mensch ‖ ~ **mode** (Comp) / transparenter Modus, Transparentmodus m (eine Betriebsart der Datenübertragung) ‖ ~ **original** (Photog) / Durchsichtsvorlage f ‖ ~ **package** / Klarsichtverpackung f, Klarsichtpackung f, Schaupackung f (klarsichtige) ‖ ~ **packing** / Klarsichtverpackung f, Klarsichtpackung f, Schaupackung f (klarsichtige) ‖ ~ **parchment** (Paper) / Pergamin n (durchsichtiges Verpackungspapier), Kristallpapier n, Pergamyn n ‖ ~ **photocathode** (Electronics) / Durchsichtsfotokatode f, durchsichtige Fotokatode ‖ ~ **pigment** (Paint) / lasierendes Pigment, Lasurpigment n, transparentes Pigment ‖ ~ **retouching** (Photog, Print) / lasierende Retusche f ‖ ~ **screen** (Cinema, TV) / Rückpro-Schirm m, Rückpro-Wand f ‖ ~ **soap** / Transparentseife f (aus reinsten Fetten oder Fettsäuren mit analysenreiner Natronlauge) ‖ ~ **thermoplastic** (Plastics) / organisches Kunstglas, organisches Glas (durchsichtige Kunstharze aus Polymethakrylsäure und Polystyrol) ‖ ~ **white** (Print) / Transparentweiß n
**transpassivation** n (Phys, Surf) / Transpassivierung f
**transpassive** adj (Phys, Surf) / transpassiv adj (nach dem Überschreiten des Durchbruchspotentials)
**transpassivity** n (Phys, Surf) / Transpassivität f (Zustand eines passivierbaren Metalls, der nach Überschreitung des Durchbruchspotentials für die Transpassivität vorliegt)
**transphasor** n (Electronics) / Transphasor m (optischer Transistor, optischer Schalter)
**transpiration**\* n (Bot, Hyd Eng, Meteor, Physiol) / Transpiration f ‖ ~ **coefficient** (Agric) / Transpirationskoeffizient m (das Verhältnis von Wasserverbrauch zur damit erzeugten Trockensubstanz der Erntemasse einer Pflanze) ‖ ~ **cooling** (Aero, Chem Eng) / Transpirationskühlung f, Schwitzkühlung f (eine Sonderform der Schleierkühlung) ‖ ~ **ratio** (Agric) / Transpirationskoeffizient m (das Verhältnis von Wasserverbrauch zur damit erzeugten Trockensubstanz der Erntemasse einer Pflanze)
**transpire** v / ausdünsten v ‖ ~ (Bot, Hyd Eng, Meteor, Physiol) / transpirieren v
**transplant** v (Agric) / umpflanzen v, verpflanzen v ‖ ~ (Agric) / umpflanzen v (junge Pflanzen verziehen und in größeren Abständen pflanzen), pikieren v, ausstecken v ‖ ~\* (Med) / transplantieren v ‖ ~\* n (Med) / Transplantat n
**transplutonide** n (Chem) / Transplutoniumelement n (das eine höhere Ordnungszahl als Plutonium hat)
**transplutonium element** (Chem) / Transplutoniumelement n (das eine höhere Ordnungszahl als Plutonium hat)
**transponder** n (Comp, Radio, Telecomm) / Transponder m (z.B. zur Hochfrequenzidentifikation beim Einkauf) ‖ ~\* (Nav, Telecomm) / Transponder m (aktives Funkantwortgerät), automatisches Antwortgerät (die Kombination aus einem Empfänger, einem Umsetzer und einem Sender) ‖ ~ (Telecomm) / Transponder m (in der Satellitentechnik) ‖ ~ (Telecomm) / Transponder m (in den WDM-Systemen) ‖ ~ **beacon** (Radar) / Antwortfunkfeuer n ‖ ~ **dead time** (Radar) / Transpondertotzeit f
**transport** v / befördern v, transportieren v, fördern v ‖ ~ n / Beförderung f, Transport m (von Waren), Förderung f ‖ ~ (Chem, Phys) / Abtransport m (z.B. der Reaktionsprodukte) ‖ ~\* (Comp) / Transporteinrichtung f ‖ ~\* (Comp) / Transport m
**transportable** adj / portabel adj, tragbar adj, transportabel adj ‖ ~ **reactor** (Nuc Eng) / fahrbarer Reaktor, mobiler Reaktor
**transport aircraft** (Aero) / Frachtflugzeug n, Transportflugzeug n, Nur-Fracht-Flugzeug n
**transportation** n / Transportsystem n (Verkehrssystem), Verkehrssystem n ‖ ~ / Beförderung f, Transport m (von Waren), Förderung f ‖ ~ (US) / Beförderungsmittel n pl ‖ ~ (Geol) / Verfrachtung f ‖ ~ (Geol) / Transport m (von Sedimenten) ‖ ~ **advertising** / Verkehrsmittelwerbung f ‖ ~ **by road** (US) (Autos) / Straßengüterverkehr m, Straßentransport m, Transport m per Achse ‖ ~ **chain** (Eng) / Transportkette f ‖ ~ **function** (Elec Eng) / Transportgleichung f ‖ ~ **lag** (Automation) / Transporttotzeit f ‖ ~ **network** / Verkehrsnetz n ‖ ~ **of** /**a**/ **poison(s)** / Gifttransport m ‖ ~ (export and import) **of illegal waste** (Ecol, San Eng) / Mülltourismus m ‖ ~ **problem** (Maths) / Transportproblem n, Distributionsproblem n, Verteilungsproblem n (ein Spezialproblem der linearen Optimierung)
**transport bit rate** (Comp) / Transportbitrate f ‖ ~ **blocker** (Comp) / Transportsperre f (Vorrichtung an einer Farbbandkassette usw., um unbeabsichtigtes Abrollen vor Gebrauch zu verhindern) ‖ ~ **chain** (Eng) / Transportkette f ‖ ~ **coefficient** (Phys) / Transportkoeffizient m ‖ ~ **competence** (Hyd Eng) / Transportfähigkeit f (z.B. eines Flusses - für den Transport des Gerölls) ‖ ~ **competency** (Hyd Eng) / Transportfähigkeit f (z.B. eines Flusses - für den Transport des Gerölls) ‖ ~ **costs** / Beförderungskosten pl, Transportkosten pl (zu Lande), Frachtgebühr f, Rollgeld n, Fracht f (Frachtgebühr) ‖ ~ **cross-section**\* (Nuc) / Transportquerschnitt m (der totale Wirkungsquerschnitt, vermindert um das Produkt aus Streuquerschnitt und mittlerem Kosinus des Streuwinkels im Laborsystem) ‖ ~ **detector** (Chem) / Transportdetektor m ‖ ~ **effect** (Phys) / Transporterscheinung f, Transportphänomen n ‖ ~ **engineering** / Fördertechnik f ‖ ~ **equation** (Phys) / Transportgleichung f (allgemeine quantitative Beschreibung des Transportes von Masse, Ladung, Energie und Impuls)
**transporter** n / Transportarbeiter m ‖ ~ (Autos, Civ Eng) / Fährbrücke f ‖ ~ (Civ Eng) / Verladebrücke f (ein großer Bockkran) ‖ ~ (Mil) / Transportflugzeug n, Transporter m ‖ ~ **bridge** (Autos, Civ Eng) / Fährbrücke f ‖ ~ **crane** (Civ Eng) / Verladebrücke f (ein großer Bockkran)
**transporter-erector-launcher** n (Mil) / Transporter-Aufrichter-Starter m
**transporter loading bridge** (Civ Eng) / Verladebrücke f (ein großer Bockkran)
**transport facility** (Build) / Verkehrsanlage f, Transportanlage f ‖ ~ **fleet** (Autos) / Fuhrpark m (Gesamtheit der Fahrzeuge eines Fuhrunternehmens) ‖ ~ **helicopter** (Aero) / Transporthubschrauber m ‖ ~ **index** (Radiol) / Transportkennzahl f (DIN 54115) ‖ ~

1671

**transport**

**insurance** / Transportversicherung f ‖ ~ **interference** (Spectr) / Transportstörung f (alle Effekte, welche die Wirksamkeit der Überführung der Analysenprobe bis in den Atomisator beeinflussen - hauptsächlich in der FAAS) ‖ ~ **layer** (terminal-to-terminal layer) (Comp, Telecomm) / Transportschicht f (Schicht 4 im OSI-Referenzmodell), T (Transportschicht im OSI-Referenzmodell) ‖ ~ **mean free path**\* (Nuc) / Transportweglänge f (Kehrwert des makroskopischen Transportquerschnitts) ‖ ~ **network** / Verkehrsnetz n ‖ ~ **number**\* (Chem) / Überführungszahl f (das Verhältnis der Leitfähigkeit einer Ionensorte zur Gesamtleitfähigkeit eines Elektrolyten) ‖ ~ **number**\* (Chem) s. also Hittorf transport number ‖ ~ **of hazardous materials** / Gefahrguttransport m ‖ ~ **of heavy goods** (Autos) / Schwertransport m, Schwerlasttransport m ‖ ~ **phenomenon** (Chem, Phys) / Transporterscheinung f, Transportphänomen n ‖ ~ **property** (Phys) / Transporteigenschaft f ‖ ~ **protein** (Biochem) / Carrier m, Carrierprotein n (z.B. Hämoglobin), Transportprotein n ‖ ~ **protocol** (Comp) / Transportprotokoll n (DIN ISO 7498), Datenübertragungsprotokoll n ‖ ~ **reaction** (Chem) / Transportreaktion f ‖ ~ **regulations** / Transportbestimmungen f pl, Transportvorschriften f pl, Beförderungsvorschriften f pl ‖ ~ **road** / Transportweg m (Straße), Beförderungsweg m (im Allgemeinen) (Straße) ‖ ~ **rope wire** (Met) / Förderseildraht m ‖ ~ **service** (Comp) / Transportdienst m (DIN ISO 7498) ‖ ~ **staggers** (Agric) / Eisenbahnkrankheit f (besonders bei hochtragenden Kühen), Transporttetanie f, Eisenbahnfieber n, Reisefieber n ‖ ~ **station** (Comp) / Transportstation f ‖ ~ **system** / Transportsystem n (Verkehrssystem), Verkehrssystem n ‖ ~ **tariff** / Beförderungstarif m ‖ ~ **theory**\* (Nuc, Phys) / Transporttheorie f ‖ ~ **tunnel** (Autos, Civ Eng, Rail) / Verkehrstunnel m (Straßen-, Eisenbahn-, U-Bahn- und Kanaltunnel) ‖ ~ **unit** / Beförderungseinheit f

**transposable element** (Gen) / transponierbares Element (z.B. Transposon)

**transpose** v / verschränken v (verdrillen), verdrillen v ‖ ~ (Maths) / stürzen v (Matrize) ‖ ~ (Maths) / transponieren v (eine Matrix) ‖ ~ (Maths) / hinüberbringen v, auf die andere Seite bringen (Glied einer Gleichung)

**transposed bar** (Elec Eng) / Kunststab m (der aus Teilleitern besteht - z.B. ein Roebelstab) ‖ ~ **conductor** (Elec Eng) / Kunststab m (der aus Teilleitern besteht - z.B. ein Roebelstab) ‖ ~ **homomorphism** (of a simplicial map) (Maths) / transponierte simpliziale Abbildung ‖ ~ **twill** (Textiles) / versetzter Köper ‖ ~ **twill** (Weaving) / Kreuzköper m, versetzter Köper

**transpose** n **of a matrix**\* (by interchanging the rows and columns) (Maths) / transponierte Matrix, gekippte Matrix, gestürzte Matrix, gespiegelte Matrix

**transposition** n / Verdrillung f, Verschränkung f (Verdrillung) ‖ ~ / [äquivalente] Umformung f ‖ ~\* (Elec Eng) / Drahtkreuzung f, Auskreuzen n, Leitungskreuzung f (am Gestänge) ‖ ~ (Maths) / Transponieren n, Transposition f, Vertauschung f von Zeilen und Spalten (bei einer Matrix) ‖ ~ (Maths) / Transposition f, Umstellung f (zweier Elemente) ‖ ~ (Phys) / Vertauschungswägen n, Vertauschungsverfahren n (Doppelwägung), Gauß'sche Doppelwägung, Gauß'sche Wägung f ‖ ~ **method** (Comp) / Versatzverfahren n (in der Kryptografie), Transpositionsverfahren n ‖ ~ **pole** (Elec Eng) / Verdrillungsmast m (Holz), Kreuzungsmast m ‖ ~ **tower**\* (Elec Eng) / Verdrillungsmast m (Holz), Kreuzungsmast m

**transposon** n (Gen) / springendes Gen, Transposon n

**transputer** n (Comp) / Transputer m (die Rechnerarchitektur der 5. Generation mit Mehrfachparallelverarbeitung von Tasks) ‖ ~ (Comp) s. also non-von-Neumann architecture

**transreceiver**\* n (Comp, Telecomm) / Transceiver m (ein kombiniertes Sende- und Empfangsgerät), Sender-Empfangsgerät n, Sender-Empfänger m

**transrector** n (Elec Eng) / Transformator m mit Gleichrichter

**transshape** v / umformen v, umbilden v, Form ändern

**transshaping** n / Umformung f, Umformen n (neues Formen im Allgemeinen)

**trans-shipment** n (Ships) / Umschlag m, Umladung f, Güterumschlag m (z.B. Schiene/Straße)

**trans-sonic** adj (Acous) / transsonisch adj, schallnah adj

**trans-tactic** adj (Chem) / transtaktisch adj (Polymer)

**transuranic elements**\* (Chem) / Transurane n pl (radioaktive chemische Elemente mit Ordnungszahlen größer als 92, TU (Transurane)

**transuranium elements** (Chem) / Transurane n pl (radioaktive chemische Elemente mit Ordnungszahlen größer als 92, TU (Transurane)

**Transvaal jade**\* (Min) / Transvaal-Jade m (Grossular)

**transversal** n (Maths) / Transversale f (bei den Winkelpaaren) ‖ ~ (intersecting a vertex) (Maths) / Ecktransversale f (Gerade durch eine Ecke eines Dreiecks oder eines Tetraeders), Eckenlinie f ‖ ~ (Maths) / Transversale f (die eine algebraische Mannigfaltigkeit in einem Raum in einem Punkt schneidet) ‖ ~\* adj / quergerichtet adj, transversal adj, quer adj ‖ ~ **acceleration** (Mech) / Transversalbeschleunigung f (senkrecht zur Radialbeschleunigung gerichtet), Querbeschleunigung f ‖ ~ **current** (Hyd, Hyd Eng) / Querströmung f (mit einer Komponente quer zur Hauptfließrichtung), Sekundärströmung f ‖ ~ **filter** (Radar) / Transversalfilter n

**transversally excited laser** (Phys) / quererregter Laser, TEA-Laser m (Gaslaser, bei dem die Gasentladung quer zur Laserachse angeregt wird)

**transversal mass** (Phys) / transversale Masse (Masseveränderlichkeit) ‖ ~ **of a triangle** n (Maths) / Dreieckstransversale f, Transversale f (eines Dreiecks) ‖ ~ **optical phonon** (Phys) / transversal-optisches Phonon ‖ ~ **recording** (TV) / Querspuraufzeichnung f (des Bildes) ‖ ~ **relaxation** (Spectr) / transversale Relaxation ‖ ~ **scanning** (TV) / Querspuraufzeichnung f (des Bildes) ‖ ~ **strength** (Materials) / Querschnittsfestigkeit f ‖ ~ **sweep-out** (Electronics) / Lorentz-Drift f (nach H. A. Lorentz, 1853-1928) ‖ ~ **vibration** (Mech) / Querschwingung f, Transversalschwingung f ‖ ~ **wave** (Phys) / Transversalwelle f, Querwelle f

**transverse** n (Maths) / Hauptachse f (der Hyperbel), reelle Achse (der Hyperbel) ‖ ~\* adj / quergerichtet adj, transversal adj, quer adj ‖ ~ **aberration** (Optics) / Queraberration f (numerische Größe der optischen Abbildungsfehler, gemessen als Durchstoßungshöhen durch die achsensenkrechte Bildebene), Querabweichung f ‖ ~ **arch** (arch at 90° to the main axis of the vaulted space) (Arch) / Gewölbebogen m (quer zur Längsachse eines Gewölbes), Gurtbogen m (ein Verstärkungsbogen, der den Raum quer zu seiner Längsachse in einzelne Abschnitte teilt), Querbogen m (der die einzelnen Gewölbefelder desselben Schiffes trennt) ‖ ~ **architrave**\* (Arch) / Epistyl n, Epistylion n, Architrav m ‖ ~ **axis** (Eng) / Querachse f ‖ ~ **axis** (Maths) / Hauptachse f (der Hyperbel), reelle Achse (der Hyperbel) ‖ ~ **barrel vault** (Arch) / Quertonne f (Gewölbe) ‖ ~ **beam** (Eng) / Traverse f (Gestellbauteil an Werkzeugmaschinen)

**transverse-beam travelling-wave tube**\* (Electronics) / Querstrahlwanderfeldröhre f

**transverse chromatic aberration** (Optics) / Farbquerfehler m, chromatische Queraberration f ‖ ~ **chromatic aberration correction** (Optics) / Farbquerfehlerkorrektur f ‖ ~ **colour aberration** (Optics) / Farbquerfehler m, chromatische Queraberration f ‖ ~ **colour aberration correction** (Optics) / Farbquerfehlerkorrektur f ‖ ~ **component** (Maths, Phys) / Querkomponente f, Transversalkomponente f ‖ ~ **component of the voltage** (Elec Eng) / Querspannung f (einer Synchronmaschine) ‖ ~ **conductivity** (Elec) / Querleitfähigkeit f (Welding) / Querschrumpfung f (beim Erkalten einer Schweißverbindung quer zur Naht eintretende bleibende Verkürzung des Schweißgutes und der von der Schweißwärme erfassten Werkstoffzonen) ‖ ~ **crosstalk coupling** (Telecomm) / Übersprechkopplung f ‖ ~ **direction** (Mech) / Querrichtung f ‖ ~ **effect** (Elec) / Quereffekt m (bei piezoelektrischen Materialien) ‖ ~ **electric mode** (Telecomm) / TE-Typ m, TE-Mode m, H-Typ m (Wellenleiter) ‖ ~ **electric wave**\* (Telecomm) / TE-Welle f (DIN 1324-3), H-Welle f ‖ ~ **electromagnetic mode** (Telecomm) / transversal-elektromagnetischer Mode, TEM-Typ m, TEM-Mode m (Wellenleiter) ‖ ~ **electromagnetic wave** (Telecomm) / Lecher-Welle f, Leitungswelle f, TEM-Welle f (DIN 1324-3), L-Welle f ‖ ~ **engine** (Autos) / Quermotor m (quer zur Fahrzeuglängsachse), quer eingebauter Motor

**transverse-excited atmosphere laser** (Phys) / quererregter Laser, TEA-Laser m (Gaslaser, bei dem die Gasentladung quer zur Laserachse angeregt wird)

**transverse fault** (Geol) / Blattverschiebung f, Transversalverschiebung f, Seitenverschiebung f, Horizontalverschiebung f ‖ ~ **feed** (motion) (Eng) / Nebenvorschubbewegung f (Vorschubbewegung, die nicht in Richtung des Hauptarbeitsfortschritts erfolgt) ‖ ~ **field** (Elec) / Querfeld n ‖ ~-**field travelling-wave tube** (Electronics) / Querfeld-Wanderfeldröhre f ‖ ~ **flat bend test** (Met) / Querfaltversuch m (eine Rohrprüfung nach DIN 50106)

**transverse-flow laser** / quergeströmter Laser

**transverse folding** (Geol) / Querfaltung f ‖ ~ **force** (Mech) / Querkraft f ‖ ~ **frame**\* (Ships) / Querspant n ‖ ~ **grinding** (Eng) / Querschleifen n (bei dem die verfahrenskennzeichnende Vorschubbewegung senkrecht zu zu erzeugenden Oberfläche verläuft - DIN 8589, T 11) ‖ ~ **heating** (Elec Eng) / dielektrische Erwärmung quer zur Stoffbahn ‖ ~ **joint**\* (Build, Civ Eng) / Querfuge f ‖ ~ **leaf spring** (Autos) / Querblattfeder f (Blattfeder, die quer zur Fahrzeuglängsachse angeordnet ist) ‖ ~ **link** (Autos) / Querlenkerarm m, Querlenker m ‖ ~ **load** (Eng) / Querbelastung f, Querlast f ‖ ~ **lock-up** (Autos) / Quersperre f, Sperrung f des Achsdifferentials ‖ ~ **magnet** (with poles at the sides and not the ends) (Mag) / Quermagnet m

**transverse-magnetic** adj (Mag) / quermagnetisch adj
**transverse magnetic mode** (Telecomm) / transversal-magnetischer Mode, TM-Typ m, TM-Mode m (Wellenleiter) ‖ **~ magnetic wave*** (Telecomm) / E-Welle f, TM-Welle f (Wellenleiter - DIN 1324-3) ‖ **~ magnetization** (Elec Eng) / Quermagnetisierung f, transversale Magnetisierung ‖ **~ member** (Autos) / Querversteifung f (quer zur Fahrzeugrichtung verlaufender Hauptträger), Querträger m (des Rahmens) ‖ **~ metacentre*** (Ships) / Breitenmetazentrum n ‖ **~ module** (Eng) / Stirnmodul m (DIN 3998) ‖ **~ moment** (Phys) / Quermoment n ‖ **~ motion** / Querbewegung f ‖ **~ movement** (Eng) / Planbewegung f (beim Drehen), Plangang m ‖ **~ offset** (Optics) / Seitenversatz m (der optischen Achse) ‖ **~ parity check** (Comp) / Querprüfung f (Verfahren der Fehlerkorrektur nach DIN 66 010), vertikale Redundanzprüfung, Querparitätsprüfung f ‖ **~ path of contact** (Eng) / Eingriffsstrecke f (in einer Radpaarung) ‖ **~ pitch** (Eng) / Teilung f (DIN 3998) ‖ **~ pitch** (of a riveted joint) (Eng) / Nietreihenabstand m ‖ **~ pressure angle** (Eng) / Stirneingriffswinkel m (bei Zahnrädern) ‖ **~ projection** (Cartography) / querachsige Abbildung ‖ **~ rib** (Arch) / Querrippe f ‖ **~ ridge** (Arch) / Querscheitel m (im Gewölbe) ‖ **~ ridge-rib** (Arch) / Querscheitelrippe f (im Gewölbe) ‖ **~ rolling** (Met) / Querwalzen n (DIN 8583, T 2) ‖ **~ roof** (Build) / Querdach n (mit quer zum First des Hauptdaches verlaufendem First), Zwerchdach n ‖ **~ scavenging** (Autos) / Querstromspülung f (bei Zweitaktmotoren), Querspülung f ‖ **~ section** (Carp, For) / Querschnitt m, Ablängschnitt m ‖ **~ shake** (For) / Faserstauchung f (im gefällten Holz) ‖ **~ spring*** (Autos) / Querblattfeder f (Blattfeder, die quer zur Fahrzeuglängsachse angeordnet ist) ‖ **~ stability** (Aero) / Querstabilität f, Rollstabilität f ‖ **~ strain** (Mech) / Querdehnung f ‖ **~ strength** (Materials) / Querbruchfestigkeit f ‖ **~ strength** (Materials) / Festigkeit f bei Querbeanspruchung f ‖ **~ strength** (Materials) s. also shear strength ‖ **~ stress** (Mech) / Querspannung f ‖ **~ structure** (Ships) / Querverband m (z.B. Querschott, Rahmenspant) ‖ **~ tomography** (Radiol) / Transversaltomografie f ‖ **~ track recorder** (Acous) / Querspur-Videobandgerät n ‖ **~ valley** (Geol) / Durchbruchstal n ‖ **~ vault** (in a barrel vault) (Arch) / Stichkappe f (die in ein Tonnengewölbe einschneidende Gewölbekappe) ‖ **~ ventilation** (Civ Eng) / Querlüftung f (Form der mechanischen Tunnellüftung mit getrennten Zu- und Abluftkanälen) ‖ **~ warping** (For) / Querkrümmung f, Verziehen n quer zur Faser, Muldenverwerfung f, Muldung f (z.B. beim Trocknen), Schüsseln n (ein Trocknungsfehler), Querverwerfung f, Verwerfen n quer zur Holzfaser ‖ **~ wave** (Geophys) / S-Welle f (Transversalwelle beim Erdbeben), Scherungswelle f, Scherwelle f (transversale Raumwelle) ‖ **~ wave*** (Phys) / Transversalwelle f, transversale Welle, Querwelle f (wenn die Schwingung senkrecht zur Ausbreitungsrichtung erfolgt) ‖ **~ weld seam** (Welding) / Quernaht f
**transversion** n (Biochem) / Transversion f (Basenaustauschmutation - Purinbase gegen Pyrimidinbase oder umgekehrt) ‖ **~ mutation** (Biochem) / Transversion f (Basenaustauschmutation - Purinbase gegen Pyrimidinbase oder umgekehrt)
**transverter** n (Elec Eng) / Umformer m mit umlaufenden Bürsten ‖ **~** (Radio) / Transverter m (UKW-Erweiterungsgerät für KW-Stationen)
**trap** v / zurückhalten v (z.B. in Vertiefungen) ‖ **~** n (Autos) / Messstrecke f (z.B. bei Geschwindigkeitsrekorden) ‖ **~** (Build) / Einstiegtür f, Ausstiegtür f, Falltür f ‖ **~** (Comp) / nichtprogrammierter Sprung m (Comp) / Trap m (Vektoradresse für nicht maskierbare Adresse) ‖ **~** (Comp) / Trap m (Programmunterbrechung, die durch das Einlesen eines ungültigen Maschinenbefehls eingeleitet wird) ‖ **~*** (Electronics) / Haftstelle f, Fangstelle f (ein Typ von Störstellen in Halbleitern mit hoher Einfangwahrscheinlichkeit für freie Ladungsträger einer Art) ‖ **~*** (Electronics) / Trap m, Zeithaftstelle f (DIN 41 852) ‖ **~** (Eng) / Abscheider m ‖ **~** (Geol) / Trapp m (vulkanische Decke aus Trapp- oder Flutbasalt) ‖ **~** (Geol, Oils) / Falle f (Öl, Gas) ‖ **~*** (San Eng) / Bleirohr-Trap m (des Geruchverschlusses), Trap m ‖ **~** (Telecomm, TV) / Trap m f (ein Resonanzkreis zur Sperrung eines störenden Signals bestimmter Frequenz), Falle f
**TRAPATT diode*** (Electronics) / Trapatt-Diode f (eine Lawinendiode)
**trap bark** (For) / Fangrinde f (frische Fichten- oder Kiefernrinde, die zum Anlocken und Abfangen schädlicher Forstinsekten, vor allem von Rüsselkäfern, dient) ‖ **~ billet** (For) / Fangklotz m, Fangknüppel m ‖ **~ bottle** (Chem) / Auffanggefäß n
**trapdoor** n (fitted to a horizontal surface to give access to a cellar or roof) (Build) / Einstiegtür f, Ausstiegtür f, Falltür f ‖ **~** (a breach created intentionally in an information processing system) (Comp) / Eingangspfad m (für das Trojanische Pferd) ‖ **~ function** (Comp) / Falltürfunktion f (in der Kryptografie)
**trapeziform** adj / trapezförmig adj
**trapezium*** n (pl. trapeziums or trapezia) (Maths) / Trapez n (Viereck, in dem zwei Seiten zueinander parallel sind) ‖ **~** (pl. trapeziums or trapezia) (US) (Maths) / Trapezoid n (Viereck, das keine parallelen Gegenseiten besitzt)
**trapezium distortion*** (Electronics, Optics, Photog, TV) / Trapezverzeichnung f, Trapezfehler m (ein monochromatischer Abbildungsfehler) ‖ **~ effect*** (Electronics) / Trapezeffekt m ‖ **~ rule** (Maths, Surv) / Trapezregel f, Trapezformel f (numerische Integration) ‖ **~ truss** (Civ Eng) / Trapez-Fachwerkträger m
**trapezohedral** adj (Crystal, Maths, Min) / trapezoedrisch adj
**trapezohedron*** n (pl. -hedra or -hedrons) (Crystal, Maths, Min) / Trapezoeder n
**trapezoid*** n (Maths) / Trapezoid n (Viereck, das keine parallelen Gegenseiten besitzt) ‖ **~*** (US) (Maths) / Trapez n (Viereck, in dem zwei Seiten zueinander parallel sind) ‖ **~** (Maths) s. also general quadrilateral
**trapezoidal** adj / trapezförmig adj ‖ **~ approximation** (Chem) / Trapezapproximation f (bei der Peakflächenberechnung), Trapezmethode f (bei der Peakflächenberechnung) ‖ **~ distortion** (Electronics) / Trapezverzeichnung f, Trapezfehler m (ein monochromatischer Abbildungsfehler) ‖ **~ notch** (Hyd Eng) / trapezförmige Messblende (des Cipolletti-Messwehrs) ‖ **~ pulse** (Electronics) / Trapezimpuls m (DIN 40146, T 3) ‖ **~ rule*** (Maths, Surv) / Trapezregel f, Trapezformel f (numerische Integration) ‖ **~ screw thread** (Eng) / Trapezgewinde n (ein Sondergewinde nach DIN 103, 378, 379 und 6063, T 2) ‖ **~ sheet** (Met) / Trapezblech n ‖ **~ sheeting** (Met) / Trapezprofil n ‖ **~ thread** (Eng) / Trapezgewinde n (ein Sondergewinde nach DIN 103, 378, 379 und 6063, T 2) ‖ **~ wing** (Aero) / Trapezflügel m (ein Flügeltyp, dessen Flügeltiefe von der Flügelwurzel am Rumpf nach dem Flügelende zu allmählich abnimmt)
**trapezoid frame** (Build, Civ Eng) / Trapezrahmen m (ein einfeldriger Rahmen mit geneigten Stielen und horizontalem Riegel) ‖ **~ spring** (Eng) / Trapezfeder f ‖ **~ truss** (Civ Eng) / Trapez-Fachwerkträger m
**trap-free** adj (Electronics) / haftstellenfrei adj
**trap handler** (Comp) / Bearbeitungsprogramm n für Maschinenfehler der Zentraleinheit ‖ **~ oxidizer** (Autos) / Abbrenneinrichtung f (in Dieselrußfiltern)
**trapp** n (Geol) / Trapp m (vulkanische Decke aus Trapp- oder Flutbasalt)
**trappean rock** (Geol) / Trapp m (vulkanische Decke aus Trapp- oder Flutbasalt) ‖ **~ rock** (Geol) s. also plateau basalt
**trapped air** (Civ Eng) / eingeschlossene Luft (z.B. im Beton), Lufteinschluss m (über 1 mm) ‖ **~ electron** (Nuc) / Haftelektron n ‖ **~ mode*** (Electronics) / geführter Mode (Faseroptik) ‖ **~ particles** (Geophys, Nuc) / eingefangene Teilchen pl
**trapped-plasma avalanche transit time diode*** (Electronics) / Trapatt-Diode f (eine Lawinendiode)
**trapping*** n (Comp) / nichtprogrammierter Sprung m ‖ **~** (Print) / Abheben n vorgedruckter Farbe (beim Überdrucken mit einer Farbe höherer Tackwerte), Rücktrapping n ‖ **~** (Print) / Trapping n, Farbrückspaltung f, Farbannahme f (bei einem Bedruckstoff oder bei einer vorgedruckten Druckfarbenschicht) ‖ **~ centre** (Electronics) / Haftstelle f, Fangstelle f (ein Typ von Störstellen in Halbleitern mit hoher Einfangwahrscheinlichkeit für freie Ladungsträger einer Art) ‖ **~ of impurities** (Electronics) / Einbau m von Verunreinigungen (z.B. beim Kristallwachstum) ‖ **~ position** (Rail) / flankenschutzbietende Stellung (einer Weiche) ‖ **~ region*** (Astron) / Polarlichtzone f, Bereich m des eingefangenen Plasmas
**trap points** (Rail) / Schutzweiche f (die die Zugfahrten vor Flankengefährdung durch feindliche Zugfahrten od. unbeabsichtigte Bewegung von Zugteilen schützt, indem sie eine gefährdende Fahrt von der eingestellten Fahrstraße ableitet in ein anderes Gleis oder auf einen Prellbock) ‖ **~ points** (Rail) / feindliche Weiche
**traprock** n (Geol) / Trapp m (vulkanische Decke aus Trapp- oder Flutbasalt)
**traps** pl (Comp, Telecomm) / Traps pl (Meldung spontaner Ereignisse von Netzelementen an das Netzmanagementsystem)
**trap tree** (For) / Fangbaum m (bei der Insektenbekämpfung) ‖ **~ water** (to seal out drain odours) (Build) / Sperrwasser n (im Geruchsverschluss)
**trash** n (US) / Abfall m, Abfälle m pl ‖ **~** (cane trash) / Zuckerrohrabfälle m pl (als Brennstoff) ‖ **~*** (Textiles) / Verunreinigung f (pflanzliche - z.B. Samen in der Baumwolle, Fremdkörper m (in der Wolle) ‖ **~ board** (Hyd Eng) / Tauchwand f (von oben her in eine Gerinneströmung eintauchende, unterströmte Wand, die vom Wasser mitgeführtes Treibgut zurückhält), Schwimmstoffabstreicher m ‖ **~ can** (Comp) / Trashcan n (ein Grafikzeichen in grafisch unterstützten Benutzeroberflächen), Papierkorb m ‖ **~ can** (US) (Ecol) / Koloniakübel m (A), Mülltonne f (Hausmüllsammelbehälter nach DIN 6629), Mülleimer m (DIN 6628), Abfalleimer m, Müllgefäß n

1673

**trashing** n (Comp) / Trashing n (Systemzustand, bei dem die CPU fast ausschließlich mit dem Auslagern bzw. Nachladen von Programmsegmenten beschäftigt ist) ‖ ~ (Comp) / Trashing n (beim Mehrprogrammbetrieb - Systemüberlastung), Seitenflattern n
**trash rack** (Hyd Eng, San Eng) / Rechen m (Rückhaltevorrichtung am Einlauf von Klär- und Wasserkraftanlagen - meistens Grobrechen) ‖ ~ **screen** (Hyd Eng, San Eng) / Rechen m (Rückhaltevorrichtung am Einlauf von Klär- und Wasserkraftanlagen - meistens Grobrechen)
**trass*** n (Build, Geol) / Trass m, Duckstein m (trachytischer Tuff - DIN 51043) ‖ ~ **blast-furnace cement** (Build, Civ Eng) / Trasshochofenzement m (ein bauaufsichtlich zugelassener Zement, der aus Zementklinker, Gips und/oder Anhydrit, bis zu 25 Gew.-% Trass und bis zu 50 Gew.-% Hüttensand besteht), TrHOZ ‖ ~ **cement** (Build) / Trasszement m (ein Puzzolanzement nach EN 197-1), TrZ (Trasszement) ‖ ~ **lime** (Build) / Trasskalk m (Bindemittel aus Trass und Kalkpulver oder Kalkteig) ‖ ~ **mortar*** (Build, Civ Eng) / Trassmörtel m
**Traube purine synthesis** (Chem) / Traube'sche Purinsynthese, Traube-Synthese f (nach W. Traube, 1866-1942)
**Traube's rule** (Chem) / Traube-Regel f (nach der innerhalb einer homologen Reihe von Tensiden mit steigender Kettenlänge die Lipophilie und Oberflächenaktivität zunehmen, die Oberflächenspannung von Tensidlösungen also abnimmt)
**Traube synthesis** (Chem) / Traube'sche Purinsynthese, Traube-Synthese f (nach W. Traube, 1866-1942)
**trauma*** n (pl. -s or -ta) (Med) / Trauma n (pl. -men oder -ta), Schock m (seelischer)
**traumatic** adj (For) / traumatisch adj (Ring, Streifen) ‖ ~ **acid** (Chem) / Traumatinsäure f ([E]-2-Dodecendisäure) ‖ ~ **canal** (For) / Wundharzkanal m (bei Nadelhölzern unter Einfluss eines Wundreizes) ‖ ~ **heartwood** (For) / Wundkernholz n, Wundkern m ‖ ~ **resin** (For) / Wundgummi n (von verletzten Laubholzbäumen) ‖ ~ **resin duct** (For) / Wundharzkanal m (bei Nadelhölzern unter Einfluss eines Wundreizes) ‖ ~ **ring** (For) / Wundüberwallung f (ringförmige), Wundring m, Scheinring m (Faserstauchung)
**Travan** n (tape standard proposal to the QIC committee by 3M and Colorado Memory Systems) (Comp) / Travan m
**trave** n (a cross-beam) (Build) / Querbalken m, Quergurt m (bei langen Gewölben) ‖ ~ (Build) / Joch n (Unterteilung bei langen Gewölben), Fach n, Travée f, Gewölbejoch n, Gewölbefeld n (Einzelelement eines größeren Gewölbesystems)
**travel** v / wandern v ‖ ~ (Cinema, TV) / fahren v (mit der Kamera) ‖ ~ n (Aero) / Ausschlag m (von Rudern) ‖ ~ (Elec Eng) / Betätigungsweg m (eines beweglichen Elementes) ‖ ~ (Eng) / Hublänge f (Arbeits- bzw. Leerhub) ‖ ~* (Eng) / Verstellweg m, Transportweg m ‖ ~ (a distance) (Eng) / Lauf m (ein Längenmaß) ‖ ~ (Eng) / Arbeitsbewegung f
**travelator** n (a moving walkway) / [geneigter] rollender Gehsteig m
**travel carriage** (Welding) / Schweißwagen m (automatisches Schweißgerät) ‖ ~ **gear** (Eng) / Fahrwerk n (bei Kranen)
**travel-group charter** (US) (Aero) / ABC-Charter m f (mit ABC-Flügen)
**traveling block*** (US) (Oils) / Flaschenzugblock m
**travel iron** / Reisebügelautomat m
**travelled way** (Civ Eng) / befestigte Verkehrsraumbreite, Kronenbreite f
**traveller*** n (Spinning) / Ringläufer m (DIN 63800), Läufer m ‖ ~ **gantry*** (Civ Eng) / verfahrbarer Portalkran, Vollportalkran m als Laufkran
**travelling** n / Wanderung f ‖ ~ (Cinema, TV) / Kamerafahrt f, Fahrt f (der Kamera) ‖ ~ (Mining) / Seilfahrt f (Fördern von Personen im Schacht mittels Förderkorb), Mannschaftsfahrung f ‖ ~ (Mining) / Fahrung f (Fortbewegung von Menschen unter Tage zu Fuß, mit Personenzügen, mit Einschienenhängebahnen usw.) ‖ ~ (Mining) / Fahren m (söhlig) ‖ ~ adj / fahrbar adj, ortsveränderlich adj, fortbewegungsfähig adj ‖ ~ / fahrbar adj (Werkstatt) ‖ ~ (Eng) / mitlaufend adj (Lünette) ‖ ~ **bag** / Reisetasche f ‖ ~ **block*** (Oils) / Flaschenzugblock m ‖ ~ **bridge** (Civ Eng) / Verladebrücke f (ein großer Bockkran) ‖ ~ **cableway** (Eng) / fahrbarer Kabelkran ‖ ~ **crane** (Civ Eng) / verfahrbarer Portalkran, Vollportalkran m als Laufkran ‖ ~ (shop) **crane** (Eng) / Brückenkran m (z.B. in der Montagehalle), Laufkran (ein Werkstattkran) ‖ ~ **distributor** (San Eng) / Wandersprenger m (Vorrichtung zur Verteilung des Abwassers über die Oberfläche rechteckiger Tropfkörper), Fahrsprenger m
**travelling-field motor** (Elec Eng) / Wanderfeldinduktionsmotor m, Wanderfeldmotor m, Wanderfeldlinearmotor m
**travelling form** (Civ Eng) / Ziehschalung f (waagerecht auf dem Boden bewegte Teilschalung - in Betonwerken) ‖ ~ **form** (Civ Eng) s. also sliding form ‖ ~ **formwork** (Build, Civ Eng) / Wanderschalung f (eine bewegliche Schalung) ‖ ~ **grate** (Eng) / Wanderrost m, beweglicher Rost ‖ ~ **height** (Eng) / Förderhöhe f (beim Aufzug) ‖ ~ **hopper** (Civ Eng) / Bandschleifwagen m (der das Fördergut an jeder beliebigen Stelle in einer Gurtförderanlage übernimmt), Schleifenwagen m ‖ ~ **key** (Cinema) / nachgeführtes Führungslicht n ‖ ~ **load** (Build) / Verkehrslast f (nicht ruhend) ‖ ~ **matte** (Cinema) / Wandermaske f ‖ ~ **matte shot*** (Cinema) / Wandermaskenbild n, Travelling-matte-Aufnahme f ‖ ~ **mechanism** (Mining) / Schreitwerk n (z.B. zum selbsttätigen Schreiten von Ausbauböcken und -gespannen und von mittleren und großen Tagebaugeräten)
**travelling-pan filter** (Chem Eng) / Wandernutsche f, Kastenbandfilter n, Bandzellenfilter n
**travelling platform** (Rail) / Schiebebühne f (Vorrichtung zum Umsetzen von Eisenbahnwagen auf ein parallel laufendes Gleis) ‖ ~**-salesman problem** (AI) / Rundfahrtproblem n, Problem n des Handelsreisenden, Rundreiseproblem n, Handelsreisendenproblem n (ein Problem der ganzzahligen Optimierung) ‖ ~ **shot** (Cinema) / Fahraufnahme f (vom fahrenden Kamerawagen aus) ‖ ~ **shuttering** (Build, Civ Eng) / Wanderschalung f (eine bewegliche Schalung) ‖ ~ **steady** (Eng) / Laufsetzstock m, mitgehender Setzstock, mitlaufender Setzstock, mitlaufende Lünette ‖ ~ **time** / Fahrtdauer f ‖ ~ **time** / Reisezeit f (Zeitdauer eines Transportprozesses im Personenverkehr), Reisedauer f ‖ ~ **tripper** (Civ Eng) / Bandschleifenwagen m (der das Fördergut an jeder beliebigen Stelle in einer Gurtförderanlage übernimmt), Schleifenwagen m ‖ ~ **wave** (Phys, Radio) / Wanderwelle f, fortschreitende (elektromagnetische) Welle ‖ ~**-wave amplifier*** (Telecomm) / Wanderwellenverstärker m, Wanderfeldverstärker m, Wanderfeldröhrenverstärker m ‖ ~**-wave antenna*** (Radio) / Wanderwellenantenne f, Antenne f mit fortschreitender Welle
**travelling-wave linear accelerator** (Nuc) / Wanderwellenbeschleuniger m, Wanderwellen-Linearbeschleuniger m
**travelling-wave magnetron*** (Electronics) / Wanderfeldmagnetfeldröhre f, Lauffeldmagnetron n, Wanderfeldmagnetron n, Travelling-wave-Magnetron n
**travelling-wave motor** (Elec Eng) / Wanderwellenmotor m (rotierender Elektromotor für den unteren und mittleren Leistungsbereich, dessen Läufer, ein flacher Ring, durch mechanischen Kraftfluss von einer auf dem Stator umlaufenden mechanischen Wanderwelle mitgenommen wird)
**travelling•-wave tube*** (Electronics) / Wanderwellenröhre f (eine Lauffeldröhre), Wanderfeldröhre f, WFR (Wanderfeldröhre), Lauffeldröhre f, TWT (Wanderröhre) ‖ ~ **wheel** (Eng) / Laufrad n (meistens spurkranzgeführt)
**travel sickness** (Med) / Reisekrankheit f (eine Bewegungskrankheit) ‖ ~ **speed** (Eng) / Fahrgeschwindigkeit f (z.B. eines Laders) ‖ ~ **time** / Fahrtdauer f ‖ ~ **time** / Fahrzeit f, Wegezeit f (Fahrt zur Arbeit) ‖ ~ **time** (Electronics, Phys) / Laufzeit f ‖ ~ **time** (Hyd Eng) / Laufzeit f (der Hochwasserwelle)
**traversable** adj / überfahrbar adj
**traversal** n (AI) / Durchqueren n (eines Baumes) ‖ ~ (Maths) / Umlauf m (geschlossener - einer Figur)
**traverse** n (Eng) / Verfahrweg m (z.B. des beweglichen Maschinentisches) ‖ ~ (Eng) / Bewegung f in Längsrichtung, Verschiebung f in Längsrichtung ‖ ~ (yarn transfer) (Spinning) / Hub m ‖ ~* (Surv) / Polygonieren n, Polygonierung f ‖ ~ (Surv) / Polygonzug m
**traverse-flow laser** / quergeströmter Laser
**traverse milling** (Eng) / Zeilenfräsen n (eine Art Nachformfräsen) ‖ ~ **survey** (Surv) / Polygonieren n, Polygonierung f ‖ ~ **target** (Surv) / Zielmarke f, Zielpunkt m, Zieltafel f ‖ ~ **thread milling** (Eng) / Langgewindefräsen n
**traversing** n (a longitudinal motion of a cutter or a lathe or of any tool on a machine) (Eng) / Vorschub m, Zustellung f ‖ ~* (Eng) / Bewegung f in Längsrichtung, Verschiebung f in Längsrichtung ‖ ~ (Surv) / Polygonieren n, Polygonierung f ‖ ~ **bridge** (Eng) / Schiebebrücke f, Rollbrücke f (mit der waagrechten Verschiebung des Überbaus) ‖ ~ **speed** (Eng) / Verfahrgeschwindigkeit f ‖ ~ **trolley** (Eng) / quer verfahrbare Laufkatze
**travertine*** n (Geol) / Travertin m (ein Kalktuff)
**travis** n (Build) / Querbalken m, Quergurt m (bei langen Gewölben) ‖ ~ (Build) / Joch n (Unterteilung bei langen Gewölben), Fach n, Travée f, Gewölbejoch n, Gewölbefeld n (Einzelelement eines größeren Gewölbesystems)
**travolator** n / [geneigter] rollender Gehsteig m
**trawl** n (Ocean) / Grundschleppnetz n (Hauptfanggerät der Hochseefischerei), Trawl n ‖ ~ **board** (Ships) / Scherbrett n (des Einschiffschleppnetzes) ‖ ~ **door** (Ships) / Scherbrett n (des Einschiffschleppnetzes)
**trawler** n (Ships) / Trawler m (Fischereifahrzeug der Schleppnetzfischerei in der Hochsee- und Küstenfischerei)
**trawl warp** (Ships) / Kurrleine f (zum Aussetzen, Schleppen und Einholen eines geschleppten Fanggeräts)

1674

**traxcavator** n (Civ Eng) / Traxcavator m, Caterpillar-Lader m (ein Raupenkettenbagger der Caterpillar Tractor Co., Peoria, Illinois), Trax m
**tray** n / Tray n (ein Stanzzuschnitt als Verpackungsmaterial) ‖ ~ (US) (Chem Eng) / Austauschboden m, Boden m (der Bodenkolonne) ‖ ~ (Paper) / Tray n, Halbkarton m (Verpackung) ‖ ~ **column** (US) (Chem Eng) / Bodenkolonne f (mit Glocken, Siebplatten, Gitterrosten, Ventilen usw.), Bodensäule f ‖ ~ **development** (Photog) / Schalenentwicklung f ‖ ~ **drier** / Trockenschrank m mit herausnehmbaren Trockenblechen ‖ ~ **drier** (Chem Eng) / Hordentrockner m (ein Festbetttrockner) ‖ ~ **efficiency** (US) (Chem Eng) / Austauschgrad m, Verstärkungsverhältnis n, Bodenwirkungsgrad m (von Rektifizierböden)
**trayle** n (Arch) / Weinrebenornament n
**tray table** (Autos) / Klapptisch m (an der Vordersitzlehne) ‖ ~ **washer** (Photog) / Wässerungsschale f (einfache Schale mit Ablauf und Wasserzufluss)
**TR box** (Electronics, Radar) / Sende-Empfangs-Schalter m
**treacle** n (Nuc, Nut) / Zuckerdicksaft m, Ablaufsirup m (in der Rohzuckerfabrikation) ‖ ~ (Nut) / Melasse f (aus Zuckerrohr oder Zuckerrüben) ‖ ~ (GB) (Nut, Pharm) / Melasse f (sirupartiger Rückstand der Zuckergewinnung aus Zuckerrohr oder Zuckerrüben), Melassesirup m, [dicker, schwarzbrauner] Sirup m
**treacly** adj / sirupartig adj, sirupös adj
**tread** n / Trittspur f ‖ ~ (US) (Aero) / Spurbreite f, Spurweite f ‖ ~ (Autos) / Lauffläche f (des fertigen Reifens) ‖ ~ (Autos) / Protektor m (profilierter Laufstreifen des Reifens) ‖ ~* (Autos) / Reifenprofil n, Profil n (der Lauffläche), Laufflächenprofil n ‖ ~ (US) (Autos) / Spurweite f (der Abstand der Reifenmitten an einer Achse) ‖ ~ (Autos) / Reifenspur f, Radspur f ‖ ~ (Build) / Trittfläche f (einer Stufe nach DIN 18 064) ‖ ~* (Build, Carp) / Stufenbreite f, Auftrittbreite f (z.B. bei geneigter Stoßfläche) ‖ ~* (Autos) s. also casing n ‖ ~ (Build, Carp) s. also going n ‖ ~ **bar** (Autos) / Profilblock m ‖ ~ **chunk-out** (Autos) / Ausbrechen n der Teile der Reifenlauffläche ‖ ~ **crack** (Autos) / Riss m in der Profilrille der Lauffläche ‖ ~ **design** (Autos) / Reifenprofil n, Profil n (der Lauffläche), Laufflächenprofil n
**treaded rubber** / Profilgummi m (für Schuhsohlen)
**tread groove** (Autos) / Profilrille f der Lauffläche
**treadle** n (Elec Eng, Rail) / Schienenkontakt m (ein Gleisschaltmittel) ‖ ~ (Eng) / Fußhebel m, Pedal n ‖ ~ (Weaving) / Tritt m
**tread life** (Autos) / Reifenlaufleistung f (Lebensdauer) ‖ ~ **life** (warranted) (Autos) / Reifenlaufleistung f (garantierte) ‖ ~ **lug** (Autos) / Profilstollen m (des Reifens) ‖ ~ **of the wheel** (Civ Eng, Mining) / Laufkranz m (Lauffläche der Räder von Förderwagen) ‖ ~ **of the wheel** (Rail) / Radlauffläche f, Lauffläche f (des Rades) ‖ ~ **roller** (Autos) / Anroller m (für Reifen) ‖ ~ **separation** (Autos) / Laufflächenablösung f ‖ ~ **wear** (Autos) / Profilverschleiß m (der Reifenlauffläche), Profilabrieb m, Laufflächenabrieb m (Profilabrieb), Laufflächenverschleiß m ‖ ~-**wear indicator** (Autos) / Verschleißanzeiger m (der Reifenlauffläche) ‖ ~ **wearout** (Autos) / Profilverschleiß m (der Reifenlauffläche), Profilabrieb m, Laufflächenabrieb m (Profilabrieb), Reifenlaufflächenverschleiß m
**treat** v / bearbeiten v, behandeln v
**treated pole** (For) / imprägnierter Mast, getränkter Mast ‖ ~ **water** / Reinwasser n (als Gegensatz zu Rohwasser)
**treater** n (Chem) / Behandlungsgefäß n ‖ ~ (Oils) / Aufbereiter m, Treater m
**treating** n / Bearbeitung f, Behandlung f
**treatment** n / Bearbeitung f, Behandlung f ‖ ~ / Verarbeitung f (Vorgang) ‖ ~ (Med) / Therapie f, Behandlung f ‖ ~ (TV) / Treatment n (literarische Vorstufe des Drehbuchs) ‖ ~ **by ultraviolet radiation** (Med) / UV-Bestrahlung f, Ultraviolettbestrahlung f ‖ ~ **chart** (Radiol) / Bestrahlungskarte f ‖ ~ **cone** (Radiol) / Bestrahlungstubus m (zur Begrenzung des Nutzstrahlungsbündels) ‖ ~ **of loose rock and ore** (Mining) / Wegfüllen n (des Haufwerks), Wegfüllarbeit f, Bergeladen n ‖ ~ **with gallnut extract** (Textiles) / Gallieren n, Gallen n ‖ ~ **with sulphur** (Textiles) / Schwefelbleiche f, Schwefeln n (Bleichen von Wolle) ‖ ~ **with tannic acid** (Leather) / Tannieren n
**treat with gallnut extract** (Textiles) / gallieren v, gallen v (einen Stoff mit Flüssigkeiten, die Galläpfelextrakt enthalten, behandeln) ‖ ~ **with sulphur** (Textiles) / schwefeln v (Wolle), mit Schwefeldampf bleichen
**treaty on denuclearization of the ocean floor** (Mil, Ocean) / Meeresbodensperrvertrag m ‖ ~ **on the Non-Proliferation of Nuclear Weapons** (Mil) / Kernwaffensperrvertrag m, Vertrag m über die Nichtverbreitung von Kernwaffen, Atomwaffensperrvertrag m
**treble** n / verdreifachen v ‖ ~ n (Acous) / Treble n (Klangfarbregler im Hochtonbereich) ‖ ~ (Acous) / Höhe f ‖ ~ adj / Tripel-, dreimalig adj, dreifach adj ‖ ~ (when a number occurs three times in succession) (Maths) / dreistellig adj ‖ ~-**barrel pump** (Eng) / Drillingspumpe f (eine Kolbenpumpe mit drei Zylindern und drei von einer gemeinsamen Kurbelwelle betätigten Kolbenstangen) (Acous) / Höhenanhebung f (auch als schalltechnische Einrichtung zur betonten Wiedergabe der höheren Tonlagen) ‖ ~ **boost** (Acous) / Höhenanhebung f (auch als schalltechnische Einrichtung zur betonten Wiedergabe der höheren Tonlagen) ‖ ~ **control** (device) (Acous) / Höhenregler m (Einrichtung) ‖ ~ **control** (Acous) / Höhenregelung f (Tätigkeit) ‖ ~ **cut** (Acous) / Höhenabsenkung f
**trebles** pl (3 to 2 in.)* (Mining) / [etwa] Nuss I (50 - 80 m -Steinkohle)
**tree** n / Stemma n (pl. Stemmata), Baumdiagramm n, Baumgraf m ‖ ~* (Bot, For) / Baum m (ein Holzgewächs) ‖ ~ (beam) (Carp, For) / Kantholz n von quadratischem Querschnitt (über 15 x 15 cm), Balken m (Kantholz über 20 x 20 cm - DIN 68 365) ‖ ~* (Comp) / Baum m (eine nicht lineare Datenstruktur) ‖ ~ (Crystal) / Versetzungswald m (wenn eine Schraubenversetzung während ihrer Gleitbewegung eine Vielzahl von senkrecht zur Gleitebene stehenden Versetzungslinien schneiden muss), Waldversetzung f ‖ ~ (Foundry) / Modelltraube f (Modellkombination aus einer Vielzahl von kleinen verlorenen Modellen), Gießtraube f, Gießbaum m (für Feinguss) ‖ ~ (a connected graph with no cycles) (Maths) / Baum m (zusammenhängender kreisfreier Graf, der mindestens zwei Knotenpunkte enthält) ‖ ~ (Mining) / Einzelstempel m ‖ ~* (Surf) / Dendrit m (bei der Elektroplattierung) ‖ ~* (Telecomm) / Kontakttannenbaum m ‖ ~* (Comp) s. also rooted tree
**tree-adjoining grammar** (AI) / Grammatik f zum Zusammensetzen von Bäumen, Baumkompositionsgrammatik f
**tree age** (For) / Baumalter n ‖ ~ **algorithm** (Comp) / Baumalgorithmus m (z.B. Dijkstra- oder Ford-Algorithmus) ‖ ~ **automaton** (AI, Comp) / Baumautomat m
**tree-bark crepe** (Textiles) / Borkenkrepp m, Narbenkrepp m, Rindenkrepp m
**tree-based** adj (Comp) / auf Baumbasis
**tree calliper** (For) / Messkluppe f, Kluppe f (Messgerät zur Ermittlung des Durchmessers von Rundholz), Baumkluppe f ‖ ~ **compass** (For) / Scherenkluppe f ‖ ~ **cutter** (Civ Eng, For) / eine Zusatzeinrichtung vor dem Schild (z.B. einer Planierraupe) für Baumfällarbeiten ‖ ~ **diameter** (For) / Baumdurchmesser m ‖ ~ **disease** (For) / Baumkrankheit f
**treedozer** n (Civ Eng, For) / ein Raupenfahrzeug mit einer Zusatzeinrichtung für Baumfällarbeiten, Baustellenrodehobel m, Baumrodemaschine f
**tree extraction** (For) / Baumrodung f ‖ ~ **farm** (US) (For) / Baumfarm f, Waldfarm f ‖ ~ **felling** (For) / Fällen n, Holzeinschlag m, Holzwerbung f, Hauungsbetrieb m, Einschlag m (Holzeinschlag), Holzfällung f, Baumfällen n, Holzfällen n, Holzschlag m, Nutzung f
**tree-fern**\* n (Bot) / Baumfarn m (z.B. Cyathea sp.)
**tree form factor** (For) / Formzahl f, Reduktionszahl f, Vollholzigkeitszahl f (in der Baum- und Bestandsschätzung, z.B. Brusthöhen-Formzahl)
**tree-framed view** (Arch) / Blickschneise f
**tree growth** (For) / Baumwachstum n ‖ ~ **height** (For) / Baumhöhe f
**treeing** n (Elec Eng) / Verästelung f (Durchschlagmechanismus beim Festkörperdielektrikum) ‖ ~ (Surf) / Dendritenbildung f (in der Galvanotechnik)
**treeless** adj (Ecol) / baumlos adj
**tree line** (For) / Baumgrenze f (durch klimatische Verhältnisse bedingte Grenze, an der ein aufrechter Baumwuchs aufhört - montane, polare)
**tree-lined street** / mit Bäumen umsäumte Straße
**tree lupin** (a shrubby yellow-flowered Californian lupin, widely planted to reclaim sandy land) (Bot, Civ Eng) / Baumlupine f (Lupinus arboreus Sims)
**treenail** n (Build) / Hartholzdollen m, Holznagel m (zur Lagesicherung von Zapfenverbindungen), Holzdollen m (zur unverschieblichen Verbindung von sich kreuzenden oder aufeinander stehenden Hölzern)
**tree network** (Elec Eng) / baumförmig ausgelegtes Netz, Baumnetz n (mit einer Kopfstelle) ‖ ~ **of concentrators topology** (Comp) / Tree-of-Concentrators-Topologie f ‖ ~ **planter** (For) / Forstpflanzmaschine f, Waldpflanzmaschine f ‖ ~ **planting outside forest** (Agric, For) / Flurholzanbau m ‖ ~ **resin** (Agric, Chem, For) / Baumharz n ‖ ~ **ring** (Bot) / Wachstumsring m (eine rhythmische Zuwachszone) ‖ ~ **ring** (For) / Jahrring m, Jahresring m
**tree-ring analysis** (Ecol, For) / Jahresringanalyse f ‖ ~ **dating** (For) / Dendrochronologie f (Verfahren zur Datierung vorgeschichtlicher Kulturreste aus den Jahresringen der darin enthaltenen Hölzer), Baumringchronologie f, Jahrringchronologie f, Jahresringchronologie f (absolute Altersbestimmung)
**tree stock** (For) / Baumbestand m ‖ ~ **structure** / Baumstruktur f (eines Diagramms)
**tree-structured** adj / baumstrukturiert adj, mit Baumstruktur
**tree-stump** n (Bot) / Stumpf m, Baumstumpf m, Stubben m
**tree surgeon** (For) / Baumchirurg m (Fachmann für die Erhaltung von Bäumen) ‖ ~ **surgery** (For) / Baumchirurgie f
**tree-top** n (For) / Wipfel m, Gipfel m

**tree topology**

**tree topology** (Comp) / Baumtopologie *f*
**tree-uprooting device** (For) / Baumrodegerät *n*
**tree-view control** (Comp) / hierarchisches Listenfeld (Windows 95)
**tree wall** (Agric, For) / Baumhecke *f*, Baumband *n* || **~ with irregular heartwood** (For) / Kernreifholzbaum *m* (z.B. Rüster, Esche) || **~ with regularly formed heartwood** (For) / Kernholzbaum *m* (mit trocknerem und auffällig gefärbtem Kern)
**tree-wrap paper** (Paper) / Baumgürtelpapier *n*
**trefoil** *n* (Arch) / Dreiblatt *n* (eine gotische Maßwerkform) || **~** (Arch) / Dreipass *m* (im gotischen Maßwerk) || **~ arch** (Arch) / Kleeblattbogen *m*, Dreipassbogen *m* || **~ symmetry** (Maths) / Kleeblattsymmetrie *f*
**trehalose** *n* (Bacteriol, Chem) / Trehalose *f* (ein nichtreduzierendes, süß schmeckendes Disaccharid), Mutterkornzucker *m*, Mycose *f*, Mykose *f*
**trellis** *n* / Gitterwerk der Regeneratorkammer) *n*, Gitter *n* || **~ code** (Telecomm) / Trelliskode *m*, Trelliscode *m*
**trellis-coded modulation** (Telecomm) / Trelliscodemodulation *f* (Kombination von Faltungscodierung und Modulation ), Trelliskodemodulation *f*
**trellis drainage** (a drainage pattern in which the streams course parallel to the inclined strata outcrops for long distances and then cut through the intervening ridges and continue along another course) (Agric) / spalierartiges Entwässerungssystem || **~ drainage pattern** (Geol) / gitterförmiges Flussnetz
**trellised drainage** (Agric) / spalierartiges Entwässerungssystem || **~ gate** (Build) / Gittertor *n*
**trellis fence** (Build) / Jägerzaun *m* (aus gekreuzten Holzstäben)
**trema** *n* (Typog) / Trema *n* (pl. Tremas oder Tremata) (DIN 66009), Umlautzeichen *n* (z.B. in "Löß"), Diärese *f*
**trembler** *n* (Elec Eng) / Hammer *m* (Anker + Feder + Kontaktschraube - des Selbstunterbrechers)
**trembling** *n* (Electronics) / Tanzen *n* (des Bildes) || **~ aspen** (For) / Amerikanische Espe, Amerikanische Zitterpappel (Populus tremuloides Michx.) || **~ poplar** (For) / Zitterpappel *f*, Espe *f* (Populus tremula L.), Aspe *f*
**tremie** *n* (Civ Eng) / Trichter *m* (fahrbarer, ortsfester - für das Einbringen des Betons unter Wasser), Betonschütttrichter *m*
**tremmie** *n* (US) (Civ Eng) / Trichter *m* (fahrbarer, ortsfester - für das Einbringen des Betons unter Wasser), Betonschütttrichter *m*
**tremolite*** (Min) s. also amphibole asbestos || **~*** *n* (Min) / Tremolit *m* (ein Strahlstein), Grammatit *m*
**tremor** *n* (Geol) / schwaches Erdbeben, Bodenerschütterung *f*, Beben *n* (leichtes), Erschütterung *f*
**trenail*** *n* (Build) / Hartholzdollen *m*, Holznagel *m* (zur Lagesicherung von Zapfenverbindungen), Holzdollen *m* (zur unverschieblichen Verbindung von sich kreuzenden oder aufeinander stehenden Hölzern)
**trenbolon** *n* (Agric, Pharm) / Trenbolon *n* (ein Anabolikum - ein Masthilfsmittel oder Dopingmittel im Sport)
**trench** *v* (Agric, Civ Eng) / rigolen *v*, tief umbrechen (umgraben), Graben ausheben || **~** *n* (Build) / Grube *f*, Baugrube *f* || **~** (Civ Eng) / Graben *m*, Rigole *f*, Einschnitt *m* || **~** (Electronics) / Trench *m* (senkrechter Graben oder senkrechtes Loch im Silicium) || **~** (e.g. Mariana Trench) (Geol, Ocean) / Tiefseegraben *m* (rinnenförmige Einsenkung des Meeresbodens), Tiefseebecken *n*, Tiefseerinne *f* || **~ backfill** (Civ Eng) / Grabenverfüllung *f* || **~ bottom** (Civ Eng) / Grabensohle *f* (die Unterseite eines Grabens) || **~ box** (Civ Eng) / beweglicher Rohrgrabenaussteifkasten || **~ brace** (Civ Eng) / Saumbohle *f* (Bauelement aus Holz oder Metall, das bei kanalartigen Baugruben das Abrutschen der Wände verhindert) || **~ calf** (Leather) / Huntingcalf *n* (gefettetes Leder aus Kalbsfellen), Samtleder *n* (fleischseitig bearbeitetes Rauleder), Velourleder *n* || **~ ~** Leder aus Kalbsfellen), Veloursleder *n*, Velours *n* || **~ compactor** (Civ Eng) / Explosionsstampfer *m*, Dieselramme *f*, Verdichtungsfrosch *m* (zum Abrammen des lockeren Bodens), Frosch *m*, Explosionsramme *f* (schwerer Stampfer) || **~ cutter** (Civ Eng) / Grabenfräse *f* || **~ depth** (Civ Eng) / Grabentiefe *f* (Maß von Geländeoberkante bis Grabensohle) || **~ digger** (Civ Eng) / Grabenräumer *m*, Grabenbagger *m*, Grabenpflug *m*, Rigolpflug *m*
**trencher** *n* (Civ Eng) / Bunkerbagger *m* || **~** (Civ Eng) / Grabenzieher *m*, Grabenbagger *m*, Grabenpflug *m*, Rigolpflug *m*
**trench excavation** (Agric, Civ Eng) / Grabenaushub *m*, Grabenziehen *n*, Rigolen *n* || **~ excavator** (Civ Eng) / Grabenzieher *m*, Grabenbagger *m*, Grabenpflug *m*, Rigolpflug *m* || **~ filler** (Civ Eng) / Grabenverfüller *m*, Grabenfüllgerät *n* || **~ hoe** (Civ Eng) / Grabenräumer *m*, Grabenbagger *m*, Grabenpflug *m*, Rigolpflug *m*
**trenching** *n* (Agric, Civ Eng) / Grabenaushub *m*, Grabenziehen *n*, Rigolen *n* || **~** (Civ Eng) / Grabenbau *m*, Graben *n* || **~ machine** (Civ Eng) / Grabenzieher *m*, Grabenbagger *m*, Grabenpflug *m*, Rigolpflug *m* || **~ plane*** (Join) / Grundhobel *m* (Handhobel zum Räumen des Grundes der mit der Gratsäge eingeschnittenen Gratnut)
**trenchless construction method** (Civ Eng) / geschlossene Bauweise (z.B. der Ver- und Entsorgungsleitungen)
**trench sheeting** (Civ Eng) / Grabenverbau *m* || **~ shoring** (Civ Eng) / Grabenverbau *m* || **~ timber** (Civ Eng) / Saumbohle *f* (Bauelement aus Holz oder Metall, das bei kanalartigen Baugruben das Abrutschen der Wände verhindert)
**trend** *n* (a broad underlying movement in a time series) (Stats) / Trend *m* (eine der drei Komponenten der Zeitreihe in der Zeitreihenanalyse) || **~ analysis** / Trendanalyse *f*
**trendsetter** *n* / Trendsetter *m* (Person oder Sache, die trendbildend wirken)
**trend simulation** (Comp, Stats) / Trendsimulation *f*
**trendy** *adj* (Textiles) / modisch *adj*, fashionabel *adj*, fashionable *adj*
**Trenker velvet** (Textiles) / Trenkerkord *m* (ein Kordsamt - nach L. Trenker, 1892 - 1990)
**trepanning** *n* (Civ Eng, Mining) / Schachtbohren *n* || **~** (Eng) / Hohlbohrung *f* (ins volle Material) || **~*** (Eng) / Kernbohren *n* (DIN 8589, T 2), Hohlbohren *n* || **~** (Eng) / axiales Einstechdrehen || **~ cutter** (GB) (Eng) / Kronenbohrer *m*, Kernbohrer *m*, Hohlbohrer *m*
**Tresca yield hypothesis** (Materials) / Fließhypothese *f* nach Tresca, Tresca-Fließhypothese *f*
**tress** *n* / Flechte *f*, Zopf *m* || **~** (Textiles) / Riste *f* (Lein)
**T-rest** (For, Join) / T-Auflage *f* (der Holzdrehbank)
**trestle** *n* (Build) / zusammenklappbare Rahmenstütze, verstellbarer Bock (für Arbeitsbühne) || **~** (Build) / Joch *n*, Brückenjoch *n* (für kleine Holzbrücken) || **~** (Civ Eng) / Stützbock *m*, Stützmast *m*, Stützgerüst *n* (aus einzelnen Stützböcken) || **~ bridge** (Civ Eng) / Gerüstbrücke *f* (einfache Fachwerkbrücke aus Holz auf mehrstöckigen, und daher hohen, Gitttertürmen), Jochbrücke *f*, Bockbrücke *f*
**tretamine** *n* (Chem, Pharm) / Tretamin *n* (ein Cytostatikum)
**trevorite** *n* (Min) / Trevorit *m* (ein Ferritspinell)
**TRF** (thyrotropic hormone-releasing factor) (Biochem, Med) / Thyrotropin-Releasing-Hormon *n*, Thyroliberin *n*, TRH (Thyrotropin-Releasing-Hormon) || **~ receiver*** (Radio) / Geradeausempfänger *m*
**TRH** (thyrotropin-releasing hormone) (Biochem, Med) / Thyrotropin-Releasing-Hormon *n*, Thyroliberin *n*, TRH (Thyrotropin-Releasing-Hormon)
**tri-*** / Tri-, tri- (Bestimmungswort von Zusammensetzungen mit der Bedeutung "drei")
**Triac** *n* (two back-to-back connected thyristors integrated into a single device - General Electric Company) (Electronics) / Zweirichtungsthyristortriode *f*, Triac *m n* (zwei parallel geschaltete Thyristoren mit einer Steuerelektrode), Vollwegthyristor *m* (DIN 41786, DIN 41855)
**triacetate*** *n* (Chem, Textiles) / Triacetat *n*, Triazetat *n*, Triacetylcellulose *f*, Triazetylcellulose *f* (vollständig azetylierte Zellulose) || **~ fibre** (Chem Eng, Textiles) / Triazetatfaser *f* (bei der mindestens 92% der Hydroxylgruppen azetyliert sind), Triacetatfaser *f* || **~ film** (Photog) / Triazetatfilm *m* (ein Sicherheitsfilm mit Triazetatunterlage), Triacetatfilm *m*
**triacetin*** *n* (Chem, Nut, Paint) / Glycerintriacetat *n* (1,2,3-Triacetoxypropan), GTA (Glycerintriacetat), Glyzerintriazetat *n*, Triacetin *n*, Triazetin *n*
**triacetyl cellulose** (Chem, Textiles) / Triacetat *n*, Triazetat *n*, Triacetylcellulose *f*, Triazetylcellulose *f* (vollständig azetylierte Zellulose)
**triacid** *n* (Chem) / dreiwertige Säure, dreibasige Säure, dreibasische Säure || **~** *adj* (Chem) / dreisäurig *adj* (Base) || **~** (Chem) / dreifachsauer *adj* (saures Salz), Trihydrogen-
**triacidic*** (Chem) / dreisäurig *adj* (Base)
**triacontanoic acid** (Chem) / Melissinsäure *f* (eine gesättigte, unverzweigte Fettsäure), Triacontansäure *f*
**triacylglycerol** *n* (Chem) / Triacylglycerin *n*, Triazylglyzerin *n*, Triglyzerid *n*, Triglycerid *n*
**triad*** *n* (Chem) / dreiwertige Atomgruppe || **~** (Comp) / Triade *f* || **~** (axis) (Crystal) / Trigyre *f* (um 120°), dreizählige (Drehungs)Achse || **~** (Maths, Nuc) / Triade *f* || **~** (Nav) / Gruppe *f* von drei Sendern || **~*** (TV) / Tripel *n*, Dreier *m* (drei Punkte verschiedener Leuchtstoffe)
**triadic** *adj* (Maths) / triadisch *adj*
**triage coffee** (Nut) / Triage-Kaffee *m*
**triakisdodecahedron** *n* (pl. -s or -hedra) (Crystal, Maths) / Triakisdodekaeder *n*
**triakisoctahedron** *n* (pl. -s or -hedra) (Crystal, Maths) / Triakisoktaeder *n*, Trisoktaeder *n*, Pyramidenoktaeder *n*
**triakistetrahedron** *n* (pl. -s or -hedra) (Crystal, Maths) / Triakistetraeder *n*, Pyramidentetraeder *n*, Tristetraeder *n*
**trial** *n* / Prüfung *f* (Erprobung) || **~** / Versuch *m*, Experiment *n* || **~** (Autos) / Trial *n* (pl. -s) (fahrtechnische Geschicklichkeitsprüfung für

Motorradfahrer) || ~ (Autos) / Fahrstilprüfung f (für Motorräder im Gelände) || ~ **and error** (AI) / Trial and error m (Form des Verhaltens zielstrebiger Systeme zu einer Blackbox) || **~-and-error method** (AI) / Trial-and-error-Methode f, empirisch-praktische (Näherungs)Methode, Methode f des systematischen Probierens, Versuch-und-Irrtum-Methode f, empirisches Näherungsverfahren (bewusste und systematische Anwendung von Trial and error) || ~ **approval** (Telecomm) / Erprobungszulassung f || ~ **hole** (Civ Eng, Mining) / Schürfschacht m, Schürfloch n, Schürfgrube f, Sondierschacht m

**triality** n (Nuc) / Trialität f

**triallyl cyanurate** (Cables, Chem, Plastics) / Triallylzyanurat n, Triallylcyanurat n

**trial pit*** (Civ Eng, Mining) / Schürfschacht m, Schürfloch n, Schürfgrube f, Sondierschacht m || ~ **print** (Print) / Probeabdruck m, Probeabzug m, Kontrollabzug m, Kontrollausdruck m, Andruck m (zur Kontrolle) || ~ **purchase** / Probekauf m || ~ **run** / Probebetrieb m, Probelauf m, Testlauf m, PB || ~ **shot** (Cinema) / Probeaufnahme f || ~ **stage** / Erprobungsphase f

**triamcinolone** n (Pharm) / Triamcinolon n (ein Corticosteroid)

**triamyl borate** (Chem, Paint) / Triamylborat n, Tripentylborat n

**triangle** n (Cinema) / Anordnung f von drei Lampen (im Dreieck) || ~ (Eng) / Geodreieck n, Winkel m, Zeichenwinkel m, Dreieck n (ein Zeichengerät) || ~* (Maths) / Dreieck n || ~ (Photog) / Dreibein n (der Gummispinne des Stativs) || ~ **adj** / dreikantig adj || ~ **acid** (Chem) / Dreiecksäure f (Trivialname für Dihydroxycyclopropenon), Deltasäure f, Triangelsäure f || ~ **axiom** (Maths) / Dreiecksungleichung f (die Summe zweier Seiten ist größer als die dritte Seite) || ~ **bar** (Ceramics) / Dreikantleiste f (kleines Brennhilfsmittel zum Aufständern von glasierten Stücken), Dreieckleiste f || ~ **head with collar** (Eng) / Dreikantkopf m mit Bund (DIN ISO 1891) || ~ **inequality** (Maths) / Dreiecksungleichung f (für zwei beliebige komplexe oder reelle Zahlen) || ~ **inequality** (for points in the plane) (Maths) / Dreiecksungleichung f (die Summe zweier Seiten ist größer als die dritte Seite) || ~ **lighting** (Cinema) / Beleuchtung f mit drei Lampen || ~ **nut** (Eng) / Dreikantmutter f || ~ **of error*** (Aero) / Fehlerdreieck n (bei Standortbestimmung) || ~ **of forces*** (Maths, Mech) / Kräftedreieck n || ~ **of influence** (Mech) / Einflussdreieck n || ~ **of reference** (for triangular coordinates) (Maths) / Fundamentaldreieck n, Bezugsdreieck n, Koordinatendreieck n || ~ **of vectors** (Mech) / Vektordreieck n || ~ **of velocities** (Aero) / Geschwindigkeitsdreieck n (Eigengeschwindigkeit + Windgeschwindigkeit + Windwinkel zur Flugbahn), Winddreieck n || ~ **tracks** (Rail) / Gleisdreieck n (Zusammenführung von drei Gleisen aus verschiedenen Richtungen mit direktem Übergang unter Verwendung von drei Weichen)

**triangulable** adj (set, space) (Maths) / triangulierbar adj

**triangular*** adj / dreieckig adj, trigonal adj, triangulär adj || ~ / dreiseitig adj || ~ / dreikantig adj || ~ **arc** (Arch) / Dreieckbogen m, sächsischer Bogen, Giebelbogen m, Dreiecksbogen m || ~ **brake beam** (Rail) / Bremsdreieck n || ~ **circular arc cam** (Eng) / Bogendreiecknocken m || ~ **coordinates** (Maths) / Dreieckskoordinaten f pl || ~ **crossbracing** (Carp) / Dreiecksverband m (das einfachste Fachwerk) || ~ **diagram** (Met, Phys) / Zustandsdiagramm n eines ternären Systems, ternäres Zustandsdiagramm, Phasendiagramm n eines Dreistoffsystems, Dreiecksdiagramm n || ~ **diagram** (Phys) / Konzentrationsdreieck n (im ternären Zustandsdiagramm) || ~ **distribution** (Stats) / Simpson-Verteilung f, Dreieckverteilung f || ~ **file** (Eng, Tools) / Dreikantfeile f || ~ **form** / Dreiecksform f, Dreiecksgestalt f || ~ **inequality** (Maths) / Dreiecksungleichung f (die Summe zweier Seiten ist größer als die dritte Seite) || ~ **matrix*** (Maths) / Dreiecksmatrix f (eine quadratische Matrix, bei der alle oberhalb bzw. alle unterhalb der Hauptdiagonalen stehenden Elemente Null sind) || ~ **measuring weir** (Hyd Eng) / Dreiecksmesswehr n, Dreiecksüberfallwehr n || ~ **noise** (Telecomm) / Dreieckrauschen n, Dreiecksrauschen n || ~ **notch** (Carp, Eng) / Spitzkerbe f, Spitzkerb m || ~ **notch** (Civ Eng, Hyd Eng) / V-Messblende f (des Dreiecksüberfallwehrs)

**triangular-notch weir** (Hyd Eng) / Dreiecksüberfallwehr n (nach Thomson), dreieckiges Messwehr

**triangular number*** (Maths) / Dreieckszahl f (eine figurierte Zahl), Trigonalzahl f || ~ **phase diagram** (of ternary systems) (Phys) / Konzentrationsdreieck n (zur Angabe der Zusammensetzung eines Dreistoffsystems) || ~ **pulse** (Electronics) / Dreiecksimpuls m || ~ **pyramid** (Crystal, Maths) / Tetraeder n (reguläres), dreiseitige Pyramide || ~ **safety reflector** (Autos) / Warndreieck n (tragbare Warneinrichtung zur Sicherung liegen gebliebener Fahrzeuge) || ~ **section steel** (Met) / Dreikantstahl m, Dreikantstab m || ~ **steel** (Met) / Dreikantstahl m, Dreikantstab m || ~ **wave** (Phys) / Dreieckwelle f

**triangular-wave polarography** (Chem) / Dreieckswellenpolarografie f

**triangular weir** (Hyd Eng) / Dreiecksmesswehr n, Dreiecksüberfallwehr n

**triangulate** v (Surv) / triangulieren v || ~ **adj** / dreieckig adj, trigonal adj, triangulär adj

**triangulation** n (Chem) / Triangulation f (Peakflächenauswertung bei symmetrischen Peaks in der Gaschromatografie) || ~ (Radar) / Kreuzpeilung f, Triangulation f (Kreuzpeilung) || ~* (Surv) / Triangulation f (heute mit Hilfe des Lasers), Triangulierung f, Dreiecksaufnahme f, Dreiecksvermessung f || ~ **mark** (Surv) / im Boden eingelassenes Bronzeschildchen, das einen Bodenpunkt bezeichnet || ~ **net** (Surv) / Triangulationsnetz n || ~ **point** (Surv) / Triangulationspunkt m, trigonometrischer Punkt, TP (Triangulationspunkt) || ~ **sensor** (Surv) / Triangulationssensor m (Sensor nach dem Grundprinzip der Triangulation, der zum Abstands- und Wegmessen im Nahbereich mit Messgenauigkeiten im Millimeter- bzw. Submillimeterbereich eingesetzt wird) || ~ **station** (Surv) / Triangulationspunkt m, trigonometrischer Punkt, TP (Triangulationspunkt) || ~ **web** (Surv) / Dreiecksvermessungsnetz n, Dreieckskette f (ein Vermessungsnetz)

**triarylmethane dye** (Textiles) / Triarylmethanfarbstoff m (z.B. Triphenylmethanfarbstoff) (z.B. Triphenylmethanfarbstoff, Kristallviolett und Methylviolett), Triarylkarbenium-Farbstoff m, Triarylkarbenium-Farbstoff m || ~ **dyestuff** (Textiles) / Triarylmethanfarbstoff m (z.B. Triphenylmethanfarbstoff) (z.B. Triphenylmethanfarbstoff, Kristallviolett und Methylviolett), Triarylkarbenium-Farbstoff m, Triarylkarbenium-Farbstoff m || ~ **pigment** (Textiles) / Triarylmethanfarbstoff m (z.B. Triphenylmethanfarbstoff) (z.B. Triphenylmethanfarbstoff, Kristallviolett und Methylviolett), Triarylkarbenium-Farbstoff m, Triarylkarbenium-Farbstoff m

**triatomic** adj (Chem, Phys) / dreiatomig adj

**triaxial** adj / dreiachsig adj, triaxial adj (in drei Raumrichtungen), dreiaxial adj || ~ **compression test** (Civ Eng) / Triaxialversuch m (ein zylinder- und axialsymmetrischer Druckversuch an homogenen kreiszylindrischen Probekörpern zur Bestimmung der Scherfestigkeit von Böden des Erd- und Grundbaus - DIN 18 137-2), dreiaxialer Versuch (zur Ermittlung bodenmechanischer Kennwerte) || ~ **cylinder test** (Civ Eng) / Triaxialversuch m, Dreiaxialversuch m (mit zylindrischen Prüfkörpern) || ~ **loom** (Weaving) / triaxiale Webmaschine || ~ **shear test** (Civ Eng) / Triaxialversuch m (ein zylinder- und axialsymmetrischer Druckversuch an homogenen kreiszylindrischen Probekörpern zur Bestimmung der Scherfestigkeit von Böden des Erd- und Grundbaus - DIN 18 137-2), dreiaxialer Versuch (zur Ermittlung bodenmechanischer Kennwerte) || ~ **state of stress** (Mech) / triaxialer Spannungszustand, dreiachsiger Spannungszustand, räumlicher Spannungszustand || ~ **test** (of soils) (Civ Eng) / Triaxialversuch m (ein zylinder- und axialsymmetrischer Druckversuch an homogenen kreiszylindrischen Probekörpern zur Bestimmung der Scherfestigkeit von Böden des Erd- und Grundbaus - DIN 18 137-2), dreiaxialer Versuch (zur Ermittlung bodenmechanischer Kennwerte) || ~ **weaving** (Weaving) / triaxiales Weben || ~ **weaving machine** (Weaving) / triaxiale Webmaschine

**tri-axle*** n (Autos) / Dreiachser m

**triazene** n (Chem) / Triazen n, Diazoamin n

**triazine** n (Chem) / Triazin n (sechsgliedrige heterocyclische Verbindung, die drei Stickstoffatome im Molekülring enthält) || ~ **herbicide** (Agric, Chem, Ecol) / Triazinherbizid n (z.B. Anilazin, Atraton, Propazin, Prometryn, Simazin usw.) || ~ **polymer** (Chem) / Triazinpolymer m (mit dem 1,3,5- oder 1,2,4-Triazinring - Verwendung als Triazinharz), Polytriazin n (Polykondensat aus Bisphenolen und Cyanurchlorid) || ~ **resin** (Chem) / Triazinharz n (Formaldehydharz von 1,3,5-Triazinen) || ~ **ring** (Chem) / Triazinring m

**triazole*** n (Chem) / Triazol n (ein heterocyklischer Fünfring mit drei Stickstoffatomen)

**tribar** n (Hyd Eng) / Dreisäuler m (zur Molen- und Uferbefestigung)

**tribasic** adj (Chem) / tertiär adj (bei Salzen mehrbasiger Säuren) || ~* (Chem) / dreibasig adj, dreibasisch adj (Säure) || ~ **acid** (an acid having three atoms of acidic hydrogen in the molecule) (Chem) / dreiwertige Säure, dreibasige Säure, dreibasische Säure || ~ **calcium phosphate** (Chem) / Calciumphosphat n ($Ca_3(PO_4)_2$), Kalziumphosphat n, Tricalciumphosphat n, Trikalziumphosphat n, tertiäres Kalziumphosphat, tertiäres Calciumphosphat || ~ **zinc phosphate** (Chem) / Zinkorthophosphat n, Zinkphosphat n (tertiäres)

**tribe*** n (Biol) / Tribus f (systematischer Begriff - zwischen Gattung und Familie)

**tribochemical** adj (Chem) / tribochemisch adj || ~ **reaction** (Chem, Eng) / tribochemische Reaktion

**tribochemistry** n (Chem) / Tribochemie f (ein Teilgebiet der Mechanochemie)

**triboelectric** adj (Elec Eng) / triboelektrisch adj, reibungselektrisch adj
**triboelectricity** n (Elec Eng) / Reibungselektrizität f, Triboelektrizität f (entgegengesetzte Aufladung zweier elektrisch nicht leitender Körper durch Reibung)
**triboelectric spray gun** (Paint) / Tribopistole f, triboelektrische Spritzpistole
**triboengineering** n / Tribotechnik f
**tribological characteristics** (Eng, Phys) / tribologische Kenngrößen || **~ system** (Eng, Phys) / tribologisches System, Tribosystem n (Gesamtheit der für Reibung und Verschleiß wichtigen Einflussgrößen, die sich mit der Methodik der Systemanalyse ordnen lassen)
**tribology** n (as applied science)* (Eng, Phys) / Tribotechnik f (praktische Anwendung der Tribologie) || **~*** (Phys) / Tribologie f (Wissenschaft über Reibung, Verschleiß und Schmierung - DIN 50323, T 1)
**triboluminescence*** n (Phys) / Tribolumineszenz f (bei Anregung durch mechanische Deformation, durch Reiben oder Zerbrechen der Kristalle), Reibungslumineszenz f, Trennungsleuchten n, Trennungslicht n
**triboluminescent** adj (Phys) / tribolumineszent adj
**tribometer** n (Materials) / Tribometer n (Prüfgerät zur Untersuchung von Reibung und Verschleiß)
**tribopairing** n (Eng, Phys) / Triboreibpaarung f
**tribosystem** n (Eng, Phys) / tribologisches System, Tribosystem n (Gesamtheit der für Reibung und Verschleiß wichtigen Einflussgrößen, die sich mit der Methodik der Systemanalyse ordnen lassen)
**tribrach** n (Surv) / Dreifuß m (des Theodolits)
**tribromoacetaldehyde** n (Chem) / Tribromacetaldehyd m, Bromal n, Tribromethanal n, Tribromazetaldehyd n
**tribromoethanal** n (Chem) / Tribromacetaldehyd m, Bromal n, Tribromethanal n, Tribromazetaldehyd n
**tribromomethane*** n (Chem, Pharm) / Bromoform n, Tribrommethan n, Bromoformum n
**tribune** n (Arch) / Empore f (in der Kirche)
**tributary** n (Geog, Geol) / Nebenfluss m || **~ interface** (Telecomm) / Zubringerschnittstelle f || **~ office** (Telecomm) / Unteramt n || **~ station** (Comp) / Unterstation f (eine an einer Mehrpunktverbindung betriebene Datenstation zu der Zeit, zu der sie aufgefordert ist, bestimmte Daten zu empfangen, und nachdem sie ihre Betriebsbereitschaft hierzu gemeldet hat - DIN 44302), Trabantenstation f, Empfangsstation f || **~ stream** (Geog, Geol) / Nebenfluss m
**tributylaluminium** n (Chem) / Tributylaluminium n, Tributylalan n
**tributylamine** n (Chem, Med, Plastics) / Tributylamin n
**tributyl phosphate*** (Chem, Nuc Eng, Paint, Plastics) / Tributylphosphat n, Phosphorsäuretributylester m, TBP (Tributylphosphat)
**tributyltin** n (Chem) / Tributylzinn n (eine zinnorganische Verbindung) || **~ acetate** (Chem) / Tributylzinnacetat n, Tributylzinnazetat n || **~ compound** (Chem) / Tributylzinn n (eine zinnorganische Verbindung) || **~ fluoride** (Chem, For) / Tributylzinnfluorid n (Mikrobizid und Holzschutzmittel), TBTF (Tributylzinnfluorid) || **~ oxide** (Chem) / Tributylzinnoxid n, Hexabutyldistannoxan n, TBTO (Tributylzinnoxid)
**tributyrin** n (Chem) / Glyzerintributyrat n, Glycerintributyrat n, Tributyrin n
**tricalcium aluminate** (Chem, Civ Eng) / Trikalziumaluminat n (Stoff, der den Sulfatwiderstand von Zement verringert), Tricalciumaluminat n ($C_3A$ - DIN 1164) || **~ diorthophosphate** (Chem) / Calciumphosphat n ($Ca_3(PO_4)_2$), Kalziumphosphat n, Tricalciumphosphat n, Trikalziumphosphat n, tertiäres Kalziumphosphat, tertiäres Calciumphosphat || **~ phosphate** (Chem) / Calciumphosphat n ($Ca_3(PO_4)_2$), Kalziumphosphat n, Tricalciumphosphat n, Trikalziumphosphat n, tertiäres Kalziumphosphat, tertiäres Calciumphosphat || **~ silicate** (Chem, Civ Eng) / Trikalziumsilikat n (Klinkerphase des Zements), Tricalciumsilicat n ($C_3S$)
**tricar** n (GB) (Autos) / Dreirad n
**tricarbon dioxide** (Chem) / Kohlensuboxid n (ein Bisketen), Propadiendion n (O=C=C=C=O), Carbodicarbonyl n, Karbodikarbonyl n, Trikohlenstoffdioxid n || **~ disulphide** (Chem) / Trikohlenstoffdisulfid n
**tricarboxylic acid** (Chem) / Trikarbonsäure f, Tricarbonsäure f (mit drei Carboxylgruppen im Molekül) || **~ acid cycle*** (Biochem) / Krebs-Zyklus m, Citronensäurezyklus m, Zitronensäurezyklus m, Trikarbonsäurezyklus m, Tricarbonsäurezyklus m (von Sir H.A. Krebs [1900-1981] entdeckt)
**trichalcite** n (Min) / Trichalcit m
**Trichel streamer** (Elec Eng) / Streamer m (Ionisierungswelle)
**trichinosis** n (Med, Nut) / Trichinose f
**trichite*** n (Geol) / Trichit m (haarförmiger Mikrolith)
**trichlorethane** n (Chem) / Trichlorethan n (ein LHKW)

**trichlorethene*** n (Chem, Pharm) / Trichlorethen n (ein LHKW), Tri n, Trichlorethylen n
**trichloride** n (Chem) / Trichlorid n
**trichloroacetaldehyde** n (Chem) / Trichlorethanal n, Trichloracetaldehyd m (das älteste künstlich hergestellte Schlafmittel), Trichlorazetaldehyd m, Chloral n
**trichloroacetic acid*** (Chem) / Trichlorethansäure f, Trichloressigsäure f (die stärkste der Chloressigsäuren), TCA (Trichloressigsäure) || **~ aldehyde** (Chem) / Trichlorethanal n, Trichloracetaldehyd m (das älteste künstlich hergestellte Schlafmittel), Trichlorazetaldehyd m, Chloral n
**trichlorobenzene** n (Chem) / Trichlorbenzol n
**trichloroethanal*** n (Chem) / Trichlorethanal n, Trichloracetaldehyd m (das älteste künstlich hergestellte Schlafmittel), Trichlorazetaldehyd m, Chloral n || **~ hydrate*** (Chem, Pharm) / Chloralhydrat n (Hydrat des Chlorals - das älteste künstlich hergestellte Schlafmittel)
**trichloroethane** n (Chem) / Trichlorethan n (ein LHKW)
**trichloroethanediol, 2,2,2-~** (Chem, Pharm) / Chloralhydrat n (Hydrat des Chlorals - das älteste künstlich hergestellte Schlafmittel)
**trichloroethanoic acid*** (Chem) / Trichlorethansäure f, Trichloressigsäure f (die stärkste der Chloressigsäuren), TCA (Trichloressigsäure)
**trichloroethene** n (Chem, Pharm) / Trichlorethen n (ein LHKW), Tri n, Trichlorethylen n
**trichloroethylene** n (Chem, Pharm) / Trichlorethen n (ein LHKW), Tri n, Trichlorethylen n || **~ degreasing** (Chem, Paint) / Tri-Entfettung f || **~ dipping paint** (Paint) / Tritauchlack m (mit Trichlorethylen)
**trichloroethylidene glycol** (Chem, Pharm) / Chloralhydrat n (Hydrat des Chlorals - das älteste künstlich hergestellte Schlafmittel)
**trichlorofluoromethane** n (Chem) / Trichlorfluormethan n, Trichlormonofluormethan n ($CCl_3F$-Freon 11, R 11)
**trichloroiminocyanuric acid** (Chem, Textiles) / Trichlorisocyanursäure f, TCC (Trichlorisocyanursäure), TCICA (Trichloroisocyanursäure), Symclosen n
**trichloroisocyanuric acid** (Chem, Textiles) / Trichlorisocyanursäure f, TCC (Trichlorisocyanursäure), TCICA (Trichloroisocyanursäure), Symclosen n
**trichloromethane*** n (Chem) / Trichlormethan n, Chloroform n || **~ sulphenyl chloride** (Chem, Mil) / Trichlormethansulfenylchlorid n, Perchlormethylmercaptan n, PCM (Perchlormethylmercaptan), Clairsit n
**trichloromethyl chloroformate** (Chem) / Diphosgen n, Chlorameisensäuretrichlormethylester m
**trichloromonofluoromethane** n (Chem) / Trichlorfluormethan n, Trichlormonofluormethan n ($CCl_3F$-Freon 11, R 11)
**trichloronitromethane** (Chem) (Agric, Chem, Pharm) / Trichlornitromethan n, Nitrochloroform n, Chlorpikrin n
**trichlorophenol** n (Chem) / Trichlorphenol n (ein Phenolderivat)
**trichlorophenoxyacetic acid** (Chem) / Trichlorphenoxyessigsäure f
**trichlorosilane** n (a colourless liquid which fumes in air and has a suffocating odour) (Chem) / Trichlorsilan n, Silicochloroform n, Silikochloroform n, Siliciumchloroform n, Siliziumchloroform n ($HSiCl_3$)
**trichlorotrifluoroethane** n (Chem) / Trifluortrichlorethan n (Freon 113, R 113)
**tricholomic acid** (Chem) / Tricholomsäure f
**trichothecenes** pl (Chem, Nut) / Trichothecene n pl (Gruppe von Sesquiterpenen aus verschiedenen auf Getreide wachsenden Schimmelpilzen - wichtige Mykotoxine)
**trichotomy** n (Maths) / Trichotomie f || **~ law** (Maths) / Trichotomiegesetz n
**trichroism** n (Crystal) / Trichroismus m, Dreifarbigkeit f (eine Form des Pleochroismus)
**trichromatic** adj / trichromatisch adj, Dreifarben-, dreifarbig adj, trikolor adj || **~ coefficient** (Phys) / Normspektralwert m (in der Farbvalenzmetrik) || **~ coefficient*** (Phys) / trichromatische Maßzahl, trichromatischer Farbkoeffizient || **~ colour measurement** (Optics) / Farbvalenzmetrik f || **~ filter*** (Photog) / Dreifarbenfilter n || **~ process*** (Photog) / Dreifarbenprozess m || **~ unit** (Optics, TV) / Farbvalenzeinheit f
**tricing** (Ships) / Aufholen n (mit einem Tau) || **~ pendant** (Ships) / Aufhängeleine f (dünne) || **~ pennant** (Ships) / Aufhängeleine f (dünne)
**trick button** / Tricktaste f (z.B. eines Tonfilmprojektors), Übersprechtaste f || **~ circuit** (Elec Eng) / Kunstschaltung f || **~ filter** (Photog) / Trickfilter n, Effektfilter n, Kreativfilter n
**trickle** v / rieseln v || **~** / rinnen v || **~** / tröpfeln v, träufeln v || **~** (Ceramics) / ablaufen v (Glasur) || **~ charge** (Autos, Elec Eng) / Pufferladung f (der Batterie), Erhaltungsladen n (DIN 40729) || **~ column** (Chem Eng) / Rieselsäule f (eine Benetzungssäule), Rieselkolonne f || **~ cooler** / Rieselkühler m, Berieselungskühler m || **~ down** v / herabrieseln v, herabtropfen v, herabfließen v (rieseln)

≃ **hydrodesulphurization** (Oils) / Trickle-Verfahren *n* (eine Mitteldruck-Hydroraffination) ‖ ~ **irrigation** (irrigation in which special nozzles are used to cover the area from small-bore lines) (Agric) / Rieselbewässerung *f*, Tropfenbewässerung *f* ‖ ~ **reactor** (Chem Eng) / Rieselreaktor *m* (Reaktionsapparat, in dem eine fest angeordnete Katalysatorschüttung mit einem flüssigen Reaktionspartner berieselt und gleichzeitig von einem gasförmigen Reaktionspartner durchströmt wird) ‖ ~ **scale** (Met) / eingewalzter Zunder ‖ ~ **server** (Comp) / Trickle-Server *m* (Rechner im Internet, der Public-Domain-Software vorhält)
**trickling-film reactor** (Chem Eng, San Eng) / Rieselfilmreaktor *m* (ein Biofilmreaktor, z.B. nach Weiland)
**trickling filter** (plant) (Ecol, San Eng) / Tropfkörperanlage *f* (ein Festbettreaktor zur biologischen Reinigung von Abwässern - DIN 19 557)
**trickling-filter sludge** (San Eng) / Tropfkörperschlamm *m* (der beim Tropfkörperverfahren gebildete Zuwachs an biologischem Schlamm, der in der Regel im Nachklärbecken entfernt wird - DIN 4045)
**trick perspective** (Cinema, Photog) / Trickperspektive *f* ‖ ~ **photography** (Cinema, Photog) / Trickfotografie *f* ‖ ~ **valve*** (Eng) / Trickschieber *m* (in der Allan-Steuerung der alten Kolbendampfmaschinen)
**triclinic** *adj* (Crystal) / triklinisch *adj*, triklin *adj* (DIN 13 316) ‖ ~ **system*** (Crystal) / triklines System (Kristallsystem)
**tricobalt tetroxide** (Chem) / Cobalt(II,III)-oxid *n*, Kobalt(II,III)-oxid *n*
**tricolour** *adj* / trichromatisch *adj*, Dreifarben-, dreifarbig *adj*, trikolor *adj* ‖ ~ **chromatron** (TV) / Lawrence-Farbfernsehröhre *f*
**tricomponent fibres** (Spinning) / Dreikomponentenfasern *f pl*, Trikomponentenfasern *f pl*
**tricone bit** (Mining) / Dreirollenmeißel *m* (für Tiefbohrungen) ‖ ~ **drill bit*** (Mining) / Dreirollenmeißel *m* (für Tiefbohrungen) ‖ ~ **mill** / Tricone-Mühle *f*, Dreikegelmühle *f*
**tricoordinate(d)** *adj* (Chem) / dreifach koordinativ gebunden, mit drei koordinativen Bindungen, dreifach koordiniert
**tricosane** *n* (Chem) / Tricosan *n*
**tricot*** *n* (Textiles) / Trikot *m* (Sammelbegriff für alle einflächigen Kulierwaren), Trikotstoff *m*, Trikotgewebe *n* ‖ ~ **fabric** (Textiles) / Trikot *m* (Sammelbegriff für alle einflächigen Kulierwaren), Trikotstoff *m*, Trikotgewebe *n*
**tricotine** *n* (Textiles) / Trikotine *m* (trikotartiger gewebter Wollstoff)
**tricot machine** (Textiles) / Kettenwirkmaschine *f*, Kettenwirkstuhl *m*, Kettenstuhl *m* ‖ ~ **stitch** (Textiles) / Trikotlegung *f* (bestimmte Art Fadenlegung bei der Herstellung der Kettenwirkware) ‖ ~ **weave** (Weaving) / Trikotbindung *f* (der Trikotgewebe)
**tricresyl phosphate** (Autos, Chem, Plastics) / Phosphorsäuretrikresylester *m* (ein Weichmacher), Phosphorsäuretricresylester *m*, Trikresylphosphat *n*, Tricresylphosphat *n*, TKP (Trikresylphosphat), TCP (Tricresylphosphat)
**tricuspid** *adj* (Maths) / dreispitzig *adj* (z.B. Steiner'sche Kurve) ‖ ~ **curve** (Maths) / dreispitzige Hypozykloide (mit drei Rückkehrpunkten), Steiner'sche Kurve
**tricycle** *n* (Autos) / Dreirad *n* ‖ ~ **gear configuration** (Aero) / Dreibeinfahrwerk *n*, Dreipunktfahrwerk *n* ‖ ~ **landing gear** (Aero) / Dreibeinfahrwerk *n*, Dreipunktfahrwerk *n*
**tricyclic** *adj* (Chem) / trizyklisch *adj*, tricyclisch *adj* ‖ ~ **terpene** (Chem) / trizyklisches Terpen, tricyclisches Terpen
**tridecanal** *n* (Chem) / Tridekanal *n*, Tridecanal *n*
**tridecanol** *n* (Chem) / Tridekanol *n*, Tridecanol *n*, Tridecylalkohol *m*, Tridezylalkohol *m*
**tridecyl alcohol** (Chem) / Tridekanol *n*, Tridecanol *n*, Tridecylalkohol *m*, Tridezylalkohol *m*
**tridentate** *adj* (Chem) / dreizähnig *adj* (Ligand)
**tridiagonal matrix** (Maths) / Trigonalmatrix *f*
**tridimensional** *adj* (Maths, Phys) / dreidimensional *adj* (DIN 1311, T 4), räumlich *adj* (dreidimensional)
**tridymite*** *n* (Min) / Tridymit *m* (Hochtridymit, Tieftridymit) ‖ ~ **structure** (Crystal, Electronics, Min) / Tridymitstruktur *f*, Tridymit-Typ *m* ‖ ~ **type** (Crystal, Electronics, Min) / Tridymitstruktur *f*, Tridymit-Typ *m*
**Trief process** (Civ Eng) / Trief-Verfahren *n* (Herstellung der Eisenportlandzements mit niedriger Hydratationswärme auf der Baustelle - in Deutschland nicht zugelassen)
**triene** *n* (Chem) / Trien *n* (Kohlenwasserstoff mit dreifacher Kohlenstoffbindung)
**trier** *n* / Probenstecher *m*, Sackstecher *m* (ein Gerät zum Ziehen von Proben aus Schüttgütern)
**triergol** (Space) / Triergol *n* (Dreistoffsystem - Raketentreibstoff)
**triethanolamine*** *n* (Chem, Paint, Textiles) / Triethanolamin *n* (2,2',2"-Nitrilotriethanol), TEA (ein Aminoalkohol) ‖ ~ **stearate** (Chem) / Triethanolaminstearat *n*, Trihydroxyethylaminstearat *m*
**triethoxymethane** *n* (Chem) / Triethylorthoformiat *n*, Orthoameisensäuretriethylester *m*, Triethoxymethan *n*

**triethylaluminium** *n* (Chem) / Triethylalan *n*, Triethylaluminium *n* (eine aluminiumorganische Verbindung), Aluminiumtriethyl *n*
**triethylamine** *n* (Chem) / Triethylamin *n*, TEA
**triethylborane** *n* (Chem, Fuels) / Triethylboran *n*
**triethylborine** *n* (Chem, Fuels) / Triethylboran *n*
**triethyl citrate** (Chem) / Triethylcitrat *n*, Triethylzitrat *n*, Citronensäuretriethylester *m*, Zitronensäuretriethylester *m*
**triethylene diamine** (Chem) / Triethylendiamin *n* (1,4-Diazabicyclo[2.2.2]octan; DABCO) ‖ ~ **glycol** (Chem) / Triethylenglykol *n* (2,2'-Ethylendioxydiethanol), Triethylenglycol *n*, Triglykol *n*, Triglycol *n*, TEG (Triethylenglycol) ‖ ~ **glycol ester** (Chem) / Triethylenglykolester *m*, Triglykolester *m*
**triethylenemelamine** *n* (Chem, Pharm) / Tretamin *n* (ein Cytostatikum)
**triethylorthoformate** *n* (Chem) / Triethylorthoformiat *n*, Orthoameisensäuretriethylester *m*, Triethoxymethan *n*
**triethyl phosphate** (Chem) / Triethylphosphat *n*, Phosphorsäuretriethylester *m* ‖ ~ **phosphite** (Chem) / Phosphorigsäuretriethylester *m*, Triethylphosphit *n*
**trieur** *n* (Agric, Nut) / Trieur *m*
**triflame** *attr* / dreiflammig *adj* ‖ ~ **burner** (Eng) / dreiflammiger Brenner
**triflate** *n* (Chem) / Triflatrest *m*
**triflic acid** (Chem) / Trifluormethansulfonsäure *f*
**trifluoride** *n* (Chem) / Trifluorid *n*
**trifluoroacetic acid** (Chem) / Trifluoressigsäure *f* (eine der stärksten organischen Säuren) ‖ ~ **anhydride** (Chem) / Trifluoressigsäureanhydrid *n*
**trifluoroethanoic acid** (Chem) / Trifluoressigsäure *f* (eine der stärksten organischen Säuren)
**trifluoromethane** *n* (Chem) / Trifluormethan *n* (ein Fluorkohlenwasserstoff), Fluoroform *n*
**trifluoromethanesulphonic acid** (Chem) / Trifluormethansulfonsäure *f*
**trifluoromethyl iodide** (Chem) / Trifluormethyliodid *n*
**trifocal glass** (Optics) / Trifokalglas *n*, Dreistärkenglas *n* ‖ ~ **lens** (an ophthalmic lens) (Optics) / Trifokalglas *n*, Dreistärkenglas *n*
**triforium** *n* (pl. -ria) (Arch) / Triforium *n* (pl. -rien) (Laufgang zwischen den Arkaden oder Emporen und der Fensterzone einer Basilika - z.B. im Prager St.-Veits Dom) ‖ ~ **gallery** (Arch) / Triforium *n* (pl. -rien) (Laufgang zwischen den Arkaden oder Emporen und der Fensterzone einer Basilika - z.B. im Prager St.-Veits Dom)
**trifunctional** *adj* (Chem) / trifunktionell *adj*, dreifunktionell *adj*
**trifurcate** *adj* / dreigabelig *adj*
**trifurcated** *adj* / dreigabelig *adj*
**trifurcating box*** (Cables) / Dreileiterendverschluss *m* ‖ ~ **joint** (Cables) / Aufteilungsarmatur *f* (eine Starkstromkabelgarnitur, welche den Verband mehradriger Kabel in einzelne Adern aufteilt), Aufteilungsmuffe *f*
**trifurcation** *n* / Dreifachverzweigung *f*, Trifurkation *f*, Dreifachgabelung *f*
**trig** *n* (Maths, Surv) / Trigonometrie *f* (derjenige Teil der Mathematik, der die ebenen Flächen unter Anwendung der Winkelfunktionen im rechtwinkligen Dreieck behandelt)
**trigatron*** *n* (Electronics, Radar) / Trigatron *n* (Impulsmodulationsröhre)
**trigermane** *n* (Chem) / Trigerman *n*
**trigger** *v* (to start action in another circuit which then functions for a period of time under its own control) (Automation, Electronics) / triggern *v* (einen Vorgang bei Eintreten eines definierten Zustandes auslösen) ‖ ~ (Electronics) / ansteuern *v* (durch Impulse) ‖ ~* (Electronics) / auslösen *v* ‖ ~ *vt* (Comp) / aktivieren *v* (einen Computervirus), auslösen *v* (einen Computervirus) ‖ ~ *n* (AI) / Trigger *m* (Prozedur, die mit Klassen verknüpft ist) ‖ ~* (a pulse used to initiate some function, for example, a triggered sweep or delay ramp) (Automation, Comp, Electronics) / Auslöseimpuls *m*, Trigger *m*, Triggerimpuls *m* ‖ ~* (Chem) / Primärreagens *n*, Startreagens *n* ‖ ~ (Elec Eng, Electronics, Eng) / Auslöser *m* ‖ ~ (Mil) / Abzug *m* (bei Schusswaffen) ‖ ~ (Paint) / Abzughebel *m* (der Spritzpistole), Abzugsbügel *m* (der Spritzpistole) ‖ ~ **circuit*** (a circuit that has two conditions of stability, with means for passing from one to the other when certain conditions are satisfied, either spontaneously or through application of an external stimulus) (Electronics, Telecomm) / Triggerschaltung *f* (eine Impulsgeberschaltung), Kippschaltung *f* ‖ ~ **circuit*** (Telecomm) s. also multivibrator ‖ ~ **counter** (Nuc) / Triggerzähler *m* ‖ ~ **diode** (Electronics) / Triggerdiode *f* (ein nicht steuerbares Halbleiterbauelement), Auslösediode *f*
**triggered by an acknowledgement** (Comp) / quittungsgesteuert *adj* ‖ ~ **sweep** (that can be initiated only by a trigger signal, not free running) (Electronics) / getriggerte Ablenkung
**trigger electrode*** (Electronics) / Zündelektrode *f* ‖ ~ **element** (Electronics) / Kippstufe *f* ‖ ~ **flip-flop** (Electronics) / T-Flipflop *n* (mit nur einer einzigen Eingangsvariablen - bei Anliegen eines

**trigger**

H-Signals) ‖ ~ **gap** (enclosed electrodes that initiate the sparkover of the bypass gap) (Elec Eng) / Auslösefunkenstrecke f, Auslösestrecke f ‖ ~ **hold** (Electronics) / Triggerabfangen n
**triggering** n (Electronics) / Auslösung f ‖ ~ (Electronics) / Triggerung f (zeitlich genau festgelegtes Auslösen eines Vorganges durch ein Steuersignal), Triggern n ‖ ~ **diode** (Electronics) / Triggerdiode f (ein nicht steuerbares Halbleiterbauelement), Auslösediode f ‖ ~ **level** (Electronics) / Triggerpegel m, Auslösepegel m ‖ ~ **predicate** (AI) / Triggerprädikat n ‖ ~ **signal** (Comp, Electronics) / Auslösesignal n, Triggersignal n, auslösendes Signal ‖ ~ **signal** (Electronics) / Triggersignal n
**trigger jet** (Nuc) / Triggerjet m, auslösender Jet ‖ ~ **level** (Electronics) / Triggerpegel m, Auslösepegel m ‖ ~ **level*** (Electronics) / Auslösepegel m ‖ ~ **module** (Electronics) / Triggerbaustein m ‖ ~ **pulse*** (Automation, Comp, Electronics) / Auslöseimpuls m, Trigger m, Triggerimpuls m ‖ ~ **pulse*** (Electronics) / Zündimpuls m ‖ ~ **relay*** (Electronics) / Kipprelais n (Schaltrelais mit zwei Stellungen, die bei Abschalten der Wirkungsgröße jeweils in der letzten Stellung verbleiben)
**trigger-starting system** (fluorescent lamps) (Electronics) / Triggerzündanlage f (bei Leuchtstoffröhren)
**trigger tube** (Electronics) / Triggerröhre f ‖ ~ **valve*** (Electronics) / Kaltkatodenrelaisröhre f, Glimmschalttriode f, Glimmrelaisröhre f ‖ ~ **wheel** (Autos) / Rotor m (beweglicher Teil eines Impulsgebers), Impulsgeberrad n, Induktionsgeberrad n (in der elektromagnetischen Zündung)
**triglyceride*** n (Chem) / Triacylglycerin n, Triazylglyzerin n, Triglyzerid n, Triglycerid n
**triglycin sulphate** (Chem, Spectr) / Triglycinsulfat n, TGS (Triglycinsulfat), Triglyzinsulfat n
**triglycol** n (Chem) / Triethylenglykol n (2,2'-Ethylendioxydiethanol), Triethylglycol n, Triglykol n, Triglycol n, TEG (Triethylglycol)
**triglyph*** n (Arch) / Dreischlitz m (am Fries des dorischen Tempels), Triglyph m, Triglyphe f (dreiteiliges Feld am Fries des dorischen Tempels)
**trigon.** (Maths, Surv) / Trigonometrie f (derjenige Teil der Mathematik, der die ebenen Flächen unter Anwendung der Winkelfunktionen im rechtwinkligen Dreieck behandelt)
**trigonal** adj / dreieckig adj, trigonal adj, triangulär adj ‖ ~ **aspect** (Astron) / Trigonalschein m (eine Konstellation) ‖ ~ **bipyramidal structure** (Chem) / trigonale bipyramidale Anordnung
**trigonelline** n (Chem) / Trigonellin n (ein Alkaloid aus den Samen des Bockshornklees)
**trigonometric** adj (Maths, Surv) / trigonometrisch adj
**trigonometrical** adj (Maths, Surv) / trigonometrisch adj ‖ ~ **functions*** (Maths) / Winkelfunktionen f pl, goniometrische Funktionen, trigonometrische Funktionen, Kreisfunktionen f pl ‖ ~ **point** (Surv) / Triangulationspunkt m, trigonometrischer Punkt, TP (Triangulationspunkt) ‖ ~ **series** (Maths) / trigonometrische Reihe, Sinus-Kosinus-Reihe f ‖ ~ **station*** (Surv) / Triangulationspunkt m, trigonometrischer Punkt, TP (Triangulationspunkt) ‖ ~ **station*** (Surv) / Signal n (ein hölzernes Pyramidengerüst)
**trigonometric equation** (Maths) / trigonometrische Gleichung ‖ ~ **form** (Maths) / trigonometrische Form (der komplexen Zahlen) ‖ ~ **levelling** (Surv) / trigonometrische Höhenmessung ‖ ~ **point** (Surv) / Triangulationspunkt m, trigonometrischer Punkt, TP (Triangulationspunkt) ‖ ~ **solution** (of a cubic equation) (Maths) / trigonometrische Lösung, goniometrische Lösung
**trigonometry*** n (Maths, Surv) / Trigonometrie f (derjenige Teil der Mathematik, der die ebenen Flächen unter Anwendung der Winkelfunktionen im rechtwinkligen Dreieck behandelt)
**trig point** (Surv) / Triangulationspunkt m, trigonometrischer Punkt, TP (Triangulationspunkt)
**trigyre** n (Crystal) / Trigyre f (um 120°), dreizählige (Drehungs)Achse
**trihalide** n (Chem) / Trihalogenid n
**trihedral** n (Phys) / Dreibein n (System aus drei von einem Punkt ausgehenden Einheitsvektoren) ‖ ~ (Crystal) / triedrisch adj, dreiflächig adj ‖ ~ **reflector** (Radar, Radio) / Corner-Reflektor m (eine Rückstreufläche ), Tripelspiegel m, Winkelreflektor m (Tripelspiegel), Triederreflektor m ‖ ~ **world** / Welt f aus Objekten mit drei ebenen Flächen
**trihedron** n (pl. -s or -hedra) (Crystal, Maths) / Trieder n, Dreiflach n ‖ ~ (pl. -s or -hedra) (Maths) / Dreikant m n, körperliche Ecke
**trihydrate** n (Chem) / Trihydrat n
**trihydric** adj (containing three hydroxyl groups in the molecule) (Chem) / dreiwertig adj (Alkohol) ‖ ~ **alcohol*** (Chem) / dreiwertiger Alkohol, Trialkohol m, Triol m
**trihydroxide** n (Chem) / Trihydroxid n
**trihydroxybenzene, 1,2,3-~** (Chem) / Pyrogallol n, Pyrogallussäure f (1,2,3-Trihydroxybenzol)
**trihydroxybenzoic, 3,4,5-~ acid*** (Chem, Med) / Gallussäure f, 3,4,5-Trihydroxybenzoesäure f

**trihydroxyethylamine stearate** (Chem) / Triethanolaminstearat n, Trihydroxyethylaminstearat n
**triiodide** n (Chem, Photog) / Triiodid n
**triiodo-L-thyronine** n (a thyroid hormone) (Biochem) / $T_3$, Triiodthyronin n (3,3'-5-Triiod-L-thyronin)
**triiodomethane** n (Chem) / Jodoform n, Iodoform n, Triiodmethan n (Antiseptikum)
**tri-iron dodecacarbonyl** (Chem) / Eisentetrakarbonyl n, Eisentetracarbonyl n ‖ ~ **tetroxide** (Chem) / Eisen(II,III)-oxid n, Ferroferrioxid n ($Fe_3O_4$)
**triisobutylaluminium** n (Chem) / Triisobutylaluminium n, TIBA, Triisobutylalan n
**triisobutyl phosphate** (Chem) / Triisobutylphosphat n, TiBP (Triisobutylphosphat)
**trijet** n (Aero) / dreistrahliges Flugzeug, Trijet m, Flugzeug n mit drei Strahltriebwerken ‖ ~ **airplane** (Aero) / dreistrahliges Flugzeug, Trijet m, Flugzeug n mit drei Strahltriebwerken
**trike** n (a kind of ultralight aircraft) (Aero) / Motordrachen m (hängegleiterartige Konstruktion mit Steuerbügel)
**trilateral** adj / dreiseitig adj
**trilateration*** n (Electronics, Surv) / Trilateration f, streckenmessende Triangulation (elektronische)
**trilaurylamine** n (Chem) / Trilaurylamin n, TLA (Trilaurylamin)
**trilead tetroxide** (Chem, Paint) / Blei(II,IV)-oxid n (Bleimennige)
**trilinear** adj / trilinear adj ‖ ~ **coordinates** (Maths) / Dreieckskoordinaten f pl
**trilling** n (Crystal) / Kristalldrilling m, Drillingskristall m, Drilling m, Dreifachkristall m
**trillion*** n (US) / $10^{12}$ ‖ ~ (GB) (Maths) / Trillion f, $10^{18}$
**trillo** n (Bot, Leather) / Trillo n (getrocknete Schuppen der Valoneen als Gerbfrucht)
**trilobal** adj (Textiles) / trilobal adj (Querschnittsform von Profilfasern aus Synthetics)
**trim** v / fräsen v (Absätze, Brandsohlenfersen - bei Schuhen) ‖ ~* (Aero, Ships) / trimmen v ‖ ~ (Agric) / zustutzen v, stutzen v, beschneiden v (Hecke) ‖ ~ (Autos) / verblenden v, verkleiden v (z.B. mit Zierblenden) ‖ ~ (Bind, Eng, Leather, Paint, Paper) / beschneiden v ‖ ~ (remove edges and excess material) (Ceramics) / putzen v, entgraten v (fertige Ware) ‖ ~ (For) / querschneiden v (nur Infinitiv oder Partizip), ablängen v (Rund- oder Schnittholz in Abschnitte bestimmter Länge zerteilen) ‖ ~ (For) / entasten v, aufasten v, abästen v (gefällte Bäume), entästen v (liegende Bäume) ‖ ~ (For) / zurückschneiden v, stutzen v ‖ ~ (Met, Plastics) / besäumen v, säumen v ‖ ~ (Mining) / trimmen v (Pfeiler), schwächen v (Pfeiler) ‖ ~ (Textiles) / versiubkern v (wenn lose Fäden abgeschnitten werden) ‖ ~ (Textiles) / besetzen v (mit) ‖ ~* n (Aero, Ships) / Trimmung f (Ausgleich der Verschiebung des Flugzeugschwerpunktes oder der Seitenverschiebung durch den Trimmruder) ‖ ~ (Arch) / Wandornamentik f, Wandzubehör n ‖ ~ (Build) / Zimmerholzwerk n, Ausbauholzwerk n ‖ ~ (Eng) / grobe Armatur (des Kessels) ‖ ~ (Eng) / Innengarnitur f ‖ ~ (Paper, Print) / Randstreifen m (der beim Beschneiden von Rollen- und Bogenpapier abfällt), Schneidabfall m, Beschneideabfall m, Abfälle m pl beim Beschneiden, Papierschnitzel n pl, Schnitzel n pl (Abfall beim Beschneiden) ‖ ~* (Ships) / Trimm m (Bezug meines des Schiffs in Längsrichtung, bezogen auf die normale Schwimmlage in ruhigem Wasser), Lastigkeit f ‖ ~ (Weaving) / Rand m
**trimagnesium phosphate** (Chem, Pharm) / Trimagnesiumphosphat n (tertiäres Magnesiumphosphat), dreibasiges Magnesiumphosphat
**trim by the bow** (Ships) / Vorlastigkeit f
**trimellitic acid** (Chem) / 1,2,4-Benzoltricarbonsäure f, 1,2,4-Benzoltrikarbonsäure f, Trimellithsäure f, Trimellitsäure f
**trimer*** n (Chem) / Trimer n, Trimeres n
**trimeric*** adj (Chem) / trimer adj
**trimerization** n (Chem) / Trimerisierung f, Trimerisation f
**trimerize** v (Chem) / trimerisieren v
**trimetal bearing** (Eng) / Dreistofflager n (die mit der Stahlstützschale verbundene Lagermetallschicht wird noch mit einer galvanisch aufgebrachten Weißmetallschicht zur Verbesserung des Laufverhaltens versehen)
**trimetallic plate** (Print) / Trimetallplatte f (Druckplatte für den Offsetdruck, die aus drei verschiedenen Metallen besteht), Dreimetallplatte f
**trimethoprim** n (Pharm) / Trimethoprim n (ein Chemotherapeutikum, das als Inhibitor der Dehydrofolsäurereduktase wirkt und meist zusammen mit Sulfonamiden in der antibakteriellen Therapie verwendet wird)
**trimethoxymethyl melamine** (Chem) / Trimethoxymethylmelamin n, TMM (Trimethoxymethylmelamin)
**trimethylacetic acid** (Chem) / Trimethylessigsäure f (eine Valeriansäure), Pivalinsäure f, 2,2-Dimethylpropionsäure f

**trimethyl aluminium** (Chem) / Trimethylaluminium n, Aluminiumtrimethyl n (ein Ziegler-Natta-Katalysator)
**trimethylamine** n (Chem) / Trimethylamin n
**trimethyl-amino-ethanoic acid**\* (Biochem) / Trimethylglyzin n, Trimethylglycin n, Trimethylglykokoll n (Trimethylammonioacetat), Betain n, Glyzinbetain n, Glycinbetain n
**trimethylbenzene** n (Chem) / Trimethylbenzol n (z.B. Mesitylen oder Pseudocumol)
**trimethylchlorosilane** n (Chem) / Trimethylchlorsilan n, Trichlormethylsilan n (ein Chlormethylsilan)
**trimethylene** n (Chem, Med) / Trimethylen n, Zyklopropan n, Cyclopropan n ‖ ~ **glycol**\* (Chem) / Trimethylenglykol n (1,3-Propandiol)
**trimethylenimines** pl (Chem) / Azetidine n pl (gesättigte viergliedrige, ein Stickstoffatom enthaltende Ringsysteme)
**trimethylethylene** n (Chem) / Methylbuten n
**trimethylglycine** n (Biochem) / Trimethylglyzin n, Trimethylglycin n, Trimethylglykokoll n (Trimethylammonioacetat), Betain n, Glyzinbetain n, Glycinbetain n
**trimethylol aminomethane** (Chem, Pharm) / Trometamol n (internationaler Freiname für Tris(hydroxymethyl)-aminomethan, THAM (Trometamol), Tris n, Trispuffer m ‖ ~ **aminomethane** (Chem) / Tris(hydroxymethyl)-aminomethan n ‖ ~ **aminomethane** (Chem) s. also trometamine
**trimethylolethane** n (Chem) / Trimethylolethan n (2-Hydroxymethyl-2-methyl-1,3-propandiol), TME (Trimethylolethan)
**trimethylolpropane** n (Chem, Paint) / Trimethylolpropan n, TMP
**trimethylpentene** n (Chem) / Diisobuten n, Trimethylpenten n, Isoocten n (2,4,4-Trimethyl-1-penten), α-Diisobutylen n, Isookten n
**trimethyl phosphate** (Chem) / Trimethylphosphat n
**trimethylpropane** n (Chem) / Trimethylpropan n, TMP
**trimethylsilyl** n (Chem) / Trimethylsilyl n, TMS (Trimethylsilyl)
**trimetric projection** (Maths) / Trimetrie f (ein Spezialfall der Axonometrie)
**trimetrogon** n (Aero, Surv) / Trimetrogon-Verfahren n ‖ ~ **method** (Aero, Surv) / Trimetrogon-Verfahren n
**trimetry** n (Maths) / Trimetrie f (ein Spezialfall der Axonometrie)
**trimmable** adj (Aero) / trimmbar adj ‖ ~ **horizontal stabilizer** (Aero) / Trimmruder n ‖ ~ **stabilizer** (Aero) / Trimmruder n
**trim mark** (Print) / Schnittmarke f, Beschnittmarke f, Beschneidmarke f, Schneidmarke f
**trimmed by the stern** (Ships) / hecklastig adj, achterlastig adj ‖ ~ **edge**\* (Bind) / ebarbierter Schnitt, natureller Schnitt, Naturschnitt m ‖ ~ **edges**\* (Bind) / fußbeschnittene Kanten, schwarzbeschnittene Kanten ‖ ~ **joist** (GB) (Build, Carp) / Stichbalken m (ein Balkenabschnitt, der mit einem Ende auf der Mauer oder auf dem Unterzug aufliegt und dessen anderes Ende mit Brustzapfen in einen Wechsel eingelassen ist) ‖ ~ **print** (Cinema, TV) / gekürzte Kopie ‖ ~ **size**\* (Bind, Print) / Format n der beschnittenen Buchseite ‖ ~ **size**\* (Bind, Print) / beschnittenes Papierformat ‖ ~ **size** (Print) / Endformat n, Seitenformat n (beschnittenes Endformat) ‖ ~ **strip** (Bind, Paper) / Beschnittstreifen m
**trimmer**\* n (Aero) / Trimmklappe f (kleine, am Ruderende angebrachte bewegliche Fläche, welche die Kräfte am Bedienungselement der Steuerung bei für die jeweilige Trimmung erforderlichem Ruderausschlag ausgleicht) ‖ ~\* (Aero) / Trimmer m (Vorrichtung zum Trimmen von Flugkörpern, meistens ein Trimmruder) ‖ ~\* (Build, Carp) / Stichbalken m (ein Balkenabschnitt, der mit einem Ende auf der Mauer oder auf dem Unterzug aufliegt und dessen anderes Ende mit Brustzapfen in einen Wechsel eingelassen ist) ‖ ~\* (Build, Carp) / Wechsel m (ein zwischen parallelen, gleichbelasteten Trägern rechtwinklig eingezogener Zwischenträger, der einem Teil dieser Träger als Auflager dient) ‖ ~\* (Elec Eng) / Trimmerkondensator m (ein Abstimmkondensator nach DIN 41950), Trimmer m (ein manuell veränderbarer Kondensator), Trimmkondensator m ‖ ~ (Eng) / Trimmer m (Bandförderer für gleichmäßige Verteilung von Schüttgut in Lagern, Schiffsladeräumen und gedeckten Eisenbahnwagen) ‖ ~ (For) / Bestoßmaschine f (zum Glätten von Querholzflächen) ‖ ~ (For) / mehrblättrige automatische Besäum- und Lattenkreissäge, Walzensäumer m (Mehrblattkreissäge mit automatischem Vorschub) ‖ ~ (Met) / Besäumschere f ‖ ~ (Mining) / Lampenreiniger m ‖ ~ (Paper) / Trimmautomat m (mit Ober- und Untermesser) ‖ ~ (Print) / Bestoßzeug n, Bestoßbüchse f (zur seitlichen Bearbeitung von Stereos und Galvanos) ‖ ~ (Textiles) / Versäuberungsapparat m ‖ ~ **capacitor** (Elec Eng) / Trimmerkondensator m (ein Abstimmkondensator nach DIN 41950), Trimmer m (ein manuell veränderbarer Kondensator), Trimmkondensator m ‖ ~ **hole** (Mining) / Hilfsbohrloch n (geladenes Sprengbohrloch am Umfang des Ausbruchsquerschnittes), Kranzloch n (beim Sprengen) ‖ ~ **joist** (GB) (Build, Carp) / Wechsel m (ein zwischen parallelen, gleichbelasteten Trägern rechtwinklig eingezogener Zwischenträger, der einem Teil dieser Träger als Auflager dient) ‖ ~ **potentiometer** (Elec Eng) / Trimmpotentiometer n ‖ ~ **press** (Paper) / Trimmautomat m (mit Ober- und Untermesser) ‖ ~ **shot** (Mining) / Kranzschuss m

**trimming** n (Aero) / Trimmung f (Ausgleich der Verschiebung des Flugzeugschwerpunktes oder der Seitenverschiebung durch ein Trimmruder) ‖ ~ (Bind, Eng, Paint) / Beschneiden n, Beschnitt m ‖ ~ (Build, Carp) / Auswechslung f (Abfangen eines Balkens oder Sparrens, der nicht in ganzer Länge von einem Auflager zum anderen durchgehen kann - z.B. wegen Schornstein, Treppe oder Deckenöffnungen), Balkenwechsel m ‖ ~ (by means of a wheel) (Ceramics) / Putzen n, Entgraten n (der fertigen Ware) ‖ ~ (Elec Eng, Telecomm) / Abgleichen n (Feineinstellung von Kapazität, Induktivität oder Widerstand) ‖ ~\* (Foundry) / Gussputzen n, Putzen n ‖ ~\* (Met, Plastics) / Besäumen n, Säumen n ‖ ~ (Ships) / Trimmung f ‖ ~ (Ships) / Trimmen n (Ändern der Längsschwimmlage; vorsätzliche Bewegung von Schüttgutladung im Laderaum) ‖ ~ (Textiles) / Bordüre f ‖ ~ (Textiles) / Blende f (an- oder aufgesetzter Stoffstreifen zum Säubern oder Verzieren von Kanten) ‖ ~ (Textiles) / Versäuberung f ‖ ~ **and slitting line** (Met) / Besäum- und Längsteilschere f (ganze Anlage) ‖ ~ **capacitor**\* (Elec Eng) / Trimmerkondensator m (ein Abstimmkondensator nach DIN 41950), Trimmer m (ein manuell veränderbarer Kondensator), Trimmkondensator m ‖ ~ **fabric** (Textiles) / Besatzstoff m (z.B. Cotelé oder Velvet) ‖ ~ **filter** (Optics) / Abgleichfilter n ‖ ~ **joist** (Build, Carp) / Wechselbalken m (in der Wechsel eingebunden ist) ‖ ~ **machine** (For) / Bestoßmaschine f (zum Glätten von Querholzflächen) ‖ ~ **material** (Textiles) / Besatzstoff m (z.B. Cotelé oder Velvet) ‖ ~ **press** (Eng) / Abgratpresse f ‖ ~ **range** (Elec Eng) / Trimmbereich m ‖ ~ **resistor** (Elec Eng) / Justierwiderstand m (ein Bauteil) ‖ ~ **ribbon** (Textiles) / Bordüre f

**trimmings** pl (For) / Zuschnittreste m pl ‖ ~ (For) / Putzabfälle m pl ‖ ~ (Leather) / Beschnitt n (Abfall) ‖ ~ (Paper, Print) / Randstreifen m (der beim Beschneiden von Rollen- und Bogenpapier abfällt), Schneidabfall m, Beschneideabfall m, Abfälle m pl beim Beschneiden, Papierschnitzel n pl, Schnitzel n pl (Abfall beim Beschneiden) ‖ ~ (Textiles) / Posamenten n pl (textile Besatzartikel) ‖ ~ (Textiles) / Besatzteile n pl ‖ ~ (Textiles) / Besatz m (an Kleidern)

**trimming shearling** (Leather) / Besatzscherling m (gegerbtes und zugerichtetes Schaf- oder Lammfell mit kurzer oder mittellanger Wolle für Besatzzwecke) ‖ ~ **shears** (Met) / Besäumschere f ‖ ~ **strip**\* (Aero) / Bügelkante f, Trimmkante f ‖ ~ **tab**\* (Aero) / Trimmklappe f (kleine, am Ruderende angebrachte bewegliche Fläche, welche die Kräfte am Bedienungselement der Steuerung bei für die jeweilige Trimmung erforderlichem Ruderausschlag ausgleicht) ‖ ~ **tank** (Aero) / Trimmtank m (der durch Füllen oder Entleeren als Trimmung zum Ausgleich der Schwerpunktverschiebung bei Verbrauch von Kraftstoff dient) ‖ ~ **valve** (Eng) / Vertrimmventil n

**trim moulding** (Autos) / Zierleiste f
**trimodal** adj (Maths) / trimodal adj (Verteilung)
**trimolecular** adj (Chem) / trimolekular adj, termolekular adj ‖ ~ **reaction** (Chem) / trimolekulare Reaktion
**trimorphic**\* (Bot) / trimorph adj, dreigestaltig adj ‖ ~ (Chem, Crystal) / trimorph adj, dreigestaltig adj
**trimorphous** adj (Chem, Crystal) / trimorph adj, dreigestaltig adj
**trimotor** adj / dreimotorig adj, Dreimotoren-
**trimotored** adj / dreimotorig adj, Dreimotoren-
**trims**\* pl (Cinema) / Schnittmaterial n ‖ ~ **exhaustion** (Print) / Schneidabfallabsaugung f
**trim size** (Print) / Endformat n, Seitenformat n (beschnittenes Endformat) ‖ ~ **strip** (Autos) / Zierstreifen m ‖ ~ **strip** (Autos) / Zierleiste f ‖ ~ **system** (Aero) / Trimmanlage f ‖ ~ **tab**\* (Aero) / Trimmklappe f (kleine, am Ruderende angebrachte bewegliche Fläche, welche die Kräfte am Bedienungselement der Steuerung bei für die jeweilige Trimmung erforderlichem Ruderausschlag ausgleicht) ‖ ~ **tank** (Aero) / Trimmtank m (der durch Füllen oder Entleeren als Trimmung zum Ausgleich der Schwerpunktverschiebung bei Verbrauch von Kraftstoff dient) ‖ ~ **waste** (Join) / Verschnitt m (Holzabfall), Schnittverlust m ‖ ~ **waste** (Paper, Print) / Randstreifen m (der beim Beschneiden von Rollen- und Bogenpapier abfällt), Schneidabfall m, Beschneideabfall m, Abfälle m pl beim Beschneiden, Papierschnitzel n pl, Schnitzel n pl (Abfall beim Beschneiden) ‖ ~ **wood** (For) / Ausstattungsholz n
**trineutron** n (Nuc) / Trineutron n
**Trinidad asphalt** (Civ Eng, Geol) / Trinidad-Asphalt m (ein Naturasphalt aus dem Pitch Lake bei La Brea Point auf Trinidad) ‖ ~ **pitch** (Civ Eng, Geol) / Trinidad-Asphalt m (ein Naturasphalt aus dem Pitch Lake bei La Brea Point auf Trinidad)
**trinistor** n (Electronics) / Trinistor m (Vierschicht-Halbleiterbauelement)

**trinitride*** *n* (Chem) / Trinitrid *n* ‖ ~* (Chem) s. also azide
**trinitroaniline, 2,4,6-~** (Chem) / Pikramid *n* (2,4,6-Trinitroanilin)
**trinitrobenzene** *n* (Chem) / Trinitrobenzol *n* (ein Trinitroderivat des Benzols)
**trinitroglycerine*** *n* (Chem) / Glyceroltrinitrat *n*, Glyzerintrinitrat *n*, Nitroglycerin *n*, Nitroglyzerin *n*, Nitroglycerol *n*, Nitroglyzerol *n*
**Trinitron*** *n* (TV) / Trinitronröhre *f* (eine alte Farbbildröhre, bei der für die Strahlerzeugung nur ein Strahlerzeugungssystem verwendet wurde), Gittermaskenröhre *f*, Trinitron *n* ‖ ~ **tube** (TV) / Trinitronröhre *f* (eine alte Farbbildröhre, bei der für die Strahlerzeugung nur ein Strahlerzeugungssystem verwendet wurde), Gittermaskenröhre *f*, Trinitron *n*
**trinitrophenol***, **2,4,6-~** (Chem) / 2,4,6-Trinitrophenol *n*, Pikrinsäure *f*, Pikringelb *n*
**trinitrotoluene*** *n* (Chem) / Trinitrotoluol *n*, Tritol *n*, Trotyl *n*, TNT (Trinitrotoluol)
**trinocular** *adj* (Micros) / trinokular *adj*
**trinomial** *n* (Maths) / Trinom *n* (Polynom vom Grade 3) ‖ ~ *adj* (Maths) / trinomisch *adj*, trinomial *adj*, dreigliedrig *adj*, Trinom- *adj*
**trio** *n* (TV) / Tripel *n*, Dreier *m* (drei Punkte verschiedener Leuchtstoffe)
**trioctylamine** *n* (Chem) / Trioctylamin *n*, Trioktylamin *n*
**trioctylphosphine oxide** (Chem) / Trioctylphosphanoxid *n*, Trioktylphosphanoxid *n*, TOPO (Trioctylphosphanoxid)
**triode** *n* (Electronics) / Triode *f* ‖ ~**-hexode** (Electronics) / Triode-Hexode-Mischröhre *f* ‖ ~ **sputtering** (Surf) / Triodenzerstäuben *n* (Sonderform des Vakuumzerstäubens) ‖ ~ **thyristor** (Electronics) / Thyristortriode *f* ‖ ~ **valve*** (Electronics) / Triode *f*
**trioecious*** *adj* (Bot) / triözisch *adj* (mit zwittrigen, männlichen und weiblichen Blüten auf drei Pflanzen derselben Art), dreihäusig *adj*
**triol** *n* (trihydric alcohol derived from aliphatic hydrocarbons by the substitution of hydroxyl groups for three of the hydrogen atoms in the molecule) (Chem) / dreiwertiger Alkohol, Trialkohol *m*, Triol *n*
**Triolefin process** (Oils) / Triolefin-Prozess *m* (mit dem man das beim Kracken anfallende Propylen in Ethylen und Buten überführt)
**triolein*** *n* (Chem) / Ölsäureglycerinester *m*, Ölsäureglycerinester *m*, Triolein *n*, Glyzerintrioleat *n*, Glycerintrioleat *n*
**trio rolling mill** (Met) / Triowalzwerk *n*
**triose*** *n* (Chem) / Triose *f* (Monosaccharid mit drei Kohlenstoffatomen) ‖ ~ **phosphate** (Chem) / Triosephosphat *n* ‖ ~ **phosphate isomerase** (Biochem) / Triosephosphatisomerase *f*, TIM (Triosephosphatisomerase)
**trioxane** *n* (Chem) / Trioxymethylen *n*, 1,3,5-Trioxan *n* (das Trimere des Formaldehyds)
**trioxide** *n* (Chem) / Trioxid *n* (chemische Verbindung von einem Atom eines chemischen Elements mit drei Atomen Sauerstoff, z.B. $SO_3$)
**trioxosulphuric(IV) acid** (Chem) / schweflige Säure
**trioxygen** *n* (Chem) / Trisauerstoff *m* ($O_3$) ‖ ~ (Chem) s. also ozone
**trioxymethylene** *n* (Chem) / Paraformaldehyd *m* (ein Polymerengemisch des Formaldehyds)
**trip** *v* / plötzlich loslassen, schnappen lassen (plötzlich loslassen) ‖ ~ (Elec Eng) / ausschalten *v* (Relais) ‖ ~ (Elec Eng, Eng, Photog) / auslösen *v* ‖ ~ (Electronics) / kippen lassen ‖ ~ (Eng) / entklinken *v* ‖ ~ (Eng) / anschlagbohren *v* ‖ ~ (Ships) / lichten *v* (Anker) ‖ ~ *vi* / überschnappen *v*, herausspringen *v* ‖ ~ *n* / Anschlag *m* (Auslöser einer Aktion) ‖ ~ / Umlauf *m* (eines Packmittels) ‖ ~ / Fahrt *f*, Reise *f* ‖ ~ / Fahrt *f* (einzelne - einer Seilbahn) ‖ ~ (Elec Eng, Eng, Photog) / Auslösevorrichtung *f*, Auslöser *m* ‖ ~ (Eng) / Schnellschluss *m* (z.B. einer Turbine), Turbinenschnellschluss *m*, Schnellabschaltung *f* (z.B. einer Turbine), Turbinenschnellabschaltung *f*, TUSA ‖ ~* (Nuc Eng) / schnelle Leistungsabsenkung, Leistungseinbruch *m* (automatisch durch Sicherheitsmaßnahmen ausgelöst), Leistungsabwurf *m* ‖ ~* (Oils) / Roundtrip *m* (Ein- und Ausbau des Bohrgestänges)
**tripack*** *n* (Cinema, Photog) / Tripack-Film *m*, Dreischichtenfilm *m* ‖ ~* (Cinema, Photog) s. also multilayer film
**tripalmitin** *n* (Chem) / Palmitinsäureglycerinester *m*, Palmitinsäureglycerinester *m*, Tripalmitin *n*, Glyzerintripalmitat *n*, Glycerintripalmitat *n*
**trip amplifier*** (Nuc Eng) / Schnellabschaltverstärker *m*, Abschaltsignalverstärker *m*, Abschaltverstärker *m*
**tripartite** *adj* (consisting of three parts) / tripartit *adj*, dreiteilig *adj*, dreigeteilt *adj* ‖ ~ (Arch) / Dreifelder- Gewölbe), dreiteilig *adj* (Gewölbe) ‖ ~ **arch** (Arch) / Drillingsbogen *m*
**tripartition** *n* / Dreiteilung *f* ‖ ~ (Nuc) / Dreifachspaltung *f*, ternäre Spaltung, ternäre Kernspaltung
**trip circuit*** (Elec Eng) / Auslöseschaltung *f* ‖ ~ **coil*** (Elec Eng, Teleg) / Erregerspule *f*, Auslösespule *f*, Auslösewicklung *f* ‖ ~ **coil** (of a mechanical switching device) (Eng) / Auslösespule *f* ‖ ~ **computer** (on-board) (Autos) / Fahrcomputer *m*, Fahrzeugcomputer *m*, Bordrechner *m* ‖ ~ **dog** (Eng) / Auslösungsanschlag *m*
**tripe** *n* (Nut) / Flecke *m pl*, Kaldaunen *pl*, Kutteln *pl*, Kuttelflecke *m pl*

**tripeptide** *n* (Biochem, Physiol) / Tripeptid *n* (Peptid mit drei Aminosäureeinheiten)
**trip-free release** (Elec Eng, Eng) / Freiauslösung *f*
**trip gear*** (Eng) / Ventilsteuerung *f* (der Dampfmaschine) ‖ ~ **hammer** (Eng) / Fallhammer *m* (ein Schmiedehammer, z.B. Brettfallhammer, Riemenfallhammer, Kettenfallhammer, Stangenfallhammer)
**triphane** *n* (Min) / Spodumen *m* (ein Augit - wichtiger Rohstoff für Lithiumsalze)
**triphenylamine** *n* (Chem) / Triphenylamin *n*
**triphenyl-formazan** *n* (Chem) / Triphenylformazan *n* (für die Synthese von 2,3,5-Triphenyltetrazoliumchlorid)
**triphenylmethane** *n* (Chem) / Tritan *n*, Triphenylmethan *n* ‖ ~ **dyes*** (Textiles) / Triphenylmethanfarbstoffe *m pl* (eine Unterteilung der Triarylmethanfarbstoffe) ‖ ~ **dyestuffs** (Textiles) / Triphenylmethanfarbstoffe *m pl* (eine Unterteilung der Triarylmethanfarbstoffe) ‖ ~ **pigments** (Textiles) / Triphenylmethanfarbstoffe *m pl* (eine Unterteilung der Triarylmethanfarbstoffe)
**triphenylmethanol** *n* (Chem) / Triphenylmethanol *n*
**triphenylmethyl** *n* (radical) (Chem) / Trityl *n*, Triphenylmethyl *n*, Triphenyl *n* (beständiges freies Radikal)
**triphenyl phosphate** (Chem, Plastics) / Triphenylphosphat *n*, Phosphorsäuretriphenylester *m*, TPP, TPF (ein Weichmacher)
**triphenylphosphine** *n* (Chem) / Triphenylphosphin *n*, Triphenylphosphan *n*, TPP (Triphenylphosphin) ‖ ~ **oxide** (Chem) / Triphenylphosphinoxid *n*, TPO (Triphenylphosphinoxid)
**triphenyl phosphite** (Chem) / Phosphorigsäuretriphenylester *m*, Triphenylphosphit *n*, TPP
**triphenyltetrazolium chloride** (Chem) / Triphenyltetrazoliumchlorid *n* (ein Tetraziumsalz, das als Reduktionsindikator dient), TTC (Triphenyltetrazoliumchlorid - ein Tetraziumsalz, das als Reduktionsindikator dient)
**triphenyltin** *n* (Chem) / Triphenylzinn *n* (eine zinnorganische Verbindung)
**triphibian** *adj* (Mil) / triphibisch *adj* (Operation, Kriegführung)
**triphibious** *adj* (Mil) / triphibisch *adj* (Operation)
**triphosphate** *n* (Chem, Nut) / Triphosphat *n* (E 451)
**triphosphor tube fluorescent lamp** (Elec Eng) / Dreibandenlampe *f* (eine Leuchtstofflampe mit besonders hoher Lichtausbeute)
**triphylite*** *n* (Min) / Triphylin *n* (eisen- und manganhaltiges Lithiumphosphat)
**trip lamp** (a removable self-contained mine lamp, designed for marking the rear end of a train /trip/ of mine cars) (Mining) / Zugschlusslampe *f*
**triplane** *n* (Aero, Mil) / Dreidecker *m*
**triple** *v* / verdreifachen *v* ‖ ~ *n* (Maths) / Tripel *n*, 3-Tupel *n* ‖ ~ *adj* / Tripel-, dreimalig *adj*, dreifach *adj*
**triple-acting press** (Eng) / dreifachwirkende Presse (Presse mit drei Stößeln, dem äußeren Stößel, dem inneren Stößel und einem weiteren Stößel, der in entgegengesetzter Richtung zu ihnen wirkt)
**triple-action press** (Eng) / dreifachwirkende Presse (Presse mit drei Stößeln, dem äußeren Stößel, dem inneren Stößel und einem weiteren Stößel, der in entgegengesetzter Richtung zu ihnen wirkt)
**triple adapter** (Elec Eng) / Dreifachzwischenstecker *m* (zur Aufnahme von drei zweipoligen Steckern)
**triple-address instruction** (Comp) / Zwei-plus-Eins-Adressbefehl *m*, Dreiadressbefehl *m* ‖ ~ **machine** (Comp) / Dreiadressmaschine *f*
**triple-alpha process** (Astron) / Salpeter-Prozess *m*, Tripel-Alpha-Prozess *m*, Drei-$\alpha$-Prozess *m* (energieliefernder Kernprozess nach E.E. Salpeter, geb. 1924)
**triple-axis neutron spectrometer*** (Phys, Spectr) / dreiachsiges Neutronenspektrometer ‖ ~ **tracing** (Eng) / dreiachsiges Nachformen
**triple bond*** (Chem) / Dreifachbindung *f*, dreifache Bindung ‖ ~ **bottom line** (Ecol) / Triple Bottom Line (die drei gleichrangigen Ziele von der nachhaltigen Entwicklung)
**triple-cavity mould** (Glass) / Dreifachform *f* ‖ ~ **process** (Glass) / Dreifachtropfenbetrieb *m*, Dreifachtropfenverfahren *n*
**triple-charged** *adj* (Chem, Phys) / dreifach geladen (Ionen)
**triple collision** (Phys) / Dreierstoß *m* (wenn drei Körper zusammenstoßen) ‖ ~**-concentric cable*** (Cables, Elec Eng) / konzentrisches Dreileiterkabel, konzentrisches Dreiaderkabel, konzentrische Dreifachleitung ‖ ~ **connection** (Comp) / Dreifachanschluss *m* (für Terminals) ‖ ~ **cropping** (Agric) / Dreifruchtbau *m*, Dreifruchtanbau *m* (zur Erzielung von jährlich drei Ernten)
**triple-diffused transistor** (Electronics) / Dreifachdiffusionstransistor *m*, dreifach diffundierter Transistor
**triple-effect evaporator*** (Chem) / Tripeleffektverdampfer *m*, Dreikörperverdampfer *m*, Dreistufenverdampfer *m*

**triple●-expansion engine**\* (Eng) / Dreifachexpansionsmaschine f ‖ ~ **gearing** (Eng) / Dreiwellengetriebe n (bei alten Werkzeugmaschinen)
**triple-gob process** (Glass) / Dreifachtropfenbetrieb m, Dreifachtropfenverfahren n
**triple helix** (Biochem) / Tripelhelix f (pl. -ices) (bei Kollagenen und Collectinen) ‖ ~ **jack** (Teleph) / Drillingsklinke f ‖ ~ **junction**\* (Geol) / Tripelpunkt m (Treffpunkt dreier Lithosphärenplatten)
**triple-layer nickel** (Surf) / Dreifachnickel n ‖ ~ **nickel plating** (Surf) / Dreifachvernicklung f (Abscheidung von drei Ni-Schichten zum Korrosionsschutz)
**triple-length register** (Comp) / Register n dreifacher Wortlänge
**triple mirror** (Optics) / Tripelspiegel m (ein Winkelinstrument), Winkelspiegel m (mit drei aufeinander senkrecht stehenden Spiegelflächen) ‖ ~ **nickel** (Surf) / Dreifachnickel n ‖ ~ **nickel coating** (Surf) / Dreifachvernicklung f (Abscheidung von drei Ni-Schichten zum Korrosionsschutz)
**triple-pass scanner** (Comp, Print, Typog) / Scanner m mit drei Durchläufen
**triple point**\* (Phys) / Tripelpunkt m (ausgezeichneter Punkt eines Einkomponentensystems, bei dem drei Phasen im Gleichgewicht miteinander stehen - z.B. Wasser = 273,16 K), Dreiphasenpunkt m ‖ ~ **pole** (Elec Eng) / Dreipol m (DIN 4899)
**triple-pole** attr (Elec Eng) / dreipolig adj
**triple-pole switch**\* (Elec Eng) / dreipoliger Schalter
**triple-ported RAM** (Comp) / Triple-ported-RAM n
**triple precision** (Comp) / Dreifachgenauigkeit f (bei Darstellung und Berechnung einer Zahl) ‖ ~ **product** (Maths) / Spatprodukt n (dreier Vektoren), Dreierprodukt n, gemischtes Produkt ‖ ~ **quantum filter** (Chem, Phys) / Tripelquantenfilter n
**tripler** n (Elec Eng) / Verdreifacher m (Spannungs-, Frequenz-)
**triple reflector** (Optics) / Tripelspiegel m (ein Winkelinstrument), Winkelspiegel m (mit drei aufeinander senkrecht stehenden Spiegelflächen) ‖ ~ **register** (Comp) / Register n dreifacher Wortlänge ‖ ~ **resonance** (Spectr) / Tripelresonanz f (in der Kernresonanzspektroskopie) ‖ ~ **roller chain** (Eng) / Triplexkette f (Rollenkette mit drei parallelen Ketten), Dreifachrollenkette f (Triplexkette)
**triple-roll mill** (Paint) / Dreiwalzenstuhl m, Dreiwalze f (eine Dispergiermaschine), Walzenstuhl m, Dreiwalzenanreibmaschine f
**triple roof** (Build, Carp) / Fachwerkbinderdach n ‖ ~ **root** (Maths) / dreifache Wurzel ‖ ~ **salt** (Chem) / Tripelsalz n (Verbindung aus drei Salzen)
**triple-stage** attr (Spectr) / dreistufig adj (z.B. Quadrupolgerät)
**triple staining** (Micros) / Tripelfärbung f, Dreifachfärbung f
**triple-stranded helix** (Biochem) / Tripelhelix f (pl. -ices) (bei Kollagenen und Collectinen)
**triple superphosphate**\* (Agric) / Tripelsuperphosphat n (Phosphorsäuredüngemittel mit mehr als 46% $P_2O_5$)
**triplet** n (Biochem, Gen) / Triplett n, Triplettkode m (mit einer genetischen Information) ‖ ~\* (Chem, Spectr) / T-Zustand m, Triplettzustand m ‖ ~ (Crystal) / Kristalldrilling m, Drillingskristall m, Drilling m, Dreifachkristall m ‖ ~ (Optics) / Triplet n, dreiteiliges Objektiv, Triplett n ‖ ~ (Phys, Spectr) / Triplett n (Gruppe von Linien in Atomspektren)
**triple-tail unit** (Aero) / Dreifachleitwerk n
**triplet crystal** (Crystal) / Kristalldrilling m, Drillingskristall m, Drilling m, Dreifachkristall m ‖ ~ **generator** (Chem) / Triplettgenerator m (Verbindung, die mit hoher Effektivität zur Triplett-Triplett-Übertragung befähigt ist)
**triple thread** (Eng) / dreigängiges Gewinde
**triplet lens** (Optics) / Triplet n, dreiteiliges Objektiv, Triplett n ‖ ~ **oxygen** (Chem) / Triplettsauerstoff m (der elektrische Grundzustand des Sauerstoffmoleküls)
**triple traverse technique** (Materials) / Methode f des 1 1/2fachen Sprungabstands (bei der Ultraschallprüfung)
**triplet state** (Spectr) / T-Zustand m, Triplettzustand m
**triple vaccine**\* (Med) / Triple-Vakzine f, Dreifachimpfstoff m
**trip lever** (Photog) / Auslösehebel m
**triple-wall corrugated fibreboard** (Paper) / dreiwellige Wellpappe (DIN 6730 - bestehend aus drei Lagen gewellten Papiers, die durch zwei Lagen Papier oder Karton miteinander verklebt sind und deren Außenflächen ebenfalls mit je einer Lage Papier oder Karton beklebt sind)
**triple-wheel lapping machine** (Eng) / Dreischeibenläppmaschine f
**triple-wound transformer** (Elec Eng) / Dreiwicklungstransformator m
**triplex board** (Paper) / Triplexkarton m (DIN 6730) ‖ ~ **chain** (Eng) / Triplexkette f (Rollenkette mit drei parallelen Ketten), Dreifachrollenkette f (Triplexkette)
**triplexer** n (Radar, Radio) / Dreifachsenderweiche f

**Triplex glass**\* (Glass) / Triplex-Glas n (dreischichtiges Sicherheitsglas) ‖ ~ **process** (Met) / Triplexverfahren n ‖ ~ **winding**\* (Elec Eng) / Dreileiterwicklung f
**triplicate** v / dreifach ausfertigen ‖ ~ / verdreifachen v ‖ ~ n / Drittausfertigung f, dreifache Ausführung (Drittausfertigung)
**triplicated modular redundancy** (system) (Comp) / TMR-System n
**triplite** n (Min) / Triplit m (Mineral der Zwieselit-Wolfeit-Gruppe mit Fe > Mn)
**triploid**\* adj (Gen) / triploid adj, mit dreifachem Chromosomensatz
**triploidite** n (Min) / Triploidit m (Mineral der Zwieselit-Wolfeit-Gruppe mit Mn > Fe)
**triply charged** (Chem, Phys) / dreifach geladen (Ionen) ‖ ~ **degenerate** (Phys) / dreifach entartet
**tripmeter** n (Autos) / Wegmesser m, Wegstreckenzähler m (bei Landfahrzeugen), Tageskilometerzähler m
**tripod** n / dreiarmiges Drehkreuz (nach unten wegklappendes) ‖ ~ (Chem) / Dreifuß m (ein Laborgerät) ‖ ~ (Hyd Eng, Ocean) / Tripode m (Betonformkörper) ‖ ~\* (Photog, Surv) / Dreibeinstativ n, Dreibein n, Dreifuß m, Stativ n (dreibeiniges) ‖ ~ **bush**\* (Photog) / Stativgewinde n, Stativanschluss m ‖ ~ **case** (Cinema) / Stativfutteral n, Stativtasche f ‖ ~ **head**\* (Photog) / Stativkopf m, Stativaufsatz m
**tripoding** n (Agric) / Reutertrocknung f (von Heu)
**tripod joint** (Autos) / Tripodegelenk n (ein Gleichlaufgelenk), Tripodegleichlaufgelenk n ‖ ~ **mount** (Photog) / Stativgewinde n, Stativanschluss m
**trip odometer** (Autos) / Wegmesser m, Wegstreckenzähler m (bei Landfahrzeugen), Tageskilometerzähler m
**tripod stand** (Chem) / Dreifuß m (ein Laborgerät)
**tri-pole** attr (Elec Eng) / dreipolig adj
**tripoli** n (Min) / Tripel m (Kieselgur mit Verunreinigungen an Tonerde und Eisenoxid), Tripelerde f (geschichtete Diatomeenerde) ‖ ~ **fluid** (water) / Tripelwasser n (Abpoliermittel, das gemahlenen Tripel enthält) ‖ ~ **powder**\* (Min) / Tripel m (Kieselgur mit Verunreinigungen an Tonerde und Eisenoxid), Tripelerde f (geschichtete Diatomeenerde)
**tripolite**\* n (Min) / Tripel m (Kieselgur mit Verunreinigungen an Tonerde und Eisenoxid), Tripelerde f (geschichtete Diatomeenerde)
**tripotassium dicitratobismuthate**\* (Pharm) / Bismutsubzitrat n (kolloidales), Bismutsubcitrat n ‖ ~ **orthophosphate** (Chem) / Trikaliumphosphat n, tertiäres Kaliumphosphat
**trip-out** n (Eng) / Schnellschluss m (z.B. einer Turbine), Turbinenschnellschluss m, Schnellabschaltung f (z.B. einer Turbine), Turbinenschnellabschaltung f, TUSA
**tripper** n (Civ Eng) / Bandschleifenwagen m (der das Fördergut an jeder beliebigen Stelle in einer Gurtförderanlage übernimmt), Schleifenwagen m ‖ ~ (Elec Eng, Photog) / Auslösevorrichtung f, Auslöser m ‖ ~ (a discharging car) (Eng) / Abwurfwagen m (am Gurtbandförderer), Abwurfeinrichtung f ‖ ~ **car** (Civ Eng) / Bandschleifenwagen m (der das Fördergut an jeder beliebigen Stelle in einer Gurtförderanlage übernimmt), Schleifenwagen m ‖ ~ **car** (Mining) / Schleifenbandförderer m, Schleifenbandwagen m
**tripping** n (Horol) / Vorbeilaufen m des Gangzahnrades, Galopp m ‖ ~ **battery**\* (Elec Eng) / Auslösebatterie f ‖ ~ **current** (Elec Eng) / Auslösestrom m (durch den die Auslösevorrichtung zum Ansprechen gebracht wird) ‖ ~ **device** (Elec Eng, Photog) / Auslösevorrichtung f, Auslöser m ‖ ~ **force** / Auslösekraft f, auslösende Kraft ‖ ~ **force** (Electronics) / Abschaltungskraft f (beim Plattenspieler) ‖ ~ **mechanism** (Elec Eng, Photog) / Auslösevorrichtung f, Auslöser m ‖ ~ **wire** / Stolperdraht m
**trip relay**\* (Elec Eng) / Auslöserelais n
**tripropylene glycol** (Chem) / Tripropylenglykol n (ein Polyalkylenglykol)
**triprotic acid** (Chem) / dreiwertige Säure, dreibasige Säure, dreibasische Säure
**trip switch**\* (Elec Eng) / Auslöseschalter m, Betätigungsschalter m (für Fernsteuerung)
**triptane** n (Aero, Chem, Fuels) / Triptan n (Trivialname für 2,2,3-Trimethylbutan - auch ein Zusatzstoff für Flugkraftstoffe)
**tripton** n (Biol, Ocean) / Tripton n (der unbelebte Anteil des Sestons), Peritripton n, Abioseston n
**triptycene** n (Chem) / Triptycen n (9,10-Dihydro-9,10-o-benzenoanthracen)
**triptyque** n / Triptyk n (pl. -s) (dreiteiliger Grenzübertrittsschein für Kraft- und Wasserfahrzeuge), Triptik n (pl. -s)
**trip value**\* (Elec Eng) / Auslösewert m (der Spannung, des Stroms) ‖ ~ **voltage** (Elec Eng) / Auslösespannung f
**tripwire** n / Stolperdraht m
**TRIS** (tris buffer) (Chem, Pharm) / Trometamol n (internationaler Freiname für Tris(hydroxymethyl)-aminomethan), THAM (Trometamol), Tris n, Trispuffer m
**trisaccharide**\* n (Chem) / Trisaccharid n, Trisacharid n

**trisamine**

**trisamine** n (Chem, Pharm) / Trometamol n (internationaler Freiname für Tris(hydroxymethyl)-aminomethan), THAM (Trometamol), Tris n, Trispuffer m
**trisazo dyes** (Textiles) / Trisazofarbstoffe m pl || ~ **dyestuffs** (Textiles) / Trisazofarbstoffe m pl
**tris buffer** (Chem, Pharm) / Trometamol n (internationaler Freiname für Tris(hydroxymethyl)-aminomethan), THAM (Trometamol), Tris n, Trispuffer m
**trisection** n (Maths) / Trisektion f, Dreiteilung f || ~ **of an angle** (Maths) / Trisektion f des Winkels, Winkeldreiteilung f
**trisectrix** n (pl. trisectrices) (Maths) / Trisektrix f (pl. -izes) || ~ **of Maclaurin** (Maths) / Maclaurin'sche Trisektrix
**trisilane** n (Chem) / Trisilan f
**trisistor** n (Electronics) / Trisistor m (Schalttransistor mit ähnlichen Eigenschaften wie ein Thyristor)
**triskele** n (Arch) / Dreibein n, Dreischenkel m (ein Ornament)
**triskelion** n (Arch) / Dreibein n, Dreischenkel m (ein Ornament)
**trismus*** n (Med) / Trismus m (pl. -men), Kieferklemme f
**trisodium orthophosphate** (Chem) / Trinatrium(ortho)phosphat n ($Na_3PO_4$), tertiäres Natriumphosphat, Tri n || ~ **phosphate(V)** (Chem) / Trinatrium(ortho)phosphat n ($Na_3PO_4$), tertiäres Natriumphosphat, Tri n
**trisomic*** adj (Gen) / trisom adj
**tristate** n (Electronics) / Tristate m (elektronische Schaltung, die zusätzlich zu den Ausgangspegeln "L" und "H" einen hochohmigen /passiven/ Ausgangspegel "Z" annehmen kann) || ~ adj (Elec) / mit drei Stellungen || ~ **circuit** (Electronics) / Tristate-Schaltkreis m, Drei-Status-Schaltkreis m || ~ **driver** (Comp) / Treiber m in Dreizustandslogik || ~ **gate** (Comp) / Tristate-Gatter n || ~ **logic** / Dreizustandslogik f (Digitalschaltung, deren Ausgang neben den beiden /aktiven/ Zuständen L und H noch einen dritten, inaktiven oder hochohmigen Zustand annehmen kann), Trilevel-Logik f
**tristate logic** (Electronics) / Tristate-Logik f, TSL (Tristate-Logik), dreifache Logik
**tristate output** (Comp) / Ausgang m mit Drittzustand, Three-State-Ausgang m || ~ **output buffer** (Comp) / Puffer m mit drei Ausgangszuständen (Ausgabepuffer, der drei Zustände annehmen kann) || ~ **technique** (Electronics) / Tristate-Technik f, Three-State-Technik f (eine Abart der TTL-Technik) || ~ **testing** (Comp) / Tristate-Prüfung f (bei Bussystemen innerhalb digitaler Schaltungen)
**tristearate** n (Chem) / Tristearan n
**tristearin*** n (Chem) / Tristearin n (kristallines Gemisch des Glyzerintripalmitats mit den Triglyzeriden der Stearin- und Ölsäure), Glyzerintristearat n, Glycerintristearat n
**tristimulus values*** (Optics, Textiles, TV) / Normalfarbwerte m pl, Farbmaßzahlen f pl, Normfarbwerte m pl (in der Farbvalenzmetrik), Normmaßzahlen f pl
**trisubstituted** adj (Chem) / trisubstituiert adj, dreifach substituiert
**trisulphide** n (Chem) / Trisulfid n
**tritactic** adj (Chem) / tritaktisch adj (Polymer)
**tritanomaly** n (Optics) / Tritanomalie f (angeborene Farbensinnstörung in Form eines gestörten Unterscheidungsvermögens für Blau und Grün)
**tritanopia** n (Optics) / Tritanopie f, Blaublindheit f, Violettblindheit f
**tritanopic*** adj (Optics) / violettblind adj, blaublind adj, tritanopisch adj
**TRITC*** (tetramethyl rhodamine isothiocyanate) (Chem, Med) / Tetramethylrhodaminisothiocyanat n, Tetramethylrhodaminisothiozyanat n
**triterpene** n (Chem) / Triterpen n (aus sechs Isopreneinheiten aufgebautes Terpen) || ~ **saponin** (Chem) / Triterpensaponin n
**tri-tet oscillator** (crystal-controlled, electron-coupled, vacuum-tube oscillator circuit which is isolated from the output circuit through use of the screen grid electrode as the oscillator anode) (Phys) / Tri-Tet-Oszillator m
**trithionic acid** (Chem) / Trithionsäure f (eine Polythionsäure)
**tritiate** v (Chem) / tritiieren v
**tritiated** adj (Ecol, Nuc Eng) / tritiumkontaminiert adj (Abfall), mit Tritium kontaminiert, tritiumhaltig adj (Abfall) || ~ (Nuc Eng) / tritiiert adj (mit Tritium markiert), mit Tritium markiert || ~ **water** (Nuc Eng) / doppelschweres Wasser, tritiiertes Wasser, tritiumangereichertes Wasser, Tritiumwasser n
**triticale** n (a hybrid cereal produced by crossing wheat and rye, grown as a fodder crop) (Agric, Bot) / Triticale m, Weizen-Roggen-Bastard m
**tritik** n (a type of resist dyeing) (Textiles) / Tritik-Färbeverfahren n
**tritium*** n (Chem, Nuc) / T (Tritium), Tritium n (das schwerste, einzige radioaktive Isotop des Wasserstoffs) || ~ **method** (Geol) / Tritiummethode f (der Altersbestimmung) || ~ **unit*** (Chem) / Tritiumeinheit f
**triton** n (Chem) / Trinitrotoluol n, Tritol n, Trotyl n, TNT (Trinitrotoluol) || ~* (Chem, Nuc) / Triton n (Atomkern des Tritiums)
**tritonation** n (Chem) / Tritonierung f

**Triton X-100*** (Chem) / Triton X-100 (ein Warenzeichen für Tenside)
**tritungsten oxide** (Chem) / Triwolframoxid n ($W_3O$)
**triturability** n (Paint, Pharm) / Zerreibbarkeit f, Anreibbarkeit f
**triturable** adj / zerreibbar adj, anreibbar adj, zerreiblich adj
**triturate** v (Paint, Pharm) / anreiben v, reiben v, zerreiben v, triturieren v
**trituration** n (Paint, Pharm) / Trituration f, Reiben n, Zerreiben n, Anreiben n
**trityl*** n (radical) (Chem) / Trityl n, Triphenylmethyl n, Triphenyl n (beständiges freies Radikal)
**triuranium octoxide** (Chem) / Uran(IV,VI)-oxid n, Triuranoktoxid n ($U_3O_8$), Triuranoctoxid n
**trivacancy** n (Crystal) / Dreifachleerstelle f
**trivalency** n (Chem) / Dreiwertigkeit f, Trivalenz f
**trivalent*** adj (having the valency of three) (Chem) / trivalent adj, dreiwertig adj
**trivariant** adj (Phys) / trivariant adj, dreifachfrei adj, tervariant adj, mit drei Freiheitsgraden
**trivet** n (Textiles) / Samtmesser n (lanzettartiges Messer, das beim Schusssamt den Florschuss aufschneidet)
**trivette** n (Textiles) / Samtmesser n (lanzettartiges Messer, das beim Schusssamt den Florschuss aufschneidet)
**trivial** adj (Chem, Maths) / trivial adj || ~ **File Transfer Protocol** (which is used to transfer files over the Internet) (Comp) / Trivial File Transfer Protocol n (ähnlich wie FTP, nur wird keine Überprüfung der Benutzeridentität vorgenommen)
**trivialization** n (Maths) / Trivialisierung f
**trivial name** (Chem) / Trivialname m (Gegensatz: systematischer Name) || ~ **solution** (Maths) / triviale Lösung
**trixel** n (Comp, Photog) / Trixel (dreidimensionales Bildelement)
**trixylylphosphate*** n (Plastics) / TXP (Trixylylphosphat als Weichmacher nach DIN 7723), Trixylylphosphat n
**t-RNA*** n (Biochem) / Transfer-Ribonukleinsäure f, Transfer-RNS f, Transfer-RNA f, Träger-RNS f, t-RNS f, Transfer-Ribonucleinsäure f, t-RNA f, sRNA f
**trochilus** n (Arch) / Trochilus m (Hohlkehle)
**trochoid*** n (Maths) / Trochoide f (eine Zykloide), Rollkurve f, Radlinie f
**trochoidal** adj / trochoidenförmig adj (z.B. Gehäuse des Wankel-Motors) || ~ **mass analyser*** (Nuc Eng, Spectr) / Zykloidenmassenspektrometer n, Trochoidenmassenspektrometer n, Massenspektrometer n mit trochoidalen Ionenbahnen, Trochoidmassenspektrometer n || ~ **vacuum pump** (Vac Tech) / Trochoidenpumpe f (eine Vakuumpumpe, die nach dem Wankel-Prinzip konstruiert ist)
**trochotron*** n (Electronics, Nuc Eng) / Trochotron n (eine Schaltröhre)
**Trockenbeerenauslese** n (a sweet German white wine made from selected individual grapes picked later than the general harvest and affected by noble rot) (Nut) / Trockenbeerenauslese f
**troctolite*** n (Geol) / Troktolith m, Forellenstein m (eine Varietät von Gabbro)
**Troeger connexion** (Electronics) / Tröger-Schaltung f (eine Löschschaltung mit Kondensatorlöschung zur Einzellöschung von Thyristoren in selbstgeführten Stromrichtern)
**troff** n (Comp) / UNIX-Formatierer m (Textsoftware), nroff (UNIX-Formatierer)
**troffer** n (a long recessed lighting unit usually installed with the opening flush with the ceiling) (Elec Eng) / eingelassene Deckenbandleuchte, Einbaudeckenleuchte f || ~ (Light) / eingelassenes Leuchtband (in der Leuchtdecke), Leuchtenband n (bei der Deckenbeleuchtung)
**Tröger's base** (Chem) / Tröger-Base f
**troilite*** n (Min) / Troilit m (eine Strukturvarietät von Pyrrhotin in Eisen- oder Steinmeteoriten)
**Trojan asteroids** (Astron) / Trojaner m pl (eine Gruppe von über 700 Planetoiden mit himmelsmechanisch interessanten Bahnen) || ~ **group*** (Astron) / Trojaner m pl (eine Gruppe von über 700 Planetoiden mit himmelsmechanisch interessanten Bahnen) || ~ **horse*** (Comp) / Trojanisches Pferd n (ein Programm mit zerstörerischer Wirkung, das als Spiel, Dienstprogramm oder Anwendung getarnt ist)
**troland*** n (Optics) / Troland n (Einheit der relativen Netzhautbeleuchtungsstärke oder Pupillenlichtstärke)
**trolley** n / Kofferkuli m (auf Bahnhöfen und Flughäfen), Trolley m || ~ (Aero) / Servicewagen m (zur Bedienung der Fluggäste) || ~ (Autos) / Oberleitungsomnibus m (leitungsgebundenes Elektrostraßenfahrzeug), Fahrleitungsomnibus m, Obus m || ~ (Civ Eng) / Feldbahnwagen m, Lore f, [kleiner] Schienenwagen m || ~ (trolley wheel) (Elec Eng) / Stromabnehmerrolle f, Rollenstromabnehmer m || ~ (Eng) / Kranlaufkatze f, Katze f, Laufkatze f, Laufwinde f (auf einem Brückenkran, Stahlträger oder an einem Seil fahrender Wagen mit einer Winde, der Lasten in horizontaler oder auch geneigter Richtung bewegt) || ~ (Rail) /

Rollbock m, Rollschemel m (Vorrichtung zum Befördern von Eisenbahnwagen der Normalspur auf Gleisen anderer Spurweite) ‖ ~ (Surf) / Laufwagen m (bei der Elektroplattierung) ‖ ~ (Vac Tech) / Pumpstraßenwagen m, fahrbarer Pumpstand (einer Pumpstraße)
**trolleybus** n (GB)* (Autos) / Oberleitungsomnibus m (leitungsgebundenes Elektrostraßenfahrzeug), Fahrleitungsomnibus m, Obus m
**trolley car** (US) (a tram powered by electricity obtained from an overhead cable by means of a trolley wheel) / Straßenbahnwagen m (mit Rollenstromabnehmer) ‖ ~ **dolly** (GB) (Aero) / Flugbegleiterin f, Airhostess f (weibliches Bedienungspersonal in Flugzeugen), Stewardess f (pl. -dessen), Flughostess f (pl. -tessen) (A) ‖ ~ **exhaust** (system) (Vac Tech) / stationäres Pumpen (mit stationären Pumpeinrichtungen) ‖ ~ **exhaust system** (Vac Tech) / stationärer Pumpautomat, Pumpstraße f mit stationären Pumpeinrichtungen ‖ ~**-frog** n (Elec Eng) / Oberleitungsweiche f, Fahrleitungsweiche f, Luftweiche f ‖ ~ **head** (Elec Eng) / Rollenstromabnehmerkopf m, Stangenstromabnehmerkopf m ‖ ~ **jack** (Autos) / fahrbarer Wagenheber, Rangierheber m ‖ ~ **locomotive** (Elec Eng, Rail) / Fahrdrahtlokomotive f ‖ ~ **pole** (Elec Eng) / Stromabnehmerstange f ‖ ~ **running on bottom flange** (Eng) / Unterflanschlaufkatze f ‖ ~ **service** (Rail) / Rollbockbetrieb m (beim Spurwechsel) ‖ ~ **system*** (Elec Eng) / Oberleitungssystem n, Fahrdrahtsystem n ‖ ~ **truck** (Mining) / Trolleytruck m (Truck mit Elektroantrieb, bei dem die Energiezufuhr bei der Hauptstreckenförderung über eine Oberleitung mit Stromabnehmer erfolgt) ‖ ~ **wheel** (Elec Eng) / Stromabnehmerrolle f, Rollenstromabnehmer m ‖ ~ **wire** (Elec Eng) / Fahrdraht m (für Rollenabnehmer)
**Trombe-Michel wall** / Trombe-Wand f (für die Heliotechnik)
**Trombe wall** / Trombe-Wand f (für die Heliotechnik)
**trombone*** n (Telecomm) / Posaune f (Leitungsbauelement veränderbarer Länge)
**tromethamine** n (Chem, Pharm) / Trometamol n (internationaler Freiname für Tris(hydroxymethyl)-aminomethan), THAM (Trometamol), Tris n, Trispuffer m
**trommel*** n / Siebtrommel f (Siebmaschine mit zylindrischer Form des Siebes), Trommelsieb n (rotierendes)
**Trommsdorff effect** (Chem) / Trommsdorff-Effekt m (der bei bis zu hohen Umsätzen durchgeführten radikalischen Polymerisationen auftritt und zu einem starken Anstieg der Polymerisationsgeschwindigkeit führt), Trommsdorff-Norrish-Effekt m, Geleffekt m
**trompe l'oeil** (pl. -s) (Arch) / Trompe l'Oeil n m (Raumgestaltung, die sich bestimmte Effekte des Trompe-l'Oeil in der Malerei zunutze macht)
**trona** n (Min) / Trona m f (ein Bestandteil der Natursoda)
**trondhjemite*** n (Geol) / Trondhjemit m (verbreitetes helles Tiefengestein aus Oligoklas, Quarz und wenig Biotit - Abart des Quarzdiorits)
**troop carrier** (Aero, Mil) / Truppentransporter m
**trooper** n (GB) (Mil, Ships) / Truppentransporter m
**troopship** n (Mil, Ships) / Truppentransporter m
**troostite** n (Met) / Troostit m (alte Bezeichnung für ein Gefüge aus Perlit, das sich im Bereich des Maximums der Umwandlungsgeschwindigkeit noch unterhalb des Sorbits bildet und das lichtmikroskopisch nicht mehr auflösbar ist) ‖ ~ (Min) / Troostit m (rosa gefärbter Willemit mit hohem Gehalt an Mn)
**troostitic structure** (Met) / troostitisches Gefüge (aus feinlamellarem Perlit), troostitische Struktur
**tropaeoline** n (Chem) / Tropäolin n (Trivialname für eine Reihe von Farbstoffen), Tropaeolin n
**tropane** n (Chem) / Tropan n, Hydrotropin (Grundkörper der Tropanalkaloide) ‖ ~ **alkaloid** (Chem, Pharm) / Tropanalkaloid n (mit Tropan-Ringsystem)
**tropanol** n (Chem) / Tropanol n (Hydroxyderivat des Tropans)
**trophic*** adj (Med, Nut) / trophisch adj ‖ ~ **chain** (Ecol, Nut) / Nahrungskette f ‖ ~ **level*** (in a food chain) (Biol) / Trophieebene f (Produzenten, Konsumenten, Destruenten), trophisches Niveau, Stufe f der Nahrungskette, Trophiestufe f, trophische Ebene
**trophogeneous** adj (Biol, Hyd) / trophogen adj (obere Schicht der Gewässer)
**trophogenic** adj (Biol, Ecol, Hyd) / trophogen adj (obere Schicht der Gewässer) ‖ ~ **layer** (Biol, Hyd) / Aufbauschicht f (obere Schicht der Gewässer), trophogene Schicht
**tropholytic** adj (Biol, Ecol, Hyd) / tropholytisch adj (Tiefenschicht der Gewäsaser) ‖ ~ **layer** (Biol, Ecol, Hyd) / Zehrschicht f, tropholytische Schicht
**tropic*** n (Geog) / Wendekreis m ‖ ~ adj / tropisch adj (auf die Tropen bezogen, aus den Tropen stammend, für die Tropen charakteristisch), Tropen- ‖ ~ (Biol) / Trophieebene f (Produzenten, Konsumenten, Destruenten), trophisches Niveau, Stufe f der Nahrungskette, Trophiestufe f, trophische Ebene ‖ ~ **acid** (Chem) / Tropasäure f (3-Hydroxy-2-phenylpropionsäure)
**tropical** adj / tropisch adj (auf die Tropen bezogen, aus den Tropen stammend, für die Tropen charakteristisch), Tropen- ‖ ~ **almond** (For, Leather) / Indischer Mandelbaum, Katappenbaum m, Badam m (Terminalia catappa L.), Katappenterminalie f ‖ ~ **band** (Radio) / Tropenband n (das vor allem für den regionalen Rundfunk in den Tropen verwendet wird) ‖ ~ **climate** (Meteor) / Tropenklima n, tropisches Klima ‖ ~ **cloth** (Textiles) / Tropical m (leichtes kammgarnartig wirkendes Gewebe in Leinwandbindung) ‖ ~ **cyclone** (Meteor) / tropischer Wirbelsturm (z.B. Hurrikan, Taifun oder Willy-Willy) ‖ ~ **developer** (Photog) / Tropenentwickler m ‖ ~ **disease** (Bacteriol, Med, Pharm) / Tropenkrankheit f (Infektionskrankheit, die durch in tropischen Gegenden beheimatete Erreger und/oder Überträger hervorgerufen wird - z.B. Malaria, Bilharziose oder Amöbenruhr) ‖ ~ **finish** (Elec Eng) / Vorbereitung f für den Tropeneinsatz, Tropenfestmachen n, Tropenfestausrüstung f
**tropicalization** n (Elec Eng) / Vorbereitung f für den Tropeneinsatz, Tropenfestmachen n, Tropenfestausrüstung f
**tropicalized** adj (fully) (Elec Eng) / tropenbeständig adj, tropenfest adj (funktionstüchtig unter tropischen Klimabedingungen), in Tropenausführung, tropengeeignet adj, tropentauglich adj
**tropical leaflet** (Photog) / Tropenmerkblatt n (zur Behandlung des Films im Tropenklima) ‖ ~ **month*** (Astron) / tropischer Monat (die Zeit zwischen zwei aufeinander folgenden Durchgängen des Mondes durch den Stundenkreis des Frühlingspunktes) ‖ ~ **rainforest** (For) / tropischer Regenwald (entweder Tiefland-Regenwald oder montaner Regenwald) ‖ ~ **revolving storm** (Meteor) / Zyklon m (tropischer Wirbelsturm) ‖ ~ **revolving storm*** (Meteor) / tropischer Wirbelsturm (z.B. Hurrikan, Taifun oder Willy-Willy) ‖ ~ **switch*** (Elec Eng) / Feuchtraumschalter m ‖ ~ **timber** (For) / Tropenholz n, tropisches Holz ‖ ~ **wood** (For) / Tropenholz n, tropisches Holz ‖ ~ **year*** (Astron) / tropisches Jahr (365 d 5 h 48 min 45,51 s), Sonnenjahr n, Solarjahr n
**tropilidene** n (Chem) / Cycloheptatrien n, Tropiliden n (1,3,5-Cycloheptatrien), Tropyliden n, Zykloheptatrien n
**tropine** n (Chem) / Tropin n (3-Tropanol)
**tropinone** n (Chem) / Tropinon n (3-Tropanon)
**tropism*** n (Bot) / Tropismus m (Krümmungsbewegung festgewachsener Organismen oder Organe, die durch einen einseitigen Reiz induziert und in ihrer Richtung bestimmt wird)
**tropocollagen molecule** (Biochem) / Tropokollagenmolekül n (Basisstruktur der Kollagene)
**tropolone** n (2-hydroxy-2,4,6-cycloheptatrien-1-one) (Bot, Chem) / Tropolon n (in der Natur verbreitete, aromatisches Verhalten zeigende Verbindung mit siebengliedrigem Ringsystem, drei konjugierten Doppelbindungen, je einer Karbonyl- und Hydroxylgruppe - 2-Hydroxy-Derivat des Tropons)
**tropometer** n (Med) / Verdrehungsmesser m
**tropomyosin*** n (Biochem) / Tropomyosin n (ein Faserprotein von Myosincharakter)
**tropone** n (Chem) / Tropon n (2,4,6-Cycloheptatrienon)
**troponin*** n (Biochem) / Troponin n, Tn (Troponin)
**tropopause*** n (Geophys, Meteor, Radio) / Tropopause f (obere Begrenzung der Troposphäre)
**trophophyte** n (Bot) / Tropophyt m (pl. -en) (wandlungsfähige Pflanze)
**troposcatter** n (Radio) / troposphärische Streuung, troposphärische Streuausbreitung
**troposcattering** n (Radio) / troposphärische Streuung, troposphärische Streuausbreitung
**troposcatter propagation** (Radio) / Tropo-Scatter-Ausbreitung f (für Richtfunkverbindungen und Überreichweiten)
**troposphere*** n (Geophys, Meteor, Radio) / Troposphäre f (unteres Stockwerk der Erdatmosphäre)
**tropospheric*** adj (Geophys, Meteor, Radio) / troposphärisch adj ‖ ~ **chemistry** (Chem) / troposphärische Chemie ‖ ~ (radio) **duct** (Radio) / troposphärischer Duct, troposphärischer Wellenleiter, Dukt m ‖ ~ **scatter(ing)*** (Radio) / troposphärische Streuung, troposphärische Streuausbreitung
**tropospheric-scatter propagation** (Radio) / Tropo-Scatter-Ausbreitung f (für Richtfunkverbindungen und Überreichweiten)
**tropospheric wave*** (Radio) / troposphärische Welle
**tropylium bromide** (Chem) / Tropyliumbromid n
**trotyl** n (Chem) / Trinitrotoluol n, Tritol n, Trotyl n, TNT (Trinitrotoluol)
**trouble** n (Autos) / Panne f ‖ ~ (Eng) / Störung f (technische), technischer Fehler ‖ ~ **code** (Autos) / Fehlerkode m (des Diagnosegeräts) ‖ ~**-free** adj / störungsfrei adj, ungestört adj ‖ ~ **lamp** (US) / Kontrollleuchte f (eine Handleuchte), Handleuchte f (eine Kontrollleuchte) ‖ ~ **light** / Kontrollleuchte f (eine Handleuchte), Handleuchte f (eine Kontrollleuchte)

**trouble-prone** *adj* / störanfällig *adj* (im Allgemeinen)
**trouble recorder** (Teleph) / Störungsaufzeichner *m* || **~ report** / Störungsmeldung *f* (schriftliche), Störungsbericht *m*
**troubleshooter** *n* (Comp, Elec Eng) / Mitarbeiter *m* des Störungsdienstes, Störungssucher *m*
**troubleshooting\*** *n* (Comp, Elec Eng) / Störungssuche *f*, Fehlersuche *f*
**troubleshooting table** (Comp, Elec Eng) / Fehlersuchtabelle *f*
**troublesome insect** (Zool) / Lästling *m* || **~ weed** (Agric) / Problemunkraut *n*
**trouble source** / Störungsursache *f*, Versagensursache *f* || **~ ticket** (Comp, Elec Eng) / Trouble Ticket *n* (Datensatz, der eine Störung beschreibt)
**trough** *n* / Mulde *f*, Trog *m*, Wanne *f* || **~** (Foundry) / Verteilergefäß *n*, Zwischenpfanne *f*, Zwischenbehälter *m* (beim Strangguss) || **~** (Geol) / Graben *m*, tektonischer Graben, Grabenbruch *m* (ein eingesunkenes Rindenstück) || **~** (Geol) / Mulde *f* (tektonische) || **~** (Maths) / Minimumbereich *m* (einer Kurve) || **~\*** (of low pressure) (Meteor) / Tiefdruckrinne *f* (in äquatorialen Breiten), Trog *m* (Gebiet tiefen Luftdrucks hinter der Kaltfront mit besonders starker Isobarenkrümmung, Tiefdruckfurche *f* || **~** (Textiles) / Chassis *n* (bei Veredlungsmaschinen) || **~ area** (Geol) / Muldengebiet *n* || **~ channel** (Min Proc) / Gerinne *n*, Rinne *f* || **~ connector** (Cables) / Wannenmuffe *f* || **~ conveyor** (Eng) / Muldengurtbandförderer *m*, Trogbandförderer *m*, Troggurtförderer *m* || **~ curve** (Geol) / Muldenbiegung *f* || **~ drier** (Plastics) / Muldentrockner *m*
**troughed** *adj* / muldenförmig *adj* || **~** / trogförmig *adj*
**troughed-belt conveyor** (Eng) / Muldenförderband *n*
**troughed belt conveyor\*** (Eng) / Muldengurtbandförderer *m*, Trogbandförderer *m*, Troggurtförderer *m* || **~ sheet** (Met) / Trapezblech *n*
**trough fault\*** (Geol) / Muldenverwerfung *f* || **~ gutter\*** (Build) / Kastenrinne *f*, Standrinne *f* (in Kastenform)
**troughing** *n* (earthenware, wood, or other material) (Cables, Civ Eng) / Kabelkanal *m* (offen) || **~** (Eng) / Muldung *f* (eines Förderbandes)
**trough limb** (Geol) / Muldenschenkel *m*, Muldenflügel *m* || **~ mixer** (Build) / Trogmischer *m* (für Beton und Mörtel) || **~ sheet** (Met) / Trogblech *m* || **~ valley** (Geol) / Trogtal *n*, U-Tal *n*, Sohlental *n* (mit U-förmigem Querschnitt) || **~ valley** (Geol) / Muldental *n* || **~ value** / Sohlenwert *m* (negativer Extremwert eines Messwertverlaufs), Talwert *m*, Kleinstwert *m* || **~ vault** (Arch) / Muldengewölbe *n*
**trousseau** *n* (Textiles) / Trousseau *m* (eine aus mehreren genau zusammenpassenden Einzelteilen bestehende komplette Garderobe), Coordonnés *pl*
**Trouton ratio** (Phys) / Trouton-Verhältnis *n* (Verhältnis von Dehnviskosität zu Scherviskosität nach DIN 1342, T 1 und 13342)
**Trouton's rule\*** (Chem) / Pictet-Trouton'sche Regel (nach R.P. Pictet, 1846-1929), Trouton'sche Regel (nach F.Th. Trouton, 1863-1922), Hildebrand-Regel *f* (nach J.H. Hildebrand, 1881-1983)
**troutstone\*** *n* (Geol) / Troktolith *m*, Forellenstein *m* (eine Varietät von Gabbro)
**trowel** *v* (Build) / mit der Kelle abreiben || **~** (Build, Paint) / spachteln *v*, aufspachteln *v*, aufziehen *v* || **~\*** *n* (Build) / Kelle *f* (z.B. Maurerkelle) || **~** (external, internal) (Build) / Eckspachtel *m* || **~** (Build, Paint) / Spachtelmesser *n*, Spachtel *m* *f*, Spachtelwerkzeug *n* || **~** (Foundry) / Truffel *f*, Polierschaufel *f*
**trowellable** *adj* (Build) / mit der Spachtel oder Kelle auftragbar
**trowelling** *n* (Paint) / Spachteln *n* (mit der Spachtelmasse) || **~ compound** (Paint) / Spachtelmasse *f* (DIN 55 945), Spachtel *m* *f* (Beschichtungsstoff zum Ausgleich von Unebenheiten bzw. Fehlern)
**trowel off** *v* (Build) / mit der Kelle abreiben || **~ off** (Build) / ausspachteln *v*, wegspachteln *v*
**troy ounce** / Feinunze *f* (31,1035 g) || **~ weight** (system) / Troy-System *n* (ein veraltetes System von Massen- bzw. Gewichtseinheiten für Edelmetalle und Edelsteine)
**TRS** (tough-rubber sheathing) (Cables) / Gummischlauch *m*, Gummimantel *m* || **~** (test response spectrum) (Elec Eng) / Prüfantwortspektrum *n*
**TR switch** (transmit-receive switch) (Electronics, Radar) / Sende-Empfangs-Schalter *m* || **~ tube\*** (transmit-receive tube) (Electronics) / Empfängersperröhre *f*
**Truarc retaining ring** (Eng) / Seeger-Sicherungsring *m*, Seeger-Ring *m* (ein Sicherungselement in Form eines offenen Federrings der Fa. Seeger-Orbis), Sg-Ring *m* (Seeger-Sicherungsring)
**trubenizing** *n* (Textiles) / Trubenisieren *n* (Spezialverfahren zur Herstellung versteifter Gewebe)
**truck** *n* / Stechkarre *f* (ein Handfahrgerät) || **~** / [schienenloser] Wagen *m* || **~** (US) (Agric) / Marktgemüse *n* (angebaut für den Markt) || **~** (US) (Autos) / Lastkraftwagen *m*, LKW, Lkw, Camion *m* (S), Truck *m* (pl. -s) (meistens ein Haubenfahrzeug), Fernlaster *m* || **~** (Eng) / Fahrgestell *n*, Fahrbühne *f* || **~** (Mining) / Truck *m* (pl. -s) (dieselgetriebenes Fahrzeug für die Förderung im Abbau sowie in der Zwischen- und Hauptstreckenförderung im Steinsalz- und Erzbergbau mit 6 bis 30 t Nutzlast in Verbindung mit LHD-Geräten und Baggern) || **~** (US) (Rail) / Drehgestell *n* (der Lokomotive nach DIN 25 604) || **~** (GB) (Rail) / Flachwagen *m*, Plattformwagen *m*, Plattform *f*, Güterwagen *m* (flacher, offener) || **~** (Rail) / Rollbock *m*, Rollschemel *m* (Vorrichtung zum Befördern von Eisenbahnwagen der Normalspur auf Gleisen anderer Spurweite) || **~** (Eng) s. also industrial truck
**truckbin** *n* / Hubroller *m* (ein Handfahrgerät)
**truck cab** (Autos) / Fahrerhaus *n*, Führerhaus *n*, Fahrerkabine *f* || **~ chamber kiln** / Herdwagenofen *m* || **~ company** (US) (Autos) / LKW-Spedition *f*, Speditionsunternehmen *n* || **~ conveyor** (Autos) / Schleppwagenförderer *m* || **~-crane** (Eng) / Autokran *m* (auf einem LKW-Fahrgestell montierter Auslegerkran), LKW-Kran *m*, Automobilkran *m*
**truck-crane** (Eng) s. also crane truck
**truck drier** / Hordentrockner *m* (fahrbarer) || **~ driver** (US) (Autos) / LKW-Fahrer *m*, Fernfahrer *m*, Trucker *m* || **~ dump hopper** (Civ Eng) / Truck-dump-Hopper *m*
**trucker** *n* (US) (Autos) / LKW-Fahrer *m*, Fernfahrer *m*, Trucker *m* || **~** (Autos) / Güterkraftverkehrsunternehmer *m*
**truck farming** (US) (Agric) / Gemüseanbau *m* für den Markt, Marktgemüseanbau *m* || **~ gardening** (US) (Agric) / Gemüseanbau *m* für den Markt, Marktgemüseanbau *m*
**trucking** *n* (US) (Agric) / Gemüseanbau *m* für den Markt, Marktgemüseanbau *m* || **~** (Autos) / Güterkraftverkehr *m* || **~** (Cinema) / Verfolgungsschwenk *m* || **~** (Cinema, TV) / Kamerafahrt *f*, Fahrt *f* (der Kamera) || **~ title** (Cinema) / Fahrtitel *m*
**truckload** *n* (Autos) / LKW-Ladung *f*, Wagenladung *f*
**truck-mixed concrete** (Build, Civ Eng) / fahrzeuggemischter Transportbeton (der nach DIN 1045 in Mischfahrzeugen zur Baustelle befördert und in diesen auch gemischt wird, und zwar während der Fahrt oder nach Eintreffen auf der Baustelle)
**truck mixer** (Build, Civ Eng) / Transportbetonmischer *m*, Transportmischer *m*, Mischerfahrzeug *n* (Beton), Mischfahrzeug *n* (Beton)
**truck-mounted concrete pump** (US) (Civ Eng) / Autobetonpumpe *f* (auf dem LKW-Fahrgestell aufgebaut) || **~ crane** (Eng) / Autokran *m* (auf einem LKW-Fahrgestell montierter Auslegerkran), LKW-Kran *m*, Automobilkran *m* || **~ drilling rig** (Civ Eng) / fahrbare Bohranlage, mobiles Bohrgerät
**truck pooling** (US) (Autos) / Lastkraftwagen-Pooling *n*, LKW-Pooling *n* || **~ powered by an internal-combustion engine** (Autos) / Wagen *m* mit Verbrennungsmotor (für Hoftransporte und Werkrundverkehr) || **~ rig** (Civ Eng) / fahrbare Bohranlage, mobiles Bohrgerät || **~ scale** / Fahrzeugwaage *f* (Deponie) || **~ shot** (Cinema) / Fahraufnahme *f* (vom fahrenden Kamerawagen aus)
**truckster** *n* / Hubroller *m* (ein Handfahrgerät)
**truck system** (Work Study) / Trucksystem *n* (Bezahlung des Arbeitnehmers durch Waren, die er hergestellt hat oder durch Gutscheine, die zum Kauf von Waren berechtigen, die der Arbeitgeber verkauft) || **~-to-truck** *attr* (Ships) / truck-to-truck *attr* (Bezeichnung für horizontalen Umschlag, bei dem ein Gabelstapler an dem Kai die Ladeeinheiten einem im Schiff befindlichen Zwischendeck-Gabelstapler durch die Seitenpforte oder kombinierte Seitenladeluken übergibt), Truck-to-Truck || **~-tractor** *n* (Autos) / Sattelzugmaschine *f* (DIN 70010), Sattelschlepper *m* (des Sattelzugs)
**truck-truck handling** (Ships) / Truck-Truck-Handling *n*
**truck-type** *attr* (Elec Eng) / ausfahrbar *adj* (Schalter) || **~ switchgear** (Elec Eng) / Schaltwagen *m*
**truck with trailer** (US) (Autos) / Lastzug *m* (LKW mit Anhänger)
**true** *v* / richten *v*, ausrichten *v*, begradigen *v* || **~** (Eng) / zentrieren *v* (auswuchten, richten) || **~** (Eng) / abrichten *v* (Schleifkörper) || **~** *adj* / wahr *adj* || **~** / genau *adj* || **~** / eben *adj* (z.B. Tuschierplatte) || **~** / echt *adj* || **~** (Eng) / schlagfrei *adj* (Rad), rundlaufend *adj*, unwuchtfrei *adj* || **~** (Nav) / rechtweisend *adj* || **~ airspeed\*** (Aero) / Eigengeschwindigkeit *f*, Fahrt *f*, wahre Fluggeschwindigkeit || **~ altitude** (Aero) / wahre Höhe über dem Meer
**true-angle ratio** (Eng) / winkelgetreue Übersetzung (DIN 868)
**true anomaly\*** (Astron) / wahre Anomalie || **~ area of contact** / wirkliche Berührungsfläche (die Mikrokontakte) || **~ azimuth\*** (Surv) / echter Azimut || **~ bearing** (Nav) / rechtweisende Peilung || **~ bearing\*** (Nav) / rechtweisende Richtung || **~ blue** (Textiles) / waschechtes Blau
**true-blue** *adj* / bergblau *adj*
**true centrifugal casting** (Foundry) / Schleuderformguss *m* (wenn eine vollständige Form um eine Achse rotiert und unter Einwirkung der Zentrifugalkraft gefüllt wird), echter Schleuderguss
**true-color display** (Comp) / True-Color-Wiedergabe *f*
**true complement** (Comp, Maths) / Basiskomplement *n*, B-Komplement *n* || **~ course** (Aero) / rechtweisender Steuerkurs || **~ course** (Ships) /

wahrer zurückgelegter Kurs ‖ ~ **density**\* (Phys) / wahre Dichte, wirkliche Dichte, Feststoffdichte *f* ‖ ~ **density** (Phys) / Reindichte *f* (stoffabhängige Größe, angegeben als Quotient aus Masse und Volumen des porenfreien Stoffes) ‖ ~ **dip** (Geol) / wahres Einfallen ‖ ~ **fibre** (Textiles) / Faser *f* mit gleichmäßigem Durchmesser ‖ ~ **folding** (Geol) / Flexur *f* (s-förmige Schichtenverbiegung, die durch gegenläufige relative Verschiebung zweier Schollen ohne Bildung größerer Brechfugen erfolgt), Monoklinalfalte *f*, Kniefalte *f*
**true-font preview** (Comp) / Echtschrift-Preview *f* (Textkontrolle mit echten Schriften)
**true haploid**\* (Gen) / haploid *adj* (mit einem einfachen Chromosomensatz), mit einfachem Chromosomensatz ‖ ~ **heading** (Aero) / rechtweisender Steuerkurs ‖ ~ **heading** (Meteor) / rechtweisender Windkurs ‖ ~ **horizon**\* (Surv) / geozentrischer Horizont, wahrer Horizont, Horizont *m* (wahrer) ‖ ~ **horizontal** (Surv) / Sichthorizontebene *f* ‖ ~ **indicated airspeed** (Aero) / wahre/angezeigte Fluggeschwindigkeit *f* ‖ ~ **in form** / formgetreu *adj*
**true-motion display** (Radar) / Absolutkursanzeige *f* (aller Bewegtziele einschließlich der Plattform in absoluter Bewegung und aller Festziele in konstanter Position), Absolutbewegungsanzeige *f* ‖ ~ **radar** (Radar) / Radar *m n* für absolute Bewegungsanzeige ‖ ~ **radar presentation** (Radar) / Absolutkursanzeige *f* (aller Bewegtziele einschließlich der Plattform in absoluter Bewegung und aller Festziele in konstanter Position), Absolutbewegungsanzeige *f*
**trueness** *n* / Richtigkeit *f* (qualitative Bezeichnung für das Ausmaß der Annäherung des Erwartungswertes des Ermittlungsergebnisses an den Bezugswert - DIN 55350, T 13) ‖ ~ (Eng) / Ebenheit *f* (z.B. der Tuschierplatte)
**true north**\* (Surv, Telecomm) / Geografisch *m* Nord, GeN ‖ ~ **porcelain** (Ceramics) / Hartporzellan *n* (mit hohem Feldspatanteil) ‖ ~ **position** / wahre Lage ‖ ~ **position** (Eng) / Position *f* (DIN 7184-1) ‖ ~ (ohmic) **resistance**\* (Elec) / Gleichstromwiderstand *m* (DIN 40110), Ohm'scher Widerstand *m* ‖ ~ **running** (Eng) / Rundlauf *m* (ohne Schlag) ‖ ~ **running** (Eng) / rundlaufend *adj* ‖ ~ **service tree** (For) / Speierling *m* (Sorbus domestica L.), Spierling *m*, Zahme Eberesche, Sperberbaum *m* ‖ ~ **skin** (Leather) / Corium *n*, Lederhaut *f*, Dermis *f*, Cutis *f*, Kutis *f* (Lederhaut der Wirbeltiere), Korium *n* ‖ ~ **solution** (Chem) / echte Lösung ‖ ~ **strain** (Mech) / wahre Formänderung ‖ ~ **stress** (in a tension or compression test) (Materials, Mech) / wahre Spannung (im Spannung-Dehnung-Diagramm) ‖ ~ **Sun** (Astron) / wahre Sonne ‖ ~ **telephoto lens** (Optics, Photog) / Teleobjektiv *n* (dessen Baulänge infolge eines zerstreuenden Hintergliedes kürzer als die Brennweite ist), Objektiv *n* langer Brennweite (dessen Brennweite die vorgesehene Diagonale der Bildgröße merklich überschreitet - mit einem genutzten Bildwinkel kleiner als 20°) ‖ ~ **to dimensions** / maßhaltig *adj*, maßgerecht *adj*, maßgenau *adj* ‖ ~ **to pattern** / modellgetreu *adj* ‖ ~ **to register** (Print) / registerhaltig *adj*, registergenau *adj*
**true-torque ratio** (Eng) / momentengetreue Übersetzung (DIN 868)
**true to scale** / maßstabgerecht *adj*, maßstabsgerecht *adj*, maßstäblich *adj* ‖ ~ **to shade** (Textiles) / farbtontreu *adj* ‖ ~ **to size** / maßhaltig *adj*, maßgerecht *adj*, maßgenau *adj* ‖ ~ **track** (Nav) / rechtweisender Kurs über Grund, Kurs *m* über Grund (geografischer), wahrer Kurs, Kartenkurs *m* ‖ ~ **value** (Instr) / wahrer Wert (der Messgröße nach DIN 1319, T 1) ‖ ~ **value** (Stats) / wahrer Wert (DIN 55350, T 13) ‖ ~ **watermark** (Paper) / echtes Wasserzeichen (DIN 6730) ‖ ~ **watts**\* (Elec Eng) / Wirkleistung *f* (die von einem Wirkwiderstand aufgenommene und von einem Leistungsmesser angezeigte elektrische Leistung - DIN 40110, T 1) ‖ ~ **yeast** (Nut) / Echte Hefen, ascosporogene Hefen
**trug** *n* / Spankorb *m*
**truing** *n* (Eng) / Abrichten *n* (des Schleifkörpers) ‖ ~ **attachment** (Eng) / Abdrehvorrichtung *f* fürs Schleifen, Abrichtvorrichtung *f* ‖ ~ **device** (Eng) / Abdrehvorrichtung *f* fürs Schleifen, Abrichtvorrichtung *f* ‖ ~ **plane** (Join) / Langhobel *m* (etwa 56 cm Länge) ‖ ~ **wheel** (Eng) / Abrichträdchen *n* (ein Handabrichtwerkzeug)
**truly directional** (Acous) / richtungstreu *adj*, richtungsgerecht *adj*
**trumpet** *n* (Spinning) / Spinntrichter *m* ‖ ~ **arch**\* (Arch, Build, Civ Eng) / Kegelgewölbe *n* (Tonnengewölbe mit schiefem Schnittpunkt der Scheitel- und Kämpferlinien) ‖ ~ **horn** (Autos) / Fanfare *f* (ein Horn) ‖ ~ **inlet** (Hyd Eng) / Einlauftrompete *f* (z.B. bei Grundablässen) ‖ ~ **interchange** (Autos, Civ Eng) / Trompete *f* (eine Autobahnabzweigung) ‖ ~ **junction** (Autos, Civ Eng) / Trompete *f* (eine Autobahnabzweigung)
**trumpet-shaped** *adj* / trompetenförmig *adj*
**truncate** *v* / köpfen *v*, kupieren *v* (Bodenprofil) ‖ ~ (AI) / beschneiden *v* (einen Baum), stutzen *v* (einen Baum), abschneiden *v* (einen Baum), kappen *v* (einen Baum) ‖ ~ (Comp) / abstreichen *v* (eine bestimmte Anzahl von Stellen einer Zahl, beginnend mit der niedrigsten Stelle, weglassen - DIN 9757) ‖ ~ (Comp, Maths) / trunkieren *v* (bei einer Datenbankrecherche zur erweiterten Suche einen Suchbegriff am Wortende, Wortanfang oder in der Wortmitte durch eine bestimmte, in der jeweiligen Suchmaschine gültige Maskierung als Platzhalter für die fehlenden Buchstaben abkürzen), abbrechen *v*, abschneiden *v* (Stellen nach dem Dezimalbruch) ‖ ~ (Eng) / abflachen *v* (Gewindespitze) ‖ ~ (Geol) / abtragen *v* (durch Erosion)
**truncated** *adj* (Eng) / abgesetzt *adj* (Kopf) ‖ ~ (Maths) / trunkiert *adj* (Polynomalgebra) ‖ ~ **circular cone** (Maths) / Kreiskegelstumpf *m* ‖ ~ **cone** (Maths) / Kegelstumpf *m* (Kegel, von dem durch einen Schnitt parallel zur Grundfläche der obere Teil abgeschnitten ist), Stumpfkegel *m* ‖ ~ **cone point** (Eng) / Kegelspitze *f* (als Schraubenende) ‖ ~ **distribution** (Stats) / gestutzte Verteilung ‖ ~ **paraboloid** (of an antenna) (Radio) / abgeschnittenes Paraboloid ‖ ~ **pyramid** (Maths) / Stumpfpyramide *f*, Pyramidenstumpf *m* ‖ ~ **sample** (Stats) / gestutzte Stichprobe
**truncation** *n* (Comp) / Trunkation *f*, Abschneideverfahren *n* (beim Freitextretrieval) ‖ ~\* (Comp, Maths) / Abbrechen *n*, Abschneiden *n* (z.B. der Stellen nach dem Dezimalkomma) ‖ ~ (Crystal) / Abbruch *m* ‖ ~ (Geol) / Abtragung *f* (Erosion) ‖ ~ **error**\* (Comp) / Abbrechfehler *m*, Approximationsfehler *m*, Abbruchfehler *m*
**trunk** *v* (Telecomm) / bündeln *v* ‖ ~ *n* (Arch) / Dienst *m* (Viertel-, Halb- oder Dreiviertelsäule, die einem tragenden Element vorgebaut ist und sich in die Rippen des Gewölbes fortsetzt) ‖ ~ (US) (Autos) / Kofferraum *m* ‖ ~\* (Bot) / [Baum-, Pflanzen-]Strunk *m* ‖ ~\* (Bot, For) / Stamm *m*, Baumstamm *m* ‖ ~\* (Cables) / Verbindungsleitung *f* zwischen Kraftwerken (oder zwischen einem Kraftwerk und einer Unterstation) ‖ ~\* (Comp) / Vielfachleitung *f* ‖ ~ (Ships) / Trunk *m* (geschlossener Bau auf dem Oberdeck von Schiffen) ‖ ~\* (Teleph) / Zwischenleitung *f* ‖ ~\* (Teleph) / Fernleitung *f* (hoch kapazitive Verbindung im Fernnetz), Trunk *f* ‖ ~ **access** (Telecomm) / Fernberechtigung *f* ‖ ~ **amplifier** (Telecomm) / Streckenverstärker *m* ‖ ~ **board** (Paper) / Koffer(hart)pappe *f* (zur Herstellung von billigen Koffern)
**trunk-busy tone** (Teleph) / Wegebesetztton *m*
**trunk call** (GB)\* (Teleph) / Ferngespräch *n* ‖ ~ **circuit**\* (Comp, Teleph) / Verbindungsleitung *f* (Sammelbezeichnung für Leitungen zwischen Vermittlungsstellen), Leitung (ein Kommunikationskanal zwischen 2 Vermittlungseinrichtungsreihen derselben Vermittlungsstelle oder zwischen 2 Vermittlungsstellen) ‖ ~ **circuit**\* (Teleph) / Fernleitung *f* (hoch kapazitive Verbindung im Fernnetz), Trunk *f* ‖ ~ **conveyor**\* (Mining) / Hauptstreckenfördergurt *m*, Hauptstreckenband *n* ‖ ~ **diagram**\* (Telecomm) / Kabelplan *m* im Selbstwählamt ‖ ~ **distribution frame** (Teleph) / Hauptverteiler *m* (in Ortsnetzen der Punkt in einer Ortsvermittlung, an dem das Hauptkabel angeschlossen ist), HVt (Hauptverteiler) ‖ ~ **distribution frame**\* (Teleph) / Hauptverteiler *m* (für Fernleitungen)
**trunked mobile radio** (Radio) / Bündelfunk *m* ("Chekker") ‖ ~ **mobile radio network** (Radio) / Bündelfunknetz *n*
**trunk exchange**\* (Teleph) / Fernvermittlungsstelle *f*, Fernamt *m* ‖ ~ **feeder** (Cables) / Verbindungsleitung *f* zwischen Kraftwerken (oder zwischen einem Kraftwerk und einer Unterstation) ‖ ~ **frame terminal assembly**\* (Teleph) / Lötösenleisten *f pl* ‖ ~ **group** (Telecomm, Teleph) / Leitungsbündel *n* (in der Vermittlungstechnik), Bündel *n*
**trunk-group-load measurement** (Telecomm) / Bündellastmessung *f*
**trunking**\* *n* (Telecomm) / [gebündelte] Verbindungsleitung *f* ‖ ~ (Teleph) / Verbindungsleitungsbetrieb *m* ‖ ~ **array** (Teleph) / Gruppierungsanordnung *f* ‖ ~ **diagram** (Telecomm) / Gruppenverbindungsplan *m* ‖ ~ **unit** (Teleph) / Gruppierungsbaustein *m*
**trunk junction circuit**\* (Teleph) / Überweisungsleitung *f*, Fernvermittlungsleitung *f*, Fernamtsanschluss *m* ‖ ~ **lamp** (US) (Fuels) / Kofferraumleuchte *f* ‖ ~ **lid** (US) (Autos) / Kofferraumdeckel *m*, Kofferdeckel *m* ‖ ~ **line**\* (Comp, Teleph) / Verbindungsleitung *f* (Sammelbezeichnung für Leitungen zwischen Vermittlungsstellen), Leitung (ein Kommunikationskanal zwischen 2 Vermittlungseinrichtungsreihen derselben Vermittlungsstelle oder zwischen 2 Vermittlungsstellen) ‖ ~ **line**\* (Oils) / Haupt-Pipeline *f* (für die Raffinerie) ‖ ~ **line** (Telecomm) / Strecke *f* (bei Großgemeinschafts-Antennenanlagen) ‖ ~ **line**\* (Teleph) / Fernleitung *f* (hoch kapazitive Verbindung im Fernnetz), Trunk *f* ‖ ~ **link** (Teleph) / Fernleitung *f* (hoch kapazitive Verbindung im Fernnetz), Trunk *f* ‖ ~ **main**\* (Cables) / Verbindungsleitung *f* zwischen Kraftwerken (oder zwischen einem Kraftwerk und einer Unterstation) ‖ ~ **main** (Hyd Eng) / Hauptstrang *m* (der Wasserleitung) ‖ ~ **main** (usually a large-diameter pipe for conveying water supplies in bulk from one point to another within an area of supply) (Hyd Eng) / Hauptwasserleitung *f* ‖ ~ **main** (San Eng) / Hauptsammler *m* (für Abwasser) ‖ ~ **network** (Elec Eng, Teleph) / Fernnetz *n*, Fernleitungsnetz *n*
**trunk-offering tone** (Teleph) / AT (Aufschaltton), Aufschaltton *m*
**trunk piston**\* (I C Engs) / Tauchkolben *m* (in Verbrennungsmotoren)

**trunk-piston**

**trunk-piston compressor** (Eng) / Tauchkolbenverdichter *m* ‖ ~ **engine** (Autos, I C Engs) / Tauchkolbenmotor *m* (DIN 1940)
**trunk radio** (Radio) / Bündelfunk *m* ("Chekker") ‖ ~ **road** (Autos, Civ Eng) / Bundesstraße *f* (Fernstraße, die in der BRD zusammen mit den Bundesautobahnen zum Netz der Bundesfernstraßen gehört) ‖ ~ **road** (GB) (Autos, Civ Eng) / Fernverkehrsstraße *f*, Fernstraße *f* ‖ ~ **roadway** (Mining) / Hauptstrecke *f* ‖ ~ **route** (Aero) / Hauptstrecke *f* ‖ ~ **route** (Teleph) / Fernleitung *f* (hoch kapazitive Verbindung im Fernnetz), Trunk *f* ‖ ~ **scheme grouping** (Teleph) / Gruppierung *f* des Wegevielfachs ‖ ~ **sewer** (Agric) / Hauptsammler *m* (bei der Entwässerung), Sammler *m* (Dränagerohr, das das Bodenwasser zum Dränauslauf leitet)
**trunk-switching facility** (Teleph) / Durchgangsvermittlungsstelle *f* (Vermittlung ohne angeschlossene Teilnehmer), Durchgangsamt *n*, Transitamt *n* (Transit Exchange), Transitvermittlungsstelle *f*
**trunnel\*** *n* (Build) / Hartholzdollen *m*, Holznagel *m* (zur Lagesicherung von Zapfenverbindungen), Holzdollen *m* (zur unverschieblichen Verbindung von sich kreuzenden oder aufeinander stehenden Hölzern)
**trunnion** *n* (Met) / Drehzapfen *m* (eines Stahlwerkskonverters), Zapfen *m* (des Konverters) ‖ ~ (Textiles) / Zapfen *m* (beim Reißverschluss) ‖ ~ **axis\*** (Optics, Surv) / Kippachse *f* (DIN 18718), Horizontalachse *f* ‖ ~ **bearing** (Eng) / Zapfenlager *n*
**trunnion-mounted ball** (Eng) / zapfengelagerte Kugel
**trunnion mounting\*** (Eng) / Schildzapfenlagerung *f*, Zapfenlagerung *f*
**truss\*** *n* (Build, Civ Eng) / Fachwerk *n* (ein ebenes oder räumliches System von geraden Stäben, die in ihren Endpunkten miteinander verbunden sind) ‖ ~ \* (Carp, Civ Eng) / Fachwerkbinder *m* (bei Hallendächern oder Brücken), Dreieck-Streben-Binder *m*, DSB *m* ‖ ~ \* (Civ Eng) / Fachwerkträger *m* (mit auf Zug oder Druck beanspruchten, im Dreiecksverband miteinander verbundenen Stäben) ‖ ~ **bar** (Build, Civ Eng) / Fachwerkstab *m* ‖ ~ **bar** (Rail) / Sprengwerk *n* (Stahlkonstruktion unter den Langträgern der Eisenbahnwagen) ‖ ~ **-beam\*** *n* (Carp) / Sprengwerk *n* (einfaches oder doppeltes), abgesprengter Träger (im Dach- oder Deckentragwerk), abgesprengter Spannbalken ‖ ~ **construction** (Aero) / Fachwerkbauweise *f*
**trussed arch** (Build, Civ Eng) / Fachwerkbogen *m* (ein Bogen, der als Fachwerk ausgeführt wird) ‖ ~ **beam** (Carp) / Sprengwerk *n* (einfaches oder doppeltes), abgesprengter Träger (im Dach- oder Deckentragwerk), abgesprengter Spannbalken ‖ ~ **partition\*** (Build, Carp) / selbsttragende Zwischenwand ‖ ~ **rafter** (Build, Carp) / Sparrendachverband *m* (ein Dreigelenkbinder), Sparrendachkonstruktion *f*, Sparrenwerk *n*, Gespärre *n*, Gebinde *n* ‖ ~ **rafter** (Carp) / Dachbinder *m* (ein unverschiebliches Dreieck, das unverrückbar fest steht)
**trussed-rafter roof** (Build, Carp) / Kehlbalkendach *n*
**trussed roof** (Build, Carp) / Fachwerkbinderdach *n*
**truss girder** (Civ Eng) / Fachwerkträger *m* (mit auf Zug oder Druck beanspruchten, im Dreiecksverband miteinander verbundenen Stäben) ‖ ~ **head** (Eng) / Flachrundkopf *m* (einer Schraube nach DIN ISO 1891) ‖ ~ **head rivet** (Eng) / Flachrundkopfniet *m* ‖ ~ **joint** (Build, Civ Eng) / Fachwerkknoten *m* (Punkt, an dem sich mehrere Fachwerkelemente treffen und miteinander durch Bolzen oder durch eine Niet- bzw. Schweißverbindung verbunden sind) ‖ ~ **tower** (Civ Eng) / Gitterturm *m* (bei Gerüstbrücken)
**trustee rights** (Comp) / Trustee-Rechte *n pl*
**truth** *n* / Wahrheit *f* ‖ ~ \* (Nuc) / Truth *f* (ladungsartige Quantenzahl von Elementarteilchen) ‖ ~ **condition** (AI) / Wahrheitsbedingung *f* ‖ ~ **drug** (Chem) / Geständnismittel *n*, Wahrheitsdroge *f* (in demokratischen Ländern gesetzlich verboten) ‖ ~ **maintenance** (AI) / Truth-Maintenance *f*, Wahrheitserhaltung *f*, Aufrechterhaltung *f* der Wahrheit ‖ ~ **maintenance** (AI) / Begründungsverwaltung *f* ‖ ~ **preserving** (AI) / Truth-Maintenance *f*, Wahrheitserhaltung *f*, Aufrechterhaltung *f* der Wahrheit ‖ ~ **quark** (Nuc) / Truth-Quark *n*, Top-Quark *n* (das sechste, schwerste Quarkteilchen), t-Quark *n* ‖ ~ **set** (AI) / Wahrheitsmenge *f* ‖ ~ **table** (Comp) / Wahrheitstafel *f* (tabellarische Darstellung von Booleschen Gleichungen nach DIN 5474), Wahrheitswertetafel *f*, Wahrheitsmatrix *f*, Wahrheitswerttabelle *f*, Wahrheitstabelle *f* (z.B. einer Verknüpfungsfunktion) ‖ ~ **value** (of logical statement) / Zustandswert *m* ‖ ~ **value** (AI) / Wahrheitswert *m* (wahr oder falsch in der zweiwertigen Logik)
**truxillic acid** (Chem) / Truxillsäure *f* (Strukturisomer der Truxinsäure)
**truxinic acid** (Chem) / Truxinsäure *f* (Fotodimerisierungsprodukt der Zimtsäure)
**Try\*** (tryptophan) (Biochem) / Tryptophan *n*, Try *n* (Tryptophan), Trp *n* (Tryptophan - eine essentielle Aminosäure) ($\alpha$-Aminoindol-3-propionsäure)
**TRY** (test reference year) (Meteor) / Testreferenzjahr *n* (für einen Ort oder für eine Klimaregion aus 12 Einzelmonaten/ Januar bis Dezember/ verschiedener Jahre synthetisch erzeugtes, aus stündlichen Datensätzen bestehendes Datenkollektiv)
**try** *v* / versuchen *v*, experimentieren *v*, Versuche anstellen ‖ ~ / probieren *v*, ausprobieren *v*, erproben *v* ‖ ~ (Carp, For) / hobeln *v*, abhobeln *v* (mit einem Langhobel) ‖ ~ (Nut) / auslassen *v* (Fett), durch Schmelzen extrahieren (Fett), ausschmelzen *v* (Fett), ausbraten *v* (Fett)
**trying plane\*** (Join) / Langhobel *m* (etwa 56 cm Länge)
**try on** *v* (Textiles) / anprobieren *v* (Kleid) ‖ ~ **out** (Nut) / auslassen *v* (Fett), durch Schmelzen extrahieren (Fett), ausschmelzen *v* (Fett), ausbraten *v* (Fett)
**trypaflavine** *n* (Chem, Med) / Trypaflavin *n* (Akridin - ein Anthrazenabkömmling)
**trypan blue stain** (Micros) / Trypanblau-Färbung *f*
**tryparsamide** *n* (Chem, Pharm) / Tryparsamid *n* (ein altes Arsenpräparat)
**tryparsone** *n* (Pharm) / Tryparsamid *n* (ein altes Arsenpräparat)
**try plane** (Join) / Langhobel *m* (etwa 56 cm Länge)
**trypsin\*** *n* (Biochem) / Trypsin *n* (zu den Serinproteinasen gehörendes Verdauungsenzym)
**trypsinogen** *n* (in the pancreas of all vertebrates) (Biochem) / Trypsinogen *n* (inaktive Vorstufe des Trypsins)
**tryptamine\*** *n* (Biochem) / Tryptamin *n* (ein biogenes Amin)
**tryptophan\*** *n* (Biochem) / Tryptophan *n*, Try *n* (Tryptophan), Trp *n* (Tryptophan - eine essentielle Aminosäure) ($\alpha$-Aminoindol-3-propionsäure)
**tryptophanase** *n* (Biochem) / Tryptophanase *f* (ein Enzym)
**tryptophane** *n* (Biochem) / Tryptophan *n*, Try *n* (Tryptophan), Trp *n* (Tryptophan - eine essentielle Aminosäure) ($\alpha$-Aminoindol-3-propionsäure)
**try square\*** (Carp) / Anschlagwinkel *m* (von 90°), Winkel *m* (Messwerkzeug mit einer Anschlagkante), Schreinerwinkel *m*, Winkelmaß *n* mit Anschlag ‖ ~ **up** *v* (Carp, For) / hobeln *v*, abhobeln *v* (mit einem Langhobel)
**TS** (total solids) / Gesamttrockensubstanz *f*, Gesamttrockenmasse *f* ‖ ≙ (tinting strength) (Chem) / Färbevermögen *n*
**T.S.** (test solution) (Chem) / Prüflösung *f*, Probelösung *f*, Untersuchungslösung *f* (die zu untersuchende Lösung)
**TS** (total solids) (Chem Eng) / Gesamtfestsubstanz *f*, Kautschuktrockensubstanz *f* ‖ ≙ (time-sharing) (Comp) / Time-Sharing *n* (Benutzung einer Datenverarbeitungsanlage durch mehrere Benutzer mit eigenen Ein- und Ausgabegeräten, wobei alle Benutzer dasselbe System und dieselben Dateien benutzen), Teilnehmerbetrieb *m* ‖ ≙ (time-switch) (Elec Eng) / Zeitschalter *m* ‖ ≙ (time switch) (Elec Eng, Photog) / Schaltuhr *f* (DIN 44 858), Timer *m*, Zeitschaltuhr *f*, Zeitschaltwerk *n* ‖ ≙ (tensile strength) (Materials) / Zugfestigkeit *f* (die beim Zugversuch auftretende Höchstkraft geteilt durch den ursprünglichen Querschnitt - z.B. DIN EN 10 113, in N/mm$_2$), Zerreißfestigkeit *f* (Zugdehnung)
**T.S.** (turbine ship) (Ships) / Turbinenschiff *n*
**TS** (tunnelling spectrosopy) (Spectr) / Tunnelspektroskopie *f* ‖ ≙ (time slot) (Telecomm) / Zeitschlitz *m* (des Sprachkanals), Zeitlage *f*
**TSC** (time-slot code) (Comp) / Zeitschlitzkode *n*, Zeitschlitzcode *m*
**tschermigite** *n* (Min) / Ammoniakalaun *m*, Tschermigit *n*
**Tschirnhausen trisectrix** (Maths) / Catalan'sche Trisektrix
**Tschirnhaus' transformation** (Maths) / Tschirnhaus-Transformation *f* (nach E. W. von Tschirnhaus, 1651-1708)
**TSD** (theory of signal detection) (Comp, Telecomm) / Signaldetektionstheorie *f*
**T-section** (Elec Eng) / T-Schaltung *f*, T-Zweitor *n*, T-Netz *n*, T-Glied *n* (ein Zweitor aus drei, zu einem Stern zusammengeschalteten Impedanzen im Längszweig und einer Impedanz im Querzweig), Zweitor *n* in T-Schaltung ‖ ≙ (Met) / T-Profil *n* (zur Gruppe der warmgewalzten Profile zählendes Langerzeugnis, dessen Querschnitt an den Buchstaben T erinnert) ‖ ≙ (Telecomm) / T-Glied *n* (ein Frequenzfilter) ‖ ≙ **filter\*** (Telecomm) / Filter *n* mit T-Gliedern
**TSH** (thyroid-stimulating hormone) (Biochem, Med) / thyreotropes Hormon, Thyreotropin *n*, thyreoidstimulierendes Hormon, TSH, Thyrotropin *n*, Thyrotrophin *n*
**TSI** (time-slot interchange) (Telecomm) / Zeitlagenwechsel *m*
**TSL** (tristate logic) (Electronics) / Tristate-Logik *f*, TSL (Tristate-Logik), dreifache Logik
**T-slide** *n* (Tools) / Schiebegriff *m* (für Steckschlüsseleinsätze), Quergriff *m*
**T-slot** *n* (Eng) / T-Nut *f* (DIN 650 und DIN 851)
**T-slot cutter** (Eng) / T-Nutenfräser *m* (DIN 851), Schaftfräser *m* für T-Nuten
**T-slot piston** (Autos, I C Engs) / T-Schlitzkolben *m*
**TSO** (time-sharing option) (Comp) / Zeitscheibenverfahren *n*
**TSP** (trisodium phosphate) (Chem) / Trinatrium(ortho)phosphat *n* (Na$_3$PO$_4$), tertiäres Natriumphosphat, Tri *n*

**tsp.** (teaspoonful) (Pharm) / Teelöffel(voll) m (bei Flüssigkeiten etwa 5 ml), TL (Teelöffel(voll))
**T-space** n (Maths) / topologischer Raum
**$T_2$-space** n (Maths) / Hausdorff'scher Raum, Hausdorff-Raum m (nach F. Hausdorff, 1868 - 1942), separierter Raum, $T_2$-Raum m
**tspn.** (Pharm) / Teelöffel(voll) m (bei Flüssigkeiten etwa 5 ml), TL (Teelöffel(voll))
**TSPP** (tetrasodium pyrophosphate) (Chem, Nut) / Tetranatriumdiphosphat n ($Na_4P_2O_7$), Natriumpyrophosphat n
**TSP spectrum** (Spectr) / Thermospray-Massenspektrum n
**T-square** n (Eng) / Reißschiene f, Handreißschiene f
**TSR program** (a type of program normally found on microcomputer systems) (Comp) / Terminate-and-stay-resident-Programm n, TSR-Programm n, speicherresidentes Programm (das in den Arbeitsspeicher geladen und per Tastenkombination aktiviert oder deaktiviert wird)
**TST** (test) / Prüfung f, Test m, Erprobung f || ≙ (transition-state theory) (Chem) / Eyring'sche Theorie f (des Reaktionsablaufs - nach H. Eyring, 1901 - 1981), Theorie f des Übergangszustands, TÜZ (Theorie des Übergangszustands), Theorie f des aktivierten Komplexes || ≙ (track-sensitive target) (Nuc) / spurempfindliches Target
**T-stop** n (Photog) / T-Zahl f, transmissionsgerechte Blendenzahl, effektive Blendenzahl
**tsukubaenolide** n (Pharm) / FK-506 n (ein Immunsuppressivum), Tacrolimus m, Tsukubaenolid n, Fujimycin n, Fujimyzin n
**tsunami*** n (Geol, Ocean) / Tsunami m (plötzliches Auftreten von hohen Meereswellen), Flutwelle f (durch Seebeben hervorgerufen), seismische Woge (durch Seebeben hervorgerufen) || ~* (Geol, Ocean) s. also tidal wave || ~ (early) **warning system** (Geol, Ocean) / Flutwellen-Warnsystem n || ~ **wave** (Geol, Ocean) / Tsunami m (plötzliches Auftreten von hohen Meereswellen), Flutwelle f (durch Seebeben hervorgerufen), seismische Woge (durch Seebeben hervorgerufen)
**TT** (target text) / Zieltext m (bei der Übersetzung) || ≙ (turbine tanker) (Ships) / Turbinentankschiff n, Turbinentanker m || ≙ (teleprinter) (Teleg) / Fernschreiber m
**TTA** (thenoyltrifluoroacetone) (Chem) / Thenoyltrifluorazeton n, Thenoyltrifluoraceton n, TTA (Thenoyltrifluoraceton) || ≙ **diagram** (Met) / ZTA-Schaubild n, Zeit-Temperatur-Austenitisierungs-Schaubild n, ZTA-Diagramm n
**T-tail*** n (Aero) / T-Leitwerk n || ≙ **unit** (Aero) / T-Leitwerk n
**TTC** (triphenyltetrazolium chloride) (Chem) / Triphenyltetrazoliumchlorid n (ein Tetrazoliumsalz, das als Reduktionsindikator dient), TTC (Triphenyltetrazoliumchlorid - ein Tetrazoliumsalz, das als Reduktionsindikator dient)
**t/t diagram** (Mech) / Drehmoment-Zeit-Diagramm n, M/t-Diagramm n
**TT dyeing process** (Textiles) / Thermosol/Thermofixierverfahren n, TT-Färbeverfahren n
**t-test** n (Stats) / Student-Test m, t-Test m (ein Signifikanztest)
**TTF** (tetrathiofulvalene) (Chem) / Tetrathiofulvalen n, TTF (Tetrathiofulvalen)
**T-time** n (Space) / X-Zeit f, Referenzzeit f (beim Countdown)
**TTL*** (transistor-transistor logic) (Electronics) / $T^2L$ (transistor-transistor logic), Transistor-Transistor-Logik f, TTL (Transistor-Transistor-Logik), $T^2L$ (Transistor-Transistor-Logik) || ≙ (through-the-lens metering) (Optics, Photog) / Innenmessung f (Belichtungsmessung), TTL-Messung f
**TT protective scheme** (Elec Eng) / TT-Netz n (Schutzerdung, FI- oder FU-Schutzschaltung)
**TTR** (target tracking radar) (Radar) / Verfolgungsradar m n, Zielverfolgungsradar m n
**T-track** n (Nuc) / T-Spur f, Hammerspur f, Hammerstern m
**TTT diagram*** (Met) / ZTU-Schaubild n, ZTU-Diagramm n (in dem das Umwandlungsvermögen von Stählen nach dem Austenitisieren bei isothermem Halten auf verschiedenen Temperaturen oder bei kontinuierlicher Abkühlung dargestellt wird), Zeit-Temperatur-Umwandlungsschaubild n
**TTTL** (transistor-transistor-transistor logic) (Electronics) / $T^3$ (Transistor-Transistor-Transistor-Logik), Transistor-Transistor-Transistor-Logik f, TTTL (Transistor-Transistor-Transistor-Logik)
**TU*** (transmission unit) (Telecomm) / Übertragungseinheit f || ≙ (traffic unit = Erlang unit) (Teleph) / Erlang n (eine Einheit der Nachrichtentechnik für die mittlere Intensität des Verkehrs während einer bestimmten Zeitspanne - nach A.K. Erlang, 1878-1929), Erl (Erlang), Verkehrseinheit f
**tub*** (Mining) / Hund m (kleiner kastenförmiger Förderwagen, Hunt n, Grubenwagen m, Förderwagen m (der Grubenbahn), Wagen m (Hund) || ~ n (Build, Plumb) / Wanne f (Badewanne) || ~ (Met) / Senkkübel m (für die Kübelbegichtung) || ~ (Mining) / Tübbingsäule f (von Keilkranz zu Keilkranz) || ~ (Paper) / Bütte f || ~ (Tools) / Eimer m (ein Gefäß), Kübel m, Bottich m
**tubatoxin** n (Chem) / Rotenon n (ein insektizischer und fischtoxischer Stoff aus der Derriswurzel), Derrin n, Tubatoxin n
**tubbing*** n (a cast-iron lining for circular tunnels or shafts, built up from segments of a circle, flanged and drilled for bolting together) (Mining) / Tübbing m (ein Ringsegment aus Gusseisen, Stahl oder Stahlbeton für den Ausbau von Schachtwandungen in wasserführenden, lockeren Gebirgsschichten) || ~ **plate** (Mining) / Tübbingsegment n || ~ **segment** (Mining) / Tübbingsegment n
**tubby** adj (Acous) / dumpf adj, hohl adj (klingend)
**tub circuit** (Mining) / Wagenumlauf m (eine Gleisanlage) || ~ **colouring** (Paper) / Tauchfärbung f
**tube** n / Röhrchen n (für Tabletten) || ~ (Autos) / Schlauch m || ~ (Cables) / Kabelschutzrohr n || ~* (Civ Eng) / Röhre f in Röhrenbauweise || ~ (Civ Eng) / Röhre f, Tube f (Verbindung der Rahmensysteme der Außenwände an den Ecken - bei Hochhäusern) || ~* (Electronics) / Kolben m (Röhrenkolben) || ~ (US) (Electronics) / Elektronenröhre f (DIN 44400), Röhre f || ~ (Eng) / Rohr n (DIN EN 10 079), Leitungsrohr n || ~ (without textile casing) (Eng) / Schlauch m || ~ (Micros, Optics) / Tubus m || ~ (GB) (Rail) / Untergrundbahn f, U-Bahn f || ~ (Spinning) / Hülse f, leerer Garnträger, Wickelkörper m (Trag- und Stützkörper) || ~ (Telecomm) / Tube f || ~ (tubular fabric) (Textiles) / Schlauchgewebe n, Hohlgewebe n || ~ (Textiles) / Schlauch m (ein Hohlgewebe), Schlauchware f, Schlauchgestrick n (ein Rundgewirk oder -gestrick ohne Naht) || ~ (US) (TV) / Glotze f (Fernsehgerät), Kasten m (Fernsehgerät) || ~ (US) (TV) / Röhre f (als Synekdoche für Fernsehen) || ~ **à manchette** (Civ Eng) / Manschettenrohr n (für die Injektionstechnik) || ~ **amplifier** (Electronics) / Röhrenverstärker m
**tube-and-fin radiator** (Autos) / Wasserrohrkühler m, Rippenröhrenkühler m
**tube and pipe making** (Met) / Rohrherstellung f, Rohrtechnik f
**tube-and-tank cracking process** (Oils) / Tube-and-Tank-Kracken n, Tube-and-Tank-Verfahren n
**tube bank** (Eng) / Rohrbündel n (z.B. im Dampfkessel) || ~ **bend** (Plumb) / Rohrbogen m || ~ **blank** (Met) / Rohrluppe f, Luppe f (Zwischenerzeugnis bei der Herstellung von nahtlosen Rohren, das die Form eines dickwandigen kurzen Hohlkörpers hat) (Herstellung von nahtlosen Stahlrohren) || ~ **bundle** (Eng) / Röhrenbündel n, Rohrbündel n (Wärmetauscher)
**tube-bundle exchanger** (Chem Eng, Eng, Heat) / Rohrbündel-Wärmeübertrager m, Röhrenwärmeaustauscher m mit Mantel, Rohrbündel-Wärmeaustauscher m, Rohrbündelapparat m (die am meisten verbreitete Bauart des Wärmetauschers nach DIN 28183) || ~ **straightener** (Phys) / Rohrbündelgleichrichter m (Strömungsgleichrichter in Form von Rohrbündeln, der zum Abbau von Strömungsdrall in den Rohrquerschnitt eingebracht wird)
**tube characteristic** (Elec Eng) / Röhrenkennlinie f || ~ **coil** (Eng) / Rohrschlange f, Schlangenrohr n, Schlange f || ~ **cold drawing** (Met) / Rohrkaltziehen n || ~ **connection** (Plumb) / Rohrverbindung f (DIN 28 182), Rohranschluss m || ~ **connector** (For, Join) / Rohrdübel m || ~ **cooling** (Electronics) / Röhrenkühlung f || ~ **curare** (Pharm) / Tubenkurare n (pastenförmige oder harte dunkle Masse, im Handel in Bambusröhren aufbewahrt), Tubokurare n, Bambuskurare n, Rohrkurare n (nach dem Aufbewahrungsgefäß benannt) || ~ **current** (Electronics) / Röhrenstrom m || ~ **cutter** (Eng, Tools) / Rohrschneider m, Rohrabschneider m || ~ **die** (Eng, Plastics) / Schlauchwerkzeug n (Extrudieren) || ~ **drawing*** (Met) / Hohl-Gleitziehen n (Gleitziehen von Hohlkörpern ohne Innenwerkzeug - DIN 8584), Hohlzug m, Druckzug m (Hohl-Gleitziehen), Rohrziehen n || ~ **drawing*** (Met) s. also Mannesmann process
**tube-drawing mill** (Met) / Rohrziehanlage f
**tube envelope** (US) (Electronics) / Röhrenkolben m || ~ **expanding mill** (Met) / Aufweitewalzwerk n (spezielles Schrägwalzwerk zum Aufweiten von Rohren im walzwarmen Zustand, dessen Anwendungsbereich durch Verfahren des Rohrschweißens stark eingeschränkt ist), Rohraufweitewalzwerk f
**tube-extruding press** / Rohrpresse f
**tube extrusion*** (Eng) / Strangpressen n von Rohren, Hohlfließpressen n (vorwärts oder rückwärts) || ~ **filter** / Patronenfilter n, Kerzenfilter n (mit auswechselbaren Filterkerzen) || ~ **for sealing** (Chem) / Einschmelzrohr n, Schießrohr n, Bombenrohr n || ~ **frame** (Autos) / Rohrrahmen m
**tube-friction coefficient** (Eng, Phys) / Rohrreibungszahl f
**tube furnace** (Chem Eng) / Röhrenofen m, Rohrofen m || ~ **fuse*** (Elec Eng) / Rohrsicherung f || ~ **generator** (Electronics) / Röhrengenerator m (zur Stromversorgung für Prozesse der induktiven Erwärmung und der HF-Erwärmung im Kondensatorfeld) || ~ **ice maker** / Röhreneiserzeuger m || ~ **length** (Met) / Rohrlänge f

**tubeless** *adj* (Autos) / schlauchlos *adj*, tubeless *adj* ‖ ~ **tyre*** (Autos) / schlauchloser Reifen
**tube mandrel drawing** (Met) / Stangenrohrziehen *n* ‖ ~ **mill*** / Rohrmühle *f* (mit längerer Mahltrommel) ‖ ~ **neck** (TV) / Bildröhrenhals *m* ‖ ~ **nest** (Eng) / Rohrbündel *n* (im algemeinen) ‖ ~ **of flux** (Elec) / [elektrische] Feldröhre *f*, Kraftröhre *f* (eine gedachte Röhre im elektrostatischen Feld, deren Wandung aus Feldlinien besteht) ‖ ~ **of force*** (Elec) / [elektrische] Feldröhre *f*, Kraftröhre *f* (eine gedachte Röhre im elektrostatischen Feld, deren Wandung aus Feldlinien besteht) ‖ ~ **of wire mesh** (filled with stones) (Hyd Eng) / Drahtschotterwalze *f* ‖ ~ **of wire mesh** (filled with stones) s. also gabion ‖ ~ **paper** (Paper, Spinning) / Hülsenpapier *n*
**tube-piercing bench** (Met) / Rohrstoßbank *f* (nach Ehrhardt), Stoßbank *f* (zur Herstellung von nahtlosen Rohren)
**tube pile** (Civ Eng) / Bohrpfahl *m* mit Verrohrung (z.B. nach Franki) ‖ ~ **plate** (Eng) / Lochboden *m* (ein Rohrboden) ‖ ~ **plate*** (Eng) / Rohrboden *m* (des Rohrbündelapparats), Rohrplatte *f* (in Wärmeaustauschern) ‖ ~ **plug** (Eng, Plumb) / Rohrstopfen *m* ‖ ~ **punch** (Leather) / Lochzange *f*
**tuber*** *n* (Bot, Pharm) / Wurzelknolle *f* (verdickter Seitenspross an der Wurzel, in dem Reservestoffe gespeichert werden), Sprossknolle *f*, Knolle *f* (Wurzelknolle)
**tube railway*** (Civ Eng) / U-Bahn *f* in Röhrenbauweise
**tubercle*** *n* (Med) / Tuberkel *m f*
**tuberculation** *n* (Hyd Eng) / Knollenbildung *f* (in Wasserleitungen) ‖ ~ (Met, Surf) / Knollenbildung *f* (Korrosion), Blasenkorrosion *f*
**tuberculin*** *n* (Pharm) / Tuberkulin *n* (Substanz zum Nachweis der Tuberkulose) ‖ ~ **test*** (Med) / Tuberkulintest *m*
**tuberculostatic** *n* (Pharm) / Tuberkulostatikum *n* (pl. -tika) (Arzneimittel gegen Tuberkulose, das hemmend auf das Wachstum von Tuberkelbakterien einwirkt) ‖ ~ *adj* (Pharm) / tuberkulostatisch *adj*
**tuberculostearic acid** (Chem) / Tuberculostearinsäure *f* (eine gesättigte verzweigte Fettsäure), Tuberkulostearinsäure *f*
**tube rectifier** (Electronics) / Röhrengleichrichter *m*
**tube-reducing mill** (Met) / Rohrreduzierwalzwerk *n*
**tube register** (Eng) / Rohrregister *n*
**tuberin** *n* (Chem) / Tuberin *n* (Globulin aus den Kartoffeln)
**tube ring*** (Telecomm) / Röhrenklingeln *n* ‖ ~ **rocking** (Met) / Rohrkaltpilgern *n* ‖ ~ **rolling** (Met) / Rohrwalzen *n* ‖ ~ **rolling mill** (Met) / Rohrwalzwerk *n*
**tuberose absolue** / Tuberose-Absolue *n* (ein kostbarer Parfümerierohstoff)
**tube rounds** (Met) / Halbzeug *n* für Rohre
**tuber starch** (Bot, Chem) / Knollenstärke *f*
**tube seam** (Eng) / Rohrnaht *f* ‖ ~ **section** (Eng) / Rohrteilung *f* (DIN 28182) ‖ ~-**sheet** (Eng) / Lochboden *m* (ein Rohrboden)
**tube-side medium** (Eng) / rohrraumseitiges Medium (bei Rohrbündelapparaten)
**tube sinking** (Met) / Rohrhohlziehen *n* ‖ ~ **still** (Chem Eng) / Röhrenofen *m*, Rohrofen *m* ‖ ~ **still** (Oils) / Röhrenofen *m* ‖ ~ **still** (Oils) / Röhrenofendestillationsanlage *f*, Pipestill-Anlage *f*
**tube-still plant** (Oils) / Röhrenofendestillationsanlage *f*, Pipestill-Anlage *f*
**tube strip** / Röhrenstreifen *m* (ein Vorprodukt für die Herstellung geschweißter Stahlrohre - im Allgemeinen) ‖ ~ **testing** (Met) / Rohrprüfung *f*
**tube-type hydraulic turbine** (Eng) / Rohrturbine *f* mit außen liegendem Generator
**tube-type tyre** (Autos) / Luftreifen *m* mit Schlauch, Schlauchreifen *m*
**tube-upsetting test** (Materials) / Rohrstauchversuch *m*
**tube valve** (Autos) / Schlauchventil *n* ‖ ~ **wall** / Rohrwand *f* ‖ ~ **welding** (Welding) / Rohrschweißen *n* (Schmelz- oder Pressschweißen von Rohren)
**tube-welding plant** (Welding) / Rohrschweißanlage *f* (zur Herstellung geschweißter Rohre aus Bandstahl)
**tube•-well** (Civ Eng, Hyd Eng) / Rohrbrunnen *m*, Bohrbrunnen *m*, Rohrbohrbrunnen *m* (bis etwa 10 m tief, mit Rohrweite unter 100 mm) ‖ ~ **winding** (Paper, Spinning) / Hülsenwickeln *n* (aus Papier)
**tubifex** *n* (San Eng, Zool) / Bachröhrenwurm *m* (Substratfresser verschmutzter Gewässer in Schlammröhren - Tubifex tubifex), Schlammröhrenwurm *m*, Tubifex *m* (pl. -fizes)
**tubing** *n* (without textile casing) (Eng) / Schlauchleitung *f* ‖ ~ (Oils) / Förderrohrstrang *m* (innerhalb des Casings) ‖ ~ (Oils) / Steigrohrstrang *m* ‖ ~ (Plastics) / Spritzen *v* von Schläuchen ‖ ~ (Textiles) / Schlauchgewebe *n*, Hohlgewebe *n* ‖ ~ **board** (Oils) / Fingerbühne *f* ‖ ~ **head** (Oils) / Rohrkopf *m* ‖ ~ **safety valve** (Oils) / Sicherheitsventil *n*
**tubocurarine** *n* (Pharm) / Tubocurarin *n* (normalerweise als Dichlorid, Tuborandichlorid; Pfeilgift und Muskelrelaxans), Tubokurarin *n* (ein Bisbenzylisochinolin-Alkaloid), Tubarin *n*
**tub-sizing*** *n* (Paper) / Oberflächenleimung *f*, Büttenleimung *f*

**tubular** *adj* / Röhren-, Rohr-, röhrenförmig *adj*, röhrenartig *adj*, rohrförmig *adj* ‖ ~ / hohl *adj* (röhrenförmig) ‖ ~ **anode** (Electronics) / Hohlanode *f* ‖ ~ **bag** / Schlauchbeutel *m* ‖ ~ **board** (For) / Röhrenspanplatte *f* (stranggepresste Spanplatte, die parallel zur Herstellungsrichtung nebeneinander liegende röhrenförmige Hohlräume enthält) ‖ ~ **box spanner** (Eng) / Hohlsteckschlüssel *m* ‖ ~ **broaching** (Eng) / Umfangsräumen *n* (auf Senkrechträummaschinen), Tubusräumen *n*, Topfräumen *n* ‖ ~ **brush-holder** (Elec Eng) / Köcherbürstenhalter *m* (für Kleinmaschinen) ‖ ~ **capacitor** (a fixed capacitor consisting of a wound section enclosed in a cylindrical can or tube) (Elec Eng) / Rollenkondensator *m*, Rohrkondensator *m*, Zylinderkondensator *m* ‖ ~ (**bowl**) **centrifuge** (usually continuous separation) (Chem) / Röhrenzentrifuge *f*, Rohrzentrifuge *f* ‖ ~ **cop** (Weaving) / Schlauchkops *m* (DIN 61800), Schlauchspule *f* (ohne Stützkörper) ‖ ~ **die** (Plastics) / Ringdüse *f* (eines Kunststoffextruders) ‖ ~ **discharge lamp** (Elec Eng) / Leuchtröhre *f* ‖ ~ **dowel** (Build) / Spannbuchse *f*
**tubular-dry** *vt* (Textiles) / im Rundgewirk trocknen
**tubular fabric** (Textiles) / Schlauchgewebe *n*, Hohlgewebe *n* ‖ ~ **film** (Plastics) / Blasfolie *f*, Schlauchfolie *f*, Folienschlauch *m* ‖ ~ **filter** (Plastics) / Patronenfilter *n*, Kerzenfilter *n* (mit auswechselbaren Filterkerzen) ‖ ~ **filter** (Chem Eng) / Filterbeutel *m*, Filtersack *m*, Filterschlauch *m* ‖ ~ **fluorescent lamp** (Elec Eng, Electronics) / röhrenförmige Leuchtstofflampe ‖ ~ **foil** (Plastics) / Blasfolie *f*, Schlauchfolie *f*, Folienschlauch *m* ‖ ~ **frame** (Autos) / Rohrrahmen *m* ‖ ~ **fuel element** (Nuc Eng) / rohrförmiges Brennelement ‖ ~ **handle** (Tools) / Aufsteckrohr *n* (für Zugringschlüssel) ‖ ~ **heat exchanger** (Chem Eng, Eng) / Röhrenwärmeaustauscher *m* ‖ ~ **heating element** (Build) / Rohrheizkörper *m* ‖ ~ **hosiery machine** (Textiles) / Rundstuhl *m*, Rundkulierstuhl *m*, Rundwirkmaschine *f*, Rundstrickmaschine *f* (DIN 62130) ‖ ~ **joint** / Rohrverbindung *f* (eine rohrförmige Verbindung im Allgemeinen) ‖ ~ **knitting** (Textiles) / Rundstuhlwirkerei *f* ‖ ~ **lamp** (Elec Eng) / Soffittenlampe *f* (für Lichterketten oder als Notbeleuchtung), Röhrenlampe *f*, Linienlampe *f*, Soffitte *f* (Lampe) ‖ ~ **module** (Nuc Eng) / Rohrmodul *n* (ein Filterelement) ‖ ~ **needle** (Textiles) / Röhrennadel *f* (mit hohlem Schaft und verschieblichem Schließdraht nach DIN 62110) ‖ ~ **nut driver** (Tools) / Rohrsteckschlüssel *m* (mit Heft, für Außensechskantschrauben), Rohr-Sechskant-Steckschlüssel *m* ‖ ~ **nut spinner** (Tools) / Rohrsteckschlüssel *m* (mit Heft, für Außensechskantschrauben), Rohr-Sechskant-Steckschlüssel *m* ‖ ~ **precipitator** (Eng) / Röhrenelektrofilter *n* ‖ ~ **radiator** (Build) / Rohrheizkörper *m* ‖ ~ **reactor** (Chem Eng) / Röhrenreaktor *m* (ein Bioreaktor) ‖ ~ **reactor** (Chem Eng) / Rohrreaktor *m* ‖ ~ **rivet*** (Eng) / Rohrniet *m* (DIN 7340) ‖ ~ **roll drawing** (Met) / Hohl-Walzziehen *n* (Walzziehen von Hohlkörpern ohne Innenwerkzeug - DIN 8584) ‖ ~ **scaffold*** (Build, Civ Eng) / Stahlrohrgerüst *n*, Rohrgerüst *n* ‖ ~ **scaffolder** (Build) / Stahlrohrgerüstbauer *m* ‖ ~ **section** (Civ Eng, Met) / Hohlprofil *n* (geschweißtes oder nahtloses Rohr mit kreisförmigem, quadratischem oder rechteckigem Querschnitt) ‖ ~ **socket spanner** (Tools) / Rohrsteckschlüssel *m* (zur Betätigung mit Drahtstift) ‖ ~ **socket wrench** (Tools) / Rohrsteckschlüssel *m* (zur Betätigung mit Drahtstift) ‖ ~ **steel construction** (Build, Civ Eng) / Stahlrohrbau *m* ‖ ~ **strut** (Build) / Rohrstrebe *f* ‖ ~ **well** (Civ Eng, Hyd Eng) / Rohrbrunnen *m*, Bohrbrunnen *m*, Rohrbohrbrunnen *m* (bis etwa 10 m tief, mit Rohrweite unter 100 mm)
**tubulated flask** (Chem) / Kolben *m* mit Ansatzrohr ‖ ~ **ionization gauge** s. also Blears effect ‖ ~ **ionization gauge** (Nuc Eng) / Ionisationsmanometerröhre *f*
**tubulating machine** (Elec Eng) / Stängelansatzmaschine *f* (bei Glühlampen)
**tubule*** *n* (Med) / Tubulus *m* (pl. -li)
**tubulin*** *n* (Biochem, Physiol) / Tubulin *n* (ein aus Nervengewebe des Gehirns oder aus anderem Zellmaterial isolierbares dimeres Protein)
**tubulure** *n* (Eng) / Stutzen *m* (z.B. an der Öffnung einer Retorte)
**tub-washing machine** / Bottichwaschmaschine *f*
**Tuchel contact** (Eng) / Tuchel-Kontakt *m* (Steckverbindung, bei der die Kanten eines geschlitzten federnden Rohres den Steckerstift mit hohem Kontaktdruck zangenartig umfassen)
**tucholite** *n* (Min) / Thucholith *m* (pseudomorphosierte Uranpechkristalle)
**tuck** *v* (Eng) / stauchen *v* (Blech durch Hammerschläge einziehen) ‖ ~ (Foundry) / mit Fingern nachstampfen (Sand in der Form) ‖ ~ (Textiles) / Biesen einnähen, falten *v*, einschlagen *v*, in Falten legen ‖ ~ *n* (Textiles) / Biese *f* (wulstartige Verdickung auf der Nähgutoberseite)
**tucker*** *n* (Bind) / Falzmesser *n* ‖ ~ **fold** (Bind) / Tuckerfalz *m* (ein Rotationsfalz)
**tuck fabric** (Textiles) / Fangware *f* (Patentstricktechnik) ‖ ~ **in** *v* (Bind) / einstecken *v*

**tuck-in flap** / Einsteckklappe f (einer Faltschachtel), Stecklasche f (einer Faltschachtel)
**tucking** n (Textiles) / Pressmuster n, Fangmuster n ‖ ~ (Textiles) / Maschenfangen n, Fangen n ‖ ~ **blade*** (Bind) / Falzmesser n ‖ ~ **machine** (Textiles) / Biesenmaschine f ‖ ~ **unit** (Weaving) / Leistenleger m
**tucking-unit needle** (Textiles) / Biesennadel f (Kombination von Nähmaschinennadeln in Sonderausführung zum Nähen von Biesen, bei der zwei oder drei normale Nadeln in einem Nadelhalter oder in einem gemeinsamen Nadelkolben zu einer Nadeleinheit zusammengefasst sind)
**tuck pattern** (Textiles) / Pressmuster n, Fangmuster n
**tuck-point** v (Build) / nachfugen v
**tuck pointing*** (Build) / Nachfugen (profiliertes, mit farbiger Spachtelmasse) ‖ ~ **presser** (wheel) (Textiles) / Musterpresser m, Musterpressrad n
**Tucks packing ring** (Eng) / Tucksring m
**tuck stitch** (Textiles) / Fanghenkel m, Fangmasche f
**tuck-stitch pattern** (Textiles) / Pressmuster n, Fangmuster n
**tuckstone** n (shaped refractory block placed on top of the flux blocks in a glass tank) (Glass) / Vermachstein m, Abschlussstein m, Zwischenstein m
**tuck wall** (Glass) / Reihe f von Vermachsteinen
**tucum** n (For) / Sternnusspalme f (Astrocaryum tucuma Mart. oder Astrocaryum vulgare Mart.)
**tucuma** n (For) / Sternnusspalme f (Astrocaryum tucuma Mart. oder Astrocaryum vulgare Mart.)
**tucum oil** (Nut) / Tucumöl n (aus den Kernen der brasilianischen Sternnusspalme Astrocaryum tucuma Mart.) ‖ ~ **palm** (For) / Sternnusspalme f (Astrocaryum tucuma Mart. oder Astrocaryum vulgare Mart.)
**Tudor arch** (late Perpendicular arch) (Arch) / Tudorbogen m (in der englischen Spätgotik), überhöhter Spitzbogen ‖ ~ **plate** (Elec Eng) / Großoberflächenplatte f (des Bleiakkumulators), formierte Platte (des Bleiakkumulators)
**tufa*** n (Geol) / Tuff m (sedimentärer)
**tufa*** n (calc) (Geol) / Tuffkalk m, Kalktuff m (poröser Kalkstein an Quellaustritten)
**tuff*** n (of volcanic origin) (Geol) / Tuff m (DIN 4047-3)
**tuffite** n (Geol) / Tuffit m
**tuff lava** (Geol) / Schmelztuff m, Ignimbrit m
**tuft** v (Textiles) / durchheften und garnieren (Matratzen) ‖ ~ (Textiles) / tuften v ‖ ~ n (short string attached to the model or held in the vicinity of the model on a grid network) (Aero, Phys) / Wollfaden m (als Sonde), Fadensonde f (an einem dünnen Drahtbügel befestigter Wollfaden zur Untersuchung der Strömungsrichtung und des Strömungscharakters), Wollfadensonde f ‖ ~ (Bot) / Horst m (dicht zusammengewachsenes Büschel, z.B. von Gras oder Rohr) ‖ ~ (Spinning) / Faserbart m, Faserbüschel n, Kammbart m ‖ ~ (Textiles) / Polnoppe f, Schnittnoppe f (DIN ISO 2424), Noppe f des Schnittpolteppichs, Flornoppe f (des Schnittpolteppichs) ‖ ~ **anchorage** (Textiles) / Noppenverankerung f (bei Nadelflorteppichen)
**tufted carpet*** (Textiles) / Tufted-Teppich m, Tufting-Teppich m, Nadelflorteppich m ‖ ~ **fabrics** (Textiles) / Tufted-Ware f, Tufting-Ware f, Nadelflorware f, Nadelflortextilien pl
**tufting goods** (Textiles) / Tufted-Ware f, Tufting-Ware f, Nadelflorware f, Nadelflortextilien pl ‖ ~ **machine** (Textiles) / Tufting-Maschine f (eine Vielnadelmaschine, die mit einer Nadelreihe in eine vorgelegte Textilfläche Florfäden mit Blindstichen einnäht) ‖ ~ **method** (Aero) / Wollfadenmethode f, Tufting-Methode f (zum Feststellen und Sichtbarmachen von Strömungsverhältnissen an Körpern durch Anbringen von Wollfäden)
**tuft lock** (Textiles) / Schlingenfestigkeit f (bei den Teppichen)
**tug** v (Aero) / schleppen v (mit dem Schlepper) ‖ ~ (Ships) / schleppen v, bugsieren v (schleppen) ‖ ~ n (Aero) / Schleppflugzeug n (z.B. zum Starten von Segelflugzeugen, meistens leistungsstarkes Sportflugzeug)) ‖ ~ (Ships) / Bugsierschlepper m, Schlepper m ‖ ~ (Space) / Tug m
**tugboat** n (Ships) / Bugsierschlepper m, Schlepper m
**tugmaster** n (Autos, Ships) / Tugmaster m (eine spezielle Sattelzugmaschine)
**tug-pushed dump barge** (Ships) / Schubleichter m, Schubkahn m ‖ ~ **lighter** (Ships) / Schubleichter m, Schubkahn m
**tuile block** (Glass) / Vorsatzkuchen m, Kuchen m (Schamotteplatte, die die Einsatzöffnung verschließt)
**tuille** n (Glass) / Vorsatzkuchen m, Kuchen m (Schamotteplatte, die die Einsatzöffnung verschließt)
**Tukey test** (Stats) / Tukey-Test m (bei multiplen Mittelwertvergleichen), T-Methode f
**tula** n (Textiles) / Tulafaser f (eine Blattfaser aus Agave lechuguilla) ‖ ~ **fibre** (Textiles) / Tulafaser f (eine Blattfaser aus Agave lechuguilla) ‖

~ **istle** (Textiles) / Tulafaser f (eine Blattfaser aus Agave lechuguilla) ‖ ~ **work** (Met) / Nielloarbeit f (Gold- und Silberschmiedekunst), Niello n (pl. -s, -lli oder -llen)
**tulip** n (Comp) / Typenkorb m
**tulip-poplar** n (For) / Tulpenbaum m (meistens Liriodendron tulipifera L.)
**tulip tree** (For) / Tulpenbaum m (meistens Liriodendron tulipifera L.)
**tulipwood** n (For) / Holz n des Amerikanischen Tulpenbaumes, Whitewood n, Tulpenbaumholz n (von Liriodendron tulipifera L.) ‖ ~* (For) / Holz des australischen Baumes Harpullia pendula Planch. et F. Muell. oder des brasilianischen Baumes Physocalymma scaberrimum
**tulle*** n (Textiles) / Tüll m (lockeres, netzartiges Gewebe) ‖ ~* (Textiles) s. also bobbinet
**Tullgren funnel** (Ecol) / Tullgren-Apparat m (zur Austreibung der Mikroorganismen aus den Bodenproben) ‖ ~ **funnel** (Ecol) s. also Berlese funnel
**Tuma phase meter** (Elec Eng, Telecomm) / Phasenmesser m, Phasenwinkelmesser m
**tumble** v (Comp, Eng, Space) / taumeln v ‖ ~ (Foundry, Met) / rommeln v (Zunder entfernen), trommeln v, in Trommeln putzen (Zunder entfernen) ‖ ~ n (Eng) / stürzen v, einfallen v (stürzen) ‖ ~ (I C Engs) / Tumble n (bei der Ladungsbewegung) ‖ ~ **centrifuge** (Eng) / Taumelzentrifuge f (bei der der Siebkorb eine oszillierende Taumelbewegung erfährt) ‖ ~ **down** v (Build) / einstürzen v
**tumbledown** adj (Build) / abbruchreif adj, baufällig adj
**tumble-drier** n (Textiles) / Tumbler m, Wäschetrockner m
**tumble-home*** n (Ships) / Tumble Home n (Verringerung der Decksweite)
**tumble-plunger pump** (Eng) / Taumelkolbenpumpe f (ventillose Dosierpumpe zur Förderung aller Medien)
**tumbler** n (Civ Eng, Eng) / Turas m (pl. Turasse) (Maschinenelement zum Umlenken bzw. zum Antrieb von Förderketten), Kettenstern m ‖ ~ (Elec Eng) / Kellogg-Schalter m, Kipphebelschalter m, Kippschalter m, Tumbler-Schalter m ‖ ~ (Eng) / Zuhaltemechanismus m (des Schlosses), Zuhaltung f (Bauteil von Tür- und Möbelschlössern) ‖ ~ (Eng) / Drehtrommel f ‖ ~ (Foundry) / Putztrommel f ‖ ~ (Min Proc) / Daumen m (auf der Pochwelle) ‖ ~ (Nut) / Poltergerät n (für Schinken), Taumelgerät n ‖ ~ (Textiles) / Tumbler m, Wäschetrockner m
**tumbler-drier** n (Textiles) / Tumbler m, Wäschetrockner m
**tumbler gear*** (Eng) / Schwenkrad n ‖ ~ **gear(s)** (Eng) / Wendeherz n (der Drehmaschine) ‖ ~ **gearing** (Eng) / Schwenkradgetriebe n ‖ ~ **key** (Build, Eng) / Zuhaltungsbartschlüssel m ‖ ~ **screening machine** / Taumelsiebmaschine f ‖ ~ **shaft** (Min Proc) / Pochwelle f ‖ ~ **sieving machine** / Taumelsiebmaschine f ‖ ~ **switch** (Elec Eng) / Kellogg-Schalter m, Kipphebelschalter m, Kippschalter m, Tumbler-Schalter m ‖ ~ **test** (Materials) / Trommelprobe f, Bestimmung f der Trommelfestigkeit (von Koks)
**tumbling** n (Comp) / Taumeln n (grafische Datenverarbeitung) ‖ ~ (Foundry) / Trommelputzen n, Putzen n in Trommeln, Trommeln n, Rommeln n ‖ ~ (Paint) / Trommellackierung f (ein Tauchverfahren) ‖ ~ (Space) / Taumeln n ‖ ~ **barrel** (Foundry) / Gussputztrommel f (eine Putztrommel zum Putzen von Gussstücken), Rommeltrommel f, Rommelfass n ‖ ~-**barrel** n (Foundry) / Putztrommel f ‖ ~ **burnishing** (Foundry, Met) / Trommelpolieren n, Trommelpolierung f (Oberflächenbearbeitung), Trommeln n (Trommelpolieren) ‖ ~-**in*** n (Build) / treppenartig abgemauerte Mauer- oder Dammkrone ‖ ~ **mill** (Eng) / Trommelmühle f (Oberbegriff für Kugel-, Rohr- und Stabmühle) ‖ ~ **mixer** (Build) / Freifallmischer m, Trommelmischer m (für Beton und Mörtel) ‖ ~ **pulverizer** (Eng) / Rommel-Feinzerkleinerer m ‖ ~ **star** (Foundry) / Putzstern m
**tumescence** n (Geol) / Aufwölbung f (als Folge vulkanischer Tätigkeit)
**tumor*** n (US) (Med) / Geschwulst f, Tumor m
**tumor-inducing principle** (US) (Bot) / tumorinduzierendes Prinzip, TIP n
**tumour*** n (Med) / Geschwulst f, Tumor m
**tumour-inducing principle*** (Bot) / tumorinduzierendes Prinzip, TIP n
**tumultuous** adj (Nut) / stürmisch adj (Gärung)
**tun** n (Brew) / Maischbottich m ‖ ~ (Brew, Nut) / Fass n (großes)
**tunable** adj / abstimmbar adj, durchstimmbar adj ‖ ~ **dye laser** (Phys) / durchstimmbarer Laser, abstimmbarer Laser (Farbstofflaser, der mit äußeren Bauelementen wie Prismen, Gittern und Etalons auf jede gewünschte Wellenlänge innerhalb des Bereichs, für den der Farbstoff geeignet ist, eingestellt werden kann) ‖ ~ **frequency** (Elec Eng, Telecomm) / abstimmbare Frequenz ‖ ~ **laser** (Phys) / durchstimmbarer Laser, abstimmbarer Laser (Farbstofflaser, der mit äußeren Bauelementen wie Prismen, Gittern und Etalons auf jede gewünschte Wellenlänge innerhalb des Bereichs, für den der Farbstoff geeignet ist, eingestellt werden kann) ‖ ~ **magnetron*** (Electronics) / durchstimmbares Magnetron, abstimmbares Magnetron

**tunance**

**tunance*** *n* (Elec Eng) / Sperr-Resonanz *f*, Stromresonanz *f*, Parallelresonanz *f*, Antiresonanz *f*
**tundish** *n* (Foundry) / Verteilergefäß *n*, Zwischenpfanne *f*, Zwischenbehälter *m* (beim Strangguss) ‖ ~ (Foundry) / Tundish *m*, Gießwanne *f*
**tundra*** *n* (Ecol, Geog) / Tundra *f* (pl. -ren) (baumlose Kältesteppe jenseits der arktischen Waldgrenze)
**tune*** *v* (Acous) / stimmen *v*, abstimmen *v*, durchstimmen *v* ‖ ~ (Acous) / stimmen *v* (Musikinstrumente) ‖ ~ (Autos) / einstellen *v* (Motor, Zündung) ‖ ~ (for performance) (Autos) / tunen *v* (zur Leistungssteigerung), frisieren *v* ‖ ~* (Radio) / abstimmen *v* (einen Empfänger) ‖ ~ (to) (Radio, TV) / einstellen *v* (das Radio auf einen bestimmten Sender) ‖ ~ *n* (Acous) / Melodie *f*, Weise *f* ‖ **out-of-~** *attr* / verstellt *adj* (z.B. Zündung)
**tuneable** *adj* / abstimmbar *adj*, durchstimmbar *adj*
**tuned amplifier*** (Telecomm) / Resonanzverstärker *m* ‖ ~ **anode circuit** (Electronics) / abgestimmter Anodenkreis
**tuned-anode coupling*** (Electronics) / Schwingkreiskopplung *f*
**tuned antenna*** (Radio) / abgestimmte Antenne ‖ ~ **cavity** (Acous, Electronics) / abgestimmter Hohlraumresonator ‖ ~ **cell** (Acous, Electronics) / abgestimmter Hohlraumresonator ‖ ~ **circuit*** (Radio) / abgestimmter Kreis *m*, Abstimmkreis *m*
**tuned-grid tuned-plate oscillator** (Electronics) / Huth-Kühn-Oszillator *m*
**tuned header** (Autos) / Fächerkrümmer *m* (Auspuffkrümmer aus Stahlrohr)
**tuned-plate tuned-grid oscillator** (Electronics) / Huth-Kühn-Oszillator *m*
**tuned radiofrequency receiver*** (Radio) / Geradeausempfänger *m* ‖ ~ **relay*** (Elec Eng) / Zungenfrequenzrelais *n*, abgestimmtes Relais ‖ ~ **traffic lights** (US) (Autos) / grüne Welle (im Kraftfahrzeugverkehr) ‖ ~ **transformer** (Elec Eng) / Resonanztransformator *m* (der auch als Hochspannungsprüftransformator eingesetzt wird), abgestimmter Transformator
**tune in** *v* (Radio) / abstimmen *v* (einen Empfänger) ‖ ~ **in** (on, to) (Radio, TV) / einstellen *v* (das Radio auf einen bestimmten Sender) ‖ ~ **out** (Radio) / ausblenden *v* (z.B. einen Störsender)
**tuner** *n* (a person who tunes car engines) (Autos) / Tuner *m* (Spezialist für Tuning) ‖ ~* (Electronics, Radio, Telecomm) / Abstimmvorrichtung *f*, Tuner *m* ‖ ~* (Radio, TV) / Kanalwähler *m* (eine Baugruppe), Kanalwahltaste *f*, Kanalwahlschalter *m*, Tuner *m* (Kanalwähler)
**tune up** *v* (Autos) / einstellen *v* (Motor, Zündung) ‖ ~ **up** (Autos) / tunen *v* (zur Leistungssteigerung), frisieren *v*
**tune-up specification** (Autos) / Einstellwert *m*
**Tungar rectifier** (Elec Eng) / Tungar-Gleichrichter *m*, Edelgasgleichrichter *m*
**Tung distribution** (Chem) / Tung-Verteilung *f* (Polymercharakterisierung) ‖ ~ **oil** / Chinesisches Holzöl (aus Aleurites fordii Hemsl.), China-Holzöl *n* ‖ ~ **oil** / Japanisches Holzöl (aus Aleurites cordata (Thunb.) R. Br. ex Steud.) ‖ ~ **oil** (Chem, Paint) / Tungöl *n* (aus verschiedenen Aleurites-Arten), Abrasinöl *n*
**tungstate** *n* (Chem) / Wolframat *n* ‖ ~ **ceramics** (Ceramics) / Wolframatkeramik *f*
**tungsten*** *n* (Chem) / Wolfram *n*, W (Wolfram) ‖ ~ **alloy*** (Met) / Wolframlegierung *f* ‖ ~ **arc*** (Elec Eng) / Wolframbogen *m* ‖ ~ **arc lamp** (Elec Eng) / Wolframbogenlampe *f* ‖ ~ **blue** / Wolframblau *n* (zusammenfassende Bezeichnung für leuchtendblaue Wolframoxide von Wertigkeitsstufen zwischen 5 und 6) ‖ ~ **boride** (Chem) / Wolframborid *n* (WB₃) ‖ ~ **bronze*** (Paint) / Wolframbronze *f* (Mischverbindung, die Alkali- oder Erdalkali-, Wolfram(IV)- und Wolfram(VI)-oxid enthält) ‖ ~ (mono)**carbide** (Chem) / Wolframmonokarbid *n*, Wolframmonocarbid *n* (WC) ‖ ~ **carbide** (Chem) / Wolframkarbid *n*, Wolframcarbid *n* ‖ ~ **carbide drill** (Tools) / Wolframkarbidbohrer *m* ‖ ~ **carbonyl** (Chem) / Wolframhexakarbonyl *n*, Wolframhexacarbonyl *n* ‖ ~ **chloride** (Chem) / Wolframchlorid *n* ‖ ~ **disulphide** (Chem) / Wolfram(IV)-sulfid *n*, Wolframdisulfid *n* ‖ ~ **electrode** (Met) / Wolframelektrode *f* ‖ ~ **filament** (Elec Eng) / Wolframglühfaden *m*, Wolframleuchtfaden *m*, Wolframheizfaden *m*
**tungsten-halogen headlight** (Autos, Elec Eng) / Halogenscheinwerfer *m*, Halogenstrahler *m* ‖ ~ **lamp*** (Autos, Elec Eng) / Halogenscheinwerfer *m*, Halogenstrahler *m* ‖ ~ **lamp** (Spectr) / Wolframhalogenlampe *f*
**tungsten hexabromide** (Chem) / Wolframhexabromid *n* ‖ ~ **hexacarbonyl** (Chem) / Wolframhexakarbonyl *n*, Wolframhexacarbonyl *n* ‖ ~ **hexafluoride** (Chem) / Wolframhexafluorid *n*, WF₆ ‖ ~ **high-speed steel** (Met) / Wolframschnellarbeitsstahl *m*
**tungsten-hydrogen welding** (Welding) / WHG-Schweißen *n*, Wolfram-Wasserstoff-Schweißen *n*

**tungsten inert•-gas welding*** (Welding) / WIG-Schweißen *n*, Wolfram-Inertgas-Schweißen *n* (Schutzgas-Lichtbogenschweißen mit einem Edelgas als Schutzgas und einer nicht abschmelzenden Elektrode aus Wolfram, WSG (Wolframschutzgasschweißen), Wolframschutzgasschweißen *n* ‖ ~ **lake** (Paint) / Wolfram-Farblack *m* ‖ ~ **lamp*** (Elec Eng) / Wolframlampe *f* ‖ ~ **light** (Cinema) / Kunstlicht *n* ‖ ~ **nitride** (Chem) / Wolframnitrid *n*
**tungsten(VI) oxide** (Chem) / Wolfram(VI)-oxid *n*, Wolframtrioxid *n* ‖ ~ **oxide hydrate** (Chem) / [gelbe] Wolframsäure *f*
**tungsten oxychloride** (Chem) / Wolframoxidchlorid *n* (rotes) ‖ ~ **ribbon lamp** (Elec Eng) / Wolframbandlampe *f* ‖ ~ **silicide** (Chem) / Wolframsilizid *n*, Wolframsilicid *n* ‖ ~ **steel** (Met) / Wolframstahl *m*, W-Stahl *m*
**tungsten(IV) sulphide** (Chem) / Wolfram(IV)-sulfid *n*, Wolframdisulfid *n*
**tungsten trioxide** (Chem) / Wolfram(VI)-oxid *n*, Wolframtrioxid *n*
**tungstic** *adj* (Chem) / Wolfram(VI)-, Wolfram- ‖ ~ **acid*** (Chem) / [gelbe] Wolframsäure *f* ‖ ~ **anhydride** (Chem) / Wolfram(VI)-oxid *n*, Wolframtrioxid *n* ‖ ~ **ochre*** (Min) / Wolframocker *m*, Tungstit *m* ‖ ~ **trioxide** (Chem) / Wolfram(VI)-oxid *n*, Wolframtrioxid *n*
**tungstite*** *n* (Min) / Wolframocker *m*, Tungstit *m*
**tungstoarsenate** *n* (Chem) / Wolframatoarsenat *n*
**tungstoboric acid** (Chem) / Wolframatoborsäure *f*
**tung tree** (For) / Holzölbaum *m* (Aleurites fordii Hemsl.), Tungölbaum *m*
**tunica*** *n* (pl. -ae) (Bot) / Tunica *f* (pl. -ae) (die das Corpusgewebe umschließt)
**tunicamycin** *n* (a mixture of homologous, nucleoside antibiotics, produced by Streptomyces lysosuperficus) / Tunicamycin *n*
**tuning*** *n* (Acous) / Stimmen *n*, Abstimmen *n* ‖ ~ (Autos) / Tuning *n* (Maßnahmen zur Leistungssteigerung oder Verbesserung des Fahrverhaltens), Frisieren *n* ‖ ~ (Autos) / Einstellung *f* (des Motors, der Zündung) ‖ ~ (Phys) / Durchstimmung *f* (bei Lasern) ‖ ~* (Radio) / Abstimmen *n* (Verstellen der Resonanzfrequenz eines Schwingkreises), Abstimmung *f* (das Einstellen von Schwingkreisen oder anderen frequenzselektiven Schaltungen auf die gewünschte Frequenz oder Wellenlänge durch Verändern ihrer Kapazität oder Induktivität) ‖ ~ **capacitor*** (Elec Eng, Radio) / Abstimmkondensator *m* ‖ ~ **card** (Teleph) / Tuning Card *f* (für Mobiltelefone) ‖ ~ **coil*** (Elec Eng) / Abstimmspule *f* ‖ ~ **control*** (Radio) / Abstimmung *f* (mit mechanischen Mitteln, z.B. mit einem Abstimmknopf) ‖ ~ **curve** (Radio) / Durchstimmkurve *f*, Resonanzkurve *f* ‖ ~ **device** (Elec Eng) / Abstimmmittel *n*, Abstimmeinrichtung *f* ‖ ~ **dial** (Radio) / Frequenzskala *f* (des Rundfunkempfängers) ‖ ~ **eye** (Elec Eng, Radio) / Anzeigeröhre *f*, Abstimmanzeiger *m*, Abstimmzeigeröhre *f* ‖ ~ **fork*** (Acous) / Stimmgabel *f* ‖ ~**-fork control** (Radio) / Stimmgabel-Frequenz-Steuerung *f*, Stimmgabelsteuerung *f* ‖ ~**-fork oscillator*** (Acous, Radio) / Stimmgabeloszillator *m* ‖ ~**-in*** *n* (Radio) / Abstimmen *n* (Verstellen der Resonanzfrequenz eines Schwingkreises), Abstimmung *f* (das Einstellen von Schwingkreisen oder anderen frequenzselektiven Schaltungen auf die gewünschte Frequenz oder Wellenlänge durch Verändern ihrer Kapazität oder Induktivität) ‖ ~ **indication** (Elec Eng, Radio) / Abstimmanzeige *f* (durch Drehspulinstrumente, Lumineszenzdioden oder steuerbare Lumineszenzplatten) ‖ ~ **indicator*** (Elec Eng, Radio) / Anzeigeröhre *f*, Abstimmanzeiger *m*, Abstimmzeigeröhre *f* ‖ ~ **inductance*** (Elec Eng) / Abstimmspule *f* ‖ ~ **kit** (Autos) / Tuning-Kit *m*, Umbausatz *m* (für Tuningzwecke) ‖ ~**-out** (Radio) / Ausblenden *n* (z.B. eines Störsenders) ‖ ~ **range** (Phys) / Durchstimmbereich *m* (des Lasers) ‖ ~ **scale** (Radio) / Abstimmskale *f* ‖ ~ **screw*** (Electronics) / Abstimmschraube *f*, Einstellschraube *f*
**tuning-up** *n* (Autos) / Einstellung *f* (des Motors, der Zündung)
**tunnel** *v* (Bot, For) / minieren *v* (Insektenlarven) ‖ ~ (Civ Eng) / einen Tunnel bauen, tunnelieren *v* (Tunnel bauen), untertunneln *v* ‖ ~ (Electronics, Phys) / tunneln *v* (Elektronen oder Cooper-Paare beim Einelektronen-Tunneleffekt oder beim Josephson-Effekt), durchtunneln *v* ‖ ~ *n* (Aero) / Tunnel *m*, Grotte *f* (auf den Rumpf aufgesetzte tunnelförmige Verkleidung zur Unterbringung von Steuergestängen, Kabeln und Rohrleitungen, die insbesondere bei kleinen Flugzeugen keinen Platz innerhalb der Rumpfkontur gefunden haben), Tunell *n* (A,S) ‖ ~ (Bot, For) / Mine *f* (in lebenden Pflanzen durch Insekten, meist deren Larven, ausgefressener Hohlraum) ‖ ~ (an underground passage, open to daylight at both ends) (Civ Eng) / Tunnel *m* (pl. oder -s), Tunell *n* (A) ‖ ~ (Civ Eng, Elec Eng) / Stollen *m* (für die Wasserversorgung, für die Triebwasserleitung des Wasserkraftwerkes) ‖ ~ **barker** (For) / Tunnelentrinder *m* ‖ ~ **burner** (Eng) / Tunnelbrenner *m* ‖ ~ **ceiling** (Civ Eng) / Tunneldecke *f* (oberer Abschluss eines Tunnels) ‖ ~ **conveyor** (Civ Eng) / Abziehband (im Haldentunnel) ‖ ~ **conveyor belt** (Civ Eng) / Abziehband *n* (im Haldentunnel) ‖ ~ **cross section** (Civ Eng) / Tunnelquerschnitt *m*, Tunnelprofil *n* ‖ ~ **diode*** (Electronics) / Esaki-Diode *f* (nach L. Esaki, 1925 -), Tunneldiode *f*

(meist Germaniumdiode mit fallender Strom-Spannungs-Kennlinie - DIN 41 856) ‖ ~ **disease** (Med) / Grubenwurmkrankheit *f*, Ankylostomiasis *f* (pl. -asen), Ankylostomiase *f*, Hakenwurmkrankheit *f* (eine Bergmannskrankheit), Bergarbeiteranämie *f*, Tunnelkrankheit *f* (For) / Kanaltrockner *m* (von Schnittholz oder Furnieren) ‖ ~ **drier** (Plastics) / Tunneltrockner *m*, Kanaltrockner *m* ‖ ~ **drive** (Civ Eng) / Tunnelvortrieb *m* (Gesamtheit aller Arbeiten beim Auffahren von Untertagehohlräumen) ‖ ~ **driving** (Civ Eng) / Tunnelvortrieb *m* (Gesamtheit aller Arbeiten beim Auffahren von Untertagehohlräumen) ‖ ~ **effect*** (Electronics, Phys) / Tunneleffekt *m* ‖ ~ **entrance** (Civ Eng) / Tunneleingang *m*
**tunneler** *n* (US) (Civ Eng) / Tunnelbauer *m* ‖ ~ (US) (Mining) / Streckenvortriebsmaschine *f*, Streckenauffahrmaschine *f*
**tunnel fermenter** (Biochem) / Tunnelfermenter *m* ‖ ~ **finisher** (Textiles) / Tunnelfinisher *m* ‖ ~ **floor** (Civ Eng) / Tunnelsohle *f* (Boden eines Tunnels) ‖ ~ **freezer** / Gefriertunnel *m* ‖ ~ **furnace*** (Ceramics, Eng) / Kanalofen *m*, Tunnelofen *m* (im Allgemeinen) ‖ ~ **heading machine** (Civ Eng) / Tunnelvortriebsmaschine *f*, Tunnelauffahrmaschine *f*
**tunneling** *n* (US) (Civ Eng) / Tunnelbau *m*, Tunnelauffahren *n*, Durchstich *m* eines Tunnels, Tunellierung *f* (A) ‖ ~ (US) (Electronics) / Tunneln *n* ‖ ~ (US) (Phys) / Durchtunnelung *f* ‖ ~ **machine** (US) (Civ Eng) / Tunnelvortriebsmaschine *f*, Tunnelauffahrmaschine *f* ‖ ~ **machine** (US) (Mining) / Streckenvortriebsmaschine *f*, Streckenauffahrmaschine *f* ‖ ~ **method** (US) (Civ Eng) / Tunnelbauweise *f* (unterirdische, offene)
**tunnel junction** (Electronics) / Tunnelübergang *m* ‖ ~ **kiln** (an industrial kiln in which ceramic items being fired are carried on trucks along a continuously heated passage) (Ceramics, Eng) / Kanalofen *m*, Tunnelofen *m* (im Allgemeinen)
**tunneller** *n* (Civ Eng) / Tunnelbauer *m* ‖ ~ (Mining) / Streckenvortriebsmaschine *f*, Streckenauffahrmaschine *f*
**tunnelling** *n* (Civ Eng) / Untertunnelung *f* ‖ ~ (Civ Eng) / Tunnelbau *m*, Tunnelauffahren *n*, Durchstich *m* eines Tunnels, Tunellierung *f* (A) ‖ ~ (the process of sending data expressed in one protocol but embedding the data within another protocol) (Comp) / Tunnelling *n* ‖ ~ (Electronics) / Tunneln *n* ‖ ~* (Phys) / Durchtunnelung *f* ‖ ~ (Civ Eng) s. also tunnel-driving ‖ ~ (Comp) s. also encapsulation ‖ ~ **device** (Electronics, Phys) / Tunnelbauelement *n* ‖ ~ **machine** (Civ Eng) / Tunnelvortriebsmaschine *f*, Tunnelauffahrmaschine *f* ‖ ~ **machine** (Mining) / Streckenvortriebsmaschine *f*, Streckenauffahrmaschine *f* ‖ ~ **method** (Civ Eng) / Tunnelbauweise *f* (unterirdische, offene) ‖ ~ **microscope** (Micros) / Tunnelmikroskop *n* (mit einer feinen Metall-Sondenspitze als Tunnelkontakt), Rastertunnelmikroskop *n* (von Rohrer und Binnig), RTM (Rastertunnelmikroskop) ‖ ~ **mode** (Electronics) / Leckmode *m* (Faseroptik) ‖ ~ **slot** (Elec Eng) / Tunnelnut *f*, geschlossene Nut, geschlossene Wicklungsnut ‖ ~ **spectroscopy** (Spectr) / Tunnelspektroskopie *f*
**tunnel lining** (Civ Eng) / Tunnelauskleidung *f* ‖ ~ **miner** (Civ Eng) / Tunnelbauer *m* ‖ ~ **portal** (the hillside entrance to a tunnel) (Civ Eng) / Tunnelportal *n*, Tunneleinfahrt *f* ‖ ~ **slot*** (Elec Eng) / Tunnelnut *f*, geschlossene Nut, geschlossene Wicklungsnut ‖ ~ **triode** (Electronics) / Tunneltriode *f*, Tunneltransistor *m* ‖ ~ **tube** (Civ Eng) / Tunnelröhre *f* (röhrenartiges Gebilde, das den Tunnel bildet) ‖ ~ **under river** (a tunnel underwater) (Civ Eng) / Tunnel *m* unter dem Fluss (ein Unterwassertunnel) ‖ ~ **vault*** (Arch) / Tonnengewölbe *n*, Fassgewölbe *n*, ellipsoidisch (räumlich) gekrümmtes Gewölbe ‖ ~ **vision** (Autos, Med, Optics) / Tunnelblick *m* (infolge eines Rauschzustandes oder beim Fahren mit sehr großer Geschwindigkeit auftretendes eingeschränktes Sehen, bei dem nur die unmittelbar im Zentrum des Gesichtsfeldes befindlichen Objekte richtig wahrgenommen werden) ‖ ~ **wall** (Civ Eng) / Tunnelwandung *f*
**tunnel-wall niche** (Civ Eng) / Nische *f* (Aussparung in der Tunnelwand, die zur Aufnahme von Einbauten dient)
**tunnel winding*** (Elec Eng) / Fädelwicklung *f*, Wicklung *f* in geschlossenen Spulen ‖ ~ **working section** (Aero) / Messstrecke *f* (z.B. in einem Windkanal)
**tunoscope** *n* (Radio) / Abstimmanzeigeröhre *f*
**TUP** (telephone user part) (Teleph) / Telefonanwenderteil *m*, Telefonbenutzerteil *m*
**tup** *n* (Civ Eng) / Bär *m* (-s, pl. -en oder -e), Rammbock *m*, Fallbär *m*, Rammbär *m*, Schlaggewicht *n*, Rammklotz *m*
**tupelo** *n* (For) / Tupelobaum *m* (Nyssa L.), Tupelo *m*
**tuple, n-~** (Maths) / n-Tupel *n* (geordnete Menge von Elementen)
**turanose** *n* (Chem) / Turanose *f* (ein aus je einem Molekül Glukose und Fruktose aufgebautes Disaccharid)
**turbary** *n* (Mining) / Torfgewinnungsstätte *f*, Torfstich *m* (Stelle, an der Torf gestochen wird), Torfwerk *n*, Torfgrube *f*
**turbid** *adj* / trüb *adj*, trübe *adj* (Flüssigkeit) ‖ ~ / schlammig *adj*
**turbidimeter*** *n* (Chem, Optics) / Turbidimeter *n*, Trübungsmesser *m*

**turbidimetric** *adj* (Chem, Optics) / turbidimetrisch *adj* ‖ ~ **analysis*** (Chem, Optics) / Trübungsmessung *f*, Turbidimetrie *f* (wenn die Intensität des austretenden Lichts in der optischen Achse gemessen wird) ‖ ~ **titration** (Chem) / turbidimetrische Titration, Trübungstitration *f*
**turbidimetry** *n* (Chem, Optics) / Trübungsmessung *f*, Turbidimetrie *f* (wenn die Intensität des austretenden Lichts in der optischen Achse gemessen wird)
**turbidite*** *n* (Geol) / Turbidit *m* (Sediment aus Trübströmen)
**turbidity*** *n* (reduction of transparency) / Trübheit *f*, Trübung *f* ‖ ~ **current*** (a density current) (Ocean) / Trübstrom *m*, Suspensionsstrom *m*, Trübestrom *m*, Trübungsstrom *m* (Gemisch aus Wasser und festen Gesteinsbestandteilen der Verwitterung und der Abtragung)
**turbid matter** / Trübstoff *m*, trüber Stoff (im Allgemeinen) ‖ ~ **medium** (Optics) / trüber Stoff (DIN 1349, T 2) ‖ ~ **of wine** (suspended matter) (Nut) / Weintrübung *f* (Feststoffausscheidung - ein Weinfehler auf der Flasche)
**turbidometer** *n* (Chem, Optics) / Turbidimeter *n*, Trübungsmesser *m*
**turbine*** *n* (acceleration-type prime mover) (Eng) / Turbine *f*, Turbokraftmaschine *f* (z.B. Wasser- oder Dampfturbine) ‖ ~ (Eng) / Turbinenrad *n* (des Druckmittelgetriebes) ‖ ~ **aerator** (San Eng) / Turbinenbelüfter *m* ‖ ~ **aero-engine*** (Aero) / Turbinentriebwerk *n* (entweder PTL oder TL)
**turbine-airscrew unit** (Aero) / Turboprop-Triebwerk *n*, PTL-Triebwerk *n*, Propellerturbinen-Luftstrahltriebwerk *n*, Turbinen-Propeller-Luftstrahltriebwerk *n*, Turboprop *m* (ein Gasturbinenflugzeugtriebwerk), TP-Triebwerk *n*, Propellerturbine *f* (ein Triebwerk)
**turbine blade** (Eng) / Turbinenschaufel *f* ‖ ~ **boat** (Ships) / Turbinenschiff *n* ‖ ~ **bucket** (US)* (Eng) / Turbinenschaufel *f* ‖ ~ **cylinder** (Eng) / Turbinengehäuse *n*, Turbinenmantel *m* ‖ ~ **disk** (Eng) / Laufscheibe *f* (der Turbine), Turbinenlaufscheibe *f*
**turbine-driven generator** (Elec Eng) / Turbogenerator *m* (Drehstromsynchrongenerator, der von einer Dampf- oder Gasturbine angetrieben wird), TBG (Turbogenerator)
**turbine drum** (Aero) / Turbinenlaufrad *n* (der Turbine - mit Schaufeln), Turbinenläufer *m*, Laufrad *n*
**turbine-electric locomotive** (Rail) / turboelektrische Lokomotive
**turbine entry temperature** (Aero) / Turbineneintrittstemperatur *f*, Frischgastemperatur *f* (Temperatur des die Brennkammer verlassenden, in den Leitapparat der Turbine eintretenden Arbeitsgases) ‖ ~ **fuel** (Aero, Fuels) / Turbinenkraftstoff *m* (Kraftstoff für Gasturbinen) ‖ ~ **gas meter** / Turbinenradgaszähler *m* (bei dem die Zahl der Umdrehungen eines von der Gasströmung in Drehung versetzten Turbinenrades ein Maß für das durchgeströmte Volumen ist) ‖ ~ **gas temperature** (Aero) / Turbineneintrittstemperatur *f*, Frischgastemperatur *f* (Temperatur des die Brennkammer verlassenden, in den Leitapparat der Turbine eintretenden Arbeitsgases) ‖ ~ **generator** (Elec Eng) / Turbogenerator *m* (Drehstromsynchrongenerator, der von einer Dampf- oder Gasturbine angetrieben wird), TBG (Turbogenerator) ‖ ~ **house** (Build, Elec Eng) / Turbinenhaus *n* (des Kraftwerks) ‖ ~ **housing** (Eng) / Turbinengehäuse *n*, Turbinenmantel *m* ‖ ~ **mixer** / Schaufelradmischer *m*, Turbinenmischer *m* ‖ ~ **motor vehicle** (Rail) / Turbinentriebfahrzeug *n* (der Elektrotraktion) ‖ ~ **oil** / Turbinenöl *n* (meistens alterungsbeständiges Mineralöl)
**turbine-powered ship** (Ships) / Turbinenschiff *n*
**turbine pump** (Eng) / Kreiselpumpe *f* (DIN 24250), Turbopumpe *f* (eine Turboarbeitsmaschine) ‖ ~ (diffuser) **pump** (Eng) / Turbinenpumpe *f* ‖ ~ **pump** (Vac Tech) / Turbovakuumpumpe *f* ‖ ~ **rotor** (Aero) / Turbinenlaufrad *n* (der Turbine - mit Schaufeln), Turbinenläufer *m*, Laufrad *n* ‖ ~ **shaft** (Eng) / Turbinenwelle *f* ‖ ~ **ship** (Ships) / Turbinenschiff *n* ‖ ~ **stage** (Eng) / Turbinenstufe *f* ‖ ~ **tanker** (Ships) / Turbinentankschiff *n*, Turbinentanker *m*
**turbine-type stirrer** (Chem Eng) / Turbinenrührer *m* (mit 6 bis 12 Schaufeln)
**turbine vane** (US) (Eng) / Turbinenschaufel *f* ‖ ~ **wheel** (Aero) / Turbinenlaufrad *n* (der Turbine - mit Schaufeln), Turbinenläufer *m*, Laufrad *n* ‖ ~ **wheel** (Eng) / Turbinenrad *n* (des Druckmittelgetriebes) ‖ ~ **wheel** (US) (Eng) / Turbinenstufe *f*
**turbo** *n* (a motor vehicle equipped with a turbocharger) (Autos) / Turbo *m* (Auto mit Turbomotor) ‖ ~ (I C Engs) / Turbolader *m*, Abgasturbolader *m* (Abgasturbine + Turbokompressor nach DIN ISO 7967-3), ATL (Abgasturbolader) ‖ ~**-alternator** *n* (Elec Eng) / Turbogenerator *m* (Drehstromsynchrongenerator, der von einer Dampf- oder Gasturbine angetrieben wird), TBG (Turbogenerator)
**turboblower** *n* (Eng) / Kreiselgebläse *n*, Turbogebläse *n* ‖ ~ (I C Engs) / Turbolader *m*, Abgasturbolader *m* (Abgasturbine + Turbokompressor nach DIN ISO 7967-3), ATL (Abgasturbolader)
**turboboost selector** (Autos) / Ladedruckwähler *m*
**turbo-car** *n* (Autos) / Turbinenkraftwagen *m*

1693

**turbocharge**

**turbocharge** v (I C Engs) / mit Abgasturbolader aufladen
**turbocharged engine** (Autos, I C Engs) / Turbomotor m, Motor m mit Turbolader
**turbocharger**\* n (I C Engs) / Turbolader m, Abgasturbolader m (Abgasturbine + Turbokompressor nach DIN ISO 7967-3), ATL (Abgasturbolader)
**turbocharging** n (Autos) / Turboaufladung f, Turboladung f
**turbo-compound** n (Aero) / Compoundtriebwerk n (die Abgasturbinenenergie wird zum Antrieb des Laders benutzt), Verbundtriebwerk n, Compoundmotor m, Mischtriebwerk n, Turbocompoundmotor m, Verbundmotor m
**turbocompressor** n (Eng) / Kreiselverdichter m, Turboverdichter m, Turbokompressor m (meist als Radialverdichter ausgeführt)
**turboconvertor** n (Elec Eng) / Turboumformer m, Turbogenerator m mit Umformer
**turbo diesel** (I C Engs) / Turbodieselmotor m, Turbodiesel m
**turbodrill** n (Mining) / Turbinenbohrer m, Turbobohrer m (bei dem der Bohrkopf durch eine vom Spülmittel angetriebene Turbine gedreht wird)
**turbodrilling** n (Mining) / Turbinenbohren n (drehendes Bohrverfahren, bei dem der Bohrkopf durch eine von Spülmittel angetriebene Turbine gedreht wird), Turbobohren n
**turbo-driven supercharger** (I C Engs) / Turbolader m, Abgasturbolader m (Abgasturbine + Turbokompressor nach DIN ISO 7967-3), ATL (Abgasturbolader)
**turbodynamo**\* n (Elec Eng) / Turbodynamo m
**turbo-electric** adj / turboelektrisch adj || ~ **converter** (Elec Eng) / turboelektrischer Energiewandler (Rankine oder Brayton)
**turbo-electric propulsion**\* (Elec Eng) / turboelektrischer Antrieb
**turboengine** n (Autos, I C Engs) / Turbomotor m, Motor m mit Turbolader
**turbofan** n (Aero) / Fantriebwerk n (mit überdimensioniertem erstem Laufrad des Niederdruckverdichters, das den Nebenstrom beschleunigt), Bläsertriebwerk n || ~\* (Aero) / Ducted Fan n (ein Zweistrom-TL-Triebwerk, in dem die Zusatzluft hinter dem Niederdruckverdichter den "heißen Kern" des Triebwerkes wie ein Mantel umgibt), Bläsertriebwerk n, Mantelstromstrahltriebwerk n
**turbogenerator**\* n (Elec Eng) / Turbogenerator m (Drehstromsynchrongenerator, der von einer Dampf- oder Gasturbine angetrieben wird), TBG (Turbogenerator)
**Turbogrid plate** (Chem Eng) / Gitterboden m, Gitterrostboden m, Turbogridboden m || ~ **tray** (Chem Eng) / Gitterboden m, Gitterrostboden m, Turbogridboden m
**turbojet**\* n (Aero) / Einstromturbinenluftstrahltriebwerk n, Luftfahrzeug n mit einem TL-Triebwerk, Turbinenstrahlflugzeug n, ETL || ~\* (Aero) / Turbotriebwerk n, Turbinenluftstrahltriebwerk n, Einkreisstrahltriebwerk n, Strahlturbinentriebwerk n (ein Gasturbinentriebwerk), TL-Triebwerk n, Turbinenstrahltriebwerk n, Turboluftstrahltriebwerk n, Turbojet m || ~ **aircraft** (Aero) / Einstromturbinenluftstrahltriebwerk n, Luftfahrzeug n mit einem TL-Triebwerk, Turbinenstrahlflugzeug n, ETL || ~ **engine** (Aero) / Turbotriebwerk n, Turbinenluftstrahltriebwerk n, Einkreisstrahltriebwerk n, Strahlturbinentriebwerk n (ein Gasturbinentriebwerk), TL-Triebwerk n, Turbinenstrahltriebwerk n, Turboluftstrahltriebwerk n, Turbojet m
**turbo lag** (Autos) / Turboloch n, Turboverzögerung f
**turbomachine** n (Eng) / Turbokraft- oder -arbeitsmaschine f (eine Strömungsmaschine) || ~ (Eng) / Strömungsmaschine f (eine Maschine, die von einem Medium stetig durchströmt wird und von diesem Energie annimmt oder Energie an das Medium abgibt - Turbinen, Kompressoren, Pumpen)
**turbomixer** n / Schaufelradmischer m, Turbinenmischer m
**turbomolecular pump** (Vac Tech) / Turbomolekularpumpe f (eine mechanische kinetische Vakuumpumpe) || ~ **roughing station** (Nuc Eng, Vac Tech) / Turbomolekularvorvakuumpumpen-Station f
**turbo muffler** (Autos) / Reflexionsschalldämpfer m (ein Auspuffschalldämpfer) || ~ **Pascal** (Comp) / Turbo Pascal n (ein Pascal-Programmiersystem mit Programmiereditor, Compiler und Linker)
**turbopause** n (Geophys) / Turbopause f
**turboprop**\* n (Aero) / Turboprop-Triebwerk n, PTL-Triebwerk n, Propellerturbinen-Luftstrahltriebwerk n, Turbinen-Propeller-Luftstrahltriebwerk n, Turboprop m (ein Gasturbinenflugzeugtriebwerk), TP-Triebwerk n, Propellerturbine f (ein Triebwerk) || ~\* (Aero) / Turboprop-Flugzeug n, Luftfahrzeug n mit einem PTL-Triebwerk, Turbinen-Propeller-Flugzeug n || ~ **aircraft** (Aero) / Turboprop-Flugzeug n, Luftfahrzeug n mit einem PTL-Triebwerk, Turbinen-Propeller-Flugzeug n
**turbo-propeller engine** (Aero) / Turboprop-Triebwerk n, PTL-Triebwerk n, Propellerturbinen-Luftstrahltriebwerk n, Turbinen-Propeller-Luftstrahltriebwerk n, Turboprop m (ein Gasturbinenflugzeugtriebwerk), TP-Triebwerk n, Propellerturbine f (ein Triebwerk)
**turboprop engine** (Aero) / Turboprop-Triebwerk n, PTL-Triebwerk n, Propellerturbinen-Luftstrahltriebwerk n, Turbinen-Propeller-Luftstrahltriebwerk n, Turboprop m (ein Gasturbinenflugzeugtriebwerk), TP-Triebwerk n, Propellerturbine f (ein Triebwerk)
**turbopump** n (Aero) / Turbopumpe f || ~ (Vac Tech) / Turbovakuumpumpe f
**turboramjet**\* n (Aero) / Turbo-Ram-Jet m, Turbinenstaustrahltriebwerk n, Staustrahlturbine f, kombiniertes TL-Staustrahltriebwerk || ~\* (Aero) / Luftfahrzeug n mit einem Turbinen-Staustrahl-Triebwerk || ~ **engine** (Aero) / Turbo-Ram-Jet m, Turbinenstaustrahltriebwerk n, Staustrahlturbine f, kombiniertes TL-Staustrahltriebwerk
**turborocket**\* n (Aero) / Turborakete f
**turborotary file** (Eng, Tools) / Turbofeile f (mechanisch angetriebene Umlauffeile)
**turbo set** (Elec Eng, Eng) / Turbosatz m (eine Maschinengruppe)
**turboshaft engine** (Aero, Eng) / Turbomotor m, TM (Turbomotor)
**turbostapler** n (Textiles) / Turbostapler m (der die Spinnkabel auf die gewünschte Länge reißt und sodann kräuselt)
**turbo-starter**\* n (Aero) / Anlassturbine f
**turbostratic** adj (Chem) / turbostratisch adj
**turbosupercharger**\* n (I C Engs) / Turbolader m, Abgasturbolader m (Abgasturbine + Turbokompressor nach DIN ISO 7967-3), ATL (Abgasturbolader)
**turbotrain** n (Rail) / Turbinenzug m, Gasturbinentriebzug m, Turbozug m (ein Hochgeschwindigkeitszug mit Gasturbinen)
**turbulator** n (Aero) / Wirbelerzeuger m, Wirbelgenerator m || ~ (Phys) / Turbulenzgenerator m (für Turbulenzversuche), Turbulenzerzeuger m
**turbulence** n (Meteor) / Turbulenz f (dynamische, thermische) || ~ (Ocean) / Turbulenz f (ungeordnete Störungen einer größerskaligen, geordneten Bewegung im Meer) || ~\* (Phys) / Turbulenz f (Strömung bei hohen Reynolds-Zahlen nach DIN 1342-1) || ~\* (Phys) s. also turbulent flow || ~ **chamber** (I C Engs) / Wirbelkammer f (Nebenbrennraum im Zylinderkopf des Dieselmotors) || ~ **cloud** (Meteor) / Turbulenzwolke f
**turbulence-free** adj (Phys) / turbulenzfrei adj, turbulenzsicher adj
**turbulence generator** (Phys) / Turbulenzgenerator m (für Turbulenzversuche), Turbulenzerzeuger m || ~ **generator** s. also vortex generator || ~ **screen** (Aero) / Turbulenzsieb n (des Windkanals) || ~ **theory** (Phys) / Turbulenztheorie f || ~ **wind tunnel** (Aero) / Turbulenzwindkanal m || ~ **zone** (Eng) / Turbulenzraum m
**turbulent** adj / turbulent adj, wirbelnd adj || ~ **boundary layer**\* (Aero) / turbulente Grenzschicht (in der sich der Längsbewegung der einzelnen Strömungsteilchen ungeordnete Querbewegungen überlagern, wodurch in ihr eine Verwirbelung stattfindet) || ~ **burner** (Eng) / Wirbelstrombrenner m, Wirbelbrenner m || ~ **flame** / turbulente Flamme (bei nichtlaminaren Gasströmen) || ~ **flow**\* (Phys) / turbulente Strömung (ungeordnete Bewegung von Flüssigkeits- oder Gasteilchen), Flechtströmung f || ~ **flux** (Phys) / Wirbelfluss m || ~ **forming spinning method** (Spinning) / Scher-Koagulations-Spinnmethode f || ~ **mixing** / turbulente Vermischung, Turbulenzmischen n, Verwirbelung f (Mischen) || ~ **Prandtl number** (Phys) / Turbulenz-Prandtlzahl f || ~ **stress** (Phys) / Spannung f in turbulenter Strömung
**turf** v (Civ Eng, Ecol) / mit Rasen verkleiden, berasen v, begrünen v mit Rasensoden, andecken v mit Rasenplaggen || ~ n (pl. turfs or turves) / Torf m (z.B. als Brennmaterial), Torfballen m || ~ (pl. turfs or turves) (Agric) / Rasensode f, Rasenplatte f, Rasenplagge f || ~ (pl. turfs or turves) (Agric) / Grasnarbe f
**turfed slope** (Civ Eng) / beraste Böschung, Rasenböschung f
**turf fibre** / Torffaser f
**turfing** n (Civ Eng, Ecol) / Andeckung f mit Rasenplaggen, Berasung f, Rasenverkleidung f, Begrünung f mit Rasensoden || ~ **plough** (Agric) / Rasenpflug m
**turgescence**\* n (Biol, Med) / Turgeszenz f (Volumenzunahme von Geweben bzw. Organen, bedingt durch vermehrten Blut- und Flüssigkeitsgehalt)
**turgescent** adj (Biol, Med) / turgeszent adj
**turgor** n (Bot) / Turgordruck m, Turgor m (bei lebenden pflanzlichen Zellen)
**turgorin** n (Bot, Chem) / Leaf-Movement-Faktor m, LMF (Leaf-Movement-Faktor)
**turgor motion** (Bot) / Turgorbewegung f, Variationsbewegung f || ~ **pressure**\* (Bot) / Turgordruck m, Turgor m (bei lebenden pflanzlichen Zellen)
**Turing, computable by a** ~ **machine** (Comp) / Turing-berechenbar adj || **multidimensional** ~ **machine** (Comp) / mehrdimensionale Turingmaschine

**Turing-computable** *adj* (Comp) / Turing-berechenbar *adj*
**Turing-decidable** *adj* (Comp) / Turing-entscheidbar *adj*
**Turing-enumerable** *adj* (Comp) / Turing-aufzählbar *adj*
**Turing machine** (Comp) / Turingmaschine *f* (nach A.M. Turing (1912-1954) benannte idealisierte Rechenmaschine, die den Begriff des mechanischen oder algorithmischen Rechenverfahrens präzisiert) || ~ **tape** (Comp) / Turingband *n* (der Turingmaschine) || ~ **test** (test for intelligence in a computer, requiring that a human being should be unable to distinguish the machine from another human being by using the replies to questions put to both) (AI, Comp) / Turingtest *m*
**Turkey corn** (US) (Agric, Bot) / Mais *m* (Zea L.), Türken *m* (A), Kukuruz *m* (A) || ~ **cup** / Levantinerschwamm *m* (feiner becherförmiger Schwamm) || ~ **cup sponge** / Levantinerschwamm *m* (feiner becherförmiger Schwamm) || ~ **oak** (For) / Zerreiche *f* (Quercus cerris L.) || ~ **red** (Paint) / Türkischrot *n* || ~ **red** (Textiles) / mit Türkischrot gefärbtes Baumwollgewebe
**Turkey-red dyeing** (Textiles) / Türkischrotfärberei *f*
**Turkey•-red oil*** (Chem, Textiles) / Türkischrotöl *n* (sulfoniertes Rizinusöl) || ~ **stone** (Min) / Türkis *m* (ein Edelstein) || ~ **towelling** (Textiles) / Frotteevelours *m*
**Turkish carpet** (Textiles) / Türkischer Teppich (meistens ein Smyrnateppich) || ~ **rug** (Textiles) / Türkischer Teppich (meistens ein Smyrnateppich) || ~ **towelling** (Textiles) / Frotteevelours *m*
**Turks head** (Ships) / kugelförmiger Besen (am langen Stiel)
**turmalinization** *n* (Geol) / Turmalinisierung *f*
**turmeric-paper** *n* (Chem) / Kurkumapapier *n*, Curcumapapier *n* (ein Reagenzpapier für Laugen)
**turn** *v* (round, over) / umdrehen *v* || ~ (into) / umwandeln *v* (in) || ~ (Autos) / einschlagen *v* (Räder) || ~ (Autos) / wenden *v*, drehen *v* || ~ (Autos) / abbiegen *v*, einbiegen *v* || ~ (Brew) / wenden *v* (Malz) || ~ (Ceramics) / abdrehen *v* || ~ (Eng) / drehen *v* (auf der Drehmaschine) || ~ (Eng, For) / drechseln *v* || ~ (Textiles) / wenden *v* (z.B. einen Mantel) || ~ *vi* (Nut) / umschlagen *vi* (vor allem Rotwein) || ~ *n* / Wendung *f* (Drehung), Drehung *f* || ~ (Aero) / Kurve *f* || ~ (Civ Eng) / Bogen *m* (z.B. bei der Linienführung der Verkehrswege) || ~ (Elec Eng) / Windung *f* (DIN 42005) || ~* (Eng) / Umdrehung *f*, Tour *f* || ~* (Glass) / Arbeitsschicht *f* || ~* (Horol) / Uhrmacherdrehstuhl *m* || ~ (of the propeller) (Ships) / Schlag *m* (kurzzeitiges Drehen mit der Schraube beim Manövrieren) || ~ (Spinning) / Drehung *f* (pro Meter) || ~ (Textiles) / Passage *f* (beim Färben) || ~* (Typog) / Fliegenkopf *m* (die im Handsatz auf dem Kopf stehende Drucktype, z.B. als Blockade)
**turn-and-bank indicator*** (Aero) / Wendezeiger *m* (ein kreiselgesteuertes Flugüberwachungsgerät) || ~ **indicator combined with artificial horizon** (Aero) / Wendehorizont *m* (Kombination aus künstlichem Horizont und Wendezeiger)
**turn-and-slip indicator*** (Aero) / Wendezeiger *m* (ein kreiselgesteuertes Flugüberwachungsgerät)
**turnaround** *n* / Turnaround *m n* (Umschwung in der wirtschaftlichen Situation eines Unternehmens, besonders im Hinblick auf die Überwindung einer Krise) || ~ (Autos) / Wendebereich *m*, Wendehammer *m* || ~ (Space) / Aufenthalt *m* zwischen zwei Einsätzen (der Raumfähre) || ~ **area** (Eng) / Umkehrfläche *f*, Wendefläche *f* || ~ **area** (Autos) / Wendebereich *m*, Wendehammer *m* || ~ **document*** (Comp) / Kreisverkehrbeleg *m* || ~ **time** (Aero) / Standzeit *f* am Umkehrpunkt || ~ **time** (Comp) / Umschlagzeit *f* (im Stapelbetrieb die Zeit von der Abgabe des Auftrags im Rechenzentrum bis zum Vorliegen der Ergebnisse), DLZ (Durchlaufzeit), Durchlaufzeit *f* || ~ **time** (Telecomm) / Umschaltzeit *f* (bei dem Wechselbetrieb)
**turn back** *v* / zurückdrehen *v* || ~ **bridge*** (Eng) / Drehbrücke *f*
**turnbuckle*** *n* (Build, Eng) / Spannmutter *f* mit Rechts- und Linksgewinde, Spannschlossmutter *f* (DIN ISO 1891), Spannschloss *n* (Vorrichtung zum Spannen von Drähten, Seilen und Zugstangen)
**Turnbull's blue** (Chem) / Toning-Blau *n*, Turnbulls Blau (rotes Blutlaugensalz + Eisen(II)-salzlösung), Non-Bronze-Blau *n* (ein Eisenblaupigment)
**turn-cap** *n* (Build) / drehbarer Teil des Schornsteinaufsatzes
**turn-cock** *n* (Plumb) / Absperrhahn *m* (DIN 74 293), Sperrhahn *m*
**turn down** *v* (heating, air conditioning) / niedriger stellen *v* (Heizung), drosseln *v* || ~ **down** / umknicken *v* (Buchseite) || ~ **down** (Radio, TV) / leiser stellen, leiser schalten
**turn-down collar** (Textiles) / Umlegkragen *m* || ~ **range** (Eng) / Arbeitsbereich *m* (Brenner)
**turn-down ratio** (Chem, Chem Eng) / Mindestdurchsatzmenge *f* in %
**turn-down ratio** (Eng) / Arbeitsbereich *m* (Brenner)
**turned letters** (Typog) / Blockade *f* (mit umgedrehten Lettern)
**turned-over selvedge** (Weaving) / einrollende Leiste (ein Webfehler), rollende Leiste
**turned part** (component) (Eng) / Drehteil *n* || ~ **rim** (Glass) / umgelegter Rand || ~ **sorts*** (Typog) / Fliegenköpfe *m pl*

**turner** *n* (Eng) / Dreher *m* (Zerspanungsmechaniker) || ~ (Eng, For) / Drechsler *m* || ~ **bars*** (Print) / Wendestangen *f pl*
**turnerite** *n* (Min) / Turnerit *m* (aufgewachsener Monazit)
**Turner's oak** (For) / Wintergrüne Eiche (Quercus turneri Willd.) || ~ **yellow** / Kasseler Gelb (mit Blei(II)-oxidchlorid), Patentgelb *n*, Veroneser Gelb (eine Malerfarbe)
**turnery** *n* (Eng) / Drehteile *n pl* (als Sammelbegriff)
**turn green** / vergrünen *v*, grün werden, grünen *v* || ~ **grey** (Paint, Textiles) / vergrauen *v* (Anstriche) || ~ **in** (Ships) / eintörnen *v* || ~ **indicator*** (Aero) / Wendezeiger *m* (ein kreiselgesteuertes Flugüberwachungsgerät) || ~ **indicator light** (Autos) / Blinker *m* (an der Fahrzeugaußenseite), Blinkleuchte *f*
**turning** *n* (Autos) / Abzweigung *v* (der Straße) || ~ (Brew) / Wenden *n* (Mälzerei) || ~* (Build) / Bogenbildung *f*, Bogenkonstruktion *f* || ~ (Ceramics) / Abdrehen *n* (Formen rotationssymmetrischer Gegenstände und Gewinde aus einem bildsamen oder lederharten bzw. verglühten Hubel mit Hilfe von Schablonen oder Schneideisen) || ~ (Civ Eng) / Querstraße *f* || ~* (Eng) / Drehen *n* (DIN 8589, T 1), Außendrehen *n* || ~ (Eng, For) / Drechseln *n* || ~ (Nut) / Remuage *f* (des Sekts beim Flaschengärverfahren), Rütteln *n* (des Sekts beim Flaschengärverfahren) || ~ (Nut) / Umschlagen *n* (des Weins)
**turning-and-sliding pair** (Eng) / Drehschubgelenk *n* (als Getriebeteil)
**turning attachment** (lathe) (Eng) / Abdrehvorrichtung *f* || ~ **back** (Rail) / Spitzkehre *f* (besondere Art der Trassierung einer Eisenbahnstrecke, bei der zur Überwindung von Höhenunterschieden die Bahn in einem Stumpfgleis endet und danach in einem abzweigenden Gleis weiter ansteigt bzw. abfällt)
**turning-bar*** *n* (Build) / Kamingewölbeeisen *n* (als Versteifung)
**turning basin** (Aero) / Wendebecken *n* || ~ **bay** (Autos) / Wendebereich *m*, Wendehammer *m* || ~ **between centres** (Eng) / Drehen *n* zwischen Spitzen || ~ **box** (Paper) / Stülpschachtel *f* || ~ **bridge** (Eng) / Drehbrücke *f* || ~ **bridge** (Eng) s. also pivot bridge || ~ **chisel** (Eng, For) / Drechslerbeitel *m* || ~ **circle** (Eng) / Wendekreis *n* || ~-**circle** (Autos, Civ Eng) / Drehkreis *m*
**turning-circle** *n* (Ships) / Drehkreis *m* (ein Manövrierkennwert des Schiffes)
**turning descent** (Aero) / Sinkflug *m* in der Kurve || ~ **force** (Mech) / Drehkraft *f*, drehende Kraft || ~ **gear** (Eng) / Läuferdreheinrichtung *f* (bei Turbinen) || ~ **lane** (Autos) / Abbiegestreifen *m*, Abbiegespur *f*, Abbiegefahrspur *f* || ~ **lathe** (Eng, For) / Holzdrehmaschine *f*, Drechselbank *f*, Drechslerbank *f*, Holzdrehbank *f* || ~ **loop** (Autos) / Wendeschleife *f* || ~ **non-circular workpieces** (Eng) / Unrunddrehen *n* (durch periodische Steuerung der Schnittrichtung nach DIN 8589, T 1)
**turning-on** *n* (Weaving) / Kettbaumherstellung *f*, Bäumen *n*, Zetteln *n*, Kettschären *n* (DIN 62500), Aufbäumen *n*
**turning on automatics** (Eng) / Automatendrehen *n* || ~ **over** / Umwerfen *n*, Umstürzen *n*, Umschlagen *n* || ~ **pair** (Eng) / Drehgelenk *n* (als Getriebeteil) || ~ **pair** (Mech) / Rundlingspaar *n*, Drehkörperpaar *n*, Drehpaar *n*
**turning-piece** *n* (Build) / Lehrbogen *m* (flacher)
**turning•-point** *n* (Aero) / Kursänderungspunkt *m* || ~-**point** *n* (Surv) / Anschlusspunkt *m* || ~-**point on a curve** (Maths) / Extrempunkt *m* einer Kurve || ~ **radius** (Autos) / Wendehalbmesser *m*, Wenderadius *m* || ~-**radius** *n* (Aero) / Kurvenradius *m*
**turnings** *pl* (Eng) / Drehspäne *m pl*
**turning-saw*** *n* (For, Tools) / Schweifsäge *f* (eine Gestellsäge mit einem unter 20 mm breiten Sägeblatt)
**turning tool*** (Eng) / Drehmeißel *m* (einschneidiges Werkzeug zum Drehen), Drehwerkzeug *n*, Drehstahl *m* || ~ **traffic** (Autos) / Abbiegeverkehr *m* || ~ **wood** (For) / Drechslerholz *n*
**turnip-seed oil** / Rübsenöl *n*
**turn isolation** applied to provide electrical separation between turns of a coil (Elec Eng) / Windungsisolierung *f*, Isolation *f* zwischen den Windungen
**turnkey** *attr* / betriebsbereit *adj*, betriebsklar *adj*, betriebsfertig *adj* || ~ (Build) / schlüsselfertig *adj* || ~ **business** / Turnkey-Geschäft *n* || ~ **plant** (Build) / schlüsselfertige Gesamtanlage || ~ **project** / schlüsselfertiges Projekt
**turnkey-system supplier** (Comp) / Lieferant *m* schlüsselfertiger Systeme
**turn left** (Autos) / vorgeschriebene Fahrtrichtung links (ein Verkehrszeichen) || ~ **off** *v* / zudrehen *v* (Wasserhahn) || ~ **off** / abdrehen *v* (Wasser, Gas), ausschalten *v* (Wasser, Gas, Radio) || ~ **off** (Autos) / abbiegen *v*, einbiegen *v* || ~ **off** (Elec Eng) / ausmachen *v* (Licht) || ~ **off** (Eng) / abstellen *v* (Motor, Wasser, Gas) || ~-**off** *n* (Autos) / Ausfahrt *f* (z.B. aus einem Verkehrskreisel) || ~-**off** (Autos) / Abbiegung *f*
**turn-off** *n* (Mining) / Ausweichgleis *n*, Ausweichstelle *f*, Überholgleis *n* || ~ **current** (Electronics) / Abschaltstrom *m* || ~ **shake** (Eng) / Abschaltschütteln *n* (bei Antrieben) || ~ **taxiway** (Aero) / Abrollbahn

**turn-off** *f*, Abrollweg *m* ‖ **~ thyristor** (Electronics) / Ausschaltthyristor *m* ‖ **~ thyristor** (Electronics) / Abschaltthyristor *m* ‖ **~ time** (Electronics) / Freiwerdezeit *f* (bei einem Thyristor)

**turn of the ignition key** (Autos) / Zündschlüsseldrehung *f* ‖ **~ on** *v* / aufdrehen *v* (Gas, Wasser), anstellen *v*, einschalten *v* (Gerät) ‖ **~ on** (Elec Eng) / einschalten *v*, anschalten *v* (Licht) ‖ **~ on** (Elec Eng) / anmachen *v* (Licht) ‖ **~ on** (Electronics) / durchsteuern *v* (Transistor) ‖ **~ out** / abdrehen *v* (Wasser, Gas), ausschalten *v* (Wasser, Gas, Radio)

**turn-out** *n* (US) (Autos, Civ Eng) / Bucht *f* (als Parkplatz oder Haltestelle gekennzeichneter Teil der Straße)

**turnout*** *n* (Mining) / Ausweichgleis *n*, Ausweichstelle *f*, Überholgleis *n* ‖ **~*** (Rail) / Weiche *f*

**turn over** *v* / umgruppieren *v*, umschichten *v* ‖ **~ over** / umwerfen *v*, umstürzen *vt*, umstoßen *v* ‖ **~ over** (Autos) / durchziehen *v* (Anlasser) ‖ **~ over** (Chem, Ecol) / umwälzen *v* ‖ **~ over** (Mining) / rücken *v* (Fördermittel im Rhythmus des Abbau-, Vortriebs- oder Verkippungsfortschritts) ‖ **~ over** (Textiles) / verstürzen *v* (zwei zusammenzunähende Stücke Stoff mit der linken Seite nach außen aufeinander legen, zusammennähen und anschließend auf die rechte Seite drehen)

**turnover** *n* / Umschichtung *f*, Umgruppierung *f* ‖ **~** / Umwerfen *n*, Umstürzen *n*, Umschlagen *n* ‖ **~** / Umsatz *m* (die Summe der verkauften Leistungseinheiten eines Unternehmens) ‖ **~** (Autos) / Durchdrehen *n* (des Motors) ‖ **~** (Biochem, Biol, Radiol) / Turnover *m* *n* (der Wechsel der stofflichen Bestandteile der Zelle oder des Organismus) ‖ **~** (Chem) / Umklappen *n* (von Bindungen bei der Waldenschen Umkehrung) ‖ **~** (Chem) / Stoffumsatz *m* (Gesamtmenge der verwendeten Substanzen), Umsatz *m* ‖ **~** (Chem, Ecol) / Umwälzen *n* ‖ **~** (Ecol) / Umkippen *n* (von Gewässern - durch Eutrophierung) ‖ **~** (Eng) / Vollumlauf *m* ‖ **~** (Foundry) / Wenden *n* (der Formhälfte) ‖ **~** (Met) / Drallen *n* (Verdrehen des aus einem Gerüst ausgelaufenen Walzstabes vor dem Anstich im folgenden Gerüst) ‖ **~*** (Nuc) / Durchsatz *m* einer Isotopentrennanlage ‖ **~** (Paint) / Turnover *m n* (des Bades in der Elektrotauchlackierung) ‖ **~** (Stats) / Fluktuation *f* (in der Panelbefragung) ‖ **~*** (Telecomm) / Umpolung *f* ‖ **~*** (Typog) / übergeschlossenes Wort (z.B. beim Satz von Wörterbüchern), untergeschlossenes Wort ‖ **~*** (Typog) / Überschließen *n*, Unterschließen *n* ‖ **~** (Foundry) / Reversiermodellplatte *f* ‖ **~*** (Foundry) / Wendeplatte *f*, zweiseitige Modellplatte, doppelseitige Modellplatte ‖ **~ frequency*** (Acous) / Übergangsfrequenz *f*

**turn over leaves or pages** / blättern *v*

**turnover moulding machine** (Foundry) / Wendeformmaschine *f* ‖ **~ number** (Biochem, Chem) / Wechselzahl *f* (die die Enzymaktivität charakterisiert), molekulare Aktivität (katalytische Konstante) ‖ **~ of personnel** (Work Study) / Fluktuation *f* ‖ **~ plow** (US) (Agric) / Drehpflug *m* (der mit dem Dreipunktanbau am Traktorheck befestigte Kehrpflug), Brabanterpflug *m*

**turnpiece stair** (Build) / Treppe *f* mit gewendelten oder gewundenen Läufen oder Armen

**turnpike** *n* (US) (Autos) / Mautstraße *f* (A), Mautstrecke *f* (A), gebührenpflichtige Autobahn ‖ **~** (Autos) / Turnpike *f* (pl. -s) (Bezeichnung bestimmter US-amerikanischer Autobahnen)

**turn rate** (Aero) / Kurvengeschwindigkeit *f* ‖ **~ red** / rot werden ‖ **~ right** / nach rechts abbiegen

**turnround time** (Comp) / Umschlagzeit *f* (im Stapelbetrieb die Zeit von der Abgabe des Auftrags im Rechenzentrum bis zum Vorliegen der Ergebnisse), DLZ (Durchlaufzeit), Durchlaufzeit *f* ‖ **~ time** (Telecomm) / Umschaltzeit *f* (bei dem Wechselbetrieb)

**turn separator** (Elec Eng) / Windungszwischenlage *f* (eine Windungsisolation) ‖ **~ signal** (US) (Autos) / Fahrtrichtungsanzeiger *m* (elektromagnetisches Gerät, welches den beabsichtigten Richtungswechsel eines Kraftfahrzeugs anzeigt), Richtungsanzeiger *m* ‖ **~** (flashing) **signal** (Autos) / Blinken *n* ‖ **~ signal** (US) (Autos) / Blinker *m* (an der Fahrzeugaußenseite), Blinkleuchte *f*

**turn-signal cancelling cam** (Autos) / Blinkerrücksteller *m* (an der Lenksäule)

**turn signal lever** (US) (Autos) / Blinkerschalter *m*

**turnsole** *n* (Chem) / Lackmus *m n* (blauer Flechtenfarbstoff)

**turns per metre** (Spinning, Textiles) / Drehungen *f pl* pro Meter ‖ **~ per minute** (Eng) / Umdrehungen *f pl* je Minute, U/min, Drehzahl *f* pro Minute ‖ **~ ratio*** (Elec Eng) / Übersetzungsverhältnis *n* ( (des Transformators nach DIN 5479), Windungsverhältnis *n*

**turnstile** *n* (self-registering) / Drehkreuz *n* (mit Zähler) ‖ **~** (Radio) / Drehkreuzantenne *f*, Turnstile-Antenne *f*, Drehstandantenne *f*, Quirlantenne *f* ‖ **~ antenna*** (Radio) / Drehkreuzantenne *f*, Turnstile-Antenne *f*, Drehstandantenne *f*, Quirlantenne *f* ‖ **~ process** (Chem) / Turnstile-Prozess *m* (Platzwechselprozess von Liganden am Zentralatom) ‖ **~ turret** (Eng) / Sternrevolver *m*, Sternrevolverkopf *m* (Teil des Werkzeugträgers der Revolverdrehmaschine und der Revolverbohrmaschine), Sattelrevolverkopf *m*

**turntable*** *n* (Acous) / Plattenteller *m* ‖ **~** (Ceramics) / Drehtischpresse *f* ‖ **~** (Civ Eng, Eng) / schwenkbarer Oberwagen, schwenkbare Plattform (des Baggers) ‖ **~*** (Rail) / Drehscheibe *f* (Gleisvorrichtung für das horizontale Drehen von Schienenfahrzeugen zur Änderung der Fahrtrichtung)

**turntable-feed press** (Ceramics) / Revolverpresse *f*

**turntable ladder** (GB) (a power-operated extending and revolving ladder mounted on a fire engine) / Drehleiter *f* ‖ **~ platter** (Acous) / Plattenteller *m* ‖ **~ press** (Ceramics) / Revolverpresse *f* ‖ **~ rumble** (Acous) / Rumpeln *n*, Rumpelgeräusch *n* (das auf Unzulänglichkeiten des Laufwerks des Plattenspielers zurückzuführen ist)

**turntable-steer trailer** (Autos) / Anhänger *m* mit Drehschemellenkung

**turn-tilt fitting** (Build) / Dreh-Kipp-Beschlag *m* (für Fenster)

**turn-to-turn short circuit** (Elec Eng) / Windungsschluss *m* (zwischen benachbarten Windungen)

**turn-to-turn test** (Elec Eng) / Windungsprüfung *f* ‖ **~ voltage** (Elec Eng) / Windungsspannung *f*

**turn tread*** (Build) / Spitzstufe *f*, gewendelte Stufe, Wendelstufe *f*, Winkelstufe *f* ‖ **~ up** *v* (Radio) / aufdrehen *v* (lauter stellen), lauter stellen

**turn-up** *n* (Textiles) / Hosenumschlag *m*, Umschlag *m* (der Hose) ‖ **~** (Textiles) / Aufschlag *m* (z.B. bei Hosen), Umschlag *m*

**turn white** *v* / weiß werden

**turpentine*** *n* (Chem) / Terpentin *n m* ‖ **~** (Chem, Med) / Terpentinöl *n* (DIN 53 248 - klares, leicht bewegliches Öl mit einem eigentümlichen, durchdringenden, frischen , warm balsamischen Geruch und einem bitter--scharfem Geschmack), Oleum *n* Terebinthinae ‖ **~ farm** (For) / Terpentinfarm *f* (die die Box-Raubbaumethode bei der Harzung anwendet) ‖ **~ substitute** (Chem) / Terpentinölersatz *m* ‖ **~ varnish** (For, Paint) / Terpentinbeize *f* (zum Lasieren)

**turps** *n* (Chem, Med) / Terpentinöl *n* (DIN 53 248 - klares, leicht bewegliches Öl mit einem eigentümlichen, durchdringenden, frischen , warm balsamischen Geruch und einem bitter--scharfem Geschmack), Oleum *n* Terebinthinae

**turquoise*** *n* (Min) / Türkis *m* (ein Edelstein) ‖ **~ adj** / türkisfarben *adj* (wie der Rücken des Eisvogels), blaugrün *adj* (wie der Rücken des Eisvogels), türkisfarbig *adj* ‖ **~ blue** / türkisblau *adj* (grünlich blau) ‖ **~ green** / türkisgrün *adj* (bläulich grün) ‖ **~ green** s. also Rinmann's green

**turret** *n* (Aero) / Schützenstand *f* ‖ **~** (Arch) / Türmchen *n* (kleiner, spitzer Turm) ‖ **~** (Brew) / Drehoberteil *n* (einer Füllmaschine) ‖ **~*** (Eng) / Mehrmeißelhalter *m* ‖ **~*** (Eng) / Revolverkopf *m* (Werkzeugspeicher- und -wechseleinrichtung für vorrangig 4 bis 12 starr aufzunehmende Werkzeuge), Revolver *m* ‖ **~** (Mil) / [drehbarer] Panzerturm *m* ‖ **~** (of a camera) (Photog) / Revolver *m* ‖ **~** (a low armoured tower) (Ships) / Geschützturm *m*, Gefechtsturm *m* ‖ **~ coal cutter** (Mining) / Turmschrämmaschine *f*

**turreted mount** (Photog) / Revolverfassung *f*

**turret head** (Eng) / Revolverkopf *m* (Werkzeugspeicher- und -wechseleinrichtung für vorrangig 4 bis 12 starr aufzunehmende Werkzeuge), Revolver *m* ‖ **~ lathe*** (Eng) / Revolverdrehmaschine *f* ‖ **~ lenses** (Photog) / Revolverobjektiv *n*

**turret-mounted lens** (Photog) / Revolverobjektiv *n*

**turret nozzle** / schwenkbares Strahlrohr (zum Feuerlöschen) ‖ **~ press*** (Eng) / Revolverstanze *f* ‖ **~ press*** (Eng) / Revolverpresse *f* ‖ **~ step** (Build) / Spitzstufe *f*, gewendelte Stufe, Wendelstufe *f*, Winkelstufe *f* ‖ **~ stop** (Eng) / Revolveranschlag *m* ‖ **~-type drilling machine** (Eng) / Revolverkopf-Bohrmaschine *f*, Revolverbohrmaschine *f*

**turtle*** *n* (a directional cursor) (Comp) / Schildkröte *f* (allseits beweglicher, z.B. mittels LOGO steuerbarer Miniroboter, der mit einem heb- und senkbaren Stift seinen Weg mitzeichnen kann. Oft auch nur als Simulation auf dem Bildschirm), Turtle *f*

**turtleback** *n* (Civ Eng) / Schildkrötenbuckel *m* (meistens innenbeleuchtet - im Straßenverkehr)

**turtleshell*** *n* / Schildpatt *n* (abgelöste Hornplatte vom Panzer verschiedener Schildkrötenarten)

**turtle stone** (Geol) / Septarie *f*

**Tuscan arch** (Arch) / toskanischer Bogen, Florentiner Bogen, Sieneser Bogen, Sichelbogen *m* ‖ **~ column** (Arch) / toskanische Säule (in der toskanische Säulenordnung) ‖ **~ order** (Arch) / etruskische Säulenordnung, toskanische Säulenordnung, tuskische Ordnung (eine Säulenordnung) ‖ **~ red** (Paint) / purpurnes Eisenoxidrot

**tusche** *n* (Print) / Fetttusche (für Siebdruck), Tusche *f* (für Siebdruck).

**tusk nailing** (Carp) / Schrägnagelung *f*, Schrägnageln *n*

**tusks*** *n pl* (Build) / Verzahnung *f* (Mauerwerksanschluss an Wandenden oder wenn eine Innenwand auf eine Außenwand stößt),

**tusk tenon**\* (Join) / geächselter Zapfen (z.B. bei der Fußzargenverbindung)
**tussah** n (US) (Textiles) / Tussahseide f (eine wilde Seide), Tussah f, Eichenseide f, ST (DIN 60001, T 4) ‖ **~-silk**\* n (Textiles) / Tussahseide f (eine wilde Seide), Tussah f, Eichenseide f, ST (DIN 60001, T 4)
**tusser silk** (Textiles) / Tussahseide f (eine wilde Seide), Tussah f, Eichenseide f, ST (DIN 60001, T 4)
**tusses**\* pl (Build) / Verzahnung f (Mauerwerksanschluss an Wandenden oder wenn eine Innenwand auf eine Außenwand stößt)
**tussock** n (Bot) / Grasbüschel n ‖ **~** (For) / Trägspinner m (z.B. Schwammspinner oder Nonne) ‖ **~** (Geol) / Bult m (in Hochmooren vorkommende, bis etwa 50 cm hohe von Moosen der Gattung Sphagnum gebildete Kuppe, mit nassen Vertiefungen und Schlenken), Bülte f ‖ **~ moth** (For) / Trägspinner m (z.B. Schwammspinner oder Nonne)
**tussore** n (Textiles) / Tussor m (Handelsname für Tussahseidengewebe, im Handel auch für leichte Zellwollgewebe mit ungleichmäßiger Garnstärke) ‖ **~ silk** (Textiles) / Tussahseide f (eine wilde Seide), Tussah f, Eichenseide f, ST (DIN 60001, T 4)
**tutored effect** (Textiles) / Tutored-Effekt m (örtlicher Schrumpfeffekt)
**tutorial** n (Comp) / Lernprogramm n, Tutorial n ‖ **~ method** (AI) / Lehrmethode f, Lehrverfahren n
**tutoring method** (AI) / Lehrmethode f, Lehrverfahren n ‖ **~ system** (AI, Comp) / Tutorsystem n
**tut-work** n (GB) (Mining, Work Study) / Gedingearbeit f, Gedinge n (vertragliche Form des Akkordlohns)
**tuyère**\* n (Met) / Form f, Windform f, Winddüse f, Blasform f (Hochofen) ‖ **~ level** (Met) / Windformebene f
**TV** (terminal velocity) (Phys) / Endgeschwindigkeit f ‖ **≙** (television) (TV) / Television f, Fernsehen n ‖ **≙ antenna** (TV) / Fernsehantenne f ‖ **≙ board** (Comp, TV) / Fernsehkarte f ‖ **≙ broadcasting corporation** (TV) / Fernsehgesellschaft f ‖ **≙ bulb** (Glass, TV) / Bildröhrenkolben m
**TVC** (thrust vector control) (Aero, Space) / Schubvektorsteuerung f, Schubregelung f (wenn nur die Größe des Schubvektors verändert wird)
**TV camera** (TV) / Fernsehkamera f ‖ **≙ camera recording system** (Cinema, TV) / Kameraaufzeichnungssystem n ‖ **≙ conference** (TV) / Bildfernsprechkonferenz f ‖ **≙ conference** s. also teleconference and video conference ‖ **≙ dinner** (a prepared pre-packed meal that only requires heating before it is ready to eat) (Nut) / vor dem Fernsehgerät verzehrtes Fertiggericht
**TV-enabled PC** (Comp, TV) / fernsehtauglicher Personalcomputer
**TV game** (Comp, Electronics, TV) / Videospiel n (das auf Konsolen abläuft), Videogame n ‖ **≙ game** s. also videogame
**TVI** (television interference) (TV) / Fernsehstörung f
**TVL** (tenth-value thickness) (Nuc Eng) / Zehntelwertschichtdicke f, Zehntelwertdicke f
**TV-letter** n (Telecomm) / Telebrief m
**TVM** (transistor voltmeter) (Electronics) / Transistorvoltmeter n (analoger Spannungsmesser)
**TV network** (TV) / Fernsehnetz n, Fernsehübertragungsnetz n
**TVO** (tractor vaporizing oil) (Fuels) / Traktorenpetrol n, Traktorenkerosin n, Traktorenpetroleum n
**TVP**\* (textured vegetable protein) (Nut) / TVP n (aus pflanzlichen Proteinen hergestelltes fleischartiges Lebensmittel), texturiertes Pflanzeneiweiß, vegetabilisches Fleisch, Sojafleisch n, Kunstfleisch n (aus pflanzlichen Proteinen)
**TV receiver** (TV) / Fernsehrundfunkempfänger m, Fernsehempfänger m, Fernsehapparat m, Fernseher m ‖ **≙ receiver** (TV) / Fernsehrundfunkempfänger m, Fernsehempfänger m, Fernsehapparat m, Fernseher m
**TVRO** (station) (TV) / Satellitenreceiver m, Satellitenfernsehempfänger m
**TVS** (thermal vacuum switch) (Autos, Ecol) / Thermounterdruckschalter m
**TV sensor** / Fernsehsensor m (Anordnung optischer Sensoren als bildverarbeitendes System, das zum automatischen Klassifizieren und Lageerkennen unterschiedlicher Objekte anwendbar ist) ‖ **≙ signal** (TV) / Fernsehsignal n ‖ **≙ studio** (TV) / Fernsehstudio n
**TWA** (time-weighted average) (Radiol, Stats) / zeitlicher mittlerer Grenzwert ‖ **≙** (two-way alternate) (Telecomm) / wechselseitig adj (z.B. beim Wechselverkehr)
**Twaddell scale**\* (Chem) / Twaddell-Grad m (alte Einheit der Dichte von Flüssigkeiten), Grad m Twaddell, °Tw (Grad Twaddell)
**twaddle** v (Phys) / spindeln v (mit einem Aräometer nach Twaddell) ‖ **≙ scale**\* (Chem) / Twaddell-Grad m (alte Einheit der Dichte von Flüssigkeiten), Grad m Twaddell, °Tw (Grad Twaddell)
**TWAIN**\* (technology without an interesting name) (Comp, Photog) / TWAIN n (standardisierte Softwareschnittstelle für Scanner, über die sich Scannerfunktionen steuern lassen), TWAIN-Schnittstelle f

**TWAIN-compliant**\* adj (Comp) / Twain-kompatibel adj
**TW amplifier** (Telecomm) / Wanderwellenverstärker m, Wanderfeldverstärker m, Wanderfeldröhrenverstärker m ‖ **≙ antenna**\* (Radio) / Wanderwellenantenne f, Antenne f mit fortschreitender Welle
**TWC** (three-way catalyst) (Autos) / Dreiwegekatalysator m (chemische Funktionseinheit)
**tweed** n (Textiles) / Tweed m (bunte, garngefärbte, lockere, grobfädige Streichgarnstoffe)
**tweeds** pl (Textiles) / Kleidungsstücke n pl aus Tweed
**tweedy** adj (made of tweed cloth) (Textiles) / aus Tweed
**tweel** n (Glass) / Vorsatzkuchen m, Kuchen m (Schamotteplatte, die die Einsatzöffnung verschließt) ‖ **~ block** (Glass) / Vorsatzkuchen m, Kuchen m (Schamotteplatte, die die Einsatzöffnung verschließt)
**tweeter**\* n (Acous) / Hochtonlautsprecher m, Hochtöner m, Tweeter m
**tweezers** pl (Horol, Instr) / Kornzange f ‖ **~** n pl / Pinzette f
**twelve-cylinder engine** (I C Engs) / Zwölfzylindermotor m, Zwölfzylinder m
**twenty-foot equivalent unit** (Ships) / T.E.U. (ein veraltendes Vergleichsmaß zur statistischen Erfassung der Containereinheiten, z.B. bei Vermessung von Schiffen)
**twilight**\* n (Astron) / Dämmerung f, Zwielicht n ‖ **~ arch** (Geophys) / Dämmerungsbogen m (Unstetigkeitsschicht zwischen dem erhellten und dem dunklen Teil des Himmels) ‖ **~ efficiency** (Optics) / Dämmerungsleistung f (bei Ferngläsern und Fernrohren) ‖ **~ glow** (Astron, Geophys) / Dämmerungsleuchten n ‖ **~ phenomena** (Astron, Geophys) / Dämmerungserscheinungen f pl (z.B. Abend- und Morgenrot, der Dämmerungsbogen usw.) ‖ **~ vision** (Optics) / Dämmerungssehen n, skotopisches Sehen
**twill** v (Weaving) / köpern v, ins Kreuz weben ‖ **~** n (Textiles) / Croisé n (gleichseitiger und somit effektloser Köper mit glänzender Oberfläche) ‖ **~**\* (Weaving) / Köper m, Twill m (pl. Twills oder Twille) (Köper) ‖ **~**\* (Weaving) / Twill m (pl. Twills oder Twille) (Herrentuch in Twillbindung) ‖ **~** (Weaving) / Twillbindung f (sechsbindiger gleichseitiger Köper), Twill m (pl. Twills oder Twille)
**twill-backed cloth** (Textiles) / Struck m n (ein dem Kord ähnliches Doppelgewebe) ‖ **~ cloth** (Textiles) / Biesengewebe n ‖ **~ weave** (Weaving) / Struckbindung f (eine Hohlschussbindung)
**twill backing** (Textiles) / Köperrückseite f (bei Strickwaren)
**twilled** adj (Textiles) / geköpert adj ‖ **~ cloth** (Textiles) / Croisé n (gleichseitiger und somit effektloser Köper mit glänzender Oberfläche) ‖ **~ (jute) sacking** (Textiles) / Jutedrell m, Juteköper m ‖ **~ velvet** (Textiles) / Köpersamt m
**twillette** n (Textiles) / Köperdrell m
**twill interlacing** (Weaving) / gratartige Bindung ‖ **~ jute fabric** (Textiles) / Jutedrell m, Juteköper m ‖ **~ line** (Textiles) / Köpergrat m ‖ **~ line** (Weaving) / Köperlinie f, Gratlinie f, Köpergratlinie f ‖ **~ weave** (Weaving) / Köperbindung f (im Allgemeinen) ‖ **~ weave** (Weaving) / Twillbindung f (sechsbindiger gleichseitiger Köper), Twill m (pl. Twills oder Twille)
**twin** v (Crystal) / verzwillingen v ‖ **~** n (Aero) / zweimotoriges Luftfahrzeug ‖ **~ A-arm suspension** (US) (Autos) / Doppelquerlenkerachse f, DQ-Achse f ‖ **~ air knife** (Paper) / Doppelluftmesser n
**twin-arc welding** (Welding) / Zwillingslichtbogenschweißen n, Doppellichtbogenschweißen n
**twinax cable** (Cables) / konzentrisches Doppelleiterkabel, konzentrisches Kabel mit zwei Innenleitern ‖ **≙ connector** (Cables, Electronics) / Twinax-Stecker m (spezielle Art der zweipoligen Steckverbindung)
**twin axis** (Crystal) / Zwillingsachse f (eine Digyre) ‖ **~ axle** (Autos) / Tandemachse f (bei Vierradanhängern)
**twin-band cable** (Cables) / Zweibandkabel n
**twin bands** (Crystal) / Zwillingslamellen f pl, Zwillingsstreifen m pl, Zwillingslamellierung f
**twin-band saw** (For) / Zwillingsbandsäge f
**twin-beam method** (Spectr) / Zweistrahlverfahren n ‖ **~ spectrometer** (Chem, Phys, Spectr) / Zweistrahlspektrometer n
**twin boundary** (Crystal) / Zwillingsgrenze f (eine Sonderform der Korngrenze, bei der die Kristallzwillinge spiegelbildlich bestimmte Winkel zueinander einnehmen) ‖ **~ bridge** (Civ Eng) / Doppelbrücke f ‖ **~ broaching** (Eng) / Zwillingsräumen n (gleichzeitiges Räumen von zwei Werkstücken mit zwei Werkzeugen auf einer Räummaschine) ‖ **~ cable**\* (Cables, Telecomm) / paarverseiltes Kabel, paarig verseiltes Kabel ‖ **~ cable**\* (Elec Eng) / doppeladriges Kabel, Zweileiterkabel n
**twin-cable ropeway** (Civ Eng, Eng) / Zweiseilschwebebahn f, Zweiseil-Luftseilbahn f (mit zwei Tragseilen und einem Zugseil)
**twin-cam engine** (Autos) / Doppelnockenmotor m, Doppelnockenwellenmotor m, Motor m mit zwei obenliegenden Nockenwellen

**twin capacitor** (Elec Eng) / Doppelkondensator m, Zwillingskondensator m || ~ **check**\* (Comp) / Zwillingsprüfung f || ~ **column**\* (Arch) / Doppelsäule f, Bündelsäule f
**twin-concentric cable**\* (Cables) / konzentrisches Doppelleiterkabel, konzentrisches Kabel mit zwei Innenleitern
**twin conductor** (Elec Eng) / Doppelleiter m
**twin-cone loudspeaker** (Radio) / Doppelkonuslautsprecher m, Dual-Cone-Lautsprecher m
**twin crystal** (Crystal) / Zwillingskristall m, Zwilling m (fester Körper, der aus zwei Einkristallen derselben Kristallart in bestimmter relativer Orientierung besteht), Kristallzwilling m, Doppelkristall m
**twin-diaphragm pump** (Eng) / Doppelmembranpumpe f
**twin diode** (Electronics) / Doppeldiode f (zwei in einem gemeinsamen Gehäuse untergebrachte Seleneinzeldioden mit sehr hohem Sperrwiderstand), Duodiode f || ~ **diskette drive** (Comp) / Diskettendoppellaufwerk n || **~-drive** n (Met) / Zwillingsantrieb m (Walzenantrieb für Zweiwalzengerüste, wobei jede der beiden Walzen von einem Antriebsmotor angetrieben wird), Twindrive m
**twine** v (Spinning) / verzwirnen v, zwirnen v, Draht erteilen || ~ n / Bindfaden m (zu Verpackungs- und technischen Zwecken), Kordel f, Schnur f, Strick m, Spagat m (A) || ~ (Bot) / Ranke f
**twin-engine aircraft** (Aero) / zweimotoriges Luftfahrzeug
**twin-engined** adj (Eng) / zweimotorig adj, Zweimotoren-
**twiner**\* n (Bot) / Schlingpflanze f (eine Gruppe der Kletterpflanzen) || ~ (Spinning) / Zwirnmaschine f, Zwirner m || ~ **mule** (Spinning) / Twiner m, Mule-Zwirnmaschine f, Zwirnselfaktor m, Selbstzwirner m (nicht mehr benutzte Zwirnmaschine)
**twin-eyelet shoe** / Zweiösenschuh m
**twin feeder**\* (Radio) / Paralleldrahtleitung f
**twin-filament lamp** (Light) / Doppelfadenlampe f
**twin flex** (Elec Eng) / zweiadrige Litze, zweiadrige Leitung, Doppellitze f || ~ **flexible cord** (Elec Eng) / zweiadrige Litze, zweiadrige Leitung, Doppellitze f
**twin-float type seaplane** (Aero) / Schwimmflugzeug n mit zwei Schwimmern
**twin floppy-disk drive** (Comp) / Diskettendoppellaufwerk n
**twin-fluid atomizer** (Eng) / Zweistoffdruckzerstäuber m
**twin formation** (Crystal) / Verzwillingung f, Zwillingsbildung f, Zwillingsverwachsung f, Zwillingsausbildung f || ~ **frontal firing** (Eng) / Doppelfrontfeuerung f (z.B. des Strahlungskessels) || ~ **gliding** (crystal gliding that results in the formation of crystal twins) (Crystal) / Zwillingsgleitung f (eine homogene Gitterdeformation)
**twin-head welding** (Welding) / Doppelkopfschweißen n (teilautomatisches Schmelzschweißen, bei dem in der Regel über zwei Schweißköpfe der Zusatzwerkstoff in das Schmelzbad eingebracht wird)
**twin horn** (Autos) / Zweiklanghorn n, Zweiklangfanfare f, Zweiklangkompressorfanfare f || ~ **image** / Zwillingsbild n (in der Holografie)
**twinkle** v / funkeln v, glitzern v
**twinkling** n (stars) / Funkeln n, Glitzern n || ~ (Astron) / Szintillation f (Glitzern und Funkeln der Sterne) || ~ adj / funkelnd adj, glitzernd adj
**twin-lamp circuit** (Elec Eng, Electronics) / Duoschaltung f (bei Leuchtstoffröhren) || ~ **fitting** (Elec Eng) / zweilampige Leuchte
**twin law** (Crystal) / Zwillingsgesetz n (das ein Zwillingsindividuum in die Orientierung eines benachbarten Individuums überführt) || ~ **lead** (Elec Eng) / Paralleldrahtleitung f || ~ **lead** (Elec Eng) / Doppelleitung f (wenn die beiden Leiter nicht einen gleichen Querschnitt haben)
**twin-lead cable** (Radio) / Twin-Lead-Kabel n, symmetrisches Antennenkabel
**twin • -lens reflex camera**\* (Photog) / zweiäugige Spiegelreflexkamera || ~ **make contact** (Elec Eng) / Zwillingsarbeitskontakt m
**twinned crystal**\* (Crystal) / Zwillingskristall m, Zwilling m (fester Körper, der aus zwei Einkristallen derselben Kristallart in bestimmter relativer Orientierung besteht), Kristallzwilling m, Doppelkristall m
**twinning**\* n (Crystal) / Verzwillingung f, Zwillingsbildung f, Zwillingsverwachsung f, Zwillingsausbildung f || ~\* (TV) / Paarigkeit f, Paarigstehen n (der Zeilen) || ~ **axis** (the crystal axis about which one individual of a twin crystal may be rotated, usually 180°, to bring it into coincidence with the other individual) (Crystal) / Zwillingsachse f (eine Digyre) || ~ **law** (Crystal) / Zwillingsgesetz n (das ein Zwillingsindividuum in die Orientierung eines benachbarten Individuums überführt) || ~ **plane** (common to and across which the individual crystal or components of a crystal twin are symmetrically arranged or reflected) (Crystal) / Zwillingsebene f (eine Symmetrieebene), Berührungsebene f
**twin pack** / Zweierpackung f, Zweierpack n || ~ **paradox** (Phys) / Zwillingsparadoxon n (Beispiel zur Auswirkung der Zeitdilatation nach der speziellen Relativitätstheorie), Uhrenparadoxon n || ~ **pits** (For) / Zwillingstüpfel m pl (zwei gegenständig angeordnete Hoftüpfel) || ~ **plane** (Crystal) / Zwillingsebene f (eine Symmetrieebene), Berührungsebene f || ~ **planets** (Autos, Eng) / Planetenradpaar n
**twin-plate process**\* (Glass) / Spiegelglasherstellung f nach dem Pilkington-Verfahren (beidseitig geschliffenes und poliertes Glas besonderer Homogenität)
**twinplex** n (Teleg) / Twinplex n (Vierfrequenz-Diplex-Telegrafie)
**twin polisher** (Glass) / Twinpolieranlage f, Doppelbandpolieranlage f || ~ **primes** (Maths) / Primzahlzwillinge m pl (zwei Primzahlen mit der Differenz 2)
**twin-primes pair** (Maths) / Primzahlzwillinge m pl (zwei Primzahlen mit der Differenz 2)
**twin-quad**\* n (Cables, Elec Eng) / DM-Vierer m, Dieselhorst-Martin-Vierer m (der aus 2 miteinander verseilten Paaren, von denen jedes Paar einen Leitungskreis bildet, besteht)
**twin-rotor engine** (I C Engs) / Zweistufen-Kreiskolbenmotor m
**twin-row radial** (Aero) / Doppelsternmotor m
**twins** pl / Zwillinge m pl (Nachfolgerknoten in Grafen)
**twin-screw ship** (Ships) / Doppelschraubenschiff n, Zweischraubenschiff n, Zweischrauber m || ~ **vessel** (Ships) / Doppelschraubenschiff n, Zweischraubenschiff n, Zweischrauber m
**twin seam** (Textiles) / doppelte Naht, Doppelnaht f || ~ **seat** (Autos) / Doppelsitzbank f (des Motorrads)
**twinset** n (Textiles) / Twinset n m
**twin-shaft engine** (Aero) / Zweiwellentriebwerk n (eine Gasturbinenbauart) || ~ **gearing** (Eng) / Zweiwellengetriebe n (an Werkzeugmaschinen)
**twin-shaft turbine**\* (Aero) / Zweiwellenturbine f
**twin-shaft turboprop** (Aero) / Twin-Shaft-Turboprop, Zweiwellen-Propellerturbinenluftstrahltriebwerk n
**twin • -shot** n (Cinema) / doppelte Nahaufnahme || ~ **slab culvert** (Civ Eng) / doppelter Plattendurchlass || ~ **slippage** (Crystal) / Zwillingsgleitung f (eine homogene Gitterdeformation) || ~ **spool** / Doppelspule f || ~ **squeegee** (Textiles) / Doppelrakel f (beim Textildruck) || ~ **steam engine** (Eng) / Zwillingsmaschine f (einstufige Dampfmaschine mit zwei Zylindern in stehender Anordnung) || ~ **stem** (near ground level) (For) / Tiefzwiesel m (Gabelung in Bodennähe) || ~ **stem** (For) / Doppelstamm m
**twin-tail unit** (Aero) / Doppelleitwerk n
**twin-T network**\* (Elec Eng) / parallele T-Schaltungen, Doppel-T-Schaltung f
**twin track** (Acous) / Doppelspur f
**twin-track recording** (Acous) / Doppelspuraufzeichnung f, Doppelspuraufnahme f
**twin triode**\* (Electronics) / Doppeltriode f, Duotriode f || ~ **tube** (Civ Eng) / Doppelröhre f (eines Tunnels) || ~ **tyres** (Autos) / Doppelbereifung f || ~ **wheel** (Autos) / JJD-Rad n (ein Sicherheitsrad mit Notlaufeigenschaften), Rad n mit Doppelfelge, Twinrad n, Zwillingsrad n
**twin-wheel lapping machine** (Eng) / Zweischeibenläppmaschine f
**twin wheels** (Aero, Autos) / Radpaar n, Doppelräder n pl || ~ **wheels** (Eng) / Zwillingsräder n pl || ~ **wire** (Elec Eng) / Paralleldrahtleitung f || ~ **wire** (Paper) / Doppelsiebpartie f, Doppelsieb n
**twin-wire paper** (Paper) / gleichseitiges Papier (entweder zusammengegautscht oder auf einer Doppelsiebpartie gefertigt), Doppelsiebpapier n || ~ **paper machine** (Paper) / Doppelsiebmaschine f (mit zwei Sieben, zwischen denen die Suspension entwässert wird)
**T-wire** n (Teleph) / Ader f zur Stöpselspitze
**twist** v / verdrehen v, verwinden v, verdrillen v || ~ (Mech) / verwinden v, verdrillen v, tordieren v, verdrehen v, drehen v, verdrallen v, Drall erteilen || ~ (Nut) / abdrehen v (bei der Wurstherstellung) || ~ (Spinning) / verzwirnen v, zwirnen v, Draht erteilen || ~ vi / sich winden v, sich schlängeln v || ~ n / Knäuel m (Knoten) || ~ (Spinning) / Schlagrichtung f (bei Seilen) || ~ (Agric) / Bindegarn n || ~ (Cables, Eng) / Drall m (Höhe des Gangs verseilter Drähte), Schlag m || ~ (Eng) / Verwinden n, Verdrehen n (Schubumformen nach DIN 8587 mit drehender Werkzeugbewegung) || ~ (For) / Windschiefe f (ein Schnittholzfehler), Flügligkeit f, Windschiefwerfen n || ~ (For) / Verdrehen n (z.B. beim Trocknen) || ~ (Foundry) / Grat m (ein Gussfehler) || ~ (Mech) / Verwindung f (des Stabes nach DIN 13 316), Verdrillung f (des Stabes) || ~ (Nuc) / Twist m || ~\* (Spinning) / Zwirn m (DIN 60 000) || ~\* (Spinning) / Twist m (Muletwist = in loser Drehung, Mediotwist = halbhart gedreht, Watertwist = festgedrehtes Kettgarn) || ~\* (Spinning) / Drall m, Torsion f, Draht m, Drehung f || ~\* (Spinning) / Drehungsdichte f || ~\* (Textiles) / Twist m (strapazierfähiger Kammgarnstoff in Köperbindung) || **as-is ~** (Spinning) / Enddrehung f, Schlussdrehung f || ~ **and steer**\* (Aero) / Polarsteuerung f
**twistane** n (Chem) / Twistan n (verdrillter Kohlenwasserstoff)

**twist angle** (Mech) / Verdrehwinkel m ‖ **~ angle** (Mech) / Drillwinkel m (DIN 13 316) ‖ **~ bit** (Carp) / Schlangenbohrer m (ein Holzbohrer nach DIN 6444)
**twist-boot conformation** (Chem) / Twistbootkonformation f (eine Verdrillung der Wannenkonformation)
**twist boundary** (Crystal) / Drehgrenze f (eine Kleinwinkelkorngrenze) ‖ **~ boundary** (Crystal) / Verschränkungskorngrenze f (bei der Drehachse und Korngrenzenebene senkrecht aufeinander stehen) ‖ **~ boundary** (Materials, Mech) / Verdrillungsgrenze f ‖ **~ buckling** (Mech) / Biegedrillknicken n, Torsionsknicken n, Drillknicken n ‖ **~ cop** (Spinning) / Kettfaden-Mulekötzer m, Zettelkötzer m, Kettkötzer m, Zwirnkops m ‖ **~ direction\*** (Spinning) / Drehungsrichtung f, Drallrichtung f, Drehungssinn m (z.B. Z- oder S-Draht) ‖ **~ drill\*** (Eng) / Spiralbohrer m, Wendelbohrer m, Drallbohrer m
**twisted** adj (Spinning) / gezwirnt adj (Garn) ‖ **~ bar** (Civ Eng) / Drillwulststahl m (Bewehrung) ‖ **~ fibre** (For) / Krümmfaser f (ein Holzfehler) ‖ **~ grain** (Bot, For) / Drehwuchs m (Holzfehler), Drehwüchsigkeit f (bei Holzpflanzen), Spiralwuchs m, Faserdrehung f (um die Stammachse) ‖ **~ in pairs** (Cables) / paarweise verdrillt ‖ **~ intramolecular charge transfer** (Chem) / intramolekularer Ladungstransfer mit Verdrillung um die CN-Bindung (zur Stabilisierung), TICT-Zustand m, Twisted-Intramolecular-Charge-Transfer m ‖ **~ joint** (Cables) / Würgeverbindung f (bei Adern eines Außenkabels) ‖ **~ nematic cell** (Electronics) / TN-Zelle f, Flüssigkristall-Drehzelle f, Twistzelle f (eine Flüssigkristallzelle) ‖ **~ nematic display** (Comp, Electronics) / verdrillte nematische Sichtanzeige, TN-Anzeige f (mit TN-Zellen) ‖ **~ pair** (Comp, Electronics) / verdrillte Zweidrahtleitung, Twisted Pair n (verdrillte Zweidrahtleitung zur Übertragung impulsförmiger elektrischer Signale, z.B. zwischen zwei Platinen oder zwei Stationen eines Netzes), verdrilltes Leitungspaar, verdrillte Zweidrahtleitung, verdrillte Doppelleitung ‖ **~ rope** / Spiralseil n ‖ **~ thread** (Spinning) / Zwirn m (DIN 60 000) ‖ **~ yarn** (Spinning) / Zwirn m (DIN 60 000) ‖ **~ yarn** (Spinning) / Twist m (Muletwist = in loser Drehung, Mediotwist = halbhart gedreht, Watertwist = festgedrehtes Kettgarn)
**twister** n (Electronics) / verdrehempfindlicher Piezokristall ‖ **~** (Electronics) / Polarisationsdreher m (Zwischenstück zwischen Rechteck-Hohlleitern, deren Querschnittsachsenrichtungen nicht übereinstimmen) ‖ **~** (Meteor) / Wirbelwind m ‖ **~** (Spinning) / Zwirnmaschine f, Zwirner m ‖ **~** (Weaving) / Andreher m
**twister-in** n (pl. twisters-in) (Weaving) / Andreher m
**twist factor** (Spinning) / Drehungskoeffizient m, Drehungsbeiwert m (bei der Garndrehung) ‖ **~ for covering by spinning** (Textiles) / Umspinnzwirn m ‖ **~ form** (Chem) / Twistform f (eine Konformation von zyklischen Verbindungen)
**twist-free** adj (Spinning) / ungedreht adj, ungezwirnt adj, drehungslos adj, ohne Drehung, entzwirnt adj
**twist grip** / Schaltdrehgriff m (z.B. des Mopeds)
**twist-grip throttle control** (Autos) / Drehgasgriff m (beim Handgas), Drehgriff m
**twist handle** (Eng) / Drehgriff m
**twisting** n (Eng) / Verwinden n, Verdrehen n (Schubumformen nach DIN 8587 mit drehender Werkzeugbewegung) ‖ **~** (For) / Windschiefe f (ein Schnittholzfehler), Flügligkeit f, Windschiefwerfen n ‖ **~** (Mech) / Verwindung f (des Stabes nach DIN 13 316), Verdrillung f (des Stabes) ‖ **~** adj / kurvenreich adj (Strecke) ‖ **~ angle** (Mech) / Drillwinkel m (DIN 13 316) ‖ **~ device** (Met) / Dralleinrichtung f (zum Verdrallen des Walzgutes) ‖ **~ force** (Mech) / Torsionskraft f ‖ **~ frame** (Spinning) / Zwirnmaschine f, Zwirner m ‖ **~ joint** (Elec Eng) / Verseilung f (in einem ovalen nahtlosen Kupfer- oder Aluminiumrohr) ‖ **~ machine** (Spinning) / Zwirnmaschine f, Zwirner m ‖ **~ machine with several tiers** (Spinning) / Etagenzwirnmaschine f (zum Hochdrehen von Einzelfäden, oder, seltener, bei Vorfachung zur Herstellung von Mehrfachzwirnen, vorwiegend aus endlosen Chemiefasern, Ballonzwirnmaschine f ‖ **~ moment** (Mech) / Torsionsmoment n, Drillmoment n (DIN 13 316) ‖ **~ paper** (Paper) / Spinnpapier n (DIN 6730) ‖ **~ paper\*** (Paper) / Dreheinschlagpapier n (DIN 6730) ‖ **~ spindle** (Spinning) / Zwirnspindel f ‖ **~ strength** (Mech) / Verdrillfestigkeit f, Torsionsfestigkeit f, Verdrehungsfestigkeit f, Drehfestigkeit f, Drallfestigkeit f ‖ **~ stress** (Materials, Mech) / Torsionsbeanspruchung f, Verdrehungsbeanspruchung f, Verdrehbeanspruchung f, Drehbeanspruchung f, Drallbeanspruchung f, Verdrillbeanspruchung f ‖ **~ tension** (Spinning) / Zwirnspannung f ‖ **~ tissue** (Paper) / Dreheinschlagpapier n (DIN 6730) ‖ **~ vibration** (Chem) / Twisting-Schwingung f, Torsionsschwingung f (aus der Ebene), Drillschwingung f
**twist joint** (Cables) / Würgeverbindung f (bei Adern eines Außenkabels)

**twistless** adj (Spinning) / ungedreht adj, ungezwirnt adj, drehungslos adj, ohne Drehung, entzwirnt adj ‖ **~ spinning** (Spinning) / drehungsloses Spinnen ‖ **~ spinning machine** (Spinning) / Spinnmaschine f für drehungsloses Garn ‖ **~ yarn** (Spinning) / drehungsloses Garn
**twist-lock** n / Twistlock n (Drehverschluss)
**twist-measuring device** (Eng, Med) / Verdrehungsmesser m
**twist off** v / abdrehen v
**twistor** n (a complex variable used in some descriptions of space-time) (Comp, Electronics, Phys) / Twistor m
**twist-relaxed** adj (Spinning) / drallberuhigt adj
**twists** pl (Textiles) / Stoffe m pl aus stark gedrehten Garnen
**twist setting** (Textiles) / Drallfixierung f, Zwirnfixierung f ‖ **~ silk** (Spinning) / Nähseide f (Zwirn aus Haspel- oder Schappeseide) ‖ **~ together** / verspleißen v (Seile), zusammendrehen v ‖ **~ triangle** (Spinning) / Zwirndreieck n
**twist-untwist texturing** (Spinning) / Falschdrahtverfahren n, Falschzwirnverfahren n (zum Texturieren von thermoplastischen Fasern bzw. Garnen)
**twisty** adj / kurvenreich adj (Strecke)
**twitcher** n (angle trowel) (Build) / Eckspachtel m f
**twitty** adj (Spinning) / überdreht adj (Garn - ein Fehler)
**two-address computer** (Comp) / Zweiadressmaschine f (verwendet Zweiadressbefehle), Zweiadressrechner m ‖ **~ format** (Comp) / Zweiadressformat n
**two•-address instruction** (Comp) / Eins-plus-Eins-Adressbefehl m, Zweiadressbefehl m (der zwei Adressfelder hat) ‖ **~-and-two twill** (Weaving) / Zwei-und-Zwei-Twill m
**two-armature motor** (Elec Eng) / Doppelläufermotor m, Doppelmotor m
**two-ball testing** (Eng) / Zweikugelmessung f (zur Bestimmung der Zahndicke)
**two-barrel carburettor** (I C Engs) / Doppelvergaser m
**two-bath** (dry cleaning) (Textiles) / Zweibadverfahren n (Chemischreinigung) ‖ **~ chrome tannage** (Leather) / Zweibadchromgerbung f (vor allem von Ziegenfellen) ‖ **~ developer** (Cinema) / Zweibadentwickler m
**two-bay antenna** (Radio) / Zweiebenenantenne f ‖ **~ frame** (Build, Civ Eng) / Zweifeldrahmen m
**two-beaked anvil** (Eng, Tools) / Hornamboss m
**two-beam interference** (Optics) / Zweistrahlinterferenz f ‖ **~ interferometer** (Optics) / Zweistrahlinterferometer n
**two-bearing** attr (Eng) / doppeltgelagert adj
**two-body collision** (Phys) / Zweierstoß m (wenn zwei Körper zusammenstoßen) ‖ **~ forces\*** (Mech, Phys) / Zweikörperkräfte f pl ‖ **~ motion** (Astron) / Zweikörperbewegung f, Kepler-Bewegung f ‖ **~ problem** (Mech) / Zweikörperproblem n (die Bewegung zweier Punktmassen unter dem alleinigen Einfluss der Kräfte, die sie aufeinander ausüben)
**two-can system lacquer** (Paint) / Zweikomponentenlack m (ein Reaktionslack), 2K-Lack m (Stammlack + Härter)
**two-card set** (Spinning) / Zweikrempelsatz m
**two-casing centrifugal compressor** (Eng) / zweigehäusiger Turboverdichter
**two-cavity klystron** (Electronics) / Zweikreistriftröhre f, Zweikammerklystron n, Zweikreisklystron n
**two-centre bond** (Chem) / Zweizentrenbindung f
**two-centred arch** (acute or lancet arch) (Arch) / doppelt zentrierter Bogen
**two-chamber diesel engine** (I C Engs) / Dieselmotor m mit geteilten Brennräumen (z.B. Wirbelkammer- oder Luftspeicher-)
**two-circle goniometer** (Crystal) / zweikreisiges Reflexionsgoniometer f, Zweikreisgoniometer n
**two-circuit method** (for meter testing) (Elec Eng) / Zweikreisschaltung f (für Zählerprüfung) ‖ **~ tuning** (Radio) / Zweikreisabstimmung f
**two•-circuit winding\*** (Elec Eng) / Wellenwicklung f ‖ **~-coat work\*** (Build) / zweilagiger Putz, zweischichtiger Putz (DIN 18550)
**two-coil-side-per-slot winding** (Elec Eng) / zweilagige Wicklung, Zweischichtwicklung f, Zweistabwicklung f
**two-colour** attr / zweifarbig adj, Zweifarben-, dichromatisch adj
**two-coloured** adj / zweifarbig adj, Zweifarben-, dichromatisch adj
**two-colour light-emitting diode** (Electronics) / Zweifarbenleuchtdiode f, Zweifarbenlumineszendiode f ‖ **~ printing** (Print) / Zweifarbendruck m
**two•-colour process\*** (Photog) / Zweifarbenprozess m ‖ **~-colour process\*** (Print) / Zweifarbendruck m
**two-colour pyrometer** (Heat) / Verhältnispyrometer n, Farbpyrometer n (Messung bei zwei Wellenlängen und Quotientenbildung)
**two-column construction** (Eng) / Zweisäulenbauart f (der Presse) ‖ **~ machine** (Eng) / Zweiständermaschine f, Doppelständermaschine f ‖ **~ press** (Eng) / Zweisäulenpresse f ‖ **~ printing** (Print) / zweispaltiger Druck

**two-compartment**

**two-compartment** attr (Mining) / zweitrümig adj, zweitrümmig adj
**two-component adhesive** (Paint) / Zweikomponentenkleber m (Bindemittel + Härter), Zweikomponentenklebstoff m (ein Reaktionskleblack) ‖ ~ **balance** (Aero) / Zweikomponentenwaage f (zur Berechnung des Auftriebes) ‖ ~ **coating** (Paint) / Zweikomponentenanstrich m (mit begrenzter Tropfzeit) ‖ ~ **equation of the neutrino** (Nuc) / Weyl-Gleichung f (Wellengleichung des Neutrinos), Weyl'sche Neutrinogleichung, Wellengleichung f des Neutrinos (relativistische Wellengleichung für ein Teilchen mit dem Spin s = 1/2 und der Masse m = 0) ‖ ~ **spinor** (Maths) / zweikomponentiger Spinor ‖ ~ **system** (Met, Phys) / Zweistoffsystem n, Zweikomponentensystem n, binäres System
**two-conductor cable** (Elec Eng) / doppeladriges Kabel, Zweileiterkabel n
**two-coordinate measuring instrument** (Instr) / Zweikoordinatenmessgerät n, ZKM (Zweikoordinatenmessgerät)
**two-core cable** (Elec Eng) / doppeladriges Kabel, Zweileiterkabel n
**two-crawler track assembly** (Civ Eng) / Zweiraupenfahrwerk n
**two-crew** n (Aero) / zweiköpfige Besatzung
**two-cut brick** (Ceramics) / Drittelformatstein m
**two-cycle engine** (I C Engs) / Zweitaktmotor m, Zweitakter m
**two-cylinder testing** (Eng) / Zweirollenmessung f (zur Bestimmung der Zahndicke)
**two-D** (two-dimensional) (Maths, Phys) / zweidimensional adj
**two-deck cage** (Mining) / Förderkorb m (mit zwei Tragböden)
**two-degree-of-freedom gyro** (Phys) / Kreisel m mit drei Freiheitsgraden (in der angelsächsischen Fachliteratur bleibt der Freiheitsgrad des Kreisels um seine Läuferachse unberücksichtigt)
**two-D flow** (Phys) / zweidimensionale Strömung, ebene Strömung
**two-digit group** (Comp) / Bigramm n ‖ ~ **integer** (Maths) / zweistellige ganze Zahl
**two-dimensional** adj (Maths, Phys) / zweidimensional adj ‖ ~ **chromatography** (Chem) / zweidimensionale Chromatografie ‖ ~ **continuum** (Phys) / zweidimensionales Kontinuum (z.B. Platte oder Schale - DIN 1311-4) ‖ ~ **crystal-lattice defect** (Crystal) / Oberflächenfehler m, zweidimensionaler Gitterbaufehler (mit flächenhafter Ausdehnung, z.B. Stapelfehler), Oberflächendefekt m (Stufen, Löcher), flächenhafte Gitterfehlstelle (am häufigsten die Korngrenzen), zweidimensionale Gitterstörung, Flächendefekt m, Flächenfehler m ‖ ~ **disorder** (Crystal) / Oberflächenfehler m, zweidimensionaler Gitterbaufehler (mit flächenhafter Ausdehnung, z.B. Stapelfehler), Oberflächendefekt m (Stufen, Löcher), flächenhafte Gitterfehlstelle (am häufigsten die Korngrenzen), zweidimensionale Gitterstörung, Flächendefekt m, Flächenfehler m ‖ ~ **flow** (Phys) / zweidimensionale Strömung, ebene Strömung ‖ ~ **NMR spectroscopy** (Chem, Spectr) / zweidimensionale NMR-Spektroskopie, 2D NMR-Spektroskopie f ‖ ~ **radar** (measuring range and azimuth with a fan beam in elevation) (Radar) / zweidimensionaler Radar, 2D-Radarsystem n
**two-D NMR spectroscopy** (Spectr) / zweidimensionale NMR-Spektroskopie, 2D NMR-Spektroskopie f
**two-door** attr (Autos) / zweitürig adj ‖ ~ **hatchback** (Autos) / dreitürige Limousine, Dreitürer m (zweitürige Limousine mit Heckklappe)
**two-drum boiler** (Eng) / Zweitrommelkessel m
**two-electrode configuration** (Elec Eng) / Zweielektrodenanordnung f
**two-electrode valve*** (Electronics) / Diode f
**two-electron bond** (Chem) / Zweielektronenbindung f ‖ ~ **recombination** (Nuc) / Zweielektronenrekombination f
**two-element** attr (Maths) / zweielementig adj (z.B. Boole'sche Algebra) ‖ ~ **set** (Maths) / zweielementige Menge, Zweiermenge f
**two-eyelet shoe** / Zweiösenschuh m
**two-family dwelling** (Build) / Zweifamilienhaus n ‖ ~ **house** (Build) / Zweifamilienhaus n
**two-F bomb** (Mil) / Zwei-F-Bombe f, Zweiphasenkernbombe f
**two-figure integer** (Maths) / zweistellige ganze Zahl
**two-film model** (theory) (Chem, Phys) / Zweifilmmodell n (zur Beschreibung des Stoffdurchgangs durch eine Grenzfläche), Zweifilmtheorie f
**two-flank pitch error** (Eng) / Zweiflankenwälzfehler m (nach DIN 3960 und 3961)
**two-floored** adj (Build) / zweigeschossig adj, zweigeschoßig adj (A), zweistöckig adj
**two-floor kiln** (Brew) / Zweihordendarre f
**two-fluid atomizing nozzle** / Zweistoffdüse f ‖ ~ **model** (Phys) / Zweiflüssigkeitenmodell n (bei supraflüssigem Helium - nach L. Tisza bzw. C.J. Gorter und H.B.G. Casimir)
**twofold** adj / zweifach adj, doppelt adj, zweizählig adj ‖ ~ **yarn** (Spinning) / zweidrähtiges Garn, Doppelgarn n, zweisträhniges Garn, Zweifachgarn n
**two-for-one twister** (Spinning) / Doppeldrahtzwirnmaschine f (DIN 64100) ‖ ~ **twisting machine** (Spinning) / Doppeldrahtzwirnmaschine f (DIN 64100)

**two-frequency laser** (Phys) / Zweifrequenzlaser m ‖ ~ **recording mode** (Comp) / Wechseltaktschrift f (ein Schreibverfahren)
**two-group theory*** (Nuc) / Zweigruppentheorie f (eine Gruppendiffusionstheorie), Zweigruppen-Diffusionstheorie f
**two-hand control** (Eng) / Zweihandbetätigung f
**two-handed switching** (Eng) / Zweihandschaltung f (z.B. als Handschutz bei Pressen)
**two-handled saw** (For) / Zweimannsäge f (Zugsäge + Spaltsäge), Handgegenzugsäge f
**two-hand starting** (Eng) / Zweihandstart m (Sicherheitseinrichtung, damit nur mit gleichzeitiger Betätigung durch beide Hände eine Maschine oder Anlage gestartet werden kann)
**two-head welding** (Welding) / Doppelkopfschweißen n (teilautomatisches Schmelzschweißen, bei dem in der Regel über zwei Schweißköpfe der Zusatzwerkstoff in das Schmelzbad eingebracht wird)
**two-high intermediate mill train** (Met) / Duomittelstraße f
**two-high mill** (Met) / Duowalzwerk n
**two-high reversing mill** (Met) / Duoumkehrwalzwerk n ‖ ~ **rolls** (Met) / Duowalzwerk n
**two-hinge arch** (Civ Eng) / Zweigelenkbogen m
**two-hinged arch** (Civ Eng) / Zweigelenkbogen m ‖ ~ **frame** (Build, Civ Eng) / Zweigelenkrahmen m
**two-hour varnish** (Paint) / Zweistundenlack m
**two-input adder** (Comp) / Halbaddierer m, Halbaddierglied n, Halbadder m ‖ ~ **subtractor** (Comp) / Halbsubtrahierer m, Halbsubtrahierglied n
**two-jack drill chuck** (Eng) / Zweibackenbohrfutter n (Werkzeugspanner an Bohrmaschinen)
**two-layer** attr / zweilagig adj, zweischichtig adj
**two-layered** adj / zweilagig adj, zweischichtig adj
**two-layer photo protecting paper** (Photog) / Duplexfilmpapier n (ein Fotoschutzpapier zum Schutz von Rollfilmen) ‖ ~ **structure** (Min) / Zweischichtstruktur f ‖ ~ **winding** (Elec Eng) / zweilagige Wicklung, Zweischichtwicklung f, Zweistabwicklung f
**two-leaf wall** (Build) / doppelschalige Wand
**two-light window** (Build) / zweiflügeliges Fenster, Zweifeldfenster n
**two-line circuit** (Elec Eng) / Zweileiter-Stromkreis m (DIN 40 110, T 1)
**two-line-to-earth fault** (Elec Eng) / Doppelerdschluss m (leitende Verbindung zweier örtlich getrennter Kurzschlussstellen über den Erdboden), Erdschluss m zweier Phasen, zweiphasiger Erdschluss
**two-mash method** (Brew) / Zweimaischverfahren n
**two-metal piston** (Autos) / Zweimetallkolben m (Boden aus Leichtmetall, Schaft aus Grauguss)
**two-mica granite** (Geol) / Zweiglimmergranit m
**two-motion selector*** (Teleph) / Viereckwähler m (ein altes Wählersystem), Hebdrehwähler m, HDW (Hebdrehwähler), Strowger-Wähler m
**two-motion switch** (Teleph) / Viereckwähler m (ein altes Wählersystem), Hebdrehwähler m, HDW (Hebdrehwähler), Strowger-Wähler m
**two-out-of-five code** (Comp) / Zwei-aus-fünf-Code m, Zwei-aus-fünf-Kode m
**two-out-of-seven code** (Comp) / Zwei-aus-sieben-Kode m (zur binären Verschlüsselung von Dezimalziffern), Zwei-aus-sieben-Code m
**two-pack adhesive** (Paint) / Zweikomponentenkleber m (Bindemittel + Härter), Zweikomponentenklebstoff m (ein Reaktionskleblack)
**two-package system lacquer** (Paint) / Zweikomponentenlack m (ein Reaktionslack), 2K-Lack m (Stammlack + Härter)
**two-package urethane coating** (Paint) / Zweikomponentenpolyurethanlack m, Zweikomponentenpolyurethananstrichstoff m, 2K-PUR m
**two-pack material** (Paint) / Zweikomponentenlack m (ein Reaktionslack), 2K-Lack m (Stammlack + Härter)
**two-pack process** (Paint) / Zweitopfverfahren n (bei dem die anzuwendende Masse erst kurz vor dem Einsatz aus zwei Präparationen gemischt wird)
**two-pack varnish** (Paint) / Zweikomponentenlack m (ein Reaktionslack), 2K-Lack m (Stammlack + Härter)
**two-panel door** (Build) / Tür f mit Doppelfüllung
**two-parameter family** (Maths) / zweiparametrige Schar, Zweiparameterschar f
**two-part adhesive** (Paint) / Zweikomponentenkleber m (Bindemittel + Härter), Zweikomponentenklebstoff m (ein Reaktionskleblack)
**two-particle collision** (Phys) / Zweierstoß m (wenn zwei Körper zusammenstoßen)
**two-part tariff*** (Elec Eng) / Zweikomponenten-Strombezugstarif m, Grundpreistarif m (ein Strombezugstarif), Strombezugstarif m basierend auf Grund- und Arbeitspreis
**two-party line** (Teleph) / Zweieranschluss m
**two-pass boiler** (Eng) / Zweizugkessel m ‖ ~ **welding** (Welding) / Zweilagenschweißen n

**two-path machine** (Eng) / Zweiwegmaschine *f* (eine Sondermaschine)
**two-person game** (Comp, Stats) / Zweipersonenspiel *n* ‖ **~ zero-sum game** (Comp, Stats) / Zweipersonen-Nullsummenspiel *n*
**two-phase*** *attr* (Elec Eng, Phys) / zweiphasig *adj*, Zweiphasen- ‖ **~ cleaning** / Zweiphasenreinigung *f* ‖ **~ flow** (Phys) / Zweiphasenströmung *f* ‖ **~ harvesting** (Agric) / Zweiphasenernte *f* (z.B. bei Rüben) ‖ **~ locking protocol** (Comp) / Zweiphasen-Sperrprotokoll *n* (ein Synchronisationsverfahren, das die Synchronisation von Transaktionen mittels Objektsperren realisiert) ‖ **~ method** (Comp) / Zweiphasenmethode *f* (ein Verfahren zur Lösung linearer Optimierungsprobleme) ‖ **~ mixture** (Phys) / Zweiphasengemisch *n* (z.B. Nassdampf) ‖ **~ motor** (Elec Eng) / Zweiphasenmotor *m*, Ferraris-Motor *m* ‖ **~ nozzle** / Zweistoffdüse *f*
**two-phase printing** (Textiles) / Zweiphasendruck *m* (bei dem im ersten Arbeitsgang Druckfarben, die lediglich Farbstoff, Verdickung und Wasser enthalten, aufgedruckt werden; in dem zweiten Arbeitsgang erfolgen dann das Imprägnieren mit Chemikalien und die Fixierung der Farbstoffe auf der Faser)
**two-phase rectifier** (Elec Eng) / Zweipulsgleichrichter *m*
**two-phase three-wire system*** (Elec Eng) / Zweiphasen-Dreileitersystem *n*
**two-phase titration** (Chem) / Zweiphasentitration *f*
**two-phase-to-earth fault** (Elec Eng) / Doppelerdschluss *m* (leitende Verbindung zweier örtlich getrennter Kurzschlussstellen über den Erdboden), Erdschluss *m* zweier Phasen, zweiphasiger Erdschluss
**two-photon annihilation** (Nuc) / Zweiquantenvernichtung *f* ‖ **~ fluorescence** (Phys) / Zweifotonenfluoreszenz *f*
**two-piece** *n* (Textiles) / zweiteiliges Kleid, Deuxpièces *n* ‖ **~ attr** (Textiles) / zweiteilig *adj* (Kleid) ‖ **~ alloy wheel** (Autos) / zweiteiliges Leichtmetallrad ‖ **~ threading die** (Eng) / Kugelwindeisen *n* (verstellbarer Werkzeughalter mit vier Vierkantlöchern /oder unverstellbarer Halter mit sechs Vierkantlöchern/ zur Aufnahme von Handgewindebohrern)
**two-pin arch** (Civ Eng) / Zweigelenkbogen *m* ‖ **~ connector** (Elec Eng) / Zweipolstecker *m*, zweipoliger Stecker
**two-pinned arch** (Civ Eng) / Zweigelenkbogen *m* ‖ **~ frame** (Build, Civ Eng) / Zweigelenkrahmen *m*
**two•-pin plug** (Elec Eng) / Zweipolstecker *m*, zweipoliger Stecker ‖ **~-pipe gravity system** (Heat) / Schwerkraftwarmwasserheizung *f* in Zweirohrausführung, Zweirohr-Schwerkraftwarmwasserheizung *f* ‖ **~-pipe pumped system** (Heat) / Pumpenwarmwasserheizung *f* in Zweirohrausführung, Zweirohr-Pumpenwarmwasserheizung *f*
**two-plane projection** (Maths) / Zweitafelprojektion *f* (ein Abbildungsverfahren der darstellenden Geometrie) ‖ **~ winding** (Elec Eng) / Zweiebenenwicklung *f*, zweietagige Wicklung
**two-plus-one-address instruction** (Comp) / Zwei-plus-Eins-Adressbefehl *m*, Dreiadressbefehl *m*
**two-ply hanging paper** (Paper) / Zweischichttapetenpapier *n* ‖ **~ yarn** (Spinning) / zweidrähtiges Garn, Doppelgarn *n*, zweisträhniges Garn, Zweifachgarn
**two-point control system** (Automation) / Auf-zu-Regelungssystem *n*, Ein-aus-Regelsystem *n*, Zweipunkt-Regelungssystem *n* (bei dem das Stellglied nur zweier Zustände, d.h. "Ein", "Aus", fähig ist) ‖ **~ element** (Automation) / Zweipunktglied *n* ‖ **~ equation** (Maths) / Zweipunktegleichung *f* ‖ **~ form** (Maths) / Zweipunkteform *f* (einer Geraden) ‖ **~ function** (Maths) / Zweipunktfunktion *f* ‖ **~ perspective** (Maths) / Perspektive *f* mit zwei Fluchtpunkten ‖ **~ seat belt** (Autos) / Zweipunktgurt *m* (z.B. Beckengurt), Zweipunktsicherheitsgurt *m*
**two-pole** *n* (Elec Eng) / Zweipol *m* (Stromkreis, Bauelement oder Baugruppe mit zwei Anschlussklemmen - DIN 4899 und DIN 5489), Eintor *n* (elektrischer Zweipol) ‖ **~ attr** (Elec Eng) / zweipolig *adj*, doppelpolig *adj* ‖ **~ switch** (Elec Eng) / zweipoliger Schalter
**two-port equations** (Telecomm) / Vierpolgleichungen *f pl* ‖ **~ microphone** (Acous) / Mikrofon *n* mit ungedämpfter Druckausgleichskapillare ‖ **~ network** (Elec Eng) / Zweitor *n* (DIN 5489), Vierpol *m* (ein Netzwerk mit zwei Eingangs- und zwei Ausgangsklemmen - DIN 4899)
**two-position action** / Zweistellenwirkung *f*
**two-position system** (Automation) / Auf-Zu-Regelung *f* (bei der das Stellglied nur zweier Zustände fähig ist), Zweipunktregelung *f*, Bang-Bang-Regelung *f*
**two-post headframe** (Mining) / Einstrebengerüst *n* ‖ **~ hoist** (Autos, Eng) / Zweisäulenbühne *f* (in der Autowerkstatt)
**two-prong lewis** (Build) / Pariser Wolf (zweiteiliger - zum Versetzen der Werksteine)
**two-propeller ship** (Ships) / Doppelschraubenschiff *n*, Zweischraubenschiff *n*, Zweischrauber *m*
**two-pulse canceller** (Radar) / Einfachlöschstufe *f*
**two-range brake** (Rail) / Bremse *f* mit zweistufigem Lastwechsel ‖ **~ winding** (Elec Eng) / Zweiebenenwicklung *f*, zweietagige Wicklung

**two•-rate meter** (Elec Eng) / Doppeltarifzähler *m* ‖ **~-rate two-part prepayment meter** (Elec Eng) / Doppeltarifmünzzähler *m*
**two-reaction theory*** (Elec Eng) / Zweiachsentheorie *f*
**two-revolution** *n* (Print) / Zweitourenpresse *f*, Zweitourenmaschine *f* (Schnelldruckpresse für den Buchdruck)
**two-revolution press** (Print) / Zweitourenpresse *f*, Zweitourenmaschine *f* (Schnelldruckpresse für den Buchdruck)
**two-roll calender** (Paper) / Zweiwalzenkalander *m*
**two-rope hoisting** (Mining) / Zweiseilförderung *f*
**two-rotor Wankel engine** (I C Engs) / Zweischeiben-Wankelmotor *m*
**two's complement*** (Comp) / Zweierkomplement *n* (Ergänzung der Zahl auf die nächsthöhere Zweierpotenz)
**twos complement** (Comp) / Zweierkomplement *n* (Ergänzung der Zahl auf die nächsthöhere Zweierpotenz)
**two-screw ship** (Ships) / Doppelschraubenschiff *n*, Zweischraubenschiff *n*, Zweischrauber *m*
**two-seater** *n* (a vehicle with seating for two people) (Autos) / Zweisitzer *m*
**two-section machine** (Textiles) / zweifonturige Maschine ‖ **~ screw** (Plastics) / Zweizonenschnecke *f*
**two set*** (Print) / doppelter Plattensatz
**two-shaft engine** (Aero) / Zweiwellentriebwerk *n* (eine Gasturbinenbauart)
**two-sheet folder** (Bind) / Doppelbogenfalzmaschine *f*
**two-shot** *n* (Cinema) / doppelte Nahaufnahme
**two-side coater** (Paper) / Streichanlage *f* für beidseitiges Streichen, Streichanlage *f* für zweiseitiges Streichen
**two-sided** *adj* / zweiseitig *adj* (auf beiden Seiten) ‖ **~ floppy disk** (Comp) / doppelseitige Diskette, beidseitig beschreibbare Diskette
**two-sided ideal** (Maths) / zweiseitiges Ideal
**two-sided Laplace transform** (Maths) / zweiseitige Laplace-Transformation
**two-sidedness** *n* (Paper) / Zweiseitigkeit *f* (des Papiers oder der Pappe - nach DIN 6730)
**two-sided printed circuit board** (Electronics) / Zweibenenleiterplatte *f* (die auf beiden Seiten Leiterbahnen trägt) ‖ **~ printed circuit board** (Electronics) / doppeltkaschierte Leiterplatte, beidseitig kaschierte Leiterplatte, doppelseitige Leiterplatte ‖ **~ test** (Stats) / zweiseitiger Test (ein Signifikanztest)
**two-side moulding machine** (For) / Zweiseitenfräsmaschine *f*
**two-speed axle** (Autos) / Zweigangachse *f* ‖ **~ drill** (Tools) / Zweigangbohrer *m* ‖ **~ percussion drill** (Tools) / Zweigangschlagbohrer *m* ‖ **~ transfer box** (Autos) / Zweigang-Verteilergetriebe *n*
**two-spool compressor*** (Aero) / geteilter Kompressor (Axialgasturbine)
**two-spool jet engine** (Aero) / zweiwelliges TL-Triebwerk, TL-Triebwerk *n* in Zweiwellenbauart
**two-stage** *attr* / Zweistufen-, zweistufig *adj* ‖ **~ carburettor** (Autos) / Stufenvergaser *m*, Registervergaser *m* ‖ **~ combustion** (I C Engs) / zweistufige Verbrennung (bei Dieselmotoren) ‖ **~ compressor** (Eng) / zweistufiger Verdichter, zweistufiger Kompressor ‖ **~ harvesting** (Agric) / Zweiphasenernte *f* (z.B. bei Rüben) ‖ **~ pressure-gas burner*** (Eng) / zweistufiger Druckgasbrenner ‖ **~ process** (Eng) / Zweistufenverfahren *n*, zweistufiges Verfahren
**two-start screw** (Eng) / Schraube *f* mit zweigängigem Gewinde
**two-start thread*** (Eng) / doppelgängiges Gewinde, zweigängiges Gewinde, Doppelgewinde *n*
**two-state signal** (Telecomm) / Binärsignal *n* (dessen Parameter eine Nachricht oder Daten darstellt, die nur aus Binärzeichen besteht oder bestehen), binäres Signal ‖ **~ signalling** (Telecomm) / binäre Signalgebung
**two-step** *attr* / zweischrittig *adj* (Algorithmus) ‖ **~** / Zweistufen-, zweistufig *adj* ‖ **~ control** / Groß/Klein-Regelung *f* (eine Gasregelung) ‖ **~ diffusion** (Electronics) / Zweischrittdiffusion *f* ‖ **~ element** (Automation) / Zweipunktglied *n*
**two-step-flow of communication** (Telecomm) / Zweistufenfluss *m* der Kommunikation
**two-step process** / Zweistufenverfahren *n*, zweistufiges Verfahren ‖ **~ relay*** (Teleph) / Zweistufenrelais *n*
**two-storey** *attr* (Build) / zweigeschossig *adj*, zweigeschoßig *adj* (A), zweistöckig *adj*
**two-storeyed** *adj* (Build) / zweigeschossig *adj*, zweigeschoßig *adj* (A), zweistöckig *adj*
**two-storied** *adj* (US) (Build) / zweigeschossig *adj*, zweigeschoßig *adj* (A), zweistöckig *adj*
**two-story** *attr* (US) (Build) / zweigeschossig *adj*, zweigeschoßig *adj* (A), zweistöckig *adj*
**two-stream instability** (Plasma Phys) / Zweistrahlinstabilität *f*, Zweistrominstabilität *f*
**two-stroke blending pump** (Autos) / Zweitaktgemischbehälter *m* (der Tankstelle)

**two-stroke**

**two-stroke cycle**\* (I C Engs) / Zweitaktprozess *m*, Zweitaktverfahren *n* (bei Zweitaktmotoren)
**two-stroke engine** (I C Engs) / Zweitaktmotor *m*, Zweitakter *m*
**two-stroker** *n* (I C Engs) / Zweitaktmotor *m*, Zweitakter *m*
**two-system locomotive** (Rail) / Zweisystemlokomotive *f*
**two-table machine** (Glass) / Zweitischmaschine *f* (Karussellmaschine mit zwei Tischen in einer Ebene) ‖ ~ **plating machine** (Leather) / Wechseltischbügelmaschine *f*
**two-tailed test** (Stats) / zweiseitiger Test (ein Signifikanztest)
**two-tail test** (Stats) / zweiseitiger Test (ein Signifikanztest)
**two-temperature refrigerator** / Zweitemperatur-Kühlschrank *m*
**two-term action** (Automation) / PD-Verhalten *n*, PI-Verhalten *n*
**two-terminal capacitor** (Elec Eng) / Zweipolkondensator *m* (mit zwei Anschlüssen für jede Einzelkapazität) ‖ ~ **network** (Elec Eng) / Zweipol *m* (Stromkreis, Bauelement oder Baugruppe mit zwei Anschlussklemmen - DIN 4899 und DIN 5489), Eintor *n* (elektrischer Zweipol) ‖ ~ **pair network**\* (Elec Eng) / Zweitor *n* (DIN 5489), Vierpol *m* (ein Netzwerk mit zwei Eingangs- und zwei Ausgangsklemmen - DIN 4899)
**two-thread sewing machine** (Textiles) / zweifädige Nähmaschine
**two-throw pump** (Eng) / Zwillingspumpe *f* (eine Kolbenpumpe mit zwei Zylindern und zwei von einer gemeinsamen Kurbelwelle betätigten Kolbenstangen)
**two-tier car carrier** (Rail) / Doppelstockwagen *m* für den Autotransport ‖ ~ **winding** (Elec Eng) / Zweiebenenwicklung *f*, zweietagige Wicklung
**two-tone** *attr* (Textiles) / Zweifarben-, Zweiton-, Doppelton-
**two-toned** *adj* (Textiles) / Zweifarben-, Zweiton-, Doppelton-
**two-tone horn** (Autos) / Zweiklanghorn *n*, Zweiklangfanfare *f*, Zweiklangkompressorfanfare *f* ‖ ~ **horn** (Autos) / Martinshorn *n*, Folgetonhorn *n* (Krankenwagen, Polizei, Feuerwehr, Militär) ‖ ~ **keying**\* (Telecomm) / Doppeltontastung *f*
**two-toothed bark beetle** (For) / zweizähniger Kiefernborkenkäfer (Pityogenes bidentatus Herbst.)
**two-torch** *attr* / zweiflammig *adj*
**two-track projector** (Cinema) / Zweibandprojektor *m* ‖ ~ **recording** (Acous) / Doppelspuraufzeichnung *f*, Doppelspuraufnahme *f*
**two-unit package** / Zweierpackung *f*, Zweierpack *n*
**two-up** *n* (Print) / Doppelform *f*
**two-up forme** (Print) / Doppelform *f* ‖ ~ **processing** (Print) / Doppelnutzenverarbeitung *f* ‖ ~ **production** (Print) / Doppelnutzenverarbeitung *f*
**two-value capacitor motor** (Elec Eng) / Kondensatormotor *m* mit Anlauf- und Betriebskondensator
**two-valued** *adj* (Maths) / zweiwertig *adj* (Variable, Funktion, Logik, Relation) ‖ ~ **bearing** (Eng) / zweiwertiges Lager (das eine beliebig gerichtete Kraft, jedoch kein Kraftmoment aufnehmen kann) ‖ ~ **logic** / zweiwertige Logik, binäre Logik
**two-valve head** (Autos) / Zweiventilkopf *m*
**two-variable matrix** (Maths) / Zweivariablenmatrix *f*
**two-way alternate** (Telecomm) / wechselseitig *adj* (z.B. beim Wechselverkehr) ‖ ~ **catalytic converter** (Autos) / Zweiwegekatalysator *m* (als Bauteil der Auspuffanlage), Oxidationskatalysator *m* ‖ ~ **cock** (Eng) / Zweiwegehahn *m*, Zweiweghahn *m*
**two-way communication** (Radio) / Zweiwegverkehr *m*
**two-way communication** (Telecomm, Teleph) / Wechselsprechbetrieb *m*, Wechselsprechverbindung *f* ‖ ~ **contact** (Elec Eng) / Umschaltkontakt *m* ‖ ~ **control valve** (Eng) / Zweiwegestellventil *n* (entweder zur Vereinigung von zwei Medienströmen zu einem Gesamtstrom oder zum Teilen eines Medienstroms in zwei Ströme) ‖ ~ **double-pole reversing switch** (Elec Eng) / Kreuzschalter *m* (Schalter 7; VDE 0632), Zwischenschalter *m* ‖ ~ **joint construction** (Build) / Kreuzbalkendecke *f* ‖ ~ **mirror** (Optics) / halbdurchlässiger Spiegel, Spionspiegel *m*, Einwegspiegel *m* ‖ ~ (**entry**) **pallet** (entry from two directions) / Zweiwegepalette *f* ‖ ~ **plough** (Agric) / Kehrpflug *m* ‖ ~ **plow** (US) (Agric) / Kehrpflug *m*
**two-way-shape memory effect** (Met) / Zweiwegeffekt *m* (eine Art Formgedächtniseffekt)
**two-way speaker** (Radio) / Zweiwegelautsprecher *m* ‖ ~ **splitting** (Teleph) / Makeln *n* bei der Abfragestelle ‖ ~ **stopcock** (Eng) / Zweiwegehahn *m*, Zweiweghahn *m* ‖ ~ **sulky plow** (US) (Agric) / Wechselpflug *m* ‖ ~ **switch** (Elec Eng) / Umschalter *m* (für zwei Stromkreise) ‖ ~ **table** (in two-way classification) (Stats) / Zweiwegetafel *f* ‖ ~ **tap** (Eng) / Zweiwegehahn *m*, Zweiweghahn *m* ‖ ~ **telephone system** (Telecomm, Teleph) / Wechselsprechanlage *f* ‖ ~ **tipper** (Civ Eng) / Zweiseitenkipper *m* ‖ ~ **tractor** (Agric) / Zweiwegeschlepper *m* ‖ ~ **tractor** (Agric, Civ Eng) / Schlepper *m* mit umkehrbarem Fahrersitz
**two-way traffic** (straight ahead) (Autos) / Gegenverkehr *m* (ein Verkehrszeichen)

**two-way traffic** (Autos) / Gegenverkehr *m* (als Gegensatz zum Richtungsverkehr), GV (Gegenverkehr) ‖ ~ **turn-over plough** (Agric) / Drehpflug *m* (der mit dem Dreipunktanbau am Traktorheck befestigte Kehrpflug), Brabanterpflug *m* ‖ ~ **valve** (Eng) / Zweiwegventil *n*, Zweiwegeventil *n* ‖ ~ **valve** (Eng) / Zweiwegehahn *m*, Zweiweghahn *m* ‖ ~ **videotex system** (Telecomm, TV) / Bildschirmtext *m* (altes dialogfähiges System - heute T-Online), Btx (Bildschirmtext), BTX, Bildschirmtextsystem *n* (interaktiver - z.B. Prestel und Viewdata in GB, Télétel in Frankreich, Teledata in Deutschland, Viditel in den Niederlanden und Telidon in Kanada) ‖ ~ **working** (Telecomm) / Gegenschreibverkehr *m* (Telexverkehr) ‖ ~ **working of lines** (Rail) / Gleiswechselbetrieb *m*
**two-wheel** *attr* / zweirädrig *adj* ‖ ~ **tractor** (Autos) / Einachser *m*, Einachsschlepper *m*, Einachstraktor *m*, Zweiradschlepper *m*
**two-winding transformer** (Elec Eng) / Zweiwicklungstransformator *m* (als Gegensatz zu Spartransformator)
**two-wing cutter** (For) / Schlitzscheibe *f* mit zwei (meist hinterfrästen) Messern
**two-wire** *attr* / zweidrähtig *adj* ‖ ~ **circuit**\* (Telecomm) / Zweidrahtleitung *f* ‖ ~ **line** (Elec Eng) / Paralleldrahtleitung *f* ‖ ~ **line** (Elec Eng) / Doppelleitung *f* ‖ ~ **line** (subscriber) (Teleph) / Zweidrahtleitung *f* ‖ ~ **system**\* (Elec Eng) / Zweileitersystem *n*, Zweidrahtsystem *n*, Zweileiternetz *n*, Doppeldrahtsystem *n* ‖ ~ **termination** (Elec Eng, Telecomm) / Zweidrahtendleitung *f*
**TW polarography** (Chem) / Dreieckswellenpolarografie *f*
**TWR** (Tower) (Aero) / Kontrollturm *m* (des Flughafens), Tower *m* (des Flughafens), Controltower *m* (zur Überwachung des Flugverkehrs)
**TWS** (track-while-scan) (Radar) / Zielverfolgungs- und Suchradar(system) *n*, Verfolgung *f* im Suchbetrieb (zur Spurbildung aufgrund von Meldungen beim periodischen Absuchen), permanente automatische Kontrolle der Zielverfolgung
**TWT** (travelling-wave tube) (Electronics) / Wanderwellenröhre *f* (eine Lauffeldröhre), Wanderfeldröhre *f*, WFR (Wanderfeldröhre), Lauffeldröhre *f*, TWT (Wanderfeldröhre)
**TWY** (taxiway) (Aero) / Taxiway *f m*, Rollbahn *f* (zum Erreichen und Verlassen der Start- und Landebahn), Rollweg *m*
**twy** (Aero) / Taxiway *f m*, Rollbahn *f* (zum Erreichen und Verlassen der Start- und Landebahn), Rollweg *m*
**twyer(e)**\* *n* (Met) / Form *f*, Windform *f*, Winddüse *f*, Blasform *f* (Hochofen)
**Twyman-Green interferometer** (Optics) / Twyman-Green-Interferometer *n* (eine abgewandelte Form des Michelson-Interferometers - nach F. Twyman, 1876-1959, und A.G. Green, 1864-1941)
**TX** (abbreviation for Thanks used in chat rooms, emails, and newsgroups) (Comp) / danke! ‖ ~ (transmitter) (Comp, Radio, Telecomm) / Sender *m* ‖ ~ **head** (Eng) / TX-Kopf *m* (einer Schraube)
**TXP** (transponder) (Nav, Telecomm) / Transponder *m* (aktives Funkantwortgerät), automatisches Antwortgerät (die Kombination aus einem Empfänger, einem Umsetzer und einem Sender) ‖ ~ \* (trixylylphosphate) (Plastics) / TXP (Trixylylphosphat als Weichmacher nach DIN 7723), Trixylylphosphat *n*
**tye**\* *n* (Min Proc) / Schlämmgraben *m*
**t/year** / Jahrestonne *f* (ein Maß für die innerhalb eines Jahres geförderten oder verarbeiteten Tonnen eines Rohstoffs o.ä.), Jato *f* (eine normwidrige Abkürzung für Jahrestonne)
**Tyfon** *n* (Ships) / Typhon *n* (ein Signalhorn)
**Tygon tubing** (Chem Eng) / Schlauch, Schläuche *m pl* aus Tygon (modifiziertes Polyvinyl), Schlauchmaterial *n* aus Tygon
**tying** *n* (Weaving) / Anknüpfen *n*, Einknüpfen *n*, Schnüren *n*, Schnürung *f*, Anschnürung *f*, (Weaving) / Gallierung *f* (Beschnürung, als Harnischeinzug zur Webereivorbereitung zählend), Harnischgallierung *f*, Harnischschnürung *f* ‖ ~ **bar** (Geol) / Sandbarre *f* zwischen einer Insel und dem Festland, Inselnehrung *f*, Tombolo *m*
**Tyler sieves**\* (Chem, Mining) / Tyler-Siebreihe *f* ‖ ~ **standard grade scale** (Chem, Mining) / Tyler-Normalsiebskale *f*, Tyler-Standardsiebskale *f*, Tyler-Skale *f*
**tylophora alkaloids** (Chem, Pharm) / Tylophora-Alkaloide *n pl*
**tylosis** *n* (pl. tyloses)\* (For) / Thylle *f*, Füllzelle *f*
**tympan** *n* (Arch) / Tympanon *n* (pl. -pana), Tympanum *n* (pl. -pana), Bogenfeld *n* ‖ ~ \* (Print) / Pressdeckel *m* (der Handpresse) ‖ ~ (Print) / Aufzug *m* (auf dem Druckteller oder auf dem Druckzylinder) ‖ ~ (Print) / Ölbogen *m*, Aufzugsbogen *m* ‖ ~ **paper** (Print) / Aufzug-Tauenpapier *n* (zum Herstellen des Aufzuges auf der Gegendruckfläche von Hochdruckmaschinen) ‖ ~ **sheet** (Print) / Ölbogen *m*, Aufzugsbogen *m*
**tympanum**\* *n* (pl. tympana or -s) (Arch) / Tympanon *n* (pl. -pana), Tympanum *n* (pl. -pana), Bogenfeld *n*
**Tyndall beam** (Light) / Tyndall-Kegel *m* (Lichtkegel an suspendierten Teilchen) ‖ ~ **cone** (Light, Optics) / Tyndall-Kegel *m* (Lichtkegel an suspendierten Teilchen) ‖ ~ **effect**\* (Light, Optics) / Tyndall-Effekt *m*,

Tyndall-Phänomen n, Tyndall-Streuung f (nach J. Tyndall, 1820-1893), Faraday-Tyndall-Effekt m (Divergenz von Lichtbündeln als Polarisationserscheinung)
**tyndallimetry\*** n (Chem, Optics) / Streulichtmessung f, Tyndallometrie f (Nephelometrie mit direkter Messung)
**tyndallization** n (Nut) / Tyndallisierung f, Tyndallisation f (fraktionierte Sterilisation hitzeempfindlicher Substrate)
**typamatic key** / Dauerauslösetaste f, Dauertaste f, Dauerfunktionstaste f, Dauerleertaste f (der Schreibmaschine), Taste f mit Wiederholfunktion, Typamatiktaste f (Wiederholungstaste, Dauerfunktionstaste)
**type** v / tippen v, eintippen v ‖ **~** s. also typewrite ‖ **~\*** n (Biol) / Typ m ‖ **~** (Comp) / Type f (Stellvertreter für eine Menge identischer Textwörter - in der linguistischen Statistik) ‖ **~** (Eng) / Typ m ‖ **~** (Maths) / Typus m (einer ganzen Funktion) ‖ **~\*** (Typog) / Drucktype f (nach DIN 16507), Type f, Letter f (pl. -n) (Einzelbuchstabensatz) ‖ **~\*** (Typog) / Type f (an Büromaschinen) ‖ **~ A film** (Cinema) / Kunstlichtfilm m ‖ **~ approval test** / Typprüfung f (Prüfung durch anerkannte Prüfstellen, die den Nachweis erbringen soll, dass ein Gerät oder ein Bauteil den Anforderungen einer oder mehrerer Normen entspricht), Bauartprüfung f
**type-approved** adj (Autos) / typgeprüft adj
**type area** (Print) / Satzspiegel m (die vom Text und von Abbildungen eingenommene Fläche), Spiegel m ‖ **~ bar** (Comp, Print) / Typenstab m, Typenstange f ‖ **~-bar** n / Typenhebel m (der Schreibmaschine) ‖ **~ certificate** (Aero) / Baumusterzeugnis n (S), Musterzulassungsschein m ‖ **~ chain** (Comp) / Druckkette f, Typenkette f (des Kettendruckers) ‖ **~ cleaner** / Typenreiniger m (meistens als knetbare Paste) ‖ **~ conformity** / Typkonformität f ‖ **~ designation** (Typog) / Typenbezeichnung f (Bestellformel) ‖ **~ drum** (Comp) / Typentrommel f (eines Trommeldruckers)
**type-face\*** n (Typog) / Schriftbild n, Auge n (Bild)
**type•-face\*** n (Typog) / Schriftart f, Schrift f ‖ **~-family\*** n (Typog) / Schriftfamilie f (Gesamtheit aller in einer Schrift geschnittenen und gegossenen Schriftschnitte) ‖ **~ fossil** (Geol, Mining) / Leitfossil n ‖ **~ founder** (Typog) / Schriftgießer m ‖ **~-founding** n (Typog) / Schriftguss m ‖ **~ foundry** (Typog) / Schriftgießerei f ‖ **~ gauge** (Typog) / typografischer Zeilenmesser, Typometer n ‖ **~-height** n (Typog) / Schrifthöhe f (DIN 16507)
**type-high\*** adj (Print) / schrifthoch adj
**type holder** (Bind) / Handpapierstempel m ‖ **~ I error** (Stats) / Fehler m erster Art, Fehler m 1. Art (beim Testen von Hypothesen), Alphafehler m ‖ **~ II error** (Stats) / Fehler m zweiter Art, Fehler m 2. Art (beim Testen von Hypothesen), Betafehler m ‖ **~ II superconductor\*** (Elec) / Supraleiter m 2. Art (nicht idealer), nicht idealer Supraleiter 2. Art, Supraleiter m II, harter Supraleiter ‖ **~ in** v (Comp) / eintasten v, eingeben v (über Tastatur), tasten v, erfassen v (über Tastatur) ‖ **~ I superconductor\*** (Elec) / Supraleiter m 1. Art, Supraleiter m 1. Art, weicher Supraleiter ‖ **~ library** (Comp, Print, Typog) / Schriftenbibliothek f ‖ **~ locality** (the place at which a stratotype is situated and from which it ordinarily derives its name) (Geol) / Typuslokalität f, Locus typicus m (pl. Loci typici) ‖ **~ locality\*** (Geol) / Fundort m ‖ **~ locality** (Geol) s. also reference locality ‖ **~-metal\*** n (Met, Typog) / Schriftmetall n (historische Bezeichnung - meistens Bleilegierung mit Antimon), Letternmetall n (DIN 1728) ‖ **~ model** (Print) / Duktus m (das Eigentümliche einer Linienführung, das Charakteristische einer Druckschrift) ‖ **~ obliquing** (Comp) / elektronische Schrägstellung (der Schrift) ‖ **~ of bond** / Bindungsart f (stoffliche Beschaffenheit des Schleifkörperbindemittels) ‖ **~ of casting** (Foundry) / Gießweise f (steigend, fallend) ‖ **~ of connection** (Elec Eng) / Anschlussart f ‖ **~ of control** (Automation) / Steuerungsart f (DIN 19226) ‖ **~ of corrosion** (Surf) / Korrosionsart f (Klassifizierung der Korrosionsvorgänge) ‖ **~ of damage** / Schadensart f ‖ **~ of felling** (For) / Hiebsart f (Art des waldbaulichen Vorgehens beim Holzeinschlag) ‖ **~ of** (weld) **groove** (Welding) / Fugenform f ‖ **~ of** (weld) **joint** (Welding) / Stoßart f ‖ **~ of loading** (Materials, Mech) / Belastungsart f ‖ **~ of production** (Work Study) / Fertigungsart f (Einzel-, Serien- und Massenfertigung) ‖ **~ of protection** (Elec Eng) / Schutzart f ‖ **~ of reactor** (Nuc Eng) / Reaktortyp m, Reaktorbauart f ‖ **~ of traffic** (Civ Eng) / Verkehrsart f ‖ **~ of train** (Rail) / Zuggattung f (z.B. Eil- oder Schnellzug) ‖ **~ of wear** / Verschleißart f
**type-one electrode** (Chem, Electronics) / Elektrode f erster Art (z.B. Silber/Silberchlorid-Elektrode)
**type-O servomechanism** (Automation) / Regelsystem n mit P-Verhalten
**type out** v (Comp) / über Blattschreiber melden v ‖ **~ page** (Print) / Satzspiegel m (die vom Text und von Abbildungen eingenommene Fläche), Spiegel m ‖ **~ rating** (Aero) / Musterberechtigung f ‖ **~ scale** (Typog) / typografischer Zeilenmesser, Typometer n
**typescript** n / maschinengeschriebenes Schriftstück n ‖ **~** / maschinengeschriebener Text ‖ **~** (Print) / Typoskript n

(maschinengeschriebenes Manuskript als Satzvorlage) ‖ **~** (Typog) / Schreibschrift f (die der Handschrift nachgebildet ist)
**type section** (Geol) / Stratotyp m
**type-1 servomechanism** (Automation) / Regelsystem n mit I-Verhalten
**typeset** v (Typog) / setzen vt, absetzen vt
**typesetter** n (Typog) / Setzer m, Schriftsetzer m
**typesetting computer** (Comp, Print, Typog) / Satzrechner m, Setzrechner m ‖ **~ machine\*** (Typog) / Setzmaschine f ‖ **~ program** (Comp, Print, Typog) / Satzprogramm n (für die automatische Satzherstellung) ‖ **~ unit** (Typog) / Satzanlage f
**type site** (Geol) / Typuslokalität f, Locus typicus m (pl. Loci typici) ‖ **~-size** n (Typog) / Schriftgrad m (ausgehend vom typografischen Punkt), Schriftgröße f
**types of service of the merchant fleet** (Ships) / Betriebsformen f pl der Seeschifffahrt (Unterteilung der Seeschifffahrt anhand ökonomisch-organisatorischer Merkmale in Linien-, Tramp- und Spezialschifffahrt)
**type specification** (Comp, Print) / Schriftangabe f ‖ **~-style** n (Typog) / Schriftart f, Schrift f ‖ **~ test** (Aero) / Musterprüfung f
**type-tested part** / bauartgeprüftes Teil
**type-three electrode** (Chem, Electronics) / Elektrode f dritter Art (wenn das potentialbestimmende Ion den Lösungsphase mit zwei festen Nachbarphasen im Gleichgewicht steht)
**type-through** n (Comp) / direktes Durchschreiben zum Drucker
**type-two electrode** (Chem, Electronics) / Elektrode f zweiter Art (z.B. Kalomelelektrode)
**type variety** / Typenvielfalt f ‖ **~ wear** (Typog) / Schriftabnutzung f (beim Bleisatz) ‖ **~-wheel** n (Comp) / Typenrad n, Schreibrad n
**typewrite** v / Maschine schreiben v, maschinschreiben v (A)
**typewriter** n / Schreibmaschine f (DIN 2108) ‖ **~ case fitting** / Schreibmaschinenkofferbeschlag m ‖ **~ composition\*** (Comp, Typog) / Schreibmaschinensatz m, Schreibsatz m ‖ **~ face** (Typog) / Schreibmaschinenschrift f (die der echten Schreibmaschinenschrift nachgebildet ist) ‖ **~ for drawings** / Zeichnungsschreibmaschine f ‖ **~ mode** (Comp) / Schreibmaschinenmodus m ‖ **~ paper** (Paper) / Schreibmaschinenpapier n ‖ **~ ribbon** / Farbband n (der Schreibmaschine) ‖ **~ tape punch** / Schreibmaschine f mit Streifenlocher ‖ **~ terminal** (Teleg) / Fernschreiber m ‖ **~ tissue** (Paper) / Durchschlagpapier n
**typewriting** n / Maschinenschreiben n (DIN 5008), Maschineschreiben n (A) ‖ **~ paper** (Paper) / Schreibmaschinenpapier n
**typewritten** adj / maschinengeschrieben adj, maschinegeschrieben adj ‖ **~ manuscript** (Print) / Typoskript n (maschinengeschriebenes Manuskript als Satzvorlage)
**type X** (gypsum) **lath** (Build) / feuerhemmende Gipskarton-Putzträgerplatte f, Gipskarton-Feuerschutz-Putzträgerplatte f
**typhon** n (Ships) / Typhon n (ein Signalhorn)
**typhoon\*** n (Meteor) / Taifun m (tropischer Wirbelsturm im Bereich des westlichen Pazifiks)
**typical** adj / typisch adj
**typify** v / typisch sein (für etwas)
**typing** n / Tippen n, Eintippen n ‖ **~ centre** / Schreibdienst m, Textverarbeitungssekretariat n, Schreibzentrale f ‖ **~ element** / Typenkörper m (der Schreibmaschine) ‖ **~ error** / Tippfehler m (ein Fehler beim Maschinenschreiben) ‖ **~ opening** / Schreibfenster n (der Schreibmaschine) ‖ **~ paper** (Paper) / Schreibmaschinenpapier n ‖ **~ pool** / Schreibdienst m, Textverarbeitungssekretariat n, Schreibzentrale f ‖ **~ reperforator** / druckender Empfangslocher ‖ **~ window** (Print) / Schreibfenster n (der Schreibmaschine)
**typo** n (pl. -s) (Print) / Druckfehler m, Erratum n (pl. Errata) ‖ **~ design** (Typog) / Satzgestaltung f
**typographer\*** n (Typog) / Typograf m (gestaltender Setzer), Schriftgestalter m
**typographic** adj (Typog) / typografisch adj
**typographical** adj (Typog) / typografisch adj ‖ **~ arrangement** (Typog) / Satzanordnung f, Satzbild n, Typogestaltung f ‖ **~ design** (Typog) / Satzgestaltung f ‖ **~ error** (Print) / Druckfehler m, Erratum n (pl. Errata)
**typographic conventions** (Typog) / satztechnische Regeln ‖ **~ instructions** (Typog) / Satzanweisung f
**typography\*** n (Typog) / Typografie f (Buchdruckerkunst)
**typological** adj / typologisch adj
**typology** n / Typologie f (Lehre von den Typen, Gliederung nach Typen)
**typomorphic mineral** (Geol) / typomorphes Mineral, Indexmineral n
**Tyr\*** (tyrosine) (Biochem) / Tyrosin n, L-Tyrosin n, Tyr (eine nicht essentielle proteinogene Aminosäure)
**tyramine** n (Biochem, Chem) / Tyramin n (4-(2-Aminoethyl)-phenol
**tyre** v (Autos) / Reifen aufziehen ‖ **~\*** n (Autos) / Reifen m, Luftreifen m, Pneumatik m f, Pneu m ‖ **~\*** (Rail) / Radreifen m (auf den Radkörper von Eisenbahnrädern aufgeschrumpfter und mit

Sprengring gesicherter Stahlreifen), Bandage f ‖ ~ **bead** (Autos) / Reifenwulst m (konstruktiver Teil des Reifens, der die Sicherung der Verbindung des Reifens mit der Felge übernimmt) ‖ ~ **breakwater** (Civ Eng, Hyd Eng) / Wellenbrecher m aus Autoreifen ‖ ~**-building machine**\* / Konfektioniermaschine f (Reifenwickelmaschine), Reifenwickelmaschine f, Reifenaufbaumaschine f ‖ ~ **burst** (Autos) / Reifenplatzer m ‖ ~ **carcass**\* (Autos) / Reifenkarkasse f (der Gewebeunterbau als Festigkeitsträger), Karkasse f, Reifenunterbau m, Gewebeunterbau m (des Reifens) ‖ ~ **casing** (Autos) / Reifenlaufdecke f ‖ ~**-chain** n (Autos) / Gleitschutzkette f (z.B. eine Schneekette)

**tyre-change** n (Autos) / Reifenwechsel m

**tyre contact area** (Autos) / Kraftübertragungsfläche f (des Reifens), Reifenaufstandsfläche f, Berührungsfläche f (des Reifens), Aufstandsfläche f (des Reifens), Aufstandsellipse f (des Reifens), Latsch m ‖ ~ **cord** (Autos, Textiles) / Reifenkord m, Reifencord m

**tyred** adj (Autos) / bereift adj, mit Bereifung

**tyre defect** (Autos) / Reifenschaden m ‖ ~ **dolly** (Cinema, TV) / Gummiwagen m (ein Kamerawagen) ‖ ~ **dressing** (Autos) / Reifenfarbe f ‖ ~ **equipment** (Autos) / Bereifung f ‖ ~ **fabric** (Autos, Textiles) / Reifenkord m, Reifencord m ‖ ~ **failure** (Autos) / Plattfuß m, Reifenpanne f (im Allgemeinen) ‖ ~ **gauge** (Autos) / Luftdruckprüfer m, Reifenfülldruckmesser m, Reifendruckmesser m ‖ ~ **inflating pressure** (Autos) / Reifenfülldruck m, Reifendruck m, Reifenluftdruck m ‖ ~ **inner liner** (Autos) / Innengummi m (in Reifen), Innenseele f, Kappe f (bei schlauchlosen Reifen) ‖ ~ **installation** (Autos) / Reifenmontage f ‖ ~ **iron** (Autos, Tools) / Montierhebel m, Montagehebel m, Reifenmontiereisen n, Montiereisen n ‖ ~ **lever** (Autos, Tools) / Montierhebel m, Montagehebel m, Reifenmontiereisen n, Montiereisen n ‖ ~ **mounting** (Autos) / Reifenmontage f ‖ ~ **noise** (Autos) / Abrollgeräusch n (des Reifens), Rollgeräusch n (des Reifens) ‖ ~ **pressure** (Autos) / Reifenfülldruck m, Reifendruck m, Reifenluftdruck m

**tyre-pressure check** (Autos) / Reifendruckprüfung f

**tyre profile** (Autos) / Höhen-/Breiten-Verhältnis n (bei Reifen), HB (Höhen-/Breiten-Verhältnis bei Reifen), Querschnittsverhältnis n (bei Reifen), Höhe/Breite-Verhältnis n ‖ ~ **pump** (Autos) / Reifenpumpe f ‖ ~ **rolling mill** (Met, Rail) / Radreifenwalzwerk n, Bandagenwalzwerk n ‖ ~ **rotation** (Autos) / Rädertausch m (bei ungleichmäßigem Reifenverschleiß) ‖ ~ **rubber** (Chem Eng) / Tyre Rubber n (Allzweck-NK-Typ mit guten Verarbeitungseigenschaften, ursprünglich für die Reifenindustrie entwickelt), Reifenkautschuk m

**tyres** pl (Autos) / Bereifung f

**tyre shoulder** (Autos) / Reifenschulter f (Übergang der Lauffläche zur Seitenwand) ‖ ~ **size designation** (Autos) / Reifenkennzahl f ‖ ~ **slip** (Autos) / Reifenschlupf m ‖ ~ **slip angle** (Autos) / Schräglaufwinkel m (Abweichung der Reifenrollrichtung von der Reifenumfangsrichtung durch Einwirkung von Querkräften, vor allem beim Kurvenfahren) ‖ ~ **squeal** (Autos) / Reifenquietschen n ‖ ~ **textiles**\* (Autos, Textiles) / Reifenkord m, Reifencord m ‖ ~ **tube** (Autos) / Schlauch m ‖ ~ **valve thread** (Autos) / Reifenventilgewinde n ‖ ~**-wear indicator** (Autos) / Reifenverschleißanzeiger m

**tyre-wheel** n (Autos) / Rad n (Felge + aufgezogener Reifen)

**tyre yarn** (Autos, Textiles) / Kordgarn n, Reifengarn n (Kord)

**Tyrian purple** / Tyrischer Purpur, Antiker Purpur

**tyrocidin** n (Chem, Pharm) / Tyrocidin n (von Bacillus brevis produziertes Peptidantibiotikum)

**tyrocidine** n (Chem, Pharm) / Tyrocidin n (von Bacillus brevis produziertes Peptidantibiotikum)

**Tyrode's solution** (Pharm) / Tyrode-Lösung f (Ersatzlösung für Gewebsflüssigkeit nach M.V. Tyrode, 1878 - 1930)

**Tyrolean finish** (a rough-textured plaster finish for an exterior wall) (Build) / Wurfrauputz m (ein Außenputz auf einer Trockenputzschicht) ‖ ≙ **larch** (For) / Europäische Lärche, Gemeine Lärche (Larix decidua Mill.)

**tyrosinase** n (Biochem) / Tyrosinase f, Phenolase f

**tyrosine**\* n (Biochem) / Tyrosin n, L-Tyrosin n, Tyr (eine nicht essentielle proteinogene Aminosäure)

**tyrothricin** n (Chem, Pharm) / Tyrothricin n (von Bacillus brevis produziertes Peptidantibiotikum)

**tysonite** n (Min) / Fluocerit m, Tysonit m

**Tyton joint** (Eng) / Tyton-Muffe f (DIN 28516)

**tyuyamunite** n (a yellowish earthy mineral which is an ore of uranium) (Min) / Tujamunit m (ein Uranglimmer), Tyuyamunit m, Tjujamunit m

# U

**U** (uranium) (Chem) / Uran *n*, U (Uran)
**U** (Chem Eng) / U (nach DIN-ISO 1629 ein Gruppenbuchstabe für Kautschuke mit Kohlenstoff, Sauerstoff und Stickstoff in der Polymerkette)
**u*** (Nuc) / atomare Masseeinheit, u (atomare Masseeinheit), AME (der zwölfte Teil der Masse eines Atoms des Nuklids $^{12}C$)
**U, no ⁓ turns** (Autos) / Wendeverbot *n* (ein Verkehrszeichen)
**U3A** (university of the third age) / (entspricht etwa) Volkshochschule für Rentner und ältere Arbeitslose
**UA** (unnumbered acknowledgement) (Comp, Telecomm) / Bestätigung *f* ohne Folgenummer (Protokoll) ‖ ⁓ (user agent) (Comp, Telecomm) / End-Systemteil *m* (Mitteilungsübermittlung)
**UART** (universal asynchronous receiver/transmitter) (Comp) / UART *m* (Schnittstelle zur asynchronen bitseriellen Ein- und Ausgabe von Daten, z.B. in ein Mikroprozessorsystem oder aus diesem)
**ubac** *n* (Geog, Geol) / Schattenseite *f* (eines Berges)
**U-band specimen** (Materials) / Bügelprobe *f* (für eine Korrosionsprüfung)
**Ubbelohde apparatus** (Chem) / Tropfpunktapparat *m* nach Ubbelohde (nach L. Ubbelohde, 1876 - 1964) ‖ ⁓ **apparatus** (Chem) s. also drop-point apparatus ‖ ⁓ **viscometer** (Phys) / Ubbelohde-Viskosimeter *n* (DIN 51562)
**U-bend** *n* (Plumb) / Doppelkrümmer *m*, Umkehrbogen *m*, Doppelbogen *m* (180°), U-Bogen *m* ‖ ⁓* (San Eng) / Trap *m*, Geruchsverschluss *m*, Geruchsverschluss *m*, Siphon *m*, U-Verschluss *m*
**U-bending** *n* (Eng) / Biegen *n* im U-Gesenk
**U-bend specimen** (Materials) / Bügelprobe *f* (eine Probeform)
**ubiquinone*** *n* (Biochem) / Koenzym *n* Q, Ubichinon *n*, Coenzym *n* Q
**ubiquist** *n* (Bot, Ecol, Zool) / Ubiquist *m* (pl. -en) (an kein bestimmtes Biotop gebundene Pflanzen- oder Tierart)
**ubiquitin** *n* (Biochem) / Ubiquitin *n* (ATP-abhängiger Proteolysefaktor 1)
**ubiquitous** *adj* (Min) / ubiquitär *adj* (überall vorkommend, verbreitet) ‖ ⁓ **mineral** (Min) / Durchläufer *m* (Mineral, das in mehreren Tiefenstufen der Metamorphose auftritt - als Gegensatz zum typomorphen Mineral)
**U-bolt** *n* (Eng) / Gleichschelle *f* (als Rohrunterstützung)
**U-bolt*** *n* (Autos) / Bügelschraube *f* (DIN 918)
**UBS** (urea bisulphite solubility) (Chem, Textiles) / Harnstoff-Bisulfit-Löslichkeit *f*, HBL (Harnstoff-Bisulfit-Löslichkeit)
**UC** (unit call) (Teleph) / Gesprächseinheit *f*
**U-centre** *n* (Crystal, Electronics) / U-Zentrum *n* (mit eingebauten H⁻-Ionen)
**U-chamber** *n* (Chem) / U-Kammer *f* (in der Chromatografie)
**UC mill** (Met) / UC-Gerüst *n* (ein Sechs-Walzen-Gerüst mit einer positiven und einer negativen Arbeitswalzen- und Zwischenwalzenbiegung)
**ucuuba butter** / Ucuhubafett *n*, Okubawachs *n*, Bicuhybafett *n* (aus den Samen des baumförmigen Muskatnussgewächses Virola officinalis, das v. a. für die Kerzen- und Seifenherstellung verwendet wird) ‖ ⁓ **butter** s. also virola butter ‖ ⁓ **oil** / Ucuhubafett *n*, Okubawachs *n*, Bicuhybafett *n* (aus den Samen des baumförmigen Muskatnussgewächses Virola officinalis, das v. a. für die Kerzen- und Seifenherstellung verwendet wird) ‖ ⁓ **tallow** / Ucuhubafett *n*, Okubawachs *n*, Bicuhybafett *n* (aus den Samen des baumförmigen Muskatnussgewächses Virola officinalis, das v. a. für die Kerzen- und Seifenherstellung verwendet wird)
**U-cylinder engine** (I C Engs) / U-Motor *m* (Zweitaktmotor mit zwei Kolben, die in parallelen Zylindern laufen und einen gemeinsamen Verbrennungsraum haben)
**UDC** (Universal Decimal Classification) / Universale Dezimalklassifikation
**udder*** *n* (Agric) / Euter *n* ‖ ⁓ **douche** (Agric) / Euterbrause *f*
**UDMH** (unsymmetrical dimethyl hydrazine) (Chem, Space) / 1,1-Dimethylhydrazin *n*, unsymmetrisches Dimethylhydrazin (Raketentreibstoff), UDMH
**udometer** *n* (Meteor) / Niederschlagsmesser *m*, Regenmesser *m*, Pluviometer *n*, Hyetometer *n*, Ombrometer *n*, Udometer *n*
**UDP** (uridine 5'-diphosphate) (Biochem) / Uridin-5'-diphosphat *n*, UDP (Uridin-5'-diphosphat) ‖ ⁓ (user datagram protocol) (Telecomm) / User-Datagramm-Protokoll *n* (verbindungsloses Anwendungsprotokoll zum Transport von Datagrammen der IP-Familie)
**U duct** (system) (Build) / U-Duct-System *n* (doppelschenklige Bauweise eines Luft-Abgas-Schornsteines, bei dem die Verbrennungsluft über einen senkrechten Schacht, der vom Dach des Gebäudes ausgeht, zugeführt und das Abgas-Luft-Gemisch über einen Schornstein, der mit dem Schacht verbunden ist, abgeführt wird)
**UE** (user equipment) (Teleph) / UMTS-Endgerät *n* (ein 3G-Endgerät, das einem Nutzer den Zugriff auf die Dienste eines UMTS-Netzes ermöglicht)
**Uehling force** (Phys) / Uehling'sche Wechselwirkungskraft (der Moleküle)
**UEL** (upper explosive limit) (Chem, Mil) / obere Explosionsgrenze
**UF** (ultrafiltration) (Chem Eng) / Ultrafiltration *f* (Molekularfiltration - ein Verfahren der Membrantrenntechnik), UF (Ultrafiltration) ‖ ⁓ **adhesive** (For) / Harnstoff-Formaldehydklebstoff *m* ‖ ⁓ **foam** (Plastics) / Harnstoffharzschaum *m*, UF-Schaum *m*
**UFO** (unidentified flying object) (Astron) / fliegendes Objekt unbekannter Herkunft, fliegende Untertasse, UFO *n* (pl. -s), Ufo *n* (pl. -s)
**ufology** *n* / Ufologie *f*, Studium *n* der fliegenden Objekte unbekannter Herkunft
**UF resins** (Plastics) / Harnstoff-Formaldehydkondensate *n pl*, Harnstoff-Formaldehydharze *n pl*, Harnstoffharze *n pl* (DIN 7728-1), UF (Harnstoffharze nach DIN 7728-1)
**UG** (user group) (Comp) / Benutzergruppe *f*, Anwendergruppe *f*
**Uganda mahogany*** (For) / Khaya-Mahagoni *n* (meistens aus Khaya anthotheca (Welw.) C. DC.), Acajou blanc *n* ‖ ⁓ **mahogany*** (For) s. also khaya
**U-gauge** *n* (Phys) / U-Rohr-Manometer *n* (ein Flüssigkeitsmanometer)
**Ugi-four-component reaction** (Chem) / Ugi-Vierkomponentenreaktion *f* (nach I.K. Ugi, geb. 1930)
**Ugi reaction** (Chem) / Ugi-Reaktion *f* (bei der Kondensation)
**Ugli fruit** (a mottled green and yellow citrus fruit which is hybrid of a grapefruit and a tangerine) (Bot, Nut) / Ugli *n* (pl. -s)
**ugrandite*** *n* (Min) / Ugrandit *m* (Mischkristallreihe: Uwarowit + Grossular + Andradit)
**U-groove weld** (Welding) / Kelchnaht *f*, U-Naht *f*, Tulpennaht *f*
**UHF*** (Radio) / Ultrahochfrequenz *f*, UHF (300 MHz - 3 GHz) (zwischen 300 und 3000 MHz) ‖ ⁓ **antenna** (Radio) / Deziantenne *f*, UHF-Antenne *f* ‖ ⁓ **burner** (Eng) / UHF-Brenner *m* (ein Plasmabrenner)
**UHP electric steel plant** (Met) / UHP-Elektrostahlwerk *n*
**U.H.T.** (ultra-high temperature) (Phys) / Ultrahochtemperatur *f*
**UHT** (ultra-high temperature) (Phys) / Ultrahochtemperatur *f* ‖ ⁓ **milk** (Nut) / Haltbare Milch, H-Milch, UHT-Milch *f* ‖ ⁓ **sterilization** (Nut) / Ultrahocherhitzung *f* (z.B. Uperisation)
**UHV** (ultra-high vacuum) (Electronics, Vac Tech) / Ultrahochvakuum *n*, Höchstvakuum *n*, UHV (Ultrahochvakuum)
**uhv transformer** (Elec Eng) / Leistungstransformator *m* für ultrahohe Spannungen (1000 - 2000 kV)
**UI** (unemployment insurance) / Arbeitslosenversicherung *f*
**U-ing press** (Welding) / Vorrundepresse *f*, U-Presse *f* (für Längsnahtrohre)
**uintahite** *n* (Min) / Gilsonit *m* (ein Naturasphalt), Uintait *m*
**uintaite*** *n* (Min) / Gilsonit *m* (ein Naturasphalt), Uintait *m*
**UIO** (user-oriented input/output) (Comp) / anwenderorientierte Ein-/Ausgabe, anwenderorientierte E/A
**UIR** (upper flight-information region) (Aero) / oberes Fluginformationsgebiet (in dem Fluginformations- und Alarmdienst ausgeübt werden)
**UJ** (universal joint) (Eng) / Kreuzgelenk *n* mit zwei Bewegungsfreiheiten, Universalgelenk *n*
**U-joint** *n* (Eng) / Kreuzgelenk *n* mit zwei Bewegungsfreiheiten, Universalgelenk *n* ‖ ⁓ (Tools) / Kardangelenk *n* (Verbindungsteil für Steckschlüsseleinsätze), Gelenkstück *n* (für Steckschlüsseleinsätze)
**UJT** (unijunction transistor) (Electronics) / Unijunktion-Transistor *m*, Unijunction-Transistor *m*, Doppelbasistransistor *m*, Doppelbasisdiode *f*
**UL** (Underwriters' Laboratory) / Labor *n* der amerikanischen Versicherungsträger
**ULA** (uncommitted logic array) (Electronics) / ULA-Array *n*, Array *n* mit unbestimmter Logik, unverdrahtete, aus Standardzellen bestehende Logikschaltungen, freie logische Anordnung, nicht gebundene logische Anordnung
**Ulbricht sphere** (Light) / Ulbricht'sche Kugel (ein Teil des Integralfotometers nach F.R. Ulbricht, 1849-1923)
**U.L.C.C.** (ultra-large crude carrier) (Oils, Ships) / Rohöl-Supertanker *m* mit > 320 000 tdw.
**U-leather** *n* (Eng) / Nutringmanschette *f* (lederne), Topfmanschette *f* ‖ ⁓ *n* (Eng) / Ledermanschette *f* (eine Manschettendichtung) ‖ ⁓ *n* (Eng) s. also cup leather and U-packing

**ULEV** (ultra-low emission vehicle) (Autos) / besonders abgasarmes Auto, Niedrigst-Emissionen-Fahrzeug n
**ulexine** n (Chem, Pharm) / Laburnin n, Zytisin n (Alkaloide aus Laburnum anagyroides Medik., Sophora japonica, L., Baptisia tinctoria (L.) Vent. und Ulex europaeus L.), Cytisin n, Sophorin n, Baptitoxin n, Ulexin n
**ulexite*** n (Min) / Boronatrocalcit m, Ulexit m (nach G.L. Ulex, 1811-1883), Fernsehstein m, Boronatrokalzit m
**Ulich's approximation formula** (Heat) / Ulich'sche Näherung (Näherungsgleichung zur thermodynamischen Berechnung der Massenwirkungskonstanten - nach H. Ulich, 1895 - 1945)
**uliginose*** adj (Bot) / moorliebend adj, sumpfliebend adj
**uliginous*** adj (Bot) / moorliebend adj, sumpfliebend adj
**U-link*** n (Telecomm) / Kurzschlussbügel m
**ullage** n (Brew) / Restbier n || ~* (Ships) / Ullage f (Abstand von Unterkante Tankdeck bis zur Oberfläche einer Tankladung) || ~ (Ships) / Ullage f (Flüssigkeitsverlust durch Auslaufen, auch beschädigte Güter)
**ullaged** adj (Nut) / mit Deckengeschmack (Wein), kahmig adj (Wein)
**ullage space** (Aero) / Tankleerraum m, Ausdehnungsraum m (im Tank)
**ullmanite*** n (Min) / Ullmannit m (Nickelantimonsulfid), Antimonnickelglanz m, Antimonnickelkies m
**Ullmann reaction** (Chem) / Ullmann-Reaktion f (nach F. Ullmann, 1875-1939)
**Ulloa's ring** (Astron) / Bouguer-Halo m (ein zarter kreisförmiger Lichtbogen um den Gegenpunkt der Sonne mit einem Radius von etwa 39°)
**ulmic acid** (Chem, Geol) / vergelte Pflanzensubstanz, Humin n, Ulmin n
**ulmin** n (Chem, Geol) / vergelte Pflanzensubstanz, Humin n, Ulmin n
**ulminite** n (Mining) / Ulminit n (ein Kohlemazeral)
**ULMS** (Mil) / unterwassergestütztes Flugkörpersystem großer Reichweite
**ULSI** (ultra-large-scale integration) (Electronics) / Integrationsgrad m ULSI, extrem hoher Integrationsgrad (ab $10^8$ Grundfunktionen pro Chip), ULSI-Integrationsgrad m, GSI-Integrationsgrad m
**ulster** n (Textiles) / Ulster m (ein Herrenwintermantel - vom Chesterfield durch gesteppte Kanten und oft durch aufgesetzte Taschen zu unterscheiden)
**ultimate** adj / grundlegend adj, wesentlich adj (grundlegend), elementar adj || ~ / entlegenst adj, entferntest adj || ~ **analysis*** (Chem) / Elementaranalyse f (Verfahren zur Ermittlung der Gewichtsprozente chemischer Elemente in einer organischen Verbindung) || ~ **biodegradation** (Chem, Ecol) / vollständiger biologischer Abbau || ~ **consumer** / Endverbraucher m, Letztverbraucher m || ~ **disposal** (Nuc Eng) / Endlagerung f || ~ **elongation** f (Eng) / Bruchdehnung f (Dehnung nach dem Bruch in % der Anfangslänge - DIN 50145) || ~ **gum** / Potential Gum n, potentieller Gum, mögliches Harz (bei der Prüfung der Zunahme des Abdampfrückstandes nach künstlicher Alterung in der Wärme unter Sauerstoffdruck) || ~ **gust** (Aero) / Bruchbö f || ~ **limit-switch*** (Elec Eng) / Endausschalter m (bei Aufzügen) || ~ **line** (Spectr) / Restlinie f (in der Spektralanalyse), Nachweislinie f, letzte Linie (zum Nachweis eines Elementes in einem Gemisch) || ~ **load*** (Aero) / Bruchlast f || ~ **magnification** / Grenzvergrößerung f || ~ **particle** / Kleinstteilchen n || ~ **pressure** (Vac Tech) / Enddruck m || ~ **recovery** (Oils) / Gesamtausbeute f (einer Bohrung, einer Lagerstätte) || ~ **resilience** (Mech) / Brucharbeitsvermögen n || ~ **shear strength** (Materials, Mech) / Abscherfestigkeit f, Scherfestigkeit f (DIN 18137) (Verhältnis von größter Scherkraft zu abgescherter Fläche), Schubfestigkeit f || ~ **storage** (Nuc Eng) / Endlagerung f || ~ **storage facility** (Nuc Eng) / Endlager n (für radioaktive Abfälle) || ~ **strength** (in a fracture test) (Materials, Mech) / Bruchfestigkeit f (auf den ursprünglichen Probenquerschnitt bezogene größte Spannung, die den Bruch hervorgerufen hat), Bruchgrenze f || ~ **stress** (Mech) / Grenzspannung f (mechanische) || ~ **tensile strength** (Materials) / Zugfestigkeit f (die beim Zugversuch auftretende Höchstkraft geteilt durch den ursprünglichen Querschnitt - z.B. DIN EN 10 113, in N/mm²), Zerreißfestigkeit f (Zugdehnung) || ~ **vacuum** (Vac Tech) / Endvakuum n || ~ **viscosity** (Phys) / Gleichgewichtsviskosität f (DIN 1342, T 1)
**ultisol** n (Agric, Geol) / Ultisol m, Acrisol m, Akrisol m
**ultor*** n (Electronics) / Endanode f, Hochspannungsanode f
**ultra-accelerator** n (Chem Eng) / Ultrabeschleuniger m (z.B. Zinkethylphenyldithiokarbamat)
**ultra-audible frequency** n (Acous) / unhörbar hohe Frequenz, Frequenz, die oberhalb des für Musik oder Sprache benutzten Frequenzbereichs liegt
**ultrabasic** adj (Geol) / ultrabasisch adj (extrem geringen Kieselsäuregehalt aufweisend - magmatische Gesteine)
**ultrabasic rock*** (Geol) / Ultrabasit m, ultrabasisches Gestein (Erstarrungsgestein mit einem $SiO_2$-Gehalt von weniger als 45%)

**ultra-bright** adj (Textiles) / hochglänzend adj (Faser)
**ultracentrifuge*** n (Chem) / Ultrazentrifuge f (höchsttourige Zentrifuge - präparative oder analytische)
**ultraclean room** (Electronics) / Reinstraum m
**ultracold neutron** (Nuc Eng) / ultrakaltes Neutron
**ultrafast reaction** (Chem) / sehr schnelle Reaktion
**ultrafiche** n (Comp, Print) / Ultrafiche n m, Ultramikrofiche n m
**ultrafilter** v (Chem Eng) / ultrafiltrieren v, durch Ultrafilter filtrieren || ~ n (Maths) / Ultrafilter n
**ultrafiltration*** n (Chem Eng) / Ultrafiltration f (Molekularfiltration - ein Verfahren der Membrantrenntechnik), UF (Ultrafiltration)
**ultrafine** adj / feinst adj || ~ **sand** / Feinstsand m (bis 0,25 mm Korngröße) || ~ **titanium dioxide** (Paint) / nichtpigmentäres Titandioxid, mikronisiertes Titandioxid
**ultraforming** n (Oils) / Ultraformen n, Ultraforming n (eine Abart des katalytischen Reformierens)
**ultrahaline** adj (Geol) / hypersalin adj
**ultraharmonic** adj (Acous) / ultraharmonisch adj || ~ **resonance** (Acous, Mech) / ultraharmonische Resonanz
**ultra-heat treated milk** (Nut) / haltbare Milch, H-Milch f, UHT-Milch f || ~ **treatment** (Nut) / Ultrahocherhitzung f (z.B. Uperisation)
**ultra-high by-pass** (Aero) / großer Nebenstrom (z.B. bei den Propfan-Triebwerken)
**ultra-high frequency*** (Radio) / Ultrahochfrequenz f, UHF (300 MHz - 3 GHz) (zwischen 300 und 3000 MHz)
**ultra-high-level programming language** (Comp) / Programmiersprache f höchsten Niveaus
**ultra-high-performance** attr / Höchstleistungs-
**ultra-high-power** attr / Höchstleistungs-
**ultra-high resolution** (Comp) / besonders hohes Auflösungsvermögen (ein Grafikstandard mit zurzeit 2048 x 1536 Pixeln)
**ultra-high-rise building** (Build) / Hochhaus n höchster Klasse (z.B. Sears Tower oder John Hancock Center in Chicago)
**ultra*-high temperature** (Nut) / Hitze f (bei der Ultrahocherhitzung) || ~-**high temperature** (Phys) / Ultrahochtemperatur f
**ultra-high temperature reactor** (Nuc Eng) / Ultrahochtemperaturreaktor m, Höchsttemperaturreaktor m
**ultra-high-temperature sterilization** (Nut) / Ultrahocherhitzung f (z.B. Uperisation)
**ultra-high vacuum** (0,1 μ Pa and less) (Electronics, Vac Tech) / Ultrahochvakuum n, Höchstvakuum n, UHV (Ultrahochvakuum)
**ultra-high-voltage transformer** (Elec Eng) / Leistungstransformator m für ultrahohe Spannungen (1000 - 2000 kV)
**ultrahistochemistry** n (Chem, Micros) / Ultrahistochemie f
**ultra*-large computer** (Comp) / Größtrechner m, Jumbo-Computer m || ~-**large crude carrier** (Oils, Ships) / Rohöl-Supertanker m mit > 320 000 tdw.
**ultra-large-scale integration** (Electronics) / Integrationsgrad m ULSI, extrem hoher Integrationsgrad (ab $10^8$ Grundfunktionen pro Chip), ULSI-Integrationsgrad m, GSI-Integrationsgrad m
**ultralight** adj / superleicht adj, extrem leicht
**ultralight*** adj (US) (Aero) / ultraleicht adj (Flugzeug bis 115 kg), UL
**ultralinear*** adj (Elec Eng) / ultralinear adj, Ultralinear-
**ultra-low emission car** (Autos) / besonders abgasarmes Auto, Niedrigst-Emissionen-Fahrzeug n || ~ **emission vehicle** (Autos) / besonders abgasarmes Auto, Niedrigst-Emissionen-Fahrzeug n || ~ **volume method** (spraying) (Agric) / ULV-Verfahren n (wasserloses Versprühen von Pflanzenschutzmitteln mit nur 0,1 bis 0,6 l je ha Wirkstofflösung und Druckluft als Dispersionsmittel)
**ultramafic** adj (composed chiefly of mafic minerals) (Geol) / ultrabasisch adj (extrem geringen Kieselsäuregehalt aufweisend - magmatische Gesteine)
**ultramarine** n (Paint) / Ultramarin n (ein anorganisches Pigment) || ~ **blue** (Paint) / Ultramarinblau n (ein rötliches Blau) || ~ **yellow** (Paint) / gelbes Ultramarin (Handelsbezeichnung für Baryt- und Strontiumgelb - Ba- und Sr-Chromat), Steinbühler Gelb n (ein Chrompigment) || ~ **yellow** (Paint) / Barytgelb n, Ultramaringelb n ($BaCrO_4$)
**ultrametamorphism** n (Geol) / Ultrametamorphose f
**ultrametric** adj (Maths) / ultrametrisch adj
**ultramicroanalysis** n (pl. ultramicroanalyses) (Chem) / Submikrogrammmethode f (der Analyse), Ultramikroanalyse f
**ultramicrobalance** n (Chem) / Ultramikrowaage f, Feinstwaage f (auf der man noch eine Gewichtsdifferenz von $10^{-10}$ g ablesen kann) || ~ (Chem) s. also microbalance
**ultramicroelement** n (Chem) / Ultraspurenelement n
**ultramicrofiche** n (Comp, Print) / Ultrafiche n m, Ultramikrofiche n m
**ultramicroscope*** n (Micros, Optics) / Ultramikroskop n (ein Dunkelfeldmikroskop nach Zsigmondy und Siedentopf)
**ultramicroscopic** adj (Micros, Phys) / submikroskopisch adj (Teilchen im Lichtmikroskop)
**ultramicroscopy** n (Micros, Optics) / Ultramikroskopie f

**ultramicrotome*** n (Micros) / Ultramikrotom n
**ultramicrotrace** n (Chem) / Ultraspur f (in der Ultraspurenanalyse)
**ultramicrowave** n (Radio) / Ultramikrowelle f (300 bis 3000 GHz)
**ultraminiature camera** (Photog) / Miniaturkamera f, Kleinstbildkamera f (Bildgröße kleiner als 18x24 mm, Filmbreite 16 mm oder schmaler)
**ultrapore** n / Feinstpore f, Ultrapore f
**ultrapure** adj / von höchster Reinheit, ultrarein adj ‖ **~ water** (Chem, Pharm) / Reinstwasser n
**ultrasensitive** adj / höchstempfindlich adj, ultrasensitiv adj, von höchster Empfindlichkeit
**ultraservice alloy steel** (Met) / höchstvergüteter Legierungssonderstahl
**ultrashort waves** (Radio) / Ultrakurzwellen f pl, UKW (Ultrakurzwellen) ‖ **~ waves** (Radio) s. also very high frequencies
**ultrasonic*** adj (Phys) / US-, Ultraschall-
**ultrasonication** n (Gen) / Ultraschallaufbruch m (von Zellen), Ultraschalldesintegration f
**ultrasonic beam** (Phys) / Ultraschallstrahl m ‖ **~ bonding** (Electronics) / Ultraschallbonden n, Ultraschallkontaktierung f ‖ **~ chemistry** (Chem) / Sonochemie f, Ultraschallchemie f (Sonochemie, die sich ausschließlich mit den chemischen Wirkungen des Ultraschalls befasst ), Akustochemie f (ein Teilgebiet der physikalischen Chemie, das sich mit der Erzeugung von Schall durch chemische Reaktionen und mit der Beeinflussung chemischer Reaktionen durch Schall- und Ultraschallschwingungen befasst) ‖ **~ cleaning*** (Eng, Phys) / Ultraschallreinigung f ‖ **~ coagulation*** (Phys) / Ultraschallkoagulation f (in starken Ultraschallfeldern) ‖ **~ converter** / Ultraschallwandler m (Schallwandler zum Erzeugen von Frequenzen über 20 kHz, die damit oberhalb des Hörfrequenzbereichs liegen) ‖ **~ C-scan method** (Materials) / Ultraschall-C-Scanmethode f ‖ **~ degreasing** (Eng) / Ultraschallentfetten n ‖ **~ delay line*** (Telecomm) / Ultraschallverzögerungsleitung f ‖ **~ depth finder*** (Eng, Ships) / Ultraschall-Lot n ‖ **~ detector*** (Telecomm) / Ultraschalldetektor m ‖ **~ dispersion** (Chem) / Ultraschalldispersion f ‖ **~ drilling** (Eng) / Ultraschallbohren n ‖ **~ drying** / Ultraschalltrocknung f ‖ **~ echo sounder** (for fishing) (Ships) / Fischlupe f (ein Echolot in der Hochseefischerei) ‖ **~ energy** (Phys) / Ultraschallenergie f ‖ **~ field** (Phys) / Ultraschallfeld n ‖ **~ flaw detection** (Materials) / Ultraschallprüfverfahren n (eine zerstörungsfreie Werkstoffprüfung nach DIN EN 1330-4), Werkstoffprüfung f mit Ultraschall, US-Prüfung f, Ultraschallmaterialprüfung f, Ultraschallwerkstoffprüfung f, Ultraschalldefektoskopie f (eine Werkstoffprüfung) ‖ **~ frequency** (Acous) / Ultraschallfrequenz f, Überhörfrequenz f ‖ **~ frequency** (Telecomm) / Ultraschallfrequenz f, Überhörfrequenz f ‖ **~ frequency** (Telecomm) s. also ultra-audible frequency ‖ **~ generator*** (Phys) / Ultraschallsender m, Ultraschallquelle f, Ultraschallgenerator m, Ultraschallgeber m (magnetostriktiver, piezoelektrischer) ‖ **~ holography** (Phys) / Ultraschallholografie f, akustische Holografie, Schallwellenholografie f ‖ **~ image** (Acous, Materials) / Abbildung f durch Ultraschall (Produkt) ‖ **~ image** (Phys) / Ultraschallbild n ‖ **~ imaging** (Phys) / Ultraschallsichtverfahren n, Sonografie f, Abbildung f durch Ultraschall (Vorgang) ‖ **~ (material) inspection** (Materials) / Ultraschallprüfverfahren n (eine zerstörungsfreie Werkstoffprüfung nach DIN EN 1330-4), Werkstoffprüfung f mit Ultraschall, US-Prüfung f, Ultraschallmaterialprüfung f, Ultraschallwerkstoffprüfung f, Ultraschalldefektoskopie f (eine Werkstoffprüfung) ‖ **~ irradiation** (Phys) / Ultraschallbestrahlung f ‖ **~ location** (Materials) / Ultraschallortung f (Ortsbestimmung von Inhomogenitäten und Phasengrenzen im sonst homogenen Schallausbreitungsmedium durch die Erfassung der von diesen Stellen zu einem Sender reflektierten Ultraschallwellen) ‖ **~ machining*** (Eng) / Ultraschall(metall)bearbeitung f, Ultraschallabtragung f ‖ **~ material testing** (Materials) / Ultraschallprüfverfahren n (eine zerstörungsfreie Werkstoffprüfung nach DIN EN 1330-4), Werkstoffprüfung f mit Ultraschall, US-Prüfung f, Ultraschallmaterialprüfung f, Ultraschallwerkstoffprüfung f, Ultraschalldefektoskopie f (eine Werkstoffprüfung) ‖ **~ metal inspection** (Materials) / Prüfung f (von metallischen Werkstoffen) mit Ultraschall, Ultraschallprüfung f von metallischen Werkstoffen ‖ **~ metal testing** (Materials) / Prüfung f (von metallischen Werkstoffen) mit Ultraschall, Ultraschallprüfung f von metallischen Werkstoffen ‖ **~ microscope** (Materials, Micros) / Ultraschallmikroskop n, U-Schall-Mikroskop n, akustisches Mikroskop, Akustomikroskop n (mit Eindringtiefen bis 10 mm unter die Oberfläche) ‖ **~ processing** (Eng) / Ultraschallverfahren n (beim Reinigen und Fügen) ‖ **~ removal** (Eng) / Ultraschall(metall)bearbeitung f, Ultraschallabtragung f
**ultrasonics*** n (Phys) / Ultraschall-Lehre f
**ultrasonic scanning** (Materials) / Abtasten n mit Ultraschall ‖ **~ sealing** (Plastics) / Ultraschallschweißen n ‖ **~ sensor** / Ultraschallsensor m (der nach dem Impuls-Echo-Prinzip arbeitet) ‖ **~ soldering*** (Eng) / Ultraschall-Löten n (bei dem der Lötkolben oder ein Tauchbad mittels Ultraschall in mechanische Schwingungen versetzt wird) ‖ **~ stroboscope*** (Eng) / Ultraschallstroboskop n (Einrichtung zur Modulation einer Lichtwelle durch eine stehende Ultraschallwelle der Frequenz $f_s$) ‖ **~ testing*** (Materials) / Ultraschallprüfverfahren n (eine zerstörungsfreie Werkstoffprüfung nach DIN EN 1330-4), Werkstoffprüfung f mit Ultraschall, US-Prüfung f, Ultraschallmaterialprüfung f, Ultraschallwerkstoffprüfung f, Ultraschalldefektoskopie f (eine Werkstoffprüfung) ‖ **~ therapy** (Med) / Ultraschallbehandlung f, Ultraschalltherapie f ‖ **~ tomography** (Materials, Med) / Ultraschalltomografie f ‖ **~ transducer** / Ultraschallwandler m (Schallwandler zum Erzeugen von Frequenzen über 20 kHz, die damit oberhalb des Hörfrequenzbereichs liegen) ‖ **~ transmitter** / Schallkopf m (eines Ultraschallgerätes) ‖ **~ waste-water treatment** (San Eng) / Ultraschall-Abwasserreinigung f ‖ **~ waves** (Phys) / Ultraschallwellen f pl ‖ **~ welding*** (Plastics, Welding) / US-Schweißen n, Ultraschallschweißen n (ein Kaltpressschweißverfahren nach DIN 1910, T 2)
**ultrasonogram** n (Materials, Med) / Ultraschallbild n, Sonogramm n, Echogramm n
**ultrasonography*** n (Med, Radiol) / Ultrasonografie f
**ultrasound*** n (Phys) / Ultraschall m (DIN 1320), Überschall m, US (Ultraschall) ‖ **~ therapy** (Med) / Ultraschallbehandlung f, Ultraschalltherapie f
**ultrastability** n (Phys) / Ultrastabilität f (sich selbst erhaltende Stabilität eines Systems)
**ultrastructure*** n (Biol) / Ultrastruktur f
**ultrathin** adj / ultradünn adj ‖ **~ copper foil** (Electronics, Met) / Dünnschichtkupferfolie f, ultradünne Kupferfolie ‖ **~ strip** (Met) / Dünnstband n
**ultratrace** (Chem) / Ultraspur f (in der Ultraspurenanalyse) ‖ **~** (Chem) / Ultraspur f, kleinste nachweisbare Spur ‖ **~** (Chem) / kleinste nachweisbare Spur ‖ **~ analysis** (Chem) / Ultraspurenanalyse f (bis hinab in den Femtogrammbereich) ‖ **~ element** (Chem) / Ultraspurenelement n ‖ **~ range** (femtograms) (Chem) / Ultraspurenbereich m, Femtogrammbereich m
**ultraviolet** n (Phys) / UV-Strahlung f, Ultraviolettstrahlung f (DIN 5031, T 7), ultraviolette Strahlung ‖ **~*** adj (Phys) / Ultraviolett-, ultraviolett adj, UV (ultraviolett) ‖ **~ absorber** / Lichtschutzmittel n
**ultraviolet-absorbing filter** (Photog) / UV-Sperrfilter n, UV-Filter n, UV-Absorptionsfilter n, Ultraviolettfilter n, Ultraviolettsperrfilter n
**ultraviolet absorption** (Phys) / UV-Absorption f, Ultraviolettabsorption f ‖ **~ and visible spectroscopy** / UV-VIS-Spektroskopie f, UVS-Spektroskopie f ‖ **~ astronomy*** (Astron) / UV-Astronomie f, Ultraviolettastronomie f (Untersuchung astronomischer Objekte unter Ausnutzung ihrer ultravioletten Strahlung, z.B. mit dem Hubble-Weltraum-Teleskop) ‖ **~ catastrophe** (Phys) / Ultraviolettkatastrophe f ‖ **~ cell*** (Electronics) / Ultraviolettfotozelle f ‖ **~ curing** (Paint, Plastics) / UV-Härtung f ‖ **~ curing** (Paint) / UV-Strahlen-Trocknung f, Ultraviolettärtung f ‖ **~ detector** / UV-Detektor m (Fotodetektor, dessen spektrale Empfindlichkeit im UV-Bereich liegt), Ultraviolettdetektor m ‖ **~ divergence** (Phys) / UV-Divergenz f, Ultraviolettdivergenz f ‖ **~ erasable PROM** (Comp) / UV-löschbares PROM ‖ **~ fibre optics** (Optics) / Faseroptik f für Ultraviolett ‖ **~ irradiation** (Med) / UV-Bestrahlung f, Ultraviolettbestrahlung f ‖ **~ lamp** / UV-Lampe f, Ultraviolettlampe f
**ultraviolet-light laser** (Phys) / UV-Laser m, Uvaser m (der Strahlung im ultravioletten Spektralgebiet emittiert), Ultraviolettlaser m
**ultraviolet lithography** (Electronics) / Ultraviolettlithografie f, UV-Lithografie f ‖ **~ microscope*** (Micros) / UV-Mikroskop n, Ultraviolettmikroskop n (in dem die zu untersuchenden Objekte mit ultravioletter Strahlung abgebildet werden) ‖ **~ microscopy** (Micros) / UV-Mikroskopie f, Ultraviolettmikroskopie f ‖ **~ photoelectron spectroscopy** (Spectr) / UV-Fotoelektronenspektroskopie f, Ultraviolett-Fotoelektronenspektroskopie f ‖ **~ photoelectron spectroscopy** (Spectr) / Fotoelektronenspektroskopie f mit kurzwelligem UV-Licht als Sonde ‖ **~ photography** (Photog) / Ultraviolettfotografie f ‖ **~ radiation*** (Phys) / UV-Strahlung f, Ultraviolettstrahlung f (DIN 5031, T 7), ultraviolette Strahlung ‖ **~ radiation in erythemal region** (Phys) / UV-B-Strahlung f, Dornostrahlung f (280 bis 315 nm - nach C. Dorno, 1865-1942), mittleres Ultraviolett (DIN 5031, T 7), UV-B n (mittleres Ultraviolett) ‖ **~ radiation transmitting glass** (Glass) s. also uviol glass ‖ **~ radiator** (Phys) / UV-Strahler m, Ultraviolettstrahler m (eine Strahlungsquelle, die Strahlung unterhalb 400 nm liefert) ‖ **~ spectroscopy*** (Spectr) / UV-Spektroskopie f, Ultraviolettspektroskopie f ‖ **~ spectrum** (Spectr) / ultraviolettes Spektrum

**ultraviolet-transmitting**

**ultraviolet-transmitting** adj (Phys) / UV-durchlässig adj, ultraviolettdurchlässig adj
**ultraviolet** (radiation) **transmitting glass** (Glass) / UV-Glas n, ultraviolettdurchlässiges Glas
**ultravisible** adj (Micros) / ultravisibel adj || ~ (Micros) s. also submicroscopic
**ultra white** adj / ultraweiß adj, hochweiß adj
**ultra-white bright** (Textiles) / hochweiß glänzend (Faser) || ~ **dull** (Textiles) / hochweiß matt (Faser)
**ultrawide-angle lens** (Photog) / Überweitwinkelobjektiv n, Superweitwinkelobjektiv n (Bildwinkel meistens größer als 100°)
**ultrawide-band radar** (Radar) / Ultrabreitbandradar m n
**ulvöspinel*** n (Min) / Ulvöspinell m (der sich als feinstes Entmischungsprodukt in vielen "Titanomagnetiten" findet, wo der Sauerstoff nicht zur Bildung von Ilmenit ausreichte)
**ULWC paper** (ultra-lightweight coated paper) (Paper) / ULWC-Papier n (Flächengewicht bis 50 g/m²)
**umami** adj (a category of taste in food /besides sweet, sour, salt, and bitter/, corresponding to the flavour of glutamates, especially monosodium glutamate) (Nut) / Umami- (eine Geschmacksnote)
**umbel*** n (Bot) / Dolde f
**umbelliferrone** n (Chem) / Skimmetin n, Hydrangin n, Umbelliferron n (ein Hydroxykumarin)
**umber** n (Paint) / Römischbraun n, Umbra f, Umber m, Erdbraun n, Umbrabraun n
**umbilical** n (Maths) / Nabelpunktlinie f, Umbilikale f, Ombilikale f || ~ (Space) / Speisekabel n || ~ **connector** (Electronics) / Abreißsteckverbinder m, Nabelsteckverbinder m (z.B. bei Raketen) || ~ **cord*** (Space) / Speisekabel n || ~ **line** (Maths) / Nabelpunktlinie f, Umbilikale f, Ombilikale f || ~ **point*** (Maths) / Nabelpunkt m (bei Krümmungen, bei Rotationskörpern) || ~ **tower** (Space) / Kabelturm m
**umbilicus** n (pl. -cuses or -lici) (Maths) / Nabelpunkt m (bei Krümmungen, bei Rotationskörpern)
**umbra*** n (pl. umbrae or umbras) (Astron) / Umbra f (der dunkle Kern der großen Sonnenflecke) || ~ (pl. umbrae or umbras) (Astron) / Kernschatten m || ~ (pl. umbrae or umbras) (Light) / Kernschatten m (zwei Schattenbilder, die sich überlappen - wenn man einen Körper mit zwei punktförmigen Lichtquellen beleuchtet)
**umbrella** n / Schirm m || ~ (Aero) / Schirmkappe f im geöffneten Zustand, Fallschirm m (geöffneter) || ~ **antenna*** (Radio) / Schirmantenne f || ~ **cloth** (Textiles) / Regenschirmstoff m, Schirmbespannstoff m, Schirmstoff m, Schirmbezugstoff m || ~ **dome** (Arch) / Faltkuppel f || ~ **dome** (Arch) / Faltkuppel f || ~ **drier** (Textiles) / Wäschespinne f (ein Trockengestell zum Trocknen von Wäsche), Wäscheschirm m || ~ **information provider** (Comp) / Umbrella-Anbieter m (beim Bildschirmtext) || ~ **pine** (For) / Pinie f (Pinus pinea L.) || ~ **roof*** (Build) / Schirmdach n
**umbrella-shaped parachute** (Aero) / Rundkappenfallschirm m, Kugelkappenfallschirm m
**umbrella tree** (For) / Schirmbaum m (im Allgemeinen) || ~ **tree** (For) / Parasolier m (Musanga smithii R.Br.), Schirmbaum m, Musanga m, Bosenge m || ~**-type alternator** (Elec Eng) / Schirmgenerator m (ein Synchrongenerator mit vertikaler Welle)
**Umkehr effect** n (Meteor) / Umkehreffekt m (der früher zur Bestimmung der vertikalen Verteilung des Ozons vom Boden aus benutzt wurde) || ~ **effect** n (Meteor) / Umkehreffekt m (der früher zur Bestimmung der vertikalen Verteilung des Ozons vom Boden aus benutzt wurde)
**umklapp process** (Phys) / Umklappprozess m (Streuprozess unter Mitbeteiligung eines Vektors im reziproken Gitter in der Impulsbilanz), U-Prozess m || ~ **process*** (Phys) / Umklappprozess m (Streuprozess unter Mitbeteiligung eines Vektors im reziproken Gitter in der Impulsbilanz), U-Prozess m
**umladung** n (Phys) / Umladung f (Übergang der Elektronen von einem neutralen Atom oder Ion auf ein anderes)
**U-moulded brick** (block) (Build, Ceramics) / U-Schale f, Ziegel-U-Schale f
**UMP** (uridine monophosphate) (Biochem) / Uridin-5'-monophosphat n, UMP (Uridin-5'-monophosphat), Uridylat n
**umpire** n (assay) (Chem, Mining) / Schiedsanalyse f || ~ **assay specimen** (Chem, Mining) / Schiedsprobe f
**umpole** v (Chem) / umpolen v
**umpolung** n (Chem) / Umpolung f (der Reaktivität) || ~ **reagent** (Chem) / Umpolungsreagens n
**UMTS** n (Universal Mobile Telecommunications System) (Teleph) / UMTS m (heutiger Standard für Handys), 3G-System n (das Mobilfunksystem der dritten Generation) || ~ **core network** (Comp, Telecomm, Teleph) / UMTS-Kernnetz n || ~ **subscriber identity module** (Teleph) / Universal Subscriber Identity Module n, USIM (Universal Subscriber Identity Module) || ~ **Terrestrial Radio Access** (Radio, Telecomm) / UMTS Terrestrial Radio Access m, UTRA n (das terrestrische UMTS-Funkschnittstellenkonzept) || ~ **Terrestrial Radio Access Network** (Radio, Teleph) / UMTS Terrestrial Radio Access Network n (das UMTS-Funkzugangsnetz, das die Teilnehmer an das UMTS-Kernnetz anbindet), UTRAN n (UMTS Terrestrial Radio Access Network - das UMTS-Funkzugangsnetz)
**umwelt*** n (Psychol) / Umwelteinflüsse m pl
**unabridged** adj (Cinema, Print) / ungekürzt adj
**unaccompanied baggage** (Aero) / unbegleitetes Gepäck
**unaffected by dry cleaning** (Textiles) / trockenreinigungsecht adj, trockenreinigungsbeständig adj, chemischreinigungsecht adj, chemischreinigungsbeständig adj || ~ **by the sense of rotation** (Phys) / drehrichtungsunabhängig adj
**unaided** adj / unbewaffnet adj, bloß adj (Auge), nackt adj || ~ **vision** (Optics) / Sehen n ohne Hilfsmittel (mit bloßem Auge)
**unaka** n (Geol) / Monadnock m (sehr großer)
**unakite** n (Geol) / Unakit m (epidotreicher Granit aus Unaka Range, östl. Tennessee)
**unalloyed** adj (Met) / unlegiert adj
**unambiguous grammar** (Comp) / eindeutige Grammatik || ~ **range** (Radar) / eindeutige Reichweite (bestimmt durch die Impulsfolgefrequenz beim Impulsradar oder Frequenzmodulation bei Dauerstrichradar)
**unappropriated profit** / Bilanzgewinn m
**unarmoured cable*** (Cables) / ungepanzertes Kabel, nichtbewehrtes Kabel
**unary*** adj (Chem, Phys) / Einstoff- || ~ (Comp) / unär adj, monadisch adj, einstellig adj (Operation)
**unassociated gas** (Geol) / Erdgas n (freies, das nicht zusammen mit Erdöl vorkommt)
**unattainable** adj / unerreichbar adj
**unattended** adj (Automation, Eng) / unüberwacht adj (ohne Eingriff des Bedienungspersonals), automatisch adj (ohne Eingriff des Bedienungspersonals), unbemannt adj || ~ (Autos) / unbewacht adj (Parkplatz) || ~ **backup** (Comp) / automatische Datensicherung || ~ **light** (Ships) / unbewachtes Feuer
**unauthorized** adj / nichtautorisiert adj, unberechtigt adj, unbefugt adj || ~ **access** (Comp) / nichtautorisierter Zugriff, unberechtigter Zugriff || ~ **claim of patent rights** / Patentberühmung f
**unavailable** adj / nichtverfügbar adj, unverfügbar adj, nicht verfügbar || ~ (Nut) / nichtverwertbar adj (Nahrungsbestandteil) || ~ **energy** (Eng) / Arbeitsverlust m bei Zustandsänderung || ~ **energy*** (Phys) / verlorene Energie (in einem irreversiblen Prozess) || ~ **time** (Comp) / nichtverfügbare (System)Zeit
**unavbl** / nichtverfügbar adj, unverfügbar adj, nicht verfügbar
**unavoidable delay** (Work Study) / arbeitsablaufbedingte Wartezeit || ~ **gas** / Kuppelgas n
**unbacked** adj (Textiles) / rückseitig nicht verstärkt, ohne Rückenverstärkung || ~ (Textiles) / ohne Rückenbeschichtung
**unbaffled** adj (Eng) / ohne strömungslenkende Leit- oder Störeinbauten (Prallflächen, Leitbleche usw.)
**unbalance** vt (Eng, Mech) / aus dem Gleichgewicht bringen || ~ n (Eng) / Laufunruhe f || ~ (Eng, Phys) / Ungleichgewicht n
**unbalanced** adj (Autos, Eng) / unausgewuchtet adj (Rad), unwuchtig adj, nicht ausgewuchtet (Rad) || ~* (Elec Eng) / unabgeglichen adj (Brücke), nicht abgeglichen (Brücke) || ~* (Elec Eng) / unsymmetrisch adj, unausgeglichen adj || ~ (Eng, Mech) / außer Gleichgewicht, unausgeglichen adj || ~ **circuit*** (Elec Eng) / unkompensierter Stromkreis || ~ **current** (Elec Eng) / Schieflaststrom m (durch Unsymmetrie verursacht) || ~ **error** (Comp) / asymmetrischer Fehler, unsymmetrischer Fehler || ~ **load** (Civ Eng, Elec Eng) / Schieflast f || ~ **load*** (Elec Eng) / unsymmetrische Belastung || ~ **motor** (Elec Eng) / Unwuchtmotor m (zum Antrieb von Schwingförderrinnen) || ~ **network*** (Elec Eng) / unsymmetrisches Netzwerk || ~ **shed** (Weaving) / unreines Fach (bei der Fachbildung) || ~ **to earth** (Elec Eng, Telecomm) / erdunsymmetrisch adj, unsymmetrisch gegen Erde || ~ **to earth** (Telecomm) / erdunsymmetrisch adj
**unbatch** v (Weaving) / abschlagen v
**unbeam** v (Weaving) / abbäumen v
**unbend** v / abschlagen v (einen Gegenstand vom Lasthaken oder eine Talje von dem Auge lösen)
**unbiased** adj (Electronics) / ohne Vorspannung, nicht vorgespannt || ~ (Stats) / unverfälscht adj (Konfidenzschätzung, Test), erwartungstreu adj (eine Punktschätzung), biasfrei adj, unbiased adj, unverzerrt adj
**unbiassed** adj (Electronics) / ohne Vorspannung, nicht vorgespannt || ~ (Stats) / unverfälscht adj (Konfidenzschätzung, Test), erwartungstreu adj (eine Punktschätzung), biasfrei adj, unbiased adj, unverzerrt adj
**unbilled gas** (US) / noch nicht abgerechnetes Gas
**unbitter** v (Nut) / entbittern v
**unblank** v (Electronics, TV) / helltasten v (nur Infinitiv und Partizip)
**unblanking** n (Electronics, TV) / Helltasten n (Vorgang, durch den der Elektronenstrahl eines Oszilloskopen nur während des Hinlaufs der Zeitablenkung sichtbar gemacht wird), Helltastung f

**unbleached** *adj* (Paper) / ungebleicht *adj* ‖ ~ (Textiles) / Roh-, ungebleicht *adj*, naturfarben *adj* ‖ ~ **board** (Paper) / Naturkarton *m* ‖ ~ **linen** (Textiles) / Rohleinen *n*
**unblended** *adj* / unvermischt *adj*, rein *adj* (unvermischt), pur *adj* (unvermischt)
**unblock** *v* / freigeben *v* (Blockierung aufheben) ‖ ~ (Eng) / die Verstopfung /des Rohres/ beseitigen ‖ ~ *n* (Eng, Rail) / entblocken *v*, entsperren *v*
**unblocked record** (Comp) / ungeblockter Satz (dessen Länge gleich der Blocklänge ist)
**unbolt** *v* (Eng) / abschrauben *v*, auseinander schrauben *v*, losschrauben *v*
**unbolted** *adj* (Nut) / ungesiebt *adj*, ungebeutelt *adj* (Mehl)
**unbonded construction** (of floor screed) (Build) / Estrich *m* auf Trennschicht (Kunststofffolie, bituminöse Pappe oder Papier - DIN 18560-1)
**unbound** *adj* (Bind) / ungebunden *adj* (nicht mit einem Einband versehen) ‖ ~ (Phys) / nicht gebunden, frei *adj*
**unbounded prestressing** (Civ Eng) / Vorspannung *f* ohne Verbund (das Spannglied einer Spannbetonkonstruktion wird im Gegensatz zum nachträglichen Verbund nicht ausgepresst) ‖ ~ **sequence** (Maths) / unbeschränkte Zahlenfolge
**unbound mode** (Electronics) / ungeführter Mode, nichtgeführter Mode (Faseroptik) ‖ ~ **variable** (Maths) / freie Variable, reelle Variable
**unbraced dome** (Build, Civ Eng) / ungegliederte Kuppel
**unbranched** *adj* (Chem) / unverzweigt *adj*, gradkettig *adj*, geradkettig *adj*, mit gerader Kette ‖ ~ **chain** (Chem) / geradlinige (unverzweigte) Kette, gerade Kette
**unbranched-chain** *attr* (Chem) / unverzweigt *adj*, gradkettig *adj*, geradkettig *adj*, mit gerader Kette
**unbranded** *adj* / anonym *adj* (Produkt) ‖ ~ s. also "no names"
**unbreakable** *adj* / bruchfest *adj*, unzerbrechlich *adj*, bruchsicher *adj* ‖ ~ (Print) / zusammenhängend *adj* (z.B. ein Seitenende, das unbedingt als Einheit abgebildet werden muss)
**unbuilt** *adj* (Build) / unbebaut *adj*, nicht bebaut
**unbuilt-on** *adj* (Build) / unbebaut *adj* (Gelände)
**unbundle** *v* (Comp) / getrennt verkaufen (ein Softwareprodukt)
**unbundling** *n* (Comp) / Unbundling *n*, getrennter Verkauf (eines Softwareprodukts), Einzelverkauf *m*, Entbündelung *f* (Aufschlüsselung aller Einzelpreise für ein DV-Systems von Seiten des Anbieters)
**unburned** *adj* / unverbrannt *adj* ‖ ~ (Build, Ceramics) / ungebrannt *adj*, roh *adj* ‖ ~ **brick** (Build) / ungebrannter Ziegel ‖ ~ **brick** (Ceramics) / Rohling *m* (Ziegel) ‖ ~ **uranium** (Nuc Eng) / nicht abgebranntes Uran
**unburnt** *adj* / unverbrannt *adj* ‖ ~ (Build, Ceramics) / ungebrannt *adj*, roh *adj* ‖ ~ **brick** (Build) / ungebrannter Ziegel
**unbutton** *v* (Build) / abbauen *v* (Nietkonstruktionen), demontieren *v* (Nietkonstruktionen) ‖ ~ (Textiles) / abknöpfen *v*
**unbuttoning** *n* (Build) / Abbau *m* von Nietkonstruktionen, Demontage *f* von Nietkonstruktionen
**UNC** (universal naming convention) (Comp) / Uniform Naming Convention *f*, Universal Naming Convention *f* (zur Benennung von nichtlokalen Ressourcen), UNC (Uniform Naming Convention) ‖ ~ (Unified National Course) (Eng) / Grobgewinde *n* (ein altes angloamerikanisches Zollgewinde)
**uncanned** *adj* (Nuc Eng) / nackt *adj* (Brennstoffelement) ‖ ~ **fuel element** (Nuc Eng) / nacktes Brennelement
**uncased** *adj* (Oils) / unverrohrt *adj* (Bohrung) ‖ ~ **concrete pile** (Civ Eng) / Bohrpfahl *m* (geschütteter, DIN 4014, T 1)
**uncertainty** *n* / Unbestimmtheit *f*, Unsicherheit *f* ‖ ~ **factor** / Unsicherheitsfaktor *m* ‖ ~ **of measurement** / Messunsicherheit *f* (ein Kennwert nach DIN ISO 10012-1) ‖ ~ **phase** (Aero) / Alarmstufe *f* 1, Bereitschaftsstufe *f* 1 ‖ ~ **principle**\* (Phys) / Heisenberg'sches Unbestimmtheitsprinzip (nach W. Heisenberg, 1901 - 1976), Unschärferelation *f*
**uncharged** *adj* (Elec Eng, Phys) / ungeladen *adj*, ladungsfrei *adj*
**unchoke** *v* / frei machen *v* (eine verstopfte Stelle)
**uncial types** (Print, Typog) / Unzialschrift *f* (für Sonderarbeiten)
**unciform**\* *adj* (Bot) / hakenförmig *adj*
**uncladded fibre** (Electronics) / mantellose Faser, Faser *f* ohne Mantel (Faseroptik)
**unclamp** *v* / entspannen *v*, lösen *v* (ein HHO)
**unclear** *adj* / unklar *adj*, undeutlich *adj* (unklar)
**uncluttered** *adj* (user interface) (Comp) / übersichtlich *adj*
**uncoated** *adj* / unbeschichtet *adj* ‖ ~ **paper** (Paper, Print) / ungestrichenes Papier (ohne Oberflächenbeschichtung), Naturpapier *n* (das sich nicht für Halbtonvorlagen eignet) ‖ ~ **stock** (Paper, Print) / ungestrichenes Papier (ohne Oberflächenbeschichtung), Naturpapier *n* (das sich nicht für Halbtonvorlagen eignet)
**uncoded** *adj* (Telecomm) / ungesichert *adj* (Nachricht)

**uncoil** *v* / abwickeln *v*, abrollen *v*, abhaspeln *v*, abspulen *v*, loswickeln *v* ‖ ~ (Chem) / entknäueln *v* (Moleküle) ‖ ~ *vi* / ablaufen *vi* (Draht beim Schutzgasschweißen oder Klebeband)
**uncombined water** (Ceramics) / mechanisch gebundenes Wasser
**uncommitted logic array** (a form of programmable logic array) (Electronics) / ULA-Array *n*, Array *n* mit unbestimmter Logik, unverdrahtete, aus Standardzellen bestehende Logikschaltungen, freie logische Anordnung, nicht gebundene logische Anordnung
**uncompetitive** *adj* / nicht konkurrenzfähig, nicht wettbewerbsfähig ‖ ~ **inhibition** (Biochem) / nichtkompetitive Hemmung, unkompetitive Hemmung
**unconcentrated wash** (Agric, Geol) / Schichterosion *f* (ein Denudationsvorgang), flächenhafte Abtragung, aquatische Denudation, Flächenerosion *f*, Flächenspülung *f* (auf relativ ebenem Gelände), Schichtfluterosion *f*, Sheet-Erosion *f*
**unconditional** *adj* / unbedingt *adj* ‖ ~ (Teleph) / nichtbedingt *adj* (Wegsuche) ‖ ~ **branch** (Comp) / unbedingter Sprung, unbedingte Verzweigung ‖ ~ **jump** (Comp) / unbedingter Sprung, unbedingte Verzweigung
**unconditionally stable**\* (Telecomm) / unbedingt stabil
**unconditional transfer** (Comp) / unbedingter Sprung, unbedingte Verzweigung
**unconfined** *adj* / einachsig *adj*, uniaxial *adj* (Zug, Druck, Dehnung), monoaxial *adj*, in einer Raumrichtung ‖ ~ (Geol) / ungespannt *adj* (Grundwasser), frei *adj* (Grundwasser) ‖ ~ **compressive strength** (Civ Eng) / einaxiale Druckfestigkeit (Boden)
**unconformable** *adj* (Geol) / ungleichförmig *adj*, diskordant *adj*
**unconformity** *n* (Geol) / Diskordanz *f* ‖ ~\* (Geol) / Schichtlücke *f* (durch Sedimentationsunterbrechung oder Erosion) ‖ ~\* (Geol, Phys) / Sprungfläche *f*, Diskontinuitätsfläche *f*, Unstetigkeitsfläche *f* ‖ ~ **trap** (Geol, Oils) / Diskordanzfalle *f*
**unconnected graph** (Comp) / nichtzusammenhängender Graf
**unconsolidated** *adj* (Civ Eng) / unverfestigt *adj* (künstlich), locker *adj* ‖ ~ **rock** (Build, Civ Eng, Geol) / Lockergestein *n*, lockeres Gestein
**unconstructed** *adj* (Textiles) / unconstructed *adj* (Bekleidungsstück ohne formerhaltende Einlagen, teils ohne Futter oder halbgefüttert)
**uncontrolled flood-protection storage** (Hyd Eng) / unbeherrschbarer Raum ‖ ~ **weir** (Hyd Eng) / Überfallwehr *n* (Wehrkrone liegt über Unterwasserspiegel), Überfall *m* (als Bauwerk)
**uncooked** *adj* (Nut) / ungekocht *adj*, Roh-, unzubereitet *adj*, roh *adj* ‖ ~ (Paper) / unaufgeschlossen *adj* (Zellstoff)
**uncooperative coal** (Fuels, Mining) / nicht brennfreudige Kohle
**uncorrected** *adj* / unberichtigt *adj* (das Messergebnis nach DIN 1319, T 1) ‖ ~ **proof** (Print, Typog) / unkorrigierter Korrekturabzug ‖ ~ **retention time** (Chem) / Gesamttretentionszeit *f* (in der Gaschromatografie)
**uncountable set** (Maths) / überabzählbare Menge, nichtabzählbare unendliche Menge
**uncoupled** *adj* (Phys) / nicht kompensiert (Spin)
**uncoupling protein** (Biochem) / Thermogenin *n*, Entkopplerprotein *n*, UCP (Entkopplerprotein)
**uncoursed masonry**\* (Build) / Bruchsteinmauerwerk *n* (aus bruchrauen, lagerhaften Steinen)
**uncover** *v* / bloßlegen *v*, abdecken *v* (Bedeckung abnehmen)
**uncracked** *adj* (Materials) / anrissfrei *adj* (Bauteil)
**unctuous** *adj* (Agric) / gar (Boden) ‖ ~ (Geol) / fettig *adj*, seifig *adj* (Gestein) ‖ ~ (Min) / schmierig *adj*
**uncurl** *v* (Textiles) / entkräuseln *v*
**uncurling** *n* (Textiles) / Entkräuselung *f*
**uncut** *adj* / ungeschliffen *adj* (Diamant) ‖ ~ / ungeschnitten *adj* ‖ ~\* (Bind) / unbeschnitten *adj* ‖ ~ (Eng) / nicht gehauen, nicht gemeißelt, nicht gefräst (Feile) ‖ ~ (Optics) / rohgerandet *adj* (Brillenglas) ‖ ~ **edges** (Bind) / unbeschnittene Kanten, unaufgeschnittene Kanten ‖ ~ **pile** (Textiles) / Schlingenflor *m* (unaufgeschnittener Flor) ‖ ~ **pile carpet** (Textiles) / Bouclé-Fußbodenteppich *m*, Schlingenflorteppich *m*, Schlingenpolteppich *m* (meist in abgepasster Form hergestellter textiler Fußbodenbelag mit geschlossenen, gleichhohen Polnoppen), Bouclé *m* (Teppich) ‖ ~ **pile fabric** (Textiles) / Schlingenflorgewebe *n*, Schlingenpolware *f* ‖ ~ **plush** (Textiles) / ungeschnittener Plüsch, gezogener Plüsch, ungeöffneter Plüsch ‖ ~ **velvet** (Textiles) / ungeschnittener Samt, gezogener Samt
**undamped** *adj* (Phys, Radio) / ungedämpft *adj* (Schwingung) ‖ ~ **natural frequency** (Phys) / Eigenfrequenz *f* in ungedämpftem Zustand, Kennfrequenz *f* ‖ ~ **oscillations**\* (Phys, Radio) / ungedämpfte Schwingungen (nicht durch äußere Einflüsse gedämpft)
**undation** *n* (Geol) / Großfaltung *f*, Undation *f* ‖ ~ **theory** (Geol) / Undationstheorie *f* (eine der Oszillationstheorie verwandte geotektonische Hypothese)
**undecanal** *n* (Chem) / Undecanal *n* (Prototyp der Parfümeriealdehyde), Undekanal *n*

**undecane** *n* (Chem) / Undecan *n* (eingesetzt z.B. als Bezugssubstanz in der Gaschromatografie), Undekan *n*, Hendekan *n*, Hendecan *n*
**undecanoic acid** (Chem) / Undecansäure *f* (Bestandteil einiger etherischer Öle), Undekansäure *f*, Hendecansäure *f*, Hendekansäure *f*, Undecylsäure *f*, Undezylsäure *f*
**undecenoic acid** (Chem, Pharm) / Undecensäure *f*, Undezensäure *f*, Hendecensäure *f*, Hendezensäure *f*, Undecylensäure *f*, Undezylensäure *f*
**undecidability** *n* (AI) / Unentscheidbarkeit *f*
**undecidable** *adj* (AI) / unentscheidbar *adj*
**undecorated** *adj* (Ceramics, Glass) / ohne Dekor, glatt *adj*
**undecylenic acid** (Chem, Pharm) / Undecensäure *f*, Undezensäure *f*, Hendecensäure *f*, Hendezensäure *f*, Undecylensäure *f*, Undezylensäure *f*
**undecylic acid** (Chem) / Undecansäure *f* (Bestandteil einiger etherischer Öle), Undekansäure *f*, Hendecansäure *f*, Hendekansäure *f*, Undecylsäure *f*, Undezylsäure *f*
**undefined error** (Comp) / unübersichtlicher Fehler
**underachievement** *n* (Work Study) / Underachievement *n* (schlechtes Abschneiden in einem bestimmten Leistungsbereich)
**underback** *n* (Brew) / Vorlaufgefäß *n* (unter Läuterbottichniveau) ǁ ~ (Brew) / Grant *m*, Läutergrant *m*, Würzegrant *m*
**underbake** *v* (Paint) / unterbrennen *v*
**underbark** *attr* (For) / ohne Rinde (Messung), o.R. (ohne Rinde)
**underbead crack** (Welding) / Unternahtriss *m* (Rissbildung unter der Nahtoberfläche)
**underblanket*** *n* (Print) / Untertuch *n*
**underblast** *n* (Met) / Unterwind *m*, Bodenwind *m*
**underbleach** *v* (Paper) / unterbleichen *v*
**underbody** *n* (Autos) / Unterboden *m*, Bodengruppe *f* ǁ ~ **coating** (Autos) / Unterbodenschutz *m* (Vorgang) ǁ ~ **protection** (Autos) / Unterbodenschutz *m* (Vorgang) ǁ ~ **sealing compound** (Autos) / Unterbodenschutz *m* (Material) ǁ ~ **treatment** (Autos) / Unterbodenschutz *m* (Vorgang) ǁ ~ **wash** (Autos) / Unterbodenwäsche *f*
**underbreathing** *n* (Aero, Med) / Hypoventilation *f* (zu schwache Beatmung der Lunge bei Verminderung der Atemfrequenz oder des Atemvolumens)
**underbridge** *n* (Rail) / Bahnüberführung *f*
**underbrush** *n* (For) / Unterholz *n*
**underbunching*** *n* (Electronics) / unterkritische Ballung, Unterballung *f*
**underburn** *v* (Ceramics) / unterbrennen *v*
**underburning** *n* (Ceramics) / Unterbrand *m*
**undercarriage*** *n* (Aero) / Fahrgestell *n*, Fahrwerk *n* ǁ ~ (Autos) / Unterboden *m*, Bodengruppe *f* ǁ ~ (Eng) / Unterwagen *m* (bei Baggern) ǁ ~ **leg** (Aero) / Fahrwerksbein *n*
**undercast** *v* (Mining) / unterfahren *v* ǁ ~ *n* (Mining) / unterführte Wetterkreuzung, unterführter Wetterweg, unterer Wetterweg
**underclay** *n* (Geol) / untergelagerter Ton, Unterton *m* (im Liegenden), Basalton *m* im Flözliegenden
**undercloak** *n* (Build) / Fußansetzer *m*, Fußstein *m* (bei Schieferdächern) ǁ ~* (Build) / Hafter *m* unter der Holzleiste (bei Leistendächern)
**undercloth** *n* (Textiles) / Mitläufer *m* (Stückfärberei, Druckerei, Kalander)
**undercoat** *v* (Paint) / vorlackieren *v*, mit Grundanstrich versehen ǁ ~ *n* (Build) / Putzuntergrund *m* ǁ ~ (Paint) / Grundanstrich *m*, Grundierung *f*, Grundbeschichtung *f*, Voranstrich *m* (erste Schicht) ǁ ~* (Paint) / Vorlack *m* (unpigmentierter Zwischenanstrichstoff)
**undercoater** *n* (Paint) / Vorlack *m* (unpigmentierter Zwischenanstrichstoff)
**undercoat lacquer** (Paint) / Vorlack *m* (unpigmentierter Zwischenanstrichstoff)
**undercommutation** *n* (Elec Eng) / Unterkommutierung *f*, verzögerte Kommutierung
**undercompensate** *v* / unterkompensieren *v*, unterregulieren *v*
**undercompensation** / Unterkompensation *f*, Unterregulierung *f*
**undercompounded generator** (Elec Eng) / Generator *m* mit Unterverbundregelung
**undercompound excitation** (Elec Eng) / Unterverbunderregung *f*, Verbunderregung *f* mit lastabhängig sinkender Spannung, Untercompoundierung *f*
**undercoupling** *n* (Elec Eng) / unterkritische Kopplung
**undercoverage** *n* (Work Study) / Unterdeckung *f* (mit Rohstoffen)
**undercrank** *v* (Cinema) / unterdrehen *v* (mit weniger als 24 Bildern pro Sekunde)
**undercritical coupling** (Elec Eng) / unterkritische Kopplung
**undercroft** *n* (Arch) / Gruftgewölbe *n*
**undercure** *v* (Paint, Plastics) / unterhärten *v*
**undercuring** *n* (Chem Eng) / Untervulkanisation *f*
**undercurrent** *n* (Elec Eng) / Unterstrom *m* (der den Wert des Nennstroms unterschreitet) ǁ ~ (Geol) / Unterströmung *f*, Tiefenstrom *m* ǁ ~ (Geol) s. also undertow ǁ ~ **protection** (Elec Eng) / Unterstromschutz *m* ǁ ~ **protection system** (Elec Eng) / Unterstromschutz *m* ǁ ~ **protective device** (Elec Eng) / Unterstromschutz *m* (Einrichtung), Unterstromschutzorgan *n* ǁ ~ **relay** (Elec Eng) / Unterstromrelais *n* ǁ ~ **release** (Elec Eng) / Unterstromauslöser *m* (ein Messauslöser, der bei Unterschreiten eines bestimmten Stromwertes anspricht) ǁ ~ **trip** (Elec Eng) / Unterstromauslöser *m* (ein Messauslöser, der bei Unterschreiten eines bestimmten Stromwertes anspricht)
**undercut** *v* (Eng) / hinterschneiden *v* ǁ ~ (Eng) / unterschneiden *v* ǁ ~ (For) / einen Fallkerb anlegen (an) ǁ ~ (Geol, Hyd Eng) / unterwaschen *v*, unterspülen *v*, auskolken *v*, ausstrudeln *v* ǁ ~ (Mining) / unterfahren *v* ǁ ~ (Mining) / unterschrämen *v* ǁ ~* *n* (Eng) / Hinterschneidung *f*, Hinterschnitt *m* ǁ ~* (Eng) / Unterschnitt *m* (Abweichung des Flankenprofils am Zahnfuß von der theoretischen Form durch den Eingriff der Werkzeugkopfkante, wodurch nutzbares Flankenprofil verkürzt wird) ǁ ~* (Eng) / Freistich *m* (der Stiftschraube) ǁ ~ (US) (a notch cut in a tree trunk to guide its fall when felled) (For) / Fallkerb *m*, Fallkerbe *f* ǁ ~ *adj* (Eng) / abgesetzt *adj* (Kopf) ǁ ~ **angle** (Eng) / Unterschnittwinkel *m* ǁ ~ **flat head** (Eng) / abgesetzter Senkkopf (DIN 918)
**undercut-free** *adj* (Autos) / hinterschnittfrei *adj* (Festgelenk)
**undercut of thread** (Eng) / Gewindefreistich *m* (DIN 918) ǁ ~ **slope** (Geol, Hyd Eng) / Unterschneidungshang *m*, Prallhang *m* (an der Außenseite einer Talkrümmung), Prallufer *n*, Abbruchufer *n*
**undercutting** *n* / Unterbietung *f* (Angebot zu konkurrenzlosen Preisen) ǁ ~* (Electronics, Print) / Unterätzung *f* (beim Ätzen von dünnen Metallschichten auftretendes, nicht gewünschtes seitliches Wegätzen des durch Ätzresist geschützten Teiles der Metallschicht) ǁ ~ (Geol, Hyd Eng, Ocean) / Unterspülung *f*, Auskolkung *f*, Ausstrudeln *n*, Unterwaschung *f*, Erosion *f* ǁ ~ (Mining) / Unterschrämen *n* ǁ ~ (Welding) / Einbrandkerbe *f*, Nahteinbrandkerbe *f*
**underdamping*** *n* (Phys, Telecomm) / unterkritische Dämpfung, unteraperiodische Dämpfung, Unterdämpfung *f*, periodische Dämpfung
**underdeck tonnage** (Ships) / Rauminhalt *m* unter dem Vermessungsdeck, Unterdeckraumgehalt *m*
**underdeterminate system** (Maths) / unterbestimmtes System (von Gleichungen)
**underdeveloped area** (Geol) / Rückstandsgebiet *n*, zurückgebliebenes Gebiet (eine Gebietskategorie nach dem Raumordnungsgesetz des Bundes)
**underdevelopment** *n* (Photog) / Unterentwicklung *f*
**underdimension** *v* (Eng) / unterdimensionieren *v*, unterbemessen *v*
**underdone** *adj* (Nut) / underdone *adj*, nicht durchgebraten, englisch gebraten, halb gar *adj*
**underdrain** *n* (Agric) / Sickerrohr *n* (zur Dränage)
**underdriven** *adj* (Eng) / von unten angetrieben, mit Antrieb von unten
**underdry** *v* / unvollständig /zu kurz/ trocknen, unzureichend trocknen
**underemployment** *n* (Work Study) / Unterbeschäftigung *f*
**underestimate** *v* / unterschätzen *v*
**underetching** *n* (Electronics, Print) / Unterätzung *f* (beim Ätzen von dünnen Metallschichten auftretendes, nicht gewünschtes seitliches Wegätzen des durch Ätzresist geschützten Teiles der Metallschicht)
**underexpose** *v* (Photog) / unterexponieren *v*, unterbelichten *v*
**underexposure*** *n* (Photog) / Unterexponierung *f*, Unterbelichtung *f*
**underfeed firing** (Eng) / Unterschubfeuerung *f*, Rostfeuerung *f* mit Beschickung von unten ǁ ~ **stoker*** (Eng) / Unterschubrost *m*
**underfilling** *n* / Unterfüllung *f* (zu geringe Füllung), zu geringe Füllung
**underfilm corrosion** (Paint, Surf) / Unterrostung *f* (Korrosionsangriff unter einer unbeschädigten Beschichtung), Rostunterwanderung *f*, Unterschichtkorrosion *f* ǁ ~ **rusting** (Paint, Surf) / Unterrostung *f* (Korrosionsangriff unter einer unbeschädigten Beschichtung), Rostunterwanderung *f*, Unterschichtkorrosion *f*
**underfire** (Ceramics) / unterbrennen *v*
**underfired** *adj* / mit Unterfeuerung (Ofen), mit Unterflammenfeuerung ǁ ~ **furnace** (Glass) / Büttenofen *m* (ein Hafenofen) ǁ ~ (ceramic) **ware** (Ceramics) / Schwachbrand *m* (zu niedrig gebrannte Ware, die nicht die gewünschte Festigkeit, Brennfarbe und Porosität und gegebenenfalls auch keinen hellen Klang aufweist)
**underfiring** *n* / Unterflammenfeuerung *f*, Unterflammenführung *f* ǁ ~ (Ceramics) / Unterbrand *m*
**underfit stream** (Geol) / Kümmerfluss *m*
**underfloor cargo compartment** (Aero) / Unterflurfrachtraum *m* (unterhalb des Kabinenfußbodens) ǁ ~ **coiler** (Met) / Unterflurhaspel *f m* ǁ ~ **conveyor** (Eng) / Unterflurförderer *m* ǁ ~ **electrical installation** (Elec Eng) / Unterflurelektroinstallation *f* ǁ ~ **engine** (Autos) / Unterflurmotor *m* (z.B. in Omnibussen) (Reihenmotor mit liegenden Zylindern, der im Rahmen zwischen

den Achsen unter dem Fahrzeugboden eingebaut ist), U-Motor *m* ‖ ~ **heating** (Build) / Fußbodenheizung *f* ‖ ~ **heating** (Civ Eng) / Bodenheizung *f* (DIN EN 1264-1), Bodenheizung *f* ‖ ~ **heating** (Civ Eng) / Bodenheizung *f* (unter dem Boden von Flüssigerdgasbehältern, um das Gefrieren des Erdreichs unter dem Behälter zu verhindern) ‖ ~ **motor** (Autos) / Unterflurmotor *m* (z.B. in Omnibussen) (Reihenmotor mit liegenden Zylindern, der im Rahmen zwischen den Achsen unter dem Fahrzeugboden eingebaut ist), U-Motor *m*

**underflow** *v* / unterlaufen *v*, unterströmen *v*, unterfließen *v* ‖ ~ *n* (Comp) / Underflow *m* (das Auftreten eines Zahlenwertes, der kleiner ist als die kleinste vom Rechner darstellbare Zahl) ‖ ~* (Comp) / Unterlauf *m*, Underflow *m*, Bereichsunterschreitung *f* ‖ ~ (Geol) / Unterströmung *f*, Tiefenstrom *m* ‖ ~ (Hyd Eng) / Unterläufigkeit *f* (bei Talsperren) ‖ ~ (Hyd Eng) / Unterströmung *f*, Unterlauf *m* ‖ ~ (Min Proc) / Unterlaufprodukt *n* (beim Klassieren), Unterlauf *m* ‖ ~ (Min Proc) / Sinkgut *n* (bei der Sink-Schwimm-Aufbereitung)

**underfold*** *n* (Print) / Unterfalz *m*

**underframe** *n* (of a railway vehicle) (Rail) / Wagenuntergestell *n*

**underfrequency protection** (Elec Eng) / Unterfrequenzschutz *m*

**underfur** *n* (Textiles) / Unterhaar *n* (eines Pelzes)

**underglaze decoration** (Ceramics) / Unterglasurdekor *m n*, Unterglasurdekoration *f* (auf den hartgetrockneten oder verglühten Formling aufgetragen)

**undergo corrosion** / korrodieren *vi* (der Korrosion unterliegen)

**undergrade** *n* / Ausschuss *m* (bei der Klassifizierung von Fertigwaren)

**underground** *vt* (Cables, Civ Eng) / in die Erde verlegen (Kabel, Versorgungsleitungen) ‖ ~ *n* (Rail) / Untergrundbahn *f*, U-Bahn *f* ‖ ~ *attr* / Untergrund-, Unterflur-, unterirdisch *adj*, subterran *adj* ‖ ~ (Cables) / erdverlegt *adj*, unterirdisch verlegt (Kabel), vergraben *adj* (Kabel) ‖ ~ (Mining) / untertägig *adj* ‖ ~ **cable** (Cables) / erdverlegtes Kabel, Erdkabel *n* ‖ ~ **car park** (Autos, Civ Eng) / Tiefgarage *f* ‖ ~ **collector*** (Elec Eng) / Unterflurstromabnehmer *m*, Unterpflasterstromabnehmer *m*, Stromabnehmer *m* für unterirdische Stromschiene ‖ ~ **conduit** (Cables) / Kabelrohr *n* (erdverlegtes) ‖ ~ **conveyor** (Eng) / Unterflurförderer *m* ‖ ~ **corrosion** / Bodenkorrosion *f*, Erdbodenkorrosion *f* ‖ ~ **disposal facility** (Ecol, San Eng) / Untertagedeponie *f*, UTD ‖ ~ **fire** (Mining) / Grubenbrand *m* (Feuer oder Schwelbrand unter Tage) ‖ ~ **fire hydrant** (Eng) / Unterflurhydrant *m* (DIN 3221) ‖ ~ **gasification*** (Mining) / In-situ-Vergasung *f*, Untertagevergasung *f* (von Steinkohle und Ölschiefer), Flözvergasung *f*, Vergasung *f* in der Lagerstätte (entweder Bohrloch- oder Strömungsverfahren) ‖ ~ **gasification of coal** / unterirdische Kohlevergasung, Kohlevergasung *f* unter Tage ‖ ~ **lake** (Geol) / Höhlensee *m* ‖ ~ **mining** (Mining) / Tiefbau *m* (ohne Plural), Untertagebau *m*, Bergbau *m* unter Tage, Grubenbetrieb *m* (durch Schächte oder Stollen) ‖ ~ **nuclear powerstation** (Elec Eng, Nuc Eng) / Kavernenkernkraftwerk *n*, unterirdisches Kernkraftwerk ‖ ~ **nuclear weapon test** (Mil) / unterirdischer Kernwaffenversuch ‖ ~ **openings** (Mining) / Grubengebäude *n* (alle bergmännisch aufgefahrenen Grubenbaue eines Bergwerks) ‖ ~ **power station** (Elec Eng) / Kavernenkraftwerk *n*, unterirdisches Kraftwerk ‖ ~ **railway** (Rail) / Untergrundbahn *f*, U-Bahn *f* ‖ ~ **sitting** (Nuc Eng) / Tieflage *f* (des Kernkraftwerks) ‖ ~ **mining** (Mining) / Sohlenbau *m* ‖ ~ **storage** / Speicherung *f* (vorübergehende Lagerung von Gasen zum Ausgleich von Tages-, Wochen- oder saisonalen Unterschieden zwischen Gasproduktion bzw. Gasbezug und Gasverbrauch) ‖ ~ **storage** (Geol) / Untertagespeicherung *f* (von Rohöl oder Erdgas), Untergrundspeicherung *f*, unterirdische Speicherung ‖ ~ **stream** (Geol) / Unterströmung *f*, Tiefenstrom *m* ‖ ~ **surveying** (Mining, Surv) / Markscheidewesen *n*, Markscheidekunst *f*, Markscheiderei *f* (untertägige Vermessung), Markscheidekunde *f* ‖ ~ **tank** / Tiefbehälter *m*, Erdtank *m* ‖ ~ **tramway** / Unterpflasterstraßenbahn *f*, U-Straßenbahn *f*, U-Strab *f* ‖ ~ **water** (Civ Eng, Hyd Eng, San Eng) / Grundwasser *n* (das dicht unter der Erdoberfläche bis in größere Tiefen die Bodenhohlräume zusammenhängend ausfüllende Wasser - DIN 4049, T 3, DIN EN 752-1) ‖ ~ **working** (Mining) / Tiefbau *m* (ohne Plural), Untertagebau *m*, Bergbau *m* unter Tage, Grubenbetrieb *m* (durch Schächte oder Stollen) ‖ ~ **working** (Mining) / Grubenbau *m* (pl. -baue) (planmäßig hergestellter bergmännischer Hohlraum wie Schacht, Strecke, Querschlag und Abbauraum) ‖ ~ **working** (Mining) / Untertageanlage *f*, untertägige Anlage

**undergrowth** *n* (bushes, shrubs, and small trees growing under large trees in woods and forests) (For) / Unterholz *n* ‖ ~ (Textiles) / Flaumhaar *n* (der Haardecke des Schafes), Unterhaar *n*

**underhand stope** (Mining) / Block *m* (im Blockbruchbau) ‖ ~ **stope*** (Mining) / Strosse *f* (beim untertägigen Streckenvortrieb) ‖ ~ **stope*** (Mining) / Abbaukammer *f* (im Strossenbau) ‖ ~ **stoping** (Mining) / Strossenbau *m*

**underhole** *v* (Mining) / unterschrämen *v*, schrämen *v* (einen Schram herstellen)

**underholing** *n* (working of a lower part of a bed of coal to bring down the upper mass) (Mining) / Unterschrämen *n*, Schrämen *n* (Herstellen eines Schlitzes parallel zur Lagerstättenebene)

**underhung crane** (Eng) / Hängekran *m* (Brückenkran mit Einträgerbrücke)

**underinflation** (Autos) / zu niedriger Luftdruck (der Reifen), Unterdruck *m* (der Reifen), Reifenunterdruck *m*

**underlay** *vt* / unterlegen *v* (mit) ‖ ~ *n* (Build) / Zwischenlage *f* bei Metalldachdeckungen (ungesandete Pappe, phenolfreie Pappe, Ölpapier) ‖ ~ (Build) / zwischenliegende Trenn- oder Dämmschicht (unter dem Estrich) ‖ ~* (Mining) / Einfallen *n* (stärkste Neigung einer Schichtfläche gegen eine söhlige Ebene nach Größe und Richtung) ‖ ~ (Paper, Plastics) / Underlay *m* (mit Tränkharzen imprägniertes weißes oder fast weißes Spezialpapier, das, als Unterlage mit hellfarbigen Dekorfilmen verpresst, deren Deckkraft erhöht) ‖ ~* (Print) / Zurichtebogen *m* (der unter die Bleifußmontage von Druckstöcken gelegt wird) ‖ ~ (Textiles) / Teppichunterlage *f*

**underlayment** *n* (Build) / zwischenliegende Trenn- oder Dämmschicht (unter dem Estrich)

**underlay paper** (Paper) / Unterlagepapier *n*

**underlie** *v* / unterlagern *v*, liegen *v* (unter etwas), lagern (unter etwas) ‖ ~* *n* (Mining) / Einfallen *n* (stärkste Neigung einer Schichtfläche gegen eine söhlige Ebene nach Größe und Richtung)

**underline** *v* (Print, Typog) / unterstreichen *v* ‖ ~ *n* (Print) / Unterstreichung *f* ‖ ~ (Typog) / Zeichenerklärung *f*, Legende *f* (erklärender Text), Bildunterschrift *f* (Legende)

**underliner** *n* (Paper) / Zwischenlage *f* (zwischen der Deckschicht und der Einlage bei Pappe)

**underlining** *n* (Textiles) / Unterfutter *n*, Doublüre *f* (Unterfutter) ‖ ~ **felt*** (Build) / Dachpappe *f* für Zwischenlagen

**underload circuit breaker** (Elec Eng) / Unterlastschalter *m*, Unterlastausschalter *m*

**underlubricate** *v* / unterschmieren *v*

**underlying** *adj* / darunter liegend *adj* (im Allgemeinen) ‖ ~ (Geol, Mining) / liegend *adj* ‖ ~ (Maths) / unterliegend *adj*

**undermatching** *n* (Telecomm) / Unteranpassung *f*

**undermine** *v* (Geol, Hyd Eng) / unterwaschen *v*, unterspülen *v*, auskolken *v*, ausstrudeln *v*

**undermining** *n* (Civ Eng) / Unterhöhlung *f* ‖ ~ (Geol, Hyd Eng, Ocean) / Unterspülung *f*, Auskolkung *f*, Ausstrudeln *n*, Unterwaschung *f*, Erosion *f*

**undermodulation*** *n* (Cinema, Radio) / Untermodulierung *f*

**Undernet** *n* (an Internet Relay Chat network which seceded from the IRC network) (Comp, Telecomm) / Undernet *n*

**underpaint corrosion** (Paint, Surf) / Unterrostung *f* (Korrosionsangriff unter einer unbeschädigten Beschichtung), Rostunterwanderung *f*, Unterschichtkorrosion *f*

**underpass** *n* (Civ Eng) / Straßenunterführung *f*, Unterführung *f*

**underpick** *n* (Weaving) / Unterschlag *m*, unterer Schützenschlag ‖ ~ **device** (Weaving) / Unterschlagvorrichtung *f* (DIN 63 000) ‖ ~ **loom** (Weaving) / Unterschläger *m*, Unterschlagwebstuhl *m* (mit unterem Schützenschlag)

**underpinning*** *n* (Build, Civ Eng) / Abfangung *f* (Sicherung von Bauteilen oder Bauwerken gegen Eisnturz) ‖ ~ (Build, Civ Eng) / Unterfangung *f*, Unterfangen *n* (Unterstützen eines Bauteiles oder Bauwerkes zur Sicherung gegen Absinken)

**underpitch groin*** (Arch) / Kreuzgewölbe *n* (mit zwei Tonnengewölben ungleichen Querschnitts), unterschrägtes Gewölbe

**underpoling** (Met) / nichtgenügendes Polen

**underpower protection** (Elec Eng) / Leistungsbegrenzungsschutz *m* für Unterlast ‖ ~ **relay** (Elec Eng) / Nulllastrelais *n*

**underpressure** *n* (Eng) / Unterdruck *m*

**underprocessing** *n* (Nut) / Untersterilisation *f* (bei der Konservenherstellung)

**underproof** *n* (Chem, Nut) / Alkoholgehalt unter 57,10 Vol.-%

**underproofed** *adj* (Nut) / zu wenig aufgegangen (Brot)

**underprotection** *n* / mangelhafter Schutz

**underrated** *adj* (Eng) / unterbemessen *adj* (leistungsmäßig), unterdimensioniert *adj* (leistungsmäßig) ‖ ~ s. also undersized

**underream** *v* (Oils) / unterschneiden *v* (ein Bohrloch)

**undersanded concrete** (Build) / sandarmer Beton, Beton *m* mit geringem Sandanteil

**undersaturated rock*** (Geol) / untersättigtes Gestein

**undersaturation** *n* (Chem, Geol, Phys) / Untersättigen *n*, Untersättigung *f*

**underscore** *v* (Print, Typog) / unterstreichen *v* ‖ ~ *n* (Print) / Unterstreichung *f* ‖ ~ **character** (Comp) / Unterstreichungszeichen *n*

**undersea cable** (Cables) / Seekabel *n*, Überseekabel *n*, Unterwasserkabel *n* (für die See)

**underseal** *n* (Autos) / Unterbodenschutz *m* (Material)

1711

**undersea long-range missile system** (Mil) / unterwassergestütztes Flugkörpersystem großer Reichweite
**underseat engine** (Autos) / Untersitzmotor *m*
**undersea tunnel** (Civ Eng) / Unterwassertunnel *m*
**undershoot** *v* / unterschreiten *v* (Plankosten) || ~ (Aero) / zu kurz kommen (bei der Landung) || ~ (Space) / die untere Grenze des Wiedereintrittskorridors überschreiten || ~* *n* (Phys) / Überschwingen *n* (negatives) || ~* (a distortion which precedes a major transition) (Telecomm) / Unterschwung *m* (Überschwingen in negativer Richtung)
**undershot** *adj* (Hyd Eng) / unterströmt *adj* || ~ **wheel*** (a waterwheel) (Hyd Eng) / unterschlächtiges Wasserrad
**underside** *n* / Unterseite *f*
**undersize** *v* (Eng) / unterdimensionieren *v*, unterbemessen *v* || ~* *n* (Eng) / Unterlauf *m*, Feingut *n* (bei der Siebanalyse), Siebdurchgang *m*, Unterkorn *n* bei der Siebanalyse (DIN 66160), Siebfeines *n* (bei der Siebanalyse) || ~ (Eng) / Untermaß *n*, Untergröße *f*
**undersized** *adj* (Eng) / unterdimensioniert *adj*, unterbemessen *adj*, karg bemessen
**underslung leaf spring** (Autos) / unter der Achse liegende Blattfeder || ~ **trolley** (Eng) / Hängekatze *f*
**undersoil packer** (Agric) / Bodenpacker *m*, Krumenpacker *m* (Sonderbauart der Ackerwalzen), Untergrundpacker *m*
**underspeed monitor** (Eng) / Drehzahlwächter *m* (für zu niedrige Drehzahl)
**undersquare** *adj* (I C Engs) / langhubig *adj*, überquadratisch *adj*
**understaffed** *adj* / unterbesetzt *adj* (personell)
**understandable** *adj* / verständlich *adj*, erkennbar *adj*, intelligibel *adj*
**understanding** *n* / Verstehen *n*
**understeer*** *n* (Autos) / Untersteuerung *f* (bei kurvenunwilligen Fahrzeugen)
**understove** *v* (Paint) / unterbrennen *v*
**underswung sley** (Weaving) / Stehlade *f*
**undertable detector** (Nuc) / Untertischdetektor *m*
**underthread** *n* (Textiles) / Untergarn *n* (der Nähmaschine)
**underthrust** *n* (a thrust fault in which the footwall was the active element) (Geol) / Unterschiebung *f* (einer Liegendscholle) || ~ *attr* (Geol) / überkippt *adj* (mehr als 180°)
**undertile** *n* (Build) / Nonnenziegel *m*, Nonne *f* (für die Mönch-Nonnendeckung)
**undertime** *n* (Work Study) / Kurzarbeit *f*
**undertone** *n* (Paint) / Farbton *m* des mit Weißpigment aufgehellten Buntpigments
**undertow** *n* (Ocean) / Sog *m* (Brandung) || ~ (Ocean) / bodennahe Rückströmung in Küstennähe
**undertread** *n* (Autos) / Basisgummi *m n* (des Reifens)
**undervoltage** *n* (Elec Eng) / Unterspannung *f* || ~ **no-close release*** (Elec Eng) / Unterspannungsauslösung *f* mit Einschaltsperre, Spannungsrückgangsauslösung *f* mit Einschaltsperre || ~ **protection** (Elec Eng) / Unterspannungsschutz *m* (Gesamtheit der Maßnahmen zum Schutz von Leitungen, Anlagen und Betriebsmitteln gegen Unterspannung) || ~ **relay** (Elec Eng) / Unterspannungsrelais *n* || ~ **release** (Elec Eng) / Unterspannungsauslöser *m* (der das Öffnen oder Schließen eines Leistungsschalters mit oder ohne Verzögerung bewirkt, wenn die Spannung an seinen Anschlüssen einen vorgegebenen Wert unterschreitet) || ~ **release*** (Elec Eng) / Unterspannungsauslösung *f*, Spannungsrückgangsauslösung *f* || ~ **trip**(**ping**) (Elec Eng) / Unterspannungsauslösung *f*, Spannungsrückgangsauslösung *f*
**underwater acoustics** (Acous) / Unterwasserakustik *f* || ~ **camera** (Cinema, Photog) / Unterwasserkamera *f* || ~ **camera case** (Photog) / Unterwassergehäuse *n* für die Kamera || ~ **camera housing** (Photog) / Unterwassergehäuse *n* für die Kamera || ~ **concrete** (Civ Eng) / Unterwasserbeton *m* (unter Wasser eingebauter Beton nach DIN 1045) || ~ **craft** (Ships) / Unterwasserfahrzeug *n* || ~ **cutting*** (Eng) / Unterwasserschneiden *n*, Trennen *n* unter Wasser, Schneiden *n* unter Wasser, UW-Trennen *n* || ~ **flashlight** (Photog) / Unterwasserblitzgerät *n* || ~ **foundation** (Civ Eng) / Gründung *f* unter Wasser, Unterwassergründung *f* || ~ **granulator** / Unterwassergranuliervorrichtung *f* || ~ **habitat** (Ocean) / Unterwasserlabor *n* (Tauch- und Arbeitsstation), UWL (Unterwasserlabor), Unterwasserhaus *n* || ~ **long-range missile system** (Mil) / unterwassergestütztes Flugkörpersystem großer Reichweite || ~ **paddle** (San Eng) / Sheffield-Paddel *n* || ~ **paddle** (San Eng) / Rührer *m* (im Belebungsbecken) || ~ **paint** (Paint, Ships) / Unterwasseranstrichfarbe *f*, Unterwasserschiffsanstrichstoff *m* || ~ **pelletizer** / Unterwassergranuliervorrichtung *f* || ~ **photography** (Photog) / Unterwasserfotografie *f* || ~ **pipeline** / Unterwasserrohrleitung *f* || ~ **robot** (Ocean, Oils) / Unterwasserroboter *m* || ~ **simulator** (Ocean) / Unterwassersimulator *m* (z.B. "Gusy" in Geesthacht) || ~ **soil** (Geol) / Unterwasserboden *m*, subhydrischer Boden (Gyttja, Dy, Sapropel) || ~ **sound** (Acous) / Hydroschall *m*, Wasserschall *m* (Schall im Medium Wasser - DIN 1320) || ~ **sound projector** (Acous) / Unterwasserschallsender *m* (DIN 1320) || ~ **spark** (Phys) / Unterwasserfunke *m* (zwischen zwei unter Wasser befindlichen Elektroden brennende kurzzeitige Bogenentladung) || ~ **television** (TV) / Unterwasserfernsehen *n*
**underwater-to-underwater missile** (Mil) / Unterwasser-Unterwasser-Flugkörper *m*
**underwater welding** (Welding) / Unterwasserschweißen *n*
**underwear** *n* (Textiles) / Underwear *f*, Unterwäsche *f*, Unterzeug *n*
**underweight** *n* / Mindergewicht *n*, Untergewicht *n*, Fehlgewicht *n* || ~ *attr* / untergewichtig *adj*, mindergewichtig *adj*
**underwood** *n* (For) / Unterholz *n* || ~ **spool** / Farbbandspule *f* nach DIN 32755
**underwriter** *n* / Underwriter *m* (Bevollmächtigter des Versicherers zur Zeichnung von Risiken) || ~ / Versicherer *m*
**Underwriters' Laboratory*** / Labor *n* der amerikanischen Versicherungsträger
**undesired** *adj* / unerwünscht *adj*, ungewollt *adj* || ~ **reflection** (Optics) / Störreflexion *f*
**undetectable** *adj* / nicht nachweisbar, n. n.
**undetected error-rate** (Comp) / Restfehlerquote *f*
**undetermined multipliers** (Maths) / Lagrange'sche Multiplikatoren, Lagrange-Faktoren *m pl*
**undeveloped** *adj* (Build) / unbebaut *adj* (Gelände) || ~ (Build) / unerschlossen *adj* (Gebiet), nicht erschlossen
**undiluted** *adj* / unverdünnt *adj*
**undirected graph** / ungerichteter Graf
**undistinguishability** *n* (Nuc) / Nichtunterscheidbarkeit *f*, Ununterscheidbarkeit *f*
**undistorted** *adj* / verzerrungsfrei *adj*, verzeichnungsfrei *adj*, verzugsfrei *adj*, unverzerrt *adj* || ~ **picture** / unverzerrtes Bild || ~ **transmission*** (Telecomm) / verzerrungsfreie Übertragung
**undisturbed** *adj* / ungestört *adj* (z.B. eine Strömung) || ~ **penetration** / Penetration *f* im Anlieferungszustand (ohne Schmierfettes) || ~ **sample** (Build, Civ Eng) / ungestörte Bodenprobe (Lagerungszustand und Wassergehalt wurden durch die Probenahme nicht geändert), Sonderprobe *f* (eine Bodenprobe) || ~ **superposition** (Phys) / ungestörte Überlagerung (Interferenz)
**undo** *v* / auflösen *v* (Knoten), aufmachen *v* (Knoten) || ~ (Comp) / rückgängig machen || ~ (Textiles) / auftrennen *v* (eine Naht, einen Saum) || ~ (Textiles) / aufziehen *v* (Reißverschluss) || ~ *n* (Comp) / Undo-Funktion *f* (Programmfunktion zur Widerrufung von Eingaben oder Kommandos), Undo *n*
**undock** *v* (Space) / abkoppeln *v*
**undocumented function** (Comp) / undokumentierte Funktion (Funktion, die im Betriebssystem oder in einer Applikation enthalten ist, aber aus unterschiedlichen Gründen vom Hersteller nicht beschrieben wird)
**undoped** *adj* (Electronics) / undotiert *adj* || ~ (Oils) / zusatzfrei *adj*, additivfrei *adj* (ohne Fremdzusatz)
**undotted indices** (Maths) / unpunktierte Indizes (eines Spinors)
**undrained shear test** (Civ Eng) / undränierter Versuch (in der Bodenmechanik), nichtentwässerter Versuch, Schnellscherversuch *m*, U-Versuch *m* (in der Bodenmechanik) || ~ **test** (Civ Eng) / undränierter Versuch (in der Bodenmechanik), nichtentwässerter Versuch, Schnellscherversuch *m*, U-Versuch *m* (in der Bodenmechanik)
**undrawn** *adj* (Spinning) / unverstreckt *adj*
**undressed** *adj* / roh *adj*, Roh-, unbearbeitet *adj* || ~ (For) / unbesäumt *adj* || ~ (Leather) / ungegerbt *adj*, grün *adj*, roh *adj* || ~ **timber** (sawn but not planed) (For) / Rohholz *n* || ~ **warp** (Weaving) / Rohkette *f*
**undulating current motor** (Elec Eng) / Mischstrommotor *m* || ~ **light** (Aero) / Feuer *n* mit periodisch veränderlicher Lichterscheinung
**undulation** *n* (Phys) / Welligkeit *f* (der Bewegung)
**undulator** *n* (Nuc Eng) / Undulator *m* (eine Magnetstruktur) || ~ (Teleg) / Undulator *m*, Drehspulschnellschreiber *m* (ein alter Farbröhrchenschreiber)
**undulatory** *adj* (Phys) / wellig *adj* (Bewegung) || ~ **extinction** (Min) / undulöse Auslöschung || ~ **theory** (Phys) / Wellentheorie *f* (der Materie)
**undyed** *adj* (Textiles) / ungefärbt *adj* (Wolle)
**Une** (unnilennium) (Chem) / Unilennium *n* (Element 109), Une (Unnilennium)
**unearth** *v* (Civ Eng) / ausbaggern *v*, ausschachten *v*, baggern *v* || ~ (Elec Eng) / Masseverbindung lösen
**unearthing** *n* (Civ Eng) / Ausbaggern *n*, Baggerung *f*, Ausschachtung *f*, Ausbaggerung *f*, Baggern *n*, Exkavation *f*, Erdabtrag *m*
**uneconomic** *adj* / unwirtschaftlich *adj*
**uneconomical** *adj* / unwirtschaftlich *adj*
**unedged** *adj* (For) / unbesäumt *adj*

**UNEF** (Unified National Extra Fine) (Eng) / Feingewinde *n* (ein altes angloamerikanisches Zollgewinde)
**unemployed** *adj* / arbeitslos *adj*
**unemployment** *n* / Arbeitslosigkeit *f*, Erwerbslosigkeit *f* ‖ **~ figures** / Arbeitslosenzahl *f* ‖ **~ insurance** / Arbeitslosenversicherung *f*
**unequal** *adj* (Maths) / ungleich *adj*
**unequal-arm balance** / ungleicharmige Balkenwaage
**unequal length wishbone suspension** (Autos) / Raumlenkerachse *f*
**unequal-sided angle steel** (Met) / ungleichschenkliges Winkelprofil, ungleichschenkliger Winkelstahl
**unessential element** (Bot) / entbehrlicher Grundstoff (Nährstoff) ‖ **~ redundancy** / leere Redundanz
**uneven** *adj* / uneben *adj* ‖ **~** (Eng) / unregelmäßig *adj* (Verschleiß) ‖ **~** (Maths) / ungeradzahlig *adj*, ungerade *adj* ‖ **~** (Textiles) / unruhig *adj*, ungleichmäßig *adj* (Färbung) ‖ **~ fracture** (Min) / unebener Bruch (z.B. bei Zinnkies oder Kryolith) ‖ **~ local corrosion** (Surf) / Narbenkorrosion *f*, narbige Korrosion ‖ **~ number** (Maths) / ungerade Zahl (eine ganze Zahl, welche nicht durch 2 teilbar ist) ‖ **~ parity** (Nuc) / ungerade Parität, negative Parität ‖ **~ printing** (Textiles) / ungleichmäßiger Druck ‖ **~ road** (Autos) / unebene Fahrbahn (ein Verkehrszeichen) ‖ **~ shearing** (Textiles) / Schurfehler *m*, schlecht geschorene Stelle ‖ **~ shed** (Weaving) / unreines Fach (bei der Fachbildung) ‖ **~ wear** (Autos) / einseitige Reifenabnutzung, einseitiger Reifenabrieb ‖ **~ working*** (Print) / Druck *m* mit Restbogenteilen
**unexcited*** *adj* (Nuc) / nichtangeregt *adj*
**unexpected halt** (Comp) / nichtprogrammierter Stopp (in einer Schleife) ‖ **~ stop** (Rail) / unvorgesehener Halt
**unexploded ordnance** (a weapon with any type of explosive contained within it or its shell that has not been detonated and is left behind) (Mil) / nicht detonierte Munition
**unexposed** *adj* (Photog) / unbelichtet *adj* ‖ **~ film** (Cinema, Photog) / unbelichteter Film
**UNF** (Eng) / Feingewinde *n* (ein altes angloamerikanisches Zollgewinde)
**unfading** *adj* (Paint, Textiles) / echt *adj* (Farbstoff unter Lichteinwirkung)
**unfair** *adj* / unfair *adj* (Spiel in der Spieltheorie) ‖ **~ competition** / unlauterer Wettbewerb
**unfasten** *vt* / abbinden *vt*, losbinden *v*, lösen *v*
**unfelt** *v* (Textiles) / entfilzen *v*
**unfertile** *adj* (Agric) / unfruchtbar *adj* (Boden), steril *adj*, verödet *adj* (Boden)
**unfilled** *adj* / füllstofffrei *adj*
**unfinished** *adj* / unfertig *adj*, nicht fertig ‖ **~** / roh *adj*, Roh-, unbearbeitet *adj* ‖ **~** (Paper) / ungeglättet *adj* ‖ **~ bolt** (Eng) / Rohschraube *f*, grobe Schraube
**unfired** *adj* (Build, Ceramics) / ungebrannt *adj*, roh *adj* ‖ **~*** (Electronics) / nicht gezündet ‖ **~ brick** (Ceramics) / Rohling *m* (Ziegel)
**unfit** *adj* / ungeeignet *adj*
**unfitness for work** (Med) / Arbeitsunfähigkeit *f*
**unfit to drive** (Autos) / fahruntauglich *adj* (Fahrer)
**unfocused processing** (Radar) / unfokussierte Verarbeitung
**unfold** *vi* (Aero) / sich öffnen *v*, aufgehen *v* (Fallschirm) ‖ **~** *vt* / auseinander klappen *v*
**unfolded** *adj* (Print) / ungefalzt *adj*, flach *adj*, in Planbogen ‖ **~ sheet** (Print) / Planbogen *m* (planliegender, ungefalzter Druck- oder Papierbogen beliebiger Größe) ‖ **~ sheet** (Typog) / ungefalzter Druckbogen, Rohbogen *m* (in ~)
**unfolding** *n* (Biochem) / Entfaltung *f* (von Proteinen) ‖ **~** (of a spectrum) (Spectr) / Entfaltung *f* (eines Spektrums)
**unforgeable** *adj* / fälschungssicher *adj*
**unformatted** *adj* (Comp) / formatfrei *adj*, nichtformatiert *adj*
**unformed** *adj* / formlos *adj*, amorph *adj*
**unframed door** (Build, Join) / rahmenlose Tür
**unfruitful** *adj* (Agric) / unfruchtbar *adj* (Boden), steril *adj*, verödet *adj* (Boden)
**unfulled** *adj* (US) (Textiles) / ungewalkt *adj*
**unfused area** (Welding) / Bindefehler *m* (örtlich begrenzter Bereich einer Schweißnaht, in dem keine stoffschlüssige Verbindung zwischen dem Schweißgut und dem Fügeteil bzw., bei Schweißungen ohne Zusatzwerkstoff, zwischen den einzelnen Fügeteilen vorliegt)
**ungalvanized** (Surf) / unverzinkt *adj*, nicht verzinkt
**ungated weir** (Hyd Eng) / Überfallwehr *n* (Wehrkrone liegt über Unterwasserspiegel), Überfall *m* (als Bauwerk)
**ungauged lime plaster** (made with lime, sand, and water only) (Build) / gipsfreier Putz, Kalkputz *m*
**unglazed tile** (Build, Ceramics) / Fliese *f* mit porösem Scherben und meistens farbloser Glasur
**unglue** *vi* (Join) / aus dem Leim gehen ‖ **~** *vt* / trennen *v* (etwas Geleimtes), ablösen *v* (etwas Geleimtes), abweichen *vt* (etwas Geleimtes)

**unglued** *adj* (For) / unverleimt *adj*
**ungrammatical** *adj* (AI, Comp) / grammatisch fehlerhaft
**unground** *v* (Elec Eng) / Masseverbindung lösen
**ungrounded** *adj* (US) (Elec Eng) / ungeerdet *adj*, erdfrei *adj*, nicht geerdet ‖ **~ system** (US) (Elec Eng) / Netz *n* mit isoliertem Netzpunkt, isoliertes Netz
**unguided mode** (Electronics) / ungeführter Mode, nichtgeführter Mode (Faseroptik) ‖ **~ punch** (Eng) / Freischnitt *m* (Schneidwerkzeug, bei dem der Stempel nur durch den Pressenstößel geführt wird)
**ungula** *n* **of right circular cylinder** (Maths) / Zylinderhuf *m* ‖ **~ of the cone** (Maths) / Kegelhuf *m* (senkrechter)
**Unh** (unnilhexium) (Chem) / Unnilhexium *n* (Element 106), Unh (Unnilhexium)
**unhealthy** *adj* (Med) / gesundheitsschädlich *adj*, deletär *adj*
**unheated** *adj* / ungeheizt *adj*, unbeheizt *adj*
**unhewn** *adj* (Carp, For) / unbehauen *adj*
**unhinge** *v* (the door) / ausheben *v*, aushängen *v* (Tür)
**unhitching** *n* (Agric) / Abhängen *n* (von Geräten)
**unhook** *v* / aushaken *v*, vom Haken lösen ‖ **~** (Teleph) / abnehmen *v* (den Hörer)
**unhopped** *adj* (Brew) / ungehopft *adj*
**uni** *adj* (Textiles) / einfarbig *adj*, uni *adj*
**uniaxial*** *adj* / einachsig *adj*, uniaxial *adj* (Zug, Druck, Dehnung, monoaxial *adj*, in einer Raumrichtung ‖ **~ crystal*** (Min) / optisch einachsiger Kristall
**unicellular** *adj* (Biol) / einzellig *adj*, unizellulär *adj*
**unicity** *n* (Maths) / Eindeutigkeit *f* (Unität), Unität *f* (Eindeutigkeit)
**Unicode** *n* (a 16 bit international character set) (Comp) / Unikode *m*
**unicoloured coating** (Paint) / Unilackierung *f*
**unicomponent** *adj* (Chem, Phys) / Einstoff-
**uniconductor waveguide** (Elec, Phys) / Einfachhohlleiter *m*
**uniconer** *n* (Spinning, Weaving) / Uniconer *m* (ein Kreuzspulautomat)
**unicursal curve** (Maths) / unikursale Kurve (als Träger mehrerer Skalen) ‖ **~ graph** / Euler'scher Graf, unikursaler Graf, geschlossener Graf
**unidentate** *adj* (Chem) / einzähnig *adj* (Ligand)
**unidentified flying object*** (Astron) / fliegendes Objekt unbekannter Herkunft, fliegende Untertasse, UFO *n* (pl. -s), Ufo *n* (pl. -s)
**unidimensional** *adj* (Maths, Phys) / eindimensional *adj* (DIN 1311, T 4)
**unidirectional** *adj* (only available or active in one direction) / unidirektional *adj*, Richt- (einseitig gerichtet), einseitig gerichtet, in einer Richtung wirkend ‖ **~** / gerichtet *adj* (z.B. Erstarrung) ‖ **~ antenna** (whose maximum directivity is significantly greater than that of halfway dipole) (Antenna) / Richtstrahler *m* (DIN 45030), Richtantenne *f* ‖ **~ cloth** (Textiles) / kettenstarkes Gewebe ‖ **~ contact** (Elec Eng) / gleichrichtender Kontakt ‖ **~ current*** (Elec Eng) / einsinniger Strom, Strom *m* gleich bleibender Richtung ‖ **~ flow scavenging** (Autos) / Gleichstromspülung *f* (mit Auslassventilen, mit Gegenkolben - bei Zweitaktmotoren) ‖ **~ pulse** (Telecomm) / unipolarer Impuls, einseitiger Impuls (Stoß nach DIN 5483, T 1) ‖ **~ reinforcement** (Eng) / UD-Verstärkung *f* (mit paralleler Lage der Fasern) ‖ **~ surge** (Elec Eng) / Stoßwelle *f* ‖ **~ traffic** (Autos, Civ Eng) / Richtungsverkehr *m*, RV (Richtungsverkehr), Einbahnverkehr *m* ‖ **~ transducer** (Elec Eng) / unilateraler Wandler, Ein-Richtungs-Wandler *m*, einseitiger Wandler ‖ **~ tunnel** (Autos, Civ Eng) / Richtungsverkehrstunnel *m* (bei dem jeder Fahrtrichtung mindestens eine Tunnelröhre zur Verfügung steht)
**unification** *n* (AI) / Unifikation *f* (von Ausdrücken, von Variablen)
**unification-based grammar** (AI) / unifikationsbasierte Grammatik
**unified communication** (Telecomm) / Unified Messaging *n* (Konzept, verschiedene Nachrichtenformen unabhängig von der konkreten Nachrichtenform in einem System zu integrieren und einem Adressaten zum Abruf in einer von ihm gewünschten Form anzubieten) ‖ **~ field theory*** (Nuc) / einheitliche Feldtheorie (z.B. nach Mie), Einstein-Schrödinger-Theorie *f* ‖ **~ messaging** (Telecomm) / Unified Messaging *n* (Konzept, verschiedene Nachrichtenformen unabhängig von der konkreten Nachrichtenform in einem System zu integrieren und einem Adressaten zum Abruf in einer von ihm gewünschten Form anzubieten) ‖ **~ model*** (of the nucleus) (Nuc) / vereinigtes Modell (ein Kernmodell), vereinigtes Kernmodell, kollektives Kernmodell, Kollektivmodell *n*, kombiniertes Modell, kombiniertes Kernmodell ‖ **~ National Coarse** (Screw Thread) (Eng) / Grobgewinde *n* (ein altes angloamerikanisches Zollgewinde) ‖ **~ National Extra Fine** (Screw Thread) (Eng) / Feingewinde *n* (ein altes angloamerikanisches Zollgewinde) ‖ **~ National Fine** (Screw Thread) (Eng) / Feingewinde *n* (ein altes angloamerikanisches Zollgewinde) ‖ **~ Numbering System** (Eng) / Unified Numbering System *n* (System zur Identifizierung metallischer Werkstoffe) ‖ **~ scale*** (Chem) / Atommassenskala *f* mit $_{12}^{6}C$-Basis ‖ **~ screw thread*** (Eng) / Spitzgewinde *n* (ein metrisches ISO-Gewinde nach DIN 13 und 14) ‖ **~ screw thread*** (Eng) / UST-Gewinde *n* (im Allgemeinen

**unified**

nach DIN 918) ‖ ~ **screw thread** (US) (Eng) / Unified-Zollgewinde *n* (eine alte amerikanische Gewindeart)
**unifier** *n* (AI) / Unifikator *m*
**unifilar** *adj* (Elec Eng) / unifilar *adj*, eindrähtig *adj*, einfädig *adj*, Einfaden-
**Unifining** *n* (Oils) / Unifining *n* (Variante der hydrierenden Raffination von Erdölprodukten)
**uniflow engine** (Eng) / Gleichstromdampfmaschine *f* ‖ ~ **scavenging** (Autos) / Gleichstromspülung *f* (mit Auslassventilen, mit Gegenkolben - bei Zweitaktmotoren) ‖ ~ **steam engine** (Eng) / Gleichstromdampfmaschine *f*
**uniform*** *adj* / einförmig *adj*, gleichförmig *adj*, einheitlich *adj*, gleich bleibend *adj* ‖ ~ (scale)* / linear *adj* (Skale) ‖ ~ / gleichmäßig *adj* ‖ ~ (Maths) / uniform *adj* (Raum, Struktur) ‖ ~ **attack** (Eng, Surf) / ebenmäßige Korrosion, ebenmäßiger Angriff, gleichmäßiger Angriff (eines Korrosionsmediums)
**uniform-chromaticity-scale diagram** (Light, Phys) / USC-Farbtafel *f*
**uniform circular motion** (Phys) / gleichförmige Kreisbewegung ‖ ~ **convergence*** (Maths) / gleichmäßige Konvergenz ‖ ~ **corrosion** (Surf) / Flächenkorrosion *f* (mit nahezu gleichförmigem Korrosionsabtrag auf der gesamten Oberfläche - DIN 50 900-1) ‖ ~ **distribution** (Stats) / Gleichverteilung *f*, gleichmäßige Verteilung ‖ ~ **distribution** (Stats) s. also rectangular distribution ‖ ~ **distribution of stress** (Mech) / gleichmäßige Spannungsverteilung ‖ ~ **elongation** (Materials) / Gleichmaßdehnung *f* (wenn sich die Probe bis zur Höchstkraft weitgehend gleichmäßig über die eigene Länge dehnt) ‖ ~ **field*** (Phys) / homogenes Feld ‖ ~ **flow** (Phys) / gleichmäßige Strömung ‖ ~ **gradation** (Build, Civ Eng) / gleichmäßige Kornabstufung
**uniform-grade channel** (Hyd Eng) / Kanal *m* mit gleichförmigem Gefälle, Kanal *m* mit gleich bleibendem Gefälle
**uniform grading** (Build, Civ Eng) / gleichmäßige Kornabstufung ‖ ~ **gravel** (Build, Civ Eng) / Einkornkies *m*, gleichkörniger Kies
**uniformitarianism*** *n* (Geol) / Aktualismus *m* (eine Arbeitshypothese der Geologie), Uniformitarianismus *m*
**uniformity** *n* / Einförmigkeit *f*, Gleichförmigkeit *f*, Gleichmäßigkeit *f*, Einheitlichkeit *f* ‖ ~ / Uniformität *f* ‖ ~ **coefficient** (Civ Eng) / Gleichförmigkeitsgrad *m*, Gleichförmigkeitskoeffizient *m* (bei Sand oder Kies)
**uniform line*** (Elec Eng) / gleichförmige Leitung, homogene Leitung ‖ ~ **loading** (Build, Mech) / gleichmäßige Belastung
**uniformly accelerated motion** (Phys) / gleichförmig beschleunigte Bewegung ‖ ~ **decelerated motion** (Phys) / gleichförmig verzögerte Bewegung ‖ ~ **distributed load** (Civ Eng) / Gleichlast *f* (bei Flächentragwerken) ‖ ~ **exciting noise** (Acous) / gleichmäßig anregendes Rauschen (DIN 1320) ‖ ~ **grained** / gleichkörnig *adj*, gleichmäßig körnig, von gleichmäßiger Korngröße ‖ ~ **loaded plate** (Build, Mech) / gleichmäßig belastete Platte ‖ ~ **masking noise** (Acous) / gleichmäßig verdeckendes Rauschen (DIN 1320) ‖ ~ **more powerful** (Stats) / gleichmäßig besser (Test) ‖ ~ **most powerful** (Stats) / gleichmäßig best (Test) ‖ ~ **restricted** (Maths) / gleichmäßig beschränkt (Funktionenfolge) ‖ ~ **retarded motion** (Phys) / gleichförmig verzögerte Bewegung
**uniform naming convention** (Comp) / Uniform Naming Convention *f*, Universal Naming Convention *f* (zur Benennung von nichtlokalen Ressourcen), UNC (Uniform Naming Convention) ‖ ~ **referencing** (Comp) / gleichförmige Bezugnahme ‖ ~ **Resource Locator** (an address used by Web browsers in order to locate a resource on the Web) (Comp) / Uniform Resource Locator *m* (ein Adressierungssystem für World Wide Web-Dokumente), URL (Uniform Resource Locator) ‖ ~ **rotation** (Mech) / gleichförmige Rotation, gleichförmige Drehung ‖ ~ **settlement** (Build, Civ Eng) / gleichmäßige Setzung ‖ ~ **signal** (Telecomm) / Einheitssignal *n* (stetiges Signal, das sich innerhalb bestimmter genormter Grenzen bewegt) ‖ ~ **strain** (Materials) / Gleichmaßdehnung *f* (wenn sich die Probe bis zur Höchstkraft weitgehend gleichmäßig über die eigene Länge dehnt)
**unify** *v* / unifizieren *v*, vereinheitlichen *v*
**unigrade oil** / Einbereichsöl *n*, Einbereichsmotorenöl *n*
**unijunction transistor** (Electronics) / Unijunktion-Transistor *m*, Unijunction-Transistor *m*, Doppelbasistransistor *m*, Doppelbasisdiode *f*
**unilateral*** *adj* / einseitig *adj* ‖ ~ **conductance** (Electronics) / asymmetrische Leitfähigkeit ‖ ~ **conductivity*** (Electronics) / Sperrwirkung *f*, Gleichrichterwirkung *f* ‖ ~ **drive** (Eng) / einseitiger Antrieb ‖ ~ **impedance*** (Electronics) / Sperrglied *n* (in einer Richtung)
**unilateralization** *n* (Electronics) / einseitiger Betrieb (eines Wandlers) ‖ ~* (Elec) / Rückwirkungsfreiheit *f*
**unilateral Laplace transformation** (Maths) / einseitige Laplace-Transformation ‖ ~ **tolerance*** (Eng) / Toleranz *f* nur im Plus- oder Minus-Bereich ‖ ~ **transducer*** (Elec Eng) / unilateraler Wandler, Ein-Richtungs-Wandler *m*, einseitiger Wandler
**unimodal** *adj* (Maths, Stats) / unimodal *adj* (Verteilung) ‖ ~ **laser** (Phys) / Monomode-Laser *m* (bei dem nur ein longitudinaler Mode anschwingt), Einmodenlaser *m*, Single-Mode-Laser *m*
**unimodular matrix** (Maths) / unimodulare Matrix (eine quadratische Matrix)
**unimolecular** *adj* (Chem) / monomolekular *adj* ‖ ~ **film** (Chem) / Monomolekularfilm *m*, monomolekulare Schicht, Monoschicht *f* (von der Dicke einer Atom- bzw. Moleküllage) ‖ ~ **layer*** (Chem) / Monomolekularfilm *m*, monomolekulare Schicht, Monoschicht *f* (von der Dicke einer Atom- bzw. Moleküllage), Monolage *f*
**unimpeded** *adj* / unbehindert *adj*, stauungslos *adj* (z.B. Durchgang des Materials)
**uninegative** *adj* (Phys) / einfachnegativ *adj*
**uninhibited oil** (mineral transformer oil to which no synthetic oxidation inhibitor has been added) (Autos, Elec Eng) / nichtadditiviertes Öl, Öl *n* ohne Wirkstoffe, Öl *n* ohne Wirkstoffzusätze
**uninstall** *v* (Comp) / deinstallieren *v* (ein Programm einschließlich aller Hilfsdateien von der Festplatte entfernen)
**uninstaller** *n* (Comp) / Deinstallationsprogramm *n* (zur Deinstallation von Windows-Programmen), Deinstallation-Utility *f*
**uninsulated** *adj* / blank *adj* (Draht) ‖ ~ **conductor*** (Elec Eng) / blanker Leiter, unisolierter Leiter
**unintelligible crosstalk** (Teleph) / unverständliches Nebensprechen
**unintentional food additives** (US) (Nut) / Kontaminanten *pl*, Verunreinigungen *f pl* (mit einem Stoff) ‖ ~ **shutdown** (Nuc Eng) / unbeabsichtigte Abschaltung, ungewollte Abschaltung
**uninterruptible** *adj* (Comp, Elec Eng) / unterbrechungsfrei *adj* ‖ ~ **power supply** (Elec Eng) / unterbrechungsfreie Stromversorgung ‖ ~ **power system** (supply) (Elec Eng) / unterbrechungsfreie Stromversorgung
**uninucleate*** *adj* (Biol) / mononuklear *adj*, einkernig *adj*
**uninverted crosstalk** (Teleph) / verständliches Nebensprechen, lineares Nebensprechen
**union*** *n* (Maths) / Vereinigungsmenge *f*, Vereinigung *f* (A ∪ B) ‖ ~* (Plumb) / Verbindungsstutzen *m* ‖ ~* (a screwed or flanged pipe coupling usually in the form of a ring fitting around the outside of the joint) (Plumb) / Rohrverbindung *f* ‖ ~ (Textiles) / Fasergemisch *n* ‖ ~ (of cotton and wool) (Textiles) / Halbwolle *f* ‖ ~ **bonnet** (Eng) / Kopfstück *n* mit Überwurfverschraubung (bei einem Kopfstückventil) ‖ ~ **carbide test** (Chem) / Union-Carbide-Test *m* (ein Benetzbarkeitstest)
**union-compatible** *adj* (Comp) / vereinigungskompatibel *adj* (in der Datenbankverwaltung)
**union dye** (Textiles) / Halbwollfarbstoff *m* ‖ ~ **dyeing** (Textiles) / Mischgewebefärbung *f*, Mischfaserfärbung *f* ‖ ~ **dyeing** (of cotton and wool) (Textiles) / Halbwollfärbung *f* ‖ ~ **dyestuff** (Textiles) / Halbwollfarbstoff *m* ‖ ~ **fabric*** (Textiles) / Melangegewebe *n*, Mischgewebe *n*, Mischware *f*
**un-ionized** *adj* (Chem) / unionisiert *adj*, nicht ionisiert
**union kraft*** (Paper) / Doppelpackpapier *n* ‖ ~ **nut** (Eng) / Überwurfmutter *f* (bei den Schraubverbindungen von Rohren) ‖ ~ **paper** (Paper) / Doppelpackpapier *n* ‖ ~ **shop** / Betrieb *m* mit Gewerkschaftszwang, Closed Shop *m* (in den USA durch den Taft-Hartley Act verboten) ‖ ~ **silk** (Textiles) / Halbseide *f* (Kette: Naturseide, Schuss: anderes Material)
**unipartite** *adj* (Maths) / einteilig *adj* (Kurve, Kegelschnitt)
**unipivot bearing** (Eng) / Einspitzenlagerung *f*
**unipolar** *adj* (Elec Eng) / einpolig *adj*, unipolar *adj* ‖ ~ **electrode system** (Elec Eng) / unipolare Elektrodenanordnung ‖ ~ **induction** (Elec Eng) / Unipolarinduktion *f*, unipolare Induktion (bei der Bewegung einer Metallplatte durch ein Magnetfeld) ‖ ~ **machine** (Elec Eng) / Homopolarmaschine *f*, Unipolarmaschine *f*, Gleichpolmaschine *f* ‖ ~ **transistor*** (Electronics) / Unipolartransistor *m* (dessen Wirkprinzip auf dem gesteuerten Transport nur einer Ladungsträgerart beruht), unipolarer Transistor ‖ ~ **tube** (Radiol) / einpolige Röhre
**unipole** (US) (Radio) / Isotropstrahler *m* (eine Bezugsantenne bei der Angabe des Antennengewinns), Kugelstrahler *m* (der nach allen Richtungen mit gleicher Leistung abstrahlt) ‖ ~ **antenna*** (Radio) / Unipol *m*, Unipol-Antenne *f* ‖ ~ **antenna*** (Radio) s. also isotropic radiator
**uniport** *n* (Biol, Chem, Phys) / Uniport *m* (Transport einer Substanz durch eine biologische Membran, der nicht an den gleichzeitigen Transport einer anderen Substanz, gleich in welcher Richtung, gekoppelt ist)
**unipositive** *adj* (Phys) / einfachpositiv *adj*
**unipotent** *adj* (Maths) / unipotent *adj*

**unipotential cathode** (Electronics) / indirekt geheizte Katode ‖ ~ **electrostatic lens** (Electronics) / elektrostatische Linse (bei der die Außenelektroden das gleiche Potential haben)
**unique** *adj* / unikal *adj*, einzigartig *adj*, einmalig *adj* ‖ ~ **factorization domain** (Maths) / ZPE-Ring *m* (ein Integritätsbereich) ‖ ~ **factorization ring** (Maths) / ZPE-Ring *m* (ein Integritätsbereich) ‖ ~ **factorization theorem** (basic axiom about the integers) (Maths) / Fundamentalsatz *m* der elementaren Zahlentheorie, Satz von der Primfaktorzerlegung ‖ ~ **factorization theorem** (Maths) / Fundamentalsatz *m* der elementaren Zahlentheorie, Satz *m* von der Primfaktorzerlegung ‖ ~ **forbidden transition** (Nuc) / unique-verbotener Übergang
**uniqueness** *n* (Maths) / Eindeutigkeit *f* (Unität), Unität *f* (Eindeutigkeit) ‖ ~ **axiom** (Maths) / Eindeutigkeitsaxiom *n*
**unique selling proposition** / einzigartiges Verkaufsargument, Werbeargument *n* (einzigartiges, das die Konkurrenz an den Verbraucher nicht herantragen kann)
**unironed** *adj* (Textiles) / nicht gebügelt *adj*
**uniselector** *n* (GB)* (Teleph) / Drehwähler *m*
**uniseriate*** *adj* (For) / einreihig *adj* (Markstrahl)
**unison** *n* (Acous) / Prime *f* (Grundton einer Tonleiter oder eines Akkords)
**unisonant** *adj* (Acous) / gleichklingend *adj*, gleichtönend *adj*
**unisonous** *adj* (Acous) / gleichklingend *adj*, gleichtönend *adj*
**unit*** *n* / Einheit *f* (DIN 1301) ‖ ~ / Liefereinheit *f*, Packeinheit *f* ‖ ~ (Elec Eng, Eng) / Anlage *f*, Block *m*, Einheit *f* (Aggregat), Aggregat *n* (Maschinenbau aus mehreren miteinander gekoppelten Einzelmaschinen oder -apparaturen) ‖ ~ (a major building block for a set or system, consisting of a combination of basic parts, subassemblies, and assemblies packaged together as a physically independent entity) (Electronics, Eng) / Baustein *m* (Aggregat von Bauelementen), Aufbaueinheit *f*, Baueinheit *f* ‖ ~ (Maths) / Einer *m*, Eins *f* ‖ ~ (Teleg) / Schritt *m* ‖ ~ (Elec Eng) s. also power-station unit ‖ ~ **area** / Einheitsfläche *f*
**unitarity** *n* / Unitarität *f* ‖ ~ **threshold** (Nuc) / Unitaritätsschranke *f*
**unitary** *adj* (Maths) / unitär *adj* (Matrix, Operator, Raum) ‖ ~ **elongation** (Materials) / Gleichmaßdehnung *f* (wenn sich die Probe bis zur Höchstkraft weitgehend gleichmäßig über die eigene Länge dehnt) ‖ ~ **geometry** (Maths) / unitäre Geometrie ‖ ~ **group** (Maths) / unitäre Gruppe ‖ ~ **mass density** (Phys) / druckbezogene Massendichte ‖ ~ **matrix** (Maths) / unitäre Matrix ‖ ~ **operator** (Maths) / unitärer Operator ‖ ~ **space** (Maths) / prä-Hilbert'scher Raum ‖ ~ **space** (Maths) / unitärer Raum, Raum *m* mit Skalarprodukt, Innenproduktraum *m* ‖ ~ **symmetry** (Nuc, Phys) / unitäre Symmetrie (innere Symmetrie von Elementarteilchen, die aus der Invarianz gegenüber bestimmten unitären Transformationen folgt und zur Klassifizierung der Hadronen und zur Beschreibung der fundamentalen Wechselwirkungen dient), Unitärsymmetrie *f* ‖ ~ **transformation** (Maths) / unitäre Abbildung, unitäre Transformation
**unit call** (e.g. hundred call-seconds) (Teleph) / Gesprächseinheit *f* ‖ ~ **capacity** (Elec Eng) / Blockleistung *f* (eines Kraftwerksblocks) ‖ ~ **cell*** (Crystal) / Einheitszelle *f*, Elementarzelle *f* (kleinste Atomanordnung, die den Gittertyp hinsichtlich der Gitterkonstanten und der Winkel zwischen den Gittervektoren vollständig beschreibt) ‖ ~ **charge** (Elec) / elektrische Elementarladung ‖ ~ **circle** (Maths) / Einheitskreis *m* (dessen Radius die Maßzahl 1 hat)
**unit-connected generator** (Elec Eng) / Blockgenerator *m*
**unit cost(s)** / Stückkosten *pl*
**unit-distance code** (Comp) / einschrittiger Kode
**unit drawing** (US) / Einzelteilzeichnung *f* (DIN 199, T 1)
**unite** *vi* (Geol, Mining) / sich scharen *v* (Gänge) ‖ ~ *vt* / vereinigen *v*
**United Nations Framework Convention on Climate Change** (Meteor) / Klima-Rahmenkonvention *f* (der Vereinten Nationen), KRK (Klima-Rahmenkonvention) ‖ ~ **States Metric Board** / US-Metrifizierungsrat *n* (aufgrund der vom US-Kongress am 23.12.1975 verabschiedeten Metric Conversion Act errichtete Behörde, die den freiwilligen Übergang der Vereinigten Staaten auf das metrische System koordiniert)
**unit engine** (Autos) / Blockmotor *m* (eine Motorradmotorenbauart) ‖ ~ **equation** (Autos) / Einheitengleichung *f* (DIN 1313) ‖ ~ **fee** (Teleph) / Gesprächsgebühreneinheit *f*, Gebühreneinheit *f* (Maßeinheit für die Gesprächsgebühr) ‖ ~ **furniture** (Join) / Anbaumöbel *n* ‖ ~ **heater*** (Eng) / Luftheizgerät *n* (mit Ventilator und Wärmeerzeuger) ‖ ~ **hydrograph** (Hyd Eng) / Einheitsabflussganglinie *f* (Abflussverlauf, der aus einer bestimmten Menge abfließenden Wassers als Folge eines Niederschlags mit bestimmter Dauer resultiert) ‖ ~ **interval*** (Teleg) / Schrittlänge *f*
**unitization** *n* (Oils) / gemeinschaftliche Förderarbeiten (an denen sich mehrere Unternehmen beteiligen)
**unitize** *v* / unifizieren *v*, vereinheitlichen *v*

**unitized** *adj* / Norm-, genormt *adj* ‖ ~ / Standard- (aus Baukastenelementen zusammengestellt), Baukasten-, im Baukastensystem aufgebaut, in Baukastenform, nach dem Baukastensystem aufgebaut ‖ ~ (Autos) / selbsttragend *adj* ‖ ~ (Electronics) / modular *adj*, in Modulbauweise, in Baukastenform ‖ ~ **body*** (Autos) / selbsttragender Aufbau ‖ ~ **cargo** / Einheitsladung *f*, standardisierte Ladung ‖ ~ **load** / Ladeeinheit *f* ‖ ~ **machine** (Eng) / Aufbaumaschine *f* ‖ ~ **moulding** (Plastics) / Spritzgießverfahren *n* mit eingelegten Vorformlingen ‖ ~ **vehicle** (Autos) / Kraftfahrzeug *n* mit selbsttragender Karosserie
**unit load** / Ladeeinheit *f*
**unit-load carrier** / Trägerfahrzeug *n* (in einem Flurfördersystem) ‖ ~ **method** (Mech) / Mohr'sches Verfahren
**unit magnetic pole** (Mag) / magnetischer Einheitspol ‖ ~ **manager** (Cinema, TV) / Aufnahmeleiter *m* (der für die organisatorische Vorbereitung und für die Durchführung zuständig ist) ‖ ~ **material** / Schraubenwerkstoff *m* (DIN ISO 898, T 1) ‖ ~ **matrix*** (Maths) / Einheitsmatrix *f* (bei der alle Elemente der Hauptdiagonale den Wert 1 haben, alle anderen den Wert 0) ‖ ~ **melter** (Glass) / Unit-Melter *m*, Einheitsschmelzaggregat *n* ‖ ~ **membrane** (Biochem) / Elementarmembran *f* ‖ ~ **mesh** (Crystal) / Elementarmasche *f* ‖ ~ **north pole** (Geophys) / Einheits-Nordpol *m* ‖ ~ **of account** / Verrechnungseinheit *f*, Rechnungseinheit *f*, VE ‖ ~ **of capacity** (Maths, Phys) / Raumeinheit *f*, Volumeneinheit *f* ‖ ~ **of charge** / Ladungseinheit *f* ‖ ~ **of information** (Comp) / Informationseinheit *f* ‖ ~ **of knowledge** (AI) / Wissenseinheit *f* ‖ ~ **of length** (Maths) / Längeneinheit *f* (DIN 1301) ‖ ~ **of mass** (Phys) / Masseneinheit *f* (Kilogramm einschließlich seiner dezimalen Vielfachen und Teile) ‖ ~ **of measurement** / Maßeinheit *f*, Maß *n* (Einheit, mit der etwas gemessen werden kann) ‖ ~ **of plane angle** (Maths) / Winkeleinheit *f* (bei ebenen Winkeln nach DIN 1315) ‖ ~ **of plane angular measure** (Maths) / Winkeleinheit *f* (bei ebenen Winkeln nach DIN 1315) ‖ ~ **of product** (Work Study) / Einheit *f* (konventionelle - bei der Verfolgung des Fertigungsprozesses und bei der Kontrolle) ‖ ~ **of time** / Zeiteinheit *f* (aus der Zeitmessung hervorgehende Größe zur Einteilung der Zeit nach DIN 1301-1) ‖ ~ **of work** (Work Study) / Arbeitseinheit *f* (z.B. eine Standardstunde) ‖ ~ **operation** (Chem Eng, Phys) / Grundoperation *f*, Unit-Operation *f* (z.B. Übertragung von Wärme, Trennen, Formen usw.) ‖ ~ **operator** (Phys) / Einsoperator *m* (linearer Operator, der jeden Vektor des betrachteten Vektorraumes unverändert lässt)
**unitor** *n* (Elec Eng) / Vielfachsteckverbindung *f*
**unit package** / Einzelpackung *f*
**unit-packaging** *n* / Einzelpackung *f*
**unit pole*** (Elec Eng) / Einheitspol *m* ‖ ~ **power** (Nuc Eng) / Einheitsleistung *f* (des Reaktors)
**unit-preference strategy** (AI) / Unit-Preference-Strategie *f* (eine Beweisstrategie)
**unit press** (Mech) / Normalspannung *f* (senkrecht zu einer Fläche wirkende) (auf die Größe eines Flächenelements bezogen) ‖ ~ **process** (Chem Eng) / Grundprozess *m*, Unit-Process *m* ‖ ~ **production** (Work Study) / Einzelproduktion *f*, Einzelfertigung *f* (eine Fertigungsart), Stückproduktion *f* (mit der Auftragsmenge "1") ‖ ~ **production manager** (Cinema, TV) / Aufnahmeleiter *m* (der für die organisatorische Vorbereitung und für die Durchführung zuständig ist)
**unitrain** *n* (Rail) / Ganzzug *m* (vom Absender gebildeter Durchgangsgüterzug, der geschlossen bis zum Empfänger verkehrt)
**unit rating** (Elec Eng) / Typenleistung *f*
**unit-record device** (Comp) / mit einheitlichem Satzformat arbeitendes Peripheriegerät
**unit rupture work** (Mech) / Brucharbeitsvermögen *n* ‖ ~ **sand** (Foundry) / Einheitssand *m* (Modell- + Füllsand) ‖ ~ **separator** (Comp) / Teilgruppentrennzeichen *n* ‖ ~ **sphere** (Maths) / Einheitskugel *f*
**units position** (Comp, Maths) / Einerstelle *f*
**unit square** (Maths) / Einheitsquadrat *n*
**unit-step function** (Telecomm) / Heaviside-Funktion *f*, Einheitssprungfunktion *f*, Heaviside'sche Sprungfunktion, Einschaltfunktion *f*
**unit•-stranded cable** (Cables) / bündelverseiltes Kabel, Bündelkabel *n* ‖ ~ **string** (Comp) / Folge *f* der Länge Eins ‖ ~ **symbol** / Einheitszeichen *n* (z.B. nach DIN 1301, T 1) ‖ ~ **tensor** (Maths, Phys) / Einheitstensor *m*, Idemfaktor *m* ‖ ~ **testing** (Electronics) / Prüfung *f* eines (einzelnen) Bauelements (einer Funktionseinheit) ‖ ~ **thickener** (Chem Eng) / Einkammereindicker *m* ‖ ~ **train** (Rail) / Ganzzug *m* (vom Absender gebildeter Durchgangsgüterzug, der geschlossen bis zum Empfänger verkehrt)
**unit-type machine** (Eng) / Aufbaumaschine *f* ‖ ~ **power station** (Elec Eng) / Blockkraftwerk *n* (aus mehreren selbständig funktionierenden Kraftwerksblöcken)
**unit type press*** (Print) / Druckmaschine *f* in Reihenbauweise ‖ ~ **under test** (apparatus to be tested) (Instr) / Prüfobjekt *n*,

**unitunnel**
Prüfgegenstand *m*, Prüfling *m* (z.B. eine Maschine oder ein Gerät, deren Eigenschaften durch Prüfen ermittelt werden)
**unitunnel diode** (Electronics) / Rückwärtsdiode *f* (Tunneldiode ohne Höcker im Durchlassbereich), Unitunnel-Diode *f*, Backwarddiode *f*
**unit vector** (which has a magnitude of one) (Phys) / Einheitsvektor *m*, Einsvektor *m* (mit dem Betrag 1 - DIN 1303) ‖ ~ **volume** (Maths, Phys) / Raumeinheit *f*, Volumeneinheit *f* ‖ ~ **vulcanizer** (Chem Eng) / Einzelheizer *m* ‖ ~ **weight**\* (Eng) / Leistungsgewicht *n* (z.B. eines Dampfkessels) ‖ ~ **weight** (Phys) / Raumwichte *f*, Raumgewicht *n* ‖ ~ **weight** (Phys) s. also mass unit
**unity gain** (Telecomm) / Verstärkungsfaktor *m* Eins ‖ ~ **power factor** (Elec Eng) / Leistungsfaktor *m* Eins ‖ ~ **step pulse** (Electronics) / Einheitsschrittimpuls *m* (in der Impulstechnik)
**univalence** *n* (Maths) / Eindeutigkeit *f*
**univalent**\* *adj* (Chem) / univalent *adj*, monovalent *adj*, einwertig *adj* ‖ ~ (Maths) / eindeutig *adj* ‖ ~ (Maths) / schlicht *adj* (Funktion) ‖ ~ **function** (Maths) / schlichte Funktion (eine holomorphe Funktion)
**univariant**\* *adj* (Phys) / univariant *adj*, einfachfrei *adj*, mit einem Freiheitsgrad ‖ ~ **equilibrium** (Phys) / univariantes Gleichgewicht (nach dem Gibbs'schen Phasengesetz)
**univariate distribution** (a single distribution consisting of one variate, which may be either continuous or discontinuous) (Stats) / univariate Verteilung, eindimensionale Verteilung
**universal** *adj* / Universal-, Allzweck-, universal *adj* ‖ ~ (Maths) / universell *adj* ‖ ~ (Maths) / allgemein gültig *adj* ‖ ~ **actuator attachment head** (Eng) / Kombikopf *m*, Kombinationsanschluss *m* (der im Wesentlichen aus einer Kugellagersäule mit Bundbuchse und zwei Axial-Rillenkugellagern besteht) ‖ ~ **adapter plug** (Elec Eng) / Sammelstecker *m* ‖ ~ **adhesive** / Universalkleber *m*, Allzweckkleber *m*, Alleskleber *m* ‖ ~ **algebra** (Maths) / universelle Algebra (in der allgemeine Eigenschaften algebraischer Strukturen insbesondere mit Hilfe der Kategorientheorie untersucht werden), abstrakte Algebra ‖ ~ **asynchronous receiver/transmitter** (Comp) / UART *m* (Schnittstelle zur asynchronen bitseriellen Ein- und Ausgabe von Daten, z.B. in ein Mikroprozessorsystem oder aus diesem) ‖ ~ **bridge** (Elec Eng) / Universalmessbrücke *f* ‖ ~ **broadband network** (Telecomm) / Breitband-Universalnetz *n* ‖ ~ **camera** (Photog) / Universalkamera *f* ‖ ~ **chuck**\* (Eng) / selbstzentrierendes Spannfutter, Universalspannfutter *n* ‖ ~ **cleaner** (Chem) / Allesreiniger *m*, Allzweckreiniger *m*, Universalreiniger *m* ‖ ~ **constant** (Phys) / universelle Naturkonstante, Universalkonstante *f*, Fundamentalkonstante *f* ‖ ~ **Coordinated Time** / koordinierte Weltzeit (EN 28601), Weltnormalzeit *f*, UTC (Weltnormalzeit, die den von den Radiosendern ausgestrahlten Zeitzeichen zugrunde liegt), UTC-Zeit *f*
**universal-crown mill** (Met) / UC-Gerüst *n* (ein Sechs-Walzen-Gerüst mit einer positiven und einer negativen Arbeitswalzen- und Zwischenwalzenbiegung)
**Universal Decimal Classification** / Universale Dezimalklassifikation ‖ ~ **dowel** (Build) / Universaldübel *m* (der sich in Vollbaustoffen verspreizt, in Hohlbaustoffen verankert und in Plattenbaustoffen verknotet) ‖ ~ **easel** (Photog) / Formatblende *f* (des Vergrößerungsgeräts) ‖ ~ **excavator** (Civ Eng) / Bagger *m*, Trockenbagger *m*, Universalbagger *m*, Exkavator *m* ‖ ~ **function** (Maths) / universelle Funktion, Universalfunktion *f* ‖ ~ **gas constant** (Phys) / allgemeine Gaskonstante, universelle Gaskonstante, molare Gaskonstante, absolute Gaskonstante, stoffmengenbezogene Gaskonstante ‖ ~ **gear testing machine** (Eng) / Zahnradprüfmaschine *f* ‖ ~ **grinder**\* (Eng) / Universalschleifmaschine *f* ‖ ~ **indicator**\* (Chem) / Universalindikator *m* (aus Gemischen von Indikatorfarbstoffen aufgebauter Indikator, der über weite pH-Bereiche verschiedene Farbumschläge zeigt) ‖ ~ **instrument** (Astron, Instr, Surv) / Altazimut *n m*, Universalinstrument *n*
**universality** *n* (Phys, Stats) / Universalität *f*
**universal joint**\* (Autos) / Wellengelenk *n* (z.B. ein Kreuzgelenk) ‖ ~ **joint**\* (Eng) / Kreuzgelenk *n* mit zwei Bewegungsfreiheiten, Universalgelenk *n* ‖ ~ **joint** (Tools) / Kardangelenk *n* (Verbindungsteil für Steckschlüsseleinsätze), Gelenkstück *n* (für Steckschlüsseleinsätze) ‖ ~ **joint coupling** (Eng) / Gelenkkupplung *f* ‖ ~ **knowledge** (AI) / Weltwissen *n* ‖ ~ **lathe** (Eng) / Universaldrehmaschine *f* (Spitzendrehmaschine, auf der fast alle Dreharbeiten ausgeführt werden können, außer an zu großen und schweren Werkstücken) ‖ ~ **lubricant** / Mehrzweckschmierstoff *m* ‖ ~ **messaging** (Telecomm) / Unified Messaging *n* (Konzept, verschiedene Nachrichtenformen unabhängig von der konkreten Nachrichtenform in einem System zu integrieren und einem Adressaten zum Abruf in einer von ihm gewünschten Form anzubieten) ‖ ~ **mill** (Met) / Universalwalzwerk *n* ‖ ~ **milling machine**\* (Eng) / Universalfräsmaschine *f* ‖ ≙ **Mobile Telecommunications System** (Teleph) / UMTS *m* (heutiger Standard für Handys), 3G-System *n* (das Mobilfunksystem der dritten Generation) ‖ ~ **motor**\* (Elec Eng) / Universalmotor *m* (Gleichstrom-Reihenschluss-Motor, der durch leichte Änderungen im Aufbau als Wechselstrommotor benutzbar wird - DIN 42 005), Allstrommotor *m* ‖ ~ **naming convention** (Comp) / Uniform Naming Convention *f*, Universal Naming Convention *f* (zur Benennung von nichtlokalen Ressourcen), UNC (Uniform Naming Convention) ‖ ~ **night answer** (Comp) / allgemeine Nachtabfrage *f* ‖ ~ **planer**\* (Eng) / Universalhobelmaschine *f* (für Vor- und Rückwärtsschnitt) ‖ ≙ **Postal Union** (an agency of the United Nations) (Telecomm) / Weltpostverein *m* (eine Sonderorganisation der Vereinten Nationen, gegr. 1951, Sitz: Genf) ‖ ≙ **Product Code**\* (Comp) / UPC-Kode *m* (ein amerikanischer und kanadischer Strichkode - mit dem EAN-Kode kompatibel) ‖ ~ **property** (Maths) / universelle Eigenschaft, Universaleigenschaft *f* ‖ ~ **quantifier** (a /pre/determiner) (Maths) / Generalisator *m*, Allquantor *m* (DIN 5474), Allzeichen *n*, All-Operator *m* ‖ ~ **rack** (Eng) / Universalgestell *n* ‖ ~ **receiver** (Radio) / Allstromempfangsgerät *n*, Allstromempfänger *m* (für den Anschluss an Gleich- oder Wechselstrom) ‖ ~ **serial bus** (Comp) / US-Bus *m*, Universal Serial Bus *m*, USB (Universal Serial Bus), USB-Bus *m* ‖ ≙ **Service Obligation** (Telecomm) / Kontrahierungszwang *m* (für Anbieter von Telekommunikationsdienstleistungen) ‖ ~ **set**\* (Maths) / Universalmenge *f* (eine Obermenge), Allmenge *f* ‖ ~ **shunt** (Elec Eng) / Stromteiler *m* nach Ayrton, Ayrton-Nebenwiderstand *m* (z.B. bei Vielfachinstrumenten), Ayrton-Widerstand *m* (zur Messbereichserweiterung - nach W.E. Ayrton, 1847-1908), Mehrfachnebenwiderstand *m* (z.B. bei Galvanometern) ‖ ~ **stage** (Crystal) / Fedorow'scher Universaldrehtisch (nach E.S. Fedorow, 1853-1919), Fjodorow'scher Universaldrehtisch, Universaldrehtisch *m*, U-Tisch *m* ‖ ~ **subscriber identity module** (in which applications, certifications, digital signatures, encryption algorithms and any other type of data can be entered and stored) (Teleph) / Universal Subscriber Identity Module *n*, USIM (Universal Subscriber Identity Module) ‖ ~ **synchronous/asynchronous receiver/transmitter** (Comp) / USART *m* (Ein-Ausgabe-Baustein oder Gerät zur seriellen Datenübertragung) ‖ ~ **tap holder** (Eng) / Universalwindeisen *n* (für Handgewindebohrer) ‖ ~ **tap wrench** (Eng) / Universalwindeisen *n* (für Handgewindebohrer) ‖ ≙ **Time**\* / Weltzeit *f* (die Zonenzeit des nullten Längenmeridians), WZ (Weltzeit), Mittlere Greenwichzeit, UT (Universal Time), Zulu-Zeit *f* (in der NATO), MGZ (mittlere Greenwichzeit) ‖ ~ **time** (Phys) / universelle Zeit (die von über den Raum verteilten, mit Lichtsignalen synchronisierten Uhren gemessen wird) ‖ ≙ **Time Coordinated** / koordinierte Weltzeit (EN 28601), Weltnormalzeit *f*, UTC (Weltnormalzeit, die den von den Radiosendern ausgestrahlten Zeitzeichen zugrunde liegt), UTC-Zeit *f* ‖ ~ **tractor transmission oil** (Lubric) / UTTO-Öl *n* (ein Öl für leistungsgesteigerte Traktoren mit niedrigen Abgasemissionen) ‖ ~ **transaction monitor** (Comp) / universeller Transaktionsmonitor, UTM (universeller Transaktionsmonitor) ‖ ≙ **Transversal Mercator Projection** (Cartography) / Universale *f* Transversale Mercatorprojektion, Universale Transversale Mercatorabbildung (konforme transversale Zylinderabbildung des Internationalen Erdellipsoids in 60 Meridianstreifensystemen), UTM (Universale Transversale Mercatorprojetion) ‖ ~ **Turing machine** (Comp) / universelle Turingmaschine *f* ‖ ~ **varnish** (Paint) / Universallack *m* ‖ ~ **vice** (Eng) / Universalschraubstock *m* ‖ ~ **vice**\* (Eng) / Universalschraubstock *m* ‖ ~ **viewfinder**\* (Photog) / Universalsucher *m* ‖ ~ **wiring board** (Electronics) / Mehrzweckverdrahtungsplatte *f*
**universe** *n* (in planetary context) / Universum *n*, Kosmos *m*, All *n*, Weltall *n*, Weltraum *m* ‖ ~ (a set about which inferences are to be drawn based on a sample taken from the set) (Stats) / Grundgesamtheit *f*, Kollektiv *n*, [statistische] Gesamtheit *f*, Population *f* ‖ ~ **of discourse** (AI, Comp) / Diskurswelt *f* (Menge von Informationen aus einem fest abgegrenzten Teil der Welt, die für eine bestimmte Anwendung relevant ist), Informationsbereich *m* (Menge von Informationen aus einem fest abgegrenzten Teil der Welt, die für eine bestimmte Anwendung relevant ist)
**university of the third age** / (entspricht etwa) Volkshochschule für Rentner und ältere Arbeitslose
**univibrator**\* *n* (Electronics) / Univibrator *m*, Multivibrator *m* mit einer (einzigen) Gleichgewichtslage, monostabiler Multivibrator, Monoflop *n* (Flipflop, das nur eine stabile Lage hat), monostabile Kippstufe
**univocal** *adj* (Acous) / gleichklingend *adj*, gleichtönend *adj*
**Unix** *n* (Comp) / UNIX *n* (ein Mehrbenutzer-Betriebssystem - mit im Wesentlichen 2 Derivaten: UNIX System V von AT & T und UNIX 4.4 BCD der University of California in Berkeley)
**UNIX**\* *n* (an operating system that originated in Bell Laboratories in 1971) (Comp) / UNIX *n* (ein Mehrbenutzer-Betriebssystem - mit im Wesentlichen 2 Derivaten: UNIX System V von AT & T und UNIX 4.4 BCD der University of California in Berkeley) ‖ ≙ **formatter**

(Comp) / UNIX-Formatierer *m* (Textsoftware), nroff (UNIX-Formatierer) || ~ **port** (Comp) / UNIX-Portierung *f* || ~ **shell** (Comp) / Shell *f* (der Kommandointerpreter von UNIX)
**Unix-to-Unix copy** (Comp) / Unix-to-Unix Copy *f*, UUCP (Unix-to-Unix Copy) || ~ **encode** (method/utility to encode binary files for transmission in TCP/IP networks) (Comp) / Unix-to-Unix Encode *n*, UUENCODE *n* (Unix-to-Unix Encode)
**UNJ screw thread** (Eng) / UNJ-Gewinde *n*
**unjustified matter** (Print) / Flattersatz *m* (links, rechts) || ~ **text** (Print) / Flattersatz *m* (links, rechts)
**unkept** *adj* / nicht gepflegt
**unkilled steel** (Met) / unberuhigter Stahl (als Gegensatz zu killed steel), unruhig vergossener Stahl
**unknot** *v* / einen Knoten lösen
**unknown** *n* (Maths) / Unbekannte *f* || ~ *adj* / unbekannt *adj* || ~ **quantity** (Maths) / Unbekannte *f*
**unladen** *adj* / ohne Last, nicht belastet || ~ (Autos) / unbeladen *adj*, nichtbeladen *adj* || ~ **weight** (Autos) / Eigenmasse *f*, Eigengewicht *n*
**unlatch** *v* / ausklinken *v*, aushaken *v* (ausklinken) || ~ / entriegeln *v*, entsperren *v*, aufriegeln *v*, aufschließen *v*, aufmachen *v* (Schloss), öffnen *v* (entriegeln) || ~ / ausschnappen *v* (Türschloss)
**unlawful** *adj* / widerrechtlich *adj*, illegal *adj*
**unlay** *vt* / aufdrehen *v*, aufflechten *v*, aufschlagen *v* (ein Seil)
**unleaded** *n* (Autos, Fuels) / Normalottokraftstoff *m*, Normalbenzin *n*, Normal *n* (Benzin) || ~ *adj* (Fuels) / unverbleit *adj*, bleifrei *adj*, ohne Bleitetraethyl (Benzin) || ~ **petrol** (GB) (Autos, Fuels) / Normalottokraftstoff *m*, Normalbenzin *n*, Normal *n* (Benzin)
**unless condition** (AI) / Es-sei-denn-Bedingung *f*
**unlevel** *adj* (Textiles) / unruhig *adj*, ungleichmäßig *adj* (Färbung)
**unlicenced transmitter** (Radio) / Piratensender *m*, illegaler Sender, Schwarzsender *m*
**unlighted** *adj* / unbeleuchtet *adj*
**unlike** *adj* (Maths) / ungleichnamig *adj* (Zeichen, Bruch) || ~ **fractions** (with different denominators) (Maths) / ungleichnamige Brüche (mit unterschiedlichen Nennern)
**unlime** *v* (Chem) / entkalken *v*
**unlimited** *adj* (Maths) / unbegrenzt *adj*, beliebig groß || ~ s. also unrestricted || ~ **ceiling** (Aero, Meteor) / keine Hauptwolkenuntergrenze vorhanden || ~ **depth** (Geol) / ewige Tiefe || ~ **subroutine nesting** (Comp) / unbegrenzte Verschachtelungstiefe von Unterprogrammen
**unlined paper** (Paper) / unliniertes Papier
**unlisted dimension** (Eng) / fehlendes Maß (in technischen Zeichnungen)
**unlit** *adj* (staircase) / unbeleuchtet *adj*
**unload** *v* / herausnehmen *v* (Werkstück, Film) || ~ / abladen *v*, entladen *v* (z.B. ein Fahrzeug) || ~ (Eng) / austragen *v* (z.B. Mahlgut), ausstoßen *v* (z.B. Mahlgut) || ~ (San Eng) / räumen *v*, beräumen *v*, ausräumen *v* || ~ (Ships) / löschen *v*
**unloaded** *adj* / ohne Last, nicht belastet || ~ / füllstofffrei *adj* || ~ (Autos) / unbeladen *adj*, nichtbeladen *adj* || ~ (Elec Eng) / unbelastet *adj* || ~ **antenna*** (Radio) / unbelastete Antenne || ~ **weight** (Autos, Rail) / Leermasse *f* (eines Fahrzeugs)
**unloader** *n* (Agric) / Entnahmefräse *f* (aus dem Silo) || ~ (Eng) / Gabelräumer *m* (bei den Gabelstaplern)
**unloading** *n* (Chem Eng) / Druckentlastung *f* || ~ (Eng) / Austrag *m* (des Mahlguts), Ausstoß *m* (des Mahlguts) || ~ (San Eng) / Räumen *n* (von Schlammtrockenbeeten), Räumung *f*, Beräumung *f*, Ausräumung *f* || ~ **by gravity** / Schwerkraftentleerung *f* || ~ **device for ships** (Ships) / Schiffsentladeanlage *f*, Schiffsentlader *m* (eine Vorrichtung) || ~ **siding** (Rail) / Entladegleis *n*
**unlock** *v* / entriegeln *v*, entsperren *v*, aufriegeln *v*, aufschließen *v*, aufmachen *v* (Schloss), öffnen *v* (entriegeln) || ~ **key** (Comp) / Entsperrtaste *f*
**unlubricated bearing** (Eng) / ungeschmiertes Lager (für den Betrieb ohne Schmierstoff) || ~ **friction** (Eng, Phys) / Reibung *f* ohne Schmierstoff
**unmade** *adj* (Civ Eng) / unbefestigt *adj* (Straße)
**unmalted grain** (Brew) / Rohfrucht *f* (unvermälztes Getreide als Malz-Ersatzstoff)
**unmanageable** *adj* / unhandlich *adj* (Gut)
**unmanned** *adj* / unbesetzt *adj* (ohne Bedienungspersonal), nicht besetzt (Schalter) || ~ / unbewacht *adj* (z.B. Eingang) || ~ / unbedient *adj*, bedienungsfrei *adj*, mannlos *adj* || ~ (Aero, Ships, Space) / unbemannt *adj* || ~ **aerial vehicle** (Mil) / Drohne *f* (Ziel- oder Aufklärungsdrohne) || ~ **factory** / bedienerarmer Betrieb, bedienerfreier Betrieb, automatisierte Fabrik || ~ **production** (Eng, Work Study) / unbemannte Fertigung (für die kein Bedien- und Überwachungspersonal mehr erforderlich ist) || ~ **train** (Rail) / fahrerloser Zug, unbemannter Zug
**unmarketable** *adj* / unverkäuflich *adj*

**unmarried print** (Cinema) / zweistreifige Kopie (eine Rolle enthält den Bildinhalt, die andere den zugeordneten Licht- oder Magnetton)
**unmatched** *adj* / unübertrefflich *adj* (Leistung)
**unmate** *v* (Eng) / gepaarte Teile trennen
**unmelted** *adj* (snow) (Meteor) / nicht weggeschmolzen, nicht weggetaut
**unmerchantable** *adj* / unverkäuflich *adj*
**unmetalled** *adj* (GB) (Civ Eng) / unbefestigt *adj* (Straße)
**unmilled** *adj* (GB) (Textiles) / ungewalkt *adj*
**unmistakable** *adj* / unverwechselbar *adj* (Handschrift, Stimme)
**unmistakeable** *adj* / unverwechselbar *adj* (Handschrift, Stimme)
**unmixed** *adj* / unvermischt *adj*
**unmixing** *n* (Min) / Entmischung *f*
**unmod*** (Radio, Telecomm) / unmoduliert *adj*, nicht moduliert
**unmodified** *adj* (Comp) / unmodifiziert *adj* (Adresse, Befehl) || ~ **gear** (Eng) / Nullrad *n* (bei dem die Bezugslinie des Bezugsprofils den Teilkreis berührt - keine Profilverschiebung)
**unmodulated** *adj* (Radio, Telecomm) / unmoduliert *adj*, nicht moduliert || ~ **waves** (Telecomm) / unmodulierte Wellen
**unnapped** *adj* / kahl *adj*, glatt *adj* (ungeraut)
**Unna's paste** (Med, Pharm) / Gelatina *f* Zinci, Zinkleim *m* (10 Tl. ZnO, 40 Tl. Glycerin, 15 Tl. Gelatine, Rest Wasser)
**unnatural parity** (Nuc) / unnatürliche Parität
**unnavigable** *adj* (Ships) / nicht schiffbar
**unnecessary seizure** (Teleph) / unnötige Belegung
**unnilhexium** *n* (Chem) / Unnilhexium *n* (Element 106), Unh (Unnilhexium)
**unnilennium** *n* (Chem) / Unilennium *n* (Element 109), Une (Unnilennium)
**unnilpentium** *n* (Chem) / Nielsbohrium *n*, Ns (Nielsbohrium), Hahnium *n* (radioaktives, nur künstlich darstellbares chemisches Element der Ordnungszahl 105), Ha (Hahnium), Unnilpentium *n*, Unp (Unnilpentium)
**unnilseptium** *n* (Chem) / Unnilseptium *n* (Element 107), Uns (Unnilseptium)
**unnotched** *adj* (Materials) / ungekerbt *adj* (Probe)
**unnumbered acknowledgement** (Comp, Telecomm) / Bestätigung *f* ohne Folgenummer (Protokoll)
**unobstructed light** (Aero) / unbehindert sichtbares Licht
**unobtrusive** *adj* (Textiles) / unaufdringlich *adj* (Farbe)
**unoccupied** *adj* (Build) / unbewohnt *adj* (Haus), unbelegt *adj*, leer *adj* (Haus) || ~ **band** (Nuc) / unbesetztes Band
**unordered pair** (Maths) / ungeordnetes Paar || ~ **set** (Maths) / ungeordnete Menge
**U notch** (Materials) / Schlüssellochkerb *m*, U-Kerb *m*, Rundkerb *m* (beim Kerbschlagbiegeversuch)
**U-notch specimen** (Materials) / Rundkerbprobe *f* (beim Kerbschlagbiegeversuch - z.B. die DVMF-Probe)
**Unp** (unnilpentium) (Chem) / Nielsbohrium *n*, Ns (Nielsbohrium), Hahnium *n* (radioaktives, nur künstlich darstellbares chemisches Element der Ordnungszahl 105), Ha (Hahnium), Unnilpentium *n*, Unp (Unnilpentium)
**unpack** *v* (Comp) / entpacken *v*
**unpacked** *adj* / unverpackt *adj* || ~ **format** (Comp) / ungepacktes Format
**unpaired electron** (Nuc) / ungepaartes Elektron, unpaariges Elektron
**unpaved** *adj* (not paved) (Aero, Arch, Civ Eng) / unbefestigt *adj*
**unperturbed dimensions** (Chem) / ungestörte Dimensionen (von knäuelförmigen Makromolekülen)
**unpick** *v* (Textiles) / auftrennen *v* (eine Naht, einen Saum)
**unpile** *v* / ausstapeln *v*, entstapeln *v*
**unpiler** *n* / Entstapelungsanlage *f*, Entstapler *m*
**unpitched sound*** (Acous) / Klang *m* (ein Schallschwingungsgemisch)
**unplanned** *adj* / ungeplant *adj* || ~ **outage** (Work Study) / ungeplanter Stillstand, unvorgesehener Ausfall
**unplasticized** *adj* (Chem Eng, Plastics) / weichmacherfrei *adj*, ohne Weichmacher || ~ **PVC** (Plastics) / weichmacherfreies PVC, unplastifiziertes PVC, Hart-PVC *n*, PVC-hart *n*
**unpleasant** *adj* / unangenehm *adj* (z.B. Geruch)
**unplug** *v* (Elec Eng) / den Stecker herausziehen
**unplugged** *adj* (Acous) / unplugged *adj* (ohne elektronische Verstärkung - von Aufnahmen der Rock- und Popmusik)
**unpointed cone** (Maths) / Kegel *m* ohne Spitze, stumpfer (konvexer) Kegel
**unprinted circuit** (Electronics) / ungedruckte Schaltung (z.B. Multiwireplatte)
**unprocessed** *adj* / roh *adj*, Roh-, unbearbeitet *adj* || ~ / im Rohzustand
**unprotected field** (Comp) / ungeschütztes Feld
**unpulsed radar** (Radar) / Dauerstrichradar *m n* (bei dem eine hochfrequente Schwingung kontinuierlich abgestrahlt wird - DIN 45 025), CW-Radar *m n*
**unquote** *v* (Typog) / abführen *v* (Anführungszeichen hinten)
**unraised** *adj* / kahl *adj*, glatt *adj* (ungeraut)

## unramified

**unramified** adj / unverzweigt adj
**unrationalized unit** / Einheit f außerhalb des rationalen Systems
**unravel** v / zerfasern vt, durchreiben vt, ausfasern vt || ~ / zerfransen v, ausfransen adj
**unreactive** adj (Chem) / nicht reaktionsfähig adj, reaktionsunfähig adj || ~ (Chem) / reaktionslos adj, inaktiv adj
**unread gas** / noch nicht abgerechnetes Gas
**unrealizable** adj / unrealisierbar adj, nicht verwirklichbar
**unrecorded** adj (Acous, Comp) / unbeschrieben adj, unbespielt adj
**unrecoverable error** (Comp) / permanenter Fehler, nichtbehebbarer Fehler, bleibender Fehler, irreparabler Fehler
**unreel** v / abwickeln v, abrollen v, abhaspeln v, abspulen v, loswickeln v || ~ (Mining) / abhaspeln v
**unrefined** adj (Nut) / naturbelassen adj
**unregistered** (illegal) **transmitter** (Radio) / Piratensender m, illegaler Sender, Schwarzsender m
**unreinforced concrete** (Civ Eng) / unbewehrter Beton (ohne Stahleinlage), Beton m ohne Bewehrung
**unrelated** adj / beziehungslos adj
**unreliability** n / Unzuverlässigkeit f
**unrepresentative** adj (Stats) / nicht repräsentativ (Stichprobe)
**unrestricted** adj / uneingeschränkt adj, unbeschränkt adj || ~ (Comp) / frei adj (Daten) || ~ **data** (Comp) / freie Daten || ~ **extension** (station) (Teleph) / voll amtsberechtigte Nebenstelle || ~ **movement** (Geol) / Gesteinsdurchbewegung f mit Mineralstreckung in Bewegungsrichtung || ~ **work** (Work Study) / ungebundene Arbeit (bei der die Ausbringung des Arbeiters nur durch Faktoren bestimmt wird, die innerhalb seines Einflussbereiches liegen)
**unrig** v (Ships) / abtakeln v
**unripe** adj (Agric, Nut) / unreif adj (Obst, Getreide), grün adj (nicht reif)
**unrivalled** adj / unübertrefflich adj (Leistung)
**unroadworthy** adj (Autos) / fahruntüchtig adj (Fahrzeug) || ~ (of a vehicle) (Autos) / nicht fahrtüchtig, nicht verkehrssicher
**unroll** v / ausrollen v (z.B. eine Tapetenrolle)
**unroof** v (Build) / abdecken v (Haus)
**UNS** (Unified Numbering System) / Unified Numbering System n (System zur Identifizierung metallischer Werkstoffe)
**Uns** (unnilseptium) (Chem) / Unnilseptium n (Element 107), Uns (Unnilseptium)
**unsafe** adj / gefährlich adj (Manipulation) || ~ (Build) / abbruchreif adj, baufällig adj
**unsalable** adj (US) / unverkäuflich adj (Ware, die sich nicht verkaufen lässt)
**unsaleable** adj / unverkäuflich adj (Ware, die sich nicht verkaufen lässt)
**unsalted** adj (Nut) / ungesalzen adj (Butter)
**unsaponifiable** adj (Chem) / unverseifbar adj, nichtverseifbar, nicht verseifbar
**unsaturated*** adj (Chem) / unabgesättigt adj, ungesättigt adj || ~ **fatty acid** (Chem) / ungesättigte Fettsäure f || ~ **ketone** (Chem) / ungesättigtes Keton || ~ **logic** (Electronics) / ungesättigte Logik (digitale Logikschaltungen, die mit Ansteuerungen mit H-Pegel nicht in den Sättigungsbereich gelangen können) || ~ **polyester** (Chem) / ungesättigter Polyester, UP (ungesättigter Polyester) || ~ **polyester resin** (Plastics) / UP-Harz n, ungesättigtes Polyesterharz
**unscheduled outage** (Work Study) / ungeplanter Stillstand, unvorgesehener Ausfall
**unscientific** adj / unwissenschaftlich adj, nicht wissenschaftlich
**unscoured silk** (Textiles) / Rohseide f (gehaspeltes, noch nicht entbastetes Seidengarn), Ekrüseide f, Écruseide f, Bastseide f, Hartseide f
**unscrambling** n (Comp, Telecomm) / Entschlüsselung f
**unscrew** v (Eng) / abschrauben v, auseinander schrauben v, losschrauben v
**unscrewable** adj (Eng) / abschraubbar adj
**unscrewing machine** (Nut) / Deckelaufschraubmaschine f (für Getränkeflaschen)
**uns-dimethylhydrazine** n (Chem, Space) / 1,1-Dimethylhydrazin n, unsymmetrisches Dimethylhydrazin (Raketentreibstoff), UDMH
**unsealed road** (Civ Eng) / unbefestigte Straße
**unseasoned** adj (timber) (For) / waldfrisch adj (nass), grün adj (Holz, meistens mit hohem Feuchtegehalt - bis 50%)
**unserviceability lights** (Aero) / Sperrungsfeuer n
**unserviceable** adj / unbrauchbar adj, ausrangiert adj (Anlage) || ~ / unbenutzbar adj || ~ (US) (Mil) / feldunbrauchbar adj
**unset** n (Comp) / Grundstellung f, Nullstellung f || ~ **concrete** (Civ Eng) / junger Beton, Frischbeton m (der verarbeitet werden kann - DIN 1048-1)
**unsettled** adj (Meteor) / unbeständig adj (Wetter)
**unsewn binding*** (Bind) / Klebebindung f
**unshared-electron pair** (Chem, Nuc) / einsames Elektronenpaar, freies Elektronenpaar (das einem Atom allein angehört)

**unsharp** adj / unscharf adj (Bild, Maske) || ~ **masking** (Photog) / unscharfe Maskierung (z.B. im Programm Adobe-Photoshop)
**unshielded twisted pair** (cable)* (Cables) / UTP-Kabel n (vieradriges Kabel, bei dem jede Ader isoliert ist - die Adern sind paarweise verseilt)
**unsigned** adj (Maths) / vorzeichenlos adj (Wert), ohne Vorzeichen || ~ **integer** (Maths) / ganze Zahl ohne Vorzeichen, vorzeichenlose ganze Zahl || ~ **number** (Maths) / vorzeichenlose Zahl, Zahl f ohne Vorzeichen
**unsinkable** adj (Ships) / unsinkbar adj
**unsintered** adj (Met) / ungesintert adj
**unsized** adj (Paper) / ungeleimt adj || ~ (Textiles) / ungeschlichtet adj || ~ **paper** (Paper) / ungeleimtes Papier
**unskilled** adj / unsachgemäß adj (Umgang) || ~ (Work Study) / ungelernt adj, Hilfs- (Arbeiter)
**unskimmed milk** (Nut) / Vollmilch f (mit dem vollen Fettgehalt)
**unsolder** vi (Electronics, Plumb) / aus der Lötung gehen
**unsolds** pl (Print) / unverkaufte Exemplare
**unsolicited** adj (Comp) / freilaufend adj (Ausgabe, Meldung)
**unsolvable** adj (Maths) / nichtlösbar adj, unauflösbar adj, unlösbar adj
**unsorted** adj / unsortiert adj, nicht sortiert
**unsought goods** / Güter n pl des fremd initiierten Kaufs (deren Anschaffung nicht eingeplant war)
**unsound** adj (Build) / treibend adj (Putz) || ~* (Foundry) / nicht einwandfrei (Gussstück), mit Gussfehlern behaftet, lunkrig adj || ~ **knot** (For) / Faulast m, fauler Ast || ~ **weld** (Welding) / Fehlschweiße f
**unspoiled countryside** (Ecol) / unberührte Landschaft
**unspoilt land** (Civ Eng) / gewachsener Boden (natürlich gelagerter Boden) || ~ **landscape** (Ecol) / unberührte Landschaft
**unsprung mass** (Autos) / ungefederte Masse
**unsqeezed** (Comp) / unkomprimiert adj (Datei)
**unsqueezing** n (Cinema) / anamorphotische Entzerrung || ~ (Cinema) / Kopieren n mit anamorphotischer Entzerrung
**unstability*** n / Unbeständigkeit f || ~* (Mech) / Labilität f
**unstable** adj / unecht adj (Farbstoff) || ~* (Build, Mech) / statisch unstabil, labil adj, nicht stabil || ~ (Mech) / unbeständig adj, labil adj || ~ (Mining) / nicht standfest || ~ **equilibrium*** (Mech) / labiles Gleichgewicht, Umfallgleichgewicht n, instabiles Gleichgewicht || ~ **isotope** (Chem, Nuc) / instabiles Isotop || ~ **nucleus** (Nuc) / instabiler Kern || ~ **oscillation*** (Phys) / sich aufschaukelnde Schwingung || ~ **particle** (Nuc) / kurzlebiges Teilchen, instabiles Teilchen
**unstayed span** (Build) / freie Stützweite
**unsteady arc** (Elec Eng) / flackernder Lichtbogen || ~ **flow** (Phys) / nichtstationäre Strömung, instationäre Strömung (eine Flüssigkeitsströmung, wenn das Geschwindigkeitsfeld der Strömung zeitabhängig ist) || ~ **running** (Eng) / Laufunruhe f
**unstick** v (Aero) / abheben v, starten v || ~* n (Aero) / Abheben n (Lösen des Flugzeugs vom Boden nach Erreichen der Abfluggeschwindigkeit) || ~ **distance** (Aero) / Anrollstrecke f (beim Start) || ~ **speed** (Aero) / Abhebegeschwindigkeit f (des Landflugzeugs)
**unstratified** adj (Geol) / schichtungslos adj (Massengestein), ungeschichtet adj, nicht geschichtet || ~ **language** (that can be used as its own metalanguage) (Comp) / ungeschichtete Sprache
**unstressed reinforcement** (Civ Eng) / schlaffe Bewehrung
**unstructured** adj / unstrukturiert adj
**unsuccessful** adj (Teleph) / erfolglos adj (Anruf)
**unsuitable** adj / ungeeignet adj
**UNS = Unified Numbering System**
**unsupercharged engine** (I C Engs) / Saugmotor m (als Gegensatz zum aufgeladenen Motor)
**unsupported** adj / fliegend adj (Einspannung) || ~ (Plastics) / trägerlos adj (Folie) || ~ **bending** (Eng) / freies Biegen (mit freiem Ausbilden der Werkstücksform nach DIN 8584) || ~ **length** (Mech) / Freilänge f
**unsurfaced pavement** (Aero) / Befestigung f ohne Deckenschluss
**unswept** adj (Aero) / ungepfeilt adj
**unswirled** adj (Phys) / drallfrei adj (Strömung)
**unswitched port** (Comp, Telecomm) / unverschalteter Port
**unsymdimethylhydrazine** n (Chem, Space) / 1,1-Dimethylhydrazin n, unsymmetrisches Dimethylhydrazin (Raketentreibstoff), UDMH
**unsymmetrical** adj / nichtsymmetrisch adj, asymmetrisch adj, unsymmetrisch adj || ~ **dimethylhydrazine** (Chem, Space) / 1,1-Dimethylhydrazin n, unsymmetrisches Dimethylhydrazin (Raketentreibstoff), UDMH
**untarnishable** adj / anlaufbeständig adj (z.B. Silberwaren)
**untempered** adj (Met) / nicht angelassen (Stahl)
**untensioned reinforcement** (Civ Eng) / schlaffe Bewehrung
**unthread** v (Textiles) / ausfädeln v (aus dem Nadelöhr herausziehen)
**unthreaded** adj / ohne Gewinde || ~ **shank** (Eng) / Schaft m (bei Schrauben mit Teilgewinde)
**untie** v / auflösen v (Knoten), aufmachen v (Knoten) || ~ vt / abbinden vt, losbinden v, lösen v

**until breakage** (failure) **occurs** (Materials) / bis zum Bruch
**untile** v (Build) / abdecken v (Haus)
**untransposed** adj (Elec Eng) / unverdrillt adj (Leitung)
**untreated** adj / roh adj, Roh-, unbearbeitet adj ‖ ~ **(Nut)** / unbehandelt adj (z.B. Obst) ‖ ~ **joint** (Build) / nicht ausgefugte Fuge ‖ ~ **sewage** (San Eng) / Rohabwasser n (unbehandeltes Abwasser nach DIN 4045, das einer Abwasserreinigungsanlage zufließt) ‖ ~ **water** (Eng, San Eng) / Rohwasser n (vor der Aufbereitung, z.B. zu Speisewasser)
**untrimmed** adj (Bind) / unbeschnitten adj ‖ ~ **edges** (Bind) / unbeschnittene Kanten, unaufgeschnittene Kanten ‖ ~ **sheet** (Paper, Print) / Rohbogen m (unbeschnittener, unbedruckter oder bedruckter, ungefalzter Bogen, der etwa 5% größer als ein DIN-Bogen ist, um ein Beschneiden nach dem Druck oder der Druckweiterverarbeitung zu ermöglichen), Formatbogen m
**untrue hole** (Eng) / verlaufene Bohrung
**untuned antenna**\* (Radio) / unabgestimmte Antenne, Breitbandantenne f, aperiodische Antenne ‖ ~ **circuit**\* (Telecomm) / aperiodischer Kreis
**untwist** v / entdrallen v ‖ ~ (Spinning, Textiles) / entzwirnen v
**untwisted** adj (Spinning) / ungedreht adj, ungezwirnt adj, drehungslos adj, ohne Drehung, entzwirnt adj
**untwisting** n (Spinning) / Aufdrehen n, Rückdrehen n ‖ ~ **method** (Spinning) / Aufdrehverfahren n (für Garne nach DIN 53 832, T 1)
**unusable fuel** (Aero) / nichtausfliegbare Treibstoffmenge, nichtausfliegbare Kraftstoffmenge
**unused** adj / ungenutzt adj
**unventilated room** (Build) / nicht belüfteter Raum, nicht entlüfteter Raum
**unvoiced** adj (Acous) / stimmlos adj ‖ ~ **sound**\* (Acous) / unartikulierter Laut (beim Sprechen)
**unwanted** adj / unerwünscht adj, ungewollt adj ‖ / störend adj (Geräusch, Echo) ‖ ~ **echo** (Radar) / Störecho n ‖ ~ **radiation** (Nuc, Radiol) / Störstrahlung f (an einem Ort außerhalb des Nutzstrahlenkegels auftretende unerwünschte Strahlung) ‖ ~ **radiation** (Telecomm) / unerwünschte Ausstrahlung, Streustrahlung f ‖ ~ **radio-frequency** (Radio) / unerwünschte Funkfrequenz ‖ ~ **signal** (Radio, Telecomm) / Störsignal n (Störgröße oder unerwünschter Anteil eines Messsignals)
**unwatched light** (Ships) / unbewachtes Feuer
**unwater** v / entwässern v, Wasser entziehen
**unwatering** n / Entwässerung f, Entwässern n, Wasserentzug m
**unweaving lane** (Autos) / Ausfädelungsstreifen m
**unweighted noise** (Telecomm) / unbewertetes Rauschen
**unwholesome** adj (Meteor, Nut) / ungesund adj, gesundheitsschädlich adj
**unwind** v / abwickeln v, abrollen v, abhaspeln v, abspulen v, loswickeln v ‖ ~ (Comp) / gestreckt programmieren, strecken v (gestreckt programmieren) ‖ ~ (Mining) / abhaspeln v
**unwinding plate** (Mag) / Abwickelteller m (in der Lochstreifentechnik) ‖ ~ **protein** (Biochem) / entschraubendes Protein, Unwinding-Protein n
**unworked** adj (Mining) / unverritzt adj (Gebirge), unverhauen adj, jungfräulich adj ‖ ~ **coal** (Mining) / anstehende Kohle (im festen Gebirgsverband) ‖ ~ **ground**\* (Mining) / [unverritztes] Gebirge n, Gestein n ‖ ~ **penetration** / Ruhpenetration f (von Schmierfetten)
**unwound program** (Comp) / gestrecktes Programm (in dem jeder Befehl nur einmal durchlaufen wird - im Gegensatz zur Programmierung mit Schleifen)
**unwoven** adj (Weaving) / ungewebt adj
**unwrought** adj / roh adj, Roh-, unbearbeitet adj ‖ ~ **(For)** / unbesäumt adj ‖ ~ (Mining) / unverritzt adj (Gebirge), unverhauen adj, jungfräulich adj ‖ ~ **timber** (For) / Rohholz n
**unzip** v (Comp) / dekomprimieren v (mit der ZIP-Technik) ‖ ~ (Textiles) / den Reißverschluss öffnen
**UP** (unsaturated polyester) (Chem) / ungesättigter Polyester, UP (ungesättigter Polyester) ‖ ≃ **(upward(s) compatible)** (Comp) / aufwärts kompatibel adj ‖ ≃ **(user part)** (Telecomm) / Benutzerteil m (Signalisierungssystem Nr. 7)
**up** v (US) / steigern v (Leistung, Produktion), erhöhen v
**U-packing** n (Eng) / Nutringmanschette f (lederne), Topfmanschette f ‖ ≃\* (Eng) / U-förmige Dichtung (eine Bewegungsdichtung), Manschettendichtung f, Stulpdichtung f
**up- and download viruses** (Comp) / Up- und Download-Viren m pl ‖ ~ **and down-motion** (Eng) / Auf- und Niedergang m, auf- und abgehende Bewegung ‖ ~ **and down-motion** (Eng) s. also reciprocating motion
**up-and-over basin** (Autos) / Klappwaschbecken n (in den Caravans) ‖ ~ **garage door** / Garagenschwingtor n
**U parameter** (Comp) / U-Anweisung f
**uparching** n (the uplift of a region) (Geol) / Aufwölbung f
**upas** n (Pharm) / Upas n (Pfeilgift aus dem Milchsaft der Antiaris toxicaria (Pers.) Lesch.), Ipopfeilgift n, Ipo n

**upbonding** n (Electronics) / Hochbonden n, Bonden n beim tieferliegenden ersten Bond
**UPC** (Universal Product Code) (Comp) / UPC-Kode m (ein amerikanischer und kanadischer Strichkode - mit dem EAN-Kode kompatibel)
**upcast** n (Geol, Mining) / Verwerfung f aufwärts, Verwerfung f ins Hangende ‖ ~ (Mining) / Ausziehschacht m (Abwetteröffnung einer Grube mit Ventilator über Tage) ‖ ~ **shaft**\* (Mining) / Ausziehschacht m (Abwetteröffnung einer Grube mit Ventilator über Tage) ‖ ~ **ventilating shaft** (Mining) / ausziehender Schacht
**upcoiler** n (Met) / Wickelmaschine f (von unten nach oben wickelnd)
**up-complete** adj (AI) / up-vollständig (Problem)
**upcurrent** n (Aero, Meteor) / Aufwind m (aufwärts gerichtete Luftströmung - Gelände-, Wärme- und Scherungs-)
**update**\* v / updaten v, aktualisieren v, fortschreiben v, auf den neuesten Stand bringen ‖ ~ n (Comp) / Aktualisierungsroutine f, Änderungsprogramm n, Änderungsroutine f, Update n (pl. -s) ‖ ~ **file**\* (Comp) / Änderungsdatei f, Bewegungsdatei f ‖ ~ **frequency** (Comp) / Aktualisierungsfrequenz f ‖ ~ **program** (Comp) / Aktualisierungsroutine f, Änderungsprogramm n, Änderungsroutine f, Update n (pl. -s) ‖ ~ **rate** (Radar) / Datenerneuerungsrate f (Häufigkeit pro Zeiteinheit für die Messung der Zielparameter und Weitergabe als Meldungen bei der Suche in einer Auflösungszeile oder bei der Verfolgung eines bestimmten Ziels) ‖ ~ **routine** (Comp) / Aktualisierungsroutine f, Änderungsprogramm n, Änderungsroutine f, Update n (pl. -s)
**updating program** (Comp) / Aktualisierungsroutine f, Änderungsprogramm n, Änderungsroutine f, Update n (pl. -s) ‖ ~ **run** (Comp) / Aktualisierungslauf m ‖ ~ **service** (Comp) / Änderungsdienst m (Aktualisierung und Dateipflege)
**up-dip** attr (Mining) / schwebend adj ‖ ~ **rise heading** (Mining) / Aufhauen n (Auffahren der Grubenbaue im Flöz in Aufwärtsrichtung)
**up-down loading** (Comp) / Up-down-Loading n
**updraft kiln** (Ceramics) / oberzügiger Ofen
**updraught** n (Aero, Meteor) / Aufwind m (aufwärts gerichtete Luftströmung - Gelände-, Wärme- und Scherungs-) ‖ ~\* attr (I C Engs) / Steigstrom- (Vergaser) ‖ ~ **kiln** (Ceramics) / oberzügiger Ofen
**updraw process** (Glass) / Aufwärtsziehverfahren n, Vertikalziehverfahren n, Senkrechtziehen n (Tafelglas, Röhren, Stangen)
**upend** v / kippen v, hochkant stellen, kanten v
**upender** n (Foundry, Met) / Kipptisch m, Kanter m
**uperization** n (Nut) / Ultrahocherhitzung f (der UHT-Milch), Uperisation f (mit überhitztem Wasserdampf)
**uperize** v (Nut) / uperisieren v (die UHT-Milch)
**up-feed** n (Eng) / Steigspeisung f
**upflow** n (Phys) / Aufwärtsströmung f, Aufwärtsstrom m ‖ ~ **aerator** (San Eng) / Verwirbelungsbelüfter m (beim Belebungsverfahren) ‖ ~ **anaerobic sludge blanket process** (San Eng) / Upflow-anaerobic-Sludge-Blanket-Prozess m (zur Biomasse-Rückhaltung) ‖ ~ **baffle** (Hyd Eng) / Stauwand f (des Wehrs)
**upfold** n (Geol) / Antiklinale f, Antikline f, Sattel m (einer geologischen Falte)
**up-frequency** n (Telecomm) / Aufwärtsfrequenz f (bei Nachrichtensatelliten)
**upgradable** adj (to a higher standard) / ausbaubar adj, ausbaufähig adj, erweiterungsfähig adj (Anlage), aufrüstbar adj, erweiterbar adj ‖ ~ (Materials) / verbesserungsfähig adj, veredlungsfähig adj (Eigenschaft eines Werkstoffs)
**upgrade** v (to a higher standard) / erweitern v (verbessern), ausbauen v (verbessern) ‖ ~ (Comp) / upgraden v ‖ ~ (Comp) / umsteigen v (auf eine bessere Version) ‖ ~ (Materials) / verbessern v (Eigenschaften eines Werkstoffs), veredeln v (ein Produkt), vergüten v (ein Produkt) ‖ ~ (Min Proc, Mining) / veredeln v (Kohle) ‖ ~ n (US) / Steigung f, Aufstieg m ‖ ~ (Comp) / Upgrade n (neue Version eines DV-Produkts)
**upgradeable** adj (Materials) / verbesserungsfähig adj, veredlungsfähig adj (Eigenschaft eines Werkstoffs)
**up-grade section** (Civ Eng) / Steigungsstrecke f (im Straßenverlauf)
**upgrading** n (Comp) / Ausbau m (des Rechners) ‖ ~ (Materials) / Veredelung f (eines Produkts), Verbesserung f (der Eigenschaften eines Werkstoffs), Vergütung f (eines Produkts) ‖ ~ (Min Proc, Mining) / Veredelung f (der Kohle) ‖ ~ **option** (Comp) / Erweiterungsoption f, Hochrüstmöglichkeit f
**up-gust** n (Aero, Meteor) / Steigbö f
**uphand sledge** (Tools) / Vorschlaghammer m (großer, schwerer Schmiedehammer) ‖ ~ **welding** (Welding) / Aufwärtsschweißen n
**upheaval** n (Geol) / Hebung f ‖ ~ (Mining) / Sohlenhebung f, Sohlenauftrieb m, Aufblähen n der Sohle, Sohlenblähen n
**uphill-cast** v (Foundry) / steigend gießen

**uphill casting** (Foundry) / steigende Gießweise, steigender Guss, Bodenguss *m* (bei dem das flüssige Gießmetall von unten in den Formhohlraum einströmt und in diesem aufsteigt) ‖ ~ **grade** (Autos, Civ Eng) / Steigung *f* ‖ ~ **or downhill length** (Autos, Rail) / Gefällstrecke *f*, Gefällestrecke *f* ‖ ~ **run** (Autos, Ships) / Bergfahrt *f* ‖ ~ **section** (Civ Eng) / Steigungsstrecke *f* (im Straßenverlauf)
**uphole time** (Geol) / Aufzeit *f* (bei dem Aufzeitschießen)
**upholster** *v* (Textiles) / polstern *v* (Möbel), auspolstern *v*
**upholstery** *n* / Polstermaterialien *n pl* (Gestell, Gurte, Federung, Füllstoffe, Posamenten usw.) ‖ ~ (Textiles) / Polsterware *f* ‖ ~ (Textiles) / Polsterung *f* ‖ ~ (Autos) / Stoffbezug *m* ‖ ~ (Textiles) / Polsterstoff *m*, Polstergewebe *n* ‖ ~ **fabric** (Textiles) s. also furniture fabric ‖ ~ **leather** (Leather) / Polsterleder *n* (z.B. für Autos), Möbelleder *n* ‖ ~ **nozzle** / Polsterdüse *f* (des Staubsaugers) ‖ ~ **pile fabric** (Textiles) / Polstervelours *m*, Möbelvelours *m* ‖ ~ **spring** / Sprungfeder *f* (für Polstermöbel) ‖ ~ **stuffing** (Textiles) / Polsterfüllstoff *m* ‖ ~ **velvet** (Textiles) / Möbelsamt *m*
**upkeep** *n* / Wartungskosten *pl* ‖ ~ (Eng, Work Study) / Instandhaltung *f* (DIN 31051), Unterhalt *m* (S), Wartung *f* (Bewahrung des Sollzustandes)
**Upland cotton** (Bot, Textiles) / Upland-Baumwolle *f*, Upland Cotton *m n* (Gossypium hirsutum L.) ‖ ~ **moor** (Geol) / Hochmoor *n* (Typ des Moores, dessen Wasser aus Niederschlägen stammt und das daher sauer und sehr nährstoffarm ist), ombrogenes Moor (in humiden Gebieten - mit einer Wasserversorgung durch Regenwasser)
**U plane** (Comp) / Nutzerebene *f* (logische Ebene innerhalb der UTRA-Protokollarchitektur)
**uplift** *v* (Eng) / heben *v*, anheben *v*, erheben *v*, hochheben *v*, aufheben *v*, liften *v* ‖ ~ *n* (Geol) / Hebung *f* ‖ ~ (Hyd Eng) / Anstieg *m* (des Grundwasserspiegels)
**uplifted** *adj* (Geol) / gehoben *adj* (Flügel bei der Verwerfung)
**uplink** *n* (Telecomm) / Aufwärtsstrecke *f* (bei Nachrichtensatelliten), Uplink *m n* ‖ ~ (Teleph) / Uplink *m n* (in Mobilfunksystemen das Frequenzband für das Senden der Mobilstation zur Basisstation oder zum Satelliten) ‖ ~ **frequency** (Telecomm) / Aufwärtsfrequenz *f* (bei Nachrichtensatelliten)
**upload** *n* (an upload session) (Comp) / Upload *m n* ‖ ~ (the data sent via uploading) (Comp) / Upload *m n*, Sendung *f* (Übertragung einer Dateikopie von einem lokalen Rechner auf einen entfernten Rechner mit Hilfe eines Modems oder über ein Netzwerk), Hochladen *n*
**uploading** *n* (Comp) / Hochladen *n* (vom lokalen System zum Host, von einem Client zu einem Server)
**uplock** *n* (Aero) / Einfahrverriegelung *f* (des Fahrwerks) ‖ ~ **hook** (Aero) / Verriegelungshaken *m* (zur Verriegelung des eingefahrenen Fahrwerks)
**upmake*** *n* (Typog) / Umbrechen *n*, Umbruch *m*, Mettage *f* (beim Bleisatz) ‖ ~* (Typog) / Zusammenstellung *f* (von Spalten)
**upmarket** *adj* (product/service that is relatively expensive and of superior quality) / exklusiv *adj* (Ware), Luxus- (Ware), hochwertig *adj* (Produkt)
**up-milling** *n* (Eng) / Gegenlauffräsen *n* (DIN 3002)
**up-path signal** (Space, Telecomm) / Signal *n* von der Erde zu Satelliten
**upper** *n* / Obermaterial *n* (Oberteil eines Schuhes), Schuhoberteil *m* ‖ ~ (Leather) / Schaft *m* (des Schuhes) ‖ ~ **air** (Astron, Geophys) / obere Erdatmosphäre, Hochatmosphäre *f*, obere Atmosphäre (in etwa die warme Schicht der Stratosphäre) ‖ ~ **atmosphere*** (Astron, Geophys) / obere Erdatmosphäre, Hochatmosphäre *f*, obere Atmosphäre (in etwa die warme Schicht der Stratosphäre) ‖ ~ **bainite** (Met) / obere Zwischenstufe, obere Bainit ‖ ~ **bainite** (Met) / obere Zwischenstufe (dem Perlit ähnliche) ‖ ~ **beam** (US) (Autos) / Fernlicht *n* ‖ ~ **blade** (Met, Tools) / Obermesser *n* (der Schere) ‖ ~ **boom** (Arch, Civ Eng) / Obergurt *m* (der in einem Fachwerk oder Vollwandträger örtlich höher gelegene der beiden Gurte) ‖ ~ **boom** (Eng, Mining) / Auslegeroberteil *m* ‖ ~ **bound*** (Maths) / obere Schranke (einer beschränkten Funktion, einer Punktmenge) ‖ ~ **bound** (Maths) / Majorante *f* (Reihen, uneigentliche Integrale) ‖ ~ **case*** (Typog) / Versalien *m pl*, Versalbuchstaben *m pl*, Großbuchstaben *m pl*
**upper-case letters** (Typog) / Versalien *m pl*, Versalbuchstaben *m pl*, Großbuchstaben *m pl*
**upper chord** (Arch, Civ Eng) / Obergurt *m* (der in einem Fachwerk oder Vollwandträger örtlich höher gelegene der beiden Gurte) ‖ ~ **consolute temperature** (Chem) / obere kritische Lösungstemperatur, oberer kritischer Lösungspunkt ‖ ~ **consolution temperature** (Chem) / obere kritische Lösungstemperatur, oberer kritischer Lösungspunkt ‖ ~ **culmination*** (Astron) / obere Durchgang, obere Kulmination, oberer Kulminationspunkt ‖ ~ **deck** (Civ Eng) / obenliegende Fahrbahn (einer Brücke) ‖ ~ **deck*** (Ships) / Oberdeck *n* (ein Freiborddeck) ‖ ~ **deviation** (Eng) / oberes Abmaß (algebraische Differenz zwischen Größtmaß und Nennmaß) ‖ ~ **die** (Eng) / Obergesenk *n* (Werkzeughälfte, die am Hammerbär bzw. Pressenstößel befestigt wird), Gesenkoberteil *n* ‖ ~ **edge** (Build, Civ Eng) / Oberkante *f* (die Kante selbst), OK ‖ ~ **explosive limit** (concentration of flammable substance that will not support combustion because the vapour is too rich in fuel for the amount of oxygen present) (Chem, Mil) / obere Explosionsgrenze ‖ ~ **flammable limit** (Chem, Mil) / obere Explosionsgrenze ‖ ~ **flight-information region** (Aero) / oberes Fluginformationsgebiet (in dem Fluginformations- und Alarmdienst ausgeübt werden) ‖ ~ **floor** (Build) / Obergeschoss *n*, Stock *m* (Obergeschoss) ‖ ~ **heating value** (Chem, Phys) / [spezifischer] Brennwert *m* (auf die Masse bezogener - nach DIN 5499), $H_o$ (spezifischer Brennwert) ‖ ~ **information region** (Aero) / oberes Fluginformationsgebiet (in dem Fluginformations- und Alarmdienst ausgeübt werden) ‖ ~ **integral** (Maths) / oberes Integral ‖ ~ **leaf** (Mining) / hangender Teil eines Flözes ‖ ~ **leaf** (Mining) s. also top coal ‖ ~ **leather** (Leather) / Leder *n* für den Schuhoberbau, Oberleder *n* ‖ ~ **-level wind** (Meteor) / Höhenwind *m* ‖ ~ **limit** (Maths) / obere Häufungsgrenze, Limes *m* superior, oberer Limes, lim sup ‖ ~ **limit of controllability** (Automation) / Heraufregelmöglichkeit *f* (bis zu...) ‖ ~ **link** (Agric) / Oberlenker *m* (ein Teil des Dreipunktanbaus) ‖ ~ **mantle** (Geol) / oberer Erdmantel ‖ ~ **millstone** (Eng) / Läuferstein *m* (des Kollergangs), Läufer *m* (mühlensteinartiger Mahlkörper) ‖ ~ **part of boom** (Eng, Mining) / Auslegeroberteil *m* ‖ ~ **punch** (Powder Met) / Oberstempel *m* (der Pulverpresse) ‖ ~ **quartile*** (Stats) / oberes Quartil, drittes Quartil ‖ ~ **ram** (Eng) / Oberbär *m* (beim Gegenschlaghammer) ‖ ~ **reaches** (Geog, Hyd Eng) / Oberlauf *m* (der Teil des Flusslaufs, welcher der Quelle am nächsten liegt) ‖ ~ **reservoir** (Elec Eng, Hyd Eng) / Oberbecken *n* (des Pumpspeicherwerkes), oberes Speicherbecken (des Pumpspeicherwerkes) ‖ ~ **roll** (Met) / Oberwalze *f* (z.B. eines Walzgerüsts) ‖ ~ **shed** (Weaving) / Oberfach *n* ‖ ~ **shed** (Weaving) / Hochfach *n* (bei der Fachbildung) ‖ ~ **shelf** (Met) / Hochlage *f* (der Kerbschlagarbeit-Temperatur-Kurve) ‖ ~ **side** (Paper) / Oberseite *f*, Filzseite *f*, Schönseite *f* (eines Papiers nach DIN 6730) ‖ ~ **sideband** (Radio) / oberes Seitenband ‖ ~ **stern** (Ships) / Spiegel *m* (querschiffs befindliche Abschlussplatte am Bootsheck) ‖ ~ **storey** (Build) / Obergeschoss *n*, Stock *m* (Obergeschoss) ‖ ~ **strand** (Eng) / oberer Trum (als konstruktiver Teil des Bandförderers), Arbeitstrum *m* (bei Angabe des Abstands der Tragrollen, auflaufender Trum (bei der Analyse der an den Umlenkrollen wirkenden Kräfte) ‖ ~ **sum** (Maths) / Obersumme *f* (in der Integralrechnung) ‖ ~ **surface** / Oberfläche *f* (z.B. Oberkante Fußboden) ‖ ~ **surface** (Aero) / Oberseite *f* (des Flügels) ‖ ~ **transit** (Astron) / oberer Durchgang, obere Kulmination, oberer Kulminationspunkt ‖ ~ **triangular matrix** (Maths) / obere Dreiecksmatrix (eine quadratische Matrix, bei der alle oberhalb der Hauptdiagonalen stehende Elemente Null sind) ‖ ~ **water** (Hyd Eng) / Oberwasser *n* ‖ ~ **wind** (Meteor) / Höhenwind *m* ‖ ~ **wing** (Aero) / oberer Flügel (bei Doppeldeckern) ‖ ~ **works** (Ships) / Oberwerk *n*, totes Werk (die über der Konstruktionswasserlinie liegenden Teile des Schiffs /Überwasserschiff/) ‖ ~ **works** (Ships) / Überwasserteil *m* des Schiffskörpers ‖ ~ **yarn** (Weaving) / Obergarn *n* ‖ ~ **yield point** (Materials) / obere Fließgrenze (oberhalb deren eine Verformung mit großer Geschwindigkeit auftritt)
**up position** (Aero) / Einfahrstellung *f* (des Fahrwerks)
**up-quark** *n* (Nuc) / Up-Quark *n* (eine Quark-Art), u-Quark *n*
**upraise** *v* (Mining) / aufbrechen *v*, hochbrechen *v* (von unten nach oben) ‖ ~ (Mining) / aufhauen *v* (einen Grubenbau im Flöz in Aufwärtsrichtung auffahren) ‖ ~ *n* (Mining) / Aufhauen *n* (Auffahren der Grubenbaue im Flöz in Aufwärtsrichtung)
**upraising** (Mining) / Hochbrechen *n*, Aufbrechen *n*
**uprange** *v* (Instr) / auf einen höheren Messbereich umschalten (ein Mehrbereichsinstrument)
**uprated** *adj* (Eng) / mit höherer Leistung
**UP resin** (Plastics) / UP-Harz *n*, ungesättigtes Polyesterharz
**upright** *n* (Autos) / Achsschenkel *m* (gelenkte Achse) ‖ ~* (Build, Carp) / Stiel *m*, Pfosten *m*, Säule *f*, Ständer *m* (senkrecht stehende Stütze in Holzkonstruktionen), Vertikale *f*, Vertikalstab *m* ‖ ~ (an item of kiln furniture) (Ceramics) / Stütze *f* (ein Brennhilfsmittel), Brennstütze *f*, Stapelstütze *f* (ein Brennhilfsmittel) ‖ ~ *adj* / hochstehend *adj* ‖ ~ **[vacuum] cleaner** / Handstaubsauger *m* ‖ ~ **drilling machine** (US) (Eng) / Senkrechtbohrmaschine *f* (mit senkrechter Bohrspindel) ‖ ~ **fold** (Geol) / stehende Falte, aufrechte Falte ‖ ~ **format** (Print) / Hochformat *n* ‖ ~ **freezer** / Standgefrierschrank *m*, Gefrierschrank *m* ‖ ~ **image** (Optics) / aufrecht stehendes Bild, aufrechtes Bild
**upright-pile velvet** (Textiles) / Stehvelours *m*
**upright size** (Print) / Hochformat *n* ‖ ~ **tank** (Chem Eng) / Stehtank *m* ‖ ~ **twill** (Weaving) / Steilgratköper, Steilköper *m* (mit steilen Gratlinien)
**upriver** *attr* (Hyd Eng) / stromaufwärts *adv*, flussaufwärts *adv*

**U-process** n (Phys) / Umklappprozess m (Streuprozess unter Mitbeteiligung eines Vektors im reziproken Gitter in der Impulsbilanz), U-Prozess m
**uproot** v / entwurzeln v (Bäume - Windstärke 10 nach Beaufort)
**uprush** n (Hyd Eng) / Auflauf m (von Wellen) || ~ (Hyd Eng) / Auflauf m (von Wellen) || ~ (the advance of water up the foreshore of a beach or structure, following the breaking of a wave) (Ocean) / Auflaufen n der Wellen
**UPS** (Elec Eng) / unterbrechungsfreie Stromversorgung || ≙ (ultraviolet photoelectron spectroscopy) (Spectr) / UV-Fotoelektronenspektroskopie f, Ultraviolett-Fotoelektronenspektroskopie f || ≙ (Spectr) / Fotoelektronenspektroskopie f mit kurzwelligem UV-Licht als Sonde
**upset** v (Materials, Met) / stauchen v (Längsausdehnung bei gleichzeitiger Querschnittszunahme verkürzen - DIN 8583, T 3) || ~ n (For) / Faserstauchung f (die z.B. zu Querwülsten führt) || ~ (US) (Materials, Met) / Stauchen n (Verkürzen der Längsausdehnung bei gleichzeitiger Querschnittszunahme - DIN 8583, T 3), Stauchschmieden n (negative Dehnung) || ~ **forging** (Materials, Met) / Stauchen n (Verkürzen der Längsausdehnung bei gleichzeitiger Querschnittszunahme - DIN 8583, T 3), Stauchschmieden n (negative Dehnung) || ~ **length loss** (Met) / Stauchlängenverlust m
**upsetted moraine** (Geol) / Stauchmoräne f, Stauchwall m (eine Moräne)
**upsetting** n (of bodies of water followed by a mass development of phytoplankton) (Ecol) / Umkippen n (von Gewässern - durch Eutrophierung) || ~ (Eng, Met) / Anstauchen n (örtliches Stauchen an den Enden von Werkstücken) || ~ (Eng, Met) / Kümpeln n (Schließen der Rohrenden) || ~* (Materials, Met) / Stauchen n (Verkürzen der Längsausdehnung bei gleichzeitiger Querschnittszunahme - DIN 8583, T 3), Stauchschmieden n (negative Dehnung) || ~ **factor** (Materials, Met) / Stauchgrad m (logarithmische Formänderung) || ~ **pressure** (Materials, Met) / Stauchdruck m || ~ **ratio** (Mech) / Stauchverhältnis n (als Grenze gegen Ausknicken) || ~ **test** (Materials, Met) / Stauchversuch m (an Schmiedeteilen) || ~ **tool** (Met) / Stauchwerkzeug n
**upset welding** (US) (Welding) / Pressstumpfschweißen n (ein Widerstandspressschweißen)
**upshift** v (US) (Autos) / heraufschalten v, einen höheren Gang einlegen, hochschalten || ~ n (US) (Autos) / Heraufschalten n, Einlegen n eines höheren Ganges, Hochschalten n || ~ **interlock** (Autos) / Hochschaltsperre f (des Automatikgetriebes)
**upside-down mixing** (Chem Eng) / "verkehrtes Mischen" (Füllung von Füllstoff zuerst und kurze Zeit später von Kautschuk)
**upsilon** n (Nuc) / Y-Teilchen n, Y-Meson n, Upsilon-Meson n, Ypsilon-Teilchen n || ~ **particle** (Nuc) / Y-Teilchen n, Y-Meson n, Upsilon-Meson n, Ypsilon-Teilchen n
**upsize** v / [maßstabgerecht] vergrößern v
**upsized** adj / vergrößert adj (größer dimensioniert)
**upsizing** n / Maßstabübertragung f (Auslegung von Produktionseinrichtungen auf der Basis von Daten aus kleineren Pilot- und Laboreinrichtungen), maßstabsgerechte Vergrößerung || ~ (Comp) / Upsizing n (Ersetzen eines Systems durch durch ein leistungsfähigeres anderes)
**upslope** n (Agric, Geol) / ansteigendes Gelände, ansteigender Hang || ~ **fog** (Meteor) / Hangnebel m
**upspeed** v (Cinema) / beschleunigen v (die Filmprojektion)
**upspray** attr / aufwärts sprühend adj (z.B. Düse des Kühlturms)
**upstand** n (Build, Carp) / Überzug m (ein Entlastungsträger, der im Gegensatz zum Unterzug über der Balkenlage oder Decke liegt) || ~ (Plumb) / Brustblech n, Schürze f (bei einer Blecheinfassung) || ~ **beam** (Build, Carp) / Überzug m (ein Entlastungsträger, der im Gegensatz zum Unterzug über der Balkenlage oder Decke liegt)
**upstanding kerb** (Civ Eng) / Hochbord m, Bordschwelle f, Hochbordstein m
**upstream** n (Hyd Eng) / Zulaufseite f (der Wasserturbine) || ~ attr (Hyd Eng) / wasserseitig adj (Talsperre) || ~ (Hyd Eng) / oberwasserseitig adj || ~ adv (Biochem) / flussaufwärts adv (relative Position von Sequenzen auf Nukleinsäuren) || ~ (Hyd Eng) / stromaufwärts adv, flussaufwärts adv || ~ (Telecomm) / netzaufwärts adv || ~ **end** (Hyd Eng) / Oberhaupt n (der Schiffsschleuse) || ~ **erosion** (Geol, Hyd Eng) / rückschreitende Erosion || ~ **face** (Hyd Eng) / Wasserseite f (der Staumauer) || ~ **navigation** (Ships) / Bergfahrt f || ~ **pressure** (Eng) / Vordruck m (der vor einer Armatur anstehende Druck) || ~ **processing** (Biochem, Chem Eng) / Upstreamprocessing n (in der Biotechnologie) || ~ **process stage** (Chem Eng) / vorgeschaltete Verfahrensstufe f || ~ **side** (Hyd Eng) / Wasserseite f (der Staumauer) || ~ **slope** (Hyd Eng) / wasserseitige Böschung (der Talsperre) || ~ **the valve** (Eng) / vor dem Ventil (z.B. Druck) || ~ **toe** (Hyd Eng) / wasserseitiger Dammfuß

**up-stroke** m (Typog) / Aufstrich m (Strich nach oben) || ~ n (I C Engs) / Aufwärtshub m
**uptake** v (Phys) / aufnehmen v (z.B. Flüssigkeiten oder Gase) || ~ (Textiles) / aufziehen v (Farbstoff), aufnehmen v (Farbstoff, Schlichte) || ~ n / Aufnahme f (z.B. bei der Sorption oder von Flüssigkeiten überhaupt) || ~ (Eng) / Schacht m (des Brenners) || ~* (Eng, Ships) / Zug m, Zugkanal m || ~ (Mining) / ausziehender Schacht || ~ (Physiol) / Aufnahme f (chemischer Stoffe im Körpergewebe), Uptake n (Aufnahme chemischer Stoffe im Körpergewebe) || ~* (Radiol) / Aufnahme f, Absorption f, Uptake n
**up the river** (Hyd Eng) / stromaufwärts adv, flussaufwärts adv
**upthrow** n (Geol, Mining) / Verwerfung f aufwärts, Verwerfung f ins Hangende || ~ attr (Geol) / gehoben adj (Flügel bei der Verwerfung) || ~ **block** (Geol) / Hangendscholle f (bei Verwerfungen)
**upthrown** adj (Geol) / gehoben adj (Flügel bei der Verwerfung) || ~ **fault** (Geol, Mining) / Sprung ins Hangende
**upthrust** n (Geol) / Hebung f || ~ (Hyd, Phys) / Auftrieb m (hydrostatischer) || ~ (Mech) / nach oben gerichtete Druckkraft
**up-time** n / nutzbare Zeit (des Systems), verfügbare Betriebszeit, Benutzerzeit f (einer Maschine)
**up-to-dateness** n (Comp) / Tagfertigkeit f
**up train** (Rail) / Nahverkehrszug m (in die Stadt), Zug m in Richtung Stadt
**upturn*** n (Plumb) / Brustblech n, Schürze f (bei einer Blecheinfassung)
**uptwister** n (Spinning) / Etagenzwirnmaschine f (zum Hochdrehen von Einzelfäden, oder, seltener, bei Vorfachung zur Herstellung von Mehrfachzwirnen, vorwiegend aus endlosen Chemiefasern), Ballonzwirnmaschine f || ~ (Spinning) / Aufwärts-Zwirnmaschine f (z.B. Etagenzwirnmaschine)
**UPU** (Universal Postal Union) (Telecomm) / Weltpostverein m (eine Sonderorganisation der Vereinten Nationen, gegr. 1951, Sitz: Genf)
**UPVC** (unplasticized PVC) (Plastics) / weichmacherfreies PVC, unplastiziertes PVC, Hart-PVC n, PVC-hart n || ~ (unplasticized PVC) (Plastics) / weichmacherfreies PVC, unplastiziertes PVC, Hart-PVC n, PVC-hart n
**upward air current** (Aero, Meteor) / Aufwind m (aufwärts gerichtete Luftströmung - Gelände-, Wärme- und Scherungs-) || ~ **arrow** (Comp, Print) / nach oben gerichteter Pfeil, Pfeil m nach oben
**upward(s) compatible** (Comp) / aufwärts kompatibel adj
**upward(s)-current classifier** (Min Proc) / Gegenstromklassierer m, Aufstromklassierer m
**upward(s) diffusion** (Chem, Phys) / Aufwärtsdiffusion f
**upward drilling** (Glass) / Aufwärtsbohren (Abtrag des Feuerfestmaterials über der Blase) || ~ **modulation** (Radio) / additive Modulation
**upward-pointing arrow** (Comp, Print) / nach oben gerichteter Pfeil, Pfeil m nach oben
**upward pressure** (Ocean) / Auftrieb m (Aufsteigen von kaltem und nährstoffreichem Tiefenwasser an die Oberfläche) || ~ **shift interlock** (Autos) / Hochschaltsperre f (des Automatikgetriebes) || ~ **slope** (Agric, Geol) / ansteigendes Gelände, ansteigender Hang || ~ **slope** (Electronics, Telecomm) / Anstiegsflanke f (eines Signals nach DIN 40 146-3), positive Flanke (eines Impulses), ansteigende Flanke || ~ **transition** (Phys) / Übergang m von einem tieferen (energieärmeren) auf ein höheres (energiereicheres) Niveau || ~ **travel** (Eng) / Aufwärtslauf m (z.B. einer Rolltreppe) || ~ **welding** (Welding) / steigendes Schweißen || ~ **welding** (Welding) / Aufwärtsschweißen n
**upwarping** n (the uplift of a region) (Geol) / Aufwölbung f
**upwash** n (Aero, Meteor) / Aufwind m (aufwärts gerichtete Luftströmung - Gelände-, Wärme- und Scherungs-)
**upweight** n (Space) / Nutzlaststartmasse f (einer Rakete)
**upwelling** n (Ocean) / Auftrieb m (Aufsteigen von kaltem und nährstoffreichem Tiefenwasser an die Oberfläche) || ~ **water** (Ocean) / Auftriebswasser n (durch Aufwärtsbewegung aus tieferen, kälteren Schichten an die Meeresoberfläche gelangtes Wasser)
**upwind** n (Aero, Meteor) / Aufwind m (aufwärts gerichtete Luftströmung - Gelände-, Wärme- und Scherungs-) || ~ **turbine** / Luvläufer n (eine Windturbine)
**u quark** (Nuc) / Up-Quark n (eine Quark-Art), u-Quark n
**uracil*** n (Biochem) / Urazil n (2,4-Dioxotetrahydropyrimidin), Uracil n
**Uralian emerald*** (Min) / Demantoid (grüne Abart des Andradits), Uralgranat n
**uralite*** n (Min) / Uralit m (aus Pyroxenen entstandene faserige Hornblende)
**uralitization*** n (Geol) / Uralitisierung f (Bildung von Pseudomorphosen faseriger gemeiner Hornblende nach Augit)
**uramil** n (Chem) / Uramil n, Dialuramid n (Zwischenprodukt bei einer Synthese der Harnsäure aus Barbitursäure über Violursäure)
**uranate(VI)** n (Chem) / Uranat(VI) n (Salz der Unransäure) (anionischer Komplex des Urans)
**uranglimmer** n (Min) / Uranglimmer m

**uranic**\* *adj* (Chem) / Uran(VI)- ‖ ~ **oxide** (Chem) / Urandioxid *n*, Uran(IV)-oxid *n*
**uranides**\* *pl* (Chem) / Uranoide *n pl* (ein Sammelname)
**uraniferous** *adj* (Chem, Min) / uranhaltig *adj* ‖ ~ **carbonaceous matter** (Min) / Thucholith *m* (pseudomorphosierte Uranpechkristalle)
**uranin** *n* (Chem) / Uranin *n* (Handelsbezeichnung für das Dinatriumderivat des Fluoresceins)
**uranine** *n* (Chem) / Uranin *n* (Handelsbezeichnung für das Dinatriumderivat des Fluoresceins) ‖ ~ **yellow** (Chem) / Uranin *n* (Handelsbezeichnung für das Dinatriumderivat des Fluoresceins)
**uraninite**\* *n* (Min) / Uraninit *m* (idiomorphes Uranpecherz)
**uranium**\* *n* (Chem) / Uran *n*, U (Uran) ‖ ~ **235** (Chem) / Actinouran *n*, AcU (das Uranisotop 235U) ‖ ~ **238**\* (Chem) / 238U, Uran I *n* (natürliches Isotop 238 mit 99,276% U) ‖ ~ **acetate** (Chem) / Uranylazetat *n*, Uranylacetat *n* ‖ ~ **aluminide fuel** (Nuc Eng) / Uranaluminidbrennstoff *m* ‖ ~ **carbide** (Chem) / Urankarbid *n* (UC oder UC$_2$), Urancarbid *n* ‖ ~ **decay series** (Chem) / Uranzerfallsreihe *f* (eine radioaktive Familie), Uran-Radium-Zerfallsreihe *f*, Uran-Radium-Reihe *f* ‖ ~ **dioxide** (Chem) / Urandioxid *n*, Uran(IV)-oxid *n* ‖ ~ **enrichment** (Nuc Eng) / Urananreicherung *f* (des Uranisotops $^{235}$U) ‖ ~ **enrichment plant** (Nuc Eng) / Urananreicherungsanlage *f* ‖ ~ **fission** (Nuc Eng) / Uranspaltung *f* ‖ ~**(IV) fluoride** (Chem) / Uran(IV)-fluorid *n*, Urantetrafluorid *n* (UF$_4$ - grüne, nichtflüchtige, in Wasser schwer lösliche, trikline, nadelförmige Kristalle) ‖ ~**(VI) fluoride**\* (Chem) / Uran(VI)-fluorid *n* (UF$_6$ - die wichtigste Ausgangssubstanz für Verfahren zur Anreicherung des Isotops U-235 im natürlichen Uran), Uranhexafluorid *n* ‖ ~ **fuel element** (Nuc Eng) / Uranbrennstoffelement *n*, Uranbrennelement *n* ‖ ~ **glass** (Glass) / Uranglas *n* (fluoreszierendes uranhaltiges Glas) ‖ ~ **hexafluoride**\* (Chem) / Uran(VI)-fluorid *n* (UF$_6$ - die wichtigste Ausgangssubstanz für Verfahren zur Anreicherung des Isotops U-235 im natürlichen Uran), Uranhexafluorid *n* ‖ ~**-lead dating**\* (Geol) / Uran-Blei-Methode *f* (radiometrische Altersbestimmung) ‖ ~ **nitrate** (Chem, Nuc Eng, Photog) / Uranylnitrat *n* (Hexahydrat - UO$_2$(NO$_3$)$_2$ · 6 H$_2$O) ‖ ~ **ochre** (Min) / Gummierz *n*, rotes Pechuran, Gummit *m* (rötlich gelbes, gelartiges Verwitterungsprodukt des Uranpecherzes) ‖ ~ **ore** (Geol, Min, Mining) / Uranerz *n* ‖ ~ **ore mining** (Mining) / Uranbergbau *m*, Uranerzbergbau *m* ‖ ~**(IV) oxide** (Chem) / Urandioxid *n*, Uran(IV)-oxid *n*
**uranium-radium series**\* (Chem) / Uranzerfallsreihe *f* (eine radioaktive Familie), Uran-Radium-Zerfallsreihe *f*, Uran-Radium-Reihe *f*
**uranium reactor**\* (Nuc Eng) / Uranreaktor *m* ‖ ~ **series** (Chem) / Uranzerfallsreihe *f* (eine radioaktive Familie), Uran-Radium-Zerfallsreihe *f*, Uran-Radium-Reihe *f* ‖ ~ **sulphate** (Chem) / Uranylsulfat *n* ‖ ~ **tetrafluoride** (Chem) / Uran(IV)-fluorid *n*, Urantetrafluorid *n* (UF$_4$ - grüne, nichtflüchtige, in Wasser schwer lösliche, trikline, nadelförmige Kristalle) ‖ ~ **trioxide** (Chem) / Uran(VI)-oxid *n*, Urantrioxid *n* ‖ ~ **yellow** (Ceramics, Chem) / Urangelb *n* ‖ ~ **yellow** (Ceramics, Chem) s. auch sodium diuranate
**uran-mica** *n* (Min) / Uranglimmer *m*
**uranocircite** *n* (Min) / Uranocircit *m* (ein Uranglimmer)
**uranography** *n* (Astron) / Himmelsbeschreibung *f* ‖ ~ (Astron) / Sternkartenkunde *f*, Sternkartentechnik *f*
**uranology** *n* (Astron) / Himmelsbeschreibung *f*
**uranometry** *n* (Astron) / Uranometrie *f* (Messung der Sternörter)
**uranophane** *n* (Min) / Uranotil *m*, Uranophan *m* (ein radioaktives Uranylsilikat)
**uranopilite** *n* (Min) / Uranopilit *m*, Uranocker *m*
**uranosphaerite** *n* (Min) / Uranosphärit *m*
**uranospinite** *n* (Min) / Uranospinit *m* (ein Uranglimmer)
**uranotil** *n* (Min) / Uranotil *m*, Uranophan *m* (ein radioaktives Uranylsilikat)
**uranous**\* *adj* (Chem) / Uran(IV)-
**uranous-uranic oxide** (Chem) / Uran(IV,VI)-oxid *n*, Triuranoktoxid *n* (U$_3$O$_8$), Triuranoctoxid *n*
**Uranus**\* *n* (Astron) / Uranus *m* (der siebte Planet des Sonnensystems)
**uranyl**\* *n* (Chem) / Uranyl *n* (Atomgruppe oder Ion) ‖ ~ **acetate** (Chem) / Uranylazetat *n*, Uranylacetat *n* ‖ ~ **hexacyanoferrate(II)** *n* (Chem) / Uranylhexazyanoferrat *n*, Uranylhexacyanoferrat *n* ‖ ~ **nitrate** (Chem, Nuc Eng, Photog) / Uranylnitrat *n* (Hexahydrat - UO$_2$(NO$_3$)$_2$ · 6 H$_2$O) ‖ ~ **nitrate hexahydrate (UNH)** (Chem, Nuc Eng, Photog) / Uranylnitrat *n* (Hexahydrat - UO$_2$(NO$_3$)$_2$ · 6 H$_2$O) ‖ ~ **oxalate** (Chem) / Uranyloxalat *n* ‖ ~ **salt** (Chem) / Uranylsalz *n*, Dioxouran(VI)-salz *n* ‖ ~ **sulphate** (Chem) / Uranylsulfat *n* ‖ ~ **uranate** (Chem) / Uran(IV,VI)-oxid *n*, Triuranoktoxid *n* (U$_3$O$_8$), Triuranoctoxid *n*
**urao** *n* (Min) / Trona *m f* (ein Bestandteil der Natursoda)
**urate**\* *n* (Chem) / Urat *n* (Salz der Harnsäure) ‖ ~ **oxidase** (Biochem) / Urikase *f* (kupferhaltiges Enzym), Uricase *f*, Uratoxidase *f*

**Urbach rule** (Optics, Phys) / Urbach-Regel *f* (eine Aussage über die Abhängigkeit des Absorptionskoeffizienten von der Wellenlänge bei der Absorption von Licht in Festkörpern)
**urban** *adj* / Stadt-, städtisch *adj* (Leben, Planung, Bevölkerung, Verkehr) ‖ ~ **acoustics** (Acous) / Städtebauakustik *f*, Akustik *f* im Städtebau ‖ ~ **area** (Arch, Geog) / Stadtgebiet *n* ‖ ~ **atmosphere** (Ecol, San Eng) / städtische Atmosphäre, Stadtatmosphäre *f* ‖ ~ **blight** (Arch, Build, Ecol) / Sanierungsgebiet *n* (das saniert werden soll) ‖ ~ **boundary layer** (Meteor) / urbane Grenzschicht, städtische Grenzschicht ‖ ~ **canopy layer** (Meteor) / Stadthindernisschicht *f* (eine städtische Grenzschicht) ‖ ~ **development plan** (Arch) / Bauleitplan *m* ‖ ~ **drift** (Agric) / Landflucht *f*, Abwanderung *f* aus ländlichen Gebieten, Zustrom *m* in die Städte ‖ ~ **driving** (Autos) / Stadtfahrzyklus *m*, Stadtverkehr *m* (z.B. bei der Beurteilung des Kraftstoffverbrauchs) ‖ ~ **ecosystem** (Ecol) / Stadtökosystem *n* ‖ ~ **fringe** / Umland *n* (der Stadt)
**urbanization** *n* (Arch, Ecol) / Urbanisierung *f*, Urbanisation *f*, Verstädterung *f* (der Bevölkerung in Industrieländern)
**urbanize** *v* / urbanisieren *v*
**urban mass transit** (Autos, Rail) / öffentlicher Personennahverkehr (nur in der Stadt) ‖ ~ **mass transportation** (Autos, Rail) / öffentlicher Personennahverkehr (nur in der Stadt) ‖ ~ **motorway** (Autos) / Stadtautobahn *f*
**urbanology** *n* / Kommunalwissenschaft *f*
**urban planning** (Arch) / städtebauliche Planung, Stadtplanung *f*, urbanistische Planung, Städteplanung *f* ‖ ~ **plume** (Meteor) / Stadtluftfahne *f* ‖ ~ **railway** (Rail) / S-Bahn *f*, Stadtbahn *f* (eine Schnellbahn) ‖ ~ **region** (Geog) / Stadtregion *f* ‖ ~ **renewal** (Arch) / Städtesanierung *f*, Altbausanierung *f* (meistens im Stadtkern) ‖ ~ **sanitation** (San Eng) / Städtehygiene *f* ‖ ~ **sewage** (Ecol, San Eng) / Kommunalabwasser *n*, städtisches Abwasser, kommunales Abwasser *n* ‖ ~ **sprawl** (Arch) / Siedlungsbrei *m*, Zersiedlung *f* der Stadtrandgebiete (ungeplante flächenhafte Ausdehnung von Städten) ‖ ~ **traffic** / Stadtverkehr *m* (im Allgemeinen) ‖ ~ **travel** / Stadtverkehr *m* (im Allgemeinen) ‖ ~ **waste** (Ecol, San Eng) / Siedlungsabfälle *m pl*
**Urca process** (Astron) / Urca-Prozess *m* (ein hypothetischer Prozess in heißen Sternen)
**urea**\* *n* (Biochem, Chem) / Kohlensäurediamid *n*, Harnstoff *m*, Carbamid *n*, Karbamid *n* (Endprodukt des Eiweißstoffwechsels) ‖ ~ **adduct** (Chem) / Harnstoffadditionsverbindung *f*, Harnstoffaddukt *n* ‖ ~ **anhydride** (Chem) / Zyanamid *n* (Amid der Zyansäure), Cyanamid *n* ‖ ~ **bisulphite solubility** (Chem, Textiles) / Harnstoff-Bisulfit-Löslichkeit *f*, HBL (Harnstoff-Bisulfit-Löslichkeit) ‖ ~ **bridge** (Chem) / Harnstoffbrücke *f* ‖ ~ **cycle**\* (Biochem, Physiol) / Krebs-Henseleit-Zyklus *m*, Harnstoffzyklus *m*, Ornithinzyklus *m*, Arginin-Harnstoff-Zyklus *m* ‖ ~ **dewaxing** (Chem Eng) / Entparaffinierung *f* mittels Harnstoff, Harnstoffentparaffinierung *f*
**urea-formaldehyde adhesive** (For) / Harnstoff-Formaldehydklebstoff *m* ‖ ~ **foam** (Plastics) / Harnstoffharzschaum *m*, UF-Schaum *m*
**urea•-formaldehyde resins** (Plastics) / Harnstoff-Formaldehydkondensate *n pl*, Harnstoff-Formaldehydharze *n pl*, Harnstoffharze *n pl* (DIN 7728-1), UF (Harnstoffharze nach DIN 7728-1) ‖ ~ **herbicide** (Agric, Chem, Ecol) / Harnstoffherbizid *n*, herbizides Harnstoffderivat
**urea-inclusion complex** (Chem) / Harnstoff-Addukt *n*
**urea nitrate** (Chem) / Harnstoffnitrat *n* ‖ ~ **nitrogen** (Biochem) / Harnstoffstickstoff *m* ‖ ~ **resins**\* (Plastics) / Harnstoff-Formaldehydkondensate *n pl*, Harnstoff-Formaldehydharze *n pl*, Harnstoffharze *n pl* (DIN 7728-1), UF (Harnstoffharze nach DIN 7728-1)
**urease** *n* (Biochem) / Urease *f* (harnstoffspaltendes Enzym)
**ureide**\* *n* (Chem) / Säureureid *n*, Ureid *n*
**ureido acid** (Chem) / Ureidosäure *f*
**urena fibre** (Textiles) / JR (Urenafaser nach DIN 60 001-4), Kongojutefaser *f*, Araminafaser *f*, Urenafaser *f* (Bastfaser aus den Stängeln der Urena lobata L. - DIN 60001, T 4)
**ureolytic** *adj* (Biochem) / harnstoffspaltend *adj*
**urethan** *n* (Nut, Pharm) / Urethan *n* (Karbamidsäureethylester)
**urethane** *n* (Nut, Pharm) / Urethan *n* (Karbamidsäureethylester) ‖ ~ **acrylate** (Chem, Paint) / Urethanakrylat *n*, Urethanacrylat *n* (ein strahlenhärtendes System) ‖ ~ **alkyd** (Chem, Paint) / Urethanalkyd *n* ‖ ~ **foam** (Plastics) / Urethanschaumstoff *m*
**ureyite** *n* (Min) / Kosmochlor *n*, Ureyit *m* (aus Eisenmeteoriten und Jade)
**urgency communication** (Telecomm) / Dringlichkeitsverkehr *m*
**urgent call** (Teleph) / dringendes Gespräch ‖ ~ **lamp** (Teleph) / Drängellampe *f*
**uric acid**\* (2,6,8-trihydroxypurine) (Biochem, Chem) / Harnsäure *f*
**uricase** *n* (a copper-containing aerobic oxidase) (Biochem) / Urikase *f* (kupferhaltiges Enzym), Uricase *f*, Uratoxidase *f*

**uridine** *n* (Biochem) / Uridin *n* (ein Nukleosid), Urd (Uridin), U (Uridin), Uracilribosid *n*, Urazilribosid *n* ‖ ~ **diphosphate** (Biochem) / Uridin-5'-diphosphat *n*, UDP (Uridin-5'-diphosphat) ‖ ~ **monophosphate** (Biochem) / Uridin-5'-monophosphat *n*, UMP (Uridin-5'-monophosphat), Uridylat *n* ‖ ~ **phosphate** (Biochem) / Uridinphosphat *n* ‖ ~ **triphosphate** (Biochem) / Uridin-5'-triphosphat *n*, UTP (Uridin-5'-triphosphat)
**uridylic acid** (Biochem) / Uridylsäure *f* ‖ ~ **acid** (Biochem) s. also uridine monophosphate
**urinalysis** *n* (pl. -lyses) (Chem, Med) / Harnanalyse *f*
**urinary lead level** (Biochem, Med) / Urinbleiwert *m* ‖ ~ **pigment** (Biochem) / Harnfarbstoff *m*
**urine*** *n* (Physiol) / Harn *m*, Urin *m* ‖ ~ **vat** (Textiles) / Urinküpe *f*
**URL** (Uniform Resource Locator) (Comp) / Uniform Resource Locator *m* (ein Adressierungssystem für World Wide Web-Dokumente), URL (Uniform Resource Locator)
**url** (Uniform Resource Locator) (Comp) / Uniform Resource Locator *m* (ein Adressierungssystem für World Wide Web-Dokumente), URL (Uniform Resource Locator)
**URL moniker** (Comp) / URL-Moniker *m*
**urn** *n* (Stats) / Urne *f* ‖ ~ **model** (Stats) / Urnenmodell *n* (eine Darstellungsweise zur Veranschaulichung von Wahrscheinlichkeitsmodellen)
**urobilin** *n* (Biochem) / Urobilin *n* (Abbauprodukt des Gallenfarbstoffs Bilirubin)
**urocanic acid** (Biochem, Pharm) / Urocansäure *f*, Urocaninsäure *f*
**urography*** *n* (Radiol) / Urografie *f*
**urokinase** *n* (Biochem) / Urokinase *f* (trypsinähnliches Enzym)
**uronic acid** (oxidation product of the sugars in which a primary alcohol group has been oxidized to a carboxyl without changing the reducing functional group) (Chem, Nut) / Uronsäure *f* (eine Aldehydcarbonsäure der Zuckerreihe)
**uroporphyrin** *n* (Biochem) / Uroporphyrin *n* (Zwischenprodukt der Porphyrinbiosynthese)
**urotropine** *n* (Chem, For, Med) / Methenamin *n*, Hexamin *n*, Hexamethylentetramin *n*, Urotropin *n* (ein Warenzeichen), Cystamin *n*
**ursane** *n* (Chem) / Ursan *n* (Triterpen-Grundgerüst der Ursolsäure)
**ursolic acid** (a simple unsaturated pentacyclic triterpene carboxylic acid) (Chem) / Ursolsäure *f* (eine einfach ungesättigte Karbonsäure aus der Gruppe der pentazyklischen Terpene)
**urstromt(h)al** *n* (Geol) / Urstromtal *n*
**urticaria*** *n* (Med) / Nesselfieber *n*, Urtikaria *f*, Nesselsucht *f*
**urtite*** *n* (Geol) / Urtit *m* (ein basisches Tiefengestein)
**urucú** *n* (Chem, Nut) / Annatto *m* *n* (E 160b) (Farbstoff aus dem Orleansstrauch = Bixa orellana L. - mit bis zu 30% Bixin)
**urunday** *n* (For) / Urundayholz *n* (ein hartes Gerbholz von Astronium balansae Engl.)
**Urushibara catalyst** (Chem Eng) / Urushibara-Katalysator *m* (ein Hydrierungskatalysator)
**urushiol** *n* (an oily liquid which is the main constituent of Japanese lacquer and is responsible for the irritant properties of poison ivy and other plants - it consists of a mixture of catechol derivatives) (Biochem, Med, Paint, Pharm) / Urushiol *n* (Toxicodendron)
**Uryson lemma** (Maths) / Urysonsches Lemma, Lemma *n* von Uryson (nach P.S. Uryson, 1898-1924)
**US** (unit separator) (Comp) / Teilgruppentrennzeichen *n*
**usability** *n* / Verwendbarkeit *f*, Gebrauchswert *m*, Gebrauchstüchtigkeit *f*, Brauchbarkeit *f*, Gebrauchsfähigkeit *f*, Benutzerkomfort *f*, Funktionsfähigkeit *f*
**usable** *adj* / funktionsfähig *adj* ‖ ~ **beam** (Optics) / Nutzstrahl *m* ‖ ~ **beam** (Radiol) / Nutzstrahlenkegel *m* ‖ ~ **capacity** (Autos) / Inhalt *m* (des Kofferraumes) ‖ ~ **field strength** (Teleph) / Nutzfeldstärke *f* (bei Mobiltelefonen), Schutzfeldstärke *f* ‖ ~ **height** (Aero) / nutzbare Höhe *f* ‖ ~ **life** / Nutzlebensdauer *f*, Lebensdauer *f*, Brauchbarkeitsdauer *f*, Hauptnutzungszeit *f* (der Betriebsmittel) ‖ ~ **life** (Elec Eng) / Nutzlebensdauer *f* (einer Glühlampe), Nutzbrenndauer *f* ‖ ~ **life** (Paint) / Pot-Life *n*, Gebrauchsdauer *f*, Topfzeit *f* (die Zeit, in welcher Zwei- und Mehrkomponentenlacke verarbeitungsfähig bleiben), Gebrauchszeit *f* ‖ ~ **lifetime** (of cables) / Aufliegezeit *f* (Lebensdauer von Drahtseilen, in der die Seile voll funktionsfähig auf den Seilrollen des Hebezeuges aufliegen - DIN 15062)
**USAB process** (San Eng) / Upflow-anaerobic-Sludge-Blanket-Prozess *m* (zur Biomasse-Rückhaltung)
**usage note** / Gebrauchsangabe *f* (klärender Zusatz bei terminologischen Eintragungen)
**usage-oriented** *adj* / verbrauchsorientiert *adj*
**usage rate** / Nutzungsgrad *m*
**USART** (universal synchronous/asynchronous receiver/transmitter) (Comp) / USART *m* (Ein-Ausgabe-Baustein oder Gerät zur seriellen Datenübertragung)

**USASCII** = U.S. American Standard Code for Information Interchange
**USB** (universal serial bus) (Comp) / US-Bus *m*, Universal Serial Bus *m*, USB (Universal Serial Bus), USB-Bus *m* ‖ ~ **cable** (Comp) / USB-Kabel *n*
**USC diagram** (Light, Phys) / USC-Farbtafel *f*
**U.S. Customary system** / ....veraltendes nordamerikanisches Einheitensystem, das im Prinzip auf dem System der Imperial units basiert (z.B. mit feet, inches, gallons und pounds) ‖ ~ **Customary Units** / ....veraltendes nordamerikanisches Einheitensystem, das im Prinzip auf dem System der Imperial units basiert (z.B. mit feet, inches, gallons und pounds)
**use** *v* / anwenden *v*, verwenden *v*, einsetzen *v* (anwenden) ‖ ~ / nutzen *v*, benutzen *v*, gebrauchen *v* (Comp) / fahren *v* (Betriebssystem) ‖ ~ (Comp) / belegen *v* (Speicherbereich) ‖ ~ (Telecomm) / belegen *v* (Kanal) ‖ ~ *n* / Anwendung *f*, Verwendung *f* ‖ ~ / Gebrauch *m*, Einsatz *m* (Gebrauch), Benutzung *f*, Nutzung *f* ‖ **for** ~ **on all copiers** / geeignet für alle Kopiergeräte, an allen Kopiergeräten zu gebrauchen ‖ **immediately following** ~ / gleich nach der Verwendung
**useable** *adj* / funktionsfähig *adj*
**use by** (Nut) / (mindestens) haltbar bis
**use-by date** (Nut) / empfohlene Aufbrauchfrist (A), Verbrauchsdatum *n*, zu verbrauchen bis...
**U-section** *n* (a rolled-steel section) (Eng, Met) / U-Profil *n*
**used** *adj* / gebraucht *adj*, getragen *adj* (Kleidung) ‖ ~ (Autos) / Gebraucht- (Wagen)
**used-car dealer** (Autos) / Gebrauchtwagenhändler *m*
**used detergent solution** (Textiles) / schmutzbelastete Waschlauge, Schmutzflotte *f* ‖ ~ **look** (Textiles) / Used-Look *m* (bei Kleidungsstücken aus vorgewaschenen Stoffen) ‖ ~ **look** (Textiles) / Second-Hand-Look *m*, Secondhandlook *m* ‖ ~ **lubricant** / Altschmierstoff *m* ‖ ~ **oil** / Gebrauchtöl *n*, Altöl *n*, Abfallöl *n* ‖ ~ **part** (Eng) / Gebrauchtteil *n* ‖ ~ **sand** (Foundry) / Altsand *m* ‖ ~ **wood** (For) / Altholz *n* (gebrauchtes Holz - z.B. alte Eisenbahnschwellen)
**useful** *adj* / nützlich *adj* ‖ ~ / nützlich *adj* (z.B. Käfer) ‖ ~ **beam** (Optics) / Nutzstrahl *m* ‖ ~ **beam** (Radiol) / Nutzstrahlenkegel *m* ‖ ~ **data** (Comp) / Nutzdaten *pl* ‖ ~ **dynamic range** (Acous) / nutzbare Dynamik (DIN 40146, T 2) ‖ ~ **energy** / Nutzenergie *f* (die beim Energiebenutzer zur Verfügung steht und Ziel seiner Nutzung ist) ‖ ~ **field** (Elec Eng) / Nutzfeld *n* ‖ ~ **insect** / Nutzinsekt *n* ‖ ~ **level** (Acous) / Nutzpegel *m* ‖ ~ **life** / Nutzlebensdauer *f*, Lebensdauer *f*, Brauchbarkeitsdauer *f*, Hauptnutzungszeit *f* (der Betriebsmittel) ‖ ~ **life*** (Elec Eng) / Nutzlebensdauer *f* (einer Glühlampe), Nutzbrenndauer *f* ‖ ~ **life** (Paint) / Pot-Life *n*, Gebrauchsdauer *f*, Topfzeit *f* (die Zeit, in welcher Zwei- und Mehrkomponentenlacke verarbeitungsfähig bleiben), Gebrauchszeit *f* ‖ ~ **lifetime** / Grenznutzungsdauer *f* (eines Systems in der Zuverlässigkeitstheorie - bis zum Schadenseintritt) ‖ ~ **load*** (Aero) / Zuladung *f* (Summe der Massen von Besatzung, Nutzlast, Kraft- und Schmierstoffen, die ein Luftfahrzeug aufnehmen kann) ‖ ~ **magnification** (Optics) / förderliche Vergrößerung (500- bis 1000faches der Apertur) ‖ ~ **magnification** s. also empty magnification ‖ ~ **plant** (Agric, Bot) / Nutzpflanze *f* (die von Menschen für Nahrungs-, Genuss-, Heil- und technische Zwecke sowie zur Fütterung seiner Haus- und Nutztiere genutzt wird) ‖ ~ **redundancy** / förderliche Redundanz, förderliche Redundanz ‖ ~ **resistance** (Elec Eng) / Nutzwiderstand *m* ‖ ~ **signal** (Radio, Telecomm) / Nutzsignal *n* ‖ ~ **sound** (Acous) / Nutzschall *m*
**use instruction** / Gebrauchsinformation *f* (für Kunden)
**useless** *adj* / unnütz *adj*, unbrauchbar *adj* ‖ ~ **redundancy** / leere Redundanz
**Usenet** *n* (a collection of thousands of topically named newsgroups, the computers which run the protocols, and the people who read and submit Usenet news) (Comp) / Usenet *n* (ein System elektronischer Diskussionsforen auf Basis von öffentlich zugänglichen E-Mails) ‖ ~ **news server** (Comp, Telecomm) / Usenet-Server *m* (Server, der eine Reihe von Usenet-Newsgroups bereithält und der zum Zweck der Beteiligung an Diskussionen aufgesucht werden kann), News-Server *m*
**use of audible warning devices prohibited** (Autos) / Hupverbot *n* (ein Verkehrszeichen) ‖ ~ **of coal for the generation of electric energy** (Elec Eng) / Verstromung *f* der Kohle, Kohleverstromung *f* ‖ ~ **performance** / Gebrauchseigenschaften (im Allgemeinen)
**user** *n* / Nutzer *m*, Benutzer *m* ‖ ~ / Nutzer *m* (der in einer Befragung angibt, dass er ein bestimmtes Medium nutzt) ‖ ~ (Comp) / User *m*, Benutzer *m*, Anwender *m*, Teilnehmer *m* (z.B. in einem Time-Sharing-System) ‖ ~ **acceptance** / Benutzerakzeptanz *f* ‖ ~ **agent** (Comp, Telecomm) / End-Systemteil *m* (Mitteilungsübermittlung) ‖ ~ **area** (Comp) / Benutzerbereich *m* ‖ ~ **bit** (Cinema) / User-Bit *n* (beim Schnitt) ‖ ~ **charge** / Benutzergebühr *f* ‖ ~ **class** (Comp, Telecomm) / Benutzerklasse *f*
**user-class password** (Comp) / Passwort *n* der Benutzerklasse

1723

**user-configurable** *adj* (Comp) / vom Anwender zusammensetzbar
**user configuration** (Comp) / Anwenderkonfiguration *f*
**user-controlled path** (Comp) / benutzergesteuerter Weg
**user-convenient** *adj* / benutzerfreundlich *adj*
**user coordinate** (Comp) / Anwenderkoordinate *f* || **~ data** (Comp) / Nutzdaten *pl* || **~ data field** (Comp) / Nutzdatenfeld *n* || **~ datagram protocol** (Telecomm) / User-Datagramm-Protokoll *n* (verbindungsloses Anwendungsprotokoll zum Transport von Datagrammen der IP-Familie)
**userdata rate** (the bit rate of a signal containing user information only and no control information) (Teleph) / Nutzdatenrate *f*
**user data signalling rate** (Comp) / Benutzer-Übertragungsgeschwindigkeit *f*
**user-definable** *adj* (Comp) / benutzerdefinierbar *adj*, anwenderdefinierbar *adj* || **~ characters** (Comp) / vom Benutzer definierbare Zeichen, benutzerdefinierbare Zeichen
**user-defined** *adj* (Comp) / benutzerdefiniert *adj*, anwenderdefiniert *adj* || **~ hyphens** (Comp) / Trennungsvorgaben *f pl* || **~ keyboard** (Comp) / programmierbare Tastatur || **~ mail slot** (Comp) / benutzerdefinierter Mail-Slot
**user-dependent** *adj* (Comp) / benutzerabhängig *adj*, anwenderabhängig *adj*
**use reliability** (Eng) / Betriebszuverlässigkeit *f*
**user environment** (Comp) / Anwenderkonfiguration *f* || **~ equipment** (Comp) / benutzerseitige Geräte || **~ equipment** (Teleph) / UMTS-Endgerät *n* (ein 3G-Endgerät, das einem Nutzer den Zugriff auf die Dienste eines UMTS-Netzes ermöglicht) || **~ error** (Comp) / Benutzerfehler *m* || **~ facility** (Telecomm) / Leistungsmerkmal *n* (über die reine Kommunikation hinausgehende betriebliche Eigenschaft eines Fernmeldenetzes) || **~ file** (Comp) / Benutzerdatei *f*, Anwenderdatei *f*
**user-friendliness** *n* / Benutzerfreundlichkeit *f*
**user-friendly** *adj* / benutzerfreundlich *adj* || **~ interface** (Comp) / benutzerfreundliche Schnittstelle
**user group** (Comp) / Benutzergruppe *f*, Anwendergruppe *f* || **~ guidance** (Comp) / Benutzerführung *f* || **~ ID** (user identification) (Comp) / User-ID *f*, Benutzerkennzeichen *n* (DIN 66200, T 1), Benutzer-ID *f*, Benutzeridentifikation *f*, Benutzerkennung *f*
**USERID** (user identification) (Comp) / User-ID *f*, Benutzerkennzeichen *n* (DIN 66200, T 1), Benutzer-ID *f*, Benutzeridentifikation *f*, Benutzerkennung *f*
**user identification** (Comp) / User-ID *f*, Benutzerkennzeichen *n* (DIN 66200, T 1), Benutzer-ID *f*, Benutzeridentifikation *f*, Benutzerkennung *f* || **~ identifier** (a unique set of characters given to the user of a computer system or network which absolutely identifies the user) (Comp) / Benutzername *m*
**user-independent** *adj* (Comp) / benutzerneutral *adj*, anwenderneutral *adj*
**user inquiry** (Comp) / Benutzeranfrage *f* (die ein Informationssuchender an eine Informations- und/oder Dokumentationseinrichtung richtet) || **~ interface** (Comp) / Benutzerschnittstelle *f*, Benutzeroberfläche *f* (Schnittstelle zwischen Benutzer und System), Benutzer-Interface *n* || **~ label** (Comp) / Benutzerkennsatz *m* (ein Identifikationssatz für Magnetband- oder Plattendateien) || **~ management** (Comp) / Benutzerverwaltung *f* || **~ manual** (Comp) / Benutzerhandbuch *n*, Bedienungshandbuch *n* || **~ menu** (Comp) / Benutzermenü *n* || **~ model** (in an ICAI system) (AI) / Partnermodell *n*, Benutzermodell *n* || **~ model** (Comp) / Benutzermodell *n* (bei der Mensch-Maschine-Kommunikation) || **~ name** (Comp) / Benutzername *m* || **~ organization** (Comp) / Benutzerorganisation *f*
**user-oriented** *adj* (Comp) / anwenderorientiert *adj* || **~ input/output** (Comp) / anwenderorientierte Ein-/Ausgabe, anwenderorientierte E/A || **~ restart** (Comp) / anwendertechnischer Restart
**user-own** *adj* / benutzereigen *adj*
**user part** (Telecomm) / Benutzerteil *n* (Signalisierungssystem Nr. 7) || **~ plane** (Telecomm) / Nutzerebene *f* (logische Ebene innerhalb der UTRA-Protokollarchitektur) || **~ program** (Comp) / Anwenderprogramm *n* (vom Anwender geschrieben)
**user-programmable** *adj* (Comp) / frei programmierbar
**user prompting** (Comp) / Benutzerführung *f*
**user-related** *adj* (Comp) / anwenderbezogen *adj* || **~** (Comp, Telecomm) / teilnehmerbezogen *adj*
**users** *pl* / Nutzerkreis *m*, Benutzerkreis *m*
**user service** / Dienst *m* für Benutzer
**user-set gain** (Electronics) / vom Anwender eingestellte Verstärkung
**user software** (Comp) / Anwendersoftware *f* (vom Anwender geschrieben)
**user-specific** *adj* (Comp) / anwenderspezifisch *adj*
**user specification** (Comp) / Anwenderspezifikation *f* || **~ state** (Comp) / Benutzerstatus *m* || **~ station** (Comp) / Benutzerstation *f*, Anwenderterminal *n* || **~ support** (Comp) / Anwendersupport *m*

(Service für Endanwender) || **~ surface** (Comp) / Benutzerschnittstelle *f*, Benutzeroberfläche *f* (Schnittstelle zwischen Benutzer und System), Benutzer-Interface *n* || **~ system** (Comp) / Anwendersystem *n*
**user/system interface** (Comp) / Benutzerschnittstelle *f*, Benutzeroberfläche *f* (Schnittstelle zwischen Benutzer und System), Benutzer-Interface *n*
**user terminal** (Comp) / Benutzerstation *f*, Anwenderterminal *n*
**user-to-user protocol** (Telecomm) / Teilnehmer-Teilnehmer-Protokoll *n*, Anwender-Anwender-Protokoll *n* || **~ signalling** (Telecomm) / Teilnehmer-Teilnehmer-Signalisierung *f*
**user training** (Comp) / Anwenderausbildung *f*, Anwenderschulung *f*
**user-updatable** *adj* (Comp) / vom Benutzer aktualisierbar (z.B. ein Wörterbuch)
**user-user information** (Comp) / Benutzer-Benutzer-Information *f*
**user variable** (Comp) / Benutzervariable *f*
**user-written program** (Comp) / Anwenderprogramm *n* (vom Anwender geschrieben)
**use the straight-line coding** (method) (Comp) / gestreckt programmieren, strecken *v* (gestreckt programmieren) || **~ up** *v* / aufbrauchen *v* (Vorräte), verbrauchen *v* (Vorräte), aufarbeiten *v* (aufbrauchen) || **~ up** (Build) / verbauen *v* (zum Bauen verbrauchen)
**U-shaped** *adj* / U-förmig *adj* || **≃ brick** (Build, Ceramics) / U-Schale *f*, Ziegel-U-Schale *f* || **≃ expansion pipe** / U-Rohr-Bogen *m* (zum Dehnungsausgleich bei Rohrleitungen), Rohrbogendehner *m* (Kompensator) || **≃ frame** (Ships) / U-Spant *n* || **≃ valley** (Geol) / Trogtal *n*, U-Tal *n*, Sohlental *n* (mit U-förmigem Querschnitt)
**U-shape glass** (Glass) / Profilbauglas *n* (mit U-förmigem Querschnitt nach DIN 1249, T 5)
**USIM** (universal subscriber identity module) (Teleph) / Universal Subscriber Identity Module *n*, USIM (Universal Subscriber Identity Module)
**USM** (unsharp masking) (Photog) / unscharfe Maskierung (z.B. im Programm Adobe-Photoshop)
**usnic acid** (Chem) / Usninsäure *f* (ein Dibenzofuranderivat), Flechtensäure *f*
**USO** (Universal Service Obligation) (Telecomm) / Kontrahierungszwang *m* (für Anbieter von Telekommunikationsdienstleistungen)
**USP** (unique selling proposition) / einzigartiges Verkaufsargument, Werbeargument *n* (einzigartiges, das die Konkurrenz an den Verbraucher nicht herantragen kann) || **≃ chemical** (Chem, Pharm) / USP-Chemikalie *f* (nach der US-amerikanischen Pharmakopöe) || **≃ = United States Patent** || **≃ = United States Pharmacopeia**
**USS** (Sellers screw thread) (Eng) / Sellersgewinde *n* (ein altes Sondergewinde mit einem Flankenwinkel von 60°), Sellers-Normalgewinde *n* (nach W. Sellers, 1824-1905)
**U-stage** *n* (Crystal) / Fedorow'scher Universaldrehtisch (nach E.S. Fedorow, 1853-1919), Fjodorow'scher Universaldrehtisch, Universaldrehtisch *m*, U-Tisch *m*
**U-steel** *n* (Eng, Met) / U-Stahl *m* (z.B. DIN 1026)
**Uster irregularity** (Spinning) / Uster-Ungleichmäßigkeit *f* (Faserdurchmesser in Mikrometern)
**usual in the trade** / handelsüblich *adj*, Handels-
**UT** (Universal Time) / Weltzeit *f* (die Zonenzeit des nullten Längenmeridians), WZ (Weltzeit), Mittlere Greenwichzeit, UT (Universal Time), Zulu-Zeit *f* (in der NATO), MGZ (mittlere Greenwichzeit) || **≃** (ultrasonic testing) (Materials) / Ultraschallprüfverfahren *n* (eine zerstörungsfreie Werkstoffprüfung nach DIN EN 1330-4), Werkstoffprüfung *f* mit Ultraschall, US-Prüfung *f*, Ultraschallmaterialprüfung *f*, Ultraschallwerkstoffprüfung *f*, Ultraschalldefektoskopie *f* (eine Werkstoffprüfung)
**utahite** *n* (Min) / Varisicit *m* aus Utah (als Schmuckstein), Utahit *m*
**UTC** (Universal Time Coordinated) / koordinierte Weltzeit (EN 28601), Weltnormalzeit *f*, UTC (Weltnormalzeit, die den von den Radiosendern ausgestrahlten Zeitzeichen zugrunde liegt), UTC-Zeit *f*
**UTC-foil** (Electronics, Met) / Dünnschichtkupferfolie *f*, ultradünne Kupferfolie
**ute** (utility) (Autos) / Pritschenlieferwagen *m* (Australien, Neuseeland), Pickup *m* (Australien, Neuseeland)
**utensil room** (Build) / Geräteraum *m*
**U test** (Stats) / Mann-Whitney-Test *m* (ein Signifikanztest), U-Test *m* (ein Signifikanztest zur Prüfung der Hypothese, dass zwei unabhängig voneinander gewonnene Stichproben ein und derselben Grundgesamtheit entstammen), Wilcoxon-Test *m* (nach F. Wilcoxon, 1892 - 1965)
**utilance** *n* (Elec Eng) / Raumwirkungsgrad *m* (Verhältnis Nutzlichtstrom zu Lichtstrom)

**utile** *n* (For) / Sipo-Mahagoni *n* (gefragtes Konstruktionsholz, besonders für Fenster - Entandrophragma utile /Dawe et Sprague/ Sprague), Sipo *n* ‖ ~ (For) s. also tiama

**utilitarian** *adj* / funktionell *adj* (zweckmäßig, von seiner Funktion her bestimmt), funktional *adj* ‖ ~ / für praktische Zwecke

**utilities** *pl* (US) (Build) / Hausanschlüsse *m pl*

**utility** *n* (pl. -ties) (utility vehicle) / Mehrzweckfahrzeug *n* ‖ ~ (pl. -ties) (Autos) / Pritschenlieferwagen *m* (Australien, Neuseeland), Pickup *m* (Australien, Neuseeland) ‖ ~ (pl. -ties) (a software designed to fill in functionality gaps left by operating systems or application programs) (Comp) / Utility *m n* ‖ ~ (pl. -ties) (program) (Comp) / Dienstprogramm *n* (für immer wieder auftretende, mit der Verarbeitung zusammenhängende Probleme), Serviceprogramm *n* (ein Bestandteil des Betriebssystems eines Rechners), Utility *m n* ‖ ~ **block** / Energieversorgungsaggregat *n*, Versorgungsaggregat *n* ‖ ~ **fire** / Nutzfeuer *n* (das auf eine Feuerstätte beschränkt ist und genutzt und überwacht wird) ‖ ~ **frequency** (Telecomm) / Arbeitsfrequenz *f* ‖ ~ **gloves** (Textiles) / Arbeitshandschuhe *m pl* ‖ ~ **grade** / Gebrauchsklasse *f* (2. Wahl bei der Klassifizierung von Fertigwaren) ‖ ~ **life** / Brauchbarkeitsdauer *f* ‖ ~ **man** (US) (Work Study) / Gelegenheitsarbeiter *m* ‖ ~ **mat** / Matte *f* aus Schneideabfällen ‖ ~ **model** / Gebrauchsmuster *n* ‖ ~ **modifier parameter** (Comp) / U-Anweisung *f* ‖ ~ **modifier statement** (Comp) / U-Anweisung *f* ‖ ~ **package** (Comp) / Dienstprogrammpaket *n* ‖ ~ **patent** / Patent *n* (durch einen Verwaltungsakt verliehene absolute Rechte an einer patentierten Erfindung) ‖ ~ **pole** (US) (Teleg) / Telegrafenstange *f*, Telegrafenmast *m*, Abspannmast *m* (aus Holz) ‖ ~ **program**\* (Comp) / Dienstprogramm *n* (für immer wieder auftretende, mit der Verarbeitung zusammenhängende Probleme), Serviceprogramm *n* (ein Bestandteil des Betriebssystems eines Rechners), Utility *m n* ‖ ~ **room** (Build) / Nutzraum *m* ‖ ~ **room** (Build) / Zählerraum *n* ‖ ~ **routine** (Comp) / Dienstprogramm *n* (für immer wieder auftretende, mit der Verarbeitung zusammenhängende Probleme), Serviceprogramm *n* (ein Bestandteil des Betriebssystems eines Rechners), Utility *m n* ‖ ~ **trailer** (Autos) / Kleinanhänger *m*, Gepäckanhänger *m*, Nutzanhänger *m* ‖ ~ **trench** (Civ Eng) / Leitungsgraben *m* ‖ ~ **vehicle** / Mehrzweckfahrzeug *n*

**utilization** *n* (Aero) / Ausnutzung *f* (des Flugzeugs) ‖ ~ **area** (Build) / Nutzfläche *f* ‖ ~ **coefficient** (Eng) / Ausnutzungsgrad *m*, Nutzungsgrad *m*, Auslastungsgrad *m*, Ausnutzungsfaktor *m* (als Prozentsatz), Benutzungsfaktor *m* ‖ ~ **factor** (Eng) / Ausnutzungsgrad *m*, Nutzungsgrad *m*, Auslastungsgrad *m*, Ausnutzungsfaktor *m* (als Prozentsatz), Benutzungsfaktor *m* ‖ ~ **factor**\* (Light) / Beleuchtungswirkungsgrad *m* ‖ ~ **planning** (Comp) / Belegungsplanung *f* ‖ ~ **rate** (Aero) / Ausnutzung *f* (des Flugzeugs) ‖ ~ **ratio** (Comp) / Nutzungsgrad *m* ‖ ~ **time** (Build, Electronics, Med, Radiol) / Hauptnutzungszeit *f* (Einsatzzeit abzüglich der Zeit für Nebennutzung und zusätzliche Nutzung sowie ablauf-, personen- und störungsbedingter Unterbrechungen)

**utilizer** *n* (For) / Utilizer *m* (Rotorentrinder + Hackmaschine), Crown-Zellerbach-Utilizer *m*, C-Z-Utilizer *m*

**UTM** (universal transaction monitor) (Comp) / universeller Transaktionsmonitor, UTM (universeller Transaktionsmonitor)

**utmost** *adj* / größtmöglich *adj*, äußerst *adj* (letztmöglich)

**UTM projection** (Cartography) / Universale Transversale Mercatorprojektion, Universale UTM-Transversale Mercatorabbildung (konforme transversale Zylinderabbildung des Internationalen Erdellipsoids in 60 Meridianstreifensystemen), UTM (Universale Transversale Mercatorprojektion)

**UTP** (uridine 5'-triphosphate) (Biochem) / Uridin-5'-triphosphat *n*, UTP (Uridin-5'-triphosphat) ‖ ~\* (unshielded twisted pair) (Cables) / UTP-Kabel *n* (vieradriges Kabel, bei dem jede Ader isoliert ist - die Adern sind paarweise verseilt)

**UTRA** (UMTS Terrestrial Radio Access) (Radio, Telecomm) / UMTS Terrestrial Radio Access *m*, UTRA *n* (das terrestrische UMTS-Funkschnittstellenkonzept)

**UTRAN** *n* (UMTS Terrestrial Radio Access Network) (Radio, Teleph) / UMTS Terrestrial Radio Access Network *n* (das UMTS-Funkzugangsnetz, das die Teilnehmer an das UMTS-Kernnetz anbindet), UTRAN *n* (UMTS Terrestrial Radio Access Network - das UMTS-Funkzugangsnetz)

**UTS** (ultimate tensile strength) (Materials) / Zugfestigkeit *f* (die beim Zugversuch auftretende Höchstkraft geteilt durch den ursprünglichen Querschnitt - z.B. DIN EN 10 113, in N/mm$_2$), Zerreißfestigkeit *f* (Zugdehnung)

**utterance** *n* / Äußerung *f* (sprachliche)

**UTTO** (universal tractor transmission oil) (Fuels) / UTTO-Öl *n* (ein Öl für leistungsgesteigerte Traktoren mit niedrigen Abgasemissionen)

**U-tube** *n* (Surv) / Kanalwaage *f* (hydrostatisches Nivellierinstrument)

**U-tube manometer** (Phys) / U-Rohr-Manometer *n* (ein Flüssigkeitsmanometer)

**U-turn** *n* (the turning of a vehicle in a U-shaped course so as to face in the opposite direction) (Autos) / Wenden *n*, Drehen *n*

**U-type furnace** / U-Ofen *m*, Umkehrofen *m* ‖ ≃ **furnace** (Ceramics) / Haarnadelofen *m*, U-förmiger Umkehrtunnelofen

**UUCP** (protocol for Unix-to-Unix communication) (Comp) / Unix-to-Unix Copy *f*, UUCP (Unix-to-Unix Copy)

**UUENCODE** *n* (Comp) / Unix-to-Unix Encode *n*, UUENCODE *n* (Unix-to-Unix Encode)

**UUM** (underwater-to-underwater missile) (Mil) / Unterwasser-Unterwasser-Flugkörper *m*

**UUT** (unit under test) (Instr) / Prüfobjekt *n*, Prüfgegenstand *m*, Prüfling *m* (z.B. eine Maschine oder ein Gerät, deren Eigenschaften durch Prüfen ermittelt werden)

**U.V.** (ultraviolet) (Phys) / Ultraviolett-, ultraviolett *adj*, UV (ultraviolett)

**UV** (ultraviolet) (Phys) / Ultraviolett-, ultraviolett *adj*, UV (ultraviolett) ‖ ≃ **absorber** / Lichtschutzmittel *n* ‖ ≃ **absorber** (Phys) / UV-Absorber *m* (ein Mittel mit ausgeprägtem Absorptionsvermögen für UV-Strahlung) ‖ ≃ **absorber** s. also light stabilizer and sunscreen agent ‖ ≃ **absorption** (Phys) / UV-Absorption *f*, Ultravioettabsorption *f*

**uvala** *n* (Geol) / Uvala *f* (pl. -s) (schüsselförmige seichte geschlossene Hohlform in den Karstgebieten)

**U-value** *n* (Phys) / Wärmedurchlässigkeit *f*, Wärmedurchlasszahl *f*, Wärmedurchgangszahl *f* (DIN 4108)

**uvarovite**\* *n* (Min) / Uwarowit *m* (ein sehr seltener Granat von dunkler smaragdgrüner Farbe - Calciumchrom(III)-orthosilicat)

**UVC** *n* (FUV + VUV) (Phys) / UV-C (FUV + VUV) (fernes Ultraviolett + Vakuumultraviolett nach DIN 5031, T 7)

**UVCB substance** (of unknown or variable composition) (Ecol) / UVCB-Stoff *m* (Altstoff, der als unzulänglich definiert gilt und nicht durch eine vollständige chemische Formel dargestellt werden kann)

**UV curing** (Paint, Plastics) / UV-Härtung *f* ‖ ≃ **detector** / UV-Detektor *m* (Fotodetektor, dessen spektrale Empfindlichkeit im UV-Bereich liegt), Ultraviolettdetektor *m* ‖ ≃ **divergence** (Phys) / UV-Divergenz *f*, Ultraviolettdivergenz *f* ‖ ≃ **filter** (Photog) / UV-Sperrfilter *n*, UV-Filter *n*, UV-Absorptionsfilter *n*, Ultraviolettfilter *n*, Ultraviolettsperrfilter *n*

**uvic acid** (Chem) / para-Weinsäure *f*, Vogesensäure *f*, Traubensäure *f* (2,3-Dihydroxybutandisäure), DL-Weinsäure *f*

**uviol glass** (which is highly transparent to ultraviolet radiation) (Glass) / Uviolglas *n* (Markenname für ein Spezialglas mit Bariumphosphat und Chromoxid)

**UV lithography** (Electronics) / Ultraviolettlithografie *f*, UV-Lithografie *f* ‖ ≃ **paint** (Paint) / UV-Lack *m*

**UV-PES** *n* (Spectr) / UV-Fotoelektronenspektroskopie *f*, Ultraviolett-Fotoelektronenspektroskopie *f*

**UV photoelectron spectroscopy** (Spectr) / UV-Fotoelektronenspektroskopie *f*, Ultraviolett-Fotoelektronenspektroskopie *f*

**UVPROM** (ultraviolet erasable PROM) (Comp) / UV-löschbares PROM

**UV radiation** (Phys) / UV-Strahlung *f*, Ultraviolettstrahlung *f* (DIN 5031, T 7), ultraviolette Strahlung ‖ ≃ **reflector** (Phys) / UV-Reflektor *m* (bei UV-Lampen) ‖ ≃ **spectroscopy** (Spectr) / UV-Spektroskopie *f*, Ultraviolettspektroskopie *f*

**UV-VIS spectroscopy** / UV-VIS-Spektroskopie *f*, UVS-Spektroskopie *f*

**uwarowite** *n* (Min) / Uwarowit *m* (ein sehr seltener Granat von dunkler smaragdgrüner Farbe - Calciumchrom(III)-orthosilicat)

**UXO** (unexploded ordnance) (Mil) / nicht detonierte Munition

**uzarin** *n* (Pharm) / Uzarin *n*

# V

**v.** (versus) / als Funktion von
**V** (Autos) / Kennbuchstabe für Reifen mit > als 210 km/Stunde Höchstgeschwindigkeit (ECE-Regelung)
**V** (vanadium) (Chem) / Vanadium *n*, V (Vanadium)
**V** (volt) (Elec) / Volt *n* (gesetzliche abgeleitete SI-Einheit des elektrischen Potentials = J/C), V (Volt - DIN 1301, T 1)
**V-12** (V-twelve engine) (I C Engs) / 12-Zylinder-V-Motor *m*, Zwölfzylinder-V-Motor *m*, V-Zwölfzylinder *m*
**VA** (value analysis) / Wertanalyse *f* (System zum Lösen von Problemen nach DIN 69 910) ‖ ≃ (volt-ampere) (Elec) / Voltampere *n* (DIN 1301-2 und 40 110), VA (Voltampere)
**vac** *n* (US) / Staubsauger *m*
**vacancy*** *n* (Crystal, Nuc) s. also Schottky defect ‖ ~* *n* (Crystal, Nuc) / Gitterlücke *f* (nicht besetzter Gitterplatz), Lücke *f* (unbesetzter Gitterplatz), Leerstelle *f*, Vakanz *f* (ein Subtraktionsbaufehler), Gitterloch *n* (unbesetzter Gitterplat) ‖ ~ **diffusion** (Crystal, Materials) / Leerstellendiffusion *f* (bei thermisch aktivierten Prozessen)
**vacancy-free** *adj* (Crystal, Nuc) / leerstellenfrei *adj*, gitterlückenfrei *adj*
**vacant** *adj* / unbesetzt *adj*, frei *adj*, vakant *adj*, leer *adj* ‖ ~ (Build) / unbewohnt *adj* (Haus), unbelegt *adj*, leer *adj* (Haus) ‖ ~ (Telecomm) / nicht beschaltet ‖ ~ **storage area** (Comp) / freier Speicherbereich
**vacation pay** / Urlaubsgeld *n*
**vaccenic acid** (Chem) / Vaccensäure *f* (eine trans-Monocarbonsäure)
**vaccination** *n* (Comp) / Impfung *f* (gegen bestimmte Viren) ‖ ~* *n* (Med) / Schutzimpfung *f*, Impfung *f* (mit lebenden oder abgetöteten Krankheitserregern)
**vaccine** *n* (program) (Comp) / Serum-Programm *n* (z.B. mit einem Scheinvirus) ‖ ~ (Comp) / Vakzine *f* (gegen Viren) ‖ ~* (Med, Pharm) / Impfstoff *m*, Vakzine *f*, Vakzin *n*
**VA characteristic** (Elec Eng) / Strom-Spannung-Charakteristik *f*, Strom-Spannung-Kennlinie *f*
**vac-in-ice process** / Gefriertrocknung *f* (schonende Konservierung), Lyophilisation *f*, Sublimationstrocknung *f*, Gefrieren *n* nach Vortrocknen, Dehydrogefrieren *n*
**V-A coupling** (Nuc) / V-A-Kopplung *f*, Vektor-Axialvektor-Kopplung *f*
**VACP** (vacuum pump) (Vac Tech) / Vakuumpumpe *f* (DIN 28 400-2)
**vacuole*** *n* (Bot, Cyt) / Vakuole *f* (Hohlraum im Plasma oder im Kern einer Zelle, der mit wässriger oder dickflüssiger Substanz gefüllt ist)
**vacuostat** *n* (Vac Tech) / Vakuumkonstanthalter *m*
**vacuous subset** (Maths) / leere Teilmenge, leere Untermenge
**vacuum** *v* / absaugen *v* (Teppiche) ‖ ~ / staubsaugen *v* ‖ ~* (pl. vacuums or vacua) (Electronics, Phys, Vac Tech) / Vakuum *n* (pl. Vakua oder Vakuen), Unterdruck *m* (unterhalb des Normdrucks)
**vacuum advance unit** (Autos) / Unterdruckdose *f* der Zündzeitpunkt-Vorverstellung, Frühdose *f*, Unterdruckversteller *m* für Frühzündung ‖ ~ **arc degassing** (Met) / VAD-Verfahren *n*, Vakuumlichtbogenentgasung *f*, Vakuumpfannenentgasung *f* mit einer Lichtbogenheizung ‖ ~ **arc furnace*** (Chem, Met) / Vakuumlichtbogenofen *m* ‖ ~ **arc remelting** (Met) / Vakuumlichtbogenumschmelzen *n* ‖ ~ **augmenter*** (Vac Tech) / Vakuumzusatzpumpe *f* (eine Ejektorpumpe) ‖ ~ **bag method** (Plastics) / Vakuumgummisackverfahren *n*, Vakuumfolienverfahren *n* ‖ ~ **bag moulding** (Plastics) / Vakuumgummisackverfahren *n*, Vakuumfolienverfahren *n* ‖ ~ **ballistics** (Phys) / Vakuumballistik *f* ‖ ~ **bin** (Comp, Mag) / Unterdrucksäule *f* ‖ ~ **bitumen** / Hochvakuumbitumen *n*, Vakuumbitumen *n* ‖ ~ **blasting** / Vakuumstrahlen *n*, Saugstrahlen *n* ‖ ~ **brake*** (Eng) / Vakuumbremse *f*, Saugluftbremse *f* ‖ ~ **brake booster** (Autos) / Unterdruckbremskraftverstärker *m* ‖ ~ **brazing** (Met) / Vakuumhartlöten *n* ‖ ~ **build-up** (Vac Tech) / Vakuumaufbau *m* ‖ ~ **calorimeter** (Phys) / Vakuumkalorimeter *n* (Nernstsches) ‖ ~ **capacitor** (Elec Eng) / Vakuumkondensator *m* (der in einem evakuierten Behälter betrieben wird) ‖ ~ **carburizing** (Met) / Vakuumaufkohlung *f*, Vakuumaufkohlen *n*, Unterdruckaufkohlen *n* ‖ ~ **casting** (Foundry) / Vakuumvergießen *n*, Vakuumgießverfahren *n*, Vakuumgießen *n* ‖ ~ **cement** (Vac Tech) / Vakuumkitt *m* ‖ ~ **chamber** (Comp, Mag) / Unterdruckkammer *f* ‖ ~ **chamber unit** (Instr) / luftleere Metalldose(n), Unterdruckdose(n) *f* (*pl*) (des Aneroidbarometers) ‖ ~ **circuit breaker** (Elec Eng) / Vakuumschalter *m* (dessen Kontakte sich zwecks verringerter Funkenbildung im Vakuum befinden) ‖ ~**-clean** *v* / staubsaugen *v* ‖ ~ **cleaner** / Staubsauger *m*

**vacuum-cleaning plant** (Build) / Entstaubungsanlage *f* (in Wohnhäusern)
**vacuum coating** (For, Paint) / Vakuumlackierung *f* ‖ ~ **coating** (Surf) / Vakuumbeschichten *n* (DIN 28 400-4), Abscheiden *n* im Vakuum ‖ ~ **coating by cathodic sputtering** (Electronics, Nuc, Surf) / Katodenzerstäuben *n*, Katodenzerstäubung *f* ‖ ~ **coating by reactive evaporation** (BS 2951, Part 2 : 1975) / reaktives Vakuumbedampfen (DIN 28400, T 4) ‖ ~ **column** (employed to tension the tape by immersing it in a vaccum chamber) (Comp, Mag) / Unterdrucksäule *f* ‖ ~ **concrete*** (Civ Eng) / vakuumbehandelter Beton, Vakuumbeton *m*, Saugbeton *m* (dem unmittelbar nach dem Einbau, meist beim Rütteln, überschüssiges Anmachwasser und Luft durch Unterdruck entzogen werden) ‖ ~ **condensing point** (Vac Tech) / Sublimationspunkt *m* im Vakuum ‖ ~ **constants** (Phys) / Vakuumkonstanten *f pl* (Lichtgeschwindigkeit im Vakuum und Wellenwiderstand des Vakuums) ‖ ~ **control** (Autos) / Unterdruckverstellung *f* (ein mechanisches Verfahren), Unterdruckzündverstellung *f* ‖ ~ **cooling** (Nut) / Vakuumkühlung *f* (z.B. bei großblättrigem Gemüse) ‖ ~ **crucible furnace** (Met) / Vakuumtiegelofen *m* ‖ ~ **crystallization*** (Chem Eng) / Vakuumkristallisation *f* ‖ ~ **crystallizer** (Chem, Chem Eng) / Vakuumkristallisator *m* ‖ ~ **degassing** (Vac Tech) / Vakuumentgasung *f* ‖ ~ **degassing during tapping** (Met) / Vakuumabstichentgasung *f* (wenn die Schmelze vom Frischgefäß in eine evakuierte Gießpfanne abgelassen wird), Abstichentgasung *f*
**vacuum-deposited coating** (Surf) / Aufdampfschicht *f*, aufgedampfte Metallschicht, Kondensationsmetallschutzschicht *f*
**vacuum deposition** (BS 2951, Part 2 : 1975) (Surf) / Vakuumbeschichten *n* (DIN 28 400-4), Abscheiden *n* im Vakuum ‖ ~ **desiccator** (Chem) / Vakuumexsikkator *m* ‖ ~ **diffusion** (Vac Tech) / Diffusion *f* im Vakuum ‖ ~ **distillate** (Chem Eng) / Vakuumdestillat *n* ‖ ~ **distillation*** (Chem Eng) / Vakuumdestillation *f*, Destillation *f* im Vakuum ‖ ~ **drum filter** (Chem) / Vakuumtrommelfilter *n* (meistens Vakuumtrommelzellenfilter mit Filtermittel-belegten Zellen am Umfang) ‖ ~ **drying** (For) / Vakuumtrocknung *f* ‖ ~ **drying cabinet** (Chem) / Vakuumtrockenschrank *m* ‖ ~ **encapsulation** (Electronics, Plastics) / Verkapseln *n* unter Vakuum, Vergießen *n* unter Vakuum ‖ ~ **evaporation*** (Chem Eng, Phys, Space, Vac Tech) / Vakuumverdampfung *f*, Verdampfen *n* im Vakuum ‖ ~ **evaporator** (Chem Eng, Phys, Space, Vac Tech) / Vakuumverdampfer *m*, Vakuumdampfapparat *m* ‖ ~ **expectation value** (Phys) / Vakuumerwartungswert *m* (in der Quantentheorie) ‖ ~ **extrusion press** (Ceramics) / Vakuumstrangpresse *f* ‖ ~ **filament lamp** (Elec Eng) / Vakuumlampe *f* ‖ ~ **filter** / Vakuumfilter *n* ‖ ~ **filtration*** (Chem Eng) / Vakuumfiltration *f*, Vakuumfiltrieren *n* ‖ ~ **flashing** (Chem Eng) / Entspannungsverdampfung *f*, Flashverdampfung *f*, Stoßverdampfung *f* ‖ ~ **flask** / Thermosflasche *f* (Handelsname für ein Dewar-Gefäß), Thermogefäß *n* ‖ ~ **flask** (Chem) / Vakuumkolben *m* ‖ ~ **fluctuation** (Phys) / Vakuumschwankung *f*, Vakuumfluktuation *f* (in der Quantenfeldtheorie) ‖ ~ **fluorescence display** (Comp, Electronics) / Vakuumfluoreszenzanzeige *f* ‖ ~ **fluorescent display** (Comp, Electronics) / Vakuumfluoreszenzanzeige *f* ‖ ~ **forming** (Plastics) / Vakuumformung *f*, Vakuumformen *n* (aus thermoplastischen Folien) ‖ ~ **furnace*** (Eng, Met) / Vakuumofen *m* ‖ ~ **fusion** (Met) / Vakuumschmelzen *n*, Schmelzen *n* im Vakuum, Vakuumschmelzverfahren *n* ‖ ~ **gauge** (Phys) / Vakuummeter *n* (Luftdruckmesser für kleinste Drücke) ‖ ~ **getter** (Electronics) / Getter *m n* (Stoff, der zur Verbesserung bzw. Aufrechterhaltung des Vakuums in einem nicht mehr mit der Vakuumpumpe verbundenen Behälter dient), Fangstoff *m*, Getterstoff *m* ‖ ~ **grease** (Vac Tech) / Vakuumfett *n* ‖ ~ **gripper** (Eng) / Vakuumgreifer *m*
**vacuum-grown** *adj* (Crystal) / im Vakuum gewachsen
**vacuum heating** (Build) / Unterdruckdampfheizung *f*, Vakuumheizung *f* (eine Dampfheizung) ‖ ~ **heat treatment** (Met) / Vakuumwärmebehandlung *f* ‖ ~ **ignition adjustment** (I C Engs) / Unterdruckzündverstellung *f* ‖ ~ **ignition advance** (I C Engs) / Unterdruckzündverstellung *f* ‖ ~ **impregnation*** (Elec Eng) / Vakuumtränkung *f*, Vakuumimprägnierung *f* (von Transformatoren und Kondensatoren) ‖ ~ **induction melting*** (Met) / Vakuuminduktionsschmelzen *n*
**vacuumization** *n* (Vac Tech) / Vakuumbehandlung *f*
**vacuum jacket** (Chem Eng) / Vakuummantel *m* (der Kolonne) ‖ ~ **ladle degassing** (Met) / VLD-Verfahren *n*, Vakuumpfannenentgasungsverfahren *n* ‖ ~ **lift truck** / Vakuumhubwagen *m* ‖ ~ **line** (Eng, Vac Tech) / Unterdruckleitung *f* ‖ ~ **line** (Vac Tech) / Vakuumleitung *f* ‖ ~ **mat** (Civ Eng) / Saugmatte *f* ‖ ~ **measurement** / Messen *n* im Vakuum
**vacuum-melted** *adj* (Met) / vakuumgeschmolzen *adj*
**vacuum melting*** (Met) / Vakuumschmelzen *n*, Schmelzen *n* im Vakuum, Vakuumschmelzverfahren *n* ‖ ~ **metallization** / Vakuumbedampfen *n* (mit Metalldampf) ‖ ~ **metallizing** /

**Vakuumbedampfen** *n* (mit Metalldampf) ‖ ~ **metallurgy** (Met) / Vakuummetallurgie *f* (Bezeichnung für alle metallurgischen Prozesse, die unter vermindertem Druck durchgeführt werden) ‖ ~ **microelectronics** (Electronics) / Vakuummikroelektronik *f* ‖ ~ **mixer** (Chem Eng) / Vakuummischer *m*
**vacuum-modulated EGR** (Autos) / unterdruckgeregeltes AGR-System, unterdruckgesteuerte Abgasrückführung
**vacuum moulding process** (Foundry) / V-Prozess *m*, Vakuumformverfahren *n* (eine Methode zur Herstellung von Formteilen, bei denen binderfreier, rieselfähiger Sand durch Unterdruck im Formkasten verfestigt wird) ‖ ~ **mud degasser** (Oils) / Vakuumspülungsentgaser *m* ‖ ~ **nipple** (Eng) / Unterdruckanschluss *m* ‖ ~ **nutsch** (Chem) / Vakuumnutsche *f* ‖ ~ **oven**\* (Elec Eng) / Vakuumofen *m* ‖ ~ **oxidation** (Met) / Vakuumfrischen *n*, oxidierende Vakuumbehandlung ‖ ~ **oxidizing** (Met) / Vakuumfrischen *n*, oxidierende Vakuumbehandlung ‖ ~ **oxygen decarburization plant** (Met) / VOD-Anlage *f* ‖ ~ **oxygen decarburization process** (Met) / Vakuum-Sauerstoff-Aufblasverfahren *n* (mit Badbewegung durch Inertgas), VODC-Verfahren *n* (sekundärmetallurgisches Konverterverfahren), VODK-Verfahren *n* ‖ ~-**packed** *adj* / vakuumverpackt *adj* ‖ ~ **packing**\* / Vakuumverpackung *f*, Vakuumpackung *f* (z.B. bei bestimmten sauerstoffempfindlichen Lebensmitteln) ‖ ~ **pad** (Eng) / Saugteller *m* (des Vakuumhebers) ‖ ~ **pad lifter** / Vakuumheber *m* (Lastaufnahmemittel für glatte, flache Lasten wie Glasscheiben oder Bleche, bei dem die Haftkraft durch ein Vakuum zwischen Saugteller und Last erzeugt wird) ‖ ~ **permeability** (Phys) / Vakuumpermeabilität *f* ‖ ~ **permittivity** (Elec) / Vakuumpermittivität *f*
**vacuum-phase reflow** (Electronics) / Aufschmelzen *n* in der Dampfphase ‖ ~ **reflow soldering** (Electronics) / Rückflusslöten *n* in der Dampfphase
**vacuum photocell**\* (Electronics) / Vakuumfotozelle *f* ‖ ~ **phototube** (Electronics) / Vakuumfotodiode *f* ‖ ~ **physics** (Phys) / Vakuumphysik *f* ‖ ~ **polarization** (Elec, Phys) / Vakuumpolarisation *f* (virtuelle Erzeugung von Elektron-Positron-Paaren durch das elektromagnetische Feld) ‖ ~ **polarization** (Phys) / Vakuumpolarisation *f* ‖ ~ **port** (Eng) / Unterdruckanschluss *m* ‖ ~ **potting** (Electronics, Plastics) / Verkapseln *n* unter Vakuum, Vergießen *n* unter Vakuum ‖ ~ **pouring** (Foundry) / Vakuumvergießen *n*, Vakuumgießverfahren *n*, Vakuumgießen *n*
**vacuum-powered brake servo** (Autos) / Unterdruckbremskraftverstärker *m*
**vacuum printing frame**\* (Print) / pneumatischer Kopierrahmen, Vakuumkopierrahmen *m* ‖ ~ **process** (Met) / Vakuumverfahren *n* (um den Zutritt schädlicher Gase zu verhindern und im Stahl gelöste Gase zu entfernen) ‖ ~ **pump**\* (Vac Tech) / Vakuumpumpe *f* (DIN 28 400-2) ‖ ~ **putty** (Vac Tech) / Vakuumkitt *m* ‖ ~ **range** (Vac Tech) / Vakuumbereich *m* (z.B. Grob-, Fein-, Hoch- und Ultrahochvakuum) ‖ ~ **reducer valve** (Autos) / Unterdruckreduzierventil *n* ‖ ~ **relay** (Elec Eng, Electronics) / Vakuumrelais *n* (dessen Kontakte im Vakuum betrieben werden) ‖ ~ **retard unit** (Autos) / Unterdruckversteller *m* für Spätzündung, Spätdose *f* ‖ ~ **rotary filter** (San Eng) / Zellenfilter *n* (Trommelfilter mit einer Anzahl voneinander getrennten Zellen, die über einen Steuerkopf abschnittsweise unter Vakuum gesetzt werden) ‖ ~ **salting** (Nut) / Vakuumsalzung *f*
**vacuum-sealed** *adj* (Vac Tech) / vakuumversiegelt *adj* ‖ ~ **electrode** / vakuumdicht eingeschmolzene Elektrode ‖ ~ **system** (Vac Tech) / abgeschlossenes Vakuumsystem
**vacuum sealing apparatus** (Surf) / Dichtschleuse *f* (einer kontinuierlich arbeitenden Zinkaufdampfanlage) ‖ ~ **sensor** / Unterdruckfühler *m* ‖ ~ **sintering** (Met) / Sintern *n* unter Vakuum ‖ ~ **soldering** (Electronics, Space) / Vakuumlöten *n* (Löten im Vakuumofen ohne Flussmittel) ‖ ~ **solenoid** (in an EGR system) (Autos) / elektromagnetisch betätigter Unterdruckschalter ‖ ~ **state** (Phys) / Vakuumzustand *m* (Grundzustand in der Quantenfeldtheorie) ‖ ~ **steaming** (Textiles) / Dämpfen *n* im Unterdruck, Vakuumdämpfen *n*, Dämpfen *n* im Vakuum ‖ ~ **steel** (Met) / Vakuumstahl *m* ‖ ~ **still** (Oils) / Vakuumdestillationsapparatur *f* ‖ ~ **sweeper** / Staubsauger *m* ‖ ~ **switch**\* (Elec Eng) / Vakuumschalter *m* (dessen Kontakte sich zwecks verringerter Funkenbildung im Vakuum befinden) ‖ ~ **technology** (Vac Tech) / Vakuumtechnik *f* ‖ ~ **timing control** (Autos) / Unterdruckverstellung *f* (ein mechanisches Verfahren), Unterdruckzündverstellung *f* ‖ ~ **treatment** (Vac Tech) / Vakuumbehandlung *f* ‖ ~ **tube** (Electronics) / Vakuumröhre *f* (z.B. Fernseh- oder Röntgenröhre) ‖ ~ **tube**\* (Electronics) / Elektronenröhre *f* (DIN 44280), Röhre *f* ‖ ~ **tunnel** (Aero) / Vakuumspeicher-Windkanal *m*
**vacuum-type gas centrifuge** (used for gas separation) / Vakuum-Gaszentrifuge *f*
**vacuum ultraviolet** (Phys, Vac Tech) / Vakuummultraviolett *n* (100-200 nm - DIN 5031, T 7), VUV *n* (Vakuummultraviolett), Vakuum-UV *n* ‖ ~ **ultraviolet** (Phys, Vac Tech) s. also extreme ultraviolet ‖ ~ **ultraviolet spectroscopy** (Spectr) / Vakuummultraviolettspektroskopie *f*, Vakuum-UV-Spektroskopie *f*, VUV-Spektroskopie *f* ‖ ~ **UV** (Phys, Vac Tech) / Vakuumultraviolett *n* (100-200 nm - DIN 5031, T 7), VUV *n* (Vakuummultraviolett), Vakuum-UV *n* ‖ ~ **vents** (Autos) / Unterdruckanschlüsse *m pl* (im Vergaser) ‖ ~ **wavelength** (the inverse of vacuum wave number) (Vac Tech) / Vakuumwellenlänge *f*, Wellenlänge *f* im Vakuum ‖ ~ **wave number** (Vac Tech) / Vakuumwellenzahl *f*
**VAD** (vacuum arc degassing) (Met) / VAD-Verfahren *n*, Vakuumlichtbogenentgasung *f*, Vakuumpfannenentgasung *f* mit einer Lichtbogenheizung
**vadose** *adj* (Geol) / vados *adj* ‖ ~ **water** (Geol) / vadoses Wasser (in der Erdkruste zirkulierendes, dem Wasserkreislauf angehörendes (v.a. Grund-)Wasser, das aus Sicker- und Niederschlagswasser entsteht), Kreislaufwasser *n* (vadoses Wasser) ‖ ~ **zone**\* (Geol) / Zone *f* des Sickerwassers
**V-agent** *n* (Mil) / V-Kampfstoff *m*
**vagrant benthos** (Biol, Geol) / vagiles Benthos, freibewegliches Benthos
**vague limit** (Maths) / vager Limes
**Val**\* (valine) (Biochem) / L-Valin *n*, Valin (Val) *n*, Val (eine essentielle Aminosäure)
**valance** *n* (US) (Build) / Blende *f* (für die Gardinenleiste), Schabracke *f* (quer über den Fenstern)
**valence** *n* (Biochem, Med) / Valenz *f* (die Zahl der Haftstellen eines Antigens für Antikörper) ‖ ~ (Chem, Ecol, Phys) / Valenz *f*, Wertigkeit *f* ‖ ~ (Maths) / Valenz *f* (eines Knotenpunkts) ‖ ~ **angle** (Chem) / Valenzwinkel *m* ‖ ~ **angle** (Chem) / Valenzwinkel *m*, Bindungswinkel *m* ‖ ~ **band**\* (Electronics, Phys) / Valenzband *n* (in dem Energiebändermodell) ‖ ~ **band edge** (Electronics, Phys) / Valenzbandkante *f* (das absolute energetische Maximum der Valenzbänder) ‖ ~ **bond** (Chem) / Valenzbindung *f*, VB
**valence-bond theory** (a method of applying quantum theory to the calculation of chemical bonding) (Chem) / Valenzbindungstheorie *f*, VB-Theorie *f*, VB-Methode *f*, Heitler-London-Slater-Pauling-Theorie *f*, HLSP-Theorie *f*, Valenzstrukturtheorie *f*, Valence-Bond-Methode *f* ‖ ~ **theory** (Chem) s. also molecular orbital method
**valence crystal** (Crystal) / Valenzkristall *m* ‖ ~ **dash** (Chem) / Valenzstrich *m*
**valence-dash formula** (Chem) / Strukturformel *f* (die die stereochemischen Gegebenheiten widerspiegelt), Konstitutionsformel *f*, Valenzstrichformel *f*
**valence electron**\* (in the outermost shell of an atom) (Chem, Nuc) / Valenzelektron *n* (ein an einer Bindung beteiligtes Elektron, das in der äußersten Elektronenschale eines Atoms enthalten ist)
**valence-electron rule** (Chem, Phys) / Matthias'sche Regel (für Supraleiter), Valenzelektronenregel *f*
**valence isomer** (Chem) / Valenzisomer *n* (wenn sich Isomere durch Lage, Länge und Winkel von Bindungen unterscheiden und durch pericyclische Reaktionen ineinander umwandelbar sind) ‖ ~ **isomerism** (Chem) / Valenzisomerie *f* ‖ ~ **isomerization** (Chem) / Valenzisomerisierung *f* ‖ ~ **lattice** (Crystal) / Valenzgitter *n* (z.B. im Kohlenstoffgitter des Diamanten) ‖ ~ **number** (Chem) / Valenzzahl *f* (elektrochemische Wertigkeit) ‖ ~ **quark** (Nuc) / Valenzquark *n* ‖ ~ **shell** (Chem, Nuc) / Valenzschale *f*, Außenschale *f*, äußerste Elektronenschale
**valence-shell electron-pair repulsion model** (Chem, Nuc) / VSEPR-Modell *n*, Elektronenpaar-Abstoßungsmodell *n*, Gillespie-Modell *n* (zur qualitativen Beschreibung der elektronischen und der geometrischen Struktur von Molekülen) ‖ ~ **electron-pair repulsion theory** (Chem) / VSEPR-Theorie *f* (zur Erklärung der geometrischen Strukturen von Molekülen)
**valence stage** (Chem, Phys) / Valenzzustand *m* (hypothetischer Zustand eines Atoms innerhalb eines Moleküls), Wertigkeitsstufe *f*, Valenzstufe *f* ‖ ~ **state** (Chem, Phys) / Valenzzustand *m* (hypothetischer Zustand eines Atoms innerhalb eines Moleküls), Wertigkeitsstufe *f*, Valenzstufe *f* ‖ ~ **tautomerism** (Chem) / Valenztautomerie *f* ‖ ~ **theory** (Chem) / Valenztheorie *f*
**valency** *n* (Biochem, Med) / Valenz *f* (die Zahl der Haftstellen eines Antigens für Antikörper) ‖ ~\* (Chem, Ecol, Phys) / Valenz *f*, Wertigkeit *f* ‖ ~ (Maths) / Valenz *f* (eines Knotenpunkts) ‖ ~ **angle** (Chem) / Valenzwinkel *m*, Bindungswinkel *m*
**valency-dash formula** (Chem) / Strukturformel *f* (die die stereochemischen Gegebenheiten widerspiegelt), Konstitutionsformel *f*, Valenzstrichformel *f*
**valentinite**\* *n* (Min) / Valentinit *n* (neben Senarmontit zweite natürlich vorkommende Modifikation des $Sb_2O_3$), Antimonblüte *f*, Weißspießglanz *m*
**valepotriate** *n* (Chem) / Valepotriat *n* (ein Iridoid)
**valeraldehyde** *n* (Chem) / Pentanal *n*, Valeraldehyd *n*

**valerate**

**valerate** n (Chem) / Valerianat n, Valerat n (Salz oder Ester der Valeriansäure)
**valerianic acid** (Chem) / Valeriansäure f (eine der vier isomeren gesättigten Monocarbonsäuren der allgemeinen Formel $C_4H_9$-COOH)
**valerian oil** (Chem) / Baldrianöl n (aus den Wurzeln der Valeriana officinalis L.)
**valeric, n-~ acid**\* (Chem) / Pentansäure f, Baldriansäure f, n-Valeriansäure f ‖ ~ **acid**\* (Chem) / Valeriansäure f (eine der vier isomeren gesättigten Monocarbonsäuren der allgemeinen Formel $C_4H_9$ - COOH)
**valerol** n (Chem) / Valerol n
**valet key** (US) (for valet parking) (Autos) / Nebenschlüssel m, Werkstattschlüssel m (Nebenschlüssel) ‖ ~ **parking** (Autos) / Einparkservice m (bei Hotels, Parkhäusern usw.) ‖ ~ **parking** (Autos, Civ Eng) / Parkplatz m (mit Einparkservice)
**valid** adj / gültig adj, valid adj ‖ **be** ~ / gelten v (vom Gesetz)
**validate** v / validieren v (Gültigkeit feststellen) ‖ ~ (screen text) (Comp) / fixieren v (Text auf dem Bildschirm)
**validation**\* n / Validierung f (Feststellung der Gültigkeit) ‖ ~* / Gültigkeitserklärung f ‖ ~ (AI) / Bestätigung f (beim Begriffslernen) ‖ ~ (Chem Eng) / Validierung f (Nachweis und die Dokumentation der Zuverlässigkeit einer Methode - DIN EN ISO 8402) ‖ ~ (Pharm) / Validierung f (in der chargenorientierten Arzneimittelherstellung) ‖ ~ **test** (Comp) / Validierungstest m
**validity** n (Maths) / Gültigkeit f, Validität f ‖ ~ **check** (Comp) / Gültigkeitsprüfung f, Gültigkeitskontrolle f
**valid time** (Comp) / Gültigkeitszeit f
**valine**\* n (Biochem, Chem) / L-Valin n, Valin (Val) n, Val (eine essentielle Aminosäure)
**Valium** n (Pharm) / Valium n (Sedativum und Ataraktikum der Fa. Roche) ‖ ~ (Pharm) s. also diazepam
**Vallée-Poussin, de la ~ test** (for convergence) (Maths) / de-la-Vallée-Poussin'sches Kriterium (nach Charles Jean Gustave Nicolas de la Vallée-Poussin, 1866 - 1962)
**valley**\* n (Build) / Dachkehle f (bei einspringenden Gebäudeecken), Dachkehlung f, Kehle f (Dachkehle), Ichse f (A), Ixe f (A) ‖ ~ (Elec Eng) / Vertiefung f, Talbereich m (im Mikroprofil einer Oberfläche) ‖ ~ (Electronics) / Tal n (im Leitungsband bei Halbleitern), Valley n ‖ ~* (Geol) / Tal n ‖ ~ (Maths) / Minimumbereich m (einer Kurve) ‖ ~ **asymmetry** (Geol) / Talasymmetrie f (mit ungleichseitigem Talquerschnitt) ‖ ~ **board**\* (Carp) / Kehlbrett n, Kehlfußbrett n ‖ ~ **bog**\* (Geol) / Talmoor n ‖ ~ **bottom** (Geol) / Talboden m, Talsohle f, Talgrund m ‖ ~ **fill** (Geol) / Talaufschüttung f, Talschutt m ‖ ~ **flashing** (Plumb) / Kehlblech n, Wandanschlussblech n ‖ ~ **flat** (Geol) / Flusswiese f ‖ ~ **flat** (Geol) s. also water meadow ‖ ~ **floor** (Geol) / Talboden m, Talsohle f, Talgrund m ‖ ~ **formation** (Geol) / Talbildung f, Talung f ‖ ~ **glacier** (Geol) / alpiner Gletschertyp, Talgletscher m (mit deutlichen, oft sehr langen Gletscherzungen) ‖ ~ **gutter** (Build) / Kehlrinne f, eingebettete Rinne, eingelegte Rinne, Shedrinne f (bei Sheddächern), Dachschrinne f ‖ ~ **line** (Geol) / Talweg m (die Verbindungslinie der tiefsten Punkte in einem Flussbett) ‖ ~ **meander** (Geol) / eingesenkter Mäander, Talmäander m, Erosionsmäänder m (der durch Tiefenerosion eines Flusses in den Gesteinsgrund entsteht) ‖ ~ **plain** (Geol) / Flusswiese f ‖ ~ **point** (Electronics) / Talpunkt m (bei Tunneldioden) ‖ ~ **point voltage** (Electronics) / Talspannung f (bei Tunneldioden) ‖ ~ **profile** (Geol) / Tallängsprofil n ‖ ~ **rafter** (Build) / Kehlsparren m (unter einer Dachkehle angeordneter Sparren, auf dem die Schifter aufsitzen) ‖ ~ **roof** (Build) / Kehldach n ‖ ~ **shingle** (Build) / Kehlfußschindel f ‖ ~ **spring** (Geol, Hyd Eng) / Talquelle f ‖ ~ **storage** (Hyd Eng) / Vorlandspeicherung (in einer Talebene) ‖ ~ **terrace** (Geol) / Talterrasse f ‖ ~ **tile** (Build) / Kehlziegel m, Kehlstein m (Zubehörziegel zu Falzziegeln zur Eindeckung von Dachkehlen); flämischer Stein ‖ ~ **train** (Geol) / fluvioglaziale Schotter m pl ‖ ~ **wind** (Meteor) / Talwind m
**valonea** n (Bot) / Wallonen f pl, Valonea f (gerbstoffreiche Fruchtbecher mehrerer orientalischer Eichenarten)
**valonia** n (Bot) / Wallonen f pl, Valonea f (gerbstoffreiche Fruchtbecher mehrerer orientalischer Eichenarten) ‖ ~ (For) / Walloneneiche f (Quercus macrolepis Kotschy) ‖ ~ **oak** (For) / Walloneneiche f (Quercus macrolepis Kotschy)
**valproic acid** (Pharm) / Valproinsäure f (internationaler Freiname für das Antiepileptikum 2-Propylpentansäure)
**valuable mineral** (Met, Min Proc, Mining) / hochwertiges Erzmineral (nach der Aufbereitung), Wertstoffmineral n ‖ ~ **substance** (Ecol, Materials) / Wertstoff m
**valuation** n / Wertung f, Bewertung f (Wertung) ‖ **non-Archimedean** ~ (Maths) / nicht archimedische Bewertung (eines Körpers)
**valuator** n (Comp) / Wertgeber m (virtuelles oder logisches Eingabegerät)

**value** n / Wert m ‖ ~ (describing colours as light or dark from 0 for ideal black to 10 for ideal white ; Munsell colour system) (Light) / Helligkeit f (eine Farbmaßzahl im Munsell-System), Verschattung f (im Munsell-System) ‖ ~ (Met, Mining) / Anteil m des nutzbaren Metalls im Fördererz (Erz : Nichterz), Gültiges m (im Erz) ‖ ~ (of a spectrum) (Spectr) / Punkt m eines Spektrums, Spektralwert m ‖ ~ **added** / Wertschöpfung f (in den einzelnen Wirtschaftszweigen, den einzelnen Unternehmen erbrachte wirtschaftliche Leistung, Summe der in diesen Wirtschaftsbereichen entstandenen Einkommen)
**value-added information** (Comp) / informationeller Mehrwert ‖ ~ **network** (Comp, Telecomm, Teleph) / Value-added-Network n (Fernmeldenetz, das mehr als den reinen Informationsaustausch bietet), Mehrwertdienstnetz n, Datennetz n mit einem Mehrwertdienstangebot (geschaltete Standverbindung für die Datenübertragung), Netz n mit erweiterten Übertragungsmöglichkeiten, Mehrwertnetz(werk) n ‖ ~ **reseller** (Comp) / Value-added-Reseller m (Vertriebsfirma, die Standardprodukte durch eigene Entwicklungsleistungen ergänzt) ‖ ~ **retailer** (Comp) / Value-added-Reseller m (Vertriebsfirma, die Standardprodukte durch eigene Entwicklungsleistungen ergänzt) ‖ ~ **service** (Telecomm) / Mehrwertdienst m (Dienste und zusätzliche Leistungen, die über die Dienste und Leistungen des Netzes hinausgehen)
**value-adding reseller** (Comp) / Value-added-Reseller m (Vertriebsfirma, die Standardprodukte durch eigene Entwicklungsleistungen ergänzt)
**value analysis** / Wertanalyse f (System zum Lösen von Problemen nach DIN 69 910) ‖ ~ **at the time of purchase** (of an asset) / Anschaffungswert m ‖ ~ **creation** / Wertschöpfung f (Differenz von Bruttoproduktionswerten und den Vorleistungen der einzelnen Wirtschaftsbereiche) ‖ ~ **engineering**\* / Wertanalyse f (System zum Lösen von Problemen nach DIN 69 910) ‖ ~ **for money** / Preis/Leistung-Verhältnis n, PLV ‖ ~ **function**\* (Nuc Eng) / Trennpotential n, Wertfunktion f ‖ ~ **group** (Maths) / Wertgruppe f, Wertegruppe f ‖ ~ **judgement** / Werturteil n ‖ ~ **management** / Wertanalyse f (System zum Lösen von Problemen nach DIN 69 910) ‖ ~ **of a mapping** (Maths) / Bildelement n ‖ ~ **of a root** (Maths) / Wurzelwert m ‖ ~ **of** γ (Photog) / Entwicklungsfaktor m, Gamma n, Gammawert m, γ-Wert m ‖ ~ (Höchstwert des Gradienten einer vorgegebenen Schwärzungskurve) ‖ ~ **of the function** (Maths) / Funktionswert m ‖ ~ **of the game** (Comp, Maths) / Wert m des Spieles (in der Spieltheorie) ‖ ~ **pricing** / Preisvorteilverfahren n
**values** pl (Mining) / Edelmetallgehalt m (z.B. je Tonne Erz)
**value set** (Maths) / Wertmenge f
**valve**\* n (regulating)\* (Automation, Eng) / Ventil n (als Regel- und Steuerungsorgan) ‖ ~ (GB)\* (Electronics) / Elektronenröhre f (DIN 44400), Röhre f ‖ ~\* (shutoff) (Eng) / Ventil n (als Absperrorgan) ‖ ~ (Telecomm) / Ventil n (Stellventil) ‖ ~ **actuation** / Ventilbetätigung f
**valve-adjusting tool** (Autos, Tools) / Ventileinstellschlüssel m ‖ ~ **wrench** (Autos, Tools) / Ventileinstellschlüssel m
**valve adjustment** (I C Engs) / Ventileinstellung f, Ventilspieleinstellung f (zwischen Ventilschaftende und Ventilstößel) ‖ ~ **arrangement** (Autos) / Ventilanordnung f ‖ ~ **arrester** (Elec Eng) / Ventilableiter m (Einrichtung zum Ableiten einer die Isolation gefährdenden elektrischen Überspannung) ‖ ~ **auger** (Mining) / Ventilbohrer m (für Sand und Kies) ‖ ~ **base**\* (Electronics) / Röhrensockel m ‖ ~ **body** (Eng) / Ventilkörper m ‖ ~ **body** (Eng) / Ventilgehäuse n, Ventilkammer f ‖ ~ **bonnet** (Eng) / Ventildeckel m mit Spindelführung, Aufsatz m des Schiebers (bei Ventilen) ‖ ~ **bore** (Autos, Eng) / Ventilbohrung f ‖ ~ **bounce** (Eng) / Ventilschwingung f, Ventilprellen n, Ventilflattern n ‖ ~ **box**\* (Eng) / Ventilgehäuse n, Ventilkammer f ‖ ~ **box** (US) (Eng, San Eng) / Straßenkappe f (des Unterflurhydranten nach DIN 4055) ‖ ~ **bulb** (Electronics) / Röhrenkolben m ‖ ~ **cap** (Eng) / Ventildeckel m ‖ ~ **chamber** (Eng) / Ventilgehäuse n, Ventilkammer f ‖ ~ **chamber** (I C Engs) / Ventilkammer f (im Zylinderkopf seitlich angeordnete Kammer zur Aufnahme stehender Ventile) ‖ ~ **characteristic**\* (Elec Eng) / Röhrenkennlinie f ‖ ~ **characteristic**\* (Eng) / Ventilkennlinie f ‖ ~ **chest** (Eng) / Ventilgehäuse n, Ventilkammer f ‖ ~ **chest** (Eng, Rail) / Schieberkasten m ‖ ~ **clearance** (I C Engs) / Ventilspiel n (Unterbrechung der Kraftschlüssigkeit zwischen Ventilantrieb und Ventil) ‖ ~ **cock** (Eng) / Hahnventil n, Ventil n (Hahn) ‖ ~ **cone** (Eng) / Ventilkegel m (Form des Ventils) ‖ ~ **control** (Autos, Eng) / Ventilsteuerung f (als Tätigkeit), Motorsteuerung f
**valve-controlled** adj (Eng) / ventilgesteuert adj
**valve cooling** (Electronics) / Röhrenkühlung f ‖ ~ **cover** (Eng) / Ventildeckel m ‖ ~ **current** (Electronics) / Röhrenstrom m ‖ ~ **diagram**\* (Eng) / Ventildiagramm n ‖ ~ **disk** (Eng) / Ventilteller m (bei Umschalt- und Klappventilen) ‖ ~ **disk** (the movable portion of a valve) (Eng) / Ventilkegel m ‖ ~ **effect**\* (Elec Eng) / Gleichrichterwirkung f, Sperrwirkung f ‖ ~ **face**\* (Eng) /

Ventilsitzfläche *f* (am Ventil) ‖ **~ float** (Eng) / Ventilschwingung *f*, Ventilprellen *n*, Ventilflattern *n* ‖ **~ flutter** (Eng) / Ventilschwingung *f*, Ventilprellen *n*, Ventilflattern *n* ‖ **~ gear*** (Autos, Eng) / Ventilsteuerung *f* (als Mechanismus), Ventiltrieb *m* ‖ **~ gear*** (I C Engs) / Steuerorgan *n* für den Ladungswechsel ‖ **~ gear** *n* (Autos, Eng) s. also valve control

**valve-grinding compound** (Autos) / Ventileinschleifpaste *f*, Ventilschleifpaste *f*

**valve guide** (I C Engs) / Ventilführung *f*

**valve-guide seal** (I C Engs) / Ventilschaftabdichtung *f* (federbelastete Elastomer-Manschette)

**16-valve head** (Autos) / Sechzehnventilkopf *m*

**valve head** (I C Engs) / Ventilteller *m* (Teil des Ventils, der auf dem Ventilsitz den Verbrennungsraum gegen den Einlass- oder Auslasskanal abdichtet) ‖ **~ hiss** (Telecomm) / Röhrenrauschen *n* (bei dem das Störsignal von statistischen Schwankungen des Anodenstromes herrührt), Rauschen *n* in Elektronenröhren ‖ **~ hole** (Autos) / Ventilloch *n* (in der Felge) ‖ **~-in-head engine** (I C Engs) / kopfgesteuerter Motor, obengesteuerter Motor (DIN 1940), Verbrennungsmotor *m* mit hängenden Ventilen, OHV-Motor *m*, ohv-Motor *m* ‖ **~ inserts*** (I C Engs) / Ventileinsätze *m pl*, Ventilsitzringe *m pl* ‖ **~ keeper** (Autos) / Kegelstück *n* (Ventilbefestigungselement), Ventilkegelstück *n*, Ventilkeil *m* ‖ **~ key** (I C Engs) / Ventilklemmkegel *m* (DIN ISO 7967-3) ‖ **~ key** (I C Engs) / Ventilkeil *m* (Halterung des Ventilfedertellers) ‖ **~ lag** (Eng) / Ventilverzögerung *f*

**valve-lapping compound** (Autos) / Ventileinschleifpaste *f*, Ventilschleifpaste *f*

**valve lash** (I C Engs) / Ventilspiel *n* (Unterbrechung der Kraftschlüssigkeit zwischen Ventilantrieb und Ventil) ‖ **~ layout** (Autos) / Ventilanordnung *f* ‖ **~ lead** (Eng) / Ventilvoröffnung *f* ‖ **~ lift** (Eng) / Hubhöhe *f* (des Ventils - als messbare Größe) ‖ **~ lift** (Eng, I C Engs) / Ventilerhebung *f*, Ventilhub *m* (als Vorgang) ‖ **~ line** (Aero) / Leine *f* zur Betätigung des Gasventils, Ventilleine *f* (des Freiballons) ‖ **~ lock** (Autos) / Kegelstück *n* (Ventilbefestigungselement), Ventilkegelstück *n*, Ventilkeil *m*

**valve-locking key** (Autos) / Kegelstück *n* (Ventilbefestigungselement), Ventilkegelstück *n*, Ventilkeil *m*

**valve material** (Materials) / Ventilwerkstoff *m* ‖ **~ noise** (Telecomm) / Röhrenrauschen *n* (bei dem das Störsignal von statistischen Schwankungen des Anodenstromes herrührt), Rauschen *n* in Elektronenröhren ‖ **~-opening diagram*** (I C Engs) / Ventilöffnungsdiagramm *n* ‖ **~ operation** (Eng) / Ventilbetätigung *f* ‖ **~ overlap** (I C Engs) / Ventilüberschneidung *f*, Ventilüberdeckung *f* ‖ **~ paper bag** / Ventilsack *m* ‖ **~ plate** (Chem Eng) / Ventilboden *m* (ein Kolonneneinbau, z.B. System Glitsch) ‖ **~ play** (I C Engs) / Ventilspiel *n* (Unterbrechung der Kraftschlüssigkeit zwischen Ventilantrieb und Ventil) ‖ **~ plug** (Eng) / Ventilkegel *m* ‖ **~ plug** (Eng) / Ventilstopfen *m* ‖ **~ port** (Eng) / Ventilkanal *m* ‖ **~ position** (Eng) / Ventilstellung *f* ‖ **~ push rod** (I C Engs) / Stößelstange *f* (der OHV-Ventilsteuerung) ‖ **~ rectifier*** (Electronics) / Röhrengleichrichter *m* ‖ **~ reseating** (I C Engs) / Einschleifen *n* der Ventilsitze ‖ **~ rocker*** (I C Engs) / Kipphebel *m* (Drehpunkt liegt in Kipphebelmitte) ‖ **~ rod** (I C Engs) / Ventilschaft *m*, Ventilspindel *f* ‖ **~ rustle** (Cinema) / Rascheln *n* des Lichthahns ‖ **~ rustle** (Electronics) / Rauschen *n* (einer Leuchtstofflampe) ‖ **~ sack** / Ventilsack *m*

**valves and accessories** (Eng) / feine Armatur (des Kessels) ‖ **~ and fittings** (Eng) / Armaturen *f pl*

**valve seat** (I C Engs) / Ventilsitz *m* (zur Auflage des Ventiltellers)

**valve-seat angle** (I C Engs) / Ventilsitzwinkel *m* ‖ **~ cutter** (Autos) / Korrekturfräser *m* (zum Abschrägen des Ventilsitzwinkels) ‖ **~ cutter** (Eng, I C Engs) / Ventilsitzfräser *m* (ein Formfräser), Kegelfräser *m*

**valve-seating abrasive** (Autos) / Ventileinschleifpaste *f*, Ventilschleifpaste *f*

**valve•-seat inserts** (I C Engs) / Ventileinsätze *m pl*, Ventilsitzringe *m pl* ‖ **~ set** (Eng) / Ventilblock *m* ‖ **~ setting** (I C Engs) / Ventileinstellung *f*, Ventilspieleinstellung *f* (zwischen Ventilschaftende und Ventilstößel) ‖ **~ shaft** (I C Engs) / Ventilschaft *m*, Ventilspindel *f* ‖ **~ socket** (Electronics) / Röhrenfassung *f* ‖ **~ spindle** (I C Engs) / Ventilschaft *m*, Ventilspindel *f*

**valve-spindle radial-piston pump** (Eng) / wegegesteuerte Radialkolbenpumpe, ventillose Radialkolbenpumpe, Radialkolbenpumpe *f* mit Steuerzapfen

**valve spool** (Eng) / Steuerschieber *m* ‖ **~ spring*** (Eng, I C Engs) / Ventilfeder *f* (die das Ventil auf seinen Sitz drückt) ‖ **~-spring cotter** (I C Engs) / Befestigungselement *n* der Federteller am Ventilschaft

**valve-spring lifter** (I C Engs, Tools) / Ventilfederheber *m* (zum Spannen der Ventilfeder beim Aus- und Einbau), Ventilfederhebezange *f* ‖ **~ retainer** (Eng) / Federteller *m* (bei Ventilen)

**valve spring wire** (Met) / Ventilfederdraht *m* ‖ **~ steel** (I C Engs, Met) / Ventilstahl *m* (für Ventile von Verbrennungsmotoren) ‖ **~ stem** (with axial lift) (I C Engs) / Ventilschaft *m*, Ventilspindel *f*

**valve-stem seal** (I C Engs) / Ventilschaftabdichtung *f* (federbelastete Elastomer-Manschette)

**valve thread** (Eng) / Ventilgewinde *n* (nach DIN 7756) ‖ **~ timing** (Autos, Eng) / Ventilsteuerung *f* (als Tätigkeit), Motorsteuerung *f*

**valve-timing index mark** (I C Engs) / Einstellmarkierung *f* (für die Steuerzeiten)

**valve tower** (Hyd Eng) / Entnahmeturm *m* (zur Wasserentnahme für Kraftwerke)

**valve-train** *n* (I C Engs) / Steuerorgan *n* für den Ladungswechsel

**valve tray** (Chem Eng) / Ventilboden *m* (ein Kolonneneinbau, z.B. System Glitsch) ‖ **~ wimble** (Mining) / Ventilbohrer *m* (für Sand und Kies) ‖ **~ with screwed bonnet** (Eng) / Kopfstückventil *n* ‖ **~ with union bonnet** (Eng) / Kopfstückventil *n* ‖ **~ yoke** (Eng) / Schieberrahmen *m*

**valving** *n* (Eng) / Ventile *n pl* (deren Gesamtheit in einer Anlage)

**vamp** *n* (Leather) / Blatt *n* (Teil des Schuhs über dem Spann), Vorderblatt *n* (des Schuhs)

**VAN** (value-added network) (Comp, Telecomm, Teleph) / Value-added-Network *n* (Fernmeldenetz, das mehr als den reinen Informationsaustausch bietet), Mehrwertdienstnetz *n*, Datennetz *n* mit einem Mehrwertdienstangebot (geschaltete Standverbindung für die Datenübertragung, Netz *n* mit erweiterten Übertragungsmöglichkeiten, Mehrwertnetz(werk) *n*

**van** *n* (Autos) / Van *m* (pl. -s) (Freizeitfahrzeug) ‖ **~ (GB)** (Autos) / Wohnwagen *m* (Reisewohnwagen), Wohnanhänger *m*, Caravan *m* (DIN 7941) ‖ **~ (Autos)** / Lieferwagen *m* (Kastenfahrzeug, Kofferfahrzeug), Transporter *m* (z.B. Volkswagen) ‖ **~ (Autos)** / Kasten- oder Kofferfahrzeug *n* ‖ **~ (Rail)** / gedeckter Güterwagen, G-Wagen *m* ‖ **~ (GB)** (an enclosed railway vehicle for conveying luggage, mail, etc.) (Rail) / Gepäckwagen *m*, Packwagen *m*

**vanadate*** *n* (Chem) / Vanadat *n*

**vanadate-molybdate reagent** (Chem) / Vanadat-Molybdat-Reagens *n*, VM-Reagens *n* (salpetersaure Lösung von Ammoniumvanadatmolybdat zum Nachweis und zur Bestimmung von Phosphat, insbesondere in Kesselspeisewasser)

**vanadic** *adj* (Chem) / Vanadium(V)-, Vanadium- (höherwertigem Vanadium entsprechend) ‖ **~ acid** (Chem) / Vanadiumsäure *f* ‖ **~ acid anhydride** (Chem) / Vanadiumpentoxid *n*, Vanadium(V)-oxid *n*, Divanadiumpentoxid *n* ‖ **~ sulphate** (Chem) / Vanadylsulfat *n*, Vanadium(IV)-oxidsulfat *n*

**vanadinite*** *n* (Min) / Vanadinbleierz *n*, Vanadinit *m* (natürlich vorkommendes Orthovanadat)

**vanadium*** *n* (Chem) / Vanadium *n*, V (Vanadium) ‖ **~ alloy** (Met) / Vanadiumlegierung *f* ‖ **~ carbide** (Chem) / Vanadiumkarbid *n*, Vanadiumcarbid *n*, VC (Vanadiumcarbid) ‖ **~ dichloride** (Chem) / Vanadium(II)-chlorid *n* ‖ **~ (V) fluoride** (Chem) / Vanadium(V)-fluorid *n*, Vanadiumpentafluorid *n* ‖ **~(V) oxide** (Chem) / Vanadiumpentoxid *n*, Vanadium(V)-oxid *n*, Divanadiumpentoxid *n*

**vanadium(IV) oxide dichloride** (Chem) / Vanadium(IV)-oxidchlorid *n*, Vanadyldichlorid *n*, Vanadiumoxiddichlorid *n*

**vanadium pentafluoride** (Chem) / Vanadium(V)-fluorid *n*, Vanadiumpentafluorid *n* ‖ **~ pentoxide** (Chem) / Vanadiumpentoxid *n*, Vanadium(V)-oxid *n*, Divanadiumpentoxid *n* ‖ **~ steel*** (Met) / Vanadiumstahl *m* (mit maximal 1% V)

**vanadium-tetroxide relay** (Electronics) / Vanadiumdioxidrelais *n*, $VO_2$-Relais *n* (ein Hybridrelais)

**vanadizing** *n* / Vanadieren *n* (thermochemisches Verfahren / 1000 °C in FeV-Pulver/ für C-haltige Stähle)

**vanadous*** *adj* (Chem) / Vanadium(III)-, Vanadium- (niederwertigem Vanadium entsprechend) ‖ **~ chloride** (Chem) / Vanadium(II)-chlorid *n*

**vanadyl*** *n* (Chem) / Vanadyl *n* (Vanadiumoxidkation) ‖ **~ sulphate** (Chem) / Vanadylsulfat *n*, Vanadium(IV)-oxidsulfat *n*

**Van Allen belts** (Astron) / Van-Allen-Gürtel *m pl* (nach J.A. Van Allen, 1914- ), Strahlungsgürtel *m pl* der Erde (innerhalb der Magnetosphäre) ‖ **~ Allen radiation belts*** (Astron) / Van-Allen-Gürtel *m pl* (nach J.A. Van Allen, 1914- ), Strahlungsgürtel *m pl* der Erde (innerhalb der Magnetosphäre) ‖ **~ Arkel-de Boer process** (Electronics) / Aufwachsverfahren *n*, Van-Arkel-de-Boer-Verfahren *n* (zur Gewinnung von hochreinen Metallen und Halbmetallen), Glühdrahtmethode *f* ‖ **~ Atta array** (Radio) / Van-Atta-Antenne *f*, retrodirektive Antenne ‖ **~ carrier** (Ships) / Van-Carrier *m* (Gerät, das Container innerhalb des Hafens befördert) ‖ **~ carrier** (Ships) s. also straddle carrier

**vancometer** *n* (Paper) / ein Gerät zur Prüfung der Saugfähigkeit (der Farbaufnahmefähigkeit) des Papiers

**vancomycin** *n* (Pharm) / Vancomycin *n* (Glykopeptid-Antibiotikum aus Amycolatopsis /Streptomyces/ orientalis), Vankomyzin *n*, Vancococin *n*
**vandal-safe** *adj* / geschützt gegen mutwillige Zerstörung
**van Deemter equation** (Chem) / van-Deemter-Gleichung (für jedes chromatografische Trennsystem gibt es nur eine Strömungsgeschwindigkeit, bei der die Trennstufenhöhe ein Minimum aufweist und somit die Trennstufenzahl ihren Maximalwert erreicht) || **~ de Graaff generator**\* (Elec Eng) / Van-de-Graaff-Generator *m* (nach R.J. Van de Graaff, 1901-1967), Bandgenerator *m*
**Vandermonde determinant** (Maths) / Vandermonde-Determinante *f*, Vandermonde'sche Determinante (nach A.T. Vandermonde, 1735-1796)
**van der Pol oscillator**\* (Elec Eng) / van-der-Pol-Oszillator *m* (nichtlineare Schwingungen) || **~ der Waals' adsorption** (Phys) / physikalische Adsorption, Physisorption *f* (bei der nur Van-der-Waals'sche Bindungskräfte wirken) || **~ der Waals' equation**\* (Chem) / Van-der-Waals'sche Zustandsgleichung, Van-der-Waals-Gleichung *f* (eine Zustandsgleichung, mit der reale Gase beschrieben werden - nach J.D. van der Waals, 1837-1923) || **~ der Waals' equation of state** (Chem) / Van-der-Waals'sche Zustandsgleichung, Van-der-Waals-Gleichung *f* (eine Zustandsgleichung, mit der reale Gase beschrieben werden - nach J.D. van der Waals, 1837-1923) || **~ der Waals' forces**\* (Nuc) / Van-der-Waals'sche Kräfte (zwischenmolekulare Anziehungskräfte) || **~ der Waals' forces**\* (Nuc) s. also induction forces, London forces and orientation forces
**V and V** (verification and validation) (Comp) / Überprüfung *f* und Validierung
**Vandyke brown** (a deep brown richer in colour than burnt umber) (Paint) / Van-Dyck-Braun *n* (eine stark dunkelbraune, besonders fein geschlämmte Sorte von Kasseler Braun), Van-Dijk-Braun *n* || ≈ **red** / Van-Dyck-Rot *n* (Kupferhexazyanoferrat(II)), Florentiner Braun
**vane** *n* (Elec Eng) / Fahne *f* (des Magnetrons, des Fahnenrelais) || **~**\* (Eng) / Schaufel *f* (in Strömungsmaschinen) || **~**\* (Eng) / Schieber *m* (der Zellenpumpe) || **~**\* (Instr, Surv) / Ablesescheiber *m* der Nivellierlatte || **~ anemometer** (Meteor) / Flügelradanemometer *n* (DIN 1946, T 1)
**vane-anode magnetron** (Electronics) / Magnetron *n* mit Kreissektorresonatoren
**vane flowmeter** / Schraubenradgaszähler *m*
**vaneless** *adj* (Eng) / unbeschaufelt *adj*
**vane pump** (single-acting, multi-acting) (Eng) / Treibschieberpumpe *f* (einhubig, mehrhubig), Flügelzellenpumpe *f* (eine Hydropumpe), Zellenpumpe *f*, Drehschieberpumpe *f* || **~ stirrer** (Chem Eng) / Blattrührer *m* || **~ switch** (Electronics) / Hall-Schranke *f* (Schalter, der auf dem Hall-Effekt beruht), Magnetschranke *f*
**vane-type gas meter** / Schraubenradgaszähler *m* || **~ relay** (Elec Eng) / Fahnenrelais *n* || **~ resonator** (Electronics) / Kreissektorresonator *m* (eines Magnetrons) || **~ supercharger** (Autos) / Vielzellenlader *m*, Vielzellengebläse *n*
**van for special goods** (Rail) / Spezialgüterwagen *m* || ≈ **Gieson stain** (Micros) / Gieson-Farbstoff *m*, Gieson-Färbemittel *n* (Hämatoxylin-Pikrinsäure-Säurefuchsin) || **~ Hove singularity** (Crystal) / van-Hove-Singularität *f* (die in der Frequenzverteilungsfunktion der Normalschwingungen eines Gitters auftritt)
**vanillic acid** (Chem) / Vanillinsäure *f* (4-Hydroxy-3-methoxybenzoesäure) || **~ aldehyde** (Chem) / Vanillin *n* (4-Hydroxy-3-methoxy-benzaldehyd), Vanillaldehyd *m*
**vanillin**\* *n* (Chem) / Vanillin *n* (4-Hydroxy-3-methoxy-benzaldehyd), Vanillaldehyd *m*
**vanish** *v* (Maths) / verschwinden *v*, Null werden
**vanishing line** (Maths) / Fluchtgerade *f*, Fluchtlinie *f* || **~ point** (Maths) / Verschwindungspunkt *m* (ein Punkt der Verschwindungsgeraden) || **~ point** (Maths) / Fluchtpunkt *m* (bei der Perspektive)
**vanity mirror** (a small mirror used for applying make-up, especially one fitted in a motor vehicle) (Autos) / Kosmetikspiegel *m*, Make-up-Spiegel *m*, Schminkspiegel *m* || **~ mirror** (Autos) s. also sun visor vanity mirror || **~ number** (Teleph) / Vanity-Nummer *f* (meistens gebührenfreie Nummer, die nicht mehr aus Ziffern, sondern aus Buchstaben besteht und daher einfach zu merken ist, da die Buchstaben ein sinnhaftes und mit dem Nummerninhaber oder der von ihm angebotenen Dienstleistung zusammenhängendes Wort ergeben, so dass die Nummer personifiziert wird) || **~ plate** (a vehicle licence plate bearing a distinctive or personalized combination of letters, numbers, or both) (Autos) / Wunschkennzeichen *n* || **~ publishing** (Print) / Selbstverlag *m*
**vanner**\* *n* (Min Proc) / Vanner *m* (ein Aufbereitungsherd - z.B. Frue Vanner)

**vanning machine** (Min Proc) / Vanner *m* (ein Aufbereitungsherd - z.B. Frue Vanner)
**vanoxite** *n* (Min) / Vanoxit *m*, Kentsmithit *m*
**V-antenna** *n* (Radio) / V-Antenne *f* (eine Langdrahtantenne)
**van't Hoff factor**\* (Chem) / Van't-Hoff'scher Faktor || **~ Hoff's law**\* (Chem) / Van't-Hoff'sches Gesetz, Gesetz *n* von van't Hoff, RGT-Regel *f* || **~ Hoff's reaction isochore**\* (Chem) / Reaktionsisochore *f* (Van't Hoff'sche), Van't-Hoff-Isochore *f* || **~ Hoff's reaction isotherm**\* (Chem) / Van't-Hoff'sche Reaktionsisotherme (Massenwirkungsgesetz nach J.H. van't Hoff, 1852-1911), Reaktionsisotherme *f*
**Van Vleck paramagnetism** (Mag) / Van-Vleck'scher Paramagnetismus (nach J.H. Van Vleck, 1899-1980)
**vapid** *adj* (Nut) / geschmacklos *adj*, ohne Geschmack, fad *adj*, schal *adj*, abgestanden *adj*
**vapometallurgy** *n* (Met) / Metallurgie *f* der Verflüchtigungsprozesse
**vapor-bulb thermometer** (US) (Phys) / Dampfdruckthermometer *n*, Dampfspannungsthermometer *n*
**vaporimeter** *n* (Chem) / Vaporimeter *n*
**vaporise** *v* (Chem Eng) / eindampfen *v*, abdampfen *v* || **~** (GB) (Textiles) / dämpfen *v*
**vaporization** *n* (Chem Eng, Phys) / Verdampfung *f* (die über der Flüssigkeit vorhandene Dampfspannung ist gleich dem Systemdruck), Verdampfen *n* || **~** (Chem Eng) / Eindampfen *n* (von Stoffgemischen, das der Konzentrierung zur Gewinnung des Feststoffes oder eines Konzentrats mit höherem Feststoffanteil dient, wobei der aus der Lösung entweichende Dampf als Brüden bezeichnet wird), Abdampfen *n* (einer Flüssigkeit) || **~** (Textiles) / Dämpfung *f* (von Geweben)
**vaporize** *v* (Chem Eng) / eindampfen *v*, abdampfen *v* || **~** (Textiles) / dämpfen *v*
**vaporizing** *n* (Textiles) / Dämpfung *f* (von Geweben) || **~ oil burner** / Verdampfungsölbrenner *m*
**vaporous** *adj* / dampfförmig *adj*
**vaporproof** *adj* (US) / dampfdicht *adj*
**vapor-room analysis** (US) (Chem) / Headspace-Analyse *f* (z.B. einer Dampfphase über Konservenfüllungen)
**vaporware** *n* (US) (Comp) / Vaporware *f*, Vapourware *f*
**vapour**\* *n* (Phys) / Dampf *m* (gasförmige Phase) || **~ barrier**\* (Build) / Dampfsperre *f* (eine Stoffschicht, die jegliche Wasserbildung verhindert), Dampfbremse *f* (die die Wasserbildung auf ein zulässiges Mindestmaß herabsetzt) || **~ blasting** (Build, Paint) / Feuchtstrahlen *n* (ein Strahlsystem, welches als umweltfreundliche Sonderanwendung des Druckluftstrahlens durch Eindüsen geringer Wassermengen in Form feiner Tropfen oder von Wasserdampf in den Druckluft-Strahlmittelstrom eine wesentlich bessere Staubbindung als das Nassdruckluftstrahlen erreicht) || **~ blasting** (Eng) / Flüssigkeitshonen *n*, Druckstrahlläppen *n*, Druckfließläppen *n* || **~ blasting** (Paint, Surf) / Dampfstrahlen *n* (Vorbehandlungsverfahren für Beschichtungsarbeiten auf mineralischen Untergründen) || **~ chamber** (Chem Eng) / Brüdenraum *m* (der das aus dem Verdampferheizkörper strömende Flüssigkeit/Brüden-Gemisch aufnimmt) || **~ check** (Build) / Dampfsperre *f* (eine Stoffschicht, die jegliche Wasserbildung verhindert), Dampfbremse *f* (die die Wasserbildung auf ein zulässiges Mindestmaß herabsetzt) || **~ cloud** / Dampfwolke *f* || **~ compression** (Chem Eng) / Brüdenkompression *f*, Brüdenverdichtung *f* || **~ compression cycle**\* (a refrigeration cycle) (Eng, Phys) / Kreisprozess *m* bei Kältemaschinen, umgekehrter Carnot'scher Kreisprozess
**vapour-compression refrigeration process** / Kaltdampfverdichtungsverfahren *n* (ein kältetechnisches Verfahren)
**vapour condensation plating** (Surf) / Aufdampfen *n* (von Metallüberzügen), Bedampfen *n*, Aufdampfmetallisieren *n* || **~ condenser** (Eng) / Brüdenkondensator *m* || **~ cycle** (Phys) / Dampfprozess *m* || **~ degreasing** / Dampfentfettung *f*, Dampfentfetten *n*, Dampfphasenentfetten *n* || **~ density** (Phys) / Dampfdichte *f*
**vapour-deposited coating** (Surf) / Aufdampfschicht *f*, aufgedampfte Metallschicht, Kondensationsmetallschutzschicht *f*
**vapour deposition** / Abscheidung *f* aus der Gasphase (z.B. Aufdampfen) || **~ deposition** (Surf) / Aufdampfen *n* (von Metallüberzügen), Bedampfen *n*, Aufdampfmetallisieren *n* || **~ deposition** (Vac Tech) s. also vacuum coating || **~ development** (Phys) / Dampfentwicklung *f* || **~ diffusion pump** / Dampfstrahl-Luftpumpe *f* (mit einem Treibdampfstrahl)
**vapour-dominated system** (Geophys) / Trockendampfsystem *n* (in der Geothermie)
**vapour engine** (Eng) / Dampfmaschine *f* (meistens mit anderem als Wasserdampf) || **~ escape** / Brüdenabzug *m*, Wrasenabzug *m* || **~ from coal** / Kohlendunst *m* || **~ glaze** (composed of lead, sodium,

and boric oxides which volatilize from a melt during firing, but will condense and reliquify on ceramic surfaces on cooling) (Ceramics) / Anflugglasur f ‖ ~ **heating** (Build) / Niederdruck-Dampfheizung f ‖ ~ **honing** (Eng) / Flüssigkeitshonen n, Druckstrahlläppen n, Druckfließläppen n

**vapour-jet pump** (Vac Tech) / Dampfstrahlvakuumpumpe f (eine Treibmittelvakuumpumpe nach DIN 28400, T 2)

**vapour lock*** (Autos) / Störung f des Flüssigkeitszuflusses bzw. der Förderung des Kraftstoffs durch Dampfblasenbildung (Dampfsperre), Dampfsack m, Dampfblasenbildung f (in Kraftstoffleitungen der Ottomotoren durch Wärmeeinfluss), Dampfsperre f (in der Kraftstoffleitung) ‖ ~ **permeability*** (Build, Paper) / Dampfdurchlässigkeit f ‖ ~ **phase** (Chem Eng) / Gasphase f (z.B. bei Kohlehydrierung) ‖ ~ **phase** (Phys) / dampfförmige Phase, Dampfphase f

**vapour-phase coating** (Surf) / Aufdampfen n (von Metallüberzügen), Bedampfen n, Aufdampfmetallisieren n ‖ ~ **corrosion** (Surf) / Dampfphasenkorrosion f, Dampfkorrosion f ‖ ~ **epitaxy** (Electronics) / Epitaxie f aus der Dampfphase, Gasphasenepitaxie f ‖ ~ **inhibitor*** (Chem) / VPI-Stoff m, Dampfphaseninhibitor m (z.B. zum Schutz verpackter Werkstoffe), Gasphaseninhibitor m (über die Dampf-/Gas-/Phase wirksamer Korrosionsschutzstoff) ‖ ~ **isomerization** (Chem) / Dampfphasenisomerisierung f ‖ ~ **metal coating** / Metallaufdampfen n, Metallbedampfen n

**vapour plating** / Gasplattieren n, Reaktionsbeschichten n aus der Gasphase ‖ ~ **plating** s. also chemical vapour deposition ‖ ~ **plume** (Eng) / Dampffahne f, Dampfschwaden m (z.B. oberhalb der Kühltürme), Schwaden m (eines Kühlturms), Nebelfahne f (eines Kühlturms) ‖ ~ **pressure*** (Phys) / Dampfdruck m, Dampfspannung f

**vapour-pressure curve** (Eng) / Dampfdruckkurve f (in dem Dampfdruckdiagramm) ‖ ~ **diagram** (Eng) / Dampfdruckdiagramm n ‖ ~ **thermometer** (Phys) / Dampfdruckthermometer n, Dampfspannungsthermometer n

**vapour-proof** adj / dampfdicht adj

**vapour pump** (BS 2951, Part 1) (Vac Tech) / Dampfstrahlvakuumpumpe f (eine Treibmittelvakuumpumpe nach DIN 28400, T 2)

**vapour-quenched alloy** (Met) / dampfabgeschreckte Legierung

**vapour refrigerant** / dampfförmiges Kältemittel, Kältemitteldampf m ‖ ~ **retarder** (Build) / Dampfsperre f (eine Stoffschicht, die jegliche Wasserbildung verhindert), Dampfbremse f (die die Wasserbildung auf ein zulässiges Mindestmaß herabsetzt) ‖ ~ **room** (Chem) / Dampfraum m (z.B. ein leerer Tank eines Kraftfahrzeugs, in dem sich nur noch Dämpfe befinden)

**vapours** pl (water) / Wrasen m, Brüden m

**vapour shock** (Eng) / Dampfschlag m, Wasserschlag m (ein Dampfschlag) ‖ ~ **slot** (Eng) / Dampfschlitz m (des Kondensators) ‖ ~ **tension** (Phys) / Dampfdruck m, Dampfspannung f ‖ ~ **trails** (Aero) / Kondensstreifen m pl (weiße, schmale Wolkenstreifen hinter den Triebwerken hochfliegender Flugzeuge)

**vapourware** (software or hardware that has been advertised but is not yet available to buy, either because it is only a concept or because it is still being written or designed) (Comp) / Vaporware f, Vapourware f

**VAr*** (volt-ampere reactive) (Elec Eng) / Var n, var (Blindwatt), Blindwatt n (gebräuchliche Einheit der Blindleistung in der elektrischen Energietechnik nach DIN 1301 - 1)

**VAR** (vacuum arc remelting) (Met) / Vakuumlichtbogenumschmelzen n ‖ ~ n (value-added reseller) (Comp) / Value-added-Reseller m (Vertriebsfirma, die Standardprodukte durch eigene Entwicklungsleistungen ergänzt)

**var** n (volt-ampere reactive) (Elec Eng) / Var n, var (Blindwatt), Blindwatt n (gebräuchliche Einheit der Blindleistung in der elektrischen Energietechnik nach DIN 1301 - 1)

**VAR** n (visual-aural range) (Nav) / VHF-Vierkursfunkfeuer n mit optisch-akustischer Anzeige, Vierkursfunkfeuer n mit Sicht- und Höranzeige

**varactor*** n (a two-terminal semiconductor device in which the electrical characteristic of primary interest is a voltage-dependent capacitance) (Electronics) / Varaktor m (Halbleiterbauelement, das in Rückwärtsrichtung vorgespannt ist) ‖ ~ **diode** (Electronics) / Varicap n, Varaktordiode f, Varaktor m als pn-Diode, Kapazitätsdiode f (eine mit einer Gleichspannung in Sperrrichtung vorgespannte Diode, deren Sperrschicht als eine vom Gleichspannungswert abhängige variable Kapazität verwendet wird), C-Diode f (Kapazitätsdiode), Kapazitätsvariationsdiode f, Sperrschichtvaraktor m

**varec** n / Kelp n (Seetangasche zur Gewinnung von Iod und Iodsalzen, Brom- und Kaliumsalzen)

**var-hour meter** (Elec Eng) / Varstundenzähler m, Blindverbrauchszähler m, Blindleistungszähler m (ein integrierendes Messinstrument, welches die elektrische Blindarbeit in Varstunden oder einem Vielfachen davon misst)

**variability** n / Veränderlichkeit f, Variabilität f ‖ ~ (Biol) / Variabilität f (diskontinuierliche, kontinuierliche, modifikatorische) ‖ ~* (Chem, Phys) / Anzahl f der Freiheitsgrade (DIN 1311, T 3) ‖ ~ (Hyd Eng) / unterschiedliche Schüttung (einer Quelle) ‖ ~ (Stats) / Variabilität f, Streuung f (zahlenmäßige Veränderung einer Größe)

**variable*** n (Comp, Maths, Phys) / Variable f, Veränderliche f ‖ ~ adj (size, number) / wandelbar adj ‖ ~ / veränderlich adj, variabel adj, veränderbar adj ‖ ~ (Eng) / gleitend adj (Verdampfungsendpunkt) ‖ ~ (Eng, Instr) / einstellbar adj, verstellbar adj ‖ ~**-aperture shutter*** (Cinema) / Verschluss m mit regelbarer Öffnung

**variable-area flowmeter** / Durchflussmesser m mit veränderlichem Spalt zwischen Rohr und Schwebekörper (z.B. Rotameter) ‖ ~ **propelling nozzle*** (Aero) / veränderliche Schubdüse, verstellbare Düse (mit verstellbarem Austrittsquerschnitt)

**variable-area recording** (Acous) / Longitudinal- bzw. Transversalverfahren n (ein Lichttonverfahren), Zackenschrift f (als Tätigkeit)

**variable-area track*** (Acous) / Zackenschrift f (als Produkt des Longitudinal- bzw. Transversalverfahrens)

**variable attenuator** (Elec Eng, Telecomm) / Dämpfungsregler m ‖ ~ **bit rate** (a stream of data in which the data arrives at a variable number of bits per second) (Comp) / variable Bitrate, VBR (variable Bitrate) ‖ ~ **capacitance** (Elec Eng) / veränderliche Kapazität

**variable-capacitance diode** (Electronics) / Varicap n, Varaktordiode f, Varaktor m als pn-Diode, Kapazitätsdiode f (eine mit einer Gleichspannung in Sperrrichtung vorgespannte Diode, deren Sperrschicht als eine vom Gleichspannungswert abhängige variable Kapazität verwendet wird), C-Diode f (Kapazitätsdiode), Kapazitätsvariationsdiode f, Sperrschichtvaraktor m ‖ ~ **strain gauge** / Kapazitätsdehnungsmesser m

**variable capacitor** (Elec Eng) / Abstimmkondensator m ‖ ~ **capacitor** (Elec Eng) / veränderbarer Kondensator, Kondensator m mit veränderlicher Kapazität, einstellbarer Kondensator (entweder ein Drehkondensator oder ein Dekadenkondensator), Kondensator m mit veränderbarer Kapazität ‖ ~ **capacitor** (Elec Eng) / Drehkondensator m (mit spannungsabhängiger, aber mechanisch veränderbarer Kapazität), Drehko m (ein Kondensator mit veränderbarer Kapazität) ‖ ~ **compression** (I C Engs, IC Eng) / variable Verdichtung (die bei einem Ottomotor wirkungsgraderhöhend ist)

**variable-compression ratio piston** (I C Engs) / VCR-Kolben m (zur Veränderung des Verdichtungsverhältnisses)

**variable costing** (Work Study) / Grenzplankostenrechnung f (weiterentwickelte Plankostenrechnung), Deckungsbeitragsrechnung f (ein Verfahren der betrieblichen Erfolgsplanung und -kontrolle, das auf der Teilkostenrechnung aufbaut) ‖ ~ **coupling** (Elec Eng) / veränderbare Kopplung

**variable-cycle engine*** (Aero) / Turbinenluftstrahltriebwerk n mit veränderbarem Arbeitszyklus

**variable data-length** (format) (Comp) / V-Format n ‖ ~ **declaration** (Comp) / Variablenvereinbarung f (Festlegung einer Variablen auf einen bestimmten Zahlentyp, z.B. ganze oder gebrochene Zahlen), Variablendeklaration f

**variable-density filter** (Optics) / Verlauffilter n

**variable-density recording** (Acous) / Intensitätsverfahren n (ein Lichttonverfahren, bei dem die Helligkeit des Lichtbündels gesteuert wird)

**variable-density sound recording** (Acous) / Intensitätsverfahren n (ein Lichttonverfahren, bei dem die Helligkeit des Lichtbündels gesteuert wird) ‖ ~ **sound track*** (Acous) / Sprossenschrift f (Produkt des Intensitäts- oder Longitudinalverfahrens) ‖ ~ **wind tunnel*** (Aero) / Überdruckwindkanal m, Überdruckkanal m

**variable-deviation prism** (Optics) / veränderlicher Keil

**variable-direction sign** (Autos) / Wechselwegweiser m (Wechselverkehrszeichen zum Anzeigen alternativer Fahrtrouten), WWW (Wechselwegweiser)

**variable field** (Phys) / veränderliches Feld ‖ ~**-focus lens** (Cinema, Photog) / Variooobjektiv n, pankratisches Objektiv, Gummilinse f, Zoomobjektiv n, Zoom n (Zoomobjektiv) ‖ ~ **format** (Comp) / variables Format ‖ ~ **frequency** (Telecomm) / einstellbare Frequenz ‖ ~ **frequency** (Telecomm) / veränderliche (durchstimmbare) Frequenz

**variable-frequency mixer** (Electronics, Radio) / Synthesizer m (phasengeregelter Oszillator mit Quarzreferenz), synthetisierter Oszillator ‖ ~ **modem** / Modem m n mit veränderbarer Frequenz ‖ ~ **oscillator** (Electronics, Radio) / Synthesizer m (phasengeregelter Oszillator mit Quarzreferenz), synthetisierter Oszillator ‖ ~ **oscillator** (Electronics) / frequenzvariabler Oszillator (zur Empfänger- und Senderverstimmung), durchstimmbarer Oszillator

**variable-fulcrum lever** (Eng) / Kulissenhebel m, Regelhebel m (mit veränderlichem Übersetzungsverhältnis)

**variable-function generator** (Comp) / Geber m für variable Funktionen, Generator m von variablen Funktionen

1731

**variable-gamma**

**variable-gamma film** (Photog, Print) / gammavariabler Film
**variable geometry*** (Aero) / veränderbare Tragflügelgeometrie, veränderliche Tragflügelgeometrie, veränderliche Pfeilung
**variable-geometry aircraft** (Aero) / VG-Flugzeug $n$ (mit veränderlicher Tragflügelgeometrie)
**variable-grade channel** (Hyd Eng) / Kanal $m$ mit veränderlichem Gefälle
**variable inductor*** (Elec Eng) / regelbarer Induktor, Regeldrossel $f$
**variable-inlet guide vanes*** (Aero) / Eintrittsleitschaufeln $f\,pl$ (des Axialverdichters)
**variable-length code** (a code in which a fixed number of source symbols is encoded into a variable number of output symbols) (Comp) / Kode $m$ mit variabler Wortlänge ‖ ~ **computer** (Comp) / Rechner $m$ mit variabler Wortlänge ‖ ~ **record*** (Comp) / Satz $m$ variabler Länge (DIN 66239)
**variable-loss attenuator** (Telecomm) / veränderbares Dämpfungsglied
**variable-message sign** (Autos) / Wechselverkehrszeichen $n$ (Verkehrszeichen zur Beeinflussung des Verkehrsablaufs, das bei Bedarf gezeigt, geändert oder aufgehoben wird), WVZ (Wechselverkehrszeichen)
**variable mu conductance valve** (Automation, Electronics) / Regelröhre $f$ ‖ ~ **mutual conductance valve** (Automation, Electronics) / Regelröhre $f$ ‖ ~ **mu valve** (Automation, Electronics) / Regelröhre $f$ ‖ ~ **name** (Comp, Maths) / Variablenname $m$ ‖ ~ **of integration** (Maths) / Integrationsvariable $f$ ‖ ~ **of state** (Phys) / Zustandsvariable $f$ (in der Thermodynamik) ‖ ~ **orifice nozzle** (I C Engs) / Variodüse $f$ (bei Einspritzventilen)
**variable-pitch propeller** (Ships) / Verstellpropeller $m$, Verstellschraube $f$ (bei der man die Ausstellwinkel der Flügel verstellen kann) ‖ ~ **propeller*** (Aero) / Verstellluftschraube $f$, Verstellpropeller $m$
**variable-platen-action lever** / Walzenlöser $m$ (der Schreibmaschine)
**variable-point representation** (Comp) / halblogarithmische Darstellung (der Zahlen bei der Gleitkommarechnung), Gleitkommaschreibweise $f$, Gleitkommadarstellung $f$, Gleitpunktschreibweise $f$ (DIN 44300), Gleitpunktdarstellung $f$
**variable-power prism** (Optics) / veränderlicher Keil ‖ ~ **split** (Autos) / schlupfabhängige Antriebskraftverteilung
**variable-ratio transformer** (Elec Eng) / Regeltransformator $m$, Regeltrafo $m$
**variable record length** (Comp) / variable (Daten)Satzlänge ‖ ~ **region** (Biochem) / variable Region (bei den Immunglobulinen)
**variable-reluctance microphone** (Acous) / magnetisches Mikrofon ‖ ~ **stepper motor** (Elec Eng) / Reluktanzschrittmotor $m$ ‖ ~ **transducer** (Automation) / Differentialdrossel $f$ mit Queranker
**variable resistance*** (Elec Eng) / veränderlicher Präzisionswiderstand (Gerät), Stellwiderstand $m$, Rheostat $m$, veränderbarer Widerstand (als Erscheinung) ‖ ~ **resistor** (Elec Eng) / Drehwiderstand $m$ ‖ ~ **resistor** (Elec Eng) / veränderbarer Widerstand (als Bauteil) ‖ ~ **resistor** (Electronics) / Variator $m$ (ein Halbleiter)
**variables** $pl$ (Astron) / Veränderliche $m\,pl$, veränderliche Sterne ‖ ~ **inspection** (Comp, Stats, Telecomm) / Variablenprüfung $f$, messende Prüfung (in der statistischen Qualitätskontrolle), Kontrolle $f$ anhand eines quantitativen Merkmals
**variable-size printing press** (Print) / formatvariable Druckmaschine
**variable•-size rotary press** (Print) / Rotationsmaschine $f$ für veränderliches Format ‖ **-spacing typewriter** / Schreibmaschine $f$ mit unterschiedlicher Typenbreite
**variable-speed cut saw** (For, Tools) / Säge $f$ mit regulierbarer Drehzahl ‖ ~ **gear** (Automation, Eng) / Drehzahlwandler $m$
**variable•-speed motor*** (Automation, Elec Eng) / drehzahlveränderlicher Motor, drehzahlgeregelter Motor, Regelmotor $m$, drehzahlumschaltbarer Motor mit regelbarer Drehzahl ‖ ~ **spring** (Geol) / Quelle $f$ mit unterschiedlicher Schüttung ‖ ~ **stars*** (Astron) / Veränderliche $m\,pl$, veränderliche Sterne ‖ ~ **sweep*** (Aero) / veränderbare Tragflügelgeometrie, veränderliche Pfeilung ‖ ~ **threshold logic** (Comp) / VTL (Logikfamilie, deren Schwellenspannung veränderlich ist)
**variable-torque motor** (Elec Eng) / Drehmomentstellmotor $m$
**variable valve timing** (I C Engs) / variable Ventilsteuerung ‖ ~ **venturi carburettor** (I C Engs) / Gleichdruckvergaser $m$ (bei dem ein Kolbenschieber, an dem auch die konische Düsennadel zur Kraftstoffzumessung befestigt ist, den Durchströmquerschnitt so verändert, dass Unterdruck und Strömungsgeschwindigkeit in der Mischkammer annähernd konstant sind) ‖ ~ **-voltage control*** (Elec Eng) / Drehzahlregelung $f$ durch Spannungsregelung ‖ ~ **-voltage generator*** (Elec Eng) / Steuerdynamo $m$
**variable-voltage transformer** (Elec Eng) / Stelltrafo $m$, Stelltransformator $m$ (ein Sondertransformator, dessen Übersetzungsverhältnis durch quer zur Windungsrichtung bewegte Stromabnehmer auf Wicklungen mit Kontaktbahnen geändert werden kann)

**variable word length** (Comp) / variable Wortlänge
**variable-word-length computer** (Comp) / Rechner $m$ mit variabler Wortlänge
**Variac*** $n$ (Telecomm) / Variac $m$ (ein Spartransformator)
**variance*** $n$ (Stats) / Varianz $f$ (mittlere quadratische Abweichung einer Zufallsvariablen von ihrem Erwartungswert), Streuung $f$, mittlere quadratische Abweichung, Dispersion $f$ (alte Bezeichnung für Varianz) ‖ ~ **ratio test** (Stats) / F-Test $m$ (ein Signifikanztest nach R.A. Fisher, 1890-1962))
**variant** $n$ / Variante $f$ ‖ ~ **bill of materials** (Work Study) / Variantenstückliste $f$ (eine Zusammenfassung von mehreren Stücklisten auf einem Vordruck, um verschiedene Gegenstände mit einem in der Regel hohen Anteil identischer Bestandteile gemeinsam aufführen zu können) ‖ ~ **comparison** / Variantenvergleich $m$ ‖ ~ **design** (Eng) / Variantenkonstruktion $f$ (innerhalb der Grenzen vorausgedachter Systeme) ‖ ~ **field** (Comp) / varianter Satzteil ‖ ~ **part** (of a record) (Comp) / varianter Satzteil
**variants catalogue** (Comp) / Variantenkatalog $m$
**variate** $n$ (Automation, Eng) / Ist-Maß $n$ ‖ ~* (Maths) / Zufallsgröße $f$, Zufallsvariable $f$, zufällige Variable, Zufallsveränderliche $f$, zufällige Veränderliche
**variation*** $n$ (Aero, Surv) / Ortsmissweisung $f$ ‖ ~* (Astron) / Variation $f$ (Störung der Mondbewegung durch die Sonne) ‖ ~* (Biol) / Variation $f$ (Abweichung von Individuen einer Art von der ererbten Form) ‖ ~* (Biol) / Abart $f$ (Spielart), Spielart $f$ ‖ ~ (Instr) / Anzeigeänderung $f$ (durch Einflussgröße) ‖ ~ (Maths) / Variation $f$, Änderung $f$, Schwankung $f$ ‖ ~ (Phys) / Schwankung $f$ (zeitliche), Fluktuation $f$
**variational** adj (Maths) / Variations- ‖ ~ **derivative** (Maths) / Variationsableitung $f$, Lagrange'sche Ableitung ‖ ~ **design** (Comp) / Variantenprinzip $n$ (für die Erzeugung grafischer Darstellungen in CAD-Systemen) ‖ ~ **principle** (Maths) / Variationsprinzip $n$
**variation coefficient** (Stats) / Variationskoeffizient $m$ (eine zum Vergleich der Variabilität von Verteilungen benutzte Maßzahl - DIN 1319, T 3), Variationszahl $f$ ‖ ~ **diagram** (a binary or ternary diagram that shows the relations among various chemical parameters of the igneous rocks in the suite) (Geol) / Variationsdiagramm $n$ ‖ ~ **in load** (Eng) / Belastungsänderung $f$ ‖ ~ **in sign** (Maths) / Zeichenwechsel $m$ ‖ ~ **of constants** (Maths) / Variation $f$ der Konstanten (eine Methode zur Bestimmung einer speziellen Lösung einer gewöhnlichen linearen inhomogenen Differentialgleichung) ‖ ~ **of latitude*** (Astron, Geog) / Breitenschwankung $f$ (Veränderung der geografischen Breite durch Polhöhenschwankung - nach K.F. Küstner, 1856-1936) ‖ ~ **of pressure** (Eng, Phys) / Druckverlauf $m$ (zeitliche Änderung), ‖ ~ **order*** (Civ Eng, Eng) / Änderungsmitteilung $f$
**variations*** $pl$ (Build) / Zusatzarbeiten $f\,pl$ gegen Aufpreis, Sonderwünsche $m\,pl$ (genehmigte Abweichungen vom Bauplan gegen Aufpreis)
**variation tones** (Acous) / Variationstöne $m\,pl$ (bei periodischer Änderung der Amplitude eines reinen Tones entstehende sekundäre Töne) ‖ ~ **with time** / zeitliche Schwankung (der Werte)
**variator** $n$ (Eng) / Variator $m$ (stufenlos regelbares Kegelscheibengetriebe)
**Varicap*** (Electronics) / Varicap $n$, Varaktordiode $f$, Varaktor $m$ als pn-Diode, Kapazitätsdiode $f$ (eine mit einer Gleichspannung in Sperrrichtung vorgespannte Diode, deren Sperrschicht als eine vom Gleichspannungswert abhängige variable Kapazität verwendet wird), C-Diode $f$ (Kapazitätsdiode), Kapazitätsvariationsdiode $f$, Sperrschichtvaraktor $m$
**variegated** adj / scheckig adj, bunt adj ‖ ~ **colouring** (Textiles) / Flammierung $f$ ‖ ~ **copper ore*** (Min) / Bornit $m$, Buntkupferkies $m$, Buntkupfererz $n$ ‖ ~ **yarn** (Spinning) / Flammgarn $n$, Flammengarn $n$
**variegatic acid** (Chem) / Variegatsäure $f$ (3,3',4,4'-Tetrahydroxypulvinsäure)
**variegation*** $n$ (Bot) / Variation $f$, Buntblättrigkeit $f$ (Mosaikfleckung - unregelmäßige Ausfärbung von Blättern und Blüten als Folge von Krankheiten oder Erbdefekten)
**varietal** adj (Agric, Bot) / Sorten-, sortenabhängig adj, sortenbedingt adj ‖ ~ **mineral** (Min) / Varietät $f$ (der Mineralart - farbliche, chemische, strukturelle)
**variety** $n$ / Verschiedenheit $f$, Vielfältigkeit $f$, Vielfalt $f$ ‖ ~ (Agric, Bot) / Sorte $f$ ‖ ~* (Biol) / Abart $f$ (Spielart), Spielart $f$ ‖ ~* (a taxonomic category that ranks below subspecies /where present/ or species) (Biol, Bot) / Varietät $f$ (Gesamtheit der Individuen einer Tier- oder Pflanzenart, die in geringen erblichen Merkmalen von anderen derselben Art abweichen), Unterart $f$ ‖ ~ (in gemology) (Min) / Varietät $f$ (der Mineralart - farbliche, chemische, strukturelle) ‖ ~ **meat** (US) (Nut) / Innereien $f\,pl$
**varifocal lens*** (Cinema, Photog) / Varioobjektiv $n$, pankratisches Objektiv, Gummilinse $f$, Zoomobjektiv $n$, Zoom $n$ (Zoomobjektiv) ‖

**~ lens** (Glass, Optics) / Progressivglas *n*, Gleitsichtglas *n*, Glas *n* mit gleitender Wirkung
**varifocals*** *pl* (Optics) / Gleitsichtbrille *f*, Brille *f* mir Gleitsichtgläsern
**Varignon's theorem** (Maths, Mech) / Varignon-Satz *m* (nach P. Varignon, 1654-1722), Momentensatz *m*
**varimeter*** *n* (Elec Eng) / Blindleistungsmesser *m*, Varmeter *n*
**variocoloured** *adj* / mehrfarbig *adj*, bunt *adj*, verschiedenfarbig *adj*
**variocoupler*** *n* (Elec Eng) / Variokoppler *m*, veränderliche Kopplungsspule
**variograph** *n* (Elec Eng) / Variograf *m* (selbsttätig registrierendes Variometer)
**variolite** *n* (Geol) / Blatterstein *m*, Variolith *m*, Perldiabas *m*, Pockenstein *m*
**variolitic*** *adj* (Geol) / variolithisch *adj*
**variolosser** *n* (a device whose loss can be controlled by a voltage or current) (Elec Eng) / Variolosser *m* (regelbares Dämpfungsglied)
**variometer*** *n* (Aero) / Variometer *n* (Gerät zur Anzeige der Steig- und Sinkgeschwindigkeit), Höhenänderungsmesser *m* ‖ **~** (Elec Eng) / Variokoppler *m*, veränderliche Kopplungsspule ‖ **~*** (a form of variable inductor) (Elec Eng) / Induktionsvariometer *n*, Variometer *n* (eine Anordnung zur Erzielung stetig veränderlicher Selbstinduktivitätswerte), Induktionsvariator *m* ‖ **~** (Geophys) / Variometer *n* (ein Messgerät, das die zeitlichen oder räumlichen Unterschiede von physikalischen Feldern registriert)
**variscite*** *n* (Min) / Variszit *m* (nach Variszia = Vogtland benannt), Variscit *m* (Aluminiumorthophosphat)
**varistor*** *n* (Electronics) / Varistor *m* (Sammelbezeichnung für alle nichtlinearen und ohne mechanisches Verstellen beeinflussbaren Widerstände, wozu auch die Thermistoren gehören) ‖ **~*** (Electronics) / spannungsabhängiger Widerstand, Varistor *m* (spannungsabhängiger Widerstand), VDR-Widerstand *m*
**Varityper** *n* (Typog) / Varityper *m* (ein Lichtsetzgerät oder eine Schreibsetzmaschine)
**VariTyper*** *n* (Typog) / Varityper *m* (ein Lichtsetzgerät oder eine Schreibsetzmaschine)
**Varley loop test*** (Cables) / Endfehlerschleifenmessung *f* nach Varley
**varmeter*** *n* (Elec Eng) / Blindleistungsmesser *m*, Varmeter *n*
**varnish** *v* (Paint) / lackieren *v* ‖ **~** (with boiled linseed oil) (Paint) / firnissen (mit Leinölfirnis grundieren) ‖ **~*** *n* (Paint) / Lack *m* (mit chemischer Trocknung)
**varnished fabric** (Elec Eng) / Lackgewebe *n* (die aus Naturfaser- oder Chemiefasergarnen auf Zellulosebasis hergestellt sind), Lackleinen *n*, Lackband *n*, lg *n* ‖ **~ glass fabric** (Elec Eng) / Lackglasgewebe *n* ‖ **~ insulation** (Electronics, Elec Eng) / Lackisolierung *f* (z.B. Lackpapier) ‖ **~ paper** (Elec Eng, Paper) / lackiertes Papier, Lackpapier *n* (isolierendes geschmeidiges lackiertes Papier), Lp ‖ **~ sheet** (Plastics) / zugeschnittene Pressbahn
**varnished-silk braided wire** (Elec Eng) / Seidenlackdraht *m*
**varnished web** (Plastics) / Pressbahn *f*, geharzte Bahn
**varnish film** (Paint) / Lackfilm *m* ‖ **~ for furniture(s)** (Paint) / Möbellack *m* ‖ **~ industry** (Paint) / Lack- und Farbenindustrie *f*, Anstrichmittelindustrie *f*
**varnishing resin** (Plastics) / Laminierharz *n*
**varnish powder** (Paint) / Lackpulver *n* ‖ **~ resin** (Chem, Paint) / Lackharz *n* ‖ **~ stain** (For, Paint) / Lackbeize *f*
**varometer*** *n* (Elec Eng) / Blindleistungsmesser *m*, Varmeter *n*
**varve** *n* (a sedimentary lamina or a sequence of laminae deposited in a body of still water within one year's time) (Geol) / Warve *f* (eine Jahresschicht im Bänderton), Warwe *f* (innerhalb eines Jahres abgelagerte Sedimentschicht im Bänderton) ‖ **~ dating** (Geol) / Warvenzählung *f*, Warvenmethode *f* (der Geochronologie)
**varved clay*** (Geol) / Warventon *m*, Bänderton *m* (infolge regelmäßiger Wechsellagerung von hellen Feinsand- und dunklen Tonlagen im Querbruch bändrig aussehendes Sedimentgestein)
**vary** *v* (Maths) / Werte durchlaufen, variieren *v*
**varying-speed motor** (Automation, Elec Eng) / drehzahlveränderlicher Motor, drehzahlgeregelter Motor, Regelmotor *m*, drehzahlumschaltbarer Motor mit regelbarer Drehzahl
**varying value** (Maths) / Wechselwert *m*
**VAS** (value-added service) (Telecomm) / Mehrwertdienst *m* (Dienste und zusätzliche Leistungen, die über die Dienste und Leistungen des Netzes hinausgehen)
**vascular bundle** (Bot, For) / Leitbündel *n*, Gefäßstrang *m*, Gefäßbündel *n* ‖ **~ cylinder** (For) / Leitzylinder *m* (bei Holzgewächsen) ‖ **~ hypha** (For) / Gefäßhyphe *f*, Schlauchhyphe *f* ‖ **~ strand** (Bot, For) / Leitbündel *n*, Gefäßstrang *m*, Gefäßbündel *n* ‖ **~ tissue** (For) / Leitgewebe *n* (zur Leitung des Wassers mit den darin gelösten Nährstoffen) ‖ **~ tracheid** (For) / Gefäßtracheide *f*
**Vaseline*** *n* (a trade name for soft paraffin) (Chem) / Vaseline *f*, Vaselin *n* ‖ **~*** (Chem) s. also paraffin oil
**VASI** (visual approach slope indicator) (Aero) / Sichtanflug-Neigungsanzeiger *m*

**Vaska's compound** (Chem) / Vaska-Komplex *m* (der am besten untersuchte Iridium(I)-komplex)
**vasoactive intestinal polypeptide** (Physiol) / vasoaktives Intestinalpeptid, VIP (vasoaktives Intestinalpeptid)
**vasoconstrictive** *adj* (Pharm) / vasokonstriktorisch *adj*, gefäßverengend *adj*, gefäßkontrahierend *adj*
**vasoconstrictor*** *n* (Pharm) / Vasokonstriktor *m*, Vasokonstriktivum *n* (pl. -iva) (Arzneimittel, das eine Gefäßverengung bewirkt)
**vasodilating** *adj* (Pharm) / vasodilatatorisch *adj*, gefäßerweiternd *adj*
**vasodilator** *n* (Pharm) / Vasodilatans *n* (pl. -tia), Vasodilatator *m* (Arzneimittel, das eine Gefäßerweiterung bewirkt) ‖ **~** *adj* (Pharm) / vasodilatatorisch *adj*, gefäßerweiternd *adj*
**vasomotor*** *adj* (Med) / vasomotorisch *adj*
**vasopressin*** *n* (Biochem, Physiol) / Vasopressin *n*, antidiuretisches Hormon, Antidiuretin *n*, Adiuretin *n*, ADH (antidiuretisches Hormon), VP (Vasopressin - ein Neurohormon des Hypophysenhinterlappens)
**vat** *v* (Nut) / in ein Fass füllen ‖ **~** (Nut) / in einem Fass aufbewahren ‖ **~** (Nut) / im Fass behandeln ‖ **~** (Textiles) / küpen *v*, verküpen *v*, in der Küpe behandeln ‖ **~** *n* (Bottich, Trog *m*, Wanne *f*, Kufe *f* ‖ **~** (Nut) / Fass *n* ‖ **~** (Paper) / Bütte *f* ‖ **~** (Paper) / Stofftrog *m*, Siebtrog *m* ‖ **~** (Textiles) / Kufe *f* (Bottich der Waschmaschine) ‖ **~** (Textiles) / Küpe *f* ‖ **~** (Tools) / Eimer *m* (ein Gefäß), Kübel *m*, Bottich *m* ‖ **~ acid** (Chem, Textiles) / Küpensäure *f* (eine Leukoverbindung) ‖ **~ agitator** (Paper) / Büttenrührwerk *n* ‖ **~ dyeing** (Chem, Textiles) / Küperei *f*, Küpenfärberei *f* ‖ **~ dyes*** (insoluble dyes used for dyeing cotton) (Chem, Textiles) / Küpenfarbstoffe *m pl* ‖ **~ dyestuffs*** (Chem, Textiles) / Küpenfarbstoffe *m pl*
**vaterite*** *n* (Min) / Vaterit *m* ($\mu$-$CaCO_3$, strukturell verwandt mit Bastnäsit)
**vat former** (Paper) / Rundsiebformer *m*
**vatlined board** (Paper) / Karton *m* mit Rundsiebdeckschicht
**vat liquor** (Textiles) / Küpenflotte *f*, Küpe *f* (reduzierende Färbeflotte der Küpenfärberei) ‖ **~ machine*** (Paper) / Rundsiebmaschine *f* ‖ **~ paper** (US) (Paper) / handgeschöpftes Papier, Büttenpapier *n*, Bütten *n* (handgeschöpftes), Schöpfpapier *n* ‖ **~ paper** (GB) (Paper) / Imitationsbüttenpapier *n* (imitiertes Büttenpapier nach DIN 6730), Maschinenbütten *n* (mit der Rundsiebmaschine hergestellt), Büttenpapierersatz *m*, Rundsiebpapier *n* ‖ **~ printing** (Textiles) / Küpendruck *m*
**vat-printing assistant** (Textiles) / Küpendruckhilfsmittel *n*
**vault** *v* (Arch) / überwölben *v*, wölben *v*, einwölben *v* ‖ **~** *n* (Arch) / Gewölbekappe *f*, Kappe *f* ‖ **~*** (Build) / Kellergewölbe *n* ‖ **~*** (Build) / Gewölbe *n*, Wölbung *f*
**vaultage** *n* (Arch) / überwölbter Raum, gewölbter Raum
**vaulted** *adj* (Arch) / gewölbt *adj* (z.B. Kellerdecke) ‖ **~ tunenl** (Civ Eng) / Gewölbetunnel *m*
**vaulting** *n* (Build) / Überwölbung *f*, Überwölben *n*, Einwölben *n* ‖ **~ test** (Weaving) / Wölbtest *m* (zur Ermittlung der Wölbelastizität), Wölbversuch *m*
**vault light*** (Build) / [überwölbter] Lichtschacht *m* ‖ **~ transformer** (Elec Eng) / Kellerstationstransformator *m*
**vauquelinite** *n* (Min) / Vauquelinit *m*, Laxmanit *m* (Doppelsalz von Pb- und Cu-Chromat und Phosphat, monoklin)
**Vauquelin salt** (Chem) / Vauquelin'sches Salz (ein Derivat der Tetrachloropalladium(II)-säure - nach N.L. Vauquelin, 1763 - 1829)
**vauxite** *n* (Min) / Vauxit *m*
**VAWT** (vertical-axis wind turbine) (Elec Eng, Eng) / Vertikalachsenwindturbine *f*, Vertikalachser *m* (eine Windturbine), Windkraftanlage *f* mit vertikaler Achse (Windturbine)
**VB** (valence band) (Electronics, Phys) / Valenzband *n* (in dem Energiebändermodell)
**V-band** *n* (Radar) / V-Band *n* (4,6 - 5,6 · $10^{10}$ Hz)
**V-band** *n* (Radio, Telecomm) / V-Band *n*
**V.-B. consistometer** (Civ Eng) / V.-B.-Konsistenzmessgerät *n* (für den Setzzeitversuch), Vebe-Konsistenzmesser *m* ‖ **~ consistometer test** (Civ Eng) / Setzzeitversuch *m* (bei Beton)
**V-beam** *n* (Radar) / V-Keule *f*, V-Strahl *m*
**V-beam radar** (Radar) / V-Keulenradar *m n*
**V bearing** (Eng) / V-Lager *n*
**V-belt** *n* (Eng) / Keilriemen *m* (DIN 2215)
**V-belt drive** (Eng) / Keilriemenantrieb *m*, Keilriementrieb *m* ‖ **~ pulley** (Eng) / Keilriemenscheibe *f* ‖ **~ sheave** (Eng) / Keilriemenscheibe *f*
**V-bending** *n* (Eng) / Biegen *n* im V-Gesenk
**VBI** (vertical blanking interval) (TV) / Vertikalaustastlücke *f*, vertikale Austastlücke
**V-block** *n* (Eng) / Anreißprisma *n* (mit Klemmbügel), Prismenstück *n*, Prisma *n* mit Klemmbügel (zum Anreißen)
**V board** (Paper) / V-Karton *n*, Schachtelkarton *m* besonders hoher Qualität (mit hoher Witterungsbeständigkeit)
**VBR** (variable bit rate) (Comp) / variable Bitrate, VBR (variable Bitrate)

**VB theory** (Chem) / Valenzbindungstheorie *f*, VB-Theorie *f*, VB-Methode *f*, Heitler-London-Slater-Pauling-Theorie *f*, HLSP-Theorie *f*, Valenzstrukturtheorie *f*, Valence-Bond-Methode *f*
**V-butt joint** (Welding) / V-Naht *f* (eine Stumpfnaht nach DIN 1912, T 5)
**VC** (vinyl chloride) (Chem) / Vinylchlorid *n*, VC (Vinylchlorid), Chlorethen *n*, Chlorethylen *n* ‖ ≃ (virtual channel) (Comp) / virtueller Kanal (der eingerichtet, aber physikalisch nicht vorhanden ist), VC (virtueller Kanal) ‖ ≃ (virtual circuit) (Comp) / virtuelle Verbindung (Paketvermittlungsverbindung gemäß CCITT-Empfehlung X.25) ‖ ≃ (viscosity coefficient) (Phys) / Viskositätskoeffizient *m* (stoffspezifische Konstante in rheologischen Stoffgesetzen), Koeffizient *m* der inneren Reibung ‖ ≃ (virtual container) (Telecomm) / virtueller Container (in der SDH)
**V-centre** *n* (Crystal, Electronics) / V-Zentrum *n* (Farbzentrum mit eingefangenen Defektelektronen)
**VCF** (voltage-controlled filter) (Acous) / spannungsgesteuertes Filter
**VCI** (volatile corrosion inhibitor) (Chem) / VPI-Stoff *m*, Dampfphaseninhibitor *m* (z.B. zum Schutz verpackter Werkstoffe), Gasphaseninhibitor *m* (über die Dampf-/Gas-/Phase wirksamer Korrosionsschutzstoff)
**VCO** (voltage-controlled oscilaltor) (Electronics) / spannungsgesteuerter Oszillator
**VCOMM driver** (Comp) / VCOMM-Treiber *m*
**V-connection*** *n* (Elec Eng) / V-Schaltung *f*, offene Dreieckschaltung, Dreieckschaltung *f* (offene)
**vcp** (vacuum condensing point) (Vac Tech) / Sublimationspunkt *m* im Vakuum
**VCR** (video-cassette recorder) (TV) / Videokassettenrecorder *m*, VCR (Videokassettenrecorder), Videokassettenrekorder *m*, Fernsehkassettenrecorder *m*, Fernsehkassettenrekorder *m*
**V-curve*** *n* (Elec Eng) / V-Kurve *f*
**V-cut** *n* / Keileinschnitt *m* ‖ ≃ / V-Kerb *m*, V-Einschnitt *m* ‖ ≃ (Glass) / V-Oberflächenschliff *m* ‖ ≃ (Mining) / Keileinbruch *m* (bei Sprengarbeiten)
**VDI** (virtual-device interface) (Comp) / virtuelles Geräte-Interface
**VDM** (vector dominance model) (Nuc) / Vektordominanzmodell *n*
**VDP** (videodisk player) (Comp) / Bildplattenspieler *m*, Bildplatten-Wiedergabegerät *n*, Videoplatten-Abspielgerät *n*
**VDR** (Comp) / Bildplattengerät *n*, Videoplattengerät *n* ‖ ≃ (Electronics) / spannungsabhängiger Widerstand, Varistor *m* (spannungsabhängiger Widerstand), VDR-Widerstand *m*
**VDS** (variable-direction sign) (Autos) / Wechselwegweiser *m* (Wechselverkehrszeichen zum Anzeigen alternativer Fahrtrouten), WWW (Wechselwegweiser)
**VDT** (visual display terminal) (Comp) / Sichtanzeigegerät *n*, Sichtgerät *n*, optische Anzeigeeinheit, Bildschirmgerät *n*, Bildschirmterminal *n*, Bildsichtgerät *n*, Display *n* (pl. -s), Datensichtgerät *n*, Bildschirmeinheit *f* ‖ ≃ **programming** (Comp) / Bildschirmprogrammierung *f* (über Bildschirmterminals)
**VDU*** (video display unit) (Comp) / Sichtanzeigegerät *n*, Sichtgerät *n*, optische Anzeigeeinheit, Bildschirmgerät *n*, Bildschirmterminal *n*, Bildsichtgerät *n*, Display *n* (pl. -s), Datensichtgerät *n*, Bildschirmeinheit *f* ‖ ≃ **failure** (Comp) / Ausfall *m* des Bildschirmgeräts
**V-dump car** (US) (Civ Eng) / Muldenkippwagen *m*, Muldenkipper *m* (Autoschütter)
**veal** *n* (a large calfskin, almost as large as a kip) (Leather) / Kalbsfell *n* ‖ ~ (Leather) / Mastkalbfell *n* (von mit Milch aufgezogenen Tieren, über 7 kg Grüngewicht), Pittling *m* ‖ ~ **skin** (Leather) / Mastkalbfell *n* (von mit Milch aufgezogenen Tieren, über 7 kg Grüngewicht), Pittling *m* ‖ ~ **skin** (Leather) s. also calfskin
**vebe apparatus** (Civ Eng) / V.-B.-Konsistenzmessgerät *n* (für den Setzzeitversuch), Vebe-Konsistenzmesser *m*
**vectation** *n* (Med) / Vektation *f* (künstliche Bewegung, die zur Kinetose führen kann)
**vection** *n* (Med) / Krankheitserregerübertragung *f*, Keimverschleppung *f*
**vectograph** *n* (Optics) / Vektorgraf *m*
**vectographic touch-screen CRT display terminal** (Comp) / vektorgrafisches Touchscreen-Bildschirmterminal
**vecton** *n* (Nuc) / Vekton *n*, vektorielles Teilchen
**vector*** *n* (Biol, Med) / Vektor *m* (pl. -en) (Überträger von Krankheitserregern) ‖ ~ (an ordered sequence of scalar numbers) (Comp) / Vektor *m* (eindimensionales Feld geordneter gleichartiger Größen) ‖ ~ (vector address) (Comp) / Einsprungadresse *f* ‖ ≃ (Elec Eng) / Komplexor *m* (Quotient zweier Zeiger sinusförmiger Größen gleicher Frequenz) ‖ ~* (an ordered pair consisting of a positive real number, the magnitude or length, and a direction in space) (Elec Eng, Maths, Phys) / Vektor *m* (Tensor erster Stufe - mathematisch-physikalisch richtungsabhängige Größe nach DIN 1303) ‖ ~ (Gen) / Kloniervektor *m*, Klonierungsvektor *m* (Plasmid oder Phage), Cloniervektor *m*, Clonierungsvektor *m* ‖ ~ (Gen) / Vektor *m* (replizierbares DNS-Molekül, das zur In-vivo-Klonierung von Nukleinsäuren dient) ‖ ~ (a matrix with one column) (Maths) / einspaltige Matrix, Spaltenvektor *m*, Spaltenmatrix *f* ‖ ~ **addition*** (Maths, Phys) / Vektoraddition *f* (wenn man den Anfangspunkt des einen Vektors im Endpunkt des anderen Vektors anhängt) ‖ ~ **address** (Comp) / Einsprungadresse *f* ‖ ~ **algebra*** (Maths) / Vektoralgebra *f* (algebraische Regeln für das Rechnen mit Vektoren) ‖ ~ **analysis** (Maths) / Vektoranalysis *f* = Vektoralgebra + Vektoranalysis
**vector-axial-vector coupling** (Nuc) / V-A-Kopplung *f*, Vektor-Axialvektor-Kopplung *f* ‖ ~ **theory** (Nuc) / V-A-Theorie *f*, Vektor-Axialvektor-Theorie *f*
**vector-borne disease** (spread by rodents and arthropods) (Med) / transmissive Krankheit (die mittels Vektoren übertragen wird)
**vector boson** (Nuc) / Vektorboson *n* (hypothetisches Elementarteilchen) ‖ ~ **calculus** (Maths) / Vektorrechnung *f* (Vektoralgebra + Vektoranalysis)
**vectorcardiogram** *n* (Electronics, Med) / Vektorelektrokardiogramm *n*, Vektorkardiogramm *n*, VKG (Vektorkardiogramm)
**vector control** (Agric, Med) / Vektorenbekämpfung *f* ‖ ~ **coupling** (Maths, Phys) / Vektoraddition *f* (wenn man den Anfangspunkt des einen Vektors im Endpunkt des anderen Vektors anhängt) ‖ ~ **coupling** (Phys) / V-Kopplung *f*, Vektorkopplung *f* ‖ ~ **coupling coefficient** (Phys) / Clebsch-Gordan-Koeffizient *m* nach R.F.A. Clebsch, 1833-1872, und nach P.A. Gordan, 1837-1912), Vektoradditionskoeffizient *m* (der die Kopplung zweier Drehimpulseigenfunktionen beschreibt) ‖ ~ **current** (Phys) / Vektorstrom *m* ‖ ~ **decomposition** (Phys) / Komponentendarstellung *f* eines Vektors, Zerlegung *f* eines Vektors (in seine Komponenten) ‖ ~ **density** (Maths) / Vektordichte *f*, vektorielle Dichte ‖ ~ **display** (Comp) / Vektoranzeige *f*, Vektordisplay *n* ‖ ~ **dominance model** (Nuc) / Vektordominanzmodell *n*
**vectored interrupt** (an efficient method implemented in hardware for dealing with many different devices, each of which is capable of interrupting and each different type of device requiring a unique interrupt handler) (Comp) / Vektorinterrupt *n* (eine Interruptstruktur), vektorisierte Unterbrechung, Vektorunterbrechung *f*, gerichtete Unterbrechung (eine Interruptstruktur) ‖ ~ **program section** (Comp) / vektorisierter Programmteil
**vectored-thrust system** (Aero) / Einvektorsystem *n* (ein Antriebssystem bei VTOL-Flugzeugen)
**vector electrocardiogram** (Electronics, Med) / Vektorelektrokardiogramm *n*, Vektorkardiogramm *n*, VKG (Vektorkardiogramm) ‖ ~ **equation** (of a line, of a plane) (Maths, Phys) / Vektorgleichung *f* (in der Vektoren auftreten) ‖ ~ **field** (a function that assigns to each point of a multidimensional region a multidimensional vector) (Maths, Phys) / Vektorfeld *n* (eine Abbildung, die jedem Punkt einer Menge einen Vektor zuordnet), vektorielles Feld ‖ ~ **font*** (a font created as a series of dots connected by lines that can be scaled to different sizes) (Comp) / Vektorschriftart *f* (Zeichensatz, dessen einzelne Zeichen nicht durch Pixel sondern durch Vektoren gebildet werden) ‖ ~ **function** (Maths) / Vektorfunktion *f* ‖ ~ **generator** (Comp) / Vektorgenerator *m* (eine Funktionseinheit zur Vereinfachung der Dateneingabe bei grafischen Ausgabegeräten) ‖ ~ **gradient** (Maths) / Vektorgradient *m* ‖ ~ **graph** (Optics) / Vektorgraf *m* ‖ ~ **graphic** (Comp) / Vektorbild *n* ‖ ~ **graphics*** (Comp) / Vektorgrafik *f* (Grafik bei professionellen Zeichenprogrammen, die nicht aus einzelnen Pixeln gebildet wird, sondern aus Vektoren) ‖ ~ **group** (Elec Eng) / Schaltgruppe *f* (bei Transformatoren)
**vectorial** *adj* (Elec Eng, Maths, Phys) / vektoriell *adj* ‖ ~ **boson** (Nuc) / Vektorboson *n* (hypothetisches Elementarteilchen) ‖ ~ **particle** (Nuc) / Vekton *n*, vektorielles Teilchen ‖ ~ **sum** (Maths) / Vektorsumme *f*, vektorielle Summe
**vector image** (Comp) / Vektorbild *n* ‖ ~ **impedance** (Eng) / Widerstandsoperator *m*, komplexer Widerstand
**vectoring** *n* (Aero, Radar) / Radarführung *f* ‖ ~ **radar** (Radar) / einweisendes Radar (zur Einweisung und Zuteilung von anderen Sensoren)
**vector interrupt** (Comp) / Vektorinterrupt *n* (eine Interruptstruktur), vektorisierte Unterbrechung, Vektorunterbrechung *f*, gerichtete Unterbrechung (eine Interruptstruktur)
**vectorise** *v* (GB) (Comp) / vektorisieren *v*
**vector iteration** (Maths) / Vektoriteration *f*
**vectorize** *v* (Comp) / vektorisieren *v*
**vector-like** *adj* (Phys) / vektorartig *adj*
**vector mechanics** (Mech) / Vektormechanik *f* ‖ ~ **meson** (Nuc) / Vektormeson *n* ‖ ~ **model** (Nuc) / Vektormodell *n* (der Atomhülle - zusammenfassende Bezeichnung für die verschiedenen Verfahren zur Kopplung der Bahnimpulse und der Spindrehimpulse der Elektronen der Atomhülle zum Gesamtdrehimpuls) ‖ ~ **of force** (Mech) / Kraftvektor *m* ‖ ~ **particle** (Nuc) / Vekton *n*, vektorielles

Teilchen ‖ ~ **plotter** (Comp) / Vektorplotter *m* ‖ ~ **polygon** (Phys) / Vektorpolygon *n* ‖ ~ **potential*** (Elec Eng) / Vektorpotential *n* (Hilfsgröße zur Berechnung des magnetischen Feldes) ‖ ~ **power** (Elec) / Zeiger *m* der Scheinleistung ‖ ~ **processing** (processing of sequences of data in a uniform manner, a common occurrence in manipulation of matrices /whose elements are vectors/ or other arrays of data) (Comp) / Vektorprocessing *n*, Vector-Processing *n* ‖ ~ **product*** (Maths) / äußeres Produkt, Vektorprodukt *n* (im engeren Sinne), Kreuzprodukt *n* ‖ ~ **product*** (Maths) / Vektorprodukt *n* (als Oberbegriff) ‖ ~ **quantity** (Phys) / Vektorgröße *f*, vektorielle Größe (z.B. Kraft, Geschwindigkeit, Drehmoment - DIN 13 ^ 13)
**vector-refresh screen** (Comp) / Vektor-Refresh-Bildschirm *m*
**vector representation** (Maths) / Vektordarstellung *f*, vektorielle Darstellung ‖ ~ **resolver** (Automation) / Resolver *m* (ein spezieller schleifringloser Drehmelder), Vektorzerleger *m* ‖ ~ **scan** (Electronics) / Vektor-scan-Verfahren *n*, Vektorscan *m* (eine Methode der Bild- und Zeichendarstellung, bei der im Gegensatz zum Rasterscan die darzustellenden Figuren und Zeichen mit dem Elektronenstrahl als zusammenhängende Linien geschrieben werden), Vector-Scan *m*
**vectorscope*** *n* (TV) / Vektorskop *n*
**vector space** (Crystal, Stats) / Patterson-Raum *m* ‖ ~ **space*** (Maths) / Vektorraum *m*, linearer Raum ‖ ~ **steering** (Space) / Vektorsteuerung *f* ‖ ~ **subspace** (Maths) / Untervektorraum *m* ‖ ~ **sum** (Maths) / Vektorsumme *f*, vektorielle Summe ‖ ~ **tube** (Phys) / Vektorfeldröhre *f*, Vektorröhre *f*
**vector-valued** (Maths, Stats) / vektorwertig *adj*
**vector voltmeter** (Elec Eng) / Vektormesser *m* (Messegerät, mit dem nicht nur der Betrag von Wechselspannungen und -strömen gemessen werden kann, sondern auch deren gegenseitige Phasenlage)
**vee antenna*** (Radio) / V-Antenne *f* (eine Langdrahtantenne) ‖ ~ **bearing** (Eng) / V-Lager *n* ‖ ~ **belt** (Autos) / Ventilatorkeilriemen *m*, Lüfterantriebsriemen *m* (ein Keilriemen), Keilriemen *m* (zum Antrieb der Nebenaggregate des Motors - im Drei- oder Viereckantrieb) ‖ ~ **belt*** (Eng) / Keilriemen *m* (DIN 2215)
**vee-belt drive** (Eng) / Keilriemenantrieb *m*, Keilriementrieb *m* ‖ ~ **pulley** (Eng) / Keilriemenscheibe *f*
**vee bending tool** (Eng, Tools) / Winkelbiegewerkzeug *n*, Winkelbiegestanze *f* ‖ ~ **block** (Eng) / Prisma *n* (mit V-förmigem Einschnitt, der zur Aufnahme wellenförmiger Teile dient) ‖ ~ **block** (Eng) / Anreißprisma *n* (mit Klemmbügel), Prismenstück *n*, Prisma *n* mit Klemmbügel (zum Anreißen) ‖ ~ **butt joint** (Welding) / V-Stoß *m* ‖ ~ **cut** (Mining) / Keileinbruch *m* (bei Sprengarbeiten)
**vee-eight*** *n* (I C Engs) / V8-Motor *m*, V-Achtzylindermotor *m*, 8-Zylinder-V-Motor *m*, Achtzylinder-V-Motor *m*, Achtzylindermotor *m* in V-Anordnung
**vee engine** (I C Engs) / V-Motor *m* (DIN 1940), Gabelmotor *m*, Gabelmaschine *f*
**vee-form cutter** (Eng) / Prismenfräser *m* (Formfräser mit prismatischem Schneideteil zum Fräsen von Führungsbahnen - DIN 847)
**vee groove** (Eng) / V-Nut *f* ‖ ~ **guides** (Eng) / V-Führung *f* (eine Prismenführung an Werkzeugmaschinen), Prismenführung *f* (V-Form) ‖ ~ **gutter*** (Build) / Kehlrinne *f*, eingebettete Rinne, eingelegte Rinne, Shedrinne *f* (bei Sheddächern), Sheddachrinne *f* ‖ ~ **joint*** (Carp, Join) / Schwalbenschwanzverbindung *f* (in V-Form), keilgespundete Verbindung ‖ ~ **notch** (Carp, Eng) / Spitzkerbe *f*, Spitzkerb *m* ‖ ~ **notch*** (Civ Eng, Hyd Eng) / V-Messblende *f* (des Dreiecksüberfallwehrs)
**vee-notch weir** (Civ Eng, Hyd Eng) / Dreiecksüberfallwehr *n* (nach Thomson), dreieckiges Messwehr
**vee path** (Optics) / V-förmiger Weg (des Strahls bei der Spiegelung) ‖ ~ **ring** (Elec Eng) / V-Ring *m*
**veering*** *n* (Aero, Meteor) / Rechtdrehen *n*, Rechtsdrehen *n* (des Winds)
**vee-six*** *n* (I C Engs) / V6-Motor *m*, V-Sechszylindermotor *m*, Sechszylinder-V-Motor *m*
**vee•-tail*** *n* (Aero) / V-Leitwerk *n* (eine Vereinigung von Höhen- und Seitenleitwerk) ‖ ~ **thread*** (Eng) / Spitzgewinde *n* (ein metrisches ISO-Gewinde nach DIN 13 und 14) ‖ ~ **tool** (Tools) / Stechdrehmeißel *m* (DIN 4981), Einstechmeißel *m*, Abstechdrehmeißel *m*
**Vee-twelve*** *n* (I C Engs) / 12-Zylinder-V-Motor *m*, Zwölfzylinder-V-Motor *m*, V-Zwölfzylinder *m*
**Vee value** (Optics) / Abbe'sche Zahl (für die Kennzeichnung eines optischen Mediums) ‖ ~ **ways** (Eng) / V-Führung *f* (eine Prismenführung an Werkzeugmaschinen), Prismenführung *f* (V-Form) ‖ ~ **weld** (Welding) / V-Naht *f* (eine Stumpfnaht nach DIN 1912, T 5)
**Vegard's law** (Crystal, Met) / Végard'sche Regel (für Substitutionsmischkristalle)

**vegetable*** *adj* (dye, fat, glue, oil) / Pflanzen-, pflanzlich *adj*, vegetabilisch *adj*
**vegetable black** (Chem) / Rußschwarz *n* (schwarzer Farbstoff) ‖ ~ **black** (Chem, Paint) / Flammruß *m*, Lampenschwarz *n* (Pigment), Lampenruß *m* ‖ ~ **black** (Pharm) / Carbo *m* vegetabilis (Pharm) / pflanzliche Droge ‖ ~ **dye** / vegetabilischer Naturfarbstoff ‖ ~ **dyestuff** / vegetabilischer Naturfarbstoff ‖ ~ **farming** (Agric) / Gemüsebau *m* (Feldgemüsebau, Freilandgemüsebau und Gemüsebau unter Glas), Gemüseanbau *m* ‖ ~ **fat** (Nut) / pflanzliches Fett, Pflanzenfett *n* ‖ ~ **fibre** (Textiles) / Pflanzenfaser *f*, pflanzliche Faser, vegetabilische Faser ‖ ~ **flavour** (Bot, Nut) / Gemüsearoma *n* ‖ ~ **glue** / Pflanzenleim *n* (z.B. Kleister), pflanzlicher Leim ‖ ~ **ivory** / vegetabilisches Elfenbein (das in der Drechslerei verarbeitete Sameninnere der Elfenbein- oder Steinnusspalme) ‖ ~ **jelly** (Chem, Geol) / vergelte Pflanzensubstanz, Humin, Ulmin *n* ‖ ~ **juice** (Nut) / Gemüsesaft *m* ‖ ~ **kingdom** (Bot) / Pflanzenreich *n* (die Gesamtheit der pflanzlichen Organismen), Pflanzenwelt *f* ‖ ~ **matter** *n* (in raw wool) (Textiles) / Pflanzenteile *m pl* (in der Schmutzwolle) ‖ ~ **methyl ester** (Fuels) / Pflanzenmethylester *m*, PME (Pflanzenmethylester) ‖ ~ **oil*** (Chem, Nut) / pflanzliches Öl, Pflanzenöl *n*
**vegetable-oil fuel** (Fuels) / Pflanzenölkraftstoff *m* (ein alternativer Kraftstoff)
**vegetable parchment*** (Paper) / vegetabilisches Pergament, echtes Pergamentpapier, Echtpergamentpapier *n* (mit Schwefelsäure pergamentiert) ‖ ~ **protein** (Nut) / pflanzliches Eiweiß, Pflanzeneiweiß *n*, Pflanzenprotein *n* ‖ ~ **soil** (Agric) / Ackerkrume *f*, Bodenkrume *f* (der Mutterboden des Ackers) ‖ ~ **sponge** (loofah) / Luffa *f*, Luffaschwamm *m* (meistens aus Luffa cylindrica (L.) M. Roem.).) ‖ ~ **tallow tree** (For) / Chinesischer Talgbaum (Sapium sebiferum (L.) Roxb.) ‖ ~ **tanning** (Leather) / pflanzliche Gerbung, vegetabilische Gerbung (mit pflanzlichen Gerbmitteln wie Rinde, Holz, Blätter, Früchte und Fruchtschuppen), Vegetabilgerbung *f* ‖ ~ **tanning** (Leather) s. also bark tanning ‖ ~ **tanning agent** (Leather) / Vegetabilgerbstoff *m*, Pflanzengerbstoff *m* ‖ ~ **wax** / pflanzliches Wachs, vegetabilisches Wachs, Pflanzenwachs *n*
**vegetal discharge** (the emission of groundwater) (Hyd Eng) / vegetatives Verdunstungswasser
**vegetated channel** (Hyd Eng) / bewachsenes Flussbett, bewachsenes Kanalbett ‖ ~ **slope** (Geol) / bepflanzter Hang, Hang *m* mit natürlicher Pflanzenbedeckung
**vegetation** *n* (Bot, Ecol) / Vegetation *f*, Pflanzendecke *f* (die Gesamtheit der Pflanzen, die die Erdoberfläche bzw. ein bestimmtes Gebiet mehr oder weniger geschlossen bedecken), Bewachsung *f*, Vegetationsdecke *f*, Bewuchs *m* (Pflanzendecke) ‖ ~ **cover** (Bot, Ecol) / Vegetation *f*, Pflanzendecke *f* (die Gesamtheit der Pflanzen, die die Erdoberfläche bzw. ein bestimmtes Gebiet mehr oder weniger geschlossen bedecken), Bewachsung *f*, Vegetationsdecke *f*, Bewuchs *m* (Pflanzendecke) ‖ ~ **management** / Vegetationsbewirtschaftung *f* ‖ ~ **profile** (Bot) / Vegetationstransekt *n* (zur Vegetationsanalyse), Vegetationsprofil *n*, Transekt *n* (Probestreifen zur Vegetationsanalyse) ‖ ~ **survey** (Bot) / Vegetationsaufnahme *f*
**vegetative** *adj* (Bot, Physiol) / vegetativ *adj* ‖ ~ **cover** (Bot, Ecol) / Vegetation *f*, Pflanzendecke *f* (die Gesamtheit der Pflanzen, die die Erdoberfläche bzw. ein bestimmtes Gebiet mehr oder weniger geschlossen bedecken), Bewachsung *f*, Vegetationsdecke *f*, Bewuchs *m* (Pflanzendecke) ‖ ~ **period** (Bot) / Wachstumsperiode *f*, Vegetationszeit *f*, Vegetationsperiode *f* (derjenige Zeitraum des Jahres, in dem Pflanzen fotosynthetisch aktiv sind) ‖ ~ **propagation*** (Bot) / vegetative Vermehrung (durch Zerfall und Zerteilung) ‖ ~ **rest** (Agric) / Vegetationsruhe *f*
**vehicle** *n* (Autos, Eng) / Fahrzeug *n*, Beförderungsmittel *n* ‖ ~* (Paint) / Farbenbindemittel *n*, Vehikel *n* ‖ ~* (Paint) / Bindemittellösung *f*, Anstrichbindemittel *n* ‖ ~ (Pharm) / Vehiculum *n* (pl. Vehicula), Vehikel *n* (wirkungsloser Stoff, in dem die wirksamen Stoffe gelöst bzw. verteilt sind) ‖ ~ **battery*** (Elec Eng) / Fahrzeugbatterie *f* ‖ ~ **body** (Rail) / Fahrzeugkasten *m* ‖ ~ **bonnet** (GB) (Autos) / Motorhaube *f* (den Motor schützender hochklappbarer Deckel am Auto), Kühlerhaube *f* ‖ ~ **detector** (Autos) / Verkehrsdetektor *m* (Sensor zur Gewinnung von Informationen über den Verkehr) ‖ ~ **height** (Autos) / Fahrzeughöhe *f* (DIN 70020)
**vehicle-identification card** (Autos) / Fahrzeugschein *m* ‖ ~ **number** (Autos) / Fahrgestellnummer *f*
**vehicle length*** (Autos) / Fahrzeuglänge *f* (DIN 70020) ‖ ~ **navigation system** (Autos, Nav) / Fahrzeugnavigationssystem *n* ‖ ~ **plug** (Autos) / Autostecker *m* (Stecker für ortsunabhängige Verbraucher im Kraftfahrzeug) ‖ ~ **proving ground** (Autos) / Automobilversuchsgelände *n*, Autodrom *n* (Versuchsgelände) ‖ ~ **refinishing paint** (Autos, Paint) / Autoreparaturlack *m* ‖ ~ **registration document** (Autos) / Fahrzeugbrief *m* ‖ ~ **registration documents** (Autos) / Fahrzeugpapiere *n pl*, Wagenpapiere *n pl*

vehicles

vehicles, no ~ (Autos) / Verbot für Fahrzeuge aller Art (ein Verkehrszeichen)
vehicle service station (Autos) / Servicestation f, Großtankstelle f ‖ ~ socket (Autos) / Autosteckdose f (Steckdose für ortsunabhängige Verbraucher im Kraftfahrzeug) ‖ ~ speed (Autos) / Fahrgeschwindigkeit f ‖ ~ speed sensor (in computer-controlled engines) (Autos) / Drehzahlgeber m ‖ ~ spot check (Autos) / Verkehrskontrolle f ‖ ~ technology / Fahrzeugtechnik f ‖ ~ weight (Autos) / Fahrzeuggewicht n ‖ ~ width (Autos) / Fahrzeugbreite f (DIN 70020)
vehicular adj / Wagen-, Fahrzeug- ‖ ~ traffic (Autos) / Fahrzeugverkehr m ‖ ~ tunnel (Civ Eng) / Straßentunnel m
V-eight n (I C Engs) / V8-Motor m, V-Achtzylindermotor m, 8-Zylinder-V-Motor m, Achtzylinder-V-Motor m, Achtzylindermotor m in V-Anordnung ‖ $\doteq$ cylinder engine (I C Engs) / V8-Motor m, V-Achtzylindermotor m, 8-Zylinder-V-Motor m, Achtzylinder-V-Motor m, Achtzylindermotor m in V-Anordnung ‖ $\doteq$ engine (I C Engs) / V8-Motor m, V-Achtzylindermotor m, 8-Zylinder-V-Motor m, Achtzylinder-V-Motor m, Achtzylindermotor m in V-Anordnung
veil v / verschleiern v ‖ ~ vi (Photog) / einen Schleier bekommen ‖ ~ n (Photog) / fotografischer Schleier
veiling n (Paint) / Fadenziehen n (unerwünschte Erscheinung beim Auftragen von Anstrichstoffen, deren Lösungsmittel teilweise schon während des Spritzens oder Streichens verdunsten) ‖ ~ (Textiles) / Schleierstoff m ‖ ~ luminance (Optics) / Schleierleuchtdichte f (eine Art physiologische Blendung)
vein* n (Bot, For) / Ader f (Leitungsbahn), Rippe f ‖ ~ (For) / Ader f (Linie der Maserung) ‖ ~* (Geol) / Ader f (kleiner Gang), kleiner Gang, Gangtrum m n ‖ ~* (Geol, Mining) / Gang m, Gesteinsgang m ‖ ~* (Geol, Mining) / Trum m n (pl. Trume oder Trümer) (kleiner Erz- oder Mineralgang) ‖ ~ breccia (Geol) / Gangbrekzie f
veined adj (For) / maserig adj, gemasert adj (Holz) ‖ ~ (Geol, Min, Mining) / geadert adj, ädrig adj, mit Adern durchzogen (Marmor)
veining n (Bot) / Nervatur f, Geäder n, Äderung f, Aderung f, Adersystem n, Blattnervatur f ‖ ~ (Geol) / Gangbildung f ‖ ~ (Min) / Äderung f (des Marmors) ‖ ~ horn (Paint) / Maserungsgerät n (Plexiglas, Zelluloid)
veinlet n (Geol) / Ader f (kleiner Gang), kleiner Gang, Gangtrum m n
vein matter (Geol) / Gangfüllung f ‖ ~ quartz (Geol) / Gangquarz m
veinstone n (Mining) / Gangart f, Gangmineral n
vein structure (Geol) / Ganggefüge n ‖ ~ stuff* (Geol) / Gangfüllung f
veiny adj (Geol, Min, Mining) / geadert adj, ädrig adj, mit Adern durchzogen (Marmor) ‖ ~ (Leather) / adrig adj (mit Abdrücken von Blutadern auf der Narben- oder Aasseite)
Veitch diagram (a graphical means for representing Boolean expressions so that the manner in which they can be simplified or minimized is made apparent) (Comp) / Karnaugh-Veitch-Diagramm n, KV-Diagramm n, Karnaugh-Diagramm n (in der Schaltalgebra), Karnaugh-Tabelle f
Velcro v (Textiles) / mit Klettenverschluss schließen ‖ $\doteq$ fastener (Textiles) / Klettverschluss m, Klettenverschluss m (bei dem zwei Textilbänder mit kleinen Häkchen aneinander haften) ‖ $\doteq$ strip (Textiles) / Klettband n ‖ $\doteq$ strip fastener (Textiles) / Klettverschluss m, Klettenverschluss m (bei dem zwei Textilbänder mit kleinen Häkchen aneinander haften)
Veldtschoen n / Flexibelschuh m, Stitchdownschuh m
Vello process (Glass) / Vello-Verfahren n (Formgebungsverfahren zum Herstellen von Rohren durch Auslaufen des Glases aus einer Ringdüse vertikal nach unten und Umlenken des Rohrstranges vor dem Erstarren in die Horizontale)
vellum* n / Schreibpergament n (aus Kalbsfell), Velin n (weiches Schreibpergament), Pergament n ‖ ~* (Paper) / Hartpostpapier n ‖ ~* (Paper) / Velinpapier n, Velin n (eine Art von dickem Schreibpapier) ‖ ~ glaze (a semi-matte glaze having a satin-like appearance due to the presence of minute crystals of zinc silicate, zinc titanate, or lead titanate in the fired glaze surface) (Ceramics) / Samtglasur f, Vellumglasur f, Velinglasur f
velocimeter n / Geschwindigkeitsmesser m (z.B. für Messungen der Fließ- und Schallgeschwindigkeit, oder für Unterwassermessungen)
velocity n (Phys) / Geschwindigkeitsvektor m f ‖ ~ (of an equiphase surface along the wave normal) (Phys) / Phasengeschwindigkeit f (mit der sich der Schwingungszustand einer Welle ausbreitet) ‖ ~* (Phys) / Schnelligkeit f (ortsfeste Größenänderung nach DIN 5476) ‖ ~* (a vector quantity) (Phys) / Geschwindigkeit f (Bewegung nach DIN 5476) ‖ ~ along the path (Eng) / Bahngeschwindigkeit f (Vektorsumme der Bewegungsgeschwindigkeit sich gleichzeitig bewegender Achsen der Werkzeugmaschine) ‖ ~ amplitude* (Acous) / Geschwindigkeitsamplitude f, Schnellenamplitude f ‖ ~ analyser (Phys) / Geschwindigkeitsanalysator m (ein Gerät zur Geschwindigkeitsanalyse von Elektronenstrahlen) ‖ ~ budget* (Space) / programmierte Geschwindigkeit(en)
velocity-compounded impulse turbine (Eng) / geschwindigkeitsgestufte Gleichdruckturbine
velocity constant* (Chem) / Geschwindigkeitskonstante f, Reaktionsgeschwindigkeitskonstante f (Proportionalitätsfaktor in kinetischen Zeitgesetzen) ‖ ~ distribution (Mech) / Geschwindigkeitsverteilung f ‖ ~ focussing (Spectr) / Geschwindigkeitsfokussierung f ‖ ~ gate (Radar) / Geschwindigkeitstor n
velocity-generated noise (a structural noise) (Acous) / geschwindigkeitserregter Schall
velocity gradient (Phys) / Geschwindigkeitsgefälle n (Schergefälle nach DIN 1342, T 1), Geschwindigkeitsgradient m ‖ ~ head (Hyd, Hyd Eng) / dynamische Druckhöhe (in der Bernoulli'schen Gleichung für stationäre inkompressible Strömung), Geschwindigkeitshöhe f (als Flüssigkeitssäule ausgedrückter Staudruck) ‖ ~ level (Acous) / Schnellepegel m (DIN 1320) ‖ ~ microphone* (Acous) / microphone of order one) (Acous) / Schnellemikrofon n (das nach DIN 1320 auf die Schallschnelle anspricht) ‖ ~ microphone* (Acous) s. also pressure-gradient microphone
velocity-modulated oscillator (Electronics, Telecomm) / geschwindigkeitsmodulierter Oszillator ‖ ~ tube (Electronics) / Laufzeitröhre f (Triftröhre + Lauffeldröhre)
velocity modulation* (Electronics) / Geschwindigkeitsmodulation f, Geschwindigkeitssteuerung f ‖ ~ never expected (Aero) / kritische Geschwindigkeit ‖ ~ of approach (Hyd Eng) / Anströmgeschwindigkeit f ‖ ~ of approach (Hyd Eng) / Fließgeschwindigkeit f an der Überfallanlage (an dem Dreiecksüberfallwehr) ‖ ~ of escape (Astron, Space) / Entweichgeschwindigkeit f, [planetare] Fluchtgeschwindigkeit f, 2. kosmische Geschwindigkeit, parabolische Geschwindigkeit ‖ ~ of falling body (Phys) / Fallgeschwindigkeit f ‖ ~ of light* (Light, Phys) / Lichtgeschwindigkeit f ‖ ~ of light in vacuo (Phys) / Vakuumlichtgeschwindigkeit f (DIN 5031, T 8), Lichtgeschwindigkeit f im Vakuum (299792458 ms$^{-1}$) ‖ ~ of percolation (Hyd Eng) / Filtergeschwindigkeit f (nach dem Darcy'schen Gesetz) ‖ ~ of propagation* (Elec Eng) / Fortpflanzungsgeschwindigkeit f, Ausbreitungsgeschwindigkeit f ‖ ~ of reaction (Chem, Nuc Eng) / Reaktionsgeschwindigkeit f, Reaktionsrate f (Änderung der Konzentration einer Reaktionskomponente mit der Zeit, bei konstantem Reaktionsvolumen), Reaktionsschnelligkeit f ‖ ~ of retreat (Hyd Eng) / Geschwindigkeitsabfall m unterhalb eines Abflusshindernisses ‖ ~ of sound* (Acous, Aero) / Schallgeschwindigkeit f (Ausbreitungsgeschwindigkeit einer Schallwelle nach DIN 1320) ‖ ~ potential (Phys) / Geschwindigkeitspotential n, Strömungspotential n (eine skalare Funktion bei einer wirbelfreien Strömung) ‖ ~ profile (Phys) / Geschwindigkeitsprofil n (z.B bei der Strömung oder in der Seismik - DIN 1342, T 1) ‖ ~ rate constant* (Chem) / Geschwindigkeitskonstante f, Reaktionsgeschwindigkeitskonstante f (Proportionalitätsfaktor in kinetischen Zeitgesetzen) ‖ ~ ratio* (Eng, Mech) / Übersetzungsverhältnis n, Geschwindigkeitsverhältnis n (Quotient aus Drehzahl des treibenden und Drehzahl des getriebenen Elements eines technischen Triebes)
velocity-recovery stack (Eng) / Diffusor m (kegeliger Aufsatz auf dem Ventilatordeck zur Verbesserung des Ventilatorwirkungsgrades)
velocity resonance* (Telecomm) / Phasenresonanz f (Resonanz bei Phasenwinkel Null im Gegensatz zur Resonanz bei größter Amplitude) ‖ ~ rod (Hyd Eng) / Stabschwimmer m ‖ ~ selector (Phys) / Geschwindigkeitsselektor m (z.B. ein Monochromator) ‖ ~ spread (Radar) / Geschwindigkeitsausdehnung f ‖ ~ staging (Eng) / Geschwindigkeitsstufung f (bei Dampfturbinen) ‖ ~ triangle (Aero) / Geschwindigkeitsdreieck n (Eigengeschwindigkeit + Windgeschwindigkeit + Windwinkel zur Flugbahn), Winddreieck n ‖ ~ vector (Phys) / Geschwindigkeitsvektor m ‖ ~ vector control contouring system (Eng) / zweiphasige Bahnsteuerung (bei CNC-Maschinen)
velometer n (air-velocity meter in the laboratory fume hood) (Chem) / Abzugsgeschwindigkeitsmesser m
velour* n (Textiles) / Velours de Laine m (Kammgarn oder Streichgarn aus Wolle - ein Gewebe mit Unterschuss), Velours m (dickes Wollstreichgarngewebe mit gerauter samtartiger Oberfläche - ein Doppelgewebe) ‖ ~ paper* (Paper) / Velourspapier n, Plüschpapier n, Samtpapier n
velours n (Textiles) / Velours de Laine m (Kammgarn oder Streichgarn aus Wolle - ein Gewebe mit Unterschuss), Velours m (dickes Wollstreichgarngewebe mit gerauter samtartiger Oberfläche - ein Doppelgewebe) ‖ ~ de laine (Textiles) / Velours de Laine m (Kammgarn oder Streichgarn aus Wolle - ein Gewebe mit Unterschuss), Velours m (dickes Wollstreichgarngewebe mit gerauter samtartiger Oberfläche - ein Doppelgewebe) ‖ ~ finish (Textiles) / Veloursausrüstung f

**veloutine** *n* (Textiles) / Veloutine *m* (ripsartig wirkender halbseidener Kleiderstoff in Leinwandbindung)
**Velox boiler** (Eng) / Velox-Kessel *m* (ein Zwangumlaufkessel)
**velpel** *n* (silk plush used for men's hat) (Textiles) / Felbel *m*, Velpel *m* (ein Samtgewebe)
**velveret** *n* (Textiles) / Velveret *m*, gerippter Baumwollsamt, Samt *m* auf Baumwollgrund
**velvet** *n* (Textiles) / Samt *m* ‖ ~* (Textiles) / (Baumwoll-)Kettsamt *m*, Samt *m* (mit etwa 1-2 mm hoher Polschicht) ‖ ~ (with weft face) (Textiles) / Velvet *m* *n* (glatter Schusssamt) ‖ ~ **black** / Samtschwarz *n* ‖ ~ **carpet** (Textiles) / Veloursteppich *m* (kurzpolig), Plüschvelours-Teppich *m*
**velveteen*** *n* (Textiles) / Schusssamt *m*, Schusspolgewebe *n* ‖ ~* (Textiles) / Velveteen *m*, Velvetine *f* (eine stärkere Qualität von Schusssamt) ‖ ~* (Textiles) s. also corduroy
**velvet finish** (Glass) / Velvetmattierung *f*, Satinierung *f* ‖ ~ **finish** (Textiles) / Veloursausrüstung *f* ‖ ~ **leather** (Leather) / Velvetleder *n* (narbenseitig samtartig geschliffenes Leder aus ungespaltenen Fellen)
**velvet-like nap** (Leather) / samtartige Oberfläche
**velvet loom** (Weaving) / Samtwebmaschine *f*, Samtwebstuhl *m*
**velveton** *n* (Textiles) / Velveton *m* (eine Samtimitation als Wildlederersatz)
**velvet pile** (Textiles) / Samtflor *m*, Plüschvelours *m*
**velvet-pile carpet** (Textiles) / Veloursteppich *m* (kurzpolig), Plüschvelours-Teppich *m*
**velvet ribbon** (Textiles) / Samtband *n* ‖ ~ **smoothness** (Autos) / samtige Laufkultur ‖ ~ **weaving** (Weaving) / Samtweberei *f*
**velvety** *adj* / samtig *adj*
**vena contracta*** *n* (pl. venae contractae) (Hyd) / Kontraktionsstelle *f*, Einschnürungsstelle *f*
**venation*** *n* (Bot) / Nervatur *f*, Geäder *n*, Äderung *f*, Aderung *f*, Adersystem *n*, Blattnervatur *f*
**vending machine** / Warenautomat *m* (z.B. Getränkeautomat), Verkaufsautomat *m* (z.B. Briefmarken-, Fahrkarten-, Parkscheinautomaten usw.)
**vendor** *n* / Ausrüster *m*, Lieferant *m*, Lieferfirma *f*, Anbieter *m* ‖ ~ **appraisal** (Comp) / Lieferantenbeurteilung *f* vor dem Kauf
**vendor-independent messaging** (Comp) / Vendor-independent Messaging *n*, VIM (Vendor-independent Messaging)
**vendor rating** (Comp) / Lieferantenbeurteilung *f* nach dem Kauf
**veneer** *v* (For, Join) / furnieren *v* (mit einem Furnier bekleben) ‖ ~ *n* (Eng) / Auflagewerkstoff *m*, Überzugsmaterial *n* (vorgefertigt) ‖ ~* (For, Join) / Holzfurnier *n*, Furnier *n* (DIN EN 313-2) ‖ ~ **block** (For) / Furnierblock *m* (für das Furnierschneiden) ‖ ~ **chipper** (For, Join) / Furnierzerspaner *m* (zur Zerspanung von Furnierresten) ‖ ~ **clipper** (For) / Klipper *m*, Furnierschere *f* ‖ ~ **clipper** (For, Join) / Furnierschere *f* (Sammelbegriff für verschiedenartig gestaltete Maschinenscheren zum Kappen und fugendichten Schneiden von Furnieren und Furnierblättern) ‖ ~ **core** (For) / Messerrest *m* (eines Messerfurnierblocks), Restbohle *f* ‖ ~ **core** (For) / Restrolle *f* (Einspannrest, der bei der Herstellung von Restfurnieren anfällt) ‖ ~ **dryer** (For, Join) / Furniertrockner *m* ‖ ~ **drying** (For) / Furniertrocknung *f*
**veneered chipboard panel** (For, Join) / Furnierspanplatte *f* (meist dreischichtiger Verbundwerkstoff mit einer Spanmittelschicht und zwei Deckschichten aus Furnieren aufgebaut ist) ‖ ~ **construction*** (Build) / Verblendbauweise *f* (Verblendmauerwerk)
**veneer edge** (For, Join) / Furnierkante *f*
**veneered wall** (a wall having a facing which is attached to the backing but, not being bonded to it, it cannot resist load equally with the backing) (Build) / verkleidete Wand
**veneerer** *n* (Join) / Furniertischler *m*
**veneer factory** (For) / Furnierwerk *n* ‖ ~ **figure** (For, Join) / Furnierzeichnung *f* ‖ ~ **frame-sawing machine** (For, Join) / Furniergattersägemaschine *f* (zur Herstellung von Sägefurnieren aus höchstwertigen, bei der Einwirkung von Wärme sich verfärbenden Hölzern sowie zum Einschnitt von Klanghölzern zu Zuschnitten), Hamburger Gattersägemaschine, Furniergatter *n* ‖ ~ **glue** (For, Join) / Klebstoff *m* für Furnier- und Verbundplatten ‖ ~ **glue** (For, Join) / Furnierleim *m* (z.B. Caseinleim) ‖ ~ **gluing machine** (For, Join) / Furnierbeleimmaschine *f* ‖ ~ **guillotine** (For) / Paketschere *f* (für Furniere), Furnierpaketschere *f*
**veneering** *n* (material) (For) / Furnierholz *n* (im Allgemeinen) ‖ ~ (For, Join) / Furnierung *f* ‖ ~ (For, Join) / Furniere *n* pl, Furnierblätter *n* pl ‖ ~ (result) (Join) / Furnitur *f*, Furnierüberzug *m* ‖ ~ **hammer*** (Tools) / Furnierhammer *m*, Aufreibhammer *m* (für Furniere) ‖ ~ **wood** (For) / Furnierholz *n* (im Allgemeinen)
**veneer inlay cutter** (For) / Furnieradernhobel *m* (zur Herstellung schmaler Nuten in furnierten Werkstücken, die zur Aufnahme von Furnieradern bestimmt sind) ‖ ~ **jointing machine** (For, Join) / Furnierfügemaschine *f* (üblicherweise zum Fügen und Beleimen von Furnierpaketen) ‖ ~ **lathe** (For) / Schälmaschine *f* (für Furniere), Furnierschälmaschine *f*, Rundschälmaschine *f* ‖ ~ **leaf** (For, Join) / Furnierblatt *n* ‖ ~ **log** (For) / Furnierstamm *m* ‖ ~ **log** (For) / Furnierblock *m* (für das Furnierschneiden) ‖ ~ **mill** (For) / Furnierwerk *n* ‖ ~ **pack** (Join) / Furnierpaket *n* ‖ ~ **pack edge shears** (For) / Paketschere *f* (für Furniere), Furnierpaketschere *f* ‖ ~ **paper** (For) / Holzfurnierpapier *n* ‖ ~ **paper** (For, Join) / Furnierklebstreifen *m*, Fugenpapier *n* (für Furnierzusammensetzungen), Fugenklebpapier *n*, Fugenleimpapier *n* ‖ ~ **peeler** (For) / Schälmaschine *f* (für Furniere), Furnierschälmaschine *f*, Rundschälmaschine *f* ‖ ~ **pin** (Join) / Furniernadel *f* ‖ ~ **plant** (For) / Furnierwerk *n* ‖ ~ **plywood** (Carp, Join) / Sperrholz *n* (Lagenholz nach DIN EN 313 - 315), Furnierplatte *f* ‖ ~ **press** (For, Join) / Furnierpresse *f* (eine Handspindelpresse mit herausfahrbarem Pressdeckel) ‖ ~ **punching** (For) / Furnierstanzen *n* (spanloses Herausschneiden eines Profils aus einem Furnier)
**veneer-punching machine** (For, Join) / Furnierstanzmaschine *f*
**veneer ribbon** (For, Join) / Furnierband *n* ‖ ~ **saw** (with double-sided blade) (For, Join) / zweiseitiger Furnierschneider (beiderseits gezahnte Tischlersteifsäge) ‖ ~ **saw*** (Join, Tools) / Furniersäge *f* ‖ ~ **shearing machine** (For, Join) / Furnierschere *f* (Sammelbegriff für verschiedenartig gestaltete Maschinenscheren zum Kappen und fugendichten Schneiden von Furnieren und Furnierblättern)
**veneer(ing) sheet** (For, Join) / Furnierblatt *n*
**veneer slicer** (For, Join) / Messermaschine *f*, Furniermessermaschine *f* ‖ ~ **slicing** (For, Join) / Furniermessern *n* ‖ ~ **slicing machine** (For, Join) / Messermaschine *f*, Furniermessermaschine *f* ‖ ~ **splicer** (For, Join) / Furnierzusammensetzmaschine *f*, Furnierverleimmaschine *f* ‖ ~ **splicer** (For, Join) / Furnierfügemaschine *f* (üblicherweise zum Fügen und Beleimen von Furnierpaketen) ‖ ~ **splicing machine** (For, Join) / Furnierfügemaschine *f* (üblicherweise zum Fügen und Beleimen von Furnierpaketen) ‖ ~ **strip** (For, Join) / Furnierstreifen *m* ‖ ~ **surface** (Join) / Furnieroberfläche *f* ‖ ~ **tape** (For, Join) / Furnierklebstreifen *m*, Fugenpapier *n* (für Furnierzusammensetzungen), Fugenklebpapier *n*, Fugenleimpapier *n* ‖ ~ **waste** (For) / Furnierabfälle *m* pl, Furnierabfall *m*, Furnierrest *m*
**venetian** *n* (Build) / Jalousie *f*, Raffstore *f*, Lamellenstore *f* (A) ‖ ~ (Textiles) / satinbindiger Futterstoff aus Baumwolle (Zanella) ‖ ~ **arch*** (semicircular arch framing two semicircular-headed lights separated by a colonnette above which is a roundel in the space between the tops of the smaller arches and the main intrados) (Arch) / venezianischer Bogen (von einem Faszienrundbogen überfangener Zwillingsbogen mit Scheitelkreis und Spandrillen), Venezianerbogen *m* ‖ ~ **blind** (jalousie, now generally formed of horizontal laths or slats that can be drawn up or down, and swivelled) (Build) / Jalousie *f*, Raffstore *f*, Lamellenstore *f* (A) ‖ ~ **chalk** (Textiles) / Schneiderkreide *f* (gepresster Talk) ‖ ~ **glass** (Glass) / venezianisches Glas (z.B. Faden- oder Flügelgläser), Murano-Glas *n* ‖ ~ **mosaic*** (Build) / Terrazzo *m* (pl. Terrazzi) (Zementestrich mit Zusatz von eingewalztem mehrfarbigem Steinschlag, dessen Oberfläche nach Erhärten geschliffen wird) ‖ ~ **red** (Paint) / Venezianischrot *n*, Venetianischrot *n* (eine dunkle Sorte von natürlichem Eisenoxidrot, dunkler als Englischrot) ‖ ~ **red** (Paint) s. also colcothar and Pompeian red ‖ ~ **shutter*** (Build) / Jalousie *f*, Raffstore *f*, Lamellenstore *f* (A) ‖ ~ **shutter** (Cinema) / Klappblende *f*, Jalousieblende *f* ‖ ~ **silvering** (Glass) / in Streifen versilbertes Glas ‖ ~ **window*** (Arch) / venezianisches Fenster (nach Palladio und Serlio)
**Veneziano model** (Nuc) / Veneziano-Modell *n*
**V-engine** *n* (I C Engs) / V-Motor *m* (DIN 1940), Gabelmotor *m*, Gabelmaschine *f*
**V-12 engine** (I C Engs) / 12-Zylinder-V-Motor *m*, Zwölfzylinder-V-Motor *m*, V-Zwölfzylinder *m*
**Venice turpentine** (the oleoresin of the Tyrolean larch) (Paint) / Venezianischer Terpentin, Lärchenterpentin *m* (aus Larix decidua Mill.)
**Venn diagram*** (a method of displaying relations between subsets of some universal set) (Maths) / Venn-Diagramm *n*, Euler-Venn-Diagramm *n* (nach J. Venn, 1834-1923)
**venom** *n* (Pharm) / Gift *n* (der Gifttiere)
**venomous** *adj* (Zool) / Gift-, giftig *adj*
**vent** *v* / lochen *v* (zur Lüftung) ‖ ~* (Eng) / entlüften *v* ‖ ~* (Eng) / lüften *v*, belüften *v*, ventilieren *v* ‖ ~* (Eng, Foundry, Plastics) / entlüften *v* ‖ ~* (Eng, Plastics) / entgasen *v* ‖ ~ (Mining) / entlasten *v* (den Explosionsdruck) ‖ ~ *n* / Ausblaserohr *n*, Ausblaseleitung der Gasleitung, Ausbläser *m* ‖ ~ / Düse *f* (in der Bügelsohle des Dampfbügelautomaten) ‖ ~* (Aero) / Öffnung *f* im Scheitel der Kappe (Fallschirm) ‖ ~ (Aero, Eng) / Druckausgleichsöffnung *f* ‖ ~ (Build) / Lüftungsflügel *m* (in Fenstern oder Fenstertüren) ‖ ~* (Eng) / Entlüftungsöffnung *f*, Luftloch *n*,

Lüftungsöffnung f, Belüftungsloch n ‖ ~ (Foundry) / Entlüftungskanal m (zur Formentlüftung) ‖ ~* (Geol) / Vulkanschlot m, Schlot m (Aufstiegskanal vulkanischer Stoffe), Förderkanal m, Durchschlagsröhre f ‖ ~ air (Build) / Abluft f (im Abzugsschacht) ‖ ~ air (Build) / Fortluft f (in dem Abluftkamin) ‖ ~ breccia (a volcanic breccia) (Geol) / Vulkanschlotbrekzie f, Schlotbrekzie f ‖ ~ cap (Elec Eng) / Verschlussstopfen m (einer Batterie nach DIN 40729), Entlüftungskappe f (der Autobatterie), Entlüftungsdeckel m, Entlüftungsschraube f ‖ ~ control cable (Autos) / Lüftungszug m (Bowdenzug der Lüftungsklappe)
**vented** adj / gelocht adj (zur Lüftung), mit Luftschlitzen
**vent(ed) extruder** (Plastics) / Entgasungsschneckenpresse f, Entgasungsextruder m, Vent Extruder m
**vent hole** (Eng) / Entlüftungsöffnung f, Luftloch n, Lüftungsöffnung f, Belüftungsloch n
**ventiduct** (Elec Eng) / Belüftungskanal m, Luftschlitz m
**ventifact*** n (Geol) / Windkanter m (ein Gesteinsbruchstück, das durch Windschliff eine oder mehrere Kanten erhalten hat), äolisch bearbeiteter Felsen
**ventilate** v / entlüften v ‖ ~ (Build) / hinterlüften v (Fugen, Vorhangwand) ‖ ~ (Eng) / lüften v, belüften v, ventilieren v ‖ ~ (Mining) / bewettern v (eine Grube)
**ventilated brake** (Autos) / innenbelüftete Bremse ‖ ~ **hydrofoil** (Ships) / Tragflügel m mit Lufteinbruch ‖ ~ **machine** (Elec Eng) / belüftete Maschine ‖ ~ **motor** (Elec Eng) / belüfteter Motor ‖ ~ **roof** (Build) / Kaltdach n (das aus 2 physikalisch wirksamen Schalen besteht) ‖ ~ **wind tunnel*** (Aero) / transsonischer Windkanal mit durchbrochenen Wänden
**ventilating cowl** (Eng) / Lüfterkopf m (bei der natürlichen Lüftung) ‖ ~ **district** (Mining) / Wetterabteilung f ‖ ~ **duct** (Elec Eng) / Belüftungskanal m, Luftschlitz m ‖ ~ **duct** (Elec Eng) s. also cooling duct ‖ ~ **fan*** (Mining) / Frischluftventilator m ‖ ~ **fan** (Eng) / Ventilator m, Lüfter m (mit einem Druckverhältnis 1:1 je Stufe), Gebläse n (mit einem Druckverhältnis bis 3 je Stufe), Verdichter m (mit einem Druckverhältnis bis 12 pro Stufe) ‖ ~ **plant*** (Elec Eng) / Lüftungsanlage f, Belüftungsanlage f
**ventilation** n / Entlüftung f ‖ ~ (Eng) / Lüftung f, Belüftung f ‖ ~ (of mines) (Mining) / Grubenbewetterung f (Versorgung von belegten Grubenbauen mit Frischwettern), Bewetterung f einer Grube ‖ ~ **borehole** (Mining) / Wetterbohrloch n (Großbohrloch, das anstelle eines vertikalen oder geneigten Grubenbaus im Rahmen der Hauptbewetterung eine durchgehende Wetterverbindung zur besseren Wetterversorgung einzelner Betriebspunkte herstellt) ‖ ~ **brick** / Luftöffnungsstein m, Lüftungsziegel m, Lüftungsstein m ‖ ~ **current** (Mining) / Wetterstrom m (Volumenstrom an jedem beliebigen Punkt des bewetterten Grubengebäudes) ‖ ~ **deputy** (Mining) / Wettersteiger m (für alle Teilgebiete der Grubenbewetterung, einschließlich Messtechnik, zuständiger Steiger einer Schachtanlage mit abgeschlossenem Sonderlehrgang), Wetterfahrsteiger m ‖ ~ **element** (Surf) / Sauerstoffkonzentrationszelle f, Belüftungszelle f, Belüftungselement n (ein durch unterschiedliche Belüftung entstehendes Korrosionselement, in dem die stärker belüfteten Stellen die Katode und die schwächer belüfteten die Anode bilden) ‖ ~ **hole** (Aero) / Belüftungsbohrung f (in der inneren Fensterscheibe) ‖ ~ **lock** (Mining) / Wetterschleuse f (die mindestens aus zwei Wettertüren besteht) ‖ ~ **pipe** (Mining) / Lutte f, Wetterlutte f ‖ ~ **raise** (Mining) / Wetteraufhauen n ‖ ~ **road** (Mining) / Wetterstrecke f (im Allgemeinen) ‖ ~ **shaft** (Mining) / Wetterschacht m ‖ ~ **slot** / Belüftungsschlitz m, Lüftungsschlitz m (im Allgemeinen - auch bei dem Rad)
**venting** n / Entlüftung f ‖ ~ (Eng) / Lüftung f, Belüftung f ‖ ~ (Eng, Foundry, Plastics) / Entlüftung f ‖ ~ (Foundry) / Formentlüftung f, Entlüftung f (der Form) ‖ ~* (Foundry) / Luftspießen n, Luftstechen n ‖ ~ **power** (Foundry) / Gasdurchlässigkeit f (von Formsand)
**ventlight** n (Build) / Lüftungsflügel m (in Fenstern oder Fenstertüren)
**Ventolin** n (Pharm) / Salbutamol n
**vent opening** (Eng) / Entlüftungsöffnung f, Luftloch n, Lüftungsöffnung f, Belüftungsloch n ‖ ~ **pipe*** (San Eng) / Anschlussrohr n (zwischen Lüftungsleitung und Entwässerungsgegenstand) ‖ ~ **plug** (Elec Eng) / Verschlussstopfen m (einer Batterie nach DIN 40729), Entlüftungskappe f (der Autobatterie), Entlüftungsdeckel m, Entlüftungsschraube f
**ventral tank*** (Aero) / Rumpfaußentank m, Bellytank m (ein Abwurfbehälter unter dem Rumpf)
**ventriculography*** n (Radiol) / Pneumoventrikulografie f, Ventrikulografie f
**vent rubber** (Autos) / Ausstellfenstergummi m (ein Dichtprofil) ‖ ~ **stack*** (San Eng) / Lüftungsleitung f (Verlängerung der Fallleitung oder Anschlussleitung für Schmutzwasser von der höchstgelegenen Anschlussstelle eines Entwässerungsgegenstandes bis über Dach) ‖ ~ **tube** (Mining) / Lutte f, Wetterlutte f

**venture capital** / Venture-Capital n, Risikokapital n (jede Form des Eigenkapitals, das im Unterschied zum Fremdkapital für die Kapitalgeber keinen rechtlich fixierten festen Rückzahlungs- und Zinszahlungsanspruch beinhaltet), Wagniskapital n, Venture-Kapital n
**venturi** n (Aero) / Venturi-Düse f (zur Durchflussmessung - nach G.B. Venturi, 1746 - 1822), Venturi-Rohr n, Saugdüse f ‖ ~ **fan cylinder** (Eng) / Diffusor m (kegeliger Aufsatz auf dem Ventilatordeck zur Verbesserung des Ventilatorwirkungsgrades) ‖ ≏ **flume** (Hyd Eng) / Venturi-Kanal m (mit speziell definiertem Abflussquerschnitt) ‖ ≏ **flume*** (Hyd Eng) / Venturi-Kanal m (mit speziell definiertem Abflussquerschnitt) ‖ ~ **meter*** (Aero) / Venturi-Düse f (zur Mengenmessung nach dem Wirkdruckprinzip), Venturi-Rohr n, Saugdüsenmesser m, Saugdruckgeber m (als Messgerät) ‖ ≏ **scrubber** (a device for industrial vacuum cleaning) (Chem Eng, Met) / Venturi-Wascher m, Venturi-Wäscher m (zum Kühlen und Entstauben von Abgasen sowie zum Auswaschen und Absorbieren von Dämpfen oder in Nass-Spritzkabinen), Venturi-Abscheider m ‖ ≏ **tube** (Aero) / Venturi-Düse f (zur Durchflussmessung - nach G.B. Venturi, 1746 - 1822), Venturi-Rohr n, Saugdüse f
**vent valve** (Aero) / Ausblasearmatur f (im normalen Betrieb geschlossene Armatur mit guten Drosseleigenschaften zum Entspannen von Anlagenteilen oder Gasleitungsabschnitten) ‖ ~ **valve** (Eng) / Entlüftungsventil n ‖ ~ **wax** (Foundry) / Wachsschnureinlage f, Wachsschnur f (als Einlage in Kerne zur Luftabfuhr)
**vent-window rubber** (Autos) / Ausstellfenstergummi m (ein Dichtprofil)
**vent wing** (Autos) / ausstellbares Fenster, Drehfenster n (für vordere Türen) ‖ ~ **wire*** (Foundry) / Luftnadel f, Luftspieß m, Luftstecher m
**Ventzke scale** (Chem) / Ventzke-Skale f (bei Sacharimetern)
**Venus fly-by** (Space) / Vorbeiflug m an der Venus
**Venus' hair stone*** (Min) / Haarstein m (faseriger Rutil, Titandioxid), Venushaar n, Crinis m Veneris
**Venus probe** (Space) / Venussonde f (z.B. Magellan)
**veranda** n (Arch) / Veranda f (pl. -den)
**verandah** n (Arch) / Veranda f (pl. -den)
**veratraldehyde** n (Chem) / Veratrumaldehyd m (3,4-Dihydroxybenzaldehyd)
**veratrine** n (Chem) / Veratrinum n, Veratrin n (ein Gemisch von Veratrum-Steroidalkaloiden)
**veratrol** n (Chem) / Veratrol n (ein Dimethoxybenzol), Brenzkatechindimethylether m, Brenzcatechindimethylether m
**veratrole** n (catechol dimethyl ether) (Chem) / Veratrol n (ein Dimethoxybenzol), Brenzkatechindimethylether m, Brenzcatechindimethylether m
**veratrum aldehyde** (Chem) / Veratrumaldehyd m (3,4-Dihydroxybenzaldehyd) ‖ ~ **alkaloids** (Chem, Pharm) / Veratrumalkaloide n pl, Veratrum-Steroidalkaloide n pl
**verawood** n (For) / Vera n, Verawood n (Bulnesia arborea Jacq.), VEP
**verb** n (Comp) / Verb n (COBOL), Tätigkeit f
**verbal** adj (Acous, AI) / verbal adj
**verbena oil** / Verbenenöl n (aus Aloysia triphylla (L'Hér.) Britton) ‖ ~ **oil** s. also lemon grass oil and Spanish verbena oil
**verbenol** n (Chem) / Verbenol n (2-Pinen-4-ol)
**verbenone** n (Chem) / Verbenon n (2-Pinen-4-on)
**verdant** adj / grün adj (Feld, Wiese, Gras) ‖ ~ **green** / grasgrün adj
**verd-antique** n (Chem) / [grüner] Edler Serpentin ‖ ~ (Geol) / Vert n des Alpes (Sammelbegriff für grüne Alpenmarmore) ‖ ~ (Geol) / grüner Porphyr ‖ ~ (Geol) s. also ophicalcite
**verde antico*** (Chem) / Edelrost m, Patina f (natürliche - im Wesentlichen basisches Kupfer(II)-karbonat) ‖ ~ **antico** (a serpentine marble) (Geol) / Vert n des Alpes (Sammelbegriff für grüne Alpenmarmore) ‖ ~ **antique** (Geol) / [grüner] Edler Serpentin
**verdelite** n (Min) / Verdelith m (grüner Turmalin)
**Verdet's constant*** (Light, Mag) / Verdet-Konstante f, Verdet'sche Konstante f (nach M.E. Verdet, 1824-1866), Konstante f des Faraday-Effekts
**verdigris*** n (Chem) / Grünspan m (Gemisch aus basischen Kupfer(II)-azetaten - je nach Arbeitsbedingungen entweder grün oder blau), Kugelgrünspan m, spanisches Grün (früher eine Malerfarbe), Aerugo m (auf Kupfer oder Messing) ‖ ~ attr / grünspanfarbig adj, grünspanfarben adj, kupfergrün adj, Grünspan-
**verditer blue** (a basic copper carbonate) (Paint) / basisches Kupferkarbonat als blaues Pigment (z.B. Azurblau, Hamburgerblau, Mineralblau usw.), Kupferblau n (Hamburgerblau, Mineralblau)
**Verdol jacquard** (Weaving) / Verdol-Jacquard-Maschine f (eine Fachbildevorrichtung an Webmaschinen), Jacquardmaschine f mit endloser Papierkarte, Verdol-Maschine f ‖ ≏ **paper** (Weaving) / Papier n für endlose Papierkarten (der Verdol-Jacquard-Maschine)
**verge** n (Autos, Civ Eng) / [unbefestigter] Seitenstreifen m, Bankett n, Außenstreifen m ‖ ~* (Build) / Simsbrett n, Ziegelleiste f (S)

(Abdeckung der Dachfläche am Giebel) ‖ ~* (the sloping edge of the roofing) (Build) / Giebelkante f ‖ ~* (Horol) / Spindel f der Hemmung ‖ ~ **board*** (Build) / Windbrett n (am Giebel), Giebelschutzbrett n, Giebeldeckbrett n ‖ ~ **board** (Build) / Ortgang m (bei Sattel- und Pultdächern), Ortgesims n (S) ‖ ~ **course** (Build) / Ortgangsteine m pl, Ortgangziegel m pl ‖ ~ **escapement*** (Horol) / Hemmung f mit Steigrad
**vergence** n (Geol) / Vergenz f (die Kipprichtung geneigter Falten in einem Faltengebirge)
**vergent** adj (Geol) / vergent adj
**verge tile*** (Build) / Ortgangstein m, Ortgangziegel m
**verglas** n (Meteor) / Glatteis n
**verifiable** adj / verifizierbar adj
**verification** n (Comp, Mil) / Verifikation f, Verifizierung f ‖ ~ (Comp, Telecomm) / Authentifizierung f (Überprüfung der Echtheit), Authentifikation f ‖ ~ **and validation** (Comp) / Überprüfung f und Validierung
**verifier** n (Comp) / Verifizierer m
**verify** v (Comp, Mil) / verifizieren v
**verjuice** n (Nut) / saurer Saft aus grünen oder unreifen Trauben, Äpfeln oder anderen Früchten
**vermeil** n / Vermeil n (feuervergoldete Waren) ‖ ~ (Min) / Vermeille f (bräunlich roter Pyrop oder Almandin) ‖ ~ **attr** (bright red) / vermeil adj (hochrot, hellrot)
**vermicide** n (Chem, Med) / wurmwidriges Mittel, Vermizid n, wurmtötendes Mittel, Wurmmittel n (im Allgemeinen)
**vermicular iron*** (Met) / Gusseisen n mit Vermikulargraphit, GGV (Gusseisen mit Vermikulargraphit)
**vermicular-type graphite** (Foundry) / Vermikulargraphit m (eine Graphitausbildung), Vermikulargraphit m
**vermiculation*** (Arch, Build) / Rustika f mit wurmartigen Vertiefungen
**vermiculite*** n (a micaceous mineral) (Min) / Vermikulit m, Vermiculit m (ein Tonmineral der Montmorillonit-Saponit-Gruppe), Blähglimmer m
**vermifuge** n (Chem, Med) / wurmwidriges Mittel, Vermizid n, wurmtötendes Mittel, Wurmmittel n (im Allgemeinen)
**vermilion** n (Chem) / Vermillon n (gefälltes blutrotes Quecksilber(II)-sulfid) ‖ ~ (Paint) / Zinnoberrot n (heute als Anstrichstoff ohne Bedeutung) ‖ ~ **adj** / zinnoberrot adj, leuchtend rotgelb ‖ ~ **red** (Paint) / Zinnoberrot n (heute als Anstrichstoff ohne Bedeutung)
**vermillion** n (Chem) / Vermillon n (gefälltes blutrotes Quecksilber(II)-sulfid)
**vermin control** / Ungezieferbekämpfung f ‖ ~**-proof** adj / gegen Ungeziefer geschützt, ungezieferbeständig adj
**vernacular** adj (Arch) / Profan-, weltlich adj ‖ ~ **architecture** (unpretentious, simple, indigenous, traditional structures made of local materials and following well-tried forms and types - agricultural, domestic and industrial) (Arch) / regionaleBauweise (z.B. Fachwerkbauten in Deutschland, Frankreich und England) ‖ ~ **name** (Biol) / Vernakularname m, Volksname m (für Pflanzen und Tiere)
**vernal equinox*** (Astron) / Frühlings-Tagundnachtgleiche f, Frühlingsäquinoktium n
**vernalization*** n (Agric, Bot) / Vernalisation f, Jarowisation f
**vernalize** v (Agric, Bot) / vernalisieren v, jarowisieren v
**vernation*** n (Bot) / Vernation f, Knospenlage f
**Verneuil flame-fusion process** (Crystal) / Verneuil-Verfahren n, Flammenschmelz-Verfahren n (bei der Kristallzüchtung, nach A.V.L. Verneuil, 1856-1913) ‖ ~ **method** (of crystal growth) (Crystal) / Verneuil-Verfahren n, Flammenschmelz-Verfahren n (bei der Kristallzüchtung, nach A.V.L. Verneuil, 1856-1913) ‖ ~ **process*** (Crystal, Min) / Verneuil-Verfahren n, Flammenschmelz-Verfahren n (bei der Kristallzüchtung, nach A.V.L. Verneuil, 1856-1913)
**vernier*** n (Instr) / Nonius m (eine Ablesehilfe nach P. Nunes, 1492-1577), Vernier m, Vernier-Skale f (nach P. Vernier, etwa 1584-1638) ‖ ~ **calliper** (slide-type calliper with vernier scale) (Instr) / Messschieber m (ein Längenmessgerät nach DIN 862), Schieblehre f, Schublehre f ‖ ~ **capacitor*** (Elec Eng) / Feineinstellungskondensator m, Feintrimmer m ‖ ~ **depth gauge** (Instr) / Tiefenmessschieber m ‖ ~ **engine** (Space) / Vernier-Triebwerk n, Steuertriebwerk n ‖ ~ **interval** / Noniuswert (Now) m (die Änderung des Wertes der Messgröße, die eine Änderung der Anzeige um einen Skalenteil der Nonius-Teilung bewirkt - DIN 2257, T 1), Now (die Änderung des Wertes der Messgröße, die eine Änderung der Anzeige um einen Skalenteil der Nonius-Teilung bewirkt - DIN 2257, T 1) ‖ ~ **micrometer** (Instr) / Messschieber m (ein Längenmessgerät nach DIN 862), Schieblehre f, Schublehre f ‖ ~ **motor** (Space) / Vernier-Triebwerk n, Steuertriebwerk n ‖ ~ **phase** (Crystal) / Vernier-Phase f, Vernier-Struktur f, Nonius-Struktur f ‖ ~ **potentiometer*** (Elec Eng) / Messpotentiometer n ‖ ~ **scale** (Instr) /

Nonius m (eine Ablesehilfe nach P. Nunes, 1492-1577), Vernier m, Vernier-Skale f (nach P. Vernier, etwa 1584-1638) ‖ ~ **structure** (Crystal) / Vernier-Phase f, Vernier-Struktur f, Nonius-Struktur f
**vernolic acid** (Chem) / Vernolsäure f
**Verona green** (Paint) / Veroneser Grün n (Chromoxidhydratgrün für Malfarben zur Tempera-, Fresko- und Ölmalerei sowie für Anstrichstoffe mit wässrigen Bindemitteln) ‖ ~ **green** (Paint) s. also Guignet's green
**veronal*** n (Pharm) / Veronal n (ein Markenname für Barbital, Ethylbarbital)
**Verona yellow** / Kasseler Gelb (mit Blei(II)-oxidchlorid), Patentgelb n, Veroneser Gelb (eine Malerfarbe)
**Veronese green** (Paint) / Veroneser Grün n (Chromoxidhydratgrün für Malfarben zur Tempera-, Fresko- und Ölmalerei sowie für Anstrichstoffe mit wässrigen Bindemitteln)
**verotoxin** n (Chem) / Verotoxin n, SLT (Verotoxin)
**verre églomisé** (Glass) / Eglomisé n (Sonderform der Hinterglasmalerei, bei der schwarzer Lack so auf eine Glastafel aufgetragen wird, dass Aussparungen entstehen, die mit spiegelnder Materie hinterlegt werden)
**verrucose*** adj (Bot) / warzenförmig adj
**versant** n (Geog) / Hang m, Abhang m (eines Berges, eines Hügels)
**versatate** n (Chem) / Versatat n (Ester oder Salz der Versatic-Säure) ‖ ~ **copolymer** (Chem, Paint) / Versatat-Kopolymer n (Polyvinylversatat), Versatat-Copolymer n
**Versatic acid** (Chem) / Versatic-Säure f (Warenzeichen von Shell für tertiäre, gesättigte Monokarbonsäuren mit längeren Seitenketten und tertiären COOH-Gruppen)
**versatile** adj / vielseitig adj, umstellungsfähig adj, anpassungsfähig adj (vielseitig)
**versatility** n / vielseitige Verwendbarkeit ‖ ~ / Vielseitigkeit f, Umstellungsfähigkeit f, Umstellungsmöglichkeit f, Anpassungsfähigkeit f (Vielseitigkeit) ‖ ~ (Work Study) / Disponibilität f (die vielseitige Einsetzbarkeit von Personen beruhend auf der Qualifikation, der Erfahrung und dem pyhsischen Leistungsvermögen)
**versed cosine** (Maths) / Kosinusversus m, cos vers ‖ ~ **sine*** (Build, Civ Eng) / Pfeilhöhe f (DIN 1075), Stichhöhe f (der größte Abstand eines Bogens von der Bogensehne), Bogenhöhe f, Bogenstich m, Stich m, Bogenpfeil m ‖ ~ **sine** (Maths) / Sinusversus m, sin vers
**versene*** n (Chem) / Versen n (Warenzeichen von Dow für Ethylendiamintetraessigsäure und deren Salze mit 1-4 Na bzw. Ca und 2 Na)
**versicolorous*** adj (Bot, Zool) / vielfarbig adj
**versicoloured** adj / scheckig adj, bunt adj ‖ ~ (Bot, Zool) / vielfarbig adj
**versiera** n (Maths) / Versiera f (der Agnesi), Agnesi'sche Kurve (eine glockenförmige höhere Kurve nach Maria Gaetana Agnesi, 1718-1799)
**versin** n (Maths) / Sinusversus m, sin vers
**versine*** n (Maths) / Sinusversus m, sin vers
**version** n / Fassung f (eines künstlerischen Werkes, Films usw.) ‖ ~ (Comp) / Programmversion f, Programmausgabe f (Version), Programmfassung f ‖ ~ (Comp) / Version f, Release n (überarbeitete, verbesserte oder fehlerbereinigte Version eines Software-Produkts) ‖ ~ (Eng) / Bauart f, Ausführung f (Version), Bauform f, Machart f, Ausführungsform f, Version f (Herstellungsart) ‖ ~ **control system** (Comp) / Versionskontrollsystem n (Programm zur Versionskontrolle) ‖ ~ **number** (a number attached to a specific version of a software item and used to distinguish this version from other versions) (Comp) / Versionsnummer f (DIN 66 029) ‖ ~ **of a type-face** (Typog) / Schriftschnitt m (Gruppe innerhalb einer Schriftart) ‖ ~ **retrieval** (Comp) / Versionsrekonstruktion f (Feature eines Versionskontrollsystems, mit dem sich auch nach gravierenden Änderungen immer auf der zuletzt lauffähigen Quellcode-Version aufsetzen lässt) ‖ ~ **space** (AI) / Versionsraum m (von Begriffsbeschreibungen)
**verso** (pl. -s) (Print, Typog) / Widerdruckseite f ‖ ~* (pl. -s) (Print, Typog) / linke Buchseite (mit gerader Seitenzahl)
**Verson-Wheelon process** (Eng) / Verson-Wheelon-Verfahren n (ein Gummikissen-Ziehverfahren)
**versus** (e.g. velocity versus time) / als Funktion von
**vertex** n (pl. vertices or vertexes) (Astron) / Vertex m (pl. Vertices) (Punkt der Sphäre, in dessen Richtung sich die Sterne eines Sternstroms zu bewegen scheinen), Fluchtpunkt m ‖ ~* (pl. vertices or vertexes) (Build, Civ Eng) / Scheitelpunkt m, Scheitel m ‖ ~ (pl. vertices or vertexes) (Build, Civ Eng) / Tunnelscheitel m, Gewölbescheitel m ‖ ~ (pl. vertices or vertexes) (Elec) / Knoten m (Endpunkt eines Zweiges oder Verbindungspunkt mehrerer Zweige) ‖ ~* (pl. vertices or vertexes) (Maths) / Spitze f (des Dreiecks, der Pyramide, des Kegels, Scheitel m (des Kegels) ‖ ~* (pl. vertices or vertexes) (Maths) / Ecke f, Eckpunkt m (eines Vielecks, eines Polyeders) ‖ ~* (pl. vertices or vertexes) (Maths) /

Scheitel *m*, Scheitelpunkt *m* (eines Winkels) || ~ (pl. vertices or vertexes) (Phys) / Vertex *m* (pl. Vertices - Knickpunkt, an dem drei Linien des Feynman-Grafen zusammentreffen) || ~ **distance** (Optics) / Scheitelabstand *m* || ~ **equation** (Maths) / Scheitelgleichung *f* (eines Kegelschnittes) || ~ **equation of a parabola** (Maths) / Scheitelgleichung *f* einer Parabel, Parabelgleichung *f* || ~ **feed** (Radio) / Scheitelpunkteinspeisung *f* (der Antenne)
**vertex-oriented** *adj* (Comp) / knotenorientiert *adj* (Grammatik, Graf)
**vertex** (dioptric) **power** (Optics) / Scheitelbrechwert *m* (bei Brillengläsern - Kehrwert der Schnittweite des dingseitigen Brennpunktes) || ~ **tunnel** (Civ Eng) / Scheiteltunnel *n* (bei dem der höchste Punkt eines Gebirges unterfahren wird)
**vertical** *n* (Maths) / Vertikale *f* || ~ (Phys) / vertikale Komponente (der Schwerebeschleunigung) || ~ *adj* / vertikal *adj*, senkrecht *adj* || ~ (Autos, Eng) / stehend *adj* || ~ (Geol, Mining) / seiger *adj*, saiger *adj* || ~ (cab) **acceleration** (Autos) / Vertikalbeschleunigung *f* || ~ **aerial photograph*** (Surv) / Vertikalaufnahme *f* || ~ **amplifier** (for signals intended to produce vertical deflection) (Electronics) / Y-Verstärker *m*, Y-Ablenkverstärker *m*, Vertikalverstärker *m* || ~ **angles** (Maths) / Scheitelwinkel *m pl* (Winkelpaare bei zwei sich schneidenden Geraden) || ~ **anisotropic etch** (Electronics) / V-ATE-Verfahren *n* (in der Bipolartechnik ein Verfahren zur Herstellung integrierter Bipolarschaltungen mittels dielektrischer Isolation) || ~ **antenna** (Radio) / vertikale Antenne (mit vertikalem Strahler), Vertikalantenne *f* || ~ **audio cabinet** (Electronics) / hochformatiger Schrank für Audioanlage || ~ **axis** (Aero) / Hochachse *f*, z-Achse *f* (des Flugzeugs) || ~ **axis** (Surv) / Alhidadenachse *f*, Stehachse *f* (DIN 18718), Vertikalachse *f*
**vertical-axis wind turbine** (Elec Eng, Eng) / Vertikalachsenwindturbine *f*, Vertikalachser *m* (eine Windturbine), Windkraftanlage *f* mit vertikaler Achse (Windturbine)
**vertical band saw** (For) / Senkrecht-Bandsägemaschine *f*, Tisch-Bandsägemaschine *f* || ~ **blanking** (TV) / V-Austastung *f*, vertikale Austastung || ~ **blanking interval** (TV) / Vertikalaustastlücke *f*, vertikale Austastlücke || ~ **boiler*** (Eng) / stehender Kessel, Stehkessel *m* || ~ **boring and turning mill** (Eng) / Dreh- und Bohrwerk *n* (senkrechtes), Senkrechtdrehmaschine *f* (mit senkrechter Drehachse), Senkrechtdrehwerk *n*, Vertikaldrehmaschine *f*, Karusselldrehmaschine *f* || ~ **boring machine** (Eng) / Senkrechtbohrmaschine *f* (mit senkrechter Bohrspindel) || ~ **boring mill** (Eng) / Dreh- und Bohrwerk *n* (senkrechtes), Senkrechtdrehmaschine *f* (mit senkrechter Drehachse), Senkrechtdrehwerk *n*, Vertikaldrehmaschine *f*, Karusselldrehmaschine *f* || ~ **broaching machine** (Eng) / Senkrechträummaschine *f* (mit senkrechtem Arbeitshub) || ~ **camera** (Photog, Print) / Vertikalkamera *f* (für fotografische Reproduktionen) || ~ **circle*** (Astron, Surv) / Vertikal *m*, Vertikalkreis *m* (DIN 18718), Höhenkreis *m* || ~ **clearance** (Civ Eng) / lichte Höhe (das Maß von der Oberkante des unteren Verkehrsweges bis zur Konstruktionsunterkante des Überbaus), Lichthöhe *f* || ~ **clearance** (Eng) / Höhenfreiheit *f*, Höhenabstand *m* || ~ **communication** (Telecomm) / vertikale Verständigung (zwischen einzelnen OSI-Schichten) || ~ **component*** (Elec Eng) / Vertikalkomponente *f* || ~ **component** (of dip) (Geol) / seigere Sprunghöhe || ~ **continuous caster** (Foundry) / Vertikalstranggießanlage *f*, Senkrechtstranggießanlage *f* || ~ **continuous casting** (Foundry) / vertikales Stranggießen *m*, Senkrechtstrangguss *m* || ~ **continuous casting machine** (Foundry) / Vertikalstranggießanlage *f*, Senkrechtstranggießanlage *f* || ~ **continuous casting plant** (Foundry) / Vertikalstranggießanlage *f*, Senkrechtstranggießanlage *f*
**vertical-coring brick** (Build, Ceramics) / Hochlochziegel *m*
**vertical coverage** (Radar) / Höhenüberdeckung *f* || ~ **curve*** (Civ Eng, Rail, Surv) / vertikaler Übergangsbogen, Vertikalausrundung *f*, Wannenausrundung *f* (vertikaler Übergangsbogen), Längenausrundung *f* || ~ **cutting motion** (Eng) / senkrechte Schnittbewegung || ~ **deep-hole boring machine** (Eng) / Senkrechttiefbohrmaschine *f*, Senkrechttieflochbohrmaschine *f* || ~ **definition** (TV) / Vertikalauflösung *f* || ~ **deflection electrode** (Electronics) / Y-Ablenkplatte *f*, Y-Platte *f*, Vertikalablenkplatte *f*, Vertikalablenkelektrode *f* || ~ **deflection plate** (Electronics) / Y-Ablenkplatte *f*, Y-Platte *f*, Vertikalablenkplatte *f*, Vertikalablenkelektrode *f* || ~ **digester** (Paper) / Vertikalkocher *m*, stehender Kocher
**vertical-down weld** (Welding) / Fallnaht *f* (in vertikaler Position von oben nach unten gefertigte Schweißnaht)
**vertical•-draw-out metal-clad switchgear** (Elec Eng) / nach unten ausziehbare gussgekapselte Schaltvorrichtung || ~ **drilling machine** (Eng) / Senkrechtbohrmaschine *f* (mit senkrechter Bohrspindel) || ~ **drill press** (US) (Eng) / Senkrechtbohrmaschine *f* (mit senkrechter Bohrspindel) || ~ **electrophoresis** (Chem) / Vertikalelektrophorese *f*, vertikale Elektrophorese || ~ **engine** (Aero) / Hubtriebwerk *n* (von VTOL-Flugzeugen) || ~ **engine*** (I C Eng) / stehender Motor (DIN 1940), Motor *m* mit stehenden Zylindern || ~ **external broaching machine** (Eng) / Senkrecht-Außenräummaschine *f* || ~ **extruding press** (Met) / vertikale Strangpresse (mit vertikaler Pressstempelbewegung), stehende Strangpresse || ~ **format** (Print) / Hochformat *n* || ~ **format control** (Comp) / vertikale Formatsteuerung || ~ **frame-sawing machine** (Carp, For) / Senkrechtgatter *n*, Vertikal-Gattersägemaschine *f* || ~ **frequency** (Comp, TV) / Vertikalfrequenz *f*, V-Frequenz *f* || ~ **furnace** (Glass) / Elektrowanne *f* mit Vertikalschmelze || ~ **gang saw** (Carp, For) / Senkrechtgatter *n*, Vertikal-Gattersägemaschine *f* || ~ **gate** (Hyd Eng) / Schütz *n* (senkrecht bewegbare Platte zur Regelung des durchströmenden Wassers oder zum Schließen eines Wehres), Schütze *f* || ~ **gate** (Hyd Eng) / Hubtor *n* (des Schiffshebewerks, das senkrecht auf und ab bewegt wird), Vertical-Lift-Gate *n*
**vertical-grain sawing** (US) (For) / Radialschnitt *m* (bei dem die Jahrringe als parallele Linien in Längsrichtung verlaufen), Spiegelschnitt *m* (strenger)
**vertical grinding headstock** (Eng) / Schleifspindelstock *m* (der Rundschleifmaschine) || ~ **gust*** (Aero) / Vertikalbö *f* (Fallbö, Steigbö) || ~ **gyro** (Aero) / Lageüberwachungskreisel *m*, Lagekreisel *m* (mit vertikaler Achse) || ~ **hold** (TV) / Bildfang *m* (vertikaler) || ~ **illumination** (Light) / Auflichtbeleuchtung *f* || ~ **intensity** (Geophys) / Vertikalintensität *f* (Stärke des erdmagnetischen Feldes in senkrechter Richtung) || ~ **interval** (Cartography) / Höhenlinienabstand *m*, Höhenunterschied *m* benachbarter Höhenlinien || ~ **interval** (Eng) / Höhenabstand *m* (im Allgemeinen) || ~ **interval reference signal** (TV) / Prüfzeilenreferenzsignal *n* || ~ **interval test signal** (TV) / Prüfzeilenmesssignal *n* || ~ **interval time-code** (Cinema) / Time-Kode *m* in der vertikalen Austastlücke (bei Camcordern) || ~ **justification** (Typog) / vertikaler Ausschluss || ~ **kiln** (Met) / Schachtofen *m* || ~ **landing** (Aero) / Vertikallandung *f* || ~ **lathe** (Eng) / Dreh- und Bohrwerk *n* (senkrechtes), Senkrechtdrehmaschine *f* (mit senkrechter Drehachse), Senkrechtdrehwerk *n*, Vertikaldrehmaschine *f*, Karusselldrehmaschine *f*
**vertical-lift bridge*** (Civ Eng) / Hubbrücke *f* (eine bewegliche Brücke, bei der der Überbau an Seilen oder Ketten durch Gegengewichte hochgezogen oder durch hydraulischen Antrieb und Schwimmer unmittelbar emporgehoben wird), Hebebrücke *f*
**vertical-lift gate** (Hyd Eng) / Hubtor *n* (des Schiffshebewerks, das senkrecht auf und ab bewegt wird), Vertical-Lift-Gate *n*
**vertical-lift lock-gate** (Hyd Eng) / Hubtor *n* (der Schleuse)
**vertical line** (Maths) / Vertikale *f* || ~ **line spacing** (Comp) / Zeilendichte *f*
**vertically perforated brick** (Build, Ceramics) / Hochlochziegel *m* || ~ **pivoted window** (Build) / Wendeflügel *m* || ~ **polarized wave** (Optics) / vertikal polarisierte Welle
**vertical machine** (whose axis of rotation is approximately vertical) (Elec Eng) / Vertikalmaschine *f*, senkrechte Maschine || ~ **magnetic recording** (Mag) / vertikale Aufzeichnung || ~ **microinstruction format** (Comp) / vertikales Mikroinstruktionsformat, kodiertes Mikroinstruktionsformat || ~ **migration** (Comp) / vertikale Verlagerung (von Funktionen in hierarchisch geschichteten Software/Firmware-Systemen) || ~ **milling machine*** (Eng) / Senkrechtfräsmaschine *f* (DIN 8616), Vertikalfräsmaschine *f* || ~ **on-board delivery** (Aero, Ships) / Bevorratung *f* aus der Luft (mit Hubschraubern oder mit den Senkrechtstartflugzeugen) || ~ **parity** (Comp) / Zeichenparität *f*, Querparität *f*, vertikale Parität (Parität eines Zeichens nach Ergänzung durch ein Prüfbit, im Gegensatz zur Block- oder Längsparität) || ~ **pattern** (Radio) / Vertikaldiagramm *n*, Vertikalstrahlungsdiagramm *n* || ~ **photograph** (Photog, Surv) / Senkrechtbild *n*, Steilbild *n* (ein Luftbild) || ~ **plane** (Maths) / Vertikalebene *f*, Aufreißebene *f* || ~ **polarization*** (Elec, Radio) / vertikale Polarisation (vertikale Lage der elektrischen Feldlinien des elektromagnetischen Feldes), Vertikalpolarisation *f* || ~ **radiation pattern** (Radio) / Vertikalstrahlungsdiagramm *n* (einer Antenne) || ~ **recording** (Acous) / Edison-Schrift *f* (mit vertikaler Auslenkung der Graviernadel), Tiefenschrift *f* || ~ **redundancy check** (Comp) / Querprüfung *f* (Verfahren der Fehlersicherung nach DIN 66 010), vertikale Redundanzprüfung, Querparitätsprüfung *f* || ~ **replenishment** (Aero, Ships) / Bevorratung *f* aus der Luft (mit Hubschraubern oder mit den Senkrechtstartflugzeugen) || ~ **resolution** (TV) / Vertikalauflösung *f* || ~ **retort process** (Met) / New-Jersey-Verfahren *n* (Zinkgewinnung in stehenden Muffeln) || ~ **rise** (Eng) / Förderhöhe *f* (z.B. bei Fahrtreppen) || ~ **sand drain** (enabling the soil to drain more easily) (Civ Eng) / vertikaler Sanddrän (vor der Dammschüttung auf wenig tragfähigem Untergrund), senkrechter Sanddrän || ~ **sash** (US) (Build) / Hubfenster *n* || ~ **scale** (Surv) / Höhenmaßstab *m* (ein Verkleinerungsverhältnis) || ~ **scanning*** (TV) / V-Austastung *f*, vertikale Austastung || ~ **scanning*** (TV) / Bildablenkung *f*,

senkrechtes Zeilenabtasten, Vertikalablenkung f ‖ ~ **scroll bar** (Comp) / vertikale Bildlaufleiste ‖ ~ **scrolling** (Comp) / vertikaler Bilddurchlauf, vertikales Scrolling ‖ ~ **section** (Geol, Mining) / Seigerriss m ‖ ~ **seismograph** (Geol) / Vertikalseismograf m ‖ ~ **separation**\* (Aero) / Höhenstaffelung f ‖ ~ **shaft** (Autos) / Königswelle f

**vertical-shaft alternator**\* (Elec Eng) / Schirmgenerator m (ein Synchrongenerator mit vertikaler Welle) ‖ ~ **machine** (Eng) / Maschine f mit senkrechter Welle, stehende Maschine, senkrechte Maschine

**vertical shaping machine** (Eng) / Senkrechtstoßmaschine f (mit senkrechtem Arbeitshub) ‖ ~ **slotting machine** (Eng) / Senkrechtstoßmaschine f (mit senkrechtem Arbeitshub) ‖ ~ **speed** (Aero) / Vertikalgeschwindigkeit f ‖ ~ **speed indicator**\* (Aero) / Variometer n (Gerät zur Anzeige der Steig- und Sinkgeschwindigkeit), Höhenänderungsmesser m ‖ ~ **spin tunnel** (Aero) / Trudelkanal m ‖ ~ **stabilizer** (Aero) / Flosse f (meistens Seitenflosse) ‖ ~ **stabilizer** (US) (Aero) / Seitenflosse f (Flosse des Seitenleitwerks) ‖ ~ **steam engine** (Eng) / stehende Dampfmaschine ‖ ~ **sweep** (TV) / Bildablenkung f, senkrechtes Zeilenabtasten, Vertikalablenkung f ‖ ~ **tabulation character** (Comp) / Vertikaltabulator m, VT (Vertikaltabulator) ‖ ~ **tabulator** (Comp) / Vertikaltabulator m, VT (Vertikaltabulator) ‖ ~ **tail** (Aero) / Seitenleitwerk n (mit einem beweglichen Teil, dem Seitenruder, und mit einem starren Teil, der Seitenflosse), SLW (Seitenleitwerk) ‖ ~ **tail surfaces** (Aero) / Seitenleitwerk n (mit einem beweglichen Teil, dem Seitenruder, und mit einem starren Teil, der Seitenflosse), SLW (Seitenleitwerk) ‖ ~ **take-off and landing aircraft** (Aero) / Senkrechtstartflugzeug n, VTOL-Flugzeug n, Senkrechtstarter m, Lotrechtstarter m, Vertikalstartflugzeug n, Vertikalstarter m ‖ ~ **tank** (Chem Eng) / Stehtank m ‖ ~ **throw** (Phys) / senkrechter Wurf ‖ ~ **tiling**\* (Build) / Verblendung f (von Außenseiten der Backsteinbauten), Verkleidung f (von Mauern) ‖ ~ **transistor** (Electronics) / Substratransistor m

**vertical-tube boiler** (Eng) / Steilrohrkessel m (ein Naturumlaufkessel)
**vertical turn** (Aero) / Vertikalkurve f
**vertical-up weld** (Welding) / Steignaht f
**vertical velocity curve** (Hyd Eng) / Geschwindigkeitskurve f über der Messlotrechten ‖ ~ **visibility** (Aero) / Vertikalsicht f ‖ ~ **window surrounds** (Build) / Fenstergewände n, Fensterlaibung f ‖ ~ **wind tunnel**\* (Aero) / Trudelkanal m
**vertisol** (Agric, Geol) / Vertisol m, tropische und subtropische Schwarzerde (siallitischer Quelltonboden)
**vertrep** n (Aero, Ships) / Bevorratung f aus der Luft (mit Hubschraubern oder mit den Senkrechtstartflugzeugen)
**very close shot** (Cinema) / Aufnahme f aus nächster Nähe ‖ ~ **coarse sand** / Grobsand m (1 - 4 mm Korngröße), Grieß m ‖ ~ **fine screen**\* (Photog, Print) / feinster Raster, feinste Rasterweite ‖ ~ **high bit-rate digital subscriber line** (Comp, Telecomm, Teleph) / VHDSL n (ein Übertragungsverfahren für breitbandige Signale über Cu-Telefonleitungen), VDSL n (ein Übertragungsverfahren), VHDSL-Verfahren n
**very-high-density lipoprotein** (Biochem, Chem) / Lipoprotein n mit sehr hoher Dichte
**very high frequency**\* (Radio) / Hochfrequenz f von 30 - 300 MHz (Meterwellen) ‖ ~ **high level language** (Comp) / Sprache f sehr hoher Ebene
**very-high-resolution screen** (Comp) / sehr hoch auflösender Bildschirm
**very high sea** (Ocean, Ships) / sehr hohe See (ein Seezustand)
**very-high-speed-integrated circuit** (Electronics) / höchstintegrierter Schaltkreis
**very-high-speed integration** (Electronics) / Integrationsgrad m VHSI (die bis heute - 2005 - höchste Integrationsstufe)
**very-high-strength steel** (Met) / höchstfester Stahl (mit einer Streckgrenze höher als 1200 MPa)
**very high voltage** (Elec Eng) / Höchstspannung f ‖ ≃ **Large Array** (Astron) / Very Large Array m n (ein sehr kompliziertes Radioteleskop, z.B. auf einer Hochebene New Mexicos) ‖ ~ **large crude carrier** (Oils, Ships) / Rohöl-Supertanker m mit 160 000 bis 319 999 tdw.
**very-large-scale integration** (Electronics) / Integrationsgrad m VLSI, VLSI-Integrationsgrad m (etwa 100 000 Grundfunktionen bzw.1 000 000 Bauelemente pro Chip), Hochintegrationsgrad m (VLSI)
**Very Large Telescope** (Astron) / Very Large Telescope n (das größte Teleskop der Welt - in der chilenischen Atacamawüste) ‖ ≃ **Long Baseline Array** (Astron) / Very Long Baseline Array m n (ein gigantisches Radioteleskop des VLBI-Typs)
**very-long-baseline interferometer** (Astron) / Radiointerferometer n mit zwei oder mehreren Radioteleskopen, die weit voneinander entfernt stehen ‖ ~ **interferometry** (Astron) / Very Long Baseline Interferometry f, VLBI (Very Long Baseline Interferometry), Langbasisinterferometrie f, Großstreckeninterferometrie f, Großbasisinterferometrie f, VLB-Interferometrie f
**very-long-chain fatty acid** (Nut) / gesättigte sehr langkettige Fettsäure
**very-low-density lipoprotein** (Biochem) / Lipoprotein n mit sehr geringer Dichte ‖ ~ **polyethylene** (Chem, Plastics) / Polyethylen n sehr niedriger Dichte, VLDPE (Polyethylen sehr niedriger Dichte)
**very low frequencies**\* (Nav, Radio) / Frequenz f von 3-30 kHz (Myriameterwellen)
**very-low-frequency emission** (Radio) / VLF-Emission f (sehr niederfrequente Radiowellen natürlicher Herkunft von nur einigen bis $10^4$ Hz, die in der Ionosphäre, der Troposphäre oder der Magnetosphäre entstehen)
**very-low-nitrogen steel** (Met) / Stahl m mit sehr niedrigem Stickstoffgehalt
**very-low-pressure pyrolysis** (Chem, Phys) / Vakuumblitzthermolyse f
**very low-voltage** (Elec Eng) / Kleinspannung f (bis 42 V) ‖ ~ **narrow spot** (Light) / Tiefstrahler m (mit weniger als 5°) ‖ ≃ **pistol** (Mil) / Signalpistole f (nach E.W. Very 1847 - 1910), Leuchtpistole f (zum Verschießen von Leuchtmunition) ‖ ~ **resistant** (For) / sehr resistent (nach DIN 68364)
**very-short-range forecasting** (Meteor) / Kürzestfristprognose f (für den Zeitraum bis zu zwölf Stunden)
**very small aperture terminal** (Telecomm) / Kleinstation f mit sehr kleiner Strahleröffnung, Bodenstelle f mit sehr kleinem Öffnungswinkel (in der Satellitenkommunikation), VSAT-Stelle f (in der Satellitenkommunikation) ‖ ~ **small outline package** (Electronics) / VSOP-Gehäuse n
**VESA**\* (Video Electronics Standards Association) (Comp) / Video Electronics Standards Association f (Zusammenschluss von Grafikkarten-Herstellern), VESA f (Video Electronics Standards Association)
**vesicant**\* adj (Pharm) / Blasen ziehend adj
**vesica piscis** (pl. vesicae piscis) (Arch) / Schneuß m, Fischblase f
**vesicatory** adj (Pharm) / Blasen ziehend adj
**vesicle**\* n (Cyt, Med) / Vesikula f (pl. -ae), Vesikel f, Bläschen n, Vesicula f (pl. -ae)
**vesicular**\* adj (Cyt, Med) / vesikulär adj, bläschenartig adj ‖ ~ (Geol) / blasig adj (Gestein) ‖ ~ **film** (Photog) / Vesikularfilm m ‖ ~ **structure**\* (Geol) / Blasentextur f (Gefügetyp vulkanischer Gesteine), Vesikulartextur f
**vessel** n / Gefäß n, Behälter m ‖ ~\* (Bot, For) / Trachee f, Gefäß n ‖ ~ (For) / Pore f (Querschnitt eines Gefäßes oder einer Gefäßtracheide) ‖ ~ (Ships) / Schiff n (Wasserfahrzeug) ‖ ~ **diameter** (Bot, For) / Gefäßdurchmesser m ‖ ~ **distribution** (For) / Gefäßverteilung f (Anordnung der Gefäße auf dem Querschnitt) ‖ ~ **element**\* (Bot) / Gefäßglied n ‖ ~ **furnace** (Met) / Gefäßofen m ‖ ~ **grouping** (For) / Gefäßverteilung f (Anordnung der Gefäße auf dem Querschnitt) ‖ ~ **heating** (Chem Eng) / Behälterheizung f ‖ ~ **member**\* (Bot) / Gefäßglied n ‖ ~ **perforation** (For) / Gefäßenddurchbrechung f, Gefäßgliederdurchbrechung f ‖ ~ **pit** (For) / Gefäßtüpfel m ‖ ~ **segment**\* (Bot) / Gefäßglied n
**vessel-traffic control** (Radar, Ships) / Schiffsverkehrsüberwachung f ‖ ~ **service** (Radar, Ships) / Schiffssicherungsdienst m
**vessel unit** (Bot) / Gefäßglied n
**vestibule**\* n (Build) / Vestibül n ‖ ~ **gangway connection** (Rail) / Übergangseinrichtung f (zwischen den Eisenbahnwagen) ‖ ~ **school** (US) / Ausbildungsstätte f (betriebliche)
**vestibulocochlear nerve** (Acous) / Akustikus m (pl. -tizi), Nervus vestibulocochlearis, Nervus statoacusticus
**vestigial sideband**\* (Comp, Radio, TV) / Restseitenband n
**vestigial-sideband modulation** (Radio, TV) / Restseitenbandmodulation f, RM (Restseitenbandmodulation) ‖ ~ **transmission** (Radio, TV) / Restseitenbandverfahren n, Restseitenbandübertragung f (trägerfrequente Übertragung mit Amplitudenmodulation)
**vesuvian** n (Min) / Vesuvian m (ein Neso- oder Sorosilikat) ‖ ≃ **garnet** (Min) / Leuzit m (Kaliumalumodisilikat), Leucit m (ein Feldspatvertreter)
**vesuvianite**\* n (Min) / Vesuvian m (ein Neso- oder Sorosilikat)
**vesuvin** n (Micros) / Vesuvin n, Manchesterbraun n, Lederbraun n, Excelsiorbraun n
**vetch** n (Agric, Bot) / Wicke f (Vicia L.)
**veteran car** (an old style or model of car, specifically one made before 1919 or /strictly/ before 1905) (Autos) / Oldtimer m ‖ ~ **tree** (For) / Überhälter m, Oberständer m, Waldrechter m (gesunder, wuchskräftiger gutgeformter älterer Baum, den man bei der Endnutzung eines Wandbestandes einzeln oder in Gruppen stehen lässt)
**veterinary**\* adj (Agric) / tierärztlich adj, veterinär adj
**vetivazulene** n (Chem, Pharm) / Vetivazulen n (4,8-Dimethyl-2-isopropyl-azulen)

**vetiver** *n* / Vetiveröl *n* (ein Grasöl aus Vetiveria zizanioides (L.) Nash), Ivarancusaöl *n* ‖ ~ **oil** / Vetiveröl *n* (ein Grasöl aus Vetiveria zizanioides (L.) Nash), Ivarancusaöl *n*
**vetivert** *n* / Vetiveröl *n* (ein Grasöl aus Vetiveria zizanioides (L.) Nash), Ivarancusaöl *n*
**V-event** *n* (Nuc) / V-Ereignis *n*
**VF** (voice frequency) (Radio, Telecomm) / Sprechfrequenz *f*, Sprachfrequenz *f* (zwischen 300 und 3500 Hz)
**VF/AF push-button selection** (Teleph) / tonfrequente Tastenwahl
**VFA number** (Chem) / VFA-Zahl *f* (in g KOH angegeben)
**VFC** (vertical format control) (Comp) / vertikale Formatsteuerung
**VFD** *n* (vacuum fluorescence display) (Comp, Electronics) / Vakuumfluoreszenzanzeige *f*
**VF lens** (variable-focus lens) (Cinema, Photog) / Varioobjektiv *n*, pankratisches Objektiv, Gummilinse *f*, Zoomobjektiv *n*, Zoom *n* (Zoomobjektiv)
**VFM** (variable-frequency modem) / Modem *m n* mit veränderbarer Frequenz ‖ ~ (variable-frequency mixer) (Electronics, Radio) / Synthesizer *m* (phasengeregelter Oszillator mit Quarzreferenz), synthetisierter Oszillator
**VFO** (variable-frequency oscillator) (Electronics) / frequenzvariabler Oszillator (zur Sender- und Senderverstimmung), durchstimmbarer Oszillator ‖ ~ (variable-frequency oscillator) (Electronics, Radio) / Synthesizer *m* (phasengeregelter Oszillator mit Quarzreferenz), synthetisierter Oszillator
**V-format** *n* (Comp) / V-Format *n*
**VFR*** (visual flight rules) (Aero) / Sichtflugregeln *f pl* ‖ ~ **flight** (Aero) / VFR-Flug *m*, Sichtflug *m*
**VF ringing** (Teleph) / Tonruf *m* (Vorgang)
**vf signal** (Teleph) / Sprachsignal *n*, Signal *n* gesprochener Sprache
**V.F. telegraphy** (Teleg) / Wechselstromtelegrafie *f*, WT
**v-f telegraphy** (Teleg) / Wechselstromtelegrafie *f*, WT
**VG** (variable geometry) (Aero) / veränderbare Tragflügelgeometrie, veränderliche Tragflügelgeometrie, veränderliche Pfeilung
**VGA** (videographics adapter) (Comp) / Farbvideoadapter *m* ‖ ~ (videographics array) (Comp) / Video-Graphics-Array *m n* (Grafikstandard für Bildschirmkarten - mit 640 x 480 Pixel Auflösung) ‖ ~ **card** (Comp) / VGA-Karte *f* ‖ ~ **connector** (Comp) / VGA-Buchse *f*
**VG aircraft** (variable-geometry aircraft) (Aero) / VG-Flugzeug *n* (mit veränderlicher Tragflügelgeometrie)
**V-gauge** *n* (Glass) / gabelförmige Stahllehre
**V-gear** *n* (Eng) / V-Rad *n* (Stirnrad mit Profilverschiebung nach DIN 3960)
**V-gearing** *n* (Eng) / V-Getriebe *n* (Paarung zweier Stirnräder, deren Teilkreise nicht auch ihre Betriebswälzkreise sind - nach DIN 3960) ‖ ~ **tooth form** (Eng) / V-Verzahnung *f*
**V-groove** *n* (Acous) / V-Rille *f*
**VHDL** (very-high-density lipoprotein) (Biochem) / Lipoprotein *n* mit sehr hoher Dichte
**VHDSL** (very high bit-rate digital subscriber line) (Comp, Telecomm, Teleph) / VHDSL *n* (ein Übertragungsverfahren für breitbandige Signale über Cu-Telefonleitungen), VDSL *n* (ein Übertragungsverfahren), VHDSL-Verfahren *n*
**VHF*** (very high frequency) (Radio) / Hochfrequenz *f* von 30 - 300 MHz (Meterwellen) ‖ ~ **rotating talking beacon*** (Nav, Radio) / VHF-Drehfunkfeuer *n* für Sprechverkehr
**VHLL** (very high level language) (Comp) / Sprache *f* sehr hoher Ebene
**VHN*** (Vickers hardness number) (Materials) / Vickershärte *f* (konkret ermittelter Wert), Pyramidenhärte *f*, Härtezahl *f* nach Vickers, HV (Härtezahl nach Vickers)
**VHR screen** (Comp) / sehr hoch auflösender Bildschirm
**VHS** (Video Home System) (TV) / VHS-System *n* (Videokassettensystem mit 1/2 Zoll Band, entwickelt von Victor Company of Japan), VHS (Video Home System)
**VHSI** (very-high-speed integration) (Electronics) / Integrationsgrad *m* VHSI (die bis heute - 2005 - höchste Integrationsstufe)
**VHSIC** (very-high-speed-integrated circuit) (Electronics) / höchstintegrierter Schaltkreis
**VI** (viscosity index) (Phys) / Viskositätsindex *m* (Kennzahl für Mineral- und Schmieröle - DIN ISO 2909), VI (Viskositätsindex)
**V.I.** (volume indicator) (Radio) / Aussteuerungsmesser *m*, Volumenmesser *m*, VU-Meter *n*
**via** / via (Kennzeichnung eines Beförderungsweges, z.B. via Fürstenfeldbruck = über Fürstenfeldbruck) ‖ ~ *n* (Electronics) / Durchgangsloch *n* ‖ ~ (Electronics) / Verbindungskontakt *m*, Durchverbindung *f* (bei der Durchkontaktierung)
**viability** *n* (able to germinate) (Agric, Bot) / Keimfähigkeit *f*
**viable** *adj* / entwicklungsfähig *adj* (in der Lage, selbständig zu existieren) ‖ ~ (Agric, Bot) / keimfähig *adj* ‖ ~* (Biochem, Biol) / wachstumsfähig *adj*, lebensfähig *adj* ‖ ~ **not** (Biol) / nicht lebensfähig ‖ ~ **count** (Bacteriol, Nut) / Keimzahl *f*

**viaduct** *n* (Civ Eng) / Viadukt *m* (eine Straßen- oder Eisenbahnbrücke über große Taleinschnitte), Talbrücke *f*
**via hole** (Electronics) / Durchgangsloch *n* ‖ ~ **hole** (Electronics) / Verbindungsloch *n* (bei der Durchkontaktierung)
**vial** *n* (Glass) / Phiole *f* (bauchiges Glasgefäß mit langem Hals) ‖ ~ (Glass, Pharm) / Arzneiflasche *f*, Medizinflasche *f*, Vial *n* ‖ ~ (Nuc Eng, Radiol) / Zählfläschchen *n* (zur Flüssigkeitsszintillationsmessung) ‖ ~* (Surv) / Libelle *f* (ein Glasgefäß nach DIN 18718)
**viameter*** *n* (Surv) / Messrad *n*
**via net loss** (of trunks in the long-distance switched telephone network of North America) (Teleph) / Durchgangsdämpfung *f*
**Vi antigen*** (Med) / Vi-Antigen *n*
**via point** / Wegpunkt *m*, Bahnpunkt *m* (für die Positionierung des Arbeitsorgans)
**vibramycin** *n* (Pharm) / Doxycyclin *n* (internationaler Freiname für das antibiotisch wirksame 6-Desoxy-5-hydroxytetracyclin), Vibramycin *n*
**vibrate** *v* / vibrieren *v* ‖ ~ / rütteln *v* ‖ ~ *vt* (Phys) / in Schwingungen versetzen, schwingen lassen
**vibrated concrete** (compacted by vibration from an internal or external vibrator) (Build, Civ Eng) / vibrierter Beton, Vibrierbeton *m*, Rüttelbeton *m*, gerüttelter Beton
**vibrating** (Eng, Phys) / Schwingungs-, Schwing-, schwingend *adj*, vibrierend *adj* ‖ ~ **ball mill** (Eng) / Schwingmühle *f* (mit Porzellan- oder Stahlkugeln), Schwingkraftmühle *f*, schwingende Kugelmühle ‖ ~ **beam** (Civ Eng) / Rüttelbohle *f* (Flächenverdichtungsgerät zum Verdichten von erdfeuchtem Beton bzw. Straßenbeton mit Fließmittel) ‖ ~ **body** (Phys) / Schwinger *m* (DIN 1311, T 2) ‖ ~ **capacitor*** (Elec Eng) / Schwingkondensator *m* (in den Schwingkondensatorelektrometern und Zerhackern) ‖ ~ **compaction** (Civ Eng) / dynamische Bodenverdichtung, Bodenverdichtung *f* mit Rüttel- und Schlaggeräten (bei nichtbindigen Böden), Impulsverdichtung *f* (des Bodens) ‖ ~ **continuum** (Phys) / schwingendes Kontinuum ‖ ~ **conveying chute** (Eng) / Schwingförderrinne *f* (ein Schwingförderer) ‖ ~ **conveyor*** (Eng) / Schwingförderer *m* (ein mechanischer Stetigförderer für Schüttgut) ‖ ~ **crystal thickness monitor** (Vac Tech) / Schwingquarzwaage *f* (zur Messung der Aufdampfrate bei der Herstellung von Aufdampfschichten), Schwingquarzschichtdickenmessgerät *n* ‖ ~ **cultivator** (Agric) / Vibrationsegge *f* ‖ ~ **cylinder** (Build, Civ Eng) / Rüttelflasche *f* (Innenrüttler nach DIN 4235-1) ‖ ~ **feeder** (Eng, For) / Vibrationsaufgeber *m*, Schnellschwingspeiser *m* ‖ ~ **grinder** (Tools) / Schwingschleifer *m* (z.B. als Handzusatzgerät für Heimwerker), Sander *m* (ein Handschleifer), Vibrationsschleifer *m* (auf dessen hin- und herschwingendem Werkzeugträger der auswechselbare Schleifkörper gespannt ist), Rutscher *m* (ein Handschleifer) ‖ ~ **head** (Build, Civ Eng) / Rüttelflasche *f* (Innenrüttler nach DIN 4235-1) ‖ ~ **piledriver** (Civ Eng) / Vibrationsramme *f*, Pfahlrüttelgerät *n* ‖ ~ **plate** (compactor) (Civ Eng) / Plattenrüttler *m* (ein Verdichtungsgerät), Rüttelplatte *f*, Vibrationsplatte *f* (selbstbewegend, gezogen oder angebaut) ‖ ~ **poker** (Build, Civ Eng) / Rüttelflasche *f* (Innenrüttler nach DIN 4235-1) ‖ ~ **quartz crystal** (Radio) / Schwingquarz *m*, Schwinger *m* (Schwingquarz), Steuerquarz *m* (als frequenzbestimmendes Element in Oszillatoren)
**vibrating-reed electrometer** (Elec Eng) / Schwingkondensatorelektrometer *n*, Vibrationselektrometer *n*, Kondensatorelektrometer *n* ‖ ~ **frequency meter** (Elec Eng) / Vibrationsfrequenzmesser *m*, Zungenfrequenzmesser *m* (mit Vibrationsmesswerk), Zungenfrequenzindikator *m*, Vibrationsmessgerät *n*
**vibrating•-reed instrument** (Elec Eng) / Vibrationsfrequenzmesser *m*, Zungenfrequenzmesser *m* (mit Vibrationsmesswerk), Zungenfrequenzindikator *m*, Vibrationsmessgerät *n* ‖ ~ **roller** (Civ Eng) / Vibrationswalze *f* (eine Straßenbaumaschine), Vibrowalze *f*, Rüttelwalze *f* ‖ ~ **screen** / Vibrationssieb *n*, Rüttelsieb *n*, Schwingsieb *n*, Schüttelsieb *n* (im Allgemeinen) ‖ ~ **stress** (Mech) / Schwingbeanspruchung *f* durch Vibration ‖ ~ **system** (Phys) / Schwingungssystem *n* (DIN 1311), schwingendes System ‖ ~ **system with several degrees of freedom** (Phys) / Schwingungssystem *n* mit endlich vielen Freiheitsgraden, mehrfacher Schwinger ‖ ~ **table** (Build, Civ Eng) / Vibriertisch *m*, Rütteltisch *m* (Gerät zum Verdichten von Betonfertigteilen und Betonwaren sowie beim Herstellen von Betonprobekörpern), Schwingtisch *m* ‖ ~ **table** (Min Proc) / Schwingherd *m* ‖ ~ **table** (Min Proc) / Schüttelherd *m* ‖ ~ **tine cultivator** (Agric) / Vibrationsegge *f*
**vibration** *n* (Phys) / Schwingung *f* (meistens kontinuierlicher Medien), Vibration *f*
**vibrational** *adj* (Elec Eng, Phys) / Schwingungs-, Schwing-, schwingend *adj*, vibrierend *adj*
**vibration(al) alarm** (Teleph) / Vibrationsalarm *m*

**vibrational compaction** (Civ Eng) / Vibrationsverdichtung f, rüttelnde Verdichtung || **~ degree of freedom** (Chem) / Schwingungsfreiheitsgrad m (z.B. der Moleküle) || **~ dynamics** (Phys) / Schwingungsdynamik f || **~ energy**\* (Chem, Phys) / Schwingungsenergie f
**vibrational-energy transfer** (Phys) / Schwingungsenergieübertragung f
**vibrational enthalpy** (Phys) / Schwingungsenthalpie f || **~ entropy** (Phys) / Schwingungsentropie f || **~ frequency** (Phys) / Schwingungsfrequenz f || **~ level** (Phys) / Schwingungsniveau n || **~ load** (Mech) / Schwingungslast f
**vibrationally excited state** (Phys) / schwingungsangeregter Zustand
**vibrational properties** (Mech) / Schwingungseigenschaften f pl || **~ quantum** (Phys) / Schwingungsquant n || **~ quantum number** (Chem, Nuc, Spectr) / Schwingungsquantenzahl f (in der IR-Spektroskopie), Vibrationsquantenzahl f || **~ Raman spectrum** (Spectr) / Schwingungs-Raman-Spektrum n || **~ relaxation** (Phys) / Schwingungsrelaxation f, Vibrationsrelaxation f (im Jabłoński-Diagramm)
**vibrational-rotational spectrum** (Spectr) / Rotationsschwingungsspektrum n
**vibrational spectroscopy** (Spectr) / Schwingungsspektroskopie f || **~ spectrum** (Spectr) / Schwingungsspektrum n (meist Amplitudenspektrum eines Schwingungsverlaufs) || **~ temperature** (Phys) / Schwingungstemperatur f || **~ transition** (Phys) / Schwingungsübergang m || **~ wear** (Eng) / Schwingungsverschleiß m
**vibration analysis** (Phys) / Schwingungsanalyse f || **~ antinode** (Phys) / Schwingungsbauch m, Bauch m (Schwingungsbauch nach DIN IEC 50) || **~ ball mill** (Eng) / Schwingmühle f (mit Porzellan- oder Stahlkugeln), Schwingkraftmühle f, schwingende Kugelmühle
**vibration(al) band** (Spectr) / Schwingungsbande f
**vibration behaviour** (Phys) / Schwingungsverhalten n || **~ damper**\* (Eng) / Schwingungsdämpfer m || **~ damping** (Eng) / Schwingungsdämpfung f (DIN 1311, T 1-3)
**vibration-damping** adj (Eng, Phys) / schwingungsdämpfend adj
**vibration-energy transfer** (Phys) / Schwingungsenergieübertragung f
**vibration fatigue failure** (Materials) / Schwingbruch m (bei schwingender Belastung)
**vibration-free** adj / vibrationsfrei adj, schwingungsfrei adj
**vibration galvanometer**\* (Elec Eng) / Vibrationsgalvanometer n (ein Lichtmarkengalvanometer zur Messung von Wechselspannungen)
**vibration-induced corrosion cracking** (Surf) / Korrosionsermüdung f (DIN 50900), Schwingungsrisskorrosion f, ScRK (Schwingungsrisskorrosion)
**vibration isolation** (Mech) / Isolation f gegen Übertragung von Erschütterungen
**vibrationless** adj / vibrationsfrei adj, schwingungsfrei adj
**vibration(al) level** (Nuc) / Vibrationsniveau n (Energieniveau des Atomkerns)
**vibration loading** (Eng) / Schwingbeanspruchung f, Schwingbelastung f || **~ machine** (Eng) / Schwingungsgenerator m, Schwingungserreger m || **~ magnetometer** (Geophys) / Vibrationsmagnetometer n || **~ measurement** (Mech) / Messung f mechanischer Schwingungen || **~ of blades** (Eng) / Schaufelschwingung f (gefährliche Biegeschwingung bei den langen Verdichter- und Turbinenschaufeln) || **~ of systems with periodically varying parameters** (Phys) / rheolineare Schwingungen, Schwingungen f pl mit periodischen Koeffizienten || **~ peak** (Phys) / Schwingungsspitze f || **~ period** (Phys) / Schwingungsdauer f (die Zeitspanne zwischen zwei aufeinander folgenden gleichsinnigen Durchgängen des schwingenden Körpers durch die stabile Gleichgewichtslage - DIN 1301, T 2), Periodendauer f (Schwingungsdauer), Periode f der Schwingung || **~ pick-up**\* (Elec Eng) / Körperschallmikrofon n, Schwingungsaufnehmer m, Erschütterungsfühler m, Schwingungsempfänger m
**vibration-proof** adj (Eng) / erschütterungsfest adj, schwingungsfest adj
**vibration recorder** (Work Study) / Rüttelschreiber m (der z.B. bei Arbeitsstudien eingesetzt wird)
**vibration-reed frequency meter** (Elec Eng) / Vibrationsfrequenzmesser m, Zungenfrequenzmesser m (mit Vibrationsmesswerk), Zungenfrequenzindikator m, Vibrationsmessgerät n
**vibration-resistant** adj / vibrationsfest adj, vibrationsbeständig adj
**vibration-rotation spectrum**\* (Spectr) / Rotationsschwingungsspektrum n
**vibration spectrum** (Spectr) / Schwingungsspektrum n (meist Amplitudenspektrum eines Schwingungsverlaufs) || **~ trough** (For) / Vibrationsrinne f (Förderrinne für Späne oder anderes rieselfähiges Schüttgut) || **~ white fingers** (Med) / Weißfingerkrankheit f (ein vibrationsbedingtes vasospastisches Syndrom, z.B. bei der Arbeit mit Druckluftwerkzeugen)
**vibrator**\* n (Build, Civ Eng) / Rüttler m, Rüttelgerät n, Schwingungsverdichter m, Vibrator m (zur Verdichtung kohäsionsarmer Haufwerke oder des Betons) || **~** (Cinema) / Stahlsaite f (des dynamischen Lichttonhahns), Metallbändchen n (des magnetischen Lichttonhahns) || **~** (Comp) / Schläger m (bei Druckern) || **~** (Elec Eng) / Chopper m (kontinuierlich arbeitender Unterbrecher), Zerhacker m (für Messzwecke) || **~**\* (Eng) / Vibrator m, Schwingungserzeuger m, Schwinger m (z.B. bei Schwingförderern) || **~** (Eng) / Vibrator m, Schwingkopf m (bei der elektroerosiven Bearbeitung) || **~**\* (Horol) / Reguliermaschine f || **~ vehicle** (a specially designed tractor-like vehicle used to produce shock waves for geophysical and seismic surveys) (Geol, Geophys) / Vibrator m (für die Reflexions- und Refraktionsseismik)
**vibratory** adj (Elec Eng, Phys) / Schwingungs-, Schwing-, schwingend adj, vibrierend adj || **~ agitator** (Eng) / Vibrationsmischer m || **~ bowl feeder**\* (Eng) / Vibrationsförderer m (Schwingförderer, der Werkstücke durch Mikrowurfbewegungen auf Rinnen oder Wendelbahnen bewegt), Wendelförderer m (elektromagnetische Sortiereinrichtung beim automatischen Montieren) || **~ finishing** (Eng) / Vibrationsschleifen n, Vibrationsgleitschleifen n || **~ mill** (Eng) / Schwingmühle f (mit Porzellan- oder Stahlkugeln), Schwingkraftmühle f, schwingende Kugelmühle
**vibrio** n (pl. -s or -nes) (Bacteriol) / Vibrio m (pl. -nen oder -nes) (Schrauben-, Kommabakterium, begeißelt)
**vibroacoustics** n (Acous) / Vibroakustik f (die akustisch erregte Schwingungen untersucht)
**vibrocompact** v / einrütteln v, durch Rütteln verdichten
**vibrocompaction** n (Civ Eng) / Tiefenrütteln n (Rütteldruckverfahren)
**vibrodriving** n (Civ Eng) / Vibrationsrammen n
**Vibroflot** n (Civ Eng) / Tiefenrütteln n (Rütteldruckverfahren)
**Vibroflotation**\* n (Civ Eng) / Tiefenrütteln n (Rütteldruckverfahren)
**vibrograph** n (Instr) / Vibrograf m (Gerät zum Messen und Aufzeichnen von Schwingungen), schreibender Schwingungsmesser, Schwingungsschreiber m
**vibrometer**\* n (Elec Eng) / Vibrometer n
**vibromill**\* n (Chem Eng, Eng) / Schwingmühle f (mit Porzellan- oder Stahlkugeln), Schwingkraftmühle f, schwingende Kugelmühle
**vibromotive** adj (Phys) / schwingungserregend adj
**vibronic band** (Spectr) / Schwingungsbande f || **~ transition** (a simultaneous change in both the vibrational and electronic energy state of a molecule, with the amount of energy involved being similar to that for electronic transistion) (Phys) / Schwingungsübergang m
**vibroreplacement** n (Civ Eng) / Stopfverdichtungsverfahren n (eine Art Tiefenrütteln)
**vibroscope** n (Instr) / Vibroskop n (Demonstrationsgerät zum Studium von Schwingungen)
**vibroscreen** n / Vibrationssieb n, Rüttelsieb n, Schwingsieb n, Schüttelsieb n (im Allgemeinen)
**vibrostirrer** n (Chem, Chem Eng) / Vibrorührer m (der im Rhythmus der Frequenz des Wechselstromes schwingt)
**vic-** (vicinal) (Chem, Crystal) / vizinal adj, vicinal adj
**vicariance** n (Ecol) / Vikarianz f (Erscheinung, dass zwei verwandte Tier- oder Pflanzenarten sich in verschiedenen Gebieten wechselseitig vertreten oder im gleichen Gebiet unterschiedliche Standorte besiedeln)
**Vicat needle**\* (Civ Eng) / Vicat-Nadel f, Vicat-Apparat m, Nadelgerät n (ein Prüfgerät nach L. Vicat, 1786-1861) || **≃ softening point** (Plastics) / Vicat-Zahl f, Vicat-Wert m, Vicat-Erweichungspunkt m, Erweichungspunkt m nach Vicat, Vicat-Erweichungstemperatur f || **≃ softening temperature** (Plastics) / Vicat-Zahl f, Vicat-Wert m, Vicat-Erweichungspunkt m, Erweichungspunkt m nach Vicat, Vicat-Erweichungstemperatur f
**vice** v / in einen Schraubstock spannen || **~**\* n (Eng) / Schraubstock m (zum festen Einspannen von Werkstücken und Werkzeugen) || **~**\* (a clamping device, generally named after the trade on which it is used) (Eng) / Kloben m (z.B. Feilkloben) || **~ chuck** (Eng) / Maschinenspannstock m
**vicenary number system** (Maths) / Vigesimalsystem n, Zahlensystem n zur Basis 20
**vice with quick release** (Tools) / Schnellspannschraubstock m
**vichy** n (Textiles) / Vichy m (baumwollener klein karierter Stoff in Leinwandbindung)
**vicinal** adj (a prefix, still occasionally used to indicate an isomer in which the functional groups are on adjacent carbon atoms, as opposed to the same one in the gem isomer) (Chem, Crystal) / vizinal adj, vicinal adj || **~ coupling** (Spectr) / Vizinalkopplung f, Vicinalkopplung f (über drei Bindungen), vicinale Kopplung || **~ face**\* (Crystal) / Vizinalfläche f (Kristalloberfläche, deren Orientierung sich nur wenig von der einer niedrig indizierten Kristallfläche unterscheidet), unechte Fläche, Vicinalfläche f || **~ plane** (Crystal) / Vizinalfläche f (Kristalloberfläche, deren Orientierung sich nur wenig von der einer niedrig indizierten Kristallfläche unterscheidet), unechte Fläche, Vicinalfläche f
**vicious-circle principle** (Maths) / Prinzip n des Zirkelschlusses, Vicious-Circle-Prinzip n

**vicious-cycle**

**vicious-cycle principle** (Maths) / Prinzip n des Zirkelschlusses, Vicious-Circle-Prinzip n
**Vickers** n (square-based pyramidal diamond indenter) (Materials) / Diamantpyramide f (mit 136° Spitzenwinkel als Eindringkörper der Vickers-Härteprüfmaschine) || ≃ **diamond pyramid hardness test** (Materials) / Härteprüfung f nach Vickers (ein statisches Härteprüfverfahren nach DIN EN ISO 6507-1), Vickersverfahren n (DIN EN ISO 6507-1), Vickers-Härteprüfung f || ≃ **hardness** / Vickershärte f (DIN EN ISO 6507) || ≃ **hardness number**\* (Materials) / Vickershärte f (konkret ermittelter Wert), Pyramidenhärte f, Härtezahl f nach Vickers, HV (Härtezahl nach Vickers) || ≃ **hardness test**\* (Materials) / Härteprüfung f nach Vickers (ein statisches Härteprüfverfahren nach DIN EN ISO 6507-1), Vickersverfahren n (DIN EN ISO 6507-1), Vickers-Härteprüfung f
**Victoria blue** (Basic Blue) / Victoriablau n, Viktoriareinblau n (kationischer Triarylmethanfarbstoff), Viktoriablau n
**Victorian** adj (Arch) / viktorianisch adj (Architektur)
**Victoria red** / Victoriarot n, Viktoriarot n (basisches Bleichromat als Chrompigment) || ≃ **red** s. also vermilion
**Victor Meyer method for vapour densities** (Phys) / Bestimmung f der Dampfdichte nach Victor Meyer (1848-1897)
**victual** v / verproviantieren v
**vicuna** n (Textiles) / Vikunjawolle f (hochwertige feine Wolle aus der südamerikanischen Kamelart Lama vicugna), Vicuñawolle f, Vigognewolle f, Vikunja f, Vi (DIN 60 001, T 1, Wg (DIN 60001, T 4), Vigogne f
**vicuña**\* n (Textiles) / Vikunjawolle f (hochwertige feine Wolle aus der südamerikanischen Kamelart Lama vicugna), Vicuñawolle f, Vigognewolle f, Vikunja f, Vi (DIN 60 001, T 1, Wg (DIN 60001, T 4), Vigogne f || ~\* (Textiles) / Gewebe n aus Vikunjawolle
**vidal black** (Chem) / Vidal-Schwarz n (der erste technisch hergestellte schwarze Schwefelfarbstoff - nach Henri R. Vidal, 1862-1930)
**video** v (Cinema, TV) / videografieren v (mit dem Camcorder), videofilmen v (nur Infinitiv und Partizip) || ~ n (video recorder) (Cinema, TV) / Videorekorder m, Videorecorder m || ~ (Cinema, TV) / Videoband n (Magnetband für Spulen- oder Kassetten-Videobandgeräte), Magnetbildband n, Bildband n, Videomagnetband n, MAZ-Band n, Video n (Videoband) || ~\* (Cinema, TV) / magnetische Bildaufzeichnung, MAZ f (magnetische Bildaufzeichnung) || ~\* (Cinema, TV) / MAZ-Gerät n || ~\* (Cinema, TV) / Videoaufnahme f || ~ (video cassette) (TV) / Videokassette f (geschlossenes, flaches Gehäuse mit auf Wickelkerne gespultem Videoband) || ~ (TV) / Clip m, Videoclip m || ~\* adj / Video- (in der Unterhaltungselektronik), Bild- || ~ **adapter**\* (Comp) / Videoadapter m || ~ **amplifier**\* (a device designed to amplify the wide range of frequencies present in video signals and deliver the signal to the picture tube of a television set) (TV) / Videoverstärker m || ~ **buffer** (Comp, TV) / Bildpuffer m || ~ **cable** (Cables, TV) / Videokabel n (einadriges abgeschirmtes Kabel, das Videosignale überträgt) || ~ **cable equalizer** (Telecomm) / VF-Kabel-Entzerrer m || ~ **camera** (a camera for recording images on videotape or for transmitting them to a monitor screen) (Cinema) / Videokamera f || ~ **capture board** / Videodigitizerkarte f (Einsteckkarte zur Digitalisierung von /bewegten/ Fernseh- oder Videobildern), Video Capture Board n, Videoerweiterungskarte f || ~ **card** (a printed circuit board controlling output to a display screen) (Comp) / Videokarte f || ~ **carrier**\* (TV) / Videoträgerwelle f
**video-cartridge recorder** (TV) / Videokassettenrecorder m, VCR (Videokassettenrecorder), Videokassettenrekorder m, Fernsehkassettenrecorder m, Fernsehkassettenrekorder m
**video cassette**\* (TV) / Videokassette f (geschlossenes, flaches Gehäuse mit auf Wickelkerne gespultem Videoband)
**video-cassette recorder** (TV) / Videokassettenrecorder m, VCR (Videokassettenrecorder), Videokassettenrekorder m, Fernsehkassettenrecorder m, Fernsehkassettenrekorder m
**video channel** (Telecomm, TV) / Videokanal m || ~ **circuit** (TV) / Bildleitung f || ~ **colour printer** (Comp) / Farbvideodrucker m (Aufzeichnungsgerät für Farbinformationen vom Bildschirm) || ~ **compression** (Comp, Telecomm) / Videokompression f
**videoconference** n (Telecomm) / Videokonferenz (VK) f (Form der Telekonferenz, bei der speziell ausgerüstete Konferenzräume über Breitbandstromwege zusammengeschaltet sind), Fernsehkonferenz f, Bildkonferenz f, VK (Form der Telekonferenz, bei der speziell ausgerüstete Konferenzräume über Breitbandstromwege zusammengeschaltet sind) || ~ **party** (Telecomm) / VK-Teilnehmer m, Videokonferenzteilnehmer m
**videoconferencing**\* n (Telecomm, TV) / Videokonferenzbetrieb m, Abhaltung f einer Videokonferenz
**videocontroller** n (Comp, TV) / Videokontroller m (ein Peripherie-IC, das aus den Daten eines Bildwiederholspeichers, und meist noch aus einem Zeichensatz-ROM, die Signale für das entsprechende Bild liefert), Videocontroller m, Bildschirmkontroller m

**videodata** pl (Comp) / Videodaten n pl (die zur Erzeugung bewegter oder unbewegter Bilder benötigt werden)
**video dictionary** (Comp) / Bildschirmlexikon n || ~ **digitizer** (Comp) / Videodigitizer m (der die Signale eines Videoausgangs digitalisiert und einem Rechner zuführt), Videodigitalisierer m
**videodisc**\* n (Comp) / Bildplatte f, Videoplatte f
**videodisk**\* n (Comp) / Bildplatte f, Videoplatte f || ~ **memory** (Comp) / Bilkdplattenspeicher m || ~ **player** (Comp) / Bildplattenspieler m, Bildplatten-Wiedergabegerät n, Videoplatten-Abspielgerät n || ~ **recorder** (Comp) / Bildplattengerät n, Videoplattengerät n
**video display** (unit)\* (Comp) / Sichtanzeigegerät n, Sichtgerät n, optische Anzeigeeinheit, Bildschirmgerät n, Bildschirmterminal n, Bildsichtgerät n, Display n (pl. -s), Datensichtgerät n, Bildschirmeinheit f || ~ **display filter** (Comp) / Gewebefilter n (zur Reflexminderung bei Bildschirmgeräten eingesetztes Filtergewebe, welches meist aus Gaze hergestellt ist, und nachträglich am Bildschirm angebracht wird) || ~ **display telephone** (Teleph) / Bildschirmtelefon n, Bildtelefon n, Bildfernsprecher m, Fernsehtelefon n || ~ **distribution amplifier** (TV) / Videotrennverstärker m || ~ **edit** (Cinema) / Videoschnitt m (Nachbearbeitung von Videoaufnahmen, wobei die gewünschten Szenen in der geeigneten Länge ausgewählt und in der gewünschten Reihenfolge von der Originalaufnahme auf das Magnetband überspielt werden) || ~ **editing software** (Comp) / Videobearbeitungssoftware f || ~ **editor** (Cinema, TV) / Videoeditor m (Cutter, der ausschließlich Video schneidet) || ~ ≃ **Electronics Standards Association**\* (Comp) / Video Electronics Standards Association f (Zusammenschluss von Grafikkarten-Herstellern), VESA f (Video Electronics Standards Association) || ~ **filing** (Comp, Telecomm) / Videoarchivierung f || ~ **frame** (Comp) / Videobild n, Videoeinzelbild n || ~ **frequency**\* (TV) / Videofrequenz (VF) f, VF
**video-frequency amplifier** (TV) / Videoverstärker m
**video game** (a game played by electronically manipulating images produced by a computer program or television screen or display) (Comp, Electronics, TV) / Videospiel n (das auf Konsolen abläuft), Videogame n
**video-game cartridge** (Comp, Electronics, TV) / Videospielkassette f || ~ **system** (Comp, Electronics) / Videospielsystem n
**videogenic** adj (TV) / für die Fernsehübertragung geeignet, telegen adj (für Fernsehaufnahmen geeignet)
**videogram**\* n (a pre-recorded video of a film or television programme) (Cinema, TV) / Videoaufnahme f
**videographer** n (Cinema, TV) / Videofilmer m
**videographics adapter** (Comp) / Farbvideoadapter m || ~ **array** (Comp) / Video-Graphics-Array m n (Grafikstandard für Bildschirmkarten - mit 640 x 480 Pixel Auflösung) || ~ **array card** (Comp) / VGA-Karte f
**videography** n (Cinema, Telecomm, TV) / Videografie f (Speicherung einer Bildinformation durch magnetische Aufzeichnung von Videosignalen, die mittels einer Fernsehkamera gewonnen werden)
**video head** (TV) / Videokopf m (elektromagnetischer Wandler in Form einer elektromagnetischen Spule - in Videokameras oder Videorekordern) || ~ **head** (Cinema) / Videoneiger m
**video-head assembly** (TV) / Videokopfträger m || ~ **cylinder** (Cinema) / Kopftrommel f (im Video- und Kamerarecorder) || ~ **drum** (Cinema) / Kopftrommel f (im Video- und Kamerarecorder) || ~ **wheel** (TV) / Videokopfrad n, Kopfrad n (schnelldrehendes Rad im Videorecorder, auf dem sich die Videoköpfe befinden)
**Video Home System** (TV) / VHS-System n (Videokassettensystem mit 1/2 Zoll Band, entwickelt von Victor Company of Japan), VHS (Video Home System) || ~ **integration**\* (Radar, Telecomm) / Videointegration f || ~ **interface** (Cinema, Comp, TV) / Videoschnittstelle f || ~ **intermediate-frequency amplifier** (TV) / Zwischenfrequenzbildverstärker m
**videoize** v (TV) / fürs Fernsehen anpassen, fernsehgerecht aufbereiten
**video jockey** (TV) / Videojockey m (der Videoclips präsentiert), VJ (Videojockey) || ~ **link** (Telecomm) / Videoverbindung f, Videoleitung f || ~ **long-day disk** (Comp, Optics) / Videolangspielplatte f, VLP, VLP-Bildplatte f (optischer Speicher, der sich zum Lesen der Informationen eines Lasers bedient), optische Speicherplatte (z.Zt. mit etwa 30 Terabits), optische Bildplatte, Laserplattenspieler m, optische Platte || ~ **mapping** (Aero, Radar) / elektronische Karteneinblendung (in der Flugsicherung) || ~ **memory** (Comp) / Videospeicher m (der vom System für den Bildschirm des Rechners benutzt wird)
**videometer** n (TV) / Einschaltquotenmessgerät n, Gerät n zur Ermittlung der Einschaltquoten
**video mixer** (Comp) / Bildmischer m
**videomixing** n (Comp, TV) / Videomixing n (Mischen von Btx-Informationen mit Videobildern)
**video modulator** (TV) / Videomodulator m (ein Bildgleichrichter) || ~ **monitoring** / Videoüberwachung f || ~ **on demand**\* (TV) / Video-on-Demand n (gebührenpflichtiges Abrufen eines Videos),

Movie-on-Demand n, VoD (Video-on-Demand) ‖ ~ **only** (Cinema, TV) / Video Only (Bezeichnung der Taste an der Videoschnittsteuereinheit für einen Bildinsertschnitt, wobei der Ton unverändert bleibt)
**videophone*** n (Teleph) / Bildschirmtelefon n, Bildtelefon n, Bildfernsprecher m, Fernsehtelefon n ‖ ~ **teleservice** (Telecomm) / Bewegtbilddienst m
**videophony** n (Teleph) / Fernseh-Sprechdienst m, Bildfernsprechen n, Bildtelefonie f, Videotelefonie f
**videoplayer** n / Videoabspielgerät n
**video port** (Cinema, Comp) / Videoport m ‖ ~ **printer*** (Comp) / Videoprinter m (Laser-, Tintenstrahl- oder Thermodrucker, der Videosignale als ein auf Papier gedrucktes Bild ausgibt), Videodrucker m ‖ ~ **processor** (Comp) / Videoprozessor m (z.B. der Grafikkarte) ‖ ~ **puzzle game** (Comp) / Videopuzzlespiel n ‖ ~ **RAM*** / Video-RAM n (ein spezieller Halbleiterspeicher, der die Verarbeitung von Informationen für die Darstellung auf dem Monitor beschleunigt) ‖ ~ **random-access memory** / Video-RAM n (ein spezieller Halbleiterspeicher, der die Verarbeitung von Informationen für die Darstellung auf dem Monitor beschleunigt) ‖ ~ **recorder** (Cinema, TV) / Videorekorder m, Videorecorder m ‖ ~ **recorder** (Cinema, TV) s. also video cassette recorder ‖ ~ **recording** (Cinema, TV) / Videoaufzeichnung f ‖ ~ **representation** / Sichtwiedergabe f, Videowiedergabe f
**videoscan document sorter** (Comp) / optischer Belegleser
**video scanner** (Comp, TV) / Videoscanner m, Bildleser m, Bildabtaster m ‖ ~ **screen** (Comp, Electronics) / Schirm m, Bildschirm m, Screen m (pl. -s) ‖ ~ **signal*** (TV) / BAS-Signal n (das den Fernseh-Bildsender moduliert), Videosignal n, Signalgemisch n, BAS, Fernsehsignalgemisch n ‖ ~ **station** (Comp) / Displayarbeitsplatz m, Bildschirmarbeitsplatz m (DIN EN ISO 9241) ‖ ~ **still camera** (Cinema) / Still-Video-Kamera f, Videokamera, die einzelne Bilder aufnehmen kann, elektronische Stehbildkamera ‖ ~ **switching** (Comp, Electronics) / Videodurchschaltung f ‖ ~ **synthesizer** (Acous, Optics) / Videosynthesizer m (zur Umsetzung von akustischen Ereignissen in optische)
**videotape** v (Cinema, TV) / auf Videoband aufnehmen ‖ ~ (TV) / mazen v ‖ ~* n (Cinema, TV) / Videoband n (Magnetband für Spulen- oder Kassetten-Videobandgeräte), Magnetbildband n, Bildband n, Videomagnetband m, MAZ-Band n, Video n (Videoband) ‖ ~ **editing** (Cinema, TV) / Videoschnitt m (Assemble- oder Insertschnitt) ‖ ~ **recorder** (Cinema, TV) / Videorekorder m, Videorecorder m ‖ ~ **recorder** (Cinema, TV) / Videokamera f (mit der Aufzeichnung auf einem Videoband), Bildbandgerät n ‖ ~ **recorder** (Cinema, TV) / MAZ-Gerät n ‖ ~ **recording*** (Cinema, TV) / magnetische Bildaufzeichnung, MAZ f (magnetische Bildaufzeichnung) ‖ ~ **width** (TV) / Videobandbreite f
**videotelephone** n (Teleph) / Bildschirmtelefon n, Bildtelefon n, Bildfernsprecher m, Fernsehtelefon n
**videotelephony** n (Teleph) / Fernseh-Sprechdienst m, Bildfernsprechen n, Bildtelefonie f, Videotelefonie f
**video terminal** (a VDU that is used as a terminal) (Comp) / Sichtanzeigegerät n, Sichtgerät n, optische Anzeigeeinheit, Bildschirmgerät n, Bildschirmterminal n, Bildsichtgerät n, Display n (pl. -s), Datensichtgerät n, Bildschirmeinheit f
**videotex*** n (Comp, Telecomm, TV) / Videotex m (internationale Bezeichnung für elektronische Textkommunikation, z.B. T-Online) ‖ ~ **frame** (Comp, Telecomm) / Blatt n (bei Btx) ‖ ~ **leading page** (Comp, TV) / Btx-Leitseite f
**videotext*** n (Comp, Telecomm, TV) / Videotext m (Telekommunikation, bei der Textnachrichten innerhalb des Fernsehbildsignals von den Fernsehsendern ausgestrahlt, am Empfangsort in Zusatzbausteinen des Fernsehempfängers dekodiert und auf dem Bildschirm sichtbar - Bildschirmtext + Bildschirmzeitung), VTX
**video track** (Mag) / Videospur f (in der Mitte des Magnetbandes, zwischen Cue- und Tonspur) ‖ ~ **transmission** (Telecomm) / Bildübermittlung f, Bildfernübertragung f ‖ ~ **transmitter** (Telecomm) / Bildsender n ‖ ~ **transmitter** (TV) / Fernsehbildsender m
**videowall*** n (TV) / Videowand f
**video workstation** (Comp) / Displayarbeitsplatz m, Bildschirmarbeitsplatz m (DIN EN ISO 9241)
**Vidicon*** n (TV) / Vidikon n (Bildaufnahmeröhre, die nach dem Prinzip des inneren Fotoeffekts arbeitet), Vidicon n
**Vienna definition method** (Comp) / Wiener Methode (eine operationale Semantik) ‖ ≙ **lime** (a high-magnesia lime specially prepared for use as a buffing and polishing material) / Wiener Kalk (reiner, feinstgemahlener, gebrannter Dolomit - ein Feinstschleif- und Putzmittel)
**Vierendeel** n (Eng) / strebenloser Fachwerkträger, diagonalenloser Träger, Vierendeelträger m, Rahmenträger m ‖ ≙ **girder*** (Eng) / strebenloser Fachwerkträger, diagonalenloser Träger,

Vierendeelträger m, Rahmenträger m ‖ ≙ **truss** (Eng) / strebenloser Fachwerkträger, diagonalenloser Träger, Vierendeelträger m, Rahmenträger m
**Vieta formula** (Maths) / Vieta'scher Satz (nach F. Viète, 1540-1603), Wurzelsatz m von Vieta, Vieta-Wurzelsatz m, Vieta-Formel f
**view** n / Ansicht f (nicht frontal) ‖ ~ / Sicht f, Aussicht f ‖ ~ (Comp) / View n (virtuelle Tabelle oder Fenster der Tabelle einer relationalen Datenbank)
**viewable** adj / sichtbar adj (Bereich) ‖ ~ **screen diagonal** (Comp) / sichtbare Bildschirmdiagonale
**view aft** (Autos) / Sicht f nach hinten, Rücksicht f (Sicht nach hinten)
**viewdata*** n (Telecomm) / allgemeine Bezeichnung in Großbritannien für ein altes Bildschirmtextsystem (Sammelbegriff für interaktive Videotex- und Kabeltextverfahren) ‖ ~* (Telecomm) s. also Prestel ‖ ~ **leading page** (Comp, TV) / Btx-Leitseite f
**viewer*** n (Cinema) / Filmbetrachter (von Hand oder motorisch betrieben), Filmbetrachtungsgerät n, Bildbetrachter m (ein Filmbetrachtungsgerät), Laufbildbetrachter m ‖ ~ (Comp) / Viewer m (Anzeigeprogramm) ‖ ~* (Photog) / Diabetrachter m (ein Leuchtkasten) ‖ ~ (TV) / Fernsehzuschauer m, Fernsehteilnehmer m
**viewer-centred perspective** / Beobachterperspektive f
**viewer rating** (US) (Radio, TV) / Einschaltquote f
**view-field address** (Comp) / Sichtfeldadresse f
**viewfinder*** n (Cinema, Photog) / Sucher m ‖ ~ **magnifier** (Cinema, Photog) / Sucherlupe f
**viewing angle** (Cinema) / Betrachtungswinkel m (dessen Schenkel die Ränder der Wand berühren) ‖ ~ **area** (TV) / Bildfläche f ‖ ~ **conditions** / Beobachtungsbedingungen f pl ‖ ~ **field** (Med, Optics) / Gesichtsfeld n (der bei ruhendem Kopf und unbewegten Augen wahrnehmbare Teil der Außenwelt), Sehfeld n, Sichtfeld n ‖ ~ **figure** (Radio, TV) / Zuschauerzahl f ‖ ~ **lens** (Photog) / Sucherobjektiv n (der zweiäugigen Spiegelreflexkamera) ‖ ~ **point** (Civ Eng) / Aussichtskanzel f (Vergrößerung der Brückenbreite, die als Aussichtsplattform benutzt wird) ‖ ~ **print** (Cinema) / Vorführkopie f ‖ ~ **screen** (Micros, Optics) / Projektionsaufsatz m ‖ ~ **storage tube** (Electronics) / Sichtspeicherröhre f (eine Signal-Bild-Wandlerröhre, bei der ein Leuchtschirmbild während einer gewollten Zeit mittels einer steuernden Speicherelektrode erhalten bleibt) ‖ ~ **telescope*** (Micros) / Betrachtungsfernrohr n ‖ ~ **transformation** (Comp) / Normalisierungstransformation f (die Rand und Inneres eines Fensters in Weltkoordinaten auf Rand und Inneres dieses Darstellungsfeldes in normalisierten Koordinaten abbildet) ‖ ~ **transformation** (Comp) / Fensterabbildung f, Fenstertransformation f
**viewpoint** n (AI) / Blickpunkt m (Punkt, von dem aus beim Schlussfolgern alternative Hypothesen untersucht werden)
**viewport** n (Comp) / Zeichenfenster n (der Bereich, in dem das Ergebnis von Zeichenoperationen auf dem Bildschirm erscheint) ‖ ~ (Comp) / Arbeitsfläche f (Bildschirmteilbereich), Darstellungsfeld n (ein definierter Teil des Darstellungsbereichs für die grafische Darstellung des ganzen oder von Teilen eines Bildes), Viewport m
**view to the rear** (Autos) / Sicht f nach hinten, Rücksicht f (Sicht nach hinten)
**vigia*** n (Cartography, Ships) / Gefahr f (z.B. zweifelhafte Untiefe) ‖ ~* (Ships) / Warnungszeichen n (auf Seekarten vor Schiffsbehinderungen, deren Lage nicht genau bekannt ist)
**vigilance button** (Elec Eng, Rail) / Sicherheitsfahrschaltung f, Sicherheitsfahrschalter m, Sifa f, Totmanneinrichtung f, Totmannsknopf m, Wachsamkeitstaste f
**vignette** v (Optics) / vignettieren v, abschatten v, verlaufen lassen ‖ ~ n (Arch) / Weinrebenornament n ‖ ~ (Typog) / Vignette f (typografischer Schmuck)
**vignetting** n (Optics) / Vignettierung f, Abschattung f
**Vignoles rail** / Breitfußschiene f, Vignolschiene f (nach Ch.B. Vignoles, 1793-1875)
**vigorous** adj / kräftig adj, stark adj, energisch adj (stark), stürmisch adj (Reaktion)
**vigoureux printing** (Textiles) / Vigoureuxdruck m, Vigoureuxverfahren n
**Vigreux column** (Chem Eng) / Vigreux-Kolonne f (eine Füllkörperkolonne mit Vakuummantel)
**VII** (viscosity-index improver) (Phys) / Viskositätsindexverbesserer m (Zusatz, der die Temperaturabhängigkeit der Viskosität vermindert und damit den Viskositätsindex eines Öles erhöht), VI-Verbesserer m (ein Schmierstoffadditiv, z.B. Polyacrylat, Polyisobutan, Styrol/Olefin-Copolymere)
**VI improver** (Phys) / Viskositätsindexverbesserer m (Zusatz, der die Temperaturabhängigkeit der Viskosität vermindert und damit den Viskositätsindex eines Öles erhöht), VI-Verbesserer m (ein Schmierstoffadditiv, z.B. Polyacrylat, Polyisobutan, Styrol/Olefin-Copolymere)

**Villain**

**Villain action** (Nuc) / Villain-Wirkung f
**Villard effect** (Photog) / Villard-Effekt m (bei einem Röntgenbild tritt eine Aufhellung ein, wenn es diffus nachbelichtet wird - nach P.U. Villard, 1860-1934)
**Villari effect**\* (Mag) / Villari-Effekt m (Umkehrung der Magnetostriktion)
**villose**\* adj (Bot, Zool) / zottig adj
**villous**\* adj (Bot, Zool) / zottig adj
**Vilsmeier reagent** (Chem) / Vilsmeier-Reagens n (ein Formylierungsreagens)
**VIM** (vendor-independent messaging) (Comp) / Vendor-independent Messaging n, VIM (Vendor-independent Messaging)
**VIN** (vehicle-identification number) (Autos) / Fahrgestellnummer f
**vinal** n (Plastics) / Vinal n (eine Polyvinylalkoholfaser), Vinalfaser f, PVA (DIN 60001, T 1)
**vinasse** n (Chem Eng) / Schlempe f (Rückstand einer Gärflüssigkeit von Kohlenhydraten, der nach Abdestillieren des Alkohols zurückbleibt)
**vinblastine**\* n (Pharm) / Vincaleukoblastin n, Vinblastin n (ein Vincaalkaloid), VLB
**vinca alkaloids**\* (Pharm) / Vincaalkaloide n pl (aus Catharanthus roseus (L.) G. Don), Catharanthus-Alkaloide n pl
**vincaleukoblastine** n (Pharm) / Vincaleukoblastin n, Vinblastin n (ein Vincaalkaloid), VLB
**Vincent friction screw press** (Eng) / Vincent-Presse f (eine besondere Art der Schwungradspindelpresse - mit zwei kegeligen Seitenscheiben und ortsfester Spindel), Vincent-Spindelpresse f
**vincristine**\* n (Pharm) / Vincristin n (ein Vincaalkaloid - 22-Oxo-vinblastin), Leurocristin n, VCR (Vincristin), LCR (Leurocristin)
**vinculum** n (pl. -cula) (Maths) / Überstreichung f (als Klammerzeichen) ‖ ~ (pl. -cula) (Maths, Print) / der obere waagrechte Strich des Wurzelzeichens ‖ ~ (pl. -cula) (Typog) / Strich m als Überstreichung
**vindoline** n (Pharm) / Vindolin n (ein Indolakaloid)
**vine**•**-black** n / Frankfurter Schwarz n, Rebenschwarz n, Drusenschwarz n ‖ ~ **disease** (Agric) / Rebkrankheit f, Rebenkrankheit f
**vine-dresser** n (Agric) / Weinbauer m, Winzer m
**vinegar**\* n (Chem) / Essig m (5-15,5 g Essigsäure in 100 ml) ‖ ~ **bacteria** (e.g. Acetobacter) (Bacteriol) / Essigbakterien f pl (e.g. Acetobacter) (Bacteriol) / Essigsäurebakterien f pl ‖ ~ **eel** (Nut) / Kleisterälchen n (Anguillula aceti Ehrb. - ein Vorratsschädling), Essigälchen n ‖ ~ **fly** (Gen, Nut, Zool) / Tauffliege f, Obstfliege f (Familie Drosophilidae), Essigfliege f (Drosophila sp.) ‖ ~ **generator** (Nut) / Essigbildner m, Essiggenerator m ‖ ~ **of lead** (Chem) / Bleiessig m (basische Blei(II)-acetat-Lösung) ‖ ~ **salt** (crude calcium acetate) / Graukalk m (Kalziumazetat) ‖ ~ **worm** (Nut) / Kleisterälchen n (Anguillula aceti Ehrb. - ein Vorratsschädling), Essigälchen n
**vinegary** adj (Nut) / wie Essig (Geschmack)
**vine-louse** n (Agric, Zool) / Phylloxera f (pl. -ren) (Viteus vitifolii Eitch.), Reblaus f (ein Weinbaugroßschädling - Anzeige- und Bekämpfungspflicht)
**Vines**\* n (a proprietary network operating system produced by Banyan System Inc.) (Comp, Telecomm) / Vines n, Banyan VINES
**vine-scroll** n (Arch) / Weinrebenornament n
**vinetine** n (Chem) / Oxyacanthin n
**vinette** n (Arch) / Weinrebenornament n
**vineyard plough** (Agric) / Weinbergpflug m, Weingartenpflug m ‖ ~ **pole** (For) / Rebpfahl m ‖ ~ **track-laying tractor** (Agric, Autos) / Weinbergraupe f
**viniculture** n (Agric) / Weinbau m
**vinification**\* n (Nut) / Weinbereitung f (die Lese der Trauben, die Kelterung, die Mostbehandlung, die Mostgärung und die Kellerbehandlung), Weinherstellung f, Weinerzeugung f
**vinometer** n (Nut) / Önometer n (Messinstrument zur Bestimmung des Alkoholgehalts des Weins)
**vintage**\* n (Agric, Nut) / Weinernte f, Weinlese f ‖ ~ (Nut) / Jahrgangswein m ‖ ~ (Nut) / Weinjahrgang m ‖ ~ **car** (one made between 1919 and 1930) (Autos) / Oldtimer m ‖ ~ **photographic print** (Photog) / Originalabzug m, Originalvergrößerung f ‖ ~ **wine** (Nut) / Jahrgangswein m
**vintner** n / Weinhändler m
**vinyl** n (Chem) / Vinyl n (eine Kohlenwasserstoffgruppe) ‖ ~ (Chem) s. also polyvinyl chloride ‖ ~ **acetal** (Chem) / Polyvinylacetal n, Polyvinylazetal n, pVAc (Polyvinylacetal), PVA (Polyvinylacetal) ‖ ~ **acetate** (Chem) / Vinylacetat n, Essigsäurevinylester m, Vinylazetat n, VAC
**vinyl-acetate polymer** (Chem) / Vinylacetatpolymer n, Vinylazetatpolymer n
**vinylacetic acid** (Chem) / Vinylessigsäure f (3-Butensäure)
**vinyl acetylene** (Chem) / Vinylacetylen n, Vinylazetylen n, Monovinylacetylen n, Monovinylazetylen n, Mova n (1-Buten-3-in) ‖ ~ **alcohol** (Chem) / Ethenol n, Vinylalkohol m (nur in Form von Ethern und Estern bekannter Alkohol) ‖ ~ **aldehyde** (Chem) / Propenal n, Akrylaldehyd m, Acrylaldedhyd m, Acrolein n, Akrolein n, Allylaldehyd m
**vinylal fibre** (Plastics) / Vinylalfaser f (Chemiefaser auf der Basis von Polyvinylacetalen)
**vinylamine polymer** (Chem) / Vinylaminpolymer n
**vinylamines** pl (Chem) / Enamine n pl (Gruppenbezeichnung für ungesättigte Amine, die auch als vinyloge Amine aufgefasst werden können)
**vinylation** n (Chem) / Vinylierung f (Reppe-Chemie), Ethenylierung f
**vinylbenzene** n (Chem) / Vinylbenzol n, Phenylethylen n, Styrol n (Phenylethylen), Styren n
**vinyl bromide** (Chem) / Vinylbromid n, Bromethen n, Bormethylen n ‖ ~ **carbazole** (Chem) / Vinylkarbazol n, Vinylcarbazol n
**vinylcarboxylic acid** (Chem) / Acrylsäure f (einfach ungesättigte, unverzweigte Fettsäure), Akrylsäure f, Propensäure f, Vinylcarbonsäure f, Vinylkarbonsäure f, Ethencarbonsäure f, Ethenkarbonsäure f
**vinyl cation** (Chem) / Vinylkation n ‖ ~ **chloride** (Chem) / Vinylchlorid n, VC (Vinylchlorid), Chlorethen n, Chlorethylen n
**vinyl-chloride copolymer** (Chem) / Vinylchloridkopolymer n, Vinylchloridcopolymer n
**vinyl coating** (Paint) / Vinylharzanstrich m ‖ ~ **coating**\* (Paint) / Vinylharzanstrichstoff m, Vinylpolymerisat-Anstrichstoff m ‖ ~ **cyanide**\* / Acrylnitril n, Acrylsäurenitril n, Akrylnitril n, Akrylsäurenitril n, Propennitril n, Vinylzyanid n ‖ ~ **ester** (Chem) / Vinylester m (Ester des im freien Zustand nicht stabilen Vinylalkohols)
**vinyl-ester polymer** (Chem) / Vinylesterpolymer m
**vinyl ethanoate** (Chem) / Vinylacetat n, Essigsäurevinylester m, Vinylazetat n, VAC ‖ ~ **ether** (Chem) / Vinylether m (Ether des im freien Zustand nicht stabilen Vinylalkohols) ‖ ~ **floor covering** (Build) / PVC-Belag m, Vinylbelag m ‖ ~ **flooring** (Build) / PVC-Belag m, Vinylbelag m ‖ ~ **fluoride** (Chem) / Vinylfluorid n ‖ ~ **foil**\* (Bind) / PVC-Folie f ‖ ~ **group**\* (Chem) / Vinylgruppe f, Vinylrest m
**vinylidene chloride** (traditional name for 1,1-dichloroethene) (Chem) / Vinylidenchlorid n (1,1-Dichlorethen), VC ‖ ~ **cyanide** (Chem) / Vinylidencyanid n, Vinylidenzyanid n (1,1-Dizyanethen) ‖ ~ **dicyanide** (Chem) / Vinylidendicyanid n, Vinylidendizyanid n ‖ ~ **fluoride** (Chem) / Vinylidenfluorid n (1,1-Difluorethen)
**vinyl monomer** (Chem) / Vinylmonomer n
**vinylogy** n (Chem) / Vinylogie f (partielle Übertragung der Eigenschaften eines Atoms, z.B. eines C-Atoms, das einer Carbonylgruppe benachbart ist, auf das endständige C-Atom eines konjugierten Systems
**vinyl plastic** (Plastics) / Vinylesterharz n, VE-Harz n, Vinylharz n, Phenacrylatharz n, PHA (Phenacrylatharz), Phenakrylatharz n ‖ ~ **polymer** (Chem) / Vinylpolymer n (eine Sammelbezeichnung) ‖ ~ **polymerization** (Chem) / Vinylpolymerisation f ‖ ~ **propionate** (Chem) / Propionsäurevinylester m, Vinylpropionat n, VP (Vinylpropionat)
**vinylpyridine** n (Chem) / Vinylpyridin n
**vinylpyrrolidone, N-~** (Chem) / V-Pyrol n, N-Vinyl-pyrrolidon n (1-Vinyl-pyrrolidin-2-on)
**vinyl resin** (a synthetic resin made from vinyl compounds) (Plastics) / Vinylesterharz n, VE-Harz n, Vinylharz n, Phenacrylatharz n, PHA (Phenacrylatharz), Phenakrylatharz n
**vinylsulphone dye** (Chem, Textiles) / Vinylsulfonfarbstoff m ‖ ~ **dyestuff** (Chem, Textiles) / Vinylsulfonfarbstoff m
**vinyltoluene** n (Chem) / Vinyltoluol n, ar-Methylstyrol n, Methylvinylbenzol n
**vinyl trichloride** (Chem) / Trichlorethan n (ein LHKW) ‖ ~ **wallcovering** (Build) / Vinyltapete f (eine Kunststofftapete), PVC-Tapete f ‖ ~ **wallpaper** (Build) / Vinyltapete f (eine Kunststofftapete), PVC-Tapete f
**Vinyon** n (Plastics) / Vinyonfaser f (mit mehr als 85% Vinylchlorideinheiten), Vinyon n (PVC)
**violane**\* n (Min) / Violan m (blaue bis violette Varietät des Diopsids)
**violate** v / verletzen v (Vorschrift, Parität, Prinzip) ‖ ~ / verstoßen v (gegen das Gesetz)
**violating the traffic regulations** (Autos) / verkehrswidrig adj
**violation** n / Verstoß m (gegen), Verletzung f (eines Prinzips, einer Vorschrift) ‖ ~ / Nichteinhaltung f (z.B. der Parität), Nichterhaltung f, Verletzung f ‖ ~ **of professional secrecy** / Verletzung f der beruflichen Schweigepflicht
**violaxanthin**\* n (Bot, Chem, Nut) / Violaxanthin n (ein Carotinoid - E 161e)
**violent** adj / kräftig adj, stark adj, energisch adj (stark), stürmisch adj (Reaktion) ‖ ~ **storm** (Meteor) / orkanartiger Sturm (Beaufortgrad 11)

1746

**violet** n / Veilchenblau n ‖ ~ / Violett n ‖ ~ adj / violett adj ‖ ~ **cell** / Violettzelle f (Zelle mit erweiterter Violettempfindlichkeit in der Heliotechnik) ‖ ~ **phosphorus** (Chem) / violetter Phosphor, Hittorf'scher Phosphor (monokline, polymere, dreidimensional vernetzte Form des Phosphors, die man durch weiteres Erhitzen des roten Phosphors erhält)
**violet-root oil** / Veilchenwurzelöl n (das etherische Öl des Rhizoms der Iris sp.), Iriswurzelöl n, Irisöl n
**violet shift** (Doppler) (Chem, Spectr) / Violettverschiebung f (die durch den Doppler-Effekt bedingte Verschiebung einer Spektrallinie zu kürzeren Wellenlängen hin)
**violetwood*** n (For) / Bischofsholz n (von der Peltogyne sp. - ein Ausstattungs- und Drechslerholz), Violettholz n, Amarantholz n, AMA (Amarantholz), Purpurholz n, Purpleheart n
**violuric acid** (Chem) / Violursäure f ‖ ~ **acid** (Chem) s. also uramil
**VIP** (vasoactive intestinal polypeptide) (Physiol) / vasoaktives Intestinalpeptid, VIP (vasoaktives Intestinalpeptid)
**V.I.P. paper** (with antirust, antitarnish, and anticorrosion qualities) (Paper) / V.I.P.-Papier n
**viral** adj (Bot, Med) / viral adj ‖ ~ **antidote** (Comp) / Serum-Programm n (z.B. mit einem Scheinvirus) ‖ ~ **attack** (Comp) / Virusbefall m, Virusattacke f ‖ ~ **diagnostics** (Comp) / Virendiagnostik f ‖ ~ **program** (Comp) / Virusprogramm n, Virenprogramm n ‖ ~ **replication** (Comp) / Virusausbreitung f, Virusverbreitung f ‖ ~ **vector** (Phys) / Virenvektor m
**virescence*** n (Bot) / Vergrünen n (Vireszenz), Vergrünung f, Vireszenz f (von Pflanzenteilen)
**virga*** n (Meteor) / Fallstreifen m, Virga f (pl. -ae) (Niederschlag, der während des Fallens verdunstet)
**virgation** n (Geol) / Virgation f (fächerartiges Auseinanderstreben von Faltenzügen in einem Faltengebirge)
**virgin** adj (gold, silver) / rein adj (ohne Zusätze) ‖ ~ / unberührt adj, roh adj ‖ ~ (Comp) / fabrikneu adj (Magnetband) ‖ ~ (Mining) / unverritzt adj (Gebirge), unverhauen adj, jungfräulich adj ‖ ~ **curve** (Mag) / jungfräuliche Kurve (von Null bis zu einer Sättigung), Neukurve f (DIN 1325) ‖ ~ **fibre** (Glass) / jungfräuliche Glasfaser ‖ ~ **forest** (For) / Urwald m, Primärwald m
**Virginia pencil cedar** (For) / Virginischer Wacholder, Virginische Bleistiftzeder (Juniperus virginiana L.)
**virgin landscape** (Ecol) / unberührte Landschaft ‖ ~ **landscape** (Ecol) / Naturlandschaft f (von Menschen nicht oder nur unwesentlich beeinflusste Landschaft) ‖ ~ (pig) **lead** (Met) / Werkblei n ‖ ~ **material** (Min Proc) / Originalrohstoff m (ohne Zusätze) ‖ ~ **material** (Plastics) / hochpolymerer Rohstoff (Lösung, Flüssigkeit, Pulver, Granulat, Blöcke) ‖ ~ **media** (materials such as magnetic tapes or disks that are suitable for the recording of data, but have not been used or preformatted for that purpose) (Comp) / unbeschriftete Datenträger, unvorbereitete Datenträger, frische Datenträger ‖ ~ **metal*** (Met) / Primärmetall n ‖ ~ **neutrons*** (Nuc) / jungfräuliche Neutronen ‖ ~ (olive) **oil** (Nut) / Jungfernöl n (Olivenöl, das ohne Pressung aus den Früchten austritt), Huile vierge m, natives Olivenöl (das ohne weiteres zum Verzehr geeignet ist) ‖ ~ (olive) **oil** (Nut) s. also lampante virgin olive oil ‖ ~ **paper tape** (Comp) / Lochstreifen m (ungestanzt) ‖ ~ **resin** / rezentes Harz (frisch gewonnenes natürliches Harz) ‖ ~ **soil** (Agric) / Neuland n (in nur wirtschaftlicher Nutzung genommen) ‖ ~ **soil** (Agric, Geol) / Rohboden m (im Anfangsstadium der Bodenentwicklung befindlicher Bodentyp) ‖ ~ **state*** (Mag) / Neuzustand m ‖ ~ **stock** (Oils) / unzersetzter Destillationsrückstand (als Einsatzmaterial für weitere Stufen) ‖ ~ **wool** (Textiles) / Schurwolle f (von lebenden Tieren geschorene, erstmals verarbeitete Wolle - DIN 60004)
**virgule** n (Typog) / Schrägstrich m, Slash m (pl. -s)
**virial** n (Phys) / Virial m (ein zeitlicher Mittelwert) ‖ ~ **coefficient** (Phys) / Virialkoeffizient m (in der Virialform der thermischen Zustandsgleichung) ‖ ~ **equation** (Phys) / Virialgleichung f, Virialform f der thermischen Zustandsgleichung, Virialsatz m ‖ ~ **expansion** (Phys) / Virialentwicklung f (die Reihenentwicklung der thermischen Zustandsgleichung eines Gases) ‖ ~ **law** (due to Clausius) (Phys) / Virialgleichung f, Virialform f der thermischen Zustandsgleichung, Virialsatz m ‖ ~ **theorem** (Phys) / Virialgleichung f, Virialform f der thermischen Zustandsgleichung, Virialsatz m
**viricide** n (Agric, Chem, Pharm) / virentötendes Mittel, Virozid n (Substanz, die krankheitserregende Viren unwirksam macht), Virizid n, Viruzid n
**viridian** n (a green pigment) (Chem) / Guignetgrün n, Chromoxidhydratgrün n, Viridian n (Chrom(III)-oxid-Hydrat), Mittlers Grün ‖ ~ **green** (Chem) / Guignetgrün n, Chromoxidhydratgrün n, Viridian n (Chrom(III)-oxid-Hydrat), Mittlers Grün
**viridine*** n (Min) / Viridin m (eine grüne Varietät des Andalusits mit mehreren % $Mn_2O_3$ und $Fe_2O_3$)

**virion** n (a single, fully assembled virus particle) (Biochem, Bot, Med) / Virion n (pl. Viria oder Virionen) (einzelnes infektionsfähiges Virusteilchen außerhalb der Zelle)
**viroid** n (Bot, Med) / Viroid n (aus einem einzelnen RNS-Strang bestehende Krankheitserreger ohne Proteinhülle)
**virola** n (For, Join) / Virola n, Baboenholz n, Banak n (Schäl- und Tischlerholz des Baumes Virola aus Zentralamerika), Dalli n, Baboen n (ein Muskatholz) ‖ ~ **butter** / Virolafett n (aus den Samen der Virola sebifera)
**virological** adj (Med) / virologisch adj
**virologist** n (Med) / Virologe m, Virusspezialist m
**virology*** n (Med) / Virologie f (Wissenschaft und Lehre von den Viren und Viruskrankheiten)
**virosis** n (pl. viroses) (Biol, Med) / Viruskrankheit f, Virose f (bei Menschen, Tieren und Pflanzen)
**virtual** adj / virtuell adj ‖ ~ **address** (Comp) / virtuelle Adresse (eine Adresse im virtuellen Speicher) ‖ ~ **anode** (Electronics) / virtuelle Anode, Äquivalentanode f ‖ ~ **call facility** (Comp) / gewählte virtuelle Verbindung (Protokollvariante in der Paketvermittlungstechnik) ‖ ~ **call service** (in a packet-switching network) (Comp) / Virtual-Call-Dienst m (einer der Dienste, die durch ein Paketvermittlungsnetz gestellt werden können) ‖ ~ **cathode** (Electronics) / virtuelle Katode ‖ ~ **centre** (Mech) / Momentanpol m, Momentanzentrum n, Augenblicksdrehpunkt m, Geschwindigkeitspol m ‖ ~ **channel** (Comp) / virtueller Kanal (der eingerichtet, aber physikalisch nicht vorhanden ist), VC (virtueller Kanal) ‖ ~ **circuit** (Comp) / virtuelle Verbindung (Paketvermittlungsverbindung gemäß CCITT-Empfehlung X.25) ‖ ~ **circuit** (Elec) / virtueller Stromkreis ‖ ~ **communications driver** (Comp) / VCOMM-Treiber m ‖ ~ **connection** (Comp) / virtuelle Verbindung (Paketvermittlungsverbindung gemäß CCITT-Empfehlung X.25) ‖ ~ **container** (Telecomm) / virtueller Container (in der SDH) ‖ ~ **decimal point** (Comp) / Rechendezimalkomma n, Rechendezimalpunkt m ‖ ~ **device** (Comp) / Virtuellgerät n, virtuelles Gerät ‖ ~ **device driver** (Comp) / virtueller Gerätetreiber, VxD (der Buchstabe x steht für den Gerätetyp, z.B. steht VDD für "virtual display driver")
**virtual-device interface** (Comp) / virtuelles Geräte-Interface
**virtual displacement** (Mech) / virtuelle Verrückung ‖ ~ **drive** (Comp) / virtuelles Laufwerk (Laufwerk an einem anderen Rechner, das so genutzt werden kann, als sei es physikalisch im lokalen Rechner vorhanden) ‖ ~**-earth** attr (Elec Eng) / praktisch geerdet ‖ ~ **focus** (Optics) / virtueller Brennpunkt
**virtual-ground** attr (US) (Elec Eng) / praktisch geerdet
**virtual height*** (Telecomm) / scheinbare Höhe ‖ ~ **image*** (Optics) / virtuelles Bild ‖ ~ **interface** (Comp) / virtuelle Schnittstelle
**virtualisation** n (Comp) / Virtualisierung f (ein Verfahren beim Betriebssystementwurf, um für bestimmte Betriebsmittel identische Kopien, Erweiterungen oder Ersatzlösungen zu erhalten)
**virtual ISDN modem** (Comp) / virtuelles ISDN-Modem (Modememulation, die die Nutzung der ISDN-Karte mit TAPI-konformen Kommunikationsapplikationen erlaubt)
**virtualization** n (Comp) / Virtualisierung f (ein Verfahren beim Betriebssystementwurf, um für bestimmte Betriebsmittel identische Kopien, Erweiterungen oder Ersatzlösungen zu erhalten)
**virtual junction temperature** (Electronics) / Ersatzsperrschichttemperatur f ‖ ~ **LAN** (Comp) / virtuelles LAN, VLAN (LAN, das unabhängig von seiner realen physikalischen Topologie logisch konfiguriert werden kann)
**virtually circular** / praktisch kreisförmig
**virtual machine** (Comp) / virtuelle Maschine (eine scheinbar vorhandene Datenverarbeitungsanlage) ‖ ~ **memory** (Comp) / virtueller Speicher (ein für den Benutzer scheinbar vorhandener Hauptspeicher)
**virtual-memory technique** (Comp) / virtuelle Speichertechnik
**virtual museum** (a collection of digitally recorded images, sound files, text documents and other data of historical, scientific or cultural interest that are accessed through electronic media) / virtuelles Museum ‖ ~ **Networking System** (Comp, Telecomm) / Vines n, Banyan VINES ‖ ~ **orbital** (Phys) / virtuelles Orbital ‖ ~ **particle*** (Nuc) / virtuelles Teilchen ‖ ~ **pet** (Comp) / virtuelles Haustier (Cyberpet) ‖ ~ **pitch** (Acous) / virtuelle Tonhöhe (DIN 1320) ‖ ~ **private network** (Comp, Telecomm) / Virtual Private Network n (die Möglichkeit, Leitungen oder Kapazitäten öffentlicher Netze derart für die Kommunikation einer geschlossenen Gruppe von Nutzern zu reservieren, dass mehrere private Netze und Netzelemente derart miteinander verbunden werden, dass sie für die an diese Netzelemente angeschlossenen Nutzer wie ein einziges, privates und sicheres Netz wirken) ‖ ~ **process*** (Phys) / virtueller Prozess (in der Quantentheorie) ‖ ~ **product development** (Work Study) / virtuelle Produktentwicklung ‖ ~ **push button** (Comp) / virtuelle Funktionstaste, Lichtknopf m ‖ ~ **quantum*** (Nuc, Phys) / virtuelles

**virtual**

Quant ‖ ~ **reality** (Comp) / virtuelle Realität (Kombination verschiedener audiovisueller Technologien zur Erzeugung von Sinneseindrücken von künstlichen Welten), VR (virtuelle Realität), Virtual Reality $f$
**virtual-reality-markup language** (language for creating 3-D Web sites) (Comp) / Virtual Reality Markup Language, VRML (Virtual Reality Markup Language), Virtual Reality Modelling Language
**virtual-reality-modelling language** (Comp) / Virtual Reality Markup Language, VRML (Virtual Reality Markup Language), Virtual Reality Modelling Language
**virtual-reality system** (Comp) / Virtual-Realität-System $n$, Virtual-Reality-System $n$ ‖ ~ **system** (Comp) s. also senseware
**virtual route** (Comp) / virtueller Leitweg ‖ ~ **route** (Comp) / virtuelle Verbindung (Paketvermittlungsverbindung gemäß CCITT-Empfehlung X.25) ‖ ~ **hosting** (Comp) / Plattenplatzvermietung $f$ (Dienstleistung, bei der ein Provider Platz auf der Festplatte seines Hosts zur Verfügung stellt), virtuelles Hosting, Virtual Hosting $n$ ‖ ~ **space** (Comp) / virtueller Bereich ‖ ~ **state** (Nuc) / virtueller Zustand ‖ ~ **storage** (Comp) / virtueller Speicher (ein für den Benutzer scheinbar vorhandener Hauptspeicher) ‖ ~ **storage access method** (Comp) / virtuelle Speicherzugriffsmethode ‖ ~ **store** (Comp) / virtueller Speicher (ein für den Benutzer scheinbar vorhandener Hauptspeicher) ‖ ~ **store access method** (Comp) / virtuelle Speicherzugriffsmethode ‖ ~ **temperature** (Electronics) / innere Ersatztemperatur, innere Temperatur (eines Halbleiterbauelements) ‖ ~ **temperature*** (Meteor) / virtuelle Temperatur (diejenige Temperatur, die trockene Luft annehmen müsste, um bei gleichem Druck die gleiche Dichte wie feuchte Luft zu haben) ‖ ~ **terminal** (Comp) / logische Datenstation (die von allen Hardwarefunktionen entkoppelt ist), virtuelles Terminal ‖ ~ **work** (Phys) / virtuelle Arbeit (bei virtuellen Verrückungen), äußere Arbeit (DIN 13 316)
**virucidal agent** (Agric, Chem, Pharm) / virentötendes Mittel, Virozid $n$ (Substanz, die krankheitserregende Viren unwirksam macht), Virizid $n$, Viruzid $n$
**virucide** $n$ (Agric, Chem, Pharm) / virentötendes Mittel, Virozid $n$ (Substanz, die krankheitserregende Viren unwirksam macht), Virizid $n$, Viruzid $n$
**virulence*** $n$ (Bot, Med) / Virulenz $f$ (schädliche Aktivität von Krankheitserregern im Organismus bzw. die Gesamtheit ihrer krankmachenden Eigenschaften)
**virulent** adj (Med) / virulent adj (Krankheitserreger), ansteckend adj
**virus*** $n$ (Bacteriol, Bot, Med) / Virus $n$ $m$ (pl. Viren) ‖ ~ (Comp) / Computervirus $m$, Virus $m$ $n$ (pl. Viren) (ein meist auf Datenveränderung, -löschung usw. ausgelegtes Programm, das sich selbst in Dateien kopiert oder auf sonstige Weise vermehrt) ‖ ~ **check** (Comp) / Überprüfung $f$ auf Viren ‖ ~ **checker** (Comp) / Viruschecker $m$, Virensuchprogramm $n$
**virus-checking software** (Comp) / Viruschecker $m$, Virensuchprogramm $n$
**virus cleaner** (Comp) / Viruscleaner $m$ (Programm, das versucht, den korrekten unbefallenen Zustand wiederherzustellen) ‖ ~ **coat protein** (Biochem) / Kapsid $n$, Capsid $n$ (Proteinhülle von Viren, die den Nucleinsäurekern enthält) ‖ ~ **detection** (Comp) / Viruserkennung $f$
**virus-detection program** (Comp) / Viruschecker $m$, Virensuchprogramm $n$
**virus disease** (Biol, Med) / Viruskrankheit $f$, Virose $f$ (bei Menschen, Tieren und Pflanzen) ‖ ~ **family** (Comp) / Virusfamilie $f$
**virus-free plant** (Agric, Bot) / virusfreie Pflanze
**virus generation** (Comp) / Virusgenerierung $f$ ‖ ~ **implanter** (Comp) / Viruseinschlepper $m$
**virus-infected** adj (Comp) / virusinfiziert adj
**virus program** (Comp) / Virusprogramm $n$, Virenprogramm $n$
**virus-proof** $v$ (a PC) (Comp) / virensicher machen ‖ ~ adj (Comp) / virensicher adj
**virus protection** (Comp) / Virenschutz $m$
**virus-protection program** (Comp) / Virenschutzprogramm $n$
**virus recognition** (Comp) / Viruserkennung $f$ ‖ ~ **resistance** (Comp) / Virusresistenz $f$ ‖ ~ **scanner** (Comp) / Virusscanner $m$ (ein Diagnoseprogramm zum Schutz vor einem Virus)
**virus-scanning program** (Comp) / Virusscanner $m$ (ein Diagnoseprogramm zum Schutz vor einem Virus)
**VIS** (Spectr) / Spektroskopie $f$ im Sichtbaren, VIS (Spektroskopie im Sichtbaren)
**visbreaking** $n$ (Oils) / Visbreaking $n$ (Warenzeichen der Firma UOP für einen leichten Krackprozess), Visbreaken $n$
**viscacha** $n$ (Leather, Zool) / Viscacha $f$ (Gattung Lagostomus oder Lagidium) ‖ ~ s. mountain viscacha and plains viscacha
**viscid** adj / klebrig adj, zäh adj ‖ ~ (Phys) / halbflüssig adj, dickflüssig adj, zähflüssig adj

**viscoelastic*** adj (Phys) / elastoviskos adj, viskoelastisch adj (DIN 13343) ‖ ~ **deformation** (Phys) / viskoelastische Deformation
**viscoelasticity** $n$ (Phys) / Viskoelastizität $f$, Elastoviskosität $f$
**viscoelastic substance** (Phys) / elastoviskoses Medium, viskoelastisches Medium
**viscometer*** $n$ (Phys) / Viskosimeter $n$ (zur Bestimmung des Fließverhaltens von Substanzen)
**viscometric** adj (Phys) / viskosimetrisch adj ‖ ~ **flow** (Phys) / viskosimetrische Strömung (DIN 1342, T 1)
**viscometry** $n$ (Phys) / Viskosimetrie $f$ (DIN 51 562)
**viscoplastic** adj (Phys) / viskoplastisch adj
**viscoplasticity** $n$ (Phys) / Viskoplastizität $f$ (Sammelbegriff für das Verhalten von Werkstoffen, die sowohl beachtliche viskose als auch plastische Eigenschaften haben)
**viscose*** $n$ (Chem) / Viskose $f$ (zähflüssige, wässrige alkalische Masse aus Cellulosexanthogenat) ‖ ~ **fibre*** (Chem Eng, Textiles) / Viskosefaser $f$ (eine Chemiefaser nach DIN 60 001, T 4), CV ‖ ~ **filament** (Textiles) / Viskosefilament $n$, Viskosefilamentfaser $f$, Reyon $n$ $m$ ‖ ~ **process** (Spinning) / Viskoseverfahren $n$ (zur Herstellung der Spinnlösung) ‖ ~ **pump** (Spinning) / Spinnpumpe $f$ (für das Viskoseverfahren) ‖ ~ **pump** (Spinning) s. also extrusion pump ‖ ~ **rayon** (Textiles) / Viskosefilamentkurzfaser $f$, Stapelzellwolle $f$, Viskosespinnfaser $f$ ‖ ~ **staple** (fibre) (Textiles) / Viskosefilamentkurzfaser $f$, Stapelzellwolle $f$, Viskosespinnfaser $f$
**viscosimeter** $n$ (Phys) / Viskosimeter $n$ (zur Bestimmung des Fließverhaltens von Substanzen)
**viscosimetry** $n$ (Phys) / Viskosimetrie $f$ (DIN 51 562)
**viscosity*** $n$ (Eng, Phys) / Viskosität $f$ (DIN 1342 und 51550), Zähigkeit $f$ ‖ ~ **behaviour** (Phys) / Viskositätsverhalten $n$ ‖ ~ **breaking** (Oils) / Visbreaking $n$ (Warenzeichen der Firma UOP für einen leichten Krackprozess), Visbreaken $n$ ‖ ~ **breaking** (Phys) / Viskositätsabbau $m$, Viskositätsbrechen $n$ ‖ ~ **chart** (Chem Eng, Phys) / Viskogramm $n$ (für Viskositätsbestimmung von Mischungen), Mischdiagramm $n$ (für Viskositätsbestimmung von Mischungen) ‖ ~ **coefficient** (Phys) / Viskositätskoeffizient $m$ (stoffspezifische Konstante in rheologischen Stoffgesetzen), Koeffizient $m$ der inneren Reibung ‖ ~ **cup** (Phys) / Viskositätsmessbecher $m$ (z.B. Ford-Becher) ‖ ~ **curve** (Phys) / Viskositätskurve $f$ (grafische Darstellung der Schervisositätsfunktion über dem Geschwindigkeitsgefälle oder über der Schubspannung - DIN 1342- 1 und 13342) ‖ ~ **drop** (Phys) / Viskositätsabfall $m$ ‖ ~ **enhancer** (Phys) / Viskositätserhöhungsmittel $n$ ‖ ~ **increase** (Phys) / Viskositätsanstieg $m$ ‖ ~ **index** (Phys) / Viskositätsindex $m$ (Kennzahl für Mineral- und Schmieröle - DIN ISO 2909), VI (Viskositätsindex)
**viscosity-index improver** (Phys) / Viskositätsindexverbesserer $m$ (Zusatz, der die Temperaturabhängigkeit der Viskosität vermindert und damit den Viskositätsindex eines Öles erhöht), VI-Verbesserer $m$ (ein Schmierstoffadditiv, z.B. Polyacrylat, Polyisobutan, Styrol/Olefin-Copolymere)
**viscosity number** (Phys) / Viskositätszahl $f$ (relative Viskositätsänderung, geteilt durch die Konzentration der Lösung in g/ml - ISO 307) ‖ ~ **on delivery** (Paint) / Lieferviskosität $f$ (eines lösungsmittelhaltigen Beschichtungsstoffs) ‖ ~ **operator** (Phys) / Viskositätsoperator $m$ (DIN 13 343) ‖ ~ **ratio** (Phys) / Viskositätsverhältnis $n$, relative Viskosität (DIN 1342) ‖ ~ **shearing gradient characteristics** (Phys) / Viskositäts-Geschwindigkeitsgefälle-Verhalten $n$ ‖ ~ **stabilizer** (Chem, Phys) / Viskositätsstabilisator $m$ ‖ ~ **variation with temperature** (Phys) / Temperaturabhängigkeit $f$ der Viskosität, Abhängigkeit $f$ der Viskosität von der Temperatur, Viskosität-Temperatur-Verhalten $n$
**viscous** adj (Eng, Phys) / viskos adj, viskös adj, zäh adj, zähflüssig adj
**viscous-coupled limited-slip differential** (Autos) / Visko-Differential $n$ (ein Sperrdifferential), Ferguson-Sperrdifferential $n$, Ferguson-Differential $n$ (bei dem die Ausgleichswirkung durch eine Viskosekupplung gehemmt wird)
**viscous coupling** (Autos) / Viskosekupplung $f$, Visko-Kupplung $f$, Visco-Kupplung $f$, Ferguson-Kupplung $f$ (eine gekapselte Lamellenkupplung, bei der die Lamellen in einer hochviskosen Flüssigkeit laufen) ‖ ~ **coupling differential** (Autos) / Visko-Differential $n$ (ein Sperrdifferential), Ferguson-Sperrdifferential $n$, Ferguson-Differential $n$ (bei dem die Ausgleichswirkung durch eine Viskosekupplung gehemmt wird) ‖ ~ **damping*** (Acous) / Viskositätsdämpfung $f$, viskose Dämpfung, Silikondämpfung $f$ (des Tonarmlifts) ‖ ~ **damping*** (Phys) / Flüssigkeits- bzw. Wirbelstromdämpfung $f$ ‖ ~ **drag** (Phys) / Bremswirkung $f$ (bei der Flüssigkeitsdämpfung) ‖ ~ **flow*** (Phys) / reibungsbehaftete Strömung, Reibungsströmung $f$, viskose Strömung ‖ ~ **flow*** (real flow with viscosity present) (Phys) / viskoses Fließen ‖ ~ **friction** (Phys) / Flüssigkeitsreibung $f$, flüssige Reibung (Stribeck-Kurve) ‖ ~ **hysteresis*** (Elec Eng) / viskose Hysterese, kriechende Hysterese ‖ ~ **impingement air filter** / mit viskoser

Flüssigkeit benetztes Filter || ~ **ink** / Farbpaste *f* (z.B. im Kugelschreiber) || ~ **lubrication** (Eng) / hydrodynamische Schmierung *f* (Trennung von Kontaktpartnern durch einen flüssigen Schmierfilm, der durch die Relativbewegung erzeugt wird), vollflüssige Schmierung (mittels Flüssigkeiten nach DIN ISO 4378-3), Vollschmierung *f*, Schmierung *f* durch hydrodynamische Kräfte (Schmierungszustand, bei dem durch die Relativbewegung der Reibpartner im Reibspalt ein unter Druck stehender Schmierfilm aufgebaut wird, der die Oberflächen der Reibpartner vollständig voneinander trennt) || ~ **matter pump** (Chem Eng) / Dickstoffpumpe *f* || ~ **modulus** (Chem Eng, Mech) / phasenverschobener Modul (die Komponente der Scherkraft), Verlustmodul *m*, Viskositätsmodul *m*, Hysteresismodul *m*, imaginärer Modul || ~ **oil** / dickflüssiges Öl, viskoses Öl

**vise** *v* (US) (Eng) / in einen Schraubstock spannen || ~ *n* (US)* (Eng) / Schraubstock *m* (zum festen Einspannen von Werkstücken und Werkzeugen) || ~* (Eng) / Kloben *m* (z.B. Feilkloben) || ~ **grip pliers** (US) (Tools) / Gripzange *f*, Festhaltezange *f*, Grip *f* || ~ **grips** (US) (Tools) / Gripzange *f*, Festhaltezange *f*, Grip *f*

**visibility*** *n* (Meteor, Optics) / Sichtweite *f* (DIN 1358), Sicht *f* (die Entfernung, in der Gegenstände noch erkennbar sind) || ~* (Optics) / Sichtbarkeit *f* || ~ (Ships) / Sichtigkeitsgrad *m* || ~ **curve*** (Optics) / spektrale Empfindlichkeitskurve, Kurve *f* der spektralen Augenempfindlichkeit, spektrale Augenempfindlichkeitskurve || ~ **depth** / Sichttiefe *f* (Wassertiefe, bei der eine im Wasser abgesenkte weiße Scheibe gerade noch zu erkennen ist) || ~ **distance** (Meteor, Optics) / Sichtweite *f* (DIN 1358), Sicht *f* (die Entfernung, in der Gegenstände noch erkennbar sind) || ~ **function** (Light, Optics) / spektrale Hellempfindlichkeit || ~ **loss** (Optics) / Sichtminderung *f* || ~ **meter** (Aero) / Sichtmessgerät *n*, Transmissometer *n* (z.B. zur Ermittlung der Landebahnsicht) || ~ **meter*** (Meteor) / Sichtmesser *m*, Sichtweitenmesser *m*

**visible** *adj* (Optics) / sichtbar *adj* (Licht, Spektrum) || ~ **file** / Sichtkartei *f* || ~ **horizon*** (Astron, Surv) / scheinbarer Horizont, natürlicher Horizont || ~ **light** (light radiation) (Light) / sichtbares Licht || ~ **outlines** (Eng) / sichtbare Kanten (technisches Zeichnen) || ~ **part** (Eng) / Einzelteil *n* im Sichtbereich (z.B. Kotflügel bei Automobilen) || ~ **radiation*** (Phys) / sichtbare Strahlung (DIN 5031, T 7), VIS (sichtbare Strahlung) || ~ **range** (Optics) / sichtbarer Bereich || ~ **region** (Optics) / sichtbarer Bereich || ~ **screen diagonal** (Comp) / sichtbare Bildschirmdiagonale || ~ **signal** (Optics) / optisches Signal, Schausignal *n*, sichtbares Zeichen, optisches Zeichen, Sichtzeichen *n*, Sichtsignal *n* || ~ **spectral range** (Light, Optics, Spectr) / sichtbares Spektrum, sichtbare Bereich des Spektrums || ~ **spectroscopy** (Spectr) / Spektroskopie *f* im Sichtbaren, VIS (Spektroskopie im Sichtbaren) || ~ **spectrum** (Light, Optics, Spectr) / sichtbares Spektrum, sichtbare Bereich des Spektrums || ~ **speech*** (Acous) / frequenzspektrale Lautaufzeichnung (der Sprache), sichtbare gesprochene Sprache || ~ **speech** (Comp) / Visible Speech *n* (synthetische Sprache - grafisch oder als Programm dargestellter Sprachvorgang, der mithilfe eines Konverters hörbar gemacht werden kann)

**visible-speech diagram** (Acous) / Sonagramm *n* (ein Sprachdiagramm)

**visible traces** / sichtbare Spuren

**vis inertiae** (Phys) / d'Alembert'sche Kraft, Trägheitswiderstand *m*, Trägheitskraft *f*, Scheinkraft *f*

**visiogenic** *adj* (TV) / für die Fernsehübertragung geeignet, telegen *adj* (für Fernsehaufnahmen geeignet)

**vision** *n* (Optics) / Sehvorgang *m* || ~ (Optics, Physiol) / Sehen *n*, Sicht *f* || ~ (Optics, Physiol) / Sehvermögen *n*, Gesichtssinn *m* || ~ (Physiol) / Sehleistung *f* (Fähigkeit des Sehorgans, Helligkeits- und Formenstrukturen zu erfassen und wahrzunehmen) || **out of~** (TV) / im Off, i.O. (im Off) || ~ **break** (TV) / Bildausfall *m* || ~ **broadcasting** (TV) / Fernsehrundfunk *m*, Fernsehfunk *m*

**vision-control desk** (Cinema, TV) / Bildmischpult *n*, Bildregiepult *n*

**vision defect** (Med, Optics) / Sehfehler *m* || ~ **disorder** (Med, Optics) / Sehstörung *f*

**vision-mixer*** *n* (Cinema, TV) / Bildmischer *m*, Bildtechniker *m*

**vision modulation*** (TV) / Bildmodulation *f* || ~**-proof glass** (Glass) / durchscheinendes Glas, Glas *n* mit diffuser Reflexion (sandgestrahlt, eisblumiert oder einseitig mattiert) || ~ **recording** / Bildaufzeichnung *f* || ~ **screen** / Sichtschutz *m* (z.B. ein Zaun) || ~ **switching** (TV) / Bildführung *f* (am Bildmischpult) || ~ **test** (Med, Optics) / Sehtest *m* || ~ **transmitter** (TV) / Fernsehbildsender *m*

**visioplasticity** *n* (Materials) / Visioplastizität *f* (Methode zur Bestimmung des Werkstoffflusses)

**visit** *n* (the act of accessing a Web site using a browser) (Comp, Telecomm) / Visit *f*, Visite *f*

**visitor location register** (Comp, Telecomm, Teleph) / Besucherdatei *f*

**visor** *n* (Autos) / Visier *n* (des Schutzhelms nach DIN 58218) || ~ (Autos) / Sonnenblende *f* (gepolstert und schwenkbar) || ~ **tin** (Min) / Visiergraupe *f* (knieförmige Zwillinge des Zinnsteins)

**vista shot** (Cinema) / Totale *f* (weiteste Einstellung eines Motivs), Gesamtaufnahme *f*

**visual** *adj* / visuell *adj* (Sensor des Industrieroboters) || ~ (Optics, Physiol) / Sicht-, Gesichts-, Seh-, visuell *adj*, optisch *adj*, augenoptisch *adj* || ~ **acuity*** (Med, Optics) / Sehschärfe *f* (Visus) || ~ **aid** / Anschauungsmittel *n*, Anschauungsmaterial *n* || ~ **aid** (Optics) / Sehhilfe *f*, optische Hilfe || ~ **angle** (Optics, Physiol) / Sehwinkel *m* (der von den Sehstrahlen gebildet wird - DIN 66233, T 1) || ~ **approach** (Aero) / Sichtanflug *m* || ~ **approach slope indicator*** (Aero) / Sichtanflug-Neigungsanzeiger *m*

**visual-aural** (radio) **range** (Nav) / VHF-Vierkursfunkfeuer *n* mit optisch-akustischer Anzeige, Vierkursfunkfeuer *n* mit Sicht- und Höranzeige

**visual axis** (Optics, Physiol) / Augenachse *f* || ~ **Basic** *n* (object-oriented Basic programing environment by Microsoft) (Comp) / Visual Basic *n* || ~ **binary*** (Astron) / visueller Doppelstern || ~ **Café** (Comp) / Visual-Café *n* (objektorientierte Java-Entwicklungsumgebung von Symantec) || ~ **capture** (Optics, Physiol) / visuelle Erfassung || ~ **cardex** / Sichtkartei *f* || ~ **circling** (Aero) / Sicht-Platzrunde *f*, Platzrunde *f* mit Sicht || ~ **comfort** (Optics) / komfortables Sehen || ~ **communication** (Optics, Telecomm) / visuelle Kommunikation (z.B. mit Fahnen, Rauch, Heliograf) || ~ **communication** (Optics) / Sichtzeichenverbindung *f*, optische Zeichengebung (Licht- und Flaggensignale, Rauchzeichen) || ~ **communication** (Telecomm) s. also light communication and optical communication || ~ **contact** (Aero) / Erdsicht *f* || ~ **control** (Materials) / Sichtprüfung *f*, optische Kontrolle, Sichtkontrolle *f*, Blickprüfung *f*, visuelle Prüfung, visuelle Kontrolle, Prüfung *f* des Aspekts, Inaugenscheinnahme *f* (durch Vertreter der zuständigen Behörde)

**visual-data bank** (Comp) / Bilddatenbank *f*

**visual disorder** (Med, Optics) / Sehstörung *f* || ~ **display** (Comp, Elec Eng) / Sichtanzeige *f* || ~ **display screen** (Comp, Electronics) / Schirm *m*, Bildschirm *m*, Screen *m* (pl. -s) || ~ **display terminal** (Comp) / Sichtanzeigegerät *n*, Sichtgerät *n*, optische Anzeigeeinheit, Bildschirmgerät *n*, Bildschirmterminal *n*, Bildsichtgerät *n*, Display *n* (pl. -s), Datensichtgerät *n*, Bildschirmeinheit *f* || ~ **display unit*** (Comp) / Sichtanzeigegerät *n*, Sichtgerät *n*, optische Anzeigeeinheit, Bildschirmgerät *n*, Bildschirmterminal *n*, Bildsichtgerät *n*, Display *n* (pl. -s), Datensichtgerät *n*, Bildschirmeinheit *f* || ~ **double** (Astron) / visueller Doppelstern || ~ **education** / Anschauungsunterricht *m* || ~ **end-pont detection** (Automation, Chem, Eng) / visuelle Endpunktbestimmung || ~ **examination** (Materials) / Sichtprüfung *f*, optische Kontrolle, Sichtkontrolle *f*, Blickprüfung *f*, visuelle Prüfung, visuelle Kontrolle, Prüfung *f* des Aspekts, Inaugenscheinnahme *f* (durch Vertreter der zuständigen Behörde) || ~ **field** (Med, Optics) / Gesichtsfeld *n* (der bei ruhendem Kopf und unbewegten Augen wahrnehmbare Teil der Außenwelt), Sehfeld *n*, Sichtfeld *n* || ~ **field** (Optics, Physiol) / Blickfeld *n* (der Raum, den die Augen überblicken können, wenn sie sich bei unbewegtem Kopf und Rumpf maximal nach oben, unter oder seitlich bewegen) || ~ **field** (Optics, Physiol) / Bildfeld *n* (dem objektseitig das Gesichtsfeld entspricht) || ~ **file** / Sichtkartei *f* || ~ **flight** (Aero) / VFR-Flug *m*, Sichtflug *m* || ~ **flight rules*** (Aero) / Sichtflugregeln *f pl* || ~ **flying** (Aero) / Fliegen *n* mit Sicht || ~ **illusion** (Optics) / optische Täuschung (den objektiven Gegebenheiten widersprechende Gesichtswahrnehmung), geometrisch-optische Wahrnehmungsverzerrung (bei geometrischen Konfigurationen ), visuelle Täuschung || ~ **indication** (Comp, Elec Eng) / Sichtanzeige *f* || ~ **inspection** (Materials) / Sichtprüfung *f*, optische Kontrolle, Sichtkontrolle *f*, Blickprüfung *f*, visuelle Prüfung, visuelle Kontrolle, Prüfung *f* des Aspekts, Inaugenscheinnahme *f* (durch Vertreter der zuständigen Behörde) || ~ **interpretation** / visuelle Auswertung (z.B. von Fernerkundungsaufnahmen) || ~ **intrusion** / optische Beeinträchtigung (z.B. bei Windfarmen)

**visualization** *n* / Sichtbarmachung *f*, Visualisierung *f* || ~ / Verbildlichung *f*, Veranschaulichung *f* (einer Idee, einer Konzeption) || ~ **algorithm** (Comp) / Visualisierungsalgorithmus *m*

**visually appealing design** / optisch ansprechendes Design

**visual met conditions** (Aero) / Sichtwetterbedingungen *f pl* (Sicht, Abstand von den Wolken und von der Hauptwolkenuntergrenze), VMC (Sichtwetterbedingungen - visual meteorological conditionas) || ~ **meteorological conditions*** (Aero) s. also visual flight rules || ~ **meteorological conditions*** (Aero) / Sichtwetterbedingungen *f pl* (Sicht, Abstand von den Wolken und von der Hauptwolkenuntergrenze), VMC (Sichtwetterbedingungen - visual meteorological conditionas) || ~ **navigation** (Nav) / terrestrische Navigation (mit Hilfe von Ortungsverfahren, die auf visueller Beobachtung von terrestrischen Objekten beruht), Sichtnavigation *f* || ~ **photometer** (Light) / visuelles Fotometer, subjektives Fotometer || ~ **pigment** (Med, Optics) / Sehfarbstoff *m*, Sehpigment *n* || ~ **point** (Maths) / Augpunkt *m*, Augenpunkt *m* (Projektionszentrum einer Perspektive), Perspektivitätszentrum *n* || ~ **pollution** (Ecol) /

Verschandelung *f* der Umwelt (optische), visuelle Verschmutzung (z.B. durch falsch lokalisierte Großanlagen) || **~ purple\*** (Optics, Physiol) / Sehpurpur *m*, Rhodopsin *n* (das Sehpigment der Augenstäbchen) || **~ range** (Optics) / Sichtbereich *m* || **~ record** / optische Aufzeichnung (Ergebnis) || **~ reference to the ground** (Aero) / Erdsicht *f* || **~ requirements** / verlangtes Sehvermögen || **~ sensor** / visueller Sensor, Sichtsensor *m* (der vornehmlich Bildinformationen aufnimmt und diese in elektrische Signale wandelt) || **~ signal** (Optics) / optisches Signal, Schausignal *n*, sichtbares Zeichen, optisches Zeichen, Sichtzeichen *n*, Sichtsignal *n* || **~ task** (Light) / Sehaufgabe *f* || **~ threshold** (Optics) / Sehschwelle *f* (als Maß für die Lichtempfindlichkeit des menschlichen Auges) || **~ tuning** (Radio) / optische Abstimmung || **~ turbidity** (Med, Optics) / Sichttrübung *f* || **~ violet\*** (Optics, Physiol) / Iodopsin *n* (Sehstoff der Netzhautzapfenzellen)

**vis viva** (Mech) / kinetische Energie (derjenige Teil der Energie, der vom Bewegungszustand eines physikalischen Systems abhängt - DIN 13 317), Bewegungsenergie *f*, Energie *f* der Bewegung, KE (kinetische Energie)

**vitagonist** *n* (Biochem) / Antivitamin *n* (Antimetabolit eines Vitamins), Vitaminantagonist *m* (z.B. Avidin gegen Biotin usw.)

**vital** *adj* / lebenswichtig *adj*, lebensnotwendig *adj* || **~** (Biol) / vital *adj* || **~** (Biol) / Lebens-, Vital- || **~ capacity\*** (Med) / Vitalkapazität *f* (der Lunge) || **~ gluten** (Nut) / Vitalkleber *m*

**vitality** *n* (Biol) / Vitalität *f* (Energiepotential eines Organismus), Lebenskraft *f*

**vital microscopy** (Med) / Vitalmikroskopie *f* || **~ stain\*** (Biochem, Micros) / Vitalfarbstoff *m* || **~ staining** (Biochem, Micros) / Vitalfärbung *f*, vitale Färbung, Lebendfärbung *f* || **~ staining** (Biochem, Micros) s. also intra-vitam staining and supravital staining

**vitamin\*** *n* (Biochem, Chem, Med) / Vitamin *n* || **~ A₁** (alcohol retinol) (Biochem) / Retinol *n*, Vitamin *n* A₁ || **~ A\*** (Biochem) / Vitamin *n* A (Epithelschutzvitamin) || **~ B₁₂\*** (Biochem) / Vitamin *n* B₁₂ || **~ B₂\*** (E 101) (Biochem, Nut, Pharm) / Laktoflavin *n*, Lactoflavin *n*, Riboflavin *n*, Vitamin *n* B₂ || **~ B₁\*** (Biochem, Pharm) / Thiamin *n*, Vitamin *n* B₁, Aneurin *n* || **~ B₁₂\*** (Biochem) s. also cobalamine || **~ B complex\*** (Biochem) / Vitamin-B-Gruppe *f* || **~ B_T** (Biochem) / Vitamin *n* B_T, Carnitin *n* (3-Hydroxy-4-(trimethylammonio)-buttersäurebetain), Mehlwurmfaktor *m* || **~ C\*** (Biochem) / Vitamin *n* C (Askorbinsäure)

**vitamin-containing** *adj* (Biochem, Nut) / vitaminhaltig *adj*

**vitamin D\*** (an antirachitic fat-soluble vitamin) (Biochem, Pharm) / Kalziferol *n* (Vitamin D), Calciferol *n*, Vitamin *n* D || **~ D₃** (Biochem) / Cholekalziferol *n* (Vitamin D₃), Cholecalciferol *n*, Calciol *n* || **~ D₂** (Biochem, Pharm) / Ergokalziferol *n* (internationaler Freiname für Vitamin D₂), Ergocalciferol *n* || **~ deficiency** (Med) / Vitaminmangel *m*

**vitamin-deficiency disease** (Med) / Vitaminmangelkrankheit *f*

**vitamin E\*** (Biochem, Nut, Pharm) / Vitamin *n* E (Tokopherol), Tocopherol *n* (ein fettlösliches Vitamin), Fruchtbarkeitsvitamin *n* || **~ G** (Biochem, Nut, Pharm) / Laktoflavin *n*, Lactoflavin *n*, Riboflavin *n*, Vitamin *n* B₂ || **~ H** (the water-soluble "skin" vitamin) (Biochem, Pharm) / Vitamin *n* H, Biotin *n*

**vitaminise** *v* (GB) (Nut) / vitaminieren *v*, vitaminisieren *v*, mit Vitaminen anreichern

**vitamin K\*** (Biochem, Nut) / Vitamin *n* K (Sammelbezeichnung für die antihämorrhagischen Vitamine K₁ bis K₆) || **~ n P** (Biochem, Nut) / Vitamin *n* P, Antipermeabilitätsvitamin *n* (Rutin) || **~ PP** (Nut) / Antipellagra-Vitamin *n*

**vitaminize** *v* (Nut) / vitaminieren *v*, vitaminisieren *v*, mit Vitaminen anreichern

**vitavite** *n* (Min) / Moldavit *m* (ein Tektit), Bouteillenstein *m*, Flaschenstein *m*

**VITC** (vertical interval time-code) (Cinema) / Time-Kode *m* in der vertikalen Austastlücke (bei Camcordern)

**vitellin\*** *n* (Biochem, Chem) / Vitellin *n* (besonders im Eidotter enthaltenes Phosphoprotein)

**vitellogenin** *n* (Biochem) / Vitellogenin *n* (biosynthetische Vorstufe von Vitellin und Phosvitin)

**vitellus\*** *n* (pl. vitelli) (Biol, Nut) / Eigelb *n*, Dotter *m n*, Eidotter *m n*

**vitiated** *adj* / verbraucht *adj* (Luft), schlecht *adj* (Luft) || **~ air** (Mining) / Abwetter *pl*

**viticulture** *n* (Agric) / Weinbau *m*

**vitiviniculture** *n* (Agric, Nuc) / Weinfach *n* (alle Zweige des Weinbaues und der Weinherstellung)

**vitrain** *n* (Geol, Mining) / Vitrit *m* (eine Streifenart - petrografische Bezeichnung für Glanzkohle)

**Vitreosil** *n* (a translucent form of silica, prepared from sand) (Chem, Glass) / Vitreosil *n*

**vitreous** *adj* / glasartig *adj*, glasig *adj* (wie Glas) || **~** (Brew) / glasig *adj* (Malz) || **~** (Glass) / Glas-, gläsern *adj*, aus Glas || **~ china** (Ceramics, San Eng) / Vitreous China *n*, VC (ein Halbporzellan) || **~ enamel\*** / Emaille *f*, Email *n* (RAL 529 A2) (ein Glasfluss, der dekorative Aufgaben und Schutzfunktionen auf einer metallischen Unterlage erfüllt) || **~ fracture** (Materials) / glasiger Bruch || **~ lustre** (Min) / Glasglanz *m* || **~ malt** (Brew) / Glasmalz *n* || **~ silica\*** (Chem, Glass) / Quarzgut *n* (durch feine Bläschen getrübtes, unreines Quarzglas), Kieselgut *n* (glasiger Werkstoff auf SiO²-Basis), Fused Silica *f* || **~ slag** (Met, Welding) / glasige Schlacke *f* || **~ state\*** (Phys) / Glaszustand *m* (ein amorpher Zustand, der in kleinen Bereichen zwar Ordnung, aber keine Fernordnung zeigt)

**vitric** *adj* (Geol) / Glas- || **~ tuff** (Geol) / Glastuff *m*

**vitrifaction** *n* (Geol) / Frittung *f* (von Sand- und Tonsteinen im Rahmen der Kontaktmetamorphose)

**vitrification** *n* (Geol) / Verglasung *f* (Glasigwerden) || **~** (Chem Eng) / α-Anomalie *f*, Glasumwandlung *f*, Gammaumwandlung *f*, Umwandlung *f* zweiter Ordnung (der Übergang eines Polymers von einem viskosen oder elastischen in einen spröden, glasartigen Zustand) || **~** (Foundry) / Sandanbrand *m* (ein Gussfehler) || **~** (Foundry) / Verschlackung *f* (ein Gussfehler) || **~** (Geol) / Frittung *f* (von Sand- und Tonsteinen im Rahmen der Kontaktmetamorphose) || **~\*** (Nuc Eng) / Verglasung *f* (der radioaktiven Spaltprodukte), Glasverfestigung *f* (der radioaktiven Abfallstoffe) || **~ range** (Ceramics, Phys) / Verglasungsbereich *m* || **~ temperature** (Chem Eng, Glass) / Glasübergangstemperatur *f*, Glastemperatur *f*

**vitrified** *adj* (Ceramics) / verglast *adj*, glasartig *adj* || **~** (Ceramics) s. also glass and hyaline || **~ china** (Ceramics, San Eng) / Vitreous China *n*, VC (ein Halbporzellan) || **~ clay** (Ceramics, San Eng) / Feinsteinzeug *n* || **~-clay pipe** (Ceramics) / Steinzeugrohr *n*, Grobsteinzeugrohr *n* || **~ pipe** (Ceramics) / Steinzeugrohr *n*, Grobsteinzeugrohr *n* || **~ wheel** (Eng) / Schleifscheibe *f* mit keramischer oder Silikatbindung

**vitrify** *vi* / verglasen *vi* (glasig werden)

**vitrine** *n* / Schaukasten *m* (mit Glas abgeschlossener, kastenartiger Behälter, der Ausstellungszwecken dient), Vitrine *f*

**vitrinite\*** *n* (the predominant maceral in most coals) (Geol, Min, Mining) / Vitrinit *m* (ein Mazeral)

**vitriol\*** *n* (Chem) / Schwefelsäure *f* || **~\*** (Min) / Vitriol *n* (veraltete Bezeichnung für ein kristallwasserhaltiges Sulfat eines zweiwertigen Metalls)

**vitrite** *n* (Geol, Mining) / Vitrit *m* (eine Streifenart - petrografische Bezeichnung für Glanzkohle)

**vitroceramic** *adj* (Ceramics, Glass) / vitrokeramisch *adj* || **~** s. also glass-ceramics

**vitroclastic** *adj* (Geol) / vitroklastisch *adj*

**vitroid** *n* (Chem) / Vitroid *n* (Stoff, der durchsichtige, glasartig erstarrende Schmelzflüsse bildet)

**vitrophyre** *n* (Geol) / Vitrophyr *m* (vulkanisches Ergussgestein mit Einsprenglingen in einer glasartigen Grundmasse)

**vitrophyric** *adj* (Geol) / vitrophyrisch *adj*

**Vitruvian scroll** (Arch) / griechisches Wellenband, laufender Hund (ein Ornamentband)

**Viviani's curve** (Maths) / Viviani'sche Kurve (nach V. Viviani, 1622 - 1703), Viviani'sches Fenster || **≃ window** (Maths) / Viviani'sche Kurve (nach V. Viviani, 1622 - 1703), Viviani'sches Fenster

**vivianite** *n* (Min) / Vivianit *m*, Blaueisenerz *n*

**vivid** *adj* / lebhaft *adj* (Farbe)

**vizor** *n* (Autos) / Visier *n* (des Schutzhelms nach DIN 58218) || **~** (Autos) / Sonnenblende *f* (gepolstert und schwenkbar)

**VJ** (video jockey) (TV) / Videojockey *m* (der Videoclips präsentiert), VJ (Videojockey)

**VLA** (Very Large Array) (Astron) / Very Large Array *m n* (ein sehr kompliziertes Radioteleskop, z.B. auf einer Hochebene New Mexicos)

**VLAN** (virtual LAN) (Comp) / virtuelles LAN, VLAN *n* (LAN, das unabhängig von seiner realen physikalischen Topologie logisch konfiguriert werden kann)

**Vlasov equation** (Plasma Phys) / Vlasov-Gleichung *f*, Wlassow-Gleichung *f* (der kinetischen Energie von Plasmen - nach A.A. Wlassow, 1908-1975) || **≃ plasma** (Plasma Phys) / Vlasov-Plasma *n*, stoßfreies Plasma, Wlassow-Plasma *n* (nach A.A. Wlassow, 1908-1975)

**VLBA** (Very Long Baseline Array) (Astron) / Very Long Baseline Array *m n* (ein gigantisches Radioteleskop des VLBI-Typs)

**VLBI** (very-long-baseline interferometry) (Astron) / Very Long Baseline Interferometry *f*, VLBI (Very Long Baseline Interferometry), Langbasisinterferometrie *f*, Großstreckeninterferometrie *f*, Großbasisinterferometrie *f*, VLB-Interferometrie *f* || **≃** (very-long-baseline interferometer) (Astron) / Radiointerferometer *n* mit zwei oder mehreren Radioteleskopen, die weit voneinander entfernt stehen

**V.L.C.C.** (very large crude carrier) (Oils, Ships) / Rohöl-Supertanker *m* mit 160 000 bis 319 999 tdw.

**VLCFA** (very-long-chain fatty acid) (Nut) / gesättigte sehr langkettige Fettsäure

**VLD** (vacuum ladle degassing) (Met) / VLD-Verfahren *n*, Vakuumpfannenentgasungsverfahren *n*
**VLDL** (very-low-density lipoprotein) (Biochem) / Lipoprotein *n* mit sehr geringer Dichte
**VLDPE** (very-low-density polyethrylene) (Chem, Plastics) / Polyethylen *n* sehr niedriger Dichte, VLDPE (Polyethylen sehr niedriger Dichte)
**vley** *n* (Geol) / Vley *n* (flache Hohlform südafrikanischer Trockengebiete)
**VLF*** (very low frequency) (Nav, Radio) / Frequenz *f* von 3-30 kHz (Myriameterwellen) ‖ ≃ **emission** (Radio) / VLF-Emission *f* (sehr niederfrequente Radiowellen natürlicher Herkunft von nur einigen bis $10^4$ Hz, die in der Ionosphäre, der Troposphäre oder der Magnetosphäre entstehen)
**V.L.N steel** (very-low-nitrogen steel) (Met) / Stahl *m* mit sehr niedrigem Stickstoffgehalt
**V.L.N. steel-making process** (Met) / Erzeugung *f* von Stahl mit sehr niedrigem Stickstoffgehalt (in Blaskonvertern)
**VLP disk** (Comp, Optics) / Videolangspielplatte *f*, VLP, VLP-Bildplatte *f* (optischer Speicher, der sich zum Lesen der Informationen eines Lasers bedient), optische Speicherplatte (z.Z. mit etwa 30 Terabits), optische Bildplatte, Laserplattenspeicher *m*, optische Platte
**VLPT** (very-low-pressure pyrolysis) (Chem, Phys) / Vakuumblitzthermolyse *f*
**VLR** (visitor location register) (Comp, Telecomm, Teleph) / Besucherdatei *f*
**VLSI** (very-large-scale integration) (Electronics) / Integrationsgrad *m* VLSI, VLSI-Integrationsgrad *m* (etwa 100 000 Grundfunktionen bzw.1 000 000 Bauelemente pro Chip), Hochintegrationsgrad *m* (VLSI)
**VLT** (Very Large Telescope) (Astron) / Very Large Telescope *n* (das größte Teleskop der Welt - in der chilenischen Atacamawüste)
**v.m.** (volatile matter) (Chem) / Flüchtiges *n*, flüchtige Substanz, flüchtige Bestandteile, flüchtiger Stoff (auch als Aromakomponente)
**VM** (virtual machine) (Comp) / virtuelle Maschine (eine scheinbar vorhandene Datenverarbeitungsanlage) ‖ ≃ (virtual memory) (Comp) / virtueller Speicher (ein für den Benutzer scheinbar vorhandener Hauptspeicher) ‖ ≃ (velocity modulation) (Electronics) / Geschwindigkeitsmodulation *f*, Geschwindigkeitssteuerung *f*
**VMC*** (visual meteorological conditions) (Aero) / Sichtwetterbedingungen *f pl* (Sicht, Abstand von den Wolken und von der Hauptwolkenuntergrenze), VMC (Sichtwetterbedingungen - visual meteorological conditionas)
**VME** (vegetable methyl ester) (Fuels) / Pflanzenmethylester *m*, PME (Pflanzenmethylester)
**VMOS transistor** (Electronics) / VMOS-Transistor *m* (ein Feldeffekttransistor, bei dem ein V-förmiger Graben in das Material geätzt wird, der die ⁿ-Schicht durchstößt)
**V.M.& P.** (Paint) / Testbenzin *n*, Lackbenzin *n* (DIN 51632)
**VMS** (variable-message sign) (Autos) / Wechselverkehrszeichen *n* (Verkehrszeichen zur Beeinflussung des Verkehrsablaufs, das bei Bedarf gezeigt, geändert oder aufgehoben wird), WVZ (Wechselverkehrszeichen)
**V-n diagram** *n* (Aero) / Flugbereichsdiagramm *n*, v-n-Diagramm *n* (erlaubter Flugbereich)
**V**$_{ne}$ (never-exceed speed) (Aero) / höcht zulässige Geschwindigkeit (bei Kolbentriebwerken)
**V-nerve agent** (Mil) / V-Kampfstoff *m*
**V-network** *n* (Elec Eng) / V-Netznachbildung *f* (für Zweileiter-Stromversorgung)
**V-notch** *n* (Carp, Eng) / Spitzkerbe *f*, Spitzkerb *m* ‖ ≃ (Civ Eng, Hyd Eng) / V-Messblende *f* (des Dreiecksüberfallwehrs) ‖ ≃ **weir** (Hyd Eng) / Dreiecksüberfallwehr *n* (nach Thomson), dreieckiges Messwehr
**VNSP** (very narrow spot) (Light) / Tiefstrahler *m* (mit weniger als 5°)
**V-nut nebulizer** (Chem Eng) / V-Nut-Zerstäuber *m*, Babington Nebulizer *m*
**VOC** (volatile organic chemical) (Chem, San Eng) / flüchtige organische Chemikalie
**vocabulary** *n* (Comp) / Vokabular *n*
**vocal** *adj* (Acous) / stimmhaft *adj* ‖ ~ **cord*** (Acous) / Stimmband *n* ‖ ~ **fold** (Acous) / Stimmband *n* ‖ ~ **range** (Acous) / Stimmumfang *m*
**vocational career apparel** (Textiles) / Berufskleidung *f* (zweckmäßige, strapazierfähige) ‖ ~ **guidance** / Berufsberatung *f* ‖ ~ **retraining** / Berufsumschulung *f* ‖ ~ **training** / Berufsausbildung *f*, Berufsbildung *f*
**vocoder*** *n* (Acous, Telecomm) / Vokoder *m*, Vocoder *m* (ein Gerät zur Sprachfrequenzkompression und zur künstlichen Erzeugung von Sprache - DIN 1320)
**VOD** (vertical on-board delivery) (Aero, Ships) / Bevorratung *f* aus der Luft (mit Hubschraubern oder mit den Senkrechtstartflugzeugen) ‖ ≃ (video on demand) (TV) / Video-on-Demand *n* (gebührenpflichtiges Abrufen eines Videos), Movie-on-Demand *n*, VoD (Video-on-Demand)
**vodas*** *n* (Telecomm) / Vodas *n* (sprachgesteuerter Sende-Empfang-Umschalter für drahtlosen Übersee-Fernsprechverkehr über einen Kanal in beiden Sprechrichtungen)
**voder*** *n* (Telecomm) / Voder *m* (ein Sprachsimulator)
**VOD plant** (Met) / VOD-Anlage *f* ‖ ≃ **process** (Met) / Vakuum-Sauerstoff-Aufblasverfahren *n* (mit Badbewegung durch Inertgas), VODC-Verfahren *n* (sekundärmetallurgisches Konverterverfahren), VODK-Verfahren *n*
**vogad*** *n* (Telecomm) / Vogad *n* (sprachgesteuerte Verstärkungsregelung im drahtlosen Fernsprechverkehr)
**V-O gear** (Eng) / V-Null-Getriebe *n* (Zahnräder kämmen miteinander ohne Profilverschiebung, ihre Teilkreise berühren sich im Wälzpunkt)
**Vogel-Colson-Russell effect** (Photog) / Russell-Effekt *m*
**vogesite*** *n* (Geol, Min) / Vogesit *m*
**voice** *v* (Acous) / stimmen *v*, abstimmen *v*, durchstimmen *v* ‖ ~ (Acous) / vokalisieren *v* (Sprache) ‖ ~* *n* (Acous) / Stimme *f* ‖ ~ (Comp, Telecomm) / Sprache *f*
**voice-activated access** (system) (Comp, Mil) / Stimmidentifikation *f* (im Rahmen eines Zugangskontrollsystems)
**voice•-actuated** *adj* / sprachbetätigt *adj* ‖ ~ **alert** (Autos) / Sprachausgabe *f* (von Warnmeldungen im Auto) ‖ ~ **band** (Radio, Telecomm, Teleph) / Sprechfrequenzband *n* (Frequenzband zwischen 300 und etwa 3500 Hz), Sprachfrequenzband *n*, Sprachband *n* ‖ ~ **box** (Telecomm) / Sprachbox *f*, Voicebox *f* ‖ ~ **box** (Teleph) / Voicebox *f* (im Mobilfunk) ‖ ~ **browser** (Comp, Telecomm) / Voice-Browser *m* ‖ ~ **calling** (Telecomm) / Sprachdurchsage *f* ‖ ~ **channel** (Radio, Telecomm, Teleph) / trägerfrequenter Sprechweg, Sprachkanal *m*, Sprechkanal *m* ‖ ~ **channel** (Teleph) / Telefonkanal *m*, Fernsprechkanal *m*, Gesprächskanal *m* ‖ ~ **circuit** (Teleph) / Sprechstromkreis *m*, Sprechkreis *m* ‖ ~ **coding** (Comp, Telecomm) / Sprachkodierung *f*, Sprachcodierung *f* ‖ ~ **coil*** (Acous) / Schwingspule *f* (des Lautsprechers), Tauchspule *f* (des Lautsprechers, des Mikrofons) ‖ ~ **communication** (Telecomm) / Sprechverbindung *f* ‖ ~ **communication** (Telecomm, Teleph) / Sprachkommunikation *f*, Sprechverkehr *m*, Sprechbetrieb *m* ‖ ~ **communication capability** (Telecomm) / Sprechmöglichkeit *f* ‖ ~ **computer** (Comp, Teleph) / Voicecomputer *m* (Gerät, das selbständig Telefongespräche wie ein Anrufbeantworter annimmt und aufzeichnet)
**voice-controlled** *adj* (Automation, Comp) / sprachgesteuert *adj*
**voice current** (Telecomm) / Sprechstrom *m*
**voiced** *adj* (Acous) / stimmhaft *adj*
**voice dialing** (US) (Teleph) / Voicedialing *n* ‖ ~ **dialling** (Teleph) / Voicedialing *n*
**voiced sound*** (Acous) / stimmhafter Laut
**voice•-dub** *v* (Cinema, TV) / doubeln *v* (nur Infinitiv oder Partizip), stimmdoubeln *v* ‖ ~ **encoding** (Comp, Telecomm) / Sprachkodierung *f*, Sprachcodierung *f* ‖ ~ **encryption** (Comp) / Sprachverschlüsselung *f* ‖ ~ **entry** (Comp) / Spracheingabe *f*, akustische Dateneingabe, Eingabe *f* gesprochener Sprache
**voice-extensible markup language** (which allows a user to interact with the Internet, primarily the Web, using voice commands) (Comp) / Voice-extensible-Markup Language *n* (eine von XML abgeleitete Sprache, die mit dem Ziel entwickelt wurde, die Möglichkeiten des WWW um Funktionalitäten zur Sprachkommunikation zu ergänzen)
**voice frequency*** (Radio, Telecomm) / Sprechfrequenz *f*, Sprachfrequenz *f* (zwischen 300 und 3500 Hz)
**voice-frequency band** (Radio, Teleph) / Sprechfrequenzband *n* (Frequenzband zwischen 300 und etwa 3500 Hz), Sprachfrequenzband *n*, Sprachband *n* ‖ ~ **signal** (Teleph) / Sprachsignal *n*, Signal *n* gesprochener Sprache ‖ ~ **signalling** (Telecomm) / Signalisierung *f* im Sprachband, Inband-Signalisierung *f*, Inband-Zeichengabe *f* (innerhalb des Sprachbandes), Im-Band-Kennzeichenangabe *f* ‖ ~ **telegraphy** (Teleg) / Wechselstromtelegrafie *f*, WT
**voice grade line** (Teleph) / Fernsprechkreis *m*, Fernsprechleitung *f* ‖ ~ **in** (Cinema) / Onstimme *f*, Stimme *f* (der handelnden Person) im Bild ‖ ~ **input** (Comp) / Spracheingabe *f*, akustische Dateneingabe, Eingabe *f* gesprochener Sprache
**voiceless** *adj* (Acous) / stimmlos *adj*
**voice link** (Telecomm) / Sprechweg *m* (Verbindung) ‖ ~ **mail** (Comp, Telecomm) / Voicemail *f* (das nach AMIS-Standards aufgebaut ist), Sprachspeicherung *f* und Verteilung *f* ‖ ~ **mail** (Teleph) / Voicemail *f* (in eine Telefonanlage eingebaute elektronische Einrichtung mit der um einige zusätzliche Möglichkeiten der Telekommunikation erweiterten Funktion eines Anrufbeantworters) ‖ ~ **mailbox** (Telecomm) / Sprachbox *f*, Voicebox *f*
**voice-mail service** (Telecomm) / Sprachspeicherdienst *m* (AUDIOTEX)

**voice messaging**

**voice messaging** (Comp) / Sprachinformationssystem *n*
**voice-messaging service** (Telecomm) / Sprachspeicherdienst *m* (AUDIOTEX)
**voice-modulated** *adv* (Telecomm) / sprachmoduliert *adj*
**voice off** (Cinema, TV) / Offstimme *f*, Stimme *f* (der handelnden Person) im Off
**voice-operated** *adj* (Automation, Comp) / sprachgesteuert *adj*
**voice • -operated device anti-sing*** (Telecomm) / Vodas *n* (sprachgesteuerter Sende-Empfang-Umschalter für drahtlosen Übersee-Fernsprechverkehr über einen Kanal in beiden Sprechrichtungen) || **~-operated gain-adjusting device*** (Telecomm) / Vogad *n* (sprachgesteuerte Verstärkungsregelung im drahtlosen Fernsprechverkehr)
**voice-operated transmission** (Telecomm) / sprachgesteuerte Übertragung || **~ typewriter** / Schreibmaschine *f* mit Spracheingabe
**voice operation demonstrator*** (Telecomm) / Voder *m* (ein Sprachsimulator) || **~ output** (Comp) / Sprachausgabe *f*
**voice-output unit** (Comp) / Sprachausgabeeinheit *f*
**voice-over** *n* (Cinema, TV) / begleitende Worte, Offkommentar *m*
**voice-over** *n* s. also voice off || **~ IP** (Comp, Telecomm) / Voice-over-IP (Sprachübertragung über eine exklusiv genutzte IP-basierte Infrastruktur)
**voice over IP** (Teleph) / Internettelefonie *f* || **~ path** (Telecomm) / Sprechweg *m* (Übertragungsstrecke)
**voiceprint** *n* (Acous, Comp) / Stimmabdruck *m* (in Erkennungssystemen)
**voice privacy** (Telecomm, Teleph) / Gesprächsgeheimnis *n*, Gesprächsgeheimhaltung *f*
**voice-recognition security system** / auf Stimmerkennung beruhendes Sicherheitssystem
**voice recorder** (Aero) / Voicerecorder *m*, Stimmenrekorder *m* || **~ recording** (Acous) / Sprachaufzeichnung *f* || **~ response** (Comp) / Sprachausgabe *f* || **~ response unit** (Telecomm) / Voice-Response-Unit *f* (welche die routinemäßige Beantwortung häufig wiederkehrender Fragen, für die kein speziell geschultes Personal erforderlich ist, übernimmt) || **~ service** (Telecomm) / Sprachkommunikation *f* (als Serviceleistung) || **~ signal** (Teleph) / Sprachsignal *n*, Signal *n* gesprochener Sprache || **~ synthesis** (Acous, Telecomm) / Stimmsynthese *f*, Stimmerzeugung *f* || **~ terminal** (Comp, Telecomm) / Sprachendgerät *n*, Sprachterminal *n* || **~ test** (Cinema, TV) / Sprechprobe *f*, Ansprechen *n*, Stimmprobe *f* || **~ track** (Cinema) / Sprachband *n* || **~ transmission** (Telecomm) / Sprachübertragung *f*
**voicing** *n* (Acous) / Stimmen *n*, Abstimmen *n*
**void** *n* (Astron) / Blase *f* || **~** (Comp) / farbfreie Stelle, Zeichenfehlstelle *f*, Fehlstelle *f* || **~** (Electronics) / Fehlstelle *f* (bei gedruckten Schaltungen) || **~** (Met, Nuc) / Void *n* (pl. -s) (bei Bestrahlung von Metallen und anderen kristallinen Körpern) || **~*** (Powder Met) / Hohlraum *m*, Pore *f*
**voidage*** *n* / Porengehalt *m* (Anteil der Poren in 100 Volumeneinheiten) || **~** (Phys) / Porenziffer *f*, Porenzahl *f*, relatives Porenvolumen, Porenanteil *m*, Porosität *f* (Verhältnis zwischen dem Volumen der Poren und demjenigen der Körper)
**void coefficient** (Nuc Eng) / Dampfblasenkoeffizient *m* (bei dem Void-Effekt) || **~ effect** (Nuc Eng) / Void-Effekt *m* (das Entstehen von Dampf- oder der Eintrag von Gasblasen in den Moderator und/oder in das Kühlmittel eines Reaktors) || **~ fraction** (Paper) / Porenvolumen *n*, Porengehalt *m* || **~ fraction** (Phys) / Porenziffer *f*, Porenzahl *f*, relatives Porenvolumen, Porenanteil *m*, Porosität *f* (Verhältnis zwischen dem Volumen der Poren und demjenigen der Körper) || **~ of air** (Phys) / luftlos *adj*, luftleer *adj* || **~ ratio** (Phys) / Porenziffer *f*, Porenzahl *f*, relatives Porenvolumen, Porenanteil *m*, Porosität *f* (Verhältnis zwischen dem Volumen der Poren und demjenigen der Körper) || **~ set** (Maths) / leere Menge (DIN 5473), Nullmenge *f* (Menge vom Maß Null) || **~ volume** (Chem) / Interstitialvolumen *n*, Zwischenkornvolumen *n* (in der Gelchromatografie), Volumen *n* zwischen den Gelpartikeln
**Voigt effect*** (Phys) / Voigt-Effekt *m* (starke transversale magnetische Doppelbrechung im Bereich einer Absorptionslinie - nach W. Voigt, 1850-1919)
**Voigt-Kelvin model** (Phys) / Voigt-Kelvin-Modell *n*, Kelvin-Modell *n* (ein rheologisches Modell nach DIN 1342-1)
**Voigt model** (Phys) / Voigt-Kelvin-Modell *n*, Kelvin-Modell *n* (ein rheologisches Modell nach DIN 1342-1) || **~ profile** (when Doppler broadening and Lorentz damping both apply) (Phys, Spectr) / Voigt-Profil *n* (Verbreiterungsform der Spektrallinien)
**voile*** *n* (Textiles) / Voile *m* (schleierartig licht eingestelltes Gewebe in Leinwandbindung aus hart gedrehten Voilezwirnen) || **~** (Textiles) / Schleierstoff *m* || **~ yarn** (Spinning) / Voile-Garn *n*, Voile-Zwirn *m*
**VoIP** (voice-over IP) (Comp, Telecomm) / Voice-over-IP (Sprachübertragung über eine exklusiv genutzte IP-basierte Infrastruktur)
**VOIP** (voice over IP) (Teleph) / Internettelefonie *f*

**Voith-Schneider propeller** (Ships) / Voith-Schneider-Propeller *m*, VSP *m* (ein Flügelradpropeller)
**VOL** (volume label) (Comp) / Datenträgeretikett *n*, Volume-Etikett *n*
**vol.** (volume) (Maths, Phys) / Rauminhalt *m*, Volumen *n* (DIN 1301, T 2), Raum *m* (Rauminhalt)
**volatile*** *adj* (Chem, Phys) / flüchtig *adj*, etherisch *adj* (rasch verdunstend) || **~*** (Comp) / nichtpermanent *adj*, energieabhängig *adj* (Speicher), flüchtig *adj* (Speicher), volatil *adj* (Halbleiterspeicher, dessen Inhalt bei Netzausfall verloren geht) || **~ animal oil** / Dippels Tieröl (Oleum animale aeth.), Dippels Öl, etherisches Tieröl || **~ component** (Geol) / flüchtiger Bestandteil || **~ corrosion inhibitor** (Chem) / VPI-Stoff *m*, Dampfphaseninhibitor *m* (z.B. zum Schutz verpackter Werkstoffe), Gasphaseninhibitor *m* (über die Dampf-/Gas-/Phase wirksamer Korrosionsschutzstoff) || **~ fatty acid number** (Chem) / VFA-Zahl *f* (in g KOH angegeben) || **~ flux** (Geol) / flüchtiger Bestandteil || **~ halogenated hydrocarbons** (Chem) / leicht flüchtige Halogenkohlenwasserstoffe, LHKW || **~ laurel oil** / Lorbeeröl *n* || **~ loss** / Verdampfungsverlust *m* || **~ matter** (Chem) / Flüchtiges *n*, flüchtige Substanz, flüchtige Bestandteile, flüchtiger Stoff (auch als Aromakomponente) || **~ oil** (Chem) / etherisches Öl || **~ organic chemical** (Chem, San Eng) / flüchtige organische Chemikalie || **~ organic compounds** (Chem) / Volatile Organic Compounds, VOC, flüchtige/verdunstbare organische Bestandteile
**volatiles** *pl* (Chem) / Flüchtiges *n*, flüchtige Substanz, flüchtige Bestandteile, flüchtiger Stoff (auch als Aromakomponente)
**volatility** *n* (Chem, Phys) / Flüchtigkeit *f* (Verdunstungsverhalten bzw. Verdunstungsgeschwindigkeit), Fugazität *f* (Aktivität gasförmiger Systeme)
**volatilizable** *adj* (Chem) / leicht verdampfbar
**volatilization** *n* (Agric) / Abtrift *f* (von Pflanzenschutzmitteln) || **~*** (Chem) / Verflüchtigung *f*, Volatilisation *f* (tatsächliche Verflüchtigung von Lösungs- und Holzschutzmitteln) || **~ interference** (Spectr) / Verdampfungsstörung *f* (Effekte, die in Anwesenheit einer Begleitsubstanz zu einer Veränderung der Überführungsrate oder -effizienz des Analyten von der kondensierten in die Gasphase führen)
**volcanic** *adj* (Geol) / Vulkan-, vulkanisch *adj* || **~ action** (Geol) / vulkanische Tätigkeit || **~ activity** (Geol) / vulkanische Tätigkeit || **~ ash*** (Geol) / vulkanische Asche || **~ belt** (Geol) / Vulkangürtel *m* || **~ bomb*** (Geol) / Bombe *f* (aus einem Vulkan ausgeworfener Lavafetzen, der im Flug durch Rotation eine bestimmte Form annimmt und erstarrt zu Boden fällt), vulkanische Bombe || **~ chain** (Geol) / Vulkangürtel *m* || **~ cinder** (Geol) / vulkanische Schlacke || **~ cloud** (Geol) / Eruptionswolke *f* || **~ cluster** (Geol) / Gruppe *f* von Vulkanschloten || **~ cone** (Geol) / Vulkankegel *m* || **~ dome** (Geol) / vulkanischer Dom, Vulkankuppe *f* || **~ earthquake** (Geol) / vulkanisches Beben, Ausbruchsbeben *n*, vulkanisches Erdbeben || **~ ejecta** (Geol) / Tephra *f* (Vulkanoklastit) || **~ eruption** (Geol) / Vulkanausbruch *m* || **~ foam** (Build, Geol) / Schaumlava *f* (Lavakies, Lavaschlacke) || **~ focus** (Geol) / Vulkanherd *m* || **~ glass** (Geol) / vulkanisches Glas (vulkanisches Schmelzprodukt wie z.B. Lavatropfen, Lavatränen, Pelés Haar usw.)
**volcanicity** *n* (Geol) / Vulkanismus *m*
**volcanic landform** (Geol) / Vulkanlandschaft *f* || **~ landscape** (Geol) / Vulkanlandschaft *f* || **~ mudflow** (Geol) / Lahar *m* (bei Vulkanausbrüchen entstehender Schlammstrom) || **~ neck*** (Geol) / Schlotfüllung *f*, Schlotgang *m*, Neck *m* (stielartige Durchschlagsröhrenfüllung eines Vulkans), Vulkanstotzen *m* || **~ pipe** (Geol) / Pipe *f* (eine vulkanische Durchschlagsröhre), Pfeife *f* || **~ plug** (Geol) / Schlotfüllung *f*, Schlotgang *m*, Neck *m* (stielartige Durchschlagsröhrenfüllung eines Vulkans), Vulkanstotzen *m* || **~ rent** (Geol) / Eruptionsspalte *f* || **~ rocks** (Geol) / Vulkanite *m pl*, vulkanische Gesteine, Extrusiva *n pl* (Ergussgesteine), Ergussgesteine *n pl* Effusivgesteine *n pl*, Extrusivgesteine *n pl*, Oberflächengesteine *n pl*
**volcanics** *pl* (lava and other volcanic deposits) (Geol) / Vulkanite *m pl*, vulkanische Gesteine, Extrusiva *n pl* (Ergussgesteine), Ergussgesteine *n pl*, Effusivgesteine *n pl*, Extrusivgesteine *n pl*, Oberflächengesteine *n pl*
**volcanic sand*** (Geol) / vulkanischer Sand || **~ slag** (Geol) / vulkanische Schlacke || **~ soil** (Agric) / Boden *m* vulkanischen Ursprungs || **~ spine** (Geol) / Lavadorn *m* || **~ vent*** (Geol) / Vulkanschlot *m*, Schlot *m* (Aufstiegskanal vulkanischer Stoffe), Förderkanal *m*, Durchschlagsröhre *f* || **~ water** (water in or derived from magma in the earth's surface or at a relatively shallow depth) (Geol) / vulkanisches Wasser
**volcanism** *n* (Geol) / Vulkanismus *m*
**volcano*** *n* (pl. volcanoes or volcanos) (Geol) / Vulkan *m*
**volcanogenic** *adj* (Geol) / vulkanogen *adj* (durch vulkanische Vorgänge entstanden)
**volcanology** *n* (Geol) / Vulkanologie *f*

**volcanotectonic** *adj* (Geol) / vulkanotektonisch *adj*
**Volhard method** (Chem) / Endpunktbestimmung *f* nach Volhard (J. Volhard, 1834-1910)
**Volmet** *n* (Aero) / Volmet-Rundfunk *m*
**volplane** *v* (Aero) / gleiten *v*, im Gleitflug fliegen
**volt**\* *n* (Elec) / Volt *n* (gesetzliche abgeleitete SI-Einheit des elektrischen Potentials = J/C ), V (Volt - DIN 1301, T 1)
**Volta effect**\* (Elec) / Volta-Effekt *m* (nach dem Grafen A. Volta, 1745-1827) ‖ ≃ **effect**\* (Elec) s. also contact potential
**voltage**\* *n* (Elec, Elec Eng) / elektrische Spannung (DIN 1324, T 1), Spannung *f* (in V) ‖ ~ **across the arc** (Welding) / Lichtbogenspannung *f* ‖ ~ **amplification** (Elec Eng) / Spannungsverstärkung *f* ‖ ~ **amplifier**\* (Elec Eng) / Spannungsverstärker *m* ‖ ~ **between lines**\* (in a single- or three-phase system) (Elec Eng) / verkettete Spannung, Leiterspannung *f* ‖ ~ **between phases**\* (Elec Eng) / verkettete Spannung, Leiterspannung *f* ‖ ~ **breakdown** (Elec Eng) / Spannungsausfall *m* ‖ ~ **build-up** (Elec Eng) / Spannungsaufbau *m*, Aufererregung *f* ‖ ~ **circuit**\* (Elec Eng) / Spannungspfad *m* (der mittelbar oder unmittelbar an die Messspannung anzuschließende Teil des Messgerätes) ‖ ~ **coefficient**\* (Elec Eng) / Spannungsabhängigkeitskoeffizient *m* ‖ ~ **collapse** (Elec Eng) / Spannungszusammenbruch *m* ‖ ~ **cone** (Elec Eng) / Spannungstrichter *m* (Bereich des Erdbodens in der Nähe einer stromdurchflossenen Elektrode, in dem durch das Fließen des Stromes ein messbarer Spannungsabfall auftritt)
**voltage-controlled** *adj* (Elec Eng) / spannungsgesteuert *adj* ‖ ~ **converter** (Elec Eng) / Spannungszwischenkreisstromrichter *m* ‖ ~ **filter** (Acous) / spannungsgesteuertes Filter ‖ ~ **oscillator**\* (Electronics) / spannungsgesteuerter Oszillator
**voltage-dependent resistor** (Electronics) / spannungsabhängiger Widerstand, Varistor *m* (spannungsabhängiger Widerstand), VDR-Widerstand *m*
**voltage depression** (Elec Eng) / Spannungsabsenkung *f* ‖ ~ **depression** (Elec Eng) s. also voltage drop ‖ ~ **detector** (Elec Eng) / Spannungssucher *m* (ein Anzeigegerät), Spannungsfühler *m*
**voltage-discharge gap** (Elec Eng) / Schutzfunkenstrecke *f* (eine Funkenstrecke zwischen Leiter und Erde in Luft mit atmosphärischem Druck)
**voltage divider**\* (Elec Eng) / Spannungsteiler *m* (Schaltung oder Bauelement zum Einstellen einer Spannung) ‖ ~ **doubler**\* (an electronic circuit that delivers a direct-current voltage approximately twice the peak alternating-current voltage it feeds on) (Elec Eng, Electronics) / Spannungsverdoppler *m* ‖ ~ **doubling** (Elec Eng) / Spannungsverdopplung *f* ‖ ~ **drop**\* (Elec, Elec Eng) / Spannungsabfall *m* (an einem Leiter), Spannungseinbruch *m* ‖ ~ **drop#**\* (Elec Eng) / IR-Abfall *m*, Ohm'scher Spannungsabfall, Widerstandsabnahme *f* ‖ ~ **endurance** (Elec Eng) / elektrische Lebensdauer ‖ ~ **factor** (Elec Eng) / Verstärkungsfaktor *m* (zwischen Elektroden) ‖ ~-**fed antenna**\* (Telecomm) / spannungsgespeiste Antenne, hochohmig gespeiste Antenne ‖ ~ **feedback**\* (Elec Eng, Electronics) / Spannungsgegenkopplung *f* (eine Gegenkopplung des Vierpols)
**voltage-flicker compensation** (Elec Eng) / Kompensation *f* des Spannungsflackerns
**voltage fluctuation** (Elec Eng) / Spannungsschwankung *f* (eine Folge von Spannungsänderungen) ‖ ~ **follower** (Electronics) / Spannungsfolger *m* (extrem stark gegengekoppelter Operationsverstärker mit Gesamtverstärkung Eins) ‖ ~ **gain**\* (Elec Eng) / Spannungsverstärkungsfaktor *m* ‖ ~ **gradient** (Elec Eng) / Spannungsverteilung *f* (pro Längeneinheit), Spannungsgradient *m*, Spannungsgefälle *n*, Potentialgefälle *n*, Potentialgradient *m* (relatives) ‖ ~ **jump** (Elec Eng) / Spannungssprung *m* ‖ ~ **level**\* (Elec Eng) / Spannungspegel *m* (in Volt) ‖ ~ **life** (Elec Eng) / Spannungsdauerfestigkeit *f* ‖ ~ **life** (Elec Eng) s. also voltage endurance ‖ ~ **limit** (Elec Eng) / Spannungsgrenze *f* ‖ ~ **loss** (Elec Eng) / Spannungsverlust *m* ‖ ~ **maximum** (Elec Eng) / Spannungsmaximum *n* ‖ ~ **minimum** (Elec Eng) / Spannungsminimum *n* ‖ ~ **multiplier**\* (Elec Eng) / Spannungsvervielfacher *m* ‖ ~ **node** (Elec Eng) / Spannungsknoten *m* ‖ ~ **of the system**\* (Elec Eng) / verkettete Spannung, Leiterspannung *f*
**voltage-operated earth-leakage circuit breaker** (Elec Eng) / Fehlerspannungsschutzschalter *m*, FU-Schutzschalter *m*
**voltage-phase-balance protection** (Elec Eng) / Spannungssymmetrieüberwachung *f*
**voltage-proof** *adj* (Elec Eng) / spannungsfest *adj*
**voltage rating** (Elec Eng) / Nennspannung *f*, Spannungsnennwert *m* ‖ ~ **ratio** (Elec Eng) / Spannungsverhältnis *n* (im Allgemeinen) ‖ ~ **ratio**\* (Elec Eng) s. also turns ratio ‖ ~ **recorder** (Elec Eng) / Spannungsschreiber *m* ‖ ~ **reference diode** (Electronics) / Referenzdiode *f* (Z-Diode mit engen Toleranzen), Spannungsreferenzdiode *f*, Bezugsspannungsdiode *f*, Regulatordiode *f* (Spannungsreferenzdiode) ‖ ~ **reference tube**\* (Electronics) / Stabilisator *m* (Glimmröhre), Vergleichsspannungsröhre *f*, Spannungsstabilisatorröhre *f*
**voltage-regulating transformer** (Elec Eng) / Spannungsregeltransformator *m*
**voltage regulation**\* (Elec Eng) / Spannungsänderung *f* (Änderung der Ausgangsspannung als Folge einer Änderung der Speisespannung oder des Arbeitsstroms) ‖ ~ **regulator** (Autos) / Regler *m*, Regelschalter *m* ‖ ~ **regulator** (Electronics) / Spannungsstabilisator *m*, Konstanter *m*, Konstanthalter *m*, Konstantregler *m*, Regelröhre *f*, Spannungsregler *m*
**voltage-regulator diode** (Electronics) / Spannungsstabilisatordiode *f*, Stabilisatordiode *f* ‖ ~ **tube**\* (Electronics) / Stabilisator *m* (Glimmröhre), Vergleichsspannungsröhre *f*, Spannungsstabilisatorröhre *f*
**voltage relay** (Elec Eng) / Spannungsrelais *n* ‖ ~ **resonance** (Elec Eng) / Sperr-Resonanz *f*, Stromresonanz *f*, Parallelresonanz *f*, Antiresonanz *f* ‖ ~ **ripple**\* (Elec Eng) / Spannungsschwankung *f* (Welligkeit), Kräuselspannung *f*, Spannungswelligkeit *f* ‖ ~ **saturation** (Elec Eng) / Spannungssättigung *f* ‖ ~ **selector** (Elec Eng) / Spannungswähler *m* ‖ ~ **source** (Elec Eng) / Spannungsquelle *f* ‖ ~ **source d.c. link converter** (Elec Eng) / Spannungszwischenkreisstromrichter *m*
**voltage-stabilizing tube**\* (Electronics) / Stabilisator *m* (Glimmröhre), Vergleichsspannungsröhre *f*, Spannungsstabilisatorröhre *f*
**voltage standing**•-**wave ratio**\* (Telecomm) / Welligkeit *f* (das Verhältnis der Maximal- und Minimalspannung längs einer Leitung) ‖ ~ **standing-wave ratio**\* (Telecomm) / Welligkeitsfaktor *m* (DIN 1344), Stehwellenverhältnis *n*, SWV (Stehwellenverhältnis) ‖ ~ **tester** (Elec Eng) / Spannungsprüfer *m* (ein Prüfgerät)
**voltage-time response** (Elec Eng) / Spannungs-Zeit-Verhalten *n*, Spannungsänderungsgeschwindigkeit *f*
**voltage/time-to-breakdown curve**\* (Cables) / Spannung-Zeit-Kurve *f* (Kabeldurchschlag), Spannung-Zeit-Durchschlagkurve *f* (bei Kurzzeitbelastung)
**voltage to earth** (Elec Eng) / Spannung *f* gegen Erde (in Netzen mit geerdetem Mittel- und Sternpunkt die Spannung eines Außenleiters gegen den geerdeten Mittel- oder Sternpunkt; in den übrigen Netzen die Betriebsspannung) ‖ ~ **to ground** (US) (Elec Eng) / Spannung *f* gegen Erde (in Netzen mit geerdetem Mittel- und Sternpunkt die Spannung eines Außenleiters gegen den geerdeten Mittel- oder Sternpunkt; in den übrigen Netzen die Betriebsspannung) ‖ ~ **to neutral**\* (Elec Eng) / Sternspannung *f* (zwischen einem Außenleiter und dem Sternpunkt - nach DIN 40108) ‖ ~ **transformer** (Elec Eng) / Spannungswandler *m* (DIN 40714), Spannungstransformator *m* ‖ ~ **transient** (Elec Eng) / momentane Überspannung ‖ ~ **transient** (Elec Eng) / Spannungsübergangszustand *m*
**voltage-tuned** *adj* (Electronics) / spannungsabgestimmt *adj*
**voltage**•-**variable capacitance** (Elec Eng) / spannungsgesteuerte Kapazität ‖ ~ **variation** (Elec Eng) / Spannungsschwankung *f* (eine Folge von Spannungsänderungen) ‖ ~ **vector** (Elec Eng) / Spannungszeiger *m*
**voltaic** *adj* (Elec Eng) / voltaisch *adj* ‖ ~ (Elec Eng) s. also galvanic ‖ ~ **cell**\* / elektrochemisches Element (primäres oder sekundäres - als Stromquelle), galvanisches Element (DIN 70853), galvanische Kette (Hintereinanderschaltung von Halbzellen), elektrochemische Kette ‖ ~ **current** (Med) / galvanischer Strom (Gleichstrom für therapeutische Zwecke) ‖ ~ **pile**\* (Elec Eng) / Volta'sche Säule
**voltaite** *n* (Min) / Voltait *m* (eisen(II)- und eisen(III)-haltiges Mineral der Alaun-Reihe)
**voltameter**\* *n* (Elec Eng) / Voltameter *n*, Coulometer *n*
**voltametric** *adj* (Chem, Elec Eng) / voltametrisch *adj*, coulometrisch *adj*
**voltammeter** *n* (Elec Eng) / Voltamperemeter *n*, Scheinleistungsmesser *m*, VA-Meter *n*
**voltammetry** *n* (Chem) / Voltammetrie *f* (Verfahren der Elektroanalyse)
**volt-ampere**\* *n* (Elec, Elec Eng) / Voltampere *n* (DIN 1301-2 und 40 110), VA (Voltampere)
**volt-ampere characteristic** (Elec Eng) / Strom-Spannung-Charakteristik *f*, Strom-Spannung-Kennlinie *f*
**volt**•-**ampere-hour**\* *n* (Elec Eng) / Voltamperestunde *f* (VAh) ‖ ~-**ampere reactive**\* (Elec Eng) / Var *n*, var (Blindwatt), Blindwatt *n* (gebräuchliche Einheit der Blindleistung in der elektrischen Energietechnik nach DIN 1301 - 1)
**Volta potential** (Elec) / Volta-Potential *n*, Volta-Spannung *f*, äußeres Potential ‖ ≃ **series** (Chem, Elec) / elektrochemische Spannungsreihe (geordnete Zusammenstellung der chemischen Elemente nach der zunehmenden Größe ihres Normalpotentials) ‖ ≃ **tension** (potential difference) (Elec) / Volta-Potential *n*, Volta-Spannung *f*, äußeres Potential
**volt-box**\* *n* (Elec Eng) / Spannungsteiler *m* (Schaltung oder Bauelement zum Einstellen einer Spannung)

**Volterra**

**Volterra dislocation** (Phys) / Volterra-Versetzung *f* (ein Spezialfall der Somigliana-Versetzung) || ~ **equations** (Maths) / Volterra'sche Integralgleichungen (in denen der Integrationsbereich variabel ist - nach V. Volterra, 1860-1940) || ~ **integral equations** (Maths) / Volterra'sche Integralgleichungen (in denen der Integrationsbereich variabel ist - nach V. Volterra, 1860-1940)
**voltmeter*** *n* (Elec Eng) / Voltmeter *n*, elektrischer Spannungsmesser
**voltmeter-ammeter method** (Elec Eng) / Strom-Spannungs-Messung *f*
**volt-ohm-milliammeter*** (Elec Eng, Electronics, Instr) / Multimeter *n*, Vielfachmessinstrument *n* (bei dem mehrere Messbereiche einer Messgröße eingestellt und/oder wahlweise verschiedene Messgrößen gemessen werden können), Vielfachmessgerät *n*, Universalmesser *m*, Vielbereichsinstrument *n*, Mehrbereichsinstrument *n*, Mehrzweckmessgerät *n*
**volume** *n* (Acous) / Tonstärke *f* || ~* (Acous, Radio, TV) / Lautstärke *f*, Klangvolumen *n* || ~ (Bind) / Band *m* (pl. Bände) || ~ (Comp) / Datenträger *m* (derjenige Teil eines einzelnen Speichermediums, auf den durch einen Lese-/Schreibmechanismus zugegriffen werden kann; ein Aufzeichnungsmedium, das als Ganzes montiert oder entfernt werden kann), Magnetschichtdatenträger *m* || ~* (Maths, Phys) / Rauminhalt *m*, Volumen *n* (DIN 1301, T 2), Raum *m* (Rauminhalt) || **of equal** ~ (Maths, Phys) / volumengleich *adj*, volumgleich *adj*, inhaltsgleich *adj* (volumengleich) || ~ **activity** (Phys) / Volumenaktivität *f* || ~ **aeration** (San Eng) / Volumenbelüftung *f* (bei der biologischen Abwasserreinigung) || ~ **aerator** (San Eng) / Volumenbelüfter *m* (zur biologischen Abwasserreinigung) || ~ **array** (Radar) / räumliche Gruppenantenne || ~ **change** (Phys) / Volumenänderung *f* (DIN 13316) || ~ **coefficient** (Phys) / thermischer kubischer Ausdehnungskoeffizient (des Gay-Lussac-Gesetzes) || ~ **collision rate** (Phys) / volumenbezogene Stoßrate, Volumenstoßrate *f* || ~ **compliance** (Phys) / Volumenkomplianz *f* (DIN 13 343) || ~ **compression*** (Acous) / Dynamikpressung *f*, Dynamikkompression *f* || ~ **compressor*** (Acous) / Dynamikpresser *m*, Dynamikkompressor *m*, Presser *m* || ~ **concentration** (Chem) / Volumenkonzentration *f* (DIN 1310) || ~ **constancy** (Phys) / Volumenkonstanz *f*, Volumenbeständigkeit *f* || ~ **constancy** (Phys) / Raumbeständigkeit *f* || ~ **contraction** (Phys) / Volumenminderung *f* (Schrumpfung), Volumenkontraktion *f* (DIN 13343), Kontraktion *f* (Verkleinerung einer Länge einer Fläche oder eines Volumens durch Schrumpfung) || ~ **control** (Acous, Radio, TV) / Lautstärkeregelung *f* || ~ **control*** (a device) (Telecomm) / Lautstärkeregler *m* (mit linearer Kennlinie), Lautstärkeeinsteller *m*
**volume-control surge tank** (Nuc Eng) / Puffertank *m*, Stoßtank *m*, Ausgleichsbehälter *m*, Volumenausgleichsbehälter *m* || ~ **valve** / Stromventil *n* (ein Hydroventil zur Beeinflussung eines Druckmittelstromes, z.B. Drossel oder Stromregelventil)
**volume coverage** (Radar) / räumliche Überdeckung
**volume-defined cloud chamber** (Nuc) / Nebelkammer *f* mit veränderlichem Volumen, durch Volumenänderung gesteuerte Nebelkammer
**volume density of charge** (Elec Eng) / Raumladungsdichte *f* (in C/m³ - nach DIN 1301, T 2, DIN 1304 und DIN 1324, T 1) || ~ **density of electric charge** (Elec Eng) / Raumladungsdichte *f* (in C/m³ - nach DIN 1301, T 2, DIN 1304 und DIN 1324, T 1) || ~ **descriptor** (Comp) / Volume-Deskriptor *m* (Bereich am Anfang einer CD) || ~ **determination** (Maths, Phys) / Volumenermittlung *f* || ~ **diffusion** (Phys) / Volumendiffusion *f* || ~ **discount** (Comp) / Mengenrabatt *m*
**volume-displacement pump** (Eng) / Verdrängerpumpe *f* (nach dem Verdrängungsprinzip arbeitende Pumpe, z.B. eine Kolbenpumpe)
**volume dosage** / Mengendosierung *f* || ~ **down** (Radio, TV) / Lautstärkeregelung (als Beschreibung des Bedienungselementes) || ~ **effect** (Nuc) / Kernvolumeneffekt *m* (der Isotopie) || ~ **elasticity** (Phys) / Volumenelastizität *f* || ~ **element** (Phys) / Volumenelement *n* || ~ **expander** (Acous) / Dynamikdehner *m*, Dynamikexpander *m* || ~ **expansion** (Acous) / Dynamikdehnung *f*, Dynamikexpansion *f* || ~ **expansion*** (Phys) / Volumenausdehnung *f*, Volumendilatation *f*, räumliche Ausdehnung || ~ **expansivity** (the rate of change of volume with pressure in a compression or expansion process) (Phys) / Volumenausdehnung *f* (als ermittelter prozentualer Wert) || ~ **filler** / Maßfüllmaschine *f* || ~ **flow** (Eng) / Volumenstrom *m* (z.B. bei Verdichtern, Pumpen nach DIN 5485), Förderstrom *m* (bei Verdichtern), Volumendurchfluss *m* (bei Verdichtern) || ~ **flow rate** (of a sound wave) (Acous) / Schallfluss *m* || ~ **flow rate** (Eng, Phys) / Volumendurchfluss *m* (pro Zeiteinheit), Volumendurchfluss *m* (Durchsatz) || ~ **force** (Mech) / Volumenkraft *f* (die an den Volumenelementen des Körpers angreift) || ~ **fraction** (Chem) / Volumenanteil *m* (DIN 1310), Volumenbruch *m* || ~ **header label** (Comp) / Datenträgeretikett *n* || ~ **hologram** (For) / Volumenhologramm *n* (holografische Aufnahme mit großer Dicke der das Hologramm tragenden Schicht) || ~ **indicator*** (Acous, Radio) / Aussteuerungsmesser *m*, Volumenmesser *m*, VU-Meter *n* || ~ **integral** (Maths) / Volumenintegral *n*, Raumintegral *n* || ~

**ionization*** (Phys) / Volumenionisation *f* || ~ **label** (Comp) / Datenträgeretikett *n*, Volume-Etikett *n* || ~ **law** (Geol) / Volumenregel *f* (bei der Metamorphose) || ~ **lifetime*** (Electronics) / Volumenlebensdauer *f*
**volume-limiting amplifier** (Acous, Radio) / dynamikbegrenzender Verstärker
**volume load** (San Eng) / Raumbelastung *f* (in der Abwassertechnik - Quotient aus Fracht und Volumen nach DIN 4045) || ~ **magnetostriction** (Mag) / Volumenmagnetostriktion *f* (Volumenänderung bei gleicher Gestalt) || ~ **module** (Phys) / Volumenmodul *m* (DIN 13 316)
**volumenometer** *n* / Volumenometer *n*, Stereometer *n*
**volume of chips** (Eng) / Abspanvolumen *n* || ~ **of distillate** (Chem) / Destillatvolumen *n* || ~ **of the sphere** (Maths) / Kugelvolumen *n* || ~ **of traffic** (Autos) / Verkehrsaufkommen *n*, Verkehrsstärke *f*, Verkehrsdichte *f*, Verkehrsmenge *f* || ~ **percentage** / Volumenprozent *n*, Vol.-% *n*, Volumprozent *n* || ~ **radiator** (Phys) / Volumenstrahler *m* (ein Temperaturstrahler nach DIN 5496, T 2) || ~ **range*** (between the maximum and minimum volumes) (Acous, Radio) / Dynamikumfang *m*, Dynamikbereich *m* || ~ **rate of flow** (Eng, Phys) / Volumendurchsatz *m* (pro Zeiteinheit), Volumendurchfluss *m* (Durchsatz) || ~ **readout** (Autos) / Füllmengenanzeige *f* (z.B. bei den Zapfsäulen) || ~ **recombination** (Electronics) / Volumenrekombination *f* (Rekombination innerhalb eines Halbleiters im Gegensatz zu der Oberflächenrekombination) || ~ **regulator** (Telecomm) / Lautstärkeregler *m* (mit linearer Kennlinie), Lautstärkeeinsteller *m* || ~ **resistance** (Elec Eng) / Durchgangswiderstand *m* (der elektrische Widerstand des Werkstoffinneren) || ~ **resistivity** (Elec Eng) / spezifischer Volumenwiderstand *m* || ~ **resistivity*** (Elec Eng) / spezifischer Durchgangswiderstand (DIN 53 482) || ~ **rule** (Geol) / Volumenregel *f* (bei der Metamorphose) || ~ **scattering** (Acous, Optics) / Volumenstreuung *f* (DIN 1349-2 und -3) || ~ **scattering strength** (Acous) / Volumenstreustärke *f* (DIN 1320) || ~ **serial number** (Comp) / Datenträgerarchivnummer *f* || ~ **shrinkage** (For) / Volumenschwindmaß *n*, Schwindmaß *n*, Schwundmaß *n* || ~ **shrinkage** (For, Join) / Schwinden *n* (Verminderung der Abmessungen bei der Feuchteabgabe) || ~ **strain** (Mech) / Volumenverformung *f*, Volumenänderung *f* (relative) || ~ **swap** (Comp) / Spulenwechsel *m* || ~ **swapping** (Comp) / Spulenwechsel *m* || ~ **swelling** (For) / Volumenquellmaß *n*, Quellsatz *m* (als Maß für die Änderung des Holzes beim Quellen) || ~ **swelling** (For) / Quellen *n* (die Zunahme der Abmessungen des Holzes bei Feuchteaufnahme infolge von Wasser /oder auch anderer Flüssigkeiten/ in die Zellwand), Quellung *f* || ~ **table of contents** (Comp) / Datenträger-Inhaltsverzeichnis *n*, Großspeicheretikettbereich *m* || ~ **target** (Radar) / Volumenziel *n* (dreidimensionales Ziel, besonders beim Wetterradar)
**volumetric** *adj* / volumetrisch *adj* || ~ (Chem) / titrimetrisch *adj* (durch Titration), maßanalytisch *adj* || ~ **analysis*** (Chem) / Maßanalyse *f*, Titrimetrie *f*, Volumetrie *f*, volumetrische Analyse, Titrieranalyse *f* || ~ **coverage** (Radar) / räumliche Überdeckung || ~ **cylinder** (Chem) / Messzylinder *m*, Maßzylinder *m*, Mensur *f* || ~ **delivery** (Eng) / Fördermenge *f*, Fördervolumen *n* (der Pumpe) || ~ **efficiency** (Autos, Eng, I C Engs) / Literleistung *f*, Hubraumleistung *f* (in kW) || ~ **efficiency*** (Eng) / volumetrischer Wirkungsgrad (bei Strömungsmaschinen) || ~ **efficiency*** (I C Engs) / Liefergrad *m*, Füllungsgrad *m* (das Verhältnis der tatsächlich angesaugten zur theoretisch möglichen Frischladungsmasse) || ~ **flask** (Chem) / Messkolben *m* (Stehkolben mit langem, engem Hals, auf dem etwa auf der Mittte ein Eichstrich angebracht ist), Maßkolben *m*, Messflasche *f* || ~ **flask with ground-glass stopper** (Chem) / Messflasche *f* mit Stopfen || ~ **flow** / Mengenfluss *m*, Mengendurchsatz *m* || ~ **flow** (rate) (Eng, Phys) / Volumendurchsatz *m* (pro Zeiteinheit), Volumendurchfluss *m* (Durchsatz) || ~ **glassware** (Chem, Glass) / Messgefäße *n pl* aus Glas, Messbehälter *m pl* aus Glas || ~ **heat*** (Chem) / Molwärme *f* (molare spezifische Wärmekapazität) || ~ **model** / Volumenmodell *n* (Form zur Beschreibung räumlicher geometrischer Gebilde auf der Basis analytisch beschreibbarer Grundkörper oder das Objekt umhüllender Flächen), Körpermodell *n*, Festkörpermodell *n*, Bauklotzmodell *n* || ~ **pipette** (Chem) / Vollpipette *f* || ~ **pipette** (Chem) s. also graduated pipette || ~ **precipitation analysis** (Chem) / Fällungstitration *f*, Fällungsanalyse *f* (z.B. Argentometrie, Tüpfelanalyse usw.) || ~ **shrinkage** (For, Join) / Schwinden *n* (Verminderung der Abmessungen bei der Feuchteabgabe) || ~ **shrinkage** (For) / Volumenschwindmaß *n*, Schwindmaß *n*, Schwundmaß *n* || ~ **solution*** (Chem) / volumetrische Lösung || ~ **strain*** (Mech) / Volumenverformung *f*, Volumenänderung *f* (relative) || ~ **swelling** (For) / Volumenquellmaß *n*, Quellsatz *m* (als Maß für die Änderung des Holzes beim Quellen) || ~ **swelling** (For) / Quellen *n* (die Zunahme der Abmessungen des Holzes bei

Feuchteaufnahme infolge der Einlagerung von Wasser /oder auch anderer Flüssigkeiten/ in die Zellwand), Quellung *f* || **~ tank** / Messbehälter *m* für Volumenbestimmung || **~ viscosity** (Phys) / Volumenviskosität *f* || **~ work** (Phys) / Volumenarbeit *f* (die Arbeit, die man verrichten muss, um das Volumen eines Systems zu ändern), Volumenänderungsarbeit *f*
**volume type** (Comp) / Datenträgertyp *m* || **~ under standard conditions** (Phys) / Normvolumen *n* (DIN 1343) || **~ unit*** (Radio) / Lautstärkeeinheit *f* || **~ unit meter** (Radio) / Aussteuerungsmesser *m*, Volumenmesser *m*, VU-Meter *n* || **~ up** (Radio, TV) / Lautstärkeregelung (als Beschriftung des Bedienungselements)
**voluminous** *adj* / umfangreich *adj*, voluminös *adj* || **~** (Textiles) / voluminös (Griff)
**voluntary stranding** (Ships) / Aufstrandsetzen *n* (des Schiffes)
**volunteer** *n* (Med, Pharm) / freiwillige Versuchsperson (z.B. bei medizinischen Versuchen)
**volute** *n* (Arch) / Volute *f* (z.B. am Kapitell ionischer Säulen) || **~** (Eng) / Spiralgehäuse *n* (der Kreiselpumpe) || **~ casing** (Eng) / Spiralgehäuse *n* (der Kreiselpumpe) || **~ spring** (Eng) / Kegelfeder *f*, Kegelstumpffeder *f*
**VOM** (silicone rubber) / Siliconkautschuk *m*, Silikonkautschuk *m* (Silikonkautschukvulkanisat) || **~** (volt-ohm-milliammeter) (Elec Eng, Electronics, Instr) / Multimeter *n*, Vielfachmessinstrument *n* (bei dem mehrere Messbereiche einer Messgröße eingestellt und/oder wahlweise verschiedene Messgrößen gemessen werden können), Vielfachmessgerät *n*, Universalmesser *m*, Vielbereichsinstrument *n*, Mehrbereichsinstrument *n*, Mehrzweckmessgerät *n*
**vomiting gas** (Chem, Mil) / Brechgas *n* (ein Gaskampfmittel)
**VON** (variable orifice nozzle) (I C Engs) / Variodüse *f* (bei Einspritzventilen)
**von Kármán vortex street*** (Aero, Hyd) / Kármán'sche Wirbelstraße (eine regelmäßige Anordnung rechts- und linksdrehender Wirbel hinter stumpfen Körpern - nach T.v.Kármán, 1881-1963), Wirbelstraße *f* (nach von Kármán) || **~ Klitzing constant** (Phys) / Klitzing-Konstante *f* ($R_K$)
**von-Neumann architecture** (Comp) / Neumann'sche Architektur (der ersten vier Rechnergenerationen - nach Johann Baron v. Neumann, 1903-1957)
**vor** *n* (Aero, Nav) / VOR *n* (ein Funkortungssystem, das mit Polarkoordinaten arbeitet)
**VOR** *n* (VHF Omnidirectional Radio Range) (Mil, Nav) / VHF-Drehfunkfeuer *n*
**VORDAC** *n* (VHF Omnidirectional Range and Distance-Measuring Equipment for Area Coverage) (Nav) / Vordac *n* (ein Funkortungssystem, das mit Polarkoordinaten arbeitet)
**Voronoi polyhedron** (Crystal) / Voronoi-Typ *m* (ein Polyedertyp), Voronoj'sches Polyeder
**Voronoy polyhedron** (Crystal) / Voronoi-Typ *m* (ein Polyedertyp), Voronoj'sches Polyeder
**VOR/TAC** (Mil, Nav) / Vortac *n* (ein Funkortungssystem, das mit Polarkoordinaten arbeitet)
**vortac** (VOR collocated with TACAN) (Mil, Nav) / Vortac *n* (ein Funkortungssystem, das mit Polarkoordinaten arbeitet)
**vortex** *v* (Chem Eng, Phys) / verwirbeln *v* (z.B. eine Flüssigkeit) || **~** (Spinning) / verwirbeln *v* (bei Texturierung) || **~** *n* (pl. vortices or vortexes) / Wirbel *m* (kreisförmig oder spriralig rotierender Stofftransport in Fluiden), Strudel *m* || **~*** (pl. vortices or vortexes) / [starker] Wirbel *m* || **~** (pl. vortices or vortexes) (Hyd Eng) / Wasserwirbel *m*, Wasserstrudel *m*, Strudel *m* (kreis- oder spiralförmige abwärts saugende Bewegung im Wasser) || **~ axis** (Phys) / Wirbelachse *f* || **~ burner** (Eng) / Wirbelstrombrenner *m*, Wirbelbrenner *m* || **~ centre** (Phys) / Wirbelkern *m*, Wirbelzentrum *n* || **~ chamber** (Eng) / Gehäuse *n* der Wirbelstrompumpe || **~ drop shaft** (San Eng) / Wirbelfallschacht *m* (Absturzbauwerk in der Kanalisation, bestehend aus einem senkrechten Rohr mit speziell ausgebildeter Drallkammer als Einlauf, die die Drehbewegung des Wassers im Schacht erzeugt) || **~ filament** (Phys) / Wirbelfaden *m* (flüssiger Inhalt einer Wirbelröhre) || **~ filament** (Phys) s. also vortex line || **~ flux** (Phys) / Wirbelfluss *m*
**vortex-free** *adj* (Phys) / turbulenzfrei *adj*, turbulenzsicher *adj*
**vortex furnace** (Eng) / Wirbelfeuerung *f* (eine Feuerungskonstruktion) || **~ generator** (Aero) / Turbulenzblech *n* (auf der Oberseite der Tragfläche vor Querruder oder Landeklappe) || **~ generator*** (Aero) / Wirbelerzeuger *m*, Wirbelgenerator *m*
**vortexing** *n* (Chem Eng, Phys, Textiles) / Verwirbeln *n*, Verwirbelung *f* || **~** (Spinning) / Verwirbelung *f* (Texturieren ohne Verdrehungstendenz) || **~ jet** (Spinning) / Verwirbelungsdüse *f*
**vortex line** (Phys) / Wirbellinie *f* (die überall tangential zum Drehungsvektor verläuft) || **~ packing** (Chem Eng) / Wirbelpackung *f* (Kolonneneinbauteil) || **~ ring** (Phys) / Ringwirbel *m* || **~ shaft basin** (San Eng) / Wirbelschachtbecken *n* (rundes Regenbecken mit annähernd tangentialem Einlauf und mittig gelegenem Ablauf zur

Verbesserung des Schlammaustrags bei Entleerung) || **~ shedding** (Phys) / Wirbelablösung *f* || **~ street*** (Aero, Hyd) / Kármán'sche Wirbelstraße (eine regelmäßige Anordnung rechts- und linksdrehender Wirbel hinter stumpfen Körpern - nach T.v.Kármán, 1881-1963), Wirbelstraße *f* (nach von Kármán) || **~ thermometer** (Aero) / Wirbelthermometer *n* || **~ trail** (Aero, Hyd) / Kármán'sche Wirbelstraße (eine regelmäßige Anordnung rechts- und linksdrehender Wirbel hinter stumpfen Körpern - nach T.v.Kármán, 1881-1963), Wirbelstraße *f* (nach von Kármán) || **~ train** (Aero, Hyd) / Kármán'sche Wirbelstraße (eine regelmäßige Anordnung rechts- und linksdrehender Wirbel hinter stumpfen Körpern - nach T.v.Kármán, 1881-1963), Wirbelstraße *f* (nach von Kármán) || **~ tube** (Eng) / Ranque'sches Wirbelrohr, Wirbelrohr *n* (zur Zerlegung eines Gasstromes in einen warmen und einen kalten Teilstrom) || **~ tube** (Phys) / Wirbelrohr *n* (das von der Gesamtheit der durch eine kleine geschlossene Kurve gehenden Wirbellinie gebildet wird) || **~ valve** (Eng) / Wirbelventil *n* (zur Steuerung von Flüssigkeitsströmen)
**vortical field** (Elec Eng, Phys) / Wirbelfeld *n* (mit der Eigenschaft der Quellfreiheit) || **~ point** (Maths) / Wirbelpunkt *m*
**vorticity** *n* (Meteor) / Vorticity *f* (Maß für die Wirbelbildung im Stromfeld), Wirbelgröße *f* || **~** (Phys) / Wirbelbewegung *f* || **~ equation*** (Meteor) / Vorticity-Gleichung *f* (die einen Zusammenhang zwischen Vorticity und Divergenz herstellt) || **~ flux** (Phys) / Wirbelfluss *m*
**votator** *n* (Chem Eng, Nut) / Votator *m*, Votatoranlage *f* (Rohr- oder Kratzkühler für kontinuierliche Margarineherstellung)
**voter** *n* / Mehrheitsorgan *n* (im Majoritätssystem)
**voting** *n* (Comp) / Voting *n* (ein Verfahren zur Fehlerkorrektur, bei dem mit dem Ergebnis weitergearbeitet wird, das von der Mehrzahl der Geräte ermittelt wurde)
**voucher** *n* (Comp) / Beleg *m* (in der Buchhaltung) || **~ copy** (Print) / Belegexemplar *m* (für Anzeigenkunden)
**vough*** *n* (Mining) / Druse *f*
**voussoir*** *n* (Build) / Gewölbestein *m*, Wölbstein *m*, Bogenstein *m*, Bogenkeilstein *m*, Wölber *m* (ein Gewölbestein)
**V.O. visco(si)meter** (Phys) / Vogel-Ossag-Viskosimeter *n* (DIN 51561 und 51569)
**vowel** *n* (Acous) / Vokal *m*, Selbstlaut *m* (silbenbildender) || **~ articulation*** (Teleph) / Selbstlautdeutlichkeit *f*
**VOX** (voice-operated transmission) (Telecomm) / sprachgesteuerte Übertragung
**voxel** *n* (the three-dimensional equivalent of a pixel) (Comp) / Voxel *n*, Volumenpixel *n*, Voxelelement *n*
**voxel-based** *adj* (Comp) / voxelbasiert *adj*
**VP*** (vent pipe) (San Eng) / Anschlussrohr *n* (zwischen Lüftungsleitung und Entwässerungsgegenstand)
**V-packing** (Eng) / V-Packung *f*, Winkelringpackung *f*
**V-particle** *n* (Nuc) / V-Teilchen *n*, V-Meson *n*
**VPE** (vapour-phase epitaxy) (Electronics) / Epitaxie *f* aus der Dampfphase, Gasphasenepitaxie *f*
**VPI** (vapour-phase inhibitor) (Chem) / VPI-Stoff *m*, Dampfphaseninhibitor *m* (z.B. zum Schutz verpackter Werkstoffe), Gasphaseninhibitor *m* (über die Dampf-/Gas-/Phase wirksamer Korrosionsschutzstoff)
**VPN** (virtual private network) (Comp, Telecomm) / Virtual Private Network *n* (die Möglichkeit, Leitungen oder Kapazitäten öffentlicher Netze derart für die Kommunikation einer geschlossenen Gruppe von Nutzern zu reservieren, dass mehrere private Netze und Netzelemente derart miteinander verbunden werden, dass sie für die an diese Netzelemente angeschlossenen Nutzer wie ein einziges, privates und sicheres Netz wirken )
**VP propeller*** (Aero) / Verstellluftschraube *f*, Verstellpropeller *m* || **~ propeller** (Ships) / Verstellpropeller *m*, Verstellschraube *f* (bei der man die Ausstellwinkel der Flügel verstellen kann)
**V-pulley** *n* (Eng) / Kegelscheibenpaar *n* (bei Riemengetriebe) || **~ half** (Eng) / Kegelscheibenhälfte *f*
**VR** (virtual route) (Comp) / virtueller Leitweg || **~** (virtual reality) (Comp) / virtuelle Realität (Kombination verschiedener audiovisueller Technologien zur Erzeugung von Sinneseindrücken von künstlichen Welten), VR, (virtuelle Realität), Virtual Reality *f*
**VRAM** (video RAM) / Video-RAM *n* (ein spezieller Halbleiterspeicher, der die Verarbeitung von Informationen für die Darstellung auf dem Monitor beschleunigt)
**VRC** (vertical redundancy check) (Comp) / Querprüfung *f* (Verfahren der Fehlersicherung nach DIN 66 010), vertikale Redundanzprüfung, Querparitätsprüfung *f*
**V reflector** (Radio) / Reflektor, der von zwei unter beliebigem Winkel sich schneidenden ebenen Flächen gebildet wird
**VR engine** (I C Engs) / V-Reihenmotor *m*, VR-Motor *m* || **~ game** (Comp) / VR-Spiel *n* || **~ helmet** (head-mounted display) (Comp) / Datenhelm *m* (Ausgabeeinheit eines VR-Systems)
**V-ring** *n* (Elec Eng) / V-Ring *m*

**V-ring**

**V-ring*** n (Elec Eng) / Spannring m, Druckring m, Manschette f
**V-ring** n (Eng) / V-Ring m, Winkelring m (Packung)
**VRML** (virtual-reality-modelling language) (Comp) / Virtual Reality Markup Language, VRML (Virtual Reality Markup Language), Virtual Reality Modelling Language
**vroom** v (make a roaring sound by being run at very high speed) (Autos) / dröhnen v (Motor), röhren v
**VR tube** (Electronics) / Stabilisator m (Glimmröhre), Vergleichsspannungsröhre f, Spannungsstabilisatorröhre f
**VRV** (vacuum reducer valve) (Autos) / Unterdruckreduzierventil n
**vs** (versus) / als Funktion von
**VS*** (volumetric solution) (Chem) / volumetrische Lösung || ≙ (vista shot) (Cinema) / Totale f (weiteste Einstellung eines Motivs), Gesamtaufnahme f
**VSAM** (virtual storage access method) (Comp) / virtuelle Speicherzugriffsmethode
**VSAT** (very small aperture terminal) (Telecomm) / Kleinstation f mit sehr kleiner Strahleröffnung, Bodenstelle f mit sehr kleinem Öffnungswinkel (in der Satellitenkommunikation), VSAT-Stelle f (in der Satellitenkommunikation)
**VSB** (vestigial sideband) (Comp, Radio, TV) / Restseitenband n || ≙ **modulation** (Radio, TV) / Restseitenbandmodulation f, RM (Restseitenbandmodulation)
**VSEPR model** (Chem, Nuc) / VSEPR-Modell n, Elektronenpaar-Abstoßungsmodell n, Gillespie-Modell n (zur qualitativen Beschreibung der elektronischen und der geometrischen Struktur von Molekülen) || ≙ **theory** (Chem) / VSEPR-Theorie f (zur Erklärung der geometrischen Strukturen von Molekülen)
**V.-series of recommendations** (Telecomm) / V.-Serie der CCITT-Empfehlungen (Empfehlungen der Studiengruppe XVII zum Thema Datenübertragung)
**VSF box** (Telecomm) / Sprachbox f, Voicebox f
**V-shaped** adj / V-förmig adj
**V-shaped valley** (Geol) / V-Tal n, Kerbtal n
**V-shed** n (Weaving) / Schrägfach n
**v.s.i.** (vertical speed indicator) (Aero) / Variometer n (Gerät zur Anzeige der Steig- und Sinkgeschwindigkeit), Höhenänderungsmesser m
**VSI*** (vertical speed indicator) (Aero) / Variometer n (Gerät zur Anzeige der Steig- und Sinkgeschwindigkeit), Höhenänderungsmesser m
**V-six** n (I C Engs) / V6-Motor m, V-Sechszylindermotor m, Sechszylinder-V-Motor m || ≙ **cylinder engine** (I C Engs) / V6-Motor m, V-Sechszylindermotor m, Sechszylinder-V-Motor m || ≙ **engine** (I C Engs) / V6-Motor m, V-Sechszylindermotor m, Sechszylinder-V-Motor m
**VSN** (volume serial number) (Comp) / Datenträgerarchivnummer f
**VSOP** (very small outline package) (Electronics) / VSOP-Gehäuse n
**V.S.P.** (Plastics) / Vicat-Zahl f, Vicat-Wert m, Vicat-Erweichungspunkt m, Erweichungspunkt m nach Vicat, Vicat-Erweichungstemperatur f
**VSS** (vehicle speed sensor) (Autos) / Drehzahlgeber m
**V/STOL** n (Aero) / V/STOL-Flugzeug n (VTOL + STOL) || ≙ **aircraft** (Aero) / V/STOL-Flugzeug n (VTOL + STOL)
**VSWR*** (voltage standing-wave ratio) (Telecomm) / Welligkeitsfaktor m (DIN 1344), Stehwellenverhältnis n, SWV (Stehwellenverhältnis) || ≙ (voltage standing-wave ratio) (Telecomm) / Welligkeit f (das Verhältnis der Maximal- und Minimalspannung längs einer Leitung)
**VT** (videotape) (Cinema, TV) / Videoband n (Magnetband für Spulen- oder Kassetten-Videobandgeräte), Magnetbildband n, Bildband n, Videomagnetband n, MAZ-Band n, Video n (Videoband) || ≙ (virtual terminal) (Comp) / logische Datenstation (die von allen Hardwarefunktionen entkoppelt ist), virtuelles Terminal || ≙ (vertical tabulator) (Comp) / Vertikaltabulator m, VT (Vertikaltabulator)
**V-tail** n (Aero) / V-Leitwerk n (eine Vereinigung von Höhen- und Seitenleitwerk)
**VTB curve*** (Cables) / Spannung-Zeit-Kurve f (Kabeldurchschlag), Spannung-Zeit-Durchschlagkurve f (bei Kurzzeitbelastung)
**VTC** (vessel-traffic control) (Radar, Ships) / Schiffsverkehrsüberwachung f
**VT character** (Comp) / Vertikaltabulator m, VT (Vertikaltabulator)
**V-terminal voltage** (Elec Eng, Radio) / unsymmetrische Klemmenspannung, unsymmetrische Funkstörspannung
**V-thread** n (Eng) / Spitzgewinde n (ein metrisches ISO-Gewinde nach DIN 13 und 14)
**VTL** (variable threshold logic) (Comp) / VTL (Logikfamilie, deren Schwellenspannung veränderlich ist)
**VTOC** (volume table of contents) (Comp) / Datenträger-Inhaltsverzeichnis n, Großspeicheretikettbereich m

**VTOL*** n (Aero) / Senkrechtstartflugzeug n, VTOL-Flugzeug n, Senkrechtstarter m, Lotrechtstarter m, Vertikalstartflugzeug n, Vertikalstarter m || ≙ **aircraft** (Aero) / Senkrechtstartflugzeug n, VTOL-Flugzeug n, Senkrechtstarter m, Lotrechtstarter m, Vertikalstartflugzeug n, Vertikalstarter m || ≙ **plane** (Aero) / Senkrechtstartflugzeug n, VTOL-Flugzeug n, Senkrechtstarter m, Lotrechtstarter m, Vertikalstartflugzeug n, Vertikalstarter m
**V tool** (a carving tool) (Tools) / Geißfuß m (für Holzschnitte und Holzbildhauerei)
**VTR** (videotape recorder) (Cinema, TV) / MAZ-Gerät n
**VTS** (vessel-traffic service) (Radar, Ships) / Schiffssicherungsdienst m
**V-twelve engine** (I C Engs) / 12-Zylinder-V-Motor m, Zwölfzylinder-V-Motor m, V-Zwölfzylinder m
**V-type compressor** (Eng) / V-Verdichter m
**V-type engine** (I C Engs) / V-Motor m (DIN 1940), Gabelmotor m, Gabelmaschine f
**VU*** (volume unit) (Radio) / Lautstärkeeinheit f
**vug*** n (Mining) / Druse f
**vuggy** adj (Geol) / drusenreich adj
**Vulcan coupling*** (Eng, Ships) / Vulcan-Kupplung f || ~ **fast yellow** (C.I. Pigment Yellow 13) (Chem Eng, Print) / Vulkanechtgelb n
**vulcanicity** n (Geol) / Vulkanismus m
**vulcanism** n (Geol) / Vulkanismus m
**vulcanite*** n / hornisierter Kautschuk, Hartkautschuk m, Hartgummi m (ein Elastomer nach DIN 7711), Ebonit n (mit 25-47% S)
**vulcanites*** pl (Geol) / Vulkanite m pl, vulkanische Gesteine, Extrusiva n pl (Ergussgesteine), Ergussgesteine n pl, Effusivgesteine n pl, Extrusivgesteine n pl, Oberflächengesteine n pl
**vulcanizate** n (Chem Eng) / Vulkanisat n, vulkanisierter Kautschuk
**vulcanization** n (of rubber*) (Chem Eng) / Vulkanisation f, Vulkanisierung f (Umwandlung des Kautschuks aus dem vorwiegend plastischen in den elastischen Zustand durch dreidimensionale Vernetzung) || ~ **accelerator** (Chem Eng) / Beschleuniger m (chemischer Stoff, der die Reaktionsgeschwindigkeit zwischen Schwefel und Kautschuk erhöht oder die Vulkanisationstemperatur herabsetzt), Vulkanisationsbeschleuniger m || ~ **coefficient** (Chem Eng) / Vulkanisationskoeffizient m (Anteil des gebundenen Schwefels in Prozenten, bezogen auf den Kautschukgehalt), VK (Vulkanisationskoeffizient - Anteil des gebundenen Schwefels in Prozenten, bezogen auf den Kautschukgehalt)
**vulcanize** v (Chem Eng) / vulkanisieren v
**vulcanized fibre*** (Chem) / Vulkanfiber f (DIN 7737), $V_f$ (Vulkanfiber), Fiber f || ~ **oil** / geschwefeltes Öl (mit Schwefelsäure behandelt)
**vulcanizing autoclave** (Chem Eng) / Vulkanisationskessel m, Kessel m (zur Vulkanisation), Vulkanisierkessel m || ~ **press** (Chem Eng) / Vulkanisierpresse f (Etagen-, Maul-, Kessel- und Autoklavenpresse)
**vulcanology** n (Geol) / Vulkanologie f
**vulgar fraction** (Maths) / gemeiner Bruch
**vulnerability** n (Comp) / Verletzbarkeit f (des Systems), Anfälligkeit f (des Systems) || ≙ (Mil) / Verwundbarkeit f
**vulnerable** adj (Comp) / verletzbar adj, anfällig adj (System) || ~ **to sabotage** (Mil) / sabotageempfindlich adj
**vulpic acid** (Chem) / Vulpinsäure f, Pulvinsäuremethylester m
**vulpinic acid** (Chem) / Vulpinsäure f, Pulvinsäuremethylester m
**vultex*** n (Chem Eng) / vulkanisierter Latex, Vultex m
**VU meter*** (Radio) / Aussteuerungsmesser m, Volumenmesser m, VU-Meter n
**VUV** (vacuum ultraviolet) (Phys, Vac Tech) / Vakuumultraviolett n (100-200 nm - DIN 5031, T 7), VUV n (Vakuumultraviolett), Vakuum-UV n
**V-valley** (Geol) / V-Tal n, Kerbtal n
**V value** (Optics) / Abbe'sche Zahl (für die Kennzeichnung eines optischen Mediums)
**VVC** (Elec Eng) / spannungsgesteuerte Kapazität
**vv carburettor** (I C Engs) / Gleichdruckvergaser m (bei dem ein Kolbenschieber, an dem auch die konische Düsennadel zur Kraftstoffzumessung befestigt ist, den Durchströmquerschnitt so verändert, dass Unterdruck und Strömungsgeschwindigkeit in der Mischkammer annähernd konstant sind)
**V veining tool** (Tools) / Geißfuß m (für Holzschnitte und Holzbildhauerei)
**V-weld** n (Welding) / V-Naht f (eine Stumpfnaht nach DIN 1912, T 5)
**VX** n (Chem, Mil) / VX n (ein Nervengas als Kampfstoff)
**VxD** (virtual device driver) (Comp) / virtueller Gerätetreiber, VxD (der Buchstabe x steht für den Gerätetyp, z.B. steht VDD für "virtual display driver")
**VXML** (voice-extensible markup language) (Comp) / Voice-extensible-Markup Language n (eine von XML abgeleitete Sprache, die mit dem Ziel entwickelt wurde, die Möglichkeiten des WWW um Funktionalitäten zur Sprachkommunikation zu ergänzen)

**Vycor glass** (Glass) / Vycorglas *n* (ein Handelsname für ein aus entmischtem Borosilicatglas hergestelltes Kieselglas)

# W

**W** (tungsten) (Chem) / Wolfram $n$, W (Wolfram)
**W** (watt) (Phys) / Watt $n$, W (Watt - DIN 1301, T 1) (gesetzliche abgeleitete SI-Einheit der Leistung und des Wärmestroms, nach J. Watt, 1736-1819)
**wabble** $v$ / wackeln $v$, schwanken $v$
**wacke*** $n$ (a "dirty" sandstone) (Geol) / Wacke $f$ ‖ ~* (Geol) s. also greywacke
**Wackenroder liquid** (Chem) / Wackenroder'sche Flüssigkeit (eine hauptsächlich Tetra- und Pentathionsäure enthaltende wässrige Lösung - nach H.W.F. Wackenroder 1798-1854), Wackenroder-Lösung $f$
**Wackenroder's solution** (Chem) / Wackenroder'sche Flüssigkeit (eine hauptsächlich Tetra- und Pentathionsäure enthaltende wässrige Lösung - nach H.W.F. Wackenroder 1798-1854), Wackenroder-Lösung $f$
**Wacker process** (the industrial aerial oxidation of ethene to ethanal, using a catalyst of palladium(II) chloride) (Chem Eng) / Wacker-Verfahren $n$ (ein technisches Verfahren zur Herstellung von Ethanal)
**wackestone** $n$ (Geol) / schlammgestütztes Karbonatgestein (mit >10% Komponenten) ‖ ~ (Geol) / Kalkstein $m$ (dessen Partikel in Matrix schwimmen), Wackestone $m$ (Kalk mit Partikeln, welche in Matrix schwimmen), Floatstone $m$
**wad** $n$ (Eng) / Innengrat $m$ (eine dünne Werkstoffschicht, die beim Schmieden von Durchgangslöchern entsteht und durch Lochen entfernt werden muss) ‖ ~* (Min) / Wad $n$ (ein lockerer, federleichter Manganomelan), Manganschaum $m$
**Wadati-Benioff zone** (a zone of the upper mantle in which earthquakes occur when a lithospheric plate is subducted) (Geol) / Benioff-Zone $f$ (eine Erdbebenzone nach V.H. Benioff, 1899-1968), Wadati-Benioff-Zone $f$ (nach K. Wadati, 1902 - 1995)
**wadden** $pl$ (Ocean) / Watt $n$ (pl.-en) (seichter Streifen des Meeresbodens, der bei Ebbe ganz oder teilweise trocken liegt - besonders an der Nordsee)
**wadding** $n$ (Med, Textiles) / Watte $f$ ‖ ~ (Textiles) / Polsterwatte $f$, Wattierung $f$ ‖ ~ (Textiles) / Watteline $f$ (leichtes, watteähnliches Zwischenfutter mit flaumiger Oberfläche) ‖ ~ **cloth** (Textiles) / verstärktes Gewebe ‖ ~ **machine** (Textiles) / Langpelzapparat $m$ (für das Filzkrempeln) ‖ ~ **pick** (Weaving) / Füllschuss $m$
**Wadsley defect** (Crystal) / Wadsley-Defekt $m$ (ein zweidimensionaler Baufehler)
**Wadsworth mounting*** (Optics) / Wadsworth-Aufstellung $f$ (des Monochromators)
**wafer** $n$ (a thin part or component, such as a filter element) / dünnes (flaches) Bauteil ‖ ~ (Elec Eng) / Schaltebene $f$ (ein feststehendes Isolierteil mit Kontakten und Anschlüssen sowie einer drehbaren Vorrichtung für das Betätigen der verbindenden Kontaktteile) ‖ ~* (Electronics) / Wafer $m$, Scheibchen $n$, Slice $m$ (aus Einkristall geschnitten oder abgesägt) ‖ ~ (For) / Wafer $m$ (großflächiger, breiter Schneidspan)
**waferboard** $n$ (Build, For) / Wafer-Platte $f$, Waferboard $n$ (eine Bauspanplatte aus großflächigen, breiten Schneidspänen)
**wafering** $n$ (Electronics) / Kristallsägen $n$, Kristallschneiden $n$
**wafer mask** (Electronics) / Wafer-Maske $f$ (die aus Einzelmasken besteht) ‖ ~ **prober** (Electronics) / Wafer-Prober $m$ (zum Kontaktieren von Schaltungsstrukturen mit Messspitzen oder Prüfkarten)
**wafer-scale integration** (Comp, Electronics) / WSI-Integration $f$ (die in den neunziger Jahren erreicht wurde), WSI-Integrationstechnik $f$ (bei der eine integrierte Schaltung die gesamte Fläche eines Wafers beansprucht), Wafer-Scale-Integration $f$
**wafer slicing** (Electronics) / Kristallsägen $n$, Kristallschneiden $n$ ‖ **stepper** (Electronics) / Wafer-Stepper $m$ (führt die zu belichtenden Halbleiterscheiben schrittweise mit hoher Präzision durch das Belichtungsfeld)
**wafer-stepper lens** (Electronics, Optics) / Wafer-Stepper-Objektiv $n$
**wafer stepping** (Electronics) / Wafer-Direktbelichtung $f$ (von Halbleiterscheiben)
**wafer-thin** $adj$ / hauchdünn $adj$ (Schicht)
**waffle** $n$ (Textiles) / Waffelmuster $n$ ‖ ~ **cloth** (Textiles) / Waffelstoff $m$, Waffelgewebe $n$ ‖ ~ **floor** (Build) / kassettierte Betondecke ‖ ~ **weave** (Weaving) / Waffelbindung $f$
**wage** $n$ (Work Study) / Arbeitslohn $m$, Lohn $m$

**wage-claim** $n$ (Work Study) / Lohnforderung $f$
**wage cut** / Lohnabbau $m$ ‖ ~ **drift** (with a wage gap) / Lohndrift $f$ (die Differenz von Effektiv- und Tariflohnentwicklung) ‖ ~ **freeze** / Lohnstopp $m$ ‖ ~ **gap** / Niveauspanne $f$ (zwischen Effektiv- und Ecklohn) ‖ ~ **gap** (Work Study) / Wage-Gap $n$ (die absolute Differenz zwischen dem Tarif- und dem Effektivlohn) ‖ ~ **incentive** (Work Study) / Leistungsanreiz $m$, Incentive $n$ (pl. -s) (durch wirtschaftspolitische Maßnahmen ausgelöster Anreizeffekt zu erhöhter ökonomischer Leistungsbereitschaft), Inzentiv $n$ ‖ ~ **increase** (Work Study) / Lohnerhöhung $f$ ‖ ~ **plan** (Work Study) / Lohnsystem $n$ ‖ ~ **rate** (Work Study) / Lohnsatz $m$ ‖ ~ **restraint** / Lohndisziplin $f$
**wages** $pl$ (Work Study) / Arbeitslohn $m$, Lohn $m$ ‖ ~ **clerk** / Lohnbuchhalter $m$
**wagging** $n$ (Phys, Spectr) / Nickschwingung $f$ (der Gruppe als Ganzes in Ebene senkrecht zur Gruppenebene - IR-Spektrometrie), Wagging-Schwingung $f$, Kippschwingung $f$ ‖ ~ **vibration** (Spectr) / Nickschwingung $f$ (der Gruppe als Ganzes in Ebene senkrecht zur Gruppenebene - IR-Spektrometrie), Wagging-Schwingung $f$, Kippschwingung $f$
**waggon** $n$ (GB) (Autos) / Lieferwagen $m$ (Kastenfahrzeug, Kofferfahrzeug), Transporter $m$ (z.B. Volkswagen) ‖ ~ (Rail) / Güterwagen $m$ ‖ ~ **balance** (Rail) / Waggonwaage $f$, Gleiswaage $f$ ‖ ~ **detention charges** (Rail) / Wagenstandgeld $n$ ‖ ~ **for special goods** (Rail) / Spezialgüterwagen $m$ ‖ ~ **for transporting lime** (Rail) / Kalkwagen $m$ ‖ ~ **with hinged covers** (Rail) / Klappdeckelwagen $m$, K-Wagen $m$ (zweiachsiger Güterwagen mit durch Klappen öffnungsfähigem Dach) ‖ ~ **with hinged covers** (Rail) s. also lime waggon ‖ ~ **with lifting and tipping bucket** (Rail) / Hubkipper $m$ ‖ ~ **with stanchions** (Rail) / Rungenwagen $m$, R-Wagen $m$
**Wagner balance** (Elec) / Wagner-Abgleich $m$ (nach K.W. Wagner, 1883 - 1953) ‖ ~ **balance** (Elec) s. also Wagner earth connexion ‖ ~ **earth*** (Elec Eng) / Wagner'sche Hilfserde, Wagner'sche Erde (zur Beseitigung der störenden Erdkapazität bei Wechselstrommessbrücken - nach J.Ph. Wagner, 1799-1879) ‖ ~ **earth connection** (Elec Eng) / Wagner'scher Hilfszweig, Wagner-Erdung $f$ (ein dritter, zusätzlicher Brückenzweig, den man in Wechselstrommessbrücken einfügt, deren Brückenelemente z.B. aus hochohmigen Impedanzen bestehen) ‖ ~ **earth connexion** (GB) (Elec Eng) / Wagner'scher Hilfszweig, Wagner-Erdung $f$ (ein dritter, zusätzlicher Brückenzweig, den man in Wechselstrommessbrücken einfügt, deren Brückenelemente z.B. aus hochohmigen Impedanzen bestehen) ‖ ~ **ground** (US) (Elec Eng) / Wagner'sche Hilfserde, Wagner'sche Erde (zur Beseitigung der störenden Erdkapazität bei Wechselstrommessbrücken - nach J.Ph. Wagner, 1799-1879) ‖ ~ **ground connection** (US) (Elec Eng) / Wagner'scher Hilfszweig, Wagner-Erdung $f$ (ein dritter, zusätzlicher Brückenzweig, den man in Wechselstrommessbrücken einfügt, deren Brückenelemente z.B. aus hochohmigen Impedanzen bestehen)
**Wagner-Meerwein rearrangement** (Chem) / Wagner-Meerwein-Umlagerung $f$ (eine anionotrope intramolekulare Umlagerung)
**Wagner rearrangement** (Chem) / Wagner-Meerwein-Umlagerung $f$ (eine anionotrope intramolekulare Umlagerung)
**Wagner's reagent** (Chem) / Wagners Reagens (wässrige Iod-Kaliumiodidlösung) ‖ ~ **solution** (Chem) / Wagners Reagens (wässrige Iod-Kaliumiodidlösung)
**wagon** $m$ (US) (Rail) / Güterwagen $m$ ‖ ~ $n$ (US) (station wagon) (Autos) / Kombinationskraftwagen $m$, Kombiwagen $m$, Kombi $m$ ‖ ~ (Autos) / Lieferwagen $m$ (Kastenfahrzeug, Kofferfahrzeug), Transporter $m$ (z.B. Volkswagen) ‖ ~ **retarder*** (Rail) / Gleisbremse $f$ (zur mechanischen Geschwindigkeitsregelung der über einen Ablaufberg in die Richtungsgleise rollenden Eisenbahnwagen - meistens vom Ablaufrechner eines Stellwerks automatisch gesteuert) ‖ ~ **vault*** (Arch) / Tonnengewölbe $n$, Fassgewölbe $n$, ellipsoidisch (räumlich) gekrümmtes Gewölbe
**wagtail*** $n$ (Build) / Trennleiste $f$ (Zink oder Holz - bei Hubfenstern)
**wag vibration** (Spectr) / Nickschwingung $f$ (der Gruppe als Ganzes in Ebene senkrecht zur Gruppenebene - IR-Spektrometrie), Wagging-Schwingung $f$, Kippschwingung $f$
**Wahl's factor** (Eng) / Korrekturfaktor $m$ (bei der Berechnung von Schraubenfedern)
**wahoo** $n$ (For) / Ulmus alata Michx. ‖ ~ **elm** (For) / Ulmus alata Michx.
**WAHUHA** (Waugh-Huber-Haeberlen pulse sequence) (Spectr) / WAHUHA (eine Spezialmethode der NMR-Spektroskopie)
**wainscot*** $n$ (Join) / Vertäfelung $f$, Holztäfelung $f$ (untere Wandverkleidung), Wandtäfelung $f$, Lambris $m$ $f$ (pl. -bris oder -brien), Täfelwerk $n$ (Verkleidung von Innenwänden) ‖ ~* (Join) / Eichenbretter $n$ $pl$ für die Holztäfelung ‖ ~* (Join) / Wagenschuss $m$ (Eichenschnittholzsortiment von besonderer Güte), Wainscot $n$
**wainscoting*** $n$ (Join) / Vertäfelung $f$ (als Tätigkeit), Täfelung $f$ (als Tätigkeit), Täfeln $n$ ‖ ~* (Join) s. also sheet wall covering

**wainscotting** n (Join) / Vertäfelung f (als Tätigkeit), Täfelung f (als Tätigkeit), Täfeln n
**WAIS** (wide-area information system) (Comp, Telecomm) / Wide Area Information System n (ein Informations-Suchsystem im Internet)
**waist** n / Vorspann m (an Schuhen) ‖ ~ (Textiles) / tailliert adj ‖ ~ (Textiles) / eingeschnürter, Mittelstück n ‖ ~ / Gelenk n (an Schuhen) ‖ ~ (Build) / dünnste Stelle einer Betonstufe ‖ ~ (Textiles) / Bundweite f ‖ ~ (Textiles) / Taille f
**waistband** n / Werbestreifen m (z.B. um einen Bus herum) ‖ ~ (Textiles) / Bund m (pl. Bünde) (Taillenanschluss an Damen- und Herrenhosen sowie an Damenröcken)
**waisted** adj (Textiles) / tailliert adj ‖ ~ **shank** (Eng) / Dehnschaft m (der Schraube; Schaftdurchmesser < Kerndurchmesser)
**waist-high** adj (Textiles) / hüfthoch adj
**waisting** n (Eng) / Einbuchtung f ‖ ~ (Materials) / Einschnürung f (beim Zugversuch), Brucheinschnürung f (DIN 50145) (Bruchquerschnittsverminderung eines zugbeanspruchten Probestabs nach dem Bruch)
**waist piece** (Leather) / Gelenkzwischenstück n (an Schuhen)
**wait** v (Comp) / warten v ‖ ~ **condition** (Comp) / Wartezyklus m, Wartezustand m, Wartestatus m, Wartestellung f, Waitstate m (bei Mikroprozessoren) (Zustand, bei dem der Mikroprozessor auf die Daten von langsamen Peripheriegeräten wartet) ‖ ~ **for extension to become free** (Teleph) / warten auf Freiwerden der Nebenstelle ‖ ~ **indicator** (Comp) / Wartebit n
**waiting bay** (Civ Eng) / Wartebucht f ‖ ~ **field** (Teleph) / Wartefeld n ‖ ~ **field display** (Teleph) / Wartefeldanzeige f
**waiting-line theory** (Comp, Maths, Telecomm) / Warteschlangentheorie f, Bedienungstheorie f (ein Teilgebiet der Unternehmensforschung)
**waiting list** (Comp, Maths) / Warteschlange f, Warteliste f (für die Bearbeitung von Warteschlangen), Queue f, Schlange f ‖ ~ **mode** (Comp) / Wartezyklus m, Wartezustand m, Wartestatus m, Wartestellung f, Waitstate m (bei Mikroprozessoren) (Zustand, bei dem der Mikroprozessor auf die Daten von langsamen Peripheriegeräten wartet) ‖ ~ **on weather** (Oils) / in Wartestellung auf günstige Witterung (z.B. bei Offshore-Bohrarbeiten) ‖ ~ **period** (Agric) / Karenzzeit f, Wartezeit f (bei Pflanzenschutzmitteln) ‖ ~ **period** (Paint) / Vorreaktionszeit f, Induktionszeit f, Reifezeit f ‖ ~ **program** (Comp) / wartendes Programm ‖ ~ **queue** (Comp) / Eintrittswarteschlange f ‖ ~ **queue** (Comp, Maths) / Warteschlange f, Warteliste f (für die Bearbeitung von Warteschlangen), Queue f, Schlange f ‖ ~ **restriction** (Autos) / eingeschränktes Halteverbot ‖ ~ **state** (Comp) / Wartezyklus m, Wartezustand m, Wartestatus m, Wartestellung f, Waitstate m (bei Mikroprozessoren) (Zustand, bei dem der Mikroprozessor auf die Daten von langsamen Peripheriegeräten wartet) ‖ ~ **system** (Maths) / Wartesystem n (in der Bedienungstheorie) ‖ ~ **time** (Agric) / Karenzzeit f, Wartezeit f (bei Pflanzenschutzmitteln) ‖ ~ **time** (interval between request for data and availability of data) (Comp) / Wartezeit f ‖ ~ **time** (Nut) / Wartezeit f (Begriff der Rückstandsproblematik in Lebensmitteln pflanzlicher oder tierischer Herkunft) ‖ ~ **time** (Work Study) / Liegezeit f (Bestandteil der Fertigungsdurchlaufzeit, in der weder Bearbeitungs- noch Transportoperationen erfolgen) ‖ ~ **time** (Work Study) / Bereitschaftszeit f
**wait loop** (Comp) / Warteschleife f ‖ ~ **state** (Comp) / Wartezyklus m, Wartezustand m, Wartestatus m, Wartestellung f, Waitstate m (bei Mikroprozessoren) (Zustand, bei dem der Mikroprozessor auf die Daten von langsamen Peripheriegeräten wartet) ‖ ~ **time*** (Comp) / Wartezeit f
**waiver** n / Sonderfreigabe f (nach Realisierung - in der Qualitätskontrolle nach ISO 9000
**wake*** n (Aero) / Nachstrom m, Nachlauf m, Wirbelschleppe f, Nachströmung f ‖ ~ (Phys) / Rückstrom m, Nachlauf m (Gebiet verminderter Strömungsenergie hinter Körpern), Nachstrom m, Totwasser n (Gebiet abgelöster Strömung, in dem die Flüssigkeit stark abgebremst wird) ‖ ~ (Ships) / Kielwasser n, Schraubenwasser n, [von der Schraube nach hinten geworfenes] Kielwasser n ‖ ~ (Ships) / Sog m ‖ ~ (Aero) s. also wake turbulence ‖ ~ **field** (Nuc) / Kielwasserfeld n (elektromagnetisches Streufeld, das von den beschleunigten Teilchen selbst hervorgerufen wird), Wake-Field n
**wake-field accelerator** (Nuc) / Wake-Field-Beschleuniger m (bei dem das Streufeld eines ringförmigen Primärstrahls komprimiert und danach zur Beschleunigung eines Sekundärstrahls auf sehr hohe Energie benutzt wird)
**wake turbulence** (Aero) / turbulente Nachströmung, Nachlaufturbulenz f
**wake-up call** (Teleph) / Weckruf m (ein Leistungsmerkmal einer Nebenstellenanlage) ‖ ~ **service** (Teleph) / Weckdienst m
**Waldegg valve gear*** (Eng) / Heusinger-Steuerung f (nach E. Heusinger von Waldegg, 1817-1886)
**Walden inversion*** (Chem) / Walden'sche Umkehrung (nach P. Walden, 1863-1957), Walden-Umkehr f

**Walden's rule** (Chem) / Walden'sche Regel
**waldo** n (Comp) / Waldo m (1 : 5-Modelle von Animationsobjekten, die z.B. zur Erprobung von Bewegungsabläufen dienen)
**waldsterben** n (tree decline) (Ecol, For) / Waldsterben n
**wale** v (GB) (Min Proc) / verlesen v, lesen v, klauben v, auslesen v, sortieren v (von Hand) ‖ ~ n (Textiles) / Grat m (diagonal verlaufende Gewebeoberflächenstruktur infolge versetzter Bindungspunkte), Rippe f ‖ ~* (knitting) (Textiles) / Maschenstäbchen n (senkrecht), Stäbchen n
**waler** n (Carp) / Brustholz n (für den waagrechten Verbau von Baugruben)
**wales** pl (US) (Civ Eng) / Zangenplanken f pl, Anlegehölzer n pl
**waling** n (GB) (Min Proc) / Verlesen n, Lesen n, Klauben n, Auslesen n, Sortieren n (von Hand) ‖ ~ (Weaving) / Köpergratrichtung f
**walings*** pl (Civ Eng) / Zangenplanken f pl, Anlegehölzer n pl
**walk** n / Gehweg m, Fußweg m, Fußgängerweg m, Fußpfad m, Fußsteig m, Fußparcours /A/ m ‖ ~ **Kantenfolge** f (in einem ungerichteten Grafen - offene, geschlossene) ‖ ~ (For) / Forstrevier n
**walkable** adj (Civ Eng) / begehbar adj (z.B. Kanal)
**walk-along truck** (Eng) / Mitgänger-Flurförderzeug n, Flurförderzeug n mit Gehlenkung
**walkaway lease** / Netto-Leasing n
**walk-behind mower** (Agric) / Rasenmäher m (mit Führungsholmen - also kein Aufsitzmäher)
**Walker circulation** (Meteor) / Walker-Zirkulation f (über dem tropischen Pazifik)
**walkie** n (Eng) / Mitgänger-Flurförderzeug n, Flurförderzeug n mit Gehlenkung
**walkie-lookie** n (Cinema) / Handkamera f ‖ ~ (TV) / tragbare Fernsehkamera
**walkie-talkie** n (Radio) / Walkie-Talkie n (pl. -s), Sprechfunkgerät n (tragbares), Handfunkgerät n, Tornisterfunkgerät n, Feldfunksprechgerät n
**walk-in** attr (Civ Eng) / begehbar adj (z.B. Kanal)
**walking beam*** (Eng) / Schrittmacher m ‖ ~ **beam*** (Met) / Hubbalken m (des Hubbalkenofens) ‖ ~ **beam*** (Oils) / Schwengel m, Bohrschwengel m (beim Seilbohren)
**walking-beam furnace** (Met) / Hubbalkenofen m (Ofen, durch den Blöcke, Brammen und Halbzeug schrittweise mit Hubbalken bewegt werden), Balkenherdofen m, Schrittmacherofen m
**walking•-beam pump** (Oils) / Schwengelpumpe f, Gestängepumpe f ‖ ~ **code** (Comp) / Walking-Code m (ein Dezimalkode ohne Wertigkeit) ‖ ~ **comfort** (Textiles) / Begehkomfort m (bei Teppichen) ‖ ~ **dragline*** (Mining) / Schreitbagger m (der sich mit einem Schreitwerk in einzelnen Schritten vorwärts bewegt) ‖ ~ **island** (Oils) / Schreitinsel f (spezielle Ausführung der Hubinsel mit Stützbeinen zum schreitenden Vorwärtsbewegen) ‖ ~ **line*** (Build) / Lauflinie f, Treppenlauflinie f (gedachte stetige Linie, in der das zulässige Steigungsverhältnis gemessen werden muss - DIN 18064-1) ‖ ~ **mechanism** (Mining) / Schreitwerk n (z.B. zum selbständigen Schreiten von Ausbaublöcken und -gespannen und von mittleren und großen Tagebaugeräten)
**walking-on part** (Cinema) / stumme Rolle
**walking plough** (Agric) / Sterzpflug m (Gespannpflug) ‖ ~ **robot** / Schreitroboter m (der sich mit Beinen schreitend fortbewegt) ‖ ~ **support** (Mining) / Schreitausbau m (mit mobilen Ausbaueinheiten nach DIN 21 549) ‖ ~ **tractor** (Autos) / Einachser m, Einachsschlepper m, Einachstraktor m, Zweiradschlepper m
**walk-in representation** (Arch, Comp) / Hineingehdarstellung f (bei architektonischen Darstellungen)
**Walkman** n (pl. -s) (Acous, Radio) / Walkman m (pl. -men oder -s), Kassettenplayer m (Kassettenrekorder)
**walk-on** n (Cinema) / stumme Rolle ‖ ~ **air-service** (Aero) / Luftverkehr m zu festen Zeiten (Shuttle) ohne Vorausbuchung ‖ ~ **finish** (Build) / Gehbelag m ‖ ~ **part** (Cinema) / stumme Rolle ‖ ~ **service** (Aero) / Luftverkehr m zu festen Zeiten (Shuttle) ohne Vorausbuchung
**walk out** v (Mining) / ausfahren vi (Belegschaft)
**walk-out** n / Arbeitsniederlegung f (kurzfristige - als Streikmaßnahme) ‖ ~ **effect** (Electronics) / Walkout-Effekt m (Abhängigkeit der Durchbruchspannung von der angelegten Spannung)
**walk-through** (Cinema) / Probe f mit abgeschalteten Kameras, Stellprobe f, Probedurchlauf m ‖ ~ (Cinema) / Probe "ohne Talent" f ‖ ~ (Comp) / Walk-through n (ein Verfahren, das die inhaltliche Richtigkeit und Vollständigkeit eines Pflichtenheftes, einer Spezifikation oder eines Programms sicherstellen soll), Inspektion f
**walk-up** n (US) (Build) / mehrstöckiges Wohnhaus ohne Personenaufzug
**walk-up** n (Build) / Treppensteigen n ‖ ~ **apartment house** (Build) / mehrstöckiges Wohnhaus ohne Personenaufzug
**walkway** n (Agric) / Gartenweg m, Zwischenraum m (zwischen zwei Beeten) ‖ ~ (Build) / Laufbohle f, Laufbrett n (Einrichtung über schrägen Dachflächen, die ein Begehen oder Überqueren

walkway

ermöglichen soll) ‖ ~ (US) (Civ Eng) / Gehweg m, Gehsteig m, Fußweg m, Bürgersteig m, Trottoir n ‖ ~ (Rail) / Gehstreifen m
**wall** v (Build) / ummauern v ‖ ~ (Build) / zumauern v (eine Öffnung), mauern v, ausmauern v ‖ ~ n (Build) / Mauer f, Wand f ‖ ~ (Eng) / Seitenwand f, Wand f, Wandung f (eines Gefäßes) ‖ ~ (Geol) / Nebengestein n ‖ ~ (Mining) / Stoß m (seitliche Begrenzungsfläche eines Grubenbaues) ‖ ~ (Paper) / Lage f (im Mehrlagensack)
**wallaba** n (For) / Wapa n (Holz aus Eperua falcata Aubl.), Walaba n
**wall absorption** / Wandabsorption f
**wallaby leather** (Leather) / Wallaby-Leder n, Wallaby n (pl. -s)
**Wallace pocket meter** (Chem Eng) / Wallace-Härtemesser m (Instrument zur Härtebestimmung von Gummi mit einem sphärischen Indentor von 1/16'')
**Wallach reaction** (Chem) / Wallach-Reaktion f (nach O. Wallach, 1847 - 1931) ‖ ~ **rearrangement** (Chem) / Wallach-Umlagerung f ‖ ~ **transformation** (Chem) / Wallach-Umlagerung f
**wall alkalinity** (Chem) / Wandalkalität f (lokaler Anstieg des pH-Wertes der Elektrolytlösung an der Grenzfläche der Metallelektrode als Folge einer elektrochemischen Reaktion, die Wasserstoffionen verbraucht oder Hydroxylionen erzeugt) ‖ ~ **anchor** (Build) / Wandanker m ‖ ~ **anchor** (Carp) / Balkenanker m (auf der tragenden Außenwand), Schließe f (A)
**wall-attachment amplifier** / Wandstrahlverstärker m, Wandstrahlelement n (ein Fluidikelement)
**wall attenuation factor** (Acous) / Wanddämmaß n
**walla-walla** n (Cinema) / Hintergrundgeräusche n pl in einer Massenszene
**wall banner** / Spannplakat n, Wandspannplakat n (ein Werbemittel)
**wallboard*** n (Build) / Leichtbauplatte f (aus langfasriger Holzwolle) ‖ ~* (Build) / Trockenputzplatte f ‖ ~ (Comp, Telecomm) / Wallboard n (großformatige Wandanzeige in Callcentern), Displayboard n, Wall-Display n
**wall bottom** (Build) / Mauersohle f, Mauerfuß m (der unterste Teil der Mauer, meistens auf dem Fundament aufsitzend)
**wallbound** adj / wandständig adj, wandanlagernd adj
**wall box*** (Build) / Wandauflagerknagge f, Balkenauflager n innerhalb der Wand ‖ ~ **bracing** (Build) / Wandaussteifung f ‖ ~ **buffer** (Build) / Wandpuffer m ‖ ~ **bushing** (Build, Elec Eng) / Mauerdurchführung f, Wanddurchführung f ‖ ~ **cabinet** (US) / Oberschrank m (ein Einrichtungsteil der Küche) ‖ ~ **cake** (Oils) / Filterkuchen m (im Bohrloch)
**wall-coated open tubular column** (Chem) / Dünnfilm-Kapillarsäule f, WCOT-Säule f (für die Kapillarchromatografie)
**wall collision** (Chem, Phys) / Zusammenstoß m mit der Gefäßwand, Stoß m mit der Gefäßwand ‖ ~ **column** (Arch, Build) / Wandsäule f
**wallcovering** n / Tapete f ‖ ~ / Wandkleid n, Wandbelag m (im Allgemeinen) ‖ ~ (US) (Build, Paper) / Papiertapete f
**wall crane** (Eng) / Wandkran m (entweder Wandlauf- oder Wanddrehkran) ‖ ~ **cupboard** / Oberschrank m (ein Einrichtungsteil der Küche) ‖ ~ **deformation** (Build) / Wandverformung f (lastabhängig oder lastunabhängig) ‖ ~ **displacement** (Crystal) / Wandverschiebung f ‖ ~ **drilling machine** (Eng) / Wandbohrmaschine f
**walled garden** (Comp) / eingezäunter Garten (eine gesicherte Umgebung zum Browser im Internet)
**walled-in space** (Build) / umbauter Raum, Brutto-Rauminhalt m, BRI (Brutto-Rauminhalt), Kubatur f (A) ‖ ~ **volume** (Build) / umbauter Raum, Brutto-Rauminhalt m, BRI (Brutto-Rauminhalt), Kubatur f (A)
**walled shaft** (Mining) / ausgemauerter Schacht, gemauerter Schacht
**walled-up door** (Build) / Blindtür f
**wall effect*** (Nuc) / Wandeffekt m
**wall-entrance insulator** (Elec Eng) / Einführungsisolator m
**waller** n (Build) / Maurer m (Naturstein)
**wall face** / Lochwandung f ‖ ~ **fastening** (Build) / Wandbefestigung f, Mauerbefestigung f ‖ ~ **film** / Wandfilm m (z.B. von Schmiermitteln) ‖ ~ **footing** (Build) / Mauerfundament n ‖ ~ **footing** (Build) / Fundamentgurt m ‖ ~ **friction** (Eng, Phys) / Wandreibung f ‖ ~ **hanger*** (Carp) / Wandbügel m
**wallhanging** n (Textiles) / Wandbekleidung f, Wandbespannung f, Wandbehang m
**wall heating** / Wandheizung f (bei oberirdischen Flüssigerdgasbehältern) ‖ ~ **heating** (a concealed heating) (Build) / Wandheizung f (eine Flächenheizung nach dem Prinzip der Strahlungsheizung) ‖ ~ **hook*** (Build) / Ankerhaken m, Wandhaken m
**wall-hung** adj (Build) / wandmontiert adj, montiert an der Wand, wandhängend adj
**wall in** v / umbauen v (Partizip: umbaut)
**walling** n (Build) / Wandbaustoffe m pl ‖ ~ (Build) / Mauern n, Mauerung f ‖ ~ **crib** (a heavy timber or cast-iron ring built into the wall of a mine shaft to support the lining) (Mining) / Tragkranz m (beim Schachtausbau) ‖ ~ **mason** (Build) / Maurer m (Naturstein)
**wall insulator*** (Build) / Wandisolator m
**Wallis product** (Maths) / Wallis-Produkt n (nach J. Wallis, 1616 - 1703), Produktdarstellung für π/2 nach Wallis
**wall joint** (Build) / Stoßfuge f (zwischen zwei parallelen Mauern) ‖ ~ **knot** (made on the end of a rope by unlaying and intertwining the strands) (Ships) / Schauermannsknopf m, Schauermannsknoten m, doppelter Achtknoten ‖ ~**-less ionization chamber*** (Nuc Eng) / Luftionisationskammer f (wandlose) ‖ ~**-mounted** adj (Build) / wandmontiert adj, montiert an der Wand, wandhängend adj
**wall-mounting bracket** (Build) / Wandkonsole f
**wall mural** (Build) / Fototapete f ‖ ~ **of a cell** (Cyt) / Zellwand f ‖ ~ **off** v (Mining) / zumauern v (Strecken mit Bergen) ‖ ~ **of the fruit** (Bot) / Fruchtwand f ‖ ~ **of the fruit** (Bot) s. also pericarp ‖ ~ **of the hole** (Mining, Oils) / Bohrlochwand f, Bohrlochwandung f ‖ ~ **opening** (Build) / Maueröffnung f (Fenster-, Tür-, Tor-) ‖ ~ **opening** (Build) / Wandöffnung f ‖ ~ **outlet** (US) (Elec Eng) / Wandsteckdose f ‖ ~ **paint** (Build) / Wandfarbe f (ein Innenanstrichstoff) ‖ ~ **panel** (Arch) / Wandfeld n ‖ ~ **panel** (Build) / Wandplatte f (als Wandbelag), Wandfliese f
**wallpaper** (sheet) (Build) / Tapetenbahn f ‖ ~ v (Build) / tapezieren v ‖ ~ n / Tapete f ‖ ~ (Build, Paper) / Papiertapete f ‖ ~ (an optional background pattern or picture on a computer screen) (Comp) / Hintergrundbild n, Wallpaper n (standardmäßiger Bildschirmhintergrund, der vom Benutzer frei gewählt wird) ‖ ~ **colour*** (Print) / Tapetenmuster n (als Untergrund) ‖ ~ **cutter** (Build, Tools) / Tapetenzuschneider m, Tapeziermesser n ‖ ~ **fuel element** (Nuc Eng) / Tapeten-Brennelement n ‖ ~ **paste** (Build) / Tapetenkleister m ‖ ~ **printing** (Print) / Tapetendruck m ‖ ~ **remover** (Build) / Tapetenablöser m (z.B. Dufix, TAB) ‖ ~ **stripper** (Build) / Tapetenablösegerät n
**wall pier** (Arch) / Wandpfeiler m ‖ ~ **plate** (Build) / Wandplatte f (als Wandbelag), Wandfliese f ‖ ~ **plate*** (Build) / Mauerlatte f (in der älteren Dachkonstruktion) ‖ ~ **plate*** (Carp) / Rähm m, Rahmholz n, Oberschwelle f (einer Fachwerkwand), Bundbalken m, Wandpfette f ‖ ~ **plug** (Build) / Mauerdübel m ‖ ~ **plug** (Elec Eng) / Wandsteckdose f ‖ ~ **plug** (Elec Eng) / Steckkontakt m (in einer Wandung) ‖ ~ **plug** (Elec Eng) / Stecker m für Wandsteckdose ‖ ~ **pressure** / Wanddruck m (bei Behältern) ‖ ~ **protrusion** / Wandererhebung f (z.B. bei hydraulisch rauen Rohren) ‖ ~ **receptacle** (Elec Eng) / Wandsteckdose f
**wall-rock*** n (Geol) / Nebengestein n ‖ ~ **alteration*** (Geol) / Nebengesteinsumwandlung f
**wall roughness** / Rauwandigkeit f (eines Rohrs) ‖ ~ **rubber** (Autos) / Seitenwand f (des Reifens), Wand f, Seitengummi m (der den Reifenunterbau schützt) ‖ ~ **saw** (Build) / Wandsäge f (zum Schneiden von Wänden beim Abbruch) ‖ ~ **sheathing** (Build) / Wandschalung f
**wall-sided*** adj (Ships) / geradseitig adj, steilseitig adj
**wall·-socket*** n (Elec Eng) / Wandsteckdose f ‖ ~ **string** (Build, Carp) / Wandwange f, wandseitige Treppenwange
**wall-surface roughness** (Eng, Phys) / Wandrauheit f, Wandrauigkeit f (bei der Rohrströmung)
**wall suspension** / Wandaufhängung f ‖ ~ **telephone set** (Teleph) / Fernsprechwandapparat m, Wandfernsprecher m ‖ ~ **temperature** (Phys) / Wandtemperatur f (Temperatur der Oberfläche des umströmten Körpers mit oder ohne Wärmeübergang von der Strömung an den Körper oder vom Körper an die Strömung) ‖ ~ **thickening** (Build) / Wanddickenzuwachs m, Zuwachs m der Wanddicke, Mauerdickenzuwachs m ‖ ~ **thickness** (Build) / Wanddicke f, Mauerdicke f, Mauerstärke f, Wandstärke f ‖ ~ **thickness** (Eng) / Wanddicke f (z.B. eines Rohres), Wandstärke f (z.B. eines Rohres)
**wall-thickness control** (Plastics) / Wanddickensteuerung f ‖ ~ **parallelism** (Eng) / Parallelität f der Wanddicke
**wall thinning** (Build) / Wanddickenminderung f, Abnahme f der Wanddicke, Mauerdickenminderung f ‖ ~ **tie*** (Build) / Maueranker m (bei Schalenmauern), Mauerschließe f, Zugschließe f (bei Schalenmauern) ‖ ~ **tile** (Build) / Wandplatte f (als Wandbelag), Wandfliese f ‖ ~**-to-wall carpet** (Textiles) / Teppich-Auslegeware f, Auslegeteppich m, Auslegeware f (Nadelflor-, Nadelfilz- und beflockte Teppiche), Teppichboden m ‖ ~ **tubes** / Wandberohrung f (im Feuerraum) ‖ ~ **unit** (Build) / Schalensohle f ‖ ~ **unit** (Join) / Schrankwand f ‖ ~ **unit** (Join) / Stollenanbauwand f ‖ ~ **up** v (Build) / zumauern v (z.B. Tür- oder Fensteröffnung), vermauern v (eine Öffnung) ‖ ~ **upright support** (Build) / Wandschiene f (bei Regalsystemen)
**walnut*** n (GB) (For) / Walnussbaum m (Juglans regia L.)
**walnut crystals** (For) / Körnerbeize f (Nerobraun), Nussbaumkörnerbeize f (aus Erdfarbe hergestelltes, billiges Färbemittel zur Erzeugung von nussbraunen Holzfärbungen), Nussbaumbeize f (körnige bis feinkörnige Handelsform),

Körnernussbeize f ‖ ~ oil / Walnussöl n ‖ ~ shell flour / Walnussschalenmehl n ‖ ~ stain (For) / Körnerbeize f (Nerobraun), Nussbaumkörnerbeize f (aus Erdfarbe hergestelltes, billiges Färbemittel zur Erzeugung von nussbraunen Holzfärbungen), Nussbaumbeize f (körnige bis feinkörnige Handelsform), Körnernussbeize f
**walrus leather** (Leather) / Robbenleder n ‖ ~ **leather** (Leather) / Walrossleder n
**Walschaerts' valve gear**\* (Eng) / Heusinger-Steuerung f (nach E. Heusinger von Waldegg, 1817-1886)
**Walsh diagram** (a correlation diagram that shows the variation of orbital energy with changes in molecular geometry) (Chem) / Walsh-Diagramm n (das die Abhängigkeit der Molekülorbitale eines Moleküls vom Bindungswinkel darstellt) ‖ ≃ **functions** (Maths) / Walsh-Funktionen f pl (spezielle Form der Sequenzfunktionen) ‖ ≃ **orbital** (Phys) / Walsh-Orbital n
**Waltenhofen's pendulum** (Phys) / Waltenhofen'sches Pendel (eine experimentelle Anordnung, die in anschaulicher Weise die Wirkung von Wirbelströmen zeigt - nach A.v. Waltenhofen, 1828-1914)
**Walter propulsion** (hydrogen peroxide) / Walter-Antrieb m (luftsauerstoffunabhängiger Strahlantrieb nach H. Walter, 1900-1980)
**WAN** n (wide-area network) (Comp, Telecomm) / Weitbereichsnetz n (überregionales Netzwerk), landesweites Netz, Weitverkehrsnetz n, Wide-Area-Network n, WAN (Wide-Area-Network)
**wand**\* n (Comp) / Strichkodeleser m (der aus einem Scanner und Dekoder besteht), Balkenkodeleser m ‖ ~ (a hand-held device that contains an optical scanner to sense bar codes and other patterns, and transmits the data to a computer) (Comp) / Datapen n, Lesepistole f, Lesestift m, Handlesekopf m, Handleser m (z.B. für den EAN-Kode)
**wander** v / wandern v ‖ ~ (Autos) / schwimmen v (Kraftfahrzeug)
**wandering** n / Wanderung f ‖ ~ (Chem, Comp, Nuc) / Migration f, Wanderung f ‖ ~ (Eng) / Verlaufen n (des Bohrers) ‖ ~ (For) / Verlaufen n (der Säge) ‖ ~ (Geol) / Migration f (des Mäanders) ‖ ~ **dune** (Geol) / Wanderdüne f (in der vorherrschenden Windrichtung langsam vorrückende Düne) ‖ ~ **heart** (pith) (For) / Markverlagerung f (eine Abweichung der Markröhre von der Mitte des Blockquerschnittes, Kernverlagerung f ‖ ~ **heart** (pith) (For) / Exzentrizität f der Makroröhre (beim exzentrischen Wuchs) ‖ ~ **water** (Geol) / vadoses Wasser (in der Erdkruste zirkulierendes, dem Wasserkreislauf angehörendes (v.a. Grund-)Wasser, das aus Sicker- und Niederschlagswasser entsteht), Kreislaufwasser n (vadoses Wasser)
**wander out** v / hinauswandern v
**wander-plug** n (Elec Eng) / Wanderstecker m
**wander through** v / hindurchwandern v ‖ ~ **to the left** (Autos) / nach links ziehen (ein Pkw) ‖ ~ **to the right** (Autos) / nach rechts ziehen (ein Pkw)
**wane**\* vi (Astron) / abnehmen v (Mond) ‖ ~\* n (For) / Fehlkante f, Waldkante f, Wahnkante f, Baumkante f
**waney** adj (For) / fehlkantig adj, waldkantig adj, wahnkantig adj, baumkantig adj, baumwälzig adj (A) ‖ ~ **edge** (For) / Fehlkante f, Waldkante f, Wahnkante f, Baumkante f
**waney-edged board** (Carp, For) / Schwarte f, Schwartenbrett n
**WangNet** n / WangNet n (proprietäres LAN mit Frequenzmultiplexverfahren)
**Wankel engine**\* (I C Engs) / Wankelmotor m (ein Kreiskolbenmotor nach F. Wankel, 1902-1988) ‖ ≃ **rotary engine** (an epitrochoidal engine) (I C Engs) / Wankelmotor m (ein Kreiskolbenmotor nach F. Wankel, 1902-1988)
**Wannier exciton** (Nuc) / Wannier-Mott-Exciton n ‖ ≃ **function** (Nuc) / Wannier-Funktion f (die durch unitäre Transformation aus den Bloch-Funktionen eines Bandes ableitbare Funktion - nach G.H. Wannier, 1911-1983)
**Wannier-Mott exciton** (Nuc) / Wannier-Mott-Exciton n
**want** n (Geol) / lokale Schichtlücke ‖ ~ (Mining) / Flözleere f, Flözleeres n (unbauwürdiges Schichtenpaket)
**wanted band** (Telecomm) / Nutzband n ‖ ~ **emission** (Radio) / Nutzaussendung f (von Funksendern) ‖ ~ **target** (Radar) / Echtziel n (nach Bestätigung durch Erfassung)
**WAP** (Wireless Application Protocol) (Comp) / Wireless Application Protocol n (elektronischer Standard für die Kommunikation in drahtlosen Netzen, der den direkten Zugriff zum Internet von einem Handy aus ermöglicht), WAP n (Wireless Application Protocol)
**wapa** (For) / Wapa n (Holz aus Eperua falcata Aubl.), Walaba n
**WAP Internet Service Provider** (a company that provides access to WAP) (Comp, Telecomm) / WAP Internet Service Provider m ‖ ≃ **services** (Teleph) / WAP-Dienste m pl (bei Handys) ‖ ≃ **site** (that is enabled to support the WAP protocol) (Comp) / WAP-Site f

**warble**\* n (Leather) / Dasselbeule f (die Dassellöcher verursacht) ‖ ~ (Telecomm) / Wobbeln n (periodische Frequenzänderung einer Wechselgröße durch eine Frequenz, die wesentlich geringer ist) ‖ ~ **fly** (Leather, Zool) / Dasselfliege f ‖ ~ **frequency** (Telecomm) / Wobbelfrequenz f ‖ ~ **infestation** (Leather) / Dasselbefall m, Dassellarvenbefall m
**warbler** n (Telecomm) / Wobbler m (zur Verschlüsselung), Wobbelkondensator m
**warble tone**\* (Telecomm) / Wobbelton m
**warble-tone generator** (Electronics, Telecomm) / Wobbler m (ein Signalgenerator), Wobbelsender m, Wobbelgenerator m
**war bronze** (Met) / Zinklegierung f mit etwa 5 % Cu, 2 % Al und geringen Beimengungen von Pb und Sn
**Warburg's (yellow) enzyme** (Physiol) / Zytochromoxidase f, Cytochromoxidase f, Warburg'sches gelbes Atmungsferment (nach O.H. Warburg, 1883-1970, benannt), Warburg'sches Atmungsferment
**warchalk** n (Comp) / War-Chalk (Symbol, welches anzeigt, an welchen Stellen sich ein Zugang zum Funknetz und damit auch oft zum Internet befindet)
**ward** n (of a key bit) / Einschnitt m (des Schlüsselbarts)
**warding file** (Eng) / Schlüsselfeile f (eine flachstumpfe dünne Feile)
**Ward•-Leonard control**\* (Elec Eng) / Leonardsteuerung f (von Drehzahl und Drehrichtung von Gleichstrommotoren durch einen Leonardumformer - nach W. Leonard, 1861-1915) ‖ ≃**-Leonard-Ilgner system**\* (Elec Eng) / Ilgner-Umformer m (ein Umformer in Leonard-Schaltung mit vergrößerter Schwungmasse für drehzahlregelbare Gleichstrommotoren, bei denen starke Belastungsstöße auftreten - heute nicht mehr benutzt - nach K. Ilgner, 1862-1921)
**Ward-Leonard speed-control system** (Elec Eng) / Ilgner-Umformer m (ein Umformer in Leonard-Schaltung mit vergrößerter Schwungmasse für drehzahlregelbare Gleichstrommotoren, bei denen starke Belastungsstöße auftreten - heute nicht mehr benutzt - nach K. Ilgner, 1862-1921)
**wardriving** n (Comp) / Wardriving n
**wardrobe** n (Join) / Schrank m, Kasten m (A)
**Ward's identity** (Nuc) / Ward'sche Identität (in der Eichfeldtheorie), Ward-Identität f
**ware** n / Waren f pl, Handelsware f, Ware f, Handelsgüter n pl ‖ ~ (Ceramics) / Ware f ‖ ~ **clay** (Ceramics, Geol) / Ball Clay m (feuerfester bildsamer Ton, der durch organische Beimengungen dunkel gefärbt ist, aber weiß bis cremefarbig ausbrennt)
**warehouse** v / lagern v, einlagern v (Ware im Lager) ‖ ~ n / Lagerhaus n, Lager n (ein Gebäude), Speicher m, Lagerhalle f ‖ ~\* (Bind, Print) / Vorrichterei f, kleine Buchbinderei (als Druckereiabteilung) ‖ **ex ~** / ab Lager (eine Liefervereinbarung) ‖ ~ **area** (Work Study) / Lagerfläche f (Grundfläche des Lagers) ‖ ~ **coat** (Textiles) / Arbeitskittel m, Kittel m ‖ ~ **engineering** / Lagertechnik f (als Fach) ‖ ~ **quality** (Agric) / Lagerfähigkeit f (des Getreides) ‖ ~ **warrant** / Orderlagerschein m (in Form des durch Indossament übertragbaren Orderpapiers)
**warehousing** n / Lagerung f, Einlagerung f, Lagern n ‖ ~ **truck** (Eng) / Lagerbedienwagen m
**ware pipe** (Ceramics) / Steinzeugrohr n, Grobsteinzeugrohr n
**wares** pl / Waren f pl, Handelsware f, Ware f, Handelsgüter n pl
**warez** n (the collection of illegal files often found in depository directory) (Comp) / Warez n ‖ ~ **file** (Comp) / Warez n
**warfarin**\* n (Chem) / Warfarin n (ein Kumarinderivat als Rodentizid)
**war gas**\* (Chem, Mil) / gasförmiger Kampfstoff, Gaskampfstoff m, Kampfgas n
**warhead** n (Mil) / Gefechtskopf m (Vorderteil bei schweren Geschossen, Raketen, Torpedos, das Sprengladung und Zünder enthält) ‖ ~ (Mil) s. also nose cone
**Waring's conjecture** (Maths) / Waring'sche Vermutung (nach E. Waring, 1734 - 1798), Waring-Problem n
**warm** v / erwärmen v, aufheizen v, wärmen v ‖ ~ adj / warm adj (auch Farbe)
**warm-air bubble** (Meteor, Radar) / Warmluftblase f ‖ ~ **heating** (Autos) / Umluftheizung f (im Caravan) ‖ ~ **heating** (Build) / Luftheizung f
**warm-blooded**\* adj (Ecol, Physiol, Zool) / warmblütig adj, homoiotherm adj (mit konstanter Körpertemperatur)
**warm boot**\* (Comp) / Warmstart m (eines Systems) ‖ ~ **colour** (Physiol) / warme Farbe (als wohltuend, beruhigend empfunden) ‖ ~ **docking** (Comp) / warmes Docken (Einschieben eines Laptops in eine Dockingstation, wobei der Rechner in Sparstrommodus läuft)
**warmed-over flavour** (Nut) / Aufwärmgeschmack m
**warmed-up** adj (an engine, electrical appliance) (Eng) / betriebswarm adj
**warmed-up temperature** (Instr) / Betriebstemperatur f (eines Gerätes)
**warm former** (Eng) / Halbwarmumformer m ‖ ~ **front**\* (Meteor) / Warmfront f (an der wärmere Luft gegen kältere vordringt) ‖ ~

**warm**

**glacier** (Geol) / nicht gefrorenen Untergrund überfahrender Gletscher ‖ **~ in** v (Glass) / anwärmen v
**warming** n (increase in temperature) (Phys) / Aufheizung f, Wärmung f, Erwärmung f (Erhöhung der Temperatur), Aufwärmung f ‖ **~ box** (Chem Eng) / Wärmeschrank m
**warming-in** n (Glass) / Anwärmen n
**warming-up** n (Phys) / Aufheizung f, Wärmung f, Erwärmung f (Erhöhung der Temperatur), Aufwärmung f ‖ **~ time** (Eng) / Aufwärmzeit f (in der Löttechnik)
**warmish** adj / verschlagen adj, lauwarm adj, überschlagen adj (Wasser)
**warm-over flavor** (US) (Nut) / Aufwärmgeschmack m (nach aufgewärmtem Fleisch)
**warm phosphating** (Surf) / Warmphosphatieren n (50 - 80 °C) ‖ **~ reboot** (Comp) / Wiederanlauf m (eines Programms) (bei dem man nach Anlageausfall nicht bis zum letzten Fixpunkt gehen muss) ‖ **~ restart** (Comp) / Wiederanlauf m (eines Programms) (bei dem man nach Anlageausfall nicht bis zum letzten Fixpunkt gehen muss) ‖ **~ rinse** / Warmspülung f
**warm-setting adhesive** (Chem) / warmhärtender Klebstoff, hitzehärtbarer Klebstoff
**warm spraying** (Paint) / Warmspritzen n (mit dem im Wasserbad auf etwas über 50 °C erwärmten Lack) ‖ **~ start*** (Comp) / Warmstart m (eines Systems) ‖ **~ starting** (Autos) / Warmstart m (eines Autos), Heißstart m ‖ **~ start-up** (Eng) / warmes Anfahren ‖ **~ to the touch** / handwarm adj (Wasser) ‖ **~ up** v / erwärmen v, aufheizen v, wärmen v ‖ **~ up** vi / sich warmlaufen v ‖ **~ up** (Phys) / sich erwärmen v (Gerät), sich anheizen v, sich einlaufen v
**warm-up** n (Autos) / Warmlaufzeit f, Warmlaufperiode f, Warmlaufphase f, Warm-up n (Warmlaufzeit) ‖ **~** (Spectr) / Einbrennen n (Anlaufphase einer Strahlungsquelle, z.B. einer Hohlkatodenlampe, vom Zünden bzw. Einschalten bis zum Erreichen einer konstanten, driftfreien, zur Spektrometrie geeigneten Strahlung) ‖ **~ enrichment** (Autos) / Warmstartanreicherung f (letzte Anreicherungsphase nach dem Kaltstart) ‖ **~ period** (Autos) / Warmlaufzeit f, Warmlaufperiode f, Warmlaufphase f, Warm-up n (Warmlaufzeit) ‖ **~ time** (Spectr) / Einbrennzeit f
**warm-water heating system** (Build) / Warmwasser-Heizungssystem n (bei dem mit Wasser unter 100 °C geheizt wird) ‖ **~ retting** (Textiles) / Warmwasserröste f, Warmwasserrotte f
**warm wave** (Meteor) / Wärmewelle f
**warn** v (Ships) / warnen v ‖ **~** (Mining) / warnen v (Gebirge)
**WARNING** (danger to life) / Warnung f (als Aufschrift)
**warning** n / Warnung f (im Allgemeinen) ‖ **~ ability** (Mining) / Warnfähigkeit f (des Holzausbaus) ‖ **~ beacon** / Rundumkennleuchte f (gelb oder blau) ‖ **~ blinker** (US) (Autos) / Warnblinkanlage f (die ein synchrones Aufblinken aller Blinkleuchten bewirkt) ‖ **~ clothing** (Textiles) / Warnkleidung f (eine Schutzbekleidung) ‖ **~ coloration*** (Zool) / aposematische Färbung, Warnfärbung f, Aposematik f ‖ **~ display** / Warnanzeige f (Display) ‖ **~ flag pin** (Nuc Eng) / Bodensicherungsstift m ‖ **~ lamp** (Autos) / Warnblinkleuchte f ‖ **~ lamp** (Elec Eng) / Kontrolllämpchen n, Warnleuchte f, Warnlampe f, Kontrollleuchte f, Kontrolllampe f ‖ **~ light** (Autos) / Kontrolllicht n ‖ **~ light** (Instr) / Warnlicht n ‖ **~ radar** (Radar) / Warnradar m ‖ **~ sign** (Autos) / Warnzeichen n (im Straßenverkehr, Gefahrzeichen n (nach der StVO) ‖ **~ sign** (Rail) / Vorsignalbake f, Vorsignaltafel f ‖ **~ signal** / Warnsignal n ‖ **~ signal** (Rail) / Vorsignal n, Ankündigungssignal n (das den Signalbegriff des zugehörigen Hauptsignals ankündigt) ‖ **~ substance** (Chem, Zool) / Alarmsubstanz f, Alarmstoff m, Warnstoff m (z.B. bei Gasodorierung), Schreckstoff m ‖ **~ tape** (yellow synthetic tape placed in earth over buried telecommunications cables and telecommunications cable ducts as a warning to take care) (Cables, Civ Eng, Telecomm) / Trassenband n (gelbes Kunststoffband), Trassenwarnband n (Kunststoffband und dergleichen, das ca. 30 cm oberhalb und in Längsrichtung der /Gas/Leitung verlegt wird, um die Leitungslage erkennen zu lassen) ‖ **~ time for evacuation** (Nuc Eng) / Vorwarnungszeit f für Räumung ‖ **~ triangle** (GB) (a triangular red frame, made of reflective material, carried by motorists to be set up on the road as a danger signal in case of a breakdown or other hazard) (Autos) / Warndreieck n (tragbare Warneinrichtung zur Sicherung liegen gebliebener Fahrzeuge)
**Warnock's algorithm** (a hidden-line removal algorithm that is based on recursive subdivision of the scene until areas are obtained that are trivial to compute) (Comp) / Warnock-Verfahren n
**warp** v (Ships) / warpen v, verholen v (ein Schiff im Hafen) ‖ **~** (For) / sich verziehen v, sich werfen v ‖ **~** vt (Weaving) / schären v (Webketten herstellen - DIN 61 050), zetteln v (auf den Zettelbaum wickeln - DIN 61 050), anzetteln v ‖ **~** (Weaving) / einen Kettbaum herstellen ‖ **~** n (Astron) / Warp m n, Verbiegung f (in äußeren Bereichen der Scheibe einiger Spiralgalaxien) ‖ **~*** (For) / Verziehen n (Formänderung als Folge des Quellens und Schwindens oder des Freiwerdens von inneren Spannungen, auch als Arbeiten des Holzes bezeichnet - besonders bei Schnittholz), Verzug m, Werfen n, Verwerfung f, Verwerfen n ‖ **~** (a twist or turn in a river due to an external obstruction or restraint) (Geol, Hyd Eng) / Mäander m ‖ **~** (Glass) / Formfehler m durch Krümmung (bei optischen Gläsern) ‖ **~** (Spinning) / Warp m n (festgedrehtes Kettgarn, ursprünglich aus Cheviotwolle) ‖ **~*** (Weaving) / Kette f, Webkette f, Zettel m (DIN 61 050) ‖ **~*** (For) / s. also bowing, crook, cup and twist
**warpage** n (Electronics) / Wölbung f (bei gedruckten Schaltungen) ‖ **~** (For) / Verziehen n (Formänderung als Folge des Quellens und Schwindens oder des Freiwerdens von inneren Spannungen, auch als Arbeiten des Holzes bezeichnet - besonders bei Schnittholz), Verzug m, Werfen n, Verwerfung f, Verwerfen n ‖ **~** (Mech) / Verkrümmung f (DIN 13 316), Aufkrümmung f
**warp anchor** (Ships) / Verholanker m, Warpanker m (kleiner Anker zum Verholen des Schiffes, der mit einem Boot ausgebracht wird, um das Schiff mit der Warpleine weiterzuziehen) ‖ **~ bands** (Weaving) / durch Webfehler verursachte Streifen ‖ **~ beam** (Weaving) / Kettbaum m (zylindrischer Aufwickelkörper nach DIN ISO 8116-1), Zettelbaum m (ein Vorbaum), Kettenbaum m (ein Vorbaum) ‖ **~ beam brake** (Weaving) / Kettbaumbremse f ‖ **~ creel** (Weaving) / Spulengatter n (DIN 62 500) ‖ **~ density** (Weaving) / Kettdichte f ‖ **~ direction** (Weaving) / Kettfadenrichtung f, Kettrichtung f ‖ **~ dyeing** (Textiles) / Kettfärberei f, Kettfärbung f ‖ **~ effect** (Weaving) / Kettfadeneffekt m, Ketteffekt m, Ketteneffekt m (auf der Gewebeoberfläche) ‖ **~ fabric** (Textiles) / Kettenware f ‖ **~ face** (Weaving) / Kettfadeneffekt m, Ketteffekt m, Ketteneffekt m (auf der Gewebeoberfläche) ‖ **~ float** (Weaving) / Kettflottierung f ‖ **~ for the pile** (Weaving) / Polkettenbaum m
**warpholding place** (Weaving) / Spannstelle f
**warping** n (Acous) / Wölbung f (der Schallplatte), Krümmung f (der Schallplatte) ‖ **~** (Comp) / Warping-Technik f (Visualisierungsverfahren zur Bewegungsschätzung) ‖ **~** (Geol) / weitspannige Aufwölbung, Krustenverbiegung f (nach oben) ‖ **~** (Ships) / Warpen n (Ortsveränderung eines Wasserfahrzeugs mit Hilfe eines zu diesem Zweck ausgebrachten Ankers), Verholen n ‖ **~** (Weaving) / Schären n (auf eine Schärtrommel nach DIN 61 050), Kettbaumherstellung f, Zetteln n (auf einen Zettelbaum nach DIN 61 050) ‖ **~ capstan** (Ships) / Verholspill n ‖ **~ comb** (Weaving) / Schärriet n ‖ **~ creel** (Weaving) / Spulengatter n (DIN 62 500) ‖ **~ creel** (Weaving) / Schärgatter n, Gatter n (großes Spulengestell in der Kettbaumherstellung), Kanter m (großes Spulengestell in der Kettbaumherstellung) ‖ **~ frame** (Weaving) / Schärrahmen m, Schärmaschine f, Kettenmaschine f (DIN 63401) ‖ **~ line** (Ships) / Verholleine f, Warpleine f ‖ **~ machine** (Weaving) / Schärrahmen m, Schärmaschine f, Kettenmaschine f (DIN 63401) ‖ **~ reed** (Weaving) / Schärriet n
**warp-knit curtain** (Textiles) / Wirkgardine f ‖ **~ fabric** (Textiles) / Kettwirkware f, Kettware f, Kettenware f, Kettengewirk n, Kettengewirke n, Kettstuhlgewebe n (DIN 62062) ‖ **~ goods** (Textiles) / Kettwirkware f, Kettware f, Kettenware f, Kettengewirk n, Kettengewirke n, Kettstuhlgewebe n (DIN 62062)
**warp-knitted fabric*** (Textiles) / Kettwirkware f, Kettware f, Kettenware f, Kettengewirk n, Kettengewirke n, Kettstuhlgewebe n (DIN 62062)
**warp-knitted pile fabric** (Textiles) / Wirkflor m
**warp knitting** (Textiles) / Kettenwirken n, Kettenwirkerei f
**warp-knitting loom** (Textiles) / Kettenwirkmaschine f, Kettenwirkstuhl m, Kettenstuhl m ‖ **~ loom with two needle bars** (Textiles) / Doppelkettenstuhl m, Doppelkettenwirkmaschine f
**warp-knitting machine** (Textiles) / Kettenwirkmaschine f, Kettenwirkstuhl m, Kettenstuhl m ‖ **~ layer** (Weaving) / Schärband n ‖ **~ let-off motion** (Weaving) / Kettbaumregulator m, Kettablass-Vorrichtung f, Kettregulator m, Dämmvorrichtung f (negativ arbeitende, positive) ‖ **~ loom** (Textiles) / Kettenwirkmaschine f, Kettenwirkstuhl m, Kettenstuhl m ‖ **~ pile fabric** (Weaving) / Kettflorgewebe n ‖ **~ preparation** (Weaving) / Kettvorbereitung f (DIN 62 500) ‖ **~ printing** (Textiles) / Chinédruck m, Kettdruck m, Kettendruck m ‖ **~ protector** (Weaving) / Stecher m (des Schützenwächters) ‖ **~ regulator** (Weaving) / Kettbaumregulator m, Kettablass-Vorrichtung f, Kettregulator m, Dämmvorrichtung f (negativ arbeitende, positive) ‖ **~ rep** (US) (Weaving) / Querrips m, Kettrips m ‖ **~ repp** (GB) (Weaving) / Querrips m, Kettrips m ‖ **~ rib** (Weaving) / Querrips m, Kettrips m ‖ **~ satin** (Textiles) / Kettatlas m, Kettsatin m ‖ **~ set** (Weaving) / Kettfadendichte f ‖ **~ setting** (Weaving) / Kettfadendichte f ‖ **~ sizing machine** (Textiles) / Kettschlichtmaschine f (DIN 62 500) ‖ **~ stop motion** (Weaving) / Kettfadenwächter m ‖ **~ streak*** (Weaving) / Kettstreifen m (ein Webfehler) ‖ **~ stripe*** (Weaving) / Kettstreifen m (ein Webfehler) ‖ **~ supply** (Weaving) / Kettgarnzuführung f ‖ **~ take-up** (Weaving) / Einarbeiten n der Kette ‖ **~ tension** (Weaving) / Kettspannung f, Kettenspannung f, Webkettenspannung f ‖ **~ thread** (Weaving) /

Kettfaden *m* (im Allgemeinen) ‖ **~ thread** (Weaving) / Kettfaden *m*, Kettgarn *n* ‖ **~ thread** (Weaving) s. also end ‖ **~ twill** (Weaving) / Kettköper *m* (alle Kettfäden werden im Bindungsrapport nur einmal gesenkt) ‖ **~ tying machine** (Weaving) / Webkettenanknüpfmaschine *f* ‖ **~ velvet** (Textiles) / Kettsamt *m* ‖ **~ wire** (Paper) / Kettelement *n* (des Maschinensiebes), Kettdraht *m*
**warpwise** *adj* (Textiles) / in Kettrichtung ‖ **~ stretch** (Textiles) / Kettelastizität *f*
**warp yarn** (Weaving) / Kettfaden *m*, Kettgarn *n*
**warrant** *n* / Warrant *m* (pl. -s) (besonderer Verpfändungsschein über lagernder Ware, beim so genannten Zweischeinsystem neben dem Lagerschein ausgestellt) ‖ ~ (Geol) / untergelagerter Ton, Unterton *m* (im Liegenden), Basalton *m* im Flözliegenden
**warranted for 3 years** / 3-Jahres-Garantie *f*
**warrantee** *n* / Garantienehmer *m*
**warranter** *n* / Garant *m*, Garantiegeber *m*
**warrantor** *n* / Garant *m*, Garantiegeber *m*
**warranty** *n* / Garantie *f*, Gewährleistung *f* ‖ **~ card** / Garantieschein *m*, Garantiekarte *f* ‖ **~ certificate** / Garantieschein *m*, Garantiekarte *f* ‖ **~ claim** / Gewährleistungsanspruch *m* ‖ **~ stamp** / Garantiestempel *m*
**Warren girder\*** (Build, Eng) / Parallelträger *m* mit Dreiecksverband, Strebenfachträger *m*, Strebenfachwerkträger *m*, Warren-Fachwerk *n* ‖ **~ truss** (Build, Eng) / Parallelträger *m* mit Dreiecksverband, Strebenfachträger *m*, Strebenfachwerkträger *m*, Warren-Fachwerk *n*
**Warrington rope** / Warrington-Seil *n* (ein Drahtseil in Parallelmachart)
**warship** *n* (Ships) / Kriegsschiff *n*
**wash** *v* / spülen *v* (waschen), abspülen *v*, durchspülen *v*, ausspülen *v* ‖ **~ reinigen** *v* (mit einer Flüssigkeit) ‖ **~** / schlämmen *v* (feinste Bestandteile aus einem körnigen Gut in fließendem Wasser herausspülen), abschlämmen *v* ‖ **~** (Civ Eng, Paint) / lavieren *v* ‖ **~** (ashore) (Ocean) / anschwemmen *v* (an ein Ufer) ‖ **~** (Photog) / wässern *v* ‖ **~** (Textiles) / waschen *v* (Wäsche) ‖ **~** *n* / Waschen *n* ‖ **~** / Reinigen *n* (mit einer Flüssigkeit) ‖ **~** (airflow or turbulence induced by a propeller, rotor, jet engine, or airfoil) (Aero) / Nachstrom *m*, Nachlauf *m*, Wirbelschleppe *f*, Nachströmung *f* ‖ **~** (airflow or turbulence induced by a propeller, rotor, jet engine, or airfoil) (Aero) / die vom Strahlmotor zurückgeworfene Luft(menge), Düsenstrahl *m* (aus dem Strahlwerk ausströmende Masse) ‖ **~** (Agric) / Brühe *f*, Spritzbrühe *f* (zur Schädlingsbekämpfung) ‖ **~\*** (Arch, Civ Eng, Eng, Paint) / Lavieren *n* (Kolorieren, Verwischen von Konturen) ‖ **~** (a coating applied to the face of a mould prior to casting) (Foundry) / Schlichte *f* (ein Form- bzw. Kernüberzugsstoff zur Verbesserung der Gussoberfläche, Formschlichte *f* ‖ **~** (Geol) / Gießbachbett *n* ‖ **~** (Geol, Hyd Eng) / aquatische Erosion, Erosion *f* (abtragende Tätigkeit fließenden Wassers), Wassererosion *f*, Auswaschung *f* ‖ **~** (Nut) / die von den Maischetrebern abgetrennte Würze ‖ **~** (Ocean) / Branden, Tosen *n* (der Brandung) ‖ **~** (Ships) / Kielwasser *n*, Schraubenwasser *n*, [von der Schraube nach hinten geworfenes] Kielwasser *n* ‖ **~** (Ships) / Klatschen *n* (des Wassers gegen ein Boot) ‖ **~** (Textiles) / Wäsche *f* (Gesamtheit der zu waschenden bzw. gewaschenen Textilien), Waschgut *n*
**washable(s)** *n(pl)* (Textiles) / Waschartikel *m*
**washable** *adj* / waschbeständig *adj* (DIN 55945, T 12) ‖ **~** / waschbar *adj*, abwaschbar *adj* ‖ **~** (Min Proc) / nassmechanisch aufbereitbar, nass aufbereitbar ‖ **~ distemper** (bound with casein) (Paint) / Kaseintempera *f*, Caseintempera *f* ‖ **~ distemper** (bound with casein) (Paint) / Caseinfarbe *f* (z.B. für Restaurierungen), Kaseinfarbe *f* (mit Kasein als Bindemittel) ‖ **~ dress** (Textiles) / Waschkleid *n*, waschbares Kleid ‖ **~ finish** (Textiles) / waschfeste Appretur *f* ‖ **~ velvet** (Textiles) / Waschsamt *m* (ein Kordsamt)
**wash-active substance** (Chem) / WAS, waschaktiver Stoff (in Tensiden, Wasch- und Reinigungsmitteln)
**wash-and-use** *attr* (Textiles) / bügelfrei *adj*, wash and wear
**wash·and-wear** *attr* (Textiles) / bügelfrei *adj*, wash and wear ‖ **~ at the boil** / Kochwäsche *f* (Tätigkeit), Kochwaschgang *m* (um 95 °C) ‖ **~ away** *v* / wegspülen *v*
**washbanding** *n* (the application of a thin, brush coating of colour over a glaze as a decoration) (Ceramics) / Aufglasurmethode *f* mit breitem Pinselstrich
**washbasin** *n* (Build) / Waschbecken *n*
**washboard\*** *n* (US) (Build) / Sockelleiste *f*, Scheuerleiste *f*, Fußleiste *f* (Randabschluss des Fußbodens zu allen angrenzenden Bauteilen), Wischleiste *f*, Sesselleiste *f*, Abschlussleiste *f* ‖ **~** (an unintended and undesirable wavy or rippled glass, glaze, or porcelain-enamelled surface) (Ceramics, Glass) / Waschbrett *n*, Falten *f pl* (Oberflächenfehler) ‖ **~ course** (Autos) / Waschbrettstraße *f*, Waschbrettstrecke *f* (eine Straßenzustandsstrecke auf einem Automobilteilgelände mit stark ausgeprägten, wellenförmigen Querrillen unterschiedlicher Amplitude)

**washboarding** *n* (For) / Waschbrettschnitt *m* (Schnittfehler, der beim Gattersägeschnitt der Schnittholzoberfläche das Aussehen eines Waschbretts in Form von schräg zur Schnittholzkante laufenden, in gleichen Perioden wiederkehrenden Wellen gibt), Hundsrippenschnitt *m*
**washboard road** (US) (Civ Eng) / Schlaglöcherstraße *f*
**wash boring** (Oils) / Handspülbohren *n* ‖ **~-bottle** *n* (Chem) / Waschflasche *f*, Gaswaschflasche *f* ‖ **~ box\*** (Min Proc) / Setzkasten *m* (ein Teil der Setzmaschine)
**Washburn core** (Foundry) / Einschnürkern *m*, Luftkern *m* (Speiser), Washburn-Kern *m*
**wash by itself** (Textiles) / " nur allein waschen " (Aufschrift auf Pflegeetikett) ‖ **~ cell** (Nuc Eng) / Waschzelle *f*
**washcoat** (I C Engs) / Washcoat *m* (Zwischschicht des Katalysators unter der Edelmetallschicht - meistens $Al_2O_3$) ‖ **~** (Paint, Surf) / Washprimer *m* (Anstrichmittel, das eine dünne haftungsvermittelnde Schicht auf der Metalloberfläche ergibt - DIN 55945), Reaktionsgrundierung *f*, Haftgrundmittel *n*, Reaktionsprimer *m* (für Metalle)
**wash crease** (Textiles) / Waschfalte *f* ‖ **~ cycle** (of the washing machine) (Textiles) / Waschgang *m* (der Waschmaschine) ‖ **~ dirt** (Min Proc) / Waschberge *m pl* ‖ **~ down** *v* / abwaschen *v* ‖ **~ down** / herabspülen *v* ‖ **~ drawing** (a picture or sketch made by laying on washes of watercolour, typically in monochrome, over a pen or pencil drawing) / Tuschzeichnung *f*, lavierte Zeichnung
**washed dirt** (Min Proc) / Waschberge *m pl* ‖ **~ electrode** (Welding) / dünngetauchte Elektrode
**washed-out** *adj* / verwaschen *adj* (Farbe) ‖ **~** (Oils) / ausgekesselt *adj* (Bohrloch) ‖ **~** (Textiles) / délavé *adj* (Stoff der Jeansrichtung, bei dem durch die Technik des Einfärbens oder Bedruckens der Charakter einer nach vielfacher Waschbeanspruchung recht ausgeblutet wirkenden Färbung künstlich erzielt wird)
**washed sand** / gewaschener Sand
**washer** *n* (Autos) / Scheibenwaschanlage *f* (für die Windschutzscheibe) ‖ **~** (Chem Eng) / Nassabscheider *m* (z.B. Venturi-Wäscher, Rotationswäscher, Strahlwäscher), Wäscher *m*, Wascher *m* (ein Nassabscheider) ‖ **~\*** (Eng) / Unterlegscheibe *f* (nach DIN 918), Beilagscheibe *f* (A), Scheibe *f* (große, kleine, normale Reihe), Unterlagsscheibe *f* ‖ **~** (I C Engs) / Dichtungsscheibe *f* (des Ventiltellers am Auslassventil) ‖ **~** (Photog) / Wässerungswanne *f*, Wässerungsgerät *n*, Wässerungskasten *m* ‖ **~** (Textiles) / Waschmaschine *f* (Strang- oder Breit-) ‖ **~** (Textiles) / Krähenfüße *m pl*, Waschfalten *f pl*, Waschknitter *m pl*
**washered** *adj* (Eng) / mit Unterlegscheibe oder Dichtungsscheibe
**washer face** (Eng) / Auflagefläche *f* (der Schraube) ‖ **~ face** (Eng) / Auflagefläche *f* (bei Schraubenkopf mit Bund)
**washer-faced hexagon nut** (Eng) / Sechskantmutter *f* mit Tellereinsatz
**washer head** (Eng) / Bundkopf *m* ‖ **~ liquid** (Autos) / Waschflüssigkeit *f* (in der Scheiben- und Scheinwerferwaschanlage) ‖ **~ wrinkles** (Textiles) / Krähenfüße *m pl*, Waschfalten *f pl*, Waschknitter *m pl*
**washery refuse** (Min Proc) / Waschberge *m pl*
**washeteria** *n* / Waschsalon *m*, Selbstbedienungswäscherei *f*
**wash-fast starch** (Textiles) / Steifungsmittel *n* (ein Präparat zum Stärken der Wäsche, das im Gegensatz zu den altbekannten Reis- und anderen Stärken geringere Steifheits- und Glanzeffekte gibt, dafür aber mehrere Waschgänge übersteht), Permanentsteife *f*
**wash gravel\*** (Geol, Mining) / alluviale Seife
**wash-hand basin** (Build) / Waschbecken *n*
**wash-in\*** *n* (Aero) / Verwindung *f* (der Flügelspitzen) nach unten, positive Verwindung
**washing** *n* / Waschen *n* ‖ **~** / Reinigen *n* (mit einer Flüssigkeit) ‖ **~** (Chem Eng) / Elutriation *f*, Schlämmen *n*, Abschlämmen *n*, Auswaschen *n*, Ausschlämmen *n* ‖ **~** (Eng) / Spülen *n*, Spülung *f*, Waschen *n*, Durchspülen *n*, Ausspülen *n* ‖ **~** (Min Proc) / nassmechanische Aufbereitung, Nassaufbereitung *f* ‖ **~** (Nut) / Klärung *f* (Zuckergewinnung) ‖ **~\*** (Photog) / Wässerung *f*, Wässern *n* ‖ **~** (Textiles) / Wäsche *f* (Gesamtheit der zu waschenden bzw. gewaschenen Textilien), Waschgut *n* ‖ **~** (dirty) (Textiles) / Schmutzwäsche *f*, schmutzige Wäsche (Waschgut im Anlieferzustand in der Wäscherei) ‖ **~ agent** / Waschmittel *n* (im weitesten Sinne) ‖ **~ at the boil** / Kochwäsche *f* (Tätigkeit), Kochwaschgang *m* (um 95 °C) ‖ **~ bath** (Textiles) / Waschflotte *f* ‖ **~ liquid** / Waschflüssigkeit *f* ‖ **~ liquor** (Textiles) / Waschflotte *f* ‖ **~ liquor** (Textiles) / wässrige Lösung des Waschmittels ‖ **~-machine** (Textiles) / Waschmaschine *f* (Strang- oder Breit-) ‖ **~-powder** *n* (Textiles) / Waschpulver *n* ‖ **~ power** (Chem, Textiles) / Waschkraft *f* (waschaktive Eigenschaften), Waschvermögen *n*, Reinigungsvermögen *n*, Reinigungskraft *f*, reinigende Eigenschaften (positive) ‖ **~ program** / Waschprogramm *n* ‖ **~ range** (continuous) (Textiles) / Waschbatterie *f*
**washings** *pl* / Waschflüssigkeit *f*

1763

**washing soda** (sal soda) (Chem) / Kristallsoda *f* (Natriumkarbonat-Dekahydrat), Waschsoda *f*, wasserhaltige Soda ‖ ~ **tower** (Chem Eng) / Waschturm *m* (zur Gas- und Abluftreinigung), Turmwäscher *m* ‖ ~ **water** (Chem Eng) / Waschwasser *n*, Abwaschwasser *n*
**washing-water pump** (Ships) / Waschwasserpumpe *f*
**washing with similar colours** (Textiles) / "Buntwäsche" *f* (Aufschrift auf dem Pflegeetikett)
**washland** *n* (Hyd Eng) / Überschwemmungsgebiet *n*, Inundationsgebiet *n*, Floodplain *f* (pl. -s)
**wash leather** (chamois) (Leather) / Fensterleder *n*, Autoleder *n* ‖ ~ **leather*** (Leather) / Waschleder *n* (Sämischleder, das zur Reinigung verwendet wird - Fensterleder, Autoleder) ‖ ~ **liquid** / Waschflüssigkeit *f* ‖ ~ **-load** *n* (Hyd Eng) / Schweb *m*, Flusstrübe *f*, Schwimmstoff *m* ‖ ~ **oil** (Chem Eng) / Waschöl *n* ‖ ~ **ore** (Min Proc) / Wascherz *n* ‖ ~ **out** *v* / auswaschen *v* (Fleck, Farbe) ‖ ~ **out** (Acous) / löschen *v* (mittels Gleichstromsättigung) ‖ ~ **out** (Geol, Hyd Eng) / unterwaschen *v*, unterspülen *v*, auskolken *v*, ausstrudeln *v* ‖ ~ **out** (Oils) / auskesseln *v* (Bohrloch)
**washout** *n* (Acous) / Löschen *n* mittels Gleichstromsättigung ‖ ~* (Aero) / Verwindung *f* (der Flügelspitzen) nach oben, negative Verwindung ‖ ~ (Chem Eng) / Auswascheffekt *m* (bei Fermentern) ‖ ~ (Geol, Hyd Eng, Ocean) / Unterspülung *f*, Auskolkung *f*, Ausstrudeln *n*, Unterwaschung *f*, Erosion *f* ‖ ~ (Meteor) / Washout *n*, Below-cloud-scavenging *n* (Anlagerung von atmosphärischen Spurenstoffen unterhalb einer Wolke an fallenden Niederschlag) ‖ ~ (Mining) / Verdrückung *f* (Kohlenflöz), Abwaschung *f* (Flöz), Auswaschung *f* (Flöz) ‖ ~ **period** (Med, Pharm) / Wash-out-Periode *f* (Zeitspanne, während der ein Patient keine Arzneimittel erhält, damit die bisher eingenommenen Arzneimittel vollständig aus dem Organismus eliminiert werden) ‖ ~ **valve*** (Civ Eng, Hyd Eng) / Ablassschieber *m*
**wash overboard** (Ships) / über Bord spülen (Gegenstände)
**wash-over pipe** (Oils) / Waschrohr *n* (ein Fanggerät), Überwaschrohr *n*
**wash plate** (Ships) / Schlagplatte *f*, Schlagwasserplatte *f* ‖ ~ **primer** (solution used as a chemical pretreatment for metals) (Paint, Surf) / Washprimer *m* (Anstrichmittel, das eine dünne haftungsvermittelnde Schicht auf der Metalloberfläche ergibt - DIN 55945), Reaktionsgrundierung *f*, Haftgrundmittel *n*, Reaktionsprimer *m* (für Metalle)
**washproof** *adj* (Textiles) / waschecht *adj*, waschbeständig *adj*, waschfest *adj*
**wash separately** (Textiles) / " nur allein waschen " (Aufschrift auf Pflegeetikett) ‖ ~ **still** (Nut) / Raubrand *m* (Whiskyherstellung) ‖ ~ **syrup** (Nut) / Deckablauf *m* (ein Nebenprodukt bei Roh- oder Weißzuckerherstellung) ‖ ~ **tank** (Photog) / Wässerungswanne *f*, Wässerungsgerät *n*, Wässerungskasten *m* ‖ ~ **up** *v* / spülen *v* (waschen), abspülen *v*, durchspülen *v*, ausspülen *v*
**washwater** *n* (Chem Eng) / Waschwasser *n*, Abwaschwasser *n* ‖ ~ **pump** (Ships) / Waschwasserpumpe *f*
**washy** *adj* / verwaschen *adj* (Farbe) ‖ ~ (having a faded look) / farblos *adj*, verblasst *adj*, verschossen *adj* ‖ ~ (Nut) / dünn *adj* (wenig gehaltvoll), wässrig *adj*
**WASL** (Windows Aspect Script Language) (Comp) / Windows Aspect Script Language *n*, WASL (Windows Aspect Script Language)
**wasp venom** / Wespengift *n*
**Wassermann reaction*** (Med) / Wassermann-Reaktion *f* (nach A.P. von Wassermann, 1866-1925), WaR (Wassermann-Reaktion)
**wastage** *n* (Geol) / Ablation *f* (Abschmelzen von Schnee und Gletscher oder Inlandeis)
**waste** *n* (waste pipe) / Abfallrohr *n* ‖ ~ / unwirtschaftlicher Einsatz (von Mitteln) ‖ ~ (US) (Build) / Bauschutt *m*, Baustellenabfälle *m pl* ‖ ~ (Cinema) / Verschnitt *m* (unbelichtete Filmabfälle) ‖ ~* (Civ Eng) / vorhandener, überschüssiger (nicht gebrauchter) Erdaushub ‖ ~* (Civ Eng, Mining) / Abraumgut *n*, Abraum *m* ‖ ~ (Ecol) / Müll *m* (Abfall, meistens fester) ‖ ~ (Ecol, San Eng) / Abwasser *n* (häusliches, städtisches, industrielles - DIN 4045), Schmutzwasser *n* (durch Gebrauch verunreinigtes), SW (Schmutzwasser) ‖ ~* (Ecol, San Eng) / Abfall *m*, Abfallstoff *m* (aus der Produktion), Altstoff *m*, Abprodukt *n* ‖ ~ (Mining) / Versatz *m*, Bergeversatz *m*, Versatzgut *n* (Material) ‖ ~ (Nuc Eng) / Tails *pl*, abgereicherte Fraktion, Abfall *m* (bei der Anreicherung von Isotopen) ‖ ~ (Paper) / Spuckstoff *m* (grober), Grobstoff *m*, "Sauerkraut" *n*, Sortierstoff *m* ‖ ~ (San Eng) / Rohrleitungsverluste *m pl*, Leitungsverluste *m pl*, Armaturenverluste *m pl* ‖ ~ **acid** (Chem) / Abfallsäure *f* ‖ ~ **acid** (Oils) / Abfallschwefelsäure *f* (Schwefelsäureraffination) ‖ ~ **air** (Mining) / Abwetter *pl*
**waste-air plume** (San Eng) / Abluftfahne *f* ‖ ~ **treatment** (Ecol) / Abluftreinigung *f*
**waste avoidance** (Ecol) / Abfallvermeidung *f* ‖ ~ **bank** (Civ Eng) / Bodenablagerung *f* (Baggerhalde), Baggerhalde *f* ‖ ~ **bank** (Mining) / Abraumhalde *f*, Abraumkippe *f* (über Tage angelegte Aufschüttung von Abraum), Halde *f* (künstliche Aufschüttung von Schlacke oder tauben Gesteinsmassen)
**wastebasket** *n* (US) / Papierkorb *m*
**waste bin** (Ecol) / Koloniakübel *m* (A), Mülltonne *f* (Hausmüllsammelbehälter nach DIN 6629), Mülleimer *m* (DIN 6628), Abfalleimer *m*, Müllgefäß *n* ‖ ~ **catalogue** (Ecol) / Abfallkatalog *m*, Abfallartenkatalog *m* ‖ ~ **category** (Ecol) / Abfallart *f* ‖ ~ **chips** (For) / Holzrestspäne *m pl* (für die Herstellung von Spanplatten) ‖ ~ **cock** (Rail) / Abschlammventil *n* ‖ ~ **collection pit** (Build, Ecol, San Eng) / Müllsammelstelle *f* (der Müllabwurfanlage - im Keller) ‖ ~ **commissioner** (Ecol) / Abfallbeauftragte(r) *m* ‖ ~ **consignment note** (Ecol) / Abfallbegleitschein *m* ‖ ~ **container** (Ecol) / Abfallcontainer *m* ‖ ~ **cotton** (Textiles) / Abfallbaumwolle *f* ‖ ~ **disposal** (Ecol, San Eng) / Abfallbeseitigung *f*, Abproduktbeseitigung *f* ‖ ~ **disposal** (San Eng) / Abwasserbeseitigung *f* (Rückführung des Abwassers in den natürlichen Wasserkreislauf), Abwasserentsorgung *f*
**waste-disposal advisor** (Ecol) / Abfallberater *m* (gemäß 38 des Kreislaufwirtschafts- und Abfallgesetzes besteht in Deutschland die Abfallberatungspflicht) ‖ ~ **exchange** (Ecol) / Abfallbörse *f* ‖ ~ **plant** (Ecol) / Abfallbeseitigungsanlage *f*
**waste disposer** (Ecol) / Abfallbeseitigungsanlage *f* ‖ ~ **emergency situation** (Ecol, San Eng) / Müllnotstand *m* ‖ ~ **fan** (Geog) / Schwemmkegel *m*, Schwemmfächer *m* ‖ ~ **gas** (Ecol, Eng) / Abgas *n* (DIN 4705-1)
**waste-gas cleaning** (Ecol) / Abgasreinigunbg *f* ‖ ~ **desulphurization** (Chem Eng, Ecol) / Abgasentschwefelung *f* ‖ ~ **utilization** / Abgasverwertung *f*
**wastegate** *n* (Autos) / Ladedruckregelventil *n*, Wastegate *n*
**waste ground** (Agric) / Unland *n* (landwirtschaftlich nicht nutzbares Stück/ Land) ‖ ~ **heat** (Heat) / Abwärme *f*, Abhitze *f*
**waste-heat recovery*** (Eng) / Abhitzeverwertung *f*, Abwärmenutzung *f* ‖ ~ **recovery*** (Eng) / Abwärmerückgewinnung *f*
**waste-heat (recovery) boiler** (Eng) / Abhitzekessel *m*
**waste-heat turbine** (Eng) / Abwärmeturbine *m* (DIN 4304)
**waste incineration** (Ecol, San Eng) / Müllverbrennung *f*, Hausmüllverbrennung *f* ‖ ~ **incineration plant** (Ecol) / Müllverbrennungsanalage *f*, MVA (Müllverbrennungsanlage), Kehrichtverbrennungsanlage *f*
**wasteland** *n* (Agric) / Unland *n* (landwirtschaftlich nicht nutzbares Stück/ Land), Ödland *n* ‖ ~ (Agric) / Brache *f* (brachliegendes Feld, Land), Brachacker *m*, Brachland *n*, Brachflur *f*, Brachfeld *n*, Driesch *m* (Brache, unbebautes Land)
**waste liquid** (Ecol, San Eng) / Abfallflüssigkeit *f* ‖ ~ **liquor** (Leather) / Restbrühe *f* ‖ ~ **liquor** (Paper) / Ablauge *f* (stark mit Wasser verdünnt)
**waste-liquor-combusting plant** (Paper) / Ablaugenverbrennungsanlage *f*
**waste lubrication** (Eng) / Altölschmierung *f* ‖ ~ **lye** (Chem) / Ablauge *f* ‖ ~ **management** (Ecol) / Abfallwirtschaft *f*, Abproduktverwertung *f* und/oder Abproduktbeseitigung ‖ ~ **management** (Ecol) / Abfallentsorgung *f* (Abfallverwertung + Abfallbeseitigung)
**waste-management certificate** (Ecol) / Entsorgungsnachweis *m*
**waste management in residential areas** (Ecol) / Siedlungsabfallwirtschaft *f* ‖ ~ **mantle** (Geol) / Regolith *m* (unverfestigtes Material über dem Anstehenden) ‖ ~ **of blasting** (Paint, Surf) / Strahlschutt *m* (Strahlmittelreste, Korrosionsprodukte und Rückstände von Beschichtungsstoffen) ‖ ~ **of energy** (Ecol) / Energievergeudung *f*, Energieverschwendung *f* ‖ ~ **oil** (Ecol) / Gebrauchtöl *n*, Altöl *n*, Abfallöl *n*
**waste-oil lubrication** (Eng) / Altölschmierung *f*
**waste opener** (Spinning) / Droussierkrempel *f* (DIN 64 100), Fadenöffner *m*, Garnette *f*, Drousette *f* ‖ ~ **paper** (Paper) / Altpapier *n*, Abfallpapier *n* ‖ ~ **paper** (Paper) / Makulaturpapier *n* (als Packung) ‖ ~ **paper** (Paper) s. also paper waste
**waste-paper baling press** (Paper) / Altpapierpresse *f*
**waste-paper-based pulp** (Paper) / Zellstoff *m* auf Altpapierbasis
**waste-paper basket** / Papierkorb *m* ‖ ~ **container** (Ecol, Paper) / Altpapiercontainer *m* ‖ ~ **dressing** (Paper) / Altpapieraufbereitung *f* ‖ ~ **management** (Ecol, Paper) / Altpapierentsorgung *f* (bzw. -aufbereitung) ‖ ~ **preparation** (Paper) / Altpapieraufbereitung *f* ‖ ~ **press** (Paper) / Altpapierpresse *f*
**waste pipe** / Abfallrohr *n* ‖ ~ **pipe** (San Eng) / Schmutzwasser-Hausanschlussleitung *f* ‖ ~ **preventer** (Build, San Eng) / Spülkasten *m* ‖ ~ **product** (Ecol) / nicht verwertbares Abprodukt, nicht verwertbares Abfallprodukt
**waster** *n* / Ausschuss *m* (als fehlerhaft ausgesondertes Erzeugnis) ‖ ~* (mallet-headed) (Build) / Zahneisen *n* (ein Steinmetzwerkzeug - ein Meißel mit gezahnter Schneidebahn) ‖ ~ (Foundry) / Fehlgussstück *n* ‖ ~ (Met) / Weißblech *n* zweiter Wahl
**waste recovery** (Ecol, San Eng) / Abfallaufbereitung *f* ‖ ~ **rock** (Mining) / taubes Gestein, Berge *m pl* ‖ ~ **sheet** (Paper) / Makulaturpapier *n* (als

Packung) ‖ ~ **sheet** (Print) / Schmutzbogen *m*, Fehlbogen *m*, Makulaturbogen *m* ‖ ~ **silk** (Textiles) / Abfallseide *f* ‖ ~ **site** (Ecol, San Eng) / Mülldeponie *f* (eine Abfallentsorgungsanlage), Deponie *f* (geordnete, wilde, unter Tage, über Tage), Müllabladeplatz *m*, Müllgrube *f*
**waste-site leaching water** (Ecol, San Eng) / Sickerwasser *n* (der Deponie), Deponiesickerwasser *n* ‖ ~ **manager** (Ecol, San Eng) / Deponieverwalter *m*
**waste sludge** (San Eng) / ÜS, Überschussschlamm *m* (der im biologischen Verfahren gebildete Zuwachs an belebtem Schlamm, der entfernt wird - DIN 4045) ‖ ~ **spinning** (Spinning) / Abfallspinnerei *f* ‖ ~ **steam** (Eng) / Abdampf *m* (im Allgemeinen)
**waste-to-energy system** (Ecol) / Anlage *f* zur Gewinnung von Energie aus Müll, Müllkraftwerk *n*
**waste tourism** (Ecol, San Eng) / Mülltourismus *m* ‖ ~ **traffic** (Telecomm) / Blindverkehr *m* ‖ ~ **treatment** (Ecol, San Eng) / Abfallbehandlung *f* (meistens Verwertung)
**waste-water** *n* (Ecol, San Eng) / Abwasser *n* (häusliches, städtisches, industrielles - DIN 4045), Schmutzwasser *n* (durch Gebrauch verunreinigtes), SW (Schmutzwasser) ‖ ~ **analysis** (Chem, San Eng) / Abwasseranalyse *f*, Abwasseranalytik *f* ‖ ~ **charge** (Ecol) / Abwasserabgabe *f* (bei Nichteinhaltung vorgegebener Grenzwerte nach dem Abwasserabgabengesetz) ‖ ~ **charges act** (Ecol) / Abwasserabgabengesetz *n* ‖ ~ **discharge** (Ecol, San Eng) / Abwassereinleitung *f* ‖ ~ **disposal** (San Eng) / Abwasserbeseitigung *f* (Rückführung des Abwassers in den natürlichen Wasserkreislauf), Abwasserentsorgung *f* ‖ ~ **effluent** (Ecol, San Eng) / Abwassereinleitung *f* ‖ ~ **engineering** (San Eng) / Abwassertechnik *f* (Oberbegriff für Technologien der Abwassersammlung und Abwasserableitung, Abwasserbehandlung und Abwasserbeseitigung - DIN 4045) ‖ ~ **fish-pond** (San Eng) / Abwasserfischteich *m* ‖ ~ **lagoon** (San Eng) / Abwasserteich *m* (belüftet, unbelüftet - zur natürlichen biologischen Behandlung von Abwasser nach DIN 4045) ‖ ~ **levy act** (Ecol) / Abwasserabgabengesetz *n* ‖ ~ **load** (Ecol, San Eng) / Abwasserlast *f*, Abwasserbelastung *f*, Abwasserfracht *f*, Schmutzfracht *f* (mit sauerstoffzehrenden Abwasserinhaltsstoffen, mit Giftstoffen) ‖ ~ **pollutynt load** (Ecol, San Eng) / Abwasserschmutzfracht *f* ‖ ~ **preventer** (Build) / Spülkasten *m* ‖ ~ **tank** (Ships) / Abwässertank *m*, Lenztank *m*, Sammeltank *m* ‖ ~ **treatment** (San Eng) / Abwasserreinigung *f*, Abwasserbehandlung *f*, Abwasseraufbereitung *f*
**waste weir\*** (Civ Eng, Hyd Eng) / Entlastungswehr *n* ‖ ~ **weir** (Hyd Eng) / Schmutzwasserüberfall *m* ‖ ~ **yarn** (Spinning) / Abfallgarn *n*
**wasting** *n* (Build) / Aufrauen *n* des Putzgrundes (für die nächste Putzlage)
**wasty** *adj* / abfallreich *adj* (Verfahren, Werkstoff)
**watch** *n* / Wache *f* ‖ ~ (Horol) / Uhr *f* (Armband-, Taschen-) ‖ ~ (Telecomm) / Funkwache *f*, Hörbereitschaft *f* ‖ ~ **case** (Horol) / Uhrengehäuse *n*
**watchdog** *n* (Automation, Instr) / Überwachungsgerät *n* ‖ ~ (Comp) / Überwachungszeitgeber *m* (bei der Prozessdatenverarbeitung) ‖ ~ (Elec Eng) / Wächter *m* (ein Grenzsignalgeber) ‖ ~ **timer** (Comp) / Überwachungszeitgeber *m* (bei der Prozessdatenverarbeitung)
**watch frequency** (Telecomm) / Wachfrequenz *f* ‖ ~ **glass** (Horol) / Uhrglas *n*, Uhrglasschale *f*
**watchman feature** (Teleph) / Wächterprotokolleinrichtung *f*
**watchman's round report** / Wächterrundgangsmeldung *f*
**watch oil** (Horol, Instr) / Uhrenöl *n* (alterungsbeständiges Schmieröl für Uhren und feinmechanische Präzisionsinstrumente)
**watchpoint** *n* (Comp) / Watchpoint *m*, Speicher-Breakpoint *m*
**watch prop** (Mining) / Strebstempel *m*, Strebestempel *m* ‖ ~ **spring** (Horol) / Uhrfeder *f* ‖ ~ **television** (TV) / fernsehen *v* ‖ ~ **TV** (TV) / fernsehen *v*
**water** *v* / begießen *v* (Pflanzen), gießen *v* (Pflanzen) ‖ ~ / Wasserleitungen legen *v* ‖ ~ / besprengen *v*, sprengen *v* (Flüssigkeit versprizten, versprengen *v* ‖ ~ (down) / verwässern *v*, wässern *v*, mit Wasser verdünnen, Wasser zusetzen ‖ ~ (Agric) / wässern *v* (Pflanzen, Boden), bewässern *v*, berieseln *v* ‖ ~ (Agric) / tränken *v* (Vieh) ‖ ~ (Agric) / spritzen *v* (Pflanzen gießen) ‖ ~ (Agric, Textiles) / rötten *v*, rotten *v*, rösten *v* (weiche Stängelteile des Flachses faulen lassen) ‖ ~ (Eng) / einwässern *v*, wässern *v* (in Wasser eintauchen) ‖ ~ (Nut) / pantschen *v*, panschen *v*, strecken *v* (Wein mit Wasser) ‖ ~ (Photog) / wässern *v* ‖ ~ (Textiles, Weaving) / buntweben *v*, moirieren *v*, auf Moiré-Art wässern ‖ ~\* *n* / Wasser *n* ‖ ~ (Hyd Eng) / Gewässer *n*, Wasserkörper *m* ‖ **with plenty of** ~ (Hyd Eng) / wasserreich *adj* ‖ ~ **absorbency** (Phys) / Wasseraufnahmevermögen *n*, Wasseraufnahmefähigkeit *f*, Saugfähigkeit *f* (für Wasser) ‖ ~ **absorption** (Phys) / Wasseraufnahme *f*, Wasserabsorption *f*, Feuchteaufnahme *f*
**water-absorption tube** (Chem) / Wasserabsorptionsröhrchen *n*
**water accumulation** (Build, Hyd Eng) / Wasseransammlung *f* ‖ ~ **action** (Build, Civ Eng, Hyd Eng) / Wassereinwirkung *f*, Wasserwirkung *f* ‖ ~

**activity\*** (Nut) / Wasseraktivität *f* (auch im Allgemeinen) ‖ ~ **activity monitor** (Radiol) / wasserüberwachendes Gerät, Wassermonitor *m*, Wasseraktivitätsmonitor *m*, Wasserüberwachungsgerät *n* ‖ ~ **addition** / Wasserzusatz *m*, Wasserzugabe *f* ‖ ~ **aerodrome** (Aero) / Wasserflugplatz *m* (im Allgemeinen) ‖ ~ **affinity** (Chem) / Affinität *f* zu Wasser
**water-ampoule stemming** (Mining) / Wasserbesatz *m* (eines Sprengbohrlochs)
**water analysis** (Chem, San Eng) / Wasseruntersuchung *f*, Wasseranalyse *f*
**water-and-ration kit** / Wasser- und Notverpflegungsausrüstung *f*
**water-atomized iron powder** (Powder Met) / durch Wasserverdüsung hergestelltes Eisenpulver
**water authority** / Wasserbehörde *f* (eine kommunale Sonderordnungsbehörde) ‖ ~ **balance** (Hyd Eng) / Wasserhaushalt *m* (das Verhältnis von Wasserzufuhr und Wasserabfluss bzw. -verbrauch) ‖ ~ **balance** (Hyd Eng) / Wasserbilanz *f* (Gegenüberstellung von Wassereinnahme und Wasserausgabe) ‖ ~ **ballast\*** (Ships) / Ballast *m* (Wasser), Wasserballast *m* ‖ ~ **bar\*** (Plumb) / Deckblech *n*, Abdeckblech *n* (z.B. am Stirnbrett, am Fensterrahmen oder unten an der Tür)
**water-base** *attr* (Paint) / wasserverdünnbar *adj*, wässrig *adj*
**water-based paint** (Paint) / wässriges Anstrichmittel, Wasserfarbe *f*
**water-base mud** (Oils) / Wasserbasisspülung *f* (Spülschlamm), Spülschlamm *m* auf Wasserbasis
**water basin** (Hyd Eng) / Wasserbecken *n*, Wasserbassin *n* ‖ ~ **bath** (Chem) / Wasserbad *n*
**water-bath desuperheater** / Wasserbadumformer *m* (zur Zusatzwassergewinnung)
**water-bearing** *adj* (Geol) / Wasser führend *adj*, aquiferisch *adj* ‖ ~ **bed** (Geol) / Grundwasserleiter *m* (DIN 4049), Aquifer *m* (Grund- oder Mineralwasser enthaltende Erdschicht), Grundwasserträger *m* ‖ ~ **bed** (Geol) / Wasserträger *m* (im Allgemeinen)
**water-binding capacity** (Nut) / Wasserbindevermögen *n* (Fleisch), Wasserbindungsvermögen *n* (Fleisch)
**water bloom** (Ecol) / Wasserblüte *f* (kurzfristiges verstärktes Algenwachstum, vorwiegend in stehenden Gewässern durch Eutrophierung), Algenblüte *f* ‖ ~ **blue** (Chem) / Braunschweiger Blau, Bremerblau *n*, Kalkblau *n*, Neuwieder Blau (durch Fällung von Kupfersulfatlösung mit Natronlauge erhaltenes Kupferhydroxid) ‖ ~ **blue** (Chem, Textiles) / Wasserblau *n* (saurer Triarylmethanfarbstoff), Chinablau *n*
**waterbody** *n* (Hyd Eng) / Gewässer *n*, Wasserkörper *m*
**water boiler** (Build) / Kochendwassergerät *n* ‖ ~ **boiler** (Nuc Eng) / Water-Boiler-Reaktor *m*, Wasserkesselreaktor *m* (ein homogener Forschungsreaktor kleiner Leistung) ‖ ~**-boiler reactor** (Nuc Eng) / Water-Boiler-Reaktor *m*, Wasserkesselreaktor *m* (ein homogener Forschungsreaktor kleiner Leistung) ‖ ~ **bomber\*** (Aero) / Wasserbomber *m* (zur /Wald/Brandbekämpfung - mit Wasser als Feuerlöschmittel)
**water-bombing aircraft** (Aero) / Wasserbomber *m* (zur /Wald/Brandbekämpfung - mit Wasser als Feuerlöschmittel)
**waterborne** *adj* / vom Wasser getragen *adj*, schwimmend *adj* (auf dem Wasser), auf dem Wasser(weg) befördert ‖ ~ (Geol) / wasserverfrachtet *adj* ‖ ~ (Ships) / Schiffs-, Wasser- (Verkehr) ‖ ~ **coating** (Paint) / Wasserlack *m* (klare wässrige Lösung von Harzen, die nach der Trocknung einen wasserunlöslichen Film ergibt - DIN 55945), Hydrolack *m*, wasserverdünnbarer Lack ‖ ~ **colour topcoat** (Paint) / Hydrodecklack *m* (ein pigmentierter wasserverdünnbarer Decklack) ‖ ~ **disease** (Med) / Waterborne Disease *f* (Infektionskrankheit, deren Keime durch das Wasser verbreitet werden), durch Wasser übertragene Krankheit ‖ ~ (wood) **preservative** (For) / wasserlösliches Holzschutzmittel ‖ ~ **primer** (Paint) / Hydrogrundierung *f* (wasserverdünnbare Grundierung) ‖ ~ **primer surfacer** (Paint) / Wasserfüller *m* (ein wasserverdünnbarer Füller), Hydrofüller *m* ‖ ~ **sound** (Acous) / Hydroschall *m*, Wasserschall *m* (Schall im Medium Wasser - DIN 1320) ‖ ~ **waste material** (for hydraulic stowing) (Mining) / Spülgut *n* (Material für Spülversatz)
**waterbound macadam\*** (Civ Eng) / wassergebundene Schotterdecke
**water brake** / hydraulisches Dynamometer ‖ ~ **break** (Surf) / Bildung *f* von Wasserinseln (auf der Metalloberfläche bei mangelhafter Entfettung)
**water-break** *n* / Reißen *n* des Wasserfilms, Abriss *m* des Wasserfilms
**water break test** (a test in which water is applied to a prepared surface and should remain in a continuous film over the whole area for at least 30 s) (Surf) / Wasserinselprobe *f* (mit der eine Metallfläche auf Fettfreiheit geprüft wird), Wasserbenetzungstest *m*, Wasserinseltest *m* ‖ ~ **brush** / Wurzelbürste *f* ‖ ~ **budget** (Hyd Eng) / Wasserhaushalt *m* (das Verhältnis von Wasserzufuhr und Wasserabfluss bzw. -verbrauch) ‖ ~**-burnt lime** (Build) / Wasserkalk *m* (mit mehr als 10% Siliziumdioxid, Tonerde und Eisen) ‖ ~ **butt** (Build) / Regentonne *f*, Regenwassertonne *f*, Regenfass *n* ‖ ~ **calender** (Textiles) /

**water**

Wasserkalander *m*, Wassermangel *f* (zum Entwässern der Gewebe) ‖ ~ **calorimeter** (Phys) / Wasserkalorimeter *n* (ein Mischungskalorimeter) ‖ ~ **calorimeter** (Phys) / Mischungskalorimeter *n*, Flüssigkeitskalorimeter *n*, Mischkalorimeter *n* ‖ ~**-carriage** *n* (Hyd Eng, Ships) / Wasserverkehr *m*, Wassertransport *m*, Transport *m* zu Wasser ‖ ~**-carriage system*** (San Eng) / Wasserspülung *f*, Kanalisation *f* ‖ ~ **carrier** (Mil, Ships) / Wassertanker *m*, Frischwassertanker *m*
**water-carrying** *adj* / wasserdurchströmt *adj* (Rohr)
**water carry•-over** / Wassermitriss *m* ‖ ~ **catchment** (Ecol, Hyd Eng) / Wassergewinnung *f* (Quell- oder Regenwasser)
**water-catchment plant** (Ecol, Hyd Eng) / Wassergewinnungsanlage *f*, Wasserfassungsanlage *f*, Wasserposten *m*
**water•-cement ratio** (Civ Eng) / W/Z, Wasserzementwert *m* (das Massenverhältnis von Wassergehalt und Zementgehalt), w, Anmachwasserzementwert *m*, $w_o$, w/z-Wert *m* ‖ ~ **channel*** (Aero) / offener Wasserkanal ‖ ~ **channel** (Hyd Eng) / Wasserkanal *m*
**water-charged** *adj* (Civ Eng) / voll Wasser gesogen, wassergesättigt *adj*, wasserdurchtränkt *adj*, durchnässt *adj*
**water-checked casement*** (Build, Join) / regendichter Fensterrahmen, Fensterrahmen *m* mit Wasserabtropfleisten
**water chemistry** (Chem) / Wasserchemie *f*, Chemie *f* des Wassers ‖ ~**-chrysolite** *n* (Min) / Moldavit *m* (ein Tektit), Bouteillenstein *m*, Flaschenstein *m* ‖ ~ **clarifier** (Chem, Ecol, San Eng) / Wasserklärer *m* ‖ ~ **closet*** (Build, San Eng) / Spülabort *m*, Wasserklosett *n*, WC *n* (Wasserklosett) ‖ ~ **cloud** (Meteor) / Wasserwolke *f*
**watercock** *n* (Plumb) / Wasserhahn *m* (ein Auslaufventil an Hauswasserleitungen, dessen Durchlass über eine Gewindespindel bis zum vollständigen Abschluss verstellbar ist)
**watercolor** *n* (US) (Paint) / Wasserfarbe *f* (Aquarell- und Temperafarbe)
**water colour** (Med, San Eng) / Wasserfärbung *f* (z.B. durch Eisenverbindungen oder Huminstoffe - DIN 38404, T 1)
**watercolour*** *n* (artists' colour made by grinding suitable pigments into aqueous gums or shellac solution) (Paint) / Wasserfarbe *f* (Aquarell- und Temperafarbe) ‖ ~ **paper** (Paper) / Aquarellpapier *n*
**water column** (Phys) / Wassersäule *f* (z.B. mmWS, mWS), WS (Wassersäule) ‖ ~ **conditioning** (Eng) / Wasseraufbereitung *f* (für Dampferzeuger) ‖ ~ **conduit** (Civ Eng, Hyd Eng) / Wasserleitung *f* ‖ ~ **consumption** / Wasserverbrauch *m*
**water-containing** *adj* / wasserhaltig *adj*
**water contamination** (Ecol, San Eng) / Wasserverschmutzung *f* (mit giftigen Stoffen oder Bakterien) ‖ ~ **content** (Build, Civ Eng) / Wassergehalt *m* (z.B. Frischmörtel, Frischbeton) ‖ ~ **content** (Civ Eng) / Wassergehalt *m* (ein Bodenkennwert nach DIN 18121) ‖ ~ **control** (Build, Civ Eng) / Wasserhaltungsarbeit *f* (DIN 18305), Wasserhaltung *f* (alle Maßnahmen, welche die Beherrschung des Wasserandrangs zu Baugruben, Baustellen und Bauwerken betreffen)
**water-cooled engine*** (Autos) / wassergekühlter Motor
**water-cooled motor*** (Elec Eng) / wassergekühlter Motor
**water-cooled transformer*** (Elec Eng) / Transformator *m* mit Wasserkühlung ‖ ~ **tubular lining** (Met) / Rohrwandsystem *n* als wasserführende Zustellung
**water•-cooled valve*** (Electronics) / wassergekühlte Röhre ‖ ~ **cooling** / Wasserkühlung *f*
**water-core** *n* (Agric, For) / Nasskern *m* (bei bestimmten Früchten und Rüben) ‖ ~ (For) / Nasskern *m* ‖ ~ (For) s. also wet-wood
**watercourse** *n* (Geol, Hyd, Hyd Eng) / Wasserlauf *m*, Fließgewässer *n* ‖ ~ (Mining) / Spülkanal *m*
**water coverage** (of metal pigments) (Paint) / Wasserspreitung *f* (Ausbreiten von blättchenförmigen Metallpigmenten auf einer Wasserfläche)
**watercraft** *n* (Ships) / Wasserfahrzeug *n*, Wasserfahrzeuge *n pl*
**water-crane** *n* (Rail) / Wasserkran *m* (zur Versorgung von Dampflokomotiven mit Speisewasser für den Lokomotivkessel)
**water-crossing ability** (Autos) / Watfähigkeit *f* (als Eigenschaft)
**water culture** (Bot) / Hydroponik *f* (erdlose Kultur von höheren Pflanzen), Hydrokultur *f*, Wasserkultur *f* (von höheren Pflanzen) ‖ ~ **curing** (Civ Eng) / Feuchthalten *n* (Maßnahme zum Nachbehandeln von Beton) ‖ ~ **curtain** / Wasservorhang *m* (eine Löschanlage) ‖ ~ **curtain** / Wasserschleier *m* ‖ ~ **cycle** (Hyd Eng) / Tosbecken *n* (mit Schikanen), Sturzbecken *n*, Absturzbecken *n*, Beruhigungsbecken *n* ‖ ~ **cycle** (Meteor) / hydrologischer Zyklus, Wasserkreislauf *m* (natürlicher) ‖ ~ **dam** (Mining) / Wasserdamm *m* (der in einem Schacht oder einer Strecke das übrige Grubengebäude vor zufließendem Wasser schützt) ‖ ~ **damage** / Wasserschaden *m* (durch eindringendes oder versickertes Wasser entstandener Schaden) ‖ ~ **degermination** (Med, San Eng) / Wasserentkeimung *f* ‖ ~ **demand** / Wasserbedarf *m* ‖ ~ **demineralizing** (Chem Eng) / Wasserenthärtung *f*
**water-dilutable** *adj* / wasserverdünnbar *adj*, mit Wasser verdünnbar

**water-dispersible powder** (Agric) / Spritzpulver *n*
**water-displacing** *adj* (Chem, Paint) / wasserverdrängend *adj* ‖ ~ **liquid*** (Chem, Surf) / Dewatering-Fluid *n* (zur fleckenfreien Trocknung der wasserfeuchten Metallteile, z.B. nach dem Galvanisieren), wasserverdrängende Flüssigkeit
**water disposal** (Agric, Hyd Eng) / Entwässerung *f* ‖ ~ **disposal** (Autos) / Wasserverdrängung *f* (aus dem Reifenprofil, um Aquaplaning zu verhindern) ‖ ~ **distribution** (Civ Eng, Hyd Eng) / Wasserverteilung *f* ‖ ~ **down** *v* (Nut) / pantschen *v*, panschen *v*, strecken *v* (Wein mit Wasser)
**water-dredged sand** (Civ Eng) / Schlammsand *m*
**water-drifted** *adj* (Geol) / wasserverfrachtet *adj*
**water drilling** (Oils) / Bohren *n* mit Wasser, Bohren *n* mit Wasserspülung
**water-drive** *n* (Geol, Oils) / Wassertrieb *m* ‖ ~ (Oils) / Fluten *n* (Einpressen von Wasser in den sekundären Phase, um den Druck aufrechtzuerhalten oder wiederherzustellen), Wasserfluten *n*, Wasserflutung *f* ‖ ~ **pay area** (Oils) / Lagerstätte *f* mit Wassertrieb ‖ ~ **reservoir** (Oils) / Flutungslagerstätte *f* (Ölreservoir unter Wasserflutung), Wassertrieblagerstätte *f*
**water drop** / Wassertropfen *m*
**watered silk** (Textiles) / Seidenmoiré *m*, Moiréseide *f*
**water electrolysis** (Chem) / Wasserelektrolyse *f* ‖ ~ **end** (Hyd Eng) / Wasserseite *f* (der Staumauer) ‖ ~ **engine** (Civ Eng, Mining) / Wasserhaltungsmaschine *f* ‖ ~ **engineering** (Hyd Eng) / Wasserbau *m* (als Disziplin) ‖ ~ **equivalent*** (Heat, Phys) / effektive Wärmekapazität (des Kalorimeters), Wasserwert *m* (ein Gerätefaktor für Kalorimeterteile) ‖ ~ **equivalent** (of snow) (Meteor) / Wassergleichwert *m* (des Schnees), äquivalente Niederschlagshöhe (etwa 10%), Wasseräquivalent *n* (die Höhe der Wasserschicht, die sich über einer ebenen Fläche nach Schmelzen der Schneedecke ausbilden würde, wenn kein Schmelzwasser abfließt, versickert oder verdunstet)
**water-eroded** *adj* (Geol, Hyd Eng) / wassererodiert *adj*, wasserzerfressen *adj*, vom Wasser ausgehöhlt (abgeschliffen)
**water erosion** (Geol, Hyd Eng) / aquatische Erosion, Erosion *f* (abtragende Tätigkeit fließenden Wassers), Wassererosion *f*, Auswaschung *f* ‖ ~ **evaporation** (rate) (Phys) / Wasserverdampfung *f* ‖ ~ **extinguisher** / Nasslöscher *m* (ein Handfeuerlöscher) ‖ ~ **extract** (Chem) / wässriger Auszug ‖ ~ **face** (Hyd Eng) / Wasserseite *f* (der Staumauer)
**waterfall** *n* / Wasserfall *m* ‖ ~ **display** (Acous, Eng) / Wasserfalldarstellung *f* (perspektivische Darstellung mit räumlicher Zeitachse) ‖ ~ **model** (a software life-cycle model that represents the successive phases as boxes and the onward progression of partially worked software as connecting arcs) (Comp) / Wasserfallmodell *n* (Software-Lebenszyklus, dessen Projektabschnitte durchlaufen werden und mit einem Validierungs- oder Verifizierungsprozess enden)
**water fastness** (Textiles) / Wasserechtheit *f* (von Färbungen und Drucken nach DIN 54005 und DIN 54006)
**water-filled** *adj* / wassergefüllt *adj*
**water film** / Wasserhaut *f*, Wasserfilm *m* ‖ ~ **filter** (San Eng) / Wasserfilter *n* ‖ ~ **fingering** (Oils) / Wasser-Fingering *n* (Einsickerung in den Förderhorizont), Fingerbildung *f* ‖ ~ **finish*** (Paper) / Feuchtglätte *f* ‖ ~ **finish** (Textiles) / gebleichtes, stark appretiertes Baumwollnesseltuch ‖ ~ **fittings** (Build, Plumb) / Wasserarmaturen *f pl* ‖ ~ **flooding*** (Oils) / Fluten *n* (Einpressen von Wasser in der sekundären Phase, um den Druck aufrechtzuerhalten oder wiederherzustellen), Wasserfluten *n*, Wasserflutung *f* ‖ ~ **flow** (Hyd Eng) / Wasserstrom *m*, strömende Wassermasse ‖ ~ **flow rate** (Hyd Eng) / Wasserdurchsatz *m* (in Kühltürmen)
**Waterford glass** (Glass) / ein Flintglas aus Irland
**water for domestic use** / Brauchwasser *n* (für den Haushalt), Wasser *n* für häusliche Zwecke ‖ ~ **for fire-fighting purposes** / Feuerlöschwasser *n*, Löschwasser *n* ‖ ~ **for making concrete** (BS 3148) (Civ Eng) / Anmachwasser *n* (das zur Herstellung des Betons benötigt wird) ‖ ~ **for rinsing** / Spülwasser *n*, Waschwasser *n* (Spülwasser), Abwaschwasser *n*
**water-free space** (Bot) / Wasserfreiraum *m* (bei der passiven Aufnahme der Nährelemente)
**waterfront structure** (Hyd Eng) / Ufereinfassung *f*
**water gap** (Geol) / durchflossenes Durchbruchstal ‖ ~ **gas** (gaseous fuel consisting primarily of carbon monoxide and hydrogen, made by the interaction of steam and incandescent carbon) (Chem Eng) / Wassergas *n* (historische Bezeichnung für ein Industriegas - heute in den Industrieländern ohne Bedeutung)
**water-gas equilibrium** / Wasser-Gas-Gleichgewicht *n* ‖ ~ **machine** (Chem Eng) / Wassergasmaschine *f* (eine alte Anlage zur diskontinuierlichen Wassergaserzeugung) ‖ ~ **reaction** (Chem Eng) / Wassergasreaktion *f* (Reduktion von Wasser mittels Kohlenstoffs) ‖ ~ **shift reaction** (Chem Eng) / katalytische Konvertierung bei der

Wassergaserzeugung ‖ ~ **shift reaction** (Chem Eng) / Konvertierung *f* (während des Haber-Bosch-Verfahrens), CO-Konvertierung *f*, Kohlenmonoxidkonversion *f* ‖ ~ **tar** (Chem Eng) / Wassergasteer *m* (der bei der Herstellung von Wassergas oder Generatorgas entsteht) ‖ ~ **welding** (Welding) / Wassergasschweißen *n* (Arbeitstechnik, die heute nicht mehr in Gebrauch ist)
**watergate** *n* (Hyd Eng) / Hochwassertor *n*
**water gauge**\* (Eng) / Wasserstandsanzeiger *m* (des Kessels)
**water-gauge glass** (Eng) / Wasserstandsanzeiger *m* (des Kessels)
**water glass**\* (Chem) / Wasserglas *n* (wässrige Lösung von Alkalisilikaten) ‖ ~ **glass** (Eng) / Wasserstandsanzeiger *m* (des Kessels)
**water-glass cement** / Wasserglaskitt *m* ‖ ~ **glue** / Wasserglasleim *m* (ein Klebstoff auf Basis von Wasserglas) (ein Klebstoff auf Basis von Wasserglas)
**water glaze** (For, Paint) / Wasserlasur *f* ‖ ~ **glazing** (For, Paint) / Wasserlasur *f* ‖ ~ **hammer**\* (Eng, Hyd) / Wasserschlag *m* (das sich als harter, metallischer Schlag auswirkende Zusammenstürzen eines wassergefüllten Hohlraumes in einer Rohrleitung), Wasserstoß *m*, Druckstoß *m*, Schlag *m* (in hydraulischen Systemen)
**water-handling characteristics** (Aero) / Betriebseigenschaften *f pl* auf dem Wasser, Betriebsverhalten *n* auf dem Wasser
**water hardening** (Met) / Wasserhärten *n*
**water-hardening agent** (Chem) / Härtebildner *m* (Chlorid, Sulfat und Hydrogencarbonat) ‖ ~ **steel** (Met) / Wasserhärter *m*, Wasserhärtestahl *m*, wasserhärtender Stahl
**water hardness** (Chem) / Wasserhärte *f*, Härte *f* des Wassers (Eigenschaft des Wassers, die durch seinen Gehalt an Kalzium- und Magnesiumionen bestimmt wird) ‖ ~ **class** (San Eng) / Wassergefährdungsklasse *f*, WGK (Wassergefährdungsklasse)
**water-heater** *n* (Build) / Heißwasserbereiter *m*, Warmwasserbereiter *m* (meistens ohne Wärmeisolierung), Boiler *m*
**water hoisting** (Mining) / Wasserhebung *f*
**water-holding capacity** (the minimum possible water content to which a soil sample can be reduced by gravity drainage) (Civ Eng, Hyd Eng) / Wasserkapazität *f*, wasserbindende Kraft (des Bodens), Wasserhaltevermögen *n*, Wasserfassungsvermögen *n* ‖ ~ **capacity** (Nut) / Wasserbindungsvermögen *n* (des Fleisches) ‖ ~ **capacity** (Hyd Eng) s. also water retentivity (of soil)
**waterhole** *n* / Wasserloch *n*
**Waterhouse stop**\* (Photog) / Steckblende *f* (bei Reprokameras)
**water hyacinth** (Ecol) / Wasserhyazinthe *f* (Eichhornia crassipes (Mart.) Solms) ‖ ~ **hydraulic system** / Druckwasserhydraulik *f* (als System)
**water-immiscible** *adj* (Chem) / nicht mit Wasser mischbar
**water impurity** (Ecol, San Eng) / gewässerverschmutzende Substanz, schädlicher Wasserinhaltsstoff, Wasserverunreinigung *f* (Substanz), wassergefährdender Inhaltsstoff ‖ ~ **incursion** (Mining) / Wassereinbruch *m* (unerwartetes Einströmen großer Wassermassen in einen Grubenbau) ‖ ~ **-in-fat emulsion** (Chem) / Wasser-in-Fett-Emulsion *f* ‖ ~ **infusion** (Mining) / Stoßtränkung *f*
**watering** *n* / Wässerung *f*, Wässern *n* ‖ ~ / Tränken *n* (im Wasser), Tränkung *f* (im Wasser) ‖ ~ (Agric) / Gießen *n* (z.B. mit der Kanne) ‖ ~ **distribution of water to land for farming** (Agric) / Bewässerung *f*, Berieselung *f*, Irrigation *f* ‖ ~ (Agric, Textiles) / Röste *n*, Rotte *f* ‖ ~ (Photog) / Wässerung *f*, Wässern *n* ‖ ~ (Rail, Ships) / Wassernehmen *n* ‖ ~ **can** / Gießkanne *f*
**water ingestion** (Nut, Radiol) / Wasseraufnahme *f*
**watering hole** / Wasserloch *n*
**watering-place** *n* (Agric) / Trinkwasserstelle *f*, Tränke *f* (natürliche)
**water-injection system** (Oils) / Wassereinpresssystem *n*
**water inlet** / Wassereinlaufstelle *f*, Wassereinführstelle *f*
**water-in-oil emulsion** (Chem) / Wasser-in-Öl-Emulsion *f*, W/Ö-Emulsion *f*
**water inrush** (Mining) / Wassereinbruch *m* (unerwartetes Einströmen großer Wassermassen in einen Grubenbau) ‖ ~**-insoluble** *adj* (Chem) / wasserunlöslich *adj*, nicht in Wasser löslich ‖ ~ **invasion** (Mining) / Wassereinbruch *m* (unerwartetes Einströmen großer Wassermassen in einen Grubenbau) ‖ ~ **jacket** (Eng, Met) / Waterjacket *n* (bei Hochöfen), Wassermantel *m*, Wasserkühlmantel *m* ‖ ~ **jet** / Wasserstrahl *m* ‖ ~**-jet driving**\* (Civ Eng) / Pfahltreiben *n* mit Wasserspülung, Spülbohrverfahren *n* (bei der Pfahlgründung, bei Ortbohrpfählen)
**water-jet loom** (Weaving) / Wasserdüsenwebmaschine *f*
**water•-jet propulsion** / Wasserstrahlantrieb *m* (ein Reaktionsantrieb) ‖ ~**-jet pump**\* (Vac Tech) / Wasserstrahlpumpe *f* (Vakuumpumpe für geringes Vakuum)
**water-jet weaving** (Weaving) / Wasserdüsenweben *n*
**water kerma** (Nuc) / Wasserkerma *f* (Wasser als Bezugsmaterial)
**water-laid rope** (Eng) / Kabeltrosse *f*, Kabelschlagseil *n*, Kabel *n* (Trägerelement von Brücken, Seilbahnen, Ankern usw.), Tau *n*, Kabeltau *n*

**water lane** (Aero) / Wasserfläche, die als Start- und/oder Landefläche dient ‖ ~ **layer** (Geol) / Wasserleiter *m*, Wasserhorizont *m*
**waterleaf**\* *n* (Paper) / ungeleimtes und ungefülltes Papier ‖ ~ **paper** (Paper) / ungeleimtes und ungefülltes Papier
**waterless gasholder** / Scheibengasbehälter *m*
**water level** (Build) / Schlauchwaage *f* (DIN 18718) ‖ ~ **level** (Hyd Eng) / Wasserspiegel *m* (DIN 4049, T 1), Wasserfläche *f* (als Bezugsebene), Wasseroberfläche *f* ‖ ~ **level** (Hyd Eng) / Wasserstand *m* (im Allgemeinen)
**water-level indicator** (Eng) / Wasserstandsanzeiger *m* (des Kessels)
**water lime**\* (Build) / Wasserkalk *m* (mit mehr als 10% Siliziumdioxid, Tonerde und Eisen)
**waterline attack** (Ships) / Wasserlinienkorrosion *f*, Korrosion *f* an (in) der Wasserlinie ‖ ~ **coefficient** (Ships) / Wasserlinienvölligkeitsgrad *m*, Völligkeitsgrad *m* der Konstruktionswasserlinie (bezogen auf den Wasserlinienriss), $C_{WP}$ (Wasserlinienvölligkeitsgrad) ‖ ~ **corrosion** (Ships) / Korrosion *f* in der Wasserlinie ‖ ~ **corrosion** (Ships) / Wasserlinienkorrosion *f*, Korrosion *f* an (in) der Wasserlinie ‖ ~ **model** (Ships) / Wasserlinienmodell *n*
**waterlines** *pl* (Paper) / Wasserlinien *f pl* ‖ (durchgehendes Wasserzeichen in Maschinenrichtung gemäß Zolltarif - DIN 6730) ‖ ~\* (Ships) / Wasserlinien *f pl* (Umrisslinien, welche bei angenommenem horizontalem Schnitt durch den Schiffskörper von der Innenkante der Außenhaut gebildet werden) ‖ ~ (Paper) s. also laid lines
**water load**(**ing**) (Aero) / Belastung *f* durch hydrodynamische Kräfte ‖ ~ **load** (Telecomm) / Wasserendlast *f* (bei Wellenleitern)
**water-loaded** *adj* (Civ Eng) / voll Wasser gesogen, wassergesättigt *adj*, wasserdurchtränkt *adj*, durchnässt *adj*
**water loading** / Regendichte *f* (Wasserdurchsatz bezogen auf die Austauschfläche eines Nasskühlturms) ‖ ~ **lodge** (Mining) / Pumpensumpf *m*, Schachtsumpf *m*, Sumpf *m*
**waterlogged** *adj* (Build, For, Materials) / wassersatt *adj* (bei der Baustoffprüfung) ‖ ~ (Civ Eng) / voll Wasser gesogen, wassergesättigt *adj*, wasserdurchtränkt *adj*, durchnässt *adj* ‖ ~ **wood** (For) / Wasserholz *n* (etwa drei bis fünf Monate im Wasser gelagertes Holz)
**waterlogging** *n* (Agric) / Bodennässung *f*, Bodennässebildung *f*, Vernässung *f* (des Bodens)
**water loop** (Aero) / Ausbrechen *n* auf dem Wasser ‖ ~**-lubricated** *adj* (Ecol, Hyd Eng) / wassergeschmiert *adj*, mit Wasser geschmiert ‖ ~ **main** (Hyd Eng) / Hauptstrang *m* (der Wasserleitung) ‖ ~ **main** (Hyd Eng) / Hauptleitung *f* (in der Wasserverteilung) ‖ ~ **management** (Hyd Eng) / Wasserwirtschaft *f* (DIN 4046 und 4049) ‖ ~ **management** (Hyd Eng) / Wasserbewirtschaftung *f* ‖ ~ **mangle** (Textiles) / Wasserkalander *m*, Wassermangel *f* (zum Entwässern der Gewebe)
**watermark**\* *n* (Paper) / Wasserzeichen *n* (echtes), Egoutteur-Wasserzeichen
**watermarked paper** (Paper) / Wasserzeichenpapier *n*
**water marking** (Textiles) / Strichbildung *f* (bei Veloursteppichen)
**watermark paper** (Paper) / Wasserzeichenpapier *n*
**water-mass impact** (Hyd Eng) / Wassermassenaufprall *m*
**water meadow** (Geog, Geol) / Aue *f* (feuchtes, oft mit Laubwald bestandenes Flusstal), Flusswiese *f* ‖ ~ **meter** (Hyd Eng, Instr) / Wasserzähler *m* (ein Messgerät, das in einer Wasserleitung die durchgeflossenen Wassermengen zählt und die Summe anzeigt), Wassermesser *m* (ein Durchflussanzeiger mit Momentanzeige), Wasseruhr *f* ‖ ~ **metering** (Hyd Eng) / Wassermessung *f* ‖ ~**/methanol injection**\* (Aero) / Wasser-Methanol-Einspritzung *f* (Nassstart bei TL-Triebwerken) ‖ ~ **molecule** (Chem) / Wassermolekül *n* ‖ ~ **monitor**\* (Nuc Eng, Radiol) / wasserüberwachendes Gerät, Wassermonitor *m*, Wasseraktivitätsmonitor *m*, Wasserüberwachungsgerät *n* ‖ ~ **of Ayr stone** (Min) / Polierstein *m* (für Stuckmarmor), Abziehstein *m* (für Stuckmarmor), Schleifstein *m* (z.B. für Stuckmarmor) ‖ ~ **of capillarity**\* (Build, Civ Eng, Phys) / Bodenfeuchtigkeit *f* ‖ ~ **of capillarity**\* (Civ Eng) s. also gravitational water and rising damp ‖ ~ **of constitution** (Chem) / konstitutiv gebundenes Wasser, Konstitutionswasser *n* (aus einem Hydroxid) ‖ ~ **of constitution** (Chem) s. also water of hydration ‖ ~ **of crystallization**\* (Chem) / Kristallwasser *n* (das in Kristallen in stöchiometrischer Menge gebundene Wasser) ‖ ~ **of hydration**\* (Chem) / Hydratwasser *n*, Kristallwasser *n* von Hydraten ‖ ~ **of plasticity** (Ceramics) / Anmachwasser *n* (Wassermenge, die einen keramischen Stoff in einen knetbaren Teig verwandelt = Oberflächenfeuchte + Zugabewasser)
**water-oil emuslsion** (Chem) / Wasser-in-Öl-Emulsion *f*, W/Ö-Emulsion *f*
**water out** *v* (Oils) / verwässern *v* (Erdöllagerstätten) ‖ ~ **paint**\* (Paint) / Wasserfarbe *f* (wasserverdünnbare Mal- und Anstrichfarbe) ‖ ~ **paint**\* (Paint) / Wasserlack *m* (klare wässrige Lösung von Harzen, die nach der Trocknung einen wasserunlöslichen Film ergibt - DIN 55945), Hydrolack *m*, wasserverdünnbarer Lack ‖ ~ **parting** (Hyd Eng) / Wasserscheide *f* (Grenzlinie zwischen zwei Abfluss- oder

1767

**water**

Niederschlagsgebieten) ‖ ~ **passage** (Mining) / Spülkanal m ‖ ~ **phase** (Phys) / wässrige Phase ‖ ~ **photolysis** (Biol) / Wasserfotolyse f ‖ ~ **pipe** (Eng) / Wasserrohr n (kein Siederohr) ‖ ~ **pipe** (Hyd Eng) / Wasserrohr n ‖ ~ **pipeline** (Civ Eng, Hyd Eng) / Wasserleitung f
**waterplane** n (Ships) / Ebene f des Schiffskörpers, Wasserebene f
**water plant** (Bot) / Hydrophyt m (pl. -en), Wasserpflanze f ‖ ~ **pocket** / Wassersack m (in Rohrleitungen unerwünschter Tiefpunkt, in dem sich Kondensat ansammeln kann, das den Durchfluss des Mediums behindert oder sperrt) ‖ ~ (**resources**) **policy** (Hyd Eng) / Wasserwirtschaft f (DIN 4046 und 4049) ‖ ~ **pollutant** (Ecol, San Eng) / gewässerverschmutzende Substanz, schädlicher Wasserinhaltsstoff, Wasserverunreinigung f (Substanz), wassergefährdender Inhaltsstoff ‖ ~ **pollution** (Ecol, San Eng) / Wasserverschmutzung f (Tätigkeit oder Unterlassung), Wasserverunreinigung f, Gewässerverschmutzung f, Gewässerverunreinigung f ‖ ~ **pollution class** (San Eng) / Wassergefährdungsklasse f, WGK (Wassergefährdungsklasse) ‖ ~ **pollution control** (Ecol, San Eng) / Wasserreinhaltung f (in der Natur) ‖ ~ **pollution control authority** (board) (Ecol, San Eng) / Gewässeraufsichtsbehörde f ‖ ~ **pollution load** (San Eng) / Gewässerbelastung f (konkrete Zuordnung zu der Belastungsklasse), Gewässerverschmutzung f (konkrete Zuordnung zu der Belastungsklasse) ‖ ~ **potential*** (Biol, Bot) / Wasserpotential n, Gesamtwasserpotential n (das den Wasserzustand in biologischen Systemen und im Boden charakterisiert) ‖ ~ **power** (Elec Eng, Phys) / Wasserkraft f (die Energie, die in Wasser enthalten ist), Hydroenergie f, Strom f aus Wasserenergie
**water-power station** (Elec Eng) / Wasserkraftwerk n, hydroenergetische Zentrale, Wasserkraftanlage f (DIN 4048-2), Hydroelektrizitätswerk n
**water pressure** (Phys) / Wasserdruck m
**water-pressure load** / Wasserdrucklast f ‖ ~ **test** / Wasserdruckversuch m (im Innendruckversuch mit Wasser als Druckmedium), Wasserdruckprobe f, Abdrückprobe f (mit Wasser als Druckmedium) ‖ ~ **test** (Textiles) / Wasserdruckversuch m, Prüfung f der Wasserdichtheit (Schopper-Schmerber-Test nach DIN 53866)
**waterproof** v (Textiles) / hydrophobieren v, wasserdicht ausrüsten, wasserdicht imprägnieren ‖ ~ n (Textiles) / Waterproof m (Wasser abweisend ausgerüstete Textilie) ‖ ~ adj (Horol, Textiles) / wasserdicht adj, wasserundurchlässig adj, waterproof adj ‖ ~ **cement** (Build, Civ Eng) / hydrophobierter Zement
**waterproof(ing) concrete** (Civ Eng) / Sperrbeton m (DIN 4117), wasserundurchlässiger Beton (DIN 1045)
**waterproofed cement** (Build, Civ Eng) / hydrophobierter Zement
**waterproofer** n (Build, Civ Eng) / wassersperrendes Mittel ‖ ~ (Build) s. also concrete waterproofing additive
**waterproofing** adj (Chem, Phys, Textiles) / hydrophob adj, wasserabweisend adj, Wasser abweisend adj, wasserabstoßend adj, Wasser abstoßend adj ‖ ~ **agent** (Textiles) / Hydrophobiermittel n, Hydrophobierungsmittel n, Imprägniermittel n ‖ ~ **membrane** (Civ Eng) / Dichtungshaut f, Dichtungsschleier m
**waterproof leather** (Leather) / Waterproof-Leder n (mit imprägnierenden Zusätzen) ‖ ~ **machine** (Elec Eng) / wassergeschützte Maschine
**waterproofness** n / Wasserdichtheit f, Wasserundurchlässigkeit f, Wasserdichtigkeit f
**waterproof paper*** (Paper) / wasserdichtes Papier
**water protection** (Ecol, San Eng) / Wasserschutz m, Gewässerschutz m ‖ ~ **pump** (Autos) / Wasserpumpe f ‖ ~ **pump** (Eng) / Wasserpumpe f
**water-pump pliers** (Eng, Plumb, Tools) / Montagezange f (mit langen Schenkeln) ‖ ~ **pliers** (Tools) / Wasserpumpenzange f (mit Gleitgelenk), Rohrzange f (mit Gleitgelenk), Wapu-Zange f
**water purification** (San Eng) / Wasserreinigung f ‖ ~ **quality** (San Eng) / Wasserbeschaffenheit f (Qualität) ‖ ~ **quality** (San Eng) / Wasserqualität f, Wassergüte f, Wassergüteklasse f
**water-quality management** (San Eng) / Wassergütewirtschaft f (DIN 4045)
**water quality management** (San Eng) / Wasserreinhaltung f (als systematische Tätigkeit) ‖ ~ **quenching** (Met) / Wasserabschrecken n, Wasserabschreckung f, Abschreckung f in Wasser ‖ ~ **rate** / Wassergeld n, Wassergebühr f ‖ ~ **reactor*** (Nuc Eng) / Wasserreaktor m ‖ ~ **recovery*** (Aero) / Wasserrückgewinnung f (für Ballastzwecke) ‖ ~ **reducer** (Civ Eng) / Fließmittel n (Betonverflüssiger nach DIN EN 932-4), FM (Fließmittel), Betonverflüssiger m (ein Betonzusatzmittel), BV (Betonverflüssiger)
**water-reducing additive** (Civ Eng) / Fließmittel n (Betonverflüssiger nach DIN EN 932-4), FM (Fließmittel), Betonverflüssiger m (ein Betonzusatzmittel), BV (Betonverflüssiger) (Civ Eng) / Fließmittel n (Betonverflüssiger nach DIN EN 932-4), FM (Fließmittel), Betonverflüssiger m (ein Betonzusatzmittel), BV (Betonverflüssiger)
**water regime** (Agric, Hyd Eng) / Wasserhaushalt m, Wasserregime n
**water-removable** adj / wasserablösbar adj

**water renewal** (Ecol) / Wassererneuerung f
**water-repellent*** n (Textiles) / Hydrophobiermittel n, Hydrophobierungsmittel n, Imprägniermittel n ‖ ~ adj (Chem, Phys, Textiles) / hydrophob adj, wasserabweisend adj, Wasser abweisend adj, wasserabstoßend adj, Wasser abstoßend adj
**water-repellent cement** (Build, Civ Eng) / hydrophobierter Zement
**water-repellent effect** (Textiles) / Wasserabperleffekt m, Abperleffekt m (an Geweben) ‖ ~ **paper** (Paper) / Wasser abweisendes Papier (DIN 6370)
**water requirement(s)** / Wasserbedarf m ‖ ~ **reserves** (Hyd Eng) / Wasservorräte m pl ‖ ~ **reservoir** (Eng) / Wasserbehälter m (im Allgemeinen) ‖ ~ **resistance** (Elec Eng) / Wasserwiderstand m (als Eigenschaft) ‖ ~ **resistance** (Eng) / Wasserfestigkeit f, Wasserbeständigkeit f ‖ ~ **resistance** (Hyd) / Strömungswiderstand m des Wassers ‖ ~-**resistant** adj / nassfest adj, wasserfest adj, wasserbeständig adj
**water-resistant cement** (Build, Civ Eng) / hydrophobierter Zement
**water-resisting** adj / nassfest adj, wasserfest adj, wasserbeständig adj
**water resistor*** (Elec Eng) / Wasserwiderstand m (im Allgemeinen) ‖ ~ **resources** (available) (Hyd Eng) / Wasserdargebot n, Wasservorkommen n
**water-retaining capacity** (the ratio of the weight or volume of water which a soil will retain against the force of gravity to its own weight or volume) (Civ Eng, Hyd Eng) / Wasserrückhaltevermögen n (des Bodens), Wasserhaltewert m
**water retention and flow works** (Hyd Eng) / Wasserbau m (als Anlage - DIN 4048, T 1) ‖ ~ **retention value** (Textiles) / Wasserrückhaltevermögen n (ein Maß für die Wasseraufnahme in einem textilen Gut - DIN 53 814), WRV (Wasserrückhaltevermögen) ‖ ~ **rheostat*** (Elec Eng) / Wasserwiderstand m (Rheostat) ‖ ~ **right(s)** / Wasserrecht n, Wassernutzungsrecht n ‖ ~ **ring** (Mining) / kranzförmige Wassersammelrinne (im Schacht)
**water-ring pump** (Eng) / Wasserringpumpe f (eine Verdrängerpumpe mit Wasser als Hilfsflüssigkeit)
**water roller table** (Met) / Wasserrollgang m (auf dem das Band während des Laufs mit Wasser aus Düsen von oben und unten gekühlt wird) ‖ ~ **routing** (Geol) / Wasserwegsamkeit f, Trennfugendurchlässigkeit f (Wasserwegsamkeit) ‖ ~ **run** (Aero) / Start- oder Landelauf m (eines Wasserflugzeugs), Lande- oder Startlauf m (eines Wasserflugzeugs)
**waters** pl (Hyd Eng) / Gewässer n, Wasserkörper m
**water sample** (Med, San Eng) / Wasserprobe f (DIN 4030) ‖ ~ **sampler** (Ocean) / Wasserschöpfer m (mit dem Wasserproben ohne Vermischung aus bestimmter Tiefe bei gleichzeitiger Messung der Temperatur am Entnahmeort entnommen werden) ‖ ~ **sampling** (Med, San Eng) / Wasserprobenahme f ‖ ~ **sanding** (Eng) / Nassschleifen n (mit angefeuchtetem Schleifpapier), Nassschliff m ‖ ~ **sapphire** (Min) / Wassersaphir m (ein Cordierit)
**water-saturated** adj / wassergesättigt adj
**water-saving** adj / wassersparend adj
**water seal*** (San Eng) / Wasserverschluss m (des Geruchverschlusses) ‖ ~ **seasoning** (For) / Auslaugen n (von Holz durch Wasserlagerung) ‖ ~-**sensitive** adj / wasserempfindlich adj ‖ ~ **sensor** / Wassersensor m (zum Nachweis von Wasserdampf oder flüssigem Wasser) ‖ ~ **separator** (Autos) / Wasserabscheider m (zur Trennung von Kondenswasser und Abgas) ‖ ~ **separator** (Eng) / Wasserabscheider m, Feuchtigkeitsabscheider m ‖ ~ **setting** (Textiles) / Hydrofixieren n, Hydrofixierung f
**watershed** n (Hyd Eng) / Wasserscheide f (Grenzlinie zwischen zwei Abfluss- oder Niederschlagsgebieten) ‖ ~ (US) (Hyd Eng) / Einzugsgebiet n (das ober- und unterirdische Entwässerungsgebiet eines Flusses mit allen seinen Nebenflüssen - DIN 4045), Abflussgebiet n
**water shield** (Nuc Eng) / Wasserschild m (beim Reaktor) ‖ ~ **shock** (Eng, Hyd) / Wasserschlag m (das sich als harter, metallischer Schlag auswirkende Zusammenstürzen eines wassergefüllten Hohlraumes in einer Rohrleitung), Wasserstoß m, Druckstoß m, Schlag m (in hydraulischen Systemen) ‖ ~ **shortage** / Wasserknappheit f, Wassermangel m
**waterside** n / Wasserseite f (des Kessels) ‖ ~ attr / wasserseitig adj (Fläche des Kessels) ‖ ~ / am Wasser, am Ufer, an der Küste **at the** ~ / am Wasser, am Ufer, an der Küste ‖ **by the** ~ / am Wasser, am Ufer, an der Küste ‖ **on the** ~ / am Wasser, am Ufer, an der Küste ‖ ~ **corrosion** (Surf) / wasserseitige Korrosion, dampfseitige Korrosion (an Kesselanlagen)
**water sink** (Geol) / Katavothre f, Schwinde f, Flussschwinde f, Ponor m (pl. -e) (in Karstgebieten), Schlundloch n ‖ ~ **slope** (Hyd Eng) / Wasserseite f (der Staumauer) ‖ ~ **slope** (Hyd Eng) / Außenböschung f (der Wasserseite) ‖ ~ **slot** (Mining) / Spülkanal m ‖ ~ **smoke** (Meteor) / Seerauch m (ein Verdunstungsnebel)

1768

**water-smoking** *n* (Ceramics) / Schmauchen *n* (der erste Abschnitt eines keramischen Brandes)
**water softening*** (Chem Eng) / Wasserenthärtung *f* ‖ **~-soluble** *adj* (Chem) / wasserlöslich *adj*
**water-soluble binder** (Paint) / wasserlösliches Bindemittel ‖ **~ extractive** (For) / wasserlösliche Substanz (im Holz) ‖ **~ vitamin** (Biochem, Nut, Pharm) / wasserlösliches Vitamin (z.B. Folsäure oder Ascorbinsäure) ‖ **~ wood preservative** (For) / wasserlösliches Holzschutzmittel
**water-source protection area** (Ecol, San Eng) / Wasserschutzgebiet *n* ‖ **~ protection forest** (Ecol, For) / Quellenschutzwald *m*
**water splash** (a water-filled dip in a road) (Civ Eng) / Wasserlache *f* ‖ **~ spot** (Paint, Textiles) / Wasserfleck *m* (ISO 8498) ‖ **~ spotting** / Betropfen *n* mit Wasser ‖ **~ spotting** / Fleckenbildung *f* durch Wasser, Bildung *f* von Wasserflecken ‖ **~ spotting** (Paint) / Wasserflecken *m pl*
**water-spotting fastness** (Textiles) / Wassertropfenechtheit *f* (nach DIN 54 008)
**waterspout** *n* (Build) / Wasserspeier *m* (ein Rohr- oder Rinnenstück, welches das Niederschlagswasser von Dächern oder Terrassen in ausreichender Entfernung vom Mauerwerk frei ablaufen läßt) ‖ **~*** (Meteor) / Wasserhose *f* (Windwirbel mit vertikaler Achse über dem Wasser - eine Großtrombe) ‖ **~** (Build) s. also conductor and gargoyle
**water spray** / Wassernebel *m* (Wasserstaub), Wasserstaub *m* ‖ **~ spraying** (For) / Wasserberieselung *f* (Schutz von wertvollem Rundholz gegen Befall durch Pilze und Insekten sowie gegen Rissbildung und Verfärbung)
**water-spray installation** / Regenanlage *f* (eine Löschanlage) ‖ **~ separator** (Met) / Nassabscheider *m*
**waters protection** (Ecol) / Gewässerschutz *m*
**water stage recorder** (Hyd Eng) / Schreibpegel *m* (der mit einer Schreibeinrichtung zur fortlaufenden selbsttätigen Aufzeichnung des Wasserstandes ausgestattet ist), Pegelschreiber *m*, Limnigraf *m* ‖ **~ stain** (For) / Holzverfärbung *f* durch Feuchtigkeit ‖ **~ stain*** (applied to wood to accentuate the grain) (For, Paint) / Wasserbeize *f* (mit wasserlöslichen Holz-Färbemitteln) ‖ **~ stain** (localized light-to-dark and often iridescent residue with sharply outlined darker border left from evaporation of water acquired from mill processing, transit or storage) (Met) / Wasserfleck *m*
**water-steam separation** (Chem Eng, Eng) / Wasser-Dampf-Trennung *f*
**waterstop** *n* (Civ Eng) / Fugendichtungsband *n*, Fugenabdeckband *n*
**water storage** (For) / Wasserlagerung *f*
**water-storage tissue*** (Bot) / Wasserspeichergewebe *n* (z.B. bei Sukkulenten)
**water streak** / Wasserstreifen *m* (beim Emaillieren) ‖ **~ suit** (Aero, Space) / Anti-g-Anzug *m* (mit Wasserfüllung) ‖ **~ supply** (Hyd Eng) / Wasserversorgung *f* (DIN 4046 und DIN EN 805), Wasserbereitstellung *f*
**water-supply point** (suitable for the drawing of water for fire-fighting purposes) / Löschwasserentnahmestelle *f* (abhängige, unabhängige, erschöpfliche, unerschöpfliche)
**water surface** / Wasserfläche *f* (als Flächenmaß) ‖ **~ susceptibility** (Fuels) / Wasserempfindlichkeit *f*, Wasserwert *m*
**water-swellability** *n* (Build, Paint) / Wasserquellbarkeit *f* (eines Bautenanstrichmaterials)
**water • table*** (Build) / Wasserabflussleiste *f* ‖ **~ table** (Geol, Hyd Eng) / Grundwasserspiegel *m* (DIN 4049, T 3), Grundwasserstand *m*, Grundwasseroberfläche *f*, Wasserspiegel *m* (Grundwasserspiegel) ‖ **~-table*** *n* (Build) / Sims *m n* mit Wasserschräge, Gesims *m n* mit Wasserschräge (z.B. ein Kaffgesims)
**water-table gradient** (Geol) / Grundwasserspiegelgefälle *n*
**water take-off** (Aero) / Abheben *n* vom Wasser, Wasserstart *m*, Abwassern *n* ‖ **~ tank** / Wassertank *m* ‖ **~ tanker** (Aero) / Frischwassertanker *m* (ein Abfertigungsfahrzeug) ‖ **~ tap** (Plumb) / Wasserhahn *m* (ein Auslaufventil an Hauswasserleitungen, dessen Durchlass über eine Gewindespindel bis zum vollständigen Abschluss verstellbar ist)
**water-tap connection** (Build, Civ Eng, San Eng) / Wasserzapfstelle *f*
**water temperature gauge** (Autos) / Kühlwasserthermometer *n* ‖ **~ test** (Agric, Civ Eng) / Dichtigkeitsprüfung *f* mit Wasser
**water-thinnable** *adj* (Paint) / wasserverdünnbar *adj*, wässrig *adj* ‖ **~ dipping coating** (Paint) / Wassertauchlack *m*
**water-thinned** *adj* (Paint) / wasserverdünnbar *adj*, wässrig *adj* ‖ **~** (Paint) / auf Wasserbasis *adj*, mit Wasser verdünnbar ‖ **~ paint** (Paint) / wässriges Anstrichmittel, Wasserfarbe *f*
**watertight** *adj* (Horol, Textiles) / wasserdicht *adj*, wasserundurchlässig *adj*, waterproof *adj* ‖ **~ fitting*** (Elec Eng) / wasserdichte Leuchte ‖ **~ flat*** (Ships) / wasserdichtes Plattformdeck, Plattform-Zwischendeck *n* ‖ **~ machine** (Elec Eng) / wasserdichte Maschine
**water-to-earth ratio** (Hyd Eng) / Speicherausbaugrad *m*, Speicherverhältnis *n*

**water torch*** (Tools) / Wasserstrahlschneidgerät *n* ‖ **~ tower** (Civ Eng) / Wasserturm *m* (ein Hochbehälter) ‖ **~ trap** (Autos) / Wasserabscheider *m* (Gerät zum Sammeln und Abscheiden von Kondenswasser aus einer Druckluftanlage - DIN 24300) ‖ **~ treatment** (Eng, San Eng) / Wasserbehandlung *f*, Wasseraufbereitung *f*
**water-treatment plant** (Eng, San Eng) / Wasseraufbereitungsanlage *f*
**water tube** (Eng) / Siederohr *n* (des Kessels) ‖ **~ tube** (Eng) / Wasserrohr *n* (kein Siederohr) ‖ **~ tube** (Hyd Eng) / Wasserrohr *n* ‖ **~-tube boiler*** (Eng, Rail) / Wasserrohrkessel *m* ‖ **~ tunnel*** (Aero, Ships) / Wasserkanal *m* zur Untersuchung der Kavitation ‖ **~ turbidity** (San Eng) / Wassertrübung *f* (DIN 38404, T 2) ‖ **~ turbine*** (Eng) / Wasserturbine *f* (Strömungsmaschine zur Umwandlung der potentiellen Wasserenergie in mechanische Energie - DIN 4320) ‖ **~ twist** (Spinning) / Waterzwirn *m*, Watergarn *n*, Water *n* (festgedrehtes Kettgarn), Watertwist *m* ‖ **~ uptake** (Phys) / Wasseraufnahme *f*, Wasserabsorption *f*, Feuchteaufnahme *f* ‖ **~ usage** / Wassernutzung *f* ‖ **~ use** / Wassernutzung *f*
**water-use efficiency** / Effektivität *f* des Wasserverbrauches, Wasserverbrauchseffektivität *f* ‖ **~ ratio** (Agric) / Transpirationskoeffizient *m* (das Verhältnis von Wasserverbrauch zur damit erzeugten Trockensubstanz der Erntemasse einer Pflanze)
**water vapour** (Phys) / Dampf *m* (Wasserdampf), Wasserdampf *m*
**water-vapour content** (Phys) / Wasserdampfgehalt *m* ‖ **~ laser** (Phys) / Wasserdampflaser *m* ‖ **~ permeability** (Phys) / Wasserdampfdurchlässigkeit *f* ‖ **~ permeance** (Phys) / Wasserdampfdurchlässigkeitsgrad *m* ‖ **~ pressure** / Wasserdampfdruck *m*
**water-vapour pressure*** (Meteor) / Dampfdruck *m* (in Hektopascal angegebener Partialdruck des Wasserdampfs in einem Wasserdampf-Luft-Gemisch)
**water-vapour retarder** (Build) / Dampfsperre *f* (eine Stoffschicht, die jegliche Wasserbildung verhindert), Dampfbremse *f* (die die Wasserbildung auf ein zulässiges Mindestmaß herabsetzt) ‖ **~ transmission** (Phys) / Wasserdampfdurchlässigkeit *f*
**water varnish** (Paint) / Wasserlack *m* (klare wässrige Lösung von Harzen, die nach der Trocknung einen wasserunlöslichen Film ergibt - DIN 55945), Hydrolack *m*, wasserverdünnbarer Lack ‖ **~ vein** (Geol) / wasserführende Spalte, Wasserader *f*
**water-waste preventer** (Build) / Spülkasten *m*
**water wave** (Hyd Eng) / Wasserwelle *f*
**waterway** *n* (Hyd Eng, Ships) / Wasserstraße *f* (DIN 4054) ‖ **~ and hydraulic engineering** (Hyd Eng) / Wasserbau *m* (als Disziplin) ‖ **~ engineering** (for navigation) (Hyd Eng) / Verkehrswasserbau *m*
**water-wettable** *adj* / wasserbenetzbar *adj*
**waterwheel*** *n* (Eng) / Wasserrad *n*
**water • -white** *adj* / wasserklar *adj*, wasserhell *adj* ‖ **~ with delayed-activity surface tension** (treated with a wetting agent) (Chem Eng) / entspanntes Wasser (bei dem durch geeignete, in ihm aufgelöste Netzmittel die Oberflächenspannung verlängert ist)
**waterworks** *n(pl)* (Arch) / Wasserkunst *f* (Springbrunnen, Kaskade im Garten, vor allem in der Barockzeit), Wasserspiel *n* ‖ **~** (Civ Eng, Hyd Eng) / Wasserversorgungsanlage(n) *f(pl)* (Wasserwerk + Wasserverteilung) ‖ **~** (Ecol, Hyd Eng) / Wasserwerk *n*
**water-worn** *adj* (Geol, Hyd Eng) / wassererodiert *adj*, wasserzerfressen *adj*, vom Wasser ausgehöhlt (abgeschliffen)
**watery** *adj* / wässrig *adj*, wässerig *adj*
**water yarn** (hard-twisted warp yarn) (Spinning) / Waterzwirn *m*, Watergarn *n*, Water *n* (festgedrehtes Kettgarn), Watertwist *m* ‖ **~ year** (Hyd Eng) / hydrologisches Jahr (Deutschland: 1.11. bis 31.10.; GB und USA: 1.10. bis 30.9.), Abflussjahr *n* ‖ **~ yield** (Geol) / Wasserspende *f*, Wasserergiebigkeit *f*, Wasserabgabe *f* (einer Quelle)
**WATS** (wide-area telephone service) (Teleph) / Fernsprech(fern)verkehr *m* zu Festgebühr
**Watson-Crick DNA model** (Biochem) / Watson-Crick-Modell *n* der Struktur des DNS-Moleküls (nach J.D. Watson, geb. 1928, und F.H.C. Crick, geb. 1916)
**Watson-Sommerfeld transformation** (Maths) / Watson-Sommerfeld'sche Transformation
**watt*** *n* (Elec, Phys) / Watt *n*, W (Watt - DIN 1301, T 1) (gesetzliche abgeleitete SI-Einheit der Leistung und des Wärmestroms, nach J. Watt, 1736-1819)
**wattage** *n* (Elec Eng) / Wattangaben *f pl* ‖ **~** (Elec Eng) / Leistungsaufnahme *f* (der Lampe) ‖ **~** (an amount of electrical power expressed in watts) (Elec Eng) / Wattzahl *f* ‖ **~ rating** (Elec Eng) / Nennleistung *f* (in Watt)
**watten** *pl* (Ocean) / Watt *n* (pl.-en) (seichter Streifen des Meeresbodens, der bei Ebbe ganz oder teilweise trocken liegt - besonders an der Nordsee)
**wattful loss*** (Elec Eng) / Ohm'scher Verlust
**Watt governor*** (Eng) / Watt'scher Fliehkraftregler

**watt-hour*** n (Elec) / Wattstunde f, Wh ‖ ~ **efficiency*** (Elec) / Wh-Wirkungsgrad m, Wirkungsgrad m in Wattstunden ‖ ~ **meter*** (Elec Eng) / Wirkverbrauchszähler m (ein Wechselstromzähler)
**wattle** n (Hyd Eng) / Flechtwerk n, Geflecht n (zur Befestigung von Böschungen) ‖ ~ **and daub*** (Build) / Flechtwerk n (mit Lehmverkleidung), Flechtwerkbau m (verputzter), geputzte Flechtwerktrennwand, Flechtwerk n und Lehm ‖ ~ **bark** (Leather) / Mimosenrinde f, Akazienrinde f, Wattlerinde f (aus verschiedenen Akazienarten - z.B. Acacia catechu (L.f.) Willd., Acacia karroo Hayne oder Acacia mearnsii De Wild.)
**wattless** adj (Elec) / wattlos adj, Blind- ‖ ~ **component*** (Elec Eng) / Blindanteil m, Blindkomponente f ‖ ~ **component meter** (Elec Eng) / Varstundenzähler m, Blindverbrauchszähler m, Blindleistungszähler m (ein integrierendes Messinstrument, welches die elektrische Blindarbeit in Varstunden oder einem Vielfachen davon misst) ‖ ~ **current** (Elec Eng) / Blindstrom m, Blindstromkomponente f (zur Erzeugung der Blindleistung) ‖ ~ **power** (Elec Eng) / Blindleistung f (die von Spulen und Kondensatoren am Wechsel- oder Drehstromnetz aufgenommene Leistung zum Feldaufbau)
**wattle work** (which encourages silting or discourages scour) (Hyd Eng) / Packwerk n (Lagen aus Faschinen, Steinen, Erde und Kies zur Herstellung von Buhnen und Leitwerken in Flüssen und an den Küsten), Flechtwerk n
**Watt linkage** (Mech) / Watt'sche Geradführung
**wattmeter** n (Elec Eng) / Wattmeter n, Leistungsmesser m
**Watts' bath** (Surf) / Watts-Nickelelektrolyt m, Watts-Elektrolyt m (mit Nickelsulfat, Nickelchlorid und Borsäure), Watts-Bad n (beim Vernickeln)
**watt-second** n (Elec) / Wattsekunde (Ws) f, Ws
**Watt's linkage** (Mech) / Watt'sche Geradführung
**Watts' nickel electrolyte** (Surf) / Watts-Nickelelektrolyt m, Watts-Elektrolyt m (mit Nickelsulfat, Nickelchlorid und Borsäure), Watts-Bad n (beim Vernickeln) ‖ ~ **solution** (Surf) / Watts-Nickelelektrolyt m, Watts-Elektrolyt m (mit Nickelsulfat, Nickelchlorid und Borsäure), Watts-Bad n (beim Vernickeln)
**Watt's straight-line mechanism** (Mech) / Watt'sche Geradführung
**wave** vi / wehen v (Fahne, Flagge) ‖ ~* n (Elec, Phys) / Welle f (eine Zustandsänderung in einem kontinuierlichen Medium) ‖ ~ (Hyd Eng, Ocean) / Welle f, Woge f ‖ ~ **aberration** (Optics) / Wellenaberration f ‖ ~ **absorption** (Phys) / Wellenabsorption f ‖ ~ **action** (Hyd Eng, Phys) / Wellenbewegung f ‖ ~ **action** (Ocean) / Wellenwirkung f (meistens mechanische) ‖ ~ **age** (Hyd Eng) / Wellenalter n (Verhältnis von Wellen- zu Windgeschwindigkeit) ‖ ~ **amplitude** (Elec, Phys) / Wellenamplitude f ‖ ~ **analyser*** (GB) (Elec Eng, Telecomm) / Frequenzanalysator m ‖ ~ **analyser** (GB) (Phys) / Wellenanalysator m, Wellenformanalysator m ‖ ~ **analyzer** (Elec Eng, Telecomm) / Frequenzanalysator m ‖ ~ **analyzer** (Phys) / Wellenanalysator m, Wellenformanalysator m ‖ ~ **angle*** (Radio) / Einfallswinkel m (bei Antennen) ‖ ~ **angle*** (Radio) / Ausstrahlwinkel m, Strahlungswinkel m, Abstrahlungswinkel m (einer Antenne) ‖ ~ **antenna*** (Radio) / Wellenantenne f, Beverage-Antenne f (eine Langdrahtantenne) ‖ ~ **attack** (Geol, Hyd Eng) / Wellenangriff m ‖ ~ **attenuation** (Phys, Telecomm) / Wellendämpfung f (DIN 40148, T 1)
**waveband*** n (Radio) / Wellenband n, Wellenbereich m
**wave base** (Ocean) / ungestörte Tiefe unter dem Wellental ‖ ~ **breaker** (Hyd Eng) / Wellenbrecher m (ein wellenreflektierendes Bauwerk ohne Landanschluss)
**wave-built terrace** (Geol) / submarine Aufschüttungsterrasse, litorale Aufschüttungsterrasse
**wave buoy** (Ocean) / Wellenboje f (eine Kraftanlage) ‖ ~ **calming oil** (Ships) / Wellenberuhigungsöl n ‖ ~ **carrier modulation** (Radio) / Schwingungsmodulation f (bei der eine kontinuierliche sinusförmige Hochfrequenzschwingung als Träger der Signalschwingung benutzt wird) ‖ ~ **celerity** (Phys, Radio) / Wellengeschwindigkeit f, Wellenausbreitungsgeschwindigkeit f, Wellenfortpflanzungsgeschwindigkeit f ‖ ~ **centre** (Phys) / Wellenzentrum n, Erregungszentrum n (Ausgangspunkt einer Welle) ‖ ~ **chamber** (Hyd Eng) / Wellenkammer f (des Wellenbrechers) ‖ ~ **character** (Light) / Wellennatur f ‖ ~ **clutter*** (Radar) / Seegangsecho n (von einer Wasseroberfläche), Seegangreflex m, Meeresecho n, Seeclutter m
**Waveconal cable** (Cables) / Ceanderkabel n (mit einem Ceanderleiter)
**wave concentration** (Phys) / Wellenbündelung f
**wave-corpuscle duality** (Phys) / Dualismus m von Welle und Teilchen, Welle-Teilchen-Dualismus m, Dualismus m von Welle und Korpuskel (die Tatsache, dass Materie je nach Versuchsbedingung als Welle /Feld/ oder Korpuskel in Erscheinung tritt
**wave crest** (Hyd Eng, Phys) / Wellenkamm m (meistens der höchste Teil des Wellenberges) ‖ ~ **crest** (Phys) / Wellenberg m ‖ ~ **crisis** (Phys) / Wellenkrisis f (Erscheinungen, die mit dem Erreichen der kritischen Machzahl zusammenhängen)
**wave-cut** adj (Hyd Eng) / von den Wellen erodiert, von den Wellen zerfressen ‖ ~ **cliff** (Geol) / Küstenkliff n ‖ ~ **notch** (deep cut along the base of a sea cliff near the high-water mark) (Geol, Ocean) / Brandungskehle f (bei Klippenbrandung) ‖ ~ **plain** (Geol, Hyd Eng) / durch Abtragung beim Wellenangriff gebildete Terrasse ‖ ~ **platform** (Geol, Hyd Eng) / durch Abtragung beim Wellenangriff gebildete Terrasse ‖ ~ **terrace** (Geol, Hyd Eng) / durch Abtragung beim Wellenangriff gebildete Terrasse ‖ ~ **terracing** (Geol, Hyd Eng) / Terrassenbildung f durch Abtragung beim Wellenangriff
**wave device** / Wellenenergiewandler m, Wellenenergieumformer m ‖ ~ **disturbance** (Meteor) / Wellenstörung f (eine zyklonale Erscheinung im Wetterkartenbild) ‖ ~ **drag*** (Aero) / Wellenwiderstand m (wenn sich das ganze Flugzeug in einer Überschallströmung befindet)
**waved stress** (Mech) / schwingende Beanspruchung (meistens sinusförmig)
**wave duct** (Telecomm) / Hohlwellenleiter m, Hohlleiter m (ein nach außen durch ein Rohr aus leitenden Wänden völlig abgegrenzter Wellenleiter ohne Innenleiter), Hohlrohrleiter m ‖ ~ **energy** (Hyd Eng, Phys) / Wellenenergie f (aufgrund der Wellenbewegung gewonnene Energie)
**wave-energy conversion plant** / Wellenenergiewandler m, Wellenenergieumformer m ‖ ~ **converter** / Wellenenergiewandler m, Wellenenergieumformer m ‖ ~ **plant** (Elec Eng, Ocean) / Wellenkraftwerk n (das die hydrodynamische Energie der Meereswellen zur Elektrizitätserzeugung nutzt), Meereswellenkraftwerk n ‖ ~ **power station** (Elec Eng, Ocean) / Wellenkraftwerk n (das die hydrodynamische Energie der Meereswellen zur Elektrizitätserzeugung nutzt), Meereswellenkraftwerk n
**wave equation*** (Phys) / Wellengleichung f (total-hyperbolische Differentialgleichung nach DIN 1324, T 3) ‖ ~ **equation*** (Phys) s. also Schrödinger equation ‖ ~ **erosion** (Geol, Ocean) / Brandungserosion f (Abtragungswirkung der Meeresbrandung), Abrasion f ‖ ~ **erosion** (Hyd Eng) / Wellenerosion f ‖ ~ **filter*** (Elec Eng) / Wellenfilter n
**wave-fluxing** n (Electronics) / Schwallfluxen n, Wellenfluxen n
**waveform*** n (Phys) / Wellenform f
**wave formation** (Phys) / Wellenbildung f
**waveform cable** (Cables) / Ceanderkabel n (mit einem Ceanderleiter) ‖ ~ **design** (modulation of the transmit signal) (Radar) / Signalformung f
**wave forming** (Electronics) / Wellengestaltung f (der Lötwelle)
**waveform preserved coding** (Telecomm) / Signalform erhaltende Kodierung (die Signalform kodierendes und rekonstruierendes Verfahren, wie PCM, DPCM)
**wavefront*** n (Elec, Phys) / Wellenfläche f, Wellenfront f (die jeweils zusammenhängende Fläche aller derjenigen Punkte des Raumes, die sich im gleichen Schwingungszustand befinden) ‖ ~* (Elec, Phys) / Wellenstirn f (von der Richtung der Ausbreitung her gesehen) ‖ ~ **shearing** (Phys) / Wellenfrontspaltung f (in zwei Teilwellenfronten) ‖ ~ **splitting** (Optics, Phys) / Wellenfrontspaltung f (in zwei Teilwellenfronten)
**wave function** (Phys) / Schrödinger'sche Wellenfunktion (in der Wellenmechanik), Psi-Funktion f ‖ ~ **function** (Phys) / Wellenfunktion f (eine vom Ort und der Zeit abhängige Funktion, die einer Wellengleichung genügt - DIN 1324-3) ‖ ~ **generation** (Phys) / Wellenbildung f ‖ ~ **grain** (For) / Wimmerwuchs m (ungerichteter, meist wellenförmiger Verlauf der Fasern oder Jahrringe) ‖ ~ **group** (Phys) / Wellengruppe f ‖ ~ **group** (Phys) s. also wave packet
**waveguide** n (Cables, Telecomm) / Hohlkabel n ‖ ~* (Elec, Phys, Telecomm) / Wellenleiter m (DIN 47 301-1 - Oberbegriff für: Hohlleiter, Koaxialleitung und Lecher-Leitung) ‖ ~* (Elec, Phys, Telecomm) / Hohlwellenleiter m, Hohlleiter m (ein nach außen durch ein Rohr aus leitenden Wänden völlig abgegrenzter Wellenleiter ohne Innenleiter), Hohlrohrleiter m ‖ ~ **accelerator** (Telecomm) / Wellenleiterbeschleuniger m ‖ ~ **attenuator*** (Elec Eng, Telecomm) / Hohlleiterdämpfungsglied n ‖ ~ **below cut-off** (Telecomm) / Wellenleiter m im Sperrbetrieb ‖ ~ **bend** (Telecomm) / Wellenleiterknie n, Wellenleiterknick m ‖ ~ **bend** (Telecomm) / Hohlleiterbogen m, Hohlleiterkrümmer m ‖ ~ **bridge** (Telecomm) / Wellenleiterbrücke f ‖ ~ **bridge** (Telecomm) / Hohlleiterbrücke f ‖ ~ **calorimeter** (Telecomm) / Hohlleiterkalorimeter n ‖ ~ **coupler*** (Telecomm) / Hohlleiterkoppler m ‖ ~ **cut-off frequency** (Telecomm) / Hohlleitergrenzfrequenz f ‖ ~ **dispersion** (Telecomm) / Wellenleiterdispersion f (eine Art Streuung der Gruppenlaufzeit in den LWL) ‖ ~ **elbow** (Telecomm) / Wellenleiterknie n, Wellenleiterknick m ‖ ~ **filter*** (Telecomm) / Hohlleiterfilter n ‖ ~ **flange** (Telecomm) / Hohlleiterflansch m, Wellenleiterflansch m ‖ ~ **gasket** (Telecomm) / Hohlleiterdichtung f, Wellenleiterdichtung f ‖ ~

**junction*** (Telecomm) / Hohlleiterverbindungsstück n ‖ **~ lens*** (Phys, Telecomm) / Hohlleiterlinse f ‖ **~ mixer** (Elec Eng, Telecomm) / Hohlleitermischer m ‖ **~ mode*** (Elec Eng, Telecomm) / Wellentyp m (in Wellenleitern), Wellenleiterschwingungsform f, Hohlleiterschwingungsform f, Wellenleitermode m, Mode m (die im LWL ausbreitungsfähigen Lichtwellen) ‖ **~ modulator** (Telecomm) / Wellenleitermodulator m (Modulator für optische Signalübertragungen, bei dem ein planarer Lichtwellenleiter sowohl das Transport- als auch das Modulatormedium für die in ihm geführte Lichtwelle bildet) ‖ **~ phase shifter** (Electronics, Radar) / nichtreziproker Phasenschieber, Richtungsphasenschieber m ‖ **~ radiator** (Radio) / Hohlleiterstrahler m (eine Sendeantenne, bei der ein am Ende offener Hohlleiter die ihm zugeführte hochfrequente Energie in den Raum abstrahlt) ‖ **~ repeater** (Teleph) / Hohlkabelrepeater m ‖ **~ resonator** (Telecomm) / Leitungsresonator m ‖ **~ shim** (Telecomm) / Wellenleiter-Kontaktblech n ‖ **~ switch*** (Elec Eng, Telecomm) / Wellenleiterschalter m, Hohlleiterschalter m (ein Mikrowellenschalter zur wahlweisen Verbindung und Trennung von Hohlleitern) ‖ **~ taper** (Telecomm) / Wellenleiterverjüngung f ‖ **~ taper** (Telecomm) / Wellenleitertaper m (Lichtwellenleiterelement mit örtlich variablem Querschnitt zur möglichst verlustfreien optischen Verbindung zweier Wellenleiter mit unterschiedlichen Querschnittsgeometrien) ‖ **~ taper** (a component) (Telecomm) / Hohlleiterübergangsstück n (zwischen Hohlleitern verschiedener Querschnitts) ‖ **~ termination** (Telecomm) / Hohlleiterabschluss m
**waveguide-to-coax adapter** (Telecomm) / Hohlleiter-Koaxialübergangsstück n (Übergangsstück von einem Hohlleiter auf einen Koaxialleiter)
**waveguide-to-coaxial transition** (Telecomm) / Hohlwellenleiter-Koaxialkabel-Übergang m
**waveguide transformer*** (Telecomm) / Hohlleitertransformator m, Wellenleitertransformator m ‖ **~ twist** (Telecomm) / Hohlleiterverdrehung f, Hohlleiterverdrillung f
**waveguiding effect** (Chem, Electronics) / Waveguiding-Effekt m (die Schwingungsebene des auf den Flüssigkristall auffallenden polarisierten Lichts wird beim Durchgang durch die TN-Zelle den Molekül-Längsachsen folgend um 90° gedreht)
**wave height** (Ships) / Wellenhöhe f ‖ **~ interference*** (Phys) / Welleninterferenz f
**wave-interference error** (Nav) / Fehler m durch Mehrwegausbreitung (bei der Funknavigation)
**wavelength*** n (peak-to-peak distance) (Phys) / Wellenlänge f (DIN 5031 - 8) ‖ **~ adjustment** (Optics) / Wellenlängeneinstellung f (z.B. bei Refraktometern) ‖ **~ constant*** (Elec) / Phasenkoeffizient m (Phasen- oder Winkelkonstante der Fortpflanzungskonstante), Phasenbelag m ‖ **~ constant*** (Elec Eng) / Phasenkonstante f (die Phase zur Zeit) ‖ **~ constant** (Phys) / Kreiswellenzahl f, Kreisrepetenz f (der Betrag des Wellenvektors) (DIN 1304, $2\pi/\lambda$) ‖ **~ dependence** (Phys) / Wellenlängenabhängigkeit f ‖ **~ determination** (Phys) / Wellenlängenbestimmung f
**wavelength-dispersive X-ray fluorescence analysis** (Spectr) / wellenlängendispersive Röntgenfluoreszenzanalyse ‖ **~ X-ray spectrometry** (Spectr) / wellenlängendispersive Röntgenanalyse (eine Elektronenstrahl-Mikroanalyse)
**wavelength-division multiplexing** (Telecomm) / Wellenlängenmultiplex n, Wellenlängenmultiplexing n, WDM (Wellenlängenmultiplex)
**wavelength of light*** (Light, Phys) / Wellenlänge f des Lichtes ‖ **~ selection** (Telecomm) / Wellenlängeneinstellung f, Wellenlängenwahl f, Wellenlängenselektion f ‖ **~ setting** (Optics) / Wellenlängeneinstellung f (z.B. bei Refraktometern) ‖ **~ shift** (Phys) / Wellenlängenverschiebung f ‖ **~ standard** (Telecomm) / Wellenlängennormal n
**Wavelet** n (a graphics compression technique) (Comp) / Wavelet-Kompressionsverfahren n, Wavelet-Technik f (ein Kompressionsverfahren) ‖ **~** n (Phys) / Wavelet f ‖ **~ analysis** (Phys) / Wavelet-Analyse f ‖ **~ coding** (Comp) / Wavelet-Kodierung f, Wavelet-Codierung f ‖ **~ transformation** (Maths, Phys) / Wavelet-Transformation f ‖ **~ transform compression** (Comp) / Wavelet-Kompressionsverfahren n, Wavelet-Technik f (ein Kompressionsverfahren)
**wavellite*** n (Min) / Wavellit m (Aluminiumtrihydroxiddiorthophosphat-5-Wasser)
**wave machine** / Wellenenergiewandler m, Wellenenergieumformer m ‖ **~ mechanics*** (Phys) / Wellenmechanik f, Quantenmechanik f (von Schrödinger)
**wavemeter*** n (Instr) / Wellenmesser m
**wave mode** (Phys) / Wellenart f, Wellentyp m (im Allgemeinen) ‖ **~ model** (Nuc, Phys) / Wellenbild n (modellhaft-anschauliches) ‖ **~ motion** (Hyd Eng, Phys) / Wellenbewegung f ‖ **~ moulding** (Arch) / Wellenverzierung f, Wellenornament n ‖ **~ normal** (Crystal, Optics) / Wellennormale f, Wellenflächennormale f ‖ **~ normal direction** (Crystal, Optics) / Wellennormalenrichtung f, Richtung f der Wellennormale ‖ **~ number*** (Phys) / Wellenzahl f (DIN 5031-8) ‖ **~ optics** (Optics) / Wellenoptik f ‖ **~ packet*** (Elec Eng, Phys) / Wellenpaket n (Überlagerung harmonischer ebener Wellen mit verschiedenen Frequenzen, verschiedenen Amplituden und Phasen) ‖ **~ parameter** (Elec) / Wellenparameter m
**wave-particle duality*** (Phys) / Dualismus m von Welle und Teilchen, Welle-Teilchen-Dualismus m, Dualismus m von Welle und Korpuskel (die Tatsache, dass Materie je nach Versuchsbedingung als Welle /Feld/ oder Korpuskel in Erscheinung tritt)
**wave plate** (Optics) / Wellenplättchen n, Phasenplättchen n (z.B. Lambdaviertelplättchen)
**wave-power station** (Elec Eng, Ocean) / Wellenkraftwerk n (das die hydrodynamische Energie der Meereswellen zur Elektrizitätserzeugung nutzt), Meereswellenkraftwerk n
**wave propagation** (Phys, Radio) / Wellenausbreitung f, Wellenfortpflanzung f
**waver** v (Light) / flackern v (Kerze, Licht) ‖ **~** n (Elec Eng, Light, Optics, Physiol) / Flimmern n (unerwünschte Schwankungen der Leuchtdichte und der Farbart, unruhiger zittriger Lichteffekt), Flicker m (Eindruck einer Leuchtdichteschwankung) ‖ **~** (Electronics) / Waver m (eine hochreine, polierte und geätzte Scheibe aus einem Halbleiter, in die durch Diffusion und andere Prozessschritte Halbleiterbauelemente eingebaut werden)
**wave radiation** (Phys) / Wellenstrahlen m pl, Wellenstrahlung f (Schallwellen oder elektromagnetische Wellen) ‖ **~ resistance** (Ships) / Wellenwiderstand m (reiner Druckwiderstand infolge Wellenbildung durch das Schiff)
**waves at interfaces** (Phys) / Grenzflächenwellen f pl
**wavescroll** n (Arch) / Wellenband n
**waveshape*** n (Phys) / Wellenform f
**wave shaping** (Electronics) / Wellengestaltung f (der Lötwelle)
**waveshed loom** (Weaving) / Wellenfachwebmaschine f (z.B. Contis, TWR oder ONA)
**waves of inertia** (Geophys) / Trägheitswellen f pl
**wave soldering** (Electronics) / Schwallbadlöten n, Schwalllöten n, Flow-Solder-Verfahren n, Durchgießlöten n, Fließlöten n, Wellenlöten n (zum Herstellen von Lötverbindungen auf gedruckten Leiterplatten) ‖ **~ split lock washer** (Eng) / gewellter Federring ‖ **~ spring lock washer** (Eng) / gewellter Federring ‖ **~ spring washer** (Eng) / gewellte Federscheibe (DIN ISO 1891) ‖ **~ surface** (Crystal) / Strahlenfläche f (in der Kristalloptik), Strahlengeschwindigkeitsfläche f, Wellenfläche f ‖ **~ surface** (Phys) / Wellenfläche f, Wellenfront f (die jeweils zusammenhängende Fläche aller derjenigen Punkte des Raumes, die sich im gleichen Schwingungszustand befinden)
**wavetable** n (Acous, Comp) / Wavetable m (eine Datei, die eine digitale, originale Aufnahme eines einzelnen Instrumentes enthält - Verfahren zur Klangverbesserung bei PCs) ‖ **~ ROM** (Comp) / Wavetable-ROM n
**wave tail*** (Phys) / Wellenschwanz m ‖ **~ theory*** (Phys) / Wellentheorie f (der Materie) ‖ **~ tilt*** (Phys) / Wellenfrontwinkel m ‖ **~ train*** (Radio) / Wellenzug m ‖ **~ trap*** (Radio) / Sperrkreis m, Sperre f, Wellenfalle f ‖ **~ trough** (Phys) / Wellental n ‖ **~ twill** (Weaving) / Wellenköper m ‖ **~ twill** (Weaving) s. also zigzag twill ‖ **~ vector** (a vector quantity that describes not only the magnitude of a wave but also its direction) (Crystal, Phys) / Wellenzahlvektor m, Wellenvektor m, Ausbreitungsvektor m, k-Vektor m ‖ **~ velocity*** (Phys, Radio) / Wellengeschwindigkeit f, Wellenausbreitungsgeschwindigkeit f, Wellenfortpflanzungsgeschwindigkeit f ‖ **~ wall** (Civ Eng, Hyd Eng) / Brüstungsmauer f (die eine Fahrbahn auf der Dammkrone wasserseitig schützt) ‖ **~ wash** (Hyd Eng) / Uferangriff m durch Wellenbewegung
**wave-washed** adj (Hyd Eng, Phys) / wellenbespült adj
**wave winding*** (Elec Eng) / Wellenwicklung f
**wave-worn** adj (Hyd Eng) / wellenzerfressen adj
**WAV file** (a sound file) (Acous, Comp) / WAV-Datei f
**waviness** n / Welligkeit f (der Oberfläche) ‖ **~** (Eng) / Gestaltabweichung f 2. Ordnung (Abweichung einer Ist-Oberfläche von geometrisch-idealer Gestalt - DIN 4760), Welligkeit f (Gestaltabweichung nach DIN 4761) ‖ **~ (Paper)** / Welligliegen n (des Papiers)
**wavy** adj / wellig adj, gewellt adj (Oberfläche) ‖ **~** / wellenförmig adj, wellenartig adj ‖ **~ cloth** (Textiles) / welliges Gewebe (das auf dem Zuschneidetisch nicht glatt aufliegt) ‖ **~ edges** (Paper) / Welligliegen n (des Papiers) ‖ **~ extinction** (Min) / undulöse Auslöschung f ‖ **~ figure** (For) / welliger Faserverlauf, Riegelwuchs m ‖ **~ figure** (For) / Wimmerwuchs m (ungerichteter, meist wellenförmiger Verlauf der Fasern oder Jahrringe) ‖ **~ grain** (For) / welliger Faserverlauf, Riegelwuchs m ‖ **~ line** / Wellenlinie f, Schlangenlinie f ‖ **~ line** (Chem) / Wellenlinie f (bei der zeichnerischen Darstellung

dreidimensionaler Strukturen) ‖ ~ **paper**\* (Paper) / welliges Papier ‖ ~ **selvedge** (Weaving) / lockere Leiste, wellige Leiste
**wawa**\* *n* (For) / Abachi *n* (hellgelbes, leichtes Holz des Sterkuliengewächses Triplochiton scleroxylon K. Schum. aus dem Äquatorialwald W-Afrikas), Samba *n*, Wava *n*, Obeche *n*
**wax** (Paper) / wachsen *v*, einwachsen *v* ‖ ~ *v* / wachsen *v*, mit Wachs einreiben, mit Wachs überziehen ‖ ~ / wichsen *v* (Schuhe, Stiefel) ‖ ~ (Astron) / zunehmen *v* (Mond) ‖ ~ (Print) / wachsen *v*, paraffinieren *v* ‖ ~\* *n* / Wachs *n* (natürliches, synthetisches, chemisch modifiziertes) ‖ ~ **acid** (Chem) / Wachssäure *f* (höhermolekulare Fettsäure mit mindestens 22 Kohlenstoffatomen) ‖ ~ **and polish** / bohnern *v* (einen Fußboden)
**wax-based** *adj* / auf Wachsbasis
**wax braid** (Foundry) / Wachsschnureinlage *f*, Wachsschnur *f* (als Einlage in Kerne zur Luftabfuhr)
**waxcloth** *n* (Textiles) / Wichsleinwand *f* (A), Öltuch *n*, Wachstuch *n* (wasserdichte Packleinwand, Tischtuch), Wachsleinen *n*
**wax coal** / Wachskohle *f* (Liptobiolit)
**wax-coated wire** / Wachsdraht *m*
**wax•-coating** *n* / Wachskaschierung *f*, Wachsbeschichtung *f*, Wachsüberzug *m* ‖ ~ **cracking** (Oils) / Wachskracken *n*, Wachscracken *n* ‖ ~ **crayon** / Wachsmalstift *m*
**waxed cloth** (Textiles) / Wichsleinwand *f* (A), Öltuch *n*, Wachstuch *n* (wasserdichte Packleinwand, Tischtuch), Wachsleinen *n* ‖ ~ **cotton-cored wire** (Elec Eng) / Wachsbaumwolldraht *m* ‖ ~ **leather** (Leather) / Wichsleder *n* (ein pflanzlich gegerbtes, auf der Fleischseite zugerichtetes und gefärbtes schwarzes Oberleder mit hohem Gehalt an Hartfett, das nicht unbedingt Wachs sein muss) ‖ ~ **paper** *n* (Paper) / Wachspapier *n* ‖ ~ **thread** / Schusterdraht *m*, Pechdraht *m* (zum Nähen von Schuhen), Pechfaden *m* (ein mit Schusterpech eingeriebener Handnähfaden), Draht *m* (zum Nähen von Schuhen) ‖ ~ **wire** / Wachsdraht *m* ‖ ~ **yarn** (Spinning) / paraffiniertes Garn
**wax emulsion** (Paper) / Wachsemulsion *f*, Paraffinemulsion *f* ‖ ~ **film** / Wachsfilm *m*, Wachsüberzug *m* (dünner) ‖ ~ **finish** (Textiles) / Wachsappretur *f* (um eine Wasserundurchlässigkeit zu erzielen), Wachsausrüstung *f*, Waxfinish *n*
**wax-impregnated graphite electrode** (Elec Eng) / wachsimprägnierte Graphitelektrode
**wax impregnation** (Paper) / Wachstränkung *f*, Wachsimprägnierung *f* ‖ ~ **impression** / Wachsabdruck *m*
**waxing** *n* / Wachsen *n* (mit Wachs), Wachsbehandlung *f* ‖ ~ **and polishing** / Bohnern *v* (eines Fußbodens) ‖ ~ **machine** (Print) / Wachsmaschine *f*, Paraffiniermaschine *f* ‖ ~ **machine** (Textiles) / Wachsmaschine *f*
**wax injection** (Autos) / Einsprühen *n* von Wachs (als Hohlraumkonservierung)
**wax-laminated duplex paper** (Paper) / Doppelwachspapier *n* (zwei durch Kaschierwachs verbundene Papierbahnen), wachskaschiertes Papier
**wax-like** *adj* / wachsartig *adj*, wachsähnlich *adj* ‖ ~ **handle** (Textiles) / Wachsgriff *m*, wachsartiger Griff
**wax matrix** / Wachsmatrize *f* ‖ ~ **myrtle** (Bot) / Wachsmyrte *f* (Myrica cerifera L.) ‖ ~ **palm** / Carnaubapalme *f*, Karnaubawachspalme *f* (Copernicia prunifera (Mill.) H.E. Moore) ‖ ~ **palm** (For) / Wachspalme *f* (Ceroxylon alpinum Bonpl. ex DC.) ‖ ~ **paper** (Paper) / Wachspapier *n* ‖ ~ **pattern** (an investment pattern) (Foundry) / Wachsmodell *n* ‖ ~ **phantom** (Radiol) / Wachsphantom *n* ‖ ~ **print** (Textiles) / Wachsreservedruck *m* (für Batikartikel)
**wax-producing** *adj* (Bot, Zool) / wachsausscheidend *adj*, Wachs erzeugend
**wax remover** / Wachsentferner *m* ‖ ~ **residue** / Wachsrückstand *m* ‖ ~ **resist** (Glass) / Decklack *m*, Deckfarbe *f* ‖ ~ **resist** (Textiles) / Wachsreserve *f* ‖ ~ **resist application** (Glass) / Abdecken *n* mit Decklack ‖ ~ **resist printing** (Textiles) / Wachsreservedruck *m* ‖ ~ **ripeness** (Agric, Bot) / Wachsreife *f* (der Früchte)
**wax-ripe stage** (Agric) / Glasreife *f* (der Maiskörner)
**wax sheet** (Comp) / Farbträger *m* mit Wachsschicht (bei Thermotransferdruckern) ‖ ~ **size** (Paper) / wachshaltiges Papierleim, Wachsleim *m*
**wax-soluble dye** (Textiles) / wachslöslicher Farbstoff
**wax stain** (For) / Wachsbeize *f* (Dispersion oder Lösung von organischen oder anorganischen Farbstoffen oder Pigmenten in Wachsemulsionen mit Anteilen von Beiztonentwicklern) ‖ ~ **treatment** / Wachsen *n* (mit Wachs), Wachsbehandlung *f*
**wax-type thermostat** (Autos) / Thermostat *m* mit Dehnstoffelement
**wax varnish** (Glass) / Deckschutzlackierung *f* ‖ ~ **vent**\* (Foundry) / Wachsschnureinlage *f*, Wachsschnur *f* (als Einlage in Kerne zur Luftabfuhr)
**waxy** *adj* / wachsartig *adj*, wachsähnlich *adj* ‖ ~ / aus Wachs ‖ ~ **coal** / Wachskohle *f* (Liptobiolit) ‖ ~ **handle** (Textiles) / Wachsgriff *m*, wachsartiger Griff ‖ ~ **leather** (Leather) / Wichsleder *n* (ein pflanzlich gegerbtes, auf der Fleischseite zugerichtetes und gefärbtes schwarzes Oberleder mit hohem Gehalt an Hartfett, das nicht unbedingt Wachs sein muss) ‖ ~ **lustre** (Min) / Wachsglanz *m* ‖ ~ **rice starch** (Nut) / Wachsreisstärke *f* (amylosefreie Reisstärke mit guter Gefrier-/Tau-Stabilität) ‖ ~ **stage** (Agric) / Glasreife *f* (der Maiskörner) ‖ ~ **starch** (Nut) / wachsige Stärke (amylopektinreiche Stärke aus Getreidehybriden)
**way** *n* / Weg *m*, Strecke *f* (Weg), Bahn *f* ‖ ~ (Rail) / Gleisanlage *f* ‖ ~ **dirt** (Mining) / Rieselkohle *f* (aus Fördereinheiten, wie Wagen, Fördergefäßen, durch Undichtigkeiten austretende Feinkohle, welche sich auf der Sohle oder im Schachtsumpf ansammelt)
**4-way lug wrench** (US) (Eng) / Kreuzschlüssel *m* (für Radmuttern), Radmutternkreuz *n*, Radkreuz *n*
**way out** (Build) / Ausgang *m* (als Aufschrift oder Hinweis)
**waypoint** *n* / Wegpunkt *m*, Bahnpunkt *m* (für die Positionierung des Arbeitsorgans) ‖ ~ (Aero, Nav) / Wegpunkt *m* (bereits vor dem Start im Flugplan festgelegter Navigationspunkt)
**ways**\* *pl* (Eng) / Führungsbahn *f*, Führung *f* (Führungsbahn) ‖ ~\* (Eng) / Bettbahn *f*, Bettführungen *f pl* ‖ ~\* (Ships) / Ablaufbahn *f* (der Helling), Stapellaufbahn *f*
**way shaft** (Eng) / Umsteuerungswelle *f* (der Dampfmaschine)
**wayside** *n* (Civ Eng) / Wegrand *m* ‖ ~ **equipment** (Rail) / Streckeneinrichtung *f* ‖ ~ **repeater station** (Telecomm) / Unterwegsverstärker *m* ‖ ~ **signal** (Rail) / Streckensignal *n*
**way station** (Comp) / Staffelstation *f* ‖ ~ **station** (US) (Rail) / Zwischenbahnhof *m*, Zwischenstation *f*
**way-station operation** (Comp) / Staffelbetrieb *m*
**way up**\* *n* (Geol) / primäre Hangendrichtung einer Schicht (durch Sedimentationsmerkmale nachgewiesen)
**Wb** (weber) (Elec, Mag) / Weber *n*, Wb (Weber - DIN 1301, T 1) (gesetzliche abgeleitete SI-Einheit des magnetischen Flusses)
**WB** (Western blot) (Gen) / Western-Blotting *n* (ein Blotting mit Übertragung von Proteinen - eine Analogiebildung zu Southern-Blotting), Western-Transfer *m*, Immunblotting *n*
**W-band** *n* (Radar, Telecomm) / W-Band *n* (etwa 90 GHz)
**W boson** (Nuc) / W-Boson *n* (ein massives Vektorboson), W-Teilchen *n*
**WC** (world coordinates) / Weltkoordinaten *f pl* (geräteunabhängige kartesische Koordinaten), WK (Weltkoordinaten) ‖ ~ (water closet) (Build, San Eng) / Spülabort *m*, Wasserklosett *n*, WC *n* (Wasserklosett)
**w.c.** (water column) (Phys) / Wassersäule *f* (z.B. mmWS, mWS), WS (Wassersäule)
**WC** (water column) (Phys) / Wassersäule *f* (z.B. mmWS, mWS), WS (Wassersäule) ‖ ~ **auger** (Plumb) / Rohrreinigungsspirale *f* (heute meistens eine Motorspirale) ‖ ~ **cistern** (San Eng) / Spülkasten *m* (bei Toiletten mit Wasserspülung - nach DIN 19 542)
**WCES** (wind-energy conversion system) (Elec Eng) / Windenergieanlage *f*, WEA (Windenergieanlage), Windenergiekonverter *m*, Windkraftwerk *n*, Windkraftmaschine *f*, Windkraftanlage *f*
**W charging method** (Elec Eng) / W-Lademethode *f*
**W coefficient** (Phys) / Racah-Koeffizient *m* (bei der Vektoraddition von Drehimpulsen)
**W compressor** (Eng) / W-Verdichter *m*
**WCOT column** (Chem) / Dünnfilm-Kapillarsäule *f*, WCOT-Säule *f* (für die Kapillarchromatografie)
**WCS** (writeable control storage) (Comp) / beschreibbarer Steuerspeicher (bei der Mikroprogrammierung)
**WD** (working document) (Comp) / Arbeitsdokument *n* (Entwurf oder Vorschlag)
**4WD** *n* (Autos) / Vierradantrieb *m* (ein Mehrachsantrieb)
**WDI** (wind-direction indicator) (Aero) / Windrichtungsanzeiger *m*
**WD indicator** (Aero) / Windrichtungsanzeiger *m*
**WDM** (wavelength-division multiplexing) (Telecomm) / Wellenlängenmultiplex *n*, Wellenlängenmultiplexing *n*, WDM (Wellenlängenmultiplex)
**WD X-ray spectrometry** (Spectr) / wellenlängendispersive Röntgenanalyse (eine Elektronenstrahl-Mikroanalyse)
**WE** (working electrode) (Elec Eng) / Arbeitselektrode *f*, Indikatorelektrode *f*
**weak** *adj* / schwach *adj* ‖ ~ (Maths) / schwach *adj* ‖ ~ **acid** (Chem) / schwache Säure (nach dem Dissoziationsgrad) ‖ ~ **acid** (Paper) / Halblösung *f*, Halbsäure *f*, schwache Säure ‖ ~ **base** (Chem) / schwache Base (nach dem Dissoziationsgrad) ‖ ~ **concrete** (Build) / Magerbeton *m*, magerer Beton (mit geringem Zementgehalt, z.B. für Sauberkeitsschichten) ‖ ~ **convergence** (Maths) / schwache Konvergenz ‖ ~ **coupling**\* (Elec Eng) / lose (unterkritische) Kopplung ‖ ~ **coupling** (Nuc) / schwache Kopplung
**weak-current plant** (Elec Eng) / Schwachstromanlage *f*
**weak electrolyte**\* (Chem, Elec Eng, Surf) / schwacher Elektrolyt
**weaken** *v* / schwächen *v* (Querschnitt) ‖ ~ *vt* (Autos) / abmagern *v* (Gemisch)

**weakened by rust** / rostgeschwächt *adj* (Konstruktion)
**weakening** *n* (Materials, Mech) / Schwächung *f*, Verschwächung *f* (bei der Festigkeitsberechnung)
**weakest point** / Schwachstelle *f* (z.B. der Konstruktion)
**weak focusing** (Nuc Eng) / schwache Fokussierung, CG-Fokussierung *f* ∥ **~ ground** (Civ Eng, Mining) / druckhaftes Gebirge, nicht standfestes Gestein, wenig standfestes Gestein, gebräches Gestein, gebräches Gebirge ∥ **~ interaction*** (Nuc) / schwache Wechselwirkung (etwa $10^{-14}$ - nach der Theorie von Glashow, Weinberg und Salam) ∥ **~ law of large numbers** (Maths) / schwaches Gesetz der großen Zahlen
**weakly caking coal** (Mining) / schwach backende Kohle ∥ **~ coloured** / schwachfarbig *adj*, schwachgefärbt *adj*, farbschwach *adj* ∥ **~ connected graph** (Comp) / schwach zusammenhängender Graf, leicht zusammenhängender Graf ∥ **~ interacting massive particle*** (Astron, Nuc) / Wimp *n* ∥ **~ sized** (Paper) / schwach geleimt *adj*, mit schwacher Leimung
**weak mixture** (I C Engs) / mageres Gemisch, abgemagertes Gemisch, Spargemisch *n* ∥ **~ name clash** (Comp) / schwacher Namenskonflikt ∥ **~ nuclear force** (Nuc) / schwache Wechselwirkung (etwa $10^{-14}$ - nach der Theorie von Glashow, Weinberg und Salam) ∥ **~ point** / Schwachstelle *f* (z.B. der Konstruktion) ∥ **~ sand** (Foundry) / magerer Sand, Magersand *m* ∥ **~ sewage** (San Eng) / dünnes Abwasser ∥ **~ spot** / Schwachstelle *f* ∥ **~ spot** (Textiles) / Schwachstelle *f* (im Stoff) ∥ **~ topology** (Maths) / schwache Topologie
**weapon** *n* (Mil) / Waffe *f* ∥ **~ configuration** (Mil) / Waffenkonfiguration *f* ∥ **~ control system** (Mil) / Waffenleitsystem *n*
**weaponeer** *n* (Mil) / Waffentechniker *m*
**weapon engineer** (Mil) / Waffentechniker *m*
**weaponization** *n* (of outer space) (Mil) / Militarisierung *f* (des Weltraums), Stationierung *f* von Waffen (im Weltraum)
**weapon platform** (Mil) / Waffenplattform *f*
**weapons-grade** *attr* (Mil) / kernwaffenträchtig *adj* (Material), kernwaffenfähig *adj*, waffenfähig *adj* (z.B. Plutonium)
**weapons of mass destruction** (Mil) / Massenvernichtungswaffen *f pl*, Massenvernichtungsmittel *n pl* ∥ **~ system*** (Mil) / Waffensystem *n* ∥ **~ technology** (Mil) / Waffentechnik *f*
**weapons-usable material** (Mil) / waffentaugliches Material (zur Herstellung von Waffen), waffenfähiges Material
**weapon system** (Mil) / Waffensystem *n*
**weapon-system officer** (Aero, Mil) / Waffensystemoffizier *m*, WSO (Waffensystemoffizier)
**wear** *v* / verschleißen *v* ∥ **~ /** abnutzen *vt*, abtragen *v* ∥ **~** *n* / Verschleiß *m* (der fortschreitende Materialverlust aus der Oberfläche eines festen Körpers, hervorgerufen durch mechanische Ursachen, d.h. Kontakt und Relativbewegung eines festen, flüssigen oder gasförmigen Gegenkörpers - DIN 50 320), Abtragung *f* (Verschleiß) ∥ **~ /** Abnutzung *f* (Oberbegriff für jegliche schädliche Einwirkung) ∥ **~** (Eng) / Verschleißbetrag *m* (Ergebnis eines Verschleißprozesses, ausgedrückt in speziellen Einheiten) ∥ **~** (Eng) / Zermürbung *f* (des Riemens) ∥ **~** (Textiles) / Wear *f* (Kleidung, Bekleidung)
**wearability** *n* (Textiles) / Tragekomfort *m* (von Kleidung)
**wearable computer** (Comp) / Wearable Computer *m* (tragbarer Klein- oder Kleinstrechner)
**wear and tear pigment** (Physiol) / Lipofuszin *n* (Alterspigment), Lipofuscin *n* ∥ **~ away** *v* / abtragen *v* (mechanisch) ∥ **~ bar** (Autos) / Verschleißanzeiger *m* (der Reifenlauffläche) ∥ **~ bar** (Met) / Schleißschiene *f* ∥ **~ behaviour** (Textiles) / Tragekomfort *m* (von Kleidung) ∥ **~ class** (Textiles) / Strapazierwert *m* (eines textilen Bodenbelags) ∥ **~ comfort** (Textiles) / Tragekomfort *m* (von Kleidung) ∥ **~ corrosion** (Surf) / Verschleißkorrosion *f* (ein Abnutzungsvorgang bei Werkstoffen, hervorgerufen durch gleichzeitige Verschleißbeanspruchung und chemische Beanspruchung), Tribokorrosion *f*, korrosiver Verschleiß (z.B. Erosions-, Kavitations- oder Reibkorrosion) ∥ **~ date** (Textiles) / einjährige Garantie (für Fertigkleidung und Heimtextilien - eingetragenes Warenzeichen von Monsanto) ∥ **~ debris** (Eng) / Abriebteilchen *n pl*, Verschleißteilchen *n pl* ∥ **~ down** *v* / abnutzen *vt*, abtragen *v*
**wear-facing** *adj* (Eng) / verschleißfest *adj*, verschleißbeständig *adj*, abnutzungsbeständig *adj*, abgrifffest *adj*
**wear-free** *adj* (Eng) / verschleißfrei *adj*
**wear-in** *n* / Einlaufverschleiß *m*
**wear-indicating ball joint** (Eng) / Kugelgelenk *n* mit Verschleißanzeige
**wear indicator** (Materials) / Abnutzungsanzeiger *m*, Verschleißanzeiger *m*, Abriebanzeiger *m*
**wearing apparel** (Textiles) / Kleider *n pl*, Kleidung *f*, Bekleidung *f*, Wear *f* (Kleidung), Kleidungsstücke *n pl* ∥ **~ course*** (Civ Eng) / Verschleißdecke *f* (oberste Schicht der Fahrbahndecke), Verschleißschicht *f* (oberste mit Hartzuschlägen bzw. Hartstoffen hergestellte Schicht einer Verkehrsfläche) ∥ **~ depth*** (Elec Eng) / Verschleißtiefe *f*, zulässige Abnutzung (bei Kommutatoren) ∥ **~ out-of-truth** (Eng) / Unrundwerden *n* (durch Verschleiß) ∥ **~ part** (Eng) / Verschleißteil *n* ∥ **~ rate** / Verschleißgeschwindigkeit *f* ∥ **~ resistance of a tool edge** (Tools) / Schneidhaltigkeit *f* (DIN 6583) ∥ **~ ring** (Met) / Verschleißring *n* (im Ziehwerkzeug) ∥ **~ surface** (Eng) / Abnutzungsfläche *f* (im Allgemeinen)
**wear-in lubricant** / Einlaufschmierstoff *m*, Einfahrschmierstoff *m*
**wear intensity** / Verschleißintensität *f* (Verhältnis des Verschleißbetrages zum Gleitweg oder zur geleisteten Arbeit) ∥ **~ land** (Eng) / Verschleißmarke *f* (der Spanfläche) ∥ **~ layer** (Eng, Surf) / Nutzschicht *f* ∥ **~ life** (Textiles) / Betriebsdauer *f* (z.B. Laufdauer oder Tragedauer bei Kleidern), Verschleißlebensdauer *f* ∥ **~ limit** (Eng) / Verschleißgrenze *f* ∥ **~ measurement variable** (Eng) / Verschleiß-Messgröße *f* ∥ **~ mechanism** (Eng) / Verschleißmechanismus *m* (der den Verschleiß beschreibt) ∥ **~ of a rail** (Rail) / Schienenverschleiß *m* ∥ **~ out** *v* / verschleißen *v* ∥ **~ out** / abnutzen *vt*, abtragen *v*
**wear-out** *n* / nachlassende Wirkung (der Werbung), Nachlassen *n* (der Werbewirkung), Verfall *m* (der Werbewirkung) ∥ **~ failure** / Verschleißausfall *m* (eines Systems), Alterungsausfall *m* ∥ **~ period** / Verschleißdauerperiode *f* (der Badewannenkurve)
**wear oxidation** (Surf) / Verschleißkorrosion *f* (ein Abnutzungsvorgang bei Werkstoffen, hervorgerufen durch gleichzeitige Verschleißbeanspruchung und chemische Beanspruchung), Tribokorrosion *f*, korrosiver Verschleiß (z.B. Erosions-, Kavitations- oder Reibkorrosion) ∥ **~ process** (Eng, Materials) / Verschleißprozess *m*
**wearproof** *adj* (markings) (Comp) / abgrifffest *adj*
**wear rate** (Eng, Materials) / Verschleißrate *f* (Verhältnis des Verschleißbetrags zum Zeitintervall, in dem er entstanden ist)
**wear-reducing** *adj* (Eng) / verschleißmindernd *adj*
**wear reduction** (Eng) / Verschleißminderung *f*, Verschleißreduzierung *f*
**wear-refurbishing cycle** (Textiles) / Tragezyklus *m* (bei Kleidern)
**wear resistance** (Civ Eng) / Abnutzwiderstand *m* (der Widerstand von Beton gegen Abrieb durch starke mechanische Beanspruchung, wie starken Verkehr, rutschendes Schüttgut oder strömendes und Feststoffe führendes Wasser) ∥ **~ resistance** (Eng, Materials) / Verschleißwiderstand *m* (Verschleißmessgröße, die durch den Reziprokwert des Verschleißbetrages gegeben ist), Verschleißbeständigkeit *f*, Verschleißfestigkeit *f* (Eigenschaft eines Werkstoffs, einem verschleißenden Angriff zu widerstehen) ∥ **~ resistance** (Materials, Textiles) / Scheuerfestigkeit *f*, Scheuerwiderstandsvermögen *n* (Verschleißfestigkeit), Scheuerbeständigkeit *f* ∥ **~ resistance** (Textiles) / Tragechtheit *f*, Tragfestigkeit *f*
**wear-resistant** *adj* (Eng) / verschleißfest *adj*, verschleißbeständig *adj*, abnutzungsbeständig *adj*, abgrifffest *adj*
**wear result** (Eng, Materials) / Verschleißbetrag *m* (als Prüfergebnis) ∥ **~ ring** (Met) / Verschleißring *m* (im Ziehwerkzeug) ∥ **~ safety** (Eng) / Verschleißsicherheit *f* ∥ **~ scar** (Eng) / Verschleißmarke *f*, Verschleißspur *f* ∥ **~ sensor** (Eng) / Verschleißsensor *m*, Verschleißfühler *m* ∥ **~ test** (Materials) / Verschleißprüfung *f* ∥ **~ test** (Textiles) / Tragetest *m* ∥ **~ through** (Textiles) / durchscheuern *v* (Ärmel, Hose, Kabel) ∥ **~ type** (Eng) / Verschleißart *f*
**weather** *vi* / verwittern *v* ∥ **~** *vt* (Met) / auslagern *v* (z.B. spannungsbehaftete Gussteile) ∥ **~** (Paint) / bewittern *v*, bewettern *v* ∥ **~** *n* (Geol) / Witterung *f* ∥ **~** (Meteor) / Wetter *n*, Wetterlage *f* (der Wetterzustand), Witterung *f*
**weatherability** *n* (Textiles) / Wetterechtheit *f* (von Färbungen und Drucken nach DIN 54 071)
**weather away** *v* / abwittern *v* (durch Bewittern entfernen), abwettern *v* ∥ **~ bar** (Plumb) / Vorsprungblech *n*, Vorsprungstreifen *m* (zur Befestigung der Traufkanten) ∥ **~ bar*** (Plumb) / Deckblech *n*, Abdeckblech *n* (z.B. am Stirnbrett, am Fensterrahmen oder unten an der Tür)
**weather-beaten** *adj* (damaged or worn by exposure to the weather) (Build) / verwittert *adj*
**weatherboard** *n* (from sawn-deal) (Build) / Entwässerungsleiste *f* (unten an der Tür), Türdichtungsbrett *n* (unten), unteres Türquerschutzholz, Profilleiste *f* (zur Abdichtung der unteren Seite der Tür)
**weatherboarding** *n* (Build) / Stülpschalung *f*, Stulpschalung *f*, gestürzte Schalung (A) (Holzverschalung durch waagerechte, übereinander greifende gespundete oder gefalzte Bretter)
**weatherboard moulding** (Build) / Entwässerungsleiste *f* (unten an der Tür), Türdichtungsbrett *n* (unten), unteres Türquerschutzholz, Profilleiste *f* (zur Abdichtung der unteren Seite der Tür)
**weatherboards*** *pl* (Build) / Stülpschalung *f*, Stulpschalung *f*, gestürzte Schalung (A) (Holzverschalung durch waagerechte, übereinander greifende gespundete oder gefalzte Bretter)
**weather chart** (Meteor) / Wetterkarte *f* ∥ **~ chart recorder** (Meteor) / Wetterkartenschreiber *m* (Übertragungsgerät für Wetterkarten auf dem Funkwege) ∥ **~ check*** (Build) / Unterschneidung *f* (die als Wassernase dient), Wassernase *f* ∥ **~ clutter** (Radar) / Wetterecho *n*

**weathercock** v (Aero) / in den Wind drehen ‖ ~ n (a weathervane in the form of a cockerel) / Wetterhahn m
**weathercocking** n (Space) / Richtungsinstabilität f
**weathercock stability*** (Aero) / Windfahnenstabilität f
**weather•-contact** n (Elec Eng) / Ableitung f des Stromes durch Nässe ‖ ~ **cracking** (Materials) / Ozonrissbildung f ‖ ~**-cross** n (Elec Eng) / Überleitung f des Stromes durch Nässe von einer Leitung zur anderen ‖ ~ **damage** / Witterungsschaden m, Wetterschaden m ‖ ~ **deck** (Ships) / Wetterdeck n (freiliegendes, der Witterung ausgesetztes Deck) ‖ ~ **divide** (Meteor) / Wetterscheide f (ein Landschaftsteil, der Einfluss auf das Wetter ausübt)
**weathered** adj (Build) / verwittert adj ‖ ~ **coal** (Mining) / verwitterte Kohle ‖ ~ **layer** (in seismology, that zone of the earth that is immediately below the surface, characterized by low seismic-wave velocities) (Geol) / Schicht f mit geringerer seismischer Wellengeschwindigkeit (direkt unter der Erdoberfläche) ‖ ~ **layer** (Geol) / Verwitterungsschicht f, verwitterte Schicht ‖ ~ **pointing*** (Build) / Wasser abweisendes Ausfugen ( abgeschrägtes), Ausfugen n mit Wasser abweisender Fugenausbildung, Fugenausbildung f mit schräg nach unten oder oben verlaufender Fugenfläche ‖ ~ **rock** (Geol) / Verwitterungsgestein n
**weather fillet*** (Build) / Zementmörteldichtungsrand m ‖ ~ **forecast** (Meteor) / Wettervorhersage f, Wetterprognose f, Wettervoraussage f ‖ ~ **glass** (Ships) / Schiffsbarometer n (ein Quecksilberbarometer für den Bordeinsatz), Marinebarometer n, Wetterglas n
**weathering*** n (Build) / Wasserschlag m (z.B. am Kaffgesims) ‖ ~* (Build) / Abdachung f zum Wasserablauf, Abschrägen n zum Wasserablauf, Wasserschräge f ‖ ~ (For) / schädlicher Einfluss des Klimas auf die Qualität des Holzes (z.B. Austrocknung bei Landlagerung) ‖ ~* (Geol) / Verwitterung f (mechanische, chemische, biologische, biochemische) ‖ ~ (Glass) / Erblindung f, Blindwerden n ‖ ~* (Materials, Paint, Surf) / Freiluftbewitterung f (Außenbewitterung), Freiluftbewitterung f, Freibewitterung f (DIN 53 166), FB (Freibewitterung), Außenbewitterung f, Außenbewitterung f, Freiluftauslagerung f, natürliche Bewitterung (Freiluftauslagerung) ‖ ~ (Met) / Auslagern n (z.B. spannungsbehafteter Gussteile) ‖ ~ (Paint) / Bewitterung f (Prüfung von Anstrichmitteln auf Wetterbeständigkeit), Bewetterung f, Bewettern n ‖ ~ **correction** (Geol) / Langsamschichtkorrektur f (in der Seismik) ‖ ~ **product** / Verwitterungsprodukt n ‖ ~ **resistance** (Eng, Meteor) / klimatische Widerstandsfestigkeit, Klimafestigkeit f, Widerstandsfestigkeit f (klimatische), Witterungsbeständigkeit f ‖ ~ **resistance** (Textiles) / Wetterechtheit f (von Färbungen und Drucken nach DIN 54 071) ‖ ~ **station** (Paint) / Bewitterungsstand m ‖ ~ **steel** (Met) / witterungsbeständiger Stahl ‖ ~ **test** (Paint, Surf) / Bewitterungsversuch m (in Korrosionsversuch), Naturkorrosionsversuch m (mit Freiluftauslagerung) ‖ ~ **to clay** (Ceramics, Geol) / Vertonung f ‖ ~ **to loam** (Agric, Geol) / Verlehmung f
**weatherliness** n (Ships) / Wetterkriterium n (Verhältnis des Kentermoments eines Schiffs zum Krängungsmoment durch Winddruck)
**weatherly** adj (Ships) / an der Luvseite (eines Schiffs) liegend
**weather map*** (Meteor) / Wetterkarte f ‖ ~ **minima*** (Aero) / Wetterminima n pl (Wettermindestbedingungen für Starts, Flugmanöver und Landungen), Wettermindestbedingungen f pl ‖ ~ **moulding** (Build) / Wasserschlag m (z.B. am Kaffgesims) ‖ ~ **observation** (Meteor) / Wetterbeobachtung f ‖ ~ **observation radar** (Radar) / Wetterradar m n (zur Ermittlung der durch Niederschläge, Wolkenformationen, Nebel und Dunst gekennzeichneten Wetterlage)
**weatherometer** n (Paint) / Weather-O-Meter n (Prüfgerät zur künstlichen Bewitterung und schnellen Prüfung von Anstrichen auf Licht- und Wetterbeständigkeit)
**weatherproof** v / wetterfest machen ‖ ~ adj / wetterecht adj ‖ ~ (Eng, Meteor) / verwitterungsfest adj, wetterfest adj, wetterbeständig adj, wettersicher adj, witterungsbeständig adj, weatherproof adj ‖ ~ **clothing** (Textiles) / Wetterschutzbekleidung f ‖ ~ **fitting** (Elec Eng) / witterungsbeständige Armatur ‖ ~ **fitting*** (Light) / Außenarmatur f
**weatherproofness** n (Eng, Meteor) / klimatische Widerstandsfestigkeit, Klimafestigkeit f, Widerstandsfestigkeit f (klimatische), Witterungsbeständigkeit f ‖ ~ (Textiles) / Wetterechtheit f (von Färbungen und Drucken nach DIN 54 071)
**weatherproof structural steel** (Build, Civ Eng, Met) / wetterfester Baustahl
**weather protection** (Build) / Schutz m vor Witterungseinflüssen ‖ ~ **radar*** (Radar) / Wetterradar m n (zur Ermittlung der durch Niederschläge, Wolkenformationen, Nebel und Dunst gekennzeichneten Wetterlage) ‖ ~ **reconnaissance** (Meteor, Mil) / Wettererkundung f ‖ ~ **report** (Meteor) / Wettermeldung f, Wetterbericht m ‖ ~ **resistance** (Textiles) / Wetterechtheit f (von Färbungen und Drucken nach DIN 54 071)
**weather-resistant steel** (Met) / witterungsbeständiger Stahl

**weather satellite** (Meteor) / Wettersatellit m, meteorologischer Satellit, Satellit m zur Wetterbeobachtung
**weatherseal** v (Build) / versiegeln v, abdichten v, dichten v, einsiegeln v
**weathersealing** n (Build) / Versiegelung f, Abdichtung f, Dichtung f (DIN 3750)
**weather service** (Meteor) / meteorologischer Dienst, Wetterdienst m (Gesamtheit der Einrichtungen zur Beobachtung des Wetters und Vorhersage der kommenden Wetterlage oder die Beobachtung selbst) ‖ ~**-ship** n (Meteor, Ships) / Wetterschiff n (für meteorologische Messungen ausgerüstetes Schiff in fester Position) ‖ ~ **shore** (Ships) / Luvküste f, Wetterküste f ‖ ~ **side** (Ships) / Luvseite f (dem Wind zugewandte Seite), Luv f ‖ ~ **slating** (Build) / Wetterschutzverkleidung f mit Schiefer, Wandschieferverkleidung f ‖ ~ **stability** (Textiles) / Wetterechtheit f (von Färbungen und Drucken nach DIN 54 071) ‖ ~ **station** (Meteor) / Wetterstation f, Wetterwarte f (meteorologische Beobachtungsstation mit lokalem Wettervorhersagedienst), Wetterdienststelle f, meteorologische Station
**weatherstrip** n (Autos) / Dichtungsprofil n, Dichtprofil n, Dichtkeder m (Kunststoffleiste zum Schutz von Kfz-Regenrinnen) ‖ ~* (Build) / Dichtung f für Fenster und Türen (z.B. Tesamoll)
**weather stripping** (Build) / Dichtung f für Fenster und Türen (z.B. Tesamoll)
**weatherstrip with adhesive lining** (Autos) / Dichtkeder m mit Klebereinlage
**weather-struck pointing** (Build) / Wasser abweisendes Ausfugen ( abgeschrägtes), Ausfugen n mit Wasser abweisender Fugenausbildung, Fugenausbildung f mit schräg nach unten oder oben verlaufender Fugenfläche
**weather symbols** (Meteor) / Wettersymbole n pl (auf Wetterkarten oder bei Wetterbeschreibungen verwendete Symbole) ‖ ~ **tiling** (Build) / Dachziegelwandverkleidung f ‖ ~ **tiling*** (Build) / Verblendung f (von Außenseiten der Backsteinbauten), Verkleidung f (von Mauern) ‖ ~ **tiling*** (Build) / Plattenwandverkleidung f, Wandplattenverkleidung f ‖ ~ **to clay** (Ceramics, Geol) / vertonen vi ‖ ~ **treatment** (of wood) (Build) / bautechnische und/oder chemische Holzschutzmaßnahmen (gegen Witterungseinflüsse)
**weathervane** n (Build, Meteor) / Wetterfahne f, Windfahne f
**weather vaning** (Space) / Richtungsinstabilität f ‖ ~ **window** (Oils) / günstige Wetterperiode (z.B. für die Bohrarbeiten)
**weathery** adj (Nut) / fad adj (Geschmackseindruck von Tee, der bei feuchter Witterung geerntet wurde)
**weavability** n (Weaving) / Verwebbarkeit f
**weavable** adj (Weaving) / verwebbar adj
**weave** v (Carp, For) / flattern v (Sägeblatt) ‖ ~ (Weaving) / weben v, abweben v ‖ ~ (Cinema) / seitlicher Bildstandfehler (horizontale Bildstandsschwankungen während des Filmlaufs) ‖ ~ (Weaving) / Gewebebindung f, Bindung f (Gewebebindung nach DIN 61 101-1) ‖ ~ **analysis** (Weaving) / Bindungsanalyse f ‖ ~ **design** (Weaving) / Webmuster n ‖ ~ **design** (Weaving) / Bindungspatrone f (zeichnerische Darstellung der Gewebebindung auf Patronenpapier nach festgelegter Symbolik) ‖ ~ **design** (Weaving) s. also weave pattern ‖ ~ **effect** (Weaving) / Webeffekt m ‖ ~ **function** (Welding) / Pendelfunktion f (steuerbare Funktion bei einem Schweißroboter) ‖ ~ **in** v (Autos) / sich einfädeln v ‖ ~ **in** (Weaving) / einarbeiten v (die Länge der eingewebten Fäden prozentual kürzen), einweben v
**weave-in** n (Weaving) / Einarbeiten n, Einweben n (prozentuelle Längenänderung der durch die Einbindungsbögen verkürzten eingewebten Fäden, bezogen auf die gestreckte Fadenlänge)
**weave pass** (Welding) / Pendellage f ‖ ~ **pattern** (Weaving) / Webmuster n ‖ ~ **pattern** (Weaving) / Bindungsbild n
**weaver** n (Weaving) / Weber m
**weave rapport** (Weaving) / Bindungsrapport m (die Einheit der Bindungspatrone) ‖ ~ **repeat** (Weaving) / Bindungsrapport m
**weaver's beam** (Weaving) / Kettbaum m (zylindrischer Aufwickelkörper nach DIN ISO 8116-1), Zettelbaum m (ein Vorbaum), Kettenbaum m (ein Vorbaum) ‖ ~ **knot** (Weaving) / Weberknoten m
**weaves** pl (Textiles) / Webstoffe m pl, Gewebe n, Webware f
**weaving** n (Carp, For) / Flattern n (seitliches Schlagen des Maschinensägeblattes) ‖ ~* (Weaving) / Weben n, Abweben n, Weberei f (Tätigkeit) ‖ ~ (Welding) / Pendelnahtschweißen n ‖ ~ (with the electrode) (Welding) / Pendeln n ‖ ~ **behavior** (Weaving) / Verwebbarkeit f ‖ ~ **efficiency** (Weaving) / Webnutzeffekt m ‖ ~ **fault** (Weaving) / Webfehler m
**weaving-in** n (Autos) / Einfädelung f
**weaving lane** (Autos) / Einfädelungsstreifen m
**weaving-loom accessories** (Weaving) / Webmaschinenzubehör n (DIN 63 001)
**weaving machine*** (Weaving) / Webmaschine f (DIN ISO 5247, T 2), Webstuhl m (mechanischer), Stuhl m ‖ ~ **mill** (Weaving) / Weberei f (Betrieb) ‖ ~ **of broad fabrics** (Weaving) / Breitweberei f ‖ ~ **of industrial fabrics** (Weaving) / Schwerweberei f ‖ ~ **of narrow fabrics**

(Weaving) / Schmalweberei f ‖ **~ preparation machine** (Weaving) / Webereivorbereitungsmaschine f, Webereivorwerk n (DIN 62500) ‖ **~ technology** (Weaving) / Webtechnik f ‖ **~ yarn** (Weaving) / Webgarn n

**web** n (AI) / Web n (bei semantischen Netzen) ‖ **~ cell, compartment, infill or severy between the ribs of a Gothic vault)** (Arch) / Gewölbefeld n ‖ **~** (Build) / Bleiblech n (für Dacheindeckungen) ‖ **~** (Build) / Steg m (des Lochziegels) ‖ **~*** (Build, Civ Eng) / Steg m (an Profilstählen und Stahlträgern) ‖ **≙ (the Web)** (Comp, Telecomm) / Web n (Kurzwort für World Wide Web) ‖ **~** (Eng) / Kern m (des Spiralbohrers) ‖ **~*** (Paper) / Papierbahn f, Stoffbahn f, Papiervlies n (der Papiermaschine, Bahn f ‖ **~** (Rail) / Steg m (der Eisenbahnschiene) ‖ **~ (fibrous)** (Spinning) / Flor m, Vlies n (ein Vorprodukt der Karde) ‖ **~*** (Textiles) / Bahn f (bei Vliesstoffen) ‖ **~*** (Textiles) / Fadengelege n, Fadenvlies n, Fasergelege n (DIN ISO 2424) ‖ **~ (of a twist drill - ISO 5419)** (Tools) / Kern m (DIN ISO 5419) ‖ **≙ advertising** (the process of advertising a product or service on the World Wide Web) (Comp, Telecomm) / Net-Advertising n (alle Werbemaßnahmen eines Unternehmens, die auf die Dienste im Internet zurückgreifen), Web-Werbung f ‖ **≙ authoring** (Comp, Telecomm) / Web-Page-Design n (das Anlegen und Gestalten von Web-Seiten)

**webber** n (Textiles) / Vliesbildemaschine f

**webbing** n (Plastics) / Schwimmhaut f (Webbing), Webbing n ‖ **~** (Textiles) / Vliesbildung f ‖ **~*** (Textiles) / Gurtbandgewebe n

**web brake** (Print) / Papierbremse f ‖ **~ break detector*** (Print) / Papierreißschalter m, Papierreißwächter m, Bahnrisskontrolleinrichtung f ‖ **≙ browser** (Comp, Telecomm) / Webbrowser m ‖ **~ buckling** (Build, Civ Eng) / Stegknickung f ‖ **≙ cam** (Cinema, Comp, Telecomm) / Internetkamera f, Webcam f (Videokamera, die ihre Aufnahmen direkt über das Internet liefert) ‖ **≙ camera** (Cinema, Comp, Telecomm) / Internetkamera f, Webcam f (Videokamera, die ihre Aufnahmen direkt über das Internet liefert) ‖ **≙ design** (the process of developing a series of Web pages which satisfy a number of different criteria) (Comp, Telecomm) / Webdesign n ‖ **≙ designer** (Comp, Telecomm) / Webdesigner m ‖ **~ divider** (Textiles) / Vliesverteiler m ‖ **~ drier** (Plastics, Textiles) / Bahnentrockner m ‖ **~ edge** (Paper) / Bahnkante m

**weber*** n (Elec, Mag) / Weber n, Wb (Weber - DIN 1301, T 1) (gesetzliche abgeleitete SI-Einheit des magnetischen Flusses) ‖ **≙-Fechner law*** (Physiol) / Weber-Fechner'sches Gesetz (Verhältnis von Reiz und Empfindung), Fechner-Gesetz n (nach G.T. Fechner, 1801-1887) ‖ **≙ number** (Phys) / Weberzahl f (Trägheitskraft/Oberflächenspannungskraft), We (Weberzahl ) ‖ **≙'s law** (Physiol) / Weber-Fechner'sches Gesetz (Verhältnis von Reiz und Empfindung), Fechner-Gesetz n (nach G.T. Fechner, 1801-1887)

**Weber's number** (Phys) / Weberzahl f (Trägheitskraft/Oberflächenspannungskraft), We (Weberzahl )

**webertising** n (Comp, Telecomm) / Net-Advertising n (alle Werbemaßnahmen eines Unternehmens, die auf die Dienste im Internet zurückgreifen), Web-Werbung f

**web-fed automatic copier** (Print) / Rollenkopierautomat m ‖ **~ printing press** (Print) / Rollendruckmaschine f

**web•-fed rotary press** (Print) / Rollenrotationspresse f, Rollenrotationsdruckmaschine f für Rollendruck m ‖ **~ frame*** (Ships) / Rahmenspant n (verstärktes Querspant im Bereich erhöhter Belastungen und bei Schiffen mit Längsspanten) ‖ **~ girder** (Civ Eng, Eng) / vollwandiger Träger, Vollwandträger m (mit voller Wandung zwischen den Gurten), Blechträger m ‖ **≙ graphics** (Comp, Telecomm) / Webgrafik f ‖ **≙ hosting** (Comp) / Web-Hosting n ‖ **~ lead** (Paper) / Papierbahnführung f

**Webmaster** n (the name given to a member of staff who is responsible for a Web site) (Comp) / Webmaster m

**web n of a crank** (I C Engs) / Kurbelwange f (Kurbelarm der Kurbelwelle nach DIN ISO 7967-2) ‖ **~ of fabric** (Textiles) / Stoffbahn f ‖ **~ offset*** (Print) / Rollenoffsetdruck m, Rollenoffset m ‖ **~ offset press** (Print) / Rollenoffsetmaschine f ‖ **~ of the rail** (Rail) / Schienensteg m ‖ **≙ page** (Comp) / WWW-Seite f, Web-Seite f ‖ **≙ page creation** (Comp, Telecomm) / Web-Page-Design n (das Anlegen und Gestalten von Web-Seiten) ‖ **~ paper** (Paper, Print) / Rollenpapier n ‖ **≙ phone** (Comp, Teleph) / Internet-Telefon n

**Webphone** n (Teleph) / Screenphone n (eine Weiterentwicklung des Telefons als Folge der Konvergenz)

**web plate** (Civ Eng, Met) / Stegblech n, Stehblech n (zwischen den Gurten eines Blechträgers) ‖ **~ press** (Print) / Rollendruckmaschine f ‖ **~ printing** (Electronics, Print) / Rollendruck m ‖ **≙ publishing** (Comp) / Web-Publishing n ‖ **≙ ring** (a collection of Web sites with a common theme which are linked together using hyperlinks) (Comp) / Webring m ‖ **~ saw** (For, Join) / Rahmensäge f (eine Handspannsäge) ‖ **≙ server** (a program which responds to requests to fetch Web pages expressed in the hypertext transfer protocol) (Comp, Telecomm) / Web-Server m, WWW-Server m ‖ **≙ site** (an organized set of Web pages which is stored on a Web server) (Comp) / Website f (die Bezeichnung für das gesamte hierarchische System aus Homepage und darunter liegenden Seiten inklusive aller Hyperlinks innerhalb dieser Seiten und der nach außen gehenden Hyperlinks) ‖ **~ site** (Comp) / Website f (die Bezeichnung für das gesamte hierarchische System aus Homepage und darunter liegenden Seiten inklusive aller Hyperlinks innerhalb dieser Seiten und der nach außen gehenden Hyperlinks)

**web-sized** adj (Paper) / bahngeleimt adj

**Websmith** m (Comp, Telecomm) / Webdesigner m

**websterite*** n (Geol) / Websterit m (Pyroxenit)

**Webster solution** (Min) / Webster'sche Lösung (hochbrechende Einbettungsflüssigkeit)

**web technique** (a process developed by Westinghouse to produce thin sheets of silicon for solar cells) (Electronics) / Web-Technik f ‖ **~ tension** (Paper) / Bahnspannung f, Bahnzug m ‖ **~ thickness** (Build, Civ Eng) / Stegdicke f (des Profilträgers) ‖ **~ thickness** (Eng, Tools) / Kerndicke f (bei Spiralbohrern nach DIN 1412) ‖ **~ thinning** (BS 328) (Eng) / Ausspitzung f, Kernausspitzung f (des Bohrers nach DIN 1412) ‖ **≙ traffic** (Comp, Telecomm) / Web-Verkehr m ‖ **~ welding** (Welding) / Stegschweißen n ‖ **~-wheel** (Eng) / Scheibenrad n

**webzine** (Comp, Print) / Webzin(e) n (elektronische Version eines ansonsten gedruckten Magazins/ einer Zeitschrift)

**weddellite*** n (Min) / Weddellit m (das aus dem sehr kalten Wasser des Weddellmeeres /Antarktis/ stammende tetragonale Kalziumoxalat)

**Wedderburn's theorem** (Maths) / Wedderburn'scher Satz (nach J.H.M. Wedderburn, 1882 - 1948), Satz m von Wedderburn

**Weddle's rule** (Maths) / Weddle-Regel f, Weddle'sche Regel, Weddle'sche Formel

**wedge** v (Eng) / festkeilen v (mit Keilen festhalten), verkeilen v ‖ **~** n (Chem) / Keil m (bei der zeichnerischen Darstellung dreidimensionaler Strukturen) ‖ **~*** (Elec Eng) / Keilabschluss m, Keil m ‖ **~** (Elec Eng) / keilförmiges Glimmerplättchen ‖ **~** (Eng) / Absperrkörper m (verjüngter - bei dem Keilschieber) ‖ **~** (Eng, For, Phys) / Keil m ‖ **~** (Glass) / Keiligkeit f, Keilfehler m ‖ **~** (Meteor) / Hochdruckkeil m, Keil m (hohen Luftdrucks), Hochdruckausläufer m, Rücken m (Hochdruckkeil) ‖ **~*** (Optics) / [brechender] Keil m, Ablenkprisma n

**wedge-and-dash formula** (Chem) / Keilstrichformel f (eine spezielle Projektionsformel zur zeichnerischen Darstellung dreidimensionaler Strukturen)

**wedge-and-ring detector** (Optics) / Ring-Keil-Empfänger m (zur Verarbeitung der ausgewählten Gebiete des optisch erzeugten Ortsfrequenzspektrums)

**wedge angle** (Eng, Phys) / Keilwinkel m, Winkel m am Keil ‖ **~ bit** (Mining) / Parabolmeißel m, B-Meißel m ‖ **~ bolt** (Eng) / Keilschraube f ‖ **~ bonding** (Electronics) / Wedge-Bonding n (bei dem der Bonddraht horizontal über die Bondfläche gehalten und von einem keilförmigen Werkzeug abgequetscht wird) ‖ **~ brake** (Eng) / Konusbremse f ‖ **~ brick** (Build) / Keilstein m ‖ **~ brick** (Ceramics) / Ganzwölber m (für Ofenauskleidung) ‖ **~ caulking** (Civ Eng) / Pikotage f (Verkeilung des Zwischenraumes zwischen Gebirge und Keilkranz am Fuße von Tübbingsäulen mit Flach- und Spitzkeilen aus Hartholz und in dieses eingetriebene Keile aus Stahl, um einen wasserdichten Anschluss an das Gebirge (zu erhalten)) ‖ **~ clamp** (Eng, Rail) / Keilklammer f ‖ **~ contact*** (Elec Eng) / Zungenkontakt m ‖ **~ coupling** (Eng) / Keilkupplung f ‖ **~ crack** / keilförmiger Riss, Keilriss m ‖ **~ cut** (Mining) / Keileinbruch m (bei Sprengarbeiten) ‖ **~ cut method** (Paint) / Keilschnittverfahren n (zur Schichtdickenmessung)

**wedge-drawing specimen** (Materials) / Keilzugprobe f

**wedge effect** (Mech) / Keilwirkung f (Kraftwirkung bei einem Keil als Kraftübertragungsmittel), Schmierkeilwirkung f ‖ **~ end** (Tools) / Keilspinne f (des Pinnhammers) ‖ **~ error** (Optics) / Keilfehler m (Abweichung von der Parallelität) ‖ **~ filter** (Optics) / Keilfilter n ‖ **~ filter** (Phys) / Graukeil m (keilartiges Keilfilter zur stetig einstellbaren Lichtabschwächung), Neutralkeil m (wenn beide Keile aus Neutralglas sind)

**wedge-finger joint** (Build, Join) / Keilzinkenverbindung f (eine Holzlängsverbindung), Keilzinkung f

**wedge flank** (Phys) / Keilflanke f ‖ **≙ furnace** (Met) / Etagenröstofen m, Mehretagenröstofen m ‖ **~ gate** (Foundry) / Keilanschnitt m

**wedge-gate valve** (Eng) / Keilschieberventil n, Keilschieber m (mit verjüngtem Absperrkörper)

**wedge-like** adj / keilförmig adj, keilartig adj

**wedge-lock** n (Eng) / Keilsicherung f, Keilverriegelung f ‖ **~** (Foundry) / Keilverschluss m

**wedge of buoyancy** (Ships) / Auftriebskeil m ‖ **~ of right circular cylinder** (Maths) / Zylinderhuf m

**wedge-opening load specimen** (Materials) / WOL-Probe *f*, Spaltkeilprobe *f*
**wedge-out** *n* (Geol) / Auskeilen *n* (einer Schicht)
**wedge photometer*** (Light) / Graukeilfotometer *n* (mit Graugläsern als Lichtschwächungselementen) ‖ ~ **press** (Eng) / Keilpresse *f* (für die Warm-Massivumformung) ‖ ~ **reaming bit** (Mining) / Parabolmeißel *m*, B-Meißel *m*
**wedge-ring detector** (Optics) / Ring-Keil-Empfänger *m* (zur Verarbeitung der ausgewählten Gebiete des optisch erzeugten Ortsfrequenzspektrums)
**wedge-seat ring** (Eng) / Keilsitzring *m* (bei Absperrarmaturen)
**wedge-shaped** *adj* / keilförmig *adj*, keilartig *adj*
**wedge-shaped chromatogram** (Chem) / Keilstreifenchromatogramm *n* ‖ ~ **compensator** (Optics) / Keilkompensator *m*
**wedge slope** (Hyd Eng) / Wasserkeil *m*, Wasserecke *f* bei der Nassförderung im Schiffshebewerk ‖ ~ **sonde** (Phys) / Keilsonde *f* (zur Untersuchung von Überschallströmungen) ‖ ~ **sprue** (Foundry) / Keileinguss *m* ‖ ~ **stilt** (a tripod-like item of kiln furniture with cone-shaped points at the end of each of the arms; employed as a setter in the glost firing of ware) (Ceramics) / Dreifuß *m* (ein Brennhilfsmittel) ‖ ~ **stone** (Build) / Keilstein *m* ‖ ~ **test bar** (Foundry) / Gießkeilprobe *f*, Keilprobe *f*, Gießkeil *m* (ein Testkörper zur Ermittlung der Weißeinstrahlung) ‖ ~ **test piece** (Foundry) / Gießkeilprobe *f*, Keilprobe *f*, Gießkeil *m* (ein Testkörper zur Ermittlung der Weißeinstrahlung) ‖ ~ **theory** (Civ Eng) / Erdkeiltheorie *f* (in der Bodenmechanik) ‖ ~ **trap** (Met) / Keilfalle *f*
**wedge-type collet chuck** (Eng) / Keilhakenfutter *n* ‖ ~ **offset** (Eng) / Keilstaffelung *f* (der Zähne eines Räumwerkzeugs)
**wedge up** *v* (Eng) / festkeilen *v* (mit Keilen festhalten), verkeilen *v*
**wedge-wire screen** / Spaltsieb *n*
**wedgework** *n* / Sprengwirkung *f* (z.B. des Eises)
**wedging** *n* (Chem) / Walken *n* (Homogenisierung einer plastischen Masse) ‖ ~ (Eng, For) / Verkeilung *f* (Verbindung), Keilverbindung *f*, Keilbefestigung *f* (Verkeilung) ‖ ~ (For) / Öffnen *n* des Sägeschnitts um das Einklemmen des Sägeblattes zu vermeiden ‖ ~ (Glass) / Keiligkeit *f*, Keilfehler *m* ‖ ~ (Instr) / Verkanten *n* (z.B. der Messfläche bei Grenzlehrdornen) ‖ ~ **bit** (Mining) / Parabolmeißel *m*, B-Meißel *m* ‖ ~ **crib*** (a curb of close-fitting planks behind which wedges are driven in to make watertight package between the tubbing in a shaft and the rock walls) (Mining) / Keilkranz *m* ‖ ~ **curb*** (Mining) / Keilkranz *m*
**wedging-out** *n* (Geol) / Auskeilen *n* (einer Schicht) ‖ ~ (Geol) s. also thinning
**wedging ring*** (Mining) / Keilkranz *m*
**Wedgwood** *n* (Ceramics) / Wedgwood-Keramik *f*, Wedgwood-Geschirr *n* (ein Steingutgeschirr - nach dem englischen Kunstkeramiker J. Wedgwood, 1730-1795), Wedgwood-Steinzeug *n*, Wedgwood *n* ‖ ~ *attr* (Ceramics) / himmelblau *adj* (Grund des Wedgwood-Geschirrs mit mattweißen Reliefs der griechischen Szenen)
**weed** *v* (Agric) / striegeln *v* (mit dem Unkrautstriegel) ‖ ~ (Agric) / jäten *v* (Unkraut), Unkraut vernichten, Unkraut bekämpfen ‖ ~* *n* (Agric, Bot) / Wildkraut *n*, Unkraut *n* ‖ ~ (For) / Unholz *n*, Forstunkraut *n* (z.B. Besenginster, Brombeere, Himbeere usw.)
**weedage** *n* (Hyd Eng) / Verkrautung *f* (des Flussbetts)
**weed-control** *n* (Agric, Ecol) / Unkrautbekämpfung *f*
**weed development** (Agric) / Verunkrautung *f* (Vorgang), Unkrautbefall *m*
**weeder** *n* (Agric) / Unkrautegge *f*, Unkrautstriegel *m* ‖ ~ (Agric) / Unkrautjätmaschine *f*, Jätmaschine *f* ‖ ~ (Agric) / Ackerbürste *f*, Weeder *m* ‖ ~ **harrow** (Agric) / Unkrautegge *f*, Unkrautstriegel *m*
**weed-grass** *n* (Agric, Bot) / Ungras *n* (unerwünschtes Wildgras in einem Nutzpflanzenbestand)
**weedgrown** *adj* (Agric) / von Unkraut überwachsen, verunkrautet *adj*
**weed harrow** (Agric) / Unkrautegge *f*, Unkrautstriegel *m*
**weedicide** *n* (a chemical weedkiller) (Agric, Chem, Ecol) / Herbizid *n* (synthetischer Wirkstoff zur chemischen Bekämpfung von Unkräutern und Ungräsern), Unkrautbekämpfungsmittel *n*, Unkrautvertilgungsmittel *n*, Wildkrautbekämpfungsmittel *n*
**weediness** *n* (Agric) / Verunkrautung *f* (Zustand des Feldes) ‖ ~ (Hyd Eng) / Verkrautung *f* (des Flussbetts)
**weed infestation** (Agric) / Verunkrautung *f* (Vorgang), Unkrautbefall *m*
**weeding machine** (Agric) / Unkrautjätmaschine *f*, Jätmaschine *f*
**weedkiller** *n* (Agric, Chem, Ecol) / Herbizid *n* (synthetischer Wirkstoff zur chemischen Bekämpfung von Unkräutern und Ungräsern), Unkrautbekämpfungsmittel *n*, Unkrautvertilgungsmittel *n*, Wildkrautbekämpfungsmittel *n*
**weeds** *pl* (Agric, Bot) / Unkräuter *n pl* (unerwünschte Wildpflanzen oder auch zufällig wachsende Kulturpflanzen in einem Nutzpflanzenbestand), Ungräser *n pl* (die auf bearbeitetem Kulturland neben den Nutzpflanzen wachsenden unerwünschten Pflanzen), Segetalpflanzen *f pl*
**weed seed** (Agric) / Unkrautsamen *m* (Getreidebesatz)

**weedy** *adj* (Agric) / von Unkraut überwachsen, verunkrautet *adj* ‖ ~ (Agric) / unkrautartig *adj*
**weekday** *n* / Wochentag *m* (DIN 1355, T 1)
**weekly tonnage** (Mining) / wöchentliche Förderung (in Tonnen)
**weep** *n* (Nut) / Tropfsaft *m* (beim rohen Fleisch)
**weephole** *n* (Build) / Dränageöffnung *f*, Entwässerungsloch *n*, Leckloch *n* ‖ ~* (Civ Eng, Hyd Eng) / Sickerschlitz *m*
**weeping** *n* / Lecken *n* (durch Sickerung) ‖ ~ (Eng) / Ausschwitzen *n* (z.B. Flüssigkeit aus den Rohren), Austreten *n*, Flüssigkeitsabgabe *f* ‖ ~ *adj* (Bot) / mit herabhängenden Zweigen (Baum) ‖ ~ **rock** (Geol) / poröses Wasser abgebendes Gestein
**weevil** *n* (Agric, For, Zool) / Rüsselkäfer *m* (ein Pflanzenschädling, z.B. Kornkäfer, Kiefernrüßler usw.)
**weft*** *n* (threads across the width of a fabric) (Weaving) / Schuss *m* (Fadensystem) ‖ ~ **band** (Weaving) / Schussbande *f* (breite), Schussband *n* (ungleich feines Schussmaterial) ‖ ~ **bar** (Weaving) / Schussstreifen *m* (Fehler in der Schussrichtung) ‖ ~ **bobbin** (Weaving) / Schussspule *f* (DIN 61800), Kanette *f*, Schussgarnspule *f*, Schusshülse *f* ‖ ~ **breakage** (Weaving) / Schussbruch *m* (ein Webfehler)
**weft-break stop motion** (Weaving) / Schussfadenwächter *m*, Schusswächter *m*
**weft count** (Weaving) / Schussfadendichte *f* (eines Gewebes), Schussdichte *f* ‖ ~ **counter** (Weaving) / Schussfadenzähler *m*, Schusszähler *m* ‖ ~ **detector*** (Weaving) / Schussfadenfühler *m*, Schussfühler *m* (Nadelspulenfühler am Webautomaten) ‖ ~ **feeler** (Weaving) / Schussfadenfühler *m*, Schussfühler *m* (Nadelspulenfühler am Webautomaten) ‖ ~ **fork** (GB)* (Weaving) / Schussgabel *f* (ein Teil der Schusswächtervorrichtung) ‖ ~ **fork motion** (Weaving) / Gabelschusswächter *m* (Vorrichtung des Webautomaten, die durch eine auf dem einzelnen Schussfaden aufliegende leichte Metallgabel feststellt, ob der Schussfaden noch intakt ist)
**weft-inserted warp knitting** (warp-knitted fabric) (Textiles) / Kettengewirk *n* mit Schusseintrag
**weft insertion** (Weaving) / Schusseintrag *m* ‖ ~ **knit fabric** (Textiles) / Kulierwirkware *f*, Kulierware *f*, Kuliergewirke *n*
**weft-knitted fabric** (Textiles) / Kulierwirkware *f*, Kulierware *f*, Kuliergewirke *n*
**weft knitting*** (Textiles) / Kulierwirken *n*, Kulierwirkerei *f*
**weft-knitting machine** (Textiles) / Kulierwirkmaschine *f*
**weftless** *adj* (Textiles) / querfadenfrei *adj* (Filz)
**weft pile fabric** (Textiles) / Schusssamt *m*, Schusspolgewebe *n* ‖ ~ **pile fabric** (Weaving) / Schussflorgewebe *m* ‖ ~ **rep** (Weaving) / Längsrips *m*, Schussrips *m* ‖ ~ **rib** (Weaving) / Längsrips *m*, Schussrips *m* ‖ ~ **satin** (Textiles) / Schussatlas *m*, Schusssatin *m* ‖ ~ **stop motion** (Weaving) / Schussfadenwächter *m*, Schusswächter *m* ‖ ~ **streak** (Weaving) / Farbstreifigkeit *f* in Schussrichtung (periodischer Schussstreifen) ‖ ~ **stripe** (Weaving) / Farbstreifigkeit *f* in Schussrichtung (periodischer Schussstreifen) ‖ ~ **thread** (Weaving) / Schussfaden *m*, Schussgarn *n*, Einschlagfaden *m*, Weftgarn *n*, Weft *n* (Schussgarn) ‖ ~ **twill** (Weaving) / Schussköper *m* (alle Kettfäden werden im Bindungsrapport nur einmal gehoben) ‖ ~ **velvet** (Textiles) / Schusssamt *m*, Schusspolgewebe *n* ‖ ~ **weaving fault** (Weaving) / Schussfehler *m* (im Allgemeinen) ‖ ~ **wire** (Paper) / Schussdraht *m*, Schusselement *n* (des Maschinensiebes)
**weftwise** *adj* (Weaving) / in Schussrichtung
**weft yarn** (Weaving) / Schussfaden *m*, Schussgarn *n*, Einschlagfaden *m*, Weftgarn *n*, Weft *n* (Schussgarn)
**Wegener theory** (Geol) / Theorie *f* der Kontinentalverschiebung, Theorie *f* der Kontinentaldrift (nach A. Wegener, 1880-1930)
**Wehnelt cathode** (Electronics) / Wehnelt-Katode *f* (eine Oxidkatode zur Erzeugung hoher Emissionsströme - nach dem deutschen Physiker A.R.B. Wehnelt 1871-1944) ‖ ~ **cylinder** (Electronics) / Wehnelt-Zylinder *m* (eine zylindrische Elektrode, die der Fokussierung eines aus einer Glühkatode austretenden Elektronenstromes dient)
**Weibel process** (Welding) / Weibel-Schweißverfahren *n* (ein Schmelzschweißverfahren, bei dem die Schweißwärme beim Stromdurchgang infolge des Ohm'schen Widerstandes gewonnen wird)
**Weibull distribution** (Stats) / Weibull-Verteilung *f* (zwei- oder dreiparametrig - stetige Wahrscheinlichkeitsverteilung in der Theorie der Zuverlässigkeit)
**Weierstrass' factorization theorem** (Maths) / Produktsatz *m* von Weierstraß ‖ ~ **M test** (Maths) / Weierstraß'sches Konvergenzkriterium, Weierstraß'sches Vergleichskriterium, Majorantenkriterium *n* (bei Funktionenreihen), Weierstraß'sches Kriterium (nach K. Weierstraß, 1815-1897) ‖ ~ **test*** (for uniform convergence) (Maths) / Weierstraß'sches Konvergenzkriterium, Weierstraß'sches Vergleichskriterium, Majorantenkriterium *n* (bei Funktionenreihen), Weierstraß'sches Kriterium (nach K.

Weierstraß, 1815-1897) || ~ **theorem** (Maths) / Satz *m* vom Extremum, Satz *m* von Weierstraß
**Weigert effect** (Phys) / Weigert-Effekt *m* (Erzeugung von Anisotropien in Gelen durch linear polarisiertes Licht)
**weigh** *v* / verwiegen *v* (abwiegen) || ~ (Ships) / lichten *v* (Anker) || ~ *vi* / wiegen *vi* (eine Masse haben) || ~ *vt* / wägen *vt* (eine Masse mit der Waage feststellen), wiegen *v* (eine Masse feststellen)
**weighable** *adj* / wägbar *adj*, ponderabel *adj*
**weigh batching*** (of concrete) (Civ Eng) / Betonmischen *n* nach Gewicht, gewichtsmäßiges Betonmischen
**weighbridge** *n* / Brückenwaage *f*
**weighed-in quantity** / eingewogene Menge, Einwaage *f*
**weigh-feeder belt** (For) / Förderbandwaage *f* (in ein Förderband integrierte Ein-Rollen-Wägeeinrichtung, bestehend aus Messstation mit Wägezelle, Geschwindigkeitsaufnehmer und Auswertesystem zur kontinuierlichen Fördermassenerfassung von Schüttgut)
**weighing** *n* / Wägen *n*, Wägung *f* || ~ **anchor** (Ships) / Ankeraufgehen *n*, Lichten *n* des Ankers || ~ **belt** (For) / Förderbandwaage *f* (in ein Förderband integrierte Ein-Rollen-Wägeeinrichtung, bestehend aus Messstation mit Wägezelle, Geschwindigkeitsaufnehmer und Auswertesystem zur kontinuierlichen Fördermassenerfassung von Schüttgut) || ~ **bottle*** (Chem) / Wägeglas *n* || ~ **bridge** / Brückenwaage *f* || ~ **cell** / Wägesensor *m* (Kraftsensor, durch den eine Massekraft bei Waagen in ein masseproportionales elektrisches Signal umgeformt wird), Wägezelle *f* || ~ **machine** / Wägemaschine *f* (Abfüllwaage zum Abwägen von trockenen, pulverförmigen, körnigen, kleinstückigen wie auch sperrigen Füllgütern) || ~ **pipette** (Chem) / Wägepipette *f*
**weigh shaft** (Eng) / Umsteuerungswelle *f* (der Dampfmaschine)
**weight** *v* (Textiles) / erschweren *v*, beschweren *v* (Naturseide), chargieren *v* (Naturseide) || ~ (Textiles) / beschweren *v* (Baumwoll- und Zellwollgewebe bei der Ausrüstung) || ~ *n* / Gewicht *n* (z.B. einer Kante in einem Grafen) || ~ (AI) / Gewicht *n* (einer Hypothese) || ~ (Comp) / Wertigkeit *f* (beim Sortieren) || ~ (Maths, Stats) / Wägen *n*, Gewichtung *f*, Wichtung *f* || ~ (Maths, Stats) / Wichtungsfaktor *m*, Gewichtsfaktor *m*, Gewicht *n* || ~* (Phys) / Gewichtsstück *n* (DIN 1305), Wägestück *n*, Gewicht *n* || ~* (Phys) / Masse *f* (das Ergebnis einer Wägung nach DIN 1305) || ~* (Phys) / Gewichtskraft *f* (das Produkt aus der Masse eines Körpers und der örtlichen Fallbeschleunigung nach DIN 1305), "Gewicht" *n* || ~ **arm** (Eng) / Lastarm *m* (der Waage) || ~ **arm manipulator** (Eng) / Balancer *m*, Lastarmmanipulator *m* (direkt vom Menschen gesteuerter Synchronmanipulator zum Bewegen von Lasten mit automatischem Ausgleich angehängter Werkstückmassen) || ~ **average** (Maths, Stats) / gewichtsmittel *n*
**weight-average molecular weight** (Chem) / Massenmittel *n* (Gewichtsmittel des Molekulargewichts)
**weight-balanced control surface** (Aero) / Ruder *n* mit Massenausgleich
**weight-balanced ring-type meter** (Phys) / Ringwaage *f* (einfaches mechanisches Messgerät zur Ermittlung geringer Druckdifferenzen), Kreismanometer *n*, Kreisrohrmanometer *n*, Ringmanometer *n*
**weight burette** (Chem) / Wägebürette *f* || ~ **card** / Wiegebescheinigung *f*, Wiegekarte *f* || ~ **category** / Gewichtsklasse *f* (z.B. bei Fracht) || ~ **coefficient*** (Elec Eng) / Leistungsgewicht *n* || ~ **density** (Phys) / Wichte *f* (Quotient aus der Gewichtskraft und dem Volumen einer Stoffportion - DIN 1306) || ~ **density** (Phys) / Dichte *f* (DIN 1306), Massendichte *f* (Masse je Volumeneinheit)
**weighted** *adj* (AI, Stats) / gewichtet *adj*, gewogen *adj* (bei der Mittelwertbildung) || ~ (Eng) / mit einem Gewicht belastet || ~ **average** (Maths) / gewogenes Mittel, gewichtetes (arithmetisches) Mittel, gewogener Mittelwert *m* || ~ **code** (Comp) / gewichteter Kode, systematischer Kode *m* || ~ **graph** (Maths) / gewichteter Graf || ~ **mean** (Maths) / gewogenes Mittel, gewichtetes (arithmetisches) Mittel, gewogener Mittelwert *m*
**weighted-oil-base mud** (Mining, Oils) / Ölspülung *f* (Spülflüssigkeit)
**weighted residual method** (Maths) / Fehlerabgleichverfahren *n* (ein Näherungsverfahren) || ~ **silk** (Textiles) / chargierte Seide, erschwerte Seide || ~ **sound-pressure level** (Acous, Build) / bewerteter Schallpegel *m* (der frequenzabhängige Empfindlichkeit des menschlichen Ohrs berücksichtigt) || ~ **sound-reduction index** (Acous, Build) / bewertetes Schalldämmmaß (Einzahlangabe zur Kennzeichnung der Luftschalldämmung - DIN 1320) || ~ **standardized impact-sound-pressure level** (Acous) / bewerteter Standard-Trittschallpegel (DIN 1320)
**weight increase** (Phys) / Massezunahme *f*, Gewichtszunahme *f* || ~ **indicator** / Lastanzeiger *m*
**weighting** *n* (Acous) / Bewertung *f* || ~ (a number by which a value is multiplied in order to give it a required measure of importance in relationship to other values) (Maths, Stats) / Wägen *n*, Gewichtung *f*, Wichtung *f* || ~ (Textiles) / Chargierung *f*, Erschwerung *f* (eine Seidenausrüstung) || ~ (Textiles) / Beschweren *n* (eine Ausrüstung bei Baumwoll- und Zellwollgeweben) || ~ **factor*** (Maths, Stats) / Wichtungsfaktor *m*, Gewichtsfaktor *m*, Gewicht *n* || ~ **function** (Maths) / Gewichtsfunktion *f* || ~ **material** (Textiles) / Beschwerungsmittel *n*, Erschwerungsmittel *n* || ~ **network*** (Telecomm) / Bewertungsnetzwerk *n*, Bewertungsschaltung *f* || ~ **oil** (Nut) / bromiertes Öl (mit Brom umgesetztes etherisches Öl)
**weight in running order** (Eng) / Dienstgewicht *n* (z.B. eines Schleppers) || ~ **in running order** (Rail) / Dienstmasse *f*, Betriebsmasse *f* (des Eisenbahnwagens) || ~ **in wet state** / Nassgewicht *n*, Feuchtgewicht *n*
**weightless** *adj* (Phys, Space) / schwerelos *adj*
**weightlessness*** *n* (Phys, Space) / Schwerelosigkeit *f*, Nullschwere *f*, Gewichtslosigkeit *f*
**weight-limit control** (Eng) / Überlastsicherung *f* (z.B. bei Kranen)
**weight loaded** (Rail) / Ladegewicht *n*
**weight-loaded** *adj* / gewichtsbelastet *adj* (z.B. Sicherheitsventil)
**weight loss** (Phys) / Substanzverlust *m* (Massenverlust im Allgemeinen, z.B. durch die Korrosion) || ~ **loss** (Phys) / Gewichtsverlust *m*
**weight-loss per unit area** (per unit time) / flächenbezogener Massenverlust (eine Korrosionsgröße) || ~ **rate** / Massenverlustrate *f* (eine Korrosionsgröße)
**weight of load** (Rail) / Ladegewicht *n* || ~ **of paper** (Paper) / Papiergewicht *n* (absolut) || ~ **of the largest particles** (Chem, Phys) / Masse *f* der größten Teilchen
**weightometer*** *n* (Min Proc) / automatische Bandwaage mit einer Registriereinrichtung
**weight on bit** (Oils) / Andruck *m* (der vom Bohrkopf auf das Gestein ausgeübt wird) || ~ **percent** / Masseprozent *n*, Gewichtsprozent *n* (Prozentanteil bezogen auf das Gewicht des Stoffes, Gew.-%, Gewichtsprozentsatz *m* || ~ **per epoxide** (Paint) / Epoxidäquivalentgewicht *n*, Epoxidäquivalent *n* || ~ **per unit area** (Phys) / flächenbezogene Masse, Massenbelegung (Quotient aus der Masse und der Fläche in kg/m²), Flächenmasse *f*, Flächengewicht *n*, Flächendichte *f* || ~ **reduction** / Gewichtsreduzierung *f*
**weight-tensioned discharge electrode** / gewichtsbelastete Sprühelektrode (des Elektrofilters)
**weight value** (of the load) / Wägewert *m* (Messwert einer Wägung, vorzugsweise in Luft - DIN 1305)
**Weil-Felix reaction*** (Med) / Weil-Felix-Reaktion *f* (nach E. Weil, 1880-1922, und A. Felix, 1887-1956)
**Weinberg and Salam's theory*** (Nuc) / Weinberg-Salam-Theorie *f* (nach S. Weinberg, 1933- , und A. Salam, 1926-1996), Weinberg-Salam-Glashow-Theorie *f*, WSG-Theorie *f*, Glashow-Weinberg-Salam-Theorie *f* (die die elektromagnetische und schwache Wechselwirkung in einer einheitlichen Eichtheorie zusammenfasst)
**Weinberg-Salam model** (Nuc) / Weinberg-Salam-Modell *n* (der schwachen Wechselwirkungsprozesse)
**Weingarten dislocation** (Phys) / Weingarten-Versetzung *f* (ein Spezialfall der Somigliana-Versetzung) || ~ **equations** (Maths) / Formeln *f pl* von Weingarten, Weingarten'sche Ableitungsgleichungen || ~ **formulas** (Maths) / Formeln *f pl* von Weingarten, Weingarten'sche Ableitungsgleichungen
**Weinland effect** (Photog) / Weinland-Effekt *m* (zur Hypersensibilisierung oder zur Latensifikation)
**weir** *n* (Chem Eng) / Wehr *n* (eines Glockenbodens) || ~ (Glass) / Überlauf *m* || ~* (Hyd Eng) / Staustufe *f* (die der Stauregelung von Flüssen dient), Wehr *n* (feste oder mit beweglichen Verschlussorganen versehene Stauanlage nach DIN 4048), Stauwehr *n* (zur Erzeugung eines Staus) || ~ **body** (Hyd Eng) / Wehrkörper *m* || ~ **bridge** (Hyd Eng) / Wehrbrücke *f*, Wehrsteg *m* || ~ **canal** (Hyd Eng) / Wehrkanal *m* || ~ **coefficient** (Hyd Eng) / Überfallbeiwert *m* || ~ **crest** (Hyd Eng) / Wehrkrone *f* || ~ **formula** (Hyd Eng) / Überfallformel *f* (Berechnungsformel für das Abfuhrvermögen von Überfällen) || ~ **head** (Hyd Eng) / Überfallhöhe *f* (bei einem Wehr) || ~ **notch** (Hyd Eng) / Ausschnitt *m* an einem Wehr || ~ **overflow rate** (Hyd Eng) / Überfallschwellenbeschickung *f* (Abfluss bezogen auf die Länge der Überfallschwelle eines Absetzbeckens in m³/m · h nach DIN 4045) || ~ **reach** (Hyd Eng) / Wehrhaltung *f* || ~ **shutter** (Hyd Eng) / Wehrverschluss *m* || ~ **sluice** (Hyd Eng) / Wehröffnung *f*
**Weiss domain** (Mag, Nuc) / Weiss'scher Bezirk (in ferro- und ferrimagnetischen Stoffen - nach P. Weiss, 1865-1940), Elementarbezirk *m*
**Weissenberg camera** (Crystal, Radiol) / Weissenberg-Kamera *f* (eine Röntgenkamera) || ~ **effect** (Phys) / Weissenberg-Effekt *m* (Hochkriechen mancher nicht-Newton'scher Flüssigkeiten an einem in sie eintauchenden rotierenden Schaft - DIN 1342 - 1) || ~ **method*** (Crystal, Radiol) / Weissenberg-Verfahren *n*, Weissenberg-Methode *f*, Weissenberg-Aufnahme *f* (eine Bewegtfilmaufnahme nach K. Weissenberg, 1893-1976)

**Weiss indices** (Crystal) / Weiss'sche Indizes (heute nicht mehr gebräuchlich) ‖ ~ **molecular field** (Mag) / Weiss'sches inneres Feld, Molekularfeld n (Weiss'sche Theorie des Ferromagnetismus) ‖ ~ **theory*** (Mag) / Weiss'sche Theorie (des Ferromagnetismus) ‖ ~ **zone law** (Crystal) / Zonenverbandsgesetz n (ein kristallografisches Grundgesetz nach Ch.S. Weiss, 1780-1856)
**Weisz ring oven** (Chem) / Weisz-Ringofen m (ein Heizblock für die Tüpfelanalyse)
**Weizsäcker's theory** (Astron) / Turbulenztheorie f (eine obsolete kosmogonische Theorie nach C.F. von Weizsäcker, 1912 - )
**welcome menu** (Comp) / Eröffnungsmenü n ‖ ~ **page** (a term for both home page and splash page) (Comp) / Begrüßungsseite f ‖ ~ **screen** (Comp) / Eröffnungsbildschirm m, Begrüßungsbildschirm m
**weld** v (Eng) / fressen v (bei sich berührenden Körpern) ‖ ~ (Welding) / schweißen v (DIN 1910-1 und 55 405) ‖ ~ (together) (Welding) / verschweißen v, zusammenschweißen v ‖ ~ vi (Eng) / sich festfressen v ‖ ~ n (Welding) / Schweißstelle f ‖ ~ (Welding) / Schweißverbindung f (unlösbare, stoffschlüssige Verbindung), geschweißte Verbindung ‖ ~ (Welding) / Schweißnaht f (stoffschlüssige, durchgehende Verbindung nach DIN 1912, T 2)
**weldability** n (Welding) / Überschweißbarkeit f (der Beschichtungen, die bei den hohen Temperaturen des Schweißens keine gesundheitsgefährdenden oder toxischen Substanzen abgeben dürfen) ‖ ~ (Welding) / Verschweißbarkeit f, Schweißbarkeit f (DIN 8528-1), Schweißeignung f, Schweißfähigkeit f ‖ ~ **characteristics** (Welding) / Verschweißbarkeit f, Schweißbarkeit f (DIN 8528-1), Schweißeignung f, Schweißfähigkeit f ‖ ~ **properties** (Welding) / Verschweißbarkeit f, Schweißbarkeit f (DIN 8528-1), Schweißeignung f, Schweißfähigkeit f ‖ ~ **test** (Welding) / Schweißeignungsprüfung f ‖ ~ **test** (Welding) / Schweißbarkeitsversuch m, Schweißbarkeitsprüfung f
**weldable** adj (Welding) / schweißbar adj (DIN 8528, T 1), verschweißbar adj, schweißgeeignet adj ‖ ~ **steel** (Met) / schweißbarer Stahl
**weld attachments** (Eng, Welding) / Anschweißteile n pl ‖ ~ **backing** (Welding) / Schweißunterlage f ‖ ~ **brazing** (Welding) / Lötschweißen n, Schweißlöten n, Fugenschweißen, Fugenlöten n ‖ ~ **build-up** (Welding) / Lagenaufbau m, Nahtaufbau m (Lagenaufbau), Schweißnahtaufbau m ‖ ~ **casting** (Welding) / Gießschweißung f, Gießschweißen n ‖ ~ **cladding** (Welding) / Auftragschweißen n von Plattierungen, Schweißplattieren n ‖ ~ **cooling** (Welding) / Schweißnahtabkühlung f ‖ ~ (metal) **crack** (Welding) / Schweißnahtriss m ‖ ~ **cracking** (Welding) / Schweißnahtrissigkeit f, Schweißrissigkeit f, Nahtrissbildung f ‖ ~ **cycle** (Welding) / Schweißzyklus m, Schweißspiel n ‖ ~ **decay** (Welding) / Korrosionsneigung f durch Schweißen ‖ ~ **decay** (Welding) / Korrosion f durch Schweißen (selektive), Schweißnahtkorrosion f (selektive) ‖ ~ **defect** (Welding) / Schweißnahtfehler m, Schweißfehler m ‖ ~ **delay time** (Welding) / Schweißverzögerungszeit f ‖ ~ **deposit** (Welding) / Schweißgut n (die Schweißnaht bildendes Stoffgemisch), SG (Schweißgut)
**welded** adj (Geol) / zusammengebacken adj ‖ ~ (Welding) / geschweißt adj, verschweißt adj ‖ ~ **can** (Nut, Welding) / geschweißte Dose ‖ ~ **component** (Welding) / Schweißteil n ‖ ~ **connection** (Welding) / Schweißverbindung f (unlösbare, stoffschlüssige Verbindung), geschweißte Verbindung ‖ ~ **construction** (Welding) / Schweißkonstruktion f, geschweißte Konstruktion ‖ ~ **end** (Eng) / Vorschweißboden m (des Dampferzeugers) ‖ ~ **fabric** (Build, Civ Eng) / Baustahlmatte f (punktgeschweißte - für Stahlbeton), Betonstahlmatte f, Baustahlnetz n (S) (kaltbearbeitete Stahlstäbe, die in ihren Kreuzungspunkten durch Punktschweißung miteinander verbunden sind - DIN 488-5) ‖ ~ **fender** (US) (Autos) / geschweißter Kotflügel ‖ ~ **floating head** (Eng) / geschweißter Schwimmkopf (bei Rohrbündelapparaten nach DIN 28190) ‖ ~ **girder** (Build, Civ Eng, Welding) / Schweißträger m ‖ ~ **head** (Eng) / Vorschweißboden m (des Dampferzeugers) ‖ ~ **joint*** (Welding) / Schweißverbindung f (unlösbare, stoffschlüssige Verbindung), geschweißte Verbindung ‖ ~ **lip seal** (Eng) / Schweißlippendichtung f
**welded-on wing** (Autos) / geschweißter Kotflügel
**welded part** (Welding) / Schweißteil n
**welded-plate road bridge** (Civ Eng) / geschweißte vollwandige Straßenbrücke (DIN 4101)
**welded precision steel tube** (Met) / geschweißtes Präzisionsstahlrohr (DIN 2393 und 2394) ‖ ~ **pumice** (Geol) / Schmelztuff m, Ignimbrit m ‖ ~ **steel gill economiser** (Eng) / Rippenrohrvorwärmer m (ein Economiser), RIVO (Rippenrohrvorwärmer) ‖ ~ **structure** (Welding) / Schweißkonstruktion f, geschweißte Konstruktion ‖ ~ **tube** (Welding) / geschweißtes Rohr (das durch Einformen von Flacherzeugnissen zu einem kreisförmigen Profil und anschließendes Verschweißen hergestellt wurde - DIN 1615) ‖ ~ **tuff*** (Geol) / Schmelztuff m, Ignimbrit m ‖ ~ **wire fabric** (Build, Civ Eng) / Baustahlmatte f (punktgeschweißte - für Stahlbeton), Betonstahlmatte f, Baustahlnetz n (S) (kaltbearbeitete Stahlstäbe, die in ihren Kreuzungspunkten durch Punktschweißung miteinander verbunden sind - DIN 488-5) ‖ ~ **wire mesh** (Build, Civ Eng) / Baustahlmatte f (punktgeschweißte - für Stahlbeton), Betonstahlmatte f, Baustahlnetz n (S) (kaltbearbeitete Stahlstäbe, die in ihren Kreuzungspunkten durch Punktschweißung miteinander verbunden sind - DIN 488-5)
**welder** n (Welding) / Schweißgerät n ‖ ~ (Welding) / Schweißmaschine f ‖ ~ (Welding) / Schweißer m
**welder's flame** (Welding) / Schweißflamme f ‖ ~ **helmet** (Welding) / Schweißerhelm m ‖ ~ **outfit** (Welding) / Schweißerausrüstung f ‖ ~ **qualification test** (Welding) / Schweißerprüfung f, Prüfung f von Schweißern (DIN EN 287) ‖ ~ **screen** (Welding) / Schweißerschirm m (ein Schutzschirm) ‖ ~ **screen** (Welding) s. also welding glass ‖ ~ **shield** (Welding) / Schweißerschirm m (ein Schutzschirm)
**weld face** (Welding) / Schweißnahtoberfläche f ‖ ~ **facing** (Welding) / Schweißplattieren n, Schweißplattierung f ‖ ~ **fault** (Welding) / Schweißnahtfehler m, Schweißfehler m ‖ ~ **finish** (Welding) / Oberflächengüte f ‖ ~ **flange** (Autos, Welding) / Schweißfahne f (der als Falz ausgebildete Rand eines Karosserie-Blechteils, an dem dieses eingeschweißt wird, meist durch Punktschweißung) ‖ ~ **flash** (Welding) / Schweißbart m ‖ ~ **fume** (Welding) / Schweißdampf m, Schweißrauch m ‖ ~ **gage** (US) (Welding) / Schweißnahtlehre f, Schweißnahtmesslehre f, Nahtmesslehre f ‖ ~ **gauge** (Welding) / Schweißnahtlehre f, Schweißnahtmesslehre f, Nahtmesslehre f ‖ ~ **groove** (Welding) / Nahtfuge f ‖ ~ **groove** (Welding) / Schweißfuge f (die durch Scherenschnitt, Brennschnitt oder mechanische Vorbereitung entsteht)
**weld-groove preparation** (Welding) / Schweißfugenvorbereitung f
**weld gun** (Welding) / Schweißpistole f ‖ ~ **hardening** (Welding) / Schweißhärten n ‖ ~ **height** (Welding) / Schweißnahthöhe f ‖ ~ **in** v (Welding) / einschweißen v
**welding** n / Verschweißen n (von Metallteilchen, z.B. beim Spritzmetallisieren) ‖ ~ (Eng) / Fressen n, Fressererscheinung f (örtlich begrenztes Verschweißen von Oberflächenpartien - ein Verschleißvorgang) ‖ ~* (Welding) / Schweißen n (Stoffvereinigung durch örtliches Schmelzen der zu verbindenden Teile, meist mit Schweißzusatz - DIN 1910-1), Schweißung f, Schweißarbeit f ‖ ~ **form** (configuration) **of a** ~ **joint** (Welding) / Schweißstoß m (der Bereich, in dem Teile durch Schweißen miteinander verbunden werden) ‖ ~ **accessories** (Welding) / Schweißzubehör n ‖ ~ **apparatus** (Welding) / Schweißgerät n ‖ ~ **arc** (Welding) / Schweißlichtbogen m, Schweißbogen m ‖ ~ **area** (Welding) / Schweißbereich m ‖ ~ **bead** (Welding) / Schweißraupe f (eine Lage einer Auftragschweißung auf ein Werkstück - DIN 1912-1), Raupe f ‖ ~ **bend test** (Materials) / Aufschweißbiegeversuch m ‖ ~ **blowpipe** (Welding) / Schweißbrenner m (Gerät zur autogenen Metallbearbeitung nach DIN 8543) ‖ ~ **bottle** (Welding) / Gasflasche f (für Sauerstoff und Brenngas beim Schweißen) ‖ ~ **circuit** (Welding) / Schweißstromkreis m ‖ ~ **clamp** (Welding) / Schweiß-Gripzange, Schweißerzange f ‖ ~ **clamp** (Welding) / Rohrschweiß-Gripzange f (Gripzange mit U-förmigen Backen zum Umgreifen und zentrischen Spannen von Rohren und Rundmaterial beim Verschweißen) ‖ ~ **connector** (Welding) / Schweißkabelverbinder m ‖ ~ **converter** (Welding) / Schweißumformer m (Antriebsmotor + Generator) ‖ ~ **crack** (Welding) / Schweißriss m ‖ ~ **current** (Welding) / Schweißstrom m ‖ ~ **current regulator** (Welding) / Schweißstromregler m, Schweißstromregulierdrossel f (Lichtbogenschweißen), Druckminderventil n (Gasschweißen) ‖ ~ **current source** (Welding) / Schweißstromquelle f ‖ ~ **cycle** (Welding) / Schweißzyklus m, Schweißspiel n ‖ ~ **defect** (Welding) / Schweißfehler m (z.B. Porenbildung, Schlackeneinschlüsse usw.) ‖ ~ **distortion** (Welding) / Schweißverzug m (durch den Wärmeeintrag beim Schweißen hervorgerufene ungewollte Formänderung am Erzeugnis) ‖ ~ **drawing** (Welding) / Schweißzeichnung f ‖ ~ **duty cycle** (Welding) / Einschaltdauer f ‖ ~ **electrode** (Welding) / Schweißelektrode f ‖ ~ **engineer** (Welding) / Schweißtechniker m ‖ ~ **equipment** (Welding) / Schweißausrüstung f ‖ ~ **factor** (Welding) / Schweißfaktor m, Abminderungsfaktor m (zur Errechnung der Spannung der Schweißnaht aus der des Grundwerkstoffs) ‖ ~ **filler material** (Eng, Welding) / Zusatzwerkstoff m (zum Füllen von Schweißfugen, Lötfugen oder Lötspalten verwendeter Werkstoff - Drähte, Bänder, Stäbe, Platten, Folien und Pulver nach DIN 8571 bis 8575), Zusatzgut n, Zusatzmaterial n, Schweißzusatzwerkstoff m, Schweißzusatz m (DIN 8571) ‖ ~ **filler metal** (Eng, Welding) / Zusatzwerkstoff m (zum Füllen von Schweißfugen, Lötfugen oder Lötspalten verwendeter Werkstoff - Drähte, Bänder, Stäbe, Platten, Folien und Pulver nach DIN 8571 bis 8575), Zusatzgut n, Zusatzmaterial n, Schweißzusatzwerkstoff m, Schweißzusatz m (DIN 8571) ‖ ~ **fitting** (Welding) / Schweißfitting m n ‖ ~ **fixture** (Welding) / Schweißvorrichtung f ‖ ~ **flame** (Welding) / Schweißflamme f ‖ ~ **flux** (Welding) / Schweißflussmittel n ‖ ~ **flux** (Welding) / Schweißpulver n (granulierte Masse zum Schutz des

Schweißbades gegen Einwirkung der Atmosphäre, zur metallurgischen Beeinflussung des Schweißgutes und zur Formung der Schweißnaht - DIN 32522) ‖ ~ **force** (Welding) / Schweißpresskraft f ‖ ~ **fume** (Welding) / Schweißdampf m, Schweißrauch m ‖ ~ **gas** (Welding) / Schweißgas n (zur Erzeugung der erforderlichen Wärmeenergie für schweißtechnische Arbeiten)
**welding-gas cylinder** (Welding) / Schweißbetriebsstoffflasche f, Schweißgasflasche f
**welding generator** (Welding) / Schweißgenerator m ‖ ~ **glass** (Glass) / Schweißerschutzglas n ‖ ~ **glass** (Welding) / Schweißerglas n, Schweißglas n (ein Schutzglas) ‖ ~ **goggles** (Welding) / Schweißbrille f, Schweißerbrille f ‖ ~ **groove** (Welding) / Schweißfuge f (die durch Scherenschnitt, Brennschnitt oder mechanische Vorbereitung entsteht)
**welding-groove preparation** (Welding) / Schweißfugenvorbereitung f
**welding ground** (Welding) / Masseleitung f, Massekabel n, Erdkabel n, Erdleitung f, Erdungskabel n ‖ ~ **gun** (Welding) / Schweißpistole f ‖ ~ **handset** (Welding) / Schweißpistole f ‖ ~ **head** (Welding) / Schweißkopf m (z.B. der Schweißmaschine) ‖ ~ **heat** (Welding) / Schweißhitze f, Schweißwärme f ‖ ~ **imperfection** (Welding) / Schweißfehler m (z.B. Porenbildung, Schlackeneinschlüsse usw.) ‖ ~ **in situ** (Welding) / Feldschweißung f ‖ ~ **in the short-circuiting arc mode** (Welding) / Kurzlichtbogenschweißen n ‖ ~ **jig** (Welding) / Schweißvorrichtung f ‖ ~ **lathe** (Welding) / Schweißbank f ‖ ~ **line** (Welding) / Schweißstraße f ‖ ~ **load** (of fluid lubricants) / Schweißkraft f (DIN 51 350, T 4) ‖ ~ **machine** (Welding) / Schweißmaschine f ‖ ~ **machine** (Welding) / Schweißgerät n ‖ ~ **manipulator**\* (Welding) / Schweißvorrichtung f (kippbare, drehbare, schwenkbare), Manipulator m, Schweißmanipulator m (Handhabungseinrichtung zur Mechanisierung bestimmter Grund- oder Hilfsoperationen im technologischen Prozess der Herstellung von Schweißteilen)
**welding-neck flange** (Eng) / Vorschweißflansch m
**welding nozzle** (Welding) / Schweißdüse f, Schweißmundstück n, Schweißspitze f ‖ ~ **nut** (Eng) / Anschweißmutter f, Schweißmutter f ‖ ~ **of dissimilar metals** (Welding) / Schweißen n von nicht artgleichen Metallen ‖ ~ **of metals** (Welding) / Metallschweißen n (DIN ISO 857-1) ‖ ~ **of plastics** (Plastics) / Kunststoffschweißen n (DIN 7732, T 1) ‖ ~ **of rails** (Rail, Welding) / Schienenschweißung f ‖ ~ **of ships** (Ships) / Schiffsschweißen n ‖ ~ **operator** (Welding) / Schweißer m ‖ ~ **outlet** (Welding) / Steckdose f (für die Schweißarbeiten) ‖ ~ **parameter** (Welding) / Schweißparameter m ‖ ~ **paste** (Welding) / Schweißpaste f ‖ ~ **platform** (Welding) / Schweißbühne f ‖ ~ **pool** (Welding) / Schweißbad n, Schweiße f, Bad n ‖ ~ **portal** (Welding) / Schweißportal n ‖ ~ **position** (Welding) / Schweißposition f (räumliche Stellung der Schweißteile während des Schweißvorgangs - nach DIN 1912) ‖ ~ **positioner** (Welding) / Schweißvorrichtung f (kippbare, drehbare, schwenkbare), Manipulator m, Schweißmanipulator m (Handhabungseinrichtung zur Mechanisierung bestimmter Grund- oder Hilfsoperationen im technologischen Prozess der Herstellung von Schweißteilen) ‖ ~ **powder** (Welding) / Schweißpulver n (granulierte Masse zum Schutz des Schweißbades gegen Einwirkung der Atmosphäre, zur metallurgischen Beeinflussung des Schweißgutes und zur Formung der Schweißnaht - DIN 32522) ‖ ~ **power source** (Welding) / Schweißstromquelle f ‖ ~ **pressure** (Welding) / Schweißdruck m ‖ ~ **process** (Welding) / Schweißverfahren n (DIN 1910-1) ‖ ~ **process involving mechanical pressure** (US) (Welding) / Pressschweißen n (DIN 1910-2), Pressschweißverfahren n, Pressschweißung f (Vereinigen metallischer Werkstoffe ohne Zusatzwerkstoff unter Druck bei örtlich begrenzter Erwärmung, Druckschweißen n (DIN EN ISO 6520) ‖ ~ **program** (Comp, Welding) / Schweißprogramm n ‖ ~ **puddle** (Welding) / Schweißbad n, Schweiße f, Bad n ‖ ~ **quality** (Welding) / Schweißgüte f ‖ ~ **rectifier** (Welding) / Schweißgleichrichter m ‖ ~ **regulator**\* (Elec Eng) / Schweißstromsteller m, Schweißregler m ‖ ~ **robot** (Welding) / Schweißroboter m, Schweißindustrieroboter m (ein automatisierter Schweißmanipulator
**welding-robot positioning** (Welding) / Schweißroboterpositionierung f
**welding rod**\* (Welding) / stabförmiger Zusatzwerkstoff, Zusatzstab m (eine Lieferform des Zusatzwerkstoffes), Schweißstab m ‖ ~ **schedule** (Welding) / Schweißplan m (Gesamtheit des unterteilten technologischen Ablaufs für das Schweißen eines Erzeugnisses) ‖ ~ **sensor** (Welding) / Schweißsensor m ‖ ~ **sequence** (Welding) / Schweißfolge f, Reihenfolge f der Schweißoperation ‖ ~ **set** (Welding) / Schweißgerät n ‖ ~ **set**\* (Welding) / Schweißaggregat n ‖ ~ **shrinkage** (Welding) / Schweißschrumpfung f ‖ ~ **smoke** (Welding) / Schweißdampf m, Schweißrauch m ‖ ~ **spats** (Welding) / Beinschutz m, Schweißergamaschen f pl ‖ ~ **spatter** (Welding) / Schweißspritzer m pl, Spritzer m pl ‖ ~ **speed** (Welding) / Schweißgeschwindigkeit f (Quotient aus dem vom Schweißbrenner entlang dem Schweißstoß zurückgelegten Weg und der Grundzeit des Schweißprozesses) ‖ ~ **steel** (Met) / schweißbarer Stahl ‖ ~ **stress** (Mech, Welding) / Schweißspannung f ‖ ~ **strip** (Welding) / Schweißband n
**welding-surface preparation** (Welding) / Schweißflächenvorbereitung f
**welding symbol** (Welding) / Schweißzeichen n, Schweißnahtsinnbild n ‖ ~ **technologist** (Welding) / Schweißtechnologe m ‖ ~ **temperature** (Welding) / Schweißtemperatur f ‖ ~ **thermite** (Met, Welding) / Thermit n (ein Gemisch von Eisenoxiden und Aluminiumpulver, bei dessen Verbrennung sehr hohe Temperaturen entstehen) ‖ ~ **time** (Welding) / Schweißzeit f (die für die reine Schweißarbeit notwendig ist - Hauptzeit) ‖ ~ **timer** (Welding) / Schweißbegrenzer m, Schweißtakter m ‖ ~ **tip** (Welding) / Schweißdüse f, Schweißmundstück n, Schweißspitze f ‖ ~ **tongs** (Welding) / Schweißzange f ‖ ~ **torch** (Welding) / Schweißbrenner m (Gerät zur autogenen Metallbearbeitung nach DIN 8543) ‖ ~ **transformer**\* (Welding) / Schweißtransformator m, Schweißumspanner m, Schweißtrafo m ‖ ~ **unit** (Welding) / Schweißaggregat n ‖ ~ **vee** (Welding) / Schweißfuge f (die durch Scherenschnitt, Brennschnitt oder mechanische Vorbereitung entsteht) ‖ ~ **voltage** (Elec Eng, Welding) / Schweißspannung f ‖ ~ **warpage** (Welding) / Schweißverzug m (durch den Wärmeeintrag beim Schweißen hervorgerufene ungewollte Formänderung am Erzeugnis) ‖ ~ **web** (Build) / Schweißbahn f (flüssige - zur Abdichtung, zur Dachpflege und zur Dachsanierung) ‖ ~ **wire** (Eng, Welding) / drahtförmiger Zusatzwerkstoff, Zusatzdraht m (eine Lieferform des Zusatzwerkstoffes - DIN 8571), Schweißdraht m (DIN 8571) ‖ ~ **with pressure** (Welding) / Pressschweißen n (DIN 1910-2), Pressschweißverfahren n, Pressschweißung f (Vereinigen metallischer Werkstoffe ohne Zusatzwerkstoff unter Druck bei örtlich begrenzter Erwärmung, Druckschweißen n (DIN EN ISO 6520) ‖ ~ **workstation** (Welding) / Schweißarbeitsplatz m
**weld-in panel** (Autos) / Einschweißblech n (ein Reparaturblech) ‖ ~ **section** (Autos) / Einschweißblech n (ein Reparaturblech)
**weld interval** (Welding) / Schweißzeit f (beim Mehrimpulsschweißen) ‖ ~ **joint** (Welding) / Schweißstoß m, Stoß m (Anordnung, in der die Werkstücke verschweißt werden sollen) ‖ ~ **junction** (Welding) / Bindegrenzschicht f, Bindefläche f ‖ ~ **lathe** (Welding) / Schweißbank f ‖ ~ **layer** (Welding) / Schweißlage f
**weld-layer sequence** (Welding) / Lagenfolge f
**weld line** (Plastics) / Schweißlinie f ‖ ~ **line** (Welding) / Schweißlinie f ‖ ~ **lines** (Plastics) / Fließnähte f pl, Bindenähte f pl, Fließlinien f pl (Fehler) ‖ ~ **material** (Welding) / Schweißwerkstoff m
**weldment**\* n (Welding) / Schweißkonstruktion f, geschweißte Konstruktion
**weld metal** (Welding) / Schweißgut n (die Schweißnaht bildendes Stoffgemisch), SG (Schweißgut) ‖ ~ **nugget** (spot welding) (Welding) / Schweißlinse f ‖ ~ **nut** (Eng) / Anschweißmutter f, Schweißmutter f ‖ ~ **on** v / aufschmelzen v, schmelzflüssig aufbringen (eine Bleischicht) ‖ ~ **on** (Welding) / anschweißen v ‖ ~ **on(to)** (Welding) / aufschweißen v (auf)
**weld-on end** (Eng) / Vorschweißboden m (des Dampferzeugers) ‖ ~ **head** (Eng) / Vorschweißboden m (des Dampferzeugers) ‖ ~ **wing** (Autos) / geschweißter Kotflügel
**weldor's platform** (Welding) / Schweißbühne f ‖ ~ **screen** (Welding) / Schweißerschirm m (ein Schutzschirm)
**weld parameter** (Welding) / Schweißparameter m ‖ ~ **pass** (Welding) / Schweißlage f (Raupe), Lage f ‖ ~ **penetration** (Welding) / Einbrandtiefe f, Einbrand m (Einbrandtiefe)
**weld(ing) point** (Welding) / Schweißstelle f
**weld pool** (Welding) / Schweißbad n, Schweiße f, Bad n
**weld-pool backing-up** (Welding) / Schweißbadsicherung (um ein Durchsacken des Schweißbades beim Schweißen der Wurzellage zu verhindern und gleichzeitig zur besseren Formung der Wurzellage beizutragen)
**weld pore** (Welding) / Pore f in der Schweißnaht ‖ ~ **position** (Welding) / Schweißposition f (räumliche Stellung der Schweißteile während des Schweißvorgangs - nach DIN 1912) ‖ ~ **preparation** (Welding) / Schweißnahtvorbereitung f ‖ ~ **profile** (Welding) / Nahtprofil n ‖ ~ **puddle** (Welding) / Schweißbad n, Schweiße f, Bad n ‖ ~ **reinforcement** (Welding) / Schweißnahtüberhöhung f (DIN 1912-1), Nahtüberhöhung f (zwischen der höchsten Stelle der Oberfläche einer Schweißnaht und der oberen Einbrandgrenze im Schweißteil), Schweißkuppe f, Schweißwölbung f ‖ ~ **ripples** (Welding) / Schuppung f der Naht ‖ ~ **root** (Welding) / Schweißwurzel f, Nahtwurzel f ‖ ~ **run** (Welding) / Schweißlage f (Raupe), Lage f ‖ ~ **screen** (Welding) / Schweißerschirm m (ein Schutzschirm) ‖ ~ **seam** (Welding) / Schweißnaht f (stoffschlüssige, durchgehende Verbindung nach DIN 1912, T 2) ‖ ~ **section** (Welding) / Schweißnahtquerschnitt m
**weld-sensitive** adj (Welding) / schweißempfindlich adj
**weld shield** (Welding) / Schweißerschirm m (ein Schutzschirm) ‖ ~ **shielding** (Welding) / Nahtschutz m
**weld-shut** v (Welding) / zuschweißen v (Löcher)

**weld slag** (Welding) / Schweißschlacke f ‖ ~ **smoke** (Welding) / Schweißdampf m, Schweißrauch m ‖ ~ **speed** (Welding) / Schweißgeschwindigkeit f (Quotient aus dem vom Schweißbrenner entlang den Schweißstoß zurückgelegten Weg und der Grundzeit des Schweißprozesses) ‖ ~ **splashes** (Welding) / Spritzer m pl (DIN EN ISO 6520) ‖ ~ **strength** (Welding) / Schweißnahtfestigkeit f ‖ ~ **structure** (Welding) / Schweißnahtgefüge n, Schweißgefüge n, Schweißnahtstruktur f
**weld-surface preparation** (Welding) / Schweißflächenvorbereitung f
**weld symbol** (Welding) / Schweißzeichen n, Schweißnahtsinnbild n ‖ ~ **testing** (Welding) / Schweißnahtprüfung f ‖ ~ **time** (Welding) / Schweißzeit f (die für die reine Schweißarbeit notwendig ist - Hauptzeit) ‖ ~ **torch** (Welding) / Schweißbrenner m (Gerät zur autogenen Metallbearbeitung nach DIN 8543) ‖ ~ **void** (Welding) / Pore f in der Schweißnaht ‖ ~ **voltage** (Elec Eng, Welding) / Schweißspannung f ‖ ~ **width** (Welding) / Schweißnahtbreite f ‖ ~ **wire** (Eng, Welding) / drahtförmiger Zusatzwerkstoff, Zusatzdraht m (eine Lieferform des Zusatzwerkstoffes - DIN 8571), Schweißdraht m (DIN 8571) ‖ ~ **without reinforcement** (Welding) / Flachnaht f (eine Kehlnaht) ‖ ~ **with reinforcement** (Welding) / Wölbnaht f (eine Kehlnaht), überhöhte Naht (mit konvex gewölbter Fläche)
**welfare state** / Wohlfahrtsstaat m (Versorgungsstaat)
**well** vi / quellen v, fließen v (aus einer Quelle), sprudeln v ‖ ~ **n** (Build) / Schacht m (Fahrstuhl-, Licht-, Luft-), Deckenöffnung f ‖ ~ (Build) / Treppenloch n, Treppenöffnung f (zwischen den Lichtwangen einer mehrläufigen Treppe) ‖ ~ (stairwell) (Build) / Treppenauge n (vom Treppenlauf umschlossener freier Raum - DIN 18 064-1) ‖ ~ (Build, Civ Eng, Hyd Eng) / Brunnen m (künstlicher Zugang zum Grundwasservorkommen - DIN 4046) ‖ ~ (Electronics) / Wanne f (z.B. in CMOS-Elementen) ‖ ~ (Hyd Eng) / Absturz m (Querbauwerk in einem Wasserlauf), Absturzbauwerk n, Sohlabsturz m ‖ ~ (Met) / Gestell n (eines Kupolofens) ‖ ~ (Oils) / Bohrloch n (verrohrtes), Sonde f, Bohrung f ‖ ~ (Phys) / Schutzrohr n (des Thermometers) ‖ ~ **adherent** adj (Chem, Phys) / haftfest, adhäsiv adj, haftend adj, anhaftend adj
**well-balanced** adj / ausgewogen adj (Konzept)
**well-base rim** (Autos) / 5-Grad-Tiefbettfelge f, Tiefbettfelge f (DIN 70023)
**wellbore** n (Oils) / Bohrloch n (verrohrtes), Sonde f, Bohrung f (fündige) ‖ ~ **hydraulics** (Oils) / Hydraulik f der Fördersonde
**well borer** (Civ Eng) / Brunnenbauer m ‖ ~ **capacity** (Hyd Eng) / Brunnenschüttung f (Hyd Eng) / Brunnenrohr n ‖ ~ **casing** (Mining, Oils) / Verrohrung f, Casing n
**well-conditioned*** adj (Surv) / gleichseitig adj (annähernd)
**well crew** (Mining, Oils) / Bohrmannschaft f ‖ ~ **curb** (Hyd Eng) / Brunneneinfassung f ‖ ~ **cuttings** (Oils) / Bohrklein n, Bohrmehl n ‖ ~ **deck** (an open space on the main deck of a ship, lying at a lower level between the forecastle and pop) (Ships) / Welldeck n, Brunnendeck n
**well-deck vessel** (Ships) / Welldeckschiff n
**well-defined** adj / genau abgegrenzt, scharf konturiert
**well-defined** adj (AI, Maths) / wohldefiniert adj, gut definiert
**well digger** (Civ Eng) / Brunnenbauer m
**well-distinguishable** adj (Maths) / wohl unterscheidbar
**well diverter** (Oils) / Bohrloch-Diverter m (ein Blowout-Preventer großen Durchgangs mit Nennarbeitsdrücken unter 7,000.000 Pa) ‖ ~-**done** adj (Nut) / gut durchgebraten (Fleisch) ‖ ~ **drain** (a well excavated or drilled mainly for drainage purposes) (Hyd Eng) / Sickerschacht m (für Grundwasser) ‖ ~ **drainage** (Hyd Eng) / Brunnendränung f, Schluckbrunnendränung f ‖ ~ **driller** (Civ Eng) / Brunnenbauer m ‖ ~ **field** (Hyd Eng) / Brunnenfeld n
**well-filtered** adj (Photog) / sauber gefiltert (Wasser)
**well-formed** adj (AI, Comp, Maths) / wohlformuliert adj (Aussage, Problem, Programm, Satz) ‖ ~ **formula** / prädikatenlogischer Ausdruck, Ausdruck m des Prädikatenkalküls, P-Ausdruck m ‖ ~ **formula** (Comp, Maths) / wohlformulierte Formel
**well foundation*** (Civ Eng) / Senkbrunnengründung f (eine veraltete Flächengründungsart)
**well-head** n (Hyd Eng) / Brunnenkopf m ‖ ~* (Oils) / Bohrlochkopf m ‖ ~ **pressure** (Oils) / Bohrlochkopfdruck m
**well hung** (of meat or game) (Nut) / abgehangen adj
**well-hung** adj (Nut) / abgehangen adj
**wellington** n / langer Stiefel (Gummi oder Kunststoff), Marschstiefel m ‖ ~ **boot** / langer Stiefel (Gummi oder Kunststoff), Marschstiefel m
**wellingtonia** n (For) / Mammutbaum m (Sequoiadendron Buchholz sp. - als Gattung), Wellingtonia f (pl. -ien), Wellingtonie f
**well intake** (Hyd Eng) / Brunnenzulauf m ‖ ~ **interference** (Hyd Eng) / gegenseitige Brunnenbeeinflussung
**well-introduced** adj / eingeführt adj (Artikel)
**well killing** (Oils) / Bekämpfung f des katastrophalen Blowouts
**well-lit** adj (Light) / gut beleuchtet

**well location** (Oils) / Bohrstelle f, Bohrlochansatzpunkt m ‖ ~ **logging** (Mining, Oils) / Karottage f, Messung f (im Bohrloch), Bohrlochmessung f, Geophysik f im Bohrloch, Carottage f
**well-matched** adj / richtig angepasst
**well-mixed reactor** (San Eng) / Mischbelebungsbecken n, total durchmischtes Becken, vollständiges Mischbecken
**well•-moderated** adj (Nuc Eng) / gutmoderiert adj (multiplizierendes Medium) ‖ ~-**ordered set*** (Maths) / wohlgeordnete Menge
**well-ordering principle** (Maths) / Wohlordnungssatz m (nach Zermelo) ‖ ~ **principle** (Maths) s. also Zorn's lemma ‖ ~ **set** (Maths) / wohlordnende Menge
**well out of control** (Oils) / ausgebrochene Bohrung ‖ ~ **permit** (Oils) / Bohrgenehmigung f
**wellpoint** n (Civ Eng, Ecol) / Grundwassersaugrohr n, Grundwasserbohrrohr n, Rohrbrunnen m (zur Grundwasserabsenkung), Filterrohr n (zur Entnahme des oberflächennahen Grundwassers) ‖ ~ **system** (Hyd Eng) / Grundwasserabsenkung f (mit Hilfe von Grundwasserbohrrohren)
**well-posed problem** (Maths) / korrekt gestelltes Problem, sachgemäßes Problem
**well protector** (Oils) / Plattform f für den Bohrlochkopf (eingerammt über den Wasser - in der Offshore-Technik)
**well-pump switch** (Elec Eng) / Brunnenschalter m, Brunnenwächter m
**well record** (Hyd Eng) / Brunnenprotokoll n ‖ ~ **screen** (Hyd Eng) / Kiesfilter n (Sieb), Siebrohr n (wenn man Wasser aus kiesigem Untergrund pumpt) ‖ ~ **section** (Hyd Eng) / Brunnenprofil n (vertikales)
**well-service operation** (Oils) / Bohrlocharbeit f ‖ ~ **unit** (Oils) / Bohrlochbehandlungsanlage f
**well shooting** (Oils) / Torpedieren n (zur Erleichterung des Erdölzuflusses zu einer Bohrung), Bohrlochtorpedierung f ‖ ~ **sinker** (Civ Eng) / Brunnenbauer m ‖ ~ **sinking** (Civ Eng, Hyd Eng) / Brunnenbau m ‖ ~ **spacing** (Oils) / Bohrlochabstand m ‖ ~ **stimulation** (Oils) / Bohrlochstimulation f
**well-strobe marker** (Radar) / U-Marke f
**well-thumbed** adj / abgegriffen adj (durch häufiges Anfassen)
**well-trained staff** / fachlich geschultes Personal
**well-type barometer** (Meteor) / Gefäßbarometer n (ein Quecksilberbarometer) ‖ ~ **manometer** (Phys) / Einschenkelmanometer n (ein Flüssigkeitsmanometer)
**well-used** adj (Textiles) / abgetragen adj (Kleidungsstück)
**well-washed sand** / gewaschener Sand
**well water** (San Eng) / Brunnenwasser n
**well-wooded** adj (For, Geog) / waldreich adj
**well-worn** adj (Textiles) / abgetragen adj (Kleidungsstück)
**Welsbach burner** (Electronics) / Auerbrenner m
**Welsh arch** (Arch) / Ohrbogen m (ein kleiner scheitrechter Bogen) ‖ ~ **dry steam coal** (GB) (containing between 9 and 19,5% volatile matter) (Mining) / Magerkohle f (10-14% an Flüchtigem), Esskohle f (Steinkohle mit 14-19% flüchtigen Bestandteilen) ‖ ~ **groin*** (Arch, Build) / Kreuzgewölbe n (mit zwei Tonnengewölben ungleichen Querschnitts), unterschrägtes Gewölbe ‖ ~ **vault** (Arch) / Kreuzgewölbe n (mit zwei Tonnengewölben ungleichen Querschnitts), unterschrägtes Gewölbe
**welt** v (Textiles) / säumen v (mit Biese), rändern v, einfassen v (mit Biese), mit fester Kante versehen ‖ ~ **n** / Rahmen m (an dem Sohle und Zwischensohle angenäht oder angeklebt werden), Einstechrahmen m (des Schuhes) ‖ ~ (Eng) / Rollrand m (einer Dose) ‖ ~ (Eng, Textiles) / Einfassung f ‖ ~* (Plumb) / liegender Falz, Liegefalz m, Querfalz m ‖ ~* (Textiles) / Patentrand m (Ränderware) ‖ ~ (Textiles) / Keder m (Randverstärkung) ‖ ~* (Weaving) / Oberrand m, fester Anfang ‖ ~ **beating machine** / Rahmenklopfmaschine f ‖ ~ **butting machine** / Rahmendoppelmaschine f (eine Schuhmaschine)
**welted** adj / rahmengenäht adj ‖ ~ **seam** (Textiles) / Paspelnaht f ‖ ~ **shoe** (Leather) / Rahmenschuh m (genähter)
**welting** n (Autos) / Keder m (Dichtungsleiste aus Kunststoff oder Gummi), Kederleiste f ‖ ~ (Textiles) / Keder m (Randverstärkung) ‖ ~ (Textiles) / Biese f (Ziernaht) ‖ ~ **belly** (Leather) / Einstechleder n (Lederstreifen für den Schuhbodenbau), Einstechleder n
**welt leather** (Leather) / Rahmenleder n (Lederstreifen für den Schuhbodenbau), Einstechleder n
**weltless** adj / rahmenlos adj (Schuh)
**welt machine** (Textiles) / Paspelmaschine f ‖ ~ **pocket** (Textiles) / Schubtasche f (schräg angesetzte - vorn an Jacke, Mantel, Kleid ) ‖ ~ **seam** (Textiles) / Paspelnaht f ‖ ~ **shoe** (Leather) / Rahmenschuh m (genähter)
**wengé** n (For) / Kongopalisander m, Wengé n (das harte, kaffeebraune, schwarz gestreifte Holz von Milletia laurentii aus dem Kongogebiet)
**W-engine** n (Aero) / W-Motor m (ein Kolbenflugmotor mit W-förmiger Anordnung dreier Zylinderreihen) ‖ ~ (I C Engs) / Fächermaschine f (bei der die Pleuel der zum Fächer gehörenden Zylinder auf einer Kröpfung der Kurbelwelle gelagert sind)

**Wenner** (electrode) **array** (Geol) / Wenner'sche Elektrodenanordnung (beim Widerstandsverfahren)

**Wentzel•-Kramers-Brillouin-Jeffreys approximation** (Phys) / quasiklassische Näherung, Wentzel-Kramers-Brillouin-Näherung $f$, WKB-Näherung $f$, WKB-Methode $f$ (Lösung der eindimensionalen Schrödinger-Gleichung - nach G. Wentzel, 1898-1978, H.A. Kramers, 1894-1952, und L. Brillouin, 1889-1969) ‖ **≃-Kramers-Brillouin method** (Phys) / quasiklassische Näherung, Wentzel-Kramers-Brillouin-Näherung $f$, WKB-Näherung $f$, WKB-Methode $f$ (Lösung der eindimensionalen Schrödinger-Gleichung - nach G. Wentzel, 1898-1978, H.A. Kramers, 1894-1952, und L. Brillouin, 1889-1969)

**Werner complex** (Chem) / Koordinationsverbindung $f$ (nach A. Werner, 1866-1919)

**wernerite** $n$ (Min) / Skapolith $m$, Wernerit $m$

**Werner-Pfleiderer mixer** (Chem Eng) / Z-Blatt-Mischer $m$, Sigma-Kneter $m$, Pfleiderer $m$, Mischer $m$ mit Z-Schaufel

**Werner's theory*** (Chem) / Werner'sche Theorie (Koordinationslehre nach dem schweizerischen Chemiker A. Werner, 1866-1919)

**Wertheim effect** (Mag) / Wiedemann-Effekt $m$, Wertheim-Effekt $m$ (Änderung des magnetischen Zustandes eines ferromagnetischen Stabs oder Drahts unter Einfluss einer Torsionsspannung)

**West African cedar** (For) / Sapelli $n$ (ein Ausstattungs- und Möbelholz aus dem westafrikanischen Zedrachgewächs Entandrophragma cylindricum Sprague), Sapelemahagoni $n$ ‖ **≃ Coast hemlock** (For) / Westliche Hemlocktanne, Tsuga heterophylla (Raf.) Sarg.

**Westcott flux*** (Nuc Eng) / Westcott-Flussdichte $f$

**westerly** $n$ (Meteor) / Westwind $m$ ‖ **~ wave** (Meteor) / Westerly wave $f$ (eine atmosphärische Wellenströmung innerhalb der Westwinddrift) ‖ **~ wind** (Meteor) / Westwind $m$

**western arborvitae** (For) / Western Red Cedar (Thuja plicata Donn ex D. Don), Riesenlebensbaum $m$ ‖ **≃ blot** (Gen) / Western-Blotting $n$ (ein Blotting mit Übertragung von Proteinen - eine Analogiebildung zu Southern-Blotting), Western-Transfer $m$, Immunblotting $n$ ‖ **~ blot test** (Gen) / Western-Blotting $n$ (ein Blotting mit Übertragung von Proteinen - eine Analogiebildung zu Southern-Blotting), Western-Transfer $m$, Immunblotting $n$ ‖ **~ blotting*** (Gen) / Western-Blotting $n$ (ein Blotting mit Übertragung von Proteinen - eine Analogiebildung zu Southern-Blotting), Western-Transfer $m$, Immunblotting $n$ ‖ **~ hemlock** (For) / Westliche Hemlocktanne, Tsuga heterophylla (Raf.) Sarg. ‖ **~ larch** (For) / Westamerikanische Lärche (Larix occidentalis Nutt.) ‖ **~ plug** (Comp) / RJ45-Stecker $m$ (achtpoliger Stecker für verdrillte Leitungen) ‖ **~ red cedar*** (For) / Western Red Cedar $n$ (handelsübliche Benennung des Holzes der Thuja plicata Donn ex D. Don) ‖ **~ turbine** (Eng) / Westernturbine (die in ihrem Aufbau dem herkömmlichen Windrad ähnelt) ‖ **≃ Union splice** (US) (Elec Eng) / Wickellötstelle $f$, Wickellötverbindung $f$ ‖ **≃ white pine** (For) / Gebirgsstrobe $f$ (Pinus monticola Dougl. ex D. Don) ‖ **≃ yellow pine** (For) / Gelbkiefer $f$ (Pinus ponderosa Douglas ex C. Lawson), Goldkiefer $f$ ‖ **≃ yew** (For) / Pazifische Eibe (Taxus brevifolia Nutt.)

**West Indian boxwood** (For) / Zapatero $n$ (Gossypiospermum praecox) ‖ **≃ Indian ebony*** (For) / Kokusholz $n$ (westindisches Edelholz aus Brya sp.), Cocuswood $n$ ‖ **≃ Indian mahogany** (For) / Mahagoniholz $n$ (Westindisches - aus Swietenia mahagoni (L.) Jacq.), Westindisches Mahagoni $n$ ‖ **≃ Indian satinwood** (For) / Westindisches Satinholz (von dem Rautengewächs Zanthoxylum flavum Vahl), Espenille $n$, Atlasholz $n$ ‖ **≃ Indies** (For) / Mahagoniholz $n$ (Westindisches - aus Swietenia mahagoni (L.) Jacq.), Westindisches Mahagoni

**Westinghouse brake** (Rail) / Westinghousebremse $f$ (eine alte einlösige Eisenbahnbremse - nach G. Westinghouse, 1846-1914)

**west key** (Comp) / Cursorpfeil $m$ rechts (Taste)

**Westlake process** (Glass) / Herstellung $f$ des Weißhohlglases mit der Westlake-Maschine

**Weston film• speed** (Photog) / Filmempfindlichkeit $f$ nach Weston ‖ **≃ normal cell** (Elec) / Normalelement $n$ (galvanisches Element mit hochkonstanter elektrischer Spannung), Weston-Normalelement $n$ (ein Cadmiumelement), Weston-Standardelement $n$ (nach E. Weston, 1850-1936)

**Weston-Scheiner film speed** (Photog) / Filmempfindlichkeit $f$ in Scheiner-Graden (nach J. Scheiner, 1858-1913 - heute nicht mehr benutzt)

**Weston standard cadmium cell*** (Elec) / Normalelement $n$ (galvanisches Element mit hochkonstanter elektrischer Spannung), Weston-Normalelement $n$ (ein Cadmiumelement), Weston-Standardelement $n$ (nach E. Weston, 1850-1936) ‖ **≃ standard cell** (Elec) / Normalelement $n$ (galvanisches Element mit hochkonstanter elektrischer Spannung), Weston-Normalelement $n$ (ein Cadmiumelement), Weston-Standardelement $n$ (nach E. Weston, 1850-1936)

**Westphal balance*** (Phys) / Mohr'sche Waage (zur Bestimmung der Dichte von Flüssigkeiten nach C.F. Mohr, 1806-1879), Mohr-Westphal'sche Waage

**west point** (Astron) / Abendpunkt $m$, Westpunkt $m$

**West's solution** (Chem, Min) / West-Lösung $f$ (zur Bestimmung der Brechungsindizes von Mineralien)

**wet** $v$ / nass machen, befeuchten $v$, anfeuchten $v$, feucht machen, nässen $v$ ‖ **~** (Ceramics) / einsumpfen $v$, sumpfen $v$ ‖ **~** $adj$ / feucht $adj$ ‖ **~** / nass $adj$ ‖ **~** (Paper) / schmierig $adj$ (Faserstoff) ‖ **~ adhesion** (resistance) / Nasshaftfestigkeit $f$ ‖ **~ adiabat** (Meteor) / Feuchtadiabate $f$, Kondensationsadiabate $f$, Pseudoadiabate $f$ ‖ **~ air filter** (Autos) / Nassluftfilter $n$ ‖ **~ and dry abrasive paper** (Paint) / Schleifpapier $n$ für Trocken- und Nassschliff ‖ **~ and dry bulb hygrometer*** (Meteor) / Psychrometer $n$ (zur Messung der relativen Luftfeuchte) ‖ **~ and dry bulb hygrometer*** (Meteor) / Aspirationspsychrometer $n$ (Aßmann'sches), Aßmann-Aspirationspsychrometer $n$ (nach R. Aßmann, 1845 -1918) ‖ **~ and dry sanding paper** (Eng) / Nassschleifpapier $n$ ‖ **~ application** (Paper) / Nassauftrag $m$ ‖ **~ ash** / Nassasche $f$ ‖ **~ ashing** (Chem Eng) / nasses Veraschen, Veraschen $n$ auf nassem Wege ‖ **~ assay*** (Chem, Met) / nasse Probe, Nassprobe $f$ ‖ **~ back** $v$ (Leather) / broschieren $v$, aufbroschieren $v$ ‖ **~ barking** (For) / Nassentrindung $f$

**wet-beaten*** $adj$ (Paper) / schmieriggemahlen $adj$

**wet blast cleaning** (Foundry) / nasses Abstrahlen $n$, Wasserputzstrahlen $n$, Nassputzen $n$ (von Gussstücken), Nassstrahlen $n$, Nasssandstrahlen $n$ ‖ **~ blasting** (Build, Paint) / Feuchtstrahlen $n$ (ein Strahlsystem, welches als umweltfreundliche Sonderanwendung des Druckluftstrahlens durch Eindüsen geringer Wassermengen in Form feiner Tropfen oder von Wasserdampf in den Druckluft-Strahlmittelstrom eine wesentlich bessere Staubbindung als das Nassdruckluftstrahlen erreicht) ‖ **~ blasting** (Eng) / Strahlläppen (Spanen mit losem, in einem Flüssigkeitsstrahl hoher Geschwindigkeit geführten Korn zur Verbesserung der Oberfläche meist vorgearbeiteter Werkstücke) ‖ **~ blasting** (Foundry) / nasses Abstrahlen $n$, Wasserputzstrahlen $n$, Nassputzen $n$ (von Gussstücken), Nassstrahlen $n$, Nasssandstrahlen $n$ ‖ **~ blue** (Leather) / Wetblue-Leder $n$, Wetblue $n$, chromgares ungetrocknetes Leder als Halbfabrikat (bei der Zweibadchromgerbung)

**wet-blue leather** (Leather) / Wetblue-Leder $n$, Wetblue $n$, chromgares ungetrocknetes Leder als Halbfabrikat (bei der Zweibadchromgerbung)

**wet-bottom boiler** (Eng) / Schmelzkammerkessel $m$, Kessel $m$ mit flüssiger Entaschung, Kessel $m$ mit flüssigem Aschenabzug

**wet-bulb potential temperature*** (Meteor) / feuchtpotentielle Temperatur, potentielle Feuchttemperatur ‖ **~ temperature*** (Phys) / Feuchttemperatur $f$

**wet•-bulb thermometer** (Phys) / Verdunstungsthermometer $n$ (z.B. in einem Aspirations-Psychrometer-Thermometer), Feuchtthermometer $n$ (des Psychrometers) ‖ **~ carbonizing** (Textiles) / nasse Karbonisation, Nasskarbonisation $f$ (der Wolle), nasses Karbonisieren ‖ **~ cell*** (Chem, Elec Eng) / nasse Zelle, Nasselement $n$, Füllelement $n$ ‖ **~ cementation** (For) / Nassklebung $f$ (des Sperrholzes - heute nicht mehr verwendet) ‖ **~ chemical etching** (Electronics) / nasschemisches Ätzen ‖ **~ chemicking** (Textiles) / Nassbehandlung $f$ (z.B. Chloren oder Bleichen) ‖ **~ chip** (For) / Nassspan $m$ ‖ **~ cleaning** (Min Proc) / nassmechanische Aufbereitung, Nassaufbereitung $f$ ‖ **~ cleaning** (Textiles) / Nasswäsche $f$, Nassreinigung $f$, Waschen $n$ (im Wasser) ‖ **~ clutch** (Autos) / Ölbadkupplung $f$, Nasskupplung $f$ (im Ölbad) ‖ **~ coating** (Paint) / Nasslackierung $f$ ‖ **~ collector** (Chem Eng) / Nassabscheider $m$ (z.B. Venturi-Wäscher, Rotationswäscher, Strahlwäscher), Wäscher $m$, Wascher $m$ (ein Nassabscheider)

**wet-colour printing** (Paper, Print) / Nass-in-Nass-Druck $m$

**wet compass** / Fluidkompass $m$, Schwimmkompass $m$ ‖ **~ concrete** (Civ Eng) / junger Beton, Frischbeton $m$ (der verarbeitet werden kann - DIN 1048-1) ‖ **~ cooling tower** / Verdunstungskühlturm $m$, Nasskühlturm $m$ ‖ **~ copier** / Nasskopierer $m$ ‖ **~ cork** / Nasskork $m$ ‖ **~** (electrochemical) **corrosion** (Surf) / nasse (elektrochemische) Korrosion (bei Anwendung eines Elektrolyten), Nasskorrosion $f$ ‖ **~ crease fastness** (Textiles) / Nassknitterechtheit $f$ ‖ **~ criticality** (Nuc Eng) / nasse Kritikalität (mit Kühlmittel) ‖ **~ crushing** (Eng) / Nasszerkleinerung $f$ ‖ **~ cylinder sleeve** (IC Engs) / nasse Laufbuchse, nasse Zylinderlaufbuchse ‖ **~ dash** (Build) / Schlämmputz $m$, Rieselputz $m$, Mauerwaschputz $m$, Erlweinputz $m$, Kiesraputz $m$, Münchner Rauputz (DIN 18 550) ‖ **~ decating** (US) (Textiles) / Nassdekatur $f$, Nassdekatieren $n$ (mit heißem Wasser) ‖ **~ decatizing** (GB) (Textiles) / Nassdekatur $f$, Nassdekatieren $n$ (mit heißem Wasser) ‖ **~ dedusting** / Nassentstaubung $f$ (unter Anwendung von Wasser) ‖ **~ density** (Civ Eng) / Nassdichte $f$ (des Bodens) ‖ **~ deposit** (Ecol, Meteor) / nasser Fallout ‖ **~ deposition*** (Ecol, Meteor) / nasse Deposition (wenn die Spurenstoffe sich im Wasserdampf der Luft lösen und mit dem Niederschlag

**wet**

ausgewaschen werden) || **~ desulphurization** (Chem Eng, Ecol) / Nassentschwefelung f || **~-disk clutch** (Autos, Eng) / Einscheibennasskupplung f (mit geölter Reibfläche) || **~ dock** (Ships) / Schwimmdock n || **~ dog** (Nut) / Bestrahlungsgeschmack m || **~ drawing** (Met) / Nasszug m, Nassziehen n (Ziehverfahren, bei dem als Schmierstoff Seifenlösungen oder Gemische von Seifenlösungen und wasserlöslichen Fetten verwendet werden) || **~ dressing** (Agric) / Nassbeize f, Nassbeizung f (eine Saatgutbeizung) || **~ drilling** (Mining) / Nassbohren n (Gesteinsbohren mit Staubbindung durch Wasser)

**wet/dry cooling tower** / Hybridkühlturm m (Nass-/Trockenkühlturm) || **~ vacuum** / Universalallessauger m, Nass- und Trockensauger m

**wet dusting** (Chem) / Nassstäuben n (Verfahren im Pflanzenschutz, bei dem die Haftfestigkeit und die Regenbeständigkeit durch gleichzeitiges Ausbringen einer geringen Wassermenge erhöht werden) || **~ electrofilter** / Nassfilter n (ein Elektrofilter) || **~ electrolytic capacitor*** (Elec Eng) / Nasselektrolytkondensator m || **~ electrostatic filter** / Nassfilter n (ein Elektrofilter) || **~ enamelling** / Nassemaillierung f || **~ end*** (Paper) / Nasspartie f (einer Langsiebpapiermaschine) || **~ etching** (Electronics) / Nassätzen n (zur Reinigung von Halbleiterscheiben) || **~ expansion*** (Paper, Print) / Feuchtdehnung f (Längenänderung eines Papierstreifens bei Änderung der relativen Feuchtigkeit), Flächenveränderung f unter dem Einfluss von Feuchtigkeit || **~ fallout** (Ecol, Meteor) / nasser Fallout n (*) (Paper) / Nassfilz m || **~ felting** (For) / Nassverfilzungsverfahren n (bei der Herstellung von Faserplatten) || **~ film** (Paint) / Nassfilm m (der frisch aufgetragene Anstrich)

**wet-film thickness** (Paint) / Nassschichtdicke f
**wet filter** / Nassfilter n (im Allgemeinen)
**wet-finished paper** (Paper) / nass satiniertes Papier
**wet finishing** (Textiles) / Nassappretur f
**wet-flare system** (Chem Eng) / Fackelsystem n für flüssighaltige Gase
**wet flashover voltage*** (Elec Eng) / Überschlagsspannung f bei nassem Isolator || **~ flong*** (Print) / Nassmater f || **~ fog** (Meteor) / nässender Nebel, Nebelnässen n, Nebeltraufe f (Form des abgesetzten Niederschlags) || **~ from the rain** / regennass adj || **~ galvanizing** (Surf) / Nassverzinkung f (Feuerverzinkung als Stückverzinkung) || **~ (natural) gas** / kondensatreiches Gas, Nassgas n, nasses Erdgas (> + 50g/m³ kondensierbare Kohlenwasserstoffe) || **~ gas meter** / nasser Gaszähler, Trommelgaszähler n || **~ gas plant** (Chem Eng) / Kaltgasanlage f || **~ gate** (Cinema) / Nasskopierfenster n || **~ grinder** (Ceramics) / Nasstrommelmühle f || **~ grinding** (Min Proc) / Nassmahlen n

**wet-grinding mill** / Nassmühle f
**wet grip** (Autos) / Haftung f auf nasser Straße
**wet-ground** adj / nassgemahlen adj
**wet hole** (Mining) / wassergefülltes Bohrloch || **~ lacquer** (Paint) / Nasslack m, Flüssiglack m
**wet-laid non-wovens** (Textiles) / Nassvlies n
**wetlands** pl (Agric, Ecol, Geog) / Feuchtgebiet n || **~** (Agric, Ecol) s. also swamp
**wet-lap** n (For) / Faservlies n (für die Faserplattenherstellung im Nass- oder Halbtrockenverfahren)
**wet laying*** (Textiles) / Vliesbildung f auf nassem Wege || **~ lease*** (Aero) / Leasing n (eines Luftfahrzeugs) mit Treibstoff und Besatzung || **~ lease*** (Aero) / Wet-Leasing n (eines Flugzeugs - mit Treibstoffversorgung und Wartung) || **~ liner** (I C Engs) / nasse Laufbuchse, nasse Zylinderlaufbuchse || **~ location** (Elec Eng) / Nassraum m || **~ look** (Leather, Textiles) / Wet-Look m (ein glänzendes Leder oder eine glänzende Textilie, die den Anschein haben, feucht auszusehen) || **~-look** attr (Textiles) / Knautschlack- || **~-look** (Textiles) / glanzbeschichtet adj || **~ method** (Civ Eng) / Nassverfahren n (bei Zementherstellung) || **~ method** (Materials) / magnetische Rissprüfung (ein Streuflussverfahren mit Ölaufschwemmung des Eisenoxidpulvers) || **~ mill** / Nassmühle f || **~ milling** (Min Proc) / Nassmahlen n || **~ mix** (Ceramics) / Nassaufbereitung f (mit erheblichen Zusätzen von Feuchtigkeit) || **~ mixing** (Ceramics) / Nassaufbereitung f (mit erheblichen Zusätzen von Feuchtigkeit)

**wetness** n (Paper) / Schmierigkeit f (eines Faserstoffes) || **~** (Paper) / Entwässerungsneigung f (der Stoffsuspension), Mahlgrad m (bei der Zerfaserung der Hackschnitzel), Freeness f, Zerfaserungsgrad m

**wet offset printing** (Print) / Nassoffsetdruck m || **~-on-wet*** adj (Print) / Nass-in-Nass- (Druck) || **~-on-wet coating** (Paint) / Nass-in-Nass-Technik f, Nass-auf-Nass-Verfahren n (eine Art Spritzlackierung) || **~-on-wet system of paint application** (Paint) / Nass-in-Nass-Technik f, Nass-auf-Nass-Verfahren n (eine Art Spritzlackierung) || **~ oxidation** (Chem, San Eng) / Nassoxidation f (bei der chemischen Abwasserbehandlung) || **~ paint!** (Paint) / frisch gestrichen! (Aufschrift) || **~ phase** (Paint) / Nasszustand m (des Lackes - zwischen Beginn der Herstellung und beendeter Applikation)

**wet-pipe sprinkler system** (Build) / Sprinklernassanlage f

**wet power** (Aero) / Nassleistung f (eines Flugtriebwerks - mit Wasser-Methanol-Einspritzung) || **~ precipitator** / Nasselektrofilter n || **~ precipitator** / Nassfilter n (ein Elektrofilter) || **~ preparation** (Chem Eng, Mining) / Nassdienst m (bei der Brikettierung) || **~ preservation** (Eng) / Nasskonservierung f (des Dampferzeugers) || **~ press** (Paper) / Nasspresse f || **~ process** (Ceramics) / Nassaufbereitung f (mit erheblichen Zusätzen von Feuchtigkeit) || **~ process** (Civ Eng) / Nassverfahren n (bei Zementherstellung) || **~ process** (For) / Nassverfahren n (bei der Herstellung von Faserplatten) || **~ process** (Min Proc) / nassmechanische Aufbereitung, Nassaufbereitung f || **~-process development** (Photog) / Fixierentwicklung f, Einbadentwicklung f, Monobadverfahren n

**wet-process enamelling** / Nassemaillierung f
**wet processing** (Textiles) / Nassappretur f || **~ raising*** (Textiles) / handfeuchtes Rauen || **~ rating** (Aero) / Nassleistung f (eines Flugtriebwerks - mit Wasser-Methanol-Einspritzung) || **~ refining** (Oils) / Nassraffination f

**wet-road holding** (Autos) / Haftung f auf nasser Straße
**wet rot*** (Agric, Build, For) / Nassfäule f (durch Nassfäulerreger) || **~ rot*** (For) / Hausfäule f (Verursacher: Coniophora puteana - Brauner Keller- oder Warzenschwamm)
**wet-rotor motor** (Elec Eng) / Nassläufer m, Nassläufermotor m
**wet rubbing down** (Paint) / Nassschleifen n (mit Wasser, Öl, Petroleum, Testbenzin usw.) || **~ rub fastness** (Textiles) / Nassreibechtheit f (von Drucken und Färbungen) || **~ salting** (Leather) / Lakenbehandlung f (Rohhautkonservierung durch Wasserentzug mittels Salz), Salzlakenbehandlung f || **~ salting** (Nut) / Nasspökelung f (in der Pökellake), Nasspökeln n (von Fleisch mit einer Kochsalz und Salpeter enthaltenden Beize) || **~ sanding** (Eng) / Nassschleifen n (mit angefeuchtetem Schleifpapier), Nassschliff m || **~ sanding paper** (Eng) / Nassschleifpapier n || **~ scrubbing machine** / Schrubbmaschine f || **~ section** / Nassteil m, Nasssektion f (eines Hybridkühlturms) || **~ section** (Paper) / Nasspartie f (einer Langsiebpapiermaschine) || **~ service** (Chem Eng, Mining) / Nassdienst m (bei der Brikettierung)

**wet-shop beam** (Leather) / Gerberbaum m (zum Streichen der Blößen), Scherbaum m, Baum m (Gerberbaum)
**wet sieving** / Nasssieben n (DIN 66 160) || **~-skid resistance** (Autos) / Rutschfestigkeit f bei Nässe || **~ slide** (For) / Wasserriese f (für Rohholztransport), Nassriese f (für Rohholztransport) || **~ slurry technique** (Materials) / magnetische Rissprüfung (ein Streuflussverfahren mit Ölaufschwemmung des Eisenoxidpulvers) || **~ smoking** (Nut) / Feuchträuchern n (bis zwei Tage 20 bis 40 °C) || **~ snow** (Meteor) / nasser Schnee, Nassschnee m (abgelagerter Schnee mit einem hohen Anteil an flüssigem Wasser) || **~ sparkover voltage*** (Elec Eng) / Überschlagsspannung f bei nassem Isolator || **~ spinning*** (Plastics, Spinning) / Nassspinnverfahren n, Nassspinnen n || **~ spot** / Vernässungsstelle f || **~ spraying** (Paint) / Nassspritzen n
**wet-spun** adj (Plastics, Spinning) / nassversponnen adj || **~ yarn** (Spinning) / Nassgespinst n
**wet stain removal agent** (Textiles) / Nassdetachiermittel n || **~ standpipe** (Build) / Nasssteigleitung f (bei Feuerlöschanlagen) || **~ steam*** (Eng) / nasser Dampf, Nassdampf m || **~ steam ager** (Textiles) / Nassdämpfer m || **~ stock** (Paper) / schmieriger Faserstoff, schmieriger Stoff (der langsam entwässert) || **~ storage** (Nuc Eng) / Nasslagerung f || **~ storage stain** (Eng) / Weißrost m (auf Zinkoberflächen) (Korrosionsprodukt des Zinks), Zinkrost m, weißer Rost || **~ strength** (Paper, Plastics) / Nassfestigkeit f || **~ strength** (Textiles) / Nassfestigkeit f
**wet-strength agent** / Nassfestmittel n
**wet•-strength paper** (Paper) / nassfestes Papier || **~ stuff** (Paper) / schmieriger Faserstoff, schmieriger Stoff (der langsam entwässert) || **~ suit** / Nasstauchanzug m (der das unmittelbare Vorbeifließen des Wassers am Körper verhindert und Wärmeverlust durch Konvektion vermeiden soll)
**wet-sump lubrication** (I C Engs) / Nasssumpfschmierung f, Druckumlaufschmierung f mit Nasssumpf
**wettability** n (Chem, Phys) / Benetzungsfähigkeit f, Benetzungsvermögen n, Netzkraft f || **~*** (Chem, Phys) / Benetzbarkeit f, Netzbarkeit f
**wettable** adj (Chem, Phys) / benetzbar adj, netzbar adj || **~ powder** (Agric) / Spritzpulver n || **~ powder** (Chem, Phys) / oberflächenaktives Pulver
**wettage** n (Chem Eng) / Betriebsinhalt m, Hold-up m, Haftinhalt m, Ruheinhalt m (z.B. der Kolonne)
**wet technique** (Materials) / magnetische Rissprüfung (ein Streuflussverfahren mit Ölaufschwemmung des Eisenoxidpulvers)
**wetted column** (Chem Eng) / Benetzungssäule f (z.B. Füllkörpersäule oder Rieselkolonne), Oberflächenrektifikator n || **~ filter** / Nassfilter n (im Allgemeinen) || **~ perimeter** (Hyd) / benetzter Umfang m || **~ surface** (Chem, Paint, Phys) / benetzte Oberfläche
**wetted-wall absorber** (Chem Eng) / Rieselabsorber m || **~ column** (Chem Eng) / Rieselfilmkolonne f

**wet tensile strength** / Nasszugfestigkeit *f*
**wetter** *n* (Chem) / Benetzungsmittel *n*, Netzmittel *n*
**wet test voltage** (Elec Eng) / Nassprüfspannung *f* ‖ ~ **time** (pay) (Build) / Schlechtwettergeld *n*
**wetting** *n* / Anfeuchtung *f*, Befeuchtung *f*, Nassmachen *n* ‖ ~ (Ceramics) / Sumpfen *n* (ein altes Verfahren zum Aufschließen und gleichmäßigen Durchfeuchten von Tonen) ‖ ~ (Chem, Phys) / Benetzen *n*, Netzen *n* ‖ ~ **ability** (Chem) / Netzfähigkeit *f*, Netzvermögen *n* ‖ ~ **ability** (Chem, Phys) / Benetzungsfähigkeit *f*, Benetzungsvermögen *n*, Netzkraft *f* ‖ ~ **agent*** (Chem) / Benetzungsmittel *n*, Netzmittel *n* ‖ ~ **agent** (Eng) / Entspannungsmittel *n* (für Kesselwasser) ‖ ~ **angle** (Phys) / Kontaktwinkel *m* (Phasengrenzfläche flüssig (gasförmig)), Randwinkel *m*
**wetting-back** *n* (Leather) / Broschieren *n* (ein Weichvorgang, bei dem die Lederoberfläche gleichzeitig von ungebundenem Gerbstoff befreit werden soll, um die Aufnahmefähigkeit für Zurichtprodukte zu verbessern)
**wetting oil** (Chem) / Netzöl *n* ‖ ~ **oil** (Paint) / Halböl *n* (Gemisch aus gleichen Gewichtsteilen Leinöl oder Leinölfirnis und einem Verdünnungsmittel - früher als Grundanstrichstoff eingesetzt)
**wetting-oil pretreatment** (For, Paint) / Vorölen *n* (Tränkung eines porösen Untergrundes mit je nach Saugfähigkeit mit Testbenzin verdünntem unpigmentiertem Leinölfirnis vor dem ersten deckenden Zwischenanstrich)
**wetting power** (Chem, Phys) / Benetzungsfähigkeit *f*, Benetzungsvermögen *n*, Netzkraft *f* ‖ ~ **volume** (Chem, Phys) / Benetzungsvolumen *n* ‖ ~ **volume** (Paint) / Benetzungsvolumen *n* (Menge an Flüssigkeit, die eine vorgegebene Menge an Pigment- oder Füllstoff-Pulver von alleine in sich aufsaugt)
**wet toner** (Print) / Nasstoner *m* ‖ ~ **treatment** / Nassbehandlung *f* ‖ ~ **tumbling mill** (Ceramics) / Nasstrommelmühle *f*
**wet-turn** *v* (Eng) / nass drehen
**wet-type cooling tower** / Verdunstungskühlturm *m*, Nasskühlturm *m* ‖ ~ **gas meter** / nasser Gaszähler, Trommelgaszähler *m*
**wet weight** / Feuchtgutmasse *f*, Masse *f* des feuchten Stoffes
**wet-weight basis** / Bezugsbasis *f* Feuchtgutmasse, Bezugsbasis *f* Masse des feuchten Stoffes
**wet welding** (Welding) / Unterwasserschweißen *n* ‖ ~ **winding** (Plastics) / Nasswickelverfahren *n* ‖ ~ **wood** (For) / Feuchtholz *n*
**wetwood*** *n* (For) / wasserfleckiges Holz (z.B. in der Nähe schwarzer Tannenäste), wässeriges Holz ‖ ~* (For) / Nasskern *m*
**wet wrinkle fastness** (Textiles) / Nassknitterechtheit *f*
**W.E.U. mould** (wide-end-up mould) (Met) / umgekehrt konische Kokille
**Weyl's equation** (Nuc) / Weyl-Gleichung *f* (Wellengleichung des Neutrinos), Weyl'sche Neutrinogleichung, Wellengleichung *f* des Neutrinos (relativistische Wellengleichung für ein Teilchen mit dem Spin s = 1/2 und der Masse m = 0) ‖ ≃ **function** (Maths) / Weyl'sche Funktion (nach H. Weyl, 1885 - 1955)
**Weymouth pine** (For) / Weymouthskiefer *f* (Pinus strobus L.) (Pinus strobus L. - nach Th. Thynne, I. Viscount of Lord Weymouth, +1714), Strobe *f*, Weimutskiefer *f*
**W.F.** (water finish) (Paper) / Feuchtglätte *f*
**w.f.*** (Typog) / Fisch *m* (eine in einem falschen Fach des Setzkastens liegende Drucktype, meistens durch falsches Ablegen entstanden)
**wff** (well-formed formula) / wohlgeformter Ausdruck, Ausdruck *m* des Prädikatenkalküls, P-Ausdruck *m* ‖ ~ (well-formed formula) (Comp, Maths) / wohlformulierte Formel
**W-fibre** *n* (Telecomm) / W-Profilfaser *f*, W-Profillichtwellenleiter *m* (LWL, bei dem die Brechzahl nach außen hin wieder ansteigt, so dass das Profil eine W-Form erhält), W-Faser *f*
**WFNA** (white-fuming nitric acid) (Chem, Space) / weiß rauchende Salpetersäure
**WFS** (Bot) / Wasserfreiraum *m* (bei der passiven Aufnahme der Nährelemente)
**WG** (waveguide) (Telecomm) / Wellenleiter *m* (DIN 47 301-1 - Oberbegriff für: Hohlleiter, Koaxialleitung und Lecher-Leitung) ‖ ≃ (waveguide) (Telecomm) / Hohlwellenleiter *m*, Hohlleiter *m* (ein nach außen durch ein Rohr aus leitenden Wänden völlig abgegrenzter Wellenleiter ohne Innenleiter), Hohlrohrleiter *m*
**whale oil** / Walöl *n*, Waltran *m*
**whaler** *n* (Carp) / Brustholz *n* (für den waagrechten Verbau von Baugruben)
**whaling glass*** (Weaving) / Fadenzähler *m* (Lupe mit verschiedenen Messbereichen zum Auszählen der Kett- und Schussfäden von Geweben sowie zum Bestimmen der Maschendichte von Wirk- und Strickwaren), Weberglas *n*, Fadenzähllupe *f*
**wharf** *n* (pl. wharves or -s) / Kai *m* (Landungsdamm) ‖ ~ **crane** / Kaikran *m*, Hafenkran *m*
**what-if analysis** (AI, Comp) / Was-wäre-wenn-Analyse *f* ‖ ~ **page** (showing an alternative layout) (Comp, Print) / Was-wäre-wenn-Seite *f*

**Whatman paper** (qualitative-, quantitative- and regular-grade) (Chem, Paper) / Whatman-Papier *n* (ein Filterpapier der Fa. Whatman Scientific Ltd.)
**WHC** (water-holding capacity) (Civ Eng, Hyd Eng) / Wasserkapazität *f*, wasserbindende Kraft (des Bodens), Wasserhaltevermögen *n*, Wasserfassungsvermögen *n*
**wheat** *n* (Agric, Bot) / Weizen *m* (Triticum L.) ‖ ~ **bran** (Nut) / Weizenkleie *f* (der Rückstand, der beim Vermahlen von Weizenmehl in Mengen um 15% anfällt)
**wheat-coloured** *adj* / weizengelb *adj*
**wheat flour** (Nut) / Weizenmehl *n*
**wheatgerm** *n* (Agric, Bot) / Weizenkeim *m* ‖ ~ **oil** (Nut) / Weizenkeimöl *n* (fettes, goldgelbes Getreidekeimöl)
**wheat malt** (Brew) / Weizenmalz *n*
**wheatmeal flour*** (Nut) / dunkles Weizenmehl
**wheat protein** (Chem, Nut) / Weizenprotein *n* ‖ ~ **starch*** (Nut) / Weizenstärke *f*
**Wheatstone automatic system** (Teleg) / Wheatstone-Schnelltelegraf *m*, Morse-Schnelltelegraf *m* ‖ ≃ **bridge*** (Elec Eng) / Wheatstonebrücke *f* (eine Gleichstrommessbrücke - nach Sir Ch. Wheatstone, 1802-1875)
**wheel** *v* / anfahren (und abfahren) mit Radfahrzeugen (z.B. mit Karren, anfahren auf Rollen ‖ ~ / ränderieren *v*, rändrieren *v*, roulettieren *v* (beim Ausputzen der Schuhe) ‖ ~ *n* / Laufrad *n* ‖ ~ (Eng) / Rad *n* ‖ ~ (Eng) / großes Zahnrad, großes Rad, Großzahnrad *n* (DIN 868) ‖ ~ (Instr) / Rolle *f* (der Bandsäge)
**Wheelabrating** *n* (shot blasting with steel grit or shot thrown from a fast-spinning wheel) (Met) / Wheelabrating *n* (Gussputzen mit Stahlsand oder Stahlgussschrot)
**wheel adhesion** (Phys) / Radhaftreibung *f*, Radadhäsion *f* ‖ ~ **and axle** (Phys) / Wellrad *n* (eine einfache Maschine) ‖ ~ **arch** (Autos) / Radlauf *m* (die Begrenzung des Radausschnitts an der Kotflügelkante) ‖ ~ **arch lip** (Autos) / Radlaufkante *f* ‖ ~ **arch protector** (Autos) / Innenkotflügel *m* (aus Kunststoff), Schottwand *f* (Innenkotflügel) ‖ ~ **arrangement** (Autos, Rail) / Achsfolge *f*, Achsanordnung *f* ‖ ~ **balancer** (Autos) / Auswuchtmaschine *f* (für Räder)
**wheelbarrow** *n* (Build) / Schubkarre *f*, Schubkarren *m* ‖ ~ (Build) / Muldenschubkarre *f*
**wheelbase*** *n* (Aero) / Achsabstand *m* (vom Bugrad zur Hauptachse) ‖ ~* (Autos) / Radstand *m* (DIN 70020)
**wheel blasting** (Eng, Foundry) / Schleuderradstrahlen *n* ‖ ~ **bolt** (Autos) / Radbolzen *m*, Radschraube *f* ‖ ~ **bond** / Schleifscheibenbindung *f* (DIN 69 100) ‖ ~ **brace** (Carp) / Bohrwinde *f* (mit Kurbelgriff) ‖ ~ **brake** (Aero) / Bremse *f* des Fahrwerkrades ‖ ~**-brake cylinder** (Autos) / Radbremszylinder *m*, Hydraulik-Radzylinder *m* ‖ ~ **brush** (Tools) / Rundbürste *f* (z.B. als Zusatzgerät der Bohrmaschine) ‖ ~ **bumper** (Build) / Prellstein *m*, Radabweiser *m* (Stein zum Schutz der Hausecken oder Protallabungen gegen Beschädigung durch Fahrzeuge), Radstößer *m* ‖ ~ **cap** (Autos) / Radzierblende *f*, Radblende *f*, Blende *f*, Radzierkappe *f*, Radkappe *f* ‖ ~ **centre distance** (Rail) / Radabstand *m* (bei Schienenfahrzeugen), Achsabstand *m*
**wheel-centre plane** (Autos) / Radmittelebene *f*
**wheelchair-accessible** *adj* (Build) / rollstuhlgerecht *adj*, rollstuhlzugänglich *adj*, behindertengerecht *adj* (für Behinderte im Rollstuhl)
**wheelchair-resistant** *adj* (Textiles) / rollstuhlfest *adj* (Teppich)
**wheel-change** *n* (Autos) / Radwechsel *m*
**wheel changing** (Autos) / Radwechsel *m* ‖ ~ **chock** (Autos) / Hemmschuh *m*, Radunterlegkeil *m* ‖ ~ **clamp** (Autos) / Parkkralle *f*, Radblockierer *m*, Parkriegel *m*
**wheel-counting device** (Rail) / Radsatzzähler *m*, Achszähler *m*, Achsenzähler *m*
**wheel cover** (Autos) / Radzierblende *f*, Radblende *f*, Blende *f*, Radzierkappe *f*, Radkappe *f* ‖ ~ **cylinder** (Autos) / Radzylinder *m* (bei Trommelbremsen) ‖ ~**-cylinder** *n* (Autos) / Radbremszylinder *m*, Hydraulik-Radzylinder *m* ‖ ~ **disk** (Autos) / Radscheibe *f*, Radschüssel *f* (zwischen Felge und Nabe) ‖ ~ **dozer** (Civ Eng) / Raddozer *m*
**wheeled bin** (San Eng) / Mülltonne *f* (mit Rädern) ‖ ~ **gate** (Hyd Eng) / Rollenschütz *n* ‖ ~ **skid** (Cinema) / Fahrstativ *n* ‖ ~ **tractor** (Autos) / Radschlepper *m*, Radtraktor *m* (mit Radfahrwerk) ‖ ~ **truck** (Rail) / Rollwagen *m* (beim Rollbockbetrieb) ‖ ~ **vehicle** / Radfahrzeug *n*
**wheel electrode** (Welding) / Rollenelektrode *f*
**wheeler** *n* (Aero) / Zweipunktlandung *f* ‖ ~ (Build) / Spitzstufe *f*, gewendelte Stufe, Wendelstufe *f*, Winkelstufe *f* ‖ **18-~** (Autos, Civ Eng) / Sattelkraftfahrzeug *n* (Sattelzugmaschine + Sattelanhänger), Sattelzug *m*
**Wheeler-Feynman theory** (Phys) / Wheeler-Feynman-Theorie *f* (nach J.A. Wheeler, geb. 1911, und R. Feynman, 1918-1988)
**Wheeler mill** / Wheeler-Mühle *f* (eine moderne Strahlmühle)

1783

**wheel excavator**

**wheel excavator** (a rotary excavator) (Civ Eng, Mining) / Schaufelradbagger *m* (Massengewinnungsgerät, z.B. für den Tagebau) ∥ **~ fastening** (Autos) / Radbefestigung *f* ∥ **~ fixing** (Autos) / Radbefestigung *f* ∥ **~ flange** (Rail) / Spurkranz *m* (ringförmiger Wulst an der Innenkante der Lauffläche eines Rades) ∥ **~ grinder** (Eng) / Radschleifmaschine *f* ∥ **~ grinding machine** (Eng) / Radschleifmaschine *f* ∥ **~ grip** (Autos) / Bodenhaftung *f* (bei Reifen), Grip *m* ∥ **~ guide** (Welding) / Brennerwagen *m* (mit Rädern)
**wheelhouse** *n* (Ships) / Ruderhaus *n*, Steuerhaus *n*
**wheel housing** (Autos) / Radkasten *m* (DIN 70 020), Radhaus *n* ∥ **~ housing liner** (Autos) / Radhausschale *f*
**wheelie** *n* (San Eng) / Mülltonne *f* (mit Rädern)
**wheeling*** *n* (Eng) / Rändeln *n* (Blechbearbeitung) ∥ **~ step*** (Build) / Spitzstufe *f*, gewendelte Stufe, Wendelstufe *f*, Winkelstufe *f*
**wheel interface** (Autos) / radseitiger Anschluss (der Gelenkwelle) ∥ **~ judder** (Autos) / Radflattern *n*, Lenkungsflattern *n* ∥ **~ lift type** (towing) (Autos) / Abschleppen *n* mit angehobenen Vorderrädern ∥ **~ load** (Eng) / Radlast *f* (das auf den Rädern einer Achse lastende Fahrzeuggewicht) ∥ **~ load** (Rail) / Radsatzlast *f*, Achsfahrmasse *f* ∥ **~ loader** (Civ Eng) / Radlader *m* (ein Fahrlader)
**wheel-load indicator** (Autos) / Radlastmesser *m* (ein ortsbewegliches Wiegegerät), Achslastmesser *m*
**wheel lock** (Autos) / Radsicherung *f* (eine Diebstahlsicherung), Felgenschloss *n* ∥ **~ lock** (Autos) / Blockieren *n* (100%iger Schlupf) ∥ **~ lug bolt** (Autos) / Radbolzen *m*, Radschraube *f*
**wheelman** *n* (US) (Ships) / Rudergänger *m*, Rudergast *m*, Rudersmann *m*
**wheel mount** (Eng) / Scheibenaufnahme *f* (bei der Schleifmaschine) ∥ **~ mounting** (Autos) / Radmontage *f* ∥ **~ nut** (Autos) / Radmutter *f* ∥ **~ offset** (Autos) / Einpresstiefe *f* (Abstand von der Felgenbettmitte bis zur nabenseitigen Anlagefläche der Radscheibe), Radeinpresstiefe *f* ∥ **~-ore** *n* (Min) / Bournonit *m*, Radelerz *n* ∥ **~ pair** (Rail) / Radsatz *m* (Bauelement an Schienenfahrzeugen) ∥ **~ pitch** (Autos) / Einpresstiefe *f* (Abstand von der Felgenbettmitte bis zur nabenseitigen Anlagefläche der Radscheibe), Radeinpresstiefe *f* ∥ **~ plough** (Agric) / Karrenpflug *m* ∥ **~-quartering machine*** (Eng) / Radsatzbohrmaschine *f*, Kurbelzapfenbohrmaschine *f* für Lokomotivradsätze
**wheel/rail system** / Rad/Schiene-System *n*
**wheel rim** (Eng) / Radkranz *m* ∥ **~ rim** (Rail) / Felge *f* (das Verbindungsglied zwischen Radreifen und Radkranz) ∥ **~ scraper** (Civ Eng) / Radschrapper *m* (Planiergerät auf Rädern, das bei geringerem Grabwiderstand und festerem Untergrund zum Planieren eingesetzt wird) ∥ **~ set** (Rail) / Radsatz *m* (Bauelement an Schienenfahrzeugen)
**wheel-shaped electrode** (Welding) / Rollenelektrode *f*
**wheel shudder** (transient lateral vibration) (Autos) / Radflattern *n*, Lenkungsflattern *n* ∥ **~ slip** (Autos) / Antriebsschlupf *m* (zwischen Reifen und Fahrbahn), Schlupf *m* (beim Anfahren) ∥ **~ slip** (Eng) / Radschlupf *m*
**wheelsman** *n* (US) (Ships) / Rudergänger *m*, Rudergast *m*, Rudersmann *m*
**wheels off** (Aero) / Abheben *n* (Lösen des Flugzeugs vom Boden nach Erreichen der Abfluggeschwindigkeit) ∥ **~ on** (Aero) / Aufsetzen *n* (beim Landen)
**wheel-speed sensor** (Autos) / Drehzahlfühler *m* (der die Raddrehzahl für ABS und ASR erfasst)
**wheel spider** (Autos) / Radkörper *m*, Radstern *m*, Stern *m* (Radkörper)
**wheelspin** *n* (Autos) / Durchdrehen *n* (bei Gleitreibung der Räder) ∥ **~** (Autos) / Antriebsschlupf *m* (zwischen Reifen und Fahrbahn), Schlupf *m* (beim Anfahren)
**wheel spindle** (on motor cycles) / Steckachse *f* ∥ **~ spindle** (Eng) / Schleifspindel *f* (Werkzeugträger der Schleifmaschine) ∥ **~ squeal** (Autos, Rail) / Quietschen *n* des Rades, Radquietschen *n*
**wheels-up landing** (Aero) / Bauchlandung *f*
**wheel suspension** (Autos) / Radaufhängung *f*
**wheel-to-rail friction** (Rail) / Reibung *f* Rad/Schiene, Rad/Schiene-Reibung *f*
**wheel tractor** (Autos) / Radschlepper *m*, Radtraktor *m* (mit Radfahrwerk) ∥ **~ tramp** (Autos) / Trampeln *n* (des Vorderrades) ∥ **~ transmission** (Eng) / Radgetriebe *n* (im Allgemeinen) ∥ **~ tread** (Rail) / Radlauffläche *f*, Lauffläche *f* (des Rades) ∥ **~ type** (Autos) / Radausführung *f*
**wheel-type landing gear** (Aero) / Radfahrwerk *n*
**wheel tyre rolling mill** (Met, Rail) / Radreifenwalzwerk *n*, Bandagenwalzwerk *n* ∥ **~ well** (Aero) / Fahrwerkschacht *m* ∥ **~ well** (Autos) / Radkasten *m* (DIN 70 020), Radhaus *n* ∥ **~ window*** *n* (Arch) / Radfenster *n* (Rundfenster, das durch speichenartige Stäbe oder Säulen gegliedert ist) ∥ **~ with double rim** (Autos) / JJD-Rad *n* (ein Sicherheitsrad mit Notlaufeigenschaften), Rad *n* mit Doppelfelge, Twinrad *n*, Zwillingsrad *n* ∥ **~ wobble** (Autos) / Seitenschlag *m*

(Lateralschwingungen des Rad/Reifen-Systems), statische Radunwucht
**wheely bin** (San Eng) / Mülltonne *f* (mit Rädern)
**whelp** *n* (Ceramics) / Schamotteziegel *m* (in Standardabmessung) ∥ **~** (Eng) / Nuss *f* (beim Kettenrad)
**whelps** *pl* (Ships) / Ausfütterung *f* des Spills, Spillklampen *f pl* ∥ **~** (Ships) / Kälber *n pl* (die hervorstehenden Rippen eines Spillkopfes, eines Verholkopfes, einer Winde oder einer Ankerwinde)
**when option** (Comp) / Sobald-Angabe *f*, When-Option *f* ∥ **~ required** / nach Bedarf
**where-used list** (Comp) / Verwendungsliste *f*, Verwendungsnachweis *m*
**whet** *v* (Agric) / dengeln *v* (Sense) ∥ **~** (Eng) / abziehen *v* (mit einem Abziehstein)
**Whetstone** *n* (Comp) / Whetstone *n* (Maßeinheit für die Rechenleistung eines Mikroprozessors; ein Programm zum Leistungstest von Mikroprozessoren) ∥ **~*** *n* (Eng) / Schleifstein *m* (zum Wetzen und Abziehen), Wetzstein *m*, Abziehstein *m* ∥ **~ test** (Comp) / Whetstone-Test *m* (mit Whetstone als Maßeinheit)
**whewellite*** *n* (Min) / Whewellit *m* (aus der Oxalatgruppe), Kohlenspat *m*
**whey** *n* (Nut) / Molken *m*, Molke *f*, Käsewasser *n*, Käswasser *n*, Schotte *f* (S), Schotten *m* (S) ∥ **~ butter** (Nut) / Molkenbutter *f* ∥ **~ cream** (Nut) / Molkenrahm *m*, Molkensahne *f* ∥ **~ powder** (Nut) / Molkenpulver *n*, Trockenmolke *f* ∥ **~ product** (Nut) / Molkenerzeugnis *n* ∥ **~ protein** (Biochem, Nut) / Molkeneiweiß *n*, Molkenprotein *n*
**while loop** (Comp) / While-Schleife *f* ∥ **~ option** (Comp) / Solange-Angabe *f*, While-Option *f*
**whin*** *n* (Geol) / Dolerit *m* der Whin-Sill-Formation
**whine*** *n* (Acous) / Jaulen *n* (langsame Schwankungen), Wimmern *n*
**whinstone*** *n* (Geol) / Dolerit *m* der Whin-Sill-Formation
**whip** *v* (Nut) / schlagen *v*, schaumig schlagen ∥ **~** *n* (Ships) / Wippe *f* (Takel zum Heben von Lasten) ∥ **~ antenna** (Radio) / Peitschenantenne *f*
**whip-blast** *adj* (Paint) / überstrahlt *adj*, leicht gereinigt (Reinigungsgrad beim Strahlen)
**whip blasting** / Überstrahlen *n* (Reinigungsgrad beim Strahlen), leichte Reinigung (Abstrahlen)
**whipcord*** *n* (Textiles) / Whipcord *m* (Woll-, Halbwoll- oder Baumwollgewebe in Mehrgratsteilköper mit schnurartiger Schrägrippenwirkung), Whipkord *m*
**whip-cord weave** (Weaving) / Steilköperbindung *f*
**whip-crane** (Eng) / leichter Derrickkran, leichter Mastenkran
**whiplash*** *n* (Autos) / Peitschenhiebsyndrom *n*, Peitschenschlagsyndrom *n*, Peitscheneffekt *m* (ein Schleudertrauma), Schleudertrauma *n* (Beschleunigungsverletzung der Halswirbelsäule), Halsdistorsion *f* (ein Schleudertrauma) ∥ **~ injury** (Autos) / Peitschenhiebsyndrom *n*, Peitschenschlagsyndrom *n*, Peitscheneffekt *m* (ein Schleudertrauma), Schleudertrauma *n* (Beschleunigungsverletzung der Halswirbelsäule), Halsdistorsion *f* (ein Schleudertrauma)
**whippability** *n* (Nut) / Schlagfähigkeit *f*
**whip pan*** (Cinema) / Verreißschwenk *m*, [sehr] schneller Schwenk, Reißschwenk, Wischer *m*
**whip-pan** *v* (Cinema) / mit einem schnellen Schwenk filmen
**whipped cream** (Nut) / Schlagsahne *f*, Schlagobers *n* (A), Schlagrahm *m* ∥ **~ potatoes** (US) (Nut) / Kartoffelpüree *n*, Stampfkartoffeln *f pl*
**whipping** *n* (Autos) / Peitschen *n* (der Antriebswelle) ∥ **~*** (Bind) / Überheften *n* (seitliche Fadenheftung) ∥ **~** (Eng) / Schlagen *n*, Klopfen *n* (in einer Rohrleitung) ∥ **~** (Ships) / Takling *m* (Sicherung des Endes einer Leine gegen Aufdrehen, aus dünnem Tauwerk) ∥ **~** (of tankers) (Ships) / Schlagen *n* (von Tankern infolge zu großer Stabilität) ∥ **~** (a textile floor covering) (Textiles) / Umnähen *n* ∥ **~ agent** (Nut) / Verschaumungsmittel *n*, Aufschlagmittel *n* ∥ **~ machine** / Überwendlichnähmaschine *f* (eine Schuhnähmaschine) ∥ **~ property** (Nut) / Schlagfähigkeit *f*
**Whipple-Murphy truss*** (Civ Eng, Eng) / Fachwerkträger *m* mit senkrechten Druck- und diagonalen Zugstäben im N-Verband, Pratt-Fachwerk *n* (nach Sir Roger Pratt, 1620 - 1685)
**whip stall** (Aero) / Männchen *n* (eine Kunstflugfigur)
**whipstitching*** *n* (Bind) / Überheften *n* (seitliche Fadenheftung)
**whipstock** *n* (wedge-shaped device used in deviated drilling to deflect and guide the bit away from vertical) (Oils) / Ablenkkeil *m* (bei Bohrungen), Whipstock *m*
**whirl** *v* / verwirbeln *v* (Wirbel erzeugen) ∥ **~** *n* / Wirbel *m* ∥ **~** (Hyd Eng) / Wasserwirbel *m*, Wasserstrudel *m*, Strudel *m* (kreis- oder spiralförmige abwärts saugende Bewegung im Wasser) ∥ **~ cross-cutting** (Cinema) / Wirbelmontage *f*
**whirler*** *n* (Print) / Plattenschleuder *f*, Schleuderapparat *m*
**whirley** *n* (Oils) / vollschwenkbarer Kran (um 360°), Drehkran *m* (mit einem um 360° schwenkbaren Ausleger)
**whirl-gate*** *n* (Foundry) / Drehmassel *f*

**whirl-gate** *n* (Foundry) / Dreheinguss *m* (bei dem der Anschnitt kurz vor dem Gussstück tangential in eine Druckmassel geführt wird) || **~ dirt trap** (Foundry) / Schaumtrichter *m*
**whirling** *n* (Autos) / Peitschen *n* (der Antriebswelle) || **~ arm*** (Aero) / Rundlauf *m*, g-Beschleunigungsprüfer *m*
**whirling-test stand** (Aero) / Schleuderprüfstand *m*
**whirlpool** *n* (Build, Med) / Whirlpool *m* (Bassin mit warmem, durch Düsen in brodelnde Bewegung gebrachtem Wasser, in dem man sich sitzend oder liegend aufhält ), Jacuzzi *m* (pl. -s) (nach dem italoamerikanischen Erfinder C. Jacuzzi, 1903 - 1986) || **~** (Hyd Eng) / Wasserwirbel *m*, Wasserstrudel *m*, Strudel *m* (kreis- oder spiralförmige abwärts saugende Bewegung im Wasser) || **~ chamber** (Eng) / Gehäuse *n* der Wirbelstrompumpe || **~ separator** (Biol) / Whirlpool *m*
**whirl sintering** (Paint, Plastics) / Wirbelsintern *n* (mit aufgewirbeltem Pulver von Kunststoffen mit engem Schmelzbereich), Wirbelsinterbeschichten *n*, elektrostatisches Wirbelbadverfahren || **~ up** *v* (Phys) / aufwirbeln *v*
**whirlwind** *n* (Meteor) / Windhose *f* (eine Großtrombe) || **~** (Meteor) / Luftwirbel *m*, Wirbel *m* || **~*** (Meteor) / Wirbelwind *m* || **~*** (Meteor) / Großtrombe *f*, Trombe *f* (heftiger lokaler Wirbelsturm in Form eines Trichters) || **~*** (Meteor) s. also revolving storm
**whirtle** *n* (Met) / Ziehstein *m* (Ziehwerkzeug zum Gleitziehen von Drähten, bestehend meistens aus einer Stahlfassung mit eingeschrumpftem Hartmetall-, Keramik- oder Diamantkern mit einer sich in Ziehrichtung verjüngenden Öffnung, die dem herzustellenden Querschnitt entspricht - DIN 1547, T 2 und 3 und DIN 1546)
**whisk** *v* (Nut) / schlagen *v*, schaumig schlagen
**whisker*** *n* (Chem, Crystal, Radio) / Whisker *m* (Wachstumsform eines Einkristalls mit besonderen physikalischen Eigenschaften), Nadelkristall *m*, Haarkristall *m*, Faserkristall *m* || **~** (Met) / Whisker *m* (auf Metalloberflächen unerwünscht aufwachsende feine haarartige Auswüchse) || **~ material** (Materials) / Whiskerwerkstoff *m*
**whisker-reinforced** *adj* (Materials, Plastics) / whiskerverstärkt *adj*
**whiskey** *n* (US) (Nut) / Whisky *m* (pl. -s) (schottischer - aus Roggen oder Mais), Whiskey *m* (pl. -s) (amerikanischer oder irischer aus Gerste oder Malz)
**whisky** *n* (Nut) / Whisky *m* (pl. -s) (schottischer - aus Roggen oder Mais), Whiskey *m* (pl. -s) (amerikanischer oder irischer aus Gerste oder Malz) || **~ flavour** (Nut) / Whiskyaroma *n* (das beim Reifen in angekohlten Holzfässern /Bourbon/ oder alten Sherryfässern /Scotch/ entwickelt wird) || **~ lacton** (Nut) / Whiskylacton *n* (aus dem Eichenholz)
**whispering** *adj* (e.g. compressor) / superschallgedämpft *adj*, mit Superschalldämpfung || **~-gallery*** *n* (Acous, Arch) / Flüstergalerie *f*, Flüstergewölbe *n* (das die Schallwellen durch Zurückwerfen gebündelt leitet und in größerer Entfernung brennpunktartig vereinigt, Echogewölbe *n* || **~ voice** (Acous) / Flüsterstimme *f*
**whistle*** *n* (Acous) / Pfeife *f* || **~ buoy** (Ships) / Heultonne *f* (schwimmendes Seezeichen)
**whistler** *n* (Foundry) / Luftpfeife *f* || **~*** (Meteor, Radio) / Whistler *m* (von atmosphärischen Blitzentladungen ausgesandte niederfrequente elektromagnetische Welle mit fallender Tendenz - eine VLF-Emission)
**whistlers*** *pl* (Acous) / Breitbandstrahlung *f* der Magnetosphäre
**whistling** *n* (Acous) / Pfeifen *n* || **~ buoy** (Ships) / Heultonne *f* (schwimmendes Seezeichen) || **~-buoy** *n* (Ships) / Heulboje *f* (mit selbsttätiger Sirene)
**white** *n* (Optics, Phys) / Weiß *n* (als Farbempfindung) || **~** (Paint) / Testbenzin *n*, Lackbenzin *n* (DIN 51632) || **~** (Paint) / Weiß *n* || **~** *adj* / weiß *adj* || **~** (gasoline) (US) (Fuels) / unverbleit *adj*, bleifrei *adj*, ohne Bleitetraethyl (Benzin) || **~ acid** (hydrofluoric acid + ammonium bifluoride) (Glass) / Glasätzsäure *f*
**white-acid embossed** (Glass) / mit Mattätzgravur ohne Struktur
**white alkali soil** (Agric, Geol) / Solontschak *m* (ein Salzboden), Weißalkaliboden *m* || **~ arsenic*** (Chem) / Weißarsenik *n*, weißes Arsenik (Arsentrioxid) || **~ ash** (For) / Weißesche *f* (Fraxinus americana L.) || **~ balance** (Cinema) / Weißabgleich *m* (die für die Erzielung natürlicher Farben erforderliche Justierung)
**white-balance indicator** (Cinema) / Weißabgleichanzeige *f* (bei Videokameras)
**whitebark pine** (For) / Panzerkiefer *f* (Pinus heldreichii H. Christ)
**white basswood** (For) / eine amerikanische Linde (Tilia heterophylla Vent.) || **~ beeswax** (GB) / gebleichtes Bienenwachs || **~ birch** (For) / Papierbirke *f* (Betula papyrifera Marshall) || **~ bole** (Geol, Min, Pharm) / Weißer Bolus, weißer Ton, Bolus alba (ein wasserhaltiges Aluminiumsilikat) || **~ bombway*** (For) / Badam *n* (Holz aus Terminalia procera Roxb. oder Terminalia catappa L.) || **~ box** (AI) / Weißer Kasten (kybernetisches System mit erkennbarer Struktur) || **~ brass** (Met) / Weißmessing *n* || **~ bronze** (Met) / Weißbronze *f*

**white-burning ball clay** (Ceramics) / Steingutton *m* || **~ clay** (Ceramics) / weißbrennender Ton
**white•cap** *n* (Ocean) / Schaumkrone *f* (des Wellenkamms) || **~ card** (Comp) / Betrügerkarte *f* (Blanko-EC-Karte, die zu betrügerischen Zwecken manipuliert werden kann) || **~ cargo** (Oils, Ships) / weiße Ware, weiße Ladung, saubere Ladung (Erdöldestillate), Leichtöle *n pl* (als Ladung) || **~ cast iron** (Met) / weißes Gusseisen (Hartguss aus Temperrohguss) || **~ cedar** (For) / Weiße Scheinzypresse (Chamaecyparis thyoides (L.) Britton, Stearn et Poggenb.) || **~ cedar** (For) / Abendländischer Lebensbaum, Amerikanische Thuje (Thuja occidentalis L.) R.Br.) || **~ cement** (Build, Civ Eng) / weißer Zement (meistensDIN 1164), Weißzement *m* (Handelsname eines Portlandzements, der aus weitgehend eisenfreien Rohstoffen hergestellt wurde), weißer Portlandzement || **~ cheesewood** (For) / Pulai *n* (Alstonia scholaris (L.) R.Br.) || **~ coal** / weiße Kohle (Wasserkraft) || **~ coal** (Geol) / Tasmanit *m* (Zwischenstufe zwischen Kännelkohle und Ölschiefer) || **~ coat*** (Build) / Deckschicht *f*, Sichtschicht *f* (des Außenputzes), Oberputz *m*, Abschlussschicht *f*, Glattstrich *m* (beim mehrlagigen Putz), Fertigputz *m* (A)
**whitecoat** *n* (Leather) / Whitecoat *m* (weißes Fell der Jungtiere von Robben)
**white compression** (TV) / Weißsättigung *f*, Weißkompression *f*, Weißstauchung *f* || **~ content** (Light) / Weißanteil *m* || **~ cooper** / Böttcher *m*, Küper *m*, Küfer *m* (S), Küfner *m* (S) || **~ copperas*** (Min) / Goslarit *m*, Zinkvitriol *n* (Zinksulfat-7-Wasser) || **~ corundum*** (Min) / weißer Saphir, Leukosaphir *m* || **~ crystals** (Nut) / Affinade *f* (affinierter, weißer bis gelbstichiger, trockener Zucker), Weißzucker *m* || **~ cutch** (Leather) / Gelbes Katechu, Gambirkatechu *n*, Gambir *m* (ein wertvoller Gerbstoff aus Uncaria gambir (Hunter) Roxb.) || **~ dammar** / Indischer Kopal, Piney Resin *n*, Weißer Dammar (aus Vateria indica L. oder Vateria copallifera (Retz.) Alston) || **~ damp** (Mining) / böse Wetter, giftige Wetter (Kohlenmonoxid) || **~ deal** (For) / Fichtenholz *n*, Rotfichtenholz *n* || **~ dew** (US) (Meteor) / Reif *m* (Advektionsreif oder Strahlungsreif - DIN 4049-3), Anraum *m* || **~ dew** (Meteor) / weißer Tau (weiß aussehende, gefrorene Tautropfen) || **~ discharge** (Textiles) / Weißätze *f* (wenn der Farbstoff in gefärbtem Gewebe durch Aufdruck geeigneter Pasten durch Oxidation oder Reduktion lokal zerstört wird) || **~ dwarf*** (Astron) / Weißer Zwerg *m* (im Hertzsprung-Russell-Diagramm) || **~ dye** (Textiles) / optischer Aufheller (Fluoreszenzfarbstoff, der UV-Licht absorbiert und längerwelliges blaues Licht emittiert), Blankophor *m* (auf der Basis von Stilben- oder Pyrazolderivaten - Warenzeichen der Firma Bayer) || **~ elm** (For) / Weißulme *f* (Ulmus americana L.) || **~ enamel** / Weißemail *n* || **~ ensign** (Ships) / britische Kriegsflagge || **~ exhaust smoke** (Autos) / weißer Auspuffqualm (bei durchgebrannter Kopfdichtung) || **~ feldspar** (Min) / Albit *m* (ein Natronfeldspat - Anfangsglied der Plagioklas-Reihe) || **~ fibrous gypsum** (Min) / Federweiß *n* (pulverisierter Fasergips) || **~ filler** / heller Füllstoff
**"white fingers"** (Med) / Weißfingerkrankheit *f* (ein vibrationsbedingtes vasospastisches Syndrom, z.B. bei der Arbeit mit Druckluftwerkzeugen)
**white fir** (For) / Coloradotanne *f*, Grautanne *f* (Abies concolor (Gord. et Glend.) Lindl. ex Hildebr.) || **~ flint** (Glass) / weißes Hohlglas, Weißglas *n* (z.B. für den Behälterbau) || **~ frequency** (Telecomm) / Frequenz *f* bei Bildweiß (bei Faksimile) || **~ frost*** (Meteor) / Reif *m* (Advektionsreif oder Strahlungsreif - DIN 4049-3), Anraum *m* || **~ frost on the road(s)** (Autos) / Reifglätte *f*
**white-fuming nitric acid** (Chem, Space) / weiß rauchende Salpetersäure
**white garnet** (Min) / Leuzit *m* (Kaliumalumodisilikat), Leucit *m* (ein Feldspatvertreter) || **~ glass*** (Glass) / Opalglas *n* (weißes oder in der Masse schwach getrübtes durchscheinendes Glas) || **~ glue** / Weißleim *m*, weißer Leim || **~ gold*** (Met) / Weißgold *n* (eine Gold-Palladium-Legierung) || **~ goods** (Elec Eng) / weiße Ware (z.B. Kühlschränke, Elektroherde usw.) || **~ goods** (Textiles) / Weißwaren *f pl*, Weißzeug *n*
**white-heart malleable cast iron** (Met) / weißer Temperguss, entkohlend geglühter Temperguss (DIN 1692), GTW (weißer Temperguss)
**white•heart process*** (Met) / Herstellung *f* von weißem Temperguss || **~ heat*** (Met) / Weißglut *f* (über 1200°C) || **~ hide leather** (Leather) / technisches Weißleder (alaungegerbtes Rindleder, vor allem zur Herstellung von Schnüren aller Art für technische Zwecke) || **~ hole** (Astron) / Weißes Loch (Zeitumkehr von Schwarzem Loch) || **~ horehound** (Bot, Med) / Gewöhnlicher Andorn (Marrubium vulgare L.)
**white-hot** *adj* (incandescent) (Met) / weiß glühend *adj*
**white-in-black print(ing)** (Comp, Telecomm) / Positivschrift *m*, Positivdarstellung *f* (auf dem Bildschirm)
**white ink** (Print) / weiße Farbe (z.B. für das Rinco-Verfahren) || **~ iron*** (Met) / weißes Roheisen || **~ ironbark** (For) / Eisenrindenbaumholz *n* (Holz des Eucalyptus leucoxylon) || **~ iron pyrites*** (Min) /

1785

**white**

Wasserkies *m*, Markasit *m* (Eisendisulfid) ‖ ~ **japan** (ordinary air-drying white enamel) / Weißemail *n* ‖ ~ **lac** (Paint) / [chlor]gebleichter Schellack ‖ ~ **lace leather** (Leather) / technisches Weißleder (alaungegerbtes Rindleder, vor allem zur Herstellung von Schnüren aller Art für technische Zwecke) ‖ ~ **lauán** (For) / Melapi *n*, White Lauán *n* (Holz der Shorea sp.) ‖ ~ **lead*** (Chem) / Bleiweiß *n* (basisches Bleikarbonat), Karbonatbleiweiß *n*, Silberweiß *n*, Holländerweiß *n* ‖ ~ **leader** (Cinema) / Weißfilm *m* (z.B. als Vorspann) ‖ ~ **lead ore*** (Min) / Zerussit *m*, Weißbleierz *n*, Cerussit *m*, Bleierde *f* ‖ ~ **level** (TV) / Weißwert *m*, Weißpegel *m*
**white-level clipping** (TV) / Weißwertbegrenzung *f* ‖ ~ **limiting** (TV) / Weißwertbegrenzung *f* ‖ ~ **value** (TV) / Weißwert *m*, Weißpegel *m*
**white light*** (Light, Phys) / weißes Licht, Weißlicht *n* (alle Wellenlängen)
**white-light hologram** (Phys) / Weißlichthologramm *n* ‖ ~ **interferometry** (Optics) / Weißlichtinterferometrie *f* ‖ ~ **resolution** (Optics) / Auflösung *f* bei weißem Licht
**white lime** (Build) / fetter Kalk (mit weniger als 10% Beimengungen des rohen Kalksteins), Fettkalk *m*, Weißkalk *m* ‖ ~ **line** (Civ Eng) / weißer Strich (auf der Straße) ‖ ~ **line** (Ocean) / weiße Linie (spezielle Einrichtung von hydroakustischen Anlagen der Fischortung zur Sichtbarmachung nicht allzu dichter Fischschwärme über dem Grund) ‖ ~ **line*** (Print) / Freizeile *f*, Leerzeile *f* (nicht bedruckte oder beschriftete Zeile zur Unterteilung des Textes)
**white-line print** (Print) / negative Blaupause ‖ ~ **skipping** (Telecomm) / Weißzeilenunterdrückung *f* (bei Telefaxgeräten)
**white linseed oil** / weißes Leinöl (mit Kaliumpermanganat, Natriumsulfit und Salzsäure gebleichtes Leinöl) ‖ ~ **liquor** (Paper) / Weißlauge *f*, Frischlauge *f* ‖ ~ **malleable iron** (Met) / weißer Temperguss, entkohlend geglühter Temperguss (DIN 1692), GTW (weißer Temperguss) ‖ ~ **mechanical pulp** (Paper) / Weißschliff *m* (aus ungedämpften Holz) ‖ ~ **meranti** (For) / Weißes Meranti (Shorea spp.), White Meranti *n* ‖ ~ **metal*** (Eng, Met) / Weißmetall *n* (ein Lagermetall nach DIN 1703)
**white-metal bearing alloy** (Eng, Met) / Weißmetall *n* auf Pb-Basis, Bleibabbitt *n* (weißes Lagermetall: Pb + Sb + Sn)
**white metal lining** (Eng, Met) / Weißmetallausguss *m* (des Lagers) ‖ ~ **mica** (Min) / Muskovit *m* (eine Kaliglimmer-Art), Muscovit *m* ‖ ~ **millboard** (Paper) / weiße Wickelpappe (aus weißem Holzstoff nach DIN 6730) ‖ ~ **mineral oil** (Nut, Pharm) / pharmazeutisches Weißöl, dickflüssiges Paraffin, Paraffinöl *n* ‖ ~ **mint** (Bot) / Mentha *f* piperita pallescens Camus
**whiten** *vi* / weiß werden ‖ ~ *vt* (Leather) / blanchieren *v* (die Fleischseite) ‖ ~ (Paint) / weißen *v* (mit weißer Tünche anstreichen), weißeln *v*, tünchen *v*, ausweißen *v*, weiß tünchen
**whitener** *n* (Plastics) / Weißtöner *m*
**whiteness** *n* / Weißklasse *f* (Build, Paint, Paper, Textiles) / Weißanteil *m*, Weiße *f* (die durch Vergleich mit Standardweiß ermittelt wird), Weißgehalt *m*, Weißgrad *m* ‖ ~ **measuring** (Textiles) / Weißmessung *f* ‖ ~ **retention** (Textiles) / Weißbeständigkeit *f* (nach der Reinigung)
**white nickel*** (Min) / Chloanthit *m*, Weißnickelkies *m*, Nickelskutterudit *m*
**whitening** *n* / Weißen *n*, Weißfärben *n* ‖ ~ / Erhöhung *f* des Weißgehalts, Bleichung *f*, Bleichen *n* (Erhöhung des Weißgehalts) ‖ ~ (Leather) / Blanchieren *n* (der Fleischseite) ‖ ~ (Paint) / Tünche *f* (Kalkfarbe) ‖ ~ (Plastics) / Weißtrübung *f* (der Innenwand von PVC-Blasformkörpern) ‖ ~ **blade** (Leather) / Blanchiereisen *n* ‖ ~ **finish** (Textiles) / Weißausrüstung *f*
**white noise*** (Acous) / weißes Rauschen (Rauschen, dessen spektrale Intensitätsdichte über den interessierenden Frequenzbereich konstant ist) ‖ ~ **noise*** (Acous) s. also Gaussian noise ‖ ~ **oak** (For) / Weißeiche *f* (Quercus alba L.) ‖ ~ **oakum** (Ships) / ungeteertes Werg, weißes Werg ‖ ~ **of egg** (Nut) / Eiweiß *n*, Eiklar *n* (A) (das Weiße im Ei) ‖ ~ **oil** (Nut, Textiles) / Weißöl *n* (hochraffinierte Mineralölfraktion) ‖ ~ **olivine** (Min) / Forsterit *m* (Magnesiumorthosilikat) ‖ ~ **on black** (Print) / Negativschrift *f*
**white-on-black scale** (Instr) / Skale *f* mit weißen Markierungsstrichen auf schwarzem Grund
**white opacifier** (Ceramics) / Weißtrübungsmittel *n* ‖ ~ **out** *v* (Typog) / austreiben *v* (eine Zeile, um eine Verlängerung der Dimensionen der Satzkolumne zu erreichen), ausbringen *v* (Wortzwischenräume beim Setzen vergrößern), erweitern *v* (Wortzwischenräume über den Grundausschluss hinaus vergrößern)
**white-out*** *n* (Meteor) / White-out *m n* (extreme Tagesbeleuchtung bei bedecktem Himmel über verschneiten Gebieten, die durch wiederholte diffuse Reflexion des Lichtes zwischen der Erdoberfläche und der Wolkenunterseite vor allem in polaren Gegenden auftritt)
**white*-out lettering*** (Print) / Negativdruck *m* ‖ ~ **paper** (Print) / unbedrucktes Papier (auch farbiges)
**white-paper edition** (Telecomm) / Weißdruck *m*

**white peak** (TV) / Weißspitze *f* (kurzzeitig zulässige Überschreitung des Weißwertes im Videosignal) ‖ ~ **peat** (Geol) / Weißtorf *m* ‖ ~ **phosphorus** (Chem) / weißer Phosphor (monotrope Modifikation), farbloser Phosphor ‖ ~ **pickling** (Surf) / Weißbeize *f* ‖ ~ **pigment** (Paint) / Weißpigment *n* (anorganisches Pigment nach DIN 55944) ‖ ~ **pine** (For) / Weymouthskiefer *f* (Pinus strobus L.) (Pinus strobus L. - nach Th. Thynne, I. Viscount of Lord Weymouth, +1714), Strobe *f*, Weimutskiefer *f*
**white-pine blister rust** (For) / Weymouthskieferblasenrost *m* (durch Cronartium ribicola)
**white pocket rot** (For) / Weißlochfäule *f* (bei der das Holz nicht gleichmäßig, sondern von "Nestern" aus zerstört wird), Wabenfäule *f*, Honigwabenfäule *f*, Lochfäule *f* ‖ ~ **point** (Optics) / Weißpunkt *m*, Farbort *m* des Unbunt ‖ ~ **poplar** (For) / Silberpappel *f* (Populus alba L.), Weißpappel *f*
**white-pore fungus** (For) / Weißer Kellerschwamm, Porenschwamm *m* (Weißer - Poria vaillantii), Porenhausschwamm *m*, Lohschwamm *m* (ein holzzerstörender Porling)
**white Portland cement** (Build, Civ Eng) / weißer Zement (meistens DIN 1164), Weißzement *m* (Handelsname eines Portlandzementes, der aus weitgehend eisenfreien Rohstoffen hergestellt wurde), weißer Portlandzement ‖ ~ **precipitate** (Chem) / weißes Präzipitat (schmelzbares, unschmelzbares) ‖ ~ **print** (Print) / Diazotypie-Verfahren *n* (positives), Lichtpausverfahren *n*, Ammoniak-Kopierverfahren *n* (entweder trocken, wie z.B. Ozalid-Verfahren, oder nass) ‖ ~ **radiation*** (Light, Phys) / weißes Licht, Weißlicht *n* (alle Wellenlängen) ‖ ~ **radiation** (Radiol) / Bremsröntgenstrahlung *f*, Bremsstrahlung *f*, weiße Röntgenstrahlung ‖ ~ **rainbow** (Meteor, Phys) / weißer Regenbogen ‖ ~ **reference level*** (TV) / Weißwert *m*, Weißpegel *m* ‖ ~ **resist** (Textiles) / Weißreserve *f* ‖ ~ **rice** (Nut) / geschliffener Reis *m* ‖ ~ **room** (Electronics) / Weißbereich *m* (eien Reinraumklasse in der Reinraumtechnik), Reinstraum *m* ‖ ~ **rot** (For) / Korrosionsfäule *f*, Weißfäule *f*, weiß verfärbtes Holz (als Folge des Abbaus von Zellulose und Lignin)
**white-rot fungus** (For) / Weißfäulepilz *m* (der Lignin- und Zelluloseabbau bewirkt)
**whiter-than-white*** *adj* (TV) / ultraweiß *adj*
**white rust** (Bot) / Weißrost *m* (Pflanzenkrankheiten durch Albugo-Arten) ‖ ~ **rust** (Eng) / Weißrost *m* (auf Zinkoberflächen) (Korrosionsprodukt des Zinks), Zinkrost *m*, weißer Rost
**white-sandalwood oil** (For) / Ostindisches Sandelholzöl (aus Santalum album L.)
**white sapphire*** (Min) / weißer Saphir, Leukosaphir *m* ‖ ~ **saturation** (TV) / Weißsättigung *f*, Weißkompression *f*, Weißstauchung *f* ‖ ~ **size** (Paper) / Freiharzleim *m* (als milchige Emulsion)
**whitesmith** *n* (Plumb) / Feinblechner *m* (der mit Feinblechen arbeitet)
**white smoker** (Mining, Ocean) / Weißer Raucher (Austrittsstelle am Meeresboden) ‖ ~ **space** (Print) / weißer Raum *m* ‖ ~ **spirit*** (Paint) / Testbenzin *n*, Lackbenzin (DIN 51632) ‖ ~ **spirit** (for dry-cleaning) (Textiles) / Waschbenzin *n* (zur chemischen Reinigung geeignete Benzinsorte, Siedepunkt 80 - 110°) ‖ ~ **spirit*** (Paint) s. also mineral spirits ‖ ~ **spruce** (For) / Kanadische Fichte, Schimmelfichte *f* (Picea glauca (Moench) Voss), Weißfichte *f* ‖ ~ **standard** / Weißstandard *m* (zur Kalibrierung der fotometrischen Skala von Farbmessgeräten), Normalweiß *n* ‖ ~ **standard thermometer** (Paint) / Weißstandardthermometer *n* (zum Messen der beim Bewittern und Bestrahlen von weißen oder hellen Beschichtungen auftretenden Temperaturen) ‖ ~ **sugar** (Nut) / Affinade *f* (affinierter, weißer bis gelbstichiger, trockener Zucker), Weißzucker *m*
**White-Taylor cell** (Electronics) / White-Taylor-Zelle *f* (eine Flüssigkristall-Farbstoffzelle)
**white tellurium** (Min) / Krennerit *m* ‖ ~ **vitriol*** (Min) / Goslarit *m*, Zinkvitriol *n* (Zinksulfat-7-Wasser)
**whitewall** *n* (Autos) / Weißwandreifen *m*
**white wallboard** / Weißwandtafel *f*
**whitewall ring** (Autos) / Weißwandring *m* (zwischen Reifen und Felge) ‖ ~ **topper** (Autos) / Weißwandring *m* (zwischen Reifen und Felge) ‖ ~ **tyre** (Autos) / Weißwandreifen *m*
**white walnut** (For) / Butternussbaum *m* (Juglans cinerea L.)
**whiteware** *n* (Ceramics) / Feinkeramik *f* (mit weißem oder hellem feinstrukturiertem Scherben), Weißware *f* ‖ ~ **industry** (Ceramics) / Porzellanindustrie *f*
**whitewash** *v* (Paint) / weißen *v* (mit weißer Tünche anstreichen), weißeln *v*, tünchen *v*, ausweißen *v*, weiß tünchen ‖ ~ *n* (Paint) / Tünche *f* (Kalkfarbe)
**whitewashing** *n* (Surf) / unvollständige Verchromung (mit stellenweise freiliegender Nickelschicht)
**white water** (Geog, Hyd Eng) / Wildwasser *n* ‖ ~ **water*** (Paper) / Siebwasser *n*, Siebabwasser *n*, Rückwasser *n* ‖ ~ **wax** (US) /

gebleichtes Bienenwachs ‖ ~ **weight** (Leather) / Gewicht *n* nach dem Ascherverfahren
**white-wine vinegar** (Nut) / weißer Weinessig
**whitewood*** *n* (For) / Fichtenholz *n*, Rotfichtenholz *n* ‖ ~ (For) / Holz *n* des Amerikanischen Tulpenbaumes, Whitewood *n*, Tulpenbaumholz *n* (von Liriodendron tulipifera L.)
**white wood pulp** (Paper) / Weißschliff *m* (aus ungedämpften Holz)
**whiting** *n* / gemahlene Kreide ‖ ~ (Paint) / Schlämmkreide *f*
**whiting-out material** (Typog) / Blindmaterial *n*
**whitish** *adj* / weißlich *adj*, ins Weiße gehend
**whiteleather** (Leather) / Weißleder *n*, weißgares Leder, weißgegerbtes Leder
**whitlockite*** *n* (Min) / Whitlockit *m*
**Whittaker differential equation** (Maths) / Whittaker'sche Differentialgleichung (nach Sir E.T. Whittaker, 1873 - 1956)
**whittle** *v* (make something out of a piece of wood by cutting off small thin pieces) (For) / schnitzen *v* ‖ ~ *n* (Build) / Schieferdeckerbeil *n*, Punkteisen *n* (des Dachdeckers)
**Whitworth coarse thread** (Eng) / Whitworth-Regelgewinde *n* (nach Sir J. Whitworth, 1803-1887) ‖ ≏ **screw-thread*** (Eng) / Whitworth-Gewinde *n* (DIN ISO 1891) ‖ ≏ **thread** (Eng) / Whitworth-Gewinde *n* (DIN ISO 1891) ‖ ≏ **truncated fine thread** (Eng) / Whitworth-Feingewinde *n* mit verkürzten Flanken
**whity** *adj* / weißlich *adj*, ins Weiße gehend
**whiz** *v* / sausen *v* (flitzen), zischen *v* ‖ ~ (US) (Textiles) / schleudern *vt* (um Feuchtigkeit zu entfernen)
**whizzer** *n* / Trockenzentrifuge *f*, Schleudertrockner *m*, Trockenschleuder *f* ‖ ~* (Nut) / Entwässerungszentrifuge *f*, Zentrifugaltrockner *m* ‖ ~ **mill** (Eng) / Schwinghammermühle *f*
**whizz-pan*** *n* (Cinema) / Verreißschwenk *m*, [sehr] schneller Schwenk, Reißschwenk *m*, Wischer *m*
**"Who are you" signal** (Telecomm) / "Wer da"-Zeichen *n*
**whole** *adj* (Mining) / unverritzt *adj* (Gebirge), unverhauen *adj*, jungfräulich *adj* ‖ ~ **beam** (a single-span beam) (Build) / Ganzbalken *m* (welcher ohne Stoß über die gesamte Gebäudetiefe verläuft, der Aussteifung des Baukörpers und der Verankerung der Außenwände dient) ‖ ~ **beam** (Build, For) / Ganz(holz)balken *m*
**whole-body counter** (Nuc, Radiol) / Ganzkörperzähler *m* (Messanordnung zur direkten Messung von im Körper abgelagerten Radionukliden), Body Counter *m* ‖ ~ **imaging gamma camera** (Med) / Gammakamera *f* mit Ganzkörpereinrichtung (DIN EN 61 675-3), Ganzkörper-Gammakamera *f* ‖ ~ **monitor*** (Nuc, Radiol) / Ganzkörperzähler *m* (Messanordnung zur direkten Messung von im Körper abgelagerten Radionukliden), Body Counter *m*
**whole bound*** (Bind) / Ganzband *m* (Bezeichnung für einen Einband, dessen gesamte Decke mit dem gleichen Einbandmaterial überzogen ist) ‖ ~**-brick wall*** (Build) / ganzsteinstarke Wand, einsteinstarke Wand ‖ ~ **cloth** (Weaving) / die ganze Warenbreite, die ganze Warenbahn
**whole-coiled winding*** (Elec Eng) / Wicklung *f* mit einer Spule je Pol
**whole•-coloured** *adj* / einfarbig *adj*, einfärbig *adj* (A) ‖ ~ **egg** (Nut) / Vollei *n*
**whole-egg powder** (Nut) / Volleipulver *n*
**whole food** (Nut) / Vollwertkost *f* ‖ ~ **foods** (Nut) / Vollwertkost *f* ‖ ~ **gale** (Meteor) / schwerer Sturm (nach der Beaufort-Skala)
**wholegrain bread** (Nut) / Vollkornbrot *n*
**whole latex rubber** (Chem Eng) / Sprühkautschuk *m* (durch Versprühen des Latex im Heißluftstrom)
**whole-log flaker** (For) / Langholzzerspaner *m*
**wholemeal** *n* (Nut) / Vollkornmehl *n* (das alle Kornbestandteile enthält) ‖ ~ (Nut) / Vollkornbrot *n* ‖ ~ **bread** (Nut) / Vollkornbrot *n* ‖ ~ (wheat) **flour** (Nut) / Weizenvollkornschrot *m* ‖ ~ **flour** (Nut) / Vollkornmehl *n* (das alle Kornbestandteile enthält
**whole milk** (Nut) / Vollmilch *f* (mit dem vollen Fettgehalt) ‖ ~ **milk** (Nut) / Gemelk *n* (frisch ermolkene Milch) ‖ ~ **number** (Maths) / ganze Zahl, Ganzzahl *f*
**whole-page scanning** (Telecomm) / Ganzseitenabtastung *f* (bei Fax-Geräten)
**wholesaler** *n* / Großhändler *m*, Grossist *m*
**wholesome** *adj* (Nut, Physiol) / bekömmlich *adj*
**whole step** (Acous) / Ganzton *m* (DIN 1320), Ganztonschritt *m*, ganzer Ton ‖ ~ **stuff** (Paper) / Ganzzeug *n*, Ganzstoff *m*, Papierstoff *m* (fertiger), Papiermasse *f*, Papierbrei *m* (meistens aus Hadern) ‖ ~ **timber*** (For) / vierseitig mindestens sägegestreiftes Schnittholz mit einer Dicke und einer Breite über 15 cm ‖ ~ **timber** (For) / Kantholz *n* (von quadratischem Querschnitt, meistens 30 x 30 cm), Holzbalken *m* (30 x 30 cm)
**whole-time** *attr* / Vollzeit-
**whole tone** (Acous) / Ganzton *m* (DIN 1320), Ganztonschritt *m*, ganzer Ton ‖ ~ **tree** (For) / Ganzbaum *m*
**whole-tree chips** (For) / Ganzbaumhackschnitzel *n pl* ‖ ~ **harvesting** (For) / Ganzbaumernte *f*

**whole-width dyeing machine** (Textiles) / Jigger *m* (eine Färbemaschine), Färbejigger *m*, Breitfärbemaschine *f*
**whorl** *n* (Maths) / Windung *f* (einer Spirale)
**why-explanation** *n* (AI) / Warum-Erklärung *f*
**WI** (wrought iron) (Met) / Schweißeisen *n*, Schweißstahl *m* (heute nicht mehr erzeugt)
**wick** *n* (Textiles) / Docht *m*
**Wickbold combustion method** (Oils) / Verbrennungsverfahren *n* nach Wickbold (Bestimmung des Schwefelgehalts der Mineralölerzeugnisse), Wickbold-Methode *f* (DIN EN 41) ‖ ≏ **method** (Chem) / Wickbold-Methode *f* (Bestimmung nichtionischer Tenside in wässriger Lösung nach DIN 38409, T 23)
**wicker basket** / Weidenkorb *m* ‖ ~ **basketry** / Flechtware *f* (aus Weidenruten), Korbware *f* ‖ ~ **bottle** (Chem, Glass) / Korbflasche *f*, Großglas *n*
**wickerwork** *n* / Flechtware *f* (aus Weidenruten), Korbware *f*
**wicket** *n* (Build) / Tür *f* mit Drehkreuz ‖ ~ (Build) / Tür *f* (kleine), Schlupftür *f* ‖ ~ (Build) / Durchsprechfenster *n*, Schalterfenster *n* ‖ ~ (Ceramics) / Tür *f* (des Hofmann'schen Ringofens) ‖ ~ (a temporay refractory door in a furnace) (Met) / zumauerbare Ofentür, gemauerte Ofentür
**wicket-door*** *n* (Build) / Tür *f* (kleine), Schlupftür *f*
**wicket-gate*** *n* (Build) / Tür *f* (kleine), Schlupftür *f*
**wick-feed lubrication** (Eng) / Dochtschmierung *f* (meistens der Führungsbahnen von Werkzeugmaschinen), Schmierstoffzuführung *f* über einen Docht ‖ ~ **oiling** (Eng) / Dochtschmierung *f* (meistens der Führungsbahnen von Werkzeugmaschinen), Schmierstoffzuführung *f* über einen Docht
**wicking** *n* (Autos, Textiles) / Dochtwirkung *f* (z.B. beim Reifenkord) ‖ ~ (Electronics) / Entlöten *n* mit Entlötlitze ‖ ~ (Electronics) / Dochteffekt *m*
**wick lubrication** (Eng) / Dochtschmierung *f* (meistens der Führungsbahnen von Werkzeugmaschinen), Schmierstoffzuführung *f* über einen Docht ‖ ~ **oiler** (Eng) / Dochtöler *m*, Dochtschmierung *f* (als Anlage) ‖ ~ **oiling** (Eng) / Dochtschmierung *f* (meistens der Führungsbahnen von Werkzeugmaschinen), Schmierstoffzuführung *f* über einen Docht
**wick-proof** *adj* (Autos, Textiles) / ohne Dochtwirkung (z.B. Reifenkord)
**Wick's theorem** (Nuc) / Wick'sches Theorem (Aussage über den Zusammenhang zwischen dem zeitgeordneten Produkt [T-Produkt] von Operatoren einer Quantenfeldtheorie mit einer Summe von Normalprodukten [N-Produkten] derselben Operatoren)
**Wick theorem** (Nuc) / Wick'sches Theorem (Aussage über den Zusammenhang zwischen dem zeitgeordneten Produkt [T-Produkt] von Operatoren einer Quantenfeldtheorie mit einer Summe von Normalprodukten [N-Produkten] derselben Operatoren)
**Widal reaction*** (Med) / Gruber-Widal-Reaktion *f* (Nachweis spezifischer Immunkörper im Blutserum durch Agglutination - nach M. v. Gruber, 1853-1927, und F. Widal, 1862-1929), Widal-Reaktion *f*
**wide** *adj* / breit *adj*, weit *adj*
**wide-angle** *attr* / weitwinklig *adj*, Weitwinkel-, breitwinklig *adj* ‖ ~ **coverage** (Photog) / Weitwinkelbereich *m*
**wide-angled** *adj* / weitwinklig *adj*, Weitwinkel-, breitwinklig *adj*
**wide-angle diffusion** (that in which flux is scattered at angles far from the direction which the flux would take by regular reflection or transmission) (Light) / Breitwinkelstreuung *f*
**wide-angle lens*** (Photog) / Weitwinkelobjektiv *n*
**wide-angle milling** (Eng) / Weitwinkelfräsen *n* ‖ ~ **mirror** (Autos) / Weitwinkelspiegel *m* ‖ ~ **photograph** (Photog) / Weitwinkelaufnahme *f* ‖ ~ **scattering** (Phys) / Weitwinkelstreuung *f*
**wide-aperture antenna** (Radio) / Großbasisantenne *f* ‖ ~ **direction finder** (Radar) / Großbasispeiler *m*
**wide-area information system** (Comp, Telecomm) / Wide Area Information System *n* (ein Informations-Suchsystem im Internet) ‖ ~ **network** (Comp, Telecomm) / Weitbereichsnetz *n* (überregionales Netzwerk), landesweites Netz, Weitverkehrsnetz *n*, Wide-Area-Network *n*, WAN (Wide-Area-Network) ‖ ~ **telephone service** (Teleph) / Fernsprech(fern)verkehr *m* zu Festgebühren
**wide band** (Telecomm) / Breitband *n*, breites Frequenzband (über 3000 Hz)
**wide-band amplification** (Telecomm) / Breitbandverstärkung *f* ‖ ~ **amplifier*** (Telecomm) / Breitbandverstärker *m* ‖ ~ **filter** (Telecomm) / Breitbandfilter *n* ‖ ~ **language** (Comp) / Breitbandsprache *f* (eine erweiterte Programmiersprache, welche neben Konstrukten für verschiedene Programmierstile auch Konstrukte zur Spezifikation enthält) ‖ ~ **noise** (Acous) / breitbandiges Rauschen (DIN 5483, T 1), Breitbandrauschen *n*
**wide base** (Autos) / Breitfelge *f* (DIN 7823) ‖ ~**-base rim** (Autos) / Breitfelge *f* (DIN 7823) ‖ ~ **beam** (Light) / Breitstrahl *m* (der Taschenlampe)

**wide-belt**

**wide-belt sander** (For) / Breitbandschleifmaschine f ‖ ~ **sanding machine** (For) / Breitbandschleifmaschine f
**wide-bodied aircraft** (Aero) / Großraumflugzeug n (z.B. Airbus) ‖ ~ **jet airliner** (Aero) / Großraumdüsenflugzeug n, Jumbo m (ein Verkehrsflugzeug), Jumbojet m
**widebody** n (Aero) / Großraumflugzeug n (z.B. Airbus) ‖ ~ **aircraft** (Aero) / Großraumflugzeug n (z.B. Airbus)
**wide-boiling sample** (Chem) / Probe f mit breitem Siedebereich
**wide-bore column** (Chem) / Wide-Bore-Kapillare f
**wide-bottomed valley** (Geol) / breitsohliges Tal
**wide cut** (Agric) / Breitschnitt m (bei Pflügen)
**wide-cut aviation turbine fuel** (wide-range aviation turbine fuel gasoline-type, about identical to the JP4-type fuel) (Aero, Fuels) / Flugturbinenkraftstoff m, Turbinentreibstoff m (mit einem Siedebereich zwischen 52 und 220 °C) ‖ ~ **fuel**\* (Aero, Fuels) / Flugturbinenkraftstoff m, Turbinentreibstoff m (mit einem Siedebereich zwischen 52 und 220 °C)
**wide-end-up** attr (Foundry) / umgekehrt konisch (Block) ‖ ~ **mould** (Met) / umgekehrt konische Kokille
**wide-field eyepiece** (Optics) / Weitwinkelokular n, Großfeldokular n, Okular n mit erweitertem Gesichtsfeld
**wide film** (Cinema) / Breitfilm m
**wide-flange beam** (Civ Eng, Met) / Breitflanschträger m ‖ ~ **beam** (Civ Eng, Met) s. also H-beam
**wide font** (Comp) / Breitschrift f (Leistungsmerkmal bei Druckern)
**wide-gap semiconductor** (Electronics) / Halbleiter m mit großem Bandabstand
**widely spaced** (Typog) / weit durchschossen ‖ ~ **spaced** (Typog) / splendid adj (Satz)
**wide-mesh** attr / weitmaschig adj (Sieb)
**wide-meshed** adj / weitmaschig adj (Sieb)
**wide-mouth bottle** (Chem) / Weithalsflasche f ‖ ~ **flask** (Chem) / Weithalskolben m
**widen** v / aufweiten v, verbreitern v, erweitern v, breiten v
**wide-neck flask** (Chem) / Weithalskolben m
**widening** n / Aufweiten n, Verbreitern n, Verbreiterung f, Breiten n ‖ ~ (Textiles) / Zunahme f (bei Maschenwaren)
**wide-open throttle** (I C Engs) / ganz geöffnete Drosselklappe
**wide pitting** (Eng, Surf) / Muldenfraß m (Korrosionserscheinung, die sich in der Bildung von Vertiefungen manifestiert, deren Durchmesser wesentlich größer ist als deren Tiefe - DIN 50 900-1), Muldenkorrosion f (mit örtlich unterschiedlicher Abtragungsrate), ungleichmäßige Flächenkorrosion ‖ ~ **pitting** (in an early stage) (Surf) / Narbenkorrosion f, narbige Korrosion
**wide-plate specimen** (Materials) / Großplattenprobe f (für Rissstoppzähigkeit)
**wide-range radar** (Radar) / Weitbereichsradar m, n (über 100 km)
**wide-ranging** adj / weitreichend adj (Auswirkung) ‖ ~ / weitgehend adj (Änderung), tiefgreifend adj (Änderung)
**wide-rim wheel** (Autos) / Felge f für Breitreifen
**wide-ringed** adj (For) / weitringig adj (Holz)
**wide-ringed timber** (For) / grobringiges Holz, grobjähriges Holz, Holz n mit breiten Jahrringen
**Wideroe condition** (Nuc Eng) / Wideroe-Bedingung f (erste Grundbedingung des Betatrons - nach R. Wideroe, 1902-1996)
**wide screen**\* (Cinema, TV) / Breitwand f
**wide-screen process** (Cinema) / Breitbildverfahren n, Breitwandverfahren n ‖ ~ **ratio** (16 : 9) (TV) / 16: 9-Format n (des Fernsehbildes)
**wide-space design** (Textiles) / weiträumig angeordnete Motive im Stoffdruck oder in der Jacquardweberei ‖ ~ **lettering** (Print) / Breitschrift f
**wide-spectrum antibiotic**\* (Pharm) / Breitspektrumantibiotikum n, Breitbandantibiotikum n ‖ ~ **language** (Comp) / Breitbandsprache f (eine erweiterte Programmiersprache, welche neben Konstrukten für verschiedene Programmierstile auch Konstrukte zur Spezifikation enthält)
**wide-stitch wheel** (Eng) / weitgesteppte (Polier)Scheibe
**wide strip** (Met) / Breitband n (zu einem Bund aufgewickelter Flachstahl mit einer Breite über 600 mm) ‖ ~ **stripe** / Breitstrich m (Fahrbahnmarkierung) ‖ ~ **tyre** (Autos) / Breitreifen m
**wide-visibility ventilated protection goggles** / belüftete Schutzbrille mit großem Gesichtskreis
**widget** n (a visual object such as a button that appears in Web pages or in the interfaces to other programs) (Comp) / Widget n
**Widia** (German range of sintered tungsten carbides with 3-13% Co) (Met) / Widia n (F. Krupp, Widia-Fabrik, Hartmetall)
**Widmannstätten structure**\* (Astron, Met, Welding) / Widmannstätten'sche Struktur, Widmannstätten'sches Gefüge (nach A. Beck, Edler v. Widmannstätten, 1754-1849)
**widow**\* n (Comp, Typog) / Hängezeile f, Hurenkind n (eine am Anfang einer Kolumne oder einer Spalte stehende Ausgangszeile) ‖ ~\*

(Typog) s. also club line ‖ ~ **line** (Comp, Typog) / Hängezeile f, Hurenkind n (eine am Anfang einer Kolumne oder einer Spalte stehende Ausgangszeile) ‖ ~ **line** (Typog) / Ausgangszeile f (im Allgemeinen)
**width** n / Breite f, Weite f ‖ ~ (Print) / Dicke f (Breite der Drucktype) ‖ ~ (Textiles) / Bahn f (Stoff-, Waren-, Tuch-) ‖ ~ **A/C** (Eng) / Eckenmaß n (der Schraube nach DIN 918) ‖ ~ **across corners** (Eng) / Eckenmaß n (der Schraube nach DIN 918) ‖ ~ **across flats** (Eng) / Schlüsselweite f (DIN 475, T 1), SW (Schlüsselweite) ‖ ~ **adjustment** (Typog) / Einstellen n der Formatbreite ‖ ~ **A/F** (Eng) / Schlüsselweite f (DIN 475, T 1), SW (Schlüsselweite) ‖ ~ **at half-height** (Chem) / Halbwertsbreite f (bei Peaks in der Gaschromatografie) ‖ ~ **in the grey** (Weaving) / Rohbreite f (des noch nicht ausgerüsteten Gewebes) ‖ ~ **in the raw state** (Weaving) / Rohbreite f (des noch nicht ausgerüsteten Gewebes) ‖ ~ **of aisle** / Gangbreite f (des Bedienungsgangs, des Flurförderzeugs) ‖ ~ **of annual ring(s)** (For) / Jahrringbreite f, Jahresringbreite f ‖ ~ **of cut** / Schnittbreite f (im Allgemeinen) ‖ ~ **of the backlash error** (Instr) / Umkehrspanne f ‖ ~ **of the reed** (Weaving) / Rietbreite f, Kammbreite f, Blattbreite f ‖ ~ **of the slot** (Eng) / Schlitzbreite f (im Schraubenkopf) ‖ ~ **of the spectral line** (Spectr) / Spektrallinienbreite f ‖ ~ **over plates** / äußere Weite (eines Kanals) ‖ ~ **over set** (For, Tools) / Schrankweite f (bei Sägeblättern) ‖ ~ **parameter** (Spectr) / halbe Linienbreite (bei halber Höhe der Lorentz-Kurve gemessene)
**Wiechert-Gutenberg discontinuity** (Geol) / Gutenberg-Wiechert-Diskontinuität f, Wiechert-Gutenberg-Diskontinuität f (nach J.E. Wiechert, 1861-1928, und B. Gutenberg, 1889-1960)
**Wiedemann, Franz and Lorenz law** (the ratio of thermal conductivity to the electrical conductivity is the same for all metals at a given temperature) (Heat) / Wiedemann-Franz-Lorenz'sches Gesetz (nach L.V. Lorenz, 1829-1891), Wiedemann-Franz'sches Gesetz (nach G.H. Wiedemann, 1826-1899, und R. Franz, 1827-1902), Lorenz'sches Gesetz ‖ ~ **effect**\* (Mag) / Wiedemann-Effekt m, Wertheim-Effekt m (Änderung des magnetischen Zustandes eines ferromagnetischen Stabs oder Drahts unter Einfluss einer Torsionsspannung) ‖ ~**-Franz law** (Heat) / Wiedemann-Franz-Lorenz'sches Gesetz (nach L.V. Lorenz, 1829-1891), Wiedemann-Franz'sches Gesetz (nach G.H. Wiedemann, 1826-1899, und R. Franz, 1827-1902), Lorenz'sches Gesetz
**Wiedemann's additivity law** (Chem) / Wiedemann'sches Gesetz der Suszeptibilitätsaddition
**Wiegand effect** (Electronics) / Wiegand-Effekt m (in ferromagnetischen und mechanisch speziell vorbehandelten Drähten) ‖ ~ **sensor** (Electronics) / Wiegand-Sensor m (ein Magnetfeldsensor, der meistens als berührungsloser Endlagenschalter eingesetzt wird) ‖ ~ **wire** (Electronics) / Wiegand-Draht m (für den Wiegand-Sensor)
**wieldy** adj / griffsicher adj, griffgünstig adj, gut in der Hand liegend, griffig adj
**Wien bridge**\* (Elec Eng) / Wien'sche Brücke f (eine Wechselstrommessbrücke mit frequenzabhängigen Abgleichbedingungen), Wien-Brücke f (nach M. Wien, 1866-1938)
**Wien-bridge oscillator**\* (Electronics) / Oszillator m mit Wien-Brücke, Wien-Brücke-Oszillator m
**Wien-DeSauty bridge** (Elec Eng) / De-Sauty-Brücke f (eine Kapazitätsmessbrücke)
**Wien effect**\* (Elec Eng) / Wien-Effekt m
**Wiener filter** (Electronics, Radar) / Wiener-Filter n ‖ ~ **filtering** (Electronics, Radar) / Wiederaufbau m eines Bildes (wobei die mittelquadratische Abweichung des Bildes von ursprünglichen Bildern minimal ist) ‖ ~ **integral** (Maths, Phys) / Wiener-Integral n (Funktionalintegral) ‖ ~ **process** (Maths) / Wiener'scher Prozess (einer Brown'schen Standardbewegung - nach N. Wiener, 1894-1964)
**Wien filter** (Phys) / Wien-Filter n, Wien-Geschwindigkeitsfilter n, Geschwindigkeitsmonochromator m (eine Anordnung elektromagnetischer Felder, die zur Spindrehung schneller, elektrisch geladener polarisierter Teilchen benutzt wird) ‖ ~ **radiation law** (Phys) / Wien'sches Strahlungsgesetz (ein Grenzfall des Planck'schen Strahlungsgesetzes nach DIN 5031 - 8)
**Wien-Robinson bridge**\* (Elec Eng) / Wien-Robinson-Brücke f (ein Sonderfall der Wien-Brücke - nach J. Robinson, 1884 - 1956)
**Wien's displacement constant** (Phys) / Wien'sche Verschiebungskonstante (w = 2,8978 . $10^{-3}$ K.m) ‖ ~ **displacement law** (Elec Eng, Light) / Wien'sches Verschiebungsgesetz (nach W. Wien, 1864-1928 - DIN 5031- 8)
**Wien selector** (Phys) / Wien-Filter n, Wien-Geschwindigkeitsfilter n, Geschwindigkeitsmonochromator m (eine Anordnung elektromagnetischer Felder, die zur Spindrehung schneller, elektrisch geladener polarisierter Teilchen benutzt wird) ‖ ~**'s laws**\*

(Phys) / Wiensches Verschiebungsgesetz + Wiensches Strahlungsgesetz (nach W. Wien, 1864 - 1928)
**Wien's radiation law** (Phys) / Wien'sches Strahlungsgesetz (ein Grenzfall des Planck'schen Strahlungsgesetzes nach DIN 5031 - 8)
**Wierl equation** (in the field of electron diffraction) (Electronics) / Wierl-Gleichung f
**Wiesner reaction** (Chem, For) / Wiesner-Reaktion f (Nachweisreaktion für Lignin im verholzten Material)
**Wi-Fi** n (Radio, Telecomm) / Wireless Fidelity f ‖ ≃ **standard** (wireless specification complying with IEEE 802.11b and backed by Cisco, Lucent, and 3Com 802.11) (Radio, Telecomm) / Wi-Fi-Standard m
**wigan** n (Textiles) / Steifleinen n, Versteifungsstoff m, steifer Einlagestoff m ‖ ≃* (Textiles) s. also brown cloth
**wiggle** n (Comp) / Wiggle-Signal n (rauschähnliches Ausgangssignal beim Lesen bestimmter Magnetkernspeicher) ‖ ~ **nail** (Build) / Wellendübel m (ein Schwellendübel), Wellennagel m
**wiggler** n (Nuc Eng) / Wiggler m, Wigglermagnet m (eine von einem hochenergetischen Elektronenstrahl durchlaufene Struktur vieler hintereinander angeordneter kurzer Ablenkmagnete mit abwechselnder Polarität zur Erzeugung sehr starker Synchrotronstrahlung) ‖ ~ **magnet** (Nuc Eng) / Wiggler m, Wigglermagnet m (eine von einem hochenergetischen Elektronenstrahl durchlaufene Struktur vieler hintereinander angeordneter kurzer Ablenkmagnete mit abwechselnder Polarität zur Erzeugung sehr starker Synchrotronstrahlung)
**wiggsino** n (Nuc) / s-Wiggs n, Wiggsino n
**Wigner coefficient** (Phys) / Clebsch-Gordan-Koeffizient m (nach R.F.A. Clebsch, 1833-1872, und nach P.A. Gordan, 1837-1912), Vektoradditionskoeffizient m (der die Kopplung zweier Drehimpulseigenfunktionen beschreibt) ‖ ≃ **crystal** (Phys) / Wigner-Kristall m (eine Struktur von Ionen in einer Paul-Falle)
**Wigner-Eckart theorem** (Phys) / Wigner-Eckart-Theorem n (bei der Vektoraddition von Drehimpulsen)
**Wigner effect*** (Nuc Eng) / Wigner-Effekt m (Änderung in den physikalischen Eigenschaften des Graphits beim Reaktorbetrieb als Folge atomarer Gitterstörungen durch Neutronen hoher Energie und andere energiereiche Teilchen, DIN 25 401-2 - nach E. Wigner, 1902-1995) ‖ ≃ **energy*** (Nuc) / Wigner-Energie f (bei Bildung struktureller Fehlordnung) ‖ ≃ **force** (Nuc) / Wigner-Kraft f (nach E. Wigner, 1902-1995) ‖ ≃ **nuclides*** (Nuc) / Wigner-Kerne m pl, Wigner-Nuklide n pl (die wichtigsten Spiegelkerne) ‖ ≃-**Seitz cell** (a specific choice of primitive unit cell for a Bravais lattice) (Crystal) / Wigner-Seitz-Zelle f, symmetrische Zelle (ein Raumteil eines Kristalls) ‖ ≃-**Seitz method** (Phys) / Zellularmethode f, Wigner-Seitz-Methode f, Zellenmethode f (zur Berechnung der Bandstruktur) ‖ ≃ **three-j symbol** (Phys) / Wigner'sches Drei-Jot-Symbol (bei der Vektoraddition von Drehimpulsen), 3j-Symbol n, Drei-Jot-Symbol n
**WIG vehicle** (Aero, Ships) / Stauflügler m
**wigwag** n (Cinema) / Rotlichtwarnlampe f ‖ ~* (Rail) / Pendelsignal n, schwingendes Warnsignal für Bahnkreuzungen (meistens mit rot beleuchteter Scheibe)
**Wijs' iodine monochloride solution** (Chem) / Wijs-Lösung f (Lösung von Iodmonochlorid in Eisessig zur Bestimmung der Iodzahl von Ölen und Fetten) ‖ ≃ **special solution** (Chem) / Wijs-Lösung f (Lösung von Iodmonochlorid in Eisessig zur Bestimmung der Iodzahl von Ölen und Fetten)
**Wilcoxon-Mann-Whitney test** (Stats) / Mann-Whitney-Test m (ein Signifikanztest), U-Test m (ein Signifikanztest zur Prüfung der Hypothese, dass zwei unabhängig voneinander gewonnene Stichproben ein und derselben Grundgesamtheit entstammen), Wilcoxon-Test m (nach F. Wilcoxon, 1892 - 1965)
**Wilcoxon's matched-pairs signed ranks test** (Stats) / Wilcoxon-Test m für gepaarte Stichproben ‖ ≃ **signed ranks test** (Stats) / Wilcoxon-Test m für gepaarte Stichproben
**wild** adj (Agric, For) / wild adj, wild wachsend adj ‖ ~ **animals** (Autos) / Wildwechsel m (ein Verkehrszeichen) ‖ ~ **camera** (Cinema) / ungeblimpte Filmkamera
**wildcard*** n (a character that can stand for a number of different characters) (Comp) / Wildcard f, Jokerzeichen n, Platzhalter m, Stern-Notation f ‖ ~ **character** (Comp) / Wildcard f, Jokerzeichen n, Platzhalter m, Stern-Notation f
**wildcarded** adj (Comp) / mit Jokerzeichen erweitert
**wildcard symbol** (Comp) / Wildcard f, Jokerzeichen n, Platzhalter m, Stern-Notation f
**wildcat** n (drilling operation seeking unproven oil possibilities) (Oils) / Wildcat-Bohrung f (Erstbohrung in bislang durch Bohrmaßnahmen nicht erschlossenen Gebieten), Erkundungsbohrung f (im unbekannten Bereich) ‖ ~ **drilling** (Oils) / Wildcat-Bohrung f (Erstbohrung in bislang durch Bohrmaßnahmen nicht erschlossenen Gebieten), Erkundungsbohrung f (im unbekannten Bereich) ‖ ~ **strike** (Work Study) / wilder Streik
**wildcatting*** n (Oils) / Wildcat-Bohrung f (Erstbohrung in bislang durch Bohrmaßnahmen nicht erschlossenen Gebieten), Erkundungsbohrung f (im unbekannten Bereich)
**wild char** (Comp) / beliebiges Zeichen ‖ ~ **character** (Comp) / beliebiges Zeichen ‖ ~ **fermentation** (Biochem) / Wildgärung f
**wildfire** n (Phys) / Irrlicht n (Selbstentzündung des Sumpfgases)
**Wildhaber-Novikov gears** (Eng) / W-N-Verzahnung f, Wildhaber-Novikov-Verzahnung f
**wildlife** n (Bot, Ecol, Zool) / Wildtiere und Pflanzen pl, wild lebende Tiere und Pflanzen ‖ ~ (wild animals collectively) (Ecol, Zool) / Wildtierbestand m ‖ ~ **preservation** (Ecol) / Hege f (Schutz und Pflege von Wild und jungen Pflanzen) ‖ ~ **protection** (Ecol) / Hege f (Schutz und Pflege von Wild und jungen Pflanzen)
**wild look-through** (Paper) / Wolkigkeit f (starke) ‖ ~ **mango oil** (Nut) / Dikafett n, Dikabutter f, Obaöl n, Wildmangoöl n (aus verschiedenen westafrikanischen Irvingia-Arten)
**Wildman machine** (Textiles) / Wildman-Maschine f (eine Spezialrundwirkmaschine der Kammzugwirkerei)
**wild motor** (Cinema) / Regelmotor m, Kameramotor m mit veränderlicher Geschwindigkeit
**wildness** n (Met) / Schäumen n (der sich abkühlenden Schmelze) ‖ ~ (Paper) / Wolkigkeit f (starke)
**wild phase** (Elec Eng) / scharfe Phase (beim Drehstromlichtbogenofen) ‖ ~ **picture** (Cinema) / stumme Einstellung ‖ ~ **plant** (Bot, Ecol, Pharm) / Wildpflanze f ‖ ~ **rice** (Bot) / wilder Reis, Wildreis m (Zizania sp.) ‖ ~ **rubber** (Bot) / Wildkautschuk m (von nicht kultivierten Pflanzen - ohne technische Bedeutung)
**wild-running river** (Hyd Eng) / verwilderter Fluss
**wild service tree** (For) / Elsbeere f (Sorbus torminalis (L.) Crantz) ‖ ~ **silk*** (Textiles) / wilde Seide (z.B. Tussahseide, Eriaseide, Yamamaiseide), Wildseide f ‖ ~ **sound** (Cinema) / Atmo f (Tonaufzeichnung von allgemeinen Geräuschen, welche in einem Zusammenhang zu einer bildlich aufgenommenen Szene stehen) ‖ ~ **take** (Cinema) / Aufnahme f mit nichtsynchronisierter Kamera, Aufnahme f ohne Kontrolle der Filmlaufgeschwindigkeit ‖ ~ **track** (Cinema) / asynchroner Ton (Tonaufnahme ohne Bildaufnahme), Tonaufnahme f ohne Bild ‖ ~ **type** (Gen) / Wildtyp m ‖ ~ **wall** (Cinema) / tragbare schallschluckende Wand ‖ ~ **water** (Geog, Hyd Eng) / Wildwasser n ‖ ~ **well** (Oils) / ausgebrochene Bohrung ‖ ~ **well** (Oils) / nicht kontrollierbarer Ölspringer, eruptive Ölquelle, eruptierendes Bohrloch, wild eruptierende Sonde ‖ ~ **yeasts** (Bot, Nut) / wilde Hefen, Wildhefen f pl (auf Früchten, Blütennektaren und Wundsäften von Pflanzen; auf Wein, sauren Gurken, Sauerkraut oder Essig)
**Wilfley table*** (Min Proc) / Wilfley-Schüttelherd m
**wilful intercept** (Comp) / zuvorkommendes Abfangen
**Wilhelmy method** (Phys) / Wilhelmy-Methode f (zur Bestimmung des Randwinkels X einer Flüssigkeit der Oberflächenspannung Y beim Kontakt mit Festkörpern, die sich durch Einfachheit auszeichnet und frei von Korrekturfaktoren ist)
**Wilke-Chang equation** (Chem, Phys) / Wilke-Chang-Gleichung f (zur Berechnung von Diffusionskoeffizienten), Gleichung f von Wilke und Chang
**Wilkinson's catalyst** (Chem) / Wilkinson-Katalysator m (ein Übergangsmetall-Komplex nach G. Wilkinson, 1921-1996)
**willemite*** n (Min) / Willemit m (Zinkorthosilikat)
**Willesden paper** (Build) / Willesden-Papier n (für Bauwerksabdichtungen - mit Kupfertetramminhydroxid getränkt)
**willey** n (Paper, Spinning) / Klopfwolf m ‖ ~ (Spinning) / Reißwolf m, Reißmaschine f (zum Zerfasern von Textilabfällen, Droussierwolf m, Zerreißmaschine f, Wolf m
**willeying** n (Textiles) / Wolfen n
**willfull intercept** (US) (Comp) / zuvorkommendes Abfangen
**Williams core** (Foundry) / Williams-Kern m, Luftdruckkern m
**Williams-Landel-Ferry equation*** (Chem) / Williams-Landel-Ferry-Gleichung f
**Williamson ether synthesis** (Chem) / Williamson-Synthese f (Herstellungsmethode für symmetrische und unsymmetrische Dialkylether und Alkylarylether - nach A. W. Williamson, 1824-1904)
**Williamson's synthesis** (Chem) / Williamson-Synthese f (Herstellungsmethode für symmetrische und unsymmetrische Dialkylether und Alkylarylether - nach A. W. Williamson, 1824-1904)
**Williams riser** (Foundry) / Williams-Trichter m, Luftdruckseitentrichter m (eine wirksame Steigerform)
**Williot diagram*** (Eng) / Williotscher Verschiebungsplan, Williot-Plan m
**will-o'-the-wisp** n (Phys) / Irrlicht n (Selbstentzündung des Sumpfgases)
**willow** v (Spinning) / klopfen v ‖ ~ (For) / Weide f (Salix spp.) ‖ ~ (Paper) / Hadernrescher m ‖ ~ (Paper, Spinning, Textiles) / Klopfwolf m ‖ ~ (Spinning) / Reißwolf m, Reißmaschine f (zum Zerfasern von

**willow**

Textilabfällen), Droussierwolf *m*, Zerreißmaschine *f*, Wolf *m* ‖ ~ **blue** (Chem) / leichtes Kobaltblau
**willowed wool** (Textiles) / gewolfte Wolle
**willow grain** (Leather) / durch Krispeln herausgearbeitetes natürliches Narbenbild pflanzlicher Leder
**willowing** *n* (Paper) / Haderndreschen *n* (Trockenreinigung des Hadernmaterials in den Haderndreschern) ‖ ~ (Textiles) / Wolfen *n* ‖ ~ **drum** (Textiles) / Reißtrommel *f* ‖ ~ **machine** (Paper) / Haderndrescher *m* ‖ ~ **process** (Textiles) / Wolfen *n*
**willow mattress** (Hyd Eng) / Weidensinkstück *n* (im Buhnenbau) ‖ ~ **oak** (For) / Weideneiche *f* (Quercus phellos L.)
**willow-tanned leather** (Leather) / chromgegerbtes Handschuhleder (Rind oder Ross)
**Willstätter lignin** (For) / Salzsäurelignin *n*, Willstätter-Lignin *n*
**willy** *n* (Paper, Spinning) / Klopfwolf *m*
**wilow bark** / Weidenrinde *f*
**Wilson chamber*** (Nuc) / Wilson-Kammer *f*, Wilson'sche Nebelkammer (nach Ch.T.R. Wilson, 1869-1959) ‖ ~ **cloud chamber** (Nuc) / Wilson-Kammer *f*, Wilson'sche Nebelkammer (nach Ch.T.R. Wilson, 1869-1959) ‖ ~ **parameter** (Phys) / Wilson-Parameter *m* (ein Ordnungsparameter in der Eichtheorie) ‖ ~ **seal** (Vac Tech) / Wilson-Dichtung *f*
**Wilson's theorem** (Maths) / Wilson'scher Satz (in der Zahlentheorie - nach Sir John Wilson, 1741-1793)
**wilt** *vi* (Agric, Bot) / verwelken *v*, welken *v*, welk werden ‖ ~ *vt* (Agric, Bot) / vorwelken *v*, verwelken lassen, anwelken *v*, zum Welken bringen ‖ ~* *n* (Bot) / Welkekrankheit *f*, Welke *f*
**wilted silage** (Agric) / Anwelksilage *f* (wenn Grünfutter am Boden wie Heu getrocknet wird), Welksilage *f*
**wilting agent** (Agric, Bot) / Welkstoff *m* (dem man das unphysiologische Welken von Pflanzen anlasten kann)
**Wilton** *n* (Textiles) / Wilton-Teppich *m* (gemusterter Rutenteppich mit aufgeschnittenem Flor - aus Wilton/Wiltshire)
**wimble** *n* (Carp) / Zimmermannsbohrer *m*, Schneckenbohrer *m*, Nagelbohrer *m*, Spitzwinder *m*, Holzbohrer *m*, Handbohrer *m* (mit Ringgriff)
**wimp** *n* (weakly interacting massive particle*) (Astron, Nuc) / Wimp *n*
**WIMP*** *n* (weakly interacting massive particle) (Astron, Nuc) / Wimp *n* ‖ ~* (windows, icons, menus, pointers - an informal term used to identify the main advantages claimed for a windows system) (Comp) / WIMP *n* ‖ ~ (Comp) / WIMP-Schnittstelle *f*, Fenster-Ikon-Menu-Zeiger-Schnittstelle *f* ‖ ~ **environment** (Comp) / WIMP-Umgebung *f* ‖ ~ **interface** (Comp) / WIMP-Schnittstelle *f*, Fenster-Ikon-Menu-Zeiger-Schnittstelle *f*
**Wimshurst machine*** (Elec Eng) / Wimshurst-Influenzmaschine *f* (nach J. Wimshurst, 1832-1903)
**win** *v* (AI, Comp) / gewinnen *v* (bei Spielen) ‖ ~ (Mining) / fördern *v* (gewinnen), gewinnen *v*, ausbringen *v*, abbauen *v*
**wince*** *n* (Textiles) / Haspelkufe *f* (zum Entschlichten, Waschen, Bleichen und Färben von weniger faltenempfindlichen Geweben und Gewirken in Strangform), Haspel *f m*
**winceyette*** *n* (Textiles) / Winceyetteflanell *m*
**winch** *v* / winden *v*, mit einer Winde hochziehen ‖ ~* *n* (Eng) / Winde *f* für große Hubhöhen (z.B. Seilwinde, Flaschenzug) ‖ ~* (a hoisting machine) (Eng) / Winde *f* (im Allgemeinen - kleines Handhebezeug zum Heben oder zum Heranziehen von Lasten) ‖ ~ (Ships) / Winsch *f* (eine Winde) ‖ ~* (Textiles) / Haspelkufe *f* (zum Entschlichten, Waschen, Bleichen und Färben von weniger faltenempfindlichen Geweben und Gewirken in Strangform), Haspel *f m* ‖ ~ **back** (US) (Textiles) / Haspelkufe *f* (zum Entschlichten, Waschen, Bleichen und Färben von weniger faltenempfindlichen Geweben und Gewirken in Strangform), Haspel *f m* ‖ ~ **beck** (US) (Textiles) / Haspelkufe *f* (zum Entschlichten, Waschen, Bleichen und Färben von weniger faltenempfindlichen Geweben und Gewirken in Strangform), Haspel *f m* ‖ ~ **deck** (Ships) / Windendeck *n* (des Frachtschiffs - auf dem die Ladeeinrichtungen angeordnet sind) ‖ ~ **dyeing** (Textiles) / Haspelkufenfärberei *f*, Färben *n* auf der Haspelkufe
**Winchester** *n* (Comp) / Winchesterplatte *f* (mit einer Gleitschicht auf der Oberfläche versehene Festplatte), Winchesterfestplatte *f* (Zugriffsarm, Schreib-Lese-Köpfe und Magnetscheiben bilden eine hermetische Einheit) ‖ ~* *n* (Glass) / Transport- *f* und Vorratsflasche für Flüssigkeiten (etwa 2,5 l) ‖ ~ **disk** (Comp) / Winchesterplatte *f* (mit einer Gleitschicht auf der Oberfläche versehene Festplatte), Winchesterfestplatte *f* (Zugriffsarm, Schreib-Lese-Köpfe und Magnetscheiben bilden eine hermetische Einheit)
**Winchester-disk drive** (Comp) / Winchesterlaufwerk *n* (abgeschlossenes Plattenlaufwerk mit mehreren Magnetspeicherplatten und jeweils einem Lese-/Schreibkopf pro Fläche)
**Winchester drive*** (Comp) / Winchesterlaufwerk *n* (abgeschlossenes Plattenlaufwerk mit mehreren Magnetspeicherplatten und jeweils einem Lese-/Schreibkopf pro Fläche) ‖ ~ **plate** (Comp) / Winchesterplatte *f* (mit einer Gleitschicht auf der Oberfläche versehene Festplatte), Winchesterfestplatte *f* (Zugriffsarm, Schreib-Lese-Köpfe und Magnetscheiben bilden eine hermetische Einheit) ‖ ~ **technology** (Comp) / Winchestertechnik *f*, Winchestertechnologie *f*
**winch for free-falling items** (Eng) / Freifallwinde *f* (z.B. in Baggern und Bohrtürmen) ‖ ~ **house** (Ships) / Windenhaus *n* (auf dem Oberdeck von Frachtschiffen) ‖ ~ **launch*** (Aero) / Windenstart *m*, Windenschlepp *m* (eine Startart für Segelflugzeuge) ‖ ~ **vat** (Textiles) / Haspelkufe *f* (zum Entschlichten, Waschen, Bleichen und Färben von weniger faltenempfindlichen Geweben und Gewirken in Strangform), Haspel *f m*
**wind** *v* / winden *v*, haspeln *v* ‖ ~ / winden *v*, mit einer Winde hochziehen ‖ ~ (Eng) / wickeln *v* (Federn, Spulen), winden *v*, aufwinden *v* ‖ ~ (Horol) / aufziehen *v* ‖ ~ (Spinning) / spulen *v* ‖ ~* *n* (Meteor) / Wind *m* ‖ ~ **abrasion** (Geol) / Windschliff *m*, Windabtrag *m* (Windschliff) ‖ ~ **accountability** (Aero) / Windberücksichtigung *f*
**windage*** *n* (Elec Eng) / Luftreibung *f* ‖ ~ (Eng) / Wasserverwehung *f* (Austragen von Umlaufwasser aus den Windeintrittsöffnungen von Kühltürmen durch Windeinfluss) ‖ ~ (Mil) / Abdrift *f*, Abtrift *f*, Winddrift *f*, Windabdrift *f* ‖ ~ **loss** (Elec Eng) / Lüftungsverlust *m*, Luftreibungsverlust *m*, Ventilationsverlust *m*
**wind aloft** (US) (Meteor) / Höhenwind *m* ‖ ~ **axes*** (Aero) / flugwindfestes Koordinatensystem, flugwindfeste Achsen (des Flugzeugs), Flugwindachsen *f pl* ‖ ~ **bag*** (Acous) / Windschutzkorb *m*, Mikrofonwindschutz *m*, Windkappe *f* ‖ ~ **belt** (Foundry) / Windring *m*, Windmantel *m* (z.B. des Kupolofens) ‖ ~ **blast** (Autos) / Fahrtwind *m* (z.B. beim Offenfahren)
**windblown sand** / windtransportierter Sand, Flugsand *m* (Dünen- oder Wüstensand), Sandtreiben *n*
**windborne sand** / windtransportierter Sand, Flugsand *m* (Dünen- oder Wüstensand), Sandtreiben *n*
**wind box** (Met) / Windkammer *f* (bei Konvertern), Windkasten *m* (bei Stahlwerkskonvertern) ‖ ~ **brace** (Build) / Windstrebe *f*, Windrispe *f*, Windlatte *f* ‖ ~ **bracing** (by sway rods) (Build) / Aussteifungsverband *m* (durch Windrispen), Windverband *n* (zur Aufnahme und zur Weiterleitung von Windlasten), Windverstrebung *f*
**windbreak** *n* (Agric) / Windschutzanlage *f* (lebende Anlage), Strauchschutzhecke *f*, Feldhecke *f*, Schutzstreifen *m* in Mischung aus Baum und Strauch, Waldschutzstreifen *m*, technisches Windhindernis, Windbrecher *m* ‖ ~ (For) / Windbruch *m*, Windfall *m*, Windwurf *m* ‖ ~ (Agric) s. also snow fence
**windbreakage** *n* (For) / Windbruch *m*, Windfall *m*, Windwurf *m*
**wind-chill factor*** (Meteor) / Windkühlindex *m*, Windkühlfaktor *m*, Wind-Chill-Index *m* (eine Abkühlungsgröße) ‖ ~ **index** (Meteor) / Windkühlindex *m*, Windkühlfaktor *m*, Wind-Chill-Index *m* (eine Abkühlungsgröße)
**wind cone** (Aero) / Windsack *m* (zur weithin sichtbaren Anzeige der Bodenwindrichtung) ‖ ~ **conversion system** / Windumwandlungssystem *n* ‖ ~ **corrasion** (Geol) / Windschliff *m*, Windabtrag (Windschliff)
**wind-correction angle** (Aero, Nav) / Luvwinkel *m* (Winkel zwischen der Flugzeuglängsachse und dem Kartenkurs, um den vorgehalten werden muss, damit die Abdrift bei Windeinfluss ausgeglichen wird)
**wind correction-angle** (Ships) / Beschickung *f* für Wind (ein Abdriftwinkel) ‖ ~**-cut stone** (Geol) / Windkanter *m* (ein Gesteinsbruchstück, das durch Windschliff eine oder mehrere Kanten erhalten hat), äolisch bearbeiteter Felsen ‖ ~ **damage** / Windschaden *m* (durch Windeinwirkung verursachter Schaden) ‖ ~ **deflector** / Windabweiser *m* ‖ ~ **diagram** (US) (Aero) / Geschwindigkeitsdreieck *n* (Eigengeschwindigkeit + Windgeschwindigkeit + Windwinkel zur Flugbahn), Winddreieck *n*
**wind/diesel system** / Wind-Diesel-System *n* (bei Windenergieanlagen)
**wind direction** (Meteor) / Windrichtung *f* (die Himmelsrichtung, aus der der Wind weht)
**wind-direction indicator** (Aero) / Windrichtungsanzeiger *m*
**wind distribution** (Aero) / Windverteilung *f* ‖ ~ **down** *v* (Autos) / herunterdrehen *v* (Fenster) ‖ ~ **drift** (Mil) / Abdrift *f*, Abtrift *f*, Winddrift *f*, Windabdrift *f*
**wind-driven** *adj* / windbetrieben *adj*, mit Windantrieb
**wind•-driven generator*** (Elec Eng) / Windgenerator *m*, Windkraftmaschine *f*, Windkraftgenerator *m* ‖ ~**-driven turbine** (Elec Eng, Eng) / Windturbine *f* (eine Windkraftmaschine zum Antrieb von Arbeitsmaschinen, welche die in bewegter Luft enthaltene Energie ausnutzt) ‖ ~ **effect** (Meteor) / Windwirkung *f*
**wind-electric power station** (Elec Eng) / Windenergieanlage *f*, WEA (Windenergieanlage), Windenergiekonverter *m*, Windkraftwerk *n*, Windkraftmaschine *f*, Windkraftanlage *f*
**wind energy** (Meteor) / Windenergie *f*, Windkraft *f*
**wind-energy conversion system** (Elec Eng) / Windenergieanlage *f*, WEA (Windenergieanlage), Windenergiekonverter *m*, Windkraftwerk *n*,

Windkraftmaschine f, Windkraftanlage f ‖ ~ **costs** / Windenergiekosten pl ‖ ~ **potential** / Windenergiepotential n
**winder*** n (tread wider at one end than the other) (Build) / Spitzstufe f, gewendelte Stufe, Wendelstufe f, Winkelstufe f ‖ ~ (Eng) / Aufwickelrichtung f, Aufspulvorrichtung f ‖ ~ (Eng) / Wickler m, Wickelvorrichtung f ‖ ~ (Paper) / Rollmaschine f ‖ ~ (Photog) / Winder m
**wind-eroded** adj (Geol) / winderodiert adj, windzerfressen adj, vom Wind ausgehöhlt (abgeschliffen)
**wind erosion** (Geol) / Winderosion f (die abtragende Wirkung des Windes) ‖ ~ **erosion** (Geol) s. also deflation and wind corrasion
**wind-exposed surface** (Build) / Windfläche f
**windfall** n (For) / Windbruch m, Windfall m, Windwurf m
**wind-fallen wood** (For) / Windbruchholz n, Windbruch m (Holz), Windfallholz n
**windfall gain** / Windfall-Profit m (Gewinn, der durch außergewöhnliche Veränderungen der Marktlage entsteht) ‖ ~ **loss** / Windfall-Loss m (Verlust, der auf außergewöhnliche Veränderungen der Marktlage zurückzuführen ist) ‖ ~ **profit** / Windfall-Profit m (Gewinn, der durch außergewöhnliche Veränderungen der Marktlage entsteht) ‖ ~ **profit** (Oils) / Windfall-Profit m, Fallobstgewinn m (Unterschiedsbetrag zwischen dem stark gestiegenen Weltmarktpreis und dem nicht oder nur geringfügig gestiegenen einheimischen Förderpreis)
**wind farm** (Elec Eng) / Windfarm f (Konzentration von Windgeneratoren), Windpark m (benachbarte Aufstellung von Windkraftanlagen an einem Standort, der durch ein hohes Windenergieangebot gekennzeichnet ist), Windenergiepark m
**wind-finding radar** (Radar) / Windmessradar n
**wind force** (Build, Civ Eng) / Windlast f (ein Lastfall), Last f aus Wind (der vom Wind auf eine Bauwerksfläche ausgeübte Druck oder Sog) ‖ ~ **force** (Meteor) / Windstärke f (z.B. nach der Beaufort-Skala) ‖ ~ **gap** (Geol) / trockenes Durchbruchstal ‖ ~ **gauge** (Meteor) / Anemometer m
**wind-generated current** (Ocean) / winderzeugte Strömung ‖ ~ **electricity** (Elec Eng) / Windstrom m (heute - 2005 - noch stark subventioniert)
**wind generator** (Elec Eng) / Windgenerator m, Windkraftmaschine f, Windkraftgenerator m ‖ ~ **gradient** (Meteor) / Windgradient m, Windgefälle n
**winding*** n (Elec Eng) / Wicklung f ‖ ~ (Mining) / Treiben n (jedes Bewegen eines Fördermittels bis zum Stillsetzen) ‖ ~ (Spinning) / Wicklungsaufbau m ‖ ~* (Spinning) / Spulen n, Spulerei f (Spulen) ‖ ~* (Spinning) / Wicklung f (auf der Hülse) ‖ ~ adj / kurvenreich adj (Strecke) ‖ ~ / gewunden adj, sich dahinschlängelnd adj ‖ ~ **advance** (Weaving) / Fadenverlegung f (eine Bewicklungsbewegung) ‖ ~ **angle** (Materials) / Wickelwinkel m (bei Faserwerkstoffen) ‖ ~ **apparatus** (Mining) / Förderanlage f, Schachtförderanlage f ‖ ~ **coefficient*** (Elec Eng) / Wicklungsfaktor m ‖ ~ **device** (Eng) / Wickler m, Wickelvorrichtung f ‖ ~ **diagram*** (Elec Eng) / Wicklungsschema n ‖ ~ **direction** (Elec Eng) / Wicklungssinn m ‖ ~ **disk** (Cinema) / Aufwickelteller m, Wickelteller m ‖ ~ **drum** (Eng) / Aufwickeltrommel f ‖ ~ **drum*** (Eng, Mining) / Seiltrommel f, Fördertrommel f, Trommel f der Trommelfördermaschine ‖ ~ **factor*** (the product of the distribution factor and the pitch factor) (Elec Eng) / Wicklungsfaktor m ‖ ~ **frame** (Spinning) / Aufwickelgestell n, Spulmaschine f ‖ ~ **gear*** (Elec Eng, Eng) / Windwerk n (schwere Hubeinrichtung) ‖ ~ **gear trolley** (Eng) / Windwerkskatze f ‖ ~ **guide** (Mining) / Schachtführung f (die die Förderkörbe in der Spur des betreffenden Fördertrums hält) ‖ ~ **head** (Spinning) / Primärspule f, Trommelhülse f ‖ ~ **insulation** (Eng) / Wicklungsisolierung f ‖ ~ **length** (Spinning) / Bewicklungslänge f (bei Spulen) ‖ ~ **lever** (Photog) / Verschlussaufzugshebel m, Transporthebel m ‖ ~ **loss** (Elec Eng) / Wicklungsverlust m ‖ ~ **loss** (Elec Eng) s. also copper loss and I²R loss ‖ ~ **machine** (Mining) / Fördermaschine f (maschinelle Einrichtung, durch die die Bewegung der Förderseile und Förderkörbe in Schächten oder Blindschächten erfolgt) ‖ ~ **machine** (Spinning) / Aufwickelgestell n, Spulmaschine f ‖ ~ **of persons** (Mining) / Seilfahrt f (Fördern von Personen im Schacht mittels Förderkorb), Mannschaftsfahrung f ‖ ~ **phase** (Elec Eng) / Wicklungsstrang m (die Gesamtheit der Windungen, die zu einer Phase einer mehrphasigen Wicklung gehören), Strang m (bei Elektromaschinen) ‖ ~ **pitch*** (Elec Eng) / Nutschritt m (bei der Wicklung elektrischer Maschinen), Wicklungsschritt m (relativer), Spulenweite f (in Nutteilungen) ‖ ~ **plant*** (Elec Eng, Eng) / Windwerk n (schwere Hubeinrichtung) ‖ ~ **plant** (Mining) / Förderanlage f, Schachtförderanlage f ‖ ~ **plate** (Cinema, Mag) / Aufwickelteller m, Wickelteller m ‖ ~ **ratchet wheel** (Spinning) / Schaltrad n ‖ ~ **regulator** (Spinning) / Fadenregler m ‖ ~ **road** (Autos, Civ Eng) / Serpentine f (in vielen Kehren, Windungen schlangenförmig an steilen Berghängen ansteigender Weg), Serpentinenstraße f ‖ ~ **slot** (Elec Eng) / Wicklungsnut f ‖ ~ **space*** (Elec Eng) / Wickelraum m (Teil des Ankers) ‖ ~ **stair** (Build) /

Treppe f mit gewendelten oder gewundenen Läufen oder Armen ‖ ~ **stick** (strip) (Join) / Richtleiste f (ein Hilfsmittel bei der handwerklichen Hobelarbeit) ‖ ~ **tap** (Elec Eng) / Wicklungsanzapfung f ‖ ~ **voltage rating** (the voltage for which the winding is designed) / Wicklungsnennspannung f ‖ ~ **wire** (Elec Eng) / Wickeldraht m
**windkanter** n (Geol) / Windkanter m (ein Gesteinsbruchstück, das durch Windschliff eine oder mehrere Kanten erhalten hat), äolisch bearbeiteter Felsen
**windlass** v / winden v, mit einer Winde hochziehen ‖ ~ n (Ships) / Ankerwinde f
**windless** adj (Meteor) / windstill adj, still adj (Beaufortgrad 0)
**wind load*** (Build, Civ Eng) / Windlast f (ein Lastfall), Last f aus Wind (der vom Wind auf eine Bauwerksfläche ausgeübte Druck oder Sog) ‖ ~ **loading** (Civ Eng) / Windbelastung f, Windangriff m ‖ ~ **machine** (Cinema, TV) / Windmaschine f
**windmill** v (Aero) / sich im Fahrtwind drehen (Luftschraube), windmühlen v ‖ ~ n (Elec Eng) / Windgenerator m, Windkraftmaschine f, Windkraftgenerator m ‖ ~ (Eng) / Windrad n ‖ ~ (Eng) / Windmühle f ‖ ~ **anemometer** (Meteor) / Flügelradanemometer f (DIN 1946, T 1)
**windmilling** n (Aero) / Windmühlenbetrieb m (bei Luftschraubenantriebsanlagen) ‖ ~ **propeller** (Aero) / vom Luftstrom getriebene, mitdrehende Luftschraube, windmühlender Propeller (Autorotation)
**wind motor** (Elec Eng) / Wickelmotor m (des Tonbandgeräts) ‖ ~ **noise** (Acous) / Störschall m (bei Mikrofonen) ‖ ~ **noise** (Autos) / Windgeräusche n pl (beim Fahren) ‖ ~ **on** v / aufwickeln v ‖ ~ **on** (Photog) / weitertransportieren v (Film)
**window** n (a period during which an event may take place) / günstige Zeitspanne (für ein Unternehmen) ‖ ~ n / Schalter m (Post-, Bank-) ‖ ~ (Aero) / Zeitraster m (zugewiesene Zeit) ‖ ~ (Build) / Schaufenster n, Auslage f (in der die Ware ausgelegt wird), Fenster n (Schaufenster) ‖ ~ (Build) / Fenster n (ein Element zur Öffnung und zur Schließung) ‖ ~* (Comp) / Fenster n (Window), Bildfenster n, Window (ein definierter Bildschirm-Teilbereich zur Darstellung von /grafischen/ Informationen) ‖ ~* (Elec Eng) / Ausschnitt m (bei Trafoblechen), Wickelraum m (mehrschenkliger Trafo) ‖ ~* (Elec Eng) / Öffnung f, Fenster n (des Kerns) ‖ ~ (Eng) / Fenster n, Deckenfenster n, tektonisches Fenster (in dem die Unterlage der Decke sichtbar wird) ‖ ~ (I C Engs) / Kolbenfenster n, Fenster n (eines Fensterkolbens) ‖ ~* (Nuc Eng) / Eintrittsfenster n (beim Geiger-Müller-Zählrohr, das auch zum Nachweis energiearmer Teilchen und Quanten bestimmt ist) ‖ ~ (Print) / freigeschlagener Raum (beim Layout), Aussparung f, Freiraum m ‖ ~* (Radar) / Düppelecho n, Düppel m, Chaff n ‖ ~ (Telecomm) / Koppelschlitz m ‖ ~ s. also launch window ‖ **the ~ faces the street** (Build) / das Fenster geht zur Straße (hinaus) ‖ ~ **air-conditioning unit** / Fensterklimagerät n ‖ ~ **arch** (Arch) / Fensterbogen m (der obere Abschluss eines Fensters; Entlastungsbogen in der Mauer über dem Fenstersturz; an der Außenwand über einem Fenster vorspringender Bogen) ‖ ~ **banner** / Fensteraufkleber m (länglichen), Streifenplakat n für Schaufenster ‖ ~ **bar** (Build, Glass) / Deckschiene f (bei der kittlosen Verglasung)
**window-based** adj (Comp) / fensterorientiert adj
**window bay** (Arch) / Fenstererker m (nur in der Höhe der Fensterzone) ‖ ~ **blind** (Autos) / Fensterjalousie f, Scheibenjalousie f ‖ ~ **board** (Build) / Simsbrett n, Fensterbrett n, Lattiebrett n (innere Abdeckung der Fensterbrüstung) ‖ ~ **border** (Comp) / Fensterrand m ‖ ~ **channel** (Autos) / Fensterführung f (eine U-Profildichtung), Fensterführungsprofil n
**window-cleaning cradle** / Fensterputzwagen m, Fassadenlift m (zum Fensterputzen) ‖ ~ **cradle** (Build) / Fassadenlift m, Fassadenaufzug m (Gondel an zwei Seilen, die parallel zur Fassade hängt, zum Putzen von Fenstern an hohen Gebäuden)
**window cross** (Build) / Fensterstock m, Fensterkreuz (Setzholz + Kämpfer), Kreuzstock m
**window-dressing** n / Schaufensterdekoration f
**window editor** (Comp) / Editor m mit Fenstertechnik
**windowed screen** (Comp) / gefensterter Bildschirm (der in mehrere Fenster unterteilt ist), Mehrfensterbildschirm m
**window efficiency ratio*** (Build, Light) / Tageslichtquotient m (bei verglasten Fenstern im Innenraum), Himmelsfaktor m (bei der Helligkeitsbeurteilung) ‖ ~ **envelope** (Paper) / Fensterbriefhülle f (DIN 680), Fensterumschlag m, Fensterbriefumschlag m ‖ ~ **etching** (Autos) / Scheibenätzen f (eine Diebstahlschutzmaßnahme) ‖ ~ **feature** (Comp) / Fensterfunktion f ‖ ~ **feature** (Comp) / Möglichkeit der Definition von Fenstern ‖ ~ **fittings** (Build) / Fensterbeschläge m pl (zum Öffnen, Schließen und Bewegen eines Fensters) ‖ ~ **frame** (Build) / Fensterrahmen m ‖ ~ **function** (Maths) / Fensterfunktion f (Modulationsfunktion zur Limitierung des Abszissenbereichs einer anderen Funktion) ‖ ~ **glass** (Glass) /

**window**
Fensterglas *n* (DIN 1249) ‖ ~ **graphics** (Comp) / Fenstergrafik *f* ‖ ~ **head** (Build) / oberere Teil des Fensterrahmens ‖ ~ **head** (Build) s. also window lintel ‖ ~ **hinge** (Build) / Fensterband *n* (ein Beschlagteil), Band *n* (ein Fensterbeschlagteil)

**windowing** *n* (Comp, TV) / Fenstertechnik *f*, Fensterbildung *f* (Abgrenzung der Bildschirmbereiche zur Darstellung von Informationen), Windowing *n* (Fenstertechnik) ‖ ~ (for interference suppression) (Radar) / Weißmachen *n* ‖ ~ **capability** (Comp) / Möglichkeit, mit (mehreren) Fenstern zu arbeiten ‖ ~ **technique** (Comp, TV) / Fenstertechnik *f*, Fensterbildung *f* (Abgrenzung der Bildschirmbereiche zur Darstellung von Informationen), Windowing *n* (Fenstertechnik)

**window ledge** (Build) / Fensterbrüstung *f*, Brüstung *f* (ein Teil der Außenwand) ‖ ~ **ledge** (Build, Join) / Fenstersohlbank *f*, Fensterbank *f*, Sohlbank *f* (unterer waagerechter Abschluss der Fensteröffnung)

**windowless** *adj* (Build) / fensterlos *adj* ‖ ~ **counter tube** (Nuc, Radiol) / fensterloses Zählrohr

**window lifter** (Autos) / Fensterheber *m*, Türfensterheber *m*

**window-lift handle** (Autos) / Fensterkurbel *f*

**window-like pit** (For) / Fenstertüpfel *m* (im Kreuzungsfeld Frühholztracheide/ Holzstrahlparenchym)

**window lining** (Build) / Fensterfutter *n* ‖ ~ **lintel** (over a window head) (Build) / Fenstersturz *m* ‖ ~ **lock*** (Build) / Fensterarretierung *f* (bei Doppelfenstern) ‖ ~ **management** (Comp) / Fenstermanagement *n*, Fensterverwaltung *f* ‖ ~ **manager** (Comp) / Window-Manager *m*, Fensterverwaltungssystem *n*

**window-monitoring system** / Fensterüberwachungsanlage *f*

**window of time** (Comp) / Zeitfenster *n* ‖ ~ **package** / Klarsichtverpackung *f*, Klarsichtpackung *f*, Schaupackung *f* (klarsichtige) ‖ ~ **paint** (Paint) / Fensterlack *m* ‖ ~**-pane** *n* (Build) / Fensterscheibe *f*, Fensterglasscheibe *f* ‖ ~ **plotting** (Comp) / Ausschnitt-Plotten *n* ‖ ~ **port** (I C Engs) / Kolbenfenster *n*, Fenster *n* (eines Fensterkolbens) ‖ ~ **rabbet** (Build) / Fensteranschlag *m* ‖ ~ **recess** *n* (Arch) / Fensternische *f* ‖ ~ **regulator** (Autos) / Fensterheber *m*, Türfensterheber *m* ‖ ~ **run** (Autos) / Fensterführung *f* (eine U-Profildichtung), Fensterführungsprofil *n*

**Windows** *n* (a GUI operating system for personal computers) (Comp) / MS Windows *n*, Windows *n* (eine auf dem Betriebssystem DOS aufbauende grafische Benutzeroberfläche aus dem Hause Microsoft) ‖ ~ **Aspect Script Language** (Comp) / Windows Aspect Script Language *n*, WASL (Windows Aspect Script Language)

**window-seat** *n* (Aero, Autos) / Fensterplatz *m*, Fenstersitz *m*

**Windows environment** (Comp) / Windows-Umgebung *f*

**window setback hinge** (Build) / Fensteraussteller *m* ‖ ~ **shade** (US) (Build) / Rollo *n* (pl. -s), Rouleau *n* (pl. -s)

**window-shopping** *n* / Schaufensterbummeln *n*

**window shutter** (Build) / Fensterladen *m* (der die Fensteröffnung zusätzlich gegen Witterungseinflüsse und Einsicht verschließt - Innen-, Außen-, Schlag- und Schiebe-), Klappladen *m*, Laden *m* ‖ ~ **sill** (Build, Join) / Fenstersohlbank *f*, Fensterbank *f*, Sohlbank *f* (unterer waagerechter Abschluss der Fensteröffnung) ‖ ~ **sill iron** (Build) / Fensterbankeisen *n*

**Windows Internet Name Service** (Comp) / Windows Internet Name Service (zur Auflösung von Computernamen in IP-Adressen), WINS

**window size** (Comp) / Fensterformat *n*, Fenstergröße *f*

**Windows keyboard** (Comp) / Windows-Tastatur *f* (105 Tasten, sonst wie MF-II) ‖ ~ **manager** (a program for organizing the windows of a graphical user interface) (Comp) / Window-Manager *m*, Fensterverwaltungssystem *n* ‖ ~ **Metafiles** (a graphics format developed by the Microsoft Corporation which attempts to combine the advantages of both bitmapped graphics and vector graphics) (Comp) / Windows Metafiles *n pl* ‖ ~ **Telephony API** (Comp, Teleph) / TAPI *n* (eine von der Firma Microsoft definierte Programmierschnittstelle zur Nutzung verschiedener ISDN-Leistungsmerkmale)

**window streamer** / Fensteraufkleber *m* (länglicher), Streifenplakat *n* für Schaufenster ‖ ~ **surround** (Autos) / Fenstereinfassung *f* ‖ ~ **trim** (Autos) / Scheibeneinfassung *f*

**window-type current transformer** (one that has a secondary winding insulated from and permanently assembled on the core, but has no primary winding as an integral part of the structure) (Elec Eng) / Durchsteckwandler *m* ohne Primärleiter ‖ ~ **current transformer** (Elec Eng) / Querlochwandler *m* (ein Stromwandler)

**window unit** (Radio, Telecomm, TV) / kleiner Ü-Wagen, Reportagefahrzeug *n*

**window/viewport transformation** (Comp) / Normalisierungstransformation *f* (die Rand und Inneres eines Fensters in Weltkoordinaten auf Rand und Inneres dieses Darstellungsfeldes in normalisierten Koordinaten abbildet) ‖ ~ **transformation** (Comp) / Fensterabbildung *f*, Fenstertransformation *f*

**window winder** (Autos) / Fensterheber *m*, Türfensterheber *m*

**wind polish** (Geol) / Windschliff *m* (Ergebnis) ‖ ~ **polishing** (Geol) / Windschliff *m* (Tätigkeit) ‖ ~ **pollination*** (Bot) / Windbestäubung *f* ‖ ~ **power** / Windenergie *f*, Windkraft *f*

**wind-powered electricity** (Elec Eng) / Windstrom *m* (heute - 2005 - noch stark subventioniert)

**wind power plant** (Elec Eng) / Windenergieanlage *f*, WEA (Windenergieanlage), Windenergiekonverter *m*, Windkraftwerk *n*, Windkraftmaschine *f*, Windkraftanlage *f* ‖ ~ **power station** (Elec Eng) / Windenergieanlage *f*, WEA (Windenergieanlage), Windenergiekonverter *m*, Windkraftwerk *n*, Windkraftmaschine *f*, Windkraftanlage *f* ‖ ~ **pressure** (Civ Eng, Meteor) / Winddruck *m* (Druckkraft des Windes auf die Einheit der angeströmten Fenster) ‖ ~ **pulsation** (Build) / Windpulsation *f* (von Bauwerken) ‖ ~ **pump** (Civ Eng) / Windradpumpe *f*, Windmotorpumpe *f*, Windturbinenpumpe *f* ‖ ~ **radar** (Radar) / Windradar *m n* (zur Höhenwindmessung) ‖ ~ **regime** / Windverhältnisse *n pl* (z.B. bei Windkraftanlagen) ‖ ~ **resistance** (Aero, Ships) / Windwiderstand *m* ‖ ~ **ripples** (Geol) / Windrippeln *f pl* ‖ ~ **road*** (Mining) / Wetterstrecke *f* (im Allgemeinen) ‖ ~**-rose*** *n* (Meteor) / Windrose *f*

**windrow** *n* (Agric) / Schwad *m n* (der beim Mähen in Schnittbreite zu Boden fallende Pflanzenbestand), Schwaden *m*, Schwade *f* (abgemähtes, in einer Reihe liegendes Gras, Getreide o.Ä.)

**windscreen** *n* (GB) (Aero) / Frontscheibe *f* (im Cockpit) ‖ ~ (GB) (Autos) / Frontscheibe *f*, Frontscheibe *f* ‖ ~ **antenna** (Autos) / Scheibenantenne *f* ‖ ~ **rubber mould** (Autos) / Windschutzscheibendichtung *f*, Windschutzscheibengummi *m* ‖ ~ **washer** (Autos) / Scheibenwaschanlage *f* (für die Windschutzscheibe) ‖ ~ **wiper** (Autos) / Frontscheibenwischer *m*

**wind sea** (Ocean) / Windsee *f* ‖ ~ **shadow** (Meteor) / Windschatten *m* (das im Lee eines Hindernisses liegende windgeschützte Gebiet) ‖ ~ **shake** (For) / Ringriss *m*, Ringkluft *f* ‖ ~**-shaped stone** (Geol) / Windkanter *m* (ein Gesteinsbruchstück, das durch Windschliff eine oder mehrere Kanten erhalten hat), äolisch bearbeiteter Felsen ‖ ~ **shaping** (Geol) / Windschliff *m*, Windabtrag *m* (Windschliff) ‖ ~ **shear*** (Aero) / Windscherung *f* (das Aneinandervorbeigleiten zweier unmittelbar benachbarter Luftschichten) ‖ ~ **shear*** (Aero) s. also wind gradient

**windshield** *n* / Windschutz *m* (als Vorrichtung im Allgemeinen) ‖ ~ (US) (Aero) / Frontscheibe *f* (im Cockpit) ‖ ~ (US) (Autos) / Windschutzscheibe *f*, Frontscheibe *f* ‖ ~ **rubber** (Autos) / Windschutzscheibendichtung *f*, Windschutzscheibengummi *m* ‖ ~ **washer** (Autos) / Scheibenwaschanlage *f* (für die Windschutzscheibe) ‖ ~ **wiper** (Autos) / Frontscheibenwischer *m* ‖ ~ **wiper heating** (Autos) / Scheibenwischerheizung *f* (Heizung der ganzen Anlage) ‖ ~ **wiping paper** (Autos, Paper) / Papier *n* für Scheibenreinigung

**wind shift** (sudden change in wind direction) (Meteor) / Winddrehung *f*, Windsprung *m* ‖ ~**-sleeve** *n* (Aero) / Windsack *m* (zur weithin sichtbaren Anzeige der Bodenwindrichtung)

**windsock*** *n* (Aero) / Windsack *m* (zur weithin sichtbaren Anzeige der Bodenwindrichtung)

**wind speed** (Aero, Meteor) / Windgeschwindigkeit *f* ‖ ~ **stocking** (Aero) / Windsack *m* (zur weithin sichtbaren Anzeige der Bodenwindrichtung) ‖ ~ **stop** (Build) / Dichtung *f* für Fenster und Türen (z.B. Tesamoll) ‖ ~ **strength** (Meteor) / Windstärke *f* (z.B. nach der Beaufort-Skala) ‖ ~ **surge** (Build, Civ Eng) / Windstau *m* (besonders bei höheren Windgeschwindigkeiten auftretender Staueffekt an Hindernissen, der mit einer Erhöhung des Luftdrucks auf der Luvseite verbunden ist)

**windswept** *adj* / dem Wind ausgesetzt, windgepeitscht *adj*

**wind T*** (Aero) / Landekreuz *n* (helles, bei Schnee meist rotes Segeltuch, das auf Flugplätzen in T-Form in Richtung gegen den Wind ausgelegt wird, um den Aufsetzpunkt anzuzeigen), Lande-T *n* ‖ ~ **tee** (Aero) / Landekreuz *n* (helles, bei Schnee meist rotes Segeltuch, das auf Flugplätzen in T-Form in Richtung gegen den Wind ausgelegt wird, um den Aufsetzpunkt anzuzeigen), Lande-T *n*

**wind-tight** *adj* / winddicht *adj*

**wind triangle** (Aero, Ships) / Winddreieck *n* (vektorielle Darstellung des scheinbaren Windes, des Fahrtwindes und des wahren Windes zur Ermittlung des wahren Windes) ‖ ~ **tunnel*** (Aero, Autos) / Windkanal *m*

**wind-tunnel balance** (Aero) / aerodynamische Waage (in einem Windkanal), Windkanalwaage *f*, Komponentenwaage *f* ‖ ~ **model** (Aero) / Modell *n* für Windkanalversuche

**wind turbine** (Elec Eng, Eng) / Windturbine *f* (eine Windkraftmaschine zum Antrieb von Arbeitsmaschinen, welche die in bewegter Luft enthaltene Energie ausnutzt)

**wind-turbine generator system** (Elec Eng) / Windenergieanlage *f*, WEA (Windenergieanlage), Windenergiekonverter *m*, Windkraftwerk *n*, Windkraftmaschine *f*, Windkraftanlage *f*

**wind up** *v* / aufwickeln *v* ‖ ~ **up** (Autos) / hochdrehen *v* (Fenster) ‖ ~ **up** (Eng) / aufwinden *v* (mit einer Winde), aufziehen *v* (mit einer

Winde), hochwinden *v* ‖ ~ **valley** (Geol) / trockenes Durchbruchstal ‖ ~ **vane**, **Windfahne** *f* (eine Strömungssonde) ‖ ~ **variation** (Meteor) / Windschwankung *f* ‖ ~ **vector** (Meteor) / Windvektor *m* (die Darstellung des Windes durch einen Vektor) ‖ ~ **velocity** (Aero, Meteor) / Windgeschwindigkeit *f*

**windward** *n* (Ships) / Luvseite *f* (dem Wind zugewandte Seite), Luv *f* ‖ ~ *adj* windseitig *adj* ‖ ~ / windwärts gelegen, Luv- ‖ ~ *adv* (Ships) / luvwärts *adv* ‖ ~ **shore** (Ships) / Luvküste *f*, Wetterküste *f*

**wind wave** (Ocean) / Windwelle *f* ‖ ~ **way**\* (Mining) / Wetterstrecke *f* (im Allgemeinen)

**wind-wheel anemometer** (Meteor) / Flügelradanemometer *n* (DIN 1946, T 1)

**wind-worn** *adj* (Geol) / winderodiert *adj*, windzerfressen *adj*, vom Wind ausgehöhlt (abgeschliffen)

**windy** *adj* / dem Wind ausgesetzt, windgepeitscht *adj* ‖ ~ / windig *adj*, windreich *adj*

**wine** *n* / Weinrot *n* ‖ ~\* (Nut) / Wein *m* ‖ ~ *attr* / taubenblutrot *adj* (z.B. ein Rubin), weinrot *adj* ‖ ~ **disorder** (Nut) / Weinfehler *m* (fehlerhafte Beschaffenheit von Wein durch andere als mikrobiologische Einflüsse) ‖ ~ **fining** (Nut) / Weinschönung *f* (chemisches Klär- und Stabilisierungsverfahren) ‖ ~ **flavour** (Nut) / Weinaroma *n*

**wine-grower** *n* (Agric) / Weinbauer *m*, Winzer *m*
**wine growing** (Agric) / Weinbau *m*
**wine-growing area** (Agric) / Weingegend *f* ‖ ~ **region** (Agric) / Weingegend *f*
**wine lees** (Nut) / Geläger *n* (beim Wein), Bodensatz *m* (beim Wein), Grund *m* (beim Wein)
**winemaking** *n* (Nut) / Weinbereitung *f* (die Lese der Trauben, die Kelterung, die Mostbehandlung, die Mostgärung und die Kellerbehandlung), Weinherstellung *f*, Weinerzeugung *f*
**wine-merchant** *n* / Weinhändler *m*
**winepress** *n* (Nut) / Kelter *f*, Traubenpresse *f*
**wine-red** *n* / Weinrot *n*
**wine treatment** (Nut) / Weinbehandlung *f* ‖ ~ **vinegar** (Nut) / Weinessig *m* (der ausschließlich durch Essigsäuregärung aus Wein hergestellt wurde) ‖ ~ **yeast** (Nut) / Weinhefe *f* (z.B. Saccharomyces cerevisiae)

**wing** *n* / Stellbogen *m* (Zirkel) ‖ ~\* (Aero) / Tragflügel *m*, Flügel *m* ‖ ~\* (Arch) / Seitenflügel *m*, Flügel *m* (Baukörper, der /im Winkel/ an den Hauptbau anschließt), Gebäudeflügel *m*, Seitentrakt *m* ‖ ~ (Arch, Build) / Trakt *m* (pl.: -e) ‖ ~ (GB) (Autos) / Kotflügel *m* ‖ **the ~ is stalled** (Aero) / die Strömung reißt am Flügel ab, der Flügel ist überzogen ‖ ~ **aerial** (Aero) / Tragflächenantenne *f*, Flügelantenne *f* ‖ ~ **antenna** (Aero) / Tragflächenantenne *f*, Flügelantenne *f* ‖ ~ **area**\* (Aero) / Flügelfläche *f* (im Allgemeinen) ‖ ~ **area**\* (Aero) s. also gross wing area and net wing area ‖ ~ **arrangement** (Aero) / Tragflächenanordnung *f*, Flügelanordnung *f* (konkrete, z.B. bei der Landung) ‖ ~ **assembly** (Aero) / Tragwerk *n* (die Hauptragfläche mit allen zugehörigen Einrichtungen, die den größten Teil des Auftriebs liefert) ‖ ~ **bar** (Aero) / Rolllagehilfsbefeuerung *f*, Markierung *f* für das Geradehalten der Flächen ‖ ~ **beater** (For) / Schlägerkreuz *n* (rotierendes Zerkleinerungswerkzeug der Schlagkreuzmühle)

**wing-beater mill** (For) / Schlagkreuzmühle *f* (Zerkleinerungsmaschine mit Schlägerkreuz)

**wing body** (Aero) / Flying Body *n*, Wing-Body *n* (Gegensatz: Lifting Body)

**wing-body fairing** (Aero) / strakender (aerodynamischer) Übergang vom Rumpf zum Flügel ‖ ~ **fillet** (Aero) / strakender (aerodynamischer) Übergang vom Rumpf zum Flügel

**wing box** (Aero) / Flügelkasten *m* ‖ ~ **car**\* (Autos) / Flügelauto *n* (ein Rennwagen von und nach Colin Chapman, 1928-1982) ‖ ~ **centre box** (Aero) / Flügelmittelkasten *m*, Flügelmittelstück *n* (Mittelstück des Tragwerks, das sich im Rumpf befindet), Mittelflügel *m*, Tragwerk-Mittelstück *n* ‖ ~ **chord** (Aero) / Flügelsehne *f* ‖ ~ **chord** (Aero) / Profiltiefe *f*

**wing-collar** *n* (Textiles) / Umlegekragen *m*
**wing configuration** (Aero) / Flügelanordnung *f* (ein Konstruktionsmerkmal)

**winged** *adj* / geflügelt *adj*, mit Flügeln (ausgestattet) ‖ ~ **bean** (Bot) / Goabohne *f* (Psophocarpus tetragonolobus (L.) DC.) ‖ ~ **flight** (Aero) / flächengestützter Flug

**wing fence**\* (Aero) / Grenzschichtzaun *m* (10 bis 20 cm hoher Blechsteg, der das Abwandern der Grenzschicht nach den Flügelspitzen verhindert) ‖ ~ **fillet** (Aero) / strakender (aerodynamischer) Übergang vom Rumpf zum Flügel ‖ ~ **flap** (Aero) / Klappe *f* (ein Hochauftriebsmittel an der Flügelhinterkante), Flap *n* (pl. -s) ‖ ~ **flat** (Cinema, TV) / zusammenklappbare Kulisse ‖ ~ **float** (Aero) / Stützschwimmer *m* ‖ ~ **icing** (Aero) / Eisbildung an der Tragfläche *f*

**Wingine chip** (special video chip developed by Chips Technologies to accelerate Windows) (Comp) / Wingine-Chip *m*

**wing-in-ground-effect vehicle** (Aero, Ships) / Stauflügler *m*
**wing-in-ground vehicle** (Aero, Ships) / Stauflügler *m*
**wing lens** (Photog) / Seitenobjektiv *n* (einer Mehrfachkammer)
**winglet** *n* (small, nearly vertical, winglike surface mounted rearward above the wing tips to reduce the drag coefficients of lifting conditions) (Aero) / kleiner Hilfsflügel (ein "Flügelohr"), Winglet *n* (kleiner profilierter Hilfsflügel an den Flügelspitzen eines Flugzeugtragflügels)

**wing load** (Aero) / Flächenbelastung *f* (Tragflügel) ‖ ~ **loading**\* (Aero) / Flächenbelastung *f* (Tragflügel) ‖ ~ **nut** (For) / Flügelnuss *f*, Flügelnussbaum *m* (Pterocarya Kunth) ‖ ~-**nut**\* *n* (Eng) / Flügelmutter *f* (DIN 315 und 918) ‖ ~ **pallet** / Rücksprungpalette *f* ‖ ~ **position** (Aero) / Tragflächenanordnung *f*, Flügelanordnung *f* (konkrete, z.B. bei der Landung) ‖ ~ **profile** (Aero) / Flügelprofil *n* ‖ ~ **radiator** (Aero) / Tragflächenkühler *m* ‖ ~ **rail**\* (Rail) / Flügelschiene *f* (einer Weiche) ‖ ~ **root** (Aero) / Flügelwurzel *f* (am Übergang vom Tragflügel zum Rumpf - meistens aerodynamisch geformt), Tragflächenwurzel *f*, Tragflügelwurzel *f* ‖ ~ **screw** (Eng) / Flügelschraube *f* (DIN 316) ‖ ~ **shafts**\* (Ships) / Seitenwellen *f pl*, Außenwellen *f pl* (bei Mehrschraubenschiffen)

**wingspan** *n* (Aero) / Flügelspannweite *f*
**wing spar** (Aero) / Flügelholm *n*
**wingspread** *n* (Aero) / Flügelspannweite *f*
**wing t/c ratio** (Aero) / Dickenverhältnis *n*, Profildickenverhältnis *n* ‖ ~ **threshold light** (Aero) / seitliches Schwellenfeuer ‖ ~ **tip** (Aero) / Flügelspitze *f*, Tragflügelspitze *f*, Tragflächenspitze *f* (äußeres Ende der Tragfläche)

**wing-tip clearance** (Aero) / Flügelendfreiheit *f*
**wing-tip float**\* (Aero) / Flügelendschwimmer *m*, Stützschwimmer *m* unter den Tragflügeln
**wing-tip fuel tank** (Aero) / Tiptank *m* (ein Abwurfbehälter unter den Tragflächenspitzen), Flügelendtank *m* ‖ ~ **landing** (Aero) / Landung *f* mit Bodenberührung eines Flügels
**wing**•**-tip vortex** (Aero) / Randwirbel *m* (an den Flügeln), Wirbelwalze *f*, Endwirbel *m* (meistens an den Flügeln) ‖ ~ **unit** (Aero) / Tragwerk *n* (die Hauptragfläche mit allen zugehörigen Einrichtungen, die den größten Teil des Auftriebs liefert) ‖ ~ **wake** (Aero) / vom Flügel abgelöste Strömung ‖ ~ **wall**\* (Civ Eng) / Widerlagerwand *f*, Flügelmauer *f* (flügelartiger Fortsatz der Widerlager einer Brücke, eines Tunnels usw.)

**wink** *n* (Chem) / Wink *n* (poröses Polyethylenscheibchen als fester Träger) ‖ ~ (Work Study) / Wink *n* (1/2000 min)
**winking** *n* (Autos) / Blinken *n*
**Winkler burette** (Chem) / Winkler-Gasbürette *f* (zur Gasanalyse) ‖ ≈ **generator** (Chem Eng) / Winkler-Generator (ein alter Gaserzeuger nach F. Winkler, 1888-1950) ‖ ≈ **system** (Chem Eng) / Winkler-Verfahren *n* (ein altes Verfahren zur Kohleverflüssigung im Wirbelschichtverfahren - nach F. Winkler, 1888-1950) ‖ ≈ **titration** (a chemical method for estimating the dissolved oxygen in seawater) (Chem) / Winkler-Titration *f*

**winning** *n* (Mining) / Förderung *f*, Gewinnung *f*, Abbau *m* (von Bodenschätzen) ‖ ~ **machine** (Mining) / Abbaumaschine *f*, Gewinnungsmaschine *f* ‖ ~ **move** (AI, Comp) / Gewinnzug *m* ‖ ~ **situation** (AI, Comp) / Gewinnsituation *f* ‖ ~ **strategy** (AI, Comp) / Gewinnstrategie *f*

**winnower** *n* (Agric) / Kornklapper *m* (eine primitive Putzmühle), Windfege *f* (einfacher Getreidereiniger), Tarar *m*, Putzmühle *f* (einfacher Getreidereiniger)

**w-ino** *n* (Nuc) / w-ino *n*, Wino *n*
**wino** *n* (Nuc) / w-ino *n*, Wino *n*
**WINS** (Comp) / Windows Internet Name Service (zur Auflösung von Computernamen in IP-Adressen), WINS
**winsey**\* *n* (Textiles) / glattgewebter Flanell
**winsorisation** *n* (GB) (Stats) / Winsorisation *n* (bei der in der geordneten Stichprobe eine vorher festgelegte Anzahl größter bzw. kleinster Werte durch ihre nächstgelegenen Werte in der reduzierten Stichprobe ersetzt werden)
**WINS server** (Comp) / WINS-Server *m*
**winter annual**\* (Bot) / Winterannuelle *f*, winterannuelle Pflanze, wintereinjährige Pflanze ‖ ~ **clip** (Textiles) / Winterschur *f* ‖ ~ **concreting** (Build, Civ Eng) / Winterbetonieren *n* ‖ ~ **dormancy** (Bot) / Winterruhe *f*, Dormanz *f* (Winterruhe) ‖ ~ **draught** (Ships) / Winterfreibord-Tiefgang *m*, Wintertiefgang *m* (der dem Winterfreibord entspricht) ‖ ≈-**Eichberg-Latour motor** (Elec Eng) / Winter-Eichberg-Latour-Motor *m* ‖ ~ **flood** (Hyd Eng) / Winterhochwasser *n* (z.B. infolge von Eisversetzung) ‖ ~ **freeboard** (Ships) / Winterfreibord *m* ‖ ~ **garden** (Arch, Build) / Wintergarten *m* (der meist mit der Wohnung verbunden ist)

**winter-grade oil** (Autos) / Winteröl *n*
**wintergreen**\* *n* / Gaultheriaöl *n*, Wintergrünöl *n* (etherisches Öl aus den Blättern der Gaultheria procumbens L.) ‖ ~ **oil** / Gaultheriaöl

**winter-hard**

*n*, Wintergrünöl *n* (etherisches Öl aus den Blättern der Gaultheria procumbens L.)
**winter-hard** *adj* (Bot) / winterhart *adj*
**winterisation** *n* (GB) (Aero) / Umstellung *f* auf Winterbetrieb, Ausstattung *f* für den Winter(einsatz) ‖ ~ (GB) (Eng) / Frostsicherung *f* (der Anlagen) ‖ ~ (GB) (Nut) / Winterisieren *n* (Entfernung hochschmelzender Triacylglyceride aus Speiseölen durch Abfiltrieren oder Zentrifugieren)
**winterization** *n* (Aero) / Umstellung *f* auf Winterbetrieb, Ausstattung *f* für den Winter(einsatz) ‖ ~ (Eng) / Frostsicherung *f* (der Anlagen) ‖ ~* (Nut) / Winterisieren *n* (Entfernung hochschmelzender Triacylglyceride aus Speiseölen durch Abfiltrieren oder Zentrifugieren)
**winterized** *adj* (Autos) / wintertauglich *adj*
**winter-load waterline** (Ships) / Wintertiefladelinie *f*
**winter operation** (Work Study) / Winterbetrieb *m* ‖ ~ **road clearance** (Autos, Civ Eng) / Winterdienst *m*, Winterwartung *f* ‖ ~ **sleep** (a physiological state in homoiothermic animals) (Agric, Bot, Zool) / Hibernation *f*, Überwinterung *f*, Winterschlaf *m* ‖ ~ **solstice*** (Astron) / Wintersolstitium *n*, Wintersonnenwende *f* (am 21./22. Dezember)
**Winterstein's acid** (Chem) / Winterstein-Säure *f* (nichtproteinogene Aminosäure, die Bestandteil der Taxusalkaloide ist)
**winter tyre** (Autos) / Winterreifen *m*, M+S-Reifen *m* (der in Matsch und frischem oder schmelzendem Schnee bessere Fahreigenschaften gewährleistet kann als ein normaler Reifen) ‖ ~**-weight** *attr* (Textiles) / warm *adj* (für die Wintersaison) ‖ ~ **working** (Build, Civ Eng) / Winterbau *m* (bei dem besondere Vorkehrungen notwendig sind)
**winze*** *n* (Mining) / Gesenk *n* (geteufter Blindschacht)
**WIP** (work in process) (Work Study) / angearbeitetes Werkstück, angearbeitete Werkstücke ‖ ~ (work in process) (Work Study) / auftragsbezogener Werkstattbestand
**wipe** *v* / abwischen *v*, durch Wischen entfernen ‖ ~ / einscheren *v*, einwalken *v* (in der Schuhherstellung) ‖ ~ *n* (a piece of disposable absorbent cloth, especially one treated with a cleansing agent, for wiping something clean) / Reinigungstuch *n* ‖ ~* (Cinema) / Wischblende *f* (Verbindung zweier Szenen durch einen Reißschwenk), Wipe *m* (Wischblende) ‖ ~ (Cinema, TV) / rollender Schnitt ‖ ~ **away** *v* / abwischen *v*, durch Wischen entfernen
**wiped area** (Autos) / Wischfeld *n*, Wischfläche *f* ‖ ~ **coating** (Surf) / im Wischverfahren aufgetragene Schutzschicht
**wiped-film evaporator** (Chem Eng) / Dünnschichtverdampfer *m* ‖ ~ **still** (Chem Eng) / Destillierapparat *m* mit Verteilerbürsten
**wiped joint*** (Plumb) / Schmierlötverbindung *f* (von zwei Bleirohren)
**wipe off** *v* / abwischen *v*, durch Wischen entfernen
**wipe-on plate** (Print) / Wipe-on-Platte *f*
**wipe-out** *v* (Acous) / löschen *v* (mittels Gleichstromsättigung)
**wipe·-out** *n* (Acous) / Löschen *n* mittels Gleichstromsättigung ‖ ~**-out** (Radio, Telecomm) / sehr lautes Störgeräusch ‖ ~**-out area** (Radio) / Sendegebiet *n* mit starken Störgeräuschen
**wiper** *n* (Autos) / Wischer *m* ‖ ~ (Autos) / Scheibenwischer *m*, Wischer *m* ‖ ~* (Elec Eng) / Bürste *f*, Schleifbürste *f*, Abtastbürste *f*, Kontaktbürste *f* ‖ ~ (Elec Eng) / Wischkontakt *m* (ein Relaiskontakt, der bei Erregung oder Entregung des Relais oder bei beiden Vorgängen vorübergehend schließt oder öffnet) ‖ ~ (Eng) / Abstreifer *m*, Abstreicher *m* ‖ ~* (Teleph) / Kontaktarm *m*, Schaltarm *m* ‖ ~ (Weaving) / Exzenter *m* ‖ ~ **aid** (Autos) / Andruckverstärker *m* (für Scheibenwischer) ‖ ~ **and washer system** (Autos) / Wisch-/Waschanlage *f* (für Scheiben oder Scheinwerfer) ‖ ~ **arm** (Autos) / Scheibenwischerarm *m*, Wischerarm *m* ‖ ~ **blade** (Autos) / Wischblatt *n* (DIN 72786), Scheibenwischerblatt *n*, Wischerblatt *n* ‖ ~**-blade element** (Autos) / Wischergummi *m*, Wischgummi *m*
**wipe resistance** (Paint, Surf) / Wischbeständigkeit *f* (einer Beschichtung nach DIN 55 945), Wischfestigkeit *f*
**wipe-resistant** *adj* (Paint, Surf) / wischbeständig *adj* (DIN 55 945), wischfest *adj*
**wiper lift** (Autos) / Abheben *n* der Scheibenwischer (bei hoher Geschwindigkeit) ‖ ~ **wings** (Autos) / Andruckverstärker *m* (für Scheibenwischer)
**wipe seal** (at the bottom of storm doors) (Build) / Dichtlippe *f* ‖ ~ **test*** (Nuc Eng) / Reibeprüfung *f*, Wischtest *m* ‖ ~ **up** *v* / aufwischen *v* (verschüttetes Wasser, den Boden)
**wiping cloth** (Plumb) / Wischer *m*, Lötlappen *m* ‖ ~ **contact** (Elec Eng) / Wischkontakt *m* (ein Relaiskontakt, der bei Erregung oder Entregung des Relais oder bei beiden Vorgängen vorübergehend schließt oder öffnet) ‖ ~ **gland** (Cables, Plumb) / Lötmuffe *f* ‖ ~ **relay** (Elec Eng) / Wischrelais *n* (bei dem nur kurzzeitig während des Ein- oder Ausschaltvorganges ein Kontakt betätigt wird) ‖ ~ **solder*** (Met, Plumb) / Weichlot *m* (mit < 35% Sn) ‖ ~ **soldering** (Electronics) / Wischlöten *n* (spezielles Verfahren des Tauchlötens, bei die

Leiterplatte auf der Oberfläche des Lötbades hin und her bewegt wird)
**WIPO** (World Intellectual Property Organization) / Weltorganisation *f* für geistiges Eigentum (gegründet 1967, Sitz: Genf)
**wire** *v* (Elec Eng) / verdrahten *v*, beschalten *v*, bedrahten *v* ‖ ~ (Spinning) / mitNadeln besetzen ‖ ~ (Teleg) / telegrafieren *v* ‖ ~ *n* (insulated) (Cables) / Kabelader *f*, Ader *f* (Leiter mit Isolierhülle), Aderleitung *f* ‖ ~ (Elec Eng) / Leiter *m* (DIN 40 108), Stromleiter *m* ‖ ~ (Eng, Met) / Draht *m* (DIN 17 600-2) ‖ ~ (Paper) / Sieb *n* ‖ ~ (Teleg) / Telegramm *n* (in Deutschland nicht mehr /Juni 2005/ benutzt) ‖ ~ (monofilament) (Textiles) / Draht *m* (eine endlose Kunststofffaser, die zu grob ist, um die Verspinnbarkeit als Eigenschaft aufzuweisen) ‖ ~ **and tube condenser** (Eng) / Drahtrippen-Verflüssiger *m* (ein luftgekühlter Verflüssiger für Kältemitteldampf) ‖ ~ **anode** (Electronics) / Drahtanode *f* ‖ ~ **armour** (Cables) / Drahtbewehrung *f* ‖ ~**-armoured** *adj* / drahtarmiert *adj*, drahtbewehrt *adj*
**wirebar*** *n* (Met) / Wirebar *m*, Drahtbarren *m* (Kupfer)
**wire basket** / Drahtkorb *m*
**wire-bond** *v* (Electronics) / drahtbonden *v* (nur Infinitiv und Partizip)
**wire bonder** (Electronics) / Drahtbonder *m* (technologische Spezialausrüstung zur Bauelementemontage) ‖ ~ **bonding** (Electronics) / Drahtbondverfahren *n*, Drahtbonden *n* (Verbindung der Kontaktgebiete der Chips mit den nach außen führenden Kontakten des Gehäuses bzw. des Chipträgers) ‖ ~ **bond pad** (Electronics) / Drahtbondinsel *f*
**wire-bound** *adj* (Telecomm) / drahtgebunden *adj* ‖ ~ **box** / Drahtbundkiste *f*, Drahtbundsteige *f* ‖ ~ **communication** (Telecomm) / leitungsgebundene Nachrichtenübertragung ‖ ~ **crate** / Drahtbundkiste *f*, Drahtbundsteige *f*
**wire-braiding machine** (Met) / Drahtflechtmaschine *f*
**wire break** / Drahtbruch *m* ‖ ~ **breakage** / Drahtbruch *m* ‖ ~ **bridge** (Elec Eng) / Drahtbrücke *f* ‖ ~ **broadcasting*** (Radio) / Drahtfunk *m* (die hochfrequente Übertragung von Rundfunkdarbietungen im Langwellenbereich meist über Fernsprechleitungen oder über Lichtleitungen - heute ohne Bedeutung) ‖ ~ **brush** (Tools) / Drahtbürste *f*, Kratzbürste *f* (mit Drahtborsten)
**wire-brush** *v* / abbürsten *v*, behandeln mit der Drahtbürste
**wire brushing** / Abbürsten *n* mit der Drahtbürste, Behandlung *f* mit der Drahtbürste ‖ ~ **cable** (Civ Eng) / Drahtkabel *n* (bei Hänge- und Schrägseilbrücken), Drahtseil *n* (ein Tragseil) ‖ ~ **cage** (Paint) / Metallbügel *m* (des Rollwerkzeugs) ‖ ~ **carpet** (Textiles) / Rutenteppich *m* (mit nach oben gezogenen einzelnen Schüssen zur Oberflächenbildung) ‖ ~ **cathode** (Electronics) / Drahtkatode *f* ‖ ~ **centre** (Telecomm) / Kupferschwerpunkt *m* (optimaler Netzknotenpunkt) ‖ ~ **chamber** (a device used to record electronically the tracks of ionizing particles) (Nuc) / Drahtfunkenkammer *f* ‖ ~ **clamp** / Musterbeutelklammer *f*, Drahtklammer *f* (für Kunststoffbeutel) ‖ ~ **cleaner** (Paper) / Siebreinigungsmittel *n* ‖ ~ **cloth** (Electronics) / Drahtgewebe *n*, Drahtsiebtuch *n*, Metalltuch *n* (aus Webedrähten - wenn sich die Drähte rechtwinklig kreuzen) ‖ ~ **cloth** (Autos, Paper, Space) / Drahtgesiebe *n* ‖ ~ **cloth*** (screening made of wires crimped or woven together) (Paper) / Siebgewebe *n*
**wire-cloth sieve** / Drahtsieb *n*
**wire coil** (Met) / Drahtring *m* (eine Lieferform), Drahtrolle *f* (eine Lieferform), Drahtbund *m*, Drahtcoil *n* ‖ ~ **comb*** (Build) / Kratzeisen *n* (für Außenputzbearbeitung), gezahnter Spachtel, [grober] Kamm *m*
**wire-combustion spraying** (Surf) / Drahtspritzverfahren *n* (der Metalldraht wird in der beheizten Spritzpistole geschmolzen, durch Druckluft zerstäubt und auf die zu überziehenden Gegenstände gespritzt) ‖ ~ **spraying** (Surf) / Drahtflammspritzen *n* (mit Draht als Spritzwerkstoff) ‖ ~ **spraying** (Surf) / Drahtflammspritzen *n* (z.B. mit Azetylen oder Wasserstoff)
**wire communication** (Telecomm) / drahtgebundene Kommunikation, drahtgebundene Übertragung
**wire-cut brick*** (Ceramics) / Strangpressziegel *m* (mit einem Stahldraht geschnittener)
**wire-cutter(s)** *n pl* (Tools) / Drahtabschneider *m*, Drahtschneider *m*, Drahtschneidezange *f*, Drahtzange *f*
**wired** *adj* (Bind) / drahtgeheftet *adj* ‖ ~ (Elec Eng) / verdrahtet *adj* ‖ ~ (Electronics) / festverdrahtet *adj* ‖ ~ (Telecomm) / drahtgebunden *adj* ‖ ~ **AND** (Electronics) / verdrahtetes UND ‖ ~ **broadcasting** (Radio) / Drahtfunk *m* (die hochfrequente Übertragung von Rundfunkdarbietungen im Langwellenbereich meist über Fernsprechleitungen oder über Lichtleitungen - heute ohne Bedeutung) ‖ ~ **control** (Automation) / festverdrahtete Steuerung
**wire dead drawing** (Met) / Drahttotziehen *n* ‖ ~ **deformation** (Paper) / Siebverformung *f*
**wired glass*** (Glass) / Drahtglas *n* (Flachglas mit eingewalztem Drahtgewebe oder Drahtgeflecht) ‖ ~**-in** *adj* (Electronics) /

festverdrahtet *adj* ‖ ~ **logic** (a form of digital logic in which some logic functions are implemented by directly connecting together the outputs of one or more logic gates) (Comp) / verdrahtete Logik ‖ ~ **program** (Comp) / festverdrahtetes Programm, verdrahtetes Programm

**wired-program computer** (a digital computer, usually a special-purpose one, in which the sequence of operations is fixed and cannot be easily altered) (Comp) / Rechner *m* mit festverdrahtetem Programm

**wire•-drawing*** *n* (Eng, Phys) / Ruhedruckverlust *m* (bei konstantem Rohrquerschnitt), statischer Druckabfall (hinter der Drosselstelle) ‖ ~-**drawing*** (Met) / Drahtziehen *n* (DIN 8584-2)

**wire-drawing block** (Met) / Drahtzug *m* ‖ ~ **die** (Met) / Ziehstein *m* (Ziehwerkzeug zum Gleitziehen von Drähten, bestehend meistens aus einer Stahlfassung mit eingeschrumpftem Hartmetall-, Keramik- oder Diamantkern mit einer sich in Ziehrichtung verjüngenden Öffnung, die dem herzustellenden Querschnitt entspricht - DIN 1547, T 2 und 3 und DIN 1546) ‖ ~ **grease** (Met) / Drahtziehfett *n* (reaktives, nicht reaktives), Ziehseife *f* (Schmiermittel beim Ziehen von Draht), Drahtziehschmiermittel *n* ‖ ~ **machine** (Met) / Drahtziehmaschine *f*

**wire drive motor** (Welding) / Drahtvorschubmotor *m* ‖ ~ **driving** (Welding) / Drahtvorschub *m*

**wire-EDM** *n* (Eng) / Drahterodieren *n* (funkenerosives Schneiden)

**wire electrode** (Welding) / Drahtelektrode *f* (heute ohne Cu) ‖ ~ **end** (Paper) / Siebpartie *f* (der Papiermaschine)

**wire-fabric cloth** (Paper) / Siebtuch *n* ‖ ~ **wall** (Build) / Rabitzwand *f* (eine zwischen tragenden Bauteilen gespannte leichte Trennwand, bestehend aus einem Rundstahl-Drahtgerippe, das auf dem Rabitzgewebe als Putzträger befestigt ist, und beiderseitig, fugenlosem Putz und einer Mindestwanddicke von 5 cm ), Drahtputzwand *f*

**wire feed** (Welding) / Drahtvorschub *m* ‖ ~ **feeding** (Welding) / Drahtvorschub *m* ‖ ~ **feed motor** (Welding) / Drahtvorschubmotor *m* ‖ ~ **fence** / Drahtzaun *m*

**wireframe model** (a presentation of a scene made up of lines, with no attempts not to draw lines defining objects that may be obscured by other objects) (Comp) / Kantenmodell *n*, Drahtmodell *n* (für die rechnerunterstützte Konstruktion) ‖ ~ **representation** (Comp) / Kantenmodell *n*, Drahtmodell *n* (für die rechnerunterstützte Konstruktion)

**wire furnace** (Met) / Drahtglühofen *m* (mit absatzweiser Beschickung oder kontinuierlich arbeitend) ‖ ~ **galvanization** (Surf) / Drahtverzinkung *f* ‖ ~ **gauge*** (Eng) / Drahtdicken-Nummerierung *f* (z.B. nach U.S. Steel Wire Gage, British Standard Wire Gauge, Birmingham Wire Gauge usw.) ‖ ~ **gauge** (Eng, Met) / Drahtlehre *f* (Stahlplatte mit Einschnitten oder Löchern zum Messen von Drahtdurchmessern) ‖ ~ **gauze** (Chem) / Hitzeverteilerplatte *f* (bei Laborbrennern)

**wire-gauze electrode** (Welding) / Netzmantelelektrode *f* (eine Lieferform des Zusatzwerkstoffes)

**wire glass** (Glass) / Drahtglas *n* (Flachglas mit eingewalztem Drahtgewebe oder Drahtgeflecht) ‖ ~ **guide** (Eng) / Drahtführung *f* ‖ ~ **guide*** (Paper) / Sieblaufregler *m*

**wire-guided missile*** (Mil) / drahtgelenkter Flugkörper

**wire guiding** / induktive Führung (z.B. bei automatischen Flurfördersystemen) ‖ ~ **guiding** (Mil) / Drahtlenkung *f* ‖ ~ **gun** (Surf) / Drahtspritzpistole *f* ‖ ~ **helix** (Civ Eng) / Drahtspirale *f* (für die Wendelbewehrung) ‖ ~ **hole** (Eng) / Sicherungsloch *n* (bei mechanischen Verbindungselementen) ‖ ~ **hole** (Paper) / Siebfehler *m* (in der Papierbahn) ‖ ~ **hook** (Weaving) / Drahtplatine *f* ‖ ~ **hook** (Weaving) / Platine *f* (hakenförmiges Huborgan bei Schaft- und Jacquardmaschinen) ‖ ~ **in** *v* (Electronics) / einlöten *v* ‖ ~**-jacketed** *adj* / drahtarmiert *adj*, drahtbewehrt *adj*

**wireless** *v* (Radio) / funken *v*, eine Funkmeldung durchgeben ‖ ~ *n* (wireless set) (Radio) / Hörfunkempfänger *m*, Radioempfänger *m*, Rundfunkempfänger *m*, Tonrundfunkempfänger *m*, Radio *m*, Radioapparat *m* ‖ ~ (GB)* (Radio) / Funk *m*, Funkbetrieb *m* ‖ ~ *adj* (Comp) / unbedrahtet *adj*, unverdrahtet *adj* ‖ ~ (Radio, Telecomm) / drahtlos *adj* ‖ ~ **Application Protocol** (a protocol for reformatting Web pages to fit on the screens of mobile phones or PDAs) (Comp) / Wireless Application Protocol *n* (elektronischer Standard für die Kommunikation in drahtlosen Netzen, der den direkten Zugriff zum Internet von einem Handy aus ermöglicht), WAP *n* (Wireless Application Protocol) ‖ ~ **communication** (Telecomm) / drahtlose Nachrichtenübertragung ‖ ~ **communication service** (Radio, Telecomm) / Funkdienst *m* (Funkverkehr zwischen zwei oder mehreren Funkstellen) ‖ ~ **fidelity** (complying with IEEE 802.11b standard) (Radio, Telecomm) / Wireless Fidelity *f* ‖ ~ **LAN** (Comp) / drahtloses lokales Netzwerk, drahtloses LAN, Funk-LAN *n* ‖ ~ **local-area network** (Comp) / drahtloses lokales Netzwerk, drahtloses LAN, Funk-LAN *n* ‖ ~ **Media Access Control** (Comp, Telecomm) / ein verteiltes Zugriffsprotokoll nach IEEE 802.11 ‖ ~ **microphone** (Acous, Radio) / kabelloses Mikrofon, drahtloses Mikrofon ‖ ~ **operator** (Radio) / Funker *m* ‖ ~ **receiver** (Radio) / Empfängerteil *m* eines Funkgerätes, Funkempfänger *m* ‖ ~ **set** (Radio) / Hörfunkempfänger *m*, Radioempfänger *m*, Rundfunkempfänger *m*, Tonrundfunkempfänger *m*, Radio *n*, Radioapparat *m* ‖ ~ **telegraphy** (Radio, Teleg) / Tastfunk *m*, drahtlose Telegrafie, Funktelegrafie *f*

**wire line** (Rail) / Drahtzugleitung *f*

**wire-line** *n* (Eng) / Drahtseil *n* (aus Stahldrähten geschlagenes Seil - DIN 3051)

**wireline** *attr* (Telecomm) / drahtgebunden *adj*

**wire-line barrel** (Mining) / Seilkernapparat *m*, Seilkernrohr *n* ‖ ~ **core barrel** (Mining) / Seilkernapparat *m*, Seilkernrohr *n* ‖ ~ **coring** (Mining) / Seilkernverfahren *n* (Untersuchungsbohrverfahren, bei dem das Innenkernrohr, das den Bohrkern enthält, mit einem Seil zur Tagesoberfläche gezogen wird) ‖ ~ **coring** (Mining) / Seilkernen *n* ‖ ~ **operation** (Oils) / Wireline-Arbeit *f* (bei Offshore-Bohrungen)

**wire loom** (Weaving) / Rutenwebstuhl *m* ‖ ~ **loop** / Drahtschlaufe *f*, Drahtschlinge *f* ‖ ~ **lubricant** (Met) / Drahtziehschmiermittel *n* (z.B. Metallstearat)

**wireman** *n* (pl. -men)(US) (Elec Eng) / Elektriker *m* (Handwerker im Bereich der Elektrotechnik, besonders Elektroinstallateur), Elektroinstallateur *m*, Elektromonteur *m*

**wire mark(s)** (Paper) / Siebmarkierung *f* ‖ ~ **mesh** (Autos) / Drahtgestrick *n* (zur Bruchsicherung des Katalysators) ‖ ~ **mesh** (Build, Civ Eng) / Baustahlmatte *f* (punktgeschweißte - für Stahlbeton), Betonstahlmatte *f*, Baustahlnetz *n* (S) (kaltbearbeitete Stahlstäbe, die in ihren Kreuzungspunkten durch Punktschweißung miteinander verbunden sind - DIN 488-5) ‖ ~ **mesh** (Glass) / Drahtglasgewebe *n*, Drahtnetz *n*

**wire-mesh collapsible pallet** / Gitterboxpalette *f* mit abnehmbarer geteilter Vorderwand ‖ ~ **pallet** / Gitterboxpalette *f* ‖ ~ **reinforced electrode** (Welding) / Spiralnetzelektrode *f* ‖ ~ **reinforcement** (Build, Civ Eng) / Netzbewehrung *f* (Zusatzbewehrung, die zur Verhinderung von Schwindrissen dient) ‖ ~ **reinforcement** (Build, Civ Eng) / Baustahlmatte *f* (punktgeschweißte - für Stahlbeton), Betonstahlmatte *f*, Baustahlnetz *n* (S) (kaltbearbeitete Stahlstäbe, die in ihren Kreuzungspunkten durch Punktschweißung miteinander verbunden sind - DIN 488-5) ‖ ~ **screen** (Chem) / Drahtsiebboden *m* (für Analysensiebe nach DIN ISO 3310, T 1) ‖ ~ **sieve** / Drahtsieb *n*

**wire metallizing** (Met) / Drahtgalvanisierung *f* ‖ ~ **mill** (Met) / Drahtwerk *n*, Drahtzieherei *f* ‖ ~ **nail** (Build, Eng) / Drahtnagel *m* ‖ ~ **nail** (Eng) / geschmiedeter Nagel ‖ ~ **net scrim** / Drahtgaze *f* ‖ ~ **netting** / Drahtgitter *n* ‖ ~ **netting** (Met) / Drahtgeflecht *n* (wenn die Drähte an den Kreuzungspunkten miteinander verknüpft sind - meistens Sechs- oder Vierecke) ‖ ~ **-oom carpet** (Textiles) / Rutenteppich *m* (mit nach oben gezogenen einzelnen Schüssen zur Oberflächenbildung) ‖ ~ **pattern** (Elec Eng) / Verdrahtungsgebilde *n*, Verdrahtung *f* (als konkretes Gebilde), Leiterbild *n* (konkrete Verdrahtung), Verdrahtungsbild *n* ‖ ~ **pattern** (Electronics) / Drahtmuster *n*, aus Drähten verlegtes Leiterzugbild (Multiwiretechnik), drahtgelegtes Leiterbild

**wirephoto*** *n* (Telecomm) / drahtübertragenes Bild

**wire pistol** (Surf) / Drahtspritzpistole *f* ‖ ~ **pit** (Paper) / Siebgrube *f*

**wire-plaster ceiling** (Build) / Drahtputzdecke *f*, Rabitzdecke *f*

**wire pointer** (Met) / Drahtanspitzmaschine *f* ‖ ~ **printer** (Comp) / Matrixdrucker *m*, Rasterdrucker *m*, Mosaikdrucker *m* ‖ ~ **printer** (Comp) / Nadeldrucker *m*, Drahtdrucker *m* (mit Drahtstiften) ‖ ~ **raising machine** (Textiles) / Kratzerraumaschine *f* ‖ ~ **recorder** (Acous) / Drahttongerät *n* ‖ ~ **reversing** (Cables) / Adernvertauschung *f* ‖ ~ **riddle** (Foundry) / Luftnadel *f*, Luftspieß *m*, Luftstecher *m* ‖ ~ **rod** (Met) / Walzdraht *m* (ein Erzeugnis beliebiger Querschnittsform, das in warmem Zustand unmittelbar von der Walze aus in Ringen in ungeordneten Lagen aufgehaspelt wird) ‖ ~ **rod mill** (Met) / Drahtwalzwerk *n* ‖ ~ **rope*** (Eng) / Drahtseil *n* (aus Stahldrähten geschlagenes Seil - DIN 3051)

**wire-rope clip** / Seilschloss *n* (DIN 15315), Seilklemme *f* ‖ ~ **construction** / Drahtseilkonstruktion *f* (DIN 3051) ‖ ~ **grease** / Drahtseilfett *n* ‖ ~ **tackle block** / Seilflaschenzug *m*

**wires, on** ~ (Telecomm) / drahtgebunden *adj*

**wire safety glass** (Glass) / Drahtglas *n* (Flachglas mit eingewalztem Drahtgewebe oder Drahtgeflecht) ‖ ~ **sawing** / Drahtsägen *n* (mit endlosem umlaufendem Sägedraht) ‖ ~ **scratcher** (Build) / Putzkratzer *m* (ein Werkzeug) ‖ ~ **screen** (Chem) / Drahtsiebboden *m* (für Analysensiebe nach DIN ISO 3310, T 1) ‖ ~ **section** (Paper) / Siebpartie *f* (der Papiermaschine)

**wire-sewn** *adj* / drahtgenäht *adj*

**wire-sharpening machine** (Met) / Drahtanspitzmaschine *f*

**wire shed** (Weaving) / Rutenfach *n* ‖ ~ **side** (Paper) / Unterseite *f* (eines Papiers), Siebseite *f* (eines Papiers) ‖ ~ **silver** (Min) / Drahtsilber *n*,

**wire**

Haarsilber *n* ‖ ~ **spark chamber** (Nuc) / Drahtfunkenkammer *f* ‖ ~ **speed** (Welding) / Drahtgeschwindigkeit *f* ‖ ~ **spoke** (Autos) / Drahtspeiche *f*
**wire-spoke wheel** (Autos) / Drahtspeichenrad *n*
**wire staple** (Bind) / Drahtheftklammer *f*, Klammer *f*, Heftdrahtklammer *f* ‖ ~ **stapler** (Bind) / Klammerheftmaschine *f*
**wire-stapling** (Welding) / Heften *n* (von Blechen) ‖ ~ *n* (Bind) / Drahtheftung *f* (mit Klammern), Klammerheftung *f*
**wire-stitch** *v* (Bind) / drahtheften *v*
**wire-stitching\*** *n* (Bind) / Drahtheftung *f* (mit Klammern), Klammerheftung *f*
**wire-stitching** *n* (Welding) / Heften *n* (von Blechen)
**wire strain gauge** / Foliendehnmessstreifen *m*, Drahtdehnmessstreifen *m* (ein Ohm'scher Geber), Draht-DMS *m*, Metall-DMS *m*, Folien-DMS *m* ‖ ~ **strand** (Elec Eng) / Drahtlitze *f* (auch in der Seilerei), Litze *f* (Bestandteil eines Drahtkabels, das selbst wiederum aus vielen verbundenen Einzeldrähten besteht)
**wire-stranding machine** / Litzenschlagmaschine *f*, Seillitzenspinnmaschine *f*
**wire strap** (Elec Eng) / Drahtbrücke *f* ‖ ~ **strap** (Electronics) / Drahtbügel *m* (des Magnetrons) ‖ ~ **stripper** (Elec Eng) / Abisoliermaschine *f*, Abisolierautomat *m* ‖ ~ **strippers** (Elec Eng) / Abisolierzange *f* ‖ ~ **suction roll** (Paper) / Siebsaugwalze *f* ‖ ~ **surface** (Met) / Drahtoberfläche *f*
**wiretap** *v* (Teleph) / anzapfen *v* (Leitungen)
**wiretapping** *n* (Telecomm) / Abhören *v* von Übertragungsleitungen, Abhören *n* (unbefugtes) ‖ ~ (Teleph) / Anzapfen *n* (Leitungen)
**wire telegraphy** (Teleg) / Drahttelegrafie *f*
**wire-tension control** / Drahtspannungsüberwachung *f*
**wire testing** (Materials) / Drahtprüfung *f* ‖ ~ **texture** (Met) / Drahttextur *f* ‖ ~ **thermospraying** (Surf) / Drahtflammspritzen *n* (z.B. mit Azetylen oder Wasserstoff)
**wire-thread insert** (Eng) / Gewindeeinsatz *m* (z.B. Helicoil)
**wire transposition** (Elec Eng) / Kreuzung *f* elektrischer Leitungen ‖ ~ **triangle** (Chem) / Drahtdreieck *n* ‖ ~ **trough** (Cables, Civ Eng) / Kabelkanal *m* (offen)
**wire-type cord** (Autos, Textiles) / Stahlkord *m* (Verstärkungseinlage von Stahlgürtelreifen), Stahlcord *m* ‖ ~ **spraying pistol** (Surf) / Drahtspritzpistole *f*
**wireway** *n* (Elec Eng) / Elektroinstallationsleiste *f* (im Hause)
**wire-webbing machine** / Drahtwebmaschine *f* (schwere Spezialmaschine, auf der Drahtgewebe in Leinwand- oder Köperbindung hergestellt werden)
**wire wheel** (Autos) / Drahtspeichenrad *n* ‖ ~ **wheel** (Paint) / Drahtbürste *f* (runde - als Ansatzteil zum Universalmotor) ‖ ~ **wool** (Paint) / Stahlwolle *f* (Schleifmittel, z.B. bei Schleiflackierungen), Schleifwolle *f*
**wireworm** *n* (the worm-like larva of a click beetle) (Agric, Zool) / Drahtwurm *m* (stark chitinisierte Larve der Schnellkäfer - ein Kulturpflanzenschädling)
**wire-wound** *adj* / drahtumwickelt *adj* ‖ ~ **pressure vessel** / Wickelbehälter *m* (Mehrlagenbehälter aus endlosen Spannlitzen) ‖ ~ **resistor\*** (Elec Eng) / Drahtwiderstand *m* (ein Festwiderstand als Bauteil, meist unifilar auf Keramikrohre oder -stäbe gewickelt) ‖ ~ **spacer** (Nuc Eng) / Drahtabstandshalter *m* ‖ ~ **variable resistor** (Elec Eng) / Drahtdrehwiderstand *m*
**wire•-wove paper** (Paper) / Velinpapier *n* (DIN 6730), Papier *n* mit wolkiger Durchsicht ‖ ~ **wrap** / lötfreie Drahtverbindung
**wire-wrap gun** (Electronics) / Wire-Wrap-Pistole *f*, Wrap-Pistole *f* (die in der Wire-Wrap-Technik einen Spezialdraht um einen Pfosten wickelt)
**wire-wrapped fuel element** (Nuc Eng) / Brennelement *n* mit Drahtabstandshalter ‖ ~ **spacer** (Nuc Eng) / Drahtabstandshalter *m*, Drahtwendelabstandshalter *m*
**wire wrapping** (a technique for connecting components into circuit boards by tightly wrapping wires around specialized terminals instead of soldering wires to them) (Electronics) / Drahtwickeltechnik *f*, Wire-Wrap-Technik *f* (lötfreie Verbindungstechnik)
**wire-wrapping gun** (Electronics) / Wickelpistole *f* (zum Wickeln von Drähten auf elektrische Anschlüsse) ‖ ~ **tool** (Electronics) / Wickelpistole *f* (zum Wickeln von Drähten auf elektrische Anschlüsse)
**wire-wrap technology** (Electronics) / Drahtwickeltechnik *f*, Wire-Wrap-Technik *f* (lötfreie Verbindungstechnik)
**wiring** *n* (Elec Eng) / Verdrahtung *f*, Beschaltung *f*, Bedrahtung *f* ‖ ~ (Elec Eng) / elektrische Installation, Leitungsverlegung *f* ‖ ~ (Elec Eng) / Leitungsführung *f* ‖ ~ **backplane** (Electronics) / Rückwandverdrahtungsplatte *f* ‖ ~ **board** (Electronics, Telecomm) / Verdrahtungsplatte *f*, VP (Verdrahtungsplatte) ‖ ~ **chart** (Elec Eng) / Verdrahtungsplan *m*, Bauschaltplan *m* ‖ ~ **diagram** (Elec Eng) / Stromlaufplan *m* (übersichtliche Darstellungsart für elektrische

Schaltungen nach DIN 40 719) ‖ ~ **diagram** (Elec Eng) / Verdrahtungsplan *m*, Bauschaltplan *m* ‖ ~ **frame** (Electronics) / Verdrahtungsrahmen *m* ‖ ~ **harness** (Cables, Elec Eng) / Kabelbaum *m*, Kabelgeschirr *n*, Kabelsatz *m* (vorgefertigter) ‖ ~ **hub** (Comp) / Hub *m* (ein Verbindungsstück, in dem das in einem Anschluss ankommende Signal verstärkt an alle anderen Anschlüsse weitergeleitet wird), Verteilerkasten *m*, Verteiler *m* ‖ ~ **in diagonal pairs** (Telecomm) / Diagonalgruppierung *f* ‖ ~ **loom** (Cables, Elec Eng) / Kabelbaum *m*, Kabelgeschirr *n*, Kabelsatz *m* (vorgefertigter) ‖ ~ **pattern** (Elec Eng) / Verdrahtungsgebilde *n*, Verdrahtung *f* (als konkretes Gebilde), Leiterbild *n* (konkrete Verdrahtung), Verdrahtungsbild *n* ‖ ~ **plane** (Elec Eng) / Verdrahtungsebene *f* ‖ ~ **plate** (Electronics, Telecomm) / Verdrahtungsplatte *f*, VP (Verdrahtungsplatte) ‖ ~ **point\*** (Elec Eng) / Anschlusspunkt *m* (DIN 40 108), Verdrahtungsstelle *f* ‖ ~ **point\*** (Elec Eng) s. also terminal ‖ ~ **scheme** (Electronics) / Beschaltungsplan *m* ‖ ~ **scheme** (Elec Eng) / Beschaltungsplan *m* ‖ ~ **side** (Elec Eng) / Verdrahtungsseite *f* ‖ ~ **side** (Electronics) / Leiterbahnseite *f* (einer Leiterplatte) ‖ ~ **symbols for contact units and switching devices** (Elec Eng) / Schaltzeichen *n pl* ‖ ~ **terminal** (Elec Eng) / Anschlussklemme *f*, Verbindungsklemme *f*, Klemme *f* (DIN 4899), Pol *m* (DIN 4899) ‖ ~ **track** (Electronics) / Leiterbahn *f* (auf der Leiterplatte), Leiterzug *m* (einer gedruckten Schaltung) ‖ ~ **trough** (Cables, Civ Eng) / Kabelkanal *m* (offen) ‖ ~ **tube** (Elec Eng) / Leitungsschutzrohr *n*, I-Rohr *n*, Installationsrohr *n* (zum Schutz elektrischer Leitungen in Hausinstallationen)
**Wishart distribution** (Stats) / Wishart-Verteilung *f* (eine k-dimensionale Verallgemeinerung der Chi-Quadrat-Verteilung)
**wishbone\*** *n* (Autos) / Dreiecksquerlenker *m*, Dreieckslenker *m* (Radaufhängung) ‖ ~ **suspension with torque rod and torsion bar stabilizer** (Autos) / Querlenker *m* mit Schubstrebe und Drehstabilisator
**wish book** (US) / Versandhauskatalog *m*
**wishmore** *n* (For) / Niangon *n* (Holz der Tarrietia utilis Sprague oder Tarrietia densiflora Aubrév. & Normand), Ogoue *n*, Wishmore *n*
**WISP** *n* (WAP Internet Service Provider) (Comp, Telecomm) / WAP Internet Service Provider *m*
**Wiswesser line-formula chemical notation** (Chem) / Wiswesser-Linearnotation *f* (eine von W.J. Wiswesser 1938 vorgeschlagene lineare Notation für chemische Strukturen), WLN (Wiswesser-Linearnotation) ‖ ~ **Line Notation** (Chem) / Wiswesser-Linearnotation *f* (eine von W.J. Wiswesser 1938 vorgeschlagene lineare Notation für chemische Strukturen), WLN (Wiswesser-Linearnotation)
**witch** *n* (Agnesi's versiera) (Maths) / Versiera *f* (der Agnesi), Agnesi'sche Kurve (eine glockenförmige höhere Kurve nach Maria Gaetana Agnesi, 1718-1799)
**witch-elm** *n* (For) / Bergulme *f* (Ulmus glabra Huds.), Bergrüster *f*, Weißrüster *f*
**witches' broom\*** (Bot, For) / Hexenbesen *m* (meist durch parasitische Pilze hervorgerufene pflanzliche Missbildung, die durch das Auftreten von besenförmig dichten Astsystemen gekennzeichnet ist), Donnerbesen *m*
**witch of Agnesi\*** (Maths) / Versiera *f* (der Agnesi), Agnesi'sche Kurve (eine glockenförmige höhere Kurve nach Maria Gaetana Agnesi, 1718-1799)
**withamite\*** *n* (Min) / Withamit *m* (roter Epidot von Glencoe in Schottland)
**withanolide** *n* (Chem) / Withanolid *n*
**withdraw** *v* / zurückziehen *v* (einen Bohrer), zurückholen *v*, herausziehen *v* ‖ ~ / absaugen *v*, entnehmen *v*, abnehmen *v* (Flüssigkeiten oder Gase) ‖ ~ (Foundry) / ausziehen *v*, ausheben *v* (Form) ‖ ~ (Foundry) / Modell ziehen, ausheben *v* (aus der Form) (Foundry) / absenken *v*, abziehen *v* (Strangguss) ‖ ~ (Mining) / rauben *v* (den Ausbau) ‖ ~ (Nuc Eng) / ausfahren *v* (einen Brennstab) ‖ ~ (Surf, Textiles) / herausziehen *v* (aus einem Bad)
**withdrawable** *adj* / ausziehbar *adj*
**withdrawal** *n* / Rücknahme *f*, Zurücknahme *f* ‖ ~ (Eng) / Entnahme *f* ‖ ~ (Foundry) / Absenken *n*, Abziehen *n* (Strangguss) ‖ ~ (Met) / Abziehen *n* (der Schlacke) ‖ ~ **capacity** / Entnahmeleistung *f* (mögliche Grenzleistung eines Erdgasfeldes bzw. eines Erdgasporenspeichers) ‖ ~ **current** (Glass) / Entnahmeströmung *f* (im Glasbad) ‖ ~ **force** (Electronics) / Trennkraft *f* (beim Trennen einer Steckverbindung) ‖ ~ **pressing** (Powder Met) / Abziehverfahren *n* (beim Pulverpressverfahren) ‖ ~ **resistance of the nail(s)** (Carp) / Nagelausziehwiderstand *m*, Nagelhaltevermögen *n* ‖ ~ **sleeve** (Eng) / Spannhülse *f* (des Kugellagers) ‖ ~ **symptoms\*** (Med) / Entzugssymptome *n pl*
**withe\*** *n* (Build) / Schornsteinzunge *f* (Trennwand zwischen den Schornsteinzügen), Zunge *f* (Schornsteinzunge), Langette *f* (Trennwand zwischen den Schornsteinzügen) ‖ ~ (one leaf of a cavity wall or hollow wall) (Build) / Schale *f* (einer Schalenmauer),

Mauerwerksschale *f* (eines zweischaligen Mauerwerks), Wandfläche *f* (einer Hohlwand), Wandschale *f* (einer Hohlwand)
**wither** *v* (Agric) / verdorren *v* ‖ ~ (Agric, Bot) / verwelken *v*, welken *v*, welk werden
**withered-leaf** *attr* (shade) / welkgrün *adj* ‖ ~ **shade** (Textiles) / Welkgrün *n*
**withering** *n* (Brew) / Schwelken *n* (Trocknen des Biermalzes)
**witherite*** *n* (an orthorhombic mineral of the aragonite group) (Min) / Witherit *m* (Bariumkarbonat)
**withholding tax** / Quellensteuer *f* (die an der Quelle einbehalten wird)
**within-group sum of squares** (Stats) / Summe *f* der Abweichungen in der Gruppe ‖ ~ **variance** (Stats) / Innerklassenvarianz *f*
**within-run precision** (Chem Eng) / Wiederholpräzision *f* (in der Prozessanalyse), Präzision *f* unter Wiederholbedingungen
**with-machine direction** (Eng) / Längsrichtung *f*, Laufrichtung *f*
**withstand** *v* / widerstandsfähig sein, standhalten *v*, widerstehen *v* ‖ ~ (Mech) / standhalten *v*, aushalten *v* (Belastung) ‖ ~ **voltage** (Elec Eng) / Stehspannung *f* (eine Spannung von gegebenem zeitlichem Verlauf, der die Isolierung eines Betriebsmittels noch standzuhalten vermag)
**witness circuit** (Teleph) / Zeugenschaltung *f* ‖ ~ **hole** (US) (Eng) / Schauloch *n* (im Allgemeinen) ‖ ~ **line** (Eng) / Maßhilfslinie *f*, Bezugslinie *f*
**witness-line geometry** (Comp) / Hilfsliniengeometrie *f* (Verfahren zur Vereinfachung der Darstellung komplexer Formen bei der rechnerunterstützten Zeichnungserstellung)
**Witte-Margules equation** (Meteor) / Margules-Formel *f* (die Bedingungen für die Neigung einer Grenzfläche zwischen zwei im Gleichgewicht nebeneinanderliegenden Luftmassen in Abhängigkeit von Temperatur- und Windverteilung)
**Witt filter plate** (Chem Eng) / Filterscheibe *f* nach Witt (für Trichter)
**Wittig-Emmons reaction** (Chem) / Wittig-Horner-Reaktion *f*, Wadsworth-Emmons-Reaktion *f*, Horner-Emmons-Reaktion
**Wittig ether rearrangement** (the rearrangement of benzyl and alkyl ethers when reacted with a methylating agent, producing secondary and tertiary alcohols) (Chem) / Wittig-Umlagerung *f* (nach G. Wittig, 1897-1987)
**Wittig-Horner reaction** (Chem) / Wittig-Horner-Reaktion *f*, Wadsworth-Emmons-Reaktion *f*, Horner-Emmons-Reaktion
**Wittig reaction** (Chem) / Wittig-Reaktion *f* (zur Gewinnung substituierter Alkene aus Aldehyden bzw. Ketonen mit Hilfe von Alkylidenphosphoranen), Wittig-Olefinsynthese *f*
**Witt plate** (Chem, Chem Eng) / Filterscheibe *f* nach Witt (für Trichter) ‖ ~ **theory** (of the mechanism of dyeing) (Chem) / Witt'sche Farbentheorie (nach O. N. Witt, 1853 - 1915)
**wizard** *n* (help feature of a software package that automates complex tasks by asking the user a series of easy-to-answer questions) (Comp) / Assistant *m* ‖ ~ *n* (Comp) / Wizard *m* (ein /meistens/ älterer Experte)
**W.K.B. approximation** (Phys) / quasiklassische Näherung, Wentzel-Kramers-Brillouin-Näherung *f*, WKB-Näherung *f*, WKB-Methode *f* (Lösung der eindimensionalen Schrödinger-Gleichung - nach G. Wentzel, 1898-1978, H.A. Kramers, 1894-1952, und L. Brillouin, 1889-1969)
**WKB method** (Phys) / quasiklassische Näherung, Wentzel-Kramers-Brillouin-Näherung *f*, WKB-Näherung *f*, WKB-Methode *f* (Lösung der eindimensionalen Schrödinger-Gleichung - nach G. Wentzel, 1898-1978, H.A. Kramers, 1894-1952, und L. Brillouin, 1889-1969)
**WKS** (worksheet) (Comp) / Spreadsheet *n* (Arbeitsblatt eines Tabellenkalkulationsprogramms), Kalkulationstabelle *f*
**W.L.** (water level) (Hyd Eng) / Wasserstand *m* (im Allgemeinen)
**w.l.** (wavelength) (Phys) / Wellenlänge *f* (DIN 5031 - 8)
**WLAN** (wireless LAN) (Comp) / drahtloses lokales Netzwerk, drahtloses LAN, Funk-LAN *n*
**WLF equation*** (Chem) / Williams-Landel-Ferry-Gleichung *f*
**WLN** (Wiswesser Line Notation) (Chem) / Wiswesser-Linearnotation *f* (eine von W.J. Wiswesser 1938 vorgeschlagene lineare Notation für chemische Strukturen), WLN (Wiswesser-Linearnotation)
**W.L.P.** (weight of the largest particles) (Chem, Phys) / Masse *f* der größten Teilchen
**WM** (working memory) (Comp) / Arbeitsspeicher *m* (Teil des Hauptspeichers, in dem Daten gespeichert werden; im Gegensatz zum Programmteil) ‖ ~ (wattmeter) (Elec Eng) / Wattmeter *n*, Leistungsmesser *m* ‖ ~ (white metal) (Eng, Met) / Weißmetall *n* (ein Lagermetall nach DIN 1703)
**WMAC** *n* (Wireless Media Access Control) (Comp, Telecomm) / ein verteiltes Zugriffsprotokoll nach IEEE 802.11
**W-machine** *n* (I C Engs) / Fächermaschine *f* (bei der die Pleuel der zum Fächer gehörenden Zylinder auf einer Kröpfung der Kurbelwelle gelagert sind)

**WMO** (World Meteorological Organization) (Meteor) / Weltorganisation *f* für Meteorologie (eine Sonderorganisation der Vereinten Nationen; gegründet 1951, Sitz: Genf)
**W.M. & P. naphtha** (Paint) / Testbenzin *n*, Lackbenzin *n* (DIN 51632)
**woad vat** (Textiles) / Waidküpe *f*
**WOB** (weight on bit) (Oils) / Andruck *m* (der vom Bohrkopf auf das Gestein ausgeübt wird)
**Wobbe index** (Chem) / Wobbe-Zahl *f* (Maß für die Energielieferung eines Gasbrenners und Kriterium für die Austauschbarkeit von Brenngasen), Wobbe-Index *m* (bei Brenngasen) ‖ ~ **number** (for any gas passing through a given orifice) (Chem) / Wobbe-Zahl *f* (Maß für die Energielieferung eines Gasbrenners und Kriterium für die Austauschbarkeit von Brenngasen), Wobbe-Index *m* (bei Brenngasen)
**wobble** *v* / wackeln *v*, schwanken *v* ‖ ~ (Electronics) / wobbeln *v* ‖ ~ (Autos) / Taumeln *n* (der Räder) ‖ ~ (Elec Eng, Telecomm) / Wobbeln *n* (periodische Frequenzänderung einer Wechselgröße durch eine Frequenz, die wesentlich geringer ist) ‖ ~ (Eng) / Taumelfehler *m* (Rund- und Stirnlaufabweichung) ‖ ~ (Instr) / Unruhe *f* (eines Zeigers) ‖ ~ **blade** (Carp) / Wanknutsägeblatt *n*, Taumelkreissägeblatt *n* ‖ ~ **crank*** (Eng) / Kröpfungszapfen *m* (aus der Welle herausgearbeiteter Kurbelzapfen) ‖ ~ **hypothesis** (Gen) / Wobble-Hypothese *f* (in der Molekulargenetik) ‖ ~ **plate*** (Eng) / Taumelscheibe *f* (runde Scheibe, deren Ebene schräg zu ihrer Drehachse steht) ‖ ~-**plate engine*** (Eng) / Taumelscheibenmotor *m* ‖ ~ **press** (Eng) / Taumelpresse *f* (Fließpresse, die für das Oberwerkzeug einen mechanischen Antrieb besitzt, der eine Pendelkreisbewegung um eine vertikale Achse erteilt, welche ein Formen der Teile durch Querfließpressen ermöglicht, wobei die Umformkraft von einem hydraulisch betätigten Kolben aufgebracht wird, der das Unterwerkzeug nach oben gegen das Oberwerkzeug drückt)
**wobbler** *n* (Met) / Kleeblattzapfen *m* (an Walzen) ‖ ~ (Micros) / Wobbler *m* (des Durchstrahlungsmikroskops)
**wobble saw*** (Carp) / Wanknutsäge *f*, Taumel(kreis)säge *f*
**wobbling disk** (Eng) / Taumelscheibe *f* (runde Scheibe, deren Ebene schräg zu ihrer Drehachse steht) ‖ ~ **frequency** (Telecomm) / Wobbelfrequenz *f*
**wobbulator** *n* (Electronics, Telecomm) / Wobbler *m* (ein Signalgenerator), Wobbelsender *m*, Wobbelgenerator *m*
**W/O emulsion** (Chem) / Wasser-in-Öl-Emulsion *f*, W/Ö-Emulsion *f*
**WOF** (warm-over flavor) (Nut) / Aufwärmgeschmack *m* (nach aufgewärmtem Fleisch) ‖ ~ (warmed-over flavour) (Nut) / Aufwärmgeschmack *m*
**Wohl degradation** (Chem) / Wohl-Abbau *m* (von Aldohexosen zu Aldopentosen - nach A. Wohl, 1863 - 1939) ‖ ~ **equation of state** (Phys) / Wohl'sche Zustandsgleichung (spezielle thermische Zustandsgleichung)
**Wöhler's synthesis** (Chem) / Wöhler'sche Harnstoffsynthese (nach F. Wöhler, 1800-1882)
**Wöhler test** (Materials, Met) / Dauerschwingversuch *m* nach Wöhler (August Wöhler, 1819-1914)
**wold** *n* (Geol) / Schichtstufe *f*, Cuesta *f* (pl. -s)
**wolf** *n* (Acous) / Wolfston *m*, Bullerton *m* (ein rauer, schnarrender Ton bei Streichinstrumenten, der infolge eines instabilen Verhaltens einer Saitenschwingung entsteht)
**wolfeite** *n* (Min) / Wolfeit *m* (Mineral der Zwieselit-Wolfeit-Gruppe mit Fe > Mn)
**Wolff-Kishner reduction** (conversion of aldehydes and ketones to corresponding hydrocarbons by heating their semicarbazones, phenylhydrazones, and hydrazones with sodium ethoxide or by heating the carbonyl compound with excess sodium ethoxide and hydrazine sulphate) (Chem) / Wolff-Kishner-Reduktion *f* (nach L. Wolff, 1857 - 1919, und N.M. Kishner, 1867 - 1935), Kishner-Wolff-Reduktion *f*
**wolf note*** (Acous) / Wolfston *m*, Bullerton *m* (ein rauer, schnarrender Ton bei Streichinstrumenten, der infolge eines instabilen Verhaltens einer Saitenschwingung entsteht) ‖ ~ **number** (Astron) / Wolf'sche Zahl (nach R. Wolf, 1816-1893), Sonnenfleckenrelativzahl *f*
**wolfram*** *n* (Chem) / Wolfram *n*, W (Wolfram)
**wolframite*** *n* (the principal ore of tungsten) (Min) / Wolframit *n*
**Wolf-Rayet stars*** (Astron) / W-Sterne *m pl*, Wolf-Rayet-Sterne *m pl* (nach Ch.J.E. Wolf, 1827-1918, und G.A.P. Rayet, 1839 - 1906), W-R-Sterne *m pl* (deren Spektren ausschließlich helle anstatt dunkle Linien enthalten)
**wolf tone** (Acous) / Wolfston *m*, Bullerton *m* (ein rauer, schnarrender Ton bei Streichinstrumenten, der infolge eines instabilen Verhaltens einer Saitenschwingung entsteht)
**wollastonite*** *n* (Min) / Wollastonit *m* (Kalziummetasilikat), Tafelspat *m*
**Wollaston polarizing prism** (Optics) / Wollaston-Prisma *n*, Wollaston'sches Prisma (Polarisationsdoppelprisma - nach W.H.

1797

**Wollaston**

Wollaston, 1766-1828) || ≃ **prism*** (Optics) / Wollaston-Prisma n, Wollaston'sches Prisma (Polarisationsdoppelprisma - nach W.H. Wollaston, 1766-1828) || ≃ **wire** / Wollaston-Draht m (Platin-, Aluminium- oder Golddraht)
**WOL specimen** (Materials) / WOL-Probe f, Spaltkeilprobe f
**Woltman current meter** (Instr) / Schraubenradzähler m (nach Woltman), Woltman-Zähler m (zur Durchflussmessung strömender Flüssigkeiten verwendeter Volumenzähler, bei dem ein dem Laufrad einer Axialturbine ähnlicher Strömungskörper von der Flüssigkeit in Drehung versetzt wird - nach R. Woltman, 1757 - 1837), Schraubengangzähler m
**Woltman's sail wheel** / Messflügel m des Woltman-Zählers
**WOM** (word-organized memory) (Comp) / wortorganisierter Speicher (DIN 44 300), Speicher m mit Wortstruktur
**woman pilot** (a female pilot) (Aero) / Fliegerin f
**woman's tongue tree** / Siris n, Kokko n (indisches), Albizia n (Albizia lebbeck (L.) Benth.)
**womp** n (Electronics) / intensiver Lichtfleck (in den Elektronenstrahlröhren)
**wonderstone** n (Ceramics, Min) / Pyrophyllit m (monoklines, perlmuttglänzendes Mineral, dem Talk ähnlich)
**wood** n / Holzbehälter m (z.B. ein Fass) || ≃* (Bot, For) / Holz n (meistens nur als naturwissenschaftlicher Begriff) || **causing ~ deterioration** (For) / holzschädigend adj (Einfluss) || **~ acid** (Chem, For) / Holzsäure f || **~ adhesive** / Holzklebstoff m (DIN 68 141), Holzkleber m || **~ age** (For) / Holzalter n || **~ alcohol*** (Chem, Chem Eng) / Holzgeist m, Holzspiritus m, Holzalkohol m, Rohholzgeist m || **~ anatomy** (For) / Holzanatomie f || **~ ash** / Holzasche f
**wood-based fibre and particle panel materials** (Join) / plattenförmige Holzwerkstoffe (Holzfaserplatten + Holzspanplatten) || **~ material** (For, Join) / Holzwerkstoff m || **~ panels** (Join) / plattenförmige Holzwerkstoffe (Holzfaserplatten + Holzspanplatten) || **~ particle product** (For, Join) / Holzpartikelwerkstoff m || **~ sheet materials** (Join) / plattenförmige Holzwerkstoffe (Holzfaserplatten + Holzspanplatten)
**woodblock** n (Build) / Holzpflasterklotz m, Holzstöckel m (A) || **~** (Print) / Xyloklischee n, Holzstock m || **~ floor(ing)** (Build) / Holzpflaster n (ein Fußbodenbelagtyp nach DIN 68 701 und 68 702), Holzstöckelpflaster n (A) || **~ paving** (Build) / Holzpflaster n (ein Fußbodenbelagtyp nach DIN 68 701 und 68 702), Holzstöckelpflaster n (A)
**wood borer** (For) / Holzbohrer m, Holzbrüter m (Brutgang im Holz)
**wood-boring bit** (For, Tools) / Holzbohrer m (z.B. Nagel- oder Schlangenbohrer) || **~ insect** (For) / Holzbohrer m, Holzbrüter m (Brutgang im Holz)
**wood brick*** (Build) / Dübelstein m (aus Holz), eingemauerter Holzklotz für Befestigungszwecke, Nagelblock m
**wood(en) bridge** (Arch, Carp) / Holzbrücke f (DIN 1074)
**wood broker** (For) / Holzmakler m || **~ carbonization** (Chem Eng) / Holzverkohlung f, Holzdestillation f (trockene), Holzpyrolyse f, Holzverschwelung f
**wood-care product** (For, Join) / Holzpflegemittel n
**woodcarving** n / Holzbildhauerei f, Holzschnitzerei f
**wood cell** (For) / Holzzelle f || **~ cement** (For) / Holzzement m (Kitt aus Holzmehl und einem Bindemittel)
**wood-cement board** (Build) / Holzwolle-Leichtbauplatte f (mit mineralischem Bindemittel)
**wood charcoal** (Pharm) / Holzkohle f, Carbo m ligni || **~ charcoal** n / Holzkohle f (Hauptprodukt der Holzverkohlung) || **~ chemistry** (Chem, For) / Holzchemie f, Chemie f des Holzes
**woodchip** n / Holzschnitzel n (als Reduktionsmittel in einem Lichtbogenofen) || **~** (For) / Holzhackschnitzel n
**wood chipboard** (For, Join) / Spanplatte f (aus Holz - DIN EN 312), Holzspanplatte f (DIN 68760)
**woodchip paper** (Paper) / Raufaserpapier n, Raufasertapete f || **~ wallpaper** (Paper) / Raufaserpapier n, Raufasertapete f
**woodchoppers' maul** (Tools) / Spaltaxt f
**wood-cleaver's axe** (Tools) / Spaltaxt f
**wood coal** / Holzkohle f (Hauptprodukt der Holzverkohlung) || **~ coal** (Mining) / (Hart)Braunkohle (von holziger Beschaffenheit) f, xylitische Braunkohle, holzige Kohle (Braunkohle) || **~ colouration** (For) / Holzfärbung f || **~ composition** (For) / Holzmasse f (z.B. für Schränke von Audio-Anlagen)
**wood-composition boards** (Join) / plattenförmige Holzwerkstoffe (Holzfaserplatten + Holzspanplatten)
**wood compound** (Join) / Holzpaste f || **~ concrete** (Build) / Holzbeton m (gemischtporiger Beton, bei dem der Zuschlag aus Holzspänen besteht) || **~ construction** (Build) / Holzbau m (Bauwerk aus Holz), Holzbaukonsruktion f
**wood-containing** adj (Paper) / holzschliffhaltig adj, holzhaltig adj, h'h, h'haltig adj

**wood-containing paper** (Paper) / holzhaltiges Papier (mit 5 bis 90% Holzschliffanteil), h'haltiges Papier || **~ creosote** (Chem Eng) / Kreosot n (aus den schweren Holzteer-Öl-Fraktionen)
**woodcut*** n (Print) / Holzschnitt m (manuell gefertigte Holz-Hochdruckplatte und der Abzug davon) || **~** (Print) / Xyloklischee n, Holzstock m
**woodcutter** n (For) / Holzfäller m, Holzhacker m, Holzhauer m, Holzarbeiter m
**woodcutting machine** (For, Join) / Holzbearbeitungsmaschine f, Holzverarbeitungsmaschine f (mit Späneanfall - z.B. Säge, Hobel-, Fräs-, Dreh- und Bohrmaschine)
**wood-decay** attr (For, Zool) / holzzerstörend adj (Schädling, Pilz)
**wood decayer** (For) / Holzzerstörer m (z.B. Pilz) || **~ decomposer** (For) / Holzzerstörer m (z.B. Pilz) || **~ destroyer** (For) / Holzzerstörer m (z.B. Pilz)
**wood-destroying** adj (For, Zool) / holzzerstörend adj (Schädling, Pilz)
**wood deterioration** (For, Zool) / Holzschaden m (durch Pilze, durch Tiere) || **~ disease** (For) / Holzerkrankung f || **~ distillation** (Chem Eng) / Holzdestillation f, Holzverkohlung f (trockene), Holzpyrolyse f, Holzverschwelung f || **~ dowel** (Build, Join) / Holzdübel m (DIN 68 150-1)
**wood-drying plant** (For) / Holztrocknungsanlage f (die aus einer oder mehreren Trocknereinheiten sowie den erforderlichen Zusatzeinrichtungen besteht)
**wood-dust explosion** / Holzstaubexplosion f
**wood-eating** adj (For) / holzfressend adj (Schädling), lignivor adj
**wooded** adj (having woods or many trees) (For) / aufgeforstet adj, bewaldet adj (aufgeforstet), waldig adj || **~** (For) / baumbestanden adj, mit Baumbestand, mit Bäumen bewachsen || **~ belt** (Build, For) / Waldgürtel m
**Wood effect** (Photog) / Wood-Effekt m (nach R.W. Wood, 1868 - 1955) ≃ **electrolyte** (Surf) / Wood-Elektrolyt m (mit NiCl$_2$ und HCl)
**wooden copper** (Min) / Olivenit m (holzartig faseriger) || **~ crusher block** (Mining) / Quetschholz n (Holzklotz zwischen zwei Ausbauteilen oder zwischen Ausbauteilen und Gestein, der bei Druckaufnahme zerquetscht wird) || **~ dowel** (Build, Join) / Holzdübel m (DIN 68 150-1) || **~ floor** (Build) / Holzfußboden m (Bretter, Parkett)
**wood engraving** (Print) / Holzschnitt m (als Reproduktionstechnik)
**wooden hammer** (Civ Eng, Tools) / Holzhammer m, Holzschlegel m, Stemmknüppel m || **~ handle** / Holzgriff m (z.B. einer Handsäge) || **~ handle** (Tools) / Holm m (der Axt, des Hammers) || **~ package** (For) / Holzpackmittel n (Fässer, Trommeln, Kisten und Verschläge), Holzverpackung f || **~ panelling** (Join) / Vertäfelung f (als Tätigkeit), Täfelung f (als Tätigkeit), Täfeln n || **~ partition** (Build) / Verschlag m (eine trennende Bretterwand)
**wooden-pile bridge** (Civ Eng) / Pfahljochbrücke f (Holzbrücke, welche aus einfachen Pfahljochen besteht, die mit Holzplanken bedeckt sind)
**wooden screw** (Eng) / Holzschraube f (aus Holz) || **~ sole** / Holzsohle f || **~ soling** / Holzbesohlung f (des Schuhwerks) || **~ strip** (of the bow-saw) (Carp, For, Join) / Spannstock m, Knebel m || **~ structure** (Carp) / Holzbauwerk n (DIN EN 594 und 595)
**woodenware** n (For) / Holzwaren f pl || **~** (For) / Haushaltsartikel m pl aus Holz
**wood extractive** (Chem, For) / Holzextraktstoff m, Holzextraktivstoff m, Holzinhaltsstoff m
**wood-fibered plaster** (US) (Build) / Gips m mit Holzfaserzusatz
**wood fibre*** (Bot, For) / verholzte Faser, Holzfaser f
**wood-fibre board** (For) / Holzfaserplatte f
**wood-fibred plaster** (Build) / Gips m mit Holzfaserzusatz
**wood filler** (Paint) / Porenfüller m (zum Füllen von Holzporen)
**wood-fired** adj / holzbefeuert adj
**wood-firing plant** / Holzfeuerungsanlage f
**wood flour** (For) / Holzmehl n (feines) || **~ for building** (Build, For) / Bauholz n || **~ for fuel** (For, Fuels) / Brennholz n || **~ for musical instruments** (Acous, For) / Instrumentenholz n (ein Klangholz) || **~ frame** (For) / Holzrahmen m || **~ framing** (Build, Carp) / Holzrahmenwerk n
**wood-free** adj (Paper) / holzfrei adj (holzschliffrei), aus reiner Zellulose, h'f (holzfrei) || **~ paper** (Paper) / holzfreies Papier (bis zu 5% Holzschliffanteil), h'freies Papier
**wood gas** n (Chem Eng) / Holzgas n (Zielprodukt der Holzvergasung) || **~ gasification** (Chem Eng) / Holzvergasung f (trockene Umwandlung des Holzes in Gegenwart von begrenzten Mengen an Oxidationsmitteln) || **~ glue** (For, Join) / Holzleim m (ein Holzklebstoff) || **~ glu(e)ing** (Carp, Join) / Holzverleimung f
**woodgrain** n (For) / Holztextur f (Zeichnung des Holzes, durch die beim Längsschnitt oder beim Schälen und Messern des Holzes angeschnittenen Jahrringe, Zuwachszonen, Längsparenchymbänder, Gefäße und Holzstrahlen hervorgerufen), Textur f

**wood harvest** (For) / Holzernte f ‖ **~ harvesting machine** (For) / Holzerntemaschine f ‖ **~ heating** / Heizen n mit Holz ‖ **~ heel** / Holzabsatz m (z.B. Keil-, Block- usw.)
**wood-importing country** (For) / Holzeinfuhrland n, Holzzuschussbedarfsland n
**wood industry** (For) / Holzwirtschaft f, Holzindustrie f, Holzgewerke n pl
**wood-inhabitant** adj (Bot, Zool) / lignikol adj, auf Holz lebend, holzbewohnend adj
**wood injury** (For, Zool) / Holzschaden m (durch Pilze, durch Tiere) ‖ **~ inlay** (Join) / eingelegte Arbeit (Kunsthandwerk), Einlegearbeit f (Intarsie, Marketerie) ‖ **~ joint** (Carp, Join) / Holzverbindung f (z.B. Überblattung od. Verkämmung) ‖ **~ lacquer** (For, Paint) / Holzlack m
**woodland\*** n (For) / bewaldete Zone, Waldzone f, Waldland n, Waldgelände n (mit Nutzholz) ‖ **~ management** (For) / Forstwirtschaft f, Waldwirtschaft f ‖ **~ pasture** (Agric) / Waldweide f, Hutweide f (geringwertiges Weideland)
**woodlands** pl (For) / bewaldete Zone, Waldzone f, Waldland n, Waldgelände n (mit Nutzholz)
**wood lathing** (Build) / Putzlatten f pl ‖ **~ letters\*** (Typog) / Holzschrift f (für Plakate und Schlagzeilen) ‖ **~ lever** / Spake f (als Hebel dienende Holzstange)
**Wood-light lamp** / Woodlicht-Lampe f (Quecksilberdampflampe als Quelle für UV-Strahlung - nach R.W. Wood, 1868 - 1955)
**wood-like** adj / holzähnlich adj
**woodlouse** n (pl. -lice) (Agric, Chem, For) / Kellerassel f (Porcellio scaber Latr. - eine Landassel) ‖ **~** (pl. -lice) (Agric, Chem, For) / Landassel f (Familie Oniscoidea) ‖ **~** (pl. -lice) (Agric, Chem, Zool) / Assel f (Ordnung Isopoda)
**woodman** n (pl. -men) (For) / Holzfäller m, Holzhacker m, Holzhauer m, Holzarbeiter m
**wood meal** (For) / Holzmehl n (grobes)
**wood-milling cutter** (For, Join) / Holzfräser m
**wood moisture** (For, Join) / Holzfeuchte f (DIN 18355) ‖ **~ naphtha** (Chem Eng) / Holzgeist m, Holzspiritus m, Holzalkohol m, Rohholzgeist m ‖ **~ of broad-leaved trees** (For) / Laubholz n (das Holz bedecktsamiger Pflanzen), LH (Laubholz) ‖ **~ of commercial value** (For) / Nutzholz n ‖ **~ of deciduous trees** (For) / Laubholz n (das Holz bedecktsamiger Pflanzen), LH (Laubholz) ‖ **~ of small diameter** (For) / Dünnholz n ‖ **~ of the bully tree** (For) / "Pferdefleisch" n, Balataholz n (aus Manilkara bidentata) ‖ **~ oil** / Gurjunbalsam m, Gardschanbalsam m, Gardjanbalsam m (von Dipterocarpus alatus Roxb. und D. turbinatus C.F. Gaertn.) ‖ **~ oil** (Chem) / Holzöl n (Japanisches oder Chinesisches) ‖ **~ oil tree** (For) / Holzölbaum m (Aleurites fordii Hemsl.), Tungölbaum m ‖ **~ opal\*** (Min) / Holzopal n (Varietät des Opals) ‖ **~ packing** (For) / Holzpackmittel n (Fässer, Trommeln, Kisten und Verschläge), Holzverpackung f ‖ **~ paper** (Paper) / stark holzhaltiges Papier ‖ **~ parenchyma** (Bot, For) / Xylemparenchym n, Holzparenchym n
**wood-particle moulding** (For) / Spanformteil n ‖ **~ moulding** (For) / Faserformteil n (der aus Holzfaserstoff hergestellt wird)
**wood pathology** (For) / Holzpathologie f (Lehre von den Ursachen und der Struktur krankhafter Erscheinungen im Holz) ‖ **~ pattern** (Foundry) / Holzmodell n (DIN EN 12 890)
**wood-pattern shop** (Foundry, Join) / Modellschreinerei f, Modelltischlerei f
**woodpecker's hole** (For) / Spechtloch n
**woodpecker welding** (Welding) / Impulsschweißen n (bei dem einem Grundstrom ein Impulsstrom unterschiedlicher Form, Frequenz und Amplitude überlagert wird)
**wood peeler** (For) / Holzschälmaschine f ‖ **~ pellet** / Holzpellet n (Festbrennstoff)
**wood-pest infestation** (For) / Holzschädlingsbefall m
**wood physics** (For, Phys) / Holzphysik f
**woodpile** n (For) / Holzstoß m, Holzstapel m, Stoß m
**wood pilework** (Civ Eng) / Holzpfahlrost m ‖ **~ (tar) pitch** (Chem Eng) / Holzpech n, Holzteerpech m (Rückstand der Holzteerdestillation)
**woodplaning machine** (For, Join) / Abrichthobelmaschine f (mit unten liegender Messerwelle, die mit ihrem Scheitel zwischen zwei Tischlippen hobelt)
**wood(y) plant** (Bot, For) / Holzgewächs n, Holzpflanze f, Gehölz n (mehrjährige Pflanze mit verholzenden oberirdischen Trieben - DIN1946-1)
**wood plantation** (For) / Holzplantage f, Forstplantage f
**wood-plastic composite** (For, Plastics) / Polymerenholz n, Holz-Kunststoff-Kombination f, Polymerholz n
**wood-polymer composite** (material) (For, Plastics) / Polymerenholz n, Holz-Kunststoff-Kombination f, Polymerholz n
**wood polysaccharide** (Chem) / Holzpolysaccharid n ‖ **~ preservation** (For) / Holzschutz m (DIN 52175 und 68800), Holzkonservierung f ‖ **~ preservative\*** (For) / Holzschutzmittel n (DIN 68800, DIN-EN 160)

**wood-preserving method** (For) / Einbringverfahren n (zum Auf- und Einbringen von Holzschutzmitteln nach DIN 52 175)
**wood primer** (For, Join, Paint) / Holzgrundiermittel n, Grundanstrichstoff m ‖ **~ processing** (For) / Holzveredlung f, Holzvergütung f
**wood-processing machine** / Holzbearbeitungsmaschine f (im Allgemeinen)
**wood products** (For) / Holzwaren f pl ‖ **~ property** (For) / Holzeigenschaft f (physikalische, technologische) ‖ **~ pulley** (Eng) / Holzriemenscheibe f ‖ **~ pulp\*** n (Paper) / [mechanischer] Holzschliff m (DIN 6730), [mechanischer] Holzstoff m, Holzmasse f
**wood-pulp board** (Paper) / Holzschliffpappe f, einlagige Zellstoffpappe, Zellstoffkarton n
**wood pulping** / Holzaufschluss m (mechanisch, chemisch, halbchemisch)
**wood-pulp moulding** (For) / Faserformteil n (der aus Holzfaserstoff hergestellt wird)
**wood•-pulp paper** (Paper) / holzhaltiges Papier (mit 5 bis 90% Holzschliffanteil), h'haltiges Papier ‖ **~ pyrolysis** (Chem Eng) / Holzverkohlung f, Holzdestillation f (trockene), Holzpyrolyse f, Holzverschwelung f ‖ **~ ray** (Bot) / Holzstrahl m ‖ **~ residues** (For) / Holzabfälle m pl, Holzreste m pl ‖ **~ roll** (Build) / Holzleiste f ‖ **~ rosin** / Extraktionskolophonium n, Wurzelharz n (aus totem Kernholz der Stümpfe und der Äste)
**wood-rotting** adj (For, Zool) / holzzerstörend adj (Schädling, Pilz)
**Woodruff cutter** (Eng) / Schlitzfräser m (ein schmaler Scheibenfräser zur Herstellung von Scheibenfedernuten - nach DIN 850) ‖ **~ key\*** (a key whose cross section is part circular, to fit into a curved keyway in a shaft, and part rectangular) (Eng) / Scheibenfeder f (DIN 6888)
**Woodruff-keyway cutter** (Eng) / Schlitzfräser m (ein schmaler Scheibenfräser zur Herstellung von Scheibenfedernuten - nach DIN 850)
**Woodruff-keyway mill** (Eng) / Schlitzfräser m (ein schmaler Scheibenfräser zur Herstellung von Scheibenfedernuten - nach DIN 850)
**woods** pl (For) / bewaldete Zone, Waldzone f, Waldland n, Waldgelände n (mit Nutzholz)
**wood saccharification** (Chem Eng) / Hydrolyse f der Polysaccharide im Holz, Holzverzuckerung f, Holzhydrolyse f (z.B. nach dem Scholler-Tornesch-Verfahren) ‖ **~ sanding dust** (For) / Holzschleifstaub m
**woodscrew** n (Eng) / Holzschraube f (für Holz) (DIN 95, 96, 97) ‖ **~ thread** (Eng) / Holzschraubengewinde n (DIN ISO 1891)
**wood section** (preparation technique) (For) / präparativer Holzschnitt (mikroskopierfähiger)
**Wood's glass\*** (Glass) / Wood-Glas n (für Woodlicht-Lampen) ‖ **~ glass screen** (Glass, Phys) / Ultraviolettfilter n nach Wood
**wood shavings** (For) / Hobelspäne m pl
**woodshed** n / Holzschuppen m (zum Aufbewahren von Brennholz)
**wood shrinkage** (For) / Holzschwindung f
**woodsman** n (pl. -men) (For) / Holzfäller m, Holzhacker m, Holzhauer m, Holzarbeiter m
**Wood's metal** (a fusible alloy) (Met) / Wood-Metall n, Wood-Legierung f, Wood'sches Metall (50 % Bi, 25 % Pb, 12,5 % Cd und 12,5 % Sn - Schmelzpunkt bei 60° C)
**wood sole** / Holzsohle f ‖ **~ species** (Bot, For) / Holzart f ‖ **~ spirit\*** (Chem Eng) / Holzgeist m, Holzspiritus m, Holzalkohol m, Rohholzgeist m ‖ **~ spirit of turpentine** (Chem Eng) / niedrigsiedende Fraktion bei der Gewinnung des Holzterpentinöls
**Wood's -Saxon potential** (Nuc) / Woods-Saxon-Potential n (bei Kernmodellen)
**wood stack** (For) / Holzstoß m, Holzstapel m, Stoß m ‖ **~ stain** (For, Join) / Holzbeize f (zur Holzveredlung), Möbelbeize f, Beize f
**wood-staining fungi** (For) / holzverfärbende Pilze (DIN EN 335-1 - meist Ascomyceten und Fungi imperfecti)
**wood stairs** (Build, Carp) / Holztreppe f
**woodstone** n (For) / versteinertes Holz, Dendrolith m
**wood substance** (For) / Holzsubstanz f ‖ **~ sugar\*** (Chem) / Holzzucker m (als Produkt der Holzverzuckerung), Xylose f ‖ **~ tar\*** (Chem, Chem Eng) / Holzteer m (z.B. Buchenteer - auch als Zusatz für medizinische Seifen) ‖ **~ technology** (Chem Eng) / Holztechnologie f (mechanische, chemische) ‖ **~ testing** (For) / Holzprüfung f (DIN 52180) ‖ **~ texture** (For) / Holztextur f (Zeichnung des Holzes, durch die beim Längsschnitt oder beim Schälen und Messern des Holzes angeschnittenen Jahrringe, Zuwachszonen, Längsparenchymbänder, Gefäße und Holzstrahlen hervorgerufen), Textur f ‖ **~ tin\*** (Min) / Holzzinn n (ein ehemals gelförmiger, aber stets feinkristallin gewordener Zinnstein in glaskopfartigen Massen, oft mit achatartiger heller und dunkler brauner Bänderung)
**woodturner** n (Eng, For) / Drechsler m

**woodturning**

**woodturning** n (Eng, For) / Drechseln n ‖ ~ **lathe** (Eng, For) / Holzdrehmaschine f, Drechselbank f, Drechslerbank f, Holzdrehbank f
**wood turpentine** (Chem) / aus totem Kernholz der Stümpfe und Äste gewonnenes Terpentin
**wood-vinegar** n (Chem) / Holzessig m
**Woodward-Hoffmann rule** (Chem) / Woodward-Hoffmann-Regel f (von der Erhaltung der Orbitalsymmetrie - nach R.B. Woodward, 1917-1979, und R. Hoffmann, geb. 1937)
**woodwasp** n (For, Zool) / Holzwespe f (z.B. Riesenholzwespe oder Kiefernholzwespe - ein tierischer Holzschädling)
**wood waste** (For) / Holzabfälle m pl, Holzreste m pl ‖ ~ **wedge** (For) / Holzkeil m ‖ ~ **wool** (GB) (For) / Holzwolle f
**wood-wool machine** / Holzwollemaschine f
**wood-wool slab\*** (Build) / Holzwolle-Leichtbauplatte f (DIN 1101)
**woodwork** n (GB) (For, Join) / Holzbearbeitung f, Holzarbeit f
**woodworker's bench** (Join) / Hobelbank f (Arbeitsplatz des Tischlers) ‖ ~ **mallet** (Tools) / Knüpfel m, Bildhauerknüpfel m
**woodworking** n (For, Join) / Holzbearbeitung f, Holzarbeit f ‖ ~ **joint** (Carp, Join) / Holzverbindung f (z.B. Überblattung od. Verkämmung) ‖ ~ **machine** (For, Join) / Holzbearbeitungsmaschine f, Holzverarbeitungsmaschine f (mit Späneanfall - z.B. Säge, Hobel-, Fräs-, Dreh- und Bohrmaschine)
**woodwork technology** (Chem Eng) / Holztechnologie f (mechanische, chemische) ‖ ~ **technology** (For, Join) / Holzbearbeitung f, Holzarbeit f ‖ ~ **varnish** (For, Paint) / Holzlack m
**woodworm** n (For) / holzwurmbefallenes Holz ‖ ~ (For) / Holzwurm m (Käfer oder deren Larven) ‖ ~ **control** (For) / Holzwurmbekämpfung f ‖ ~ **infestation** (For) / Holzwurmbefall m ‖ ~ **treatment** (For) / Holzwurmbekämpfung f
**woody** adj (Bot) / Holz-, holzartig adj, holzig adj ‖ ~ (For, Geog) / waldreich adj ‖ ~ (Nut) / holzig adj (Geruchsnote) ‖ ~ (Paper) / holzschliffhaltig adj, holzhaltig adj, h'h, h'haltig adj
**woodyard** n (For) / Holzlager m, Holzlagerplatz m, Holzplatz m
**woody fracture** (Materials, Met) / holzfaserartiger Bruch, Holzfaserbruch m ‖ ~ **lignite** (Mining) / (Hart)Braunkohle (von holziger Beschaffenheit) f, xylitische Braunkohle, holzige Kohle (Braunkohle) ‖ ~ **tissue\*** (Bot, For) / verholztes Gewebe
**woof** n (threads across the width of a fabric) (Weaving) / Schuss m (Fadensystem)
**woofer\*** n (Acous) / Tieftonlautsprecher m, Tieftöner m, Woofer m
**wool\*** n (Textiles) / Wolle f (von Schaf und Ziege), WO (für Schafwolle nach DIN 60001, T 4)
**wool-and-silk union** (Textiles) / Wolle-Seide-Mischgewebe n, Halbseide f mit Wolle
**wool bale** (Textiles) / Wollballen m ‖ ~ **batiste** (Textiles) / Wollbatist m
**woolblend-worsted** n (Spinning) / Wollmischkammgarn n
**wool-burn liming** (sheep) (Leather) / Äscher m ohne Haargewinnung
**wool card** (Textiles) / Wollkrempel f, Wollkarde f, Wollkratze f ‖ ~**-carding** n (Spinning) / Streichgarnkrempeln n, Streichwollkrempeln n ‖ ~ **classification** (Textiles) / Wollklassifizierung f (handelsübliche Zusammenstellung von Kurzbezeichnungen für Wolltypen nach Feinheit, Länge, Kräuselung und Ausgeglichenheit, Farbe, Glanz, Reinheit und Bruchfestigkeit zu Sortimenten zusammengefasst) ‖ ~ **cloth** (Textiles) / Wollstoff m, Wollgewebe n ‖ ~ **comber** (Spinning) / Wollkämmstuhl m, Wollkämmmaschine f ‖ ~ **combing** (Spinning) / Wollkämmen n (DIN 60415), Wollkämmerei f (Tätigkeit) ‖ ~ **combing machine** (Spinning) / Wollkämmstuhl m, Wollkämmmaschine f ‖ ~ **combing works** (Spinning) / Wollkämmerei f (Betrieb) ‖ ~ **damage** (Textiles) / Wollschädigung f ‖ ~ **dye** (Textiles) / Wollfarbstoff m
**wool-dyed** adj (Textiles) / in der Wolle gefärbt, wollfarbig adj
**wool dyestuff** (Textiles) / Wollfarbstoff m
**woolen** n (US) (Textiles) / Wollstoff m, Wollgewebe n ‖ ~ **adj** (US) (Textiles) / Woll-, wollen adj, aus Wolle ‖ ~ **cycle** (Textiles) / Wollsiegelprogramm n, Wollprogramm n (bei Waschautomaten) ‖ ~ **garments** (Textiles) / Wollware f (Kleider, Anzüge)
**woolens** pl (US) (Textiles) / Wollware f (Kleider, Anzüge)
**wool fast dyestuff** (Textiles) / Wollechtfarbstoff m ‖ ~ **fat** (Chem, Textiles) / Rohwollfett n, Wollwachs n (Rohwollfett) ‖ ~ **fat** (Textiles) s. also lanolin ‖ ~ **felt** (Textiles) / Wollfilz m ‖ ~ **fibre** (Textiles) / Wollfaser f ‖ ~ **for carded spinning** (Spinning) / Streichwolle f ‖ ~ **for worsted spinning** (Spinning) / Kammwolle f (durch Kämmen gewonnene lange, wenig gekräuselte Wolle), Kammgarn n (für das Kammgarnspinnverfahren, Worstedgarn n ‖ ~ **from the blue vat** (Textiles) / angeblaute Wolle ‖ ~ **grease** (Chem, Textiles) / Rohwollfett n, Wollwachs n (Rohwollfett) ‖ ~ **grower** (Agric) / Wollschafzüchter m
**wooling** n (Ships) / Maus f (Verdickung von Tauen mit Kabelgarn oder Schiemannsgarn)

**wool in the grease** (Textiles) / Schweißwolle f, Schmutzwolle f, Fettwolle f, Schweißwolle f (frisch geschorene, ungewaschene) ‖ ~ **in the suint** (Textiles) / Schweißwolle f, Schmutzwolle f, Fettwolle f, Schwitzwolle f (frisch geschorene, ungewaschene)
**woollen** n (Textiles) / Wollstoff m, Wollgewebe n ‖ ~ **adj** (Textiles) / Woll-, wollen adj, aus Wolle ‖ ~ **fabric** (Textiles) / Wollstoff m, Wollgewebe n ‖ ~ **paper** (Paper) / Papier n für Kalanderwalzen, Kalanderwalzenpapier n (das Wollfasern enthält)
**woollens** pl (Textiles) / Wollware f (Kleider, Anzüge) ‖ ~\* (Textiles) / Wollsachen f pl, Wollwaren f pl
**woollen spinning** (Spinning) / Streichgarnspinnerei f (DIN 60412), Streichgarnverfahren n, Streichgarnspinnverfahren n ‖ ~ **spinning frame** (Spinning) / Streichgarnmaschine f
**woollen-spun** adj (Spinning) / streichgarnartig versponnen, auf der Streichgarnmaschine versponnen ‖ ~ **yarn** (Spinning) / Streichgarn n, kardiertes Garn, Krempelgarn n
**woollen system** (Spinning) / Streichgarnspinnerei f (DIN 60412), Streichgarnverfahren n, Streichgarnspinnverfahren n ‖ ~ **system spinning** (Spinning) / Streichgarnspinnerei f (DIN 60412), Streichgarnverfahren n, Streichgarnspinnverfahren n ‖ ~ **yarn** (Spinning) / Wollgarn n ‖ ~ **yarn drafting system** (Spinning) / Streichgarnstreckwerk n
**woollies** pl (Textiles) / dicke, gestrickte Wollbekleidung (für den Winter)
**wool-like** adj (manmade fibre) (Textiles) / W-Typ- (Faser), vom Wolltyp
**woolly** adj / wollig adj, wollartig adj ‖ ~ (Textiles) / mit Wollhaaren ‖ ~ **apple aphid** (Agric, Zool) / Blutlaus f (Eriosoma lanigerum - gefährlicher Obstbaumschädling)
**Woolmark** n (Textiles) / Wollsiegel n (internationale Schutzmarke für reine Schurwolle und andere Qualitätsmerkmale)
**Woolmark-quality article** (Textiles) / Wollsiegelartikel m
**wool muslin** (Textiles) / Wollmusselin m ‖ ~ **oil** (Chem, Textiles) / Rohwollfett n, Wollwachs n (Rohwollfett) ‖ ~ **oil** (Spinning) / Spinnschmälze f, Schmälze f, Spicköl n, Schmälzmittel n (z.B. für die Wollspinnereien), Spinnöl n ‖ ~ **oil** (Textiles) / Wollschmälzmittel n, Wollspicköl n, Wollöl n ‖ ~ **oil** (Textiles) s. also suint
**woolpack** n / Sack m für Wolle, Wollsack m
**wool pests** (Textiles) / Wollschädlinge m pl (z.B. Diebkäfer, Kleidermotten, Pelzkäfer usw.) ‖ ~ **plush** (Textiles) / Wollplüsch m ‖ ~ **Press** n (Textiles) / Wool-Press-Ausrüstung f (für Stoffe aus Wolle-Polyester und Wolle-Acryl) ‖ ~ **processing** (Textiles) / Wollveredlung f ‖ ~ **protein** (Chem, Textiles) / Wollprotein n ‖ ~ **provenance** (Textiles) / Wollprovenienz f (Herkunftsbezeichnung für Schurwolle, die meist auch einen Hinweis auf Qualität gibt) ‖ ~ **provenience** (US) (Textiles) / Wollprovenienz f (Herkunftsbezeichnung für Schurwolle, die meist auch einen Hinweis auf Qualität gibt) ‖ ~ **sample** (Textiles) / Wollmuster n
**wool-save liming** (sheep) (Leather) / haarschonender Äscher, haarerhaltender Äscher, Äscher m mit Haargewinnung
**wool scouring** (Textiles) / Wollwäsche f (Wäsche der zur Weiterverarbeitung vorgesehenen Wolle)
**wool-scouring plant** (Textiles) / Wollwaschanlage f ‖ ~ **range** (Textiles) / Wollwaschanlage f ‖ ~ **wastewater** (San Eng) / Wollwäschereiabwässer n pl
**wool sheep** (Agric, Zool) / Wollschaf n ‖ ~**-sorters' disease\*** (Med, Textiles) / Lungenmilzbrand m, Wollsortiererkrankheit f, Hadernkrankheit f (eine Form von Milzbrand - eine Berufskrankheit) ‖ ~ **staple** (Spinning) / Wollstapel m ‖ ~ **top** (Spinning) / Wollkammzug m, Wollkammzugband n ‖ ~ **vermin** / Wollschädlinge m pl (z.B. Diebkäfer, Kleidermotten, Pelzkäfer usw.) ‖ ~ **washing** (Textiles) / Wollwäsche f (Wäsche der zur Weiterverarbeitung vorgesehenen Wolle)
**wool-washing machine** (Textiles) / Wollwaschmaschine f (DIN 64100)
**wool waste** / Wollabfall m, Wollabgang m ‖ ~ **wax** (Chem, Textiles) / Rohwollfett n, Wollwachs n (Rohwollfett) ‖ ~ **wax alcohol** (Chem) / Wollwachsalkohol m (unverseifbare Fraktion von Wollwachs) ‖ ~ **weaving** (Textiles, Weaving) / Wollweberei f (Tätigkeit) ‖ ~ **yarn** (Spinning, Textiles) / Wollgarn n
**woonerf** (pl. -s) (a road in which devices for reducing or slowing the flow of traffic have been installed) (Civ Eng) / verkehrsberuhigte Straße
**word\*** n (Comp) / Wort n ‖ ~ **address** (Comp) / Wortadresse f
**wordage** n / Wortlaut m
**word-aligned** adj (Comp, Print) / auf Wortgrenze ausgerichtet
**word boundary** (Comp, Print) / Wortgrenze f ‖ ~ **constant** (Comp) / Wortkonstante f, Festwortkonstante f ‖ ~ **control** (Comp) / Wortsteuerung f ‖ ~ **count** (Comp) / Wortzählung f ‖ ~ **delimiter** (Comp) / Wortbegrenzungszeichen n, Worttrennzeichen n ‖ ~ **division** (Comp, Typog) / Silbentrennung f
**word-expert parsing** (AI) / Wortexperten-Parsing n
**word formation** (AI) / Wortbildung f ‖ ~ **hypothesis** (AI) / Worthypothese f
**wording** n / Wortlaut m

**word length**\* (Comp) / Wortlänge f ‖ ~ **line** (Comp) / Wortleitung f ‖ ~ **mark** / Wortzeichen n (ein Warenzeichen) ‖ **mark** (Comp) / Wortmarke f ‖ ~ **offset** (Comp) / Wortabstand m (vom Dokumentanfang)
**word-organized** adj (Comp) / wortorganisiert adj, wortweise parallelarbeitend ‖ ~ **memory** (Comp) / wortorganisierter Speicher (DIN 44 300), Speicher m mit Wortstruktur ‖ ~ **storage** (Comp) / wortorganisierter Speicher (DIN 44 300), Speicher m mit Wortstruktur
**word-oriented** adj (Comp) / wortorientiert adj
**word-oriented computer** (Comp) / Wortmaschine f, wortorientierter Rechner (der die Operanden als Wort fester Länge speichert) ‖ ~ **machine** (Comp) / Wortmaschine f, wortorientierter Rechner (der die Operanden als Wort fester Länge speichert)
**word output** (Comp) / Wortausgabe f ‖ ~ **pattern** (AI) / Wortmuster n ‖ ~ **problem** (Maths) / Identitätsproblem n, Wortproblem n ‖ ~ **processing** (Comp) / Textverarbeitung f (mit Hilfe von textverarbeitenden Systemen), TV (Textverarbeitung) ‖ ~ **processing** (Comp) s. also text processing ‖ ~ **processing output to microfilm** (Comp) / Textverarbeitungsausgabe f auf Mikrofilm ‖ ~ **processing system** (a system designed specifically for word processing) (Comp) / textverarbeitendes System (DIN 2140-1), Textsystem n (DIN 2140-1), Textautomat m ‖ ~ **processor** (a computer program to perform word processing) (Comp) / Textverarbeitungsprogramm n ‖ ~ **processor**\* (Comp) / textverarbeitendes System (DIN 2140-1), Textsystem n (DIN 2140-1), Textautomat m ‖ ~ **recognition** (AI) / Worterkennung f
**word-recognition algorithm** (AI) / Worterkennungsalgorithmus m
**word-select register** (Comp) / Wortauswahlregister n
**word separator character** (Comp) / Wortbegrenzungszeichen n, Worttrennzeichen n ‖ ~ **spellchecker** (Comp) / Orthografieprogramm n, Rechtschreibkontrollprogramm n, Programm n zur Orthografieüberprüfung, Schreibfehlerprüfungsprogramm n, Spell Checker m, Rechtschreibprüfprogramm n ‖ ~ **spelling** / Buchstabieren n eines Wortes ‖ ~ **spelling** / Schreibweise f eines Wortes
**words per minute** (Comp) / Wörter pro Minute, WPM (Wörter pro Minute)
**word spotting** (Comp) / Word-Spotting n, Erkennen n von Schlüsselwörtern in fließender Rede
**word-stem retrieval** (AI) / Wortstamm-Retrieval n
**word structure** (Comp) / Wortstruktur f ‖ ~ **time** (Comp) / Wortzeit f, Worttaktzeit f (Verarbeitungszeit je Wort)
**word-wrap** n (Comp, Print) / automatischer Zeilenumbruch, Word-Wrap n (ein Hilfsmittel zum Text- und Zeilenumbruch), Textumbruch m
**work** v / arbeiten v ‖ ~ verarbeiten v ‖ ~ (Eng) / funktionieren v, gehen v, in Betrieb sein, in Gang sein, laufen v ‖ ~ (Eng) / bearbeiten v (nichtspanend) ‖ ~ (Eng) / fahren v (Maschinen), betreiben v (Anlagen) ‖ ~ (Nut) / kneten v ‖ ~ vi (For, Join) / leicht bearbeitbar sein (Holz) ‖ ~ vt / betätigen v, in Betrieb setzen ‖ ~ / durchkneten v, durcharbeiten v (Teig, Ton) ‖ ~ n / Werk n (beim Werkvertrag das als Erfolg geschuldete, körperliche oder unkörperliche Ergebnis von Arbeits- und/oder Dienstleistung) ‖ ~ (Eng) / Lauf m (der Maschine - Tätigkeit), Gang m (der Maschine) ‖ ~\* (Phys) / Arbeit f (in J oder kWh)
**workability** n / Verarbeitbarkeit f, Verarbeitungsfähigkeit f, Bearbeitbarkeit f ‖ ~ / Durchführbarkeit f (eines Projekts) ‖ ~ (Ceramics) / Verformbarkeit f ‖ ~ **of coal** (Mining) / Gang m der Kohle, Gängigkeit f der Kohle (Gewinnbarkeit im Streb) ‖ ~ **slump test** (Civ Eng) / Setzprobe f (ein Messverfahren zur Bestimmung der Frischbetonkonsistenz)
**workable** adj / verarbeitbar adj, verarbeitungsfähig adj, bearbeitbar adj ‖ ~ / durchführbar adj (Projekt), ausführbar adj, anwendbar adj ‖ ~ (Ceramics) / verformbar adj ‖ ~ (Mining) / bauwürdig adj, abbaufähig adj, abbauwürdig adj ‖ ~ **size** (Eng) / Werkstoffabmessung f, [technologisch bedingtes] Arbeitsmaß n
**work · and-tumble**\* n (Print) / Umstülpen n (die Änderung der Vorderanlage der Druckbogen vor Bedrucken der Rückseite; die Seitenanlage bleibt an der gleichen Papierkante) ‖ ~-**and-turn** n (Print) / Umschlagen n (Wechsel der Seitenanlage vor Bedrucken der Rückseite; die Vorderanlage bleibt an der gleichen Papierkante) ‖ ~-**and-twist**\* n (Print) / Umdrehen n (wenn die Seiten- und die Vorderanlage gewechselt werden)
**work-area** n (Comp) / Arbeitsbereich m
**workaround** n (Comp) / Umgehungsmöglichkeit f (bei Fehlern), Workaround n (Umgehungsmöglichkeit bei Fehlern)
**workbench** n (Eng) / Werkbank f, Werktisch m, Arbeitstisch m, Bank f (eine Werkbank) ‖ ~ (Join) / Hobelbank f (Arbeitsplatz des Tischlers)
**work capacitor** (Elec Eng) / Arbeitskondensator ‖ ~ **carrier** (Eng) / Werkstückträger m (bei Automaten) ‖ ~ **clothes** (Textiles) / Arbeitskleidung f ‖ ~ **cluster** (Comp) / Arbeitspaket n, thematisch gruppierte Arbeiten ‖ ~ **coil**\* (Elec Eng) / Heizinduktor m ‖ ~ **column** (Eng) / Gegenhalterständer m (zur Führung der Werkstückachse einer Wälzfräs- bzw. Wälzstoßmaschine) ‖ ~ **cycle**\* (Work Study) / Arbeitsgang m (selbstständiger Teil des technologischen Prozesses), Arbeitsvorgang m (Abschnitt eines Arbeitsablaufes, bezogen auf einen Arbeitsplatz oder eine Arbeitsstation), Operation f, AVG
**workday** n (Work Study) / Werktag m, Arbeitstag m ‖ ~ **traffic** / Werktagsverkehr m
**work differential** (Mech) / Arbeitsdifferential n (Skalarprodukt aus Kraftvektor und Vektor des Wegelements) ‖ ~ **diskette** (Comp) / Arbeitsdiskette f ‖ ~ **done** (Phys) / geleistete Arbeit ‖ ~ **done** (Work Study) / tatsächlich geleistete Arbeit ‖ ~ **done on the side** (and not declared for tax purposes) (Work Study) / Schwarzarbeit f
**worked by hand** (Eng) / handbetrieben adj, handbetätigt adj, Hand-, mit Handantrieb, manuell adj, handbedient adj
**work edge** (Build, Carp, Join) / Anlegekante f (als Bezugselement), Bezugskante f
**worked-out** adj (For) / geharzt adj (Baum) ‖ ~ (Mining) / erschöpft adj (Lagerstätte), abgebaut adj (Lagerstätte)
**worked penetration** / Walkpenetration f (von Schmierfetten nach DIN 51804)
**work electrode** (Elec Eng) / Arbeitselektrode f, Indikatorelektrode f
**worker** n (Eng) / Arbeiter m, Arbeitskraft f ‖ ~ (Nut) / Kneter m (bei der Margarinefabrikation) ‖ ~ (Spinning) / Arbeiter m (einer Kammwollkrempel) ‖ ~ **of the following shift** (Work Study) / Ablöser m (bei der Schichtarbeit) ‖ ~ **roller** (Spinning) / Arbeiter m (einer Kammwollkrempel)
**work-factor process** (Work Study) / Work-Factor-Verfahren n (ein System vorbestimmter Zeiten)
**work file** (Comp) / Arbeitsdatei f (eine Datei auf einem Sekundärspeicher, die für die zwischenzeitliche Speicherung von Ergebnissen während der Ausführung eines speziellen Programms reserviert ist) ‖ ~ **fixture** (Eng) / Werkstückspannzeug n, Werkstückspannvorrichtung f
**workflow** n (Comp) / Workflow m n (Arbeitsablauf bei Computerprogrammen, bei dem der Anwender ständig automatisch auf den nächsten Arbeitsschritt gelenkt wird) ‖ ~ (Work Study) / Workflow m n (Ablauf arbeitsteiliger Vorgänge bzw. Geschäftsprozesse in Unternehmen und Behörden mit dem Ziel größtmöglicher Effizienz), Arbeitsgang m (Fortgang der Arbeit), Arbeitsablauf m (als Ganzes)
**workforce** n / Arbeitskräftepotential n, Arbeitskräfte f pl ‖ ~ (Work Study) / Belegschaft f, Personal n ‖ ~ **optimization** (Work Study) / Workforce-Optimierung f (alle Anwendungen, die Geschäftsprozesse innerhalb eines Unternehmens elektronisch auf einer IP-Plattform und mit Hilfe von Web-Technologien abbilden)
**work function**\* (Nuc) / Elektronenaustrittsarbeit f, Austrittsarbeit f (die Energie, die aufgebracht werden muss, um ein Elektron aus dem Innern eines Stoffes durch seine Oberfläche nach außen zu bringen) ‖ ~ **function** (thermodynamic) (Phys) / freie Energie (F = U - TS - DIN 1345), Helmholtz-Energie f (nach H.v. Helmholtz, 1821-1894), A ‖ ~ **gear spindle** (Eng) / Gewindespindel f (bei Fräsmaschinen) ‖ ~ **gloves** (Textiles) / Arbeitshandschuhe m pl ‖ ~ **gloves** s. also protective gloves
**workgroup** n (Comp) / Workgroup f ‖ ~ **computing** (Comp) / Workgroup-Computing n (spezielle Art des Einsatzes von Geräten der Informationsverarbeitung, die es den Mitgliedern einer Arbeitsgruppe erlaubt, ihre Computer, Programme und Dateien gemeinsam zu nutzen, insofern ihre Geräte über ein Computernetz verbunden sind und eine spezielle Software den Datenaustausch ermöglicht) ‖ ~ **printer** (Comp) / Workgroup-Drucker m (netzwerkfähiger Drucker für Arbeitsgruppen) ‖ ~ **software** (Comp) / Groupware f (Software für eine bestimmte Benutzergruppe, die in einem Netzwerk an einem gemeinsamen Projekt arbeitet), Gruppensoftware f, Workgroup-Software f
**work-handling equipment** (Eng) / Werkstückfördereinrichtung f
**work-hardening**\* n (Met) / Verfestigung f durch Verformung, Verfestigung f (durch Kaltbearbeitung - Tätigkeit), Kaltverfestigung f (der Metalle), Umformverfestigung f
**work-hardness** n (Met) / Verfestigung f (durch Kaltbearbeitung - Ergebnis), Kaltverfestigung f (Ergebnis)
**workhead** n (Eng) / Werkstückkopf m (Teil einer Kegelradhobelmaschine, der das Werkzeug aufnimmt und seine Schnittbewegung ausführt) ‖ ~ **transformer**\* (Elec Eng) / Anpasstransformator m (für die induktive Erwärmung)
**work-holding device** (Eng) / Werkstückspannzeug n, Werkstückspannvorrichtung f
**workhorse** n (Chem) / Alkylbenzolsulfonat n als Basistensid (für Waschmittel)
**work in** v (Agric) / einarbeiten v (Dünger)

**working** *n* / Arbeiten *n* ǁ ~ / Verarbeitung *f* (Vorgang) ǁ ~ (the specification of service conditions defining the type, duration, and constancy of applied load or driving power) (Elec Eng, Eng) / Betriebsweise *f*, Betrieb *m* ǁ ~ (Mining) / Grubenbau *m* (pl. -baue) (planmäßig hergestellter bergmännischer Hohlraum wie Schacht, Strecke, Querschlag und Abbauraum) ǁ ~ (Mining) / Verhieb *m* (Art und Weise, in der der in Angriff genommene Lagerstättenteil hereingewonnen wird), Verhau *m* ǁ ~ (Mining) / Abbaubetrieb *m* ǁ ~ (Print) / Druckgang *m* (der einmalige Durchlauf) ǁ ~* (Teleph) / Telefonbetrieb *m*, Fernsprechbetrieb *m*, Fernsprechkommunikation *f*, Fernsprechübertragung *f* ǁ **in (good) ~ condition** / betriebsfähig *adj* ǁ ~ **angle** (Eng) / Wirkwinkel *m* (DIN 6581) ǁ ~ **angle** (Eng) / Beugungswinkel *m* (bei Gelenkwellen) ǁ ~ **aperture** (Optics, Photog) / Arbeitsblende *f* ǁ ~ **bottom** (Met) / Arbeitsherd *m* (eines Schachtofens) ǁ ~ **capacitor** (Elec Eng) / Arbeitskondensator *m* ǁ ~ **chamber*** (Civ Eng) / Arbeitskammer *f* (Innenraum des Senkkastens) ǁ ~ **chamber** (Glass) / Arbeitswanne *f* (ein Teil des kontinuierlichen Glaswannenofens, in dem das Abstehen stattfindet) ǁ ~ **computer** (Comp) / Arbeitsrechner *m* (als Gegensatz zum Bereitschaftsrechner) ǁ ~ **crusher** (Eng) / Pressrolle *f* (für Schleifscheiben) ǁ ~ **cutting-edge angle** (Eng) / Wirkeinstellwinkel *m* ǁ ~ **cycle** (Eng) / Bearbeitungszyklus *m*, Arbeitszyklus *m* ǁ ~ **cycle** (Eng, I C Engs) / Arbeitsspiel *n* ǁ ~ **cycle** (Phys) / Kreisprozess *m* (Thermodynamik) ǁ ~ **day** (Work Study) / Werktag, Arbeitstag *m*
**working-day traffic** / Werktagsverkehr *m*
**working diskette** (Comp) / Arbeitsdiskette *f* ǁ ~ **document** (Comp) / Arbeitsdokument *n* (Entwurf oder Vorschlag) ǁ ~ **drawing** / Fertigungszeichnung *f* (DIN 199 - 1) ǁ ~ **drawing** (Build) / Ausführungszeichnung *f* ǁ ~ **edge*** (Build, Carp, Join) / Anlegekante *f* (als Bezugselement), Bezugskante *f* ǁ ~ **electrode** (Elec Eng) / Arbeitselektrode *f*, Indikatorelektrode *f* ǁ ~ **end** (Build, Carp) / bearbeitetes Ende (Holz) ǁ ~ **end** (Glass) / Arbeitswanne *f* (ein Teil des kontinuierlichen Glaswannenofens, in dem das Abstehen stattfindet) ǁ ~ **envelope** (Eng) / Greiferbereich *m* (bei IR) ǁ ~ **envelope** (Work Study) / Arbeitsbereich *m* (eines Industrieroboters) ǁ ~ **environment** (Work Study) / Arbeitsklima *n* ǁ ~ **face*** (Build, Carp) / bearbeitete (Bezugs)Oberfläche *f* ǁ ~ **face** (Mining) / Gewinnungsstoß *m* ǁ ~ **face** (Mining) / Abbaustoß *m* (Angriffsfläche für die Gewinnung) ǁ ~ **face** (Mining) s. also working place ǁ ~ **file** (Comp) / Tagesdatendatei *f* ǁ ~ **flame** (Chem) / Arbeitsflamme *f* (des Brenners) ǁ ~ **floor** (Build, Civ Eng) / Arbeitsbühne *f*, Arbeitsplattform *f*, Arbeitsfläche *f*, Bedienungsbühne *f* ǁ ~ **fluid** / Arbeitsmedium *n* ǁ ~ **flux*** (Elec Eng) / Nutzfluss *m*, Hauptfluss *m* ǁ ~ **frequency** (Telecomm) / Arbeitsfrequenz *f* ǁ ~ **gap** (Eng) / Wirkspalt *m* (zwischen Werkzeugelektrode und Werkstück beim elektrochemischen Abtragen)
**working-in** *n* (Agric) / Einarbeiten *n* (eines Düngers)
**working layer** (Electronics) / Signalebene *f* (der Mehrleiterplatte) ǁ ~ **level** (Mining) / Abbausohle *f* ǁ ~ **life** (Eng) / Verwendbarkeitsdauer *f*, Gebrauchsdauer *f* ǁ ~ **life** (Paint) / Pot-Life *n*, Gebrauchsdauer *f*, Topfzeit *f* (die Zeit, in welcher Zwei- und Mehrkomponentenlacke verarbeitungsfähig bleiben), Gebrauchszeit *f* ǁ ~ **life** (Eng) s. also service life, usable life and useful life ǁ ~ **life of a tool** (Eng, Tools) / Nutzungsvermögen *n*, Gesamtlebensdauer *f* (eines Werkzeugs) ǁ ~ **load** (Mech) / Gebrauchslast *f* (die ein Tragwerk im normalen Gebrauch belastet und die ohne Beeinträchtigung der Gebrauchsfähigkeit ertragen werden muss - DIN 1045)
**workingman** *n* (US) / Arbeiter *m*, Arbeitskraft *f*
**working memory** (AI) / Arbeitsgedächtnis *n* ǁ ~ **memory** (Comp) / Arbeitsspeicher *m* (Teil des Hauptspeichers, in dem Daten gespeichert werden; im Gegensatz zum Programmteil) ǁ ~ **memory** (Comp) s. also main memory ǁ ~ **method** (Mining) / Abbauverfahren *n* ǁ ~ **mother** (Work Study) / berufstätige Mutter ǁ ~ **mould** (Ceramics, Foundry) / Arbeitsmodell *n* ǁ ~ **of wood** (due to swelling and shrinkage) (For) / Arbeiten *n* (von Holz infolge Quellung und Schwindung)
**working-peak off-state voltage** (Electronics) / Betriebsscheitelspannung *f* im Aus-Zustand, Betriebsspitzenspannung *f* im Aus-Zustand (bei Thyristoren) ǁ ~ **reverse voltage** (Electronics) / Rückwärtsscheitelsperrspannung *f*
**working place** (Eng) / Arbeitsplatz *m* (DIN 33 400) ǁ ~ **place** (Mining) / Ort *n* (pl. Örter) (Stelle im Bergwerk mit einem bergbautechnischen Zweck) ǁ ~ **plane** / Arbeitsebene *f* ǁ ~ **plate** (Electronics) / Arbeitsmaske *f* ǁ ~ **platform** (of a scaffold) (Build) / Belag *m*, Boden *m* (eines Gerüsts) ǁ ~ **platform** (Build, Civ Eng) / Arbeitsbühne *f*, Arbeitsplattform *f*, Arbeitsfläche *f*, Bedienungsbühne *f* ǁ ~ **point** (Electronics) / Arbeitspunkt *m* (im Ausgangskennlinienfeld) ǁ ~ **point** (Mining) / Betriebspunkt *m* (Arbeitsplatz im Untertagebetrieb, an dem bergmännische Arbeiten durchgeführt werden) ǁ ~ **pressure** (Eng) / Arbeitsdruck *m* (in der Maschine - im Unterschied zu dem Betriebsdruck in der Versorgungsleitung) ǁ ~ **profile** (Eng) / Greiferbereich *m* (bei IR) ǁ ~ **profile** (Work Study) / Arbeitsbereich *m* (eines Industrieroboters) ǁ ~ **property** / Verarbeitbarkeit *f*, Verarbeitungsfähigkeit *f*, Bearbeitbarkeit *f* ǁ ~ **prototype** (Eng, Work Study) / Funktionsmuster *n* ǁ ~ **quality** (e.g. can be sawn quite easily or easy to break down in a sawmill) (For) / Bearbeitbarkeit *f* ǁ ~ **radius of crane** (Eng) / Kranausladung *f* ǁ ~ **range** (Glass) / Verarbeitungsbereich *m* ǁ ~ **range** (Telecomm) / Quantisierungsbereich *m* (der aus der Gesamtheit der Quantisierungsintervalle gebildete Wertebereich des Analogsignals) ǁ ~ **roll** (Met) / Arbeitswalze *f* ǁ ~ **roller** (Spinning) / Arbeiter *m* (einer Kammwollkrempel) ǁ ~ **section** (Aero) / Messstrecke *f* (z.B. in einem Windkanal) ǁ ~ **solution** (Chem) / Arbeitslösung *f* ǁ ~ **space** (Comp) / Arbeitsbereich *m* ǁ ~ **standard*** (Elec Eng, Eng) / Arbeitslehre *f*, Arbeitskaliber *n* (mit dem Normal verglichene Maßverkörperung) ǁ ~ **storage** (Comp) / Arbeitsspeicher *m* (Teil des Hauptspeichers, in dem Daten gespeichert werden; im Gegensatz zum Programmteil)
**working-storage section** (Comp) / Arbeitsspeicherkapitel *n* (COBOL)
**working stress*** (Materials, Mech) / zulässige Spannung (Festigkeitswert des verwendeten Werkstoffes dividiert durch einen Sicherheitsbeiwert) ǁ ~ **stroke** (Eng) / Arbeitshub *m* (allgemein bei Arbeitsmaschinen) ǁ ~ **stroke** (I C Engs) / Arbeitshub *m* (im Verbrennungsmotor), Arbeitstakt *m* ǁ ~ **temperature** (Glass) / Arbeitstemperatur *f*, Abstehtemperatur *f*
**working-through** *n* (Mining) / Durchörterung *f* (Vortreiben eines Grubenbaues durch Gebirgsschichten, insbesondere durch Störungen)
**working time** (Work Study) / Arbeitszeit *f* (meistens durch Tarifverträge oder Betriebsvereinbarungen geregelt) ǁ ~ **voltage** (Elec Eng) / Betriebsspannung *f* ǁ ~ **voltage** (Elec Eng) / Arbeitsspannung *f* ǁ ~ **width** / Arbeitsbreite *f* ǁ ~ **wire-line** (Oils) / Arbeitsdrahtseil *n* (des Bewegungsausgleichsgeräts)
**work in process** (Work Study) / auftragsbezogener Werkstattbestand ǁ ~ **in process** (Work Study) / angearbeitetes Werkstück, angearbeitete Werkstücke ǁ ~ **in process** s. also semi-finished product ǁ ~ **in progress** (Work Study) / Umlaufbestand *m* (Vorräte an Material, unfertigen Erzeugnissen, im Betrieb gelagerten Fertigerzeugnissen oder schnell verschleißenden Werkzeugen) ǁ ~ **in progress** (Work Study) / auftragsbezogener Werkstattbestand ǁ ~ **input** (Mech) / aufgewendete Energie (zum Betrieb einer Maschine) ǁ ~ **lead*** (Met) / unreines Werkblei ǁ ~ **lead** (Welding) / Masseleitung *f*, Massekabel *n*, Erdkabel *n*, Erdleitung *f*, Erdungskabel *n* ǁ ~ **light** (Light) / Arbeitslampe *f*, Arbeitslicht *n*
**work-load** *n* (Work Study) / Leistungsumfang *m* ǁ ~ (Comp) / Lastprofil *n*, Auftragsprofil *n* (Gesamtheit aller von einem DV-System zu bearbeitenden Aufträge)
**work-load** *n* (Work Study) / Arbeitsaufgabe *f* (die den Zweck des Arbeitssystems kennzeichnet)
**work-load** *n* (Work Study) / Arbeitsbelastung *f* (Gesamtheit der Einflüsse, die im Arbeitssystem auf den Menschen einwirken) ǁ ~ **capacity** / Kapazität *f* (eines Industrieofens)
**workman** *n* (pl. -men) / Arbeiter *m*, Arbeitskraft *f*
**workmanlike, in a ~ manner** (professional) / fachgerecht *adj* ǁ ~ **manner** / (bewährte) handwerkliche Qualität *f*, Ausführungsqualität *f*, Verarbeitungsgüte *f*, handwerkliche Ausführung (guter Qualität), Bearbeitungsgüte *f*
**workmanship** *n* / (bewährte) handwerkliche Qualität *f*, Ausführungsqualität *f*, Verarbeitungsgüte *f*, handwerkliche Ausführung (guter Qualität), Bearbeitungsgüte *f*
**workmate** *n* / Arbeitskollege *m*
**work measurement** (Work Study) / Arbeitsstudie *f* (Oberbegriff für alle betrieblichen Methoden zur systematischen Untersuchung der menschlichen Arbeit mit dem Ziel, die Arbeit ökonomisch und menschengerecht zu gestalten) ǁ ~ **of adhesion** (Phys) / Adhäsionsarbeit *f*, Haftarbeit *f* ǁ ~ **of a force** (Phys) / Arbeit *f* einer Kraft ǁ ~ **of deformation** (Mech) / Umformarbeit *f*, Gestaltänderungsarbeit *f*, Formänderungsarbeit *f* (äußere), Deformationsarbeit *f* ǁ ~ **of expansion** (Phys) / Ausdehnungsarbeit *f* ǁ ~ **of fraction** (Mech) / Brucharbeit *f* ǁ ~ **on short time** (Work Study) / Kurzarbeit *f* ǁ ~ **on the side** (without declaring one's earnings) / schwarzarbeiten *v* (Schwarzarbeit verrichten), pfuschen *v* (A) ǁ ~ **out** *v* / aufstellen *v* (einen Plan) ǁ ~ **out** / ausarbeiten *v*, erstellen *v* (erarbeiten, ausarbeiten), erarbeiten *v* ǁ ~ **out** (Civ Eng, Hyd Eng) / ausbaggern *v* (komplett) ǁ ~ **out** (Maths) / aufgehen *v* ǁ ~ **out** (Mining) / völlig abbauen, (Kohle) auskohlen *v* ǁ ~ **output** (Phys) / geleistete Nutzarbeit (einer Maschine) ǁ ~ **over** *v* (Oils) / aufwältigen *v*
**work-over** *n* (Oils) / Aufwältigung *f* (im Bohrloch, um die Förderung wiederherzustellen oder zu steigern)
**workpeople** *n* (Work Study) / Belegschaft *f*, Personal *n*
**workpiece*** *n* (Elec Eng) / das zu erwärmende Material (bei der induktiven Erwärmung) ǁ ~ (Eng) / Werkstück *n*, Arbeitsstück *n*, Arbeitsgegenstand *m* ǁ ~ (in gear manufacturing) (Eng) / Werkrad *n* (herzustellendes Zahnrad) ǁ ~ **carriage** (Eng) / Bettschlitten *m* (der

Bohrmaschine), Werkstückschlitten *m*, Support *m* (der Bohrmaschine) ‖ ~ **chucking force** / Werkstückspannkraft *f* (bei Sägen) ‖ ~ **dimensions** (Eng) / Werkstückabmessungen *f pl* ‖ ~ **electrode** (Eng) / Werkstückelektrode *f* (z.B. beim elektrochemischen Abtragen) ‖ ~ **store** (Eng) / Werkstückspeicher *m*
**work-piece zero point** (Eng) / Werkstücknullpunkt *m* (Ursprung des Werkstückkoordinatensystems)
**workplace** *n* (Eng) / Arbeitsplatz *m* (DIN 33 400) ‖ ~ (Mining) / Ort *n* (pl. Örter) (Stelle im Bergwerk mit einem bergbautechnischen Zweck) ‖ ~ **concentration** (Chem, Ecol) / Arbeitsplatzkonzentration *f* ‖ ~ **design** / Arbeitsplatzgestaltung *f*
**work-print** (Cinema) / Arbeitskopie *f*, Schnittkopie *f*
**work-related lung disorder** (Med) / Lungenerkrankung *f* (als Berufskrankheit), Erkrankung *f* der Lungen (und der Atemwege - als Berufskrankheit)
**work roll** (Met) / Arbeitswalze *f*
**work-roll counterbending** (Met) / Arbeitswalzenrückbiegung *f*
**workroom** *n* (hobby room) / Hobbyraum *m*
**works** *n(pl)* (Eng) / Betrieb *m* ‖ **ex ~** / ab Werk (eine Liefervereinbarung)
**work sampling** (Work Study) / Multimomentaufnahme *f*, Multimomentmethode *f*, Multimomentverfahren *n* (ein Verfahren der Arbeitszeitermittlung)
**works boundary** / Werksgrenze *f*
**work scheduling** (Work Study) / Arbeitsvorbereitung *f*, technologische Fertigungsvorbereitung
**worksheet** *n* (Comp) / Tabellenblatt *n* ‖ ~ (Comp) / Spreadsheet *n* (Arbeitsblatt eines Tabellenkalkulationsprogramms), Kalkulationstabelle *f* ‖ ~ (Work Study) / Arbeitszettel *m*, Arbeitsvorgangsbeleg *m*, Arbeitsblatt *n* ‖ ~ **function** (Comp) / Tabellenfunktion *f* ‖ ~ **model** (Comp) / Tabellenmodell *n*
**works holidays** (Work Study) / Betriebsferien *pl*, Werkferien *pl*, Werksferien *pl*
**workshop** *n* / Workshop *m* (pl. -s) (Seminar) ‖ ~ (Work Study) / Werkstatt *f* ‖ ~ **drawing** / Werkzeichnung *f*, Arbeitszeichnung *f*, Werkstattzeichnung *f* ‖ ~ **manual** (GB) (Autos) / Reparaturhandbuch *m*, Reparaturleitfaden *m* ‖ ~ **microscope** (Micros) / Werkstattmikroskop *n* ‖ ~ **practice** (Eng) / Werkstattpraxis *f* ‖ ~ **vehicle** (Autos) / Werkstattwagen *m*
**works location** (Eng) / Betriebsstandort *m*
**work softening** (Met) / Umformentfestigung *f*, Kaltentfestigung *f*, Entfestigung *f* durch Verformung, Entfestigung *f* (durch Kaltbearbeitung - Tätigkeit)
**work-space** *n* (Comp) / Arbeitsbereich *m*
**works railway** (Rail) / Werkbahn *f*, Industriebahn *f* (nichtstaatseigene Eisenbahn des nichtöffentlichen Verkehrs mit Anschluss an das allgemeine Eisenbahnnetz) ‖ ~ **security** (Work Study) / Werkschutz *m* (als Gesamtheit der Maßnahmen) ‖ ~ **siding** (Rail) / Werksgleis *n*
**workstation*** *n* (a full-featured desktop or deskside computer, typically dedicated to a single engineer's use) (Comp) / Workstation *f*, sehr leistungsfähiger Arbeitsplatzrechner *m* (Workstation), Arbeitsstation *f* ‖ ~ (Work Study) / Station *f* (der Transfer- oder Fertigungsstraße) ‖ ~ (Comp) s. also personal computer and terminal ‖ ~ **analysis** (Work Study) / Arbeitsplatzanalyse *f* ‖ ~ **computer** (Comp) / Arbeitsplatzrechner *m*, Arbeitsplatzcomputer *m* (DIN 32748, T 1), APC ‖ ~ **publishing** (Comp) / Workstation-Publizieren *n* (eine Art elektronisches Publizieren) ‖ ~ **test port** (Comp) / Arbeitsplatz-Testanschluss *m* ‖ ~ **transformation** (Comp) / Gerätetransformation *f* (die Rand und Inneres eines Gerätefensters auf Rand und Inneres eines Bildbereichs abbildet) ‖ ~ **window** (Comp) / Gerätefenster *n* (rechteckiger Bereich innerhalb des normalisierten Gerätekoordinatensystems, der für die Gerätetransformation verwendet wird) ‖ ~ **with CAD capabilities** (Work Study) / CAD-tauglicher Arbeitsplatz
**work stoppage** / Arbeitsniederlegung *f* (kurzfristige - als Streikmaßnahme) ‖ ~ **study*** (Work Study) / Arbeitsstudie *f* (Oberbegriff für alle betrieblichen Methoden zur systematischen Untersuchung der menschlichen Arbeit mit dem Ziel, die Arbeit ökonomisch und menschengerecht zu gestalten)
**work-table** *n* (Eng) / Werkstückaufspanntisch *m* (Werkstückträger an vielen Werkzeugmaschinen), Werkstücktisch *m* (z.B. einer Verzahnmaschine)
**work tape** (Eng) / Arbeitsband *n* (beim Magnetbandsortieren) ‖ ~ **ticket** (Work Study) / Laufzettel *m* (Begleitpapier einer Partie mit Angaben über durchzuführende Arbeitsgänge)
**work-to-break** *n* (Materials, Mech) / Zerreißarbeit *f* (beim Zugversuch)
**worktop** *n* / Arbeitsplatte *f* (z.B. bei den Hausgeräten), Küchen-Arbeitsplatte *f*, Arbeitsfläche *f*
**work up** *v* (Chem Eng) / aufarbeiten *v*
**work-up** *n* (Chem Eng) / Aufarbeitung *f*
**workwear** *n* (Textiles) / Arbeitskleidung *f*

**workwheel** *n* (Eng) / Vorschubscheibe *f* (beim spitzenlosen Außenrundschleifen)
**workwoman** *n* (pl. -women) / Arbeiterin *f*, Arbeitskraft *f* (weibliche)
**World Aeronautical Chart** (Aero) / Weltluftfahrtkarte *f* (der ICAO - Maßstab 1 : 1,000 000), Luftfahrtweltkarte *f* ‖ ~ **consumption** / Weltverbrauch *m* (z.B. von Rohstoffen) ‖ ~ **coordinates** (Comp) / Weltkoordinaten *f pl* (geräteunabhängige kartesische Koordinaten), WK (Weltkoordinaten) ‖ ~ **coordinates** (Eng) / Weltkoordinaten *f pl* (eines Roboters)
**world-fact rule** (AI) / Weltfaktenregel *f*, auf Weltfakten beruhende Regel
**World Intellectual Property Organization** / Weltorganisation *f* für geistiges Eigentum (gegründet 1967, Sitz: Genf) ‖ ~ **invariance** (Phys) / Lorentz-Invarianz *f* (unter Lorentz-Transformationen) ‖ ~ **knowledge** (AI) / Weltwissen *n*
**world-line** *n* (Maths, Phys) / Weltlinie *f* (Beschreibung der Bewegung eines Punktes durch eine Kurve in der vierdimensionalen Raum-Zeit-Welt) ‖ ~ (Phys) s. also Minkowski universe
**World Meteorological Organization** (Meteor) / Weltorganisation *f* für Meteorologie (eine Sonderorganisation der Vereinten Nationen; gegründet 1951, Sitz: Genf) ‖ ~ **model** (AI) / Weltmodell *n* ‖ ~ **point** (Maths, Phys) / Weltpunkt *m*, Ereignis *n* (Angabe eines Ortes im dreidimensionalen Raum und eines Zeitpunktes) ‖ ~ **tranformation** (Comp) / Welttransformation *f* (eine zweidimensionale Umformung, die auf einer 3x3-Matrix beruht) ‖ ~ **vector** (Phys) / Weltvektor *m* (im Minkowski-Raum) ‖ ~ **Weather Watch** (Meteor) / Weltwetterwacht *f* (ein Programm der Weltorganisation für Meteorologie)
**worldwide switched data network** (Comp) / Weltdatenwählnetz *n*
**World Wide Web*** (Comp) / W3 *n* (World Wide Web), World Wide Web *n*, WWW (World Wide Web)
**worm** *n* (Comp) / Wurm-Programm *n* (ein eigenständiges Programm, das nur in Netzwerkumgebungen auftritt; ein Wurm kann sich im Gegensatz zu einem Trojanischen Pferd vervielfältigen, infiziert aber keine anderen Programme), Wurm *m* ‖ ~* (Eng) / Schnecke *f* ‖ ~ (Eng) / Förderschnecke *f* (des Schneckenförderers)
**worm-and-roller steering** (Autos) / Gemmerlenkung *f*, Schneckenrollenlenkung *f*, Schneckenlenkung *f* mit Lenkrolle ‖ ~ **steering with toothed segment** (Autos) / Schneckenrollenlenkung *f* mit Zahnsegment
**worm-and-sector steering gear** (Autos) / Schneckenlenkung *f* mit Schneckensegment
**worm-and-wheel steering gear*** (Autos) / Schneckenlenkung *f* (mit Lenkfinger) ‖ ~ **auger** (Civ Eng, Mining) / Schneckenbohrer *m* ‖ ~ **conveyor*** (Eng) / Schneckenförderer *m* (mechanischer Stetigförderer)
**WORM disk** (Comp) / WORM-Platte *f*, WORM *f*
**worm drive** (Eng) / Schneckenantrieb *m*, Schneckentrieb *m*
**worm-drive saw** / Schneckentriebsäge *f*
**worm gear*** (Eng) / Schraubenrad *n* (Stirnrad mit bogenförmig verlaufenden Zähnen) ‖ ~ **gear*** (Eng) s. also worm-wheel
**worm-gear** (drive)* (Eng) / Schneckengetriebe *n* (Paarung von Schnecke und Schneckenrad)
**worm gearing** (Eng) / doppelt einhüllendes Schneckengetriebe, Globoidgetriebe *n*, Globoidschnecken-Radsatz *m*
**wormhole** (For) / Bohrloch *n*, Wurmloch *n*
**worming** *n* (Comp) / Worming *n* (zeitliches Aliasing)
**WORM memory** (Electronics) / optisch programmierbarer Festwertspeicher, optisches PROM
**worm milling cutter** (Eng) / Schneckenfräser *m* (Wälzfräser zum Herstellen von Schnecken im Abwälzverfahren) ‖ ~ **program** (Comp) / Wurm-Programm *n* (ein eigenständiges Programm, das nur in Netzwerkumgebungen auftritt; ein Wurm kann sich im Gegensatz zu einem Trojanischen Pferd vervielfältigen, infiziert aber keine anderen Programme), Wurm *m* ‖ ~ **rack** (Eng) / Schneckenzahnstange *f* (Schraubgetriebe an Werkzeugmaschinen)
**wormseed oil** (Pharm) / Wurmsamenöl *n*, Chenopodiumöl *n* (aus Chenopodium ambrosioides var. anthelminticum (L.) A. Gray) ‖ ~ **oil** (of the Levant wormwood) (Pharm) / Zitwerblütenöl *n*, Wurmsamenöl *n*, Oleum *n* Cinae aethereum (aus Artemisia cina O. Berg)
**worm segment** (Comp) / Wurmsegment *n* ‖ ~**'s-eye view** / Froschperspektive *f* (allgemein) ‖ ~ **thread** (Eng) / Schneckenzahn *m*
**wormwheel*** *n* (Eng) / Schneckenrad *n*, Schneckenstirnrad *n*, Schneckenzylinderrad *n* (Gegenrad zur Globoidschnecke) ‖ ~ **drive** (Eng) / Schneckenantrieb *m*, Schneckentrieb *m* ‖ ~ **hob** (Eng) / Schneckenradfräser *m*, Schneckenradwälzfräser *m* ‖ ~ **hobbing cutter** (Eng) / Schraubenradfräser *m* (ein Wälzfräser) ‖ ~ **hobbing machine** (Eng) / Schraubenradfräsmaschine *f*, Wälzfrässchraubenradmaschine *f*
**wormwood oil** (Med, Nut) / Wermutöl *n*, Absinthöl *n*

**worn** *adj* / verschlissen *adj*, abgenutzt *adj* || ~ (Textiles) / abgetragen *adj* || ~ **denim look** (Textiles) / Worn Denim Look *m* || ~ **look** (Textiles) / Used-Look *m* (bei Kleidungsstücken aus vorgewaschenen Stoffen)
**worn-out** *adj* / verschlissen *adj*, abgenutzt *adj* || ~ **bearing** (Eng) / ausgelaufenes Lager || ~ **look** (Textiles) / Used-Look *m* (bei Kleidungsstücken aus vorgewaschenen Stoffen)
**worn types** (Print) / abgenutzte Schrift (im Bleisatz) || ~ **tyre** (Autos) / abgefahrener Reifen
**worst-case conditions** / Worst-Case-Bedingungen *f pl* (Zusammentreffen aller ungünstigen Bedingungen bei einem Bauteil oder Gerät, wobei sich die Bedingungen innerhalb der zulässigen Betriebsbedingungen befinden) || ~ **scenario** (Nuc Eng) / Szenario *n* des schlimmsten Unfalls
**worsted**\* *n* (Textiles) / Kammgarngewebe *n*, Kammgarnstoff *m* || ~ **card** (Spinning) / Kammwollkrempel *f* || ~ **cloth** (Textiles) / Kammgarngewebe *n*, Kammgarnstoff *m*
**worsteds** *pl* (Textiles) / Kammgarngewebe *n pl*
**worsted sliver** (Spinning) / Kammzugband *n*, Zug *m*, Kammzug *m* (Produkt der Kämmmaschine) || ~ **spinning** (Spinning) / Kammgarnspinnverfahren *n*, Kammgarnspinnerei *f*, Wollkammgarnspinnen *n*, Langfaserspinnerei *f*
**worsted-spun**\* *adj* (Spinning) / kammgarnartig versponnen, auf der Kammgarnmaschine versponnen
**worsted suiting** (Textiles) / Kammgarnanzugstoff *m* || ~ **system** (Spinning) / Kammgarnspinnverfahren *n*, Kammgarnspinnerei *f*, Wollkammgarnspinnen *n*, Langfaserspinnerei *f*
**worsted-system spinning** (Spinning) / Kammgarnspinnverfahren *n*, Kammgarnspinnerei *f*, Wollkammgarnspinnen *n*, Langfaserspinnerei *f*
**worsted velvet** (Textiles) / Tuchsamt *m*, Wollsamt *m*, Pelzsamt *m* || ~ **wool** (Spinning) / Kammwolle *f* (durch Kämmen gewonnene lange, wenig gekräuselte Wolle), Kammgarn *n* (für das Kammgarnspinnverfahren), Worstedgarn *n* || ~ **(spun) yarn** (Spinning) / Wollkammgarn *n* || ~ **yarn** (Spinning) / Kammgarn *n* (wollhaltiges Garn)
**worst hypothetical accident** (Nuc Eng) / größter anzunehmender Unfall (der schwerste Störfall in einer kerntechnischen Anlage, dessen Beherrschung sichergestellt ist), GAU (stattgefunden in Tschernobyl/Ukraine - April/Mai 1986)
**wort** *n* (Brew) / Würze *f* (eine im Verlauf der Bierherstellung anfallende Flüssigkeit), Bierwürze *f* || ~ (Nut) / verzuckerte Würze (bei der Herstellung des amerikanischen Whiskeys) || ~ **boiler** (Brew) / Würzepfanne *f* || ~ **cooler** (Brew) / Würzekühler *m*
**wort-copper** *n* (Brew) / Würzepfanne *f*
**worthy of preservation** (Arch) / erhaltenswert *adj*
**wort separation** (Brew) / Abläutern *n* (Würzetrennung)
**WOT** (wide-open throttle) (I C Engs) / ganz geöffnete Drosselklappe
**Woulfe bottle** (Chem) / Woulfe'sche Flasche (eine dickwandige Glasflasche mit 2 oder 3 Hälsen und mitunter einem kurz über dem Boden befindlichen Ansatz - nach P. Woulfe, 1727-1803), Woulfe-Flasche *f* (DIN 12480 und 12481) || ~ **'s bottle** (Chem) / Woulfe'sche Flasche (eine dickwandige Glasflasche mit 2 oder 3 Hälsen und mitunter einem kurz über dem Boden befindlichen Ansatz - nach P. Woulfe, 1727-1803), Woulfe-Flasche *f* (DIN 12480 und 12481)
**wound** *adj* (Elec Eng) / gewickelt *adj* (Spule) || ~ **bark** (For) / Wundrinde *f* || ~ **capacitor** (Elec Eng) / Wickelkondensator *m* (mit einem Wickel aus metallisierter Isolierfolie) || ~ **cork** (For) / Wundkork *m* (infolge Wundreaktion nach Rindenverletzung von einem gesonderten Korkkambium gebildeter Kork, der zum Wundabschluss führt) || ~ **gum** (For) / Wundgummi *n* (von verletzten Laubholzbäumen)
**wound-ribbon paper filter** / Papierbandfilter *n*
**wound rot** (For) / Wundfäule *f* (durch das Eindringen von holzzerstörenden Pilzen in das Stamminnere) || ~ **rotor**\* (Elec Eng) / Schleifringläufer *m* (eines Drehstromsynchronmotors), gewickelter Läufer
**wound-rotor induction motor** (Elec Eng) / Schleifringläufermotor *m*, Schleifringmotor *m*, Asynchron-Schleifringläufermotor *m*
**wound tissue**\* (For) / Wundgewebe *n* (das nach größeren Verletzungen des Baumes entsteht) || ~ **wood** (For) / Wundholz *n* (ein Sondergewebe)
**wove dandy** (Paper) / Vordruckwalze *f* mit glattem Siebgewebeüberzug, Velin-Egoutteur *m*
**wovenboard**\* *n* (Build) / Flechtzaun *m*
**woven carpet** (Textiles) / Webteppich *m* || ~ **design** (Weaving) / Webmuster *n* || ~ **fabric** (Textiles) / Stoff *m* (fertig ausgerüstetes Gewebe), Gewebe *n*, Ware *f*, Tuch *n* (pl. Tuche), textiles Flächengebilde, Zeug *n*, textile Fläche (gewebte)
**woven-fabric filter** / Gewebefilter *n*, Tuchfilter *n*
**woven-glass-roving fabric** (Glass, Textiles) / Glas-Rovinggewebe *n*, Textilglas-Rovinggewebe *n* (DIN 61850)

**woven hose** (Textiles) / Gewebeschlauch *m* || ~ **label** (Weaving) / Webetikett *n* || ~ **pile** (Textiles) / Webplüsch *m*
**wovens** *pl* (Textiles) / Webstoffe *m pl*, Gewebe *n*, Webware *f*
**woven steel fabric**\* (Civ Eng) / Drahtmatte *f* (mit punktgeschweißten Drähten an den Kreuzungspunkten) || ~ **velours** (Textiles) / Webvelours *m*
**wove paper**\* (Paper) / Velinpapier *n* (DIN 6730), Papier *n* mit wolkiger Durchsicht
**W.O.W.** (waiting on weather) (Oils) / in Wartestellung auf günstige Witterung (z.B. bei Offshore-Bohrarbeiten)
**wow**\* *n* (Acous) / Jaulen *n* (langsame Schwankungen), Wimmern *n* || ~ **and flutter** (Acous) / Tonhöhenschwankung *f* durch Gleichlaufschwankungen (beim Plattenspieler)
**WP** (waypoint) (Aero, Nav) / Wegpunkt *m* (bereits vor dem Start im Flugplan festgelegter Navigationspunkt) || ~ (white phosphorus) (Chem) / weißer Phosphor (monotrope Modifikation), farbloser Phosphor || ~ (a computer program to perform word processing) (Comp) / Textverarbeitungsprogramm *n*
**wp** (word processor) (Comp) / Textverarbeitungsprogramm *n*
**WP** (word processing) (Comp) / Textverarbeitung *f* (mit Hilfe von textverarbeitenden Systemen), TV (Textverarbeitung)
**wp** (word processing) (Comp) / Textverarbeitung *f* (mit Hilfe von textverarbeitenden Systemen), TV (Textverarbeitung)
**WP**\* (word processor) (Comp) / textverarbeitendes System (DIN 2140-1), Textsystem *n* (DIN 2140-1), Textautomat *m*
**W particle** (the intermediary elementary particle with one unit of electric charge that is exchanged as a virtual particle in some weak interactions) (Nuc) / W-Boson *n* (ein massives Vektorboson), W-Teilchen *n*
**WP bit** (write-protect bit) (Comp) / Write-protect-Bit *n* (Cache)
**WPC** (wood-plastic composite) (For, Plastics) / Polymerenholz *n*, Holz-Kunststoff-Kombination *f*, Polymerholz *n*
**wp calculus** (Comp) / wp-Kalkül *m*
**WPOM** (word processing output to microfilm) (Comp) / Textverarbeitungsausgabe *f* auf Mikrofilm
**wrack** *n* (Bot) / Seetang *m* (derbe, großwüchsige Braun- und Rotalgen), Tang *m* (pl. Tange) || ~ (For) / minderwertiges Holz, Abfallholz *n* (Kisten- oder Brennholz) || ~ **buoy** (Ships) / Wrackboje *f*, Wracktonne *f*
**wrap** *v* / wickeln *v*, einwickeln *v*, umwickeln *v* || ~ / einschlagen *v* (einpacken), einhüllen *v*, umhüllen *v*, einwickeln *v* (einpacken) || ~ (Cables) / umbandeln *v*, umwickeln *v*, bewickeln *v*, umspinnen *v* (mit Schmalband), wickeln *v* (mit Band), umhüllen *v* || ~ (Electronics) / lötlos verdrahten, wrappen *v* || ~ *n* (Comp, Print) / automatischer Zeilenwechsel (bei der Texteingabe), Modus *m* mit automatischem Zeilenwechsel || ~ (Eng) / Umschlingung *f* (der Riemenscheibe) || **it's a** ~ (Cinema) / gestorben *adj* (eine definitiv abgedrehte Einstellung)
**wraparound** *n* (Comp) / zyklische Adressfolge (im Kernspeicher) || ~ (Comp) / Bildumlauf *m* (ein durch den Rand abgeschnittenes Bild erscheint am gegenüberliegenden Rand wieder und wird gleichsam fortgesetzt), Umlauf *m* (in der grafischen Datenverarbeitung) || ~ (Comp, Print) / Zeilenumbruch, Word-Wrap *n* (ein Hilfsmittel zum Text- und Zeilenumbruch), Textumbruch *m* || ~ (Eng) / Umgriff *m* || ~ (Welding) / Muffe *f* (Vorwärm-, Glüh-) || ~ *adj* (Print) / endlos *adj* (Eingabe von Fließtexten) || ~ **attr** (Autos) / herumgezogen *adj* (Blinkerleuchten, Spoiler, Stoßfänger) || ~ **bumper** (Autos) / Flankenschutzstoßfänger *m* || ~ **dash design** (Autos) / Bogendesign *n* (der Instrumentenanlage) || ~ **door** (Build) / gekröpfte (um die Ecke gezogene) Tür || ~ **dress** (Textiles) / Wickelkleid *n* (Bekleidungsstück so geschnitten, dass die einzelnen Stoffbahnen übereinander gewickelt werden /ohne Naht/) || ~ **filter** (Autos) / Wickelfilter *n* (eine Dieselrußfilterbauart) || ~ **label** (Nut) / Rundumetikett *n* || ~ **plate** (Print) / Wrap-around-Platte *f*, Wickelplatte *f* (großformatige, im Einstufenätzverfahren oder im Auswaschverfahren hergestellte Ganzformdruckplatte für den Buchdruck, die auf den Formzylinder einer mit dem rotativen Druckprinzip arbeitenden Druckmaschine gespannt wird) || ~ **windows** (Arch) / Panoramafensterband *n* || ~ **windscreen** (Autos) / Panoramascheibe *f*
**wrap mode** (Comp) / automatischer Zeilenwechsel (bei der Texteingabe), Modus *m* mit automatischem Zeilenwechsel
**wrap-over dress** (Textiles) / Wickelkleid *n* (Bekleidungsstück so geschnitten, dass die einzelnen Stoffbahnen übereinander gewickelt werden /ohne Naht/)
**wrapped and soldered joint** (Elec Eng) / Wickellötstelle *f*, Wickellötverbindung *f* || ~ **bush** (Eng) / gerollte Buchse (eines Lagers) || ~ **capacitor** (Elec Eng) / Wickelkondensator *m* (mit einem Wickel aus metallisierter Isolierfolie) || ~ **goods** / verpackte Ware, Füllgut *n* (verpackte Ware) || ~ **joint** (Electronics) / Wickelverbindung *f* (zweier oder mehrerer elektrischer Anschlüsse durch Drähte mittels Wickeln um die Anschlussstifte)

**wrapper** *n* / Streifband *n*, Kreuzband *n* (bei Postsendungen) ‖ ~ / Einschlag *m* (Verpackungsmittel) ‖ ~ / Streifband *n*, Packungsbanderole *f*, Banderole *f* ‖ ~ (Paper) / Einwickelbogen *m*, Einwickler *m* ‖ ~ (Print) / Umschlag *m*, Schutzumschlag *m*, Hülle *f* ‖ ~ s. also wrapping paper
**wrap pin** (Comp) / Wrap-Stift *m*
**wrapping** *n* / Einschlag *m* (Verpackungsmittel) ‖ ~ / Einhüllung *f*, Umhüllung *f* ‖ ~ (Cables) / Umbandelung *f*, Umwicklung *f*, Bespinnung *f* ‖ ~ (Cables) / Schmalbandbewicklung *f*, Umspinnung *f* mit Band (als Außenschutz), Bandumspinnung *f*, Bewicklung *f* mit Band ‖ ~ (Eng) / Umschlingung *f* (der Riemenscheibe) ‖ ~ **cloth** (Nut, Textiles) / Einschlagtuch *n* (für Käsereien) ‖ ~ **paper** (Paper) / Packpapier *n* (z.B. Kraftpapier), Verpackungspapier *n* ‖ ~ **paper** (Paper) / Einschlagpapier *n*, Einwickelpapier *n* ‖ ~ **paper consisting mainly of waste paper** (Paper) / AP-Packpapier *n* (aus Altpapier nach DIN 6730) ‖ ~ **test** (for wire) (Materials) / Wickelversuch *m* (eine technologische Drahtprüfung) ‖ ~ **tissue** (Paper) / Packseidenpapier *n*
**wraround door** (Build) / gekröpfte (um die Ecke gezogene) Tür ‖ ~ **plate**\* (Print) / Wrap-around-Platte *f*, Wickelplatte *f* (großformatige, im Einstufenätzverfahren oder im Auswaschverfahren hergestellte Ganzformdruckplatte für den Buchdruck, die um den Formzylinder einer nach dem rotativen Druckprinzip arbeitenden Druckmaschine gespannt wird)
**wrap-thread design** (Textiles) / Aufplattiermuster *n* ‖ ~ **pattern** (Textiles) / Aufplattiermuster *n*
**wrap tool** (Electronics) / Wickelpistole *f* (zum Wickeln von Drähten auf elektrische Anschlüsse) ‖ ~ **up** *v* / einschlagen *v* (einpacken), einhüllen *v*, umhüllen *v*, einwickeln *v* (einpacken)
**wreath**\* *n* (curved portion of the handrail following a turn around each angle of a geometrical stair /which has no newels/, or the continuous turn of the handrail in such a circular or elliptical stair) (Build, Carp) / Handlaufkrümmling *m*, Handlaufkopf *m*, Kropfstück *n*, Krümmling *m* (bei der Wendeltreppe)
**wreathed string**\* (Build) / gekrümmtes Treppenwangenstück (einer Holztreppe), Treppenwangenkrümmling *m*
**wreath filament**\* (Elec Eng, Light) / Glühdraht *m* (meistens eine Wolframwendel), Glühwendel *f*, Wendeldraht *m* (der Glühlampe), Wendel *f*
**wreathing** *n* (a slightly raised crescent on the inside wall of slip-cast ware) (Ceramics) / Windungslinien *f pl* (Innenfehler beim Gießen) ‖ ~ (a slightly raised crescent on the inside wall of slip-cast ware) (Ceramics) / Gießringe *m pl* (Fehler), Gießwülste *m pl*
**wreath piece** (Build) / gekrümmtes Treppenwangenstück (einer Holztreppe), Treppenwangenkrümmling *m*
**wreck** *n* (Ships) / Wrack *n*
**wreckage** *n* (Eng) / Wrack *n*, Wrackteile *n pl* ‖ ~ **of a plane** (Aero) / Flugzeugwrack *n* ‖ ~ **trail** (Aero) / Wrackrutschstrecke *f*
**wrecked, be** ~ (Ships) / zerschellen *v*
**wrecker** *n* (US) (Autos) / Bergungsfahrzeug *n*, Abschleppfahrzeug *n*, Abschleppwagen *m* ‖ ~ (US) (Build) / Abbrucharbeiter *m*
**wrecker's ball** (Build) / Abrissbirne *f* (ein birnenförmiger Stahlkörper, welcher bei bestimmten Abbruchverfahren, wie z.B. dem Einschlagen, zum Einsatz kommt), Fallbirne *f*
**wrecker tank** (Mil) / Bergepanzer *m*
**wrecking ball** (Build) / Abrissbirne *f* (ein birnenförmiger Stahlkörper, welcher bei bestimmten Abbruchverfahren, wie z.B. dem Einschlagen, zum Einsatz kommt), Fallbirne *f* ‖ ~ **bar** (Carp) / Nageleisen *n*, Nagelzieher *n*, Nagelauszieher *m* ‖ ~ **tug** (US) (Ships) / Bergungsschlepper *m*
**wrench** *n* (Eng, Tools) / Schrauber *m*, Schraubenschlüssel *m*, Mutternschlüssel *m*, Schlüssel *m* ‖ ~\* (Mech) / Dyname *f*, Kraftschraube *f* (Kraft + ein dazu paralleles Moment) ‖ ~ **fault** (Geol) / Blattverschiebung *f*, Transversalverschiebung *f*, Seitenverschiebung *f*, Horizontalverschiebung *f*
**wrench-head bolts** (Eng) / Sechs- und Vierkantschrauben *f pl*
**wrenching height** (Eng) / Antriebshöhe *f* (bei Schraubenschlüsseln - DIN ISO 225)
**wrench opening** (US) (Eng) / Maulweite *f*
**wring** *v* (Eng, Optics) / ansprengen *v* (zwei miteinander in Berührung gebrachte Messflächen) ‖ ~ (Nut) / auspressen *v* (Früchte) ‖ ~ (out) (Textiles) / wringen *v*, auswringen *v* ‖ ~ (Textiles) / chevillieren *v* (Kunstseide nachbehandeln, um sie glänzender zu machen)
**wringer roll** (Surf) / Abstreifwalze *f*, Abstreiferrolle *f* (bei einer Feuerverzinnungsanlage)
**wringing**\* *n* (Eng, Optics) / Ansprengen *n* (Aneinanderhaften optischer Flächen durch Adhäsion) ‖ ~ (Textiles) / Chevillieren *n* (mechanische Nachbehandlung bei der Garnveredlung) ‖ ~ (Textiles) / Wringen *n*, Auswringen *n* ‖ ~ **fit** (Eng) / Haftsitz *m* (Übergangspassung) ‖ ~ **force** (Eng, Optics) / Ansprengkraft *f* ‖ ~ **wet** (Textiles) / tropfnass *adj* (Kleidung)

**wring together** *v* (Eng, Optics) / ansprengen *v* (zwei miteinander in Berührung gebrachte Messflächen)
**wrinkle** *v* (Textiles) / zerknittern *v*, zerknautschen *v*, verknittern *v* ‖ ~ *n* (Met) / Falte *f* 1. Ordnung (am Einspannrand von Tiefziehteilen) ‖ ~ (Textiles) / Knitter *m* (unregelmäßige, durch Sitzen oder Drücken entstandene kleine Falte in einem Stoff) ‖ ~ (Textiles) / Knitter *m*, Knitterfalte *f* ‖ ~ **finish**\* (Paint) / Runzellack *m*, Kräusellack *m* (ein Effektlack) ‖ ~ **formation** (Met) / Faltenbildung *f* (beim Tiefziehen)
**wrinkle-free** *adj* / faltenfrei *adj* (z.B. Papier)
**wrinkle recovery** (Textiles) / Knittererholung *f* (Entknitterung des Gewebes nach Wegfall der Belastung - DIN 53 890 und 53 891)
**wrinkle-recovery angle** (Textiles) / Knittererholungswinkel *m* (DIN 53890), Knitterwinkel *m* (Maß der Knittererholung) ‖ ~ **test** (Textiles) / Knittererholungsprüfung *f*, Entknitterungsprüfung *f*
**wrinkle resistance** (Textiles) / Knitterresistenz *f*, Knitterfestigkeit *f*
**wrinkle-resistance finish** (Textiles) / knitterfreie Ausrüstung, Knitterfreiausrüstung *f*, Knitterfestausrüstung *f*, Knitterechtausrüstung *f*
**wrinkle-resistant** (Textiles) / knitterfrei *adj*, knitterresistent *adj*, knitterfest *adj*, knitterecht *adj*, knitterarm *adj*
**wrinkle testing** (Textiles) / Knittererholungsprüfung *f*, Entknitterungsprüfung *f* ‖ ~ **varnish** (Paint) / Runzellack *m*, Kräusellack *m* (ein Effektlack)
**wrinkling** *n* (Met) / Faltenbildung *f* (beim Tiefziehen) ‖ ~ (Paint) / Runzelbildung *f*, Kräuselung *f* ‖ ~ (Textiles) / Knitterung *f*, Knittern *n*
**wrinkly** *adj* (Textiles) / verknittert *adj*, zerknittert *adj*, knittrig *adj* ‖ ~ (Textiles) / leicht knitternd (Stoff)
**wrist** *n* (Nuc Eng) / Hand *f* (des Manipulators) ‖ ~ **dosemeter** (Radiol) / Armbanddosimeter *n*
**wrist-force sensor** (Eng) / Handgelenksensor *m* (bei Robotern)
**wrist-pin snap ring** (I C Engs) / Kolbenbolzensicherung *f*
**wrist rest** / Handgelenkstütze *f* ‖ ~ **strap** (Photog) / Tragschlaufe *f*, Handschlaufe *f*
**wristwatch** *n* (Horol) / Armbanduhr *f*
**writable** *adj* (Comp) / schreibbar *adj* ‖ ~ (Comp, Paper) / beschreibbar *adj* ‖ ~ **control storage** (Comp) / beschreibbarer Steuerspeicher (bei der Mikroprogrammierung)
**write**\* *v* / schreiben *v*, aufschreiben *v*, schriftlich niederlegen ‖ ~ (Comp) / einschreiben *v* (in einen Zwischenspeicher) ‖ ~ (Comp) / beschreiben *v* (eine Compactdisk)
**writeable** *adj* (Comp) / schreibbar *adj* ‖ ~ **control storage** (Comp) / beschreibbarer Steuerspeicher (bei der Mikroprogrammierung)
**write access** (Comp) / Schreibzugriff *m*, Zugriff *m* mit Schreibberechtigung ‖ ~ **address** (Comp) / Schreibadresse *f*
**write-ahead log** (Comp) / Write-ahead-Log *m* (die wichtigste Implementierungstechnik zur Erzielung transaktionsorientierter Fehlertoleranz in Datenbanksystemen)
**write all over** / voll beschreiben *v* (eine Tafel) ‖ ~ **clock** (Comp) / Schreibtakt *m* ‖ ~ **control** (Comp) / Schreibsteuerung *f* ‖ ~ **cycle** (Comp) / Schreibzyklus *m*
**write-disturbed voltage zero** (Comp) / Spitzenspannung *f* einer schreibgestörten Null
**write down** *v* s. also write off ‖ ~ **enable** (Comp) / Schreibfreigabe *f*
**write-enable input** (Comp) / Schreibfreigabe-Eingang *m* (DIN 41859, T 1) ‖ ~ **ring** (Comp) / Schreibring *m* (d.h., Magnetband lässt sich beschreiben, wenn der Ring entfernt ist)
**write error** / Aufzeichnungsfehler *m* ‖ ~ **head** (Comp) / Schreibkopf *m* (zum Schreiben auf magnetisierbare Flächen nach DIN 66214) ‖ ~ **in** *v* (Comp) / einschreiben *v* (Informationen)
**write-inhibit ring** (Comp) / Schreibring *m* (d.h., Magnetband lässt sich beschreiben, wenn der Ring entfernt ist)
**write instruction** (Comp) / Schreibbefehl *m* ‖ ~ **lockout** (preventing all programs from writing to any particular position of a storage, but allowing unimpeded reading of that part of storage by all concurrent programs) (Comp) / Schreibsperre *f* ‖ ~ **off** *v* / abschreiben *v* (den anteiligen Wert der Wirtschaftsgüter, deren Nutzung sich über mehrere Geschäftsperioden erstreckt), amortisieren *v* ‖ ~ **off** / ausbuchen *v*
**write-off** *n* / abgeschriebene Anlage
**write-once, read-many disk** (Comp) / WORM-Platte *f*, WORM *f* ‖ ~ **cache** (Comp) / Write-once-Cache *m*
**write-protect** *v* (Comp) / schreibschützen *v* (nur Infinitiv und Partizip), mit Schreibschutz versehen ‖ ~ **bit** (Comp) / Write-protect-Bit *n* (Cache)
**write protection** (Comp) / Schreibschutz *m*
**write-protect logic** (Comp) / Schreibschutzlogik *f* ‖ ~ **notch** (Comp) / Schreibschutzkerbe *f* (mechanisches Sicherungselement bei Disketten)
**write pulse** (Comp) / Schreibimpuls *m*
**writer** *n* (Comp) / schreibfähiges CD-Laufwerk ‖ ~ (Paint) / Schreibpinsel *m*

1805

**write/read cycle** (Comp) / Schreib-Lese-Zyklus m ‖ ~ **window** (Comp) / Kopffenster n (in der Hülle einer Diskette)
**write recovery time** (Comp) / Schreiberholzeit f (bei integrierten Halbleiterspeichern) ‖ ~ **right** (grants the right to open and write to files) (Comp) / Schreibrecht n
**write-through cache** (Comp) / Write-through-Cache m
**write-thru cache** (US) (Comp) / Write-through-Cache m
**writing bristol** (Paper) / Schreibbristolpapier n ‖ ~ **furniture** (Join) / Schreibmöbel n pl ‖ ~ **head** (Comp) / Schreibkopf m (zum Schreiben auf magnetisierbare Flächen nach DIN 66214) ‖ ~ **ink** / Schreibtinte f ‖ ~ **linen cloth** (Textiles) / Schreibleinen n ‖ ~ **pad** (Paper) / Schreibblock m (pl. -s oder -blöcke) ‖ ~ **paper** (Paper) / Schreibpapier n, Postpapier n ‖ ~ **properties** (Paper) / Beschreibbarkeit f ‖ ~ **quality** (Paper) / Schreibfähigkeit f ‖ ~ **speed**\* (Electronics) / Schreibgeschwindigkeit f
**written communication** (Comp) / Textkommunikation f (DIN 32743), Textverkehr m
**wrong-colour pick** (Weaving) / verwechselter Schuss (farblich)
**wrong connection** (Telecomm) / Falschverbindung f ‖ ~ **connexion** (Telecomm) / Falschverbindung f ‖ ~ **delivery** (Work Study) / Fehllieferung f ‖ ~ **draft** (Weaving) / Einzugsfehler m ‖ ~ **draw** (Weaving) / Einzugsfehler m ‖ ~ **font**\* (Typog) / Fisch m (eine in einem falschen Fach des Setzkastens liegende Drucktype, meistens durch falsches Ablegen entstanden)
**wrong-length record** (Comp) / Satz m falscher Länge
**wrong number** (Teleph) / falsche Nummer ‖ ~ **pick** (Weaving) / Schussfehler m (fehlender Schuss), fehlender Schuss, verlorener Schuss ‖ ~**-reading**\* adj (Print) / seitenverkehrt adj ‖ ~ **selection** (Teleph) / Falschwahl f, Fehlwahl f ‖ ~ **side** (Paper) / Unterseite f (eines Papiers), Siebseite f (eines Papiers) ‖ ~ **side** (Textiles) / Abseite f (Unterseite eines beidseitig verwendbaren Gewebes), Kehrseite f, Abrechte f, Rückseite f, linke Seite (des Stoffes)
**wrong-way driver** (a person driving on the wrong side of the road or the wrong carriageway) (Autos) / Falschfahrer m, Geisterfahrer m
**Wronskian**\* n (Maths) / Wronski-Determinante f (nach J.M. Hoene-Wronski, 1778-1853 benannt)
**wrot** n (Carp) / zugerichtetes Holz, Hobelware f, behobeltes Schnittholz ‖ ~ **timber** (Carp) / zugerichtetes Holz, Hobelware f, behobeltes Schnittholz
**wrought alloy** (a metallic material that has been plastically deformed, hot or cold, after casting to produce its final shape or an intermediate semi-finished product) (Met) / Knetlegierung f ‖ ~ **iron**\* (Met) / Schweißeisen n, Schweißstahl m (heute nicht mehr erzeugt)
**wrought-iron craftsman** / Kunstschmied m
**wrought nail** (Carp) / handgeschmiedeter Nagel, schmiedeeiserner Nagel (ein stählernes Verbindungsmittel) ‖ ~ **shuttering** (Build, Civ Eng) / gehobelte Schalung ‖ ~ **steel** (GB) (Met) / durch Warmverformung bearbeitete Stahlerzeugnisse ‖ ~ **timber** (Carp) / zugerichtetes Holz, Hobelware f, behobeltes Schnittholz ‖ ~ **timber** (For) / Hobelware f, gehobeltes Holz, abgerichtetes Holz, besäumtes Schnittholz
**WRU signal** (Telecomm) / "Wer da"-Zeichen n
**WRV** (water retention value) (Textiles) / Wasserrückhaltevermögen n (ein Maß für die Wasseraufnahme in einem textilen Gut - DIN 53 814), WRV (Wasserrückhaltevermögen)
**WS** (working storage) (Comp) / Arbeitsspeicher m (Teil des Hauptspeichers, in dem Daten gespeichert werden; im Gegensatz zum Programmteil) ‖ ≈ (work-space) (Comp) / Arbeitsbereich m ‖ ≈ (weather service) (Meteor) / meteorologischer Dienst, Wetterdienst m (Gesamtheit der Einrichtungen zur Beobachtung des Wetters und Vorhersage der kommenden Wetterlage oder die Beobachtung selbst) ‖ ≈ (weapons system) (Mil) / Waffensystem n
**W-sheet** n (low-value tinplate, deriving its designation from "waste") (Met) / W-Blech n (zweite Wahl)
**WSI** (wafer-scale integration) (Comp, Electronics) / WSI-Integration f (die in den neunziger Jahren erreicht wurde), WSI-Integrationstechnik f (bei der eine integrierte Schaltung die gesamte Fläche eines Wafers beansprucht), Wafer-Scale-Integration f
**WSO** (weapon-system officer) (Aero, Mil) / Waffensystemoffizier m, WSO (Waffensystemoffizier)
**WSPD** (wind speed) (Aero, Meteor) / Windgeschwindigkeit f
**wt %** / Masseprozent n, Gewichtsprozent n (Prozentanteil bezogen auf das Gewicht des Stoffes), Gew.-%, Gewichtsprozentsatz m ‖ ~ (Phys) / Gewichtskraft f (das Produkt aus der Masse eines Körpers und der örtlichen Fallbeschleunigung nach DIN 1305), "Gewicht" n
**wt.** (Phys) / Gewichtskraft f (das Produkt aus der Masse eines Körpers und der örtlichen Fallbeschleunigung nach DIN 1305), "Gewicht" n
**WTE system** (Ecol) / Anlage f zur Gewinnung von Energie aus Müll, Müllkraftwerk n

**WTGS** (wind-turbine generator system) (Elec Eng) / Windenergieanlage f, WEA (Windenergieanlage), Windenergiekonverter m, Windkraftwerk n, Windkraftmaschine f, Windkraftanlage f
**WTL** (wind tunnel) (Aero, Autos) / Windkanal m
**WTM** (wind-tunnel model) (Aero) / Modell n für Windkanalversuche
**W-type optical fibre** (Telecomm) / W-Profilfaser f, W-Profillichtwellenleiter m (LWL, bei dem die Brechzahl nach außen hin wieder ansteigt, so dass das Profil eine W-Form erhält), W-Faser f
**Wu experiment** (Nuc) / Wu-Experiment n (das zum ersten Male die Verletzung der Parität bewies - nach Frau Chien-Shiung Wu, 1912-1997)
**wulfenite**\* n (Min) / Wulfenit n, Gelbbleierz n (Bleimolybdat)
**Wulff net** (stereographic net) (Crystal, Geog) / Wulff'sches Netz, Wulff-Netz n (ein Gradnetz nach G.W. Wulff, 1863-1925)
**Wullenweber antenna** (Radio) / Wullenweber-Antenne f (Kreisgruppenantenne zur Bestimmung der Einfallsrichtung eines Funksignals)
**Wurster's red** (Chem, Photog) / Wursters Rot (semichinonartiges Radikalkation) ‖ ≈ **salt** (Chem) / Wurster'sches Salz (nach C. Wurster, 1856-1913)
**Wurth top** (Met) / Paul-Würth-Verschluss m (zwei parallele Schleusen mit Drehschurre)
**Wurtz-Fittig synthesis** (Chem) / Fittig'sche Synthese (Darstellungsmethode von Di- und Polyarylen durch Kondensation von Arylhalogeniden mit Natrium - nach R. Fittig, 1835-1910), Wurtz-Synthese f (nach Ch. A. Wurtz, 1817 - 1884)
**wurtzite**\* n (Min) / Wurtzit m (Zinksulfid) ‖ ~ **structure** (Crystal, Electronics) / Wurtzitstruktur f
**Wurtz synthesis**\* (Chem) / Fittig'sche Synthese (Darstellungsmethode von Di- und Polyarylen durch Kondensation von Arylhalogeniden mit Natrium - nach R. Fittig, 1835-1910), Wurtz-Synthese f (nach Ch. A. Wurtz, 1817 - 1884)
**wüstite** n (Min) / Wüstit m (ein Mineral der Periklas-Reihe)
**W/V** (wind velocity) (Aero, Meteor) / Windgeschwindigkeit f
**WV** (wind velocity) (Aero, Meteor) / Windgeschwindigkeit f
**WVT** (water-vapour transmission) (Phys) / Wasserdampfdurchlässigkeit f
**WWB** (wet-weight basis) / Bezugsbasis f Feuchtgutmasse, Bezugsbasis f Masse des feuchten Stoffes
**WWW**\* (World Wide Web) (Comp) / W3 n (World Wide Web), World Wide Web n, WWW (World Wide Web) ‖ ≈ **Watch** (World Weather Watch) (Meteor) / Weltwetterwacht f (ein Programm der Weltorganisation für Meteorologie) ‖ ≈ **page** (Comp) / WWW-Seite f, Web-Seite f
**WXR** (weather radar) (Radar) / Wetterradar m n (zur Ermittlung der durch Niederschläge, Wolkenformationen, Nebel und Dunst gekennzeichneten Wetterlage)
**wych elm** (For) / Bergulme f (Ulmus glabra Huds.), Bergrüster f, Weißrüster f
**wye**\* n (Plumb) / Hosenrohr n, C-Stück n ‖ ~ **branch** (Elec Eng) / Y-Verzweigung f
**wye-connected** adj (Elec Eng) / sterngeschaltet adj
**wye connection** (US) (Elec Eng) / Sternschaltung f (DIN 40 108) ‖ ~ **connexion** (Elec Eng) / Sternschaltung f (DIN 40 108)
**wye-delta switch** (Elec Eng) / Sterndreieckschalter m
**wye-grounded** adj (US) (Elec Eng) / in Sternschaltung geerdet
**wye level**\* (Surv) / Reiterlibelle f, Reitlibelle f ‖ ~ **point** (Elec Eng) / Sternpunkt m (DIN 40 108), Erdpunkt m, Nullpunkt m ‖ ~ **rectifier** (Elec Eng) / Vollweggleichrichter m für Drehstrom ‖ ~ **theodolite**\* (Surv) / Nivellier n mit Reiterfernrohr
**wye-wye** attr (Elec Eng) / Stern-Stern-
**Wyoming bentonite** (Geol) / Natriumbentonit m, Wyoming-Bentonit m
**wyomingite**\* n (Geol) / Wyomingit m
**WYSIWYG**\* (what you see is what you get - usually used to describe editing software where the visual appearance of the object being edited is shown directly in the window of the editor to which changes are applied) (Print) / WYSIWYG ‖ ≈ **interface** (Comp) / WYSIWYG-Benutzerfläche f
**wythe** n (Build) / Schale f (einer Schalenmauer), Mauerwerksschale f (eines zweischaligen Mauerwerks), Wandfläche f (einer Hohlwand), Wandschale f (einer Hohlwand)

# X

**X** (Chem Eng) / X (ein vorgestellter Buchstabe für Kautschuke mit Carboxylgruppen)
**X.400** (Comp, Telecomm) / X.400 (ein Standard der ITU und ISO /ISO 10 021/ für E-Mail)
**XA** (extended architecture) (Comp) / erweiterte Architektur (des Rechners)
**XABS** (Chem) / XABS (Kurzzeichen für Copolymere aus Acrylnitril, Butadien und Styrol und einem weiteren Monomer)
**XANES** (X-ray absorption near-edge structure) (Phys, Spectr) / Feinstruktur f der Absorptionskanten (Röntgenspektroskopie), XANES (Feinstruktur der Absorptionskanten)
**xanthan gum*** (Chem, Nut) / Xanthan n (von Xanthomonas campestris und verwandten Bakterien produziertes anionisches Heteropolysaccharid - auch als Verdickungs- und Geliermittel und Trägerstoff nach E 415)
**xanthate** v (Chem) / xanthogenieren v || ~* n (Chem) / Xanthogenat n (Derivat der Dithiokohlensäure-O-ester), Xanthat n (Salz oder Ester einer Xanthogensäure)
**xanthating churn** (Chem Eng) / Xanthatmühle f (eine Sonderform der Zahnscheibenmühle), Xanthatkneter m, Sulfidiertrommel f, Baratte f
**xanthation** n (Chem) / Xanthogenierung f, Xanthogenieren n, Xanthierung f, Xanthieren n
**xanthene*** n (tricyclic dibenzopyran) (Chem) / Xanthen n (Dibenzo-γ-pyran) || ~ **dyestuffs*** (Chem) / Xanthenfarbstoffe m pl
**xanthic acid** (Chem) / Xanthogensäure f || ~ **acid** (Chem) / Dithiokohlensäure f (HOCSSH)
**xanthine*** n (Biochem, Chem) / Xanthin n, Xan (Xanthin) || ~ **dehydrogenase** (Biochem) / Xanthindehydrogenase f || ~ **oxidase** (an enzyme of aerobic purine degradation, which catalyses the oxidation of hypoxanthine to xanthine, and xanthine to uric acid) (Biochem, Nut) / Xanthinoxidase f (ein Flavoprotein), Schardinger-Enzym n, XOD (Xanthinoxidase) || ~ **riboside** (Chem) / Ribosylxanthin n, Xanthosin n, X (Xanthosin)
**xanthite** n (Min) / Xanthit m (gelbe Varietät des Vesuvians)
**xanthogenate** n (Chem) / Xanthogenat n (Derivat der Dithiokohlensäure-O-ester), Xanthat n (Salz oder Ester einer Xanthogensäure)
**xanthogenic acid** (Chem) / Xanthogensäure f
**xanthone** n (Chem) / Xanthon n, 9-Xanthenon n (Dibenzo-γ-pyron)
**xanthophyllite*** n (Min) / Xanthophyllit m (ein Clintonit)
**xanthophylls*** pl (Bot, Chem) / Xanthophylle n pl (Gruppenname für oxygenierte Karotinoide - E 161)
**xanthopicrite*** n (Chem) / Berberin n (ein Isochinolinalkaloid), Umbellatin x
**xanthoproteic acid** (Chem) / Xanthoproteinsäure f || ~ **reaction** (Chem) / Xanthoproteinreaktion f (eine Nachweisreaktion für Proteine)
**xanthoprotein reaction** (Chem) / Xanthoproteinreaktion f (eine Nachweisreaktion für Proteine)
**xanthopsia*** n (Med, Optics) / Xanthopsie f, Gelbsehen n (gestörtes Farbensehen)
**xanthopterin** n (Chem) / Xanthopterin n (des Zitronenfalters)
**xanthosiderite** n (Min) / Xanthosiderit m, Gelbeisenerz n (eine Varietät des Limonits)
**xanthosine** n (Chem) / Ribosylxanthin n, Xanthosin n, X (Xanthosin)
**xanthotoxin** n (Chem) / Xanthotoxin n (ein Furocumarin)
**xanthoxin** n (Chem) / Xanthoxin n, Xanthoxal n
**xanthydrol** n (Chem) / 9-Xanthenol n, Xanthydrol n
**Xao** (xanthosine) (Chem) / Ribosylxanthin n, Xanthosin n, X (Xanthosin)
**x-axis** n (pl. x-axes)* (Aero) / x-Achse f (des Flugzeugs), Längsachse f || ~ (pl. x-axes) (in the Argand diagram) (Maths) / Abszissenachse f (der Gauß'schen Zahlenebene, auf der die reellen Zahlen abgetragen werden), x-Achse f, X-Achse f, x-Koordinate f, reelle Achse, Rechtsachse f, erste Achse (in dem Koordinatesystem) || ~ **amplifier** (Electronics) / X-Verstärker m, X-Ablenkverstärker m (z.B. bei Oszilloskopen), Horizontalverstärker m
**X-band*** n (Radar, Telecomm) / X-Band n (mittlere Wellenlänge zwischen 8 bis 12 GHz)
**X-bar system** (Teleph) / Kreuzschienenwählersystem n
**X-bit** n (Mining) / X-Schneide f
**X boson** (Nuc) / X-Boson n

**Xbox** n (Comp) / Xbox f (eine Microsoft-Spielkonsole) || ~ **controller** (Comp) / Xbox-Controller m
**X brace** (Build) / Andreaskreuz n (als Aussteifung einer Holzkonstruktion)
**X by wire** / X-by-wire-Technik f (z.B. Bremsen, Lenkung)
**X capacitor** (Elec Eng) / X-Kondensator m (der Gegentaktstörungen unterdrückt)
**2X CD-ROM** f (Comp) / Double-Speed-CD-ROM-Laufwerk n, Zweifach-CD-ROM f
**X-check** n (Autos) / Diagonalmessung f (Vermessung von Karosserien)
**X-chromosome*** n (Gen) / X-Chromosom n (ein Geschlechtschromosom)
**X contact** (Photog) / X-Kontakt m (beim Synchronverschluss)
**X-cut** n (Crystal) / X-Schnitt m, Orientierung f I
**XDH** (xanthine dehydrogenase) (Biochem) / Xanthindehydrogenase f
**xducer** n (Automation, Comp, Electronics) / Transducer m, Wandler m (eine Vorrichtung, die eine am Eingang liegende zeitlich veränderliche physikalische Größe in eine am Ausgang abgreifbare, der Eingangsgröße äquivalente Größe umwandelt - Umformer und Umsetzer)
**Xe** (xenon) (Chem) / Xenon n, Xe (Xenon)
**xenic acid** (Chem) / Xenonsäure f
**XENIX*** n (Comp) / XENIX n (eine Variante des Betriebssystems UNIX für Mini- und Mikrocomputer)
**xenobiology** n (Biol) / Kosmobiologie f, Astrobiologie f, Ektobiologie f, Exobiologie f
**xenobiotics** pl (Ecol) / Xenobiotika n pl (Stoffe, die einem bestimmten Ökosystem von Natur aus fremd sind)
**xenoblastic** adj (Geol) / xenoblastisch adj
**xenocryst*** n (Geol) / Einsprengling m (allothigener), Xenocryst m
**xenogeneic graft*** (Med) / Heterotransplantat n, Xenotransplantat n, artfremdes Transplantat, heteroliges Transplantat, Fremdtransplantat n
**xenograft** n (Med) / Heterotransplantat n, Xenotransplantat n, artfremdes Transplantat, heteroliges Transplantat, Fremdtransplantat n
**xenolith*** n (Geol) / xenogener Einschluss, Xenolith m (Fremdgesteinseinschluss in magmatischen Gesteinen)
**xenomorphic*** adj (Geol, Min) / allotriomorph adj (Minerale, die bei der Erstarrung von Gesteinsschmelzen infolge gegenseitiger Störung beim Wachstum nicht die ihnen zukommende Eigengestalt entwickeln können), xenomorph adj
**xenon*** n (Chem) / Xenon n, Xe (Xenon) || ~ **hexafluoride** (Chem) / Xenon(VI)-fluorid n || ~ **lamp*** (Cinema) / Xenonlampe f || ~ **override*** (Nuc Eng) / Xenonreaktivitätsreserve f || ~ **peak** (Nuc Eng) / Xenonspitze f, Xenonpeak m || ~ **poisoning*** (Nuc Eng) / Xenonvergiftung f (eine Brennstoffvergiftung), Xe-Vergiftung f (Verminderung der Reaktivität eines Reaktors, verursacht durch den Neutroneneinfang im Spaltprodukt Xe-135) || ~ **tetrafluoride** (Chem) / Xenon(IV)-fluorid n
**Xenotest** n (Textiles) / Xenotest m (eine Lichtechtheitsprüfung)
**xenotime*** n (Min) / Xenotim m (Yttriumphosphat), Ytterspat m
**xeric*** adj (Bot) / xerisch adj, trocken adj (z.B. Standort)
**xerocomic acid** (Chem) / Xerocomsäure f (3,4,4'-Trihydroxypulvinsäure)
**xerogel** n (Chem) / Xerogel n (getrocknetes Lyogel)
**xerograph** n (Print) / Xerokopie f
**xerographic** adj (Comp, Print) / xerografisch adj || ~ **printer*** (Comp) / xerografischer Drucker
**xerography*** n (Print) / Xerografie f (ein elektrostatisches Trockendruck- oder elektrofotografisches Verfahren)
**xeromorphic*** adj (Bot) / xeromorph adj (mit der Eigenschaft, dauernd oder wenigstens vorübergehend die Wasserabgabe zu hemmen)
**xerophilous** adj (adapted to a very dry climate or habitat, or to conditions where moisture is scarce ) (Bot, Zool) / Trockenheit liebend, xerophil adj, aridophil adj
**xerophyte*** n (Bot) / Xerophyt m (pl. -en) (Pflanze mit Anpassung an Standorte mit Wassermangel), Trockenpflanze f
**xeroradiography*** n (Radiol) / Xeroradiografie f
**xerotolerant** adj (Biol) / xerotolerant adj (Mikroorganismus)
**xerox** v / eine Xerokopie machen, xerokopieren v || ~ n / Xerokopie f
**X-flow cylinder head** (Autos) / Querstrom-Zylinderkopf m
**XFOOT** (crossfoot operation) (Comp) / Bildung f der Quersumme, Querrechnen n
**Xformer** (transformer) (Elec Eng) / Transformator m (DIN 57 532-1), Trafo m, Umspanner m (für Stromversorgung)
**X-frame** n (Autos) / X-Rahmen m (Längsträger aus Rund- oder Ovalrohr so gebogen, dass sich die Längsträger in der Mitte bis auf wenige Zentimeter nähern und die Konstruktion bei Draufsicht als x-förmiger Gesamtverband erscheint)

**XGA** (Extended Graphics Adapter) (Comp) / Extended Graphics Adapter m (Auflösung 1024 x 768), XGA (Extended Graphics Adapter) || ≃ **adapter** (Comp) / XGA-Karte f
**x-height*** n (Typog) / Mittellänge f (die Größe der Kleinbuchstaben, die keine Ober- und Unterlängen haben)
**Xi hyperon** (Nuc) / Xihyperon n (ein Baryon), Xiteilchen n
**X-intercept** n (Maths) / Abschnitt m auf der x-Achse
**Xi particle** (Nuc) / Xihyperon n (ein Baryon), Xiteilchen n
**X-irradiation** n (Radiol) / Röntgenbestrahlung f
**XL** (existing light) (Photog) / Umlicht n, Raumlicht n, vorhandenes Licht (das zur Verfügung steht) || ≃ (extra long) (Textiles) / extralang adj || ≃ **camera** (Cinema) / XL-Kamera f (für Aufnahmen unter ungünstigen Lichtverhältnissen)
**x-lead package** (Electronics) / mit x-Anschlüssen versehenes Gehäuse
**Xmas tree*** (Oils) / Eruptionskreuz n (der obere Abschluss einer fündigen Erdöl- oder Erdgasbohrung), Weihnachtsbaum m (oberer Teil des Bohrkopfes)
**XML** (extensible markup language) (Comp) / Extensible Markup Language n, XML (Extensible Markup Language)
**XMMS** (X-ray multimirror satellite) (Astron) / XMM-Satellit m (ein von der ESA betriebenes Röntgenlaboratorium in einer Erdumlaufbahn)
**Xmodem** n (a protocol for transferring files using dial-up access) (Comp) / X-Modem m (Standardprotokoll zum Übertragen von Daten), Ward-Christensen-Protokoll n, Christensen-Protokoll n
**XMS*** (Extended Memory Specification) (Comp) / Extended Memory Specification, XMS (Extended Memory Specification - Erweiterungsspeicher-Spezifikation aus dem Hause Microsoft, gemeinsam spezifiziert mit den Unternehmen Lotus, AST und Intel) || ≃* (extended memory) (Comp) / XMS-Speicher m, Erweiterungsspeicher m
**XOD** (xanthine oxidase) (Biochem, Nut) / Xanthinoxidase f (ein Flavoprotein), Schardinger-Enzym n, XOD (Xanthinoxidase)
**xography** n (Print) / Xografie f (dreidimensionale Bilder in Farben und das entsprechende Herstellungsverfahren)
**xonotlite*** n (Min) / Xonotlit m (ein Dreierbänder)
**XON/XOFF characters** (Comp) / XON/XOFF-Zeichen n pl (vom Terminal erzeugte Zeichen für die Datenübertragung in Start-Stop-Arbeitsweise zwischen Terminal und Rechner)
**XOR*** (antivalence, exclusive OR) (Automation, Comp) / Antivalenz f (wenn von zwei Eingängen nur der eine oder nur der andere ein Signal führt - DIN 44300, T 5), exklusives ODER, ausschließendes ODER, XOR (exklusives ODER), Kontravalenz f, EXOR (Exklusiv-Oder), Exklusiv-Oder n || ≃ **gate*** (Automation, Comp) / Antivalenzglied n (das ausschließendes ODER realisiert)
**X paper** (Paper, Textiles) / Dessinpapier n, Musterpapier n, Patronenpapier n
**XPDR** (transponder) (Nav, Telecomm) / Transponder m (aktives Funkantwortgerät), automatisches Antwortgerät (die Kombination aus einem Empfänger, einem Umsetzer und einem Sender)
**X-plate*** n (Electronics) / X-Ablenkplatte f, Horizontalablenkelektrode f, Horizontalablenkplatte f, X-Platte f, Zeitablenkplatte f
**xponder** n (Nav, Telecomm) / Transponder m (aktives Funkantwortgerät), automatisches Antwortgerät (die Kombination aus einem Empfänger, einem Umsetzer und einem Sender)
**XPR** (xponder) (Nav, Telecomm) / Transponder m (aktives Funkantwortgerät), automatisches Antwortgerät (die Kombination aus einem Empfänger, einem Umsetzer und einem Sender)
**XPS** (expert system) (AI) / Expertensystem n (ein Softwaresystem, in dem üblicherweise von menschlichen Experten verwaltetes Wissen abgelegt ist), E-System n, XPS (Expertensystem), ES (Expertensystem) || ≃ (X-ray photoelectron spectroscopy) (Spectr) / ESCA-Methode f (in der Fotoelektronenspektroskopie), Fotoelektronenspektroskopie f mit Röntgenstrahlanregung (mit der Bindungszustände analysiert werden können), Röntgen-Fotoelektronenspektroskopie f (mit weichen Röntgenstrahlen als Sonde), ESCA (eine Methode der Elektronenspektroskopie), XPS-Methode f (in der Elektronenspektroskopie)
**XP virus** (AI, Comp) / Expertensystemvirus n m, XP-Virus n m, Regelvirus n m
**XQ** (extra quality) / Extraqualität f
**X-radiation** n (Radiol) / Röntgenstrahlung f (kurzwellige elektromagnetische Strahlung nach DIN 6814, T 2)
**XRASER** n (Phys) / Röntgenstrahllaser m, Röntgenlaser m (der kohärente Strahlung im Röntgengebiet emittiert)
**X-ray** v (Radiol) / röntgenisieren v (A), röntgen v, schirmbilden v || ≃ v (Radiol) / röntgenisieren v (A), röntgen v, schirmbilden v || ≃ **absorbing glass** (Glass) / röntgenstrahlenabsorbierendes Glas || ≃ **absorption near-edge structure** (Phys, Spectr) / Feinstruktur f der Absorptionskanten (Röntgenspektroskopie), XANES (Feinstruktur der Absorptionskanten) || ≃ **absorption spectroscopy** (Spectr) /

Röntgenabsorptionsspektroskopie f || ≃ **amorphous** (Crystal) / röntgenamorph adj (Sammelbezeichnung für im Wesentlichen kristalline Festkörper minimaler Teilchengröße oder extremer Gitterstörung, die im Vergleich zu mikrokristallinen Pulvern nur sehr verbreiterte Röntgenreflexe liefern) || ≃ **analysis** (Chem) / Röntgenanalyse f (eine analytische Methode) || ≃ (chemical) **analysis** (Chem) / röntgenchemische Analyse || ≃ **analysis** (Crystal) / Röntgenometrie f, Kristallstrukturanalyse f (meistens nach der Schweratommethode), Kristallstrukturuntersuchung f mit Röntgenstrahlen, Röntgenkristallstrukturanalyse f || ≃ **analysis** (Crystal) s. also X-ray fine-structure analysis || ≃ **analytical method** (Chem) / röntgenanalytische Methode (bei der Elementaranalyse komplexer Stoffmischungen) || ≃ **apparatus** (Materials, Radiol) / Röntgenapparat m, Röntgengerät n || ≃ **astronomy*** (Astron) / Röntgenastronomie f (eine Art Hochenergieastronomie) || ≃ **background** (Astron) / Röntgenhintergrundstrahlung f || ≃ **binaries** (Astron) / Röntgendoppelsterne m pl || ≃ **burn** (Radiol) / Röntgenstrahlenverbrennung f || ≃ **camera** (Materials) / Röntgenkamera f (zur Untersuchung kristallinen Materials durch Beugung von Röntgenstrahlen) || ≃ **cassette** (Med, Radiol) / Röntgenfilmkassette f, Röntgenkassette f || ≃ **colour film** (Photog, Radiol) / Röntgenfarbfilm m || ≃ **contrast agent** (Radiol) / Kontrastmittel n (zur Steigerung der optischen Kontraste), KM (Kontrastmittel), Röntgenkontrastmittel n
**X-ray-crystalline** adj (Crystal) / röntgenkristallin adj
**X-ray crystallography*** (Crystal) / Röntgenkristallografie f || ≃ **density** (Crystal) / röntgenografische Dichte, Röntgendichte f || ≃ **diagnostic photograph without any contrast media** (Med) / Nativaufnahme f || ≃ **diagnostics** (Radiol) / Röntgendiagnostik f || ≃ **diffraction** (Crystal) / Röntgenbeugung f (im Bereich von 5 x 10$^{15}$ bis etwa 10$^{19}$ Hz) || ≃ **diffraction analysis** (Crystal) / Röntgenometrie f, Kristallstrukturanalyse f (meistens nach der Schweratommethode), Kristallstrukturuntersuchung f mit Röntgenstrahlen, Röntgenkristallstrukturanalyse f || ≃ **diffraction pattern** (Crystal) / Röntgenbeugungsaufnahme f, Röntgendiffraktionsaufnahme f (auf Film) || ≃ **diffraction photograph** (Crystal) / Röntgenbeugungsaufnahme f, Röntgendiffraktionsaufnahme f (auf Film) || ≃ **diffractometer*** (Crystal) / Röntgendiffraktometer n (zur Registrierung von Röntgenreflexen mit Hilfe von Quantenzählern), Zählrohrdiffraktometer n (z.B. für die Kristallstrukturanalyse) || ≃ **dosemeter** (Nuc) / Röntgendosimeter n || ≃ **dosimeter** (Nuc) / Röntgendosimeter n || ≃ **double star** (Astron) / Röntgendoppelstern m || ≃ **emission** (Phys) / Röntgenemission f || ≃ **emission spectroscopy** (Spectr) / Röntgenemissionsspektroskopie f || ≃ **examination** (Materials) / Röntgendefektoskopie f, Röntgenprüfung f || ≃ **exposure rate meter** (Radiol) / Röntgendosisleistungsmesser m, Dosisleistungsüberwachungsgerät n für Röntgenstrahlen || ≃ **film** (Med, Radiol) / Röntgenfilm m (ein Spezialfilm für Röntgenaufnahmen) || ≃ **film cassette** (Med, Radiol) / Röntgenfilmkassette f, Röntgenkassette f || ≃ **filter** (Med, Radiol) / Röntgenfilter n (das die für die Messung störenden Bereiche des Spektrums der Röntgenstrahlung abschwächt; auch als Schutzfilter eingesetzt) || ≃ **fine-structure analysis** (Crystal, Materials) / Röntgenfeinstrukturuntersuchung f, Röntgenfeinstrukturanalyse f || ≃ **flash** (Radiol) / Röntgenblitz m (ein Röntgenstrahlimpuls) || ≃ **flash tube** (Radiol) / Röntgenblitzröhre f (zur Erzeugung von intensiven Röntgenblitzen) || ≃ **fluorescence** (Radiol) / Röntgenfluoreszenz f || ≃ **fluorescence analysis** (Spectr) / Röntgenfluoreszenzanalyse f, Röntgenfluoreszenzspektroskopie f, RFA (Röntgenfluoreszenzanalyse) || ≃ **fluorescence spectrometry*** (Spectr) / Röntgenfluoreszenzanalyse f, Röntgenfluoreszenzspektroskopie f, RFA (Röntgenfluoreszenzanalyse) || ≃ **fluorescence spectroscopy** (Spectr) / Röntgenfluoreszenzanalyse f, Röntgenfluoreszenzspektroskopie f, RFA (Röntgenfluoreszenzanalyse) || ≃ **focal spot*** (Radiol) / Brennfleck m (der Röntgenröhre) || ≃ **focussing microscopy** (Micros) / Röntgenfokussierungsmikroskopie f || ≃ **generator** (Radiol) / Röntgengenerator m (alle dem Betrieb der Röntgenröhre dienenden elektrischen Teile der Röntgeneinrichtung) || ≃ **glasses** (Radiol) / Röntgenbrille f (mit bleihaltigen Gläsern) || ≃ **grating** (Radiol) / Röntgenstrahlgitter n || ≃ **hardness** (Radiol) / Härte f von Röntgenstrahlen || ≃ **holography** (Radiol) / Röntgenholografie f || ≃ **image** (picture) (Materials, Med, Radiol) / Röntgenogramm n, Röntgenaufnahme f, Röntgenbild n (entweder Röntgenaufnahme oder Röntgenschirmbild) || ≃ **image amplifier** (Radiol) / Röntgenbildverstärker m, Bildverstärker m || ≃ **image intensifier** (Radiol) / Röntgenbildverstärker m, Bildverstärker m || ≃ **interference** (Radiol) / Röntgenstrahlinterferenz f, Röntgeninterferenz f || ≃ **irradiation** (Radiol) / Röntgenbestrahlung f || ≃ **laser*** (Phys) / Röntgenstrahllaser m, Röntgenlaser m (der kohärente Strahlung im Röntgengebiet emittiert) || ≃ **lens** (Micros) / Röntgenlinse f || ≃ **line** (Spectr) / Röntgenlinie f (in der

# X

**X** (Chem Eng) / X (ein vorgestellter Buchstabe für Kautschuke mit Carboxylgruppen)
**X.400** (Comp, Telecomm) / X.400 (ein Standard der ITU und ISO /ISO 10 021/ für E-Mail)
**XA** (extended architecture) (Comp) / erweiterte Architektur (des Rechners)
**XABS** (Chem) / XABS (Kurzzeichen für Copolymere aus Acrylnitril, Butadien und Styrol und einem weiteren Monomer)
**XANES** (X-ray absorption near-edge structure) (Phys, Spectr) / Feinstruktur $f$ der Absorptionskanten (Röntgenspektroskopie), XANES (Feinstruktur der Absorptionskanten)
**xanthan gum*** (Chem, Nut) / Xanthan $n$ (von Xanthomonas campestris und verwandten Bakterien produziertes anionisches Heteropolysaccharid - auch als Verdickungs- und Geliermittel und Trägerstoff nach E 415)
**xanthate** $v$ (Chem) / xanthogenieren $v$ ‖ ~* $n$ (Chem) / Xanthogenat $n$ (Derivat der Dithiokohlensäure-O-ester), Xanthat $n$ (Salz oder Ester einer Xanthogensäure)
**xanthating churn** (Chem Eng) / Xanthatmühle $f$ (eine Sonderform der Zahnscheibenmühle), Xanthatkneter $m$, Sulfidiertrommel $f$, Baratte $f$
**xanthation** $n$ (Chem) / Xanthogenierung $f$, Xanthogenieren $n$, Xanthierung $f$, Xanthieren $n$
**xanthene*** $n$ (tricyclic dibenzopyran) (Chem) / Xanthen $n$ (Dibenzo-γ-pyran) ‖ **~ dyestuffs*** (Chem) / Xanthenfarbstoffe $m$ $pl$
**xanthic acid** (Chem) / Xanthogensäure $f$ ‖ **~ acid** (Chem) / Dithiokohlensäure $f$ (HOCSSH)
**xanthine*** $n$ (Biochem, Chem) / Xanthin $n$, Xan (Xanthin) ‖ **~ dehydrogenase** (Biochem) / Xanthindehydrogenase $f$ ‖ **~ oxidase** (an enzyme of aerobic purine degradation, which catalyses the oxidation of hypoxanthine to xanthine, and xanthine to uric acid) (Biochem, Nut) / Xanthinoxidase $f$ (ein Flavoprotein), Schardinger-Enzym $n$, XOD (Xanthinoxidase) ‖ **~ riboside** (Chem) / Ribosylxanthin $n$, Xanthosin $n$, X (Xanthosin)
**xanthite** $n$ (Min) / Xanthit $m$ (gelbe Varietät des Vesuvians)
**xanthogenate** $n$ (Chem) / Xanthogenat $n$ (Derivat der Dithiokohlensäure-O-ester), Xanthat $n$ (Salz oder Ester einer Xanthogensäure)
**xanthogenic acid** (Chem) / Xanthogensäure $f$
**xanthone** $n$ (Chem) / Xanthon $n$, 9-Xanthenon $n$ (Dibenzo-γ-pyron)
**xanthophyllite*** $n$ (Min) / Xanthophyllit $m$ (ein Clintonit)
**xanthophylls*** $pl$ (Bot, Chem) / Xanthophylle $n$ $pl$ (Gruppenname für oxygenierte Karotinoide - E 161)
**xanthopicrite*** $n$ (Chem) / Berberin $n$ (ein Isochinolinalkaloid), Umbellatin $n$
**xanthoproteic acid** (Chem) / Xanthoproteinsäure $f$ ‖ **~ reaction** (Chem) / Xanthoproteinreaktion $f$ (eine Nachweisreaktion für Proteine)
**xanthoprotein reaction** (Chem) / Xanthoproteinreaktion $f$ (eine Nachweisreaktion für Proteine)
**xanthopsia*** $n$ (Med, Optics) / Xanthopsie $f$, Gelbsehen $n$ (gestörtes Farbensehen)
**xanthopterin** $n$ (Chem) / Xanthopterin $n$ (des Zitronenfalters)
**xanthosiderite** $n$ (Min) / Xanthosiderit $m$, Gelbeisenerz $n$ (eine Varietät des Limonits)
**xanthosine** $n$ (Chem) / Ribosylxanthin $n$, Xanthosin $n$, X (Xanthosin)
**xanthotoxin** $n$ (Chem) / Xanthotoxin $n$ (ein Furocumarin)
**xanthoxin** $n$ (Chem) / Xanthoxin $n$, Xanthoxal $n$
**xanthydrol** $n$ (Chem) / 9-Xanthenol $n$, Xanthydrol $n$
**Xao** (xanthosine) (Chem) / Ribosylxanthin $n$, Xanthosin $n$, X (Xanthosin)
**x-axis** $n$ (pl. x-axes)* (Aero) / x-Achse $f$ (des Flugzeugs), Längsachse $f$ ‖ **~** (pl. x-axes) (in the Argand diagram) (Maths) / Abszissenachse $f$ (der Gauß'schen Zahlenebene, auf der die reellen Zahlen abgetragen werden), x-Achse $f$, X-Achse $f$, x-Koordinate $f$, reelle Achse, Rechtsachse $f$, erste Achse (in dem Koordinatesystem) ‖ **~ amplifier** (Electronics) / X-Verstärker $m$, X-Ablenkverstärker $m$ (z.B. bei Oszilloskopen), Horizontalverstärker $m$
**X-band*** $n$ (Radar, Telecomm) / X-Band $n$ (mittlere Wellenlänge zwischen 8 bis 12 GHz)
**X-bar system** (Teleph) / Kreuzschienenwählersystem $n$
**X-bit** $n$ (Mining) / X-Schneide $f$
**X boson** (Nuc) / X-Boson $n$
**Xbox** $n$ (Comp) / Xbox $f$ (eine Microsoft-Spielkonsole) ‖ **~ controller** (Comp) / Xbox-Controller $m$
**X brace** (Build) / Andreaskreuz $n$ (als Aussteifung einer Holzkonstruktion)
**X by wire** / X-by-wire-Technik $f$ (z.B. Bremsen, Lenkung)
**X capacitor** (Elec Eng) / X-Kondensator $m$ (der Gegentaktstörungen unterdrückt)
**2X CD-ROM** $f$ (Comp) / Double-Speed-CD-ROM-Laufwerk $n$, Zweifach-CD-ROM $f$
**X-check** $n$ (Autos) / Diagonalmessung $f$ (Vermessung von Karosserien)
**X-chromosome*** $n$ (Gen) / X-Chromosom $n$ (ein Geschlechtschromosom)
**X contact** (Photog) / X-Kontakt $m$ (beim Synchronverschluss)
**X-cut** $n$ (Crystal) / X-Schnitt $m$, Orientierung $f$ I
**XDH** (xanthine dehydrogenase) (Biochem) / Xanthindehydrogenase $f$
**xducer** $n$ (Automation, Comp, Electronics) / Transducer $m$, Wandler $m$ (eine Vorrichtung, die eine am Eingang liegende zeitlich veränderliche physikalische Größe in eine am Ausgang abgreifbare, der Eingangsgröße äquivalente Größe umwandelt - Umformer und Umsetzer)
**Xe** (xenon) (Chem) / Xenon $n$, Xe (Xenon)
**xenic acid** (Chem) / Xenonsäure $f$
**XENIX*** $n$ (Comp) / XENIX $n$ (eine Variante des Betriebssystems UNIX für Mini- und Mikrocomputer)
**xenobiology** $n$ (Biol) / Kosmobiologie $f$, Astrobiologie $f$, Ektobiologie $f$, Exobiologie $f$
**xenobiotics** $pl$ (Ecol) / Xenobiotika $n$ $pl$ (Stoffe, die einem bestimmten Ökosystem von Natur aus fremd sind)
**xenoblastic** $adj$ (Geol) / xenoblastisch $adj$
**xenocryst*** $n$ (Geol) / Einsprengling $m$ (allothigener), Xenocryst $m$
**xenogeneic graft*** (Med) / Heterotransplantat $n$, Xenotransplantat $n$, artfremdes Transplantat, heterologes Transplantat, Fremdtransplantat $n$
**xenograft** $n$ (Med) / Heterotransplantat $n$, Xenotransplantat $n$, artfremdes Transplantat, heterologes Transplantat, Fremdtransplantat $n$
**xenolith*** $n$ (Geol) / xenogener Einschluss, Xenolith $m$ (Fremdgesteinseinschluss in magmatischen Gesteinen)
**xenomorphic*** $adj$ (Geol, Min) / allotriomorph $adj$ (Minerale, die bei der Erstarrung von Gesteinsschmelzen infolge gegenseitiger Störung beim Wachstum nicht die ihnen zukommende Eigengestalt entwickeln können), xenomorph $adj$
**xenon*** $n$ (Chem) / Xenon $n$, Xe (Xenon) ‖ **~ hexafluoride** (Chem) / Xenon(VI)-fluorid $n$ ‖ **~ lamp*** (Cinema) / Xenonlampe $f$ ‖ **~ override*** (Nuc Eng) / Xenonreaktivitätsreserve $f$ ‖ **~ peak** (Nuc Eng) / Xenonspitze $f$, Xenonpeak $m$ ‖ **~ poisoning*** (Nuc Eng) / Xenonvergiftung $f$ (eine Brennstoffvergiftung), Xe-Vergiftung $f$ (Verminderung der Reaktivität eines Reaktors, verursacht durch den Neutroneneinfang im Spaltprodukt Xe-135) ‖ **~ tetrafluoride** (Chem) / Xenon(IV)-fluorid $n$
**Xenotest** $n$ (Textiles) / Xenotest $m$ (eine Lichtechtheitsprüfung)
**xenotime*** $n$ (Min) / Xenotim $m$ (Yttriumphosphat), Ytterspat $m$
**xeric*** $adj$ (Bot) / xerisch $adj$, trocken $adj$ (z.B. Standort)
**xerocomic acid** (Chem) / Xerocomsäure $f$ (3,4,4'-Trihydroxypulvinsäure)
**xerogel** $n$ (Chem) / Xerogel $n$ (getrocknetes Lyogel)
**xerograph** $n$ / Xerokopie $f$
**xerographic** $adj$ (Comp, Print) / xerografisch $adj$ ‖ **~ printer*** (Comp) / xerografischer Drucker
**xerography*** $n$ (Print) / Xerografie $f$ (ein elektrostatisches Trockendruck- oder elektrofotografisches Verfahren)
**xeromorphic*** $adj$ (Bot) / xeromorph $adj$ (mit der Eigenschaft, dauernd oder wenigstens vorübergehend die Wasserabgabe zu hemmen)
**xerophilous** $adj$ (adapted to a very dry climate or habitat, or to conditions where moisture is scarce ) (Bot, Zool) / Trockenheit liebend, xerophil $adj$, aridophil $adj$
**xerophyte*** $n$ (Bot) / Xerophyt $m$ (pl. -en) (Pflanze mit Anpassung an Standorte mit Wassermangel), Trockenpflanze $f$
**xeroradiography*** $n$ (Radiol) / Xeroradiografie $f$
**xerotolerant** $adj$ (Biol) / xerotolerant $adj$ (Mikroorganismus)
**xerox** $v$ / eine Xerokopie machen, xerokopieren $v$ ‖ **~** $n$ / Xerokopie $f$
**X-flow cylinder head** (Autos) / Querstrom-Zylinderkopf $m$
**XFOOT** (crossfoot operation) (Comp) / Bildung $f$ der Quersumme, Querrechnen $n$
**Xformer** $n$ (transformer) (Elec Eng) / Transformator $m$ (DIN 57 532-1), Trafo $m$, Umspanner $m$ (für Stromversorgung)
**X-frame** $n$ (Autos) / X-Rahmen $m$ (Längsträger aus Rund- oder Ovalrohr so gebogen, dass sich die Längsträger in der Mitte bis auf wenige Zentimeter nähern und die Konstruktion bei Draufsicht als x-förmiger Gesamtverband erscheint)

**XGA** (Extended Graphics Adapter) (Comp) / Extended Graphics Adapter *m* (Auflösung 1024 x 768), XGA (Extended Graphics Adapter) || ~ **adapter** (Comp) / XGA-Karte *f*
**x-height**\* *n* (Typog) / Mittellänge *f* (die Größe der Kleinbuchstaben, die keine Ober- und Unterlängen haben)
**Xi hyperon** (Nuc) / Xihyperon *n* (ein Baryon), Xiteilchen *n*
**X-intercept** *n* (Maths) / Abschnitt *m* auf der x-Achse
**Xi particle** (Nuc) / Xihyperon *n* (ein Baryon), Xiteilchen *n*
**X-irradiation** *n* (Radiol) / Röntgenbestrahlung *f*
**XL** (existing light) (Photog) / Umlicht *n*, Raumlicht *n*, vorhandenes Licht (das zur Verfügung steht) || ~ (extra long) (Textiles) / extralang *adj* || ~ **camera** (Cinema) / XL-Kamera *f* (für Aufnahmen unter ungünstigen Lichtverhältnissen)
**x-lead package** (Electronics) / mit x-Anschlüssen versehenes Gehäuse
**Xmas tree**\* (Oils) / Eruptionskreuz *n* (der obere Abschluss einer fündigen Erdöl- oder Erdgasbohrung), Weihnachtsbaum *m* (oberer Teil des Bohrkopfes)
**XML** (extensible markup language) (Comp) / Extensible Markup Language *n*, XML (Extensible Markup Language)
**XMMS** (X-ray multimirror satellite) (Astron) / XMM-Satellit *m* (ein von der ESA betriebenes Röntgenlaboratorium in einer Erdumlaufbahn)
**Xmodem** *n* (a protocol for transferring files using dial-up access) (Comp) / X-Modem *m* (Standardprotokoll zum Übertragen von Daten), Ward-Christensen-Protokoll *n*, Christensen-Protokoll *n*
**XMS**\* (Extended Memory Specification) (Comp) / Extended Memory Specification, XMS (Extended Memory Specification - Erweiterungsspeicher-Spezifikation aus dem Hause Microsoft, gemeinsam spezifiziert mit den Unternehmen Lotus, AST und Intel) || ~\* (extended memory) (Comp) / XMS-Speicher *m*, Erweiterungsspeicher *m*
**XOD** (xanthine oxidase) (Biochem, Nut) / Xanthinoxidase *f* (ein Flavoprotein), Schardinger-Enzym *n*, XOD (Xanthinoxidase)
**xography** *n* (Print) / Xografie *f* (dreidimensionale Bilder in Farben und das entsprechende Herstellungsverfahren)
**xonotlite**\* *n* (Min) / Xonotlit *m* (ein Dreierbänder)
**XON/XOFF characters** (Comp) / XON/XOFF-Zeichen *n pl* (vom Terminal erzeugte Zeichen für die Datenübertragung in Start-Stop-Arbeitsweise zwischen Terminal und Rechner)
**XOR**\* (antivalence, exclusive OR) (Automation, Comp) / Antivalenz *f* (wenn von zwei Eingängen nur der eine oder nur der andere ein Signal führt - DIN 44300, T 5), exklusives ODER, ausschließendes ODER, XOR (exklusives ODER), Kontravalenz *f*, EXOR (Exklusiv-Oder), Exklusiv-Oder *n* || ~ **gate**\* (Automation, Comp) / Antivalenzglied *n* (das ausschließendes ODER realisiert)
**X paper** (Paper, Textiles) / Dessinpapier *n*, Musterpapier *n*, Patronenpapier *n*
**XPDR** (transponder) (Nav, Telecomm) / Transponder *m* (aktives Funkantwortgerät), automatisches Antwortgerät (die Kombination aus einem Empfänger, einem Umsetzer und einem Sender)
**X-plate**\* *n* (Electronics) / X-Ablenkplatte *f*, Horizontalablenkelektrode *f*, Horizontalablenkplatte *f*, X-Platte *f*, Zeitablenkplatte *f*
**xponder** *n* (Nav, Telecomm) / Transponder *m* (aktives Funkantwortgerät), automatisches Antwortgerät (die Kombination aus einem Empfänger, einem Umsetzer und einem Sender)
**XPR** (xponder) (Nav, Telecomm) / Transponder *m* (aktives Funkantwortgerät), automatisches Antwortgerät (die Kombination aus einem Empfänger, einem Umsetzer und einem Sender)
**XPS** (expert system) (AI) / Expertensystem *n* (ein Softwaresystem, in dem üblicherweise von menschlichen Experten verwaltetes Wissen abgelegt ist), E-System *n*, XPS (Expertensystem), ES (Expertensystem) || ~ (X-ray photoelectron spectroscopy) (Spectr) / ESCA-Methode *f* (in der Fotoelektronenspektroskopie), Fotoelektronenspektroskopie *f* mit Röntgenstrahlanregung (mit der Bindungszustände analysiert werden können), Röntgen-Fotoelektronenspektroskopie *f* (mit weichen Röntgenstrahlen als Sonde), ESCA (eine Methode der Elektronenspektroskopie), XPS-Methode *f* (in der Elektronenspektroskopie)
**XP virus** (AI, Comp) / Expertensystemvirus *n m*, XP-Virus *n m*, Regelvirus *n m*
**XQ** (extra quality) / Extraqualität *f*
**X-radiation** *n* (Radiol) / Röntgenstrahlung *f* (kurzwellige elektromagnetische Strahlung nach DIN 6814, T 2)
**XRASER** *n* (Phys) / Röntgenstrahllaser *m*, Röntgenlaser *m* (der kohärente Strahlung im Röntgengebiet emittiert)
**X-ray** *v* (Radiol) / röntgenisieren *v* (A), röntgen *v*, schirmbilden *v* || ~ *v* (Radiol) / röntgenisieren *v* (A), röntgen *v*, schirmbilden *v* || ~ **absorbing glass** (Glass) / röntgenstrahlenabsorbierendes Glas || ~ **absorption near-edge structure** (Phys, Spectr) / Feinstruktur *f* der Absorptionskanten (Röntgenspektroskopie), XANES (Feinstruktur der Absorptionskanten) || ~ **absorption spectroscopy** (Spectr) / Röntgenabsorptionsspektroskopie *f* || ~ **amorphous** (Crystal) / röntgenamorph *adj* (Sammelbezeichnung für im Wesentlichen kristalline Festkörper minimaler Teilchengröße oder extremer Gitterstörung, die im Vergleich zu mikrokristallinen Pulvern nur sehr verbreiterte Röntgenreflexe liefern) || ~ **analysis** (Chem) / Röntgenanalyse *f* (eine analytische Methode) || ~ (chemical) **analysis** (Chem) / röntgenchemische Analyse || ~ **analysis** (Crystal) / Röntgenometrie *f*, Kristallstrukturanalyse *f* (meistens nach der Schweratommethode), Kristallstrukturuntersuchung *f* mit Röntgenstrahlen, Röntgenkristallstrukturanalyse *f* || ~ **analysis** (Crystal) s. also X-ray fine-structure analysis || ~ **analytical method** (Chem) / röntgenanalytische Methode (bei der Elementaranalyse komplexer Stoffmischungen) || ~ **apparatus** (Materials, Radiol) / Röntgenapparat *m*, Röntgengerät *n* || ~ **astronomy**\* (Astron) / Röntgenastronomie *f* (eine Art Hochenergieastronomie) || ~ **background** (Astron) / Röntgenhintergrundstrahlung *f* || ~ **binaries** (Astron) / Röntgendoppelsterne *m pl* || ~ **burn** (Radiol) / Röntgenstrahlenverbrennung *f* || ~ **camera** (Materials) / Röntgenkamera *f* (zur Untersuchung kristalliner Materials durch Beugung von Röntgenstrahlen) || ~ **cassette** (Med, Radiol) / Röntgenfilmkassette *f*, Röntgenkassette *f* || ~ **colour film** (Photog, Radiol) / Röntgenfarbfilm *m* || ~ **contrast agent** (Radiol) / Kontrastmittel *n* (zur Steigerung der optischen Kontraste), KM (Kontrastmittel), Röntgenkontrastmittel *n*
**X-ray-crystalline** *adj* (Crystal) / röntgenkristallin *adj*
**X-ray crystallography**\* (Crystal) / Röntgenkristallografie *f* || ~ **density** (Crystal) / röntgenografische Dichte, Röntgendichte *f* || ~ **diagnostic photograph without any contrast media** (Med) / Nativaufnahme *f* || ~ **diagnostics** (Radiol) / Röntgendiagnostik *f* || ~ **diffraction** (Crystal) / Röntgenbeugung *f* (im Bereich von 5 x $10^{15}$ bis etwa $10^{19}$ Hz) || ~ **diffraction analysis** (Crystal) / Röntgenometrie *f*, Kristallstrukturanalyse *f* (meistens nach der Schweratommethode), Kristallstrukturuntersuchung *f* mit Röntgenstrahlen, Röntgenkristallstrukturanalyse *f* || ~ **diffraction pattern** (Crystal) / Röntgenbeugungsaufnahme *f*, Röntgendiffraktionsaufnahme *f* (auf Film) || ~ **diffraction photograph** (Crystal) / Röntgenbeugungsaufnahme *f*, Röntgendiffraktionsaufnahme *f* (auf Film) || ~ **diffractometer**\* (Crystal) / Röntgendiffraktometer *n* (zur Registrierung von Röntgenreflexen mit Hilfe von Quantenzählern), Zählrohrdiffraktometer *n* (z.B. für die Kristallstrukturanalyse) || ~ **dosemeter** (Nuc) / Röntgendosimeter *n* || ~ **dosimeter** (Nuc) / Röntgendosimeter *n* || ~ **double star** (Astron) / Röntgendoppelstern *m* || ~ **emission** (Phys) / Röntgenemission *f* || ~ **emission spectroscopy** (Spectr) / Röntgenemissionsspektroskopie *f* || ~ **examination** (Materials) / Röntgendefektoskopie *f*, Röntgenprüfung *f* || ~ **exposure rate meter** (Radiol) / Röntgendosisleistungsmesser *m*, Dosisleistungsüberwachungsgerät *n* für Röntgenstrahlen (Med, Radiol) / Röntgenfilm *m* (ein Spezialfilm für Röntgenaufnahmen) || ~ **film cassette** (Med, Radiol) / Röntgenfilmkassette *f*, Röntgenkassette *f* || ~ **filter** (Med, Radiol) / Röntgenfilter *n* (das die für die Messung störenden Bereiche des Spektrums der Röntgenstrahlung abschwächt; auch als Schutzfilter eingesetzt) || ~ **fine-structure analysis** (Crystal, Materials) / Röntgenfeinstrukturuntersuchung *f*, Röntgenfeinstrukturanalyse *f* || ~ **flash** (Radiol) / Röntgenblitz *m* (ein Röntgenstrahlimpuls) || ~ **flash tube** (Radiol) / Röntgenblitzröhre *f* (zur Erzeugung von intensiven Röntgenblitzen) || ~ **fluorescence** (Radiol) / Röntgenfluoreszenz *f* || ~ **fluorescence analysis** (Spectr) / Röntgenfluoreszenzanalyse *f*, Röntgenfluoreszenzspektroskopie *f*, RFA (Röntgenfluoreszenzanalyse) || ~ **fluorescence spectrometry**\* (Spectr) / Röntgenfluoreszenzanalyse *f*, Röntgenfluoreszenzspektroskopie *f*, RFA (Röntgenfluoreszenzanalyse) || ~ **fluorescence spectroscopy** (Spectr) / Röntgenfluoreszenzanalyse *f*, Röntgenfluoreszenzspektroskopie *f*, RFA (Röntgenfluoreszenzanalyse) || ~ **focal spot**\* (Radiol) / Brennfleck *m* (der Röntgenröhre) || ~ **focussing microscopy** (Micros) / Röntgenfokussierungsmikroskopie *f* || ~ **generator** (Radiol) / Röntgengenerator *m* (alle dem Betrieb der Röntgenröhre dienenden elektrischen Teile der Röntgeneinrichtung) || ~ **glasses** (Radiol) / Röntgenbrille *f* (mit bleihaltigen Gläsern) || ~ **grating** (Radiol) / Röntgenstrahlgitter *n* || ~ **hardness** (Radiol) / Härte *f* von Röntgenstrahlen || ~ **holography** (Radiol) / Röntgenholografie *f* || ~ **image** (picture) (Materials, Med, Radiol) / Röntgenogramm *n*, Röntgenaufnahme *f*, Röntgenbild *n* (entweder Röntgenaufnahme oder Röntgenschirmbild) || ~ **image amplifier** (Radiol) / Röntgenbildverstärker *m*, Bildverstärker *m* || ~ **image intensifier** (Radiol) / Röntgenbildverstärker *m*, Bildverstärker *m* || ~ **interference** (Radiol) / Röntgenstrahlinterferenz *f* || ~ **irradiation** (Radiol) / Röntgenbestrahlung *f* || ~ **laser**\* (Phys) / Röntgenstrahllaser *m*, Röntgenlaser *m* (der kohärente Strahlung im Röntgengebiet emittiert) || ~ **lens** (Micros) / Röntgenlinse *f* || ~ **line** (Spectr) / Röntgenlinie *f* (in der

Röntgenspektroskopie) || ~ **lithography** (Electronics) / Röntgenstrahllithografie f, Röntgenlithografie f || ~ **luminescence** (Light) / Röntgenlumineszenz f (Anregungsenergie = Röntgenstrahlen) || ~ **machine** (Materials, Radiol) / Röntgenapparat m, Röntgengerät n || ~ **mask** (Electronics) / Röntgenmaske f (in der Röntgenlithografie) || ~ **microanalysis** (Chem, Spectr) / Röntgenmikroanalyse f, Röntgenemissionsmikrospektralanalyse (REMSA) f, REMSA || ~ **microscope**\* (Micros) / Röntgenstrahlmikroskop n, Röntgenmikroskop n || ~ **microscopy** (Micros) / Röntgenstrahlmikroskopie f, Röntgenmikroskopie f || ~ **multimirror satellite** (Astron) / XMM-Satellit m (ein von der ESA betriebenes Röntgenlaboratorium in einer Erdumlaufbahn) || ~ **optics** (Optics) / Röntgenoptik f || ~ **photoelectron spectroscopy** (Chem, Spectr) / ESCA-Methode f (in der Fotoelektronenspektroskopie), Fotoelektronenspektroskopie f mit Röntgenstrahlanregung (mit der Bindungszustände analysiert werden können), Röntgen-Fotoelektronenspektroskopie f (mit weichen Röntgenstrahlen als Sonde), ESCA (eine Methode der Elektronenspektroskopie), XPS-Methode f (in der Elektronenspektroskopie) || ~ **photograph** (Materials, Med, Radiol) / Röntgenogramm n, Röntgenaufnahme f, Röntgenbild n (entweder Röntgenaufnahme oder Röntgenschirmbild) || ~ **photograph** (Radiol) / Schirmbild n, Röntgenschirmbild n || ~ **photon**\* (Phys) / Röntgenfoton n
**X-ray plaster** (Build, Radiol) / röntgenstrahlungshemmender Putz (meistens mit Bariumverbindungen)
**X-ray powder camera** (Crystal) / Röntgenpulverkamera f, Pulverkamera f || ~ **powder method** (Crystal, Min) / Pulvermethode f, Kristallpulvermethode f, Pulververfahren n, Polykristallmethode f (zur Untersuchung von feinkristallinem Material mit Hilfe der Beugung von Röntgenstrahlen) || ~ **projection microscope** (Micros) / Röntgenprojektionsmikroskop n || ~ **projection microscopy** (Micros) / Röntgenprojektionsmikroskopie f, Röntgenschattenmikroskopie f || ~ **protective glass**\* (Glass) / Röntgenschutzglas n (Röntgenstrahlen absorbierendes Glas) || ~ **pulsar** (Astron) / Röntgenpulsar m (ein Neutronenstern in einem Doppelsternsystem, der hauptsächlich Röntgenstrahlung emittiert) || ~ **radiation** (Radiol) / Röntgenstrahlung f (kurzwellige elektromagnetische Strahlung nach DIN 6814, T 2)
**x-rays** pl (Radiol) / Röntgenstrahlen m pl || ~\* pl (Radiol) / Röntgenstrahlen m pl
**X-ray satellite** (Space) / Röntgensatellit m, ROSAT || ~ **scanner** (Radiol) / Röntgenscanner m (Röntgenbilderzeugungssystem, bei dem das Objekt mit einem dünnen Röntgenstrahl abgetastet wird) || ~ **scattering** (Nuc) / Röntgenstrahlstreuung f, Röntgenstreuung f (z.B. Rayleigh-Streuung), Streuung f der Röntgenstrahlen || ~ **screen** (Radiol) / Röntgenschirm m || ~ **screening** (Med) / Röntgenreihenuntersuchung f || ~ **shielding glass** (Glass) / Röntgenschutzglas n (Röntgenstrahlen absorbierendes Glas) || ~ **source** (Astron) / Röntgenstern m (dessen elektromagnetisches Strahlungsspektrum eine intensive Röntgenkomponente enthält, wie z.B. Cygnus X-1 oder Hercules X-1) || ~ **source** (Radiol) / Röntgenstrahler m (Röntgenröhre + Röhrenschutzgehäuse) || ~ **sources**\* (Astron) / Röntgenquellen f pl (Quellen kosmischer Röntgenstrahlung, von denen heute /2005/ bereits mehrere Tausend bekannt sind) || ~ **spectrograph** (Chem, Radiol, Spectr) / Röntgenspektrograf m || ~ **spectrometer**\* (Chem, Radiol, Spectr) / Röntgenspektrometer n || ~ **spectrometric analysis** (Chem, Spectr) / röntgenstrahlen-spektrometrische Analyse f || ~ **spectroscopy** (Chem, Spectr) / Röntgenspektroskopie f || ~ **spectrum**\* (Phys, Spectr) / Röntgenspektrum n || ~ **star** (Astron) / Röntgenstern m (dessen elektromagnetisches Strahlungsspektrum eine intensive Röntgenkomponente enthält, wie z.B. Cygnus X-1 oder Hercules X-1) || ~ **structure analysis** (Crystal) / Röntgenometrie f, Kristallstrukturanalyse f (meistens nach der Schweratommethode), Röntgenstrukturanalyse f || ~ **telescope**\* (Astron) / Röntgenstrahlenteleskop n, Röntgenteleskop n, Wolter-Teleskop n (nach H. Wolter, 1911-1978) || ~ **television** (Radiol) / Röntgenfernsehen n (Übertragung der Bilder auf Sekundärschirme von Röntgenbildverstärkern) || ~ **therapy**\* (Med, Radiol) / Röntgenstrahlentherapie f, Röntgenbehandlung f, Röntgentherapie f || ~ (diffraction) **topography** (Crystal) / Röntgentopografie f (Röntgenbeugungsverfahren, das es erlaubt, Störungen des periodischen Gitteraufbaus von Einkristallen als Kontrastunterschiede in der Feinstruktur der Röntgeninterferenzflecken in natürlicher Größe auf feinkörnigem Material abzubilden) || ~ **transformer**\* (Elec Eng, Radiol) / Röntgentransformator m || ~ **transition radiation** (Radiol) / Röntgenübergangsstrahlung f || ~ **tube**\* (Electronics) / Röntgenröhre f (DIN 6814, T 6), Röntgenlampe f || ~ **working place** (Med) / Röntgenarbeitsplatz m

**XRD** (X-ray diffraction) (Crystal) / Röntgenbeugung f (im Bereich von 5 x $10^{15}$ bis etwa $10^{19}$ Hz)
**XRF** (X-ray fluorescence) (Radiol) / Röntgenfluoreszenz f
**XRFA** (energy-dispersive X-ray fluorescence analysis) (Spectr) / energiedispersive Röntgenfluoreszenzanalyse, EDRFA (energiedispersive Röntgenfluoreszenzanalyse) || ~ (X-ray fluorescence analysis) (Spectr) / Röntgenfluoreszenzanalyse f, Röntgenfluoreszenzspektroskopie f, RFA (Röntgenfluoreszenzanalyse)
**XRF spectroscopy** (Spectr) / Röntgenfluoreszenzanalyse f, Röntgenfluoreszenzspektroskopie f, RFA (Röntgenfluoreszenzanalyse)
**XRPM** (X-ray projection microscope) (Micros) / Röntgenprojektionsmikroskop n
**XS3** (excess-three code) (Comp) / Stibitzkode m, Exzess-3-Kode m, Drei-Exzess-Kode m
**X's** (Telecomm) / atmosphärisches Rauschen, atmosphärische Funkstörungen, Atmospherics pl, Sferics pl, Spherics pl
**X.-series of standards or recommendations**\* (Telecomm) / X.-Serie f der CCITT-Empfehlungen (Empfehlungen der Studiengruppe VII zum Thema Datenübertragung)
**X-synchronization**\* n (Photog) / Blitzlicht-Synchronisation f mit X-Kontakt (Kontaktgabe unmittelbar vor Erreichen der vollen Öffnung des Verschlusses)
**xtal** (Crystal) / Kristall m
**X test** (Stats) / X-Test m (von van der Waerden)
**x-tgd**\* attr (cross-tongued) (Carp, Join) / mit Hirnholzfeder
**X tilt** (Surv) / Querneigung f (in der Fotogrammetrie)
**X-unit** n (Radiol) / XE (X-Einheit), X-Einheit f, Siegbahn'sche X-Einheit f (eine alte Einheit der Länge in der Röntgenspektroskopie - nach M. Siegbahn, 1886 - 1978)
**XUV radiation** (Phys) / XUV-Strahlung f (extrem kurzwellige UV-Strahlung)
**X-Y display** (a rectilinear coordinate plot of two variables) (Electronics) / XY-Anzeige f (Darstellung zweier Variablen im kartesischen Koordinatensystem)
**XY** (measuring) **instrument** (Instr) / Zweikoordinatenmessgerät n, ZKM (Zweikoordinatenmessgerät)
**xylan** n (Chem) / Xylan n (eine Polyose), Holzgummi m n
**xylem**\* n (Bot) / Xylem n, Holzteil m (des Leitbündels) || ~ **fibre** (Bot, For) / verholzte Faser, Holzfaser f || ~ **parenchyma**\* (Bot, For) / Xylemparenchym n, Holzparenchym n || ~ **ray** (Bot) / Holzstrahl m
**xylene**\* n (traditional name for dimethylbenzene) (Chem) / Xylol n, Dimethylbenzol n (aromatischer Kohlenwasserstoff in reiner Darstellung)
**xylene-formaldehyde resin** (Chem, Plastics) / Xylolformaldehydharz n (ein Novolak), Xylenolharz n, XF-Harz n
**xylenesulphonic acid** (Chem) / Xylensulfonsäure f
**xylenol**\* n (Chem) / Xylenol n (Dimethylphenol) || ~ **orange** (Chem) / Xylenolorange n (ein Metallindikator) || ~ **resin**\* (Chem, Plastics) / Xylolformaldehydharz n (ein Novolak), Xylenolharz n, XF-Harz n
**xylenyl phosphate** (Chem) / Xylenylphosphat n
**xylic acid** (Chem) / Xylylsäure f, Dimethylbenzoesäure f
**xylidene** n (Chem) / Xylidin n, Aminoxylol n, Dimethylanilin n
**xylidine** n (Chem) / Xylidin n, Aminoxylol n, Dimethylanilin n
**xylite** n (Chem, Nut) / Xylitol n (ein Pentit), Xylit m (ein Zuckeralkohol - E 967)
**xylitol**\* n (Chem, Nut) / Xylitol n (ein Pentit), Xylit m (ein Zuckeralkohol - E 967)
**xylography** n (Print) / Holzschnitt m (als Reproduktionstechnik)
**xyloid** adj (Bot) / Holz-, holzartig adj, holzig adj || ~ **coal** (Mining) / (Hart)Braunkohle (von holziger Beschaffenheit) f, xylitische Braunkohle, holzige Kohle (Braunkohle) || ~ **lignite** (Mining) / (Hart)Braunkohle (von holziger Beschaffenheit) f, xylitische Braunkohle, holzige Kohle (Braunkohle)
**xyloketose** n (Chem) / Xyloketose f, Ketopentose f (Strukturisomeres der Ribulose), Xylulose f
**xylol**\* n (Chem) / Xylol n, Dimethylbenzol n (aromatischer Kohlenwasserstoff in reiner Darstellung) || ~\* (Chem) / Xylol n (als Handelsprodukt)
**xylolite** n (Build) / Xylolith m, Steinholz n
**xylometer** n (For) / Xylometer n (ein Raummessgerät)
**xylonic acid** (Chem) / Xylonsäure f (eine 2,3,4,5-Tetrahydroxypentansäure)
**xylopal** n (Min) / Holzopal m (Varietät des Opals)
**xylophagous**\* adj (For) / holzfressend adj (Schädling), lignivor adj
**xylose** n (Chem) / Holzzucker m (als Produkt der Holzverzuckerung), Xylose f
**xylotrihydroxyglutaric acid** (Chem) / Xylotrihydroxyglutarsäure f
**xylulose** n (Chem) / Xyloketose f, Ketopentose f (Strukturisomeres der Ribulose), Xylulose f

**xylyl**

**xylyl bromide** (Chem) / Xylylbromid *n* (α-Bromxylol), Methylbenzylbromid *n*
**xylylene diisocyanate** (Chem) / Xylylendiisozyanat *n*, Xylylendiisocyanat *n*
**xylylic acid** (Chem) / Xylylsäure *f*, Dimethylbenzoesäure *f*
**X-Y plotter** (Comp) / Koordinatenschreiber *m*, XY-Schreiber *m* (ein Messschreiber)
**x-y recorder**\* (Comp) / Koordinatenschreiber *m*, XY-Schreiber *m* (ein Messschreiber)
**XYY syndrome**\* (Gen) / XYY-Syndrom *n*
**xyz analysis** / XYZ-Analyse *f* (in der die nach der ABC-Analyse gewichteten Materialien nach ihrer Vorhersagegenauigkeit geordnet werden)

# Y

**y** (yocto-) / yocto- (Vorsatz vor Einheiten mit der Bedeutung $10^{-24}$), y (yocto-)
**Y** (yotta-) / yotta- (Vorsatz vor Einheiten mit der Bedeutung $10^{24}$), Y (yotta-), Yotta-
**Y** (yttrium) (Chem) / Yttrium n, Y (Yttrium)
**yacca resin** / Grasbaumharz n, Akaroidharz n (aus Xanthorrhoea-Arten), Acaroidharz n
**YAG**\* (yttrium-aluminium garnet) (Elec Eng, Min) / YAG m (Yttrium-Aluminium-Granat - ein ferromagnetischer Granat)
**Yagi antenna**\* (Radio) / Yagi-Uda-Antenne f, Yagi-Antenne f (nach H. Yagi, 1886-1976) ‖ ≃-**Uda antenna** (a linear end-fire array consisting of a driven element, a reflector element, and one or more director elements) (Radio) / Yagi-Uda-Antenne f, Yagi-Antenne f (nach H. Yagi, 1886-1976)
**YAG laser** (Phys) / Yag-Laser m
**Yahoo** n (a Web search engine) (Comp) / Yahoo m
**Yale blue** / Dunkelblau n ‖ ≃ **lock** (Build, Join) / Zylinderschloss n (ein Sicherheitsschloss)
**Y-alloy** n (Met) / Y-Legierung f (eine Art Duraluminlegierung der Gattung Al-Cu-Ni nach DIN 1713 - RR.58 in Großbritannien und AU2GN in Frankreich)
**yam** n (Nut) / Yamswurzel f (Dioscorea L.), Jamswurzel f ‖ ~ (US) (Nut) / Batate f (zuckerhaltige stärkereiche Knolle der Ipomoea batatas (L.) Lam.), Süßkartoffel f
**yamamai silk** (Textiles) / Yamamaiseide f, Jamamaiseide f (wilde Seide, die von den Raupen des Jamamaispinners stammt und der Maulbeerseide sehr ähnlich ist, Erzeugerland Japan)
**Yang-Mills field** (Phys) / Yang-Mills-Feld n (Eichtransformation in der Quantenfeldtheorie) ‖ ≃ **gauge field** (Phys) / Yang-Mills-Feld n (Eichtransformation in der Quantenfeldtheorie)
**Yankee drier** (Paper) / Yankee-Trockner m, Zylindertrockner m ‖ ≃ **machine**\* (Paper) / Selbstabnahmemaschine f (für einseitig glatte dünne Papiere), Yankee-Maschine f, Einzylinder-Papiermaschine f ‖ ≃ **screwdriver** (Tools) / Drillschraubendreher m (DIN 898), Schnellschraubenzieher m
**YAP** (yttrium orthoaluminate) (Chem, Electronics) / Yttriumorthoaluminat n
**yapp**\* n (Bind) / Einband m aus weichem Leder mit übergreifenden Kanten (für Bibeln und Gebetbücher) ‖ ~ **binding** (Bind) / Einband m aus weichem Leder mit übergreifenden Kanten (für Bibeln und Gebetbücher) ‖ ~ **edge binding** (Bind) / Einband m aus weichem Leder mit übergreifenden Kanten (für Bibeln und Gebetbücher)
**yard** v (For) / rücken v (Rundholz), vorführen v (Rundholz) ‖ ~\* n / Yard n (ein veraltendes Längenmaß = 0,9144 m) ‖ ~ (Build) / Stapelplatz m ‖ ~ (Build) / Hof m ‖ ~ (Leather) / Wasserwerkstatt f (in der man die tierische Haut für die Gerbung vorbereitet)
**yardage**\* n / Rauminhalt m in Kubikyards ‖ ~ / Länge f in Yards ‖ ~ (Build) / umbauter Raum, Brutto-Rauminhalt m, BRI (Brutto-Rauminhalt), Kubatur f (A) ‖ ~ (Textiles) / Schneidware f, Meterware f, Metrage f, Schnittware f, Ausschnittware f (Meterware) ‖ ~ **goods** (Textiles) / Schneidware f, Meterware f, Metrage f, Schnittware f, Ausschnittware f (Meterware)
**yardang** n (Geol) / Yardang-Landschaft f (morphologische Landschaftsform, die durch Windausblasung in extrem ariden Gebieten entstanden ist)
**yarder** n (For) / Rückemaschine f für den Drahtseilzug, Trommelseilwinde f (für den Holztransport)
**yard goods** (US) (Textiles) / Schneidware f, Meterware f, Metrage f, Schnittware f, Ausschnittware f (Meterware)
**yarding** n (US) (For) / Rücken n (Kurztransport von Rundholz vom Hiebsort bis zu einem Holzabfuhrweg oder Zwischenlagerplatz), Holzrücken n ‖ ~ (Geol) / Yardang-Landschaft f (morphologische Landschaftsform, die durch Windausblasung in extrem ariden Gebieten entstanden ist)
**yardman** n / Hilfsarbeiter m für Außenarbeiten, Hofarbeiter m
**yard radio** (Rail) / Rangierfunk m ‖ ~ **stain** (For) / Verfärbung f des Holzes (ein Trocknungsfehler - bei natürlicher Holztrocknung)
**yardstick concept** (Chem) / Yardstick-Konzept n (Verfahren zur Bewertung des Gefahrenpotentials von Chemikalien)
**yard trap** (San Eng) / Gullygeruchverschluss m
**yarn**\* n (Spinning) / Garn n (DIN 60900, T 1) ‖ ~ **beam** (Weaving) / Kettbaum m (zylindrischer Aufwickelkörper nach DIN ISO 8116-1), Zettelbaum m (ein Vorbaum), Kettenbaum m (ein Vorbaum) ‖ ~ **box** (Weaving) / Fadenführer m (DIN 62500), Garnausgeber m ‖ ~ **brake** (Weaving) / Fadenbremse f, Fadenspanner m, Fadendämmvorrichtung f ‖ ~ **break** (Weaving) / Fadenbruch m ‖ ~ **bulk** (Spinning) / Garnfülligkeit f
**yarn-bulking-and-steaming unit** (Spinning) / Garn-Bausch-und-Dämpfapparat m
**yarn carrier** (Weaving) / Fadenführer m (DIN 62500), Garnausgeber m ‖ ~ **count**\* (Spinning) / Feinheitsnummer f, Feinheit f von Garn (Quotient aus Masse und Länge eines Garnes oder sein Kehrwert), Garnstärke f, Garnfeinheit f, Garnnummer f (DIN 60905) ‖ ~ **damping** (Spinning) / Garnbefeuchtung f ‖ ~-**dyed** adj (Spinning) / garngefärbt adj, garnfarbig adj, im Garn gefärbt ‖ ~ **dyeing** / Garnfärberei f, Garnfärben n, Garnfärbung f ‖ ~ **evenness** (Spinning) / Garngleichmäßigkeit f ‖ ~ **finishing** (Spinning) / Garnveredelung f ‖ ~ **grease** / Schmierfett n mit Textilgerüst ‖ ~ **guide** (Spinning) / Fadenführer m (vom Antrieb getriebene Baugruppe, die die Fadenschwingung und die Fadenverlegung bewirkt) ‖ ~ **hank** (Spinning) / Strang m (Aufmachungsart des Rohmaterials bei Anlieferung an die Weberei), Garnstrang m, Garnsträhne f, Strähn m, Strähne f, Strahn m ‖ ~ **in hanks** (Spinning) / Stranggarn n ‖ ~ **input tension** (Textiles) / Garneinlaufspannung f (bei Strickmaschinen) ‖ ~ **moistening** (Spinning) / Garnbefeuchtung f ‖ ~ **number** (Spinning) / Feinheitsnummer f, Feinheit f von Garn (Quotient aus Masse und Länge eines Garnes oder sein Kehrwert), Garnstärke f, Garnfeinheit f, Garnnummer f (DIN 60905) ‖ ~ **numbering** (Spinning) / Garnnummerierung f ‖ ~ **oscillation** (Spinning) / Fadenschwingung f (eine Bewicklungsbewegung) ‖ ~ **package** (Spinning) / Wickelkörper m (eine Aufmachungseinheit), Garnkörper m, Pack m, Garnträger m, Aufmachungseinheit f ‖ ~ **raising** (Spinning) / Garnrauen n ‖ ~ **reel** (Spinning) / Garnrolle f ‖ ~ **sinking** (Textiles) / Kulieren n (nacheinander ablaufendes Umformen des Fadens in Schleifen) ‖ ~ **slippage** (Textiles) / Fadengleiten n ‖ ~ **spool** (Spinning) / Garnrolle f ‖ ~ **striper** (Textiles) / Ringelapparat m, Ringeleinrichtung f ‖ ~ **twist** (Spinning) / Garndrehung f (DIN 53832)
**yarn-washing machine** (Spinning) / Garnwaschmaschine f (DIN 64990)
**yarran** n (For) / Veilchenholz n (Australisches - aus Acacia homalophylla A. Cunn. ex Benth.), Yarran f
**Yarrow boiler**\* (Eng, Ships) / Yarrow-Kessel m (ein Schiffskessel)
**Yates correction** (one of the modifications of the chi-square test used on 2 x 2 contingency tables, where the expected number of occurrences in each of the four subcategories is more than 5 and where the total number of actual occurrences in all four categories is more than 50) (Stats) / Yates'sche Korrektur (um eine bessere Annäherung der Verteilung der Testgröße an die $\chi^2$-Verteilung mit einem Freiheitsgrad zu erreichen), Yates'sche Kontinuitätskorrektur f ‖ ~ **modified chi-square test** (Stats) / Yates'sche Korrektur (um eine bessere Annäherung der Verteilung der Testgröße an die $\chi^2$-Verteilung mit einem Freiheitsgrad zu erreichen), Yates'sche Kontinuitätskorrektur
**yaw** v (Autos) / gieren v (wenn das Fahrzeugheck von der Soll-Fahrtrichtung durch höhere Schräglaufwinkel an der Hinterachse als an der Vorderachse abweicht) ‖ ~\* n (Aero, Autos, Ships) / Gieren n (Drehbewegung in der waagerechten Ebene um eine lotrechte Achse, bewirkt durch ein Giermoment) ‖ ~ **acceleration** (Autos) / Gierwinkelbeschleunigung f (ständig zunehmende Vergrößerung des Gierwinkelfehlers) ‖ ~ **angle**\* (Aero, Ships) / Gierwinkel m ‖ ~ **angle** (Autos) / Gierwinkelfehler m (Abweichung zwischen der Fahrzeuglängsachse und der Längsachse eines idealen Fahrzeugs, das den vorgegebenen Kreisbogen ohne Abweichung weiter befährt), Gierwinkel m ‖ ~ **axis** (Aero) / Gierachse f (die vertikal durch den Schwerpunkt des Flugzeuges verläuft) ‖ ~ **control** (Aero) / Seitensteuerung f (um die Hochachse durch das Seitenruder) ‖ ~ **damper**\* (Aero) / Gierdämpfer m ‖ ~ **damping** (Aero) / Gierdämpfung f ‖ ~ **drive** (of downwind turbines) / Azimutantrieb m (eines Leeläufers)
**yawed angle** (Aero, Ships) / Gierwinkel m
**yawing** n (Aero, Autos, Ships) / Gieren n (Drehbewegung in der waagerechten Ebene um eine lotrechte Achse, bewirkt durch ein Giermoment) ‖ ~ **moment**\* (Aero, Autos) / Giermoment n ‖ ~ **stability** (Aero) / Gierstabilität f ‖ ~ **stability** (Aero) s. also directional stability ‖ ~ **system** / Windrichtungsnachführung f (z.B. bei den Windturbinen)
**yaw meter**\* (Aero) / Gierungsmesser m ‖ ~ **moment** (Aero, Autos) / Giermoment n ‖ ~ **system** / Windrichtungsnachführung f (z.B. bei den Windturbinen) ‖ ~ **travel** (Eng) / Gierendrehweg m (bei den IR) ‖ ~ **turn** (Autos) / Gierdrehung f ‖ ~ **velocity** (Autos) / Giergeschwindigkeit f, Gierwinkelgeschwindigkeit f (Drehgeschwindigkeit der Fahrzeuglängsachse gegenüber einer raumfesten Richtung)
**y-axis**\* n (pl. y-axes) (Aero) / Querachse f, y-Achse f (des Flugzeugs)
**y-axis** n (Maths) / imaginäre Achse, Ordinatenachse f, y-Achse f (der Gauß'schen Zahlenebene, auf der die rein imaginären Zahlen

**y-axis**

abgetragen werden) ǁ ~* (Maths) / Ordinatenachse *f*, y-Achse *f*, y-Koordinate *f*, Y-Achse *f* ǁ ≃ **amplifier** (Electronics) / Y-Verstärker *m*, Y-Ablenkverstärker *m* (z.B. bei Oszilloskopen), Vertikalverstärker *m*
**yazoo stream** (Geog, Geol) / Flusssystem *n* mit parallelen Nebenflüssen
**Yb** (ytterbium) (Chem) / Ytterbium *n*, Yb (Ytterbium)
**Y-belt** *n* (Autos) / Y-Gurt *m* (zur Sicherung eines Säuglings im Babysitz)
**Y-branch** *n* (Elec Eng) / Y-Verzweigung *f*
**Y-branch** *n* (San Eng) / halbschräger Abzweig
**Y capacitor** (Elec Eng) / Y-Kondensator *m* (der die beiden Netzleitungen jeweils mit dem Gehäuse und dem Schutzleiter vwerbindet)
**Y-chromosome*** *n* (Gen) / Y-Chromosom *n* (ein Geschlechtschromosom - Gegensatz zu X-Chromosom)
**Y circulator** (Elec Eng) / Y-Zirkulator *m*
**Y-class insulation*** (temperature class rating) (Elec Eng) / Isolationsklasse *f* bis 90 °C
**Y-connected** *adj* (Elec Eng) / sterngeschaltet *adj*
**Y connection*** (US) (Elec Eng) / Sternschaltung *f* (DIN 40 108)
**y coordinate** (Maths) / Ordinate *f* (parallel zur Ordinatenachse abgemessener Linienabschnitt in kartesischen Koordinaten)
**Y cracks** (For) / Y-Risse *m pl* (die sich aus drei geraden Rissen zusammensetzen und die Form eines "Y" bilden)
**Y-cut** *n* (Crystal) / Y-Schnitt *m*, Orientierung *f* II
**yd** (yard) / Yard *n* (ein veraltendes Längenmaß = 0,9144 m)
**YD** (yellows disease) (Agric, Bot) / Vergilbungskrankheit *f* (eine Viruskrankheit), Gelbsucht *f*
**year*** *n* (Astron) / Jahr *n* (z.B. tropisches, siderisches, anomalistisches)
**yearling's wool** (Textiles) / Erstlingswolle *f*, Jährlingswolle *f*
**yearly maintenance** (Eng, Work Study) / jährliche Wartung
**year ring** (For) / Jahrring *m*, Jahresring *m*
**yeast*** *n* (Bot) / Hefe *f* II ~* (Bot) / Hefepilz *m*
**yeast-bitten** *adj* / hefig *adj* (mit Hefegeschmack)
**yeast extract*** (Nut) / Hefeextrakt *m n* ǁ ~ **fungus** (Bot) / Hefepilz *m*
**yeastification** *n* (Biochem) / Verhefung *f*
**yeast-leavened** *adj* (Nut) / hefegetrieben *adj* (Backwaren)
**yeast-like** *adj* / hefeartig *adj*
**yeast mating factor** (Biochem) / Hefe-Paarungsfaktor *m* (ein Prenylprotein) ǁ ~ **powder** (Nut) / Trockenhefe *f*
**yeast-raised** *adj* (Nut) / hefegetrieben *adj* (Backwaren)
**yeasty** *adj* / hefig *adj* (mit Hefegeschmack) ǁ ~ **taste** (Nut) / Hefegeschmack *m* (des Weins)
**yellow** *vi* / vergilben *v*, gelb werden ǁ ~ *vt* / gelb färben ǁ ~ *n* (Paint) / Gelb *n* ǁ ~ (Phys) / Gelb *n* (als Farbempfindung) ǁ ~ *adj* / gelb *adj* ǁ ~ **arsenic** (Chem) / nichtmetallisches Arsen, gelbes Arsen (monotrope Modifikation von Arsen) ǁ ~ **arsenic** (Min) / Auripigment *n*, Rauschgelb *n* (Arsen(III)-sulfid) ǁ ~ **birch** (For) / Gelbbirke *f* (Betula alleghaniensis Britt.) ǁ ~ **brass** (Met) / Gelbguss *m*, Yellow Metall *n* (seewasserbeständiges Messing mit etwa 60% Cu und 40% Zn), Messingguss *n* (zinkreiche Sorte von Messing, gegossene Kupfer-Zink-Legierung) ǁ ~ **brilliant** (Chem, Paint) / Brillantgelb *n* (ein Indikator) ǁ ~ **cable** (Comp) / Yellow Cable *n* (Verkabelungsart von Ethernet-Netzwerken)
**yellowcake*** *n* (Nuc Eng) / Urankonzentrat *n*, Yellow cake *m* (mit 70 bis 80% U - das zu Brennstoff für Kernreaktoren verarbeitet wird - meistens Ammoniumdiuranat)
**yellow cast** (Photog) / Gelbstich *m* ǁ ~ **cedar** (For) / Holz *n* der Nutka-Scheinzypresse Chamaecyparis nootkatensis (D. Don) Spach ǁ ~ **chromate coating** (Surf) / Gelbchromatierüberzug *m* ǁ ~ **cinchona** (Pharm) / Perurinde *f*, Calisaya-Chinarinde *f*, Königschinarinde *f* (aus Cinchona officinalis L.) ǁ ~ **coal** (Geol) / Tasmanit *m* (Zwischenstufe zwischen Kännelkohle und Ölschiefer) ǁ ~ **cypress** (For) / Holz *n* der Nutka-Scheinzypresse Chamaecyparis nootkatensis (D. Don) Spach ǁ ~ **dwarf** (Astron) / Gelber Zwerg *n* ǁ ~ **enzymes** (Physiol) / Flavoproteine *n pl*, Flavoenzyme *n pl* ǁ ~ **filter** (Photog) / Gelbfilter *n* ǁ ~ **flame** (US) / Leuchtflamme *f* ǁ ~ **grass-tree gum** / Gelbes Grasbaumharz (meistens aus Xanthorrhoea hastilis R.Br.), Gelbes Akaroidharz
**yellow-green filter** (Photog) / Gelbgrünfilter *n* (blau dämpfendes, Grün aufhellendes fotografisches Aufnahmefilter - in strenger Ausführung auch ein Dunkelkammerschutzfilter)
**yellow ground*** (Geol) / Yellow Ground *m*, gelbbrauner Kimberlit (Explosionsbrekzie) ǁ ~ **heat** (Met) / Gelbglut *f* (eine Anlassfarbe)
**yellowing** *n* (the discolouration of a paint on ageing) (Paint) / Vergilbung *f* (DIN 6167 und 55980) ǁ ~* (Textiles) / Vergilben *n* (durch Hilfsmittelrückstände auf der Faser), Gelbwerden *n* ǁ ~ **on exposure to light** (Light, Optics) / Lichtgilbung *f* (als Prozess)
**yellowish** *adj* / gelbstichig *adj*, gelblich *adj* ǁ ~ **brown** / gelbbraun *adj*
**yellow lead ore** (Min) / Wulfenit *n*, Gelbbleierz *n* (Bleimolybdat) ǁ ~ **lines** (GB) (Autos) / Markierung *f* für Parkverbot ǁ ~ **mechanical straw pulp** (Paper) / Gelbstrohzellstoff *m*, Gelbstrohstoff *m*, gelber Strohstoff (nicht gebleicht) ǁ ≃ **meranti** (a light hardwood) (For) / Gelbes Meranti (Shorea spp.) ǁ ~ **metal** (Met) / Gelbguss *m*, Yellow Metall *n* (seewasserbeständiges Messing mit etwa 60% Cu und 40% Zn), Messingguss *n* (zinkreiche Sorte von Messing, gegossene Kupfer-Zink-Legierung)
**yellowness** *n* (Light) / Gelbstich *m* (Verschiebung in Richtung Gelb) ǁ ~ **on exposure to light** (Light, Optics) / Lichtgilbung *f* (als Zustand), Lichtvergilbung *f*
**yellow ochre** (Paint) / gelber Ocker ǁ ~ **orpiment** (Min) / Auripigment *n*, Rauschgelb *n* (Arsen(III)-sulfid) ǁ ≃ **Pages** (Teleph) / Gelbe Seiten (Branchenverzeichnis in einem Telefonbuch) ǁ ~ **phosphorus** (Chem) / gelber Phosphor (monotrope Modifikation) ǁ ~ **pine*** (For) s. loblolly pine, longleaf pine, pitch-pine, pond-pine and slash pine ǁ ~ **pine oil** (Chem Eng) / hochsiedende Fraktion bei der Gewinnung des Holzterpentinöls ǁ ~ **poplar** (US) (For) / Tulpenbaum *m* (meistens Liriodendron tulipifera L.) ǁ ~ **poplar** (For) / eine Art Tulpenbaum (Liriodendron tulipifera L.) ǁ ~ **potassium prussiate** (Chem) / gelbes Blutlaugensalz ǁ ~ **prussiate of potash** (Chem) / gelbes Blutlaugensalz ǁ ~ **pulp** (Paper) / Gelbstrohzellstoff *m*, Gelbstrohstoff *m*, gelber Strohstoff (nicht gebleichert) ǁ ~ **quartz*** (Min) / Zitrin *n* (Quarzvarietät), Citrin *m*, Quarztopas *m* ǁ ~ **ripeness** (Agric) / Gelbreife *f* (des Getreides) ǁ ~ **ripeness** (Agric) / Gelbreife *f* ǁ ~ **room** (TV) / Gelbraum *m* (im Beschirmungsraum) ǁ ~ **rot** (For) / Gelbfäule *f* (der Eiche durch Stereum hirsutum) ǁ ~ **rust** (Agric, Chem) / Gelbrost *m* (an Getreide), Streifenrost *m* (eine Rostkrankheit - Puccinia striiformis glumarum (Schm.) Erikss.)
**yellows*** *pl* (Agric, Bot) / Vergilbungskrankheit *f* (eine Viruskrankheit), Gelbsucht *f*
**yellow salt** (Chem, Nuc Eng, Photog) / Uranylnitrat *n* (Hexahydrat - $UO_2(NO_3)_2 \cdot 6 H_2O$)
**yellows disease** (Agric, Bot) / Vergilbungskrankheit *f* (eine Viruskrankheit), Gelbsucht *f*
**yellow separation** (Print) / Gelbauszug *m* (unter einem strengen Blaufilter gewonnenes Farbauszugsnegativ, dessen Kopie die Gelbdruckplatte ergibt - beim Dreifarbendruck, Blaufilterauszug *m* ǁ ≃ **seraya** (Shorea fagnetiana) (For) / Gelbes Meranti (Shorea spp.) ǁ ~ **soap** / Schmierseife *f* (meistens mit Kolophoniumzusatz) ǁ ~ **spot*** (Optics) / Gelber Fleck (der Netzhaut), Macula lutea *f* (Gelber Fleck der Netzhaut) ǁ ~ **stain** (Glass) / Gelbätze *f*, Gelbbeize *f* ǁ ~ **strawboard** (Paper) / reine Strohpappe ǁ ~ **straw pulp** (Paper) / Gelbstrohzellstoff *m*, Gelbstrohstoff *m*, gelber Strohstoff (nicht gebleichert) ǁ ~ **stripe rust** (Agric, Chem) / Gelbrost *m* (an Getreide), Streifenrost *m* (eine Rostkrankheit - Puccinia striiformis glumarum (Schm.) Erikss.) ǁ ~ **tacamahac** (bitangor) (For) / Calophyllum inophyllum L. (Bitangor) ǁ ~ **tellurium*** (Min) / Sylvanit *m*, Schrifterz *n*, Weißgolderz *n* (Silbergoldtellurid) ǁ ~ **ultramarine** (Paint) / gelbes Ultramarin (Handelsbezeichnung für Baryt- und Strontiumgelb - Ba- und Sr-Chromat), Steinbühler Gelb *n* (ein Chrompigment) ǁ ~ **vision** (Med, Optics) / Xanthopsie *f*, Gelbsehen *n* (gestörtes Farbensehen) ǁ ~ **ware** (a yellow semi-vitreous ware or an earthenware with a colourless, clear glaze) (Ceramics) / gelbbrennende Irdenware, Gelbware *f* (mit durchsichtiger, fast farbloser Glasur)
**yellow-wood*** (For) / Cladrastis lutea (F. Michx.) K.Koch (ein Gelbholz) ǁ ~ (For) / Gelbholz *n* (als Sammelname)
**yenite** *n* (Min) / Ilvait *m*, Lievrit *m*
**yercum fibre** / Yercum-Faser *f* (aus der Rinde der Schwalbenwurzgewächsart Calotropis gigantea (L.) Dryand.)
**yew*** *n* (For) / Eibe *f* (Taxus baccata L.)
**Y horizon** (Geol) / Y-Horizont *m* (durch künstliche Auflagerung auf den Boden entstandener Bodenhorizont)
**yield** *v* / ergeben *v* (z.B. eine Kurve im Diagramm) ǁ ~ **give right of way to other traffic** (Autos) / die Vorfahrt lassen ǁ ~ (Build) / nachgeben *v* (z.B. Baugrund) ǁ ~ (Materials) / fließen *v* (von Werkstoffen) ǁ ~ *n* / Ausbeute *f* (bei der Aufbereitung) ǁ ~ / Anschlagskapazität *f* (bei Farbbändern) ǁ ~ / Ausbeute *f*, Ertrag *m*, Rendement *n* ǁ ~ / Ergiebigkeit *f* (im Allgemeinen) ǁ ~ (Chem Eng) / Ausbeute *f*, Bildungsgrad *m* (einer Reaktion oder einer Reaktionsfolge) ǁ ~ (Geol, Hyd Eng) / Quellschüttung *f*, Ergiebigkeit *f*, Schüttung *f* (Wassermenge, die eine Quelle innerhalb einer bestimmten Zeit abgibt) ǁ ~ (Materials, Mech) / Fließen *n* (ein Formänderungsvorgang bei Belastung unter der Elastizitätsgrenze) ǁ ~ (Met) / Ausbringung *f* (Verhältnis zwischen verwertbarer Erzeugungsmenge und Einsatzmenge in Prozent ausgedrückt) ǁ ~ (Mil) / Detonationswert *m* (der Kernwaffen in kt) ǁ ~ (Mining) / Einsinkweg *m*, Zusammenschub *n* (eines Stempels) ǁ ~* (Mining) / Fördermenge *f*, Förderleistung *f*, Förderung *f* (mengenmäßig betrachtet), Förderquantum *n* (mengenmäßig betrachtet) ǁ ~ (Textiles) / Rendement *n* (Anteil reiner Wolle in der Rohwolle) ǁ ~ (Work Study) / Ausbeute *f* (z.B. das Verhältnis der einwandfreien Fertigerzeugnisse zum Ausschuss) ǁ ~ **coefficient** / Ertragskoeffizient *m* ǁ ~ **condition** (Materials) / Fließbedingung *f* (die den Zusammenhang zwischen den Spannungen bei Fließbeginn und

der Fließspannung beschreibt) ‖ ~ **curve** / Ertragskurve f ‖ ~ **decline** / Ertragsrückgang m ‖ ~ **equation** (Comp) / Ausbeutegleichung f (in der Prozessrechentechnik) ‖ ~ **expectation** / Ertragserwartung f
**yield-G** n (Nuc) / G-Wert m (bei strahlenchemischen Reaktionen)
**yield increase** / Ertragssteigerung f, Ertragszuwachs m
**yielding** n (Materials, Mech) / Fließen n (ein Formänderungsvorgang bei Belastung unter der Elastizitätsgrenze) ‖ ~ (Mech) / Verformungsbeginn m ‖ ~ *adj* (Civ Eng) / nachgiebig adj (Baugrund) ‖ ~ **prop*** (Mining) / nachgiebiger Stempel ‖ ~ **stop** (Eng) / federnder Anschlag ‖ ~ **superiority** (Agric) / Ertragsüberlegenheit f ‖ ~ **support** (Mining) / veränderungsfähiger Ausbau, nachgiebiger Ausbau
**yield per ion pair** (Nuc) / Ausbeute f pro Ionenpaar, M/N-Verhältnis n (Ausbeute pro Ionenpaar) ‖ ~ **phenomenon** (Materials, Phys) / Fließerscheinung f ‖ ~ **point** (Materials) / Streckgrenze f beim Zugversuch nach DIN EN 10 025, Einheit N/mm$_2$ ‖ ~ **point*** (Materials, Mech) / Fließgrenze f (DIN 1342-1), Quetschgrenze f (beim Druckversuch) ‖ ~ **point at elevated temperature** (Materials) / Warmstreckgrenze f
**yield-point elongation** (in materials that exhibit a yield point, the difference between the elongation at the completion and at the start of discontinuous yielding) (Materials) / Dehnung f im Fließgrenzbereich
**yield reduction** / Ertragsminderung f ‖ ~ **strain** (Materials) / Fließdehnung f ‖ ~ **strength** (the stress at which the material begins to experience significant plasticity) (Materials) / praktische Fließgrenze (mit vorgegebener bleibender Dehnung in Prozenten), Dehngrenze f ‖ ~ **strength** (Materials) / Fließfestigkeit f ‖ ~ **strength** (Materials) s. also yield stress ‖ ~ **strength in compression** (Materials) / Druckfließspannung f ‖ ~ **strength in tension** (Materials) / Zugfließspannung f ‖ ~ **stress*** (Materials) / Fließspannung f (eine Werkstoffkenngröße), Streckspannung f, Quetschspannung f (eine Werkstoffkenngröße)
**YIG*** (yttrium-iron garnet) (Elec Eng, Min) / YIG m (Yttrium-Eisen-Granat - ein ferromagnetischer Granat) ‖ ≃ **filter*** (Elec Eng) / YIG-Filter n
**Y joint** (Cables) / Y-Muffe f (zur Verbindung eines Abzweigkabels mit einem Hauptkabel, wobei die Achsen beider Kabel annähernd parallel sind)
**ylang-ylang oil** / Ylang-Ylang-Öl n, Ilang-Ilang-Öl n (das etherische Öl der Cananga odorata (Lam.) Hook. f. et Thomson)
**ylem*** n (Nuc) / Urplasma n, Ylem n (Big-Bang-Kosmologie)
**Y-level*** n (Surv) / Reiterlibelle f, Reitlibelle f
**ylid** n (Chem) / Ylid n (bei der Wittig'schen Darstellung der Alkene aus Karbonylverbindungen)
**ylide** n (Chem) / Ylid n (bei der Wittig'schen Darstellung der Alkene aus Karbonylverbindungen)
**Y-matrix** n (Elec Eng) / Admittanzmatrix f (DIN 13321), Leitwertmatrix f
**Y-modem** n (Comp) / Y-Modem m n (ein Dateiübertragungsprotokoll für den Filetransfer mit Modem), Y (Y-Modem)
**Y-network*** n (Elec Eng) / T-Schaltung f, T-Zweitor n, T-Netz n, T-Glied n (ein Zweitor aus drei, zu einem Stern zusammengeschalteten Impedanzen im Längszweig und einer Impedanz im Querzweig), Zweitor n in T-Schaltung
**yocto-** / yocto- (Vorsatz vor Einheiten mit der Bedeutung 10$^{-24}$), y (yocto-)
**yoderite*** n (Min) / Yoderit m (ein dem Kyanit ähnliches Mineral, das ihn umwächst)
**Yoffe bar** (Nuc Eng) / Joffé-Stab m (nach dem russischen Physiker A.F. Joffé, 1880-1960)
**yoghurt*** n (Nut) / Joghurt m f n (pl. -s), Yoghurt m f n, Jogurt m f n
**yogurt** n (Nut) / Joghurt m f n (pl. -s), Yoghurt m f n, Jogurt m f n
**yohimbic acid** (Chem) / Yohimbinsäure f, Johimbinsäure f
**yohimbine*** n (Chem, Med) / Yohimbin n (Methylester der Johimbinsäure), Johimbin n, Quebrachin n (das Hauptalkaloid in vielen Aspidosperma-Arten)
**yoke** (the cockpit control in an aircraft) (Aero) / Steuersäule f mit Rollenker ‖ ~ (US) (Build) / Anschlagleiste f (bei senkrecht verschiebbaren Fenstern) ‖ ~ (Civ Eng) / Schalungsanker m (abstandhaltendes Gerät, das die Schalung so miteinander verbindet, dass sie durch den Schalungsdruck des eingebrachten Betons ihre Lage nicht verändert) ‖ ~ (Civ Eng) / Heberbock m (bei der Gleitschalung) ‖ ~ (Comp) / Zugriffskamm f (einer Festplatte, an dem die Schreib-/Leseköpfe befestigt sind) ‖ ~ (Elec Eng) / Joch n (ein unbewickelter magnetischer Rückschluss aus massivem oder lamelliertem Eisen im magnetischen Kreis), Magnetjoch n ‖ ~ (Eng) / Gabelkopf m ‖ ~* (Eng) / Aufsatz m, Bügelausführung f (eines Aufsatzventils) ‖ ~* (Eng) / Joch n, Bügel m ‖ ~ (Mining) / Stempelschloss n (bei Reibungsstempeln) ‖ ~ (a part of garment that fits over the shoulders and to which the main part of the garment is attached) (Textiles) / Passe f (an den Schultern /oder an der Hüfte/ angesetztes Stück Stoff), Sattel m, Koller n (lose aufliegendes, passenartiges Schulterstück, z.B. bei Trenchcoats) ‖ ~ **bushing** (Eng) / Bügelbuchse f
**yoked basin** (Geol) / Zeugogeosynklinale f
**yoke elm** (For) / Hainbuche f (Gewöhnliche), Weißbuche f, HB (Hornbaum), Hornbaum m (Carpinus betulus L.) ‖ ~ **follower** (Eng) / Doppeltellerstößel m (im Kurvengetriebe) ‖ ~ **lamination** (Elec Eng, Mag) / Jochbleche n pl ‖ ~ **sleeve** (Eng) / Bügelbuchse f
**yoke-suspension motor** (Elec Eng) / Achslagermotor m rückseitig auf federndem Joch gelagert
**yoke-type track roller** (Eng) / Stützrolle f (DIN ISO 5593) ‖ ~ **valve** (Eng) / Aufsatzventil n (bei dem ein Aufsatz mit Spindelbuchse zur Führung der Spindel auf das Gehäuse aufgesetzt und unter Verwendung von Flachdichtung, Schrauben und Muttern mit diesem verschraubt ist)
**Yokkaichi asthma** (Med, Oils) / durch Einatmen von Schwefeldioxid verursachtes Asthma (nach dem petrolchemischen Kombinat in Yokkaichi/Japan/ benannt)
**Yokota glass** (Glass) / Ag-aktiviertes Phosphatglas, silberaktiviertes Phosphatglas, Yokota-Glas f
**yolk*** n (Biol, Nut) / Eigelb n, Dotter m n, Eidotter m n ‖ ~ (Textiles) / Wollschweiß m, Fettschweiß m (der Schafrohwolle), Wollschmiere f ‖ ~ **wool** (Textiles) / Schweißwolle f, Schmutzwolle f, Fettwolle f, Schwitzwolle f (frisch geschorene, ungewaschene) ‖ ~ **yellow** (Biol, Nut) / Dottergelb n
**York-Scheibel column** (Chem Eng) / Scheibel-Kolonne f, Rührkolonne f nach Scheibel
**Yorkshire bond*** (Build) / märkischer Verband
**York solution** (Chem, Textiles) / York-Reagens n (ein Faserreagens), York-Lösung f
**yoshino paper** (Paper) / Papier n aus dem Papiermaulbeerbaum (japanisches)
**yotta-** / yotta- (Vorsatz vor Einheiten mit der Bedeutung 10$^{24}$), Y (yotta-), Yotta-
**young fustic** (For) / Fisettholz n (ein Gelbholz aus Cotinus coggygria Scop.), Fisettholz n (aus dem Gemeinen Perückenstrauch) ‖ ≃-**Helmholtz theory of colour vision*** (Phys) / Young-Helmholtz-Theorie f des Farbensehens ‖ ≃ **interferometer** (Light, Optics) / Young-Interferometer n, Zweispaltinterferometer n, Young'scher Doppelspalt
**Young's double-slit** (Light, Optics) / Young'scher Doppelspalt (Interferenzanordnung aus zwei schmalen, dicht beieinander parallel angeordneten, mit kohärentem Licht beleuchteten Spalten) ‖ ≃ **double-slit experiment** (Light, Optics) / Young'scher Doppelversuch ‖ ≃ **double-slit interferometer** (Light, Optics) / Young-Interferometer n, Zweispaltinterferometer n, Young'scher Doppelspalt ‖ ≃ **double-slit interferometer** (Light, Optics) / Young-Interferometer n, Zweispaltinterferometer n, Young'scher Doppelspalt
**Young's equation*** (Min Proc, Phys) / Young-Gleichung f (Bestimmung des Kontaktwinkels im Benetzungsgleichgewicht)
**Young's interference principle** (Light, Optics) / Young-Interferenzprinzip n (nach Th. Young, 1773 - 1829)
**Young's modulus*** (Phys) / Young'scher Modul (ein E-Modul nach T. Young)
**Young's slits** (Light, Optics) / Young'scher Doppelspalt (Interferenzanordnung aus zwei schmalen, dicht beieinander parallel angeordneten, mit kohärentem Licht beleuchteten Spalten)
**young stage** (Geol) / Jugendstadium n (z.B. bei der Erosion) ‖ ~ **stock** (Agric) / Jungvieh n, Jungtiere n pl, Jungviehbestand m
**Young's two-slit interference** (Light) / Young'sche Interferenz am Doppelspalt ‖ ≃ **two-slit interferometer** (Light, Optics) / Young-Interferometer n, Zweispaltinterferometer n, Young'scher Doppelspalt
**youth** n (Geol) / Jugendstadium n (bei der Erosion)
**youthful stage** (Geol) / Jugendstadium n (bei der Erosion)
**youth stage** (Geol) / Jugendstadium n (z.B. bei der Erosion)
**yoyo despin** (Space) / Jo-Jo-Spinbremse f
**YP** (yield point) (Materials) / Streckgrenze f beim Zugversuch nach DIN EN 10 025, Einheit N/mm$_2$ ‖ ~ (yield point) (Materials, Mech) / Fließgrenze f (DIN 1342-1), Quetschgrenze f (beim Druckversuch)
**Y-parameter*** n (Electronics) / y-Kenngröße f, y-Vierpolparameter m, Leitwertparameter m (Kenngröße bei der Vierpolersatzschaltbilddarstellung von Transistoren)
**Y particle** (Nuc) / Y-Teilchen n, Y-Meson n, Upsilon-Meson n, Ypsilon-Teilchen n
**Y-pattern strainer** (Eng) / Schmutzfänger m in Schrägsitzausführung
**YPE** (yield-point elongation) (Materials) / Dehnung f im Fließgrenzbereich
**y-pipe*** n (Plumb) / Hosenrohr n, C-Stück n
**Y plate*** (Electronics) / Y-Ablenkplatte f, Y-Platte f, Vertikalablenkplatte f, Vertikalablenkelektrode f

1813

## Y

**Y potentiometer** (Elec Eng) / Y-Spannungsteiler $m$
**yr** (year) (Astron) / Jahr $n$ (z.B. tropisches, siderisches, anomalistisches)
**yrast state** (Nuc) / Yrast-Zustand $m$
**Y read-write wire** (Comp) / Spaltendraht $m$
**yrneh*** $n$ (Elec Eng) / Kehrwert von Henry
**Y rolling mill** (Met) / Y-Walzwerk $n$, Walzwerk $n$ mit Y-förmiger Walzenanordnung
**YS** (yield strength) (Materials) / Fließfestigkeit $f$ ‖ ≃ (yield stress) (Materials) / Fließspannung $f$ (eine Werkstoffkenngröße), Streckspannung $f$, Quetschspannung $f$ (eine Werkstoffkenngröße)
**Y-sectioned drum** (Leather) / Y-segmentierte Trommel
**Y-shape connecting tube** (Plumb) / Y-förmiges Verbindungsstück, Y-Stück $n$, Y-förmiges Zwischenabzweigstück
**Y signal*** (TV) / Y-Signal $n$, Luminanzsignal $n$, Helligkeitssignal $n$, Leuchtdichtesignal $n$
**Y theodolite*** (Surv) / Nivellier $n$ mit Reiterfernrohr
**y tilt** (Surv) / Längsneigung $f$ (in der Fotogrammetrie)
**Ytong** $n$ (Build) / Ytong $m$ (Warenzeichen für einen dampfgehärteten Porenbeton nach DIN 4164)
**Y track** (US) (Rail) / Gleisdreieck $n$ (Zusammenführung von drei Gleisen aus verschiedenen Richtungen mit direktem Übergang unter Verwendung von drei Weichen)
**ytterbia** $n$ (Chem) / Ytterbium(III)-oxid $n$
**ytterbium*** $n$ (Chem) / Ytterbium $n$, Yb (Ytterbium) ‖ ~ **boride** (Chem) / Ytterbiumborid $n$ ‖ ~ **oxide** (Chem) / Ytterbium(III)-oxid $n$
**ytter earths** (oxides of the rare-earth metals yttrium and scandium and the lanthanides europium to lutetium) (Chem) / Yttererden $f$ $pl$ (Seltene Erden)
**yttria** $n$ (Chem) / Yttriumoxid $n$ ($Y_2O_3$)
**yttrium*** $n$ (Chem) / Yttrium $n$, Y (Yttrium) ‖ ~**-aluminium garnet*** (Elec Eng, Min) / YAG $m$ (Yttrium-Aluminium-Granat - ein ferromagnetischer Granat) ‖ ~**-aluminium-garnet laser** (Phys) / Yag-Laser $m$ ‖ ~ **barium copper oxide** (a 1,2,3 compound) (Chem, Electronics) / Yttriumbariumkupferoxid $n$, Yttrium-Barium-Cuprat $n$, Yttrium-Barium-Kuprat $n$, YBKO (Yttriumbariumkupferoxid) ‖ ~ **beryllide** (Chem) / Yttriumberyllid $n$ ‖ ~ **boride** (Chem) / Yttriumborid $n$
**yttrium-iron garnet** (Elec Eng, Min) / YIG $m$ (Yttrium-Eisen-Granat - ein ferromagnetischer Granat)
**yttrium orthoaluminate** (Chem, Electronics) / Yttriumorthoaluminat $n$ ‖ ~ **oxide** (Chem) / Yttriumoxid $n$ ($Y_2O_3$)
**yttrium-stabilized zirconia** / yttriumstabilisiertes Zirconiumoxid, Y-stabilisiertes Zirconiumoxid
**yttrocerite*** $n$ (Min) / Zerfluorit $m$, Cerfluorit $m$, Yttrocerit $m$, Yttrozerit $m$ (ein Fluorit)
**yttrocolumbite** $n$ (Min) / Yttrotantalit $m$
**yttrocrasite** $n$ (Min) / Yttrokrasit $m$ (ein orthorhombisches Titanat)
**yttrotantalite** $n$ (Min) / Yttrotantalit $m$ ‖ ~ (Min) s. also fergusonite
**Y-tube** $n$ (Plumb) / Y-förmiges Verbindungsstück, Y-Stück $n$, Y-förmiges Zwischenabzweigstück
**Yucatán sisal** / Henequenfaser $f$ (Hartfaser aus den Blättern von Agave fourcroydes)
**yucca fibre** (Textiles) / Yuccafaser $f$ (für die Seilerei)
**yugawaralite** $n$ (Min) / Yugawaralith $m$
**Yukawa potential*** (Nuc) / Yukawa-Potential $n$ (ein Zweiteilchenpotential nach H. Yukawa, 1907-1981), Jukawa-Potential $n$
**yu-stone*** $n$ (Min) / Jade $m$ $f$ (Sammelbezeichnung für Nephrit, Jadeit und Chloromelanit)
**YUV** $n$ / YUV $n$ (Videoformat, das unabhängig von Farb-TV-Normen ist)
**Y-valve** $n$ (Eng) / Schrägsitzventil $n$ (Armatur)
**Y-voltage*** $n$ (Elec Eng) / Sternspannung $f$ (zwischen einem Außenleiter und dem Sternpunkt - nach DIN 40108)
**Y-voltage** $n$ (Elec Eng) / Dreieckspannung $f$ (bei der Dreieckschaltung nach DIN 40108)

# Z

**Z** (zetta-) / zetta- (Vorsatz vor Einheiten mit der Bedeutung $10^{21}$), Z (zetta-)
**ZAAS** (Zeeman-effect atomic absorption spectrometry) (Spectr) / Zeeman-Atomabsorptionsspektrofotometrie f, ZAAS (Zeeman-Atomabsorptionsspektrofotometrie)
**ZAA spectrometry** (Spectr) / Zeeman-Atomabsorptionsspektrofotometrie f, ZAAS (Zeeman-Atomabsorptionsspektrofotometrie)
**zaffer** n (US)* (Min) / Zaffer m (ein rötliches bis bläuliches Gemisch aus Kobaltoxiden und Arsenaten, verunreinigt mit Nickelverbindungen), Saflor m, Safflor m
**zaffre*** n (Min) / Zaffer m (ein rötliches bis bläuliches Gemisch aus Kobaltoxiden und Arsenaten, verunreinigt mit Nickelverbindungen), Saflor m, Safflor m
**Zahn-Wellens method** (Ecol) / Zahn-Wellens-Test m (ein international anerkanntes Prüfverfahren zur Bestimmung der "potentiellen Abbaubarkeit" von organischen Substanzen - DIN EN ISO 9888)
**zalcitabine** n (Pharm) / Zalcitabin n (Didesoxycytidin - ein Virostatikum)
**Z amplifier** (Electronics) / Z-Achsverstärker m
**zanella** n (Textiles) / Zanella m, Cloth m n (A), Kloth m n (A)
**zantewood** n (For) / Fisettholz n (ein Gelbholz aus Cotinus coggygria Scop.), Fisettholz n (aus dem Gemeinen Perückenstrauch)
**Zanzibar copal** / Sansibar-Kopal m (die wertvollste Kopalsorte), Zanzibar-Kopal m, Ostafrikanischer Kopal, Madagaskar-Kopal m (aus Trachylobium verrucosum (Gaertn.) Oliv.) || ~ **gum** / Sansibar-Kopal m (die wertvollste Kopalsorte), Zanzibar-Kopal m, Ostafrikanischer Kopal, Madagaskar-Kopal m (aus Trachylobium verrucosum (Gaertn.) Oliv.)
**zap** v (erase data) (Comp) / löschen v, annullieren v, unterdrücken v, streichen v (eine Eintragung in der Datenbank) || ~ (TV) / zappen v, schnell umschalten (z.B. mit Hilfe der Fernbedienung), dauernd umschalten (um ein interessantes Programm zu suchen), abschießen v (von Werbespots durch schnelles Umschalten), switchen v (zappen), hoppen v (zappen)
**zapatero** n (For) / Zapatero n (Gossypiospermum praecox)
**Zap flap** (Aero) / Zapklappe f (eine alte Spreizklappe zur Profilveränderung und Vergrößerung der tragenden Fläche)
**zapon lacquer** (Paint) / Zaponlack m (physikalisch trocknender Klar- oder Transparentlack nach DIN 55945)
**zapper** n (TV) / Fernbedienung f (Gerät) || ~ (TV) / Zapper m (der ständig auf andere Programme umschaltet), Switcher m
**zapping** n (TV) / Zapping n, Zappen n, TV-Hoppen n, Channel-Surfen n, Channel-Hoppen n
**zappy** adj (Autos) / spritzig adj (Motor)
**zaragozic acid** (Biochem) / Saragossasäure f, Zaragonsäure f, Squalestatin f
**zaratite** n (Min) / Zaratit m (Nickelsmaragd)
**Zariski's topology** (Maths) / Zariski-Topologie f (nach O. Zariski, 1899-1986), Spektraltopologie f
**Zart solution** (Chem, Textiles) / Zart-Lösung f (ein Faserreagens)
**zastruga** n (pl. -gi) (Geol) / Sastruga f (pl. -gi) (durch Auswehung verursachter scharfkantiger unregelmäßiger Rücken auf verfestigten Schneedecken)
**z average** (Chem) / z-Mittel n (von Makromolekülen)
**z-average molecuar mass*** (Chem) / z-Mittel n der Molmasse
**zawn*** n (in Cornwall, GB) (Mining) / Kaverne f
**zax** n (a straight blade like a butcher's chopper with a point projecting from the back for punching holes in slates) (Build) / Schieferdeckerbeil n, Punkteisen n (des Dachdeckers)
**z-axis** n (pl. z-axes) (Aero) / Hochachse f, z-Achse f (des Flugzeugs) || ~ (pl. z-axes) (Maths) / z-Achse f, Applikatenachse f, Applikate f (in der analytischen Geometrie des Raumes die dritte Koordinate eines Punktes in einem kartesischen Koordinatensystem) || ~ **amplifier** (an amplifier for signals controlling a display perpendicular to the X-Y plane) (Electronics) / Z-Achsverstärker m || ~ **modulation*** (Electronics) / Z-Achsenmodulation f, Helligkeitsmodulation f
**Z beacon** (Aero) / Z-Funkfeuer n (Markierungsfunkfeuer, das zum Kennzeichnen des Standorts eines 4-Kursfunkfeuers dient, da über diesem Standort kein Signal des 4-Kursfunkfeuers empfangen werden kann - Schweigekegel oder Nullkegel)
**Z-beam** n (Met) / Z-Profil n (Formstahl), Z-Querschnitt m

**Z bend** (Civ Eng) / Z-Bogen m (zum Dehnungsausgleich bei Rohrleitungen)
**z-blade mixer*** (Chem Eng) / Z-Blatt-Mischer m, Sigma-Kneter m, Pfleiderer m, Mischer m mit Z-Schaufel
**Z boson*** (a gauge boson of the weak interaction) (Nuc) / Z-Teilchen n (ein massives Vektorboson), Z-Boson n
**Z-buffering** n (a method for hidden-surface removal) (Comp) / Z-Pufferung f, Z-Buffering n, Tiefenpufferverfahren n
**Z-calender** (Chem Eng) / Z-Kalander m (Vierwalzenkalander mit z-förmiger Stellung der Walzen)
**ZCAV** (zoned-constant angular velocity) (Comp) / ZCAV-System n
**Z chart** (Stats, Work Study) / Z-Karte f, Z-Diagramm n
**Z-chromosome*** n (Gen) / Z-Chromosom n
**ZC-interpreter** n (Comp) / ZC-Auswerteschiene f
**z co-ordinate** (Maths) / z-Achse f, Applikatenachse f, Applikate f (in der analytischen Geometrie des Raumes die dritte Koordinate eines Punktes in einem kartesischen Koordinatensystem)
**Zdansky-Lonza process** (Chem Eng) / Zdansky-Lonza-Verfahren n (zur Herstellung von reinem Wasser- und Sauerstoff)
**z-distribution** n (Stats) / z-Verteilung f, Fisher'sche z-Verteilung
**Z-DNA*** n (Biochem) / Z-DNA f (eine linksgängige "Wendeltreppe" mit zickzackförmigem "Handlauf")
**zeatin** n (Biochem) / Zeatin n (das wirksamste Cytokinin)
**zeaxanthin** n (Chem, Nut) / Zeaxanthin n (ein Xanthophyll der Maiskörner, der Judenkirsche und der Sanddornfrüchte - E 161)
**zebra-battery system** (zero-emission battery research activity) (Autos, Elec Eng) / Zebra-Batteriesystem n
**zebra crossing** (GB) (an area of road painted with broad white stripes, where vehicles must stop if pedestrians wish to cross) (Autos, Civ Eng) / Zebrastreifen m (breite weiße Streifen auf der Fahrbahn, durch die der Fußgängerschutzweg markiert wird)
**zebrana** n (For) / Zingana n, Zebrano n (dunkel gestreiftes Holz einiger westafrikanischer Bäume der Gattung Microberlinia)
**zebrano** n (For) / Zingana n, Zebrano n (dunkel gestreiftes Holz einiger westafrikanischer Bäume der Gattung Microberlinia)
**zebra time** / Weltzeit f (die Zonenzeit des nullten Längenmeridians), WZ (Weltzeit), Mittlere Greenwichzeit, UT (Universal Time), Zulu-Zeit f (in der NATO), MGZ (mittlere Greenwichzeit)
**zebrawood** n (any of a number of tropical trees which produce ornamental striped timber that is used chiefly in cabinetmaking - Connarius guianensis or Diospyros marmorata) (For) / Zebraholz n
**zed** (Met) / Z-Stahl m
**zedoary** n (Nut) / Zitwer m (aus Rhizomknollen der in Südasien heimischen Pflanze Curcuma zedoaria (Christm.) Roscoe.) || ~ **oil** (Pharm) / Zitwerwurzelöl n (aus dem Rhizom der Curcuma zedoaria (Christm.) Roscoe.), Zedoariaöl n
**zed section** (Met) / Z-Stahl m || ~ **section with rounded edges** (Met) / rundkantiger Z-Stahl
**zee** n (Met) / Z-Profil n (Formstahl), Z-Querschnitt m || ~ (US) (Met) / Z-Stahl m || ~ **chart** (a graphical depiction showing single values, progressive totals, and cumulative totals in comparison with each other, using the same two axes) (Stats, Work Study) / Z-Karte f, Z-Diagramm n
**Zeeman displacement** (Spectr) / Zeeman-Verschiebung f || ~ **effect*** (Phys, Spectr) / Zeeman-Effekt m (longitudinaler, transversaler, normaler, anomaler - nach P. Zeeman, 1865-1943)
**Zeeman-effect atomic absorption spectrometry** (Spectr) / Zeeman-Atomabsorptionsspektrofotometrie f, ZAAS (Zeeman-Atomabsorptionsspektrofotometrie)
**Zeeman shift** (Spectr) / Zeeman-Verschiebung f || ~ **splitting** (Spectr) / Zeeman-Aufspaltung f || ~ **triple** (Spectr) / Zeeman-Triplett n
**zein*** n (Chem) / Zein n (Prolamin des Maises) || ~ **fibre** (Textiles) / Zeinfaser f, ZE (eine regenerierte Proteinfaser, z.B. Vicara)
**Zeisel's method*** (Chem) / Zeisel-Methode f (nach S. Zeisel, 1854-1933)
**Zeise's salt** (the first pi complex discovered, in 1825) (Chem) / Zeise'sches Salz (eine platinorganische Verbindung nach W. Ch. Zeise, 1789-1847)
**zeitgeber*** n (Physiol) / Zeitgeber m (tagesperiodischer Außenfaktor, der die innere Uhr synchronisiert)
**ZEKE spectroscopy** (Spectr) / ZEKE-Spektroskopie f
**ZELL** n (Aero, Space) / Nullstart m, ZELL-Start m
**Zener** n (Electronics) / Z-Diode f (Halbleiterdiode mit pn-Übergang, die im Sperrbereich einen scharf ausgeprägten Spannungsdurchbruch bei einer definierten Durchbruchspannung besitzt), Zener-Diode f (eine Halbleiterdiode nach C.M. Zener, 1905-1993), Diode f für den Betrieb im Durchbruch || ~ **breakdown*** (Electronics) / Zener-Durchbruch m (elektrischer Durchbruch, der durch den Übergang von Elektronen aus dem Valenzband in das Leitungsband als Folge des Tunneleffekts bei starken elektrischen Feldern entsteht - DIN 41852) || ~ **breakdown voltage** (Electronics) / Z-Spannung f, Zener-Spannung f (DIN 41852),

Durchbruchsspannung *f* (bei einem rückwärts sperrenden Thyristor) || ≃ **breakdown voltage** (Electronics) / Durchbruchsspannung *f* (in der Halbleitertechnik nach DIN 41852) || ≃ **current** (Electronics) / Z-Strom *m*, Zener-Strom *m* || ≃ **diode**\* (Electronics) / Z-Diode *f* (Halbleiterdiode mit pn-Übergang, die im Sperrbereich einen scharf ausgeprägten Spannungsdurchbruch bei einer definierten Durchbruchspannung besitzt), Zener-Diode *f* (eine Halbleiterdiode nach C.M. Zener, 1905-1993), Diode *f* für den Betrieb im Durchbruch || ≃ **diode regulator** (Electronics) / stromstabilisierende Z-Diode, Feldeffektdiode *f* (eine spezielle Art der Z-Diode), FED (Feldeffektdiode), FE-Diode *f* (eine Halbleiterdiode) || ≃ **diode voltage regulator** (Electronics) / Spannungskonstanthalter *m* mit Z-Diode || ≃ **effect**\* (Electronics) / Zener-Effekt *m* || ≃ **effect** (Materials) / Zener-Effekt *m* (Dämpfung in polykristallinen Materialien) || ≃ **impedance** (Electronics) / Zener-Impedanz *f* || ≃ **knee** (Electronics) / Zener-Knick *m* (Übergang der Kennlinie einer Siliziumdiode im Sperrbereich vom waagerechten Verlauf in den Steilanstieg) || ≃ **noise** (Electronics) / Zener-Rauschen (in der Nähe des Zener-Knicks auftretende unregelmäßige Stromschwankungen, die beim Schreiben der Kennlinie auf einem Oszilloskopen als Flackern sichtbar werden) || ≃ **voltage**\* (Electronics) / Z-Spannung *f*, Zener-Spannung *f* (DIN 41852), Durchbruchsspannung *f* (bei einem rückwärts sperrenden Thyristor) || ≃ **voltage**\* (Electronics) / Durchbruchsspannung *f* (in der Halbleitertechnik nach DIN 41852)

**zenith**\* *n* (Astron) / Zenit *m* (dem Nadir an der Himmelssphäre gegenüberliegender höchster Punkt, genau senkrecht über dem Beobachter), Scheitelpunkt *m*

**zenithal** *adj* (Astron, Cartography) / zenital *adj* || ≃ **equal-area projection** (Cartography, Geog) / flächentreue Azimutalabbildung, Lamberts flächentreuer Azimutalentwurf (nach J.H. Lambert, 1728-1777) || ≃ **equidistant projection**\* (Cartography, Geog) / abstandstreue Azimutalabbildung || ≃ **projection** (Cartography, Geog) / Azimutalentwurf *m*, Azimutalabbildung *f* || ≃ **rain** (Meteor) / Zenitalregen *m* (zurzeit des Sonnenhöchststandes auftretender, meist von heftigen Gewittern begleiteter Starkregen im Bereich der Tropen) || ≃ **refraction** (Astron) / Zenitrefraktion *f* (eine Refraktionsanomalie, die bei besonderen Witterungsverhältnissen auftritt und Sterne betrifft, die im Zenit stehen)

**zenith•-distance**\* *n* (Astron) / Zenitdistanz *f* (der Winkelabstand eines Gestirns vom Zenit des Beobachtungsortes, gemessen in Grad von 0° bis 180°) || ≃ **telescope** (Astron) / Zenitteleskop *n* (zur Zeitbestimmung) || ≃ **telescope**\* (Astron) / Zenitteleskop *n*

**Zeno's paradoxes**\* (Maths) / Paradoxa *n pl* des Zenon (des Älteren aus Elea, um 490 v. Chr. bis etwa 430 v. Chr.)

**zeolite**\* *n* (Min) / Zeolith *m*, Siedestein *m* || ≃ **catalyst** (Oils) / Zeolithkatalysator *m* || ≃ **process**\* (Chem Eng, Eng) / Vollenthärtung *f* im Na-Austauscher, Zeolithenthärtung *f*, Enthärtung *f* im Natriumaustauscher

**zeolitic** *adj* (Chem) / zeolithisch *adj*

**zeotropic** *adj* (Chem) / zeotrop *adj*

**zephyr**\* *n* (Textiles) / Zephir *m* (gemustertes Baumwollgewebe, eine Reißwollsorte und ein feiner Wollmusselin), Zephyr *m* || ≃ **yarn** (a variety of soft worsted yarn characterized by a low twist and spun from wool which is as fine or finer in average diameter than U.S. Standard 64's grade tops ) (Spinning) / Zephirgarn *n* (weiches Kammgarn mit geringer Drehung)

**Zepp antenna**\* (Radio) / Zeppelinantenne *f* (ein endgespeister Halbwellendipol mit abgestimmter Speiseleitung)

**zepto-** / zepto- (Vorsatz vor Einheiten mit der Bedeutung $10^{-21}$), z, Zepto-

**Zerewitinoff reagent** (Chem) / Zerewitinoffs Reagens, Cerevitinov-Reagens *n*, Zerewitinow-Reagens *n* (Methylmagnesiumiodid - zum Nachweis von aktiven Wasserstoffatomen in Carboxy-, Thiol-, Amino-, Imino- oder Hydroxygruppen organischer Verbindungen)

**Zermelo-Fraenkel axiom** (Maths) / Zermelo-Fraenkel'sches Axiom (nach E.F.F. Zermelo, 1871 - 1953, und A. A. Fraenkel, 1891-1965), Zermelo-Skolem-Axiom *n*

**zero**\* *n* (pl. zeros or zeroes) (Maths) / Null *f* || ≃ (pl. zeros or zeroes) (Maths) / Nullstelle *f* (einer Funktion, eines Polynoms) || ≃ (pl. zeros or zeroes) (Maths) / Nullelement *n* (in einem Körper oder Ring das neutrale Element bezüglich der Addition), Null *f*

**zero-access storage** (Comp) / zugriffszeitfreie Speicherung, Schnellzugriffspeicherung *f*, Schnellzugriffsspeicherung *f* || ≃ **store**\* (Comp) / Schnellspeicher *m*, Speicher *m* mit schnellem Zugriff, Schnellzugriffsspeicher *m*, zugriffszeitfreier Speicher

**zero address** (Comp) / Nulladresse *f*

**zero-address** *attr* (Comp) / adresslos *adj*, adressenlos *adj* || ≃ **instruction**\* (Comp) / Nulladressbefehl *m*, adressenloser Befehl, adressenfreier Befehl

**zero adjuster** (Eng, Instr) / Nullpunktsteller *m*, Nullpunkteinsteller *m*, Nullpunkteinstellvorrichtung *f*, Nullpunktrücker *m* || ≃ **adjustment** (Eng, Instr) / Nulleinstellung *f*, Nullstellung *f* (Einstellung auf Null), Justierung *f* auf Null, Nullung *f* (Einstellung auf Null), Nullsetzen *n* (Einstellung auf Null) || ≃ **angle** (Maths) / Nullwinkel *m*

**zero-backlash** *attr* (Eng) / spielfrei *adj* (Zahnräder)

**zero balance** (Elec Eng) / Nullabgleich *m* (Vorgang, bei dem eine Messbrücke so abgeglichen wird, dass der Strom im Nullzweig bzw. die Spannung in der Messdiagonalen zu Null wird) || ≃ **balancing** (Elec Eng) / Nullabgleich *m* (Vorgang, bei dem eine Messbrücke so abgeglichen wird, dass der Strom im Nullzweig bzw. die Spannung in der Messdiagonalen zu Null wird) || ≃ **beat** (Telecomm) / Nullschwebung *f* || ≃ **beat** (Telecomm) / Zero-Beat *m*, Schwebungsnull *f*

**zero-beat reception**\* (Telecomm) / Homodynempfang *m* (Empfang mit schwingendem Audion bei Schwebungsnull)

**zero-bevel gear** (Eng) / Zerol-Kegelrad *n* (Spiralkegelrad mit 0° Spiralwinkel in der Mitte der Zahnbreite)

**zero bias** (Electronics) / Vorspannung *f* Null

**zero-bias valve** (Radio) / Gitterbasisröhre *f*, Zero-Bias-Röhre *f* (mit Steuergitter auf Masse)

**zero bit** (Comp) / Nullbit *n* || ≃ **branch** (a spectral band whose Fortrat parabola lies between two other Fortrat parabolas, with its vertex almost on the wave number axis) (Elec Eng, Spectr) / Nullzweig *m* || ≃ **capacitance** (Elec) / Nullkapazität *f*

**zero-carbon steel** (sheet steel of extremely low-carbon content on which porcelain enamel cover coats usually may be applied and fired without the need of a ground coat) (Ceramics, Met) / entkohlter Stahl (Stahlblech)

**zero centre** (Instr) / Nullpunkt *m* in der Mitte der Skale

**zero-charge potential** (Elec) / Nullladungspotential *n* (das Potential einer Elektrode, deren Doppelschicht keine Überschussladungen enthält, gegenüber einer Bezugselektrode), Nullpotential *n*, Lippmann-Potential *n* (nach G. Lippmann, 1845-1921)

**zero check** (Comp) / Nullenprüfung *f* || ≃ **clearing** (Radio) / Enttrübung *f* || ≃ **complement** (Comp, Maths) / Basiskomplement *n*, B-Komplement *n* || ≃ **condition** (Comp) / Nulllage *f*, Nullzustand *m* || ≃ **correction** (Eng, Instr) / Nullpunktkorrektur *f* (des mechanischen oder elektrischen Nullpunktes) || ≃ **creep** (Instr) / langsame Nullpunktveränderung *f* || ≃ **crossing** (Hyd Eng) / Nulldurchgang *m* (Wellenauswertung) || ≃ **current** (Elec Eng) / Stromnulldurchgang *m* || ≃ **current** (Elec Eng) / Nullstrom *m*

**zero-current potential** (Elec) / Ruhepotential *n* (freies Korrosionspotential einer homogenen Mischelektrode, bei dem der Summenstrom Null ist) || ≃ **relay** (Elec Eng) / Nullstromrelais *n*

**zero cut**\* (Crystal) / Z-Schnitt *m* || ≃ **cut-out** (Elec Eng) / Nullausschalter *m*

**zero-dimensional effect** (Crystal, Electronics) / nulldimensionaler Gitterbaufehler, Punktfehlstelle *f* (z.B. Leerstelle oder Zwischengitteratome), Punktfehler *m*, Punktdefekt *m*, atomare Fehlstelle (eine Punktfehlstelle), atomare Fehlordnung, nulldimensionale Fehlordnung (eine Punktfehlstelle), punktförmiger Gitterfehler

**zero-divisor** *n* (Maths) / Nullteiler *m*

**zero drift** (Instr) / Nullpunktabweichung *f* (bei Messgeräten) || ≃ **ductility range** (Met) / Nullverformbarkeitsbereich *m* || ≃ **element** *n* (Maths) / Nullelement *n* (in einem Körper oder Ring das neutrale Element bezüglich der Addition), Null *f* || ≃ **elimination** (Comp) / Nullunterdrückung *f*, Nullenunterdrückung *f* || ≃ **emission** (Ecol) / Nullemission *f* (völlige Beseitigung einer Umweltbelastung)

**zero-emission** *attr* (Ecol) / schadstofffrei *adj*, emissionslos *adj* || ≃ **car** (Autos) / emissionsloses Fahrzeug, Nullemission-Auto *n* (z.B. mit Wasserstoffantrieb) || ≃ **vehicle** (Autos) / emissionsloses Fahrzeug, Nullemission-Auto *n* (z.B. mit Wasserstoffantrieb)

**zero•-energy reactor**\* (Nuc Eng) / Nullleistungsreaktor *m* (Versuchsreaktor, der zu dem Zweck konstruiert und bei so niedriger Leistung betrieben wird, dass kein Kühlsystem erforderlich ist) || ≃ **error**\* (Instr) / Nullpunktabweichung *f* (bei Messgeräten) || ≃ **error of a multiplier** (Comp) / Nullpunktfehler *m* eines Multiplizierers (Abweichung der Ausgangsgröße eines Multiplizierers, wenn mindestens eine Eingangsgröße Null ist)

**zero-field NMR spectroscopy** (Spectr) / Nullfeld-NMR-Spektroskopie *f*

**zerofill** *v* (Comp) / mit Nullen auffüllen

**zero flag** (Comp) / Zero-Flag *f* (wenn das Ergebnis einer logischen Operation Null ist), Nullflag *f*, Z-Flag *f*

**zero-flow control** (Eng) / Nullhub *m* (bei Pumpen)

**zero frame editing** (Cinema) / Zero-Schnitt-System *n* || ≃ **frequency**\* (Elec Eng) / Nullfrequenz *f*, Gleichstromkomponente *f*, Frequenz *f* Null || ≃ **fuel weight**\* (the maximum permissible weight of an aircraft in flight where there is no fuel in the wing tanks to reduce the structural stresses in the wing structure) (Aero) / Zero-Fuel-Weight *n*, Leertankmasse *f*, Brennstoffnullmasse *f*, Treibstoffnullmasse *f*,

**ZFW** (Zero-Fuel-Weight) ‖ **~-g*** n (Phys, Space) / Schwerelosigkeit f, Nullschwere f, Gewichtslosigkeit f ‖ **~ gas** (a gas that is used to establish the zero /or no-response/ adjustment of an instrument, and that is free from the component to be measured by the instrument) (Instr) / Nullgas n (zum Justieren des Nullpunkts) ‖ **~ grade gas** (Instr) / Nullgas n (zum Justieren des Nullpunkts) ‖ **~ gravity** (Phys, Space) / Schwerelosigkeit f, Nullschwere f, Gewichtslosigkeit f

**zero-grazing** n (Agric) / Stallfütterung f (mit frisch gemähtem Gras)

**zero group** (Chem) / Gruppe f O (im Periodensystem = He, Ne, Ar, Kr, Xe, Rn) ‖ **~ growth** (Ecol, Stats) / Nullwachstum n ‖ **~ indication** (Instr) / Nullablesung f, Nullanzeige f

**zeroing** n (Eng, Instr) / Nullpunktkorrektur f (des mechanischen oder elektrischen Nullpunktes)

**zero-insertion-force component** (Electronics) / steckkraftloses Bauelement ‖ **~ socket** (a chip socket into which it is possible to place a chip with no downward force) (Comp) / ZIF-Einbauplatz m, ZIF-Sockel m

**zero instrument** (Elec Eng) / Nullinstrument n (ein elektrisches Messgerät, das positive und negative Werte anzeigen kann und den Nullpunkt in der Skalenmitte hat) ‖ **~ isotherm** (Phys) / Nullisotherme f

**zeroize** v (Comp) / mit Nullen auffüllen ‖ **~** (Eng, Instr) / nullen v, auf Null stellen, auf Null justieren, nullstellen v (nur Infinitiv oder Partizip)

**zeroizing** n (Eng, Instr) / Nulleinstellung f, Nullstellung f (Einstellung auf Null), Justierung f auf Null, Nullung f (Einstellung auf Null), Nullsetzen n (Einstellung auf Null)

**zero-kinetic-energy spectroscopy** (Spectr) / ZEKE-Spektroskopie f

**zero lash** (Autos) / Zero-Lash n (Ventilstößelkonstruktion mit Längenausgleich) ‖ **~ lash** (Eng) / Nullspiel n

**zero-length launching** (Aero, Space) / Nullstart m, ZELL-Start m

**zero level*** (Elec Eng, Telecomm) / Bezugspegel m (0 dB), Nullpegel m

**zero-level address** (Comp) / virtuelle Adresse (eine Adresse im virtuellen Speicher)

**zero lift** (Aero) / Nullauftrieb m

**zero-lift line** (Aero) / Nullauftriebslinie f

**zero line** (Eng) / Nulllinie f (bei der bildlichen Darstellung der Toleranzfelder nach DIN 7182, T 1) ‖ **~ line** (Mech) / Nulllinie f ‖ **~ load** (Mech) / Nulllast f

**zero-loss line** (Telecomm) / verlustlose Leitung, verlustfreie Leitung, ideale Leitung

**zero mark** (Instr) / Nullstrich m, Nullmarke f ‖ **~ matrix** (all of whose elements are zero) (Maths) / Nullmatrix f (deren Elemente sämtlich null sind) ‖ **~ member** (Mech) / Nullstab m (in einem Dreiecksverband der Fachwerkstab, der keine Belastung trägt) ‖ **~ meridian** (Cartography) / Nullmeridian m (im Allgemeinen), Anfangsmeridian f ‖ **~ method*** (Elec Eng) / Nullmethode f (eine Messmethode, bei der eine Kompensation der Wirkung einer Messgröße durch die Wirkung einer anderen bekannten Größe das Ziel ist), Ausgleichsverfahren n, Kompensationsverfahren n ‖ **~ offset** (Comp) / Nullverschiebung f ‖ **~ offset** (Instr) / Nullpunktverschiebung f

**zero-one distribution** (Stats) / Null-Eins-Verteilung f (eine Binomialverteilung mit n = 1) ‖ **~ law** (Stats) / Null-Eins-Gesetz n, 0-1-Gesetz n

**zero-order diffraction** (Optics, Photog) / Beugung f nullter Ordnung (z.B. bei ZOD-Dias)

**zero-order-diffraction diapositive** (Photog) / ZOD-Dia n

**zero-order Laue zone** (Crystal) / Laue-Zone f nullter Ordnung ‖ **~ reaction*** (Chem) / Reaktion f nullter Ordnung (ein Reaktionstyp) ‖ **~ spectrum** (Spectr) / Spektrum n nullter Ordnung (nur Singulett-Signale)

**zero-page addressing** (Comp) / Seite-Null-Adressierung f, Nullseitenadressierung f

**zero path difference** (Optics) / Gangunterschied m Null

**zero-phase angle** (Phys) / Nullphasenwinkel m (DIN 1311-1 und 40 108), Phasenkonstante f

**zero phase-sequence component*** (Elec Eng) / Nullkomponente f ‖ **~ point** / Nullpunkt m, Anfangspunkt m (Null) ‖ **~ point** (Instr) / Nullpunkt m (der Skale)

**zero-point constancy** (Instr) / Nullpunktkonstanz f (Eigenschaft eines Instruments, nach einer Auslenkung wieder in seine Ruhelage zurückzukehren) ‖ **~ drift** (Elec Eng) / Nullpunktsdrift f (allmähliches Abwandern des Ausgangssignals eines Verstärkers oder Verstärkervoltmeters vom Wert Null bei verschwindendem Eingangssignal) ‖ **~ energy*** (Phys) / Nullpunktsenergie f (die Energieportion eines Systems am absoluten Nullpunkt der Temperatur), Nullpunktenergie f ‖ **~ entropy*** (Phys) / Nullpunktentropie f

**zero point of charge** (Elec) / Ladungsnullpunkt m

**zero-point stability** (Instr) / Nullpunktkonstanz f (Eigenschaft eines Instruments, nach einer Auslenkung wieder in seine Ruhelage zurückzukehren) ‖ **~ suppression** (Instr) / Nullpunktunterdrückung f (wenn die Skala mit einem oberhalb des Nullpunktes liegenden Anfangswert beginnt) ‖ **~ volume** (Phys) / Nullpunktvolumen n

**zero population growth** (Stats) / Nullwachstum n der Bevölkerung, Nullwachstumsrate f bei der Bevölkerung ‖ **~ position** / Nulllage f ‖ **~ potential*** (Elec Eng) / Erdpotential n, Nullpotential n ‖ **~ power factor** (Elec Eng) / Leistungsfaktor m Null ‖ **~ power-factor characteristic*** (Elec Eng) / Belastungskennlinie f für reine Blindlast (bei Synchronmaschinen) ‖ **~-power reactor*** (Nuc Eng) / Nullleistungsreaktor m (Versuchsreaktor, der zu dem Zweck konstruiert und bei so niedriger Leistung betrieben wird, dass kein Kühlsystem erforderlich ist) ‖ **~ probability** (Stats) / Wahrscheinlichkeit f null ‖ **~ Reader** (Aero) / Zero Reader m (kombinierter Anzeiger, der wahlweise die Messwerte des künstlichen Horizontes, des Kreiselmagnetkompasses und des Höhenmessers auf einem Kreuzzeigerinstrument darstellt) ‖ **~ reading** (Instr) / Nullablesung f, Nullanzeige f

**zero-resistance ammeter** (Elec Eng) / widerstandsloser Strommesser

**zero-sequence inductive reactance** (Elec Eng) / Nullreaktanz f (das Verhältnis der induktiven Komponente der an der Drehstromwicklung liegenden Nullspannung zum Nullstrom) ‖ **~ reactance** (Elec Eng) / Nullreaktanz f (das Verhältnis der induktiven Komponente der an der Drehstromwicklung liegenden Nullspannung zum Nullstrom) ‖ **~ resistance** (Elec Eng) / Nullwiderstand m (das Verhältnis der Wirkkomponente der an der Drehstromwicklung liegenden Nullspannung zum Nullstrom)

**zero setter** (Eng, Instr) / Nullpunktsteller m, Nullpunkteinsteller m, Nullpunkteinstellvorrichtung f, Nullpunktrücker m ‖ **~ setting** (Eng, Instr) / Nulleinstellung f, Nullstellung f (Einstellung auf Null), Justierung f auf Null, Nullung f (Einstellung auf Null), Nullsetzen n (Einstellung auf Null)

**zero-setting error** (Eng, Instr) / Nullstellungsfehler m

**zero shift** (Comp) / Nullverschiebung f ‖ **~ shift** (Instr) / Nullpunktverschiebung f

**zero-shift error** (Instr) / Nullpunktverschiebungsfehler m

**zero skip frequency** (Radio) / kritische Sprungfrequenz

**zero-span breaking length** (Paper) / Nullreißlänge f (Reißlänge bei Einspannlänge Null) ‖ **~ tensile strength** (Paper) / Zugfestigkeit f (bei den mechanisch-technologischen Prüfungen)

**zero-speed monitor** (Eng) / Stillstandswächter m

**zero stability*** (Instr, Telecomm) / Nullpunktsicherheit f, Nullpunktstabilität f

**zero-stable** adj (Instr, Telecomm) / nullpunktsicher adj, nullpunktstabil adj

**zero state** (Comp) / Nulllage f, Nullzustand m

**zero-sum game** (Comp) / Nullsummenspiel n (in der mathematischen Spieltheorie - nach Johann Baron von Neumann)

**zero suppression*** (Comp) / Nullunterdrückung f, Nullenunterdrückung f

**zeroth approximation** (Maths) / nullte Näherung ‖ **~ law of thermodynamics** (Phys) / nullter Hauptsatz der Thermodynamik

**zeroth-order spherical radiator** (Acous) / Kugelstrahler m nullter Ordnung

**zero-thrust pitch** (Aero) / Nullschubsteigungsstellung f, Nullschubsteigung f

**zeroth sound** (Phys) / nullter Schall

**zero-tillage** n (the process of fertilizing by which a narrow slit is cut in the soil and seed and fertilizers are sown directly without further seedbed preparation) (Agric) / bodenbearbeitungsloser Anbau, Nullbodenbearbeitung f

**zero track** (Comp) / Spur f Null, Spur 00 ‖ **~ transformation** / Nullpunkttransformation f

**zero-twist** attr (Spinning) / ungedreht adj, ungezwirnt adj, drehungslos adj, ohne Drehung, entzwirnt adj ‖ **~ spinning** (Spinning) / Zero-Twist-Verfahren n ‖ **~ yarn** (Spinning) / drehungsloses Garn

**zero•-valent*** adj (Chem) / nullwertig adj ‖ **~ voltage** (Elec Eng) / Nullspannung f ‖ **~ yaw** (Aero, Ships) / Gierwinkel m Null, ohne Gieren

**zero-zero weather** (Aero, Meteor) / Sicht f Null-Null

**zest** n (Bot, Nut) / Flavedo f (gefärbte, äußere, mit Ölbehältern besetzte Schicht der Zitrusfruchtschale)

**zeta function** (Maths) / Zetafunktion f ‖ **~ function*** (Maths) / Riemann'sche Zetafunktion ‖ **~ pinch** (the current is passed axially through the plasma and the magnetic field forms round it) (Plasma Phys) / Zeta-Pinch m (magnetisches Kompressionsverfahren zur Erzeugung eines Plasmas sehr hoher Temperatur) ‖ **~ potential*** (Chem) / elektrokinetisches Potential, Zeta-Potential n, ζ-Potential n

**zetta-** / zetta- (Vorsatz vor Einheiten mit der Bedeutung $10^{21}$), Z (zetta-), Zetta-

**zeugmatography** n (Med) / NMR-Bildgebung f, Kernspintomografie f (Magnetfelddiagnostik), NMR-Tomografie f, KST (Kernspintomografie), MRT (NMR-Tomografie)

**zeugogeosyncline** *n* (Geol) / Zeugogeosynklinale *f*
**zeunerite** *n* (Min) / Zeunerit *m*, Kupferuranglimmer *m*
**Zeuner valve diagram**\* (Eng) / Zeuner'sches Schieberdiagramm (nach G. Zeuner, 1828 - 1907), Schieberdiagramm *n* nach Zeuner
**zeuzera wood miner** (For, Zool) / Blausieb *n* (Zeuzera pyrina L.), Kastanienbohrer *m*
**ZEV** (zero-emission vehicle) (Autos) / emissionsloses Fahrzeug, Nullemission-Auto *n* (z.B. mit Wasserstoffantrieb)
**zeylanite** *n* (Min) / Pleonast *m* (ein eisenreicher dunkelgrüner bis schwarzer Spinell), Ceylonit *m*
**z.f.**\* (zero frequency) (Elec Eng) / Nullfrequenz *f*, Gleichstromkomponente *f*, Frequenz *f* Null
**Z flag** *f* (Comp) / Zero-Flag *f* (wenn das Ergebnis einer logischen Operation Null ist), Nullflag *f*, Z-Flag *f*
**Z-fold paper** (Comp, Paper) / Leporelloendlospapier *n*, Leporellopapier *n*, Faltpapier *n*
**ZFW** (zero fuel weight) (Aero) / Zero-Fuel-Weight *n*, Leertankmasse *f*, Brennstoffnullmasse *f*, Treibstoffnullmasse *f*, ZFW (Zero-Fuel-Weight)
**ZG** (zero growth) (Ecol, Stats) / Nullwachstum *n*
**z-height** *n* (Typog) / Mittellänge *f* (die Größe der Kleinbuchstaben, die keine Ober- und Unterlängen haben)
**zibeline**\* *n* (Textiles) / Zibeline *f*, Himalaya *m* (ein strichappretierter Kammgarn- oder Streichgarnstoff) ‖ ~ **yarn** (Spinning) / Zibelingarn *n* (Wollgarn mit abstehenden Faserenden)
**zibelline** *n* (Textiles) / Zibeline *f*, Himalaya *m* (ein strichappretierter Kammgarn- oder Streichgarnstoff)
**zidovudine**\* *n* (Pharm) / Zidovudin *n*
**Ziegler alcohol** (Chem) / Ziegler-Alkohol *m* (ein synthetischer Fettalkohol) ‖ ~ **catalyst**\* (Chem) / Ziegler-Katalysator *m*
**Ziegler-Natta catalyst**\* (Chem Eng) / Ziegler-Natta-Katalysator *m* (nach K. Ziegler, 1898-1973, und G. Natta, 1903-1979), ZN-Katalysator *m* ‖ ≃ **polymerization** (Chem) / Ziegler-Natta-Polymerisation *f* (eine Insertionspolymerisation), Ziegler-Polymerisation *f* (die nach Mechanismen der Koordinationspolymerisation verläuft)
**Ziegler process** (Chem Eng) / Ziegler-Prozess *m*
**Ziehl-Neelsen stain** (Micros) / Ziehl-Neelsen-Färbung *f*
**Ziehl's stain** (Micros) / Carbolfuchsin-Lösung *f*, Karbolfuchsin-Lösung *f* (mit Phenol versetzte alkoholische Fuchsinlösung), Ziehl-Neelsen-Karbolfuchsinlösung *f*, Ziehl-Neelsen-Carbolfuchsinlösung *f*
**ZIF component** (zero-insertion-force component) (Electronics) / steckkraftloses Bauelement ‖ ≃ **socket** (Intel design of motherboard sockets for easy replacement of CPU chips) (Comp) / ZIF-Einbauplatz *m*, ZIF-Sockel *m*
**ziggurat**\* *n* (Arch) / Zikkurat *f* (pl. -s) (monumentaler stufenförmiger Tempel der sumerischen, babylonischen und assyrischen Baukunst)
**zigzag aerial** (Radio) / Sägezahnantenne *f* ‖ ~ **antenna** (Radio) / Sägezahnantenne *f* ‖ ~ **connection**\* (Elec Eng) / Zickzackschaltung *f* (der Unterspannungswicklung von Verteilertransformatoren), Zickzackverbindung *f* ‖ ~ **control** *f* ‖ ~ **course** (Ships) / Schlängelfahrt *f* (Manöver zur Einschätzung des Drehverhaltens des Schiffs) ‖ ~ **drainage system** (Agric) / Blitzdränung *f* (als System) ‖ ~ **filter** (Telecomm) / Zickzackfilter *n* (spulensparende Bandpassschaltung) ‖ ~ **fold** (a kink fold, the limbs of which are of unequal length) (Geol) / Zickzackfalte *f*, Kaskadenfalte *f*, Spitzfalte *f* (mit scharf geknicktem Scharnier) ‖ ~ **harrow** (Agric) / Zickzackegge *f* ‖ ~ **kiln** (a type of kiln in which the dividing walls are staggered in a manner so as to force the heat to flow through the kiln in a zigzag pattern) (Ceramics) / Zickzackofen *m* ‖ ~ **leakage**\* (flux) (Mag) / Zickzackstreufluss *m* ‖ ~ **line** / Zickzacklinie *f* ‖ ~ **path** / zigzagförmiger Weg ‖ ~ **pattern** (Textiles) / Zickzackmuster *n* ‖ ~ **rule** / Gliedermaßstab *m*, Zollstock *m* (zusammenklappbarer Maßstab), Klappmaßstab *m*, Gelenkmaßstab *m* ‖ ~ **seam** (Textiles) / Zickzacknaht *f* ‖ ~ **sewing machine** (Textiles) / Zickzacknähmaschine *f* (die Gerad- und Zickzacknähte herstellt) ‖ ~ **spring** (Eng) / Wellenfeder *f*, gewellte Feder ‖ ~ **twill** (Weaving) / Spitzköper *m* (von der Köperbindung abgeleitete Bindungsart, bei der die Köperdiagonalen im Zickzack gebrochen sind), Zickzackköper *m*
**Zimmermann process** (San Eng) / Zimmermann-Verfahren *n*, Nassverbrennung *f* (von organischen Abwasserinhaltsstoffen) ‖ ≃ **reaction** (Chem, Med) / Zimmermann-Reaktion *f*
**Zimm plot** (Chem) / Zimm-Diagramm *n* (zur Molmassenbestimmung bei Polymeren)
**Zimocca** *n* / Zimoccaschwamm *m* (fester, flacher Schwamm) ‖ ≃ **sponge** / Zimoccaschwamm *m* (fester, flacher Schwamm)
**zinc** *v* (Met, Surf) / verzinken *v*
**zinc-65** *n* (a radioactive isotope of zinc, which has a 250-day half-life with beta and gamma radiation; used in alloy-way tracer studies and body-metabolism studies) (Chem) / Zink-65 *n* (ein künstliches Isotop)
**zinc**\* *n* (Chem) / Zink *n*, Zn (Zink) ‖ ~ (Met) / Zink *n* (DIN 1706) ‖ ~ **acetate** (Chem) / Zinkazetat *n*, Zinkacetat *n* ‖ ~ **alkyl dithiophosphate** (Chem, Eng) / Zinkalkyldithiophosphat *n* (ein Wirkstoff für Mineralschmieröle) ‖ ~ **alkyls**\* (Chem) / Zinkalkyle *n pl*, Zinkdialkyle *n pl* ‖ ~ **alloy** (Met) / Zinklegierung *f* (DIN 1743) ‖ ~ **amalgam** (Chem) / Zinkamalgam *n* ‖ ~ **arsenite** (Chem) / Zinkarsenat(III) *n*, Zinkarsenit *n*
**zincate**\* *n* (Chem) / Hydroxozinkat *n*, Zinkat *n*
**zinc baryta white** (Paint) / Lithopone *f* (ein Gemisch von Bariumsulfat und Zinksulfid - ein ungiftiges, lichtechtes Weißpigment), Lithopon *n*, Deckweiß *n*
**zinc-based alloy** (Met) / hochzinkhaltige Legierung
**zinc bath** (Surf) / Zinkelektrolyt *m* ‖ ~ (plating) **bath** (Surf) / Verzinkungsbad *n*, Zinkbad *n* ‖ ~ **blende**\* (Min) / Sphalerit *m*, Zinkblende *f*
**zinc-blende** (crystal) **structure** (Crystal, Electronics, Min) / Zinkblendestruktur *f* (auch bei Halbleiterkristallen), Zinkblendetyp *m*
**zinc bloom**\* (Min) / Hydrozinkit *m*, Zinkblüte *f* (basisches Zinkkarbonat, lokal wichtiges Zinkerz) ‖ ~ **borate** (Ceramics, Chem, Med, Textiles) / Zinkborat *n* ‖ ~ **borophosphate** (Chem, Paint) / Zinkborophosphat *n* (ein Korrosionsschutzpigment) ‖ ~ **bromide** (Chem) / Zinkbromid *n*
**zinc-bromide battery** (electric cell, in which, during charge, zinc is plated on the anode and bromine is evolved as the cathode) (Elec Eng) / Zink-Brom-Batterie *f*
**zinc carbonate** (Ceramics, Chem) / Zinkkarbonat *n*, Zinkcarbonat *n* ‖ ~ **caul** (For, Join) / Zinkzulage *f* (beim Furnieren) ‖ ~ **cementation** (Surf) / Diffusionsverzinkung *f* (z.B. Sherardisieren nach DIN 50 902) ‖ ~ **chills** (Med) / Zinkfieber *n* (kennzeichnende, aber harmlose Berufskrankheit - ein Metalldampffieber) ‖ ~ **chloride** (Chem, For, Textiles) / Zinkchlorid *n* (ZnCl$_2$) ‖ ~ **chromate** (Chem, Paint) / Zinkchromat *n* (normales), Zinkmonochromat *n* (ZnCrO$_4$) ‖ ~ **chromate** (Chem) s. also zinc yellow ‖ ~ **chromate primer**\* (Paint) / Zinkchromatgrundierung *f*, Reaktionsgrundierung *f* mit Zinkchromat als Rostschutzpigment ‖ ~ **chrome** (Paint) / Zinkgelb *n* (ein Zinkchromat von geringer Deckfähigkeit - Kaliumzinkchromat), Samtgelb *n* (leuchtend gelbes Pigment mit schwankendem Chromoxidgehalt) ‖ ~ **citrate** (Chem) / Zinkzitrat *n*, Zinkcitrat *n* ‖ ~ **citrate** (Chem, Nut) / Zinkcitrat *n*, Zinkzitrat *n* ‖ ~ **coat** (Surf) / Zinküberzug *m*, Zinkschicht *f* (eine Korrosionsschutzschicht), Zinkauflage *f*, Zinkschutzschicht *f* ‖ ~ **coating** (Surf) / Zinküberzug *m*, Zinkschicht *f* (eine Korrosionsschutzschicht), Zinkauflage *f*, Zinkschutzschicht *f* ‖ ~ **container** (Elec Eng) / Zinkbecher *m* (z.B. der Leclanché-Zelle) ‖ ~ **crown glass** (Glass) / Zinkkrone *f* (optisches Glas) ‖ ~ **cup** (Elec Eng) / Zinkbecher *m* (z.B. der Leclanché-Zelle) ‖ ~ **cyanide** (Chem, Surf) / Zinkzyanid *n*, Zinkcyanid *n* (Zn(CN)$_2$) ‖ ~ **deficiency** (Med) / Zinkmangel *m* ‖ ~ **deposit** (Surf) / Zinküberzug *m*, Zinkschicht *f* (eine Korrosionsschutzschicht), Zinkauflage *f*, Zinkschutzschicht *f* ‖ ~ **desilverization** (Met) / Zinkentsilberung *f* ‖ ~ **dialkyls** (Chem) / Zinkalkyle *n pl*, Zinkdialkyle *n pl* ‖ ~ **die casting** (Foundry) / Zinkdruckguss *m*
**zinc-dipped steel** (Surf) / feuerverzinktes Stahlblech, verzinktes Eisenblech
**zinc dithionite** (Chem) / Zinkdithionit *n*
**zinc-doped** *adj* / zinkdotiert *adj*
**zinc dross** (Surf) / Hartzink *n* (beim Feuerverzinken) ‖ ~ **dust**\* (Min Proc, Paint) / Zinkstaub *m* (kugelförmiges Zinkpigment)
**zinc-dust distillation** (Chem Eng) / Zinkstaubdestillation *f* ‖ ~ **paint** (Paint) / Zinkstaubanstrichstoff *m* (ein Grundbeschichtungsstoff), Zinkstaubfarbe *f* (ein Grundbeschichtungsstoff) ‖ ~ **paint coating** (Paint) / Zinkstaubbeschichtung *f*, Anstrichbezinkung *f* (mit zinkstaubhaltigen Beschichtungsstoffen), Anstrichverzinkung *f* (Herstellung von Anstrichschichten mit einem überwiegenden Anteil an Zinkpigmenten)
**zinc electrolyte** (Surf) / Zinkelektrolyt *m* ‖ ~ **engraving** (Print) / Zinkätzung *f* (ein grafisches Hochdruckverfahren), Reliefdruck *m* (Zinkätzung) ‖ ~ **etching** (Print) / Zinkätzung *f* (ein grafisches Hochdruckverfahren), Reliefdruck *m* (Zinkätzung) ‖ ~ **ethanoate** (Chem) / Zinkazetat *n*, Zinkacetat *n* ‖ ~ **fast green** (Paint) / Zinkechtgrün *n*, Zinkgrün *n*, Papageiengrün *n* (lichtechtes Mischpigment aus Zinkgelb und Berliner Blau - heute ohne Bedeutung) ‖ ~ **finger**\* (Biochem) / Zinkfinger *m* (Strukturmotiv einer Familie von Proteinen) ‖ ~ **flakes** (Paint) / Zink-Flakes *pl* (blättchenförmiges Zinkpigment) ‖ ~ **fluoride** (Ceramics, Chem, Surf) / Zinkfluorid *n* (ZnF$_2$) ‖ ~ **formate** (Chem) / Zinkformiat *n* ‖ ~ **green** (Paint) / Zinkechtgrün *n*, Zinkgrün *n*, Papageiengrün *n* (lichtechtes Mischpigment aus Zinkgelb und Berliner Blau - heute ohne Bedeutung) ‖ ~ **grey** (Paint) / Zinkgrau *n* (Malerfarbe), Diamantgrau

*n*, Platingrau *n*, Silbergrau *n* ‖ ~ **halide** (a binary compound of zinc and a halogen) (Chem) / Zinkhalogenid *n* ‖ ~ **hexafluorosilicate** (Chem, For) / Zinkhexafluorosilicat *n*, Zinkhexafluorosilikat *n* (auch ein Holzschutzmittel), Zinksilicofluorid *n*, Zinksilikofluorid *n* ‖ ~ **hydrosulphite** (Chem) / Zinkdithionit *n* ‖ ~ **hydroxide** (Chem) / Zinkhydroxid *n*
**zincic** *adj* (Chem) / Zink-
**zinciferous** *adj* (Geol) / zinkführend *adj*
**zincing** *n* (Met, Surf) / Verzinken *n*, Verzinkung *f*
**zinc iodide** (Chem) / Zinkiodid *n* ‖ ~ **iodide starch paper** (Chem) / Zinkiodstärkepapier *n*
**zincite*** *n* (a minor ore of zinc) (Min) / Zinkit *m*, Rotzinkerz *n*
**Zincke aldehyde** (Chem) / Zincke-Aldehyd *m* (eine Pyridiniumverbindung nach T. Zincke, 1843 - 1928)
**zinckenite*** *n* (Min) / Zinckenit *m* (Blei(II-antimon(III)-sulfid) - nach J.K.L. Zincken, 1790-1862, benannt), Bleiantimonglanz *m*
**zincky** *adj* / zinkhaltig *adj*, aus Zink
**zinc metaarsenite** (Chem) / Zinkarsenat(III) *n*, Zinkarsenit *n* ‖ ~ **molybdate** (Chem, Paint, Plastics) / Zinkmolybdat *n* (ein Rauchgasunterdrücker) ‖ ~ **nail** (Carp) / verzinkter Nagel, feuerverzinkter Nagel ‖ ~ **naphthenate** (Chem, Paint) / Zinknaphthenat *n* ‖ ~ **nitrate** (Chem, Surf, Textiles) / Zinknitrat *n*
**zinco*** *n* (Print) / Zinkdruckplatte *f*, Zinkplatte *f*, Zinkklischee *n* (in Strichmanier)
**zincograph** *n* (Print) / Zinkdruckplatte *f*, Zinkplatte *f*, Zinkklischee *n* (in Strichmanier)
**zincography** *n* (Print) / Zinkdruck *m* (ein altes direktes Flachdruckverfahren, bei dem eine Zinkplatte als Druckform verwendet wird), Zinkografie *f* (nach A. Senefelder)
**zincon** *n* (Chem) / Zincon *n* (Reagens auf Cu und Zn)
**zinc ore mine** (Mining) / Zinkbergwerk *n* ‖ ~ **orthophosphate** (Chem) / Zinkorthophosphat *n*, Zinkphosphat *n* (tertiäres) ‖ ~ **oxide*** (Chem, Pharm) / Zinkoxid *n* (ZnO) ‖ ~ **-oxide paper** (Paper) / Zinkoxidpapier *n* (ein Kopiermaterial für die Elektrofotografie) ‖ ~ **oxygen battery** (Autos, Elec Eng) / Zink-Luft-Batterie *f* ‖ ~ **phenolsulphonate** (Chem) / Zinkphenolsulfonat *n* ‖ ~ **phosphate*** (Chem) / Zinkorthophosphat *n*, Zinkphosphat *n* (tertiäres)
**zinc-phosphate** (Surf) / zinkphosphatieren *v*
**zinc phosphate paint** (Paint) / Zinkphosphatanstrichstoff *m* ‖ ~ **phosphating** (Surf) / Zinkphosphatierung *f* ‖ ~ **phosphide** (Chem) / Trizinkdiphosphid *n* ($Zn_3P_2$) (ein Rodentizid), Zinkphosphid *n* ‖ ~ **pigment** (Paint) / Zinkpigment *n* (ein anorganisches Pigment - kugelförmiges oder blättchenförmiges) ‖ ~ **plate** (Met) / Zinkblech *n* (grobes)
**zinc-plated tube** (Met, Surf) / verzinktes Rohr (DIN 2444)
**zinc-plate printing** (Print) / Zinkdruck *m* (ein altes direktes Flachdruckverfahren, bei dem eine Zinkplatte als Druckform verwendet wird), Zinkografie *f* (nach A. Senefelder)
**zinc plating of wire** (Surf) / Drahtverzinkung *f* ‖ ~ **point** (Phys) / Zinkpunkt *m* (Erstarrungspunkt von Zink = 692,73 K) ‖ ~ **powder** / Zinkpulver *n* ‖ ~ **printing plate** (Print) / Zinkdruckplatte *f*, Zinkplatte *f*, Zinkklischee *n* (in Strichmanier) ‖ ~ **protector*** (Ships) / Zinkschutz *m* (mit einer Mindestreinheit von 99,7 % - in Form von Ringen, Stangen oder Platten als Schutz vor Korrosion für Stahlteile) ‖ ~ **pump** (Eng) / Zinkpumpe *f* ‖ ~ **pyrithione** (Chem) / Zink-Pyrithion *n* (ein Zinksalz)
**zinc-rich** *adj* / zinkreich *adj*
**zinc-rich paint*** (Paint) / Zinkstaubanstrichstoff *m* (ein Grundbeschichtungsstoff), Zinkstaubfarbe *f* (ein Grundbeschichtungsstoff)
**zinc-rich paint coating** (Paint) / Zinkstaubbeschichtung *f*, Anstrichbezinkung *f* (mit zinkstaubhaltigen Beschichtungsstoffen), Anstrichverzinkung *f* (Herstellung von Anstrichschichten mit einem überwiegenden Anteil an Zinkpigmenten)
**zinc-rich primer** (Paint) / Zinkstaubanstrichstoff *m* (ein Grundbeschichtungsstoff), Zinkstaubfarbe *f* (ein Grundbeschichtungsstoff)
**Zincromet** *n* (Met) / schweißfähiger Zinkstaubprimer auf Epoxidharzbasis (bei der Herstellung des Zincrometals)
**Zincrometal** *n* (Met) / Zincrometal *n* (ein mit Dacromet und Zincromet vorbeschichtetes Stahlband)
**zinc scrap** (Met) / Altzink *n* ‖ ~ **scum** (Met) / Zinkschaum *n* ‖ ~ **selenide** (Chem) / Zinkselenid *n* ‖ ~ **shavings** / geraspeltes Zink ‖ ~ **sheet** (Met) / Zinkblech *n* (dünnes) ‖ ~ **shot** / gekörntes Zink ‖ ~ **silicate primer** (Paint) / Zinkstaub-Silikat-Primer *m*, Zinkstaub-Silikat-Grundanstrichstoff *m* ‖ ~ **silicate priming** (Paint) / Zinksilikatgrundierung *f*, Reaktionsgrundierung *f* mit Zinksilikat als Rostschutzpigment ‖ ~ **soap** (Chem) / Zinkseife *f* ‖ ~ **spinel*** (Min) / Gahnit *m* (nach J.G. Gahn, 1745-1818), Zinkspinell *m* (Zinkaluminat)
**zinc-spray** *v* / spritzverzinken *v* (nur Infinitiv und Partizip)

**zinc stearate** (Chem) / Zinkstearat *n*, Zinkoktadekanoat *n*, Zinkoctadecanoat *n* ‖ ~ **strip** (Met) / Zinkband *n* (DIN 9772) ‖ ~ **sulphate** (Chem) / Zinksulfat *n* ($ZnSO_4$) ‖ ~ **sulphide** (Chem) / Zinksulfid *n* (ZnS)
**zinc-sulphide pigment** (Paint) / Zinksulfidpigment *n* (ein Weißpigment, das mindestens 98% ZnS enthält)
**zinc sulphide screen** (Radiol) / Zinksulfidschirm *m* ‖ ~ **sulphide white** (Paint) / Zinksulfidweiß *n* ‖ ~ **telluride*** (Electronics, Met) / Zinktellurid *n* ‖ ~ **vapour** / Zinkdampf *m* ‖ ~ **vapour deposition** (Surf) / Zinkaufdampfverfahren *n* ‖ ~ **vitriol** (Min) / Goslarit *m*, Zinkvitriol *n* (Zinksulfat-7-Wasser) ‖ ~ **white** (Paint) / Zinkweiß *n* (aus metallischem Zink hergestelltes Pigment von basischem Charakter)
**zincy** *adj* / zinkhaltig *adj*, aus Zink
**zinc yellow** (Paint) / Zinkgelb *n* (ein Zinkchromat von geringer Deckfähigkeit - Kaliumzinkchromat), Samtgelb *n* (leuchtend gelbes Pigment mit schwankendem Chromoxidgehalt) ‖ ~ **yellow** (Paint) s. also lemon yellow
**zine** *n* (Webzine) (Comp, Print) / Webzin(e) *n* (elektronische Version eines ansonsten gedruckten Magazins/ einer Zeitschrift)
**zineb** *n* (Chem) / Zineb *n* (Zinkethylenbisdithiokarbamat - ein pilztötendes Präparat)
**zingerone** *n* (Chem) / Zingeron *n*, Zingiberon *n*
**zingiberene** *n* (Chem) / Zingiberen *n* (Hauptbestandteil des Ingweröls, des Curcumaöls und des Veilchenblütenöls)
**zingiberine** *n* (Chem) / Zingiberen *n* (Hauptbestandteil des Ingweröls, des Curcumaöls und des Veilchenblütenöls)
**zinkenite** *n* (Min) / Zinckenit *m* (Blei(II-antimon(III)-sulfid) - nach J.K.L. Zincken, 1790-1862, benannt), Bleiantimonglanz *m*
**zinkosite** *n* (Min) / Zinkosit *m*
**zinky** *adj* / zinkhaltig *adj*, aus Zink
**zinnwaldite*** *n* (a mineral of the mica group) (Min) / Zinnwaldit *m*, Lithiumeisenglimmer *m*
**Zintl phase** (Chem, Met) / Zintl'sche Phase, Zintl-Phase *f* (eine Gruppe der intermetallischen Verbindungen nach E. Zintl, 1898-1941)
**zip** *v* / sausen *v* (flitzen), zischen *v* ‖ ~* (Comp) / komprimieren *v* (mit der ZIP-Technik) ‖ ~ (Textiles) / den Reißverschluss zuziehen, den Reißverschluss zumachen ‖ ~ *n* (Textiles) / Reißverschluss *m* (DIN 3416) (DIN 3416), Zippverschluss *m* (A), Zipper *m* (A), Zipp *m* (A) ‖ ~ **code** (US) / Postleitzahl *f* ‖ ~ **code** (US) / Postleitzahl *f*
**zip-cut** (Welding) / Schweißpunktlöser *m*, Schweißpunktbohrer *m*
**ZIP drive** (Comp) / Zip-Laufwerk *n*
**Zip drive** (Comp) / Zip-Laufwerk *n* ‖ ~ **fastener** (Textiles) / Reißverschluss *m* (DIN 3416) (DIN 3416), Zippverschluss *m* (A), Zipper *m* (A), Zipp *m* (A) ‖ ~ **fuel** (Aero) / leistungsstarker Düsenkraftstoff, Höchstenergie-Düsentreibstoff *m* ‖ ~ **memory** (Comp) / Zip-Speicher *m* (der etwa so viel fasst wie 120 Disketten) ‖ ~ **out** *v* (Textiles) / ausreißen *v*, auszippen *v* (mittels Reißverschluss herausnehmen) ‖ ~ **pan** (Cinema) / Verreißschwenk *m*, [sehr] schneller Schwenk, Reißschwenk *m*, Wischer *m*
**zippeite** *n* (Min) / Zippeit *m*, Uranblüte *f*
**zipper** *v* (Textiles) / den Reißverschluss zuziehen, den Reißverschluss zumachen ‖ ~ *n* (US) (Textiles) / Reißverschluss *m* (DIN 3416) (DIN 3416), Zippverschluss *m* (A), Zipper *m* (A), Zipp *m* (A) ‖ ~ **conveyor** (Eng) / Reißverschlussförderer *m*
**zippered** *adj* (Textiles) / mit Reißverschluss (versehen) ‖ ~ **pocket** (Textiles) / Reißverschlusstasche *f*
**zipper foot** (Textiles) / Reißverschlussfuß *m* (der Nähmaschine) ‖ ~ **tubing** (Civ Eng) / Reißverschlussverkabelungsrohr *n* ‖ ~ **up** *v* (Textiles) / den Reißverschluss zuziehen, den Reißverschluss zumachen
**zip reaction** (Chem) / Zip-Reaktion *f* (eine Ringreaktion zur Herstellung makrozyklischer Verbindungen) ‖ ~ **up** *v* (Textiles) / den Reißverschluss zuziehen, den Reißverschluss zumachen
**ziram** *n* (Chem) / Ziram *n* (Zinkdimethyldithiokarbamat - ein pilztötendes Präparat; auch als Repellent gegen Wildverbiss und Vogelfraß), Zinkdimethyldithiocarbamat *n*, Zinkdimethyldithiokarbamat *n*
**zircaloy*** *n* (Met) / Zircaloy *n* (Zirconiumspeziallegierung, z.B. für Brennstabhüllen)
**zircon*** *n* (Min) / Zirkon *m* (Zirkoniumorthosilikat, das technisch wichtigste Zr-Mineral)
**zirconate(IV)*** *n* (Chem) / Zirkonat(IV) *n*, Zirconat(IV) *n*
**zircon brick** (Ceramics, Met) / Zirkonstein *m* (über 1750 °C einsetzbar) ‖ ~ **coating** (Foundry) / Zirkonschlichte *f*
**zirconia*** *n* (Chem) / Zirconium(IV)-oxid *n*, Zirkonium(IV)-oxid *n*, Zirconiumdioxid *n*, Zirkoniumdioxid *n* (Zirkoniumerde) ‖ ~ **brick** (Ceramics, Met) / Zirkonstein *m* (über 1750 °C einsetzbar)
**zirconic anhydride** (Chem) / Zirconium(IV)-oxid *n*, Zirkonium(IV)-oxid *n*, Zirconiumdioxid *n*, Zirkoniumdioxid *n* (Zirkoniumerde)

**zirconiding** *n* (Surf) / elektrolytisches Diffusionsbeschichten mit Zirkonium über Zirkoniumfluorid als Zwischenstufe

**zirconium*** *n* (Chem) / Zirkonium *n*, Zirconium *n*, Zr (Zirconium) ‖ **~ alloy** (Met) / Zirconiumlegierung *f*, Zirkoniumlegierung *f*, Zr-Legierung *f* ‖ **~ beryllide** (Chem, Nuc Eng) / Zirkoniumberyllid *n*, Zirconiumberyllid *n* ‖ **~ boride** (Chem) / Zirconiumdiborid *n*, Zirkoniumdiborid *n* (das als feuerfester Werkstoff zur Herstellung von Tiegeln und zur Ummantelung von Thermoelementen dient) ‖ **~ carbide** (Chem, Eng) / Zirconiumcarbid *n*, Zirkoniumkarbid *n* ‖ **~ chloride** (Chem) / Zirconiumchlorid *n*, Zirkoniumchlorid *n* (z.B. -dichlorid, -trichlorid oder -tetrachlorid) ‖ **~(IV) chloride** (Chem, Textiles) / Zirconiumtetrachlorid *n*, Zirkonium(IV)-chlorid *n*, Zirkoniumtetrachlorid *n*, Zirkonium(IV)-chlorid *n* ‖ **~ diboride** (Chem) / Zirconiumdiborid *n*, Zirkoniumdiborid *n* (das als feuerfester Werkstoff zur Herstellung von Tiegeln und zur Ummantelung von Thermoelementen dient) ‖ **~ dioxide** (Chem) / Zirconium(IV)-oxid *n*, Zirkonium(IV)-oxid *n*, Zirconiumdioxid *n*, Zirkoniumdioxid *n* (Zirkoniumerde)

**zirconium-dioxide probe** / Zirconiumdioxidsonde *f*, Zirkoniumdioxidsonde *f* (Sensor für den Sauerstoffgehalt eines Gases)

**zirconium hydride** (Chem, Mil) / Zirconiumhydrid *n*, Zirkoniumhydrid *n* (Verbindung des Zirkoniums mit Wasserstoff, die keine genaue stöchiometrische Zusammensetzung aufweist) ‖ **~ hydroxide** (Chem) / Zirconiumhydroxid *n*, Zirkoniumhydroxid *n* ‖ **~ lamp*** (Light, Phys) / Zirconiumlampe *f*, Zirkoniumlampe *f* ‖ **~ light** (Light, Phys) / Zirconiumlicht *n*, Zirkoniumlicht *n* ‖ **~ nitride** (Chem) / Zirconiumnitrid *n*, Zirkoniumnitrid *n* (sehr harte, silberähnliche Kristalle, verwendet zur Herstellung von hochfeuerfesten Werkstoffen) ‖ **~ orthosilicate** (Chem) / Zirconiumsilicat *n*, Zirconiumorthosilicat *n*, Zirkoniumsilikat *n* (Zr[SiO$_4$]), Zirkoniumorthosilikat *n* ‖ **~(IV) oxide*** (Chem) / Zirconium(IV)-oxid *n*, Zirkonium(IV)-oxid *n*, Zirconiumdioxid *n*, Zirkoniumdioxid *n* (Zirkoniumerde) ‖ **~ oxychloride** (Chem, Oils, Textiles) / Zirconylchlorid *n*, Zirkonylchlorid *n*, Zirconiumdichloridoxid *n*, Zirkoniumdichloridoxid *n* (Oktahydrat) ‖ **~ phosphate** (Chem) / Zirconiumphosphat *n*, Zirkoniumphosphat *n* ‖ **~ silicate** (Chem) / Zirconiumsilicat *n*, Zirconiumorthosilicat *n*, Zirkoniumsilikat *n* (Zr[SiO$_4$]), Zirkoniumorthosilikat *n* ‖ **~ silicide** (Chem, Nuc Eng) / Zirconiumsilicid *n*, Zirkoniumsilizid *n*

**zirconium(IV) sulphate** (Chem, Textiles) / Zirkonium(IV)-sulfat *n*, Zirconium(IV)-sulfat *n*

**zirconium tetrachloride** (Chem, Textiles) / Zirconiumtetrachlorid *n*, Zirconium(IV)-chlorid *n*, Zirkoniumtetrachlorid *n*, Zirkonium(IV)-chlorid *n*

**zircon porcelain** (a vitreous ceramic whiteware for technical application in which zircon is the essential crystalline phase) (Ceramics) / Zirkonporzellan *n* ‖ **~ refractory** (Ceramics, Met) / Zirkonfeuerfesterzeugnis *n* (mit ZrSiO$_4$) ‖ **~ sand** (with considerable amounts of zirconia) (Foundry, Min) / Zirkonsand *m*

**zirconyl acetate** (Chem) / Zirconylacetat *n*, Zirkonylazetat *n*, Zirconiumdiacetatoxid *n*, Zirkoniumdiazetatoxid *n* ‖ **~ chloride** (Chem, Oils, Textiles) / Zirconylchlorid *n*, Zirkonylchlorid *n*, Zirconiumdichloridoxid *n*, Zirkoniumdichloridoxid *n* (Oktahydrat) ‖ **~ compounds** (Chem) / Zirkonylverbindungen *f pl* (veraltete Bezeichnung für Zirconiumoxid….-Verbindungen), Zirconylverbindungen *f pl* ‖ **~ hydroxide** (Chem) / Zirconiumoxidhydroxid *n*, Zirkoniumoxidhydroxid *n*

**zirkelite** *n* (Min) / Zirkelit *m* (Calciumeisenzirconat)

**zirkit** *n* (Min) / Zirkit *m* (Mischgestein aus Zirkon und Baddeleyit)

**zitterbewegung** *n* (Phys) / Zitterbewegung *f* (eines freien Elektrons unter dem statistisch um den Wert Null schwankenden elektromagnetischen Feld)

**z-magnetization** *n* (Acous, Mag, Spectr) / longitudinale Magnetisierung, Längsmagnetisierung *f*, Gleichgewichtsmagnetisierung *f*

**Z-manoeuvre** *n* (Ships) / Schlängelfahrt *f* (Manöver zur Einschätzung des Drehverhaltens des Schiffs)

**Z marker** (Aero) / Z-Funkfeuer *n* (Markierungsfeuer, das zum Kennzeichnen des Standorts eines 4-Kursfunkfeuers dient, da über diesem Standort kein Signal des 4-Kursfunkfeuers empfangen werden kann - Schweigekegel oder Nullkegel)

**Z marker beacon*** (Aero) / Z-Funkfeuer *n* (Markierungsfeuer, das zum Kennzeichnen des Standorts eines 4-Kursfunkfeuers dient, da über diesem Standort kein Signal des 4-Kursfunkfeuers empfangen werden kann - Schweigekegel oder Nullkegel)

**z matrix** (Elec) / z-Matrix *f* (Schema, in dem die Formelzeichen der z-Vierpol-Parameter zusammengefasst werden)

**Z-modem** *n* (protocol that allows for error correction and error detection; if a link is broken during a transfer, Z-modem can redial and pick up transfer without having to start over) (Comp) / Z-Modem *m n* (mit dem mehrere Dateien /inklusive Name und Größe/ während einer Verbindung und weitere Befehle übertragen werden können), Z (Z-Modem)

**Z-modulation*** *n* (Radar, TV) / Helligkeitsmodulation *f*, Helligkeitssteuerung *f*, Intensitätsmodulation *f*

**Zn** (zinc) / Zink *n*, Zn (Zink)

**Z-network** *n* (Comp, Telecomm) / Z-Netz *n* (ein Mailbox-Netz)

**ZnS screen** (Radiol) / Zinksulfidschirm *m*

**ZnS-type phosphor** (Light) / ZnS-Leuchtstoff *m*

**ZnS white** (Paint) / Zinksulfidweiß *n*

**Zobel filter** (designed according to image parameter technique) (Elec Eng) / Zobelfilter *n*

**zocle** *n* (Arch) / Sockel *m* (unterer Mauerteil, oft durch ein Sockelgesims abgesetzt)

**ZOD** (zero-order diffraction) (Optics, Photog) / Beugung *f* nullter Ordnung (z.B. bei ZOD-Dias)

**zodiac** *n* (Astron) / Tierkreis *m*, Tierkreisgürtel *m*, Zodiakus *m* ‖ **~*** (Astron) / Tierkreis *m*, Tierkreisgürtel *m*, Zodiakus *m*

**zodiacal light*** (Astron) / Zodiakallicht *n* (eine schwache Lichterscheinung am nächtlichen Himmel längs der Ekliptik), Tierkreislicht *n* ‖ **~ sign** (Astron) / Tierkreiszeichen *n*

**Zoelly steam turbine** (Eng) / Zoelly-Dampfturbine (die nach dem Gleichdruckprinzip arbeitet - nach H. Zoelly, 1862 - 1937)

**zoisite*** *n* (an orthorhombic mineral of the epidote group) (Min) / Zoisit *m* (Kalziumaluminiumhydroxidorthosilikat)

**Zöllner illusion** (Optics) / Zöllner'sche Täuschung, Richtungstäuschung *f* (optische Täuschung, bei der die Parallelgeraden zusammenlaufen - nach K.F. Zöllner, 1834-1882)

**Zöllner's lines** (Optics) / Zöllner'sche Täuschung, Richtungstäuschung *f* (optische Täuschung, bei der die Parallelgeraden zusammenlaufen - nach K.F. Zöllner, 1834-1882)

**ZOLZ** (zero-order Laue zone) (Crystal) / Laue-Zone *f* nullter Ordnung

**zombie** *n* (a defunct process) (Comp) / Zombie *m*

**zonal** *adj* (Geophys, Meteor) / Zonen-, Zonar-, zonal *adj*, zonar *adj*, zonenförmig *adj* ‖ **~ axis** (Crystal) / Zonenachse *f* ‖ **~ bunker** (Mining) / Zonenbunker *m* ‖ **~ circulation** (Meteor) / Zonalzirkulation *f* (die durch ein Vorherrschen der zonalen Strömung in der freien Atmosphäre gekennzeichnet ist) ‖ **~ flow** (Meteor) / Zonalzirkulation *f* (die durch ein Vorherrschen der zonalen Strömung in der freien Atmosphäre gekennzeichnet ist) ‖ **~ index*** (Meteor) / Zonalindex *m*, zonaler Index (Maß für den mittleren zonalen geostrophischen Wind zwischen zwei Breitenkreisen, gegeben durch die Differenz der mittleren geopotentiellen Höhen längs dieser Breitenkreise in einer Isobarenfläche)

**zonality** *n* / Zonalität *f*, Gürtelung *f*

**zonal spherical harmonics** (Maths) / Legendre-Polynome *n pl* (zonale Kugelfunktionen), Legendre'sche Polynome ‖ **~ structure** (Crystal, Min) / Zonenaufbau *m*, Zonarbau *m*, Zonarstruktur *f* (z.B. an Turmalinen)

**zonary** *adj* (Geophys, Meteor) / Zonen-, Zonar-, zonal *adj*, zonar *adj*, zonenförmig *adj* ‖ **~ structure** (Crystal, Min) / Zonenaufbau *m*, Zonarbau *m*, Zonarstruktur *f* (z.B. an Turmalinen)

**zonate** *adj* / in Zonen unterteilt, zonenverteilt *adj*

**zonated** *adj* / in Zonen unterteilt, zonenverteilt *adj*

**zonation** *n* / Verteilung *f* auf Zonen ‖ **~** (Ecol) / Zonation *f* (synökologische Bezeichnung für das räumliche Nebeneinander verschiedenartiger Lebensräume)

**zone*** *n* / Zone *f* ‖ **~** (Build) / temperaturgeregelte Raumeinheit (bei Klimaanlagen) ‖ **~** (Chem) / Bande *f* (im Chromatogramm oder Elektropherogramm), Substanzbereich *m* (im Chromatogramm oder Elektropherogramm) ‖ **~** (Elec Eng) / Schutzbereich *m* (bei Relaisschutz) ‖ **~** (Maths) / Kugelzone *f* (Kugeloberfläche der Kugelschicht) ‖ **~ axis** (Crystal) / Zonenachse *f* ‖ **~ bit** (Comp) / Zonenbit *n*

**zone(d) crystallization** (Crystal, Electronics) / Zonenkristallisation *f*

**zoned** *adj* / in Zonen unterteilt, zonenverteilt *adj*

**zoned-constant angular velocity** (Comp) / ZCAV-System *n*

**zoned crystal** (Crystal) / Zonenkristall *m* (Mischkristall mit einem Konzentrationsgefälle), Schichtkristall *m* ‖ **~ decimal data** (Comp) / ungepackte Dezimalzahlen ‖ **~ format** (Comp) / ungepacktes Format ‖ **~ format** (Comp) / gezontes Format

**zone digit** (DDD network) (Teleph) / Zonenziffer *f* (im Fernwahlnetz) ‖ **~ electrophoresis** (Chem) / Zonenelektrophorese *f* ‖ **~ for the protection of water** (Ecol, San Eng) / Wasserschutzgebiet *n* ‖ **~ fossil** (Geol, Mining) / Leitfossil *n* ‖ **~ law of Weiss** (Crystal) / Zonenverbandsgesetz *n* (ein kristallografisches Grundgesetz nach Ch.S. Weiss, 1780-1856) ‖ **~ levelling*** (Electronics) / Zonenhomogenisierung *f* (Zonenschmelzverfahren zum Erreichen des für den Halbleitergrundkörper notwendigen Leistungstyps) ‖ **~ levelling*** (Electronics) / Zonennivellierung *f* (gleichmäßige Verteilung eines der Schmelzzone zugeführten Fremdstoffes in einem länglichen Tiegel aus Graphit oder Quarz) ‖ **~ melting*** (process) (Electronics, Met) / Zonenschmelzverfahren *n*,

Zonenschmelze f, Zonenschmelzen n ‖ **~ of ablation** (Geol) / Zehrgebiet n (eines Gletschers) ‖ **~ of aeration** (Geol) / Bodenluftzone f, Aerationszone f ‖ **~ of capillarity** (Agric, Civ Eng) / Kapillarsaum m (über der oberen Grenzfläche des ungespannten Grundwassers) ‖ **~ of cementation*** (Geol) / Zementationszone f (unterhalb der Oxidationszone von Erzlagerstätten befindlicher Bereich, in dem sich an vorhandenen Primärerzen der, aus der Oxidationszone herabsickerndern, Lösungen im Bereich des sauerstoffarmen Bodenwassers niederschlägt) ‖ **~ of confusion** (Aero) / Verwirrungszone f (über der VOR-Station) ‖ **~ of danger** / Gefahrenzone f, Gefahrgebiet n ‖ **~ of deformation** (Eng) / Umformzone f (der Teil eines Werkstücks, der während eines Umformvorganges in einen bildsamen Zustand gekommen ist) ‖ **~ of friction** (Meteor) / Schleifzone f (quasistationäre Front) ‖ **~ of mobility** (Geol) / Asthenosphäre f (Fließzone des oberen Erdmantels unterhalb der Lithosphäre) ‖ **~ of saturation** (Geol) / Sättigungszone f ‖ **~ of silence*** (Acous) / Schweigezone f, Zone f des Schweigens ‖ **~ of sphere** (Maths) / Kugelzone f (derjenige Teil der Oberfläche der Kugel, der zur Begrenzung der Kugelschicht gehört) ‖ **~ of transition** / Übergangszone f ‖ **~ of wastage** (Geol) / Zehrgebiet n (eines Gletschers) ‖ **~ of weathering*** (Geol) / Verwitterungszone f (im Allgemeinen) ‖ **~ of weathering*** (Geol) / Oxidationszone f (die oxidativen Verwitterungsprozessen ausgesetzt ist - bei Erzlagerstätten) ‖ **~ pass** (Electronics, Met) / einmalige Zonenreinigung (die wiederholt wird, um den Reinigungseffekt zu steigern) ‖ **~ plane** (Crystal) / Zonenebene f ‖ **~ plate*** (Optics) / Zonenplatte f (eine Platte, die mit einem System von abwechselnd durchsichtigen und undurchsichtigen Ringen versehen ist und eine optische Abbildung lediglich durch Beugung erzeugt), Zonenlinse f ‖ **~ position indicator** (Radar) / Zoneneinweisungsgerät n ‖ **~ punch** (Comp) / Überloch n (der Lochkarte), Zonenlöschung f ‖ **~ punching** (Comp) / Zonenlochung f ‖ **~ purification*** (Electronics, Met) / Zonenreinigung f (Hochreinigung von Metallen, Halbleitern, anorganischen und organischen Verbindungen durch Zonenschmelzen)

**zoner** n (Teleph) / Verzoner m, Zoner m

**zone rating** (Aero) / Zonenberechtigung f ‖ **~ refining*** (Electronics, Met) / Zonenreinigung f (Hochreinigung von Metallen, Halbleitern, anorganischen und organischen Verbindungen durch Zonenschmelzen)

**zoner with route tap** (Comp) / Verzoner m mit Richtungsabgriff

**zone spreading** (Chem) / Bandenverbreiterung f ‖ **~ symbol** (Crystal) / Zonensymbol n (in den eckigen Klammern angegebene Richtung einer Zonenachse) ‖ **~ system** (Photog) / Zonensystem n (der Belichtung) ‖ **~ time*** (Astron) / Zonenzeit f (die für größere Gebiete auf der Erde festgelegt ist) ‖ **~ travelling grate** (Eng) / Zonenwanderrost m (bei Dampferzeugern mit großen Leistungen)

**zoning*** n / Unterteilung f in Zonen, Zonenbildung f, Zonung f, Verzonung f, Einteilung f in Zonen, Zoneneinteilung f, Einstufung f in Zonen ‖ **~*** (Crystal, Min) / Zonaraufbau m, Zonenaufbau m, Zonarbau m, Zonarstruktur f (z.B. an Turmalinen) ‖ **~ law** (Build) / Bebauungsgesetz n ‖ **~ map** (Build) / Flächennutzungsplan m ‖ **~ plan** (Build) / Flächennutzungsplan m ‖ **~ system** / Kernabschaltungssystem n (bei dem ein Kernbereich der Wasserverteilung abgeschaltet werden kann, um die Kühlleistung des Kühlturms zu verringern und ein Vereisen bei Winterbetrieb zu verhindern)

**zoogleal layer** (San Eng) / Schlammdecke f (z.B. am Langsam-Sand-Tiefenfilter)

**zoological** adj (Zool) / zoologisch adj

**zoology*** n (Zool) / Zoologie f

**zoom*** v (Cinema, Photog) / zoomen v, die Brennweite mit Hilfe des Zoomobjektivs stetig (stufenlos) verändern ‖ **~** (Comp) / zoomen v, dynamisch skalieren ‖ **~** n (Aero) / Hochziehen n (kurzes), Chandelle f (Gewinn an Höhe durch Ausnutzung der kinetischen Energie), Hochreißen n (des Flugzeugs) ‖ **~** (Cinema, Photog) / Varioobjektiv n, pankratisches Objektiv, Gummilinse f, Zoomobjektiv n, Zoom n (Zoomobjektiv)

**zoomable** adj (Cinema, Photog) / zoombar adj

**zoomaric acid** (Chem) / Zoomarinsäure f

**zoom-away shot** (Cinema) / aufziehende Aufnahme (bei der Zoomfahrt)

**zoom back** v (Cinema) / die Gummilinse aufziehen, auszoomen v, herauszoomen v ‖ **~ box** (Comp) / Zoombox f, Zoomfeld n ‖ **~ ceiling** (Aero) / dynamische Gipfelhöhe ‖ **~ climb** (Aero) / Hochziehen n (kurzes), Chandelle f (Gewinn an Höhe durch Ausnutzung der kinetischen Energie), Hochreißen n (des Flugzeugs) ‖ **~ down** v (user interface) (Comp) / wegzoomen v

**zoomed port video** (Comp, Photog) / Zoom Port Video n ‖ **~ video interface** (Comp) / ZV-Schnittstelle f ‖ **~ video port** (a PC card standard boosting video playback) (Comp, Photog) / ZV-Port m (zum Anschluss einer Videokamera an ein Notebook)

**zoom handle** (Cinema) / Zoomhebel m ‖ **~ in** v (Cinema) / heranzoomen v, hereinzoomen v, die Gummilinse zuziehen

**zooming*** n (Aero) / Hochziehen n (kurzes), Chandelle f (Gewinn an Höhe durch Ausnutzung der kinetischen Energie), Hochreißen n (des Flugzeugs) ‖ **~** (Cinema) / optische Kamerazoom, Zoomen n, Zoomfahrt f ‖ **~** (Comp) / Zoomen n, dynamisches Skalieren (stetiges Vergrößern oder Verkleinern der Bildschirmdarstellung) ‖ **~** (Photog) / Zoomkopieren n, stufenloses Verkleinern oder Vergrößern (bei Kopierern)

**zoom-in shot** (Cinema) / verdichtende Aufnahme (bei der Zoomfahrt)

**zoom lens*** (Cinema, Photog) / Varioobjektiv n, pankratisches Objektiv, Gummilinse f, Zoomobjektiv n, Zoom n (Zoomobjektiv) ‖ **~ lever** (Cinema) / Zoomhebel m ‖ **~ out** v (Cinema) / die Gummilinse aufziehen, auszoomen v, herauszoomen v

**zoom-out shot** (Cinema) / aufziehende Aufnahme (bei der Zoomfahrt)

**zoom range** (Cinema) / Zoombereich m, Variobereich m ‖ **~ rectangle** (Comp) / Gummiviereck n ‖ **~ rod** (Cinema) / Zoomhebel m ‖ **~ rolling** (Met) / Walzen n mit voller Kraft, Walzen n mit maximaler Geschwindigkeit ‖ **~ window** (Comp) / Zoomfenster n, vergrößerter Bildausschnitt

**zooplankton*** n (Ecol, Ocean) / Zooplankton n (tierisches Plankton)

**zoosterol** n (Chem) / Zoosterin n, tierisches Sterin (z.B. Chinesterol)

**zootoxin** n (Chem) / Tiergift n, Zootoxin n (Toxin aus Tieren), tierisches Toxin, tierisches Gift

**Zorn's lemma** (Maths) / Zorn-Lemma n, Lemma n von Kuratowski-Zorn, Zorn'sches Lemma (hat jede wohl geordnete Kette einer halbgeordneten Menge A eine obere Schranke, so hat A ein maximales Element - nach M. Zorn, 1906-1993)

**z-parameter** n (Electronics) / z-Kenngröße f, z-Vierpol-Parameter m (Kenngröße bei der Vierpolersatzschaltbilddarstellung von Transistoren)

**Z particle*** (the intermediary elementary particle with no electric charge that is exchanged as a virtual particle in some weak interactions) (Nuc) / Z-Teilchen n (ein massives Vektorboson), Z-Boson n

**ZPC** (zero point of charge) (Elec) / Ladungsnullpunkt m

**ZPG** (zero population growth) (Stats) / Nullwachstum n der Bevölkerung, Nullwachstumsrate f bei der Bevölkerung

**ZPI** (zone position indicator) (Radar) / Zoneneinweisungsgerät n

**Z-profile** n (Met) / Z-Profil n (Formstahl), Z-Querschnitt n

**ZPV** (zoomed port video) (Comp, Photog) / Zoom Port Video n

**Zr** (zirconium) (Chem) / Zirkonium n, Zirconium n, Zr (Zirconium)

**ZRC** (zinc-rich coating) (Paint) / Zinkstaubbeschichtung f, Anstrichbezinkung f (mit zinkstaubhaltigen Beschichtungsstoffen), Anstrichverzinkung f (Herstellung von Anstrichschichten mit einem überwiegenden Anteil an Zinkpigmenten)

**Z-section** n (Met) / Z-Profil n (Formstahl), Z-Querschnitt m

**ZSF** (zero skip frequency) (Radio) / kritische Sprungfrequenz

**ZT** (zone time) (Astron) / Zonenzeit f (die für größere Gebiete auf der Erde festgelegt ist)

**z-transform** n (Maths) / Z-Transformierte f

**z-transformation** n (Maths, Telecomm) / Z-Transformation f (eine Funktionaltransformation, die sich aus der Fourier-Transformation ableiten lässt - DIN 5487(nS))

**Z-twill** n (Weaving) / Z-Grat-Köper m, Rechtsgratköper m (wenn die Köpergrate von links nach rechts gehen), Z-Köper m

**Z-twist** n (Textiles) / Z-Draht, Z-Drehung f, z-Drehung f

**Z-twisted yarn** (Spinning) / Z-Draht-Garn n, rechtsgedrehtes Garn

**zulu time*** / Weltzeit f (die Zonenzeit des nullten Längenmeridians), WZ (Weltzeit), Mittlere Greenwichzeit, UT (Universal Time), Zulu-Zeit f (in der NATO), MGZ (mittlere Greenwichzeit)

**zunyite** n (Min) / Zunyit m (ein Silikat mit $Si_5O_{16}$-Gruppen)

**Zurich oxide** (Chem) / Zürcher Oxid (mit hoher Sprungtemperatur)

**Zürich sunspot number*** (Astron) / Wolf'sche Zahl (nach R. Wolf, 1816-1893), Sonnenfleckenrelativzahl f

**zussmanite*** n (Min) / Zussmanit m (ein Phyllosilikat)

**zustandssumme** n (Phys, Stats) / Planck'sche Zustandssumme, Zustandssumme f (in der Quantenstatistik)

**Z value** (Chem) / Z-Wert m (Ionisierungsstärke von Lösemitteln)

**ZVD** (zinc vapour deposition) (Surf) / Zinkaufdampfverfahren n

**ZV port** (zoomed video port) (Comp, Photog) / ZV-Port m (zum Anschluss einer Videokamera an ein Notebook)

**Zweifel's results** (Eng, Phys) / Ergebnisse von Zweifel n pl (für die günstigste Schaufelstellung bei Strömungsmaschinen)

**zweikanter*** n (Geol) / Zweikanter m (Windkanter mit zwei Kanten)

**Zwicky object** (Astron) / Zwicky-Objekt n (nach F. Zwicky, 1898 - 1974)

**zwieselite*** n (Min) / Zwieselit m (Mineral der Zwieselit-Wolfeit-Gruppe mit Fe > Mn)

**Zwikker's test** (Chem, Pharm) / Zwikker-Reaktion f (Nachweis von Barbitursäurederivaten mit Co(II)-nitrat und Pyridin)

**zwischengebirge** n (Geol) / Zwischengebirge n (starre Scheitelung des Orogens)

**zwitterion**\* *n* (Chem) / Zwitterion *n* (Ion, das Ladungen entgegengesetzten Vorzeichens im gleichen Molekül trägt)
**zwitterionic polymerization** (Chem) / zwitterionische Polymerisation
**Zyglo** *n* (Materials) / Fluoreszenzverfahren *n* (eine zerstörungsfreie Werkstoffprüfung), Eindringverfahren *n* (mit Fluoreszenzmittel) ‖ ~ **method** (a technique for liquid-penetrant testing to detect surface flaws in a metal; uses a special penetrant that fluoresces when viewed under ultraviolet radiation) (Materials) / Fluoreszenzverfahren *n* (eine zerstörungsfreie Werkstoffprüfung), Eindringverfahren *n* (mit Fluoreszenzmittel)
**zygote**\* *n* (Gen) / Zygote *f* (die befruchtete Eizelle nach der Verschmelzung der beiden Geschlechtskerne)
**zymase** *n* (Biochem, Chem) / Zymase *f* (ein aus zellfreien Hefe-Presssäften isoliertes Enzymgemisch) ‖ ~ **complex** (found in yeast) (Biochem) / Zymase *f* (ein aus zellfreien Hefe-Presssäften isoliertes Enzymgemisch)
**zymogen**\* *n* (Biochem) / Zymogen *n*, Enzymogen *n*, Proenzym *n* ‖ ~ (Biochem) / Gärungserreger *m* (im Allgemeinen)
**zymogenic** *adj* (Biochem) / zymogen *adj* (in ein Enzym übergehend), gärungserregend *adj*
**zymology** *n* (Biochem, Chem) / Zymologie *f* (Lehre von der Gärung)
**zymolysis** *n* (pl. -lyses) (Biochem, Nut) / Vergärung *f*, Fermentation *f*, Gärung *f*, Fermentierung *f*
**zymosan**\* *n* (Biochem) / Zymosan *n*
**zymosis** *n* (pl. zymoses) (Biochem, Nut) / Vergärung *f*, Fermentation *f*, Gärung *f*, Fermentierung *f*
**zymotechnical** *adj* (Biochem, Chem) / gärungstechnisch *adj*, zymotechnisch *adj*
**zymotechnology** *n* (Biochem, Chem) / Gärungstechnik *f*, Zymotechnik *f*
**zymotic** *adj* (Biochem, Chem) / zymotisch *adj* (Gärung erregend)
**zymurgy** *n* (Biochem, Chem) / Gärungschemie *f*
**ZZ Ceti stars** (Astron) / ZZ Ceti-Sterne *m pl* (pulsationsveränderliche Weiße Zwerge des Spektraltyps DA mit charakteristischen Perioden zwischen 2 und 20 Minuten und geringen Amplituden)

Prof. Gunter Neubert, Dresden:

## Kurzgefaßte Gegenüberstellung der Fachwortbildung im Englischen und Deutschen

## A short comparative study of English and German word-formation principles in science and technology

| | |
|---|---|
| **Aufgaben eines Wörterbuchs** | Ein zweisprachiges Übersetzungswörterbuch dient dazu, für die W ö r t e r eines Texts in der Ausgangssprache (AS) die der Funktion des neu zu erstellenden Texts entsprechenden Wörter in der Zielsprache (ZS), genannt Ä q u i v a l e n t e, zu gewinnen und darüber hinaus genügend I n f o r m a t i o n e n, um die Äquivalente im ZS-Text richtig gebrauchen zu können. Gegebenenfalls gehören dazu auch Informationen über die Bedeutung der AS-Wörter. Oft finden wir hinter einem AS-Stichwort im Wörterbuch nicht nur ein, sondern mehrere ZS-Wörter. |
| AS = Ausgangssprache | |
| ZS = Zielsprache | |
| Synonymie | Sind deren Bedeutungen annähernd gleich, handelt es sich um S y n o n y m e, wie z. B. bei *Gerät / device, apparatus, mechanism*, und wir benötigen helfende Angaben, weil wir in der Regel nicht jedes angegebene Wort in jedem Zusammenhang verwenden können – z. B. Angaben über etwaige Beschränkungen der Gebräuchlichkeit auf bestimmte Fachgebiete, Länder, Produkthersteller, bestimmte Nachbarwörter und Nebenbedeutungen. Sind die Bedeutungen |
| Polysemie | unterschiedlich, spricht man von P o l y s e m i e, wie z. B. bei *Feder / (Paßfeder) key*; (bei Brettern) *feather*; (Sprungfeder) *spring*. In diesem Falle benötigen wir Angaben, mit denen wir die im AS-Text gemeinte Bedeutung des Wortes erkennen und das richtige Äquivalent wählen können – z. B. Synonyme der AS, in sachlichen Beziehungen zum gegebenen Wort stehende Wörter oder, wie in vielen Einträgen dieses Wörterbuchs, das Fachgebiet, einschlägige Normen, Definitionen bzw. Verweise auf Literatur mit Definitionen, Textbeispiele usw. |
| | Angesichts der riesigen und zudem noch ständig wachsenden Anzahl von Wörtern in Naturwissenschaft und Technik scheint ein Wörterbuch, das alle Wörter enthält, sofort illusorisch. Eine wichtige Eigenschaft der Sprachen gestattet zwar keine vollständige, jedoch eine praktikable Lösung dieses quantitativen Problems. Diese Eigenschaft besteht darin, daß die den einzelnen Sprachen zugrundeliegenden Systeme r e g e l h a f t e Möglichkeiten zur Bildung von Wörtern für neu zu Benennendes enthalten, und zwar mit wenigen Ausnahmen aufbauend auf den bereits v o r h a n d e n e n Wörtern und einer überschaubaren Menge von Wortbildungselementen. Allerdings gibt es einige Einschränkungen, die es nicht erlauben, ein Wörterbuch – unter der Voraussetzung, daß die Wortbildungsregeln Nachschlagewerken entnommen werden können – auf ausschließlich die Grundwörter und -elemente zu reduzieren: (1) Manche eigentlich regelgemäßen Wortbildungsprodukte (WBP) sind aus irgendeinem Grunde nicht gebräuchlich (So kann *-ung* an *besprech/en*, aber nicht an *sprech/en* angehängt werden; *-ess* an *steward*, aber nicht an *teacher*). (2) Es gibt WBP, deren Bildungsregeln zwar leicht erkennbar, aber nicht mehr (genauer: in der Gegenwart nicht) anwendbar sind (*Gebüsch, Gebälk* werden ohne weiteres als [Gesamtheit von Büschen bzw. Balken] verstanden, *wooden* als [made of wood], jedoch pflegen *Ge-* und das englische *-en* heute mit diesen Bedeutungen für Neubildungen nicht benutzt zu werden. (3) In der Regel sind selbst transparente WBP unvollkommen selbstdeutig (Ist eine *Rohrführung* eine [Führung für Rohre] oder eine [rohrförmige Führung]?). (4) Neue WBP wandern in den Wortschatz und behalten trotz Wandlung des zugrundeliegenden Begriffs infolge wissenschaftlich-technischen Fortschritts ihre äußere sprachliche Gestalt (Ein *Bleistift* enthält längst kein Blei mehr). |
| Wortbildung nach Regeln | |
| WBP = Wortbildungsprodukt | |
| **Aufgaben der Wörter** | Bevor wir uns in diesem kurzgefaßten Überblick mit den Wortbildungsregeln beschäftigen, wenden wir uns nochmals den WBP zu, wie sie uns in den Texten entgegentreten. Sie haben dort u. a. eine von zwei Aufgaben zu erfüllen: (1) Sie benennen Fachbegriffe – dann sind es Fachwörter oder Termini; wir nennen sie b e n e n n e n d e WBP (die Unterscheidung zwischen Fachwörtern und Termini ist etwas problematisch und soll uns in diesem Überblick nicht in-teressieren). (2) Sie dienen dem gestrafften Ausdruck von Aussagen, für die auch satzartige Fügungen stehen könnten – diese nennen wir s a t z w e r t i g e WBP. Verschiedene Grade solcher ausdrucksstraffenden Wortbildung sind aus dem folgenden Beispiel erkennbar:<br>(a) „*Wenn sich das Werkstück abkühlt*, können Oberflächenspannungen entstehen."<br>(b) „*Beim Abkühlen des Werkstücks* können …"<br>(c) „*Bei (der) Abkühlung des Werkstücks* können …"<br>(d) „*Bei (der) Werkstückabkühlung* können …"<br>Nun kann das satzwertige WBP *Werkstückabkühlung* durchaus auch einen Fachbegriff benennen, sogar schon im unmittelbar folgenden Satz des Texts, beispielsweise wenn die verschie- |
| benennende WBP | |
| satzwertige WBP | |

| | |
|---|---|
| Wortaufgabe vom inhaltlichen Zusammenhang abhängig | denen technischen Verfahren der [Werkstückabkühlung], die zu verwendenden Öfen, die Einflußfaktoren usw. besprochen werden. WBP als Ergebnisse ausdrucksstraffender oder benennender Wortbildung unterscheiden sich äußerlich nicht, und ein aus dem Textzusammenhang herausgelöstes Wort erlaubt einen eindeutigen Rückschluß auf seine aktuelle Funktion meist nicht. Für das Übersetzen ist das insofern bedeutsam, als einerseits für ein benennendes Wort der AS i. a. auch in der ZS ein benennendes Wort geschrieben werden sollte, während andererseits satzwertige WBP und satzartige Fügungen im Prinzip gegeneinander austauschbar sind. Weil sich deutsche und englische Fachtexte der Ausdrucksstraffung durch Wortbildung in unterschiedlicher Weise bedienen, muß der Übersetzer häufig solche WBP selbst bilden, um den Fachstil zu treffen, z. B. bei den folgenden Aussagen: |
| Wortaufgabe am isolierten WBP schwer erkennbar | |

– „When *the velocity* is further *increased*, the sediment transport becomes more intense." / „Bei weiterer *Geschwindigkeitserhöhung* wird der Sedimenttransport verstärkt."
– „If the spindle *can be locked*, …" / „Bei *klemmbarer* Spindel …"
– „castings *difficult to mould*" / „*formschwierige* Gußteile"

*Beispiel: deutsche satzwertige WBP für englische Fügungen*

Und als Extremfall der Ausdrucksstraffung in beiden Sprachen eine Aussage etwa des Inhalts [Wenn der auf Temperaturbeständigkeit zu prüfende Baustoff aufflammt, was nicht mit Sicherheit eintritt, aber möglich ist, müssen die Flammen sofort gelöscht werden]:
– „*Auftretende* Flammen sind sofort zu löschen." / "*Any* flames shall be immediately extinguished." Es entsteht eine scheinbare Wortgleichung *auftretend = any*, die verständlicherweise so nicht in einem Wörterbuch stehen kann.

**Wortklassen**

Wörter werden in den verschiedenen grammatischen Wortklassen benötigt. Das Englische gestattet es häufig, ein Wort unverändert in mehreren Wortklassen zu verwenden, z. B.
– als Substantiv und Verb: *hammer* und *to hammer, coke* und *to coke, engineer* und *to engineer, airmail* und *to airmail*;
– als Substantiv und Adjektiv: *chemical*;
– als Adjektiv und Verb: *warm* und *to warm, dirty* und *to dirty*.

Im Deutschen macht es Wortklassenwechsel – abgesehen von der Substantivierung wie *bearbeiten / das Bearbeiten, weiß / das Weiß* – erforderlich, daß bestimmte Wortbildungsoperationen vollzogen werden. Das zeigen die deutschen Äquivalente der obigen englischen Beispielwörter: *Hammer* und *hämmern* (Umlaut, Suffigierung), *Koks* und *verkoken* (Präfigierung, Suffigierung), *Luftpost* und *mit Luftpost befördern* o. ä. (Hinzufügen weiterer Wörter), *Chemikalie* und *chemisch* (unterschiedliche Suffixe), *warm* und *wärmen, schmutzig* und *verschmutzen*. Für das ausgelassene Wort *to engineer* versuchen Sie doch einmal selbst, deutsche Entsprechungen zu bilden.

*unvollkommener Wortklassenwechsel*

Wenn zusammengesetzte Wörter neben substantivischer auch in verbaler Form benötigt werden (*Luftkühlung* und „Der Motor ist *luftgekühlt*.", *Gasaufkohlung* und *gasaufgekohlt*), zeigt sich, daß die betreffenden Verben im Deutschen häufiger als im Englischen syntaktisch nicht vollwertig verwendbar sind: Es ist nicht üblich zu formulieren „wir *luftkühlen* den neuen Motor", „ich *gasaufkohle*". Aus diesem Grunde kann der Wörterbuchautor Einträge wie *luftkühlen / to air-cool, gasaufkohlen / to gas-carburize* nicht schreiben, sondern nimmt als Stichwörter Substantive und / oder Partizipien ins Wörterbuch auf, was der Wörterbuchbenutzer bei der Bildung der benötigten ZS-Formen berücksichtigen muß.

**Wortbildungsverfahren**

Für die Bildung von Wörtern – benennender wie satzwertiger – stehen in den Fachsprachen von Naturwissenschaft und Technik in erster Linie zur Verfügung:
a) das Anhängen von Nachsilben (Suffixen), genannt Suffigierung (*Teil – teil/en, Teil/ung, teil/bar*);
b) das Voransetzen von Vorsilben (Präfixen), genannt Präfigierung (*An/teil, zer/teilen, un/teilbar*);
c) das Bilden einer Zusammensetzung (*Empfangs/teil, Teil/bild*) oder einer Wortgruppe (*gebrochener Teil* eines Bruchs).

**Suffigierung**
Suffixe im Deutschen: *-bar, -er, -heit, -ung, -ig, -tion, -iv, -al,* ...
Suffixe im Englischen: *-able, -ness, -er, -al, -ation, -age, -ant, -ent, -ize, -ify,* ...

S u f f i x e überführen meist Wörter in eine andere Wortklasse, bringen aber auch eine eigene Bedeutungskomponente ins WBP ein.

Viele deutsche und englische Suffixe haben eine recht vage Bedeutung. *-ung* z. B. kann einen Zustand, einen Vorgang, einen Gegenstand anzeigen, sogar bei e i n e m Wort, so daß ein Satz wie „*Abdeckung* erfolgte durch *Abdeckung* mit einer *Abdeckung*." nicht fehlerhaft, sondern nur ungewöhnlich und verwirrend wäre. Wegen dieser Bedeutungsvagheit lassen sich einfach und zuverlässig zu benutzende Tabellen „deutsches Suffix / englisches Suffix" leider nicht aufstellen. Dem Übersetzer sei empfohlen, einsprachige Wörterbücher der Gemeinsprache zu befragen, in denen die Suffixe in gesonderten Einträgen ausführlich erläutert sind. Allerdings gibt es ein paar fachsprachliche Besonderheiten. So kann mittels *-bar* ausgedrückt werden, daß es o b j e k t i v m ö g l i c h ist, den in der Basis des WBP genannten Vorgang am Bezugsobjekt auszuführen: *spanbarer Werkstoff, verstellbarer Spindelstock.*

*-bar* für unpersönlichen Ausdruck

In Wissenschaft und Technik dienen *-bar*-Bildungen oft aber lediglich dem im Deutschen besonders üblichen unpersönlichen Ausdruck, und es ist mit Sätzen wie „Es war ein Druckanstieg *beobachtbar*." gemeint, daß der Druck angestiegen ist und dies von uns beobachtet wurde. Als englische Übersetzung kann geschrieben werden: "We *observed* an increasing pressure."
– Einige Suffixe sind fachlich sehr präzis definiert, z. B. *-an/-ane, -en/-ene, -in/-ine* in der Chemie.

**Wortgruppenstraffung**
Suffixbildungen gestatten ausdrucksökonomische Straffung von Wortgruppen. So können aus Wortgruppen gebildet werden: mittels *-ig* Adjektive (Bohrmaschine *mit drei Spindeln – dreispindlige* Bohrmaschine, analog *festwandiger* Behälter, *gleichphasiges* Signal), mittels *-er* Substantive (Motor *mit kurzem Hub – Kurzhuber,* analog *Starrflügler, Zweischrauber*). Das Englische kommt oft auch ohne Suffix aus. Hier die Äquivalente zu den Beispielwörtern: *three-spindle* drilling machine, *rigid-walled* tank, *in-phase* signal, *short-stroke* engine, *fixed-wing* aircraft, *twin-screw* vessel, wobei wie im Deutschen die Grundbegriffe entfallen können, wenn es die Textumgebung zuläßt, also z. B. *twin-screw / Zweischrauber.*

**suffixartig verwendete Wörter**
Suffixbildungen sind zum Muster für ganze Reihen von WBP und zum Anlaß der Entwicklun von selbständigen Wörtern in Richtung Suffix geworden. Einige Beispiele: *-arm* (*wasserstoffarm, verlustarm*), *-frei* (*luftfrei, blendfrei*), *-echt* (*kochecht, lichtecht*),
*-empfindlich* mit den Bedeutungen [reagierend auf etwas] (*beschleunigungsempfindlicher* Sensor) und [gefährdet durch etwas] (*beschleunigungsempfindlicher* Computer), *-beständig, -sicher* u. a. m. Im Englischen ist diese Tendenz nicht so deutlich. Verwendet werden WBP wie *stress-free/spannungsfrei, acceleration-sensitive / beschleunigungsempfindlich,* und besonders hingewiesen sei auf die häufigen WBP mit *-type* (*bed-type* machine/Maschine in *Bettausführung, Bett*maschine). Häufig aber finden sich im Englischen für die deutschen Suffigierungen Bildungen nach Mustern ohne Suffix, z. B. *unstressed / spannungsfrei, poor in hydrogen* und *low-hydrogen* für *wasserstoffarm.*

**Relativadjektive**
Übersetzungsschwierigkeiten bereiten mitunter die Relativadjektive; das sind adjektivische WBP, die eher Beziehungen (Relationen) als Eigenschaften ausdrücken: *anwendungstechnische* Parameter [Parameter in bezug auf die Anwendung], *betriebliche* Anwendung [Anwendung im Betrieb], *konstruktive* Maßnahmen [Maßnahmen in bezug auf die Konstruktion], die hoffentlich auch *konstruktiv* im Sinne von [vorwärtsbringend] sind – es muß beachtet werden, daß Adjektive durchaus in beiderlei Funktion auftreten können. Wenn sie als Relativadjektive im Wörterbuch nicht verzeichnet sind, hilft entweder ein fiktives Umwandeln in eine Zusammensetzung (*anwendungstechnische* Parameter → *Anwendungs*parameter → *application* parameters, *betriebliche* Anwendung → ‚*Betriebs*anwendung' → *mill* application, ‚*Konstruktions*maßnahmen' → *design* measures) oder die Auflösung (*webtechnische* oder *webereitechnische* Einflußgrößen → factors *referring to (the technology of) weaving*).

Mit Hilfe von P r ä f i x e n können die Bedeutungen von Wörtern verändert, aber auch neue WBP gebildet werden, mit denen die komprimierte Wiedergabe komplexer Inhalte möglich

**Präfigierung**
Präfixe im Deutschen: *a-, ab-, an-, anti-, be-, bi-, ent-, er-, ex-, fehl-, ge-, in-, miß-, …*
Präfixe im Englischen: *a-, anti-, be-, bi-, ex-, non-, un-, …*

ist: [(einen Hochofen) mit Gicht beschicken] *begichten*, [mit Drähten versehen] *verdrahten*, [einen Grat entfernen] *entgraten*, [kalt werden] *erkalten*.

Auch die Bedeutungen vieler Präfixe sind ziemlich vage. *ver-* z.B. hat – bei den ausgesprochen fachlichen Wörtern – mindestens vier Grundbedeutungen, die abhängig von der Bedeutung des Basiswortes noch vielfältig schattiert sein können:

- [verwandeln, verarbeiten, verformen]: *verkohlen, verkoken, verdüsen, verdünnen, vermahlen, verbauen, verbiegen, …*
- [versehen mit etwas, insbesondere an der Oberfläche]: *verkupfern, verkleiden, verblenden, …*
- [verbinden]: *verschrauben, vernieten, verkleben, …*
- [verschieben]: *verlagern, verdrehen, verrücken, …*

Das geht so weit, daß mit e i n e m Präfix gänzlich entgegengesetzte Handlungsrichtungen ausgedrückt werden: *ausspänen* [aus einer Bohrung Späne entfernen] – *ausbetonieren* [einen Hohlraum mit Beton ausfüllen], *abmanteln* [einen Mantel entfernen] – *abkapseln* [mit einer Kapsel versehen].

**Analogiebildungen**

Bewußt sind in den Bedeutungserläuterungen der *ver-*-Beispiele wieder *ver-*-Bildungen verwendet worden, und zwar solche, die irgendwie ursprünglicher, vertrauter, alltäglicher als die dahinter angeführten Wortbildungsbeispiele anmuten. Offensichtlich fungieren sie als Muster bei der Bildung und beim erstmaligen Hören oder Lesen neuer WBP. Dieses A n a l o g i e - prinzip, d.h. die Anlehnung von WBP an gut bekannte Wörter, wird auch bei den anderen Wortbildungsverfahren genutzt.

**Bildung von Adjektiven und Substantiven**

Präfixe sind im Deutschen auch bei der Bildung von Adjektiven aus Substantiven nach dem Modell des Partizips II beteiligt: [mit Rippen ausgestattet] *verrippt* oder *berippt* oder *gerippt*, [mit Zähnen ausgestattet] *gezahnt*, z.B. *gezahntes Wellenende*; sowie bei der Bildung von Substantiven aus Substantiven nach dem Modell der Verbalsubstantive: [Ausstattung mit Messern] *Bemesserung*, [Bedeckung mit Wald] *Bewaldung*. Diese WBP erwecken den Anschein, daß ihnen Verben zugrundeliegen, und so ist es auch nicht auszuschließen, daß bei entsprechendem Ausdrucksbedarf weitere verbale Formen dieser Wörter verwendet werden. Hinsichtlich des Nachschlagens im Wörterbuch und der Suche nach englischen Äquivalenten sei an das beim Wortklassenwechsel Gesagte erinnert.

Im Englischen sind für all diese Wortbildungsbedürfnisse Präfixe weit weniger oft erforderlich, wie die Äquivalente einiger der deutschen Beispielwörter zeigen: *begichten / to charge* oder *to burden*, *verdrahten / to wire*, *entgraten / to deburr*, aber auch *to burr* (weil die Absicht der Handlung bei einem Begriff wie [Grat] eben klar ist), *erkalten / to cool*, *verkohlen / to char* (auch *to carbonize*, d.h. mit dem Suffix *-ize*), *verdünnen / to thin*, *verkupfern / to copper*, *verschrauben / to bolt* oder *to screw*, *verblenden / to face*, *gerippt / ribbed* oder *finned*, *Bemesserung /* (in der Papierindustrie) *filling*.

**Verdeutlichungspräfigierung**

Verben erhalten in deutschen Fachtexten häufig ein Präfix, das allenfalls die Handlung verdeutlicht oder ihr Abgeschlossensein andeutet, ansonsten aber wenig Bedeutung einbringt. Das ist beim Vergleich mit dem Englischen besonders augenfällig, wo Präfixe in dieser Funktion kaum vorkommen. So werden Prüfstücke aus einer Probemenge *e n t nommen*, nicht *genommen* (aber: test pieces are *taken*), Kakaokernbruch wird *a b gepreßt* (the nib is *pressed*), der Kuchen anschließend *v e r mahlen* (the cake is *ground*); ein Mittelwert wird *e r rechnet* (the arithmetic mean is *calculated*), Schwefeldioxid wird in der Atmosphäre *v o r gefunden* oder *a n getroffen* (sulphur dioxide is *found*), ein Wert wird *a u s gewählt* (*chosen* oder *selected*), eine Platte *f e s t geklemmt* (*clamped*).

**Zusammensetzung und Wortgruppe**

Werden selbständige Wörter zu einem WBP verbunden, entsteht eine Z u s a m m e n s e t - z u n g oder eine W o r t g r u p p e. Im Deutschen ist die Unterscheidung formal leicht, denn Zusammensetzungen werden stets zusammen- oder mit Kopplungsbindestrich geschrieben; im Englischen fällt die Unterscheidung schwerer, denn Zusammenschreibung ist nicht häufig und die Setzung des Bindestrichs in der Sprachpraxis ziemlich willkürlich (richtiger: sie folgt Regeln anderer Art).

V

Die Abgrenzung der benennenden und der satzwertigen Wortgruppen (*kinetische Energie, schwarzer Körper, Schleifen von Hand, System mit einem Freiheitsgrad*) von „gewöhnlichen" Wortfolgen (*kinetische Betrachtung, schwarzer Anstrich*) ist oft nicht leicht – das Entscheidungskriterium ist die für den nicht im Fach Stehenden oft schwer einschätzbare Begrifflichkeit des Benannten. Der wortbildende Fachvertreter zieht die Zusammensetzung vor, weil sie eben diese Begrifflichkeit des Benannten deutlicher zutage treten läßt: deshalb *Finite-Elemente-Methode* für die *Methode der finiten Elemente*. Das gilt in Fachtexten auch für Partizipien I (*stromführende Leitung*) und II (*hartgebrannter Stein*), die nach den heutigen Regeln der deutschen Rechtschreibung gewöhnlich nicht zusammengeschrieben werden. Das Englische bildet in mancher Hinsicht WBP dieser Art freizügiger als das Deutsche: *single-degree-of-freedom system* (*System mit einem Freiheitsgrad*), *in-the-mill drying* (*Mahltrocknung*).

**Benennungsaufgaben**  Damit wir uns beim Übersetzen der zahlreichen und verschiedengestaltigen WBP, die in Fachtexten auftreten, des Wörterbuchs möglichst erfolgreich bedienen können, wollen wir uns mit zwei wichtigen Aufgaben bei der Benennung von Begriffen etwas näher befassen. Das sind (1) die Zuordnung eines Begriffs zu einer der begrifflichen Kategorien, die im betreffenden Fachgebiet von Wichtigkeit sind (Kategorisierung): und (2) die Angabe spezieller Merkmale, die den betreffenden Begriff von anderen ähnlichen unterscheiden (Spezifizierung). Beim WBP *Spiralbohrer* ordnet das Suffix *-er* den Begriff der Kategorie „Werkzeuge" zu; *Spiral-* nennt ein Formmerkmal, das ihn beispielsweise vom Begriff [Löffelbohrer] unterscheidet.

**grundlegende Begriffskategorien**  Die grundlegenden Begriffskategorien eines Fachgebiets lassen sich aus dessen allgemeinen Aufgaben ableiten, z. B. für die Technik vielleicht wie folgt: Vom Menschen **P** werden mit Hilfe technischer Mittel **M** technische Vorgänge **V** an technischen Objekten **O** vollzogen, wobei die Eigenschaften **C** von **P** und der **M**, **V** und **O** bedeutsam sind und auf wissenschaftliche Weise erfaßt werden. Als System schematisch dargestellt, zeigen sich folgenden Wirkbeziehungen:

$$\begin{array}{ccc} C(P) & & C(M) \\ \backslash & & / \\ P & \to & M \\ & & \downarrow \\ & & V \to O \\ & / & \backslash \\ C(V) & & C(O) \end{array}$$

**Kategorisierung durch Suffixe**  Suffixe wie *-er* oben in *Spiralbohrer* kategorisieren oft nicht eindeutig: *-er* kann auch der Kategorie **P** zuordnen (Dreher), ferner der Kategorie **C** („Das Schiff ist ein *Zweischrauber*"). Aus diesem und weiteren Gründen werden zur Kategorisierung neben Suffixen auch Wörter des allgemeinen wissenschaftlich-technischen Wortschatzes herangezogen. Mit Wörtern kann im Bedarfsfall tatsächlich eindeutig kategorisiert werden (*Bohrer* → *Bohrwerkzeug* und *Bohrarbeiter*) und innerhalb einer Kategorie weiter aufgegliedert (*Bohrwerkzeug, Bohrmeißel, Bohreinrichtung, Bohrgerät, Bohrmaschine* usw.).

**Verfahrensweise beim Übersetzen**  Die Bedeutung kategorisierend verwendeter Wörter ist oft relativ breit und unbestimmt, so daß beim Übersetzen eine größere Freiheit der Wortwahl besteht und im Wörterbuch keine sehr präzisen Wortäquivalenzen angegeben werden können (also nicht *Maschine = machine* und *Einheit = unit*, sondern eher *Maschine, Einheit = machine, unit*). WBP mit kategorisierenden Bestandteilen werden für Fachtexte ständig ad hoc gebildet und können deshalb nicht vollzählig im Wörterbuch stehen. Zur Unterstützung des Übersetzenden seien deshalb hier die häufigsten Wörter aufgezählt, die im Deutschen und Englischen für die Kategorien **M**, **V** und **O** benutzt werden, und zwar jeweils alphabetisch und nicht als Äquivalenten p a a r e, sondern - g r u p p e n, aus denen treffende Wörter herausgesucht werden können:

| für die Kateg. | im Deutschen | im Englischen |
|---|---|---|
| M | -anlage, -apparat, -baugruppe, -einheit, -gerät, -glied, -körper, -maschine, -material, -mechanismus, -medium, -mittel, -organ, -stoff, -stück, -system, -teil, -vorrichtung, -werkzeug, ... | *agent, apparatus, assembly, component, device, element, equipment, facility, gear, installation, jig, machine, material, mechanism, medium, member, plant, set, substance, system, tool, unit, ...* |
| V | -ablauf, -aktion, -behandlung, -betrieb, -bewegung, -funktion, -methode, -operation, -prozeß, -tätigkeit, -technik, -technologie, -verfahren, -vorgang, ... | *activity, function, method, mode, motion, operation, practice, procedure, process, run, technique, technology, treating, treatment, way, work, working, ...* |
| O | -artikel, -erzeugnis, -gegenstand, -gut, -material, -objekt, -produkt, -stoff, -stück, -substanz, -teil, -ware, -werkstoff, -werkstück, ... | *article, component, material, object, part, piece, product, stock, substance, ware, work, workpiece, ...* |

**Eigenbedeutung bewahrt**

Ein gewisses Maß ihrer Eigenbedeutung haben diese Wörter freilich behalten, wie beim Durchgehen der Listen unschwer zu erkennen ist. Außerdem haben sich in einigen Fällen Fachgebietsgepflogenheiten herausgebildet, so daß es sich beim Übersetzen empfiehlt, im Wörterbuch nach sachlich verwandten WBP möglichst desselben Fachgebiets zu suchen. So ist deutsch -*ware* zur Einordnung in die Kategorie **O** im wesentlichen auf die Glas-, Textil-, Holztechnik und Keramik beschränkt; -*gut* wird für die **O** der spanenden Bearbeitung nicht verwendet. Einige Wörter kategorisieren außerdem nicht eindeutig: Ein *Heizkörper* ist ein [**M** zum Heizen], ein *Formkörper* ein [geformtes **O**]; ein *Paßstück* ist ein **M**, ein *Gußstück* ein **O**; ein *Drehteil* kann ein **M** [ein Teil, das seine Funktion drehend ausübt] oder ein **O** [ein auf der Drehmaschine bearbeitetes Teil] sein.

**Kategorisierung nicht immer eindeutig**

**Ergänzung des ersten Bestandteils**

Weil bei den Kategorisierungs-WBP der Bedeutungskern im ersten Bestandteil liegt, kann es sein, daß sie sowohl bei der Formulierung von Sätzen als auch zur Bildung komplexerer Wörter mit Ergänzungen versehen werden müssen, die sich auf eben den ersten Bestandteil beziehen: *konstruktive Entwicklungsphase* für [Phase der konstruktiven Entwicklung], *innerbetriebliche Durchlaufzeit* für [Zeit des innerbetrieblichen Durchlaufs], *landwirtschaftliche Maschinenfabrik* ist keine [landwirtschaftliche Fabrik], sondern eine [Fabrik landwirtschaftlicher Maschinen], *wissenschaftlicher Gerätebau, angewandter Mathematiker* (Kategorisierung durch das Suffix -*er*!), *Sterngruppe dritter Größe* (nicht die Gruppe, sondern die Sterne sind dritter Größe), *seltene Erdenoxide*. Das wird mitunter als fehlgebildet bezeichnet und mit Hilfe abwegiger Bildungen wie der *geräucherte Fischladen* diskreditiert. Beim Übersetzen aus dem Englischen entstehen solche Fügungen oft unbemerkt, weil dort Wortgruppen aus Adjektiv und Substantiv (*bibliographic information*) ohne weiteres zu Gliedern von WBP gemacht werden können (*bibliographic information interchange / bibliographischer Informationsaustausch*, aber eigentlich [Austausch bibliographischer Informationen]). Diese Fügungen sind unbedenklich, solange in fachlicher Hinsicht Eindeutigkeit gewährleistet ist.

**S p e z i f i z i e r u n g**

Das Begriffskategoriensystem von vorhin zeigt uns gleichzeitig, durch welche Merkmale Begriffe im allgemeinen zu s p e z i f i z i e r e n sind. Beispielsweise wird ein **M** dadurch spezifiziert, daß es einen b e s t i m m t e n **V** an einem b e s t i m m t e n **O** ausführt und daß es selbst sowie dieser **V** und dieses **O** jeweils durch b e s t i m m t e **C** charakterisiert sind.

Eine solche Menge von spezifizierenden Merkmalen wird auch durchaus sprachlich zum Ausdruck gebracht, wenn auch eher in Sätzen – denken wir an Definitionen oder Erklärungen – als in WBP: Bildungen wie *einfachwirkender Arbeitszylinder für Nenndruck 10 bar mit einseitiger Kolbenstange und Federrückführung* oder *cap fixed eye with spherical plain bearing mounting* (eine Befestigungsart bei Zylindern der Ölhydraulik) sind in den meisten Fachtextsorten nicht brauchbar (beide Bildungen entstammen Normen). Solche überlangen WBP werden für den jeweiligen Text zurechtgekürzt, entweder auf ein ausschließlich in diesem Text ausreichendes Minimum an Wortbestandteilen (der *einseitige Zylinder*, this *spherical cap mounting*), wobei Bildungen entstehen mögen, die sonst im Fachgebiet gar nicht üblich sind, – oder im Deutschen wie im Englischen in neuerer Zeit gern auf Anfangsbuchstaben der Wortbestandteile. Die allgemeinere sprachliche Lösung des Kürzungsproblems, bei der WBP mit weit geringerer Bezogenheit auf den jeweiligen Text, also viel breiterer Verwendbarkeit in den verschiedenen Texten des Fachgebiets entstehen, beruht auf dem Prinzip der M o t i v a t i o n (genauer: der morphematisch-semantischen Motivation): Aus der Gesamtheit der begrifflichen Merkmale werden wenige w e s e n t l i c h e Merkmale als M o t i v e herausgegriffen, mit denen der Begriff a n g e d e u t e t wird.

<small>Kürzung für den jeweiligen Text</small>

<small>Prinzip der Motivation als Andeutungsprinzip</small>

Ob ein Merkmal wirklich wesentlich ist, kann der Benennende nur entscheiden, wenn er einen bestimmten Standpunkt bezieht, von dem aus er die Merkmale betrachtet. Dieser B e t r a c h t u n g s s t a n d p u n k t kann ein eingebürgerter permanenter oder ein eben gewählter, ein aktueller Standpunkt sein. Ein p e r m a n e n t e r Standpunkt spiegelt sich so wider, daß in Texten unterschiedlicher Orientierung immer dieselben, gleichsam fixierten Benennungen verwendet werden. So wird das Wort *Sinterbronze*, in dem das Motiv *sinter* das Verfahren der Herstellung dieser Art Bronze nennt, auch in Anwendertexten benutzt, obwohl dem Anwender das Herstellungsverfahren eigentlich gleichgültig ist. Ihm kommt es vielmehr auf die Eigenschaften der Bronze an, die aber offensichtlich durch *sinter* ausreichend genau angedeutet werden. – Es sei hier angemerkt, daß viele Schwierigkeiten der Normung von Terminologie darauf zurückzuführen sind, daß kein Betrachtungsstandpunkt gefunden werden kann, der für alle Betroffenen gleichermaßen akzeptabel ist.

<small>Rolle des Betrachtungsstandpunkts</small>

<small>permanenter Standpunkt</small>

Andererseits können sich in den Wörtern eines Texts a k t u e l l e, d. h. durch die soeben vorgetragenen Überlegungen des Autors bedingte Standpunkte niederschlagen. Es ist beispielsweise denkbar, daß ein Anwender für den Begriff [Sinterbronze] *Lagerbronze* (also ein Anwendungsobjekt) oder *Selbstschmierbronze* (also eine Eigenschaft) schreibt. Oder: In einem Zeitschriftenaufsatz wurde ein bestimmtes Begriffspaar in dreierlei Weise betrachtet, und zwar die beiden Abschnitte des Förderorgans eines Gurtbandförderers, die beim Umlauf des an sich endlosen Gurtbands entstehen. Vom Autor wurden sie benannt: (a) bei der Behandlung des konstruktiven Aufbaus des Förderers *oberer Trum* und *unterer Trum*; (b) bei den Betrachtungen über den Abstand der Tragrollen *Arbeitstrum* und *Leertrum* (weil jetzt die Last auf den Trumen interessiert); (c) bei der Analyse der an den Umlenktrommeln wirkenden Kräfte *auflaufender Trum* und *ablaufender Trum*.

<small>aktueller Standpunkt</small>

Es wäre nun zu erwarten, daß das Deutsche und das Englische identisch motivieren, wenn die behandelten Sachverhalte identisch sind. Aber es gibt auch bei der Motivation Unterschiede, die kaum aus sachlichen, sondern eher aus kulturellen Verschiedenheiten herrühren, und solche existieren – meist historisch bedingt – auch in Naturwissenschaften und Technik. So heißt es *Laub*holz / *broadleaved* (= breitblättrig) timber und *Nadel*holz / *coniferous* (= zapfentragend) timber; *Kolben*verdichter / *reciprocating* compressor; *Betriebs*bremse / *foot* brake.

<small>Einzelsprachen motivieren unterschiedlich</small>

Die beiden folgenden Sätze „Bei der Konstruktion des neuen Motors sind wir von *Kupfer*- auf Aluminiumband übergegangen." und „Unser Werk produziert *Kupfer*draht und -*band*." zeigen, daß die Spezifizierungsrichtung auch innerhalb e i n e s Wortes standpunktabhängig sein kann. Im ersten Falle interessiert bei *Kupferband* der Werkstoff, aus dem das Band besteht: es spezifiziert das Wort *Kupfer* das Wort *Band*; im zweiten Falle interessiert die Form, in der der Werkstoff *Kupfer* geliefert wird: das Wort *Band* spezifiziert das Wort *Kupfer*.

<small>aktuelle Spezifizierungsrichtung</small>

| | |
|---|---|
| Spezifizierung durch mehrere Merkmale aus einer Kategorie | Es soll nun noch der in der Technik nicht seltene Benennungsfall der Spezifizierung durch mehrere Merkmale derselben Kategorie erwähnt werden, wie z. B. beim *Hebdrehwähler*, der schon etwas angejahrten Wähleinrichtung, bei der sich im Arm sowohl hebt als auch dreht. Sind die Merkmale gleichrangig, könnte ihre Reihenfolge eigentlich beliebig sein, so daß Synonyme wie *Schrumpfdehnen* und *Dehnschrumpfen*, *motor-generator* und *generator-motor* zu erwarten sind. Meist hat sich aber nur eines der möglichen WBP eingebürgert: üblich ist für die Maschine im Pumpspeicherwerk, die in Spitzenzeiten als Turbine, in Niedriglastzeiten als Pumpe fungiert, das Wort *Pumpenturbine*, jedoch nicht *Turbinenpumpe*. Im Englischen werden die zwischen den Merkmalen bestehenden Beziehungen häufiger als im Deutschen mit ausgedrückt: bei Gleichrangigkeit mittels eines *and* (*flapper-and-nozzle valve* / *Düse-Prallplatten-Ventil*, *gas-and-air mixture* / *Gas-Luft-Gemisch*, *lifting and tipping device* / *Hubkippvorrichtung*) bzw. mittels mehrmaliger Kategorisierung z. B. durch *-er* (*harvester-thresher* / *Mähdrescher*, *cooler-mixer* / *Kühlmischer*); wenn die Richtung einer Wirkung relevant ist (*oil-to-air cooler* / *Öl-Luft-Wärmetauscher*, *digital-(to-)analog converter* / *Digital-Analog-Umsetzer*, *length-to-diameter ratio* / *Länge(n)-Durchmesser-Verhältnis*); wenn die Anteile von Bedeutung sind (*oil-in-water emulsion* / *Öl-(in-)Wasser-Emulsion*, *water-in-oil emulsion* / *Wasser-(in-)Öl-Emulsion*. |
| Wahl bzw. Gewinnung der Wortbildungsbausteine | Auf welche Weise werden nun die Bausteine für WBP gewählt bzw. gewonnen? |
| Umdefinition von Wörtern der Gemeinsprache | Ausgangspunkt wissenschaftlicher Überlegungen sind oft Vorstellungen aus dem Alltag. Die Bedeutungen der dafür gebräuchlichen Wörter werden durch die wissenschaftliche Durchdringung präzisiert bzw. gewandelt, was sich manchmal längere Zeit hinzieht, manchmal per Definition sozusagen sprunghaft erfolgt. Beispiele für diese U m d e f i n i t i o n sind aus der Physik *Kraft* / *force*, *Leistung* / *power*, *Masse* / *mass*, aus der Wahrscheinlichkeitsrechnung *Erwartung* / *expectation*, *Häufigkeit* / *frequency*, *Ereignis* / *event*, aus der Elektrotechnik *Widerstand* / *resistance*, *Strom* / *current*. Übersetzungsschwierigkeiten ergeben sich nicht nur, weil die allgemeinsprachigen Wörter mit ihren unscharfen Bedeutungen und oft unterschiedlichen Äquivalenten im Gebrauch bleiben, sondern auch weil Umdefinieren in den einzelnen Sprachen und Fachgebieten oft zu unterschiedlichen Ergebnissen führt. So gibt es neben der physikalischen *Leistung* in der Technik viele andere *Leistungen*, die im Englischen nicht durch das oben angeführte *power* wiedergegeben werden können, sondern: *capacity* bei einer Bedeutung etwa von [Leistungsvermögen], *output* [erbrachte Leistung], *efficiency* [erbrachte Leistung im Vergleich zum Leistungsvermögen], *performance* u. a. m. Aber das Wort *power* seinerseits hat neben [physikalische Leistung] weitere fachliche Bedeutungen wie *Potenz* in der Mathematik, [mit Hilfskraft] wie in *power tool*, [Energie] wie in *power station* usw. entwickelt. Eine andere, sehr häufige Verfahrensweise des Umdefinierens verläuft über Sprachgrenzen hinweg, sie nutzt den vom Alltäglichen abhebenden, terminologisierenden Charakter des fremden Wortes. Heute ganz besonders aus dem englischen Sprachgebiet werden mit den neuen Dingen und Begriffen deren Bezeichnungen in der umdefinierten, eingeengten Bedeutung übernommen: *chip* – im weiteren Sinne [Span, Holzstückchen, Splitter] – hat im Deutschen fachlich wohl nur die mikroelektronische Bedeutung. Und ein Beispiel aus dem Gebiet der Asbestsanierung: Hier bedeutet im Deutschen *Containment* einen ganz bestimmten Typ von [Umhüllung, Einhausung]. |
| metaphorische Verwendung vertrauter Wörter | Die wissenschaftlich-technische Bedeutung umdefinierter Wörter kann aus ihrer Alltagsbedeutung nicht zuverlässig abgeleitet werden, sie zu erkennen wird aber mit Sicherheit erleichtert. Verstehenserleichterung tritt auch ein, wenn ein neuer Begriff mit Hilfe einer Metapher benannt wird, d.h. mit Hilfe des Wortes für einen vertrauten Begriff aus einem vertrauten Gefilde des Alltags oder aus einem allgemein gut bekannten Fachgebiet aufgrund von Ä h n - l i c h k e i t der Funktion, der Form, der räumlichen Anordnung usw. Man mag meinen, daß für diese bildhafte Art der Wortgewinnung – wie bei *Fuß* (eines Maschinengestells), *Arm* (eines Rührers), *Auge* (eines Pleuels), *Bett* (einer Maschine), *Manschette* (einer Dichtung), bei *Krokodilklemme*, *Bananenstecker*, *Fischbauchträger* u. v. a. m. – in unserer sachlichen Zeit kein Platz mehr sei. Ein Blick aber auf die besonders stürmisch voranschreitenden Gebiete wie |

die Informations- und Kommunikationstechnik bezeugt das Gegenteil: *schreiben, lesen, Befehl, Kellerspeicher, Warteschlange, intelligentes Terminal, Rechnerarchitektur* sind Metaphern aus verschiedenen „Bildspender"bereichen. Viele dieser Wörter sind übersetzt oder nicht-übersetzt aus dem Englischen übernommen worden, wobei auch das „Bild" mit ins Deutsche gelangt ist. Das kann der Übersetzer, wenn er auf neue Wörter trifft, für die er Äquivalente finden muß, durchaus bewußt nachvollziehen. So entstehen nämlich auch bei mehrfachem Übersetzen an verschiedenen Orten noch am ehesten einigermaßen ähnliche ZS-Neuwörter. Es erweist sich überdies als erstaunlich schwierig – auch Fachwortbildung kann Sprachk u n s t sein –, ein die Fachwelt so überzeugendes Bild zu finden, daß sich das neue Wort fest einbürgert. – In den schon länger etablierten Fachgebieten wie dem Maschinenbau, der Elektrotechnik sind die Bilder im Englischen und Deutschen oft verschieden: [Fallklotz einer Ramme] *monkey* (klettert rasch auch senkrecht) / *Bär* (fällt massig nieder), [walzenförmiges Getriebeteil mit spiralig umlaufender Verzahnung] *worm / Schnecke, herring-bone gear / pfeilverzahntes* Rad, *Geneva (cross)* mechanism (nach dem gleicharmigen Kreuz der Genfer Konvention) / *Malteserkreuz*getriebe (nach dem Zeichen dieses Ordens).

*Übernahme des Bildes beim Übersetzen*

*unterschiedliche Bilder im Englischen und Deutschen*

*metonymische Übertragung von Wörtern*

Von der Wortübertragung aufgrund sachlicher B e z i e h u n g e n , genannt Metonymie, sind für uns von Wichtigkeit: die Verwendung der Benennung der Handlung für das Mittel zu ihrem Vollzug (*Steuerung, Lenkung, Austrag* z.B. an einer Lebensmittelmaschine), für das Objekt (*Mischung, Austrag* jetzt das ausgetragene Gut), für die Objektmenge, auch je Zeiteinheit (*Fang, Durchsatz, Austrag*); des Werkstoffes für den Gegenstand (*Steigeisen, Glas* für den Becher), der Form für den Gegenstand (*Biberschwanz*, ein Dachziegeltyp; es werden *Profile* gewalzt), der Größe für den Wert (es werden bestimmte *Innendurchmesser* gefertigt), der Einheit für die Meßgröße (*Ampere*meter, *Coulo*metrie, hoch*ohm*ig). Sich einstellende Mehrdeutigkeit (wie bei *Austrag* oder bei *control* = [Steuer- bzw. Regelvorgang], [-einrichtung, -system], [Bedienelement] kann durch Anhängen kategorisierend-spezifizierender Wörter aufgehoben werden (*Austragvorrichtung, Austraggut, Austragmenge; control process, control system, control lever*).

*Eigennamen für Mengen von Individuen*

E i g e n n a m e n von Personen, geographischen Objekten, mythologischen Gestalten usw. werden besonders in den Naturwissenschaften verwendet, wenn größere Mengen von Individuen zu benennen sind: in der Mineralogie und Geologie (*Freibergit, Goethit*), Chemie (*Einsteinium, Germanium, Thorium, Polonium*), Biologie, Medizin, Astronomie. Da sie nicht an eine bestimmte Sprache gebunden sind, stellen sie eine der Möglichkeiten dar, internationalen Benennungsbedarf zu befriedigen, Vereinbarungen vorausgesetzt wie z. B. bei den Namen der chemischen Elemente, der Einheiten. Mit Eigennamen können ferner komplexe Erscheinungen, Prozesse usw. benannt werden (*Gauß*verteilung, *Bessel*funktion, *Hilbert*raum, *Hall*effekt, *Röntgen*strahlen, *Schmidt*sche Reaktion), wobei aber nur für den Eingeweihten Verstehenserleichterung eintritt. Aus verschiedenen Gründen sind solche WBP im Deutschen und Englischen manchmal nicht identisch: *Röntgenstrahlen / X rays, Nonius / vernier, Siemens-Martin-Ofen / open-hearth furnace.*

*Eigennamen für komplexe Begriffe*

*fremde Wörter und Elemente*

F r e m d e W ö r t e r u n d E l e m e n t e dringen seit eh und je mit übernommenen neuen Begriffen in die einzelnen Sprachen ein, heute ins Deutsche besonders in den *High-tech*-Gebieten (das ist schon das erste Beispiel) aus dem Englischen (*Hardware, Software, Job, Hashtechnik, Label, linken, Chip, bonden*). Dem Charakter des englischen Wortschatzes entsprechend, sind sie oft lateinisch-griechischen Ursprungs (*Prozedur, Computer, Assembler, Implementierung, interrupt*fähig), so daß mit ihrem Beibehalten die internationale Kommunikation erleichtert wird, sind doch die „klassischen" Sprachen noch immer Quell für Neubildungen in vielen Sprachen der Gegenwart. Mitunter gibt es Anpassungsprobleme, z. B. c- oder k-Schreibung (*Komputer* ?), Grad der Übereinstimmung zwischen Schreibung und Aussprache (*recyclebar* oder *recycelbar* oder ganz anders?).

*Anzeige von Definiertheit*

Fremde Elemente werden aber auch bewußt genutzt, und zwar um anzuzeigen, daß die Begriffe, mit denen sich der sie verwendende Textautor auseinandersetzt, als wissenschaftlich definiert gelten sollen. (Daß man mit Fremdwörtern auch Pseudowissenschaftlichkeit kaschieren

**fremde Elemente als natürliche Mittel zur Wortschatzerweiterung**

kann, sei nur angemerkt.) Gegenüber heimischen Wörtern haben sie den Vorzug, von emotionalen Nebenbedeutungen unbeeinträchtigt verwendet werden zu können – so vertraut ist man ja mit den fremden Wörtern nicht. Gegenüber Eigennamen und Abkürzungen bieten sie den Vorteil, daß man ihre Bedeutung in Wörterbüchern der Herkunftssprache nachschlagen kann und daß sie bekannte (zumindest ebenfalls nachschlagbare) sprachliche Eigenschaften hinsichtlich Aussprache, Betonung, Formenbildung, eventueller Veränderungen bei der Flexion und Wortbildung haben. Von den übernehmenden Sprachen werden sie allerdings an deren Gesetze angepaßt, so daß beispielsweise mitunter erhebliche Ausspracheunterschiede eintreten: *Phäno'men / phe'nomenon, Kompo'nente / com'ponent, hexago'nal / he'xagonal*. Bedingt durch unterschiedliche Wortschatzentwicklung, ist internationale Identität der Bedeutungen nicht immer vorhanden; es gibt eine Reihe sog. f a l s c h e r   F r e u n d e   des Übersetzers wie *momentum / Bewegungsgröße*, nicht *Moment; tachometer / Drehzahlmesser*, nicht *Tachometer*. Deshalb führt auch das oben erwähnte Nachschlageverfahren nicht sicher zum Erfolg: Schlägt man z. B. hinsichtlich des Wortes *Hydraulik* – ein Technikgebiet, in dem Energie und Signale heute im wesentlichen mit Hilfe von Mineralölen transportiert werden – in einem Griechisch-Wörterbuch nach, erhält man die Auskunft *hydor* = Wasser.

**Kürzung**

Sehr verbreitet ist die K ü r z u n g  von WBP. Handelt es sich um lediglich für den aktuellen Text geltende Kürzel, können sie natürlich nicht im Wörterbuch gefunden, sondern müssen am Textanfang gesucht werden. Viele Kürzungen werden aber „auf Dauer" geschaffen, oder sie bürgern sich ein. In der sprachlichen Praxis werden, wenn auch mit unterschiedlicher Häufigkeit, die folgenden Kürzungsmöglichkeiten genutzt: Kürzung auf die Anfangsbuchstaben (*Pkw, laser, E-Technik, U-Bahn*), Weglassen von Buchstabengruppen am Ende (*Labor / lab, Alpha*zeichen von *Alphabet*zeichen), am Anfang (*Bus / bus* von lat. *omnibus* = für alle) und gemischt (*smog* aus *smoke* und *fog*, *electret* aus *electricity* und *magnet*, *motel* aus *motor(ists)* und *hotel, Ester* aus *Essigether*). Manchmal entstehen element-artige Gebilde, die die Bildung von Wortreihen für verwandte Begriffe gestatten (*-aser* in *maser, laser, raser*; *-istor* von *Transistor* – dieses aus *transferred across a resistance* – in *Thyristor, Thermistor, Varistor*). Bei verbreiteten Kürzungen kann das Empfinden für die Langform nicht nur in der übernehmenden Sprache verlorengehen, so daß WBP wie *NC-control / NC-Steuerung* (das *C* ist Kürzung von *control*, also [Steuerung]), *RAM-Speicher* (*M* von *memory*), *ATF-Öl* (*automatic transmission fluid*) nicht als tautologisch gelten. Im Englischen ist die Schreibung oft sehr variabel: *NC, N. C., n. c., n/c*, alles für *numerical control*.

Dem Leser dieser sicher viel zu knappen Ausführungen, der als Wörterbuchbenutzer und Übersetzer mit den Problemen der Fachwortbildung stets am Einzelwort konfrontiert wird, seien zum Schluß diese Probleme nochmals, jedoch in anderer, eben vom Einzelfall bedingter Sicht überblicksartig aufgezählt: Es gibt zwischen den Wörtern in einem deutschen und einem englischen Fachtext
- begriffliche Unterschiede, die sich in begrenzter Äquivalenz zwischen Wörtern der beiden Sprachen äußern, was sich oft erst bei sehr genauer Kenntnis des jeweiligen Fachgebiets offenbart;
- Unterschiede in der Motivation, die sich in der Wahl unterschiedlicher begrifflicher Merkmale und damit unterschiedlicher sprachlicher Elemente der Wörter äußern;
- Unterschiede in den Quellen, aus denen die Wörter bzw. ihre Elemente bezogen worden sind;
- Unterschiede in den Formstrukturen, so daß z. B. deutsche Zusammensetzung (wie *Energiequelle, Gesamtlänge*) und englische Wortgruppe (*source of energy, total length*), aber auch gleichsam das Gegenteil, nämlich deutsche ausführliche Bildung (wie *pneumatische Logiksteuerung mit bewegten Teilen*) und englische Wortreihung (*moving-parts air logic control device*) einander entsprechen.

Ein  F a c h w o r t  im  T e x t  ist – dies dem Wörterbuchbenutzer nahe zu bringen, war das Ziel dieser Darlegungen – nicht nur ein Wörterbuchnachschlagefall, sondern ein ganzes Bündel von Problemen. Das dem Fachwörterbuch für die Übersetzung von Wörtern entnommenen Wissen bedarf der Ergänzung sowohl um Wissen über die Regelwerke der beiden Sprachen (das u. a. den im folgenden Literaturverzeichnis aufgeführten Nachschlagewerken und Wörterbüchern der Gemeinsprache entnommen werden kann) als auch um Wissen über das im Text behandelte Fach und seine Einbettung in die Gesamtkultur des jeweiligen Sprachgebiets.

# Weiterführende Literatur

ARNTZ, R.; PICHT, H.: Einführung in die Terminologiearbeit. Hildesheim, Zürich, New York: Olms, ²1989
BARNHART, R. K.: The American Heritage Dictionary of Science. Boston: Houghton Mifflin Company, 1988
BEIER, R.: Englische Fachsprache. Stuttgart, Berlin, Köln, Mainz: Kohlhammer, 1980
DIN 2330 bis 2343
DROZD, L.; SEIBICKE, W.: Deutsche Fach- und Wissenschaftssprache. Wiesbaden: Brandstetter, 1973
FELBER, H.: Terminology manual. Paris: UNESCO und Infoterm, 1984
FELBER, H.; BUDIN, G.: Terminologie in Theorie und Praxis. Tübingen: Narr,1989
HAHN, W. v.: Fachkommunikation: Entwicklung, linguistische Konzepte, betriebliche Beispiele. Berlin: de Gruyter, 1983
HOFFMANN, L.: Kommunikationsmittel Fachsprache. Berlin: Akademie, ³1987
HOHNHOLD, I.: Übersetzungsorientierte Terminologiearbeit. Stuttgart: InTra, 1990
MÖHN, D.; PELKA, R.: Fachsprachen. Eine Einführung. Tübingen: Niemeyer, 1984
QUIRK, R.; …: A Comprehensive Grammar of the English Language. London, New York: Longman
REINHARDT, W.; KÖHLER, C.; NEUBERT, G.: Deutsche Fachsprache der Technik. Ein Ratgeber für die Sprachpraxis. Hildesheim, Zürich, New York: Olms, ³1992
REINHARDT, W.; NEUBERT, G. (Gesamtred.): Das deutsche Fachwort der Technik. Bildungselemente und Muster. Leipzig: Enzyklopädie, 1984
SAGER, J. C.: A practical course in terminology processing. Amsterdam, Philadelphia: Benjamins, 1990
SAGER, J. C.; DUNGWORTH, D.; MCDONALD, P. F.: English special languages. Wiesbaden: Brandstetter, 1980
VDI-Richtlinien 2270 bis 2278 und 3771 bis 3772